D1675858

Meikel

GBO

Grundbuchordnung

Kommentar

10. Auflage

Vorwort

Der **einzige Großkommentar zum Grundbuchrecht** wird in 10. Auflage vorgelegt. Seit dem Erscheinen der Vorauflage sind 5 Jahre verstrichen. Der »Meikel« wurde deshalb auf den aktuellen Stand gebracht. Gesetzgebung, Rechtsprechung und Literatur bis zum 30.06.2008 sind eingearbeitet worden. Die Autoren haben versucht, die **FGG-Reform**, die am 27.06.2008 vom Bundestag beschlossen wurde, und den der Bundesrat mit Beschluss vom 19.09.2008 zugestimmt hat (BR-Drucks 617/08), an den entsprechenden Stellen bereits zu berücksichtigen.

In der Autorenschaft hat es einige Veränderungen gegeben. **Harro Kraiß** ist im Jahr 2004 verstorben. Er war einer der herausragenden Autoren des »Meikel«. Wir danken ihm für alles. Seine Teile (§§ 28, 51, 52 GBO) wurden von Prof. Böhringer übernommen. Aus dem Autorenteam leider ausgeschieden sind auch Prof. Dr. Brambring, Prof. Ebeling und Herr Göttlinger; sie haben viel für den »Meikel« geleistet und dafür gebührt ihnen großer Dank. Die Teile von Prof. Ebeling wurden übernommen von Prof. Böhringer (GGV) und Prof. Böttcher (§§ 44, 82–125 GBO; §§ 1–60, 93a–107 GBV; WGV). Als neuer Autor gewonnen werden konnte Herr **Christian Hertel**, Geschäftsführer des Deutschen Notarinstituts in Würzburg; er übernahm u. a. die Teile von Prof. Dr. Brambring (§§ 29–31 GBO). Ebenfalls neu im Autorenteam ist Herr **Thomas Engel**, Leiter der Gemeinsamen IT-Stelle der bayerischen Justiz, der die bisherigen Teile von Herrn Göttlinger (§§ 10a, 12a, 126–134 GBO; §§ 61–93 GBV) übernahm. Die Erfahrungen, die Herr Göttlinger als einer der bedeutesten Vordenker für das elektronische Grundbuch in die Kommentierung des »Meikel« hat einbringen können, sind Grundlage der jetzigen Kommentierung. Der Verlag und das übrige Autorenteam schätzen sich glücklich, solch bundesweit anerkannte Kapazitäten als neue Autoren begrüßen zu können.

Die 10. Auflage des »Meikel« enthält zwei neu verfasste Kapitel: Zum einen das **»Recht der neuen Bundesländer«** (Einleitung Kapitel K von Prof. Böhringer); die betreffenden Anhänge zu den jeweiligen Vorschriften in der 9. Auflage wurden damit in einem Kapitel gestrafft zusammengefasst. Zum anderen hat Herr Hertel die **»Internationalen Bezüge im Grundbuchrecht«** konzipiert (Einleitung Kapitel L).

Oktober 2008   Redaktor

Inhalt

Einleitung

Grundbuchordnung

Erster Abschnitt
Allgemeine Vorschriften

Zweiter Abschnitt
Eintragungen in das Grundbuch

Inhalt

Dritter Abschnitt
Hypotheken-, Grundschuld-, Rentenschuldbrief

Vierter Abschnitt
Beschwerde

Fünfter Abschnitt
Verfahren des Grundbuchamts in besonderen Fällen

I. Grundbuchberichtigungszwang

II. Löschung gegenstandsloser Eintragungen

III. Klarstellung der Rangverhältnisse

Inhalt

Abschnitt II
Das Grundbuchblatt

Abschnitt III
Die Eintragungen

Abschnitt IV
Die Grundakten

Abschnitt V
Der Zuständigkeitswechsel

Abschnitt VI
Die Umschreibung von Grundbüchern

Abschnitt VII
Die Schließung des Grundbuchblatts

Inhalt

Inhalt

Verordnung über die Anlegung und Führung der Wohnungs- und Teileigentumsgrundbücher (Wohnungsgrundbuchverfügung – WGV)

Verordnung über die Anlegung und Führung von Gebäudegrundbüchern (Gebäudegrundbuchverfügung – GGV)

Bearbeiterverzeichnis

Horst Bestelmeyer
Diplom Rechtspfleger (FH), Gauting

Professor Walter Böhringer
Notar in Heidenheim, an der Württembergischen Notarakademie und an der Berufsakademie Baden-Württemberg, Dozent

Professor Roland Böttcher
Professor, an der Hochschule für Wirtschaft und Recht in Berlin

Thomas Engel
Leitender Oberstaatsanwalt, Leiter der Gemeinsamen IT-Stelle der bayerischen Justiz

Professor Dr. Dr. Herbert Grziwotz
Notar in Regen

Christian Hertel, LL.M.
Notar a.D., Geschäftsführer des Deutschen Notarinstituts in Würzburg

Theodor Morvilius
Regierungsdirektor a.D., vormals Dozent an der Bayerischen Beamtenfachhochschule, Fachbereich Rechtspflege, in Starnberg

Barbara Nowak
Diplom Rechtspflegerin (FH) am Amtsgericht Hohenschönhausen

Professor Dr. Herbert Roth
Universitätsprofessor an der Universität Regensburg

Edgar Streck
Richter am BGH a.D., Karlsruhe

Bearbeitungsübersicht

Redaktor: *Roland Böttcher*

Horst Bestelmeyer:	§§ 17; 41–43; 56–70 GBO
Walter Böhringer:	Einleitung A, G, K; §§ 28; 46–52; 135–144 GBO; GGV
Roland Böttcher:	Einleitung B, D, E, F, H, I;§§ 1; 4–10; 11; 12; 12b; 13–16; 18–27; 39; 40; 44; 45; 82–125 GBO; §§ 1–60; 93a–107 GBV; WGV
Thomas Engel:	§§ 10a; 12a; 126–134 GBO; §§ 61–93 GBV
Herbert Grziwotz:	Einleitung J
Christian Hertel:	Einleitung L; §§ 29–31 GBO
Theodor Morvilius:	Einleitung C; §§ 54–55b GBO
Barbara Nowak:	§§ 2; 3; 12c GBO
Herbert Roth:	§§ 32–38 GBO
Edgar Streck:	§§ 53; 71–81 GBO

Abkürzungen

Bei **Zeitschriften, Entscheidungssammlungen, Gesetz- und Verordnungsblättern** sind die vollständigen Titel aufgeführt. Die Zitierweise ist am Ende der Auflösung angegeben.

Zusammengesetzte Abkürzungen sind nicht gesondert wiedergegeben, wenn sich ihre Auflösungen unschwer aus den einzelnen Bestandteilen bilden lassen.

Die **Umlaute** ä, ö, ü werden in der alphabetischen Reihenfolge als ae, oe, ue, angesehen.

Für alle verbleibenden **Zweifelsfälle** ist auf die Angaben von *Hildebert Kirchner,* Abkürzungsverzeichnis der Rechtssprache oder das Verzeichnis der Abkürzungen von Gesetzen, Rechtsverordnungen und allgemeinen Verwaltungsvorschriften des Bundes (GMBl 1975, 230, 459) zurückzugreifen.

aA	andere Ansicht
aaO	am angegebenen Ort
ABl	Amtsblatt
AbmG	Abmarkungsgesetz
Abs	Absatz
Abschn	Abschnitt
Abt	Abteilung
abw	abweichend
AcP	Archiv für die civilistische Praxis; Band, (Jahrgang), Seite
aE	am Ende
ÄndG	Änderungsgesetz
aF	alter Fassung
AG	Amtsgericht
AGBG	Gesetz zur Regelung des Rechts der Allgemeinen Geschäftsbedingungen
AGBGB	Ausführungsgesetz zum BGB
AgrarR	Agrarrecht (Zeitschrift für das gesamte Recht der Landwirtschaft
AktG	Aktiengesetz
AktO	Aktenordnung
Alt	Alternative
Anh	Anhang
Anl	Anlage
Anm	Anmerkung
AnpflEigentG	Anpflanzungseigentumsgesetz
AO	Abgabenordnung
ApothG	Apothekengesetz
arg	argumentum
ARoV	Amt zur Regelung offener Vermögensfragen
Art	Artikel
Aufl	Auflage
AusglLeistG	Ausgleichsleistungsgesetz
AV	Allgemeine Verfügung
AVRJM	Allgemeine Verfügung des Reichsjustizministers
AWG	Außenwirtschaftsgesetz
bad	badisch
BAnz	Bundesanzeiger
BauGB	Baugesetzbuch
BauGBMaßnG	Maßnahmegesetz zum Baugesetzbuch
BauR	Baurecht; Jahrgang, Seite
bay	bayerisch
BayAGBGB	Bayerisches Ausführungsgesetz zum BGB
bayAGZPO	Bayerisches Ausführungsgesetz zur Zivilprozeßordnung
BayBS	Bereinigte Sammlung des bay Landesrechts
BayBSVJu	Bereinigte Sammlung der bay Justizverwaltungsvorschriften
BayFischereiG	Bayerisches Fischereigesetz
BayGBGA	Bayerische Grundbuchgeschäftsanweisung
BayJMBl	Bayerisches Justizministerialblatt

Abkürzungen

BayObLG	Bayerisches Oberstes Landesgericht
BayObLGZ	Entscheidungssammlung des BayObLG in Zivilsachen; Jahrgang, Seite
BayRS	Bayerische Rechtssammlung
BayVBl	Bayerische Verwaltungsblätter
BB	Der Betriebs-Berater; Jahrgang, Seite
BBauBl	Bundesbaublatt
BBauG	Bundesbaugesetz
BdF	Bundesminister der Finanzen
BDSG	Bundesdatenschutzgesetz
Beil	Beilage
Bek	Bekanntmachung
Bem	Bemerkung
Beschl	Beschluss
bestr	bestritten
Betr	Der Betrieb; Jahrgang, Seite
betr	betreffend
BeurkG	Beurkundungsgesetz
BFH	Bundesfinanzhof
BGB	Bürgerliches Gesetzbuch
BGBl	Bundesgesetzblatt
BGB-RGRK-(Bearbeiter)	Kommentar der Reichsgerichtsräte zum BGB
BGH	Bundesgerichtshof
BGHZ	Entscheidungssammlung des BGH in Zivilsachen; Band, Seite
BJagdG	Bundesjagdgesetz
BJM	Bundesjustizministerium
Bl	Blatt
BlGWB	Blätter für Grundstücks-, Bau- und Wohnungsrecht
BNotO	Bundesnotarordnung
BoSoG	Bodensonderungsgesetz
BRS	Baurechtssammlung. Begründet von Thiel, weitergeführt von Gelzer; Band, Seite
BS	Bereinigte Sammlung
BStBl	Bundessteuerblatt
BT	Bundestag
Buchst	Buchstabe
BundesbergG	Bundesbergwerksgesetz
BVerfG	Bundesverfassungsgericht
BVerfGE	Entscheidungen des Bundesverfassungsgerichts; Band, Seite
BVerwG	Bundesverwaltungsgericht
BVG	Bundesverordnungsgesetz
BWNotZ	Zeitschrift für das Notariat in Baden-Württemberg; Jahrgang, Seite
bzw	beziehungsweise
DDR-ZGB	Zivilgesetzbuch der DDR
ders	derselbe
DFG	Deutsche Freiwillige Gerichtsbarkeit
dgl	dergleichen, desgleichen
dh	das heißt
DJ(ust)	Deutsche Justiz; Jahrgang, Seite
DJZ	Deutsche Juristen-Zeitung; Jahrgang, Seite
DNotZ	Deutsche Notar-Zeitschrift; Jahrgang, Seite
DofNot	Dienstordnung für Notare
DÖV	Die Öffentliche Verwaltung; Jahrgang, Seite
DR	Deutsches Recht
DRiZ	Deutsche Richterzeitung, Jahrgang, Seite
DRspr	Deutsche Rechtsprechung
DRZ	Deutsche Rechtszeitschrift; Jahrgang, Seite
DV	Deutsche Verwaltung; Jahrgang, Seite
DVBl	Deutsches Verwaltungsblatt; Jahrgang, Seite
DVO	Durchführungsverordnung

DVO-THG	Durchführungsverordnung Treuhandgesetz
DWE	Der Wohnungseigentümer
DWW	Deutsche Wohnungswirtschaft; Jahrgang, Seite
EALG	Entschädigungs- und Ausgleichsleistungsgesetz
EG	Einführungsgesetz
EGAO	Einführungsgesetz zur Abgabenordnung
EGBGB	Einführungsgesetz zum BGB
EheG	Ehegesetz
Einl	Einleitung
einschl	einschließlich
ENeuOG	Eisenbahnneuordnungsgesetz
EntschG	Entschädigungsgesetz
ErbbauRG	Erbbaurechtsgesetz
ErbbauVO	Verordnung über das Erbbaurecht
ErbStG	Erbschaftsteuergesetz
ErgBd	Ergänzungsband
ErholNutzG	Erholungsnutzungsrechtsgesetz
Erl	Erlass
Erman-(Bearbeiter)	*Erman*, BGB
EStG	Einkommensteuergesetz
eV	eingetragener Verein
ev	eventuell
FA	Finanzamt
FamRZ	Zeitschrift für das gesamte Familienrecht (Ehe und Familie im privaten und öffentlichen Recht); Jahrgang, Seite
ff	und folgende
FGG	Gesetz über die Angelegenheit der Freiwilligen Gerichtsbarkeit
FinMin	Finanzministerium
FlurbG	Flurbereinigungsgesetz
Fn	Fußnote
fr	früher
FS	Festschrift
G	Gesetz
GB	Grundbuch
GBA	Grundbuchamt
GBÄndVO	Verordnung zur Änderung des Verfahrens in Grundbuchsachen
GBBerG	Grundbuchbereinigungsgesetz
GBGA	Grundbuchgeschäftsanweisung
GBl	Gesetzblatt
GBGeschO	Geschäftsordnung für die Grundbuchämter
GBMaßnG	Gesetz für Maßnahmen auf dem Gebiet des Grundbuchwesens
GBMG	Grundbuchmaßnahmengesetz
GBO	Grundbuchordnung
GBPrErl	Grundbuchprüfungserlass
GBV	Grundbuchverfügung
GBVereinfVO	Grundbuchvereinfachungsverordnung
GBVerfO	Grundbuchverfahrensordnung
GBV	Grundbuchverfügung
GBVO	Verordnung des bad-württ Justizministeriums zur Ausführung des Landesgesetzes über die freiwillige Gerichtsbarkeit im Bereich des Grundbuchwesens
GBVorV	Grundbuchvorrangverordnung
GemErl	Gemeinsamer Erlass
GenG	Genossenschaftsgesetz
GeschbehAV	Allgemeine Verfügung zur Geschäftsbehandlung
GeschO	Geschäftsordnung
GG	Grundgesetz

ggf	gegebenenfalls
GGV	Gebäudegrundbuchverfügung
GlBerG	Gleichberechtigungsgesetz
GmbHG	Gesetz betr die Gesellschaften mit beschränkter Haftung
GrdstVG	Grundstücksverkehrsgesetz
GrEStDVO	Durchführungsverordnung zum GrEStG
GrEStG	Grunderwerbsteuergesetz
GS	Gesetzessammlung
GVBl	Gesetz- und Verordnungsblatt
GVG	Gerichtsverfassungsgesetz
GVO	Grundstücksverkehrsordnung
GWB	Gesetz gegen Wettbewerbsbeschränkungen
GWW	Gemeinnütziges Wohnungswesen
HansJVBl	Hanseatisches Justizverwaltungsblatt
HeimstG	Heimstättengesetz
HEZ	Höchstrichterliche Entscheidung
HFR	Höchstrichterliche Finanz-Rechtsprechung
HGA	Hypothekengewinnabgabe
HGB	Handelsgesetzbuch
hM	herrschende Meinung
HöfeO	Höfeordnung
Höfe VfO	Verfahrensordnung in Höfesachen
HofV	Hofraumverordnung
HRR	Höchstrichterliche Rechtsprechung
Hs	Halbsatz
HypAblV	Hypothekenablöseverordnung
HypBankG	Hypothekenbankgesetz
HypSichG	Gesetz zur Sicherung von Forderungen für den Lastenausgleich
idF	in der Fassung
idR	in der Regel
insb	insbesondere
InVorG	Investitionsvorranggesetz
iS des/der	im Sinne des/der
iS von	im Sinne von
iVm	in Verbindung mit
JBl	Justizblatt
JFG	Jahrbuch für Entscheidung in Angelegenheiten der freiwilligen Gerichtsbarkeit und des Grundbuchrechts; Jahrgang, Seite
JFGErgBd	Entscheidungen des Kammergerichts und des Oberlandesgerichts München in Kosten-, Straf-, Miet- und Pachtschutzsachen
Jh(er)JB	Iherings Jahrbücher der Dogmatik des bürgerlichen Rechts (Band und Seite)
JM	Justizministerium
JMBl	Justizministerialblatt
JMBlNW	Justizministerialblatt für das Land Nordrhein-Westfalen
JR	Juristische Rundschau; Jahrgang, Seite
JurBüro	Das Juristische Büro; Jahrgang, Seite
JurJb	Juristen-Jahrbuch
JuS	Juristische Schulung; Jahrgang, Seite
Justiz	Die Justiz, Amtsblatt des Justizministeriums Baden-Württemberg; Jahrgang, Seite
JVBl	Justizverwaltungsblatt; Jahrgang, Seite
JW	Juristische Wochenzeitschrift; Jahrgang, Seite
JWG	Jugendwohlfahrtsgesetz
JZ	Juristenzeitung; Jahrgang, Seite

KEHE-(Bearbeiter)	*Kuntze-Ertl-Hermann-Eickmann*, Grundbuchrecht
KfW	Kreditanstalt für Wiederaufbau
KG	Kammergericht
KGJ	Jahrbuch für Entscheidungen des Kammergerichts
KO	Konkursordnung
KostO	Kostenordnung
KostV	Kostenverfügung
KRG	Kontrollratsgesetz
KTS	Zeitschrift für Konkurs-, Treuhand- und Schiedsgerichtswesen; Jahrgang, Seite
LAG	Lastenausgleichsgesetz
LBG	Landbeschaffungsgesetz
lfdNr	laufende Nummer
LFGG	(bad–württ) Landesgesetz über die freiwillige Gerichtsbarkeit
LG	Landgericht
lit	Buchstabe
LM	Nachschlagewerk des Bundesgerichtshofs in Zivilsachen, herausgegeben von *Lindenmaier, Möhring* ua
Lw	Landwirtschaft
LwAnpG	Landwirtschaftsanpassungsgesetz
LwVG	Gesetz über das gerichtliche Verfahren in Landwirtschaftssachen
LZ	Leipziger Zeitschrift für Deutsches Recht
m abl Anm	mit ablehnender Anmerkung
m zust Anm	mit zustimmender Anmerkung
MBl	Ministerialblatt
MDR	Monatsschrift für Deutsches Recht; Jahrgang, Seite
MeAnlG	Meliorationsanlagengesetz
Min	Ministerium
MittBayNot	Mitteilungen des Bay Notarvereins, der Notarkasse und der Landesnotarkammer Bayern; Jahrgang, Seite
MittRhNotK	Mitteilungen der Rheinischen Notarkammer; Jahrgang, Seite
MRG	Militärregierungsgesetz
MünchKomm- (Bearbeiter)	Münchener Kommentar zum Bürgerlichen Gesetzbuch
mwN	mit weiteren Nachweisen
N	Note
nachst	nachstehend
nds	niedersächsisch
NdsRpfl	Niedersächsische Rechtspflege
nf	neue Fassung
NJ	Neue Justiz
NJW	Neue Juristische Wochenschrift; Jahrgang, Seite
NJW-RR	NJW-Rechtsprechungsreport Zivilrecht
NotarVO	Notariatsverordnung
NotBZ	Zeitschrift für notarielle Beratungs- und Beurkundungspraxis
NotMaßnG	Gesetz über Maßnahmen auf dem Gebiet des Notarrechts
Nr	Nummer
NRW	Nordrhein-Westfalen
NutzEV	Nutzungsentgeltverordnung
NutzholzVO	Nutzholzverordnung
NVwZ	Neue Zeitschrift für Verwaltungsrecht; Jahrgang, Seite
og	oben genannt
OGH	Oberster Gerichtshof für die britische Zone
OHG	offene Handelsgesellschaft
OLG	Oberlandesgericht
OLGZ	Entscheidungen der Oberlandesgerichte in Zivilsachen (ab 1965)
OVG	Oberverwaltungsgericht

Abkürzungen

Palandt-(Bearbeiter)	*Palandt*, BGB
PartGG	Partnerschaftsgesellschaftsgesetz
PlNr	Plan-Nummer
pr	preußisch
PrAGBGB	Preußisches Ausführungsgesetz zum BGB
PrallgBergG	Allgemeines Berggesetz für die preußischen Staaten
preußFischereiG	Preußisches Fischereigesetz
PrHBG	Privatisierungshemmnissebeseitigungsgesetz
PStG	Personenstandsgesetz
PTNeuOG	Postneuordnungsgesetz
RdErl	Runderlass
RdL	Recht der Landwirtschaft; Jahrgang, Seite
Rdn	Randnummer
Recht	Das Recht, Beilage zur Deutschen Justiz
RegBl	Regierungsblatt
RegVBG	Registerverfahrenbeschleunigungsgesetz
RG	Reichsgericht
RGBl	Reichsgesetzblatt
RHG	Reichsheimstättengesetz
RJA	Reichsjustizamt, Entscheidungssammlung in Angelegenheiten der freiwilligen Gerichtsbarkeit
RJM	Reichsjustizministerium
RLA	Rundschau für den Lastenausgleich
RNotZ	Rheinische Notar-Zeitschrift; Jahrgang, Seite
Rpfleger	Der Deutsche Rechtspfleger; Jahrgang, Seite
RpflG	Rechtspflegergesetz
RPfliB	Zeitschrift für Rechtspflege in Bayern (erscheint nicht mehr)
RpflJB	Rechtspfleger-Jahrbuch; Jahrgang, Seite
RpflStud	Rechtspfleger-Studienhefte; Jahrgang, Seite
RSG	Reichssiedlungsgesetz
Rspr	Rechtsprechung
RVBG	Registerverfahrenbeschleunigungsgesetz
RVO	Reichsversicherungsordnung
S	Seite, Satz
s	siehe
SachenRÄndG	Sachenrechtsänderungsgesetz
SachenRBerG	Sachenrechtsbereinigungsgesetz
SachenR-DV	Sachenrechts-Durchführungsverordnung
SchlHA	Schleswig-Holsteinische Anzeigen
SchRG	Gesetz zur Regelung der landwirtschaftlichen Schuldverhältnisse
SchuldRÄndG	Schuldrechtsänderungsgesetz
SchuldRAnpG	Schuldrechtsanpassungsgesetz
SJZ	Süddeutsche Juristenzeitung; Jahrgang, Seite
SMAD	Sowjetische Militäradministration in Deutschland
Soergel-(Bearbeiter)	*Soergel*, BGB
sog	sogenannt
Sp	Spalte
SpTrUG	Spaltungsgesetz
SPV	Sonderungsplanverordnung
StAnz	Staatsanzeiger
StBauFG	Städtebauförderungsgesetz
Staudinger-(Bearbeiter)	*Staudinger*, BGB
Steiner-(Bearbeiter)	*Steiner*, ZVG
str	strittig
TreuhG	Treuhandgesetz
TreuhLÜV	Treuhandliegenschaftsübertragungsverordnung
TreuhUmbenV	Treuhandanstaltumbenennungsverordnung

TreuUntüV	Treuhandunternehmensübertragungsverordnung
TV	Testamentsvollstrecker
u	und
ua	unter anderem
UmstG	Umstellungsgesetz
unbestr	unbestritten
URüV	Unternehmensrückgabeverordnung
uU	Unter Umständen
v	vom, von
VAG	Gesetz über die Beaufsichtigung der Versicherungsunternehmen
VereinfVO	Vereinfachungsverordnung
VerglO	Vergleichsordnung
VermG	Vermögensgesetz
VermkatG	Vermessungs- und Katastergesetz
VerschG	Verschollenheitsgesetz
VersR	Versicherungsrecht; Jahrgang, Seite
VerwBl	Verwaltungsblatt; Jahrgang, Seite
Vfg	Verfügung
VG	Verwaltungsgericht
VGH	Verwaltungsgerichtshof
vgl	vergleiche
VHG	Vertragshilfegesetz
VO	Verordnung
VOBl	Verordnungsblatt
VOBlBrZ	Verordnungsblatt für die britische Zone
VollzVO	Vollzugsverordnung
Vorbem	Vorbemerkung
vorst	vorstehend
VwGO	Verwaltungsgerichtsordnung
VwV	Verwaltungsverfahrensgesetz
VZOG	Vermögenszuordnungsgesetz
WährG	Währungsgesetz
WarnErgBd	*Warneyer*, Die Rechtsprechung des Reichsgerichts auf dem Gebiete des Zivilrechts (Ergänzungsband)
WarnJ	*Warneyer*, Jahrbuch der Entscheidungen des RG; Jahrgang, Seite
WE	Wohnungseigentum (Zeitschrift)
WEG	Gesetz über das Wohnungseigentum und das Dauerwohnrecht
WEZ	Zeitschrift für Wohnungseigentumsrecht
WG	Wechselgesetz
WGV	Wohnungsgrundbuchverfügung
WM	Wertpapier-Mitteilungen; Jahrgang, Seite
WoBindG	Wohnungsbindungsgesetz (= Gesetz zur Sicherung der Zweckbestimmtheit von Sozialwohnungen)
WoGenVermG	Wohnungsgenossenschafts-Vermögensgesetz
WSG	Wohnsiedlungsgesetz
württ	württembergisch
WürttNV	Württ Notarverein, Mitteilungen aus der Praxis; Jahrgang, Seite
WürttZ	Zeitschrift für die freiwillige Gerichtsbarkeit und die Gemeindeverwaltung in Württemberg; Jahrgang, Seite
ZAP-DDR	Zeitschrift für Anwaltspraxis - DDR
zB	zum Beispiel
ZBlFG	Zentralblatt für freiwillige Gerichtsbarkeit und Notariat sowie Zwangsversteigerung
ZfIR	Zeitschrift für Immobilienrecht; Jahrgang, Seite
ZGB	Zivilgesetzbuch
Ziff	Ziffer

Abkürzungen

ZIP	Zeitschrift für Wirtschaftsrecht; Jahrgang, Seite
ZJBl	Zentraljustizblatt für die britische Zone
ZMR	Zeitschrift für Miet- und Raumrecht; Jahrgang, Seite
ZNotP	Zeitschrift für die NotarPraxis
ZPO	Zivilprozessordnung
ZRP	Zeitschrift für Rechtspolitik; Jahrgang, Seite
ZS	Zivilsenat
ZVG	Zwangsversteigerungsgesetz
ZWE	Zeitschrift für Wohnungseigentumsrecht; Jahrgang, Seite
zz	zurzeit

Literatur

Amann/Brambring/Hertel	Vertragspraxis nach neuem Schuldrecht, 2. Auflage, 2003
Arndt/Lerch/Sandkühler	Bundesnotarordnung, 6. Auflage, 2008
Arnold/Meyer-Stolte/Herrmann/	Rechtspflegergesetz, 6. Auflage, 2002
Hansens/Rellermeyer	
Balser/Bögner/Ludwig	Vollstreckung im Grundbuch, 10. Auflage, 1994
Bamberger/Roth	Kommentar zum BGB, 2. Auflage, 2007/2008
Battis/Krautzberger/Löhr	Kommentar zum BauGB, 10. Auflage, 2007
Baumbach/Hopt	Handelsgesetzbuch, 33. Auflage, 2008
Baumbach/Hueck	Kommentar zum GmbHG, 18. Auflage, 2006
Baumbach/Lauterbach	Kommentar zur ZPO, 66. Auflage, 2008
Bassenge/Herbst/Roth	Gesetz über die Angelegenheiten der freiwilligen Gerichtsbarkeit und Rechtspflegergesetz, 11. Auflage, 2007
Bauer/von Oefele	Kommentar zur GBO, 2. Auflage, 2006
Baur	Freiwillige Gerichtsbarkeit, 1955
Baur/Wolf	Grundbegriffe des Rechts der freiwilligen Gerichtsbarkeit, 2. Auflage, 1980
Baur/Stürner	Sachenrecht, 17. Auflage, 1999
Baur/Stürner/Bruns	Zwangsvollstreckungsrecht, 13. Auflage, 2006
Bärmann	Freiwillige Gerichtsbarkeit und Notarrecht, 1968
Bärmann	Wohnungseigentum, 1991
Bärmann/Pick	Wohnungseigentumsgesetz, 18. Auflage, 2007
Bärmann/Pick/Merle	Wohnungseigentumsgesetz, 9. Auflage, 2003
Bärmann/Seuss	Praxis des Wohnungseigentums, 4. Auflage, 1997
Beck'sches Notar-Handbuch	4. Auflage, 2006
Belz	Handbuch des Wohnungseigentums, 3. Auflage, 1996
Bengel/Reimann	Handbuch der Testamentsvollstreckung, 3. Auflage, 2001
Bengel/Simmerding	Grundbuch, Grundstück, Grenze, 5. Auflage, 2000
Beuthien	Kommentar zum GenG, 14. Auflage, 2004
Bienwald/Sonnenfeld/Hoffmann	Betreuungsrecht, 4. Auflage, 2005
Bienwald	Verfahrenspflegschaftsrecht, 2002
Blomeyer	Zivilprozeßrecht, 2. Auflage, 1985
Bock	Die Auswirkung der Konkurseröffnung und des Veräußerungsverbots nach § 106 I 3 KO auf den Grundbuchverkehr, 1980
Böhringer	Grundbuchrecht-Ost, 1995
Böhringer	Besonderheiten des Liegenschaftsrechts in den neuen Bundesländern, 1993
Böttcher	Fallbearbeitung im Grundbuchrecht, 2. Auflage, 1997
Böttcher	Praktische Fragen des Erbbaurechts, 5. Auflage, 2006
Böttcher	Kommentar zum ZVG, 4. Auflage, 2005
Böttcher	Zwangsvollstreckung im Grundbuch, 2. Auflage, 2003
Brand/Schnitzler	Verfahren in Grundbuchsachen, 9. Auflage, 1957
Braun	Kommentar zur InsO, 2. Auflage, 2004
Brehm	Freiwillige Gerichtsbarkeit, 2. Auflage, 1993
Brox	Erbrecht, 21. Auflage, 2004
Brox/Walker	Zwangsvollstreckungsrecht, 7. Auflage, 2003
Bumiller/Winkler	Kommentar zum FGG, 8. Auflage, 2006
Canaris	Handelsrecht, 24. Auflage, 2006
Clemente	Recht der Sicherungsgrundschuld, 4. Auflage, 2008
Dassler	Kommentar zum ZVG, 13. Auflage, 2008
Demharter	Kommentar zur GBO, 25. Auflage, 2005
Ebenroth/Boujong/Joost	Kommentar zum HGB, 2001/2003
Eickmann	Grundbuchverfahrensrecht, 3. Auflage, 1994
Eickmann	Grundstücksrecht in den neuen Bundesländern, 3. Auflage, 1996
Eickmann	Sachenrechtsbereinigung, 22. Lieferung, 2007
Eickmann	Zwangsversteigerungs- und Zwangsverwaltungsrecht, 2. Auflage, 2004
Eickmann/Gurowski	Grundbuchrecht, 4. Auflage, 1992
Erman	Kommentar zum BGB, 12. Auflage, 2008
Eylmann/Vaasen	Bundesnotarordnung und Beurkundungsgesetz, 2. Auflage, 2004
Firsching/Dodegge	Familienrecht (Vormundschafts- und Betreuungsrecht), 6. Auflage, 1999
Firsching/Graba	Familienrecht (Familiensachen), 6. Auflage, 1998
Firsching/Graf	Nachlassrecht, 8. Auflage, 2000
Flume	Allgemeiner Teil des Bürgerlichen Rechts.
I/1	Die Personengesellschaft, 1977
I/2	Die juristische Person, 1983
II	Das Rechtsgeschäft, 4. Auflage, 1992
Frege/Keller/Riedel	Handbuch zum Insolenzrecht, 6. Auflage, 2002
Gaberdiel/Gladenbeck	Kreditsicherung durch Grundschulden, 8. Auflage, 2008
Gantzer	Grundbuchrecht, 1973

Literatur

Gernhuber/Coester-Waltjen	Lehrbuch des Familienrechts, 5. Auflage, 2006
Glaser	Das Erbbaurecht in der Praxis, 2. Auflage, 1975
Grolle	Die Eintragungsbewilligung, 1989
Grunsky	Grundlagen des Verfahrensrechts, 2. Auflage, 1974
Grziwotz	Grundbuch- und Grundstücksrecht, 1999
Güthe/Triebel	Grundbuchordnung, 6. Auflage, 1936
Habscheid	Freiwillige Gerichtsbarkeit, 7. Auflage, 1983
Haegele	Grundstücksverkehrbeschränkungen, 3. Auflage, 1970
Haarmeyer/Wutzke/Förster/Hintzen	Kommentar zur Zwangsverwaltung, 4. Auflage, 2007
Haarmeyer/Wutzke/Förster/Hintzen	Handbuch zur Zwangsverwaltung, 2. Auflage, 2004
Hennings-Holtmann	Eintragungen in Abteilung II des Grundbuchs, 13. Auflage, 2006
Hesse/Saage/Fischer	Grundbuchordnung, 4. Auflage, 1957
Heymann	Handelsgesetzbuch, 2. Auflage, 1995
Hintzen/Wolf	Zwangsvollstreckung, Zwangsversteigerung und Zwangsverwaltung, 2006
Hock/Mayer/Hilbert/Deimann	Immobiliarvollstreckung, 4. Auflage, 2008
Holzer	Die Richtigstellung des Grundbuchs, 2005
Holzer/Kramer	Grundbuchrecht, 2. Auflage, 2004
Huhn/von Schuckmann	Beurkundungsgesetz, 4. Auflage, 2003
Hüffer	Aktiengesetz, 8. Auflage, 2008
Hügel	Grundbuchordnung, 2007
Hügel/Scheel	Rechtshandbuch Wohnungseigentum, 2. Auflage, 2007
Ingenstau/Hustedt	Kommentar zum Erbbaurecht, 8. Auflage, 2001
Jansen	Gesetz über die Angelegenheiten der freiwilligen Gerichtsbarkeit, 3. Auflage, 2006
Jaschke	Gesamthand und Grundbuchrecht, 1991
Jauering	Kommentar zum BGB, 12. Auflage, 2007
Jauering	Zivilprozeßrecht, 29. Auflage, 2007
Jauering/Berger	Zwangsvollstreckungs- und Insolvenzrecht, 22. Auflage, 2007
Jennissen	Kommentar zum WEG, 2007
Jungwirth	Der vereinbarte Rang von Grundstücksrechten, 1990
Junker	Die Gesellschaft nach dem Wohnungseigentumsgesetz, 1993
Keidel/Kuntze/Winkler	Freiwillige Gerichtsbarkeit, 15. Auflage, 2003
Kersten/Bühling	Formularbuch und Praxis der Freiwilligen Gerichtsbarkeit, 22. Auflage, 2008
Kipp/Coing	Erbrecht, 14. Auflage, 1990
Kissel/MAYER	Kommentar zum GVG, 5. Auflage, 2008
Klüsener	Freiwillige Gerichtsbarkeit, 1987
Knothe	Das Erbbaurecht, 1987
Koller/Roth/Morck	Kommentar zum HGB, 6. Auflage, 2007
Krafka/Willer	Registerrecht, 7. Auflage, 2007
Krämer/Illner	Grundbuchpraxis in Baden, 1961
Krämer/Illner	Grundbuchrechtliche Vorschriften in Baden, 1966
Kriegel	Grundstücksteilungen und Grundstücksvereinigungen, 3. Auflage, 1967
Kriegel	Grundstücksabmarkung, Rechtsgrundlagen und Verfahren, 1964
Krüger/Hertel	Der Grundstückskauf, 9. Auflage, 2008
Kuntze/Ertl/Herrmann/Eickmann	Grundbuchrecht, 6. Auflage, 2006
Kurandt	Grundbuch und Liegenschaftskataster, 1957
Lambert-Lang/Tropf/Frenz	Handbuch der Grundstückspraxis, 2.Auflage, 2005
Lange/Kuchinke	Lehrbuch des Erbrechts, 5. Auflage, 2001
Larenz/Wolf	Allgemeiner Teil des deutschen Bürgerlichen Rechts, 9. Auflage, 2004
Leesmeister	Materielles Liegenschaftsrecht im Grundbuchverfahren, 3. Auflage, 2006
Lerch	Beurkundungsgesetz, 3. Auflage, 2006
Limmer/Hertel/Frenz/Mayer	Würzburger Notarhandbuch, 2005
Linde/Richter	Erbbaurecht und Erbbauzins, 3. Auflage, 2001
Löscher	Grundbuchrecht, 1974
Medicus	Bürgerliches Recht, 21. Auflage, 2007
Medicus	Allgemeiner Teil des BGB, 8. Auflage, 2002
Medicus	Schuldrecht Allgemeiner Teil, 17. Auflage, 2006
Medicus	Schuldrecht Besonderer Teil, 14. Auflage, 2007
Mohrbutter/Drischler/Radtke/Tiedemann	Die Zwangsversteigerungs- und Zwangsverwaltungspraxis, 7. Auflage, 1986 ff
Musielak	Kommentar zur ZPO, 6. Auflage, 2008
Muth	Zwangsversteigerungspraxis, 1989
Müller Klaus	Sachenrecht, 4. Auflage, 1997
Müller Horst	Praktische Fragen des Wohnungseigentums, 4. Auflage, 2004
Münchener Kommentar zum BGB	5. Auflage, 2006 ff
Münchener Kommentar zum HGB	2. Auflage, 2005 ff
Münchener Kommentar zur InsO	2. Auflage, 2007/2008
Münchener Kommentar zur ZPO	3. Auflage, 2008
Niedenführ/Kümmel/Vandenhouten	Kommentar zum WEG, 8. Auflage, 2007

von Oefele / Winkler	Handbuch des Erbbaurechts, 4. Auflage, 2008
Palandt	Kommentar zum BGB, 67. Auflage, 2008
Pawlowski / Smid	Freiwillige Gerichtsbarkeit, 1993
Pikart / Henn	Lehrbuch der freiwilligen Gerichtsbarkeit, 1963
Prütting / Wegen / Weinreich	Kommentar zum BGB, 3. Auflage, 2008
Raiser	Recht der Kapitalgesellschaften, 3. Auflage, 2001
Ranft	Die Verdinglichung des Erbbaurechtsinhaltes, 1993
Rauscher	Familienrecht, 2001
Reichsgerichtsrätekommentar	zum *BGB* 12. Auflage, 1974 ff
Reithmann	Allgemeines Urkundenrecht, 1972
Reithmann / Albrecht	Handbuch der notariellen Vertragsgestaltung, 8. Auflage, 2001
Riecke / Schmid	Kommentar zum WEG, 2. Auflage, 2008
Ripfel	Grundbuchrecht, 1961
Röhricht / von Westphalen	Kommentar zum HGB, 2. Auflage, 2001
Röll / Sauren	Handbuch für Wohnungseigentümer und Verwalter, 9. Auflage, 2008
Rosenberg / Gaul / Schilken	Zwangsvollstreckungsrecht, 11. Auflage, 1997
Rosenberg / Schwab / Gottwald	Zivilprozeßrecht, 16. Auflage, 2004
Rühl	Materiell-rechtliche Prüfungspflichten nach der Grundbuchordnung, 1990
Sauren	Kommentar zum WEG, 5. Auflage, 2008
Schapp	Sachenrecht, 2. Auflage, 1995
Schippel / Bracker	Bundesnotarordnung, 8. Auflage, 2006
Schlegelberger	Gesetz über die Angelegenheiten der Freiwilligen Gerichtsbarkeit, 7. Auflage, 1956
Schlegelberger	Handelsgesetzbuch, 5. Auflage, 1973 ff
Schlenker	Die Bedeutung des AGBG im Grundbuchantragsverfahren, 1982
Schmidt Karsten	Gesellschaftsrecht, 4. Auflage, 2003
Schmidt Karsten	Handelsrecht, 5. Auflage, 1999
Schmidt-Räntsch / Sternol / Baeyens	Die neue Gebäudegrundbuchverfügung, 1995
Schöner / Stöber	Grundbuchrecht, 13. Auflage, 2004
Schreiber	Sachenrecht, 3. Auflage, 2000
Schreiber	Immobilienrecht, 2. Auflage, 2005
Schuschke / Walker	Vollstreckung und Vorläufiger Rechtsschutz,
Band I	§§ 704–915 h ZPO, 3. Auflage, 2002
Band II	§§ 916–945 ZPO, 3. Auflage, 2004
Schwab / Prütting	Sachenrecht, 32. Auflage, 2006
Soergel	Kommentar zum BGB, 13. Auflage, 1999 ff
Spannowsky / Mechtritz	Online-Kommentar zum BauGB
Staub	Kommentar zum HGB, 4. Auflage, 1983 ff
Staudinger	Kommentar zum BGB, 13. Auflage, 1994 ff
Steiner	Kommentar zum ZVG, 9. Auflage, 1984 ff
Stein / Jonas	Kommentar zur ZVO, 22. Auflage, 2002 ff
Storz	Praxis des Zwangsversteigerungsverfahrens, 10. Auflage, 2007
Storz / Kiderlen	Praxis der Teilungsversteigerung, 4. Auflage, 2008
Stöber	Forderungspfändung, 14. Auflage, 2005
Stöber	Kommentar zum ZVG, 18. Auflage, 2005
Stöber	Zwangsvollstreckung in das unbewegliche Vermögen, 8. Auflage, 2007
Thomas / Putzo	Kommentar zur ZPO, 28. Auflage, 2007
Thieme	Grundbuchordnung, 4. Auflage, 1955
Uhlenbruck	Kommentar zur InsO, 12. Auflage, 2003
Weber	Kreditsicherheiten, 8. Auflage, 2006
Weirich	Freiwillige Gerichtsbarkeit, 1991
Weirich	Grundstücksrecht, 3. Auflage, 2006
Weitnauer	Wohnungseigentumsgesetz, 9. Auflage, 2005
Westermann	Sachenrecht, 7. Auflage, 1998
Wieczorek	Kommentar zur ZPO, 3. Auflage, 1994 ff
Wieling	Sachenrecht, 4. Auflage, 2002
Wilhem	Sachenrecht, 2. Auflage, 2002
Winkler	Beurkundungsgesetz, 16. Auflage, 2008
Winkler	Der Testamentsvollstrecker, 18. Auflage, 2007
Wolf Manfred	Sachenrecht, 22. Auflage, 2006
Zimmermann	Die Testamentsvollstreckung, 2. Auflage, 2003
Zimmermann	Zivilprozessordnung, 8. Auflage, 2008
Zöller	Zivilprozessordnung, 26. Auflage, 2007

Einleitung

A. Geschichte des Grundbuchs

Schrifttum

Aubert, Beiträge zur Geschichte der deutschen Grundbücher, ZfRG Bd XIV, 1 ff; *Baur,* Entwicklungstendenzen im Sachenrecht, JurJb 8, 19; *Beyerle,* Die Anfänge des deutschen Schreinswesens, ZfRG 51 (1931), 335; *Böhringer,* 100 Jahre Grundbuchordnung – Die Grundlagen des Grundbuchrechts im Wandel der Zeiten, BWNotZ 1999, 161; *ders,* Die Geschichte des Grundbuchs im Wandel der Zeiten, BWNotZ 1986, 1; *ders,* Historie und Vergleich des mitteleuropäischen Grundbuchsystems mit anderen Formen der Grundstücksregistrierung, RpflStud 1997, 33; *ders,* Anforderungen an ein modernes Grundbuchverfahrensrecht am Beispiel Estland, BWNotZ 1997, 25; *ders,* Das Schicksal der Grundbuchämter in Württemberg bei Einführung des maschinell geführten Grundbuchs, BWNotZ 2001, 1; *Buchholz,* Abstraktionsprinzip und Immobilienrecht: Zur Geschichte der Auflassung und der Grundschuld (1978); *Brunner,* Die Geschichte des Grundbuches in Bayern; BWNotZ, 150 Jahre Amtsnotariat in Württemberg, Sonderheft der BWNotZ 1977; *Coing-Wilhelm,* Wissenschaft und Kodifikation des Privatrechts im 19. Jahrhundert, Band III: Die rechtliche und wirtschaftliche Entwicklung des Grundeigentums und Grundkredits (12 Beitr) (1976); *Conrad,* DRG (1954) 484, 567; *Conrad,* Liegenschaftsübertragung und Grundbucheintragung in Köln während des Mittelalters (Weimar 1935), 2; *Eccius-Förster,* Theorie und Praxis des heutigen gemeinen preuß Privatrechts, III (1896) 262 ff; *Ertl,* Entwicklungsstand und Entwicklungstendenzen des Grundbuchrechts nach 80 Jahren Grundbuchordnung, Rpfleger 1980, 1; *Franz,* Textverarbeitung und Textbearbeitung im Grundbuch, BWNotZ 1988, 58; *Frischknecht,* Zur Geschichte der Notarsignete, BWNotZ 1986, 33; *Gierke,* DPrR I 294 ff; *Güthe,* GBO (5. Aufl 1929), Einl 1 ff; *Hamm,* Das EDV-Grundbuch, CR 1988, 948; *Hammer,* Die Geschichte des Grundbuchs in Bayern (1960); Handwörterbuch zur deutschen Rechtsgeschichte (HRG) I–III (1971 ff; *Erler-Kaufmann*) Art der Auflassung (*Ogris*), Grundbuch (*Nehlsen*), Landtafel, Liegenschaftsrecht (*Hofmeister*), Mortgage (*Brühwiler*); *Flik,* Datenbank-Grundbuch, RpflStud 2003, 1; *Harrter,* Die deutsche Grundübereignung, besonders zu München, Seuff Bl XIII (1910), 92, 258; *Hedemann,* Die Fortschritte des Zivilrechts im XIX. Jahrhundert, Bd II: Die Entwicklung des Bodenrechts von der französischen Revolution bis zur Gegenwart. 1. Das materielle Bodenrecht (1930); 2. Die Entwicklung des formellen Bodenrechts (1935); *Henle,* Zur Geschichte der Anlegung des Grundbuchs in Bayern, Zeitschrift für Rechtspflege in Bayern 1910, Nr 18 und 19; *Hilgers,* Fehler und Fehlerfolgen bei der Baulasteintragung – Zugleich ein Beitrag zur Rechtsnatur der Baulast, NJW 1988, 1366; *Kaser,* Das römische Privatrecht (2. Aufl 1971 u 1975); *Keim,* Das EDV-Grundbuch, DNotZ 1984, 724; *Küppers,* Grunderwerb im Ausland, DNotZ 1973, 645; *Lang,* Sachenrecht (2. Aufl Tübingen 1893); *Löscher,* Grundbuchrecht (1974), § 1; *Lohre,* Fehler und Fehlerfolgen bei der Baulasteintragung, NJW 1987, 877; *Manigk,* Pfandrecht, HWBdRW IV, 458; *Menger,* Das bürgerliche Recht und die besitzlosen Volksklassen, (5. Aufl 1927); *Michalski,* Die Funktion des Grundbuchs im System öffentlich-rechtlicher Beschränkungen, MittBayNot 1988, 204; *Mitteis,* 5, II, 5; *Mitteis-Lieberich,* Deutsches Privatrecht (8. Aufl 1978), Kap 28; *Mitteis-Wilcken,* Grundzüge der Papyruskunde III 1 (1912), 90 ff; Motive zu dem Entwurfe eines Bürgerlichen Gesetzbuches für das Deutsche Reich, Band III: Sachenrecht, Amtliche Ausgabe (1888), Abschnitt V: Die Bucheinrichtung als Grundlage des Immobilienrechts, Seiten 9–21; *Mrosek/Petersen,* Grundstücksdokumentation in der DDR, DtZ 1994, 331; MüKo-*Wacke* Rn 7 ff vor § 873 BGB; *Nehlsen,* Art Grundbuch HRG I, 1818; *Olzen,* Die geschichtliche Entwicklung des zivilrechtlichen Eigentumsbegriffs, JuS 1984, 328; *Pauly-Wissowa,* Realencyclopädie der classischen Altertumswissenschaft, Suppl Bd 3 (1918); *Planck-Kettnaker,* Die Führung des Grundbuchs (4. Aufl 1960), Erster Teil: Die Einrichtung des Grundbuchs in Württemberg; *Planitz,* Konstitutivakt und Eintragung in den Kölner Schreinsurkunden des 12./13. Jh, Festschr für Alfred Schultze (1934), 175–205; *Planitz u Buyken,* Die Kölner Schreinsbücher des 13. und 14. Jahrhunderts (Weimar, 1937); *Puchta,* Einiges von meinen Erfahrungen bei Anlegung der Hypothekenbücher, ZfCivPr 9 (1836), 159 ff; *Rehme,* Stadtbücher als Geschichtsquelle (1913), 15 ff; *ders,* Lübecker Oberstadtbuch (1895), 261 ff; *Reithmann,* Die Aufgaben öffentlicher Register, DNotZ 1979, 67; *Rittstieg,* Eigentum als Verfassungsproblem. Zu Geschichte und Gegenwart des bürgerlichen Verfassungsstaates (1975); *Roth,* System des deutschen Privatrechts (1880–1886); *Savigny,* System des heutigen römischen Rechtes, 1. Bd (1840), 367; *Schäfer,* Grundbuchrechtsentwicklung im Deutschen Reich – Bemerkenswertes aus einem halben Jahrhundert, RpflStud 2006, 171; *Schönbauer,* Beiträge zur Geschichte des Liegenschaftsrechts im Altertum (1924), 113 ff; *Schubert,* Die Entstehung der Vorschriften des BGB über Besitz und Eigentumsübergang (1966), 95–143; *v. Schuckmann,* Einrichtung und Führung des Grundbuchs in der ehem DDR, Rpfleger 1991, 139; *Schweiger,* Personalcomputing: eine Chance für die Justiz?, RpflStud 1985, 56; *Seidl,* Rechtsgeschichte Ägyptens als weitere Provinz (1973), 71 ff; *Sohm,* Zur Geschichte der Auflassung, Festgabe Thöl (Straßburg 1879); *Sprau,* Rationalisierung im Grundbuchbereich, MittBayNot 1987, 117; *Staudinger-Ertl,* BGB (12. Aufl 1983), Vorbem 72 zu §§ 873–902 BGB; *Steppes,* Das Grundbuch im Entwurf eines bürgerlichen Gesetzbuches (Stuttgart 1892), 10; *Stewing,* Geschichte des Grundbuchs, Rpfleger 1989, 445; *Ströhnfeld,* Die Rechtsgrundsätze bei dem Liegenschaftsverkehr in Württemberg (Stuttgart 1893); *Weike,* Situation des Grundbuchrechts in Bosnien und Herzegowina, Rpfleger 2003, 139; *Weirich,* Ein Grundstückskauf vor 2657 Jahren, DNotZ 1980, 340; *Wieacker,* Privatrechtsgeschichte der Neuzeit (1967), 448; *Wolff,* Das angebliche Grundbuch des römischen Ägyptens, FS für Wieacker (1978), 185 ff; *H J Wolff,* Das Recht der griechischen Papyri Ägyptens II (1978), § 13; *Wolff-Raiser,* Lehrbuch des Sachenrechts (10. Aufl 1957), § 26

I. Allgemeines

1 Das deutsche Rechtssystem maß dem Grundeigentum schon seit jeher eine besondere Bedeutung bei. Grund und Boden ist nicht beliebig vermehrbar. Er genießt schon immer besondere Wertschätzung. Vor allem waren mit dem Grund und Boden bis in die Neuzeit hinein meistens politische Rechte verknüpft. Die Einmaligkeit des jeweiligen Grundstücks verlangte seit altersher nach einer eindeutigen Klarstellung der es betreffenden Rechtsverhältnisse. Dieses natürliche Streben, dinglichen Rechten wegen ihrer Wirkungen gegenüber jedermann eine nach außen sichtbare Gestalt (im Mobiliarrecht durch den Besitz) zu geben, war im deutschen Grundstücksrecht der **Ursprung des Buchwesens** und die Triebkraft für seine Weiterentwicklung. Auf unterschiedliche Weise wurde in der geschichtlichen Entwicklung des Grundbuchs ein Ausgleich zwischen dem Interesse an der Sichtbarmachung der Rechtsverhältnisse und dem Interesse, möglichst wenig Aufwand und Kosten bei der Verlautbarung zu haben, getroffen.

2 Das heutige Grundbuch wurzelt im mittelalterlichen deutschen Recht. Es knüpft an das **germanische Gerichtszeugnis** an. In mehr als tausend Jahren entwickelte sich das deutsche Grundbuch vom Beweisregister über das Transkriptionsregister und Pfandbuch zu einer urkundlichen Ordnung, die alle Rechtsschicksale des gesamten Bodens in einem amtlichen Buche offen legt.

3 In der ersten Entwicklungsstufe der »**Beweisregister**« hatte die Eintragung nur die Funktion, das außerhalb des Grundbuchs entstandene Recht zu beweisen und die Verschweigungsfrist auszulösen. In der zweiten Stufe erhielt die Eintragung im »**Transkriptionsregister**« für das nach dem Konsens- oder Traditionsprinzip entstandene Recht rechtsverstärkende Wirkung, beim »**Pfandbuchsystem**« eine auf Pfandrechte beschränkte konstitutive Wirkung und die Kraft zum Rechtserwerb durch Ersitzung. In der dritten Stufe ist nach dem »**Grundbuchsystem**« der Erwerb und Verlust aller Immobiliarrechte auch inter partes von der Eintragung abhängig und das Grundbuch mit öffentlichem Glauben für den sofortigen Erwerb vom Nichtberechtigten ausgestattet.[1]

II. Das Altertum

4 Das deutsche Grundbuch ist keine Erfindung unseres Zeitalters. Bereits mehrere Jahrhunderte vor unserer Zeitrechnung kannte man grundbuchähnliche Einrichtungen, die im Wesentlichen die Verwirklichung des auch heute bei uns noch gültigen **Publizitätsgedankens** zum Ziele hat. Insbesondere in Griechenland sind öffentliche Protokolle über die Begründung dinglicher Rechte an Immobilien bekannt. So berichtet Theophrast etwa aus dem **Attika** des Altertums bereits von Büchern, in die von einem Grundstücksbesitzer zu leistende Zahlungen eingetragen wurden (sog **attische Pfandbücher**). Diese Register wurden von besonderen Beamten, den »Merkern« geführt.[2]

5 Öffentliche Aufzeichnungen über Besitz- und Rechtsverhältnisse an Grundstücken gab es nicht nur in den altgriechischen Poleis, sondern auch in **Babylonien**. Aus chronologischen Urkundensammlungen bestand die »bibliothéke enktéson« der besonders gut verwalteten römischen Provinz **Ägypten**.[3] Auf Anordnung der Statthalter wurden dort während der Römerzeit Urkundensammlungen über Grundstücksgeschäfte angelegt, deren

---

1   *Staudinger-Ertl*, BGB, 12. Aufl, Vorbem 71 zu §§ 873–902 BGB; *Staudinger-Gursky*, BGB, (13. Aufl), Vorbem zu §§ 873 Rn 7.
2   *Schönbauer* 113 ff; *Manigk* 458; über antike Bücher: *E Weiss*, in: *Pauly-Wissowa*, ad v Grundbüchern; *Mitteis-Wilcken* 90.
3   *E Seidel* 71 ff; *H J Wolff*, in: FS Wieacker, 185 ff; ausführlicher *H J Wolff* (Griechische Papyri) § 13.

Führung und Verwaltung in der »bibliothéke enktéson« geschah. Berühmt ist auch das in zahlreichen Bruchstücken wieder gefundene Kataster des römischen Arausio (**Orange** in Südfrankreich).[4] Keines dieser »Grundbücher« konnte allerdings eine dem heutigen Grundbuchwesen vergleichbare Stellung erlangen.

Die Entwicklung des römischen Sachenrechts ist durch die grundsätzliche Gleichstellung der beweglichen und **6** der unbeweglichen Sachen bestimmt worden. Für die Übertragung des Eigentums an Grundstücken war das **Traditionsprinzip** maßgebend; die Übertragung erfolgte daher durch Kauf (oder einen gleichstehenden obligatorischen Rechtsakt) und Übergabe. Der Besitz war damals das einzige äußere Kennzeichen des Grundeigentums. Das Traditionsprinzip war zwar mit geringem Aufwand verbunden, hatte aber den erheblichen Nachteil, nur den beteiligten Personen »sichtbar« zu sein und konnte sehr leicht umgangen werden, so wie es heute bei Mobilien im Rahmen der Sicherungsübereignung der Fall ist. Die hypothekarische Belastung der Grundstücke erforderte lediglich einen formlosen Vertrag, sodass eine äußere Erkennbarkeit vollständig fehlte. Hieran änderte auch die Vorschrift I.11 C.8, 17 nichts. Denn durch sie wurde nur bestimmt, dass die Pfandrechte, die durch publice oder quasi publice errichtete Urkunden bestellt wurden, den Vorrang vor anderen Pfandrechten haben sollten; überdies reichte zur Errichtung quasi publice bereits die Pfandbestellung unter Zuziehung von drei Zeugen aus.[5]

Den Publizitätsgedanken vernachlässigten die **Römer** aber nicht völlig; sie kannten auch unterschiedliche **7** Regeln für Grundstücke und res mobiles (zB beim Besitzschutz und in den Ersitzungsfristen). Die publizitären Übereignungsformen für Grundstücke unter Hinzuziehung von Solemnitätszeugen (mancipatio) oder durch gerichtlichen Scheinprozess (in iure cessio) galten allerdings in gleicher Weise für die wertvolleren beweglichen Sachen, soweit sie für den bäuerlichen Gutsbetrieb existenznotwendig waren, wie Sklaven, Zug- und Lasttiere (res mancipi). Nach der Anerkennung der Klagbarkeit jedes konsensualen Kaufvertrags ließ das entwickelte prätorische Recht der klassischen Zeit zur Übereignung aller res mancipi die schlichte traditio genügen (sog bonitarisches oder prätorisches Eigentum). Justinian beseitigte um 530 n Chr die mancipatio wie die in iure cessio systematisch aus den in das Corpus iuris civilis übernommenen klassischen Quellen.[6]

Aus der römischen Zeit stammt die Voraussetzung für das spätere Grundbuch, die »notitia« oder **Beweisur- 8 kunde,** aus welcher sich im Mittelalter die **Dingprotokolle** und ersten Grundbücher entwickelten. Zwischen jenen Vorläufern des Grundbuchs und den ältesten deutschen Grundbüchern lässt sich bis heute allerdings kein Zusammenhang feststellen oder gar nachweisen.[7]

III. Das Mittelalter

Der Grundstücksverkehr nach deutschem Recht stand seit jeher im Gegensatz zum römischen Recht unter **9** dem Prinzip der **Publizität**. Noch ehe grundbuchähnliche Einrichtungen bestanden, vollzog sich der Liegenschaftsverkehr nach älterem Recht beim Wechsel in den Herrschaftsverhältnissen an Grund und Boden auf feierliche, örtliche und öffentliche Weise. Das deutsche Recht verlangte seit jeher die öffentliche Erkennbarkeit und Rechtsposition an einem Grundstück.

Das Recht der **germanischen Zeit** kannte zwar neben der einer gemeinsamen Nutzung unterliegenden Mark **10** (»Allmende«), bereits das Sondereigentum an Haus und Hofstatt (»gard«). Allerdings war auch dieses Individualrecht nicht beliebig verfügbar, es war zugunsten der Sippe gebunden. So kannte die germanische Zeit weder Grundbuch noch – im Zeitalter reiner Naturalwirtschaft – irgendeine Art von Realkredit. Der Eigentumserwerb an Haus und Hofstatt vollzog sich durch die Tatsachen von Niederlassung, Hausbau und Umfriedung; die Sondernutzung bezüglich des Ackerlandes verlieh die Gemeinschaft nach der gemeinschaftlichen Landnahme. Diese urtümlichsten Formen der Rechtsentstehung und -übertragung genügten den Bedürfnissen jener Zeit; für ein wie auch immer ausgestaltetes Grundbuch bestand kein Bedürfnis.[8]

Die **fränkische Zeit** ist gekennzeichnet durch den auf die Stürme der Völkerwanderung und die Sesshaftma- **11** chung folgenden tief greifenden Strukturwandel im sozialen und wirtschaftlichen Bereich. Nun »vertiefte sich das vormals lose Verhältnis zum Grund und Boden«: Die Anerkennung des Erbrechts, für die sich insbesondere die Kirche einsetzte, brachte das **erste verkehrsfähige Eigentum** an Haus und Hof; durch Teilung von Erbengemeinschaftsbesitz entstand Kleinbesitz, der oftmals weiterveräußert wurde, auch kommt es zu freiwilligen Verpfändungen von Grundbesitz.[9]

---

4 *Böhringer* BWNotZ 1986, 1.
5 *Güthe* (5. Aufl), Einl 1 GBO.
6 MüKo-*Wacke* Rn 11 vor § 873 BGB.
7 *Löscher* § 1 Nr 1.
8 *Eickmann* 1. Kap § 2. Zu Verfügungen in der Germanenzeit *Andersch* BWNotZ 1982, 153. Zum Eigentumsbegriff nach altdeutschem Recht *Olzen* JuS 1984, 328, 332.
9 *Eickmann* aaO.

12 Es kam zur Ausbildung eines **Sonderrechts für Grundstücke**. Seine Grundlage war die Öffentlichkeit der Rechtsverhältnisse an den einzelnen Grundstücken. Bereits nach ältestem Recht wurde die Übereignung eines Grundstücks stets auf diesem selbst vorgenommen. Der Veräußerer verließ das Grundstück und gestattete dem Erwerber das Betreten. Diese Übereignung erfolgte unter Zuziehung einer bestimmten Zahl von Zeugen aus dem Kreis der Gemeindegenossen und bestand bereits aus zwei Akten, nämlich der Erklärung des Übereignungswillens (Sale, lat nicht ganz zutreffend mit »traditio« bezeichnet) und dem eigentlichen Vollzug der Übereignung (Gewere, lat »investitura«). In der Handlung der Sale lag die Eigentumsübertragung des Grundstücks, die jedoch nur eine Wirkung zwischen Veräußerer und Erwerber enthielt. Dritten gegenüber hatte sie keine Wirkung. Diese Drittwirkung wurde erst erreicht durch den Akt der Investitur. Mit den Rechten an Grundstücken allgemein hängt eng zusammen der Begriff der »Gewere«. Sprachlich wird Gewere heute auf den gotischen Ausdruck »wasjan« = einkleiden bzw. auf »weri«, »war« = Obhut, Besitz zurückgeführt. In der Gewere war jedenfalls derjenige, der die tatsächliche Sachherrschaft über ein Ding hatte. Von besonderer Bedeutung war der Begriff der Gewere an Liegenschaften; denn das uns heute bekannte abstrakte Denken in dinglichen Rechten war den Rechtsordnungen des Mittelalters unbekannt. Der Ersatz dafür waren die Gewere, die jeweils das entsprechende Recht verliehen. Die Investitur war der förmliche Akt der Eigentumsübertragung und vollzog sich zuerst auf dem Grundstück selbst. Diese Investitur bei tatsächlicher Anwesenheit des Verkäufers und des Käufers wird als die reale Investitur bezeichnet. Die reale Investitur vollzog sich in zwei Solemnitäten, dh zwei Akten: Der eine war der Apprehensionsakt. Der Käufer nahm aus der Hand des Verkäufers symbolisch für den Besitzerwerb einen Teil des Grundstücks. Dieses war eine Scholle oder ein Halm. Das andere war der Auflassungsakt. Der Verkäufer machte deutlich, dass er den Besitz am Grundstück aufgab. Der Verkäufer »ließ den Besitz auf«, den dann der Erwerber in Anspruch nahm. Der Augenblick der Auflassung war der Moment des Eigentumsübergangs, der reale Investiturakt war abgeschlossen.[10] Später wurde die Auflassung über den **Salmann** vermittelt. Unter »Auflassung« ist also die rechtsförmliche Aufgabe der »Gewere« als der tatsächlichen Herrschaft (wirtschaftliche Nutzung = leibliche Gewere) verbunden mit der ideellen Rechtsherrschaft (= unkörperliche Gewere) zu verstehen. Sie erfolgte durch symbolische Verzichts- oder Räumungshandlung des Veräußerers (zB Übergabe eines Stabes oder Halmes beim Herausgehen aus dem Grundstück). Von daher stammt übrigens auch das Wort »Auflassung«, dh die Hinauflassung des Erwerbers auf das Grundstück durch den Verkäufer.[11]

13 Diesem frühen Rechte war bereits die deutliche Tendenz eigen, den Rechtsbeziehungen an Grundstücken sichtbare Gestalt (= Publizität) zu verleihen. Ganz besonders traf dieses **Streben nach Verlautbarung** aller sie berührenden rechtlichen Vorgänge für Grundstücke zu. Früher gebot die politische, gesellschaftliche und rechtliche Stellung, die für den Eigentümer mit dem Grund und Boden verknüpft war, eine Publizierung der Rechte. Mittelalterliches Eigentum an Grund und Boden entsprach nicht einem »Privateigentum«, es enthielt vielmehr noch ein öffentlich-rechtliches Element: Gebietshoheit und Grundeigentum, das waren ehedem identische Begriffe. Erst später wurden – beginnend in den Städten – die öffentlich-rechtlichen Bestandteile des Eigentums ausgeschieden und wurde reines Privateigentum entwickelt.[12]

14 Mit zunehmendem Grundstücksverkehr wurde die umständliche und zeitraubende Art der Eigentumsübertragung an Ort und Stelle immer lästiger, schließlich erwies sie sich weitgehend als undurchführbar, ja sie drohte den Grundstücksverkehr, der sich kaum zu einer ersten Blüte entfaltet hatte, nahezu zu lähmen. Der Rechtsalltag wandte sich von der Rechtsnorm ab.[13]

15 Noch in fränkischer Zeit wurde die Übergabe und die Einigung über den Eigentumsübergang (Sale) mehr und mehr vom Grundstück entfernt; es bildete sich die **Übereignung vor Gericht** aus, die das mittelalterliche Recht beherrschte.

16 Seit dem 11. Jahrhundert war es wegen der gesteigerten Publizität des Grundstücksverkehrs in großen Teilen Deutschlands Sitte und vielfach Erfordernis geworden, Grundstücksübereignungen nur unter **Mitwirkung des Gerichts** vorzunehmen; auch ohne eigentlichen Streit (Prozess) erging auf Antrag des Erwerbers ein Urteil, das die vor Gericht geschehene Eigentumsübertragung bestätigte.[14] Anfangs geschah diese gerichtliche Übereignung – ähnlich der römischen »in iure cessio« – durch echten oder Scheinprozess:[15] Der zur Eigentumsübertragung Verurteilte wies den Obsiegenden an der Gerichtsstelle durch eine darauf gerichtete Erklärung in den Besitz am Grundstück ein. Dieser Vorgang, vor den Gerichtspersonen im Beisein von Zeugen vorgenommen und vom Gericht beurkundet, zeigt bereits deutliche Anklänge an die moderne Form der Grundstücksauflas-

---

10 Ausführlich *Stewing* Rpfleger 1989, 445. Vgl auch *Löscher* 2; *Bengel/Simmerding* Einf A Rn 1. Zum Begriff »gewere« auch *Andersch* BWNotZ 1982, 153 (158).

11 *Löscher* aaO.

12 *Löscher* aaO.

13 *Eickmann* aaO.

14 *Löscher* aaO; *Bengel/Simmerding* Einf A Rn 3.

15 *von Boltelini* ZfRG 49, 300. Am längsten (bis 1833) in England erhalten: *Brunner* RG der Urkunde, I 286 ff.

sung.[16] Es war eine neue Art von **unkörperlicher Investitur** (Besitzeinweisung). Da die Prozessform bald abgestreift wurde, war praktisch der Weg der freiwilligen Gerichtsbarkeit beschritten worden. Die körperliche Übergabe war künftighin zur Übereignung nicht mehr nötig.

Über die **gerichtliche Auflassung** wurden schon früh Beweisurkunden ausgestellt. Die Grundstücksgeschäfte **17** wurden zunächst in Einzelurkunden (notitia oder carta) mit gehobener Beweiskraft festgehalten. Noch im 11. Jahrhundert folgte eine Fortentwicklung des damaligen Urkundswesens durch die Einrichtung von **Traditionsbüchern** (vor allem in Bayern).[17] Rechtsakte wurden unmittelbar in ein Buch eingetragen, welches damit zu einem laufend geführten Protokoll über Rechtshandlungen wurde und die Einzelurkunde verdrängte.[18] Jedoch können diese Traditionsbücher noch nicht als »Grundbücher« bezeichnet werden, da den Eintragungen keine konstitutive Rechtswirkung zukam. Diese Vorläufer des heutigen Grundbuchs hatten nur reine Beweisfunktion. Für die Wirksamkeit des Rechtsgeschäfts über eine Liegenschaft war nach wie vor maßgebend die Vornahme der deutsch-rechtlichen symbolischen Handlungen. Die **Traditionsbücher** (Originalaufzeichnungen über Grundstücksgeschäfte) waren eine bedeutungsvolle Erscheinung ihrer Zeit, aber ohne maßgeblichen Einfluss auf die späteren Grundbücher. Da sie als private Urkundensammlungen nicht die Kraft des Urkundenbeweises erlangten, verloren sie ab dem 13./14. Jahrhundert ihre rechtliche Bedeutung.[19]

In den Städten pflegte der Stadtrat die Urkunden (Auflassungen) amtlich zu verwahren. Seit dem 12. Jahrhun- **18** dert wurden in den damals bedeutendsten Handels- und Verkehrsstädten die Grundstücksgeschäfte (Auflassungen) in **amtliche Sammlungen** eingetragen. Die ältesten und bedeutendsten Urkundensammlungen dieser Art sind die **Kölner Schreinskarten** und **Schreinsbücher**[20] (seit 1135). Auch die Städte München und Ulm begannen bereits im 12. Jahrhundert mit der Sammlung solcher grundbuchähnlichen Beurkundungen. Diese Bücher wurden anfangs überall rein chronologisch geführt. Die Schreinsbücher trugen ihren Namen vom Aufbewahrungsort der Urkunden: In einem truheähnlichen Behälter wurden die Aufzeichnungen über die Rechtsvorgänge im Liegenschaftswesen aufbewahrt.

Dieser auf öffentliche »**Stadtbücher**« (nicht private Sammlungen) gestützte Schritt vom Zeugen- zum Urkun- **19** denbeweis war der eigentliche **Anfang des Grundbuchwesens,** obwohl es erste Ansätze eines Buchwesens bereits seit dem 8. Jahrhundert gab. Damals wurden in Deutschland die ersten **Güterverzeichnisse** (»Urbarien« genannt) bekannt.[21] Die »Copialbücher« enthielten Abschriften von Besitzurkunden. Bahnbrechend für die Rechtsentwicklung waren aber die Kölner Schreinsbücher als ältestes deutsches Grundbuch. Mit zu den ersten erhaltenen »Grundbüchern« ist wohl auch die in der Sondergemeinde Airsbach für den Unterbezirk »porta sancti pantaleonis« geführte Sammlung zu zählen.[22]

Gegen Ende des 12. Jahrhunderts wurden ähnliche Bücher beim städt Schöffengericht in Andernach und in **20** Metz geführt. Die ältesten erhaltenen Stücke datieren aus den Jahren 1173 bis 1256.[23] Vor allem in norddeutschen Städten finden diese »Stadtbücher« in der Folgezeit starke Verbreitung. In Form **allgemeiner Ratsprotokolle** wurden sie im Rechtskreis von Magdeburg seit 1215 und als eigentliche Bücher im Lübecker Rechtskreis seit 1227 geführt.[24] Mit Verschweigungswirkung ausgestattet waren bereits die Hamburger »**Erbe- und Rentenbücher**« (seit 1248), die stark von Köln beeinflusst wurden. In Bayern erfolgten Eintragungen im Allgemeinen Gerichtsbuch nach dem Landrecht von 1346. Das alte **Münchner Stadtrecht** von 1347 bestimmte in den Art 31 und 32, dass Eigentumsübertragungen und Verpfändungen von Immobilien durch gerichtliche Auflassung vor den gewöhnlichen Untergerichten vorgenommen und in das Gerichtsprotokoll eingetragen werden müssen[24]. Das älteste Münchener Realfolium aus dem »Hacher Vierthel« wird auf das Jahr 1484 datiert. Auch diese Grundbücher haben sich im Laufe der Zeit zu präzisen Urkunden entwickelt, sodass Voraussetzung für die Begründung eines Rechtes erst wieder die Eintragung in das Grundbuch war. Seit 1400 finden sich auch

---

16 *Eickmann* aaO; *Wolff-Raiser* § 26; Die Bedeutung des Wortes »Auflassung« (Lassung, resignatio, dimissio ua) hat gewechselt. Anfangs wohl die einseitige (körperliche) Besitzräumung. Dann die Erklärung des Veräußerers, dass er den Besitz räume (sei es als Tatsachenerklärung [Feststellung, den Besitz geräumt zu haben, se exitum dicere] oder als Willenserklärung; ferner die Erklärung des Veräußerers, Besitz zu übertragen oder Besitz und Eigentum zu übertragen (dimittere ac tradere terram ac possessionem; für Bremen: *Rehme*, Stadtr Forsch I [1908] 59); vor allem aber: diese Erklärung des Veräußerers und deren Annahme durch den Erwerber (bisweilen wohl als resignatio und susceptio einander gegenübergestellt; *Rehme* I 49, 56). Schließlich (nach Fortfall der ideellen Gewere): bald die Einigung der Parteien über den Eigentumsübergang (so auch BGB § 925), bald die auf dieser Einigung und der Eintragung beruhende Übertragung des Eigentums.
17 *Hammer* 37 ff; *Stewing* Rpfleger 1989, 445.
18 *Bengel/Simmerding* Einf A Rn 3.
19 *Staudinger-Ertl*, BGB, 12. Aufl, Vorbem 72 zu §§ 873–902 BGB; *Staudinger-Gursky* (13. Aufl) § 873 Rn 2; *Eickmann* aaO; *Bengel/Simmerding* Einf A Rn 3.
20 Dazu *Stewing* Rpfleger 1989, 445.
21 *Aubert* ZfRG Bd 14, 1 ff.
22 *Bengel/Simmerding* Einf A Rn 4; *Conrad* (1935) 2.
23 *Bengel/Simmerding* Einf A Rn 4.
24 *Bengel/Simmerding* Einf A Rn 4; *Stewing* Rpfleger 1989, 445.

in Hannover Grundbücher, die nach dem Realfoliensystem aufgebaut sind. In diese Bücher wurden später auch Rentenschulden und andere Lasten eingetragen, sodass man bis 1750 zu einer Dreiteilung des Grundbuches kommt, die der unserigen heutigen Aufteilung ähnelt. Vorbild für die späteren Hypothekenbücher ist das **Ulmer Pfandbuch** (ab 1400). Es entwickelten sich Grundbücher mit drei verschiedenen Aufbauschemata: Die bei der Einführung des Grundbuchs am häufigsten praktizierte Form der Eintragung war die der *chronologischen Aufzählung*. Zum einen wurden in den Gerichtsbüchern am Anfang nicht nur Ausführungen zum Liegenschaftsverkehr gemacht, sondern häufig auch Beurkundungen ganz anderer Art, zum anderen waren Bewegungen im Grundstücksverkehr noch relativ selten, sodass eine Aufführung der Veräußerung in chronologischer Reihenfolge die bequemere Methode war. Eine andere Art der Eintragung war das *Realfolium*; hier wurde für jedes Grundstück getrennt ein Grundbuchblatt angelegt und alle dieses Grundstück betreffenden Angaben auf diesem Blatt vermerkt. Der Vorteil war eine bessere Übersicht über die das Grundstück betreffenden Rechtsverhältnisse sowie eine schnelle Wiederauffindbarkeit der Urkunden. Das heutige Grundbuch ist nach dem Realfoliensystem aufgebaut. Die dritte Methode, ein Grundbuch aufzubauen, ist die nach *Personalfolien*. Hier werden alle die einer Person gehörenden Grundstücke aufgeführt. Diese Art der Grundbuchführung war nicht weit verbreitet. Das **Danziger »Erbbuch«** (ab 1357) ist vermutlich das älteste Realfolium für Grundeigentum und Grundzins; es war ein Verzeichnis der nach Gassen geordneten Häuser, auf einer Spalte untereinander aufgereiht, jeweils darunter die Eigentümer aufgeführt. In der zweiten Spalte stand für jedes Haus der entsprechende Grundzins.[24] Eine heute übliche Aufteilung nach Gemarkung, Flur und Flurstück war noch unbekannt.

21   Vollendete Muster von mittelalterlichen deutschen Realfoliumgrundbüchern sind das **Preßburger Grund- und Satzbuch** (von 1439) und das **Münchner Grundbuch** (von 1484), das als Vorläufer des modernen Grundbuchs angesehen wird. Jedem Haus ist eine Seite bzw ein ganzes Blatt gewidmet. Die Überschrift eines jeden Foliums bildet der Name der Straße und des Grundstücks, bezeichnet durch den Namen der Person, die zZt der Anlegung Eigentümer war. Die Eigentumsübertragungen sind vermerkt, ebenso die sich auf das »Ewiggeld« (eine Art Rentenschuld) beziehenden Rechtshandlungen, sowie Leibgedinge und Servituten. Seit 1572 ist auch für den Eigentumserwerb die Verbriefung und Eintragung im Grundbuch rechtliche Voraussetzung. Dieses Münchner Grundbuch (von 1484) wurde neben dem **Bayerischen Hypothekenbuch** (1822) bis 1900 weitergeführt und ab 1900 (durch BayG v 19.06.1898) sogar zu dem für die Änderung und Löschung altrechtlicher Grunddienstbarkeiten (Art 187 EGBGB) maßgeblichen Grundbuch erhoben.[25]

22   Allmählich setzte sich der Gedanke durch, dass eine rechtliche Änderung in den Grundstücksverhältnissen erst durch die Buchung selbst erreicht werden sollte, die Buchung sich also zum »rechtsstiftenden Akt« entwickelte. Im 15. Jahrhundert kam man in einer größeren Zahl von Stadtrechten (Köln, Hamburg, Lübeck, Mecklenburg) dazu, den **Bucheintrag als Perfektionsakt** anzusehen. Der Bucheintrag war nicht mehr nur ein Beweismittel für die geschehene Rechtsänderung, sondern wurde zu einem konstitutiven Tatbestandsstück der Rechtsänderung. Erst die Eintragung im Stadtbuch führte den Eigentumsübergang herbei. Das war ein weiterer entscheidender Schritt auf dem Weg zum heutigen Grundbuchsystem.

IV. Die Rezeption des römischen Rechts

23   Die einsetzende Aufnahme des **römischen Rechts** störte die Entwicklung des deutschen Liegenschaftsrechts und führte zu einer bedauerlichen Unterbrechung der bedeutsamen Ansätze eines Grundbuchsystems. Die große Zahl von Juristen, die an den berühmten italienischen Universitäten ausgebildet worden war, besetzte nunmehr Verwaltung und Gerichtsbarkeit. Überall dort, wo das lokale Recht (Stadtrecht) keine eindeutige Regel enthielt, hatte künftig das römische Recht als »ius commune« oder »ratio scripta« Geltung. Der altdeutsche Brauch der Auflassung verfiel. Das neue rezipierte Recht neigte zur **Formlosigkeit** im gesamten sachenrechtlichen Verkehr; es kannte für die Übereignung und Belastung keinen Unterschied zwischen Immobilien und Fahrnis. Die Übertragung des Eigentums an Liegenschaften war danach einfach durch Vertrag und Tradition möglich. Da dem rezipierten Recht die behördliche oder gerichtliche Mitwirkung im sachenrechtlichen Verkehr geradezu fremd war, erfasste es das deutsche Liegenschaftsrecht an dessen Wurzel. Gleich negativ wirkte sich auch die seit dem 12. Jahrhundert gewandelte Bedeutung von Brief und Siegel für Beweis und Bekräftigung des Geschäfts aus, da neben der öffentlichen[26] auch private Siegelung zulässig und im Laufe der Zeit üblich geworden war. Die Entwicklung zur Ausbildung eines Buchwesens wurde daher empfindlich gestört. Das römische Recht wurde – abgesehen vom Lehnsrecht – in ganz Deutschland gemeines Recht. Die Formlosigkeit und damit letztlich Ungenauigkeit und Unbeweisbarkeit des römischen Rechts ergriff den deutschen Immobiliarverkehr.

24   Doch konnte sich das römische Recht nicht überall durchsetzen. An manchen Orten – vor allem dort, wo die Stadtrechte bereits ausgeformt und fixiert waren – erhielten sich die alten deutschrechtlichen Grundsätze der Auflassung mit nachfolgendem Bucheintrag (so in Hamburg, Lübeck, München und Ulm) und vermochten sich bis in die Gegenwart fortzubilden. Allerdings kam es auch zu Mischformen.

---

25   *Staudinger-Ertl,* BGB, 12. Aufl, Vorbem 72 zu §§ 873–902 BGB; *Staudinger-Gursky* (13. Aufl) § 873 Rn 2; *Hammer* 60 ff.
26   *Frischknecht,* Zur Geschichte der Notarsignete, BWNotZ 1986, 33.

Es besteht heute kein Zweifel, dass die Rezeption auf dem Gebiet des Grundstücksrechts sich ungünstig ausge-   25
wirkt und die Entwicklung des Grundbuchsystems lange und schwerwiegend behindert hat.[27]

V. Die Neuzeit

Das 17. Jahrhundert bringt Deutschland die Katastrophe des Dreißigjährigen Krieges. Der Wiederaufbau   26
Deutschlands, die Wiedererschließung und Wiederbesiedlung der brachliegenden Flächen nahm Jahrzehnte in
Anspruch. In dieser Epoche des **Merkantilismus** wurden die Mängel des römischen Rechts nachhaltig sichtbar: Es fehlte an **Klarheit** über die Eigentumsverhältnisse am Grundbesitz; die an einer Geldanlage Interessierten hielten sich zurück, weil die von ihnen beanspruchte dingliche Sicherung des Kapitals weder vermerkt und
damit beweiskräftig gehalten werden konnte, noch in ihrem Rang gegenüber anderen Kreditgebern Sicherung
erhielt. Wirtschaftliche Notwendigkeiten führten somit zu einem allgemeinen Rückschlag der römischen
Rechtsgedanken und zu einer erneuten Hinwendung zum Grund- oder jedenfalls **Hypothekenbuchsystem:**
Das Unglück des Krieges konnte endlich wieder bewirken, was in der Zeit der Prosperität vergessen worden
war. Die **Wiederbesinnung auf das Buchwesen** (ab 18. Jahrhundert) in den deutschen Ländern setzte ein
und wurde durch die guten Erfahrungen mit den Stadtbüchern begünstigt. Nur in wenigen **Partikularrechten** blieb aber das deutsche Grundbuchrecht ganz unberührt von römischen Einflüssen. Meist verband es sich
mit römischen Gedanken zu einem Mischsystem. So entwickelten sich in den verschiedenen Ländern Deutschlands wieder Systeme der Eintragung von Grundeigentum oder jedenfalls von Grundstücksbelastungen in
öffentliche Bücher.[28] Das Grundbuchwesen der damaligen Zeit bot daher eine Buntheit unterschiedlichster
Systeme.

1. Das bremische Erbbuch- und Handfestensystem[29]

Das Immobilienrecht ohne Bucheinrichtung des gemeinen Rechts hatte nur noch vereinzelt Geltung. Ein   27
eigenartiges buchloses Immobilienrecht hatte sich in **Bremen** unter Fortbildung der Auflassung des Mittelalters
entwickelt. Es knüpft insofern an die deutschrechtliche Entwicklung an, als es die Erkennbarmachung der
Grundstücksrechte fordert, erreicht diesen Zweck aber ohne Grund- und Hypothekenbuch durch ein öffentliches Aufgebot, dh eine Aufforderung an alle Beteiligten, ihre Ansprüche binnen 6 Wochen bei Vermeidung des
Rechtsverlusts anzumelden **(Verschweigungsprinzip).** Die Eigentumsurkunden (»Lassung« bei freiwilliger
Veräußerung, Zuschlagsprotokoll bei öffentlichen Verkäufen) werden nach Ablauf der Aufgebotsfrist in dem sog
»**Erbebuch**« vereinigt. Die Hypothekenurkunden (»Handfesten«) werden dem Besteller der Hypothek (»Williger«) ausgehändigt. Ein einheitliches Grund- oder Hypothekenbuch wurde also nicht geführt. Dieses Rechts-
system erwies sich immer mehr als unzulänglich.

2. Transkriptions- und Inskriptionssystem[30]

Es entstammt dem **französischen Recht** (code civil) und bildete Grundlage des Immobilienrechts in den vom   28
code civil beeinflussten deutschen Ländern Baden, der hessischen Provinz Rheinhessen, Elsaß-Lothringen, der
bayrischen Pfalz, im preußischen OLG-Bezirk Köln und im Fürstentum Birkenfeld. Dieses System stellt eine
Verbindung von deutschen und römischen Rechtsanschauungen dar. Deutsch ist daran die verschiedene
Behandlung von beweglichem und unbeweglichem Vermögen und die **Führung von Grundstücksbüchern
(Transkriptions- und Inskriptionsregister).** Römisch ist, dass das Eigentum durch formlosen Vertrag übertragen wird. Allerdings ist durch das loi sur la transcription en matière hypothécaire v 23.03.1855 die Eintragung der Erwerbsurkunden und gewisser Urteile in das Transkriptionsregister vorgeschrieben; die Eintragung
ist jedoch für den Eigentumserwerb nicht wesentlich. Der Erwerb von Hypotheken und anderen Belastungen
erforderte keine Eintragung in das Transkriptionsregister, die Eintragung war vielmehr nur für die Rangordnung maßgebend. Durch Eintragung (transkription) der Erwerbsurkunde in das Transkriptionsregister und
durch Inskription von Hypotheken und Privilegien erlangten die dinglichen Rechte nun Wirksamkeit gegen
Dritte. Typisches Merkmal dieses Systems war die **konfirmatorische Wirkung** der Eintragung.

3. Das Hypotheken- oder Pfandbuchsystem[31]

Die Anlegung und Eintragung in das Grundbuch ist nur für und bei der **hypothekarischen Belastung** der   29
Grundstücke erforderlich. Dieses System galt in Bayern (ohne Pfalz), Württemberg (je bis 1900), Weimar,
Schwarzburg-Rudolfstadt und bis 1872 auch in Preußen. Die Eintragung eines Grundstücks in das Buch war
nur dann notwendig, wenn eine Belastung beabsichtigt war. Das **Pfandbuch (Hypothekenbuch)** hatte nur

---

27 *Eickmann* aaO; *Stewing* Rpfleger 1989, 445.
28 *Eickmann* aaO.
29 *Güthe* Rn 6; *Schöner/Stöber* Rn 8; *Löscher* aaO.
30 *Güthe* Rn 5; Motive 3.11 zum BGB.
31 *Planck-Kettnaker* 1 ff; *Schöner/Stöber* Rn 8; *Bengel/Simmerding* Einf A Rn 8.

die Hypothekenrechte und den Verkehr damit zu sichern, erfüllte mithin lediglich die Aufgabe, den Realkredit auf eine sichere Grundlage zu stellen. Für diesen Zweck wurden auch die mit Hypotheken belasteten Liegenschaften und ihre Eigentümer erfasst. Das Hypothekenbuch war ein Realfolium mit drei Unterteilungen. In der ersten Spalte wurde das Grundstück, in der zweiten der Besitzer und in der dritten das Pfandrecht aufgeführt. Das Eigentum wurde aber nicht durch Eintragung übertragen; nach dem **Traditionsprinzip** des römischen Rechts wurde es durch Übergabe erworben. Die Umschreibung des Eigentümers war aber Voraussetzung für sein Recht, das Grundstück hypothekarisch zu belasten. Der Hauptmangel des Systems ist eine häufige Zweiung von »Bucheigentum« und »Sacheigentum«. Die Begründung anderer dinglicher Rechte als Hypotheken erfolgte im Wesentlichen gleichfalls ohne Buchung.

30 Das System wurde vor allem in **Preußen** entwickelt; jedes Grundstück erhielt ein Folium im Buch. 1722 wurde in Preußen erstmals ein **Hypothekenbuch** angelegt. Bahnbrechend für das Pfandbuchsystem war die »*Allgemeine Hypothekenordnung für die gesamten königlichen Staaten vom 20.12.1783*« in Preußen[32] (vorausgegangen waren die Hypothekenordnungen von 1722 und 1750). Hier wurde die Führung von Hypothekenbüchern nach dem **Realfoliensystem** vorgesehen. Es musste jedes Grundstück, gleichgültig ob es durch eine Hypothek belastet war oder nicht, in das Buch eingetragen werden. Auch mussten Eigentums- und Besitzverhältnisse sowie andere dingliche Rechte in das Hypothekenbuch eingetragen werden, wenngleich für die Richtigkeit dieser Angaben keine Gewähr übernommen wurde. Auch das preußische Hypothekenbuch war in drei Spalten gegliedert. Die erste Spalte enthielt Angaben über den Eigentümer und den Wert des Grundstückes, die zweite Beschränkungen dinglicher Art und die dritte Spalte die Hypotheken. Es hatte somit Ähnlichkeit mit den heutigen Grundbüchern. Die Eintragung im Hypothekenbuch war rechtsbegründend. Das Eigentum hingegen wurde an Liegenschaften gem dem Allgemeinen Preußischen Landrecht von 1794[33] noch durch Tradition und ohne Bucheintragung erworben. Ab 1794 (PrALR) hatte Preußen der Hypothekeneintragung im Hypothekenbuch öffentlichen Glauben verliehen. Schließlich vollzog Preußen 1872 den Schritt vom Pfandbuch zum Grundbuch.

31 **Bayern** hat sich zur Beschleunigung der Anlegung zunächst mit dem **Hypothekenbuch** (von 1822) auf der Grundlage des auf Hypotheken beschränkten Eintragungs-, Publizitäts- und Spezialitätsprinzips nach dem **Realfoliensystem** begnügt. Ein Nachteil des bayerischen Hypothekenbuches war, dass nur pfandrechtliche Beurkundungen eingetragen wurden. Eigentums- oder Besitzerwechsel wurden, wie dies im Mittelalter der Fall war, aufgrund des Einflusses römischen Rechtes nicht mehr aufgenommen. So war häufig unklar, wem überhaupt ein Grundstück gehörte und ob es der Betreffende denn verpfänden dürfe. Diesem Problem wurde 1861 durch ein Notariatsgesetz begegnet, sodass alle Eigentums- und Besitzerwechsel sowie Änderungen an den das Grundstück betreffenden dinglichen Rechten in einer Notariatsurkunde festgehalten und in das Hypothekenbuch eingetragen wurden. So war man, nach einer durch die Rezeption begründeten Verwirrung, wieder bei den mittelalterlichen deutschrechtlichen Grundbüchern angelangt. In der linksrheinischen Pfalz galt das unübersichtliche und komplizierte Hypothekensystem der franz Hypothekenverfassung, das im 18. Titel des code civil von 1803 enthalten war. Im rechtsrheinischen Bayern wurden Hypothekenbücher durch das Hypothekengesetz vom 01.06.1822 (GBl Sp 17) eingeführt. Dieses Gesetzbuch lehnte sich stark an die preußische Hypothekenordnung von 1783 an, wich jedoch vom preußischen Tabellarsystem ab.[34] In der bayerischen Pfalz wurden Hypothekenregister durch Gesetz vom 06.04.1888 eingeführt. Ein Entwurf eines bürgerlichen Gesetzbuchs für das Königreich Bayern vom Jahre 1864, der bereits den Übergang vom Pfandbuch- zum Grundbuchsystem vorgesehen hatte, gelangte nicht zur Verwirklichung. Absicht dieses Gesetzentwurfs war die Einführung eines Grundbuchsystems mit formaler Rechtskraft der Eintragung: »Was im Grundbuch steht, ist richtig, weil es darin steht« (dies galt in **Hamburg** und **Lübeck**). Die Gültigkeit war nicht Rechtsänderungsvoraussetzung, und selbst wer durch Fälschung einen Bucheintrag zu seinen Gunsten erwirkt hatte, erlangte das dem Bucheintrag entsprechende Recht. Wegen der Arbeiten am reichseinheitlichen BGB und der Einführung des sog materiellen Konsensprinzips gab Bayern sein Gesetzesvorhaben wieder auf.[35]

32 In **Württemberg**[36] entsprach das **Pfandbuch** (1825) mit einigen Abweichungen dem bayerischen Hypothekenbuch. Daneben bestand in Württemberg ein **Güterbuch**. Diese Güterbücher wurden in den meisten

---

32 Oder ihre Vorläufer: *Dernburg* Preuß PR I § 191.

33 Galt für die preußischen Staaten und wurde 1795 in den Marktgrafschaften Ansbach und Bayreuth eingeführt.

34 Dem Hypothekenbuch beizufügen (§ 128 Hypothekengesetz) waren ein alphabetisches Register »nach den Namen der Besitzer« und ein Register »nach der Benennung der Güter« (Sachregister). Nach der Aufstellung des Grundsteuerkatasters (1857 für das gesamte Staatsgebiet vorhanden) wurden die Liegenschaften im Hypothekenbuch nach dem Grundsteuerkataster bezeichnet. Das Sachregister der Grundstücke wurde zu einem Flurbuch ausgebaut, das steuergemeindeweise für alle Grundstücke in der Reihenfolge der Plannummern Fläche, Benennung und Kulturart nachwies und außerdem die Fundstelle im Hypothekenbuch, soweit die Grundstücke eingetragen waren (JMBek vom 20.08.1863, JMBl 85; vom 17.10.1868, JMBl 243; vom 18.07.1898, JMBl 225).

35 *Bengel/Simmerding* Einf A Rn 11; *Wolff-Raiser* § 26.

36 *Lang; Reyscher,* Württ Privatrecht (2. Aufl); *Wächter,* Handbuch des Württ Privatrechts (1839); *Siegle,* Nichtstreitige Gerichtsbarkeit (2. Aufl 1885); *Siegle,* Pfandrecht (1885); Das Württembergische Landrecht vom 1. Juni 1610; *Ströhmfeld.*

Gemeinden Württembergs seit Jahrhunderten zu Steuerzwecken geführt. Sie enthielten ein vollständiges Verzeichnis aller zur Gemeindemarkung gehörigen steuerpflichtigen Grundstücke, etwa entsprechend den heute eintragungspflichtigen Grundstücken. Die einem Eigentümer (denselben Ehegatten) gehörenden Grundstücke wurden im Güterbuch in fortlaufender Reihenfolge geführt. Eine rechtsbegründende Wirkung hatten diese Einträge in den alten Güterbüchern nicht. Im Hinblick auf die 1819 begonnene **Landesvermessung** wurden ab 1825 Pfandgesetze erlassen und durch Ministerialverfügung von 1832 die Ergänzung, Umschreibung und ggf Neuanlage der Güterbücher angeordnet. Damit war für das ganze Land Württemberg die Güterbuchführung einheitlich geregelt. Nach der Verfügung von 1832 sollte das Güterbuch grundsätzlich über alle Rechtsverhältnisse des Grundstücks Auskunft geben. In der Regel wurde aber nur eingetragen der Beschrieb des Grundstücks, der Eigentümer, Fideikommissrechte, persönliche Rechte auf Erwerb oder Veräußerung des Grundstücks. Zur Entlastung des Güterbuchs wurde das **Servitutenbuch** angelegt. Die Einträge sind aber dort weder rechtsbegründend noch erheben sie Anspruch auf Vollständigkeit. Nach der Landesvermessung und der dadurch ausgelösten einwandfreien Güterbuchführung hat Württemberg seine Pfandgesetzgebung neu geregelt und ein **Unterpfandsbuch** eingeführt. Die wichtigsten Bestimmungen sind enthalten in dem Pfandgesetz vom 15.04.1825 (WRegBl 1825, 193), der Hauptinstruktion vom 14.12.1825 und dem Pfandentwicklungsgesetz vom 21.05.1828. Gegenstand des Unterpfandes konnten nur unbewegliche Sachen und deren wesentliche Bestandteile sein. Unterpfandsbehörde war der Gemeinderat oder seine zuständige Abteilung. Aufgrund der Eintragung im Unterpfandsbuch erhielt der Gläubiger einen Pfandschein (entsprechend dem heutigen Hypothekenbrief). Da der Eintrag im Güterbuch **keine rechtsbegründende Wirkung** hatte, wurden zugunsten der gutgläubigen Unterpfandsgläubiger und deren Rechtsnachfolger folgende Rechtsvermutungen geschaffen: Hinsichtlich der Verpfändung galt als Eigentümer eines Grundstücks derjenige, welcher im Güterbuch als Eigentümer eingetragen war, sofern nicht ein entgegenstehendes Recht in den öffentlichen Büchern gewahrt war. Ferner war derjenige, welcher Eigentum oder andere dingliche Rechte unter lästigem Titel (entgeltlich) und in gutem Glauben erwarb, gegen jedes beeinträchtigende, nicht in den öffentlichen Büchern gewahrte dingliche Recht eines Dritten geschützt. Diese Bestimmungen haben schon eine gewisse Ähnlichkeit mit den Vorschriften des BGB über den **öffentlichen Glauben** des Grundbuchs, § 892 BGB. Von alters her wurden in Württemberg die Kaufverträge über Grundstücke in öffentliche Bücher eingetragen. Das Württembergische Landrecht vom 01.06.1610 ordnete die Führung von **Kaufbüchern** in allen Gemeinden an. Das Kaufbuch war die wichtigste Grundlage für die Führung des Güterbuchs.

Sachsen hat als erster deutscher Staat mit seinem **Hypotheken- und Grundbuch** (1843) den Rechtssatz, dass **33** Eigentum und dingliche Rechte nicht ohne Eintragung erworben werden können, verwirklicht und daneben Bücher für öffentliche Baulasten angelegt. Durch Gesetz vom 06.11.1843 wurde das Grundbuch und Hypothekenbuch eingeführt, ein **Realfolium**, das als erstes neuzeitliches Grundbuch in Verbindung mit der Katastervermessung heute gilt.

4. Das Grundbuchsystem

Das Grundbuchsystem ist das dem Pfandbuchsystem gegenüber konsequentere und vollkommenere System. **34** Das Grundbuch soll Auskunft über alle Rechtsverhältnisse eines Grundstücks, insbesondere auch über das Eigentum, geben. Grundstücke, Eigentum und Belastungen wurden im Grundbuch dargestellt. Eigentumsübertragungen und Belastungen waren dem Eintragungsprinzip unterworfen. **Mit und durch Eintragung entstehen die Rechte** (Konstitutivwirkung). Dieses System galt in Preußen (mit Ausnahmen) seit 1872, Sachsen, Oldenburg, Mecklenburg, Anhalt, Braunschweig, Hamburg, Lübeck und ist das aus heutiger Sicht eigentliche Grundbuchsystem.[37] Die preußische Rechtsentwicklung fand ihren Abschluss im Eigentumserwerbsgesetz vom 05.05.1872, das ua die Auflassung einführte, und in der **Grundbuchordnung** – beides leitete zum heutigen Grundbuchsystem über. Beide Gesetze wurden in vielen deutschen Kleinstaaten bis 1900 nachgebildet. Preußen kehrte damit 1872 unter Beseitigung des römischen Traditionsprinzips zu reinem deutschen Recht zurück (Einigung und Eintragung). Das BGB und die es ergänzende Grundbuchordnung bauen auf der Grundlage der preußischen Gesetze vom 05.05.1872 weiter.

VI. Das heutige Grundbuchsystem

Nach der Gründung des Deutschen Reiches und der 1873 neu geschaffenen Zuständigkeit des Reichsgesetzge- **35** bers für die gemeinsame Gesetzgebung über das gesamte bürgerliche Recht ging man an die Schaffung eines neuen einheitlichen Zivilrechtes. Die vom Bundesrat berufene BGB-Kommission ging dabei davon aus, dass mit der Schaffung eines Bürgerlichen Gesetzbuches zugleich eine reichseinheitliche Grundbuchordnung geschaffen werden müsse, um im gesamten Deutschen Reich ein **einheitliches Grundbuchsystem** einzuführen. Es sollte eine Grundbuchordnung erlassen werden, in welcher das Grundbuchwesen und das Verfahren der mit der Führung der Grundbücher beauftragten Behörden **(Grundbuchämter)** insoweit einheitlich geordnet

---

37 *Schöner/Stöber* Rn 8; *Eickmann* 1. Kap § 2; *Güthe* Rn 3.

werde. Da es sich um formelle Vorschriften handelte, das neu zu schaffende BGB aber nur das materielle Recht regelte, wurde bereits in den Motiven zum BGB[38] der Erlass einer Reichsgrundbuchordnung vorgesehen.

36 Die Arbeiten an einer Grundbuchordnung selbst wurden im Jahre 1882 begonnen. Im Jahre 1883 wurde der I. BGB-Kommission ein Vorentwurf einer GBO vorgelegt, welcher sich insbesondere auf das in Preußen und anderen norddeutschen Ländern geltende Grundbuchsystem stützte. Dieser Entwurf aus der Feder des nachmaligen Reichsgerichtsrates Dr. Achilles fand in großen Teilen Eingang in den offiziellen Entwurf der I. BGB-Kommission von 1889. Er bildete die Grundlage für die Beratungen der II. BGB-Kommission; nach verschiedenen Ergänzungen und Überarbeitungen wurde er schließlich vom Bundesrat am 21. Januar 1897 angenommen und beschlossen sowie dem Reichstage als Denkschrift vorgelegt. Die dritte Beratung erfolgte im Reichstage am 08.03.1897; sie führte zur Annahme des Entwurfs. Die Vollziehung durch den Kaiser erfolgte am 24.03.1897; die Verkündigung erfolgte in der am 03.04.1897 ausgegebenen Nr 15 des RGBl 1897, 139–157. Eine neue Bekanntmachung erfolgte am 20.05.1898 im RGBl 1898, 754–770.[39]

37 Nunmehr sollte die **GBO die Hauptquelle des formellen Grundbuchrechts** bilden. Allerdings wurde durch sie nicht das gesamte formelle Grundbuchrecht reichsrechtlich festgelegt, sondern lediglich auf jene Vorschriften beschränkt, welche zur Erzielung einer einheitlichen Anwendung des materiellen Rechtes unerlässlich erschienen. Den nun einheitlich anzulegenden Grundbüchern auf der Basis der Realfolien wurden die folgenden drei Hauptaufgaben zugemessen: Aufführung sämtlicher Grundstücke auf Basis des Katasters, Urkunde für die Eigentumsverhältnisse eines Grundstückes, Beweislegung für alle dinglichen Belastungen. Dabei nahm das Grundbuch einige Prinzipien für sich in Anspruch, nämlich das Publizitätsprinzip (Gutglaubensschutz), Spezialitätsprinzip (genaue Bezeichnung der Hypotheken und Belastungen), Prioritätsprinzip (Ansprüche in der Reihenfolge der Eintragung) und das Öffentlichkeitsprinzip (Zugang für jeden berechtigt Interessierten). Der **Landesgesetzgebung** blieb die Einrichtung der Organisation der Grundbücher, die Einrichtung der Bücher selbst sowie der amtlichen Verzeichnisse der Grundstücke im Wesentlichen überlassen; hierüber gab die GBO nur Rahmenvorschriften. Durch das einheitliche deutsche Recht, das **Bürgerliche Gesetzbuch**, wurde die Grundbucheinrichtung an der Jahrhundertwende auf alle Bundesstaaten des Reiches ausgedehnt (GBO vom 24.03.1897, RGBl I 139). Die **Reichsgrundbuchordnung** brachte für alle deutschen Länder das jetzige Grundbuchsystem. Auf die Dauer hatte es als ein unmöglicher Zustand empfunden werden müssen, den Belastungen der Grundstücke einen höheren Schutz zu bieten als dem Eigentum bzw nur die Belastungen zu schützen, den unbelasteten Grundstücken jedoch gar keinen Schutz zu gewähren, was in den meisten deutschen Staaten der Fall gewesen war.

38 In verschiedenen Ländern konnten vorhandene öffentliche Register zu Grundbüchern ausgestaltet werden. In **Bayern** wurde das Hypothekenbuch durch Eintragung der bisher »folienfreien« Grundstücke (Eintragungsverfahren) und der bisher im Hypothekenbuch nicht eingetragenen Rechte (Anmeldungsverfahren) zum Grundbuch.[40] Lediglich Grunddienstbarkeiten waren von der Eintragungspflicht ausgenommen (Art 187 EGBGB), konnten jedoch auf besonderen Antrag ebenfalls eingetragen werden. In Bayern erstreckte sich die Zeit der Anlegung bis zum 01.10.1910.[41] Es gab jedoch auch Länder **(Thüringen)**, wo sich die Anlegung bis in die Zeit des 2. Weltkrieges hinzog. In **Württemberg** war das in jeder Gemeinde geführte, als Personalfolium angelegte Güterbuch die Grundlage des Grundbuchs.

39 Eine erste Änderung hat die GBO – zu § 55 Satz 1 – durch das Gesetz vom 14.07.1905 (RGBl 707) erfahren, sowie durch §§ 35 und 36 der VO über das Erbbaurecht vom 15.01.1919 (RGBl 72).

40 Als Folge des **Ländervorbehalts** in der GBO für Verwaltung und Verfassung des Grundbuchwesens einschließlich der Grundbuchführung und sonstiger Vorbehalte war eine **außerordentliche Buntscheckigkeit der »Grundbücher«** die unerfreuliche Begleiterscheinung. Abgesehen von Einzelheiten ließen sich in Deutschland bislang zwei große Systeme des technischen Buchapparates unterscheiden, die man nach den führenden Ländern als **das preußische und das bayerische System** bezeichnet hat. Der charakteristische Unterschied zwischen diesen beiden Systemen lag darin, dass das preußische bildhaft darstellend, das bayerische System hingegen mehr berichtigend vorging. Das preußische System trennte zwischen Haupt-, Veränderungs- und Löschungseintragungen in Abt II und III. In Veränderungs- und Löschungsspalten wurde jeweils auf die Haupteintragung verwiesen. In Bayern fanden die Eintragungen innerhalb der jeweiligen Spalte des zu einem Grundstück gehörenden Grundbuchblattes chronologisch statt. So wurde zB eine Hypothek, die weiter oben eingetragen war, am Ende der Spalte III gelöscht mit Hinweis auf die laufende Nummer ihrer damaligen Eintragung. Ebenso wurden alle anderen Eintragungen Punkt für Punkt getätigt mit dem jeweiligen Verweis auf eine sie betreffende Eintragung weiter oben. Jedes der beiden Systeme wies Vor- und Nachteile auf. Kein System war

---

38 Mot 3, 21.
39 Einzelheiten zum Gesetzgebungsverfahren: *Güthe* Rn 21–27. 100 Jahre Grundbuchordnung, *Demharter* FGPrax 1997, 5; *Böhringer* BWNotZ 2000, 161; *Schäfer* RpflStud 2006, 171.
40 Gesetz vom 18.06.1898; GVBl 361 und VO vom 23.07.1898, GVBl 493.
41 *Henle* Zeitschr für Rechtspflege in Bayern 1910, Nr 18 und 19.

dem anderen entschieden überlegen. Eine Verbindung der beiden Systeme musste sich als technisch unmöglich erweisen. Alle Versuche, freiwillig zu einem einheitlichen Grundbuchvordruck zu kommen, scheiterten. Erst nach der Beseitigung der Justizhoheit der Länder im Jahre 1934 konnte dieser Zustand der Zersplitterung geändert werden.

Durch die VO zur Änderung des Verfahrens in Grundbuchsachen vom 05.08.1935 (RGBl I 1065) erfuhr die **41** GBO **zahlreiche Änderungen** (in Kraft seit 01.04.1936). Die GBO wurde durch Bekanntmachung vom 05.08.1935 neu gefasst (RGBl I 1073) und durch die Allgemeine Verfügung über die Einrichtung und Führung des Grundbuchs (Grundbuchverfügung) vom 08.08.1935 (RGBl I 637) sowie durch die Ausführungsverordnung (AVO) vom 08.08.1935 (RGBl I 1089) ergänzt. Zweck und Ziel der Änderungen war die Schaffung eines für das ganze Reich einheitlichen Grundbuchrechts. Die **landesrechtlichen Besonderheiten wurden größtenteils beseitigt**. Da jedoch sachlichrechtliches und verfahrensrechtliches Liegenschaftsrecht aufeinander abgestimmt sein müssen, das EGBGB die Regelung des ersteren dem Landesrecht vorbehält, wurde diesem auch die Regelung des letzteren überlassen, §§ 117, 118 GBO.[42] Kern der neuen GBO war die Einführung eines einheitlichen Grundbuchvordruckes (sog Reichsvordruck) und einer einheitlichen Methode der Grundbuchführung (Grundbuchverfügung). Man entschied sich schließlich aufgrund der weiteren Verbreitung im Grundsatz für das preußische System, um Kosten zu sparen. Auch war das preußische System übersichtlicher, weil man einen schnellen Überblick über die Rechtsverhältnisse an einem Grundstück bekam. Die Wahl – preußisches oder bayerisches System – fiel auf das erstere, auch weil dieses bereits im weitaus größten Teil Deutschlands bestand (Preußen, Baden und einem großen Teil Thüringens). Der **Reichsgrundbuchvordruck entstand** daher in Anlehnung an das preußische Grundbuchblatt, ohne jedoch dieses in Einzelheiten zu kopieren.

Auch nach der **Grundbuchreform von 1935** wurden noch zahlreiche Gesetze und Verordnungen erlassen, **42** die die GBO änderten oder ergänzten. Aus der Vielzahl[43] seien genannt:
– Die Verordnung über die Einführung des Reichskatasters als amtlichen Verzeichnisses der Grundstücke iS des § 2 Abs 2 der Grundbuchordnung vom 23.01.1940 (RGBl I 240), aufgehoben durch Verordnung vom 19.11.1995 (BGBl I 1527).
– Die Verordnung über die Wiederherstellung zerstörter oder abhandengekommener Grundbücher und Urkunden vom 26.07.1940 (RGBl I 1048). Sie bildet eine Ergänzung des § 123 GBO.
– Die Verordnung zur Vereinfachung des Grundbuchverfahrens vom 05.10.1942 (RGBl I 1573). Durch diese wurden § 22 Abs 2 und § 27 GBO neu gefasst, erhielt § 35 GBO einen neuen Abs 3 und ist nach § 82 ein neuer § 82a in die GBO eingefügt worden (§§ 1 mit 4).
– Die Verfügung des BJM über die geschäftsmäßige Behandlung der Wohnungseigentumssachen vom 01.08.1951 (BAnz Nr 152), zuletzt geändert durch Art 3 der Verordnung vom 30.11.1994 (BGBl I 3580).

---

42 *Hesse* DJ 1935, 1291; *Saage* JW 1935, 2769; *Schäfer* RpflStud 2006, 171.
43 Weitere ergänzende und ändernde reichs- und bundesrechtliche Vorschriften wurden erlassen: – Das Gesetz zur Ergänzung des § 10 der Grundbuchordnung vom 31.10.1938 (RGBl I 1544). Durch dieses hat die genannte Vorschrift einen neuen Abs 4 erhalten. – Die Allgemeine Verfügung des RJM zur Abänderung des § 25 der Grundbuchverfügung vom 18.07.1941 (RMBl 175). – Die Verordnung des Präsidenten des Zentraljustizamts für die Britische Zone vom 12.05.1947 (VOBIZ 52), das Badische Landesgesetz vom 07.07.1948 (GVBl 127), das Gesetz des Landes Württemberg-Hohenzollern vom 06.08.1948 (RegBl 93) und das Rheinland-Pfälzische Landesgesetz vom 08.10.1948 (GVBl 369). Durch sie hat § 8 der Vereinfachungsverordnung vom 05.10.1942 in der ehemals britischen und französischen Zone einen neuen Abs 2 erhalten; die nämliche Änderung erfolgte später in West-Berlin (Ges vom 11.12.1952, GVBl 1075). – Die Verordnung des Präsidenten des Zentraljustizamts für die Britische Zone vom 21.05.1948 (VOBIZ 127). Sie lockerte in der ehemals britischen Zone die Briefvorlegungspflicht nach § 41 GBO. Diese Verordnung wurde durch VO vom 19.11.1995 (BGBl I 1527) aufgehoben. – Das Rechtspflegergesetz vom 08.02.1957 (BGBl I 18), zuletzt geändert durch Gesetz vom 24.06.1994 (BGBl I 1374). Durch dieses Gesetz wurden die nach der Ausführungsverordnung vom Richter wahrzunehmenden Geschäfte grundsätzlich auf den Rechtspfleger übertragen. – Die Verordnung des BJM zur Änderung des § 21 der Grundbuchverfügung vom 07.07.1959 (BAnz Nr 137). – Die Verordnung des BJM zur Änderung und Ergänzung der Verfügung über die geschäftsmäßige Behandlung der Wohnungseigentumssachen vom 15.07.1959 (BAnz Nr 137). Sie brachte Vereinfachungen für die Erteilung der Grundpfandrechtsbriefe. – Die Verordnung des BJM zur Aufhebung des § 59 Satz 2 der Grundbuchverfügung vom 27.07.1960 (BAnz Nr 145). – Die Verordnung des BJM zur Änderung der §§ 6, 13 und 58 der Grundbuchverfügung vom 02.11.1964 (BAnz Nr 209). – Die Verordnung des BJM zur Änderung des § 6 der Grundbuchverfügung vom 10.06.1969 (BAnz Nr 105). – Die Verordnung des BJM zur Änderung der Verordnung zur Ausführung der Grundbuchordnung sowie zur Änderung der Grundbuchverfügung und der Verfügung über die grundbuchmäßige Behandlung der Wohnungseigentumssachen vom 21.03.1974 (BGBl I 771). Ihr wesentliches Ziel ist die Erleichterung des grundbuchamtlichen Geschäftsbetriebs. – Die Verordnung des BJM zur Änderung der Grundbuchverfügung und der Verfügung über die grundbuchmäßige Behandlung der Wohnungseigentumssachen vom 01.12.1977 (BGBl I 2313), zuletzt geändert durch Art 3 der Verordnung vom 30.11.1994 (BGBl I 3580). Durch sie wurden die §§ 47 und 59 der Grundbuchverfügung, die §§ 5 und 9 der Verfügung über die grundbuchmäßige Behandlung der Wohnungseigentumssachen sowie die Anlagen 3 bis 8 der Grundbuchverfügung und die Anlage 4 der Verfügung über die grundbuchmäßige Behandlung der Wohnungseigentumssachen neu gefasst; außerdem ist dem § 21 der Grundbuchverfügung ein neuer Abs 4 angefügt worden.

- Die Verordnung des BJM über Grundbücher mit herausnehmbaren Einlegebogen vom 26.06.1961 (BAnz Nr 124). Sie schuf durch Änderung des § 2 und weiterer Vorschriften der Grundbuchverfügung die Möglichkeit zur Einführung des sog Loseblatt-Grundbuchs.
- Das Gesetz über Maßnahmen auf dem Gebiet des Grundbuchwesens vom 20.12.1963 (BGBl I 986), zuletzt geändert durch Art 3 Abs 3 des RegVBG (BGBl 1993 I 2182, 2203). Dieses Gesetz, dessen vornehmliches Ziel die Beseitigung der durch einige Kriegs- und Nachkriegsgesetze eingetretenen Entwertung des Grundbuchs ist, brachte in seinem 6. Abschnitt eine Neufassung der §§ 57 Abs 2 Buchst a, 82 und 123 GBO und ergänzte neben § 83 GBO auch die §§ 2 und 3 der Ausführungsverordnung; außerdem hob es § 10 Abs 4 und § 58 Abs 2 GBO sowie die §§ 5 und 10 der Vereinfachungsverordnung vom 05.10.1942 auf.
- Das Beurkundungsgesetz vom 28.08.1969 (BGBl I 1513). Es beseitigte durch Änderung des § 29 GBO die Möglichkeit, zur Eintragung erforderliche Erklärungen zur Niederschrift des Grundbuchamts abzugeben.
- Das Rechtspflegergesetz vom 05.11.1969 (BGBl I 2065). Dieses Gesetz hat die nach der Ausführungsverordnung vom Richter wahrzunehmenden Geschäfte in vollem Umfang auf den Rechtspfleger übertragen.
- Das Gesetz zur Änderung sachenrechtlicher, grundbuchrechtlicher und anderer Vorschriften vom 22.06.1977 (BGBl I 998). Durch dieses Gesetz, dessen Zweck es ist, die Grundbuchämter durch eine Neuregelung des Rechts der Löschungsvormerkung nach § 1179 BGB sowie durch eine Vereinfachung der Herstellung der Grundpfandrechtsbriefe zu entlasten, sind ein neuer § 29a in die GBO eingefügt und die §§ 41, 56, 57, 61 und 52 GBO geändert worden.

43 Die festen Grundbuchbände als Grundbuch haben sich – insbesondere mit Rücksicht auf die Ablösung der handschriftlichen Eintragungen durch maschinenschriftliche – als sehr hinderlich erwiesen. Das moderne System der Grundbuchführung ist das **Loseblattgrundbuch**. Gesetzlich war seine Einführung durch die Änderung des § 2 GBV (Grundbuchverfügung) im Jahre 1961[44] möglich geworden. Da die Durchführung den Landesjustizverwaltungen obliegt, besteht eine Vielzahl von landesrechtlichen Vorschriften, die aber inhaltlich im Wesentlichen gleich sind. Als Folge der geänderten Grundbuchform war schließlich eine Änderung des § 6 GBV bedingt, durch welche Spalten des Bestandsverzeichnisses aus Platzersparnisgründen zusammengefasst werden können.[45] Das Loseblattgrundbuch[46] kann in 2 Formen (Arten) ausgeführt sein, nämlich als Grundbuch mit Einzelheften und als Grundbuch mit herausnehmbaren Einzelbogen. Die Bezeichnung »Loseblattgrundbuch« ist daher als Oberbegriff für die beiden Arten der Grundbuchführung in Einzelheften und in Einlagebogen zu verstehen. Laufend wird jetzt das gebundene Grundbuch durch das Loseblattgrundbuch ersetzt.

44 Das Loseblattgrundbuch ist im Einzelnen verbesserungsfähig. Es wird durch das **EDV-Grundbuch**[47] abgelöst. Der Arbeitsablauf beim Grundbuchamt soll durch die **Automatisierung** rationeller werden. Die Eintragungen sollen nicht mehr auf Papier vorgenommen werden, sondern in der EDV-Anlage abgespeichert werden.

45 Seit ihrer Einführung in Deutschland werden Grundbücher und Grundakten in Papierform geführt. Bei diesem papiernen Grundbuch ist die Nutzung der modernen Informations- und Kommunikationstechnik nur beschränkt möglich. Auch ist ein verhältnismäßig hoher Personalaufwand für die Führung des Grundbuchs sowie für den Einsichts- und Auskunftsdienst nötig. Dies gilt selbst bei automationsunterstütztem Eintragungsverfahren. Ein Datenaustausch mit der Katasterverwaltung ist beim Papiergrundbuch nicht möglich. All diese Schwächen des bisherigen Grundbuchsystems legten es nahe, eine Modernisierung des Grundbuchsystems im Sinne einer Abkehr vom Speicher-Medium Papier und Übernahme **elektronischer Speichermedien** zu erwägen. Die Überlegungen, das Grundbuch maschinell zu führen, haben Anfang der siebziger Jahre in der Bundesrepublik begonnen, wurden aber 1983 wieder eingestellt. Fehlende Haushaltmittel und der hohe Erfas-

---

44 VO des BMJ v 26.06.1961 (BAnz Nr 124).
45 VO des BMJ v 10.06.1969 (BAnz Nr 105); VO des BMJ v 21.03.1974 (BGBl I 771).
46 *Löscher* § 1 Nr 1; *Riedel* Rpfleger 1970, 277; KEHE-*Eickmann* GBV § 2 Rn 3. Zu den landesrechtlichen Vorschriften und ihren Fundstellen: *Schöner/Stöber* Rn 81. Zur Literatur: *Pissowotzki* JVBl 1969, 193; *Popp* JVBl 1959, 156; *Riedel* Rpfleger 1970, 277; *Schmidt* BWNotZ 1967, 284; *Vollmert* JVBl 1959, 7.
47 *Buschmann*, Automation im Grundbuchwesen, BLGBW 1972, 1; *Fehr* BWNotZ 1975, 97; *Geiger* JVBl 1970, 26; *Flik* Datenbank-Grundbuch, RpflStud 2003, 1; *H Geiger*, Das Computer-Grundbuch, in: Datenverarbeitung in Steuer, Wirtschaft, Recht (= DSWR) 1972, 362–369; *Geiger-Göttlinger-Kobes*, Die Konzeption des Computer-Grundbuchs, Rpfleger 1973, 193–203; *Geiger-Schneider*, Computer-Grundbuch und Sicherheit in der EDV, in: Öffentliche Verwaltung Datenverarbeitung (= ÖVD) 1973, 352–359; *Geiger*, Rechtsfragen um das Computergrundbuch, JZ 1974, 250–254; *Göttlinger-Kobes-Miller* Rpfleger 1972, 37; *Herzfeld*, Die Liegenschaftskataster als Basis der Grundstücksdatenbank, ÖVD 1972, 235–238 und 271–277; *Herzfeld*, Die Soll-Konzeption für das automatisierte Liegenschaftskataster, ÖVD 1974, 318–325; *Horn* DSWR 1974, 56; *Keim* MittBayNot 1980, 189; DNotZ 1984, 724; *Keller* BWNotZ 1972, 125; *Naumann*, Möglichkeiten und Grenzen der EDV in der Rechtspflege; *Österle* BWNotZ 1981, 106; *Rapp* DNotZ 1973, 583; *Rapp* DSWR 1972, 149; *Rattel* JVBl 1972, 73; *Schmidt* JZ 1972, 682; *Schmidt* Betrieb 1972, 325; *W Schmidt*, Das Grundbuch in EDV. Die Bezugnahme nach § 874 BGB, DSWR 1972, 322–328; *Schmidt-Gissel-Nickerl*, Grundbucheintragungen-Normtexte (1975); *Simmerding-Göttlinger*, Integration von Liegenschaftskataster und Grundbuch in einer Grundstücksdatenbank, ÖVD 1973, 147–153; *Hamm*, Das EDV-Grundbuch, CR 1988, 948; *Sprau*, Rationalisierung im Grundbuchbereich, MittBayNot 1987, 117. Zur neuen Rechtslage seit 25.12.1993 *Böhringer* DtZ 1993, 202; *ders*, BWNotZ 1994, 25.

sungsaufwand für die Einführung des EDV -Grundbuchs ließen dieses Projekt scheitern. Demgegenüber haben einige ausländische Staaten ihre Registersysteme den modernen technischen Möglichkeiten angepasst. So hat Österreich sein Grundbuch völlig auf EDV umgestellt. Auch Großbritannien und Irland sind bei der Einführung des maschinell geführten Grundbuchs schon sehr weit vorangekommen. In Spanien gibt ein zentrales, elektronisch geführtes Eigentümer- und Grundstücksregister wenigstens Auskunft, ob eine bestimmte Person Grundstückseigentum hat.

Das RegVBG (in Kraft seit 25.12.1993) ermöglicht nunmehr die Führung des Grundbuchs, des Handelsregisters, Genossenschaftsregisters, Vereinsregisters und Schiffsregisters in **maschineller Form**. Die Neuregelungen bei allen maschinell geführten Registern gehen davon aus, dass die Aufgaben der Justiz vor dem Hintergrund des Übergangs vom Industriezeitalter in das Informationszeitalter gesehen werden müssen. Nur mit neuen Techniken wird das steigende Volumen der Eintragungen zeitnah bewältigt werden können. Mit den **neuen EDV-Registern** ist eine Nutzung der modernen Informations- und Kommunikationstechnik im Sinne einer durchgreifenden Änderung und Verbesserung der Arbeit der Registergerichte und Grundbuchämter möglich. Es ist zu erwarten, dass das neue System zusammen mit einer neuen innerbetrieblichen Organisationsstruktur zu einer verkürzten Verarbeitungsdauer der einzelnen Registeranmeldungen/Grundbuchanträge führen wird.

Nach den neuen Vorschriften der §§ 126 ff GBO besteht das **EDV-Grundbuch** nur noch in einer Datei, die den Inhalt des Grundbuchblattes wiedergibt. Die Speicherplatte selbst stellt nicht das Grundbuch dar. Das Grundbuch gilt als angelegt, wenn der Inhalt des bisherigen papiernen Grundbuchs in auf Dauer wiedergabefähiger Form in den dafür bestimmten Datenspeicher aufgenommen worden und diese dauerhafte Aufnahme geprüft und durch eine Freigabe bestätigt ist. Geregelt wird in der Grundbuchordnung auch, wann bei einem maschinell geführten Grundbuch die Eintragungen wirksam werden. Es ist zu erwarten, dass eine Eintragung aus organisatorischen Gründen wohl erst nach Dienstschluss in den Grundspeicher aufgenommen und damit wirksam wird, zwingend wird dies allerdings nicht sein. Wirksam wird die Umschreibung, wenn sie beim einzelnen Grundbuchblatt durchgeführt ist. Im Gegensatz zur herkömmlichen Grundbuchführung kommt beim maschinell geführten Grundbuch eine Unterzeichnung der Eintragung nicht in Betracht. Die materiellen und verfahrensrechtlichen Eintragungsvoraussetzungen bleiben bei dem maschinell geführten Grundbuch die gleichen wie bei den papiernen Grundbüchern. Durch die Einführung des maschinell geführten Grundbuchs verändert sich die **Gestalt des Grundbuchs** nicht; es unterscheidet sich insoweit nicht vom papiernen Grundbuch. Es gibt also nach wie vor ein Bestandsverzeichnis sowie die Abt I–III mit ihren bisherigen Funktionen. Ein einheitliches Lastenverzeichnis für alle beschränkt dinglichen Rechte ist nicht vorgesehen, würde zwar die Lesbarkeit des Grundbuchs erleichtern, die Erfassung der bisher bestehenden Grundbücher aber wesentlich erschweren; es müssten nämlich sehr zeitaufwendige Rangprüfungen durchgeführt werden. Mit einem so genannten Scanner werden elektronische Fotografien von den zu speichernden Grundbüchern gefertigt und als solche in dem für die Eintragungen im Grundbuch vorgesehenen Speicher endgültig abgelegt. Für neu anzulegende oder umzuschreibende Grundbuchblätter ist eine CI-Speicherung vorgesehen. Die materiellen und verfahrensrechtlichen Eintragungsvoraussetzungen bleiben bei dem maschinell geführten Grundbuch die gleichen wie bei den papiernen Grundbüchern. Im Gegensatz zur herkömmlichen Grundbuchführung kommt allerdings beim maschinell geführten Grundbuch eine Unterzeichnung der Eintragung nicht in Betracht.

Grundbuchdaten sind für den Rechtsverkehr von entscheidender Bedeutung. Die Sicherheit und Haltbarkeit des maschinell geführten Grundbuchs muss gewährleistet sein, und zwar in der **gleichen Qualität wie beim papiernen Grundbuch**. Es muss ebenso Vorsorge getroffen werden, dass unbefugte Personen keinen Zugang zu den Geräten oder den gespeicherten Daten erhalten und diese nicht verändern können. Selbstverständlich sind die originären Datenbestände sicher aufzubewahren, Sicherheitskopien tagesaktuell zu halten. Vorkehrungen gegen so genannte »Hacker« sind besonders wichtig. Für die **Einsicht** in das maschinell geführte Grundbuch treten im Verhältnis zum herkömmlichen Grundbuchverfahren keine rechtlich relevanten Änderungen ein. Eine Auskunft aus dem maschinell geführten Grundbuch kann durch Einsicht über ein Bildschirmgerät oder durch einen Ausdruck erlangt werden. Das berechtigte Interesse an der Auskunft ist wie bisher darzulegen. Auch bei einem maschinell geführten Grundbuch können Auszüge aus dem Grundbuch in der bisherigen papiernen Form erteilt werden. Möglich erscheint auch, Auszüge unmittelbar aus dem Datenspeicher im Teletext- oder Telefaxweg an den Antragsteller zu übersenden. Das System des maschinell geführten Grundbuchs gestattet es auch, Notaren, Gerichten und Behörden die Einsicht des Grundbuchs über in ihren Geschäftsräumen installierte **Datensichtgeräte** zu ermöglichen, auch entsprechende Ausdrucke unmittelbar beim Rechenzentrum anzufordern, ohne das Grundbuchamt einzuschalten. Dieser so genannte **On-Line-Anschluss** gehört zu den erweiterten Möglichkeiten eines maschinell geführten Grundbuchs. Trotz aller Technik darf dies nicht zu einem Verlust an institutioneller Kontrolle darüber führen, ob die Vorschriften des § 12 GBO eingehalten werden oder nicht.

VII. Entwicklungstendenzen

46 Das Grundbuch ist der **Spiegel der privaten dinglichen Rechte** an Grundstücken und hat die Aufgabe, über diese Rechtsverhältnisse möglichst erschöpfend und zuverlässig Auskunft zu geben. Das Grundbuch ist die Rechtsgrundlage für den Verkehr mit Grundstücken und Gebäuden, für die Beziehungen zwischen Eigentümer und dinglichen Berechtigten und für den Realkredit. Es hat sich damit dem Rechts- und Wirtschaftsleben unentbehrlich gemacht und ist aus dem öffentlichen Leben des Staates und der privaten Sphäre seiner Bürger nicht mehr wegzudenken.[48] Diese privatrechtliche Zielsetzung des Grundbuchs ist damit wesentlich erklärt aus der Tatsache, dass der den wirtschaftlichen Verkehr beeinflussende Bestand von Rechtsnormen und Rechtsverhältnissen zur Zeit der reichsrechtlichen Einrichtung des Grundbuchsystems überwiegend privatrechtlicher Natur war. Um die Jahrhundertwende war das Verhältnis von Privatrecht und öffentlichem Recht ganz eindeutig so gewichtet, dass das Privatrecht weit überwog und öffentlich-rechtliche Rechtsverhältnisse in Bezug auf Grundstücke im Allgemeinen vernachlässigt werden konnten.[49] Dementsprechend konnten nach damaliger Ansicht **öffentlich-rechtliche Vermerke im Grundbuch** grundsätzlich nicht eingetragen werden, sofern dies nicht ausdrücklich angeordnet wurde.

47 Die große Zahl der in Gesetzen des privaten und öffentlichen, materiellen und formellen Rechts vorgesehenen Grundbuchvermerke mit rein deklaratorischer Bedeutung zeigt, dass das Grundbuch über seine konstitutiven und konfirmatorischen Wirkungen hinaus als zweite wichtige Aufgabe eine Warn- und Schutzfunktion im Grundstücksverkehr zu erfüllen hat, die lange Zeit nicht erkannt, unterschätzt oder (zB im Bereich des öffentlichen Rechts) geleugnet worden ist.[50]

48 Der Grundsatz der **Nichteintragbarkeit öffentlich-rechtlicher Vermerke** im Grundbuch ist durch die Rechtsentwicklung überholt.[51] Abweichend von den Verhältnissen bei Erlass des BGB ist inzwischen zur Wahrung berechtigter öffentlicher Belange eine Fülle von öffentlich-rechtlichen Verfügungsbeschränkungen, Vorkaufsrechten oder sonstigen öffentlich-rechtlichen Eigentumsbeschränkungen erlassen worden, die zum erheblichen Teil in Spezialgesetzen angeordnet und für etwaige Erwerber, aber auch für einen im Übrigen gut informierten Eigentümer nicht erkennbar sind. Der Gesetzgeber sah sich im Laufe der letzten 80 Jahre gezwungen, wegen der fortschreitenden Entwicklung vom Agrar- zum Industriestaat durch **öffentliches Sonderrecht** in das private Grundstücksrecht einzugreifen und es mehr und mehr einzuschränken oder außer Kraft zu setzen. Auf dem Gebiet des öffentlichen Bodenrechts sind laufend neue Gesetze erlassen, alte aufgehoben und bestehende geändert worden. Diese Eingriffe, die in aller Regel dem privaten Recht vorgehen, sind verschiedener Art und beinhalten vor allem Veräußerungs-, Belastungs-, Teilungs- und Erwerbsbeschränkungen, gesetzliche Vorkaufsrechte, öffentliche Lasten und Nutzungsrechte.[52] Diese Gesetze enthalten neben materiellen Vorschriften in der Regel auch Verfahrensregelungen, aber nicht immer Bestimmungen über die Eintragungsfähigkeit und das Grundbuchverfahren. Je mehr also das öffentliche Recht mit Beschränkungen in das private Recht eingreift, um so dringender wird eine befriedigende Lösung des Problems, ob und in welchem Umfange das Grundbuch neben seiner im Jahre 1900 ausreichenden, auf das private Grundstücksrecht beschränkten Aufgabe eine durch den Wandel der Zeiten und Gesetze bedingte zweite Funktion übernehmen kann oder aus rechtsstaatlichen Gründen sogar übernehmen muss.[53]

49 Die um 1900 herrschende Idee vom freien Grundeigentum (entsprechend der damals liberalen Wirtschaftsverfassung) lässt sich längst nicht mehr verwirklichen. Es ist bedauerlich, dass Gesetze des öffentlichen Rechts laufend das Grundbuchsystem durchlöchern und das Vertrauen in die Richtigkeit und Vollständigkeit des Grundbuchs unnötigen Belastungsproben aussetzen. Der Gedanke, das Grundbuch müsse sich auf Eintragungen aus dem Bereich des Privatrechts beschränken, ist kein Dogma und seit geraumer Zeit eine Gefahr für den Grundstücksverkehr.

50 Berechtigt sind die Bestrebungen, das Grundbuch auch für die **Sichtbarmachung von Rechtsverhältnissen des öffentlichen Rechts** zu verwenden[54] und das Grundbuchverfahren rechtsstaatlichen Prinzipien und der Dogmatik des allgemeinen Verfahrensrechts anzupassen.

---

48 KEHE-*Dümig* Einl A 7. Zu den Entwicklungstendenzen ausführlich: *Ertl* Rpfleger 1980, 1; *Nieder* NJW 1984, 329.

49 *Huhn* RpflStud 1979, 26; zu den Aufgaben öffentlicher Register *Reithmann* DNotZ 1979, 67.

50 *Staudinger-Ertl,* BGB, 12. Aufl, Vorbem 85 zu §§ 873–902 BGB; *Staudinger-Gursky* (13. Aufl) Vorbem §§ 873 ff Rn 26, 49, 59 ff; KEHE-*Dümig* Einl A 10.

51 AK-BGB-*von Schweinitz* Rn 46 vor §§ 873 ff BGB.

52 *Ertl* Rpfleger 1980, 3 mwN; neuerdings auch Nutzungsbeschränkungen wie zB Gewässer-, Landschafts-, Umwelt- und Naturschutz. Ausführlich zu unsichtbaren Grundbuchbelastungen *Böhringer* BWNotZ 1992, 3.

53 *Huhn* RpflStud 1979, 27; KEHE-*Dümig* Einl A 10; *Wilhelmi* Betrieb 1985, 161; *Harst* MittRhNotK 1984, 229.

54 Ebenso *Staudinger-Ertl,* BGB, 12. Aufl, Vorbem 70 zu §§ 873–902 BGB; *Staudinger-Gursky* (13. Aufl) Vorbem zu §§ 873 ff Rn 30, 49, 59 sowie § 873 Rn 2; AK-BGB-*von Schweinitz* Rn 46, 47 vor §§ 873 ff BGB; VG Schleswig-Holstein DNotZ 1986, 95; *Ring* DNotZ 1986, 235; anders BayObLG BayVBl 1990, 26.

1. Sichtbarmachung öffentlich-rechtlicher Rechtsverhältnisse

Je mehr **Grundstückslasten** und **Grundstücksverkehrsbeschränkungen** es gibt, die nicht aus dem Grund- 51
buch abzulesen sind, um so ungeeigneter werden zB Grundstücke und Grundstücksrechte als Mittel der dinglichen Kreditsicherung.[55] Unbestreitbar ist die Tatsache, dass sich im täglichen Leben daraus Konflikte ergeben
haben und noch ergeben, die die Sicherheit des privaten Grundstücksverkehrs beeinträchtigen und in Einzelfällen untragbar gefährden.[56] Die Sichtbarmachung öffentlicher Rechtsverhältnisse im Grundbuch wird daher in
der Literatur zunehmend gefordert[57] (im Einzelnen Einl B 14).

Die an Zahl und Bedeutung ständig zunehmenden ungebuchten öffentlich-rechtlichen Eingriffe in das Liegen- 52
schaftsrecht sind eine ernst zu nehmende Gefahr für die Sicherheit des Grundstücksverkehrs und die Funktionsfähigkeit des Grundbuchs.[58] Ein rechtzeitiger Vermerk derjenigen öffentlichen Rechtsverhältnisse, die auf
andere Weise im Grundstücksverkehr nicht erkennbar sind, ist der einfachste, wirkungsvollste und nach geltendem Recht zulässige Schutz. Die Meinung, die **Eintragungsfähigkeit** setze eine ausdrückliche Vorschrift oder
eine Eintragung mit öffentlichem Glauben voraus, ist durch die Rechtsentwicklung überholt. Öffentliche wie
private Rechtsverhältnisse sind ohne ausdrückliche Vorschrift zwar nicht eintragungsbedürftig, aber eintragungsfähig, soweit dies zu ihrer »Sichtbarkeit« im Rechtsverkehr erforderlich ist. Wenn das öffentliche Recht
etwa **Verfügungsbeschränkungen** oder **Vorkaufsrechte** schafft, so sind dies eben aus dem Privatrecht ent-
lehnte Rechtsfiguren, die ihrerseits wiederum Einfluss auf den Privatrechtsverkehr nehmen sollen. Die einzigen
Unterschiede, die etwa zu einem privatrechtlichen Vorkaufsrecht oder zu einer Verfügungsbeschränkung nach
dem BGB ersichtlich sind, bestehen in der Person des Berechtigten und in dem im Allgemeinen Interesse liegenden Zweck. Lediglich aufgrund dieser im Wesentlichen unbedeutenden Unterschiede jedoch können nicht
völlig andere, systemfremde Rechtsfolgen zulasten des Bürgers hergeleitet werden. Die von der herrschenden
Meinung vorgenommene Auslegung entspricht nicht der heutigen Auffassung der Rechtsverhältnisse zwischen
Bürger und Staat.[59]

Eine erschreckende Gleichgültigkeit verrät das **Baulastenrecht** gegenüber der geschichtlichen Entwicklung 53
des deutschen Grundbuchwesens: Die Baulastenbücher besitzen **weder Publizität noch konstitutive oder
konfirmatorische Wirkung**; schon die Buchsysteme des 19. Jahrhunderts standen auf höherem Niveau. Deshalb sollte entweder eine Reform des Baulastenrechts angestrebt[60] oder aber die Baulasten wie die privaten
dinglichen Rechte in das Grundbuch eingetragen werden. Es ist ein unerträglicher Zustand, wenn die am
Grundstücksverkehr Beteiligten vor Abschluss eines Rechtsgeschäfts in zwei örtlich verschieden aufbewahrte
Bücher Einblick[61] nehmen müssen, zumal die Baulastenbücher lediglich verkümmerte »**Nebengrundbücher«**
darstellen, Fremdkörper im deutschen Grundbuchwesen sind und den Ablauf von Grundstücksgeschäften nur
verzögern.

Der Eintragungsfähigkeit öffentlich-rechtlicher Verfügungsbeschränkungen und öffentlich-rechtlicher Lasten 54
wird entgegengehalten, dass sich das Eintragungsverfahren verzögern könnte oder eine Unübersichtlichkeit des
Grundbuchs eintrete. Beides ist nicht richtig. Das **Ziel** der Grundbuchverfassung ist die **Sichtbarmachung**
der dinglichen Rechte an Grundstücken. Sichtbar gemacht in diesem Sinne sind die Rechte aber erst dann,
wenn nicht nur das Grundstück und die dinglichen Rechte selbst verzeichnet, sondern außerdem Sorge getragen ist, dass unerkennbare Rechte und Vermerke nicht vorhanden sind. Je mehr das Grundbuch über die
Rechtsverhältnisse des Grundstücks verlautbart, um so verlässlicher wird es für den Rechtsverkehr.[62] Allerdings
wird jede Ausdehnung der Eintragungsfähigkeit öffentlich-rechtlicher Rechtsverhältnisse zu einer Belastung der
Buchführung führen und die Übersichtlichkeit des Grundbuchs beeinträchtigen. Dieses **Übersichtlichkeits-
prinzip** darf jedoch nicht zum Selbstzweck werden zulasten der schutzwürdigen Interessen des Rechtsverkehrs.
Diese Interessen fordern eine vollständige und übersichtliche Darstellung der sich vielfach überschneidenden
privaten und öffentlichen Rechtsverhältnisse in einem einzigen Register, dem Grundbuch. Zuzustimmen ist

---

55 *Huhn* RpflStud 1979, 27; *Böhringer* BWNotZ 1992, 3; *Michalski* MittBayNot 1988, 204.
56 *Ertl* Rpfleger 1980, 3; KEHE-*Dümig* Einl A 9, 10; *Habscheid* FG § 39 II 2; *Eickmann* 6; *Feyock,* Sonderdruck der DNotZ
   zum Deutschen Notartag 1956, 13, 21.
57 *Staudinger-Ertl,* BGB, 12. Aufl, Vorbem 62, 86 zu §§ 873–902 BGB; *Staudinger-Gursky* (13. Aufl) Vorbem zu §§ 873 ff
   Rn 48; AK-BGB-*von Schweinitz* Rn 47 vor §§ 873 ff BGB; KEHE-*Dümig* Einl A 10; KEHE-*Keller* J 6, K 31; *Eickmann*
   1. Kap § 2; *Ertl* Rpfleger 1980, 1; *Huhn* RpflStud 1979, 25; *Feyock* Sonderdruck der DNotZ zum Deutschen Notartag
   1956, 13; *Quack* RpflStud 1979, 281; *Walter* JA 1981, 322. *Michalski* MittBayNot 1988, 204; *Dumoulin* DNotZ 1987,
   151 (Notarkongress 1986).
58 So auch *Staudinger-Ertl,* BGB, 12. Aufl, Vorbem 86 zu §§ 873–902 BGB.
59 *Eickmann* 1. Kap § 2; Einl B 14.
60 Dazu *Staudinger-Ertl,* BGB, 12. Aufl, Vorbem 76c zu §§ 873–902 BGB; *Staudinger-Gursky* (13. Aufl) § 892 Rn 55. Zu
   Fehlerfolgen bei der Baulasteneintragung *Lohre* NJW 1987, 877 und *Hilgers* NJW 1988, 1366. Zu Baulasten in der
   Zwangsversteigerung *Drischler* Rpfleger 1986, 289.
61 *Ring* DNotZ 1986, 235.
62 *Huhn* RpflStud 1979, 25 ff.

deshalb der immer stärker im Vordringen befindlichen Meinung,[63] die die Eintragungsfähigkeit öffentlich-rechtlicher Rechtsverhältnisse prinzipiell fordert. Für die Eintragungsfähigkeit von Vermerken über öffentlich-rechtliche Grundstücksverhältnisse sollte es ausschließlich darauf ankommen, ob man ihnen im Interesse des Rechtsverkehrs eine **Warn- und Schutzfunktion** beimisst.[64] Die Abneigung gegen die Verwendung des Grundbuchs als »Publikationsorgan« des öffentlichen Rechts sollte daher aufgegeben werden.[65] Vielleicht werden die angebotenen neuen Techniken (Schreibautomat und Computer) die Gegner dieser Ansicht davon überzeugen, dass die Bejahung der Eintragungsfähigkeit öffentlich-rechtlicher Rechtsverhältnisse nicht zulasten der Schnelligkeit des Eintragungsverfahrens und der Übersichtlichkeit des Grundbuchs geht. In diese Richtung weist die Eintragung des Bodenschutzlastvermerks gem § 25 Abs 6 BBodSchG iVm §§ 93a, 93b GBV.

2. Rechtsstaatliche Prinzipien

55 Das Bundesverfassungsgericht[66] wendet mit Recht das **Grundgesetz als unmittelbar geltendes Verfahrensrecht** an. Rechtsstaatliche Grundsätze wie der Gleichheitsgrundsatz (Art 3 Abs 1 GG), der Schutz des Eigentums (Art 14 GG), der Anspruch auf **rechtliches Gehör** (Art 103 Abs 1 GG) müssen auch im Grundbucheintragungsverfahren beachtet werden.[67] An diesen Grundwerten unserer Verfassung hat sich das Grundbuchamt bei der Auslegung und Anwendung des Grundbuchverfahrensrechts künftig mehr als bisher zu orientieren.

3. Verfahrensrecht

56 Das formelle Grundbuchrecht (Grundbuchverfahrensrecht) hat hinsichtlich seines ungeschriebenen Gewohnheits- und Richterrechts einen »Dornröschenschlaf« hinter sich. Erst seit zwei Jahrzehnten ist die Rechtswissenschaft ihrer Aufgabe nachgekommen, an der Aufdeckung von Gesetzeslücken und der Ausarbeitung von Lösungsvorschlägen auf wissenschaftlicher Basis mitzuwirken. Es nimmt deshalb nicht Wunder, dass die Rechtsprechung noch an materiell-rechtlichen Lösungen und überkommenen Meinungen festhält, für die sie bereits jede wissenschaftliche Unterstützung verloren hat. Deutlich ist aber die Tendenz sichtbar, die auf bürgerlichem Recht beruhenden alten Meinungen durch verfahrensrechtliche Lösungen zu ersetzen.[68] Auch für die Rechtsprechung dürfte es jetzt an der Zeit sein, alte Meinungen neu zu überdenken.

VIII. Internationaler Rechtsvergleich

Länderübersicht – Schrifttum

Australien: *Von Metzler,* Das anglo-amerikanische Grundbuchwesen. Eine rechtsvergleichende Untersuchung unter besonderer Berücksichtigung Englands, Australiens und der USA = Hamburger Rechtsstudien, Heft 58 (1966); **Brasilien:** *Rechstein,* Beschränkungen des Grundstückserwerbs durch Ausländer in Brasilien, RIW 1985, 31 ff; **Bulgarien:** *Schrameyer,* Erwerb von Grundeigentum durch Ausländer, WIRO 1993, 261; **Dänemark:** *Marcus,* Erwerb von Grundeigentum in Dänemark, AWD 1960, 127 ff; *Schmahl,* Der Grunderwerb in Dänemark und seine Beschränkungen, 1977; *Seidel,* Wohnungseigentum nach dänischem Recht, Kiel 1975; **Estland:** *Böhringer,* Neues Immobilienrecht und Grundbuchsystem in Estland, WIRO 1995, 341; *ders,* Anforderungen an ein modernes Grundbuchverfahrensrecht am Beispiel Estland, BWNotZ 1997, 25; **Frankreich:** *Bärmann,* Neues französisches Grundbuchrecht, AcP 155 (1956), 440; *Blanke,* Die Reform des französischen Liegenschaftsrechts im Jahre 1955 und das deutsche Liegenschaftsrecht, München 1963; *Schmitt,* Das lokale Grundbuchrecht in Elsaß-Lothringen im Vergleich zum deutschen Grundbuchsystem, Rastatt 1989; *Sturm,* Bringt die französische Bodenregisterreform eine Annäherung an das deutsche Grundbuchrecht?, Festschrift für Ficker 1967, 459 ff; *Wietek,* Wohnungseigentum in Frankreich, 1976; *Wietek und Wietek-Gilet,* Erwerb französischen Wohnungseigentums durch Deutsche, DNotZ 1978, 130 ff; *Winkler,* Schutz des Käufers neu zu errichtender Gebäude im französischen Recht, DNotZ 1972, 270 ff; *Kopp,* Grundlagen zum Immobilienerwerb in Frankreich, MittBayNot 2001, 39; **Griechenland:** *Papacharalambous/Lintz,* Grunderwerb in Griechenland durch Ausländer, MittBayNot 1986, 151 ff; **Großbritannien:** *James,* Introduction to English Law, 9. Aufl, London 1976, S 325 ff; *von Metzler,* Das anglo-amerikanische Grundbuchwesen. Eine rechtsvergleichende Untersuchung unter besonderer Berücksichtigung Englands, Australiens und der USA = Hamburger Rechtsstudien, Heft 58 (1966); *Kopp,* Immobilienerwerb und -vererbung in England, MittBayNot 2001, 287; **Israel:** *Goldenberg,* Unregistered Titel to Land under the Israeli Land Law 1969, in: Beiträge zum deutschen und israelischen Privatrecht hrsg von der Gesellschaft zur Förderung der wissenschaftlichen Zusammenarbeit mit der Universität Tel-Aviv, 1977, 95 ff; **Italien:** *Kindler,* Immobilienerwerb in Italien, MittBayNot 2000, 265; *Steege,* Der Immobilienerwerb in Italien. Praktische Hinweise für den deutschen Käufer (dt-it Handelskammern 1973); **Japan:** *Eubel,* Die japanische Höchstbetragshypothek, RabelsZ 39 (1975),

---

63 Vgl *Huhn* RpflStud 1979, 27; *Böhringer* BWNotZ 1992, 3; *Michalski* MittBayNot 1988, 204; VG Schleswig-Holstein DNotZ 1986, 95.

64 KEHE-*Keller* Rn J 33; *Huhn* RpflStud 1979, 29.

65 *Flik* Rpfleger 1999, 333; *von Schuckmann* RpflStud 1997, 97.

66 *Stöber,* Zwangsvollstreckung in das unbewegliche Vermögen, Rn 52 ff.

67 KEHE-*Dümig* Einl C 58; *Eickmann* 2. Kap § 2 V; *Ertl* Rpfleger 1980, 9; *Eickmann* Rpfleger 1982, 456; *Nieder* NJW 1984, 338.

68 Dazu BGH Rpfleger 1982, 414; *Ertl* Rpfleger 1982, 407; BayObLG Jur-Büro 1983, 762.

316 ff; *Okuda,* Gutglaubensschutz im Immobiliarsachenrecht nach der neuen Rechtsprechung des Obersten Gerichtshofes, in: von Caemmerer, Müller-Freienfels und Stoll (Hrsg), Recht in Japan, Heft 3, 1980, 7 ff; *Tayama,* Die Entwicklung des landwirtschaftlichen Bodenrechts in der japanischen Neuzeit, 1978; **Kanada:** *Ketels,* Erschwerung des Erwerbs von Grundeigentum durch Ausländer in Kanada, AWD 1974, 633; *Spencer,* The Alien Landowner in Canada, 51 (1973) CanbRev 389 ff; **Marokko:** *Dilger,* Eigentumserwerb und Verkaufsversprechen im marokkanischen Liegenschaftsrecht, RabelsZ 38 (1974), 624 ff; **Mexiko:** *Philipp,* Ausländische Investitionen und Grunderwerb durch Ausländer in Mexiko, RIW/AWD 1982, 167 ff; **Österreich:** *Feil,* Österreichisches Grundbuchrecht, Wien und New York, 1972; *Grötsch,* Immobilienerwerb in Österreich, MittBayNot 2001, 175; *Hofmeister,* Die Grundsätze des Liegenschaftserwerbs, Wien 1977; *Hoyer,* Zwei Fragen der Höchstbetragshypothek, Festschrift für Demelius 1973, 349 ff; *ders,* Die Simultanhypothek, 2. Auflage, Wien 1977; *Köhler,* Liegenschaften im internationalen Rechtsverkehr, ÖNotZ 1954, 33; *Meinhart,* Das Wohnungseigentumsgesetz 1975, Wien 1975; *Staufer,* Das OÖ Ausländergrunderwerbsgesetz, ÖNotZ 1967, 51 ff; *Zingher,* Das gemeinsame Wohnungseigentum von Ehegatten, ÖJZ 1976, 225 ff; **Paraguay:** *Kneip und Paz Castaing,* Immobiliengeschäfte in Paraguay, RIW/AWD 1981, 751 ff; **Polen:** *Dolkowska/Teichmann/Angermann,* Immobilienerwerb und neues Grundbuchverfahren in Polen, NotBZ 2005, 393; *Lakomy,* Erwerb von Immobilien durch Ausländer in Polen, NotBZ 2000, 402 und 2001, 330; Grundstückserwerb. Bundesstelle für Außenhandelsinformation, Köln 1994; **Portugal:** *Schwarz,* Portugiesisches Grundstücksrecht, AWD 1973, 448 ff; **Rußland/UdSSR:** *Bilinsky,* Die Entwicklung des sowjetischen Bodenrechts – Vom Bodendekret 1918 bis zu den Grundlagen der Bodengesetzgebung 1968, JbOstR 9 (1968), Heft 2, 153 ff (Text der Grundlagen der Bodengesetzgebung ebenda, S 263 ff); *ders,* Das Haus- und Wohnungseigentum in der UdSSR, JbOstR 17 (1976), 59 ff; *Hastrich,* Sowjetisches Wohnraumrecht, Osteuropa-Recht 21 (1975), 119 ff; *Lewandowski,* Das sowjetische Bodenrecht 1968; *ders,* Das sowjetische Bodenverwaltungsrecht, 1969; **Sambia:** *Ndulo,* The ownership of base minerals in Zambia, 13 (1980), CILSA 79 ff; **Schweden:** *Bogdan,* The Restrictions Limiting the Right of Foreigners to Acquire Real Property in Sweden, RabelsZ 41 (1977), 536 ff; **Schweiz:** *Bär,* Kritische Bemerkungen zu der VO über den Erwerb von Grundstücken durch Personen im Ausland vom 21.12.1973, SchwJZ 1974, 237 ff; *Bürgissen,* Das Oberbaurecht des ZGB und des BGB, Zürich 1978; *Dagon,* Erwerb von Grundstücken durch Ausländer in der Schweiz, AWD 1974, 453 ff; RIW/AWD 1985, 930; *ders,* Zur Praxis des Grundstückserwerbs durch Ausländer in der Schweiz, RIW/AWD 1979, 176 ff; *ders,* Verschärfung des Grunderwerbsrechts für Ausländer in der Schweiz, RIW/AWD 1979, 684; *Friedrich,* Das Stockwerkeigentum, Bern 1965; *Häberlin,* Rechtliche Probleme des Hochhauses, Zürich 1974; *Heinz,* Das dingliche Wohnrecht, Bern 1970; *Hottinger,* Über den Zeitpunkt der Entstehung dinglicher Rechte an Grundstücken und zur Frage der Rückziehbarkeit der Grundbuchanmeldung, Zürich 1973; *Holz,* Bäuerliches Grundeigentum, ZSchweizR 120 II (1979), 109 ff; *Krapp,* Der Erwerb Schweizer Grundstücke durch Ausländer, NJW 1985, 2869; *Liver,* Die Ablösung von Grundlasten und die Aufhebung entsprechender schuldrechtlicher Verpflichtungen nach schweizerischem Recht, Festschrift für Weitnauer 1980, 181 ff; *Mengiardi,* Die Errichtung von beschränkten dinglichen Rechten zugunsten und zu Lasten von Mieteigentumsanteilen und Stockwerkeigentumseinheiten, Bern 1972; *Meyer-Marsilius, Maier und Paetzoldt,* Erwerb von schweizerischen Grundstücken durch Personen im Ausland, 5. Aufl, Zürich 1981; *Müller,* Zur Gemeinschaft der Stockwerkeigentümer, Bern 1973; *Ottiker,* Pfandrecht und Zwangsvollstreckung bei Miteigentum und Stockwerkeigentum, Bern 1972; *Peter-Ruetschi,* Das schweizerische Stockwerkeigentum, 5. Aufl, Zürich 1980; *Rey,* Strukturen des Stockwerkeigentums, ZSchweizR 121 I (1980), 249 ff; *Scheiwiler,* Das Interesse des Grundeigentümers am Untergrund gemäß ZGB Art 667 Abs 1, Bern 1974; *Schmidt,* Die Begründung von Stockwerkseigentum, Zürich 1972; *Schumacher,* Das Bauhandwerkerpfandrecht, Zürich 1979; *Sonnenberger,* Der Erwerb von Wohnungsrechten in der Schweiz, DNotZ 1965, 324 ff; *Temperli,* Die Problematik bei der Aufhebung und Ablösung von Grunddienstbarkeiten (ZGB 736), Zürich 1975; *Thorens,* Cédules hypothécaires, Naissance du droit réel immobilier et actes de disposition, ZSchweizR 92 (1973 I), 370 ff; *Wachter,* Grundbesitz in der Schweiz, RNotZ 2001, 65; **Slowakei:** *Ziebe,* Der Grundstückserwerb in der tschechischen Republik und in der Slowakei nach neuem Recht, WIRO 1993, 124; **Spanien:** *Bayer,* Rechtstraditionen auf dem Immobilienmarkt Andalusiens und ihre Auswirkungen auf die Praxis der modernen Vertragsgestaltung, Tübingen 1975; *Bendref,* Typische Probleme des spanischen Immobilienrechts, AnwBl 1986, 11; *Bondzio,* Zum Erwerb von Wohnungseigentum, Eigentumsappartements, propiedad horizontal in Spanien, MDR 1973, 376; *Boos,* Die Immobiliarhypothek im spanischen Recht unter Berücksichtigung der notariellen Beurkundungs-, die Grundbuch- und des summarischen Zwangsversteigerungsverfahrens, Saarbrücken 1970; *ders,* Spanisches formelles und materielles Grundbuchrecht (Übertragung und Belastung von Grundbesitz in Spanien), MittRhNotK 1973, 289 ff; *Eberl,* Immobilienkauf in Spanien, MittBayNot 2000, 515; *Fidalgo,* Der rechtsgeschäftliche Erwerb von in Spanien gelegenen Immobilien – ein Überblick, ZErb 2000, 54; *Fischer,* Die Neuregelung des spanischen Rechts über ausländische Investitionen, RIW/AWD 1975, 18 ff (Grundstückserwerb 21); *Frankenheim,* Das deutsche Grundbuch und das spanische Eigentumsregister, Frankfurt/M 1985; *Gantzer,* Beurkundungen über spanische Grundstücke, MittBayNot 1984, 15; *ders,* Spanisches Immobilienrecht, 1988; *Haring,* Das Wohnungseigentum nach spanischem und deutschem Recht. Eine vergleichende Darstellung (1976); *Jacoiste,* Tradition und Grundbuch im spanischen System der Übertragung von Grundstücken, NJW 1966, 1009 ff; *Jochem,* Der rechtsgeschäftliche Erwerb von Grundstücks- und Wohnungseigentum nach spanischem Recht, MDR 1973, 642 ff; *Löber,* Grundeigentum in Spanien, 2. Aufl 1979; *ders,* Kaufverträge über Spanien-Immobilien zwischen Ausländern, NJW 1980, 496; *ders,* Erwerb und Errichtung von Gewerbe- und Ferienimmobilien in Spanien, ZfIR 2000, 993; *ders und Pérez Martin,* Wohnungseigentum in Spanien, 2. Aufl 1981; *ders,* Übertragung spanischen Immobilieneigentums vor ausländischen Notaren? DNotZ 1993, 789; *Meyer,* Erwerb spanischer Immobilien durch Deutsche oder Schweizer, ZVglRWiss 83 (1984), 72 ff; *Mullerat,* La adquisición de bienes immuebles por extrajeros en Espana, Rev der priv 1979, 318 ff; *Schomerus,* Time-Sharing-Verträge in Spanien im Lichte der EG-Richtlinie über den Erwerb von Teilnutzungsrechten an Immobilien, NJW 1995, 359; *Schwarz,* Grundstücksveräußerungen in Spanien aufgrund Testamentsvollstreckung oder Nachlasspflegschaft, RIW/AWD 1977, 757 ff **Südafrika:** *Van der Merwe,* The Sectional Titles Act and die Wohnungseigentumsgesetz, 7 (1974) CILSA 165 ff **Tschechien:** *Rombach,* Der Immobilienerwerb in Tschechien, MittBayNot 2000, 400; *Ziebe,* Der Grundstückserwerb in der tschechischen Republik und in der Slowakei nach neuem Recht, WIRO 1993, 124 **USA:** *Berger:,* Rural Law in the United States, in: Hazard und Wagner (Hrsg), Law in the United States of America in Social and Technological Revolution, Brüssel 1974, 251 ff; *Fassbender,* Rechtliche und steuerliche Aspekte bei Immobilieninvestitionen in den USA, RIW/AWD 1979, 20 ff; *Göbel,* Die Sicherung eines Kredits aus dem unbeweglichen Vermögen des Schuldners im Recht der USA, 1974; *von Metzler,* Das anglo-amerikanische

Grundbuchwesen. Eine rechtsvergleichende Untersuchung unter besonderer Berücksichtigung Englands, Australiens und der USA = Hamburger Rechtsstudien, Heft 58 (1966); *Semenow,* Questions and answers on real estate, 9. Aufl, Englewood Chiffs, NJ 1978; *Weisman,* Restrictions in the Acquisition of Land by Aliens, 28 AmJCompl. 39 ff (1980).

57   Das deutsche Liegenschaftsrecht bietet eine besondere Sicherheit für den Rechtsverkehr. Dies gilt auch im internationalen Vergleich,[69] wo das deutsche materielle Liegenschaftsrecht im Verein mit dem formellen Grundbuchrecht an Zuverlässigkeit für den Rechtsverkehr **unübertroffen** bleibt. Dazu tragen neben der sorgfältigen Grundbuchführung, dem Grundsatz, dass die Eintragung konstitutive Wirkung hat, dem Gutglaubensschutz, dem Abstraktionsgrundsatz und der Bedingungsfeindlichkeit der Auflassung auch die enge und klare Zuständigkeitsregel und der Verzicht auf formelle Anforderungen bei der Auflassung bei.[70] Das deutsche Liegenschaftsrecht einschließlich formellem Grundbuchrecht ist gegenüber dem anglo-amerikanischen **Deeds-Register-System** und dem französischen **Transkriptions-System** vorzuziehen, auch wenn Ansatzpunkte zur Fehlentwicklung und Kritik, insbesondere hinsichtlich der Erkennbarkeit öffentlich-rechtlicher Beschränkungen (vgl oben Rdn 46 ff) oder der Dauer eines Eintragungsverfahrens bestehen.

58   Nur wenige Rechtsordnungen haben sich für einen der Grundsätze, des Konsens-, Traditions- und Eintragungsprinzips, in der reinen Form entschieden; die meisten Länder (auch das BGB) wählten eine Verbindung mehrerer Prinzipien.

1. Anglo-amerikanisches System

59   Auch im anglo-amerikanischen Rechtskreis hat der Grundbuchgedanke Fuß gefasst, vielfach aber so, dass die Registrierung in das Belieben der Parteien gestellt ist. Das Eigentum am Grundstück geht schon mit Abschluss des Vertrages ohne Eintragung in das Register auf den Erwerber über. Die Eintragung ist nur fakultativ. Man kann wählen zwischen der Eintragung im **Deeds-Register** mit konfirmatorischer Wirkung oder im »Title-Register« mit konstitutiver Wirkung. Diese Eintragungswahl ist dem deutschen Grundbuchsystem fremd.

60   Das **Deeds-Register** (eine chronologische Urkundensammlung) ist sehr unübersichtlich und gewährleistet die Rechtssicherheit nur unzulänglich. Die Eintragung ins Register schützt nur gegen widersprechende, nicht nur publizierte Verfügungen des eingetragenen, berechtigten Veräußerers, dagegen nicht den guten Glauben in die Rechtsinhaberschaft des zwar eingetragenen, aber nicht berechtigten Veräußerers **(kein öffentlicher Glaube)**. Wegen dieser Unsicherheit der Registereintragung ist es bei Grundstücksgeschäften üblich, sich gegen etwaige Schäden durch eine sog »title-insurance« zu versichern. Durch den damit verbundenen doppelten Aufwand (Registerkosten und erhebliche Versicherungsprämie) wird jedoch der Schutz des deutschen Liegenschaftsrechts

---

69   Einzeldarstellung: *Bärmann,* Neues französisches Grundbuchrecht, AcP 155 (1956), 440; *ders,* Über neuere Entwicklungen im Gebiete des Wohnungs-, Teil- oder Stockwerkseigentum im Ausland, FS Ficker (1967) 15; *ders,* Notariat in der westlichen Welt, DNotZ 1979, 3; *Bärmann-Pick-Merle,* WEG (4. Aufl 1980), Einl Rn 5–623 (Ausbreitung des Wohnungseigentums in der neuesten Zeit); *Blanke,* die Reform des französischen Liegenschaftsrechts von 1955 (Diss München 1963); *Boos,* Spanisches formelles und materielles Grundstücksrecht, RhNotK 1973, 289; *Denk,* Das Grundbuchverfahren in den französischen Departements Bas-Rhin, Haut-Rhin und Moselle und das deutsche Grundbuchverfahren, BWNotZ 1976, 153; *Dieck* MittRhNotK 1968, 242, 257, 262; *Dittrich-Nagy-Peters-Sattler,* Das österreichische Grundbuchgesetz (1962); *Erdell,* Übertragung des Eigentums an Grundstücken nach englischem Recht (Diss Kiel 1968); *Feil,* Österreichisches Grundbuchrecht (1972); *Ferid,* Das französische Zivilrecht (1971); *Frank,* Probleme des internationalen Grundstücksrechts, BWNotZ 1978, 95; *Frankenheim,* Das deutsche Grundbuch und das spanische Eigentumsregister (1985); *Gmür,* Das schweizerische Zivilgesetzbuch verglichen mit dem deutschen Bürgerlichen Gesetzbuch (1965); *Hauger,* Schweizerisches Stockwerkeigentum und deutsches Wohnungseigentum im Rechtsvergleich (1977); *Hofmeister,* Die Grundsätze des Liegenschaftserwerbs in der Österreichischen Privatrechtsentwicklung seit dem 18. Jh (1977); *Jacoiste,* Tradition und Grundbuch im spanischen System der Übertragung von Grundstücken, NJW 1966, 1009; *Jochem* MDR 1973, 643; *Kittke-Kringe,* Neues Notariats- und Grundbuchrecht in der DDR, NJW 1977, 183; *Kittke* JZ 1976, 268 (DDR); BWNotZ 1978, 27 (DDR); *Köhler,* Grundbuchrecht in Österreich (1977); *Küppers,* Grunderwerb im Ausland, DNotZ 1973, 645; *Löber-Perez-Terasa-Ripol,* Grundeigentum in Spanien (1978); *von Metzler,* Das anglo-amerikanische Grundbuchwesen (Diss Hamburg 1966); *Raudszus,* Urkundswesen, Grundbuch, Register, Notariat in Dänemark, DNotZ 1977, 516; *Saalfrank,* Liegenschaftsrecht in den USA, JR 1950, 494; *ders,* Begründung und Übertragung von Rechten an Grundstücken nach amerikanischem Recht, JR 1951, 145; *Siefert,* Eigentumsübertragung an Grundstücken nach englischem Recht (Diss Heidelberg 1927); *Speck,* Grunderwerb und Wohnungseigentum in Spanien (1962); *Storke,* Das neue dänische Liegenschaftsrecht (Diss Kiel 1928); *Sturm,* Bringt die französische Bodenregisterreform eine Annäherung an das deutsche Grundbuchrecht?, FS Ficker (1967) 459; *Weber,* Die Stockwerkeigentümergemeinschaft, Praktische Möglichkeiten und Grenzen vertraglicher Gestaltung im schweizerischen und deutschen Recht (1979); *Wieteck* DNotZ 1978, 130 (Frankreich); *Winkler,* Der Schutz des Käufers neu zu errichtender Gebäude im französischen Recht, DNotZ 1972, 270; *Wolf,* Sachenrecht (3. Aufl 1980), mit Rechtsvergleich in Rn 204a, 225a, 250a, 265a; *Zeerleder,* Englisches Grundbuchrecht (Diss Bern 1907). BGHZ 52, 239 = DNotZ 70, 21 = NJW 1969, 1760 = Rpfleger 1969, 345 (m abl Anm *Wengler* NJW 1969, 2237); zust *Samtleben* NJW 1970, 378) (Spanien); BGHZ 53, 189 = NJW 1970, 999 = DNotZ 1970, 492 (Holland); BGHZ 57, 337 = DNotZ 1972, 232 (Italien); BGHZ 73, 391 = DNotZ 1979, 539 = NJW 1979, 1773 (kritisch *Löber* NJW 1980, 496; *Frank* BWNotZ 1978, 95).

70   So auch *Kanzleiter* DNotZ 2007, 225.

---

nicht erreicht, da der Erwerber nicht das Grundstücksrecht erhält, sondern nur Ersatz für dessen Untergang und auch nur bis zur Höhe der Versicherungssumme.

In den USA gibt es kein Grundbuch, aus dem sich verlässlich ablesen ließe, wer Eigentümer eines Grundstücks **61** ist und welchen rechtlichen Status es hat. Andererseits gibt es einen relativ starken Schutz des guten Glaubens. Das bedeutet, dass immer derjenige Eigentümer wird, dem das Grundstück zuletzt verkauft wurde, wenn er gutgläubig war. Der Eigentumstitel muss nachgewiesen werden. Dies ist mangels Grundbuch nur durch die Darlegung einer lückenlosen Erwerbsfolge (chain of titles) möglich, die theoretisch bis 1776 (Entstehung der USA) zurückgehen müsste. Ferner muss der spätere Zweitverkauf und der bei Gutgläubigkeit eintretende Wegerwerb verhindert werden. Dem dient der land record.

Title-report   **62**

Der Verkäufer braucht heutzutage nicht mehr lückenlos nachzuweisen, dass er der letzte Erwerber in einer bis 1776 zurückreichenden Kette ist. Es ist üblich und praktisch zwingend, dem Käufer eine **title-insurance** zu stellen. Die Versicherer geben die title-insurance aber nicht sofort aus. Sie ermitteln vielmehr den rechtlichen Status des Grundstücks zunächst vor und erstellen darüber einen Bericht.

Dieser Bericht weist aber nicht nur Eigentum und Belastungen aus. Man muss berücksichtigen, dass das US- **63** amerikanische Recht nicht nur eingetragene Grundstückslasten kennt. Es gibt eine Vielzahl von sog unpossessory liens, **besitzlosen gesetzlichen Pfandrechten**, die zur Zwangsvollstreckung in das Grundstück berechtigen. Art und Zahl dieser liens variiert von Bundesstaat zu Bundesstaat. Typisch sind liens aus Steuerforderungen, aus vollstreckbaren Urteilen, aus Ordnungswidrigkeitsbescheiden und sog. mechanic liens, die unseren Bauhandwerkerhypotheken entsprechen. Da diese nicht aus einem Grundbuch ersichtlich sind und nur in Höhe der (noch) begründeten Forderung bestehen, muss Bestand und Umfang der Forderung aufgeklärt werden. Sie haften nämlich am Grundstück, das bei dem closing so auf den Erwerber übergeht, wie es rechtlich zu diesem Zeitpunkt beschaffen ist, also mit allen auch unsichtbaren Lasten.

Üblicherweise endet der report des title-insurers mit einer Reihe von klärungsbedürftigen Fragen, die aus den **64** Quellen nicht geklärt werden können.

Title-insurance   **65**

Der title-insurer erteilt die Versicherungspolice erst, wenn alle Fragen exakt geklärt sind. Dazu erfolgt auch der Rückruf bei der Filiale nach neueren Erkenntnissen am Tage des closings. Die Versicherung betrifft den in der Versicherung beschriebenen rechtlichen Status. Sie ist aber keine echte Risiko-Versicherung, da der Insurer alles aufgeklärt hat und nur versichert, was er genau als richtig erkannt hat.

Land record   **66**

Der gutgläubige Erwerb lässt sich durch die Begründung einer sog constructive notice verhindern. Nach diesem Grundsatz liegt guter Glaube an die Verfügungsbefugnis des Verkäufers nicht vor, wenn ein Eigentumserwerb in einem land record eingetragen ist. Dieser wird vom **county clerk**, in New York auch im Surrogates Court, einer Art Nachlassgericht, geführt. Der land record weist alle Verfügungen der Reihe nach auf. In New York ist er von 1982 an auf Computer geführt. Man erhält dann eine Liste mit Eintragungen. Benötigt man die Unterlagen, so sind diese auf microfiche les- und kopierbar. Das Vertrauen in die Richtigkeit der Angaben ist nicht geschützt. Der land record ist nur Grundlage der Ermittlungen des insurers.

Ermittlungen des title-insurers   **67**

Der title-insurer beginnt seine Ermittlungen bei dem land record. Er sieht je nach Fall die microverfilmten Vertragsunterlagen ein und geht Unklarheiten nach. Außerdem muss er auch die anderen Register einsehen, die im county clerks office geführt werden. Das sind die Register über alle Ordnungswidrigkeiten, die eingereichten Inanspruchnahmen (files) der mechanic liens, die Urteilsliste und die Liste der Steuerforderungen, kurz alles, was aus den unpossessory liens entstehen kann. Alle diese Register sind absolut öffentlich. Jeder kann sie einsehen, auch ohne Darlegung jeglichen Interesses. Was man daraus nicht ersehen kann, ist der Umfang der Erfüllung. Und diese Frage stellt der insurer in seinem report.

Zeitliche und Kostenaspekte   **68**

Die Ermittlungen sind bei jedem Grundstückskauf anzustellen, also auch beim kleinen Einfamilienhaus. Sie können im Einzelfall sehr aufwendig sein. Dann kosten die Vorermittlungen oder auch die Klärung der Fragen des Insurers sehr viel Zeit. Auch die Eintragung im land record kostet zum Teil viel Zeit.

2. Belgien/Luxemburg

Das Recht des Eigentumserwerbs entspricht im Wesentlichen dem französischen Recht. Publizierung im **Tran-** **69** **skriptionsregister** erfolgt nur, um **Drittwirkung** zu erzeugen. Der Hypothekenbewahrer führt die Grundstücksregister. Registerauskünfte werden nur schriftlich erteilt.

3. Bosnien und Herzegowina

70   Das Grundstücks- und Grundbuchrecht entspricht im Wesentlichen dem mitteleuropäischen Recht, insbesondere dem deutschen und österreichischen Recht.[71]

4. Dänemark

71   Eine selbständige Lösung des Grundbuchgedankens, die unter Verwertung ausländischer Vorbilder die eigene Einrichtung fortbildet, hat Dänemark geschaffen **(Tinglysnings-System)**. Das Eigentum am Grundstück geht durch formlosen (aus Beweisgründen aber vielfach schriftlich) abgeschlossenen Vertrag über. Grundbucheintragung ist zum Rechtserwerb nicht erforderlich. Die nicht obligatorische Grundbucheintragung ist aber notwendig, um sich gegen besser berechtigte Dritte zu schützen.

72   Das Grundbuch genießt einmal in negativer Hinsicht öffentlichen Glauben: nur eingetragene Rechte (auch Belastungen) können einem Dritten bei eigener Publizierung entgegengehalten werden. Zum anderen kommt dem Grundbuch aber auch ein gewisser positiver öffentlicher Glaube zu: der Erwerber kann darauf vertrauen, dass die voreingetragenen Rechtsnachfolgen auch wirksam stattgefunden haben.

73   Die Grundbücher werden bei den erstinstanzlichen Gerichten geführt. Das Grundbuch ist öffentlich und kann von jedem eingesehen werden.

5. Ehem DDR[72]

74   Vom 01.01.1976 bis 02.10.1990 galt in der DDR das Zivilgesetzbuch vom 19.06.1975. Vom gleichen Zeitpunkt an war dort das Grundbuchwesen **neu geregelt** worden; dieses bestimmte sich nach der Grundstücksdokumentationsordnung vom 06.11.1975 und der Grundbuchverfahrensordnung vom 30.12.1975. Die herkömmlichen Funktionen und Strukturprinzipien des Grundstücksrechts für den privaten Rechtsverkehr wurden im Wesentlichen gewahrt. Die Sicherheit des rechtsgeschäftlichen Verkehrs in der traditionellen Weise des deutschen Grundbuchrechts schien grundsätzlich garantiert. Da aber vielfach materiell-rechtliche Veränderungen außerhalb des Grundbuchs stattfanden, war die Verlässlichkeit des Grundbuchs stark beeinträchtigt. Anders als im BGB erfolgte der **Eigentumsübergang grundsätzlich nur noch durch Übergabe der Sache**. Eines besonderen dinglichen Vertrages (wie beim Abstraktionsprinzip) bedurfte es nicht mehr. Beim Eigentumserwerb von Grundstücken trat an die Stelle der Übergabe die **Eintragung in das Grundbuch**. Einzelheiten bei § 20 Rdn 1 ff.

75   Die Führung des Grundbuchs oblag den Liegenschaftsdiensten der Räte der Bezirke. In das Grundbuch durften nur der Eigentümer, die anderen eingetragenen Berechtigten sowie die staatlichen Organe einsehen. Zur Grundbuch-Entwicklung seit 1945 vgl § 144 Rdn 6 ff.

6. Estland

76   Das estnische Grundstücks- und Grundbuchrecht ist geprägt vom mitteleuropäischen Recht der Staaten Deutschland, Österreich und der Schweiz.[73]

7. Frankreich

77   Das französische Recht ist vom Pfandbuchsystem ausgegangen. Nur konfirmatorische Wirkung hat die Buchung im **Transkriptionsregister**. Diese Publizierung ist kein materielles Wirksamkeitserfordernis für den Rechtserwerb; sie ist vorrangsbegründend und schützt vor späteren Einwendungen Dritter. Die Rechtsänderung tritt inter partes schon mit Vertragsabschluss ein, die Transkription äußert aber **Drittwirkung** gegen andere Titelinhaber. Obwohl die Transkription nicht rechtsbegründend wirkt, besteht doch ein mittelbarer Zwang zu ihr wegen der Gefahr des Rechtsverlustes, falls spätere Erwerber ihren Titel früher überschreiben (transkripieren) lassen.

78   Der Code civil enthält für den Erwerb von unbeweglichen Sachen keine besonderen Vorschriften. Das Eigentum an Grundstücken kann demnach durch formlosen Kaufvertrag erworben werden. Der Rechtserwerb selbst beruht also auf einem außerbuchmäßigen Vorgang. Eine Ausnahme gilt für **Elsaß-Lothringen**. Zwar geht auch hier das Eigentum an Grundstücken grundsätzlich durch formlosen Vertrag über, jedoch muss dieser Vertrag innerhalb von sechs Monaten nach Vertragsabschluss notariell beurkundet werden, anderenfalls er rückwirkend nichtig wird. Diese Regelung hat ihren Grund in der Beibehaltung des deutschen Grundbuchsystems in Elsaß-Lothringen. Materiell gilt auch hier der Code civil; abgeschafft wurde die konstitutive Wirkung der Eintragung und der öffentliche Glaube des Registers.

---

71   *Weike* Rpfleger 2003, 139.
72   Zum Grundbuchwesen in der ehem DDR *v Schuckmann* Rpfleger 1991, 139; *Mrosek-Petersen* DtZ 1994, 331.
73   Ausführlich *Böhringer* BWNotZ 1997, 25.

Das Transkriptionsregister genießt **keinen öffentlichen Glauben**. Die Publikation schützt nur gegen wider- 79
sprechende, nicht publizierte Rechtsgeschäfte des berechtigten Veräußerers (besonders beim Doppelverkauf).
Das Grundstücksregister wird vom sog Hypothekenbewahrer (Ausnahme in Elsaß-Lothringen) geführt, einem
Beamten, der der Finanzverwaltung untersteht. Das Register ist nicht vollkommen öffentlich, man kann es
nicht einsehen. Der Hypothekenbewahrer ist jedoch verpflichtet, Bescheinigungen auszustellen.

8. Italien

Auch in Italien gilt für die Übertragung von Eigentum das **Konsensprinzip**, das Eigentum wird unter ande- 80
rem aufgrund von Verträgen erworben, mit Abschluss eines Vertrages geht das Eigentum auf den Käufer über.
Soweit das Eigentum an unbeweglichen Sachen übertragen werden soll, muss der Vertrag in einer öffentlichen
oder einer privaten Urkunde enthalten sein. Eine **Eintragung** in ein Grundstücksregister ist zum Rechtserwerb **nicht erforderlich**, sie ist aber obligatorisch vorgesehen. Die Register haben nur **negative Publizität**
wie in Frankreich, gutgläubiger Erwerb aufgrund einer Registereintragung ist daher nicht möglich.

Die Grundstücksregister werden von besonderen Ämtern geführt. In den sog neuen Provinzen, Trient-Südtirol 81
und den Provinzen Görz und Triest, bestehen noch den deutschen vergleichbare Grundbuchämter weiter. Das
Grundstücksregister ist öffentlich, und jedermann kann Einsicht nehmen.

9. Niederlande

Das holländische Recht folgt beim Eigentumserwerb dem **Traditionsprinzip**. Bei Grundstücken wird die 82
Übergabe wie im deutschen Recht durch Eintragungen in das dazu bestimmte öffentliche Register ergänzt
(konstitutive Eintragung).

Die Bedeutung des Registereintrages erschöpft sich darin, dass ohne Eintragung keine Rechte am Grundstück 83
entstehen können, es gibt aber keine Garantie dafür, dass die publizierte Rechtshandlung auch stattgefunden
hat oder aus sonstigen Gründen nicht unwirksam war. Ein Dritter kann sich daher nur auf das Schweigen des
Registers berufen **(negative Publizität)**.

Das Grundbuch wird wie in Frankreich vom so genannten Hypothekenbewahrer geführt. Jeder kann in das 84
Register einsehen.

10. Österreich

Zur Übereignung ist ein gültiger Titel, zB ein Kaufvertrag, erforderlich. An die Stelle der Übergabe tritt die 85
Eintragung in das Grundbuch, die sog *Einverleibung*. Das Eigentum geht aber bereits mit dem Zeitpunkt
über, in dem der Eintragungsantrag beim Grundbuchamt eingeht, sofern die Eintragung später auch vollzogen
wird.

Gutgläubiger Erwerb, im Vertrauen auf die Eintragung, ist möglich. Jedoch ist dabei zu beachten, dass die 86
Eintragung, auf die vertraut wird, rechtskräftig sein muss. Rechtskräftig wird sie erst, wenn der Voreingetragene
nach Mitteilung der Eintragung nicht binnen 60 Tagen Einspruch einlegt. Bei Unterlassung der Mitteilung tritt
die Rechtskraft erst nach einem Jahr ein.

Die Grundbücher werden von dem Bezirksgericht geführt. 87

11. Portugal

Es gilt für die Eigentumsübertragung das **Konsensprinzip**. Die **Eintragung** des Erwerbs in das Grundbuch ist 88
zum Rechtserwerb **nicht erforderlich**. Jedoch ist die Eintragung obligatorisch vorgesehen. Bei fehlender
Publizierung des Eigentums wirkt der Eigentumsübergang nur inter partes, einzutragende Tatsachen können
Dritten erst mit der Publizierung entgegengehalten werden. Für Hypotheken gilt Buchungspflicht, das Eigentum am Grundstück selbst muss eingetragen sein.

Das Grundbuch begründet eine Vermutung dafür, dass die eingetragenen Rechte bestehen, jedoch gibt es **kei-** 89
nen gutgläubigen Erwerb aufgrund der Registerlage. Wegen der fehlenden Drittwirkung mangels Eintragung kann man dem Schweigen des Grundbuchs wie in anderen Ländern vertrauen.

Das Grundbuch ist öffentlich. 90

12. Schweiz

Bei Grundstücken tritt anstelle der Tradition die **rechtsbegründende Eintragung** in das Grundbuch. 91

92 Wie im deutschen Recht kann im Vertrauen auf die Richtigkeit der Eintragungen **gutgläubig** erworben werden.

93 Die Einrichtung der Grundbücher obliegt den Kantonen. Das Grundbuch ist öffentlich. Jeder, der ein wirtschaftliches oder auch wissenschaftliches Interesse glaubhaft macht, kann es einsehen.

13. Spanien

94 Im spanischen Recht gilt das **Traditionsprinzip**. Die Tradition bei Grundstücken erfolgt durch Besitzeinräumung oder durch Errichtung einer notariellen Urkunde. Die Eintragung der Eigentumsänderung in das Immobiliarregister ersetzt nicht die Tradition; wie in den Ländern mit Konsensprinzip ist die **Eintragung nicht konstitutiv**. Die Eintragung des Grundstückserwerbs ist in das Belieben der Beteiligten gestellt.

95 Die Folgen der Nichteintragung entsprechen denen der anderen Länder mit nicht konstitutivem Registersystem: der Erwerb ist gegen besser berechtigte Dritte erst mit Eintragung gesichert. Darüber hinaus sind nicht eingetragene Grundstücke aus Rechtsgründen hypothekarisch nicht zu belasten, denn für das Entstehen einer Vertragshypothek ist die Eintragung in das Grundbuch konstitutiv. Es gibt **keinen gutgläubigen Erwerb** aufgrund der Registereintragung, wohl aber eine beweisrechtliche Vermutung, dass die registrierten Vorgänge stattgefunden haben.

96 Die Grundbücher werden von eigenständigen Behörden geführt. Wer nach dem Ermessen des Registerführers ein Interesse an Einsichtnahme hat, kann das Register einsehen.

B. Bedeutung des Grundbuchs

Schrifttum

Becker, Das Wohnungsbindungsgesetz, Auswirkungen auf den Grundstücksverkehr für die notarielle Praxis, MittRhNotK 1980, 213; 1982, 12; *Berg,* Zum Einfluss des öffentlichen Rechts auf das Privatrecht, MittBayNot 1988, 197; *Böhringer,* Probleme des Notars mit unsichtbaren Grundbuchbelastungen und Verfügungsbeeinträchtigungen im Osten und Westen, BWNotZ 1992, 3; *Böttcher,* Verfassungskonformität der Übertragung der Grundbuchsachen auf den Rechtspfleger, Rpfleger 1985, 201; *Buchholz,* Abstraktionsprinzip und Immobiliarrecht (1978); *Ertl,* Aktuelle Streitfragen des Grundbuchrechts, MittBayNot 1979, 214; *ders,* Entwicklungsstand und Entwicklungstendenzen des Grundbuchrechts nach 80 Jahren GBO, Rpfleger 1980, 1; *Flik,* Die Entwertung des Grundbuchs durch Gesetze – Eine Polemik, Rpfleger 1997, 333; *Feyock,* Rechtsunsicherheit im Grundbuchwesen, DNotZ (Sonderheft) 1956, 11; *Haegele,* Entwicklungstendenzen im Grundbuchrecht, Rpfleger 1965, 163; *Heseler,* Unsichtbare Grundstücksbelastungen im rechtsgeschäftlichen Verkehr mit Grundstücken, NJW 1950, 521; *Huhn,* Öffentlich-rechtliche Genehmigungen und Verfügungsbeschränkungen im Grundbuchverfahren, RpflStud 1979, 25; *Jauernig,,* Materielles Recht und Prozessrecht, JuS 1971, 329; *Kollhosser,* Das Grundbuch – Funktion, Aufbau, Inhalt, JA 1984, 558; *ders,* Grundprobleme des Grundbuchverfahrens, JA 1984, 714; *Mann,* Bindungen nach dem Wohnungsbindungsgesetz 1965 – eine neue öffentliche Grundstücksbelastung?, BWNotZ 1967, 189; *Michalski,* Die Funktion des Grundbuchs im System öffentlich-rechtlicher Beschränkungen, MittBayNot 1988, 204; *Nieder,* Entwicklungstendenzen und Probleme des Grundbuchverfahrensrechts, NJW 1984, 329; *Pikalo,* Die Funktionen des Grundbuchs im Landwirtschaftsrecht, DNotZ 1957, 227; *Reithmann,* Die Aufgaben öffentlicher Register, DNotZ 1979, 67; *Sachse,* Das Spannungsverhältnis zwischen Baulastenverzeichnis und Grundbuch, NJW 1979, 195; *Schubert,* Die Entstehung der Vorschriften des BGB über Besitz- und Eigentumsübergang (1966); *Streuer,* Die Grundbucheintragung als Voraussetzung der Rechtsänderung, Rpfleger 1988, 513; *Wacke,* Die Nachteile des Grundbuchzwanges in der Liegenschaftsvollstreckung und bei der Gläubigeranfechtung, ZZP 82 (1969), 337; *Walter,* Liegenschaftsrechte außerhalb des Grundbuchs?, JA 1981, 322; *Weber,* Die Entwertung des Grundbuchs durch Gesetze, DNotZ 1950, 88; *H Westermann,* Der konstitutive und deklaratorische Hoheitsakt als Tatbestand des Zivilrechts, FS Michaelis (1972) 337.

I. Immobiliarsachenrecht und Grundbuchverfahrensrecht

1. Begriffe

1 Der Oberbegriff »**Grundstücksrecht**« umfasst sowohl das materielle als auch das formelle Recht. Während das materielle Recht die Beziehungen zwischen Mensch und Mensch und die Zuordnung zwischen Sache und Mensch regelt, enthält das formelle Recht Normen, welche das Verfahren der Durchsetzung oder Klarstellung von materiellen Rechten regeln.

2 Das materielle Grundstücksrecht wird als »**Immobiliarsachenrecht**« bezeichnet; es ist im BGB, der Erbbau VO und dem WEG enthalten und regelt die Voraussetzungen der dinglichen Rechtsänderung (Begründung, Übertragung, Belastung, Inhaltsänderung, Aufhebung von dinglichen Rechten), bestimmt den Rang, Inhalt und die Wirkungen der Grundstücksrechte und besagt, ob die dingliche Rechtsänderung eingetreten ist, bzw wenn nicht, welche Schutzmaßnahmen möglich sind (Widerspruch, Grundbuchberichtigung). Das Immobiliarsachenrecht gehört dem Privatrecht an und ist streng vom öffentlichen Bodenrecht zu trennen, welches vor allem Veräußerungs-, Belastungs-, Teilungs- und Erwerbsbeschränkungen, gesetzliche Vorkaufsrechte, öffentliche Lasten, öffentliche Nutzungsrechte und Regelungen über den Gemeingebrauch und die Enteignung enthält.

3 Das formelle Grundstücksrecht wird als »**Grundbuchverfahrensrecht**« bezeichnet; es ist in der GBO und ihren Ausführungsbestimmungen geregelt (insbes der Grundbuchverfügung – GBV – vom 08.08.1935, RMBl 637). Es bestimmt die Einrichtung der Grundbücher und das Eintragungsverfahren, dh unter welchen Voraussetzungen, wo und wie eine Eintragung zu erfolgen hat. Es ist als Teil der freiwilligen Gerichtsbarkeit öffentliches Recht (Verfahrensrecht), obwohl es der Verwirklichung des materiellen Grundstücksrechts, das dem Privatrecht angehört, dient.

4 Der Grundsatz, dass das Immobiliarsachenrecht im BGB, dem ErbbauRG und dem WEG, das Grundbuchverfahrensrecht in der GBO und ihren Ausführungsvorschriften geregelt ist, gilt jedoch nicht ohne **Ausnahmen:** Verfahrensvorschriften sind enthalten in § 1115 BGB, §§ 14–17 ErbbauRG und §§ 7, 9 Abs 1, 32, 43 ff WEG, während die §§ 3 Abs 1 S 2, 49 GBO dem materiellen Recht zuzuordnen sind.

2. Trennung von Immobiliarsachenrecht und Grundbuchverfahrensrecht

5 Materielles Grundstücksrecht (= Immobiliarsachenrecht) und formelles Grundstücksrecht (= Grundbuchverfahrensrecht) sind **zwei streng voneinander zu trennende Rechtsgebiete,** die sich nach Wesen, Voraussetzungen und Wirkungen grundlegend unterscheiden. Normen des bürgerlichen Rechts dürfen daher grundsätzlich nicht in das Grundbuchverfahren hineingetragen werden, dh zur Lösung verfahrensrechtlicher Probleme muss zunächst das Verfahrensrecht herangezogen werden und nur dann, wenn kein anderer rechtlich fundierter und sinnvoller Weg gefunden wird, ist auf das materielle Recht analog zurückzugreifen. Die strikte Trennung des Immobiliarsachenrechts vom Grundbuchverfahrensrecht entwickelte sich erst im Laufe der Entstehung des BGB und der GBO. Dem Teilentwurf des Sachenrechts von 1880 war dieses Prinzip noch völlig fremd.[1] Nach § 828 Abs 2 des 1. Entwurfs sollte für den dinglichen Vertrag »*die Erklärung des Berechtigten, dass er die Eintragung der Rechtsänderung bewillige, und die Annahme der Bewilligung vonseiten des anderen Teils*« erforderlich sein.[2] Erst auf Beschluss der 2. Kommission wurde im BGB der Begriff der »Einigung« eingeführt und die Eintragungsbewilligung der GBO zugeordnet.[3]

3. Wechselwirkungen von Immobiliarsachenrecht und Grundbuchverfahrensrecht

6 Trotz der rechtlichen Selbständigkeit beider Rechtsgebiete ergänzen sie sich bei der Herbeiführung der dinglichen Rechtsänderung. Es handelt sich um ein fein abgestimmtes System zwischen materiell-rechtlichen und formell-rechtlichen Normen. Da das Grundbuchverfahrensrecht auf die Grundbucheintragung abzielt, es also auf die Verwirklichung des materiellen Grundstücksrechts gerichtet ist, ist als Grundsatz festzuhalten: »Die Verfahrensbestimmungen sind nur Hilfsmittel für die Verwirklichung oder Wahrung von Rechten; dabei soll die Durchsetzung des materiellen Rechts so wenig wie möglich an Verfahrensfragen scheitern«.[4] Das **Grundbuchverfahrensrecht muss sich somit dem Immobiliarsachenrecht unterordnen,** damit es seinem Ziel der richtigen Grundbucheintragung gerecht werden kann.

7 Auch wenn verfahrensrechtliche Grundbucherklärungen in erster Linie auf die Eintragung abzielen, so versieht sie das materielle Grundstücksrecht doch zuweilen mit materiell-rechtlichen Nebenwirkungen. In folgenden Fällen entfalten **formell-rechtliche Grundbuchvorgänge materiell-rechtliche Nebenwirkungen:**

---

1 *Schubert* 27, 102.
2 *Schubert* 103.
3 *Schubert* 125, 132.
4 BGH LM Nr 9 zu § 209 BGB; *Eickmann,* GBVerfR, Rn 268–270.

- Aushändigung der Bewilligung bewirkt Bindung an die Einigung (§ 873 Abs 2, 4. Alt BGB);
- Eintragungsbewilligung wird zum Grundbuchinhalt durch Bezugnahme (§ 874 BGB);
- wirksame Antragstellung beim GBA ist Voraussetzung für die Anwendung des § 878 BGB;
- Zeitpunkt der Antragstellung ist entscheidend für den Rang (§ 879 BGB, § 17 GBO);
- Zeitpunkt der Antragstellung ist maßgebend für die Gutgläubigkeit des Erwerbers (§ 892 Abs 2 BGB).

II. Notwendigkeit, Aufgaben und Funktionen des Grundbuchs

1. Notwendigkeit des Grundbuchs

Die Frage nach der Notwendigkeit eines Grundbuchs lässt sich am besten dadurch beantworten, dass man sich **8** das heutige Rechts- und Wirtschaftsleben ohne ein Grundbuch vorstellt. Jeglichem **Realkredit** würde der Boden entzogen werden. Investitionspolitik der Industrien ist ebenso wie die Eigentumsbildung der Privatperson weitgehend abhängig vom Realkredit, dem ein funktionierendes öffentliches Buchsystem zugrunde liegen muss. Führt ein Grundpfandrecht zur zwangsweisen Verwertung des Grundstücks (Zwangsversteigerung, Zwangsverwaltung, Zwangshypothek), so ist dies in vernünftiger Weise nur auf den Grundlagen eines Buchsystems durchzuführen. Aber nicht nur die Bedürfnisse des Realkredits rechtfertigen die Notwendigkeit eines Grundbuchs, sondern auch **öffentliche Interessen** verlangen danach. Öffentliche Bauvorhaben (Krankenhäuser, Schulen, Straßen), zweckgerechte Nutzung von Grundstücken und Beseitigung von Immissionen verlangen vielfach nach der Offenlegung der Rechtsverhältnisse an Grund und Boden. Im Gegensatz zu den beweglichen Sachen, bei denen der Besitz einen Schluss auf das Eigentum zulässt (§ 1006 Abs 1 BGB), ist dies bei Grundstücken nicht möglich; deren Besitzverhältnisse können durch Vermietung oder Verpachtung häufig völlig verschieden von den Eigentumsverhältnissen sein. Da Grundstücke Güter von besonders hohem Wert sind, dienen sie nicht selten der Kapitalanlage; sie sind aber nicht beliebig vermehrbar. Die Einmaligkeit und ihr Wert haben Grundstücke zum beliebten Geschäftsgegenstand gemacht. Für den **Rechtsverkehr** mit Grundstücken dient das Grundbuch als Rechtsgrundlage. Es hat sich somit im Rechts- und Wirtschaftsleben unentbehrlich gemacht und ist aus dem öffentlichen Leben des Staates und der privaten Sphäre seiner Bürger nicht mehr wegzudenken.

2. Aufgaben des Grundbuchs

Dem römischen Recht war die Unterscheidung zwischen beweglichen und unbeweglichen Sachen fremd. Jene **9** gravierende Schwäche dieses Rechtssystems wurde im BGB beseitigt, wobei zugleich die im Bewusstsein der Bevölkerung verwurzelte Idee von der »Verkörperung dinglicher Recht« durchgesetzt wurde. Aufgrund des Absolutheitscharakters der dinglichen Rechte wollte man ihnen eine nach außen sichtbare Gestalt zukommen lassen; dies geschah im Mobiliarrecht durch den Besitz und im Immobiliarrecht durch die Eintragung im Grundbuch. Aufgabe des Grundbuchs ist die **eindeutige Klarstellung der am Grundstück bestehenden Rechtsverhältnisse**. Dies bedeutet im Einzelnen, dass das Grundbuch
- die Eigentumsverhältnisse an den Grundstücken offen legt;
- die dinglichen Belastungen kenntlich macht;
- ihre Rangverhältnisse untereinander feststellt.

3. Funktionen des Grundbuchs

a) Konstitutivfunktion. Jede rechtsgeschäftliche Rechtsänderung an Grundstücken (Übertragung des Eigen- **10** tums und Bestellung, Übertragung, Inhaltsänderung oder Aufhebung beschränkt dinglicher Rechte) bedarf neben der Einigung zusätzlich der Eintragung in das Grundbuch (§§ 873, 875, 877 BGB). Nur beide Erfordernisse haben die gewünschte Rechtsänderung zur Folge. Die Grundbucheintragung hat somit **konstitutive Wirkung**, dh sie wirkt rechtsbegründend. Dies gilt natürlich nur dann, wenn sie sich mit der dinglichen Einigung deckt, was der Regelfall ist, aber nicht ohne Ausnahme gilt. Decken sich Einigung und Eintragung, so schafft das Grundbuchamt durch die Eintragung neues materielles Recht.

b) Vermutungsfunktion. Die Grundbucheintragung begründet die Vermutung, dass das eingetragene Recht **11** besteht und der Eingetragene auch der wahre Berechtigte ist (§ 891 Abs 1 BGB). Umgekehrt wird hinsichtlich eines gelöschten Rechtes vermutet, dass es nicht bestehe (§ 891 Abs 2 BGB). Diese **Vermutungswirkung aufgrund des Grundbucheintrags** lässt sich mit der Eigentumsvermutung zugunsten des Eigenbesitzers bei beweglichen Sachen vergleichen (§ 1006 Abs 1 S 1 BGB); sie gilt aber – im Gegensatz zu § 1006 BGB – nicht nur zugunsten des Eingetragenen, sondern jeder, für den dies von rechtlicher Bedeutung ist, kann sich auf die Vermutung berufen.[5] Sie gilt auch für das GBA,[6] ist jedoch widerlegbar; zB wird durch eine löschungsfähige Quittung nachgewiesen, dass die Hypothek nicht mehr dem eingetragenen Gläubiger zusteht, womit eine Löschung aufgrund dessen Bewilligung nicht möglich ist.[7]

---

5 BGH LM § 891 Nr 5; *Eickmann*, GBVerfR, Rn 4.
6 BayObLG Rpfleger 1983, 17; KG Rpfleger 1973, 22; *Böttcher* Rpfleger 1982, 175.
7 *Böttcher* Rpfleger 1982, 175.

12   **c) Gutglaubensfunktion.** Da das Gesetz an die Eintragung im Grundbuch die Wirksamkeit rechtsgeschäftlicher Rechtsänderungen an Grundstücken knüpft, spricht eine große Wahrscheinlichkeit dafür, dass das Grundbuch die wahre Rechtslage wiedergibt. Deshalb lassen die §§ 892, 893 BGB – ähnlich wie § 932 BGB – den **Erwerb vom Nichtberechtigten** zu: Der Erwerber, der den Mangel der Verfügungsberechtigung nicht kennt, wird durch die Grundbucheintragung geschützt, das Grundbuch gilt zu seinen Gunsten als richtig. Bösgläubigkeit liegt erst dann vor – anders wie bei § 932 BGB –, wenn der Erwerber die Unrichtigkeit des Grundbuches positiv kennt, wobei die Kenntnis der Rechtslage und nicht allein die Tatsachenkenntnis maßgebend ist.

13   **d) Rechtsschutzfunktion.** Dass dem Grundbuchverfahren im modernen Rechts- und Wirtschaftsleben auch Rechtsschutzfunktion zukommt, wird insbesondere von *Eickmann* betont:[8] »*Die Aufgabe des GBA kann sich (deshalb) heute nicht mehr darin erschöpfen, die Rechtsverhältnisse an Grundstücken formal richtig zu buchen: ihm kommt auch die Aufgabe zu, die Rechte der Beteiligten zu wahren und Rechtsmissbräuchen vorzubeugen*«. Der Grundbuchpraktiker kann natürlich nicht bei jeder Eintragung alle materiell bedeutsamen Umstände bis ins Detail prüfen, um zu der Gewissheit zu gelangen, dass das Grundbuch in jedem Falle richtig wird. Er muss in seiner täglichen Arbeit die Eigenarten, auch die häufige Eilbedürftigkeit des Grundbuchverfahrens berücksichtigen. »*Zwischen der Rechtsschutzaufgabe des GBA und den Erfordernissen eines rationalen Grundbuchverfahrens muss deshalb ein vernünftiger Ausgleich gefunden werden, sodass das Verfahren weder zu einem nur noch technisch-formalen Funktionieren denaturiert, jedoch auch nicht in jedem Einzelfall alle schuldrechtlichen Beziehungen zwischen den Beteiligten auf ihre Abgewogenheit untersucht, was sicherlich seinem Wesen nicht mehr gemäß wäre*«.[9]

14   **e) Öffentlich-rechtliche Warn- und Schutzfunktion.** Lange Zeit nicht erkannt, unterschätzt oder geleugnet wurde die Warn- und Schutzfunktion des Grundbuchs, die aufgrund der großen Zahl von Grundbuchvermerken mit rein deklaratorischer Wirkung besteht, und zwar insbesondere im Bereich des öffentlichen Rechts. Dies lässt sich daraus erklären, dass um die Jahrhundertwende das Verhältnis von Privatrecht und öffentlichem Recht zweifelsohne so gelagert war, dass das Privatrecht weit überwog und die öffentlich-rechtlichen Rechtsverhältnisse so gering waren, dass sie vernächlässigt werden konnten.[10] Dies galt heute jedoch nicht mehr. Der Einbruch des öffentlichen Rechts in das Grundstücksrecht, verfassungsrechtlich legitimiert durch Art 14 GG, hat dazu geführt, dass heute häufig die aus dem öffentlichen Recht entstehenden Probleme den Grundstücksverkehr mehr beherrschen als die privatrechtlichen Fragen.[11] Bei den öffentlichen Rechtsverhältnissen ist der Eintragungsgrundsatz weitgehend durchbrochen, weil öffentliche Liegenschaftsrechte in der Regel zu ihrem Entstehen nicht der Eintragung bedürfen. **Öffentliche Rechtsverhältnisse an Grundstücken** sind:
– Öffentliches Eigentum;
– öffentliche Erwerbsrechte (zB Vorkaufsrechte, Grunderwerbsrechte);
– öffentliche Nutzungsrechte für Privatpersonen an Grundstücken im Eigentum öffentlicher Rechtsträger (zB Gemeindenutzungsrechte) und für öffentliche Rechtsträger an Grundstücken im Privateigentum (zB Baulasten);
– öffentliche Verwertungsrechte;
– Vormerkungen zur Sicherung öffentlich-rechtlicher Vorkaufs- oder Grunderwerbsrechte;
– Widersprüche bei nicht genehmigten Veräußerungen, Belastungen und Teilungen von Grundstücken;
– öffentlich-rechtliche Verfügungsbeeinträchtigungen.

Je mehr das öffentliche Recht in das private Grundstücksrecht eingreift, um so dringender wird eine befriedigende Lösung des Problems, ob und wie ein gutgläubiger Erwerber gegen öffentlich-rechtliche Eingriffe geschützt werden kann, die ihm weder bekannt noch aus dem Grundbuch ersichtlich sind. Denn je mehr Grundstückslasten und Grundstücksverkehrsbeschränkungen es gibt, die nicht aus dem Grundbuch abzulesen sind, um so ungeeigneter werden Grundstücke und Grundstücksrechte als Mittel der dinglichen Kreditsicherung.[12] Ursache für diese Problematik ist die **Behauptung der hM, dass dem öffentlichen Recht ein Gutglaubensschutz fremd sei,** dh der Gegenstand des öffentlichen Glaubens des Grundbuchs wird wie folgt beschrieben:[13]
– Jedermann kann sich darauf verlassen, dass Rechte, die zu ihrer Entstehung der Eintragung ins Grundbuch bedürfen, bestehen, wenn sie eingetragen sind;
– jedermann kann sich darauf verlassen, dass Rechte nicht bestehen, die zu ihrer Entstehung der Eintragung im Grundbuch bedürfen, die aber im Grundbuch nicht eingetragen sind;
– niemand kann sich darauf verlassen, dass Rechte, die zu ihrer Entstehung nicht der Eintragung ins Grundbuch bedürfen, nicht bestehen, wenn sie nicht eingetragen sind;

---

  8   *Eickmann*, GBVerfR, Rn 6.
  9   *Eickmann* aaO.
 10   *Huhn* RpflStud 1979, 25, 26.
 11   *Eickmann*, GBVerfR, Rn 7.
 12   *Huhn* RpflStud 1979, 25, 27.
 13   BayObLG FGPrax 2000, 125 = Rpfleger 2000, 543; RG BayZ 1907, 409; WarnR 1911 Nr 84; Recht 1910 Nr 3181; JW 1910, 813.

– niemand kann sich darauf verlassen, dass Rechte, die zu ihrer Entstehung nicht der Eintragung ins Grundbuch bedürfen, bestehen, selbst wenn sie eingetragen sind.

Aufgrund dieser Grundsätze vertritt die hM den Standpunkt, dass es bei öffentlich-rechtlichen Rechtsverhältnissen keinen Gutglaubensschutz gebe.[14] Im Interesse eines umfassenden Rechtsschutzes im Grundstücksverkehr ist es aber erforderlich, den öffentlichen Glauben des Grundbuchs zu erweitern. Deshalb wird von *Eickmann*,[15] *Ertl*,[16] *Habscheid*,[17] *Huhn*,[18] *Michalski*[19] und *Dümig*[20] zu Recht gefordert, dass sich ein **Erwerber bei Nichteintragung von eintragungsfähigen öffentlich-rechtlichen Vermerken darauf verlassen kann, dass kein solches Recht besteht.** Ausnahmen vom grundsätzlich bestehenden Buchungszwang würden zu einer untragbaren Rechtsunsicherheit führen und gegen das Rechtsstaatsprinzip (Rechtssicherheit!) verstoßen. Die Ausnahme der öffentlich-rechtlichen Vermerke vom Gutglaubensschutz des Grundbuches stellt eine einseitige Begünstigung der Staatsinteressen dar, die nicht hingenommen werden kann. Wer also ein eintragungsfähiges, wenn auch nicht eintragungsbedürftiges Recht, an einem Grundstück oder gegenüber einem Grundstück hat, der muss es eintragen lassen, wenn er den Rechtsverlust durch gutgläubigen Erwerb ausschließen will. Im Interesse der Rechtssicherheit muss eine Behörde daher bei eintragungsfähigen, wenngleich nicht eintragungsbedürftigen, öffentlich-rechtlichen Rechtsverhältnissen (vgl dazu Einl A Rdn 46 ff, 51 ff und Einl C Rdn 4) binnen angemessener Frist um die Grundbucheintragung ersuchen, da ansonsten die Frage nach einer Verwirkung der Last gestellt werden kann.[21]

III. Erklärungen

Der Begriff der »Erklärung« taucht in nahezu allen Rechtsgebieten auf, und zwar mit unterschiedlicher Bedeutung. Es ist ein Verdienst von *Ertl*, für den Bereich des Grundbuchverfahrens terminologische Klarheit geschaffen zu haben.[22] Erklärungen können sein Willenserklärungen des bürgerlichen Rechts oder des öffentlichen Rechts, Verfahrenserklärungen und speziell die Grundbucherklärungen.   **15**

1. Willenserklärungen

a) Willenserklärungen des bürgerlichen Rechts. Eine **Willenserklärung** iS des bürgerlichen Rechts ist   **16** eine auf einen rechtlichen Erfolg gerichtete Willenserklärung. Sie besteht aus einem äußeren (objektiven) Tatbestand (= das Erklärte) und einem inneren (subjektiven) Tatbestand (= das Gewollte). Der äußere Tatbestand liegt vor, wenn das Erklärte den Schluss auf einen bestimmten Geschäftswillen zulässt, wenn also das ausgelegte äußere Verhalten erkennen lässt, dass eine bestimmte Rechtsfolge gewollt ist. Der innere (subjektive) Tatbestand besteht aus dem Handlungswillen, Erklärungsbewusstsein und dem Geschäftswillen. Beim Handlungswillen muss der Erklärende bei seiner Willensäußerung das Bewusstsein haben, zu handeln. Das Erklärungsbewusstsein liegt vor, wenn der Handelnde weiß, dass er durch sein Verhalten *irgendetwas* rechtlich Erhebliches erklärt oder dass zumindest andere sein Verhalten als rechtsgeschäftliche Äußerung auffassen könnten. Vom Erklärungsbewusstsein unterscheidet sich der Geschäftswille dadurch, dass er auf einen *konkreten* rechtsgeschäftlichen Erfolg gerichtet ist. Die Willenserklärung des bürgerlichen Rechts ist als wichtigster Bestandteil eines jeden Rechtsgeschäfts zu qualifizieren, durch die der Mensch selbst aufgrund der ihm vom Gesetz verliehenen Privatautonomie seine privaten Rechtsbeziehungen im Rahmen der Rechtsordnung regeln und mitgestalten kann.[23]

Ein **Rechtsgeschäft** ist ein aus einer oder mehreren Willenserklärungen allein oder in Verbindung mit anderen   **17** Tatsachen bestehender Tatbestand, an den die Rechtsordnung den Eintritt des in der Willenserklärung bezeichneten Erfolges knüpft. In seiner einfachsten Form besteht ein Rechtsgeschäft lediglich aus einer Willenserklärung (zB Kündigung), es kann aber auch aus zwei oder mehreren Willenserklärungen bestehen.

b) Willenserklärungen des öffentlichen Rechts. Darunter sind einseitige Erklärungen[24] und Verträge (§ 54   **18** VwVfg) von natürlichen und juristischen Personen zu verstehen, die als Mittel zur Gestaltung von Rechtsverhältnissen des öffentlichen Rechts verwendet werden.[25]

---

14 BGH NJW 1972, 488; 1973, 1278, 1281.
15 *Eickmann*, GBVerfR, Rn 7.
16 *Ertl* Rpfleger 1980, 1, 6.
17 *Habscheid* § 39 II 2.
18 *Huhn* RpflStud 1979, 25.
19 MittBayNot 1988, 204.
20 KEHE-*Dümig* Einl A Rn 10.
21 MüKo-*Wacke* § 892 Rn 17; in diese Richtung auch *Wieling*, Sachenrecht, § 19 I 2b cc.
22 KEHE-*Ertl*, 4. Aufl, Einl A Rn 18–38, 43–52.
23 *Ertl* Rpfleger 1980, 1, 5.
24 BGH NJW 1981, 980, 982.
25 *Ertl* Rpfleger 1980, 1, 5.

2. Verfahrenshandlungen

19 **a) Begriff.** Verfahrenshandlungen sind alle bewussten verfahrensgestaltenden Betätigungen (Erklärungen, Handlungen und Unterlassungen), die eine bestimmte Verfahrensrechtslage bewirken und sich nach Verfahrensrecht richten.[26] Der Begriff ist inhaltlich identisch mit dem der »Prozesshandlungen«; im Bereich des Grundbuchverfahrensrechts bietet sich jedoch der Begriff der »Verfahrenshandlungen« an. Unter die Verfahrenshandlungen fallen nur die Beteiligtenhandlungen, nicht aber die gerichtlichen Entscheidungen, weil beide Gruppen wesensverschieden sind. Entscheidend für die Verfahrenshandlungen ist der Umstand, dass sie die materielle Rechtslage nicht oder höchstens mittelbar beeinflussen, ihr Ziel vielmehr allein auf die Gestaltung des Verfahrens gerichtet ist. Eine Unterteilung erfolgt in »Erwirkungshandlungen« und »Bewirkungshandlungen«.

20 **b) Erwirkungshandlungen.** Wie der Name bereits andeutet, verfolgen die Erwirkungshandlungen (Antrag, Eintragungsersuchen) den Zweck, eine gerichtliche Entscheidung zu »erwirken«. Sie haben zum einen unmittelbar verfahrensgestaltende Wirkung, weil sie ein Verfahren einleiten und das Gericht zu einer Entscheidung zwingen, zum anderen tritt die beabsichtigte Wirkung aber nicht unmittelbar ein, sondern erst mit Hilfe der durch sie ausgelösten – »erwirkten« – gerichtlichen Tätigkeit.

21 **c) Bewirkungshandlungen.** Sie lösen unmittelbar, dh ohne die Vermittlung durch eine gerichtliche Tätigkeit, verfahrensrechtliche Wirkungen aus und schaffen eine bestimmte Verfahrenslage. Durch sie werden dem Gericht bestimmte Entscheidungen gestattet oder anderen Beteiligten wird es ermöglicht, diese Verfahrenslage für sich auszunützen; dabei entwickeln sie nur duldende Wirkung und keine aktive verfahrensgestaltende Kraft. Zu den Bewirkungshandlungen zählen zB die Antragsrücknahme, die Einlegung und Zurücknahme eines Rechtsmittels.

22 **d) Maßgebliches Recht.** Für Verfahrenshandlungen gilt ausschließlich das entsprechende Verfahrensrecht, zB für Grundbucherklärungen die GBO. Ergeben sich Lücken in der jeweiligen Verfahrensordnung, so sind diese durch die allgemeinen Verfahrensgrundsätze zu schließen, zB durch die Grundsätze des Grundbuchverfahrensrechts. Sollte auch dies zu keinem Ergebnis führen, dann ist an die analoge Anwendung anderer wesensgleicher oder ähnlicher Verfahrensvorschriften zu denken, zB bei grundbuchrechtlichen Problemen durch einen Rückgriff auf die Vorschriften des FGG oder der ZPO. Lediglich dort, wo die Heranziehung ähnlicher Verfahrensvorschriften den Grundsätzen der betroffenen Verfahrensordnung widerspricht, scheidet diese Analogie aus.[27] Sollte eine Lücke im Verfahrensrecht auch dann noch nicht geschlossen sein, so kann ausnahmsweise auf das materielle Recht mittelbar zurückgegriffen werden.[28]

23 **e) Gemeinsame Grundsätze.** Eine allgemeine Regelung der Verfahrenshandlungen ist sowohl der GBO als auch dem FGG unbekannt. Literatur und Judikatur haben folgende Grundsätze festgelegt:
– Die Verfahrenshandlungen erfordern **Beteiligten- und Verfahrensfähigkeit** statt Rechts- und Geschäftsfähigkeit.
– Die Erwirkungshandlungen richten sich allein **an das Gericht**, Bewirkungshandlungen oft an das Gericht, zuweilen **an einen anderen Beteiligten**.
– Die Verfahrenshandlungen sind **bedingungsfeindlich**, besonders wenn sie verfahrensgestaltende Wirkung haben (zB Einlegung eines Rechtsmittels), auch eine **Befristung ist unzulässig**.
– Die **Form** der Verfahrenshandlungen ist nicht einheitlich geregelt. Zum Teil können sie mündlich, auch konkludent, vorgenommen werden, zum Teil wird schriftliche oder beglaubigte Form verlangt.
– **Wirksam** wird die Verfahrenshandlung, wenn sie dem Adressaten zugeht, und muss es bleiben bis zur Zeit der Entscheidung. Mängel können vorher durch Berichtigung, Ergänzungen oder Widerruf behoben werden, Willensmängel aber nicht durch Anfechtung.
– **Unwirksamkeit** von Verfahrenshandlungen tritt ein durch Widerruf und Neuvornahme des Beteiligten, Maßnahmen des Gerichts (zB Zurückweisung des Antrags) oder sonstige Ereignisse (zB Verlust des Antragsrechts).
– Die Verfahrenshandlungen sind grundsätzlich bis zur Entscheidung **frei widerruflich** und nur ausnahmsweise unwiderruflich, wenn es gesetzlich vorgeschrieben ist, der Verfahrenszweck dies verlangt oder ein anderer Beteiligter eine bestimmte Rechtsstellung gewonnen hat.

---

26 *Ertl* Rpfleger 1980, 1, 5.
27 BGHZ 14, 183; Rpfleger 1958, 263; BayObLGZ 1950, 397, 399.
28 BGHZ 12, 284; 16, 388, 390; 20, 198, 205.

3. Grundbucherklärungen

a) Begriff. Grundbucherklärungen sind nach der Begriffsbestimmung des § 29 GBO alle zur Grundbucheintragung erforderlichen Erklärungen von Beteiligten oder Behörden.[29]   24

b) Anwendungsbereich. Zu den Grundbucherklärungen gehören: 25
– Zur Eintragung erforderliche Erklärungen der Beteiligten, zB Eintragungsantrag, Eintragungsbewilligung, Berichtigungsbewilligung, Löschungsbewilligung, Zustimmungen des Eigentümers (§§ 22 Abs 2, 27), Abtretungs- oder Belastungserklärungen (§ 26) usw.
– Erklärungen und Ersuchen von Behörden (§ 38)
– Sonstige Erklärungen, die eine grundbuchrechtliche Erklärung ergänzen oder begründen, zB Vollmachten, löschungsfähige Quittung, Zustimmung bei bestehender Verfügungsbeeinträchtigung, Verwalterbestellung bei einer Wohnungseigentümergemeinschaft, Zustimmung der Wohnungseigentümerversammlung, Vereinigungs-, Zuschreibungs- und Teilungserklärungen usw.

Nicht zu den Grundbucherklärungen gehören: 26
– Erklärungen, die zur Grundbucheintragung nicht erforderlich sind, wie zB der Kaufvertrag, die dingliche Einigung in den Fällen des § 19 oder die einseitigen Bestellungs-, Änderungs- oder Löschungserklärungen usw.
– Erklärungen, die nicht auf eine Grundbucheintragung gerichtet sind, wie zB Widerruf der Bewilligung, Bestimmung über die Brieferteilung nach § 60 Abs 2 usw.
– Tatsachen, unabhängig davon, ob sie eintragungsbegründenden (zB Briefübergabe, Geburt, Tod) oder eintragungshindernden Charakter (zB subjektive Kenntnis des Erwerbers bei § 1365 BGB) haben;
– Verfahrenshandlungen, die keine Erklärungen sind, wie zB die Vorlage oder Zurücknahme von Urkunden.

c) Grundbucherklärungen mit Einzeltatbestand. Ein Einzeltatbestand ist eine Erklärung oder Handlung,   27
die nicht in mehrere, rechtlich selbständig beurteilbare Teile zerlegt werden kann. Die Rechtsnatur eines Einzeltatbestandes kann materiellrechtlicher oder verfahrensrechtlicher Art sein. In Zweifelsfällen kommt es darauf an, auf welchem Gebiet die Erklärung ihre unmittelbare Hauptwirkung entfaltet oder welche Wirkung die primäre, charakteristische, nicht wegzudenkende und welche nur aus der anderen abgeleitet, sekundär, begrifflich entbehrlich ist.

aa) Materiellrechtliche Grundbucherklärungen. Zu nennen sind vor allem die dingliche Einigung im   28
Falle des § 20 (Auflassung eines Grundstücks; Bestellung, Inhaltsänderung eines Erbbaurechts),[30] wenn ausdrücklich festgelegt wurde, dass in der Einigung nicht auch die Eintragungsbewilligung zu sehen ist; sonst liegt ein Doppeltatbestand vor. Aber auch die Erklärungen über Abtretung und Belastung von Grundpfandrechten (§ 26), Vereinigung und Bestandteilzuschreibung (§ 890 BGB), Aufteilung in Wohnungseigentum (§ 8 WEG) fallen hierunter. Die Wirksamkeit dieser materiellrechtlichen Grundbucherklärungen richtet sich ausschließlich nach dem materiellen Recht, die Verwendbarkeit im Grundbuchverfahren bestimmt sich nach der GBO.

bb) Verfahrensrechtliche Grundbucherklärungen. Zu nennen sind der reine **Eintragungsantrag**   29
(gemischter Antrag = Doppeltatbestand!), die **Eintragungsbewilligung**, die Zustimmung zur Berichtigung (§ 22 Abs 2) und zur Löschung eines Grundpfandrechts (§ 27) usw. Voraussetzungen und Wirkung dieser Erklärungen bestimmen sich ausschließlich nach dem Grundbuchverfahrensrecht, und nur ausnahmsweise und dann höchstens analog nach dem materiellen Recht.

d) Grundbucherklärungen mit Doppeltatbestand. Doppeltatbestand ist ein Komplex von Erklärungen   30
oder Handlungen, der nur äußerlich als Einheit erscheint, sich in Wirklichkeit aber aus zwei oder mehreren Bestandteilen zusammensetzt, von denen jeder unabhängig vom anderen rechtlich selbständig geregelt ist. Grundbucherklärungen können einen Doppeltatbestand mit anderen materiellrechtlichen Erklärungen oder Verfahrenserklärungen bilden, was durch Auslegung zu ermitteln ist. Stellt sich dabei heraus, dass Grundbucherklärungen einen Doppeltatbestand bilden, dann sind sie zum Zwecke ihrer rechtlichen Beurteilung in ihre Einzeltatbestände zu zerlegen, die daraufhin nach dem jeweils geltenden Recht zu untersuchen sind.

aa) Materiellrechtliche Grundbucherklärungen. Ein materiellrechtlicher Doppeltatbestand setzt sich aus   31
zwei oder mehreren materiellrechtlichen Einzeltatbeständen zusammen. Materiellrechtliche Grundbucherklärungen mit Doppeltatbestand sind nicht ersichtlich. Bekannt aus dem Zivilrecht sind zB Auftrag und Vollmacht.

---

29 *Ertl* Rpfleger 1980, 1, 5; **aA** *Wulf* MittRhNotK 1996, 41, 42.
30 **AA** *Wulf* MittRhNotK 1996, 41, 42.

32   **bb) Verfahrensrechtliche Grundbucherklärungen.** Ein verfahrensrechtlicher Doppeltatbestand setzt sich aus zwei oder mehreren verfahrensrechtlichen Einzeltatbeständen zusammen. Das Gesetz nennt in § 30 als Beispiel den gemischten Antrag, der den Eintragungsantrag nach § 13 darstellt und zugleich die Eintragungsbewilligung (§ 19) oder die Zustimmung des Eigentümers zur Löschung eines Grundpfandrechts (§ 27) beinhalten kann.

33   **cc) Gemischtrechtliche Grundbucherklärungen.** Ein gemischtrechtlicher Doppeltatbestand setzt sich aus einem materiellrechtlichen und einem verfahrensrechtlichen Bestandteil zusammen. Die Auflassung enthält in der Regel auch die Eintragungsbewilligung des Betroffenen, die Bewilligung zur Eintragung einer Eigentümergrundschuld, die materielle Bestellungserklärung (§ 1196 BGB) und die Löschungsbewilligung, auch die materielle Aufgabeerklärung (§ 875 BGB). In diesen Fällen sind der materielle Einzeltatbestand nach dem materiellen Recht und der verfahrensrechtliche Einzeltatbestand nach dem Grundbuchverfahrensrecht zu beurteilen.

IV. Grundbucheintragung

1. Begriff

34   Der Begriff der »Grundbucheintragung« wird im Allgemeinen Sprachgebrauch in einem zweifachen Sinne verwendet.

Das Wort bedeutet
(a) die hoheitliche **Eintragungstätigkeit** des Grundbuchamts;
(b) den **Eintragungszustand** im Grundbuch.

Im Grundbuchverfahrensrecht bedeutet »Grundbucheintragung« normalerweise die »Eintragungstätigkeit« (Ausnahme § 53 Abs 1 S 2), da in der GBO geregelt ist, unter welchen Voraussetzungen und in welcher Weise sich die gerichtliche Tätigkeit des Eintragens in das Grundbuch vollzieht; die Regelungen des bürgerlichen Rechts betreffen meistens den »Eintragungszustand« (zB §§ 873 Abs 1; 880 Abs 2 BGB).

2. Wesen

35   Über das Wesen der Grundbucheintragung in der Form der Eintragungstätigkeit herrscht bis heute Streit. Zum Teil wird vorgebracht, dass die Eintragung ein »Bestandteil des dinglichen Vertrages« sei.[31] Dem kann nicht zugestimmt werden, da sonst die Nichtigkeit der Einigung auch die Unwirksamkeit der Eintragung zur Folge hätte, wodurch dem Gutglaubensschutz der Boden entzogen wäre. Aber auch der Meinung, die die Eintragung als »tatbestandsmäßige Bedingung« ansieht,[32] ist nicht zu folgen, denn dann hätte die Einigung vor der Eintragung keine Wirkung. Einigung und Eintragung sind vielmehr selbständige Elemente der rechtsgeschäftlichen Rechtsänderung an Grundstücksrechten;[33] sie sind wesensverschiedene, voneinander rechtlich unabhängige Rechtsakte; die Einigung ist »dinglicher Vertrag« und die Eintragung ein **»gerichtlicher Hoheitsakt«**.[34] Daraus folgt, dass sich das Wirksamwerden und die Wirkungen von Einigung und Eintragung nach unterschiedlichen Vorschriften beurteilen und beide ein getrenntes rechtliches Schicksal haben können.

36   Der Grundbucheintragungsakt wird als »verwaltende Tätigkeit«,[35] »Gerichtsverwaltungsakt«[36] und »urkundliche Erklärung des Grundbuchamtes, die nicht zur Gerichtsbarkeit gehört«[37] beschrieben. Keiner dieser Definitionen kann beigepflichtet werden, da das Grundbuchverfahrensrecht der freiwilligen Gerichtsbarkeit angehört und auf keinen Fall mit einer verwaltenden Tätigkeit verglichen werden kann. Vielmehr handelt es sich bei der Grundbucheintragung um eine »gerichtliche Verfahrenshandlung«[38] oder – anders ausgedrückt – um einen »Rechtspflegeakt«,[39] der nach Ansicht des BVerfG[40] zur »Rechtsprechung im weiten Sinne« gehört.[41]

37   **Grundbucheintragung als Eintragungstätigkeit** = *hoheitlicher, zur Rechtsprechung gehörender, nach verfahrensrechtlichen Vorschriften zustandekommender Gerichtsakt, der öffentlichen wie privaten Interessen an der Sichtbarmachung von Rechtsverhältnissen an Grundstücken dient.*

---

31 BGH DNotZ 1963, 434 = Rpfleger 1963, 378; *Wolff-Raiser* § 38 II 2; *Enneccerus-Nipperdey* § 146 II 2.
32 *E Wolf* § 10 A III e.
33 *Westermann-Eickmann* § 75; *Baur-Stürner*, Sachenrecht, § 5 I; *Schwab-Prütting* § 16 IV.
34 *Ertl* Rpfleger 1980, 1, 6; *Westermann-Eickmann* § 75 II 1.
35 *Güthe-Triebel* § 18 Rn 2.
36 *Baur* DNotZ 1955, 507, 519.
37 *E Wolf* § 9 C IId; D I, II.
38 KG OLGZ 1975, 301, 302.
39 BayObLGZ 1992, 13 = Rpfleger 1992, 147; *Klüsener*, FG, A I 3.2; *Habscheid* § 40 I 3; NJW 1967, 226.
40 BVerfGE 22, 49, 74 = NJW 1967, 219.
41 **Zustimmend:** VerwG Augsburg, Rpfleger 1985, 352; **ablehnend:** BayObLGZ 1992, 13 = Rpfleger 1992, 147; *Demharter* § 1 Rn 29.

3. Wirkungen

a) Vielfalt von Eintragungswirkungen. Aus einer Grundbucheintragung allein kann man nicht in jedem 38
Falle pauschal auf die dingliche Rechtsnatur des Grundbuchinhalts, die konstitutive Wirkung der Eintragungstätigkeit (§§ 873, 875 BGB), die Richtigkeitsvermutung (§ 891 BGB) oder den öffentlichen Glauben (§§ 892,
893 BGB) schließen. Vielmehr äußert die Grundbucheintragung je nach Art des eingetragenen Rechts oder
Vermerks unterschiedliche Wirkungen.

b) Eintragung privater dinglicher Rechte. aa) Allgemeine Wirkungen. Die Eintragung eines privaten 39
dinglichen Rechtes hat **materielle Rechtsscheinwirkung**, dh der Grundbuchinhalt ist mit der widerlegbaren
Richtigkeitsvermutung ausgestattet (§ 891 BGB). Dabei ist zu beachten, dass auch die Löschung eine – wenn
auch negative – Eintragung darstellt, die mit der Vermutung des § 891 Abs 2 BGB verbunden ist.

Ist ein tatsächlich nicht bestehendes oder einem Nichteingetragenen zustehendes Recht im Grundbuch einge- 40
tragen, so hat die Eintragung die **materielle Tatbestandswirkung**, dass sich durch ihre Vermittlung beim
Hinzukommen gutgläubigen Erwerbs ein materiell wirksamer Rechtserwerb vollzieht (§§ 892, 893 BGB).

Die Grundbucheintragung hat **formelle Selbstbindungswirkung** für das Grundbuchamt, dh es kann eine 41
Eintragung grundsätzlich nicht von sich aus ändern; es liegt vielmehr in der Hand der Beteiligten, eine Berichtigung herbeizuführen (§ 894 BGB, § 22 GBO).[42] In Ausnahme von diesem Grundsatz ermöglicht § 53 eine
Amtslöschung von unzulässigen Eintragungen und die Eintragung eines Amtswiderspruchs, wenn durch eine
unter Verletzung gesetzlicher Vorschriften erfolgte Eintragung das Grundbuch unrichtig geworden ist und sich
ein gutgläubiger Erwerb anschließen kann. Einigkeit herrscht auch insoweit, als **formale Rechtskraft** hinsichtlich der Eintragung **der Rangordnung** bei solchen Rechten bejaht wird, die in einem materiellen Rangverhältnis stehen und ohne Rangvermerke eingetragen worden sind.[43] Daraus folgt, dass bei Verstoß gegen die
§§ 17, 45 die Rechte trotzdem mit dem eingetragenen Rang entstehen, das Grundbuch richtig wird und keine
Bereicherungsansprüche bestehen.

bb) Besondere Wirkungen beim Vollrecht. Die soeben angeführten Wirkungen der Grundbucheintragung 42
(materielle Rechtsscheinwirkung, materielle Tatbestandswirkung, formale Selbstbindungswirkung des GBA)
gelten sowohl für das **Vollrecht** (= materiell-rechtlich wirksames dingliches Recht) als auch für das **Buchrecht**
(= im Grundbuch eingetragenes dingliches Recht, dem eine materielle Voraussetzung seiner Wirksamkeit
fehlt). Dem Vollrecht kommen jedoch noch besondere Wirkungen zu.

Die Eintragung für sich allein kann niemals ein dingliches Recht begründen, ändern oder aufheben; die 43
Rechtsänderung vollendet sich erst, sobald zu der hoheitlichen Tätigkeit des Eintragens die materiell-rechtlichen Rechtsänderungserklärungen (Einigung, Aufhebungserklärung) hinzukommen, vorausgesetzt, dass beide
Tatbestandsmerkmale die gleiche Rechtsänderung zum Inhalt haben. In diesem Fall, wenn also ein materiellrechtlich wirksames dingliches Recht (= Vollrecht) entsteht, kommt der Eintragung **Konstitutivwirkung** zu,
dh mit Vollendung der Grundbucheintragung (§ 44) ändert sich die Rechtslage.

Die unanfechtbare Eintragung eines Vollrechts erwächst in **formelle Rechtskraft** (vgl Einl F Rdn 134). Der 44
Grundbucheintragung eines Vollrechts wird allerdings von der hM die materielle Rechtskraftfähigkeit abgesprochen.[44] Dem kann nicht zugestimmt werden: In der FG sind gerichtliche Entscheidungen auch dann der
materiellen Rechtskraft fähig, wenn durch sie die materielle Rechtslage verändert wird, ihnen also Gestaltungswirkung beigelegt ist.[45] Im Regelfalle der Übereinstimmung von Einigung und Eintragung entfaltet die Eintragungsentscheidung und die durch sie bewirkte Grundbucheintragung entgegen der hM materielle Rechtskraft[46] (vgl Einl F Rdn 138).

c) Eintragung anderer materieller Rechtsverhältnisse. aa) Vormerkungswirkungen. Die Eintragung 45
einer Vormerkung im Grundbuch hat drei Wirkungen zur Folge: Sicherungswirkung (§ 883 Abs 2, § 888
Abs 1 BGB), Rangwirkung (§ 883 Abs 3 BGB) und Insolvenzschutzwirkung (§ 106 InsO).

bb) Widerspruchswirkungen. Die Eintragung eines Widerspruchs im Grundbuch zerstört den öffentlichen 46
Glauben, sodass ein gutgläubiger Erwerb durch einen Dritten nicht mehr möglich ist (§ 892 Abs 1 S 1 BGB).

---

42 *Habscheid* § 42 II; *Ertl* Rpfleger 1980, 1, 6.
43 BGHZ 21, 98, 99; BayObLGZ 16, 126; KEHE-*Dümig* Einl A Rn 61, *Eickmann*, GBVerfR, Rn 31, 32; *Hoche* JuS 1962,
     60.
44 KEHE-*Dümig* Einl A Rn 63; *Habscheid* § 42 II; *Ertl* Rpfleger 1980, 1, 6; *Pawlowski-Smid*, FG, Rn 542–545; **offen gelas-
     sen** von BayObLG MittBayNot 1995, 288.
45 *Blomeyer*, Zivilprozessrecht, Bd I, § 94 IV; *Schlosser*, Gestaltungsklage und Gestaltungsurteil (1966), 406 ff; *Eickmann*
     Rpfleger 1976, 153, 154.
46 *Eickmann*, GBVerfR, Rn 3; *ders*, Rpfleger 1976, 153, 154.

47 **cc) Verfügungsbeeinträchtigung**. Die Verfügungsbeeinträchtigungen werden unterteilt in Verfügungsentziehungen, Verfügungsbeschränkungen und Verfügungsverbote.[47]

48 Ist eine **Verfügungsentziehung** (Insolvenzeröffnung, Testamentsvollstreckung, Nachlassverwaltung) bereits im
Grundbuch eingetragen oder wegen früheren Eingangs vorher einzutragen, und zwar ordnungsgemäß nach den
§§ 17, 45 GBO, so können rechtsgeschäftliche Verfügungen des Gemeinschuldners grundsätzlich nicht mehr
vollzogen werden. Eine Eintragung kann nur noch erfolgen, wenn die Zustimmung des Verwalters nachgewiesen wird oder die Verfügungsentziehung zwischenzeitlich weggefallen ist (§ 185 BGB).[48]

49 Ist eine **Verfügungsbeschränkung** im Grundbuch eingetragen (nur denkbar bei § 5 ErbbauRG, §§ 12, 35
WEG), so ist ein davon betroffener Antrag auf Eintragung einer rechtsändernden rechtsgeschäftlichen Verfü-
gung aufgrund des Legalitätsprinzips grundsätzlich unvollziehbar. Eine Eintragung kann nur erfolgen, wenn die
Zustimmung des durch die VB Geschützten nachgewiesen wird, § 878 BGB erfüllt ist oder zwischenzeitlich die
VB einschließlich ihres Schutzzwecks weggefallen ist.[49]

50 Ist ein **Verfügungsverbot** (§ 829 Abs 1 S 2 ZPO, § 938 Abs 2 ZPO, § 23 Abs 1 S 1 ZVG) bereits im Grundbuch eingetragen oder wegen früheren Eingangs vorher einzutragen (§ 17 GBO), so hat der Grundbuchrechtspfleger alle Eintragungen so zu vollziehen, als wenn kein VV bestehen würde (Ausnahmen bei Löschung von
Rechten und Begründung eines Erbbaurechts).

51 **dd) Wirkungen sachenrechtlicher Vermerke**. Zu nennen sind Rangvermerke über abweichende Rangbestimmung (§ 879 Abs 2 BGB), Rangänderung (§ 880 BGB), Rangvorbehalt (§ 881 BGB) und nach § 112 GBO
aufgrund eines Rangfeststellungsbeschlusses, Mithaftvermerke (§ 48 GBO), Verpfändungsvermerke, Löschungsvermerke (§ 46 GBO) und Klarstellungsvermerke. Sie haben unterschiedliche Wirkungen; gemeinsames
Wesensmerkmal ist ihre im materiellen Sachenrecht geregelte Bedeutung und Wirkung.

52 **d) Eintragung sonstiger Vermerke**. Ihnen ist gemeinsam, dass sie außerhalb des bürgerlichen Rechts geregelt sind und keine materiellrechtliche Bedeutung und Wirkung haben, dh nur deklaratorischer Art sind. Solche Vermerke können sein:

53 **aa) Grundbuchrechtliche Vermerke**. Zu nennen sind der Aktivvermerk (§ 9 GBO), der Löschungserleichterungsvermerk (§§ 23 Abs 2 GBO) und der Umstellungsvermerk (§ 4 GBMaßnG);

54 **bb) Verfahrensrechtliche Vermerke**. Beispielhaft seien angeführt der Vermerk über die dingliche Zwangs-
vollstreckungsunterwerfung (§ 800 Abs 1 ZPO), der Rechtshängigkeitsvermerk (§ 325 ZPO), der Vermerk über
Anhängigkeit eines Rangklarstellungsverfahrens (§ 91 Abs 3 GBO) oder eines Enteignungsverfahrens (§ 84
Abs 2 GBO);

55 **cc) Öffentlich-rechtliche Vermerke**. Einzelfälle solcher Vermerke, die fast ausschließlich rein deklaratorische Bedeutung haben, sind: Beitrag nach § 64 Abs 3, 6 BBauG im Umlegungsverfahren, Entschuldungsrente
(Art 5 Abs 1 der 8. DVO SchRegG).

---

47 *Böttcher* Rpfleger 1983, 49, 53.
48 *Böttcher* Rpfleger 1983, 187, 192.
49 *Böttcher* Rpfleger 1984, 377, 384.

C. Eintragungsfähigkeit

I. Grundlagen der Eintragungsfähigkeit

Schrifttum

Baur, Entwicklungstendenzen im Sachenrecht, JurJl 8, 19; *Bestelmeyer,* Inhaltlich unzulässige Grundbucheintragungen bei nachträglichen Veränderungen des Grundbuchinhalts, Rpfleger 1997, 7; *Böhringer,* Löschung eines Rechts wegen anfänglicher Nichtexistenz des Berechtigten, NotBZ 2007, 189; *ders,* Klarstellungsvermerk zum Eintragungsvermerk bei wiederholter Auflassung, NotBZ 2004, 13; *ders,* Probleme des Notars mit unsichtbaren Grundstücksbelastungen und Verfügungsbeeinträchtigungen im Osten und Westen, BWNotZ 1992, 3; *ders,* Die Entwicklung des Grundstücks- und Grundbuchrechts, Rpfleger 2003, 157; 2005, 225; 2007, 178; *Canaris,* Die Verdinglichung obligatorischer Rechte, Festschrift für Flume (1978), 371; *Dimopoulos-Vosikis,* Zum Problem der dinglichen Pflicht; AcP 167 (1967), 515; *Dümig,* Die Beseitigung einer Eintragung zugunsten eines nicht existierenden Berechtigten, ZfIR 2005, 240; *Furtner,* Rechtliche Bedeutung von Zwangseintragungen, die unter Verletzung vollstreckungsrechtlicher Vorschriften im Grundbuch vorgenommen wurden, DNotZ 1959, 304; *ders,* Die rechtsgeschäftliche Verfügungsbeschränkung und ihre Sicherung, NJW 1966, 182; *Haas,* Die Zulässigkeit von Verfügungen zugunsten Dritter (Diss Würzburg 1973); *Haegele,* Rechtsfragen aus dem Liegenschaftsrecht, BlGBW 1959, 113, 129; BWNotZ 1969, 117; JurBüro 1969, 395; Rpfleger 1971, 283; 1975, 153; *ders,* Streifzug durch das Grundstücksrecht, Rpfleger 1969, 266; *Hagen,* Aus der Rechtsprechung des BGH zum Grundstücksrecht, DRiZ 1977, 106; *Holzer,* Klarstellungsvermerk im Grundbuchverfahren – Die Richtigstellung unklar gefasster Eintragungen durch das Grundbuchamt, ZfIR 2005, 165; *Kesseler,* Verfügungen über Grundstücke im vereinfachten Insolvenzverfahren, MittBayNot 2007, 9; *ders,* Einseitige Eintragungsanträge des späteren Insolvenzschuldners im Grundbuchverfahren, ZfIR 2006, 117; *Knieper,* Die Ordnungen zur Registrierung von Grundstücken, RpflStud 2005, 80; *Lindig,* Über die fiktive und funktionelle Selbständigkeit des Grundstücks, AcP 169 (1969), 459; *Mühl,* Treu und Glauben im Sachenrecht, NJW 1956, 1657; *Peter,* Löschung gegenstandsloser Rechte, BWNotZ 1983, 49; *Pikart,* Die Rechtsprechung des BGH zum materiellen Grundbuchrecht, WM 1970, 266; *Rother,* Die Erfüllung durch abstrakte Rechtsgeschäfte, AcP 169 (1969), 1; *Schäfer,* Grundbuchrechtsentwicklung im Deutschen Reich –Bemerkenswertes aus einem halben Jahrhundert, RpflStud 2006, 171; *Schillig,* Eintragungsfähigkeit und Wirksamkeit einer durch einstweilige Verfügung im Beschlusswege erlassenen Veräußerungsverbots vor Zustellung an den Antragsgegner?, NotBZ 2003, 416; *Schlenker,* Die Bedeutung des AGBG im Grundbuchantragsverfahren (Diss Tübingen 1982); *Schmidt-Räntsch,* 10 Jahre Sachenrechtsbereinigung, NJW 2005, 49; *Schwintowski,* Einführung in das Liegenschaftsrecht, JA 1989, 221; *Staudenmaier,* Eigentümerrecht: quo vadis?, Rpfleger 1968, 14; *Terstegen,* Der Überbau in der notariellen Praxis, RNotZ 2006, 433; *Weidlich,* Die Löschung des Testamentsvollstreckervermerks ohne Berichtigung des Erbscheins und des Testamentsvollstreckerzeugnisses, MittBayNot 2006, 390; *Weimar,* Dispositives Sachenrecht, MDR 1963, 105; *ders,* Abdingbare Vorschriften des Sachenrechts, MDR 1969, 366; *Weitnauer,* Verdinglichte Schuldverhältnisse, 1. Festschrift für Larenz (1983), 706; *Westermann,* Allgemeine Lehren des Grundstücksrechts, Jura 1979, 225; *Wilhelm,* Das Merkmal »lediglich rechtlich vorteilhaft« bei Verfügungen über Grundstücksrechte, NJW 2006, 2353.

1. Allgemeines

Eine Eintragung in das GB kann nur erfolgen, wenn der Gegenstand eintragungsfähig ist. Diese Frage muss das **1** GBA stets von sich aus prüfen,[1] unabhängig davon, ob die Eintragung auf einen Antrag hin oder von Amts wegen vorgenommen werden soll. Die Eintragungsfähigkeit ist weder im BGB noch in der GBO definiert.

Das materielle Liegenschaftsrecht setzt jedenfalls die Eintragung von Grundstücken und grundstücksgleichen **2** Rechten als Bestand voraus. An ihnen können **nur** solche **Eintragungen** vorgenommen werden, **die gesetzlich zulässig sind**. Die Prüfung der Zulässigkeit einer Eintragung und damit der Eintragungsfähigkeit beschränkt sich darauf, was Inhalt einer Eintragung sein kann. Davon zu trennen ist die Prüfung der Voraussetzungen einer Eintragung. Zu unterscheiden ist ferner zwischen der Eintragungsfähigkeit und der Eintragungsbedürftigkeit, da es Fälle gibt, in denen die Eintragung zwar zulässig, aber für ihre Wirksamkeit, auch im Hinblick auf § 892 BGB, nicht notwendig ist.

Einen **gesetzlichen Katalog** eintragungsfähiger Rechte und Vermerke **gibt es** jedenfalls **nicht**.[2] Sachdienliche **3** Hinweise bieten § 84 Abs 3 GBO, §§ 4–23, 54–60, 74–76 GBV sowie die WGV. Was die Zulässigkeit von GB-

---

1 Vgl KEHE-*Dümig* Einl B 1, C 60 ff; *Staudinger-Gursky* Rn 234 zu § 873.
2 Vgl KEHE-*Dümig* Einl B 3; *Demharter* Anhang zu § 13 Rn 14.

Eintragungen anbelangt, lässt sich allgemein sagen, dass ihr Kreis dadurch abschließend geregelt ist, als die Eintragungen entweder gesetzlich vorgeschrieben sind oder sich daran Rechtswirkungen knüpfen.[3]

4 Der Eintragung fähig sind daher dingliche Rechte, Vormerkungen, Widersprüche, Verfügungsbeeinträchtigungen, Einreden, Enteignungs- und sonstige Vermerke, wenn

(a) die Eintragung gesetzlich vorgesehen ist, insbesondere als Voraussetzung des Wirksamwerdens (**konstitutive Eintragung**),

(b) dingliche Rechte oder Rechtsänderungen außerhalb des GB entstanden bzw eingetreten sind und das GB durch die gesetzlich vorgesehene Eintragung berichtigt, dh mit der materiellen Rechtslage in Einklang gebracht wird (**deklaratorische Eintragung**) oder

(c) das Gesetz Rechtsfolgen an die Eintragung oder Nichteintragung knüpft (zB §§ 891 ff BGB).[4]

5 Vertreten wird die Auffassung, dass auch öffentlich-rechtliche Rechte und Rechtsverhältnisse eintragungsfähig sind, ohne dass ihre Entstehung von der Eintragung abhängt oder das Gesetz die Eintragung vorsieht. Zur Begründung dient die »**öffentlich-rechtliche Warn- und Schutzfunktion**«.[5] Richtig ist, dass die Bedeutung des öffentlichen Rechts im GBVerkehr ständig zugenommen hat und dass die mangelnde Ersichtlichkeit öffentlich-rechtlicher Rechte und Verfügungsbeeinträchtigungen aus dem GB ein unerfreuliches Hemmnis bilden können. Ohne einen Akt des Gesetzgebers aber begegnet die vorgenannte Auffassung gewissen Bedenken: Wer – wie zB *Dümig*[6] – vorschlägt, dass auch einem Gutgläubigen gegenüber ein nicht eingetragenes öffentlich-rechtliches Grundstücksrecht bestehen bleiben soll, kann nicht erklären, warum dann der Gutgläubige ebenso gestellt wird wie der Bösgläubige. Die Annahme jedenfalls, dass öffentlich-rechtliche Grundstücksrechte infolge guten Glaubens anlässlich eines privatrechtlichen Rechtsgeschäfts erlöschen können,[7] hat nach Meinung des BGH in der geltenden Rechtsordnung keine Grundlage.[8]

6 Die Eintragungsfähigkeit insbesondere von **öffentlich-rechtlichen Verfügungsbeeinträchtigungen und Vorkaufsrechten** kann daher nur für zulässig angesehen werden, wenn entsprechend dem sonstigen Grundsatz für Eintragungen dies durch **gesetzliche Regelungen** bestimmt ist und im Weiteren eine unterbliebene Eintragung die öffentlich-rechtlichen Wirkungen beseitigen oder zumindest einschränken würde.[9]

Dass eine Eintragung nicht ausdrücklich ausgeschlossen ist, begründet noch keine Eintragungsfähigkeit. Auch stehen die derzeit geltenden Vorschriften des öffentlichen Bodenrechts, welche die Führung von sog »Nebengrundbüchern« wie etwa das eines Baulastenverzeichnisses[10] zulassen, einer Warn- und Schutzfunktion des Grundbuchs doch sehr stark entgegen.

2. Begriff des »Rechts«

7 Gegenstand von Eintragungen sind in erster Linie »Rechte«. Ein Recht iS des **materiellen** Liegenschaftsrechts ist das dingliche Recht im Gegensatz zum schuldrechtlichen Anspruch. Sein wesentliches Kriterium besteht darin, dass es der Sache anhaftet und somit gegen jedermann wirkt. Es unterwirft die Sache als Eigentum vollständig und als beschränktes dingliches Recht in einzelnen Beziehungen der Herrschaft eines Rechtssubjektes.[11] Ist ein solches Recht materiell nicht zustande gekommen, aber eingetragen, oder sind die Voraussetzungen später wieder weggefallen, handelt es sich um eine »Buchberechtigung«. Im **formellen** Liegenschaftsrecht (vgl § 84 Abs 3 GBO) ist der Begriff des Rechts umfassender, indem er auch die buchmäßigen Berechtigungen, Vormerkungen, Widersprüche, Einreden, Verfügungsbeeinträchtigungen sowie sonstige Vermerke einschließt, vorausgesetzt, dass die Eintragung als solche wirksam ist.[12] **Zu Unrecht gelöschte Rechte** dagegen sind keine Rechte iS des formellen, aber iS des materiellen Liegenschaftsrechts.[13] Sie bleiben grundsätzlich außerhalb des GB mit ihrem bisherigen Inhalt an alter Rangstelle fortbestehen und sind auf Antrag wieder in der dementsprechenden Position einzutragen, soweit sie nicht als Rechtsfolge der §§ 892, 893 BGB eine rangmäßige Zurücksetzung erfahren oder gänzlich wegfallen.

---

3 BayObLGZ 2000, 225 = Rpfleger 2000, 543; OLG München Rpfleger 1966, 306 OLG Zweibrücken Rpfleger 1982, 413; *Schöner/Stöber* Rn 22.

4 RGZ 54, 233, 235; 55, 270, 273; OLG Frankfurt OLGZ 1980, 160, 161; BGHZ 116, 399 = NJW 1992, 978, 980.

5 Vgl Einl B Rdn 14 (*Böttcher*); KEHE-*Dümig* Einl A 10; *Ertl* Rpfleger 1980, 1; *Walter* JA 1981, 322; *Michalski* MittBayNot 1988, 204.

6 KEHE-*Dümig* Einl A 10.

7 Vgl Einl B 14 (*Böttcher*).

8 Vgl BGH NJW 1972, 488; 1973, 1278, 1281.

9 Vgl *Schöner/Stöber* Rn 3.

10 S dazu § 54 Rdn 88.

11 Vgl KEHE-*Dümig* Einl B 10; zum Begriff des dinglichen Rechts ausführlich *Staudinger-Seiler* Einl zu §§ 854 ff Rn 17 ff.

12 Vgl KEHE-*Dümig* Einl B 10–12; B 37 ff; B 59 ff.

13 Vgl KEHE-*Dümig* Einl B 14.

Die Beteiligten können ein Recht, das nicht zum geschlossenen Kreis (**numerus clausus**) der dinglichen **8** Rechte gehört, nicht durch Vereinbarung zu einem dinglichen Recht erklären.[14] Ferner ist es nicht zulässig ein dingliches Recht mit einem anderen als dem gesetzlich gebotenen und erlaubten Inhalt auszustatten, wobei auch nicht das Wesen des Rechts, mit dem es sich von anderen dinglichen Rechten unterscheidet, verändert werden darf.[15] Das Sachenrecht kennt nur eine sehr eingeschränkte Vertragsfreiheit.[16] Vereinbarungen, die zwar schuldrechtlich zulässig sind, können daher, wenn nicht sachenrechtlich ausdrücklich etwas anderes bestimmt ist, nicht durch Eintragung verdinglicht werden.[17]

3. Gegenstandslose und überflüssige Eintragungen

Von gegenstandslosen und überflüssigen Eintragungen ist das GB im Interesse der Übersichtlichkeit freizuhal- **9** ten.[18] **Gegenstandslos** ist eine Eintragung, wenn die Entstehung des Rechts iS der GBO, auf das sich die Eintragung bezieht, für dauernd ausgeschlossen ist oder wenn das diesbezügliche Recht aus tatsächlichen Gründen für dauernd nicht ausgeübt werden kann (§ 84 Abs 2, 3 GBO).[19] **Überflüssig** (oder unnötig) ist eine Eintragung, wenn sie Inhalt und Modalitäten eines Rechts oder sonstigen eintragungsfähigen Instituts wiederholt, die sich ohnedies aus dem Gesetz ergeben.[20] Eine überflüssige Eintragung liegt beispielsweise vor, ohne das GB unrichtig zu machen, wenn aufgrund eines Eintragungsersuchens des Vollstreckungsgerichts nach § 130 ZVG die Eintragung von Verzugszinsen bei einer Sicherungshypothek gem § 128 ZVG vorgenommen wurde, obwohl hierfür nach § 1118 BGB das Grundstück kraft Gesetzes haftet.[21]

Gleiches gilt auch für **unerhebliche** Eintragungen, wie zB Vermerken über das Bestehen und den Umfang von **10** Vertretungsbefugnissen, weil im GB nicht mehr einzutragen ist als tatsächlich nötig.[22]

II. Beispiele für Eintragungsfähigkeit

1. Allgemeines – Bedingung, Befristung

Abgesehen von den tatsächlichen Angaben, die nur insoweit eingetragen werden können als gesetzliche Rege- **11** lungen dies ausdrücklich vorsehen wie zB § 6 GBV für die Beschreibung des Grundstücks oder § 15 GBV für die Bezeichnung der Berechtigten, sind ansonsten eintragungsfähig:
– Begründung, Erwerb, Übertragung, Aufhebung, Inhalts- und Rangänderung von Rechten an einem Grundstück, grundstücksgleichen Recht oder an einem Grundstücksrecht (§§ 873, 875, 877, 880 BGB) sowie Rangvorbehalte (§ 881 BGB);
– Vormerkungen und Widersprüche;
– Verfügungsbeeinträchtigungen;
– Sonstige Eintragungen.

Bedingungen und Befristungen dinglicher Rechte sind eintragungsfähig und wegen §§ 161 Abs 3, 163, 892, **12** 893 BGB eintragungsbedürftig, wenn nicht das Gesetz die Bedingung oder Befristung ausdrücklich verbietet. Aufschiebend oder auflösend bedingt und/oder befristet kann die Entstehung, Änderung, Übertragung – soweit das Recht als solches übertragbar ist – oder das Erlöschen des Rechts sein. In allen Fällen muss die Bedingung oder Befristung als solche **unmittelbar** in das GB eingetragen werden, weil sie nicht zum Inhalt eines Rechtes iS des § 874 BGB gehören. Eine Bezugnahme auf die Eintragungsbewilligung ist nur zur näheren Kennzeichnung der Bedingung oder Zeitbestimmung zulässig.[23]

Bedingungsfeindlich sind das Grundstückseigentum und seine Übertragung (§ 925 Abs 2 BGB); dasselbe gilt **13** für die Einräumung und Aufhebung von Sondereigentum (§ 4 Abs 2 S 2 WEG), die Übertragung von Wohnungs- und Teileigentum sowie für die Bestellung eines Dauerwohn- oder Dauernutzungsrechts (§ 33 Abs 1 S 2 WEG). Ein Erbbaurecht kann nicht unter einer auflösenden Bedingung bestellt werden (§ 1 Abs 4 ErbbauRG). Befristung beim Eigentum ist unzulässig, zulässig dagegen beim Erbbaurecht (vgl § 27 Abs 1 S 1 Erb-

---

14 KG JFG 3, 316; KG HRR 1931 Nr 741; KEHE-*Dümig* Einl B 17.
15 BayObLGZ 1967, 275 = Rpfleger 1968, 52; 1972, 364 = Rpfleger 1973, 55; 1980, 235 = MittBayNot 1980, 201; *Demharter* Anhang zu § 13 Rn 15; KEHE-*Dümig* Einl B 16, 17.
16 Vgl RGZ 48, 63; KEHE aaO.
17 Vgl BGH DNotZ 1964, 341.
18 RGZ 119, 211; 130, 350, 354; BayObLGZ 1953, 251 = Rpfleger 1953, 451.
19 Vgl dazu BGH NJW 1984, 2157; BayObLGZ 1986, 223.
20 Vgl BayObLGZ 2000, 225 (Fn 3); OLG Hamm FGPrax 1997, 59 und 2001, 55; *Schöner/Stöber* Rn 28; *Demharter* Anhang zu § 13 Rn 14.
21 Vgl KG FGPrax 2003, 110 = Rpfleger 2003, 290.
22 Vgl *Schöner/Stöber* Rn 28.
23 RG 10, 248; KGJ 49 A 187; 50 A 188; KG DNotZ 1956, 555; BayObLG Rpfleger 1967, 11; 1973, 134; OLG Köln Rpfleger 1963, 381 = DNotZ 1963, 48; OLG Frankfurt Rpfleger 1974, 430.

bauRG). Die Übertragung eines Erbbaurechts kann nicht unter einer Bedingung oder Befristung vorgenommen werden (§ 11 Abs 1 S 2 ErbbauRG).

2. Die dinglichen Rechte im Einzelnen

14   Die dinglichen Rechte lassen sich in drei Gruppen einteilen, nämlich
   (a) Eigentum und grundstücksgleiche Rechte,
   (b) beschränkte Rechte an Grundstücken und grundstücksgleichen Rechten,
   (c) beschränkte Rechte an (übertragbaren) Grundstücksrechten.

15   Zur **Gruppe (a)** gehören
   (aa) Eigentum (auch Wohnungs- und Teileigentum),
   (bb) Erbbaurecht (auch Wohnungs- und Teilerbbaurecht),
   (cc) Untererbbaurecht,
   (dd) Bergwerkseigentum (Art 67 EGBGB, § 9 BBergG[24]) sowie
   (ee) landesrechtliche Gerechtigkeiten, Berechtigungen und Nutzungsrechte wie Jagd- und Fischereirechte (Art 69 EGBGB), Abbaurechte an nicht bergrechtlichen Mineralien (Art 68 EGBGB), Zwangsrechte Bannrechte, Realgewerbeberechtigungen (Art. 74 EGBGB), Kohlen- und Salzabbaugerechtigkeiten.[25]

16   Zur **Gruppe (b)** gehören
   (aa) Dienstbarkeiten (Grunddienstbarkeiten, beschränkte persönliche Dienstbarkeiten, Nießbrauch, Dauerwohn- und Dauernutzungsrecht),
   (bb) Vorkaufsrechte nach BGB (subjektiv-dingliches und persönliches Vorkaufsrecht) und RSG (§§ 4 ff, 14) – letztere können, aber müssen nicht eingetragen werden –, Wiederkaufsrechte nach §§ 20, 21, 34 RSG;[26] Hierher gehören ferner landesrechtliche Vorkaufsrechte, die insbesondere im Bereich des Denkmalschutzes, des Naturschutzes sowie des Forstrechts bestehen und von der Eintragung nicht ausgeschlossen sind.
   (cc) Reallasten (subjektiv-dingliche und persönliche Reallast),
   (dd) Hypothek, Grundschuld, Rentenschuld.

17   Zur **Gruppe (c)** gehören
   (aa) Nießbrauch (§ 1068 Abs 1 BGB)
   (bb) Pfandrecht (§ 873 mit § 1273 Abs 1 BGB).

3. Vormerkungen

18   Eintragungsfähig sind auch Vormerkungen zur Sicherung von Ansprüchen auf Einräumung, Änderung, Übertragung oder Aufhebung eintragbarer Rechte und zur Sicherung ihres Ranges. Im Einzelnen richtet sich die Zulässigkeit nach verschiedenen Bestimmungen:

a) Für Vormerkungen als sachenrechtliches Sicherungsmittel zur Absicherung von Ansprüchen auf dingliche Rechtsänderungen nach § 883 BGB. Zur Wirksamkeit einer derartigen Vormerkung müssen drei Voraussetzungen vorliegen die sich inhaltlich decken, nämlich
– die **Eintragung** im Grundbuch,
– eine materiellrechtliche **Bewilligung** des Grundstückseigentümers oder des sonstigen Rechtsinhabers, für die keine Form vorgeschrieben ist, aber dem Vormerkungsberechtigen oder dem GBA zugehen muss, wobei die Bewilligung aber auch durch eine **einstweilige Verfügung** ersetzt werden kann (§ 885 Abs 1 BGB),
– und letztlich einen wirksamen schuldrechtlichen **Anspruch**.

19   Ein **unwirksamer Anspruch**, z.B ein Verstoß gegen § 311b Abs 1 BGB, der zur Unwirksamkeit des Kaufvertrags führt und keine Eigentumsverschaffungsanspruch entstehen lässt, führt dazu, dass die eingetragene Eigentumsvormerkung ebenfalls nicht zur Entstehung gelangt. Ob allerdings eine in einem schuldrechtlichen Vertrag enthaltene Bedingung oder Befristung sich auch auf die in dem Vertrag erklärte Auflassung oder Bewilligung der Eintragung einer Eigentumsvormerkung erstreckt, ist durch Auslegung zu ermitteln. Allein aus dem Umstand, dass die genannten Erklärungen in derselben Urkunde enthalten sind, kann nicht auf den Willen der Vertragsparteien geschlossen werden, die für den »Kaufvertrag« vereinbarte auflösende Bedingung solle sich auch auf die bedingungsfeindlichen dinglichen Erklärungen beziehen.[27] Der Anspruch auf Eigentumsverschaffung ist auch noch nach erklärter Auflassung durch Vormerkung sicherbar, da der Anspruch auf Eigentums-

---

24   Bundesberggesetz v 13.08.1980 (BGBl I S 1310, zul geändert 09.12.2006 BGBl. I S 2833). Zu den Grundstrukturen des Bergwerkseigentums s. *Ring*, NotBZ 2006, 37.
25   Zu den landesrechtlichen Regelungen s MIR (6. Aufl) Bem 14 ff zu § 3 und Bem 41 ff zu § 117.
26   Zur Rechtsnatur des Wiederkaufsrechts nach § 20 RSG s BGHZ 57, 356 = Rpfleger 1972, 216.
27   OLG Oldenburg Rpfleger 1993, 330; KG FGPrax 2006, 99.

übertragung bis zur Eintragung im GB fortbesteht.[28] Nicht durch Vormerkung gesichert werden kann eine Verpflichtung zur Erbteilsübertragung (§ 2033 BGB), weil sich zugleich mit der Abtretungsvornahme der Rechtsübergang außerhalb des GB vollzieht. Nicht vormerkbar ist ferner der anfechtungsrechtliche **Anspruch auf Duldung der Zwangsvollstreckung** in ein weggegebenes Grundstück, da es sich um keinen Anspruch nach § 883 Abs 1 S 1 BGB handelt. Er ist im einstweiligen Rechtsschutz nur durch richterliches Verfügungsverbot sicherbar.[29]

Grundsätzlich genügt **eine** einzige **Vormerkung**, wenn es sich um **einen** Anspruch handelt. **Mehrere** ver- 20
schiedene **Ansprüche** können dagegen nicht durch eine einzige Vormerkung gesichert werden, vielmehr sind ebenso viele Vormerkungen erforderlich, wie Ansprüche gegeben sind. Wird in einem Erbbaurechtsvertrag die Bestellung von 35 Erbbaurechten und die Bestellung von 35 Dienstbarkeiten vereinbart, so besteht jeweils ein Anspruch auf Bestellung der Erbbaurechte und ein Anspruch auf Bestellung der Dienstbarkeiten, der **jeweils** durch **eine** einzige Vormerkung zu sichern ist.[30] Eine **einheitliche Rückauflassungsvormerkung** genügt, wenn der Anspruch zunächst beiden Übergebern gemeinsam und dann dem Überlebenden allein zusteht.[31]Die Einheitlichkeit des Anspruchs lässt sich entweder aus einer Auslegung des Vertrags oder aus der ausdrücklichen Vereinbarung einer Gesamtgläubigerschaft iSd § 428 BGB herleiten.[32] Wird durch eine **Gesellschaft bürgerlichen Rechts Grundbesitz veräußert** und zur Sicherung des Eigentumsverschaffungsanspruchs die Eintragung einer Eigentumsvormerkung beantragt, so muss die **Vertretungsmacht** der bei Vertragsabschluss namens der Gesellschaft handelnden Personen grundsätzlich i. d. **Form des § 29 GBO** nachgewiesen werden. Wenn Erwerb und die Verwaltung des veräußerten Grundstücks den alleinigen Geschäftszweck darstellen, handelt es sich bei dem Verkauf um ein sog. Grundlagengeschäft, das grundsätzlich der **Zustimmung aller Gesellschafter** bedarf und von der Geschäftsführungsbefugnis und damit auch der Vertretungsmacht geschäftsführender Gesellschafter nicht erfasst wird.[33]

Der durch Vormerkung zu sichernde Anspruch kann **mehreren Berechtigten** zustehen.Dabei kann es sich 21
um eine Bruchteilsberechtigung oder eine Gesamthandsberechtigung handeln. Das mit der Vormerkung einzutragende **Gemeinschaftsverhältnis** muss jedoch mit dem zu sichernden Anspruch übereinstimmen, wobei der vorgemerkte Berechtigte nicht unbedingt mit dem späteren Rechtinhaber identisch sein muss. Zulässig ist es auch die Eintragung einer Eigentumsvormerkung zu Gunsten mehrerer Berechtigter im Gemeinschaftsverhältnis »§§ 461, 472 BGB analog« vorzunehmen.[34] Ebenso kann zur Sicherung eines bedingten Anspruchs auf Rückübereignung eine Vormerkung für mehrere Beteiligte als Mitberechtigte gemäß § 432 BGB eingetragen werden.[35]

Ist Gegenstand der beantragten Eintragung eine **Eigentumsvormerkung hinsichtlich** einer noch ab zu ver- 22
messenden **Teilfläche** eines Grundstücks, so muss deren Lage ebenso wie die der betroffenen Grundstücke der ergänzend zur Bewilligung beigefügten Planskizze entnehmbar sein.[36] Die Festlegung der Teilfläche kann neben der Bezugnahme auf eine amtliche Karte nach § 2 Abs 3 GBO oder eine sonstige Karte auch anderweitig erfolgen durch wörtliche Beschreibung unter Zuhilfenahme geometrischer Begriffe oder durch Bezugnahme auf Merkmale in der Natur[37] sowie durch ein Flächenbestimmungsrecht eines Vertragspartners oder eines Dritten gemäß § 315 BGB.[38] Die Eintragung der Vormerkung an einer noch nicht vermessenen Teilfläche ist nicht möglich, da § 7 GBO auf die Vormerkung nicht anwendbar ist.[39] Die Vormerkung auf Übereignung einer Teilfläche wird zwar am ganzen Grundstück eingetragen, lastet aber materiell nur auf der Teilfläche.[40]

Der Eigentümer eines Grundstücks kann einen von ihm **hinzuerworbenen ideellen Bruchteil** des Grund- 23
stücks rechtsgeschäftlich dann **mit einer Eigentumsvormerkung belasten**, wenn der restliche, ihm bereits zustehende Miteigentumsanteil ebenfalls mit einer Vormerkung belastet ist.[41]Eine Vormerkung ist nur geeignet, einen schuldrechtlichen Anspruch auf dingliche Rechtsänderung zu sichern, nicht aber, ihn zu begründen. Die Vormerkung auf Bestellung einer Reallast, die den **jeweiligen Eigentümer verpflichtet** ist nicht eintragbar. Eintragungsfähig ist jedoch eine Vormerkung, die lediglich den Anspruch gegen den derzeitigen Eigentümer

---

28 BGH DNotZ 635 = NJW 2002, 2313 = Rpfleger 2002, 427.
29 BGH Rpfleger 2007, 538.
30 BayObLG Rpfleger 2002, 135.
31 LG Duisburg Rpfleger 2005, 600 mAnm *Wicke*.
32 Vgl. BayObLG NJW-RR 1995, 1297, 1298.
33 OLG Hamm Rpfleger 2007, 601.
34 LG Karlsruhe Rpfleger 2005, 602.
35 OLG München Rpfleger 2007, 654.
36 OLG München, Rpfleger 2005, 529.
37 BayObLG 1956, 408; OLG München DNotZ 1971, 545; *Wirner* MittBayNot 1981, 224.
38 BGH DNotZ 2002, 937 = MittBayNot 2002, 390 m Anm *Kanzleiter*.
39 BGH DNotZ 1973, 96; BayObLGZ 1959, 332; BayObLG DNotZ 1983, 442.
40 BayObLG DNotZ 1985, 44; BayObLG MittBayNot 1986, 253.
41 BayObLG 2005, 78. **AA** OLG Düsseldorf MittBayNot 1976, 137.

sichert, auch wenn diese im Ergebnis wegen § 888 Abs 1, § 883 Abs 2 BGB den jeweiligen Eigentümer bindet.[42] **Nicht eintragungsfähig** bei der die Forderung sichernden Vormerkung ist ein vereinbarter **Abtretungsausschluss**, weil deren gutgläubiger Erwerb an der Akzessorietät mit der Forderung scheitert.[43]

24 Der durch Vormerkung zu sichernde schuldrechtliche Anspruch kann auch ein **bedingter oder** ein **künftiger** sein (§ 883 Abs 1 S 2 BGB). Vormerkungsfähig sind derartige Ansprüche allerdings nur dann, wenn der Schuldner ihre Entstehung nicht mehr einseitig und willkürlich verhindern kann.[44]

Ansprüche, die unter einer **echten Bedingung** stehen und **befristete** Ansprüche erfüllen diese Voraussetzungen stets. Ein **Rückforderungsrecht des Schenkers** ist, wenn sich zB der Anspruch im Falle groben Undanks (§ 530 BGB) verwirklichen soll[45] oder wenn dieser nach den schuldrechtlichen Vereinbarungen des Vertrages bei einer wesentlichen Verschlechterung der Vermögensverhältnisse des Beschenkten entstehen soll,[46] durch eine Vormerkung sicherbar. Gleiches gilt für eine Vormerkung, die den Rückübereignungsanspruch des Veräußerers eines Grundstücks für den Fall sichern soll, dass der Erwerber bis zur Bebauung des Grundstücks seiner Verkehrssicherungspflicht (Straßenreinigungs-, Mäh- und Streupflicht) nicht nachkommt. Der bei Übertragung des Eigentums an einem Grundstück vorbehaltene Anspruch auf Rückübertragung für den Fall, dass der Erwerber das Grundstück bis zur Bebauung nicht in einem ordnungsgemäßen Zustand hält, ist jedoch mangels Bestimmbarkeit nicht vormerkungsfähig.[47] Für eine zur Vormerkung auf Sicherung des Anspruchs auf **Rückübertragung** des Eigentums getroffene Bedingung, wonach dies zu erfolgen habe, »wenn der jeweilige Eigentümer Mitglied oder Sympathisant einer im Sektenbericht der Bundesregierung aufgeführten Sekte oder einer unter Beobachtung des Verfassungsschutzes stehenden Vereinigung ist«, fehlt es hinsichtlich des Begriffs »Sympathisant« gleichfalls an der für das Sachenrecht erforderlichen Bestimmtheit.[48] Wenn der Veräußerer einer Eigentumswohnung in dem notariellen Vertrag vereinbart, dass er berechtigt sei, von dem Erwerber die kosten- und grunderwerbsteuerfreie Übertragung des Grundbesitzes schriftlich ua dann zu verlangen, falls »ein Berechtigter außerstande ist, den bisherigen Lebensstandard aufrechtzuerhalten, wobei eine etwaige Zehnjahresfrist des § 529 BGB ausgeschlossen wird«, ist dieser Anspruch ebenso mangels hinreichender Bestimmtheit der Bedingung, unter welcher der zu sichernde Anspruch stehen soll, nicht durch eine Rückauflassungsvormerkung sicherbar.[49]

25 Eine zur Sicherung eines **bedingten Anspruchs** auf Grundstücksübereignung im GB eingetragene Eigentumsvormerkung ist im Wege der Berichtigung nach § 22 Abs 1 S 1 GBO zu löschen, wenn zweifelsfrei feststeht, dass der gesicherte Anspruch und mit ihm die Vormerkung erloschen sind.[50] Wird das **Anwartschaftsrecht auf Rückauflassung** des mit Vormerkung belasteten Grundstücks **gepfändet**, so bewirkt dies nicht zugleich eine Pfändung des schuldrechtlichen Anspruchs auf Eigentumsverschaffung. Die im GB eingetragene Eigentumsvormerkung kann daher nicht bereits deshalb ohne Bewilligung des Vormerkungsberechtigten gelöscht werden, weil der Grundstückseigentümer das Anwartschaftsrecht des Berechtigten »aus der Rückauflassung« pfänden und sich zur Einziehung hat überweisen lassen.[51]

26 Eine **Vormerkbarkeit künftiger Ansprüche** ist einschränkend nur dann gegeben, wenn eine vom Verpflichteten nicht mehr einseitig zerstörbare Bindung an das Rechtsgeschäft besteht.[52] Voraussetzung ist also, dass bereits eine feste Grundlage, ein sicherer Rechtsboden für den künftigen Anspruch gegeben ist. Der Umstand, dass die Entstehung eines künftigen Eigentumsverschaffungsanspruchs dabei vom Verhalten eines Dritten, etwa dem Gebrauchmachen von einem noch einzuräumenden Rückübertragungs- und/oder Belastungsrecht abhängt, steht der Vormerkbarkeit eines solchen Anspruchs selbst dann nicht entgegen, wenn der Dritte den durch die Vormerkung Verpflichteten bevollmächtigt hat, die erforderlichen Erklärungen zur Schaffung der Rechte abzugeben, da die in Rede stehenden Erklärungen auch selbst abzugeben.[53] Die in einem Erbverzichtsvertrag enthaltene Erklärung, dass nach dem Tode der Eigentümer eine bestimmte Person das Alleineigentum an einem Grundstück erhalten soll, begründet dagegen keine Rechtsposition, die durch Eintragung einer Vormerkung gesichert werden kann.[54]

---

42 OLG München Rpfleger 2007, 312.
43 LG Berlin Rpfleger 2003, 291.
44 Vgl dazu *Palandt/Bassenge* Rn 15, 18 u. *Staudinger/Gursky* Rn 118 ff je zu § 883 BGB.
45 BGH DNotZ 2002, 775 m Anm Schipper = NJW 2002, 2461 = Rpfleger 2002, 612.
46 OLG München Rpfleger 2007, 540.
47 OLG Zweibrücken FGPrax 2005, 9 = MittBayNot 2005, 146 = Rpfleger 2005, 137.
48 Vgl. LG Düsseldorf, Rpfleger 2006, 649.
49 OLG Düsseldorf Rpfleger 2008, 415.
50 OLG Zweibrücken FGPrax 2005, 244 = MittBayNot 2006, 234 NotBZ 2005, 412 = Rpfleger 2005, 597.
51 OLG Hamm Rpfleger 2008, 190.
52 Vgl BayObLG Rpfleger 1977, 360; OLG Hamm DNotZ 1978, 356 = Rpfleger 1978, 135; MüKo-*Wacke* Rn 24, *Palandt-Bassenge* Rn 15, *Staudinger-Gursky* Rn 122, 126 je zu § 883 BGB.
53 LG Kleve Rpfleger 2007, 465.
54 OLG Düsseldorf, FGPrax 2003, 110 = Rpfleger 2003, 290.

Eine zwischenzeitlich unwirksame Eigentumsvormerkung, bei welcher der gesicherte Anspruch in Wegfall   27
gekommen ist, kann durch die Neubegründung des Anspruchs »wieder belebt« werden. Dies erfordert eine
identische Neubegründung mit dem weggefallenen Eigentumsverschaffungsanspruchs durch die selben Vertragsparteien, sowie die Abgabe einer neuen (formlosen) Bewilligung nach § 885 Abs 1 BGB des Grundstückseigentümers, die lediglich dem Anspruchsberechtigten zuzugehen hat.[55] Der Vormerkungsschutz für den neuen
Anspruch beginnt aber erst mit der Wirksamkeit der materiellrechtlichen Bewilligung. Die fehlende Bezugnahme im GB bezüglich der Daten für den neuen Anspruch oder die neue Bewilligung ist insoweit ohne
Belang.[56] Darüber hinaus kann bei einer zur Sicherung des durch Rücktritt bedingten Rückauflassungsan-
spruchs eingetragenen Vormerkung, ohne dass es einer erneuten Eintragung bedürfte, diese durch Bewilligung
auf weitere Rücktrittsgründe erstreckt werden.[57] Der Rang der durch die Vormerkung weiter gesicherten
Ansprüche bestimmt sich insoweit nach dem Zeitpunkt der neuen Bewilligung.[58]

Ist eine bestandssichere Vormerkung nach § 883 BGB eingetragen, so kann der Vormerkungsberechtigte trotz   28
Insolvenz des verpflichteten Schuldners vom Insolvenzverwalter Erfüllung verlangen. Dieses Erfüllungsverlan-
gen nach § 106 Abs 1 S 1 InsO besteht für den Käufer gemäß § 91 Abs 2 InsO schon,
– wenn er nach Maßgabe des **§ 878 BGB**[59] bereits **vor** Insolvenzeröffnung die Eintragung der vom Verkäufer
  bewilligten Vormerkung in das Grundbuch beantragt hatte und die zu ihrem Rechtserwerb nur noch erforderliche Eintragung erst danach erfolgte, oder
– wenn er gemäß **§ 892 Abs 2 BGB**, den Eintragungsantrag erst **nach** Insolvenzeröffnung, aber vor Eintragung des Insolvenzvermerks gestellt hat, ihm jedoch bei Stellung seines Antrags die Eröffnung des Insolvenzverfahrens unbekannt war und die Vormerkung vor dem Insolvenzvermerk zur Eintragung gelangt.

Entgegen der früheren Rechtsansicht hat der **BGH** entschieden, dass auch die **Vormerkung** zur Sicherung
eines künftigen Anspruchs den Schutz des § 106 InsO genießt. Die Insolvenzfestigkeit besteht dabei nicht
nur, wenn bei Erteilung einer Genehmigung nach Insolvenzeröffnung der künftige Anspruch **rückwirkend** zu
einem voll gültigen Anspruch erstarkt, sondern auch dann, wenn die Wirkung **ex nunc** eintritt, wie bei einem
vorgemerkten bindenden Verkaufsangebot, das vom Käufer erst nach Insolvenzeröffnung angenommen wird.[60]

Die Eintragung einer Vormerkung **aufgrund einstweiliger Verfügung** (§ 885 Abs 1 BGB) ist nach Eröffnung
des Insolvenzverfahrens nicht mehr möglich (§ 89 Abs 1 InsO). Eine im Wege der Zwangsvollstreckung
erlangte Sicherung durch Vormerkung wird nach § 88 InsO ex nunc unwirksam, wenn die Eintragung im letzten Monat (die letzten drei Monate für das Verbraucherinsolvenzverfahren, das auf Antrag des Schuldners eröffnet wird, § 312 Abs 1 S 3 InsO) vor dem Antrag auf Eröffnung des Insolvenzverfahrens oder danach erfolgte.
b) Für Löschungsvormerkungen nach §§ 1179, 1179a, 1179b BGB (s dazu Einl C Rdn 605 ff); § 130a Abs 2
ZVG, und
c) für verfahrensrechtliche Vormerkungen zum Schutze grundbuchmäßiger Erledigung nach §§ 18 Abs 2, 76
Abs 1 GBO (dazu § 18 Rdn 113 ff und § 76 Rdn 7, 8). Im Übrigen s die Erläuterungen zu § 25 GBO.

4. Widersprüche

Widersprüche sollen einer Vereitelung oder Beeinträchtigung eines GB-Berichtungsanspruchs (§ 894 BGB)   29
vorbeugen. Sie sind eintragungsfähig im Falle der (rechtlichen) Unrichtigkeit des GB und zur Verhinderung,
dass sich an das unrichtige GB ein gutgläubiger Erwerb nach §§ 892, 893 BGB anschließt. Im Einzelnen kommen dabei infrage:

a) Der sachenrechtliche **Widerspruch nach § 899 BGB**. Seine Eintragung erfolgt nur auf Antrag (§ 13 Abs 1   30
S 1 GBO). Grundlage dafür ist in der Regel eine sich gegen den Betroffenen richtende einstweilige Verfügung, deren Vollzug bereits vor Zustellung zulässig ist (§ 929 Abs 3 S 1 iVm § 936 ZPO). Die Zustellung
muss jedoch innerhalb einer Woche, beginnend ab Eintragung des Widerspruchs im GB erfolgen und ferner
noch vor Ablauf der Monatsfrist des § 929 Abs 2 ZPO, die mit Einreichung des Eintragungsantrags beginnt.
Werden die Zustellungsfristen nicht gewahrt, ist die Eintragung des Widerspruchs unwirksam (§ 929 Abs 3
S 2 iVm § 936 ZPO). Die Eintragung eines Widerspruchs kann aber auch auf Grund Bewilligung (§ 19
GBO) des Betroffenen erfolgen (§ 899 Abs 2 S 1 BGB). Ist der Schuldner durch ein vorläufig vollstreckbares
Urteil zur Abgabe einer Willenserklärung verurteilt, aufgrund deren eine GB-Eintragung erfolgen soll, so
gilt die Eintragung eines Widerspruchs als bewilligt (§ 895 ZPO).

---

55 BGH DNotZ 2000, 639 = NJW 2000, 805 = ZIP 2000, 225; dazu EwiR 2000, 285 (*Gursky*).
56 Zur Kritik an der im Wertungswiderspruch von § 1180 Abs 1 BGB stehenden Entscheidung des BGH (Fn 22b) s *Amann*
    MittBayNot 2000, 197; *Demharter* MittBayNot 2000, 106; *Streuer* Rpfleger 2000, 155; *Volmer* ZfIR 2000, 207.
57 Fortführung von BGHZ 143, 175 ff.
58 BGH Rpfleger 2008, 187.
59 Zur entsprechenden Anwendung von § 878 BGB auf die Vormerkung s BayObLG Rpfleger 2004, 93.
60 Siehe BGH DNotZ 2002, 726 = NJW 2002, 213 = NZI 2002, 30.

31 b) der **Amtswiderspruch nach § 53 Abs 1 S 1 GBO**. Seine Eintragung erfordert neben der Grundbuchun-richtigkeit und der Möglichkeit eines darauf beruhenden gutgläubigen Erwerbs noch, dass die Unrichtigkeit des GB unter Verletzung gesetzlicher Vorschriften durch das GBA zustande gekommen ist. **Kein Amtswiderspruch** ist einzutragen, wenn

- das GBA bei der Vornahme der Eintragung Ermittlungen unterlassen hat, für die nach Sachlage keine Veranlassung bestand (zB Eintragung der Erbfolge aufgrund Erbscheins, der später als unrichtig eingezogen wurde) oder die Eintragung zwar objektiv der Rechtsordnung widerspricht aber die Umstände für das GBA nicht erkennbar waren;[61]
- die Eintragung aufgrund unrichtigen oder unvollständigen Sachverhalts erfolgte, dieser jedoch dem GBA nicht bekannt war (zB Eintragung einer Zwangssicherungshypothek infolge Unkenntnis von der Insolvenzeröffnung über das Vermögen des Grundstückseigentümers vgl § 89 Abs 1 InsO);
- eine Eintragung aufgrund einer nicht bedenkenfreien Urkunde erfolgte und die insoweit vom GBA vorgenommene Auslegung rechtlich vertretbar ist.

32 Ausnahmsweise kann die Eintragung eines Widerspruchs unterbleiben und eine Eintragung vervollständigt, werden, wenn eine Unvollständigkeit im Umfang vorliegt (zB fehlende Zinseintragung bei einem Grundpfandrecht; Nachholung des Nacherben- oder Testamentsvollstreckervermerks, solange das Recht noch nicht auf einen Dritten übergegangen ist).

33 Unmittelbar in das GB einzutragen ist bei einem Widerspruch der **Berechtigte** und der **Berichtigungsanspruch nach seinem Inhalt**. Im Übrigen kann auf die einstweilige Verfügung oder die Bewilligung als Eintragungsgrundlage Bezug genommen werden (vgl §§ 12, 19 GBV). Ein Amtswiderspruch ist auch neben einem Widerspruch nach § 899 BGB eintragbar.

Soll der **Widerspruch**, gleichgültig ob nach § 899 BGB oder nach § 53 Abs 1 S 1 GBO, **bei** einem **Briefrecht** eingetragen werden, muss grundsätzlich der Brief vorliegen, §§ 41 Abs 1 S 1, 42 GBO. Dies gilt nicht, wenn der Widerspruch sich darauf gründet, dass die Hypothek (Grundschuld) oder die Forderung nicht bestehe, das Grundpfandrecht einer Einrede unterliege (zB §§ 1137, 1157 BGB) oder das Recht unrichtig eingetragen sei, § 53 Abs 2 S 1 iVm 41 Abs 1 S 2 GBO.

34 Des Weiteren dient der sachenrechtliche Widerspruch ferner dem Zweck, dem Grundstückseigentümer die ihm nach §§ 1137, 1157 BGB zustehenden Einreden zu sichern (§§ 1138, 1157 S 2 mit § 899 BGB) sowie ihn bei Darlehensbuchhypotheken gegen mögliche Folgen unterbliebener Darlehenshingabe zu schützen (§ 1139 BGB). Widersprüche sind zudem eintragbar auf Ersuchen einer Behörde bei nicht genehmigten Grundstücksveräußerungen (s § 7 Abs 2 GrdstVG; §§ 23 Abs 3, 22 Abs 7 S 2, 145 Abs 6 BauGB).

35 Eine **Löschung des Widerspruchs** kann – ausgenommen der Widerspruch ist inhaltlich unzulässig – grundsätzlich **nur auf Antrag** des Berechtigten vorgenommen werden, wobei entweder die Löschung zu bewilligen oder der Nachweis der Unrichtigkeit zu führen ist. Eine Verletzung der Verfahrensvorschriften §§ 17, 18 Abs 2 GBO führt nicht zur Grundbuchunrichtigkeit. Ein von Amts wegen eingetragener Widerspruch ist daher nach § 53 Abs 1 S 1 GBO zu löschen.[62]

36 c) Der **Widerspruch gegen die Löschung zeitlich beschränkter Rechte** nach §§ 23 Abs 1, 24 GBO (dazu §§ 23, 24 Rdn 75 ff);

37 d) Der **Widerspruch** im Rahmen des GB-Verfahrens **nach §§ 18 Abs 2, 76 Abs 1 GBO** (dazu § 18 Rdn 113 ff und § 76 Rdn 7, 8).

5. Verfügungsbeeinträchtigungen

38 Verfügungsbeeinträchtigungen sind teils eintragungsfähig, teils nicht. Eintragungsfähig sind diejenigen, die ohne Eintragung gegenüber einem Gutgläubigen gemäß § 892 Abs 1 S 2 BGB ihre Wirkung verlieren, und diejenigen, deren Eintragung konstitutiv wirkt, die Verfügungsbeeinträchtigung also erst herbeiführt.[63] Alle anderen, deren Entstehung und Fortbestand durch Eintragung oder Nichteintragung unberührt bleiben, sind nicht eintragungsfähig.[64] Die Unterscheidung zwischen relativen Verfügungsbeschränkungen, dh solchen, die den Schutz bestimmter Personen bezwecken (§§ 135, 136 BGB) und absoluten Verfügungsbeschränkungen, die gegenüber jedermann wirken, ist für die Frage der Eintragungsfähigkeit wenig hilfreich, weil zwar grundsätzlich die relativen eintragbar, aber auch absolute eintragungsfähig und eintragungspflichtig sind.[65]

---

61 OLG Schleswig Rpfleger 2006, 536; OLG Hamm Rpfleger 2005, 532.
62 LG Kassel Rpfleger 2004, 624.
63 Vgl Einl B Rdn 14 (*Böttcher*); KEHE-*Dümig* Einl B 24.
64 Weitergehend: KEHE-*Keller* J 6.
65 Zu den Verfügungsbeeinträchtigungen insgesamt s auch Anhang zu 19, 20.

Von den **gesetzlichen Verfügungsbeeinträchtigungen** sind insbesondere eintragungsfähig   **39**
– die **Nacherbfolge** (§§ 2100 ff BGB). Der Nacherbenvermerk ist unter Bezeichnung sämtlicher Nacherben und Ersatznacherben sowie inwieweit der Vorerbe von den Beschränkungen seines Verfügungsrechts befreit ist, von Amts wegen zugleich mit der Eintragung des Vorerben einzutragen (§ 51 GBO). Gehört zu einem Nachlass ein **gesamthänderischer Anteil** an einem Grundstück und hat der Erblasser Vor- und Nacherbschaft angeordnet, wird der gesamthänderische Grundstücksanteil nicht von der Verfügungsbeschränkung des § 2113 BGB erfasst und es wird **kein Nacherbenvermerk** im Grundbuch (§ 51 GBO) eingetragen, weil ansonsten auch übrige von der Vor- und Nacherbschaft nicht erfasste Anteile des Gesamtgrundstücks zu Unrecht einer Beschränkung unterworfen wären.[66] Dies hat auch unabhängig davon zu gelten, ob dem Vorerben bereits ein oder mehrere von der Verfügungsbeschränkung nicht betroffenen Anteile gehören oder ob diese sich im Eigentum Dritter befinden.[67] Die Eintragung eines Nacherbenvermerks scheidet auch insoweit aus, als von zwei Miterben einer stirbt und dieser den anderen Miterben zum Vorerben eingesetzt hat, weil der Alleinerbe ohne die Beschränkungen eines Vorerben verfügen kann.[68]
Vorerbe und Nacherbe können **ohne Zustimmung des Ersatznacherben** ein zur Erbschaft gehörendes Grundstück in der Weise auf den Vorerben zu Alleineigentum übertragen, dass das Grundstück aus dem Nachlass ausscheidet und damit von der Nacherbeneinsetzung nicht mehr erfasst wird. Der Nacherbenvermerk kann in einem solchen Fall über § 22 GBO aufgrund Unrichtigkeitsnachweis zur Löschung gebracht werden, ohne dass es einer Bewilligung des Ersatznacherben bedarf.[69] Ein im GB eingetragener Nacherbenvermerk ist jedoch ohne Löschungsbewilligung des Nacherben auf Antrag des Vorerben nur dann zu löschen, wenn die Grundbuchunrichtigkeit offenkundig oder dem Gericht nachgewiesen, der Vorerbe also zur Verfügung befugt ist.
Die Verfügungsbeschränkung des Vorerben bei unentgeltlicher oder teilunentgeltlicher Verfügung führt im Falle eines Näheverhältnisses des veräußernden Vorerben zum Nacherben dazu, dass zumindest bei weiteren Anhaltspunkten für ein Äquivalenzdefizit der Vorerbe den zur Löschung des Nacherbenvermerks erforderlichen grundbuchlichen Nachweis der Unentgeltlichkeit durch Vorlage eines Wertgutachtens zu erbringen hat.[70]
– der **Verwaltungsentzug des Vorerben** (§§ 2129, 1052 BGB). Die Eintragung der Verfügungsbeschränkung erfolgt auf Antrag des Nacherben, des Zwangsverwalters oder auf Ersuchen des Vollstreckungsgerichts (§ 38 GBO), das die Entscheidung erlassen hat.
– die **Nachlassverwaltung** (§§ 1975, 1984 BGB). Der Vermerk ist auf Antrag des Nachlassverwalters oder auf Ersuchen des Nachlassgerichts, wozu es mE sogar verpflichtet ist, einzutragen.[71]
– die **Testamentsvollstreckung** (§§ 2197, 2211 BGB). Die Eintragung des Vermerks erfolgt von Amts wegen zugleich mit der Eintragung der Erben ohne Angabe des Namens des Testamenstvollstreckers und dem Umfang seiner Befugnisse. Ist der Testamentsvollstrecker gemäß § 2222 BGB zur Wahrung der Rechte des Nacherben bestellt, so ist dies im Testamentsvollstreckervermerk mit aufzunehmen.[72] Wurde einem nicht befreiten Vorerben bei Anordnung von Testamentsvollstreckung ein Grundstück im Wege des **Vorausvermächtnisses** zugewendet worden, ist bei der Eintragung des Eigentumsübergangs im GB weder ein Nacherbenvermerk (§ 2110 Abs 2 BGB) noch mangels einer dahingehenden Anordnung des Erblassers (vgl § 2223 BGB), ein Testamentsvollstreckervermerk einzutragen.[73]
Verfügt der Testamentsvollstrecker über Grundbesitz und liegt keine Pflicht- oder Anstandsschenkung vor, so ist die Verfügung **nur** wirksam und im GB **eintragbar**, wenn entweder die Entgeltlichkeit oder die Zustimmung aller Erben ordnungsgemäß nachgewiesen wird (§ 35 GBO).[74] Die Erfüllung einer letztwilligen Verfügung stellt keine unentgeltliche Verfügung dar. Der Nachweis der Entgeltlichkeit muss in diesem Fall nicht in der Form des § 29 GBO geführt werden.[75]
Ergibt sich aus den vorliegenden öffentlichen Urkunden iSd § 29 Abs 1 S 2 GBO, dass die Testamentsvollstreckung nicht mehr besteht, dann muss das GBA im Rahmen des Unrichtigkeitsnachweises nach § 22 GBO die Beendigung auch dann berücksichtigen und den **Vermerk löschen**, wenn im erteilten Erbschein noch die Testamentsvollstreckung ausgewiesen ist und sogar dann, wenn ein Testamentsvollstreckerzeugnis erteilt ist.[76]

---

66 Dahingehend bereits BGH WM 1976, 478; BGH NJW 1978, 698.
67 Jetzt auch so BGH Rpfleger 2007, 383 m. krit. Anm. *Armbruster*; vgl OLG Stuttgart Rpfleger 2007, 136 in **Abweichung** von OLG Hamm, Rpfleger 1985, 21.
68 Vgl BayObLG FGPrax 2002, 153.
69 BayObLG DNotZ 2005, 790 = NJW-RR 2005, 956 =Rpfleger 2005, 421.
70 OLG Düsseldorf Rpfleger 2008, 299.
71 *Staudinger/Marotzke* § 1983 Rn 13; KEHE-*Keller* Einl J14; AA kein Antragsrecht d Nachlassgerichts *Palandt/Edenhofer* Rn 2, MüKo/*Siegmann* Rn 2 je zu § 1983.
72 KGJW 1938, 1411.
73 LG Fulda Rpfleger 2005, 664.
74 Vgl. OLG Karlsruhe BWNotZ 2005, 146 = NJW-RR 2005, 1097 = Rpfleger 2005, 598; LG Hamburg Rpfleger 2005, 665.
75 OLG Karlsruhe aaO.
76 OLG München FGPrax 2005, 243 = MittBayNot 2006, 427 samt Anm. *Weidlich* MittBayNot 2006, 390 = Rpfleger 2005, 661.

– die **Eröffnung des Insolvenzverfahrens**. Die Eintragung hat auf Ersuchen des Insolvenzgerichts oder auf Antrag des Insolvenzverwalters zu erfolgen (§ 32 Abs 2 InsO). Im Falle der Insolvenzeröffnung im Ausland ist die Eintragung auf Antrag des ausländischen Insolvenzverwalters vorzunehmen (§ 346 InsO). Eine insolvenzrechtliche Verfügungsbeschränkung ist auch dann in das GB einzutragen, wenn der Schuldner nur in Gesamthandsgemeinschaft mit anderen, etwa in Erbengemeinschaft oder in Gesellschaft bürgerlichen Rechts, ein eingetragenes Recht innehat. In dem Insolvenzvermerk ist zum Ausdruck zu bringen, dass sich die Verfügungsbeschränkung auf die Mitberechtigung des Schuldners bezieht.[77] Bei einem **nicht eingetragnem Insolvenzvermerk** und formlos mitgeteilter Freigabe durch den im Eröffnungsbeschluss genannten Insolvenzverwalter ist von der tatsächlichen Vermutung der Verfügungsbefugnis des eingetragenen Eigentümers trotz Insolvenzeröffnung auszugehen.[78]

– das **allgemeine Veräußerungsverbot nach § 21 Abs 2 Nr 2 InsO** (§§ 23 Abs 3, 32 InsO).

– die **Beschränkung** der Verfügung über ein Grundstück oder ein Recht an einem Grundstück **im Rahmen der Überwachung eines Insolvenzplans** (§§ 267 Abs S 2, 32 InsO).

– die **Anordnung der Zwangsversteigerung und Zwangsverwaltung**. Die Eintragung des Zwangsversteigerungs- oder Zwangsverwaltungsvermerks erfolgt auf Ersuchen des Vollstreckungsgerichts (§§ 19 Abs 1, 146 Abs 1 ZVG) und bewirkt ein relatives Veräußerungsverbot (vgl § 23 ZVG).

– das **Veräußerungsverbot aufgrund einstweiliger Verfügung** (§§ 935, 938 Abs 2, 941 ZPO). Einzutragen ist dies auf Ersuchen des Prozessgerichts (§ 941 ZPO). Eine einstweilige Verfügung mit dem Inhalt eines Veräußerungsverbots wird, wenn dieses durch Beschluss angeordnet ist, mit der Zustellung des Beschlusses im Parteibetrieb gemäß § 922 Abs 2 ZPO an den Antragsgegner wirksam; erst damit entsteht die Verfügungsbeschränkung. Bei der **Eintragung eines Veräußerungsverbots in das GB** handelt es sich nicht um die Vollziehung der einstweiligen Verfügung im eigentlichen Sinn des § 929 Abs 3 ZPO. Jedoch kommt eine entsprechende Anwendung der Vorschrift in Betracht, womit aber nur sichergestellt wird, dass die Zustellung, wenn die Grundbucheintragung ohne deren Nachweis vorgenommen wird und die Vollziehungsfrist gewahrt, jedenfalls innerhalb bestimmter Fristen nachgeholt werden muss. Der Antrag auf Grundbucheintragung des Veräußerungsverbots ersetzt jedoch nicht die für dessen Wirksamkeit erforderliche Zustellung.[79] Auf richterliche Verfügungsverbote ist § 135 Abs 1 S 2 BGB entsprechend anzuwenden. Treten im GB eingetragene richterliche Verfügungsverbote zum Schutz unterschiedlicher Gläubiger in Wettbewerb, so ist das später wirksamgewordene Verbot gegenüber dem durch ein älteres Verbot geschützten Gläubiger (relativ) unwirksam. Ein Anfechtungsgläubiger kann daher über § 888 Abs 2 BGB die Beseitigung einer Maßnahme verlangen, soweit sie ihn beeinträchtigt.[80]

Ist ein im Wege der einstweiligen Verfügung erworbenes und im GB eingetragenes Verfügungsverbot durch ein Versäumnisurteil aufgehoben, reicht für den Antrag auf Löschung des Verfügungsverbots in entsprechender Anwendung von § 25 Abs 1 GBO die Vorlage des vollstreckbaren Versäumnisurteils; die Bewilligung des Verfügungsklägers ist nicht erforderlich.[81]

– das **Verfügungsverbot bei Abfindung eines Teilnehmers eines Flurbereinigungsverfahrens in Geld** (§§ 52, 53 FlurbG). Eingetragen wird es auf Ersuchen des Flurbereinigungsamts.

– das **Veräußerungsverbot** durch das die Beschlagnahme eines Grundstücks oder eines Rechts zum Zwecke ihrer Sicherstellung **nach § 111c Abs 2, 5 StPO** herbeigeführt wird. Die Eintragung erfolgt auf Ersuchen der Staatsanwaltschaft oder des Gerichts (§ 111f Abs 2 StPO).

– Art. 2 Abs 3 iVm Art. 1 Nr 2 Verordnung (EG) Nr 881/2002 des Europäischen Rates vom 27.05.2002 (Amtsblatt L 241/12 v. 13.07.2004) über die **Anwendung bestimmter spezifischer restriktiver Maßnahmen gegen bestimmte Personen und Organisationen**, die mit Osama bin Laden, dem Al-Qaida-Netzwerk und den Taliban in Verbindung stehen, stellt ein von deutschen Gerichten zu beachtendes **relatives Veräußerungsverbot** dar, das in das GB eingetragen werden kann. Danach dürfen keine Grundstücksrechte zu Gunsten von natürlichen oder juristischen Personen eingetragen werden, die vom Sanktionsausschuss benannt und im Anhang I der Verordnung namentlich aufgeführt sind.[82] Aus den vorgenanten Regelung muss ferner die Schlussfolgerung gezogen werden, dass auch eine Handlung wie die Eigentumsumschreibung im GB hinsichtlich eines Grundstücks verboten ist, selbst wenn der Abschluss eines Kaufvertrags und die Auflassungserklärung vor der Aufnahme des Erwerbers in die Liste in Anhang I der Verordnung

---

77 LG Duisburg EWiR 2006, 597 m Anm *Kesseler* = NZI 2006, 534 = Rpfleger 2006, 465; So auch bereits OLG Zweibrücken FGPrax 2001, 177 = NotBZ 2001, 427 = Rpfleger 2001, 406 = ZIP 2001, 1207; LG Dessau ZinsO 2001, 626; LG Neubrandenburg ZinsO 2001, 425. **AA Keine Eintragung**, wenn das Insolvenzverfahren nur über das Vermögen des Mitgesellschafters eröffnet worden ist OLG Dresden NJW-RR 2003, 46 = NotBZ 2004, 159 = RNotZ 2003, 124; OLG Rostock NJW-RR 2004, 260 = RNotZ 2004, 108 = Rpfleger 2004, 94 = ZIP 2004, 44.
78 LG Berlin Rpfleger 2004, 564.
79 BayObLG Rpfleger 2004, 94.
80 BGH Rpfleger 2007, 538.
81 OLG Düsseldorf Rpfleger 2004, 282.
82 LG Berlin Rpfleger 2006, 183.

Nr 881/2002 in der durch Verordnung Nr 561/2003 geänderten Fassung erfolgte und bereits der Kaufpreis vor diesem Zeitpunkt gezahlt wurde.[83]

– die Verfügungsbeschränkungen infolge Bestellung eines Treuhänders zur **Überwachung des Deckungs-stocks eines Versicherungsunternehmens** (§ 72 VAG).[84] Handelt es sich um ein ausländisches Versicherungsunternehmen gilt die Regelung dews § 72 VAG nur für das gemäß § 105 VAG abgeschlossen Versicherungsgeschäft (§ 110 VAG).

– die **Veräußerungs- und Belastungsverbote** nach § 75 BVG sowie nach § 31 Soldatenversorgungsgesetz. Die Eintragung erfolgt auf Ersuchen der zuständigen Verwaltungsbehörde bzw des Bundesministeriums für Verteidigung. Eingetragen werden kann, dass die Weiterveräußerung und Belastung der Immobilie oder des an ihr bestehenden Rechts innerhalb einer Frist von bis zu 5 Jahren nur mit Genehmigung der vorerwähnten Verwaltungsbehörde bzs des Verteidigungsministeriums zulässig ist.

Die **Pfändung oder Verpfändung eines Miterbenanteils** bewirkt ein Verfügungsverbot der Miterben, das **40** bei dem zum Nachlass gehörendem Grundstück, Grundstücksrecht oder einem Recht an einem solchen Recht im Wege der GB-Berichtigung eingetragen werden kann.[85]Die **Eintragung eines** durch Pfändung erworbenen **Pfandrechts** in das GB an einem zum Nachlass gehörenden Grundstück ist grds. zulässig, auch wenn dem Pfandrecht nur der Anteil am ungeteilten Nachlass, nicht aber der einzelne Nachlassgegenstand unterliegt.[86] Das GBA verletzt bei der Eintragung keine gesetzlichen Vorschriften, wenn es keine Ermittlungen anstellt, ob die an die Drittschuldner zugestellten Beschlussabschriften mit der vorgelegten Ausfertigung des Pfändungs- und Überweisungsbeschlusses übereinstimmen.[87] Gleiches gilt, wenn im GB als BGB-Gesellschaft eingetragene Miteigentümer jeweils einen Teilgeschäftsanteil auf einen Dritten übertragen und dieser seine Anteile im selben Vertrag unter einer aufschiebenden Bedingung wieder an die bisherigen Eigentümer abtritt. Auch in diesem Fall ist die durch die aufschiebend bedingte Rückabtretung bewirkte Verfügungsbeschränkung des Geschäftsanteilserwerbers zur Vermeidung eines Rechtsverlustes durch gutgläubigen Erwerb in das GB einzutragen.[88]

Ferner führt die **bedingte Verfügung über einen Miterbenanteil** zu einer (absoluten) Verfügungsbeschränkung nach § 161 Abs 1, 2 BGB, die im Hinblick auf § 161 Abs 3 BGB zugleich mit dem Vollzug der bedingten Verfügung einzutragen ist.[89]

Rechtsgeschäftliche Verfügungsbeeinträchtigungen sind wegen § 137 S 1 BGB nur insoweit zulässig und **41** eintragbar, als dies ausdrücklich durch das Gesetz bestimmt ist. Hierzu zählen
– die Veräußerungs- und Belastungsbeschränkung als Inhalt eines Erbbaurechts nach § 5 ErbbauRG,
– die Veräußerungsbeschränkung eines Wohnungs- oder Teileigentums nach § 12 WEG oder die eines Dauerwohn- oder Dauernutzungsrechts nach § 35 WEG.

Bei einem Wohnungs- oder Teilerbbaurecht sind sowohl Beschränkungen nach § 5 ErbbauRG, als auch nach § 12 WEG möglich.

6. Sonstige Eintragungen

Dabei handelt es sich um Eintragungen, die nicht zu den dinglichen Rechten, Vormerkungen, Widersprüchen **42** oder Verfügungsbeeinträchtigungen zählen, jedoch teils materielle, teils verfahrensrechtliche oder teils nur gewisse Schutzfunktionen haben. **Im Einzelnen sind** ua folgende Regelungen oder Vermerke **eintragfähig**:
– der **Verzicht auf eine Überbau- oder Notwegrente und die Feststellung ihrer Höhe** durch Vertrag gemäß § 914 Abs 2 S 2, § 917 Abs 2 S 2 BGB (dazu C 32);
– als Belastung des Anteils eines Miteigentümers die **Regelung der Verwaltung und Benutzung gemäß § 1010 BGB** (dazu C 64–69);
– **Rangvermerke** aufgrund abweichender Rangbestimmung nach § 879 Abs 3 BGB, aufgrund Rangänderung nach § 880 BGB, aufgrund Rangvorbehalt nach § 881 BGB oder aufgrund formeller Voraussetzungen nach § 45 Abs 1, 2 GBO und als Folge eines Rangklarstellungsverfahrens des GBA nach § 112 GBO (dazu § 45 Rdn 4 ff; § 112 Rdn 1);
– der **Vermerk eines subjektiv-dinglichen Rechts am herrschenden Grundstück** nach § 9 Abs 1 S 1 GBO (dazu § 9 Rdn 31 ff);
– der **Vermerk zur Löschungserleichterung** nach §§ 23 Abs 2, 24 GBO (dazu §§ 23, 24 Rdn 55);
– **Mithaftvermerke** bei Gesamtbelastung mehrerer Grundstücke mit einem Recht nach § 48 GBO (dazu § 48 Rdn 58 ff);

---

83 EuGH Rpfleger 2008, 17.
84 Zu den Eintragungsvoraussetzungen s BayObLGZ 1964, 394 = DNotZ 1965, 684; LG Bielefeld Rpfleger 1993, 333.
85 BayObLGZ 1959, 50 = Rpfleger 1960, 157; OLG Frankfurt Rpfleger 1979, 205.
86 *Palandt/Edenhofer* § 2033 Rn 18.
87 BayObLGZ Rpfleger 2005, 251.
88 LG Zwickau DNotZ 2003, 131 m zust Anm *Demharter*.
89 BayObLGZ 1994, 29 = Rpfleger 1994, 343.

- **Löschungsvermerke** nach § 46 GBO (dazu § 46 Rdn 35 ff);
- der prozessrechtliche **Vermerk der Zwangsvollstreckungsunterwerfung** nach § 800 Abs 1 ZPO;
- der **Vermerk über die Eigenschaft als Hof** (sog Hofvermerk) nach § 1 HöfeO, §§ 3, 5 HöfeVfO.[90] Im Falle der Vor- und Nacherbschaft genügt es für einen Antrag auf Ersuchen um Löschung des Hofvermerks nach § 3 Abs 1 Nr 2 HöfeVfO, wenn nur bestimmte Personen als Nacherben in Betracht kommen und diese alle, wie auch der Vorerbe, die Hofaufgabeerklärung abgegeben haben.[91]
- der **Umlegungsvermerk** nach § 54 Abs 1 BauGB (dazu § 38 Rdn 70);[92]
- der **Sanierungs- und Entwicklungsvermerk** nach §§ 143 Abs 2, 165 Abs 9 BauGB;
- der **Enteignungsvermerk** nach § 108 Abs 6 BauGB sowie andere Vermerke über die Anhängigkeit eines Enteignungsverfahrens aufgrund sonstiger bundes- oder landesrechtlicher Vorschriften (dazu § 29 Rdn 120; § 38 Rdn 73);[93]
- der **Rechtshängigkeitsvermerk**,[94] dh ein Vermerk über die Einleitung eines Zivilprozesses, um den guten Glauben im Hinblick auf § 325 Abs 2 ZPO iVm § 892 BGB – abgesehen von den Ausnahmetatbeständen des § 325 Abs 3 ZPO – im Zusammenhang mit einer Immobilie zu zerstören. Seine Eintragungsfähigkeit analog § 892 Abs 1 S 2 BGB ist allgemein anerkannt. Eingetragen werden kann der Vermerk aufgrund Bewilligung oder einstweiliger Verfügung, aber auch im Weg der Grundbuchberichtigung in entsprechender Anwendung des § 22 GBO.[95] Für zulässig erachtet wird ferner den Rechtshängigkeitsvermerk auch auf Vorlage von Urkunden iSd § 29 GBO einzutragen.[96]Die Rechtshängigkeit eines lediglich schuldrechtlichen Anspruchs bezüglich eines dinglichen Rechts oder des Eigentums rechtfertigt dagegen die Eintragung eines Rechtshängigkeitsvermerks nicht.[97]
- der **Entschädigungsanspruch** nach § 27 ErbbauRG für das Bauwerk nach Erlöschen des Erbbaurechts, der als reallastähnliche Belastung im Wege der Berichtigung im GB des Grundstücks an der Rangstelle des Erbbaurechts einzutragen ist.[98]
- öffentliche Lasten, jedoch nur soweit ihre Eintragung gesetzlich besonders zugelassen oder angeordnet ist (§ 54 GBO; s zB die Geldleistung nach § 64 Abs 3, 6 BauGB);

43 Eintragungsfähig sind ferner Klarstellungs- und Wirksamkeitsvermerke.[99]

Die **Zulässigkeit des Klarstellungsvermerks**[100] ergibt sich daraus, dass zur Beseitigung von Zweifeln über Art, Umfang, Inhalt und Rang eines bestehenden eingetragenen Rechts für die Beteiligten ein öffentlich-rechtlicher Anspruch auf eindeutige und klare Verlautbarung der beantragten Eintragungen besteht.[101] Auch bei einem Heilungsvorgang der sich beispielsweise über § 311b Abs 1 S 2 BGB durch Auflassung und Eintragung in Erfüllung des formunwirksam geschlossenen Verpflichtungsvertrages ergeben hat,[102]ist eine Klarstellung als zulässig zu erachten. Nach Ansicht des LG Chemnitz kann ferner ein Klarstellungsvermerk eingetragen werden, wenn die im GB eingetragene schlagwortartige Bezeichnung einer Dienstbarkeit deren Inhalt nicht zutreffend wiedergibt, wobei dieser Vermerk aber nicht in den Inhalt des Rechts selbst eingreifen darf.[103]Dem kann nur insoweit zugestimmt werden, als die schlagwortartige Bezeichnung im GB ungenau ist. Bei einer unrichtigen Bezeichnung fehlt es dagegen bereits an der erforderlichen Eintragung und demzufolge scheidet dann eine Klarstellung aus. Ein Klarstellungsvermerk kommt auch nicht in Betracht, wenn er lediglich dazu dient, wegen Zweifeln an einer rechtswirksamen Auflassung alternativ den Erwerb des Eigentums auf der Grundlage einer vorsorglich wiederholten zweiten Auflassung zusätzlich im GB zu verlautbaren.[104]

44 Der sog **Wirksamkeitsvermerk**, der im Gesetz keine Grundlage findet, ist materiellrechtlich ohne Bedeutung und dient lediglich als Hinweis auf die Wirksamkeit eines eingetragenen Rechts gegenüber einer Verfügungsbeschränkung, wie beispielsweise gegenüber dem Recht des Nacherben (dazu § 46 Rdn 21, 22 und § 51

---

90 BGH DNotZ 1978, 303.
91 BGH Rpfleger 2004, 474.
92 S dazu auch BayObLGZ 1970, 182 = Rpfleger 1970, 346.
93 Zur Eintragung des Vermerks ohne Angabe eines Berechtigten s BayObLG DNotZ 1988, 784 m krit Anm *Sieveking*.
94 Zur Eintragung s. auch *Mai* BWNotZ 2003, 108.
95 BayObLG NJW-RR 2003, 234 = Rpfleger 2003, 122 und BayObLG NJW-RR 2004, 1461 = NotBZ 2004, 96 = Rpfleger 2004, 691; OLG München Rpfleger 2000, 106; OLG Stuttgart DNotZ 1980, 106; OLG Zweibrücken NJW 1989, 1098.
96 OLG Braunschweig NJW-RR 2005, 1099.
97 Vgl OLG Stuttgart FGPrax 1996, 208 = Rpfleger 1997, 15.
98 Vgl *Demharter* § 25 Rn 5; *Schöner/Stöber* Rn 1874.
99 Vgl *Schöner/Stöber* Rn 294–297; KEHE-*Keller* Einl J 25; *Holzer*, NotBZ 2008, 14.
100 Zum Klarstellungsvermerk s. auch *Böhringer* NotBZ 2004, 13 u. *Holzer* ZfIR 2005, 165.
101 RGZ 132, 106; OLG Hamm Rpfleger 1985, 17; MittRhNotK 1985, 121 = OLGZ 1985, 273 = Rpfleger 1985, 286; BayObLGZ 1988, 124; NJW-RR 1991, 88 = Rpfleger 1990, 503.
102 S. BGHZ 160, 368 = DNotZ 2005, 385 = NJW 2004, 3626.
103 Vgl LG Chemnitz MittBayNot 2006, 335 = NotBZ 2006, 217 = RNotZ 2006 =Rpfleger 2006, 319.
104 BayObLG DNotI-Report 2002, 54 = FGPrax 2002, 99.

Rdn 109–111). Gleiches gilt bei außerhalb des GB wirksam werdenden nachträglichen Verfügungsbeeinträchtigungen, wie etwa der Eröffnung des Insolvenzverfahrens (vgl § 80 InsO), wenn mit Zustimmung des nunmehr Berechtigten ein wirksamer Rechtserwerb an dem Grundstück erfolgt.[105] Die Eintragungsfähigkeit eines Wirksamkeitsvermerks ist beispielsweise dahingehend statthaft, dass sich aus dessen einzutragenden Inhalt die Wirksamkeit eines eingetragenen Grundpfandrechts gegenüber der vorrangigen Eigentumsvormerkung ergibt.[106] Einzutragen ist dabei der Vermerk sowohl bei der Vormerkung als auch bei dem Grundpfandrecht.

Ebenso statthaft ist die Eintragung eines Vermerks, wonach eine eingetragene Eigentumsvormerkung gegenüber einem eingetragenen Veräußerungsverbot wirksam ist.[107]Tritt eine Eigentumsvormerkung hinter ein anderes Recht im Range zurück, so kann **wahlweise** an Stelle eines Wirksamkeitsvermerk auch ein **Rangrücktritt** bei der Vormerkung eingetragen werden.[108] Dass dem Wirksamkeitsvermerk gegenüber dem Rangrücktritt der Vorzug zu geben ist, weil die Vormerkung nicht rangfähig[109] und daher die Eintragung eines Rangrücktritts wegen Unbeachtlichkeit unzulässig sei, ist unzutreffend. Auch der BGH billigt der Vormerkung weiterhin Rangfähigkeit zu.[110]Wird daher eine Grundschuld unter Ausnutzung eines Rangvorbehalts mit Rang vor einer bereits im GB eingetragenen Eigentumsvormerkung eingetragen, bedarf es zusätzlich zu dem eingetragenen Rangvermerk keines Wirksamkeitsvermerks.[111]

Verschiedentlich wird die Eintragung eines »Flurbereinigungsvermerks« für zulässig erachtet.[112] Seine Eintragung ist jedoch, da gesetzlich nicht vorgesehen und keine Rechtsfolgen damit verknüpft sind, abzulehnen.[113] **45**

Eintragbar sind dagegen auch **Vereinbarungen**, die **abweichend** zu den bestehenden **Pflichten eines** **46** **gesetzlichen Begleitschuldverhältnisses** für ein dingliches Recht getroffen werden, wie zB bei einer Grunddienstbarkeit die Übertragung der Unterhaltungspflicht für eine Anlage zur Ausübung der Dienstbarkeit auf den Eigentümer des belasteten (dienenden) Grundstücks (§ 1021 Abs 1 S 1 BVGB).[114] Derartige mit dem dinglichen Recht verknüpfte Regelungen spielen insbesondere eine Rolle beim Inhalt des Erbbaurechts (§ 2 ErbbauRG), beim Inhalt des Sondereigentums von Wohnungs- und Teileigentum (§ 10 Abs 3 WEG) und wie schon erwähnt bei Dienstbarkeiten (§§ 1020–1023, 1090 Abs 2 BGB) sowie beim Nießbrauch (§§ 1041–1047; 1049–1051, 1055 BGB) und beim Dauerwohn- und Dauernutzungsrecht (§ 33 Abs 4 WEG).

III. Unzulässige Eintragungen

1. Allgemeines

Eintragungen können unter verschiedenen rechtlichen Gesichtspunkten unzulässig sein. Dabei geht es darum, **47** dass die Vornahme bestimmter Eintragungen zu unterbleiben hat und nicht darum, ob eine durch das GBA bereits vorgenommene Eintragung »ihrem Inhalt nach unzulässig« und demzufolge gemäß § 53 Abs 1 S 2 GBO von Amts wegen zu löschen ist.

Nicht eintragungsfähig sind:
(a) Rechte, die weder bundes- noch landesrechtlich als private dingliche Grundstücksrechte ausgestaltet sind;
(b) Rechte, deren Eintragung kraft ausdrücklicher gesetzlicher Vorschrift ausgeschlossen oder deren Begründung landesrechtlich unzulässig ist;[115]
(c) Rechte, die zwar dem Typ nach eintragungsfähig, aber mit typenfremdem, gesetz- oder sittenwidrigem Inhalt ausgestattet sind;[116]
(d) Rechte, die unmittelbar auf dem Gesetz beruhen (nicht zu verwechseln mit Rechten, die kraft Gesetzes entstehen, vgl zB § 1287 S 2 BGB);
(e) Rechtsinhalte und Rechtswirkungen, die sich ohne weiteres aus dem eingetragenen Recht oder aus dem Gesetz ergeben;[117]

---

105 S dazu OLG Köln Rpfleger 1990, 159; OLG Saarbrücken Rpfleger 1995, 404.
106 BGHZ 141, 169 = FGPrax 1999, 128 = Rpfleger 1999, 383.
107 BayObLG DNotI-Report 2004, 183 = NJW-RR 2004, 736 = RNotZ 2003, 612 = Rpfleger 2004, 93 = ZNotP 2004, 24.
108 OLG Bremen Rpfleger 2005, 529 = WM 2005, 1241.
109 So LG Lüneburg Rpfleger 2004, 214.
110 Vgl BGH DNotZ 2000, 639 = NJW 200, 805 = Rpfleger 2000, 153.
111 So OLG Darmstadt BWNotZ 2006, 43 = Rpfleger 2004, 482 unter Aufgabe der bisher gegenteiligen Ansicht DNotZ 2003, 225 = NJW-RR 2003, 233 = Rpfleger 2003, 113.
112 Vgl KEHE-*Keller* Einl J 30; *Flick* BWNotZ 1987, 88 und Rpfleger 1997, 336.
113 Vgl *Schöner/Stöber* Rn 4037; *Demharter* Anhang zu § 13 Rn 14.
114 Zum gesetzlichen Schuldverhältnis vgl BGHZ 106, 348, 350 = DNotZ 1989, 565 = NJW 1989, 1607; *Dimopoulos-Vosikis* AcP 167 (1967) 515; *Amann* DNotZ 1989, 531.
115 ZB gewisse Reallasten, vgl BayObLGZ 4, 315; öffentliche Lasten § 54 GBO.
116 BayObLGZ 1967, 275 und 1980, 235; KG JFG 3, 399; KG HRR 1931 Nr 741; *Demharter* Anhang zu § 13 Rn 15.
117 Vgl RGZ 119, 211; 130, 350; KG JFG 3, 399; 4, 43.

(f) rechtlich unzulässige Modalitäten eines Rechts bezüglich des Rechtssubjektes, des Belastungsgegenstandes sowie Bedingungen; ferner rechtlich unmögliche Rechtsänderungen;

(g) öffentlich-rechtliche Verfügungsbeeinträchtigungen mit absoluter Wirkung;

(h) tatsächliche Angaben und Angaben über Geschäfts- und Handlungsfähigkeit, Vertretung, Familienstand und Güterstand.

2. Beispiele für unzulässige Eintragungen

48 Die Aufzählung erfolgt entsprechend der unter Ziffer 1 vorgenommenen Unterteilung.

49 **a)** Zu den Rechten, die nicht als private dingliche Grundstücksrechte ausgestaltet sind, zählen **persönliche Rechte und schuldrechtliche Ansprüche;**[118] diese können lediglich unter den Voraussetzungen des § 883 BGB durch Vormerkung gesichert werden, sofern der Anspruch auf eine eintragungsfähige dingliche Rechtsänderung gerichtet ist.[119] Unter dem Gesichtspunkt fehlender dinglicher Qualität sind nicht eintragungsfähig:

50 Miete und Pacht,[120] ein Vormietrecht,[121] vertragliche Verfügungsbeschränkungen zugunsten eines Mieters oder Pächters,[122] ein vertraglich übertragenes Verwaltungsrecht an einem Grundstück,[123] ein Zurückbehaltungsrecht,[124] das Wiederkaufsrecht nach §§ 456 ff BGB,[125] ein schuldrechtliches Vorkaufsrecht nach §§ 463 ff BGB;[126] Vorkaufsrechte der Miterben,[127] das Ankaufsrecht.[128] Bei den schuldrechtlichen Wiederkaufs-, Vorkaufs- und Ankaufsrechten kann aber der jeweils daraus erwachsende bedingte Übereignungsanspruch durch **Vormerkung** gesichert werden.[129] Unzulässig ist weiter die Abtretung der Rechte aus der Ausübung eines subjektiv-dinglichen Vorkaufsrechts[130] sowie die Abtretung des Auseinandersetzungsanspruchs eines Miterben.[131]

51 **Ferner sind nicht eintragungsfähig:**

Die Verpflichtung, ein anderes Grundstück zu pachten,[132] auf dem Grundstück ein Haus zu bauen oder einen Bau zu beseitigen,[133] das Verbot der Grundstücksteilung,[134] Beschränkungen der Erbauseinandersetzung,[135] ein schuldrechtliches Treuhandverhältnis,[136] das dem Veräußerer vorbehaltene Recht auf einen später etwa gefundenen Schatz,[137] der Verzicht auf Ersatz von Wildschaden[138] sowie sonstigen künftigen Schadenersatz,[139] der Verzicht auf die Ausübung eines gesetzlichen Vorkaufsrechts, das Recht auf Aufwendungsersatz nach §§ 994 ff BGB,[140] das Recht auf Verwaltung einer Hypothek,[141] die Abtretung des Auseinandersetzungsguthabens eines Miterben,[142] eine Bierbezugsverpflichtung,[143] soweit nicht landesrechtlich hierfür die Eintragung einer Sicherungshypothek zugelassen ist (wie in Bayern nach Art 14 BayAGBGB), ferner die ausschließliche und veräußerliche Befugnis, aus dem Grundstück nicht verleihbare Mineralien zu gewinnen,[144] das Befriedigungsrecht, das dem Gläubiger des Bestellers eines Nießbrauchs an einem Vermögen oder einer Erbschaft zusteht (§§ 1086,

---

118 RGZ 57, 333; BayObLGZ 30, 416.
119 RGZ 60, 317; KG OLG 26, 183; BayObLGZ 1963, 131 = DNotZ 1964, 343.
120 RGZ 54, 233; KG OLG 4, 481; OLG Hamm DNotZ 1957, 314; BGB-RGRK-*Augustin* vor § 873 Rn 10; LG Mannheim DNotZ 1972, 617.
121 RGZ 123, 265, BGH MDR 1958, 234; KG OLG 7, 35.
122 OLG Colmar OLG 17, 31.
123 OLG Hamm JMBlNW 1950, 129; BGB-RGRK-*Augustin* aaO (Fn 115); KEHE-*Herrmann* § 13 Rn 29.
124 RGZ 66, 24 und 68, 278, BGB-RGRK-*Augustin* aaO (Fn 39).
125 RGZ 121, 367, 369; 125, 242, 247; 144, 282; BGH NJW 1963, 709; 1959, 526; JZ 1965, 215; BayObLGZ 1961, 63; BGB-RGRK-*Augustin* aaO (Fn 39); *Ripfel* BWNotZ 1969, 26.
126 KEHE-*Munzig* Einl B 53.
127 BayObLGZ 1952, 231.
128 BayObLGZ 1967, 275, 277 = Rpfleger 1968, 52; KG OLG 10, 120; JFG 3, 315, 318; BGB-RGRK-*Augustin* aaO (Fn 39).
129 RGZ 104, 122, 125, 247; BayObLGZ 1967, 275 aaO (Fn 47).
130 BayObLGZ 1971, 28 = NJW 1971, 809 = DNotZ 1971, 369 = Rpfleger 1971, 215.
131 BayObLGZ 1930, 129.
132 RGZ 57, 333; 60, 317; KG SEUFF A 56, 177.
133 OLG Neustadt MDR 1960, 488.
134 KG SEUFF Bl 76, 401.
135 BayObLGZ 1952, 231; KG DNotZ 1944, 15.
136 OLG Stuttgart, BWNotZ 1977, 90.
137 KG OLG 6, 265.
138 BayObLGZ Rpfleger, 1960, 402.
139 BayObLG Recht 1903 Nr 2267; KG OLG 3, 96, 291; 4, 68; KGJ 49, 195.
140 RGZ 71, 430.
141 KG OLG 8, 132.
142 BayObLGZ 1930, 129.
143 KG RJA 3, 148.
144 BayObLG 2, 120; 14, 88.

1089 BGB),[145] das Befriedigungsrecht nach § 1003 Abs 1 BGB,[146] Besitzverhältnisse,[147] Rechtsverhältnisse bezüglich beweglicher Sachen wie Eigentumsvorbehalt an Zubehörstücken,[148] der Herausgabeanspruch des Eigentümers nach § 985 BGB,[149] und ferner Verwaltungs- und Nutznießungsrechte gemäß § 14 HöfeO[150] Auch der Grundbuchberichtigungsanspruch aus § 894 BGB kann nicht eingetragen werden, da er kein dingliches Recht, sondern nur dessen untrennbarer Bestandteil ist,[151] ebenso ist der Verzicht auf ihn nicht eintragungsfähig.[152] Seine Abtretung und Verpfändung sind ausgeschlossen und können somit gleichfalls nicht eingetragen werden.[153] Nicht eintragungsfähig ist weiter die Übertragung des Rechts auf Ausübung eines Nießbrauchs oder einer beschränkten persönlichen Dienstbarkeit oder dessen Verpfändung oder Pfändung, da das dingliche Recht selbst nicht berührt wird.[154]

b) Zu den Rechten, die **nach** ausdrücklicher **gesetzlicher Vorschrift von der Eintragung ausgenommen** 52 sind, gehören Überbaurente (§ 914 Abs 2 S 1 BGB) und Notwegrente (§ 917 Abs 2 S 2 BGB). Einzutragen ist dagegen der Verzicht auf die Rente sowie die vertragliche Feststellung ihrer Höhe (§§ 914 Abs 2 S 2, 917 Abs 2 S 2 BGB), und zwar in der 2. Abteilung des GB des rentenpflichtigen Grundstücks.[155] Auf dem Blatt des rentenberechtigten Grundstücks kann der Rentenverzicht nicht nach § 9 Abs 1 S 1 GBO vermerkt werden.[156] Soweit Unklarheit darüber herrscht, ob ein entschuldigter oder ein nicht entschuldigter Überbau vorliegt, ist sowohl ein Verzicht auf Überbaurente als auch eine auf Duldung des Überbaus gerichtete Grunddienstbarkeit eintragbar.[157] Der Verzicht auf die Rente und ihre Herabsetzung bedürfen der Zustimmung derer, die am überbauten Grundstück dinglich berechtigt sind (§ 876 S 2 BGB). Die Eintragung einer Zwangs- oder Arresthypothek für einen Betrag nicht über 750 Euro ist nach §§ 866 Abs 3 S 1, 932 Abs 2 ZPO ausgeschlossen.

§ 54 GBO schließt die Eintragung **öffentlicher Lasten** als solche aus, soweit nicht die Eintragung gesetzlich 53 besonders zugelassen oder angeordnet ist (vgl dazu C 24). Bestehen **Baulasten**, sind sie in das Baulastenverzeichnis einzutragen. Mit Ausnahme von Bayern und Brandenburg führen alle Bundesländer derartige Verzeichnisse (näheres hierzu s § 54 Rdn 84 ff; zur Problematik vgl auch Einl A Rdn 53). Keine Eintragungsfähigkeit besteht auch für gesetzliche Vorkaufsrechte und ihre Ausübung, wie zB das Vorkaufsrecht nach dem Bayerischen Naturschutzgesetz (Art 34 BayNatSchG).[158]

c) Als **Dienstbarkeiten** sind **nicht eintragungsfähig** die Pflicht zur Duldung gesetzlich verbotener Handlun- 54 gen oder eine gegen die guten Sitten verstoßende Einengung der persönlichen oder wirtschaftlichen Bewegungsfreiheit des Eigentümers, sofern sich dies aus den dem GBA vorgelegten Urkunden ohne weiteres ergibt.

Ferner können **Vormerkungen** zur Sicherung von Ansprüchen auf Eintragung, Änderung oder Aufhebung 55 einer Vormerkung oder eines Widerspruchs oder auf Einräumung einer Verfügungsbeschränkung nicht eingetragen werden, weil § 883 BGB derartige Vormerkungen nicht zulässt. Zulässig sind solche Vormerkungen allerdings im Rahmen des § 18 Abs 2 GBO. Eine **Vormerkung** gemäß § 883 BGB ist nur geeignet, einen schuldrechtlichen Anspruch auf dingliche Rechtsänderung zu sichern, nicht aber, ihn zu begründen. Eine Vormerkung **auf Bestellung einer Reallast**, die den **jeweiligen Eigentümer verpflichtet** ist daher **nicht eintragbar.**[159]

d) Dingliche Rechte, die sich **unmittelbar aus dem Gesetz** ergeben, finden sich im Nachbarrecht (§§ 906– 56 924 BGB mit landesrechtlichem Ergänzungsrecht). Die inhaltliche Modifikation oder der Ausschluss derartiger Rechte kann als Grunddienstbarkeit eingetragen werden.[160] Die Pflicht zur Duldung eines Überbaues (§ 912 Abs 1 BGB) oder eines Notweges (§ 917 Abs 1 BGB) ist nicht eintragungsfähig, wohl aber eine über den

---

145 RGZ 70, 344, 348.
146 RGZ 71, 430; 142, 422; BGB-RGRK-*Pikart* § 1003 Rn 4.
147 RGZ 61, 378.
148 BayObLG 6, 157.
149 KEHE-*Munzig* Einl B 54.
150 OLG Celle DNotZ 1968, 756.
151 KG KGJ 47, 170.
152 LG Hamburg Rpfleger 1959, 52 (*Bruhn*).
153 BGH WM 1972, 384; RG JW 1932, 1207; KG OLG 31, 138; LG Hamburg aaO (Fn 71); MüKo-*Wacke* § 894 Rn 23; BGB-RGRK-*Augustin* § 894 Rn 26.
154 BGHZ 55, 111, 115; RGZ 159, 193, 207; OLG Frankfurt NJW 1961, 1928.
155 RGZ 55, 384; KG JFG 4, 387; OLG Bremen DNotZ 1965, 295 = Rpfleger 1965, 55; BayObLG DNotZ 1977, 111 = Rpfleger 1976, 180; OLG Düsseldorf DNotZ 1978, 353 = Rpfleger 1978, 16. Hierzu auch *Böhringer* Rpfleger 2008, 177.
156 Vgl BayObLGZ 1998, 152 = FGPrax 1998, 167 = Rpfleger 1998, 468; § 9 Rdn 25 (*Böttcher*); *Demharter* § 9 Rn 5; *Schöner/Stöber* Rn 1168. **AA** KG Rpfleger 1968, 52; LG Düsseldorf Rpfleger 1990, 288.
157 OLG Düsseldorf DNotZ 1978, 353 aaO (Fn 75).
158 Vgl BayObLGZ 2000, 224 = FGPrax 2000, 215 = Rpfleger 2000, 543.
159 OLG München Rpfleger 2007, 312.
160 RGZ 64, 366; KG OLG 4, 307.

gesetzlichen Umfang hinausgehende[161] oder dahinter zurückbleibende oder völlig ausgeschlossene Duldungspflicht durch Bestellung einer Grunddienstbarkeit am Stammgrundstück zugunsten des überbauten Grundstücks.[162]

57 **e)** Zu den **Rechtsinhalten** und **Rechtswirkungen**, die sich bereits aus dem eingetragenen dinglichen Recht oder aus dem Gesetz ergeben, gehören bei einer Hypothek die gesetzlichen Zinsen (§ 246 BGB), die Verzugszinsen nach § 288 BGB und die Prozesszinsen nach § 291 BGB, ferner die Haftung des Grundstücks für die Kosten der Kündigung und der Rechtsverfolgung (§ 1118 BGB).[163] Insoweit ist eine Eintragung ausgeschlossen. Sonstige Kosten, wie die der Bestellung und Eintragung der Hypothek, der Erteilung einer vollstreckbaren Ausfertigung der Schuldurkunde, der persönlichen Klage, etc bedürfen dagegen der Eintragung als Nebenleistung gemäß § 1115 BGB, wenn das Grundstück dafür haften soll.[164] Bei der Zwangs- und Arresthypothek haftet das Grundstück für die Eintragungskosten kraft Gesetzes (§§ 867 Abs 1 S 3, 932 Abs 2 ZPO). Ausgeschlossen ist bei der Darlehenshypothek die Eintragung, dass das Darlehen gewährt worden sei.[165] Das gesetzliche Befriedigungsrecht des Gläubigers aus § 1133 BGB kann ebenfalls nicht eingetragen werden. Dasselbe gilt für die Erfassung der in §§ 1120 bis 1130 BGB aufgeführten Gegenstände durch die Hypothek sowie die Haftungsbefreiung von Erzeugnissen und Zubehörstücken gemäß § 1121 BGB, wenn sie vor Beschlagnahme veräußert und entfernt wurden.[166] Der Zusatz »mit Brief« bei einer Briefhypothek ist nicht einzutragen,[167] weil nur der Briefausschluss als abweichende Regelung einer Eintragung bedarf, wenn eine Buchhypothek bestellt wird (§ 1116 Abs 2 S 3 BGB). Das gesetzliche Rangverhältnis kann grundsätzlich nicht eingetragen werden,[168] jedoch ist bei Tilgung oder Teiltilgung der Hypothekenforderung (§§ 1151, 1176 BGB) die Eintragung des Rangverhältnisses im Interesse der Klarheit zulässig.[169] Für die Rangklarstellung gelten im Übrigen §§ 90 ff GBO. Die Verpflichtung des Hypothekengläubigers, nach Erlöschen der Hypothekenforderung eine Löschungsbewilligung zu erteilen, ergibt sich unmittelbar aus § 1144 BGB und ist deshalb nicht eintragungsfähig.[170] Der Verzicht des Gläubigers auf Rückstände von Zinsen und sonstigen Nebenleistungen nach § 1178 Abs 2 BGB sowie deren Abtretung oder Rangänderung sind nicht einzutragen.[171]

58 Der Ausschluss des Rechtes der Miterben auf Auseinandersetzung (§§ 2042 Abs 2, 2044 Abs 1, 749 Abs 2, 751 BGB) kann nicht eingetragen werden, weil er ohnehin dinglich wirkt.[172]

59 **f) Unzulässig** ist die Eintragung eines Rechts **ohne Berechtigten** oder mit einem nicht rechtsfähigen Berechtigten (zB einer Behörde), die Eintragung des Vertreters statt des Vertretenen[173] oder die Eintragung zweier Rechte, von denen nach Wahl des Berechtigten diesem nur das eine oder das andere zustehen soll.[174]

60 Eine Dienstbarkeit an dem **Bruchteil** eines Grundstücks oder eine Hypothek an dem Anteil, der einem Miterben bei der Auseinandersetzung zufallen wird,[175] sind nicht eintragbar, weil der Belastungsgegenstand mit dem betreffenden Recht nicht belastet werden kann.

61 Ein Beispiel für eine rechtlich **ausgeschlossene** Rechtsänderung ist der **Verzicht** auf einen Miteigentumsanteil an einem Grundstück[176] und gleichermaßen der Verzicht auf ein Wohnungs- und Teileigentum[177] sowie der Verzicht auf eine Eigentümergrundschuld.[178]

62 **g)** Von den öffentlich-rechtlichen **Verfügungsbeeinträchtigungen** mit absoluter Wirkung sind ua nicht eintragbar solche, nach dem land- und forstwirtschaftlichen Grundstücksverkehr (zB § 2 GrdstVG), für Gemeinden, Kirchen und Stiftungen aufgrund landesrechtlicher Regelungen bestehende Genehmigungserfordernisse und die aus den güterrechtlichen Regelungen sich ergebenden Beschränkungen (zB §§ 1365, 1424, 1458, 1487 BGB, § 8 Abs 2 LPartG).[179]

---

161 KG JFG 3, 329.
162 KG JFG 4, 388 = OLG 45, 209; BGB-RGRK-*Augustin* Rn 19, *Staudinger-Roth* Rn 36 je zu § 912.
163 KG OLG 1, 201; 2, 47; zu Verzugszinsen auch OLG München JW 1937, 1635 = DNotZ 1937, 442.
164 RGZ 90, 171; KG RJA 1, 81; OLG Breslau OLG 18, 163.
165 KG OLG 5, 388.
166 Vgl *Steiner-Teufel* §§ 20, 21 ZVG Rn 26.
167 LG Ulm BWNotZ 1956, 320.
168 KG OLG 9, 318.
169 RGZ 132, 106; KG KGJ 25, 303.
170 Vgl KG KGJ 29, 244.
171 RGZ 88, 163; KG RJA 12, 240.
172 KG JW 35, 3121 = HRR 35 Nr 1319; DR 1944, 191; DNotZ 1944, 15.
173 RGZ 79, 75.
174 Vgl KG Recht 31 Nr 590.
175 Vgl KG OLG 7, 454; LG Hamburg ZBlFG 3, 834; *Kober* SEUFF Bl 70, 263.
176 BGH Rpfleger 2007, 457.
177 BGH Rpfleger 2007, 537.
178 KG JFG 4, 433.
179 Vgl *Schöner/Stöber* Rn 27; KEHE-*Keller* Einl J 9.

h) Angaben über **tatsächliche Verhältnisse,** deren Eintragung nicht ausdrücklich vorgeschrieben ist – wie   **63**
Wirtschaftsart, Lage und Größe des Grundstücks (§ 6 Abs 3a Nr 4, Abs 4, 5 GBV) – sind nicht eintragungsfähig. Der Lageort eines nicht beseitigten Blindgängers kann deshalb nicht eingetragen werden. Auch historische Vermerke, zB über die Ablösung eines Rechts, sind unzulässig.

Nicht eintragungsfähig sind ferner Angaben zur Geschäfts- und Handlungsfähigkeit[180] wie Minderjährigkeit,   **64**
das Bestehen einer Betreuung und dergleichen. Allerdings ist, wie auch bei Volljährigen, soweit bekannt stets das Geburtsdatum einzutragen. Ansonsten können neben dem Beruf und Wohnort andere deutlich kennzeichnende Merkmale als unterscheidende Zusätze nach § 15 GBV im GB vermerkt werden. Elterliche Verwaltungs- und Nutznießungsrechte am Kindesvermögen und der Verzicht auf solche Rechte sind von der Eintragung ausgeschlossen.[181] Der **eheliche Güterstand** darf (und muss) nur eingetragen werden, wenn durch ihn das Eigentum oder ein sonstiges Recht gemeinschaftlich wird, wie bei Gütergemeinschaft oder fortgesetzter Gütergemeinschaft (Gesamtgut).[182] Deshalb können der gesetzliche Güterstand der Zugewinngemeinschaft und die Gütertrennung nicht eingetragen werden, ebenso wenig die Zugehörigkeit einer Sache oder eines Rechtes zum Vorbehaltsgut oder Sondergut. Eintragungsfähig ist aber auch, dass eine Gütergemeinschaft beendet, jedoch noch nicht auseinandergesetzt ist.[183]

Die Organe einer juristischen Person, die Gesellschafter einer Personengesellschaft des Handelsrechts, der   **65**
Zustellungsbevollmächtigte des Hypothekenbestellers,[184] sowie die Einschränkung der Verfügungsmacht des Testamentsvollstreckers,[185] sind ebenfalls nicht einzutragen.

IV. Fehlerhafte Eintragungen

Fehlerhaft sind Eintragungen, die   **66**
(1) unrichtig oder unvollständig sind, ohne inhaltlich unzulässig zu sein;
(2) einen inhaltlich unzulässigen Zusatz enthalten;
(3) unter Verletzung einer Ordnungsvorschrift oder von einem Unzuständigen vorgenommen worden sind.

Zur **Fallgruppe (1)** gehören Eintragungen, die inhaltlich von Bewilligung und Antrag abweichen, im Umfang   **67**
darüber hinausgehen oder dahinter zurückbleiben oder erforderliche Elemente nicht aufweisen. Darunter fallen zB die Fortlassung des Vermerks über den Briefausschluss bei einer Buchhypothek, das Fehlen der ausdrücklichen Bezeichnung als Sicherungshypothek (§ 1184 Abs 2 BGB) und die Nichteintragung des Zinssatzes bei einer verzinslichen Hypothek.

Zur **Fallgruppe (2)** zählen ua die Eintragung der dinglichen Unterwerfung bei einer Höchstbetragshypothek,   **68**
die Angabe laufender Zinsen bei einer Arresthypothek sowie die Eintragung eines unvererblichen Rechtes (zB Nießbrauch, beschränkte persönliche Dienstbarkeit) für einen Berechtigten »und dessen Nachfolger«.[186]

Zur **Fallgruppe (3)** gehören Eintragungen eines örtlich unzuständigen GBA, eines funktionellen unzuständi-   **69**
gen GBBeamten oder eines sachlich Unzuständigen.

V. Wirkungen unzulässiger und fehlerhafter Eintragungen

1. Unzulässige Eintragungen

Fehlt die Eintragungsfähigkeit, so hat die dennoch erfolgte Eintragung keinerlei rechtliche Wirkung; sie macht   **70**
das **GB unrichtig,** jedoch ohne die Konsequenz, dass das eingetragene, aber nicht eintragungsfähige Recht gutgläubig erworben werden könnte.[187] Die Eintragung ist nach § 53 Abs 1 S 2 GBO von Amts wegen als **inhaltlich unzulässig zu löschen;** über den Antrag ist neu zu entscheiden, da er nicht erledigt ist.[188] Voraussetzung der Löschung ist, dass sich die mangelnde Eintragungsfähigkeit aus dem GB-Inhalt, also dem Eintragungsvermerk und der zulässigerweise darauf Bezug genommenen Eintragungsbewilligung, ohne Heranziehung von Erkenntnisquellen außerhalb des GB entnehmen läßt.[189]

---

180 RGZ 69, 268.
181 KG KGJ 49, 211.
182 Vgl *Demharter* § 33 Rn 23;
183 KGJ 50, 152; BayObLG 21, 17.
184 OLG Colmar OLG 2, 196.
185 OLG Hamburg OLG 1, 116.
186 Vgl RGZ 119, 211.
187 KEHE-*Dümig* Einl B 49; *Schöner/Stöber* Rn 416.
188 OLG Hamm DNotZ 1954, 207, 209; Rpfleger 1976, 131.
189 Vgl RG 88, 83, 88; 113, 223, 229; 130, 64; BayObLGZ 1957, 217, 223 = DNotZ 1958, 409, 413; 1975, 398, 403.

2. Fehlerhafte Eintragungen

71 Ist eine Eintragung fehlerhaft, weil sie den **Inhalt** von Bewilligung und Antrag **unrichtig wiedergibt**, so ist sie dennoch nicht unwirksam. Sie führt in der Regel zur Unrichtigkeit des GB und löst einen Berichtigungsanspruch nach § 894 BGB aus. Das GBA hat infolge Verletzung gesetzlicher Vorschriften zur Vermeidung eines Schadens einen **Amtswiderspruch** nach § 53 Abs 1 S 1 GBO einzutragen, sofern sich an die unrichtige Eintragung ein gutgläubiger Erwerb anschließen kann. Die **Berichtigung** dagegen darf das GBA nicht von Amts wegen, sondern **nur auf Antrag** vornehmen. Bis zur Berichtigung aber ruft die fehlerhafte Eintragung Rang- und Rechtsscheinwirkungen nach §§ 879, 891, 892, 893 BGB hervor. Eine Beschwerde gegen die Eintragung ist nach § 71 Abs 2 S 1 GBO unzulässig. Auch eine Anfechtung der vom Rechtspfleger vorgenommenen Eintragung scheidet aus (§ 11 Abs 3 RPflG). Bloße Schreibfehler, insbesondere unrichtige Zahlenangaben können vor Unterzeichnung der Eintragung nach § 44 Abs 1 GBO bzw § 31 GBGA jederzeit richtiggestellt werden. Nach Unterzeichnung sind Berichtigungen von Amts wegen nur noch möglich, wenn es sich um Angaben rein tatsächlicher Art handelt (dazu § 22 Rdn 85 und § 53 Rdn 13, 14).[190] Bei lediglich unklarer Fassung kann ein Klarstellungsvermerk eingetragen werden, der keine sachliche Änderung bedeutet.[191]

72 Auch eine **unvollständige Eintragung** führt grundsätzlich nicht zur Unwirksamkeit. Ist beispielsweise eine verzinsliche Hypothek bewilligt, aber der Zinssatz nicht eingetragen worden, so ist die Hypothek wirksam; das Grundstück haftet lediglich nicht für die Zinsen.[192] In solchen Fällen ist das Fehlende nachzutragen, da der Antrag noch nicht vollständig erledigt ist. Allerdings erhält das Nachgetragene den Rang nach zwischenzeitlich eingetragenen Rechten, wobei jedoch für die Erweiterung der Hypothek an ihrer Rangstelle für Zinsen bis zu 5 % es nicht der Zustimmung gleich- oder nachrangiger Berechtigter bedarf (§ 1119 Abs 1 BGB). Ein **unzulässiger Zusatz** hat regelmäßig keine rechtliche Wirkung[193] und ist nach § 53 Abs 1 S 2 GBO von Amts wegen zu löschen. Ob die Unzulässigkeit das ganze Recht ergreift, ist nach § 139 BGB zu beurteilen.[194] Wenn aber das GBA einen unzulässigen Teil der Bewilligung und des Antrags von der Eintragung ausgenommen hat, so kann nach § 139 BGB die Eintragung fehlerhaft, aber nicht unwirksam sein, so dass dann ein Amtswiderspruch und ein Berichtigungsantrag, aber keine Amtslöschung, in Betracht kommen. Eine unvollständige Eintragung ist jedenfalls dann insgesamt inhaltlich unzulässig, wenn sie einen wesentlichen Bestandteil nicht enthält.[195] Soweit ein unzulässiger Zusatz den Bestand des gesamten Rechts erfasst, wie zB, dass der Gläubiger einer Hypothek sich nur an die Grundstücksnutzungen halten darf, führt auch dies zur Unzulässigkeit des gesamten Eintrags.[196]

73 Die **Verletzung** einer **Ordnungsvorschrift** ist zwar ein Verfahrensverstoß, macht aber, da die Vorschriften der GBO Sollvorschriften sind, die Eintragung grundsätzlich nicht unwirksam. Nimmt ein **örtlich** unzuständiges GBA eine Eintragung in das von ihm geführte GB vor, so ist gemäß § 7 FGG die Eintragung gleichwohl wirksam.[197] Auch die Eintragung durch einen **sachlich** Unzuständigen, etwa den Beschwerderichter, ist wirksam.[198] Bei Verletzungen der **funktionellen** Zuständigkeit kommt es darauf an, wer die Eintragung vornimmt. Grundsätzlich ist für das gesamte Grundbuchverfahren infolge der **Vollübertragung** der **Rechtspfleger** zuständig (§ 3 Nr 1h RPflG). Erfolgt dessen ungeachtet eine ansonsten nicht zu beanstandende GB-Eintragung durch den **Richter** statt dem zuständigen Rechtspfleger, so ist sie nach § 8 Abs 1 RPflG trotzdem wirksam. Hat der Rechtspfleger eine nach § 5 Abs 1 RPflG bestehende Vorlagepflicht verletzt und statt dem Richter eine ansonsten nicht zu bemängelnde Eintragung veranlasst, dann ist auch in diesem Fall die Eintragung nach § 8 Abs 3 RPflG wirksam. Wurde der Rechtspfleger in Fällen tätig, wofür das Gesetz die Zuständigkeit des **Urkundsbeamten** bestimmt (vgl § 12c Abs 2 Nr 2 bis 4 GBO), so ist diese Eintragung gleichfalls wirksam, § 8 Abs 5 RPflG. Erfolgte die Eintragung durch den Urkundsbeamten, obwohl dafür der Rechtspfleger zuständig war, dann liegt keine wirksame Eintragung vor.

74 Wurde die Geschäftsverteilung missachtet und eine Eintragung nicht durch den GB-Rechtspfleger vorgenommen, sondern durch einen Rechtspfleger dem andere Rechtspflegeraufgaben zugewiesen sind, so ist eine derartige Eintragung nach § 22d GVG in analoger Anwendung wirksam.[199] Nimmt die Eintragung dagegen ein Rechtspfleger vor, der nur mit Verwaltungsaufgaben aber nicht mit Rechtspflegeraufgaben betraut wurde (§ 2 Abs 1 S 1 RPflG), führt dies dazu, dass die Eintragung nicht wirksam ist.[200] Zur Verletzung der sachlichen, örtlichen und funktionellen Zuständigkeit im Einzelnen s. § 1 Rdn 14, 23, 45 ff.

---

190 KGJ JFG 8, 241, 243; BayObLGZ 1948–51, 426, 430 = DNotZ 1951, 430; BayObLGZ 1969, 284, 288.
191 RGZ 132, 106; BayObLGZ 1988, 124, 126; KEHE-*Munzig* EinI J 25; *Schöner/Stöber* Rn 296.
192 RGZ 113, 223.
193 Vgl KGJ 31, 336.
194 Vgl RG 119, 214; BGH DNotZ 1967, 106 = NJW 1966, 1656.
195 BayObLGZ 1957, 224 = DNotZ 1958, 43; OLG Hamburg DNotZ 1962, 193 = Rpfleger 1962, 259.
196 Vgl *Schöner/Stöber* Rn 421.
197 RGZ 132, 409; *Demharter* § 1 Rn 23; *Schöner/Stöber* Rn 51; KEHE-*Eickmann* § 1 Rn 9.
198 KEHE-*Eickmann* § 1 Rn 4; *Keidel-Kuntze-Winkler* Rn 24 ff; *Bumiller-Winkler* Rn 9 ff, je zu § 7 FGG. **AA** BGHZ 24, 48 = NJW 1957, 832; BayObLG RJA 9, 73; *Hoche* NJW 1952, 1289; *Demharter* § 1 Rn 25.
199 Vgl *Dallmayer-Eickmann* § 8 RPflG Rn 8.
200 Vgl KEHE-*Eickmann* § 1 Rn 17 ff.

Ohne Einfluss auf die Wirksamkeit einer Eintragung ist es, wenn sie von jemandem bewirkt wurde, der beispielsweise als Rechtspfleger über § 10 RPflG iVm § 6 Abs 1 FGG von der Mitwirkung bei der Eintragung kraft Gesetzes ausgeschlossen war (§ 11 GBO).

Zum Wirksamwerden von Eintragungen beim maschinell geführten Grundbuch s die Kommentierung zu §§ 129, 130 GBO.

VI. Zulässige und unzulässige Eintragungen bei einzelnen dinglichen Rechten

1. Eigentum

Schrifttum

Amann, Eigentumserwerb unabhängig vom ausländischen Güterrecht? MittBayNot 1986, 222; *ders,* Auf der Suche nach einem interessengerechten und grundbuchtauglichen Gemeinschaftsverhältnis, DNotZ 2008, 324; *Bielicke,* Immobiliarrechtsfähigkeit der Gesellschaft bürgerlichen Rechts, Rpfleger 2007, 441; *Blomeyer,* Einzelanspruch und gemeinschaftlicher Anspruch von Miterben und Miteigentümern, AcP 159 (1960/61), 385; *Böhringer,* Der WEG-Personenverband als Teilnehmer am Grundstücksverkehr, NotBZ 2008, 179; *Böttcher,* Grundbuchberichtigung beim Ausscheiden aus einer Erbengemeinschaft oder Gesellschaft bürgerlichen Rechts, Rpfleger 2007, 437; *ders,* Abschied von der »Gesamtbetrachtung« – Sieg des Abstraktionsprinzips! Immobilienschenkungen an Minderjährige, Rpfleger 2006, 293; *Bolien,* Die staatliche Genehmigung im Grundstücksverkehr in ihren zivilrechtlichen Auswirkungen (Diss Hamburg 1967); *Demharter,* Ist die BGB-Gesellschaft jetzt grundbuhfähig?, Rpfleger 2001, 329; *Döbler,* Vereinbarungen nach § 1010 Abs 1 BGB in der notariellen Praxis, MittRhNotK 1983, 181; *Dümig,* Grundbuchfähigkeit der Gesellschaft des bürgerlichen Rechts infolge Anerkennung ihrer Rechts- und Parteifähigkeit, Rpfleger 2002, 53; *Eickmann,* Die Gesellschaft bürgerlichen Rechts im Grundbuchverfahren, Rpfleger 1985, 85; *Ertl,* Form der Auflassung eines Grundstücks – Aufgaben des Notars, MittBayNot 1992, 102; *Falk,* Familienrechtliche Probleme im Grundbuchverfahren, BWNotZ 2008, 48; *Fleitz,* Erwerb durch Miteigentümer, BWNotZ 1977, 36; *Fembacher,* Grundstücksüberlassung an Minderjährige und Pflichtteilsanrechnung, MittBayNot 2004, 24; *Fuchs-Wissemann,* Zur Form der Auflassung nach § 925 Abs 1 Sätze 1 und 2 BGB und der Einigung nach den §§ 20, 29 Abs 1 GBO, Rpfleger 1977, 9; *ders,* Abermals: Form und Nachweis der Auflassung, Rpfleger 1978, 431; *Gotzler,* Notwendiger Zusammenhang zwischen Einigung und Eintragung im Grundbuch, NJW 1973, 2014; *Grziwotz,* Güterstand, Insolvenz und Grundbuch, Rpfleger 2008, 289; *Heßeler/Kleinhenz,* Der weite Weg zur Grundbuchfähigkeit der GbR, NZG 2007, 250; *Hiebler,* Zur nachträglichen Änderung des Gemeinschaftsverhältnisses durch Grundstückserwerber, DNotZ 1965, 615; *Hilger,* Die Regelung der Verhältnisse einer Bruchteilsgemeinschaft, MittRhNotK 1970, 627; *Huhn,* Nochmals: Form und Nachweis der Auflassung, Rpfleger 1977, 199; *Jaschke,* Gesamthand und Grundbuchrecht (1991); *Jülicher,* Vertragliche Rückfallklauseln, Widerrufsvorbehalte, auflösende Bedingungen und Weiterleitungsklauseln in Schenkungsverträgen, ZEV 1998, 201; *Kattausch,* Die Anteile der Miteigentümer und der Gesamthänder an den gemeinschaftlichen Sachen (Diss Mainz 1911); *Kehler,* Einigung und Auflassung (Diss Würzburg 1933); *Knöfel,* Rechtszuordnung und Publizität – Teilnahme der Gesellschaft des bürgerlichen Rechts am Grundstücksverkehr, AcP 2005, 645; *Konzen,* Grundbuchfähigkeit eines nichtrechtsfähigen Vereins, JuS 1989, 20; *Kremer,* Die Gesellschaft bürgerlichen Rechts im Grundbuchverkehr, RNotZ 2004, 239; *Kretschmar,* Die rechtliche Natur der in § 1010 BGB bezeichneten Eintragungen, Recht 1902, 225; *Lautner,* Rechtsfähigkeit ohne Grundbuchfähigkeit? – Das Dilemma der Außengesellschaft bürgerlichen Rechts im Grundstücksverkehr, MittBayNot 2005, 93; *ders,* Neues zur Grundbuchfähigkeit der Gesellschaft des bürgerlichen Rechts? NotZB 2007, 229; *Ludwig,* Die Verpfändung des Auflassungsanspruchs, DNotZ 1992, 339; *Milzer,* Parkplätze, Freizeitwohnanlagen und Senioren-WG – Traditionelle und weniger traditionelle Anwendungsfelder des § 1010 BGB, ZNotP 2006, 290; *Müller F,* Verwaltungs- und Benutzungsregelung nach § 1010 BGB, Rpfleger 2002, 554; *Panz,* Gütergemeinschaft und Auflassung: Über den Inhalt der Einigung im Sachenrecht, BWNotZ 1979, 86; *ders,* Benutzungsregelungen bei Untergemeinschaften, BWNotZ 1990, 67; *Pikart,* Die Rechtsprechung des Bundesgerichtshofs zum Miteigentum, WM 1975, 402; *Pöschl,* In welcher Weise hat die Eintragung im Grundbuch in den Fällen des § 1010 BGB zu erfolgen?, BWNotZ 1974, 79; *Rahn,* Die Problematik der Verurteilung zur Auflassung Zug um Zug gegen Zahlung des Kaufpreises, BWNotZ 1966, 266; *Rehle,* Grundstückserwerb durch Ehegatten, DNotZ 1979, 196; *Rendtdorff,* Verfügungsbeschränkungen in Miteigentumsordnungen – warum nicht?, JurBüro 1976, 993; *Ricks,* Auflassungswiderruf! Eintragungsverbot!, JW 1923, 1022; *Ring,* Grundstrukturen des Bergwerkseigentums, NotBZ 2006, 37; *Ruhwinkel,* Erwerb von Grundstückseigentum durch Gesellschaften bürgerlichen Rechts oder partes pro toto, MittBayNot 2007, 92; *Schmeineck,* Beurkundungsrechtliche Fragen bei Beteiligung von Personengesellschaften am Grundstücksverkehr, MittRhNotK 1982, 97; K.; *Schultz,* Ehegatten-Miteigentum oder »Eigenheim-Gesellschaft« – Rechtszuordnungsprobleme bei gemeinschaftlichem Grundeigentum AcP 182 (1982), 481; *ders,* Auflassung an nichteingetragene KG, JuS 1984, 392; *ders,* Die Partei- und Grundbuchunfähigkeit nichtrechtsfähiger Vereine, NJW 1984, 2249; *ders,* Zur Vermögensordnung der Gesamthands-BGB-Gesellschaft, JZ 1985, 909 S.; *Schmidt,* Umwandlungen im Bereich der Personalgesellschaften, insbesondere die Verschmelzung oder Realteilung solcher Gesellschaften, BWNotZ 1977, 116; W.; *Schmidt,* Zur Unwirksamkeit von Auflassungen in Prozessvergleichen der Familiengerichte bei Verwendung der rechtsgeschäftlichen Bedingung: »Für den Fall der rechtskräftigen Scheidung der Ehe«, SchlHA 1980, 81; *Schneider,* Kettenauflassung und Anwartschaft, MDR 1994, 1057; *Schneider,* Immobilienerwerb durch den Verband der Wohnungseigentümer, Rpfleger 2007, 175; K.; *Schultz,* Gemeinschaft und Miteigentum (1924); *Schulze-Osterloh,* Das Prinzip der gesamthänderischen Bindung (1972); *Schwanecke,* Formzwang des § 313 S 1 bei Durchgangserwerb von Grundeigentum, NJW 1984, 1585; *Sieveking,* Gesellschafterwechsel zwischen Auflassung und Eintragung, MDR 1979, 373; *Spiegelberger,* Rückfallklauseln in Überlassungsverträgen; *Strecker,* Folgen der Nichtübereinstimmung von Grundbucheintragung und Einigung, Recht 1924, 85; *Streuer,* Die Grundbucheintragung als Voraussetzung der Rechtsänderung, Rpfleger 1988, 513; *ders,* Auflassung und Einwilligung zur Weiterveräußerung – eine Frage der Auslegung?, Rpfleger 1998, 314; *Tiedtke,* Universalsukzession und Gütergemeinschaft, FamRZ 1976, 510; *ders,* Grundstückserwerb von Ehegatten in Gütergemeinschaft, FamRZ 1979, 370; *Tielmann/Schulenburg,* Die

Gesellschaft bürgerlichen Rechts ist grundbuchfähig, BB 2007, 845; *Tschon,* Miteigentümervereinbarungen über Gemeinschaftsflächen, RNotZ 2006, 205; *Tzermias,* Zur Regelung des Gebrauchs beim Miteigentum, AcP 157 (1958/59), 453; *Völzmann,* Das Miteigentum als wesensverwandtes Minus zum Alleineigentum und dessen Erlangung vom Nichtberechtigten Rpfleger 2005, 64; *Wagner,* Grundbuchfähigkeit der Gesellschaft bürgerlichen Rechts, ZIP 2005, 637; *ders,* Zur Grundbuchfähigkeit der Außen-GbR. Relevanz und Irrelevanz bei der Sanierung von Fonds, ZNotP 2006, 408; *Walchshöfer,* Die Erklärung der Auflassung in einem gerichtlichen Vergleich, NJW 1973, 1103; *Walter,* Der gebundene Miteigentümer – Beschränkbarkeit der Verfügung über einen Miteigentumsanteil?, DNotZ 1975, 518; *Wenz,* Die Gesellschaft des bürgerlichen Rechts im Grundstücksverkehr, MittRhNotK 1996, 377; *Weser,* Die Erklärung der Auflassung unter Aussetzung der Bewilligung der Eigentumsumschreibung, MittBayNot 1993, 253; *Weser/Saalfrank,* Formfreier Grundstückserwerb durch Miterben, NJW 2003, 2937; G.; *Winkler,* Verfügungen des bedingten Grundstückseigentümers, MittBayNot 1978, 1.

75   **a) Allgemeines.** Der **Inhalt** des Eigentums bestimmt sich nach §§ 903 ff BGB. Die Verfassung garantiert das Eigentum in Art 14 GG. Inhalt und Schranken des Eigentums werden durch die einfachen Gesetze bestimmt.

76   Es gibt **öffentliches** und **privates** Eigentum. Öffentliche Sachen sind solche, die dem Gemeingebrauch gewidmet und der privaten Nutzung entzogen sind. Aber auch die öffentliche Hand kann Privateigentümer sein (sog fiskalisches Eigentum). Beispiele sind staatliche Gebäude, Krankenhäuser, Theater, Universitäten, Institute usw. Für Grundstücke der öffentlichen Hand besteht kein Buchungszwang (§ 3 Abs 2 GBO).

77   Nach § 903 BGB ist das **Eigentum** das **umfassende Herrschaftsrecht,** nämlich das Recht, mit der Sache nach Belieben zu verfahren und andere von jeder Einwirkung auszuschließen, soweit nicht das Gesetz oder Rechte Dritter entgegenstehen. Gesetzliche Beschränkungen, die zivilrechtlicher oder öffentlich-rechtlicher Natur sein können, sind beispielsweise die nachbarrechtlichen gemäß §§ 904 ff BGB auf dem Gebiet des Zivilrechts sowie zahlreiche öffentlich-rechtliche aus den Bereichen des Gesundheitswesens, der Enteignung, der Landwirtschaft, des Naturschutzes, des Verkehrs, des Wohnungswesens, der Wirtschaft usw. Rechte Dritter sind in erster Linie die dinglichen Rechte und in begrenztem Umfange auch schuldrechtliche Verpflichtungen. Die unzulässige Rechtsausübung hat allerdings im Sachenrecht im Interesse der Rechtssicherheit nur geringe Bedeutung.[201] Zu unterscheiden vom Eigentum ist der Besitz als eine rein tatsächliche Beziehung zu einer Sache, die in §§ 854 ff BGB geregelt ist. Die Ersitzung von Grundstücken (sog Buchersitzung) regelt § 900 BGB.

78   Zum Unterschied von den (beschränkten) dinglichen Rechten wird das Eigentum nicht als Recht in das GB eingetragen, sondern nur sein **Gegenstand** (im Bestandsverzeichnis) und sein **Inhaber** (in der 1. Abteilung). Die allgemeinen inhaltlichen Beschränkungen des Eigentums, die auf den Gesetzen beruhen, sind dem GB nicht zu entnehmen. Eintragungspflichtig neben dem Eigentümer oder den mehreren Eigentümern ist nach § 9d GBV die nicht am öffentlichen Glauben teilnehmende sachenrechtliche Grundlage der Eintragung[202] (zB Auflassung, Erbschein, Testament, Zuschlagsbeschluss, Berichtigungsbewilligung, Behördenersuchen, Enteignungsbeschluss usw).

79   **Bedingtes** oder **befristetes Eigentum an Immobilien** gibt es **nicht.** Eine Auflassung, die unter einer rechtsgeschäftlichen Bedingung oder einer Zeitbestimmung erklärt wurde, ist unheilbar nichtig (§ 925 Abs 2 BGB). Wird eine solchermaßen unwirksam erklärte Auflassung im GB vollzogen, tritt demzufolge kein Eigentumswechsel ein und das GB wird unrichtig. Sofern lediglich der grundbuchamtliche Vollzug, nicht aber die Auflassung selbst von einer Bedingung oder Zeitbestimmung abhängig gemacht wurde, ist dies unschädlich.[203] Eine Befristung der Auflassung liegt daher nicht vor, wenn die Beteiligten den beurkundenden Notar anweisen, den Antrag auf Eintragung der Eigentumsänderung nicht vor einem bestimmten Zeitpunkt zu stellen.[204] Unwirksam ist dagegen die Auflassung, wenn sie unter der Bedingung erklärt wurde, dass der schuldrechtliche Vertrag unwirksam ist.[205] Ob im Einzelfall eine Bedingung oder Befristung sich nur auf das Kausalgeschäft oder auch auf die Auflassung bezieht, ist durch **Auslegung** festzustellen.[206] Allein aus dem Umstand, dass die genannten Erklärungen in derselben Urkunde enthalten sind, kann nicht auf den Willen der Vertragsparteien geschlossen werden, die für den »Kaufvertrag« vereinbarte auflösende Bedingung solle sich auch auf die – bedingungsfeindlichen Erklärungen beziehen.[207] Wurde die **Auflassung in einem Prozessvergleich** erklärt, der binnen einer bestimmten Frist widerrufen werden kann, bewirkt dies eine auflösende Bedingtheit und damit die Unwirksamkeit der Auflassung. Gleiches gilt für eine Auflassung, die im Rahmen eines Eheschei-

---

201   Vgl BGH DNotZ 1965, 165 = MDR 1964, 493.
202   BGHZ 7, 68.
203   BGH LM § 925 Nr 3; OLG Düsseldorf NJW 1954, 1041; LG München DNotZ 1950, 33.
204   BGH NJW 1953, 1301; OLG Düsseldorf NJW 1954, 1041; *Herrmann* MittBayNot 1975, 172; *Riggers* JurBüro 1975, 1430.
205   Vgl KG JFG 14, 221; OLG Celle DNotZ 1974, 735; OLG Düsseldorf MDR 1957, 479 = JMBlNW 1957, 160; *Demharter,* § 20 GBO Rn 36; *Schöner/Stöber* Rn 3330.
206   BayObLG OLGZ 42, 161; KG DNotZ 1926, 51; OLGZ 39, 269; MüKo-*Kanzleiter* § 925 Rn 25.
207   OLG Oldenburg Rpfleger 1993, 330; KG FGPrax 2006, 99.

dungsverfahrens für den Fall der Scheidung erklärt worden ist, unabhängig von einer etwa sofort eingetretenen Rechtskraft der Entscheidung.[208]

Bedarf die Veräußerung eines Grundstücks zu seiner Wirksamkeit einer gesetzlich vorgeschriebenen **Geneh-** **80** **migung** (zB einer Genehmigung nach dem GrdstVG oder einer vormundschafts- bzw familiengerichtlichen Genehmigung) oder der Zustimmung eines Beteiligten, weil ein vollmachtloser Vertreter für ihn gehandelt hat, so handelt es sich dabei um sog **Rechtsbedingungen**, die die Wirksamkeit der erklärten Auflassung nicht berühren.[209]

Ist die **Übertragung** eines Grundstücks **an** einen **Minderjährigen** bei isolierter Betrachtung **lediglich recht-** **lich vorteilhaft**, bedarf seine Auflassungserklärung auch dann nicht der Einwilligung des gesetzlichen Vertreters oder eines Ergänzungspflegers, wenn die zugrunde liegende schuldrechtliche Vereinbarung mit rechtlichen Nachteilen verbunden ist. Eine **Gesamtbetrachtung** des schuldrechtlichen und des dinglichen Rechtsgeschäfts ist in diesem Fall **nicht veranlasst.**[210] Die Übereignung eines Grundstücks an einen Minderjährigen ist auch dann lediglich rechtlich vorteilhaft und im GB vollziehbar, wenn es mit einer **Grundschuld** belastet ist. Für die Belastung mit einem **Nießbrauch** gilt dies jedenfalls dann, wenn der Nießbraucher auch die Kosten außerge- wöhnlicher Ausbesserungen und Erneuerungen sowie die außergewöhnlichen Grundstückslasten zu tragen hat. Die aus der Eigentumsübertragung folgende Haftung des Erwerbers für die gewöhnlichen öffentlichen Lasten des Grundstücks begründet keinen Rechtsnachteil iSd § 107 BGB.[211] Ein auf den **Erwerb eines vermieteten** **oder verpachteten Grundstücks** gerichtetes Rechtsgeschäft ist dagegen für einen Minderjährigen **nicht** **lediglich rechtlich vorteilhaft i. S. des § 107 BGB,** auch wenn sich der Veräußerer den Nießbrauch an dem zu übertragenden Grundstück vorbehalten hat. Daher bedarf der Genehmigung durch einen an die Stelle der rechtlich verhinderten Eltern tretenden Ergänzungspflegers.[212] Auch der Erwerb von Wohnungseigentum durch einen über siebenjährigen Minderjährigen dürfte dann, wenn ein Verwalter nicht bestellt und eine Verschärfung der den Wohnungseigentümer kraft Gesetzes treffenden Verpflichtungen durch die Gemeinschaftsordnung nicht feststellbar ist, nicht lediglich rechtlich vorteilhaft sein, so dass für das dingliche Rechtsgeschäft gleichermaßen die Einwilligung des gesetzlichen Vertreters oder eines Ergänzungspflegers notwendig ist.[213]

Zulässig ist es die Eintragung der Auflassung im GB von der gleichzeitigen Eintragung vereinbarter Rechte (zB **81** Nießbrauch, Kaufpreisresthypothek) abhängig zu machen (§ 16 Abs 2 GBO). Ferner kann die Rückübertra- gung des Eigentums unter bestimmten Voraussetzungen vereinbart und der bedingte Anspruch auf Rücküber- tragung durch eine Vormerkung nach § 883 BGB gesichert werden. Die auf den Eigentumsübergang an einem Grundstück gerichteten **Willenserklärungen** des Veräußerers und des Erwerbers müssen grundsätzlich **mündlich abgegeben werden.** Das bloße Unterschreiben einer notariellen Urkunde durch den Erwerber, die nur die Einigungserklärung des Veräußerers enthält, ersetzt nicht dessen Einigungserklärung[214] und kann daher auch keine ausreichende Grundlage für die Eintragung der Auflassung sein. Aufgrund einer Auflassung in einem **Vergleich gemäß § 278 Abs 6 ZPO kann** eine **Eigentumsumschreibung** im GB **nicht erfolgen,** weil es an der nach § 925 Abs 1 S 1 BGB erforderlichen **gleichzeitigen Anwesenheit** der Erklärenden oder ihrer Vertreter **fehlt.** Eine Vorschrift, die dieses Erfordernis ersetzt gibt es nicht. Die Regelung des § 127a BGB stellt nur fest, dass lediglich die notarielle Beurkundung als solche durch die Aufnahme in einen gerichtlichen Vergleich ersetzt wird.[215]

Soweit ein **Rechtsübergang** des Eigentums **außerhalb des GB** eingetreten ist, wie zB durch die ehevertragli- **82** che Vereinbarung des Wahlgüterstandes der Gütergemeinschaft (§ 1416 Abs 2 BGB), die Übertragung eines Erbanteils (§ 2033 Abs 1 BGB), der Eintritt eines neuen Gesellschafters in eine Gesellschaft ohne Rechtspersön- lichkeit (vgl § 11 Abs 2 Nr 1 InsO), wenn die Gesellschaft als solche fortbesteht, wie auch der Austritt eines Gesellschafters oder wenn überhaupt kein Rechtsübergang stattgefunden hat wie zB bei der Umwandlung einer OHG in eine KG oder BGB-Gesellschaft und umgekehrt,[216] sowie in allen Fällen der Umwandlungen nach

---

208 BGH MittBayNot 1987, 245; NJW 1988, 415; BayObLGZ 1972, 257 = FamRZ 1972, 569 = NJW 1972, 2131 = Rpfleger 1972, 400; OLG Celle DNotZ 1957, 660; OLG Stuttgart Justiz, 1967, 218. **AA** aber nicht richtig: BVerwG Rpfleger 1995, 497, das sich überhaupt nicht mit der bereits bestehenden Rechtsprechung auseinander gesetzt hat.
209 OLG Celle DNotZ 1957, 660.
210 Abgrenzung zu BGHZ 78, 28.
211 BGHZ 161, 170 = DNotZ 200, 549 = MDR 2005, 323 = NJW 2005, 415 = Rpfleger 2005, 189 = NotBZ 2005, 150 mAnm *Sonnenfeld* = ZflR 2005, 288 mAnm *Joswig.*
212 BGH DNotZ 2005, 625 m Anm *Fembacher* = MittBayNot 2005, 413 = NJW 2005, 1430 =Rpfleger 2005, 354 = ZNotP 2005, 227 m Anm *Everts*; siehe hierzu auch *Böttcher* Rpfleger 2006, 293; *Krüger* ZNotP 2006, 202, 206; *Rastätter* BWNotZ 2006, 1.
213 OLG München Rpfleger 2008, 416.
214 Vgl. BayObLG FGPrax 2001, 13.
215 Vgl. OLG Düsseldorf, Rpfleger 2007, 25.
216 RG 155, 75; KGJ 26 A 218; 51 A 181; OLG Hamm DNotZ 1984, 770 = Rpfleger 1984, 95; KG OLGZ 1987, 276 = Rpfleger 1987, 237.

dem UmwG im Wege der Verschmelzung, Spaltung, Vermögensübertragung und formwechselnder Umwandlung erfolgt die **Eintragung** der Eigentumsverhältnisse **im Wege der GB-Berichtigung**. Bei der Spaltung geht das Eigentum an Grundstücken nur dann mit der Registereintragung auf den übernehmenden Rechtsträger über, wenn die Grundstücke in dem Spaltungs- und Übernahmevertrag nach § 28 S 1 GBO bezeichnet sind.[217] Wird zusätzlich zur Umwandlung einer Gesellschaft bürgerlichen Rechts in eine KG, andere KG auf diese KG hinzuverschmolzen so bedarf es auch nur der Stellung eines Berichtigungsantrags.[218] Eine Auflassung ist in allen vorgenannten Fällen nicht erforderlich.

83   **b) Mehrheit von Eigentümern.** Steht das Eigentum an einem Grundstück mehreren Personen gemeinschaftlich zu, so ist es entweder Bruchteilseigentum (§ 1008 ff BGB) oder Gesamthandseigentum. Die Vorschrift § 47 GBO verlangt deshalb die Angabe der Bruchteile oder des maßgebenden Gemeinschaftsverhältnisses im GB.[219] Während die Gesamtheit der Miteigentümer in beiden vorgenannten Fällen dieselben Befugnisse hat wie der Alleineigentümer in Bezug auf das ihm allein gehörende Grundstück, zeigen sich die Besonderheiten in der Ausgestaltung des Rechtsverhältnisses zwischen den Eigentümern und der daraus resultierenden Verfügungsberechtigung des einzelnen Eigentümers über seinen »Anteil«.

84   **aa) Das Miteigentum nach Bruchteilen.** Bruchteilseigentum an einem Grundstück entsteht idR durch Rechtsgeschäft, in dem mehrere Erwerber mit dem Veräußerer im Rahmen der Auflassung vereinbaren, dass sie das Eigentum zu ideellen (nicht realen) Anteilen erwerben. Für die Bruchteilsgemeinschaft gelten die §§ 1008 ff und die §§ 741 ff BGB. Charakteristisch und begriffsnotwendig ist die Befugnis des Miteigentümers, über seinen Anteil frei verfügen, also ihn veräußern oder belasten zu können (§ 747 S 1 BGB).[220] Der Miteigentumsanteil als solcher ist wie das alleinige Eigentum zu behandeln.[221] Seine Übertragung bedarf der (unbedingten und unbefristeten) Auflassung und Eintragung (§§ 873, 925 BGB). Die Belastung ist nur zulässig mit solchen Rechten, deren Ausübung nicht zwingend das ganze Grundstück oder einen realen Teil davon erfasst.[222]

Die Belastung des gesamten Grundstücks ist nur durch alle Miteigentümer gemeinsam möglich (§ 747 S 2 BGB), auch zugunsten eines der Miteigentümer.[223] Sie ist nicht die Summe von Verfügungen über die Miteigentumsanteile, sondern eine gemeinschaftliche Verfügung über das Grundstück, so dass bei fehlender Mitwirkung einzelner Miteigentümer keine wirksamen Verfügungen der anderen über ihre Anteile angenommen werden können.[224] Veräußert jemand ein ganzes Grundstück und ist jedoch nur Miteigentümer zu einem Bruchteil, so ist die Auflassung nicht in die des Miteigentumsanteils umdeutbar.[225]

85   Erwirbt ein Miteigentümer **weitere Anteile**, so vereinigen sie sich grundsätzlich mit den schon in seiner Hand befindlichen zu einem einheitlichen Anteil.[226] Das gilt jedoch nicht, wenn die Anteile oder einer von ihnen einer besonderen dinglichen Zuordnung unterliegen, also etwa zu einem Nachlass gehören, für den Vor- und Nacherbfolge oder Testamentsvollstreckung angeordnet ist. Es gilt ferner nicht gegenüber dem Berechtigten eines dinglichen Rechts, das nur am bisherigen oder an dem hinzuerworbenen Bruchteil lastet.

86   Ein Miteigentumsanteil kann nicht **mehreren Personen** wiederum in Bruchteilsgemeinschaft zustehen.[227] Bei Veräußerung an mehrere oder bei Teilveräußerung spaltet sich der bisherige Anteil in neue selbständige Miteigentumsbruchteile auf. Sehr wohl aber kann eine Gesamthandsgemeinschaft Miteigentümerin eines Bruchteils sein.[228]

87   Das **Rechtsverhältnis der Miteigentümer untereinander** richtet sich zunächst nach den gesetzlichen Bestimmungen §§ 741 ff BGB. Jedoch sind nach §§ 746, 749 Abs 2, 1010 BGB abweichende oder ergänzende vertragliche **Vereinbarungen zulässig über die Verwaltung und Benutzung des gemeinschaftlichen Grundstücks** (insoweit auch durch Mehrheitsbeschluss, § 745 BGB) sowie über den Ausschluss des Rechtes die Aufhebung der Gemeinschaft zu verlangen, auf Dauer, auf Zeit oder erst nach vorheriger Kündigung. Die gesetzlichen Vorschriften und, wenn vorhanden die vertraglichen Vereinbarungen oder Mehrheitsbeschlüsse, bilden eine Art »Miteigentumsordnung«, die gegen einen Gesamtrechtsnachfolger auch ohne Eintragung gilt.

---

217 BGH Rpfleger 2008, 247.
218 LG München I Rpfleger 2007, 392.
219 Vgl zu den im GB zu verlautbarenden Erfordernissen BGH DNotZ 1981, 121 = NJW 1981, 176 = Rpfleger 1980, 464.
220 BGHZ 36, 365, 368; KEHE-*Eickmann* Einl D 10; *Staudinger-Gursky* § 1008 BGB Rn 2, 6.
221 RGZ 146, 363, 364; OLG Koblenz MDR 1978, 669; *Schöner/Stöber* Rn 258.
222 BGHZ 36, 187 = NJW 1962, 634; KG DNotZ 1975, 105; KEHE-*Eickmann* Einl D 19; *Staudinger-Langhein* § 747 BGB Rn 11.
223 Vgl OLG Frankfurt Rpfleger 1994, 20.
224 Vgl OLG Düsseldorf JMBlNW 1959, 180; KEHE-*Eickmann* Einl D 20.
225 OLG Frankfurt Rpfleger 1975, 174.
226 Vgl KEHE-*Eickmann* Einl D 15.
227 BGH ZIP 1985, 372; BayObLGZ 1974, 466 = Rpfleger 1975, 90; BayObLG DNotZ 1971, 659.
228 BGHZ 13, 141 = NJW 1954, 1035; vgl *Schöner/Stöber* Rn 258.

Gegen einen Sondernachfolger im Miteigentum wirken Benutzungs- und Verwaltungsregelungen sowie Vereinbarungen über den Ausschluss des Rechts auf Aufhebung der Gemeinschaft bei Grundstücken nur, wenn sie als Belastung des Anteils im GB eingetragen sind (§ 1010 Abs 1 BGB). Haben Bruchteilseigentümer oder Wohnungseigentümer eine Nutzungsregelung des Inhalts vereinbart, dass sie räumlich abgegrenzte Teile des gemeinschaftlichen Grundstück allein, also unter Ausschluss der übrigen Eigentümer, als Garten nutzen dürfen, können auf das dadurch entstandene nachbarliche Verhältnis die bundes- und landesrechtlichen Vorschriften des Nachbarrechts entsprechend angewendet werden.[229] Ansprüche auf Berichtigung einer gemeinschaftlichen Schuld aus dem Gegenstand oder einer Forderung, die sich auf die Gemeinschaft gründet, (§§ 755, 756 BGB) können gegen den Sondernachfolger eines Miteigentümers bei Grundstücken gleichfalls nur geltend gemacht werden, wenn sie im GB eingetragen sind (§ 1010 Abs 2 BGB).

Regelungen der Miteigentümer nach § 1010 BGB sind als Belastung der jeweiligen Miteigentumsbruch- **88** teile (nicht des Grundstücks) oder nur eines Bruchteils **eintragbar**. Inhalt der in der 2. Abteilung des GB einzutragenden Anteilsbelastung (§ 10 GBV)[230] können sein, die Aufteilung des Grundstücks in ausschließliche Nutzungsbereiche, die Aufteilung der Gebäudenutzung nach Stockwerken oder Wohnungen[231] und sonstige, die Benutzung von Grundstück und Gebäude regelnde Vereinbarungen, ferner Verwaltungsregelungen wie die Auskehrung periodischer Nutzungen[232] sowie Ausschluss oder Einschränkungen des Rechts auf Aufhebung der Gemeinschaft, ausgenommen den Fall, dass ein wichtiger Grund vorliegt (§ 749 Abs 2 und 3 BGB).[233] Haben die Bruchteilseigentümer das Recht auf Aufhebung der Gemeinschaft zunächst für einen bestimmten Zeitabschnitt ausgeschlossen, dann für den folgenden Zeitraum aufgehoben und es für die Zeit danach wieder in Kraft gesetzt, so ist auch eine derartige Regelung als Belastung in das GB eintragbar.[234] Des Weiteren können, wie schon erwähnt, Regelungen zur Haftung von Sondernachfolgen für Ansprüche nach §§ 755, 756 BGB eingetragen werden. Darüber hinaus sind auch Vereinbarungen über die Pflicht der Lasten- und Kostentragung des gemeinschaftlichen Grundstücks und seiner Bestandteile eintragungsfähig, weil entsprechend der von §§ 743, 744 BGB abweichenden Benutzungsregelung ebenso eine Verdinglichung der von § 748 BGB abweichenden Lastenregelung möglich sein muss.[235]

Vereinbarungen über die Bindung der Veräußerung, Belastung oder sonstige Verfügung über einen Miteigen- **89** tumsanteil an die Zustimmung anderer Miteigentümer, betreffen nicht Verwaltung oder Benutzung und sind aus diesem Grunde nicht eintragungsfähig.[236] Dasselbe gilt für Abreden über die Realteilung des Grundstücks.[237] Auch gegenseitige Vorkaufsrechte der Miteigentümer können nicht nach § 1010 BGB, sondern nur nach § 1095 BGB eingetragen werden.

Der **Ausschluss oder die Beschränkung** des Rechts, die Aufhebung der Gemeinschaft zu verlangen, zeitigt **90** **gegenüber** einem **Gläubiger**, der die Pfändung des Anteils eines Teilhabers erwirkt hat, wenn dessen Schuldtitel nicht bloß vorläufig vollstreckbar ist, **keine Wirkungen** (§ 751 S 2 BGB). Ebenfalls wirkungslos ist die Vereinbarung gegenüber der Insolvenzmasse (§ 84 Abs 2 InsO; für das vormalige Konkursverfahren s § 16 Abs 2 S 1 KO).

Die gemäß § 1010 BGB eingetragenen Regelungen sind eine **atypische Belastung** der davon betroffenen **91** Miteigentumsanteile (zumeist alle).[238] **Berechtigt** hieraus können einzelne oder alle jeweiligen Miteigentümer (subjektiv-dinglich) oder einzelne oder alle Miteigentümer zur Zeit der Vereinbarung (subjektiv-persönlich) sein, im zuletzt genannten Fall erlischt die Berechtigung mit dem Verlust des Miteigentumsanteils.[239]

Nicht berechtigt sein können dagegen Personen, die nicht Miteigentümer sind,[240] weil § 1010 BGB seinem **92** Sinne nach nur interne Regelungen unter den Miteigentümern betreffen kann.[241]

---

229 BGH Rpfleger 2008, 128.
230 BayObLG BWNotZ 1981, 148 = MittBayNot 1981, 183 = MittRhNotK 1981, 236 = Rpfleger 1981, 352.
231 Vgl *Schöner/Stöber* Rn 1467; MüKo-*Schmidt* Rn 9, BGB-RGRK-*Pikart* Rn 10 je zu § 1010 BGB.
232 OLG Frankfurt NJW 1958, 65.
233 Zu den Voraussetzungen eines wichtigen Grundes s BGH NJW-RR 1995, 334 und BGH DNotZ 1995, 604 = NJW 1995, 267.
234 Vgl BayObLG DNotZ 1999, 1011 = Rpfleger 1999, 529.
235 BayObLG DNotZ 1993, 391 = MittBayNot 1992, 333 = MittRhNotK = Rpfleger 1993, 59; KG OLG 43, 5; *Schöner/Stöber* Rn 1467; KEHE-*Eickmann* Einl D 31. **AA** OLG Hamm DNotZ 1973, 546 = Rpfleger 1973, 167; BGB-RGRK-*Pikart* Rn 9, MüKo-*Schmidt* Rn 9, *Palandt-Bassenge* Rn 3, *Staudinger-Gursky* Rn 15 je zu § 1010.
236 BayObLG Rpfleger 1991, 4; *Schöner/Stöber* Rn 1466; *Walter* DNotZ 1975, 518.
237 OLG Frankfurt Rpfleger 1976, 397; OLG Köln DNotZ 1971, 373 = OLGZ 1970, 276 = Rpfleger 1971, 217.
238 BayObLG Rpfleger 1981, 352 (Fn 222); BayObLG DNotZ 1976, 744 = Rpfleger 1976, 304; BayObLGZ 1973, 84 = Rpfleger 1973, 246; OLG Hamm DNotZ 1973, 546 = Rpfleger 1973, 167.
239 BayObLG MittBayNot 1964, 275; KEHE-*Eickmann* Einl D 29.
240 **Str, wie hier:** *Schöner/Stöber* Rn 1464; KEHE-*Eickmann* Einl D 30; *Palandt-Bassenge* § 1010 BGB Rn 2; *Fleitz* BWNotZ 1977, 36; *Pöschl* BWNotZ 1974, 79. **AA** OLG Hamm DNotZ 1973, 546 = Rpfleger 1973, 167; *Döbler* MittRhNotK 1983, 181, 189; MüKo-*Schmidt* Rn 10, *Soergel-Stürner* Rn 1 je zu § 1010 BGB. **Offen gelassen**: BayObLG MittBayNot 1981, 189.
241 *Staudinger-Gursky* § 1010 Rn 9; *Ertl* Rpfleger 1979, 81.

93 Eintragungen nach § 1010 BGB bedürfen für ihre materielle Wirksamkeit noch der Einigung der beteiligten Miteigentümer (§ 873 Abs 1 BGB). Die eingetragenen Vereinbarungen sind **keine Verfügungsbeschränkungen**;[242] sie stehen zu anderen in der 2. und 3. Abteilung des GB eingetragenen Belastungen in einem Rangverhältnis, das auch nachträglich geändert werden kann.[243]

94 Eine **Abänderung** oder **Aufhebung** bereits bestehender Regelungen nach § 1010 Abs 1 BGB ist nur unter Mitwirkung der betroffenen Miteigentümer möglich. Soweit jedoch die Bruchteilsgemeinschaft endet, weil sich die Anteile in einer Hand vereinigt haben oder das Grundstück an einen Dritten veräußert wurde, sind die Vereinbarungen der bisherigen Miteigentümer gegenstandslos und die Eintragungen können im Wege der GB-Berichtigung (§ 22 GBO) zur Löschung gebracht werden. Ausnahmsweise kann die Anteilsbelastung nach § 1010 BGB auch bei nicht mehr existierender Bruchteilsgemeinschaft fortbestehen und zwar dann, wenn ein Bruchteil mit einem Grundpfandrecht oder einer Reallast belastet ist und wegen des dinglichen Verwertungsanspruchs dieses Gläubigers (aus § 1147 BGB) für den Fall der Zwangsvollstreckung in den belasteten vormaligen Bruchteil (§ 864 Abs 2 ZPO) das Weiterbestehen geboten ist.[244]

95 § 1010 BGB ist **nicht anwendbar bei Gesamthandsgemeinschaften**. Auch die dingliche Sicherung eines letztwillig verfügten Veräußerungsverbots nach § 2044 BGB bei einer Erbengemeinschaft, kann als Anteilsbelastung erst nach Umwandlung in eine Bruchteilsgemeinschaft eingetragen werden.[245]

96 Die **Eintragung des Verzichts auf den Miteigentumsanteil** an einem Grundstück in das Grundbuch **ist unzulässig**.[246] Der entsprechenden Anwendung von § 928 Abs 1 BGB steht entgegen, dass sich das Miteigentum nicht allein in der sachenrechtlichen Beziehung erschöpft, sondern zugleich die Beteiligung an einer wechselseitige Rechte und Pflichten begründenden Miteigentümergemeinschaft zum Inhalt hat, an die jeder Teilhaber bis zur gesetzeskonformen Aufhebung gebunden ist. Ein Miterbe kann aber durch formfreien Vertrag seine Miterbenrechte an der Erbengemeinschaft mit der Folge aufgeben, dass sein **Erbteil** den verbleibenden Miterben kraft Gesetzes **anwächst**. Im Wege einer sog. »Abschichtung« bedarf die Übertragung von Gesamthandsanteilen an einem Nachlassgrundstück keiner notariellen Beurkundung.[247]

97 **bb) Das Eigentum zur gesamten Hand.** Das gesamthänderische Eigentum ist dadurch charakterisiert, dass keiner der Miteigentümer einen unabhängigen verfügbaren Anteil an der gemeinschaftlichen Sache hat. Vielmehr umfasst das Miteigentumsrecht eines Gesamthänders den ganzen Gegenstand, wird aber durch ein gleiches Recht der anderen Gesamthänder eingeschränkt. Deshalb können nur alle Gesamthänder gemeinschaftlich über einzelne Gegenstände ihres gesamthänderischen Eigentums verfügen, aber keiner über einen Anteil an einem einzelnen Gegenstand, auch nicht mit Zustimmung der anderen Gesamthänder. Hiervon zu unterscheiden ist die Verfügung über den Anteil an einem gesamthänderisch gebundenen Vermögen insgesamt.

98 Eigentum zur gesamten Hand an einer Sache, zB einem Grundstück, **entsteht** dadurch, dass die Sache in das Vermögen einer Personenmehrheit gelangt, deren rechtliche Organisation und Struktur gesamthänderische Zuordnung mit sich bringt. Es entsteht also nicht durch einen auf die Begründung von Gesamthandseigentum gerichteten Rechtsakt, sondern kraft Gesetzes infolge Übergangs auf eine Gesamthandsgemeinschaft. Solche Gemeinschaften sind insbesondere

- der nicht rechtsfähige Verein (§ 54 BGB), der als solcher nicht grundbuchfähig ist und weder als Gläubiger einer Zwangssicherunghypothek noch als Berechtiger eines beschränkten dinglichen Rechts noch als Grundstückseigentümer eingetragen werden kann;[248]
- die Gesellschaft des bürgerlichen Rechts (§§ 705 ff BGB);
- die Gütergemeinschaft (§§ 1415 ff BGB);
- die fortgesetzte Gütergemeinschaft (§§ 1483 ff BGB);
- die Erbengemeinschaft (§§ 2032 ff BGB), die nicht rechtsfähig und damit auch nicht grundbuchfähig ist[249] und durch die ein Rechtserwerb nur im Rahmen einer Surrogation möglich ist (§ 2041 BGB), sowie
- die Eigentums- und Vermögensgesellschaft des Familiengesetzbuches der »DDR« nach Art 234 § 4 EGBGB.

---

242 BayObLG DNotZ 1982, 250; *Schöner/Stöber* Rn 1461; KEHE-*Eickmann* Einl D 25; *Walter* DNotZ 1975, 518.

243 LG Zweibrücken Rpfleger 1965, 56; *Bauch* Rpfleger 1983, 421, 424; *Schöner/Stöber* Rn 1471; *Palandt-Bassenge* Rn 2, *Staudinger-Gursky* Rn 5 je zu § 1010 BGB.

244 Vgl *Schöner/Stöber* Rn 1472.

245 KG JW 1935, 1331; BayObLGZ 1952, 231, 246; *Schöner/Stöber* Rn 1474; *Staudinger-Gursky* § 1010 Rn 16.

246 BGH Rpfleger 2007, 457. So bereits BGHZ 115, 1 = Rpfleger 1991, 495.

247 So bereits BGHZ 138, 8 = DNotZ 1999, 60 = MittBayNot 1998, 188 = NJW 1998, 1557 = Rpfleger 1998, 287; LG Köln Rpfleger 2004, 95 m Anm Dümig; *AA Schöner/Stöber* Rn 976c, *Reimann* MittBayNot 1998, 190, *Rieger* DNotZ 1999, 64, wonach das Verfügungsgeschäft über den Miterbenanteil nach § 2033 Abs 1 S 1 BGB der not. Beurkundung bedarf.

248 LG Hagen Rpfleger 2007, 26; Zur Grundbuchfähigkeit politischer Parteien in der Rechtsform eines nicht rechtsfähigen Vereins s. OLG Zweibrücken FGPrax 2000, 3 und LG Berlin Rpfleger 2003, 291.

249 BGH NJW-RR 2006, 158 = NotBZ 2006, 426 = ZflR 2006, 115.

In das GB sind die vorgenannten Gesamthänder (Mitglieder) namentlich mit Angabe des Gemeinschaftsverhältnisses einzutragen (§ 47 GBO).

Seit der **BGB-Gesellschaft** Rechts- und Parteifähigkeit zuerkannt wurde,[250] ist weiterhin umstritten, ob sie **99** auch grundbuchfähig ist.[251] Eine Entscheidung des BGH liegt dazu noch nicht vor. Dessen ungeachtet wird in der Rechtssprechung[252] und Literatur[253] mE zu Recht die Ansicht vertreten, dass die BGB-Gesellschaft nicht nur mit ihrem Namen und Sitz im GB eingetragen werden kann, sondern es zumindest zusätzlich der Miteintragung der Gesellschafter bedarf. Fakt ist und bleibt, dass die Gesellschaft bürgerlichen Rechts im Gegensatz zu anderen Personengesellschaften wie die OHG oder die KG in keinem beim Registergericht geführten Register eingetragen wird und damit die Publizität über den Bestand der Geselschaft und der für sie handelnden Personen nicht gewährleistet ist. Ein nach § 32 GBO für Handelsgesellschaften zu führender Nachweis der Vertretungsbefugnis ist daher nicht möglich. Der Schutz des Rechtsverkehrs, wie er sich aus den Vorschriften der §§ 891, 892 BGB ergibt, wird durch die mangelnde Eintragung der Gesellschafter völlig untergraben. Bisher streitet die Vermutung des § 891 BGB dafür, dass die eingetragenen Gesellschafter als Berechtigte gelten und von denen im Falle einer unrichtigen Eintragung gutgläubig über § 892 BGB das Eigentum oder ein beschränktes dingliches Recht erworben werden kann. Eine lediglich informatorische Eintragung der Gesellschafter oder gar nur die Eintragung der Gesellschaft unter ihrem Namen und Sitz kann keinen guten Glauben begründen, auch nicht, wenn beim GBA eine Gesellschafterliste eingereicht würde. Die Argumentation des BGH in seiner Entscheidung mit der er feststellt, dass die Gesellschaft bürgerlichen Rechts nicht Wohnungseigentumsverwalter sein kann, weil insoweit die Identität und die Befugnis des Verwalters zur Vertretung der Eigentümergemeinschaft nicht jederzeit zweifelsfrei feststeht, da der Wechsel der Gesellschaftereigenschaft und eine Änderung der Vertretungsbefugnisse ein Internum der Gesellschaft sind, von dem Außenstehende nicht durch ein öffentliches Register sicher Kenntnis erlangen können,[254] lässt sich gleichermaßen als Begründung für die mangelnde Grundbuchfähigkeit heranziehen. Was für den Rechtsverkehr schlechthin gilt, muss erst recht für das GB gelten. Daher bleibt es dabei, dass die BGB-Gesellschaft weiterhin nicht unter ihrem Namen als Eigentümerin eines Grundstücks oder als Berechtigte eines beschränkten dinglichen Rechts in das GB eingetragen werden kann. Denkbar ist nur die **Eintragung unter den Namen ihrer sämtlichen Gesellschafter** nebst dem auf die Gesellschaft hinweisenden Zusatz, wobei dann die Gesellschaft Eigentümerin des Grundstücks oder Berechtigte eines sonstigen erworbenen Rechts ist.[255]

Die weiteren Gesamthandsgemeinschaften wie die OHG (§§ 105 ff HGB), die KG (dazu auch die GmbH & Co **100** KG; §§ 161 ff HGB), die Partnerschaftsgesellschaft (§§ 1 ff PartGG) und die Europäische wirtschaftliche Interessenvereinigung (EWIV)[256] können hier im Zusammenhang mit dem Eigentum zur gesamten Hand außer Betracht bleiben, weil sie mit ihrem **Firmennamen** bzw dem **Namen der Partnerschaft** (§ 2 PartGG) in das GB **eingetragen** werden. Name oder Firma und Sitz der juristischen Person sind dabei im GB möglichst in Übereinstimmung mit der aktuellen Eintragung im betreffenden (Handels-)Register vorzunehmen. Dies gebietet die gegenseitige Kompatibilität der Systeme. Jedoch besteht keine Amtspflicht des GBA, GB und Register in Übereinstimmung zu halten. Für die Bezeichnung im GB ist es unerheblich, ob die im Register verlautbarte Firma unzulässig ist.[257] Soweit jedoch beispielsweise eine OHG oder KG ihr Handelsgewerbe aufgibt ohne sich aufzulösen[258] oder ihre Löschung im Handelsregister infolge Fortfall des vollkaufmännischen Umfangs erfolgt (§ 4 Abs 2 HGB), sind die Gesellschafter namentlich im Wege der Berichtigung des GB (keine Auflassung!) als Eigentümer einer Gesellschaft des bürgerlichen Rechts einzutragen.

---

250 BGHZ 146, 341 = DNotI-Report 2001, 41 = DNotZ 2001, 234 m Anm *Schemmann* = NJW 2001, 1056 = Rpfleger 2001, 246 = WM 2001, 408; BGH NJW 2002, 1207 = NZM 2002, 271 = ZIP 2002, 614.
251 Dafür: *Dümig*, Rpfleger 2002, 54 und ZIP 2002, 796; *Eickmann*, ZflR 2001, 433; *Langenfeld*, BWNotZ 2003, 1; *Nagel* NJW 2003, 1646; *Ott*, NJW 2003, 1223; *Ulmer/Steffek*, NJW 2002, 330; *Wagner*, ZIP 2005, 637.
252 Zuletzt SchlHolst OLG Rpfleger 2008, 128; BayObLG DNotI-Report 2004, 181 = FGPrax 2004, 269 = MittBayNot 2005, 143 = NJW-RR 2005, 43 = NotBZ 2004, 433 = Rpfleger 2005, 19 = ZflR 2004, 1005 = ZIP 2004, 2375 = ZNotP 2004, 482; OLG Celle DNotI-Report 2006, 90 = FGPrax 2006, 144 = NJW 2006, 2194 = NotBZ 2006, 433 = RNotZ2006, 287 = ZflR 2006, 475; bereits vorher: BayObLGZ 2002, 137 = FGPrax 2002, 185 = NJW-RR 2002, 1363 = Rpfleger 2002, 536 = ZNOtP 2003, 79; BayObLGZ 2002, 330 = DNotI-Report 2002, 180 = DNotZ 2003, 52 = NJW 2003, 70 =NotBZ 2002, 453 = ZIP 2002, 2175; LG Dresden NotBZ 2002, 384; LG Aachen Rpfleger 2003, 496; LG Berlin Rpfleger 2004, 283. **AA** OLG Stuttgart, Rpfleger 2007, 258.
253 *Demharter* § 19 Rn 108; *Meikel/Böhringer* § 47 Rdn 208; *Staudinger/Habermeier* vor § 707 BGB Rn 26a; *Ann*, MittBayNot 2001, 197; *Böhringer* BWNotZ 2006, 118, 121; *Krämer* RNotZ 2004, 239; *Lautner* MittBayNot 2005, 93, 2006, 37 und 497; *Münch* DNotZ 2001, 535; *Schemmann* DNotZ 2001, 244, 250; *Stöber* MDR 2001, 544; *Vogt* Rpfleger 2003, 491.
254 BGH DNotI-Report 2006, 58 = DNotZ 2006, 523 = Rpfleger 2006, 257.
255 Vgl BGH NJW 2006, 3716 = Rpfleger 2007, 23 = WM 2006, 2136 = ZIP2006, 2128.
256 Amtsblatt der Europäischen Gemeinschaften Nr L 199 v 31.07.1985 S 1 und EWIV-AG v 14.14.1988, BGBl I S 514; zur EWIV s ferner *Böhringer* BWNotZ 1990, 81 und 129; *Ziegler* Rpfleger 1990, 239.
257 OLG München Rpfleger 2008, 357.
258 BGHZ 32, 307.

101 **Rechtsgeschäftlich** lässt sich Gesamthandseigentum außerhalb des numerus clausus der Gesamthandsgemeinschaften nicht herstellen.[259] Keine Gesamthandsgemeinschaften sind die Kapitalgesellschaften und die nach
außen nicht in Erscheinung tretende stille Gesellschaft. Jedoch kann einer Kapitalgesellschaft, die in einem Mitgliedstaat des EG-Vertrags wirksam gegründet wurde und dort als rechtsfähig anerkannt ist, die Rechtsfähigkeit
und damit die Grundbuchfähigkeit in Deutschland nicht versagt werden, wenn der tatsächliche Verwaltungssitz
in Deutschland liegt.[260]

102 **Verfügungen** eines Berechtigten über seinen **Anteil** an einem Gesamthandsvermögen sind grundsätzlich nicht
möglich (§§ 719, 1419 BGB). Zulässig sind jedoch Verfügungen über einen Erbteil (§§ 2033 ff BGB) oder den
Anteil an einer BGB-Gesellschaft soweit der Ausschluss des Verfügungsrechts des einzelnen Gesellschafters vertraglich abbedungen oder seitens der anderen Mitgesellschafter gestattet wurde. Derartige Verfügungen bewirken notwendig entsprechende Veränderungen bezüglich der zu dem Gesamthandsvermögen gehörenden
Gegenstände. Da diese Veränderungen nicht das Resultat einer Verfügung über den einzelnen Gegenstand
(Grundstück, dingliches Recht), sondern die Folge der Verfügung über den Anteil an einer Sachgesamtheit
sind, vollziehen sie sich außerhalb des GB und sind im Wege der **Berichtigung** einzutragen. Das gilt für
Anteilsübertragungen ebenso wie für die Begründung beschränkter dinglicher Rechte (Pfandrecht, Nieß-
brauch) an Anteilen. So kann beispielsweise aufgrund einer Berichtigungsbewilligung, aus der sich ergibt, dass
einer BGB-Gesellschaft ein weiterer Gesellschafter beigetreten ist, diese sog Abwachsung analog § 738 Abs 1
S 1 BGB, ohne dass es eines rechtsgeschäftlichen Übertragungsaktes bedarf, durch Eintragung des zusätzlichen
Gesellschafters im GB vollzogen werden.[261] Wird bei einer als Eigentümerin eingetragenen Gesellschaft bürgerlichen Rechts die Berichtigung des Gesellschafterbestandes nach § 22 GBO beantragt, weil ein Gesellschafter
gemäß § 737 BGB aus wichtigem Grund ausgeschlossen worden ist, so setzt der i.d. Form des § 29 GBO zu
führende Nachweis der Unrichtigkeit des GB auch den Nachweis eines wichtigen Grundes voraus.[262] Sind
mehrere Personen als Gesellschaft bürgerlichen Rechts als Eigentümer eines Grundstücks eingetragen und
überträgt ein Gesellschafter seinen Gesellschaftsanteil ganz oder teilweise auf einen Mitgesellschafter, so ist auch
insoweit die Zustimmung aller übrigen Gesellschafter erforderlich.[263] **Überträgt** der Gesellschafter seinen **ganzen Gesellschaftsanteil auf** einen **Mitgesellschafter**, wird das GB diesbezüglich unrichtig, als es den ausgeschiedenen Gesellschafter weiterhin als Mitglied der Gesamthandsgemeinschaft ausweist. Einen Eigentumswechsel beinhaltet diese Folge nicht.[264] Für die Richtigstellung des GB genügt es, wenn das Ausscheiden des
Gesellschafters in Abteilung I Sp.4 des GB vermerkt wird. Wird ein **Teil des Gesellschaftsanteils** an einen
Mitgesellschafter **übertragen**, ändert sich an den Eigentumsverhältnissen ebenfalls nichts und das GB wird in
einem solchen Fall auch nicht unrichtig, weil Veränderungen der Anteilshöhe einzelner Gesellschafter ebenso
wenig einzutragen sind wie die Höhe des Anteils selbst.[265] Überträgt ein Gesellschafter einer GbR seinen Anteil
auf den **letzten verbleibenden Mitgesellschafter**, so erfolgt eine Vereinigung beider Anteile in dessen Hand.
Das führt in aller Regel zum **Erlöschen** der Gesellschaft bürgerlichen Rechts; ein Fortbestand in der Person
des letzten Mitgesellschafter kommt nicht in Betracht. Sind mehrere Gesellschaftsanteile in der Hand eines Mitgesellschafter zusammengefallen, so können sie ausnahmsweise dann selbständig erhalten bleiben, wenn trotz
des Zusammentreffens eine unterschiedliche Zuordnung geboten ist. Eine solche Sonderzuordnung ist in entsprechender Anwendung des § 1256 BGB möglich, wenn der Gesellschaftsanteil mit dem Recht eines Dritten
belastet ist oder wenn die Vertragsparteien einen von der Rechtsordnung gebilligten Gestaltungszweck auf
andere Weise nicht erreichen können. Die Absicht des Veräußerers, den zu übertragenden GbR-Anteil mit
einem Eigennießbrauch zu belasten rechtfertigt für sich allein keine Sonderzuordnung.[266]

Erwerben durch Rechtsgeschäft unter Lebenden die Mitglieder einer Gesellschaft bürgerlichen Rechts als solche Grundeigentum, so bedarf es ihrer **Voreintragung** im Falle des Vollzugs der Weitergabe ihrer Gesellschaf-
teranteile im Grundbuch.[267] Liegt lediglich ein gesetzlicher Formwechsel einer BGB-Gesellschaft durch
Umwandlung in eine OGH vor, ist keine Berichtigung nach § 22 GBO vorzunehmen, weil kein Rechtsübergang stattgefunden hat und die nachfolgende OGH rechtlich identisch ist.[268] Vielmehr ist das GB nur in tatsächlicher Hinsicht richtig zu stellen, was die Beteiligten im Antragsverfahren nach § 15 Abs 3 GBV erreichen
können.[269]

---

259 RGZ 152, 355.
260 BayObLG FGPrax 2003, 59 = Rpfleger 2003, 241 = ZfIR 2003, 200 = ZIP 2003, 398.
261 Vgl Thüringer OLG FGPrax 2001, 12 mit Anm *Demharter* FGPrax 2001, 53.
262 OLG Hamm Rpfleger 2007, 601.
263 Allg. M. vgl OLG Frankfurt FGPrax 1996, 126.
264 BayObLGZ 1993, 314, 315 = Rpfleger 1994, 128.
265 OLG München Rpfleger 2005, 530 m. Anm. *Demharter*.
266 Vgl Schlesw.Holst OLG FGPrax 2006, 54.
267 OLG München FGPrax 2006, 148 = Rpfleger 2006, 538.
268 BayObLGZ 2002, 137 = NJW-RR 2002, 1363 = Rpfleger 2002, 536.
269 Vgl LG Berlin Rpfleger 2008, 22.

Wegen der Eintragungsfähigkeit von Rechten an Gesamthandsanteilen wird auf die Erläuterungen zu diesen Rechten verwiesen.

2. Wohnungs- und Teileigentum

Schrifttum

Abramenko, Praktische Auswirkungen der neuen Rechtsprechung zur Teilrechtsfähigkeit der Wohnungseigentümergemeinschaft auf das materielle Wohnungseigentumsrecht, ZMR 2005, 585; *ders,* Die Umdeutung unwirksamer Eintragungen von Sondereigentum in Sondernutzungsrechte, Rpfleger 1998, 313; *Amann,* Amtslöschung von Dienstbarkeiten am Gemeinschaftseigentum?, MittBayNot 1995, 267; *Bader,* Majoritätsmissbrauch bei der Stimmrechtsausübung, WE 1990, 118; *Bärmann,* Zur Grundbuchfähigkeit der Wohnungseigentümergemeinschaft, DNotZ 1985, 395; *ders,* Zur Theorie des Wohnungseigentumsrechts, NJW 1989, 1057; *Bassenge,* Probleme des Stimmrechts bei Mitberechtigung an Wohnungseigentum, Festschrift Seuß (1987) S 33; *Becker,* Die Rechtsnatur der Abgeschlossenheitsbescheinigung nach dem WEG und das Prüfungsrecht des Grundbuchamts, NJW 1991, 2742; *ders,* Die Unauflöslichkeit der Gemeinschaft, WE 1998, 128; *Bielefeld,* Vereinbarte Nutzungsbeschränkung beim Sondereigentum, DWE 1989, 8; *ders,* Bauliche Veränderungen oder modernisierende Instandsetzung, DWE 1989, 96; *ders,* Rechtsfolgen bei zweckwidriger Vermietung, DWE 1991, 93; *ders,* Die Hausordnung für Wohnungseigentümer, DWE 1994, 7, 97, 133; 1995, 6; *Blank,* Wohngeldsäumnis: Ein stetes Ärgernis für die vertragstreuen Miteigentümer WE 1991, 206; *Blomeyer,* Augen auf beim Wohnungskauf, NJW 1999, 472; *Böhringer,* Die Wohnungseigentümergemeinschaft als Gläubiger einer Zwangshypothek für Hausgeldsrückstände, WE 1988, 154; *ders,* Zur Grundbuchfähigkeit der Wohnungseigentümergemeinschaft, Rpfleger 2006, 53; *Böhringer/Hinzen,* WEG-Novelle 2007, Rpfleger 2007, 353; *Böttcher,* Aufhebung der Veräußerungsbeschränkung des § 12 WEG, ZNotP 2007, 373; *ders,* Nachträgliche Regelungen zum Gemeinschaftsverhältnis der Wohnungseigentümer, NotBZ 2007, 421; *ders,* Entwicklungen beim Erbbaurecht und Wohnungseigentum, Rpfleger 2004, 21; 2005, 648; 2007, 526; *ders,* Sondernutzungsrechte bei der Veräußerung von Eigentumswohnungen, NotBZ 2007, 201; *ders,* Teilrechtsfähigkeit der Wohnungseigentümergemeinschaft. RpflStud 2005, 171; *ders,* Verwaltung des Wohnungseigentums, RpflStud 2005, 65; *ders,* Begründung von Wohnungseigentum, RpflStud 1996, 1; *ders,* Veränderungen beim Wohnungseigentum, BWNotZ 1996, 80; *ders,* Die wohnungseigentumsrechtliche Öffnungsklausel im Grundbuchverfahren, RpflStud 2002, 147; *Bornheimer,* Das Stimmrecht im Wohnungseigentumsrecht, Diss 1993; *Briesemeister,* Feiert der Zitterbeschluss fröhliche Urständ? Oder: Ersetzt eine formlose Vereinbarung der Wohnungseigentümer die eigentlich notwendige Beurkundung?, ZMR 2003, 713; *Brünger,* Eigentumswohnungen auf teilweise fremdem Grundstück, MittRhNotK 1987, 269; *Brych,* Nochmals: Ermächtigung des Verkäufers zur einseitigen Ausgestaltung der Teilungserklärung, NJW 1986, 1478; *Bub,* Aufteilungsplan und Abgeschlossenheitsbescheinigung, WE 1991, 124, 150; *ders,* Gestaltung der Teilungserklärung, Gemeinschaftsordnung, WE 1993, 185, 212; *Coester,* Die »werdende Eigentümergemeinschaft« im Wohnungseigentumsgesetz, NJW 1990, 3184; *Deckert,* Die Eventualeinberufung einer Wohnungseigentümerversammlung, NJW 1979, 2291, *ders,* Wohnungseigentumsrechtliche Problematik umgewandelter Mietwohnungen ZfBauR 1980, 213; *ders,* Die richtige Stimmenmehrheit, WE 1988, 51; *ders,* Vorteilhafte Vereinbarungsgestaltung bei der Begründung von Wohnungseigentum, WE 1992, 272; *Demharter,* Wohnungseigentum und Überbau, Rpfleger 1983, 33; *ders,* Zur Begründung von Wohnungserbbaurechten an einem Gesamterbbaurecht, DNotZ 1986, 457; *ders,* Guter Glaube an Gemeinschaftsregelungen?, DNotZ 1991, 28; *ders,* Isolierter Miteigentumsanteil beim Wohnungseigentum, NZM 2000, 1196; *Diester,* Grenzen der Anwendbarkeit des § 12 WEG, Rpfleger 1974, 245; *ders,* Zur Kostenbeteiligung eines Wohnungseigentümers, der einer baulichen Veränderung nicht zugestimmt hat, MDR 1988, 265; *Drasdo,* Die Aufhebung der Veräußerungsbeschränkung nach § 12 WEG, RNotZ 2007, 264; *ders,* Stimmrechtsbeschränkungen des Mehrheitseigentümers, DWE 1989, 50; *Elzer,* Die WEG-Novelle, WuM 2007, 295; *Ertl,* Eintragung von Sondernutzungsrechten im Sinne von § 15 WEG, Rpfleger 1979, 81; *ders,* Alte und neue Probleme der Gemeinschaftsregelungen, DNotZ 1979, 267; *ders,* AGB-Kontrolle von Gemeinschaftsordnungen der Wohnungseigentümer durch das Grundbuchamt?, DNotZ 1981, 149; *ders,* Gutgläubiger Erwerb von Sondernutzungsrechten, Festschrift Seuss (1987) S 151; *ders,* Dingliche und verdinglichte Vereinbarungen über den Gebrauch des Wohnungseigentums, DNotZ 1988, 4; *ders,* Zur Frage, ob die Umwandlung von gemeinschaftlichem Eigentum in Sondereigentum einer Einigung in Form der Auflassung bedarf, DNotZ 1990, 39; *ders,* Isoliertes Miteigentum?, WE 1992, 219; *Fabis,* Die Neuregelung des WEG – Inhalt und Auswirkungen auf die notarielle Praxis, RNotZ 2007, 369; *Fisch,* Vereinbarungsersetzende Mehrheitsbeschlüsse im Wohnungseigentumsrecht, MittRhNotK 1999, 213; *Frank,* Zur grundbuchmäßigen Behandlung von Stellplätzen in Doppelstockgaragen, MittBayNot 1994, 512; *Gerauer,* Die Nutzung von Sondereigentum, Rpfleger 1980, 330; *ders,* Nochmals: Die Nutzung von Sondereigentum, Rpfleger 1981, 51; *Gleichmann,* Sondereigentumsfähigkeit von Doppelstockgaragen, Rpfleger 1988, 10; *Götte,* Die Teilungserklärung in der Praxis, BWNotZ 1982, 49; *Grebe,* Rechtsgeschäftliche Änderungsvorbehalte im Wohnungseigentumsrecht, DNotZ 1987, 5; *ders,* Wege zur Abänderung der Gemeinschaftsordnung im Wohnungseigentumsrecht, DNotZ 1988, 275; *Hallmann,* Probleme der Veräußerungsbeschränkung nach § 12 WEG, MittRhNotK 1985, 1; *Häublein,* Der Erwerb von Sondereigentum durch die Wohnungseigentümergemeinschaft, ZWE 2007, 474; *ders,* Gestaltungsprobleme im Zusammenhang mit der abschnittsweisen Errichtung von Wohnungseigentumsanlagen, DNotZ 2000, 442; *Hauger,* Der vereinbarungswidrige Beschluss, WE 1993, 231; *Herold,* Die Abgeschlossenheitsbescheinigung, BlGBW 1982, 6; *Hügel,* Die Umwandlung von Teileigentum zu Wohnungseigentümer und umgekehrt, ZWE 2008, 120; *ders,* Das neue Wohnungseigentumsrecht, DNotZ 2007, 326; *ders,* Öffnungsklauseln in Gemeinschaftsordnungen, NotBZ 2004, 205; *ders,* Das unvollendete oder substanzlose Sondereigentum, ZMR 2004, 549; *ders,* Zur Teilrechtsfähigkeit der Wohnungseigentümergemeinschaft, ZAP Fach 7 S 295; *Huff,* Ort und Zeit der Wohnungseigentümerversammlung, WE 1988, 51; *Herrmann,* Zum Vollzug der Veräußerung und des Zuerwerbs von in Wohnungs- oder Teileigentum aufgeteilten Teilflächen, DNotZ 1991, 607; *Hurst,* Organisationsformen und -möglichkeiten des Raumeigentums in der Fortentwicklung des Gesetzes über das Wohnungseigentum, AcP 181 (1981), 169; *ders,* Das Eigentum an der Heizungsanlage, DNotZ 1984, 66 und 140; *Kahlen,* Eingriffe in das Sondereigentum durch Hausordnung, BlGBW 1982, 291; *Kolb,* Bauliche Veränderungen am Gemeinschaftseigentum bei Wohnungseigentumsanlagen, Mitt-

RhNotK 1996, 254; *Köhler,* Das neue Wohnungseigentumsgesetz – ein Überblick, NotBZ 2007, 113; *Korff,* Abdingbare und nicht abdingbare Rechte des WEG, DWE 1982, 2; *Krücker-Ingenhag,* Die Gebrauchsregelung nach § 15 WEG, MittRhNotK 1986, 85; *Löffler/Weise,* WEG-Reform – Die neuen Regelungen des WEG, MDR 2007, 561; *Lotter,* Zum Inhalt des Aufteilungsplans nach § 7 Abs 4 Satz 1 Nr 1 WEG, MittBayNot 1993, 144; *Ludwig,* Grenzüberbau bei Wohnungs- und Teileigentum, DNotZ 1983, 411; *ders,* Begründung von Raumeigentum beim Sonderfall des Grenzüberbaus, BWNotZ 1984, 133; *ders,* Die Nutzung von Gemeinschaftseigentum, insbesondere der Nutzungsvorbehalt im Spiegel der neueren Rechtsprechung, BWNotZ 1987, 164; *Lüke,* Das – beschränkte – Vertretungsverbot in der Gemeinschaftsordnung, WE 1993, 260; *ders,* Nießbrauch am Wohnungseigentum, WE 1999, 122; *Liessem,* Zur Verwalterzustimmung bei Veräußerung von Wohnungseigentum, NJW 1988, 1306; *Merle,* Die Sondereigentumsfähigkeit von Garagenplätzen auf dem nicht überdachten Oberdeck eines Gebäudes, Rpfleger 1977, 196; *ders,* Zur Übertragung so genannter Sondernutzungsrechte, Rpfleger 1978, 86; *ders,* Sondernutzung im Wohnungseigentum, DWE; 1986, 2, 34; *ders,* Aufteilungsplan und abweichende Bauausführung, WE 1989, 116; *ders,* Die zweckwidrige Nutzung von Wohnungseigentum, WE 1993, 148; *Müller H.,* Instandhaltung, Instandsetzung und bauliche Veränderungen, WE 1993, 121; *ders,* Der Eigentümerbeschluss mit Vereinbarungsinhalt, Festschrift für Bärmann und Weitnauer (1990) S 505; *Neumann,* Die Teilrechtsfähigkeit der Wohnungseigentümergemeinschaft, WuM 2006, 489; *Niedenführ,* Die WEG-Novelle 2007, NJW 2007, 1841; *Nieder,* Die Änderung des Wohnungseigentums und seiner Elemente, BWNotZ 1984, 49; *Noack,* Die Veräußerung von Pkw-Abstellplätzen, Rpfleger 1976, 193; *ders,* Sondereigentumsfähigkeit von Doppelstockgaragen, Rpfleger 1976, 5; *Ott,* Zur Belastung eines Wohnungseigentums mit einer Dienstbarkeit, deren Ausübungsbereich sich ausschließlich auf ein Sondernutzungsrecht bezieht, DNotZ 1998, 128; *Panz,* Ausgewählte Fragen zum WEG, BWNotZ 1986, 142; *Pause,* »Kellereigentum« – eine Antwort auf die Rechtsprechung des BVerwG zur Abgeschlossenheitsbescheinigung, NJW 1992, 671; *Pick,* Ordnungsgemäßer Gebrauch und bauliche Veränderung iS des WEG, NJW 1972, 1741; *Rapp,* Unterteilungen und Neuaufteilungen von Wohnungseigentum MittBayNot 1996, 344; *ders,* Verdinglichte Ermächtigungen in der Teilungserklärung, MittBayNot 1998, 77; *ders,* Unzulässige Beschlüsse der Wohnungseigentümer und sachenrechtliches Publizitätsprinzip, DNotZ 2000, 185; *Rastätter,* Raumeigentum und Grenzüberbau, BWNotZ 1986, 79; *ders,* Aktuelle Probleme bei der Beurkundung von Teilungserklärungen, BWNotZ 1988, 143; *v. Rechenberg,* Zur Auslegung von Zweckbestimmungsregelungen bei Teileigentumsrechten, WEZ 1987, 21; *Reinl,* Zur Anwendung des bayerischen Gesetzes über das Unschädlichkeitszeugnis im Wohnungseigentumsrecht, Rpfleger 1988, 142; *Riecke,* Wirkung eines unangefochtenen Mehrheitsbeschlusses bei an sich erforderlicher Vereinbarung und deren Eintragung ins Grundbuch, DWE, 1991, 60; *ders,* Zu den Konsequenzen einer im Grundbuch eingetragenen Gebrauchsregelung für spätere Teileigentümer, MDR 1998, 1157; *Riggers,* Bestandteilszuschreibung von Wohnungseigentum zum anderen Wohnungseigentum, JurBüro 1977, 18; *Ritzinger,* Rechtsprobleme beim sog »verunglückten« Wohnungseigentum, BWNotZ 1988, 5; *Röll,* Änderung der Teilungserklärung, Rpfleger 1976, 283; *ders,* Die Instandhaltungsrücklage nach dem WEG, NJW 1976, 937; *ders,* Rechtsfragen bei Errichtung von Eigentumswohnungen, DNotZ 1977, 69; *ders,* Die Veräußerung von Sondernutzungsrechten an Pkw-Abstellplätzen, MittBayNot 1977, 224; *ders,* Dienstbarkeiten und Sondernutzungsrechte nach § 15 Abs 1 WEG, Rpfleger 1978, 352; *ders,* Das AGBG und die Aufteilung zwischen Wohnungseigentümern, DNotZ 1978, 720; *ders,* Die Bemessung der Miteigentumsanteile beim Wohnungseigentum, MittBayNot 1979, 4; *ders,* Das Wohnungseigentum an Zweifamilienhäusern, Doppelhäusern und Reihenhäusern MittBayNot 1979, 51; *ders,* Eintragung von Änderungen der Teilungserklärung in das Wohnungsgrundbuch, MittBayNot 1979, 218; *ders,* Die Gemeinschaftsordnung als Bestandteil des Wohnungseigentums, Rpfleger 1980, 90; *ders,* Nochmals: Die Nutzung von Sondereigentum, Rpfleger 1981, 50; *ders,* Wohnungseigentum und Grenzüberbau, MittBayNot 1982, 172; *ders,* Vereinbarungen über Änderung der Gemeinschaftsordnung durch Mehrheitsbeschluss, DNotZ 1982, 731; *ders,* Grenzüberbau, Grunddienstbarkeiten und Wohnungseigentum, MittBayNot 1983, 5; *ders,* Das Erfordernis der Abgeschlossenheit nach dem Wohnungseigentumsgesetz, Rpfleger 1983, 380; *ders,* Abgeschlossenheit durch nicht versperrbare Tür? MittBayNot 1985, 63; *ders,* Die Aufteilung von Kosten und Lasten des gemeinschaftlichen Eigentums bei Veräußerung von Wohnungseigentum, DNotZ 1986, 130; *ders,* Sondereigentum an Heizungsräumen und deren Zugangsflächen, DNotZ 1986, 706; *ders,* Gutgläubiger Erwerb im Wohnungseigentum, Festschrift für Seuß (1987) S 233; *ders,* Die faktische Gemeinschaft und das Stimmrecht des »werdenden Wohnungseigentümers«, MittBayNot 1989, 70; *ders,* Isolierter Miteigentumsanteil und gutgläubiger Erwerb im Wohnungseigentum, MittBayNot 1990, 85; *ders,* Veräußerung und Zuerwerb von Teilflächen bei Eigentumswohnanlagen, Rpfleger 1990, 277; *ders,* Vereinbarung oder einstimmiger Beschluss?, WE 1991, 212; *ders,* Teilungsplanwidrige Errichtung von Eigentumswohnungen, MittBayNot 1991, 240; *ders,* Garagenstellplätze und Gebäudeeigentum, DNotZ 1992, 221; *ders,* Änderung der Gemeinschaftsordnung durch Mehrheitsbeschluss, WE 1992, 244; *ders,* Sondereigentum an Räumen mit zentralen Versorgungsanlagen und ihren Zugangsräumen, Rpfleger 1992, 94; *ders,* Automatische Garagensysteme in Eigentumswohnanlagen, Rpfleger 1996, 322; *ders,* Mauer- und Deckendurchbrüche in Eigentumswohnanlagen, MittBayNot 1998, 81; *ders,* Das Eingangsflurproblem bei der Unterteilung von Eigentumswohnungen, DNotZ 1998, 379; *ders,* Zur Reform des Wohnungseigentumsgesetzes, Rpfleger 2003, 277; *Röll und Sauren,* Nochmals: Der »werdende« Wohnungseigentümer, Rpfleger 1986, 169; *Sandweg,* Bauliche Veränderungen am Gemeinschaftseigentum und deren Kostenfolgen, DNotZ 1993, 707; *Saumweber,* Die Reform des Wohnungseigentumsgesetzes in der notariellen Praxis, MittBayNot 2007, 357; *Sauren,* Begründung von Sondereigentum an Einstellplätzen in Doppelstockgaragen, MittRhNotK 1982, 213; *ders,* Wohnungseigentum, ein grundstücksgleiches Recht, NJW 1985, 180; *ders,* Der »werdende« Wohnungseigentümer, Rpfleger 1985, 261; *ders,* Wege für Wohnungseigentümer zur Änderung der Gemeinschaftsordnung, NJW 1986, 2034; *ders,* Grenzen der Veränderungsmöglichkeiten des WEG, Festschrift für Bärmann und Weitnauer (1990) S 531; *ders,* Die Sondereigentumsfähigkeit nicht überdachter Garagenstellplätze eines Gebäudes, Rpfleger 1999, 14; *Schmach,* Die Gemeinschaftsordnung, WE 1999, 9; *Schmedes,* Bedarf die Übertragung eines ideellen Anteils an einer Eigentumswohnung auf den anderen Anteilsberechtigten der Zustimmung der übrigen Wohnungseigentümer?, Rpfleger 1974, 421; *Schmid,* Unzuständigkeit der Wohnungseigentümerversammlung zur Beschlussfassung, MDR 1990, 297; *Schmid F.,* Werdende Wohnungseigentümer, WE 1987, 171; *ders,* Die Bedeutung des Besitzübergangs bei Veräußerung von Wohnungseigentum, Festschrift für Seuß (1987) S 241; *ders,* Gegenstand und Inhalt des Sondereigentums, MittBayNot 1985, 237; *ders,* Vollmacht des Verwalters zur Vertretung der Wohnungseigentümer in der Versammlung, WE 1989, 2; *ders,* Zu den Hinweisen des Bayerischen Staatsministeriums des Innern zur Abgeschlossenheitsbescheinigung, WE 1998, 329; *Schmidt H.,* Zweckbestimmung durch die Teilungserklärung, MittBayNot 1981, 12; *Schmidt S.,* Wohnungseigentum bei

Mehrhausanlagen, BWNotZ 1989, 49; *Schnauder*, Die Relativität der Sondernutzungsrechte, Festschrift für Bärmann und Weitnauer (1990) S 567; *Schneider*, Beschlussbuch statt Grundbuch?, ZMR 2005, 15; *ders*, Sondernutzungsrechte im Grundbuch, Rpfleger 1998, 9, 53; *ders*, Auswirkungen der »Jahrhundertentscheidung« im Wohnungseigentumsrecht auf das Grundbuchverfahren, Rpfleger 2002, 503; *Schöne*, Das Stimmrecht des mehrfachen Wohnungseigentümers, NJW 1981, 435; *Schöner*, Das Stimmrecht des Nießbrauchers in der Versammlung der Wohnungseigentümer, DNotZ 1975, 81; *ders*, Das Sondernutzungsrecht am Sondereigentum, Rpfleger 1997, 416; *Seidl*, Zur Abgeschlossenheitsbescheinigung nach dem Wohnungseigentumsgesetz, BWNotZ 1990, 95; *Seuss*, Faktische Wohnungseigentümer, Festschrift für Bärmann und Weitnauer (1990) S 599; *Sohn*, Befreiung des Verwalters vom Verbot des Selbstkontrahierens, NJW 1985, 3060; *Stöber*, Berufung einer zweiten, erleichtert beschlussfähigen Versammlung, Rpfleger 1978, 10; *Streblow*, Änderung von Teilungserklärungen nach Eintragung der Aufteilung in das Grundbuch, MittRhNotK 1987, 141; *Tasche*, Wege zur Änderung des Verteilungsschlüssels für die Betriebskosten bei Wohnungseigentum, DNotZ 1973, 453; *Tersteegen*, Gestaltung der Eigentümerverhältnisse an der zentralen Tiefgarage unter großen Baugebieten, ZNotP 2008, 21; *Thoma*, Rechtsprobleme bei der Aufteilung von Grundbesitz in Wohnungseigentum, RNotZ 2008, 21; *Ulmer*, AGB und einseitig gesetzte Gemeinschaftsordnungen von Wohnungseigentümern, Festschrift für Weitnauer (1980) S 205; *Vitztum*, Zur Veräußerungsbeschränkung des § 12 WEG, DWE 1984, 70; *Weber*, Das Stimmrecht des mehrfachen Wohnungseigentümers – ein Mehrheitsschutzproblem?, NJW 1981, 2676; *Weimar*, Das Verhältnis zwischen Wohnungseigentum und Teileigentum, DWE 1977, 72; *ders*, Garagenbesitzer als Teileigentümer (§ 1 Abs 6 WEG), JR 1979, 187; *ders*, Quotenänderung bei Miteigentumsanteilen am Grunderwerb, BlGBW 1980, 27; *ders*, Instandhaltungsrückstellungen bei Weiterveräußerung und Mehrhauswohnanlage, JR 1980, 94; *ders*, Die Entziehung des Wohnungseigentums bei Überbelastung, JurBüro 1981, 661; *Wellkamp*, Musterverträge zum Wohnungseigentum BuW 1998, 346; *Weitnauer*, Die Übertragung des Gebrauchsrechts an Kfz-Abstellplätzen, Rpfleger 1976, 341; *ders*, Die neuere zivilrechtliche Rechtsprechung zum Wohnungseigentum, JZ 1985, 927; *ders*, Die »werdende Wohnungseigentümergemeinschaft«, WE 1986, 92; *ders*, Miteigentum-Gesamthand-Wohnungseigentum, Festschrift für Seuss (1987) S 295; *ders*, Stimmrechtsprobleme, WE 1988, 3; *ders*, Begründung von Wohnungseigentum und isolierter Miteigentumsanteil, MittBayNot 1991, 143; *ders*, Änderung der Gemeinschaftsordnung durch Mehrheitsbeschluss, WE 1995, 163; *Wicke*, Das WEG-Verwaltungsvermögen: Bruchteilseigentum, Gesamthandsvermögen, Gemeinschaftseigentum, Zubehör oder wesentlicher Bestandteil, ZfIR 2005, 301; *Wilsch*, Teilrechtsfähigkeit der Wohnungseigentümergemeinschaft und Grundbuchverfahren. RNotZ 2005, 536; *ders*, Die Aufhebung von Veräußerungsbeschränkungen nach § 12 Abs 4 WEG, NotBZ 2007, 305; *Zimmermann F.*, Belastung von Wohnungseigentum mit Dienstbarkeiten, Rpfleger 1981, 333; *Zimmermann H.*, Nutzungsbeschränkungen des Sondereigentums im WEG und die vorgeschlagenen Änderungen, Rpfleger 1978, 120; *ders*, Der Gebrauch des gemeinschaftlichen Eigentums nach dem WEG, Rpfleger 1982, 401; *Zipperer*, Zur Gebrauchsregelung nach § 15 WEG, WE 1991, 142.
Das Schrifttum beinhaltet lediglich eine Auswahl aus den letzten Jahren.

a) Allgemeines, Begriff. Wohnungseigentum und Teileigentum sind vom Inhalt des dinglichen Rechtes her **103** **besondere Eigentumsarten.** Abweichend von §§ 93, 94 BGB ist beim Wohnungs- wie auch beim Teileigentum das ausschließliche Eigentum an bestimmten Räumen mit einem Miteigentumsanteil am Grundstück und dem als wesentlichen Bestandteil dazugehörigen Gebäude verbunden.[270] Es handelt sich also um ein zusammengesetztes Eigentum, dessen notwendige und untrennbare Komponenten (vgl § 6 WEG), der aus einem bestimmten Bruchteil bestehende Miteigentumsanteil (§§ 1008 ff BGB) und das Alleineigentum (= Sondereigentum) an einer Wohnung oder an sonstigen Räumlichkeiten (Büro, Laden, Garage, Werkstatt usw) sind. Wohnungs- und Teileigentum sind strukturell identisch (§ 1 Abs 6 WEG). Sie unterscheiden sich nur in der Ausgestaltung und Zweckbestimmung der im Sondereigentum stehenden Räume,[271] die beim Teileigentum nicht zum Wohnen dienen sollen (§ 1 Abs 3 WEG). Zulässig ist jedoch auch eine Mischform, dergestalt, dass mit einem Miteigentumsanteil zugleich das Sondereigentum an einer Wohnung und an nicht zu Wohnzwecken dienenden Räumen verbunden wird.[272] Bei allen weiteren Ausführungen zum Wohnungseigentum ist, sofern nicht ausdrücklich etwas anderes gesagt ist, davon auszugehen, dass sie gleichermaßen auch für das Teileigentum gelten.

Der Wohnungseigentümer ist **Miteigentümer** zu einem ideellen Anteil an den im gemeinschaftlichen Eigen- **104** tum stehenden Gegenständen (§ 1 Abs 5 WEG) und **Alleineigentümer** seines Sondereigentums. Gleichzeitig mit dem dinglich wirksamen Erwerb eines Wohnungseigentums erlangt der Wohnungseigentümer die Mitgliedschaft an der Wohnungseigentümergemeinschaft, die er automatisch mit der wirksamen Veräußerung wieder verliert.

Die **Gemeinschaft der Wohnungseigentümer** ist **rechtsfähig**, soweit sie bei der Verwaltung des gemein- **105** schaftlichen Eigentums am Rechtsverkehr teilnimmt. Entsprechend der Entscheidung des BGH zur Teilrechtsfähigkeit der Wohnungseigentümergemeinschaft[273] hat der Gesetzgeber deren Rechtsposition im Zuge der WEG-Novelle 2007[274] geregelt (s § 10 Abs 6 WEG). Es können nunmehr durch die Gemeinschaft der Woh-

---

270 BGHZ 49, 250 = DNotZ 1968, 417 = Rpfleger 1968, 499; BGHZ 91, 343 = DNotZ 1984, 694; OLG Köln OLGZ 1984, 294, 295 = Rpfleger 1984, 268; *Schöner/Stöber* Rn 2800; KEHE-*Herrmann* Einl E 3, 5.
271 BayObLGZ 1973, 1, 8 = Rpfleger 1973, 139; OLG Düsseldorf Rpfleger 1976, 215.
272 BayObLGZ 1960, 231 = DNotZ 1960, 596 = Rpfleger 1961, 400.
273 BGHZ 163, 154 = DNotZ 2005, 776 = FGPrax 2005, 143 = NJW 2005, 2061 = NotBZ 2005, 327 = Rpfleger 2005, 521 m Anm *Dümig* = ZfIR 2005, 547 m Anm *Lücke*.
274 Gesetz zur Änderung des Wohnungseigentumsgesetzes und anderer Gesetze v 26.03.2007,BGBl 2007 I S 370.

nungseigentümer **Rechte erworben und Pflichten eingegangen** werden. Sie übt **gemeinschaftsbezogene** Rechte aus und nimmt die diesbezüglichen Pflichten wahr. Das **Verwaltungsvermögen** ist ohne zeitliche Einschränkung auch für die Zeit vor Inkrafttreten der WEG-Novelle der Wohnungseigentümergemeinschaft **zugeordnet** (§ 10 Abs 7 S 1 WEG). Es erfasst alle im Rahmen der gesamten Verwaltung des gemeinschaftlichen Eigentums erworbenen Sachen und Rechte, insbesondere die Ansprüche und Befugnisse aus Rechtsverhältnissen mit Dritte und mit Wohnungseigentümern sowie die eingenommenen Gelder. Ferner umfasst das Verwaltungsvermögen die im vorgenannten Rahmen entstandenen Verbindlichkeiten (vgl. § 10 Abs 7 S 2und 3 WEG). Vereinigen sich jedoch sämtliche Wohnungseigentumsrechte in einer Person, so geht kraft Gesetzes das Verwaltungsvermögen auf den Eigentümer des Grundstücks über (§ 10 Abs 7 S 4 WEG).

106   Soweit die Gemeinschaft der Wohnungseigentümer etwa das **Eigentum** an einer Wohnung oder einem KfZ-Stellplatz erwirbt **oder als Gläubigerin** einer Zwangshypothek für Wohngeldrückstände im GB einzutragen ist, handelt es sich nicht mehr um Rechte die jeweils mehreren Personen zustehen, sondern lediglich noch um **einen** Rechtsträger, der als »Wohnungseigentümergeminschaft« gefolgt von der bestimmten Angabe des gemeinschaftlichen Grundstücks bezeichnet werden muss (vgl § 10 Abs 6 S 4 WEG). Ein Immobilienerwerb durch den »Verband der Wohnungseigentümergemeinschaft« kann dabei eine Maßnahme der ordnungsgemäßen Verwaltung darstellen. Die Frage, ob dies im Einzelfall auf den Erwerb zutrifft, entzieht sich der Prüfungskompetenz der Grundbuchgerichte. Diese Prüfung obliegt ausschließlich den Wohnungseigentumsgerichten und erfolgt im Rahmen eines Beschlussanfechtungsverfahrens gemäß §§ 43 ff WEG. Soweit jedenfalls dem »Verband der Wohnungseigentümergemeinschaft« Rechtsfähigkeit zukommt, ist auch von seiner Grundbuchfähigkeit auszugehen.[275]

107   **Wirtschaftlich** gesehen ist das Sondereigentum, das der Wohnungseigentümer unter Ausschluss der übrigen Miteigentümer nutzen kann (§ 13 Abs 1 WEG), die Hauptsache. **Rechtlich** dagegen steht der Miteigentumsanteil im Vordergrund, dessen Bestandteil das dazugehörige Sondereigentum darstellt (vgl § 6 Abs 2 WEG). Das Wohnungseigentum ist grundsätzlich wie ein Grundstück veräußerlich und belastbar. Gegenüber gewöhnlichem Miteigentum wird der Miteigentumsanteil des Wohnungseigentümers durch die Einräumung der zu den anderen Miteigentumsanteilen gehörenden Sondereigentumsrechte beschränkt (vgl § 7 Abs 1 S 2 WEG), aber gleichzeitig durch das eigene Sondereigentum verstärkt.

108   Jedes Wohnungseigentum erhält ein **eigenes GB-Blatt** (§§ 7 Abs 1, 8 Abs 2 WEG). Davon kann nur im Ausnahmefall bei vertraglicher Einräumung von Sondereigentum, wenn Verwirrung nicht zu besorgen ist, abgesehen werden (§ 7 Abs 2 WEG).

109   **b) Entstehung.** Wohnungseigentum kann gemäß § 2 WEG entweder durch vertragliche Einräumung von Sondereigentum nach § 3 Abs 1 WEG oder durch Teilung nach § 8 Abs 1 WEG begründet werden.

110   **aa) Vertrag der Miteigentümer.** Die Einräumung durch Vertrag gemäß § 3 Abs 1 WEG setzt voraus, dass an dem Grundstück **bereits Miteigentum nach Bruchteilen besteht oder gleichzeitig geschaffen wird** und jedem Miteigentümer das Sondereigentum an bestimmten, in sich abgeschlossenen Räumlichkeiten (§ 3 Abs 2 S 1 WEG) eingeräumt wird. Gesamthandeigentümer (Erbengemeinschaft, Gesamtgut der Gütergemeinschaft, BGB-Gesellschaft) müssen zur vertraglichen Bildung von Wohnungseigentum zunächst durch Auseinandersetzung und Auflassung eine Bruchteilsgemeinschaft herstellen,[276] wobei es genügt, wenn die Vertragsschließenden bei Eintragung des Sondereigentums im GB, nicht schon im Zeitpunkt der Einigung, Miteigentümer zu ideellen Anteilen sind.[277]

111   Erforderlich ist ferner die **Einigung** aller Bruchteilseigentümer und die Eintragung im GB (§ 4 Abs 1 WEG). Die Einigung bedarf der **Auflassungsform** (§ 925 Abs 1 BGB), wobei die Einräumung von Sondereigentum nicht bedingt oder befristet erfolgen kann (§ 4 Abs 2 WEG). Streitig ist, ob für den Grundbuchvollzug entsprechend dem formellen Konsensprinzip die Eintragungsbewilligung (§ 19 GBO) sämtlicher Miteigentümer genügt.[278] Richtigerweise ist wohl über § 4 Abs 2 S 1 WEG in analoger Anwendung von § 20 GBO auch der Nachweis der Einigung zu fordern.[279] Es ist nicht einsehbar, dass die Entstehung des Wohnungseigentums nicht dem materiellen Konsensprinzip unterliegen soll, jedoch seine Übertragung, die zwingend die Entstehung voraussetzt.

---

275 OLG Celle Rpfleger 2008, 296.

276 Vgl *Schöner/Stöber*, Rn 2813.

277 Vgl *Weitnauer* § 3 WEG Rn 14.

278 Vgl OLG Zweibrücken OLGZ 1982, 263, 265; *Weitnauer* § 7 WEG Rn 10; *Demharter* Anhang zu § 3 Rn 41.

279 Ebenso *Bauer/v Oefele-Kössinger* Rn 66; KEHE-*Herrmann* Rn 15 je zu § 20; *Schöner/Stöber* Rn 2842; *Bärmann-Pick-Merle*, § 4 WEG Rn 6; MüKo-*Röll* § 7 WEG Rn 4.

bb) Teilung durch den Eigentümer. Bei der Bildung von Wohnungseigentum nach § 8 WEG, der sog **Vor-** **112** **ratsteilung,**[280] muss das am Grundstück bestehende Alleineigentum, aber ebenso bei Gesamthandseigentum und Miteigentum zu Bruchteilen, **in Miteigentumsanteile beliebiger Größe,** die zusammen wieder ein Ganzes ergeben, **aufgeteilt** und jeweils mit dem Sondereigentum an bestimmten in sich abgeschlossenen Räumlichkeiten verbunden werden. Das bisherige Grundstückseigentum, mithin auch die Gesamthands- oder Bruchteilsgemeinschaft, setzt sich an den mit der Eintragung der Teilung entstehenden Wohnungseigentumseinheiten fort.[281] Die Teilungserklärung ist materiell formlos wirksam; für die zur Entstehung des Wohnungseigentums erforderliche Eintragung im GB muss sie aber verfahrensrechtlich in der Form des § 29 GBO vorgelegt werden.[282]

cc) Weitere gemeinsame Voraussetzungen zur Entstehung. Bei dem in Wohnungseigentum aufzuteilen- **113** den Grundbesitz muss es sich um **ein Grundstück im Rechtssinn** handeln, (§ 1 Abs 4 WEG). Wenn mehrere selbständige Grundstücke in die Aufteilung mit einbezogen sind, bedarf es vor Bildung von Wohnungseigentum entweder ihrer Vereinigung (§ 890 Abs 1 BGB, § 5 GBO) oder es sind einem der Grundstücke die übrigen als Bestandteil zuzuschreiben (§ 890 Abs 2 BGB, § 6 GBO).[283]

Zusammenbuchung (§ 4 Abs 1 GBO) allein **genügt nicht,** da sie materiell kein einheitliches Grundstück schafft.[284] Eine vermessungstechnische Zusammenführung der einzelnen Katasterparzellen ist dagegen nicht erforderlich. Das in Wohnungseigentum aufzuteilende Grundstück muss nicht bereits bei Abgabe der Teilungserklärung vorliegen. Es genügt wenn es bei Eintragung der Teilung im Grundbuch gebildet wird.[285] Die Begründung von Wohnungseigentum an einem Wohnungseigentum, sog **Unterwohnungseigentum,** ist **unzulässig.**[286] Ferner ist die Aufteilung von Gebäudeeigentum in Wohnungseigentum nicht zulässig, weil es an einem Grundstücksmiteigentumsanteil mangelt und Art 233 § 4 Abs 1 S 1 EGBGB auch nicht auf die Vorschriften des WEG verweist.[287]

Für die vormals vor Einfügung des Absatzes 4 in § 1 WEG an mehreren Grundstücken begründeten Wohnungsei- **114** gentumsrechte ist durch **Art 3 § 1 ÄndG**[288] zum 01.10.1973 mit gesetzlicher Fiktion eine Vereinigung zu einem Grundstück herbeigeführt worden, sofern das Sondereigentum mit gleich großen Miteigentumsanteilen verbunden wurde. Ist das Sondereigentum mit unterschiedlich großen Miteigentumsanteilen an mehreren Grundstücken verbunden worden, so gelten die Eigentumsrechte bei Anlegung des Wohnungsgrundbuches als rechtswirksam entstanden, soweit nicht andere die rechtswirksame Begründung ausschließende Mängel vorliegen.

Für die Schaffung von Wohnungseigentum muss ferner **ein in einem bestimmten Bruchteil ausgedrückter** **115** **Miteigentumsanteil** vorliegen, der mit dem Sondereigentum an einer Raumeinheit zu verbinden ist (§ 1 Abs 2, 3 WEG). **Zulässig** ist auch **einen Miteigentumsanteil mit mehreren** zu Wohn- oder anderen Zwecken zu nutzenden **Raumeinheiten** zu verbinden.[289] Umgekehrt kann dagegen das Sondereigentum nur mit einem Miteigentumsanteil, nicht aber mit mehreren verbunden werden. Falls weniger Raumeinheiten vorhanden sind als Miteigentumsanteile, so können die Miteigentümer eines Grundstücks zur vertraglichen Einräumung von Wohnungseigentum gemäß § 3 WEG, die Zahl der Miteigentumsanteile durch Zusammenlegung verringern. Es genügt beispielsweise zwei Miteigentumsanteile von je 1/4 auf einen einheitlichen Miteigentumsanteil von 1/2 zurückzuführen, dem dann nach der vertraglichen Vereinbarung das Sondereigentum an bestimmten Räumen zuzuordnen ist. Diese lediglich »rechtstechnische« Zusammenlegung von Miteigentumsbruchteilen wird nur im Bestandsverzeichnis des neu zu bildenden Wohnungseigentums durch die Buchung des einheitlichen Miteigentumsanteils verlautbart. Das entstandene Wohnungseigentum steht dann von seiner Eintragung an im entsprechenden Bruchteilseigentum der Einleger.[290] Nämliches gilt, wenn bei Vorhandensein mehrerer Bruchteilseigentümer zur Bildung von mehreren selbständigen Wohnungseigentumseinheiten Miteigentumsanteile benötigt werden. In diesem Falle sind die von den mehreren Grundstückseigentümern jeweils abzuspaltenden Miteigentumsanteile auf einen dem Verhältnis der abgespalteten Anteile entsprechenden zusammengelegten Miteigentumsanteil zurückzuführen, der dann den Räumlichkeiten, an denen Sondereigentum begründet werden soll, jeweils zugeordnet wird.[291]

---

280 Vgl KEHE-*Herrmann* Einl E 12.
281 BayObLGZ 1969, 82 = DNotZ 1969, 292 = Rpfleger 1969, 165; BayObLG Rpfleger 1974, 315 = DNotZ 1975, 32; *Schöner/Stöber* Rn 2815; KEHE-*Herrmann* Einl E 42.
282 *Schöner/Stöber* Rn 2845; KEHE-*Herrmann* Einl E 46.
283 OLG Hamm OLGZ 1984 54, 58 = MittRhNotK 1984, 14 = Rpfleger 1984, 98.
284 BayObLGZ 1970, 163 = DNotZ 1970, 602 = Rpfleger 1970, 346; OLG Saarbrücken NJW 1972, 691.
285 OLG Saarbrücken NJW 1972, 691 Ls.
286 OLG Köln OLGZ, 1984, 294 = MittRhNotK 1984, 120 = Rpfleger 1984, 268.
287 OLG Jena Rpfleger 1996, 194; *Eickmann-Böhringer* Rn 23, *Palandt-Bassenge* Rn 3, *Staudinger-Rauscher* Rn 14 je zu Art 233 § 4 EGBGB.
288 ÄndG v 30.07.1973 (BGBl I 910).
289 BayObLGZ 1971, 102 = DNotZ 1971, 473; KG NJW-RR 1989, 1360; LG Aachen MittRhNotK 1983, 156.
290 BGHZ 86, 393 = DNotZ 1983, 487 = NJW 1983, 1762 = Rpfleger 1983, 270, LG München I Rpfleger 1969, 431; *Schöner/Stöber* Rn 2814; KEHE-*Herrmann* Einl E 46.
291 Vgl LG Düsseldorf MittRhNotK 1987, 163; LG Bochum Rpfleger 1999, 24.

116   **Jeder Miteigentumsanteil** eines Wohnungseigentümers **muss** stets als Folge von § 6 WEG **mit Sondereigentum verbunden sein.** Miteigentumsanteile ohne Sondereigentum sind nicht eintragungsfähig. Ebenso wenig ist Sondereigentum ohne einen dazugehörigen Miteigentumsanteil begründbar. Dessen ungeachtet kann es zu einem **isolierten Miteigentumsanteil** dadurch kommen, dass das Sondereigentum mangels Errichtung der Räumlichkeiten nicht zur Entstehung gelangt oder weil im Zuge der Bildung von Wohnungs- oder Teileigentum die Verbindung eines Miteigentumsanteils mit dem Sondereigentum an einem Grundstücksteil vorgenommen wurde, der aus Rechtsgründen nicht sondereigentumsfähig ist. Ein isolierter Miteigentumsanteil kann **auf Dauer nicht bestehen bleiben.** Es besteht die Pflicht aller Miteigentümer durch rechtsgeschäftliche Vereinbarung, die Begründungsregelung nach § 3 oder § 8 WEG so zu ändern, damit der gesetzeswidrige isolierte Miteigentumsanteil beseitigt wird.[292] Dies kann einerseits grundsätzlich durch eine **anteilige Übertragung auf die anderen Wohnungseigentümer** erfolgen, wobei der Hinzuerwerb zu deren Miteigentumsanteilen durch Vereinigung oder Zuschreibung (§ 890 BGB) vorzunehmen ist.[293] Vor allem wenn der vermeintliche Gegenstand des Sondereigentums schlechthin sondereigentumsunfähig ist wie zB ein KfZ-Abstellplatz im Freien, besteht in der Regel ein Anspruch gegen die anderen Miteigentümer auf Übernahme des isolierten Miteigentumsanteils. Bis zur Behebung des gesetzlich nicht vorgesehenen Zustandes unterliegt der Inhaber des isolierten Miteigentumsanteils allerdings den Regeln des WEG. Er ist deshalb auch zur anteiligen Kostentragung verpflichtet.[294] Andererseits kann bei einem wegen Widerspruch zwischen Teilungserklärung und Aufteilungsplan nicht entstandenem Sondereigentum ein gegen die übrigen Wohnungseigentümer gerichteter, auf den Grundsatz von Treu und Glauben gestützter Anspruch auf Begründung von Sondereigentum bestehen, der eine Verbindung mit dem isolierten Miteigentumsanteil beinhaltet.[295] Ebenso eröffnet sich einem Käufer, der wegen einer **fehlgeschlagenen Unterteilung** statt einem Wohnungseigentum lediglich einen **isolierten Miteigentumsanteil** erworben hat, die Möglichkeit, durch Inanspruchnahme der Miteigentümer eine Änderung von Teilungserklärung und Aufteilungsplan zu erreichen und auf diesem Weg Wohnungseigentum zu erwerben.[296] Nachdem Wohnungseigentum bereits vor Errichtung des Gebäudes, begründet werden kann (s nachfolgend C 88), liegt in den Fällen, wo es nicht zur Erstellung der Räumlichkeiten kommt, rechtlich gesehen kein isoliertes Miteigentum vor. Der im GB verlautbarte Zustand ist aber dann, wenn auch das Anwartschaftsrecht auf Sondereigentum nicht (mehr) besteht, dadurch zu beseitigen, dass die übrigen Miteigentümer den Anteil übernehmen und das Sondereigentum aufgehoben wird.[297]

117   Ein bestimmtes **Größenverhältnis** zwischen Miteigentumsanteil und dem damit verbundenen Sondereigentum ist gesetzlich **nicht vorgeschrieben.** Sie müssen sich daher nicht wertmäßig entsprechen,[298] wenngleich dies sinnvoll und zweckmäßig sein dürfte, weil sich die Lastentragungspflicht eines Wohnungseigentümers bezüglich des gemeinschaftlichen Eigentums grundsätzlich nach den Miteigentumsanteilen richtet (§ 16 Abs 2 WEG), falls nicht eine davon abweichende Regelung getroffen wird. Bei einer gegen Treu und Glauben verstoßenden Quotenverteilung, die zu grob unbilligen Ergebnissen führt, kann ausnahmsweise ein Anspruch auf Änderung der Miteigentumsanteile bestehen.[299] Ferner können die Wohnungseigentümer abweichend von der Grundsatzregel durch Stimmenmehrheit neue Verteilmaßstäbe für Betriebs- und Verwaltungskosten beschließen, sofern diese einer ordnungsgemäßen Verwaltung entsprechen und nach dem Verbraucher- oder Verursacherprinzip bestimmt werden (vgl § 16 Abs 3 WEG).

118   Die **Aufteilung** in Wohnungseigentum und die **Anlegung** der Wohnungsgrundbücher kann bereits **vor Herstellung der Räumlichkeiten** erfolgen (vgl §§ 3 Abs 1, 8 Abs 1 WEG: ... »zu errichtenden Gebäude« ...), wenn ein Aufteilungsplan mit Abgeschlossenheitsbescheinigung vorliegt. Entstehen kann das Sondereigentum, das ja einen umschlossenen Raum voraussetzt (vgl §§ 3 Abs 2, 8 Abs 2 WEG), erst wenn das Gebäude oder die mehreren Gebäude erstellt sind. Bis zur Fertigstellung des Gebäudes – darunter ist jede Baulichkeit zu verstehen, die einer Nutzung zugängliche Räume enthält[300] – besteht nach allgemeiner Meinung ein **Anwartschaftsrecht auf Sondereigentum,** das sich mit Baufortschritt für jede Wohnungseigentumseinheit zum Voll-

---

292   BGHZ 130, 159 = DNotZ 1996, 289 = NJW 1995, 2851 = Rpfleger 1996, 19; BGHZ 109, 179, 184 = DNotZ 1990, 377 = NJW 1990, 447 = Rpfleger 1990, 62; BGHZ 110, 36 = DNotZ 1990, 259 = NJW 1990, 111 = Rpfleger 1990, 159.

293   BGHZ 109, 179 und auch 110, 36 aaO (Fn wie vor).

294   OLG Hamm, RNotZ 2007, 207 = Rpfleger 2007, 137.

295   Vgl BayObLG FGPrax 2000, 219; s auch *Demharter* NZM 2000, 1196.

296   BGH Rpfleger 2005, 17.

297   S BayObLG FGPrax 2002, 17.

298   BGH DNotZ 1976, 741 = NJW 1976, 1976 = Rpfleger 1976, 352; BGH DNotZ 1987, 208 = NJW 1986, 2759 = Rpfleger 1986, 430; BGH NJW 1995, 2851; BayObLG Rpfleger 1982, 418; BayObLGZ 1985, 47, 50; OLG Frankfurt Rpfleger 1976, 741.

299   S BayObLG 1985, 47 und DNotZ 2000, 208.

300   Vgl LG Münster DNotZ 1953, 148; LG Frankfurt NJW 1971, 759.

recht entwickelt[301] und zwar unabhängig von der Fertigstellung anderer Räume, die zu anderen Wohnungseigentumseinheiten gehören.[302]

Zwingende Voraussetzung für die Begründung von Wohnungseigentum ist zudem, dass das **Gebäude**   **119** **wesentlicher Bestandteil** des aufzuteilenden Grundstücks ist (§ 94 BGB). Im Falle eines **Überbaus** muss die **Duldungspflicht** des Nachbarn (§ 912 Abs 1 BGB) durch Erklärung in der Form des § 29 GBO nachgewiesen werden. Diese entfällt, wenn der Bestand des Überbaus durch eine Grunddienstbarkeit (§ 95 Abs 1 S 2 BGB) abgesichert ist,[303] die zum weitestgehenden Schutz gegen ein Erlöschen als Folge des § 44 Abs 1 ZVG für den Fall einer Zwangsversteigerung in aller Regel die erste Rangstelle im GB innehaben sollte.[304]

dd) Zustimmung Dritter, Genehmigungen. Die Einräumung von Sondereigentum läuft auf eine Inhalts-   **120** änderung des Grundstückseigentums hinaus. Insoweit gelten daher neben dem WEG auch die Vorschriften §§ 873 ff BGB. Daher bedarf es zur vertraglichen Einräumung von Sondereigentum nach § 3 WEG, wenn die bereits bestehenden **Miteigentumsanteile unterschiedlich belastet** sind, der Zustimmung dieser dinglich Berechtigten entsprechend §§ 876, 877 BGB, soweit ihre Rechte durch die Änderung des Haftungsgegenstandes eine Beeinträchtigung erfahren können.[305] Eine Zustimmung derjenigen dinglichen Berechtigten ist dagegen nicht erforderlich, deren Rechte das ganze Grundstück als solches oder alle Miteigentumsanteile in Form einer Gesamtbelastung belasten, weil sie sich an allen begründeten Wohnungseigentumseinheiten fortsetzen und das Haftungsobjekt als Ganzes sich nicht ändert.[306] Der Zustimmung eines zum Gesamtrecht (§ 1132 BGB) werdenden Grundpfandrechts bedarf es zur Aufteilung in Wohnungseigentum auch dann nicht, wenn zugleich mit der Begründung eine Veräußerungsbeschränkung nach § 12 WEG getroffen wird, da der Gläubiger hierdurch nicht gehindert ist weiterhin das gesamte Grundstück versteigern zu lassen (vgl § 63 ZVG), und deshalb keine Beeinträchtigung erfährt.[307] Beschränkt sich die Ausübung eines Rechts, zB eines Wohnungsrechts oder Dauerwohnrechts auf einen in Sondereigentum zu überführenden Gebäudeteil, so bedarf es der Zustimmung der Berechtigten dieser Rechte nicht. Ein solches Recht setzt sich aber nur an demjenigen Wohnungseigentum fort (vgl §§ 1026, 1090 Abs 2 BGB), das von der Ausübung erfasst ist.[308] Soweit jedoch der Ausübungsbereich eines Wohnungsrechts gemeinschaftliches Eigentum aller Wohnungseigentümer betrifft, muss das gesamte Grundstück belastet bleiben.[309]

Zur Sicherung der Zweckbestimmung von Gebieten mit Fremdenverkehrsfunktionen können jedoch Gemein-   **121** den, die oder deren Teile überwiegend durch den Fremdenverkehr geprägt sind, gem § 22 BauGB in einem **Bebauungsplan oder** durch eine sonstige **Satzung** bestimmen, dass für gewisse Grundstücke zur Begründung oder Teilung von Wohnungs- oder Teileigentum eine **Genehmigung** erforderlich ist. Die Gemeinde hat insoweit darzutun, dass durch die Bildung von Sondereigentumsrechten ansonsten eine Beeinträchtigung des Fremdenverkehrs und der städtebaulichen Entwicklung eintreten würde. Einer landesrechtlichen Rechtsverordnung, wie es früher erforderlich war,[310] bedarf es seit dem 01.01.1998 nicht mehr.

Ferner ist es nach § 172 Abs 1 S 1 Nr 2 und S 4 BauGB zum Zwecke der Erhaltung der Zusammensetzung der   **122** Wohnbevölkerung möglich, für die Begründung von Wohnungs- oder Teileigentum an Gebäuden, die ganz oder teilweise Wohnzwecken dienen, eine Genehmigungspflicht einzuführen. Eine derartige Genehmigung, die als Verbot iSd § 135 BGB gilt und grundsätzlich durch die **Gemeinde** zu erteilen ist (§ 173 BauGB), setzt jedoch voraus, dass die Genehmigungspflicht für die betroffenen Grundstücke, welche die Gemeinde durch eine so genannte **Erhaltungssatzung** zu bezeichnen hat, mittels Rechtsverordnung der Landesregierung bestimmt wurde.[311] Das Vorliegen einer derartigen Verordnung ist vom GBA von Amts wegen zu prüfen. Hat ein Bundesland eine solche Verordnung überhaupt nicht erlassen, darf auch kein Negativattest gefordert werden.[312]

---

301 BGHZ 110, 36, 38 aaO (Fn 282); BayObLGZ 1973, 78, 82 = DNotZ 1973, 611, 613; OLG Frankfurt Rpfleger 1978, 380 = OLGZ 1978, 295; OLG Hamm DNotZ 1992, 492 = NJW-RR 1991, 35 = Rpfleger 1990, 509.

302 BGH NJW 1986, 251, 2759; *Palandt-Bassenge* § 2 WEG Rn 10; *Weitnauer* § 3 WEG Rn 67; *Schöner/Stöber* Rn 2873.

303 OLG Stuttgart DNotZ 1983, 444 = Rpfleger, 1982, 375; OLG Hamm MittRhNotK 1984, 14 = OLGZ 1984, 54 = Rpfleger 1984, 98; *Schöner/Stöber* Rn 2817.

304 Vgl zum Grenzüberbau im Einzelnen: *Demharter* Rpfleger 1983, 133 und *Ludwig* DNotZ 1983, 411.

305 BayObLG 1957, 115 = NJW 1957, 1940; BayObLG Rpfleger 1986, 177; OLG Frankfurt MittBayNot 1986, 23 = OLGZ 1987, 266; *Schöner/Stöber* Rn 2849; KEHE-*Herrmann* Einl E 45.

306 BGHZ 49, 250 aaO (Fn 261); BayObLGZ 1958, 263; BayObLG Rpfleger 1974, 314.

307 OLG Frankfurt NJW-RR 1996, 918 = Rpfleger 1996, 340.

308 BayObLG 1957, 102 = NJW 1957, 1840; OLG Frankfurt DNotZ 1960, 153 = NJW 1959, 1977; OLG Oldenburg NJW-RR 1989, 273.

309 Vgl OLG Hamm FGPrax 2000, 132.

310 Vgl für Bayern VO v 07.07.1988, GVBl 119.

311 Vgl derzeit nur für Hamburg VO v GVBl 1998, 3.

312 OLG Hamm FGPrax 1999, 132 = Rpfleger 1999, 487; OLG Zweibrücken DNotZ 1999, 825 = Rpfleger 1999, 441.

123 Sofern unter elterlicher Sorge, Vormundschaft, Pflegschaft oder Betreuung stehende Personen an der Begründung von Wohnungseigentum beteiligt sind, benötigen die gesetzlichen Vertreter nach §§ 1821 Abs 1 Nr 1, 1643 Abs 1, 1908i, 1915 Abs 1 BGB eine **vormundschafts- bzw familiengerichtliche Genehmigung.**[313]

c) Gegenstand des gemeinschaftlichen Eigentums und des Sondereigentums. aa) Gemeinschaftli-
124 ches Eigentum. Unabdingbar zum Gemeinschaftseigentum gehören:

– Das **Grundstück** als solches, dh die außerhalb des Gebäudes liegenden Grundstücksflächen (§ 1 Abs 5 WEG). Sondereigentumsfähig sind daher zB weder plattierte Terrassenflächen ohne vertikale Begrenzung,[314] noch (abgegrenzte) Kfz-Stellplätze im Freien,[315] letztere auch dann nicht, wenn sie als Carport mit einer Überdachung versehen sind.[316]

– Die **für den Bestand, die Sicherheit und die äußere Gestaltung des Gebäudes maßgeblichen Bestandteile** (§ 5 Abs 1, 2 WEG), auch wenn sie sich im Bereich von Sondereigentum befinden sollten. Zu nennen sind hier insbesondere Fundamente, tragende Mauern, Brandmauern, Geschossdecken,[317] Dächer, Schornsteine, Außenputz,[318] Wohnungsabschlusstüren,[319] Außenfenster,[320] äußere Fensterbänke,[321] Rollladenkästen außen,[322] Balkonbrüstungen,[323] Isolierungsschichten gegen Feuchtigkeit und zur Schall- oder Wärmedämmung,[324] Außenanstrich. Konstruktive Gebäudeteile sind selbst dann Gemeinschaftseigentum aller Wohnungseigentümer, wenn das Gebäude nicht Sondereigentum jedes Wohnungseigentümers enthält, was bei Vorhandensein mehrerer Gebäude auf dem Grundstück möglich ist.[325] Auch Heizungs- oder Thermostatventile an Heizkörpern in Wohnungseigentumsanlagen sind Bestandteile des Gemeinschaftseigentums.[326] Unterschiedlich beurteilt sich die Zuordnung von Markisen. Eine Markisenanlage ist aber zumindest dann Gemeinschaftseigentum, wenn sie ein einheitliches, für die gesamte Front des Hauses kennzeichnendes Bild abgibt und sich die Stellmotoren für die Anlage in den Decken des Hauseingangsbereichs befinden.[327]

– Die **Anlagen** und **Einrichtungen** sowie nach dem Sinn der Vorschrift des § 5 Abs 2 WEG auch die **Räume,**[328] die dem **gemeinschaftlichen Gebrauch dienen.** Entscheidend für die Zugehörigkeit zum Gemeinschaftseigentum ist, dass ihr Zweck darauf gerichtet sein muss, den Wohnungseigentümern insgesamt einen dauerhaften und ungestörten Gebrauch ihrer im Sondereigentum stehenden Räume und der gemeinschaftlichen Räume zu ermöglichen. Hierunter fallen zB Treppenhaus, Fahrstuhl, Heizungsanlage, Gemeinschaftsantenne, Trockenraum, Fahrradabstellraum, Hauptstränge von Versorgungsleitungen.[329] Nehmen das Wohngebäude und eine daneben errichtete Garage die gesamte Grundstücksbreite zur öffentlichen Zuwegung ein, so kann aus § 5 Abs 2 WEG nicht die zwingende Notwendigkeit abgeleitet werden, dass die Garage im Gemeinschaftseigentum stehen muss, um für die Wohnungseigentümer den Zugang zu der hinter den Gebäude liegenden unbebauten Grundstücksfläche zu sichern.[330] Steht jedoch der **Kellerraum,** in dem sich die Heizungsanlage und Öltank einer Eigentumswohnanlage befinden, gemäß der Teilungserklärung **im Gemeinschaftseigentum,** so sind auch die Räumlichkeiten, die den einzigen Zugang zum Heizungsraum bilden, zwingend gemeinschaftliches Eigentum.[331] Ferner, wenn in Räumen, an denen nach der Teilungserklärung Sondereigentum begründet werden soll, planwidrig Zählereinrichtungen, wie Hauptwasseruhr nebst Leitung, Stromverteilung nebst Zählern, Hauptsicherungskästen und Postanschlussverteilung zum Einbau kommen, verbleiben diese Räume einschließlich der Zugangsräume im gemeinschaftlichen Eigentum.[332]

---

313 Vgl *Bärmann-Pick-Merle* Rn 29 ff, *Soegel-Stürner* Rn 6 je zu § 4 WEG; *Schöner/Stöber* Rn 2850.
314 OLG Köln Rpfleger 1982, 278.
315 OLG Hamm DNotZ 1975, 108 = NJW 1975, 60 = Rpfleger 1975, 27, OLG Frankfurt Rpfleger 1978, 380.
316 BayObLGZ 1986, 29 = BWNotZ 1986, 87 = MittBayNot 1986, 79 = NJW-RR 1986, 71 = Rpfleger 1986, 217.
317 BayObLG NJW-RR 1994, 82.
318 OLG Düsseldorf, BauR 1975, 490.
319 LG Stuttgart Rpfleger 1973, 401; OLG Hamm OLGZ 1994, 314.
320 OLG Düsseldorf NJW-RR 1998, 515, das eine entgegenstehende Vereinbarung in der Teilungserklärung für unwirksam erklärt hat; OLG Hamm NJW-RR 1992, 148; OLG Bremen DWE 1987, 59; OLG Oldenburg WEZ 1988, 281; LG Lübeck Rpfleger 1985, 490.
321 OLG Frankfurt NJW 1975, 2297.
322 LG Memmingen Rpfleger 1978, 101.
323 BayObLG NJW-RR 1990, 784.
324 BGH NJW 1991, 2480; BayObLG NJW-RR 1994, 598, BayObLGZ 1982, 203 = Rpfleger 1982, 278; OLG Frankfurt OLGZ 1984, 148.
325 BGHZ 50, 56 = DNotZ 1968, 420 = Rpfleger 1968, 181; BayObLGZ 1966, 20 = DNotZ 1966, 488 = Rpfleger 1966, 149; OLG Frankfurt Rpfleger 1975, 179.
326 OLG Hamm FGPrax 2001, 14.
327 So OLG Frankfurt DNotZ 2007, 469.
328 BGHZ 73, 302 = NJW 1979, 2391 = Rpfleger 1979, 255; BGH DNotZ 1992, 224 = NJW 1991, 2909 = Rpfleger 1991, 454.
329 Vgl *Schöner/Stöber* Rn 2826–2828.
330 OLG Hamm FGPrax 2001, 107.
331 BayObLG Rpfleger 2004, 214.
332 OLG Hamm NotBZ 2006, 27 = RNotZ 2005, 606.

In abdingbarer Weise zählen zum gemeinschaftlichen Eigentum alle Räumlichkeiten oder Bestandteile eines   **125**
Gebäudes, die zwar sondereigentumsfähig sind, aber **nicht zum Sondereigentum erklärt** wurden (vgl § 1
Abs 5 WEG) sowie diejenigen Bestandteile, die kraft ausdrücklicher **Vereinbarung** Gemeinschaftseigentum
bleiben (§ 5 Abs 3 WEG).[333] Als Beispiele seien dazu genannt Keller- oder Speicherräume, nichttragende Zwischenwände innerhalb einer zu Sondereigentum erklärten Wohnung. Ferner Ver- und Entsorgungsleitungen,
selbst wenn sie nur dem Gebrauch eines Sondereigentümers dienen und sich im Bereich eines (anderen) Sondereigentums befinden.[334]

Die bislang streitige Zugehörigkeit des **Verwaltungsvermögens** zur insoweit rechtsfähigen Gemeinschaft der   **126**
Wohnungseigentümer ist nunmehr gesetzlich geregelt (§ 10 Abs 7 WEG). Hinsichtlich der das Verwaltungsvermögen betreffenden Forderungen und Verbindlichkeiten ist die **Wohnungseigentümergemeinschaft beteili-
gungsfähig**. Ein Verwalter kann durch Eigentümerbeschluss mit der gerichtlichen und außergerichtlichen
Geltendmachung von Wohngeldforderungen beauftragt werden. Ein Zurückbehaltungsrecht kann Wohngeldforderungen grundsätzlich nicht entgegengehalten werden.[335] Im Übrigen siehe zum Verwaltungsvermögen
Rdn 105–106.

bb) Sondereigentum. Gegenstand des Sondereigentums können gemäß § 5 Abs 1, §§ 3, 8 WEG sein   **127**
– die zum Sondereigentum erklärten, **abgeschlossenen Räumlichkeiten**, die ihrem Zweck entsprechend
  entweder als Wohnungen oder zu anderer Nutzung dienen sollen und
– die zu den im Sondereigentum stehenden Räumen gehörigen **Gebäudebestandteile**, die verändert, beseitigt oder eingefügt werden können, ohne dass dadurch das gemeinschaftliche Eigentum oder das Sondereigentum anderer Wohnungseigentümer unzulässigerweise beeinträchtigt oder die äußere Gebäudegestaltung
  verändert wird.

Dem Sondereigentum zugehörig sind demnach insbesondere nichttragende Zwischenwände, Innentüren,   **128**
Innenputz, Tapeten, Wand- und Deckenverkleidungen, Innenanstrich, Fußbodenbelag;[336] Heizkörper und
Teile davon, soweit sie nicht für die Funktion der Gesamtanlage notwendig sind;[337] Versorgungsleitungen ab
Abzweigung von der Hauptleitung an;[338] ebenso eine Abwasserhebeanlage, die sich zwar im gemeinschaftlichen
Heizungskeller befindet, aber lediglich der Abwasserentsorgung einer einzelnen Eigentumswohnung dient;[339]
ferner Bade- und Wascheinrichtungen, Einbauküchen, Einbauschränke, Etagenheizung, Rollläden.[340] Balkone,
Loggien, ebenerdige Terrassen, die vertikal abgegrenzt sind und Dachterrassen können mit Ausnahme ihrer
konstruktiven Teile Sondereigentum sein, wenn sie nur von einer Wohnung aus zugänglich sind.[341]

Abgeschlossene **Keller- und Speicherräume** können trotz räumlicher Trennung zum Sondereigentum einer   **129**
Wohnung gehören, wenn sie nicht ein selbständiges Teileigentum bilden, also mit einem eigenen Miteigentumsanteil am Grundstück nebst Gebäude verbunden sind.[342] Zulässig ist es auch, mehrere zum Sondereigentum erklärten Wohnungen mit einem Miteigentumsanteil zu verbinden. Insoweit müssen nur die mehreren
Wohnungen eindeutig gegenüber dem Gemeinschaftseigentum und dem Sondereigentum der anderen Wohnungseigentümer abgegrenzt und jeweils vom gemeinschaftlichen Eigentum aus zugänglich sein. Nicht erforderlich ist dagegen, dass die mehreren Wohnungen auch insgesamt in sich abgeschlossen sind.[343]

Garagenstellplätze in Gebäuden sind sondereigentumsfähig, wenn sie durch dauerhafte Markierung vom   **130**
Gemeinschaftseigentum und anderem Sondereigentum abgegrenzt sind (§ 3 Abs 2 S 2, § 8 Abs 2 WEG). Zum
Sondereigentum erklärt werden können auch dauerhaft markierte Kfz-Stellplätze, die sich auf dem nicht über-
dachten Oberdeck eines Gebäudes befinden,[344] **nicht** dagegen **Abstellplätze im Freien**, denen die für die Bil-

---

333 Vgl KEHE-*Herrmann* Einl E 18.
334 OLG Düsseldorf FGPrax 1998, 174.
335 OLG München Rpfleger 2005, 662.
336 BayObLG NJW-RR 1994, 598.
337 OLG Köln DWE 1990, 108.
338 BayObLG WEZ 1988, 417. **AA** KG WE 1989, 97, das von Gemeinschaftseigentum im Bereich fremden Sondereigen-
     tums ausgeht.
339 OLG Düsseldorf FGPrax 2001, 1.
340 LG Memmingen, Rpfleger 1978, 101.
341 BayObLGZ 1974, 269; 1982, 203 = Rpfleger 1982, 278; Rpfleger 1974, 316; OLG Frankfurt MittBayNot 1975, 225
     = NJW 1975, 2297 = Rpfleger 1975, 178; OLG Köln Rpfleger 1976, 185; *Schöner/Stöber* Rn 2820 und 2831; KEHE-
     Herrmann Einl E 31.
342 BayObLG DNotZ 1981, 123; 1981, 565; MDR 1981, 145; KEHE-*Herrmann* Einl E 30.
343 BayObLGZ 1971, 102 = DNotZ 1971, 473; LG Aachen MittRhNotK 1983, 156.
344 OLG Frankfurt DNotZ 1977, 635 = Rpfleger 1977, 312; OLG Hamm DNotZ 1999, 216 = Rpfleger 1998, 241;
     OLG Köln DNotZ 1984, 700 = Rpfleger 1984, 464; *Merle* Rpfleger 1977, 196; *Schöner/Stöber* Rn 2835. **AA** *Weitnauer*
     § 5 WEG Rn 10.

dung von Sondereigentum zwingend gebotene Raumeigenschaft fehlt.[345] Sollte eine Begründung von Sondereigentum an der vorgenannten Voraussetzung scheitern, ist eine **Umdeutung** in ein **Sondernutzungsrecht** denkbar.[346] Streitig ist, ob markierte Kfz-Stellplätze auf einem ebenerdigen Dach einer Tiefgarage, das von der Umgebung nicht abgegrenzt ist, Sondereigentum sein können.[347] In konsequenter Auslegung des Begriffes »Garagenstellplatz« der Dachstellplätze wohl mit einschließt, ist die Begründung von Sondereigentum auch in diesem Fall für zulässig zu erachten. Nach der Rechtsprechung fehlt es für den einzelnen Stellplatz auf der Hebebühne einer **Duplexgarage** am sondereigentumsfähigen Raum iS von § 3 Abs 2 WEG, so dass lediglich beide Stellplätze zusammen, einschließlich der Hebevorrichtung,[348] zum Sondereigentum erklärbar seien und ihre Benutzung nur über § 1010 BGB dinglich absicherbar.[349] Zu Recht wird gerügt, dass für jeden Stellplatz die räumliche Umgrenztheit vorliegt und die alternative Nutzung des Luftraumes über der Hebebühne der Sondereigentumsfähigkeit nicht entgegenstehen kann.[350]

131   **Mitsondereigentum**, darunter ist gemeinschaftliches Sondereigentum zu verstehen, das zugleich mit mehreren Miteigentumsanteilen verbunden ist, **kann weder vertraglich eingeräumt noch durch Teilung begründet werden.**[351] Dies folgt daraus, dass Miteigentumsanteil und Sondereigentum wegen ihrer untrennbaren Verbindung (§ 6 WEG) logisch notwendig nur demselben Eigentümer zustehen können und die Verbindung eines Miteigentumsanteils mit dem Bruchteil eines Sondereigentums gesetzlich nicht vorgesehen ist. Trotzdem wird Mitsondereigentum, das zwangsläufig entsteht, beispielsweise an einer nichttragenden Wand, die nicht zum Gemeinschaftseigentum erklärt wurde (vgl § 5 Abs 3 WEG) und zwei Wohnungen voneinander trennt, für zulässig erachtet.[352]

132   **cc) Abweichen der Bauausführung vom Teilungsplan.** Wird bei der Bauausführung einer Wohnungseigentumsanlage von dem Aufteilungsplan in einer Weise abgewichen, die es unmöglich macht, die errichteten Räume einer in dem Aufteilungsplan ausgewiesenen Raumeinheit zuzuordnen, **entsteht** an ihnen **kein Sondereigentum sondern gemeinschaftliches Eigentum.**

Ist aus diesem Grund nur ein isolierter, nicht mit Sondereigentum verbundener Miteigentumsanteil erworben worden, so sind die Miteigentümer verpflichtet, den Teilungsvertrag nebst Aufteilungsplan der tatsächlichen Bebauung anzupassen, soweit ihnen dies – ggf. auch gegen Ausgleichszahlungen – zumutbar ist.[353] Ansonsten kann bei weniger gravierenden Abweichungen Sondereigentum nur in den durch die Teilungserklärung und den Aufteilungsplan vorgegebenen und im GB über § 7 Abs 3 WEG zur Eintragung gelangten Grenzen entstehen und nicht entsprechend der tatsächlichen Bauausführung. Auch ein nachfolgender Eigentumserwerb richtet sich lediglich nach dem eingetragenen Grundbuchinhalt.[354]

d) Ausgestaltung des Gemeinschaftsverhältnisses. aa) Das Verhältnis der Wohnungseigentümer
133   **untereinander.** Das Verhältnis der Wohnungseigentümer untereinander bestimmt sich primär nach den Vorschriften des WEG und sekundär, soweit dieses Gesetz keine Regelung enthält, nach den Vorschriften des BGB über die Bruchteilsgemeinschaft (§ 10 Abs 2 S 1 WEG). Von den gesetzlich vorgegebenen Bestimmungen können jedoch abweichende Vereinbarungen getroffen werden, soweit nicht zwingend etwas anderes bestimmt ist (§ 10 Abs 2 S 2 WEG). Die Regelung des § 10 Abs. 2 WEG kann jedoch nicht in der Weise durch eine (im GB eingetragene) Vereinbarung abbedungen werden, dass jegliche schuldrechtliche Vereinbarungen auch ohne Eintragung im GB gegenüber einem Sonderrechtsnachfolger wirksam sein sollen.[355] Die Gesamtheit der Rechtsregeln, die unter den Wohnungseigentümern gelten, wird als **Gemeinschaftsordnung** bezeichnet. Sie gilt auch für und gegen jeden Rechtsnachfolger eines Wohnungseigentümers und wirkt wie eine Art Satzung der

---

345 OLG Hamm DNotZ 1975, 108 = NJW 1975, 60 = Rpfleger 1975, 27; OLG Frankfurt Rpfleger 1978, 380.
346 S dazu OLG Köln MittRhNotK 1996, 61; *Abramenko* Rpfleger 1998, 313.
347 Zustimmend OLG Köln aaO (Fn 334); Ablehnend OLG Frankfurt OLGZ 1984, 32 = Rpfleger 1983, 482.
348 Unrichtig jedenfalls insoweit OLG Düsseldorf MittBayNot 2000, 346 m abl Anm *Häublein*, das von Gemeinschaftseigentum aller Wohnungseigentümer an der Hebeanlage ausgeht.
349 BayObLGZ 1995, 53 = DNotZ 1995, 622 = Rpfleger 1995, 346; BayObLGZ 1974, 466 = DNotZ 1976, 28 = Rpfleger 1975, 90; OLG Düsseldorf MittRhNotK 1978, 85; Thüringer OLG FGPrax 2000, 7.
350 *Linderhaus* MittRhNotK 1978, 86; *Sauren* MittRhNotK 1982, 213; *Gleichmann* Rpfleger 1988, 10; *Schöner/Stöber* Rn 2836.
351 OLG Schleswig RNotZ 2007, 279 = WM 2007, 285; BayObLGZ 1981, 407 = DNotZ 1982, 246; BayObLGZ 1986, 26 = DNotZ 1986, 494 = Rpfleger 1986, 220; BayObLGZ 1987, 390 = DNotZ 1988, 316 = Rpfleger 1988, 102, OLG Düsseldorf Rpfleger 1975, 308; OLG Hamm DNotZ 1987, 225 = OLGZ 1986, 415 = Rpfleger 1986, 374.
352 OLG Zweibrücken DNotZ 1988, 705 = NJW-RR 1987, 332 = Rpfleger 1987, 106 = WM 1987, 60; gleichfalls BGH FGPrax 2001, 65; *Weitnauer* § 5 WEG Rn 36; *Schöner/Stöber* Rn 2824.
353 BGH Rpfleger 2004, 207.
354 Vgl OLG Zweibrücken Rpfleger 2006, 394.
355 OLG Hamm Rpfleger 2008, 192.

Gemeinschaft.[356] Die in einem Vertrag nach § 3 WEG oder in einer einseitigen Teilungserklärung nach § 8 WEG festgelegten abweichenden Vereinbarungen über das Verhältnis der Wohnungseigentümer untereinander können zum Inhalt des Sondereigentums gemacht werden (§ 5 Abs 4 S 1, § 8 Abs 2 WEG). **Gegen** einen Sonderrechtsnachfolger wirken sie jedoch nur, wenn sie im Grundbuch eingetragen sind (§ 10 Abs 3 WEG). **Zugunsten** eines Sonderrechtsnachfolgers wirken Vereinbarungen auch ohne Eintragung (§ 746 BGB).[357]

Beschlüsse der Wohnungseigentümer gemäß § 23 WEG **und gerichtliche Entscheidungen** in einem Rechtsstreit gemäß § 43 WEG **bedürfen zu ihrer Wirksamkeit** gegenüber Sonderrechtsnachfolger eines Wohnungseigentümers **nicht der Eintragung im GB** (§ 10 Abs 4 WEG). Die Wirkungen eines Mehrheitsbeschlusses bestehen auch gegenüber jenen Wohnungseigentümern, die dagegen gestimmt oder an der Abstimmung nicht mitgewirkt haben (§ 10 Abs 5 WEG). **134**

Kraft gesetzlicher Befugnis können die Wohnungseigentümer **durch Stimmenmehrheit beschließen** über **135**
– die Aufhebung einer Verfügungsbeschränkung (§ 12 Abs 4 S 1 WEG),
– Gebrauchsregelungen (§ 15 Abs 2 WEG),[358]
– Die Neuverteilung von Betriebs- und Verwaltungskosten (§ 16 Abs 3 WEG),
– Änderungen des Verteilungsmaßstabs von Kosten für bauliche Veränderungen und Instandsetzungsarbeiten (§ 16 Abs 4 WEG)
– die Entziehung des Wohnungseigentums (§ 18 Abs 3 WEG),
– die Verwaltung des gemeinschaftlichen Eigentums nach Maßgabe der §§ 21 Abs 3 und 5 WEG,
– Regelungen bezüglich der Fälligkeit und Verzugsfolgen, der Art und Weise von Zahlungen und der Kosten für eine besondere Nutzung (§ 21 Abs 7 WEG),
– Modernisierungsmaßnahmen entsprechend § 559 Abs 1 BGB oder Maßnahmen, die dem Stand der Technik dienen (§ 22 Abs 2 WEG),
– die Bestellung und Abberufung des Verwalters (§ 26 Abs 1 WEG),
– die Bestellung von Wohnungseigentümern als Vertreter der Gemeinschaft (§ 27 Abs 3 S 2 WEG),
– den Wirtschaftsplan, die Abrechnung und die Rechnungslegung (§ 28 Abs 5 WEG) sowie
– die Bestellung eines Verwaltungsbeirats (§ 29 Abs 1 WEG).

In anderen Wohnungseigentumsangelegenheiten sind, sofern die Gemeinschaftsordnung dies vorsieht und nicht bereits Vereinbarungen vorliegen, ebenfalls Mehrheitsbeschlüsse zulässig. Für das Zustandekommen eines Mehrheitsbeschlusses genügt **in aller Regel eine einfache Mehrheit**, falls nicht das Gesetz zwingend eine qualifizierte Mehrheit vorschreibt(zB § 16 Abs 4 S 2, § 18 Abs 3 S 2, § 22 Abs 2 S 1 § 23 Abs 3 WEG) oder die Teilungserklärung (zulässigerweise) etwas anderes bestimmt. Die **Eintragung einer** vereinbarten **Öffnungsklausel** im GB, wonach über Änderungen der Gemeinschaftsordnung durch (qualifizierten) Mehrheitsbeschluss entschieden werden kann, bedarf **nicht der Zustimmung dinglich berechtigter Dritter**, zB eingetragener Grundpfandrechtsgläubiger, weil diese allein durch die Öffnungsklausel in ihrer dinglichen Rechtsposition nicht beeinträchtigt werden.[359] Allerdings ist eine Bestimmung in der Teilungserklärung, dass Beschlüsse der Wohnungseigentümerversammlung grds nur mit 3/4-Mehrheit zustande kommen und nur bei Angelegenheiten, denen keine erhebliche Bedeutung zukommt, die einfache Mehrheit genügt, zu unbestimmt und daher unwirksam.[360] Ein **Mehrheitsbeschluss** liegt vor, **wenn mehr Ja- als Neinstimmen abgegeben wurden**. Stimmenthaltungen bleiben außer Betracht.[361] Die Feststellung, dass ein Mehrheitsbeschluss zustande gekommen ist, setzt insoweit die Ermittlung der Ja-Stimmen voraus; die Feststellung der Anzahl der Nein-Stimmen und der Stimmenthaltungen reicht nicht aus.[362] Soweit allerdings die GemO oder ein Eigentümerbeschluss nichts anderes bestimmt, kann das Ergebnis der Abstimmung in einer Wohnungseigentümerversammlung auch durch die sog Subtraktionsmethode ermittelt werden, in dem nach Abstimmung über zwei von drei auf Zustimmung, Ablehnung oder Enthaltung gerichteten Abstimmungsfragen, die Zahl der noch nicht abgegebenen Stimmen als Ergebnis der dritten Abstimmungsfrage gewertet wird. Das setzt aber voraus, dass für den Zeitpunkt der jeweiligen Abstimmung die Anzahl der anwesenden und vertretenen Wohnungseigentümer feststeht und bei Abweichung vom Kopfteilprinzip auch deren Stimmkraft feststeht.[363] **136**

Die **Ausübung des Stimmrechts** steht nach § 25 Abs 2 WEG den Wohnungseigentümern zu. Daran ändert sich auch nichts, wenn das Wohnungseigentum mit einem **Nießbrauch** belastet ist. Das Stimmrecht geht **137**

---

356 BGHZ 49, 250 = DNotZ 1968, 417 = Rpfleger 1968, 114; BayObLGZ 1959, 457 = NJW 1960, 292; KEHE-*Herrmann* Einl E 74; *Diester* Rpfleger 1965, 199; *Röll* Rpfleger 1976, 283.
357 BayObLG MittBayNot 1992, 266.
358 ZB die Vermietbarkeit von in Gemeinschaftseigentum stehenden Räumen falls keine entgegenstehende Vereinbarung vorliegt, vgl BGH FGPrax 2000, 187.
359 OLG Düsseldorf, Rpfleger 2004, 347.
360 Vgl KG FGPrax 1998, 135.
361 BGHZ 106, 179 = DNotZ 1990, 31 = JR 1989, 325 = NJW 1988, 1090 = Rpfleger 1989, 233.
362 OLG Düsseldorf FGPrax 2000, 140.
363 Vgl BGH DNotZ 2003, 43 = ZfIR 2002, 914.

ebenso wenig hinsichtlich einzelner Beschlussgegenstände auf den Nießbraucher über und der Wohnungseigentümer muss ferner sein Stimmrecht weder allgemein noch in einzelnen Angelegenheiten gemeinsam mit dem Nießbraucher ausüben. Durch das zwischen dem Wohnungseigentümer und dem Nießbraucher bestehende Begleitschuldverhältnis kann zwar eine Verpflichtung des Eigentümers zur Wahrnehmung berechtigter Interessen des Nießbrauchers bestehen, jedoch wird durch eine Missachtung dieser Verpflichtung die Gültigkeit der Beschlussfassung nicht berührt.[364]

138 Soweit bei der Beschlussfassung gegen dispositive Vorschriften des WEG, gegen die Teilungserklärung mit Gemeinschaftsordnung oder im Einzelfall gegen Grundsätze von Treu und Glauben verstößt, ist der Beschluss sowohl bei formellen Mängeln als auch aus inhaltlichen Gründen binnen einer Frist von einem Monat ab dem Tag der Beschlussfassung **anfechtbar** mit dem Ziel, dass ihn das zuständige Gericht in Wohnungseigentumssachen durch rechtskräftiges Urteil für ungültig erklärt (§ 23 Abs 4 S 1, § 43 Abs 1 Nr 4, § 46 Abs 1 S 2 WEG). Die **Anfechtung von Beschlüssen** der Wohnungseigentümerversammlung betrifft die Willensbildung innerhalb der Gemeinschaft und richtet sich daher nicht gegen den Verband, sondern gegen die übrigen Wohnungseigentümer.[365] Das Fehlen der Beschlussfähigkeit nach § 25 Abs 3 WEG begründet nur die Anfechtbarkeit des Beschlusses, nicht jedoch seine Nichtigkeit.[366] Darüber hinaus sind sowohl § 25 Abs 3 WEG wie auch Abs 4 durch Vereinbarung (§ 10 Abs 3 WEG) abdingbar.[367] Ebenfalls nur anfechtbar ist ein Beschluss, der die Instandhaltung oder Instandsetzung des gemeinschaftlichen Eigentums gemäß § 22 Abs 3 WEG betrifft, aber nicht mehr (nur) eine »ordnungsgemäße« Maßnahme iSd § 21 Abs 5 Nr 2 WEG zum Inhalt hat.[368] Unterbleibt die rechtzeitige Anfechtung, erlangt der Beschluss endgültige Verbindlichkeit nach § 10 Abs 3 und 4 WEG. Weist die Teilungserklärung die Entscheidung über bauliche Veränderungen der Eigentümerversammlung zu, ohne klarzustellen, ob in Abweichung von § 22 Abs 1 WEG ein Mehrheitsbeschluss genügt, ist diese Gemeinschaftsangelegenheit damit durch Vereinbarung, dh durch eine sog **Öffnungsklausel** der Beschlusskompetenz überantwortet.[369]

139 Sofern der Beschluss gegen eine Rechtsvorschrift verstößt, auf deren Einhaltung nicht rechtswirksam verzichtet werden kann, ist er **nichtig** (§ 23 Abs 4 S 1 WEG) und zeitigt keinerlei Wirkungen.[370] Durch Beschlussfassung können generell nur solche Angelegenheiten geordnet werden, über die nach dem WEG oder nach einer Vereinbarung die Wohnungseigentümer durch Beschluss entscheiden dürfen, andernfalls bedarf es einer Vereinbarung.[371] »**Ein-Mann-Beschlüsse**« des teilenden Eigentümers oder seines Rechtsnachfolgers im gesamten Eigentum **sind unbeachtlich** und können beispielsweise Wohngeldansprüche nicht begründen. Eine werdende Eigentümergemeinschaft kann erst entstehen, wenn der Anspruch mindestens eines Erwerbers auf Eigentumsverschaffung an einzelnen Einheiten durch Eigentumsvormerkung gesichert ist. Sie entsteht nicht, wenn das in WE aufgeteilte Eigentum insgesamt an einen Erwerber übertragen wird.[372] Eine **Anfechtung von nichtigen Beschlüssen ist nicht erforderlich**, weil § 23 Abs 4 WEG für eine Ungültigerklärung voraussetzt, dass überhaupt durch Beschluss entschieden werden durfte.

140 Auch einem formal einwandfrei zustande gekommenen negativen Abstimmungsergebnis durch Ablehnung eines Beschlussantrags mit Mehrheit oder infolge Stimmengleichheit kommt Beschlussqualität zu.[373] Es handelt sich dabei um einen sog **Negativbeschluss**, der gleichfalls eine nach § 23 Abs 4 S 2 iVm § 46 Abs 1 WEG **anfechtbare Entscheidung** darstellt.[374]

141 Völlig **ohne Rechtswirkung** sind dagegen »Beschlüsse« die eine Minderheit, etwa eine Gruppe von Wohnungseigentümern, fasst. Es handelt sich dabei um keinen Beschluss iS des WEG.

142 **bb) Eintragungsfähige Regelungen.** Die wichtigsten Anwendungsfälle von eintragungsfähigen Regelungen nach § 10 Abs 3 WEG[375] sind Veräußerungsbeschränkungen nach § 12 Abs 1 WEG, Regelungen über den Gebrauch des gemeinschaftlichen Eigentums und des Sondereigentums gemäß § 15 Abs 1 WEG, die Bestimmung der Kosten- und Lasteneintragung hinsichtlich des gemeinschaftlichen Eigentums, abweichend von § 16 Abs 2 WEG, sowie abgeänderte Vereinbarungen bezüglich der Verwaltung des gemeinschaftlichen Eigentums.

---

364 Vgl BGH FGPrax 2002, 156.
365 BGHZ 163, 154 = NJW 2005, 2061 = Rpfleger 2005, 521.
366 BayObLG WE 1991, 285; WM 1993, 488; OLG Hamm WE 1993; *Weitnauer* § 25 WEG Rn 2.
367 OLG München MittBayNot 2006, 332; KG WE 1994, 82; BayObLG WE 1989, 64; Vgl auch *Schöner/Stöber* Rn 2925.
368 BGHZ 145, 158 = FGPrax 2000, 222 = NJW 2000, 3500 = Rpfleger 2001, 19.
369 KG FGPrax 2000, 217.
370 BGHZ 107, 268 = DNotZ 1990, 34 = NJW 1989, 2059 = Rpfleger 1989, 325.
371 BGHZ 145, 158 aaO (Fn 357).
372 OLG München FGPrax 2006, 63 = NotBZ 2006, 235 = Rpfleger 2006, 317.
373 BGH FGPrax 2001, 231.
374 OLG Düsseldorf FGPrax 2002, 104.
375 Vgl *Schöner/Stöber* Rn 2890 ff; KEHE-*Herrmann* Einl E 63 ff und E 83 ff.

(1) Veräußerungsbeschränkungen (§ 12 Abs 1 WEG). Häufig wird die Veräußerung des Wohnungseigen- **143** tums von der **Zustimmung des Verwalters oder anderer Eigentümer** abhängig gemacht. Hierbei können Einzelfälle wieder ausgenommen werden (zB die Erstveräußerung,[376] die Veräußerung an Verwandte in gerader Linie, durch den Insolvenzverwalter oder im Wege der Zwangsvollstreckung[377]). Eine **gesetzliche Ausnahme** für eine wirksame Erstveräußerung regelt § 61 WEG, wenn die Eintragung der Veräußerung oder die einer Eigentumsvormerkung vor dem 15.01.1994 erfolgt ist. Eine nach § 12 WEG getroffene Vereinbarung, die eine Ausnahme zu nach § 137 S 1 BGB ansonsten nicht rechtsgeschäftlich begründbaren Veräußerungsbeschränkungen darstellt, bewirkt, dass sowohl der schuldrechtliche Vertrag als auch die Übereignung schwebend unwirksam sind,[378] solange die erforderliche Zustimmung nicht erteilt ist. Die **Versagung der Zustimmung** ist **nur aus** einem (objektiv) **wichtigen Grund** möglich (§ 12 Abs 2 S 1 WEG), der eine nachhaltige Störung der Wohnungseigentümergemeinschaft bewirkt und sich aus der Person des Erwerbers ergeben muss.[379] Der Begriff des »wichtigen Grundes« iS der vorgenannten Bestimmung ist ein unbestimmter Rechtsbegriff dessen Ausfüllung im Einzelfall eine Rechtsfrage und damit vom Rechtsbeschwerdegericht nachprüfbar ist.[380] Im Falle der Verpflichtung des Zustimmungsberechtigten zur Abgabe der Zustimmungserklärung im gerichtlichen Verfahren nach § 43 WEG gilt die Erklärung mit Eintritt der Rechtskraft der Entscheidung nach § 894 ZPO als abgegeben.[381] Die Zustimmung darf nicht von einer Kostenübernahme[382] oder der Bezahlung rückständiger oder streitiger Wohngeldforderungen abhängig gemacht werden.[383]

Die **Veräußerungsbeschränkung** ist nach § 3 Abs 2 WGV **unmittelbar** in das GB **einzutragen, ein-** **144** **schließlich etwaiger Einschränkungen.** Eine Eintragung unter Bezugnahme auf den Inhalt des Sondereigentums (§ 7 Abs 3 WEG), genügt formellrechtlich nicht.[384] Ist als Inhalt des Sondereigentums vereinbart, dass ein Eigentümer zur Veräußerung seines Wohnungseigentums der Zustimmung des Verwalters bedarf, sofern nicht an Verwandte veräußert wird, so erfasst diese Privilegierung nicht eine **Gesellschaft des bürgerlichen Rechts**, auch wenn deren Mitglieder zur Zeit der Veräußerung alle privilegiert wären. Dies liegt darin begründet, dass das dem Gesellschaftszweck gewidmete Vermögen der Gesellschafter dinglich gebundenes Sondervermögen ist und zwischen den einzelnen Gesellschaftern und der Gesellschaft **keine Personenidentität** besteht.[385] Die Zustimmung zur Veräußerung des Wohnungseigentums ist dem GBA ferner auch dann in der Form des § 29 GBO nachzuweisen, wenn eine Eigentumsübertragung von einer GmbH & Co KG auf ihre beiden alleinigen **Kommanditisten** im Grundbuch vollzogen werden soll, weil es sich dabei nicht nur um eine bloße Änderung der Form der eigentumsrechtlichen Zuordnung handelt. Dies schon deshalb, weil hierdurch die Komplementär-GmbH als Schuldnerin der Gemeinschaft im Rahmen der Verpflichtung zur Wohngeldzahlung (§ 16 Abs 2 WEG) wegfällt und die Solvenz der GmbH kein Beurteilungskriterium für die Zustimmungsnotwendigkeit ist.[386] Wenn ein **WEG-Verwalter zugleich der Erwerber** eines von ihm verwalteten Sondereigentums ist oder den Erwerber vertritt, kann er infolge **entsprechender Anwendung von § 181 BGB** keine Zustimmung nach § 12 WEG erteilen.[387] Die wohl überwiegende Ansicht, dass in einem solchen Fall § 181 BGB keine Anwendung findet,[388] wird der Tatsche nicht gerecht, dass zweifelsohne ein Interssenskonflikt vorliegt und eine objektive Eigenungsprüfung iSd § 12 WEG damit unterbleibt.

Nicht erfasst von einer Veräußerungsbeschränkung werden alle Fälle der Gesamtrechtsnachfolge (Erbfolge, **145** Anwachsung bei Gesamthandsgemeinschaften, Verschmelzung, Vereinbarung von Gütergemeinschaft) und die Verfügung eines Miterben über seinen Erbanteil, auch wenn dieser nur aus einem Wohnungseigentum bestehen sollte.[389] Daher stellt auch die Verschmelzung bzw Ausgliederung nach §§ 20 bzw 131 UmwG keine Veräußerung iSd § 12 WEG dar. Ihre Eintragung im GB als bloße Grundbuchberichtigung hängt deshalb nicht von der Zustimmung des Wohnungseigentumsverwalters ab.[390] **Ausgeschlossen** ist die Einführung einer **Belastungsbeschränkung**. Jedoch ist die Belastung eines Wohnungseigentums mit einem Dauerwohnrecht (§ 31 WEG) oder einem Wohnungsrecht nach § 1093 BGB über § 12 WEG einschränkbar, weil die Berechtigten eine eigen-

---

376 Vgl BGHZ 113, 374 = DNotZ 1991, 888 = NJW 1991, 1613 = Rpfleger 1991, 246; BayObLG NJW-RR 1987, 270.
377 Vgl *Schöner/Stöber* Rn 2903; KEHE-*Herrmann* Einl E 67.
378 BGHZ 33, 76 = NJW 1960, 2093.
379 Vgl BayObLG NJW-RR 1999, 452; OLG Düsseldorf NJW-RR 1997, 268; OLG Hamm DNotZ 1993, 796 = NJW-RR 1993, 279; OLG Köln NJW-RR 1997, 336; OLG Zweibrücken Rpfleger 1994, 459.
380 BayObLG NJW-RR 2002, 659.
381 OLG Zweibrücken FGPrax 2006, 17.
382 OLG Hamm MittRhNotK 1989, 193 = NJW-RR 1989, 974 = OLGZ 1989, 302 = Rpfleger 1989, 451.
383 BayObLG MittBayNot 1981, 190.
384 OLG Saarbrücken Rpfleger 1968, 57; LG Kempten Rpfleger 1968, 58; *Schöner/Stöber* Rn 2902.
385 OLG München Rpfleger 2007, 541.
386 Vgl. OLG Hamm Rpfleger 2007, 139.
387 LG Hagen, Rpfleger 2007, 196 m. zust. Anm. *Jurksch*.
388 KG DNotZ 2004, 391 = Rpfleger 2004, 281; BayObLG MittBayNot 1986, 180; OLG Düsseldorf NJW 1985, 390.
389 OLG Hamm DNotZ 1980, 29 = Rpfleger 1979, 461.
390 LG Darmstadt Rpfleger 2008, 21.

tümerähnliche Stellung erlangen.[391] Gleiches gilt bei Belastung des Wohnungseigentums mit einem Nießbrauch.[392] Nicht möglich ist es ferner, die Veräußerung eines Wohnungseigentums von der Zustimmung eines Grundpfandrechtsgläubigers abhängig zu machen, weil insoweit § 1036 BGB entgegensteht.[393]

146 Für den Fall des Nachweises der Verwaltereigenschaft, wenn dieser infolge einer Vereinbarung nach § 12 WEG bei einer Veräußerung zuzustimmen hat, genügt gemäß § 26 Abs 4 WEG als Nachweis iSv § 29 GBO eine öffentliche beglaubigte Urkunde, bei der die Unterschriften der in § 24 Abs 6 WEG bezeichneten Personen beglaubigt sind. Ist der Verwalter in der Teilungserklärung bestellt worden und die Zeit der Bestellung noch nicht abgelaufen (Höchstdauer grds. 5 Jahre, bei Erstbestellung nach Begründung des Wohnungseigentums höchtens 3 Jahre, § 26 Abs 1 S 2 WEG), so bedarf es keines Nachweises der Verwaltereigenschaft, falls das GBA nicht positive Kenntnis über die Abberufung hat.[394] Eines weiteren Nachweises, dass der mitunterzeichnende Verwaltungsbeirat oder sein Vertreter die in § 24 Abs 6 WEG bezeichnete Stellung innehaben, ist nicht erforderlich.[395] Die Zustimmungsberechtigung eines Verwalters erlischt, wenn es sich um eine natürliche Person handelt, mit seinem Tode und geht nicht auf dessen Erben über.[396] Jedoch auch dann, wenn der Verwalter eine juristische Person ist, soll die Zustimmungsberechtigung nicht auf einen Gesamtrechtsnachfolger übergehen, weil der Wohnungseigentümergemeinschaft kein Verwalter aufgedrängt werden kann, den sie nicht bestellt hat.[397]

147 Durch die Neuregelung in § 12 Abs 4 S 1 WEG können nunmehr die Wohnungseigetnümer **mit** einfacher **Stimmenmehrheit beschließen**, dass die vereinbarte **Veräußerungsbeschränkung aufgehoben** wird. Diese Regelung beinhaltet **auch** eine lediglich **teilweise** Aufhebung im Wege der Beschlussfassung dahingehend, dass beispielsweise nur gewisse bisher zustimmungspflichtige Veräußerungen ausgenommen werden. Eine Einschränkung der oben (Ausschluß der vorstehenden Beschlussbefugnis ist ausgeschlossen (§ 12 Abs 4 S 2 WEG). Zur **Löschung der** durch Beschluss aufgehobenen **Veräußerungsbeschränkung** im GB genügt an Stelle der ansonsten erforderlichen Bewilligungen sämtlicher Wohnungseigentümer, die **Vorlage des Aufhebungsbeschlusses**, bei der die Unterschriften der in § 26 Abs 3 WEG bezeichneten Personen öffentlich beglaubigt sind (vgl § 12 Abs 4 S 3–5 WEG). Einer Zustimmung von an den einzelnen Wohnungseigentumseinheiten eingetragenen dinglich Berechtigten bedarf es nicht.[398]

148 **(2) Gebrauchsregelungen (§ 15 Abs 1 WEG).** Zulässige **Vereinbarungen über den Gebrauch des Sondereigentums** sind zB die Bindung der Vermietung an die Zustimmung des Verwalters oder anderer Eigentümer,[399] der teilweise Ausschluss oder das gänzliche Verbot gewerblicher Nutzung, die Einschränkung wie auch ein generelles Verbot der Haustierhaltung[400] oder die Erlaubnis nur zu bestimmten Zeiten zu musizieren.[401] Unterschiedlich beurteilt aber doch wohl als zulässig anzusehen ist selbst eine gänzliche Untersagung der Musikausübung im Wege der Vereinbarung.[402] Unwirksam mangels hinreichender Bestimmtheit ist jedoch eine Regelung, die das Singen und Musizieren außerhalb von Ruhezeiten nur in »nicht belästigender Weise und Lautstärke« gestattet oder ohne sachlichen Grund stärker einschränkt als die Tonübertragung durch Fernseh-, Rundfunkgeräte oder Kassetten- bzw Plattenspieler.[403] Möglich ist ferner, anderen Wohnungseigentümern am Sondereigentum gewisse Mitbenutzungsrechte einzuräumen.[404] Was den **Gebrauch des gemeinschaftlichen Eigentums** anbelangt, können zB Regelungen über die Benutzung eines Fahrradabstellraumes, eines Trockenraumes oder sonstiger Räume und Freiflächen getroffen werden. Auch die Festlegung einer turnusmäßigen Nutzung, wie die Belegung der Waschküche, ist zulässig. Ferner können **Sondernutzungsrechte** für einzelne Wohnungseigentümer unter Ausschluss der übrigen begründet werden, wie das Recht auf alleinige Nutzung

---

391 BGHZ 37, 206 = DNotZ 1963, 180 = NJW 1962, 1613 = Rpfleger 1962, 373; BGHZ 49, 250 = NJW 1968, 499 = Rpfleger 1968, 114. **AA** *Weitnauer* § 12 WEG Rn 3.

392 LG Augsburg MittBayNot 1999, 381 = Rpfleger 1999, 125.

393 Vgl *Weitnauer* § 12 WEG Rn 14, *Schöner/Stöber* Rn 2898.

394 BayObLG NJW-RR 1991, 978; OLG Oldenburg DNotZ 1979, 33 = Rpfleger 1979, 266.

395 LG Wuppertal MittRhNotK 1985, 11; LG Lübeck Rpfleger 1991, 221.

396 BayObLG Rpfleger 2002, 205.

397 OLG Köln DNotZ 2006, 690 = Rpfleger 2006, 395. **AA** *Lücke* ZfIR, da insoweit das personengebundene Vertrauensverhältnis ohne Belang sei.

398 Vgl. BayObLG DNotZ 1990, 381 = Rpfleger 1989, 503.

399 BGHZ 37, 203 = DNotZ 1963, 180 = NJW 1962, 1613 = Rpfleger 1962, 373; BayObLGZ 1962, 16 = DNotZ 1962, 314 = Rpfleger 1962, 137.

400 Vgl BHG FGPrax 1995, 147 = NJW 1995, 2036; KG NJW 1956, 1679; BayObLGZ 1972, 90; OLG Frankfurt Rpfleger 1978, 414; OLG Stuttgart Rpfleger 1982, 220; BayObLG 1995, 42 = FGPrax 1995, 18.

401 OLG Hamm NJW 1981, 465 = Rpfleger 1981, 149.

402 Verneint wird dies von der hM; vgl dazu OLG Hamm MDR 1986, 501 = NJW-RR 186, 500; *Bärmann-Pick-Merle* § 15 Rn 9; aber für zulässig erachtet durch das BayObLG FGPrax 2001, 236.

403 BGH FGPrax 1999, 7 = NJW 1998, 3713 = Rpfleger 1999, 19.

404 Vgl OLG Zweibrücken OLGZ 1990, 51 = Rpfleger 1990, 19.

eines bestimmten Kfz-Stellplatzes im Freien[405] oder einer abgegrenzten Gartenfläche,[406] sowie über die Erlaubnis oder das Verbot Parabolantennen anzubringen.[407] Selbst die Vereinbarung eines **bedingten** Sondernutzungsrechts ist zulässig und eintragbar, sofern die Bedingung dem Bestimmtheitsgrundsatz genügt.[408] Möglich ist ferner festzulegen, dass der Sondernutzungsberechtigte bauliche Veränderungen (vgl § 22 Abs 1 WEG) vornehmen darf.[409] Denkbar ist ferner die **Hausordnung durch Vereinbarung** festzulegen. Davon ist jedoch abzuraten, weil dann zu einer Änderung die Einvernehmlichkeit aller Wohnungseigentümer erforderlich ist, falls nicht aufgrund einer vereinbarten Öffnungsklausel eine Abänderung durch Mehrheitsbeschluss ermöglicht wird. Ein **Sondernutzungsrecht** ist auch **an einer Fläche** begründbar, **die außerhalb des in Wohnungseigentum aufgeteilten Grundstücks liegt**, wenn die Benutzung dieser Fläche durch eine Grunddienstbarkeit abgesichert ist.[410] Die Dienstbarkeit gilt dabei als (wesentlicher) Bestandteil des herrschenden Grundstücks (§ 96 BGB) und die Rechte hieraus stehen generell allen Wohnungseigentümern gemeinschaftlich zu. Durch die Vereinbarung über den Gebrauch des Gemeinschaftseigentums kann einem einzelnen Wohnungseigentümer aber das Recht der alleinigen Nutzung an der vorgenannten Fläche eingeräumt und durch GB-Eintragung dinglich abgesichert werden. Wurde die Grunddienstbarkeit nicht zugunsten des gesamten in Wohnungseigentum aufgeteilten Grundstücks bestellt, sondern nur zugunsten einzelner Wohnungseigentümer, so kann sie natürlich nur Bestandteil dieser Wohnungseigentumseinheiten sein. Doch selbst wenn in diesem Fall die Rechte aus der Dienstbarkeit dem Sondereigentum zuzuordnen sind, steht einer Gebrauchsregelung und deren GB-Eintragung nichts im Wege.[411]

Als schuldrechtliche Vereinbarung kann ein Sondernutzungsrecht **auch** unter einer auflösenden oder einer aufschiebenden **Bedingung** nach §§ 158 ff BGB stehen und als Inhalt des Sondereigentums in das GB eingetragen werden (§ 10 Abs 2 WEG). Die vereinbarte Regelung muss dabei nicht in einer Weise bestimmt sein, dass sie dem GBA in der Form des § 29 Abs. 1 S 2 GBO nachgewiesen werden kann.[412] Gegenstand dieser Verdinglichung ist nur, dass das Sondernutzungsrecht dann auch gegen die Sonderrechtsnachfolger im Wohnungseigentum wirkt. Seinen Charakter als schuldrechtliche Vereinbarung verliert es durch die Eintragung jedoch nicht.[413]

Dass ein Sondernutzungsrecht, welches den Gebrauch des Gemeinschaftseigentums betrifft, nicht dem bloßen Bruchteil eines Wohnungs- oder Teileigentümers zugeordnet werden könne, weil dieses nur Inhalt eines Sondereigentums sein kann und der Bruchteilsberechtigte nicht Wohnungseigentümer iS des § 10 Abs 3 WEG ist,[414] überzeugt nicht. Auch dem Berechtigten eines ideellen Bruchteils an einem Wohnungseigentum steht gleichermaßen das Mitgebrauchsrecht am gemeinschaftlichen Eigentum zu. Da es möglich ist eine Gebrauchsregelung zu vereinbaren, die das Sondereigentum von Bruchteilseigentümern betrifft (zB bei Dupelxgaragen), muss es auch möglich sein für den Gebrauch des Gemeinschaftseigentums lediglich ein **Sondernutzungsrecht zugunsten eines Bruchteilseigentümers** zu begründen.[415]

Bei der Festlegung von Sondernutzungsrechten zugleich mit der Begründung von Wohnungseigentum ist das **Zustimmungserfordernis dinglicher Berechtigter** nach §§ 876, 877 BGB in all denjenigen Fällen zu beachten, wo bei vertraglicher Begründung von Wohnungseigentum nach § 3 WEG, die Miteigentumsanteile unterschiedlich belastet sind. Eine in der Gemeinschaftsordnung vorweggenommene Ermächtigung des aufteilenden Eigentümers zur **Neubegründung** von Sondernutzungsrechten **ohne Zustimmung der dinglich Berechtigten** kann nicht in einer die dinglich Berechtigten bindenden Weise als Inhalt des Sondereigentumsvereinbart werden.[416] 149

Im Wege der Vereinbarung getroffene Gebrauchsregelungen können als Inhalt des Sondereigentums 150 im Bestandverzeichnis aller für die Wohnungseigentümergemeinschaft angelegten Grundbuchblätter unter Bezugnahme auf die Eintragungsbewilligung (Teilungserklärung) **eingetragen werden** (§ 7 Abs 3 WEG, § 3

---

405 BayObLGZ 1974, 217 = DNotZ 1975, 31 = Rpfleger 1974, 314.
406 Vgl BayObLGZ 1981, 56 = BWNotZ 1981, 88 = MittBayNot 1981, 135 = Rpfleger 1981, 299.
407 S dazu BayObLGZ 1994, 326 = NJW 1995 337; Nach der Rechtsprechung des BVerfG NJW 1995, 1665 muss fallbezogen sowohl den Grundrechten des Wohnungseigentümers, den Satellitenempfang als Kommunikationsmittel zu nutzen (Art 5 GG) als auch der Wohnungseigentümer, die in ihrem Eigentumsrecht beeinträchtigt werden (Art 14 GG), Rechnung getragen werden.
408 LG Koblenz Rpfleger 2003, 416.
409 BayObLG DNotZ 1990, 382 = MittRhNotK 1989, 215; OLG Düsseldorf MittRhNotK 1986, 169.
410 OLG Stuttgart NJW-RR 1994, 659; BayObLG DNotZ 1991, 600.
411 LG Kassel MittBayNot 2003, 222 (*Röll*) = Rpfleger 2003, 123.
412 OLG Zweibrücken Rpfleger 2008, 358.
413 Vgl *Demharter* FGPrax 1999, 46 mwN.
414 So KG DNotZ 2004, 634 = Rpfleger 2004, 347.
415 So mE zu Recht *Häublein* DNotZ 2004, 635 u. *Böttcher* Rpfleger 2005, 653.
416 BayObLG Rpfleger 2005, 136.

Abs 2 WGV).[417] Bei bedeutsamen Sondernutzungsrechten kann es angebracht sein, sie unmittelbar im Grundbuch zu vermerken.[418] Ist es aber bereits wirksam durch Bezugnahme auf die Teilungserklärung eingetragen, besteht kein Anspruch der Berechtigten mehr auf ausdrückliche Verlautbarung des Sondernutzungsrechts im Grundbuch auch wenn dies im Interesse der Klarheit und Sicherheit des Rechtsverkehrs ratsam sein mag.[419]

Falls **Gebrauchsregelungen durch** zulässigen und wirksamen **Mehrheitsbeschluss** der Wohnungseigentümer getroffen (§ 15 Abs 2 WEG) oder durch das Gericht nach Maßgabe des § 15 Abs 3 WEG im Verfahren nach § 43 Abs 1 Nr 1 WEG entschieden wurden, sind diese **weder eintragungsbedürftig noch eintragungsfähig** (§ 10 Abs 4 WEG). Dies gilt auch für Mehrheitsbeschlüsse die als sog. Zitterbeschlüsse der Anfechtung unterliegen, jedoch nicht innerhalb der Monatsfrist des § 46 Abs 1 WEG angefochten wurden. Die Beschlüsse wirken ferner gegenüber jenen Wohnungseigentümern, die dagegen gestimmt oder an der Abstimmung nicht teilgenommen haben (§ 10 Abs 5 WEG).

151   **(3) Regelung der Kosten- und Lastentragung.** Grundsätzlich haben die Wohnungseigentümer die Kosten und Lasten des gemeinschaftlichen Eigentums nach dem Verhältnis ihrer Miteigentumsbruchteile zu tragen (§ 16 Abs 2 WEG). **Abweichend** davon kann jedoch **vereinbart werden**, dass diese **nach Kopfteilen** oder entsprechend der **Größe der Wohnungen aufzuteilen** sind.[420] Bestimmt werden kann ferner, dass gewisse Kosten, wie zB die für die Instandhaltung, Reinigung und Beleuchtung einer Tiefgarage, die nur von einem Teil der Wohnungseigentümer genutzt wird, auch nur von diesen Eigentümern zu tragen sind. Die Heiz- und Warmwasserkosten einer zentralen Heizungsanlage sind bindend grundsätzlich mit mindestens 50%, höchstens 70% nach dem erfassten Wärme- bzw Warmwasserverbrauch der Nutzer und die übrigen Kosten nach der Wohn- und Nutzfläche oder für die Heizung auch nach dem umbauten Raum (insoweit beschränkbar auf die beheizten Räume) zu verteilen (vgl §§ 7 Abs 1, 8 Abs 1 HeizkostenV[421]). Die Vorschriften der HeizkostenV gehen rechtsgeschäftlichen Vereinbarungen vor (§ 2 HeizkostenV), wobei jedoch Bestimmungen, die höhere als die in §§ 7 Abs 1, 8 Abs 1 HeizkostenV genannten Höchstsätze vorsehen, unberührt bleiben.[422] In Abweichung von der gesetzlichen Folge ist im Weiteren vereinbar und als Inhalt des Sondereigentums eintragbar, dass der Sonderrechtsnachfolger eines Wohnungseigentümers für rückständige Zahlungsverpflichtungen, insbesondere **Wohngeldrückstände**, die im Eigentum seines Vorgängers entstanden sind, haftet,[423] selbst dann, wenn der Vorgänger der nach § 8 WEG teilende Eigentümer ist.[424] Nicht eintragungsfähig, weil gegen § 56 Abs 2 ZVG verstoßend, ist die Bestimmung, wonach auch der Ersteher einer im Wege der Zwangsversteigerung erworbenen Eigentumswohnung für Zahlungsrückstände des vormaligen Eigentümers und Vollstreckungsschuldners haften soll.[425] Zur Abänderung von Zahlungsverpflichtungen durch Mehrheitsbeschluss siehe Rdn 178.

152   **(4) Vereinbarungen zur Verwaltung.** Auch bezüglich der Verwaltung des gemeinschaftlichen Eigentums können die Wohnungseigentümer abweichende Vereinbarungen treffen (vgl § 21 Abs 1 WEG). Zulässig und eintragbar ist insoweit zB. die Festlegung einer **getrennten Verwaltung** durch Gruppen von Eigentümern bei Vorhandensein von abgegrenzten Teilen einer Wohnanlage.[426] Ferner dass abweichend von § 22 Abs 1 S 1 WEG bestimmte **bauliche Veränderungen** (Mauer- und Deckendurchbrüche) am gemeinschaftlichen Eigentum ohne Mitwirkung aller Wohnungseigentümer vorgenommen werden dürfen und wie hinsichtlich der Sonderaufwendungen zu verfahren ist.[427] Andererseits kann abweichend von § 22 Abs 1 S 2 WEG eine verschärfende Vereinbarung getroffen werden, welche die Zulässigkeit jeder baulichen Veränderung stets von der Zustimmung aller Wohnungseigentümer abhängig macht.[428] Nicht einschränkbar oder auszuschließen ist die Beschlusskompetenz der Wohnungseigentümer bei Modernisierungen gemäß § 22 Abs 2 WEG (s dazu C 128). Durch Vereinbarung bestimmt werden kann, dass ein Wohnungseigentümer zur **tätigen Mithilfe** (Reinigung, Räum-

---

417   OLG Hamm DNotZ 1985, 552 = OLGZ 1985, 19 = Rpfleger 1985, 109; OLG Köln Rpfleger 1985, 110.

418   S *Schöner/Stöber* Rn 2915.

419   OLG München Rpfleger 2007, 70.

420   Zur Berücksichtigung der Flächen von Balkonen, Loggien und Dachterrassen in diesen Fällen vgl BayObLGZ 1996, 58.

421   S Verordnung über die verbrauchsabhängige Abrechnung der Heiz- und Warmwasserkosten (Verordnung über Heizkostenabrechnung) vom 20.01.1989, BGBl I S 115).

422   Zur Anwendung auf das Wohnungseigentum und zu den Ausnahmen s im Übrigen §§ 3, 11 HeizkostenV.

423   BGH DNotZ 1995, 42 = NJW 1994, 2950 = Rpfleger 1994, 498; OLG Braunschweig MDR 1977, 230; OLG Köln MittBayNot 1979, 19 = MittRhNotK 1978, 154 = OLGZ 1978, 151; OLG Düsseldorf DNotZ 1973, 552; KG OLGZ 1977, 166.

424   OLG Düsseldorf NJW-RR 1997, 906; OLG Frankfurt Rpfleger 1980, 349.

425   BGHZ 99, 358 = DNotZ 1988, 27 = JR 1988, 203 (*Pick*)= NJW 1987, 1638 = Rpfleger 1987, 208; OLG Hamm NJW-RR 1996, 911.

426   BayObLG DNotZ 1985, 414.

427   BayObLGZ 1986, 29 = NJW-RR 1986, 761 = Rpfleger 1986, 217; OLG Düsseldorf MittRhNotK 1986, 169; OLG Frankfurt OLGZ 1984, 60.

428   Vgl BayObLG WE 1998, 318.

und Streupflicht) verpflichtet wird.[429] Eintragbar sind ferner Vereinbarungen, die das **Stimmrecht** der Wohnungseigentümer betreffen. So kann anstelle des gesetzlichen Kopfteilprinzip des § 25 Abs 2 S 1 WEG, wonach jedem Wohnungseigentümer unabhängig von der Zahl seiner Wohnungen eine Stimme zusteht, vereinbart werden, dass sich das Stimmrecht nach der Größe der Miteigentumsanteile[430] bestimmt oder dass für jede Eigentumswohnung ein Stimmrecht besteht.[431] Eine abweichende Stimmrechtsregelung der vorgenannten Art stellt auch in Bezug auf die Bestellung oder Abwahl des Verwalters keine unzulässige Beschränkung dar.[432] Möglich ist des Weiteren Vereinbarungen abweichend von § 25 Abs 4 WEG über die **Beschlussfähigkeit** einer einberufenen **Wohnungseigentümerversammlung** zu treffen.[433] Gänzlich abdingbar ist die Regelung des § 25 Abs 3 WEG, wonach die Versammlung nur beschlussfähig ist, wenn die erschienen stimmberechtigten Wohnungseigentümer mehr als die Hälfte der Miteigentumsanteile vertreten.[434] Soweit jedoch Beschlüsse gefasst werden sollen, die eine qualifizierte Mehrheit erfordern (zB drei Viertel aller Stimmberechtigten und mehr als die Hälfte aller Miteigentümer), können diese nur Wirksamkeit erlangen, wenn die Zustimmung im gesetzlich erforderlichen Umfang vorliegt. Zulässig ist es auch Vereinbarungen über das **Ruhen des Stimmrechts** eines Wohnungseigentümers zu treffen, etwa dahingehend, dass er solange er sich mit seinen Beiträgen zu den gemeinsamen Lasten im Rückstand befindet nicht stimmberechtigt ist.[435] Im Rahmen einer eintragbaren Vereinbarung kann der **erste Verwalter** bestellt werden[436] und welchen konkreten Inhalt der Verwaltervertrag haben soll.[437]

cc) Unabdingbare Vorschriften. **Zwingende** gesetzliche **Bestimmungen** für die Gemeinschaftsordnung, die nicht rechtsgeschäftlich verdrängt werden können, sind: **§ 1 Abs 4 WEG** (Sondereigentum ist nur mit dem Miteigentum an einem Grundstück im Rechtssinne verbindbar), **§ 1 Abs 5 WEG** (das Grundstück muss immer gemeinschaftliches Eigentum aller Wohnungseigentümer sein), **§ 5 Abs 2 WEG** (Teile des Gebäudes, die für dessen Bestand oder Sicherheit erforderlich sind, sowie die dem gemeinschaftlichen Gebrauch dienenden Anlagen und Einrichtungen, können nicht Sondereigentum sein), **§ 6 WEG** (Unselbständigkeit des Sondereigentums), **§ 11 WEG** (Unauflöslichkeit der Gemeinschaft mit der durch § 11 Abs 1 S 3 WEG gestatteten Ausnahme), **§ 12 Abs 2 S 1 WEG** (bei einer Veräußerungsbeschränkung darf die Zustimmung nur aus wichtigem Grund versagt werden),[438] **§ 12 Abs 4 S 2 WEG** (Die Befugnis durch Mehrheitsbeschluss die Veräußerungsbeschränkung aufzuheben darf nicht eingeschränkt oder ausgeschlossen werden), **§ 16 Abs 5 WEG** (Die Beschlussbefugnis zur Verteilung von Betriebs- und Verwaltungskosten, § 16 Abs 3 WEG, sowie zur Kostenverteilung bei baulichen Änderungen und Instandhaltung, § 16 Abs 4 WEG, ist nicht einschränkbar oder ausschließbar), **§ 18 Abs 4 WEG** (Unabdingbarkeit des Anspruches auf Entziehung des Wohnungseigentums nach § 18 Abs 1 WEG), **§ 20 Abs 2 WEG** (kein Ausschluss der Verwalterbestellung, was nicht bedeutet, dass stets ein Verwalter bestellt werden müsste), **§ 23 Abs 3 WEG** (Einstimmigkeitsprinzip bei schriftlicher Beschlussfassung),[439] **§ 24 Abs 2 WEG** (Keine Verschärfung des Minderheitenrechts zur Einberufung der Wohnungseigentümerversammlung),[440] **§ 26 Abs 1 WEG** (Voraussetzungen der Bestellung und Abberufung des Verwalters), **§ 27 Abs 4 WEG** (Uneinschränkbarkeit der in § 27 Abs 1 bis 3 WEG bestimmten Aufgaben und Befugnisse des Verwalters), **§ 27 Abs 5 S 1 WEG** (gesonderte Haltung der Gelder der Wohnungseigentümer durch den Verwalter), **§§ 43 ff WEG** (Verfahrensvorschriften). 153

Im Übrigen sind für die Wirksamkeit von Vereinbarungen auch die subsidiär zur Anwendung kommenden und zwingende Regelungen über die Gemeinschaft zu beachten wie §§ 741, 745 Abs 3, 747 S 2 BGB und es dürfen ferner nicht die allgemeinen Grenzen der Vertragsfreiheit wie zB §§ 134, 138 BGB verletzt werden.

e) Eintragung. Die GB-Eintragung der Aufteilung in Wohnungseigentum, gleichgültig ob nach § 3 WEG oder § 8 WEG, setzt neben den allgemeinen Eintragungserfordernissen, wie Antrag (§ 13 GBO) des Eigentü- 154

---

429 Vgl BayObLGZ 1991, 421 = NJW-RR 1992, 343; KG OLGZ 1994, 273 = NJW-RR 1994, 207; Rpfleger 1978, 146; OLG Stuttgart NJW-RR 1987, 976.

430 Sog Wertprinzip; vgl BayObLG 1982, 143.

431 Sog Objektprinzip; vgl dazu OLG Düsseldorf NJW-RR 1990, 521 und KG FGPrax 1999, 90; *Schoene* NJW 1981, 435.

432 BGH FGPrax 2003, 13.

433 BayObLG WuM 1995, 500; OLG Köln NJW-RR 1990, 26.

434 OLG München MittBayNot 2006, 322; BayObLG NJW-RR 1995, 203; OLG Hamburg OLGZ 1989, 318; KG NJW-RR 1994, 659.

435 BayObLG NJW 1965, 821.

436 BayObLG NJW 1974, 2134 = Rpfleger 1974, 360.

437 Vgl *Bärmann-Pick-Merle* § 10 WEG Rn 50.

438 BayObLGZ 1972, 348 = DNotZ 1973, 99; BayObLGZ 1980, 29 = DNotZ 1980, 751 = Rpfleger 1980, 142.

439 BayObLGZ 1980, 331 = MDR 1981, 320 = MittBayNot 1981, 27; OLG Hamm OLGZ 1978, 272 = MittBayNot 1978, 58 = Rpfleger 1978, 319.

440 Strittig, wie hier: BayObLGZ 1972, 314 = NJW 1973, 151; *Bärmann-Pick-Merle* § 24 Rn 10 mwN **aA** OLG Hamm NJW 1973, 2300.

mers oder mindestens eines Miteigentümers sowie Eintragungsbewilligung (§ 19 GBO) sämtlicher Miteigentümer zuzüglich des Nachweises der Einigung (§ 20 GBO analog; s dazu Rdn 111) bei § 3 WEG, die Vorlage eines Aufteilungsplans (§ 7 Abs 4 Nr 1 WEG) und einer Abgeschlossenheitsbescheinigung der Baubehörde (§ 7 Abs 4 Nr 2 WEG) voraus. **Der Aufteilungsplan** muss alle Gebäude und Gebäudeteile erfassen sowie die Abgrenzung von Sondereigentum und Gemeinschaftseigentum klar ergeben.[441] Alle **zum selben Wohnungseigentum gehörenden Räume** sind regelmäßig durch die jeweils **gleiche Nummer zu kennzeichnen** (§ 7 Abs 4 Nr 1 letzter HS WEG). Darüber hinaus sollen, wenn in der Eintragungsbewilligung für die einzelnen Sondereigentumsrechte Nummern angegeben werden, diese mit denen des Aufteilungsplans übereinstimmen (§ 7 Abs 4 S 2 WEG). Der Aufteilungsplan hat ferner Lage und Größe des gemeinschaftlichen Eigentums und des Sondereigentums am Gebäude zu beschreiben; auch muss er neben den Grundrissen der Räume, Schnitte und Ansichten des Gebäudes enthalten.[442] Die Ausweisung des Standorts der Gebäude auf dem in Wohnungseigentum aufgeteilten Grundstück im Aufteilungsplan ist nicht zwingend,[443] allenfalls zweckmäßig. Ebenso wenig kann aus § 7 Abs 4 WEG die Vorlage eines Lageplans hinsichtlich des gesamten Grundstücks als Bestandteil des Aufteilungsplans gefordert werden.[444] Richtigerweise ist ein Aufteilungsplan sowieso nur für diejenigen Gebäude erforderlich, in denen sich Sondereigentum befindet,[445] da es andernfalls einer Abgrenzung des gemeinschaftlichen Eigentums nicht bedarf.

Der Nachweis der Abgeschlossenheit der Wohnungen und sonstigen Räume ist Voraussetzung für die Einräumung von Sondereigentum (§ 3 Abs 2 S 1 WEG), wenngleich bei Verstoß gegen diese Sollvorschrift das eingetragene Wohnungseigentum weder nichtig ist noch einer Anfechtung unterliegt.[446] Die **Abgeschlossenheitsbescheinigung** der Baubehörde muss den Erfordernissen der **WEG-Richtlinien**[447] Rechnung tragen. Das GBA hat die Frage der Abgeschlossenheit in eigener Verantwortung anhand der Eintragungsunterlagen zu prüfen,[448] wobei sich die Prüfung grundsätzlich darauf zu beschränken hat, ob eine nicht widersprüchliche und formell ordnungsmäßige Bescheinigung der zuständigen Behörde vorliegt.[449] Es ist an die erteilte Bescheinigung nicht gebunden, wenn es eindeutig deren Unrichtigkeit feststellen kann.[450] Ohne Abgeschlossenheitsbescheinigung darf das GBA in keinem Fall Wohnungseigentum im GB eintragen.[451] Bei Verbindung mehrerer Wohnungen mit demselben Miteigentumsanteil müssen nur die einzelnen Wohnungen jede für sich, nicht aber die Gesamtheit der Wohnungen gegenüber dem Gemeinschaftseigentum und Sondereigentum anderer abgeschlossen sein.[452] Soweit Sondereigentum an **Garagen** gebildet werden soll, muss jede der Garagen nach ihrer Ausgestaltung und nach ihrer Lage individuell im Aufteilungsplan bezeichnet sein.[453] Bei Garagenstellplätzen muss sich im Fall des § 3 Abs 2 S 2 WEG aus der Bauzeichnung, ggf durch zusätzliche Beschriftung ergänzt, ergeben, wie die Flächen der Garagenstellplätze durch dauerhafte Markierungen ersichtlich sind (vgl Nr 6 der WEG-Richtlinien).

155 Durch Rechtsverordnung können die **Landesregierungen** bestimmen (§ 7 Abs 4 S 3 WEG) und im Weiteren ihre Ermächtigung auf die **Landesbauverwaltungen** übertragen (§ 7 Abs 4 S 6 WEG), dass und in welchem Umfang an Stelle der Baubehörde der Aufteilungsplan und die Abgeschlossenheitsbescheinigung von einem **öffentlich bestellten oder anerkannten Sachverständigen für das Bauwesen** ausgefertigt und bescheinigt werden kann. Für die insoweit von einem Sachverständigen wahrgenommenen Aufgaben gelten die WEG-Richtliniien entsprechend (§ 7 Abs 4 S 4 WEG). Die **Form des § 29 GBO** ist für die vorbezeichneten Anlagen in diesem Fall **nicht** erforderlich.

441 BGHZ 130, 150 = DNotZ 1996, 289 (*Röll*) = NJW 1995, 2851 = Rpfleger 1996, 19; BayObLGZ 1973, 267 = NJW 1974, 152 = Rpfleger 1974, 111; BayObLGZ 1980, 226, 229 = DNotZ 1980, 747 = Rpfleger 1980, 435; BayObLGZ 1981, 332 = DNotZ 1982, 242 = Rpfleger 1982, 21; OLG Frankfurt Rpfleger 1980, 391; OLG Stuttgart Rpfleger 1981, 109 = MittBayNot 1981, 132.
442 BayObLGZ 1980, 226 aaO; BayObLG Rpfleger 1993, 398. Vgl hierzu auch die »**Allgemeine Verwaltungsvorschrift für die Ausstellung von Bescheinigungen gemäß § 7 Abs 4 Nr 2 und § 32 Abs 2 Nr 2 des WEG vom 19.03.1974 (BAnz. Nr 58 vom 23.03.1974)**« = **WEG-Richtlinien** insb Ziffern 2 und 3. Allerdings hat diese Regelung nur verwaltungsinterne Bedeutung und keine Gesetzeskraft.
443 *Demharter* Rpfleger 1983, 133. **AA** OLG Hamm Rpfleger 1976, 317; *Schöner/Stöber* Rn 2852.
444 **AA** noch OLG Bremen DNotZ 1980, 489 = Rpfleger 1980, 68.
445 BayObLG DNotZ 1998, 377; *Lotter* MittBayNot 1993, 144.
446 BayObLG Rpfleger 1980, 295.
447 S. die Allgemeine Verwaltungsvorschrift Fn 429.
448 Gemeinsamer Senat der obersten Gerichtshöfe des Bundes BGHZ 119, 42 = DNotZ 1993, 48 = NJW 1992, 3290 = Rpfleger 1993, 238.
449 Vgl BGHZ 110, 36 = Rpfleger 1990, 159.
450 BayObLGZ 1984, 136 = MittBayNot 1984, 184; BayObLG Rpfleger 1993, 335; KG Rpfleger 1985, 107; OLG Frankfurt Rpfleger 1977, 312; OLG Düsseldorf FGPrax 1998, 12.
451 BayObLG Rpfleger 1990, 457; BGH NJW 1994, 650.
452 BayObLGZ 1971, 102 = DNotZ 1971, 473; LG Aachen MittRhNotK 1983, 156.
453 BayOLGZ 1973, 267 = MittBayNot 1974, 15 = NJW 1974, 152 = Rpfleger 1974, 111; OLG Düsseldorf DNotI-Report 2000, 94.

Die Eintragungsfähigkeit von Vereinbarungen als Inhalt des Sondereigentums (§§ 5 Abs 4, 10 Abs 2 WEG) ist **156**
im Rahmen der Prüfung der Eintragungsbewilligung bei vertraglicher Einräumung von Wohnungseigentum
wie auch durch Vorratsteilung an den Bestimmungen §§ 134, 138, 242, 315 BGB zu messen.[454] Für eine
Inhaltskontrolle der Gemeinschaftsordnung durch das GBA nach dem **AGB-Recht** (§§ 305 ff BGB) besteht
grundsätzlich kein Raum.[455] Bei der vertraglichen Begründung nach § 3 WEG ist zwar die Anwendung des
AGBG nicht begrifflich ausgeschlossen; in der Praxis dürfte es aber kaum vorkommen, dass ein Eigentümer mit
Hilfe von Bedingungen, die er im Übrigen auch für andere Wohnungseigentümergemeinschaften »verwendet«,
aufgrund einer Übermachtsposition den weiteren Miteigentümern seinen Vertragswillen aufzwingen kann.
Beruht die Gemeinschaftsordnung auf einer einseitigen Teilungserklärung gemäß § 8 WEG, so ist eine analoge
Anwendung des AGBRechts schon deshalb abzulehnen, weil es an der für dieses Gesetz vorausgesetzten Kon-
fliktsituation zwischen Verwender und Benachteiligten fehlt und ev Begünstigungen bzw Benachteiligungen
sich zwischen den Wohnungseigentümern nicht einseitig, sondern wechselseitig auswirken.

Der Grundbuchvollzug bei vertraglicher Einräumung von Sondereigentum nach § 3 WEG setzt in aller Regel **157**
die Vorlage einer finanzamtlichen **Unbedenklichkeitsbescheinigung** voraus, weil ein grunderwerbsteuerli-
cher Vorgang vorliegt.[456] Grunderwerbsteuer fällt jedoch nur an, wenn sich die wertmäßige Beteiligung der
Miteigentümer ändert,[457] ansonsten findet die Befreiungsvorschrift des § 7 Abs 1 GrEStG entsprechende
Anwendung. Keiner Unbedenklichkeitsbescheinigung bedarf es für den Vollzug der Teilung nach § 8 WEG, da
insoweit kein steuerlich zu bewertender Vorgang gegeben ist.

f) Verfügungen über das Wohnungs- und Teileigentum. aa) Erwerb und Veräußerung. Für die Über- **158**
eignung eines Wohnungseigentums gelten die Vorschriften für den Eigentumserwerb an Grundstücken entsprechend (§§ 873, 925 BGB). Die Veräußerlichkeit eines Wohnungseigentums kann nicht durch Vereinbarung der
Wohnungseigentümer ausgeschlossen werden, sondern nur nach § 12 WEG von einer Zustimmung abhängig
gemacht werden. An einem Wohnungseigentum ist jedes an Grundstücken mögliche Anteilsverhältnis
begründbar. Es kann daher auch auf mehrere Personen in Bruchteilsgemeinschaft übertragen werden, die dann
eine besondere Gemeinschaft nach §§ 741 ff BGB bilden.[458] Ferner kann ein Alleineigentümer eines Wohnungseigentums einen Miteigentumsbruchteil beliebiger Größe an einen Dritten veräußern.[459]

Nicht möglich ist die Auflassung eines Wohnungseigentums, bei dem ein isolierter Teil des Sondereigentums **159**
von der Übertragung ausgeschlossen wurde und dem Veräußerer ohne Miteigentumsanteil verbleibt. Ebenso
wenig kann wirksam die Auflassung von Sondereigentum allein ohne den mit diesem verbundenen Miteigentumsanteil erklärt werden,[460] sofern nicht der verbleibende Miteigentumsanteil (wieder) mit Sondereigentum
und das isolierte Sondereigentum mit einem Miteigentumsanteil eines anderen Wohnungseigentümers derselben Gemeinschaft jeweils verbunden wird. Die nachträgliche Vereinigung aller zum selben Wohnungseigentum
gehörigen Einheiten in einer Hand ändert nichts an ihrem Fortbestand. Insoweit ergibt sich nur ein Zustand
wie er anfangs bei einer Teilung nach § 8 WEG besteht. Abzulehnen, weil dem Sinn und Zweck des WEG
widersprechend, ist es, wenn der alleinige Eigentümer aller Wohnungseigentumseinheiten diese miteinander
vereinigen möchte, ohne dass das Sondereigentum aufgehoben wird.

Die **Schenkung einer Eigentumswohnung an eine BGB-Gesellschaft, an der Minderjährige beteiligt** **160**
sind, begründet nicht lediglich rechtliche Vorteile für die Minderjährigen, da der Eintritt in den Verwaltervertrag für die Beschenkten auch rechtliche Verpflichtungen mit sich bringt. Die minderjährigen Kinder können
sich daher beim Erwerb der Wohnung nicht von ihren Eltern vertreten lassen (§ 1629 Abs 2 S 1, § 1795 Abs 1
Nr 1 u. Abs 2 BGB). Es bedarf vielmehr der Bestellung von **Ergänzungspflegern** (§ 1909 BGB) die ihrerseits
gem. § 1915 Abs 1, § 1821 Ab s. 1 Nr 1 u. 4 BGB eine **Genehmigung** des Vormundschaftsgerichts brauchen,
wenn die Erwerber die bedingten Pflichten zur Rückübertragung der Eigentumswohnung auf den Nießbrauchsberechtigten übernehmen sollen.[461]

---

454 Vgl BayOLG DNotZ 1989, 428 (*Weitnauer*); OLG Köln Rpfleger 1989, 405; OLG Karlsruhe NJW-RR 1987, 651 =
     Rpfleger 1987, 412.
455 HM; BayObLG NJW-RR 1992, 83; OLG Frankfurt FGPrax 1998, 85 = Rpfleger 1998, 336; OLG Hamburg FGPrax
     1996, 132; *Demharter* Anhang zu § 3 Rn 26; *Schöner/Stöber* Rn 2815; *KEHE-Herrmann* Einl E 88; *Bärmann-Pick-Merle*
     § 8 Rn 16, *Palandt-Bassenge* Rn 2 je zu § 8 WEG; *Staudinger-Rapp* Rn 35, *Weitnauer* Rn 25 ff je zu § 7 WEG; offen
     gelassen, aber wohl auch zur Ablehnung tendierend BGHZ 99, 90 = Rpfleger 1987, 106. **AA** vielfach die AGB-Litera-
     tur: MüKo-*Kötz* Rn 4, *Staudinger-Schlosser* Rn 8 je zu § 1 AGBG; *Böttcher* Einl H Rdn 135–137 mwN.
456 Teilweise einschränkend LG Marburg DNotI-Report 1996, 207.
457 BFH DNotZ 1981, 426.
458 BGHZ 1986, 393 = DNotZ 1983, 487 = NJW 1983, 1762 = Rpfleger 1983, 270.
459 BGHZ 49, 250 = DNotZ 1968, 417 = Rpfleger 1968, 114.
460 Vgl BayObLG DNotZ 1986, 86.
461 Vgl. BayObLG Rpfleger 2004, 93.

161 bb) Belastung. Das einzelne Wohnungseigentum ist als echtes Eigentum grundsätzlich mit allen dinglichen Rechten belastbar, einschließlich Vormerkungen und Widersprüchen, die an Grundstücken bestellt werden können. Eine **beschränkte persönliche Dienstbarkeit** ist **an einem einzelnen Wohnungseigentum** jedoch **nur eintragbar, wenn** sich deren Ausübung **auf den Gebrauch bzw die Nutzung des Sondereigentums beschränkt**.[462] Unschädlich ist insoweit, wenn dabei die dem Wohnungseigentümer zustehenden Rechte am gemeinschaftlichen Eigentum berührt werden,[463] wie zB das Recht der Mitbenutzung bei der Bestellung eines Wohnungsrechts nach § 1093 BGB, aber auch bei einem Dauerwohnrecht nach § 31 WEG[464] oder einem Wohnungsbenutzungsrecht nach § 1090 BGB. Nicht möglich ist die Bestellung eines Wohnungsrechts mit dem Inhalt, dass der Berechtigte außer die im Sondereigentum stehenden Räume auch den Teil des gemeinschaftlichen Eigentums allein nutzen darf, an dem für den Wohnungseigentümer ein Sondernutzungsrecht besteht, weil dieses nicht Gegenstand des zu belastenden Sondereigentums ist, sondern nur deren Inhalt.[465] Soweit jedoch keine abweichende Vereinbarung getroffen wurde, erlangt der Wohnungsberechtigte die alleinige Nutzungsbefugnis an dem zur Sondernutzung zugewiesenen Teil des gemeinschaftlichen Eigentums kraft Gesetzes (§ 1093 Abs 3 iVm § 13 Abs 2 S 1 WEG). Eine beschränkte persönliche Dienstbarkeit, die sich nach dem Inhalt ihrer objektiv auszulegenden Eintragungsbewilligung nicht auf einen Bergschadenverzicht bzw. einen Bergschadenminderungsverzicht beschränkt, sondern auch eine modifizierte Duldungsverpflichtung des Grundstückseigentümers umfasst, ist an einem Wohnungseigentum nicht eingetragbar, weil eine solche Duldungsverpflichtung sich stets auf das ganze Grundstück erstreckt und deshalb dinglich nicht isoliert für das einzelne Wohnungseigentum begründet werden kann.[466] Gänzlich unzulässig ist gleichermaßen die Belastung eines Wohnungseigentums mit einer Dienstbarkeit, deren Ausübungsbereich ausschließlich das Sondernutzungsrecht am gemeinschaftlichen Eigentum beinhaltet.[467] Unter den gleichen Einschränkungen wie bei einer beschränkten persönlichen Dienstbarkeit kann ein Wohnungseigentum auch mit einer **Grunddienstbarkeit** belastet werden und ferner ein anderes Wohnungseigentum herrschendes Grundstück iS des § 1018 BGB sein. Zulässiger Inhalt einer solchen Grunddienstbarkeit ist beispielsweise die Verpflichtung, ein Fenster ständig geschlossen zu halten.[468] Ferner kann für die jeweiligen Eigentümer mehrerer Wohnungseigentumseinheiten in Gesamtberechtigung nach § 428 BGB eine einheitliche Grunddienstbarkeit am einzelnen Wohnungseigentum bestellt werden,[469] dass diese zB nur als Hausmeisterwohnung benutzt werden darf.

162 Der Anteil eines Bruchteilseigentümers an einem Wohnungseigentum ist wie der ideelle Anteil eines Miteigentümers an einem Grundstück mit Grundpfandrechten (§§ 1114, 1192 Abs 1, 1200 Abs 1 BGB), Nießbrauch (§ 1066 BGB), Vorkaufsrecht (§ 1095 BGB) und Reallast (§ 1106 BGB) belastbar. Ein gesetzliches Vorkaufsrecht zugunsten der Wohnungseigentümergemeinschaft gibt es nicht.[470] Im Übrigen können dingliche Vorkaufsrechte nicht zum Inhalt des Sondereigentums nach § 10 Abs 2 WEG gemacht werden. Zulässig ist jedoch die Bestellung eines Vorkaufsrechts, selbst wenn andere Wohnungseigentümer die Berechtigten sind, als Belastung des einzelnen Wohnungseigentums.[471] Insoweit steht auch der Bestellung eines subjektiv-dinglichen Vorkaufsrechts, also zugunsten des jeweiligen Eigentümers eines Wohnungseigentums, nichts im Wege.

163 Trotz Aufteilung des Grundstücks in Wohnungseigentum kann es auch weiterhin **als Ganzes belastet** werden. Eine Belastung des ganzen Grundstücks ist geboten wenn
- das Recht seiner Natur nach nur am Grundstück bestehen kann (zB Geh- und Fahrtrecht, Bebauungsverbot, Leitungsrecht)
- eine Dienstbarkeit bestellt werden soll, die lediglich zur Nutzung von Gemeinschaftseigentum berechtigt (zB Lagerplatz, Kfz-Stellplätze im Freien, Keller- und Abstellräume).[472]

164 Die Eintragung solcher Rechte ist, da ein GB-Blatt für das Grundstück nicht mehr existiert (§ 7 Abs 1 S 3 WEG) in sämtlichen für Miteigentumsanteile an dem belasteten Grundstück angelegten Wohnungsgrundbüchern vorzunehmen, wobei die Belastung des ganzen Grundstücks erkennbar zu machen und jeweils auf die übrigen Eintragungen zu verweisen ist durch einen Vermerk nach § 4 Abs 1 WGV. Nach Ansicht des BayObLG,[473] soll bei Weglassen des Vermerks eine inhaltlich unzulässige Eintragung iS v § 53 Abs 1 S 2 GBO vor-

---

462 BayObLGZ 1974, 396 = NJW 1975, 59 = Rpfleger 1975, 22; BayObLGZ 1976, 218, 222.
463 Vgl dazu BGHZ 107, 289 = DNotZ 1990, 493 = NJW 1989, 2391 = Rpfleger 1989, 452.
464 BayObLGZ 1957, 102 = MittBayNot 1958, 21 = NJW 1957, 1840.
465 BayObLG FGPrax 1998, 6.
466 OLG Hamm DNotZ 2006, 623 = FGPrax 2006, 145 = Rpfleger 2006, 462.
467 BayObLG DNotZ 1998, 125 (*Ott*) = Rpfleger 1997, 431; BayObLG DNotZ 1990, 496 = MittBayNot 1990, 110; OLG Zweibrücken FGPrax 1999, 44 = NJW-RR 1999, 1389; s auch Gutachten DNotI-Report 1999, 165.
468 BGHZ 107, 289 aaO (Fn 450).
469 BayObLGZ 1979, 444 = DNotZ 1980, 540 = Rpfleger 1980, 150; LG Essen, Rpfleger 1972, 367.
470 BayObLGZ 1972, 348 = DNotZ 1973, 99.
471 OLG Celle DNotZ 1955, 320 = NJW 1955, 953; OLG Bremen JurBüro 1977, 1468 = Rpfleger 1977, 313.
472 Vgl KG OLGZ 1976, 257 = MDR 1977, 405 = Rpfleger 1976, 180; OLG Karlsruhe Rpfleger 1975, 356.
473 BayObLG MittBayNot 1995, 288 = Rpfleger 1995, 455.

liegen, die nicht nachträglich vervollständigt werden könne. Dem kann nicht beigepflichtet werden, weil dann, wenn die Dienstbarkeit auf allen Wohnungsgrundbuchblättern eingetragen wurde, diese materiell wirksam entstanden ist, ungeachtet des fehlenden Vermerks. Daher muss auch eine entsprechende Ergänzung der Eintragung möglich sein.[474]

Auch der **Anspruch auf** Übertragung des Eigentums an einer **Teilfläche** des gemeinschaftlichen Grundstücks **165** kann nur an sämtlichen Wohnungseigentumseinheiten und nicht an einem einzelnen Wohnungseigentum **vorgemerkt** werden.[475]

Die das Grundstück belastenden Grundpfandrechte werden mit seiner Aufteilung in Wohnungseigentum **166** **Gesamtrechte**. Die Mitbelastung ist von Amts wegen nach § 48 GBO auf allen Wohnungsgrundbuchblättern zu vermerken. Bei nachträglicher Belastung mehrerer Wohnungseigentumseinheiten mit einem Gesamtrecht ist entsprechend zu verfahren.

Wird ein mit einem **Wohnungsrecht** (§ 1093 BGB) belastetes Grundstück in Wohnungseigentum aufgeteilt, so **167** kann eine Beschränkung des Rechts nach § 1090 Abs 2 iVm § 1026 BGB auf ein (oder mehrere) Wohnungseigentumsrechte nur dann eintreten, wenn der Ausübungsbereich der Dienstbarkeit mit der Nutzungsbefugnis eines oder mehrerer Sondereigentümer deckungsgleich ist. Erfasst der Ausübungsbereich jedoch auch gemeinschaftliches Eigentum, dann muss notwendigerweise das gesamte Grundstück belastet bleiben.[476]

cc) Änderungen der Gemeinschaftsordnung. Vereinbarungen über das Verhältnis der Wohnungseigen- **168** tümer untereinander **können auch nachträglich getroffen werden**. Ebenso ist die Abänderung oder Aufhebung bestehender Vereinbarungen möglich. Wirkungen gegenüber einem Sondernachfolger entfalten derartige Änderungen aber nur, wenn sie als Inhalt des Sondereigentums im GB **eingetragen** werden (§ 10 Abs 3 iVm § 5 Abs 4 S 1 WEG). Infrage kommen dabei insbesondere die nachträgliche **Begründung, Änderung oder Aufhebung** von Veräußerungsbeschränkungen nach § 12 WEG, von Gebrauchsregelungen für Sondereigentum oder gemeinschaftliches Eigentum nach § 15 Abs 1 WEG sowie die Änderung des Nutzen-, Lasten-, Kostenverteilerschlüssels § 16 WEG. Erforderlich hierfür ist grundsätzlich die **Zustimmung** (Einigung §§ 873, 877 BGB) **aller Wohnungseigentümer**,[477] für die es der Form der Auflassung nicht bedarf. Die Einigung aller Wohnungseigentümer ist auch dann nötig, wenn es um die Verlegung eines Stellplatzes geht, an dem ein Sondernutzungsrecht besteht.[478] Soll die **Aufhebung eines Sondernutzungsrechts** erfolgen, so bedarf dies lediglich schuldrechtlich (nicht sachenrechtlich) der Zustimmung aller Wohnungseigentümer durch eine Vereinbarung nach § 10 Abs 1 WEG. Eine einseitige Aufgabeerklärung entsprechend § 875 Abs 1 BGB des Wohnungseigentümers, dem das Sondernutzungsrecht eingeräumt ist, genügt nicht, weil das eingetragene Sondernutzungsrecht weder ein dingliches noch ein grundstücksgleiches Recht ist, sondern lediglich ein schuldrechtliches Gebrauchsrecht.[479]

Einer **Zustimmung** zu Änderungen der Gemeinschaftsordnung **durch Grundpfandrechtsgläubiger oder** **169** **Reallastberechtigte** deren Rechte am Wohnungseigentum eingetragen sind, **bedarf es** nach der Neuregelung des Wohnungseigentumsgesetzes **nur mehr**, wenn ein **Sondernutzungsrecht begründet** oder ein mit dem Wohnungseigentum verbundenes Sondernutzungsrecht **aufgehoben, gändert oder übertragen** wird (§ 5 Abs 4 S 2 WEG). Demzufolge ist eine Zustimmung von Realberechtigten zur nachträglichen Begründung oder Abänderung einer Veräußerungsbeschränkung (§ 12 WEG), zu Änderungen der Zweckbestimmung (§ 13 WEG) oder der Kostenverteilung (§ 16 Abs 2 WEG), wie auch zu Änderungen bezüglich der Verwaltung des gemeinschaftlichen Eigentums (§ 21 WEG) nicht erforderlich. **Zustimmen** müssen aber zu Änderungen der Gemeinschaftsordnung weiterhin die **dinglichen Berechtigten** von Eigentumsvormerkunge, Dienstbarkeiten, Nießbrauchs- und Vorkaufsrechten sowie von Dauerwohn- oder Dauernutzungsrechten, sofern deren Rechte durch die Rechtsänderung beeinträchtigt werden (§§ 876, 877 BGB).[480]

Die ansonsten bei der nachträglicher **Begründung von Gebrauchsregelungen nach § 15 Abs 1 WEG** auch **erforderliche Zustimmung von Realberechtigten** des schlechter gestellten Wohnungseigentums **entfällt** dann, **wenn** durch die Vereinbarung eines Sondernutzungsrechts **gleichzeitig** das zu ihren Gunsten **belastete** **Wohnungseigentum mit einem Sondernutzungsrecht verbunden wird** (§ 5 Abs 4 S 3 WEG). Obwohl für einen derartigen Fall von wechselseitig begründeten Sonderntzungsrechten weder die Gleichwertigkeit

---

474 Ebenso *Amann* MittBayNot 1995, 267; *Bestelmeyer* Rpfleger 1997, 7, 11; *Böttcher* ZfIR 1997, 321, 323.
475 Vgl BayObLGZ 1974, 118 = DNotZ 1975, 36 = Rpfleger 1974, 261.
476 OLG Hamm FGPrax 2000, 132.
477 Vgl BayObLGZ 1978, 377 = Rpfleger 1979, 108, BayObLG Rpfleger 1980, 111; BayObLGZ 1974, 217 = DNotZ 1975, 31 = Rpfleger 1974, 314.
478 BayObLG FGPrax 2001, 145 = Rpfleger 2001, 404.
479 BGH FGPrax 2001, 7 = Rpfleger 2001, 69.
480 Vgl BGHZ 91, 343 = DNotZ 1984, 695 = NJW 1984, 2409 = Rpfleger 1984, 408; OLG Frankfurt Rpfleger 1975, 309.

noch die Gleichartigkeit dieser Rechte bestimmt ist, sah der Gesetzgeber die Zustimmung für Realberechtigte deshalb für entbehrlich an, weil der Gebrauchsentzug gewisser Flächen oder Räumlichkeiten durch das Erlangen eines eigenen Sondernutzungsrechts kompensiert werde. Ein Zustimmungserfordernis von Dienstbarkeits-Dauerwohn-, Dauernutzungs- oder Nießbrauchsberechtigten kann nur gegeben sein, wenn und soweit in ihre Nutzungsrechte eingegriffen wird. Dies ist dann der Fall wenn zB einem Wohnungseigentümer eine bestimmte Grundstücksfläche zur Sondernutzung (Kfz-Stellplatz) zugewiesen wird und diese Fläche in den Ausübungsbereich des Berechtigten einer Benutzungsdienstbarkeit fällt. Zur Eintragung des Sondernutzungsrechts im GB ist dann die Bewilligung des Dienstbarkeitsberechtigten erforderlich.[481]

170 Werden **Sondernutzungsrechte** nach § 15 Abs 2 WEG oder aufgrund einer rechtsgeschäftlichen Öffnungsklausel **durch Mehrheitsbeschluss eingeräumt**, so sind diese nicht in das GB eintragbar und bedürfen auch nicht der Zustimmung dinglich Berechtigter. Die Neuregelung von § 5 Abs 4 S 2 und 3 WEG findet keine Anwendung; sie gilt nur für vereinbarte Sondernutzungsrechte.

171 Der **nach § 8 WEG teilende Eigentümer** kann seine Teilungserklärung **einseitig** solange ändern, als noch kein Wohnungseigentum veräußert wurde. Dabei kann der Aufteilende, wenn er Alleineigentümer geblieben ist, auch ein von ihm begründetes Sondernutzungsrecht wieder aufheben. Die Aufhebung ist auch durch letztwillige Verfügung möglich. Die erforderliche Außenwirkung tritt jedenfalls mit Testamentseröffnung durch das Nachlassgericht ein. Die Eintragung der Begründung oder Aufhebung eines Sondernutzungsrechts im GB ist nur wegen ihrer Wirkung für und gegen Sonderrechtsnachfolger von Bedeutung. Für einen Gesamtrechtsnachfolger stellt sich nie ein Eintrittsproblem, da er kraft Gesetzes in alle Rechte und Pflichten eintritt (vgl § 1922 BGB für den Erben).[482] Nach Veräußerung ist zur Abänderung bereits die **Zustimmung** des im GB **vorgemerkten Auflassungsempfängers** erforderlich.[483] Durch eine ohne die erforderliche Zustimmung des vormerkungsgesicherten Erwerbers eingetragene Änderung der Gemeinschaftsordnung wird das GB absolut unrichtig; § 888 Abs 1 BGB ist nicht anwendbar.[484] Zulässig ist es jedoch und als Inhalt des Sondereigentums eintragbar, dass sich der teilende Eigentümer in der Gemeinschaftsordnung bis zur Veräußerung der letzten Wohnungseigentumseinheit **vorbehält**, am Gemeinschaftseigentum **weitere Sondernutzungsrechte zu begründen**. Einer Mitwirkung der übrigen Wohnungseigentümer bedarf es dann nicht.[485] Allerdings müssen im Falle einer solchen aufschiebend bedingten Begründung von Sondernutzungsrechten durch die spätere Zuordnungserklärung des teilenden Eigentümers, die Grundstücksteile an dem dieses Recht zugestanden wird und von deren Mitgebrauch die späteren Wohnungseigentümer durch Begründung des Sondernutzungsrechts ausgeschlossen werden sollen, in der Teilungserklärung hinreichend bestimmt, dh inhaltlich klar und eindeutig bezeichnet werden.[486] Hat der teilende Eigentümer in der Teilungserklärung den **Verwalter** unwiderruflich **bevollmächtigt** bzgl der errichteten Kfz-Abstellplätze eine Gebrauchs- und Nutzungsregelung zu treffen, so bedarf es zu der vom Verwalter bewilligten Eintragung der Zuordnung eines Abstellplatzes zur Sondernutzung für einen bestimmten Wohnungseigentümer **nicht der Zustimmung der** an den einzelnen WE-Einheiten **dinglich Berechtigten**.[487]

Sind in der Teilungserklärung alle Wohnungseigentümer bis auf den aufteilenden Bauträger vom Gebrauch bestimmter Stellplätze ausgeschlossen worden und wurde diesem die **Zuweisung** von Sondernutzungsrechen an den Stellplätzen vorbehalten, bedarf die endgültige Zuweisung eines Sondernutzungsrechts an dem Stellplatz der **Zustimmung aller** an den ME-Anteilen des Bauträgers eingetragenen **dinglich Berechtigten**.[488]

172 Die **Eintragung** derartiger Änderungen der Gemeinschaftsordnung hat **als Änderung des Inhalts des Sondereigentums bei allen Wohnungseigentumseinheiten** zu erfolgen (§§ 873, 877 BGB; §§ 5 Abs 4, 10 Abs 2, 7 Abs 3, 8 Abs 2 WEG). Zum Vollzug der Eintragungen im GB siehe insbesondere §§ 3, 7 WGV. Die Eintragung der **Löschung eines Sondernutzungsrechts** im Grundbuch, das einem der Wohnungseigentümer eingeräumt wurde, erfordert nur die Bewilligung dieses Berechtigten und etwaiger dinglich Berechtigter an dessen Wohnungseigentum in öffentlich beglaubigter Form, nicht jedoch die Mitwirkung der übrigen Wohnungseigentümer.[489]

173 **dd) Übertragung eines Sondernutzungsrechts.** Die Übertragung eines Sondernutzungsrechts auf ein anderes Mitglied der Wohnungseigentümergemeinschaft erfordert eine Einigung zwischen dem betroffenen und dem begünstigten Wohnungseigentümer (§§ 873, 877 BGB), wofür Auflassungsform nicht vorgeschrieben

---

481 Vgl BayObLG FGPrax 2002, 149.
482 BayObLG Rpfleger 2005, 420.
483 BayObLGZ 1974, 217 aaO (Fn 464); 1993, 259.
484 BayObLG Rpfleger 1999, 178.
485 OLG Frankfurt FGPrax 1998, 85 = Rpfleger 1998, 336.
486 OLG Hamm, FGPrax 1998, 49; OLG Düsseldorf DNotZ 2002, 157 = FGPrax 2001, 132 = Rpfleger 2001, 534.
487 OLG Frankfurt Rpfleger 1998, 20.
488 OLG Köln Rpfleger 2001, 535.
489 BGH Rpfleger 2001, 69; BayObLG FGPrax 2000, 93 = Rpfleger 2000, 387.

ist. Eine einseitige Erklärung des Wohnungseigentümers reicht aus, wenn ihm sowohl das bisher, als auch das neubegünstigte Wohnungseigentum gehören.[490] Zuzustimmen haben die beeinträchtigten Dritten, das sind die Berechtigten von Einzelbelastungen, die lediglich am Wohnungseigentum des Veräußerers lasten (§§ 877, 876 BGB). Die Eintragung hat nur im GB des von der Übertragung des Sondernutzungsrechts betroffenen und des begünstigten Wohnungseigentums zu erfolgen, nicht jedoch bei den übrigen Wohnungseigentumseinheiten.[491] Einer Zustimmung der übrigen Wohnungseigentümer, die in ihren Rechten nicht berührt werden, bedarf es nicht.[492] Etwas anderes gilt dann, wenn in entsprechender Anwendung von § 12 WEG die Übertragung des Sondernutzungsrechts von der Zustimmung der übrigen Wohnungseigentümer oder des Verwalters abhängig gemacht ist.[493] **Erwerber** von Sondernutzungsrechten können wegen § 6 Abs 1 WEG, § 399 BGB nur Eigentümer aus derselben Wohnungseigentumsanlage, **nicht** jedoch **Dritte** sein.[494] Aus diesem Grund kann das Wohnungseigentum, dem das Sondernutzungsrecht zugeordnet ist, auch nicht mit einer Dienstbarkeit des Inhalts belastet werden, dass ein Dritter das Sondernutzungsrecht ausüben darf, weil Gegenstand des Sondernutzungsrechts das gemeinschaftliche Eigentum aller Wohnungseigentümer ist und demzufolge nur eine Belastung des ganzen Grundstücks infrage kommt. Eine schuldrechtliche Gestattung der Ausübung durch Dritte – zB durch Vermietung – ist jedoch zulässig.[495]

ee) Änderung der Zweckbestimmung. Die **Umwandlung von Wohnungseigentum in Teileigentum und umgekehrt** ist eine **Inhaltsänderung** des Sondereigentums und kann **grundsätzlich nur einstimmig** durch Abänderungsvereinbarung (§§ 877, 873 BGB) aller Wohnungseigentümer[496] erfolgen. Eine Zustimmung der Realberechtigten ist nicht erforderlich (vgl § 5 Abs 4 S 3, 4 WEG). Ein insoweit gefasster Mehrheitsbeschluss ist nicht nur rechtswidrig, sondern in der Regel nichtig, weil die Zweckbestimmung nach § 1 Abs 2 oder 3 WEG Vereinbarungscharakter besitzt und für eine Abänderung im Beschlusswege die gesetzliche Kompetenz dazu fehlt. **174**

Die **Abänderung** der getroffenen Zweckbestimmung ist jedoch **ohne Einstimmigkeit zulässig**, wenn in der Gemeinschaftsordnung die Mitwirkung der übrigen Wohnungseigentümer ausgeschlossen worden ist[497] oder die Gemeinschaftsordnung eine Abänderung durch Mehrheitsbeschluss vorsieht, sofern sachliche Gründe vorliegen und kein Wohnungseigentümer unbillig benachteiligt wird.[498] Aufgrund der zwischen den Wohnungseigentümern bestehenden Treuepflicht kann im Einzelfall darüber hinaus ein Anspruch eines Wohnungseigentümers auf Zustimmung zur Abänderung der Gemeinschaftsordnung und Abgabe der erforderlichen grundbuchrechtlichen Erklärungen bestehen, wenn die Zweckbestimmung der tatsächlichen, auf Dauer angelegten und erlaubten Nutzung angepasst und als Inhalt des Sondereigentums im GB eingetragen werden soll.[499] Kommt ein **ordnungsgemäßer Mehrheitsbeschluss** zustande, so erlangt dieser endgültige Verbindlichkeit auch gegenüber Sonderrechtsnachfolgern (§ 10 Abs 3 WEG). Eintragungsfähig ist diese Rechtsfolge aber nicht.[500] **175**

Werden **Nebenräume** (zB Keller, Tiefgaragenstellplatz), die mit einem Wohnungseigentum verbunden sind, bei Abtrennung als Teileigentum eingetragen, so liegt hier nur eine unechte Umwandlung vor, für welche die Zustimmung der von der Unterteilung nicht betroffenen Wohnungseigentümer nicht erforderlich ist.[501] **176**

Ist ein Sondereigentum im Bestandsverzeichnis des GB als »Wohnung« bezeichnet, ergibt sich aber aus der in Bezug genommenen Eintragungsbewilligung, dass es sich bei dem Sondereigentum um einen Hobbyraum handelt und somit Teileigentum vorliegt, ist die Eintragung als **inhaltlich unzulässig** zu löschen.[502] **177**

ff) Abänderung einer Vereinbarung durch Mehrheitsbeschluss. Grundsätzlich können Vereinbarungen im Interesse der Sicherheit und der Erhaltung des Wertes des Wohnungseigentums **nur** durch eine **einvernehmliche Regelung** aller Wohnungseigentümer abgeändert werden. Der *BGH* hat dazu entschieden, dass durch Beschlussfassung nur solche Angelegenheiten geordnet werden können, über die nach dem **WEG oder** **178**

---

490 OLG Düsseldorf MittRhNotK 1981, 196.
491 BayObLG Rpfleger 1990, 63.
492 BGHZ 73, 145 = DNotZ 1979, 168 = NJW 1979, 548 = Rpfleger 1979, 57; BayObLG DNotZ 1979, 307 = Rpfleger 1979, 217.
493 Vgl *Schöner/Stöber* Rn 2964.
494 BGHZ 73, 145 (Fn 270).
495 BayObLGZ 1974, 396 = Rpfleger 1975, 22.
496 BayObLGZ 1983, 79 = DNotZ 1984, 104, BayObLGZ 1986, 177.
497 BayObLGZ 1989, 28 = NJW-RR 1989, 652 = Rpfleger 1989, 325.
498 BayObLG NJW-RR 1990, 978 = MittRhNotK 1990, 198.
499 BayObLG FGPrax 2001, 148
500 BayObLG DNotZ 1984, 101 = MittBayNot 1983, 125.
501 BGHZ 73, 150 = DNotZ 1979, 483 = NJW 1979, 870 = Rpfleger 1979, 96.
502 BayObLG Rpfleger 1998, 242.

durch eine in die Gemeinschaftsordnung aufgenommene **Öffnungsklausel**[503] eine Mehrheitsentscheidung der Wohnungseigentümer durch Beschluss herbeigeführt werden kann,[504] andernfalls bedarf es stets einer Vereinbarung. Eine Entscheidung durch **Mehrheitsbeschluss erfordert** damit immer die Legitimation durch eine entsprechende **Kompetenzzuweisung**. Sie ist gesetzlich nur dort zugelassen, wo es um das der Gemeinschaftsgrundordnung nachrangige Verhältnis der Wohnungseigentümer untereinander und um die ordnungsgemäße Verwaltung des gemeinschaftlichen Eigentums geht.[505] **Zulässig und nicht einschränkbar ist ein Mehrheitsbeschluss** um

- eine Veräußerungsbeschränkung aufzuheben (§ 12 Abs 4 S 1, 2 WEG);
- die Betriebskosten iSd § 556 Abs 1 BGB sowie auch die Verwalterkosten neu zu verteilen, jedoch nur wenn die neuen Verteilermaßstäbe einer ordnungsgemäßen Verwaltung entsprechen und nach dem Verbraucher- oder Verursacherprinzip bestimmt werden (§ 16 Abs 3 WEG);
- den Verteilerschlüssel für Kosten zur Instandhaltung oder Instandsetzung oder zu baulichen Veränderungen je nach Gebrauch oder Gebrauchsmöglichkeit abzuändern, wobei es insoweit einer Mehrheit von drei Viertel aller stimmberechtigten Wohnungseigentümer und zudem mehr als der Hälfte aller Miteigentumsanteile bedarf (§ 16 Abs 4 WEG);
- Modernisierungsmaßnahmen entsprechend § 559 Abs 1 BGB oder Maßnahmen, die den Stand der Technik des gemeinschaftlichenEigentums dienen, zu treffen, die aber nicht zu einer Änderung der Eigenart einer Wohnanlage führen und auch keinen Wohnungseigentümer gegenüber anderen unbillig beeinträchtigen dürfen. Zur Wirksamkeit eines diesbezüglichen Beschlusses ist weiter eine Dreiviertelmehrheit aller stimmberechtigten Wohnungseigentümer und mehr als die Hälfte aller Miteigentumsanteile nötig (§ 22 Abs 2 WEG).

Mehrheitsbeschlüsse können darüber hinaus gefasst werden, **soweit nicht eine Vereinbarung entgegensteht** für Regelungen des Gebrauchs (§ 15 Abs 2 WEG), für eine der Beschaffenheit des gemeinschaftlichen Eigentums entsprechende ordnungsgemäße Verwaltung (§ 21 Abs 3 WEG), die Art und Weise von Zahlungen, der Fälligkeit und der Folgen des Verzug sowie der Kosten für eine besondere Nutzung des gemeinschaftlichen Eigentums oder für einen besonderen Verwaltungsaufwand (§ 21 Abs 7 WEG) und bezüglich eines Teils der über die ordnungsgemäße Instandhaltung und Instandsetzung des gemeinschaftlichen Eigentums hinausgehenden baulichen Veränderungen und Aufwendungen (§ 22 Abs 1 S 1 WEG). Aber auch wenn der Regelungsgegenstand den Abschluss einer Vereinbarung oder Einstimmigkeit erfordert hätte, erlangen diesbezüglich rechtswidrig zustande gekommene Mehrheitsbeschlüsse regelmäßig Gültigkeit und Bestandskraft,wenn sie nicht rechtzeitig nach Maßgabe des § 23 Abs 4 S 2 iVm § 46 Abs 1 WEG angefochten werden.

179   In allen anderen Fällen, wo eine Angelegenheit weder durch das WEG noch durch eine Vereinbarung in der Teilungserklärung bzw der Gemeinschaftsordnung dem Mehrheitsprinzip unterworfen ist, kann eine Regelung durch Mehrheitsbeschluss nicht erfolgen. Mangels rechtsgeschäftlicher Öffnungsklausel kann etwa ein **Sondernutzungsrecht nur durch Vereinbarung**, **nicht** aber durch **Mehrheitsbeschluss** begründet werden. Der Wohnungseigentümerversammlung fehlt hierzu die absolute Beschlusskompetenz.[506] Die Begründung eines Sondernutzungsrechts durch Beschlussfassung ist durch das WEG nicht bestimmt. Sie unterfällt nicht der Gebrauchsregelung des § 15 WEG, der einen Mitgebrauch aller Wohnungseigentümer voraussetzt, weil mit der Einräumung eines Sondernutzungsrechts nur eine Zuweisung des alleinigen Gebrauchs an den begünstigten Wohnungseigentümer stattfindet und die übrigen Wohnungseigentümer vom Mitgebrauch vollständig ausgeschlossen werden. Damit würde ohne eine erforderliche Zuständigkeit im Beschlusswege die gesetzliche Regelung des § 13 Abs 2 WEG abgeändert. Auch ist ohne Öffnungsklausel zB die Stilllegung eines Müllschluckers durch einen Mehrheitsbeschluss nicht zugänglich, weil damit ein **Gebrauchsentzug** stattfindet und keine nach § 15 WEG zulässige Gebrauchsregelung.[507]

180   Wird in einer Versammlung nicht durch Mehrheitsbeschluss sondern mit den Stimmen **aller Wohnungseigentümer** der in der Teilungserklärung festgelegte Kostenverteilungsschlüssel geändert, so kann darin – ungeachtet der Bezeichnung als Beschluss – eine Vereinbarung liegen, die auch gegenüber einem Sondernachfolger eines Wohnungseigentümers selbst ohne Eintragung wirkt, wenn dieser durch sie begünstigt wird.[508] Im Einzelnen müssen für eine **Beschlussfassung bezüglich der Abänderung einer Vereinbarung** folgende Voraussetzungen vorliegen:

- Die Gemeinschaftsordnung muss ihre Abänderbarkeit durch Mehrheitsbeschluss vorsehen.

---

503   Zur Zulässigkeit s. BGHZ 95, 137, 140 =DNotZ 1986, 83, 85 = NJW 1985, 2832, 2833; *Wenzel* NotBZ 2004, 170; *Hügel* DNotZ 2001, 176, 177; *Schneider* Rpfleger 2002, 503, 504.
504   BGH DNotZ 2000, 854 = FGPrax 2000, 222 = NJW 2000, 3500 = Rpfleger 2001, 19.
505   BGHZ 115, 151, 154.
506   BGH DNotZ 2000, 854 (Fn 491); insoweit teilweise Aufgabe von BGHZ 54, 65 sowie Abgrenzung zu BGHZ 127, 99 u 129, 329.
507   BayObLG FGPrax 2002, 109.
508   Vgl OLG Düsseldorf FGPrax 2001, 104.

– Erforderlich ist ein wirksam zustande gekommener Mehrheitsbeschluss (uU qualifizierte Mehrheit, wenn die Gemeinschaftsordnung dies bestimmt).
– Es muss ferner die Abänderung einer ordnungsmäßigen Verwaltung entsprechen oder ein sachlicher Grund vorliegen (zB Veränderung der tatsächlichen oder rechtlichen Verhältnisse in wesentlichen Punkten),
– und der einzelne Wohnungseigentümer darf gegenüber dem früheren Rechtszustand nicht unbillig benachteiligt werden.[509]

Entsprechend dem Rechtsgedanken des § 35 BGB, dass Sonderrechte eines Eigentümers nicht ohne dessen Zustimmung beeinträchtigt werden dürfen, ist es in aller Regel daher unzulässig, einen Eingriff im Beschlusswege vorzunehmen, der das Sondereigentum, ein zu einem einzelnen Wohnungseigentum gehörendes Sondernutzungsrecht, oder die Privatsphäre eines Wohnungseigentümers betrifft.

Die Wohnungseigentümergemeinschaft ist befugt, über eine schon **geregelte Angelegenheit erneut zu** **181** **beschließen**. Der neue Beschluss muss jedoch schutzwürdige Belange eines Wohnungseigentümers aus Inhalt und Wirkungen des Erstbeschlusses beachten.[510] Auch ein unangefochten gebliebener und bisher als bestandskräftig angesehener Eigentümerbeschluss (sog »Zitterbeschluss«) ist durch einfachen Mehrheitsbeschluss wieder aufhebbar.[511]

Problematisch ist und bleibt, dass Mehrheitsbeschlüsse, auch wenn sie rechtswidrig aber wirksam zustande **182** gekommen sind und nicht rechtzeitig angefochten wurden, ohne Eintragung gegenüber allen Wohnungseigentümern und ihren Rechtsnachfolgen wirken, jedoch **nicht** in das GB **eintragbar** sind (§ 10 Abs 4 WEG).[512] Dadurch wird die materielle Publizität, dh der Glaube an die Richtigkeit des Grundbuchs bezüglich der bei der Begründung von Wohnungseigentum getroffenen Vereinbarungen unterlaufen. Die mit einer Abänderung verbundenen, oft weitreichenden Folgen erfahren damit keine den Bedürfnissen des Rechtsverkehrs entsprechende Verlautbarung. Die vom Gesetzgeber als Eintragungsersatz befohlene Führung einer Beschluss-Sammlung (vgl § 24 Abs 7 u. 8 WEG) bietet keinen ausreichenden Ersatz, da sie keinerlei Publizitätswirkung hat. Es wäre wünschenswert, dass sich der Gesetzgeber iSd Rechtsklarheit und zur Vermeidung einer Abwertung des GB doch noch zu einer Änderung dahingehend entschließt, die durch Mehrheitsbeschlüsse geschaffenen Pseudovereinbarungen als eintragungsfähig zu erklären.[513]

gg) Austausch von Gemeinschafts- und Sondereigentum; Erweiterung oder Einschränkung von **Sondereigentum**. Räume, die im Sondereigentum stehen, können in Gemeinschaftseigentum,[514] gemein- **183** schaftlich abgeschlossene Räume in Sondereigentum überführt werden.[515] Hierzu ist die **Einigung** aller Wohnungseigentümer **in Auflassungsform** (§ 4 Abs 1, 2 WEG, §§ 873, 925 BGB) und die Eintragung in das GB erforderlich.[516] Dies gilt auch dann, wenn einem Wohnungseigentümer an den gemeinschaftlichen Räumen, die in sein Sondereigentum überführt werden sollen, ein Sondernutzungsrecht zusteht.[517] Eine Änderung im Bestand der zum Sondereigentum gehörenden Räume muss auf dem Grundbuchblatt selbst vermerkt werden. Eine Eintragung nur durch Bezugnahme auf die Eintragungsbewilligung ist auch nach § 7 Abs 3 WEG nicht zulässig.[518] Die **Umwandlung** von Gemeinschaftseigentum in Sondereigentum und umgekehrt fällt nicht in den Regelungsbereich des § 10 Abs 1 S 2, Abs 2 WEG, sondern **betrifft** das **sachenrechtliche Grundverhältnis**.[519] Die vorweggenommene Zustimmung oder die Ermächtigung Sondereigentum in gemeinschaftliches Eigentum umzuwandeln oder umgekehrt, kann nicht mit einer die Sondernachfolger bindenden Wirkung als »Inhalt des Sondereigentums« vereinbart werden[520] und daher auch nicht in das GB eingetragen werden. **Zustimmen** müssen einer Umwandlung stets alle diejenigen **dinglich Berechtigten**, deren Haftungsobjekt

509 BGHZ 95, 137 = DNotZ 1986, 83 = NJW 1985, 2832; BayObLG NJW-RR 1987, 203.
510 BGH Rpfleger 1991, 151 = JR 1991, 511.
511 OLG Stuttgart FGPrax 2001, 134.
512 BGHZ 95, 137 aaO; BayObLG DNotZ 1984, 101; *Palandt-Bassenge* § 10 WEG Rn 18, 19; *Demharter* DNotZ 1991, 28.
513 Vgl hierzu die vormals ergangenen Entscheidungen OLG Köln MittBayNot 1992, 137 = NJW-RR 1992, 598; KG OLGZ 1990, 421; OLG Karlsruhe DWE 1991, 110 = WuM 1991, 54; auch *Grebe* DNotZ 1988, 275; *Hügel* DNotZ 2001, 176, 187.
514 BayObLGZ 1997, 233 = Rpfleger 1998, 19; BayObLGZ 1995, 402 = Rpfleger 1996, 240.
515 BayObLGZ 1973, 267 = Rpfleger 1974, 111; BayObLG DNotZ 1982, 244.
516 BGHZ 139, 352 = DNotZ 1999, 661 = Rpfleger 1999, 66; BayObLGZ 1991, 316 = MittBayNot 1992, 20 = MittRhNotK 1991, 228 = NJW-RR 1992, 208 = Rpfleger 1992, 20; OLG Frankfurt Rpfleger 1997, 374.
517 BayObLGZ 1991, 316 aaO; BayObLG Rpfleger 1993, 488.
518 BGH Rpfleger 2008, 60.
519 BayObLGZ 1997, 233 (Fn 501); KG FGPrax 1998, 94 = DNotI-Report 1998, 162.
520 BayObLGZ 1997, 233 (Fn 501), und 2000, 1 = DNotZ 2000, 466; BayObLG FGPrax 2000, 216 = Rpfleger 2000, 544 KG FGPrax 1998, 94. **AA** *Schöner/Stöber* Rn 2967a; *Röll* DNotZ 1998, 345; *Rapp* MittBayNot 1998, 77, der sich nur für die Umwandlung von Gemeinschaftseigentum in Sondereigentum gegen die Ansicht des BayObLG stellt.

eine Schmälerung (durch Verringerung des Gemeinschafts- oder Sondereigentums) erfährt.[521] An Eintragungsunterlagen bedarf es bei Begründung von Sondereigentum eines berichtigten Aufteilungsplans nebst Abgeschlossenheitsbescheinigung (§ 7 Abs 4 WEG). Diese Unterlagen sind auch vorzulegen bei Begründung von Sondereigentum an baulich selbständigen Garagen.[522] Beide Voraussetzungen erübrigen sich dann, wenn die von der Änderung betroffenen Räumlichkeiten in dem schon vorliegenden Plan bereits gesondert und als abgeschlossen ausgewiesen sind.[523] Eine Nachverpfändung bezüglich derjenigen Rechte, die an dem Miteigentumsanteil lasten, mit dem neu begründetes Sondereigentum verbunden wird, ist nicht erforderlich, weil das hinzugekommene Sondereigentum Bestandteil des gewinnenden Wohnungseigentums wird und die am Miteigentumsanteil eingetragenen Belastungen sich kraft Gesetzes hierauf erstrecken (§ 6 Abs 2 WEG).[524] Auch eine finanzamtliche Unbedenklichkeitsbescheinigung ist nicht erforderlich, sofern sich nicht gleichzeitig der Miteigentumsanteil des erwerbenden Wohnungseigentümers und damit die wertmäßige Beteiligung am gemeinschaftlichen Grundstück ändert (§ 7 Abs 1 GrEStG). Wenn eine **Neubegründung** von Sondereigentum als selbständiges Wohnungseigentum in Verbindung mit einem Miteigentumsanteil erfolgt, ist die Anlegung eines besonderen GB-Blattes erforderlich.

184   Die notwendige Zustimmung dinglich Berechtigter zur Lastenfreistellung bei Umwandlung von Räumen in Gemeinschafts- bzw Sondereigentum kann auch über Art 120 EGBGB mittels **Unschädlichkeitszeugnis** ersetzt werden.[525] Ein derartiges Zeugnis nach Art. 2 BayUnschZG ist deshalb ebenso zur Änderung der Teilungserklärung mit der Folge der Inhaltsänderung des Sondereigentums (hier: Errichtung eines konkret bestimmten Gartenhauses auf einer Dachterrasse) zu erteilen, wenn nur eine geringe Wertminderung des Grundstücks vorliegt.[526] Das Unschädlichkeitszeugnis gilt allerdings nicht für die Freistellung von Erbbaurechten, Verfügungsbeschränkungen (wie zB einem Nacherbenvermerk[527]) und von Eigentumsvormerkungen.[528]

185   **hh) Übertragung von Sondereigentum.** Wohnungseigentümer können untereinander den Gegenstand ihres Sondereigentums ohne eine Änderung der Miteigentumsanteile verändern.[529] Dabei ist auch ein vollständiger Austausch des Sondereigentums zulässig.[530] Erforderlich hierzu ist die **Einigung** zwischen Veräußerer und Erwerber **in Auflassungsform** (§ 4 Abs 2 WEG analog, §§ 873, 925 BGB) und die Eintragung (nur) bei deren Wohnungseigentumseinheiten. Einer Zustimmung der übrigen Wohnungseigentümer oder des Verwalters bedarf es grundsätzlich nicht, außer es wurde eine entsprechende Regelung nach § 12 WEG getroffen. Zustimmen aber müssen diejenigen dinglich Berechtigten, deren Rechte am »verlierenden« Wohnungseigentum lasten (§§ 877, 876 BGB bzw § 875 BGB).

186   Wenn die Übertragung von Sondereigentum **bauliche Veränderungen** am gemeinschaftlichen Eigentum erfordert, zB Durchbruch einer tragenden Mauer, so bedarf es grundsätzlich der **Zustimmung** aller Wohnungseigentümer. Soweit jedoch der einzelne Wohnungseigentümer nicht über das in § 14 Nr 1 WEG bestimmte Maß hinaus beeinträchtigt wird, ist gemäß § 22 Abs 1 S 2 WEG seine Zustimmung entbehrlich. Ein Nachteil der anderen Wohnungseigentümer in diesem Sinne ist aber erst dann ausgeschlossen, wenn kein vernünftiger Zweifel daran besteht, dass ein wesentlicher Eingriff in die Substanz des Gemeinschaftseigentums unterblieben ist, insbesondere zum Nachteil der übrigen Eigentümer keine Gefahr für die konstruktive Stabilität des Gebäudes und dessen Brandsicherheit geschaffen wurde.[531] Lediglich die Tatsache, dass etwa ein Wanddurchbruch zwischen zwei Wohnungen zum Verlust der Abgeschlossenheit (§ 3 Abs 2 WEG) oder einem der Teilungserklärung widersprechenden Zustand führt, stellt nicht schon deshalb einen für andere Wohnungseigentümer nicht hinnehmbaren Nachteil dar.[532] Weil es in vielen Fällen zweifelhaft erscheinen mag, inwieweit eine Beeinträchtigung von Wohnungseigentümern gegeben ist, dürfte es sinnvoll sein, in der Gemeinschaftsordnung festzulegen, dass die Zustimmung zu einem Durchbruch der Verwalter erteilt.[533] Veränderungen am Sondereigentum (zB Schließung einer Öffnung in einer nichttragenden Mauer oder Beseitigung einer solchen Mauer) bedürfen gemäß § 13 Abs 1 WEG grundsätzlich keiner Zustimmung anderer Wohnungseigentümer, falls nicht in der Gemeinschaftsordnung ausdrücklich etwas anderes bestimmt wurde.

---

521 BGHZ 66, 341; 73, 145; BGH Rpfleger 1984, 408; BayObLGZ 1991, 313 = NJW-RR 1992, 208 = Rpfleger 1992, 20; BayObLGZ 1974, 217 = DNotZ 1975, 32 = Rpfleger 1974, 314.
522 Vgl OLG Düsseldorf FGPrax 2000, 131.
523 Vgl OLG Celle DNotZ 1975, 42 = OLGZ 1974, 351 = Rpfleger 1974, 267.
524 LG Düsseldorf MittRhNotK 1986, 78; *Schöner/Stöber* Rn 2967; *Streuer* Rpfleger 1992, 181.
525 LG München I MittBayNot 1967, 365; 1983, 174; BayObLGZ 1991, 319 und BayObLG MittBayNot 1993, 368. **AA** OLG Köln ZMR 1993, 428, das für die Anwendbarkeit auf das Sondereigentum eigene gesetzliche Regelungen fordert.
526 S. LG München I Rpfleger 2006, 396.
527 S LG Frankfurt Rpfleger 1986, 472.
528 Vgl *Demharter* § 19 Rn 11.
529 Vgl BGH NJW 1986, 2759.
530 BayObLGZ 1984, 10 = DNotZ 1984, 381 = Rpfleger 1984, 268.
531 Vgl BGHZ 116, 392, 396.
532 BGH FGPrax 2001, 65.
533 Vgl MüKo-*Röll* § 10 WEG Rn 17.

Die Übertragung von Sondereigentum, die nur zwischen Eigentümern derselben Wohnanlage erfolgen kann, **187** ist nach zutreffender Auffassung **als Inhaltsänderung**[534] lediglich auf den Grundbuchblättern des veräußernden und des erwerbenden Wohnungseigentümers **im Bestandsverzeichnis einzutragen** (§ 3 Abs 5 WGV). Erforderlich hierzu ist neben der Bewilligung des betroffenen Wohnungseigentümers ein berichtigter Aufteilungsplan nebst Abgeschlossenheitsbescheinigung (§ 7 Abs 4 WEG), sofern nicht die zu übertragende Räumlichkeit bereits getrennt und als abgeschlossen ausgewiesen ist. Allerdings reicht die frühere Abgeschlossenheitsbescheinigung hinsichtlich der verbleibenden Restwohnung dann nicht aus, wenn Änderungen eingetreten sind, wonach die infolge Übertragung von Räumlichkeiten verkleinerte Wohnung nicht mehr in sich abgeschlossen gelten kann, weil sich zB kein WC mehr innerhalb der Wohnung befindet.[535] Ferner bedarf es der Freigabeerklärungen (§ 19 GBO) etwaiger Drittberechtigter nach §§ 877, 876 BGB bzw § 875 BGB. Die **Zustimmung zu baulichen Veränderungen** am Gemeinschaftseigentum durch betroffene Wohnungseigentümer braucht dem **GBA nicht nachgewiesen werden**, da dieses weder in der Lage ist zu prüfen, inwieweit eine Zustimmungsbedürftigkeit vorliegt, noch welche Wohnungseigentümer »betroffen« sind. Davon abgesehen sind Baumaßnahmen tatsächliche Handlungen und keine Rechtsänderungen.[536] Es handelt sich diesbezüglich um eine interne Angelegenheit der Wohnungseigentümergemeinschaft. Einer **Pfandunterstellungserklärung** des erwerbenden Wohnungseigentümers bedarf es ebenfalls **nicht**, wenn der Miteigentumsanteil unverändert bleibt, weil alle Rechte der Abteilungen 2 und 3 – ohne dass hierzu eine weitere Eintragung erforderlich ist – sich kraft Gesetzes auf die Bestandteile des Miteigentumsanteils erstrecken und damit auch auf das gemäß der Eintragung im Bestandsverzeichnis geänderte Wohnungseigentum.[537]

ii) Änderung der Miteigentumsbruchteile. Einzelne Wohnungseigentümer derselben Wohnanlage können **188** ihre Miteigentumsanteile ohne Änderung des zugehörigen Sondereigentums verkleinern oder vergrößern.[538] Ein Erfordernis hierfür ergibt sich verschiedentlich aus der Tatsache, dass der Umfang der Miteigentumsanteile ohne Bindung an gesetzliche Vorschriften sowie ohne Rücksicht auf Wert, Größe und Nutzungsmöglichkeit des Sondereigentums festgelegt wurde. Diese **sog Quotenänderung** dient dann insbesondere dazu eine ungleiche gesetzliche Lastenverteilung (vgl § 16 Abs 2 WEG) zu korrigieren, die sich nicht nur aus der unverhältnismäßigen Größe eines Miteigentumsanteils sondern zB auch aus einer nachträglichen baulichen Veränderung eines Wohnungseigentums ergeben kann. Eine Differenz bei der Kostenverteilung von lediglich 15 % begründet dabei (noch) keinen Anspruch auf Änderung.[539] Die Änderung der Miteigentumsanteile setzt eine **Vereinbarung** der unmittelbar beteiligten Wohnungseigentümer in der **Form der Auflassung** voraus und die Eintragung in den einzelnen Wohnungseigentumsgrundbüchern (§§ 873, 925 BGB, § 4 WEG).[540] Wenn sich die von der Änderung betroffenen Wohnungseigentumseinheiten in einer Hand befinden, genügt in Anlehnung an § 8 Abs 1 WEG eine einseitige Erklärung. Ferner ist die **Zustimmung der dinglich Berechtigten von Einzelbelastungen** an dem Wohnungseigentum erforderlich, dessen Miteigentumsanteil verkleinert wird (§§ 877, 876 BGB), weil der Teilmiteigentumsanteil insoweit lastenfrei übertragen werden muss.[541] Daher bedarf es keiner Zustimmung von Gesamtrechtsgläubigern. Ebenso wenig ist eine Mitwirkung der an der Änderung nicht beteiligten Wohnungseigentümer oder des Verwalters nötig, mit Ausnahme für den Fall einer nach § 12 WEG getroffenen Regelung.[542] Vertreten wird, dass die Zuordnung eines erworbenen Miteigentumsanteils zu einem anderen (Vergrößerung) sowohl im Wege der Vereinigung, als auch durch Bestandteilszuschreibung erfolgen kann.[543] Da jedoch der hinzuerworbene Miteigentumsanteil ohne Sondereigentum nicht selbständig buchungsfähig ist, scheidet wohl eine Anwendung von § 890 BGB aus. Mit der durch Einigung und Eintragung vollzogenen **Inhaltsänderung** entsteht ohne weiteres Erfordernis ein **neuer einheitlicher Miteigentumsanteil**, verbunden mit dem bereits vorhandenen Sondereigentum.[544] Dies begründet zugleich auch kraft Gesetzes eine Pfanderstreckung der vorhandenen Rechte auf die hinzugekommenen Miteigentumsanteile. Eine rechtsgeschäftliche Nachverpfändung ist daher nicht erforderlich; ebenso scheidet eine Zuschreibung aus.[545]

534 OLG Celle DNotZ 1975, 42 = MDR 1974, 669 = OLGZ 1974, 351 = Rpfleger 1974, 267; *Bärmann-Pick-Merle* § 6 WEG Rn 4; *Schöner/Stöber* Rn 2969.
535 Vgl OLG Zweibrücken FGPrax 2001, 105.
536 Im Ergebnis ebenso BayObLGZ 1998, 2 = DNotZ 1999, 210; *Schöner/Stöber* Rn 2977a; *Röll* MittBayNot 1998, 81.
537 LG Düsseldorf MittRhNotK 1986, 78; *Streuer* Rpfleger 1992, 181; *Schöner/Stöber* Rn 2970.
538 BGH DNotZ 1976, 741 = NJW 1976, 1976 = Rpfleger 1976, 352; NJW 1986, 2759; BayObLGZ 1958, 263 = DNotZ 1959, 40 = Rpfleger 1959, 277.
539 Vgl OLG Düsseldorf FGPrax 2001, 101.
540 BayObLGZ 1984, 10 aaO; zur Veränderung sämtlicher Miteigentumsanteile s BayObLGZ 1993, 166).
541 BayObLGZ 1993, 166 (Fn 299) = Rpfleger 1993, 444.
542 Vgl OLG Celle Rpfleger 1974, 438; LG Nürnberg-Fürth MittBayNot 1980, 75.
543 Str, so aber MüKo-*Röll* § 3 WEG Rn 16; *Palandt-Bassenge* § 6 WEG Rn 3; *Fr. Schmidt* MittBayNot 1985, 237, 244; *Streblow* MittRhNotK 1987, 141, 151; LG Bochum Rpfleger 1990, 291.
544 *Schöner/Stöber* Rn 2971 und *Streuer* Rpfleger 1992, 183.
545 LG Wiesbaden Rpfleger 2004, 350, *Streuer* Rpfleger 1992, 181, 183; *Böttcher* BWNotZ 1996, 80, 83; **A.A.** BayObLG Rpfleger 1959, 277; OLG Hamm Rpfleger 1986, 374, 375; *Mottau* Rpfleger 1990, 455.

189   Zum **Grundbuchvollzug** der Quotenänderung sind neben der **Teilauflassung** (§ 20 GBO) zwischen betroffenem und begünstigtem Wohnungseigentümer noch die Freigabeerklärungen (§ 19 GBO) der dinglich Berechtigten des verlierenden Wohnungseigentums erforderlich. Eine Pfanderstreckungserklärung, damit sich wegen § 6 WEG die am bisherigen Miteigentumsanteil bestehenden Belastungen auf den neuen Bestand erstrecken,[546] erübrigt sich. Dessen ungeachtet wird regelmäßig in der Zustimmung von Grundpfandrechtsgläubigern zur Vereinbarung über die Veränderung der Größe der Miteigentumsanteile, soweit sie sich verkleinert haben, bereits eine **Pfandfreigabe** und in der Zustimmung eines Wohnungseigentümers zu der Vergrößerung seines Miteigentums die Pfandunterstellung der an seinem Wohnungsgrundbuchs eingetragenen Grundpfandrechte und Reallasten zu sehen sein.[547] Zu beachten ist auch, dass es sich bei der Vergrößerung des Miteigentumsanteils um einen grunderwerbsteuerlich zu beachtenden Vorgang handelt.

190   Sofern bei einer Änderung der Miteigentumsanteile **zugleich** auch eine Änderung des Sondereigentums erfolgt, müssen die zu beiden Veränderungen erwähnten Voraussetzungen vorliegen.

191   **jj) Bildung neuer zusätzlicher Wohnungseigentumseinheiten.** Werden nach der Aufteilung **weitere Räume geschaffen**, etwa durch den Ausbau des Dachgeschosses, so sind sie zunächst Gemeinschaftseigentum.[548] Es ist jedoch eine Umwandlung in Sondereigentum möglich, das – die Abgeschlossenheit der Räumlichkeiten vorausgesetzt – durch Verbindung mit einem Miteigentumsanteil selbständiges Wohnungseigentum bilden kann. Dies ist dadurch machbar, dass der erforderliche Miteigentumsanteil von einem, gegebenenfalls zur Herstellung ausgeglichener Miteigentumsquoten im Hinblick auf § 16 Abs 2 WEG von mehreren oder allen Wohnungseigentumseinheiten abgespalten und mit dem neugeschaffenen Sondereigentum verbunden wird.[549] Die entsprechende Vereinbarung muss, da gemeinschaftliches Eigentum betroffen wird, unter Mitwirkung aller Wohnungseigentümer in Auflassungsform erklärt werden. Ferner bedarf es der Zustimmung derjenigen Gläubiger, die durch die Umwandlung von Gemeinschaftseigentum in Sondereigentum und die Abspaltung von Teilen des Miteigentumsanteils nachteilig betroffen sind (§§ 877, 876 BGB). Im Rahmen einer Vereinbarung wäre es auch zulässig, das Verhältnis der bisherigen Miteigentumsanteile ohne Aufzählung der einzelnen Veränderungen umfassend neu zu bestimmen.[550]

192   Zur Eintragung der Rechtsänderung im **Grundbuch** bedarf es der Bewilligungen der betroffenen Wohnungseigentümer sowie der Teilauflassung hinsichtlich der abgespaltenen Miteigentumsanteile. Ferner sind Pfandfreigabeerklärungen der nachteilig betroffenen Drittberechtigten und ein berichtigter Aufteilungsplan nebst Abgeschlossenheitsbescheinigung (§ 7 Abs 4 WEG) bezüglich der zum Sondereigentum erklärten Räumlichkeiten erforderlich. Des Weiteren ist seitens des Erwerbers des neugebildeten Wohnungseigentums grundsätzlich die Vorlage einer finanzamtlichen Unbedenklichkeitsbescheinigung nötig.

193   **kk) Unterteilung von Wohnungseigentum.** Ein Wohnungseigentümer kann bestehendes Wohnungseigentum **in mehrere** selbständige Wohnungseigentumsrechte **unterteilen**. Materiell erforderlich ist hierzu die ideelle Unterteilung des Miteigentumsanteils entsprechend der Zahl der zu schaffenden Einheiten durch einseitige formlose Erklärung des teilenden Eigentümers entsprechend § 8 Abs 1 WEG und die Verbindung der Miteigentumsanteile je mit dem Sondereigentum an den einzelnen bereits vorhandenen und in sich abgeschlossenen Wohnungen oder mit dem Sondereigentum an den durch Aufteilung der bisherigen Raumeinheit in mehrere in sich wiederum abgeschlossene Raumeinheiten neu gebildeten Eigentumswohnungen.[551] Eine Zustimmung der anderen Wohnungseigentümer und des Verwalters ist grundsätzlich nicht erforderlich.[552] Die Unterteilung eines Wohnungseigentums bedarf jedoch dann der **Zustimmung** der anderen Wohnungseigentümer oder des Verwalters, wenn dies in der Gemeinschaftsordnung nach **§ 12 WEG** davon abhängig gemacht wurde.

194   **Keine Zustimmungspflicht** ergibt sich **wegen** ev Rückwirkungen der Unterteilung auf die **Stimmrechtsverhältnisse** bei Abstimmungen in den Wohnungseigentümerversammlungen, die dann auftauchen könnten, wenn abweichend vom Kopfteilprinzip des § 25 Abs 2 S 1 WEG in der Gemeinschaftsordnung vereinbart wurde, dass auf jede Eigentumswohnung eine Stimme entfällt (sog Objektprinzip). Da sich aus der Summe der durch Teilung entstandenen Wohnungseigentumsrechte grundsätzlich nicht mehr Befugnisse ergeben können, als aus dem ungeteilten Wohnungseigentum, kann der teilende Wohnungseigentümer auch im Falle des verein-

---

546 So BayObLGZ 1993, 166= MittBayNot 1993, 214 = NJW-rr 1993, 1043 = Rpfleger 1993, 444; OLG Hamm FGPrax 1998, 206 = MittBayNot 1999, 291 = Rpfleger 1998, 514.
547 S OLG Hamm FGPrax 1998, 206 aaO.
548 BayObLGZ 1973, 267 = Rpfleger 1974, 111.
549 BayObLGZ 1976, 227 = DNotZ 1976, 743 = Rpfleger 1976, 403.
550 OLG Hamm MittRhNotK 1987, 50.
551 BGHZ 49, 250 = DNotZ 1968, 417 = JZ 1968, 563 = NJW 1968, 499 = Rpfleger 1968, 114; BGHZ 73, 150 = DB 1979, 464 = DNotZ 1979, 483 = NJW 1979, 870 = Rpfleger 1979, 96.
552 BGHZ 49, 250 aaO; BayObLGZ 1977, 1 = DNotZ 1977, 546 = Rpfleger 1977, 140; BayObLGZ 1983, 79 = DNotZ 1984, 104; BayObLG Rpfleger 1991, 455; OLG Saarbrücken Rpfleger 1978, 165.

barten **Objektprinzips** keine zusätzliche Stimme erwerben.[553] Einer Erhöhung der Zahl der Stimmen entsprechend der Anzahl der neugebildeten Wohnungseigentumseinheiten steht aber dann nichts im Wege, wenn die Gemeinschaftsordnung dies vorsieht.[554] Soweit das gesetzlich bestimmte **Kopfteilsprinzip** des § 25 Abs 2 S 1 WEG gilt, wonach jedem Wohnungseigentümer unabhängig von der Zahl der ihm gehörenden Objekte nur eine Stimme zusteht, ändert sich allein durch die Unterteilung an den Stimmrechtsverhältnissen nichts. Bezüglich der Auswirkungen, wenn die neu geschaffenen Wohnungseigentumsrechte an Dritte veräußert werden s unter Rdn 200. Eine abweichende Bestimmung des Stimmrechts nach der Größe der Miteigentumsanteile führt gleichermaßen zu keiner Veränderung der Verhältnisse.

Die Teilung von Wohnungseigentum in Gebieten mit Fremdenverkehrsfunktionen kann einer **Genehmigung** **195** nach Maßgabe des § 22 BauGB unterliegen. Ferner kann zur Erhaltung der Zusammensetzung der Wohnbevölkerung, weil neues Wohnungs- oder Teileigentum gegründet wird, eine Genehmigung nach § 172 Abs 1 S 4 BauGB erforderlich sein, wenn das Gebäude ganz oder teilweise Wohnzwecken dient. Ein Genehmigungsbescheid bzw ein Negativattest ist jedoch nur dann vorzulegen, wenn ein Land eine entsprechende Rechtsverordnung gemäß § 172 Abs 1 S 1 BauGB erlassen hat, was das GBA selbständig und eigenverantwortlich zu prüfen hat.[555]

Eine **Mitwirkung** der Inhaber **von beschränkten dinglichen Rechten**, die am zu unterteilenden Woh- **196** nungseigentum eingetragen sind, bedarf es **in aller Regel nicht**. Soweit aber solche Rechte zum Besitz der Wohnung berechtigten (zB ein Wohnungsrecht nach § 1093 BGB oder ein Dauerwohnrecht nach § 31 WEG) und deren Inhaber durch Umbaumaßnahmen beeinträchtigt werden, ist die Zustimmung dieser Berechtigten erforderlich. Falls die Unterteilung **bauliche Veränderungen** am gemeinschaftlichen Eigentum verlangt (zB Durchbruch einer tragenden Mauer, um einen Zugang zum Treppenhaus für das unterteilte Wohnungseigentum zu schaffen), ist gemäß § 22 Abs 1 S 2 WEG die Zustimmung der beeinträchtigten Wohnungseigentümer erforderlich. Eine **Überprüfung** der Zustimmung der von den Baumaßnahmen berührten übrigen Wohnungseigentümer **durch das GBA** hat im Zuge des Eintragungsverfahrens **nicht** zu erfolgen, da es im Hinblick auf die Formulierung im § 3 Abs 1 am Ende iVm § 8 Abs 2 WEG für die Grundbucheintragung nicht erforderlich ist, dass die bauliche Veränderung bereits vorgenommen wurde. Im Übrigen handelt es sich insoweit um tatsächliche Maßnahmen und nicht um Rechtsänderungen (s dazu auch C 133).

Entsteht bei der Unterteilung eines Sondereigentums neues Gemeinschaftseigentum, so bedarf es zur Wirksam- **197** keit der Unterteilung der **Auflassung** des neuen Gemeinschaftseigentums **unter Mitwirkung aller** im Grundbuch eingetragenen **Wohnungseigentümer** und der Eintragung in das Grundbuch. Eine entgegen den vorgenannten Voraussetzungen eingetragene Unterteilung ist inhaltlich unzulässig und damit nichtig. Sie kann daher auch nicht Basis eines gutgläubigen Erwerbs sein.[556] Wenn also bei der Unterteilung eines Wohnungseigentums ein **Raum**, der bisher zum Sondereigentum des teilenden Wohnungseigentümers gehörte, **nicht mehr als Sondereigentum mit einem Miteigentumsanteil verbunden wird**, so scheidet eine Eintragung im GB aus. Erfolgt sie trotzdem, ist sie, wie schon erwähnt, inhaltlich unzulässig und einem gutgläubigen Erwerb nicht zugänglich.[557]

Ferner dürfen von der Unterteilung eines Wohnungseigentums nur Räume erfasst werden, die **Sondereigen-** **198** **tum** dieses Wohnungseigentums sind. Weist der Unterteilungsplan und durch Bezugnahme darauf (§ 7 Abs 3, 4 WEG) das GB Räume als Sondereigentum einer der neugebildeten Einheiten aus, die nach dem ursprünglichen Aufteilungsplan **gemeinschaftliches Eigentum** sind, so wäre auch dies eine ihrem Inhalt nach unzulässige Eintragung.[558]

Wird bei der Grundbucheintragung sowohl auf die ursprüngliche Teilungserklärung, die von der Unterteilung erfasste Räume als gemeinschaftliches Eigentum ausweist, als auch auf die Unterteilungserklärung Bezug genommen, so handelt es sich ebenso um eine inhaltlich unzulässige Eintragung, die nicht Grundlage eines gutgläubigen Erwerbs sein kann.[559]

Kommt es daher zu einer Unterteilung des Wohnungseigentums in der Weise, dass aus der bisherigen Raumeinheit mehrere in sich wieder abgeschlossene Einheiten entstehen, und kann die Aufteilung des Sondereigentums nur dergestalt erfolgen, dass ein Teil der bisher sondereigentumsfähigen Räume und Gebäudeteile in gemeinschaftliches Eigentum überführt werden muss, dann kann der Aufteilende nicht allein handeln, es müs-

---

553 Vgl BGHZ 73, 150 aaO.
554 Vgl BayObLG NJW-RR 1991, 910; OLG Köln WE 1992, 259.
555 S OLG Zweibrücken Rpfleger 1999, 44 und OLG Hamm Rpfleger 1999, 487.
556 OLG München, Rpfleger, 2007, 459.
557 BayObLGZ 1987, 390 = DNotZ 1988, 316 = Rpfleger 1988, 102; BayObLG 1995, 399 = DNotZ 1996, 660 = Rpfleger 1996, 240; *Demharter* Anhang zu § 3 Rn 73; *Rapp* MittBayNot 1996, 344; *Schöner/Stöber* Rn 2976a. **AA** *Röll* MittBayNot 1988, 22, der einen gutgläubigen Erwerb für möglich hält.
558 BayObLGZ 1998, 70 = FGPrax 1998, 88 = NJW-RR 1999, 8.
559 BGH Rpfleger 2005, 17.

sen vielmehr die übrigen Miteigentümer hierbei nach § 4 WEG mitwirken, dh es bedarf der Einigung aller Wohnungseigentümer in Auflassungsform.[560]

199   Zur **Eintragung** einer Unterteilung im GB ist verfahrensrechtlich einer Bewilligung (§ 19 GBO) des teilenden Eigentümers erforderlich und die Vorlage eines geänderten Aufteilungsplans nebst Abgeschlossenheitsbescheinigung für die neu entstandenen Einheiten (§§ 7 Abs 4, 8 Abs 2 WEG). Die Bewilligung Dritter ist nur in den unter Rdn 193 erwähnten Ausnahmefällen notwendig. Für den verbleibenden Miteigentumsanteil samt Sondereigentum kann das bisherige Wohnungsgrundbuch fortgeführt werden;[561] für die neu gebildeten Wohnungseigentumsrechte sind gesonderte GB-Blätter anzulegen (§§ 7 Abs 1, 8 Abs 2 WEG).

200   Bei **Unterteilung mit gleichzeitiger Veräußerung** eines der Teilrechte oder aller ist neben der Teilungserklärung die **Auflassung** zwischen Veräußerer und Erwerber sowie die GB-Eintragung erforderlich. Auch die Veräußerung bedarf in diesem Fall keiner Zustimmung der übrigen Wohnungseigentümer oder des Verwalters, es sei denn, es liegt eine Regelung nach § 12 WEG vor.[562] Nach dem gesetzlichen **Kopfteilsprinzip** des § 25 Abs 2 S 1 WEG gilt in der Regel, dass im Falle einer Unterteilung mit anschließender Veräußerung, sofern nicht etwas anderes in der Gemeinschaftsordnung bestimmt wurde, den neuen Wohnungseigentumseinheiten, die nunmehr im Eigentum mehrerer stehen, insgesamt nicht mehr als eine Stimme zukommt, weil die Mitgliedschaftsrechte der übrigen Wohnungseigentümer innerhalb der Gemeinschaft nicht beeinträchtigt werden dürfen.[563] Für den Fall einer Unterteilung mit anschließender Veräußerung hat das Kammergericht Berlin nunmehr entschieden,[564] dass als Ausnahme eine **Vermehrung der Stimmrechte** möglich sein muss, da eine solche Vermehrung auch dann eintritt, wenn einem Wohnungseigentümer mehrere Sondereigentumseinheiten gehören, die er später an mehrere Erwerber veräußert. Es sei deshalb nicht zu rechtfertigen, die Erwerber rechtlich selbständiger WE-Rechte durch die Quotierung ihres Stimmrechts oder durch das Gebot einheitlicher Stimmabgabe nach § 25 Abs 2 S 2 WEG zu beschränken. Das führe zwar zu einer Beeinträchtigung der Stimmkraft der ursprünglichen Wohnungseigentümer, was aber hingenommen werden müsse. Dem ist beizupflichten.[565]

201   Im Falle eines vereinbarten **Objektprinzips** steht einer generellen Vermehrung des Stimmrechts ebenfalls entgegen, dass sich aus der Unterteilung grundsätzlich keine Erweiterung der Befugnisse ergeben kann (s dazu Näheres unter Rdn 193). Die Frage, ob dann die verselbständigten Teilrechte entsprechend § 25 Abs 2 S 2 WEG nur zusammen eine Stimme haben, die sie lediglich einheitlich ausüben können,[566] oder ob bei Unterteilung beispielsweise in zwei Einheiten deren Erwerber je eine halbe Stimme zuzubilligen ist, die sie jeweils selbständig abgeben können.[567] Entsprechend der vom Gesetz vorgesehenen Selbständigkeit einzelner Wohnungseigentumsrechte ist, wenn man sich nicht bereits für eine uneingeschränkte Stimmenmehrung entscheidet, der letztgenannten Ansicht zuzustimmen.[568]

202   Ist mit einem zu unterteilenden Wohnungseigentum ein **Sondernutzungsrecht** (§ 15 WEG) verbunden, so ist zu prüfen und zu klären, ob dieses Recht einer unterteilten Einheit allein oder allen Einheiten gemeinschaftlich zustehen soll. Bei gemeinschaftlichem Sondernutzungsrecht mehrerer Wohnungseigentümer gelten im Innenverhältnis die §§ 741 ff BGB.[569] Im Außenverhältnis steht das Sondernutzungsrecht, wenn es bei einigen oder allen unterteilten Einheiten verbleiben soll, den mehreren Wohnungseigentümern als Gesamtberechtigte nach § 428 BGB zu.

203   **ll) Vereinigung oder Bestandteilszuschreibung.** Ein Wohnungseigentümer kann zwei oder mehrere Wohnungseigentumseinheiten an **demselben Grundstück** miteinander vereinigen (§ 890 Abs 1 BGB, § 5 GBO) oder sie im Wege der Bestandteilszuschreibung (§ 890 Abs 2 BGB, § 6 GBO) miteinander verbinden.[570] Nicht erforderlich ist, dass das Sondereigentum insgesamt in sich abgeschlossen ist. Es genügt, wenn die zum Sonder-

---

560 BGHZ 139, 352 = DNotZ 1999, 661 = NJW 1998, 3711 = Rpfleger 1999 66.
561 BayObLG MittBayNot 1988, 126 = Rpfleger 1988, 256.
562 BGHZ 73, 150 aaO (Fn 537).
563 So BayObLG NJW-RR 1991, 910; OLG Köln DWE 1992, 259.
564 Vgl KG FGPrax 2000, 9.
565 Ebenso *Palandt-Bassenge* § 6 WEG Rn 6, wonach eine mögliche Stimmenvermehrung vorbehaltlich Rechtsmissbrauch hinzunehmen sei.
566 So OLG Braunschweig MDR 1976, 1023; erwogen, aber offengelassen durch BGHZ 73, 150 aaO (Fn 537); *Schöne* NJW 1981, 435.
567 So OLG Düsseldorf NJW-RR 1990, 521 = OLGZ 1990, 152 und KG FGPrax 1999, 90.
568 Vgl BGH DNotZ 2005, 218 = NotBZ 2005, 390 = ZfIR 2004, 946; ebenso OLG Hamm RNotZ 2002, 575; *Streblow* MittRhNotK 1987, 141, 150; *Weitnauer* § 25 WEG Rn 13, der jedoch für die entspr Anwendung von § 25 Abs 2 S 2 WEG keinen Raum sieht.
569 BayObLG WE 1994, 12.
570 BayObLG DNotZ 1999, 674; KG NJW-RR 1989, 1360 = OLGZ 1989, 385 = Rpfleger 1989, 500; OLG Hamburg DNotZ 1966, 176 = NJW 1965, 1765 = Rpfleger 1966, 79; LG Ravensburg BWNotZ 1976, 126 = MittBayNot 1976, 173 = Rpfleger 1976, 303.

eigentum gehörenden Räumlichkeiten gegenüber dem Sondereigentum anderer sowie dem Gemeinschaftseigentum abgegrenzt sind.[571] Selbst für die **Vereinigung von baulich zusammengelegten Wohnungseigentumsrechten** bedarf es daher auch keiner neuen Abgeschlossenheitsbescheinigung.[572] Zulässig ist ferner die Vereinigung oder Bestandteilszuschreibung eines **Wohnungseigentums mit einem Grundstück**.[573] Das *BayObLG*[574] hat die Zulässigkeit der Zuschreibung eines Grundstücks als Bestandteil eines Wohnungseigentums insbesondere damit begründet, dass Wohnungseigentum echtem Eigentum gleichzusetzen und rechtlich anders zu behandeln ist, als ein schlichter Miteigentumsanteil. Dieser Ansicht ist beizupflichten, was logischerweise die Konsequenz nach sich zieht, dass § 1 Abs 4 WEG kein Hindernis darstellt. Die Vereinigung oder Bestandteilszuschreibung auch mehrerer **Wohnungseigentumsrechte** desselben Berechtigten **an verschiedenen Grundstücken**, ist dagegen abzulehnen, weil dies einer Verbindung von Sondereigentum mit Miteigentumsbruchteilen an mehreren Grundstücken gleichkäme.[575]

Materiellrechtlich erfordert die Rechtsänderung eine einseitige formfreie Vereinigungs- bzw Zuschreibungserklärung des Eigentümers und die GB-Eintragung. Einer Zustimmung der anderen Wohnungseigentümer oder der Gläubiger der zusammenzuführenden Objekte bedarf es in aller Regel nicht.[576] Soweit jedoch im Zuge der Vereinigung oder Bestandteilszuschreibung von nebeneinanderliegenden Wohnungseigentumseinheiten bauliche Veränderungen an tragenden Teilen, die im Gemeinschaftseigentum stehen (§ 5 Abs 2 WEG), vorzunehmen sind, bedarf es der Zustimmung der nach § 22 Abs 1 S 2 WEG beeinträchtigten Wohnungseigentümer. **204**

Die **Vornahme der GB-Eintragung** setzt einen Antrag des vereinigenden oder zuschreibenden Wohnungseigentümers in der Form des § 29 GBO voraus (§ 30 GBO). Ggf ist wegen §§ 5, 6 GBO eine Pfandunterstellungserklärung sowie eine Vereinheitlichung der Rangverhältnisse erforderlich. Kein (echtes) Hindernis kann im Regelfall das formelle Erfordernis des unmittelbaren Aneinandergrenzens der Objekte nach § 5 Abs 2 bzw § 6 Abs 2 WEG sein, weil bereits bei Begründung von Wohnungseigentum oftmals nicht alle zum Sondereigentum gehörenden Räumlichkeiten auf einer Ebene liegen (zB Wohnung und Keller) Ein berichtigter Aufteilungsplan (§ 7 Abs 4 Nr 1 WEG) ist nur bei baulichen Veränderungen erforderlich durch die das Gemeinschaftseigentum oder das Sondereigentum anderer Wohnungseigentümer berührt werden. **205**

Besteht ein **Sondernutzungsrecht** nur für eines der vereinigten Wohnungseigentumsrechte, so tritt in entsprechender Anwendung der Grundsätze für die Grunddienstbarkeit keine automatische Erstreckung der Berechtigung auf das andere, nicht begünstigte Wohnungseigentum ein.[577] **206**

g) Veränderungen am Wohnungseigentumsgrundstück. aa) Zuerwerb einer Grundstücksfläche. Der Hinzuerwerb einer weiteren Grundstücksfläche zum Wohnungseigentumsgrundstück ist zulässig. Erforderlich hierzu ist eine **Auflassung** (§§ 873, 925 BGB) **an alle** Wohnungseigentümer **gleichzeitig, entsprechend dem Bruchteil ihrer Miteigentumsanteile**,[578] und die Erklärung der erwerbenden Wohnungseigentümer – wegen § 1 Abs 4 WEG –, dass die hinzuerworbene Fläche mit dem Wohnungseigentumsgrundstück vereinigt (§ 890 Abs 1 BGB) oder als Bestandteil (§ 890 Abs 2 BGB) zugeschrieben wird. Einer Umwandlung der Miteigentumsanteile an der Erwerbsfläche in »Wohnungseigentumsanteile« (dh Unterstellung der Fläche der für das Wohnungseigentum geltenden Gemeinschaftsordnung) wie es teilweise gefordert wird,[579] bedarf es mE nicht, weil die gegenständliche Beschränkung der Miteigentumsanteile am Wohnungseigentum gegenüber dem strukturgleichen einfachen Bruchteilseigentum sich nur durch das eingeräumte Sondereigentum ergeben kann und die hinzuerworbene Fläche den Bereich des Sondereigentums nicht berührt, sondern zwingend nur gemeinschaftliches Eigentum sein kann (§ 1 Abs 5 WEG).[580] Eine Zustimmung der dinglich Berechtigten an den einzelnen Wohnungseigentumseinheiten ist nicht nötig, da sich der Belastungsgegenstand nur vergrößert, sie also keine Beeinträchtigung erfahren. **207**

571 BayObLG MittBayNot 2000, 319 = MittRhNotK 2000, 210; BayObLGZ 1981, 332; KG NJW-RR 1989, 1360 aaO; *Bärmann-Pick-Merle* § 3 WEG Rn 48. **AA** noch OLG Stuttgart OLGZ 1977, 431.
572 HansOLG Hamburg NotBZ 2004, 240 = Rpfleger 2004, 620 = WM 2004, 355.
573 Vgl *Demharter* §§ 5, 6 je Rn 5; KEHE-*Eickmann* § 5 Rn 9 und § 6 Rn 10; *Weitnauer* § 3 WEG Rn 92. **Ablehnend** noch: OLG Düsseldorf DNotZ 1964, 361; OLG Zweibrücken DNotZ 1991, 605 (*Herrmann*); *Staudinger-Gursky* § 890 BGB Rn 16; BGB-RGRK-*Augustin* § 3 WEG Rn 22.
574 BayObLGZ 1993, 297 = DNotZ 1995, 51 = Rpfleger 1994, 108; ebenso OLG Hamm NJW-RR 1996, 1100.
575 BayObLG DNotZ 1999, 674; BayObLG MittBayNot 2000, 319 = MittRhNotK 2000, 210; KG NJW-RR 1989, 1360; OLG Stuttgart OLGZ 1977, 431; OLG Hamburg DNotZ 1966, 176 = NJW 1965, 1765 = Rpfleger 1966, 79; *Demharter* § 5 Rn 5; *Schöner/Stöber* Rn 626, 2979, 2980.
576 BayObLG DNotZ 1999, 674; OLG Hamm MittRhNotK 1999, 344.
577 Vgl *Palandt-Bassenge* § 1018 BGB Rn 3.
578 BayObLG Rpfleger 1976, 13; OLG Frankfurt DNotZ 1974, 94 = Rpfleger 1973, 394; OLG Oldenburg Rpfleger 1977, 23.
579 OLG Saarbrücken DWE 1989, 143 = Rpfleger 1988, 478; OLG Zweibrücken DNotZ 1991, 605 = NJW-RR 1991, 782; OLG Frankfurt DNotZ 1993, 612 = Rpfleger 1993, 396; *Schöner/Stöber* Rn 2891.
580 Vgl auch *Weitnauer* § 1 WEG Rn 31.

208   Eine Verpflichtung zum Zuerwerb besteht für den einzelnen Wohnungseigentümer nicht, auch nicht zu einem unentgeltlichen Erwerb, es sei denn dies wurde nach § 10 Abs 2 WEG von den Eigentümern ausdrücklich vereinbart.[581]

209   Die GB-Eintragung der Vereinigung oder Bestandteilszuschreibung der Teilfläche ist im Bestandsverzeichnis **aller** Wohnungsgrundbuchblätter vorzunehmen (vgl § 3 Abs 5 WGV).

210   **bb) Veräußerung einer Grundstücksteilfläche.** Eine Verfügung über eine (wegzumessende) reale Teilfläche aus dem gemeinschaftlichen Wohnungseigentumsgrundstück kann nur von allen Wohnungseigentümern insgesamt vorgenommen werden (§ 10 Abs 1 S 1 WEG, § 747 S 2 BGB). Dies erfordert eine **gleichzeitige Einigung aller** Wohnungseigentümer mit dem Erwerber **in Auflassungsform** (§§ 877, 873, 925 BGB; § 4 WEG). Getrennte Verfügungen der einzelnen Wohnungseigentümer über ihre Miteigentumsanteile sind nicht ausreichend,[582] da durch die Veräußerung einer zum gemeinschaftlichen Eigentum gehörenden Fläche zugleich die Verbindung mit dem Sondereigentum insoweit aufgehoben werden muss.[583] Der Veräußerung zustimmen müssen alle dinglich Berechtigten sämtlicher Wohnungseigentumseinheiten, soweit sie eine Beeinträchtigung erfahren können (§§ 876, 877 BGB bzw § 875 BGB). Die Zustimmung zur Lastenfreistellung ist insoweit uU durch Unschädlichkeitszeugnis ersetzbar (s dazu Rdn 183).

211   Eine **Vormerkung** zur Sicherung des Anspruchs auf Übertragung einer Teilfläche aus dem Wohnungseigentumsgrundstück kann nur **an allen Wohnungseigentumseinheiten** (s § 4 WGV) **gleichzeitig** eingetragen werden.[584]

212   Die Eintragung der Abschreibung einer Teilfläche erfolgt wie auch die Zuschreibung im Bestandsverzeichnis aller Wohnungsgrundbücher (§ 3 Abs 5 WGV).

213   **h) Aufhebung des Sondereigentums.** Die Gemeinschaft der Wohnungseigentümer wird beendet, wenn unter **Mitwirkung aller Wohnungseigentümer** durch Vertrag, welcher der Auflassungsform zu entsprechen hat (§ 4 WEG, §§ 873, 925 BGB), die Aufhebung sämtlicher Sondereigentumsrechte erfolgt **und alle dinglich Berechtigten**, denen Rechte an den Miteigentumsanteilen zustehen, **zustimmen** (§§ 876, 877 BGB, § 9 Abs 2 WEG). Das GBA schließt von Amts wegen die Wohnungsgrundbücher (§ 9 Abs 1 Nr 1 WEG) und legt für das Grundstück ein Grundbuchblatt an (§ 9 Abs 3 WEG). Belastungen an den Wohnungseigentumseinheiten sind soweit sie nicht zur Aufhebung und Löschung gelangen, als Belastungen des entsprechenden Miteigentumsbruchteils[585] in die Abteilungen 2 und 3 des Grundstücksblattes zu übertragen.[586] Falls Belastungen des Wohnungseigentums ihrer Art nach nicht an einem gewöhnlichen Miteigentumsanteil bestehen können (zB Dienstbarkeiten), gehen sie mit Aufhebung des Sondereigentums unter und sind wegen Gegenstandslosigkeit durch Nichtmitübertragung von Amts wegen zu löschen (§§ 84, 46 Abs 2 GBO).[587]

214   Als **Einschränkung** von § 749 Abs 1 BGB kann einseitig kein Wohnungseigentümer, Pfändungsgläubiger (§ 751 BGB) oder Insolvenzverwalter (§ 84 Abs 2 InsO; vormals Konkursverwalter § 16 Abs 2 KO) die Aufhebung der Wohnungseigentümergemeinschaft verlangen, auch nicht aus wichtigem Grund (§ 11 Abs 2 WEG). Eine **abweichende Vereinbarung** der Wohnungseigentümer ist aber für den Fall möglich, dass das Gebäude ganz oder teilweise zerstört wird und eine Verpflichtung zum Wiederaufbau nicht besteht (§ 11 Abs 1 S 3 WEG). Wenn die Zerstörung des Gebäudes mehr als die Hälfte seines Wertes ausmacht und der Schaden nicht durch eine Versicherung oder anderweitig gedeckt ist, kann der Wiederaufbau von keinem Wohnungseigentümer verlangt oder durch die Mehrheit der Wohnungseigentümer beschlossen werden (§ 22 Abs 4 WEG). Wird dem GBA durch eine Bescheinigung der Baubehörde die **völlige Zerstörung** des Gebäudes **nachgewiesen**, so sind auf Antrag sämtlicher Wohnungseigentümer in der Form des § 29 GBO und nach Zustimmung der nach §§ 876, 877 BGB beeinträchtigten Dritten die Wohnungsgrundbücher von Amts wegen zu schließen (§ 9 Abs 1 Nr 2 WEG) unter gleichzeitiger Anlegung eines Grundbuchblattes für das Grundstück.

215   Befinden sich **sämtliche Wohnungseigentumsrechte in einer Hand**, so genügt zur Aufhebung des Sondereigentums der Antrag des Eigentümers (§ 9 Abs 1 Nr 3 WEG) unter Berücksichtigung des etwaigen Zustimmungserfordernisses Dritter, deren Rechte an den Wohnungseigentumseinheiten lasten.

216   Eine **teilweise Aufhebung des Sondereigentums** ist auch dadurch möglich, dass das in Wohnungseigentum aufgeteilte Grundstück ohne Veräußerung, dh im Eigenbesitz geteilt wird und der abgetrennte unbebaute Teil

---

581 BayObLGZ 1973, 30 = NJW 1973, 1378 = Rpfleger 1973, 140.
582 OLG Schleswig SchlHA 1974, 85.
583 OLG Frankfurt DNotZ 1991, 605 = OLGZ 1990, 253 = Rpfleger 1990, 292.
584 BayObLGZ 1974, 125 = Rpfleger 1974, 261.
585 Zur Bestimmung der Anteile s § 17 WEG.
586 OLG Schleswig NJW-RR 1991, 848 = Rpfleger 1991, 150 (*Meyer-Stolte*).
587 *Demharter* Anhang § 3 Rn 103; *Schöner/Stöber* Rn 2996; *Riedel* MDR 1952, 405.

in gewöhnliches Bruchteilseigentum umgewandelt wird. Das restliche Grundstück auf dem sich das Gebäude mit den zum Sondereigentum erklärten Räumlichkeiten befindet bleibt dagegen unberührt. In diesem Fall bedarf es neben der GB-Eintragung gleichfalls einer Einigung aller Wohnungseigentümer in Auflassungsform (§ 9 Abs 1 Nr 1 iVm § 4 WEG) sowie der Zustimmung der dinglich Berechtigten, deren Rechte nicht am ganzen Grundstück oder auf allen Wohnungseigentumseinheiten lasten.[588]

Eine **Aufgabe des Wohnungseigentums** entsprechend § 928 Abs 1 BGB **durch Verzicht** gegenüber dem GBA ist **nicht möglich**[589] und eine dementsprechende Eintragung in das GB unzulässig. So wie bereits ein Miteigentumsanteil an einem Grundstück nicht entsprechend § 928 Abs 1 BGB durch Verzicht des einzelnen Miteigentümers aufgegeben werden kann,[590] stehen auch insoweit die Vorschriften des WEG einer anderen Wertung entgegen, welche die Rechte und Pflichten der Wohnungs- und Teileigentümer regeln und zur Folge haben, dass kein Eigentümer außer durch Übertragung seines Eigentums einseitig aus der Eigentümergemeinschaft ausscheiden kann.[591] | 217

3. Wohnungs- und Teilerbbaurecht

Zum Schrifttum siehe bei Wohnungs- und Teileigentum sowie beim Erbbaurecht | 218

a) Begründung. An einem Erbbaurecht, das mehreren gemeinschaftlich nach Bruchteilen zusteht, kann **durch Vertrag** eine Beschränkung der Anteile dergestalt vereinbart werden, dass jedem der Mitberechtigten das **Sondereigentum** an einer bestimmten in sich abgeschlossenen Wohnung (Wohnungserbbaurecht) oder an abgeschlossenen nicht zu Wohnzwecken bestimmten Räumen (Teilerbbaurecht) in einem auf Grund des Erbbaurechts zu errichtenden oder bereits errichteten Gebäude eingeräumt wird (§ 30 Abs 1 WEG). Die Begründung von Wohnungs- und Teilerbbaurechten kann aber auch in analoger Anwendung von § 8 WEG **durch einseitige Teilungserklärung** des Erbbauberechtigten erfolgen (§ 30 Abs 2 WEG). Für das Wohnungs- und Teilerbbaurecht gelten die Vorschriften für das Wohnungs- und Teilungseigentum entsprechend (§ 30 Abs 3 S 2 WEG). | 219

Die vertragliche Einräumung von Sondereigentum in dem Erbbaurechtsgebäude bedarf daher der Auflassungsform (§ 4 Abs 1, 2 WEG analog).[592] § 11 Abs 1 ErbbauRG ist insoweit nicht anwendbar.[593] Eine Zustimmung des Grundstückseigentümers oder des Erbbauzinsberechtigten ist weder für die vertragliche Einräumung noch für die Vorratsteilung entsprechend § 8 WEG erforderlich.[594] Ein derartiges Zustimmungserfordernis kann auch nicht als Inhalt des Erbbaurechts mit dinglicher Wirkung vereinbart werden.[595] Aufgrund der entsprechenden Anwendbarkeit von § 1 Abs 4 WEG ist die Begründung eines Wohnungserbbaurechts **nur an einem**, nicht jedoch an mehreren selbständigen Erbbaurechten möglich. Als zulässig ist jedoch die Begründung an einem **Gesamterbbaurecht** zu erachten.[596] Gleichfalls möglich ist es, ein **sog Untererbbaurecht**, dh ein Erbbaurecht an einem Erbaurecht, dessen Bestellung lange umstritten war, aber nach Einfügung des § 6a GBO zweifelsfrei zulässig sein muss, in Wohnungserbbaurechte aufzuteilen.[597] Die Begründung und Teilung von Wohnungserbbaurechten in Gebieten mit Fremdenverkehrsfunktionen kann nach Maßgabe des § 22 BauGB einer Genehmigung unterliegen. Kein Genehmigungserfordernis besteht in bezug auf § 172 BauGB iVm einer etwa ergangenen Milieuschutzsatzung.[598] Der Eintragung der **Vereinigung von Wohnungserbbaurechten** entsprechend § 890 Abs 1 BGB steht eine unterschiedliche Belastung von Rechten der 2. Abteilung auch im Hinblick auf eine auf die jeweiligen Wohnungserbbaurechte aufgeteilte Erbbauzinsreallast nicht entgegen.[599]

b) Inhalt. Eine als Inhalt des Erbbaurechts eingetragene **Veräußerungs- und Belastungsbeschränkung (§ 5 ErbbauRG)** wird mit Begründung von Wohnungserbbaurechten Inhalt eines jeden dieser Rechte.[600] Durch | 220

---

588 OLG Frankfurt DNotZ 1991, 604 = Rpfleger 1990, 292.
589 So schon OLG Celle ZfIR 2003, 1040; OLG Zweibrücken FGPrax 2002, 200 = ZfIR 2002, 830; BayObLGZ 1991, 90 = NJW 1991, 1962 = Rpfleger 1991, 247.
590 Siehe BGHZ 115, 1, 7 ff; BGH Rpfleger 2007, 457.
591 BGH Rpfleger 2007, 537.
592 *Schöner/Stöber* Rn 2998; *Bärmann-Pick-Merle* Rn 34, *Palandt-Bassenge* Rn 1 je zu § 30 WEG.
593 *Schöner/Stöber* Rn 2998. **AA** *Weitnauer* § 30 WEG Rn 14.
594 BayObLG 1978, 157 = DNotZ 1978, 626 = Rpfleger 1978, 375; LG Augsburg MittBayNot 1979, 68.
595 OLG Celle Rpfleger 1981, 22.
596 BayObLGZ 1989, 354 = MittBayNot 1986, 28 = MittRhNotK 1989, 268 = Rpfleger 1989, 503; LG Wiesbaden MittBayNot 1989, 315 = MittRhNotK 1986, 24; *Demharter* DNotZ 1986, 457 und Anhang § 3 GBO Rn 108; *Schöner/Stöber* Rn 2998; **ablehnend** *Weitnauer* § 30 WEG Rn 21.
597 Vgl *Weitnauer* § 30 WEG Rn 20.
598 Vgl *Langhein* ZNotP 1998, 346, 348.
599 So OLG Hamm MittBayNot 2007, 490 (*Morvilius*), wobei die Gefahr der Verwirrung nicht ausreichend gewürdigt wurde.
600 LG Itzehoe Rpfleger 2000, 495.

Einigung zwischen dem Wohnungserbbauberechtigten und dem Grundstückseigentümer kann eine derartige Verfügungsbeschränkung nur für ein einzelnes Wohnungserbbaurecht aufgehoben werden. Die Zustimmung der übrigen Wohnungserbbauberechtigten und der an den Wohnungserbbaurechten oder am Grundstück dinglich Berechtigten ist dazu nicht erforderlich.[601]

221   Neben einer Verfügungsbeschränkung nach § 5 ErbbauRG kann auch eine **Veräußerungsbeschränkung nach § 12 WEG** in entsprechender Anwendung bestellt werden. Zur Umwandlung einer an einem Wohnungserbbaurecht als Eigentümer eingetragenen Erbengemeinschaft in eine Bruchteilsgemeinschaft aller Miterben ist weder eine Zustimmung nach § 5 ErbbauRG noch nach § 12 WEG erforderlich.[602]

222   **c) Eintragung.** Die Eintragung der Wohnungserbbaurechte erfolgt dadurch, dass für jeden Anteil verbunden mit Sondereigentum, von Amts wegen ein besonderes Grundbuchblatt angelegt (§ 30 Abs 3 S 1 WEG, s dazu auch § 8 WGV sowie Anlage 3 zur WGV) und das Erbbaugrundbuch (§ 14 ErbbauRG) geschlossen wird (§ 30 Abs 3 S 2 iVm § 7 Abs 1 S 3 WEG). Ein nicht aufgeteilter Erbbauzins ist als Gesamtbelastung auf sämtliche GB-Blätter der Wohnungserbbaurechte zu übertragen.

223   **d) Aufhebung, Erlöschen.** Mit Aufhebung des Erbbaurechts durch Erklärung des Berechtigten (§ 875 BGB) unter Zustimmung des Grundstückseigentümers (§ 26 ErbbauRG) und etwaiger Berechtigter von dinglichen Rechten, die am Erbbaurecht lasten (§ 876 BGB), erlöschen die Mitberechtigungen der einzelnen Wohnungserbbauberechtigten an dem Erbbaurecht und damit auch das mit diesen verbundene Sondereigentum, das nicht ohne eine solche Mitberechtigung bestehen kann (vgl § 6 Abs 1 WEG). Selbst wenn das mit einem Erbbaurecht belastete Grundstück dem Erbbaurecht als Bestandteil zugeschrieben wurde (§ 890 Abs BGB), führt die Aufhebung des Erbbaurechts nicht dazu, dass sich die aus der Aufteilung des Erbbaurechts entstandenen Wohnungserbbaurechte in Wohnungseigentumsrechte umwandeln. Hierzu bedarf es vielmehr eines Vertrags der Miteigentümer in Auflassungsform (§§ 3, 4 WEG) über die Aufteilung des Grundstücks in Wohnungseigentum.[603] Ist das Erbbaurecht durch Zeitablauf erloschen, geht das gesamte Bauwerk, das bisher wesentlicher Bestandteil des Erbbaurechts war (§ 12 ErbbauRG) in das Eigentum des Grundstückseigentümers über und die bestehenden Wohnungserbbaurechte erlöschen. Insoweit sind dann nach § 30 Abs 3 WEG in analoger Anwendung von § 9 Abs 1 Nr 1 WEG die Wohnungserbaugrundbücher von Amts wegen zu schließen.[604] Im Übrigen gilt für die Aufhebung des Sondereigentums das zu Rdn 213 ff Gesagte entsprechend.

4. Erbbaurecht

Schrifttum

Alberty, Mitbestimmungsrecht eines Dritten beim Heimfallanspruch gemäß ErbbauVO?, NJW 1953, 691; *Bänder,* Das Erbbaurecht, BlGBW 1954, 18; *Behmer,* Der Rang des Heimfallanspruchs beim Erbbaurecht, Rpfleger 1983, 477; *Böttcher,* Praktische Fragen des Erbbaurechts, 5. Aufl, 2006; *ders,*Entwicklungen beim Erbbaurecht und Wohnungseigentum, Rpfleger 2004, 27; 2005, 648; 2007, 526; *Busse,* Folgen der Unwirksamkeit eines Erbbaurechts, Rpfleger 1957, 106; *Clasen,* Wesen und Inhalt des Erbbaurechts nach dem neuesten Stand in Literatur und Judikatur, BlGBW 1973, 61; *Demharter,* Wohnungserbbaurecht an einem Gesamterbbaurecht, DNotZ 1986, 457; *Demmer,* Kaufzwangklauseln in Erbbaurechtsverträgen, NJW 1983, 1636; *Dickgräf,* Gesamterbbaurecht am ideellen Miteigentumsanteil eines Zuwendungsgrundstücks, DNotZ 1996, 338; *Esser,* Richterrecht und Privatautonomie im Erbbaurecht, NJW 1974, 921; *Gerardy,* Wertermittlungen im Zusammenhang mit Erbbaurechten, BlGBW 1974, 121; *Götz,* Die Beleihbarkeit von Erbbaurechten, DNotZ 1980, 3; *Grauel,* Teilung eines Erbbaurechts, ZNotP 1997, 21; *ders,* Einbeziehung eines selbständigen Grundstücks in ein bestehendes Erbbaurecht, ZNotP 1998, 71; *Habel,* Rechtliche und wirtschaftliche Fragen zum Untererbbaurecht, MittBayNot 1998, 315; *Haegele,* Streitfragen und Probleme des Erbbaurechts, Rpfleger 1967, 279; *ders,* Muster eines Erbbaurechtsvertrages mit Erläuterungen, BWNotZ 1972, 21; *Heinz/Jaeger,* Das Nachbarerbbaurecht, ZfIR 2008, 318; *Huber,* Beleihung von Erbbaurechten NJW 1952, 687; *Kehrer,* Kann das mit dem Erbbaurecht belastete Grundstück dem Erbbaurecht als Bestandteil zugeschrieben werden?, BWNotZ 1954, 86; *ders,* Das Erbbaurecht als Gesamtbelastung mehrerer Grundstücke, BWNotZ 1956, 33; *ders,* Rechtsfragen zum Erbbaurecht, BWNotZ 1957, 52; *ders,* Nachträgliche Veränderungen des mit dem Erbbaurecht belasteten Grundstücks und des Erbbaurechts, BWNotZ 1959, 87; *König,* Verlängerungsmöglichkeiten beim Erbbaurecht, Übersicht, MittRhNotK 1989, 261; *Kohler,* Erbbaurecht und verwaltungsrechtliche Baubeschränkung, JR 1989, 317; *Kollhosser,* Kaufzwangklauseln in Erbbaurechtsverträgen, NJW 1974, 1302; *Krämer,* Grenzüberschreitende Bebauung benachbarter Grundstücke in Ausübung von Erbbaurechten, DNotZ 1974, 647; *Lutter,* Gesamterbbaurecht und Erbbaurechtsteilung, DNotZ 1960, 80; *Macke,* Die rechtliche Behandlung von Kaufzwangklauseln in Erbbaurechtsverträgen, NJW 1977, 2233; *Mayer-Maly,* Das alte und das neue Leitbild des Erbbaurechtsvertrages, NJW 1996, 2015; *Mattern,* Wohnungseigentum und Erbbaurecht in der Rechtsprechung des Bundesgerichtshofes, WM 1973, 652; *Mezger,* Bauwerksicherungshypothek an Erbbaurechten, NJW 1953, 1009; *Mohrbutter und Riedel,* Zweifelsfragen zum Erbbaurecht, NJW 1957, 1500; *von Oefele,* Änderung der

---

601   BayObLGZ 1989, 354 aaO (Fn 582).
602   LG Lübeck Rpfleger 1991, 201.
603   BayObLGZ 1999, 63 = FGPrax 1999, 88 = Rpfleger 1999, 327 (*Rapp*).
604   Vgl *Bärmann-Pick-Merle* § 30 WEG Rn 51.

ErbbauVO durch das Sachenrechtsänderungsgesetz, DNotZ 1995, 643; *Petersen,* Grundpfandrechte am Erbbaurecht und ihre Auswirkungen auf den Grundstückseigentümer, BlGBW 1959, 81; *Pikalo,* Besonderheiten des Erbbaurechts, RdL 1970, 92, 142; *Pöschl,* Zwangsversteigerung und Erbbaurecht, BB 1951, 977; BWNotZ 1956, 41; *Promberger,* Vertragsklauseln über die Dauer des Erbbaurechts und ihre Auslegung, Rpfleger 1975, 233; *Räfle,* Die neuere Rechtsprechung des Bundesgerichtshofs zum Erbbaurecht, WM 1982, 1038; *Rahn,* Die Dinglichkeit des Heimfallanspruchs und der sonstigen zum Inhalt des Erbbaurechts bestimmbaren Verpflichtungen des Erbbauberechtigten, BWNotZ 1961, 53; *Reinke,* Eigentümerzustimmung in der Zwangsversteigerung des Erbbaurechts, Rpfleger 1990, 498; *Richter,* Die rechtliche Behandlung von Kaufzwangklauseln in Erbbaurechtsverträgen, BWNotZ 1978, 61; *Riedel,* Gesamterbbaurecht und Erbbaurechtsteilung, DNotZ 1960, 375; *Riggers,* Erbbaurecht, JurBüro 1970, 730; *Rippel,* Konkretisierung des Begriffs »Bauwerk« im Erbbaurechtsvertrag, BB 1967, 1357; *Rohloff,* Die Teilung eines Erbbaurechts und ihre Eintragung in das Grundbuch, Rpfleger 1954, 83; *Rothoeft,* Grenzüberschreitende Bebauung bei Erbbaurechten, NJW 1974, 665; *Scharen,* Der Heimfallanspruch in der Zwangsversteigerung des Erbbaurechts, Rpfleger 1983, 342; *Schneider,* Das Untererbbaurecht, DNotZ 1976, 411; *Schraepler,* Gemeinsames Bebauen benachbarter Grundstücke mit einem Dauerwohnrecht, NJW 1972, 1981; *ders,* Gebäudeschicksal nach Heimfall oder Erlöschen von Nachbarerbbaurechten, NJW 1973, 738; *Schulte,* Verbindungen von Erbbaurechten und Grundstücken gemäß § 890 BGB, BWNotZ 1960, 137; *ders,* Was kann Inhalt eines Erbbaurechts sein?, BWNotZ 1961, 315; *Stahl-Sura,* Formen der Bestellung eines Erbbaurechts, DNotZ 1981, 604; *Vibel,* Kaufzwangklauseln in Erbbaurechtsverträgen, NJW 1979, 24; *Weichhaus,* Der Heimfallanspruch bei der Zwangsversteigerung des Erbbaurechts, Rpfleger 1979, 329; *Weitnauer,* Die Belastung des Erbbaurechts mit einem Dauerwohnrecht, DNotZ 1953, 119; *ders,* Zum Erbbaurecht an vertikal abgeteilten Gebäudeteilen, DNotZ 1958, 413; *Winkler,* Erbbaurechtsbestellung durch den nichtbefreiten Vorerben ohne Zustimmung des Nacherben, DNotZ 1970, 651; *ders,* Das Erbbaurecht, NJW 1992, 2514; *Wufka,* Kausalgeschäft und Einigung bei Erbbaurechtsbestellungen, DNotZ 1985, 651.

a) Allgemeines, Begriff. Das Erbbaurecht ist das **veräußerliche und vererbliche Recht** an einem Grundstück, auf oder unter seiner Oberfläche **ein Bauwerk zu haben** (§ 1 Abs 1 ErbbauRG,[605] § 1012 BGB). Die Bestimmungen §§ 1012–1017 BGB wurden zwar mit Verkündung der ErbbauVO am 22.01.1919 außer Kraft gesetzt, sie gelten aber weiter für Erbbaurechte, die zu diesem Zeitpunkt bereits bestanden haben (§ 38 ErbbauRG). Ein Erbbaurecht alter Art kann im Wege der Inhaltsänderung in ein solches umgewandelt werden, auf das die Bestimmungen der ErbbauRG Anwendung finden.[606] Für das Erbbaurecht sind, nach § 11 Abs 1 S 1 ErbbauRG sowie nach § 1017 BGB, mit Ausnahme der §§ 925, 927, 928 BGB die sich auf Grundstücke beziehenden Vorschriften entsprechend anwendbar, soweit sich nicht aus den Bestimmungen über das Erbbaurecht oder aus dem Inhalt, Sinn und Zweck der analog anzuwendenden Vorschriften ein anderes ergibt.[607] Das Erbbaurecht ist sonach ein **grundstücksgleiches Recht.** **224**

b) Entstehung. Das Erbbaurecht entsteht **durch Einigung und Eintragung** (§ 873 Abs 1 BGB). Die **Einigung** bedarf materiellrechtlich **keiner Form**, weil § 925 BGB nicht gilt (§ 11 Abs 1 S 1 ErbbauRG), sie muss aber dem GBA nach § 20 GBO in der Form des § 29 GBO nachgewiesen werden. **225**

Der **Inhalt der Einigung** hat dem grundbuchrechtlichen **Bestimmtheitsgrundsatz** zu genügen und alle gesetzlichen Erfordernisse für eine Erbbaurechtsbestellung zu enthalten (vgl § 1 ErbbauRG) sowie alle sonstigen Abreden, welche die Beteiligten nach §§ 2–8, 27, 32 ErbbauRG zum vertragsmäßigen Inhalt des Erbbaurechts machen wollen und die über die schuldrechtliche Wirkung hinaus durch Eintragung im GB auch gegenüber Sonderrechtsnachfolgern gelten sollen.[608] Die Einigung muss jedenfalls deutlich machen, wie die Grundstückbebauung ungefähr beschaffen sein und ob es sich bloß um ein einziges Bauwerk oder um mehrere handeln soll.[609] Inhaltlich zulässig ist es zu vereinbaren, dass der Erbbauberechtigte befugt ist, »Gebäude aller Art in Übereinstimmung mit dem zu erstellenden Bebauungsplan«[610] oder »jede baurechtlich zulässige Art von Bauwerken«[611] errichten zu dürfen. Die Einigung über die Bestellung eines Erbbaurechts ist auslegungsfähig. Die Verwendung bestimmter Worte oder Ausdrücke kann nicht verlangt werden.[612] **226**

Die Bestellung eines Erbbaurechts kann **behördliche Genehmigungen** erfordern. Nach § 51 Abs 1, § 144 Abs 2 Nr 1, § 169 Abs 1 Nr 3 BauGB bedarf es einer Genehmigung für ein in ein Umlegungsverfahren einbezogenes Gebiet, für förmlich festgelegte Sanierungsgebiete und für Gebiete des städtebaulichen Entwicklungsbereichs. Vom Vormundschaftsgericht zu genehmigen ist ferner die Bestellung eines Erbbaurechts durch die **227**

---

605 Umbenennung der ErbbauVO in Erbbaurechtsgesetz – ErbauRG – s Art 25 des Zweiten Gesetzes über die Bereinigung von Bundesrecht im Zuständigkeitsbereich des Bundesministeriums der Justiz v 23.11.2007, BGBl I Nr 59 S 2614.
606 LG Frankfurt DNotZ 1956, 488.
607 RG 108, 70.
608 Vgl BGH Betrieb 1969, 1144 = DNotZ 1969, 487 = MDR 1969, 380 = WM 1969, 564; KG OLGZ 1979, 139 = Rpfleger 1979, 208.
609 BGHZ 47, 190 = DNotZ 1967, 756 = MDR 1967, 575; BGH MittRhNotK 1974, 23; vgl auch *Demharter* Anhang zu § 8 Rn 28; *Schöner/Stöber* Rn 1716.
610 BGHZ 101, 143 = DNotZ 1988, 161 = NJW 1987, 2674 = Rpfleger 1987, 361.
611 BGH NJW 1994, 2024.
612 BayObLG Rpfleger 1984, 266.

gesetzlichen Vertreter eines Minderjährigen (§§ 1821 Abs 1 Nr 1, 1643, 1915 Abs 1 BGB) oder durch den Betreuer eines Betreuten, wenn sein Aufgabenkreis dies umfasst (§ 1908i BGB). Bei der Bestellung eines Erbbaurechts durch einen im gesetzlichen Güterstand Lebenden, kann nach § 1365 BGB die Zustimmung des anderen Ehegatten erforderlich sein, wenn es sich um ein Erbbaurecht auf längere Dauer handelt und dieses praktisch den wirtschaftlichen Wert des Grundstücks ausschöpft.[613] Voraussetzung ist aber, dass es sich bei dem belasteten Grundstück um nahezu das gesamte Vermögen des Ehegatten handelt und der Erbbauberechtigte dies weiß.[614] Keine Genehmigung nach dem GrdstVG ist nötig für die Bestellung eines Erbbaurechts auf einem land- oder forstwirtschaftlichen Grundstück, weil auch die Bebauung durch den Grundstückseigentümer selbst keiner Genehmigung unterliegt.[615]

228   Für die **Entstehung des Erbbaurechts** ist die in Abteilung 2 des belasteten Grundstücks vorzunehmende GB-Eintragung (vgl § 10 GBV) **rechtsbegründend** und maßgeblich. Die **Eintragung auf dem Grundstücksblatt** ist ferner entscheidend für Dauer, Rang, Fortbestehen und Erlöschen des Erbbaurechts.

229   **c) Belastungsgegenstand.** Mit einem Erbbaurecht kann nur **ein Grundstück im ganzen**, aber kein ideeller Miteigentumsanteil belastet werden.[616] Soll an einem realen Grundstücksteil ein Erbbaurecht bestellt werden, so ist es zu vermessen, von dem Grundstück abzuschreiben und als selbständiges Grundstück im GB einzutragen (§ 7 Abs 1 GBO). Bei Belastung des ganzen Grundstücks kann jedoch die **tatsächliche Ausübung** des Erbbaurechts **auf einen realen Teil** des Grundstücks **beschränkt** werden,[617] zB einen Teil, der zum Betrieb einer Windkraftanlage benötigt wird.[618] Dem Zweck des § 1 Abs 2 ErbbauRG zu gewährleisten, dass das Bauwerkseigentum Hauptinhalt und Hauptzweck des Erbbaurechts bleibt, wird in einem solchen Fall hinreichend Rechnung getragen, wenn das in der Vorschrift vorausgesetzte Verhältnis zwischen der überbauten Fläche und den zugeordneten Nebenflächen, bezogen auf die der Ausübung des Erbbaurechts unterliegende reale Grundstücksteilfläche gewahrt ist. Ebenso ist es möglich das Erbbaurecht auf **eines von mehreren Gebäuden** auf dem mit ihm belasteten Grundstück zu **beschränken**.[619] Aus der vorgenannten Bestimmung des ErbbauRG folgt andererseits, dass das Erbbaurecht durch Vereinbarung mit dinglicher Wirkung für und gegen jeden Rechtsnachfolger[620] ohne weiteres auf einen **für das Bauwerk nicht erforderlichen Teil des Grundstücks erstreckt werden** kann, zB einen Garten, eine Parkfläche oder eine Zufahrt, sofern das Bauwerk wirtschaftlich die Hauptsache bleibt. Fehlt eine solche Vereinbarung und beschränkt sich das vom Erbbaurecht erfasste Gebäude auf einen Teil des belasteten Grundstücks, so steht die Nutzungsbefugnis für die gebäudefreien Flächen dem Grundstückseigentümer zu.[621] Die Festlegung des Ausübungsbereichs kann sowohl der tatsächlichen Ausübung überlassen bleiben als auch rechtsgeschäftlich erfolgen. Das **Erbbaurecht** ist jedoch **nicht auf einen Teil eines Gebäudes**, insbesondere ein Stockwerk **beschränkbar** (§ 1 Abs 3 ErbbauRG). Unbestritten ist dies für eine horizontale Teilung des Gebäudes, streitig dagegen für eine vertikale Teilung. Eine vertikale Teilung ist dann nach § 1 Abs 3 ErbbauRG unzulässig, wenn das ganze zu teilende Gebäude sich auf einem Grundstück befindet. Wenn jedoch eine grenzüberschreitende Bebauung vorliegt, dh ein einheitliches Gebäude, das auf den Grundstücken verschiedener Eigentümer steht, wird nach heute überwiegender Rechtsansicht die **Bestellung von selbständigen Einzelbaurechten für die grenzüberschreitenden Gebäudeteile für zulässig** und wirksam angesehen (**sog Nachbarerbbaurecht**).[622] Voraussetzung ist nur, dass die vom Erbbaurecht betroffenen Gebäudeteile hinreichend bestimmbar sind, wobei sich die Abgrenzung der Gebäudeteile in aller Regel

---

613   Vgl OLG Hamm JMBlNW 1961; BGH zum wertausschöpfendem Wohnungsrecht NJW 1990, 112 249; *Schöner/Stöber* Rn 1719; *Staudinger-Thiele* Rn 52; *Soergel-Lange* Rn 38 und *Erman-Heckelmann* Rn 14 je zu § 1365 BGB; **aA** MüKo-*Gernhuber* Rn 63, RGRK-*Finke* Rn 17 je zu § 1365 BGB; *Böttcher* Rpfleger 1985, 1, 3.

614   BGHZ 35, 135 = NJW 1961, 1301 = Rpfleger 1961, 233 und BGHZ 43, 174 = DNotZ 1966, 44 = Rpfleger 1965, 107.

615   BGH DNotZ 1976, 369 = NJW 1976, 519 = Rpfleger 1976, 126.

616   BayObLGZ 1920, 405; BayObLG Rpfleger 1957, 383.

617   BayObLGZ 1991, 97 = MittBayNot 1992, 45 = NJW-RR 1991, 718 = Rpfleger 1991, 303; *v. Oefele* MittBayNot 1992, 29.

618   OLG Hamm Rpfleger 2006, 259; BayObLGZ 1991, 97 = MittBayNot 1992, 45 = NJW-RR 1991, 718 = Rpfleger 1991, 303; *v. Oefele* MittBayNot 1992, 29.

619   BayObLGZ 1957, 217 = DNotZ 1957, 709 = Rpfleger 1957, 383; KEHE-Herrmann Einl F 20; *Ingenstau* Rn 81, MüKo-v *Oefele* Rn 14, 15; *Staudinger-Rapp* Rn 35 je zu § 1 ErbbauVO.

620   OLG Hamm DNotZ 1972, 496 = Rpfleger 1972, 171.

621   *Ingenstau-Hustedt* Rn 33, MüKo-v *Oefele* Rn 23, *Staudinger-Rapp* Rn 16 je zu § 1 ErbbauVO; *Schöner-Stöber* Rn 1693.

622   OLG Düsseldorf DNotZ 1974, 698; OLG Stuttgart DNotZ 1975, 491 = NJW 1975, 786 = Rpfleger 1975, 131; *Schöner/Stöber* Rn 1694; KEHE-Herrmann Einl F 21; *Ingenstau* Rn 80, *Staudinger-Rapp* Rn 34, *Soergel-Stürner* Rn 16, *Palandt-Bassenge* Rn 4 zu § 1 ErbbauVO; *Weitnauer* DNotZ 1958, 414; *Schraepler* NJW 1972, 1981 und 1973, 738; *Esser* NJW 1974, 921; *Krämer* DNotZ 1974, 647; *Rothoeft* NJW 1974, 665; *Stahl-Sura* DNotZ 1981, 604. **AA** KGJ 25 A 139; BayObLGZ 1957, 217 = DNotZ 1958, 409 = Rpfleger 1957, 353; BGH DNotZ 1973, 609 = NJW 1973, 1656 = Rpfleger 1973, 356 (wenn Grenzüberbauung von vornherein vorgesehen war); MüKo-v *Oefele* Rn 52, 54, RGRK-*Räfle* Rn 52 je zu § 1 ErbbauVO.

---

durch die Grundstücksgrenzen ergibt. Im Übrigen wurde das Nachbarerbbaurecht für die Sachenrechtsbereinigung unter gewissen Voraussetzungen ausdrücklich zugelassen (vgl § 39 Abs 3 SachenRBerG).

Auch ein **in Wohnungseigentum aufgeteiltes Grundstück** kann mit einem Erbbaurecht belastet werden. **230** Dies setzt jedoch voraus, dass das Grundstück als solches Belastungsgegenstand ist und nicht die einzelnen Wohnungseigentumsrechte. Ferner müssen das aufgrund des Erbbaurechts errichtete Bauwerk sowie das in Wohnungseigentum aufgeteilte Bauwerk unterschiedliche Gebäude sein und es dürfen im Hinblick auf § 10 ErbbauRG an der Grundstücksfläche, auf die sich das Erbbaurecht erstreckt weder Sondereigentum noch Sondernutzungsrechte von Wohnungseigentümern bestehen.[623]

Zulasten mehrerer rechtlich selbständiger Grundstücke kann, wenn sich das Bauwerk auf sie alle erstreckt, **231** ein **einheitliches Erbbaurecht als Gesamtrecht** bestellt werden. Voraussetzung für die Eintragungsfähigkeit ist aber, dass das Erbbaurecht hinsichtlich aller belasteten Grundstücke einen einheitlichen gesetzlichen wie auch vertraglichen Inhalt aufweist. Der Zulässigkeit eines solchen Gesamterbbaurechts steht auch nicht entgegen, dass die mehreren Grundstücke im Eigentum verschiedener Personen stehen.[624] Ein **Gesamterbbaurecht** kann ferner durch die nachträgliche Teilung des belasteten Grundstücks oder durch die Vereinigung (§ 890 Abs 1 BGB) mindestens zweier Erbbaurechte entstehen. Ebenso ist die Bildung eines Gesamterbbaurechts dadurch möglich, dass ein bereits bestehendes Erbbaurecht dinglich auf eines oder mehrere weitere Grundstücke erstreckt wird, wobei die neu hinzugekommenen Flächen für das Bauwerk nach § 1 Abs 1 ErbbauRG erforderlich sein müssen oder zumindest nach § 1 Abs 2 ErbbauRG als Nebenflächen zu dienen haben.[625] Im Hinblick auf § 6a Abs 1 S 1 GBO, durch den der Gesetzgeber selbst die Zulässigkeit des Gesamterbbaurechts bekundet, ist dies aber grds nicht mehr begründbar, wenn die zu belastenden Grundstücke nicht unmittelbar aneinandergrenzen. Von diesen Erfordernissen kann nach § 6a Abs 1 S 2 GBO nur abgesehen werden, wenn die zu **belastenden Grundstücke nahe beieinander liegen** und entweder das Erbbaurecht in Wohnungs- oder Teilerbbaurechte aufgeteilt werden soll oder Gegenstand des Erbbaurechts ein einheitliches Bauwerk oder ein Bauwerk mit dazugehörigen Nebenanlagen auf den zu belastenden Grundstücken ist. Ob die mit einem Gesamterbbaurecht zu belastenden Grundstücke eine dieser Voraussetzungen der vorgenannten Vorschrift erfüllen, hängt von den konkreten Umständen des Einzelfalls ab. Maßgeblich ist neben der tatsächlichen Entfernung auch der Zweck dem das einheitliche Bauwerk oder das Bauwerk mit den dazugehörigen Nebenanlagen dient. Dass Gegenstand des Erbbaurechts ein einheitliches Bauwerk oder ein Bauwerk mit dazugehörigen Nebenanlagen ist, beurteilt sich aufgrund einer wirtschaftlichen Betrachtungsweise. Das erfordert, dass die tatsächlichen Gegebenheiten in einer Weise dargelegt werden, die eine entsprechende Beurteilung ermöglicht.[626]

Die **Belastung eines Grundstücks mit mehreren Erbbaurechten ist unzulässig** und scheitert am Erfor- **232** dernis der ausschließlich ersten Rangstelle (§ 10 Abs 1 S 1 ErbbauRG), auch wenn jedes der Erbbaurechte in seiner Ausübung auf einen anderen Teil des Grundstücks beschränkt ist.[627] Nicht möglich ist die Belastung eines Wohnungseigentums mit einem Erbbaurecht. Zulässig dagegen ist die Aufteilung eines Erbbaurechts, auch eines Gesamterbbaurechts in Wohnungserbbaurechte (§ 30 WEG).[628]

An dem Erbbaurecht selbst als einem grundstücksgleichen Recht ist auch die Bestellung eines weiteres Erbbau- **233** rechts **(sog Untererbbaurecht) zulässig**.[629] Durch die über das RegVBG neu aufgenommene Bestimmung des § 6a GBO, die von der Zulässigkeit eines solchen Untererbbaurechts ausgeht, dürften sich die vielfach dagegen vorgebrachten Gründe erledigt haben. Das inhaltlich durch das Obererbbaurecht begrenzte und von seinem Bestand abhängige Untererbbaurecht wird begründet durch Einigung zwischen dem Obererbbauberechtigten und dem Untererbbauberechtigten sowie der Eintragung in Abteilung 2 im GB des Obererbbaurechts. Da es zur **ausschließlich ersten Rangstelle** bestellt werden muss, kann es nur eingetragen werden, wenn der Grundstückseigentümer mit seinen Rechten am Obererbbaurecht (zB Erbbauzins, Vorkaufsrecht) im Rang hinter das Untererbbaurecht zurücktritt. Ansonsten kann ein Zustimmungserfordernis des Grundstückseigentümers für die Begründung des Untererbbaurechts nicht über § 5 ErbbauRG als dinglicher Inhalt des Obererbbaurechts vereinbart werden, weil es sich weder um eine Veräußerung noch um eine Belastung handelt, die diese Vorschrift nennt.[630] Für das Untererbbaurecht ist ein **eigenes GB-Blatt** anzulegen.

---

623 OLG Hamm FGPrax 1998, 126 = NJW-RR 1999, 234 = Rpfleger 1998, 335; DNotI-Report 1998, 13.
624 BGHZ 65, 345 = DNotZ 1976, 369 = NJW 1976, 519 = Rpfleger 1976, 126; BayObLGZ 1990, 356 = Rpfleger 1990, 503; OLG Hamm DNotZ 1960, 107 = NJW 1959, 2169 = Rpfleger 1960, 403; OLG Köln Rpfleger 1961, 18; OLG Neustadt DNotZ 1964, 344 = Rpfleger 1963, 241; *Demharter* § 48 Rn 7; *Schöner-Stöber* Rn 1695; KEHE-Herrmann Einl F 22.
625 BayObLG DNotZ 1985, 375 = Rpfleger 1984, 313.
626 BayObLG Rpfleger 2004, 157 = ZfIR 2004, 196 = ZNotP 2004, 200.
627 OLG Frankfurt DNotZ 1967, 688; *Schöner/Stöber* Rn 1700; *Staudinger-Rapp* Rn 24, MüKo-v *Oefele* Rn 37 je zu § 1 ErbbauVO; *Palandt-Bassenge* § 10 ErbbauVO Rn 1; **aA** LG Kassel Rpfleger 1955, 2331; *Weitnauer* DNotZ 1958, 413.
628 S dazu *Staudinger-Rapp* § 30 WEG Rn 2; *Demharter* DNotZ 1986, 462.
629 BGHZ 1962, 179 = DNotZ 1974, 694 = NJW 1974, 1137 = Rpfleger 1974, 219.
630 Vgl *Habel* MittBayNot 1998, 315, 319.

234 Kommt es zum **Heimfall des Obererbbaurechts, erlischt** gemäß § 33 ErbbauRG das **Untererbbaurecht** und sämtliche an ihm lastenden dinglichen Rechte, also auch alle Grundpfandrechte. Darüber hinaus besteht beim Erlöschen des Obererbbaurechts **kein Vergütungsanspruch** für das Untererbbaurecht nach § 32 ErbbauRG.[631]

235 **d) Berechtigter.** Das Erbbaurecht kann nur **subjektiv-persönlich**, für eine bestimmte natürliche oder juristische Person, auch rechtsfähige Personengesellschaften, aber nicht subjektiv-dinglich für den jeweiligen Eigentümer (oder Erbbauberechtigten) eines anderen Grundstücks bestellt werden.[632] Mehrere Personen zu Bruchteilen oder zur gesamten Hand (Gesellschaft des bürgerlichen Rechts, Erbengemeinschaft, Gütergemeinschaft, fortgesetzte Gütergemeinschaft; ebenso Personengesellschaften wie OHG, KG, Partnerschaftsgesellschaft, EWIV) können Erbbauberechtigte sein. Die GB-Eintragung hat gemäß § 47 GBO das Berechtigungsverhältnis auszuweisen. Eine Gesamtberechtigung nach § 428 BGB scheidet beim Erbbaurecht aus, da auf dieses die Vorschriften über Grundstücke Anwendung finden (§ 11 Abs 1 ErbbauRG), der Erbbauberechtigte Eigentümer des Gebäudes (§ 12 Abs 1 ErbbauRG) und die Gesamtberechtigung für das Eigentum nicht zulässig ist.[633]

236 Der Eigentümer des belasteten Grundstücks kann sich selbst ein Erbbaurecht bestellen.[634] Die Begründung eines **Eigentümer-Erbbaurechts** erfordert eine einseitige Erklärung des Eigentümers, die dem GBA gegenüber abzugeben ist sowie die Eintragung im GB. Es kann mit dinglichen Rechten für den jeweiligen Grundstückseigentümer belastet werden, demzufolge auch mit einem Vorkaufsrecht und mit einem wertgesicherten Erbbauzins nach Maßgabe des § 9 Abs 1 ErbbauRG iVm § 1105 Abs 1 S 2 BGB. Ein **vormerkungsfähiger Anspruch** auf Bestellung weiterer Erbbauzinsen (Wertsicherungsklausel) ist dagegen mangels Verschiedenheit vom Gläubiger und Schuldner **nicht begründbar**.[635] Eine Erbengemeinschaft kann an einem Grundstück, das zum nichtauseinandergesetzten Nachlass gehört, einem der Miterben ein Erbbaurecht bestellen.[636]

237 **e) Inhalt des Erbbaurechts. aa) Gesetzliche Inhaltserfordernisse. (1) Bauwerk.** Nach § 1 Abs 1 ErbbauRG ist Inhalt des Erbbaurechts, auf oder unter der Erdoberfläche des belasteten Grundstücks ein Bauwerk zu haben. Für den **Begriff des Bauwerks** fehlt es an einer gesetzlichen Definition, so dass der allgemeine Sprachgebrauch maßgebend ist. Danach versteht man unter einem Bauwerk **eine durch Verwendung von Arbeit und Material in Verbindung mit dem Erdboden hergestellte Sache**.[637] Neben Gebäuden aller Art kommen als Bauwerk eines Erbbaurechts beispielsweise infrage:[638] Brücke; ausgemauerter Brunnen;[639] Bunker; Campingplatz mit Wirtschaftsgebäude;[640] Denkmal;[641] Flusswehr;[642] Golfplatz mit Clubhaus;[643] größerer Gastank;[644] Gleisanlagen; Hafenanlagen;[645] Kinderspielplatz;[646] Keller, wenn er selbständig ist;[647] Leitungsmasten; Schießstand, wenn er festgemauert ist; Sportplätze, wenn mehr als nur Erdarbeiten vorgenommen wurden, zB der Bau von Umkleidekabinen;[648] Schwimmbecken, wenn es massiv gebaut ist; Tankstelle;[649] Tennisplatz mit Vereinsheim;[650] Träger einer Drahtseilbahn;[651] Wasserkanäle mit eingemauerten Schächten;[652] Zuschauertribüne. Beinhaltet der Erbbaurechtsvertrag die Berechtigung zum Bau einer Tennishalle, so umfasst dies auch Umklei-

---

631 Vgl HABEL MittBayNot 1998, 315, 320.
632 *Schöner/Stöber* Rn 1684; *Staudinger-Rapp* Rn 4, MüKo-*v Oefele* Rn 60 je zu § 1 ErbbauVO.
633 **Ablehnend** auch *Schöner/Stöber* Rn 1685; MüKo-*v Oefele* § 1 ErbbauVO Rn 63, 64; *Kehrer* BWNotZ 1957, 54; *Woelki* Rpfleger 1968, 208; *Schiffhauer* Rpfleger 1985, 248; *Winkler* NJW 1992, 2514. **AA** LG Hagen DNotZ 1950, 381 = Rpfleger 1950, 181; LG Bielefeld Rpfleger 1985, 248; *Ingenstau* Rn 33, *Staudinger-Rapp* Rn 4 je zu § 1 ErbbauVO.
634 BGH DNotZ 1982, 616 = MDR 1982, 657 = NJW 1982, 2381 = Rpfleger 1982, 143; BayObLGZ 1996, 107 = DNotZ 1997, 142 = Rpfleger 1996, 447; OLG Düsseldorf DNotZ 1958, 423 = NJW 1957, 1194; OLG Hamm OLGZ 1985, 159 = Rpfleger 5 1985, 233 *Demharter* Anhang zu § 8 Rn 8; *Schöner/Stöber* Rn 1686; KEHE-*Herrmann* Einl F 14.
635 BGH DNotZ 1982, 616 (Fn 620).
636 OLG Düsseldorf DNotZ 1955, 155.
637 RGZ 56, 41, 43; BGHZ 57, 60 = NJW 1971, 2219.
638 S hierzu insbes *Ingenstau* § 1 ErbbauVO Rn 60.
639 Vgl RGZ 30, 153.
640 LG Paderborn MDR 1976, 579.
641 OLG Stuttgart OLGZ 8, 123.
642 BayObLGZ 14, 254.
643 BGHZ 117, 19 = DNotZ 1992, 566 = NJW 1992, 1681 = Rpfleger 1992, 286.
644 LG Oldenburg Rpfleger 1983, 105.
645 KGJ 29, 130; OLGZ 10, 412.
646 LG Itzehoe Rpfleger 1973, 304; s dazu *Riggers* JurBüro 1974, 557.
647 Vgl RG JW 1933, 1935.
648 LG Braunschweig MDR 1953, 480.
649 BayObLGZ 1958, 691.
650 LG Itzehoe Rpfleger 1973, 304 (Fn 632).
651 Vgl OLG Kiel OLGZ 26, 126.
652 RG JW 1910, 148.

dekabinen, Aufenthaltsräume, Bewirtungseinrichtungen sowie kleinere Appartements für die Tennisspieler und Gäste mit zu errichten.[653] Ferner steht die Bezeichnung »Parkhaus mit Tankstelle« der zusätzlichen Errichtung einer Gaststätte nicht unbedingt entgegen.[654] Dagegen berechtigt ein Erbbaurecht auf Errichtung von Kfz-Werkstatt-, Büro- und Lagerräumen nicht zur Errichtung von Ausstellungsräumen mit Glaswänden.[655]

Das Erbbaurecht kann sich auf bereits vorhandene oder erst künftig zu errichtende Bauwerke, also nicht nur auf eines beziehen.[656] Soweit der Erbbauberechtigte das Bauwerk noch zu erstellen hat, beinhaltet das Recht zum Haben nach § 1 Abs 1 ErbbauRG die Berechtigung zur Errichtung, den Besitz, die Benutzung sowie das Recht auf Abbruch und Wiederherstellung des Bauwerks, nicht jedoch die Verpflichtung gegenüber dem Grundstückseigentümer, dies wirklich zu tun. Eine derartige Verpflichtung des Erbbauberechtigten zur Wiedererrichtung, **nicht** jedoch zum Gebäudeabriss, kann aber gemäß § 2 Nr 1 ErbbauRG zum vertraglichen Inhalt des Erbbaurechts gemacht werden (s dazu Rdn 251). Je dezidierter Regelungen nach vorgenannter Bestimmung getroffen wurden, umso mehr erlangt dies auch Bedeutung für den Erbbauberechtigten in bezug auf sein Recht zur Gebäudeerrichtung nach § 1 Abs 1 ErbbauRG. Bei noch nicht errichtetem Bauwerk ist ferner dem **Bestimmtheitserfordernis** des Grundstücksrechts wenigstens dahingehend Rechnung zu tragen, dass zumindest die Anzahl der Gebäulichkeiten, und ihre Beschaffenheit in etwa festgelegt sind (s hierzu unter Rdn 226).[657] **Fehlt** es an der **Mindestbestimmtheit des Bauwerks, kann das Erbbaurecht nicht entstehen**. Seine trotzdem erfolgte Eintragung ist inhaltlich unzulässig und von Amts wegen zu löschen.[658]

238

(2) Dauer des Erbbaurechts. Das ErbbauRG regelt die Dauer des Erbbaurechts nicht, dh es ist weder eine Höchst- noch eine Mindestdauer vorgeschrieben. Aus diesem Grunde wäre auch ein unbefristetes (»ewiges«) Erbbaurecht zulässig, was aber praktisch kaum vorkommt. Es ist vielmehr üblich, die Dauer des Erbbaurechts zu beschränken, um dem Eigentümer des Grundstücks nach einer bestimmten Zeit wieder die Möglichkeit der freien Verfügung hierüber zu geben. Jedoch darf eine Beschränkung der Laufzeit der Beleihungsfähigkeit des Erbbaurechts nicht zuwider laufen. Daher kann weder die **Veräußerlichkeit** noch die **Vererblichkeit**, die beide zum wesentlichen Inhalt des Erbbaurechts gehören, auf Zeit oder auf Dauer **ausgeschlossen werden**.[659] Ferner kann das Erbbaurecht nach § 1 Abs 4 ErbbauRG **nicht** durch **auflösende Bedingungen** beschränkt werden. Das Fristende für ein Erbbaurecht muss in jedem Fall bestimmt sein. Ein Ereignis, bei dem ungewiß ist, ob oder wann es eintritt, ist kein zulässiger Endtermin, sondern eine unzulässige auflösende Bedingung. Deshalb ist es nicht möglich, ein Erbbaurecht auf Lebenszeit des Erbbauberechtigten oder des Grundstückseigentümers zu bestellen[660] oder zu vereinbaren, dass es mit der Zerstörung des Gebäudes erlischt.[661] Unwirksam entsprechend § 1 Abs 4 ErbbauRG ist auch die Bestellung eines Erbbaurechts durch den nicht befreiten Vorerben ohne Zustimmung des Nacherben, da mit dem – idR zeitlich ungewissen – Eintritt des Nacherbfalls das Erbbaurecht erlöschen würde.[662] Steht dagegen der Zeitpunkt des Nacherbfalls fest, entfällt das Hindernis.[663] Bei Bestellung eines Erbbaurechts durch den befreiten Vorerben muss im Hinblick auf §§ 2113 Abs 2, 2136 BGB der Nachweis der Entgeltlichkeit erbracht werden.

239

Als **Beginn eines Erbbaurechts** kann frühestens der Zeitpunkt der Eintragung im Grundbuch festgelegt werden.[664] Unabhängig davon ist es zulässig zu vereinbaren, dass das Fristende für das Erbbaurecht schon von einem vor der Eintragung des Erbbaurechts liegenden Zeitpunkt an zu berechnen ist, zB auf die Dauer von 100 Jahren ab Beurkundung des Vertrages.[665] Der **Endzeitpunkt** des Erbbaurechts bedarf im Übrigen der unmittelbaren GB-Eintragung (vgl § 56 Abs 2 GBV).

240

Der Bestellung eines Erbbaurechts unter einer **aufschiebenden Bedingung steht nichts entgegen. Möglich** ist auch die Vereinbarung einer **automatischen Verlängerung** eines Erbbaurechts für eine genau bestimmte

241

---

653 Vgl OLG Frankfurt OLG-Report 1998, 40.
654 BGH Betrieb 1975, 833 = MDR 1975, 565.
655 BGH DNotZ 1973, 20 = MDR1972, 939.
656 BayObLGZ 1957, 217 (Fn 605).
657 BGHZ 47, 190 (Fn 595).
658 OLG Frankfurt OLGZ 1983, 165.
659 *Ingenstau* Rn 46, MüKo-*v Oefele* Rn 66, 68, *Staudinger-Rapp* Rn 25, 28 je zu § 1 ErbbauVO.
660 BGHZ 52, 271 = DNotZ 1970, 32 = MDR 1969, 218 = NJW 1969, 2043 = Rpfleger 1969, 346; OLG Celle Mitt-BayNot 1964, 299 = Rpfleger 1964, 213; OLG Hamm MDR 1965, 574; *Schöner/Stöber* Rn 1680, 1682; *Ingenstau* Rn 109, MüKo-*v Oefele* Rn 72, *Staudinger-Rapp* Rn 28 je zu § 1 ErbbauVO.
661 *Staudinger-Rapp* § 1 ErbbauVO Rn 31.
662 BGHZ 52, 271 (Fn 646); OLG Hamm DNotZ 1966, 102 = NJW 1965, 1489 = Rpfleger 1966, 48; *Schöner/Stöber* Rn 1683; KEHE-*Herrmann* Einl F 9; *Ingenstau* Rn 110, MüKo-*v Oefele* Rn 80, *Staudinger-Rapp* Rn 38 je zu § 1 ErbbauVO. **AA** *Hönn* NJW 1970, 138; *Winkler* DNotZ 1970, 651; *Haegele* Rpfleger 1971, 126.
663 MüKo-*v Oefele* § 1 ErbbauVO Rn 81.
664 BGH DNotZ 1974, 90 = Rpfleger 1973, 355.
665 Vgl BayObLGZ 1991, 97 = MittBayNot 1992, 45 = NJW-RR 1991, 718 = Rpfleger 1991, 303; *Promberger* Rpfleger 1975, 233; LG Würzburg Rpfleger 1975, 249.

Zeit, falls nicht beispielsweise ein halbes Jahr vor Beendigung der Grundstückseigentümer oder der Erbbauberechtigte einer Verlängerung widerspricht.[666]

Zur Beendigung des Erbbaurechts s Rdn 276 ff.

242 **(3) Erste Rangstelle.** Das Erbbaurecht kann grundsätzlich nur **ausschließlich an erster Rangstelle** im GB des belasteten Grundstücks eingetragen und sein Rang auch nachträglich nicht geändert werden (§ 10 Abs 1 S 1 ErbbauRG). Für die erste Rangstelle genügt es, wenn diese mit der Eintragung des Erbbaurechts gegeben ist und evtl Rangrücktritte oder Löschungen von Rechten vorrangiger Berechtigter gleichzeitig vollzogen werden.[667] Als Folge der ausschließlich ersten Rangstelle sind vor dem Erbbaurecht oder im Gleichrang mit ihm andere beschränkte dingliche Rechte nicht eintragbar, aber auch nicht Vormerkungen auf Einräumung solcher Rechte.[668] Dabei ist es ohne Belang, ob vorgehende Belastungen von geringer Bedeutung sind, sich nicht wertmindernd auswirken oder nicht mehr ausgeübt werden können.[669] Ebenfalls nicht eintragbar bei dem Erbbaurecht ist ein Rangvorbehalt nach § 881 BGB.

243 **Kein Hindernis** iS des § 10 ErbbauRG sind **Verfügungsbeschränkungen** des Grundstückseigentümers, **die in keinem Rangverhältnis zu den Belastungen** des Grundstücks **stehen.** Hierzu zählen der Zwangsversteigerungsvermerk (§ 19 Abs 1 ZVG), der Nacherbenvermerk (§ 51 GBO),[670] der Umlegungsvermerk (§ 54 Abs 1 BauGB), die Sanierungs- und Entwicklungsbereichsvermerke (§ 143 Abs 4, § 170 S 4 BauGB). Bei angeordneter Zwangsversteigerung scheitert jedoch die Eintragung des Erbbaurechts an § 1 Abs 4 ErbbauRG, falls der betreibende Gläubiger nicht zustimmt, weil infolge der Beschlagnahmewirkungen gemäß § 23 Abs 1 S 1 ZVG diesem gegenüber die Eintragung des Erbbaurechts (relativ) unwirksam ist und mit Erteilung des Zuschlags nach § 91 Abs 1 ZVG erlöschen würde, nachdem insoweit die Regelung des § 25 ErbbauRG nicht greift.[671] Auch bei nicht befreiter Vorerbschaft setzt die wirksame Bestellung des Erbbaurechts die Zustimmung des Nacherben voraus, da es ansonsten gleichfalls wegen § 1 Abs 4 ErbbauRG nichtig ist.[672]

244 Als **weitere Ausnahme** hindern vorrangige Rechte, die zur Erhaltung der Wirksamkeit gegenüber dem öffentlichen Glauben des GB der Eintragung nicht bedürfen, nach § 10 Abs 1 S 2 ErbbauRG die Erbbaurechtseintragung nicht. Darunter fallen Überbau- und Notwegrenten (§§ 914 Abs 2, 917 Abs 2 BGB), öffentlichrechtliche Vorkaufsrechte (§§ 24 ff BauGB, § 3 BauGBMaßnG, §§ 4 ff RSG), öffentliche Lasten (§ 54 GBO, zB Erschließungsbeitrag, §§ 127, 134 Abs 2 BauGB)[673] und altrechtliche Dienstbarkeiten (Art 184, 187 EGBGB), soweit deren Eintragung nicht landesrechtlich vorgeschrieben ist.[674] **Nicht unter die Ausnahme des § 10 Abs 1 S 2 ErbbauRG fallen** die außerhalb des GB über § 848 Abs 2 ZPO oder § 1287 S 2 BGB kraft Gesetzes entstehenden **Sicherungshypotheken.**

245 Ferner läßt § 10 Abs 2 ErbbauRG zu, dass durch landesrechtliche Verordnung vom Erfordernis der ersten Rangstelle abgewichen wird, wenn dies für die vorrangigen Berechtigten und den Bestand des Erbbaurechts unschädlich ist.[675]

246 Weiter wird es als **zulässig** angesehen, dass ein subjektiv-dingliches **Vorkaufsrecht** zugunsten des jeweiligen Erbbauberechtigten für die Dauer des Erbbaurechts[676] oder ein subjektiv-persönliches Vorkaufsrecht für den Erbbauberechtigten mit einem dem subjektiv-dinglichen Recht gleichgestellten Inhalt[677] als Ausnahmen vom Grundsatz der ersten Rangstelle **im Gleichrang mit dem Erbbaurecht** eingetragen werden können.

247 **Bei Verstoß gegen** § 10 ErbbauRG ist das eingetragene **Erbbaurecht inhaltlich unzulässig und von Amts wegen** nach § 53 Abs 1 S 2 GBO **zu löschen.** Nicht möglich ist es, den Mangel der fehlenden ersten

---

666 BGHZ 52, 271 (Fn 646).
667 LG Aachen DNotZ 1969, 563 = MittRhNotK 1968, 542; *Winkler* NJW 1992, 2515.
668 KGJ 39 A 198 (für Auflassungsvormerkung).
669 OLG Frankfurt Rpfleger 1973, 400; *Schöner/Stöber* Rn 1732.
670 OLG Hamburg DNotZ 1967, 373; OLG Hamm DNotZ 1990, 46 = NJW-RR 1989, 717 = OLGZ 1989, 156 = Rpfleger 1989, 232.
671 Vgl *Schöner/Stöber* Rn 1737.
672 *Palandt-Bassenge* § 10 ErbbauVO Rn 1; *Schöner/Stöber* Rn 1737.
673 Vgl BGH NJW 1981, 2127.
674 BayObLGZ 1982, 210 = MittBayNot 1982, 129 = MittRhNotK 1982, 215 = Rpfleger 1982, 339; *Ingenstau* § 10 ErbbauVO Rn 13–17.
675 S hierzu Preußische VO v 30.04.1919 (GS 88), aufgehoben in Niedersachsen (VO v 26.03.1971 GVBl 135), Saarland (Art 2 Abs 16 Nr 22 V.RBerG, Abl 1997, 258, 276) und Schleswig-Holstein (Art 25 Abs 1 Nr 11 AGBGB); ferner: Baden-Württemberg VO v 17.01.1994 (GBl 49); Brandenburg Art 24 AGBGB; Hamburg Art 42a AGBGB; Sachsen § 41 JustAG (GVBl 1997, 638, 644). In Baden-Württemberg, Brandenburg und Sachsen wird jeweils die Vorlage eines Unschädlichkeitszeugnisses verlangt (*Panz*, BWNotZ 1998, 16 und *Wudy*, NotBZ 1998, 132). Die für Bayern maßgebliche VO vom 07.10.1919 ist mit Wirkung vom 01.01.1982 aufgehoben worden (GVBl 1981, S 504).
676 BGH DNotZ 1954, 469 = NJW 1954, 1443 = Rpfleger 1954, 514; BGH Rpfleger 1973, 355.
677 OLG Düsseldorf NJW 1956, 875.

Rangstelle durch nachträgliche Eintragung rangändernder Vermerke oder die Löschung bisher vorgehender Rechte zu heilen. Dies kann nur durch ranggemäße Neueintragung des Erbbaurechts erfolgen.[678]

Die **Wiedereintragung** eines **zu Unrecht gelöschten Erbbaurechts** auch an rangschlechterer Rangstelle **248** infolge zwischenzeitlich eingetragener Rechte, die gutgläubig den Vorrang erworben haben, steht der Regelung des § 10 Abs 1 S 1 ErbbauRG nicht entgegen.[679]

Die Vormerkung zur Sicherung des Anspruchs auf Einräumung eines Erbbaurechts unterliegt nicht dem Erfordernis der ersten Rangstelle.[680] **249**

bb) Vertragsmäßiger Inhalt. Aufgrund des sachenrechtlichen Typenzwangs können nur soweit die Erbbau- **250** rechtsverordnung dies zulässt, im Rahmen der §§ 2 bis 8, 27 Abs 1 S 2, 32 Abs 1 S 2 ErbbauRG liegende schuldrechtliche **Vereinbarungen** zwischen dem Grundstückseigentümer und dem Erbbauberechtigten **zum dinglichen Inhalt** des Erbbaurechts **gemacht werden.** Die Folge davon ist, dass diese Vereinbarungen auch gegenüber jedem Sonderrechtsnachfolger wirken. **Nicht** damit verbunden ist eine **dingliche Haftung des Erbbaurechts selbst.** Voraussetzung ist eine Einigung (§ 873 BGB) zwischen den Beteiligten und die Eintragung im GB, wobei insoweit eine Bezugnahme auf die Eintragungsbewilligung im Rahmen des § 14 Abs 1 S 3 ErbbauRG zulässig ist. **Dritte** können aus den zum dinglichen Inhalt des Erbbaurechts gemachten Vereinbarungen keine unmittelbaren Rechtswirkungen herleiten. Soweit sich Ansprüche aus den Vereinbarungen ergeben, sind sie nur schuldrechtlicher Natur und wirken lediglich zwischen denjenigen, die zur Zeit des Entstehens der Ansprüche Grundstückseigentümer und Erbbauberechtigter sind.

(1) Errichtung, Instandhaltung, Verwendung des Bauwerks (§ 2 Nr 1 ErbbauRG). Hierunter fallen vor **251** allem Vereinbarungen über die Pflicht des Erbbauberechtigten, das **Bauwerk zu errichten,** uU innerhalb einer bestimmten Zeit und inklusive einer privaten Erschließung des Grundstücks,[681] sowie Vereinbarungen über Art und Umfang der Bebauung, auch in Anlehnung an den maßgeblichen Bebauungsplan.[682] Weiter fallen unter § 2 Nr 1 ErbbauRG Vereinbarungen über **Instandhaltungspflichten** des Erbbauberechtigten, einschließlich der Verpflichtung zur Übernahme der laufenden wie auch der außergewöhnlichen Kosten für substanzerhaltende Reparaturen und Erneuerungen.[683] Dazu gehört auch das Recht des Grundstückseigentümers eine Besichtigung und Untersuchung der Baulichkeiten festzulegen.[684] Im Rahmen der **Verwendung des Bauwerks** sowie der unbebauten Teile des Grundstücks können Vereinbarungen über die tatsächliche Nutzungsart getroffen werden,[685] insbesondere ob eine Nutzung zu Wohnzwecken oder eine gewerbliche Nutzung gestattet wird, letztere ggf. mit dem Verbot, keinen Lärm verursachenden oder unsittlichen Betrieb dort auszuüben.[686] Ferner können Bestimmungen über den Mietpreis sowie den Personenkreis der Mietberechtigten (zB kinderreiche Familien, sozial Minderbemittelte, Flüchtlinge, Einheimischenmodell) aufgenommen werden. Dagegen ist die **Zustimmung** des Grundstückseigentümers **für den Abschluss eines** jeden konkreten **Mietvertrags** zwar schuldrechtlich vereinbar, aber **nicht zum dinglichen Inhalt** des Erbbaurechts nach § 2 Nr 1 ErbbauRG erklärbar.[687] Zulässig sind jedoch Zustimmungserfordernisse des Grundstückseigentümers zu baulichen Veränderungen,[688] wobei die Zustimmung des Eigentümers auch von der etwaigen Abgabe von Gelände für den Wohnungsbau abhängig gemacht werden kann.[689] Eine Verpflichtung des Erbbauberechtigten zum **Abriss des Bauwerks** ist **nicht mit dinglicher Wirkung** vereinbar,[690] insbesondere scheitert die Einordnung einer Abrissverpflichtung unter den Begriff »Verwendung des Bauwerks«, weil dieser bereits den weiteren Bestand des Bauwerks als zu verwendenden Gegenstand voraussetzt[691] Andererseits ist der Erbbauberechtigte nicht gehindert, das Bauwerk abzureißen oder zu verändern, soweit nicht Vereinbarungen über die Instandhaltung entgegenstehen.

(2) Versicherung des Bauwerks, Wiederaufbau (§ 2 Nr 2 ErbbauRG). Insoweit können Vereinbarungen **252** über die Verpflichtung zum Abschluss einer Versicherung des Bauwerks gegen Feuer, Blitzschlag, Sturm und

---

678 OLG Hamm DNotZ 1977, 613 = Rpfleger 1976, 131 und Gutachten DNotI-Report 1999, 150.
679 BGHZ 51, 50 = DNotZ 1969, 289 = Rpfleger 1969, 13.
680 Vgl *Staudinger-Rapp* Rn 6, *Palandt-Bassenge* Rn 1 je zu § 10 ErbbauVO.
681 Vgl *Schulte* BWNotZ 1961, 321; *Ingenstau* Rn 11, *Palandt-Bassenge* Rn 2 je zu § 2 ErbbauVO.
682 BGH MittBayNot 1984, 252 = NJW 1985, 1464 = Rpfleger 1985, 60.
683 Vgl *Winkler* NJW 1992, 2519.
684 LG Regensburg Rpfleger 1991, 363; LG Lüneburg MDR 1955, 36.
685 BayObLGZ 2001, 301 = DNotZ 2002, 294 = NJW-RR 2002, 885 = Rpfleger 2002, 140.
686 Vgl BGH NJW 1984, 2213.
687 BayObLGZ 2001, 301, wie vor. BGH BB 1967, 1103 = DNotZ 1968, 302 (*Weitnauer*) stellt nur klar, dass eine fehlende Zustimmung nichts an der Wirksamkeit des Mietvertrags ändert.
688 BayObLGZ 1986, 501 = NJW-RR 1987, 459.
689 BGHZ 48, 296 = NJW 1967, 2351; BayObLGZ 1986, 501 = NJW-RR 1987, 459.
690 LG Düsseldorf MittRhNotK 1987, 129; Gutachten DNotI-Report 1993, H 6 S 2.
691 Vgl LG Wuppertal Rpfleger 2006, 540.

andere Gefahren getroffen werden. Daneben ist auch festlegbar, ob das Objekt zum Neuwert oder zum Zeitwert versichert sein soll sowie, dass die Verpflichtung besteht, die Zahlung der Prämien dem Grundstückseigentümer nachzuweisen. Ferner sind nach § 2 Nr 2 ErbbauRG Vereinbarungen über die Pflicht zum Wiederaufbau des Bauwerks im Falle der Zerstörung möglich. Dabei kann die Wiederaufbauverpflichtung uneingeschränkt oder beschränkt, zB soweit der Schaden durch eine Versicherung gedeckt ist, festgelegt werden. Im Falle der uneingeschränkten Verpflichtung spielt es keine Rolle, ob den Erbbauberechtigten ein Verschulden trifft oder ob er überhaupt leistungsfähig ist.[692] **Nur schuldrechtlich** und mit der Sanktion des Heimfalls bewehrt, aber nicht mit dinglicher Wirkung absicherbar, kann vereinbart werden, dass der Erbbauberechtigte eine Haftpflichtversicherung zur Abdeckung der den Grundstückseigentümer treffenden Verkehrssicherungspflicht abzuschließen hat.[693]

253   **(3) Tragung öffentlicher sowie privatrechtlicher Lasten und Abgaben (§ 2 Nr 3 ErbbauRG).** Unter öffentliche Lasten und Abgaben fallen alle aus öffentlichem Recht geschuldeten Steuern, Beiträge und Abgaben, für die kraft Gesetzes eine dingliche Haftung des Grundbesitzes besteht. **Öffentliche Grundstücks- und Gebäudelasten** sind ua Grundsteuern, Erschließungsbeiträge, Beiträge nach den Kommunalabgabengesetzen der Länder, Kanal-, Abwasser- sowie Müllabfuhrgebühren und dergleichen. Zu den **privatrechtlichen Lasten** gehören insbesondere Reallasten und die Zinsen von Grundpfandrechten, nicht dagegen Tilgungsleistungen auf das Kapital (vgl § 1047 BGB).[694] Ohne Vereinbarung hat der Grundstückseigentümer die auf das Grundstück entfallenden Lasten und der Erbbauberechtigte die auf das Gebäude entfallenden Lasten zu tragen. In Abweichung davon wird nach § 2 Nr 3 ErbbauRG vielfach bestimmt, dass der Erbbauberechtigte auch die Lasten für das Grundstück übernimmt. Dadurch erwachsen jedoch Dritten keine unmittelbaren Ansprüche gegen den Erbbauberechtigten.[695] Die einem Grundstückseigentümer obliegende Verkehrssicherungspflicht ist keine öffentliche Last und kann daher nicht über § 2 Nr 3 ErbbauRG vom Erbbauberechtigten mit dinglicher Wirkung übernommen werden.[696] Umgekehrt kann auch der Erbbauberechtigte die ihm obliegende Verkehrssicherungspflicht (§ 837 BGB) nicht auf den Grundstückseigentümer abwälzen.

254   **(4) Heimfall (§ 2 Nr 4 ErbbauRG).** Als Inhalt des Erbbaurechts kann vereinbart werden, dass ein Anspruch besteht, das **Erbbaurecht** beim Eintritt bestimmter Voraussetzungen **auf den Grundstückseigentümer oder** auf einen von ihm zu bezeichnenden **Dritten (§ 3 ErbbauRG) zu übertragen.**[697] Der **Heimfallanspruch** ist wesentlicher Bestandteil des belasteten Grundstücks und kann nicht von dessen Eigentum getrennt werden (§ 96 BGB, § 3 ErbbauRG). Er ist deshalb nicht gesondert veräußer- oder belastbar.[698] Eine Pflicht zur Ausübung des sog Heimfallanspruchs durch den Grundstückseigentümer ist nur schuldrechtlich vereinbar, aber nicht dinglich sicherbar.[699] Da das Gesetz die Voraussetzungen für die Ausübung des Heimfallanspruchs nicht regelt, müssen sie von den Beteiligten vertraglich bestimmt werden. Insoweit gilt der Grundsatz der Vertragsfreiheit, der aber durch § 6 Abs 2 ErbbauRG (kein Heimfall bei Verstoß des Erbbauberechtigten gegen das Zustimmungserfordernis des § 5 ErbbauRG) und § 9 Abs 4 ErbbauRG (Heimfall wegen Zahlungsverzug nur, wenn ein Erbbauzinsrückstand von mindestens 2 Jahren besteht) sowie natürlich durch die allgemeinen Grenzen der §§ 134, 138 BGB eingeschränkt ist. Als Heimfallgründe können zulässigerweise vereinbart sein, Unvermögen des Erbbauberechtigten, das Bauwerk fristgemäß zu erstellen,[700] Verletzung vertraglicher Pflichten durch zweckwidrige Nutzung,[701] Insolvenz des Erbbauberechtigten, Zwangsversteigerung oder Zwangsverwaltung des Erbbaurechts, Tod des Erbbauberechtigten[702] oder des Grundstückseigentümers sowie der Eintritt sonstiger Ereignisse, die mit dem Erbbaurecht zusammenhängen,[703] wie zB das Erlöschen der Erbbauzinsreallast im Falle der Zwangsversteigerung des Erbbaurechts, weil ein vorrangiger Gläubiger das Verfahren betreibt[704] oder weil der Ersteher eines Erbbaurechts nicht in schuldrechtliche Verpflichtungen des Voreigentümers eintritt.[705] **Unzulässig** ist es, einen Heimfallanspruch für den Fall der Veräußerung des Erbbaurechts zu vereinbaren, da die Veräußerlichkeit zum unabdingbaren gesetzlichen Inhalt des Erbbaurechts nach § 1 Abs 1 ErbbauRG

692   Vgl BGH LM 1953, 387; MüKo-*v Oefele* Rn 20, *Staudinger-Rapp* Rn 16 je zu § 2 ErbbauVO.
693   Siehe dazu nachfolgend auch Rdn 253.
694   MüKo-*v Oefele* Rn 23, *Staudinger-Rapp* Rn 17 je zu § 2 ErbbauVO.
695   *Ingenstau* Rn 31, *Staudinger-Rapp* Rn 18 je zu § 2 ErbbauVO.
696   BayObLGZ 1999, 252 = FGPrax 1999, 211 = Rpfleger 2000, 61; Mannheim BWNotZ 1983, 146.
697   BGH DNotZ 1991, 395 = NJW-RR 1990, 1095 = Rpfleger 1990, 412.
698   BGH ZIP 1980, 652.
699   BGH BB 1985, 228.
700   BGH WM 1973, 1074.
701   BGH DNotZ 1985, 370 = NJW 1984, 2213 = Rpfleger 1984, 352.
702   OLG Hamm DNotZ 1966, 41 = NJW 1965, 1488 = Rpfleger 1966, 47.
703   *Ingenstau* Rn 44, MüKo-*vOefele* Rn 27 je zu § 2 ErbbauVO.
704   Vgl *Kersten-Bühling/Wolfsteiner* § 64 Rn 557 (§ 9).
705   OLG Oldenburg DNotZ 1988, 591.

gehört.[706] Als **zulässig** wird jedoch erachtet einen Heimfallanspruch darauf zu stützen, dass die Fortsetzung des Erbbaurechtsverhältnisses aus einem in der Person des Erbbauberechtigten liegenden Grund, zB durch grob verunglimpfendes oder feindliches Verhalten, eine unbillige Härte für den Grundstückseigentümer bilden würde.[707] **Nicht möglich** ist es ferner, mit dinglicher Wirkung festzulegen, dass der Grundstückseigentümer beim Heimfall das Erbbaurecht nur auf eine von einem Realgläubiger vorgeschlagene Person übertragen lassen darf.[708] Wegen Verstoß gegen die guten Sitten wäre ein Heimfallanspruch eines kirchlichen Grundstückseigentümers dann nichtig, wenn er für den Fall vereinbart wurde, dass der Erbbauberechtigte nicht mehr einer bestimmten Religionsgemeinschaft angehört. **Wirksam** wäre dagegen die Vereinbarung des Heimfallanspruchs bei aktiver kirchenfeindlicher Betätigung.[709]

Für den Heimfall des Erbbaurechts kann eine Vereinbarung zum Abriss des Gebäudes durch den Erbbauberechtigten auf Verlangen des Grundstückseigentümers **nicht** als Inhalt des Erbbaurechts vereinbart werden, auch nicht als Regelung zum Ausschluss einer Vergütung nach § 32 Abs 1 ErbbauRG[710] (s. nachfolgend Rdn 256). **255**

Bei wirksamer Ausübung des Heimfallrechts hat der Grundstückseigentümer dem Erbbauberechtigten grundsätzlich eine **angemessene Vergütung** für das Erbbaurecht zu gewähren (§ 32 Abs 1 S 1 ErbbauRG). Dazu können die Beteiligten als Inhalt des Erbbaurechts Vereinbarungen über die Höhe der Vergütung und die Art ihrer Zahlung treffen. Es ist aber auch der **gänzliche oder teilweise Ausschluss einer Vergütung vereinbar**, außer bei Erbbaurechten zur Befriedigung des Wohnbedürfnisses minderbemittelter Bevölkerungskreise,[711] wo zur Vermeidung der Unwirksamkeit eine Vergütung von mindestens zwei Drittel des Verkehrswerts des Erbbaurechts gezahlt werden muss (§ 32 Abs 1 S 2, Abs 2 ErbbauRG). Der Vergütungsanspruch entsteht erst mit der Erfüllung des Heimfallanspruchs gemäß § 873 BGB durch Einigung und Eintragung, nicht schon mit der Geltendmachung,[712] wobei der Zeitpunkt der Erfüllung auch maßgeblich ist für die Wertbestimmung der geschuldeten Vergütung, wenn nichts anders vereinbart wurde.[713] **256**

(5) Zahlung von Vertragsstrafen (§ 2 Nr 5 ErbbauRG). Als Maßnahme für geringere Vertragsverletzungen, bei denen die Festlegung eines Heimfallanspruchs eine zu weitgehende Folge wäre, ist die Vereinbarung von Vertragsstrafen möglich. Jedoch können Heimfall und Vertragsstrafe auch nebeneinander für die gleichen Voraussetzungen vereinbart werden.[714] Außer den Voraussetzungen für eine Vertragsstrafe ist natürlich ihre Höhe regelbar, die nur auf Zahlung eines bestimmten Geldbetrages gerichtet sein kann.[715] Als Vertragsstrafe ist auch ein sog Strafzins vereinbar, der in einer **Erhöhung des Erbbauzinses** besteht.[716] Ansonsten scheitert die Vereinbarung von Verzugs- oder Strafzinsen in bezug auf den dinglichen Erbbauzins an den §§ 289, 1107 BGB. Für den Zahlungsanspruch einer verwirkten Vertragsstrafe haftet nicht das Erbbaurecht, sondern der pflichtwidrig handelnde Erbbauberechtigte. Ein Rechtsnachfolger des Erbbauberechtigten kann regelmäßig nur für die während seiner Berechtigung vorgefallenen Verstöße zahlungspflichtig werden oder wenn die strafbewehrte Hauptverpflichtung dem jeweiligen Erbbauberechtigten obliegt.[717] Keine Anwendung findet § 2 Nr 5 ErbbauRG für Vertragsstrafen des Grundstückseigentümers zugunsten des Erbbauberechtigten. **257**

(6) Vorrecht auf Erneuerung des Erbbaurechts (§ 2 Nr 6 ErbbauRG). Ist dem Erbbauberechtigten ein Vorrecht auf Erneuerung des Erbbaurechts eingeräumt, so kann er nach Erlöschen seines Erbbaurechts das Vorrecht ausüben, sobald der Eigentümer mit einem Dritten einen Vertrag über die Bestellung eines Erbbaurechts an dem Grundstück geschlossen hat und dieses nicht einem anderen wirtschaftlichen Zweck als das vormalige Erbbaurecht zu dienen bestimmt ist (§ 31 Abs 1 ErbbauRG). Das **Vorrecht erlischt** drei Jahre nach Ablauf der Zeit, für die das Erbbaurecht bestellt war. Die Ausübung des Vorrechts erfolgt durch einseitige formlose Erklärung des Erbbauberechtigten gegenüber dem Eigentümer, wodurch dann ein neuer Erbbaurechtsvertrag unter den Bestimmungen zustande kommt, welche der Eigentümer mit dem Dritten vereinbart hat (§ 31 Abs 3 iVm § 464 BGB). **258**

---

706 RGRK-*Räfle* § 2 ErbbauVO Rn 25.

707 LG Oldenburg Rpfleger 1979, 383; LG Düsseldorf MittRhNotK 1989, 218.

708 Vgl *Schöner-Stöber* Rn 1760.

709 OLG Braunschweig DNotZ 1976, 603 = OLGZ 1976, 52 = Rpfleger 1975, 399.

710 LG Wuppertal Rpfleger 2006, 540.

711 Vgl KG OLGZ 1981, 265 = Rpfleger 1981, 108.

712 BGHZ 111, 154 = DNotZ 1991, 393 = NJW 1990, 2067 = Rpfleger 1990, 350.

713 BGHZ 116, 161 = BB 1992, 599 = DNotZ 1992, 361 = NJW 1992, 1454.

714 MüKo-*v Oefele* § 2 ErbbauVO Rn 31; *Schöner/Stöber* Rn 1764. **AA** *Ingenstau* Rn 55, RGRK-*Räfle* Rn 39 je zu § 2 ErbbauVO.

715 Vgl *Staudinger-Rapp* § 2 ErbbauVO Rn 29.

716 *Staudinger-Rapp* aaO Fn 432.

717 BGHZ 109, 230 = DNotZ 1991, 391 = NJW 1990, 832 = Rpfleger 1990, 110.

259   **(7) Verkaufsverpflichtung des Grundstückseigentümers (§ 2 Nr 7 ErbbauRG).** Vertragsmäßiger Inhalt kann auch auch die Verpflichtung des Eigentümers sein, das Grundstück an den jeweiligen Erbbauberechtigten zu verkaufen. Ein solches **Ankaufsrecht** wird durch einseitige, formlose und empfangsbedürftige Willenserklärung gegenüber dem Eigentümer ausgeübt und bewirkt das Zustandekommen eines Kaufvertrages zu den in der Vereinbarung nach § 2 Nr 7 ErbbauRG getroffenen Bedingungen sowie das Entstehen eines Anspruchs auf Übereignung des Grundstücks durch Auflassung (§§ 873, 925 BGB).[718] Regelbar sind alle Modalitäten für die Ausübung, einschließlich des Kaufpreises und wie er zu zahlen ist. Das Ankaufsrecht kann jedoch **nicht** für eine Zeit **nach Beendigung des Erbbaurechts** vereinbart werden.[719]

Dinglich wirkt das Ankaufsrecht insofern, als es für und gegen den jeweiligen Erbbauberechtigten und Grundstückseigentümer besteht, auch im Falle der Insolvenz oder bei Zwangsversteigerung des Grundstücks gegen den Ersteher,[720] aber nicht die Schutzwirkungen einer Vormerkung besitzt (vgl § 883 Abs 2 BGB). Nach Ausübung des Ankaufsrechts kann der Erbbauberechtigte seinen Übereignungsanspruch durch **Eintragung einer Vormerkung** sichern, um dadurch die Eintragung von ansonsten wirksamen Zwischenrechten vor Vollzug der Auflassung zu verhindern.[721] Da es sich um einen bedingten Übereignungsanspruch handelt, der vom Grundstückseigentümer nicht mehr einseitig zerstört werden kann, muss jedoch richtigerweise die Eintragung der Vormerkung **bereits mit Eintragung des Erbbaurechts** zulässig sein.[722] Eine Erwerbspflicht des Erbbauberechtigten (sog Kaufzwangsklausel) ist nur schuldrechtlich vereinbar (Form: § 311b Abs 1 BGB) aber nicht als dinglicher Inhalt des Erbbaurechts.[723] Mit Ausübung des Ankaufsrechts und Vollzug der Auflassung im GB besteht ein Eigentümererbbaurecht.

260   **(8) Verfügungsbeschränkungen (§§ 5–8 ErbbauRG). (aa) Allgemein.** Als Inhalt des Erbbaurechts kann nach § 5 ErbbauRG vereinbart werden, dass der Erbbauberechtigte zur Veräußerung sowie zur Belastung mit bestimmten Rechten der Zustimmung des Grundstückseigentümers bedarf. Über § 8 ErbbauRG erfasst das Zustimmungserfordernis auch Verfügungen, die im Wege der Zwangsvollstreckung, der Arrestvollziehung oder durch den Insolvenzverwalter erfolgen. Die rechtsgeschäftlich vereinbarte Veräußerungs- und Belastungsbeschränkung ist eine Ausnahme zu § 137 S 1 BGB. Solange die erforderliche Zustimmung des Eigentümers nicht erteilt oder durch rechtskräftigen Beschluss gemäß § 7 Abs 3 ErbbauRG ersetzt ist, sind die getroffenen Verfügungen (schwebend) unwirksam (§ 6 Abs 1 ErbbauRG). Der **Zustimmungsanspruch** des Erbbauberechtigten nach § 7 Abs 1 und 2 ErbbauRG kann **erweitert**, aber **nicht eingeschränkt** werden.[724]

261   Der Grundstückseigentümer ist nicht berechtigt, seine nach dem Inhalt des Erbbaurechts erforderliche Zustimmung zur Veräußerung des Erbbaurechts davon abhängig zu machen, dass der Erwerber rechtsgeschäftliche Erklärungen abgibt, die zu einer Veränderung oder Klarstellung des dinglichen oder schuldrechtlichen Rechtsverhältnisses führen sollen,[725] wie zB die Erhöhung des Erbbauzinses.[726] Das Zustimmungserfordernis kann nicht dazu dienen, etwaige Ansprüche des Grundstückseigentümers auf eine Erbbauzinserhöhung durchzusetzen, mögen sie begründet sein oder nicht.[727] Die Zustimmung kann daher in solchen Fällen, weil kein ausreichender Grund vorliegt, nach § 7 Abs 3 ErbbauRG gerichtlich ersetzt werden.

262   **(bb) Veräußerungsbeschränkung.** Eine Beschränkung nach § 5 Abs 1 ErbbauRG soll die vollständige oder teilweise Übertragung des Erbbaurechts durch Rechtsgeschäft unter Lebenden auf unzuverlässige Personen oder wenn sie dem Zweck des Erbbaurechts zuwiderläuft, verhindern. Unter das Zustimmungserfordernis fallen auch die Erfüllung eines Vermächtnisses,[728] die Auseinandersetzung einer Erbengemeinschaft oder einer sonstigen Gesamthandsgemeinschaft sowie Übertragungen im Weg der vorweggenommenen Erbfolge.[729] **Keine Veräußerung** iS des § 5 ErbbauRG ist die **Übertragung eines Erbteils**, auch dann nicht, wenn das Erbbaurecht den einzigen Nachlassgegenstand darstellt.[730] Ferner unterliegt ein **Gesellschafterwechsel** bei einer Gesellschaft, die Erbbauberechtigte ist, nicht der Beschränkung nach § 5 ErbbauRG, weil keine Veräußerung des Erb-

---

718 BGH DB 1973, 1594.
719 OLG Hamm DNotZ 1974, 178 = NJW 1974, 863 = Rpfleger 1974, 68; BGH NJW 1972, 2265.
720 BGH NJW 1954, 1444.
721 *Ingenstau* Rn 70, *Staudinger-Rapp* Rn 32 je zu § 2 ErbbauVO; *Schöner/Stöber* Rn 1769.
722 So *Schöner/Stöber* Rn 1769; *Staudinger-Rapp* Rn 32 zu § 2 ErbbauVO.
723 Zur Zulässigkeit solcher Kaufzwangsklauseln s BGHZ 68, 1 = DNotZ 1977, 629 = Rpfleger 1977, 163; BGH DNotZ 1981, 261 = Rpfleger 1980, 269; BGH BB 1989, 318 = NJW 1989, 2129; OLG Hamm NJW 1977, 203.
724 *Staudinger-Rapp* § 5 ErbbauVO Rn 33.
725 OLG Hamm Rpfleger 2006, 259.
726 OLG Hamm DNotZ 2006, 207 NotBZ 2006, 101 = RNotZ 2006, 120 = Rpfleger 2006, 259 = ZfIR 2006, 430.
727 Vgl. BayObLG NJW -RR 1987, 459, 462; OLG Hamm NJW -RR 1993, 1106.
728 Vgl BayObLGZ 1982, 46 = Rpfleger 1982, 177 = MittBayNot 1982, 71.
729 LG Münster MDR 1968, 585 = MittBayNot 1968, 245 = MittRhNotK 1969, 19.
730 BayObLGZ 1967, 408 = MittBayNot 1968, 161 = Rpfleger 1968, 188.

baurechts vorliegt.[731] Gleiches gilt im Falle einer **Gesellschaftsumwandlung** durch Verschmelzung, Spaltung oder Vermögensübertragung nach dem UmwG, weil es sich insoweit um eine vollständige oder zumindest partielle Gesamtrechtsnachfolge handelt sowie im Falle einer Umwandlung durch Formwechsel der bisherige Rechtsträger mit dem neuen Rechtsträger identisch ist. Ebenfalls keine Veräußerung ist die **reale Teilung** des Erbbaurechts[732] oder die **Aufteilung in Wohnungserbbaurechte** gemäß § 30 iVm §§ 3, 8 WEG.[733]

Nach § 8 ErbbauRG ist entsprechend § 5 Abs 1 ErbbauRG für die **Erteilung des Zuschlags** im Zwangsversteigerungsverfahren über das Erbbaurecht die **Zustimmung** des Grundstückseigentümers **oder** die **gerichtliche Ersetzung** der Zustimmung erforderlich.[734]   **263**

Das Zustimmungserfordernis entfällt nicht deshalb, weil der Grundstückseigentümer selbst die Versteigerung betreibt[735] oder weil ein Gläubiger diese aus einem eingetragenen Recht betreibt, zu dem der Eigentümer seine uneingeschränkte Zustimmung nach § 5 Abs 2 ErbbauRG bei Eintragung der Belastung erteilt hat.[736]

Es kann einengend vereinbart werden, dass das **Zustimmungserfordernis** des Grundstückseigentümers sich lediglich **auf bestimmte Veräußerungsfälle beschränkt** (zB Veräußerung an bestimmte Personen oder innerhalb einer bestimmten Frist) bzw., dass gewisse Veräußerungen zustimmungsfrei sind (zB Veräußerung an Verwandte in gerader Linie oder Erwerb im Wege der Zwangsversteigerung). Ein **über § 5 Abs 1 ErbbauRG hinausgehendes Veräußerungsverbot** ist zwar schuldrechtlich möglich (§ 137 S 2 BGB), aber **nicht als dinglicher Inhalt** des Erbbaurechts. Zulässig und eintragbar wäre jedoch die Absicherung eines derartigen Anspruchs durch eine **Eigentumsvormerkung** gemäß § 883 BGB zugunsten des Grundstückseigentümers, für den Fall dass der Erbbauberechtigte vertragswidrig über das Erbbaurecht verfügt.   **264**

(cc) Belastungsbeschränkung. Die Belastung eines Erbbaurechts mit **Grundpfandrechten** und **Reallasten** unterliegt bei entsprechender Vereinbarung nach § 5 Abs 2 ErbbauRG der Zustimmung des Grundstückseigentümers, wobei das Ziel einer derartigen Beschränkung sein soll, eine übermäßige Belastung zu verhindern, nachdem diese Rechte beim Heimfall des Erbbaurechts bestehen bleiben (§ 33 ErbbauRG). Weil gemäß § 43 Abs 2 WEG ein **Dauerwohnrecht** beim Heimfall ebenfalls nicht erlischt, kann über den Wortlaut des § 5 Abs 2 ErbbauRG hinaus auch die Belastung mit einem solchen Recht von der Zustimmung des Eigentümers abhängig gemacht werden.[737] Für die Eintragung von **Sicherungshypotheken** gilt das Zustimmungserfordernis gleichfalls, also auch für die Bestellung einer Bauhandwerkerhypothek nach § 648 BGB und für die zwar kraft Gesetzes entstehende, aber auf rechtsgeschäftlicher Grundlage beruhende Sicherungshypothek nach § 1287 S 2 BGB.[738] Soweit es um die Eintragung von **Zwangssicherungshypotheken** geht, findet § 8 ErbbauRG Anwendung,[739] mit der Folge, dass sie ohne Zustimmung insoweit unwirksam sind, als sie die Rechte des Grundstückseigentümers aus der Vereinbarung gemäß § 5 ErbbauRG vereiteln oder beeinträchtigen würden. Daher ist auch zur Eintragung einer Zwangssicherungshypothek am Eigentümererbbaurecht die Zustimmung des Grundstückseigentümers erforderlich.[740] Dagegen greift bei **Sicherungshypotheken nach § 128 ZVG** für gegen den Ersteher übertragene Forderungen das **Belastungsverbot** aus § 5 Abs 2 ErbbauRG **nicht**, weil ihre Eintragung gesetzliche Folge eines zulässigerweise durchgeführten Zwangsversteigerungsverfahrens ist.[741] **Keiner Zustimmungspflicht** kann als dinglicher Inhalt des Erbbaurechts seine Belastung mit **Dienstbarkeiten**, **Vorkaufsrechten**,[742] **Vormerkungen**,[743] **Untererbbaurecht** (s hierzu aber Rdn 233)[744] oder einem **Nießbrauch** unterstellt werden. Möglich ist jedoch eine Vereinbarung als vertragsgemäßer Inhalt des Erbbaurechts nach § 2 Nr 7 ErbbauRG dahingehend, dass eine Belastung mit derartigen Rechten ohne Zustimmung des   **265**

---

731 Vgl *Schöner/Stöber* Rn 1775. **AA** OLG Köln MittRhNotK 1991, 114 mit abl Anm *Tönnies*.
732 LG Bochum NJW 1969, 1673.
733 OLG Celle Rpfleger 1981, 22 = MittBayNot 1981, 131; BayObLGZ 1978, 157 = DNotZ 1978, 626 = Rpfleger 1978, 375; LG Augsburg MittBayNot 1979, 68.
734 BGHZ 33, 76 = DNotZ 1961, 32 = NJW 1960, 2093 = Rpfleger 1961, 193; BayObLGZ 1960, 467 = DNotZ 1961, 266.
735 BayObLGZ 1960, 467 (Fn 720).
736 BGHZ 33, 76 (Fn 720).
737 OLG Stuttgart NJW 1952, 979; MüKo-*v Oefele* Rn 11, *Palandt-Bassenge* Rn 3, *Staudinger-Rapp* Rn 4 je zu § 5 Erb-bauVO. **AA** *Bärmann-Pick-Merle* Rn 10, *Weitnauer* Rn 4 je zu § 42 WEG.
738 OLG Köln NJW 1968, 505 = OLGZ 1967, 193; *Ingenstau* Rn 5, *Staudinger-Rapp* Rn 5, 6 je zu § 8 ErbbauRG.
739 OLG Hamm OLGZ 1985, 159 = Rpfleger 1985, 23.
740 BayObLGZ 1996, 107 = DNotZ 1997, 142 = Rpfleger 1996, 447.
741 *Pöschl* BWNotZ 1956, 41; *Stöber* § 128 ZVG Anm 2.23.
742 OLG Braunschweig OLGZ 1992, 263 = Rpfleger 1992, 1993 (weil keine Veräußerung auch nicht nach § 5 Abs 1 Erb-bauVO).
743 OLG Hamm MDR 1952, 756 = Rpfleger 1953, 520; OLG Nürnberg DNotZ 1967, 684 = MDR 1967, 213; *Schöner/Stöber* Rn 1786.
744 Vgl RGRK-*Räfle* § 7 ErbbauVO Rn 9.

Grundstückseigentümers den Anspruch auf Heimfall auslösen soll.[745] Lediglich schuldrechtlich vereinbar und daher nicht eintragungsfähig sind Beschränkungen des Erbbauberechtigten, dass zB das Erbbaurecht nur mit Grundpfandrechten in bestimmter Höhe für bestimmte Gläubiger oder für einen bestimmten Zweck belastet werden darf.[746] **Unzulässig** und damit ebenfalls nicht dinglich absicherbar ist der Ausschluss der Zustimmung zur Belastung für bestimmte Fälle im voraus.[747] **Zulässig** ist es dagegen, das Zustimmungserfordernis auf bestimmte Fälle von Belastungen zu beschränken bzw die Belastung des Erbbaurechts mit bestimmten Rechten von dem Zustimmungserfordernis des § 5 ErbbauRG auszunehmen.[748]

266 Erfolgen bei bestehender Belastungsbeschränkung **Inhaltsänderungen** an den am Erbbaurecht eingetragenen Grundpfandrechten, Reallasten oder Dauerwohn- bzw Dauernutzungsrechten, die eine weitergehende Belastung des Erbbaurechts beinhalten (zB die Erhöhung des Zinssatzes bei einer Hypothek oder die Verlängerung der Laufzeit bei einer Reallast), so bedarf es auch insoweit der Zustimmung des Grundstückseigentümers.[749] **Nicht zustimmungspflichtig** ist die Eintragung einer nachträglichen Zwangsvollstreckungsunterwerfung nach § 800 ZPO, weil es sich dabei um keine Verfügung über das Erbbaurecht, sondern nur um eine Prozesserklärung handelt.[750]

267 **f) Eintragung.** Mit der für die **Entstehung** des Erbbaurechts maßgeblichen Eintragung im GB des belasteten Grundstücks (s Rdn 228) ist zugleich von Amts wegen ein **besonderes Erbbaugrundbuch-Blatt** anzulegen (§ 14 Abs 1 ErbbauRG), auf das die Vorschriften der GBV entsprechend anzuwenden sind, soweit sich nicht aus den §§ 55 bis 59 GBV Abweichendes ergibt. Unmittelbar in das GB einzutragen sind sonach im Bestandsverzeichnis das »Erbbaurecht« unter Bezeichnung des belasteten Grundstücks sowie die Beschränkungen durch aufschiebende Bedingung, Befristungen oder Verfügungsbeschränkungen nach § 5 ErbbauRG. Jedoch kann zur näheren Bezeichnung des Inhalts des Erbbaurechts – auch bezüglich des näheren Inhalts etwaiger Beschränkungen – auf die Eintragungsbewilligung Bezug genommen werden (§ 14 Abs 1 S 3 ErbbauRG). Ferner sind einzutragen in Abteilung 1 der Erbbauberechtigte, bei mehreren unter Angabe des Gemeinschaftsverhältnisses, und in den Abteilungen 2 und 3 die Belastungen des Erbbaurechts. Die **Eintragungen im Erbbaugrundbuch** sind **rechtsbegründend für den Inhalt des Erbbaurechts** sowie dessen **nachträgliche Änderung**, die **Übertragung des Eigentums am Erbbaurecht** auf einen anderen Berechtigten und das **Entstehen der** das Erbbaurecht belastenden **dinglichen Rechte und Vormerkungen.**

268 Zur Frage, ob der einzutragende dingliche Inhalt des Erbbaurechts einer **AGB-Kontrolle** durch das GBA unterliegt s Einl H Rdn 129.

269 Die Begründung eines Erbbaurechts ist ein der Grunderwerbsteuer unterliegender Vorgang (§ 1 iVm § 2 Abs 2 Ziff 2 GrEStG). Das GBA darf daher die Eintragung des Erbbaurechts erst vornehmen, wenn die **finanzamtliche Unbedenklichkeitsbescheinigung** vorliegt (§ 22 GrEStG). Der Grunderwerbsteuer unterliegen idR auch die rechtsgeschäftliche Aufhebung des Erbbaurechts[751] sowie die infolge Geltendmachung des Heimfallanspruchs erfolgte Übertragung auf den Grundstückseigentümer.[752]

270 **g) Verfügungen über das Erbbaurecht. aa) Veräußerung.** Die Übertragung des Erbbaurechts auf einen anderen Berechtigten bedarf nur einer formlos wirksamen Einigung (§ 873 BGB) zwischen dem Veräußerer und dem Erwerber sowie der Eintragung des neuen Erbbauberechtigten in Abteilung 1 des Erbbaugrundbuchs (vgl § 14 Abs 3 S 1 ErbbauRG). Eine **Auflassung ist nicht erforderlich** (§ 11 Abs 1 ErbbauRG),[753] jedoch ist dem GBA die **Einigung** nach § 20 GBO **nachzuweisen**, was in aller Regel dadurch geschieht, dass der formbedürftige Verpflichtungsvertrag (§ 11 Abs 2 ErbbauRG, § 311b Abs 1 BGB), der die Einigung grundsätzlich mitenthält, vorgelegt wird. Die Übertragung darf nicht unter einer Bedingung oder Befristung erfolgen (§ 11 Abs 1 S 2 ErbbauRG). Die Eintragung des neuen Erbbauberechtigten ist ferner unverzüglich auf dem Grundstücksblatt zu vermerken, wobei der Vermerk durch Bezugnahme auf das Erbbaugrundbuch ersetzt werden kann (vgl § 14 Abs 3 S 2 und 3 ErbbauRG).

---

745 BayObLG MittBayNot 1992, 197; OLG Hamm OLGZ 1986, 14 = Rpfleger 986, 51.

746 KG DR 1939, 1393; BayObLGZ 1959, 319 = DNotZ 1960, 104 = Rpfleger 1960, 254.

747 BayObLGZ 1999, 252 (Fn 416).

748 BayObLGZ 1979, 227 = DNotZ 1980, 50 = Rpfleger 1979, 384; BayObLGZ 1959, 325.

749 *Schöner/Stöber* Rn 1780; *Staudinger-Rapp* §§ 5–7 ErbbauVO Rn 6.

750 KG HRR 1931 N 1705; *Wolfsteiner* Die vollstreckbare Urkunde, Rn 6516.

751 BFH BStBl 1976 II 470 = MittBayNot 1976, 150 = NJW 1976, 1424; BFH BStBl 1980 II 136 = Betrieb 1980, 381 = MittBayNot 1980, 90.

752 BFH BStBl 1970 II 130 = MittRhNotK 1970, 243; einschränkend bei Heimfall wegen Nichterfüllung einer Hauptpflicht BFH BB 1983, 2167.

753 Anders für Erbbaurechte, die am 22.11.1919 bereits bestanden haben, s § 1017 Abs 2 BGB.

bb) Belastungen. Das Erbbaurecht ist **mit allen dinglichen Rechten**, die an einem Grundstück eingetragen 271 werden können, belastbar. **Dienstbarkeiten** jedoch, die auf die Benutzung in einzelnen Beziehungen gerichtet sind, können am Erbbaurecht **nur** bestellt werden, **wenn sie innerhalb des Rahmens, der dem Erbbauberechtigten zustehenden Befugnisse liegen.** Ein Erbbaurecht, das lediglich das Recht beinhaltet, auf dem belasteten Grundstück ein Wohngebäude zu haben, kann daher nicht mit einer Tankstellendienstbarkeit belastet werden.[754] Erstreckt sich dagegen nach § 1 Abs 2 ErbbauRG das Erbbaurecht auch auf den für das Bauwerk nicht erforderlichen Teil, kann ohne weiteres eine Dienstbarkeit am Erbbaurecht bestellt werden, die zur Einrichtung und Betreibung einer Netzstation außerhalb des Bauwerks berechtigt.[755] Ferner ist in solchen Fällen zB ein Geh- und Fahrtrecht als inhaltsgleiche Grunddienstbarkeit sowohl im GB des Grundstücks als auch im Erbbaugrundbuch eintragbar. Als Belastung des Grundstücks kann das Recht jedoch erst nach Erlöschen des Erbbaurechts wirksam werden.[756]

Im Rahmen der Begründung eines **Gesamterbbaurechts** kann, wenn die belasteten Grundstücke im Eigen- 272 tum verschiedener Personen stehen, zugunsten eines jeden jeweiligen Grundstückseigentümers ein eigener **Erbbauzins** vereinbart werden. Für die Eintragung dieser mehreren Erbbauzinsreallasten ist dann die Festlegung ihres Ranges, generell wohl Gleichrang, erforderlich. Möglich ist aber auch die Eintragung einer Erbbauzinsreallast für die mehreren jeweiligen Grundstückseigentümer als Gesamtberechtigte nach § 428 BGB oder als Mitberechtigte nach § 432 BGB. Ist ein Gesamterbbaurecht durch nachträgliche Mitbelastung eines weiteren Grundstücks entstanden, so erstrecken sich ohne weiteres sämtliche am Erbbaurecht eingetragenen Belastungen auf seinen erweiterten Bestand.[757]

Beim **Heimfall** des Erbbaurechts **bleiben die Grundpfandrechte und Reallasten bestehen, soweit sie** 273 **nicht dem Erbbauberechtigten selbst zustehen** (§ 33 Abs 1 S 1 ErbbauRG). Haftet bei einem bestehen bleibenden Recht der vorgenannten Art der Erbbauberechtigte zugleich persönlich, so übernimmt der Grundstückseigentümer die Schuld in Höhe des Grundpfandrechts bzw. in Höhe der Rückstände bei der Reallast. **Alle übrigen** am Erbbaurecht eingetragenen beschränkten dinglichen **Rechte erlöschen** dagegen mit Durchführung des Heimfalls. Mit Entstehen des Eigentümer-Erbbaurechts erlischt infolge Konsolidation auch ein schuldrechtlich vereinbarter Anspruch auf Erhöhung des Erbbauzinses und damit ebenso die zur Sicherung eingetragene und vom Bestand der Forderung abhängige Vormerkung.[758] Im Falle der **Ausübung des Heimfalls zugunsten eines Dritten** wird der Bestand des Anspruchs auf Erhöhung des Erbbauzinses und demzufolge auch die der Vormerkung nicht berührt. Anspruchsberechtigter wird der Dritte jedoch erst mit Abtretung des Erhöhungsanspruchs durch den Grundstückseigentümer. Dieses Problem stellt sich dagegen nicht mehr seit der zulässigen Eintragung eines wertgesicherten Erbbauzinses.

cc) Inhaltsänderungen. Gegenstand einer Inhaltsänderung eines Erbbaurechts **kann** sowohl **der gesetzli-** 274 **che als auch der vertragliche Inhalt sein** und beispielsweise die Verlängerung oder Verkürzung der Laufzeit des Erbbaurechts, das Recht auf Errichtung eines zusätzlichen Bauwerks, die Teilaufhebung an der erstreckten, vom Bauwerk nicht erfassten Grundstücksfläche, die nachträgliche Bildung eines Gesamterbbaurechts, die Erweiterung oder Einschränkung von Vereinbarungen nach § 2 ErbbauRG sowie die nachträgliche Einräumung oder Aufhebung von Verfügungsbeschränkungen nach §§ 5–8 ErbbauRG betreffen. Erforderlich zu einer wirksamen Inhaltsänderung ist materiell die formlose Einigung zwischen dem Erbbauberechtigten und dem Grundstückseigentümer, die dem GBA wegen § 20 GBO in der Form des § 29 GBO nachgewiesen werden muss, und die Eintragung im GB. Für die Frage, ob der Eintragung im GB des Grundstücks oder der im ErbbauGB rechtsbegründende Eigenschaft zukommt, hängt von der jeweiligen Inhaltsänderung ab. Betrifft sie den Bestand des Erbbaurechts, wie zB die Änderung der Dauer des Erbbaurechts oder die teilweise Aufhebung oder Neubegründung, so ist die Eintragung im GB des Grundstücks maßgeblich. Geht es um bloße Inhaltsänderungen im Rahmen des § 2 ErbbauRG, ist dagegen die Eintragung im ErbbauGB entscheidend. Welche **dinglich Berechtigten** einer Inhaltsänderung **zustimmen müssen** (§§ 876, 877 BGB; § 19 GBO), hängt davon ab, ob sie dadurch eine Beeinträchtigung erfahren. **Negative Bestandsänderungen** des Erbbaurechts, wie zB die nachträgliche Vereinbarung einer Verfügungsbeschränkung nach § 5 ErbbauRG, eine Teilaufhebung oder die Verkürzung seiner Laufzeit, erfordern die Zustimmung der am Erbbaurecht eingetragenen Drittberechtigten. **Positive Bestandsänderungen**, wie zB eine teilweise Neubestellung oder die Verlängerung der Laufzeit, beeinträchtigen dagegen die am Erbbaugrundstück eingetragenen dinglich Berechtigten, so dass deren Zustimmung nötig ist. Andererseits bedarf es für die Begründung eines Gesamterbbaurechts durch Erstreckung des Erbbaurechts auf ein weiteres eigenständiges Grundstücks keiner Zustimmung der am Erbbaurecht eingetrage-

---

754 Vgl BayObLGZ 1958, 105 = DNotZ 1958, 542 = Rpfleger 1959, 17.
755 KG DNotZ 1992, 312 = NJW-RR 1992, 214 = Rpfleger 1991, 496.
756 BayObLGZ 1959, 365 = DNotZ 1960, 105.
757 OLG Hamm NJW 1963, 1112.
758 BGH DNotZ 1982, 616 = NJW 1982, 2381 = Rpfleger 1982, 143.

nen dinglichen Berechtigten.[759] Soweit nicht eindeutig geklärt werden kann, wen eine beabsichtigte Inhaltsänderung nachteilig berührt, ist stets die Zustimmung sämtlicher infrage kommender Beteiligter einzufordern.[760]

275   **dd) Vereinigung, Bestandteilszuschreibung und Teilung des Erbbaurechts.** Zur Vereinigung und Bestandteilszuschreibung s § 5 Rdn 12, § 6 Rdn 12 und 13, zur Teilung § 7 Rdn 106–112.

276   **ee) Beendigung.** Die Beendigung eines Erbbaurechts kann durch **Aufhebung oder** durch **Zeitablauf** eintreten. **Nicht** möglich ist es, ein eingetragenes Erbbaurecht durch **Rücktritt** vom Erbbaurechtsvertrag zu beenden, weil insoweit die unabdingbare Bestimmung des § 1 Abs 4 ErbbauRG entgegensteht.[761] Aus dem gleichen Grund scheidet auch eine Beendigung des Erbbaurechts durch **Kündigung** aus, selbst wenn die Geschäftsgrundlage für die Bestellung des Erbbaurechts infolge der später nicht mehr gegebenen Bebaubarkeit des Grundstücks wegfällt.[762]

277   **(1) Zeitablauf.** Der Regelfall einer Beendigung ist, dass ein zeitlich begrenztes Erbbaurecht durch Zeitablauf erlischt. Obwohl in einem solchen Fall das **Bauwerk automatisch Bestandteil des Grundstücks** (vgl § 12 Abs 3 ErbbauRG) und das GB unrichtig wird, hängt die Löschung des Erbbaurechts von gewissen Voraussetzungen ab. Grundsätzlich hat der Eigentümer des Grundstücks dem Erbbauberechtigten eine **Entschädigung** für das Bauwerk zu leisten (§ 27 Abs 1 ErbbauRG), die, wenn das Erbbaurecht zur Befriedigung der Wohnbedürfnisse minderbemittelter Bevölkerungskreise bestellt wurde, auch nicht ausgeschlossen werden kann und mindestens zwei Drittel des gemeinen Werts betragen muss, den das Bauwerk bei Ablauf des Erbbaurechts hat (§ 27 Abs 2 ErbbauRG). **Für die Entschädigungsforderung haftet** sowohl der Grundstückseigentümer persönlich als auch nach § 28 ErbbauRG **das Grundstück** an Stelle des Erbbaurechts und mit dessen Rang. Diese kraft Gesetzes entstehende Belastung kann auf Antrag des Erbbauberechtigten und natürlich auch des Grundstückseigentümers im Wege der GB-Berichtigung in Abteilung zwei in der Veränderungsspalte zum Erbbaurecht im GB des Grundstücks **eingetragen** werden. Streit besteht darüber, ob es sich dabei um ein reallastähnliches dingl. Recht eigener Art[763] oder um eine durch Sicherungshypothek abzusichernde Forderung handelt.[764] Nach mehrheitlicher Ansicht ist jedenfalls die Entschädigungsforderung nur unter **betragsmäßiger Angabe ihrer Höhe** eintragungsfähig.[765] Im Übrigen ist die Entschädigungsforderung des Erbbauberechtigten als **Rückstand i. S. des § 23 Abs 1 S 1 iVm § 24 GBO** anzusehen, so dass es zur Löschung des Erbbaurechts innerhalb eines Jahres seit seiner Beendigung der Bewilligung des Erbbauberechtigten nach § 19 GBO in der Form des § 29 GBO bedarf.[766] Wenn eine Löschungserleichterung nach §§ 23 Abs 2, 24 GBO beim Erbbaurecht eingetragen ist, bedarf es jedoch dieser Zustimmung nicht. Ansonsten kann auch nach Ablauf des Sperrjahres infolge eines gegenüber dem GBA erklärten Widerspruchs des Erbbauberechtigten dessen Zustimmung zur Löschung nötig sein. Ist das Erbbaurecht bei Zeitablauf noch mit Grundpfandrechten oder Reallasten belastet, denen gemäß § 29 ErbbauRG an der Entschädigungsforderung des Erbbauberechtigten ein Recht auf Befriedung entsprechend einem Pfandgläubiger zusteht (hM),[767] so kann nach Eintragung der Entschädigungsforderung mit einem ergänzenden Vermerk das daran bestehende **Pfandrecht** eines Realgläubigers auf dessen Antrag oder auf Antrag des Erbbauberechtigten **eingetragen werden.** Ein Antrag des Grundstückseigentümers auf **Löschung des Erbbaurechts** im Wege der Grundbuchberichtigung ohne Rücksicht auf die dingliche Haftung des Grundstücks für die Entschädigungsforderung bedarf der Bewilligung der am Erbbaurecht eingetragenen Grundpfandrechtsgläubiger und Reallastberechtigten, da sie jedenfalls Betroffene iS des § 19 GBO sind.[768] Allerdings entfällt dieses Zustimmungserfordernis dann, wenn bereits bei Vornahme der Belastungen beim Erbbaurecht eine Löschungserleichterung nach §§ 23 Abs 2, 24 GBO eingetragen war.

---

759 BayObLG DNotZ 1960, 540; OLG Neustadt DNotZ 1960, 386; *Weber* MittRhNotK 1965, 370.

760 Vgl *Schöner/Stöber* Rn 1870.

761 BGH BB 1961, 430 = DNotZ 1961, 402; BGH BB 1961, 1183 = WM 1961, 1148; BGH DNotZ 1969, 490 = NJW 1969, 1112.

762 Vgl BGH BB 1961, 1183; BGHZ 101, 143 = DNotZ 1988, 161 = NJW 1987, 2674 = Rpfleger 1987, 361.

763 So BGB-RGRK-*Räfle*; Ermann-*Hagen*; MüKo-v *Oefele* u. *Palandt-Bassenge* jeweils Rn 1 zu § 28 ErbbauVO; *Schöner/Stöber* Rn 1874.

764 So *Staudinger-Rapp* u. *Soergel-Stürner* jeweils Rn 1 zu § 28 ErbbauVO.

765 BGB-RGRK-*Räfle* Rn 1; *Ingenstau-Hustedt* Rn 7 je zu § 28 ErbbauVO. **A.A.** OLG Hamm NotBZ 2007, 218 = Rpfleger 2007, 541, das die Eintragung der Entschädigungsforderung ohne Buchung der Höhe des Betrages für zulässig erachtet; *Maaß* NotBZ 2002, 389, 392 ff.

766 *Staudinger-Rapp* § 16 ErbbauVO Rn 1 und § 27 ErbbauVO Rn 2; *Schöner-Stöber* Rn 1882; KEHE-*Dümig* § 24 Rn 16. **AA** keine Anwendung von §§ 23 Abs 1, 24 ErbbauVO: OLG Hamm NotBZ 2007, 218 aaO; *Ingenstau* Rn 9, MüKo-v *Oefele* Rn 8 je zu § 29 ErbbauVO.

767 *Ingenstau* Rn 6, MüKo-v *Oefele* Rn 2, *Palandt-Bassenge* Rn 1, *Staudinger-Rapp* Rn 10 je zu § 29 ErbbauRG; *Schöner-Stöber* Rn 1882.

768 Vgl OLG Hamm NotBZ 2007, 218 aaO.

Ist nach dem Inhalt des durch Zeitablauf erloschenen Erbbaurechts ein **Entschädigungsanspruch** durch Ver- **278** einbarung **ausgeschlossen**, so kann es auf bloßen Antrag (§ 13 GBO) des Grundstückseigentümers oder des Erbbauberechtigten beim GBA gelöscht werden, da das Erlöschen und damit die Unrichtigkeit durch den im GB eingetragenen Endtermin des Erbbaurechts (§ 56 Abs 2 GBV) ausreichend nachgewiesen ist (§ 22 Abs 1 S 1 GBO). Einer **Zustimmung** von am Erbbaurecht noch eingetragenen **dinglich Berechtigten bedarf es nicht**, weil diese Rechte mit Zeitablauf des Erbbaurechts gleichfalls erloschen sind und mangels Entschädigung auch keine Ansprüche aus § 29 ErbbauRG erwachsen sein können.

Hatte der Grundstückseigentümer dem Erbbauberechtigten ein **Vorrecht auf Erneuerung des Erbbau-** **279** **rechts** eingeräumt (§ 2 Nr 6 ErbbauRG) und wird das erloschene Erbbaurecht vor Ablauf von drei Jahren im GB gelöscht, so ist zur Erhaltung des Vorrechts nach § 31 Abs 4 S 3 ErbbauRG von Amts wegen am Grundstück im bisherigen Range des Erbbaurechts eine **Vormerkung** einzutragen. Mit Erlöschen des Vorrechts nach Ablauf der Drei-Jahresfrist (§ 31 Abs 2 ErbbauRG) wird die Vormerkung gegenstandslos und kann gelöscht werden.

(2) Aufhebung. Eine Aufhebung des Erbbaurechts ist **nur mit Zustimmung des Grundstückseigentü-** **280** **mers** möglich, die dieser dem GBA oder dem Erbbauberechtigten gegenüber zu erklären hat und die nicht widerrufen werden kann (§ 26 ErbbauRG). Bei Belastung des Erbbaurechts mit Rechten **Dritter** ist zur Aufhebung auch die **Zustimmung dieser Berechtigten** erforderlich (§ 11 Abs 1 S 1 ErbbauRG iVm § 876 BGB), weil deren Rechte mit der Aufhebung erlöschen.

Mit der Löschung des Erbbaurechts am belasteten Grundstück ist von Amts wegen das Erbbaugrundbuch zu **281** schließen (§ 16 ErbbauRG, §§ 54, 36 GBV).

5. Grunddienstbarkeit

Schrifttum

Adamczyk, Dienstbarkeiten in der notariellen Praxis, MittRhNotK 1998, 105; *Amann*, Leistungspflichten und Leistungsansprüche aus Dienstbarkeiten, DNotZ 1989, 531; *Andrae*, Gemeinschaftliche Anlagen und deren Absicherung, BWNotZ 1984, 31; *Bernhardt*, Wettbewerbsverbote als Inhalt einer Grunddienstbarkeit, NJW 1964, 804; *Clasen*, Eintragung einer Grunddienstbarkeit bei Vorliegen eines gesetzlich begründeten öffentlich-rechtlichen Bauverbots, BlGBW 1976, 227; *Daubner*, Probleme bei der Bestellung von Sicherungsdienstbarkeiten im Rahmen von Alleinbezugsvereinbarungen nach europäischem Kartellrecht, JA 1993, 19; *Dehner*, Altrechtliche Grunddienstbarkeiten in Sachsen und Thüringen, DtZ 1996, 298; *Dittus*, Grenzen der Anwendbarkeit von Servituten, NJW 1954, 1825; *Feckler*, Die grundbuchmäßige Absicherung von Wettbewerbsverboten, Rpfleger 1969, 1; *Haegele*, Zur Entwicklung von Grunddienstbarkeiten an landwirtschaftlichen Grundstücken, RdL 1967, 234; *Herget*, Gesamtbelastung und Gesamtberechtigung bei Grunddienstbarkeit, NJW 1966, 1060; *Knöchlein*, Wettbewerbs- und Verkaufsbeschränkungen als Inhalt von Dienstbarkeiten, BB 1961, 589; *Löscher*, Mitbenützungsrechte Dritter bei Grunddienstbarkeiten, Rpfleger 1962, 432; *Lücke*, Der gutgläubige Erwerb einer Grunddienstbarkeit, JuS 1988, 524; *Panz*, Ausgewählte Fragen zum Dienstbarkeitsrecht, BWNotZ 1982, 106; *ders*, Rechtsgeschäftlich vereinbarte Zweckbestimmungen des Eigentums und Möglichkeiten ihrer Absicherung durch Dienstbarkeiten, BWNotZ 1984, 36; *Prütting*, Beschränkungen des Wettbewerbs durch Dienstbarkeiten, Festschrift für Schütz (1987), 287; *Reimann*, Zur dinglichen Sicherung von Wettbewerbsverboten, MittBayNot 1974, 1; *Ripfel*, Bedeutung und Rechtswirkungen der Gestattung bei Verbotsdienstbarkeiten, DNotZ 1961, 145; *Röll*, Grenzüberbau, Grunddienstbarkeiten und Wohnungseigentum, MittBayNot 1983, 5; *Roquette*, Dingliche Benützungsrechte in der gewerblichen Wirtschaft, BB 1967, 1177; *Schifflauer*, Die Grunddienstbarkeit in der Zwangsversteigerung, Rpfleger 1975, 187; *G.*, *Schmidt* Anpassung von Grunddienstbarkeiten an entwicklungsbedingte Veränderungen, Diss München 1970; *Schubert und Czub*, Die Grunddienstbarkeit in der Zwangsversteigerung, ZIP 1982, 266; *Stürner*, Dienstbarkeiten heute, ACP Bd 194, 265; *Walberer*, Die Belastung im Sinne § 1018 BGB bei Wettbewerbsverboten, NJW 1965, 2138; *Walter und Maier*, Die Sicherung von Bezugs- und Abnahmeverpflichtungen durch Dienstbarkeiten, NJW 1988, 377; *Vollmer*, Zur Unterhaltspflicht bei Geh- und Fahrtrechten unter Mitbenutzungsbefugnis des dienenden Eigentümers (§ 1021 BGB), MittBayNot 2000, 387; *Weimar*, Verlegung und Ausübung einer Dienstbarkeit, JR 1980, 361.
Im Übrigen siehe auch das Schrifttum zur beschränkten persönlichen Dienstbarkeit und zum Wohnungsrecht.

a) Allgemeines, Begriff, Entstehung. Die Grunddienstbarkeit ist im Gegensatz zur beschränkten persönli- **282** chen Dienstbarkeit ein subjektiv-dingliches, dem jeweiligen Eigentümer eines anderen Grundstücks in dieser Eigenschaft und nicht ohne Verbindung mit dem Grundeigentum zustehendes Recht. Das belastete Grundstück heißt »dienendes«, das begünstigte »herrschendes« Grundstück. Ohne herrschendes Grundstück ist die Eintragung unzulässig.[769] Die Grunddienstbarkeit ist Bestandteil des herrschenden Grundstücks (§ 96 BGB) und nicht selbständig übertragbar oder belastungsfähig.[770] Sie führt zu einer die Rechte des Eigentümers des dienenden Grundstücks einschränkenden Belastung dahingehend, dass dieser etwas zu unterlassen hat, was ihm ansonsten kraft seines Eigentums erlaubt wäre. Eine Pfändung des Rechts ist ausgeschlossen (§ 851 Abs 1 ZPO).

---

769 OLG Braunschweig ZBlFG 4, 36.
770 BayObLG 9, 213; OLG Hamm OLGZ 80, 270 = DNotZ 1981, 264 = Rpfleger 1980, 225; *Schöner/Stöber* Rn 1165.

283 Wird eine Dienstbarkeit für eine Person »und ihre Rechtsnachfolger« bestellt, liegt nach Ansicht des BGH[771] keine Grunddienstbarkeit, uU aber eine beschränkte persönliche Dienstbarkeit vor. Diese Meinung ist abzulehnen, weil nach Sachlage – der Berechtigte hatte ein Nachbargrundstück erworben und sich die Dienstbarkeit im Zusammenhang hiermit bestellen lassen – nur eine Grunddienstbarkeit in Frage kam;[772] des Weiteren ist die Einbeziehung der Rechtsnachfolger nur bei der Grunddienstbarkeit möglich.

284 Die Grunddienstbarkeit **entsteht** rechtsgeschäftlich durch Einigung und Eintragung (§ 873 Abs 1 BGB). Sie kann aber auch ersessen werden (§ 900 Abs 2 BGB). Begründung und Fortbestand einer Grunddienstbarkeit sind von den schuldrechtlichen Beziehungen der Beteiligten unabhängig. Aufschiebende und auflösende **Bedingungen** (§ 158 BGB) sowie **Befristungen** (§ 163 BGB) sind **zulässig**, wobei diese unmittelbar in das GB eingetragen werden müssen,[773] jedoch wegen der einzelnen Modalitäten auf die Eintragungsbewilligung Bezug genommen werden kann (§ 874 BGB). Auflösende Bedingung kann zB die Unterlassung der vereinbarten Gegenleistung sein,[774] ferner der Übergang des Eigentums am herrschenden Grundstück auf bestimmte Personen.[775]

285 **b) Belastungsgegenstand (dienendes Grundstück).** Als Belastungsgegenstand kommen **Grundstücke** im Rechtssinne, **Erbbaurechte** (§ 11 ErbbauRG), einzelne **Wohnungs- und Teileigentumsrechte**, soweit die Ausübung nur den Bereich des Sondereigentums betrifft,[776] aber nicht ideelle Miteigentumsanteile (§§ 741, 1008 BGB)[777] oder Anteile an einer Gesamthand (zB Miterbenanteil, § 2033 Abs 2 BGB; Gesellschaftsanteil, § 719 Abs 1 BGB)[778] in Frage. Erlischt eine Dienstbarkeit an einem Miteigentumsanteil im Zuge seiner Versteigerung (vgl § 864 Abs 2 ZPO) mit Erteilung des Zuschlags (§ 91 Abs 1 ZVG) und bleibt die Dienstbarkeit formal an den übrigen Miteigentumsanteilen bestehen, so ist sie inhaltlich unzulässig und von Amts wegen zu löschen[779] (§ 53 Abs 1 S 2). Eine **reale Teilfläche** kann im Rahmen des § 7 Abs 2 ohne Abschreibung belastet werden, wenn keine Verwirrung zu besorgen ist.[780] Möglich ist auch die Belastung des ganzen Grundstücks mit (inhaltlicher) Beschränkung der Ausübung auf einen realen Teil;[781] § 7 GBO gilt dafür nicht.[782] Eine **Gesamtbelastung** mehrerer Grundstücke ist zulässig, wenn sich der Ausübungsbereich des Rechts auf diese erstreckt.[783] Dies ist zB der Fall, wenn ein Fahrtrecht nur an einer Fläche ausgeübt werden kann, die sich aus Teilflächen mehrerer Grundstücke zusammensetzt. Bei Realteilung des dienenden Grundstücks bleiben die Teile, die im Ausübungsbereich liegen, belastet (gesamtbelastet); der Rest wird nach § 1026 BGB frei. Öffentliche Grundstücke im Gemeingebrauch sind nur insoweit mit Grunddienstbarkeiten belastbar, als die Belastung mit dem Verwendungszweck des Grundstücks nach den öffentlich-rechtlichen, meist landesrechtlichen Bestimmungen vereinbar ist.[784]

286 **c) Berechtigter (herrschendes Grundstück).** Berechtigter einer Grunddienstbarkeit ist stets der **jeweilige Eigentümer** einer Immobilie. Herrschendes »Grundstück« können ganze Grundstücke, Erbbaurechte, Berg-

---

771 BGH DNotZ 1965, 473 = MDR 1965, 195 = NJW 1965, 393.

772 Kritisch auch MüKo-*Falckenberg* § 1018 BGB Rn 22; *Wehrens* DNotZ 1965, 475, 476.

773 Vgl BayObLG NJW-RR 1998, 1025.

774 Vgl OLG Frankfurt Rpfleger 1974, 430; OLG Karlsruhe DNotZ 1968, 432; KEHE-*Herrmann* Einl N 16; MüKo-*Falckenberg* § 1018 BGB Rn 7.

775 BayObLG 13, 143; KGJ 44, 356; *Schöner/Stöber* Rn 1149.

776 BGHZ 107, 289 = DNotZ 1990, 493 = NJW 1990, 2391 = Rpfleger 1989, 452; BayObLGZ 1974, 396 = NJW 1975, 59 = Rpfleger 1975, 22; BayObLGZ 1976, 218, 222; 79, 444, 446; BayObLG MittBayNot 1981, 189 = MittRhNotK 1981, 189; KG OLGZ 76, 257 = MDR 1977, 405 = Rpfleger 1976, 180; KG DNotZ 1968, 750; OLG Karlsruhe Rpfleger 1975, 356; *Schöner/Stöber* Rn 2952; KEHE-*Herrmann* Einl N 8; MüKo-*Falckenberg* § 1018 BGB Rn 21. **AA** *Staudinger-Mayer* § 1018 BGB Rn 57, 58.

777 BGHZ 36, 189 = NJW 1962, 633; *Schöner/Stöber* Rn 1117; KEHE-*Herrmann* Einl N 8; MüKo-*Falckenberg* Rn 21, *Staudinger-Mayer* Rn 55 je zu § 1018 BGB.

778 *Schöner/Stöber* aaO (Fn 763).

779 KG JW 33, 626; KG DNotZ 1975, 105 = Rpfleger 1975, 68. **AA** *Brachvogel* JW 1933, 2011.

780 BGHZ 90, 181 = DNotZ 1985, 37 = NJW 1984, 2210 = Rpfleger 1984, 227; OLG Bremen NJW 1965, 2403; *Schöner/Stöber* Rn 1118; KEHE-*Herrmann* Einl N 7; MüKo-*Falckenberg* Rn 21, *Staudinger-Mayer* Rn 63 je zu § 1018 BGB.

781 OLG Hamm JMBlNW 1961, 275; *Schöner/Stöber* Rn 1118.

782 BGHZ 59, 11; KG Rpfleger 1973, 300.

783 BayObLGZ 1989, 442 = DNotZ 1991, 254 = MittBayNot 1990, 41 = Rpfleger 1990, 111: BayObLGZ 1955, 170, 174; KG JW 1937, 2606; LG Braunschweig NdsRpfl 1963, 229; *Demharter* § 48 Rn 8; *Schöner/Stöber* Rn 1120; KEHE-*Herrmann* Einl N 4; MüKo-*Falckenberg* Rn 20, *Staudinger-Mayer* Rn 15 je zu § 1018 BGB; *Herget* NJW 1966, 1060. **AA** KEHE-*Eickmann* § 48 Rn 3, der jedoch aus pragmatischen Gründen zustimmt.

784 KEHE-*Herrmann* Einl N 5; MüKo-*Falckenberg* § 1018 Rn 20; *Staudinger-Mayer* § 1018 Rn 70 u § 1019 BGB Rn 5.

werke,[785] Wohnungs- und Teileigentumsrechte,[786] nicht dagegen Miteigentumsanteile[787] oder Anteile an einer Gesamthand sowie unselbständige reale Teile eines Grundstücks[788] sein. Die Beschränkung der Ausübung zum Vorteil eines realen Grundstücksteils ist möglich.[789] Mieter oder Pächter einer Wohnung sind nicht als Berechtigte einer Grunddienstbarkeit im GB eintragbar.[790] Wird das herrschende Grundstück geteilt (§ 1025 S 1 BGB), so wirkt die Eintragung der Dienstbarkeit auf dem GB-Blatt des dienenden Grundstücks auch dann zugunsten der Eigentümer der getrennten Teile fort, wenn sich die Teilung nicht aus den das dienende Grundstück betreffenden Grundbucheintragungen ergibt.[791]

Das herrschende Grundstück kann demselben Eigentümer gehören wie das dienende.[792] Eine solche »**Eigentü-**   **287** **mergrunddienstbarkeit«** – der Begriff ist etwas unglücklich, weil es sich nicht um ein Recht des Eigentümers an dem damit belasteten Grundstück selbst handelt – entsteht durch einseitige Erklärung des Eigentümers und Eintragung im GB.

Auch einer **Mehrheit von** jeweiligen **Eigentümern** anderer Grundstücke kann eine Grunddienstbarkeit in   **288** Bruchteilsgemeinschaft oder als Gesamtberechtigte (§ 428 BGB) zustehen.[793] Hierdurch wird nicht die Berechtigung an einer Grunddienstbarkeit von der dinglichen auf die persönliche Ebene verlagert; vielmehr handelt es sich um eine dinglich determinierte Mehrzahl von berechtigten Personen, die in ihrer Zusammensetzung infolge dinglicher Rechtsübergänge wechseln kann wie bei jeder Bruchteilsgemeinschaft. Man darf nicht übersehen, dass auch bei einer Grunddienstbarkeit das Recht einer Person zusteht, nämlich dem Eigentümer des herrschenden Grundstücks, wenn auch nur für die Dauer seiner Eigentümerstellung. Kann es aber *einer* Person zustehen, dann auch mehreren, sofern sie als Eigentümer herrschender Grundstücke zur Inhaberschaft qualifiziert sind. Auch die Bestandteilseigenschaft der Grunddienstbarkeit (§ 96 BGB) steht nicht entgegen, da es denkgesetzlich möglich und auch nicht systemwidrig ist, dass eine Grunddienstbarkeit zu Bruchteilen mehreren herrschenden Grundstücken als Bestandteil zugehört. Schließlich beweist § 1025 BGB (Teilung des herrschenden Grundstücks) die Zulässigkeit.[794]

Auf eine zum **belasteten** (dienenden) Grundstück **hinzugekommene Fläche** erstreckt sich die Grunddienst-   **289** barkeit gesetzlich weder bei Vereinigung (§ 890 Abs 1 BGB)[795] noch bei Zuschreibung (§ 890 Abs 2 BGB). In diesen Fällen beschränkt sich die Dienstbarkeit nach wie vor auf den Grundstücksteil der ursprünglich mit ihr belastet wurde. Eine Belastung auch der hinzugekommenen Fläche erfordert eine rechtsgeschäftliche Ausdehnung der Grunddienstbarkeit (§§ 873, 877 BGB).

Wird das **herrschende** Grundstück einer Grunddienstbarkeit mit einem Grundstück vereinigt, erstreckt sich   **290** die Berechtigung aus der Dienstbarkeit formal auf das Gesamtgrundstück. Die Ausübung der Berechtigung ist aber zu Gunsten des Teils des Gesamtgrundstücks beschränkt, der das ursprünglich herrschende Grundstück bildet. Die formale Berechtigung an der Grunddienstbarkeit für das hinzukommende Grundstück erlischt jedoch wieder, wenn die Vereinigung später rückgängig gemacht wird.[796]

d) Inhalt. Der gesetzlich zulässige Inhalt kann darin bestehen, dass   **291**
(aa) der jeweilige Eigentümer des herrschenden Grundstücks das dienende Grundstück in einzelnen Beziehungen benutzen darf, oder
(bb) auf dem dienenden Grundstück bestimmte Handlungen nicht vorgenommen werden dürfen, oder

---

785 RGZ 130, 352.
786 BGHZ 107, 289 aaO (Fn 762); OLG Hamm MDR 1981, 142 = MittRhNotK 1981, 194 = Rpfleger 1980, 469; *Schöner/Stöber* Rn 1123, 2952; *Staudinger-Mayer* § 1018 BGB Rn 46.
787 RG JW 33, 626; KG JW 33, 2011; KGJ 53, 171; OLG 43, 6; *Schöner/Stöber* Rn 1123; KEHE-*Herrmann* Einl N 9; MüKo-*Falckenberg* Rn 22, *Staudinger-Mayer* Rn 45 je zu § 1018 BGB.
788 BayObLGZ 1965, 267 = DNotZ 1966, 174 = NJW 1966, 56 = Rpfleger 1966, 367; KG KGJ 53, 171; 50, 131; *Schöner/Stöber* Rn 1123; MüKo-*Falckenberg* Rn 24, *Staudinger-Mayer* Rn 43 je zu § 1018 BGB.
789 BayObLG aaO; *Schöner/Stöber* aaO (Fn 774); KEHE-*Herrmann* Ein N 10.
790 OLG Frankfurt Rpfleger 2002, 515.
791 BGH Rpfleger 2008, 295.
792 RGZ 142, 231; BGHZ 41, 209 = NJW 1964, 1226; BGH NJW 1988, 2362; BayObLGZ 1989, 89 = MittBayNot 1989, 213; *Schöner/Stöber* Rn 1123; KEHE-*Herrmann* Einl N 12; MüKo-*Falckenberg* Rn 22, *Staudinger-Mayer* Rn 48 je zu § 1018 BGB.
793 Str; wie hier: BayObLGZ 1965, 267 = DNotZ 1966, 174 = MDR 1966, 146 = NJW 1966, 56 = Rpfleger 1966, 367; KG NJW 1970, 1686, 1687 = Rpfleger 1970, 281, 282; OLG Frankfurt MDR 1968, 922 = NJW 1969, 469 = OLGZ 1968, 499; OLG Schleswig SchlHA 1975, 94; LG Essen Rpfleger 1972, 367 (*Haegele*); LG Wuppertal MittRhNotK 1974, 252; *Schöner/Stöber* Rn 1126; MüKo-*Falckenberg* § 1018 BGB Rn 23; *Herget* NJW 1960, 1060, 1061. AA LG Dortmund Rpfleger 1963, 167; *Staudinger-Mayer* § 1018 BGB Rn 51, der eine modifizierte Gesamtberechtigung aus Gründen des Gläubigerschutzes favorisiert.
794 Zutreffend OLG Frankfurt aaO; *Schöner/Stöber* aaO (Fn 778).
795 OLG Hamm DNotZ 2003, 354 = Rpfleger 2003, 349 = ZfIR 2004, 84.
796 BayObLG DNotZ 2003, 355 =FGPrax 2003, 10 = NJW-RR 2003, 451 =Rpfleger 2003, 241.

(cc) die Ausübung eines Rechtes ausgeschlossen ist, das sich aus dem Eigentum an dem dienenden dem herrschenden Grundstück gegenüber ergibt.

292 Inhalt der Grunddienstbarkeit können also **Duldungs- und Unterlassungspflichten** sein. Ihre Zusammenfassung in einer einheitlichen Dienstbarkeit ist zulässig.[797] Natürlich kann auch für jede einzelne Art der Belastung eine eigene selbständige Dienstbarkeit bestellt werden.

293 Nach **§ 1019 BGB** muss die Dienstbarkeit für die Benutzung des herrschenden Grundstücks vorteilhaft sein.

294 **aa) Duldung der Benutzung in einzelnen Beziehungen.** Benutzen iS des § 1018 BGB bedeutet ein Recht auf **dauernden oder wiederkehrenden Gebrauch** des dienenden Grundstücks;[798] auf Häufigkeit oder Regelmäßigkeit kommt es dabei nicht an. Eine einmalige Handlung allein kann nicht Inhalt einer Dienstbarkeit sein, sondern nur im Zusammenhang mit dauernden oder wiederkehrenden Benutzungshandlungen; so zB, wenn sie diesen dient oder sie erst ermöglicht (Abbruch eines Gebäudes, Abholzung eines Waldes, Einlegung von Leitungen in den Boden).[799] Beispiele aus der theoretisch unbegrenzten Vielfalt von Fällen sind:
– das Recht zum Betreten,[800] Begehen und Befahren oder zur Lagerung von Gegenständen sowie zum Bezug von Wasser oder zur Ableitung von Schmutzwasser; Vieh auf das Grundstück zu treiben und darauf weiden zu lassen;[801] Eisenbahnwagen auf Gleisanlagen des Grundstücks heranzuführen oder abzuholen;[802] Bauwerke oder technische Anlagen auf dem Grundstück zu haben, zu benutzen und zu unterhalten, zB eine Kirche,[803] eine Seilbahn,[804] eine Netzstation,[805] Versorgungsleitungen, eine Gleisanlage oder eine Giebelmauer;[806]
– das Recht, auf dem dienenden Grundstück ein Gewerbe (zB Tankstelle,[807] Gastwirtschaft) zu betreiben;[808]
– das Recht zur Ausbeutung des Grundstücks durch Entnahme von Bodenbestandteilen (Ton, Torf, Kies[808]) oder von Wasser oder Eis aus einem Teich.[809]

295 Das **Benutzungsrecht** muss stets auf **einzelne** Nutzungsmöglichkeiten beschränkt sein und darf sie nicht vollständig erschöpfen. Zulässig ist es jedoch, die Berechtigung für eine einzelne **bestimmte** Nutzung auch dann zum Inhalt einer Grunddienstbarkeit zu machen, wenn sich das Nutzungsrecht auf die gesamte Grundstücksfläche erstreckt und eine andere wirtschaftlich sinnvolle Nutzungsmöglichkeit sich für den Eigentümer, außer etwa einem bloßen Betretungsrecht, praktisch nicht mehr eröffnet.[810] Unzulässig wäre dagegen eine Grunddienstbarkeit mit dem allgemeinen Recht, das Grundstück »zu nutzen oder nutzen zu lassen«. Inhaltlich unzulässig ist ferner auch eine Dienstbarkeit, die das Recht einräumt, einen Teil eines Grundstücks für alle Zeiten in beliebiger Weise zu benützen.[811]

296 Eine Benutzung des Grundstücks in einzelnen Beziehungen iS des § 1018 BGB liegt auch dann vor, wenn sich die Benutzung auf Teilrechte am gesamten Grundstück, nämlich seine Mitbenutzung, erstreckt.[812] Der BGH[813] hat ferner die Zulässigkeit einer Grunddienstbarkeit mit Ausübungsbeschränkung auf einen Teil des Grundstücks bejaht, selbst wenn sie eine Art der Nutzung in einer einzelnen Beziehung gestattet, die den Grundstückseigentümer von jeglicher Mitbenutzung an der ausgeübten Fläche ausschließt, weil ihm ja die volle Nutzung an der übrigen Grundstücksfläche verbleibt. Eintragungsfähig ist daher auch ein Kellerrecht, das dem Berechtigten die alleinige Nutzung aller Kellerräume zubilligt, weil dem Grundstückseigentümer im Übrigen noch der gesamte oberirdische Bereich zur Nutzung offen steht[814] Soll dagegen das Benutzungsrecht **alle Nut-**

797 BGHZ 29, 244, 246 = DNotZ 1959, 191 = NJW 1959, 670, 671 = Rpfleger 1959, 123 (zu § 1090 BGB); BGH NJW 1980, 79; DNotZ 1976, 97 = Rpfleger 1975, 171 (zu 1090 BGB); BGH DNotZ 1986, 618 = NJW 1985, 2474 = Rpfleger 1985, 354; *Schöner/Stöber* Rn 1138; MüKo-*Falckenberg* § 1018 BGB Rn 25.

798 RGZ 60, 317, 320; BayObLG DNotZ 1966, 538 (*Schlierf*); KG KGJ 26 A 275; 36 A 221; 39 A 215; *Schöner/Stöber* Rn 1129; KEHE-*Herrmann* Einl N 18; *Staudinger-Mayer* § 1018 BGB Rn 92.

799 BayObLG aaO; *Schöner/Stöber* aaO (Fn 493); MüKo-*Falckenberg* Rn 27, *Staudinger-Mayer* Rn 92 je zu § 1018 BGB.

800 KG KGJ 36 A 216, 221.

801 RGZ 104, 147.

802 BGH LM BGB § 1018 BGB Nr 4.

803 KG KGJ 39 A 215 (zu § 1090 BGB).

804 BGH DNotZ 1959, 240 (zu § 1090 BGB).

805 KG NJW 1973, 1128 = DNotZ 1973, 373 = Rpfleger 1973, 300 (zu § 1090 BGB).

806 BGH MDR 1976, 303; OLG Neustadt NJW 1958, 635.

807 BGHZ 29, 244; 35, 378.

808 BGHZ 28, 99 = NJW 1958, 1677 (zu § 1090 BGB); NJW 1974, 2123.

809 RGWarnRspr 30 Nr 171.

810 Vgl BayObLGZ 1987, 359, 361 = Rpfleger 1988, 62; BayObLG NJW-RR 1990, 208; *Staudinger-Mayer* § 1018 BGB Rn 99; *Schöner* DNotZ 1982, 416; *Ertl* MittBayNot 1988, 53. **AA** KG NJW 1973, 1128 = DNotZ 1973, 373 = Rpfleger 1973, 300; OLG Hamm Rpfleger 1981, 105; OLG Köln DNotZ 1982, 442 = MDR 1982, 318 = Rpfleger 1982, 61.

811 BayObLG DNotI-Report 2003, 77 = MDR 2003, 684 = NotBZ 2003, 198 = ZflR 2003, 597.

812 OLG Frankfurt DNotZ 1986, 93 = OLGZ 1985, 399 = Rpfleger 1985, 393.

813 BGH NJW 1992, 1101 = Rpfleger 1992, 338.

814 BayObLG NJW-RR 2005, 604 = RNotZ 2005, 175 = Rpfleger 2005, 247.

zungen umfassen, ist es als **Nießbrauch** auszugestalten, was ansonsten grds auch gilt, wenn nur ein Teil des Grundstücks einer umfassenden Nutzung unterstellt wird.[815] Allerdings können die Grenzen zwischen dem globalen Nießbrauch und der speziellen Dienstbarkeit im Einzelnen Fall schwer zu ziehen sein, weil die Dienstbarkeit eine Kumulierung von Nutzungen und der Nießbrauch den Ausschluss einzelner Nutzungen erlaubt (s § 1030 Abs 2 BGB).[816]

bb) Unterlassung bestimmter Handlungen. Die verbotenen Handlungen müssen im Einzelnen aufgezählt 297 werden. Sollen dagegen nur einzelne erlaubt und alle anderen untersagt sein, so sind die erlaubten genau anzugeben.[817]

Mit »Handlungen« iSv § 1018 BGB ist das **tatsächliche Handeln auf** dem **Grundstück** gemeint, nicht aber 298 etwaige rechtsgeschäftliche Verfügungen über das Grundstück,[818] deren Einschränkung durch Dienstbarkeit ausgeschlossen ist (vgl § 137 S 1 BGB).[819] Belastung, Veräußerung, Teilung[820] können durch eine Dienstbarkeit ebenso wenig verboten oder an Voraussetzungen geknüpft werden[821] wie der Abschluss schuldrechtlicher Verträge über das Grundstück (Miete, Pacht).[822] Unschädlich ist jedoch, wenn eine tatsächliche Beschränkung des Grundstücksgebrauchs durch eine Grunddienstbarkeit den Eigentümer zugleich in seiner rechtlichen Verfügungsfreiheit einschränkt.

Häufige Anwendungsfälle der Unterlassungsgrunddienstbarkeit sind **Gewerbebetriebsbeschränkungen oder** 299 **Gewerbeverbote,**[823] insbesondere in der Mineralöl- und der Brauereiwirtschaft, die häufig mit einem Benutzungsrecht verbunden werden und als Tankstellen-[824] oder Biervertriebsdienstbarkeiten[825] gebräuchlich sind. Sie kommen praktisch allerdings, besonders bei Ausschließlichkeitsbindungen, meist als beschränkte persönliche Dienstbarkeiten vor.[826]

Nach richtiger, wenn auch nicht herrschender Ansicht[827] kann **jede Handlung** auf dem Grundstück **Verbots-** 300 **gegenstand** sein, die nicht eine rechtliche Regelung bezüglich des Grundstücks darstellt. Die übliche Unterscheidung zwischen Handlungen, die auf der Sachherrschaft des § 903 BGB, und solchen, die auf anderen persönlichen Rechten, etwa der Gewerbefreiheit, beruhen,[828] ist abzulehnen, weil sie schon im Ansatz verfehlt ist. Die Rechtsprechung in ihrer Widersprüchlichkeit demonstriert dies. Sie erkennt einerseits den Ausschluss des Betriebs eines bestimmten Gewerbes und des Vertriebs bestimmter Warenarten als zulässigen Inhalt von Dienstbarkeiten an, dagegen nicht das Verbot, Fabrikate bestimmter Hersteller auf dem Grundstück zu vertreiben.[829] Die Auswahl des Lieferanten sei nicht Ausfluss des Eigentumsrechts, wird zur Begründung ausgeführt. Die Wahl des Gewerbes und die Auswahl der Warengattungen sind aber ebenso wenig aus der Verfügungsmacht des § 903 BGB abzuleiten. Ein ähnliches Dilemma wird beim Wohnungsbesetzungsrecht deutlich, bei dem der Eigentümer gehindert ist, Wohnungen an Mieter zu vergeben, die nicht gewisse persönliche Qualifikationen aufweisen. Eine solche Dienstbarkeit wird als zulässig angesehen,[830] während andererseits gefordert wird, die Dienstbarkeit mit ihrem Verbot müsse zu einer Veränderung der Benutzungsart führen.[831] Aus all dem ist die Konsequenz zu ziehen, dass einziges Kriterium nur sein kann, ob der Eigentümer eine Handlung in den räumlichen Grenzen seines Eigentums vornehmen dürfte, wenn sie ihm nicht vertraglich verboten wäre, wobei der Begriff »Handlung« in diesem Sinne auch die Duldung von Benutzungen durch andere umfasst. Da alles, was

---

815 KG DNotZ 1992, 673 = OLGZ 1991, 385 = Rpfleger 1991, 411.

816 Zur Abgrenzung vgl C 364 und *Schöner/Stöber* Rn 1362.

817 BayObLGZ 1965, 181 = NJW 1965, 1484; OLG Neustadt NJW 1958, 635; MüKo-*Falckenberg* § 1018 BGB Rn 31. Nach KG KGJ 53, 152, 156 ist die Formulierung, dass jede Benutzung »ausgenommen Bierbrauerei und Landwirtschaft« ausgeschlossen sein soll, nicht bestimmt genug.

818 *Schöner/Stöber* Rn 1131; KEHE-*Herrmann* Einl N 24; MüKo-*Falckenberg* Rn 32, *Staudinger-Mayer* Rn 105 je zu § 1018 BGB.

819 BGHZ 29, 244 aaO (Fn 782); BGH DNotZ 1963, 44 = NJW 1962, 486; BayObLGZ 1980, 232 = MittBayNot 1980, 201; BayObLG MittBayNot 1981, 239 = NJW 1982, 1054 = Rpfleger 1982, 60; *Schöner/Stöber* Rn 1132; KEHE-*Herrmann* Einl N 27; MüKo-*Falckenberg* Rn 32, 40, *Staudinger-Mayer* Rn 77 je zu § 1018 BGB; *Riedel* Rpfleger 1966, 132.

820 KG Recht 11 Nr 2570; OLG Düsseldorf NJW 1961, 176.

821 OLG Frankfurt Rpfleger 1978, 306.

822 KG KGJ 36 A 219; 51 A 297.

823 BGH NJW 1981, 343, 1983, 115; DNotZ 1985, 34.

824 BGHZ 29, 244 aaO (Fn 782); BGHZ 35, 378 = NJW 1961, 2157; BayObLG Rpfleger 1972, 18; 1973, 298.

825 BGHZ 74, 293 = NJW 1979, 2150; NJW 1981, 343; 79, 2149; 62, 486; WPM 1975, 307; BayObLGZ 1953, 295.

826 So die in Fn 809 u 810 zitierten Fälle (bis auf BGH NJW 1981, 343).

827 MüKo-*Falckenberg* § 1018 Rn 34; *Wolff-Raiser* § 106 II 2.

828 BGHZ 29, 244 aaO (Fn 782); BGH NJW 1981, 343, 344; BayObLGZ 1952, 287; 1953, 296; DNotZ 1986, 228; *Schöner/Stöber* Rn 1222; *Staudinger-Mayer* § 1018 Rn 105.

829 BGHZ 29, 244 aaO (Fn 782); BGH NJW 1962, 486; 1981, 344.

830 BayObLGZ 1982, 184 = MittBayNot 1982, 122 = Rpfleger 1982, 215; *Schöner/Stöber* Rn 1205.

831 BGHZ 29, 244 aaO (Fn 782) BayObLGZ 1980, 232 = MDR 1981, 52; BayObLG MDR 1981, 758 = Rpfleger 1981, 352; NJW 1982, 1054 = MDR 1982, 318 = Rpfleger 1982, 60, Rpfleger 1982, 273; *Schöner/Stöber* Rn 1131.

der Eigentümer auf seinem Grundstück erlaubterweise tut, ihm *dort* zumindest *auch* wegen seines Eigentumsrechts gestattet ist, kann mithin auch das Verbot, bestimmte Artikel eines speziellen Herstellers auf dem Grundstück feilzubieten, Inhalt einer Dienstbarkeit sein. Allerdings muss bei der Grunddienstbarkeit immer noch der Vorteil für das herrschende Grundstück hinzukommen (§ 1019 BGB). Eine Verbotsgrunddienstbarkeit mit Erlaubnisvorbehalt durch die dem Eigentümer untersagt wird, auf seinem Grundstück eine Gastwirtschaft zu betreiben bzw. Getränke zu vertreiben ist jedenfalls zulässig, wenn die schuldrechtliche Vereinbarung einer daneben bestehenden Getränkebezugspflicht nicht Inhalt auch des dinglichen Rechts geworden ist. Selbst die Nichtigkeit des Kausalgeschäfts nach § 138 Abs 1 BGB, das der Dienstbarkeitsbestellung zu Grunde liegt hätte – anders als die Nichtigkeit nach § 138 Abs 2 BGB – nicht ohne weiteres auch die Nichtigkeit der abstrakten Dienstbarkeitsbestellung zur Folge, wenn die Sittenwidrigkeit nicht im Vollzug der Leistung liegt.[832]

301   Auch **Baubeschränkungen** (Bebauungsverbote, Bebauungs- oder Bepflanzungsbeschränkungen, Einhaltung eines Grenzabstandes) sowie **Verbote von Immissionen**, die der Eigentümer des herrschenden Grundstücks nach § 906 BGB hinzunehmen hätte,[833] sind als Inhalt von Grunddienstbarkeiten die auf Unterlassung gehen eintragbar. Einer zulässigen Baubeschränkung auf »eineinhalbgeschossige« Bauweise kann aber nicht aufgrund von Schlussfolgerungen aus der Lage der beteiligten Grundstücke ein veränderter Inhalt, nämlich ein Verbot, den freien Blick auf die Landschaft zu verbauen, beigemessen werden.[834]

302   Verbote, Beschränkungen oder Verpflichtungen, die unmittelbar auf einer **Rechtsnorm beruhen**, können nicht Inhalt einer Grunddienstbarkeit sein.[835] Wenn jedoch Zweifel über den Umfang des gesetzlichen Verbots bestehen, wie zB im Nachbarrecht im Rahmen einer Grenzbebauung,[836] ist eine Grunddienstbarkeit zur Klarstellung begründbar.[837]

303   **cc) Ausschluss der Rechtsausübung.** Inhalt dieser Art von Grunddienstbarkeit ist das **Verbot der Ausübung von Rechten aus dem Eigentum** am dienenden Grundstück gegenüber dem herrschenden Grundstück. Die Nichtausübung von mit dem Eigentum verbundenen subjektiv-dinglichen Rechten kann dagegen nicht Inhalt einer Grunddienstbarkeit sein.[838]

304   Hauptanwendungsgebiet ist das **Nachbarrecht** (§§ 906 ff BGB).[839] Es lassen sich drei Fallgruppen unterscheiden:
(1) **Verbote von Einwirkungen** seitens des dienenden auf das herrschende Grundstück, zB der Verzicht auf Immissionen, die § 906 BGB zulässt sowie auf einen entschuldigten Überbau (§ 912 BGB) oder einen Notweg (§ 917 BGB).
(2) Die **Unterlassung der erlaubten Abwehr von Einwirkungen** seitens des herrschenden auf das dienende Grundstück, zB der Verzicht auf Abwehr übermäßiger, von § 906 BGB nicht erlaubter Immissionen, ferner der Verzicht auf das Recht, die Beseitigung einer gefährlichen Anlage (§ 907 BGB) oder eines nicht entschuldigten Überbaus (§ 912 BGB) zu verlangen,[840] oder der Verzicht auf Einhaltung des Bauwichs.[841]
(3) Der **Verzicht auf Ausgleichsansprüche**, die dem Eigentümer des dienenden gegen den Eigentümer des herrschenden Grundstücks als Ausgleich dafür zustehen, dass dem Eigentümer des dienenden Grundstücks kein Abwehrrecht gemäß § 1004 BGB zusteht.[842] Beispiele sind die Ansprüche aus § 906 Abs 2 S 2 BGB,[843] § 14 BImSchG,[844] § 114 BBergG.[845] Zulässiger und eintragbarer Inhalt einer Grunddienstbarkeit kann daher auch sein, dass der jeweilige Eigentümer des dienenden Grundstücks entschädigungslos alle Einwirkungen aus dem Betrieb der auf dem herrschenden Grundstück errichteten und betriebenen baulichen und sonstigen, insbesondere immissionsrechtlich genehmigungspflichtigen Anla-

---

832   OLG München NJW-RR 2004, 164.
833   Vgl MüKo-*Falckenberg* § 1018 Rn 35.
834   BGH Rpfleger 2002, 352.
835   RGZ 119, 213; 130, 354; KG KGJ 25, 147; OLG Düsseldorf DNotZ 1978, 353 = Rpfleger 1978, 16; OLG Hamm Rpfleger 1976, 95, 96; OLG Hamm DNotZ 1986, 626 = OLGZ 1986, 311 = NJW 1986, 3213 = Rpfleger 1986, 364; KEHE-*Herrmann* Einl O 29; MüKo-*Falckenberg* Rn 49, *Staudinger-Mayer* Rn 84 je zu § 1018 BGB.
836   OLG Celle DNotZ 1958, 421 = NJW 1958, 1098.
837   KG JFG 3, 329, 331; OLG Düsseldorf aaO; OLG Hamm Rpfleger 1976, 95 (Fn 820); MüKo-*Falckenberg* § 1018 BGB Rn 50.
838   MüKo-*Falckenberg* Rn 37, *Staudinger-Mayer* Rn 85 je zu § 1018 BGB; *Wolff-Raiser* § 106 II 3.
839   Vgl MüKo-*Falckenberg* Rn 38, *Staudinger-Mayer* Rn 125 je zu § 1018 BGB.
840   KG JW 26, 1015, 1016; OLG Düsseldorf aaO (Fn 820).
841   OLG Celle aaO (Fn 821).
842   MüKo-*Falckenberg* § 1018 BGB Rn 39.
843   OLG Frankfurt Rpfleger 1975, 59 (zu § 1090 BGB).
844   KG HRR 34 Nr 262.
845   BGHZ 69, 73, 75 = NJW 1977, 1967; RGZ 130, 350, 356; OLG Hamm DNotZ 1966, 100 = OLGZ 1965, 78, 79 ff auch DNotZ 1986, 626 = NJW 1986, 3213 = Rpfleger 1986, 364; MüKo-*Falckenberg* aaO; *Staudinger-Mayer* § 1018 BGB Rn 129.

gen duldet, selbst wenn sich diese Einwirkungen künftig ihrem Umfang nach oder durch eine Änderung des Betriebs und der hierbei angewandten Verfahren ändern. Ungeachtet des umfassenden Verzichts auf die Ausübung von Rechten bleibt insoweit der Bestimmtheitsgrundsatz gewahrt.[846]

Verpflichtungen und Beschränkungen die sich bereits aus dem Gesetz ergeben, weil beispielsweise ländergesetz- **305** liche Regelungen vorliegen die unter den Vorbehalt des Art 124 EGBGB fallen wie etwa der Grenzabstand von Pflanzen,[847] sind nicht eintragungsfähig.[848] Soweit jedoch Zweifel darüber bestehen, ob und in welchem Umfang diese zutrifft, ist eine Absicherung durch eine Grunddienstbarkeit zulässig. Als Beispiel wäre hier zu nennen eine die Bebauung des Grundstücks reduzierende Dienstbarkeit, obwohl die Bebauung im derzeit gel-tenden Bebauungsplan bereits vorgeschrieben ist.[849]

Der Verzicht oder die Herabsetzung einer Überbau- und Notwegrente (§§ 914, 917 BGB) kann nach hM auf dem **306** Blatt des rentenpflichtigen Grundstücks vermerkt werden.[850] Diese Ansicht begegnet gewissen Bedenken, weil das Recht auf Rentenzahlung nicht unmittelbar aus dem Eigentum am belasteten Grundstück entspringt, sondern, wie sich aus § 913 BGB ergibt, ein dem jeweiligen Eigentum des überbauten Grundstück zustehendes und damit subjektiv-dingliches Recht des rentenberechtigten Grundstücks ist.[851] Zur Eintragung des Verzichts im GB s im Übrigen C 32. Nicht eintragungsfähig sind Verzichte auf Enteignungsentschädigung[852] und für Ersatz von Wild-schäden,[853] weil solche Ansprüche sich nicht gegen einen anderen Eigentümer als solchen richten.[854]

dd) Vorteilhaftigkeit. Die Grunddienstbarkeit muss nach § 1019 S 1 BGB für das herrschende Grundstück **307** selbst oder für einen darauf als wesentlicher Bestandteil errichtetes Gebäude (mit Gewerbebetrieb) materiell oder ideell[855] in privatrechtlicher,[856] nicht öffentlich-rechtlicher[857] Hinsicht, vorteilhaft sein. Der Vorteil darf sich nicht auf einen lediglich persönlichen Nutzen seines derzeitigen Eigentümers beschränken,[858] sondern muss aus der Beschaffenheit des herrschenden Grundstücks in Relation zu den das Eigentum am dienenden Grundstück einschränkenden Inhalten der Dienstbarkeit resultieren.[859] Hierauf ist bei Wettbewerbsverboten besonders zu achten, die oft nur Personen nützen. Als Grunddienstbarkeiten sind sie nur zulässig, wenn das herrschende Grundstück für das Gewerbe, das auf dem dienenden verboten sein soll, eingerichtet ist oder dem-nächst errichtet wird, und zwar auf eine die Dauer des Betriebes garantierende Weise.[860] Das Recht zum Lehm-abbau kann Grunddienstbarkeit sein, wenn auf dem herrschenden Grundstück eine Ziegelei steht.[861] Der Abbau lediglich zum Verkauf rechtfertigt dagegen nur eine beschränkte persönliche Dienstbarkeit.[862]

Der Vorteil setzt nicht unbedingt **Nachbarschaft** voraus.[863] Ein Wegerecht ist auch dann zulässiger Inhalt einer **308** Grunddienstbarkeit, wenn zwischen dem dienenden und dem herrschenden ein drittes Grundstück liegt.[864] Es genügt eine solche räumliche Beziehung, dass ein Nutzen für das herrschende Grundstück verbleibt.[865] Für

---

846 BayObLG DNotI-Report 2004, 131 = FGPrax 2004, 203 = NJW-RR 2004, 1460 = NotBZ 2004, 279 = RNotZ 2004, 397 = Rpfleger 2004, 561.
847 Vgl stellvertretend dazu zB Art 47 Bay AGBGB.
848 OLG Celle DNotZ 1958, 421 = NJW 1958, 1096; OLG Hamm DNotZ 1986, 626 = Rpfleger 1986, 364; OLG Köln NJW 1982, 463.
849 OLG Hamm MittBayNot 1996, 378 = MittRhNotK 1996, 324 = Rpfleger 1996, 444.
850 So BayObLG 1998, 152 = Rpfleger 1998, 463; OLG Düsseldorf DNotZ 1978, 353 = Rpfleger 1978, 16; *Demharter* § 9 GBO Rn 5 *Schöner/Stöber* Rn 1168.
851 KG OLG 45, 208; OLG Bremen DNotZ 1965, 295; KEHE–*Herrmann* Einl N 31; *Bauer-v Oefele-Bayer* III Rn 333; *Stau-dinger-Mayer* § 1018 BGB Rn 132; *Bessell* DNotZ 1968, 617.
852 KG KGJ 25 A 147, 148 (zu § 1090 BGB).
853 BayObLG 1959, 301 = DNotZ 1960, 147 = MDR 1960, 50 = Rpfleger 1960, 402.
854 MüKo-*Falckenberg* § 1018 BGB Rn 38.
855 BGH DNotZ 1968, 28; NJW 1983, 115 = Rpfleger 1983, 15; BGH WM 1971, 529, 530; 1967, 582, 584; KG JR 63, 18, 19; OLG 31, 336; 337; OLG Hamburg MDR 1963, 679; MüKo-*Falckenberg* Rn 3, *Staudinger-Mayer* Rn 2 je zu § 101.
856 BGH LM BGB § 1018 BGB Nr 19; § 1019 BGB Nr 2; RGZ 61, 338; KG KGJ 40, 248; 47, 186.
857 BGH WM 1971, 529, 530.
858 BGHZ 44, 171, 174 = NJW 1965, 2340, 2341; RG Seuff A 80, 308, 309; BayObLGZ 27, 236 = JW 1928, 1513; KG OLG 15, 359, 360; KGJ 52, 173, 174 f; NJW 1975, 697; 698; OLG Celle DNotZ 1958, 151, 152; MüKo-*Falckenberg* Rn 4 und *Staudinger-Mayer* Rn 3 je zu § 1019 BGB.
859 Vgl MüKo-*Falckenberg* Rn 4, 5, *Staudinger-Mayer* Rn 3, 6 je zu § 1019 BGB.
860 BGHZ 44, 171, 174 = NJW 1965, 2340, 2341; DNotZ 1956, 40, 41; RGZ 161, 90; RG Seuff A 80, 308, 309; Bay-ObLGZ 27, 236; 52, 287, 53; 296; KG KGJ 52, 173, 174 f; RJA 16, 348; OLG 41, 168, 170; 15, 359, 360; OLG Mün-chen NJW 1957, 1765, 1766; *Staudinger-Mayer* § 1019 BGB Rn 12.
861 RG GRUCHOT 50, 102.
862 RGZ 8, 210.
863 KEHE–*Herrmann* Einl N 13; MüKo-*Falckenberg* Rn 4, *Staudinger-Mayer* Rn 6 je zu § 1019 BGB.
864 BGH WM 1966, 739, 741.
865 BGH (Fn 849); RG *Seuff* A 80, 308, 309; BayObLGZ 18, 312, 315; KG KGJ 52, 175.

Dienstbarkeiten, die auf Gewerbebetriebsbeschränkungen oder Verbote ausgerichtet sind (zB Verbot des Betriebs einer Gaststätte oder Tankstelle), kann daher der Vorteil auch noch bei **größerer Entfernung** zwischen herrschendem und dienendem Grundstück gegeben sein.[866] Auch ein **mittelbarer Vorteil** reicht für das zwingende Gebot des § 1019 BGB aus. Ein solcher Vorteil kann sich zB aus der Beschränkung der Bebauung eines Grundstücks auf einen bestimmten architektonischen Stil ergeben, der die Annehmlichkeit des Wohnens sichert.[867]

309 **ee) Positives Tun.** Die Verpflichtung zum Handeln kann **nicht Hauptinhalt** einer Dienstbarkeit,[868] sondern nur unselbständiger Anhang von Duldungs- oder Unterlassungspflichten sein.[869] Das Gesetz sieht sie jedoch als **Nebenpflichten** zum Handeln in §§ 1021 Abs 1 S 1, 1022 BGB vor. Eine Nebenpflicht ist eine solche Pflicht, die objektiv nach ihrer wirtschaftlichen Bedeutung und subjektiv nach der Vorstellung der Beteiligten einer anderen Pflicht untergeordnet ist und deren Erfüllung dient. Es kommt auf den Einzelfall an.[870] Eine zulässige Nebenpflicht zum Tun liegt vor, wenn die Handlung dazu dient, einen bestimmten Zustand des Grundstücks herbeizuführen oder aufrechtzuerhalten, der Voraussetzung für die Ausübung der auf Duldung gerichteten Grunddienstbarkeit ist.[871]

310 Eine auf **positives Tun** gerichtete, unzulässige Dienstbarkeit liegt nicht vor, wenn der Eigentümer durch Unterlassungspflichten faktisch zu einer bestimmten Handlung gezwungen wird,[872] etwa den Wärmebezug von einem Unternehmen, da jede Unterlassungsverpflichtung den Handlungsspielraum des Verpflichteten mehr oder weniger einschränkt.[873] Zudem kann der Eigentümer des herrschenden Grundstücks die Handlung nicht einklagen, weil sie nicht Rechtsinhalt ist. Eine andere Frage ist, ob derartige Rechtsgeschäfte im Einzelfall gemäß § 138 BGB nichtig sind. Grundsätzlich kann also das Verbot, Wärmeenergie aus anderen als einer bestimmten Anlage auf dem herrschenden Grundstück zu beziehen, Inhalt einer Grunddienstbarkeit sein.[874] Auch ein allgemeines Bauverbot, von dem der Bau eines Einfamilienhauses allein ausgenommen wird, ist nicht etwa wegen des Zwanges, dort (nur) ein solches Haus zu bauen, unzulässig.[875] Jedenfalls kann auch hier der Berechtigte den Bau rechtlich nicht erzwingen.

311 **ff) Mitbenutzung Dritter.** Zum Inhalt der Grunddienstbarkeit kann ferner die Beschränkung gemacht werden, dass der Berechtigte bestimmte Dritte von der Mitbenutzung nicht nach §§ 1027, 1004 BGB ausschließen kann.[876]

312 **gg) Wertersatz.** Nach § 882 BGB kann **als Inhalt** der Dienstbarkeit **auch** die Vereinbarung eines **Höchstbetrages als Wertersatz** für den Fall eingetragen werden, dass diese in einem Zwangsversteigerungsverfahren mit Erteilung des Zuschlags erlischt (§ 52 Abs 1 S 2, § 91 Abs 1 ZVG). Der Wertersatz für eine Grunddienstbarkeit ist dabei nach § 92 Abs 1 ZVG durch einmalige Kapitalabfindung zu leisten. Mit dem eingetragenen Höchstbetrag wird jedoch **nur die Obergrenze** des Wertersatzes **festgelegt**.[877] Eine Feststellung des Betrages zur Überwindung des § 14 ZVG gegenüber dem zahlungspflichtigen Schuldner aus dem Versteigerungserlös erübrigt sich dadurch nicht. Auch sind gleich- oder nachrangige Berechtigte nicht gehindert durch Widerspruchserhebung nach § 115 ZVG im nachfolgenden Klageverfahren gemäß §§ 878 ff ZPO, wenn es nicht bereits vorher im Verteilungstermin zu einer einvernehmlichen Regelung gekommen ist, eine **Herabsetzung** des Wertersatzes zu erwirken. Der Höchstbetrag ist unmittelbar in das GB einzutragen, eine Bezugnahme auf die Eintragungsbewilligung genügt nicht.[878] Zur nachträglichen Begründung oder Änderung des Höchstbetrages s Rdn 314.

---

866 So zutreffend *Ring* MittBayNot 1980, 16; s auch OLG München MDR 1983, 934.
867 Vgl BGBH DNotZ 1968, 28.
868 BGH LM § 242 D Nr 31; RGZ 58, 264; BayObLGZ 18, 312, 315; KG KGJ 25, 147; *Schöner/Stöber* Rn 1133; MüKo-*Falckenberg* Rn 41, *Staudinger-Mayer* Rn 79 je zu § 1018 BGB.
869 BayObLGZ 1976, 218 = DNotZ 1977, 303 = Rpfleger 1976, 397; BayObLG MittBayNot 1978, 213 = MittRhNotK 1979, 15; KG RJA 11, 133; *Schöner/Stöber* aaO (Fn 853); *Staudinger-Mayer* § 1018 BGB Rn 80.
870 Vgl hierzu MüKo-*Falckenberg* § 1018 BGB Rn 42.
871 BGH DNotZ 1959, 240, 241 (zu § 1090 BGB); RG Recht 07 Nr 2558; BayObLGZ 1980, 176, 179; KG RJA 11, 133; OLG Celle OLG 26, 81, 82.
872 GHZ 74, 293, 297 ff = NJW 1979, 2149, 2150 (zu § 1090 BGB); BGH NJW 1981, 343, 344; BayObLG DNotZ 1986, 231; *Schöner/Stöber* Rn 1133. **AA** BayObLGZ 1976, 218; BayObLG DNotZ 1980, 252 = MDR 1980, 579 = Rpfleger 1980, 279; MDR 1982, 936; MüKo-*Falckenberg* § 1018 Rn 44; *Linde* BWNotZ 1980, 29, 32; *Joost* NJW 1981, 308, 312; *Zimmermann* Rpfleger 1981, 335.
873 OLG München FGPrax 2005, 104 = MittBayNot 2006, 43 = Rpfleger 2005, 308.
874 Vgl. OLG Zweibrücken FGPrax 2001, 176; *Schöner/Stöber* Rn 1134; s auch BGH MittBayNot 1984, 126, 128. **AA** BayObLGZ 1976, 218 (Fn 854).
875 OLG Köln Rpfleger 1980, 467; LG Köln Rpfleger 1981, 294; *Schöner/Stöber* aaO (Fn 859).
876 KG HRR 34 Nr 169; *Löscher* Rpfleger 1962, 432.
877 S *Stöber*, ZVG, Rn 3.3.
878 *Schöner/Stöber* Rn 1167.

e) Anpassung an veränderte Verhältnisse. Dienstbarkeiten sind ihrem Inhalt nach nicht statisch, sondern   313
dynamisch. Sie passen sich im Rahmen der Grundsätze des § 242 BGB wirtschaftlich oder technisch bedingten
Veränderungen der Lebensverhältnisse an. Maßgeblich ist nicht die augenblickliche bei Bestellung der Grunddienstbarkeit gerade bestehende Nutzung; es kommt vielmehr auf den allgemeinen, der Verkehrsauffassung entsprechenden und äußerlich für jedermann ersichtlichen Charakter des betroffenen Grundstücks an sowie auf das
Bedürfnis, von dem Recht in diesem Rahmen Gebrauch zu machen. Dementsprechend kann der Umfang
einer Dienstbarkeit mit den Bedürfnissen des herrschenden Grundstücks wachsen, wenn sich die Bedarfssteige-
rung in den Grenzen einer der Art nach gleichbleibenden Benutzung dieses Grundstücks hält und nicht auf
eine zur Zeit der Dienstbarkeitsbestellung nicht vorhandene oder auf eine willkürliche Benutzungsänderung
zurückzuführen ist.[879] Die Grenze der Anpassung ist nach der Rechtsprechung dann überschritten, wenn das
Ergebnis eine »nicht voraussehbare und wirkliche Benutzungsänderung« wäre und von einer »gleich bleibenden
Benutzungsart« nicht mehr gesprochen werden könnte,[880] also der Nutzungszweck der ursprünglich der
Grunddienstbarkeit zugrunde lag, erweitert wird.[881] Neben diesem qualitativen Moment muss aber auch das
quantitative beachtet werden. Eine Anpassung, die zu einer Verschärfung der Belastung auch nur in quantitativer Hinsicht führen würde, kommt nicht in Betracht.[882] Eine Grunddienstbarkeit (Wegerecht) des Inhalts, das
dienende Grundstück zu landwirtschaftlichen Zwecken zu überqueren, berechtigt daher den jeweiligen Eigentümer des herrschenden Grundstücks nicht zu Fahrten von und zu den Gewächshäusern und einem Wohnhaus,
die er später für einen Gartenbaubetrieb errichtet hat.[883]

f) Inhaltsänderung. Eine nachträgliche Inhaltsänderung, die nur in einem begrenzten Umfang zulässig ist,   314
erfordert gemäß §§ 873, 877 BGB Einigung und Eintragung im GB. Soll eine Grunddienstbarkeit in eine
beschränkte persönliche Dienstbarkeit umgewandelt werden (und umgekehrt) liegt keine Inhaltsänderung vor.
Erforderlich ist in diesem Fall eine Aufhebung und Neubegründung der Rechte gemäß §§ 875, 873 BGB.[884]
Wird **nachträglich ein Höchstbetrag** nach § 882 BGB **vereinbart**, so bedarf es zu dieser Inhaltsänderung
nicht der Zustimmung der gleich- oder nachrangigen Berechtigten gemäß §§ 876, 877 BGB, weil deren
Rechte dadurch nicht beeinträchtigt werden. Dies liegt darin begründet, dass sie nicht gehindert sind im
Widerspruchsverfahren nach § 115 ZVG iVm §§ 876 ff ZPO eine Herabsetzung des Wertersatzes zu erzwingen,
falls dieser überhöht sein sollte und nicht dem wahren Wert der Dienstbarkeit entspricht.[885] Ist bereits ein
Höchstbetrag eingetragen und wird dieser **nachträglich erhöht**, so ist hierzu allerdings die Zustimmung der
gleich- oder nachrangigen Rechtsinhaber erforderlich, weil diese insoweit eine Beeinträchtigung erfahren können, als der bisherige Höchstbetrag unter dem tatsächlichen Wert lag und in diesem Fall dann keine Möglichkeit besteht erfolgreich über § 115 ZVG eine Herabsetzung zu erreichen. Wird die nachträgliche Erhöhung
ohne Zustimmung der Vorgenannten eingetragen, so hat sie bezüglich des Mehrbetrages Nachrang,[886] was
durch einen entsprechenden Rangvermerk unmittelbar im GB zu verlautbaren ist.

g) Unzulässiger Inhalt. Gesetzlich verboten ist die Bestellung eines dinglichen Jagdrechts (§ 3 Abs 1 S 3   315
BJagdG) und von Holznutzungsrechten (§§ 8, 9 NutzholzVO vom 30.07.1937 – RGBl I 876). Auch nach
GWB können Dienstbarkeiten unzulässig sein.[887] Ferner ist Nichtigkeit gemäß § 138 BGB möglich (Knebelung
bei Bezugs- oder Vertriebsbindungen).[888]

h) Gesetzliches Begleitschuldverhältnis (§§ 1020–1023 BGB). Die vorgenannten Regelungen sind Aus-   316
druck des Erfordernisses zur gegenseitigen Rücksichtnahme, die sich zwingend aus der gemeinschaftlichen
Benutzung des dienenden Grundstücks durch dessen Eigentümer und dem Berechtigten der Grunddienstbarkeit ergibt. Die nach §§ 1020 ff BGB bestehenden Pflichten zur schonenden Rechtsausübung sowie zur Erhaltung bzw. Unterhaltung von Anlagen auf dem belasteten Grundstück begründen ein **gesetzliches (Begleit-)**

---

879 BGH NJW-RR 2003, 1235, 1237.
880 BGH DNotZ 1959, 240, 241 (zu § 1090 BGB); NJW 1959, 2059; 1960 673 = DNotZ 1960, 242 = MDR 1960, 389;
     BGHZ 44, 171, 172 ff = MittRhNotK 1966, 168 = NJW 1965, 2340, 2341; BGH DNotZ 1976, 20, 21; BGH
     DNotZ 1989, 562 = NJW-RR 1988, 1229 = Rpfleger 1989, 16; RGZ 126, 370, 373; 169, 180, 183; KG JR 63, 18;
     OLG Hamburg MDR 1963, 679, 680; OLG Karlsruhe OLGZ 78, 81, 84; OLG Oldenburg NdsRpfl 1976, 11, 13.
881 DNotZ 2003, 219 (*Mayer*).
882 BGH NJW 1965, 1229, 1230; BGHZ 44, 171 vgl MüKo-*Falckenberg* § 1018 Rn 51 ff.
883 BGH Rpfleger 2003, 412.
884 OLG Hamm Rpfleger 1989, 448.
885 Vgl MüKo-*Wacke* Rn 4, *Palandt-Bassenge* Rn 2, *Staudinger-Kutter* Rn 5 je zu § 882 BGB.
886 DNotI-Report 2006, 55, 56.
887 Vgl MüKo-*Falckenberg* § 1018 Rn 48.
888 Vgl BGH NJW 1979, 2149, 2150 (zu § 1090 BGB).

Schuldverhältnis zwischen dem Inhaber des dinglichen Rechts, also dem jeweiligen Eigentümer des herrschenden Grundstücks und dem Eigentümer des belasteten (= dienenden) Grundstücks.[889]

Die Vorschriften legen insoweit positive Verhaltensregeln fest.

317 **aa) Schonende Ausübung der Dienstbarkeit (§ 1020 Satz 1 BGB).** Die Regelung ist nur anwendbar auf Benutzungsdienstbarkeiten und setzt im Weiteren voraus, dass der Berechtigte zumindest zwischen zwei Formen der Ausübung die Wahl hat, nämlich einer schonenden und einer weniger schonenden. Ansonsten hat der Eigentümer des dienenden Grundstücks alle Beeinträchtigungen zu dulden, ohne die eine Ausübung der Dienstbarkeit nicht möglich ist. Andererseits hat der Berechtigte aber unerhebliche Erschwernisse und bloße Unannehmlichkeiten hinzunehmen, die eine schonendere Ausübung ermöglichen (zB Einbau einer Bodenwelle, Überbauen einer Einfahrt, Anbringung eines Tores).

Bei Verletzung der Pflichten aus § 1020 S 1 BGB hat der Eigentümer des dienenden Grundstücks gegenüber dem Berechtigten der Grunddienstbarkeit Ansprüche aus § 823 Abs 1, § 1004 BGB und aus positiver Vertragsverletzung,[890] jedoch keinen Anspruch auf Aufhebung des Rechtes.

bb) Unterhaltung einer Anlage bei Alleinbenutzung durch den Berechtigten der Grunddienstbarkeit
318 **(§ 1020 Satz 2 BGB).** Den Eigentümer des herrschenden Grundstücks trifft die gesetzliche und daher **nicht eintragungsfähige Unterhaltungspflicht.**

Unter **Anlage** iSv § 1020 S 2 BGB ist jede Einrichtung zu verstehen, die von menschlicher Hand zur Benutzung des dienenden Grundstücks angelegt ist (zB Terrasse, Weg, Stauwehr, Treppe, Steg, angelegter Teich). Auch ein unbefestigter, aus zwei Fahrspuren bestehender Weg, der ständig mit Kraftfahrzeugen befahren wird, ist eine Anlage iSv der vorgenannten Bestimmung.[891]

Eine Anlage wird von dem Dienstbarkeitsberechtigten »gehalten«, wenn ihm die ausschließliche Befugnis zur Benutzung, dh wirtschaftlichen Nutzbarmachung zusteht und er dieses Recht auch tatsächlich ausübt. Dabei spielt es keine Rolle, wer die Anlage errichtet hat und wem sie gehört.

Die **Unterhaltungspflicht des Berechtigten** ist durch § 1020 S 2 BGB dahingehend bestimmt, dass er für einen ordnungsgemäßen und gebrauchsfähigen Zustand der Anlage zu sorgen hat. Umfasst wird davon auch das Ausbessern einer ganz oder teilweise zerstörten Anlage, **nicht** jedoch die **Neuherstellung.** Im Interesse des Eigentümers des dienenden Grundstücks hat sich der Berechtigte insbesondere um die Verkehrssicherheit und das Aussehen der Anlage zu kümmern.

In der Regel ist der Berechtigte zwar nicht verpflichtet, aber befugt die Anlage zu verbessern, etwa durch Anpassung an die technische und wirtschaftliche Entwicklung.

319 **cc) Mitbenutzung der Anlage durch den Eigentümer.** Hat der Eigentümer des dienenden Grundstücks ein Mitbenutzungsrecht an der Anlage, so halten sowohl er selbst als auch der Eigentümer des herrschenden Grundstücks die Anlage. Der **Dienstbarkeitsberechtigte** ist auch nach § 1020 S 2 BGB zur Unterhaltung und Instandsetzung einer der Ausübung der Dienstbarkeit dienenden Anlage verpflichtet. Das Interesse des Eigentümers erfordert bei seiner Berechtigung zur Mitbenutzung nicht, dass der Berechtigte die Kosten der Unterhaltung und Instandsetzung der Anlage alleine trägt. Der Berechtigte ist vielmehr nur **anteilig verpflichtet,** und zwar in entsprechender Anwendung von §§ 748, 742 BGB im Zweifel zur Hälfte. Weigert sich der Berechtigte, eine Unterhaltungs- oder Instandsetzungsmaßnahme durchzuführen, die das Interesse des Eigentümers fordert, kann dieser die Maßnahme durchführen lassen und vom Berechtigten im Umfang seiner Kostenbeteiligung Erstattung der Kosten als Schadensersatz statt Leistung gemäß §§ 280 Abs 1, 3, 281 Abs 3 BGB verlangen.[892]

Als **Inhalt der Dienstbarkeit** kann bei Mitbenutzung bestimmt werden, dass die Pflicht zur Unterhaltung der Anlage, die auch in der Pflicht zur Tragung der hierdurch erwachsenden Kosten bestehen kann, entweder dem Eigentümer des dienenden Grundstücks oder dem Berechtigten des herrschenden Grundstücks ganz auferlegt wird. Die Bestimmung über die tatsächliche Unterhaltung und die Kostentragungspflicht können auch nebeneinander getroffen werden.[893]

---

889 Vgl dazu BGHZ 106, 348 = DNotZ 1989, 565 = NJW 1989, 1607; und zum Begleitschuldverhältnis ausführlich *Amann* DNotZ 1989, 53.
890 S BGHZ 95, 144 = DNotZ 1986, 25 = NJW 1985, 2944.
891 BGH DNotZ 2006, 685 = ZfIR 2006, 347 (LS).
892 BGHZ 161, 115 = DNotI-Report 2005, 13 = DNotZ 2005, 617 m. zust. Anm *Amann* = NJW 2005, 894 = ZfIR 2005, 361 m. krit. Anm *Dümig.*
893 Vgl KG DNotZ 1970, 606 = NJW 1970, 1686 = Rpfleger 1970, 281; BayObLG 1990, 8 = DNotZ 1991, 257 = Rpfleger 1990, 197; MüKo-*Falckenberg* § 1021 BGB Rn 5; *Schöner/Stöber* Rn 1153b.

dd) Vereinbarte Unterhaltungspflicht (§ 1021 BGB). Diese Bestimmung ermöglicht den Beteiligten die   **320**
Unterhaltungspflicht bei Alleinbenutzung der Anlage durch den Dienstbarkeitsberechtigten **abweichend** von
der gesetzlichen Regelung des § 1020 S 2 BGB wie auch des § 1022 BGB (= das Recht des Berechtigten, auf
der baulichen Anlage des belasteten Grundstücks eine bauliche Anlage zu halten wie zB einen Sendemast auf
einem Gebäude) sowie ferner im Falle der Mitbenutzung der Anlage durch den Eigentümer des dienenden
Grundstücks **rechtsgeschäftlich festzulegen.**

Eine derartige Vereinbarung der Unterhaltungspflicht gehört zum **Inhalt der Dienstbarkeit** und wird gemäß
§ 873 Abs 1 BGB sowie nachträglich gemäß § 877 BGB durch Einigung und **Eintragung im GB** wirksam. Bei
der Eintragung kann insoweit nach § 874 BGB auf die Eintragungsbewilligung Bezug genommen werden. Die
Unterhaltungspflicht ist nach § 1021 Abs 2 BGB zwar den Regeln der Reallast unterstellt, trotzdem hat sie,
auch bei nachträglicher Vereinbarung, keinen selbständigen Charakter. Sie ist **nur als Nebenverpflichtung
eintragbar** und bildet mit der Dienstbarkeit ein einheitliches Recht. § 1021 Abs 1 BGB bildet eine Ausnahme
von dem Grundsatz, dass positives Tun des Verpflichteten nicht Inhalt einer Dienstbarkeit sein kann. Soll die
Unterhaltungspflicht den **Hauptgegenstand** des Rechts bilden, ist eine dingliche Sicherung lediglich durch
Bestellung einer **selbständigen Reallast** gemäß §§ 1105 ff BGB möglich.

Nach § 1021 Abs 1 S 1 BGB kann die **Unterhaltungspflicht** (ganz oder teilweise) auf den **Eigentümer des**   **321**
dienenden Grundstücks übertragen werden. Geschieht dies, so wird damit die gesetzliche Unterhaltungspflicht des Dienstbarkeitsberechtigten nach § 1020 S 2 BGB aufgehoben.

Die Unterhaltung kann je nach Vereinbarung darin bestehen, dass der Eigentümer ihre tatsächliche Ausführung
übernimmt oder die dafür erforderlichen Kosten vorschießt bzw. erstattet.

Im Falle der Mitbenutzung durch den Eigentümer des dienenden Grundstücks ist es nach § 1021 Abs 1 S 2   **322**
BGB möglich, die **Unterhaltungspflicht** (ganz oder teilweise) dem **Dienstbarkeitsberechtigten** aufzuerlegen, soweit es das Benutzungsinteresse des Eigentümers erfordert. Die Vereinbarung einer diesbezüglichen Leistungspflicht des Eigentümers des herrschenden Grundstücks ist richtigerweise auf dem Grundbuchblatt des
dienenden Grundstücks, gegebenenfalls unter Bezugnahme auf die Eintragungsbewilligung **als Inhalt** der
Dienstbarkeit **einzutragen.**[894]

ee) Ausübung des Rechts (§ 1023 BGB). (1) Ausübungsstelle. Belastet mit einer Grunddienstbarkeit ist   **323**
grundsätzlich das gesamte Grundstück. Es kann aber die **Ausübung** der Grunddienstbarkeit auf einen realen
Grundstücksteil **beschränkt** werden (§ 1023 Abs 1 S 2 BGB).

Dann steht es im Belieben der Beteiligten, ob sie die Bestimmung des Ausübungsortes rechtsgeschäftlich zum
Inhalt der Dienstbarkeit machen oder der tatsächlichen Ausübung überlassen.[895]

Wenn die Ausübungsstelle **rechtsgeschäftlich** festgelegter Dienstbarkeitsinhalt sein soll, bedarf sie der Einigung und **Eintragung**, wobei für die Eintragung die Bezugnahme auf die Eintragungsbewilligung (§ 874 BGB)
genügt. Wenn hingegen die **tatsächliche Ausübung** maßgeblich sein soll, bedarf es des vorgenannten Erfordernisses nicht. Demzufolge ist es auch **nicht** notwendig, dass die Ausübungsstelle in der Eintragungsbewilligung festgelegt ist.

(2) Verlegung der Ausübung. Der Eigentümer des dienenden Grundstücks hat grundsätzlich einen rechtsge-   **324**
schäftlich **nicht ausschließbaren oder beschränkbaren Anspruch** (s § 1023 Abs 2 BGB) auf Verlegung der
Ausübungsstelle einer Dienstbarkeit. Die Regelung des § 1023 BGB ist Ausfluss des Grundsatzes der schonenden Rechtsausübung und entspringt darüber hinaus der Pflicht zur gegenseitigen Rücksichtnahme, die sich für
die Beteiligten wie schon eingangs erwähnt, aus der gemeinschaftlichen Benutzung des Grundstücks ergibt.

Voraussetzung für die Anwendbarkeit der Vorschrift ist jedoch immer, dass sich die **Ausübung** der Dienst-
barkeit **auf einen Teil des Grundstücks beschränkt.** Eine solche Beschränkung der Ausübung der
Dienstbarkeit liegt vor, wenn sie entweder ihrer Natur nach nur dort ausgeübt werden kann, oder aufgrund
Rechtsgeschäfts eine entsprechende Bestimmung getroffen ist. Das Recht auf Verlegung der Ausübungsstelle
steht **lediglich** dem **Verpflichteten** nicht aber auch dem Dienstbarkeitsberechtigten zu. Die Verlegung der
Ausübung erfordert:

– Eine **Änderung des tatsächlichen Verhaltens**, wenn die Bestimmung des Ausübungsortes der tatsächlichen Ausübung überlassen ist. Den Inhalt der das Grundstück belastenden Dienstbarkeit berührt die
   begehrte Ausübungsverlegung dann nicht. Daher bedarf es auch insoweit keiner Eintragung in das Grundbuch.

---

894 So auch *Schöner/Stöber* Rn 1153c; *Palandt-Bassenge* Rn 1, *Staudinger-Mayer* Rn 6 und 11 je zu § 1021 BGB.
895 Vgl BGHZ 90, 181, 184; BGH Rpfleger 2002, 51.

– Eine **Änderung des Rechtsinhalts** mit Einigung und Eintragung (§§ 873 Abs 1, 877 BGB), wenn die Ausübungsstelle rechtsgeschäftlich bestimmter Dienstbarkeitsinhalt ist.[896] Die Ausübungsstelle einer Dienstbarkeit kann daher nicht durch bloße tatsächliche Ausübung verlegt werden, wenn die vorherige Ausübungsstelle durch rechtsgeschäftliche Vereinbarung der Beteiligten als Inhalt der Dienstbarkeit festgelegt und diese Inhaltsbestimmung in das Grundbuch eingetragen worden war; in diesem Fall erfordert die Verlegung stets eine Änderung des Rechtsinhalts durch Vereinbarung und die Eintragung im Grundbuch.[897]

325   **i) Eintragung**. Die Grunddienstbarkeit ist in der 2. Abteilung des GBBlattes des dienenden Grundstücks einzutragen (§ 20 GBV) und kann außerdem nach § 9 Abs 1 GBO im Bestandsverzeichnis auf dem GBBlatt des herrschenden Grundstücks vermerkt werden. Die für die Entstehung des Rechts und die Anknüpfung des öffentlichen Glaubens maßgebende Eintragung ist allein diejenige in der 2. Abteilung des GBBlattes des dienenden Grundstücks.[898] Ist der Vermerk beim herrschenden Grundstück eingetragen, so ist zur Löschung der Grunddienstbarkeit im GB sowie zur Eintragung einer Inhaltsänderung oder Rangänderung die Bewilligung (§ 19 GBO) der am herrschenden Grundstück eingetragenen dinglich Berechtigten nach § 21 GBO erforderlich. Die in einem Grundstückskaufvertrag dem Bauträger erteilte **Vollmacht**, Grunddienstbarkeiten zu bestellen, die im Rahmen der Baumaßnahme im Baugebiet notwendig sind, und deren Eintragung im GB herbeizuführen, ist für die Eintragung einer Grunddienstbarkeit **nicht geeignet**, wenn mit den im Grundbuchverfahren zulässigen Beweismitteln die Frage der Notwendigkeit nicht nachgewiesen werden kann.[899]

326   Bei der Eintragung genügt die **Kennzeichnung** des Rechts **durch** ein plakativ auf seinen konkreten Inhalt hinweisendes **Schlagwort** wie zB »Tankstellenrecht«, »Wegerecht«, »Leistungsrecht«;[900] im Übrigen ist Bezugnahme auf die Bewilligung zulässig und ausreichend. Beim Tankstellenrecht wird durch die Bezugnahme auch ein damit verbundenes Konkurrenzverbot gedeckt.[901] Ein »Kfz-Stellplatzrecht« umfasst auch das Recht zur Mitbenützung der Zu- und Abfahrt (Vorplatzfläche). Eine schlagwortartige Bezeichnung ist diesbezüglich nicht erforderlich, es genügt insoweit die Bezugnahme auf die Eintragungsbewilligung.[902] Bezeichnungen wie »Benutzungsrecht« oder »Grunddienstbarkeit« reichen dagegen nicht aus.[903] Die Eintragung »**Nutzungsrecht** an einem Teil der Grundstücksfläche für den jeweiligen Eigentümer des Grundstücks xy unter Bezugnahme auf die Bewilligung vom ... als Grunddienstbarkeit eingetragen am ...« ist daher **unzulässig**, weil der Eintragungsvermerk den wesentlichen Inhalt des Rechts nicht erkennen lässt. Zwar sind Grundbucheintragungen der Auslegung zugänglich. Jedoch dürfen außerhalb der Urkunde liegende Umstände dabei nur insoweit herangezogen werden, als sie nach den besonderen Verhältnissen des Einzelfalls für jedermann ohne weiteres erkennbar sind. Für die Auslegung fehlt es aber bereits an einem Anknüpfungspunkt, wenn der Eintragungsvermerk als solcher keine Schlüsse auf den Inhalt der Dienstbarkeit zulässt. Das Recht ist daher weil es nicht besteht als inhaltlich unzulässig von Amts wegen zu löschen.[904] Vereinbarungen über Unterhaltungspflichten (§§ 1021, 1022 BGB) können durch Bezugnahme eingetragen werden.[905] Die Unterhaltungspflicht des Eigentümers des herrschenden Grundstücks ist dagegen nicht als dessen Belastung eintragbar, weil sie keine selbständige Reallast ist.[906]

327   **j) Erlöschen**. Ein Erlöschen einer Grunddienstbarkeit kann auf verschiedene Weise eintreten. Denkbar sind folgende Möglichkeiten:
– Durch rechtsgeschäftliche Aufhebung. Sie erfordert eine Aufgabeerklärung des Berechtigten, also des Eigentümers des herrschenden Grundstücks und die Löschung des Rechts im GB des belasteten Grundstücks (§ 875 Abs 1 BGB). Bei Miteigentum bedarf es der Erklärungen von allen. Ferner ist soweit zutreffend, die Zustimmung der beeinträchtigten dinglich Berechtigten des herrschenden Grundstücks (§ 876 S 2 BGB) nötig. Soweit ausnahmsweise Rückstände infolge bestehender Unterhaltungspflichten des Eigentümers des dienenden Grundstücks möglich sind, darf die Löschung im GB nur unter Beachtung der §§ 23, 24 GBO erfolgen.
– Mit Untergang des dienenden Grundstücks.

---

896 Vgl zB BGH DNotZ 1976, 530 = Rpfleger 1976, 126.
897 BGH DNotI-Report 2006, 4 = MittBayNot 2006, 226 = Rpfleger 2006, 67.
898 MüKo-*Falckenberg* § 1018 Rn 58.
899 BayObLG DNotZ 2005, 294 = Rpfleger 2005, 186.
900 BGH NJW 1980, 179; BGHZ 35, 378 = DNotZ 1963, 42 = MDR 1961, 1007 = NJW 1961, 2157 = Rpfleger 1961, 394; BayObLG Rpfleger 1973, 298; KG NJW 1973, 1128 (zu § 1090 BGB); *Schöner/Stöber* Rn 1145 (mit Beispielen).
901 OLG Hamm NJW 1961, 1772 = DNotZ 1961, 594 = Rpfleger 1961, 238 (*Haegele*).
902 LG München II MittBayNot 2006, 502.
903 BGHZ 35, 378 aaO (Fn 885); BayObLGZ 1990, 35 = DNotZ 1991, 258 = Rpfleger 1990, 198; *Schöner/Stöber* Rn 1145, 1148.
904 OLG Karlsruhe BWNotZ 2006, 65 = MittBayNot 2005, 406 = NJW-RR 2005, 19 = Rpfleger 2005, 79.
905 BayObLG 4, 313.
906 Wie hier: *Wolff-Raiser* § 106 Fn 38; MüKo-*Falckenberg* Rn 7, *Palandt-Bassenge* Rn 1, RGRK-*Rothe* Rn 5, *Staudinger-Mayer* Rn 6 je zu § 1021; *Schöner/Stöber* Rn 1153c; *Böhringer* BWNotZ 1987, 142. **AA** KGJ 51, 242, 246 ff; *Planck-Strecker* Anm 4, *Soergel-Stürner* Rn 3 je zu § 1021.

– Durch Veränderung des betroffenen Grundstücks dahingehend, dass sie die Ausübung der GD dauernd ausschließt (zB Weiderecht an einem völlig bebauten städtischen Grundstücks). Ist bereits bei Bestellung des Rechts seine Ausübung objektiv und dauernd unmöglich, so entsteht die Dienstbarkeit überhaupt nicht wirksam.[907]
– Bei Wegfall des Vorteils für das herrschende Grundstück infolge grundlegender Veränderung der tatsächlichen Verhältnisse (zB Bepflanzungsbeschränkung auf Freihaltung eines Bahnübergangs von Sichtbehinderungen nachdem die Bundesbahn die Strecke stillgelegt und das Bahngelände an Privatleute veräußert hat).[908] Aber ein im GB eingetragenes Wegerecht kann nicht schon deshalb von Amts wegen als gegenstandslos gelöscht werden, weil das herrschende Grundstück auch über andere Grundstücke erreichbar ist.[909]
– Mit Eintritt der vereinbarten auflösenden Bedingung (§ 158 Abs 2 BGB) oder durch Zeitablauf (§ 163 BGB).
– Bei Teilung des herrschenden Grundstücks für die Teile, denen die Grunddienstbarkeit nicht zum Vorteil gereicht (§ 1025 BGB).
– Mit Teilung des dienenden Grundstücks, wenn die Ausübung auf einen bestimmten Grundstücksteil beschränkt ist, für die Teile, die außerhalb des Bereichs der Ausübung liegen (§ 1026 BGB). Dies setzt aber voraus, dass der Berechtigte nicht nur tatsächlich, sondern nach dem Rechtsinhalt der Dienstbarkeit oder aufgrund rechtsgeschäftlich vereinbarter Ausübungsregelung dauernd rechtlich gehindert ist, die Ausübung auf andere Teile des belasteten Grundstücks zu erstrecken.[910] Für den Nachweis gegenüber dem GBA, dass die Voraussetzungen für die Beschränkung der Ausübung vorliegen, kann es genügen, dass auf Urkunden, auch amtliche Veränderungsnachweise, Bezug genommen wird, die dem GBA vorliegen und im Löschungsantrag ausreichend bezeichnet sind.[911]
– Durch Verjährung des Anspruchs einer zu Unrecht gelöschten GD (§ 901 BGB).
– Durch Verjährung des Anspruchs auf Beseitigung einer die GD beeinträchtigenden Anlage (§ 1028 BGB; – grds 30 Jahre ab Errichtung der Anlage, § 197 Abs 1 Nr 1 BGB).
– Bei Aufhebung im Rahmen eines Flurbereinigungsverfahren (§ 49 FlurbG).
– Mit Zuschlag im Zwangsversteigerungsverfahren (§ 91 Abs 1 ZVG), wenn das Recht dem bestrangig betreibenden Gläubiger im Range nachging.

k) Altrechtliche Dienstbarkeiten. Es handelt sich dabei um **Grunddienstbarkeiten**, die bereits zur Zeit **328** der Anlegung des Grundbuchs bestanden haben und vorbehaltlich einer landesgesetzlichen Regelung (vgl Art 187 Abs 2 EGBGB), die es soweit ersichtlich nur in Baden-Württemberg,[912] Bremen[913] und in Hamburg[914] gibt, zur Erhaltung der Wirksamkeit gegenüber dem öffentlichen Glauben des GB **nicht der Eintragung bedürfen** (Art 187 Abs 1 S 1 EGBGB). Sie bleiben grundsätzlich nach Art 184 EGBGB mit den sich aus den bisherigen Gesetzen ergebenden Inhalt und Rang fortbestehen, jedoch gelten seit In-Kraft-Treten des BGB die Vorschriften §§ 1020–1028 BGB. Eine Eintragung altrechtlicher Dienstbarkeiten in das GB kann nur erfolgen, wenn sie entweder von dem Berechtigten des Rechts[915] oder von dem Eigentümer des belasteten Grundstücks verlangt wird (Art 187 Abs 1 S 2 EGBGB). Die Eintragung ist Grundbuchberichtigung, für welche die Vorschriften §§ 13, 19, 22, 29, und 39 GBO zu beachten sind. Sie setzt regelmäßig mindestens voraus, dass der Antragsteller das Bestehen des Rechts bei Anlegung des Grundbuchs in der Form des § 29 GBO nachweist.[916] Daneben muss aber auch das Fortbestehen der Dienstbarkeit in grundbuchmäßiger Form nachgewiesen werden, insbesondere dass das Recht nicht durch zehnjährige Nichtausübung gemäß Art. 218 EGBGB iVm den Landesgesetzen wie zB. Art. 57 Abs 1, 56 Abs 3 BayAGBGB erloschen ist.[917] So hat eine altrechtliche Grunddienstbarkeit, die zur Herstellung und Nutzung eines Eiskeller berechtigt, als Folge der wirtschaftlichen und technischen Entwicklung, die einen Eiskeller überflüssig macht, nicht dazu geführt, dass der Keller allgemein zu Brauereizwecken genutzt werden darf. Die Grunddienstbarkeit ist vielmehr erloschen, weil das Recht zur Nutzung als Eiskeller mehr als zehn Jahre nicht mehr ausgeübt wurde (Art. 56, 57 BayAGBGB).[918] Ab Eintragung einer altrechtlichen Dienstbarkeit in das GB kann sich der Berechtigte für das Recht und seinen Inhalt auf die Vermutung des § 891 BGB berufen und für die Aufhebung der Grunddienstbarkeit sind dann die Vorschriften des BGB maßgeblich.

907 BGH DNotZ 1985, 549 = NJW 1985, 1025 = Rpfleger 1985, 185.
908 Vgl OLG Köln OLGZ 1981, 17 = Rpfleger 1980, 389.
909 BayObLG OLGReport 2003, 149 = NotBZ 2003, 196 = ZNotP 2003, 341.
910 Vgl BGB Rpfleger 2002, 511.
911 BayObLG Rpfleger 2004, 280.
912 S Art 31 BadWürttAGBGB; dazu *Gursky* BWNotZ 1986, 58; OLG Stuttgart NJW 1998, 308.
913 S Art 37 BremAGBGB.
914 S Art 44–46 HambAGBGB.
915 OLG Karlsruhe Rpfleger 2002, 304.
916 OLG München Rpfleger 2007, 389.
917 BayObLGZ 1988, 102, 109 = Rpfleger 1988, 423; BayObLG DNotZ 1992, 60, 672.
918 BayObLG MittBayNot 2004, 192 = Rpfleger 2004, 156.

Zur **Aufhebung und** zum **Erlöschen** nicht eingetragener altrechtlicher Grunddienstbarkeiten genügt die Erklärung des Berechtigten gegenüber dem Eigentümer, wobei jedoch die Erklärung grundsätzlich öffentlich beglaubigt sein muss. Darüber hinaus ist auch die entsprechende Anwendung von § 876 BGB zu beachten.[919] Soweit eine Grunddienstbarkeit vor dem 01.01.1900 durch Konsolidation erloschen ist, weil es eine der Regelung des § 889 BGB entsprechende Vorschrift nicht gab, konnte das Recht wieder aufleben, wenn die Vereinigung in einer Hand nach In-Kraft-Treten des BGB weggefallen ist;[920] jedoch nicht mehr in Bayern aufgrund der speziellen Regelung des Art 57 Abs 2 Bay AGBGB.

329   Vor In-Kraft-Treten des BGB konnten auch altrechtliche Nutzungsrechte an Gemeindegrundstücken bestellt werden (in Bayern sog **Gemeinderechte**),[921] die **privatrechtlicher oder öffentlichrechtlicher Natur** sein können.[922] Bei nachgewiesener privatrechtlicher Natur ist das Nutzungsrecht als altrechtliche Grunddienstbarkeit bestehen geblieben und auf Verlangen in das GB einzutragen (Art 184, 187 Abs 1 EGBGB). Bei öffentlichrechtlichem Charakter ist es nicht eintragungsfähig und falls die Eintragung trotzdem erfolgte ist diese inhaltlich unzulässig und von Amts wegen zu löschen.[923]

6. Beschränkte persönliche Dienstbarkeit

Schrifttum

Amann, Steuerung des Bierabsatzes durch Dienstbarkeiten, DNotZ 1986, 578; *Böhringer,* Das GB-Verfahren bei Eintragung und Löschung von Dienstbarkeiten nach § 9 GBBerG; *Bungert,* Die Übertragung beschränkter persönlicher Dienstbarkeiten bei der Spaltung, BB 1997, 897; *Ertl,* Dienstbarkeiten gegen Zweckentfremdung von Ferien- und Austragshäusern, MittBayNot 1985, 177; *ders,* Dienstbarkeit oder Nießbrauch – was ist zulässig? MittBayNot 1988, 53; *Filipp,* Inhalt und Umfang beschränkter persönlicher Dienstbarkeiten am Beispiel von Leitungsrechten, MittBayNot 2005, 185; *Freudling,* Die Reichweite wettbewerbsbeschränkender Dienstbarkeiten am Beispiel eines Wettbewerbsverbots über Baustoffe, BB 1990, 940; *Joost,* Sachenrechtliche Zulässigkeit wettbewerbsbeschränkender Dienstbarkeiten, NJW 1981, 308; *Kraiß,* Dienstbarkeit und Baugenehmigungsverfahren, BWNotZ 1971, 43; *Kristic,* Die Fremdenverkehrsdienstbarkeit in der notariellen Praxis, MittBayNot 2003, 263; *Lemke,* Zur Abgrenzung von eingeschränktem Grundstücksnießbrauch und Benutzungsdienstbarkeit, Festschrift für Wenzel 2005, 391; *Linde,* Wärmelieferungsverträge und ihre dingliche Sicherung, BWNotZ 1980, 29; *Maass,* Eintragung und Löschung von Dienstbarkeiten nach § 9 GBBerG, NotBZ 2001, 280; *Münch,* Die Sicherungsdienstbarkeit zwischen Gewerberecht und Kartellrecht, ZHR 1993, 599; *Odersky,* Die beschränkte persönliche Dienstbarkeit als Mittel zur Sicherung öffentlicher Zwecke, Festschrift für 125 Jahre Bay. Notariat (1987) 213; *Quack,* Beschränkte persönliche Dienstbarkeit zur Sicherung planungsrechtlicher Zweckbindungen, Rpfleger 1979, 281; *Riedel,* Unklarheiten im Recht der Dienstbarkeiten, Rpfleger 1966, 131; *Rutenfranz,* Inhaltsgleiche beschränkte persönliche Dienstbarkeiten auf dem Grundstück und dem Erbbaurecht, DNotZ 1965, 464; *Schöner,* Zur Abgrenzung von Dienstbarkeit und Nießbrauch, DNotZ 1982, 416; *Schopp,* Tankstellen-Mietverträge und Dienstbarkeiten, ZMR 1971, 233; *Wehrens,* Die Tankstellendienstbarkeit im Grundbuch, DNotZ 1959, 386; *ders,* Zum Recht der Dienstbarkeiten, DNotZ 1963, 24; *Weitnauer,* Bestellung einer beschränkten persönlichen Dienstbarkeit für den Eigentümer, DNotZ 1964, 716; *Zimmermann,* Belastung von Wohnungseigentum mit Dienstbarkeiten, Rpfleger 1981, 333.

330   Im Übrigen siehe auch das Schrifttum zur Grunddienstbarkeit und zum Wohnungsrecht.

331   **a) Allgemeines, Begriff, Entstehung.** Die beschränkte persönliche Dienstbarkeit ist eine Grundstücksbelastung, die der inhaltsgleichen Grunddienstbarkeit entspricht. Jedoch handelt sich im Gegensatz dazu um ein **subjektiv-persönliches Recht**, dass ohne Zusammenhang mit einer anderen Immobilie (§ 1090 Abs 1 BGB) steht und zugunsten einer ganz bestimmten Person oder Personenmehrheit bestellt werden kann. Dieser Wesensunterschied hindert Umwandlung[924] und Umdeutung[925] der einen in die andere Art; nur Aufhebung und Neubestellung sind möglich. Ist beispielsweise ein Kellerrecht für eine bestimmte Person eingetragen, so hat das GBA wegen § 891 BGB von einer beschränkten persönlichen Dienstbarkeit auszugehen.[926]

332   Das Recht **entsteht** durch Einigung und Eintragung (§ 873 BGB). Bedingung und Befristung sind zulässig,[927] auch nebeneinander, und bedürfen der Eintragung im GB. Fehlt eine dieser Angaben, muss die Eintragung

---

919   Vgl insoweit zB Art 56, 57 Bay AGBGB.
920   S BGHZ 56, 374 = NJW 1971, 2071.
921   S dazu *Glaser* Gemeindenutzungsrechte in Bayern, MittBayNot 1988, 113.
922   Vgl BayObLGZ 1982, 400 und MittBayNot 1990, 33.
923   BayObLGZ 1970, 45.
924   OLG Hamm Rpfleger 1989, 448; KG OLG 43, 2 = JFG 1, 414; LG Zweibrücken Rpfleger 1975, 248 (*Haegele*); MüKo-*Joost* Rn 31, *Staudinger-Mayer* Rn 42 je zu § 1090.
925   OLG München NJW 1957, 1765.
926   BayObLG Rpfleger 2004, 417.
927   BGH NJW 1979, 2149, 2150; RGZ 59, 289; KG OLG 10, 117; DNotZ 1942, 75; OLG Nürnberg OLGZ 1978, 79; MüKo-*Joost* § 1090 Rn 6.

wegen Unvollständigkeit ergänzt werden.[928] Auflösende Bedingung kann auch Erlöschen des zugrunde liegenden Schuldverhältnisses sein.[929] Mit der Bestellung der beschränkten persönlichen Dienstbarkeit entsteht wie bei der Grunddienstbarkeit nach § 1090 Abs 2 iVm §§ 1020 ff BGB zwischen dem Berechtigten und dem Eigentümer des belasteten (dienenden) Grundstücks ein **gesetzliches (Begleit-) Schuldverhältnis** (s dazu Rdn 316 ff).

b) Belastungsgegenstand. Hier gilt dasselbe wie bei der Grunddienstbarkeit. Bei einem Erbbaurecht muss sich die darauf lastende beschränkte persönliche Dienstbarkeit innerhalb des inhaltlichen Rahmens des Erbbaurechts halten.[930] Grundstück und darauf lastendes Erbbaurecht können mit inhaltsgleichen Dienstbarkeiten belastet sein.[931] Eine Gesamtbelastung mehrerer Grundstücke ist zulässig, wenn sich die Ausübung des Rechts auf alle erstreckt.[932] **333**

c) Berechtigter. Dies kann jede natürliche oder juristische Person oder Personenmehrheit sowie jede Handelsgesellschaft, Partnerschaft oder EWIV sein, ferner auch eine Gemeinde oder ein Landkreis.[933] Für die erforderliche Bestimmtheit des Berechtigten genügt es, dass sie sich aus den zugrunde liegenden Vereinbarungen ergibt.[934] Mehreren Personen kann das Recht als Gesamtberechtigten nach § 428 BGB,[935] in Gesellschaft bürgerlichen Rechts,[936] in Gesamthandsberechtigung bei in Gütergemeinschaft lebenden Eheleuten, wenn die Dienstbarkeit zum Gesamtgut gehört, sowie bei Rechten, die auf Ziehung von teilbaren Nutzungen gerichtet sind, in Bruchteilsgemeinschaft zustehen.[937] Ist das Recht unteilbar (zB Unterlassungsdienstbarkeit) scheidet eine Bruchteilsberechtigung aus; es kommt dann lediglich eine Mitberechtigung nach § 432 BGB infrage.[938] Bei Gesamtberechtigung steht das Recht, wenn ein Berechtigter verstirbt, den anderen im vollem Umfang allein zu.[939] Statt eines Rechts kann für jeden von mehreren Berechtigten eine eigene Dienstbarkeit bestellt werden, mit gleichem Rang unter sich. **334**

Die Eintragung einer Dienstbarkeit für eine Person und ihren Rechtsnachfolger,[940] auch bei einer juristischen Person oder Handelsgesellschaft,[941] oder für den jeweiligen Firmeninhaber[942] ist unzulässig. Zulässig ist dagegen die Bestellung einer zweiten inhaltsgleichen Dienstbarkeit, aufschiebend bedingt durch den Tod oder den sonstigen Wegfall des ersten Berechtigten,[943] sowie die Begründung eines schuldrechtlichen Anspruchs auf Einräumung einer Dienstbarkeit bei Erlöschen der ersten, gesichert durch eine Vormerkung.[944] **335**

Für den **Eigentümer** des belasteten Grundstücks selbst kann, wenn ein allgemeines Rechtsschutzinteresse besteht, ebenfalls eine beschränkte persönliche Dienstbarkeit bestellt werden. Ein besonderes Bedürfnis des Eigentümers, zB eine kurzfristig beabsichtigte Veräußerung des Grundstücks, ist nicht Voraussetzung.[945] Ein solches Kriterium würde lediglich Rechtsunsicherheit bewirken, insbesondere die Frage aufwerfen, ob die Dienstbarkeit nachträglich unwirksam würde, wenn eine zunächst bestehende Veräußerungsabsicht wieder auf- **336**

---

928 OLG Köln DNotZ 1963, 48, 49 = Rpfleger 1963, 381 (*Haegele*).
929 OLG Düsseldorf DNotZ 1961, 408.
930 BayObLG Rpfleger 1959, 17, 18.
931 Dazu *Rutenfranz* DNotZ 1965, 464.
932 KG KGJ 44, 358 = RJA 12, 167.
933 BGH DNotZ 1985, 34; BayObLG NJW 1965, 1484; *Schöner/Stöber* Rn 1196; KEHE-*Herrmann* Einl O 45.
934 LG Lübeck SchlHA 1964, 129.
935 BGHZ 46, 253 = DNotZ 1967, 187 (*Fassbender*) = Rpfleger 1967, 143; BayObLGZ 1991, 431; BayObLG NJW 1966, 56 = MDR 1966, 146; KG DNotZ 1936, 396; *Schöner/Stöber* Rn 1197, 1245.
936 LG Landshut Rpfleger 1997, 433; *Fassbender* DNotZ 1967, 503 ff (Anm zu OLG Köln DNotZ 1967, 501 ff); *Staudinger-Mayer* § 1090 BGB Rn 6.
937 BayObLG NJW 1966, 56 = MDR 1966, 146; OLG Köln DNotZ 1965, 686; KEHE-*Eickmann* § 47 GBO Rn 31.
938 KG JW 1935, 3564; RGRK-*Rothe* § 1090 BGB Rn 6; *Schöner/Stöber* Rn 1197. **AA** Bauer-v Oefele-*Wegmann* § 47 GBO Rn 86; MüKo-*Schmidt* § 741 BGB Rn 12, die ohne Einschränkung eine Bruchteilsgemeinschaft für zulässig erachten.
939 BayObLG BayZ 29, 162; KEHE-*Herrmann* Einl O 49.
940 BGH NJW 1965, 393, 394 = DNotZ 1965, 473, 475 (*Wehrens*) = MDR 1965, 195; RGZ 119, 211; BayObLGZ 11, 573.
941 LG Bochum Rpfleger 1976, 432; *Schöner/Stöber* Rn 1199. **AA** OLG Düsseldorf MittBayNot 1976, 215 = MittRhNotK 1976, 641 (betr OHG).
942 BayObLG Rpfleger 1976, 250; MüKo-*Joost* § 1092 BGB Rn 2; *Staudinger-Mayer* § 1090 BGB Rn 3. **AA** OLG Hamburg OLGZ 1936, 164; DNotZ 1937, 330.
943 RGZ 59, 289; 119, 214; RG JW 1928, 499; *Staudinger-Mayer* § 1090 BGB Rn 1.
944 *Staudinger-Mayer* aaO (Fn 928).
945 OLG Saarbrücken MittRhNotK 1992, 47 = Rpfleger 1992, 151; BayObLG DNotZ 1992, 366 (für den Fall eines Miteigentümers); LG Lüneburg NJW-RR 1990, 1037; *Palandt-Bassenge* Rn 3, *Soergel-Stürner* Rn 3, *Staudinger-Mayer* Rn 4 je zu § 1090 BGB; *Riedel* Rpfleger 1966, 131; *Weitnauer* DNotZ 1964, 711. **AA** BGHZ 41, 209 = DNotZ 1964, 493 = MDR 1964, 584 = NJW 1964, 1226 = Rpfleger 1964, 310; OLG Frankfurt Rpfleger 1980, 63; OLG Oldenburg DNotZ 1967, 687 = Rpfleger 1967, 410; *Schöner/Stöber* Rn 1200; MüKo-*Joost* § 1090 Rn 24.

gegeben würde. Außerdem wäre, wenn zur Darlegung des besonderen Bedürfnisses eine entsprechende Erklärung des Eigentümers genügte,[946] die Erfüllung jenes Erfordernisses jederzeit möglich mit der Folge der Unrichtigkeit des GB. Die Bestellung der Dienstbarkeit für den Eigentümer, gleichsam »auf Vorrat« muss deshalb zulässig sein. Die Eigentümer-Dienstbarkeit entsteht durch einseitige Erklärung und Eintragung.

337   **d) Inhalt.** Inhaltlich decken sich Grunddienstbarkeit und beschränkte persönliche Dienstbarkeit (§ 1090 Abs 1 BGB). Als Inhalte kommen somit Benutzungsrechte, Unterlassungspflichten und Ausschluss von Eigentümerbefugnissen in Frage. Die Kombination dieser verschiedenen Typen ist zulässig.[947]

338   **aa) Benutzungsrechte.** Wie bei der Grunddienstbarkeit muss die Duldung der Benutzung auf dauernden oder wiederkehrenden Gebrauch in einzelnen Beziehungen gerichtet sein. Häufig vorkommende Benutzungsrechte sind Geh- und Fahrrechte,[948] Rechte zum Betrieb und zur Unterhaltung technischer Anlagen[949] sowie zur Ausübung eines Gewerbes[950] (zB Betrieb einer Tankstelle).[951] Zulässig in diesem Rahmen ist auch ein Ferienparkbetriebsrecht, wonach eine Eigentumswohnung nur als Ferienwohnung bewirtschaftet und einem wechselnden Personenkreis zur Erholung zur Verfügung gestellt werden darf und wonach allein dem Dienstbarkeitsberechtigten die Verwaltung und Vermietung, die Wärmeversorgung, sowie der Betrieb einer Kabelfernseh- und einer Telefonanlage obliegt.[952] Dagegen kann die Verpflichtung des Eigentümers eines Grundstücks, »das auf dem Grundstück zur Erstellung kommende Anwesen als Studentenwohnungen mit Büros und Läden für immer zu benutzen und zu betreiben«, **nicht Inhalt** einer beschränkten persönlichen Dienstbarkeit sein, weil Gegenstand des dinglichen Rechts eine unmittelbare Leistungspflicht beinhaltet. Nach der dahingehenden Eintragungsbewilligung wird der Grundstückseigentümer zu einem positiven Tun verpflichtet, da er die Räumlichkeiten nicht leer stehen lassen darf. Eine derartige Verpflichtung ist jedoch nicht eintragungsfähig und wenn sie trotzdem erfolgt, als inhaltlich unzulässig zu löschen.[953] Auch die Bestellung einer beschränkten persönlichen Dienstbarkeit an einem herrschenden Grundstück, deren Rechtsinhalt sich nur auf die isolierte Ausübung der Nutzungsbefugnisse beschränkt, die sich aus einer zugunsten des belasteten Grundstücks bestehenden Grunddienstbarkeit am dienenden Grundstück ergeben, ist materiell rechtlich unzulässig, und wenn sie eingetragen wurde, gleichermaßen als inhaltlich unzulässig zu löschen.[954]

Das Recht zur **Vornahme einer einmaligen Handlung** (zB das Errichten einer Anlage) kann nur im Zusammenhang mit einem Recht zur wiederkehrenden Nutzung, wenn sie deren Ermöglichung oder Förderung dient, Inhalt einer Dienstbarkeit sein.[955]

339   **bb) Unterlassungspflichten.** Die verbotenen Handlungen müssen hinreichend bestimmt sein; die Nennung der erlaubten genügt.[956] Die rechtliche Verfügungsmacht über das Grundstück kann nicht durch Dienstbarkeit eingeschränkt werden,[957] nur die Freiheit der Betätigung auf dem Grundstück. Sämtliche Nutzungsarten bis auf eine können ausgeschlossen werden.[958] Deshalb ist eine Dienstbarkeit zulässig, wonach ein Grundstück nur als Kfz-Abstellplatz verwendet werden darf[959] oder die verbietet, dass das belastete Grundstück mit anderen Brennstoffen als mit Flüssiggas (ausgenommen offenes Kaminfeuer) beheizt wird.[960]

340   **Wettbewerbsverbote** werden häufig in die Form der beschränkten persönlichen Dienstbarkeit, seltener in die der Grunddienstbarkeit gekleidet, weil das Interesse auf Seiten des Begünstigten meistens an die Person, nicht ein anderes Grundstück anknüpft.

341   Zulässig sind das Verbot jeder gewerblichen Nutzung,[961] einzelner Gewerbezweige[962] und des Vertriebs bestimmter Warengattungen. Aber auch der Vertrieb bestimmter Fabrikate einer Warengattung kann durch

946   OLG Oldenburg aaO (Fn 930); *Schöner/Stöber* aaO nehmen das an.
947   BGHZ 29, 244, 246 aaO (Fn 782) BGH NJW 1980, 79; KG DNotZ 1942, 75; HRR 41 Nr 185.
948   BGH DNotZ 1965, 473 (*Wehrens*).
949   BGH NJW 1979, 2393; KG Rpfleger 1973, 300; OLG Bremen NJW 1965, 2403.
950   BGH WM 1975, 307 308.
951   BayObLG MDR 1959, 220.
952   BGH DNotZ 2003, 533 = NJW-RR 2003, 733 = Rpfleger 2003, 410.
953   BayObLG MittBayNot 2005, 307 = Rpfleger 2005, 419.
954   Vgl OLG Hamm Rpfleger 2008, 356.
955   RGZ 60, 317, 320; BayObLGZ 21, 98, 100; DNotZ 1966, 538, 539 (*Schlieff*); KG KGJ 26 A 274, 275, 276, 277; vgl auch BGHZ 35, 378 aaO (Fn 885); *Schöner/Stöber* Rn 1228.
956   BayObLGZ 1965, 180 = JZ 1965, 645 (*Jansen*) = NJW 1965, 1484 = DNotZ 1966, 99; *Schöner/Stöber* Rn 1206; MüKo-*Joost* § 1090 BGB Rn 5.
957   BGHZ 29, 244 aaO (Fn 782); MüKo-*Joost* § 1090 Rn 5.
958   OLG Karlsruhe JFG 4, 378; LG Münster JMBlNRW 1949, 100.
959   BayObLGZ 1965, 180 = DNotZ 1966, 99 = MDR 1965, 743 = NJW 1965, 1484.
960   OLG Zweibrücken FGPrax 2001, 176.
961   BGH NJW 1967, 1609.
962   BayObLG Rpfleger 1973, 298.

Dienstbarkeit ausgeschlossen werden, was die hM bestreitet. Wegen der Begründung der hier vertretenen Ansicht sei auf die Ausführungen zur Grunddienstbarkeit verwiesen (Rdn 300). Der Umweg des BGH[963] über das Verbot, eine bestimmte Warengattung überhaupt auszuschließen, zB eine Dienstbarkeit des Inhalts, dass auf dem Grundstück kein Bier hergestellt, gelagert, verkauft oder sonst wie vertrieben werden darf, verbunden mit der schuldrechtlichen Abrede, dass hiervon die Fabrikate eines bestimmten Herstellers ausgenommen sind, ist allerdings auch gangbar und nicht als Scheingeschäft nichtig.[964] Denn in ihrer Kombination sind dingliches Recht und schuldrechtliche Einschränkung um ihres Effektes willen ernstlich gewollt. Auch liegt keine Gesetzesumgehung vor,[965] weil das Gesetz nicht das angestrebte Ergebnis missbilligt, sondern aus Gründen der sachenrechtlichen Typisierung (nach Ansicht des BGH entgegen der hier vertretenen) seine Verwirklichung allein durch eine Dienstbarkeit nicht ermöglicht. Im Übrigen ist die Dienstbarkeit als dingliches Recht abstrakt und unabhängig von schuldrechtlichen Vereinbarungen, wenn diese nicht als Bedingung selbst Inhalt des Rechts geworden sind (§ 158 BGB) oder eine höchst selten vorkommende Geschäftseinheit zwischen schuldrechtlichem und dinglichem Geschäft besteht (§ 139 BGB). Die Begründung der Dienstbarkeit und ihr Fortbestand wird daher in aller Regel durch schuldrechtliche Vereinbarungen nicht berührt und zwar auch dann nicht, wenn diese beispielsweise wegen Sittenwidrigkeit nichtig sind. Ob und wann der Berechtigte bei unwirksamen Bezugsverpflichtungen zur Löschung der Dienstbarkeit verpflichtet ist, richtet sich grundsätzlich nach der getroffenen Sicherungsvereinbarung.[966]

Das Verbot, sog **Zwangs- und Bannrechte** zu vereinbaren (§ 10 GewO), steht wettbewerbsbeschränkenden **342** Dienstbarkeiten nicht entgegen, wie der BGH unter Hinweis auf das Wesen der Zwangs- und Bannrechte überzeugend ausgeführt hat.[967] Dagegen ist es möglich, wenn auch im GB-Verfahren schwerlich verifizierbar, dass wettbewerbsbeschränkende Dienstbarkeiten wegen Verstoßes gegen UWG oder GWB nichtig sind.[968]

Zu den Unterlassungs-Dienstbarkeiten gehört auch das **Wohnungsbesetzungsrecht**, dessen Inhalt es ist Woh- **343** nungen, die sich auf dem belasteten Grundstück befinden nicht an beliebige Personen zu überlassen, sondern nur an einen bestimmten Personenkreis, dessen Benennung dem Dienstbarkeitsberechtigten vorbehalten bleibt. Ein derartiges Recht ist nunmehr generell als zulässig anzusehen.[969] Die Gestattung des Wohnens ist ja eine Handlung, die dem Grundstückseigentümer in dieser Eigenschaft zusteht, und zwar im Verhältnis zu jedem Wohnungssuchenden, so dass auch die Auswahl unter ihnen auf das Eigentümerrecht zurückgeführt und damit zum Gegenstand einer Dienstbarkeit gemacht werden kann. Selbst wenn das Wohnungsbesetzungsrecht einer juristischen Person eingeräumt wurde, setzt dies nicht zwingend voraus, dass das Recht zeitlich begrenzt ist[970] oder auflösend bedingt bestellt wird.

Auch **Beschränkungen** gehören zu dieser Variante der beschränkten persönlichen Dienstbarkeit.[971]   **344**

cc) Ausschluss von Eigentümerbefugnissen. Hierunter fallen der Verzicht auf Entschädigung für Immissi- **345** onen,[972] auf Ersatz für Bergschäden[973] sowie auf Entschädigung für Beeinträchtigungen aus gewerberechtlich genehmigten Anlagen.[974] Anders als bei der Grunddienstbarkeit handelt es sich nicht um den Ausschluss von Rechten gegenüber dem jeweiligen Eigentümer eines anderen Grundstücks, sondern gegenüber einer bestimmten Person.[975]

---

963 BGH DNotZ 1988, 572 (*Amann*) = NJW 1988, 2364 = Rpfleger 1988, 403; BGH DNotZ 1992, 665 = NJW 1992, 593; BGHZ 74, 293 = NJW 1979, 2149, 2150, 2151; BGH WM 1980, 1293, 1294, 1295.
964 **AA** MüKo-*Joost* § 1090 BGB Rn 14.
965 **AA** MüKo-*Joost* aaO (Fn 948).
966 BGH DNotZ 1988, 572 = NJW 1988, 2364 = Rpfleger 1988, 403 = WM 1988, 765; BGH DNotZ 1990, 169 = NJW-RR 1989, 519 = Rpfleger 1989, 278; BGH DNotZ 1992, 665 = NJW-RR 1992, 593.
967 BGH DNotZ 1985, 37 = NJW 1984, 924. **AA** MüKo-*Joost* § 1090 BGB Rn 17–19.
968 MüKo-*Joost* § 1090 BGB Rn 20.
969 BayObLGZ 1982, 184 = Rpfleger 1982, 215; BayObLGZ 1989, 89 = Rpfleger 1989, 401 *Staudinger-Mayer* § 1090 BGB Rn 18.
970 BayOblGZ 2000, 142 = FGPrax 2000, 134 = Rpfleger 2000, 384.
971 Vgl BayObLG DNotZ 1966, 538, 539 (*Schlierf*); OLG Hamm NJW 1967, 2365, 2366.
972 Vgl *Staudinger-Mayer* § 1090 BGB Rn 8.
973 RGZ 119, 211; 130, 350; 166, 105; OLG Hamm DNotZ 1966, 100 und 1986, 626.
974 BayObLG 10, 439; OLG Frankfurt Rpfleger 1975, 59.
975 BGHZ 35, 378; aaO (Fn 885); RGZ 61, 339; BayObLG NJW 1965, 1484; MüKo-*Joost* Rn 6, *Staudinger-Mayer* Rn 8 je zu § 1090 BGB.

346 dd) Vorteilhaftigkeit. § 1019 BGB gilt für die beschränkte persönliche Dienstbarkeit nicht. Dennoch muss für eine solche Dienstbarkeit nach einhelliger Meinung[976] zumindest ein **rechtsschutzwürdiges Interesse** bestehen. Auch § 1091 BGB setzt ein Bedürfnis des Berechtigten voraus, das die Dienstbarkeit befriedigen soll. An das schutzwürdige Interesse oder Bedürfnis sind aber geringere Anforderungen zu stellen als an den Vorteil nach § 1019 BGB. Jedes wirtschaftliche oder ideelle,[977] private oder öffentliche,[978] eigene oder fremde Interesse genügt, sogar eine bloße Annehmlichkeit. Das Bestehen einer inhaltsgleichen Grunddienstbarkeit steht dem Interesse nicht entgegen.[979] Zugunsten einer Gemeinde kann daher eine beschränkte persönliche Dienstbarkeit des Inhalts bestellt werden, dass auf einem Grundstück im Gewerbegebiet ein bestimmtes Gewerbe nicht ausgeübt werden darf; die Verfolgung öffentlicher Zwecke mit privatrechtlichen Mitteln ist zulässig.[980] Zulässig ist ferner die Bestellung einer beschränkten persönlichen Dienstbarkeit für eine Gemeinde des Inhalts, dass die Gemeindemitglieder das Grundstück in bestimmten Beziehungen nutzen dürfen, da auch ein fremdes Interesse genügt.[981] Bei Verfolgung öffentlicher Interessen ist aber Voraussetzung, dass die Dienstbarkeit nicht Rechte beinhaltet, die sich bereits aus dem öffentlichen Recht ergeben,[982] in diesem Falle fehlt das schutzwürdige Interesse. Bau- und Nutzungsbeschränkungen sind daher nur eintragungsfähig, wenn sie über die öffentlich-rechtlichen Beschränkungen hinausgehen.[983]

347 ee) Positives Tun. Hier gilt dasselbe wie bei der Grunddienstbarkeit. Die Verpflichtung zum Handeln kann **nur als Nebenpflicht** zum Inhalt einer beschränkten persönlichen Dienstbarkeit gemacht werden.[984] Die Verpflichtung, Waren oder Energie abzunehmen, kann deshalb nicht in die Form einer beschränkten persönlichen Dienstbarkeit gebracht werden.[985]

348 ff) Mitbenutzung. Die uneingeschränkte Mitbenutzungsbefugnis des Eigentümers des belasteten Grundstücks oder von ihm autorisierter Personen kann zum Inhalt einer beschränkten persönlichen Dienstbarkeit gemacht werden.[986] Der gänzliche **Ausschluss des Eigentümers** ist grundsätzlich nur beim Wohnungsrecht nach § 1093 BGB als einer besonderen Spielart der Dienstbarkeit vorgeschrieben.

Ist jedoch die Ausübung der Dienstbarkeit auf einen bestimmten Teil des Grundstücks beschränkt, so kann hinsichtlich dieses Teils der Eigentümer von jeglicher Nutzung ausgeschlossen werden.[987]

349 gg) Wertersatz. Auch bei einer beschränkten persönlichen Dienstbarkeit kann nach § 882 BGB der **Höchstbetrag des Wertersatzes** für ihr Erlöschen in der Zwangsversteigerung eingetragen werden. Siehe im Einzelnen hierzu bei Rdn 311 und Rdn 314. Im Unterschied zur Grunddienstbarkeit ist jedoch der Wertersatz nach § 92 Abs 2 ZVG in Form einer Geldrente zu leisten, die dem Berechtigten jeweils für 3 Monat im Voraus, beginnend ab dem Tag des Zuschlags (= Erlöschen des Rechts) aus einem nach § 121 ZVG zu bildenden Deckungskapital zu zahlen ist.

350 e) Übertragung. Das Recht ist generell **unübertragbar** und **unvererblich** (§ 1092 Abs 1 BGB). Auch der schuldrechtliche Anspruch auf Bestellung einer an sich nicht übertragbaren beschränkten persönlichen Dienstbarkeit ist grundsätzlich nicht übertragbar und nicht vererblich,[988] es sei denn, der Gläubiger des Anspruchs und der künftige Berechtigte der Dienstbarkeit sind von vornherein nicht identisch.[989]

---

976 BGHZ 41, 209 = DNotZ 1964, 493 = NJW 1964, 1226 = Rpfleger 1964, 310; RGZ 111, 384, 392; 159, 197; BayObLGZ 1965, 180 = DNotZ 1966, 99; BayObLGZ 1982, 246 = MittBayNot 1982, 175 = Rpfleger 1982, 372; LG Köln MittRhNotK 1976, 336, 337; *Schöner/Stöber* Rn 1209; KEHE-*Herrmann* Einl O 50; MüKo-*Joost* § 1091 BGB Rn 3; *Staudinger-Mayer* § 1090 BGB Rn 14.
977 BGHZ 41, 209, 211 = DNotZ 1964, 493 = NJW 1964, 1226 = Rpfleger 1964, 310.
978 RGZ 111, 384, 392, 393; BayObLGZ 1982, 246 aaO (Fn 960); 65, 180, 181 = NJW 1965, 1484; *Schöner/Stöber* Rn 1209; *Maidl* MittBayNot 1976, 218; *Quack* Rpfleger 1979, 281 ff.
979 BayObLGZ 1982, 246 aaO (Fn 960).
980 BGH DNotZ 1985, 34 = NJW 1985, 1025 = Rpfleger 1985, 185; OLG Hamm Rpfleger 1996, 444.
981 RGZ 61, 338, 342; KG HRR 29 Nr 387.
982 RGZ 61, 338, 342; 111, 384, 393; 119, 211, 213; 130, 350, 354, 355; s auch BGH aaO (Fn 964); *Schöner/Stöber* Rn 1210; MüKo-*Joost* § 1091 BGB Rn 4; *Quack* Rpfleger 1979, 281, 282 ff.
983 RGZ 111, 393; KG OLG 41, 170.
984 BGH DNotZ 1959, 240, 241; BayObLG DNotZ 1966, 538; Rpfleger 1976, 397; DNotZ 1977, 303, 304; KG OLG 8, 126, 127; MüKo-*Joost* Rn 7, *Staudinger-Mayer* Rn 11 je zu § 1090 BGB.
985 BGHZ 29, 244, 246 aaO (Fn 782); BGH WM 1975, 307, 308; NJW 1979, 2150, 2151; BayObLG DNotZ 1977, 303, 304, 305.
986 OLG Schleswig NJW-RR 1996, 1105; OLG Frankfurt DNotZ 1986, 93 = OLGZ 1985, 399 = Rpfleger 1985, 393; OLG Zweibrücken FGPrax 1998, 6.
987 Vgl BGH DNotZ 1993, 55 = Rpfleger 1992, 338; BayObLGZ 1989, 442.
988 *Staudinger-Mayer* § 1092 BGB Rn 4.
989 Vgl BGHZ 28, 99 = MDR 1958, 838 = NJW 1958, 1677.

Übertragbar ist die **Ausübung des Rechts** (§ 1092 Abs 1 S 2 BGB). Die Gestattung der Ausübung durch **351** Dritte ist materiell durch formlose Vereinbarung zwischen dem Grundstückseigentümer und dem Dienstbarkeitsberechtigten möglich. Sie kann aber zum Inhalt des Rechts gemacht werden,[990] und bedarf dann der Eintragung in das GB, wobei dazu die Bezugnahme auf die Eintragungsbewilligung (§ 874 BGB) genügt.[991] Eine unzulässigerweise vereinbarte Übertragbarkeit des Rechts ist uU in eine Überlassungsbefugnis umdeutbar (§ 140 BGB).[992] Die erfolgte Überlassung der Ausübung kann, da sie kein dingliches Recht für den Ausübenden begründet, nicht eingetragen werden.[993] Besteht das Recht zur Ausübung der Dienstbarkeit durch Dritte und ist dies im GB eingetragen, so kann die Dienstbarkeit zum Zwecke der Ausübung auch **gepfändet** werden (§ 857 Abs 3 ZPO).[994] Eine derartige **Pfändung** ist unter Nachweis ihrer Wirksamkeit im Wege der GB-Berichtigung **eintragbar**. Der Pfandgläubiger kann dadurch verhindern, dass die Dienstbarkeit in Unkenntnis der Pfändung ohne seine Einwilligung zur Löschung gelangt.[995]

Steht die Dienstbarkeit einer **juristischen Person oder rechtsfähigen Personengesellschaft** zu (OHG, KG **352** Partnerschaft, EWIV und jetzt auch die BGB-Gesellschaft),[996] ist sie **in den Grenzen des § 1059a BGB übertragbar** (§ 1092 Abs 2 BGB).

Eine Gesamtrechtsrechtsnachfolge iSd § 1059a Abs 1 Nr 1 BGB ist dabei auf verschiedene Weise möglich. **353** Infrage kommen kann

aa) eine **Verschmelzung** des Vermögens des übertragenden Rechtsträgers, sowohl durch Aufnahme nach §§ 4 ff UmwG als auch durch Neugründung eines übernehmenden Rechtsträgers (§§ 36 ff UmwG)

bb) eine **Spaltung** des Vermögens, jedenfalls soweit ein Fall der Aufspaltung (§ 123 Abs 1 UmwG), also eine vollständige Vermögensübertragung, oder eine Totalausgliederung vorliegt, bei der sämtliche Vermögenswerte und Verbindlichkeiten auf den übernehmenden Rechtsträger übertragen werden. Insoweit kann die Regelung des § 132 UmwG in Bezug auf die Anwendbarkeit von § 1059a Abs 1 Nr 1 iVm § 1092 Abs 2 BGB keine Sperrwirkung auslösen.[997]

cc) eine teilweise oder völlige Vermögensübertragung nach §§ 174 ff UmwG, die jedoch nur für einen gesetzlich eng begrenzten Kreis von Rechtsträgern zulässig ist (s § 175 UmwG).

Die Konsequenz einer der vorgenannten Fälle der Gesamtrechtsnachfolge ist dann der Übergang einer für den übernommenen Rechtsträger bestehenden Dienstbarkeit auf den Übernehmer kraft Gesetzes. Die Eintragung der Rechtsnachfolge ist nur mehr berichtigender Art. Zur Bewertung eines einzelnen Betriebsgrundstücks als Unternehmensteil s. die Ausführungen zum Nießbrauch Rdn 461. Die **Rechtsfolge** des § 1059a Abs 1 S 1 mit § 1092 Abs 2 BGB **kann** durch eintragungsfähige Vereinbarung **ausgeschlossen werden**, was mit Eintritt des auflösenden Ereignisses das Erlöschen der Dienstbarkeit bewirkt.[998]

Eine beschränkte persönliche Dienstbarkeit ist ferner nach § 1059a Abs 1 Nr 2 mit § 1092 Abs 2 BGB übertrag- **354** bar, wenn der Berechtigte sein von ihm betriebenes Unternehmen ganz oder teilweise auf einen anderen **rechtsgeschäftlich überträgt** und die Dienstbarkeit den Zwecken dem übertragenen Unternehmen oder Unternehmsteil zu dienen geeignet ist. Die Übertragung des Rechts setzt eine Einigung (§ 873 BGB) zwischen dem bisherigen und dem neuen Rechtsträger sowie die Eintragung im GB voraus. Einer Mitwirkung des Eigentümers des belasteten Grundstücks bedarf es nicht. Der dem GBA gegenüber in der Form des § 29 GBO erforderliche Nachweis für das Vorliegen der Übertragungsvoraussetzungen wird durch die nach § 1059a Abs 2 Nr 2 S 2 BGB erforderliche Feststellungserklärung der Verwaltungsbehörde erbracht.

Dienstbarkeiten zugunsten von juristischen Personen oder rechtsfähigen Personengesellschaften für Leitungs- **355** rechte zur Ver- und Entsorgung, für Telekommunikationsanlagen, für Transporte von Produkten zwischen Betriebsstätten und für Straßenbahn- oder Eisenbahnanlagen sind letztlich als **weitere Ausnahme** im Rahmen des § 1092 Abs 3 BGB **rechtsgeschäftlich** ohne Mitwirkung des Grundstückseigentümers über § 873 BGB durch Einigung und Eintragung im GB **übertragbar**. Eine Dienstbarkeit, durch die ein **Brunnenrecht** gesi-

---

990 RGZ 159, 193, 204; KG DNotZ 1968, 750 = NJW 1968, 1882 = Rpfleger 1968, 329.

991 KG JW, 1937, 716.

992 RGZ 159, 193, 203; MüKo-*Joost* § 1092 BGB Rn 2 (für vertragliche Verpflichtung).

993 RGZ 159, 193, 207; MüKo-*Joost* § 1092 Rn 4.

994 S BGH DNotI-Report 2006, 186 = Rpfleger 2007, 34 = WM 2006, 2226; KG DNotZ 1968, 750; *Rossak* MittBayNot 2000, 383, 386; **anders noch** BGH NJW 1962, 1392 und 1963, 2319, der bereits die rechtsgeschäftliche Vereinbarung der Ausübung ohne GB-Eintragung für ausreichend hält, was aber wohl nicht Gegenstand der Pfändung des dinglichen Rechts sein kann.

995 S *Stöber,* Forderungspfändung Rn 1524.

996 Zur Definition der rechtsfähigen Personengesellschaft s § 14 Abs 2 BGB; und zur Zubilligung der Rechtsfähigkeit einer BGB-Gesellschaft vgl BGH NJW 2001, 1056.

997 Vgl dazu *Staudinger-Mayer* § 1092 BGB Rn 18; *Mayer* GmbHR 1996, 403.

998 MüKo-*Peztold* Rn 3, *Staudinger-Mayer* Rn 20 je zu § 1092 BGB.

chert wird, fällt jedoch nicht unter die Ausnahmevorschrift des § 1092 Abs 3 S 1 BGB. Der Gesetzgeber hat insoweit einen abgeschlossenen Katalog dessen geschaffen, was Gegenstand sein muss, um iSd vorerwähnten Regelung übertragbar zu sein. Sie kann daher nicht auf die Gewinnung von Wasser durch Pumpanlagen aus dem Boden angewendet werden, weil dies der in der Bestimmung genannte Begriff »**Fortleitung**« verbietet.[999]

356 **f) Anpassung an veränderte Verhältnisse.** In dieser Hinsicht besteht kein Unterschied zur Grunddienstbarkeit. Neue Anlagen auf dem Grundstück, die als Ersatz für alte errichtet worden sind, dürfen im Rahmen der Dienstbarkeit benutzt werden.[1000]

357 **g) Unzulässiger Inhalt.** Schuldrechtliche Vereinbarungen als solche können nicht als Dienstbarkeit zum dinglichen Recht gemacht werden.[1001] Zur Sicherheit und Verstärkung schuldrechtlicher Ansprüche dagegen sind Dienstbarkeiten zulässig.[1002] Sie sind rechtlich gegenüber den schuldrechtlichen Vereinbarungen selbständig. Öffentlich-rechtliche Befugnisse oder Verbote können nicht Inhalt einer Dienstbarkeit sein.

358 **h) Eintragung.** Bei der Eintragung in der 2. Abteilung des GB ist die beschränkte persönliche Dienstbarkeit **schlagwortartig** inhaltlich **zu kennzeichnen**. Bezugnahme nach § 874 BGB reicht dafür nicht aus,[1003] auch nicht die alleinige Bezeichnung als »beschränkte persönliche Dienstbarkeit«.[1004] Dass bei ungenauer Bezeichnung im Einzelfall ein **Klarstellungsvermerk** eintragbar ist, falls dieser nicht in den Inhalt des Rechts eingreift, mag im Grunde richtig sein.[1005] Wenn jedoch die im GB eingetragene schlagwortartige Bezeichnung einer Dienstbarkeit deren Inhalt unzutreffend wieder gibt, ist die Eintragung eines Klarstellungsvermerks abzulehnen, weil nichts klargestellt werden kann, was mangels Eintragung nicht entstanden ist.[1006] Eine ansonsten zur näheren Bezeichnung des Inhalts einer beschränkten persönlichen Dienstbarkeit (Baubeschränkung) zulässige Bezugnahme auf die Eintragungsbewilligung kann nicht den Bezug auf eine nur örtlich geltende baurechtliche Vorschrift (Staffel IX der Münchener Staffelbauordnung v. 20.04.1904) beinhalten.[1007]

359 **i) Erlöschen.** Für das Erlöschen einer beschränkten persönlichen Dienstbarkeit gilt im Wesentlichen das bereits zum Erlöschen der Grunddienstbarkeit gesagte (s. dazu Rdn 327) nur mit der Einschränkung, dass es kein herrschendes Grundstück gibt und demzufolge § 1025 BGB und die daraus resultierenden Rechtsfolgen keine Anwendung finden. Eine Aufhebungserklärung nach § 875 BGB hat die natürliche oder juristische Person als Berechtigte abzugeben. Eigener Erlöschensgrund ist vor allem der Tod des Berechtigten oder bei juristischen Personen ihr Erlöschen mit durchgeführter Liquidation (§ 1061 mit § 1090 Abs 2 BGB). Darüber hinaus gelten zugunsten von natürlichen Personen eingetragene Dienstbarkeiten mit dem Ablauf von einhundertzehn Jahren von dem Geburtstag des Berechtigten an als erloschen, sofern nicht innerhalb von 4 Wochen ab diesem Zeitpunkt eine Erklärung des Berechtigten bei dem GBA eingegangen ist, dass er auf den Fortbestand seines Rechtes bestehe (§ 5 Abs 1 GBBerG).

7. Das Wohnungsrecht (§ 1093 BGB)

Schrifttum

Amann, Zur dinglichen Sicherung von Nebenleistungspflichten bei Wohnungsrechten und anderen Dienstbarkeiten, DNotZ 1982, 396; *Bader,* Zum dinglichen Wohnungsrecht gemäß § 1093 BGB an denselben Räumen für mehrere Personen, DNotZ 1965, 673; *Böhringer,* Die Wohnungsgewährung als Leibgeding, BWNotZ 1987, 129; *ders,* Mitbenutzungsrecht oder Wohnungsrecht nach § 1093 BGB, BWNotZ 1990, 153; *Buschmann,* Das dingliche Wohnungsrecht, BlGBW 1962, 136; *Dammertz,* Wohnungsrecht und Dauerwohnrecht, MittRhNotK 1970, 69; *Eckhardt,* Ist der Inhaber eines dinglichen Wohnungsrechts befugt, die Partnerin einer nichtehelichen Lebensgemeinschaft in die Wohnung aufzunehmen, FamRZ 1982, 763; *Fassbender,* Das dingliche Wohnungsrecht für mehrere als Gesamtberechtigte nach § 428 BGB, DNotZ 1965, 662; *Haegele,* Wohnungsrecht und Mietrecht, Rpfleger 1973, 349; *ders,* Wohnungsrecht, Leibgeding und ähnliche Rechte in Zwangsvollstreckung, Konkurs und Vergleich, DNotZ 1976, 5; *Hartung,* Einzelfragen zum im Altenteil enthaltenen Wohnrecht, Rpfleger 1978, 48; *Heil,* Zum Belastungsgegenstand von Nutzungs-Dienstbarkeiten, insbesondere Wohnungsrechten, RNotZ 2003, 445; *Hurst,* Dingliches Wohnrecht und Mietrecht ZMR 1969, 97; *Kohlhosser,* Dingliches Wohnrecht und unberechtigte Vermietung, BB 1973, 820; *Kürzel,* Das dingliche Wohnungsrecht, BlGBW 1970, 127; *Riedel,* Zum Ausschluss von

---

999 OLG München FGPrax 2006, 102 = RNotZ 2006, 285 = Rpfleger 2006, 463.

1000 BayObLGZ 1962, 24.

1001 RGZ 54, 233; 60, 317; KG KGJ 53, 160.

1002 BGH DNotZ 1964, 613 = NJW 1963, 2319; KG NJW 1954, 1245; OLG Düsseldorf NJW 1961, 176; OLG Hamm DNotZ 1957, 314 = Rpfleger 1957, 251; OLG Stuttgart MDR 1956, 679; MüKo-*Joost* § 1090 Rn 21.

1003 BGH NJW 1980, 179; BGHZ 35, 378 aaO (Fn 885); BayObLG Rpfleger 1973, 298; KG NJW 1973, 1128.

1004 BGHZ 35, 378 aaO (Fn 885).

1005 Vgl LG Chemnitz MittBayNot 2006, 335 = NotBZ 2006, 217 = RNotZ 2006 =Rpfleger 2006, 319.

1006 So zu Recht *Hintzen* Rpfleger 2006, 406.

1007 Vgl. OLG München Rpfleger 2008, 480.

Rückständen nach §§ 23, 24 GBO, JurBüro 1979, 155; *Ripfel*, Dienstbarkeit, Wohnungsrecht und Gegenleistung, DNotZ 1968, 404; *Roquette*, Wohnrecht und Mietrecht, NJW 1957, 525; *Rossak*, Pfändbarkeit, Pfändung und Pfandverwertung von Nießbrauch und Wohnungsrecht, MittBayNot 2000, 383; *Scheld*, Wohnungsrecht und Ledigbund, Rpfleger 1983, 2; *Schmidt/Futterer*, Ausübung eines dinglichen Wohnrechts durch Dritte, ZMR 1967, 163; *Streckewald*, Durch Wohnungsrecht gesicherte Miete, Betrieb 1961, 1544.

Im Übrigen siehe auch das Schrifttum zur Grunddienstbarkeit und zur beschränkten persönlichen Dienstbarkeit.

a) Allgemeines, Begriff. Das Wohnungsrecht nach § 1093 BGB ist eine nießbrauchähnliche (vgl die Verweisung in Abs 1 S 2) Unterart der beschränkten persönlichen Dienstbarkeit.[1008] Charakteristisches Merkmal dieses Rechts ist es, dass der Berechtigte eines oder mehrere bestimmte Gebäude im vollem Umfang[1009] wie auch nur einen bestimmten Teil eines Gebäudes **unter Ausschluss des Eigentümers als Wohnung benutzen** darf (vgl § 1093 Abs 1 S 1 BGB). Auf das Wohnungsrecht sind die §§ 1090 Abs 2 ff BGB anwendbar, soweit sich nicht aus § 1093 BGB etwas anderes ergibt. Soll der Eigentümer lediglich zur **Mitbenutzung** berechtigt sein, kommt nur eine gewöhnliche beschränkte persönliche Dienstbarkeit nach § 1090 BGB in Frage.[1010] Anders als das Dauerwohnrecht nach § 31 WEG ist das Wohnungsrecht nicht übertragbar und nicht vererblich; allein die **Ausübung** kann einem **anderen überlassen** werden, wenn dies (ausdrücklich) gestattet ist (§ 1092 Abs 1 S 2 BGB). **Bedingung** und **Befristung** sind zulässig[1011] und müssen unmittelbar in das GB eingetragen werden (keine Bezugnahme nach § 874 BGB). Als aufschiebende Bedingung kann dabei auch bestimmt werden, dass der Berechtigte das Anwesen nicht nur vorübergehend verlässt.[1012] Für eine auflösende Bedingung kommt zB das Ausbleiben der vereinbarten Gegenleistung infrage, die ansonsten nicht Inhalt des Wohnungsrechts sein kann. 360

In der Praxis kommt das Wohnungsrecht häufig als Teil von **Leibgedings- oder Altenteilsverträgen** vor.[1013] Möglich ist auch, dass eine letztwillige Verfügung des Erblassers die Grundlage für die Bestellung eines Wohnungsrechts durch die Erben bildet. 361

Eine dingliche Wohnberechtigung kann auch, zB wenn sämtliche Räume eines Gebäudes betroffen sind, in die Form des **Nießbrauchs** gekleidet werden.[1014] 362

Zu unterscheiden vom Wohnungsrecht nach § 1093 BGB ist die **Wohnungsreallast**, die den Eigentümer verpflichtet, Wohnraum ohne Spezifizierung der Wohnung zur Verfügung zu stellen, nicht aber lediglich das Wohnen zu dulden.[1015] Die Wohnungsreallast als Verwertungsrecht richtet sich auf Realisierung des Geldwertes der Wohnberechtigung aus dem Grundstück.[1016] 363

b) Belastungsgegenstand. Hinsichtlich der möglichen Belastungsgegenstände gilt dasselbe wie bei jeder anderen beschränkten persönlichen Dienstbarkeit. Bei Belastung eines Wohnungseigentums kann sich das Recht auf alle Gegenstände des Sondereigentums erstrecken,[1017] wie es bei einem Gebäude im ganzen ausdrücklich in § 1093 Abs 1 BGB vorgesehen ist. Unzulässig ist dagegen die Bestellung eines Wohnungsrechts an einem Tiefgaragenstellplatz, der als selbständiges Teileigentum gebucht ist.[1018] Die **Gesamtbelastung** mehrerer Grundstücke ist zulässig, wenn sich die Wohnung über alle erstreckt, aber auch insoweit als sich Ver- oder Entsorgungsleitungen auf einem verselbständigten Grundstück befinden auf deren Gebrauch der Berechtigte des Wohnungsrechts angewiesen ist um die Wohnung nutzen zu können.[1019]Ermöglicht nur das Hausgrundstück zum Wohnen und befindet sich der mitbenutzbare Garten oder die mitzubenutzende Anlage (zB eine Garage) auf einem rechtlich selbständigen Grundstück, so kann kein einheitliches Gesamtwohnungsrecht begründet werden. Eine dingliche Absicherung des Mitbenutzungsrechts ist dadurch möglich, dass die Grundstücke vereinigt werden oder das nicht zum Wohnen dienende Grundstück mit einer eigenen Benutzungsdienstbarkeit belastet wird.[1020] 364

1008 Vgl KG KGJ 53 A 158; *Schöner/Stöber* Rn 1236.
1009 S BayObLGZ 1999, 250 = Rpfleger 1999, 525.
1010 BayObLG MDR 1981, 759 = MittBayNot 1981, 186 = MittRhNotK 1981, 188 = Rpfleger 1981, 353; OLG Hamm DNotZ 1976, 229 = Rpfleger 1975, 357, 358.
1011 *Schöner/Stöber* Rn 1261; *MüKo-Joost* Rn 16, *Staudinger-Mayer* Rn 4 je zu § 1093 BGB.
1012 S BayObLGZ 1997, 246 = FGPrax 1997, 210.
1013 Vgl OLG Hamm Rpfleger 1959, 381; *Schöner/Stöber* Rn 1239.
1014 Vgl RGZ 164, 196; *Staudinger-Mayer* § 1093 BGB Rn 5.
1015 BGHZ 58, 57 = MDR 1972, 312 = NJW 1972, 540; BayObLG MDR 1981, 759 Rpfleger 1981, 353; OLG Hamm DNotZ 1976, 229 = Rpfleger 1975, 357, 358; OLG Oldenburg Rpfleger 1978, 411; *Schöner/Stöber* Rn 1236; *Staudinger-Mayer* § 1093 BGB Rn 6; *Staudinger-Amann* Einl zu §§ 1105–1112 BGB Rn 29; *MüKo-Joost* § 1105 BGB Rn 9 hält die Wohnungsreallast für unzulässig.
1016 Vgl BayObLG MDR 1981, 759; BayObLGZ 1959, 301, 305.
1017 Vgl BGH DNotZ 1978, 157, 158 wegen der Frage, wem das Mitwirkungsrecht gemäß § 15 Abs 2 WEG zusteht; *MüKo-Joost* Rn 9, *Staudinger-Mayer* Rn 17 je zu § 1093 BGB.
1018 BayObLGZ 1986, 441 = Rpfleger 1987, 62.
1019 Vgl BayObLG DNotZ 1992, 303 = Rpfleger 1992, 57; OLG Hamm FGPrax 2000, 54.
1020 BayObLG DNotZ 1976, 227 = Rpfleger 1976, 14; OLG Zweibrücken FGPrax 1998, 84 = Rpfleger 1998, 282; OLG Hamm DNotZ 1976, 229, 230 aaO (Fn 998). **AA** *Staudinger-Mayer* § 1093 Rn 18.

365 **c) Berechtigter**. Bezüglich der Person des Berechtigten gilt für das Wohnungsrecht grundsätzlich ebenso dasselbe wie für alle anderen beschränkten persönlichen Dienstbarkeiten, dh Berechtigter kann jede natürliche oder juristische Person oder auch eine Handelsgesellschaft, eine Partnerschaft sowie eine EWIV sein. Auch kann sich der Eigentümer selbst ein Wohnungsrecht bestellen. Zugunsten eines Nießbrauchsberechtigten ist ein (zusätzliches) Wohnungsrecht nicht eintragbar.[1021] Möglich ist es, ein Wohnungsrecht für **mehrere Berechtigte** zu begründen. Zulässig ist dabei dieses Recht für mehrere Personen als Gesamtberechtigte nach § 428 BGB zu bestellen.[1022] Ferner kann die Bestellung eines Wohnungsrechts zugunsten mehrerer Personen als Gesellschafter des bürgerlichen Rechts nach §§ 705 ff BGB erfolgen.[1023] Bei Ehegatten, die im Güterstand der Gütergemeinschaft leben, kann ein gemeinsames zum Gesamtgut gehörendes Wohnungsrecht bestellt werden.[1024] Daneben ist aber durch die Ehegatten – unabhängig von der Gütergemeinschaft – auch die Vereinbarung einer Gesamtberechtigung nach § 428 BGB und damit die Entstehung nur eines Rechts für beide Ehegatten zulässig, das nach ehevertraglicher Beendigung der Gütergemeinschaft weiterhin als ein Recht fortbesteht.[1025] Unzulässig und nicht eintragbar ist die Bestellung eines Wohnungsrechts für mehrere Berechtigte nach Bruchteilen.[1026] Die Begründung mehrerer gleichrangiger Wohnungsrechte für verschiedene Berechtigte mit der Maßgabe, dass das einzelne Recht durch das Bestehen der anderen entsprechend eingeschränkt wird, ist dagegen zulässig.[1027]

366 **d) Inhalt**. Die Verwendung des belasteten Gegenstandes **zu anderen als Wohnzwecken** kann **nur** dann zum Inhalt des Wohnungsrechts gehören, wenn er **als Nebenzweck** mit dem Hauptzweck der Wohnnutzung, zusammenhängt.[1028] Die Benutzung einer auf dem Grundstück stehenden Einzelgarage[1029] oder die Mitbenutzung einer Doppelgarage,[1030] ferner das Abstellen eines Pkw im Hofraum[1031] können daher neben der Wohnberechtigung dinglicher Inhalt des Wohnungsrechtes sein. Überhaupt kann das Wohnrecht die Befugnis zur Benutzung von Anlagen und Einrichtungen außerhalb des Gebäudes einschließen[1032] Die Befugnis zur Mitbenutzung von zum gemeinschaftlichen Gebrauch bestimmter Anlagen ergibt sich aus dem Gesetz (§ 1093 Abs 3 BGB) und ist deshalb nicht in das GB einzutragen, soweit nichts Abweichendes bestimmt wird. Das Recht zur Mitbenutzung der Treppen, des Brunnens und des Gartens,[1033] der Waschküche, eines gemeinschaftlich zu nutzenden Badezimmers und der Holzlege[1034] fällt bereits unter § 1093 Abs 3 BGB und ist deshalb nicht eintragungsfähig. Das Mitbenutzungsrecht setzt sich an Einrichtungen fort, die als Ersatz an die Stelle alter getreten sind.[1035] Auch dann, wenn die Wohnberechtigung faktisch die Nutzungsmöglichkeiten des Grundstücks vollständig erschöpft, ist ein Wohnungsrecht zulässig und nicht die Bestellung eines Nießbrauchs erforderlich.[1036]

367 Gesetzlich begründet ein Wohnungsrecht für den Grundstückseigentümer nur die Pflicht, die Ausübung dieses Rechts zu **dulden**. Abweichend davon kann jedoch als zulässiger dinglicher Inhalt des Wohnungsrechts nach § 1021 Abs 1 S 1 mit § 1090 Abs 2 und § 1093 Abs 1 BGB vereinbart werden, dass der Eigentümer verpflichtet ist, die vom Wohnungsrecht betroffenen Räume in einem jederzeit gut bewohnbaren (und beheizbaren) Zustand zu erhalten. Weitergehend soll dabei auch möglich sein, eine Verpflichtung des Eigentümers auf Zahlung der Kosten für Heizung, Müllabfuhr, Hausversicherung und dgl zum dinglichen Inhalt des Wohnungs-

---

1021 OLG Hamm FGPrax 1997, 168 = NJW-RR 1998, 304.

1022 BGHZ 46, 253, 256 = DNotZ 1967, 183 (Anm *Fassbender*) = NJW 1967, 627 = Rpfleger 1967, 143 (Anm *Haegele*); BayObLGZ 1975, 191 = DNotZ 1975, 618 = Rpfleger 1975, 300; MüKo-*Joost* Rn 13, *Staudinger-Mayer* Rn 23 je zu § 1093 BGB. **AA** OLG Hamm DNotZ 1966, 372 = ZMR 1966, 221; *Bader* DNotZ 1965, 673; *Woelki* Rpfleger 1968, 209.

1023 *Soergel-Stürner* Rn 13, *Staudinger-Mayer* Rn 25 je zu § 1093 BGB; *Haegele* Rpfleger 1971, 285; *Dammertz* MittRhNotK 1970, 94. **AA** OLG Köln DNotZ 1967, 501 (für Eheleute in BGB-Gesellschaft, wenn die Wohnung nur als Ehewohnung dient).

1024 BayObLGZ 1967, 480 = DNotZ 1968, 493 = Rpfleger 1968, 220.

1025 Vgl *Schöner/Stöber* Rn 1246, 261h.

1026 OLG Köln DNotZ 1965, 686; *Schöner/Stöber* Rn 1245; *Staudinger-Mayer* § 1093 BGB Rn 26; *Bader* DNotZ 1965, 680; *Dammertz* MittRhNotK 1970, 93; *Meder* BWNotZ 1982, 36, 37.

1027 BGHZ 46, 253, 254 aaO (Fn 1005); BayObLGZ 1957, 322 = Rpfleger 1958, 88 (*Haegele*), BayObLG Rpfleger 1980, 151; OLG Köln DNotZ 1965, 686; OLG Oldenburg DNotZ 1957, 317 (*Saage*); *Schöner/Stöber* Rn 1244; MüKo-*Joost* Rn 13, *Staudinger-Mayer* Rn 21 zu § 1093 BGB.

1028 RG HRR 32, 1660; KG KGJ 53 A 158; *Schöner/Stöber* Rn 1247; KEHE-*Herrmann* Einl O 58. **AA** MüKo-*Joost* § 1093 Rn 4.

1029 LG Osnabrück MittBayNot 1972, 238 = MittRhNotK 1973, 3 = Rpfleger 1972, 308; *Staudinger-Mayer* § 1093 Rn 30.

1030 *Staudinger-Mayer* aaO; *Haegele* Rpfleger 1972, 96. **AA** LG Stade Rpfleger 1972, 96.

1031 LG Ellwangen Rpfleger 1965, 12 (*Staudenmaier*); *Staudinger-Mayer* § 1093 BGB Rn 30.

1032 BayObLG DNotZ 1986, 148.

1033 BayObLG DNotZ 1976, 227 = Rpfleger 1976, 14.

1034 LG Koblenz NJW 1970, 612.

1035 BGHZ 52, 234, 235 = DNotZ 1970, 29 = NJW 1969, 1847, 1848; LG Koblenz ZMR 1963, 11, 12.

1036 LG Freiburg BWNotZ 1974, 85 f.

rechts zu erklären.[1037] Dies ist abzulehnen, weil es den gesetzlichen Umfang eines Wohnungsrechts überschreitet und gegen sein Wesen als Nutzungsrecht verstößt. Positive Leistungspflichten sind nur als Nebenpflichten und in dem vom Gesetz vorgegebenen Rahmen zum Inhalt eines Wohnungsrechts erklärbar. Darunter fallen gemäß § 1021 BGB (iVm §§ 1090 Abs 2, 1093 Abs 1 BGB) lediglich Vereinbarungen über die Kosten der Unterhaltung der Wohnräume, die eine Anlage des belasteten Grundstücks iS dieser Vorschrift darstellen.[1038] Die dingliche Absicherung darüber hinaus gehender Leistungspflichten des Eigentümers, welche die Verpflichtung zur Tragung anderer Kosten beinhaltet, kann nur durch Bestellung einer selbständigern Reallast erfolgen.[1039]

Das Wohnungsrecht kann nicht inhaltlich wie ein Mietvertrag ausgestaltet,[1040] aber neben einem Mietvertrag als **368** selbständiges dingliches Recht bestellt werden.[1041] Es kann ferner nicht zur Verdinglichung schuldrechtlicher Vereinbarungen dienen.[1042]

Der Inhalt des Wohnungsrechtes muss bezüglich der ihm unterstellten **Räume bestimmt** und in der Eintra- **369** gungsbewilligung genau beschrieben sein.[1043] Die Auswahl der Räume kann nicht, wie es bei der Wohnungsreallast zulässig ist,[1044] dem Berechtigten überlassen werden. Ist das Grundstück noch unbebaut, so ist ein Wohnungsrecht regelmäßig nur bestellbar, wenn konkrete Baupläne bestehen und die dem Wohnungsrecht unterworfenen Räume darin kenntlich gemacht sind.[1045] Ohne Belang für die Zulässigkeit der Bestellung ist, ob das betroffene Gebäude mit oder ohne Baugenehmigung errichtet wird oder wurde und ob die bezeichneten Räume auf Dauer zu Wohnzwecken genutzt werden können.[1046] An einem Ackergrundstück kann dagegen kein Wohnungsrecht begründet werden.[1047]

Gemäß § 1093 Abs 2 BGB ist der Wohnungsberechtigte gesetzlich befugt seine **Familie** sowie die zur **standes-** **370** **mäßigen Bedienung** und zur **Pflege** erforderlichen Personen (zB Haushaltshilfe, Krankenschwester) in die Wohnung aufzunehmen. Diese Regelung berechtigt nicht zur Überlassung der Wohnung zum Zwecke der alleinigen Nutzung durch diesen Personenkreis, wenn zB der Berechtigte auf Dauer in ein Altenheim umzieht.[1048] Der Begriff »Familie« ist nicht als im eng juristisch definierten Sinn zu betrachten, sondern orientiert sich an dem Sprachgebrauch im täglichen Leben. Zur Familie des Wohnungsberechtigten iSd § 1093 BGB sind sowohl die eigenen volljährigen Kinder samt deren Ehefrauen und die Enkelkinder zu zählen, sowie auch etwaige zur Pflege aufgenommenen Kinder Dritter. Selbst der Partner oder die Partnerin einer nichtehelichen Lebensgemeinschaft ist als Familienmitglied zu betrachten und kann in die Wohnung mit aufgenommen werden, wenn die Beziehung auf Dauer angelegt ist, insbesondere wenn die Gemeinschaft schon längere Zeit besteht.[1049] Die Regelung des § 1093 Abs 2 BGB ist jedoch dispositiv. Es kann daher abweichend der Personenkreis der mit in die Wohnung aufgenommen werden darf als Inhalt des Wohnungsrechts vereinbart werden.[1050]

e) Erlöschen. Das Wohnungsrecht erlischt bei natürlichen Personen mit dem Tod des Berechtigten, bei juris- **371** tischen Personen oder rechtsfähigen Personengesellschaften, soweit nicht ein Fall des § 1059a BGB vorliegt (s § 1092 Abs 2 BGB), mit deren Beendigung (§ 1061 iVm § 1090 Abs 2 BGB). Wenn das Wohnungsrecht auflösend bedingt oder befristet bestellt wurde, erlischt es mit Eintritt der Bedingung oder nach Zeitablauf. Die Löschung des Wohnungsrechts im GB kann, wenn Rückstände ausgeschlossen sind, unter Nachweis der Unrichtigkeit auf formlosen Antrag des Grundstückseigentümers erfolgen. Sind Rückstände möglich, zB für nicht bezahlte Unterhaltungskosten zur Bewohn- und Beheizbarkeit der Räume und ist die Kostentragungspflicht dinglicher Inhalt des Rechts, so ist die Löschung nur unter Beachtung der §§ 23, 24 GBO zulässig. Das Wohnungsrecht kann ferner durch rechtsgeschäftliche Aufhebung (§ 875 BGB) erlöschen. Ein in der Person des Berechtigten liegendes Ausübungshindernis führt nicht generell zum Erlöschen des Wohnungsrechts, selbst

---

1037 BayObLGZ 1980, 176 = DNotZ 1981, 124 = Rpfleger 1980, 385; LG Kassel Rpfleger 2003, 414.
1038 Vgl *Schöner/Stöber* Rn 1253; *Amann* DNotZ 1982, 396 und DNotZ 1991, 531, 545.
1039 S dazu OLG Köln MittRhNotK 1992, 46.
1040 BGH BB 1968, 767 = MittBayNot 1968, 219 = MittRhNotK 1968, 767; BGH WM 1962, 746; 1965, 649; NJW 1963, 2319; OLG Hamm DNotZ 1957, 314 = Rpfleger 1957, 251; *Schöner/Stöber* Rn 1275.
1041 BGH DNotZ 1964, 513; BGH NJW 1974, 2123; RGZ 54, 233; OLG Hamm DNotZ 1957, 314 = Rpfleger 1957, 251; *Schöner/Stöber* Rn 1276.
1042 BGH WM 1962, 745; 1965, 649; RG HRR 29, 1902.
1043 BayObLG DNotZ 1965, 166 = MDR 1964, 504; BayObLG DNotZ 1988, 587 = NJW-RR 1988, 982; OLG Hamm DNotZ 1962, 402, 403; 1970, 417 = MDR 1970, 764; OLG Köln MittRhNotK 1979, 73; *Schöner/Stöber* Rn 1258.
1044 BayObLGZ 1964, 1 = DNotZ 1965, 166; *Staudinger-Mayer* § 1093 Rn 50.
1045 BayObLGZ 1956, 94 = NJW 1956, 871 = DNotZ 1956, 483 = Rpfleger 1956, 285; OLG Hamm DNotZ 1976, 229, 232; BayObLG Rpfleger 1981, 353; MüKo-*Joost* Rn 15, *Staudinger-Mayer* Rn 17 je zu § 1093 BGB.
1046 BGH BB 1968, 105 = WM 1968, 37.
1047 BayObLG RPfliB 1909, 436.
1048 Vgl OLG Oldenburg NJW-RR 1994, 467.
1049 BGHZ 84, 36 = NJW 1982, 1868 = Rpfleger 1982, 336; s im Übrigen auch BGH DNotZ 1997, 401.
1050 BayObLGZ 1980, 176 = DNotZ 1981, 124 = Rpfleger 1980, 385.

wenn das Hindernis auf Dauer besteht, wie etwa der medizinisch notwendige Aufenthalt des Berechtigten in einem Pflegeheim.[1051] Im Übrigen gilt das zum Erlöschen von Dienstbarkeiten gesagte gleichermaßen. (s Rdn 327 u Rdn 359).

372 Neben diesen Erlöschungsgründen ist bei einem Wohnungsrecht auch ein Erlöschen durch Zerstörung des Gebäudes oder die dauernde Unbewohnbarkeit der Wohnung denkbar.[1052] Soweit nicht zulässigerweise die Wiederherstellung eines zerstörten Gebäudes als Nebenverpflichtung zum Inhalt des Wohnungsrechts gemacht wurde,[1053] besteht keine Wiederaufbaupflicht des Eigentümers und es setzt sich auch das Recht nicht an einem wieder aufgebauten Gebäude oder Gebäudeteil fort.[1054] Hierin liegt ein wesentlicher Unterschied zum Nießbrauch. Bei Altenteilsverträgen sind die landesrechtlichen Vorschriften über die Wiederherstellungspflicht zu beachten (Art 96 EGBGB, Art 5 Pr AGBGB, Art 37 Bay AGBGB).[1055]

8. Dauerwohn- und Dauernutzungsrecht

Schrifttum

Constantin, Der Schutz des Eigentümers gegen unberechtigte Vermietung durch den Dauerwohn- oder Dauernutzungsberechtigten nach dem WEG, NJW 1969, 1417; *Dammertz,* Wohnungsrecht und Dauerwohnrecht, MittRhNotK 1970, 69; *Diester,* Kann ein Dauerwohnrecht auf die Lebensdauer des Berechtigten befristet werden? NJW 1963, 183; *Gralka,* Timesharing und Dauernutzungsrecht, NJW 1987, 1997; *Hoffmann,* Probleme des Timesharing, MittBayNot 1987, 177; *Hoppmann,* Die Eigentumswohnung, Dauerwohnrecht, Wohnungserbbaurecht, BlGBW 1973, 7; *Hornig,* Wohnungseigentum und Dauerwohnrecht, DNotZ 1951, 197; *Klingenstein,* Können Erbbaurecht und Dauerwohnrecht auf Lebenszeit des Berechtigten bestellt werden, BWNotZ 1965, 222 (228); *Lotter,* Aktuelle Fragen des Dauerwohnrechts, MittBayNot 1999, 354; *Marshall,* Befristung eines Dauerwohnrechts auf Lebenszeit des Berechtigten, DNotZ 1962, 381; *Mayer,* Zur Störfallvorsorge beim Dauerwohnrecht: Heimfallanspruch bei Tod des Berechtigten oder Veräußerung des Rechts, DNotZ 2003, 908; *Schmidt,* Dauerwohnrecht und Dauernutzungsrecht für mehrere Personen, WEZ 1987, 119; *Staak,* Der Heimfallanspruch des Grundstückseigentümers beim Dauerwohnrecht, SchlHA 1959, 141; *Weitnauer,* Können Erbbaurecht und Dauerwohnrecht zugunsten des Eigentümers bestellt werden? DNotZ 1958, 352; *Wolf,* Modernisierung auf der Grundlage des Dauerwohnrechts nach dem WEG, BlGBW 1977, 124; *Zöll,* Das Dauerwohnrecht, BlGBW 1967, 129.

373 **a) Allgemeines, Begriff, Entstehung.** Das Dauerwohn- bzw Dauernutzungsrecht gemäß §§ 31 ff WEG ist aufgrund seines Inhalts mit der beschränkten persönlichen Dienstbarkeit verwandt. Es ähnelt dem Wohnungsrecht nach § 1093 BGB,[1056] unterscheidet sich aber von ihm dadurch, dass es **übertragbar**, **vererblich** (§ 33 Abs 1 S 1 WEG) und **bedingungsfeindlich** (§ 33 Abs 1 S 2 WEG) ist. Gemein mit dem Wohnungsrecht hat das Dauerwohn- bzw Dauernutzungsrecht den Ausschluss des Grundstückseigentümers an den dem Berechtigten zustehenden Räumlichkeiten. Dauerwohnrecht und Dauernutzungsrecht unterscheiden sich nur in der bei Begründung des Rechts zu treffenden Zweckbestimmung. Sollen die Räume zu Wohnzwecken dienen, dann Dauerwohnrecht; sollen sie in anderer Form genutzt werden (zB als Laden oder Büro), dann Dauernutzungsrecht. Es ist aber auch zulässig ein Dauerwohn- und Dauernutzungsrecht als Einheit zu bestellen.[1057] Bei Vermischung beider Formen entscheidet hinsichtlich der Zweckbestimmung die überwiegende. Was die rechtliche Behandlung anbelangt, besteht zwischen Dauerwohn- und Dauernutzungsrecht kein Unterschied, so dass im weiteren – falls nicht etwas besonders gilt – nur vom Dauerwohnrecht zu sprechen sein wird.

374 **Gegenstand** des Dauerwohnrechts ist regelmäßig eine Wohnung;[1058] es kann sich jedoch auf das gesamte Gebäude erstrecken[1059] oder bei einem Dauernutzungsrecht auf die Nutzung lediglich eines Raumes beschränken.[1060]

375 Das Dauerwohnrecht ist ein beschränktes dingliches Recht und kann als Grundstückbelastung zulässigerweise auf **unbestimmte Zeit oder befristet** bestellt werden (arg § 41 WEG). Möglich muss daher auch sein, mehrere befristete Dauerwohnrechte an ein und demselben Belastungsgegenstand zu bestellen, die in ihrer Aus-

---

1051 BGH Rpfleger 2007, 308.
1052 HM; vgl BGHZ 7, 268 = NJW 1952, 1375; BGHZ 8, 58 = NJW 1953, 140; BGH DNotZ 1954, 383 = LM BGB § 1093 Nr 3; BGH DNotZ 1972, 488 = Rpfleger 1972, 129. **AA** *Palandt-Bassenge* § 1093 BGB Rn 19; *Dammertz* MittRhNotK 1970, 105; *Riedel* Rpfleger 1966, 134 (Ruhen des Wohnrechts).
1053 LG Heilbronn BWNotZ 1975, 124.
1054 BGHZ 8, 58; BayObLG NJW 1956, 871, *Staudinger-Mayer* § 1093 BGB Rn 57.
1055 Vgl *Staudinger-Mayer* aaO.
1056 Vgl MüKo-*Röll* § 31 WEG Rn 4.
1057 BayObLG 1960, 231 = NJW 1960, 2100 = DNotZ 1960, 596 = Rpfleger 1961, 400.
1058 Zum Begriff s WEG-Richtlinien Ziffer 4.
1059 BGHZ 27, 158.
1060 LG Münster DNotZ 1953, 148 = MDR 1953, 175.

übung jeweils auf einen bestimmten Zeitraum eines jeden Kalenderjahres beschränkt sind.[1061] Verträge über die Teilzeitnutzung von Wohngebäuden, wonach einem Erwerber das Recht eingeräumt wird, auf die Dauer von mindestens 3 Jahren ein Wohngebäude für einen bestimmten Zeitabschnitt eines Jahres zu nutzen, unterliegen dem Gesetz über die Veräußerung von Teilzeitnutzungsrechten an Wohngebäuden.[1062] Erfasst wird davon auch der einem Dauerwohnrecht zugrunde liegende Vertrag.

Ansonsten aber ist die gleichzeitige Bestellung mehrerer Dauerwohnrechte an denselben Räumen ausgeschlossen. Nach überwiegender Rechtsansicht kann das Dauerwohnrecht auf Lebenszeit des Berechtigten, wie auch des Grundstückseigentümers beschränkt werden.[1063] Der Gesichtspunkt der Beleihungsfähigkeit, der einer Erbbaurechtsbestellung auf Lebenszeit entgegensteht, läuft hier leer, da das Dauerwohnrecht nur mit einem Nießbrauch (§ 1068 BGB) oder einem Pfandrecht (§ 1273 BGB), nicht jedoch mit einer Dienstbarkeit, einer Reallast, einem Vorkaufsrecht oder einem Grundpfandrecht belastet werden kann und damit als Beleihungsobjekt im üblichen Sinn ausscheidet. Ferner ist in der Befristung auf Lebenszeit kein Verstoß gegen den Grundsatz der Vererblichkeit des Dauerwohnrechts zu sehen, weil die Befristung auch die zeitlich unbestimmte Rechtsfolge mit einschließt, die an ein Ereignis anknüpft, dessen Eintritt ungewiss ist.[1064] Hinzu kommt letztlich, dass auch andere dingliche Rechte, die grundsätzlich vererblich sind, auf Lebenszeit des Berechtigten bestellt werden können (zB Grundpfandrechte), so dass sie nicht auf die Erben übergehen. Unzulässig ist dagegen, die Befristung eines Dauerwohnrechts auf die Laufzeit eines von den Beteiligten abgeschlossenen Mietvertrages abzustellen.[1065]

Zur **Entstehung** gelangt das Dauerwohnrecht vertraglich gemäß § 873 Abs 1 BGB durch formlose Einigung **376** und Grundbucheintragung. Im Falle der nach hM zulässigen Bestellung des Rechts für den Grundstückseigentümer selbst,[1066] genügt an Stelle der Einigung dessen einseitige Erklärung.

b) Belastungsgegenstand. Mit einem Dauerwohnrecht belastet werden kann ein Grundstück im Rechtssinne, **377** aber auch ein realer Teil eines Grundstücks, wenn die Voraussetzungen des § 7 Abs 2 GBO vorliegen. Belastbar sind ferner ein Erbbaurecht (§ 42 Abs 1 WEG), ein Wohnungs- oder Teileigentum[1067] sowie ein Wohnungs- oder Teilerbbaurecht. Ausgeschlossen ist dagegen die Belastung eines ideellen Miteigentumsbruchteils mit einem Dauerwohnrecht.[1068] Sofern sich die einem Dauerwohnrecht zugehörigen Räume über mehrere Grundstücke erstrecken und eine Einheit bilden, ist auch die Bestellung eines Gesamtdauerwohnrechts zulässig.[1069]

c) Berechtigter. Berechtigter kann eine natürliche oder juristische Person sein. Bei der Bestellung eines Dau- **378** erwohnrechts für mehrere ist sowohl eine Mitberechtigung zu Bruchteilen,[1070] als auch eine Gesamtberechtigung (zB als Gesellschafter des bürgerlichen Rechts nach §§ 705 ff BGB oder als Berechtigte nach § 428 BGB) möglich.[1071] Selbstverständlich kann ebenso für jeden Berechtigten ein besonderes Recht an den selben Räumen bei gleichem Rang bestellt werden. **Nicht zulässig** ist die Bestellung eines Dauerwohnrechts **zugunsten des jeweiligen Eigentümers** eines anderen Grundstücks.

d) Inhalt. Das Dauerwohnrecht beinhaltet die gesetzlich bestimmte Befugnis, die von ihm erfassten Räume **379** unter Ausschluss des Eigentümers zu nutzen (§ 31 Abs 1 WEG) und die zum gemeinschaftlichem Gebrauch bestimmten Teile, Anlagen und Einrichtungen des Gebäudes und Grundstücks mitzubenutzen (§ 33 Abs 3 WEG), soweit nicht etwas anderes vereinbart ist.

1061 Zum sog »Timesharing« s *Hoffmann* MittBayNot 1987, 177; *Gralka* NJW 1987, 1997; *Schmidt* WEG 1987, 119; *Hildenbrand* NJW 1995, 2967 und 1996, 3249; *Mäsch* DNotZ 1997, 180. **AA** OLG Stuttgart DNotZ 1987, 631 = NJW 1987, 2032 = Rpfleger 1987, 107 mit unzutreffenden Auslegungsargumenten.
1062 Teilzeit-WohnrechtG v 20.12.1996, BGBl I S 2154.
1063 MüKo-*Röll* Rn 3; *Palandt-Bassenge* Rn 2, 3 je zu § 33 WEG; OLG Celle Rpfleger 1964, 213; *Diester* NJW 1963, 183 und Rpfleger 1965, 216; *Klingenstein* BWNotZ 1965, 228; *Marshall* DNotZ 1962, 361, **aA** OLG Neustadt DNotZ 1962, 221 = NJW 1961, 1974 = Rpfleger 1962, 22; BGB-RGRK-*Pritsch* Rn 5, *Soergel-Stürner* Rn 5, *Weitnauer* Rn 3 je zu § 33 WEG; *Böttcher* MittRhNotK 1987, 219.
1064 BGHZ 52, 219 = BGH MDR 1980, 41.
1065 *Hoche* DNotZ 1953, 154.
1066 BayObLG 1997, 164 = DNotZ 1997, 374; OLG Düsseldorf DNotZ 1958, 423 = NJW 1957, 1194; *Palandt-Bassenge* Rn 6, *Soergel-Stürner* Rn 3, *Bärmann-Pick-Merle* Rn 49 je zu § 31 WEG; *Weitnauer* DNotZ 1958, 352; *Diester* Rpfleger 1965, 217.
1067 BGH DB 1979, 545; *Palandt-Bassenge* Rn 4, *Soergel-Stürner* Rn 2, *Bärmann-Pick-Merle* Rn 31 je zu § 31 WEG.
1068 BayObLGZ 1957, 102 (110) = NJW 1957, 1840.
1069 LG Hildesheim NJW 1960, 49; *Hampel* Rpfleger 1961, 129; LG München I DNotZ 1973, 417 m Anm *Walberer* MittBayNot 1973, 97 = Rpfleger 1973, 141; *Schöner/Stöber* Rn 3003; *Palandt-Bassenge* Rn 4, *Soergel-Stürner* Rn 3 und jetzt wohl auch *Bärmann-Pick* Rn 18 je zu § 31 WEG; *Böttcher* MittBayNot 1993, 129 zu IV 5.
1070 BGHZ 130, 150 = NJW 1995, 2637 = WM 1995, 1632.
1071 Vgl *Bärmann-Pick* § 31 WEG Rn 15. **AA** *Palandt-Bassenge* § 31 WEG Rn 5, der Gesamtberechtigung iS von § 428 BGB für nicht zulässig hält.

380   Mit dinglicher Wirkung gegenüber Sonderrechtsnachfolgern können durch Eintragung in das Grundbuch als Inhalt des Dauerwohnrechts zwischen dem Grundstückseigentümer und dem Berechtigten Vereinbarungen getroffen werden über **Art und Umfang der Nutzungen**, wie zB Vermietung nur mit Zustimmung des Eigentümers,[1072] Ausschluss einer bestimmten Nutzungsart oder Einschränkung des gemeinschaftlichen Mitgebrauchs, über **Instandhaltung und Instandsetzung** von Gebäudeteilen mit möglichen Verpflichtungen zur Unterhaltung des dem gemeinschaftlichen Gebrauchs unterliegenden Eigentums und der Vornahme außergewöhnlicher Ausbesserungen und Erneuerungen,[1073] über die **Tragung von Grundstückslasten**, wie Grundsteuern oder Zinsleistungen für Grundpfandrechte, über die **Versicherung des Gebäudes** und seinen Wiederaufbau im Falle der Zerstörung sowie über das Recht des Eigentümers, bei Vorliegen bestimmter Voraussetzungen **Sicherheitsleistung** zu verlangen (§ 33 Abs 4 Ziff 1–5 WEG).

381   Zum dinglichen Inhalt des Dauerwohnrechts kann auch die Bindung des Berechtigten an die **Zustimmung** des Eigentümers oder eines Dritten **bei Veräußerung** gemacht werden (§ 35 WEG). Durch die entsprechende Anwendung von § 12 WEG ist das Zustimmungserfordernis auch lediglich auf bestimmte Veräußerungsfälle beschränkbar. Andererseits kann die Zustimmung zur Veräußerung analog § 12 Abs 2 S 1 WEG nur aus einem wichtigen Grund versagt werden. Deshalb ist ein völliges Verbot der Veräußerung ausgeschlossen.[1074]

382   Weiter ist als Inhalt vereinbar, die Verpflichtung des Berechtigten, das Dauerwohnrecht beim Eintritt bestimmter Voraussetzungen, wie zB der Pfändung des Rechts, der Insolvenz oder bei groben Pflichtverletzungen des Dauerwohnberechtigten, auf den Eigentümer oder einen von ihm bezeichneten Dritten zu übertragen (**Heimfall**, § 36 Abs 1 WEG). Darüber hinaus können dafür, dass vom Heimfallanspruch Gebrauch gemacht wird, Vereinbarungen über die Gewährung einer Entschädigung, ihre Berechnung oder Höhe oder Art der Zahlung getroffen werden (§ 36 Abs 4 WEG). Für ein langfristiges Dauerwohnrecht, also ein zeitlich unbegrenztes oder für ein über einen Zeitraum von mehr als 10 Jahren eingeräumtes Recht, ist die **Entschädigungspflicht** bei Geltendmachung des Heimfallanspruchs nach § 41 Abs 3 WEG nicht abdingbar.[1075]

383   Als Inhalt kann ferner festgelegt werden, dass das Dauerwohnrecht im Falle der Zwangsversteigerung des Grundstücks abweichend vom Deckungsgrundsatz des § 44 ZVG auch dann bestehen bleiben soll, wenn der Gläubiger eines dem Dauerwohnrecht im Rang vorgehenden oder gleichstehenden Grundpfandrechts oder einer Reallast die Zwangsversteigerung betreibt (§ 39 Abs 1 WEG). Eine diesbezügliche Vereinbarung bedarf aber zu ihrer Wirksamkeit gemäß § 39 Abs 2 WEG der Zustimmung dieser Gläubiger.

384   Letztlich ist als Inhalt vereinbar, dass (Voraus-) Verfügungen (zB Zahlung, Abtretung, Pfändung) über den Anspruch auf das Entgelt für das Dauerwohnrecht, wenn es in wiederkehrenden Leistungen bedungen ist, gegenüber einem dem Dauerwohnrecht vorgehenden oder gleichstehenden Grundpfandrechts- oder Reallastgläubiger wirksam sind, auch wenn es sich dabei um über den Rahmen des ansonsten für Mietzinsforderungen geltenden § 1124 BGB hinausgehende Verfügungen handelt (§ 40 Abs 2 S 1 WEG).[1076] Jedoch bedarf es auch hier zur Wirksamkeit der Zustimmung dieser Gläubiger (§ 40 Abs 2 S 2 WEG iVm § 39 Abs 2 WEG). Nach hM soll auch eine einschränkende Vereinbarung, dass Vorauszahlungen eines in wiederkehrenden Leistungen bestehenden Entgelts, den vor- oder gleichstehenden Grundpfandrechts- oder Reallastgläubigern und dem Zwangsverwalter gegenüber ganz oder teilweise unwirksam sein sollen, zulässig sein.[1077] Nicht Rechtsinhalt eines Dauerwohnrechts kann die Verpflichtung zur Bezahlung eines Entgelts für seine Bestellung sein.[1078]

385   **e) Eintragung und ihre Voraussetzungen.** Das Dauerwohnrecht ist in Abteilung 2 des Grundbuchs einzutragen. Neben dem Antrag (§ 13 GBO) bedarf es einer Eintragungsbewilligung des Betroffenen (§ 19 BGO), die der Form des § 29 GBO zu entsprechen hat. Der Eintragungsbewilligung sind gemäß § 32 Abs 2 S 2 WEG aus den gleichen Erwägungen wie bei der Begründung von Wohnungseigentum nach § 7 Abs 4 WEG ein **Aufteilungsplan**[1079] und eine **Abgeschlossenheitsbescheinigung**[1080] der Baubehörde beizufügen. Soweit die Landesregierungen entsprechende Rechtsverordnungen erlassen bzw ihre Ermächtigung auf die Landesbauverwaltungen übertragen, kann statt der Baubehörde der Aufteilungsplan und die Abgeschlossenheit von einem öffentliche bestellten oder anerkannten Sachverständigen für das Bauwesen ausgefertigt und bescheinigt werden (s. § 32 Abs 2 Nr 2 S 4–7 WEG). Keine Eintragungsvoraussetzung ist, dass das Gebäude mit den Räumlichkeiten bereits errichtet ist (vgl § 31 Abs 1 S 1 WEG jeweils am Ende). Soweit das Dauerwohnrecht befristet bestellt

---

1072 BayObLGZ 1959, 520 = DNotZ 1960, 540 = NJW 1960, 1155.
1073 *Bärmann-Pick-Merle* § 33 WEG Rn 133.
1074 *Soergel-Stürner* § 35 WEG Rn 1.
1075 BGHZ 27, 158; *Dammertz* MittRhNotK 1970, 124; *Diester* Rpfleger 1967, 278. **AA** OLG Celle NJW 1960, 2293.
1076 Vgl *Soergel-Stürner* § 40 WEG Rn 3.
1077 *Bärmann-Pick-Merle* § 40 WEG Rn 44.
1078 *Palandt-Bassenge* § 31 WEG Rn 8; *Soergel-Stürner* § 33 WEG Rn 12; *Schöner/Stöber* Rn 3004.
1079 S BayObLGZ 1997, 163 zu den Anforderungen, wenn das Dauerwohnrecht an einer bestimmten Wohnung bestellt wird, mit dem Ziel der Mitbenutzung gemeinschaftlicher Einrichtungen und Anlagen.
1080 S dazu *Lotter* MittBayNot 1999, 354.

wird (eine Bedingung kommt nach § 33 Abs 1 S 2 WEG nicht in Betracht), muss die **Befristung** als solche unmittelbar aus dem Eintragungsvermerk ersichtlich sein. Eine Bezugnahme auf die Eintragungsbewilligung ist diesbezüglich nur zur näheren Bestimmung der Befristung möglich.[1081] Was den Gegenstand des Dauerwohnrechts und die Vereinbarungen über dessen Inhalt anbelangt, ist in Erweiterung des § 874 BGB nach § 32 Abs 2 S 1 WEG zur näheren Bezeichnung die Eintragung unter Bezugnahme auf die Eintragungsbewilligung zulässig. Dies würde auch für die Eintragung einer **Veräußerungsbeschränkung** nach § 35 WEG zutreffen, weil insoweit § 3 Abs 2 WGV keine Anwendung findet. Aus Gründen der Rechtssicherheit erscheint es jedoch zweckmäßig, den wesentlichen Inhalt einer Veräußerungsbeschränkung unmittelbar im Grundbuch zu vermerken.[1082] Die Regelung des § 33 Abs 3 WEG legt dem GBA die Prüfungspflicht auf, dass zu den in § 33 Abs 4 Nrn 1 bis 4 WEG bezeichneten Angelegenheiten, über die **Voraussetzungen** des Heimfalls (§ 36 Abs 1 WEG) und über die **Entschädigung beim Heimfall** (§ 36 Abs 4 WEG) Vereinbarungen getroffen sind. Strittig ist, ob das Zustandekommen dieser Vereinbarungen in der Form des § 29 GBO dem GBA nachgewiesen werden muss[1083] oder nur kann.[1084] Meines Erachtens besteht insoweit ein zwingendes Prüfungsgebot, ungeachtet des ansonsten geltenden formellen Konsensprinzips.[1085] Mit der Formulierung des Gesetzgebers in § 32 Abs 3 WEG »... soll ... ablehnen« wollte dieser jedoch, ähnlich wie für das Erfordernis der Abgeschlossenheit von Räumlichkeiten bei Begründung von Wohnungseigentum gem § 3 Abs 2 S 1 WEG, das Fehlen nicht mit der materiellen Unwirksamkeitsfolge belegen, falls etwas übersehen wird. Das ändert aber nichts daran, dass das GBA die Eintragung bei fehlendem Nachweis abzulehnen hat. Kein Ablehnungsgrund besteht, wenn über den Heimfallanspruch nichts gesagt ist. Nur wenn ein solcher nach § 36 Abs 1 WEG begründet wurde, muss das GBA seiner Prüfungspflicht gemäß § 32 Abs 3 WEG nachkommen.[1086] Bei einem langfristigen Dauerwohnrecht ist für den Fall, dass ein Heimfallanspruch vereinbart wurde, der Entschädigungsanspruch nicht abdingbar (§ 41 Abs 3 WEG) und daher regelungsbedürftig.[1087]

Das **Fortbestehen** des Dauerwohnrechts **gemäß § 39 WEG** im Falle der Zwangsversteigerung des Grundstücks außerhalb der gesetzlichen Folge des § 44 ZVG ist als Inhalt des Rechts durch Bezugnahme auf die Eintragungsbewilligung bereits vor Zustimmung der nach § 39 Abs 2 WEG zustimmungspflichtigen Grundpfandrechtsgläubiger oder Reallastberechtigten eintragbar.[1088] Die **Zustimmung** eines Gläubigers ist außerdem **bei** seinem, dem Dauerwohnrecht, **vor- oder gleichstehenden Recht zu vermerken.**[1089] Für Vereinbarungen im Rahmen des § 40 Abs 2 WEG, dass Vorausverfügungen in einem weitergehenden Umfang vor- oder gleichstehenden Grundpfandrechts- und Reallastgläubigern gegenüber wirksam sein sollen, gelten die zur Eintragung einer Vereinbarung nach § 39 WEG dargelegten Grundsätze entsprechend. Zulässigerweise bei einem Dauerwohnrecht eingetragen werden kann ferner eine Veräußerungsbeschränkung nach § 75 BVG.[1090] **386**

Der bei einem **langfristigen Dauerwohnrecht** nach § 41 Abs 2 WEG kraft Gesetzes bestehende schuldrechtliche **Löschungsanspruch** auf Löschung vorgehender und gleichstehender Grundpfandrechte (also auch Grund- und Rentenschulden; hM) bedarf zur Wirksamkeit gegenüber Dritten der Eintragung einer **Löschungsvormerkung** (§ 1179 BGB).[1091] Ein Ausschluss des Löschungsanspruchs durch Vereinbarung zeitigt auch ohne Grundbucheintragung gegenüber einem Rechtsnachfolger des Dauerwohnrechts Wirkung, weil dieser einen nicht mehr bestehenden Anspruch auch nicht über §§ 892, 893 BGB gutgläubig erwerben kann.[1092] **387**

Zur Sicherung der Zweckbestimmung von Gebieten mit Fremdenverkehrsfunktion kann für die Begründung eines Dauerwohnrechts eine **Genehmigung nach § 22 BauGB** erforderlich sein. **388**

f) Erlöschen. Das Dauerwohnrecht erlischt durch Aufhebungserklärung des Berechtigten und Löschung im GB, im Falle seiner Befristung mit Zeitablauf sowie im Falle der Zwangsversteigerung des belasteten Grundstücks, wenn es dem betreibenden Gläubiger im Range nachgeht und keine abweichende Regelung gemäß § 39 WEG vorliegt (§ 91 Abs 1 ZVG). Wird das belastet Grundstück geteilt, so erlischt das Dauerwohnrecht an der verselbständigten Teilfläche in analoger Anwendung von § 1026 BGB, sofern die weggemessene unbebaute **389**

1081 *Weitnauer-Hauger* § 32 WEG Rn 5; KG DNotZ 1956, 556.
1082 Ebenso *Bärmann-Pick-Merle* Rn 4, *Weitnauer-Hauger* Rn 2 je zu § 35 WEG; *Schöner/Stöber* Rn 3001.
1083 OLG Düsseldorf DNotZ 1978, 354 = Rpfleger 1977, 446.
1084 *Weitnauer-Hauger* § 32 WEG Rn 7.
1085 So auch *Bärmann-Pick* § 32 WEG Rn 10.
1086 BayObLGZ 1954, 67 = DNotZ 1954, 391 = NJW 1954, 959 = Rpfleger 1954, 407; ausführlich *Riedel* Rpfleger 1966, 226.
1087 BGHZ 27, 158 aaO (Fn 1058).
1088 OLG Schleswig SchlHA 1962, 146.
1089 LG Hildesheim Rpfleger 1966, 116 mit zust Anm *Diester.*
1090 BayObLGZ 1956, 78.
1091 Vgl *Palandt-Bassenge* Rn 2, *Soergel-Stürner* Rn 2 je zu § 41 WEG.
1092 **AA** *Bärmann-Pick* § 41 WEG Rn 5, der für die dingliche Wirkung verlangt, dass dies grundbuchkundig gemacht wird.

Fläche nicht der Mitbenutzung des Berechtigten unterliegt.[1093] Kein Erlöschensgrund ist die Zerstörung des Gebäudes.[1094] Ein Anspruch auf Wiedererrichtung ergibt sich aber nur, wenn der Grundstückseigentümer sich dazu verpflichtet hat (vgl § 33 Abs 4 Nr 4 WEG).[1095] Ebenso wenig erlischt das Dauerwohnrecht mit seinem Heimfall (vgl § 36 Abs 1 WEG) oder im Falle der Vereinigung von Dauerwohnrecht und Eigentum in einer Person (§ 889 BGB).

9. Reallast

Schrifttum

Amann, Die Anpassung von Reallastleistungen gemäß § 323 ZPO, MittBayNot 1979, 219; *ders,* Durchsetzung der Reallast ohne Verlust der Reallast, DNotZ 1993, 222; *ders* Durchsetzung der Reallast ohne Verlust der Reallast auch nach dem Beschluss des BGH v. 02.10.2003, DNotZ 2004, 599; *Beyerle,* Ertragsbeteiligung als dingliches Recht, JZ 1955, 257; *Böttcher,* »Begleitschutz« für die Reallast?, ZfIR 2007, 791; *ders,* Unterschiedliche Rangverhältnisse innerhalb einer Reallast, RpflStud 2005, 24; *Buschmann,* Gemeinschaftsanlagen in Wohnungsgroßbauten als Reallast? BlGBW 1973, 15; *Dümchen,* Schuld und Haftung bei den Grundpfandrechten. Die Reallasten, JherJB 1954, 418; *Dümig,* Spaltung einer Reallast in Stammrecht und Einzelleistungen, MittBayNot 2004, 153; *Eickmann,* Der Rang der Reallast, NotBZ 2004, 262; *v. Hertzberg,* Sicherung von Geldleistungen bei Rentenkaufverträgen und Übertragungsverträgen über Grundstücke, MittRhNotK 1988, 55; *Joost,* Verewigung ausschließlicher Bezugsbindungen durch dingliche Lasten?, JZ 1979, 467; *Kirchner,* Zulässigkeit der subjektiv-persönlichen Eigentümer-Reallast, MittBayNot 1972, 53; *Linde,* Wärmelieferungsverträge und ihre dingliche Sicherung, BWNotZ 1980, 29; *v. Lübtow,* Die Struktur der Pfandrechte und Reallasten, Festschrift für Lehmann (1956) 328; *Müller-Frank,* Die dingliche und vollstreckungsfähige Sicherung von Wertsicherungsklauseln, MittRhNotK 1975, 355; *Reul,* Aufhebung der Genehmigungspflicht bei Wertsicherungsklauseln – Da neue Preisklauselgesetz, MittBayNot 2007, 445; *Riggers,* Die Ablösung alter Reallasten in Niedersachsen nach dem Reallastengesetz v. 17.05.1967, JurBüro 1968, 354; *Ripfel,* Zur Eintreibbarkeit der Rente beim Verkauf auf Rentenbasis, DNotZ 1969, 84; *v. Schwind,* Die Reallastenfrage, JherJB 1933, 1; *Seehusen,* Zum Niedersächsischen Reallastengesetz, RdL 1968, 116; 1971, 309; *Stöber,* Fortbestehen einer Reallast und eines Grundpfandrechts bei Zwangsversteigerung auf Antrag des Berechtigten, NotBZ 2004, 265; *Wilsch,* Immobiliarrechtliche Aspekte des neuen Preisklauselgesetzes, NotBZ 2007, 431.

390 **a) Reallast nach §§ 1105 ff BGB. aa) Allgemeines, Begriff, Entstehung.** Die Reallast als dingliches Recht, kraft dessen wiederkehrende Leistungen aus einem Grundstück verlangt werden können, gehört zu den Verwertungsrechten[1096] und entsteht durch Einigung und Eintragung (§ 873 BGB). Sie verleiht dem Berechtigten kein unmittelbares Nutzungsrecht am Belastungsgegenstand. Die Formulierung im Gesetz »... aus dem Grundstück ...« bedeutet nur, dass dieses für die Erfüllung der Leistungen haftet. Bedingung[1097] und Befristung[1098] sind zulässig und dies unmittelbar im GB kenntlich zu machen. Die Erbringung einer Gegenleistung kann Bedingung sein;[1099] eine nur schuldrechtliche Verknüpfung von Reallast und Gegenleistung ist ebenso möglich. Die Bestellung zugunsten eines Dritten, dh einem nicht an der Einigung nach § 873 Abs 1 BGB Beteiligten, scheidet aus, da dingliche Verträge zugunsten Dritter nicht geschlossen werden können;[1100] aber für das GBA kann es wegen des formellen Konsensprinzips im Einzelnen unerkennbar bleiben, ob der in der Bewilligung genannte Berechtigte ein »Dritter« (dh an der Einigung Unbeteiligter) ist.[1101]

391 **bb) Belastungsgegenstand.** Mit der Reallast sind ganze Grundstücke, Erbbaurechte, Wohnungs- und Teileigentumsrechte,[1102] ideelle Miteigentumsanteile und reale Grundstücksteile belastbar. An einem Gesamthandsanteil (zB Miterbenanteil, § 2033 BGB; Gesellschaftsanteil, § 719 Abs 1 BGB) ist die Eintragung einer Reallast nicht möglich. Ein ideeller Miteigentumsanteil kann grundsätzlich nur als Anteil eines Miteigentümers, aber nicht durch den Alleineigentümer des Grundstücks belastet werden (§ 1106 BGB), es sei denn der Miteigen-

---

1093 BayObLG NJW-RR 1996, 39.
1094 *Palandt-Bassenge* Rn 6, *Soergel-Stürner* Rn 8 je zu § 31 WEG.
1095 *Weitnauer* § 31 WEG Rn 10. **AA** *Palandt-Bassenge* Rn 6, *Soergel-Stürner* Rn 8 je zu § 31 WEG, die von einem Anspruch auf Wiederaufbau auch ohne besondere Vereinbarung ausgehen.
1096 BGH Rpfleger 1978, 207; *Schöner/Stöber* Rn 1287; *MüKo-Joost* § 1105 Rn 5; *Staudinger-Amann* Einl zu §§ 1105–1112 Rn 23; § 1105 Rn 11.
1097 *Schöner/Stöber* Rn 1306; *MüKo-Joost* Rn 41, *Staudinger-Amann* Rn 17 je zu § 1105 BGB.
1098 RGZ 85, 244, 247; KG KGJ 21 A 312, 314; OLG Schleswig DNotZ 1975, 720; *Schöner/Stöber* aaO; *MüKo-Joost* § 1105 BGB Rn 12; *Staudinger-Amann* aaO (Fn 1080).
1099 Vgl BGH NJW 1962, 2249; LG Köln MittRhNotK 1969, 654 = DNotZ 1970, 568 (Ls); *Schöner/Stöber* 1307; *MüKo-Joost* Rn 19, *Staudinger-Amann* Rn 15 je zu § 1105 BGB.
1100 Vgl BGH DNotZ 1995, 494 = NJW 1993, 2617 (*Reithmann*); BGHZ 41, 95 = DNotZ 1965, 612 = MDR 1965, 564 = Rpfleger 1965, 223; RGZ 148, 263; OLG Oldenburg DNotZ 1968, 308; *Schöner/Stöber* Rn 1294; *RGRK-Rothe* Rn 7 (mit Nachweis d Gegenmeinungen) und *Staudinger-Amann* Rn 6 je zu § 1105 BGB.
1101 Vgl OLG Köln DNotZ 1966, 607 = OLGZ 66, 231.
1102 OLG Düsseldorf DNotZ 1977, 305, 307; *Bärmann-Pick-Merle* § 1 Rn 107; § 7 WEG Rn 30; *Schöner/Stöber* Rn 1289; *Staudinger-Amann* § 1105 BGB Rn 1.

tumsanteil ist nach § 3 Abs 6 GBO zugebucht.[1103] Bei Belastung eines realen Grundstücksteils braucht dieser nicht abgeschrieben zu werden, wenn keine Verwirrung zu besorgen ist (§ 7 Abs 2 GBO). Zuschreibung und Vereinigung (§ 890 BGB) führen keine Erstreckung der Reallast auf das hinzukommende Grundstück herbei.[1104] Im Falle einer Bestandteilszuschreibung ist § 1131 BGB nicht anwendbar.[1105] Gesamtreallasten sind zulässig, wenn die Leistungen aus allen belasteten Grundstücken zu erbringen sind.[1106]

cc) Berechtigter. Die Reallast ist als subjektiv-persönliches (§ 1105 Abs 1 BGB) wie auch als subjektiv-dingliches (§ 1105 Abs 2 BGB) Recht bestellbar. **392**

Als subjektiv-persönliches Recht kann die Reallast jeder juristischen oder natürlichen Person oder Personenmehrheit sowie jeder Handelsgesellschaft zustehen, auch dem Eigentümer selbst.[1107] Für **Personenmehrheiten** kommen als Formen der gemeinschaftlichen Berechtigung die Gesamtgläubigerschaft nach § 428 BGB,[1108] die Gesellschaft bürgerlichen Rechts und für Ehegatten die Gütergemeinschaft[1109] in Frage, bei teilbaren Leistungen auch die Bruchteilsgemeinschaft.[1110] Dieselbe Reallast kann auch für mehrere Personen so begründet werden, dass sie nacheinander Rechtsinhaber werden.[1111] Ebenso ist die Bestellung mehrerer Reallasten für je verschiedene Berechtigte (gleichrangig oder im Range nacheinander) zulässig,[1112] auch in der Weise, dass das Recht des einen durch das Erlöschen des Rechts eines anderen aufschiebend bedingt ist.[1113] **393**

Die subjektiv-persönliche Reallast ist grundsätzlich **übertragbar**, soweit nicht der Anspruch auf die einzelnen Leistungen unübertragbar ist (§ 1111 Abs 2 BGB), was bei Leibrenten die Regel darstellt. **394**

Berechtiger der subjektiv-dinglichen Reallast kann der jeweilige Eigentümer eines anderen Grundstücks, der jeweilige Erbbauberechtigte oder der jeweilige Inhaber eines Wohnungs- oder Teileigentumsrechts sein,[1114] nicht dagegen ein jeweiliger Miteigentümer eines Grundstücks.[1115] Für den jeweiligen Eigentümer eines realen Grundstücksteils ist die Bestellung einer Reallast nur zulässig, wenn der Grundstücksteil gemäß § 7 Abs 1 GBO abgeschrieben wird, da § 7 Abs 2 GBO nur für einen belasteten Teil gilt.[1116] Zulässig ist ferner die einer **Mehrheit von jeweiligen Eigentümern** anderer Grundstücke zustehende subjektiv-dingliche Reallast, wie § 1109 Abs 1 BGB beweist.[1117] Das Gemeinschaftsverhältnis ist bei teilbaren Leistungen die Bruchteilsgemeinschaft,[1118] bei unteilbaren Leistungen das in § 432 BGB beschriebene (§ 1109 Abs 1 S 2 BGB).[1119] Eine subjektiv-dingliche Reallast kann auch für den Eigentümer des belasteten Grundstücks bestellt werden, wenn er zugleich Eigentümer des begünstigten ist.[1120] Die subjektiv-dingliche Reallast ist Bestandteil des begünstigten Grundstücks (§ 96 BGB) und nur mit dem Eigentum an diesem, aber nicht selbständig übertragbar und vererblich. Sie kann auch nicht gepfändet werden (§ 851 Abs 1 ZPO).[1121] **395**

1103 BayObLG DNotZ 1976, 28 = Rpfleger 1975, 90; OLG Köln Rpfleger 1981, 481.
1104 OLG Königsberg OLG 11, 332, 333; *Schöner/Stöber* Rn 1311, 1312; *Soergel-Stürner* § 1106 BGB Rn 1; *Staudinger-Amann* § 1107 BGB Rn 7.
1105 OLG Königsberg aaO (Fn 1087); KEHE-*Eickmann* § 6 Rn 26; *Palandt-Bassenge* Rn 4, *Staudinger-Amann* Rn 4 je zu § 1106 BGB. **AA** MüKo-*Joost* § 1105 BGB Rn 34; *Soergel-Stürner* § 1107 BGB Rn 2.
1106 BayObLG MDR 1981, 759 = MittRhNotK 1981, 188 = Rpfleger 1981, 353; OLG Hamm DNotZ 1976, 229 (Alteneil); OLG Oldenburg Rpfleger 1978, 411; *Schöner/Stöber* Rn 1290; MüKo-*Joost* Rn 34, *Staudinger-Amann* Rn 2 je zu § 1105 BGB; *Hampel* Rpfleger 1962, 126 mwN.
1107 Vgl *Schöner/Stöber* Rn 1292; MüKo-*Joost* § 1105 BGB Rn 33, *Staudinger-Amann* Rn 5 je zu § 1105 BGB.
1108 BGHZ 46, 253, 255 aaO (Fn 1005); BayObLGZ 1975, 191, 194 = DNotZ 1975, 619 = Rpfleger 1975, 300; OLG München DNotZ 1939, 359 = NFG 18, 132; *Schöner/Stöber* Rn 1293; MüKo-*Joost* Rn 31, *Staudinger-Amann* Rn 3 je zu § 1105 BGB.
1109 BayObLGZ DNotZ 1968, 493; BayObLGZ 1965, 267 = DNotZ 1966, 174 = Rpfleger 1966, 367; OLG Oldenburg DNotZ 1969, 46; *Schöner/Stöber* aaO; *Staudinger-Amann* aaO (Fn 1091).
1110 *Schöner/Stöber* aaO; RGRK-*Rothe* § 1105 BGB Rn 7; *Staudinger-Amann* aaO (Fn 1091).
1111 Vgl BayObLGZ 1958, 161 = DNotZ 1958, 639 = NJW 1958, 1917; OLG Köln DNotZ 1966, 607 = OLGZ 1966, 231; OLG Oldenburg DNotZ 1968, 308.
1112 OLG Colmar OLG 18, 156; *Schöner/Stöber* Rn 1293; *Staudinger-Amann* § 1105 BGB Rn 3; ausführlich *Amann* MittBayNot 1990, 225.
1113 BGHZ 41, 95 = DNotZ 1965, 612 = MDR 1965, 564; MüKo-*Joost* § 1105 BGB Rn 31.
1114 OLG Düsseldorf DNotZ 1977, 305; *Schöner/Stöber* Rn 1289. *Staudinger-Amann* § 1105 BGB Rn 4.
1115 BayObLGZ 1990, 212, 215 = DNotZ 1991, 398 = Rpfleger 1990, 507; *Schöner/Stöber* Rn 1291; *Staudinger-Amann* aaO (Fn 1097).
1116 KG JFG 53, 170, 171; *Schöner/Stöber* aaO (Fn 1098); *Staudinger-Amann* aaO (Fn 1097).
1117 *Schöner/Stöber* Rn 1293; *Staudinger-Amann* aaO (Fn 727); *Herget* NJW 1966, 1061.
1118 *Schöner/Stöber* aaO (Fn 1100); RGRK-*Rothe* § 1105 BGB Rn 7; *Staudinger-Amann* aaO (Fn 1097).
1119 BGHZ 1973, 211 = DNotZ 1979, 499 = Rpfleger 1979, 56.
1120 BGH MittBayNot 1984, 126, 127; *Schöner/Stöber* Rn 1292; MüKo-*Joost* Rn 33, *Staudinger-Amann* Rn 5 je zu § 1105 BGB.
1121 RG 12, 200; *Stöber* Forderungspfändung Rn 1735.

396 Eine **Umwandlung** einer subjektiv-persönlichen Reallast in eine subjektiv-dingliche ist **nicht möglich** (§ 1111 Abs 1 BGB). Ebenso wenig kann eine subjektiv-dingliche Reallast in eine subjektiv-persönliche umgewandelt werden (§ 1110 BGB).

397 **dd) Inhalt.** Die nicht notwendigerweise regelmäßig und in gleicher Art oder Höhe[1122] zu erbringenden **wiederkehrenden Leistungen** können in Geld (zB Zahlung einer Leibrente), Naturalien (zB Lieferung von Energie) oder Diensten (zB Pflegeverpflichtungen oder die Unterhaltung von Anlagen) bestehen.[1123] Als **Natural- oder Dienstleistungen** müssen sie **in Geld umrechenbar** sein,[1124] weil ihre Verwertung durch Zwangsvollstreckung in das Grundstück dem Berechtigten nur das Recht gibt, eine Geldleistung zu fordern. Die Leistungen müssen ferner einen zivilrechtlichen und dürfen keinen öffentlich-rechtlichen Inhalt[1125] haben. Dass sie aus dem belasteten Grundstück infolge dessen Beschaffenheit erbracht werden können, ist nicht erforderlich.[1126] **Nur aktive Leistungen**, nicht dagegen Duldung oder Unterlassung können Inhalt einer Reallast sein.[1127] Deshalb kann der Verzicht auf Ersatz von Wildschäden nicht zum dinglichen Inhalt einer Reallast gemacht werden.[1128] Die Gewährung (zur Verfügung stellen) von Wohnraum bei der Wohnungsreallast ist dagegen eine positive Leistung im Sinne von § 1105 Abs 1 S 1 BGB. Eine **einmalige Leistung** kann nicht allein,[1129] aber zusammen mit wiederkehrenden Leistungen, zu denen sie in sachlicher Beziehung steht, zum Inhalt einer Reallast gemacht werden (zB Beerdigungskosten im Rahmen eines Altenteils).[1130]

398 Weitere Voraussetzung ist, dass die Leistung dem **Berechtigten** zusteht und an ihn, nicht an Dritte zu erbringen ist.[1131] Die Versicherung eines Gebäudes (Prämienzahlung) oder die Reinigung oder Unterhaltung einer Straße kann daher nicht Inhalt einer Reallast sein.

399 Der **Geldwert der Leistungen muss** zwar nicht bestimmt, zumindest aber dem Umfang nach **bestimmbar sein.**[1132] Dies folgt nunmehr bereits aus der Regelung des § 1105 Abs 1 S 2 BGB,[1133] der ausdrücklich eine Anpassung der Leistungen bei entsprechenden Vereinbarungen als Inhalt einer Reallast zulässt. Hierzu bedarf es objektiver, feststellbarer und dauerhafter Wertmaßstäbe, wobei auch außerhalb der Eintragungsbewilligung oder der GB-Eintragung liegende Umstände heranziehbar sind.[1134] Entscheidend und maßgeblich ist insoweit die Erkennbarkeit der höchstmöglichen Belastung des Grundstücks für jeden Dritten und die Bestimmbarkeit des Umfangs der Haftung zu einem bestimmten Zeitpunkt.[1135] Werden daher als Inhalt einer Reallast die Kosten des Betriebs, der Wartung und Unterhaltung/Instandhaltung einschließlich Schönheitsreparaturen angegeben, so lässt sich die höchstmögliche Belastung hinreichend deutlich daran messen, welche Kosten im »ungünstigsten« Fall im Laufe eines Jahres aufgewendet werden müssen.[1136] Der Begriff »standesgemäßer Unterhalt«, der früher einmal für ausreichend angesehen wurde,[1137] kann dagegen den Anforderungen an die Bestimmbarkeit der Leistungen nicht mehr genügen. Dies wäre nur dann ausreichend, wenn zumindest das Höchstmaß der Verpflichtung feststeht oder die zur Anwendung kommenden Bemessungsgrundlagen in der Eintragungsbewilligung bezeichnet sind.[1138] Bloßes Ermessen der Beteiligten oder Dritter genügt nicht.[1139]

1122 BGH DNotZ 1975, 155 = Rpfleger 1975, 56, KG KGJ 22, 305; 51, 268; *Schöner/Stöber* Rn 1301; *Staudinger-Amann* § 1105 BGB Rn 10. **AA** MüKo-*Joost* § 1105 BGB Rn 11 mit der Begründung, Ungleichartigkeit schließe Wiederkehr aus.

1123 *Schöner/Stöber* Rn 1296; MüKo-*Joost* § 1105 BGB Rn 8.

1124 BGHZ 130, 342 = DNotZ 1996, 93 = NJW 1995, 2780 = Rpfleger 1996, 61; BayObLGZ 1959, 301 = DNotZ 1960, 147 = MDR 1960, 50 = Rpfleger 1960, 402.

1125 BayObLG 8, 87 (Kirchentrachten); 6, 685 (Zuchtstierhaltung).

1126 OLG Celle DNotZ 1952, 482; 1955, 316; OLG Schleswig DNotZ 1975, 720; *Staudinger-Amann* § 1105 BGB Rn 16.

1127 BayObLGZ 1959, 301 aaO (Fn 1107); *Schöner/Stöber* Rn 1296, 1300; *Staudinger-Amann* § 1105 BGB Rn 8.

1128 BayObLGZ 1959, 301 aaO (Fn 1107).

1129 Vg BayObLGZ 1970, 100 = DNotZ 1970, 415 = Rpfleger 1970, 202; RGZ 57, 331; KG KGJ 26 A 118; OLG 7, 32; JFG 1, 434, 439; *Schöner/Stöber* Rn 1301; MüKo-*Joost* Rn 11, *Staudinger-Amann* Rn 10 je zu § 1105 BGB.

1130 BayObLGZ 1973, 21, 26; *Staudinger-Amann* § 1105 BGB Rn 10. Nur für den Bereich des Leibgedings: *Schöner/Stöber* Rn 1329; generell kritisch MüKo-*Joost* § 1105 Rn 11.

1131 KG OLG 7, 32; 8, 126; MüKo-*Joost* § 1105 BGB Rn 10.

1132 BGHZ 111, 324 = DNotZ 1991, 803 = NJW 1990, 2380 = Rpfleger 1990, 453; BGHZ 22, 58 = NJW 1957, 23; BayObLGZ 1993, 228 = DNotZ 1993, 473 = Rpfleger 1993; *Schöner/Stöber* Rn 1297; MüKo-*Joost* Rn 17; *Staudinger-Amann* Rn 11 je zu § 1105 BGB.

1133 angefügt durch Art 11a EuroEG vom 09.06.1998 BGBl I S 1242.

1134 BGH NJW 1973, 1838 = DNotZ 1974, 90; BayObLG NJW 1969, 1674 = DNotZ 1969, 492; BayObLG DNotZ 1980, 94 = MDR 1980, 238 BayObLG MittBayNot 1987, 94 = Rpfleger 1987, 356; OLG Düsseldorf OLGZ 1967, 461 = DNotZ 1968, 354; *Schöner/Stöber* aaO (Fn 1115), *Staudinger-Amann* § 1105 BGB Rn 14.

1135 Vgl BGHZ 130, 342 aaO; OLG Düsseldorf DNotI-Report 2004, 54 = DNotZ 2004, 638 = FGPrax 2004, 58 = MittBayNot 2004, 262 = NJW 2004, 811 = RNotZ 2004, 94.

1136 OLG Düsseldorf Rpfleger 2004, 280.

1137 Vgl BayObLGZ 1953, 200 = DNotZ 1954, 58 = Rpfleger 1955, 14.

1138 So zu Recht BayObLGZ 1993, 228 = DNotZ 1993, 473 = Rpfleger 1993, 485.

1139 BGH DNotZ 1968, 408; KG DNotZ 1985, 707 = OLGZ 1984, 425 = Rpfleger 1984, 347; OLG Düsseldorf NJW 1957, 1766; OLG Hamburg MDR 1971, 136; *Staudinger-Amann* § 1105 Rn 13. **Anders** MüKo-*Joost* § 1105 Rn 17 unter Hinweis auf BGH WM 1967, 1248.

Die gesetzlich normierte Anpassungsmöglichkeit des § 1105 Abs 1 S 2 BGB eröffnet, wie bereits oben erwähnt, **400**
den Beteiligten die Möglichkeit eine **Wertsicherung als dinglichen Inhalt** dergestalt zu vereinbaren, dass sich
die aus der Reallast geschuldeten wiederkehrenden Leistungen bei dem Eintritt gewisser Ereignisse ohne weiteres an die veränderten Verhältnisse anpassen.

Maßgeblich für die Zulässigkeit von Wertsicherungsklauseln ist seit dem 14.09.2007 das **PreisKG**.[1140] Dieses
Gesetz ersetzt das bisherige Preisangaben- und Preisklauselgesetz (PaPKG) und die Preisklauselverordnung
(PrKV). Die nach der alten Rechtslage beim Bundesamt für Wirtschaft für bestimmte Wertsicherungsklauseln
einzuholende Genehmigung ist entfallen. Nach § 9 PreisKG gelten jedoch die nach § 2 PaPKG bis zum
13.09.2007 bereits erteilten Genehmigungen fort.

Nach § 1 Abs 1 PreisKG darf der Betrag von Geldschulden nicht unmittelbar durch den Preis oder Wert von
anderen Gütern oder Leistungen bestimmt werden, die mit den vereinbarten Gütern oder Leistungen nicht
vergleichbar sind. Dieses **Verbot gilt nicht** für Leistungsvorbehaltsklauseln, Spannungsklauseln, Kostenelementeklauseln und Klauseln, die lediglich zu einer Ermäßigung der Geldschuld führen können (§ 1 Abs 2 PreisKG).

Als Preisklauseln, an denen sich die aus einer Reallast zu zahlende Geldschuld orientieren kann, kommen
infrage:

• **Preisklauseln**

Eine Preisklausel liegt vor, wenn die Höhe der geschuldeten Geldleistung unmittelbar und selbsttätig von einer
Änderung der vorgesehenen Bezugsgröße abhängt (zB dem Lebenshaltungskostenindex oder dem Beamtengehalt ein bestimmten Besoldungsgruppe), also die Änderungen dieser Bezugsgröße **zugleich und unbedingt**
(automatisch) auch zu einer entsprechenden Änderung der Geldleistung führen, ohne dass es für die Anpassung
der Leistung einer zusätzlichen Tätigkeit der Vertragteile bedarf.

Grundsätzlich sind solche Preisklauseln wie schon oben erwähnt nach § 1 Abs 1 des PreisKG nicht zulässig,
jedoch werden von dem Verbot nach § 3 PreisKG Preisklauseln für langfristige Verträge, die bestimmte Anforderungen erfüllen, ausgenommen. In aller Regel liegen diese gesetzlichen Voraussetzungen bei den Reallastbe-
stellungen vor.

• **Leistungsvorbehaltsklauseln** (§ 1 Abs 2 Nr 1 PreisKG)

Das sind Klauseln, die hinsichtlich des Ausmaßes der Änderung des geschuldeten Betrages einen Ermessensspielraum lassen, der es ermöglicht, die neue Höhe der Geldschuld nach Billigkeitsgrundsätzen zu bestimmen.

Derartige Klauseln sind nur in Ausnahmefällen reallastfähig, da die höchstmögliche Belastung für einen Dritten
kaum erkennbar sein dürfte und der Umfang der Haftung des Grundstücks zu einem bestimmten Zeitpunkt
nicht bestimmt werden kann, was aber zwingend erforderlich ist.[1141]

• **Spannungsklauseln** (§ 1 Abs 2 Nr 2 PreisKG)

Insoweit handelt es sich um Klauseln, die automatisch zu einer Änderung der geschuldeten Geldleistung führen, bei denen aber die in ein Verhältnis zueinander gesetzten Güter oder Leistungen im Wesentlichen gleichartig oder zumindest vergleichbar sind (zB Bindung von Gehalt oder Ruhegehalt an Tarifgehälter oder die Beam-
tenbesoldung, nicht aber die Bindung des Mietzinses an Gehälter).

• **Kostenelementeklauseln** (§ 1 Abs 2Nr 3 PreisKG)

Hierbei geht es um die Abhängigmachung des geschuldeten Geldbetrages von der Entwicklung der Preise oder
Werte für Güter oder Leistungen, als diese die Selbstkosten des Gläubigers bei der Erbringung der Gegenleistung unmittelbar beeinflussen.

Zulässig sind auch
– Vereinbarungen von Sachschulden anstelle einer Geldzahlung;[1142]
– Klauseln, wonach der Berechtigte statt Geld Naturalien fordern kann, wobei aber die Naturalleistung durch
  Mengenangabe und nicht durch den jeweiligen Preis bestimmt sein darf.

Da nach § 8 PreisKG die Unwirksamkeit einer Preisklausel **grds**. erst zum Zeitpunkt des rechtskräftig festge- **401**
stellten Verstoßes gegen dieses Gesetz eintritt und diese Festellung den ordentlichen Gericht vorbehalten ist,
besteht für das GBA im Rahmen des Eintragungsverfahrens **keine Prüfungspflicht** hinsichtlich der Wirksamkeit einer Wertsicherungsklausel. Haben die Beteiligten jedoch **abweichend** von der gesetzlichen Folge eine
frühere Unwirksamkeit vereinbart, dann muss das GBA die **Wertsicherungsklausel prüfen**, wenn sie zum
dinglichen Inhalt der Reallast gemacht wird.

1140 Gesetz über das Verbot der Verwendung von Preisklauseln bei der Bestimmung von Geldschulden – Preisklauselgesetz
      vom 07.09.2007 BGBl I S 2246, 2247.
1141 Vgl. BGHZ 130, 342 (Fn 1118).
1142 Vgl BGHZ 81, 137.

402 Die **persönliche Haftung** des Grundstückseigentümers für die während der Dauer seines Eigentums fällig werdenden Leistungen aus der Reallast (§ 1108 Abs 1 BGB) kann mittels Inhaltsänderung durch Einigung und Eintragung im GB (durch Bezugnahme nach § 874 BGB) eingeschränkt oder gänzlich ausgeschlossen werden.[1143] Der Ausschluss ist auch an bestimmte Voraussetzungen knüpfbar wie zB das Erlöschen wiederkehrender Leistungen aus einer durch die Reallast gesicherten Forderung (zB Unterhaltsansprüche). Soweit eine Reallast zur Sicherung einer derartigen Forderung dient, kann aus dem schuldrechtlichen Sicherungsvertrag seitens des Eigentümers bei einer vertragswidrigen Geltendmachung der Reallast dem Gläubiger und jedem seiner Rechtsnachfolger die Einrede der Leistungsverweigerung entgegengesetzt werden, wenn die schuldrechtliche Verpflichtung erfüllt ist. Zum Schutz gegen den Verlust dieser Einrede infolge der Möglichkeit eines gutgläubigen Erwerbs der Reallast durch Abtretung an einen Dritten über § 892 BGB ist die Eintragung eines Widerspruchs zulässig (§§ 1107, 1157 S 2, 899 BGB).[1144]

403 Unterschieden wird bei der Reallast zwischen dem Recht nach § 1105 BGB als solchem (sog Stammrecht) und den daraus folgenden Einzelleistungen (§§ 1107, 1108 Abs 1, 1111 Abs 2 BGB). **Das Stammrecht** bildet bei Erlöschen der Reallast im Wege der Zwangsversteigerung die Grundlage für einen Wertersatz aus dem Versteigerungserlös gemäß § 92 ZVG, während **die Einzelleistungen**, die seit 01.01.2002 innerhalb von drei Jahren verjähren (§§ 195, 199, 902 Abs 1 S 2 BGB), die Anspruchsgrundlage für die Vollstreckung aus der Reallast in das belastete Grundstück sind (§ 1107 mit § 1147 BGB). Da die Bestellung einer Reallast, bei der die **rückständigen Raten Rang nach dem Recht im Übrigen** haben, **nicht möglich** ist,[1145] zwischen Stammrecht und Einzelleistungen daher ein einheitlicher Rang besteht, kommt es, wenn der Reallastberechtigte wegen rückständiger in die Rangklasse § 10 Abs 1 Nr 4 ZVG einzuordnender Raten die Zwangsversteigerung betreibt, auch zum Erlöschen des Stammrechts mit Zuschlagserteilung, weil das Recht wegen § 44 ZVG grundsätzlich nicht als bestehenbleibendes Recht in das geringste Gebot aufgenommen werden kann. Dem Problem, das Erlöschen des Stammrechts zu verhindern, wenn der Reallastberechtigte selbst wegen rückständiger Leistungen das Zwangsversteigerungsverfahren betreibt und kein besserrangig betreibender Gläubiger vorhanden ist (§ 44 Abs 2 ZVG) lässt sich am Besten durch einen Antrag auf abweichende Versteigerungsbedingungen nach § 59 Abs 3 ZVG begegnen.[1146] Dessen ungeachtet kann der Reallastberechtigte vor Versteigerung des belasteten Grundstücks sein **Recht unter Änderung des Rangverhältnisses** für die Teile untereinander **aufteilen** in eine **nachrangige Teilreallast**, welche beispielsweise die Rückstände enthält und eine **vorrangige Teilreallast**, welche die künftig fällig werdenden Leistungen umfasst. Eine Zustimmung zur Aufteilung und Rangänderung seitens des Eigentümers ist nicht erforderlich (§ 880 BGB). Die gemäß § 1107 BGB ansonsten entsprechende Anwendung der für eine Hypothekenforderung geltenden Vorschriften auf die Einzelleistungen der Reallast spielt in bezug auf die in § 1151 BGB geregelte Teilung und Rangänderung jedoch keine Rolle, weil hierdurch nur die zur Rangänderung der Teilrechte von Grundpfandrechten ansonsten erforderliche Eigentümerzustimmung nach § 880 Abs 2 S 2 BGB ausgeschlossen wird, die bei Teilung einer Reallast sowieso nicht erforderlich ist. **Eine Regelung, welche die Teilung einer Reallast grundsätzlich ausschließt, gibt es nicht.** Nur sofern durch die Reallast unteilbare Sach- oder Dienstleistungen (zB Wart und Pflege) abgesichert und geschuldet werden, mag im Einzelfall auch die Teilung ausgeschlossen sein. Ein Teilungsverbot, kann weder darauf gestützt werden, dass rückständige Reallastleistungen nur noch einmalige Leistungen bilden, die zum Zeitpunkt der Teilung insgesamt zu erfüllen seien,[1147] noch auf § 1159 BGB[1148] Zum Einen würde eine derartige **Umqualifizierung** zu einer Aushebelung aller das Schicksal rückständiger wiederkehrender Leistungen betreffenden Vorschriften führen.[1149] Zum Anderen schließt § 1159 BGB als die sich auf die Übertragung rückständiger Nebenleistungen beziehende Regelung, die gemäß § 1107 BGB nach allgemeiner Ansicht auch auf die Reallast entsprechend anwendbar ist, eine Teilung des Rechts in der Hand des Berechtigten nicht aus. Bedeutsam ist insoweit nur, dass dann, wenn der Reallastberechtigte eine nachrangige **Teilreallast** bildet, **die nur aus rückständigen Einzelleistungen besteht**, diese Aufteilung nach h.M. **nicht** in das Grundbuch **eingetragen** werden kann.[1150]

1143 *Schöner/Stöber* Rn 1310; MüKo-*Joost* § 1105 BGB Rn 3, 4.

1144 Vgl OLG Hamm FGPrax 1998, 9, wobei jedoch keine deutliche Trennung zwischen der Leistungsverweigerung durch Einrede und dem Ausschluss der persönlichen Haftung des Eigentümers nach § 1108 Abs 1 BGB erfolgte.

1145 BGH DNotI-Report 2004, 5 = DNotZ 2004, 615 = FGPrax 2004, 7 = MittBayNot 2004, 189 = NJW 2004, 361 = NotBZ 2004, 277 = RNotZ 2004, 32 = Rpfleger 2004, 92 = ZfIR 2004, 68 = ZNotP 2004, 100.

1146 So die überzeugenden Ausführungen von *Stöber*, NotBZ 2004, 265 mit ausführlicher Begründung auch unter Einschluss der Grundpfandrechte.

1147 So *Dümig*, ZfIR 2002, 961.

1148 So *Eickmann*, NotBZ 2004, 262.

1149 Wie zB die ihrer Verjährung innerhalb von 3 Jahren gemäß §§ 195, 197 Abs 2, 216 Abs 3 BGB oder der speziell für ihre Befriedigungsreihenfolge in der Zwangsversteigerung nach § 10 Abs 1 Nr 4 bzw. Nr 8 ZVG maßgeblichen Regelungen, vgl *Amann* DNotZ 2004, 599, 606.

1150 Vgl. *Schöner/Stöber*, HRP Rn 2393 Fn. 51 mwN.

Soweit der BGH in seiner Entscheidung[1151] die Eintragung eines von § 12 ZVG und damit nichts anderes als eines von § 367 BGB abweichenden Befriedigungsvorrangs des Stammrechts vor den Einzelleistungen ablehnt, setzt er sich damit in Widerspruch zu seiner eigenen Rechtssprechung. Nach dem er bei einer Grundschuld die Eintragung einer Unterwerfung wegen eines zuletzt zu zahlenden Teilbetrages für zulässig erachtet,[1152] ist die Ablehnung bezüglich der Reallast nicht nachvollziehbar.

Die Regelungen des BGB zur Reallast beinhalten **keinen Anspruch auf Ablösung** des Rechts durch Zahlung einer einmaligen Geldleistung. Jedoch kann die Vereinbarung einer Ablösung als auflösende Bedingung zum Inhalt der Reallast gemacht werden, die als solche unmittelbar in das GB einzutragen ist.[1153] Sobald die Ablösesumme bedingungsgemäß gezahlt wird, erlischt in aller Regel die Reallast, unabhängig von ihrer Löschung im GB. Ein Übergang auf den Eigentümer findet nicht statt, weil § 1163 Abs 1 S 2 BGB auf die Reallast keine Anwendung findet. Die Zahlung einer Ablösung kann bei Reallasten aufgrund des Vorbehalts nach Art 113 EGBGB landesgesetzlich vorgesehen sein. Siehe hierzu Rdn 412. **404**

Die **Unterwerfung** des jeweiligen Eigentümers unter die sofortige Zwangsvollstreckung aus notarieller Urkunde ist für die Reallast nicht vorgesehen und demzufolge nicht eintragbar (vgl § 800 ZPO, der nur für Grundpfandrechte gilt), auch nicht in bezug auf die einzelnen Leistungen.[1154] **405**

Entsprechend der Bildung einer Einheitshypothek ist es zulässig im Wege der Inhaltsänderung (§ 877 BGB) mehrere im Gleichrang oder im Rang unmittelbar nacheinander folgende Reallasten des gleichen Berechtigten mit einem übereinstimmenden Inhalt zu einer **einheitlichen Reallast** zusammenzufassen.[1155] **406**

ee) Eintragung. Die Reallast ist in Abteilung 2 des GB unter Angabe des Berechtigten, bei mehreren unter Angabe des Gemeinschaftsverhältnisses (§ 47 GBO) einzutragen. Sie muss in ihrem Wesenskern und damit zur inhaltlichen Umgrenzung der aus ihr zu entrichtenden wiederkehrenden Leistungen **schlagwortartig bezeichnet** werden,[1156] wobei die Hinzufügung des Begriffs »Reallast« empfehlenswert, aber nicht unbedingt notwendig ist. Allein die Bezeichnung des Rechts als »Reallast« reicht aber nicht aus. Da § 1115 BGB bei der Reallast keine Anwendung findet,[1157] braucht der Betrag und die Höhe der Einzelleistungen nicht unmittelbar eingetragen zu werden. Insbesondere bei wertgesicherten Rentenleistungen sind diese in der jeweiligen Höhe durch die Reallast gesichert. Die Grundlage der Wertsicherung (zB Lebenshaltungskostenindex) kann durch Bezugnahme auf die Eintragungsbewilligung (§ 874 BGB) eingetragen werden, nur die Tatsache der Veränderlichkeit der Leistungen muss sich aus dem GB selbst ergeben.[1158] **407**

Die subjektiv-dingliche Reallast ist auf entsprechenden (formlosen) Antrag nach § 9 Abs 1 GBO auf dem GB-Blatt des herrschenden Grundstücks zu vermerken und diese Eintragung auf dem Blatt des belasteten Grundstücks von Amts wegen ersichtlich zu machen (§ 9 Abs 3 GBO). **408**

ff) Erlöschen. Die Reallast erlischt im Regelfall mit ihrer Aufhebung (§ 875 BGB) und Löschung im GB. Einer Zustimmung des Eigentümers des belasteten Grundstücks (entsprechend § 1183 BGB, § 27 GBO) bedarf es dazu nicht.[1159] War das Recht auflösend bedingt bestellt (zB auf Lebenszeit des Berechtigten), so erlischt es mit Eintritt der Bedingung. Die Löschung einer Reallast im GB kann aber, da stets Rückstände möglich sind, nur unter Beachtung der §§ 23, 24 GBO erfolgen. **409**

Ein **Verzicht** des Berechtigten auf die Reallast und ein damit verbundener Übergang des Rechts auf den Eigentümer entsprechend § 1168 BGB ist nicht möglich.[1160] Zum Erlöschen der Reallast infolge Ablösung s Rdn 404. **410**

Handelt es sich um eine subjektiv-dingliche Reallast und wird das **herrschende Grundstück geteilt**, so bleibt das Recht grundsätzlich mit unverändertem Inhalt für die einzelnen verselbständigten Teile fortbestehen (§ 1109 Abs 1 S 1 BGB). Der Eigentümer des herrschenden Grundstücks kann aber mit Zustimmung etwaiger Dritter nach § 876 BGB bestimmen, dass die Reallast nur mit einem (oder mehreren) Teil(en) verbunden bleiben soll. In diesem Fall erlischt sie für die übrigen Teile (§ 1109 Abs 2 S 1, 2 BGB). Veräußert der Eigentümer **411**

1151 BGH DNotZ 2004, 615 aaO.
1152 Vgl. BGHZ 108, 372= DNotZ 1990, 586 mit Anm. *Wolfsteiner* = NJW 1990, 258.
1153 *Staudinger-Amann* § 1105 BGB Rn 22; *Schöner/Stöber* Rn 1316. **AA** MüKo-*Joost* Rn 12.
1154 BayObLGZ 59, 83 = NJW 1959, 1876 = DNotZ 1959, 402 = Rpfleger 1960, 287; BayObLG DNotZ 1980, 94; *Schöner/Stöber* Rn 1304. **AA** MüKo-*Joost* § 1105 Rn 37.
1155 BayObLGZ 1996, 114 = DNotZ 1997, 144 (*v Oefele*) = Rpfleger 1996, 445.
1156 BayObLGZ 1973, 21, 26.
1157 KGJ 51 A 271.
1158 Vgl *Schöner/Stöber* Rn 1305.
1159 BayObLGZ 1981, 158 = MittBayNot 1981, 122; *Demharter* Rn 4, KEHE-Keller Rn 4 je zu § 27; *Schöner/Stöber* Rn 1314. **AA** MüKo-*Joost* § 1105 Rn 40.
1160 HM; *Schöner/Stöber* Rn 1315; *Palandt-Bassenge* § 1105 Rn 3.

des herrschenden Grundstücks eine verselbständigte Teilfläche ohne eine Bestimmung nach § 1109 Abs 2 S 1 BGB getroffen zu haben, so bleibt das Recht nur mit dem Teil verbunden, den er behält und erlischt im Übrigen kraft Gesetzes (§ 1109 Abs 2 S 3 BGB). Liegt eine sog ortsbezogene Reallast vor (zB die Unterhaltung eines Grenzmauer), und gereicht sie nur mehr einem der Teile des Grundstücks zum Vorteil, so bleibt sie nur mit diesem Teil allein verbunden und erlischt im übrigen gleichfalls (§ 1109 Abs 3 BGB).

412 **b) Landesrecht.** Durch Art 115 EGBGB iVm Art 3 EGBGB (für Altenteilsverträge: Art 96 EGBGB) ist der Landesgesetzgebung vorbehalten geblieben, Inhalt und Maß von Reallasten sowie Ausschluss oder Beschränkung der Bestellung von Reallasten zu regeln. Unberührt geblieben sind ferner nach Art 113 EGBGB landesrechtliche Vorschriften über Ablösung, Umwandlung oder Einschränkung von Reallasten. Dadurch ist das Recht der Reallast in den einzelnen Bundesländern unterschiedlich ausgestaltet:[1161]

aa) in **Baden-Württemberg** war nach § 33 AGBGB vom 26.11.1974 (GBl 498) die Bestellung von Reallasten in einem gewissen Umfang eingeschränkt (s dazu näheres bei C 308 in der Vorauflage) Diese Regelung ist durch Gesetz vom 28.06.2000 (GBl 470) aufgehoben worden.

bb) in **Bayern** bestimmt Art 63 AGBGB vom 20.09.1982 (BayRS 400-1-J), dass bei einer durch den Eigentümer ablösbaren Reallast § 1202 BGB entsprechende Anwendung findet und ferner, dass bei persönlicher Haftung des Eigentümers nach § 1108 Abs 1 BGB sich diese im Fall der Kündigung auch auf die Ablösungssumme erstreckt. Bei ablösbaren subjektiv-dinglichen Reallasten finden nach Art 64 AGBGB, wenn das Grundstück des Reallastberechtigten mit Rechten Dritter belastet ist, auf die Ablösungssumme grundsätzlich die im Falle der Enteignung für die Entschädigung geltenden Vorschriften entsprechende Anwendung;

cc) in **Berlin** ist das Ablösungsgesetz vom 02.03.1850 durch § 1 Abs 1 des 1. Rechtsbereinigungsgesetzes vom 24.11.1961 (GVBl 1647) aufgehoben. Es bestehen keine nennenswerten landesrechtlichen Besonderheiten;

dd) **Bremen** lässt in § 26 AGBGB vom 18.07.1899 (SaBremR 400-a-1) Reallasten zugunsten natürlicher Personen nur auf deren Lebenszeit zu. Für juristische Personen können nur regelmäßig wiederkehrende fest bestimmte Geldrenten bedungen werden. Zugunsten von Land und Bund sind auch andere Reallasten bestellbar. Für Uferschutzreallasten des Landes Bremen gilt Art 2 des Gesetzes vom 29.12.1917 (SaBremR 400-a-2);

ee) in **Hamburg** bestehen seit Aufhebung der früher in seinen ehemals preußischen Gebietsteilen geltenden preußischen Vorschriften (Ablösungsgesetz vom 02.03.1850 (GS 77) durch das 2. Gesetz über die Sammlung des Hamburgischen Landesrechts vom 23.06.1969 (GVBl 129) keine landesrechtlichen Bestimmungen zur Reallast;

ff) in **Hessen** können nach § 25 AGBGB vom 18.12.1984 (GVBl 344) Reallasten für natürliche Personen grundsätzlich nur auf Lebenszeit des Berechtigten, subjektiv-dingliche Reallasten und Reallasten für juristische Personen nur auf höchstens 30 Jahre bestellt werden. Davon ausgenommen sind Reallasten, die auf Leistung elektrischer Energie, Wasser, Heizungswärme, Warmwasser und von Bodenbestandteilen aus dem belasteten Grundstück, auf die Unterhaltung einer Anlage oder auf Zahlung von Geld gerichtet sind. Andere Reallasten können durch Rechtsverordnung der Landesregierung zugelassen werden, wenn hierfür ein erhebliches wirtschaftliches Bedürfnis besteht. Bei Geldleistungen über die Lebenszeit des Berechtigten hinaus oder bei subjektiv-dinglichen oder Reallasten zugunsten juristischer Personen muss, wenn die Laufzeit mehr als 30 Jahre beträgt, ein Ablösungsbetrag bestimmt werden.

gg) für **Niedersachsen** gilt das Reallastgesetz vom 17.05.1967 (GVBl 129) idF des Gesetzes vom 14.07.1972 (GVBl 387);[1162]

hh) in **Nordrhein-Westfalen** können Reallasten nur noch als feste Geldrenten bestellt werden (Art 30 PrAGBGB vom 20.09.1899 – GS 177, der gemäß § 22 Abs 2 GemeinheitsteilungsG vom 28.11.1961 – GVBl 319 im ganzen Land gilt).[1163] Die Ablösung von Reallasten ist in den §§ 17 und 18 des Gemeinheitsteilungs G geregelt. Neu auferlegte Geldrenten sind spätestens nach 30 Jahren kündbar und mit höchstens dem 25fachen, ohne Vereinbarung mit dem 20fachen Betrag ablösbar;

ii) in **Rheinland-Pfalz** gilt Art 22 AGBGB vom 18.11.1976 (GVBl 259), der inhaltlich § 25 Hess AGBGB entspricht, wobei zusätzlich für den Einzelfall der OLG-Präsident Reallasten anderen Inhalts bei Vorhandensein eines erheblichen wirtschaftlichen Bedürfnisses zulassen kann;

kk) für das **Saarland** ist § 26 AGJusG vom 05.02.1997 maßgeblich, das sich inhaltlich in weitem Umfang am rheinland-pfälzischen Landesrecht und auch dem hessischen Landesrecht orientiert. Hinsichtlich des früher geltenden Rechts wird auf die Vorauflage verwiesen;

ll) in **Schleswig-Holstein** ist für die Ablösung von Reallasten noch § 54 des Gesetzes vom 03.01.1873 (GS 3) anwendbar. Nach dem Gesetz vom 09.01.1922 (GS 7) können Reallasten nur abgelöst werden, wenn über die Höhe des der Ablösung zugrunde liegenden Jahreswerts Einvernehmen besteht;

1161 Vgl die Übersicht bei *Staudinger-Amann* Einl zu § 1105 BGB Rn 2–14.

1162 S dazu *Riggers* JurBüro 1968, 353; *Seehusen* RdL 1968, 116.

1163 Zeitl begrenzte Reallasten können mit jedem zulässigen Inhalt bestellt werden, vgl OLG Köln MittRhNotK 1992, 46.

mm) in den neuen Bundesländern **Brandenburg, Mecklenburg–Vorpommern, Sachsen, Sachsen-Anhalt und Thüringen** ist ehemals geltendes Landesrecht mit In-Kraft-Treten des ZGB und EGZGB der DDR am 01.01.1976 außer Kraft getreten (§ 15 Abs 2 I Nr 1 und 2 EGZGB). Neue landesrechtliche Regelungen zu Reallasten bestehen derzeit nur in Thüringen (§ 23 AGBGB v. 03.12.2002, GVBl 424).

10. Erbbauzins nach §§ 9, 9a ErbbauRG

Schrifttum

Alberty, Anspruch auf Neufestsetzung des Erbbauzinses, Rpfleger 1956, 330; *Bilda,* Besondere Art von Anpassungsklauseln in Verträgen, Betrieb 1969, 427; *ders,* Zur Wirkung vertraglicher Anpassungsklauseln, MDR 1973, 537; *Bokelmann,* Die Überleitungsvorschriften der Novelle zur Erbbaurechtsverordnung, MDR 1974, 634; *Bokmann,* Gleitender Erbbauzins, MDR 1974, 634; *Czerlinsky,* Anpassung von Erbbauzinsen an die wirtschaftlichen Verhältnisse, NJW 1977, 1228; *Dedekind,* Der Konflikt zwischen Erbbauzinsreallast und Finanzierungsgrundpfandrecht, MittRhNotK 1993, 109; *Dürkes,* Die Wertsicherung von Erbbauzinsen, BB 1980, 1609; *Eichel,* Neuregelung des Erbbauzinses nach dem Sachenrechts-Änderungsgesetz, MittRhNotK 1995, 193; *Falk,* Zur Auslegung von § 9a ErbbauVO, NJW 1992, 540; *Gerardy,* Anpassung des Erbbauzinses an den veränderten Grundstückswert, GWW 1966, 36; *Giese,* Erbbauzinsanpassung, BB 1974, 583; *Groth,* Erbbaurecht ohne Erbbauzins, DNotZ 1983, 652 und DNotZ 1984, 372; *Haegele,* Der Anspruch auf Neufestsetzung des Erbbauzinses und seine Sicherung, Rpfleger 1957, 6; *Hartmann,* Wertsicherung von Erbbauzinsen, NJW 1976, 403; *ders,* Das Ausmaß der Wertsicherungsmöglichkeiten von Erbbauzinsen im Hinblick auf § 9a ErbbauRG und § 3 WährG nebst Vertragsvorschlägen für optimale Wertsicherungen, BWNotZ 1976, 1; *Heynitz,* Zur Euroeinführung – Ein neues deutsche Sonderrecht für Erbbauzinsvereinbarungen, MittBayNot 1998, 398; *Karow,* Rangkonflikt Erbbauzinsreallast/Grundpfandrecht–Lösung durch Stillhalteerklärung?, NJW 1984, 2669; *Keller,* Erhöhung des Erbbauzinses bei Veräußerung des Erbaurechts, BWNotZ 1966, 98; *Klar,* Die neue Erbbauzinsreallast, BWNotZ 1995, 142; *Klawikowski,* Neue Erbbauzinsreallast, Rpfleger 1995, 145; *Kümpel,* Zum Sicherungskonflikt zwischen Kreditgeber und Grundstückseigentümer bei der Beleihung von Erbbaurechten, WM 1998, 1057; *H. Mohrbutter/C. Mohrbutter,* Die Neuregelung des Erbbauzinses, ZIP 1995, 806; *Nordalm,* Die Anpassung von Erbbauzinsen an die wirtschaftlichen Verhältnisse, NJW 1977, 1956; *Odenbreit,* Billigkeitsregelung des § 9a ErbbauVO, NJW 1974, 2273; *von Oefele,* Änderung der Erbbaurechtsverordnung durch das SachenRÄndG, DNotZ 1995, 643; *Panz,* Nochmals: Die Neuregelung des § 9 ErbbauVO, BWNotZ 1996, 5; *Richter,* Der Erbbauzins im Erbbaurecht, BWNotZ 1978, 7 und 1979, 162; *Ripfel,* Vereinbarungen zur Werterhaltung des Erbbauzinses und ihre Sicherung, BWNotZ 1971, 55; *Röll,* Zur Sicherung des Anspruchs auf Neufestsetzung des Erbbauzinses durch Eintragung einer Vormerkung, DNotZ 1962, 243; *Ruland,* Wegfall des Erbbauzinses in der Zwangsversteigerung, NJW 1983, 96; *Sager und Peters,* zur Novellierung der Verordnung über das Erbbaurecht, NJW 1974, 263 und 1976, 409; *Sperling,* Maßstäbe für Erbbauzinserhöhungen, NJW 1979, 1433; *ders,* Die Stillhalteerklärung als Mittel zur Sicherung des Erbbauzinses im Falle der Zwangsversteigerung, NJW 1983, 2487; *Stöber,* Die nach Inhaltsänderung bestehen bleibende Erbbauzinsreallast, Rpfleger 1996, 136; *Vibel,* Grundstückswertminderung und Erbbauzins, NJW 1983, 211; *Weber,* Rangvorbehalt bei der neuen Erbbauzinsreallast, Rpfleger 1998, 5; *Weitnauer,* Wertsicherungsklauseln beim Erbbauzins, DNotZ 1957, 295; *Winkler,* Der Erbbauzins in der Zwangsversteigerung des Erbbaurechts, DNotZ 1970, 390; *ders,* Der Erbbauzins in der Zwangsversteigerung des Erbbaurechts, NJW 1985, 940; *Wufka,* Erbbaurechtsveräußerung und Erbbauzins, DNotZ 1987, 362; *Zawar,* Erbbauzins, JuS 1974, 263.

a) Allgemeines, Begriff, Entstehen. Eine **besondere Art der Reallast** ist der Erbbauzins (§§ 9, 9a ErbbauRG). Er ist **stets subjektiv–dinglich** und kann nur dem jeweiligen Eigentümer des mit dem Erbbaurecht belasteten Grundstücks eingeräumt werden (§ 9 Abs 2 ErbbauRG), nicht aber lediglich dem jeweiligen Eigentümers eines Miteigentumsanteils,[1164] und auch nicht einer bestimmten Person (subjektiv-persönlich).[1165] Der Erbbauzins stellt eine mögliche, nicht jedoch zwingend vorgeschriebene Gegenleistung für die Bestellung des Erbbaurechts dar,[1166] gehört aber als eigenständiges dingliches Recht am Erbbaurecht nicht zu dessen Inhalt.[1167] Auf den dinglichen Erbbauzins finden nach § 9 Abs 1 S 1 ErbbauRG die Vorschriften über die Reallast entsprechende Anwendung, allerdings nur insoweit, als die zwingend geltenden Vorschriften §§ 9, 9a ErbbauRG nicht eigene Regelungen treffen. **Entstehen** tut der dingliche Erbbauzinsreallast nach § 873 Abs 1 BGB **durch Einigung und Eintragung** im GB. Einzutragen ist sie in Abteilung 2 des Erbbaugrundbuchs (§ 14 Abs 3 S 1 ErbbauRG, § 57 Abs 2 GBV). Sie kann auch **aufschiebend oder auflösend bedingt bestellt werden**, da § 1 Abs 4 ErbbauRG für sie keine Anwendung findet.[1168] Die Bedingtheit des Rechts muss aber unmittelbar aus dem GB ersichtlich sein. Für alle weiteren zum Inhalt der Reallast gehörenden Vereinbarungen, wozu auch die Fälligkeit der einzelnen Leistungen zählt, genügt grds. die Eintragung unter Bezugnahme auf die Eintragungsbewilligung.

413

1164 BayObLGZ 1990, 212 = DNotZ 1991, 398 = Rpfleger 1990, 507.
1165 Vgl *Schöner/Stöber* Rn 1798 f; *Ingenstau* § 9 Rn 6, *MüKo–v Oefele* Rn 6, *Staudinger-Rapp* Rn 10 je zu § 9 ErbbauVO.
1166 BGH DNotZ 1970, 352 = NJW 1970, 944; BGH DNotZ 1958, 314 = RdL 1958, 7; *Schöner-Stöber* Rn 1795; *Ingenstau* Rn 1, 2, *MüKo–vOefele* Rn 1, 2, *Staudinger-Rapp* Rn 1 je zu § 9 ErbbauVO.
1167 BGHZ 81, 358 = NJW 1982, 234 = Rpfleger 1981, 478; *Schöner-Stöber* Rn 1797; *Ingenstau* Rn 8, *MüKo–vOefele* Rn 5, *Staudinger-Rapp* Rn 4 je zu § 9 ErbbauVO.
1168 *Ingenstau-Hustedt* Rn 9 zu § 9 ErbbauVO. **A.A.** aber unrichtig LG Bochum NJW 1960, 153 (*Wangemann*):

414   **b) Inhalt. aa) Grundsätze.** Als Erbbauzins können **nur wiederkehrende Leistungen** (§ 9 Abs 1 S 1 ErbbauRG) bedungen werden.[1169] Sie müssen nicht in Geld, sondern können auch in Naturalien (zB eine bestimmte Menge von Weizen oder Nutzholz) bestehen, die nicht notwendigerweise aus dem mit dem Erbbaurecht belasteten Grundstück gewonnen werden.[1170] Hierin zeigt sich der Charakter des Erbbauzinses als Reallast und damit als **Verwertungsrecht.** Eine regelmäßige Wiederkehr und gleiche Höhe der einzelnen Leistungen sind seit dem 01.10.1994 mit der Neuregelung durch das SachenRÄndG[1171] nicht mehr erforderlich.[1172]

415   Trotz der vorerwähnten Änderung des § 9 ErbbauRG und seine teilweise Neufassung durch das EuroG[1173] **kann** der Erbbauzins weiterhin nach Zeit und Höhe für die gesamte Erbbauzeit im voraus **fest bestimmt** werden. Eine Verpflichtung hierzu, wie es die alte Fassung des § 9 Abs 2 S 1 ErbbauRG vorsah, besteht jedoch nicht mehr. Für die Bestellung eines Erbbauzinses **reicht** es daher infolge der gemäß § 9 Abs 1 S 1 ErbbauRG entsprechend anwendbaren Vorschriften für die Reallasten künftig aus, wenn seine Leistungen **bestimmbar** sind.

416   **bb) Wertsicherung.** Über die analoge Anwendung von § 1105 Abs 1 S 2 BGB kann deshalb über den Erbbauzins eine Vereinbarung zu seiner Anpassung an veränderte Verhältnisse getroffen werden, wenn die Belastung aufgrund objektiver Maßstäbe nach Zeit und Wertmaßstab bestimmbar ist.[1174] Dies bedeutet insbesondere, dass eine **Vereinbarung auf Wertsicherung dinglicher Inhalt** der Erbbauzinsreallast sein kann. Erforderlich ist hierzu eine entsprechende formlose Einigung zwischen dem Erbbauberechtigten und dem Grundstückseigentümer und die Eintragung im GB (§ 873 BGB). Maßgeblich für die Zulässigkeit von Wertsicherungsklauseln ist seit dem 14.09.2007 das **Gesetz über das Verbot der Verwendung von Preisklauseln bei der Bestimmung von Geldschulden.**[1175] Das PreisKG ist an die Stelle des bisher geltenden Preisangaben- und Preisklauselgesetzes (PaPKG) sowie der Preisklauselverordnung (PrKV) getreten. Ein Genehmigungserfordernis für Preisklauseln, wie es § 2 PaPKG vorsah, besteht nicht mehr. Jedoch gelten nach § 9 PreisKG die bis zum 13.09.2007 erteilten Genehmigungen des Bundesamts für Wirtschaft und Ausfuhrkontrolle fort. Als **Ausnahme von dem Verbot des § 1 Abs 1 PreisKG**, wonach der Betrag von Geldschulden nicht unmittelbar und selbsttätig durch den Preis oder Wert von anderen Gütern oder Leistungen bestimmt werden darf, die mit den vereinbarten Gütern oder Leistungen nicht vergleichbar sind, können nach § 2 Abs 1 iVm § 4 PreisKG **Preisklauseln in Erbbaurechtsverträgen und Erbbauzinsreallasten mit einer Laufzeit von mindestens 30 Jahren** ohne weiteres vereinbart werden. Die Vorschriften § 9a ErbbauRG, § 46 SaBerG, § 4 Erholungsnutzungsrechtsg bleiben unberührt. Liegt eine kürzere Laufzeit zugrunde bemisst sich die Zulässigkeit einer Preisklausel (Gleitklausel) nach §§ 2, 3 PreisKG, wobei das Verbot des § 1 Abs 1 PreisKG überhaupt nicht gilt für Leistungsvorbehaltsklauseln, Spannungsklauseln, Kostenelementeklauseln und für Klauseln, die lediglich zu einer Ermäßigung der Geldschuld führen (§ 1 Abs 2 PreisKG).

Da im Übrigen nach § 8 PreisKG die **Unwirksamkeit** einer Preisklausel **grds.** erst zu dem Zeitpunkt eintritt, wenn prozessrechtlich ein Verstoß rechtskräftig festgestellt worden ist, hat das GBA diesbezüglich eine **inhaltliche Prüfung** im Rahmen der Eintragung einer Erbbauzinsreallast **nicht mehr vorzunehmen.** Nur im Falle der Vereinbarung einer früheren Unwirksamkeit ist das GBA insoweit verpflichtet, weil es das GB nach dem Legalitätsprinzip nicht bewusst unrichtig machen darf, die Zulässigkeit zu prüfen. Die Anpassung als solche, gleichgültig ob es sich um eine zur automatischen Erhöhung des Erbbauzinses führenden Gleitklausel handelt oder eine sonstige Preisklausel, bei der die Erhöhung vom Verlangen des Berechtigten oder von einer sonstigen Bedingung abhängt, bedarf, wenn die Voraussetzungen vorliegen, keines weiteren Erfüllungsgeschäfts in Form einer Einigung (§§ 873, 877 BGB) und auch keiner Eintragung mehr in das GB.[1176] Die Erbbauzinsreallast wahrt insoweit den Rang für alle später stattfindenden Erhöhungen.

417   **cc) Anpassungsbeschränkung.** Bei auf Grund des Erbbaurechts errichteten **Wohngebäuden** gilt auch bezüglich eines nunmehr wertgesicherten Erbbauzinses weiterhin die in § 9a ErbbauRG geregelte zeitliche und betragsmäßige Begrenzung der Anpassung. Danach kann eine Erhöhung des Erbbauzinses nur verlangt werden, wenn und soweit sie nicht über die Änderung der allgemeinen wirtschaftlichen Verhältnisse hinausgeht und mindestens ein Zeitraum von **drei Jahren** seit Vertragsabschluss oder der jeweils letzten Erhöhung verstrichen

---

1169   *Schöner/Stöber* Rn 1795; *Ingenstau* Rn 1, MüKo-*v Oefele* Rn 22, *Staudinger-Rapp* Rn 1 je zu § 9 ErbbauVO.
1170   *Schöner/Stöber* Rn 1808; *Ingenstau* Rn 15; MüKo-*v Oefele* Rn 23, *Staudinger-Rapp* Rn 1 je zu § 9 ErbbauVO.
1171   S Art 2 § 1 Sachenrechtsänderungsgesetz v 21.09.1994 (BGBl I S 2457, 2489).
1172   *Schöner/Stöber* Rn 1809; *Ingenstau* Rn 20, MüKo-*v Oefele* Rn 25, *Staudinger-Rapp* Rn 24 je zu § 9 ErbbauVO. Zur bis zum 30.09.1994 geltenden Regelung vgl BGH DNotZ 1975, 154 = MDR 1975, 217 = Rpfleger 1975, 56.
1173   S Art 11a Abs 1 EuroEG v 09.06.1998 (BGBl I S 1242).
1174   Vgl. LG Saarbrücken Rpfleger 2000, 109.
1175   Preisklauselgesetz v 07.09.2007, BGBl I S 2246, 2247.
1176   BayObLGZ 1996, 159 = DNotZ 1997, 147(*v Oefele*) = Rpfleger 1996, 506; *Schöner/Stöber* Rn 1811; *v Oefele* DNotZ 1995, 643; *Wilke* DNotZ 1995, 654.

ist. Die **Änderung der allgemeinen wirtschaftlichen Verhältnisse** richtet sich nach dem Durchschnittswert, der zum einen aus der prozentualen Änderung der Lebenshaltungskosten, ausgedrückt durch den Verbraucherpreisindex für Deutschland und zum anderen aus den Einkommensverhältnissen, anknüpfend an den Durchschnitt der Bruttoverdienste der männlichen und weiblichen Arbeiter und Angestellten in Industrie und Handel in der gesamten Bundesrepublik gebildet wird.[1177]

Der **Schutzzweck** des § 9a Abs 1 ErbbauRG für ein zu Wohnzwecken errichtetes Bauwerk ist nicht auf die **418** Dauer der Rechtsstellung des jeweiligen Erbbauberechtigten beschränkt. Dem Grundstückseigentümer steht im Falle der Vereinbarung einer grundstückswertbezogenen Erbbauzinsanpassung aus Anlass der Veräußerung des Erbbaurechts keine über § 9a Abs 1 ErbbauRG hinausgehende Erhöhung des Erbbauzinses zu. Eine spekulative Ausnutzung des Erbbaurechts liegt nicht darin, dass der bisherige Berechtigte das Erbbaurecht zu einem Kaufpreis veräußert, der dem am Immobilienmarkt erzielbaren Betrag entspricht, mag seine Höhe auch durch den im Verhältnis zum Grundstückswert günstigen Erbbauzins beeinflusst sein, der sich durch die Anpassungsbeschränkung gem. § 9a Abs 1 ErbbauRG ergeben hat.[1178]

Ist in einem vor dem Inkrafttreten des § 9a ErbbauRG (23.01.1974) geschlossenen Erbaurechtsvertrag die Höhe **419** des Erbbauzinses in der Weise an den Grundstückswert gekoppelt, dass in bestimmten Zeitabständen die Änderung des Erbbauzinses verlangt werden kann, wenn sich der Grundstückswert um einen bestimmten Prozentsatz geändert hat, kann die ergänzende Vertragsauslegung ergeben, dass eine **Erhöhung** des Erbbauzinses auch dann **möglich** ist, wenn seit der letzten Erhöhung der Grundstückswert nicht oder nicht in dem vereinbarten Maß gestiegen ist, die vorhergehende Erhöhung jedoch wegen der Kappungsgrenze in § 9a Abs 1 ErbbauRG nicht die nach der Vereinbarung mögliche Höhe erreicht hat.[1179]

dd) Inhaltsänderungen. Eine **nachträgliche Änderung des** dinglichen **Erbbauzinses**, die zulässig ist, **420** bedarf einer Einigung zwischen dem Grundstückseigentümer und dem Erbbauberechtigen sowie der Eintragung im GB. Erforderlich ist dann ferner die **Zustimmung** der Inhaber gleich- oder nachrangiger dinglicher Rechte am Erbbaurecht sowie bei einschränkenden Verpflichtungen (zB infolge der Möglichkeit des Absinkens der Leistungen), da der Erbbauzins als subjektiv-dingliches Recht wesentlicher Bestandteil des Grundstücks ist (§ 96 BGB), auch der Zustimmung der dort eingetragenen dinglich Berechtigten, soweit sie hiervon ein Beeinträchtigung erfahren können (§§ 877, 876 BGB). Dies ist insbesondere der Fall, wenn bei einem bereits bestehenden Erbbaurecht die bisherige fest bestimmte Erbbauzinsregelung durch eine wertgesicherte Regelung ersetzt wird oder wenn bei einem Erbbauzins die bisher gewählten Wertsicherungsmodalitäten oder der Maßstab geändert werden sollen. Eine Verpflichtung der betroffenen dinglich Berechtigten zur Erteilung der Zustimmung besteht nicht. Das Erfordernis zur Zustimmung bei der erstmaligen Bestellung einer wertgesicherten Erbbauzinsreallast ist in aller Regel nicht gegeben, da bei Neubegründung des Erbbaurechts dieses noch nicht belastet sein kann. Ein schutzwürdiges Interesse für nachrangig später eingetragene dingliche Rechte besteht nicht, weil der Umfang des vorgehenden wertgesicherten Erbbauzinses bereits vorher feststeht.

Die in § 43 SachenRBerG[1180] vorgeschriebenen Bemessungsgrundlagen für den Erbbauzins gelten nur für die **421** dem Kontrahierungszwang unterliegenden Erbbaurechte in den neuen Bundesländern.

ee) Weiterer Inhalt. Gemäß § 9 Abs 3 S 1 Nr 1 ErbbauRG ist weiter als Inhalt der **Erbbauzinsreallast** ver- **422** einbar und in das GB eintragbar, wobei Bezugnahme auf die Eintragungsbewilligung genügt (§ 874 BGB), dass diese **abweichend von § 52 Abs 1 ZVG mit** ihrem **Hauptanspruch bestehen bleibt, wenn** der Grundstückseigentümer aus der Reallast selbst oder der Inhaber eines im Range vorgehenden oder gleichstehenden dinglichen Rechtes die **Zwangsversteigerung** betreibt. Durch die Regelung des § 52 Abs 2 S 2 ZVG wird das vereinbarungsgemäße Bestehenbleiben des Erbbauzinses für diese Fälle sichergestellt. Der Erbbauzins als Stammrecht ist dann unter Festsetzung eines Zuzahlungsbetrages gemäß § 51 Abs 2 ZVG als bestehen bleibendes Recht in das geringste Gebot aufzunehmen. Die Höhe des Zuzahlungsbetrages, der nur Bedeutung erlangt, wenn sich herausstellen sollte dass das Recht bei Zuschlagserteilung nicht bestanden hat, bestimmt sich wie bei einer Reallast nach der Monats- oder Jahresleistung, vervielfacht mit der Restlaufzeit und gekürzt um den Zwischenzins. Der Grundstückseigentümer läuft nunmehr im Falle einer solchen Vereinbarung nicht mehr Gefahr, bei **Rangrücktritt** mit seinem Erbbauzins hinter später eingetragene Grundpfandrechte, seinen dinglich gesicherten Anspruch auf die künftigen Erbbauzinsraten durch Zwangsversteigerung des Erbbaurechts aus vorgetretenen Rechten gegenüber dem Ersteher zu verlieren. Auch kann der Eigentümer mit einem entsprechenden dinglichen Vollstreckungstitel wegen rückständiger Erbbauzinsleistungen selbst die Zwangsversteigerung des

---

1177 BGHZ 75, 279 = DNotZ 1980, 312 = NJW 1980, 181; BGHZ 77, 188 = DNotZ 1981, 258 = NJW 1980, 2243 = Rpfleger 1980, 378; BGH NJW 1983, 2252 = Rpfleger 1983, 394; BGH NJW 1992, 2088 = Rpfleger 1992, 476.

1178 Vgl. OLG Hamm DNotZ 2006, 207 = NotBZ 2006, 101 = RNotZ 2006, 120 =Rpfleger 2006, 259 = ZfIR 2006, 430.

1179 BGH NotBZ 2007, 20 =Rpfleger 2007, 68 = WM 2007, 30 = ZNotP 2007, 96.

1180 Sachenrechtsbereinigungsgesetz v 21.09.1994/ Art 1 Sachenrechtsänderungsgesetz, BGBl I S 2457.

Erbbaurechts betreiben, ohne dass damit das Erlöschen der Erbbauzinsreallast als Folge des § 44 Abs 1 ZVG verbunden ist. Zur Verringerung des Risikos für den Bestand seines Rechts kann sich der Grundstückseigentümer für den Fall des Rangrücktritts mit dem Erbbauzins hinter ein Grundpfandrecht darüber hinaus dadurch schützen, dass er die **Eintragung einer Löschungsvormerkung nach § 1179** BGB fordert.[1181] Ferner kann sich der Grundstückseigentümer vom Erbbauberechtigten hinsichtlich der Grundschuld, der er den Vorrang einräumt, den Anspruch auf Rückgewähr bei Nicht(mehr)valutierung im voraus abtreten und die Durchsetzung dieses Anspruchs durch eine bei der Grundschuld einzutragende **Vormerkung nach § 883 BGB** sichern lassen.[1182] Wird die Zwangsversteigerung aus einem nicht im GB eingetragenen **Anspruch der Rangklassen des § 10 Abs 1 Nrn 1 oder 3 ZVG** betrieben, so gewährt die Regelung des § 9 Abs 3 S 1 Nr 1 ErbbauRG **keinen Schutz** (wohl aber bei Ansprüchen der Rangklasse 2). In einem solchen Fall erlischt die Erbbauzinsreallast, wenn nicht über § 59 ZVG abweichend von den gesetzlichen Versteigerungsbedingungen das Bestehenbleiben vereinbart wird. Die Gefahr des Erlöschen besteht auch bei einer **Zwangsversteigerung auf Antrag des Insolvenzverwalters**, wenn dieser Ansprüche auf Kostenersatz für die Feststellung beweglicher Gegenstände nach § 10 Abs 1 Nr 1a ZVG beanspruchen kann, weil er in einem solchen Fall nach § 174a ZVG ein abweichendes geringstes Gebot verlangen kann, in dem nur die der Rangklasse Nr 1a vorgehenden Ansprüche zu berücksichtigen sind. Der Grundstückseigentümer hat dann nur an der dem Erbbauzins entsprechenden Rangstelle einen Befriedigungsanspruch auf Wertersatz aus dem Versteigerungserlös gemäß § 92 ZVG. Zur Vermeidung dieser unliebsamen Folge bleibt in der Regel lediglich die Möglichkeit von dem Ablösungsrecht nach § 268 BGB Gebrauch zu machen.

423   Ferner kann gemäß § 9 Abs 3 S 1 Nr 2 ErbbauRG als Inhalt der Erbbauzinsreallast vereinbart und eingetragen werden, dass der jeweilige Erbbauberechtigte dem jeweiligen Inhaber der Reallast gegenüber berechtigt ist, das Erbbaurecht in einem bestimmten Umfang mit einem der Reallast vorgehenden Grundpfandrecht zu belasten. Es handelt sich hier um einen **zum Inhalt des Rechts gehörigen**, von § 881 BGB abweichenden **Rangvorbehalt**, der zwingend für die gesamte Laufzeit des Erbbaurechts besteht. Für ein in diesen Rangvorbehalt eingewiesenes Grundpfandrecht bedarf es **keiner** nach § 5 Abs 2 ErbbauRG vereinbarten **Zustimmung des Grundstückseigentümers**, weil im Einverständnis zum Vorrang der Belastung zugleich auch das Einverständnis zur Belastung als solche liegt.[1183] Sinnvoll ist eine Vereinbarung nach § 9 Abs 3 S 1 Nr 2 ErbbauRG jedoch nur zusammen mit der Vereinbarung über das Bestehenbleiben der Erbbauzinsreallast, weil der dem jeweiligen Erbbauberechtigten zustehende Rangvorbehalt im Falle der Zwangsversteigerung, auch wenn diese aus vor- oder gleichrangigen dinglichen Rechten betrieben wird, dann ebenfalls bestehen bleibt und dem Ersteher als neuen Erbbauberechtigten weiterhin uneingeschränkt zur Verfügung steht.[1184] Ungeachtet der speziellen Regelung nach § 9 Abs 3 Nr 2 ErbbauRG muss auch ein bloßer **Rangvorbehalt nach § 881 BGB** möglich sein,[1185] zumal nur auf diesem Weg der Vorrang anderer nicht auf Kapitalzahlung gerichteter Rechte gesichert werden kann.

424   Für die Wirksamkeit der Vereinbarungen über das Bestehenbleiben der Erbbauzinsreallast sowie den Rangvorbehalt als deren Inhalt ist nach § 9 Abs 3 S 2 ErbbauRG die **Zustimmung der Inhaber vorgehender oder gleichstehender Rechte** erforderlich. Bedeutsam wird dies in aller Regel bei einer **nachträglichen** Inhaltsänderung der Erbbauzinsreallast sein, weil das Erbbaurecht ansonsten bei seiner Begründung und gleichzeitigen Eintragung des Erbbauzinses nur selten vor- oder gleichrangige Rechte aufweisen dürfte.

425   Zu beachten ist auch, dass bei einer erst nachträglich getroffenen Vereinbarung die allgemeinen Voraussetzungen für die Berücksichtigung von Rechten in der Zwangsversteigerung nicht außer Kraft gesetzt sind. Demzufolge muss, wenn die Änderung erst nach Eintragung des Versteigerungsvermerks im GB zur Eintragung gelangte, dies für die Berücksichtigung im Zwangsversteigerungsverfahren spätestens bis zur Eröffnung der Bieterstunde **angemeldet** werden (§§ 37 Nr 4, 45 Abs 1, 66 Abs 2 ZVG). Abgesehen von § 62 Abs 1 SachenRBerG, der nur für die neuen Bundesländer gilt und dem Grundstückseigentümer einen Anspruch gegen den Erbbauberechtigten auf die Absicherung des regelmäßigen Erbbauzinses durch die Eintragung einer Reallast an rangbereiter Stelle sowie eine Vereinbarung über die Sicherung des Erbbauzinses nach § 9 Abs 3 ErbbauRG gibt, kann der Grundstückseigentümer weder vom Erbbauberechtigten den Abschluss einer dementsprechenden Vereinbarung verlangen, noch die erforderliche Zustimmung vor- oder gleichrangiger Gläubiger erzwingen. Dies hat zur Folge, dass bei fehlender Vereinbarung oder Zustimmung auch weiterhin ein erbbauzinsfreier Erwerb eines Erbbaurechts in der Zwangsversteigerung möglich ist.

426   Einer **Zustimmung der** dem Erbbauzins im Range **nachgehenden Rechte bedarf es nicht**. Denen gegenüber bleibt die Erbbauzinsreallast, wenn aus ihnen die Versteigerung betrieben wird, bereits aufgrund der gesetzlichen Versteigerungsbedingungen bestehen (§§ 44 Abs 1, 52 Abs 2 S 1 ZVG). Ein Zustimmungserfor-

---

1181   BayObLGZ 1980, 128 = DNotZ 1980, 483 = Rpfleger 1980, 341.

1182   BGHZ 81, 358 = NJW 1982, 234 = Rpfleger 1981, 478.

1183   *Palandt-Bassenge* § 5 ErbbauVO Rn 4; *Weber* Rpfleger 1998, 5.

1184   Vgl *Eichel* MittRhNotK 1995, 198; *Schöner/Stöber* Rn 1806b.

1185   Vgl *Palandt-Bassenge* § 9 ErbbauVO Rn 17. **AA** *Staudinger-Rapp* § 9 ErbbauVO Rn 30.

nis nachrangiger Berechtigter zum Rangvorbehalt in analoger Anwendung von § 880 BGB zu verlangen,[1186] ist abzulehnen, weil auch diesbezüglich nachrangige Rechte keine Beeinträchtigung erfahren. Dies ergibt sich aus dem Zusammenwirken der Bestimmungen von § 881 Abs 4 und § 880 Abs 5 BGB, wonach weder die Erbbauzinsreallast über den eingetragenen Vorbehalt hinaus, noch ein sog Zwischengläubiger, dessen Recht nicht in den Vorbehalt eingewiesen wurde aber einem anderen Gläubiger vorgeht, der in Ausnutzung des Vorbehalts vor dem Erbbauzins eingetragen worden ist, dadurch berührt werden darf.

Mit **Rückwirkung** vor seiner Entstehung durch Eintragung im GB kann der Erbbauzins als dingliches Recht **427** **nicht** bestellt werden.[1187] Aber schuldrechtlich vereinbarte Zinszahlungen können, auch soweit sie für die Zeit vor Eintragung zu leisten waren, mit Wirkung ab Eintragung als Teil des Erbbauzinses, der sofort fällig wird, zu einer Summe zusammengefasst eingetragen werden und damit dinglichen Charakter erlangen.[1188] Noch nicht fällige Leistungen können nicht übertragen, verpfändet oder gepfändet werden, da der Erbbauzins mit dem Eigentum untrennbar verbunden ist.[1189] Eine dingliche Unterwerfung iS des § 800 ZPO ist beim Erbbauzins ausgeschlossen.[1190]

c) Vormerkung auf Erhöhung des Erbbauzinses. Wenn der Erbbauzins im voraus fest bestimmt wird, sind **428** weiterhin **schuldrechtliche Vereinbarungen wertsichernder Art**, wonach der Erbbauberechtigte unter bestimmten Voraussetzungen zu erhöhten Zahlungen und entsprechender Einräumung weiterer Erbbauzinsreallasten verpflichtet wird, zulässig und **durch Vormerkung sicherbar**.[1191] Für die Vormerkungsfähigkeit derartiger künftiger **Ansprüche** ist jedoch, gemessen an § 883 Abs 1 BGB erforderlich, dass sie nach Inhalt und Gegenstand genügend **bestimmt oder zumindest bestimmbar** sind.[1192] Ist zwar eine Höchstgrenze angegeben, jedoch zB eine Verdoppelung des gegenwärtigen Erbbauzinses möglich, so muss für eine hinreichende Bestimmbarkeit auch innerhalb des vorgegebenen Rahmens zusätzlich jede einzelne künftig mögliche Erhöhung durch Bestimmung konkreter Wertmaßstäbe nachvollziehbar sein.[1193] Das **Gesetz erkennt** die **Vormerkungsfähigkeit** solcher Vereinbarungen in § 9a Abs 3 ErbbauRG **selbst an**. Die Vormerkung dient wegen ihrer rangwahrenden Wirkung dem Interesse des Eigentümers, der andernfalls bei veränderten wirtschaftlichen Verhältnissen kein angemessenes dinglich gesichertes Entgelt für die zumeist sehr langfristige Erbbaurechtsbestellung erhielte.[1194] Ferner umfasst die Vormerkung eine Sicherung aller künftigen Erhöhungen des Erbbauzinses. Im Falle des Eintritts einer Erhöhung kann die Vormerkung dementsprechend teilweise umgeschrieben werden, wobei der **erhöhte Erbbauzins** den **Rang der Vormerkung** erhält (§ 883 Abs 3 BGB), ohne dass es eines Rangrücktritts der nachrangig eingetragenen Rechte bedarf. Die Regelung des § 9a Abs 1 ErbbauRG steht der Eintragung einer Vormerkung zur Sicherung des Anspruchs auf Erhöhung des Erbbauzinses selbst dann nicht entgegen, wenn ungewiss ist, ob der Anspruch sich später wegen Konsolidierung oder Unbilligkeit der Erhöhung unter Umständen als nicht gegeben erweist. Auch bezüglich einer Vormerkung auf Erhöhung des Erbbauzinses können versteigerungsfeste Vereinbarungen nach § 9 Abs 3 S 1 ErbbauRG getroffen werden, weil alles was endgültig eintragbar ist auch durch eine Vormerkung sicherbar sein muss. Die Vereinbarung hat dabei den gesicherten schuldrechtlichen Anspruch zu erfassen; die nur für den Erbbauzins getroffene Vereinbarung erstreckt sich nicht zugleich auf die Vormerkung.[1195]

Bei Bestellung eines **Eigentümer-Erbbaurechts** kann eine **schuldrechtliche Verpflichtung auf Anpas-** **429** **sung des Erbbauzinses** infolge Personengleichheit, dh weil es an einem Gläubiger- Schuldnerverhältnis mangelt, **nicht rechtswirksam** begründet werden[1196] und darum auch nicht dinglich abgesichert werden. Als nicht zulässig muss daher auch die Begründung eines Erhöhungsanspruchs zugunsten des jeweiligen Grundstückseigentümers angesehen werden.[1197]

1186 So *Eichel* MittRhNotK 1995, 199.
1187 *Schöner/Stöber* Rn 1801; *Ingenstau* Rn 5, MüKo-*v Oefele* Rn 8, 25 je zu § 9 ErbbauVO.
1188 *Schöner/Stöber* aaO (Fn 1170); MüKo-*v Oefele* Rn 25, *Staudinger-Rapp* Rn 1 je zu § 9 ErbbauVO; vgl auch BGH DNotZ 1975, 154 = MDR 1975, 217 = Rpfleger 1975, 56 (zur Auslegung von Erklärungen zum Erbbauzinsbeginn).
1189 *Schöner/Stöber* Rn 1799; *Ingenstau* Rn 6, MüKo-*v Oefele* Rn 6, *Staudinger-Rapp* Rn 14 je zu § 9 ErbbauVO.
1190 BayObLGZ 1959, 83 = DNotZ 1959, 402 = Rpfleger 1960, 287 (*Haegele*); *Schöner/Stöber* Rn 1807; *Ingenstau* Rn 56, MüKo-*v Oefele* Rn 14, *Staudinger-Rapp* Rn 35 je zu § 9 ErbbauVO. **AA** für die einzelnen Raten (wegen § 1107 BGB) *Wolfsteiner* Die vollstreckbare Urkunde Rn 64.5.
1191 BGHZ 22, 220 = DNotZ 1957, 300 = NJW 1957, 98 = Rpfleger 1957, 12; BGHZ 61, 209 = DNotZ 1974, 90; BGH DNotZ 1971, 42; KG OLGZ 1976, 276 = Rpfleger 1976, 244; *Schöner/Stöber* Rn 1812, 1830; *Ingenstau* Rn 22, 41, MüKo-*v Oefele* Rn 30, 44 ff, *Staudinger-Rapp* Rn 20, 21 je zu § 9 ErbbauVO.
1192 *Schöner/Stöber* Rn 1830; *Ingenstau* Rn 43, MüKo-*v Oefele* Rn 49, *Staudinger-Rapp* Rn 21 je zu § 9 ErbbauVO.
1193 Vgl OLG Zweibrücken FGPrax 2000, 56 = MittRhNotK 2000, 119.
1194 *Ingenstau* aaO (Fn 1175).
1195 Ebenso *Schöner/Stöber* Rn 1806a. **AA** wohl *Staudinger-Rapp* § 9 ErbbauVO Rn 24.
1196 BGH MittBayNot 1982, 127 = NJW 1982, 2381 = Rpfleger 1982, 143.
1197 So zu Recht *Schöner/Stöber* Rn 1829.

430   Der Anspruch auf einen erhöhten Erbbauzins kann anstatt durch eine nicht mehr infrage gestellte Vormerkung auch durch Eintragung einer Höchstbetragshypothek oder Grundschuld gesichert werden.[1198]

11. Vorkaufsrecht

Schrifttum

Böhringer, Grundbuchsperrende landesrechtliche Vorkaufsrechte in der Notar- und Grundbuchpraxis am Beispiel des § 25 SächsWG, NotBZ 2005, 417; *Bratfisch/Haegele,* Sammelbuchung von Vorkaufsrechten, Rpfleger 1961, 40; *Deimann,* Löschung eines auf Lebzeiten des Berechtigten beschränkten Vorkaufsrechts, Rpfleger 1977, 91; *Demharter,* Gemeinschaftsverhältnis mehrerer Berechtigter eines Vorkaufsrechts, MittBayNot 1998, 16; *Dumoulin,* Das Vorkaufsrecht im BGB, MittRhNotK 1967, 740; *Gayring,* Das Vorkaufsrecht in der Teilungsversteigerung, Rpfleger 1985, 392; *Grziwotz,* Fälligkeit und Verzinsung des Kaufpreises bei Ausübung eines Vorkaufsrechts, MittBayNot 1992, 173; *Gursky,* Verwendungsersatzansprüche und Nutzungsherausgabepflicht eines Dritterwerbers, der einem Vormerkungsgläubiger oder Vorkaufsberechtigten weichen muss, JR 1984, 3; *Haegele,* Zur Form der Bestellung eines dinglichen Vorkaufsrechts, BWNotZ 1971, 49; *Hahn,* Rechtsgeschäftliche Vorkaufsrechte im Rahmen von Grundstückskaufverträgen, MittRhNotK 1994, 193; *Hueber,* Ausübung gemeindlicher Vorkaufsrechte nach BauGB und Kaufvertragsvollzug, NotBZ 2003, 445, 2004, 91, 2004, 177; *Immenwahr,* Das dingliche Vorkaufsrecht des BGB, JherJb 40, 279; *Kettnaker,* Beleihung eines Grundstücks, das mit einem dinglichen Vorkaufsrecht vorbelastet ist, DNotZ 1932, 632; *Klein,* Vorkaufsrecht und Auflassungsvormerkung, ZKW 1954, 478; *Leikam,* Die Ausübung des dinglichen Vorkaufsrechts, BWNotZ 1986, 139; *Lewandowski,* Unterfällt der Vorkaufsvertrag in Ansehung eines Grundstücks der Formvorschrift des § 313 BGB?; *Gruchot,* 53, 565; *Lücke,* Die Ausübung und Wirkung des Vorkaufsrechts, ZflR; *Mayer-Maly,* Bedingte und anfechtbare Vorkaufsfälle, Festschrift für Wagner (1987), 283; *Panz,* Die Auswirkungen von Änderungen im Grundstücksbestand auf Vorkaufsrechte und Analog-Vereinbarungen zu §§ 463, 472 BGB (vormals §§ 504, 513 BGB) BWNotZ 1995, 156; *Pikart,* Die neuere Rechtsprechung des BGH zum Vorkaufsrecht, WM 1971, 490, 494 f; *Schumacher,* Vorkaufsrecht, Wiederkaufsrecht, Verfügungsbeschränkung im ländlichen Grundstücksverkehr, DNotZ 1943, 43; *Schurig,* Das Vorkaufsrecht im Privatrecht, 1975; *Sichtermann,* Bewertung von Vorkaufsrechten, BB 1953, 543; *Stöber,* Vorkaufsrechte in der Zwangsversteigerung, NJW 1984, 3121; *Streuer,* Löschungserleichterung bei Auflassungsvormerkung und Vorkaufsrecht, Rpfleger 1986, 245; *Vogt,* Muss der Vorkaufsberechtigte Änderungen des Drittkaufs bis zur Ausübung des Vorkaufsrechts gegen sich gelten lassen?, Festschrift für Hagen 1999, 219; *ders,* Umgehung des Vorkaufsrechts, Festschrift für Wenzel 2005, 453; *Waldner,* Das auf einen Vorkaufsfall beschränkte Vorkaufsrecht, MDR 1986, 110; *Weimar,* Grundsatzfragen zum Nießbrauch und dinglichen Vorkaufsrecht, MDR 1974, 462; *ders,* Fragen zum dinglichen Vorkaufsrecht und zu den Dienstbarkeiten, MDR 1977, 903; *Westermeier,* Eintragung einer einheitlichen Vormerkung für Ankaufsrecht und Vorkaufsrecht, Rpfleger 2003, 347; *Zeisz,* gesetzliche Vorkaufrechte in der notariellen Praxis, BWNotZ 1977, 43; *Zimmermann,* Können dingliche Vorkaufsrechte im Gleichrang bestellt werden?, Rpfleger 1980, 326.

431   **a) Allgemeines, Begriff, Entstehung.** Die Vorkaufsrechte des § 1094 Abs 1 und Abs 2 BGB sind dingliche Rechte, die durch Einigung und Eintragung (§ 873 BGB),[1199] nicht durch Ersitzung,[1200] entstehen und unter Bedingungen und Zeitbestimmung bestellt werden können.[1201] Davon zu unterscheiden ist das **schuldrechtliche Vorkaufsrecht** nach §§ 463 ff BGB, deren Absicherung an einem Grundstück **nur** durch eine **Vormerkung** nach § 883 BGB möglich ist. Dingliche Vorkaufsrechte gewähren das Recht (Gestaltungsrecht), durch einseitige Erklärung (§ 464 Abs 1 S 1 BGB mit § 1098 Abs 1 S 1 BGB) einen Kaufvertrag zu denselben Bedingungen zustandezubringen, die der Vorkaufsverpflichtete zuvor rechtswirksam mit einem Dritten als Käufer vereinbart hat (§ 464 Abs 2 BGB). Sie sind somit bedingte Sacherwerbsrechte,[1202] welche die Veräußerungsfreiheit des Eigentümers einschränken,[1203] ohne aber eine Grundbuchsperre zu bewirken.[1204] Zugunsten des Vorkaufsberechtigten wirkt das Vorkaufsrecht Dritten gegenüber wie eine Vormerkung (§ 1098 Abs 2 iVm § 883 BGB). Die damit verbundenen **Schutzwirkungen** (s. § 883 Abs 2 BGB) **beginnen** in Ansehung der **Übertragung des Eigentums** an dem mit dem Vorkaufsrecht belasteten Grundstück auf einen Dritten bereits **mit** der **Eintragung** des Vorkaufsrechts im GB, falls eine wirksame Einigung für das dingliche Recht vorliegt, und nicht erst mit der Ausübung des Vorkaufrechts.[1205] Bei Verfügungen des Eigentümers über das Grundstück durch seine **Belastung** wirkt der Vormerkungsschutz erst von dem Zeitpunkt an, ab dem das Vorkaufsrecht **ausgeübt werden kann.**[1206] Demzufolge sind nur diejenigen Belastungen des Grundstücks, die nach rechtswirksamem Abschluss eines Kaufvertrags mit einem Dritten vorgenommen wurden, dem Vorkaufsberechtigten gegenüber unwirksam, und er kann mit der Ausübung des Vorkaufsrechts deren Beseitigung verlangen

---

1198   Vgl. *Schöner/Stöber* Rn 1837.

1199   BGH DNotZ 1968, 93; BayObLG Rpfleger 1975, 26; *Schöner/Stöber* Rn 1398; KEHE-*Keller* Einl K 4; MüKo-*Westermann* § 1094 Rn 7; *Staudinger-Mader* § 1094 BGB Rn 21 und Einl zu §§ 1094 ff Rn 15.

1200   *Staudinger-Mader* § 1094 BGB Rn 25.

1201   KEHE-*Keller* Einl K 22; MüKo-*Westermann* Rn 7, *Staudinger-Mader* Rn 32 je zu § 1094 BGB.

1202   *Staudinger-Mader* § 1094 BGB Rn 9.

1203   *Staudinger-Mader* § 1094 BGB Rn 10.

1204   RGZ 154, 370, 377; RG JW 22, 576; *Staudinger-Mader* § 1098 BGB Rn 35.

1205   BGHZ 60, 275 = DNotZ 1973, 603 = NJW 1973, 1278 = Rpfleger 1973, 294.

1206   BGHZ 60, 275 aaO (Fn 1188); RGZ 154, 366; *Palandt-Bassenge* § 1098 BGB Rn 7.

(§§ 1098, 883, 888 Abs 1 BGB). Die Einigung über die Bestellung des Vorkaufsrechts ist formfrei,[1207] der Vertrag, der zur Bestellung berechtigt und verpflichtet, bedarf der Form des § 311b Abs 1 S 1 BGB.[1208] Das GBA kann im Hinblick auf das geltende formelle Konsensprinzip die Vorlage eines formgerechten Kausalvertrages nicht verlangen.[1209] Der Notar hat die Beglaubigung der Unterschriften unter einem privatschriftlichen Kausalvertrag zu verweigern;[1210] die Beglaubigung der Unterschrift des Eigentümers unter einer Eintragungsbewilligung kann er dagegen nicht ablehnen, weil es eine dem § 925a BGB entsprechende Vorschrift beim Vorkaufsrecht nicht gibt.[1211] Die Eintragung des Vorkaufsrechtes heilt den Formmangel des Kausalgeschäfts analog § 311b Abs 1 S 2 BGB,[1212] falls zum Zeitpunkt der dinglichen Einigung noch eine Willensübereinstimmung bestand.[1213] Ein das Vorkaufsrecht auslösender **Vorkaufsfall** ist **nicht gegeben**, wenn ein mit Vorkaufsrecht belastetes Grundstück, das mehreren Personen gemeinschaftlich gehört, an einen Miteigentümer verkauft wird, da dieser kein »Dritter« iS des § 464 Abs 2 BGB ist. Hierbei ist es gleich, ob es sich um eine Bruchteilsgemeinschaft, Erbengemeinschaft oder Gesellschaft bürgerlichen Rechts handelt. Das gilt auch bei Verkauf an einen Erbteilserwerber, soweit dieser den Erbteil nicht zwecks Vereitelung des Vorkaufsrechts erworben hatte.[1214] Ein vor Eintragung des Vorkaufsrechtes geschlossener Kaufvertrag löst das Vorkaufsrecht nicht aus, da dieses erst mit Eintragung entsteht.[1215]

b) Belastungsgegenstand. Dingliche Vorkaufsrechte können an Grundstücken, Wohnungs- und Teileigentumsrechten,[1216] grundstücksgleichen Rechten (zB Erbbaurecht), ideellen Miteigentumsanteilen (§ 1095 BGB) und, nach deren Abschreibung gemäß § 7 Abs 1 GBO, an realen Grundstücksteilen bestellt werden. Möglich ist auch die Belastung eines Grundstücks mit einem Vorkaufsrecht, das nur an einer Teilfläche davon ausgeübt werden kann. Dies setzt jedoch voraus, dass die Teilfläche zumindest eindeutig bestimmbar ist.[1217] Ein Alleineigentümer kann dagegen einen ideellen Bruchteil seines Grundstücks nicht mit einem Vorkaufsrecht belasten (§ 1095 BGB). Ebenso ist die Grundstücksbeteiligung eines Gesamthandeigentümers (Miterben, Gesellschafters einer Gesellschaft bürgerlichen Rechts) nicht mit einem Vorkaufsrecht belastbar.[1218] **Ausgeschlossen** ist ferner die Bestellung eines einheitlichen, mehrere Grundstücke belastenden »**Gesamtvorkaufsrechts**«.[1219] Wird ein mit einem Vorkaufsrecht belastetes **Grundstück** in mehrere selbständige Grundstücke oder in Wohnungseigentum **aufgeteilt**, so **entstehen** an den neu gebildeten Grundstücken bzw Wohnungseigentumseinheiten **Einzelvorkaufsrechte**, die gegenüber Dritten bei Verfügungen über die einzelnen Belastungsobjekte nach § 1098 Abs 2 BGB die Wirkungen einer Eigentumsvormerkung haben. Zweifelhaft ist, ob die gleichartigen Einzelvorkaufsrechte im Falle einer wieder erfolgten Vereinigung der Belastungsobjekte wiederum **ein einheitliches Recht** bilden, was jedoch durchaus als folgerichtig gelten dürfte.[1220] Ohne weitere zulässig ist es dasselbe Grundstück mit mehreren Verkaufsrechten mit **verschiedenem Rang** zu belasten, wobei das nachrangige Vorkaufsrecht, falls es für mehrere Verkaufsfälle bestellt worden ist, bei einem späteren Vorkaufsfall noch ausgeübt werden kann, wenn es trotz Ausübung im ersten Vorkaufsfall seines schlechteren Ranges wegen nicht zum Zuge gekommen ist.[1221] Die **Bestellung mehrerer** untereinander **gleichrangiger Vorkaufsrechte** an dem-

432

1207 RGZ 110, 327, 335; 125, 261 ff; *Schöner/Stöber* Rn 1398; MüKo-*Westermann* Rn 7, *Staudinger-Mader* Rn 23 je zu § 1094 BGB und Einl zu §§ 1094 ff Rn 16.
1208 BGH DNotZ 1968, 93 = WM 1967, 935 f und NJW–RR 1991, 205; RGZ 110, 327, 333; 125, 261, 263; *Schöner/Stöber* Rn 1398, MüKo-*Westermann* Rn 7, *Staudinger-Mader* Rn 29 je zu §§ 1094 ff; KEHE-*Keller* Einl K 6.
1209 LG Verden NJW 1955, 1637 = Rpfleger 1956, 129; *Schöner/Stöber* Rn 1399; KEHE-*Keller* Einl K 7; MüKo-*Westermann* Rn 7, *Soergel-Stürner* Rn 6a, *Staudinger-Mader* Rn 27 je zu § 1094 BGB. **AA** OLG Celle NJW 1949, 548.
1210 KEHE-*Munzig* Einl K 7; *Haegele* BWNotZ 1971, 49, 54; *Seybold-Schippel* BNotO § 14 Rn 11.
1211 *Schöner/Stöber* aaO (Fn 1192); *Keidel-Kuntze-Winkler* BeurkG § 40 Rn 41 ff.
1212 BGH DNotZ 1968, 93; WM 1967, 935 f; RGZ 125, 263; *Schöner/Stöber* aaO; MüKo-*Westermann* Rn 7 und *Palandt-Bassenge* RdNr 4 je zu § 1094 BGB.
1213 Vgl zur Willensübereinstimmung BGH DNotZ 1980, 222.
1214 BGH DNotZ 1957, 654.
1215 BGH DNotZ 1957, 657 = NJW 1957, 1476 (Ls).
1216 Aber nicht als deren Inhalt, vgl OLG Celle NJW 1955, 953 = DNotZ 1955, 320 (*Weitnauer*).
1217 BayObLGZ 1997, 160 = NJW–RR 1998, 86 = Rpfleger 1997, 473.
1218 BayObLGZ 1952, 246; KG RJA 3, 43, 92.
1219 BayObLGZ 1951, 618 = DNotZ 1953, 263 (*Weber*); 1958, 204; BayObLGZ 1974, 365 = DNotZ 1976, 607 = Rpfleger 1975, 23; *Schöner/Stöber* Rn 1400; KEHE-*Keller* Einl K 18; MüKo-*Westermann* Rn 8, *Soergel-Stürner* Rn 4, *Staudinger-Mader* Rn 8 je zu § 1094 BGB; *Hampel* Rpfleger 1962, 126; *Böhringer* BWNotZ 1988, 97, 101; *Böttcher* MittBayNot 1993, 129, 131.
1220 So BayObLG Rpfleger 1977, 442 für eine beschränkte persönliche Dienstbarkeit; ähnlich auf LG Darmstadt Rpfleger 1982, 216 m. abl. Anm. *Meyer-Stolte* für den Nießbrauch.
1221 BGHZ 35. 146 = DNotZ 1961, 544 = MDR 1961, 672 = NJW 1961, 1669; *Staudinger-Mader* Einl zu § 1094 BGB Rn 6.

selben Grundstück ist dagegen grundsätzlich **abzulehnen**[1222] und nur dann für zulässig zu erachten, wenn Kollisionen durch entsprechende Ausübungsregelungen, die zum Rechtsinhalt der Vorkaufsrechte gemacht wurden, ausgeschlossen sind.[1223] Die Annahme, dass bei Ausübung aller gleichrangigen Vorkaufsrechte jeder Vorkaufsberechtigte einen Bruchteil des Grundstücks erwerbe, scheitert daran, dass jedes einzelne Vorkaufsrecht inhaltlich auf den Erwerb des ganzen Grundstücks, nicht eines Bruchteils, gerichtet ist, und das bedeutet nicht nur einen (aus dem Gleichrang allenfalls begründbaren) quantitativen, sondern einen (aus dem Gleichrang nicht mehr ableitbaren) qualitativen Unterschied. Zulässig ist dagegen ein einheitliches Vorkaufsrecht für mehrere Berechtigte nach § 472 BGB. Hierbei entspricht eine gemeinschaftliche Berechtigung am Vorkaufsrecht der gemeinschaftlichen Berechtigung am Grundstück im Falle seines Erwerbs. **Mehrere Vorkaufsrechte desselben Vorkaufsberechtigten** an demselben Grundstück sind unzulässig, wenn sie denselben Inhalt haben;[1224] wenn aber eines von ihnen nur für den ersten Verkaufsfall und ein anderes für alle Verkaufsfälle gilt, so ist kein Hinderungsgrund gegeben. Zulässig ist auch die Bestellung eines subjektiv-persönlichen und eines subjektiv-dinglichen Vorkaufsrechtes für denselben Berechtigten, weil diese beiden Vorkaufsrechte potentiell (bei Veräußerung des herrschenden Grundstücks) verschiedenen Berechtigten zustehen.

433   **c) Berechtigter.** Das Vorkaufsrecht kann als **subjektiv-persönliches Recht** natürlichen oder juristischen Personen oder Personenmehrheiten, auch Handelsgesellschaften ohne Zusammenhang mit dem Eigentum an einem anderen Grundstück (§ 1094 Abs 1 BGB) **oder** als **subjektiv-dingliches Recht** dem jeweiligen Eigentümer eines anderen Grundstücks (§ 1094 Abs 2 BGB) zustehen. Die **Umwandlung** der einen in die andere Art ist **nicht** zulässig (§ 1103 BGB); nur Aufhebung und Neubestellung sind möglich.[1225] Wird ein subjektiv-persönliches Vorkaufsrecht bewilligt, aber ein subjektiv-dingliches eingetragen, so entsteht ein subjektiv-persönliches.[1226] Im umgekehrten Fall entsteht überhaupt kein Recht.[1227] Das subjektiv-persönliche Vorkaufsrecht ist grundsätzlich nicht übertragbar und unvererblich (§§ 1098 Abs 1 S 1, 473 S 1 BGB), kann aber durch Vereinbarung übertragbar und vererblich gemacht werden.[1228] Bei zeitlicher Begrenzung ist es im Zweifel vererblich (§§ 1098 Abs 1 S 1, 473 S 2 BGB).

434   Das **subjektiv-dingliche Vorkaufsrecht** ist als wesentlicher Bestandteil des herrschenden Grundstücks (§ 96 BGB) untrennbar mit diesem verbunden (§ 1103 Abs 1 BGB) und deshalb nur mit ihm übertragbar und vererblich.

435   Steht das **subjektiv-persönliche Vorkaufsrecht mehreren Personen** zu, so gilt **§ 472 BGB**, wonach sie das Recht nicht in Teilen sondern nur im ganzen ausüben können. Es liegt insoweit eine Art Gesamthandsverhältnis vor.[1229] Wird es von einem oder mehreren Berechtigten nicht ausgeübt, so sind die übrigen befugt, das Recht im vollen Umfang auszuüben. Das Vorkaufsrecht eines Ausgefallenen wächst den übrigen bzw dem zuletzt allein verbleibenden Berechtigten an. Bei Ausübung des Vorkaufsrechts durch mehrere Berechtigte wird das Grundstück auf sie gemäß § 741 BGB zu gleichen Bruchteilen übertragen,[1230] falls bei der Bestellung des Rechts nichts anderes vereinbart wurde. Das Vorkaufsrecht selbst kann dagegen nicht für mehrere Personen zu Bruchteilen bestellt werden,[1231] da bei einem Gestaltungsrecht eine Bruchteilsberechtigung nicht vorstellbar ist. Auch stünde das Recht eines Bruchteilsberechtigten, über seinen Bruchteil zu verfügen, in einem unlösbaren Widerspruch zu § 472 BGB, wonach eine Teilausübung ausgeschlossen ist. Dieser Ausschluss ist zwingend. Die Bestellung des Rechts für mehrere Personen in anderen Gesamthandsgemeinschaften wie Gesellschaft bürgerlichen Rechts oder Gütergemeinschaft,[1232] wenn das Vorkaufsrecht übertragen werden kann (vgl § 1417 Abs 2 BGB), ist dagegen mit der Regelung des § 472 BGB verträglich und somit bedenkenfrei. Auch die Gesamtgläubigerschaft nach § 428 BGB ist zulässig.[1233] Bei **Ausübung des Vorkaufsrechts** steht dann der Anspruch auf Eigentumsverschaffung den Berechtigten mit der Maßgabe zu, dass die Übertragung auf einen von ihnen

---

1222   Str. Wie hier: KG JFG 6, 293; LG Darmstadt MDR 1958, 35; MüKo-*Westermann* Rn 8, *Staudinger-Mader* Rn 12 je zu § 1094 BGB. **AA** OLG Hamm DNotZ 1990, 178 = NJW-RR 1989, 912 = OLGZ 1989, 257 = Rpfleger 1989, 362; LG Düsseldorf Rpfleger 1981, 479 (*Zimmermann*); LG Landshut MittBayNot 1979, 69 (*Böck*); AG Gemünden MittBayNot 1974, 145 (*Promberger*); *Schöner/Stöber* Rn 1405; *Palandt-Bassenge* § 1094 BGB Rn 1; BGB-RGRK-*Rothe* § 1094 BGB Rn 3; *Holderbaum* JZ 1965, 712; *Lüdtke-Handjery* Betrieb 1974, 517; *Promberger* MittBayNot 1974, 145.

1223   Vgl *Zimmermann* Rpfleger 1980, 326 und 1981, 480; KEHE-*Keller* Einl K 15; *Soegel-Stürner* § 1094 BGB Rn 4.

1224   Insoweit zutreffend KG KGJ 51, 273; *Staudinger-Mader* § 1094 BGB Rn 16.

1225   *Schöner/Stöber* Rn 1401; KEHE-*Keller* Einl K 10.

1226   *Schöner/Stöber* Rn 1049; Offen gelassen v BayObLG MittBayNot 1982, 177 = Rpfleger 1982, 274.

1227   BayObLG NJW 1961, 1265.

1228   BGHZ 37, 147 = DNotZ 1963, 235 = MDR 1962, 644 = NJW 1962, 1344; MüKo-*Westermann* § 1094 BGB Rn 12; *Staudinger-Mader* Einl zu §§ 1094 ff Rn 17 und § 1097 BGB Rn 21 ff.

1229   BayObLGZ 1958, 202; KG JFG 6, 292.

1230   Vgl BGHZ 136, 327 = FGPrax 1998, 5 = NJW 1997, 3235 = Rpfleger 1998, 17; LG Mönchengladbach MittRhNotK 1992, 273.

1231   KG DNotZ 1929, 736; KEHE-*Keller* Einl K 13. **AA** *Schöner/Stöber* Rn 1406.

1232   LG Amberg MittBayNot 1964, 385; *Schöner/Stöber* Rn 1404; KEHE-*Keller* Einl K 12.

1233   OLG Frankfurt DNotZ 1986, 239.

schuldbefreiend für den Verkäufer wirkt.[1234] Werden mehrere mit einem Vorkaufsrecht belastete Grundstücke zu einem Gesamtkaufpreis verkauft, so kann der Berechtigte die Ausübung des Vorkaufsrechts auf ein Grundstück (oder mehrere) **beschränken**. Der Verpflichtete kann in einem solchen Fall in entsprechender Anwendung des § 467 S 2 BGB verlangen, dass der Vorkauf auf alle Grundstücke **erstreckt** wird, die nicht ohne Nachteil für ihn ausgenommen werden können.[1235]

Auch das subjektiv-dingliche Vorkaufsrecht kann für **mehrere Berechtigte**, also mehrere jeweilige Eigentümer **436** anderer Grundstücke, bestellt werden, für die dann auch das in § 472 BGB definierte Gemeinschaftsverhältnis gilt. Dieselbe Lage ergibt sich bei Teilung des herrschenden Grundstücks.[1236]

Für den **Miteigentümer** eines Grundstücks kann ein subjektiv-dingliches Vorkaufsrecht nur an den anderen Miteigentumsanteilen,[1237] aber nicht an dem gesamten Grundstück und auch nicht an einem anderen Grundstück bestellt werden. Denn nur die an demselben Grundstück bestehenden Miteigentumsanteile verhalten sich zueinander wie ganze Grundstücke, die verschiedenen Eigentümern zustehen.[1238] Auch ergibt sich aus § 1009 Abs 2 BGB (2. Alternative), dass ein anderes Grundstück zugunsten der (dh aller) jeweiligen Eigentümer des gemeinschaftlichen Grundstücks, aber nicht zugunsten eines jeweiligen Miteigentümers dieses Grundstücks belastet werden kann. Andererseits läßt § 1009 Abs 2 BGB in seiner 1. Alternative nur die Belastung eines gemeinschaftlichen Grundstücks zugunsten »des jeweiligen Eigentümers«, aber nicht lediglich eines Miteigentümers eines anderen Grundstücks zu. Im Übrigen ist es begrifflich unmöglich, dass ein dingliches Recht an einem anderen Grundstück wesentlicher Bestandteil eines Miteigentumsanteils sein sollte.[1239]

Ein subjektiv-persönliches Vorkaufsrecht kann einem **Miteigentümer** am »eigenen« gemeinschaftlichen **437** Grundstück eingeräumt werden (§ 1009 Abs 1 BGB).

Mit einem **realen Grundstücksteil** als herrschendem Grundstück kann ein subjektiv-dingliches Vorkaufsrecht **438** nur nach Abschreibung des Teils gemäß § 7 Abs 1 GBO verbunden werden.[1240]

Der **Eigentümer** kann **sich selbst** sowohl ein subjektiv-persönliches als auch ein subjektiv-dingliches Vor- **439** kaufsrecht bestellen.[1241] Eine konkrete Absicht, das Grundstück zu veräußern, ist hierfür nicht Voraussetzung; derartige Nachweise brauchen dem GBA nicht vorgelegt zu werden.[1242]

Zugunsten eines an der Einigung nicht beteiligten **Dritten** kann kein dingliches Recht, also auch kein Vor- **440** kaufsrecht, bestellt werden.[1243] Dem GBA wird wegen des formellen Konsensprinzips dieser Hindernisgrund allerdings meistens verborgen bleiben.

d) Inhalt. Der Inhalt beider Arten von Vorkaufsrechten richtet sich nach §§ 463–473 BGB (§ 1098 Abs 1 BGB). **441** Abweichende Vereinbarungen sind wegen des sachenrechtlichen Typenzwangs nur im Rahmen der §§ 1094 ff BGB zulässig.[1244] Vereinbarungen sind daher lediglich möglich in bezug auf Übertragbarkeit und Vererblichkeit (§ 473 S 1 BGB), Erstreckung des Vorkaufsrechts auf mehrere oder alle Verkaufsfälle (§ 1097 BGB), abweichende Bestimmung der Ausübungsfrist (§ 469 Abs 2 S 2 BGB), Einbeziehung des Verkaufs an Erben gemäß § 470 BGB sowie die Regelung der Erstreckung auf Zubehör (§ 1096 BGB). Die **Ausübbarkeit** des Vorkaufsrechts bei einem freihändigen Verkauf durch den Insolvenzverwalter ist gemäß § 1098 Abs 1 S 2 BGB abweichend von § 471 BGB geregelt.[1245] Zum Inhalt gemacht werden kann bei einem Vorkaufsrecht das für alle oder mehrere Verkaufsfälle bestellt ist, gemäß **§ 882 BGB** auch ein **Höchstbetrag**, der im Falle eines Erlöschens des Vorkaufsrechts durch den Zuschlag bei Zwangsversteigerung des Grundstücks **als Wertersatz** zu zahlen ist. Die hiernach zulässigen abweichenden Vereinbarungen sind nur wirksam, wenn sie im GB eingetragen sind.[1246]

1234 LG Köln MittBayNot 1978, 106 = MittRhNotK 1977, 192; *Schöner/Stöber* aaO (Fn 1215). **AA** KEHE-*Eickmann* § 47 Rn 12h.
1235 BGH DNotI-Report 2006, 137 = DNotZ 2006, 858 =RNotZ 2006, 538 mAnm *Hahn* = Rpfleger 2006, 598 = ZNotP 2006, 452.
1236 RGZ 73, 316, 320; BayObLGZ 1973, 21 = DNotZ 1973, 415 = MDR 1973, 408 = Rpfleger 1973, 133.
1237 BayObLG MittBayNot 1982, 177 = Rpfleger 1982, 274; BayObLGZ 1958, 196; LG Nürnberg-Fürth NJW 1957, 1521; *Schöner/Stöber* Rn 1401; KEHE-*Keller* Einl K 9; MüKo-*Westermann* § 1095 Rn 3; *Staudinger-Mader* Einl zu §§ 1094 ff Rn 11.
1238 Vgl RGZ 146, 364.
1239 Das verkennt KEHE-*Keller* Einl K 9.
1240 KG KGJ 53, 171.
1241 *Schöner/Stöber* Rn 1401, 1402; KEHE-*Keller* Einl K 8.
1242 Auf die Erläuterungen Rdn 336 (zur Eigentümer-Dienstbarkeit) sei verwiesen.
1243 LG Düsseldorf MittRhNotK 1977, 129; *Schöner/Stöber* Rn 1407; *Staudinger-Mader* § 1094 BGB Rn 15.
1244 BGHZ 13, 133, 139 = DNotZ 1954, 385 = NJW 1954, 1035; KEHE-*Keller* Einl K 19; MüKo-*Westermann* § 1098 BGB Rn 1; *Staudinger-Mader* § 1094 BGB Rn 31 und § 1098 BGB Rn 5.
1245 BGH NJW 1977, 37; vgl *Staudinger-Mader* § 1098 BGB Rn 5 und 11, wonach auch Einschränkungen der Pflichten des Vorkaufsverpflichteten nicht mit dinglicher Wirkung ausgestattet werden können.
1246 OLG Düsseldorf Rpfleger 1967, 13; OLG Hamm Rpfleger 1960, 154; KEHE-*Keller* Einl K 21.

442   Beim dinglichen Vorkaufsrecht ist die **Festlegung** des **Kaufpreises** abweichend von dem mit dem Dritten vereinbarten (sog preislimitiertes Vorkaufsrecht) unzulässig.[1247] Die Eintragung eines derartigen Vorkaufsrechts ist jedoch nur hinsichtlich dieser Vereinbarung und nicht insgesamt inhaltlich unzulässig. Insgesamt unrichtig ist aber das GB dann, wenn anzunehmen ist, dass sich die Beteiligten über ein Vorkaufsrecht mit gesetzliche zulässigem Inhalt nicht geeinigt haben würden.[1248] Der lediglich schuldrechtlichen Vereinbarung eines limitierten Kaufpreises steht nichts entgegen (s. dazu Rdn 445). Deshalb kann die Bestellung eines unzulässigen dinglichen Vorkaufsrechts mit Preislimitierung in eine wirksame **schuldrechtliche Vereinbarung** entsprechenden Inhalts **umgedeutet** werden,[1249] wenn nicht ein anderer Parteiwille anzunehmen ist.[1250] Auch ein unzulässigerweise im GB eingetragenes preislimitiertes dingliches Vorkaufsrecht kann in eine **Vormerkung** zur Sicherung eines schuldrechtlichen Vorkaufsrechts **umgedeutet** werden. Insoweit ist eine Grundbucheintragung einer Umdeutung zugänglich.[1251] Bei einem subjektiv-dinglichen Vorkaufsrecht scheidet eine solche Umdeutung allerdings naturgemäß aus.[1252]

443   Dem Sachenrecht unbekannt ist ferner ein dingliches Vorerwerbsrecht, das durch **andere Veräußerungsverträge** des Eigentümers mit Dritten (zB Tausch, Schenkung, Einbringung) ausgelöst wird.[1253] Schuldrechtlich kann es jedoch vereinbart werden, und soweit sich daraus Ansprüche auf Eigentumsübertragung ergeben, können sie durch Vormerkung gesichert werden.[1254] Vollzogene inhaltlich unzulässige Eintragungen im GB können nicht in der Weise umgedeutet werden wie die zugrundeliegenden Vereinbarungen.[1255]

444   **e) Sonstige Erwerbsrechte.   aa) Schuldrechtliches Vorkaufsrecht.** Der Eigentümer eines Grundstücks ist nicht gehindert einem Dritten ein schuldrechtliches Vorkaufsrecht einzuräumen, für das, soweit nicht etwas anderes vereinbart wird, die §§ 463–473 BGB gelten. Die Verpflichtungen aus einem solchen Vertragsverhältnis treffen grundsätzlich nur den Besteller und seine Erben und beschränken sich daher zwangsläufig auf **einen Verkaufsfall**.[1256] Im Rahmen der Vertragsfreiheit kann jedoch bestimmt werden, dass das Vorkaufsrecht nicht nur bei jedem Verkauf des Grundstücks durch den Verpflichteten, sondern auch bei einem Verkauf durch den Rechtsnachfolger im Eigentum ausgeübt werden darf.[1257] Absicherbar ist der sich aus einem schuldrechtlichen Vorkaufsrecht ergebende bedingte Übereignungsanspruch durch eine **Vormerkung** nach § 883 BGB. Für den schuldrechtlichen Vertrag ist die Form des § 311b Abs 1 S 1 BGB unabdingbare Wirksamkeitsvoraussetzung; eine Heilung durch Eintragung einer Vormerkung kommt nicht infrage, da die Vormerkung den Bestand eines Anspruchs voraussetzt.[1258]

445   Ein schuldrechtliches Vorkaufsrecht ist auch an einem Raum als Teil eines Wohnungseigentums bestellbar und kann durch Vormerkung gesichert werden.[1259] In Abweichung von § 464 Abs 2 BGB ist es im Gegensatz zum dinglichen Vorkaufsrecht zulässig, für das schuldrechtliche Vorkaufsrecht einen **bestimmten Kaufpreis** für den Fall der Ausübung festzulegen. Anders als wie beim dinglichen Vorkaufsrecht, bei dem eine Konfusion durch die Regelung des § 889 BGB ausgeschlossen ist, erlischt das schuldrechtliche Vorkaufsrecht, wenn der Vorkaufsberechtigte den Vorkaufsverpflichteten beerbt.[1260] In Einschränkung gegenüber dem dinglichen Vorkaufsrecht (s § 1098 Abs 1 S 2 BGB) ist die Ausübung eines schuldrechtlichen Vorkaufsrechts bei einem freihändigen Verkauf des Grundstücks durch den Insolvenzverwalter nach § 471 BGB ausgeschlossen.[1261] Auch ein schuldrechtliches Vorkaufsrecht kann dann, wenn **mehreren Berechtigten** zusteht immer nur im Ganzen ausgeübt werden. Soweit dabei § 472 BGB Anwendung findet, bedarf es bei der Eintragung der Vormerkung nicht der Angabe des nach Ausübung des Vorkaufsrechts zwischen den Berechtigten zustande kommenden Gemeinschaftsverhältnisses. In das Grundbuch ist gemäß § 47 GBO lediglich einzutragen, dass das Vorkaufsrecht der Regelung des

1247 BGH BWNotZ 1966, 253 = WM 1966, 891; RGZ 104, 123; 110, 327, 334; 154; 358; *Schöner/Stöber* Rn 1442; MüKo-*Westermann* § 1094 BGB Rn 6; *Staudinger-Mader* § 1098 BGB Rn 5 und § 1094 BGB Rn 31.
1248 OLG München Rpfleger 2008, 129.
1249 BGH WM 1966, 891; RGZ 104, 122, 123; MüKo-*Westermann* § 1094 BGB Rn 6; *Staudinger-Mader* § 1094 BGB Rn 31 und Einl zu §§ 1094 ff Rn 12.
1250 KG KGJ 43, 223.
1251 LG Darmstadt Rpfleger 2004, 349.
1252 BayObLG BayZ 26, 155; OLGZ 45, 182; MüKo-*Westermann* Rn 6, *Staudinger-Mader* Rn 31 je zu § 1094 BGB. **AA** RGZ 128, 246, 248f.
1253 BGHZ 49, 7; BGH DNotZ 1970, 423; KEHE-*Keller* Einl K 20; vgl auch MüKo-*Westermann* § 1097 BGB Rn 3.
1254 RGZ 104, 122; KG OLGZ 42, 274; MüKo-*Westermann* § 1094 BGB Rn 6.
1255 MüKo-*Westermann* § 1094 BGB Rn 6; *Staudinger-Mader* Einl zu §§ 1094 ff Rn 12; *H. P. Westermann* NJW 1970, 1023, 1027; *Weimar* MDR 1977, 903 f.
1256 BGH DNotZ 1993, 506 = NJW 1993, 324.
1257 Vgl dazu *Wörbelauer* DNotZ 1963, 580 (582); *Amann* DNotZ 1995, 252 (257).
1258 LG München I MittBayNot 1982, 265.
1259 LG Kempten MittBayNot 1977, 63 = MittRhNotK 1977, 79.
1260 BGH NJW 2000, 1033 = Rpfleger 2000, 209. **AA** v Olshausen NJW 2000, 2872.
1261 BGH NJW 1977, 37.

§ 472 BGB unterfällt.[1262] Entsprechendes gilt für die vormerkungsweise Absicherung mehrerer Berechtigter eines Ankaufs- wie auch eines Wiederkaufsrechts (siehe nachfolgend).

bb) Ankaufsrecht. Ein »Ankaufsrecht« als fest umrissener Rechtstyp existiert weder im Schuldrecht noch im Sachenrecht[1263] und ist als solches daher nicht eintragungsfähig. Von einem Ankaufsrecht kann man sprechen, wenn jemand das Recht hat, durch einen einseitigen Rechtsakt und ohne die Voraussetzung, dass ein Rechtsgeschäft zwischen dem Verpflichteten und einem Dritten vorausgeht, einen Rechtsanspruch auf entgeltliche Übertragung des betreffenden Gegenstandes, etwa eines Grundstücks, zu erwerben.[1264] Das ist der Fall bei einem Verkaufsangebot, das der Angebotsempfänger nur noch einseitig anzunehmen braucht, ferner bei einem zunächst bedingt abgeschlossenen Kaufvertrag,[1265] wenn die Bedingung darin besteht, dass der Erwerber eine Ausübungserklärung abgibt, und bei einem Vorvertrag,[1266] kraft dessen der Erwerber die Abgabe eines bereits klar definierten Vertragsangebotes verlangen kann. Die wirksame Einräumung eines Ankaufsrechts am Grundbesitz setzt stets die Form des § 311b Abs 1 S 1 BGB voraus. Der bedingte Anspruch auf Eigentumsverschaffung kann für den Erwerber in diesen Fällen durch **Vormerkung** gesichert werden.[1267] Räumen sich die Miteigentümer eines Grundstücks gegenseitig für den Fall der Anordnung der Zwangsversteigerung, der Einleitung des Insolvenzverfahrens oder des Eintritts weiterer Bedingungen ein Ankaufsrecht an dem Miteigentumsanteil des jeweils anderen Miteigentümers ein und für den Fall des Verkaufs ein schuldrechtliches Vorkaufsrecht, ist es nicht erforderlich, zur Sicherung des Übereignungsanspruchs aus dem Ankaufsrecht und aus dem Vorkaufsrecht jeweils gesonderte Vormerkungen einzutragen; es genügt jeweils eine Vormerkung zu Gunsten jedes Miteigentümers.[1268] Ein möglicher **Ausschluss der Abtretbarkeit** des durch eine Vormerkung gesicherten künftigen Eigentumsverschaffungsanspruchs bei Ausübung eines Ankaufsrechts kann in das GB **eingetragen** werden.[1269]

446

cc) Wiederkaufsrecht. Das Wiederkaufsrecht der §§ 456 ff BGB ist ein schuldrechtliches Institut und kann als solches nicht eingetragen werden.[1270] Der damit verbundene bedingte Anspruch auf Rückübertragung des Eigentums an einem Grundstück, kommt dann zum Tragen, wenn der Käufer die ihm gemäß den getroffenen Vereinbarungen obliegenden Verpflichtungen nicht oder nicht mehr erfüllt. Als Beispiel aus der Praxis seien hier vor allem die »Einheimischen- oder Sozialmodelle« genannt, bei denen die Gemeinden Grundbesitz zu verbilligten Preisen zur Bebauung und zum Bewohnen durch den Erwerber und seine Angehörigen zur Verfügung stellen. Kommt der Erwerber der festgelegten Bauverpflichtung nicht nach oder veräußert er das Grundstück vorzeitig vor einer gewissen Zeitspanne, so hat er das Grundstück wieder zurück zu übereignen. Entsprechendes gilt, wenn etwa verbilligter Grundbesitz zur Schaffung von Gewerbeansiedlungen ausgewiesen wird, und der Erwerber das Objekt zweckfremd nutzt. Nach einhelliger Meinung ist ein zeitlich unbefristetes Wiederkaufsrecht nicht zulässig.[1271] Generell gilt für die Ausübung des Wiederkaufsrechts nach § 462 BGB eine 30jährige Ausschlussfrist. Verkauft daher die öffentliche Hand ein Grundstück zum Zwecke der Ansiedlung von Familien zu günstigen Konditionen und vereinbart sie ein Wiederkaufsrecht, um die zweckentsprechende Nutzung des Grundstücks sicherzustellen und Bodenspekulationen zu verhindern, kann das Wiederkaufsrecht mehr als 30 Jahre nach seiner Begründung nicht mehr ausgeübt werden.[1272] Die Frist für die Ausübung kann jedoch vertraglich abgeändert werden, wobei insoweit als Frist, das Leben einer natürlichen Person oder der Bestand einer juristischen Person bestimmbar ist.[1273] Möglich ist es ferner den Beginn der Ausschlussfrist abweichend von dem der Vereinbarung des Wiederkaufsrechts festzulegen.[1274] Die Rückübereignungsansprüche aus einem Wiederkaufsrecht sind durch die Eintragung einer **Vormerkung** sicherbar.[1275] Dabei kann ein unzulässigerweise bestelltes dingliches Wiederkaufsrecht in ein schuldrechtliches umgedeutet werden, wenn kein abweichender Parteiwille dagegensteht.[1276]

447

1262 BGHZ 136, 127 (Fn 1213).
1263 *Schöner/Stöber* Rn 1444a.
1264 Vgl *Schöner/Stöber* Rn 1444a, 1445.
1265 Vgl BGH DNotZ 1963, 230 (*Hense*); BGH BB 1966, 1412 = MDR 1967, 120 = NJW 1967, 153; NJW 1969, 1479; WM 1970, 493; RGZ 169, 65, 70.
1266 RGZ 154, 335; 169, 185; BGH DNotZ 1961, 485.
1267 Vgl *Schöner/Stöber* Rn 1453.
1268 BayObLG FGPrax 2003, 55 = Rpfleger 2003, 352.
1269 BayObLG FGPrax 1998, 210.
1270 Vgl *Schöner/Stöber* Rn 1606.
1271 S dazu *Staudinger-Mader* § 503 BGB aF Rn 2 mwN.
1272 BGH DNotZ 2006, 910 = Rpfleger 2006, 600.
1273 OLG Schleswig FGPrax 1998, 47 = NJW-RR 1999, 283 = Rpfleger 1998, 195.
1274 Vgl BayObLG DNotZ 1970, 150 = Rpfleger 1970, 22.
1275 BayObLGZ 1961, 63 = DNotZ 1961, 587 = Rpfleger 1962, 406.
1276 BGH DNotZ 1965, 610 = MDR 1965, 283.

448 Dingliche Wiederkaufsrechte gibt es auch nach §§ 20, 21 RSG. Sie beruhen unmittelbar auf dem Gesetz und bedürfen zu ihrer Entstehung der Eintragung im GB, die nach § 20 Abs 2 S 2 und § 21 S 3 RSG vorgeschrieben ist.[1277] Dritten gegenüber wirken sie, wenn sie eingetragen sind, wie eine Vormerkung nach § 883 BGB.[1278]

449 **f) Gesetzliche Vorkaufsrechte.** Das gesetzliche Vorkaufsrecht des **Miterben** nach §§ 2034 ff BGB an den Erbteilen der anderen Miterben ist in das GB nicht einzutragen, da es nicht am Grundstück besteht und trotz gewisser dinglicher Wirkungen kein dingliches Recht ist.[1279]

450 Die Vorkaufsrechte der **Gemeinden** gemäß §§ 24, 25 BauGB haben seit 01.01.1977 ihre dingliche Wirkung verloren[1280] und sind als solche **nicht eintragungsfähig.** Jedoch kann zur Sicherung eines (zunächst bedingten) Anspruchs auf Übereignung des Grundstücks, der in Ausübung des Vorkaufsrechts zur Entstehung gelangt (§ 28 Abs 2 S 1, 2 BauGB), auf einseitiges Ersuchen der Gemeinde nach § 28 Abs 2 S 3 BauGB eine **Vormerkung** in das GB eingetragen werden. Dies ist aber nur solange möglich, als der Erwerber – wenn auch uU § 28 Abs 5 BauGB zuwider – noch nicht als Eigentümer eingetragen wurde.[1281]

451 **Nicht eintragungsfähig** sind ferner die für landwirtschaftliche Grundstücke geltenden siedlungsrechtlichen Vorkaufsrechte nach §§ 1 und 4 RSG iVm §§ 27 GrdstVG, das Vorkaufsrecht nach § 69 LBG[1282] und das Vorkaufsrecht des Mieters nach § 2b WoBindG[1283] wie auch nach § 577 BGB. Das zuletzt genannte Vorkaufsrecht steht dem Mieter einer umgewandelten Eigentumswohnung auch im Freien Wohnungsbau nur für den ersten Verkaufsfall nach Umwandlung zu. Ist die Eigentumswohnung vor dem Inkrafttreten des § 570a BGB aF (jetzt § 577 BGB) bereits einmal verkauft worden, so besteht kein Vorkaufsrecht, wenn die Wohnung nach diesem Zeitpunkt erneut verkauft wird.[1284] Verkauft eine GmbH eine ihr gehörende Eigentumswohnung an ihre Gesellschafter, so liegt ein Verkauf an Dritte vor, für den die Regelung des § 577 BGB zur Anwendung kommt.[1285] Erst nach wirksamer Ausübung eines Vorkaufsrechts ist eine Absicherung durch Eintragung einer Vormerkung möglich.[1286]

452 Aufgrund der Ländervorbehalte in den Art 64, 67, 109, 119 EGBGB bestehen nach **Landesrecht** in allen Bundesländern gesetzliche Vorkaufsrechte, die insbesondere dem Schutze der Natur und Landschaft sowie dem Denkmalschutz dienen.[1287]

453 **g) Genehmigungserfordernisse.** Zur Bestellung eines dinglichen Vorkaufsrechts ist eine Genehmigung erforderlich, soweit allgemein die Belastung des Grundstücks der Genehmigung bedarf.[1288] Das ist regelmäßig dann der Fall, wenn der Eigentümer in seiner Verfügungsbefugnis beschränkt ist. Ob der Kaufvertrag, der das Vorkaufsrecht auslöst, einer Genehmigung bedarf, hat dagegen für die Eintragung des dinglichen Vorkaufsrechts keine Bedeutung.[1289] Beispiele für die Genehmigungspflicht sind § 51 Abs 1 Nr 1 BauGB (Umlegungsverfahren), § 144 Abs 2 Nr 2 BauGB (Sanierungsverfahren), § 169 Abs 1 Nr 1 BauGB (Entwicklungsverfahren), § 1821 Abs 1 Nr 1 BGB auch iVm §§ 1643, 1915 Abs 1, 1908i BGB (Vormundschaft, elterliche Sorge, Pflegschaft über Minderjährige; Betreuung Volljähriger).

454 **h) Eintragung.** Dingliche Vorkaufsrechte sind in die 2. Abteilung des GB für das belastete Grundstück einzutragen (§ 10 GBV). Subjektiv-dingliche Vorkaufsrechte können außerdem zusätzlich gemäß § 9 GBO im Bestandsverzeichnis (§§ 7, 14 GBV) für das GB des herrschenden Grundstücks vermerkt werden. Aus der Eintragung selbst müssen der Berechtigte, die Kennzeichnung des Rechts als Vorkaufsrecht sowie eine etwaige Bedingtheit oder Befristung des Rechts als solches hervorgehen.[1290] Ein Gemeinschaftsverhältnis ist nur anzugeben, wenn es nicht unter § 472 BGB fällt. Nach BGH[1291] ist beim Vorkaufsrecht, wenn sich das Gemeinschafts-

---

1277 Str, wie hier: *Ehrenforth* § 20 RSG Anm 2; *Schöner/Stöber* Rn 4177 (Fn 45); KEHE-*Keller* Einl K 28. **AA** OLG Braunschweig NJW 1957, 835.

1278 BGHZ 57, 356 = NJW 1972, 537 = DNotZ 1972, 349; 58, 395 = NJW 1972, 1279 = DNotZ 1972, 547; 59, 94 = NJW 1972, 1758 = Rpfleger 1972, 398; 75, 288 = NJW 1980, 833; KEHE-*Keller* Einl K 27.

1279 BayObLGZ 52, 231; KEHE-*Keller* Einl K 33.

1280 Vgl hierzu ausführlich *Staudinger-Mader* Einl zu §§ 1094 ff Rn 20–23; vgl auch MüKo-*Westermann* § 1094 BGB Rn 2.

1281 BayObLG DNotZ 1984, 378 = NJW 1983, 1567.

1282 Gesetz über die Landbeschaffung vom 23.02.1957, BGBl I S 134.

1283 Wohnungsbindungsgesetz idF vom 19.08.1994 BGBl I S 2167.

1284 BGH DNotZ 2006, 747 = ZfIR 2006, 803; ebenso zum Vorkaufsrecht nach § 2b WoBindG BGHZ 141, 194 = Rpfleger 1999, 405.

1285 Vgl. DNotI-Gutachten v 20.06.2006.

1286 Vgl hierzu für den Fall des § 577 BGB AG Frankfurt aM Rpfleger 1995, 350 m Anm *Langhein*.

1287 Im Einzelnen siehe hierzu KEHE-*Keller* Einl K 34 ff und *Schöner/Stöber* Rn 4187–4194.

1288 KEHE-*Keller* Einl K 24.

1289 BGHZ 32, 375; BGH DNotZ 1952, 529; OLG Celle RdL 1966, 181; *Staudinger-Mader* § 1094 Rn 28.

1290 KEHE-*Keller* Einl K 22; *Staudinger-Mader* § 1097 Rn 11.

1291 BGHZ 136, 327 Fn 813a.

verhältnis nach der vorgenannten Regelung bestimmt, in der Eintragungsbewilligung sowie im Grundbuch im Hinblick auf § 47 GBO lediglich zu verlautbaren, dass § 472 BGB auf das Vorkaufsrecht Anwendung findet.[1292] Für Vereinbarungen, welche die Parteien ansonsten im Rahmen der gesetzlichen Bestimmungen treffen, genügt Bezugnahme auf die Eintragungsbewilligung (§ 874 BGB).[1293] Dasselbe gilt für Bestimmungen darüber, ob das Vorkaufsrecht nur für den ersten oder für mehrere oder alle Verkaufsfälle eingeräumt wird.[1294]

i) Erlöschen. Das mangels abweichender Bestimmung auf den **ersten Verkaufsfall** beschränkte Vorkaufsrecht   **455**
(§ 1097 BGB) erlischt mit seiner Aufhebung (§ 875 Abs 1 BGB, uU § 876 S 2 BGB beim subjektiv-dinglichen Vorkaufsrecht) oder wenn es nicht fristgemäß ausgeübt wird (§§ 1098 Abs 1, 469 Abs 2 BGB), bzw dann, wenn eine Ausübung ausgeschlossen ist, weil ein anderes Veräußerungsgeschäft als ein Kaufvertrag (zB Schenkungs- oder Überlassungsvertrag) die Grundlage für den Eigentumsübergang bildet. Das Vorkaufsrecht für den ersten Verkaufsfall kann ansonsten aufgrund eines formlos – auch stillschweigend – geschlossenen Erlassvertrages erlöschen, ohne dass es einer Löschung des Rechts im GB für den Eintritt dieser Rechtsfolge bedarf.[1295] Ein Erlöschen des auf einen Verkaufsfall beschränkten Vorkaufsrechts tritt nicht ein, wenn das Grundstück durch einen Miteigentümer im Wege der Auseinandersetzung zu Alleineigentum erworben wird, weil dieser nicht Dritter iS des § 463 BGB (mit § 1098 Abs 1 BGB) ist und der Erwerb eine Sonderrechtsnachfolge im Eigentum entsprechend dem § 1097 BGB darstellt.[1296] Das Vorkaufsrecht kann im Übrigen abweichend von § 1097 BGB auch so bestellt werden, dass es zwar nur für den ersten Verkaufsfall gilt, aber auch dann ausübbar ist, wenn der Verkauf durch einen Sonderrechtsnachfolger des Bestellers erfolgt.[1297]

Ein für **alle Verkaufsfälle** bestelltes Vorkaufsrecht bleibt durch die Nichtausübung, wenn der Vorkaufsfall ein-   **456**
getreten ist, unberührt. Es erlischt erst, wenn es bei einem späteren Verkauf einmal ausgeübt wird[1298] oder wenn es zur Aufhebung gelangt (§§ 875, 876 BGB). Entsprechendes gilt auch bei einem Vorkaufsrecht für mehrere Verkaufsfälle.

Ein **subjektiv-persönliches Vorkaufsrecht** erlischt, wenn nicht abweichend von § 473 BGB (mit § 1098   **457**
Abs 1 BGB) etwas anderes vereinbart wurde, mit dem **Tode des Berechtigten**. Seine Löschung im GB aufgrund Todesnachweis (§ 22 Abs 1 GBO) kann jedoch nur erfolgen, wenn eine Löschungsbewilligung des Rechtsnachfolgers vorgelegt wird oder ein Löschungserleichterungsvermerk nach § 23 Abs 2 GBO eingetragen ist. Ansonsten darf die Löschung erst nach Ablauf der Jahresfrist gemäß § 23 Abs 1 GBO vorgenommen werden, falls kein Widerspruch des Erben vorliegt,[1299] da beim Vorkaufsrecht eine rückständige Leistung insoweit gegeben sein kann, als das Recht bereits zu Lebzeiten des Berechtigten ausgeübt wurde (§ 464 BGB mit § 1098 Abs 1 BGB), aber der Eigentumsverschaffungsanspruch, der in diesem Fall auf den Erben übergegangen ist, bisher nicht erfüllt wurde.[1300] Zum Schutze eines solchen Anspruchs müssen die sich aus dem Vorkaufsrecht ergebenden Schutzwirkungen einer Vormerkung (§ 1098 Abs 2 BGB) erhalten bleiben. Entsprechendes gilt auch für die Löschung zeitlich beschränkter Vorkaufsrechte, die durch **Fristablauf** erloschen sind, gleichgültig ob es sich um subjektiv-persönliche oder subjektiv-dingliche Vorkaufsrechte handelt (vgl § 24 GBO).

Ohne Ausübung gelangt ein subjektiv-persönliches Vorkaufsrecht nicht bereits dadurch zum Erlöschen, dass der Vorkaufsberechtigte Eigentümer des Grundstücks wird.[1301]

Eine zu Unrecht erfolgte Löschung eines vererblichen subjektiv-persönlichen Vorkaufsrechts durch (unzureichen-   **458**
den) Unrichtigkeitsnachweis, löst grundsätzlich keinen Schadensersatzanspruch des Betroffenen infolge gutgläubigen Erwerbs eines Dritten aus. Eine Ausnahme gilt auch dann nicht, wenn dem Antragsteller grobe Fahrlässigkeit vorzuwerfen ist, er sich aber nicht in einer vorsatznahen Weise der Einsicht in die wahre Rechtslage verschlossen hat. Da die Vererblichkeit eines Vorkaufsrechts nicht unmittelbar, sondern durch Bezugnahme auf die Eintragungsbewilligung im GB eingetragen wird, hat das GBA, wenn die Löschung des Vorkaufsrechts wegen Tod des Berechtigten beantragt wird und dessen Vererblichkeit in Frage kommt, vorher den Erben zu hören.[1302]

1292 Ablehnend *Schöner/Stöber* Rn 1407a, weil § 472 BGB kein Gemeinschaftsverhältnis regelt, sondern nur die Ausübungsbefugnis bei mehreren Berechtigten; kritisch hierzu auch *Demharter* MittBayNot 1998, 16.

1293 S dazu OLG Frankfurt NJW-RR 1997, 1447; KEHE-*Keller* Einl K 23; *Staudinger-Mader* aaO (Fn 850).

1294 OLG Köln Rpfleger 1982, 16; LG Frankfurt Rpfleger 1979, 454; *Schöner/Stöber* Rn 1409.

1295 RGZ 110, 409; 114, 155; RG JW 1912, 858; BGHZ 37, 147; BGH WM 1966, 893; *Schöner/Stöber* Rn 1435; kritisch hierzu: MüKo-*Westermann* § 504 BGB (aF) Rn 27.

1296 So BayObLG JurBüro 1981, 752 = MittBayNot 1981, 18.

1297 KG OLGZ 41, 21; *Waldner* MDR 1986, 110; *Schöner/Stöber* Rn 1432a; *Palandt-Bassenge* § 1097 BGB Rn 4. **AA** *Staudinger-Mader* § 1097 BGB Rn 2 und 13.

1298 RG HRR 1932 Nr 1208; Gutachten DNotI-Report 1999, 149.

1299 Vgl OLG Hamm MittBayNot 1989, 27 = OLGZ 1989, 9 = Rpfleger 1989, 148; OLG Zweibrücken MittBayNot 1990, 112 = OLGZ 1990, 11 = Rpfleger 1989, 450.

1300 *Schöner/Stöber* Rn 1436; *Palandt-Putzo* § 473 BGB Rn 4.

1301 BayObLG MDR 1984, 144 = Rpfleger 1984, 142.

1302 BGH Rpfleger 2005, 135 mAnm *Demharter* Rpfleger 2005, 185.

459 Ein Vorkaufsrecht kann ferner gemäß § 91 Abs 1 ZVG mit dem **Zuschlag** erlöschen, wenn es bei der Versteigerung des belasteten Grundstücks dem das Verfahren maßgeblich betreibenden Gläubiger im Range nachgeht. Eine Ausübung des Vorkaufsrechts in der Vollstreckungsversteigerung und der Insolvenzverwalter-Versteigerung (§§ 172–174 ZVG) ist, selbst wenn es dem betreibenden Gläubiger im Range vorgeht und bestehen bleibt, ausgeschlossen (§ 471 BGB mit § 1098 Abs 1 BGB). Dies führt dazu, dass ein auf den ersten Verkaufsfall beschränktes Vorkaufsrecht gegenstandslos wird und entfällt. Dagegen kann ein bestehen bleibendes Vorkaufsrecht (§ 52 Abs 1 S 1 ZVG) bei der Zwangsversteigerung zum Zwecke der Aufhebung einer Gemeinschaft (§§ 180–185 ZVG)[1303] und bei der Zwangsversteigerung eines Nachlassgrundstücks (§§ 175–179 ZVG), da es sich insoweit nach allgemeiner Ansicht um keine Zwangsvollstreckung im eigentlichen Sinn handelt, grundsätzlich ausgeübt werden, jedoch nur außerhalb des Zwangsversteigerungsverfahrens.[1304]

12. Nießbrauch

Schrifttum

Adamkiewicz, Der Nießbrauch am Bruchteil, ArchBürgR 31, 21; *Beyerle*, Ertragsbeteiligung als dingliches Recht, JZ 1955, 247; *Bühler*, Ersatzlösungen für den Vorbehalts- und Vermächtnisnießbrauch, BWNotZ 1985, 25; *Bratfisch/Haegele*, Sammelbuchung von Nießbrauchsrechten, Rpfleger 1961, 40; *Dittrich*, Nießbrauch an Grundstücken, Mietzinsabtretung, Mietzinspfändung, Zwangsverwaltung, BayZ 1916, 83; *Enders*, Nießbrauch an Grundstücken, MDR 1983, 185 und 357; *Erdmann*, Der Nießbrauch in Verfügungen von Todes wegen nach GemR und BGB, AcP 94, 248; *Ertl*, Dienstbarkeit oder Nießbrauch – was ist zulässig? MittBayNot 1988, 53; *Faber*, Nießbrauch in sachen- und grundbuchrechtlicher Hinsicht, BWNotZ 1978, 151; *Flatten*, Bau des Nießbrauchers auf fremdem Grundstück, BB 1965, 1211; *Friedrich*, Nießbrauch in neuem Gewand, NJW 1996, 32; *Haegele*, Der Nießbrauch an Grundstücken, BIGBW 1960, 129; *Hammer*, Nießbrauchsbestellung für mehrere Personen als Gesamtberechtigte iS des § 428 BGB (Diss Jena 1935); *Harder*, Zur Lehre vom Eigentümernießbrauch, DNotZ 1970, 267; *Hasel*, Der Nießbrauch an Waldungen, AgrarR 1971, 65; *Kretzschmar*, Das Anwendungsgebiet des Nießbrauchs, SächsArch20, 179; *Leschinsky*, Der Nießbrauch gegenüber der Zwangsverwaltung, DJZ 1906, 707; *v. Lübtow*, Der Eigentümernießbrauch an Grundstücken, NJW 1962, 275; *Meier*, Hemmt § 852 Abs 2 BGB die Verjährung des Ersatzanspruchs des Nießbrauchers gemäß § 1049 Abs 1 BGB?, ZMR 1988, 368; *Mümmler*, Nießbrauchsrecht und Altenteilsverpflichtung, JurBüro 1983, 1620; *Petzold*, Vorerbschaft und Nießbrauchsvermächtnis, BB 1975 Beilage 6 zu H 13; *Pikalo*, Der Nießbrauch im Landwirtschaftsrecht, DNotZ 1971, 389; *Pöppel*, Der Grundstücksnießbrauch in der notariellen Praxis, MittBayNot 2007, 85; *Roellenbleg*, Ausgewählte Probleme der Grundstücksüberlassung in zivilrechtlicher und steuerrechtlicher Sicht, DNotZ 1973, 708 = Sonderheft MittBayNot 1973; *Rosenau*, Der Nießbrauch in zivilrechtlicher und steuerrechtlicher Sicht, DB 1969 Beilage 3 zu Heft 7; *Schippers*, Aktuelle Fragen des Grundstücksnießbrauchs in der notariellen Praxis, MittRhNotK 1996, 197; *Schmidt*, Nießbrauch und Wohnungseigentum, Festschrift für Seuss 1967, 265; *Schneider*, Nießbrauchsbestellung als Sicherungsübereignung, Recht 1907, 802; *Schön*, Nießbrauch an Sachen, 1992; *Schöner*, Das Stimmrecht des Nießbrauchers in der Versammlung der Wohnungseigentümer, DNotZ 1975, 78; *Terner*, Zur Anwendbarkeit des § 1059a BGB auf einzelkaufmännische Unternehmen, ZflR 2007, 228; *Weimar*, Grundsatzfragen zum Nießbrauch und dinglichen Vorkaufsrecht MDR 1974, 462; *ders*, Rechtsfragen zum Nießbrauch, MDR 1977, 726; *Wessel*, Die Übertragung von Nießbrauchsrechten bei Unternehmensveräußerung nach § 1059a BGB, Betrieb 1994, 1605.

460 **a) Allgemeines, Begriff, Entstehung.** Der Nießbrauch ist das **globale Nutzungsrecht** (§ 1030 Abs 1 BGB), von dem einzelne Nutzungen ausgenommen werden können (§ 1030 Abs 2 BGB). Er ist seinem Wesen nach eine Dienstbarkeit[1305] und entsteht als dingliches Recht durch formlose Einigung und Eintragung (§ 873 BGB), ferner durch Ersitzung (§ 900 Abs 2 BGB). Bedingung und Befristung sind zulässig[1306] und müssen als solche unmittelbar ins GB eingetragen werden. Ist der Nießbrauch zeitlich begrenzt bestellt, kommt seine Verlängerung einer Neubestellung gleich, zu der Einigung und Eintragung erforderlich sind,[1307] wenn die Verlängerung nicht bereits als bedingte inhaltliche Änderung im eingetragenen Recht selbst eingeschlossen ist. Besteht die auflösende Bedingung in dem Ableben eines Dritten, so kann eingetragen werden, dass zur Löschung dessen Todesnachweis genügt.[1308] Es ist zulässig einen Nießbrauch zu bestellen, wonach der Nießbraucher von den Grundstücksnutzungen nur eine **bestimmte Quote** erhält. Im Verhältnis zwischen Nießbraucher und Eigentümer findet dabei § 748 BGB lediglich insoweit Anwendung, als Lasten und Kosten der gemeinschaftlichen Berechtigung zu Nutzungsziehungen betroffen sind.[1309] Die **Beschränkung** des Nutzungsziehungsrechts des Nießbrauchers **auf einzelne Teile des Gebäudes** (zB Mietwohnungen) ist dagegen bei einem Nießbrauch an einem bebauten Grundstück **unzulässig**.[1310]

1303   BGHZ 13, 133 = DNotZ 1954, 385 = NJW 1954, 1035; BGHZ 48, 1 = DNotZ 1968, 25 = NJW 1967, 1607.

1304   *Stöber* § 81 ZVG Rn 10.2.

1305   Vgl BayObLG DNotZ 1982, 440; *Schöner/Stöber* Rn 1358; MüKo-*Petzoldt* vor § 1030 BGB Rn 7; *Staudinger-Frank* Vorbem zu § 1030 ff Rn 4.

1306   OLG Hamburg OLGZ 1931, 296; *Schöner/Stöber* Rn 1382; *Staudinger-Frank* § 1030 BGB Rn 58.

1307   OGHBrZ MDR 1949, 470; KG KGJ 50, 188. **AA** KG JFG 13, 77; *Schöner/Stöber* Rn 1382.

1308   LG Nürnberg-Fürth DNotZ 1954, 262.

1309   BGH DNotI-Report 2003, 134 = DNotZ 2004, 140 = NotBZ 2003, 31 = WM 2003, 2424 = ZflR 2004, 20.

1310   BGH NJW 2006, 1881 = NotBZ 2006, 249 = Rpfleger 2006, 386.

Der Nießbrauch ist grundsätzlich **unübertragbar** (§ 1059 S 1 BGB) und **unvererblich** (§ 1061 BGB), ebenso **461**
der Anspruch auf seine Bestellung,[1311] wenn nicht der Anspruchsberechtigte und der künftige Nießbraucher
verschiedene Personen sind. Nur **bei Universalsukzession oder Unternehmensübertragung** gemäß
§ 1059a BGB ist ein **Übergang zulässig**. Dabei ist ein Erwerbsgegenstand bereits dann Unternehmensteil entsprechend dem § 1059a Nr 2 BGB, wenn er im Rahmen der gebotenen wirtschaftlichen Betrachtung objektiv
Teil des Betriebsvermögens im Sinne einer organisatorisch-wirtschaftlichen Einheit ist. Demzufolge kann im
Einzelfall auch ein einzelnes Betriebsgrundstück als Unternehmensteil zu bewerten sein. Subjektive Zielsetzungen des Übertragenden oder des Übernehmenden sind für diese Bewertung ohne tragende Bedeutung. Auf die
konkrete Verwendungsabsicht des Übernehmers und deren wirtschaftliche Realisierbarkeit kommt es jedenfalls
nicht an.[1312]

Die **Ausübung** des Nießbrauchs dagegen kann anderen überlassen werden (§ 1059 S 2 BGB), wobei dies auch **462**
ein Mieter oder Pächter des Nießbrauchers ein kann.[1313] Möglich ist ferner eine lediglich teilweise Nutzungs-
überlassung. Die erfolgte Überlassung ist aber nicht eintragungsfähig, da sie das dingliche Recht nicht
berührt.[1314] Kam es dessen ungeachtet trotzdem zur Eintragung der Überlassung ist diese vom öffentlichen
Glauben ausgenommen.[1315] Der Ausschluss des Rechts jedoch, die Ausübung anderen zu überlassen, ist als
Inhaltsänderung des dinglichen Rechts eintragungsfähig (und eintragungsbedürftig).[1316]

Auch wenn der Nießbrauch in aller Regel nicht übertragbar ist, **unterliegt** er als dingliches Recht trotzdem **463**
der Pfändung, weil seine Ausübung, wie schon erwähnt, einem anderen überlassen werden kann (§ 857
Abs 3 ZPO).[1317] Demzufolge ist selbst ein Nießbrauch, bei dem die Überlassung der Ausübung rechtsgeschäftlich ausgeschlossen wurde, pfändbar.[1318] Dies gilt ebenso für einen Nießbrauch, der einer juristischen Person
zusteht (§ 1059b BGB).[1319] Die Pfändung **kann** auch im Wege der GB-Berichtigung **eingetragen werden**. Für
die Wirksamkeit der Pfändung, die mit der Zustellung des Pfändungsbeschlusses an den Eigentümer des belasteten Grundstücks als Drittschuldner eintritt,[1320] ist dies jedoch ohne Bedeutung. Die Pfändung des Ausübungsrechts kann nicht eingetragen werden.[1321] Bei Pfändung des Nießbrauchs bedarf es zu seiner Löschung der
Zustimmung des Pfandgläubigers nach § 876 BGB,[1322] nicht aber bei Pfändung des Ausübungsrechts,[1323] auch
wenn diese zu Unrecht eingetragen wurde.

Die Ausnahmebestimmung des **§ 1059a BGB** ist nicht nur auf juristische Personen, sondern auch auf Handels- **464**
gesellschaften (OHG, KG) sowie die Partnerschaft und die EWIV anzuwenden.[1324] Die gemäß § 1059a Ziff 2
BGB erforderliche Feststellung ist durch AVO des RMJ vom 08.12.1938[1325] grundsätzlich den Landgerichtspräsidenten (bei verschiedentlich anderen Zuständigkeiten) übertragen worden. Einschlägige landesrechtliche Vorschriften sind:

Baden-Württemberg: AVO vom 29.10.1997 (Justiz 519)

Bayern: Bek vom 14.10.1991 (GVBl 368)

Berlin: AVO vom 27.08.1954 (Abl 1008) und 21.11.1958 (Abl 1488)

Hamburg: AVO vom 23.06.1970 (Amtl Anz 1073)

Hessen: VO vom 25.08.1981 (GVBl 295)

1311 Allgemeine Ansicht, vgl *Staudinger-Frank* § 1059 BGB Rn 4.
1312 OLG Hamm Rpfleger 2007, 390.
1313 BGHZ 109, 111 = DNotZ 1990, 502.
1314 BGHZ 55, 111; RGZ 159, 193; KG KGJ 48, 212; JFG 1, 411; *Schöner/Stöber* Rn 1387; *Staudinger-Frank* § 1059 BGB Rn 22.
1315 KG OLGZ 18, 152; *Staudinger-Frank* § 1059 Rn 22.
1316 BGHZ 95, 99 = DNotZ 1986, 23 = Rpfleger 1985, 373; LG Mönchengladbach NJW 1969, 140 = DNotZ 1969, 164; *Schöner/Stöber* Rn 1387.
1317 BGHZ 62, 133 = NJW 1974, 796 = DNotZ 1974, 433 = Rpfleger 1974, 186; OLG Bremen NJW 1969, 2147; OLG Köln NJW 1962, 1621; BayObLG DNotZ 1998, 302 = Rpfleger 1998, 69; *Schöner/Stöber* 1389; KEHE-*Herrmann* Einl M 18; MüKo-*Petzoldt* Rn 10, 11, *Staudinger-Frank* Rn 27 je zu § 1059 BGB; *Stöber* Forderungspfändung Rn 1710. *Palandt-Bassenge* Rn 6 und *Soergel-Stürner* Rn 9 je zu § 1059 BGB, wobei letzterer unter Rn 9a auch die Minderermeinung erörtert.
1318 Vgl BGHZ 95, 99 = DNotZ 1986, 23 = MDR 1986, 919 = NJW 1985, 2827.
1319 Vgl *Stöber* Forderungspfändung Rn 1710.
1320 RGZ 74, 78, 83; LG Bonn JurBüro 1979, 1725 = Rpfleger 1979, 349; *Schöner/Stöber* Rn 1389.
1321 KG JFG 16, 332; KGJ 40, 254; *Staudinger-Frank* § 1059 Rn 22.
1322 OLG Bremen NJW 1969, 2147; OLG Frankfurt NJW 1961, 1928.
1323 KG JW 38, 675; OLG Frankfurt aaO. **AA** OLG Köln NJW 1962, 162.
1324 BGHZ 50, 307, 310 = NJW 1968, 1964; OLG Düsseldorf MittBayNot 1976, 215, 216; MüKo-*Petzoldt* Rn 2, *Staudinger-Frank* Rn 3 je zu § 1059a BGB.
1325 DJ 1938, 1974.

Niedersachsen: AVO vom 26.03.1990 (NdsRpfl 104)

Nordrhein-Westfalen: VO vom 06.03.1990 (GVBl 194)

Rheinland-Pfalz: VO vom 03.11.1986 (GVBl 297) 30

Saarland: AG vom 05.02.1997 (AGJusG § 30)

Sachsen-Anhalt: AVO vom 08.05.2002 (JMBl LSA 152)

Schleswig-Holstein: AV vom 21.10.1982 (SchlHA 182).

Thüringen: VO vom 25.03.1994 (GVBl 406)

Keine landesrechtlichen Ermächtigungen bestehen derzeit in Brandenburg, Bremen, Mecklenburg-Vorpommern und in Sachsen.

465 **b) Belastungsgegenstand.** Mit dem Nießbrauch können Grundstücke, Wohnungs- und Teileigentumsrechte,[1326] grundstücksgleiche Rechte (zB Erbbaurecht),[1327] reale Grundstücksteile ohne deren Verselbständigung zu einem eigenen Grundstück[1328] sowie ideelle Bruchteile[1329] belastet werden. Der Alleineigentümer kann einen ideellen Bruchteil mit Nießbrauch belasten,[1330] weil es eine den §§ 1095, 1106, 1114, 1192, 1199 BGB entsprechende Vorschrift für den Nießbrauch nicht gibt. Von dem Nießbrauch am Bruchteil ist der Bruchteilsnießbrauch **(Quotennießbrauch)** zu unterscheiden, der auf dem ganzen Grundstück lastet und als Bruchteil eines Nießbrauchs zu denken ist.[1331] Ein **Gesamtnießbrauch** als einheitliche Belastung mehrerer Grundstücke ist **unzulässig**.[1332] Die Bestellung eines Gesamtnießbrauchs kann aber in die Bestellung entsprechend vieler Einzelrechte umgedeutet werden.[1333] Bei Vereinigung zweier mit je einem inhalts- und ranggleichen Nießbrauch belasteten Grundstücke können die beiden Rechte nicht als ein einheitliches Recht eingetragen werden.[1334]

466 Wird ein **Gebäude** auf einem mit Nießbrauch belasteten Grundstück **zerstört** und ein neues Gebäude errichtet, so erfasst der Nießbrauch (im Gegensatz zu einem Wohnungsrecht nach § 1093 BGB) das neue Gebäude.[1335]

467 **Gegenstand der Belastung** können **auch Rechte** sein (§§ 1068 ff BGB), demzufolge auch **dingliche Rechte**, jedoch nur **soweit sie übertragbar** sind (§ 1069 Abs 2 BGB). Daher ist ein Nießbrauch nicht an Grunddienstbarkeiten, beschränkten persönlichen Dienstbarkeiten, subjektiv-dinglichen Reallasten oder Nießbrauchsrechten (nicht einmal im Ausnahmefall des § 1059a BGB: § 1059b BGB) bestellbar. Ebenso nicht an einem Wohnungsrecht nach § 1093 BGB, wohl aber an einem Dauerwohnrecht nach §§ 31 ff WEG, da dieses übertragbar ist (§ 33 WEG).[1336] An Vor- oder Wiederkaufsrechten, die keine Nutzungen abwerfen, kann aus diesem Grund kein Nießbrauch bestellt werden.[1337] An Grund- und Rentenschulden (§ 1080 BGB), subjektiv-persönlichen Reallasten (vgl § 1073 BGB), und Hypotheken (nebst gesicherter Forderung) sind dagegen Nießbrauchsrechte bestellbar.

468 Nach wohl richtiger Ansicht kann ein **Nießbrauch an der Beteiligung des Gesellschafters** einer Personengesellschaft bestellt werden, und zwar nach den Regeln über die Bestellung eines Nießbrauchs an einem Recht.[1338] Voraussetzung ist die vertraglich vorgesehene Übertragbarkeit der Beteiligung oder die Zustimmung der übrigen Gesellschafter. Zum Teil wird heute noch die Nießbrauchsbestellung an einer Gesellschaftsbeteiligung nur in Form der treuhänderischen Vollübertragung für zulässig erachtet. Die Eintragung erfolgt dann bei der Gesellschaft des bürgerlichen Rechts, wenn ein Grundstück zum Gesellschaftsvermögen gehört, durch GB-

---

1326 MüKo-*Petzoldt* Rn 3, *Staudinger-Frank* Rn 12 je zu § 1030 BGB.

1327 MüKo-*Petzoldt* aaO; *Staudinger-Frank* § 1030 BGB Rn 13.

1328 § 7 GBO; BayObLGZ 1955, 155 = DNotZ 1956, 578; MüKo-*Petzoldt* Rn 4, *Staudinger-Frank* Rn 3 je zu § 1030 BGB.

1329 MüKo-*Petzoldt* Rn 3, *Staudinger-Frank* Rn 21 je zu § 1030 BGB.

1330 BayObLGZ 1930, 342; 1985, 6, 9; KG DNotZ 1936, 817; OLGZ 40, 52; LG Hamburg DNotZ 1969, 39; MüKo-*Petzoldt* § 1030 Rn 3; *Staudinger-Frank* aaO (Fn 1309).

1331 LG Köln MittRhNotK 1999, 246; LG Wuppertal MittRhNotK 1994, 317 = Rpfleger 1995, 209; KG JFG 13, 447; *Staudinger-Frank* § 1030 Rn 39.

1332 KG KGJ 43, A 347; *Schöner/Stöber* Rn 1368; MüKo-*Petzoldt* Rn 5; *Staudinger-Frank* Rn 19 je zu § 1030 BGB.

1333 KG KGJ 43, A 348; LG Düsseldorf MittRhNotK 1973, 658; LG Verden NdsRpfl 1965, 252; *Schöner/Stöber* aaO (Fn 1312).

1334 LG Köln MittRhNotK 1999, 246; LG Wuppertal MittRhNotK 1994, 317 = Rpfleger 1995, 209. **AA** LG Darmstadt Rpfleger 1982, 216; berechtigte Bedenken hiergegen erheben *Schöner/Stöber* Rn 1368 Fn 25 und *Meyer-Stolte* Rpfleger 1982, 217.

1335 BGH DNotZ 1965, 165 = MDR 1964, 493; *Schöner/Stöber* Rn 1377; MüKo-*Petzoldt* vor § 1030 BGB Rn 31; *Staudinger-Frank* § 1030 BGB Rn 6; *Riedel* Rpfleger 1966, 131, 133.

1336 S Rdn 375; *Staudinger-Frank* § 1069 BGB Rn 29.

1337 MüKo-*Petzoldt* § 1068 BGB Rn 3.

1338 Vgl die sehr eingehende Darstellung des Meinungsstandes bei *Staudinger-Frank* Anh zu §§ 1068 f BGB Rn 47 ff.

Berichtigung in der 1. Abteilung (Eigentümerwechsel); bei OHG und KG unterbleibt jede Eintragung, da diese unter ihrer Firma eingetragen sind, ohne dass die Namen der Gesellschafter erscheinen.

Bejaht man dagegen, was überwiegend anerkannt wird, die **Belastung der Beteiligung**, die in der Hand des Gesellschafters verbleibt, mit einem Nießbrauch als beschränktem dinglichen Recht, so kann der Nießbrauch deklaratorisch mit Rücksicht auf § 1071 BGB in der 2. Abteilung des GB eingetragen werden. Denn er bewirkt gemäß § 1071 Abs 2 BGB eine Verfügungsbeschränkung des Miteigentümer-Gesellschafters zugunsten des Nießbrauchers, die mangels Eintragung durch den öffentlichen Glauben des GB (§ 892 BGB) einem Gutgläubigen gegenüber außer Kraft gesetzt würde.[1339] Bei OHG und KG erscheint auf diese Weise der aus der 1. Abteilung nicht ersichtliche Name des betreffenden Gesellschafters zur Identifizierung der nießbrauchbelasteten Beteiligung in der 2. Abteilung des GB, was aber angesichts des Schutzzwecks der Eintragung kein Hindernis sein kann und allenfalls eine formale Anomalie ist. Sind sämtliche Mitgliedschaftsrechte an einer Gesellschaft bürgerlichen Rechts auf einen einzigen Berechtigten übertragen worden, so kann ein Nießbrauch, der nur an einem Anteil der Gesellschaft, deren Gesellschaftsvermögen aus Grundstücken bestanden hatte nicht mehr eingetragen werden, weil die Gesellschaft und mithin auch der Nießbrauch samt dem ihm unterliegenden Gesellschaftsanteil erloschen ist.[1340]

Auch der **Miterbenanteil** kann mit einem Nießbrauch belastet werden.[1341] Gehört ein Grundstück zum Nachlass, so ist die Eintragung in der 2. Abteilung aus denselben Gründen zulässig wie bei der Gesellschaftsbeteiligung.[1342] Auch hier ist die Eintragung nicht rechtsbegründend, sondern nur deklaratorisch.

Der Nießbrauch an einem **Vermögen** (§ 1085 BGB) besteht als eigenständiges dingliches Recht nicht. Nur die einzelnen dazugehörigen Gegenstände können mit separaten Nießbrauchrechten belastet werden, soweit sie sich dazu eignen. Dasselbe gilt für den Nießbrauch an einer Erbschaft im ganzen (§ 1089 BGB).

Mehrere Nießbrauchsrechte an demselben Gegenstand mit gleichem oder verschiedenem Rang sind zulässig,[1343] was sich ua auch aus § 1060 BGB ergibt. Ebenso wenig stellt ein vorrangig eingetragenes Wohnungsrecht ein Hindernis dar.[1344]

c) Berechtigter. Der Nießbrauch ist stets subjektiv-persönlich, nie subjektiv-dinglich.[1345] Er kann **mehreren Personen** als Gesamtberechtigten nach § 428 BGB,[1346] zu Bruchteilen,[1347] in Gesellschaft bürgerlichen Rechts[1348] sowie – bei Eheleuten – in Gütergemeinschaft[1349] zustehen. Zulässig ist auch die Bestellung eines einheitlichen Nießbrauchs für mehrere Personen derart, dass das Recht ihnen nacheinander, nicht gleichzeitig zusteht.[1350] Für eine Person und ihre Rechtsnachfolger kann der Nießbrauch dagegen wegen seiner Unübertragbarkeit und Unvererblichkeit nicht bestellt werden. Möglich ist aber die Bestellung eines Nießbrauchs für (hinreichend bestimmte) Rechtsnachfolger, aufschiebend bedingt durch das Erlöschen des Nießbrauchs des Rechtsvorgängers.[1351] Zulässig ist ferner die **durch Vormerkung sicherbare Verpflichtung** des Eigentümers, den Erben des Nießbrauchers ebenfalls einen Nießbrauch zu bestellen.[1352]

469

470

471

472

473

1339 Richtig OLG Hamm OLGZ 1977, 283 = DNotZ 1977, 376 = Rpfleger 1977, 136; *Schöner/Stöber* Rn 1367; KEHE-*Herrmann* Einl M 5; *Eickmann* Rpfleger 1985, 85, 91. **AA** *Staudinger-Frank* Anh zu §§ 1068, 1069 BGB Rn 73; *Lindemeier* DNotZ 1999, 876.
1340 OLG Düsseldorf DNotZ 199, 440 = FGPrax 1998, 211 = Rpfleger 1999, 70. **AA** LG Hamburg Rpfleger 2005, 663, das auch nach Vereinigung aller Anteile in einer Hand einen vor der Vereinigung entstandenen Nießbrauch als Verfügungsbeschränkung am früheren Gesellschaftsanteil (wieder) für verlautbar hält.
1341 *Schöner/Stöber* Rn 1366; *Staudinger-Frank* § 1069 BGB Rn 15, 36.
1342 OLG Hamm aaO (Fn 1319); *Schöner/Stöber* aaO (Fn 1321).
1343 Vgl OLG Celle NdsRpfl 1949, 38; *Schöner/Stöber* Rn 1369; *Staudinger-Frank* § 1030 Rn 34.
1344 LG Aschaffenburg MittBayNot 1992, 206.
1345 Vgl *Schöner/Stöber* Rn 1370.
1346 Vgl BGHZ 46, 253, 255 = NJW 1967, 627; BayObLGZ 1955, 155, 159 = DNotZ 1956, 209, 210; JG JFG 10, 312; OLG Düsseldorf MittBayNot 1967, 211 = MittRhNotK 1067, 129; *Schöner/Stöber* aaO (Fn 1325); MüKo-*Petzoldt* Rn 17, *Staudinger-Frank* Rn 42 je zu § 1030 BGB.
1347 RG HRR 37, 1443; DR 44, 774; KG KGJ 49, 191;BGHZ 40, 326; OLG Düsseldorf Rpfleger 1975, 409; *Schöner/Stöber* aaO (Fn 1325); MüKo-*Petzoldt* Rn 16, *Staudinger-Frank* Rn 36, 37 je zu § 1030 BGB.
1348 MüKo-*Petzoldt* Rn 18, *Staudinger-Frank* Rn 44, 45 je zu § 1030 BGB.
1349 RGZ 155, 86; LG Amberg MittBayNot 1964, 385; *Schöner/Stöber* aaO (Fn 1325); MüKo-*Petzoldt* Rn 18, *Staudinger-Frank* Rn 47 je zu § 1030 BGB; KEHE-*Eickmann* § 47 Rn 9b.
1350 KG JW 1932, 2445; DNotZ 1937, 330. *Meder* BWNotZ 1982, 36, 40; kritisch: *Schöner/Stöber* Rn 1370, 261a, b mit beachtlichen Gründen gegen Alternativ- oder Sukzessiv-Berechtigungen.
1351 MüKo-*Petzoldt* Rn 2, *Staudinger-Frank* Rn 3 je zu § 1061 BGB.
1352 LG Traunstein DNotZ 1963, 344 = NJW 1963, 2207; vgl auch BGHZ 28, 99 = NJW 1958, 1677 (betr beschränkte persönliche Dienstbarkeit); *Schöner/Stöber* Rn 1370.

474   Verstirbt einer von mehreren Nießbrauchern, so steht das Recht im Falle des § 428 BGB den anderen Gesamt-berechtigten allein zu.[1353] Im Falle der Bruchteilsgemeinschaft kann von vornherein der Nießbrauch so bestellt werden, dass bei Ableben eines Berechtigten die Bruchteile der anderen sich entsprechend erhöhen.[1354]

475   Auch zugunsten des **Eigentümers** selbst kann ein Nießbrauch bestellt werden,[1355] ohne dass hierfür ein kon-kretes Interesse Voraussetzung wäre und dem GBA nachgewiesen werden müßte.[1356] Hier gilt nichts anderes als für andere beschränkte dingliche Rechte (zB Dienstbarkeit), so dass auf die dazu gemachten Ausführungen ver-wiesen werden kann.[1357]

476   **d) Inhalt.** Für den Nießbrauch wesentlich ist, dass dem Berechtigten sämtliche Nutzungen (§ 100 BGB) zuste-hen, also sowohl alle Früchte wie auch die Gebrauchsvorteile. **Einzelne Nutzungen** können **ausgenommen** sein (§ 1030 Abs 2 BGB), jedoch darf dadurch nicht der Charakter des Nießbrauchs als umfassendes Nutzungs-recht verlorengehen.[1358] Die Gewährung einzelner Nutzungen kann nicht in die Form eines Nießbrauchs gekleidet werden.[1359] Ein zB auf ein Holznutzungsrecht[1360] oder auf den Bezug der Mietzinsen[1361] beschränkter Nießbrauch ist unzulässig. Gegenstand der Einschränkung nach § 1030 Abs 2 BGB kann immer nur eine Nut-zungsart, aber nicht ein realer Teil des mit dem Nießbrauch belasteten Grundstücks sein; deshalb kann sich der Eigentümer bei einer Nießbrauchsbestellung auch nicht die Eigennutzung einer bestimmten Wohnung vorbe-halten,[1362] und ebenso wenig ist die Nutzung eines Teils eines Hauses als Gesamtnutzung iS einer nach § 1030 Abs 2 BGB zulässigen Ausnahme anzusehen.[1363] Für derartige Fälle steht das Rechtsinstitut der beschränkten persönlichen Dienstbarkeit zur Verfügung, die nur dann ausgeschlossen ist, wenn dem Berechtigten *alle* Nut-zungen zustehen sollen.[1364]

477   Auch bei einem Nießbrauch kann gemäß § 882 BGB für den Fall seines Erlöschens durch den Zuschlag im Zwangsversteigerungsverfahren ein zur Begrenzung nach oben maßgeblicher **Höchstbetrag für den Werter-satz** unmittelbar in das GB als Inhalt des Rechts eingetragen werden. Ansonsten s dazu C 233 a. Im Unter-schied zur Grunddienstbarkeit ist der Wertersatz jedoch nach § 92 Abs 2 ZVG in Form einer für drei Monate im Voraus zahlbaren Geldrente zu leisten, beginnend ab dem Tag des Zuschlags (= Erlöschen des Rechts). Dazu ist aus dem Versteigerungserlös – sofern er ausreicht – nach § 121 ZVG ein entsprechendes Deckungskapital zu bilden.

478   Der Nießbrauch unterliegt in seiner Ausgestaltung als dingliches Recht, da es im Sachenrecht keine Vertrags-freiheit gibt, nur insoweit der **Parteidisposition**, als das Gesetz es ausdrücklich zuläßt.[1365] Dagegen können die **Bestimmungen über das gesetzliche Schuldverhältnis** zwischen Eigentümer und Nießbraucher geändert, ergänzt und aufgehoben werden, soweit hierdurch nicht die zwischen Eigentum und Nießbrauch verlaufende, durch diese beiden Begriffe vorgegebene Grenze verletzt wird.[1366] Darum können insbesondere **positive Lei-stungspflichten** des Grundstückseigentümers **nicht** zum dinglichen Inhalt erklärt werden, da sie dem Wesen des Nießbrauchs als Nutzungsrecht zuwiderlaufen.[1367] Ferner sind vor allem die Bestimmungen über die Sub-stanzerhaltung unter dem vorgenannten Gesichtspunkt nicht abänderbar.[1368] Die Vereinbarung, dass der Nieß-braucher die Kosten auch für außerordentliche Ausbesserungen und Erneuerungen des Grundstücks zu tragen

---

1353   BayObLGZ 1955, 159; KG JFG 10, 312 OLG München JFG 18, 132; *Staudinger-Frank* § 1061 BGB Rn 5; *Amann* MittBayNot 1990, 225, 228.

1354   BGH WM 1964, 635; RG DR 44, 774; BayObLGZ 1955, 158; KG Recht 1929 Nr 1831; LG Aachen MittRhNotK 1970, 51.

1355   HA; aM RG Recht 20 Nr 664; OLG München HRR 42 Nr 544; OLG Düsseldorf NJW 1961, 561.

1356   Wie hier: *Schöner/Stöber* Rn 1373; *Demharter* Anh zu § 44 Rn 40; *Palandt-Bassenge* Rn 4, *Staudinger-Frank* Rn 31 je zu § 1030 BGB; *Harder* NJW 1969, 278; DNotZ 1970, 267; *Weitnauer* DNotZ 1964, 711; s auch OLG Köln NJW-RR 1999, 239, das sich diese Rechtsansicht ohne nähere Begründung zu eigen gemacht hat. **AA** LG Hamburg DNotZ 1969, 39; LG Stade NJW 1968, 1678; LG Verden NdsRpfl 1970, 208; *von Lübtow* NJW 1962, 275.

1357   Vgl Rdn 336.

1358   *Palandt-Bassenge* Rn 6, *Soergel-Stürner* Rn 10, *Staudinger-Frank* Rn 54 je zu § 1030 BGB; ausführlich zur Abgrenzung Nießbrauch oder Dienstbarkeit s *Schöner* DNotZ 1982, 416; *Ertl* MittBayNot 1988, 53.

1359   BayObLGZ 27, 26; MüKo-*Petzoldt* § 1030 BGB Rn 30.

1360   BayObLGZ 1981, 439 = DNotZ 1982, 438 = Rpfleger 1981, 439.

1361   OLG Celle OLGZ 6, 121.

1362   BayObLG DNotZ 1980, 479 = Rpfleger 1980, 17.

1363   RGZ 164, 196.

1364   Vgl LG Münster JMBlNW 1949, 100.

1365   Vgl *Staudinger-Frank* Vorbem zu §§ 1030 ff Rn 10.

1366   BayObLGZ 1972, 364 = DNotZ 1973, 299 = Rpfleger 1973, 55; BayObLGZ 1977, 81 = DNotZ 1978, 99 = Rpfle-ger 1977, 251; *Schöner/Stöber* Rn 1375; MüKo-*Petzoldt* vor § 1030 BGB Rn 14; *Staudinger-Frank* Vorbem zu §§ 1030 ff Rn 11.

1367   Vgl dazu BayObLGZ 1985, 6 = BWNotZ 1985, 64 = MittBayNot 1985, 70 = MittRhNotK 1985, 40 = Rpfleger 1985, 285 (keine Pflicht des Eigentümers zur Darlehensaufnahme für Ausbesserungen).

1368   *Schöner/Stöber* aaO (Fn 1346); MüKo-*Petzoldt* vor § 1030 Rn 15; *Staudinger-Frank* Vorbem zu §§ 1030 ff Rn 13.

hat, verstößt nicht hiergegen und ist zulässig.[1369] Als **unabänderlich** und nicht mit dinglicher Wirkung beschränkbar werden folgende Bestimmungen angesehen: **§ 1036 BGB** (kein Ausschluss des Nießbrauchers von Besitz und Nutzungen;[1370] Aufrechterhaltung der wirtschaftlichen Bestimmung[1371]), **§ 1037 Abs 1 BGB** (keine Umgestaltung oder wesentliche Veränderung durch den Nießbraucher),[1372] **§ 1039 Abs 1 S 2 und 3 BGB** (Verpflichtungen des Nießbrauchers bei übermäßiger Fruchtziehung), **§ 1041 S 1 BGB** (Erhaltung der Sache durch den Nießbraucher in ihrem wirtschaftlichen Bestand),[1373] **§ 1050 BGB** (Abnutzung),[1374] **§ 1053 BGB** (Unterlassungsklage bei unbefugtem Gebrauch), **§ 1055 Abs 1 BGB** (Rückgabepflicht).[1375] Alle ansonsten zulässigerweise vereinbarten Abweichungen von den gesetzlichen Regelungen können durch Eintragung, wobei die Bezugnahme auf die Eintragungsbewilligung (§ 874 BGB) genügt, dingliche Wirkung erlangen.[1376]

Den **Dispositionsnießbrauch** (Verfügungsnießbrauch) als dingliches Recht kennt das BGB **nicht**.[1377] Seine Vereinbarung würde die Grenzen zwischen Eigentum und Nießbrauch in unzulässiger Weise verletzen, da die Verfügungsbefugnis ein Spezifikum des Eigentums und ihr Fehlen ein solches des Nießbrauchs ist. Es ist aber möglich, den Nießbraucher außerhalb des Nießbrauchs zur Verfügung gemäß § 185 BGB zu ermächtigen,[1378] ohne dass hierdurch der Inhalt des Nießbrauchs berührt[1379] oder die eigene Verfügungsmacht des Eigentümers eingeschränkt oder beseitigt würde. **479**

Bei **Verfügungen von Todes wegen** kann statt eines unzulässigen Dispositionsnießbrauchs eine Vorerbschaft oder ein **Nießbrauchsvermächtnis** verbunden mit einer Testamentsvollstreckerstellung des Vermächtnisnehmers gemeint sein, wobei es auf Auslegung nach den hierfür im Erbrecht geltenden Kriterien ankommt.[1380] **480**

Zulässig ist demgegenüber der sog **Sicherungsnießbrauch**, dessen Zweck darin besteht, einem dinglichen oder persönlichen Gläubiger zur Tilgung seiner Forderung unmittelbaren Zugriff auf die Erträgnisse des Grundstücks (zB Mietzinsen) zu verschaffen.[1381] Als auflösende Bedingung eines solchen Nießbrauchs kann das Erlöschen der Forderung vereinbart werden;[1382] allerdings erlischt der Nießbrauch schon vorher, wenn der Berechtigte vor der Tilgung verstirbt.[1383] **481**

e) Genehmigungserfordernisse. aa) Bei einem land- oder forstwirtschaftlichen Grundstück bedarf die Bestellung eines Nießbrauchs und die Verpflichtung dazu nach § 2 Abs 1 S 1, Abs 2 Nr 3 GrdstVG der Genehmigung durch die nach Landesrecht zuständige Behörde,[1384] soweit nicht entsprechend der Befugnis nach § 2 Abs 3 Nr 2 GrdstVG Befreiung hiervon erteilt. Ferner kann auch nach § 8 Nrn 2, 3 GrdstVG eine Pflicht zur Erteilung der Genehmigung für die Bestellung eines Nießbrauchs bestehen, wobei allerdings gemäß § 3 GrdstVG die Regelung des § 8 Nr 2 GrdstVG nicht gilt für Höfe iS der in den Ländern Hamburg, Niedersachsen, Nordrhein-Westfalen und Schleswig-Holstein sowie in dem Lande Rheinland-Pfalz geltenden Höfeordnung. **482**

bb) Im Umlegungsverfahren ist nach § 51 BauGB sowie bei einem in einem Sanierungsgebiet oder städtebaulichen Entwicklungsgebiet liegenden Grundstück nach § 144 Abs 2 Nr 2, § 169 Abs 1 Nr 3 BauGB eine behördliche Genehmigung erforderlich. **483**

cc) Die Belastung eines im Eigentum eines Mündels, minderjährigen Kindes, Pfleglings oder Betreuten stehenden Grundstücks mit einem Nießbrauch bedarf der vormundschaftsgerichtlichen Genehmigung nach § 1821 Abs 1 Nr 1 BGB (mit §§ 1643, 1915 Abs 1, 1908i BGB). Die Bestellung eines Nießbrauchs für die Vorgenannten am Grundstück eines Dritten unterliegt dagegen keiner Genehmigung. Jedoch kann das der Bestellung eines Nießbrauchs zugrunde liegende obligatorische Geschäft infolge zu erbringender Gegenleistungen oder **484**

1369 BayObLG DNotZ 1986, 151 = Rpfleger 1985, 285.
1370 Vgl OLG Hamm Rpfleger 1983, 144.
1371 KG DNotZ 2006, 470 = RNotZ 2006, 544.
1372 KG DNotZ 2006, 470 aaO. Streitig ist dabei, ob dem Nießbraucher im Rahmen seines Rechts die Befugnis eingeräumt werden kann ein Gebäude zu errichten; so MüKo-*Petzoldt* Rn 6 und *Staudinger-Frank* Rn 5 je zu § 1037 BGB. **AA** KG DNotZ 1992, 675 (*Frank*) = Rpfleger 1992, 14.
1373 Vgl BayObLG DNotZ 1978, 99 = Rpfleger 1977, 251.
1374 BayObLG MittBayNot 1985, 128.
1375 Vgl dazu *Schöner/Stöber* Rn 1375; teilweise abweichend *Staudinger-Frank* Vorbem zu §§ 1030 ff Rn 13.
1376 *Staudinger-Frank* Vorbem zu §§ 1030 ff Rn 16.
1377 *Schöner/Stöber* Rn 1376; MüKo-*Petzoldt* vor § 1030 Rn 4; *Staudinger-Frank* Vorbem zu §§ 1030 ff Rn 20; unrichtig insoweit *Friedrich* NJW 1996, 32.
1378 Ebenso MüKo-*Petzoldt* aaO; *Staudinger-Frank* Vorbem zu §§ 1030 ff Rn 21.
1379 BayObLGZ 1929, 284; KG OLG 10, 69; OLG Celle DNotZ 1974, 731; *Staudinger-Frank* aaO (Fn 1358); vgl auch BGH NJW 1982, 31 = MDR 1982, 129; OLG Bremen Rpfleger 1989, 289.
1380 Vgl MüKo-*Petzoldt* vor § 1030 BGB Rn 5, 10; *Staudinger-Frank* Vorbem zu §§ 1030 ff Rn 22.
1381 RGZ 106, 109; 67, 378; WarnRspr 11, 78; *Staudinger-Frank* § 1030 BGB Rn 66.
1382 RGZ 106, 109; 67, 378; KG OLG 15, 367; OLG Kassel OLGZ 26, 89.
1383 Vgl *Staudinger-Frank* § 1030 BGB Rn 67.
1384 Vgl *Staudinger-Frank* Vorbem zu §§ 1030 ff Rn 46.

infolge Mithaft für fremde Verbindlichkeiten nach § 1821 Abs 1 Nr 5 BGB bzw § 1822 Nr 10 BGB genehmigungspflichtig sein.[1385]

485   Soll für einen beschränkt geschäftsfähigen Minderjährigen (§ 106 BGB) oder einem unter Einwilligungsvorbehalt stehenden Betreuten (§ 1903 BGB) ein Nießbrauch bestellt werden, so bedarf es regelmäßig der Einwilligung oder Genehmigung des gesetzlichen Vertreters, weil die aus dem Begleitschuldverhältnis zum Nießbrauch sich ergebenden Verpflichtungen nicht lediglich rechtlich vorteilhaft sind.[1386] Dies wäre nur dann anders, wenn die gemäß den Regelungen §§ 1041 S 2, 1045, 1047 BGB bestehenden Verpflichtungen des Nießbrauchers vom Grundstückseigentümer mittels abweichender Vereinbarung übernommen werden.

486   dd) Bei der Bestellung eines Nießbrauchs durch einen im gesetzlichen Güterstand der Zugewinngemeinschaft lebenden Ehegatten an seinem Grundbesitz, der sein gesamtes oder nahezu sein gesamtes Vermögen darstellt und dessen Wert durch die Bestellung erschöpft wird, ist nach § 1365 BGB die Zustimmung des anderen Ehegatten erforderlich.[1387] Nach § 1424 BGB bedarf es im Falle der Gütergemeinschaft zur Begründung eines Nießbrauchs an einem zum Gesamtgut gehörenden Grundstück durch den Verwalter des Gesamtguts der Einwilligung des anderen Ehegatten.

487   f) **Erlöschen.** Der Nießbrauch erlischt mit dem Tod des Berechtigten (§ 1061 S 1 BGB). Steht er mehreren Personen als Gesamtgläubiger zu, so erlischt er mit dem Tode des Letztversterbenden. Ob ein Nießbrauch auch bei Bestehen einer Bruchteils- oder Gesamthandsgemeinschaft mit dem Tode eines Berechtigten den Überlebenden uneingeschränkt weiterhin zusteht[1388] und nicht teilweise erlischt wird verschiedentlich angezweifelt, weil es insoweit einen Wechsel in der Person des Berechtigten unter Wahrung der Identität des Anspruchs (Rechts) nur im Rahmen der vom BGB vorgesehenen Möglichkeiten (Erbfolge, Abtretung, vertragliche Übernahme) geben kann. Zu Recht weisen *Schöner/Stöber*[1389] wohl darauf hin, dass daher gegen die fortgeltende Rechtsprechung des RG und des KG erhebliche dogmatische Bedenken bestehen und in solchen Fällen eben nur die Bestellung von mehreren Einzelrechten infrage kommen sollte. Steht der Nießbrauch einer juristischen Person oder einer rechtsfähigen Personengesellschaft zu, so erlischt er mit deren Beendigung (§ 1061 S 2 BGB), sofern nicht ein Übergang nach § 1059a BGB stattgefunden hat. War der Nießbrauch zeitlich beschränkt oder auflösend bedingt bestellt, so erlischt er mit Zeitablauf bzw Eintritt der Bedingung. Ein Erlöschen des Nießbrauchs ist auch dadurch möglich, dass der Berechtigte seine Aufhebung erklärt und der Nießbrauch im GB gelöscht wird (§ 875 BGB). Für die Löschung eines Nießbrauchs sind immer die §§ 23, 24 GBO zu beachten, da bei diesem stets die Möglichkeit von Rückständen besteht. Kommt es zur Zwangsversteigerung des belasteten Grundstücks und hat der Nießbrauch Gleichrang mit dem Recht des betreibenden Gläubigers oder geht er im Range nach, so ist er nicht in das geringste Gebot aufzunehmen (§ 44 Abs 1 ZVG) und erlischt mit Erteilung des Zuschlags (§§ 52 Abs 1 S 2, 91 Abs 1 ZVG). Das wäre nur dann anders, wenn durch abweichende Versteigerungsbedingungen (s § 59 Abs 3 ZVG) oder durch Liegenbelassungsvereinbarung (§ 91 Abs 2 ZVG) das Fortbestehen des Nießbrauchs bestimmt wird. **Kein Erlöschen** des Nießbrauchs tritt mit der Vereinigung von Eigentum und Berechtigung am Nießbrauch in einer Person ein (§ 889 BGB). Auch wenn der Nießbrauch lediglich an einem Miteigentumsanteil oder an einem BGB-Gesellschaftsanteil besteht, erlischt er nicht dadurch, dass sich alle Anteile auf die Person eines Berechtigten vereinigen.[1390]

13. Leibgeding

Schrifttum

Bengel, Das Leibgeding in der Zwangsversteigerung, MittBayNot 1970, 133; *Böhringer,* Das Altenteil in der notariellen Praxis, MittBayNot 1988, 103; *ders,* Die Wohnungsgewährung als Leibgeding, BWNotZ 1987, 129; *Dressel,* Begründung und Abänderung von Altenteilsleistungen, RdL 1970, 58, 85; *Drischler,* Das Altenteil in der Zwangsversteigerung, Rpfleger 1983, 229; *Grohmann,* Der Altenteilsbegriff im Sinne des § 9 EGZVG, JurBüro 1970, 461; *Hagena,* Das Leibgeding und sein Schutz in der Zwangsversteigerung, BWNotZ 1975, 73; *Hartung,* Einzelfragen zum im Altenteil enthaltenen Wohnungsrecht, Rpfleger 1978, 48; *Kahlke,* Erlöschen des Altenteils in der Zwangsversteigerung?, Rpfleger 1990, 233; *Mayer,* Leibgedingsrechte und Leistungsstörung, MittBayNot 1990, 149; *Meder,* Mehrere Begünstigte bei Leibgedingsrechten, BWNotZ 1982,

---

1385   Vgl *Staudinger-Frank* Vorbem zu §§ 1030 ff Rn 50.

1386   BFH NJW-RR 1990, 1035; LG Kaiserslautern MittBayNot 1977, 8 = MittRhNotK 1977, 8; LG Aachen MittRhNotK 1978, 100; *Palandt-Heinrichs* § 107 BGB Rn 4.

1387   Vgl MüKo-*Gernhuber* § 1365 Rn 63; *Schöner/Stöber* Rn 1380, die betonen, dass zur Bewilligung des Nießbrauchs die Ehegattenzustimmung in der Regel entbehrlich ist; *Staudinger-Frank* Vorbem zu §§ 1030 ff Rn 71, 72.

1388   So bereits RGZ 128, 246 zur Eigentumsvormerkung; KG JW 1932, 2445 und KG DNotZ 1937, 330 jeweils zu Dienstbarkeiten; BayObLGZ 1995, 149 = DNotZ 1996, 366 (*Liedel*) = Rpfleger 1995, 498 zur Vormerkung für Rückübertragungsanspruch.

1389   S *Schöner/Stöber* Rn 261b.

1390   *Schöner/Stöber* Rn 1390. **AA** OLG Düsseldorf DNotZ 1999, 440 mit abl Anm *Kanzleiter* = Rpfleger 1999, 70.

36; *Nieder*, Die dingliche Sicherung von Leibgedingen (Altenteilen), BWNotZ 1975, 3; *Scheld*, Wohnungsrecht und Leibgeding, Rpfleger 1983, 2; *Wolf*, Das Leibgeding – ein alter Zopf?, MittBayNot 1994, 117.

a) Allgemeines, Begriff. Das Leibgeding, auch Altenteil, Auszug, Leibzucht genannt, erfährt nirgends eine **488** gesetzliche Definition, taucht aber in verschiedenen gesetzlichen Vorschriften auf (zB Art 96 EGBGB, § 49 GBO, § 9 EGZVG, § 23 Nr 2g GVG, § 850b Abs 1 Nr 3 ZPO) und wird dort wie selbstverständlich als bekannt vorausgesetzt. Nach der Rechtsprechung ist das Leibgeding entsprechend seinem Versorgungs- und Fürsorgecharakter

- ein Rechtsverhältnis, das im allgemeinen der längerfristigen leiblichen und persönliche Versorgung des Berechtigten dient,
- bei dem persönliche Beziehungen (nicht notwendig verwandtschaftliche) zwischen den Beteiligten bestehen und
- die gegenseitige Verknüpfung von Leistung und Gegenleistung nicht wertmäßig gegeneinander abgewogen sind;
- ferner nicht nur Geldleistungen, sondern auch Sachleistungen (Naturalien) oder Dienstleistungen (Pflege) sowie Nutzungen (wohnen) vereinbart sind und schließlich
- bei dem eine örtliche Bindung des Berechtigten zu dem Grundstück besteht, auf dem ihm die Leistungen gewährt werden.[1391] Zumeist gegebene, aber nicht begriffsnotwendige Voraussetzungen für ein Leibgeding sind eine Grundstücksüberlassung, seine Bestellung auf Lebenszeit des Berechtigten, wobei jedoch auch auf andere die Versorgung berührende Umstände (zB Heirat) abgestellt werden kann, und letztlich die dingliche Absicherung des Berechtigten durch eines oder mehrere Rechte. Das Leibgeding ist kein eigenständiges dingliches Recht. Zur Absicherung von vereinbarten Nutzungen und Leistungen des Leibgedings kommen dabei **beschränkte persönliche Dienstbarkeiten und Reallasten** infrage. Ausnahmsweise auch ein **Nießbrauch**, dieser aber nur, wenn er nicht den gesamten (übergebenen) Grundbesitz erfasst, weil sonst der Versorgungsgesichtspunkt fehlt, er also zB nur auf einem von mehreren Grundstücken bestellt wird.[1392] Ferner können beim Leibgeding als Inhalt einer Reallast auch einzelne einmalige Verpflichtungen (zB die Pflicht die Beerdigungskosten zu tragen oder die Kosten für die Ausstattung von Geschwistern) gesichert werden, wenn sie innerhalb eines Gesamtbereichs wiederkehrender Leistungen liegen und nur ihrer Natur nach einmalig sind.[1393]

b) Eintragung. Gemäß § 49 GBO ist es gestattet, dass in Erweiterung von § 874 BGB an Stelle der einzelnen **489** Rechte die **Sammelbezeichnung »Leibgeding«** unmittelbar in das Grundbuch **eingetragen wird**. Sollen die Rechte für **mehrere Berechtigte** eingetragen werden, in der Regel Eheleute, so genügt es als Ausnahme von § 47 GBO, dass statt der unmittelbaren GB-Eintragung das Berechtigungsverhältnis durch Bezugnahme auf die Eintragungsbewilligung ersichtlich wird.[1394] Dabei kann das Leibgeding für mehrere auch als Gesamtgläubiger nach § 428 BGB begründet werden.[1395] Aus dem Grundbuch muss ferner nicht ersichtlich sein, auf welchen von mehreren betroffenen Grundstücken die im Leibgeding zusammengefassten Einzelrechte jeweils lasten (zB das Wohnungsrecht am Hausgrundstück, die Reallast am Gartengrundstück usw). Insoweit genügt es ebenso, wenn sich dies aus der darauf Bezug genommenen Eintragungsbewilligung ergibt. Des weiteren ist für die Zusammenfassung der mehreren dinglichen Rechte unter dem Sammelbegriff Leibgeding **nicht Voraussetzung**, dass sie **untereinander Gleichrang** haben.[1396] Auch ist der Rang einzelner zum Leibgeding gehörender Rechte nachträglich änderbar. Der unterschiedliche Rang muss aber dann durch einen Rangvermerk im GB verlautbart werden.

Kein Bestandteil eines Leibgedings können Grunddienstbarkeiten, subjektiv-dingliche Reallasten, Grund- **490** pfandrechte und Dauerwohn- oder Dauernutzungsrechte nach § 31 WEG sein, weil ihnen das für ein Leibgeding charakteristische Merkmal der höchstpersönlichen Versorgung des Berechtigten fehlt. Nicht leibgedingsfähig sind ferner reine durch Reallasten gesicherte Geldzahlungsverpflichtungen, sofern keine örtliche Bindung an den belasteten Grundbesitz oder an Teile davon besteht, etwa durch ein Wohnungsrecht.[1397]

1391 Vgl RGZ 162, 52; BGHZ 125, 69 = DNotZ 1994, 881 = Rpfleger 1994, 347; BGH NJW 1962, 2249 und DNotZ 1982, 45; OLG Hamm DNotZ 1970, 37 = OLGZ 1969, 380 = Rpfleger 1969, 396; BayObLGZ 1975, 132 = DNotZ 1975, 622 = Rpfleger 1975, 314; OLG Köln Rpfleger 1992, 431.

1392 BayObLGZ 1975, 132 aaO.

1393 Vgl BayObLG 1970, 100 = Rpfleger 1970, 202.

1394 BGHZ 58, 57 = DNotZ 1972, 487 = Rpfleger 1972, 89; BayObLGZ 1975, 191 = DNotZ 1975, 619 = Rpfleger 1975, 300.

1395 BayObLGZ 1975, 191 (Fn 1374); *Meder* BWNotZ 1982, 36.

1396 LG Traunstein MittBayNot 1980, 65.

1397 Vgl OLG Hamm DNotZ 1970, 661; BayObLG DNotZ 1975, 625.

491 **c) Änderung, Erlöschen.** Einzelne Rechte, die mit anderen in einem Leibgeding zusammengefasst sind, können im Rahmen einer Inhaltsänderung nachträglich durch ein anders der höchstpersönlichen Versorgung des Berechtigten dienendes Recht ersetzt werden so zB ein Wohnungsrecht durch eine Rentenreallast. Die gemäß dem Vorbehalt des Art 96 EGBGB in den (alten) Bundesländern erlassenen landesrechtlichen Vorschriften legen im Einzelnen die Voraussetzungen für derartige Änderungen fest und bestimmen auch ansonsten mit ergänzenden Regelungen den Inhalt eines Leibgedings.[1398]

492 Die in dem Leibgeding zusammengefassten Dienstbarkeiten und Reallasten erlöschen gleichsam unter den Voraussetzungen die für ihr Erlöschen erforderlich sind, wenn sie als Einzelrechte im GB eingetragen wurden. Soweit bei den Rechten Rückstände möglich sind, müssen für die Löschung die **§§ 23, 24 GBO** beachtet werden. Die Eintragung eines Löschungserleichterungsvermerks iS der vorgenannten Bestimmungen ist insoweit ausgeschlossen, als das Leibgeding nicht mit dem Ableben des Berechtigten erlöschende Rechte enthält, zB eine vererbliche Reallast mit der Verpflichtung zur fortlaufenden Grabpflege.[1399]

493 Hat das Leibgeding **Gleichrang** mit oder **Rang nach** dem die Zwangsversteigerung des Grundstücks betreibenden Gläubiger oder betreibt der Leibgedingsberechtigte selbst das Versteigerungsverfahren wegen fälliger Einzelleistungen aus der zum Leibgeding gehörenden Reallast, so bleibt das Leibgeding als solches in diesen Fällen außerhalb des geringsten Gebots nach **§ 9 Abs 1 EGZVG** iVm den jeweils geltenden landesgesetzlichen Regelungen bestehen,[1400] und zwar auch dann, wenn der Leibgedingsberechtigte selbst der bestrangig betreibende Gläubiger sollte.[1401] Ist das Leibgeding aber einem anderen betreibenden Gläubiger gegenüber beschlagnahmeunwirksam (Rangklasse § 10 Abs 1 Nr 6 ZVG), dann scheidet eine Anwendung von § 9 EGZVG aus, weil der Normzweck der Vorschrift ein voll wirksames Recht voraussetzt.[1402] Ein erfolgter Rangtausch des Leibgedings hinter das Recht des betreibenden Gläubigers schließt dagegen die Anwendbarkeit von § 9 EGZVG nicht aus. Ein über die vorgenannte Regelung bestehen bleibendes Leibgeding **erlischt** jedoch, wenn ein besserrangiger oder gleichrangiger Berechtigter, der durch das Fortbestehen des Leibgedings beeinträchtigt würde, spätestens im Versteigerungstermin Antrag gemäß **§ 9 Abs 2 EGZVG** stellt und der Zuschlag auf diese abweichende Versteigerungsbedingung erteilt wird.

14. Hypothek

Schrifttum

Alff/Hintzen, Die wiederauferstandene Zwangshypothek, ZInsO 2006, 481; *Amann,* Die zukunftsoffene Löschungszustimmung des Eigentümers, MittBayNot 2000, 80; *Balser,* Rückständige Hypothekenzinsen, NJW 1958, 698; *Belke,* Die Strafzinsen im Kreditgewerbe – ihre Begrenzung aus dem Zinseszinsverbot und ihr Verhältnis zu den gesetzlichen Verzugsfolgen, BB 1968, 1219; *Bleckert,* Inwieweit ist bei Nebenleistungen einer Hypothek die Bezugnahme auf die Eintragungsbewilligung zulässig? Rpfleger 1965, 330; *Böhringer,* Auswirkungen des Euro auf den Grundbuchverkehr, DNotZ 1999, 692; *ders,* Zur Euro-Eintragung im Grundbuch, BWNotZ 1999, 137; *Böttcher,* Sonstige Nebenleistungen nach § 1115 BGB, Rpfleger 1980, 81; *ders,* Abtretung von Nebenleistungen bei Grundpfandrechten, Rpfleger 1984, 85; *Bruhn,* Eintragung einer Zwangshypothek für das Finanzamt, Rpfleger 1954, 437; *ders,* Zu Inhalt und Form von Hypotheken-Bestellungsurkunden, Rpfleger 1957, 101; *Canaris,* Der Zinsbegriff und seine rechtliche Bedeutung, NJW 1978, 1891; *Demharter,* Grundbucheintragung auf Ersuchen des Prozessgerichts, Rpfleger 1998, 133; *Derleder,* Zur Bedeutung der Aushändigungsabrede nach § 1117 Abs 2 BB bei der Übertragung der Briefgrundpfandrechte, DNotZ 1971, 272; *Dieckmann,* Eintragung der Unterwerfung des jeweiligen Grundstückseigentümers unter die Zwangsvollstreckung im Grundbuch, Rpfleger 1963, 267; *Drischler,* Die Zwangsvollstreckung durch Eintragung einer Sicherungshypothek und die Vollstreckung, JurBüro 1961, 5; *Dümig,* Fehler bei der Eintragung von Zwangshypotheken, Rpfleger 2004, 1; *Eickmann,* Einwendungen und Einreden gegen Grundpfandrechte, RpflStud 1983, 6; *ders,* Problematische Wechselbeziehungen zwischen Immobiliarvollstreckung und Insolvenz, ZfIR 1999, 81; *Eiselt,* Zur Eintragungsfähigkeit der Kosten der Zwangsvollstreckung bei der Sicherungszwangshypothek, BWNotZ 1984, 68; *Furtner,* Rechtliche Bedeutung von Zwangseintragungen, die unter Verletzung vollstreckungsrechtlicher Vorschriften im Grundbuch vorgenommen wurden, DNotZ 1959, 305; *Groß,* Zwangshypothek als Gesamthypothek? BWNotZ 1984, 111; *Haegele,* Zinsen und sonstige Nebenleistungen bei Grundpfandrechten, RpflJB 1974, 311; *ders,* Die Zwangs- und Arresthypothek, BWNotZ 1972, 107; *Hagemann,* Die Zwangssicherungshypothek im Zwangsversteigerungsverfahren, Rpfleger 1982, 165; *Hager,* Ablösung von Grundpfandrechten und redlicher Erwerb, ZIP 1997, 133; *Hoes und Tetzlaff,* Ansprüche des Grundpfandgläubigers gegen den Gebäudeversicherer, ZfIR 2001, 354; *Hornisch,* Probleme der Zwangshypo-

---

1398 S dazu §§ 6 ff BadWürttAGBGB; Art 7 ff BayAGBGB; Art 27 BremAGBGB; Art 4 ff HessAGBGB; §§ 5 ff NiedersächsAGBGB; Art 2 ff RheinlPfälzAGBGB; §§ 1 ff SchleswHolstAGBGB; §§ 6 ff SaarlAGJusG.

1399 Vgl zur unzulässig eingetragenen Löschungserleichterung BayObLGZ 1997, 121 = DNotZ 1998, 116 = Rpfleger 1997, 343; BayObLGZ 1998, 250 = DNotZ 1999, 508 = Rpfleger 1999, 71.

1400 So zB § 33 BadWürttAGGVG, Art 30 BayAGGVG, § 1 HambAGZVG, Art 4 HessAGZVG, Art 6 NiedersächsAGZVG, Art 6 Nordrhein-WestfälAGZVG, § 5 RheinlPfälzAGZVG, § 43 SaarlAGJusG, Art 6 SchleswHolstAGZVG, § 3 ThürAGZVG.

1401 BGH MDR 1984, 1021 = Rpfleger 1984, 364.

1402 Ebenso *Steiner-Eickmann,* ZVG, § 52 Rn 23. Auf die Eintragung des Altenteils nach dem Versteigerungsvermerk kann es nicht ankommen. So aber *Stöber,* ZVG, § 9 EGZVG Rn 3. 7.

thek, NJW 1958, 1526; *Hornung,* Vollstreckungsunterwerfung und Höchstbetragshypothek, NJW 1991, 1649; *Kaps,* Die Tilgungshypothek, DR 1941, 402; *Jost,* Duldung der Zwangsvollstreckung?, Jura 2001, 153; *Keller,* Die Wirkungen der Rückschlagsperre des § 88 InsO auf die Sicherungshypothek nach §§ 866, 867 ZPO, ZIP 2006, 1174; *Klinkhammer,* Hauptprobleme des Hypothekenrechts, JuS 1973, 666; *Knops,* Darlehensgewährung und Grundpfandrechtsbestellung, ZflR 1998, 577; *Knur,* Die vollstreckbare notarielle Urkunde über künftige Hypothekenforderungen, MittRhNotK 1972, 449; *Kohler,* Bestimmtheitsgrundsatz bei außergrundbuchlicher Abtretung von Grundpfandrechten, WM 1975, 438; *Kollhosser,* Grundbegriffe und Formularpraktiken im Grundpfandrecht, JA 1979, 61; *Lange,* Die Abgrenzung von dinglichen und schuldrechtlichen Vereinbarungen in notariellen Urkunden, MittRhNotK 1982, 241; *Löscher,* Berücksichtigung von Kosten bei Eintragung einer Zwangshypothek, Rpfleger 1960, 355; *ders,* Zwangshypothek bei gegen Sicherheitsleistung vorläufig vollstreckbaren Vollstreckungstitel, JurBüro 1962, 250; *ders,* Die Eintragung von Zwangshypotheken in das Grundbuch, JurBüro 1982, 1617, 1791 und 1983, 41; *Lücke,* Die Auswirkung der öffentlich-rechtlichen Theorie der Zwangsvollstreckung auf die Zwangshypothek, NJW 1954, 1669; *Magis,* Die vollstreckbare notarielle Urkunde, MittRhNotK 1979, 111; *Mattern,* Die neuere Rechtsprechung des BGH zur Hypothek und Grundschuld, WM 1977, 1074; *Meyer-Stolte,* Eintragung von Hypothekenzinsen, Rpfleger 1975, 210; *Oesterreich,* Der Zinssatz in § 1115 Abs 1 BGB, MDR 1979, 13; *Prass,* Zeitanteilige Rückzahlung des Disagios (Agios) bei vorzeitiger Kündigung eines langfristigen Darlehens, BB 1981, 1058; *Reinicke,* Der Kampf um das Zubehör zwischen Sicherungseigentümer und Grundpfandgläubiger, JuS 1986, 957; *Reischl,* Grundfälle zu den Grundpfandrechten JuS 1998, 516; *Rendle und Schönsiegel,* Hat die Zuschreibung erweiternde Auswirkung auf die dingliche Zwangsvollstreckungsunterwerfung und die dingliche Zwangsvollstreckungsunterwerfungsklausel?, BWNotZ 1973, 30; *Reuter,* Das vergessene Problem der §§ 866 III, 867 II ZPO, Rpfleger 1986, 285; *Riedel,* Die Anwachsungs-Hypothek, JurBüro 1972, 469; *Roemer,* Ausgewählte Probleme aus dem Bereich der Grundpfandrechte, MittRhNotK 1991, 69 und 97; *Schalhorn,* Welcher Wortlaut muss eine Hypothek bei ihrer Eintragung in das Grundbuch erhalten?, JurBüro 1971, 233; *Schmucker,* Zur Bestimmtheit des Zinsanspruchs in vollstreckbaren Urkunden, BWNotZ 1971, 160; *Schneider,* Die Zwangshypothek für obsiegende Streitgenossen, MDR 1986, 817; *Scholz,* Schuldübernahmen in der Zwangsversteigerung, ZflR 1999, 165; *Siegelmann,* Die Einheitshypothek BlGBW 1969, 90; *Stamm,* Die Gesamtschuld auf dem Vormarsch, NJW 2003, 2940; *Stender,* Die Zwangs- und Arresthypothek, JurBüro 1973, 13; *Wächter,* Die Eurohypothek WM 1999, 49; *Zeiser,* Inhabergrund- und -renteschulden sowie Inhaber- und Oderhypotheken, Rpfleger 2006, 577. Im Übrigen s auch das Schrifttum zur Grundschuld.

a) Allgemeines, Begriff, Entstehung. Die Hypothek ist wie die Grundschuld, die Rentenschuld und die Reallast ein Verwertungsrecht.[1403] Sie ist entweder Verkehrs- oder Sicherungshypothek. Als **Verkehrshypothek** kann sie Brief- oder Buchhypothek, als **Sicherungshypothek** nur Buchhypothek sein (§ 1185 Abs 1 BGB). Die Verkehrshypothek ist nach der Systematik des Gesetzes grundsätzlich Briefhypothek (§ 1116 Abs 1 BGB). Die **Erteilung des Briefes** kann aber durch Einigung zwischen Eigentümer und Gläubiger sowie Eintragung in das GB **ausgeschlossen werden** (§ 1116 Abs 2 BGB).   **494**

Haben sich Eigentümer und Gläubiger auf eine Briefhypothek geeinigt, wird aber im GB ein Briefausschluss eingetragen, so entsteht eine Briefhypothek,[1404] die bis zur Erteilung und Aushändigung des Briefes an den Gläubiger dem Eigentümer zusteht (§ 1117 Abs 1, § 1163 Abs 2 BGB), sofern nicht eine Vereinbarung nach § 1117 Abs 2 BGB vorliegt. Das GB ist dann unrichtig.   **495**

Geht die Einigung dagegen auf eine Buchhypothek, während der Briefausschluss nicht eingetragen wird, so entsteht im Zweifel ebenfalls eine Briefhypothek (§ 139 BGB), die auch zunächst dem Eigentümer zusteht.[1405] Das GB ist, da kein Briefausschluss eingetragen ist, in bezug auf das Recht als solches richtig. Ein Erwerb durch den Gläubiger ist aber erst möglich, wenn ein Brief für das Recht erteilt und ihm dieser vom Eigentümer ausgehändigt wird bzw nachträglich eine Vereinbarung nach § 1117 Abs 2 BGB getroffen oder der Briefausschluss eingetragen wird.   **496**

Eine **Sicherungshypothek** muss im GB als solche bezeichnet sein (§ 1184 Abs 2 BGB). Bei Nichtübereinstimmung zwischen Einigung und Eintragung entsteht, wenn die Einigung auf Bestellung einer Verkehrshypothek ging, aber eine Sicherungshypothek eingetragen wurde, eine Sicherungshypothek,[1406] weil sie, was die Einigung angeht, der kleinste gemeinsame Nenner ist. Im umgekehrten Falle läßt die hM zur Vermeidung eines unerwünschten Ergebnisses trotz einer Einigung nur für eine Sicherungshypothek zu Recht die eingetragene Verkehrshypothek entstehen, weil jedenfalls davon auszugehen ist, dass die Beteiligten eine dingliche Sicherung wünschen.[1407] Haben sich Gläubiger und Eigentümer zwar über die Bestellung einer Hypothek, nicht aber über   **497**

1403 Vgl *Schöner/Stöber* Rn 1913; KEHE-*Eickmann* Einl R 1; *Staudinger-Wolfsteiner* Einl zu §§ 1113 ff BGB Rn 24.

1404 MüKo-*Eickmann* § 1116 BGB Rn 28; *Soergel-Konzen* § 1113 BGB Rn 8; *Staudinger-Wolfsteiner* Einl zu § 1113 ff BGB Rn 83; *Wolff-Raiser* § 133 V 2.

1405 MüKo-*Eickmann* § 1116 BGB Rn 30; *Soergel-Konzen* aaO; *Staudinger-Wolfsteiner* § 1116 BGB Rn 34; *Wolff-Raiser* aaO (Fn 930).

1406 Ebenso RGZ 123, 169, 170; MüKo-*Eickmann* Rn 16, *Staudinger-Wolfsteiner* Rn 10 je zu § 1184 BGB; *Wolff-Raiser* § 151 IV 3b m Fn 17.

1407 MüKo-*Eickmann* aaO, *Wolff-Raiser* aaO (Fn 1386), *Palandt-Bassenge* Rn 6, *Soergel-Konzen* Rn 9 je zu § 1184. BGB. **AA** *Planck-Strecker* Anm 3 b, BGB-RGRK-*Joswig* Bem 7 *Staudinger-Wolfsteiner* Rn 10 je zu § 1184 BGB.

die Art geeinigt, so gelangt das Recht in der eingetragenen Art zur Entstehung.[1408] Spezielle Arten von Sicherungshypotheken sind die in der Praxis selten vorkommende **Sicherungshypothek für Inhaber- und Orderpapiere** (§§ 1187 ff BGB)[1409] sowie die **Höchstbetragshypothek** (§ 1190 BGB; s dazu Rdn 520 ff).

498 Sowohl als Verkehrshypothek wie auch als Sicherungshypothek können Tilgungs- und Abzahlungshypotheken bestellt werden. Das Charakteristikum einer **Tilgungshypothek** ist, dass stets **gleichbleibende** Jahresleistungen als Annuitäten zu zahlen sind, die sich zusammensetzen aus einem jeweils zu tilgenden Hauptsacheteilbetrag und den Zinsen aus dem Kapitalnennbetrag, wobei die mit fortschreitender Verringerung der Hauptsache ersparten Zinsen zu verstärkten Tilgung verwendet werden. Bei der **Abzahlungshypothek** ist der Kapitalnennbetrag in gleich hohen Raten zu tilgen während die Zinsen fortlaufend aus dem Restkapital zu zahlen sind. Die Jahresleistungen verringern sich daher mit fortschreitender Tilgung. Eine besondere Kenntlichmachung dieser Art von Hypotheken im GB erfolgt zwar regelmäßig, ist aber nirgends zwingend vorgeschrieben.[1410]

499 Die Hypothek als dingliches Recht **entsteht** in aller Regel **rechtsgeschäftlich** durch Einigung und Eintragung (§ 873 BGB), ausnahmsweise **kraft Gesetzes** (§ 1287 S 2 BGB, § 848 ZPO), ferner durch Eintragung **im Wege der Zwangsvollstreckung oder Arrestvollziehung** (§§ 867 Abs 1 S 2 ZPO, 932 ZPO, 324 AO und § 7 JBeitrO), wobei abgesehen von der rechtsgeschäftlichen Begründung nur Sicherungshypotheken entstehen. Die Hypothek kann befristet oder bedingt, aufschiebend oder auflösend, bestellt werden,[1411] was jedoch äußerst selten vorkommt. Die Bedingtheit des Rechts (nicht der Forderung) muss aus dem Eintragungsvermerk ersichtlich sein; für den Inhalt der Bedingung genügt die Bezugnahme auf die Eintragungsbewilligung.[1412] Fällt eine aufschiebende Bedingung aus oder tritt eine auflösende ein, so erlischt die Hypothek und geht nicht etwa auf den Eigentümer über.[1413] Auch besteht bis zum Eintritt oder Ausfall der aufschiebenden Bedingung keine Eigentümergrundschuld.[1414] Fehlt die Einigung, so entsteht auch keine Eigentümergrundschuld.[1415]

500 Für die Eintragung und das Entstehen einer Zwangshypothek, einer Arresthypothek sowie einer Sicherungshypothek nach § 128 ZVG gelten einige Besonderheiten.

501 **(aa)** Die **Zwangsypothek entsteht** nach § 866 Abs 1 ZPO als Sicherungshypothek, wenn alle Vollstreckungsvoraussetzungen vorliegen, **mit der Eintragung** in GB, § 867 Abs 1 Satz 2 ZPO. Sie darf nur für einen Betrag von **mehr als 750 Euro** eingetragen werden, wobei sich dieser Betrag auch aus mehreren Forderungen zusammensetzen und ferner aus kapitalisierten Zinsrückständen bestehen kann (vgl § 866 Abs 3 ZPO). **Ausgeschlossen** ist die Bestellung einer Gesamtzwangshypothek an mehreren Grundstücken des **selben** Schuldners. Insoweit ist der Forderungsbetrag auf die einzelnen Grundstücke unter Beachtung des vorgenannten Mindestbetrags zu verteilen (§ 867 Abs 2 ZPO). Gemäß **§ 720a Abs 1 S 1b) ZPO** ist im Wege der **Sicherungsvollstreckung** die Eintragung einer Sicherungshypothek bereits ohne eine im Vollstreckungstitel angeordnete Sicherheitsleistung möglich.

502 **(bb)** Die **Vollziehung eines Arrestes in eine Immobilie** erfolgt nach § 932 ZPO durch **Eintragung einer Sicherungshypothek zum Höchstbetrag** (vgl § 1190 BGB), den der als Lösungssumme bestimmte Geldbetrag bildet (§ 923 ZPO). Für die einzutragende Sicherungshypothek gelten die Vorschriften des § 866 Abs 3 Satz 1 ZPO, des § 867 Abs 1 und 2 sowie des § 868 ZPO gleichermaßen. Demzufolge kann die Arresthypothek nach § 932 Abs 2 iVm § 866 Abs 3 ZPO nur für einen Betrag von mehr als 750 Euro eingetragen werden. Sollen mehrere Grundstücke belastet werden, bedarf es in entsprechender Anwendung von § 867 Abs 2 ZPO einer Verteilung der Lösungssumme auf die einzelnen Grundstücke, wobei auch die verteilten Beträge sich auf mehr als 750 EURO belaufen müssen. Die Vollziehung des Arrestes durch Eintragung einer Sicherungshypothek erfordert gemäß § 932 Abs 3 ZPO, dass der **Antrag** auf Eintragung der Hypothek innerhalb der **Monatsfrist** des § 929 Abs 2 ZPO gestellt wird, da er ansonsten infolge eines Vollstreckungsmangels zurückgewiesen werden muss. Der Eintragungsantrag ist dann fristgemäß, wenn er bei dem Amtsgericht, zu dem das für die Eintragung zuständige GBA gehört, eingeht. Dass er innerhalb der Vollziehungsfrist bereits dem GBA vorliegt, bedarf es

---

1408 *Palandt-Bassenge* aaO (Fn 1387); *Soergel-Konzen* Rn 9 je zu § 1184 BGB. **AA** MüKo-*Eickmann* § 1184 BGB Rn 14, der stets das Entstehen einer Verkehrhypothek annimmt.
1409 Zur Behandlung dieser in der Praxis kaum vorkommenden Rechte s *Zeiser* Rpfleger 2006, 577.
1410 Vgl BGHZ 47, 41 = DNotZ 1967, 753 = NJW 1967, 925 = Rpfleger 1967, 111.
1411 RGZ 122, 327.
1412 KG DNotZ 1956, 555.
1413 BGHZ 29, 363, 366 = NJW 1959, 984; RGZ 70, 245; 68, 143; KG KGJ 46, 237; OLG Braunschweig JFG 9, 255. **AA** *Staudinger-Wolfsteiner* Einl zu §§ 1113 ff BGB Rn 71 ff.
1414 *Staudinger-Wolfsteiner* aaO (Fn 1393) unter Hinweis darauf, dass § 1179a BGB dann überflüssig wäre.
1415 RGZ 106, 136; 78, 64; 70, 353; 68, 101; 54, 83; 52, 111; KG KGJ 27 A 128; 40, 249; MüKo-*Eickmann* § 1196 BGB Rn 5; *Palandt-Bassenge* § 1163 BGB Rn 1. **AA** OLG Bremen DNotZ 1965, 566; *Staudinger-Wolfsteiner* § 1196 BGB Rn 5 mwN.

nicht.[1416] Der **Vollzug** des Arrestbefehls ist nach § 929 Abs 3 S 1 ZPO bereits **vor Zustellung** an den Schuldner **zulässig**. Die Zustellung muss aber innerhalb einer Woche nach Vollziehung und vor Ablauf der vorbezeichneten Monatsfrist des § 929 Abs 2 ZPO nachgeholt werden, da ansonsten der Arrest ohne Wirkung und die **Hypothek nichtig** ist. Wird eine **Arresthypothek** zunächst ohne Nachweis der Zustellung einer zum Vollzug des Arrests angeordneten **Sicherheitsleistung** im GB eingetragen und die Zustellung nachträglich nachgewiesen, wird dadurch der **Mangel geheilt**.[1417] Einen gesetzlichen Löschungsanspruch nach §§ 1179a, b BGB erlangt der Gläubiger der Arresthypothek **nicht** (§ 932 Abs 1 S 2 ZPO). Soweit der Gläubiger in der Hauptsache obsiegt hat, kann er aufgrund eines formlosen Antrags unter Vorlage des vollstreckbaren, nicht zwingend bereits rechtskräftigen Urteils die **Umschreibung** der Arresthypothek in eine Zwangshypothek erwirken.

(cc) Soweit in einem Zwangsversteigerungsverfahren eine Zahlung des baren Meistgebots nicht erfolgt und **503** deshalb die Forderung des Schuldners gegen den Ersteher auf die einzelnen Gläubiger im Umfang ihrer jeweiligen Ansprüche übertragen wird (§ 118 Abs 1 ZVG), ist zu deren Sicherung **nach § 128 Abs 1 S 1 ZVG** mit dem vom Vollstreckungsgericht an das Grundbuchamt zu übersendenden Eintragungsersuchen gemäß § 130 ZVG **die Eintragung von Sicherungshypotheken im Range des Anspruchs** zu veranlassen. Eine derartige Sicherunghypothek **entsteht mit der Eintragung** im Grundbuch (§ 128 Abs 3 S 1 ZVG). Einer Einigung zwischen dem Berechtigten und dem Ersteher bedarf es nicht. Sie ersetzt das Eintragungsersuchen. Aus dem Eintragungsvermerk. **soll** ersichtlich sein, dass ihre Eintragung aufgrund eines Zwangsversteigerungsverfahrens erfolgt (§ 130 Abs 1 S 2 ZVG). Es gilt weder § 866 Abs 3 ZPO noch § 867 Abs 2 ZPO, dh sie kann für einen Betrag unter 750 EURO und bei der Versteigerung mehrer Grundstücke auch als Gesamtrecht eingetragen werden. Ist die zu sichernde Forderung aus einem bisher belasteten Miteigentumsbruchteil entstanden, so darf die Sicherungshypothek nur auf diesen Bruchteil zur Eintragung gelangen, auch wenn dieser **Bruchteil** nicht mehr vorhanden ist.[1418] Eine möglicherweise zwischenzeitlich eingetretene **Verfügungsbeschränkung** des Erstehers, wie zB die Eröffnung des Insolvenzverfahrens über sein Vermögen, **hindert** die **Eintragung** der Sicherungshypothek **nicht**. Die Anordnung der Forderungsübertragung und ihre Sicherstellung durch Eintragung von Sicherungshypotheken sind keine Vollstreckung gegen den Ersteher, sondern lediglich eine gesetzlich besonders geregelte Erlösverteilung und Absicherung der Gläubiger, die sich zwangsläufig dadurch ergibt, dass eine Ausführung des Teilungsplans durch Zahlung an die Berechtigten nach § 117 Abs 1 ZVG mangels Berichtigung der Teilungsmasse nicht möglich ist. Daher steht weder der Forderungsübertragung noch der Eintragung von Sicherungshypotheken das Vollstreckungsverbot des § 89 Abs 1 InsO entgegen. Jede **Sicherungshypothek erhält** einerseits im Verhältnis zu den übrigen einzutragenden Sicherungshypotheken und andererseits auch im Verhältnis zu den bestehen bleibenden Rechten den **Rang, welcher der Forderung** nach dem Teilungsplan **zusteht** und dort festgestellt ist. Etwaige dadurch im Rang zurückgedrängte Rechte müssen dies als Folge der Zwangsversteigerung hinnehmen. Einer Zustimmung der Beeinträchtigten zur Verlautbarung der Rangfolge im Grundbuch bedarf es nicht. Schützen kann sich der Gläubiger eines bestehen bleibenden Rechts gegen diese für ihn missliebige Rechtsfolge dadurch, dass er im Versteigerungstermin bei Gebotsabgabe erhöhte Sicherheitsleistung nach § 68 Abs 2 ZVG verlangt. Soweit sich die Sicherungshypothek mit dem **Eigentum in einer Person vereinigt**, kann sie nicht zum Nachteil eines nach § 52 ZVG bestehen gebliebenen Rechts oder der weiter nach § 128 ZVG eingetragenen Sicherungshypotheken geltend gemacht werden (§ 128 Abs 3 S 2 ZVG), sie geht also bei Eintritt dieser Rechtsfolge all diesen Rechten kraft Gesetzes **im Range nach**. Sicherungshypotheken für Ansprüche aus den in § 10 Abs 1 ZVG genannten **Rangklassen 1 bis 3**, für Ansprüche auf **wiederkehrende Leistungen aus der Rangklasse 4** und für die **in § 10 Abs 2 ZVG bezeichneten Kosten verlieren nach 6 Monaten ihren Rang** in der Weise, dass sie nicht zum Nachteil der Rechte, die bestehen geblieben sind und der übrigen nach § 128 ZVG eingetragenen Sicherungshypotheken geltend gemacht werden können. Der Rangverlust kann durch den jeweiligen Berechtigten nur durch einen innerhalb von **6 Monaten** seit der Eintragung der Sicherungshypothek zu stellenden **Versteigerungsantrag** verhindert werden. **Entscheidend** ist dabei, dass dem Antrag, auch wenn er zunächst fristgerecht aber unzureichend war, letztendlich **stattgegeben** wird. Nimmt der Gläubiger seinen Antrag wieder zurück oder wird das Verfahren aufgehoben, weil er es nach Verfahrenseinstellung nicht rechtzeitig innerhalb der 6-Monatsfrist des § 31 Abs 1 S 2 ZVG fortgesetzt hat, gilt er als **nicht** gestellt (§ 129 ZVG).

Unzulässig ist eine **nachträgliche Erhöhung des Kapitalbetrages** der Hypothek, selbst wenn keine gleich- **504** oder nachrangigen Rechte vorhanden sind oder deren Inhaber zustimmen.[1419] Es muss stattdessen eine weitere Hypothek bestellt werden.[1420] Allerdings können dann die ursprüngliche Hypothek und die weiter eingetragene Hypothek, sofern sie im Range gleichstehen oder unmittelbar aufeinander folgen, durch Inhaltsänderung, die

---

1416 BGHZ 146, 361 = FGPrax 2001, 93 = NJW 2001, 1134 = Rpfleger 2001, 294 (*Alff*).
1417 BayObLG Rpfleger 2003, 647; OLG Hamm FGPrax 1997, 86; *Schöner/Stöber* Rn *2201*.
1418 BayObLGZ 1968, 104 = DNotZ 1968, 626 = MDR 1968, 842 = NJW 1968, 1431 = Rpfleger 1968, 221.
1419 RGZ 143, 424, 428; 135, 142; KG KGJ 40, 282; JFG 16, 248.
1420 Vgl LG Bremen MDR 1956, 609.

eine Einigung zwischen dem Grundstückseigentümer und dem Gläubiger der Rechte erfordert, zu einer **ein-heitlichen Hypothek zusammengefasst** werden.[1421] Voraussetzung für die Zusammenfassung mehrerer Rechte zu einer **Einheitshypothek** ist weiter, dass sie alle die gleiche Form haben, in der Art der Forderung, den Zins- und Zahlungsbestimmungen sowie in der Vollstreckbarkeit übereinstimmen. Eine Zustimmung gleich- oder nachrangiger dinglich Berechtigter ist nicht erforderlich, es sei denn, dass im Rahmen der Bildung der Einheitshypothek weitergehende Inhaltsänderungen (zB Erhöhung des Zinssatzes über 5 %) erfolgen, die sich für diese Berechtigten nachteilig auswirken.[1422] Bezüglich der Haftungserweiterung für Zinsen und Neben-leistungen gilt die Ausnahmeregelung des § 1119 BGB.

505   Zulässig ist dagegen mit Zustimmung der Inhaber gleich- oder nachrangiger Rechte die **Verlängerung der Geltungsdauer** einer befristeten Hypothek[1423] oder die **Umwandlung** einer bedingten in eine unbedingte Hypothek.

506   **b) Belastungsgegenstand**. Mit der Hypothek können Grundstücke, grundstücksgleiche Rechte (zB Erbbau-recht), Wohnungs- und Teileigentumsrechte, reale Grundstücksteile nach Abschreibung gemäß § 7 Abs 1 GBO sowie ideelle Miteigentumsanteile, soweit sie in dem Anteil eines Miteigentümers bestehen (§ 1114 BGB) und dies auch durch Zwangsvollstreckung (§ 864 Abs 2 ZPO), belastet werden. Eine Hypothek ist ferner an einem nach § 3 Abs 6 GBO zum Hauptgrundstück zugebuchten Miteigentumsanteil eintragbar, selbst wenn das die-nende Grundstück noch einem Eigentümer allein zusteht.[1424] An Beteiligungen gesamthänderischer Art wie dem Anteil am Vermögen einer Personengesellschaft, dem Anteil am Gesamtgut einer Gütergemeinschaft oder einem Erbteil kann eine Hypothek nicht bestellt werden.[1425] Der Alleineigentümer kann an einem ideellen Bruchteil seines Grundstücks ebenfalls keine Hypothek bestellen. Erwirbt jedoch ein Miteigentümer das Alleineigentum dadurch, dass ihm Miteigentumsanteile zufallen, die einen besonderen dinglichen Zuordnung (zB bei Vor- und Nacherbfolge) oder einer Verfügungsbeschränkung (zB Vor- und Nacherbfolge, Testaments-vollstreckung) unterliegen, so kann er den ihm ursprünglich gehörenden Miteigentumsanteil weiterhin hypo-thekarisch belasten.[1426] Auch der hinzuerworbene Anteil ist selbständig belastbar. Dasselbe gilt für einen anfechtbar hinzuerworbenen Bruchteil (§ 3 ff AnfG), an dem eine Sicherungshypothek für den Anfechtungs-gläubiger gemäß § 864 Abs 2 ZPO auch nach Eintragung des Eigentümers als Alleineigentümer eingetragen werden kann.[1427] Eine **Sicherungshypothek nach § 128 ZVG** ist zu Lasten des ersteinen Bruchteils auch dann einzutragen, wenn der Ersteher durch Zuschlag Alleineigentümer geworden ist[1428] (Siehe dazu bereits unter Rdn 503). Eine Restkaufgeldhypothek kann dagegen, wenn der Käufer mit Umschreibung Alleineigen-tümer geworden ist, an dem – nicht mehr existenten – Bruchteil nicht bestellt werden.[1429]

507   Die Hypothek kann als **Gesamthypothek** mehrere Grundstücke, grundstücksgleiche Rechte sowie auch ide-elle Miteigentumsanteile[1430] belasten (§ 1132 Abs 1 S 1 BGB).[1431] Sie entsteht durch Einigung und Eintragung in allen betroffenen GBBlättern.[1432] Fehlt eine Eintragung, so hängt die Gültigkeit im Übrigen von § 139 BGB ab.[1433] Sind mehrere Grundstückseigentümer gesamtschuldnerisch verurteilt worden (§§ 421 ff BGB), so ist für diese Forderung an deren Grundstücken eine **Gesamtzwangshypothek** (§ 867 ZPO, § 1132 Abs 1 BGB) ein-tragbar. Gleiches gilt, wenn einzelne Bruchteile von Miteigentümern für eine Gesamtschuld mit Zwangshypo-theken belastet werden.[1434]

508   Da die Gesamthypothek nach der zutreffenden, heute herrschenden Einheitstheorie ein **einheitliches Recht** ist,[1435] muss sie bezüglich aller belasteten Grundstücke **gleichartig**, also entweder Buch- oder Briefhypothek,

---

1421   RGZ 145, 47 = DNotZ 1934, 609: OLG Hamm MittBayNot 1992, 54 = NJW-RR 1991, 1399 = Rpfleger 1992, 13 und 151 (*Bestelmeyer*).
1422   Vgl *Schöner/Stöber* Rn 2698.
1423   KG JFG 13, 75.
1424   S dazu neben § 1114 BGB BayObLGZ 1974, 466 = NJW 1975, 740 = Rpfleger 1975, 90; OLG Köln MittRhNotK 1981, 264 = Rpfleger 1981, 481.
1425   Vgl RGZ 117, 267; 88, 21; BayObLG 15, 371; 3, 604; KG RJA 4, 59, (61); 3, 43; OLGZ 30, 18; *Schöner/Stöber* Rn 1917; KEHE-*Eickmann* Einl R 5.
1426   BayObLGZ 1968, 104 aaO.
1427   BayObLGZ 1924, 124; KG HRR 1931 Nr 1709.
1428   RGZ 94, 154; KG JW 1933, 626; OLG Breslau OLGZ 25, 254, 257; BayObLGZ 1968, 104 aaO.
1429   OLG Zweibrücken NJW-RR 1990, 147; KG KGJ 30 A 219; *Staudinger-Wolfsteiner* § 1114 BGB Rn 18. **AA** MüKo-*Eickmann* § 1114 BGB Rn 14, unter Hinweis auf *Henle* Recht 1909, 419.
1430   BGH DNotZ 1961, 407 = NJW 1961, 1352 = Rpfleger 1961, 353.
1431   Vgl *Schöner/Stöber* Rn 2239.
1432   OLG Düsseldorf DNotZ 1973, 613; OLG München DNotZ 1966, 371; *Schöner/Stöber* Rn 2241.
1433   BGH DNotZ 1975, 152.
1434   Vgl. OLG Düsseldorf Rpfleger 2004, 39 mAnm *Deimann*.
1435   Vgl *Schöner/Stöber* Rn 2239, 2240; MüKo-*Eickmann* Rn 6, *Staudinger-Wolfsteiner* Rn 2 mwN je zu § 1132 BGB.

Verkehrs- oder Sicherungshypothek sein.[1436] Dasselbe Identitätsgebot besteht hinsichtlich Gläubiger[1437] und Forderung.[1438] Die **Höhe** der Hypothek **und** der **Zinssatz** dagegen **können unterschiedlich sein**; eine Gesamthypothek besteht dann nur in Höhe des jeweils niedrigsten Kapitalbetrages bzw Zinssatzes.[1439] Auch der **Rang** braucht nicht an allen Grundstücken derselbe zu sein.[1440] Von der **Zwangsvollstreckungsunterwerfung** gemäß § 800 ZPO können einzelne Grundstücke ausgenommen sein.[1441] Unterschiede sind auch hinsichtlich des gesetzlichen Löschungsanspruchs aus § 1179a BGB zulässig.[1442] **Zahlungs- und Kündigungsbestimmungen** können bezüglich der verschiedenen Grundstücke variieren,[1443] obwohl ein und dieselbe Forderung durch die Gesamthypothek gesichert wird. Nicht die Konditionen der Forderung, sondern die der Hypothek sind dann, auf die verschiedenen Haftungsobjekte bezogen, unterschiedlich. Dagegen kann über die Gesamthypothek nur bezüglich aller belasteten Grundstücke einheitlich durch **Abtretung**,[1444] **Verpfändung** oder **Pfändung**[1445] verfügt werden, aber nicht beschränkt auf ein einzelnes belastetes Grundstück. Auch eine Verfügungsbeschränkung erfasst die Gesamthypothek im ganzen und kann daher nur einheitlich in allen Grundbüchern eingetragen werden.[1446] Die **Umwandlung** einer Gesamthöchstbetragshypothek in eine Darlehenshypothek kann nicht beschränkt auf ein einzelnes belastetes Grundstück vorgenommen werden.[1447] Unzulässig ist die Bestimmung, dass der Gläubiger Befriedigung aus einem der Grundstücke nur verlangen kann, soweit sie aus den anderen nicht zu erlangen ist.[1448] Wird eine Gesamthypothek mehrfach belastet (zB mit Pfandrechten), so muss das Rangverhältnis zwischen den konkurrierenden Rechten bezüglich aller Grundstücke einheitlich sein.[1449]

Die den diplomatischen und konsularischen Missionen dienenden Gegenstände, insbesondere die **Gesandtschaftsgrundstücke**, sind generell unverletzlich und **unterliegen nicht Zwangsvollstreckungsmaßnahmen**. Die **Eintragung einer Arresthypothek** ist jedoch **keine** Zwangsvollstreckung iS des Wiener Abkommens v. 18.04.1961 über diplomatische Beziehungen.[1450] Sie hat nur Sicherungscharakter. Durch die Eintragung einer Arresthypothek auf dem Grundstück wird deshalb die Erfüllung der diplomatischen Aufgaben auch nicht beeinträchtigt.[1451] **509**

c) Forderung. aa) Feststehende Forderung. Eine Hypothek setzt eine **Forderung** voraus (§ 1113 Abs 1 BGB). Die Forderung kann **bedingt** oder **künftig** sein (§ 1113 Abs 2 BGB).[1452] Für die hypothekarische Sicherung einer künftigen Forderung sollten dieselben Beschränkungen gelten, die auch für die Vormerkbarkeit derartiger Ansprüche zu beachten sind, nämlich eine bereits bestehende Bindung des Schuldners aus der er sich nicht mehr einseitig lösen kann und die Abhängigkeit für das Entstehen des Anspruchs nur noch vom Willen des Berechtigten.[1453] Fehlt eine Forderung[1454] oder steht fest, dass eine bedingte oder künftige Forderung nicht entstehen kann,[1455] so scheidet die Begründung einer Hypothek aus. In der Regel entsteht dann, wenn eine ordnungsgemäße Eintragung des Rechts im GB vorliegt eine Eigentümergrundschuld. An einer Forderung fehlt es, wenn der Vertrag nichtig ist,[1456] auf dem sie beruht. Auch für eine nie realisierbare, weil beiderseits unkündbare Forderung, die nach dem Tode des Gläubigers dem Schuldner zustehen soll, kann eine Hypothek nicht bestellt werden.[1457] Zulässig ist dagegen die Bestellung einer Hypothek, die erst später valutiert wird. Die **510**

1436 MüKo-*Eickmann* Rn 9, *Staudinger-Wolfsteiner* Rn 34 je zu § 1132 BGB.
1437 MüKo-*Eickmann* Rn 10, *Staudinger-Wolfsteiner* Rn 38 je zu § 1132 BGB.
1438 MüKo-*Eickmann* Rn 8; *Staudinger-Wolfsteiner* Rn 30 ff je zu § 1132 BGB.
1439 KG KGJ 46, 229; OLG Colmar OLG 25, 212; OLG Dresden OLGZ 26, 163; MüKo-*Eickmann* aaO; *Staudinger-Wolfsteiner* § 1132 BGB Rn 35.
1440 BGHZ 80, 119 = DNotZ 1981, 385 = NJW 1981, 1503 = Rpfleger 1981, 228; RGZ 70, 246; *Schöner/Stöber* Rn 2240.
1441 BGH aaO und BGHZ 26, 344; *Schöner/Stöber* aaO (Fn 1420).
1442 BGHZ 80, 119; *Schöner/Stöber* aaO (Fn 959).
1443 MüKo-*Eickmann* Rn 12, *Palandt-Bassenge* Rn 2, *Planck-Strecker* Anm 1 b, *Staudinger-Wolfsteiner* Rn 36 je zu § 1132 BGB. **AA** KG KGJ 40, 299; *Schöner/Stöber* Rn 2239; BGB-RGRK-*Mattern* Rn 9, *Soergel-Konzen* Rn 9 je zu § 1132 BGB; *Wolff-Raiser* § 148 Fn 16.
1444 KG OLGZ 12, 289; MüKo-*Eickmann* Rn 26, 27, *Staudinger-Wolfsteiner* Rn 38j zu § 1132 BGB.
1445 RGZ 63, 74; JFG 3, 360, KGJ 33 A 297; 44, 182; MüKo-*Eickmann* aaO; *Staudinger-Wolfsteiner* § 1132 BGB Rn 39.
1446 KG JFG 6, 325.
1447 KG JFG 4, 409, 412.
1448 KG RJA 9, 137; *Staudinger-Wolfsteiner* § 1132 BGB Rn 34.
1449 KG KGJ 39, 248.
1450 BGBl 1964 II, S 959, 971 ff.
1451 OLG Köln FGPrax 2004, 100 = Rpfleger 2004, 478.
1452 Vgl RGZ 51, 43; *Schöner/Stöber* Rn 1929, 1930; *Staudinger-Wolfsteiner* § 1113 BGB Rn 43.
1453 Ebenso KEHE-*Eickmann* Einl R 11. **AA** *Schöner/Stöber* Rn 1930.
1454 Vgl KG KGJ 40, 258.
1455 KG OLGZ 43, 12; vgl auch RGZ 60, 243; LZ 27, 1540.
1456 KG HRR 30 Nr 236.
1457 KG OLGZ 2, 9; *Staudinger-Wolfsteiner* § 1113 BGB Rn 22.

zunächst entstandene (vorläufige) **Eigentümergrundschuld** (§ 1163 Abs 1 S 1 BGB), an welcher der Gläubiger zunächst ein **Anwartschaftsrecht** erwirbt,[1458] geht mit der Valutierung kraft Gesetzes als Hypothek auf den eingetragenen Hypothekar oder, falls vereinbart ist, dass dieser die Hypothek abtreten und der Zessionar die Valutierung vornehmen solle, mit der Abtretung auf den Zessionar über. Das gilt auch dann, wenn solche Absprachen erst nach Eintragung der Hypothek getroffen werden.[1459] Soweit es sich um ein Briefrecht handelt muss, falls nicht eine Vereinbarung nach § 1117 Abs 2 BGB getroffen wurde, zum Erwerb der Hypothek durch den Gläubiger noch die Briefübergabe hinzutreten.

511   Die Forderung muss auf **Zahlung einer bestimmten Geldsumme**[1460] gerichtet, und sie muss eine **Kapitalforderung** sein (§ 1113 Abs 1 BGB),[1461] ausgedrückt in Euro oder sonst nach § 28 S 2 GBO zugelassener Währung. Auf laufende Zinszahlungen allein kann die Forderung nicht gerichtet sein.[1462] Rückständige Zinsen können durch Novation, Vergleich oder abstraktes Schuldanerkenntnis oder –versprechen zu einer Kapitalforderung umgeformt werden, die dann durch eine Hypothek sicherbar sind.[1463] Die Höhe der Forderung muss bei der gewöhnlichen Hypothek fest bestimmt sein; die Angabe eines Höchstbetrages oder von Berechnungskriterien genügt nicht[1464] (anders bei Nebenleistungen). Die Bestellung einer Verkehrs- oder Sicherungshypothek mit der im Innenverhältnis geltenden Bestimmung, dass sie zur Sicherung der jeweiligen Forderung aus einem Kontokorrentverhältnis dient (sog verdeckte Höchstbetragshypothek), ist jedoch zulässig.[1465]

512   Rechte, die **keine Geldforderungen sind**, zB ein künftiges Erbrecht zu Lebzeiten des Erblassers (anders der Anspruch auf vorzeitige Erbabfindung gemäß § 1034d BGB), können nicht durch Hypothek gesichert werden, wohl aber ein durch Schenkungsversprechen unter Lebenden auf den Todesfall begründeter Zahlungsanspruch gegen den Erben.[1466] Ansonsten ist jeder Anspruch aus einem abstrakten Schuldversprechen oder Schuldanerkenntnis §§ 780, 781 BGB) hypthekenfähig.[1467]

513   Der Anspruch eines Ehegatten gemäß § 1587b Abs 3 BGB auf Zahlung eines Beitrags an einen Versicherungsträger zur Begründung von **Rentenanwartschaften** sowie eine durch Änderungsvertrag entstandene Forderung des Ehegatten auf Auszahlung eines dem Beitrag entsprechenden Geldbetrages mit Rechtskraft des Scheidungsverfahrens, können durch Hypothek gesichert werden.[1468]

514   Auch **Forderungen, die dem öffentlichen Recht angehören**, sind grundsätzlich durch Hypothek sicherbar. Infrage kommt aber nur eine Sicherungshypothek, da es mit dem Wesen einer öffentlich-rechtlichen Forderung nicht vereinbar ist, dass diese im Falle ihres Nichtbestehens über §§ 1138, 892 BGB zum Erwerb des dinglichen Rechts fingiert wird.[1469] Soweit es sich jedoch um Ansprüche aus einer öffentlichen Grundstückslast handelt, die das Vorrecht des § 10 Abs 1 Nr 3 ZVG genießen, scheidet die Eintragung einer unbedingten Hypothek für derartige Leistungen überhaupt aus, weil es widrisinnig wäre, die schon besserrangigen Ansprüche ferner in Rangklasse § 10 Abs 1 Nr 4 ZVG zu sichern, in der die Hypothek im Falle der Zwangsversteigerung des Grundstücks eingeordnet werden müsste. Zulässig ist aber die Eintragung einer aufschiebend bedingten Sicherungshypothek, deren Wirksamkeit erst mit dem Wegfall des Vorrechts eintritt.[1470] Auch die rechtsgeschäftliche Bestellung von Sicherungshypotheken für Steuerforderungen ist zulässig.[1471]

515   Eine Hypothek muss sich stets auf **bestimmte Forderungen desselben Gläubigers** beziehen. Unzulässig ist die Bestellung einer einheitlichen Hypothek für verschiedene Forderungen verschiedener Gläubiger, wenn

---

1458   Vgl dazu *Palandt-Bassenge* Rn 7, *Staudinger-Wolfsteiner* Rn 29 je zu § 1163 BGB.

1459   BGHZ 36, 84 = DNotZ 1962, 396 = JZ 1962, 313 = MDR 1962, 204 = NJW 1962, 295; *MüKo-Eickmann* § 1163 Rn 42; *Staudinger-Wolfsteiner* § 1163 BGB Rn 27.

1460   BGH WM 1972, 786; *Schöner/Stöber* Rn 1925; *MüKo-Eickmann* Rn 39; *Staudinger-Wolfsteiner* Rn 27, je zu § 1113 BGB.

1461   Vgl OLG Schleswig SchlHA 1960, 57; LG Göttingen NdsRpfl 1961, 154; *Staudinger-Wolfsteiner* § 1113 BGB Rn 28.

1462   KG OLGZ 8, 200; KGJ 50, 155; *Staudinger-Wolfsteiner* § 1113 BGB Rn 32.

1463   LG Bonn Rpfleger 1982, 75.

1464   RGZ 104, 355.

1465   RGZ 60, 243, 247; 152, 213, 219; WarnRspr 17 Nr 19; HRR 34, Nr 808; BayObLGZ 1951, 594, 597; 1954, 196, 202; LG Düsseldorf MittBayNot 1977, 23; *Staudinger-Wolfsteiner* § 1113 BGB Rn 32. Nur mit Einschränkung (wenn nicht auf AGB beruhend): *MüKo-Eickmann* § 1113 BGB Rn 36. AA *Soergel-Konzen* 1190 BGB Rn 4; *Wolff-Raiser* § 153 VII m Fn 24, 25.

1466   RG *Seuff* 75, 181; KG KGJ 49, 258; OLG Kassel OLGZ 14, 97.

1467   OLG Stuttgart NJW 1979, 222; OLG Düsseldorf NJW-RR 1996, 111 = Rpfleger 1996, 6.

1468   BayObLGZ 1981, 110 = DNotZ 981, 750 = FamRZ 1981, 560; *Schöner/Stöber* Rn 1926.

1469   BayObLGZ 1956, 122; OLG Köln Rpfleger 1962, 104; *MüKo-Eickmann* § 1113 BGB Rn 65; s ferner § 54 Rn 32. AA *Staudinger-Wolfsteiner* § 1113 BGB Rn 13 ff.

1470   *MüKo-Eickmann* § 1113 BGB Rn 63, 64; § 54 Rn 66. Anders *Staudinger-Wolfsteiner* § 1113 BGB Rn 15. S. hierzu im Übrigen § 54 Rdn 66.

1471   LG Köln NJW 1959, 2122 = DNotZ 1960, 420 Ls; LG Nürnberg-Fürth NJW 1958, 796 Ls; LG Oldenburg JurBüro 1962, 53.

diese weder Gesamtgläubiger sind noch in einer Bruchteils- oder Gesamthandsgemeinschaft stehen.[1472] Zur Sicherung einer Mehrheit von Forderungen desselben Gläubigers gegen denselben oder verschiedene Schuldner, auch ohne dass diese in einer Verpflichtungsgemeinschaft stehen, kann jedoch eine einheitliche Hypothek bestellt werden.[1473]

Für **eine und dieselbe Forderung** können **nicht mehrere Hypotheken** an demselben oder an verschiedenen Grundstücken bestellt werden.[1474] Nach überwiegender Meinung soll eine Zwangshypothek als selbständiges Einzelrecht noch eingetragen werden können, wenn für die zu sichernde titulierte Forderung bereits an einem anderen Grundstück eine rechtsgeschäftlich bestellte Verkehrshypothek besteht.[1475] Diese Ansicht begegnet Bedenken, weil auch die Zwangshypothek materiell eine Hypothek ist. Das Argument, § 1132 BGB dürfe das Vollstreckungsrecht des Gläubigers nicht schmälern, versagt deshalb, weil der Gesetzgeber mit der Zwangshypothek ein Vollstreckungsinstrument zur Verfügung stellt, das durch seine Rechtsnatur als Hypothek genauso den durch das materielle Recht vorgegebenen Einschränkungen unterliegt wie jede andere Hypothek auch und sich deshalb ihre Eintragung im Einzelfall als unzulässig erweisen kann. Nachdem der Gesetzgeber insoweit für die Zwangshypothek keine Sondervorschriften erlassen hat, geht es nicht an, durch Auslegung das System des materiellen Hypothekenrechts in Unordnung zu bringen. Im Übrigen verbleiben dem Gläubiger gemäß § 866 Abs 1 ZPO noch die Möglichkeiten der Zwangsversteigerung und Zwangsverwaltung. Ein schützenswertes Interesse an der Zwangshypothek ist daher nicht ersichtlich. Ansonsten wäre zur Übertragung der doppelt gesicherten Forderung gemäß § 1153 Abs 2 BGB die Übertragung beider Hypotheken erforderlich.[1476] Um dies erkenntlich zu machen, müsste, wenn man die Zulässigkeit der Doppelhypothek bejaht, zumindest in entsprechender Anwendung von § 48 GBO bei jedem Recht ein Mithaftvermerk eingetragen werden. **516**

Die Sicherung derselben Forderung durch eine **Hypothek und zugleich** auch noch durch eine **Grundschuld** ist dagegen **möglich**, ebenso durch mehrere Grundschulden.[1477] Eine Forderung gegen mehrere Gesamtschuldner kann durch mehrere Einzelhypotheken so gesichert werden, dass die einzelne Hypothek jeweils nur den Anspruch gegen den einzelnen Schuldner sichert.[1478] Zulässig ist ferner eine aufschiebend bedingt für den Fall bestellte Sicherungshypothek, dass eine andere für dieselbe Forderung bestellte Hypothek ausfällt.[1479] **517**

Für **verschiedene Teile** derselben Forderung können Einzelhypotheken bestellt werden.[1480] Bei Teilung der Forderung und Bestellung von Hypotheken für die Teile müssen diese nach Betrag, Schuldgrund, Gläubiger und Schuldner bestimmt sein.[1481] **518**

Den **Nachweis** der Forderung kann das GBA nicht verlangen. Es muss aber die Eintragung ablehnen, wenn das Bestehen der Forderung offenkundig unmöglich ist.[1482] **519**

bb) Unbestimmte Forderung (Höchstbetragshypothek). Typisch für die Höchstbetragshypothek ist, dass die gesicherte Forderung jedenfalls der **Höhe** nach noch **nicht feststeht**. Sie kann außerdem auch dem **Grunde** nach unbestimmt sein. Nur der Höchstbetrag, bis zu dem der belastete Gegenstand haftet, muss bestimmt sein und eingetragen werden (§ 1190 Abs 1 BGB). Solange die gesicherte Forderung noch nicht entstanden ist, steht die Höchstbetragshypothek dem Eigentümer als durch Valutierung auflösend bedingte und damit **vorläufige Eigentümergrundschuld** zu, die sich im Umfang des Entstehens der Forderung in eine Fremdhypothek umwandelt. Im Umfang des Erlöschens der Forderung wird sie dann wieder zu einer durch Neuvalutierung auflösend bedingten Eigentümergrundschuld.[1483]Die ursprüngliche bzw. die durch das Erlöschen der Forderung entstandene Eigentümergrundschuld wird zur endgültigen erst dann, wenn und soweit feststeht, dass eine Valutierung nicht bzw. nicht mehr erfolgen wird. **520**

1472 KG OLGZ 45, 328.
1473 Das RG hat diese Frage nicht einheitlich beantwortet; vgl RGZ 118, 354 und andererseits RGZ 126, 272; BayObLGZ 1964, 32 = MDR 1964, 505.
1474 RGZ 70, 245; 131, 21; 132, 136; BayObLGZ 1928, 328; KG JW 1930, 3859; HRR 33 Nr 198; *Schöner/Stöber* Rn 1934; *MüKo-Eickmann* Rn 67; *Staudinger-Wolfsteiner* Rn 36 mwN je zu § 1113 BGB.
1475 RGZ 98, 106; 163, 121; BayObLG MittBayNot 1991, 26 = Rpfleger 1991, 53; KGJ 49, 232; LG Lübeck Rpfleger 1985, 287; *Demharter* § 48 Rn 12; *Schöner/Stöber* Rn 2208; *Palandt-Bassenge* Rn 10, *Staudinger-Wolfsteiner* Rn 19 je zu § 1132 BGB. **AA** KGJ 44, 285; OLGZ 1926, 409; 1929, 247; *MüKo-Eickmann* § 1113 BGB Rn 71; *Planck-Strecker* Bem 1 b, *Soergel-Konzen* Rn 5 je zu § 1132 BGB; *Wolff-Raiser* § 148 Fn 9.
1476 Vgl JFG 13, 86.
1477 RGZ 132, 136; KG DNotZ 30, 363 = HRR 30 Nr 707; *Schöner/Stöber* Rn 1934; *Staudinger-Wolfsteiner* § 1113 BGB Rn 41. **AA** (hins d Belastung desselben Grundstücks): *MüKo-Eickmann* § 1113 BGB Rn 67.
1478 RG RPfliB 1931, 262.
1479 RGZ 70, 245; 122, 327.
1480 RGZ 113, 233; 118, 162; BayObLGZ 1928, 328; KG KGJ 51, 288; *Schöner/Stöber* Rn 1934; *Staudinger-Wolfsteiner* § 1113 BGB Rn 39; § 1132 BGB Rn 20.
1481 RGZ 113, 233; KG OLGZ 44, 154; OLG Dresden JFG 3, 429, 434.
1482 Vgl *Staudinger-Wolfsteiner* § 1113 BGB Rn 16; *Schöner/Stöber* Rn 1935.
1483 OLG Karlsruhe FGPrax 2006, 53 = Rpfleger 2006, 182.

521   Die Höchstbetragshypothek ist immer Sicherungs- und damit Buchhypothek, auch wenn sie im GB entgegen § 1184 Abs 2 BGB nicht so bezeichnet ist (§ 1190 Abs 3 BGB). Steht die Höhe der Forderung nach dem Wortlaut der Eintragungsbewilligung fest, kann keine Höchstbetragshypothek bestellt werden;[1484] der Wille der Beteiligten, die Forderung für den GB-Verkehr als unbestimmt zu behandeln, ist unbeachtlich.[1485] Auch für eine in der Bewilligung als unbestimmt bezeichnete, in Wirklichkeit aber der Höhe nach feststehende Forderung scheidet die Bestellung einer Höchstbetragshypothek aus, weil es an der gesetzlichen Voraussetzung hierfür fehlt.[1486] An fehlender Unbestimmtheit scheitert die Eintragung einer Höchstbetragshypothek zur Sicherung des Anspruchs des Gläubigers gegen den selbstschuldnerischen Bürgen einer nach Grund und Höhe feststehenden Hauptforderung.[1487]

522   Für eine **Unbestimmtheit genügt** bereits, dass die **Zinsen nicht bestimmt** sind,[1488] weil sie in den Höchstbetrag eingerechnet werden (§ 1190 Abs 2 BGB). Neben dem Kapitalhöchstbetrag können keine Zinsen eingetragen werden.[1489] Geschieht dies dennoch, sind die Zinsen nach § 53 Abs 1 S 2 GBO von Amts wegen als inhaltlich unzulässig zu löschen.[1490] Die Eintragung der Hypothek im Übrigen ist wirksam.[1491]

523   Dieselbe Höchstbetragshypothek kann zur Sicherung **verschiedener Forderungen** desselben Gläubigers gegen verschiedene, nicht notwendig in Verpflichtungsgemeinschaft stehende Schuldner bestellt werden.[1492] Bei Sicherung verschiedener Forderungen oder Forderungskreise reicht deren Bestimmbarkeit aus.[1493] Sollen alle Forderungen gegen einen Schuldner gesichert werden, bedarf es keiner Konkretisierung.[1494] Unschädlich ist bei Sicherung mehrerer Forderungen, dass einzelne bestimmt sind.[1495] Innerhalb des Höchstbetrages kann der Kreis der gesicherten Forderungen ohne Zustimmung nachrangiger Gläubiger ausgedehnt werden.

524   Die Bestellung **mehrerer Höchstbetragshypotheken** für dieselbe Forderung ist unzulässig.[1496] Dagegen können aber für denselben Forderungskreis mehrere Höchstbetragshypotheken mit der Maßgabe bestellt werden, dass der Gläubiger bestimmt, welches Grundstück er wegen welcher speziellen Forderung in Anspruch nehmen kann.[1497] Eine zusätzliche Höchstbetragshypothek kann auch für den Betrag bestellt werden, der über den Höchstbetrag der schon bestehenden Hypothek hinausgeht.[1498] Für den Fall aber, dass eine Höchstbetragshypothek ausfällt, kann nicht zugleich oder später eine andere bestellt werden.[1499] Eine die Forderung bereits sichernde Grundschuld steht nicht entgegen.[1500]

525   **Forderungsauswechslung** (§ 1180 BGB) ist auch bei der Höchstbetragshypothek zulässig.[1501] Sie setzt nicht die vorherige Feststellung der bis dahin gesicherten Forderung voraus.[1502]

526   Nicht möglich ist es, **verschiedene Forderungen verschiedener Gläubiger** (zu unterscheiden von dem Fall mehrerer Forderungen, die mehreren Gläubigern gemeinschaftlich zustehen) durch eine einheitliche Höchstbetragshypothek zu sichern.[1503] Denn die akzessorische Hypothek kann nur dem zustehen, dem die Forderung zusteht, und diese Identität wäre nicht gewahrt, wenn die Forderungen einzelnen Gläubigern allein, die Hypothek aber ihnen gemeinsam zustünde.

1484   RG GRUCHOT 52, 1096; KG OLGZ 29, 373.
1485   KG JFG 7, 365 = HRR 1929 Nr 1998; JFG 11, 258; HRR 33 Nr 202.
1486   Vgl KG HRR 1929 Nr 1998 = JFG 7, 365; HRR 43 NR 1106 = DNotZ 43, 135; *Schöner/Stöber* Rn 2119; **aA** RG JW 8, 555; *Planck-Strecker* § 1190 BGB Bem 1 a.
1487   KG JFG 11, 258 = JW 34, 1794 (m abl Anm v *Kaeferlein* und *Scholz*); *Staudinger-Wolfsteiner* § 1190 BGB Rn 23.
1488   KG HRR 33 Nr 202; OLG Bremen NJW 53, 1025; *Schöner/Stöber* Rn 2120; *Staudinger-Wolfsteiner* § 1190 BGB Rn 25.
1489   RGZ 90, 152; KG OLGZ 13, 231; 15, 396.
1490   KG OLGZ 13, 231.
1491   KG KGJ 39, A 56; *Schöner/Stöber* Rn 2119.
1492   BGH WM 1960, 919; RGZ 136, 81; BayObLGZ 13, 365; *Schöner/Stöber* Rn 2125; *Staudinger-Wolfsteiner* § 1190 BGB Rn 34.
1493   RGZ 65, 366; 55, 274; KG KGJ 35 A 284; 46, 180.
1494   RGZ 136, 81; KG KGJ 47, 198; *Staudinger-Wolfsteiner* § 1190 BGB Rn 29.
1495   RGZ 126, 272, 276; *Schöner/Stöber* Rn 2120.
1496   KG OLGZ 35, 334; *Schöner/Stöber* Rn 2122.
1497   RGZ 134, 225; 131, 16 = JW 1931, 2732 (m zust Anm v *Rosenberg*); *Schöner/Stöber* Rn 2123; *Staudinger-Wolfsteiner* § 1190 BGB Rn 32.
1498   RGZ 134, 221; 118, 162; BayObLGZ 1930, 262; KG OLGZ 43, 14 = JFG 1, 490; *Schöner/Stöber* Rn 2122.
1499   RGZ 134, 221. **AA** wohl *Staudinger-Wolfsteiner* § 1190 BGB Rn 32, 34.
1500   RGZ 132, 136; KG HRR 30 Nr 709.
1501   KG KGJ 49, 224; HRR 29 Nr 909; *Staudinger-Wolfsteiner* § 1190 BGB Rn 63.
1502   *Staudinger-Wolfsteiner* aaO (Fn 1481).
1503   Str, wie hier: RGZ 75, 245; JW 16, 740; **aA** KG OLGZ 3, 196; KGJ 22 A 160; 28 A 143; *Staudinger-Wolfsteiner* § 1190 BGB Rn 34.

Die dingliche **Zwangsvollstreckungsunterwerfung** gemäß §§ 794 Abs 1 Ziff 5, 800 ZPO ist wegen des Höchstbetrages oder eines darunter liegenden unbestimmten Betrages nicht möglich, sondern nur wegen eines bestimmten Teilbetrages innerhalb des Höchstbetrages.[1504] **527**

Eine Höchstbetragshypothek kann entsprechend § 1186 BGB in eine Hypothek mit festem Betrag **umgewandelt** werden; die vorherige Feststellung der Forderung ist hierfür zwar keine notwendige Voraussetzung,[1505] jedoch bedarf es der Konkretisierung auf eine bestimmte Forderung. Die Umwandlung kann auch mit einer Forderungsauswechslung verbunden sein.[1506] **528**

d) Schuldner. Schuldner der Hypothekenforderung und Eigentümer des belasteten Grundstücks können **verschiedene** Personen sein; eine Hypothek kann demzufolge auch für eine fremde Schuld bestellt werden (vgl § 1143 BGB).[1507] Aus der darauf Bezug genommenen Eintragungsbewilligung muss die Personenverschiedenheit ersichtlich sein,[1508] nicht aber aus dem GB unmittelbar.[1509] Für die Zwangsvollstreckung in das Vermögen einer BGB-Gesellschaft genügt nach § 736 ZPO zur Eintragung einer Höchstbetragssicherungshypothek in **Vollziehung eines Arrestbefehls** ein Titel gegen alle Gesellschafter. Ein Titel gegen die Gesellschaft ist nicht erforderlich. Unerheblich ist, ob der Gesamtschuldtitel auf einer gesellschaftsbezogenen oder ein gesellschaftsfremden Verbindlichkeit beruht. Die Vollziehungsfrist des § 929 Abs 2 ZPO gilt nicht im Falle eines dinglichen Arrests nach § 111d StPO.[1510] **529**

e) Gläubiger, Hypothekar. Gläubiger der Forderung und Hypothekar müssen **identisch** sein.[1511] Berechtigter einer Hypothek kann sowohl eine natürliche wie auch eine juristische Person sein; des weiteren eine Personenhandelsgesellschaft (§§ 124 Abs 1, 161 Abs 2 HGB), eine Partnerschaft (§ 7 Abs 2 PartGG mit § 124 Abs 1 HGB) sowie eine EWIV. Kapital- und Zinsberechtigung können auseinanderfallen.[1512] Bei einem echten Vertrag zugunsten Dritter kann nur der Dritte,[1513] bei einem unechten nur der Versprechensempfänger Hypothekar sein. **530**

Die wegen § 1113 Abs 1 BGB geforderte Identität zwischen Forderungsgläubiger und Hypothekengläubiger gilt auch für eine rechtsgeschäftlich bestellte Sicherungshypothek. Wenn jedoch ein **Wohnungseigentumsverwalter** als gewillkürter Verfahrensstandschafter wegen der Ansprüche der Wohnungseigentümer einen Vollstreckungstitel erwirbt, kann er **als Gläubiger einer Zwangshypothek** eingetragen werden ohne Rücksicht darauf, dass er materiellrechtlich nicht Inhaber der Forderung ist. Das GB wird dadurch nicht unrichtig.[1514] Ansonsten ist als **Gläubiger einer Zwangshypothek** stets derjenige einzutragen, der im Vollstreckungstitel als Vollstreckungsgläubiger ausgewiesen ist. Lautet der Titel auf Leistung an einen Dritten, so ist auch dies einzutragen.[1515] **531**

Nach Anerkennung der **Teilrechtsfähigkeit einer Wohnungseigentümergemeinschaft** durch den BGH[1516] kann diese **nunmehr als Gläubigerin** sowohl bei rechtsgeschäftlich bestellten Grundpfandrechten als auch bei Zwangshypotheken eingetragen werden, sofern dieser Gemeinschaft durch ihre Teilnahme am Rechtsverkehr bei der Verwaltung des Gemeinschaftseigentums Ansprüche gegen Dritte oder gegen einzelne Wohnungseigentümer erwachsen sind. Dessen ungeachtet hat jedoch das GBA bei einer **Zwangshypothek**, weil es zur materiellen Überprüfung eines Vollstreckungstitels nicht befugt ist[1517] nur die im rechtskräftigen Vollstreckungstitel **532**

1504 RGZ 132, 6, 8; BGHZ 88, 62 = DNotZ 1983, 679 = NJW 1983, 2262; BayObLG DNotZ 1990, 594 = NJW-RR 1989, 140 = Rpfleger 1989, 396; BayObLGZ 1954, 196 = DNotZ 1955, 313 = NJW 1954, 1808; KG DNotZ 1926, 260; OLG Frankfurt Rpfleger 1977, 220; OLG Oldenburg DNotZ 1957, 669; *Schöner/Stöber* Rn 2126; MüKo-*Eickmann* Rn 7; *Staudinger-Wolfsteiner* Rn 44 je zu § 1190 BGB; eingehend: *Hornung* NJW 1991, 1649.
1505 RGZ 60, 243, 254; KG KGJ 31 A 337; *Staudinger-Wolfsteiner* § 1190 BGB Rn 52.
1506 KG KGJ 31 A 337.
1507 RGZ 60, 263; *Schöner/Stöber* Rn 1927; MüKo-*Eickmann* Rn 29, *Staudinger-Wolfsteiner* Rn 64 je zu § 1113 BGB.
1508 OLG Braunschweig OLGZ 21, 4.
1509 Vgl *Schöner/Stöber* Rn 1935; *Palandt-Bassenge* § 1115 BGB Rn 7. **AA** MüKo-*Eickmann* § 1115 BGB Rn 21.
1510 SchlHolst OLG FGPrax 2006, 56 = Rpfleger 2006, 261.
1511 BGHZ 29, 363 = DNotZ 1959, 310 = MDR 1959, 475 = NJW 1959, 984 = Rpfleger 1959, 154 (*Haegele*); BayObLGZ 1958, 164 = DNotZ 1958, 639 = MDR 1958, 771 = NJW 1958, 1917; KG OLGZ 18, 186; KGJ 35, 282; JFG 9, 301; HRR 30 Nr 219. **AA** OLG Karlsruhe JFG 7, 373, 376.
1512 KG Recht 41 Nr 2023.
1513 BayObLGZ 1958, 164; *Schöner/Stöber* Rn 1921.
1514 BGHZ 148, 392 = FGPrax 2002, 7 = NJW 2001, 3627 = Rpfleger 2002, 17 u. 194 m. Anm *Sauren*.
1515 BayObLG Rpfleger 2005, 309.
1516 BGH DNotZ 2005, 776 = FGPrax 2005, 143 = NJW 2005, 206 = Rpfleger 2005, 521 m. Anm *Dümig* = ZIP 2005, 1233.
1517 Vgl BGH Rpfleger 2002, 17 f.

dort namentlich bezeichneten Wohnungseigentümer als Gläubiger in das Grundbuch einzutragen.[1518]Eine Eintragung der Zwangshypothek für die Wohnungseigentümergemeinschaft als solche, wenn der Titel nicht unter dieser Bezeichnung, sondern unter Auflistung aller Eigentümer ergangen ist,[1519] sei abzulehnen.[1520] Überzeugend ist diese Ansicht jedoch nicht, weil nach § 10 Abs 7 WEG kraft Gesetzes nunmehr das gesamte zur Verwaltung gehörende Vermögen der Gemeinschaft der Wohnungseigentümer zugeordnet ist. Weist der Vollstreckungstitel den als **Prozessstandschafter** auftretenden Wohnungseigentumsverwalter als Gläubiger aus,[1521] so ist dieser als Berechtigter der Zwangshypothek einzutragen. Zur Eintragung der Wohnungseigentümergemeinschaft selbst wäre insoweit eine Rechtsnachfolgeklausel erforderlich (§ 727 ZPO). Für die GB-Eintragung der Wohnungseigentümergemeinschaft als Gläubigerin genügt ansonsten nach § 10 Abs 6 S 4 WEG die Beifügung der Bezeichnung des gemeinschaftlichen Grundstücks unter Bezeichnung seiner Lage sowie unter Angabe der Straße und Hausnummer.[1522]

533   Wie die Forderung, so kann die **Hypothek mehreren Personen** in Bruchteilsgemeinschaft,[1523] als Gesamtgläubigern nach § 428 BGB,[1524] in Gesellschaft bürgerlichen Rechts, in Erbengemeinschaft oder Gütergemeinschaft **zustehen**. Da nach Rechtsprechung des BGH, der **BGB-Gesellschaft** Rechtsfähigkeit zukommt,[1525] kann diese zwar Gläubigerin sein,[1526] da ihr aber Grundbuchfähigkeit fehlt, ist sie **nicht unter ihrem Namen** als Berechtigte des Rechts **eintragbar**.[1527] Bei Gesamtgläubigern ist die Eintragung für einen Gläubiger allein möglich; wegen der Gesamtgläubigerschaft kann insoweit auf die Eintragungsbewilligung Bezug genommen werden.[1528] Werden aber alle Gläubiger eingetragen, so ist auch (wegen § 47 GBO) die Gesamtgläubigerschaft unmittelbar in GB einzutragen.[1529] Nach Aufteilung der mehreren Gläubigern gemeinsam zustehenden Forderung in Einzelforderungen, steht der Eintragung von jeweils eigenen Hypotheken für jeden Gläubiger, auch im Gleichrang untereinander, nichts mehr im Wege.

534   Für den **Eigentümer** kann **keine Hypothek** am eigenen Grundstück bestellt werden,[1530] also auch keine Restkaufgeldhypothek vor Umschreibung auf den Käufer.[1531]

535   Die Hypothek ist stets **subjektiv-persönlich**.[1532] Sie kann auch nicht für den jeweiligen Inhaber des Hypothekenbriefes eingetragen werden. Der schuldrechtliche Anspruch, dem jeweiligen Eigentümer eines anderen Grundstücks eine Hypothek zu bestellen, kann aber durch **Vormerkung** gesichert werden.[1533] Die vorgemerkte Hypothek selbst kann bei Erfüllung des Anspruchs aber nur für den bestellt werden, der dann Eigentümer des anderen Grundstücks ist. Nicht die vorgemerkte Hypothek ist hier subjektiv-dinglich, sondern nur die Person des Vormerkungsberechtigten ist noch unbestimmt, aber bestimmbar durch die Eigentümerschaft am anderen Grundstück.

536   Mit **alternativem Gläubiger** kann eine Hypothek **nicht** eingetragen werden.[1534]

1518   So vollkommen zu Recht BayObLG Rpfleger 2003, 78 f, 2005, 309; *Demharter*, NZM 2005, 601, 604; *Wilsch*, RNotZ 2005, 536, 539.
1519   So aber LG Hamburg Rpfleger 2006, 10.
1520   Vgl. BGH Rpfleger 2007, 479 m zust Anm *Demharter*.
1521   Siehe dazu BGHZ 148, 392 = BGHRep 2001, 952 m Anm *Stöber* = NJW 2001, 36, 27.
1522   LG Bremen, Rpfleger 2007, 315.
1523   KG HRR 1934 Nr 1603.
1524   Vgl *Schöner/Stöber* Rn 1922.
1525   BGHZ 146, 341 = DNotZ 2001, 234 = NJW 2001, 1056, ZIP 2001, 330.
1526   *Eickmann* ZfIR 2001, 435; *Münch* DNotZ 2001, 535; *Wertenbruch* NJW 2002, 324. **AA** *Demharter* Rpfleger 2001, 329; *Heil* NJW 2002, 2158; *Lautner* MittBayNot 2001, 425; *Ulmer* ZIP 2001, 585.
1527   Vgl BayObLG FGPrax 2004, 269 = MittBayNot 2005, 143 = Rpflege 2005, 19 (**für Zwangshypothek**); OLG Celle DNotI-Report 2006, 90 = FGPrax 2006, 144 = NJW 2006, 2194 = NotBZ 2006, 433 = ZfIR 2006, 475 (**für Grundschuld**).
1528   Vgl BGHZ 29, 363 aaO (Fn 1491); *Schöner/Stöber* aaO (Fn 1503); *Staudinger-Wolfsteiner* § 1113 BGB Rn 56.
1529   Vgl *Schöner/Stöber* aaO (Fn 1503).
1530   OLG Karlsruhe JFG 7, 373, 376; *Schöner/Stöber* Rn 1924.
1531   KG JW 1936, 3131; OLG Zweibrücken NJW-RR 1990, 147 = OLGZ 1990, 8 = Rpfleger 1990, 15; BGB-RGRK-*Mattern* § 1113 Rn 12.
1532   KG DNotZ 1932, 110 = HRR 31 Nr 1862; *Schöner/Stöber* Rn 1921. **AA** *Staudinger-Wolfsteiner* § 1113 BGB Rn 54, der die Bestellung einer Hypothek als subjektiv-dingliches Recht für nicht ausgeschlossen hält, wenn sie der Befriedigung einer subjektiv-dinglichen Forderung dient, wobei er jedoch das Vorhandensein solcher Forderungen für nicht gegeben erachtet.
1533   RGZ 128, 246; MüKo-*Eickmann* § 1113 BGB Rn 16.
1534   RG Recht 11 Nr 3092; *Schöner/Stöber* Rn 1923. **AA** KG HRR 30 Nr 782.

Zulässig ist die Bestellung einer Hypothek für zeitlich **aufeinanderfolgende Hypothekare**, wenn für die Forderung der Übergang in gleicher Weise vorgesehen ist.[1535] Auch der Übergang der Hypothek nebst Forderung auf eine andere Person bei Ableben des Hypothekars kann dinglich wirksam bestimmt werden.[1536]   **537**

Die Eintragung der **Person des Gläubigers** darf **keinen Zweifel an** seiner **Identität** zulassen. Ist diese Voraussetzung erfüllt, so ist die Eintragung materiell wirksam. Die Eintragung einer Firma ohne Angabe der Rechtsform des Inhabers genügt zur Entstehung der Hypothek;[1537] gleichwohl hat das GBA nicht die Firma des Einzelkaufmanns, sondern seinen bürgerlichen Namen einzutragen.[1538] Bis zur Ermittlung der Erben können nach dem Tode des Grundstücksverkäufers »die Erben« ohne Namensnennung unter dieser Bezeichnung als Gläubiger einer dem Erblasser bestellten Restkaufgeldhypothek eingetragen werden, da sie jedenfalls vorhanden und objektiv feststellbar sind. Gläubiger-Eintragungen, die unklare Rechtsverhältnisse schaffen, sind dagegen unzulässig.[1539]   **538**

Unbestimmt der Person nach ist der Gläubiger einer Hypothek für Inhaber- oder Orderpapiere, die nur als Sicherungshypothek bestellt werden kann und die dem Inhaber des Papiers zusteht (§ 1187–1189 BGB). Deshalb wird kein individueller Gläubiger eingetragen.[1540] Es kann aber ein Vertreter des jeweiligen Gläubigers bestellt und eingetragen werden (§ 1189 BGB).   **539**

f) Zins-, Kündigungs- und sonstige Bedingungen. Nur **vereinbarte** Zinsen können eingetragen werden.[1541] **Gesetzliche** Zinsen, insbesondere Verzugszinsen nach § 288 BGB und Prozesszinsen nach § 291 BGB sind nicht eintragungsfähig, weil das Grundstück kraft Gesetzes dafür haftet (§ 1118 BGB). Ungeachtet dessen ist das GBA an ein Eintragungsersuchen des Vollstreckungsgerichts nach § 130 ZVG gebunden, auch wenn im Rahmen dieses Ersuchens die Eintragung einer Sicherungshypothek nach § 128 ZVG nebst (Verzugs-)Zinsen in bestimmter Höhe beantragt wird. Die Eintragung der Zinsen kann nicht abgelehnt werden, weil dies zwar eine überflüssige Eintragung ist, aber das GB dadurch nicht unrichtig wird und deshalb der Prüfungskompetenz des GBA entzogen ist.[1542] Die eintragbaren Zinsen können mit einem Prozentsatz des Kapitals oder als wiederkehrend zahlbare Geldsumme angegeben werden.[1543] Bei einem **gleitenden Zinssatz** bedarf es **nicht mehr** der **Eintragung eines Höchstzinssatzes**, wenn die Parteien die Vereinbarung der Verzinsung an § 288 Abs 1 BGB ausgerichtet haben.[1544] Handelt es sich um eine rechtsgeschäftlich bestellte Hypothek kann im GB eingetragen werden, dass sie mit dem gesetzlichen Verzugszins zu verzinsen ist; die Angabe eines Höchstzinssatzes ist jedenfalls nicht erforderlich, wenn ein gleitender Zinssatz durch Bezugnahme auf den gesetzlichen Basiszinssatz vereinbart wird. Die Angabe »gesetzlicher Verzugszins« allein ist jedoch ungenau; anzugeben ist welcher der beiden Basiszinssätze des § 288 BGB gilt.[1545]   **540**

Ist zum gleitenden Zinssatz ein Höchstzinssatz in der Eintragungsbewilligung enthalten, ist er einzutragen. Ansonsten muss die vereinbarte variable **Bezugsgröße aus dem Eintragungsvermerk ersichtlich** sein, während der Mindestzins und die Änderungsvoraussetzungen nur aus der in Bezug genommenen Eintragungsbewilligung hervorzugehen brauchen.[1546] Die **Voraussetzungen** der Änderung müssen darüber hinaus **objektiv bestimmbar** und dürfen nicht allein vom Willen des Gläubigers abhängig sein,[1547] was schon mit Rücksicht auf nachrangige Gläubiger geboten ist. Auch wenn zulässigerweise variable Zinsen vereinbart werden, die sich an **andere Bezugsgrößen** anlehnen, wie etwa den Verbraucherpreisindes (VBI); den Basiszinssatz der Europäischen Zentralbank (nicht identisch mit dem des § 247 BGB) oder den harmonisierten Verbraucherpreisindex der Europäischen Union (HVPI), ist m.E. künftig kein Höchstzinssatz mehr einzutragen.   **541**

1535 LG Traunstein MittBayNot 1978, 61. **AA** *Schöner/Stöber* Rn 1923.

1536 RGZ 76, 90; BGB-RGRK-*Mattern* § 1115 Rn 20. **AA** *Schöner/Stöber* Rn 1923.

1537 Vgl BGH LM Nr 5 zu § 6 40. DVO UmstG; RGZ 72, 38; BayObLG DNotZ 1981, 578; OLG Bremen DNotZ 1965, 566.

1538 BayObLG DNotZ 1981, 578 = Rpfleger 1981, 192.

1539 RGZ 79, 15; 76, 90.

1540 Vgl *Schöner/Stöber* Rn 2106; entgegen KEHE-*Eickmann* Einl R 7 liegt hier keine Ausnahme von dem Grundsatz der Identität von Forderungsgläubiger und Hypothekar vor.

1541 Vgl *Schöner/Stöber* Rn 1954; *Staudinger-Wolfsteiner* § 1115 BGB Rn 20.

1542 S KG FGPrax 2003, 56.

1543 KG KGJ 36 A 233; RJA 4, 237; LG Hannover NdsRpfl 1975, 289; *Schöner/Stöber* Rn 1953; MüKo-*Eickmann* Rn 24, *Staudinger-Wolfsteiner* Rn 20, 21 zu § 1115 BGB.

1544 BGH DNotZ 2006, 526 = MittBayNot 2006, 501 = NotBZ 2006, 170 = RNotZ 2006, 60 = Rpfleger 2006, 313 = ZNotP 2006, 184.

1545 LG Schweinfurth MittBayNot 2005, 46 = Rpfleger 2004, 622 mAnm *Böhringer*.

1546 BGHZ 35, 22 = NJW 1961, 1257 = DNotZ 1961, 404 = Rpfleger 1961, 231 (*Haegele*); BGHZ 47, 41, 44 = NJW 1967, 925; BGH DNotZ 1963, 436 = BB 1963, 84; BayObLGZ 1975, 126 = DNotZ 1975, 682 = NJW 1975, 1365 = Rpfleger 1975, 221; KG Rpfleger 1971, 316; OLG Frankfurt Rpfleger 1956, 194; OLG Stuttgart NJW 1954, 1646 = DNotZ 1955, 80; *Schöner/Stöber* Rn 1960; MüKo-*Eickmann* Rn 26–28, *Staudinger-Wolfsteiner* Rn 21 je zu § 1115 BGB.

1547 BGH DNotZ 1963, 436. **AA** *Ripfel* (Anm dazu).

542   Zulässig bleibt es ferner zu vereinbaren, dass eine öffentliche Sparkasse als Gläubigerin berechtigt ist, den Zinssatz nach Maßgabe ihrer eigenen allgemein festgesetzten Hypothekenzinsen[1548] durch Erklärung gegenüber dem Schuldner zu ändern.[1549] Hier drückt sich, wenn auch durch Bestimmung der Gläubigerin, die Kreditmarktlage als objektives Kriterium aus.

543   Neben dem Zinssatz gehört auch der **Zeitpunkt der Verzinsung** zum Inhalt eines Grundpfandrechts.[1550]Der **Zinsbeginn** muss eingetragen werden, wobei Bezugnahme auf die Eintragungsbewilligung ausreicht.[1551] Die Angabe eines Kalendertages ist nicht nötig, wenn sich der Zeitpunkt aus den in der Bewilligung enthaltenen Bestimmungen ermitteln läßt.[1552] Bestimmt und damit eintragungsfähig ist stets die Festlegung des Zinsbeginns ab GB-Eintragung.[1553] Die alleinige Angabe »**ab Auszahlung des Darlehens« genügt nicht**, weil damit der Anfangstag der Verzinsung unbestimmt ist,[1554] ja nicht einmal bestimmbar. Dass sich der Auszahlungstag feststellen lässt, reicht nicht aus. Die Auslegung einer Eintragungsbewilligung dahingehend, dass Zinsen – auch wenn nichts gesagt ist – erst vom Tag der Eintragung des Grundpfandrechts im GB geschuldet und von diesem Zeitpunkt an dinglich gesichert sein sollen, mag zwar im Einzelfall zulässig sein. Da jedoch der **Zinsbeginn** bereits **vor der Eintragung der Hypothek** liegen kann,[1555] versagt im Regelfalle eine diesbezügliche Auslegung und das GBA hat das Fehlen des Zinsbeginns zu beanstanden. Für die Verzinsung einer Hypothek reicht jedoch die Formulierung »ab dem Tag der Auszahlung«, dann aus, wenn dieser Tag **kalendermäßig festgelegt** ist, weil damit der höchstmögliche Umfang der Zinsforderung objektiv festgestellt werden kann.[1556]Bei einer **Sicherungshypothek** kann als Zinsbeginn der **Tag der Bestellung und Bewilligung** eingetragen werden, wenn die Zinsen ab der Auszahlung des Darlehens geschuldet werden, die auf einen späteren Termin festlegbar ist, eine sofortige Auszahlung des Darlehensbetrages aber nicht ausgeschlossen ist.[1557]

544   Wird eine Hypothek für eine aufschiebend bedingte Forderung bestellt, so ist in der Regel auch der Beginn der **Verzinsungspflicht aufschiebend bedingt**. Voraussetzung für die Eintragung ist nicht, dass sich der Eintritt der aufschiebenden Bedingung und damit der Zinsbeginn »anhand der Eintragungsbewilligung in Verbindung mit den jedermann zugänglichen Erkenntnisquellen« ermitteln lässt. Es genügt, dass der höchstmögliche Umfang der Zinsbelastung aus dem GB ersichtlich ist.[1558] Die Wahrung des Bestimmtheitsgrundsatzes für den Zinsbeginn (Beginn der Verzugszinsen) ermöglicht die Rechtsprechung des *BGH* auch dahingehend, dass der aus der Hypothek zu vollstreckende Anspruch **weiter gefasst** werden kann als die zugrunde liegende Forderung.[1559] Es ist daher zulässig wegen der Zinsen auf einen Zeitpunkt abzustellen, der weder für die Fälligkeit der Forderung noch für den Eintritt des Schuldnerverzugs maßgeblich ist.[1560]

545   **Andere Nebenleistungen** als Zinsen können ebenfalls als Hundertsatz oder als fester Betrag eingetragen werden.[1561] Es können auch Zinsen und sonstige Nebenleistungen **zusammengefasst** werden, sofern sie unter gleichen Voraussetzungen bezüglich des Zeitraums sowie etwaiger Bedingungen oder Befristungen stehen.[1562] Eine **gesonderter Eintragung** bedarf es jedoch immer dann, wenn bereits eine der vorgenannten Voraussetzungen verschieden ist. Häufigste Nebenleistungen in der Praxis sind **Disagio**,[1563] **Bereitstellungsgebühr, Vorfälligkeitsentschädigung**,[1564] **Verwaltungskostenbeitrag**,[1565] **Geldbeschaffungskosten**,[1566] **Bürgschaftsgebühren**[1567] und **Strafzinsen**.[1568]

1548   BayObLGZ 1975, 126 = DNotZ 1975, 682 = NJW 1975, 1365 = Rpfleger 1975, 221; *Schöner/Stöber* Rn 1961.

1549   BGHZ 35, 22 = DNotZ 1961, 404 = NJW 1961, 1257.

1550   BayObLG DNotZ 2001, 701 = MittBayNot 2001, 204 = Rpfleger 2001, 172.

1551   LG Aachen MittRhNotK 1985, 38; *Schöner/Stöber* Rn 1957; MüKo-*Eickmann* Rn 29; *Staudinger-Wolfsteiner* Rn 28 je zu § 1115 BGB.

1552   KG HRR 30, 1574; DNotZ 1930, 488.

1553   BGH DNotZ 2001, 379 u 606 (*Wolfsteiner*) = NJW-RR 2000, 1358.

1554   BayObLGZ 1995, 271 = DNotZ 1996, 96 = NJW-RR 1996, 38; OLG Stuttgart BWNotZ 1974, 38.

1555   OLG Stuttgart NJW 1953, 464; *Schäfer* BWNotZ 1955, 237; *Schöner/Stöber* Rn 1957.

1556   BayObLG DNotZ 2000, 42 = FGPrax 1999, 174 = NJW-RR 2000, 275 = Rpfleger 1999, 530.

1557   BayObLG DNotZ 2004, 927 = FGPrax 2004, 205 = NotBZ 2004, 279 = Rpfleger 2004, 482.

1558   BayObLG FGPrax 2000, 92.

1559   BGH DNotZ 1997, 570 = NJW 1996, 2165; BGH NJW 1997, 2887.

1560   BGH DNotZ 2000, 635 = NJW 2000, 951.

1561   Vgl *Staudinger-Wolfsteiner* § 1115 BGB Rn 21.

1562   RG JW 30, 50 (*Henke*); *Staudinger-Wolfsteiner* § 1115 BGB Rn 33.

1563   BGHZ 81, 124 = DNotZ 1983, 303 = NJW 1981, 2180; BGHZ 133, 355 = DNotZ 1997, 639 = NJW 1996, 3337; BayObLGZ 1968, 315 = DNotZ 1969, 682 = Rpfleger 1969, 26.

1564   RG LZ 30, 463; BGH LM Nr 6 zu § 91 ZVG; KG JFG 9, 270; JW 1927, 2525; OLG Karlsruhe Rpfleger 1968, 353.

1565   OLG Frankfurt NJW 1964, 669; Rpfleger 1978, 409; OLG Neustadt NJW 1961, 2260 = DNotZ 1961, 666 (*Ripfel*).

1566   LG Düsseldorf Rpfleger 1963, 50.

1567   LG Bielefeld Rpfleger 1970, 335.

1568   RGZ 136, 74, 78; KG OLGZ 12, 284; 14, 97; KGJ 49, 211, 213; JW 1931, 1761 und 2747; OLG Hamm Rpfleger 1971, 252.

Die **Kündigung** der Forderung, welche der Hypothek zugrunde liegt bedarf grundsätzlich einer vertraglichen **546** Regelung. Ansonsten gelten die gesetzlichen Vorschriften, insbesondere für Darlehen die Bestimmungen §§ 488 ff BGB, die zur Erhaltung gegenüber dem öffentlichen Glauben des GB bei Hypotheken nicht der Eintragung bedürfen. Bei festverzinslichen Darlehen wie auch bei Darlehen mit veränderlichem Zinssatz kann das ordentliche Kündigungsrecht des Schuldners, das ihm nach § 489 Abs 1 und Abs 2 BGB eingeräumt ist, nicht durch Vertrag ausgeschlossen oder erschwert werden (§ 489 Abs 4 S 1 BGB), es sei denn es handelt sich um Darlehen an den Bund, ein Sondervermögen des Bundes, ein Land, eine Gemeinde, einen Gemeindeverband, die Europäischen Gemeinschaften oder ausländische Gebietskörperschaften. Entgegenstehende Vereinbarungen sind nichtig (§ 134 BGB).[1569] Für die vor dem 01.01.1987 abgeschlossenen Darlehensverträge bleibt die mit Wirkung zum vorgenannten Zeitpunkt aufgehobene Bestimmung des § 247 BGB aF weiterhin gültig.[1570]

Schuldrechtliche Verpflichtungen des Eigentümers gegenüber dem Hypothekar sind nur insoweit eintrag- **547** bar, als der Verstoß gegen sie einen Kündigungsgrund bildet. Insoweit kann auf die Bewilligung Bezug genommen werden.[1571] Wegen der Kündbarkeit darf sich ein Erwerber des Grundstücks auf den eingetragenen Inhalt des Rechts berufen. Soweit eine Vereinbarung über die Zulässigkeit der Kündigung oder die Kündigungsfrist nicht eingetragen ist, kann ihm dies nur entgegengehalten werden, wenn er Kenntnis davon hatte. Eine erfolgte Kündigung ist nicht eintragungsfähig.[1572] Im Falle einer Rechtsnachfolge auf der Gläubigerseite muss der neue Gläubiger eine nach der Übertragung der Forderung dem bisherigen Gläubiger gegenüber erklärte Kündigung des Eigentümers gegen sich gelten lassen, es sei denn, dass die Übertragung zur Zeit der Kündigung dem Eigentümer bekannt oder im GB eingetragen war (§ 1156 S 2 BGB). Für den Rechtsübergang einer Buchhypothek ist dabei die Eintragung der Abtretung im GB eine zwingende Voraussetzung (s § 1154 Abs 3 BGB). Eine wirksam erfolgte Kündigung ist nicht widerruflich. Daher ist eine Klausel, die den einseitigen Widerruf der Kündigung ermöglicht nicht als Inhalt der Hypothek eintragbar.[1573]

Nicht eintragungsfähig sind ferner Einschränkungen des Befriedigungsrechts des Gläubigers aus § 1147 BGB, **548** etwa durch Festsetzung einer Frist[1574] oder die Abrede, dass der Hypothekar Befriedigung nur im Rahmen der von einem Dritten betriebenen Zwangsvollstreckung suchen dürfe, oder die Zwangsvollstreckung von einem Mitbieten des Hypothekars bis zu einer bestimmten Höhe abhängig sein soll.[1575]

Der **Übergang** der Hypothek **auf den Eigentümer** gemäß § 1163 BGB kann **nicht** mit dinglicher Wirkung **549** **ausgeschlossen werden**.[1576] Nicht eintragungsfähig ist deshalb die Abrede, dass die Tilgungswirkung der Leistung nicht sofort eintritt und diese als Tilgung erst später zu verbuchen ist, weil damit das Entstehen einer Eigentümergrundschuld verzögert würde.[1577] Zulässig und dinglich wirksam ist aber die Vereinbarung, dass die durch Tilgung ersparten Zinsen (bei fester Annuität) erst am Jahresende gutzuschreiben[1578] oder Quartalsleistungen zunächst nur auf die Zinsen und nur die letzte auf das Kapital anzurechnen sind.[1579] Die Berechnung der in der Jahresleistung auf eine Tilgungshypothek enthaltenen Zinsen jeweils nach dem Stand des Kapitals zum Schluss des vergangenen Jahres ist nach § 20 Abs 2 HypBankG zulässig. Jedoch ist nach § 9 AGBG, jetzt § 307 BGB, bei einer Hypothek die Bestimmung unwirksam, wenn aufgrund einer gesonderten Klausel vierteljährliche Teilleistungen vorgesehen sind und der effektive Jahreszins oder die Gesamtbelastung (zB in einem beigefügten Tilgungsplan) nicht mit angegeben wird.[1580]

Unzulässig ist die Vereinbarung, dass in einem Fall, in dem nach dem Gesetz die Hypothek erlischt, eine **550** Eigentümerhypothek entstehen soll.

Über die bis zur Valutierung bestehende **vorläufige Eigentümergrundschuld** (§§ 1163 Abs 1 S 1, 1177 **551** Abs 1 BGB) kann der Eigentümer verfügen, soweit das aufschiebend bedingte Recht das Anwartschaftsrecht des Hypothekars nicht beeinträchtigt.[1581] Bei einer Buchhypothek aber bedürfte die Verfügung der Eintragung, die den grundbuchfähigen Nachweis (§ 29 GBO) der Nichtvalutierung erfordert. Dieser kann zwar durch Erklärung des Hypothekars geführt werden; aber die – gesetzliche – Bedingung, unter der das Recht auf den eingetragenen Hypothekar übergeht, könnte nicht eingetragen werden, so dass das GB unrichtig würde und der

---

1569 *Staudinger-Wolfsteiner* § 1141 BGB Rn 9; s ferner *Reifner* NJW 1995, 86 (und 2945); *Weber* NJW 1995, 2951.
1570 Vgl Art 12 Abs 2 Ges v 25.07.1986 (BGBl I S 1169). Zu den Folgen s insoweit 8. Aufl unter C 409.
1571 BGHZ 21, 34 = NJW 1956, 1196 = DNotZ 1956, 544 = MDR 1956, 600 (*Thieme*) = Rpfleger 1956, 231 (*Bruhn*).
1572 BGHZ 1, 306; *MüKo-Eickmann* Rn 7, *Staudinger-Wolfsteiner* Rn 23 je zu § 1141 BGB.
1573 Vgl OLG Hamburg Rpfleger 1959, 379.
1574 RG GRUCHOT 58, 974; KG JFG 7, 386, 388.
1575 KG JW 31, 3282.
1576 RGZ 142, 159; KG JW 1933, 64 *MüKo-Eickmann* Rn 36, *Staudinger-Wolfsteiner* Rn 7 je zu § 1163 BGB.
1577 LG Essen Rpfleger 1961, 296 (*Haegele*); LG Koblenz Rpfleger 1963, 198 (*Haegele*); *Schöner/Stöber* Rn 1994.
1578 *Staudinger-Wolfsteiner* Vorbem zu §§ 1113 ff Rn 27; *Haegele* Rpfleger 1963, 199. **AA** LG Koblenz aaO (Fn 1556).
1579 RGZ 143, 75; LG Lübeck SchlHA 1963, 119; *Staudinger-Wolfsteiner* aaO.
1580 BGHZ 106, 42 = NJW 1989, 222.
1581 BGHZ 53, 60 = NJW 1970, 322; *MüKo-Eickmann* Rn 44, *Staudinger-Wolfsteiner* Rn 33 je zu § 1163 BGB.

Hypothekar sein Recht an einen Gutgläubigen verlieren könnte (§ 892 BGB). Deshalb ist die Eintragung unzulässig[1582] und die Verfügung unwirksam. § 39 GBO steht allerdings nicht entgegen, da dieser Vorschrift bereits durch die Eintragung des Eigentümers in der 1. Abteilung genügt ist.[1583]

552 Über die **künftige**, mit Erlöschen der Forderung entstehende **Eigentümergrundschuld** kann der Eigentümer schon materiellrechtlich nicht verfügen, weil sie kein gegenwärtiges, vermögenswertes Recht ist.[1584]

553 Die Verpflichtung des Eigentümers gegenüber dem Hypothekar, das Grundstück **nicht zu veräußern oder zu belasten**, ist, wenn sie die Hypothek stärken soll, nichtig und daher nicht eintragungsfähig (§ 1136 BGB).[1585] Zulässig ist aber die Eintragung der Vereinbarung, dass die Hypothek bei Veräußerung des Grundstücks fristlos kündbar oder fällig wird.[1586]

554 Nicht eintragungsfähig ist die gegen § 1149 BGB verstoßende Abrede, dass der Gläubiger bei Fälligkeit zum Zwecke seiner Befriedigung die **Übertragung des Eigentums** oder die **Veräußerung** des Grundstücks innerhalb des Zwangsvollstreckungsverfahrens verlangen könne. Da solche Absprachen bereits schuldrechtlich nicht wirksam getroffen werden können,[1587] bevor die Fälligkeit eingetreten ist, kann ein darauf begründeter Anspruch auf Eigentumsübertragung auch nicht durch Vormerkung gesichert werden.[1588] Gültig sind dagegen Abreden dieser Art, die nach Eintritt der Fälligkeit getroffen werden, wenn sie nicht sittenwidrig sind; dann ist der Übereignungsanspruch auch vormerkbar.[1589] Sie sind ferner zulässig, wenn dem Gläubiger der Anspruch auf Übereignung ohne Rücksicht auf Erfüllung oder Nichterfüllung der Hypothekenforderung zustehen soll.[1590]

555 Die Verpflichtung des Gläubigers, bei Nichtzahlung der Forderung seine Befriedigung zunächst oder überhaupt nur aus dem Grundstück zu suchen, ist schuldrechtlich zulässig, kann aber nicht als Inhalt der Hypothek in das GB eingetragen werden.

556 Die Verpflichtung des Eigentümers, die **Versicherung** des Gebäudes fortgesetzt durch Vorlage des Versicherungsscheins nachzuweisen und dem Gläubiger den Zutritt zum Grundstück zur Besichtigung zu gewähren, kann zwar gleichermaßen schuldrechtlich wirksam vereinbart, aber nicht in das GB eingetragen werden.[1591]

557 Ebenso ist eine Verpflichtung des Gläubigers, gegen Empfang des Forderungsbetrages die Forderung an einen Dritten **abzutreten**, schuldrechtlich begründbar, aber nicht eintragungsfähig.[1592] Der **Ausschluss der Abtretung** dagegen wirkt dinglich (§§ 399, 413 BGB) und ist eintragungsfähig.[1593]

558 Bei einer Buchhypothek kann als Inhalt des Rechts nicht eingetragen werden, dass der Gläubiger jederzeit den **Briefausschluss** allein **aufheben** könne.[1594] Die Praxis hilft sich in diesen Fällen mit einer generell erklärten Einwilligung des Eigentümers, der den Gläubiger darüber hinaus bevollmächtigt, die hierzu erforderlichen Erklärungen abzugeben. Das Recht, die Briefbildung zu verlangen, kann auch vorgemerkt werden.[1595]

559 **g) Allgemeine Geschäftsbedingungen.** Formularmäßige Hypothekenbedingungen von Kreditinstituten sind Allgemeine Geschäftsbedingungen iS der §§ 305 ff BGB. Soweit das GB-Verfahren in seiner spezifischen Ausgestaltung die Prüfung ermöglicht, hat auch der GB-Beamte die Einhaltung der Allgemeinen Geschäftsbedingungen zu beachten.[1596] Er hat eine Eintragung abzulehnen, wenn sich aus den vorgelegten Urkunden mit Sicherheit die Nichtigkeit einer Klausel wegen Verstoßes gegen das AGBG ergibt.

560 **Unzulässig** im Hinblick auf das AGBG und damit nichtig nach § 134 BGB sind Bestimmungen über die Fiktion des Zuganges von Erklärungen gegenüber dem Schuldner (§ 308 Nr 6 BGB vormals § 10 Nr 6 AGBG).[1597] **Zulässig** dagegen sind pauschalierte Schadensersatzregelungen in Gestalt von Vorfälligkeitsentschädigungen[1598]

1582 Vgl BGHZ 53, 60 aaO (Fn 1560).
1583 Das verkennen MüKo-*Eickmann* § 1163 Rn 48 und *Staudinger-Wolfsteiner* aaO (Fn 1561); vgl § 39 GBO Rn 18.
1584 BGHZ 53, 60 aaO (Fn 1069); § 39 Rn 17; *Staudinger-Wolfsteiner* § 1163 BGB Rn 46.
1585 Vgl BGH DNotZ 1966, 739 = MDR 1966, 756 *Schöner/Stöber* Rn 1985.
1586 BGHZ 76, 371 = DNotZ 1980, 475 = NJW 1980, 1625 = Rpfleger 1980, 271; BayObLG DNotZ 1981, 128; *Schöner/Stöber* aaO (Fn 1564). *Staudinger-Wolfsteiner* § 1136 BGB Rn 9. **Str**, vgl z Nachw der abw Auff: MüKo-*Eickmann* § 1136 BGB Rn 5.
1587 Vgl *Staudinger-Wolfsteiner* § 1149 BGB Rn 2.
1588 MüKo-*Eickmann* § 1149 Rn 5.
1589 Vgl *Staudinger-Wolfsteiner* § 1149 BGB Rn 9.
1590 RGZ 92, 101; 130, 227; KG KGJ 25, 335; OLG München RJA 3, 194; MüKo-*Eickmann* § 1149 BGB Rn 8.
1591 KG DJZ 5, 964.
1592 KG OLGZ 1, 424.
1593 KG KGJ 40, 232.
1594 KG OLGZ 2, 33; KGJ 21, 117; *Staudinger-Wolfsteiner* § 1116 Rn 38, 39.
1595 OLG Dresden SEUFF Bl 72, 172; *Staudinger-Wolfsteiner* § 1116 BGB Rn 41.
1596 Vgl *Schöner/Stöber* Rn 2073; *Staudinger-Wolfsteiner* Einl zu §§ 1113 ff Rn 45.
1597 BayObLGZ 1979, 434 = DNotZ 1980, 357 = NJW 1980, 2818 = Rpfleger 1980, 105.
1598 BayObLG DNotZ 1983, 49 = Rpfleger 1981, 396.

oder Zinserhöhungen bei Verzug,[1599] wenn dem Schuldner der Beweis, dass ein geringerer Schaden entstanden ist, nicht abgeschnitten wird (§ 309 Nr 5, 5b BGB vormals § 11 Nr 5, 5b AGBG). Als Inhalt der Hypothek sind, soweit Allgemeine Geschäftsbedingungen zur Anwendung kommen, **Verbote für die Aufrechung** mit unbestrittenen oder rechtskräftig festgestellten Forderungen nach § 309 Nr 3 BGB (vormals § 11 Nr 3 AGBG) **unwirksam**, wobei der gänzliche Ausschluss der Aufrechnung schon im Hinblick auf § 1142 BGB unzulässig ist. AGB-Regeln für ein Hypothekendarlehen, nach der die in einer gleichbleibenden Jahresleistung enthaltenen Zinsen jeweils nach dem Stand am Schluß des vergangenen Tilgungsjahres berechnet werden, stellt dann einen Verstoß gegen das Transparenzgebot des § 307 BGB dar, wenn der effektive Jahrteszins oder die Gesamtbelastung nicht angegeben sind und auch kein Tilgungsplan vorliegt.[1600] Ebenso unzulässig und nicht eintragungsfähig ist eine Gerichtsstandsvereinbarung, wonach für alle mit der Hypothekenurkunde zusammenhängenden Streitigkeiten der Gerichtsstand des Gläubigers bestimmt ist.[1601] Dagegen verstößt ein **Kündigungsrecht** des Gläubigers für den Fall, dass der Schuldner sein Grundstück veräußert oder es erneut belastet, weder gegen § 1136 BGB noch gegen § 307 Abs 2 Nr 1 BGB.[1602]

h) Einwendungen, Einreden und Verzichte hierauf. Einwendungen des Eigentümers einer belasteten **561** Immobilie richten sich stets gegen den Bestand des geltend gemachten Rechts. In Frage kommen insoweit Einwände gegen das Entstehen der Hypothek, weil etwa die Einigung gänzlich fehlt oder unwirksam ist, wie auch weil keine ordnungsgemäße Eintragung erfolgte. Ferner kann die Hypothek zu einem späteren Zeitpunkt in Wegfall gekommen sein, weil zB das Recht infolge einer zwangsvollstreckungsrechtlichen Befriedigung des Gläubigers aus einem mitbelasteten Grundstück kraft Gesetzes erloschen ist (vgl § 1181 BGB). Des weiteren kann es sein, dass das Recht nicht dem eingetragenen Gläubiger zusteht, was insbesondere für die Fälle der Nichtvalutierung bzw. nicht mehr Valutierung der Hypothek (vgl § 1163 Abs 1 BGB) zutrifft. Das GB ist in den vorgenannten Fällen, da es nicht mit der materiellen Rechtslage übereinstimmt, unrichtig. Die Richtigstellung des GB kann hier über § 19 GBO (Berichtigungsbewilligung des Betroffenen) oder § 22 GBO (Unrichtigkeitsnachweis) erfolgen. Des Weiteren ist, wenn für die berichtigende Eintragung noch die verfahrensrechtlichen Unterlagen fehlen, zur Verhinderung eines gutgläubigen Erwerbs ein Widerspruch nach § 899 BGB eintragbar. Wurde eine Darlehensbuchhypothek bestellt und hat der Gläubiger nicht valutiert, so kann auf einen binnen eines Monats zu stellenden Antrags des Eigentümers nach § 1139 BGB ein Widerspruch eingetragen werden, der auf den Eintragungstag des Rechts zurückwirkt und damit jeglichen gutgläubigern Erwerb ex tunc verhindert.

Aus § 1138 iVm §§ 894 ff BGB folgt, dass **Einreden** des persönlichen Schuldners gegen die Forderung einschließlich der nach § 770 BGB einem Bürgen zustehenden Einreden, die § 1137 BGB auch dem dinglich haftenden Eigentümer zuspricht, bei der Verkehrshypothek in das GB **eingetragen** werden können. Zu diesen Einreden[1603] gehören insbesondere die der Stundung der Forderung, der Nichterfüllung des Vertrages, des Zurückbehaltungsrechts,[1604] der ungerechtfertigten Bereicherung,[1605] der rechtskräftigen Klagabweisung im Prozess gegen den persönlichen Schuldner,[1606] der Naturalobligation[1607] oder des pactum de non petendo (Nichtgeltendmachungsabrede),[1608] sowie die Einreden der Anfechtbarkeit und der Aufrechenbarkeit (§ 770 BGB). Die Eintragung der Einreden erlangt insoweit Bedeutung, als diese, sobald die Hypothek samt Forderung infolge einer rechtsgeschäftlichen Übertragung auf einen anderen Gläubiger übergeht, nur dann entgegengesetzt werden können, wenn sie aus dem Grundbuch oder dem Hypothekenbrief ersichtlich sind. Ansonsten erwirbt der neue Gläubiger im Falle seiner Gutgläubigkeit die Hypothek einredefrei (vgl §§ 1138–1140 BGB). Handelt es sich jedoch um eine **Sicherungshypothek, scheidet** eine **Eintragung von Einreden** des § 1137 BGB **aus**, weil nach § 1185 Abs 2 BGB ua die Regelung des § 1138 BGB keine Anwendung findet und damit ein Zessionar das Recht insoweit nicht gutgläubig einredefrei erwerben kann. Unmittelbar aus § 1137 Abs 1 S 2 BGB ergibt sich bereits, dass die Einrede der beschränkten Erbenhaftung gänzlich ausgeschlossen ist. Ebenfalls ausgeschlossen ist die Einrede der Verjährung gegen den Kapitalanspruch der Hypothek, weil einerseits die Ansprüche aus einem eingetragenen Recht mit Ausnahme rückständiger wiederkehrender Leistungen nicht verjähren (§ 902 Abs 1 BGB) und andererseits der Gläubiger nicht gehindert ist aus dem belasteten Grundstück die Befriedigung zu suchen (§ 216 Abs 1 BGB).

562

1599 BayObLG DNotZ 1983, 44 = Rpfleger 1981, 297.
1600 BGHZ 106, 42 = NJW 1989, 222; BGHZ 112, 115 = NJW 1990, 2088.
1601 OLG Köln Rpfleger 1956, 340 m Anm *Bruhn*.
1602 BGHZ 76, 371 = DNotZ 1980, 475 = NJW 1980, 1625 = Rpfleger 1980, 271; BayObLG DNotZ 1981, 128; *Schöner/Stöber* Rn 2077.
1603 Vgl *Staudinger-Wolfsteiner* § 1137 BGB Rn 4.
1604 RGZ 78, 32.
1605 RGZ 86, 304; HRR 34 Nr 862.
1606 BGH NJW 1970, 2979.
1607 RGZ 67, 390.
1608 KG KGJ 53, 175.

563   **Einreden** des Eigentümers gegen die Hypothek **aus eigenem Recht (§ 1157 BGB)** aufgrund schuldrechtlicher Absprachen[1609] mit dem Hypothekar können gemäß § 1157 S 2 BGB iVm §§ 894 ff BGB in das GB eingetragen werden.[1610] Hierunter fallen die Stundung der Hypothek, die Verpflichtung zum Verzicht auf die Hypothek oder zur Nichtgeltendmachung.[1611] Zur Sicherung der Einreden kann, wenn der Eintragung der Inhaltsänderung bei der Hypothek noch Hindernisse entgegenstehen, ein **Widerspruch** in das GB eingetragen werden.[1612]

564   Auf die Einrede der Nichtvorlage des Hypothekenbriefes und der in § 1155 BGB bezeichneten Urkunden (**§ 1160 Abs 1 BGB**) kann der Eigentümer mit dinglicher Wirkung verzichten. Der Verzicht ist eintragungsfähig.[1613] Nicht eintragungsfähig ist der Verzicht auf die Benachrichtigung nach § 1166 BGB, da er nur das persönliche Schuldverhältnis betrifft.[1614]

565   Das Recht des Eigentümers gemäß **§ 1142 Abs 2 BGB**, den Gläubiger durch Aufrechnung oder Hinterlegung zu befriedigen, kann nicht mit dinglicher Wirkung ausgeschlossen und deshalb nicht eingetragen werden.[1615] Das gilt auch dann, wenn der Eigentümer selbst der persönliche Schuldner ist. Die Klausel »Aufrechnung ist ausgeschlossen, soweit nicht zwingende gesetzliche Vorschriften entgegenstehen«, ist nicht eintragungsfähig, weil § 1142 Abs 2 BGB zwingend ist und immer entgegensteht.[1616] Eine »Barzahlungsklausel«, die nur besagen will, dass bei einem nach § 14 Abs 2 S 1 HypBankG in Pfandbriefen gewährten Darlehen die Rückzahlung in Geld statt in Pfandbriefen erfolgen muss, ist zulässig, weil sie kein Aufrechnungs- oder Hinterlegungsverbot zum Inhalt hat.[1617]

566   Eine Erklärung des Eigentümers, dass er auf die ihm nach **§ 1169 BGB** zustehende rechtzerstörende Einrede verzichtet die einer Geltendmachung der Hypothek durch den Gläubiger auf Dauer entgegensteht, ist zulässig und eintragungsfähig, was einen Sinn aber nur für den Fall macht, dass zweifelhaft ist, ob eine Einrede der genannten Art besteht. Ist auf die Einrede verzichtet worden, ist der Verzicht auf das Recht aus § 1169 BGB gegenstandslos und nicht eintragungsfähig.

567   **i) Pfändung und Verpfändung.**   Die **Pfändung** erfordert nach § 830 ZPO einen gerichtlichen Pfändungsbeschluss, mit dem die durch die Hypothek gesicherte persönliche Forderung (§ 1113 BGB) gepfändet wird und damit zugleich die Hypothek als Folge des § 1153 BGB von der Pfändung mit erfasst wird. Daneben ist bei Briefrechten zur Wirksamkeit die Übergabe des Briefes an den Pfandgläubiger erforderlich. Bei **Buchrechten** wird die Pfändung erst **wirksam mit der Eintragung** im GB. Einer Zustellung des Pfändungsbeschlusses an den Drittschuldner oder den Schuldner, wie ansonsten über §§ 829 Abs 3, 857 Abs 2 ZPO vorgeschrieben, bedarf es zur Wirksamkeit der Pfändung nicht. Ist eine Briefhypothek in der vorgenannten Weise gepfändet worden, so kann die Pfändung ebenfalls im GB eingetragen werden. Im Gegensatz zur Buchhypothek, wo die Eintragung ein rechtsbegründendes Erfordernis ist, stellt die Eintragung der Pfändung bei der Briefhypothek nur eine GB-Berichtigung dar. Vor allem kann die Eintragung nicht die für die Wirksamkeit notwendige Briefübergabe ersetzen.

568   Wird bei einer Hypothek eine **Vorpfändung** nach § 845 ZPO ausgebracht, so ist diese mit deren Zustellung an den Drittschuldner bewirkt. Einer Briefübergabe oder Grundbucheintragung bedarf es nicht, weil § 830 ZPO insoweit keine Anwendung findet. Für die endgültige Wirksamkeit der Vorpfändung muss jedoch innerhalb der Monatsfrist des § 845 Abs 2 ZPO die Pfändung gemäß § 830 Abs 1 ZPO nachfolgen.[1618] Die Vorpfändung ist zum Schutze vor Rechtsverlust durch gutgläubigen Erwerb sowohl bei einer Brief- wie auch einer Buchhypothek im GB **eintragbar**.[1619]

569   Die vertragliche Einräumung eines Pfandrechts an einer Hypothek (**Verpfändung**) erfordert nach §§ 1274, 1154 BGB gleichermaßen wie bei der Pfändung eine Vereinbarung über die Verpfändung der durch die Hypothek gesicherten Forderung, womit auch zugleich das dingliche Recht erfasst wird. Ferner muss zur Wirksamkeit der Verpfändung bei der Briefhypothek noch die Übergabe des Briefes und bei der **Buchhypothek** noch

---

1609   Vgl *Staudinger-Wolfsteiner* § 1157 BGB Rn 2.
1610   Vgl *Staudinger-Wolfsteiner* § 1157 BGB Rn 7.
1611   Vgl *Staudinger-Wolfsteiner* § 1157 BGB Rn 2.
1612   RG GRUCHOT 60, 508; KG OLG 18, 161; *Staudinger-Wolfsteiner* § 1157 BGB Rn 8.
1613   RGZ 57, 342; OLG Frankfurt DNotZ 1977, 112; OLG Köln Rpfleger 1956, 340; MüKo-*Eickmann* Rn 10, *Staudinger-Wolfsteiner* Rn 16 je zu § 1160 BGB.
1614   MüKo-*Eickmann* Rn 10, *Staudinger-Wolfsteiner* Rn 13 je zu § 1166 BGB. **AA** *Güthe* § 13 Vorbem 48.
1615   KG JFG 11, 199 = HRR 33 Nr 911; JR 27 Nr 1807; Recht 29 Nr 772; OLG Düsseldorf NJW 1958, 1142; OLG Hamburg Rpfleger 1959, 379; OLG München JFG 13, 275; LG Hamburg Rpfleger 1959, 52; LG Köln DNotZ 1956, 601; MüKo-*Eickmann* Rn 21, *Staudinger-Wolfsteiner* Rn 18 je zu § 1142 BGB.
1616   Zutreffend MüKo-*Eickmann* § 1142 Rn 23; ebenso *Staudinger-Wolfsteiner* § 1142 BGB Rn 18 gegen LG Köln DNotZ 1956, 601.
1617   KG JFG 11, 119 = HRR 33 Nr 911; LG Augsburg DNotZ 1955, 205; *Staudinger-Wolfsteiner* § 1142 BGB Rn 18.
1618   S dazu *Stöber* Forderungspfändung Rn 1866.
1619   OLG Celle NdsRpfl 1958, 93; *Schöner/Stöber* Rn 2463. **AA** *Hinzen* Rpfleger 1991, 242.

---

die **Eintragung** im GB hinzukommen. Anstelle der Briefübergabe genügt nach § 1274 Abs 1 S 2 iVm §§ 1205, 1206 BGB auch die Einräumung von mittelbarem Besitz oder Mitbesitz. Die wirksame Verpfändung einer Briefhypothek ist gleichfalls im Wege der Berichtigung in das GB eintragbar.

j) Aufhebung, Erlöschen. Zur **rechtsgeschäftlichen Aufhebung** einer Hypothek ist die Aufhebungserklä- **570** rung des Gläubigers (§ 875 Abs 1 BGB), eine etwaige Zustimmung Dritter, denen Rechte an der Hypothek zustehen (§ 876 S 1 BGB), ferner die Zustimmung des Grundstückseigentümers (§ 1183 S 1 BGB) und letztlich die Löschung des Rechts im GB erforderlich. Die Löschung im GB (§ 46) erfolgt auf Antrag (§ 13 Abs 1)des Gläubigers oder des Eigentümers unter Vorlage einer Löschungsbewilligung des Gläubigers (§ 19),sowie bei einem Briefrecht unter Vorlage des Briefes und ferner des Nachweises der Gläubigerstellung durch öffentlich beglaubigte Abtretungserklärungen sofern sie sich nicht unmittelbar aus dem GB ergibt. Des Weiteren bedarf es der Zustimmung des Eigentümers (§ 27) sowie etwaiger vorbezeichneter Dritter. Die mit »Quittung und Löschungsbewilligung« überschriebene Erklärung eines Hypothekengläubigers, in der dieser sich wegen seiner Forderung für befriedigt erklärt, die jedoch die Person des Zahlenden nicht erkennen lässt, reicht zur Löschung der Hypothek im GB nicht aus.[1620] Sind mehrere Berechtigte Gesamtgläubiger eines Grundpfandrechts, so genügt zur Löschung die löschungsfähige Quittung eines der Gesamtgläubiger.[1621] Soll die Löschungs aufgrund einer Löschungsbewilligung vorgenommen werden, müssen dagegen sämtliche Gläubiger die Löschung bewilligen, da ansonsten der Nachweis, dass alle das Erlöschen wollen nicht erbracht ist.[1622] Sind mehere Personen Gläubiger einer Hypothek in Bruchteilsgemeinschaft, ist umstritten, ob ein Bruchteilsberechtigter ohne Mitwirkung der anderen Bruchteilsberechtigten die Aufhebung und Löschung des Rechts entsprechend seinem Bruchteil erklären kann.[1623] Richtigerweise dürfte wohl eine einseitige Anteilsaufgabe nicht wirksam sein. Erst nach Durchsetzung des Anspruchs gemäß § 749 Abs 1 BGB auf Aufhebung der Bruchteilsgemeinschaft und Aufteilung des Grundpfandrechts in selbständige Teilrechte können diese durch entsprechende Aufhebungserklärungen der dann Alleinberechtigten zur Löschung gebracht werden.[1624]

Zur **Löschung** einer **Höchstbetragshypothek**, die von einem früheren Grundstückseigentümer bestellt worden ist, bedarf es stets der Bewilligung des früheren Eigentümers, wenn nicht in grundbuchmäßiger Form nachgewiesen wird, dass diesem das Recht nicht als Grundschuld zusteht.[1625]

Ist aufgrund eines gegen den eingetragenen Bucheigentümer gerichteten Zahlungstitels eine **Zwangshypothek** eingetragen worden, so kann der nach Berichtigung des Grundbuchs nunmehr eingetragene wahre Eigentümer nur **Löschung** im Wege der Berichtigung, weil das Verfahren nach § 22 GBO nicht der Klärung der materiellen Rechtslage im Streitfalle dient, **nur nach Bewilligung** des Gläubigers (§ 19 GBO) **oder** aufgrund einer **Entscheidung gemäß § 868 Abs 1, § 771 ZPO** verlangen.[1626]

Ein **Erlöschen** der Hypothek kann auch **kraft Gesetzes eintreten**, etwa durch Befriedigung des Gläubigers **571** einer Gesamthypothek seitens des Eigentümers eines mitbelasteten Grundstücks an den übrigen Grundstücken nach § 1173 Abs 1 S 1 BGB, durch Befriedigung des Gläubigers aus dem Grundstück nach § 1181 BGB oder bei Versteigerung des belasteten Grundstücks mit Erteilung des Zuschlags nach § 91 Abs 1 ZVG. **Verzichtet** der Gläubiger auf rückständige Nebenleistungen und Kosten, wofür das Grundstück der Hypothek bereits im Umfang des § 1118 BGB kraft Gesetzes haftet, so erlischt die Hypothek für diese Nebenleistungen, sofern nicht einem Dritten ein Recht an dem Anspruch auf solche Leistungen zusteht (§ 1178 Abs 1 BGB). Eine GB-Eintragung dieser Folge ist weder erforderlich noch zulässig.[1627]

Eine **Sicherungshypothek nach § 128 ZVG erlischt** stets in einem neuen Zwangsversteigerungsverfahren, **572** gleich welcher Art, weil sie **bar zu berichtigen** ist und dies auch dann, wenn sie dem betreibendem Gläubiger im Range vorgeht und deshalb in das geringste Gebot aufgenommen werden muss (§ 128 Abs 4 ZVG).

Hat ein Insolvenzgläubiger im **letzten Monat vor dem Antrag auf Eröffnung des Insolvenzverfahrens** **573** oder nach diesem Antrag die Eintragung einer Zwangshypothek an dem schuldnerischen Grundstück erwirkt, so wird diese mit Eröffnung des Insolvenzverfahrens **absolut, dh mit Wirkung gegenüber jedermann, nach § 88 InsO rückwirkend unwirksam.**[1628] Für das **Verbraucherinsolvenzverfahren** verlängert sich gemäß § 312 Abs 1 S 3 InsO die Frist des § 88 InsO auf **3 Monate.**

1620 OLG Hamm DNotZ 2005, 630 = FGPrax 2005, 58 = Rpfleger 2005, 252.
1621 KG OLGZ 1965, 92 = Rpfleger 1965, 366.
1622 Ebenso KEHE/*Munzig* § 27 GBO Rn 26; *Schöner/Stöber* Rn 2734.
1623 Bejaht von KG DNotZ 1928, 248.
1624 So mE richtig *Staudenmeier* BWNotZ 1965, 320.
1625 Vgl. OLG Frankfurt MittBayNot 1984, 85; *Meikel/Böttcher* § 27 Rdn 87; *Demharter* Rn 15 zu § 27 GBO; *Schöner/Stöber* Rn 2754; **A.A.** LG Hamburg Rpfleger 2004, 348 m. zu Recht abl. Anm. *Meyer-König*.
1626 KG Rpfleger 2006, 602.
1627 *Schöner/Stöber* Rn 2714.
1628 Siehe BGH NZI 2006, 224 = Rpfleger 2006, 253 m Anm. *Demharter* = ZIP 2006, 479.

Das Entstehen einer **Eigentümergrundschuld** aus der unwirksam gewordenen Zwangshypothek in entsprechender Anwendung von § 868 ZPO,[1629] wird vom *BGH* **verneint**, da keine planwidrige Lücke in § 88 InsO erkennbar sei, die für eine Analogie zu § 868 ZPO Raum ließe.[1630]

Weil jedoch die **Unwirksamkeit** nicht weiter reichen soll, als der Zweck des Insolvenzverfahrens und der Schutz der Insolvenzmasse es erfordern, geht der *BGH* trotz absolut wirkender Unwirksamkeit davon aus, dass diese **nur »schwebend«** sei und Verfügungen deren Unwirksamkeit auf den Folgen der Rückschlagsperre des § 88 InsO beruhen, demzufolge eine **Heilung** erfahren können. Gemäß § 185 Abs 2 S 1 Fall 2 BGB wird die Verfügung eines Nichtberechtigten wirksam, wenn der Verfügende den Gegenstand erwirbt. Der *BGH* setzt diesen Fall der Konvaleszenz demjenigen einer **unwirksamen Vollstreckungshandlung** gleich, wobei diese Handlung die für das Entstehen einer Sicherungshypothek ansonsten erforderliche Einigungserklärung nach § 873 BGB sowie die Eintragungsbewilligung nach § 19 GBO des betroffenen Grundstückseigentümers und Schuldners ersetzt. In **entsprechender Anwendung der Vorschrift des § 185 Abs 2 BGB** soll daher auch die **Verfügung** eines Berechtigten **ex nunc wirksam** werden, wenn er ohne Verfügungsbefugnis gehandelt hat und diese nachträglich wiedererlangt, wie etwa durch Aufhebung des Insolvenzverfahrens oder durch Freigabe des Gegenstandes aus der Masse. Demzufolge kann eine **Zwangshypothek** eines Gläubigers, die infolge Rückschlagsperre unwirksam geworden ist, **ohne Neueintragung mit entsprechend verändertem Rang ex nunc wieder wirksam werden**, wenn sie als Buchposition erhalten ist und die Voraussetzungen für eine Neubegründung der Sicherung im Wege der Zwangsvollstreckung fortbestehen.[1631] Durch den Verzicht auf die Löschung der unwirksam gewordenen Zwangshypothek und der erneuten Wiederverwendung einer gleichsam verbrauchten Eintragung mit geändertem Rang stößt dies jedoch gegen elementare Grundsätze des Grundbuchrechts.[1632] Die Richtigkeitsvermutung des § 891 Abs 1 BGB, die Anwendung der Gutglaubensvorschriften auf bereits eingetragene Zwangshypotheken §§ 892, 893 BGB sowie die Warn- und Schutzfunktion des Grundbuchs werden dabei völlig ausgehebelt. Es ist daher zumindest die erneute Eintragung der Zwangshypothek in das Grundbuch für ihr Entstehen zu fordern.

574   Soweit **mehrere** eingetragene Zwangshypotheken von der Rückschlagsperre betroffen waren, sollen sie gemäß § 879 Abs 1 S 2 Hs 2 BGB im **Gleichrang wieder aufleben**. Nachdem für den Rang rechtsgeschäftlich bestellter Grundpfandrechte generell nach § 879 Abs 2 BGB die **Eintragung** im Grundbuch maßgeblich ist, auch wenn die Einigung erst später nachfolgt, ist für den Rang von Zwangshypotheken ein abweichendes Abstellen auf außerhalb des Grundbuchs liegende Ereignisse unverständlich und abzulehnen. Der grundbuchmäßige Nachweis für die Eintragung von Rangvermerken bei der früheren Eintragung des Rechts in der Form des § 29 GBO ist im Falle der Freigabe der Immobilie im Regelfall nur schwer zu erbringen, weil es zur wirksamen Freigabe nur einer formlosen Erklärung des Insolvenzverwalters gegenüber dem Schuldner bedarf.

575   Werden einzelne ideelle Bruchteile eines Grundstücks wegen derselben Forderung jeweils mit einer Zwangssicherungshypothek belastet, so sind die eingetragenen Rechte eine **Gesamthypothek**. Liegen dann die Voraussetzungen des § 88 InsO nur hinsichtlich eines Grundstücksmiteigentümers vor, so **erlischt an dem betroffenen Miteigentumsanteil** das Recht bereits entsprechend § 1175 Abs 1 Satz 2 BGB.[1633] Absolut **unwirksam** wird **auch** eine innerhalb des letzten Monats vor Insolvenzeröffnung im Grundbuch aufgrund einstweiliger Verfügung eingetragene **Vormerkung zur Sicherung des Anspruchs auf Eintragung einer Bauhandwerkersicherungshypothek**.[1634]

15. Grundschuld

Schrifttum

Baden, Noch einmal: § 1157 BGB und das Einredesystem der Sicherungsgrundschuld, JuS 1977, 75; *Bayer/Wandt*, Das Verhältnis zwischen Bürgen und Grundschuldbesteller, JuS 1987, 271; *Bintz*, Die Eintragungserfordernisse zur Verpfändung von Buchgrundschulden, Rpfleger 2005, 11; *Blomeyer*, Eigentümergrundpfandrecht und Grundpfandrechtbestellungsrecht des Eigentümers, DRWiss 1941, 110 und 218; *Braun*, Die vormundschaftsgerichtliche Genehmigung der Grundschuldbestellung in Ausübung einer Belastungsvollmacht, DNotZ 2005, 730; *Brych*, Die Grundschuld als universelles Übersicherungsmittel, Sparkasse 1982, 224; *Buchholz*, Abtretung der Grundschuld und Wirkungen der Sicherungsvereinbarung, AcP 187 (1987), 107; *ders*, Sicherungsvertraglicher Rückgewähranspruch bei Grundschulden, ZIP 1987, 891; *Bund*, Bindungswirkung durch Entgegennahme der Grundbuchbestellungsurkunde bei Notar. Materiellrechtliche, verfahrensrechtliche und kostenrechtliche Betrachtungen, ZNotP 2003, 458; *Clemente*, Die Zweckerklärung der Sicherungsgrundschuld in der Bankpraxis, NJW 1983,

---

1629   So nach Ansicht des BayObLG ZIP 2000, 1263 und OLG Düsseldorf NJW-RR 2004, 138.

1630   **AA. u. in kritischer Auseinandersetzung mit der Entscheidung des BGH:** *Keller*, ZIP 2006, 1174; *Alff/Hintzen*, Die wiederaufstandene Zwangshypothek, ZInsO 2006, 481; auch ablehnend *Bestelmeyer* Rpfleger 2006, 387.

1631   Ebenso bereits *Grothe* KTS 2001, 205, 236.

1632   So vollkommen zu Recht *Demharter* Rpfleger 2006, 256, 257.

1633   OLG Düsseldorf NZI 2004, 93.

1634   BGH NJW 2000, 2427 (zu § 7 GesO); LG Meiningen ZIP 2000, 416 = ZfIR 2000, 373.

6; *ders,* Sicherungsabreden im Spiegel der neueren Rechtsprechung, ZIP 1985, 193 und 1990, 969; *ders,* Aktuelle Entwicklungen beim Anspruch auf Rückgewähr einer Sicherungsgrundschuld, ZfIR 1997, 127; *ders,* Die Anrechnung des Verwertungserlöses auf die gesicherte Forderung, ZfIR 1998, 61 und 2000, 61; *Dempewolf,* Der Rückübertragungsanspruch bei Sicherungsgrundschulden als Kreditsicherungsmittel, NJW 1957, 1257; *ders,* Die Pfändung eines Anspruchs auf Rückgewähr einer Sicherungsgrundschuld, NJW 1959, 556; *ders,* Welchen Rang hat der nicht valutierte Teil einer Sicherungsgrundschuld? NJW 1959, 2148; *Dieckmann,* Zur entsprechenden Anwendung der §§ 1164, 1165 BGB im Grundschuldrecht, WM 1990, 1481; *Dörrie,* Der Anspruch auf Rückgewähr der Grundschuld und seine Funktion in der Finanzierung, ZfIR 1999, 717; *Eckelt,* Umfasst die Abtretung des Anspruchs auf Rückgewähr einer Sicherungsgrundschuld auch den Zinsanspruch? WM 1980, 454; *Eickmann,* Die fiduziarisch gegebene isolierte Grundschuld als Rangsicherungsmittel, NJW 1981, 545; *ders,* Aktuelle Rechtsfragen zur Sicherungsgrundschuld ZIP 1989, 137; *Ertl,* Die Grundschuldbestellung zur Kaufpreisfinanzierung, MittBayNot 1989, 53; *Fischer,* Die Eigentümergrundschuld im Zwangsversteigerungsverfahren, NJW 1955, 573; *Friedrich,,* Die Eintragungsfähigkeit der bei Bestellung einer Grundschuld vereinbarten Sicherungsabrede, NJW 1968, 1655; *ders,* Die Anwendbarkeit des § 401 BGB auf die Sicherungsgrundschuld, NJW 1969, 485; *Gerhardt,* Die Wirkung der Anrechnungsvereinbarung bei Sicherungsgrundschulden im Konkurs, ZIP 1980, 165; *Gnam,* Der Rückgewähranspruch nach Abtretung einer nicht voll valutierten Sicherungsgrundschuld an Dritte, ZIP 1986, 822; *Hahn,* Grundschuld und abstraktes Schuldversprechen, ZIP 1996, 1223; *Häsemeyer,* »Auslegung« einer Grundschuldvereinbarung nach dem Zweck der Formvorschrift? MDR 1975, 531; *Heseler,* Abtretung vorrangiger Grundschulden, AcP 166 (1966), 409; *Hieber,* Zur Bestellung der Eigentümergrundschuld, DNotZ 1958, 381; *Jaeckle,* Die Sicherungsgrundschuld bei Störung des Kreditverhältnisses, JZ 1982, 50; *Jochemczyk,* Die Verzinslichkeit der aus einer Tilgungshypothek entstandenen (Teil-)Eigentümergrundschuld, DNotZ 1966, 276; *Joswig,* Neues zur Unwirksamkeit der Unterwerfung unter die sofortige Zwangsvollstreckung wegen Verstoßes gegen das Rechtsberatungsgesetz, ZfIR 2004, 45; *ders,* Die weite Zweckerklärung bei der Sicherungsgrundschuld, ZfIR 1998, 185; *Kessler,* Die Eintragungsfähigkeit variabler Grundschuldzinsen, MittBayNot 2006, 468; *Klee,* Eigentümergrundschuld oder Fremdgrundschuld, NJW 1951, 579; *Kolbenschlag,* Die sog Anrechnungsvereinbarung, DNotZ 1965, 73; *ders,* Die sog »Nureinmalvalutierungserklärung«, DNotZ 1966, 475; *ders,* Grundschuld und Übernahme der persönlichen Haftung für den Grundschuldbetrag DNotZ 1965, 205; *Kollhosser,* Neue Probleme bei Abtretung und Verpfändung von Grundschulden, JA 1979, 232; *Lamp,* Die Sicherungsgrundschuld, JA 1987, 1; *Lettl,* Da Entstehen des Rückgewähranspruchs bei Sicherungsgrundschulden, WM 2002, 788; *Lichtenberger,* Abschied von der Eigentümergrundschuld? MittBayNot 1976, 109; *Lopau,* Die Rechtsstellung des Schuldners bei der Kreditsicherung durch Grundschulden, NJW 1972, 2253; *ders,* Die Nichtakzessorietät der Grundschuld, JuS 1972, 502; *ders,* Die nicht valutierte Grundschuld am zwangsversteigerten Grundstück, JuS 1976, 315; *ders,* Die Sicherungsgrundschuld im Spannungsfeld von Eigentümer- und Verfahrensinteressen, JuS 1976, 553; *Lorenz,* Weitere Fragen zur konkursrechtlichen Problematik der Eigentümergrundschuld, KTS 1962, 28; *Lwowski,* Verdeckte Nachverpfändung bei einer Eigentümerbriefgrundschuld, DNotZ 1979, 328; *Neef,* § 1157 BGB und der Sicherungszweck der Grundschuld, JR 2006, 353; *Neuschwander,* Die Abtretungserklärung bei der Briefgrundschuld, BWNotZ 1975, 167; *Peters,* Grundschuldzinsen, JZ 2001, 1017; *Pfeiffer,* Grundschulden aus der Sicht von Notar und Bank, MittRhNotK 1998, 333; *Pleyer,* Die Minderanmeldung einer teilvalutierten Sicherungsgrundschuld durch eine Bank im Zwangsversteigerungsverfahren, Festschr. für H. Hübner 1984, 655; *Pölzin,* Die praktische Anwendung der Grundschuld, AcP 134 (1931), 219; *Räbel,* Rechtsfragen zur Kreditsicherungsgrundschuld, NJW 1953, 1247; *Rahn,* Verkehrshypothek und Sicherungsgrundschuld, BWNotZ 1959, 265; *Rainer,* Die Auswirkungen des AGB-Gesetzes auf die formularmäßige Sicherungszweckerklärung für Grundschulden und die dingliche und persönliche Zwangsvollstreckungsunterwerfung, WM 1988, 165; *Rastätter,* Grenzen der banküblichen Sicherung durch Grundpfandrechte, DNotZ 1987, 459; *Reinicke/Tiedtke,* Die Sicherung einer Gesamtschuld durch eine Grundschuld auf dem Grundstück eines Dritten, NJW 1981, 2145; *dies.,* Der Schutz des guten Glaubens beim Erwerb einer Grundschuld kraft Gesetzes, WM 1986, 813; *dies.,* Das Schicksal der persönlichen Forderung bei Ablösung der Grundschuld durch den Eigentümer, WM 1987, 485; *dies.,* Die Rechtsstellung des Kreditnehmers und des Eigentümers als Sicherungsgeber der Grundschuld, WM 1991 Beil 5; *dies.,* Geheißerwerb von Briefgrundschulden, NJW 1994, 345; *Reischl,* Fortwirkung von Einreden bei der Ablösung einer Sicherungsgrundschuld, JR 1998, 405; *Reithmann,* Die Grundschuld in Recht und Praxis, NJW 1973, 879; *ders,* Die Grundpfandrechte in der Rechtswirklichkeit, NJW 1977, 661; *ders,* Grundpfandrechte heute – Rechtsentwicklung und Aufgaben des Notars, DNotZ 1982, 67; *ders,* Die Zweckerklärung bei der Grundschuld, NJW 1985, 441; *ders,* Zulässiger Ausschluss des Rückübertragungsanspruchs bei löschungsbestimmten Grundschulden, WM 1990, 1985; *Riedel,* Der rechtliche und wirtschaftliche Charakter der Grundschuld, JurBüro 1972, 945; *Ripfel,* Die Eigentümeransprüche gegen den Grundschuldgläubiger und ihre Sicherung, DNotZ 1957, 518; *ders,* Kreditsicherung durch Grundschuld, BWNotZ 1961, 493; *Rimmelspacher,* Gutglaubensschutz bei der Ablösung von Grundpfandrechten, WM 1986, 809; *Ritzinger,* Die Zweckerklärung bei Grundschulden, BWNotZ 1985, 1; *Rutke,* Praktische Handhabung der Teilabtretung von Briefgrundschuld ohne Teilbriefbildung, WM 1987, 93; *Schiffer,* Die formularmäßig erweiterte Zweckabrede bei Fremdkrediten, NJW 1988, 2779; *Schmitz-Valckenberg,* Zur Inhaltskontrolle der Sicherungszweckerklärung bei der Grundschuld, DNotZ 1998, 581; *Seibert,* Tilgungsbestimmung, Anrechnungsvereinbarung und Grundschuld, JuS 1984, 526; *Sostmann,* Der Umfang des Zinsanspruchs bei Grundschulden, MittRhNotK 1999, 274; *Spinar,* Zur Zulässigkeit der Eintragung einer Grundschuld in geringer Kapitalhöhe, MittRhNotK 1970, 8; *Stöber,* Die Beschränkungen des § 1197 BGB bei Verpfändung und Pfändung einer Eigentümergrundschuld, Rpfleger 1958, 339; *ders,* Nebenleistungen einer Grundschuld, ZIP 1980, 613; *ders,* Zuteilung des Versteigerungserlöses an den Gläubiger einer Grundschuld, ZIP 1980, 833; *Stöber,* Verjährte, rückständige und laufende Grundschuldzinsen in der Zwangsversteigerung, MittBayNot 1999, 41; *Storz,* Die nicht voll valutierte Sicherungsgrundschuld in der Zwangsversteigerung, ZIP 1980, 506; *Tiedke,* Die Sicherungsgrundschuld, Jura 1980, 408; *ders,* Ausgleichsansprüche zwischen dem Eigentümer eines nicht einer Grundschuld belasteten Grundstücks und dem Bürgen, BB 1984, 19; *Thieme,* Sicherungsgrundschuld und Eigentümergrundschuld, JR 1953, 89; *Wagner,* Höchstzinssatz im Grundbuch nach Einführung variabler Zinsen, Rpfleger 2004, 661; *ders,* Die Bestellung von Grundpfandrechten durch nahe Angehörige – Causa finita?, AcP 2005, 715; *Weber H.,* Der Rückübertragungsanspruch bei der nicht valutierten Sicherungsgrundschuld, AcP 169 (1969), 237; *Weber R.,* Formularmäßige Sicherungszweckbestimmungen bei Grundschulden, ZfIR 1999, 2; *Weirich,* Die Sicherungsgrundschuld, JuS 1980, 188; *Wenzel,* Der Anspruch auf Rückgewähr der Grundschuld, ZNotP 1998, 6; *von Westphalen,* Grundschulddarlehen – Kontrollkriterium des AGB ZIP

1984, 1; *Wilhelm,* Sicherungsgrundschuld und Einreden gegen den Dritterwerber, JR 1980, 625; *ders,* Die maßgeblichen Einreden bei der Anwendung des § 1157 BGB auf die Sicherungsgrundschuld, NJW 1983, 2917; *Willke,* Abtretung von Zinsen einer Eigentümergrundschuld WM 1980, 858; *Wilsch,* Gleitender Zinssatz und Höchstzinssatz, FGPrax 2003, 193; *Wörbelauer,* Die verschleierte Eigentümergrundschuld, NJW 1958, 1513; *ders,* Die verhinderte Eigentümergrundschuld, NJW 1958, 1705; *Zawar,* Die Eigentümergrundschuld im Spiegel der neueren Rechtsprechung, NJW 1976, 1823; *Zeiser,* Inhabergrund- und -rentenschulden sowie Inhaber- und Orderhypotheken, Rpfleger 2006, 577; *Zimmer,* Grundpfandrechtsbestellung, Schuldanerkenntnis und Zwangsvollstreckungsunterwerfung in der neueren Rechtsprechung des BGH, MDR 2006, 306; *Zwingel,* Widerspruch des Schuldners gegen nicht valutierten Teil der Grundschuld, Rpfleger 2000, 437.
Im Übrigen s auch das Schrifttum zur Hypothek.

576   **a) Allgemeines, Begriff, Entstehung.** Die Grundschuld gewährt das Recht, die Zahlung einer bestimmten Geldsumme aus dem belasteten Gegenstand zu verlangen (§ 1191 Abs 1 BGB). Sie ist damit ein **Verwertungsrecht** wie die Hypothek und die Reallast. Sie **entsteht durch Einigung und Eintragung,** kann mit oder ohne Brief und unter Bedingungen und Befristungen bestellt werden. Die Vorschriften über die Hypothek sind auf sie entsprechend anzuwenden, sofern sich aus dem Fehlen der notwendigen Verknüpfung mit einer Forderung nichts anderes ergibt (§ 1192 Abs 1 BGB). Deshalb kann in weitem Umfange auf die Kommentierung zur Hypothek verwiesen werden, insbesondere hinsichtlich des Belastungsgegenstandes und des Berechtigten (Siehe hierzu Rdn 506, 507, 533). Ist ein Versicherungsunternehmen Grundpfandrechtsgläubiger und gehört das Recht zum Sicherungsvermögen, dann ist bei der Eintragung der Verfügungsbeschränkung nach §§ 70, 72 VAG die daraus folgende erforderliche Zustimmung des Treuhänders zu Verfügungen selbst im GB zu verlautbaren; eine Bezugnahme auf die Vorschriften des VAG reicht nicht.[1635]

577   **b) Fehlende Akzessorietät.** Eine persönliche **Forderung** setzt die Grundschuld **nicht** voraus und kann deshalb ohne eine Forderung begründet werden. Anders als die Hypothek steht sie dem Gläubiger auch dann zu, wenn er eine persönliche Forderung nicht oder nicht mehr hat. Diese Unabhängigkeit ist zwingendes Wesensmerkmal der Grundschuld und kann nicht durch rechtsgeschäftliche Verknüpfung von Grundschuld und Forderung beseitigt werden.[1636] Daher kann auch, wenn die Grundschuld gemäß entsprechender Sicherungsabrede zur Sicherung einer Forderung bestellt wird, die Forderung oder der Sicherungszweck weder im GB noch auf dem Grundschuldbrief vermerkt werden.[1637] Mit dinglicher Wirkung können deshalb auch **keine Vereinbarungen** getroffen werden, **welche** die inhaltliche Ausgestaltung der **Grundschuld von** der Ausgestaltung, dem Bestand oder der Fälligkeit einer zugrundegelegten **Forderung abhängig machen.**[1638] Mit diesen Grundsätzen ist es daher auch nicht vereinbar, die Bestellung einer Grundschuld unter der aufschiebenden Bedingung des Entstehens oder der auflösenden Bedingung des Erlöschens einer persönlichen Forderung zuzulassen.[1639] Der Gesetzgeber hat durch die Schaffung der Hypothek als akzessorisches und der Grundschuld als nicht akzessorisches Grundpfandrecht zwei dingliche Rechtstypen schaffen, deren Unterschiedlichkeit nicht durch Parteivereinbarung wieder aufgehoben werden kann. Die Verknüpfung einer Grundschuld mit einer Forderung auf dem Wege der Bedingung ist im Ergebnis nichts anderes als die Vereinbarung, dass die Grundschuld entgegen § 1192 Abs 1 BGB als Hypothek, und zwar als Hypothek minderen Rechts, gelten solle, die bei Nichtbestehen der Forderung nicht einmal dem Eigentümer zusteht, sondern überhaupt nicht besteht. Wäre dies zulässig, so wäre nicht einzusehen, warum eine nicht ausdrücklich in die Form einer solchen Bedingung gekleidete Verknüpfung von Grundschuld und Forderung nicht jeweils in eine derartige Bedingung der Grundschuld umgedeutet werden müsste, da sie auf dasselbe hinausläuft. Die Behauptung, der Sicherungszweck und die Forderung dürften nicht eingetragen werden, ließe sich dann nicht mehr ernstlich aufrechterhalten. Beide würden, da die Bedingung eingetragen werden müsste, durch diese Hintertür dennoch Eingang in das GB finden. Abgesehen von der Systemwidrigkeit einer derart bedingten Grundschuld stellt sich die Frage, welches praktische Bedürfnis hierfür vorliegen soll.

1635   So LG Wuppertal Rpfleger 2008, 418.

1636   RGZ 145, 156; OLG Köln MDR 1959, 212; *Staudinger-Wolfsteiner* § 1191 BGB Rn 3.

1637   RGZ 80, 350; RG JW 32, 1795 m zustimmender Anm *Rheinstein;* BGH NJW 1986, 53; KG JW 1933, 64 m zustimmender Anm *Endemann;* OLG Köln OLGZ 1969, 427; OLG Düsseldorf MittRhNotK 1977, 36; OLG Celle DNotZ 1954, 473; OLG München JFG 16, 291; *Schöner/Stöber* Rn 2290; *Staudinger-Wolfsteiner* § 1191 BGB Rn 3 mwN. **AA** *MüKo-Eickmann* § 1191 BGB Rn 41; *Friedrich* NJW 1968, 1655; 1969, 485; *Lopau* NJW 1972, 2253; JuS 1976, 553; unklar: BGH NJW 2000, 2021.

1638   OLG Celle DNotZ 1954, 473; OLG Hamm Rpfleger 1956, 343 m zustimmender Anm *Bruhn;* DNotZ 1956, 43 (*F. Riedel*); *Staudinger-Wolfsteiner* § 1191 BGB Rn 7.

1639   Str. Wie hier: LG Verden Rpfleger 1955, 74; *Jauernig* Rn 8, *Staudinger-Wolfsteiner* Rn 7 je zu § 1191 BGB; *Reischl* JuS 1998, 614; *Klee* NJW 1951, 579; *Lindemann* JW 1931, 1417; *Rheinstein* JW 1932, 1759; *Rissen* JW 1906, 805; *Weber* Sicherungsgeschäfte S 159. **AA** RG JW 1934, 3125; BayZ 1931, 174; OLG Celle DNotZ 1954, 473; *Friedrich* NJW 1968, 1656; *MüKo-Eickmann* Rn 19, *Palandt-Bassenge* Rn 23, je zu § 1191 BGB; *Soergel-Konzen* § 1192 BGB Rn 8; *Schöner/Stöber* Rn 2300, *Wolff-Raiser* § 132 I 2.

Schuldrechtlich ist die **Verbindung von Grundschuld und Forderung zulässig**. Anders als bei der isolier- **578** ten Grundschuld ist sie bei der Sicherungsgrundschuld die Regel und wird durch entsprechende **Sicherungs-abrede** hergestellt. Das Bedürfnis hierfür ergibt sich daraus, dass eine Grundschuld nicht kraft Gesetzes zur Eigentümergrundschuld wird, wenn die nach schuldrechtlicher Abrede zu sichernde Forderung nicht zur Ent-stehung gelangt oder wieder erloschen ist. Die Regelung des § 1163 Abs 1 BGB findet auf die Grundschuld keine Anwendung.[1640] Besteht daher der Sicherungszweck nicht mehr, so kann der Eigentümer **Rückgewähr** verlangen. Zu erfüllen ist dieser Anspruch durch Abtretung der Grundschuld (§§ 1192 Abs 1, 873, 1154, 1155 BGB), Verzicht auf die Grundschuld (§§ 1192 Abs 1, 1168 BGB) oder Aufhebung der Grundschuld (§§ 1192 Abs 1, 875 Abs 1, 1183 S 1 BGB).[1641] Welche der Möglichkeiten zur Anwendung kommt kann grundsätzlich der Sicherungsgeber oder dessen Rechtsnachfolger gemäß § 262 BGB nach seiner Wahl bestimmen. Abwei-chende Vereinbarungen, dass das Wahlrecht dem Gläubiger zustehen oder etwa auf eine der drei Möglichkeiten beschränkt sein soll, sind zulässig.[1642] Der **Anspruch auf Rückgewähr** kann **durch** eine vom Grundschuld-gläubiger bewilligte **Vormerkung** gemäß § 883 BGB **gesichert werden**.[1643] Er ist schon vor seiner Entstehung abtretbar, mit der Folge, dass eine spätere Pfändung ins Leere geht.[1644]

Im Rahmen der Sicherungsabrede kann vereinbart werden, dass **Zahlungen** des Schuldners nicht auf die **579** Grundschuld, sondern auf die zugrundeliegende Forderung anzurechnen sind.[1645] Eintragungsfähig ist diese Vereinbarung jedoch nicht.[1646] Zahlt der Grundstückseigentümer **auf die Grundschuld**, wozu er nach § 1142 iVm § 1192 Abs 1 BGB stets berechtigt ist, geht die Grundschuld auf ihn über (nach hM analog § 1143 BGB). Dabei ist es nicht möglich den Übergang der Grundschuld trotz Zahlung auf diese auszuschließen.[1647] Probleme können sich daraus ergeben, dass der Grundstückseigentümer regelmäßig zugleich auch der Forderungsschuld-ner ist und es für die eintretende Rechtsfolge darauf ankommt, ob Zahlungen auf das dingliche Recht oder die Forderung geleistet wurden. Grundsätzlich entscheidet insoweit der Zahlungswille des Eigentümers.[1648] Bei Vollstreckung aus der Grundschuld oder bei deren Androhung darf der Eigentümer trotz einer entgegenstehen-den Abrede im Sicherungsvertrag statt auf die Forderung auf das dingliche Recht zahlen.[1649]

Die Grundschuld kann gemäß Sicherungsabrede auch Forderungen gegen einen **Dritten** sichern. Mehrere **580** Grundschulden können zur Sicherung derselben Forderung bestellt werden, selbst wenn diese bereits durch eine Hypothek gesichert ist.

Einreden, die dem Eigentümer aufgrund der Sicherungsabrede gegen die Grundschuld zustehen, können **581** gemäß § 1157 BGB einem Zessionar der Grundschuld entgegengehalten werden, wenn sie diesem bekannt, bei einem Briefrecht aus dem Grundschuldbrief ersichtlich oder im GB eingetragen sind.[1650] Zu ihrer Sicherung kann ein **Widerspruch** eingetragen werden (§ 1192 Abs 1 iVm §§ 1157 S 2, 899 BGB).[1651] Das gilt auch für die Einrede der fehlenden Valutierung.[1652] Nach § 1192 Abs 1 a BGB[1653] können nunmehr bei einer Sicherungs-grundschuld Einreden, die dem Eigentümer aufgrund Sicherungsvertrag mit dem bisherigen Gläubiger zuste-hen oder sich aus dem Sicherungsvertrag ergeben, auch jedem Erwerber der Grundschuld entgegengesetzt wer-den. Insoweit findet § 1157 S 2 BGB keine Anwendung, womit diesbezüglich jeder gutgläubig einredefreier Erwerb des Rechts ausscheidet. Auch hinsichtlich der gesetzlichen Kündigungsbestimmungen des § 1193 Abs 1 BGB ist für den Fall, dass die Grundschuld der Sicherung einer Geldforderung dient, eine abweichende Bestimmung nicht mehr zulässig (§ 1193 Abs 2 S 2 BGB). Anwendung finden die vorgenannten Neuregelun-gen der §§ 1192, 1193 BGB nur, sofern der Erwerb der Grundschuld bzw die Bestellung des Rechts nach dem 19.08.2008 erfolgt ist.[1654] Nicht eintragungsfähig ist wegen ihres lediglich schuldrechtlichen Charakters die sog

1640 BGH DNotZ 1957, 602 = MDR 1958, 24 = Rpfleger 1958, 51.
1641 BGHZ 108, 237, 244 = DNotZ 1990, 581 = NJW 1989, 2536; BGH WM 1966, 653; MDR 1959, 571; BGH NJW-RR 1994, 847; *Staudinger-Wolfsteiner* Vorbem zu §§ 1191 ff Rn 121 mwN.
1642 Vgl *Schöner/Stöber* Rn 2337; *Staudinger-Wolfsteiner* Vorbem zu §§ 1191 ff Rn 122.
1643 Vgl *Schöner/Stöber* Rn 2345; *Staudinger-Wolfsteiner* § 1191 Rn 63.
1644 BGH Rpfleger 1985, 104; BGH DNotZ 1977, 542 = NJW 1977, 247 = Rpfleger 1977, 56; BGH DNotZ 1958, 383 (*Hoche*) = Rpfleger 1958, 53 (*Bruhn*); *Schöner/Stöber* Rn 2342; *Staudinger-Wolfsteiner* Vorbem §§ 1191 ff Rn 238.
1645 BGH WM 1960, 1092; *Staudinger-Wolfsteiner* Vorbem §§ 1191 ff Rn 66 ff.
1646 KG DNotZ 1931, 191; JW 1933, 64; OLG Saarbrücken DRZ 1949, 421.
1647 Vgl MüKo-*Eickmann* § 1191 BGB Rn 65 mwN.
1648 Vgl BGH DNotZ 1997, 725 = NJW 1997, 2046.
1649 BGH NJW 1986, 2108, 2112; BGH NJW-RR 1987, 1350.
1650 BGHZ 59, 1 = DNotZ 1972, 612 = NJW 1972, 1463 = Rpfleger 1872, 396.
1651 BGH ZIP 2001, 367 = ZNotP 2001, 157; RGZ 91, 224; 135, 357, 364; RG SEUFF A 64, 194; *Schöner/Stöber* Rn 2340. **AA** *Staudinger-Wolfsteiner* § 1157 BGB Rn 26, der unter einer Einrede eine Reduzierung des sachlichen Umfangs der Grundschuld verstanden wissen will, die der Eintragung in das GB fähig ist und demzufolge unter § 1157 BGB nur Vereinbarungen fallen die Inhalt der Grundschuld sein könne.
1652 BGH WM 1967, 566; BGH DNotZ 1976, 740. **AA** OLG Köln OLGZ 1969, 419.
1653 Neu eingefügt m Art 6 Ziffer 7 d RisikobegrenzungsG v 12.08.2008, BGBl. I S 1666.
1654 Art 7 § 18 Abs 2, 3 RisikobegrenzungsG.

Nur-einmal-Valutierungsklausel oder auch Nichtmehr-Valutierungsklausel, wonach sich der Gläubiger verpflichtet die Grundschuld nur zur Sicherung einer bestimmten Forderung geltend zu machen.[1655] Ist in einem Zwangsversteigerungsverfahren eine Grundschuld nach § 52 Abs 1 S 1 ZVG bestehen geblieben, so hat der Ersteher das Recht zur dinglichen Haftung zu übernehmen. Eine **Übernahme der** durch die Grundschuld **abgesicherten Forderung** seitens des Erstehers kann jedoch **nur** eintreten, **wenn der Schuldner** persönlich haftet und spätestens im Versteigerungstermin vor der Aufforderung zur Gebotsabgabe die gegen ihn bestehende Forderung **anmeldet** und auf Verlangen glaubhaft macht. (§ 53 Abs 2 ZVG). Geschieht dies nicht, so kommt es zu einer Trennung zwischen dinglicher und persönlicher Schuld. Die Rechte aus dem Sicherungsvertrag stehen weiterhin dem Schuldner als Sicherungsgeber zu. Im Verhältnis zwischen dem Ersteher und dem Grundschuldgläubiger ist dagegen allein die dingliche Schuld maßgebend. Der **Ersteher** kann demzufolge **keine Einreden** geltend machen, die sich **aus dem Sicherungsvertrag** ableiten.[1656]

582   **c) Einzelfragen.** Eine **Erhöhung des Kapitalnennbetrages** einer Grunschuld ist prinzipiell zulässig. Voraussetzung hierfür ist jedoch gemäß § 873 BGB eine teilweise Neubegründung und die Vereinigung mit dem bereits eingetragenen Recht sowie die Herstellung eines einheitlichen Rangs durch Rangrücktritt gleich- oder nachrangiger Rechte. Bei der Eintragung einer Grundschuld muss ein **Höchstzinssatz nicht** (mehr) **angegeben werden,** wenn die Parteien die Vereinbarung der Verzinsung an § 288 Abs 1 BGB ausgerichtet haben.[1657]

583   Die Bestellung einer **Gesamtgrundschuld** ist zulässig (§§ 1132, 1192 BGB). Sie setzt jedoch voraus, dass sie nur einem Gläubiger zusteht. Aus diesem Grund ist bei der Belastung mehrerer Miteigentumsanteile mit einer Grundschuld die (Teil-)Abtretung einer Grundschuld, soweit sie auf einem Miteigentumsanteil ruht, inhaltlich unzulässig und damit nicht in das GB eintragbar.[1658]

584   Die **Eintragung des Zessionars infolge Abtretung** einer Briefgrundschuld im Wege der Grundbuchberichtigung darf das GBA nur ablehnen, wenn zu seiner Überzeugung feststeht, dass der Erwerber um die fehlende Berechtigung des eingetragenen Grundschuldgläubigers wusste. Ein gutgläubiger Erwerb ist ansonsten nur dann möglich, wenn der Zedent zum Zeitpunkt der maßgeblichen Abtretungserklärung unmittelbar oder mittelbar Eigenbesitzer des Grundschuldbriefs war. Allein die Möglichkeit dem Zessionar den Brief zu verschaffen genügt nicht.[1659] Der Eigentümer eines mit einer Fremdbriefgrundschuld belasteten Grundstücks kann nicht allein durch die Vorlage des Grundschuldbriefes den Nachweis der Unrichtigkeit führen, weil § 1117 Abs 3 iVm § 1192 Abs 1 BGB nicht im Umkehrschluss die Vermutung zulässt, die Grundschuld stehe dem Eigentümer zu.[1660] Zulässig ist es eine Grundschuld durch Vereinbarung gemäß §§ 399, 413 BGB **unübertragbar** zu machen.[1661]

585   Gemäß § 1196 Abs 1 BGB kann die **Grundschuld,** da sie eine Forderung nicht voraussetzt, anders als die Hypothek auch **für den Eigentümer selbst** bestellt werden. Hierbei sind, wenn das Grundstück mehreren Eigentümern gehört, diese nicht gezwungen, das bezüglich des Eigentums bestehende Gemeinschaftsverhältnis für die Grundschuld zu übernehmen.[1662] In Gütergemeinschaft lebende Ehegatten können für sich als Gesamtgläubiger (§ 428 BGB) nur dann eine Eigentümergrundschuld bestellen, wenn sie diese zum Vorbehaltsgut (§ 1418 Abs 2 Nr 1 BGB) erklären.[1663]

586   Die Eigentümergrundschuld ist mit **Zinsen** eintragbar,[1664] wobei der Zinsbeginn auch vor der Eintragung liegen kann.[1665] Ferner steht der Abtretung des Eigentümerrechts mit **rückwirkendem Zinsbeginn,** dh auch mit Zinsen ab Eintragung der Grundschuld, nichts entgegen.[1666] Ist die Eigentümergrundschuld jedoch aus einem

---

1655   Vgl *Kolbenschlag* DNotZ 1966, 475; *Dieck* MittRhNotK 1970, 520.

1656   BGH Rpfleger 2003, 522.

1657   BGH DNotZ 2006, 526 = MittBayNot 2006, 501 m Anm *Kesseler* S 469 = NotBZ 2006, 170 = RNotZ 2006, 60 = Rpfleger 2006, 313 m. Anm *Wagner* u. Anm *Klawikowski* Rpfleger 2007, 388 = ZNotP 2006, 184 = ZfIR 2006, 372 m Anm *Clemente.*

1658   LG Berlin Rpfleger 2008, 359.

1659   BGH DNotZ 1993, 590 = Rpfleger 1993, 278 = WM 1993, 285; OLG Naumburg WM 2005, 173.

1660   OLG Hamm NotBZ 2006, 180 = RNotZ 2006, 124.

1661   OLG Hamm MDR 1968, 768; OLG Köln DNotZ 1970, 419; OLG München JFG 16, 294; OLG Stuttgart OLGZ 1965, 96; *Schöner/Stöber* Rn 2379 (Fn 1); MüKo-*Eickmann* § 1191 BGB Rn 56, *Staudinger-Wolfsteiner* Einl zu §§ 1113 ff Rn 96.

1662   Vgl *Schöner/Stöber* Rn 2355.

1663   BayObLGZ 1962, 184 = DNotZ 1963, 186 = NJW 1962, 1725 = Rpfleger 1962, 410 (*Haegele*).

1664   BGHZ 64, 316, 320 = NJW 1975, 1356; BayObLGZ 1978, 136 = DNotZ 1978, 550 = Rpfleger 1978, 309; KG KGJ 37, 293.

1665   BGH DNotZ 1986, 227; BayObLGZ 1978, 136 aaO (Fn 1119); *Schöner/Stöber* Rn 2358.

1666   BayObLGZ 1987, 241 = DNotZ 1988, 116 = Rpfleger 1987, 364; OLG Celle NJW-RR 1989, 1244 = Rpfleger 1989, 323; OLG Düsseldorf DNotZ 1990, 747 = NJW-RR 1990, 22 = OLGZ 1989, 395 = Rpfleger 1989, 498.

ursprünglichen Fremdrecht (Hypothek oder Grundschuld) entstanden, erlischt das Recht hinsichtlich rückständiger Zinsen als Grundstücksbelastung mit der Vereinigung in der Person des Eigentümers nach § 1178 Abs 1 S 1 BGB (§ 1192 Abs 2 BGB) kraft Gesetzes, sofern nicht die Ausnahme des § 1178 Abs 1 S 2 BGB vorliegt. Die Zinsen einer solchen Eigentümergrundschuld können daher erst von dem darauf folgenden Tag, an dem das Recht auf den Eigentümer überging, von diesem abgetreten werden. War eine Eigentümergrundschuld unverzinslich eingetragen und beantragt der Eigentümer die Eintragung von Zinsen mit rückwirkendem Beginn unter gleichzeitiger Abtretung des Rechts samt Zinsen, dann ist eine derartige Zinseintragung zulässig.[1667]

Auch bei der Eigentümergrundschuld ist die **Unterwerfung** des jeweiligen Eigentümers **unter die sofortige Zwangsvollstreckung** aus notarieller Urkunde zulässig.[1668] Zulässig ist ferner eine Gesamtgrundschuld, die zugleich Eigentümer- und Fremdgrundschuld ist.[1669] Auch nur wegen eines **Teilbetrages der Grundschuld** (Hypothekenforderung) kann sich der Schuldner persönlich und der Eigentümer wegen des dinglichen Anspruchs der sofortigen Zwangsvollstreckung unterwerfen. Die Teilunterwerfung erfordert als prozessuale Willenserklärung eine betragsmäßig bestimmte Bezeichnung des Teils des Zahlungs- und/oder Duldungsanspruchs, auch hinsichtlich der Zinsen und sonstigen Nebenleistungen. Eine **Teilung des Rechts** kann **für die Eintragung der beschränkten Unterwerfung** nach ZPO § 800 auf einen Teilbetrag der Grundschuld (Hypothekenforderung) **nicht** gefordert werden, auch wenn die Unterwerfung wegen eines zuletzt zu zahlenden Betrag erklärt wird.[1670] 587

Ohne Teilung der Grundschuld (Hypothek) ist aber die Unterwerfungserklärung **nicht** auf einen **rangmäßig abgespaltenen**, zB einen letztrangigen Teilbetrag beschränkbar und auch **nicht** eintragbar, weil ein unterschiedlicher Rang für ein Grundpfandrecht ausgeschlossen ist.[1671]

Wird eine Grundschuld in eine Hypothek **umgewandelt** (oder umgekehrt), so gilt eine bestehende Unterwerfung des jeweiligen Eigentümers unter die sofortige Zwangsvollstreckung weiter.[1672] Während die Umwandlung einer Eigentümerhypothek in eine Eigentümergrundschuld zulässig ist,[1673] kann nicht umgekehrt eine Eigentümergrundschuld in eine forderungslose Eigentümerhypothek umgewandelt werden,[1674] wenn nicht der Eigentümerhypothek zugleich eine Forderung des Eigentümers gegen einen Dritten unterlegt wird.[1675] Die Umwandlung einer Eigentümergrundschuld in eine Fremdhypothek ist bei gleichzeitiger Unterlegung einer Forderung und Abtretung der Grundschuld an den Dritten möglich.[1676] Nicht erforderlich ist, dass der Grundstückseigentümer bereits als Gläubiger des auf ihn übergegangenen Rechts zur Eintragung in das GB gelangte. Für die Umwandlung einer Fremdgrundschuld in eine Fremdhypothek genügt gleichermaßen die Unterlegung einer Forderung.[1677] Sofern die unterlegte Forderung einem neuen Gläubiger zusteht, muss aber neben der Umwandlungsvereinbarung zwischen dem Grundstückseigentümer und dem neuen Gläubiger in entsprechender Anwendung von § 1180 Abs 2 BGB auch der bisherige Grundschuldgläubiger zustimmen. 588

Ein Verzicht (§ 1168 BGB) **auf die Eigentümergrundschuld** kann nicht eingetragen werden, da er begrifflich Verschiedenheit von Eigentümer und Grundschuldgläubiger voraussetzt.[1678] 589

Die **Pfändung** einer **Grundschuld**, auch wenn sie dem Eigentümer zusteht, hat gemäß § 857 Abs 6 ZPO ebenso wie die einer Hypothek nach § 830 ZPO zu erfolgen. Zur wirksamen Pfändung bedarf es daher eines Pfändungsbeschlusses der das dingliche Recht erfasst und ferner bei Briefgrundschulden der Übergabe des Briefes sowie bei **Buchrechten** der **Eintragung** der Pfändung im GB. 590

Die Pfändung einer Grundschuld, die **vorläufig dem Eigentümer zusteht**, weil die Forderung für welche die Hypothek bestellt wurde noch nicht zur Entstehung gelangt ist oder die für den Erwerb des Rechts durch 591

1667 BGH DNotZ 1986, 227 = NJW 1986, 314 = Rpfleger 1986, 9.

1668 BGHZ 64, 316 = NJW 1975, 1356; KG DNotZ 1929, 34; MüKo-*Eickmann* § 1196 Rn 13; *Staudinger-Wolfsteiner* § 1196 Rn 13.

1669 BayObLGZ 1962, 184 aaO (Fn 1118).

1670 BGHZ 108, 372 (377) = DNotZ 1990, 586 mit Anm. *Wolfsteiner* = NJW 1990, 258; BayObLG 1985, 141 = DNotZ 1985, 476; OLG Hamm DNotZ 1988, 231 mit Anm. *Wolfsteiner* = NJW 1987, 190 (unter Aufgabe von DNotZ 1984, 489).

1671 Dazu *Schöner/Stöber*, Grundbuchrecht, Rn 2044.

1672 LG Bonn Rpfleger 1998, 34; LG Düsseldorf DNotZ 1962, 97; MüKo-*Eickmann* Rn 7, *Palandt-Bassenge* § 1198 BGB Rn 1; *Schöner/Stöber* Rn 2551. **AA** MüKo-ZPO-*Wolfsteiner* § 800 Rn 21.

1673 KG KGJ 26, 229; MüKo-*Eickmann* § 1198 BGB Rn 3.

1674 KG KGJ 39, 243; 40, 258; *Staudinger-Wolfsteiner* § 1198 BGB Rn 9.

1675 MüKo-*Eickmann* Rn 4, *Palandt-Bassenge* Rn 4, *Staudinger-Wolfsteiner* Rn 8 je zu § 1198 BGB. **AA** KG JFG 7, 356; *Planck-Strecker* Bem 2a mwN je zu § 1198 BGB.

1676 BGH DNotZ 1969, 34 = NJW 1968, 1674 = Rpfleger 1968, 277; MüKo-*Eickmann* § 1198 BGB Rn 5. **Anders** *Staudinger-Wolfsteiner* § 1198 BGB Rn 8, der eine Unterlegung mit der Forderung eines Dritten auch in der Person des Eigentümers für möglich hält und erst dann das Recht dem Gläubiger über § 1117 BGB verschafft wird.

1677 KG RJA 7, 233; *Staudinger-Wolfsteiner* § 1198 BGB Rn 7.

1678 KG JFG 4, 433; *BGB-RGRK-Thumm* § 1168 BGB Rn 1; *Wolff-Raiser* § 144 II 2 Fn 25.

den Gläubiger nach § 1117 Abs 1 S 1 iVm § 1192 Abs 1 BGB erforderliche Briefübergabe noch nicht stattgefunden hat (vgl § 1163 Abs 2 BGB), ist grundsätzlich möglich.[1679] Sie wird bei einem Briefrecht mit der Übergabe (Wegnahme) des Briefes wirksam (§ 830 Abs 1 ZPO). Die Wirksamkeit der **Pfändung des Buchrechts scheitert** regelmäßig **an der GB-Eintragung**, die solange nicht erfolgen kann, als nicht die Unrichtigkeit des GB in bezug auf die eingetragene Hypothek und die Gläubigerstellung endgültig feststeht und der Nachweis dafür erbracht, was jedoch erst denkbar ist, wenn das Anwartschaftsrecht des Gläubigers auf die Hypothek erloschen ist. Auch die Höchstbetragssicherungshypothek ist, soweit eine Forderung noch nicht entstanden und zur Festellung gelangte, eine vorläufige Eigentümergrundschuld, die auflösend bedingt erst mit Entstehen der Forderung in deren Höhe zur Hypothek für den Gläubiger wird. Der **Nachweis der Umwandlung** einer vorläufigen **in eine endgültige Grundschuld** kann gegenüber dem GBA u. a. durch eine der Form des § 29 GBO entsprechende Erklärung des Gläubigers mit dem Inhalt erfolgen, dass die Forderung nicht entstanden bzw. erloschen ist und auch nicht entstehen wird, oder dass er die Sicherungshypothek nicht in Anspruch nehmen werde. Die Formulierung, es werde bestätigt, »dass die der Höchstbetragshypothek zugrunde liegende Zugewinnausgleichsforderung nicht bzw. nicht in voller Höhe entstehen wird, fehlt die für Grundbucherklärungen erforderliche Klarheit und Eindeutigkeit.[1680] Eine **zu Unrecht vorgenommene Eintragung der Pfändung** einer **vorläufigen** Eigentümergrundschuld stellt jedoch keine inhaltlich unzulässige Eintragung dar.[1681] Sie macht daher die Pfändung wirksam und zwar dann, wenn nur ein Teil des Rechts Eigentümergrundschuld geblieben ist und der Eintragungsvermerk nicht erkennen lässt in welcher Höhe die Höchstbetragshypothek tatsächlich gepfändete Eigentümergrundschuld ist. Infolge des weiterhin bestehenden Anwartschaftsrechts des Gläubigers auf die Hypothek verwandelt sich aber mit der Valutierung die Eigentümergrundschuld in eine dem Gläubiger zustehende Hypothek unter **Wegfall des Pfandrechts**.[1682]

592   Auch die Pfändung einer **künftigen Eigentümergrundschuld**, gemeint ist damit eine derzeit noch einem Dritten zustehende Hypothek oder Grundschuld, ist durch gerichtlichen Pfändungsbeschluss möglich.[1683] Wirksam wird die Pfändung aber erst bei einem Briefrecht mit der Übergabe des Briefes und dem Entstehen des Eigentümerrechts. Die für die Wirksamkeit **Pfändung** einer Eigentümerbuchgrundschuld erforderliche GB-Eintragung kann dagegen vor ihrem endgültigen Entstehen **nicht eingetragen** werden. Eine trotzdem erfolgte Eintragung der Pfändung einer künftigen Eigentümerbuchgrundschuld macht diese nicht wirksam und wäre als inhaltlich unzulässig von Amts wegen zu löschen.[1684]

593   **Pfändbar** ist ferner der gegen eine Sicherungsgrundschuld bestehende **Rückgewähranspruch**. Es handelt sich dabei um einen selbständigen schuldrechtlichen Anspruch, dessen Pfändung nach §§ 857 Abs 1, 829 ZPO vorzunehmen ist. Die Pfändung **erfasst** als Nebenrecht auch eine für den Schuldner zur Sicherung seines Rückgewähranspruchs eingetragene **Vormerkung** (§ 883 BGB)[1685] und kann bei dieser in das GB eingetragen werden.[1686] Des Weiteren wird von der Pfändung des Rückgewähranspruchs auch der schuldrechtliche Anspruch auf Eintragung der Vormerkung mit erfasst. Der Pfandgläubiger kann daher auch selbst die Sicherung dieses Anspruch durch Eintragung einer Vormerkung für den Schuldner erwirken[1687] und zugleich die Eintragung der Pfändung bei der Vormerkung verlangen. Klarzustellen ist, dass ein Grundschuldgläubiger durch die Pfändung des Rückgewähranspruchs in seiner Verfügungbefugnis nicht beschränkt wird und für das GBA kein Hinderungsgrund besteht die Abtretung seiner Grundschuld einzutragen, weil die durch wirksame Pfändung eingetretene Verstrickung nur die Rechte des Grundstückseigentümers einschränkt.[1688]

594   Die **Verpfändung einer Buchgrundschuld** erfolgt in Anlehnung an die Vorschriften über die Verpfändung einer Hypothek gemäß § 1192 Abs 1 iVm §§ 1154, 1291, 1274 BGB. Sie erfordert eine materiell formlose Einigung zwischen dem Pfandgläubiger und dem Grundpfandrechtsgläubiger in der die **gesicherte Forderung angegeben sein muss**. Zur wirksamen Entstehung des Pfandrechts ist als rechtsbegründender Akt noch die **Eintragung** im GB erforderlich, wobei die Forderungsangabe nicht unbedingt die Angabe eines Geldbetrages beinhalten muss und durch Bezugnahme auf die Eintragungsbewilligung erfolgen kann.[1689] Die Verpfändung einer Briefgrundschuld, auch einer Eigentümerbriefgrundschuld, erfolgt über § 1274 Abs 1, § 1192 Abs 1 iVm §§ 1154, 413, 398 BGB durch schriftliche Verpfändungserkläung und Übergabe des Grundschuldbriefes.

1679   RGZ 97, 223 (226); 120, 110 (112).
1680   Vgl. OLG Karlsruhe FGPrax 2006, 53 = Rpfleger 2006, 182.
1681   So RGZ 120, 110, (112).
1682   Siehe *Stöber* Forderungspfändung. RdNr1951.
1683   RGZ 51, 115 (116).
1684   RGZ 145, 343, (353).
1685   KG OLGZ 1976, 44 = Rpfleger 1976, 128; OLG Hamm DNotZ 1990, 601 = NJW-RR 1990, 272.
1686   KG HRR 1937 Nr 246.
1687   Vgl LG Freiburg NJW 1956, 144.
1688   Vgl OLG Hamburg FGPrax 1999, 6.
1689   *Schöner/Stöber* Rn 2450; *Bintz* Rpfleger 2005, 11.

d) Aufhebung, Erlöschen. Für die rechtsgeschäftliche Aufhebung und die Löschung einer Grundschuld fin- 595
den über § 1192 Abs 1 BGB gleichermaßen die Vorschriften über die Aufhebung und Löschung einer Hypothek Anwendung (siehe Rdn 570).

Verfügt der **befreite Vorerbe durch Löschungszustimmung (§ 1183 BGB) unentgeltlich über ein
Grundschuld**, so soll es nicht noch der weiteren Zustimmung des Nacherben bedürfen, weil die Verfügung ja
erst mit Eintritt des Nacherbfalls unwirksam werde.[1690] Zu Recht wird insoweit moniert, dass der Nacherbe
ohne Eintragung eines »modifizierten« Löschungsvermerks, wodurch das nur »vorläufig« gelöschte Recht weiterhin seine grundbuchmäßige Rangposition behält, keinen ausreichenden Schutz genießt.[1691]

Zum Erlöschen kraft Gesetzes siehe die Ausführungen unter Rdn 571.

16. Rentenschuld

Schrifttum

Brettner, Die Rentenschuld im Bürgerlichen Gesetzbuch und seinen Nebengesetzen, ArchBürgR 13, 111; *von Hertzberg,*
Sicherung von Rentenkaufverträgen und Übertragungsverträgen über Grundstücke, MittRhNotK 1988, 5.

a) Begriff, Entstehung. Die Rentenschuld ist eine praktisch bedeutungslose Abart der Grundschuld (§ 1199 596
Abs 1 BGB).[1692] Sie gewährt, anders als die Grundschuld, ein Recht auf Leistung bestimmter Geldsummen zu
regelmäßig wiederkehrenden Terminen aus dem Grundstück, wobei ihre einzelnen Beträge unterschiedlich
hoch sein können.[1693] Ferner muss ein Ablösungsbetrag festgesetzt werden (§ 1199 Abs 2 BGB). Zulässig sind
verschieden hohe Ablösungsbeträge je nach dem Zeitpunkt der Zahlung.[1694] Die Ablösungssumme kann ohne
Rücksicht auf die Höhe der wiederkehrenden Leistungen frei vereinbart werden.[1695] Die einzelnen Leistungen
sind nicht Tilgungsleistungen auf die Ablösungssumme; dahingehende Vereinbarungen wären unvereinbar mit
dem Wesen der Rentenschuld und nichtig.[1696] Nichtig ist daher auch die Eintragung eines amortisierbaren Darlehens als Rentenschuld.[1697] Die **Ablösungssumme muss** in das GB **eingetragen werden** (§ 1199 Abs 2 S 2
BGB), wobei eine Bezugnahme auf die Eintragungsbewilligung nicht genügt.[1698] Eine **nachträgliche Erhöhung** der Ablösungssumme ist nicht zulässig, auch wenn keine nachrangigen Rechte vorhanden sind, weil es
dafür an einer entsprechenden Vorschrift fehlt.[1699] Die Höhe der dinglichen Belastung bestimmt sich durch den
Ablösungsbetrag, wobei sich die Zahlung dieses Betrages wie die auf das Kapital einer Grundschuld auswirkt
(§ 1200 Abs 2 BGB). Nachdem das Kapital einer Hypothek und einer Grundschuld nicht erhöht werden kann
und eine Erweiterung der dinglichen Belastung, abgesehen von § 1119 BGB mit § 1200 BGB, das Gesetz dies
auch nicht für die Rentenschuld gestattet, scheitert eine Erhöhung der Ablösungssumme, so dass insoweit nur
eine Neubestellung des Rechts in Frage kommen kann.

Die **Entstehung** der Rentenschuld erfordert materiell eine Einigung zwischen dem Gläubiger und dem 597
Grundstückseigentümer sowie die Eintragung des Rechts im GB (§ 873 BGB). Für den Erwerb eines Briefrechts durch den Gläubiger ist, wenn nicht eine Vereinbarung nach § 1117 Abs 2 BGB vorliegt, noch die Übergabe des Briefes erforderlich (§§ 1117 Abs 1, 1192 Abs 1, 1199 Abs 1 BGB). Die formelle Eintragungsgrundlage bildet die Bewilligung (§ 19 GBO) des Eigentümers.

b) Ablösung, Ausgestaltung des Rechts. Die **Ablösung** kann grundsätzlich nur der Eigentümer verlangen 598
(§ 1201 Abs 1 BGB), der Gläubiger lediglich bei Verschlechterung des Grundstücks (§§ 1201 Abs 2 S 2, 1133
S 2 BGB) oder nach Kündigung durch den Eigentümer. Dessen Kündigungsrecht kann äußerstenfalls dahin
beschränkt werden, dass die Kündigung erst nach Ablauf von 30 Jahren mit einer Frist von 6 Monaten zulässig
ist (§ 1202 Abs 2 BGB). Die Kündigungsfrist unterliegt der Parteidisposition; mangels abweichender Vereinbarung beträgt sie 6 Monate (§ 1201 Abs 1 S 2 BGB). Die gesetzliche Regelfrist des BGB kann landesgesetzlich
anders bestimmt werden (Art 117 Abs 2 EGBGB).

1690 So HansOLG Hamburg Rpfleger 2004, 617 = ZMR 2004, 772.
1691 Siehe *Hintzen/Alff* u *Bestelmeyer* Rpfleger 2005, 80.
1692 Vgl MüKo-*Eickmann* § 1199 BGB Rn 1.
1693 Vgl *Schöner/Stöber* Rn 2367; *Staudinger-Wolfsteiner* § 1199 BGB Rn 2.
1694 Vgl MüKo-*Eickmann* Rn 4, *Palandt-Bassenge* Rn 3 je zu § 1199 BGB.
1695 Vgl RGZ 86, 260; OLG Bremen OLGZ 1965, 74; *Staudinger-Wolfsteiner* § 1199 BGB Rn 7.
1696 KG RJA 1, 22, OLG 1, 191; DNotZ 1958, 203 (205); OLG Braunschweig OLG 45, 239 = JW 1925, 2270; OLG
      Bremen OLGZ 1965, 74 aaO (Fn 1670); MüKo-*Eickmann* Rn 3, *Palandt-Bassenge* Rn 2 je zu § 1199 BGB.
1697 BayObLG OLG 1, 101; KG OLG 2, 495.
1698 Vgl *Staudinger-Wolfsteiner* § 1199 Rn 8.
1699 RG KGJ 40, 342; *Schöner/Stöber* Rn 2372. **AA** *Staudinger-Wolfsteiner* § 1199 BGB Rn 10.

599   Die **Zahlung** der **Ablösungssumme** hat bei der Rentenschuld die gleiche Wirkung wie die Zahlung auf das Kapital einer Grundschuld (§ 1200 Abs 2 BGB), bewirkt also den Übergang des Rechts kraft Gesetzes auf den Eigentümer (§ 1143 BGB analog).[1700]

600   Die vererbliche und übertragbare Rentenschuld kann **zeitlich begrenzt**[1701] sowie unter **Bedingungen**[1702] bestellt werden. Als subjektiv-dingliches Recht kann sie nicht ausgestaltet sein.[1703]

601   **c) Anwendbare Vorschriften.** Als Unterart der Grundschuld kann die Rentenschuld **Buch-** oder **Brief-recht** sein. Überhaupt finden auf sie, soweit nicht §§ 1199 ff BGB etwas anderes bestimmen, die Vorschriften für die Grundschuld Anwendung.

602   Die Rentenschuld kann gemäß einer lediglich schuldrechtlich wirkenden Abrede auch zur Sicherung einer rentenartig zahlbaren **Kaufpreisforderung** bestellt werden, sofern nicht die einzelnen Raten (Rentenbeträge) auf die Ablösungssumme verrechnet werden,[1704] sowie ferner zur Sicherung einer sonstigen Forderung wie zB einer Leibrente, die in wiederkehrender Form zu entrichten ist.[1705]

603   Von der Reallast unterscheidet sich die Rentenschuld vornehmlich dadurch, dass sie keine persönliche Haftung des Eigentümers begründet, stets auf Geldleistungen gerichtet ist, und zwar auf in gleichbleibenden Abständen zahlbare Beträge.

604   **d) Umwandlung.** Die Rentenschuld kann in eine Grundschuld und eine Grundschuld in eine Rentenschuld umgewandelt werden (§ 1203 S 1 BGB). Zulässig ist aber auch eine direkte Umwandlung der Rentenschuld in eine Hypothek (§ 1198 BGB),[1706] sofern ihr eine entsprechende Forderung zugrunde gelegt wird. Bei der Umwandlung einer Rentenschuld in eine Grundschuld wird die Ablösungssumme zum nach oben hin begrenzten Kapitalnennbetrag[1707] und die Rente zu den Zinsen. Im umgekehrten Fall, also der Umwandlung einer Grundschuld in eine Rentenschuld, wird der Kapitalnennbetrag des Rechts zur Ablösungssumme und die Zinsen zur Rente. Voraussetzung für eine wirksame Umwandlung ist die Einigung des Gläubigers mit dem Grundstückseigentümer und die Eintragung der Rechtsänderung im GB. Steht das Recht dem Eigentümer zu, so genügt dessen alleinige Erklärung. Für den Fall dass das umzuwandelnde Recht mit dem Rechten Dritter belastet ist, bedarf es zur Umwandlung auch deren Zustimmung (§§ 876, 877 BGB). Die Zustimmung von Berechtigten gleich- oder nachrangiger Recht ist nicht erforderlich (§ 1203 S 2 BGB).

17. Löschungsvormerkung und gesetzlicher Löschungsanspruch

Schrifttum

Böttcher, Der gesetzliche Löschungsanspruch des § 1179a BGB bei Insolvenz des Grundstückseigentümers, ZfIR 2007, 395; *Brych und Meinhard,* Zweifelsfragen zum gesetzlichen Löschungsanspruch, WM 1978, 342; *dies.,* Der gesetzliche Löschungs-anspruch bei Rangrücktritt von Altrechten, MittBayNot 1978, 138; *Hadding und Welter,* Zum Anspruch auf »Löschung« gemäß § 1179a BGB, JR 1980, 89; *Jerschke,* Löschungsansprüche gegenüber Grundpfandrechten nach neuem Recht, DNotZ 1977, 708 (Nachtrag: DNotZ 1978, 65); *Kissel,* Änderung sachen- und grundbuchrechtlicher Vorschriften, NJW 1977, 1760; *Mohrbutter,* Löschungsvormerkung in der Zwangsversteigerung nach neuerem Recht, KTS 1978, 17; *Rambold,* Ausge-wählte Probleme des gesetzlichen Löschungsanspruchs Rpfleger 1995, 284; *Rein,* Der Löschungsanspruch eines nachrangi-gen Grundschuldgläubigers in der Insolvenz des Grundstückseigentümers, NJW 2006, 3470; *Riggers,* Die Neuregelung der Löschungsvormerkung ab 1. Januar 1978, JurBüro 1977, 1491; *ders,* Zweifelsfragen zum Übergangsrecht von der Löschungs-vormerkung alter Art zum Löschungsanspruch nach neuem Recht, JurBüro 1978, 813; *Schön,* Änderungen im Recht der Löschungsvormerkung, BWNotZ 1978, 50; *Schulz,* Neuregelung des Rechts der Löschungsvormerkung, ZRP 1977, 40; *Stöber,* Löschungsvormerkung und gesetzlich vorgemerkter Löschungsanspruch, Rpfleger 1977, 399 und 425; *ders,* Neuer Löschungsanspruch oder alte Löschungsvormerkung? Rpfleger 1978, 165; *Wegner,* Rangrücktritt von Altrechten bei Grund-pfandrechten, Sparkasse 1979, 260; *Willke,* Zweifelsfragen zum gesetzlichen Löschungsanspruch, WM 1978, 2; *Zagst,* Löschungsvormerkung und Rangänderung von Grundpfandrechten, BWNotZ 1979, 1.

605   **a) Voraussetzungen.** Die schuldrechtliche Verpflichtung eines Grundeigentümers, eine Hypothek, Grund-schuld oder Rentenschuld im Falle der Vereinigung mit dem Eigentum löschen zu lassen, kann gemäß § 1179 BGB idF des Gesetzes zur Änderung sachenrechtlicher, grundbuchrechtlicher und anderer Vorschriften v

---

1700   BGH DNotZ 1981, 389 = NJW 1980, 2198 = Rpfleger 1980, 337.
1701   KG OLGZ 43, 17 = JFG 1, 500; OLG Braunschweig aaO (Fn 1671); *Staudinger-Wolfsteiner* § 1199 BGB Rn 3. **AA** KG KGJ 20 A 212.
1702   KG OLG 43, 17 = JFG 1, 500; *Staudinger-Wolfsteiner* aaO (Fn 1676).
1703   OLG Hamburg OLGZ 9, 312; *Staudinger-Wolfsteiner* § 1199 Rn 6.
1704   OLG Bremen aaO (Fn 1670); *Schöner/Stöber* Rn 2374.
1705   Vgl *Staudinger-Wolfsteiner* § 1199 BGB Rn 4.
1706   OLG Hamburg OLGE 36, 137.
1707   KGJ 40, 342.

22.06.1977 (BGBl I 998) durch Eintragung einer Löschungsvormerkung nur noch gesichert werden, soweit nicht bereits gegenüber den in der 3. Abteilung des GB eingetragenen Grundpfandrechten ein **gesetzlicher Löschungsanspruch nach § 1179a BGB** für den Gläubiger eines gleich- oder nachrangigen Grundpfandrechts oder nach **§ 1179b BGB** für den Gläubiger eines Grundpfandrechts gegen sein vormals eigenes Recht besteht. Der gesetzliche Löschungsanspruch ist dabei schon so **gesichert, wie wenn** für den Anspruch eine **Vormerkung** im GB **eingetragen wäre** (§ 1179a Abs 1 S 3 BGB, § 1179b Abs 2 BGB). Für solche Gläubiger kann ein Löschungsanspruch über den Rahmen der §§ 1179a 1179b BGB hinaus nicht durch Löschungsvormerkung gesichert werden.[1708] Ansonsten setzt der zu sichernde Anspruch stets eine **schuldrechtliche Verpflichtung** des Eigentümers gegenüber dem dinglich Berechtigten **voraus**. Eine Ausnahme bildet insoweit das langfristige Dauerwohnrecht für dessen Berechtigten, sofern nicht etwas anderes vereinbart ist, der Löschungsanspruch kraft Gesetzes entsteht (s § 41 Abs 2 WEG). Zu unterscheiden ist ferner zwischen dem **schuldrechtlichen Anspruch** auf Löschung einerseits (§ 311 BGB) und der **Vormerkung** als dingliche Sicherung andererseits (§§ 883, 888 Abs 1 BGB).

Kein Anspruch auf Löschung gemäss §§ 1179a, 1179b BGB besteht jedoch   **606**
- gegenüber einer bestellten Eigentümergrundschuld, solange sie noch nicht Fremdrecht war (§ 1196 Abs 3 BGB),
- gegenüber einem mangels Briefübergabe gemäss § 1163 Abs 2 BGB dem Eigentümer zustehenden Grundpfandrecht (§ 1179a Abs 2 S 2 BGB),
- für den Gläubiger einer Arresthypothek (§ 932 Abs 1 S 2 ZPO),
- gegenüber einer Sicherungshypothek für Inhaber- und Orderpapiere (§ 1187 S 4 BGB),
- wenn dieser ausgeschlossen wurde (§ 1179a Abs 5 BGB).

b) Berechtigung, Wirkungen. Als **Berechtigte einer Löschungsvormerkung gemäß § 1179 BGB** kom-   **607**
men nur Inhaber solcher dinglichen Rechte an dem belasteten Grundstück in Betracht, die keine Grundpfandrechte (Hypothek, Grundschuld, Rentenschuld) sind, also die einer Dienstbarkeit, eines Nießbrauchs, einer Reallast, eines dinglichen Vorkaufsrechts oder eines Dauerwohnrechts; ferner auch Inhaber von Ansprüchen auf Einräumung solcher Rechte oder auf Übertragung des Eigentums, ohne dass der betreffende Anspruch durch Vormerkung gesichert sein müsste.[1709] Darauf zu achten ist, dass bei der Hypothek in die Löschungsvormerkung auch der Fall des § 1163 Abs 1 S 1 BGB (Forderung nicht entstanden, weil endgültig nicht valutiert) einbezogen wird, desgleichen der Fall, dass die Hypothek bereits ganz oder teilweise auf den Eigentümer übergegangen ist.[1710] Ein künftiger oder bedingter Anspruch (wie der Heimfallanspruch des Eigentümers gegen den Erbbauberechtigten) genügt.[1711] Für sonstige Personen, denen gegenüber sich der Eigentümer zur Löschung verpflichtet hat, kann eine Löschungsvormerkung nach § 1179 BGB nicht eingetragen werden.

Die Löschungsvormerkung, deren Wirkungen gemäß §§ 883 Abs 2, 888 Abs 1 BGB denen einer sonstigen   **608**
Vormerkung entsprechen, setzt nicht voraus, dass das betroffene Recht bereits auf den zur Löschung verpflichteten Eigentümer **übergegangen** ist. Auch die Voreintragung des betroffenen Eigentümers als Löschungsverpflichteter gemäß § 39 GBO ist nicht erforderlich.[1712]

Andererseits können **über § 883 BGB** Löschungsverpflichtungen, die Rechtsinhabern gegenüber **Dritten**   **609**
obliegen, ungeachtet der sich aus § 1179 BGB ergebenden Einschränkungen eingetragen werden, wobei dann aber Voraussetzung ist, dass das betroffene Recht dem Löschungspflichtigen bereits zusteht und (§ 39 GBO) auf seinen Namen eingetragen ist.[1713]

Die **Löschungsvormerkung** des § 1179 BGB kann grundsätzlich **nur zugunsten** einer **namentlich**   **610**
bezeichneten Person, dagegen nicht für den jeweiligen Inhaber eines Rechts eingetragen werden. Nur in den Fällen, in denen der Löschungsanspruch zugunsten einer subjektiv-dinglichen Berechtigung besteht, ist die Eintragung für den jeweiligen Eigentümer des herrschenden Grundstücks zulässig.[1714]

Dem **Gläubiger** eines **Grundpfandrechts** das am **1. Jan. 1978** bereits im GB eingetragen war und desgleichen dem Gläubiger eines Übergangsrechts, steht ein gesetzlicher Löschungsanspruch nach § 1179a BGB nicht   **611**

1708 *Schöner/Stöber* Rn 2597; *Stöber* Rpfleger 1977, 399 (402).
1709 Vgl *Schöner/Stöber* Rn 2599; *Stöber* Rpfleger 1977, 399 (401).
1710 Dazu auch *Schöner/Stöber*, Rn 2613.
1711 OLG Hamm JurBüro 1981, 94 = Rpfleger 1981, 35; *Schöner/Stöber* aaO (Fn 1685).
1712 Vgl *Schöner/Stöber* Rn 2597.
1713 Vgl *Schöner/Stöber* Rn 2597.
1714 BayObLGZ 1980, 128 = DNotZ 1980, 483 = NJW 1981, 2582 = Rpfleger 1980, 341; LG Wuppertal Rpfleger 1979, 421 (*Grauel*); *Schöner/Stöber* Rn 2608; *Stöber* Rpfleger 1977, 399 (403 f).

Morvilius   191

zu,[1715] und dies auch dann nicht, wenn das Recht nach diesem Zeitpunkt im Rang zurücktritt.[1716] Daher kann in solchen Fällen nach Art. 8 § 1 Abs 3 S 2 ÄndG eine **Löschungsvormerkung nach § 1179 BGB** in der bisherigen Fassung eingetragen werden, aber nur zur Verstärkung des betreffenden Rechts und nicht zugunsten des jeweiligen, sondern nur des gegenwärtigen Rechtsinhabers in dieser Eigenschaft, und nicht unabhängig von diesem Recht.[1717]

612   Die Löschungsvormerkung wirkt nur gegenüber **endgültigen**, nicht vorläufigen Eigentümergrundschulden nach § 1163 Abs 1 S 1, Abs 2 BGB.[1718] Für den Fall endgültig ausbleibender Valutierung gilt dies auch.[1719] Eine Löschungsverpflichtung für einen anderen Fall als den des Überganges auf den Eigentümer selbst kann durch Löschungsvormerkung nicht gesichert werden.[1720]

Gegen die Berücksichtigung des Grundstückseigentümers selbst, soweit der Löschungsanspruch nach § 1196 Abs 3 BGB gesetzlich ausgeschlossen ist, besteht die Möglichkeit einer Sicherung durch Vereinbarung eines Aufhebungsanspruchs (§ 241 Abs 1, § 311 Abs 1 BGB) und Sicherstellung mit **Aufhebungsvormerkung nach § 883 BGB**. Damit behält sich der (nachrangige) Berechtigte die Kontrolle über die zweckgerechte Verwendung des Eigentümerrechts vor. Er kann einer (einzelnen) Verfügung über das Eigentümerrecht mit Genehmigung Wirksamkeit verschaffen (und dazu verpflichtet sein), zweckwidrigen Verfügungen und vor allem einer Zuteilung an den Eigentümer selbst bei Erlösverteilung in der Zwangsversteigerung jedoch entgegentreten.[1721]

613   Eine Löschungsvormerkung hindert die **Entstehung** einer Eigentümergrundschuld nicht.[1722] Der Eigentümer kann hierüber auch verfügen, und zwar ohne die Zustimmung des Vormerkungsberechtigten, deren Nachweis das GBA auch nicht verlangen kann. Dem Vormerkungsberechtigten bleibt dagegen sein Löschungsanspruch gegen den Eigentümer und kraft der Vormerkung auch sein Anspruch auf Zustimmung zur Löschung gegen Drittberechtigte.[1723]

614   **c) Ausschluss des gesetzlichen Löschungsanspruchs.** Der gesetzliche Löschungsanspruch kann nach § 1179a Abs 5 BGB **ausgeschlossen** werden, und zwar sowohl gegenüber sämtlichen vor- und gleichrangigen Grundpfandrechten als auch lediglich einzelnen gegenüber, die dann genau zu bezeichnen wären.[1724] Der **anfängliche Ausschluss** ist Inhalt des begünstigten Grundpfandrechts und erfordert eine formlose Einigung zwischen dem Grundstückseigentümer und dem Gläubiger sowie die Eintragung im GB. Für den zulässigen Ausschluss bei einer Eigentümergrundschuld[1725] genügt anstelle der Einigung die einseitige Erklärung des Eigentümers. Ausschließbar ist bei der Bestellung einer Eigentümergrundschuld auch der Anspruch auf Löschung der Grundschuld selbst nach § 1179b BGB.[1726] Nicht ausgeschlossen werden kann dagegen der Löschungsanspruch eines künftig einzutragenden Grundpfandrechts gegenüber einem jetzt einzutragenden Grundpfandrecht.[1727] Formell für die Eintragung des Ausschlusses im GB bedarf es lediglich der Eintragsbewilligung des Eigentümers.[1728]

615   Ein **nachträglicher Ausschluss** des gesetzlichen Löschungsanspruchs ist eine Inhaltsänderung des eingetragenen Grundpfandrechts iS des § 877 BGB und erfordert eine Einigung zwischen Gläubiger und Eigentümer sowie die Zustimmung derjenigen Berechtigten nach § 876 BGB, denen ein Recht an dem Grundpfandrecht zusteht (Pfandgläubiger, Nießbraucher). Formell zur GB-Eintragung genügt die Bewilligung des Gläubigers und der etwaigen Drittberechtigten.[1729]

616   Ebenso eine Inhaltsänderung des eingetragenen Grundpfandrechts iS des § 877 BGB ist die **Aufhebung des Ausschlusses**, der gleichfalls einer Einigung zwischen Eigentümer und Gläubiger bedarf, nicht jedoch der

---

1715   Art 8 § 1 des Gesetzes zur Änderung sachenrechtlicher, grundbuchrechtlicher oder anderer Vorschriften v 22.06.1977, BGBl I 998.

1716   BayObLGZ 1979, 126 = DNotZ 1979, 505; OLG Celle, DNotZ 1978, 728; OLG Düsseldorf, MittRhNotK 1979, 17 Leits. mit Anm. Schriftl.; OLG Frankfurt, MittRhNotK 1978, 186; OLG Köln, MittRhNotK 1979, 38; OLG Oldenburg, DNotZ 1979, 35; *Schöner/Stöber*, Grundbuchrecht, Rn 2637 m. w. Nachw.

1717   LG Duisburg JurBüro 1986, 751 (*Muth*); LG Köln MittRhNotK 1988, 18; *Schöner/Stöber* Rn 2636; **anders**: KG DNotZ 1980, 487 = Rpfleger 1980, 342.

1718   BGH NJW 1973, 895 = DNotZ 1973, 414 = Rpfleger 1973, 209; *Schöner/Stöber* Rn 2613.

1719   RGZ 125, 136.

1720   Vgl KG OLG 10, 425.

1721   S hierzu Stöber, Rpfleger 1977, 399 (402).

1722   OLG München JFG 14, 319 (323); *Schöner/Stöber* Rn 2617.

1723   RGZ 93, 117; KG KGJ 44, 310.

1724   Vgl LG Nürnberg-Fürth MittBayNot 1980, 71 = Rpfleger 1980, 386; *Schöner/Stöber* Rn 2626.

1725   Vgl BayObLG DNotZ 1992, 306 = NJW-RR 1992, 306.

1726   OLG Düsseldorf NJW 1988, 1978 = Rpfleger 1988, 308.

1727   BayObLG DNotZ 1992, 306 aaO (Fn 1700); *Palandt-Bassenge* § 1179a Rn 10.

1728   *Schöner/Stöber* Rn 2626; *Jerschke* DNotZ 1977, 725.

1729   *Schöner/Stöber* Rn 2627; *Stöber* Rpfleger 1977, 425 (429).

Zustimmung gleich- oder nachrangiger Gläubiger. Auch die Zustimmung etwaiger Dritter nach § 876 BGB ist nicht erforderlich, weil sie durch die Wiedereinräumung des Löschungsanspruchs keine Beeinträchtigung erfahren.[1730] Formell zur GB-Eintragung ist nur die Bewilligung des Eigentümers nötig.

d) Auswirkungen der Versteigerung. Grundbuchrechtlich ohne Bedeutung sind die Löschungsvormerkung 617 und der gesetzliche Löschungsanspruch, wenn das davon betroffene wie auch das begünstigte Recht durch den Zuschlag erlöschen (§ 91 Abs 1 ZVG), weil damit zugleich die Nebenrechte erlöschen und sich als Surrogat am Versteigerungserlös fortsetzen. Richtet sich dagegen die Löschungsvormerkung bzw der vormerkungsgesicherte gesetzliche Löschungsanspruch gegen ein Grundpfandrecht das bei der Zwangsversteigerung des belasteten Grundstücks **bestehen geblieben** ist (§ 52 Abs 1 S 1 ZVG) während das nachrangige Recht, zu dessen Gunsten die Vormerkung bzw der gesetzliche Löschungsanspruch besteht, erloschen ist, so gilt folgendes:

– Die **Löschungsvormerkung** nach § 1179 BGB erlischt nicht. Sie **bleibt** mit dem behafteten Recht (als Nebenrecht) **bestehen**, sichert allerdings nur den Anspruch auf Aufhebung einer bereits bei Zuschlag bestehenden und nach § 52 ZVG bestehen gebliebenen Eigentümergrundschuld. Eine Löschung darf weder auf Ersuchen des Vollstreckungsgerichts über § 130 Abs 1 ZVG, noch durch das GBA selbst erfolgen.[1731] Die bestehen gebliebene Eigentümergrundschuld ist auflösend bedingt durch die Verwirklichung des gesicherten Löschungsanspruchs.

– Auch bei einem **gesetzlichen Löschungsanspruchs nach § 1179a BGB** hat das Erlöschen des damit behafteten Rechts **nicht** das **Erlöschen des Anspruchs** zur Folge (§ 91 Abs 4 S 1 ZVG). Erst die Befriedigung des Berechtigten kann das Erlöschen des Anspruchs bewirken (§ 91 Abs 4 S 2 ZVG). Soweit gegenüber einem bestehen bleibenden Grundpfandrecht nach § 1179a Abs 1 S 3 BGB die **Wirkungen einer Vormerkung** bestanden, **fallen** diese mit Ausführung des Eintragungsersuchens nach § 130 ZVG **weg** (§ 130a Abs 1 ZVG). Da mit Ausführung des Grundbuchersuchens der fortbestehende Löschungsanspruch nicht mehr grundbuchersichtlich ist, bedarf es für weiter bestehende Rechte des Löschungsberechtigten der Grundbuchsicherung. Dies geschieht durch **Eintragung** einer **Vormerkung**, deren Eintragung der Anspruchsberechtigte spätestens im Verteilungstermin zu **beantragen** hat (§ 130 Abs 2 S 1 ZVG). Die dann auf Veranlassung des Vollstreckungsgerichts einzutragende Vormerkung sichert einen Löschungsanspruch nur noch wegen solcher Vereinigungen eines Grundpfandrechts mit dem Eigentum, die **vor** dem Zuschlag eingetreten sind.

– Keine Bedeutung erlangt die Sicherung einer Löschungsverpflichtung des Eigentümers für seinen **Zinsanspruch** aus einer Eigentümergrundschuld in der Zwangsversteigerung. Für Rückstände von Zinsen und anderen Nebenleistungen, die dem Gläubiger erstattet werden, **erlischt** die Hypothek oder Grundschuld bei Übergang auf den Eigentümer nach § 1178 Abs 1 BGB kraft Gesetzes. Ansonsten gebühren wegen § 1197 Abs 2 BGB dem Eigentümer **Zinsen nur in der Zwangsverwaltung** und insoweit ist die Löschungsverpflichtung auch bedeutsam. Zu beachten ist ferner, dass das Grundstück veräußert werden kann und sich der bisherige Eigentümer die Grundschuld zurückbehält. Dann entfällt für den Grundschuldgläubiger die Beschränkung des § 1197 Abs 2 BGB.

e) Auswirkungen der Insolvenz des Grundstückseigentümers. Der gesetzliche Löschungsanspruch 618 nach §§ 1179a 1192 Abs 1 BGB des nachrangigen Grundschuldgläubigers ist nach Ansicht des BGH **nicht insolvenzfest, wenn** die vorrangige Sicherungsgrundschuld zwar zum Zeitpunkt der Eröffnung des Insolvenzverfahrens nicht mehr valutiert ist, das **Eigentum** an dem Grundstück **und** die **Grundschuld** jedoch zu diesem Zeitpunkt **noch nicht zusammengefallen sind**.[1732]

Diese Entscheidung begegnet Bedenken. Voraussetzung für die Insolvenzfestigkeit ist es, dass der vormerkungsfähige Anspruch bereits vor Insolvenzeröffnung zur Entstehung gelangt. Nachdem der *BGH* den Anspruch aus § 1179a BGB als einen **künftigen** betrachtet, dessen Vormerkbarkeit jedenfalls dann nicht möglich sei, wenn seine Entstehung ausschließlich vom Willen des Schuldners oder davon abhängt, dass dieser ein Rechtsgeschäft erst vornimmt, verneint er dessen Vormerkbarkeit, solange die Vereinigung von Grundpfandrecht und Eigentum noch nicht eingetreten ist. Damit sei zum Zeitpunkt der Insolvenzeröffnung mangels entstandenem Löschungsanspruch kein Vormerkungsschutz gegeben und deshalb auch die Voraussetzungen für § 106 InsO nicht erfüllt.

Dies würde jedoch bedeuten, dass für Berechtigte in Abteilung 2 des GB die Eintragung einer Löschungsvormerkung nach § 1179 BGB zugleich mit der Eintragung ihrer Rechte nicht mehr möglich wäre, weil die Vormerkbarkeit des vermeintlich künftigen Anspruchs als Folge der BGH-Entscheidung solange ausgeschlossen wäre, als eine Vereinigung des vorrangigen Grundpfandrechts mit dem Eigentum nicht eingetreten ist. Richti-

---

1730 *Schöner/Stöber* Rn 2632.
1731 OLG Hamm Rpfleger 1959, 130.
1732 So BGH Rpfleger 2006, 484 mit Anmerkung *Alff* = WM 2006, 869 = ZInsO 2006, 599 = ZIP 2006, 1141. *Kesseler* EWiR 2006, 457. **Anders noch** OLG Köln Rpfleger 2005, 249 = ZIP 2005, 1038.

gerweise handelt es sich aber mE bei dem Löschungsanspruch um einen **aufschiebend bedingten Anspruch**, der bereits im Zeitpunkt des Eingehens der Löschungsverpflichtung entsteht und nicht erst mit dem Eintritt der Bedingung, die ohne weiteres vom (willkürlichen) Verhalten des Verpflichteten abhängig sein kann. Die Vormerkbarkeit bedingter Ansprüche ist im Gegensatz zu künftigen Ansprüchen bereits gegeben, wenn eine Bindung für den Fall eines künftigen Verhaltens gewollt ist. Dass das Entstehen des Anspruchs nur noch vom Willen des Berechtigten abhängt, ist insoweit nicht erforderlich.

Der Eintragung einer Löschungsvormerkung nach § 1179 BGB und deren Durchsetzung nach § 106 InsO im Falle der Insolvenz steht daher nichts entgegen.

Auch beim gesetzlichen Löschungsanspruch handelt es sich um einen **aufschiebend bedingten Anspruch**, der durch den fiktiven Vormerkungsschutz des § 1179a Abs 1 S 3 BGB keine andere Behandlung rechtfertigt.

D. Grundsätze des Eintragungsverfahrens

Schrifttum

Böttcher, Zur Antragsberechtigung in Grundbuchsachen, Rpfleger 1982, 52; *Eickmann,* Formalverfahren oder Rechtsverwirklichung, Rpfleger 1973, 341; *ders,* Rangbestimmung im Grundbuchverfahren, RpflStud 1977, 2; *ders,* Die Gewinnung von Entscheidungsgrundlagen im Grundbuchverfahren, Rpfleger 1979, 169; *ders,* Der Rang der Grundstücksrente, RpflStud 1982, 74, 85; *ders,* Besondere Verfahren der Grundbuchordnung, RpflStud 1984, 1; *Ertl,* Rechtsnatur und Bedeutung der Eintragungsbewilligung, DNotZ 1964, 260; *ders,* Antrag, Bewilligung und Einigung im Grundstücks- und Grundbuchrecht, Rpfleger 1980, 41; *Haegele,* Urkundenvorlage beim Grundbuchamt, Rpfleger 1967, 33; *Huhn,* Gegenwärtige und künftige Hauptprobleme des Grundbuchverfahrensrechts, RpflStud 1978, 30; *Köther,* Der Umfang der Prüfungspflicht im Grundbuchrecht (Diss Würzburg 1982); *Müller,* Die Bezeichnung nichtvermessener Grundstücksteilflächen im notariellen Veräußerungsvertrag, DNotZ 1966, 77; *Nieder,* Entwicklungstendenzen und Probleme des Grundbuchverfahrensrechts, NJW 1984, 329; *Ritzinger,* Konsensprinzip und Prüfungspflicht des Grundbuchamts, BWNotZ 1981, 6; *Rademacher,* Die Bedeutung des Antrags und der Bewilligung im Grundbuchverfahren, MittRhNotK 1983, 81, 105; *Schmidt,* Inhaltskontrolle und Grundbuchverfahrensrecht, MittBayNot 1978, 89; *Vassel,* Das Grundbucheintragungsverfahren und die materielle Richtigkeit des Grundbuchs (Diss Marburg 1970); *Wirner,* Zur Bezeichnung noch zu vermessender Teilflächen im Hinblick auf den Bestimmtheitsgrundsatz im Grundbuchrecht, MittBayNot 1981, 221.

Übersicht

I. Allgemeines

Das Grundbuchverfahrensrecht ist von mehreren Hauptgrundsätzen beherrscht. Deren Abgrenzung ist nicht **1** immer scharf, vielfach gehen die Grundsätze ineinander über. Dass Ausnahmen bestehen, ist selbstverständlich, da ja die gesetzliche Regelung allen Belangen und Einzelfällen möglichst gerecht werden will. Die Verfahrensgrundsätze haben häufig ihren Ursprung im materiellen Grundstücksrecht, das die Entstehung, Änderung, Aufhebung und den Inhalt von Grundstücksrechten regelt. Die Lehrsätze des formellen Grundbuchverfahrensrechts ergänzen das materielle Grundstücksrecht sinnvoll. Trotz scheinbarer Widersprüche handelt es sich um ein **fein abgestimmtes System zwischen materiell-rechtlichen und formell-rechtlichen Normen,** die miteinander eng verflochten sind.[1]

II. Eintragungsgrundsatz (= Buchungsprinzip)

1. Der materielle Eintragungsgrundsatz

Der Eintragungsgrundsatz besagt materiell, dass dingliche Rechte zum Zwecke ihrer »Sichtbarkeit« nicht ohne **2** Eintragung bestellt, geändert, übertragen oder aufgehoben werden können. § 873 Abs 1 und § 877 BGB bringen das Buchungsprinzip zum Ausdruck. Für den Regelfall wird neben der Einigung die Eintragung in das Grundbuch verlangt. Einigung und Eintragung stehen gleichwertig nebeneinander, beide sind Voraussetzungen der Rechtsänderung. Einigung ohne Eintragung genügt nicht, ebensowenig Eintragung ohne Einigung; beides muss zusammenkommen. Die Reihenfolge ist allerdings gleichgültig; ob zuerst die Einigung vorliegt und die Eintragung im Grundbuch nachfolgt oder ob umgekehrt die Eintragung der Einigung vorausgeht, ist nicht maßgebend, wenn nur Einigung und Eintragung nebeneinander gegeben sind. Die **Eintragung** in das Grundbuch hat also rechtsbegründende, dh **konstitutive Bedeutung.** Ausnahmen von dem materiellen Buchungsprinzip bestehen bei buchungsfreien Grundstücken und bei Rechtsänderungen außerhalb des rechtsgeschäftlichen Verkehrs, zB bei Eigentumsübertragungen infolge Erbfolge, Zuschlag usw.

---

1 *Schöner/Stöber* Rn 13.

2. Der formelle Eintragungsgrundsatz

3 Wie bereits angedeutet, wird das materielle Buchungsprinzip nicht konsequent durchgeführt. Im formellen Grundbuchverfahrensrecht erfolgt die **Eintragung** nämlich nicht nur in den Fällen, in denen sie rechtbegründende, dh konstitutive Bedeutung hat, sondern auch dann, wenn nur eine berichtigende, dh **deklaratorische Bedeutung** in Frage kommt; die formelle Rechtslage wird mit der materiellen Rechtslage in Einklang gebracht. Dies ist zB der Fall bei der Übertragung und Belastung eines Briefgrundpfandrechts (§ 11544 Abs 1 mit § 1192 Abs 1 und § 1200 Abs 1; für Pfändung § 830 und § 857 Abs 6 ZPO). Der materiell-rechtliche Berichtigungsanspruch folgt aus § 894 BGB; die entsprechende formell-rechtliche Bestimmung enthält § 22 GBO.

III. Antragsgrundsatz (= Antragsprinzip)

4 Das Grundbuchamt wird regelmäßig **nicht von Amts wegen, sondern nur auf Antrag** tätig (§ 13 Abs 1 S 1 GBO). Der Antragsgrundsatz ist der Ausdruck der Herrschaft der Beteiligten über das Grundbuchverfahren und dient damit auch der Verwirklichung der Privatautonomie der Beteiligten. Da also im Grundsatz davon ausgegangen wird, dass das Privatinteresse der Beteiligten im Vordergrund steht, tritt das Offizialprinzip zurück, es ist auf die ausdrücklich geregelten Fälle beschränkt. Auch bei Eintragung auf Ersuchen einer Behörde gilt der gleiche Grundsatz (§ 38 GBO). Notwendige Folge des Antragsprinzips ist, dass der Grundbuchrechtspfleger nur eintragen darf, was beantragt ist;[2] allerdings ist er hierbei aufgrund seiner sachlichen Unabhängigkeit (§ 9 RpflG) nicht an Eintragungsvorschläge der Beteiligten gebunden, sondern ist bei seiner Entscheidung über die Formulierung der Eintragung nur dem Gesetz unterworfen.[3] Weiterer Ausfluss des Antragsgrundsatzes ist es, dass der Antragsteller alle zur Eintragung erforderlichen Unterlagen beizubringen hat und der Grundbuchrechtspfleger zu eigenen Ermittlungen oder Beweiserhebungen weder berechtigt noch verpflichtet ist.[4] Antragsberechtigt[5] ist der verlierende Teil (= Verschlechterung der dinglichen Rechtsstellung und Unmittelbarkeit des Betroffenseins) und der gewinnende Teil (= Verbesserung der dinglichen Rechtsstellung, Zweck der Eintragung und Unmittelbarkeit der Begünstigung) gemäß § 13 Abs 1 Satz 2 GBO. Obwohl der Antrag seiner Rechtsnatur nach nur eine Verfahrenshandlung ist, kann er **materiellrechtliche Wirkungen** haben im Rahmen des § 878 BGB (wirksamer Antrag ist materielle Voraussetzung), des § 879 BGB (Zeitpunkt der Antragstellung ist entscheidend für den Rang gemäß § 17 GBO) und des § 892 Abs 2 BGB (Gutgläubigkeit des Erwerbers im Zeitpunkt der Antragstellung).[6] Ausnahmsweise wird das Grundbuchamt von Amts wegen tätig, aber die **Ausnahmen vom Antragsgrundsatz** müssen sich aus der GBO oder anderen gesetzlichen Vorschriften ergeben. Einige Beispiele: Eintragung eines Widerspruchs oder einer Vormerkung und deren Löschung nach § 18 Abs 2 GBO; Eintragung eines Amtswiderspruchs oder einer Amtslöschung nach § 53 GBO; Mitübertragung der eingetragenen Rechte auf ein anderes Grundbuchblatt, § 46 Abs 2 GBO. In diesen Fällen des Amtsverfahrens steht das öffentliche Interesse an der Grundbuchrichtigkeit über den Privatinteressen der Beteiligten. Der Grundbuchrechtspfleger muss von Amts wegen tätig werden, Ermittlungen anstellen und Beweise erheben (§ 12 FGG).[7]

IV. Konsensprinzip

1. Formelles Konsensprinzip (= Bewilligungsgrundsatz)

5 Nach § 19 GBO erfolgt eine Eintragung, wenn derjenige sie bewilligt, dessen Recht von ihr betroffen wird. Dieses formelle Konsensprinzip, das sich mit dem einseitigen **Einverständnis des Betroffenen** begnügt und nicht die Überprüfung der materiell-rechtlichen Erklärungen verlangt, findet seinen Grund darin, dass der Betroffene im eigenen Interesse eine solche Erklärung nur abgeben wird, wenn er sich mit dem Begünstigten tatsächlich geeinigt hat.[8] Zur Erleichterung des Grundbuchverkehrs wird also nicht gefordert, dass bei rechtsgeschäftlichen Rechtsänderungen die Einigung nachgewiesen wird. Die Bewilligung, die nach richtiger und heute hM eine reine verfahrensrechtliche Grundbucherklärung darstellt,[9] ist streng von der materiellrechtlichen Einigungserklärung zu unterscheiden. Abzugeben haben die Bewilligung alle von der Eintragung Betroffenen,

---

2 *Baur-Stürner,* Sachenrecht, § 16 II 1.
3 *Böttcher* Rpfleger 1980, 81 mwN.
4 *Demharter* § 13 Anhang Rn 2.
5 Dazu *Böttcher* Rpfleger 1982, 52.
6 *Nieder* NJW 1984, 329, 330.
7 KEHE-*Dümig* Einl C Rn 3.
8 *Baur-Stürner,* Sachenrecht, § 16 III 1.
9 BGHZ 84, 202 = NJW 1982, 2817 = Rpfleger 1982, 414, BayObLG Rpfleger 1993, 189; OLG Hamm Rpfleger 1989, 148; OLG Düsseldorf Rpfleger 1981, 177; KEHE-*Munzig* § 19 Rn 18; *Demharter* § 19 Rn 13; *Schöner/Stöber* Rn 98; *Eickmann,* GBVerfR, Rn 121f; *Habscheid* § 41 II 2; *Baur-Stürner,* Sachenrecht, § 16 III 4; *Ertl* DNotZ 1964, 260; 1967, 339, 406; Rpfleger 1980, 41, 46; 1982, 407; *Böttcher* Rpfleger 1982, 174, 175.

deren grundbuchmäßiges Recht durch die beantragte Eintragung unmittelbar oder mittelbar beeinträchtigt wird oder werden kann.[10] Das formelle Konsensprinzip wird nicht ausnahmslos durchgeführt, sondern ist durch zahlreiche **Ausnahmen** durchbrochen. Eine wichtige Ausnahme enthält § 20 GBO, wonach bei Auflassung eines Grundstücks und im Falle der Bestellung, Änderung des Inhalts oder Übertragung eines Erbbaurechts die Eintragung in das Grundbuch nur erfolgen darf, wenn die erforderliche Einigung des Berechtigten und des anderen Teils nachgewiesen ist. Der Grund dafür ist darin zu sehen, dass an einer richtigen Eintragung des Eigentums und grundstücksgleicher Rechte wegen ihrer besonderen privat- und öffentlich-rechtlichen Folgen ein besonderes Interesse besteht.[11]

2. Materielles Konsensprinzip (= Einigungsgrundsatz)

Der materiellrechtliche Einigungsgrundsatz bedeutet, dass in der Regel ein dinglicher Vertrag zu einer dingli-   **6** chen Rechtsänderung notwendig ist. Unser Recht unterscheidet den schuldrechtlichen von dem dinglichen Vertrag. Die dingliche Einigung ist von der schuldrechtlichen zu trennen. § 873 Abs 1 BGB bringt den Gedanken des materiellen Konsensprinzips zum Ausdruck, indem grundsätzlich, dh soweit das Gesetz nichts anderes vorschreibt, zur Übertragung des Eigentums an einem Grundstück, zur Belastung eines Grundstücks mit einem dinglichen Recht sowie zur Übertragung oder Belastung eines solchen Rechts eine **Einigung des Berechtigten und des anderen Teils** über den Eintritt der Rechtsänderung und die Eintragung der Rechtsänderung in das Grundbuch erforderlich sind. Dies gilt auch, wenn Änderungen des Inhalts eines Rechtes an einem Grundstück erfolgen sollen, wie § 877 BGB ausdrücklich vorschreibt. Der Einigungsgrundsatz verwirklicht die Privatautonomie, da im privaten Grundstücksrecht niemand ohne oder gegen seinen Willen ein dingliches Recht erwerben oder verlieren soll. Soweit Weirich[12] an dem Begriff des »materiellen Konsensprinzips« gemäß § 873 Abs 1 BGB Kritik übt, weil das GBA im Rahmen des § 20 GBO nicht das Zustandekommen der dinglichen Einigung zu prüfen habe, sondern nur deren Erklärung vor einem Notar,[13] kann dem nicht zugestimmt werden. Zum einen wird der Begriff bei § 873 Abs 1 BGB gebraucht und zum anderen hat Rühl[14] aus den Quellen zur GBO eindeutig nachgewiesen, dass das GBA im Rahmen des § 20 GBO sehr wohl prüfen muss, ob materiell eine wirksame Einigung vorliegt. Die dingliche Einigung beruht in der Regel auf einem schuldrechtlichen Grundgeschäft, dem Kausalgeschäft, in dem die obligatorische Verpflichtung zur Vornahme einer dinglichen Rechtsänderung eingegangen wird.[15] Die Einigung ist aber unabhängig von den schuldrechtlichen Beziehungen der Beteiligten zueinander, dh das Grundgeschäft ist kein Tatbestandsmerkmal der dinglichen Rechtsänderung.[16] Dieses Grundprinzip unserer Rechtsordnung dient der Rechtssicherheit und Rechtsklarheit, weil sich nach diesem **Abstraktionsprinzip** Mängel bei der »causa« nicht auf eine bereits eingetretene Rechtsänderung auswirken.[17] Der materielle Einigungsgrundsatz setzt also ein Rechtsgeschäft voraus. Dingliche Rechtsänderungen außerhalb eines Rechtsgeschäfts unterstehen dieser Voraussetzung nicht, weil sich hier der Rechtserwerb unabhängig von dem Willen der Beteiligten vollzieht, wie zB beim Erwerb im Wege der Erbfolge oder durch Zuschlag im Zwangsversteigerungsverfahren.

Einseitige Erklärungen genügen in bestimmten gesetzlichen **Ausnahmefällen**, zB bei Aufhebung eines Rechts an einem Grundstück (§ 875 BGB), bei Begründung einer Eigentümergrundschuld (§ 1196 BGB), bei Begründung von Vormerkungen und Widersprüchen (§§ 885, 899 BGB), Bildung von Wohnungseigentum durch Teilungserklärung (§ 8 WEG) und der Vereinigung bzw Bestandteilszuschreibung von Grundstücken (§ 890 BGB).

Es gibt auch Fälle, in denen die Einigung bzw einseitige Erklärung nicht ausreichend ist, vielmehr noch die **Zustimmung eines Dritten** erforderlich ist, wie bei der Aufhebung eines dinglichen Rechts, das mit dem Rechte eines Dritten belastet ist (§ 876 S 1 BGB) oder bei Aufhebung bzw Rangrücktritt eines Grundpfandrechts, wo die Zustimmung des Eigentümers erforderlich ist (§§ 1183, 880 Abs 2 BGB).

V. Voreintragungsgrundsatz

Nach dem Voreintragungsgrundsatz des § 39 Abs 1 GBO soll eine Eintragung nur erfolgen, wenn der von ihr   **7** **Betroffene und sein Recht im Grundbuch eingetragen** sind. Die Notwendigkeit des Voreintragungsgrundsatzes wird überwiegend damit begründet, dass das Grundbuchamt nicht wie ein Prozessgericht über die

---

10 BGHZ 66, 341, 345; BayObLGZ 1981, 156, 158; *Habscheid* § 41 II 2; *Nieder* NJW 1984, 329, 330.
11 *Baur-Stürner,* Sachenrecht, § 16 III 6.
12 DNotZ 1987, 702, 703.
13 Ebenso *Ertl* DNotZ 1990, 41; *Wolfsteiner* DNotZ 1987, 67, 72f; *Wufka* DNotZ 1985, 651, 662.
14 Materiell-rechtliche Prüfungspflichten im Eintragungsverfahren nach der GBO, 1990, I Kap; ebenso *Böttcher* Rpfleger 1990, 486, 493.
15 *Bengel/Simmerding* Einf Rn 24.
16 *Schöner/Stöber* Rn 15.
17 *Böttcher* Rpfleger 1983, 49.

zur Prüfung der materiellen Rechtslage erforderlichen Beweismittel verfüge und deshalb als Eintragungsgrundlage einen Grundbuchinhalt brauche, dessen Richtigkeit gemäß § 891 BGB vermutet wird und der deshalb den Rechtszustand nicht bloß im Endziel, sondern auch in allen seinen Entwicklungsstufen klar und verständlich wiedergeben soll.[18] Da die Anwendung des § 39 Abs 1 GBO zur Aufnahme von Eintragungen in das Grundbuch führt, die sogleich wieder gelöscht werden, und den Beteiligten zusätzliche Kosten auferlegt, wird neuerdings, vor allem von *Eickmann*, der Voreintragungsgrundsatz einer **restriktiven Auslegung** unterzogen.[19] Nach dieser Ansicht, die rechtsstaatlichen Grundsätzen eher gerecht wird, fallen unter § 39 Abs 1 GBO nur noch die Fälle, »in denen der Verfügende oder Bewilligende seine Verfügungs- bzw. Bewilligungsmacht mit den im Grundbuchverfahren zulässigen Beweismitteln nicht nachzuweisen vermag (= fakultative Voreintragung) oder bei denen die Voreintragung von eigenständiger Bedeutung ist, weil sie nicht sogleich oder alsbald aus dem Buch verschwinden soll (= obligatorische Voreintragung)«. Bereits heute anerkannte **Ausnahmen** vom Voreintragungsgrundsatz sind gegeben bei § 39 Abs 2 GBO (Gläubiger eines Briefrechts), § 40 GBO (Erbe des im Grundbuch eingetragenen Berechtigten), § 18 Abs 2 GBO (Vormerkung oder Widerspruch aufgrund einer Zwischenverfügung), §§ 927 Abs 2, 928 Abs 2 BGB (Ausschlussurteil und Aufgabe eines Grundstücks), § 19 ZVG (Eintragung des Zwangsversteigerungsvermerks), § 1139 BGB (ex tunc-Wirkung des Widerspruchs) und Eigentümerrechten.[20]

VI. Vorrangsgrundsatz (= Prioritätsprinzip)

1. Materieller Vorrangsgrundsatz

8   Innerhalb einer Abteilung im Grundbuch gilt nach § 879 Abs 1 S 1 BGB unter den dort gebuchten Rechten das sog **Reihenfolgeprinzip** (= Locusprinzip); ein räumlich vor einem anderen gebuchtes Recht hat den Vorrang. Deshalb haben am selben Tag eingetragene Rechte den sich aus ihrer räumlichen Folge ergebenden Rang; ein Gleichrang bedarf stets eines Rangvermerks.[21]

Innerhalb verschiedener Abteilungen im Grundbuch hat nach § 879 Abs 1 S 2 BGB unter den Rechten das zeitlich früher gebuchte den Vorrang (= **Datumsprinzip**). Am selben Tag gebuchte Rechte haben dann stets Gleichrang.[22] Der Rang der Grundstücksrechte, dh die Befriedigungsreihenfolge im Falle der zwangsweisen Realisierung der Rechte, bestimmt sich somit ausschließlich nach § 879 BGB. Dies gilt selbst dann, wenn der Grundbuchrechtspfleger die Rechte entgegen dem Willen der Beteiligten, dh unter Verletzung der §§ 17, 45 GBO, in falscher Reihenfolge eingetragen hat. Das Grundbuch ist dann nicht unrichtig, weil die Eintragung den Rang mit konstitutiver Wirkung schafft, sodass von einer **Rechtskraft der Rangordnung** gesprochen wird.[23]

2. Formeller Vorrangsgrundsatz

9   Der Sicherung des materiellen Prioritätsprinzips dienen die Vorschriften der §§ 17, 45 GBO; dort ist bestimmt, dass die **Rechte in der Reihenfolge des Einganges beim Grundbuchamt zu buchen** sind. Nach § 17 GBO müssen Anträge, die »dasselbe Recht betreffen« in der Eingangsreihenfolge vorbeschieden werden, was entgegen weiterverbreiteter Praxis auch uneingeschränkt für Verfügungsbeeinträchtigungen gilt,[24] und § 45 GBO regelt die mit der Eingangspriorität übereinstimmende Buchung.

Sind in einer Abteilung mehrere Eintragungen zu bewirken, so geschieht die Buchung nach der Zeitfolge der Anträge, wenn diese zeitlich verschieden eingegangen sind, und durch Rangvermerke bei gleichzeitigem Eingang (§ 45 Abs 1 GBO). Sind in verschiedenen Abteilungen mehrere Eintragungen zu bewirken, so werden sie bei gleichzeitiger Antragstellung am gleichen Tag unter gleichem Datum ohne weitere Rangvermerke vollzogen. Bei zeitlich unterschiedlichem Eingang der Anträge kann die Rangfolge entweder durch die Eintragung am gleichen Tag mit Rangvermerken (§ 45 Abs 2 GBO) oder durch Eintragung unter verschiedenen Daten ausgedrückt werden.

---

18 BGHZ 16, 101 = NJW 1955, 342; RGZ 133, 279, 283; KEHE-*Herrmann* § 39 Rn 2; *Demharter* § 39 Rn 1; *Baur-Stürner*, Sachenrecht, § 16 I 3 und IV 1; *Nieder* NJW 1984, 329, 333.
19 *Eickmann*, GBVerfR, Rn 227 f.
20 *Eickmann*, GBVerfR, Rn 222 f.
21 *Eickmann* RpflStud 1982, 74.
22 *Eickmann* RpflStud 1982, 74, 75.
23 BGHZ 21, 98, 99 = NJW 1956, 1314; RGZ 57, 280; *Staudinger-Kutter* § 879 Rn 25; MüKo-*Wacke* § 879 Rn 10; *Eickmann*, GBVerfR, Rn 338; *ders* RpflStud 1982, 74, 75.
24 *Böttcher* Rpfleger 1983, 49, 55.

VII. Bestimmtheitsgrundsatz (= Spezialitätsprinzip)

1. Materieller Bestimmtheitsgrundsatz

Der Bestimmtheitsgrundsatz gehört zum Wesen des Sachenrechts, während im Schuldrecht ein solcher Grundsatz nicht besteht. Im Grundstücksrecht besagt er, dass der **Inhaber, Gegenstand** und **Inhalt** dinglicher Rechte und bei mehreren Rechten am gleichen Objekt ihr **Rang** untereinander bestimmt und für Dritte genau feststellbar sein müssen.[25] Es muss daher die Einigung nach § 873 BGB die gewollte Rechtsänderung mit allen Einzelheiten erkennen lassen. Unproblematisch ist die Veräußerung eines **ganzen Grundstücks** im Rechtssinne, da hierbei die Angabe der einschlägigen Grundbuchstelle nach Gemarkung, Band, Blatt und Flurstücksnummer genügt.[26] Schwierigkeiten ergeben sich aber hinsichtlich des Spezialitätsprinzips, wenn aus einem Grundstück noch **nicht vermessene Teilflächen** veräußert werden sollen. Nicht erforderlich ist die absolut exakte Beschreibung der Teilfläche, es genügt vielmehr eine solche Bezeichnung, die im konkreten Fall einen vernünftigen Zweifel über die Identität des Vertragsgegenstandes ausschließt.[27] Die Umschreibung kann erfolgen mit Hilfe selbstgefertigter Zeichnungen, amtlicher Lagepläne oder sonst allgemein zugänglicher Beweismittel (Bäume, Hausgrenzen usw).[28] Die Flächenangabe allein reicht dagegen nicht aus, selbst wenn sich die Vertragsparteien tatsächlich über den Vertragsgegenstand einig waren.[29]

10

Auch bei Belastungen muss der Inhalt und Umfang desselben ersichtlich sein. So ist zB bei der Hypothek erforderlich, dass genau feststeht, zu wessen Gunsten das Grundpfandrecht begründet wird, für welche Forderung und in welcher Höhe (»bestimmte Geldsumme«) es haftet, § 1113 BGB. Bei **sonstigen Nebenleistungen** außer den Zinsen ist gemäß § 1115 Abs 1 BGB ihr Geldbetrag auszugeben. Dies kann unter Berücksichtigung des Bestimmtheitsgrundsatzes geschehen durch Angabe einer Zahl von Währungseinheiten (zB 3000 EURO Nebenleistung) oder von Berechnungsfaktoren wie ein zeitlich unabhängiger Hundertsatz einer Bezugshöhe (zB 10% von 50000 EURO Nebenleistung) oder ein zeitlich abhängiger Hundertsatz einer Bezugshöhe und die dazugehörige Zeitdauer (zB 1% jährlich von 50000 EURO für 10 Jahre).[30] Wenn also insbesondere wegen des öffentlichen Glaubens des Grundbuchs Klarheit im Grundbuch herrschen muss, so darf doch der Bestimmtheitsgrundsatz nicht zu sehr überspannt werden. Wenn gewisse Zweifel hinsichtlich genügender Bestimmtheit auftauchen, muss versucht werden, dies im Wege der **Auslegung** zu klären, ehe ein Verstoß gegen das Spezialitätsprinzip angenommen werden kann. Enthält zB eine Abtretungserklärung hinsichtlich eines Grundpfandrechts keine Aussage darüber, ob, in welchem Umfang und ab wann Zinsen und sonstige Nebenleistungen auf den Zessionar übergehen sollen, so ist dies materiellrechtlich nicht zu beanstanden. Im Wege der Auslegung ist der Wille der Beteiligten zu ermitteln, wobei in der Regel davon ausgegangen werden kann, dass rückständige Nebenleistungen nicht, künftig fällig werdende Nebenleistungen dagegen auf den neuen Gläubiger mit übergehen sollen.[31]

2. Formeller Bestimmtheitsgrundsatz

Wegen des Spezialitätsprinzip des materiellen Rechts für dingliche Rechte sind im Grundbuchverfahren nur **klare und eindeutige Eintragungsunterlagen** verwendbar, die den Willen des Erklärenden unzweideutig erkennen lassen.[32] Es ist daher heute zB einhellige Rechtsmeinung, dass dann, wenn ein Grundpfandrecht verzinslich ist oder sonstige Nebenleistungen zu entrichten sind, bei einer Abtretung die vorgelegte Bewilligung (§ 19 GBO) oder die Abtretungserklärung (§ 26 GBO) eine eindeutige Angabe darüber enthalten müssen, ob die Nebenleistungen auf den Zessionar mit übergehen sollen; bejahendenfalls ist ferner anzugeben, in welchem Umfang und von welchem Zeitpunkt an die Nebenleistungen abgetreten sein sollen.[33] Stillschweigende oder konkludente Erklärungen können nur dann Berücksichtigung finden, wenn sie ohne Widerspruch zum Inhalt der beurkundeten Erklärung einen unbedingt zwingenden und eindeutigen Schluss zulassen.[34] Nicht nur die Eintragungsunterlagen, sondern im Hinblick auf die dem Grundbuch beigelegte Publizitätswirkung muss dieses auch die Rechtsverhältnisse in **klaren und eindeutigen Eintragungen** darstellen.[35] Danach muss das Grundbuch stets ausweisen[36] Rechtsnatur, Inhalt und Umfang des eingetragenen Rechts; Person des Berechtigten; Gemeinschaftsverhältnis mehrerer Berechtigter; betroffene Grundstücke; Umstände, die den Bestand des Rechts beeinflussen (Bedingung, Befristung).

11

---

25 *Wulf* MittRhNotK 1996, 41.
26 BGH MDR 1969, 126.
27 *Müller* DNotZ 1966, 77.
28 *Bengel/Simmerding* Einf Rn 63, 65.
29 BGH NJW 1969, 313; RG HRR 1935, 656; OLG Schleswig MittBayNot 1973, 80.
30 *Böttcher* Rpfleger 1980, 81, 82.
31 *Böttcher* Rpfleger 1984, 85, 88.
32 BGH Rpfleger 1979, 56; BayObLG Rpfleger 1994, 58; *Nieder* NJW 1984, 329, 334, *Wulf* MittRhNotK 1996, 41, 42.
33 *Böttcher* Rpfleger 1984, 85, 88 mwN.
34 BayObLGZ 1969, 97; MittBayNot 1975, 16.
35 *Eickmann*, GBVerfR, Rn 327.
36 *Eickmann* aaO.

Materieller und formeller Bestimmtheitsgrundsatz sind nicht identisch. Was im Vorfeld einer Grundbucheintragung zwar formell beanstandet werden muss, führt nicht unbedingt bei trotzdem erfolgter Grundbucheintragung zur Unwirksamkeit oder Unzulässigkeit. Enthält daher eine Eintragungsbewilligung für einen Rangvorbehalt zugunsten eines verzinslichen Grundpfandrechtes keine Angabe zum Zeitpunkt des Zinsbeginns, ist deswegen der Erlass einer Zwischenverfügung geboten (§ 18 Abs 1); bei bereits eingetragenen Rangvorbehalten zugunsten eines verzinslichen Grundpfandrechts, die keine Angaben zum Zeitpunkt des Zinsbeginns enthalten, gilt aber hinsichtlich des Zinsbeginns der Zeitpunkt der Eintragung des vorbehaltenen Grundpfandrechts.[37]

VIII. Beweisgrundsatz

12 Da sich das Grundbuchamt bei der Eintragung in der Regel auf grundbuchrechtliche »Surrogate« der materiell-rechtlichen Wirksamkeitsvoraussetzungen verlässt,[38] benötigt es **beweissichere Unterlagen in öffentlicher Form** (§ 29 GBO).[39] Im Grundsatz ist festzuhalten:

– **Eintragungsbegründende Erklärungen** (zB Bewilligung, Zustimmung nach § 27 GBO)[40] bedürfen gemäß § 29 Abs 1 S 1 GBO des Nachweises durch öffentliche oder öffentlich beglaubigte Urkunden.

– **Eintragungsbegründende Tatsachen,** die ein selbständiges Erfordernis der Rechtsänderung (zB Briefübergabe) oder Wirksamkeitserfordernis für einen anderen Tatsachenvorgang sind (zB Zeitpunkt der Briefaushändigung für die Wirksamkeit der Briefübergabe),[41] bedürfen gemäß § 29 Abs 1 S 2 GBO des Nachweises durch öffentliche Urkunden, soweit nicht ausnahmsweise Offenkundigkeit[42] vorliegt.[43]

– **Eintragungsbegründende Tatsachen,** die mittelbare Wirksamkeitsvoraussetzung für eine Klärung sind, sog Nebenumstände (zB Aushändigung der Bewilligung § 873 Abs 2, 4. Alt BGB),[44] fallen nicht unter § 29 GBO, sondern können mit jedem in der freiwilligen Gerichtsbarkeit zulässigen Beweismittel, auch mit Hilfe des sog Anscheinsbeweises, nachgewiesen werden.[45]

– **Eintragungshindernde Tatsachen** (zB subjektive Kenntnis des Erwerbers bei § 1365 BGB)[46] können ebenfalls mit allen im Verfahren der FG zulässigen Beweismitteln festgestellt werden, wobei die Beweiserhebung nach den Regeln des sog Strengbeweises (§ 15 FGG) erfolgen muss.[47]

Der Urkundenbeweis ist durchbrochen mit Hilfe gesetzlicher Beweiserleichterungen (§§ 32 bis 37 GBO) und gesetzlicher Vermutungen (§ 891 BGB; § 15 GBO; § 24 Abs 3 BNotO).

IX. Öffentlichkeitsgrundsatz (= Publizitätsprinzip)

1. Materieller Öffentlichkeitsgrundsatz

13 Der öffentliche Glaube des Grundbuchs verwirklicht das materielle Publizitätsprinzip. Die **§§ 892, 893 BGB** bringen diesen Grundsatz klar zum Ausdruck. Zugunsten desjenigen, der ein Recht an einem Grundstück oder ein Recht an einem solchen Recht durch Rechtsgeschäft erwirbt, gilt der Inhalt des Grundbuchs als richtig, wenn kein Widerspruch gegen die Richtigkeit eingetragen ist und dem Erwerber die Unrichtigkeit nicht bekannt ist. Dies gilt auch für Leistungen an einen im Grundbuch eingetragenen Nichtberechtigten und für sonstige Verfügungen. Es wird also hier eine Fiktion, dh eine nicht widerlegbare Vermutung bezüglich der Richtigkeit des Grundbuchs aufgestellt, allerdings mit Begrenzung auf bestimmte Tatbestände. Da das Grundbuch als öffentliches Register anderen zur Einsicht offensteht, muss man sich auf die Eintragungen verlassen können. **§ 891 BGB** enthält ebenfalls eine sich auf den öffentlichen Glauben des Grundbuchs beziehende gesetzliche Vorschrift. Es handelt sich dabei aber um Vermutungen, die widerlegt werden können. Bei der Eintragung eines Rechts zugunsten einer bestimmten Person wird vermutet, dass ihr dieses Recht zusteht. Ist ein Recht gelöscht, so wird vermutet, dass es nicht besteht bzw nicht mehr besteht. Diese Regelung allein würde aber den praktischen Bedürfnissen nicht gerecht werden; daher war ein Schutz des gutgläubigen Erwerbs, wie er im Sachenrecht für bewegliche Sachen besteht (§§ 932–936 BGB), notwendig. Nur auf diese Weise kann die erforderliche Rechtssicherheit im Grundstücksverkehr garantiert werden.

---

37 BGH MittBayNot 1995, 122; *Meikel-Böttcher* § 45 Rdn 177; **aA** BayObLG MittBayNot 1994, 439; *Demharter* MittBayNot 1995, 124 jeweils unter Verkennung des Unterschieds von materiellem und formellem Bestimmtheitsgrundsatz.
38 *Baur-Stürner*, Sachenrecht, § 16 V 1.
39 *Demharter* § 13 Anhang Rn 4; *Habscheid* § 41 II 6.
40 Vgl dazu *Eickmann*, GBVerfR, Rn 241.
41 Vgl dazu *Eickmann*, GBVerfR, Rn 243.
42 Vgl dazu *Eickmann*, GBVerfR, Rn 246.
43 *Eickmann* Rpfleger 1979, 168, 173.
44 Vgl dazu *Eickmann*, GBVerfR, Rn 249f.
45 *Eickmann* Rpfleger 1979, 169, 173; *Nieder* NJW 1984, 329, 355.
46 Vgl dazu *Eickmann*, GBVerfR, Rn 252.
47 *Eickmann* Rpfleger 1979, 169, 172; *Nieder* NJW 1984, 329, 335.

2. Formeller Öffentlichkeitsgrundsatz

Der öffentliche Glaube des Grundbuchs hängt eng zusammen mit dem formellen Publizitätsprinzip. Die Einsicht in das Grundbuch und seine Anlagen, wie sie § 12 GBO zulässt, ist die Voraussetzung dazu. Man muss sich auf die Eintragungen im Grundbuch verlassen können. Die Einsicht in das Grundbuch verschafft den Beteiligten die erforderliche Klarheit über Belastungen, Umfang derselben usw. Die Grundbucheinrichtung ist im wesentlichen dazu bestimmt, Klarheit über den dinglichen Rechtszustand eines Grundstücks zu schaffen und dem Realkredit als Unterlage zu dienen, und ist auch derart ausgestaltet, dass sie dies kann.[48] Im Sinne dieser Einrichtung ist daher jeder, der am Grundbuchverkehr teilnimmt, gehalten, sich durch Einsicht des Grundbuchs die Erkenntnisquellen zu erschließen, die ihm eine zuverlässige Beurteilung des dinglichen Rechtszustandes ermöglichen. Die Grundbucheinsicht ist nicht jedermann ohne weiteres gestattet; nur dann wäre der Öffentlichkeitsgrundsatz restlos durchgeführt, wie es zB beim Handelsregister (§ 9 HGB) der Fall ist. Es besteht eine Einschränkung auf berechtigte Interessen an der Einsichtnahme.

14

X. Prüfungsgrundsatz (= Legalitätsprinzip)

Das Grundbuchamt hat im Antrags- und Amtsverfahren die gesetzlichen Voraussetzungen jeder Eintragung und Löschung zu prüfen; dh es hat alle in Betracht kommenden Vorschriften materiell- und verfahrensrechtlicher, privat- und öffentlichrechtlicher Art zu beachten; dies gilt auch für Ordnungsvorschriften, deren Verletzung keine Grundbuchunrichtigkeit zur Folge hätte.[49] Nach dem bereits angeführten formellen Konsensprinzip (Rdn 5) hat das Grundbuchamt im Falle der einseitigen Bewilligung (§ 19 GBO) bzw der sie ersetzenden Unterlagen grundsätzlich nicht die materielle Wirksamkeit der bewilligten Eintragung zu prüfen. Als zweites Hauptprinzip des Grundbuchverfahrens steht das Legalitätsprinzip, das einen Ausdruck des elementaren Verfassungsgrundsatzes von der Rechtsunterworfenheit allen gerichtlichen Handelns darstellt und besagt, dass das Grundbuchamt nicht dabei mitwirken darf, das Grundbuch wissentlich unrichtig werden zu lassen.[50] Das Legalitätsprinzip ist ein dem Grundbuchverfahren übergeordneter, nichtnormierter Rechtssatz, der schon vor Erlass der Grundbuchordnung galt und dessen Geltung auch heute nicht bezweifelt wird.[51] Formelles Konsensprinzip und Legalitätsprinzip stehen gleichberechtigt nebeneinander; im Regelfall steuert zwar das Konsensprinzip das Verfahren, aber **jeder Anhaltspunkt für eine dauernde Grundbuchunrichtigkeit zwingt aus der Sicht des Legalitätsprinzips zu einer genaueren Prüfung.**[52]

15

---

48 RGZ 143, 159, 165.
49 *Nieder* NJW 1984, 329, 336.
50 BGHZ 35, 140 = Rpfleger 1961, 233; BayObLGZ 1981, 112; 1976, 45; 1967, 13; 1954, 292; OLG Hamm Rpfleger 1973, 137; *Böttcher* Rpfleger 1982, 174, 175.
51 OLG München DNotZ 1937, 327; OLG Köln DNotZ 1966, 677, 678; *Ertl* DNotZ 1967, 339, 341.
52 Ausführlich dazu *Böttcher* Rpfleger 1990, 486, 490 f; ebenso *Eickmann*, GBVerfR, Rn 268–270; Rpfleger 1973, 341; *Böttcher* Rpfleger 1982, 174, 175; **aA** *Winkler* ZZP 1988, 216, 217.

E. Allgemeine Voraussetzungen einer Eintragung

I. Allgemeines

1 Eine Grundbucheintragung kann nur erfolgen, wenn die gesetzlichen Voraussetzungen dafür gegeben sind. Das Grundbuchamt hat also die Verfahrensvoraussetzungen zu prüfen, die sich somit als Zulässigkeitsvoraussetzungen für die Grundbucheintragung darstellen. Dementsprechend ist beim Fehlen einer Verfahrensvoraussetzung der Eintragungsantrag als »unzulässig« zu bezeichnen.

II. Schema der Eintragungsvoraussetzungen

1. Im Falle des § 19 GBO

2 (1) Zuständigkeit
    (a) Sachliche (§ 1 Abs 1 S 1 GBO)
    (b) Örtliche (§ 1 Abs 1 S 2, Abs 2 GBO)
    (c) Funktionelle (§ 3 Nr 1 Buchst h RpflG)

(2) Beteiligtenfähigkeit des Begünstigten und Betroffenen (§ 50 ZPO analog)

(3) Verfahrensfähigkeit derjenigen Beteiligten, die eine Verfahrenshandlung vornehmen (§ 52 ZPO analog)

(4) Antrag (§ 13 GBO)
    (a) Antragserklärung
    (b) Antragsberechtigung (§ 13 Abs 1 S 2 GBO)
    (c) Ordnungsgemäße Vertretung
    (d) Antragsinhalt

(5) Bewilligung (§ 19 GBO)
    (a) Bewilligungserklärung
    (b) Bewilligungsberechtigung
      (aa) Bewilligungsmacht
      (bb) Bewilligungsbefugnis
    (c) Ordnungsgemäße Vertretung
    (d) Bewilligungsinhalt
      (aa) Eintragungsfähigkeit des Rechts
      (bb) Eintragungsfähiger Inhalt
      (cc) Zulässiges Anteilverhältnis mehrerer Berechtigter
    (e) Mitbewilligung anderer Betroffener (zB § 27 GBO)
    (f) Voreintragung des Betroffenen (§§ 39, 40 GBO)

(6) Genehmigungen
    (a) Genehmigungen des Familien- bzw Vormundschaftsgerichts
    (b) Öffentlich-rechtliche Genehmigungen

(7) Beweis der Eintragungsunterlagen
    (a) Antrag (§ 30 GBO)
    (b) Bewilligung und sonstige eintragungsbegündende Erklärungen (§ 29 Abs 1 S 1 GBO)
    (c) Eintragungsbegründende Tatsachen (§ 29 Abs 1 S 2 GBO)
    (d) Behördliche Erklärungen (§ 29 Abs 3 GBO)

(8) Weitere notwendige Urkunden (zB Brief §§ 41 ff GBO; Skizzen, Karten usw)

2. Im Falle des § 20 GBO (Eigentumsübertragung)

3 (1) Zuständigkeit (so)

(2) Antrag (§ 13 GBO)
    (a) Antragserklärung
    (b) Verfahrenfähigkeit (§ 52 ZPO analog)
    (c) Antragsberechtigung (§ 13 Abs 1 S 2 GBO)
    (d) Ordnungsgemäße Vertretung
    (e) Antragsinhalt

(3) Dingliche Einigung (§ 20 GBO)
    (a) Rechtsfähigkeit, Geschäftsfähigkeit
    (b) Verfügungsberechtigung
      (aa) Verfügungsmacht
      (bb) Verfügungsbefugnis

    (c) Ordnungsgemäßer Vertragsabschluss
       (aa) Zwei korrespondierende Willenserklärungen
       (bb) Form des § 925 BGB
    (d) Ordnungsgemäße Vertretung
    (e) Inhalt
       (aa) Einigung über Gemeinschaftsverhältnis mehrerer Erwerber
       (bb) Unbedingt und unbefristet
    (f) Voreintragung des Veräußerers
(4) Bewilligung des Veräußerers (§ 19 GBO)
(5) Genehmigungen
    (a) Genehmigungen des Familien- bzw Vormundschaftsgerichts
    (b) Öffentlich-rechtliche Genehmigungen (zB Unbedenklichkeitsbescheinigung; Negativattest zum BauGB-Vorkaufsrecht)
(6) Beweis der Eintragungsunterlagen
    (a) Antrag (§ 30 GBO)
    (b) Einigung (§ 29 Abs 1 S 2 GBO; gleichzeitige Anwesenheit!)
    (c) Sonstige eintragungsbegründende Erklärungen (§ 29 Abs 1 S 1 GBO)
    (d) Sonstige eintragungsbegründende Tatsachen (§ 29 Abs 1 S 2 GBO)
    (e) Behördliche Erklärungen (§ 29 Abs 3 GBO)
(7) Weitere notwendige Urkunden (zB Skizzen, Karten usw)

F. Verfahren

Schrifttum

Arndt, Das rechtliche Gehör, NJW 1959, 6; *Bärmann,* Zur Grundbuchfähigkeit der Wohnungseigentümer-Gemeinschaft, DNotZ 1985, 395; *Bielicke,* Immobiliarrechtsfähigkeit der Gesellschaft bürgerlichen Rechts, Rpfleger 2007, 441; *Blomeyer,* Die Beschwerde gegen die Zwischenverfügung, DNotZ 1971, 329; *Böhringer,* GmbH-Recht und Grundbuchverfahren, BWNotZ 1981, 53; *ders,* Bezeichnung des Gemeinschaftsverhältnisses, insbesondere im Vollstreckungstitel zur Eintragung einer Zwangshypothek, BWNotZ 1985, 73; *ders,* Aktuelle Streitfragen des Grundbuchrechts, BWNotZ 1985, 102 (Abschnitt VI); *ders,* Die Wohnungseigentümergemeinschaft als Gläubiger einer Zwangshypothek für Hausgeldrückstände, BWNotZ 1988, 1; *ders,* Zur Grundbuchfähigkeit einer GmbH im Gründungsstadium, Rpfleger 1988, 446; *ders,* Europäische wirtschaftliche Interessenvereinigung, BWNotZ 1990, 129; *ders,* Anforderungen an den Grundbuchantrag einer Gesellschaft, Rpfleger 1994, 449; *ders,* Amtsermittlungspflicht und Einbuchungsverfahren bei Fischereirechten, BWNotZ 1986, 126; *Böttcher,* Abänderbarkeit und Rechtskraft im Funktionsbereich der Freiwilligen Gerichtsbarkeit, JZ 1956, 582; *Böttcher,* Beteiligtenbegriff und Beteiligtenfähigkeit im Grundbuchverfahren, RpflStud 1985, 78; *ders,* Die Beweislehre im Grundbuchverfahren, MittBayNot 1986, 1; *Böttcher/Blasche,* Die Grundbuchfähigkeit der GBR im Lichte der aktuellen Rechtsentwicklung, NZG 2007, 121; *Boffer,* Der Erwerb von Grundstücksrechten bei der Errichtung von Handelsgesellschaften am Beispiel der Personengesellschaften, RpflStud 1979, 67; *ders,* Der Erwerb von Grundstücksrechten im Gründungsstadium einer GmbH, RpflStud 1980, 25; *Demharter,* Ist die BGB-Gesellschaft jetzt grundbuchfähig?, Rpfleger 2001, 329; *Demuth,* Grundbuchfähigkeit der BGB-Gesellschaft, BB 2002, 1555; *Dümig,* Art 19 Abs 4 Satz 1 GG iVm §§ 62, 55 FGG sowie Art 103 Abs 1 GG im Lichte der Reform des RpflG von 1998, Rpfleger 2001, 469; *ders,* Grundbuchfähigkeit der Gesellschaft bürgerlichen Rechts infolge Anerkennung ihrer Rechts- und Parteifähigkeit, Rpfleger 2002, 53; *ders,* Die rechtsfähige GbR als »mehrere« iSd § 47 GBO – ein tertium des Grundbuchrechts?, ZfIR 2002, 796; *Eickmann,* Die Gewinnung von Entscheidungsgrundlagen im Grundbuchverfahren, Rpfleger 1979, 169; *ders,* Grundbuchfähigkeit der Gesellschaft bürgerlichen Rechts, ZfIR 2001, 433; *ders,* Allgemeine Lehren des Rechts der Freiwilligen Gerichtsbarkeit und ihre Anwendung im Grundbuchverfahren (Publikationen der Fachhochschule für Verwaltung und Rechtspflege Berlin) Freiwillige Gerichtsbarkeit Nr 35, S 9; *ders,* Das rechtliche Gehör im Verfahren vor dem Rechtspfleger, Rpfleger 1982, 449; *ders,* Besondere Verfahren der Grundbuchordnung, RpflStud 1984, 1; *ders,* Die Gesellschaft bürgerlichen Rechts im Grundbuchverfahren, Rpfleger 1985, 85; *Ertl,* Entwicklungsstand und Entwicklungstendenzen des Grundbuchrechts nach 80 Jahren GBO, Rpfleger 1980, 1; *Fenge,* Die materielle Rechtskraft in der Freiwilligen Gerichtsbarkeit (Diss Marburg 1958); *Habscheid,* Grundfragen der Freiwilligen Gerichtsbarkeit, Rpfleger 1957, 164; *ders,* Die Vertretungsbefugnisse des Notars in Angelegenheiten der vorsorgenden Rechtspflege, NJW 1964, 1502; *ders,* Verfahren vor dem Rechtspfleger – Rechtliches Gehör und faires Verfahren, Rpfleger 2001, 209; *Hagena,* Berichtigung des Grundbuchs durch Eintragung eines Verstorbenen?, Rpfleger 1975, 389; *Heil,* Das Grundeigentum der Gesellschaft bürgerlichen Rechts – res extra commercium?, NJW 2002, 2158; *Hesse,* Die GBO im Rahmen der freiwilligen Gerichtsbarkeit, DFG 1936, 4, 23; *Heßeler/Kleinhenz,* Der weite Weg zur Grundbuchfähigkeit der GbR, NZG 2007, 250; *Hoffmann,* Zwangsgeldverfahren in der freiwilligen Gerichtsbarkeit, Rpfleger 1991, 283; *Huhn,* Gegenwärtige und künftige Hauptprobleme des Grundbuchverfahrensrechts, RpflStud 1978, 30; *ders,* Verfassungsrechtliche Grundlagen des Grundbuchverfahrensrechts, RpflBl 1980, 1; *Knöfel,* Rechtszuordnung und Publizität – Teilnahme der Gesellschaft bürgerlichen Rechts am Grundstücksverkehr, AcP 205, 645; *Kremer,* Die Gesellschaft bürgerlichen Rechts im Grundbuchverkehr, RNotZ 2004, 239; *Jansen,* Wandlungen im Verfahren der freiwilligen Gerichtsbarkeit, Recht und Staat, Heft 290/291; *ders,* Die Postulationsfähigkeit der Notare im Verfahren der Freiwilligen Gerichtsbarkeit, DNotZ 1964, 707; *ders,* Die Beschwerde gegen die Zwischenverfügung, DNotZ 1971, 531; *Jaschke,* Gesamthand und Grundbuchrecht, 1991; *Jessnitzer,* Dolmetscher und Übersetzer, Rpfleger 1982, 365; *Jung,* Zur Partei- und Grundbuchunfähigkeit nicht rechtsfähiger Vereine, NJW 1986, 157; *Jung,* Tod des Berechtigten vor Eintragung im Grundbuch, Rpfleger 1996, 94; *Keidel,* Der Grundsatz des rechtlichen Gehörs im Verfahren der Freiwilligen Gerichtsbarkeit (Diss Köln 1965); *ders,* Zur Verfahrensfähigkeit geschäftsunfähiger Volljähriger in der Freiwilligen Gerichtsbarkeit, Rpfleger 1967, 323; *Kempfler,* Politische Parteien und Grundbuch, NJW 2000, 3763; *Kollhosser,* Zur Stellung und zum Begriff der Verfahrensbeteiligten im Erkenntnisverfahren der Freiwilligen Gerichtsbarkeit (1970); *Konzen,* Grundbuchfähigkeit eines nicht rechtsfähigen Vereins, JuS 1989, 20; *Kückelhaus,* Probleme der Vor-GmbH unter Berücksichtigung der neueren Rechtsprechung des BGH, MittRhNotK 1984, 89; *Lappe,* Kann ein verfahrensfähiger Minderjähriger selbst einen Anwalt bestellen? Zugleich ein Beitrag zur Verfahrensfähigkeit Minderjähriger, Rpfleger 1982, 10; *Lautner,* Auswirkungen der Rechts- und Parteifähigkeit der (Außen-)Gesellschaft bürgerlichen Rechts auf die notarielle Tätigkeit im Grundstücksverkehr, MittBayNot 2001, 425; *ders,* Rechtsfähigkeit ohne Grundbuchfähigkeit ? – Das Dilemma der Außengesellschaft bürgerlichen Rechts im Grundstücksrecht, MittBayNot 2005, 93; *ders,* Neues zur Grundbuchfähigkeit der Gesellschaft bürgerlichen Rechts ?, NotBZ 2007, 229; *Lindacher,* Verfahrensgrundsätze in der Freiwilligen Gerichtsbarkeit, JuS 1978, 577; *Lorenz,* Die materielle Rechtskraft und die Entscheidung in der Freiwilligen Gerichtsbarkeit (Diss München 1954); *Morlok/Schulte-Trux,* Staatstragend, aber nicht grundbuchfähig? Zur Grundbuchfähigkeit politischer Parteien, NJW 1992, 2058; *Münch,* Die Gesellschaft bürgerlichen Rechts in Grundbuch und Register, DNotZ 2001, 535; *Nagel,* Grundeigentum und Grundbucheintragung der GbR, NJW 2003, 1646; *Nieder,* Entwicklungstendenzen und Probleme des Grundbuchverfahrensrechts, NJW 1984, 329; *Nussbaum,* Richterliche Zwangsgewalt in der Freiwilligen Gerichtsbarkeit, ZZP 39, 440; *Ott,* Zur Grundbuchfähigkeit der GbR und des nicht eingetragenen Vereins, NJW 2003, 1223; *Peter,* Löschung gegenstandsloser Rechte, BWNotZ 1983, 49; *Pillhofer,* Amtsermittlungsgrundsatz und Beweisaufnahme im Verfahren der Freiwilligen Gerichtsbarkeit, FamRZ 1982, 765; *Platschner,* Der Begriff des Beteiligten in der Freiwilligen Gerichtsbarkeit und seine Bedeutung (Diss Erlangen 1953); *Priester,* »Grundbuchfähigkeit« der GbR – Problem gelöst ?, BB 2007, 837; *Richter,* Strengbeweis und Freibeweis im Verfahren der Freiwilligen Gerichtsbarkeit, Rpfleger 1969, 261; *Riedel,* Das FGG-Verfahren in Grundbuchsachen, JurBüro 1972, 19; *ders,* Zur Grundbucheintragung bei der Auflassung eines Grundstücks an eine noch nicht ins Handelsregister eingetragene handelsrechtliche Personengesellschaft, JurBüro 1977, 301; *Rissmann/Waldner,* Besprechung zum Beschluss des LG Frankenthal vom 03.06.1982, Rpfleger 1984, 59; *Rothe,* Möglichkeiten und Schranken der Abänderung von Entscheidungen in der Freiwilligen Gerichtsbarkeit (Diss Kiel 1964); *Ruhwinkel,* Erwerb von Grundstückseigentum durch Gesellschaften bürgerlichen Rechts oder: partes pro toto, MittBayNot 2007, 92; *Säcker,* Zum rechtlichen Gehör im Verfahren der Freiwilligen Gerichtsbarkeit, NJW 1970, 1666; *ders,* Das rechtliche Gehör Verfahrensgeschäftsunfähiger in der Freiwilligen Gerichtsbarkeit, Rpfleger 1971, 161; *H. Schmidt,* Innenbindungswirkung, formelle und materielle Rechtskraft, Rpfleger 1974, 177; *K. Schmidt,* Die Partei- und Grundbuchunfähigkeit nicht rechtsfähiger Vereine, NJW 1984, 2249; *ders,* Zur Rechtslage der gescheiterten Einmann-Vor-GmbH, GmbHRdsch 1988, 89; *Schneider,* Deutsch als Gerichtssprache, MDR 1979, 534; *Schöpflin,* Die Grundbuchunfähigkeit der Gesellschaft bürgerlichen Rechts, NZG 2003, 117; *Siegert,* Die Rechtskraftfähigkeit der Entscheidungen der Freiwilligen Gerichtsbarkeit, ZZP 54, 435; *Stöber,* Grundbuchfähigkeit der BGB-Gesellschaft – Rechtslage nach der neuen BGH-Entscheidung, MDR 2001, 544; *Tavakoli/ Fehrenbacher,* Die Gesellschaft bürgerlichen Rechts ist grundbuchfähig !, DB 2007, 382; *Ulmer/Steffek,* Grundbuchfähigkeit einer rechts- und parteifähigen GbR, NJW 2002, 330; *Vassel,* Das Grundbucheintragungsverfahren und die materielle Richtigkeit des Grundbuchs (Diss Marburg 1970); *Vogt,* Die Eintragung der Gesellschaft bürgerlichen Rechts unter ihrem Namen im Grundbuch, Rpfleger 2003, 491; *Wacke,* Ursprung der Freiwilligen Gerichtsbarkeit, DNotZ 1988, 732; *K. Wagner,* Zur Grundbuchfähigkeit der Außen-GbR, ZNotP 2006, 408; *G. Wagner,* Grundbuchfähigkeit der Gesellschaft bürgerlichen Rechts, ZIP 2005, 637; *Wassermann,* Zur Bedeutung, zum Inhalt und zum Umfang des Rechts auf Gehör (Art 103 Abs 1 GG), DRiZ 1984, 425; *Winter,* Die Beweisaufnahme im Verfahren der Freiwilligen Gerichtsbarkeit, Jura 1971, 113; *Winterfeld,* Das Verfassungsprinzip des rechtlichen Gehörs, NJW 1961, 849; *Wölfsteiner,* Bewilligungsprinzip, Beweislast und Beweisführung im Grundbuchverfahren, DNotZ 1987, 67; *Wütz,* Der Freibeweis in der Freiwilligen Gerichtsbarkeit (Diss Tübingen 1970); *Zimmermann,* Behörden als Beteiligte im Verfahren der Freiwilligen Gerichtsbarkeit, Rpfleger 1958, 209; *ders,* Die freie Gestaltung des Verfahrens in der Freiwilligen Gerichtsbarkeit, Rpfleger 1967, 329.

Übersicht

I. Das Grundbuchverfahren als Verfahren der Freiwilligen Gerichtsbarkeit

1 Das Verfahren in Grundbuchsachen ist ein Verfahren der Freiwilligen Gerichtsbarkeit, für das grundsätzlich das Gesetz über die Angelegenheiten der freiwilligen Gerichtsbarkeit vom 17.05.1898 (RGBl 189) gilt.[1] Dies folgt aus dem allgemein als Zuordnungskriterium anerkannten sog **Zuweisungsgrundsatz in § 1 FGG**, wonach FG alle diejenigen Materialien sind, bei denen zur Erreichung eines rechtlichen Erfolges das materielle Recht die Mitwirkung eines Gerichts vorschreibt und welche nicht in der ZPO oder InsO geregelt sind.[2] Die Erreichung des rechtlichen Erfolgs besteht zB in der Eigentumsübertragung, dem Entstehen, der Inhaltsänderung oder dem Erlöschen von dinglichen Rechten, wozu die Mitwirkung des Gerichts erforderlich ist, weil die §§ 873, 875, 877 BGB die Grundbucheintragung dafür voraussetzen und die Grundbücher nach § 1 Abs 1 bei Gericht geführt werden.

2 Mit der Feststellung, dass das Grundbuchverfahren zum Bereich der Freiwilligen Gerichtsbarkeit gehört, ist nicht viel gewonnen, da das Grundbuchverfahren in einem Sondergesetz, der GBO, geregelt ist; nach § 1 FGG gelten die Vorschriften in dessen erstem Abschnitt nämlich nur für Angelegenheiten der FG, »soweit nichts anderes bestimmt ist«. Daraus schließt eine Meinung zu Recht, dass **alle in der GBO nicht geregelten Fragen nach den allgemeinen Verfahrensgrundsätzen der Freiwilligen Gerichtsbarkeit zu beantworten sind**.[3] Zum Teil wird diese Auffassung dahin eingeschränkt, dass eine Anwendung der Regeln und Grundsätze der FG dann nicht möglich sei, wenn diese mit dem »Wesen« oder der »Eigenart« des Grundbuchverfahrens nicht in Einklang zu bringen sind.[4] Hierbei handelt es sich jedoch um Leerformeln, da nicht klargestellt wurde, was unter dem »Wesen« des Grundbuchverfahrens und seiner »Eigenart« zu verstehen sei. *Eickmann* sieht in solcher Argumentation richtigerweise die Ursache dafür, dass das Grundbuchverfahrensrecht bis heute als »geistiges Armenhaus der deutschen Verfahrenswissenschaft« angesehen werden muss.[5] Wenn in den modernen Grundbuchverfahrensrechtslehre die Rechtsschutzfunktion des Verfahrens betont wird (vgl Einl B Rdn 13), dh ein Schutz der Beteiligten vor der Behandlung als bloße Verfahrensobjekte gewährt werden soll, so kann diese Schutzfunktion nur durch eine rechtsstaatlichen Anforderungen entsprechende Verfahrengestaltung erfüllt werden (Legalitätsprinzip, Art 20 Abs 3 GG).[6] Die Rechtsschutzfunktion des Grundbuchverfahrens setzt daher voraus, dass alle die Instrumentarien in ihm angewendet werden, die in den Verfahren der Freiwilligen Gerichtsbarkeit dafür vorgesehen sind.[7]

II. Antrags- und Amtsverfahren

3 Die Freiwillige Gerichtsbarkeit kennt zwei Verfahrensarten: In vielen Fällen wird das Verfahren **von Amts wegen** eingeleitet; Anträge, Gesuche und Eingaben von Privatpersonen oder Behörden bedeuten lediglich eine Anregung an das Gericht, tätig zu werden, dh sie sind keine rechtlichen Voraussetzungen für die Tätigkeit des Gerichts.[8] Sie besitzen jedoch erhebliche praktische Bedeutung, da der Rechtspfleger in der Regel auf Hinweise und Benachrichtigungen angewiesen ist, um von einem Sachverhalt Kenntnis zu erlangen, der Ursache für sein Tätigwerden ist. Neben den Amtsverfahren finden sich im Bereich der Freiwilligen Gerichtsbarkeit

---

1 RGZ 120, 274, 276; BayObLG Rpfleger 1980, 153; OLG München JFG 14, 339; *Demharter* § 1 Rn 27; *Staudinger-Gursky* (1995) Vorbem zu §§ 873 ff Rn 24; *Güthe-Triebel* § 1 Rn 34; *Eickmann*, GBVerfR, Rn 12; *ders*, Allgemeine Lehren des Rechts der Freiwilligen Gerichtsbarkeit und ihre Anwendung im Grundbuchverfahren, in: FS Hans Winter 1982 (Veröffentlichung der FHSVR Berlin, Bd 35) S 9, 11; *Heese* DFG 1936, 4; *Riedel* JurBüro 1972, 19.

2 *Eickmann*, GBVerfR, Rn 12.

3 RGZ 120, 274, 276; *Keidel-Amelung* § 1 Rn 34; KEHE-*Eickmann* § 1 Rn 27; *Eickmann* (Fn 1) 16.

4 BayObLG Rpfleger 1980, 153; OLG München JFG 14, 339; *Demharter* § 1 Rn 27; *Güthe-Triebel* § 1 Rn 34.

5 *Eickmann* in: FS Hans Winter 1982, S 13.

6 *Eickmann* in: FS Hans Winter 1982, S 15.

7 *Eickmann* in: FS Hans Winter 1982, S 16.

8 *Habscheid* § 18 I 1.

auch Angelegenheiten, in denen das Gericht nur **auf Antrag** tätig werden darf; der Antrag ist in diesen Fällen rechtliche Voraussetzung für die Einleitung des Verfahrens.[9]

Die das FGG beherrschende **Unterscheidung zwischen Amts- und Antragsverfahren** findet sich auch in der GBO.[10] Im Gegensatz zur Freiwilligen Gerichtsbarkeit ist der Regelfall im Grundbuchverfahren das Antragsverfahren (§ 13), während die Amtsverfahren nur gewisse Ausnahmefälle betreffen.   **4**

Das reguläre Grundbuchverfahren ist als **Antragsverfahren** ausgestaltet (§ 13).[11] Als Grund dafür wird in der Regel angegeben, dass der Erwerb und die Sicherung dinglicher Rechte im Belieben der Beteiligten liegen und niemandem gegen seinen Willen ein Recht aufgezwungen werden solle.[12] Wichtiger dürfte die Überlegung sein, dass der Eintragungsantrag als eine Erklärung aufzufassen ist, wonach die Eintragungsbewilligung zu dem Zeitpunkt, zu dem sie zum Grundbuchamt gelangt, nunmehr zur Grundlage eines Eintragungsverfahrens bestimmt ist und als solche wirken soll.[13]   **5**

Bei den Amtsverfahren des Grundbuchamts sind die selbständigen Amtsverfahren und die Amtsverfahren im Zusammenhang mit einem Antragsverfahren zu unterscheiden. Bei den **selbständigen Amtsverfahren**, die ohne Zusammenhang mit einem Antragsverfahren beim Vorliegen bestimmter Tatbestände von Amts wegen einzuleiten sind, ist als Verfahrenszweck jeweils eine Schutzfunktion festzustellen:[14]   **6**
- Die Eintragung eines Amtswiderspruchs dient dem Schutz des Fiskus vor Amtshaftungsansprüchen und dem Schutz des wahren Rechtsinhabers vor gutgläubigem Erwerb durch einen Dritten (§ 53 Abs 1 S 1);
- die Amtslöschung dient dem Schutz des Rechtsverkehrs vor Irreführung (§ 53 Abs 1 S 2);
- das Grundbuchberichtigungszwangsverfahren dient dem Schutz des Rechtsverkehrs, für den die Kenntnis der Eigentumslage an einem Grundstück vielfach erforderlich ist (§ 82a);
- die Löschung gegenstandsloser Eintragungen dient ebenfalls dem Schutz des Rechtsverkehrs vor Komplikationen und Irreführungen (§ 84);
- die Klarstellung der Rangverhältnisse dient vor allem dem Schutz der Beteiligten eines Zwangsversteigerungsverfahrens vor Irrtümern und wirtschaftlichen sowie rechtlichen Fehlentscheidungen (§ 90).

Auch bei den **Amtsverfahren im Zusammenhang mit Antragsverfahren** handelt es sich stets um Schutzmaßnahmen. Zu nennen sind: **7**
- Berichtigung des Aktivvermerks (§ 9 Abs 2);
- Eintragung des Aktivvermerks auf dem Blatt des belasteten Grundstücks (§ 9 Abs 3);
- Eintragung einer Vormerkung oder eines Widerspruchs bei Zwischenverfügung (§ 18 Abs 2);
- Eintragung eines Widerspruchs bei Löschung von Rechten auf Lebenszeit bzw zeitlich beschränkter Rechte (§ 23 Abs 1 S 1, § 24);
- Vermerk über das Erlöschen einer Mitbelastung (§ 48 Abs 2);
- Eintragung des Nacherbenvermerks (§ 51);
- Eintragung des Testamentsvollstreckervermerks (§ 52);
- Vermerk über die Erteilung des Briefes (§ 68 Abs 3);
- Löschung der Vormerkung oder eines Widerspruchs bei Zurücknahme oder Zurückweisung der Beschwerde (§ 76 Abs 2).

Mit *Eickmann* lässt sich die folgende skizzierte **Einteilung der Grundbuchverfahren** aufstellen:[15]   **8**

---

9 *Habscheid* § 18 I 2.
10 KEHE-*Eickmann* § 1 Rn 28; *Eickmann*, GBVerfR, Rn 13.
11 *Eickmann* RpflStud 1984, 1.
12 *Demharter* § 13 Rn 1; KEHE-*Herrmann* § 13 Rn 1.
13 *Eickmann* RpflStud 1984, 1.
14 *Eickmann* aaO.
15 *Eickmann* RpflStud 1984, 1, 2.

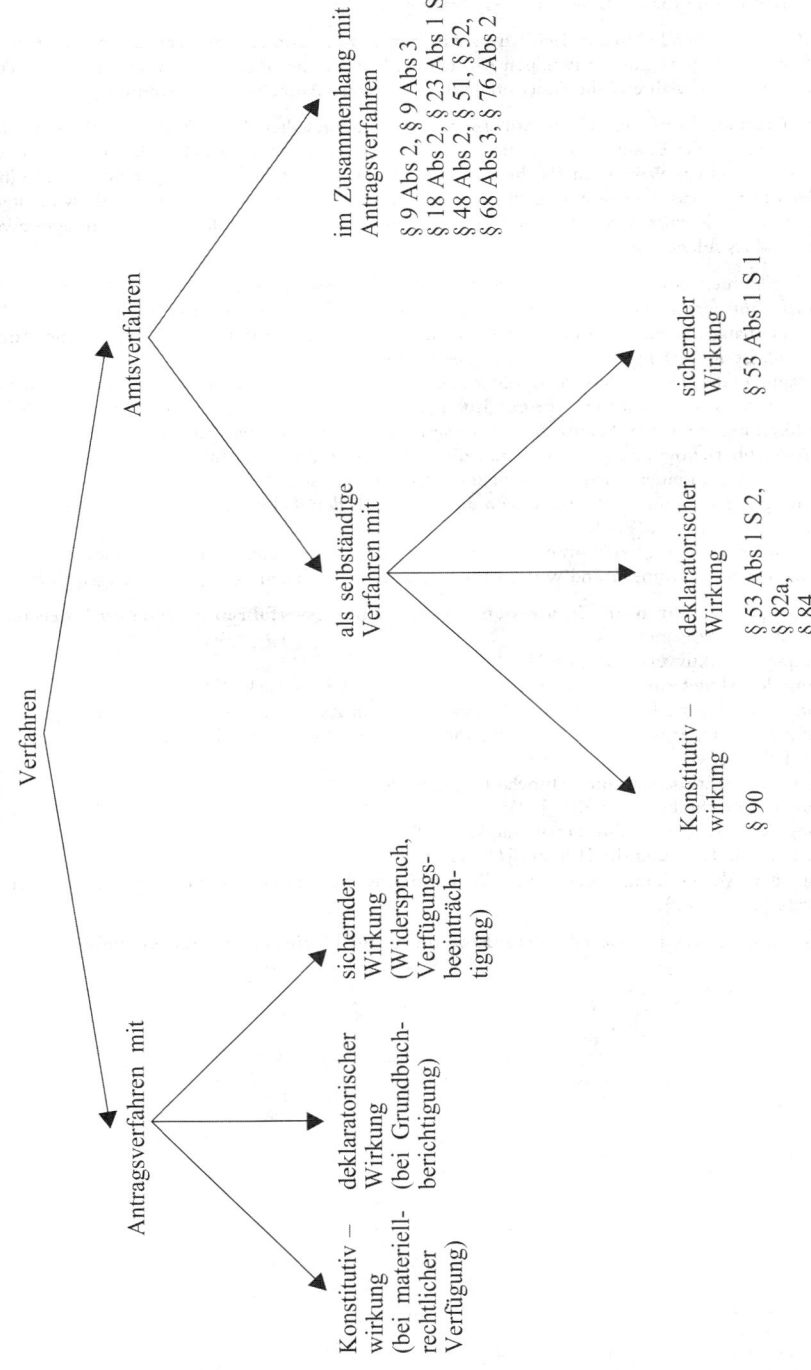

Bei dieser Aufteilung der Grundbuchverfahren fällt auf, dass sowohl bei den Antragsverfahren als auch bei den Amtsverfahren solche mit Konstitutivwirkung, deklaratorischer Wirkung und sichernder Wirkung bestehen. Der Gesetzgeber legt somit die Herbeiführung einer Rechtsänderung, die Grundbuchberichtigung oder eine Schutzeintragung zum Teil in die Hände der Beteiligten und zum Teil in die amtliche Fürsorge des Gerichts. Das Antragsverfahren ist die Regel. Die Amtsverfahren werden beim Vorliegen bestimmter Umstände vom Gesetzgeber dem Grundbuchamt anvertraut, weil sie zu wichtig sind, als sie der Beteiligtenherrschaft zu überlassen; sie sind also von Gesetzes wegen Verfahren von besonderer Wichtigkeit und Bedeutung.[16]

III. Gerichtssprache

Nach § 8 FGG mit § 184 GVG ist die Gerichtssprache deutsch. Dieser Grundsatz gilt für das ganze Verfahren, also für den mündlichen und den schriftlichen Verkehr mit dem Grundbuchamt. Lange Zeit war es deshalb hM, fremdsprachige Anträge und Eingaben nicht zu behandeln; entweder sind sie als unzulässig zurückzuweisen oder werden gar völlig als unbeachtlich angesehen.[17] Für das Grundbuchverfahren dürfte die Problematik wegen § 29 nur bei den **Amtsverfahren** oder den **Rechtsbehelfen bzw Rechtsmitteln** eine Rolle spielen. Gemäß dem verfassungsrechtlichen Recht auf ein rechtsstaatliches, faires Verfahren wird § 184 GVG heute verfassungskonform ausgelegt, und zwar mit der Folge, dass entweder das Gericht eine Übersetzung des Schriftstücks einholt oder jedenfalls dem Einreicher zur Beibringung einer Übersetzung eine Frist setzt.[18]   **9**

Grundbucherklärungen (Anträge, Bewilligungen, Zustimmungen) sind deutsch abgefasst einzureichen. Fremdsprachige Erklärungen – auch wenn sie übersetzt sind oder der Rechtspfleger der Fremdsprache kundig ist – genügen nicht;[19] sie sind wirkungslos und zur Wiederholung in deutscher Sprache zurückzureichen. Mehrsprachig dürfen Grundbucherklärungen dann sein, wenn sie auch in deutscher Sprache vorliegen.   **10**

Urkunden, auf welche sich die Beteiligten zur Führung eines Nachweises beziehen (zB Verfügung von Todes wegen), sind grundsätzlich nicht für das Gericht bestimmt, wie etwa die Grundbucherklärungen. Sie liegen daher uU in fremder Sprache vor. Eine solche Beweisurkunde muss dann für das Grundbuchamt übersetzt werden, wobei die Übersetzung von einem Notar beweissicher durch Schnur und Siegel mit der fremdsprachigen Urkunde verbunden und die Unterschrift des Übersetzers öffentlich beglaubigt sein muss; eine Ausnahme besteht in entsprechender Anwendung des § 9 FGG dann, wenn der Rechtspfleger der Fremdsprache kundig ist.[20]   **11**

Ein Dolmetscher muss nach § 185 Abs 1 GVG zugezogen werden, wenn eine der in einer **Verhandlung** auftretenden Personen der deutschen Sprache nicht mächtig ist. Ob dies der Fall ist, entscheidet der Rechtspfleger; er hat zu prüfen, ob eine Verständigung einwandfrei durchführbar ist oder nicht, insbesondere durch Befragung oder Gesprächsführung. Nach § 9 FGG ist ein Dolmetscher entbehrlich, wenn der Rechtspfleger die Fremdsprache beherrscht. Ob die übrigen, am Verfahren teilnehmenden Personen der fremdsprachigen Vernehmung folgen können, ist unerheblich. Es wird allerdings eine Information über den Inhalt der abgegebenen Erklärungen zu erfolgen haben, damit insbesondere der Grundsatz des rechtlichen Gehörs nicht verletzt wird.   **12**

IV. Öffentlichkeit

Das Verfahren vor dem Grundbuchamt ist **nicht öffentlich**, dh § 169 GVG ist nicht anwendbar, weil es sich bei notwendigen Verhandlungen nicht um Sitzungen eines erkennenden Gerichts handelt; das Öffentlichkeitsprinzip ist der Freiwilligen Gerichtsbarkeit, wozu auch das Grundbuchverfahren gehört, fremd.[21] Dem Interesse an einer Kontrolle der Gerichtstätigkeit durch die Öffentlichkeit steht hier weitgehend das grundrechtlich geschützte Interesse an der Privatsphäre der Beteiligten (Art 1, 2 GG) entgegen, und dieses Interesse verdient den Vorrang.[22] Verhandlungen in Grundbuchsachen sind äußerst selten, zu denken ist beispielsweise an das Klarstellungsverfahren bezüglich der Rangverhältnisse gemäß §§ 90 ff. Andere als die Verfahrensbeteiligten und deren Vertreter haben kein Recht auf Anwesenheit. Unbeteiligte dürfen deshalb nur mit Zustimmung der Beteiligten und besonderer Erlaubnis des Rechtspflegers beiwohnen, die er zu verweigern hat, wenn kein besonderer Grund geltend gemacht wird, der die Teilnahme rechtfertigt.[23] Der Grundsatz der Beteiligtenöffent-   **13**

---

16 *Eickmann* aaO.
17 BGH Rpfleger 1981, 395 = NJW 1982, 532; KG JR 1977, 129; Rpfleger 1986, 5, 7; OLG Koblenz FamRZ 1978, 714.
18 BVerfGE 64, 135 = Rpfleger 1983, 303 m Anm *Meyer-Stolte*; VGH München NJW 1976, 1048; OLG Frankfurt Rpfleger 1979, 462 = NJW 1980, 1173; LG Berlin JR 1961, 384; *Eickmann* Rpfleger 1982, 449, 453; *Schneider* MDR 1979, 534.
19 OLG Zweibrücken MittBayNot 1999, 480; *Demharter* § 1 Rn 34; *Eickmann*, GBVerfR, Rn 37.
20 OLG Zweibrücken MittBayNot 1999, 480; KG JFG 7, 243; *Demharter* § 1 Rn 34; *Eickmann*, GBVerfR, Rn 37.
21 OLG München DNotZ 1952, 34; *Demharter* § 1 Rn 35; *Eickmann*, GBVerfR, Rn 38; *Habscheid* § 19 III 3; *Riedel* JurBüro 1972, 19, 21.
22 *Habscheid* § 19 III 3.
23 *Demharter* § 1 Rn 35.

lichkeit, der besagt, dass die Beteiligten an der Verhandlung teilnehmen und der Beweisaufnahme beiwohnen können, gilt dagegen für die gesamte Freiwillige Gerichtsbarkeit,[24] somit auch für das Grundbuchverfahren.

V. Beratung und Abstimmung

14 Die Vorschriften über Beratung und Abstimmung (§ 8 FGG, §§ 192 ff GVG) kommen nur für das **Rechtsmittelverfahren** der Beschwerde- und Rechtsbeschwerdeinstanz in Betracht, da der Rechtspfleger alleine entscheidet. Beratung und Abstimmung sind geheim (§ 193 GVG).

VI. Gerichtsferien

15 Die Gerichtsferien sind mit Gesetz vom 28.10.1996 (BGBl I 1546) abgeschafft worden ab dem 01.01.1997.

VII. Prozesskostenhilfe

16 Nach § 14 FGG sind bezüglich der Prozesskostenhilfe die Vorschriften der **§§ 114 ff ZPO entsprechend anzuwenden**. Die Bewilligung der Prozesskostenhilfe im Grundbuchverfahren wird aber nur für das Beschwerdeverfahren von Bedeutung sein. Ist im Prozessverfahren einer Partei die Prozesskostenhilfe bewilligt worden, so erstreckt sich diese Bewilligung nicht auf die im Anschluss an dieses Gerichtsverfahren notwendig werdenden grundbuchamtlichen Eintragungen,[25] so zB bei der Eintragung von Zwangshypotheken oder bei Eintragungen gemäß § 894 ZPO.

17 **Voraussetzung** für die Bewilligung der Prozesskostenhilfe ist, dass jemand nach seinen persönlichen und wirtschaftlichen Verhältnissen die Kosten des Verfahrens nicht, nur zum Teil oder nur in Raten aufbringen kann, und dass die beabsichtigte Rechtsverfolgung oder Rechtsverteidigung hinreichende Aussicht auf Erfolg bietet und nicht mutwillig erscheint (§ 114 S 1 ZPO). Die Prozesskostenhilfe wird auf Antrag gewährt (§ 117 Abs 1 ZPO). Dem Antrag sind eine Erklärung des Antragstellers über seine persönlichen und wirtschaftlichen Verhältnisse sowie entsprechende Belege beizufügen (§ 117 Abs 2–4 ZPO). Das Gericht kann verlangen, dass der Antragsteller seine tatsächlichen Angaben glaubhaft macht, und auch, gegebenenfalls im Wege des Freibeweises, Erhebungen anstellen (§ 118 Abs 1, 2 ZPO).

18 Die **Bewilligung** der Prozesskostenhilfe erfolgt für jeden Rechtszug besonders (§ 119 S 1 ZPO), umfasst die gesamte Instanz und wirkt grundsätzlich nur für die Zukunft.[26] Mit der Bewilligung setzt das Gericht zugleich etwa zu zahlende Monatsraten und aus dem Vermögen zu zahlende Beträge fest (§ 120 Abs 1 ZPO). Die bewilligte Prozesskostenhilfe umfasst insbesondere die einstweilige Befreiung von der Entrichtung der Gerichtskosten, womit auch die Vorschusspflicht nach § 8 KostO entfällt,[27] und die Beiordnung eines Rechtsanwalts, soweit diese geboten ist (§§ 121, 122 ZPO).

19 Die **Aufhebung** der Prozesskostenhilfe kann aus den in § 124 ZPO genannten Gründen erfolgen, also insbesondere dann, wenn sich herausstellt, dass die für die Bewilligung maßgebenden Voraussetzungen vorgetäuscht worden sind oder nicht vorgelegen haben, oder wenn der Beteiligte länger als drei Monate mit der Zahlung einer Monatsrate oder mit Zahlung eines sonstigen Betrages im Rückstand ist.

20 Die Bewilligung der Prozesskostenhilfe kann nur von der Staatskasse mittels **Beschwerde** angefochten werden, wenn weder Monatsraten noch aus dem Vermögen zu zahlende Beträge festgesetzt worden sind (§ 127 Abs 2 S 1, Abs 3 ZPO). Gegen sonstige Entscheidungen im Prozesskostenhilfeverfahren findet grundsätzlich die sofortige Beschwerde statt (§ 127 Abs 2 S 2 ZPO). Unstatthaft ist sie allerdings gegen Entscheidungen des OLG.[28] Gegen eine Beschwerdeentscheidung des LG ist die sofortige weitere Beschwerde zulässig, sofern sie das LG entsprechend § 574 Abs 1 Nr 2, Abs 2, 3 ZPO zugelassen hat. Für das Beschwerdeverfahren als solches gelten die §§ 71 ff GBO; trotzdem ist keine weitere Beschwerde nach § 78 GBO statthaft.[29]

VIII. Fristenberechnung

21 Nach § 17 FGG gelten für die Berechnung von Fristen die §§ 187 bis 193 BGB.[30] Eine Frist ist eine Zeitspanne, innerhalb derer eine rechtlich bedeutsame Handlung vorzunehmen ist, während man unter einem Termin den

---

24 BayObLGZ 1967, 137, 146 = NJW 1967, 1867; KG OLGZ 1969, 89; OLG Hamm Rpfleger 1973, 172; *Habscheid* § 19 IV 2; *Baur-Wolf* 71 f; *Lindacher* JuS 1978, 583.

25 *Demharter* § 1 Rn 45.

26 BGH NJW 1982, 446; *Blümer* MDR 1983, 96.

27 *Habscheid* § 38 III 2 a.

28 *Demharter* § 1 Rn 44 mwN.

29 *Demharter* § 1 Rn 44; *Riedel* JurBüro 1972, 19, 22.

30 *Eickmann*, GBVerfR, Rn 36; *Riedel* JurBüro 1972, 19, 22.

Zeitpunkt versteht, zu dem eine rechtlich bedeutsame Handlung vorgenommen werden soll. § 17 FGG gilt für gesetzliche Fristen, also Fristen, die durch Gesetz festgelegt sind, wie die Fristen in § 101 Abs 1 §§ 104, 105, 106 Abs 2, Rechtsmittelfristen bei sofortiger oder befristeter Beschwerde, und gerichtliche Fristen, wie die Fristsetzung bei Zwischenverfügungen nach § 18.

IX. Beteiligtenbegriff

1. Beteiligtenlehre im FG-Verfahren

Das FGG sagt nichts darüber aus, wer als Beteiligter anzusehen ist. Eine Analyse der Einzelvorschriften des Gesetzes zeigt jedoch, dass es in der FG einen **dualistischen Beteiligtenbegriff** gibt:[31] Materiell Beteiligte sind alle Personen, deren Rechte und Pflichten durch das Verfahren unmittelbar beeinflusst werden können; formell Beteiligte sind die Personen, die zur Wahrnehmung ihrer sachlichen Interessen am Verfahren teilnehmen, sei es als Antragsteller oder als Zugezogene.[32] Stellt der materiellrechtlich Betroffene einen Verfahrensantrag, so decken sich die beiden Beteiligtenbegriffe; dagegen fallen materielle und formelle Beteiligung auseinander, wenn der materiellrechtlich nicht Betroffene einen Verfahrensantrag stellt.[33] Tritt ein nicht materiell Beteiligter im Verfahren auf, so ist sein Antrag grundsätzlich als unzulässig abzulehnen, es sei denn, das Gesetz billigt ihm ausdrücklich ein eigenständiges Antragsrecht zu.[34] Ist ein materiell Beteiligter nicht in das Verfahren einbezogen, dh formell nicht beteiligt, so muss er vom Gericht beigezogen werden.[35]

22

2. Beteiligtenlehre im GB-Verfahren

Viele Jahrzehnte kannte das Grundbuchverfahrensrecht keine eigene Beteiligtenlehre. Die grundbuchrechtliche Literatur schwieg dazu völlig; in der gesamten Rechtsprechung war nur eine Entscheidung des BayObLG zu finden, nach der nur der Antragsteller Verfahrensbeteiligter ist.[36] Es ist ein Verdienst von *Eickmann*, dass diese Fragen erstmals grundsätzlich erörtert wurden.[37] Da sich die GBO – mit Ausnahme von § 92 GBO – nicht zum Beteiligtenbegriff äußert, **gilt auch in den Verfahren der GBO der allgemeine Beteiligtenbegriff der Freiwilligen Gerichtsbarkeit.** Inzwischen scheint sich der dualistische Beteiligtenbegriff durchzusetzen.[38] Der Auffassung von der alleinigen Beteiligtenstellung des Antragstellers kann schon deshalb nicht gefolgt werden, weil beschwerdeberechtigt jeder ist, dem ein Antragsrecht zusteht, ohne Rücksicht darauf, ob er es tatsächlich auch ausgeübt hat. Von einem Beschwerderecht kann aber nur dann Gebrauch gemacht werden, wenn der Berechtigte vom Verfahrensgang und vom Verfahrensabschluss unterrichtet wird, dh wenn er als Beteiligter behandelt wird.[39]

23

3. Am Grundbuchverfahren materiell Beteiligte

Sie sind vom Grundbuchamt von Amts wegen zu ermitteln, so zB für die Löschung einer Grunddienstbarkeit, wenn vom herrschenden Grundstück Teilflächen abgeschrieben und veräußert worden sind.[40]

24

a) Rechtsändernde Antragsverfahren. Materiell Beteiligte in den rechtsändernden Antragsverfahren sind die **Personen, denen nach § 13 Abs 1 Satz 2 ein Antragsrecht zusteht**, ohne Rücksicht darauf, ob sie es im Einzelfall ausgeübt haben oder nicht, das sind der unmittelbar Betroffene und der unmittelbar Begünstigte.[41] Die materiellrechtliche Rechtsstellung dieser Personen wird durch die Eintragung zweifelsohne berührt, sodass es der Grundsatz des fairen Verfahrens verlangt, dass sie am Verfahren beteiligt werden.

25

Vereinzelt wird die Meinung vertreten, dass auch die **mittelbar Betroffenen (§ 19)**, die einem Rechtsvorgang zustimmen müssen (zB § 876, § 880 Abs 2 S 2, § 1180 Abs 2, § 1183 BGB), als materiell Beteiligte anzusehen sind.[42] Unproblematisch sind dabei die Fälle, in denen der mittelbar Betroffene ein eigenes Antragsrecht als

26

---

31 *Habscheid* § 14; *Kollhosser* 11; *Eickmann*, GBVerfR, Rn 14.

32 *Keidel-Zimmermann* § 6 Rn 18; *Bärmann* § 8 III; *Baur* § 12 III; *Habscheid* § 14 I, II; *Pikart-Henn* 68; *Eickmann*, GBVerfR, Rn 14.

33 *Eickmann* in: FS Hans Winter 1982, S 16.

34 *Baur* § 12 III 1; *Habscheid* § 14 II 1; *Eickmann* (Fn 1) 17.

35 *Habscheid* § 14 II 1; *Eickmann* in: FS Hans Winter 1982, S 17.

36 BayObLG 1965, 342.

37 Ausführliche Darstellung bei *Eickmann*, in: FS Hans Winter 1982, S 9; KEHE-*Eickmann* § 1 Rn 29; *Eickmann*, GBVerfR, Rn 14; unrichtig daher *Jung* (NJW 1986, 157, 162), wonach das Grundbuchverfahrensrecht den Begriff des Beteiligten nicht kennt.

38 Vgl *Demharter* § 1 Rn 30.

39 KEHE-*Eickmann* § 1 Rn 29; *Eickmann*, GBVerfR, Rn 14.

40 BayObLG DNotZ 1997, 395 = Rpfleger 1997, 15.

41 *Eickmann* in: FS Hans Winter 1982, S 37.

42 *Hesse* DFG 1936, 4, 23.

unmittelbar Begünstigter nach § 13 Abs 1 Satz 2 hat, wie zB der Eigentümer bei der Löschung eines Fremdgrundpfandrechts (§ 1183 BGB), sodass er sowieso materiell Beteiligter ist. Steht dem mittelbar Betroffenen jedoch kein eigenes Antragsrecht zu, so zB dem Eigentümer beim Rangrücktritt eines Grundpfandrechts (§ 880 Abs 2 S 2 BGB),[43] dann ist er auch nicht materiell Beteiligter im eigentlichen Sinn.[44] Dies hat aber keine Rechtsschmälerung für den zustimmungsberechtigten Dritten zur Folge: Hat er die Zustimmung erteilt, so ist er damit am Verfahren beteiligt; fehlt seine Zustimmung und ergeht deswegen eine Zwischenverfügung, so wird er auf diese Weise am Verfahren beteiligt; fehlt dagegen die Zustimmung und der Grundbuchrechtspfleger erkennt dies nicht, so ist dem mittelbar Betroffenen allein durch die Bezeichnung als Beteiligter auch nicht geholfen. Zustimmungsberechtigte Dritte sind, soweit ihnen kein eigenes Antragsrecht nach § 13 Abs 1 Satz 2 zusteht, nicht materiell Beteiligte im Grundbuchverfahren, weil keine unmittelbare, sondern nur eine mittelbare Beeinträchtigung vorliegt; ihre Rechte sind durch die Stellung als Mitbewilligungsberechtigte (§ 19) hinreichend gewahrt.

27 **b) Berichtigende Antragsverfahren.** Materiell Beteiligte in den berichtigenden Antragsverfahren sind der **Buchberechtigte und derjenige, der die Berichtigung begehrt.**[45] Bei jedem Berichtigungsverfahren geht es darum, die zugunsten eines eingetragenen Berechtigten wirkende Rechtsvermutung des § 891 BGB zu widerlegen und durch die Eintragung eines anderen Berechtigten zu beseitigen. Zu Beginn eines solchen Verfahrens steht die Aussage, dem Eingetragenen steht kein materielles Recht zu, dh es liegt der typische Fall einer materiellen Beteiligung vor: das Recht des Eingetragenen könnte durch eine Berichtigung, deren Voraussetzungen nicht gegeben waren, beeinträchtigt werden (§ 892 BGB). Derjenige, der die Berichtigung begehrt, ist materiell Beteiligter, was sich bereits aus seinem Anspruch auf Grundbuchberichtigung (§ 894 BGB) ergibt: Die unrichtige Buchposition gilt stets als aktuelle Beeinträchtigung des »wahren« Rechts.[46]

28 **c) Amtswiderspruchsverfahren.** Materiell Beteiligte im Amtswiderspruchsverfahren (§ 53 Abs 1 S 1) sind der **Buchberechtigte und der, zu dessen Gunsten der Widerspruch einzutragen ist.**[47] Bei beiden ist eine aktuelle Gefährdung bzw Beeinträchtigung ihrer materiellrechtlichen, schutzwürdigen Position festzustellen: Dem Buchberechtigten steht nach § 894 BGB ein Anspruch gegen den zu, der zu Unrecht einen Widerspruch erwirkt hat;[48] derjenige, dessen Recht zu Unrecht nicht eingetragen ist, hat gegen den Buchberechtigten den Anspruch aus §§ 894, 899 BGB.[49]

29 **d) Amtslöschungsverfahren.** Materiell Beteiligte im Amtslöschungsverfahren (§ 53 Abs 1 S 2) sind der **Buchberechtigte und der Grundstückseigentümer.**[50] Das Verfahren dient der Feststellung der Unzulässigkeit einer Eintragung und sodann der Löschung dieser Eintragung. Für den noch eingetragenen Buchberechtigten besteht dabei die Gefahr eines Rang- oder Rechtsverlustes bei rechtsirrtümlicher Amtslöschung (§ 891 Abs 2, § 892 BGB); aufgrund dieser möglichen Rechtsbeeinträchtigung ist er daher materiell Beteiligter.[51] Aber auch der Grundstückseigentümer ist als materiell Beteiligter anzusehen, da die Amtslöschung seine Rechtsstellung insoweit berührt, als er in der Regel aufgrund des Kausalgeschäfts zur Begründung des Rechts verpflichtet ist und die Löschung dazu führt, dass er diesen Anspruch nunmehr aufs neue erfüllen muss.[52]

30 **e) Gesetzliche Verfahrensstandschaft.** Gleich der gesetzlichen Prozessstandschaft im Zivilprozess gibt es eine gesetzliche Verfahrensstandschaft im Grundbuchverfahrensrecht.[53] Das Recht zur Verfahrensstandschaft durchbricht den Grundsatz des § 13 Abs 1 Satz 2, dass antragsberechtigt nur der unmittelbar Betroffene und der unmittelbar Begünstigte sind; der Verfahrensstandschafter ist nämlich selbständig antragsberechtigt, ja er ist sogar zu allen verfahrensrechtlichen Maßnahmen (Erklärungen) ermächtigt, die der Verwirklichung des geltend gemachten Anspruchs dienen.[54] Ist also einer der ursprünglich gemäß § 13 Abs 1 Satz 2 antragsberechtigten Personen in seiner Verwaltungs- und Verfügungsberechtigung beeinträchtigt, so ist er nicht materiell Beteiligter, sondern an seine Stelle tritt der **Verfahrensstandschafter als materiell Beteiligter.**[55] Beispielhaft sind die Fälle des Auftretens einer sog Partei kraft Amtes (Insolvenzverwalter, Testamentsvollstrecker, Nachlassverwalter),

43 *Böttcher* Rpfleger 1982, 52.
44 *Eickmann* in: FS Hans Winter 1982, S 21.
45 *Eickmann* in: FS Hans Winter 1982, S 18, 21.
46 *Eickmann* in: FS Hans Winter 1982, S 19.
47 *Eickmann* in: FS Hans Winter 1982, S 19, 21; *Eickmann*, GBVerfR, Rn 14; *Eickmann* RpflStud 1984, 1, 3.
48 BGHZ 51, 50; RGZ 132, 424.
49 *Eickmann* in: FS Hans Winter 1982, S 19.
50 *Eickmann* in: FS Hans Winter 1982, S 20, 22; *Eickmann*, GBVerfR, Rn 14; *Eickmann* RpflStud 1984, 1, 3.
51 *Eickmann* in: FS Hans Winter 1982, S 20.
52 *Eickmann* in: FS Hans Winter 1982, S 22.
53 Grundlegend dazu: *Eickmann* Rpfleger 1981, 213.
54 *Eickmann* Rpfleger 1981, 213, 215.
55 *Eickmann* in: FS Hans Winter 1982, S 22.

der Fall des § 1368 BGB bei unwirksamer Verfügung über das Vermögen im ganzen und der Fall des § 1422 BGB bei Gesamtgutsverwaltung durch einen Ehegatten.

f) Gewillkürte Verfahrensstandschaft. Wird die Geltendmachung eines Anspruchs einem Dritten rechtsgeschäftlich überlassen, so handelt es sich um eine gewillkürte Verfahrensstandschaft;[56] so kann zB der Inhaber eines Berechtigungsanspruchs nach § 894 BGB die Geltendmachung einem Dritten überlassen.[57] Der **Verfahrensstandschafter** ist dann materiell Beteiligter.[58] Im Gegensatz zur gesetzlichen Verfahrensstandschaft bleibt aber bei der gewillkürten Verfahrensstandschaft auch der **Rechtsinhaber** materiell Beteiligter, weil der rechtsgeschäftliche Verfahrensstandschafter nicht gegen den Willen des Rechtsinhabers handeln darf und somit am Verfahren beteiligt bleiben muss.[59] Auch die Wohnungseigentümergemeinschaft kann ihren Verwalter ermächtigen, ihr zustehende Ansprüche in gewillkürter Prozessstandschaft einzuklagen, wodurch dieser berechtigt wird, im eigenen Namen zu klagen und Leistung an sich selbst zu verlangen; erlangt der Verwalter im eigenen Namen ein Urteil, so kann er als Titelgläubiger den zuerkannten fremden Anspruch auch im eigenen Namen vollstrecken (= Vollstreckungsstandschaft).[60] **31**

4. Am Grundbuchverfahren formell Beteiligte

a) Antragsverfahren. Der formelle Beteiligtenbegriff wurde bereits historisch als eine Position verstanden, die sich aus der Anknüpfung an einen formalen Beteiligtenakt (= Antragstellung oder Beschwerdeeinlegung) in einem bestimmten Verfahren ergab.[61] Wer in einer Antragssache somit einen Antrag stellt, wird damit formell Beteiligter, also der **Antragsteller**.[62] Sein Antrag muss behandelt und beschieden werden, ob er begründet ist, spielt keine Rolle.[63] Ist der formell Beteiligte nicht auch zugleich materiell Beteiligter, so ist sein Antrag als unzulässig zurückzuweisen. Im Antragsverfahren müssen sich daher formelle und materielle Beteiligung decken, wenn das Verfahren zulässig sein soll. Eine Ausnahme gilt nur dann, wenn das Gesetz einem materiell Nichtbeteiligten ausdrücklich ein eigenes Antragsrecht gewährt; er ist dann wie ein materiell Beteiligter zu behandeln.[64] Beispielhaft zu nennen sind das Antragsrecht des vollstreckenden Gläubigers nach § 14 und des dinglich Berechtigten am herrschenden Grundstück gemäß § 9 Abs 1 S 2. **32**

b) Amtsverfahren. Für ein Amtsverfahren bedarf es keiner Antragstellung. Derjenige, der jedoch ein solches Verfahren ausdrücklich anregt, ist als formell Beteiligter zu behandeln, weil er ein Recht auf Verbescheidung hat.[65] **33**

c) Beschwerdeverfahren. Formell Beteiligter ist der **Beschwerdeführer**. Gleichgültig ist, ob die Beschwerde begründet ist oder nicht, oder ob sie zulässig oder unzulässig ist, denn eine Entscheidung muss ergehen, unabhängig davon, ob es eine Sachentscheidung oder eine Prozeßentscheidung ist.[66] **34**

5. Beteiligung von Behörden am Grundbuchverfahren

Die **Beteiligteneigenschaft** von Behörden lässt sich nicht generell beurteilen, sondern stellt sich je nach Art des Tätigwerdens und den dabei auftretenden Interessenlagen **unterschiedlich** dar. Aufgrund der Beiträge von *Zimmermann*[67] und *Eickmann*[68] hat folgende Differenzierung zu erfolgen: **35**

(a) Ist die **Behörde** oder sind deren Organe selbst **Rechtssubjekt**, so sind sie materiell Beteiligte und werden durch die Antragstellung formell Beteiligte (so zB wenn eine Stadtgemeinde die Eintragung einer Sicherungshypothek wegen rückständiger Kommunalabgaben beantragt); **36**

(b) **stehen der Behörde** aufgrund gesetzlicher Bestimmungen oder aufgrund ihrer öffentlich-rechtlichen Stellung **Rechte zu**, die durch eine gerichtliche Entscheidung beeinträchtigt werden können, so ist sie materiell Beteiligte im Verfahren, so zB beim Vorkaufsrecht der Gemeinden nach §§ 24 ff BBauG; **37**

---

56 BGHZ 4, 153, 164; 82, 283, 288; RGZ 166, 218, 238.
57 BGH WPM 1966, 1224.
58 *Eickmann* in: FS Hans Winter 1982, S 23.
59 *Eickmann* in: FS Hans Winter 1982, S 24.
60 BGH NJW 1979, 2207; DNotZ 1985, 472; LG Bochum Rpfleger 1985, 438.
61 *Kollhosser* 21.
62 *Eickmann* in: FS Hans Winter 1982, S 24.
63 *Habscheid* § 14 II 1.
64 *Eickmann* in: FS Hans Winter 1982, S 25.
65 *Eickmann* in: FS Hans Winter 1982, S 25.
66 *Habscheid* § 14 II 2.
67 *Zimmermann* Rpfleger 1958, 209.
68 *Eickmann* in: FS Hans Winter 1982, S 25.

38 (c) nimmt die Behörde **Interessen des Bundes, des Landes oder einer Körperschaft, Anstalt oder Stiftung des öffentlichen Rechts** kraft gesetzlicher Ermächtigung wahr, so hat sie die Stellung eines materiell und formell Beteiligten, so zB beim Antrag eines Finanzamts auf Eintragung einer Sicherungshypothek wegen rückständiger Steuerforderungen (§ 322 AO);

39 (d) ist die Behörde (das Gericht) **ausschließlich im öffentlichen Interesse** tätig, indem sie die Belange der Allgemeinheit wahrnimmt, dann hat sie lediglich die Stellung einer formell Beteiligten, so zB bei Eintragung des Insolvenzvermerks bzw Zwangsversteigerungsvermerks;

40 (e) wird die Behörde (das Gericht) im **überwiegenden Interesse Privater** tätig, dann ist sie nur formell beteiligt, so zB bei Eintragung einer Sicherungshypothek zugunsten des Mündels auf dem Grundstück des Vormunds auf Ersuchen des Vormundschaftsgerichts (§ 54 FGG).

X. Beteiligtenfähigkeit

1. Begriff und Bedeutung

41 Der Begriff der Beteiligtenfähigkeit hat auch in der Freiwilligen Gerichtsbarkeit seine Bedeutung. Beteiligtenfähigkeit ist demnach die Fähigkeit, in einem FG-Verfahren Beteiligter zu sein. Aufgrund der **analogen Anwendung des § 50 ZPO** ist im Verfahren der FG derjenige beteiligtenfähig, der rechtsfähig ist.[69] Wer rechtsfähig und damit beteiligtenfähig ist, bestimmt das bürgerliche Recht. Diese Grundsätze gelten auch für das Grundbuchverfahren. Beteiligtenfähig im Grundbuchverfahren ist deshalb, wer nach dem maßgebenden materiellen Recht Inhaber eines Grundstücksrechts sein kann, also stets, wer **rechtsfähig** ist.[70] Fehlt es an der Beteiligtenfähigkeit, so ermangelt es einer Verfahrensvoraussetzung, das Verfahren ist unzulässig.[71] Der Rechtspfleger ist aber weder berechtigt noch verpflichtet, Nachforschungen über die Beteiligtenfähigkeit anzustellen, solange diese nach der von dem Beteiligten geführten Bezeichnung glaubhaft ist und dem Grundbuchrechtspfleger keine entgegenstehenden Tatsachen bekannt sind.[72]

2. Anwendungsbereich

42 a) **Rechtsfähige Rechtssubjekte. aa)** Rechts- und beteiligtenfähig sind zunächst alle **natürlichen Personen**, das sind alle Menschen mit der Vollendung der Geburt (§ 1 BGB), wenn sie in diesem Augenblick gelebt haben; Lebensfähigkeit ist nicht erforderlich.

43 **bb)** Rechts- und beteiligtenfähig sind zunächst alle **juristischen Personen** des öffentlichen und privaten Rechts. Man versteht hierunter rechtlich geregelte Personenvereinigungen und Vermögensmassen, die, mit einem selbständigen, der Verfügungsgewalt einer einzelnen Person entrückten Vermögensbereich ausgestattet, gewisse dauernde Zwecke teils öffentlicher, teils privater Natur mit Hilfe dieses Vermögens verfolgen.[73] Zu den juristischen Personen des öffentlichen Rechts gehören die Bundesrepublik Deutschland, die Länder, Gebietskörperschaften (zB Gemeinden, Kreise), Körperschaften, Anstalten und Stiftungen (zB Bundesanstalt für Arbeit; Träger der Sozialversicherung nach RVO; Industrie- und Handelskammern; Handwerksinnungen und -kammern; Bundesbank; Universitäten). Juristische Personen des Privatrechts sind der eingetragene Verein (§§ 21 ff BGB), Stiftungen (§ 80 BGB), die AG und die KGaA (§§ 1, 278 Abs 1 AktG), die Genossenschaften (§ 17 GenG), die GmbH (§ 13 GmbHG) und der Versicherungsverein auf Gegenseitigkeit. Die Beteiligtenfähigkeit im Grundbuchverfahren ist auch dann gegeben, wenn von der juristischen Person im Rahmen deren Abwicklung Eigentumspositionen gerichtlich geltend gemacht werden.[74] Rechts- und beteiligtenfähig ist auch eine im Handelsregister versehentlich gelöschte GmbH, soweit noch Gesellschaftsvermögen (zB ein Übereignungsanspruch) vorhanden ist.[75]

44 b) **Nicht rechtsfähige Rechtssubjekte.** Wer nicht rechtsfähig ist, kann grundsätzlich auch nicht beteiligtenfähig sein, dh er kann in der Regel keine Rechte erwerben und auch nicht im Grundbuch als Berechtigter eingetragen werden. Ausnahmsweise sind jedoch Gebilde, denen keine Rechtsfähigkeit zukommt, im Grundbuchverfahren beteiligtenfähig:

---

69 OLG Naumberg ZfIR 1997, 691; *Habscheid* § 15 I 1; *Demharter* § 1 Rn 31.
70 KEHE-*Eickmann* § 1 Rn 30; *Eickmann*, GBVerfR, Rn 15; unrichtig daher *Jung* (NJW 1986, 157, 162), wonach das Grundbuchverfahrensrecht keine Beteiligtenfähigkeit kennt.
71 *Habscheid* § 15 I 1.
72 KEHE-*Eickmann* § 1 Rn 30; *Eickmann*, GBVerfR, Rn 15.
73 *Zöller-Vollkommer* § 50 Rn 12.
74 OLG Naumburg ZfIR 1997, 691.
75 LG München II MittBayNot 2005, 407.

aa) Noch nicht erzeugte Personen einer bestimmten Person können als Berechtigte einer Hypothek einge- 45
tragen werden, sind also insoweit und in allen diese Hypothek betreffenden Angelegenheiten beschränkt betei-
ligungsfähig;[76]

bb) Erzeugte, aber noch nicht geborene Personen können kraft ausdrücklicher gesetzlicher Vorschriften 46
Träger von Rechten sein und somit auch Beteiligte im Grundbuchverfahren, so insbesondere aufgrund Erbrechts (§§ 1923 Abs 2, 2101 Abs 1 BGB), Vermächtnisses (§ 2162 Abs 2 BGB), Unterhaltsrechts gegenüber
einem durch unerlaubte Handlung Getöteten (§ 844 Abs 2 S 2 BGB) und eines echten Vertrages zugunsten
eines Dritten (§ 328 Abs 1 BGB).[77] Ein nasciturus kann aber wegen der Bedingungsfeindlichkeit der Auflassung
(§ 925 Abs 2 BGB) kein Eigentum an einem Grundstück erwerben.

cc) Ein **Verstorbener** ist grundsätzlich nicht beteiligtenfähig, dh er kann nicht in das Grundbuch eingetragen 47
werden.[78] Wird er trotzdem vom Grundbuchamt in Unkenntnis seines Todes in das Grundbuch eingetragen, so
ist diese Eintragung zwar ordnungswidrig, aber keineswegs materiell unwirksam oder inhaltlich unzulässig, vielmehr liegt nur eine unrichtige Bezeichnung des Berechtigten vor.[79] Ein Verstorbener ist auch dann nicht beteiligtenfähig, wenn der Antragsteller mit der Eintragung des Verstorbenen, gegen den er einen vollstreckbaren
Titel in Händen hält, die Voraussetzungen des § 40 Abs 1 herbeiführen will, um sich den Nachweis der Erbfolge nach seinem Titelschuldner zu ersparen, den er dann für die Zwangsvollstreckung nach § 779 Abs 1 ZPO
nicht zu führen brauchte.[80] Stirbt der Auflassungsempfänger vor seiner Eintragung, so darf er nicht mehr als
Eigentümer in das Grundbuch eingetragen werden, wenn der Grundbuchrechtspfleger dies weiß; zur Eintragung der Erben als neue Eigentümer ist weder eine neue Auflassung noch eine neue Bewilligung notwendig,
vielmehr genügt der Erbnachweis (§ 35) und der formlose Eintragungsantrag eines Erben.[81] Hat der Grundstückseigentümer für den Erblasser ein Recht bewilligt, so können idR sogleich die Erben als Berechtigte eingetragen werden, und zwar ohne neue Bewilligung zu ihren Gunsten.[82] Dies gilt jedoch nicht für die rechtsgeschäftlich oder kraft Gesetzes auf die Lebenszeit des Berechtigten beschränkte Rechte (zB Nießbrauch,
beschränkte persönliche Dienstbarkeit, Vorkaufsrecht).[83] **Ausnahmsweise** ist ein **Verstorbener** beteiligtenfähig, dh er kann in das Grundbuch eingetragen werden, wenn er **Ersteher in der Zwangsversteigerung** ist,
denn das Versteigerungsergebnis kann nur im ganzen eingetragen werden (§ 130 ZVG).[84]

dd) Gemäß § 3 des Parteiengesetzes idF vom 15.02.1984 (BGBl I 243) können eine **politische Partei** und ihre 48
Landesverbände unter ihren Namen klagen und verklagt werden, dh sie sind im Zivilprozess parteifähig. Entsprechend ist im FG-Verfahren von der Beteiligungsfähigkeit politischer Parteien auszugehen; sie sind grundbuchfähig. Dies gilt jedoch nicht für die Bezirks-, Kreis- und Ortsverbände, die als nicht rechtsfähige Vereine
nicht grundbuchfähig sind[85] (vgl Rdn 49).

ee) Bezüglich der Beteiligtenfähigkeit eines **nicht rechtsfähigen Vereins** stehen sich zwei Meinungen gegen- 49
über: Von einem Teil des Schrifttums wird die Eintragung des Vereins als solcher (»X-Verein«) oder der »jeweiligen Mitglieder des X-Vereins« für genügend erachtet.[86] Die Gegenansicht verlangt, dass sämtliche im Augenblick der Eintragung vorhandenen Mitglieder namentlich und unter Angabe des für die Gemeinschaft maßgeblichen Rechtsverhältnisses (§ 47), dh des Bestehens einer Gesamthand eingetragen werden (»als Mitglieder des
nicht rechtsfähigen X-Vereins«).[87] Letzterer Ansicht ist zuzustimmen. Der nicht rechtsfähige Verein ist kein
Rechtssubjekt, dh er kann nicht Berechtigter sein, ihm fehlt die Beteiligtenfähigkeit im Grundbuchverfahren,

---

76 RGZ 61, 356; LG Passau RNotZ 2003, 569; *Eickmann*, GBVerfR, Rn 16; **aA** *Staudinger-Gursky* § 873 Rn 91.
77 KEHE-*Ertl* § 20 Rn 57; *Eickmann*, GBVerfR, Rn 16; *Demharter* § 19 Rn 100.
78 BayObLG MittBayNot 1994, 435, 436; KG KGJ 25 A 113; 36 A 226; Rpfleger 1975, 133; *Demharter* § 19 Rn 98; *Jung*
    Rpfleger 1996, 94; *Schöner/Stöber* Rn 3347.
79 RG JW 1926, 1955; KG Rpfleger 1965, 366, 367; *Demharter* § 19 Rn 99; *Jung* Rpfleger 1996, 94.
80 KG Rpfleger 1975, 133; KEHE-*Herrmann* § 14 Rn 14; *Demharter* § 19 Rn 98; **aA** *Hagena* Rpfleger 1975, 389.
81 BayObLGZ 33, 299; *Schöner/Stöber* Rn 3347; *Kofler* MittRhNotK 1971, 671.
82 KG JFG 7, 326; LG Düsseldorf Rpfleger 1987, 14; *Schöner/Stöber* Rn 229; *Jung* Rpfleger 1996, 94.
83 *Jung* Rpfleger 1996, 94.
84 BayObLGZ 14, 258; KG JFG 10, 208; Rpfleger 1975, 133; *Eickmann*, GBVerfR, Rn 16; *Haegele* RpflJB 1976, 305, 309;
    Demharter § 19 Rn 98.
85 OLG Zweibrücken Rpfleger 1986, 12; 1999, 531; OLG Celle RNotZ 2004, 465; LG Berlin Rpfleger 2003, 291; Gut-
    achten in DNotI-Report 1996, 84; *Kempfler* NJW 2000, 3763; *Eickmann*, GBVerfR, Rn 16; *Jung* NJW 1986, 157, 162;
    Demharter § 19 Rn 101; **aA** *Morlok/Schulte-Trux* NJW 1992, 2058; *Konzen* JuS 1989, 20; LG Koblenz Rpfleger 1999,
    387.
86 BGB-RGRK-*Steffen* § 54 Rn 16; *Stoltenberg* MDR 1989, 494, 497; *Konzen* JuS 1989, 20; *Stoll*, Gegenwärtige Lage der
    Vereine ohne Rechtsfähigkeit, FS Reichsgericht (1929) 77; *Jung* NJW 1986, 157.
87 Gutachten in DNotI-Report 1996, 84; BGHZ 43, 316, 320; RG Recht 1926 Nr 450; RGZ 127, 309, 311; BayObLG
    Rpfleger 1985, 102; LG Kaiserslautern MittBayNot 1978, 203; OLG Zweibrücken Rpfleger 1999, 531; 1986, 12; LG
    Hagen Rpfleger 2007, 26; *Demharter* § 19 Rn 101; *Staudinger-Gursky* § 873 Rn 100; *Schöner/Stöber* Rn 246; *Medicus*,
    BGB-AT, Rn 1149; *Enneccerus-Nipperdey* § 116 IV 5 c; *Kübler* § 11 III 2 b; *Habscheid* § 15 I 2 b; *K Schmidt* NJW 1984,
    2249; *Kempfler* NJW 2000, 3763; *Böhringer* BWNotZ 1985, 73, 76; 1985, 102, 108.

auch wenn ihn der BGH[88] im Zivilprozess als parteifähig ansieht. Zur Beziehung der Vereinsmitglieder ist der Vereinsname nicht ausreichend. Da das Grundbuchrecht im Dienst einer strengen Publizität sachenrechtlicher Verhältnisse an Grundstücken steht, ist eine Publizität des Rechtsobjekts ohne Publizität des Rechtssubjekts nicht möglich. Bei großen Vereinen, die Tausende von Mitgliedern haben, ist jedoch eine Eintragung sämtlicher Mitglieder praktisch kaum möglich; das Grundbuch würde völlig unübersichtlich werden. Wenn solche Vereine die Rechtsfähigkeit nicht erwerben wollen, so bleibt nur der Weg, dass eine zu diesem Zweck gegründete Kapitalgesellschaft, deren sämtliche Anteile sich im Besitz des Vereins befinden, nach außen als Inhaber der Grundstücksrechte fungiert oder ein Treuhänder bestellt wird.[89]

50 **ff)** Für die **Gewerkschaften** ergibt sich die Parteifähigkeit im arbeitsgerichtlichen Verfahren aus § 10 ArbGG; ebenso wird für den Zivilprozess die aktive Parteifähigkeit der Gewerkschaften von der hM bejaht.[90] Die Beteiligtenfähigkeit der Gewerkschaften im Grundbuchverfahren ist umstritten. Zum Teil wird die Meinung vertreten, dass die Gewerkschaften – entsprechend der aktiven Parteifähigkeit im Zivilprozess – auch im Grundbuchverfahren als beteiligtenfähig anzusehen sind und unter ihrem Namen in das Grundbuch eingetragen werden können.[91] Dem widerspricht die Gegenansicht zu Recht, da die Gewerkschaften regelmäßig nicht rechtsfähige Vereine sind, und somit nur die Mitglieder in ihrem jeweiligen Bestand Träger der sich aus dem Grundeigentum oder den dinglichen Rechten ergebenden Rechtsstellung sind.[92] Es wäre vielmehr Sache des Gesetzgebers, § 50 ZPO der geänderten Auffassung gegenüber den Gewerkschaften anzupassen, und ihnen auf diese Weise aktive Parteifähigkeit und somit auch Beteiligtenfähigkeit im Grundbuchverfahren zu verleihen. Wollte man die Beteiligtenfähigkeit von Gewerkschaften bejahen, so stellte sich die Frage, ob dies auch für andere nicht rechtsfähige Vereine mit großer Mitgliederzahl gilt; wo soll außerdem die Grenze zwischen großen und kleinen nicht rechtsfähigen Vereinen verlaufen? Entsprechend den allgemeinen Grundsätzen bei nicht rechtsfähigen Vereinen (Rdn 49) bleibt den Gewerkschaften nur der Ausweg über die Kapitalgesellschaft. Daher haben zB die Gewerkschaften eine Vermögensträger-AG: Die Beteiligungsgesellschaft für Gemeinwirtschaft AG, Frankfurt/M.[93] Zum Teil findet sich auch folgende Lösung: Grundstücke und dingliche Rechte werden auf eine Vermögensverwaltungs- und Treuhandgesellschaft übertragen, als deren treuhänderische Anteilseigner mehrere Vorstandsmitglieder des nicht rechtsfähigen Vereins fungieren.[94]

51 **gg)** Die **Handelsgesellschaften (OHG, KG)** sind keine juristischen Personen, ihnen fehlt also die Rechtsfähigkeit, trotzdem können sie unter ihrer Firma Rechte erwerben und Verbindlichkeiten eingehen, Eigentum und andere dingliche Rechte an Grundstücken erwerben, vor Gericht klagen und verklagt werden (§§ 124 Abs 1, 161 Abs 2 HGB), dh sie sind im Zivilprozess parteifähig und im Grundbuchverfahren beteiligtenfähig; sie sind mit ihrer Firma nach Maßgabe des § 15 Abs 1 Buchst b GBV im Grundbuch einzutragen.[95] Stellt der Grundbuchrechtspfleger bei der Prüfung der Beteiligungsfähigkeit fest, dass die Gesellschaft noch nicht im Handelsregister eingetragen ist, so hat folgende Unterscheidung zu geschehen:[96] Betreibt sie ein vollkaufmännisches Handelsgewerbe nach § 1 Abs 2 HGB, dann ist sie kraft Gesetzes Kaufmann und auch ohne Eintragung im Handelsregister beteiligtenfähig; betreibt die Gesellschaft aber nur ein kleingewerbliches Unternehmen oder einen land- bzw forstwirtschaftlichen Zweig oder verwaltet sie nur eigenes Vermögen, dann wird sie erst durch konstitutive Handelsregistereintragung Kaufmann (§§ 2, 3, 105 Abs 2 HGB), so handelt es sich jeweils um eine Gesellschaft bürgerlichen Rechts, die im Grundbuchverfahren nicht beteiligtenfähig ist (vgl Rdn 59). Jedoch kann eine Personenhandelsgesellschaft, die trotz Abschluss des Gesellschaftsvertrages mit Außenwirkung noch nicht entstanden ist, weil das 1. Handelsgeschäft (§ 1 Abs 2 HGB) oder die Handelsregistereintragung (§§ 2, 3 HGB) fehlen (= künftige Personenhandelsgesellschaft, nicht »in Gründung«), wirksam den zum Erwerb eines Grundstücks oder dinglichen Rechts erforderlichen Vertrag (§§ 873, 925 BGB) schließen, der aber erst nach Tätigung des 1. Handelsgeschäfts (§ 1 Abs 2 HGB) bzw nach Handelsregistereintragung (§§ 2, 3 HGB) vom Grundbuchamt vollzogen werden kann.[97]

52 **hh)** Strittig ist die Frage, ob eine **OHG oder KG in Gründung** im Grundbuchverfahren beteiligtenfähig ist. Einigkeit herrscht insoweit, dass dann, wenn eine Personenhandelsgesellschaft kein Handelsgewerbe nach § 1 Abs 2 HGB betreibt, vom Abschluss des Gesellschaftsvertrags bis zur Eintragung im Handelsregister eine Gesell-

---

88 BGH NJW 2008, 69, 74.
89 BGHZ 43, 316, 320; *Medicus*, BGB-AT, Rn 1150–1152.
90 BGHZ 50, 325; kritisch dazu: *Medicus*, BGB-AT, Rn 1147.
91 *Eickmann*, GBVerfR, Rn 15; *Jung* NJW 1986, 157, 162.
92 *Medicus*, BGB-AT, Rn 1144–1147; *Kübler* § 11 III 2 b mwN.
93 *Medicus*, BGB-AT, Rn 1152.
94 *Kübler* § 11 III 2 c.
95 *Boffer* RpflStud 1979, 67, 69.
96 Ausführlich dazu: *Riedel* JurBüro 1977, 301.
97 BayObLG Rpfleger 1984, 13; *Schöner/Stöber* Rn 984.

schaft des bürgerlichen Rechts besteht.[98] Zum Teil wird dann die Meinung vertreten, dass diese BGB-Gesellschaft als OHG bzw KG in Gründung allgemein grundbuchfähig sei und unter ihrer künftigen Firma mit einem Gründungszusatz im Grundbuch eingetragen werden könne; beim Entstehen der OHG bzw KG sei lediglich der Gründungszusatz als Richtigstellung des Grundbuchs, nicht im Wege einer Grundbuchberichtigung iS des § 894 BGB, zu löschen.[99] Die Gegenansicht verneint die allgemeine Beteiligtenfähigkeit einer OHG bzw KG in Gründung im Grundbuchverfahren und verlangt vielmehr die namentliche Eintragung aller Gesellschafter in ihrer gesamthänderischen Verbundenheit einer Gesellschaft des bürgerlichen Rechts.[100] Dieser Auffassung ist beizupflichten: Die grundbuchrechtliche Beteiligtenfähigkeit einer Personenhandelsgesellschaft, die kein vollkaufmännisches Handelsgewerbe (§ 1 Abs 2 HGB) betreibt und nicht im Handelsregister eingetragen ist, ist grundsätzlich zu verneinen, weil anders als eine in Gründung befindliche Kapitalgesellschaft die Personenhandelsgesellschaft in Gründung als Gesellschaft des bürgerlichen Rechts besteht und als solche in der Lage ist, rechtsgeschäftlich tätig zu werden. Wird die Personenhandelsgesellschaft in Gründung in das Handelsregister eingetragen, dann handelt es sich hierbei lediglich um die Umwandlung einer Personengesellschaft (= BGB-Gesellschaft) in eine andere personengleiche Gesellschaft (= OHG bzw KG), bei der sich die Rechtsform, nicht aber die Identität in der gesamthänderischen Zuordnung des Gesellschaftsvermögens ändert, dh zwischen der OHG, KG in Gründung als BGB-Gesellschaft und der durch Handelsregistereintragung entstandenen OHG, KG besteht Rechtsidentität, die keinen neuen dinglichen Vertrag und keine neue Grundbucheintragung hinsichtlich des Grundbesitzes erforderlich macht.[101] Strittig ist in diesem Fall jedoch, ob eine Berichtigung nach § 22 Abs 1 veranlasst ist[102] oder ob es sich um eine Richtigstellung tatsächlicher Angaben handelt.[103] Letzterer Ansicht ist zuzustimmen, weil das Grundbuch nicht im materiellen Sinne, sondern bloß in Bezug auf tatsächliche Angaben, unrichtig ist. Die Berichtigung tatsächlicher Angaben kann aber jederzeit auf eine Anregung hin ohne urkundlichen Nachweis in der Form des § 29 von Amts wegen herbeigeführt werden[104] – § 894 BGB und § 22 GBO finden somit keine Anwendung: statt der Gesellschafter der BGB-Gesellschaft ist die OHG bzw KG unter ihrer Firma einzutragen.[105] In Ausnahme von diesen Grundsätzen ist eine OHG oder KG in Gründung zumindest dann beteiligtenfähig, wenn für sie eine Vormerkung eingetragen werden soll.[106] Dies ergibt sich aus der Akzessorietät der Vormerkung zu dem schuldrechtlichen Anspruch, den sie sichert, und der Vorläufigkeit ihrer Eintragung, die bereits auf ihre Löschung bei Eintragung des vorgemerkten Rechts angelegt ist; daraus folgt, dass die Inhaber der Vormerkung mit denen des zu sichernden schuldrechtlichen Anspruchs korrespondieren und nicht mit denen des vorgemerkten dinglichen Rechts. Für die Innehabung des schuldrechtlichen Anspruchs genügt aber Bestimmbarkeit des Gläubigers, Bestimmtheit ist nicht erforderlich.[107]

ii) In der Grundbuchpraxis stellt sich häufig die Frage, ob die **Gründungsgesellschaften bei juristischen Personen** des Privatrechts im Grundbuchverfahren beteiligtenfähig sind; Bedeutung erlangt dies vor allem bei der **GmbH**, der mit Abstand häufigsten Gesellschaftsform. Nach § 11 GmbH besteht die bereits gegründete Gesellschaft mbH vor ihrer Eintragung in das Handelsregister als solche nicht; erst ab diesem Zeitpunkt beginnt ihre Rechtsfähigkeit und damit auch die Beteiligtenfähigkeit. Vor der Handelsregistereintragung sind zwei Stufen zu unterscheiden: Eine **Vorgründungsgesellschaft** entsteht als BGB-Gesellschaft, wenn sich die Beteiligten verpflichten, zur Errichtung einer juristischen Person zusammenzuwirken, insbesondere den Gesellschaftsvertrag auszuarbeiten; als OHG erscheint die Gesellschaft mit Aufnahme der Geschäfte, die die Voraussetzungen eines Handelsgewerbes gemäß § 1 Abs 2 HGB erfüllen.[108] Die Vorgründungsgesellschaft ist mit der Vor-GmbH und der GmbH nicht identisch, so dass ihre Rechte und Verbindlichkeiten nicht automatisch auf die Vor-GmbH bzw die GmbH übergehen.[109]

Wesentlich bedeutsamer ist die zweite Stufe, bei der die **Gründungsgesellschaft** durch den notariell beurkundeten Abschluss des Gesellschaftsvertrages entsteht. Nach hM ist die Gründungsgesellschaft eine Organisation, **54**

53

---

98 BGHZ 63, 45, 47; 69, 95, 97; BayObLG NJW 1984, 497 = DNotZ 1984, 567 = Rpfleger 1984, 13; LG Frankenthal Rpfleger 1982, 346.

99 *Böhringer* BWNotZ 1985, 102, 108; Rpfleger 1991, 3.

100 *Rissmann-Waldner* Rpfleger 1984, 59; *Schöner/Stöber* Rn 983; *Staudinger-Gursky* § 873 Rn 104; *Buchberger* Rpfleger 1991, 2; in diese Richtung ebenso *Demharter* § 19 Rn 105.

101 RGZ 155, 75, 84; BayObLGZ 1948–1951; 426, 429; KG JFG 12, 279, 280; BGB-RGRK-*Augustin* § 925 Rn 12; *Hueck,* Das Recht der OHG, § 6 V 3; *Rissmann-Waldner* Rpfleger 1984, 59, 60.

102 KG JFG 12, 279, 285; *Rissmann-Waldner* Rpfleger 1984, 59, 60.

103 BayObLGZ 1948–1951, 430; *Boffer* RpflStud 1979, 67, 72; *Böhringer* Rpfleger 1990, 337, 344; 1991, 3.

104 *Eickmann* Rpfleger 1985, 85, 89.

105 Zum buchungstechnischen Verfahren vgl *Boffer* RpflStud 1979, 67, 72.

106 BayObLG DNotZ 1986, 156 = Rpfleger 1985, 353; LG Essen MittRhNotK 1971, 148; BGB-RGRK-*Augustin* § 883 Rn 41; MüKo-*Wacke* § 883 Rn 20; AlternKomm-*Schweinitz* § 883 Rn 24; *Schöner/Stöber* Rn 985; *Rissmann-Waldner* Rpfleger 1984, 59; *Böhringer* Rpfleger 1990, 337, 343; 1991, 3; **aA** nur LG Frankenthal Rpfleger 1982, 346.

107 BayObLGZ 1958, 164, 168; *Rissmann-Waldner* Rpfleger 1984, 59.

108 Ausführlich dazu *Böhringer* Rpfleger 1988, 446; *Staudinger-Gursky* § 873 Rn 108.

109 BGH NZG 2001, 561; BGHZ 91, 148.

die einem Sonderrecht untersteht, das aus den im Gesetz oder im Gesellschaftsvertrag gegebenen Gründungsvorschriften und dem Recht der rechtsfähigen Gesellschaft, soweit es nicht die Eintragung voraussetzt, besteht;[110] vor allem ist festzuhalten, dass keine BGB-Gesellschaft oder OHG vorliegt. Die Rechtsprechung hat dieser Gründungsgesellschaft Schritt für Schritt die Beteiligtenfähigkeit zuerkannt: Die Auflassung oder eine sonstige dingliche Einigung mit der Gründungsgesellschaft ist bereits vor deren Eintragung im Handelsregister zulässig und wirksam.[111] Soll bei der Errichtung einer GmbH ein Grundstück oder Grundstücksrecht als Sacheinlage eingebracht werden (§ 5 Abs 4 GmbHG), so ist die Auflassung bzw dingliche Einigung und deren Grundbucheintragung schon vor der Handelsregistereintragung der GmbH notwendig, was § 7 Abs 3 GmbHG (idF vom 04.07.1980, BGBl I 836) verlangt; insoweit ist die GmbH in Gründung beteiligtenfähig.[112] Außerdem ist anerkannt, dass die Gründungsgesellschaft Beteiligtenfähigkeit besitzt, wenn für sie eine Auflassungsvormerkung eingetragen werden soll, selbst wenn der Grundstückserwerb nicht mit der Einbringung einer Sacheinlage in die Gesellschaft zusammenhängt.[113] Die GmbH iG kann ihren Auflassungsanspruch nebst der Auflassungsvormerkung abtreten, was im Wege der Grundbuchberichtigung eingetragen werden kann.[114] Den entscheidenden Schritt zur allgemeinen Beteiligtenfähigkeit der Gründungsgesellschaft im FG-Verfahren und somit auch im Grundbuchverfahren brachte die Entscheidung des BGH zur Komplementärfähigkeit der Vor-GmbH bei einer KG, worin ausgeführt wird, dass der Gesetzgeber die Bildung von Gesamthandsvermögen in der Hand der Gründungsgesellschaft voraussetzt und dem auf der anderen Seite die Fähigkeit entsprechen müsse, durch das satzungsmäßige Vertretungsorgan schon vor der Eintragung Verbindlichkeiten einzugehen, sodass sämtliche Aktiva und Passiva der Gründungsgesellschaft, auch soweit sie aus nicht durch den Gesellschaftsvertrag gedeckten Geschäften stammen, nahtlos auf die GmbH übergehen.[115] Die allgemeine Beteiligtenfähigkeit einer Gründungsgesellschaft im Grundbuchverfahren wird seitdem überwiegend bejaht;[116] dem ist zuzustimmen. Wenn nämlich die Gründungsgesellschaft als solche bereits Rechtsbeziehungen aufnehmen kann, zB Komplementär einer KG sein kann, dann muss dies auch für den Erwerb dinglicher Rechtspositionen gelten.

55 Da die Vor-GmbH in der Gründungsphase bereits körperschaftliche Strukturen aufweist, hat nicht die Eintragung aller Gesellschafter mit Gesellschaftszusatz wie bei der OHG bzw KG in Gründung (= BGB-Gesellschaft) zu erfolgen, sondern in analoger Anwendung des § 15 Abs 1 Buchst b GBV ist die Gründungsgesellschaft unter ihrer künftigen Firma mit einem auf das Gründungsstadium hinweisenden Zusatz einzutragen (zB **A-GmbH in Gründung, Sitz X**).[117] Bei der Frage, welche Unterlagen dem GBA für die Eintragung einer Vor-GmbH vorzulegen sind, ist zu unterscheiden: Liegt der Fall des § 20 GBO vor (= Eigentumserwerb der Vor-GmbH, Erbbaurechtsbestellung für die Vor-GmbH), muss das GBA die Wirksamkeit der materiellen Einigung prüfen, dh auch die Rechtsfähigkeit der Vor-GmbH und die Vertretungsmacht der für sie Handelnden. Dem GBA sind deshalb vorzulegen (jeweils in der Form des § 29 GBO):[118] der Vertrag über die Gründung der GmbH; Nachweis über die Geschäftsführerbestellung, soweit nicht im Gesellschaftsvertrag enthalten; Nachweis über die Vertretungsmacht der Geschäftsführer für das konkrete Rechtsgeschäft;[119] Nachweis über die erfolgte Anmeldung der GmbH-Gründung zum Handelsregister durch beglaubigte Abschrift der Registeranmeldung oder eine Bescheinigung des Registergerichts über das Vorliegen der Anmeldung[120] oder eine Erklärung der Gründungsgesellschafter samt Geschäftsführer, dass die Eintragung der GmbH noch betrieben wird. Liegt dagegen ein Fall des § 19 GBO vor (zB Eintragung einer Eigentumsvormerkung für die Vor-GmbH), ist das GBA zu keiner wei-

---

110 BGHZ 20, 281, 285 (für die eGen); 21, 242, 246; 45, 338, 347; 51, 30, 32 (für die GmbH); BayObLG NJW 1965, 2254 (für die AG); ausführlich dazu: *Boffer* RpflStud 1980, 25, 26; *Kückelhaus* MittRhNotK 1984, 89, 90; *Kübler* § 24 II 3 d; *Böhringer* Rpfleger 1988, 446, 447.

111 RG JW 1925, 1109; BGH NJW 1973, 798; KG DR 1941, 1087; OLG Colmar OLGE 6, 486, 487; BayObLGZ 1979, 172, 173; *Güthe-Triebel* § 20 Rn 41; *Böhringer* BWNotZ 1981, 53; 1985, 102, 107; *Schöner/Stöber* Rn 987.

112 BGHZ 45, 338 = NJW 1966, 1311 = DNotZ 1967, 381; *Demharter* § 19 Rn 102; *Eickmann*, GBVerfR, Rn 16; *Schöner/Stöber* Rn 987; *Kückelhaus* MittRhNotK 1984, 89, 93; *Boffer* RpflStud 1980, 25, 27; *Böhringer* BWNotZ 1981, 53, 54; 1985, 102, 107; *Gross* BWNotZ 1981, 97, 98; *Priester* DNotZ 1980, 515, 522.

113 BayObLGZ 1979, 172 = DNotZ 1979, 502 = Rpfleger 1979, 303; OLG Hamm Rpfleger 1981, 296 = DNotZ 1981, 582; *Demharter* § 19 Rn 103; MüKo-*Wacke* § 883 Rn 20; *Schöner/Stöber* Rn 990; *Kückelhaus* MittRhNotK 1984, 89, 93; *Böhringer* BWNotZ 1985, 102, 107.

114 LG Nürnberg-Fürth BWNotZ 1985, 125 = MittRhNotK 1985, 127 = DNotZ 1986, 377 = Rpfleger 1986, 254.

115 BGHZ 80, 239 = NJW 1981, 1373 m Anm v *K. Schmidt* (1374) und *Flume* (1753); ausführlich dazu: *Kückelhaus* MittRhNotK 1984, 89, 98.

116 *Staudinger-Gursky* § 873 Rn 107; *Böhringer* Rpfleger 1988, 446, 447; *Demharter* § 19 Rn 104; *Winkler* ZZP 1988, 216, 217; *Schöner/Stöber* Rn 990; *Schnorr von Carolsfeld* DNotZ 1963, 404, 407 Fn 14; *Büttner*, Identität und Kontinuität bei der Gründung juristischer Personen, 120; *Huber*, FS Fischer (1979) 263, 270; zur Vor-Genossenschaft vgl DNotI-Report 1998, 66.

117 *Schöner/Stöber* Rn 987, 991; *Böhringer* BWNotZ 1981, 53, 54; 1985, 102, 107; Rpfleger 1988, 446, 448; für die Vor-AG vgl Gutachten in DNotI-Report 2007, 140.

118 *Schöner/Stöber* Rn 993; *Böhringer* Rpfleger 1988, 446, 448; 1991, 3; zur Vor-Genossenschaft vgl DNotI-Report 1998, 66.

119 **AA** *Böhringer* Rpfleger 1988, 446, 448.

120 **AA** *Buchberger* Rpfleger 1991, 2.

teren Prüfung der Beteiligtenfähigkeit des Erwerbers berechtigt, solange diese nach der von dem Beteiligten geführten Bezeichnung glaubhaft ist und keine entgegenstehenden Tatsachen bekannt sind (vgl Rdn 41). Das GBA darf deshalb in diesem Fall die Eintragung zugunsten einer Vor-GmbH nicht von der Vorlage des Vertrages über die Gründung der GmbH mit Geschäftsführerbestellung und nicht von dem Nachweis der Bevollmächtigung des Geschäftsführers durch sämtliche Gründungsgesellschafter zum Abschluss des konkreten Rechtsgeschäfts abhängig machen.[121]

Mit der **Eintragung der Gesellschaft in das Handelsregister** gehen ohne weitere rechtsgeschäftliche Erklärungen alle Rechte der Gründungsgesellschaft auf die GmbH über, da die Gründerorganisation nur ein gesetzlich notwendiges Durchgangsstadium für die Entstehung der juristischen Person ist.[122] Ungeklärt ist allerdings, wie der Übergang der Rechte konstruktiv erklärt werden kann. Zum Teil wird die Ansicht vertreten, dass dies im Wege der Gesamtrechtsnachfolge geschehe und eine Grundbuchunrichtigkeit iS des § 894 BGB zur Folge habe; das Grundbuch sei durch die Löschung des Gründungszusatzes zu berichtigen (§ 22).[123] Eine andere Meinung geht von der Identität der Gründungsgesellschaft und der Gesellschaft nach Handelsregistereintragung aus, dh ein Übergang im Rechtssinne sei gar nicht gegeben, sondern dadurch, dass die GmbH ihre Rechtsfähigkeit erwirbt, ändere der Träger des Vermögens nur seine Rechtsform; bei dem Grundbucheintrag handele es sich nur um eine Richtigstellung tatsächlicher Angaben in der Bezeichnung des Berechtigten, für das die §§ 13 ff nicht gelten, dh die Richtigstellung erfolge von Amts wegen, wenn die unrichtige Bezeichnung feststehe (Handelsregisterauszug).[124] Letzterer Auffassung ist zuzustimmen, da bei der Rechtsnachfolgelösung die von der Gründungsgesellschaft erworbenen Rechte, die weder vererblich noch übertragbar sind (zB beschränkt persönliche Dienstbarkeit §§ 1090 Abs 2, 1061, § 1092 BGB), nicht auf die juristische Person übergehen können. **56**

Die angeführten Grundsätze zur Beteiligtenfähigkeit der Gründungsgesellschaft im Grundbuchverfahren gelten auch für die **Ein-Mann-Vor-GmbH**, da sie zwischen dem Abschluss des Gesellschaftsvertrags und der Handelsregistereintragung der Mehrpersonen-Vorgesellschaft nach dem Grad ihrer Verselbständigung in nichts nachsteht.[125] **57**

Von einer Vor-GmbH kann nur solange ausgegangen werden, als die Handelsregistereintragung betrieben wird. Nach **Rücknahme oder Zurückweisung der Anmeldung** ist zu unterscheiden: Kommt es auch zur Beendigung der Unternehmenstätigkeit, so ändert sich der Charakter der Vor-GmbH, diese ist aufgelöst und nach den Regeln der §§ 60 ff GmbHG zu liquidieren, dh es besteht eine Vor-GmbH in Liquidation.[126] Diese ist mit der bisherigen Vorgesellschaft identisch. Bei der Liquidation der zugunsten der Vor-GmbH begründeten Rechte sind diese nach den jeweils in Betracht kommenden sachenrechtlichen Normen zu übertragen (zB §§ 873, 925, 1154 BGB).[127] Wird allerdings keine Liquidation betrieben, sondern ist das Unternehmen weiterhin werbend tätig, so führt dies ipso iure zur Umwandlung der Vor-GmbH in eine OHG oder BGB-Gesellschaft, und zwar unabhängig von den Vorstellungen der Gesellschafter.[128] Die Vermögensgegenstände der Vor-GmbH gehen ohne weiteres, dh beispielsweise ohne Auflassung, auf die OHG (BGB-Gesellschaft) über. Zum Nachweis der gescheiterten Vor-GmbH sind dem GBA der unangefochtene bzw rechtskräftige Zurückweisungsbeschluß oder eine Bescheinigung des Registergerichts über die Rücknahme der Anmeldung vorzulegen. Bei einer gescheiterten Einmann-Vor-GmbH erlischt die Gesellschaft, und das gesamte Vermögen geht automatisch auf den Alleingesellschafter über.[129] Nach Ansicht des BayObLG[130] soll allerdings für eine bereits gescheiterte Einmann-Vor-GmbH keine Vormerkung mehr entstehen können, dh wenn im Zeitpunkt der Grundbucheintragung bereits keine Vor-GmbH mehr besteht, könne mangels Berechtigten auch keine Vormerkung begründet werden. Dem kann nicht zugestimmt werden. In einem solchen Fall entsteht die Vormer- **58**

121 LG Limburg MittBayNot 1989, 30; *Schöner/Stöber* Rn 993; **aA** teilweise *Böhringer* Rpfleger 1988, 446, 448.
122 BGHZ 45, 339 = DNotZ 1967, 381 = NJW 1966, 1311; BGHZ 80, 129 = NJW 1981, 1373; zur Vor-Genossenschaft vgl DNotI-Report 1998, 66.
123 *Kückelhaus* MittRhNotK 1984, 89, 94; *Staudinger-Gursky* § 894 Rn 28; § 873 Rn 107.
124 *Schöner/Stöber* Rn 988; *Demharter* § 19 Rn 104; *Rittner,* Die werdende juristische Person (1973) 325 f, 363; *Boffer* RpflStud 1980, 25, 29; *Böhringer* BWNotZ 1981, 53, 55; 1985, 102, 108; Rpfleger 1988, 446, 448 f; *Winkler* ZZP 1988, 216, 218.
125 *Schöner/Stöber* Rn 989; *Böhringer* BWNotZ 1981, 53, 55; 1985, 102, 108; Rpfleger 1988, 446, 448; *Staudinger-Gursky* § 873 Rn 99; *Kückelhaus* MittRhNotK 1984, 89, 97; *John* BB 1982, 505; *K. Schmidt* NJW 1980, 1774; ZHR 145 (1981), 540; *Gessler* BB 1980, 1388; *Flume* DB 1980, 1781; ZHR 1982, 205.
126 *Böhringer* Rpfleger 1988, 446, 449; *Boffer* RpflStud 1980, 30.
127 *Böhringer* aaO.
128 BGHZ 22, 240; 51, 32; 80, 142; BayObLG ZIP 1985, 1488; BFH GmbHR 1988, 404; *Demharter* § 19 Rn 104; *Schöner/Stöber* Rn 993; *K. Schmidt* GmbHR 1988, 91.
129 LG Berlin MDR 1987, 855; *John,* Die Gründung der Einmann-GmbH, S 58; *K. Schmidt* GmbHR 1988, 91; *H. Schmidt* GmbHR 1987, 393; *Demharter* § 19 Rn 104; *Schöner/Stöber* Rn 993; **aA** *Albach,* Die Einmann-Gründung der GmbH, 1986, S 112 ff; *Böhringer* Rpfleger 1988, 446, 450 (Vor-GmbH in Liquidation).
130 Rpfleger 1987, 407 = MittBayNot 1987, 407 = MittRhNotK 1988, 95.

kung vielmehr für den Alleingründungsgesellschafter.[131] Ist dem GBA bei Bearbeitung eines Antrags bekannt, dass die Anmeldung der Vor-GmbH rechtskräftig zurückgewiesen ist, so kann sie nicht mehr als Berechtigte im Grundbuch eingetragen werden.[132]

59 **kk) Die Gesellschaft bürgerlichen Rechts** (§§ 705 ff BGB) ist aktiv und passiv parteifähig im Zivilprozess, soweit es sich um eine sog Außengesellschaft handelt, die am Rechtsverkehr teilnimmt.[133] Fraglich ist, ob die Gesellschaft bürgerlichen Rechts als solche auch unter ihrem Namen im Grundbuch eingetragen werden kann, d.h. grundbuchfähig ist. Dies ist noch nicht abschließend geklärt. Nach der Anerkennung der Rechts- und Parteifähigkeit der (Außen-) Gesellschaft bürgerlichen Rechts durch den *BGH* wird auch deren Grundbuchfähigkeit bejaht.[134] Inzwischen scheint sich jedoch die Ansicht von der Grundbuchunfähigkeit der GbR durchzusetzen.[135] Dies bedeutet, dass eine GbR als solches im Grundbuch nicht nur unter einem Sammelnamen eingetragen werden kann als Eigentümerin eines Grundstücks[136] oder Berechtigte eines Grundstücksrechts[137] (insbesondere Zwangshypothek[138]). Bei der Behandlung des Problems werden häufig zwei Fragen vermischt. Zum einen geht es darum, wer materiell Eigentümer des Grundstücks ist und zum anderen stellt sich die Frage, wie dieser Eigentümer formell im GB einzutragen ist. Auf Grund der Bejahung der Rechtsfähigkeit der GbR durch den *BGH* wird auch die GbR selbst als Eigentümerin eines zum Gesellschaftsvermögen gehörenden Grundstückes bzw Inhaberin eines Grundstücksrechtes angesehen werden müssen.[139] Bei der Frage, ob die GbR grundbuchfähig ist oder nicht, geht es darum, wie sie im GB einzutragen ist: unter einem Gesamtnamen oder unter Nennung aller Gesellschafter? Da die GbR nicht in ein Register eingetragen ist, kann der Nachweis der Vertretungsbefugnis nicht nach § 32 durch ein Zeugnis des Registergerichts geführt werden; ebenso scheiden die Bezugnahme auf eine Registereintragung nach § 34, eine Notarbescheinigung gemäß § 21 BNotO und eine beglaubigte Registerblattabschrift aus. Die fehlende Eintragung in ein Register führt zu nicht überwindbaren Problemen hinsichtlich Identität und Vertretungsbefugnis, da die Nachweise über das Bestehen der Gesellschaft und die Vertretungsbefugnis häufig nicht in der Form des § 29 erbracht werden können. Weder das Grundbuch selbst noch die Grundakten können als Ersatz für ein fehlendes Register dienen. Gesetzliche Vorschriften, die solches ermöglichen würden, bestehen nicht. Deshalb kann eine GbR auch nicht Verwalterin einer Wohnungseigentümergemeinschaft sein.[140] Nach § 162 Abs 1 S 2 HGB kann eine GbR Kommanditistin sein; einzutragen sind dann im Handelsregister die einzelnen Gesellschafter der Gesellschaft. Für das Grundbuch kann nichts anderes gelten. Es kann daher die einzelnen Gesellschafter in das Grundbuch einzutragen mit dem Zusatz »als Gesellschaft bürgerlichen Rechts«. Ein ergänzender Sammelname der GbR ist dann noch möglich. Nicht gefolgt werden kann der Auffassung des *BayObLG*,[141] wonach die Auflassung an eine »BGB-Gesellschaft …, bestehend aus A, B, C und D« nicht zu einer Grundbucheintragung von »A, B, C und D als Gesellschafter der

131 *K. Schmidt* GmbHR 1988, 91; *H. Schmidt* GmbH 1987, 393; *Böhringer* Rpfleger 1988, 446, 450; *Schöner/Stöber* Rn 993.

132 OLG Düsseldorf DB 1993, 1815.

133 BGH NJW 2001, 1056 = DNotZ 2001, 234 = Rpfleger 2001, 246 = MDR 2001, 459.

134 OLG Stuttgart RNotZ 2007, 106 = BB 2007, 845; KEHE-*Dümig* Einl. B Rn 61 ff; MüKo-*Ulmer* § 705 Rn 314 f; *Böttcher/Blasche* NZG 2007, 121; *Tavakoli/Fehrenbacher* DB 2007, 382; *Heßler/Kleinhenz* NZG 2007, 250; *Bielicke* Rpfleger 2007, 441; *Priester* BB 2007, 837; *Knöfel* AcP 2005, 645; G. *Wagner* ZIP 2005, 637; *K. Wagner* ZNotP 2006, 408; *Eickmann* ZflR 2001, 433; *Ulmer/Steffek* NJW 2002, 330; *Dümig* Rpfleger 2002, 53 und ZflR 2002, 796; *Wertenbruch* NJW 2002, 324; *Pohlmann* WM 2002, 1421; *Ott* NJW 2003, 1223; *Elsing* BB 2003, 909; *Demuth* BB 2002, 1555.

135 OLG Celle ZflR 2006, 426 = RNotZ 2006, 287; II. Zivilsenat des BayObLG ZflR 2004, 1005 = MittBayNot 2005, 143 = ZNotP 2004, 482 = NotBZ 2004, 433 = Rpfleger 2005, 19; DNotZ 2003, 52 = NJW 2003, 70 = Rpfleger 2003, 78; Rpfleger 2004, 93 = NotBZ 2003, 473 = ZNotP 2004, 25; LG Berlin Rpfleger 2004, 283; LG Aachen Rpfleger 2003, 496 = MittBayNot 2003, 498 = RNotZ 2003, 462; LG Dresden NotBZ 2002, 384; *Staudinger-Pfeifer* § 925 Rn 59; *Staudinger-Gursky* § 873 Rn 99; *Staudinger-Habermeier* Vorbem. zu §§ 705–740 Rn 26a; Schöner/Stöber Rn 241a; *Kral* in *Hügel* § 44 Rn 41; *Wilke* in *Bauer/von Oefele* § 13 Rn 34; *Demharter* § 19 Rn 108; *Ruhwinkel* MittBayNot 2007, 92; *Volmer* DNotZ 2007, 120; *Kesseler* ZIP 2007, 421; *Lautner* NotBZ 2007, 229 und MittBayNot 2005, 93; *Böhringer* BWNotZ 2006, 118, 121; *Vogt* Rpfleger 2003, 491; *Kremer* RNotZ 2004, 239; *Stöber* MDR 2001, 544; *Heil* NZG 2001, 300, 305 und NJW 2002, 2158; ANN MittBayNot 2001, 197; *Münch* DNotZ 2001, 535; *Nagel* NJW 2003, 1646.

136 BayObLGZ 2002, 330 = DNotZ 2003, 52 = NJW 2003, 70 = NotBZ 2002, 453.

137 OLG Celle ZflR 2006, 426 = RNotZ 2006, 287; LG Berlin Rpfleger 2004, 283.

138 BayObLG ZflR 2004, 1005 = MittBayNot 2005, 143 = NotBZ 2004, 433 = Rpfleger 2005, 19 = ZNotP 2004, 482.

139 BGH NJW 2006, 2194 = ZflR 2007, 99 = NZG 2006, 939; *Bielicke* Rpfleger 2007, 441; *Priester* BB 2007, 837; *Tavakoli/Fehrenbacher* DB 2007, 382; *Böttcher/Blasche* NZG 2007, 121; *Nagel* NJW 2003, 1646; *Lautner* NotBZ 2007, 229 und MittBayNot 2005, 93; *Böhringer* BWNotZ 2006, 118, 121; *Wagner* ZIP 2005, 635; III. Zivilsenat des BayObLG NZG 2002, 882 = FGPrax 2002, 185 = Rpfleger 2002, 536 = MittBayNot 2002, 309 = RNotZ 2002, 347 = ZNotP 2003, 79; OVG Münster NVwZ – RR 2003, 149; **aA** zu Unrecht II. Zivilsenat des BayObLG Rpfleger 2004, 93 = ZNotP 2004, 25 = NotBZ 2003, 473.

140 BGH DNotZ 2006, 523.

141 DNotZ 2004, 378 = Rpfleger 2004, 93 = ZflR 2004, 428 = MittBayNot 2004, 201 = ZNotP 2004, 25 = NotBZ 2003, 473.

BGB-Gesellschaft« führen kann und einer neuen Auflassung bedarf. Diese begriffsjuristische und an Fundamentalopposition grenzende Meinung unterscheidet nicht zwischen den Fragen, wer ist Auflassungsempfänger und soll Eigentümer werden (= GbR) und wie müssen sie bezeichnet werden (= A, B, C und D als Gesellschafter der GbR).[142]

ll) Nach § 10 Abs 6 S 1 WEG kann die **Wohnungseigentümergemeinschaft** im Rahmen der gesamten Verwaltung des Gemeinschaftseigentums selbst Rechte erwerben und Pflichten eingehen. Sie ist Inhaberin der als Gemeinschaft gesetzlich begründeten und rechtsgeschäftlich erworbenen Rechte und Pflichten (§ 10 Abs 6 S 2 WEG). Damit ist die Teilrechtsfähigkeit der Wohnungseigentümergemeinschaft gesetzlich normiert.[143] Gemeint ist damit nicht eine Rechtsfähigkeit minderer Art, sondern die Rechtsfähigkeit der Wohnungseigentümergemeinschaft ist nur bereichsmäßig beschränkt, nämlich auf die Verwaltung des Gemeinschaftseigentums. Innerhalb dieses Bereichs liegt aber eine volle Rechtsfähigkeit vor. Rechtsfähigkeit kommt der Wohnungseigentümergemeinschaft nur bei der gesamten Verwaltung des Gemeinschaftseigentums zu (§ 10 Abs 6 S 1 WEG). Unter Verwaltung ist jede Entscheidung und Maßnahme zu verstehen, die eine Regelung der Sachlage oder eine Geschäftsführung in rechtlicher oder tatsächlicher Beziehung zum Gemeinschaftseigentum enthält und im Interesse der Gesamtheit der Wohnungseigentümer erforderlich ist oder liegt. Die wichtigsten Verwaltungsaufgaben sind in § 21 Abs 5 WEG aufgezählt. Das Risiko der Einordnung eines Geschäfts als Verwaltungsangelegenheit trägt die Gemeinschaft, nicht ein Geschäftsgegner. Im Rahmen von Verwaltungsangelegenheiten kann die rechtsfähige Wohnungseigentümergemeinschaft Verträge mit Dritten abschließen und auch Eigentum an den für die Verwaltung notwendigen beweglichen Sachen erwerben (zB Rasenmäher, Wäschespinne, Heizöl usw). Verfügungen über das sachenrechtliche Eigentum (zB Umwandlung von Gemeinschaftseigentum in Sondereigentum und umgekehrt, Veränderung der Miteigentumsanteile) betreffen dagegen nicht die Verwaltung, sondern die dinglichen Grundlagen der Gemeinschaft. Die Wohnungseigentümergemeinschaft kann darüber deshalb keine Beschlüsse fassen, sondern es bedarf dafür einer notariell beurkundeten Einigung und der Grundbucheintragung (§ 4 WEG). Die rechtsfähige Wohnungseigentümergemeinschaft kann Gläubiger einer Zwangssicherungshypothek sein.[144] Es sind also nicht die Wohnungseigentümer unter Angabe des Anteilsverhältnisses nach § 47 als Gläubiger in das Grundbuch einzutragen, sondern nur ein Gläubiger, nämlich die Wohnungseigentümergemeinschaft. Welche einzelnen Wohnungseigentümer Mitglied der rechtsfähigen Gemeinschaft sind, lässt sich aus der Gesamtheit aller Wohnungsgrundbücher entnehmen. Eine Zwangssicherungshypothek kann auch dann für die Wohnungseigentümergemeinschaft als solche eingetragen werden, wenn der Vollstreckungstitel nicht unter dieser Bezeichnung, sondern unter Auflistung aller Eigentümer ergangen ist.[145] Für die Löschung solcher für die Gemeinschaft eingetragener Zwangssicherungshypotheken kann der Verwalter als Vertreter eine Löschungsbewilligung oder eine löschungsfähige Quittung abgeben. Sind die Zwangshypotheken noch für die einzelnen Wohnungseigentümer unter Angabe des Anteilsverhältnisses nach § 47 eingetragen, so kann der Verwalter trotzdem eine löschungsfähige Quittung erteilen,[146] wodurch das Entstehen einer Eigentümergrundschuld nachgewiesen wird. Der Verwalter muss in diesen Fällen aber auch berechtigt sein, eine Löschungsbewilligung (§§ 19, 29) abzugeben.[147] Das in Wohnungseigentum aufgeteilte Grundstück ist zwingendes Gemeinschaftseigentum aller Wohnungseigentümer (§ 1 Abs 5 WEG) und steht nicht im Eigentum der rechtsfähigen Gemeinschaft. Soll eine reale Teilfläche dieses Grundstücks veräußert oder eine Teilfläche hinzu erworben werden, müssen deshalb alle Wohnungseigentümer an der Auflassung beteiligt werden; der Verwalter als Vertreter der rechtsfähigen Gemeinschaft ist dazu nicht in der Lage. Will jedoch die Wohnungseigentümergemeinschaft zur Erweiterung ihrer Anlage ein weiteres selbständiges Grundstück erwerben, so ist dies möglich. Erwerber ist dann die rechtsfähige Gemeinschaft, die durch den Verwalter beim Erwerbsvorgang vertreten wird; die Mitwirkung aller Wohnungseigentümer erübrigt sich dabei. Es liegt auch kein Verstoß gegen § 1 Abs 4 WEG vor, weil das in Wohnungseigentum aufgeteilte Grundstück allen Wohnungseigentümern zusteht und das neue Grundstück der rechtsfähigen Gemeinschaft, also zwei rechtlich selbständige Grundstücke vorhanden sind. Sofern sich der Erwerb einer Eigentumswohnung als Maßnahme der Verwaltung darstellt (zB Hausmeisterwohnung), ist auch dieser Erwerb durch die rechtsfähige Gemeinschaft möglich. Den Erwerb können die Wohnungseigentümer dann mit Mehrheit beschließen. Die rechtsfähige Gemeinschaft wird beim Erwerb vom Verwalter vertreten. Die betroffenen Räume sind zunächst Gemeinschaftseigentum aller Wohnungseigentümer; an ihnen muss daher zunächst Sondereigentum begründet werden und danach muss die Wohnung an die rechtsfähige Gemeinschaft aufgelassen werden. Soweit die Gemeinschaft eine Hausmeisterwohnung benötigt und sich diese

60

---

142 So auch BGH ZflR 2007, 99 = NJW 2006, 2194 = NZG 2006, 939; LG Aachen RNotZ 2006, 348; *Knöfel* AcP 2005, 645; *Weigl* MittBayNot 2004, 202; *Heil* DNotZ 2004, 379.

143 Nach der Entscheidung des BGH NJW 2005, 2061 zweifelnd: *Bork* ZIP 2005, 1205; *Rapp* MittBayNot 2005, 449; *Lüke* ZflR 2005, 516.

144 BGH NJW 2005, 2061.

145 LG Hamburg Rpfleger 2006, 10.

146 BayObLG DNotZ 1995, 627 = Rpfleger 1995, 410; *Böttcher* RpflStud 2002, 95.

147 *Böhringer* Rpfleger 2006, 53, 56; *Wilsch* RNotZ 2005, 536, 537; *Schmidt* NotBZ 2005, 309, 312; **aA** LG Frankfurt RNotZ 2006, 63: Löschungsbewilligung der Wohnungseigentümer ist notwendig.

in der eigenen Anlage nicht realisieren lässt, kann die rechtsfähige Gemeinschaft auch in einer anderen Wohnanlage eine solche erwerben. Wenn die rechtsfähige Gemeinschaft auch Teileigentum benötigt (zB Fahrradraum, Müllraum usw), ist ein Erwerb durch sie möglich. Neben der Rechtsfähigkeit der Wohnungseigentümergemeinschaft hat der Gesetzgeber ihr auch die Grundbuchfähigkeit zugesprochen (vgl § 10 Abs 6 S 4 WEG). Die Gemeinschaft muss die Bezeichnung »Wohnungseigentümergemeinschaft« gefolgt von der bestimmten Angabe des gemeinschaftlichen Grundstücks führen. Die Kennzeichnung des Grundstücks kann durch die postalische Anschrift (zB »Wohnungseigentümergemeinschaft Uhlandstraße 12, 13456 Berlin«) oder die Grundbuchbezeichnung (zB »Wohnungseigentümergemeinschaft Gemarkung Woltersdorf Flur 3 Flurstück 364«) erfolgen. Die Abkürzung der »Wohnungseigentümergemeinschaft« durch »WEG« ist nicht zulässig. Auch die Nennung des Verwalters im Grundbuch ist unzulässig. Dagegen erscheint die Beifügung eines Phantasienamens erlaubt (z.B. Wohnungseigentümergemeinschaft »Trinkfest« Uhlandstraße 12, 13456 Berlin). Die einzelnen Mitglieder einer Wohnungseigentümergemeinschaft ergeben sich aus den Wohnungsgrundbüchern. Die Eintragungsfähigkeit der rechtsfähigen Wohnungseigentümergemeinschaft im Grundbuch hängt davon ab, ob es dabei um die Verwaltung des Gemeinschaftseigentums geht; denn nur insoweit ist die Gemeinschaft rechtsfähig (§ 10 Abs 6 Satz 1 und 2 WEG). Für das Grundbuchamt ist es insoweit ausreichend, wenn aus der ihm vorgelegten Urkunde eine Zuordnungserklärung zum Verbandsvermögen zu entnehmen ist; weitere Darlegungen oder Nachweise sind entbehrlich.[148] Fehlt diese Zuordnungserklärung allerdings, ist eine Zwischenverfügung zu erlassen (§ 18 GBO). Im Bereich ihrer Rechtsfähigkeit ist der Verwalter das Vertretungsorgan der Wohnungseigentümergemeinschaft. Seine Vertretungsmacht ist jedoch nicht umfassend. Neben den einzelnen Tatbeständen des § 27 Abs 3 Nr 1–6 WEG ist er jedoch nur berechtigt, im Namen der Gemeinschaft und mit Wirkung für und gegen sie sonstige Rechtsgeschäfte und Rechtshandlungen vorzunehmen, soweit er hierzu durch Vereinbarung oder Beschluss der Wohnungseigentümer mit Stimmenmehrheit ermächtigt ist (§ 27 Abs 3 Nr 7 WEG). Für Immobiliengeschäfte muss er seine gesonderte Bevollmächtigung dem Grundbuchamt daher nachweisen. Dies geschieht in entsprechender Anwendung von § 26 Abs 3, § 24 Abs 6 WEG durch Vorlage einer Niederschrift über den Ermächtigungsbeschluss, bei der die Unterschriften von dem Vorsitzenden und einem Wohnungseigentümer und falls ein Verwaltungsbeirat bestellt ist, auch von dessen Vorsitzenden oder seinem Vertreter, öffentlich beglaubigt sind.

61 **mm)** Die gesetzlichen Grundlagen der **Europäischen wirtschaftlichen Interessenvereinigung** sind die EWIV-VO vom 25.07.1985 (ABl EG Nr L 199 S 1) und das EWIV-AG vom 14.04.1988 (BGBl I 514). Die EWIV gilt als Handelsgesellschaft im Sinne des HGB. Sie entsteht mit konstitutiver Handelsregistereintragung (Abt A)[149] und kann selbst Träger von Rechten und Pflichten sein (Art 1 Abs 2 EWIV-VO). Deshalb ist die EWIV auch grundbuchfähig, obwohl sie keine juristische Person ist, dh keine eigene Rechtspersönlichkeit hat.[150] Im GB wird sie – wie die OHG – mit Firma und Sitz eingetragen, also nicht die einzelnen Mitglieder.[151] Für das Stadium zwischen Vertragsabschluss und Registereintragung besteht der gleiche Zustand wie bei der Vor-OHG[152] (vgl Einl F 51); deshalb ist auch die Vor-EWIV nicht grundbuchfähig,[153] sondern die einzelnen Mitglieder müssten eingetragen werden.

62 **nn)** Am 01.07.1995 trat das PartGG (BGBl 1994 I 1744) in Kraft. Dies ermöglicht den Angehörigen freier Berufe eine **Partnerschaftsgesellschaft** zu gründen. Sie ist als Personengesellschaft ausgestaltet, als Gesamthandsgemeinschaft; allerdings ist sie keine Handelsgesellschaft. Nach § 7 Abs 2 PartGG hat die Partnerschaft die Fähigkeit, im eigenen Namen Träger von Rechten und Pflichten zu sein, ist jedoch keine juristische Person (wie die OHG). Sie entsteht mit konstitutiver Eintragung im Partnerschaftsregister und ist ab diesem Zeitpunkt auch grundbuchfähig.[154] Im GB wird sie – wie die OHG – mit Namen und Sitz eingetragen, also nicht die einzelnen Gesellschafter. Ein Geschäftsbeginn vor Eintragung der Partnerschaft wird in der Regel die persönliche unbeschränkte Haftung der Partner als BGB-Gesellschafter begründen.[155] Deshalb ist die Vor-Partnerschaft, wie die Vor-OHG (vgl Einl F 51) nicht grundbuchfähig;[156] eingetragen werden müssen die einzelnen Gesellschafter.

---

148 OLG Celle ZWE 2008, 237.
149 *Böhringer* BWNotZ 1990, 129, 130.
150 *Demharter* § 19 Rn 108; *Böhringer* BWNotZ 1990, 129, 131.
151 *Meikel-Böhringer* § 47 Rdn 95.
152 *Böhringer* Rpfleger 1990, 337, 344.
153 *Schöner/Stöber* Rn 981d; *Demharter* § 19 Rn 108; **aA** *Böhringer* BWNotZ 1990, 105, 106; 1990, 129, 132.
154 *Böhringer* BWNotZ 1995, 1, 2.
155 BR-Drucks 516/93 S 40.
156 **AA** *Böhringer* BWNotZ 1995, 1, 2.

XI. Verfahrensfähigkeit

1. Begriff und Bedeutung

Für den Zivilprozess ist die Prozessfähigkeit, also die Fähigkeit einer Person, Prozesshandlungen selbst oder **63** durch einen Prozessbevollmächtigten wirksam vor- und entgegenzunehmen, in den §§ 51–58 ZPO geregelt; sie wird, wie sich aus § 52 ZPO ergibt, durch die Geschäftsfähigkeit der Person bestimmt (§§ 104–113 BGB). Das FGG enthält keine allgemeine Vorschrift über die Verfahrensfähigkeit, also die Fähigkeit einer Person, Verfahrenshandlungen selbst oder durch selbst ernannte Vertreter vorzunehmen oder entgegenzunehmen.[157] Im Grundbuchverfahren bedeutet Verfahrensfähigkeit, im eigenen Namen Eintragungsanträge und Eintragungsbewilligungen sowie andere Grundbucherklärungen abgeben zu können.[158] Streitig ist, ob für das Verfahren der Freiwilligen Gerichtsbarkeit, und somit auch für das Grundbuchverfahren, die Vorschriften des BGB über die Geschäftsfähigkeit (§§ 104 ff BGB)[159] oder die Bestimmungen der ZPO über die Prozessfähigkeit (§§ 51 ff ZPO)[160] maßgebend sind. Da es sich beim Grundbuchverfahren eben um ein Verfahren des Gerichts handelt, muss auch die Verfahrensfähigkeit nach Verfahrensrecht beurteilt werden: **§ 52 ZPO gilt analog**. Eine Beurteilung der Verfahrensfähigkeit allein nach Regeln der Geschäftsfähigkeit ist schon deshalb nicht möglich, weil andere Rechtsträger als die vom BGB erfassten, nämlich auch solche des öffentlichen Rechts, am Verfahren beteiligt sein können: Im Ergebnis besteht allerdings kein allzu großer Unterschied zwischen den Auffassungen, weil im Rahmen des § 52 ZPO wiederum weitgehend auf die Vorschriften des BGB verwiesen wird. Verfahrensfähig sind grundsätzlich nur die unbeschränkt Geschäftsfähigen. Wer nicht verfahrensfähig ist, muss nach den einschlägigen gesetzlichen Vorschriften vertreten sein. Die Verfahrensfähigkeit ist eine von Amts wegen zu prüfende Verfahrensvoraussetzung;[161] fehlt es daran, so ist der Antrag als unzulässig zurückzuweisen. Der Mangel der Verfahrensfähigkeit ist aber durch Genehmigung des gesetzlichen Vertreters rückwirkend heilbar.[162] Daher kann auch der während des Verfahrens verfahrensfähig Gewordene seine frühere Verfahrenshandlung genehmigen.[163] Ein Amtsverfahren kann das Grundbuch auch gegen einen Verfahrensunfähigen einleiten, jedoch ist der gesetzliche Vertreter zu dem Verfahren hinzuzuziehen.[164]

2. Verfahrensfähige Personen

a) Unbeschränkte volle Verfahrensfähigkeit. Nach § 52 Abs 1 ZPO ist prozessfähig und damit verfahrens- **64** fähig, wer sich durch Vertrag verpflichten kann; das ist nur der voll Geschäftsfähige. **Wer voll geschäftsfähig ist, ist auch verfahrensfähig.** Die volle Geschäftsfähigkeit erlangt der Mensch mit der Volljährigkeit (§ 2 BGB), also mit Beginn des Tages, an dem er 18 Jahre alt wird (§ 187 Abs 2 BGB).

b) Gegenständlich beschränkte Verfahrensfähigkeit. Beschränkt Geschäftsfähige (§ 106 BGB), die mit **65** Ermächtigung des gesetzlichen Vertreters in Dienst oder Arbeit treten oder – mit zusätzlicher Genehmigung des Vormundschaftsgerichts – ein Erwerbsgeschäft betreiben, sind für die sich aus diesem beschränkten Bereich ergebenden Rechtsgeschäfte voll geschäftsfähig und damit auch verfahrensfähig (§§ 112, 113 BGB);[165] ausgenommen sind Rechtsgeschäfte, zu denen der gesetzliche Vertreter der Genehmigung des Vormundschaftsgerichts bedarf (§ 112 Abs 1 S 2, § 113, Abs 1 S 2 BGB).

Geisteskranke (§ 104 Nr 2 BGB) gelten für Verfahren, in denen über die wegen ihres Geisteszustandes zu tref- **66** fenden Maßnahmen entschieden wird, zur Wahrnehmung ihrer Rechte als verfahrensfähig.[166] Dies gilt auch für Rechtsmittel gegen Verfügungen, welche die Fortdauer solcher Maßnahmen anordnen oder eine Anregung, sie aufzuheben, ablehnen.[167] Vermögensrechtliche Angelegenheiten betreffen aber regelmäßig nicht den persönlichen Lebensbereich des Beteiligten, sodass zB keine Verfahrensfähigkeit vorliegt bei dem Vollzug eines Übergabevertrags im Grundbuch, auch wenn der bei dem Vertragsabschluss durch seinen Vormund Vertretene hiervon nicht unerheblich betroffen ist – er verliert das Miteigentum an einem Hof und erhält stattdessen nur ein Leibgeding.[168]

---

157 *Lappe* Rpfleger 1982, 10.
158 KEHE-*Eickmann* § 1 Rn 31; *Eickmann*, GBVerfR, Rn 17.
159 BGHZ 35, 1, 4; RGZ 145, 284; OLG Köln MittRhNotK 1987, 197; BayObLG Rpfleger 1989, 366; BayObLGZ 1968, 243, 245; KG JFG 16, 253; *Demharter* § 1 Rn 32; *Keidel-Zimmermann* § 13 Rn 32; *Schlegelberger* § 13 Anm 7; *Pickart-Henn* 72.
160 KEHE-*Eickmann* § 1 Rn 31; *Eickmann*, GBVerfR, Rn 17; *Habscheid* § 15 II; *Baur* § 13 B II; *Lappe* Rpfleger 1982, 10.
161 *Lappe* Rpfleger 1982, 10.
162 *Habscheid* § 15 II 4; *Baur* DNotZ 1965, 485. **AA** OLG Frankfurt DNotZ 1965, 482.
163 *Habscheid* aaO; *Zöller-Vollkommer* § 52 Rn 14.
164 *Habscheid* § 15 II 5.
165 *Habscheid* § 15 III 2; *Eickmann*, GBVerfR, Rn 18; *Lappe* Rpfleger 1982, 10.
166 BVerfGE 10, 302, 306; *Habscheid* § 15 III 1.
167 BGHZ 35, 1; 70, 252, 256; BayObLGZ 1968, 243, 246; *Keidel-Zimmermann* § 13 Rn 34, 35.
168 BayObLG Rpfleger 1982, 20.

3. Verfahrensunfähige Personen

67 **a) Geschäftsunfähigkeit.** Der Geschäftsunfähige ist verfahrensunfähig; für ihn muss in vollem Umfange sein gesetzlicher Vertreter handeln.[169] Geschäftsunfähig sind nach § **104 BGB** Minderjährige bis zum Beginn des Tages, an dem sie 7 Jahre alt werden (Nr 1) und dauernd Geisteskranke, deren freie Willensbestimmung ausgeschlossen ist (Nr 2). Bei der Frage, ob eine Verfahrensunfähigkeit gemäß § 52 ZPO, § 104 Nr 2 BGB vorliegt, ist solange von der Geschäftsfähigkeit auszugehen, als nicht das Gegenteil bewiesen ist; die Geschäftsunfähigkeit muss zur Überzeugung des Gerichts feststehen.[170]

68 **b) Beschränkte Geschäftsfähigkeit.** Es gibt zwar eine beschränkte Geschäftsfähigkeit (§ **106 BGB**), aber keine allgemeine beschränkte Verfahrensfähigkeit; der beschränkt Geschäftsfähige ist verfahrensunfähig, für ihn muss der gesetzliche Vertreter (Eltern, Vormund) handeln. Beschränkt geschäftsfähig sind Personen ab dem vollendeten 7. Lebensjahr bis zur Volljährigkeit (§ 106 BGB).

69 **c) Geschäftsfähige Pflegebefohlene.** Erhält eine geschäftsfähige Person einen **Pfleger** (§§ 1911, 1913, 1960 BGB), so bleibt sie geschäftsfähig.[171] Sofern sich der Gegenstand der Pflegschaft auf das infragestehende Grundstücksrecht erstreckt, verdrängt der Pfleger als gesetzlicher Vertreter den Pflegling, der insoweit verfahrensunfähig ist (§ **53 ZPO**).[172] Gleiches gilt, wenn jemand unter **Betreuung** steht.[173] Ist zwar Betreuung angeordnet, aber kein Einwilligungsvorbehalt, bleibt der Betreute zwar voll geschäftsfähig, aber im Rahmen der Betreuung ist er prozessunfähig (§ 53 ZPO) und damit auch verfahrensunfähig. Ist eine Betreuung mit Einwilligungsvorbehalt angeordnet, dann ist der Betreute weitgehend einem beschränkt Geschäftsfähigen gleichgestellt (vgl § 1903 BGB)[174] und deshalb verfahrensunfähig (Einl F 59). Deshalb muss der Betreuer für ihn auftreten.

70 **d) Juristische Personen, Personenhandelsgesellschaften.** Verfahrensunfähig sind alle juristischen Personen des privaten und öffentlichen Rechts, da sie nur durch ihre Vertreter handeln können.[175] Die Personenhandelsgesellschaften (OHG und KG) sind ebenfalls verfahrensunfähig, da sie durch die persönlich haftenden Gesellschafter vertreten werden.[176]

XII. Bevollmächtigte

71 Die Vertretung von Beteiligten im Grundbuchverfahren ist durch § 13 FGG geregelt. Hierbei ist sowohl aktive als auch passive Vertretung möglich. Die Vertretung kommt vor als notwendige und als zulässige Vertretung. Notwendige Vertretung, dh Anwaltszwang, besteht ausnahmsweise nur dann, wenn die weitere Beschwerde durch Einreichung einer Beschwerdeschrift eingelegt wird (§ 80 Abs 1 S 2); sonst besteht kein Anwaltszwang. Im Übrigen ist die Vertretung zulässig, soweit es sich nicht um Verrichtungen handelt, die nach Maßgabe gesetzlicher Vorschriften von den Beteiligten persönlich vorgenommen werden müsse.[177] Für die zulässige Vertretung gibt es kein Anwaltsmonopol, vielmehr können auch Nichtanwälte als Bevollmächtigte auftreten (§ 13 Abs 27 GG). Im letzteren Fall kann das Gericht ungeeignete Bevollmächtigte, durch unanfechtbare Anordnung zurückweisen.[178] Streitig ist, ob der Bevollmächtigte verfahrensfähig, dh voll geschäftsfähig, sein muss oder ob beschränkte Geschäftsfähigkeit (vgl § 165 BGB) genügt. Letzteres wird zum Teil bejaht,[179] jedoch zu Unrecht. Im Zivilprozess ist es hM, dass der Prozeßvertreter prozessfähig sein muss.[180] Dies muss bei jedem gerichtlichen Verfahren gelten, auch im Grundbuchverfahren als einem Sonderverfahren der Freiwilligen Gerichtsbarkeit.[181] Zur Neufassung ab 01.07.2008 von § 13 FGG und § 79 ZPO durch das RDG vom 12.12.2007 (BGBl I 2840) vgl § 56 Rdn 89 f.

72 Im Amtsverfahren kann das Grundbuchamt, wenn dies zur Sachaufklärung notwendig erscheint, trotz Vertretung eines Beteiligten dessen **persönliches Erscheinen** anordnen, was nach Maßgabe des § 33 FGG erzwungen werden kann.[182] Dadurch wird die Vertretungsmöglichkeit durch einen Bevollmächtigten, nicht das Zuziehen eines Rechtsanwalts ausgeschlossen. Bei angeordnetem persönlichen Erscheinen braucht ein Vertreter nicht

---

169 *Keidel* Rpfleger 1982, 20.
170 *Keidel* Rpfleger 1967, 323, 325.
171 OLG Düsseldorf OLGZ 1981, 105; *Keidel* Rpfleger 1967, 323, 325.
172 *Eickmann*, GBVerfR, Rn 18.
173 Ausführlich *Bork* MDR 1991, 97.
174 OLG Celle DNotZ 2006, 923 = NotBZ 2007, 217; Gutachten in DNotI-Report 2005, 193.
175 *Eickmann*, GBVerfR, Rn 18.
176 *Schellhammer* Rn 1043.
177 *Habscheid* § 17 II 2 a.
178 Vgl § 13 Abs 3 FGG. OLG Stuttgart AnwBl 1985, 114; *Habscheid* § 17 II 2 b.
179 *Keidel-Zimmermann* § 13 Rn 11; *Schlegelberger* § 13 Anm 18.
180 BVerG NJW 1974, 1279; BGHZ 30, 118.
181 *Habscheid* § 17 II 2 c; *Luke* ZZP 69, 141 ff.
182 OLG Hamm Rpfleger 1956, 243; *Demharter* § 1 Rn 40; *Keidel-Zimmermann* § 7 Rn 7; *Schlegelberger* § 13 Anm 17; *Eickmann*, GBVerfR, Rn 35; *Baur* § 15 A II 3.

gehört zu werden, wenn er anstelle des persönlich Vorgeladenen erscheint und für diesen eine Erklärung abgeben will. Es steht aber nichts im Wege, dass der persönlich vorgeladene Beteiligte mit einem Rechtsanwalt oder Beistand erscheint.

Die Vorschrift des § 13 Abs 5 S 3 FGG, wonach das Gericht die Vorlegung einer schriftlichen beglaubigten **73**
Vollmacht verlangen kann, gilt nicht, soweit die Bestimmungen der §§ 29, 31 reichen. Im Übrigen, zB bei
Bevollmächtigung zur Grundbucheinsicht sowie bei Vertretung im Beschwerdeverfahren, ist sie anwendbar.
Selbstverständlich reicht auch eine öffentlich beglaubigte Vollmacht.[183] Erfolgt keine Vorlage der Vollmacht, ist
der Vertreter zurückzuweisen. Der Notar, der die zur Eintragung erforderlichen Erklärungen beurkundet oder
beglaubigt hat, gilt im Rahmen des § 15 als ermächtigt; er braucht keine Vollmacht nachzuweisen.

Die **Prüfung der Vollmacht** erfolgt von Amts wegen.[184] Entsprechend § 13 Abs 5 S 4 FGG hat das Gericht **74**
den Mangel einer Vollmacht bei Bevollmächtigung eines Rechtsanwalts nicht zu berücksichtigen.[185] Einem
Vertreter, der im Augenblick die Vollmacht nicht in der Form des § 13 Abs 5 S 1 FGG nachweisen kann, kann
entsprechend § 13 Abs 5 S 2 FGG eine Frist gesetzt werden, innerhalb derer die Vollmacht beizubringen ist.[186]

Der **Beistand** (§ 13 Abs 6 FGG) unterscheidet sich von dem Bevollmächtigten dadurch, dass er den Beteiligten **75**
unterstützen soll, er kann nur neben dem Beteiligten auftreten. Er gibt daher keine Erklärungen mit unmittelbarer Wirkung für den Beteiligten ab, vielmehr kann sein Vorbringen nur dem Beteiligten zugerechnet werden,
wenn dieser es sich zu eigen macht, was auch konkludent geschehen kann.[187]

XIII. Aufklärungspflicht

In § 139 ZPO ist die Aufklärungspflicht des Gerichts im Zivilprozess geregelt; Ursache dafür sind die in diesem **76**
Verfahren geltenden Grundsätze der Dispositions- und Verhandlungsmaxime. Die Aufklärungspflicht, die auch in
anderen gerichtlichen Verfahren gilt,[188] ist **im Grundbuchverfahren jedoch engen Grenzen unterworfen**.[189]
Zunächst ist jedoch festzustellen, dass der Grundsatz des § 139 ZPO durch Art 3 Abs 1 GG sogar zu einem Verfahrensgrundsatz von verfassungsrechtlichem Rang erhoben wird.[190] Alle Menschen sind so zu stellen, dass sie vor
dem Gesetz gleich sind. Da jedoch die Menschen intellektuell und wirtschaftlich höchst unterschiedlich ausgestattet sind, ist es Aufgabe eines unabhängigen Gerichts, durch seine Aufklärungspflicht dafür zu sorgen, dass gleich
lautende Gesetze für die unterschiedlich verstehenden Menschen gleich verständlich sind. In den **Amtsverfahren**
des Grundbuchwesens dürfte die Aufklärungspflicht keine besondere Rolle spielen, da hier der Amtsermittlungsgrundsatz gilt (§ 12 FGG); der Grundbuchrechtspfleger bestimmt allein, worüber Beweis zu erheben ist und
erhebt sodann diese Beweise selbst. Aber auch in den grundbuchrechtlichen **Antragsverfahren** ist grundsätzlich
nicht von einer Aufklärungspflicht des Rechtspflegers auszugehen. Es gilt nämlich der grundbuchrechtliche Beibringungsgrundsatz, wonach der Grundbuchrechtspfleger bestimmt, welche Beweise er für notwendig erachtet.[191] Außerdem würde eine Aufklärungsverfügung einen unzulässigen Antrag noch eine gewisse Zeit aufrecht
erhalten. Dies ist nicht gerechtfertigt, da das Grundbuchverfahrensrecht als Entscheidungen nur die Zurückweisung oder die rangwahrende Zwischenverfügung vorsieht (§ 18). Denkbar ist die Aufklärungspflicht nach § 139
ZPO im Grundbuchverfahren dann, wenn das Grundbuchamt als **Vollstreckungsorgan** tätig wird, zB bei der
Eintragung einer Zwangshypothek, da es sich hierbei um ein Vollstreckungsverfahren handelt.[192] Liegt ein kurzfristig behebbares Hindernis vor (zB Verteilung einer Forderung, Klauselumschreibung, Zustellungsnachweis), so
ist der Gläubiger darauf hinzuweisen und ihm Gelegenheit zu geben, den Mangel zu beseitigen.[193] Eine solche
Aufklärungsverfügung ist aber keine Zwischenverfügung gemäß § 18 und wahrt daher keinen Rang; die Zwangshypothek erhält den Rang nach Behebung des Hindernisses.

183 *Habscheid* § 17 II 4.
184 OLG Frankfurt OLGZ 1980, 278.
185 *Habscheid* § 17 II 7.
186 *Baur* § 15 A V 2 b.
187 *Habscheid* § 17 III.
188 BVerfGE 42, 64 = Rpfleger 1976, 389; BGH NJW 1967, 1631; RGZ 139, 213; 145, 324; *Stöber* Rpfleger 1976, 392; *Vollkommer* Rpfleger 1976, 393.
189 KEHE-*Dümig* Einl C Rn 57.
190 *Huhn* RpflBl 1980, 1, 5.
191 *Eickmann* GBVerfR, Rn 287.
192 Ausführlich dazu: *Hagemann* RpflStud 1979, 64, 64.
193 BGHZ 27, 315; *Hagemann* RpflStud 1979, 64, 64.

XIV. Rechtliches Gehör

1. Bedeutung und Zweck

77 Die Würde des Menschen gebietet es, dass über sein Recht nicht kurzerhand von Obrigkeits wegen verfügt wird, sondern dass er vor einer Entscheidung, die seine Rechte betrifft, zu Wort kommt, um Einfluss auf das Verfahren und sein Ergebnis nehmen zu können.[194] Das Recht auf rechtliches Gehör fließt damit unmittelbar aus dem Gebot der Achtung der Menschenwürde (Art 1 GG). Auch wenn der Anspruch auf rechtliches Gehör nicht im Grundrechtsteil des GG steht (Art 103 GG), handelt es sich nach unbestrittener Auffassung um ein echtes **Grundrecht**.[195] Nicht verwechselt werden darf das rechtliche Gehör mit der Tatsachenermittlung und der Gewinnung der Entscheidungsgrundlagen; dafür ist es nicht bestimmt.[196]

2. Allgemeine Geltung des Art 103 GG

78 Das Gehörsrecht besteht »vor Gericht«, dh in jedem gerichtlichen Verfahren.[197] Deshalb ist allgemein anerkannt, dass es auch in den Verfahren der FG zu gewähren ist.[198] Da der Rechtspfleger im Rahmen seiner funktionellen Zuständigkeit das Gericht repräsentiert, hat auch er das rechtliche Gehör nach Art 103 GG zu gewähren.[199] Mit der Geltung des rechtlichen Gehörs im Grundbuchverfahren hat sich die Rechtsprechung weitgehend nur für das Beschwerdeverfahren befasst.[200] Nach richtiger Auffassung muss das Gehörsrecht aber **im gesamten Grundbuchverfahren** gelten, auch und vor allem im erstinstanziellen Verfahren.[201] Es ist kein Grund ersichtlich, warum dieses Grundrecht, das in allen gerichtlichen Verfahren gilt, im Grundbuchverfahren beim Amtsgericht nicht gelten solle; gerade dort werden schwierige Fragen von erheblicher vermögensrechtlicher Bedeutung entschieden.

3. Grundrechtsträger

79 Grundrechtsträger ist jeder, der durch ein Verfahren in seinen eigenen Rechten und Interessen unmittelbar betroffen wird.[202] Gehörsberechtigt sind somit im Verfahren der FG die **materiell Beteiligten**[203] (vgl Rdn 25–31); Gleiches gilt im Grundbuchverfahren.[204] Wenn zum Teil behauptet wird, dass nur dem Antragsteller rechtliches Gehör zu gewähren sei,[205] so ist dem nicht zu folgen. Gründe für eine Einschränkung des Kreises der Beteiligten sind nicht ersichtlich. Auch wenn die materiell Beteiligten am Vertragsabschluss mitwirken, ist dadurch das rechtliche Gehör nicht ausgeschlossen, weil dieses während des gerichtlichen Verfahrens zu gewähren ist.

80 Auch **formell Beteiligte** (vgl Rdn 32–34) haben Anspruch auf rechtliches Gehör.[206] Der Antragsteller, dem ein Antragsrecht (§ 13 Abs 1 Satz 2) nicht zusteht, hat allerdings nur insoweit ein Gehörsrecht, als es um die Verbescheidung seines – unzulässigen – Antrages geht.[207] Nimmt ein Antragsteller kraft gesetzlicher Ermächtigung (§ 9 Abs 1 S 2 § 14) am Verfahren teil, so ist er formell Beteiligter und wird als materiell Beteiligter behandelt; ihm steht daher ein Anspruch auf rechtliches Gehör zu.[208]

194 BVerGE 7, 53, 58; 7, 275, 279; 9, 89, 95.
195 BVerfGE 1, 332, 347; 1, 418, 429; 7, 275, 278; 9, 89, 95.
196 *Eickmann* Rpfleger 1982, 449.
197 BVerfGE 6, 12, 14; 8, 253, 255; 9, 89, 96; *Baur* AcP 153, 393, 395; *Röhl* NJW 1964, 273.
198 BayObLGZ 1956, 353, 360; 1958, 74, 75; 1961, 23, 29; KG NJW 1954, 1410; OLG Hamm MDR 1956, 687; *Keidel-Amelung* § 12 Rn 105; *Habscheid* § 20 II 2 und Rpfleger 2001, 209; *Demharter* § 1 Rn 48.
199 *Stavorinus* Rpfleger 2004, 738; KEHE-*Dümig* Einl C Rn 58; *Herrmann* in *Arnold/Meyer-Stolte/Herrmann/Hansens/Rellermeyer* § 1 Rn 70–78; *H Roth* in *Bassenge/Herbst/Roth* Vorbem zu § 1 Rn 11; *Habscheid* Rpfleger 2001, 209; *Dümig* Rpfleger 2001, 469; *Eickmann* Rpfleger 1982, 449, 450; **aA** BVerfGE 101, 397 = NJW 2000, 1709 = Rpfleger 2000, 205, wonach sich das rechtliche Gehör aus dem Grundsatz eines fairen Verfahrens ergibt; kritisch dazu: *Pawlowski* JZ 2000, 913; *Gottwald* FamRZ 2000, 1477; *Heß-Vollkommer* JZ 2000, 786.
200 BayObLGZ 1972, 397 = Rpfleger 1373, 97; OLG Hamm OLGZ 1966, 344 = DNotZ 1966, 236.
201 BGH ZNotP 2005, 105; BayObLG MittBayNot 2005, 41; *Eickmann*, GBVerfR, 9, 27; KEHE-*Eickmann* § 1 Rn 34; *Eickmann*, GBVerfR, Rn 24; *Ertl* Rpfleger 1980, 1, 9; *Huhn* RpflStud 1978, 30, 33; RpflBl 1980, 1, 4; *Nieder* NJW 1984, 329, 338.
202 BVerfGE 12, 6, 8; 21, 132, 137.
203 *Habscheid* § 20 II 1; *Baur* § 12 II, § 19 III 2; *Eickmann* Rpfleger 1982, 449, 450.
204 *Eickmann*, GBVerfR, 28; KEHE-*Eickmann* § 1 Rn 34; *Eickmann*, GBVerfR, Rn 25; *Eickmann* Rpfleger 1982, 449, 456; *Huhn* RpflStud 1978, 30, 33; RpflBl 1980, 1, 4.
205 BayObLG OLGZ 1965, 342; *Demharter* § 1 Rn 49.
206 *Eickmann*, GBVerfR. 28.
207 *Baur* § 19 III 2; *Habscheid* § 20 II 1; *Bärmann* § 17 III; *Eickmann*, GBVerfR, 28; *Eickmann* Rpfleger 1982, 449, 450.
208 *Eickmann*, GBVerfR, 28.

4. Verschiedene Verfahrenssituationen

a) Amtsverfahren. In den besonders bedeutvollen Amtsverfahren muss grundsätzlich **allen Beteiligten** 81
Kenntnis von der Verfahrenseinleitung gegeben werden mit einer Aufforderung zur Stellungnahme.[209] Eine
Ausnahme besteht nur dann, wenn die Eilbedürftigkeit (zB Amtswiderspruch § 53) oder die Gefahr der Rechts-
vereitelung eine Einschränkung des Rechts auf rechtliches Gehör zulassen; nach geschehener Entscheidung ist
das Gehör nachzuholen.[210]

b) Antragsverfahren. aa) Bei eintragungsreifem Antrag. Ist der Antrag nach Auffassung des GBA voll- 82
zugsreif, bedarf es **keines weiteren rechtlichen Gehörs**, weil die Bewilligung der unmittelbar und mittelbar
Betroffenen vorliegen muss (§ 19) und die Begünstigten durch die Grundbucheintragung ihre Begünstigung
erfahren.[211] Bei einer Grundbuchberichtigung auf Grund Unwichtigkeitsnachweises nach § 22, dh ohne Bewilligung des Betroffenen nach § 19 (zB lastenfreie Abschreibung eines von einer Eigentumsvormerkung nicht
betroffenen Grundstücksteils auf Grund Bescheinigung des Vermessungsamts), soll dem Betroffenen rechtliches
Gehör gewährt werden.[212]

bb) Bei Erlass einer Zwischenverfügung. Vor der Zwischenverfügung besteht keine Veranlassung zum 83
rechtlichen Gehör, da diese ja gerade ein verfahrensrechtliches Mittel der Gehörsgewährung darstellt. Wenn
jedoch behauptet wird, dass die Zwischenverfügung nur dem Antragsteller bekannt zu machen ist,[213] so kann
dem nicht zugestimmt werden. Da **jeder Beteiligte**, unabhängig von einer konkreten Antragstellung, die
Möglichkeit hat, durch Erfüllung der Zwischenverfügung das Verfahren zum erfolgreichen Abschluss zu bringen, ist diese allen Gehörsberechtigten bekannt zu machen.[214]

cc) Bei Zurückweisung. Ist eine Zurückweisung geboten, so soll nach hM und Praxis kein rechtliches 84
Gehör zu gewähren sein, weil alle Antragsberechtigten den Zurückweisungsbeschluß durch einen neuen Antrag
oder durch Rechtsmitteleinlegung abändern lassen können.[215] Dem kann nicht gefolgt werden. Eine erneute
Antragstellung kann dann nicht mehr zum Erfolg führen, wenn zwischenzeitlich eine Verfügungsentziehung
besteht. Die erfolgreiche Anfechtung des Zurückweisungsbeschlusses versetzt zwar grundsätzlich den Antragsteller in seine alte Rechtsposition,[216] jedoch bleiben die zwischen der Zurückweisung und ihrer Aufhebung
vorgenommenen Eintragungen bestehen und behalten ihren Rang.[217] Deshalb ist vor einer Zurückweisung
allen materiell Beteiligten rechtliches Gehör zu gewähren.[218]

5. Inhalt des Grundrechts

Das Grundbuchamt muss dem Gehörsberechtigten alle Tatsachen zur Kenntnis geben, die es in seiner Entschei- 85
dung zu verwerten gedenkt (= **Informationspflicht**).[219] Sodann ist den Beteiligten eine angemessene Frist zur
Stellungnahme zu setzen, oder – wenn die Setzung einer Frist unterblieben ist – muss jedenfalls eine angemessene Zeit mit der Entscheidung zugewartet werden (= **Recht zur Stellungnahme**).[220] Soweit ein Vorbringen
objektiv erheblich ist, muss das Grundbuchamt auf dieses Vorbringen eingehen und dies in seiner Entscheidung
zum Ausdruck bringen (= **Berücksichtigungspflicht**).[221]

209 KEHE-*Eickmann* § 1 Rn 34; *Eickmann*, GBVerfR, Rn 25; *Ertl* Rpfleger 1980, 1, 9.
210 BVerfGE 9, 89; *Eickmann*, GBVerfR, Rn 25; *Eickmann* Rpfleger 1982, 449, 452.
211 *Eickmann*, GBVerfR, 29; KEHE-*Eickmann* § 1 Rn 34; *Eickmann*, GBVerfR, Rn 25; *Eickmann* Rpfleger 1982, 449, 456;
   Ertl Rpfleger 1980, 1, 9; *Demharter* § 1 Rn 49.
212 BGH ZNotP 2005, 105; BayObLG MittBayNot 2005, 41; DNotZ 1999, 1009.
213 BayObLGZ 1972, 397, 399 = Rpfleger 1973, 97; *Demharter* § 1 Rn 49; *Schöner/Stöber* Rn 454.
214 *Eickmann* in: FS Hans Winter 1982, S 30; KEHE-*Eickmann* § 1 Rn 34; *Eickmann*, GBVerfR, Rn 25; *Eickmann* Rpfleger
   1982, 449, 456; *Weirich* DNotZ 1987, 702.
215 *Demharter* § 1 Rn 49; KEHE-*Herrmann* § 18 Rn 97; *Ertl* Rpfleger 1980, 1, 9.
216 BGHZ 45, 191 = DNotZ 1966, 673.
217 BGH aaO; RGZ 135, 385.
218 *Eickmann* in: FS Hans Winter 1982, S 30; KEHE-*Eickmann* § 1 Rn 34; *Eickmann*, GBVerfR, Rn 25, 26; *Eickmann*
   Rpfleger 1982, 449, 456; *Nieder* NJW 1984, 329, 338; *Weirich* DNotZ 1987, 702; *Wolfsteiner* DNotZ 1987, 67, 81.
219 *Eickmann*, GBVerfR, Rn 25; *Eickmann* Rpfleger 1982, 449, 451.
220 BVerfGE 4, 190, 192; 6, 12, 14; 7, 239, 240; 8, 89, 90; 12, 6, 9; 12, 110, 112; *Eickmann*, GBVerfR, Rn 25; *Eickmann*
   Rpfleger 1982, 449, 452.
221 BVerfGE 5, 22, 24; 11, 218, 220; BayVerfGH Rpfleger 1963, 151, 152; BayObLG Rpfleger 1972, 144, 145; *Eickmann*
   Rpfleger 1982, 449, 452.

6. Verletzung des rechtlichen Gehörs

86   Eine Entscheidung, die ohne rechtliches Gehör erging, ist nicht nichtig, sondern nur **anfechtbar**.[222] Sie ist mit dem nach der jeweiligen Verfahrensordnung und dem Verfahrensstand zulässigen Rechtsbehelf anfechtbar.[223] Ist der Rechtsweg erschöpft (§ 90 Abs 2 S 1 BVerfGG), ist gegen die Versagung des rechtlichen Gehörs auch die Verfassungsbeschwerde zulässig.[224] Dies gilt gleichfalls, wenn eine unanfechtbare Entscheidung unter Verletzung des rechtlichen Gehörs erging.[225]

XV. Beweislehre

87   Über viele Jahrzehnte hinweg fehlte eine wissenschaftlich nachgewiesene Beweislehre für das Grundbuchverfahren. Das BayObLG behauptet, dass das Grundbuchverfahren ein Verfahren ohne Beweisaufnahme sei.[226] Es war erstmals *Eickmann*, der dem abzuhelfen versuchte; er ist der **Begründer der grundbuchrechtlichen Beweislehre**.[227] Selbstverständlich gibt es eine Beweisaufnahme im Grundbuchverfahren. Unter Beweisaufnahme ist die Feststellung der Tatsachen zu verstehen, die zum Tatbestand der anzuwendenden Rechtssätze gehören.[228] Es unterliegt keinem Zweifel, dass das Grundbuchverfahren − wie jedes andere gerichtliche Verfahren − vom Vorliegen bestimmter Verfahrensvoraussetzungen abhängig ist, deren Bestehen festgestellt werden muss.

1. Beweisaufnahme

88   **a) Beweispflicht.** Die Beweispflicht regelt die Frage, wer die entscheidungserheblichen Tatsachen zu beschaffen hat. Für die Beantwortung ist eine Unterscheidung zwischen den Amts- und Antragsverfahren zu treffen.

89   **aa) Amtsverfahren.** In den Amtsverfahren − zB nach den §§ 53, 84, 90 − gilt uneingeschränkt **§ 12 FGG (= Amtsermittlungsgrundsatz)**.[229] Die Beteiligten haben keine Beweispflicht, dh sie haben keine Beweise anzutreten und herbeizuschaffen. Im Interesse einer Feststellung der materiellen Wahrheit obliegt es dem Gericht zu bestimmen, welche Beweise es braucht, in welcher Weise die Beweisaufnahme zu erfolgen hat; sodann hat es von Amts wegen die zur Feststellung der Tatsachen erforderlichen Ermittlungen zu veranstalten und die geeignet erscheinenden Beweise zu erheben.[230] Geständnisse, Nichtbestreiten oder Schweigen seitens der Beteiligten sind dabei unbeachtlich; sie können die gerichtliche Ermittlungstätigkeit nicht beschränken oder gar ausschließen.[231]

90   **bb) Antragsverfahren. (1) Der grundbuchrechtliche Beibringungsgrundsatz.** Im Antragsverfahren ist der Grundbuchrechtspfleger zur Anstellung von Ermittlungen weder berechtigt noch verpflichtet; er bestimmt zwar alleine, welche Tatsachen des Beweises bedürfen, er bestimmt also Art und Umfang der Beweise, aber er hat diese Beweise nicht selbst zu beschaffen, sondern der Antragsteller hat sie beizubringen.[232] Diese Verfahrensgestaltung wird von *Eickmann* zutreffend als »grundbuchrechtlicher Beibringungsgrundsatz« bezeichnet.[233] Ursache für diese Strukturierung des Beweisverfahrens ist die Ambivalenz des Grundbuchverfahrens zwischen öffentlichem und privatem Interesse: Zum einen verlangt der öffentliche Glaube des Grundbuchs die materielle Wahrheit, zum anderen dient die Grundbucheintragung den privaten Interessen der Beteiligten.[234]

91   **(2) Beibringungspflichtige Personen.** Die Beibringungspflicht regelt, wer dem Gericht gegenüber für die Ergänzung des Tatsachenstoffes zuständig ist; sie darf nicht mit der Feststellungslast verwechselt werden. Da nur der **Antragsteller** dem Grundbuchamt gegenüber sein Interesse an der Grundbucheintragung bekundet, ist auch nur er beibringungspflichtig; die nicht Antrag stellenden Beteiligten sind nicht beibringungspflichtig, sondern lediglich beibringungsberechtigt, dh sie haben das Recht, die Entscheidung des Grundbuchamts durch

---

222   *Keidel-Amelung* § 12 Rn 148; *Baur* § 27 B I 3; *Habscheid* § 25 II 2 f; *Rosenberg-Schwab-Gottwald* § 61 III, IV; *Eickmann* Rpfleger 1982, 449, 455.
223   BVerfGE 6, 45, 49.
224   *Eickmann* Rpfleger 1982, 449, 455.
225   BVerfGE 28, 96; BVerwG MDR 1963, 74; BGH NJW 1957, 713; 1965, 495; BayObLGZ 1963, 328.
226   BayObLG DNotZ 1994, 182, 185; OLGZ 1965, 342.
227   *Eickmann*, GBVerfR, Rn 19 ff; *Eickmann* Rpfleger 1979, 169; *Eickmann* in: FS Hans Winter 1982, S 31.
228   *Rosenberg-Schwab-Gottwald* § 116 I 1.
229   BayObLGZ 1952, 28; 1975, 408; KGJ 48, 199; OLG Hamm Rpfleger 1957, 119; *Eickmann*, GBVerfR, Rn 20; *Eickmann* RpflStud 1984, 1, 3.
230   *Habscheid* § 19 II 1; *Bärmann* § 15 I; *Pikart-Henn* 75 ff; *Eickmann* Rpfleger 1979, 169; *Winter* Jura 1971, 113.
231   *Eickmann*, GBVerfR, Rn 20.
232   BGHZ 30, 258; 35, 139; BayObLGZ 1959, 447; 1969, 281; 1971, 257; Rpfleger 1982, 467; KGJ 27, 110; 52, 166; OLGE 43, 173; Rpfleger 1968, 224; OLG Hamm Rpfleger 1958, 15; *Weirich* Rn 219; *Wolfsteiner* DNotZ 1987, 67, 80.
233   KEHE-*Eickmann* § 1 Rn 32; *Eickmann*, GBVerfR, Rn 20, 287; *Eickmann* in: FS Hans Winter 1982, S 31; *Eickmann* Rpfleger 1979, 169; *Eickmann* RpflStud 1984, 1, 3.
234   *Eickmann* Rpfleger 1979, 169, 170.

freiwillige Vorlage von Beweisen zu beeinflussen.[235] Sie sind gehörsberechtigt (Art 103 GG), wobei das rechtliche Gehör auch das Recht zur Stellungnahme umfasst, das wiederum das Recht zum Tatsachenvortrag und Beweisantritt beinhaltet.[236]

(3) Umfang der Beibringungspflicht. Dem Antragsteller obliegt grundsätzlich die Beibringungspflicht dafür, dass sein Antrag begründet ist, dh er hat dem Grundbuchamt das **Vorliegen aller Eintragungsvoraussetzungen und das Fehlen aller denkbaren Eintragungshindernisse** darzutun.[237] Dieser Grundsatz muss in seiner Allgemeinheit notwendigerweise Einschränkungen erfahren.   **92**

Der verfassungsrechtliche Verhältnismäßigkeitsgrundsatz[238] und das Erfordernis einer praktikablen und rationellen Verfahrensgestaltung führen dazu, dass die **Beibringungspflicht des Antragstellers entfällt**, wo aufgrund der allgemeinen Lebenserfahrung und des Verständnisses eines vernünftig Urteilenden das Vorliegen bestimmter Tatsachen (Situationen, Rechtsverhältnisse) als gegeben angesehen werden muss, dh sobald ein allgemein anerkannter Erfahrenssatz für das Bestehen einer Tatbestandsvoraussetzung oder das Fehlen eines Eintragungshindernisses spricht, ist der Antragsteller von einer Beibringungspflicht befreit.[239] Eine allzu großzügige Anwendung dieser Regel ist jedoch angesichts ihrer Rechtsnatur als Ausnahme nicht angebracht.[240] In folgenden Fällen besteht keine Beibringungspflicht für den Antragsteller:[241]   **93**

– Rechtsfähigkeit des eingetragenen Grundstückseigentümers;[242]
– Rechtsbeständigkeit von wirksam zustandegekommenen Verträgen oder Willenserklärungen;[243]
– Fortbestehen der Vertretungsmacht bei wirksam erteilten unbefristeten Vollmachten, wenn der Bevollmächtigte im Besitz der Originalvollmachtsurkunde ist;[244]
– Vorliegen der Geschäftsfähigkeit der Beteiligten;[245]
– Nichtbestehen von Verfügungsbeeinträchtigungen;[246]
– Entgeltlichkeit der Veräußerung bei einem Verkauf eines Grundstücks durch den Testamentsvollstrecker an einen Fremden;[247]
– Entgeltlichkeit der Veräußerung beim Verkauf eines Grundstücks durch den befreiten Vorerben an einen Fremden;[248]
– ordnungsgemäße Briefübergabe des Zedenten bei Briefvorlage durch den Zessionar;[249]
– Umstand der »Verhinderung« des 1. Bürgermeisters einer bayerischen Gemeinde bei Vertretung durch den stellvertretenden Bürgermeister unter Angabe des Verhinderungsfalles (§ 39 Abs 1 BayGO);[250]

Hervorzuheben ist, dass sich dann, wenn ein anerkannter Erfahrungssatz die Beibringungspflicht entfallen lässt, die Fragen nach den etwa erforderlichen Beweismitteln (Urkundenbeweis gem § 29 Abs 1 GBO oder alle echten Beweismittel nach § 15 FGG oder alle anderen Mittel der Überzeugungsbildung) oder der Beweisart (Strengbeweis oder Freibeweis) gar nicht stellen.

Da die allgemeinen Erfahrungssätze immer nur einen gewissen Grad an Wahrheit in sich bergen, besteht selbst bei ihrem Vorliegen eine Prüfungspflicht des Grundbuchamtes und damit eine Beibringungspflicht des Antragstellers, wenn dem Grundbuchamt **konkrete Tatsachen oder Tatsachenbehauptungen** zur Kenntnis gelangen, die schlüssig die Begründetheit des Antrages in Frage stellen.[251] Folgende Fälle seien beispielhaft genannt: **94**

---

235 *Eickmann* aaO.
236 *Keidel-Amelung* § 12 Rn 122 ff; *Eickmann* Rpfleger 1979, 169, 170.
237 *Eickmann* Rpfleger 1979, 169, 171; *Nieder* NJW 1984, 329, 335.
238 BVerfGE 35, 382, 401.
239 *Eickmann* Rpfleger 1979, 169, 171; *Nieder* NJW 1984, 329, 355.
240 *Eickmann* Rpfleger 1979, 169, 171 Fn 28.
241 Vgl dazu: *Eickmann* Rpfleger 1979, 169, 170; *Nieder* NJW 1984, 329, 335.
242 OLG Frankfurt/M Rpfleger 1997, 105.
243 BayObLGZ 1967, 13 = Rpfleger 1967, 145.
244 BayObLGZ 1959, 297 = DNotZ 1960, 50; Rpfleger 1986, 90; KG DNotZ 1972, 21; *Eickmann* Rpfleger 1979, 169, 173 (Beispiel 4 d).
245 OLG Frankfurt NotBZ 2006, 285; OLG Köln NotBZ 2007, 333 = RNotZ 2007, 483, 487; BayObLG Rpfleger 1992, 152; NJW-RR 1990, 721; BayObLGZ 1989, 111; BayObLGZ 1974, 336 = Rpfleger 1974, 396; ausführlich dazu: DNotI-Report 2000, 57.
246 BGHZ 35, 135 = NJW 1961, 1301 = Rpfleger 1961, 233; BayObLG DNotZ 1960, 316; LG Lüneburg Rpfleger 1990, 410; *Eickmann* Rpfleger 1979, 169, 171 (Beispiel 2 a).
247 BGHZ 57, 95 = NJW 1971, 2264 = DNotZ 1972, 90 = Rpfleger 1972, 49; RGZ 65, 223; 69, 257; OLG Karlsruhe Rpfleger 2005, 598; OLG Zweibrücken DNotZ 1968, 89; vgl auch LG Köln MittRhNotK 1989, 172.
248 KG Rpfleger 1968, 224; *Eickmann,* GBVerfR, Rn 251 (Beispiel 51 a).
249 *Eickmann* Rpfleger 1979, 169, 173 (Beispiel 4 c).
250 BayObLG Rpfleger 1971, 429; *Eickmann,* Rn 251 (Beispiel 50).
251 Vgl DNotI-Report 2000, 57; BGHZ 35, 135 = NJW 1961, 1301 = Rpfleger 1961, 233; OLG Köln RNotZ 2007, 483, 487; BayObLGZ 1969, 283 = Rpfleger 1970, 22; 1971, 257 = Rpfleger 1971, 429; *Eickmann* Rpfleger 1979, 169, 171; *Nieder* NJW 1984, 329, 336.

- Der Vollmachtgeber behauptet den wirksamen Widerruf der von ihm erteilten Vollmacht;
- der Betreuer des – nach bindender Auflassung – unter Betreuung gestellten Grundstückseigentümers trägt vor, dass ein Gutachten vorliege, wonach sein Betreuer bereits bei der Auflassung geisteskrank war;[252]
- die im gesetzlichen Güterstand lebende Ehefrau macht geltend, dass ihr Ehemann sein Grundstück aufgelassen hat (§ 1365 BGB) und sich beim Vormundschaftsgericht nach den Aussichten eines Antrages gem § 1365 Abs 2 BGB erkundigt bzw einen diesbezüglichen Antrag bereits gestellt hat;[253]
- der Nacherbe trägt vor, dass der befreite Vorerbe sein Grundstück nicht an einen Fremden, sondern an seine Tochter oder seine Geliebte veräußert hat (Entgeltlichkeit?);[254]
- aus den Eintragungsunterlagen ergeben sich Zweifel an der Rechtsfähigkeit des eingetragenen Grundstückseigentümers.[255]

Muss also der Antragsteller trotz Vorliegen eines anerkannten Erfahrungssatzes aufgrund konkreter Tatsachen oder Tatsachenbehauptungen, die schlüssig die Begründetheit des Antrages in Frage stellen, das Bestehen der Eintragungsvoraussetzungen oder das Fehlen von Eintragungshindernissen beweisen, so stellt sich erst dann die Frage nach den Beweismitteln oder der Beweisart; insoweit hat eine Differenzierung zu erfolgen, ob es eine eintragungsbegründende Erklärung, eine unmittelbar oder mittelbar eintragungsbegründende Tatsache oder einen eintragungshindernden Umstand betrifft. Festzuhalten bleibt, dass ein allgemein anerkannter Erfahrungssatz nicht allein durch den Vortrag von subjektiven Zweifeln, Vermutungen oder Bedenken entkräftet werden kann.[256] Es genügt also beispielsweise nicht, wenn gegen einen Veräußerer vorgebracht wird, dass erhebliche Zweifel bestehen, ob dieser geschäftsfähig sei.[257]

95 **b) Beweisarten und Beweismittel. aa) Strengbeweis und Freibeweis.** In der Freiwilligen Gerichtsbarkeit gibt es zwei Beweisarten: Strengbeweis und Freibeweis.[258] Wann jedoch welche Beweisart Anwendung finden soll, darüber herrscht Streit. Der Unterschied zwischen Strengbeweis und Freibeweis liegt darin, dass der Rechtspfleger beim Strengbeweis an die Beweismittel der ZPO gebunden ist und Beweisthema sowie Beweismittel und Beweisführer in einem Beweisbeschluss bezeichnen muss (§ 15 FGG).[259] Als Strengbeweis bezeichnet man daher die Beweisart, die nach den Regeln der ZPO (also insbesondere: Unmittelbarkeitsgrundsatz, § 355 Abs 1 ZPO, und Parteiöffentlichkeit, § 357 ZPO) durchgeführt wird; der Freibeweis gestattet es dem Gericht, nach seinem pflichtgemäßen Ermessen den Tatsachenstoff zu ermitteln, ohne an die strengen Beweiserhebungsregeln gebunden zu sein (§ 12 FGG).[260] Vereinzelt wird die Meinung vertreten, dass die Beweiserhebung im Wege des Freibeweises die Regel, die im Wege des Strengbeweises die Ausnahme sei.[261] Eine zweite Auffassung geht von der Gleichberechtigung beider Beweisarten aus, dh das Gericht habe die Wahl zwischen Strengbeweis und Freibeweis.[262] Nach überwiegender und wohl auch richtiger Meinung erfolgt die **Beweisaufnahme grundsätzlich nach den Regeln des Strengbeweises und nur ausnahmsweise mit Hilfe des Freibeweises.**[263] Eine solche Ausnahme liegt vor bei Maßnahmen, die eilbedürftig sind, oder bei nur vorläufigen Maßnahmen, die noch keinen endgültigen Eingriff in die Rechte der Beteiligten enthalten.[264] Rechtsstaatliche Überlegungen verlangen nach dem Strengbeweis als Grundsatz, da durch formlose Ermittlungen vielfach die Wahrheitsfindung und die angemessene Mitwirkung der Verfahrensbeteiligten nicht gewährleistet ist. Auch in den modernen Verfahrensordnungen, wie der VwGO, der SGG und der FGO, ist der Grundsatz der Priorität des Strengbeweises anerkannt, sodass sich die FG dem ebenfalls nicht entziehen kann.

96 Gilt also im Grundbuchverfahren grundsätzlich der **Strengbeweis**, so stellt sich die Frage nach den zulässigen **Beweismitteln**. Soweit die GBO keine Sonderregelungen enthält, sind gemäß § 15 FGG alle in der ZPO genannten Beweismittel zulässig (Sachverständige, Augenschein, Parteivernehmung, Urkunden und Zeugen); daneben ist die eidesstattliche Versicherung als Beweismittel anerkannt.[265] Den förmlichen *Sachverständigenbe-*

252 OLG Frankfurt NotBZ 2006, 285; *Eickmann* Rpfleger 1979, 169, 171 (Beispiel 1 b).
253 *Eickmann* Rpfleger 1979, 169, 171 (Beispiel 2b und c); vgl auch LG Lüneburg Rpfleger 1990, 410.
254 OLG Frankfurt Rpfleger 1977, 170; LG Freiburg BWNotZ 1982, 17; *Eickmann*, GBVerfR, Rn 251 (Beispiel 51b und c).
255 OLG Frankfurt/M Rpfleger 1997, 105.
256 *Eickmann* Rpfleger 1979, 169, 170.
257 OLG Frankfurt NotBZ 2006, 285; *Eickmann* Rpfleger 1979, 169, 170 (Beispiel 1 a).
258 *Keidel-Amelung* § 12 Rn 42–45; *Richter* Rpfleger 1969, 261.
259 *Habscheid* § 21 II 1.
260 *Eickmann* RpflStud 1984, 1, 3.
261 *Baur* § 16 V.
262 *Keidel-Amelung* § 12 Rn 42, § 15 Rn 3; *Habscheid* § 21 II 1.
263 *Göppinger*, Das Ermessen des Richters, Juristen-Jahrbuch, Band 9 (1968/69), *ders*, Die Erledigung des Rechtsstreits in der Hauptsache, 183 Fn 62; *Richter* Rpfleger 1969, 261; *Kollhosser* FamRZ 1970, 240; *Nieder* NJW 1984, 329, 336; in diese Richtung auch *Demharter* § 1 Rn 52.
264 *Eickmann*, GBVerfR, Rn 22; *Eickmann* RpflStud 1984, 1, 3.
265 *Keidel-Amelung* § 15 Rn 59; *Eickmann*, GBVerfR, Rn 21; *Eickmann* RpflStud 1984, 1, 3.

weis[266] wird das Gericht erheben (§ 15 FGG), wenn es sich zB über den Geisteszustand eines Beteiligten orientieren will. Die Zuziehung und Auswahl des Sachverständigen ist Aufgabe des Gerichts. Die Ablehnung eines Sachverständigen wegen Befangenheit ist gemäß §§ 406, 41, 42 ZPO zulässig;[267] auch eine Beeidigung des Sachverständigen kommt in Betracht. Der *Augenscheinsbeweis*[268] ist in § 15 FGG ausdrücklich zugelassen. Er kann von den Beteiligten oder anderen Personen angeregt werden, angeordnet wird er von Amts wegen. Über die *Beteiligtenvernehmung*[269] das FGG. Trotzdem ist es zu Recht hM, dass die Vorschriften der ZPO über die Parteivernehmung analog anzuwenden sind.[270] Eine Pflicht, als Beteiligter auszusagen, besteht nicht; doch ist die Verweigerung der Aussage vom Gericht frei zu würdigen. Auch eine eidliche Beteiligtenvernehmung kommt in Betracht, da § 15 FGG dies nicht ausschließt.[271] Über den *Urkundenbeweis*[272] schweigt das FGG; dennoch ist er zulässig. Der Urkundenbegriff ist derselbe wie im Zivilverfahrensrecht. Ein Zwang zur Urkundenvorlage besteht nicht; die Weigerung unterliegt der freien Würdigung (vgl § 427 ZPO). Die Beweiskraft der Urkunden ist nach den §§ 415 ff ZPO zu beurteilen.[273] Für den *Zeugenbeweis*[274] gelten nach § 15 FGG die Vorschriften der ZPO, so insbesondere die Regeln über die Zeugnispflicht und das Zeugnisverweigerungsrecht (§§ 383 ff ZPO). Für den Zeugen besteht nebeneinander die Verpflichtung zum Erscheinen, zur Aussage und zur Beeidigung der Aussage.

Im Rahmen des **Freibeweises** sind selbstverständlich alle **Beweismittel** des Strengbeweises (ohne Einhaltung der förmlichen Regeln der ZPO) und alle anderen Mitteln der Überzeugungsbildung zulässig,[275] zB formlose Einholung von Auskünften bei Privatpersonen, Heranziehung und Verwertung von Akten beweiseshalber, überraschender Augenschein, Auskünfte von Behörden, Tonbandaufnahmen, formlose Beteiligten- und Zeugenanhörung. **97**

bb) Amtsverfahren. Beim **Amtswiderspruch** (§ 53 Abs 1 S 1) ist der Freibeweis (vgl Rdn 97) zulässig.[276] Die Eintragung ist wegen der latenten Gefahr gutgläubigen Erwerbs eilbedürftig, und sie enthält zudem keinen endgültigen Rechtseingriff, weil erst die anschließende Grundbuchberichtigung den endgültigen Eingriff darstellt. **98**

Bei einer **Amtslöschung** (§ 53 Abs 1 S 2) ist nur der Strengbeweis (vgl Rdn 96) zulässig.[277] Eilbedürftigkeit scheidet aus, weil sich an eine inhaltlich unzulässige Eintragung kein gutgläubiger Erwerb anschließen kann. Die Maßnahme trägt auch endgültigen Charakter, weil sie die Rechtsvermutung des § 891 Abs 2 BGB auslöst. Sollte eine Amtslöschung zu Unrecht erfolgt sein, so hat dies zwar materiellrechtlich nicht das Erlöschen des Rechtes zur Folge, jedoch besteht die Gefahr des Rangverlustes infolge gutgläubigen Erwerbs eines nachfolgenden Berechtigten. **99**

Bei der **Löschung wegen Gegenstandslosigkeit** (§§ 84 ff) ist nur der Strengbeweis (vgl Rdn 96) zulässig.[278] Es liegt weder Eilbedürftigkeit vor, noch handelt es sich um eine vorläufige Eintragung. Sollte entgegen der Auffassung des Grundbuchamts kein Fall der Gegenstandslosigkeit vorgelegen haben, so führt eine zu Unrecht vorgenommene Löschung des Rechts zwar zum Erlöschen, jedoch ist ein gutgläubiger lastenfreier Erwerb des Grundstücks durch einen Dritten möglich. **100**

Beim **Rangklarstellungsverfahren** (§§ 90 ff) ist nur der Strengbeweis (vgl Rdn 96) zulässig.[279] Die endgültige Feststellung der Rangverhältnisse hat konstitutive Wirkung (§§ 108, 111), dh das bisher bestehende Rangverhältnis wird verändert. Eine vorläufige oder eilbedürftige Maßnahme liegt nicht vor. **101**

---

266 Vgl dazu: *Habscheid* § 21 II 4.
267 BayObLG Rpfleger 1982, 433.
268 Vgl dazu: *Habscheid* § 21 II 5.
269 Vgl dazu: *Habscheid* § 21 II 7.
270 BayObLG NJW 1952, 789; *Keidel-Amelung* § 15 Rn 46 ff; *Schlegelberger* § 15 Anm 27; *Baur* § 12 IV 5; *Habscheid* § 21 II 7; *Keidel* JZ 1954, 564. **AA** BGHSt 5, 111, 114; 10, 272; *Jansen* § 15 Rn 78; *Vogel* JR 1949, 430, 432.
271 BayObLGZ 1952, 102; OLG München JZ 1952, 178; SchlHOlG SchlHA 1995, 203; *Demharter* § 1 Rn 52; *Keidel-Amelung* § 15 Rn 48; *Eickmann*, GBVerfR, Rn 21; *Baur* § 20 III; *Keidel* JZ 1954, 564; *Barnstedt* DNotZ 1958, 470, 474. **AA** BGHSt 5, 111; 10, 272; BayObLGZ 1977, 274, 286; 1979, 326, 332.
272 Vgl dazu: *Habscheid* § 21 II 6.
273 *Keidel-Amelung* § 15 Rn 44; *Bumiller-Winkler* § 15 Anm 2 d; *Bassenge-Herbst* § 15 Anm 5; *Schlegelberger* § 12 Anm 27; *Habscheid* § 21 II 6; *Bettermann* NJW 1957, 27.
274 Vgl dazu: *Habscheid* § 21 II 3.
275 *Habscheid* § 21 II 1; *Eickmann*, GBVerfR, Rn 22.
276 *Eickmann*, GBVerfR, Rn 22; *Eickmann* RpflStud 1984, 1, 4; *Nieder* NJW 1984, 329, 336.
277 *Eickmann* aaO.
278 *Eickmann* aaO.
279 *Eickmann* aaO.

102 **cc) Antragsverfahren. (1) Eintragungsbegründende Erklärungen.** Dazu gehören alle nach den Vorschriften des Grundbuchverfahrensrechts zur Vornahme der Eintragung für erforderlich bezeichneten Erklärungen, mit Ausnahme des durch ausdrückliche Vorschrift (§ 30) als formfrei bezeichneten Eintragungsantrages[280] (zB Bewilligung § 19; Zustimmungen § 22 Abs 2, § 27; Abtretungs- und Belastungserklärungen § 26; Vollmachten; Vereinigungs-, Zuschreibungs- und Teilungserklärungen; Zustimmungen bei Verfügungsbeeinträchtigungen). Da das Grundbuchverfahren zur Freiwilligen Gerichtsbarkeit gehört, gilt für die eintragungsbegründenden Erklärungen der **Strengbeweis** (vgl Rdn 95).[281] Als Beweismittel kämen daher grundsätzlich die in der ZPO genannten in Frage gemäß § 15 FGG: Sachverständiger, Augenschein, Beteiligtenvernehmung, Urkunden und Zeugen (vgl Rdn 96). § 29 Abs 1 S 1 besagt jedoch ausdrücklich, dass die eintragungsbegründenden Erklärungen in Form von öffentlichen oder öffentlich beglaubigten Urkunden nachzuweisen sind. Die allgemeinen Beweismittel der FG werden also auf Urkunden eingeschränkt, sodass vom »**Grundsatz der Beweismittelbeschränkung**« gesprochen werden kann.[282] Ursache für diese Beschränkung der Beweismittel auf Urkunden ist die konstitutive Wirkung der Grundbucheintragungen; solche einschneidenden und wirtschaftlich herausragenden Wirkungen sollen nur bei größtmöglicher Beweissicherung der Voraussetzungen eintreten. Das GBA kann daher keinen Zeugenbeweis erheben.[283]

103 **(2) Unmittelbar eintragungsbegründende Tatsachen.** Eintragungsbegründende Tatsachen sind alle anderen Voraussetzungen einer Grundbucheintragung, die nicht in einer von einem Beteiligten abzugebenden rechtsgeschäftlichen oder verfahrensrechtlichen Erklärung bestehen[284] (zB Geburt, Tod, Verheiratung, Bedingungseintritt usw). Der Begriff »unmittelbar« dient zur Unterscheidung von den »mittelbar« eintragungsbegründenden Tatsachen (= sog Nebenumstände: vgl Rdn 104) und umfasst solche Tatsachen, die entweder ein selbständiges Erfordernis der Rechtsänderung (zB Briefübergabe, die aber nur beim Vorliegen konkreter Anhaltspunkte für den unrechtmäßigen Briefbesitz zu beweisen ist, weil ansonsten die Beibringungspflicht für die ordnungsgemäße Briefübergabe aufgrund eines anerkannten Erfahrungssatzes entfällt,[285] vgl Rdn 93) oder − Wirksamkeitserfordernis für einen anderen Tatsachenvorgang sind (zB Zeitpunkt der Briefübergabe).[286] Da das Grundbuchverfahren zur Freiwilligen Gerichtsbarkeit gehört, gilt für die unmittelbar eintragungsbegründenden Tatsachen der **Strengbeweis** (vgl Rdn 95). Als Beweismittel kämen daher grundsätzlich die in der ZPO genannten in Frage gemäß § 15 FGG: Sachverständiger, Augenschein, Beteiligtenvernehmung, Urkunden und Zeugen (vgl Rdn 96). § 29 Abs 1 S 2 besagt jedoch ausdrücklich, dass die unmittelbar eintragungsbegründenden Tatsachen durch die strenge Form der öffentlichen Urkunde nachzuweisen sind, sofern sie nicht ausnahmsweise offenkundig[287] sind. Auch insoweit gilt also der »**Grundsatz der Beweismittelbeschränkung**«,[288] weil die allgemeinen Beweismittel der FG auf die öffentlichen Urkunden beschränkt werden. Eine Beweisaufnahme durch Vernehmung von Zeugen scheidet ebenso aus wie die Vorlage einer eidesstattlichen Versicherung, selbst wenn sie von einem Notar beurkundet wurde.[289] Der Nachweis der unmittelbar eintragungsbegründenden Tatsachen ist zuweilen nicht oder nur mit unverhältnismäßigen Erschwernissen möglich. Beispielhaft folgender Fall:[290] »*A ist Gläubiger einer Briefhypothek. Er tritt das Recht durch Abtretungserklärung und Briefübergabe an B ab. Der Eintragung von B als neuem Gläubiger widerspricht der zwischenzeitlich als Verwalter in der Insolvenz über das Vermögen des A bestellte Insolvenzverwalter. Er ist der Auffassung, die Briefübergabe habe erst nach Insolvenzeröffnung stattgefunden.*«

Beweispflicht besteht also für den Zeitpunkt der Briefaushändigung, der kein Nebenumstand ist (vgl Rdn 104), weil er keinen Einfluss auf die Wirksamkeit der Abtretungserklärung hat, sondern auf die Wirksamkeit der Übergabe, und diese ist wiederum ein selbständiges Element des Rechtserwerbs. Der Beweis ist durch öffentliche Urkunden nicht zu führen. In einem solchen **Ausnahmefall**, wenn also der Nachweis einer unmittelbaren eintragungsbedürftigen Tatsache durch Urkunden nicht oder nur mit unverhältnismäßigen Erschwernissen für die Beteiligten möglich ist, kann vom Urkundenbeweis abgesehen werden. Die Beweismittelbeschränkung des § 29 Abs 1 S 2 wird wieder aufgehoben und es gelten die allgemeinen Beweisregeln der Freiwilligen Gerichts-

---

280 *Eickmann*, GBVerfR, Rn 241.
281 *Eickmann* in: FS Hans Winter 1982, S 36.
282 KEHE-*Eickmann* § 1 Rn 33; *Eickmann*, GBVerfR, Rn 230; *Eickmann* in: FS Hans Winter 1982, S 32; *Eickmann* Rpfleger 1979, 169, 172; *Eickmann* RpflStud 1984, 1, 3; *Demharter* § 1 Rn 51; *Nieder* NJW 1984, 329, 334; BayObLGZ 1989, 113 = NJW-RR 1989, 910; OLG Hamm FGPrax 1995, 14.
283 BayObLG NotBZ 2004, 279.
284 *Eickmann*, GBVerfR, Rn 243.
285 *Eickmann* Rpfleger 1979, 169, 173 (Beispiel 4 c).
286 *Eickmann* Rpfleger 1979, 169, 173.
287 Vgl dazu: *Eickmann*, GBVerfR, Rn 246.
288 Vgl Fn 243.
289 BayObLG DNotZ 1993, 598 = MittBayNot 1993, 211; *Demharter* § 1 Rn 51.
290 Nach *Eickmann*, GBVerfR, Rn 249, Fall 48 = Rpfleger 1979, 169, 173 Beispiel 4 b; vgl auch OLG Frankfurt Rpfleger 1968, 355.

barkeit: Strengbeweis mit Sachverständigen, Augenschein, Beteiligtenvernehmung, Zeugen, eidesstattliche Versicherung (vgl Rdn 96).

(3) Mittelbar eintragungsbegründende Tatsachen (= Nebenumstände). Darunter versteht man solche **104** Tatsachen, die mittelbare Wirksamkeitsvoraussetzung für eine zur Eintragung erforderliche Erklärung sind (sog Nebenumstände).[291] Folgende Beispiele sind zu nennen:
- Zugang einer Erklärung an den Empfangsberechtigten;[292]
- Aushändigung einer Vollmachtsurkunde;[293]
- Nachweis, dass ein vom Notar vorgelegter Grundpfandbrief sich vorher in der Hand des Gläubigers befunden hat;[294]
- Aushändigung der Eintragungsbewilligung (§ 873 Abs 2, 4. Alt BGB);[295]
- Kaufpreiszahlung des Käufers bei Belastung des Grundstücks durch ihn vor seiner Grundbucheintragung (§ 185 Abs 1 BGB).[296]

Nicht verwechselt werden dürfen diese Nebenumstände für die Wirksamkeit einer Erklärung mit den unmittelbar eintragungsbegründenden Tatsachen, die entweder ein selbständiges Erfordernis der Rechtsänderung (zB Briefübergabe) oder Wirksamkeitserfordernis für einen anderen Tatsachenvorgang (zB Zeitpunkt der Briefübergabe) sind (vgl dazu Rdn 103). Strittig ist, welche Beweisart für diese Nebenumstände gilt: *Richter* spricht dem Freibeweis im Grundbuchverfahren jegliche Berechtigung ab, verlangt also den Strengbeweis;[297] *Eickmann* lässt dagegen den Freibeweis genügen.[298] Unter Berücksichtigung des verfassungsrechtlichen Verhältnismäßigkeitsgrundsatzes[299] und einer rationellen Verfahrensgestaltung wird man den **Freibeweis** bei den Nebenumständen ausnahmsweise für zulässig erachten können; es ist nämlich Teil des Rechtsstaatsgedankens, dass die gewählten Mittel in einem vernünftigen Verhältnis zum angestrebten Erfolg stehen müssen.

Da das Grundbuchverfahren zur Freiwilligen Gerichtsbarkeit gehört, kämen aufgrund des Freibeweises alle **105** echten Beweismittel und alle anderen Mittel der Überzeugungsbildung in Betracht (vgl Rdn 97). Die mittelbar eintragungsbegründenden Tatsachen (= Nebenumstände) fallen jedoch unter § 29 Abs 1 S 2, sodass alle echten Beweismittel und alle anderen Mittel der Überzeugungsbildung (vgl Rdn 97).[300] Die Durchbrechung des Grundsatzes der Beweismittelbeschränkung erscheint gerechtfertigt, da die Nebenumstände nur in Ausnahmefällen von Bedeutung sind und mit dem Eintritt eines solchen Ausnahmefalles nicht von vornherein gerechnet zu werden braucht. Außerdem würden sonst für den Nachweis der mittelbaren Wirksamkeitsvoraussetzungen einer Erklärung strengere Anforderungen gelten (= öffentliche Urkunde § 29 Abs 1 S 2) als für den Nachweis der Erklärung selbst (= Unterschriftsbeglaubigung § 29 Abs 1 S 1). Zum anderen verbietet es sich, dem Antragsteller eine durch andere Erkenntnisquellen zu beseitigende Beweisnot anzulasten.

Nebenumstände sind auch durch den **Anscheinsbeweis** nachweisbar; ist es möglich, bedarf es anderer Beweise **106** nicht.[301] Die Struktur des Anscheinsbeweises sieht wie folgt aus:[302] *»Es ist eine Tatsache X zu beweisen, was jedoch schwer oder gar nicht möglich ist. Bekannt oder leicht nachweisbar ist eine Tatsache Y. Zwischen X und Y besteht eine logische Verknüpfung des Inhalts, dass, bei vernünftiger Würdigung, im Regelfall X vorgelegen haben muss, wenn Y feststeht.«* Zur Verdeutlichung folgender Beispielfall:[303] *»A hat dem B eine Hypothek bewilligt. B legt am 1. 2. die Bewilligung des A vor und stellt den Eintragungsantrag. Am 2. 2. wird über das Vermögen des A das Insolvenzverfahren eröffnet.«* Ein Rechtserwerb durch B ist noch gemäß § 878 BGB möglich. Voraussetzung dafür ist neben der vorliegenden rechtzeitigen Antragstellung die Bindung an die Einigung, die nach § 873 Abs 2, 4. Alt BGB eingetreten sein kann. Nachzuweisen ist also die Aushändigung der Bewilligung von A an B (= Tatsache X). Urkundlicher Nachweis ist kaum möglich. Bekannt ist der Besitz der Bewilligung durch B (= Tatsache Y). Bei vernünftiger Würdigung des Falles muss ein Beurteilender im Regelfall davon ausgehen, dass B die Bewilligung von A erhalten hat.

---

291 KGJ 35, 235; *Eickmann* Rpfleger 1979, 169, 173; *Nieder* NJW 1984, 329, 335.
292 KG JFG 2, 408.
293 KGJ 35, 235.
294 KGJ 32, 290.
295 *Eickmann*, GBVerfR, Rn 249, Fall 49 = Rpfleger 1979, 169, 173 Beispiel 5.
296 BayObLGZ 1970, 254, 256 = Rpfleger 1970, 431.
297 *Richter* Rpfleger 1969, 261, 266.
298 *Eickmann* in: FS Hans Winter 1982, S 36.
299 BVerfGE 35, 382, 401.
300 KG KGJ 32, 290; 35, 235; DNotZ 1954, 472; JFG 2, 408; *Eickmann* Rpfleger 1979, 169, 173; *Nieder* NJW 1984, 329, 335.
301 *Eickmann*, *Nieder* je aaO.
302 *Grunsky*, Grundlagen des Verfahrensrechts, § 43 II 1.
303 *Eickmann*, GBVerfR, Rn 249, Fall 49 = Rpfleger 1979, 169, 173 Fall 5.

107 **(4) Eintragungshindernde Umstände.** Umstände, die geeignet sind, eine beantragte Eintragung zu verhindern, sind zB Zugang eines Widerrufs bezüglich einer Vollmacht;[304] fehlende Geschäftsfähigkeit;[305] Vorliegen einer Verfügungsbeeinträchtigung.[306] Beim **Fehlen bzw bei der Unwirksamkeit der dinglichen Einigung** soll im Falle des § 19 trotzdem eine Pflicht zur Eintragung bestehen, wenn die Einigung auch nachgeholt werden könne.[307] Dem kann nicht zugestimmt werden. Die Bewilligung ist zwar grundsätzlich ein ausreichender Nachweis für das Vorliegen, die Rechtsbeständigkeit und die Wirksamkeit der dinglichen Einigung,[308] dh an das Vorliegen der Bewilligung ist eine Vermutung für das Vorliegen der Rechtsänderungsvoraussetzungen geknüpft. Diese Vermutung kann aber gemäß § 292 ZPO durch den Gegenbeweis entkräftet werden.[309] Da nur die dingliche Einigung die Grundbucheintragung rechtfertigt,[310] ist ein Antrag zurückzuweisen, wenn Tatsachen vorgebracht werden, die die Nichtexistenz der dinglichen Einigung ergeben.[311]

108 Da das Grundbuchverfahren zur Freiwilligen Gerichtsbarkeit gehört, stellt sich die Frage nach der Beweisart: Strengbeweis oder Freibeweis (vgl Rdn 95). Zum Teil wird der Freibeweis befürwortet, weil der Strengbeweis der Leichtigkeit des Grundbuchverfahrens entgegenstehen und kein streitiges Rechtsverhältnis vorliegen soll.[312] Dieser Auffassung kann nicht gefolgt werden. Bei der Geltendmachung von Eintragungshindernissen erhält das Grundbuchverfahren nämlich quasi – kontradiktorischen Charakter. Außerdem ist es unstreitig, dass Tatsachen dann durch **Strengbeweis** zu ermitteln sind, wenn auf sie eine Entscheidung gegründet werden soll, die einen Grundrechtseingriff enthält.[313] Da die Feststellung eintragungshindernder Umstände zur Antragszurückweisung führt, kann unter Berücksichtigung des Art 14 GG[314] nur der Strengbeweis zulässig sein.[315]

109 Auf Grund des Strengbeweises kommen nur die **in der ZPO genannten echten Beweismittel** in Betracht (§ 15 FGG): Sachverständiger, Augenschein, Beteiligtenvernehmung, Urkunden, Zeugen (vgl Rdn 96). Der Grundsatz der Beweismittelbeschränkung auf Urkunden (§ 29 Abs 1) gilt nicht, da die eintragungshindernden Umstände weder vom Wortlaut noch vom Telos des § 29 erfasst werden.[316] Der Sinn und Zweck des Urkundenbeweises nach § 29 Abs 1 ist darauf gerichtet, dass die eine Grundbucheintragung rechtfertigenden Unterlagen eine größtmögliche Gewähr für die Grundbuchrichtigkeit bieten. Wollte man die eintragungshindernden Umstände der gleichen Formstrenge unterwerfen, so wäre ihr Beweis in der Regel nicht möglich, was uU eine Grundbuchunrichtigkeit zur Folge hätte, eine Folge, die § 29 aber gerade verhindern will: Sinn und Zweck des § 29 würden in ihr Gegenteil verkehrt.

2. Beweiswürdigung

110 Sind für die beweispflichtigen Tatbestände Beweise beigebracht worden, so muss sie der Grundbuchrechtspfleger würdigen, dh sie dahingehend untersuchen, ob sie geeignet sind, ihm die erforderliche Überzeugung vom Bestehen der entscheidungserheblichen Voraussetzungen zu vermitteln.[317]

111 **a) Unmittelbare Eintragungsvoraussetzungen.** Darunter fallen die eintragungsbegründenden Erklärungen (vgl Rdn 102), die mit öffentlich beglaubigten Urkunden nachzuweisen sind (§ 29 Abs 1 S 1) und die unmittelbar eintragungsbegründenden Tatsachen (vgl Rdn 103), die grundsätzlich nur mit öffentlichen Urkunden bewiesen werden können (§ 29 Abs 1 S 2). Insoweit dürfte die Beweiswürdigung keine Schwierigkeiten bereiten, da die Beweiswirkungen genau umschrieben sind. **Urkunden** erbringen nach den §§ 415 ff ZPO iVm §§ 8 ff BeurkG den vollen Beweis, dass in ihnen enthaltene Erklärungen sowohl inhaltlich wie nach Zeit und Ort wie beurkundet abgegeben wurden; die Beweiskraft der Urkunde erfasst auch die Feststellungen über die Beteiligten.[318] Mit der **Unterschriftsbeglaubigung** (§§ 39, 40 BeurkG) wird der volle Beweis erbracht über alle im Beglaubigungsvermerk genannten Tatsachen (Ort und Zeit der Beglaubigung, Feststellungen über die

---

304 OLG Stuttgart MittBayNot 1997, 370.
305 Vgl DNotI-Report 2000, 57; *Eickmann* Rpfleger 1979, 169, 171 (Beispiel 1 b).
306 *Eickmann* Rpfleger 1979, 169, 171 (Beispiel 2b und c).
307 OLG Hamm Rpfleger 1973, 137.
308 KG HRR 30 Nr 42; BayObLG NJW 1967, 1284; Motive BGB III S 186 ff; *Du Chesne*, Grundbuchverfahren (1919) 25.
309 OLG Hamburg NJW 1952, 147; *Rosenberg*, Die Beweislast, 233.
310 So schon die Motive zum 1. Entw der GBO, S 72; ebenso die Denkschrift zur GBO (vgl *Hahn-Mugdan*, Bd 5, 156).
311 *Eickmann* in: FS Hans Winter 1982, S 34.
312 *Vassel* 74, 75.
313 *Keidel-Amelung* § 15 Rn 3c.
314 *Habscheid* NJW 1967, 226.
315 *Eickmann* in: FS Hans Winter 1982, S 35; *Eickmann* Rpfleger 1979, 169, 172; *Nieder* NJW 1984, 329, 336.
316 BGHZ 35, 135, 139 = Rpfleger 1961, 233; BayObLGZ 1954, 286, 292 = DNotZ 1955, 594; 1967, 13 = Rpfleger 1967, 145; OLG Frankfurt Rpfleger 1974, 396; *Eickmann*, GBVerfR, Rn 252; *Eickmann* in: FS Hans Winter 1982, S 34; *Eickmann* Rpfleger 1979, 169, 172; *Nieder* NJW 1984, 329, 335.
317 *Eickmann* Rpfleger 1979, 169, 174.
318 *Eickmann*, GBVerfR, Rn 238.

Person, Personenstand usw);[319] ferner, dass die Erklärung von dem als Aussteller Bezeichneten abgegeben ist (§ 416 ZPO). Außerdem wird die Echtheit der Klärung vermutet (§ 440 Abs 2 ZPO).

b) Sonstige Tatbestände. Darunter fallen die mittelbar eintragungsbegründenden Tatsachen, sog Nebenum- **112** stände, die mit allen echten Beweismitteln und allen anderen Mitteln der Überzeugungsbildung nachzuweisen sind – sofern nicht der Anscheinsbeweis eingreift – (vgl Rdn 104–106), und die eintragungshindernden Umstände, die nur mit den in der ZPO genannten echten Beweismitteln bewiesen werden können (vgl Rdn 107–109). In beiden Fällen ist der Grundbuchrechtspfleger nicht an die strengen Beweisregeln der §§ 415 ff ZPO gebunden, vielmehr gilt der **Grundsatz der freien Beweiswürdigung**.[320] Dies gilt unabhängig davon, ob Streng- oder Freibeweis zu erheben ist, denn das betrifft nur die Beweismittel. Feste Regeln für die Durchführung der Beweiswürdigung aufzustellen, ist schlechthin unmöglich.[321] Es genügt ein für das praktische Verfahren brauchbarer Grad von Gewissheit, der den Zweifeln Schweigen gebietet, ohne sie völlig auszuschal- ten.[322] Letztlich liegt es an der Person des Rechtspflegers: Ängstliches Erwägen selbst entferntester Möglichkei- ten hat zu unterbleiben, gedankenlose Großzügigkeit ist nicht am Platze; Gespür für die Besonderheiten des Einzelfalles ist notwendig und Verständnis für die Notwendigkeit eines geordneten rationellen Verfahrens darf nicht fehlen.[323]

c) Ergebnis der Beweiswürdigung. Am Ende der Beweiswürdigung steht eine Erkenntnis des Grundbuch- **113** rechtspflegers, die wie folgt aussehen kann:[324]
– Alle Eintragungsvoraussetzungen liegen vor und alle Eintragungshindernisse fehlen: Grundbucheintragung erfolgt.
– Es liegen nicht alle Eintragungsvoraussetzungen vor und die Mängel können auch nicht mit den erforderli- chen Rechtswirkungen beseitigt werden: Zurückweisung ergeht.
– Es ist weder der Beweis über das Vorliegen noch über das Nichtvorliegen eines entscheidungserheblichen Kriteriums gelungen (= sog non liquet); in diesem Fall wird die Entscheidung des Grundbuchrechtspflegers durch die Regeln über die Feststellungslast bestimmt.

3. Feststellungslast

a) Allgemeines. Gelegentlich wird behauptet, die Freiwillige Gerichtsbarkeit, und somit auch das Grund- **114** buchverfahren, kenne keine Feststellungslast (objektive Beweislast).[325] Das kann nicht richtig sein. Denn eine Feststellungslast gibt es überall dort, wo das Gericht einen Tatbestand unter Rechtssätze zu subsumieren hat. Die geltende Rechtsordnung muss Regeln aufstellen, wie bei einem »non liquet« zu entscheiden ist.[326] Eine Feststellungslast kennt somit auch das Verfahren der Freiwilligen Gerichtsbarkeit[327] und das Grundbuchverfah- ren.[328]

b) Amtsverfahren. In den Amtsverfahren darf der Rechtspfleger, wenn er nicht zur vollen Überzeugung des **115** Vorliegens der Normvoraussetzungen gelangt ist, die in Frage kommende Maßnahme nicht durchführen. Die Feststellungslast trägt in diesem Verfahren das Grundbuchamt.[329]

c) Antragsverfahren. Es gilt der allgemeine Verfahrensgrundsatz, dass derjenige, der ein Recht in Anspruch **116** nimmt – das wird regelmäßig der Antragsteller sein – die Feststellungslast trägt.[330] Das bedeutet für das Grund- buchverfahren, dass der Antragsteller die Feststellungslast für alle Voraussetzungen der sein **Eintragungsbegeh- ren begründenden Normen** trägt.[331] Gelingt ihm das nicht zur Überzeugung des Grundbuchamts, so ist der Antrag abzulehnen.

In Bezug auf das Nichtvorliegen **rechtshindernder oder rechtsvernichtender Normen** (zB fehlende **117** Geschäftsfähigkeit, Vorhandensein von Verfügungsbeeinträchtigungen, Sittenwidrigkeit, Vertragsaufhebung, Widerruf der Einigung, Anfechtung einer Willenserklärung) trifft den Antragsteller grundsätzlich keine Fest-

---

319 OLG Celle DNotZ 2006, 297; *Eickmann*, GBVerfR, Rn 239.
320 *Eickmann*, GBVerfR, Rn 289; *Eickmann* in: FS Hans Winter 1982, S 35; *Eickmann* Rpfleger 1979, 169, 174.
321 *Grunsky*, Grundlagen des Verfahrensrechts, § 43 II 1.
322 BGHZ 53, 254, 255.
323 *Eickmann*, GBVerfR, Rn 289; *Eickmann* Rpfleger 1979, 169, 174.
324 *Eickmann*, GBVerfR, Rn 290; *Eickmann* Rpfleger 1979, 169, 174.
325 OLG Neustadt FamRZ 1961, 541 = JZ 1962, 417 m Anm v *Habscheid*.
326 *Rosenberg*, Die Beweislast, § 3 IV 1.
327 KG OLGZ 1971, 260, 267; OLG Frankfurt Rpfleger 1978, 310, 311; *Habscheid* § 21 III 2.
328 *Eickmann*, GBVerfR, Rn 23; *Eickmann* Rpfleger 1979, 169, 174.
329 *Eickmann*, GBVerfR, Rn 23; *Habscheid* § 21 III 2 a; *Bärmann* § 16 I 4 c.
330 *Habscheid* § 21 III 2 b.
331 *Eickmann* GBVerfR, Rn 23; *Eickmann* Rpfleger 1979, 169, 175; *Wolfsteiner* DNotZ 1987, 67, 77.

stellungslast.[332]

118 Sind Voraussetzungsnormen oder rechtshindernde bzw rechtsvernichtende Normen als **Regel- und Ausnahme-Vorschriften** ausgestaltet (zB »es sei denn«, »dies gilt nicht«, »ausgenommen«, »ausgeschlossen«), so gilt:
- Ist die Regelnorm dem Antragsteller günstig, dann trägt er bezüglich der ihm ungünstigen Ausnahmeregel keine Feststellungslast.[333] § 892 BGB ist eine Regel- und Ausnahme-Vorschrift. Die Gutgläubigkeit des Erwerbers ist die Regel,[334] für den Antrag stellenden Erwerber ist dies günstig. Für die Ausnahme der Bösgläubigkeit trifft den Antragsteller somit keine Feststellungslast.
- Ist die Regelnorm dem Antragsteller ungünstig, dann trifft ihn die Feststellungslast bezüglich der ihm günstigen Ausnahmeregel.[335] § 181 BGB ist eine Regel- und Ausnahme-Vorschrift. Die Nichtigkeit des Rechtsgeschäfts ist die Regel, für den Antragsteller ist dies ungünstig. Für den Ausnahmefall der »Erfüllung einer Verbindlichkeit« trifft den Antragsteller somit die Feststellungslast.

119 Für die Feststellungslast wichtig sind die **Rechtsvermutungen**, zB § 891 BGB; sie haben zur Folge, dass denjenigen, der sich auf sie beruft, niemals eine Feststellungslast trifft, dh ein »non liquet« geht stets zu seinen Gunsten.[336] Für § 891 BGB bedeutet dies, dass derjenige, der sich auf eine dem Wortlaut des Buches widersprechende Rechtslage beruft, dem Grundbuchamt die volle Überzeugung von der Grundbuchunrichtigkeit verschaffen muss; ein »non liquet« geht zu seinen Lasten.

XVI. Arten von Entscheidungen

120 Über einen Eintragungsantrag kann nur durch Vornahme der begehrten Eintragung, durch förmliche Zwischenverfügung oder durch Zurückweisung entschieden werden. Als **Zwischenentscheidung** ist also nur die Zwischenverfügung (§ 18) zulässig. Zu den **Entscheidungen** gehören neben dem Zurückweisungsbeschluß (§ 18) der Beschluss, der ein Amtswiderspruchs- oder Amtslöschungsverfahren einstellt, und die Feststellungsbeschlüsse nach den §§ 87, 108. Eine Entscheidung über den Eintragungsantrag stellt auch die antragsgemäß vorgenommene **Grundbucheintragung** dar (§ 44).[337] Dagegen ist die Eintragungsverfügung nur ein Internum des Gerichts, sie ist keine Entscheidung, die bekannt gemacht werden muss.

XVII. Wirksamwerden von Entscheidungen

1. Eintragungen

121 Sie werden mit Vollendung der zweiten Unterschrift wirksam (**§ 44 Abs 1**) und nach § 55 bekannt gemacht; § 16 FGG findet keine Anwendung.[338] Die Bekanntmachung der vollzogenen Eintragung hat nur Informationscharakter.

2. Sonstige Entscheidungen

122 Nach § **16 Abs 1 FGG** werden gerichtliche Verfügungen, wozu auch Zwischen- und Endentscheidungen gehören, mit der ordnungsgemäßen Bekanntgabe an den richtigen Adressaten wirksam. Zu unterscheiden sind also der Bekanntmachungsadressat und die Bekanntmachungsform.

123 **a) Bekanntmachungsadressat.** Im **Amtsverfahren** ist jede Entscheidung jedem materiell Beteiligten (vgl Rdn 28, 29) bekannt zu machen. Im **Antragsverfahren** ist zunächst derjenige Adressat, der tatsächlich einen Eintragungsantrag gestellt hat; hat der beurkundende Notar gemäß § 15 den Antrag gestellt, so ist an ihn bekannt zu machen. Aber auch denjenigen antragsberechtigten Personen (§ 13 Abs 1 Satz 2), die tatsächlich keinen Eintragungsantrag gestellt haben, ist eine ergangene Entscheidung mitzuteilen.[339] Dies ergibt sich daraus, dass alle antragsberechtigten Personen materiell Beteiligte sind, unabhängig davon, ob sie ihr Antragsrecht auch wirklich ausgeübt haben (vgl Rdn 25); und zum anderen sind diese Personen auch beschwerdeberechtigt, sodass ihnen eine Entscheidung zugehen muss, damit sie sich schlüssig werden können, ob sie von ihrem Beschwerderecht Gebrauch machen. Ist ein Beteiligter durch einen **Bevollmächtigten** vertreten, und hat der Beteiligte dem Gericht gegenüber klar zum Ausdruck gebracht, dass Zustellungen nur an seinen Bevollmächtigten erfolgen sol-

332 *Habscheid* § 41 II 7; *Eickmann* Rpfleger 1979, 169, 175; *Wolfsteiner* DNotZ 1987, 67, 77; LG Köln MittRhNotK 1993, 227.
333 *Eickmann*, GBVerfR, Rn 23; *Eickmann* Rpfleger 1979, 169, 174 (Beispiel 6 c).
334 LG Aachen DNotZ 1984, 767.
335 *Eickmann*, GBVerfR, Rn 23; *Eickmann* Rpfleger 1979, 169, 174 (Beispiel 6 d).
336 *Habscheid* § 21 III 2 b; *Eickmann* Rpfleger 1979, 169, 175.
337 *Staudinger-Gursky* Vorbem zu §§ 873 ff Rn 25.
338 *Demharter* § 1 Rn 57; *Riedel* JurBüro 1972, 19, 22.
339 KEHE-*Eickmann* § 1 Rn 36; *Eickmann*, GBVerfR, Rn 28.

len, so haben sich die Bekanntmachungen gemäß § 176 ZPO eben nur an den Bevollmächtigten zu richten;[340] ist der Wille des Beteiligten nicht klar zum Ausdruck gekommen, so kann sowohl an ihn als auch an seinen Bevollmächtigten zugestellt werden, wobei eine Frist mit der ersten Zustellung zu laufen beginnt.[341]

b) Bekanntmachungsform. Die Form der Bekanntmachung richtet sich gemäß § 16 Abs 2 FGG danach, ob **124** mit der Bekanntmachung eine Frist in Lauf gesetzt wird oder nicht. Soweit mit dieser eine **Frist zu laufen beginnt**, schreibt § 16 Abs 2 S 1 FGG förmliche Zustellung nach Maßgabe der für die Amtszustellung geltenden Vorschriften der ZPO vor. Eine Frist zu laufen beginnt bei folgenden Entscheidungen:[342]
– Zwischenverfügung (§ 18);
– Löschungsankündigung (§ 87 Buchst b);
– Feststellungsbeschlüsse (§§ 87 Buchst c, 89 Abs 1);
– Rangänderungsvorschläge (§§ 103, 104 Abs 1);
– Zurückweisung oder Verwerfung eines Wiedereinsetzungsantrages (§ 105 Abs 2, 2. Hs);
– Aussetzungsbeschlüsse nach § 106 Abs 2;
– Feststellungsbeschlüsse, wenn sie zugleich über den Widerspruch eines Beteiligten entscheiden (§ 108 Abs 2).

Soweit mit der Bekanntmachung **keine Frist zu laufen beginnt,** erfolgt sie gemäß § 16 Abs 2 S 2 FGG formlos, dh in der Regel durch einfachen Brief. Keine Frist zu laufen beginnt bei folgenden Entscheidungen:[343]
– Zurückweisungsbeschluß (§ 18);
– Einstellungsbeschlüsse in den Verfahren nach §§ 53, 84;
– Aussetzungsbeschlüsse nach § 106 Abs 1;
– Feststellungsbeschlüsse, die nicht zugleich über den Widerspruch eines Beteiligten entscheiden (§ 108);
– Einstellungsbeschlüsse nach § 109 S 2.

XVIII. Abänderung von Entscheidungen

1. Abänderungsbefugnis

Das Gericht kann nach § **18 Abs 1 FGG** seine Entscheidungen grundsätzlich jederzeit ändern, sofern ein Fall **125** ursprünglicher Unrichtigkeit vorliegt. Dies gilt grundsätzlich auch für das Grundbuchverfahren.[344] Nur erlassene Verfügungen fallen unter § 18 FGG, nicht also bloße Entwürfe dazu, die nur ein Internum des Grundbuchamts sind. Es ist daher nicht die Unterzeichnung maßgebend, sondern der Zeitpunkt, in dem eine Verfügung aus der Herrschaftsgewalt des Gerichts gelangt.[345] § 18 FGG gilt nur für erstinstanzielle Verfügungen, dh im Grundbuchverfahren ist diese Vorschrift nur für das Grundbuchamt anwendbar. Das Beschwerdegericht darf daher seine Entscheidung nicht ändern, da es nach dem Erlass der Beschwerdeentscheidung nicht mehr mit der Sache befasst ist.[346] Das Grundbuchamt ist aber ebenfalls nur berechtigt, eine von ihm selbst erlassene Verfügung zu ändern, also nicht die Entscheidung der Beschwerdeinstanz nachzuprüfen.[347] Der Grundsatz der Abänderungsbefugnis erleidet eine ganze Reihe von Ausnahmen.

2. Abänderungsverbote

Bei vollzogenen **Eintragungen** (§ 44 Abs 1) ist grundsätzlich keine Abänderung möglich, weil die Vermutung **126** des § 891 BGB einsetzt und sich gutgläubiger Erwerb nach § 892 anschließen kann (bei Grundbuchberichtigung bzw Fehlen materiellrechtlicher Voraussetzungen) oder eine konstitutive Rechtsänderung eingetreten ist (bei Vorliegen aller materiellrechtlicher Voraussetzungen).[348] Ausnahmsweise ist jedoch eine nachträgliche Klarstellung von Eintragungen zulässig, wenn sich dadurch die materielle Rechtslage nicht ändert, zB die Richtigstellung von Namensbezeichnungen oder tatsächlicher Angaben über die Bebauung des Grundstücks.[349] Weitere Ausnahmen bilden die Löschungen gemäß §§ 53, 84 und die Grundberichtigung nach § 22. Ein Abänderungsverbot scheidet schließlich aus, wenn es sich um Eintragungen handelt, die nicht dem öffentlichen Glauben des Grundbuchs unterliegen, weil insoweit die einer Grundbucheintragung üblicherweise beigelegte Rechtsschein- und Gutglaubenswirkung nicht besteht.[350]

340 BGHZ 65, 41 = Rpfleger 1975, 350; *Demharter* § 1 Rn 60.
341 OLG München JFG 22, 319; *Demharter* § 1 Rn 60.
342 Vgl KEHE-*Eickmann* § 1 Rn 36; *Eickmann,* GBVerfR, Rn 28.
343 *Eickmann* aaO.
344 *Riedel* JurBüro 1972, 19, 22.
345 BGHZ 12, 248; 13, 166; *Schlegelberger* § 18 Anm 1.
346 BayObLGZ 1948–1951, 342; 1978, 128; 1981, 264.
347 *Habscheid* § 27 II 1 c.
348 KEHE-*Eickmann* § 1 Rn 37; *Eickmann,* GBVerfR, Rn 30.
349 KEHE-*Eickmann* § 1 Rn 37; *Eickmann,* GBVerfR, Rn 30.
350 KEHE-*Eickmann* § 1 Rn 37; *Eickmann,* GBVerfR, Rn 30.

127 Bei **zurückgewiesenen Anträgen** bedarf eine Abänderung eines neuen Antrags (§ 18 Abs 1, 2. Hs FGG). Strittig ist, ob der Antrag von dem früheren Antragsteller gestellt werden muss[351] oder ob es auch genügt, dass ein Antrag von einem anderen Antragsteller gestellt wird.[352] Der letzteren Auffassung ist der Vorzug zu geben, da das Gesetz keine Einschränkung bezüglich der Person des Antragstellers macht. Eine Änderung der Rechtsauffassung hat das Grundbuchamt allen Antragsberechtigten im Wege des nobile officium[353] mitzuteilen.

128 Keine Änderungsbefugnis besteht, wenn die Verfügung der **sofortigen Beschwerde** unterliegt (§ 18 Abs 2 FGG), auch dann nicht, wenn keine Beschwerde eingelegt ist. Im Grundbuchverfahren kommt die Anfechtung mit sofortiger Beschwerde nur ausnahmsweise vor, nämlich im Rangklarstellungsverfahren nach § 105 Abs 2 und § 110 Abs 1, während die befristete Beschwerde im Verfahren bei Löschung gegenstandsloser Eintragungen nach § 89 nicht hierher gehört, da es sich um keine sofortige Beschwerde im technischen Sinne handelt.[354]

129 Eine Abänderungsbefugnis entfällt schließlich bei Entscheidungen, die **formell rechtskräftig** geworden sind (vgl Rdn 133).[355]

XIX. Rechtsbehelfe und Rechtsmittel

130 Das Grundbuchverfahren ist in vollem Umfang auf den Rechtspfleger übertragen (§ 3 Buchst 1 h S 1 RpflG). Im Grundbuchverfahren sind jedoch einige Besonderheiten zu beachten:

131 Eine **Grundbucheintragung**, an die sich ein gutgläubiger Erwerb anschließen kann, ist unanfechtbar (§ 71 Abs 2 S 1 GBO). Mit dem Rechtsbehelf kann jedoch verlangt werden, dass ein Amtswiderspruch oder eine Amtslöschung eingetragen wird (§ 71 Abs 2 S 2 GBO). Eine Grundbucheintragung, an die sich kein gutgläubiger Erwerb anschließen kann, ist anfechtbar; ein Amtswiderspruch ist aber dann nicht möglich.[356]

132 **Andere Entscheidungen**, insbesondere die Zwischenverfügung und die Zurückweisung, sind mit der Beschwerde anfechtbar (§ 71 Abs 1 GBO). Der Rechtspfleger muss abhelfen, wenn sie zulässig und begründet ist.[357] Erfolgt keine Abhilfe durch den Rechtspfleger, so muss er die Sache an das Rechtsmittelgericht (= Landgericht § 72 GBO) abgeben. Gegen die Entscheidung des Landgerichts ist eine weitere Beschwerde nur dann zulässig, wenn die Entscheidung auf einer Verletzung des Gesetzes beruht (§ 78 GBO). Über die weitere Beschwerde entscheidet das Oberlandesgericht, § 79 Abs 1 GBO (in Rheinland-Pfalz: OLG Zweibrücken; in Berlin: Kammergericht). Will das über die weitere Beschwerde zu befindenden OLG von einer Entscheidung eines anderen OLG, des BGH oder des RG[358] abweichen, so hat es die weitere Beschwerde unter Begründung seiner Rechtsauffassung dem BGH vorzulegen (§ 79 Abs 2 GBO).

XX. Rechtskraft

1. Formelle Rechtskraft

133 Unter formeller Rechtskraft ist die **Unanfechtbarkeit** einer Entscheidung zu verstehen; sobald die Entscheidung mit ordentlichen Rechtsbehelfen und Rechtsmitteln nicht mehr angefochten werden kann, erwächst sie in formelle Rechtskraft. Somit entzieht die formelle Rechtskraft die gerichtliche Entscheidung jeder Anfechtung und sichert auf diese Weise ihren Bestand.[359] Insbesondere aber schließt der Eintritt der formellen Rechtskraft aus, dass das Grundbuchamt gemäß § 18 FGG diese Entscheidung im gleichen Verfahren noch abändern kann (vgl Rdn 129). Über die eingetretene formelle Rechtskraft stellt die Geschäftsstelle des Gerichts erster Instanz ein Rechtskraftzeugnis aus (§ 31 FGG).[360] Das Zeugnis kann von jedem materiell Beteiligten verlangt werden.[361] Die Geschäftsstelle hat von Amts wegen, ggf durch Rückfrage bei dem im Instanzenzug übergeordneten Gericht, festzustellen, ob formelle Rechtskraft eingetreten ist. Dies ist dann der Fall, wenn

– der Instanzenzug erschöpft ist,
– ein gegebenes Rechtsmittel durch Fristablauf oder Verzicht verloren gegangen ist,
– eine Entscheidung von Anfang an unanfechtbar ist.

---

351 *Keidel-Amelung* § 18 Rn 12; *Schlegelberger* § 18 Anm 23; *Güthe-Triebel* § 1 Anm 52; *Baur* § 24 II 1.

352 KG JW 1937, 478 = DNotZ 1937, 271; *Hesse-Saage-Fischer* § 1 Bem I 1 d; *Demharter* § 1 Rn 62; KEHE-*Eickmann* § 1 Rn 37; *Eickmann*, GBVerfR, Rn 30.

353 KG JW 1937, 478 = DNotZ 1937, 271; KEHE-*Eickmann* § 1 Rn 37; *Eickmann*, GBVerfR, Rn 30.

354 *Demharter* § 1 Rn 3.

355 KEHE-*Eickmann* § 1 Rn 37; *Eickmann*, GBVerfR, Rn 30; *Habscheid* § 27 II 2c.

356 *Eickmann*, GBVerfR, Rn 410.

357 OLG Frankfurt Rpfleger 1979, 388; OLG München Rpfleger 1981, 412.

358 BGHZ 5, 344.

359 *Habscheid* § 26 I mwN

360 BayObLG NotBZ 2004, 108; *Riedel* JurBüro 1972, 19, 24.

361 *Habscheid* § 26 II 3.

Obwohl die **Grundbucheintragung** grundsätzlich unanfechtbar ist (vgl Rdn 131), meint die hM, dass die **134** Eintragung nur eine auf die Rangordnung beschränkte formelle Rechtskraft habe, wenn die Eintragungen in einem materiellen Rangverhältnis stehen und ohne Rangvermerke erfolgt sind;[362] im Übrigen soll die Eintragung nur eine formale Bindungswirkung haben, dh das Grundbuchamt dürfe sie grundsätzlich nicht von sich aus ändern.[363] Der formellen Rechtskraft hinsichtlich des Ranges und der formalen Bindungswirkung einer Grundbucheintragung ist zuzustimmen (vgl Einl B Rdn 41), dies schließt aber nicht die generelle formelle Rechtskraft bezüglich einer unanfechtbaren Eintragung eines Vollrechts aus. Eine Grundbucheintragung ist unanfechtbar, wenn sich gutgläubiger Erwerb anschließen kann (vgl Rdn 131); dagegen sind die keinem Gutglaubensschutz zugänglichen Eintragungen anfechtbar (vgl Rdn 131), sodass insoweit eine formelle Rechtskraft ausscheidet. Ein Buchrecht (= im Grundbuch eingetragenes dingliches Recht, dem eine materielle Voraussetzung seiner Wirksamkeit fehlt)[364] kann ebenfalls nicht in formelle Rechtskraft erwachsen, da insoweit eine beschränkte Anfechtbarkeit nach § 71 Abs 2 S 2 GBO in Frage kommt. Dagegen ist einem eingetragenen Vollrecht (= materiell-rechtlich wirksames dingliches Recht),[365] das unanfechtbar ist, weil sich ein gutgläubiger Erwerb anschließen kann, die formelle Rechtskraft anzuerkennen.[366]

2. Materielle Rechtskraft

Die materielle Rechtskraft verbietet zum einen eine nochmalige Entscheidung über denselben Verfahrensgegenstand (ne bis in idem) und bindet zum anderen das Entscheidungsorgan eines späteren Verfahrens an die **135** Entscheidung, die es, wenn die entschiedene Angelegenheit als Vorfrage in einem anderen Verfahren auftaucht, ungeprüft seiner Entscheidung zugrunde zu legen hat.[367]

Zwischenverfügungen sind der materiellen Rechtskraft nicht fähig, weil sie keine abschließende Entscheidung enthalten.[368] **136**

Zurückweisungsbeschlüsse erwachsen ebenfalls nicht in materielle Rechtskraft,[369] da das materielle Recht **137** durch die Zurückweisung eines Eintragungsantrages nicht verändert wird, zB bleibt eine einmal eingetretene Bindung (§§ 873 Abs 2, 875 Abs 2 BGB) aufrechterhalten. Das Grundbuchamt ist nicht gehindert, einem neuen Antrag mit gleicher Begründung stattzugeben, wenn es inzwischen seine Rechtsauffassung geändert hat.

Der **Grundbucheintragung** wird von der hM die materielle Rechtskraftfähigkeit abgesprochen, weil die Frei- **138** willige Gerichtsbarkeit, zu der auch das Grundbuchverfahren gehört, die materielle Rechtskraft nur in den Streitverfahren kenne, zu denen jedoch das Grundbuchverfahren nicht gehört.[370] Dem kann nicht gefolgt werden. In der FG sind nämlich gerichtliche Entscheidungen auch dann der materiellen Rechtskraft fähig, wenn durch sie die materielle Rechtslage verändert wird, ihnen also Gestaltungswirkung beigelegt ist.[371] Bei der Eintragung eines Vollrechts (= materiell-rechtliches wirksames dingliches Recht), dh bei Vorliegen und Übereinstimmung von Einigung und Eintragung, begründet die auf der Entscheidung des Grundbuchrechtspflegers beruhende Eintragung neues materielles Recht; in diesem Fall entfaltet die Grundbucheintragung entgegen der hM materielle Rechtskraft.[372]

XXI. Rechtshilfe

Nach § 2 FGG sind die Vorschriften der §§ 157 bis 168 GVG anwendbar.[373] Im Antragsverfahren ist Rechtshilfe **139** allerdings nicht denkbar, da der Antragsteller aufgrund des grundbuchrechtlichen Beibringungsgrundsatzes (vgl Rdn 90) verpflichtet ist, seine Nachweise dem GBA vorzulegen und in der Form des § 29 GBO zu erbringen; die Einschaltung eines Rechtshilfegerichts ist daher entbehrlich.[374] Die Rechtshilfe findet nur im Rahmen der **Amtsverfahren** Anwendung. So kann es zB im Fall des § 102 Abs 1 S 3 praktisch sein, dass das mit der Klarstellung der Rangverhältnisse befasste GBA ein anderes Amtsgericht ersucht, einen in dessen Bezirk wohnenden Beteiligten

---

362 BGHZ 21, 98, 99; RGZ 57, 280; MüKo-*Wacke* § 879 Rn 10; *Staudinger-Kutter* § 879 Rn 25.
363 *Habscheid* § 42 II.
364 KEHE-*Dümig* Einl B Rn 11.
365 KEHE-*Dümig* Einl B Rn 10.
366 Vgl *Pawlowski-Smid* FG, Rn 542.
367 *Habscheid* § 28 I 1.
368 *Eickmann*, GBVerfR, Rn 32.
369 BayObLGZ 28, 476; KEHE-*Herrmann* § 18 Rn 98; *Eickmann*, GBVerfR, Rn 32.
370 *Habscheid* § 42 II; *Ertl* Rpfleger 1980, 1, 6; **offen gelassen** von BayObLG MittBayNot 1995, 288.
371 *Pawlowski-Smid*, FG, Rn 543–545; *Blomeyer*, Zivilprozessrecht, Bd I, § 94 IV; *Schlosser*, Gestaltungsklage und Gestaltungsurteil (1966) 406 ff; *Eickmann* Rpfleger 1976, 153, 154.
372 Ausführlich dazu *Böttcher* Rpfleger 1986, 201; ebenso *Eickmann*, GBVerfR, Rn 3; *Eickmann* Rpfleger 1976, 153, 154.
373 *Riedel* JurBüro 1972, 19, 20.
374 *Eickmann*, GBVerfR, Rn 39.

über seine Zustimmung zu hören.[375] Kein Fall der Rechtshilfe sind die Verfahren bei der Eintragung einer Gesamthypothek in den Grundbüchern verschiedener Amtsgerichte nach § 48 oder bei Erteilung eines Gesamtbriefes nach § 59 Abs 2; hier erfüllen die beteiligten Grundbuchämter eigene Aufgaben aufgrund eigener Zuständigkeiten.[376] Zu einem Rechtshilfeersuchen ist der Rechtspfleger ohne Einschaltung des Richters befugt.[377] Hat ein Rechtspfleger ein an ihn gerichtetes Rechtshilfeersuchen abgelehnt, ist er auch ohne Einschaltung des Richters befugt, den Antrag auf Entscheidung durch das OLG gemäß § 159 GVG zu stellen.[378]

XXII. Sitzungspolizei

140 Nach § 8 FGG sind die §§ 176 bis 178 GVG anwendbar; dem Rechtspfleger obliegt somit die Aufrechterhaltung der Ordnung und die Durchführung sitzungspolizeilicher Maßnahmen bei eventuellen Verhandlungen.[379] Bei Verstößen gegen die zur **Aufrechterhaltung der Ordnung** getroffenen Anordnungen können Beteiligte, Zeugen und Sachverständige aus dem Sitzungszimmer entfernt sowie zur Ordnungshaft bis zu vierundzwanzig Stunden abgeführt werden (§ 177 GVG). Diese Maßnahmen können aber nicht gegen einen Rechtsanwalt, der für einen Beteiligten auftritt, ausgesprochen werden, wohl aber gegen Beistände und sonstige Vertreter. Der Rechtspfleger als Verhandlungsleiter kann die Entfernung verfügen, nicht aber die Ordnungshaft androhen oder verhängen (§ 4 Abs 2 Nr 2 RpflG).

141 Gegen Beteiligte, Zeugen und Sachverständige, die sich in einer Sitzung einer **Ungebühr** schuldig machen, kann ein Ordnungsgeld von 5 EURO (Art 6 EGStGB v. 02.03.1974, BGBl I 469) bis 1000 EURO oder Ordnungshaft von 1 Tag bis 1 Woche festgesetzt und sofort vollstreckt werden (§ 178 Abs 1 S 1 GVG). Die Maßnahmen können nicht gegen einen Rechtsanwalt, der für einen Beteiligten auftritt, ausgesprochen werden. Ungebühr setzt eine Handlung voraus, durch welche die Ordnung im Termin gestört und die Würde des Gerichts verletzt wird, wobei vorsätzliches Handeln vorliegen muss. Vor Verhängung der Ordnungsmittel ist rechtliches Gehör zu gewähren. Der Rechtspfleger kann nur das Ordnungsgeld, nicht auch die Ordnungshaft verhängen (§ 4 Abs 2 RpflG). Die Vollstreckung der Maßnahme hat der Rechtspfleger zu veranlassen (§ 179 GVG). Gegen Anordnungen des Rechtspflegers wegen Ungebühr nach § 178 GVG sieht § 181 GVG eine befristete Beschwerde vor; sie hat keine aufschiebende Wirkung.[380]

XXIII. Zwangsmittel

142 Die Durchführung der Vollstreckung erfolgt von Amts wegen. Ein besonderes Vollstreckungsgericht gibt es nicht. Das Gericht, das die Verfügung erlassen hat, führt die Vollstreckung durch. § 33 **FGG**, der auch im Grundbuchverfahren gilt,[381] sieht als Zwangsmittel die Festsetzung von Zwangsgeld (Abs 1 und 3) sowie Gewaltanwendung (Abs 2 und 3) vor.

1. Zwangsgeld

143 Um die Befolgung einer gerichtlich festgestellten Verpflichtung zur Vornahme einer unvertretbaren Handlung (zB Rückgabe eines versehentlich übersandten Hypothekenbriefes oder Antragstellung und Unterlagenbeschaffung im Berichtigungszwangsverfahren nach § 82), zur Unterlassung oder zur Duldung einer Handlung durchzusetzen, ist ein **Zwangsgeldverfahren** zulässig (§ 33 Abs 1 S 1 FGG). Nicht zulässig ist es dagegen etwa, den Eigentümer zu zwingen, seine Zustimmung nach § 27 zu einer Löschungsbewilligung zu erteilen. Ebenso wenig kann einem Beteiligten, der erklärt hat, für einen anderen als Bevollmächtigter zu handeln, durch Zwangsgeld die Verpflichtung auferlegt werden, den Nachweis der Vollmacht beizubringen. § 33 FGG selbst kann nicht als Rechtsgrundlage für eine derartige Verpflichtung herangezogen werden, er dient nur der Erzwingung eines sich aufgrund anderer gesetzlicher Vorschriften ergebenden Gebotes.[382]

144 Das Zwangsgeld ist keine Strafe für Pflichtverletzung oder begangenes Unrecht, sondern ein **Beugemittel**, das den Ungehorsam gegen eine Anordnung des Rechtspflegers brechen und deren Befolgung erzwingen will.[383] Es richtet sich gegen natürliche Personen; bei juristischen Personen richtet es sich gegen deren zur Erfüllung verpflichtete Organe.

---

375 _Demharter_ § 1 Rn 63.

376 KGJ 52, 104; _Demharter_ § 1 Rn 63.

377 OLG Zweibrücken Rpfleger 2000, 381; BayObLG Rpfleger 1994, 103; 1986, 303.

378 OLG Zweibrücken Rpfleger 2000, 381; BayObLG Rpfleger 1994, 103; OLG Karlsruhe Rpfleger 1994, 203; OLG München Rpfleger 1973, 19; OLG Celle Rpfleger 1959, 161; **aA** OLG Frankfurt OLGZ 1993, 471.

379 _Eickmann,_ GBVerfR, Rn 40.

380 _Demharter_ § 1 Rn 37.

381 _Riedel_ JurBüro 1972, 19, 24; _Demharter_ § 1 Rn 64.

382 _Habscheid_ § 37 I 1 mwN.

383 BayObLGZ 1973, 294; OLG Frankfurt FamRZ 1983, 217, 218; _Demharter_ § 1 Rn 64; _Habscheid_ § 37 I 2.

Androhung eines Zwangsgeldes muss erfolgen, bevor es festgesetzt wird (§ 33 Abs 3 S 1 FGG). Sie kann in der **145** die Verpflichtung aussprechenden Verfügung oder in einer besonderen Verfügung ausgesprochen werden. Soll ein Zwangsgeld wiederholt festgesetzt werden, so muss jeder Festsetzung eine erneute Androhung vorausgehen.[384] Zwischen der Androhung und der Festsetzung des Zwangsgeldes muss regelmäßig (Ausnahme: wenn der Pflichtige die Verweigerung der Erfüllung der Verpflichtung erklärt oder den Vollzug vereiteln würde) eine angemessene Frist liegen; für die Bekanntmachung gilt § 16 Abs 2 und 3 FGG.[385] Die Androhung muss eindeutig sein, sie muss sich also auf einen bestimmten Tatbestand beziehen[386] und der Pflichtige muss unzweideutig erkennbar sein.[387] Nicht notwendig ist die Androhung eines bestimmten Zwangsgeldes; es genügt die eines solchen »bis zu« einem bestimmten Betrag.[388] Dies kann auch der gesetzliche Höchstbetrag von 25000 EURO sein, wenn nach dem vorausschauenden Ermessen des Grundbuchamts die Festsetzung des Höchstzwangsgeldes bei Nichtbefolgung der Androhung in Betracht kommt.[389] Die Androhung hat nicht zur Voraussetzung, dass bereits ein Anhaltspunkt für einen zu erwartenden Verstoß gegen die Verfügung des Rechtspflegers vorliegt.[390] Vielmehr hat der Rechtspfleger nach pflichtgemäßem Ermessen zu entscheiden, ob eine Androhung veranlasst ist.[391]

Die **Festsetzung** des Zwangsgeldes erfordert die schuldhafte Nichterfüllung der Verpflichtung, zu deren **146** Erzwingung es angedroht war;[392] das verhängte Zwangsgeld darf nicht höher sein als das angedrohte.[393] Das einzelne Zwangsgeld darf den Betrag von 25000 EURO nicht übersteigen (§ 33 Abs 3 S 2 FGG), sein Mindestbetrag ist nach Art 6 EGStGB v. 02.03.1974 (BGBl I 469) 5 EURO. Bei der Festsetzung des Zwangsgeldes sind dem Beteiligten zugleich die Kosten des Verfahrens aufzuerlegen (§ 33 Abs 1 S 2 FGG). Die Festsetzung kann beliebig oft wiederholt werden. Sie muss jedoch jeweils vorher angedroht werden,[394] auch wenn es sich um die Erzwingung derselben Verpflichtung handelt.[395] Es ist unzulässig, ein Zwangsgeld kurzerhand für alle künftigen Zuwiderhandlungen anzudrohen.[396] Eine Umwandlung in Haft bei Nichtbetreibbarkeit ist ausgeschlossen, da es sich um keine Strafe handelt.[397] Die Festsetzung eines Zwangsgeldes unterbleibt, wenn der Beteiligte auf die Androhung hin der gerichtlichen Verfügung nachkommt, eine Beugung seines Willens also nicht mehr notwendig ist.[398] Erfüllt er seine Verpflichtung erst nach Erlass eines Zwangsgeldfestsetzungsbeschlusses, so ist dieser wegen veränderter Umstände aufzuheben.[399]

Die **Beschwerde** ist bereits gegen die Androhung eines Zwangsgeldes zulässig, denn wenn auch noch kein **147** unmittelbarer Eingriff in die einzelnen Rechte des Beteiligten vorliegt, so wird er doch in seiner Rechtsstellung betroffen.[400] Die Beschwerde gegen die Zwangsgeldfestsetzung hat nach § 76 Abs 3 aufschiebende Wirkung, wird aber durch Bezahlung des Zwangsgeldes nicht unzulässig.[401] Es darf also bis zur Erledigung der Beschwerde das festgesetzte Zwangsgeld nicht vollstreckt werden; eine bereits begonnene Vollstreckung muss eingestellt werden.

Die **Vollziehung** des Zwangsgeldes ist Justizverwaltungssache. Sie erfolgt durch die Gerichtskasse als Einzie- **148** hungsbehörde auf Weisung des Gerichts, das die Festsetzung angeordnet hat.[402] Rechtsgrundlage ist die Einforderungs- und Beitreibungsanordnung (EBAO) vom 15.03.2001 (BayJMBl 71, 88).[403] Die Justizbeitreibungsordnung (JBeitrO) vom 11.03.1937 (RGBl I 298) idF vom 20.08.1975 (BGBl I 2189) ist nur anwendbar, wenn die Beitreibung im Verwaltungszwangsverfahren nach Landesrecht ausdrücklich bestimmt ist.[404]

---

384 BayObLG Rpfleger 1976, 250; OLG Karlsruhe OLGZ 1970, 248; *Habscheid* § 37 I 4.
385 BayObLGZ 1973, 296 = Rpfleger 1974, 17; *Demharter* § 1 Rn 65.
386 OLG Düsseldorf FamRZ 1978, 619.
387 LG München BayJMBl 1952, 250.
388 BayObLGZ 1974, 351, 354; *Demharter* § 1 Rn 65.
389 BGH Rpfleger 1973, 422.
390 KG OLGZ 1966, 353; OLG Köln FamRZ 1977, 735; *Habscheid* § 37 I 3.
391 OLG Düsseldorf FamRZ 1979, 966; *Habscheid* § 37 I 3.
392 BayObLGZ 1971, 14, 15; OLG Düsseldorf FamRZ 1978, 619; *Eickmann,* GBVerfR, Rn 41; *Baur* § 26 B III 1 a.
393 *Habscheid* § 37 I 3.
394 OLG Karlsruhe OLGZ 1970, 248.
395 BayObLGZ 1976, 112.
396 OLG Frankfurt FamRZ 1980, 933.
397 *Habscheid* § 37 I 4.
398 KG KGJ 41, 35; *Habscheid* § 37 I 6.
399 BayObLG Rpfleger 1979, 215; *Habscheid* § 37 I 6.
400 BayObLGZ 1973, 296 = Rpfleger 1974, 17; KG KGJ 46, 137; OLG Karlsruhe OLGZ 1967, 204; *Demharter* § 1 Rn 68; *Habscheid* § 37 I 5.
401 BayObLGZ 1973, 294 = Rpfleger 1974, 17; KG KGJ 48, 117; *Demharter* § 1 Rn 68.
402 *Habscheid* § 37 I 7.
403 *Demharter* § 1 Rn 67.
404 *Demharter* aaO.

2. Gewaltanwendung

149 Nach § 33 Abs 2 FGG ist Gewaltanwendung vorgesehen, wenn durch eine Verfügung die **Herausgabe oder Vorlage einer Sache** bzw die Herausgabe einer Person angeordnet wird, die ohne Gewalt nicht durchzuführen ist. In Grundbuchsachen kommt nur die Erzwingung der Herausgabe oder Vorlage einer Sache in Betracht, insbesondere von Grundpfandrechtsbriefen. Es kann die Durchsuchung der Wohnung des Verpflichteten durch einen Gerichtsvollzieher und die zwangsweise Wegnahme angeordnet werden.[405] Der Vollstreckungsbeamte (Gerichtsvollzieher) ist berechtigt, die Hilfe der Polizei in Anspruch zu nehmen (§ 33 Abs 2 S 2 FGG). Die Kosten trägt der Verpflichtete (§ 33 Abs 2 S 3 FGG). Der unmittelbare Zwang setzt eine besondere gerichtliche Verfügung voraus; diese soll in der Regel, bevor sie erlassen wird, angedroht werden (§ 33 Abs 3 S 3 FGG). Die Androhung kann aber untunlich sein, wenn die Befürchtung einer Vollstreckungsvereitelung besteht.[406] Direkte Gewaltanwendung ist auch dann am Platze, wenn die Festsetzung eines Zwangsgeldes wegen Mittellosigkeit des Verpflichteten praktisch sinnlos ist; sonst sollte die Gewaltanwendung immer nur das letzte Mittel sein.[407] Die Anwendung von Gewalt kann vor, nach oder gleichzeitig mit der Androhung von Zwangsgeld angeordnet werden.[408] Wird die Sache, zB der Hypothekenbrief, nicht vorgefunden, so kann das Gericht den Verpflichteten anhalten, eine eidesstattliche Versicherung über ihren Verbleib abzugeben (§ 33 Abs 2 S 5 FGG). Wird die Abgabe verweigert, so wird sie erzwungen.

---

405 *Eickmann*, GBVerfR, Rn 41.
406 *Habscheid* § 37 II 1.
407 BGHZ 67, 255, 262; *Habscheid* aaO.
408 KG KGJ 38, 291; *Demharter* § 1 Rn 69.

G. Auslegung und Umdeutung

Schrifttum

Amann, Unwirksamkeit und Umdeutung von Löschungserleichterungen, DNotZ 1998, 6; *Bergermann,* Auswirkungen unbewusster Falschbezeichnungen auf Grundstücksverträge und deren Vollzug – falsa demonstratio non nocet? –, RNotZ 2002, 557; *Böhringer,* Die Auslegung von Grundbuchverfahrenserklärungen, Rpfleger 1988, 389; *Bühler,* Die Auslegung von Grundbucherklärungen, BWNotZ 1964, 141; *Drohnig,* Zur Auslegung von DDR-Recht heute, DtZ 1994, 86; *Frank,* Der unzulässige Löschungserleichterungsvermerk – Zur Umdeutung von Grundbucherklärungen, MittBayNot 1997, 217; *Gassner,* Juristische Methodik in der Gerichtspraxis, Rpfleger 1993, 474; *Haegele,* Rpfleger 1956, 193; *ders,* Rpfleger 1957, 19, 118 und 1960, 56; *Herbst,* DNotZ 1966, 61; *Hieber,* § 140 BGB und das Grundbuchamt, DNotZ 1954, 303; *ders,* Löschung von Gesamtgrundpfandrechten, DNotZ 1961, 576; *Krampe,* Die Konversion des Rechtsgeschäfts (1980); *Löscher,* Grundbuchrecht (1974), 150; *Meyer-Stolte,* Rpfleger 1966, 265; *ders,* Rpfleger 1981, 190; *Kehrer-Bühler-Tröster,* Notar und Grundbuch § 2 A, C; *Mühlhans,* Die (verkannten) Auswirkungen der §§ 116, 117 BGB auf die Umdeutung gemäß § 140 BGB, NJW 1994, 1049; *Müller-Christmann,* Auslegung von Verfügungen von Todes wegen, RpflStud 1993, 161; *Napierala,* Auslegung, Analogie, Teleologische Reduktion, RpflStud 1990, 137; *Reinecke,* NJW 1951, 681; 1952, 1033, 1153; 1955, 1380, 1662 (zur Gesetzesauslegung); *Riedel,* Zur Anwendung der §§ 133, 157, 242 BGB im Grundbuchverkehr, Rpfleger 1966, 356; *ders,* Zur Auslegung von Erklärungen nach §§ 133, 157, 242 BGB, Rpfleger 1969, 154; *ders,* Unklarheiten im Bereich des WEG, Rpfleger 1966, 225; *Ripfel,* Grundbuchrecht (1961), 53; *ders,* Zur Frage des Prüfungsrechts des Grundbuchamts nach § 139 BGB, Rpfleger 1963, 140; *Schwarz,* Zur Auslegung von Grundbuchanträgen, ZNotP 2002, 140; *Trupp,* Die Bedeutung des § 133 BGB für die Auslegung von Willenserklärungen, NJW 1990, 1346; *Weber,* DNotZ 1972, 133; *Weimar,* Die Umdeutung unzulässiger Eintragungen im Grundbuch, WM 1966, 1098; *Westermann,* DNotZ 1958, 259; *Westermann,* Zur Konversion im Grundstücksrecht, NJW 1970, 1023; *Wolf,* Zur Auslegung von Grundbucherklärungen, MittRhNotK 1996, 41; *Zimmermann,* NJW 1951, 948 (zur Gesetzesauslegung).

Übersicht

I. Bedeutung der Auslegung

Die allgemeinen Vorschriften in §§ 133, 157 und 242 BGB spielen im Bereich des Sachenrechts und damit auch 1
des Grundbuchverfahrens eine viel größere Rolle, als man im Allgemeinen annimmt.[1]

Das Grundbuch kann seine Funktion im Rechtsverkehr nur dann erfüllen, wenn es gegenüber jedermann sichere 2
und eindeutige Auskunft über die dinglichen Rechtsverhältnisse eines Grundstücks gibt. Das Erfordernis der
Bestimmtheit bedeutet dabei, dass die der Eintragung zugrunde liegenden Erklärungen (Eintragungsbewilligung,
Eintragungsantrag, Zustimmungserklärungen) eine sichere Unterlage für die vorzunehmende Eintragung sein
müssen. Dabei ist jedoch nicht ausgeschlossen, dass der Grundbuchbeamte eine sichere Eintragungsgrundlage erst
dadurch erlangt, dass er die Erklärungen – soweit hierzu Anhaltspunkte aus der Urkunde selbst zu entnehmen

---

1 KEHE-*Dümig* Einl C 11; *Schöner/Stöber* Rn 103, 172; *Riedel* Rpfleger 1966, 356; 1967, 6; 1969, 154; *Ripfel* Rpfleger 1963, 140.

sind – auslegt oder umdeutet, was er wegen der Besonderheiten des Grundbuchverfahrens jedoch nur in einge-schränktem Umfang tun kann.[2] Allerdings unterliegt die einmal erfolgte Grundbucheintragung einer wesentlich eingeschränkteren Auslegungsmöglichkeit.

3   Grundbucherklärungen sind als Willenserklärungen grundsätzlich der Auslegung fähig und zugänglich, es sei denn, dass die Eindeutigkeit der Erklärung eine Auslegung ausschließt; dazu Rdn 9 ff. Der Auslegung einer Willenserklärung im Grundbucheintragungsverfahren sind allerdings, bedingt durch den Bestimmtheitsgrund-satz und durch das Erfordernis urkundlich belegter Eintragungsunterlagen, gewisse Grenzen gesetzt.[3] Das Bun-desverfassungsgesetz hat nicht zu entscheiden, welche von mehreren möglichen Auslegungen einer Rechtsvor-schrift die überzeugendste ist. Die Auslegung des einfachen Rechts und seine Anwendung auf den einzelnen Fall sind vielmehr allein Sache der dafür allgemein zuständigen Gerichte.[4]

4   Stets ist der Einzelfall und die besonderen Umstände desselben zu untersuchen; die durch die Auslegung gefun-dene Lösung darf nicht zu einer Verallgemeinerung führen. Veröffentlichte Entscheidungen sollten nicht ohne Prüfung ihrer Besonderheiten angewandt werden.[5]

II. Anwendungsbereich

5   Die durch § 242 BGB ergänzten Auslegungsvorschriften der §§ 133 und 157 BGB beherrschen als allgemeine Rechtsgrundsätze das gesamte private und öffentliche, materielle und formelle Recht, auch das Grundstücks-recht. Die Problematik um die Prüfungspflicht und das Prüfungsrecht zeigt, dass gerade die Auslegungsfragen Anlass dazu sind, wie weit die **Prüfung** durch den Grundbuchbeamten gehen muss oder kann. Die Fragen um den Auslegungsbereich konzentrieren sich um Erklärungen und Anträge der Beteiligten, um Eintragungsunter-lagen und um Grundbucheintragungen selbst, da auch sie der Auslegung unterliegen und wegen des öffentli-chen Glaubens des Grundbuchs Folgen nach sich ziehen können.

6   Die Auslegungsgrundsätze der §§ 153, 157, 242 BGB haben auch im Sachenrecht und im Grundbuchverfahren Geltung,[6] und zwar sind sie dem Grundbuchamt gegenüber und **vom Grundbuchamt anzuwenden**. Die Praxis ist jedoch nicht einheitlich. Dies ist auch der Grund, weshalb die Frage immer wieder neu aufgerollt wird, und zwar in Rechtsprechung und Rechtspraxis. Es ergeben sich auch deshalb immer wieder Schwierig-keiten, weil in der Praxis keine einheitliche Linie herrscht, weil man teils sehr formell und kleinlich die Ausle-gungsmöglichkeit handhabt, so eng, als ob § 133 BGB im Grundbuchrecht nicht gelten würde. Der Grundsatz, dass im Grundbuchverkehr Bestimmtheit und Klarheit herrschen müsse, gibt Anlass zu dem Irrtum, das Grundbuchamt brauche sich mit der Auslegung und Ermittlung des wahren Willens der Beteiligten nicht zu befassen. Das Grundbuchrecht ist eine starre Rechtsmaterie, die der Auslegung keinen Spielraum lässt.

7   Es geht also darum, ob und welche Grenze sich aus dem Grundbuchrecht ergibt und ob im Antragsverfahren die Handhabung anders als im Amtsverfahren. Diese Grenze muss für den Einzelfall gefunden werden, aus der **Erfahrung des Lebens** heraus. Der Grundbuchbeamte darf nicht die Eintragungen erschweren, indem er § 133 BGB nicht oder kaum anwendet. Es mag dies von seinem Standpunkt aus eine Vereinfachung sein, anstatt auszulegen einen Antrag zurückzuweisen oder eine Zwischenverfügung nach § 18 zu treffen. Aber von dem Antragsteller oder dem Eintragungsersuchen nach § 38 aus sieht die Sache anders aus. Hier würde die ableh-nende bzw negative Haltung des Grundbuchbeamten eine Verzögerung der Erledigung, die vermeidbar ist, bedeuten. Gerade bei eiligen Angelegenheiten ist es den Beteiligten nicht immer möglich, so schnell sich über alles Informationen einzuholen, und dann hat ein Antrag bzw ein Ersuchen um Eintragung eine scheinbare Unklarheit oder Unvollständigkeit, die jedoch aus den Umständen sich löst und deshalb auch eine Zwischen-verfügung nach § 18 entbehrlich macht.

8   Das Grundbuchamt hat im Antrags- und Amtsverfahren die Pflicht, die Auslegungsgrundsätze zu berücksichti-gen, die Beteiligten haben ein Recht darauf, dass sie beachtet werden.[7] Der Grundbuchbeamte muss sich mit

---

2   *Kehrer-Bühler-Tröster* § 2 C.

3   KG DNotZ 1958, 203; BayObLG BayObLGZ 1957, 358 = DNotZ 1958, 388; 1974, 122 = Rpfleger 1974, 222 = DNotZ 1974, 442; 1980, 108 = Rpfleger 1980, 293; BayObLG Rpfleger 1980, 433 = MittBayNot 1980, 207 = MDR 1981, 62; BayObLG MittBayNot 1980, 22; BayObLG Rpfleger 1982, 141; OLG Frankfurt Rpfleger 1956, 193; Rpfleger 1983, 61; OLG Bremen NJW 1965, 2403; OLG Hamm NJW 1966, 2411.

4   BVerfG OV spezial 1999, 352.

5   So auch *Meyer-Stolte* Rpfleger 1981, 192; KEHE-*Dümig* Einl C 11.

6   Ganz hM; BayObLG BayObLGZ 1952, 24; BayObLG Rpfleger 1981, 190 = JurBüro 1981, 427; Rpfleger 1982, 141; BayObLG BayObLGZ 1984 Nr 23 = Rpfleger 1984, 351; OLG Karlsruhe DNotZ 1958, 257 (*Westermann*); *Demharter* § 19 Rn 28; KEHE-*Dümig* Einl C 12.

7   KG NJW 1967, 2358 = DNotZ 1968, 95 = Rpfleger 1968, 50; BayObLG BayObLGZ 1952, 24; BayObLG Rpfleger 1960, 402; BayObLG Rpfleger 1976, 304; BayObLGZ 1979, 12 = DNotZ 1980, 101; KG DNotZ 1958, 203; OLG Karlsruhe DNotZ 1958, 257; OLG Köln Rpfleger 1960, 56; KEHE-*Dümig* Einl C 12, 25; *Riedel* Rpfleger 1966, 356; 1968, 50; *Wulf* DNotZ 1997, 331 zu eng: OLG Hamm NJW 1966, 2411.

den Problemen der Bestimmungen der §§ 133 und 157 BGB auseinandersetzen, da er sie bei seiner Praxis im Grundbuchamt anzuwenden hat.

III. Auslegungsgrundsätze

Auch im Sachenrecht ergeben sich Rechtsbeziehungen und Rechtserklärungen, die nicht immer eindeutig sind **9** und daher als auslegungsfähig bzw auslegungsbedürftig angesehen werden müssen. **Wo Klarheit besteht, ist für Auslegung kein Platz.** Aber wie schon § 133 BGB zeigt, muss zwischen echter Klarheit und scheinbarer unterschieden werden, da der buchstäbliche Sinn von dem wahren und wirklichen Willen abweichen kann.

Zur Auslegung gehört, dass **Auslegungsfähigkeit** besteht, dass also überhaupt verschiedene Deutungen mög- **10** lich sind, dass Unklarheiten bestehen, die durch Auslegung behebbar sind. Wo eine unzweideutige und klare Erklärung vorliegt, gibt es nichts zu deuten, wenn der Sinn unmissverständlich ist.[8] Das Gegenstück bildet die in sich **widerspruchsvolle oder widersinnige Erklärung**, die jede Aufklärung ausschließt.[9]

Zweideutige, in ihrer wirklichen Bedeutung nicht erkennbare Erklärungen sind zurückzuweisen.[10] Auch **11** ungenau und widerspruchsvoll ausgefüllte Formulare können ausgelegt werden;[11] es ist zu prüfen, ob diese sich durch Ungenauigkeit oder Versehen erklären lassen. Die Auslegung darf nicht gegen den erklärten oder mut- maßlichen Willen nach objektiven Gesichtspunkten erfolgen[12] und nicht zu einer Umdeutung im Sinne des § 140 BGB führen,[13] wohl aber zu einer Berichtigung eines misslungenen Ausdrucks.[14] Eine Auslegung kommt nur in Betracht, wenn sie zu einem zweifelsfreien und eindeutigen Ergebnis führt.[15]

Die ausschließlich am **buchstäblichen Sinn** haftende Auslegung einer in Worten verlautbarten Erklärung wird **12** durch § 133 BGB untersagt. Dies bedeutet jedoch nicht, dass vom sprachgesetzlichen Zusammenhang innerhalb des Erklärungstatbestandes überhaupt abgesehen werden soll. Vielmehr bleibt das »grammatische Element« der Auslegung zulässig und notwendig. Nur wird der reine Wortsinn des einzelnen Ausdrucks der rechtlichen Ord- nungsbezogenheit der Willenserklärung untergeordnet. Zur Ermittlung des rechtsrelevanten Sinnes einer Wil- lenserklärung sind deren grammatischer, logischer, systematischer und historischer Zusammenhang wichtiger als die reine Wortbedeutung.

Ein vom objektiven Wortsinn abweichender Erklärungsinhalt kann sich dadurch ergeben, dass die Parteien **13** übereinstimmend eine bestimmte Bedeutung des Erklärungstatbestandes zugrunde legen wollen; dann ist der vereinbarte Wortsinn für den Richter bindend.[16] Der vereinbarte Sinn einer Erklärung kann vom objektiven Sinn des Erklärungstatbestandes aber auch völlig abweichen.[17] Es gilt dann der Satz *falsa demonstratio non nocet*; dazu Rdn 44.

Ausgangspunkt für die Auslegung einer Erklärung ist zwar der Wortlaut, entscheidend aber nicht der verbor- **14** gene, unkontrollierbare innere Wille des Erklärenden,[18] sondern der **objektive Inhalt** und allgemein verständ- liche Sinn der Erklärung unter Berücksichtigung des ganzen Zusammenhangs entsprechend der zwischen objektiv denkenden Menschen herrschenden Anschauungen und der Verkehrssitte.[19] Der ursprüngliche Wille der Parteien beim Vertragsschluss muss insofern außer Betracht bleiben, als er nicht in den Urkunden zum Aus- druck gekommen ist.[20] Umstände außerhalb dieser Urkunden dürfen jedoch insoweit mit herangezogen wer- den, als sie nach den besonderen Verhältnissen des Einzelfalls für jedermann ohne weiteres erkennbar sind.[21] Ohne Bedeutung für die Auslegung des Grundbuchinhalts ist die Entstehungsgeschichte einer Eintragung.[22]

---

8 RG HRR 1926 Nr 206; RGZ 158, 110; BGHZ 24, 169; 25, 319; 32, 63; 71, 75; 86, 41; JurBüro 1984, 841; BayObLG BayObLGZ 1979, 12 = Rpfleger 1979, 134 = DNotZ 1979, 426; BayObLG Rpfleger 1980, 433 = MittBayNot 1980, 207 = MDR 1981, 62; BayObLG MittBayNot 1980, 22; BayObLG Rpfleger 1981, 191 = JurBüro 1981, 427; Bay- ObLG Rpfleger 1981, 147; 1982, 141; BayObLG BayObLGZ Nr 23 = Rpfleger 1984, 351; BayObLG BayObLGZ 1966, 242 = DNotZ 1967, 436; OLG Frankfurt DNotZ 1965, 44; KEHE-*Dümig* Einl C 13.
9 RG JW 1910, 801; BGHZ 20, 109; KEHE-*Dümig* Einl C 13.
10 RGZ 54, 381; OLG Braunschweig OLG 18, 233; 21, 4.
11 KG DNotZ 1935, 407.
12 BGHZ 19, 273.
13 OGHZ 2, 201.
14 KEHE-*Dümig* Einl C 13.
15 BGH NJW 1995, 1081; BayObLG Rpfleger 1987, 357 (Ls).
16 RG HRR 1936 Nr 181; 138 Nr 365; DRW 1942, 38; BGH VersR 1956, 301; WM 1959, 1396; BAG Betrieb 1966, 193; 1975, 1368.
17 BGH WM 1961, 1381; *Soegel-Hefermehl* § 133 Rn 17.
18 RGZ 131, 350.
19 RGZ 131, 351; BGHZ 16, 8; 16, 76; 79, 18; KEHE-*Dümig* Einl C 14.
20 BGHZ 60, 226, 230.
21 BGH NotBZ 2002, 179 = NJW 2002, 1797; OLG Koblenz NotBZ 2007, 418.
22 *Grebe* DNotZ 1988, 283.

Unerheblich ist auch, auf welche Weise die Formulierung zustande kam, da dies einem unbefangenen Betrachter unbekannt ist.[23] Die Auslegung muss das richtige Maß finden zwischen dem Bestreben des Erklärenden an der Durchsetzung seines Willens und dem berechtigten Interesse des Erklärungsempfängers an einem Schutz gegen die Verwertung der ihm nicht erkennbaren Umstände. Bei allen Willenserklärungen verlangt die Berücksichtigung von Treu und Glauben, dass die Auslegung den Interessen aller Beteiligten gerecht werden muss.[24] Einer »gnädigen« Auslegung sind Grundbucherklärungen aber nicht zugänglich.[25] Abzulehnen ist auch die subjektive Kategorie der Zumutbarkeit; ob die Beibringung von Unterlagen einem Beteiligten zumutbar ist, darf nicht als Argument einer Auslegung herangezogen werden.[26] Bei der Auslegung einer empfangsbedürftigen Willenserklärung verlangt die Berücksichtigung von Treu und Glauben, dass derjenige Erklärungssinn zu ermitteln ist, mit welchem die Erklärung vom Empfänger bei gehöriger Aufmerksamkeit verstanden werden musste.[27] Für die Auslegung, wie der Empfänger einer Willenserklärung diese nach ihrem objektiven Erklärungswert verstehen musste, können erst nach Zugang eintretende Umstände nicht berücksichtigt werden.[28]

IV. Besonderheiten der Auslegung im Grundbuchrecht

1. Allgemeines

15 Es sind bei der Handhabung der Vorschriften des BGB, die für die Auslegung grundlegend sind, nämlich §§ 133, 157, 242 BGB, die Besonderheiten des Grundbuchrechts zu berücksichtigen.[29] Die Besonderheiten ergeben sich aus dem **Bestimmtheits-, Beweis- und Öffentlichkeitsgrundsatz.** Insoweit sind die allgemeinen Grundsätze über Auslegung in gewissen Richtungen hin eingeschränkt. Soweit dies nicht zutrifft, sind sie unverändert anzuwenden.[30]

16 Der Grundbuchverkehr erfordert klare und ausdrückliche Erklärungen,[31] die den Willen des Erklärenden unzweideutig erkennen lassen, ohne dass das Grundbuchamt genötigt wäre, diesen Willen erst aus dem Zusammenhang als möglich zu folgern. **Stillschweigende oder schlüssige Willenserklärungen** genügen für den Grundbuchverkehr nur ausnahmsweise, wenn sie ohne Widerspruch zum Inhalt der beurkundeten Erklärung einen unbedingt zwingenden und eindeutigen Schluss zulassen.[32] Die Auslegungsbefugnis des Grundbuchamts ist daher gegenüber dem Recht und der Pflicht des Prozessgerichts, den möglichen Willen zu »erforschen« (§ 133 BGB), dahin eingeschränkt, dass die Erklärung in ihrem beurkundeten Wortlaut ein maßgebliches Gewicht behält und – selbst nahe liegenden – Zweifeln am Erklärungsinhalt bereits dann nicht nachgegangen werden kann, wenn zur Behebung solcher Zweifel nicht offenkundig Umstände außerhalb der Eintragungsunterlagen zu berücksichtigen wären. Um solchen Zweifeln zu begegnen, sind die Beteiligten auf den Prozessweg mit seinen weitergehenden Erkenntnismöglichkeiten angewiesen.[33]

2. Eingeschränkte Auslegung

17 Eine uneingeschränkte Auslegung kann nicht Aufgabe des Grundbuchamts sein.[34] In der Praxis ist aber die Frage, worin im Einzelnen die Einschränkungen bestehen, umstritten. Eine wesentliche Einschränkung der Auslegung von Grundbucherklärungen folgt aus dem **Antragsprinzip,** das im Grundbuchverfahren den Amtsgrundsatz des § 12 FGG auch dadurch beschränkt, dass es den Antragsteller zur Beschaffung und zum Beweis des Entscheidungsstoffes zwingt. Das Grundbuchamt darf im Antragsverfahren in **keine Beweisaufnahme** ein-

---

23 OLG Stuttgart BWNotZ 1987, 92.
24 RGZ 79, 434; 88, 412; RG JW 1938, 807.
25 Ebenso *Diefenbach* NotBZ 2000, 195.
26 So auch *Wufka* DNotZ 1997, 331; aA BayObLG DNotZ 1995, 319 = FGPrax 1995, 221.
27 RGZ 86, 86; 101, 246; 131, 343; RG HRR 1936 Nr 1106; BGHZ 47, 75; JurBüro 1984, 841 mwN.
28 BGH NJW 1988, 2878 = BB 1988, 1843 = WPM 1988, 1599.
29 KG OLGZ 1965, 244; KG DNotZ 1968, 95 = Rpfleger 1968, 40; KG DNotZ 1958, 203 (*Hieber*); BayObLG BayObLGZ 1957, 354 = DNotZ 1958, 388 (*Riedel*); BayObLG DNotZ 1965, 372 = Rpfleger 1984, 145; BayObLG Rpfleger 1985, 288; OLG Frankfurt Rpfleger 1956, 193 (*Haegele*); OLG Köln NJW 1960, 1108; OLG Köln Rpfleger 1960, 56; OLG Zweibrücken MittRhNotK 1996, 230; KEHE-*Dümig* Einl C 16; *Staudinger-Ertl*, BGB, 12. Aufl, § 873 Rn 137; *Staudinger-Gursky* (13. Aufl) § 873 Rn 59, 61, 62; *Erman-Palm* § 133 Rn 39.
30 KEHE-*Dümig* Einl C 17; *Staudinger-Ertl*, BGB, 12. Aufl, § 873 Rn 65 mwN.
31 BGH DNotZ 1976, 16.
32 KG DNotZ 1958, 203 (*Hieber*); OLG Bremen NJW 1965, 2403 = BWNotZ 1966, 112; OLG Frankfurt Rpfleger 1956, 193 (*Haegele*); OLG Köln NJW 1960, 1108 = Rpfleger 1960, 56 (*Haegele*) = JMBlNRW 1960, 39; BayObLGZ 1969, 97 = MDR 1969, 668 = MittBayNot 1969, 127; BayObLGZ 1957, 354; LG Bielefeld Rpfleger 1966, 265 (*Meyer-Stolte*).
33 BayObLG BayObLGZ 1974, 112 = Rpfleger 1974, 222 = DNotZ 1974, 442; BGB-RGRK-*Augustin* § 873 Rn 52.
34 BGB-RGRK-*Augustin* § 873 Rn 52; *Kehrer-Bühler-Tröster* § 2 A.

treten.[35] Für eine derartige Prüfung ist nämlich im Antragsverfahren nach der Grundbuchordnung kein Raum. In dieser Verfahrensart haben weder das Grundbuchamt noch das Beschwerdegericht den Sachverhalt von Amts wegen aufzuklären.[36] Das Grundbuchamt ist insbesondere nicht berechtigt und nicht verpflichtet, Beweiserhebungen über streitige Fragen anzustellen.

3. Verwertbare Unterlagen

Während das Prozessgericht bei der Auslegung einer dinglichen Einigung alle Umstände zu berücksichtigen hat und durch Beweiserhebungen aufklären darf,[37] ist dem Grundbuchamt eine über den Urkundeninhalt hinausgehende Ermittlung verwehrt.[38] Da das Grundbuchamt seine Tätigkeit auf die ihm vorgelegten Urkunden stützen muss, können für die Auslegung nur die für die Eintragung verwendbaren Urkunden, Unterlagen und Umstände herangezogen werden.[39] So ist das Grundbuchamt jedenfalls zur Ausforschung solcher gänzlich außerhalb des Urkundeninhalts liegender Umstände nicht berufen.[40] **18**

Für die Auslegung bedeutet das: Der Wille des Erklärenden darf nur anhand der vorgelegten oder dem **Grundbuchamt zugänglichen Urkunden** zu ermitteln versucht werden, zB auch an Hand der dem Grundbuchamt zugänglichen Urkunde über das schuldrechtliche Grundgeschäft[41] und aus Urkunden, die nicht der Form des § 29 entsprechen, soweit sie sich bei den Grundakten befinden.[42] **19**

Im Interesse der späteren Rechtsnachfolger dürfen zur Auslegung nur die offenkundigen und die aus den Eintragungsunterlagen konkret ersichtlichen Umstände herangezogen werden, wie sie jeder dinglich Berechtigte und Verpflichtete aus den Urkunden entnehmen muss, die die Grundlage des eingetragenen Rechtes und der sich daraus ergebenden Verpflichtungen bilden.[43] Das Grundbuchamt ist also im Wesentlichen auf die Prüfung angewiesen, ob die vorgelegte Urkunde stets hinreichend Aufschluss über den Willen des Erklärenden gibt. Den urkundlich nicht niedergelegten Willen der Beteiligten darf das Grundbuchamt nicht ermitteln.[44] Demnach kann für die Auslegung nicht auf Umstände zurückgegriffen werden, die außerhalb der Urkunde liegen und nicht ohne weiteres erkennbar sind.[45] Soweit eine Bezugnahme zulässig ist, zB auf Protokollanlagen, gilt der dortige Text als Erklärungsinhalt. Ob und inwieweit eine ergänzende Auslegung mit den strengen Auslegungsgrundsätzen des Grundbucheintragungsverfahrens vereinbar ist, ist zweifelhaft.[46] **20**

4. Notwendige Erklärungen

Der Grundbuchverkehr erfordert grundsätzlich ausdrückliche Erklärungen. Für die Eintragung im Grundbuch ist nämlich wegen des das Sachenrecht und damit auch das Grundbuchsystem im Hinblick auf den öffentlichen Glauben des Grundbuchs beherrschenden Bestimmtheitsgrundsatzes[47] eine eindeutige Erklärung erforderlich. Die Verwendung **bestimmter Worte oder Ausdrücke** kann aber nicht verlangt werden.[48] Fehlen zB die stereotypen Worte »einig über den Eigentumsübergang«, so kann man mit der Auslegung helfen.[49] In jeder wirksamen Auflassung liegt notwendigerweise die sachenrechtliche Einwilligung des Veräußerers zur Weiterveräußerung.[50] Als ausdrückliche Erklärung im weiteren Sinne kann auch noch diejenige Willenserklärung angese- **21**

---

35 BGB-RGRK-*Augustin* § 873 Rn 52; MüKo-*Wacke* § 873 Rn 38; *Kehrer-Bühler-Tröster* § 2 A, C; *Riedel* Rpfleger 1966, 359; BayObLG WM 1983, 1270; Rpfleger 1982, 467 = AgrarR 1983, 38; BayObLG DNotZ 1985, 372 = Rpfleger 1984, 145 mwN.

36 BayObLG Rpfleger 1967, 145; BayObLG BayObLGZ 1971, 252 = DNotZ 1971, 45; BayObLG MittBayNot 1980, 152; 1981, 188; BayObLG Rpfleger 1981, 141 mwN; KG DNotZ 1958, 203; Rpfleger 1968, 224; OLG Hamm Rpfleger 1983, 349; *Kehrer-Bühler-Tröster* § 2 A; *Nieder* NJW 1984, 334.

37 So OLG Celle RdL 1961, 180.

38 BayObLG BayObLGZ 1973, 246 = Rpfleger 1973, 429 = MittBayNot 1973, 366; BayObLG Rpfleger 1976, 13 = DNotZ 1976, 372 = ZMR 1977, 82; BayObLG DNotZ 1995, 56 = Rpfleger 1994, 344; KG DNotZ 1958, 203.

39 KG DNotZ 1958, 203; BayObLG Rpfleger 1976, 13; BayObLG Rpfleger 1982, 141 mwN.

40 BayObLG Rpfleger 1976, 13 = DNotZ 1976, 372 = ZMR 1977, 82; BGB-RGRK-*Augustin* § 873 Rn 52.

41 RG Gruch 54, 887; BayObLGZ 12, 733; OLG Bremen NJW 1965, 2403 = BWNotZ 1966, 112; LG Köln Mitt-RhNotK 1983, 157; *Kehrer-Bühler-Tröster* § 2 C; *Bühler* BWNotZ 1964, 139.

42 *Kehrer-Bühler-Tröster* § 2 C.

43 BGH DNotZ 1959, 240; 1969, 539; OLG Karlsruhe DNotZ 1958, 257; BayObLG MDR 1987, 67.

44 *Schöner/Stöber* Rn 172; BayObLG NJW 1995, 1081; BayObLG DNotZ 1995, 56 = Rpfleger 1994, 344.

45 RG LZ 1917 Sp. 917; RG HRR 1928 Nr 2049; RG JW 1933, 605; RGZ 131, 158; 136, 232, 152, 189; BGH Betrieb 1969, 964; OLG Bremen NJW 1965, 2403 = BWNotZ 1966, 112; OLG Hamm NJW 1966, 2411; *Erman-Palm* § 133 Rn 39.

46 BayObLG Rpfleger 1985, 288; BayObLGZ 1978, 194.

47 OLG Frankfurt Rpfleger 1956, 193; *Erman-Palm* § 133 Rn 39.

48 BayObLG BayObLGZ 1984 Nr 23 = DNotZ 1984, 562 = MDR 1984, 758 = BayJMBl 1984, 136 = Rpfleger 1984, 351; Rpfleger 1984, 266; *Demharter* § 19 Rn 27 und § 20 Rn 31.

49 *Kanzleiter* MittBayNot 2001, 203; *Reithmann* DNotZ 2001, 563.

50 *Streuer* Rpfleger 1998, 314.

hen werden, die nach ihrer durch Auslegung ermittelten Bedeutung zweifelsfrei nichts anderes bezwecken kann als die nicht unmittelbar beantragte Eintragung.[51]

22   **Stillschweigende oder schlüssige Erklärungen** genügen dem Grundbuchverkehr nur ausnahmsweise, wenn sie ohne Widerspruch zum Inhalt der beurkundeten Erklärungen einen unbedingt zwingenden und eindeutigen Schluss zulassen.[52] Ob in der Bewilligung des Betroffenen zugleich die dahinter stehende materiellrechtliche Erklärung liegt, ist eine Auslegungsfrage des Einzelfalls und ungeachtet aller dogmatischen Unterschiede regelmäßig zu bejahen.

5. Ausdrucksweisen

23   Es ist nicht erforderlich, dass die Bewilligung ausdrücklich als solche bezeichnet wird, dass insbesondere der Ausdruck »Bewilligung« oder »bewilligen« gebraucht wird.[53] Es kann sich auch um andere Redewendungen handeln, wenn der Sinn und Wille erkennbar und klar ist; unter diesen Umständen können Ausdrücke »gestatten« oder »einverstanden sein« oder »zustimmen« oder »beantragen« als ausreichend anzusehen sein. Die Worte »Bestellung einer Hypothek« oder »Der Grundstückseigentümer überlässt das Grundstück ...« (als Auflassung) können, wenn es sich nur um eine **falsche Ausdrucksweise** handelt und nach den Umständen ersichtlich ist, was gemeint ist, auch genügend sein.[54]

24   Es muss also ein Ausdruck gewählt werden, der unmittelbar und unzweideutig den Willen des Erklärenden erkennen lässt, dass eine der Rechtsänderung bzw bei einer Berichtigungsbewilligung eine der wirklichen Rechtslage entsprechende Eintragung in das Grundbuch erfolgen soll.[55] Denn ausdrücklich ist eine Willenserklärung auch dann, wenn ihre Bedeutung im Wege der Auslegung ermittelt wird. Wenn der Belastungsgegenstand im Grundbuch eindeutig bezeichnet ist, kommt eine Auslegung nicht in Betracht.[56]

25   Wesentlich verschieden von der Auslegung einer undeutlichen Erklärung ist die **Ergänzung** einer fehlenden Willenserklärung; dies ist nicht zulässig.[57]

26   Bei der Auslegung der Eintragungsbewilligung ist der von den Beteiligten erkennbar erfolgte Zweck zu berücksichtigen. Das Grundbuchamt kann aufgrund seiner Auslegung bei der Eintragung (im Rahmen der Auslegungsgrenzen) vom Wortlaut der Bewilligung abweichen.[58]

27   Aus §§ 133, 157, 242 BGB folgt, dass in einer Vertragsurkunde die Ausdrucksweisen nach dem Sinn und Zweck und dem Vertragswillen der Beteiligten ausgelegt werden können. In der Praxis wird bei Verträgen oft von **Bedingungen** gesprochen, die als Vertragsbedingungen anzusehen sind, also Vertragsbestandteil, etwa die sog »Geschäftsbedingungen« von Firmen; es handelt sich dann nicht um Bedingungen iSd §§ 158 ff BGB. Dies muss auch vom Grundbuchamt berücksichtigt werden.[59] Der Umstand, dass die Erklärungen der Beteiligten von einem Notar formuliert worden sind, spricht aber dafür, dass es sich bei den als »Bedingungen« formulierten Bestimmungen in einer Bestellungsurkunde um echte, sich auf den Bestand des dinglichen Rechts auswirkende (daher in den Eintragungsvermerk mit aufzunehmende) Bedingungen iSd § 158 BGB handelt;[60] dazu auch Rdn 29. So kann zB bei der von beiden Seiten unterzeichneten Formulierung »Bestellung eines Erbbaurechts« von der dinglichen Einigung ausgegangen werden.[61] Entspricht die rechtliche Beziehung einer in notarieller Urkunde enthaltenen Eintragungsbewilligung für eine Grundstücksbelastung nicht dem tatsächlichen Inhalt der Verpflichtung, so bedarf die gesamte Erklärung der Auslegung; bei dieser Auslegung kann das Grundbuchamt statt der in der Urkunde fehlerhaft bezeichneten Belastung für die Eintragung die zutreffende wählen.[62]

---

51 BayObLG DNotZ 1958, 389; KG DNotZ 1958, 203; KGJ 21 A 282; 40, 272; JFG 3, 402.

52 BGH Rpfleger 1974, 351 = WM 1974, 905 = MDR 1974, 1009 = MittBayNot 1975, 17; BayObLG BayObLGZ 1957, 354; 1969, 97; 1974, 112 = Rpfleger 1974, 222 = DNotZ 1974, 442 = MittBayNot 1975, 16 = MDR 1974; 589; BayObLG DNotZ 1976, 372 = Rpfleger 1976, 13; OLG Dresden OLG 35, 336 lässt stillschweigende Erklärung nicht genügen; etwas missverständlich: *Bengel-Simmerding* § 19 Rn 5 KEHE-*Dümig* Einl C 27; weiter: BayObLG BayObLGZ 1969, 97 = Rpfleger 1969, 241 = DNotZ 1969, 492 = MittBayNot 1969, 127 = MDR 1969, 668; BGB-RGRK-*Augustin* § 873 Rn 52.

53 KG DNotZ 1958, 203; *Kehrer-Bühler-Tröster* § 2 A.

54 BayObLG Rpfleger 1994, 334.

55 BayObLG Rpfleger 1985, 288; KEHE-*Munzig* § 19 Rn 31.

56 BGH MittBayNot 1998, 30, 179 = Rpfleger 1998, 104.

57 RGZ 92, 320; LG München I RpfliB 1095, 415.

58 OLG München DNotZ 1936, 822.

59 BayObLG Rpfleger 1967, 11.

60 KG JFG 13, 75; KG DNotZ 1956, 555; BayObLG Rpfleger 1967, 11; OLG Köln DNotZ 1963, 48.

61 BayObLG Rpfleger 1984, 266.

62 OLG München ZfIR 2006, 738.

6. Allgemein verständliche Auslegung

Für die Auslegung einer Grundbucheintragung sind deren Wortlaut und Sinn maßgebend, wie sie jeder unbe-   **28**
fangene Dritte versteht; Inhalt des Grundbuchs ist, was sich aus der Grundbucheintragung unmissverständlich
und für jedermann zweifelsfrei ergibt.[63] Da die Erklärungen der Beteiligten in Anträgen und Eintragungsbewilligungen die Grundlage der Eintragungen bilden, müssen bereits sie die Voraussetzungen erfüllen. Subjektive
Auslegungen treten hinter die objektiven zurück, da ja Grundbucheintragungen im Regelfall auf lange Sicht
erfolgen. Ein Beteiligter muss eine solche Auslegung gegen sich gelten lassen, auch wenn sie vielleicht anders
gemeint ist.

Es kommt darauf an, dass der erklärte Wille der Beteiligten erkennbar aus den Eintragungsunterlagen hervor-   **29**
geht und hiernach ausgelegt wird. Die Objektivierung des Erklärungsinhalts muss ihre Grundlage in den
Unterlagen haben, auf denen die Eintragung beruht. Allerdings ist der Wille der Beteiligten, nicht der beurkundenden Person, etwa des Notars, maßgebend.[64] Die Auslegungsbefugnis des Grundbuchamts ist gegenüber
dem Recht und der Pflicht des Prozessgerichts, den wirklichen Willen zu erforschen, dahin eingeschränkt, dass
die Erklärung in ihrem beurkundeten Wortlaut ein maßgebliches Gewicht behält und – selbst nahe liegenden – Zweifeln am Erklärungsinhalt bereits dann nicht nachgegangen werden kann, wenn zur Behebung solcher Zweifel nicht offenkundige Umstände außerhalb der Eintragungsunterlagen zu berücksichtigen wären.[65]
Dass ein Notar die Beurkundung vornahm, kann für die Auslegung allerdings von Bedeutung sein; unbedingt
maßgebend ist es nicht, da es auch bei notariellen Erklärungen auf den Parteiwillen, nicht auf den Willen des
Notars ankommt. Die Auffassung des Notars ist nur beachtlich, wenn sich die Erklärenden dessen Neigung zu
eigen gemacht haben.[66] Eine notarielle Beurkundung eines Vertrags hat aber die Vermutung der Vollständigkeit
für sich, und es bedarf besonderer Anhaltspunkte, wenn zusätzliche **Nebenabreden** als vereinbart angesehen
werden sollen.[67] Gegenüber dem eindeutigen Wortlaut einer notariellen Urkunde ist keine abweichende Auslegung möglich.[68] Abzulehnen ist die Ansicht des BayObLG,[69] das bei Urkunden, die von Gerichten formuliert
sind (Prozessvergleich), eine Auslegung für möglich hält, die es – bei gleichem Sachverhalt – bei notariellen
Urkunden leugnet. Dazu auch Rdn 27.

Ist der Betroffene zur Erteilung einer Bewilligung verurteilt, so darf zur Klarstellung des Sinnes der **Urteilsfor-**   **30**
mel auf die Gründe des Urteils zurückgegangen werden.[70]

7. Unbefangene Betrachtungsweise

§ 133 BGB verbietet reine Wortauslegung und gebietet **Erforschung des wahren Parteiwillens**.[71] Die Ausle-   **31**
gung hat frei zu erfolgen, also **keine Buchstaben-Auslegung** zu sein. Es sind alle Umstände zu würdigen und
mit zu berücksichtigen, die von Bedeutung sind, unter Umständen nach Klärung durch Nachweise, die vorgelegt werden.[72] Für die Auslegung gilt der Grundsatz, dass der Text zwar Gegenstand und Schranke der Auslegung bildet, dass sich aber die Auslegung nicht allein an den Wortsinn zu halten braucht.[73] Die Eintragungsunterlagen müssen das beantragte Rechtsverhältnis mit der für den Grundbuchverkehr erforderlichen Sicherheit
erkennen lassen – eine Angabe *expressis verbis* ist nicht erforderlich, wohl aber wünschenswert.[74]

---

63 BGH DNotZ 1966, 586; OLG Hamm NJW 1966, 2411; OLG Karlsruhe DNotZ 1958, 257 (*Westermann*); KG DNotZ
1958, 203 (*Hieber*); LG Kassel NJW 1964, 932.
64 BGH DNotZ 1959, 240; BGH BWNotZ 1966, 225; OLG Bremen NJW 1965, 2403 = BWNotZ 1966, 112; BGH
DNotZ 1961, 396.
65 BayObLG DNotZ 1995, 56 = Rpfleger 1994, 344.
66 BGH DNotZ 1961, 396 = WM 1961, 407; 1985, 303 mwN. Zur Auslegung eines Grundstücksübereignungsvertrags:
OLG Hamm VersR 1984, 589; LG Stuttgart BWNotZ 1984, 19; BGH LM Nr 7 Art 14 (H) GrundG. Zur Auslegung
von Willenserklärungen: BGH NJW 1984, 721 = MDR 1984, 295 = WM 1984, 91; *Meyer* JurBüro 1984, 841; *Bunte*
NJW 1984, 1145.
67 BayObLG Rpfleger 1967, 11 (*Riedel*); OLG Celle DNotZ 1955, 317 (*Riedel*); OLG Köln OLGZ 1966, 231 = DNotZ
1966, 677.
68 *Kehrer-Bühler-Tröster* § 2 C; *Kanzleiter* MittBayNot 2001, 203; *Reithmann* DNotZ 2001, 563.
69 BayObLG BayObLGZ 1979, 12 = DNotZ 1979, 426 = Rpfleger 1979, 134 einerseits und BayObLG MittBayNot
1980, 22 andererseits; jetzt allerdings BayObLG Rpfleger 1984, 142.
70 KG OLG 10, 103; RJA 3, 35; BayObLG 26, 4.
71 BayObLG DNotZ 1958, 388.
72 BGH DB 1956, 445.
73 *Riedel* Rpfleger 1966, 356.
74 KG DNotZ 1958, 203; DNotZ 1968, 95 = Rpfleger 1968, 50; BayObLG BayObLGZ 1957, 354 = DNotZ 1958, 388.

32   Bei der Auslegung ist, wie bei der von Grundbucheintragungen, auf Wortlaut und Sinn der Erklärung abzustellen, wie er sich für einen **unbefangenen Betrachter** als **nächstliegende Bedeutung** der Erklärung ergibt.[75] Das Nächstliegende ist maßgebend, solange keine gegenteiligen Anhaltspunkte ersichtlich sind; es bedarf keiner Hervorhebung des Nächstliegenden durch einen besonderen Ausdruck;[76] einer besonderen Klarstellung bedarf es nur, wenn im Einzelfall nicht das Nächstliegende, sondern etwas anderes gelten soll.[77] Bei allem kommt es aber nicht auf den Willen der an der Grundbucherklärung Beteiligten an, sondern darauf, was jeder gegenwärtige und zukünftige Betrachter als objektiven Inhalt der Grundbucherklärung ansehen muss.[78] Auch wie der Urkundsnotar die rechtliche Eintragungsbewilligung auslegt, ist unerheblich.[79] Diese Auslegung muss im Hinblick auf die Anforderung des Grundbuchverkehrs an Klarheit und Bestimmtheit des objektiven Inhalts einer Grundbucherklärung oder einer sonstigen Eintragungsunterlage zu einem dem Bestimmtheitsgrundsatz entsprechenden eindeutigen Ergebnis führen.[80]

8. Regelfall – Ausnahme

33   Eine Erklärung ist von dem Regelfall her auszulegen.[81] Eine Ausnahme ist nicht ohne Grund anzunehmen; für Ausnahmen müssen konkrete Anhaltspunkte vorhanden sein. Diese Frage berührt sich mit den Grundsätzen bei der Prüfung von Eintragungsanträgen, da auch dort die Handhabung nach der Lebenserfahrung eine große Rolle spielt. Nach BGH[82] ist von der für einen unbefangenen Betrachter nächstliegenden Bedeutung auszugehen. Das Nächstliegende ist maßgebend, solange keine gegenteiligen Anhaltspunkte ersichtlich sind; es bedarf keiner Hervorhebung.[83] Wird zB die Eintragung eines Wohnungsrechts bewilligt, dann ist die nächstliegende Bedeutung für einen unbefangenen Betrachter das Wohnungsrecht unter Ausschluss des Eigentümers gemäß den Bestimmungen des 1093 BGB bestellt, ohne dass dies besonders herausgestellt werden muss.[84] Sind bei der Eintragung eines Wohnungsrechts die von dem Benutzungsrecht erfassten Räume nicht bezeichnet, ist die nächstliegende Bedeutung der Eintragung, dass sich das Wohnungsrecht auf das gesamte Gebäude erstreckt.[85] Von zwei denkbaren Auslegungsergebnissen ist dasjenige zu wählen, das zu einem wirtschaftlich vernünftigen Ergebnis führt, dh bei einer Grundbucherklärung zu einer Grundbucheintragung.[86] Führt die Auslegung zu keinem eindeutigen Ergebnis, so ist der geringere Umfang der Erklärung anzunehmen, wenn sich der größere,

---

75   BGH DNotZ 1963, 436; DNotZ 1965, 573; DNotZ 1970, 567 = WM 1969, 661; BGHZ 59, 205 = NJW 1972, 1464 = LM § 2 ErbbauVO Nr 2; DNotZ 1973, 20; DNotZ 1976, 16; 1974, 294; BGH NJW 1985, 385 = Rpfleger 1985, 101; BGH DNotZ 1995, 42 = NJW 1994, 2950 = Rpfleger 1994, 498; BGH NJW 1995, 1081 = MittBayNot 1995, 122 = MittRhNotK 1995, 312; BGH NJW-RR 1991, 457 = Rpfleger 1991, 49 = MDR 1991, 421; BayObLG MittBayNot 1988, 231; OLG Zweibrücken MittRhNotK 1996, 230; BayObLG DNotZ 1997, 321 m Anm *Wulf*; BayObLG Rpfleger 1976, 304 = DNotZ 1976, 744 = JurBüro 1976, 1482; BayObLG Rpfleger 1976, 372 = Rpfleger 176, 13; BayObLGZ 1977, 191 DNotZ 1978, 238 = Rpfleger 1977, 360; BayObLG Rpfleger 1979, 424 = DNotZ 1980, 100; BayObLG DNotZ 1979, 425; BayObLG BayObLGZ 1980, 108 = Rpfleger 1980, 293; BayObLG Rpfleger 1981, 191 (*Meyer-Stolte*); BayObLG Rpfleger 1982, 141; BayObLG DNotZ 1982, 254; BayObLG MittBayNot 1985, 20; BayObLG NJW-RR 1986, 380; BayObLG ZMR 1985, 208; OLG Frankfurt Rpfleger 1978, 313; 1980, 185; KEHE-*Dümig* Einl C 26, 27; *Schöner/Stöber* Rn 172; *Staudinger-Ertl*, BGB, 12. Aufl, § 873 Rn 137; *Staudinger-Gursky* (13. Aufl) § 873 Rn 62; *Wehrens* DNotZ 1965, 475; OLG Hamm Rpfleger 1985, 289; BayObLG DNotZ 1985, 372 = Rpfleger 1984, 145 mwN.

76   OLG Köln NJW 1960, 1108; BayObLG BayObLGZ 1977, 191 = Rpfleger 1977, 360; BayObLG Rpfleger 1976, 304 = DNotZ 1976, 744 = JurBüro 1976, 1482.

77   RGZ 136, 232; BayObLG Rpfleger 1976, 304 = DNotZ 1976, 744 = JurBüro 1976, 1482.

78   BayObLG BayObLGZ 1974, 112 = Rpfleger 1974, 222 = DNotZ 1974, 442 = MittBayNot 1975, 16 = MDR 1974, 589; OLG Hamm Rpfleger 1985, 288; 1985, 289; KEHE-*Dümig* Einl C 26.

79   BayObLG MittBayNot 2007, 49 = RNotZ 2007, 155; BayObLGZ 2002, 263.

80   BGH DNotZ 1963, 436; 1965, 473; 1976, 16 (jeweils zur Auslegung von Grundbucheintragungen); KG DNotZ 1958, 203 (*Hieber*); BayObLG DNotZ 1974, 112 = DNotZ 1974, 442 = Rpfleger 1974, 222; BayObLG DNotZ 1980, 100 = Rpfleger 1979, 424; BayObLG DNotZ 1979, 428 = Rpfleger 1979, 106; BayObLG DNotZ 1980, 230 = MittBayNot 1979, 111; BayObLGZ 1980, 180 = Rpfleger 1980, 293; Rpfleger 1980, 433 = MittBayNot 1980, 207 = MDR 1981, 62; Rpfleger 1980, 19 = DNotZ 1981 = MittBayNot 1979, 236 = JurBüro 1980, 52; MittBayNot 1980, 22; Rpfleger 1981, 190 = JurBüro 1981, 427; Rpfleger 1981, 147 = MittBayNot 1981, 22; Rpfleger 1981, 23; Rpfleger 1982, 141; OLG Köln Rpfleger 1970, 286; OLG Hamm NJW 1966, 2411; DNotZ 1970, 417; KEHE-*Dümig* Einl C 27; *Schöner/Stöber* Rn 172; *Staudinger-Ertl*, BGB, 12. Aufl, § 873 Rn 137; *Staudinger-Gursky* (13. Aufl) § 873 Rn 61, 62; BayObLG Rpfleger 1985, 288; OLG Hamm Rpfleger 1985, 289.

81   OLG Zweibrücken DNotZ 1997, 325 m Anm *Wulf*.

82   DNotZ 1976, 16; vgl auch BGH DNotZ 1995, 42 = Rpfleger 1994, 498; BGH NJW 1995, 1081 = MittBayNot 1995, 122; BGH NJW-RR 1991, 457 = Rpfleger 1991, 49.

83   RGZ 1936, 232; BayObLGZ 1874, 112 = DNotZ 1974, 442 = Rpfleger 1974, 22; OLG Köln NJW 1960, 1108 = Rpfleger 1960, 56 = JMBlNRW 1960, 30; KEHE-*Dümig* Einl C 27; *Riedel* Rpfleger 1966, 359.

84   Ebenso *Wulf* DNotZ 1997, 321.

85   BayObLG MittBayNot 1999, 561.

86   BayObLG BWNotZ 1989, 15.

für die Abgabe der Eintragungsbewilligung erforderliche Umfang nicht nachweisen lässt (zur Auslegung einer Vollmacht).[87] Dazu Rdn 32.

9. Feststellungen des Grundbuchamts

Grundbucherklärungen und verwendete Begriffe müssen allgemein verständlich sein, wo sie nach Eintragung im Grundbuch Bedeutung für den öffentlichen Glauben des Grundbuchs haben. Es genügt nicht, dass der Grundbuchführer den wirklichen Willen aus dem Zusammenhang nur als möglich folgern kann[88] oder dass das Grundbuchamt einen eintragungsfähigen Inhalt als möglich erachtet[89] oder dass mehrere Auslegungen möglich sind, von denen jede zu einem anderen auslegungsfähigen Ergebnis führt.[90] Das Grundbuchamt darf **nicht alle entfernt liegenden Möglichkeiten** heranziehen, für die keine konkreten Anhaltspunkte ersichtlich sind, und selbst **nahe liegenden Zweifeln** am Erklärungsinhalt nicht nachgehen, wenn zur Behebung solcher Zweifel Umstände außerhalb der Eintragungsunterlagen zu berücksichtigen wären, die nicht offenkundig sind.[91] Für die Auslegung sind alle in Betracht kommenden Gesichtspunkte zu würdigen.[92]   **34**

Die Betrachtungsweise darf **nicht überspannt** werden und trotz des Erfordernisses der Sicherheit des Rechtsverkehrs zu nicht mehr gerechtfertigten Anforderungen führen. Die Auslegung darf auch nicht zu einem nicht mehr gerechtfertigten **Formalismus** führen, der von den Beteiligten nicht mehr verstanden werden würde. Es ist unzumutbar, den Beteiligten Erklärungen anzusinnen, die rechtsunkundige Beteiligte in ihrer rechtlichen Bedeutung gar nicht erfassen können.[93]   **35**

Bei der trotz der Formstrenge des Grundbuchrechts gebotenen Auslegung[94] ist im Zweifel die allein zulässige Eintragung als gewollt anzusehen.[95] Grundbucherklärungen sind demnach einer weitergehenden Auslegung fähig als die spätere Grundbucheintragung.[96]   **36**

10. Klarstellungserklärungen

Ist die Fassung einer Erklärung mangelhaft oder unklar, so darf das Grundbuchamt den Antrag nicht ohne weiteres zurückweisen; es muss vielmehr, wenn im Wege der Auslegung der wirkliche Wille der Erklärenden aus der Erklärung selbst sich unzweideutig feststellen lässt, diese Feststellung treffen und ihr entsprechend den Antrag verbescheiden. Diese Feststellungen trifft das Grundbuchamt von Amts wegen. Ergeben sie aber keinen eindeutigen Inhalt der Erklärung, so muss das Grundbuchamt weitere Aufklärungsbemühungen einstellen und den Antragsteller durch **Zwischenverfügung**[97] nach § 18 zur Klarstellung auffordern. Soweit eine solche Klarstellung wirklich nur klarstellt,[98] dh den der vorliegenden Erklärung zugrunde liegenden Willen unzweideutig offen legt,[99] und nicht eigentlich Ergänzung, dh Erweiterung oder Einschränkung des ursprünglichen Inhalts, ist, bedarf sie der Form der §§ 29, 31 nicht, da sie gegenüber der bereits vorliegenden keine neue zur Eintragung erforderliche Erklärung, sondern nur Tatsachenfeststellung ist, die mit der Erklärung eines Beteiligten zusammenhängt und daher nicht zu den sonstigen Eintragungsvoraussetzungen iSd § 29 gehört.[100] Die Wahrung   **37**

---

87 BayObLG MittBayNot 1996, 431 = DNotZ 1997, 470; OLG München NotBZ 2007, 419.
88 JFG 3, 402.
89 KG DNotZ 1958, 203.
90 OLG Hamm DNotZ 1970, 417; *Staudinger-Ertl*, BGB, 12. Auf, § 873 Rn 137.
91 BayObLG DNotZ 1976, 372 = Rpfleger 1976, 13.
92 BayObLG BayObLGZ 1978, 194 = Rpfleger 1978, 372; Rpfleger 1979, 424 = DNotZ 1980, 100; MittBayNot 1980, 22; Rpfleger 1980, 433 = MittBayNot 1980, 207 = MDR 1981, 62; Rpfleger 1981, 147 = MittBayNot 1981, 22.
93 BGH NJW 1969, 502; KG NJW 1973, 1128; BayObLG DNotZ 1989, 568; BayObLG Rpfleger 1982, 141; OLG Bremen NJW 1965, 2403 = BWNotZ 1966, 112; *Schöner/Stöber* Rn 172; *Kehrer-Bühler-Tröster* § 2 C; *Riedel* DNotZ 1958, 393; *Wulf* MittRhNotK 1996, 41, 44.
94 BayObLG BayObLGZ 1961, 63, 69.
95 BGHZ 32, 60; BayObLG BayObLGZ 1974, 365 = Rpfleger 1975, 23; BayObLGZ 1974, 112 = DNotZ 1974, 442 = Rpfleger 1974, 222; BayObLG BayObLGZ 1976, 297 = Rpfleger 1977, 60; BayObLG Rpfleger 1979, 106 = DNotZ 1979, 428; BayObLG MittBayNot 1980, 56; BayObLG Rpfleger 1982, 141; *Demharter* § 13 Rn 15, 16 und § 19 Rn 27–29; KEHE-*Herrmann* § 13 Rn 35.
96 *Kehrer-Bühler-Tröster* § 2 C.
97 Sog »Klarstellungszwischenverfügung gemäß § 18 GBO«; *Löscher*, Grundbuchrecht, 150; OLG Zweibrücken Rpfleger 1985, 284.
98 *Kehrer-Bühler-Tröster* § 2 C 392: Der beurkundende oder beglaubigende Notar (letzterer nur dann, wenn er die Erklärung zugleich entworfen hat) kann kraft seines Amtes Schreib- und Redaktionsversehen gegenüber dem Grundbuchamt (auch in besonderer Urkunde) richtig stellen. Es unterliegt dabei der Amtspflicht des Notars zu prüfen, ob der Fehler in der Urkunde noch als Redaktionsversehen angesehen werden kann und seine Bestätigung keine Abänderung des erklärten Willens der Beteiligten bedeutet. Dem Grundbuchamt steht insoweit keine Prüfungsbefugnis zu.
99 Nach BayObLG BWNotZ 1955, 276 kann zur Auslegung einer mehrdeutigen Eintragungsbewilligung auch der nachgereichte Eintragungsantrag des Urkundsnotars verwertet werden.
100 *Kehrer-Bühler-Tröster* § 2 C 392; *Bühler* BWNotZ 1964, 139.

der Form des § 29[101] ist aber zu empfehlen, da eine Unterscheidung, ob **Klarstellung oder Ergänzung** vorliegt, häufig schwer zu treffen sein wird. Mindestens auf oder in Zusammenhang mit der Eintragungsbewilligung muss deren Klarstellung dann grundaktenkundig sein, wenn zur Vervollständigung des Eintrags auf sie auch in dem klärungsbedürftigen Punkt Bezug genommen wird; dann ist die Eintragung zwar auslegungsbedürftig, durch einen jedermann erkennbaren Umstand aber auch auslegungsfähig. Ob klarstellende Erklärungen des Amtsnachfolgers des Urkundsnotar beim Grundbuchamt verwendbar sind, ist bisher nicht geklärt.[102]

38 Der gemäß § 15 die Eintragung beantragende **Notar** darf und kann den beurkundeten Erklärungen ohne die Erteilung einer besonderen Vollmacht keinen abweichenden, weitergehenden oder ergänzenden Inhalt geben.[103] Dies gilt auch für eine Klarstellung, welches der mehreren auf einem gemeinsamen Grundbuchblatt gebuchten Grundstücke von der beantragten Eintragung betroffen sein soll.[104] Der Urkundsnotar ist aber befugt, Erklärungen der Vertragsschließenden zu erläutern und klarzustellen, soweit dies angebracht ist. Seine Ausführungen sind insoweit zu berücksichtigen, als der Wortlaut der Willenskundgebung der Beteiligten mit dem in Einklang steht, was der Urkundsnotar als von ihnen gewollt behauptet.[105] Eine klare Bezeichnung des lediglich schuldrechtlichen Inhalts eines Rechts ist stets erforderlich. Dies gilt auch für Belastungsbeschränkungen, wie zB der zustimmungspflichtigen Rechte nach § 5 ErbbauRG.[106]

11. Ergebnislose Auslegung

39 Fehlt die Möglichkeit einer Auslegung oder bleibt sie zwei- bzw mehrdeutig, so versagt die Bestimmbarkeit, und damit fehlt es an der für das Grundbuchrecht erforderlichen Klarheit und Eindeutigkeit. Wo man die Bestimmbarkeit unterlässt, liegt ein Auslegungsfehler vor. Die Gefahr, die Bestimmbarkeit zu unterlassen, ist groß. Es darf aber eine bestimmbare Erklärung nicht ohne weiteres als unbestimmt behandelt werden. Hierauf muss der Grundbuchführer sein besonderes Augenmerk richten.[107]

40 Ein Eintragungsantrag ist nur dann abzulehnen oder seine Ergänzung zu verlangen, wenn der Inhalt der Erklärung so widerspruchsvoll ist, dass über den Willen der Partei keine Klarheit zu gewinnen ist.[108] Trotz einer mangelhaften Fassung der notariellen Urkunde darf das Grundbuchamt anerkanntermaßen nur dann ihren **Vollzug ablehnen** oder ihre **Ergänzung durch Zwischenverfügung** verlangen, wenn auch nicht im Wege der Auslegung der wirkliche Wille des Erklärenden unzweideutig festgestellt werden kann. Ist letzteres möglich, so hat das Grundbuchamt die Feststellung zu treffen und dementsprechend die Eintragung vorzunehmen.[109]

12. Erklärungen nach § 28

41 Eine weitere Einschränkung der Auslegungsfähigkeit von Grundbucherklärungen enthält § 28. Die dort geforderte Bezeichnung von Grundstücken oder Geldbeträgen kann nicht durch Auslegung einer mehrdeutigen anderen Bezeichnung ersetzt werden; sie ist vielmehr, wenn sie fehlt, **in der Form des § 29 zu ergänzen.**[110]

42 § 28 S 1 ist ein Ausdruck des im Grundbuchverkehr herrschenden Bestimmtheitsgrundsatzes. Der Zweck des Grundbuches, sichere Rechtsverhältnisse an Grundstücken zu schaffen und zu erhalten, verlangt klare und eindeutige Eintragungen und dementsprechende Erklärungen der Beteiligten.[111] Die formelle Vorschrift des § 28 S 1 schränkt, soweit die Bezeichnung der betroffenen Grundstücke in Frage kommt, die Mittel des Willensausdrucks und damit auch die Anwendung des § 133 BGB für das Eintragungsverfahren zu dem Zweck ein, die Tätigkeit des Grundbuchamts zu erleichtern und zu verhindern, dass Eintragungen auf einem unrichtigen

---

101 Hierzu BayObLG Rpfleger 1980, 433 = MittBayNot 1980, 207 = MDR 1981, 62.
102 Offen gelassen bei BayObLG MittBayNot 2007, 50.
103 BayObLG BayObLGZ 1973, 220 = Rpfleger 1973, 404 = DNotZ 1974, 92; BayObLG Rpfleger 1980, 19 = DNotZ 1980, 481 = MittBayNot 1979, 236 = JurBüro 1980, 52; BayObLG DNotZ 1980, 433 = MittBayNot 1980, 207 = MDR 1981, 62; BayObLG DNotZ 1983, 434 = BWNotZ 1982, 141.
104 BayObLG Rpfleger 1980, 433 = MittBayNot 1980, 207 = MDR 1981, 62; OLG Düsseldorf DNotZ 1952, 35.
105 BGH DNotZ 1961, 396 = BWNotZ 1961, 218 = WM 1961, 407; BayObLG BayObLGZ 1955, 155; BayObLG Rpfleger 1967, 11.
106 BayObLG MittBayNot 1992, 197.
107 *Riedel* Rpfleger 1966, 365.
108 RGZ 52, 416; 54, 382; KG JFG 1, 442; KGJ 21, 281; OLG 8, 333; BayObLGZ 19, 19, 239; 30, 60; OLG Hamm Rpfleger 1957, 117; *Riedel* DNotZ 1968, 50.
109 BayObLG BayObLGZ 13, 727; 19, 239; BayObLGZ 1957, 354 = DNotZ 1958, 388.
110 BayObLG BWNotZ 1982, 141 = DNotZ 1983, 434; BayObLG Rpfleger 1988, 60 = DNotZ 1988, 116 = NJW-RR 1988, 330 = BWNotZ 1987, 170; LG Neubrandenburg Rpfleger 1994, 16.
111 BayObLG BayObLGZ 1964, 1 = DNotZ 1965, 166; BayObLGZ 1957, 354; BayObLGZ 1969, 97; BayObLGZ 1974, 112 = DNotZ 1974, 442 = Rpfleger 1974, 222; BayObLG DNotZ 1976, 372 = Rpfleger 1976, 13; BayObLG Rpfleger 1980, 433 = MittBayNot 1980, 207; BayObLGZ 1973, 220 = Rpfleger 1973, 404 = DNotZ 1974, 92; Rpfleger 1979, 382 = MittBayNot 1979, 165; DNotZ 1980, 94 = MittBayNot 1979, 233; OLG Hamm Rpfleger 1976, 317; BGH Rpfleger 1979, 56; RGZ 145, 343.

Grundbuchblatt vorgenommen werden.[112] Die Angabe einer unrichtigen Grundstücksgröße steht der Eintragung nicht entgegen, wenn das Grundstück im Übrigen in einer der Form des § 28 bezeichnet ist und Zweifel an seiner Identität nicht vorhanden sind.[113] Ein bay Anliegerweg (eigentumsrechtlich unselbständiger Bestandteil des angrenzenden Grundstücks) ist mit dem Hauptgrundstück mitübereignet, auch wenn er nicht nach § 28 bezeichnet ist.[114] Sind auf dem angegebenen Grundbuchblatt mehrere selbständige Grundstücke eingetragen und ist in der Eintragungsbewilligung auch noch das dazugehörende Gebäudegrundbuchblatt erwähnt, so ist klargestellt, dass nicht der gesamte Grundstücksbestand des betreffenden Grundstücksblattes, sondern lediglich das vom Gebäudeeigentum betroffene Grundstück erfasst sein soll.[115] Steht die Identität des von der Eintragung betroffenen Grundstücks fest, ist unnötige Förmelei zu vermeiden. Dies gilt auch bei einer Klage auf Bewilligung der Eigentumsberichtigung oder der Eintragung einer Auflassung.[116] Aufgrund Auslegung enthält die Einigung über einen Grundstückserwerb in der Regel auch die verfahrensrechtliche Eintragungsbewilligung; handelt es sich um eine Teilfläche, die nicht übereinstimmend mit § 28 bezeichnet wurde, dann verbietet sich nach OLG Stuttgart[117] eine solche Auslegung, auch wenn ein vom Schuldner genehmigter Veränderungsnachweis existiert, denn eine Verurteilung ersetzt lediglich die Willenserklärung des Schuldners, nicht aber weitere zur Vollendung des Rechtsgeschäfts erforderliche Voraussetzungen. Ist Gegenstand eines notariellen Vertrags der Kauf von Wohnungseigentum, so genügt für dessen Bezeichnung die Angabe des betreffenden Wohnungsgrundbuchs.[118] Mit der gleichzeitigen Angabe des Grundstücksgrundbuchs und des dazugehörigen Gebäudegrundbuchblattes kann die Bestimmung des Belastungsgegenstandes zweifelsfrei erfolgen, auch wenn noch andere Grundstücke im Grundstücksgrundbuch vermerkt sind.[119]

Wird ausdrücklich der *gesamte Grundbesitz* des A aufgelassen (ohne weitere Bezeichnung und ohne Hinweis auf **43** das Grundbuchblatt), so ist die Auflassung zwar wirksam; sie kann aber wegen Verstoßes gegen § 28 nicht vollzogen werden.[120] Sind auf dem Grundbuchblatt mehrere rechtlich selbständige Grundstücke verzeichnet, so sind mangels besonderer Angabe alle Grundstücke als betroffen anzusehen, jedenfalls dann, wenn dies aus der Eintragungsgrundlage (Bewilligung, Urteil, einstweilige Verfügung) klar hervorgeht; dabei ist die Eintragungsgrundlage selbst auszulegen; die Auslegung muss aber wegen des Bestimmtheitsgrundsatzes zu einem eindeutigen Ergebnis führen.[121] Nicht eindeutig sind bei Hinweis auf das Grundbuchblatt Formulierungen wie *»das Grundstück«* (Einzahl),[122] oder *»das Anwesen X-dorf Haus-Nr 10«*,[123] wenn auf dem angegebenen Grundbuchblatt mehrere selbständige Grundstücke eingetragen sind. Wird dagegen der *»gesamte weitere* (an einer ordnungsgemäß bezeichneten Blattstelle eingetragene) *Grundbesitz«* aufgelassen, so ist dies auch dann eindeutig nach § 28, wenn die – überflüssigerweise – hinzugefügte Flächenangabe falsch ist.[124] Sollen **nur einzelne von mehreren** auf dem gleichen Grundbuchblatt gebuchten **Grundstücke** von der Eintragung betroffen sein, muss die Bezeichnung grundsätzlich in Übereinstimmung mit dem Grundbuch gewählt werden.[125] Führt die Auslegung der materiell-rechtlichen Erklärungen zu einer Grundstücksübertragung dazu, dass auch ein nicht erwähntes, von den Parteien und dem Notar vergessenes Grundstück als mitverkauft gilt, so ist auch der Umschreibungsantrag des Notars zu dem Grundbuch der im Vertrag erwähnten Parzellen dahin auszulegen, dass er auch das in einem anderen Grundbuch verzeichnete, nicht erwähnte Grundstück erfasst.[126] Wird ein Grundstück aufgelassen, an dessen Stelle im Flurbereinigungsverfahren ein Ersatzgrundstück getreten ist, so kommt eine Ausle-

---

112 BGHZ 90, 323, 327 = Rpfleger 1984, 310; BayObLG Rpfleger 1980, 433; 1981, 147; BayObLG BayObLGZ 1961, 105 = Rpfleger 1962, 20 = DNotZ 1961, 591; OLG Hamm DNotZ 1971, 48; OLG Zweibrücken DNotZ 1988, 590 = Rpfleger 1988, 183.
113 OLG Zweibrücken DNotZ 1988, 590 = DNotZ 1988, 183.
114 BayObLG DNotZ 1993, 388 = Rpfleger 1993, 104; BayObLG DNotZ 1998, 820.
115 LG Neubrandenburg NJ 1994, 128 = Rpfleger 1994, 161.
116 BGH Rpfleger 1982, 153; BGH DNotZ 1988, 109 = Rpfleger 1987, 452.
117 Rpfleger 2007, 258 = DNotZ 2007, 383 = FGPrax 2007, 66 m Anm *Demharter* = BB 2007, 845 m. Anm *Priester* = EWiR 2007, 167 (bearb v *Schodder*) = BWNotZ 2008, 55 m zust Anm *Brenner* = RNotZ 2008, 162. Ebenso LG Magdeburg NotBZ 2008, 39 m Anm *Karlowski* (neuerlich bestätigt mit LG Magdeburg Beschl v 28.04.2008 – 3 T 75/08).
118 BGH NJW 1994, 1347 = DNotZ 1994, 476.
119 LG Neubrandenburg NJ 1994, 128.
120 BayObLG Rpfleger 1982, 416 = MittBayNot 1982, 181 = MittRhNotK 1982, 204 = BWNotZ 1982, 141 (auch zur möglichen Nachholung der Grundstücksbezeichnung durch den bevollmächtigten Notar; LG Ulm BWNotZ 1970, 91 (Mitwirkung nur eines Beteiligten); BayObLG Rpfleger 1982, 141 (zu den materiellen Bestimmtheitsanforderungen der Auflassung); OLG Düsseldorf DNotZ 1952, 35 = JR 1950, 687; *Schöner/Stöber* Rn 132.
121 BayObLG Rpfleger 1980, 433 = MittBayNot 1980, 207 = MDR 1981, 62; BayObLG Rpfleger 1981, 147 = MittBayNot 1981, 22; BayObLG Rpfleger 1981, 190 = JurBüro 1981, 427 (*Meyer-Stolte*); BayObLG Rpfleger 1982, 141; OLG Hamm NJW 1966, 2411; *Schöner/Stöber* Rn 132. Eine Auslegungsregel gibt es nicht, LG Kiel SchlHAnz 1989, 157.
122 BayObLG Rpfleger 1981, 190 (*Meyer-Stolte*) = JurBüro 1981, 427; vgl aber auch LG Neubrandenburg NJ 1994, 128.
123 BayObLG Rpfleger 1980, 433 = MittBayNot 1980, 207 = MDR 1981, 62; BayObLG Rpfleger 1982, 141.
124 BayObLG Rpfleger 1981, 147 = MittBayNot 1981, 22; *Schöner/Stöber* Rn 132.
125 LG Neubrandenburg Rpfleger 1994, 161.
126 LG Duisburg Rpfleger 1995, 456.

gung der Auflassung dahin, dass sie sich auf das Ersatzgrundstück bezieht, dann nicht in Betracht, wenn den Erwerbern das Flurbereinigungsverfahren nicht bekannt war.[127]

13. Unbewusste Falschbezeichnung (falsa demonstratio)

44 Haben die Parteien den Vertragsgegenstand versehentlich **falsch bezeichnet**, sich aber übereinstimmend etwas anderes vorgestellt und gewollt, so gilt nach ständiger Rechtsprechung und herrschender Meinung auch im Bereich beurkundungsbedürftiger Rechtsgeschäfte nicht das objektiv Erklärte, sondern das Gewollte, wenn das objektive Erklärte dem Formerfordernis genügt. Der BGH[128] hatte gegenüber diesem ungeschriebenen Rechtssatz Zweifel angemeldet. Im Interesse der Rechtssicherheit und der Praktikabilität hat er nach erneuter Prüfung nunmehr ausdrücklich »Entwarnung« gegeben und den Rechtssatz »falsa demonstratio non nocet« auch für die Zukunft anerkannt.[129] Der Rechtsgrundsatz *falsa demonstratio non nocet* gilt uneingeschränkt auch für notariell beurkundete Verträge und gerade auch soweit es um die Bezeichnung des Auflassungsgegenstandes geht.[130] Allerdings ist dabei zu beachten: Ist die Auflassung auch materiell-rechtlich wirksam, so ist diese Feststellung doch unabhängig von der Frage, ob eine solche Auflassung auch zum Grundbuchvollzug führen kann. Die danach **erforderliche Bezeichnung** des tatsächlich aufgelassenen Grundstücks **bedarf aber nicht der Auflassungsform**[131] (§ 925 Abs 1 BGB), sondern es reicht Nachweis in grundbuchmäßiger Form, also § 29 ohne Neuvornahme der Auflassung. Die Grundsätze der Unschädlichkeit der Falschbezeichnung kann auch auf die Genehmigungserklärung zu dem Rechtsgeschäft angewandt werden, wenn der Zustimmende die Zustimmung abweichend von seinem Wortlaut ebenso versteht wie die Vertragsparteien.[132] Sofern eine Schreibfehlerberichtigung nach § 44a BeurkG nicht in Betracht kommt, reicht eine berichtigende Nachtrags- oder Identitätserklärung in der Form des § 29 GBO aus. Diese kann durch die Mitarbeiter oder den Notar selbst abgegeben werden, sofern in der Urkunde eine ausreichende Vollzugsvollmacht enthalten ist.[133] Trotz Anwendung des Satzes von der falsa demonstratio beim Grundstückskaufvertrag ist eine Falschbezeichnung demnach mit unerheblichen Risiken für den Käufer verbunden. Dies gilt insbesondere auch im Hinblick auf die kurze Verjährungsfrist von 10 Jahren.

14. Sonstige Fälle

45 Da sich nicht alle Besonderheiten des Grundbuchrechts unter der bisherigen Gliederung einsystematisieren lassen, bleibt noch ein Rest von Einzelfällen. So berührt die inhaltliche Unzulässigkeit eines Teils einer Grundbucheintragung nicht die Zulässigkeit und Wirksamkeit der restlichen Eintragung, wenn diese für sich den wesentlichen Erfordernissen genügt.[134] Deshalb ist bei **Wohnungseigentum**, wenn Vereinbarungen nach §§ 10 ff WEG getroffen werden, die teils dinglichen, teils schuldrechtlichen Charakter haben, Unwirksamkeit des Gesamtvertrags nur ausnahmsweise anzunehmen, nämlich nur dann, wenn sich eine Trennung nicht durchführen lässt bzw. wenn eine Trennung der Vertragsbestimmungen durchführbar ist, eine teilweise Stattgabe der Anträge bei Zurückweisung im Übrigen dem Willen der Beteiligten widersprechen würde.[135] Da der dingliche Vertrag, abgesehen von den Fällen des § 20, der Nachprüfung des Grundbuchamts nicht unterliegt, hat es auch insoweit eine Anfechtung des Vertrags und die daraus sich ergebende etwaige Nichtigkeit nicht zu beachten.

46 Die aus **§ 139 BGB** zu treffende Entscheidung, ob das ganze Rechtsgeschäft wegen Nichtigkeit einer einzelnen Vertragsbestimmung nichtig ist, hat der Grundbuchführer vorzunehmen.[136] Er hat die Eintragung einer **Hypothek** abzulehnen, wenn die Nichtigkeit einer Bestimmung des Hypothekenbestellungsvertrags mit der Möglichkeit der Nichtigkeit der ganzen Hypothekenbestellung überhaupt rechnen lässt.[137] Etwas anderes gilt dann, wenn der Grundbuchführer feststellt, ob ein Teil einer bereits erfolgten Eintragung nichtig ist. Hier hat er zur

127 LG Bad Kreuznach Rpfleger 1995, 407.
128 BGHZ 74, 116 = Rpfleger 1979, 252 = DNotZ 1979, 403 = WM 1979, 578; WM 1980, 1013.
129 BGH BGHZ 87, 150 = DNotZ 1983, 618 = Rpfleger 1983, 306 = JR 1984, 13 m Anm *Köhler* = JZ 1983, 759, 760 = WM 1983, 657; BGH DNotI-Report 2001, 142 = VIZ 2001, 499 = MDR 2001, 1046; dazu BGH MDR 2002, 510 = MittBayNot 2002, 292; NJW 2002, 1038 = NotBZ 2002, 97. BGH DNotZ-Report 2008, 52; MüKo-*Wacke* § 873 Rn 38; MüKo-*Kanzleiter* § 925 Rn 22. Zur Problematik: *Bergermann* RNotZ 2002, 557; *Köbl* DNotZ 1983, 598, 212; *Hagen* WM 1981, 422; DNotZ 1984, 284.
130 BGH DNotI-Report 2008, 52; OLG Frankfurt RNotZ 2008, 229.
131 MüKo-*Kanzleiter* § 925 Rn 22; BGB-RGRK-*Augustin* § 873 Rn 51. Dazu auch LG Duisburg MittRhNotK 1996, 62.
132 OLG Düsseldorf DNotZ 2001, 378.
133 Einzelheiten zu den Auswirkungen unbewusster Falschbezeichnungen auf Grundstücksverträge und deren Vollzug *Bergermann* RNotZ 2002, 557.
134 BGH NJW 1966, 1656 = MDR 1966, 750; NJW 1966, 1747; MDR 1966, 825 = JZ 1966, 574 = WM 1966, 796 = BWNotZ 1966, 294.
135 *Riedel* Rpfleger 1966, 225.
136 *Ripfel* Rpfleger 1963, 140.
137 BayObLGZ 30, 239.

Entscheidung der Frage, ob er einen Amtswiderspruch eintragen soll, zu prüfen, ob die teilweise Nichtigkeit nach dem Grundsatz des § 139 BGB die ganze Eintragung nichtig macht.

Durch die Auslegung können **Schreib- und Redaktionsversehen** beseitigt werden;[138] dies gilt auch für **47** Lücken in den Erklärungen.[139] Bloße Ungenauigkeiten, zB in der Bezeichnung eines Hypothekengläubigers, können vom Grundbuchbeamten richtig gestellt werden, dies ist in der Regel noch nicht einmal ein Vorgang der Auslegung.[140]

15. Einzelfälle

Es ist anerkannt, dass dann eine Eintragung nicht unter Verletzung gesetzlicher Bestimmungen zustande **48** kommt, wenn die von dem Grundbuchführer vorgenommene Auslegung einer Urkunde rechtlich vertretbar ist.[141]

Sollen **mehrere Berechtigte** eingetragen werden, ist die Angabe des Gemeinschaftsverhältnisses nach § 47 not- **49** wendig.[142] Auch in diesem Punkt ist die Eintragungsbewilligung auslegungsfähig. Auch die neuere Rechtspre- chung verzichtet nicht auf das Erfordernis der Einigung über das Gemeinschaftsverhältnis der Erwerber und rüttelt nicht an der Notwendigkeit der Bezeichnung des Gemeinschaftsverhältnisses in den Verfügungserklärun- gen. Es genügt aber, wenn die materiellen und formellen Auslegungs- und Umdeutungsgrundsätze angewandt werden und damit zB die Auflassung materiell-rechtlich wirksam ist. Auch hinsichtlich des Gemeinschaftsver- hältnisses ist die Eintragungsbewilligung auslegungsfähig.[143] So hat das Kammergericht[144] die Klarstellung einer zugunsten einer Firma bewilligten Eintragung durch Handelsregisterauszug dahingehend zugelassen, dass ein **Einzelkaufmann** eingetragen werden soll. Ist der Begünstigte verstorben, so können seine Erben, wenn sie ihr Erbrecht iSd § 35 nachweisen, eingetragen werden.[145] Im Übrigen zum Gemeinschaftsverhältnis vgl § 47. Bei der Auflassung an eine **GbR** ist die Auslegung zulässig, die Auflassungserklärung als an die Gesellschafter als Gesellschafter bürgerlichen Rechts gerichtet anzusehen und Eintragungsbewilligung sowie –antrag dementspre- chend auszulegen, dass die Gesellschafter auch als Eigentümer in Gesellschaft bürgerlichen Rechts eingetragen werden wollen.[146]

Beim Tod des Berechtigten einer dinglichen Rechtsposition vor seiner Eintragung im Grundbuch hat das Grundbuchamt im Wege der Auslegung der Eintragungsbewilligung zu prüfen, ob der Erbe ohne Ergänzung der Eintragungsbewilligung im Grundbuch eingetragen werden kann, was bei auf Lebenszeit beschränkten dinglichen Rechten verneint werden muss.[147] Auch im Grundbuchverfahren genügt es, wenn sich aus den Gesamtumständen eindeutig ergibt, dass die **Erklärung im fremden Namen** abgegeben wurde.[148] Übertra- gen Ehegatten ein Gesamtgutsgrundstück in das Alleineigentum eines Ehegatten, so kann die Auflassung dahin ausgelegt werden, dass das Grundstück stillschweigend durch Ehevertrag zum Vorbehaltsgut erklärt worden ist.[149] Ist eine Vormerkung auf Grund einer einstweiligen Verfügung für **mehrere Vormerkungsberechtigte** einzutragen, ohne dass das zwischen ihnen bestehende Rechtsverhältnis genannt ist und lässt sich dieses auch nicht durch Auslegung des Titels ermitteln, so ist das Gemeinschaftsverhältnis nach den Angaben im Eintra- gungsantrag einzutragen.[150] Das Grundbuchamt hat auch bei rechtlich schwierigen Fragen ein notarielles Testa- ment oder einen Erbvertrag selbständig auszulegen. Einen Erbschein darf das Grundbuchamt nur dann verlan- gen, wenn eine Auslegung ohne weitere Ermittlungen nicht möglich ist.[151] Gesetzliche Auslegungsregeln hat

138 *Kehrer-Bühler-Tröster* § 2 C.
139 Seien es von Anfang an vorhandene Lücken oder solche, die durch die Unwirksamkeit eines Teils der Erklärung entste- hen. Das Grundbuchamt ist berechtigt, bei der Ausstellung über die Anwendbarkeit des § 139 BGB zu befinden (aA BayObLGZ 1952, 28).
140 *Kehrer-Bühler-Tröster* § 2 C Fn 395.
141 KG Rpfleger 1972, 58; OLG Hamm DNotZ 1967, 686; OLG Frankfurt Rpfleger 1976, 132; KEHE-*Dümig* Einl C 27.
142 *Kehrer-Bühler-Tröster* § 2 A.
143 LG Köln MittRhNotK 1983, 157; *Staudinger-Ertl*, BGB, 12. Aufl, § 873 Rn 48, 65, 137, 165; *Staudinger-Gursky* (13. Aufl) § 873 Rn 63; *Ertl* Rpfleger 1983, 430; *Nieder* NJW 1984, 329; *Böhringer* BWNotZ 1985, 73; BWNotZ 1985, 102.
144 HRR 1930 Nr 737.
145 JFG 7, 326.
146 LG Aachen RNotZ 2006, 348. Dazu auch *Heil* DNotZ 2004, 379; *Weigl* MittBayNot 2004, 202; konträr BayObLG DNotZ 2004, 378 = Rpfleger 2004, 93.
147 *Jung* Rpfleger 1996, 94.
148 LG Ravensburg Rpfleger 1993, 17 = BWNotZ 1992, 173; **aA** LG Ellwangen BWNotZ 1988, 151 m zust Anm *Kraiss*; Dazu auch BayObLG Rpfleger 1992, 99.
149 LG Köln MittRhNotK 1986, 103.
150 OLG Frankfurt OLGZ 1989, 6 = MDR 1989, 365.
151 BayObLG MittBayNot 1995, 58 = DNotZ 1995, 306 = Rpfleger 1995, 249. Ausführlich zur Auslegung von Verfü- gungen von Todes wegen *Müller-Christmann* RpflStud 1993, 161; *Böhringer* ZEV 2001, 387 mwN.

auch das Grundbuchamt zu beachten.[152]Eine als nachträgliche Vollmacht formulierte Erklärung ist im Grundbuchverfahren als Genehmigungserklärung auszulegen.[153]

50 Veräußert der Verkäufer von **Wohnungseigentum** vor Anlegung der Wohnungsgrundbücher eine Teilfläche des verkauften gemeinschaftlichen Grundstücks an einen Dritten, so sichert die Auflassungsvormerkung für den Wohnungskäufer insoweit den Anspruch auf Verschaffung schlichten Miteigentums an der abveräußerten Fläche. Ist Gegenstand eines Kaufvertrages über Wohnungseigentum auch ein schuldrechtliches Sondernutzungsrecht, sind die im Kaufvertrag erklärte Auflassung und die Grundbucherklärungen dahingehend zu verstehen, dass sie nicht das Sondernutzungsrecht betreffen.[154] Die **lastenfreie Abschreibung** eines Grundstücksteils bedarf der Löschungsbewilligung des Auflassungsvormerkungsberechtigten. Es geht nicht an, den durch die Vormerkung gesicherten Auflassungsanspruch allein deshalb als gegenstandslos zu behandeln und die Vormerkung zu löschen, weil der Auflassungsschuldner abredewidrig über das derart belastete Grundstück verfügt hat.[155]

Die Grundbucheintragung »Bestimmte Wohnungen dienen hotelmäßiger Nutzung (Bestimmung beim Verkauf)« hat einen auslegungsfähigen, rechtlich möglichen Inhalt.[156] Bei der Auslegung der in einer Teilungserklärung festgelegten Zweckbestimmung als »Geschäftsräume« ist auf eine wertende Beurteilung und eine Gesamtwürdigung der Teilungserklärung unter Einbeziehung der örtlichen Verhältnisse (Charakter der Wohnanlage) abzustellen.[157] Bei der Auslegung der in einem Vertrag über die Begründung von Wohnungseigentum genannten Zweckbestimmung einer Wohnanlage ist maßgeblich, was Wortlaut und Sinn für einen unbefangenen Betrachter als nächstliegende Bedeutung des Eintrags und der darauf in Bezug genommenen Unterlagen ergeben. Sind in dem Vertrag sämtliche Wohnungseigentumsrechte als Wohnungen bezeichnet, ist von der Zweckbestimmung jedenfalls auch das Vermieten der Wohnungen auf Dauer gedeckt.[158] Das OLG Karlsruhe[159] hat klargestellt, dass die Teilungserklärung den Auslegungsprinzipien unterliegt, die für den Inhalt des Grundbuchs gelten. Die nächstliegende Bedeutung einer Regelung in der Gemeinschaftsordnung, dass bauliche Veränderungen eines Mehrheitsbeschlusses bedürfen, ist die, dass ein Mehrheitsbeschluss ausreicht und nicht die Mitwirkung aller benachteiligten Wohnungseigentümer erforderlich ist.[160] Bei der Auslegung einer Teilungserklärung ist ein strenger Maßstab abzulegen, sofern die Teilungserklärung zugunsten des Veräußerers Eingriffe in die Vertragsautonomie der Eigentümergemeinschaft enthält; die einseitige Inhaltsgestaltung und einseitige Interessenwahrnehmung durch den Bauträger ist nur insoweit schutzwürdig, als den Wohnungskäufern die Einschränkung ihrer Rechte nach Art und Umfang ohne weiteres erkennbar ist (Zuteilung von Sondernutzungsrechten).[161] Ist die Regelung in der Teilungserklärung zu unbestimmt, kann sie regelmäßig nicht als Vollmacht zum Abschluss schuldrechtlicher Nutzungsvereinbarungen anstelle von Sondernutzungsrechten ausgelegt werden.[162] Eine Vollmacht, Änderungen der Teilungserklärung nach billigem Ermessen vorzunehmen, kann mangels ausreichender Bestimmtheit nicht Grundlage einer Grundbucheintragung sein.[163] Streit herrscht oft darüber, welchen Inhalt eine Vollmacht zur Änderung der Teilungserklärung haben muss, insbesondere wenn das »Sondereigentum nicht berührt« wird.[164] Auch Rückabwicklungsvorschriften bei einem Vertrag über Wohnungseigentum sind auslegbar.[165] Auch der Begriff »Ehegatte« bei einer Veräußerungsbeschränkung nach § 12 WEG ist bei einer Scheidung auslegbar.[166]

51 Der Anspruch auf Eintragung einer **Bauhandwerkersicherungshypothek**, der durch Eintragung einer Vormerkung gesichert werden soll, betrifft nach § 648 Abs 1 S 1 BGB nur das »*Baugrundstück*« des Bestellers. Wenn hiermit auch das gesamte Grundstück, nicht nur der zu bebauende Teil gemeint ist, so erstreckt er sich doch nicht auf andere (rechtlich selbständige) Grundstücke des Bestellers, auf denen das Bauwerk nicht errichtet[167]

---

152 OLG Stuttgart DJ 1992, 28.
153 LG Potsdam NotBZ 2004, 38.
154 OLG Zweibrücken MittRhNotK 1996, 59.
155 BayObLG Rpfleger 1976, 13 = DNotZ 1976, 372 = ZMR 1977, 82.
156 BayObLG Rpfleger 1991, 193.
157 KG MDR 1989, 263; BayObLG WuM 1985, 298.
158 BayObLG NotBZ 2003, 239.
159 DJ 1988, 26 = Rpfleger 1988, 412; ebenso BayObLG NJW-RR 1988, 271; *Grebe* DNotZ 1988, 282.
160 BayObLG NJW-RR 1990, 209.
161 LG Bielefeld Rpfleger 1993, 241.
162 OLG Hamm MittRhNotK 1998, 318.
163 BayObLG NJW-RR 1997, 586. Allgemein zur Auslegung einer Vollmacht zur Änderung der Teilungserklärung samt Gemeinschaftsordnung BayObLG Rpfleger 2003, 121 = FGPrax 2002, 245.
164 Streng OLG Düsseldorf FGPrax 1997, 129 = DNotI-Report 1997, 119 = Rpfleger 1997, 305; *Brambring* DNotZ 1997, 478.
165 BayObLG Rpfleger 1987, 357 (Ls).
166 SchlHOLG Schleswig Rpfleger 1994, 19.
167 MüKo-*Soergel* § 648 Rn 22; *Palandt/Sprau* § 648 Rn 3.

ist, auch wenn sie auf dem gleichen Grundblatt gebucht sind.[168] Grundsätzlich besteht ein Identitätserfordernis von Besteller und Grundstückseigentümer.[169] Der Anspruch des Unternehmens, in Ausnahmefällen die Eintragung einer Sicherungshypothek auf einem bestellerfremden Grundstück verlangen zu können, ist nicht mit der Einführung des § 648a BGB ausgeschlossen worden.[170] Erstreckt sich das Bauwerk über mehrere Grundstücke, so kann der Unternehmer an jedem dem Besteller gehörenden Baugrundstück für seine Forderung in voller Höhe die Einräumung einer Sicherungshypothek verlangen, bei mehreren Grundstück in Form der Gesamthypothek. Ist das Bauwerk teils auf dem Grundstück des Bestellers, teils auf dem eines Dritten errichtet, so ist an dem Grundstück des Bestellers die Sicherungshypothek für die ganze Forderung einzuräumen.[171] Lässt sich nicht feststellen, welches von mehreren Grundstücken dann betroffen ist, so ist der Antrag auf Eintragung der Vormerkung für die Bauhandwerkerhypothek nicht vollziehbar. Nach BayObLG[172] kann mangels weiterer Anhaltspunkte nicht ohne weiteres davon ausgegangen werden, dass alle Grundstücke »Baugrundstücke« iSd § 648 BGB sind. Anhaltspunkte könnte aber das Grundbuch selbst bieten; wurden zum Baugrundstück noch Splitterparzellen hinzuerworben und diese nicht mit dem »Stammgrundstück« vereinigt, sondern als rechtlich selbständige Grundstücke gebucht, so kann durchaus diese Entstehungsgeschichte der Grundstücke im Grundbuch und damit die Auslegung ergeben, dass auf allen Grundstücken die Bauhandwerkerhypothek als Gesamthypothek bzw die Vormerkung zu deren Sicherung eingetragen werden soll. Auch wenn andere Anhaltspunkte für eine wirtschaftliche Einheit der rechtlich selbständigen Grundstücke bestehen, kann die Auslegung zu einem zulässigen Eintragungsantrag führen.[173]

Bei Belastung eines Grundstücksteils mit einer **Vormerkung** genügt regelmäßig eine Umschreibung dieser **52** Fläche, die Lage und Fläche muss in einer dem Verkehrsbedürfnis entsprechenden Weise ersichtlich sein.[174] Eine zureichende Bestimmbarkeit bei der Vormerkung ist erforderlich. Das OLG Köln[175] legte die Bewilligung »einer« Auflassungsvormerkung in die Bewilligung »je« einer Auflassungsvormerkung aus. Das OLG Zweibrücken verneinte die Möglichkeit der Eintragung je einer Rückauflassungsvormerkung für mehrere Berechtigte, wenn das Recht den Berechtigten zunächst gemeinschaftlich und beim Tod eines der Berechtigten dem Überlebenden allein zustehen soll.[176]

Während das Prozessgericht bei der Auslegung einer Auflassung, zumal diese selbst ohne oder bei fehlerhafter **53** Beurkundung materiell wirksam sein kann,[177] alle Umstände zu berücksichtigen hat und durch Beweiserhebungen aufklären darf, ist dem Grundbuchamt eine über den Urkundeninhalt hinausgehende Ermittlung verwehrt.[178] Das Grundbuchamt kann – anders als das Prozessgericht – eine Auflassung abweichend vom Wortlaut der beurkundeten Eintragungsunterlagen auslegen, solange der Wortlaut nicht offensichtlich unrichtig oder unvollkommen ist. Das Grundbuchamt darf die Eintragung einer nach dem Wortlaut der Urkunde eindeutigen Auflassung nur dann ablehnen, wenn es aufgrund von Umständen außerhalb der Urkunde sicher weiß, dass durch die Eintragung das Grundbuch unrichtig würde.[179] Gegebenenfalls kann, wenn die Auslegung der Auflassung die Annahme eines dahingehenden Willens des Auflassungsgebers rechtfertigt, die Nachholung der näheren Bezeichnung des aufgelassenen Grundstücks (§ 28) in der Form des § 29 durch den Auflassungsempfänger allein mit dem Eintragungsantrag verbunden werden.[180]

Das OLG Frankfurt[181] bejaht die Auslegungsfähigkeit einer *Auflassungserklärung*, nach der zwei Miteigentümer **54** den beiden anderen Miteigentümern ihre Eigentumsanteile überlassen: jeder Erwerber erwirbt die Hälfte der Mitberechtigung der Veräußerer. Wird ein Grundstück aufgelassen, an dessen Stelle im *Umlegungsverfahren* nach dem FlurbG oder nach dem BBauG ein anderes Grundstück trifft, und ist die Auswechslung im Zeitpunkt der Auflassung noch nicht eingetragen, so ergibt die Auslegung der Auflassung, dass Eigentumsübergang am Ersatz-

---

168 BayObLG Rpfleger 1981, 190 = JurBüro 1981, 427.
169 OLG Celle NJW 2000, 1730 = NZBau 2000, 198.
170 KG MDR 1999, 803. Ausführlich *Raabe* BauR 1997, 757; *Reinelt* BauR 1997, 766.
171 BGH Rpfleger 2000, 382 = ZfBR 2000, 329.
172 BayObLG Rpfleger 1981, 190 = JurBüro 1981, 427.
173 Ebenso *Meyer-Stolte* Rpfleger 1981, 191.
174 KG JW 1937, 110; BayObLG MittBayNot 1982, 132; BayObLG JurBüro 1983, 1385 mwN; BayObLGZ DNotZ 1985, 44 mwN; OLG Hamm DNotZ 1971, 48.
175 OLG Köln Rpfleger 1960, 56.
176 Rpfleger 1985, 284.
177 RGZ 132, 406; BGHZ 22, 313 = DNotZ 1957, 280.
178 BayObLG 1973, 246 = MittBayNot 1973, 366 = Rpfleger 1973, 429; BayObLG DNotZ 1976, 372 = Rpfleger 1976, 13; BayObLG DNotZ 1995, 56 = Rpfleger 1994, 344.
179 BayObLG DNotZ 1995, 56 = Rpfleger 1994, 344 = MittBayNot 1994, 319.
180 BayObLG Rpfleger 1967, 177 (*Haegele*); LG Ulm BWNotZ 1970, 91; **aA** *Schmaltz* NJW 1966, 600; BayObLG BayObLGZ 1973, 309 = Rpfleger 1974, 64 = DNotZ 1974, 172 = MittBayNot 1973, 368 = WM 1974, 165; BayObLGZ 1974, 112 = DNotZ 1974, 442 = Rpfleger 1974, 222.
181 Rpfleger 1978, 213. Zum Wohnungseigentum BayObLG ZMR 1985, 208.

grundstück gewollt ist.[182] Erklären die Miteigentümer an einem Grundstück je zur Hälfte, dass sie **einem Dritten einen halben Miteigentumsanteil** überlassen und an ihn auflassen, so hat diese Erklärung regelmäßig die nächstliegende Bedeutung, dass jeder Miteigentümer die Hälfte seines Miteigentumsanteils auf den Erwerber übertragen will. Das BayObLG[183] weicht insoweit zu Recht von seiner bisherigen Meinung[184] ab. Zu den Grundsätzen für die Bezeichnung eines Grundstücks in der Auflassungsurkunde über eine Teilfläche nahm auch das BayObLG[185] Stellung. Zulässig ist die Auslegung einer Auflassungserklärung als das **Einverständnis** damit, dass der Auflassungsempfänger das Grundstück **an einen Dritten weiter auflässt**.[186] In der Auflassungserklärung des eingetragenen Eigentümers liegt nicht zugleich seine Einwilligung, dass der Auflassungsempfänger für sich im eigenen Namen die Eintragung einer **Auflassungsvormerkung bewilligen** kann.[187] Die Aufhebungsvereinbarung über ein Anwartschaftsrecht am Grundstück kann auch die Aufhebung der Auflassung umfassen.[188] Berechtigt die Vollmacht zur Abgabe *»aller zum Vollzug des Überlassungsvertrags erforderlichen Erklärungen«*, so kann darin nicht die **Vollmacht** zur Bewilligung der Eintragung einer Auflassungsvormerkung für den Erwerber erblickt werden.[189] Die Frage der **Identität eines noch zu vermessenden Trennstücks** und der nach der Vermessung entstehenden Parzelle beantwortet sich allein aufgrund dessen, was später als Gegenstand der Auflassungsvormerkung vereinbart und ins Grundbuch eingetragen wurde. Für einen unbefangenen Betrachter kann es nach dem Inhalt des Grundbucheintrags (einschließlich Bewilligung) und den örtlichen Verhältnissen in den meisten Fällen nicht zweifelhaft sein, dass es sich bei der Beschreibung des »noch zu vermessenden Trennstücks« um bloße Annäherungswerte gehandelt hat, die den Grenzverlauf nicht mit völliger Genauigkeit, sondern nur ungefähr – wenn auch mit ausreichender Bestimmbarkeit – wiedergeben.[190] Die Vereinigung von Grundstücken bzw Grundstücksteilen ist in der Regel die Form der Verbindung von Grundstücken und ist daher im Zweifel als vom Eigentümer gewollt anzusehen.[191] Ein Zeitraum von 32 Jahren zwischen der Beurkundung der Eintragungsbewilligung und dem Antrag auf deren Vollzug lässt die Verwendbarkeit der Urkunde für das Grundbuchverfahren unberührt.[192] Einzelfallbezogen ist zu entscheiden, ob eine Jahrzehnte alte Grundbuchvollmacht noch als fortbestehend angesehen werden kann.[193] Nach heutiger herrschender Rechtsprechung enthält die Auflassung in der Regel, aber nicht denknotwendig die entsprechende Eintragungsbewilligung. Ein anderer Wille der Beteiligten muss eindeutig aus der Urkunde hervorgehen.[194] Eine *Auflassungsvollmacht* kann hinsichtlich der Prüfung der Identität von Vertragsgegenstand und aufgelassenem Grundstück ausgelegt werden.[195] Allein der Ablauf eines Zeitraumes von 15 Jahren zwischen Erteilung der Vollmacht und der Vornahme des Rechtsgeschäfts durch den Bevollmächtigten gibt im Grundbuchverfahren keinen Anlass zu Zweifeln am Fortbestand der Vollmacht.[196] Ist der Notar zur Stellung, Änderung oder Zurücknahme von Anträgen, die zum Vollzug des Vertrags erforderlich oder zweckdienlich sind, ermächtigt, so kann diese Vollmacht dahin ausgelegt werden, dass Klarstellungserklärungen nach § 28 von der Vollmacht gedeckt sind.[197] Eine Änderungsvollmacht bei Eigentumswohnungen berechtigt generell nur zu Änderungen, durch welche die im Sondereigentum stehenden Räume in ihrer Lage und Größe nicht verändert werden.[198] Bleiben bei einer

---

182 BayObLG BayObLGZ 1972, 242 = DNotZ 1973, 97; DNotZ 1986, 146; MDR 1980, 848; *Soergel-Stürner* § 925 Rn 37. Vgl konträr LG Bad Kreuznach Rpfleger 1995, 407.

183 BayObLGZ 1977, 191 =Rpfleger 1977, 360; BayObLG DNotZ 1976, 744 = Rpfleger 1976, 304.

184 BayObLG BayObLGZ 1958, 196.

185 BayObLG Rpfleger 1982, 62 = MittBayNot 1981, 247.

186 RGZ 54, 362; 136, 378; BayObLG BayObLGZ 1970, 254 = DNotZ 1971, 45; BayObLG BayObLGZ 1972, 397; BayObLGZ 1979, 12 = DNotZ 1979, 426 = Rpfleger 1979, 134; BayObLG MittBayNot 1980, 22; BayObLG Rpfleger 1984, 112.

187 BayObLGZ 1979, 12 = DNotZ 1979, 426 = Rpfleger 1979, 134; BayObLG MittBayNot 1980, 22; BayObLG Rpfleger 1984, 112.

188 *Müller-Michaels*, NJW 1994, 2742.

189 BayObLGZ 1979, 12 = DNotZ 1979, 426 = Rpfleger 1979, 134; BayObLG MittBayNot 1980, 22; BayObLG Rpfleger 1984, 112.

190 BGH DNotZ 1971, 95; BayObLG DNotZ 1983, 434 = BWNotZ 1982, 141; BayObLG DNotZ 1985, 44 mwN; OLG Hamm Rpfleger 1985, 288; BGB-RGRK-*Augustin* § 873 Rn 56. Zu Teilflächen BayObLG NJW-RR 1986, 505.

191 BayObLG Rpfleger 1996, 332 = DNotZ 1997, 470.

192 OLG München NotBZ 2007, 419; BGHZ 48, 351, 356 (Frist von 60 Jahren als unschädlich betrachtet).

193 Gutachten DNotI-Report 1995, 44; dazu BayObLG DNotI-Report 1999, 198.

194 BayObLG DNotZ 1975, 685 = Rpfleger 1975, 27; KEHE-*Munzig* § 19 Rn 12; *Nieder* NJW 1984, 332; zum Meinungsstand: *Behmer* Rpfleger 1974, 306.

195 BayObLG DNotZ 1983, 434 = BWNotZ 1982, 141; OLG Hamm Rpfleger 1985, 287; BayObLG NJW-RR 1995, 209 u 120; OLG Schleswig Rpfleger 1996, 402.

196 OLG Hamm NotBZ 2005, 264.

197 BayObLG NJW-RR 1988, 330 = DNotZ 1988, 117 = Rpfleger 1988, 60 = BWNotZ 1987, 170 = MittBayNot 1987, 252.

198 BayObLG MittBayNot 1994, 529 = MittRhNotK 1994, 283 (Abgrenzung zu BayObLG DNotZ 1994, 233); OLG Düsseldorf FGPrax 1997, 129 = DNotI-Report 1997, 119 = Rpfleger 1997, 305.

Vollmacht Zweifel über den Umfang der Bevollmächtigung, so ist von dem geringeren Umfang auszugehen.[199] Eine Vollmacht zur Belastung des Grundstücks samt Unterwerfungserklärung ist dahin auszulegen, dass der jeweilige Eigentümer im Sinne von § 800 Abs 1 ZPO der sofortigen Zwangsvollstreckung unterworfen werden kann.[200] Eine Vollzugsvollmacht kann auch einen Grundbuchberichtigungsantrag decken.[201] Eine Belastungsvollmacht kann dahin ausgelegt werden, dass sie die Bestellung einer in üblicher Höhe verzinslichen Grundschuld umfasst.[202] Eine Finanzierungsvollmacht ist bei gleichzeitiger Vereinbarung einer Sicherungsabrede und der Auflage, die Grundschuldbestellung bei dem amtierenden Notar vorzunehmen, in der Regel dahingehend auszulegen, dass der Verkäufer den Käufer zur Bewilligung von über den vereinbarten Kaufpreis hinausgehenden Grundpfandrechten bevollmächtigt, jedenfalls dann, wenn die erteilte Finanzierungsvollmacht keine Beschränkung hinsichtlich der Höhe der zu bestellenden Grundschulden enthält.[203] Bei Kettenauflassung darf eine Belastungsvollmacht nicht weiter gegeben werden.[204] Eine Finanzierungsvollmacht kann auch dazu berechtigen, einen Rangvorbehalt auszuüben.[205] Eine solche Vollmacht kann auch zur Herbeiführung eines Rangwechsels ermächtigen.[206] Eine Belastungsvollmacht an den Käufer enthält die Ermächtigung, materiellrechtliche Verfügungen und verfahrensrechtliche Bewilligungen im eigenen Namen abzugeben.[207] Eine Vollmacht zur Veräußerung einer Wohnungseigentumseinheit umfasst nicht die Belastung des Wohnungseigentums mit einem Grundpfandrecht.[208] Ermächtigen die an einem notariellen Vertrag Beteiligten den Notar, »alle zum Vollzug des Vertrags im Grundbuch noch erforderlichen Erklärungen abzugeben und Anträge zu stellen«, so erstreckt sich diese Ermächtigung nach ihrem nächstliegenden Sinn auch auf die Einschränkung der Eintragungsbewilligung.[209] Ob eine gegenüber dem Grundbuchamt abgegebene Erklärung eine Eintragungsbewilligung enthält, ist durch Auslegung zu ermitteln. Erstreckt sich eine Vollmacht auf sämtliche Grundstücksgeschäfte, so ist auch die Eigentümerzustimmung zum Rangrücktritt gem. § 880 Abs 2 S 2 BGB erfasst.[210] Das Ausscheiden eines *BGB-Gesellschafters* und Anwachsen seines Anteils nur an einige Gesellschafter kann in der Regel nicht als Abtretung seines Gesellschaftsanteils ausgelegt werden.[211] Eine Auslegung eines eindeutig gestellten Antrags auf Umschreibung des belasteten Grundstücks ist nicht zulässig, so dass ein Löschungsantrag nicht angenommen werden kann, wenn Löschungsbewilligungen oder Pfandfreigabeerklärungen nicht vorgelegt werden.[212]

Ergibt sich aus der notariellen Urkunde in keiner Weise, dass die Übergeber bei einer **Hofübergabe** über sämtlichen ihnen (in irgendeiner Form) zustehenden Grundbesitz verfügen wollten oder dass wenigstens der gesamte auf Markung X belegene Grundbesitz Gegenstand der Auflassung sein sollte, so scheidet eine Auslegung oder Umdeutung der Auflassung und von Eintragungsanträgen dahingehend aus, dass auch »**vergessene**« **Grundstücke** umgeschrieben werden können.[213] Abzulehnen ist die Meinung des OLG Düsseldorf,[214] wonach die Auflassung des *»gesamten Grundbesitzes«* als nicht ausreichend bestimmt angesehen wird. In der notariellen Urkunde muss klar zum Ausdruck kommen, dass der gesamte Bestand des betreffenden Grundbuchblatts von der Eintragung betroffen sein soll.[215] Ist dies nicht der Fall, ist also unklar, ob die Eintragungsbewilligung alle Grundstücke oder nur ein bestimmtes Grundstück betrifft, hat das Grundbuchamt vor der Eintragung durch Zwischenverfügung nach § 18 auf eine entsprechende Klarstellung hinzuwirken.[216] Wenn in einem Titel bzw in einer einstweiligen Verfügung nur die Nummer des Grundbuchblatts angegeben wurde, kann im Wege der Auslegung – ohne nähere Anhaltspunkte – nicht festgestellt werden, ob sich die **einstweilige Verfügung** nur auf ein Grundstück, ggfs welches oder den gesamten auf dem Grundbuchblatt verzeichneten Grundbesitz beziehen soll.[217]

55

---

199 BayObLG DNotZ 1989, 373; BayObLG MittBayNot 1996, 431.
200 OLG Düsseldorf Rpfleger 1989, 499.
201 OLG Düsseldorf DNotZ 1988, 589.
202 BayObLG NJW-RR 1987, 792.
203 LG Koblenz RNotZ 2003, 613.
204 OLG Düsseldorf MittRhNotK 1999, 244.
205 OLG Düsseldorf FGPrax 2000, 55.
206 OLG Düsseldorf DNotI-Report 2000, 53 = MittBayNot 2000, 115; OLG Düsseldorf Rpfleger 1999, 513.
207 OLG Naumburg DNotZ 1999, 1013 = FGPrax 1999, 168 = MittBayNot 2000, 117.
208 LG Oldenburg MittBayNot 2003, 291.
209 BayObLG MittBayNot 1996, 36 = MittRhNotK 1996, 54.
210 OLG Hamm FGPrax 2002, 146 = MittBayNot 2003, 386.
211 OLG Hamm Rpfleger 1985, 288.
212 BayObLG MittBayNot 2004, 359 = NotBZ 2004, 238 = ZNotP 2004, 235.
213 BayObLG Rpfleger 1982, 141 = DNotZ 1983, 434 LG Duisburg Rpfleger 1995, 456.
214 DNotZ 1952, 35.
215 KG OLG 43, 182.
216 BayObLG MittBayNot 1980, 207 = Rpfleger 1980, 433: Den Beteiligten ist aufzugeben, durch eine Nachtragserklärung in der Form des § 29 den Gegenstand der Belastung ausreichend zu kennzeichnen; OLG Hamm NJW 1966, 2411.
217 OLG Düsseldorf Rpfleger 1978, 216.

56 Vereinbaren die Eigentümer für immer den **Ausschluss der Aufhebung der Gemeinschaft**, so besagt dies für den unbefangenen Betrachter, dass Begünstigte der vorgesehenen Belastungen jeweils die übrigen an der Vereinbarung beteiligten Miteigentümer in dieser ihrer Eigenschaft, dh die jeweiligen Eigentümer sein sollen. Dass nicht die jeweiligen Teilhaber der Miteigentümergemeinschaft, sondern die an der Vereinbarung Beteiligten persönlich oder gar nicht zur Eigentümergemeinschaft gehörige Dritte begünstigt sein sollen, kann nur beim Vorhandensein von Anhaltspunkten in der Urkunde angenommen werden.[218]

57 Ein Vertrag über die Begründung eines **Erbbaurechts** ist nur dann hinreichend bestimmt, wenn aus einem Inhalt deutlich wird, wie die Grundstücksbebauung ungefähr beschaffen sein und ob es sich um ein einziges oder mehrere Bauwerke handeln soll.[219] Auslegung der »*Bestellung*« eines Erbbaurechts, einer »*Vereinbarung*« der Beteiligten über dessen Inhalt sowie der Bewilligung auf Eintragung des Erbbaurechts als dingliche Einigung über die Belastung eines Grundstücks mit einem Erbbaurecht ist nahe liegend.[220] Der Umstand, dass zwei Flurstücke im Bestandsverzeichnis des Erbbaugrundbuchs wie im Eingang des Bestellungsvertrages als »*Bauplatz*« bezeichnet werden, besagt nicht schon, dass auf beiden je ein Wohnhaus oder auf der Gesamtfläche zwei Häuser errichtet werden dürften; ohne Kenntnis des Vertragswillens muss der unbefangene Leser des Grundbuchs davon ausgehen, dass der Erbbauberechtigte das Recht hat, auf den beiden rechtlich selbständigen, benachbarten und zum »*Grundbesitz*« zusammengefassten Grundstücken ein Wohnhaus zu bauen.[221] Auch Erbbaurechte, bei deren Bestellung nicht alles im Voraus geregelt wurde, entbehren nicht der Rechtswirksamkeit, sofern nur deutlich ist, wie die Grundstücksbebauung ungefähr beschaffen sein sowie, ob es sich bloß um ein einziges Bauwerk oder um mehrere handeln soll. Das wäre etwa der Fall bei Bezeichnungen wie: »*ein Wohnhaus*«, »*mehrere Wohnhäuser*«, »*mehrere Wohn- und Wirtschaftsgebäude*«, »*mehrere Gebäude im Rahmen einer Wohnsiedlung*«. Dies alles kann sich durch Auslegung ergeben.[222] Die Vereinbarung eines Heimfallrechts unter der Voraussetzung, dass der Erbbauberechtigte die Pflicht zur Errichtung eines dem Bebauungsplan entsprechenden Wohnhauses verletzt, erfasst auch bei extensiver Auslegung nicht eine baurechtlich unzulässige Nutzungsänderung des Hauses.[223] Bei der Aufhebung eines Erbbaurechts können »Neubestellungserklärungen« ausgelegt werden.[224]

58 Ist der Inhalt eines auf Dauer eingeräumten Wegerechts nach dem Wortlaut der Eintragungsbewilligung ohne Einschränkung zum Gehen und Fahren beschrieben, so bedarf es eindeutiger Anhaltspunkte, um annehmen zu können, das Wegerecht sei auf die Benutzung zu einem bestimmten Zweck beschränkt.[225] Der dingliche Inhalt eines **Geh- und Fahrrechts** kann nicht durch ein **Überwölbungsrecht**[226] erweitert werden; die dahingehenden Erklärungen können als Bewilligung eines eigenen selbständigen dinglichen Rechts ausgelegt werden. Ist im Grundbuch ein Kellerrecht für eine bestimmte Person eingetragen, so hat das Grundbuchamt wegen § 891 BGB von einer beschränkten persönlichen Dienstbarkeit auszugehen, selbst wenn eine Grunddienstbarkeit ursprünglich oder später vereinbart gewesen sein sollte.[227] Erklärungen zu Dienstbarkeiten[228] **(Wegerecht) nach altem Recht** sind nach altrechtlichen Auslegungsgrundsätzen auszulegen. Dass jemand seinen Miteigentumsanspruch an einem Wegegrundstück aufgibt zugunsten nur einer beschränkten persönlichen Dienstbarkeit entspricht nicht der Lebenserfahrung.[229] Wird eine Grunddienstbarkeit bewilligt, nach der eine auf dem dienenden Grundstück befindliche **Gleisanlage**[230] von dem jeweiligen Eigentümer des herrschenden Grundstücks in zumutbarer Weise benutzt werden darf, dann ist von ihrer Eintragung in das Grundbuch wegen des Bestimmtheitsgrundsatzes klarzustellen, was unter Einschränkung »*in zumutbarer Weise*« zu verstehen ist. Mit der Wendung »*in zumutbarer Weise*« kann eine Beschränkung des Inhalts der Dienstbarkeit sowohl nach der Zeit (Benutzung nur am Tage und nicht bei Nacht) als auch nach dem Umfang (Benutzung der Gleisanlage nur zum Heranführen und Abholen von Gleisfahrzeugen oder auch zum Abstellen von Eisenbahnwaggons; Häufigkeit der Fahrten mit Gleisfahrzeugen; Benutzung auch zum Rangieren ua) wie auch in beiderlei Hinsicht gemeint

---

218 BayObLG DNotZ 1976, 744 = Rpfleger 1976, 304; *Ripfel*, Grundbuchrecht, 162; *Döbler* MittRhNotK 1983, 181, 190.

219 BGHZ 47, 190; OLG Hamm Rpfleger 1983, 349.

220 BayObLG Rpfleger 1984, 266. Zur Mitbelastung: BayObLG Rpfleger 1984, 145 = JurBüro 1984, 1393 = MittRhNotK 1984, 117 = MittBayNot 1984, 27.

221 BGH DNotZ 1976, 16. Dazu auch die Falllage bei OLG Schleswig Rpfleger 1996, 402.

222 BGH DNotZ 1967, 757.

223 BGH Rpfleger 1985, 60.

224 BayObLG Rpfleger 1987, 156 = MittBayNot 1987, 88.

225 OLG Köln NotBZ 2006, 366.

226 BayObLG Rpfleger 1967, 11.

227 BayObLG NotBZ 2004, 238.

228 RGZ 131, 159; BayObLG DNotZ 1980, 103 = Rpfleger 1979, 381; OLG Hamm DNotZ 1965, 426 = JMBlNRW 1964, 270; LG Freiburg Rpfleger 1981, 146 = BWNotZ 1981, 42; LG Lübeck SchlHAnz 1964, 129, 163, (*Scheyhing*). Wegen der Nutzung des herrschenden Grundstücks zur Zeit der Bestellung der Dienstbarkeit: BGH Rpfleger 1985, 101 = JZ 1985, 633 m Anm *Waldner* = MDR 1985, 218 = NJW 1985, 385 = MittBayNot 1985, 67.

229 LG Freiburg Rpfleger 1981, 146 = BWNotZ 1981, 42.

230 OLG Frankfurt Rpfleger 1983, 61 = MDR 1983, 130 = OLGZ 1983, 34.

sein. Bei einer Grunddienstbarkeit für mehrere Berechtigte ist nach § 47 das in Betracht kommende Gemeinschaftsverhältnis anzugeben. Fehlt dieses in der Eintragungsbewilligung, so kommt eine Auslegung in zwei Richtungen in Betracht: einerseits kann zugunsten der jeweiligen Eigentümer mehrerer selbstständiger Grundstücke eine einheitliche Dienstbarkeit in modifizierter Gesamtberechtigung gem. § 428 BGB bestellt werden; andererseits könnte es sich bei einer ohne Beteiligungsverhältnis eingetragenen Dienstbarkeit zugunsten mehrerer Grundstücke auch um Einzelrechte handeln, die nur zusammengefasst eingetragen sind; Auslegungsregeln sind nicht erkennbar.[231] Gleichwohl ist die Unterscheidung wichtig, wenn über das Recht verfügt werden soll, z.B. durch Löschung des Rechts.

Bei einer **Grunddienstbarkeit**, »den Hofraum« eines Grundstücks »zum Zwecke der sofortigen Be- und Entladung von Fahrzeugen« zu einem anderen Grundstück »hin zu benutzen«, folgt für einen unbefangenen Betrachter, dass der Hofraum mit Fahrzeugen so befahren und benutzt werden darf, wie eine ordnungsgemäße Be- und Entladung von Fahrzeugen zum herrschenden Grundstück hin dies erfordern; eine Einschränkung hinsichtlich des Fahrzeugtyps, der Fahrtrichtung, der Person und Qualifikation des Kraftfahrers sowie der Art und Weise der Be- und Entladung kann daraus nicht hergeleitet werden.[232] Ein Wegerecht des Inhalts, das dienende Grundstück zu landwirtschaftlichen Zwecken zu überqueren, berechtigt den jeweiligen Eigentümer des herrschenden Grundstücks nicht zu Fahrten von und zu den Gewächshäusern und einem Wohnhaus, die er später für einen Gartenbaubetrieb errichtet hat.[233] Die Auslegung der Eintragungsbewilligung mit dem Text »Anlagen der Ver- und Entsorgung« ergibt doch eine Eindeutigkeit des zulässigen Inhalts einer Dienstbarkeit. Als Anlage der Entsorgung kommt eine Abwasserleitung in Betracht: Zu den Anlagen der Versorgung gehören Leitungen zur Versorgung mit Wasser, elektrischem Strom, möglicherweise mit Gas und Fernwärme, und Anschlüsse an das Telefonnetz und darüber hinaus noch an das Kabelnetz der Telekom.[234] Der Grundbucheintrag »Wasser aus einer Quelle mittels eines Rohres zu entnehmen« kann als Wasserentnahmerecht ausgelegt werden.[235] Ist der Dienstbarkeitsberechtigte im Eintragungsvermerk eindeutig angegeben, so ist für eine Auslegung anhand der Eintragungsbewilligung oder tatsächlichen Verhältnisse kein Raum mehr.[236] Der Wortlaut des Eintragungsvermerks im Grundbuch mit der Formulierung, das **Wohnungsrecht** bestehe auf die Dauer des ledigen »und« besitzlosen Standes, spricht dafür, dass für den (Fort-)Bestand des Rechts beide Voraussetzungen gegeben sein müssen, dass das Recht also erlöschen soll, wenn eine der Voraussetzungen nicht mehr gegeben ist, andernfalls würde sich der Gebrauch des Wortes »oder« anbieten.[237] Die Erklärung eines Grundstückseigentümers, dass er einem anderen für dessen Lebenszeit das Verbleiben auf dem Grundstück gestatte und wegen seines Alters das Grundstück nicht mehr verkaufen werde, ist nicht dahin auszulegen, dass das Abkommen nur auf die Lebenszeit des Eigentümers beschränkt ist. Bei späterer notwendiger Heimunterbringung des Wohnungsberechtigten kann hinsichtlich des Erlöschen des Rechts eine Auslegung der Erklärungen notwendig werden.[238] Bei einem Wohnrecht muss differenziert werden zwischen der schlichten Dienstbarkeit, dem Wohnrecht nach § 1093 BGB (der Regelfall eines Wohnrechts) und der Wohnungsreallast nach § 1105 BGB. Die Eintragungsbewilligung ist insoweit der Auslegung zugänglich.[239] Wird die Eintragung eines Wohnungsrechts bewilligt, dann ist die nächstliegende Bedeutung für einen unbefangenen Betrachter das Wohnungsrecht unter Ausschluss des Eigentümers gem. § 1093 BGB, ohne dass dies besonders herausgestellt werden muss.[240] Sind bei der Eintragung eines Wohnungsrechts die von dem Benutzungsrechts erfassten Räume nicht bezeichnet, ist die nächstliegende Bedeutung, dass sich das Wohnungsrecht auf das gesamte Gebäude erstreckt.[241]

Ist im Grundbuch ein lebenslanger **unentgeltlicher Nießbrauch** an einem Grundstück eingetragen, so bedeutet das nicht, dass der Nießbraucher die privatrechtlichen Lasten des Grundstücks für die schon zur Zeit der Bestellung des Nießbrauchs eingetragenen dinglichen Rechte nicht zu tragen hat.[242] Nach dem Sprachgebrauch, auf den hier in erster Linie abzustellen ist, kann unter einem »unentgeltlichen Nießbrauch« nur ein Nieß- **59**

---

231 Zu allem LG Traunstein Rpfleger 1987, 242; LG Düsseldorf MittRhNotK 1978, 19; BayObLG DNotZ 1992, 366 = Rpfleger 1992, 191 = NJW-RR 1992, 847; BayObLG MittBayNot 1982, 168; BayObLG DNotZ 2002, 950; BayObLG NotBZ 2002, 265.

232 BGH NJW-RR 1991, 457 = Rpfleger 1991, 49 = MDR 1991, 421. Zum Begriff Wegerecht OLG Karlsruhe BWNotZ 1985, 174.

233 BGH DNotI-Report 2003, 133.

234 BayObLG MittBayNot 1988, 231.

235 BGH NJW-RR 1988, 1239. Zur Auslegung des Inhalts und Umfangs einer Grunddienstbarkeit BGH NJW 1960, 673.

236 BayObLG MittRhNotK 1996, 55.

237 BayObLG Rpfleger 1983, 61 rechte Spalte = JurBüro 1983, 1389 = MDR 1983, 227 = BWNotZ 1983, 17 = AgrarR 1983, 97.

238 OLG Hamm FamRZ 1999, 786.

239 Dazu OLG Stuttgart BWNotZ 1990, 162; ausführlich *Böhringer* BWNotZ 1990, 153.

240 *Wulf* DNotZ 1997, 321.

241 BayObLG MittBayNot 1999, 561.

242 BGH DNotZ 1974, 294.

brauch verstanden werden, der ohne Gegenleistung, also im Wege der Schenkung, bestellt wird, und nicht ein solcher, bei dem der Nießbraucher von den in § 1047 BGB aufgeführten Lasten befreit sein soll. Diese Lastentragung ist schon dem Wortlaut nach keine Gegenleistung. Sie stellt vielmehr eine Beschränkung des Nießbrauchs dar.[243]

60   Eine Dienstbarkeit, die im Grundbuch nur als »**Baubeschränkung**« eingetragen ist, kann auch nicht über die Bezugnahme auf die Eintragungsbewilligung und das Kausalgeschäft als gleichzeitige **Gebäudenutzungsbeschränkung** ausgelegt werden. Im vorliegenden Falle lautete der Grundbucheintrag auf eine Baubeschränkung. Nach dem allgemeinen Sprachgebrauch fällt darunter eine Nutzungsbeschränkung nicht, weil es sich um eine wesentlich verschiedene Eigentumsbelastung handelt. Der Wortlaut des Eintrags »Baubeschränkung« erfasst nicht auch die Nutzungsbeschränkung, weil sie sich nicht notwendigerweise aus der Baubeschränkung ergibt. Die Nutzungsbeschränkung ist gegenüber der Baubeschränkung eine andere, selbständige, neben der Baubeschränkung bestehende Eigentumsbelastung; sie stellt nicht lediglich deren nähere Ausgestaltung dar. Baubeschränkung und Nutzungsbeschränkung stehen deshalb nicht in diesem Verhältnis zueinander, jede kann ohne die andere sinnvoll sein.[244] Eine Baubeschränkung auf »eineinhalbgeschossige« Bauweise kann nach BGH[245] Inhalt einer Grunddienstbarkeit sein. Das OLG Hamburg[246] hat in einer Baubeschränkung des Inhalts, dass auf jedem Grundstück zur Wahrung des ländlichen Charakters eines Vorortes von Hamburg nur ein Wohnhaus erbaut werden dürfe, nur die Festlegung des äußeren Charakters der Häuser gesehen, einen Anspruch auf eine bestimmte Art der Benutzung verneint.[247] Zur Reallast s OLG Köln.[248]

61   Die **Ausübungsstelle einer Dienstbarkeit** ist rechtsgeschäftlich zu bestimmen und im Wege der Bezugnahme auf die Eintragungsbewilligung zum Inhalt der Eintragung zu machen.[249] Das OLG Bremen[250] ist hierzu der Meinung, einem Bauverbot komme bei rein landwirtschaftlichen Grundstücken keine praktische Bedeutung zu, sodass bei ihm von einer rechtsgeschäftlichen Festlegung der Ausübungsstelle abgesehen werden könne. Dagegen vertritt das OLG Hamm[251] die Ansicht, die rechtsgeschäftliche Festlegung der Ausübungsstelle sei immer zwingend erforderlich und legte seinen gleich lautenden Fall dem BGH vor. Dieser[252] vermied es, die Streitfrage generell zu entscheiden, sondern entschied im speziellen Fall, dass es nicht genüge, die Ausübungsstelle in eine mit der Bewilligung verbundene Skizze einzuzeichnen, dass vielmehr in der Bewilligung ausdrücklich auf die beigefügte Skizze Bezug genommen werden müsse. In Fortführung seiner Rechtsprechung entschied der BGH sodann, dass die Parteien keine rechtsgeschäftliche Vereinbarung zur Bestimmung der Ausübungsstelle treffen müssen, die Festlegung der Ausübungsstelle könne der tatsächlichen Ausübung durch den Berechtigten überlassen werden.[253] Eine Grunddienstbarkeit, die ein Wegerecht im Rahmen der vorgegebenen örtlichen Situation einräumt, ist nach OLG Koblenz[254] inhaltlich zu unbestimmt und daher nicht eintragungsfähig, was aber zwar im entschiedenen Fall zutraf, aber so nicht verallgemeinert werden kann. Besteht ein **Wahlrecht für die Leitungsführung**, wie es § 1023 BGB zum Ausdruck bringt, so verlangt das LG Kassel[255] keinen besonderen Nachweis der Ausübungsstelle. Steht es also im Belieben der Beteiligten, ob sie den Ausübungsort rechtsgeschäftlich zum Inhalt der Dienstbarkeit machen, so muss die Ausübungsstelle in der Eintragungsbewilligung mit der für den Grundbuchverkehr erforderlichen Bestimmtheit und Eindeutigkeit bezeichnet sein. Soll dagegen die tatsächliche Ausübung maßgeblich sein, so besteht dieses Erfordernis nicht. Wird in der Eintragungsbewilligung auf eine bereits bestehende Anlage oder Einrichtung Bezug genommen, so ist dies in aller Regel so auszulegen, dass dies die Ausübungsstelle und dass ihre Festlegung rechtsgeschäftlicher Inhalt ist.[256] Nach der Bestellung einer Dienstbarkeit kann sich im Wege der Auslegung ergeben, dass sich künftig die Sicherungspflichten des Dienstbarkeitsberechtigten erhöhen.[257]

---

243   BGH DNotZ 1971, 302; 1974, 294.
244   BGH DNotZ 1966, 486.
245   BGH ZNotP 2002, 276 = DNotZ 2002, 718 = NotBZ 2002, 179 = Rpfleger 2002, 352.
246   OLG Hamburg OLG 39, 232.
247   KG JR 1963, 18.
248   OLG Köln OLGZ 1966, 231 = DNotZ 1966, 677.
249   BGB-RGRK-*Rothe* § 1018 Rn 31; *Nieder* NJW 1984, 334; BayObLG DNotZ 1984, 565 = Rpfleger 1983, 143. Die Ausübungsstelle braucht aber nicht immer rechtsgeschäftlich bestimmt sein, tatsächliche Ausübung genügt; BGH DNotZ 1985, 37 = Rpfleger 1984, 227 m Anm *Böttcher*.
250   NJW 1965, 2403 = BWNotZ 1966, 112.
251   Rpfleger 1981, 178.
252   BGH NJW 1981, 1781 = Rpfleger 1981, 286 = DNotZ 1982, 228; BGH DNotZ 1985, 37 = Rpfleger 1984, 227 m Anm *Böttcher* = NJW 1984, 2210 = MittBayNot 1984, 84 = BauR 1984, 303.
253   BGH NJW 2002, 3021 = DNotZ 2002, 721 = Rpfleger 2002, 511 = NotBZ 2002, 302 = ZNotP 2002, 441.
254   NotBZ 2007, 417.
255   NJW 1964, 932; BayObLG BayObLGZ 1983 Nr 48 = Rpfleger 1984, 12; BayObLG DNotZ 1984, 565; LG Aachen MittRhNotK 1983, 112.
256   BayObLG MittBayNot 1992, 399 mwN.
257   BGH DNotZ 1959, 240; BGH NJW 1985, 385; *Staudinger-Ring* Vorbem 28 zu §§ 1018–1029; BGB-RGRK-*Rothe* BGB § 1018 Rn 31.

Mit der Bewilligung einer »beschränkt persönlichen **Dienstbarkeit zugunsten des jeweiligen Eigentümers** 62
eines Grundstückes« kann eine Grunddienstbarkeit gewollt sein. Dafür kann der Umstand sprechen, dass die
Dienstbarkeit auch Fensterrechte sichern soll, die ihrer Natur nach auf Dauer bestimmt und deshalb nicht an
die Person, sondern an die Sache gebunden sind.[258] Ist im Grundbuch ein Überfahrtsrecht für eine bestimmte
Person und »deren **Rechtsnachfolger**« eingetragen und ergibt sich etwas anderes auch nicht aus der Eintragungsbewilligung, dann handelt es sich nicht um eine **Grunddienstbarkeit**; es kann jedoch eine beschränkte
persönliche Dienstbarkeit gegeben sein.[259] Mit Recht weist aber Wehrens[260] darauf hin, dass im Einzelfall bei
Berücksichtigung aller Umstände das eingetragene Recht trotzdem als Grunddienstbarkeit zu verstehen ist. Ein
im Jahre 1899 begründetes »*Zufahrtsrecht*« zugunsten einer bestimmten Person und deren Rechtsnachfolger
kann als Grunddienstbarkeit gewollt gewesen sein.[261] Die Vereinbarung der Vertragsteile, das Zufahrtsrecht solle
nicht im Bayerischen Hypothekenbuch (alten Rechts) eingetragen werden, steht der Eintragung einer altrechtlichen Dienstbarkeit nicht entgegen, wenn es sich hierbei um eine Grunddienstbarkeit iSd BGB handelt. Eine
im Jahre 1894 bestellte und eingetragene Gewerbebetriebsbeschränkung *»zugunsten der Gastwirtseheleute X und
deren Nachfolger im Besitze des Gastwirtsanwesens Haus Nr 10 in Y«* kann als inhaltlich zulässige Grunddienstbarkeit ausgelegt werden, deren Berechtigung ausreichend bezeichnet worden ist.[262] In den Gründen wurde auf die
in Rpfleger 1976, 250 abgedruckte Entscheidung verwiesen. Außerdem wurde dargelegt, dass § 1019 BGB
zwar auf altrechtliche Dienstbarkeiten (= »**Servituten**«) nicht anwendbar sei, diese aber auch nach altem (bayer
Land-)Recht dem Berechtigten einen Vorteil bringen müsse; ein solcher wurde bejaht.

Ein für den Berechtigten und seine Rechtsnachfolger bestelltes **dingliches Vorkaufsrecht** stellt kein subjektiv- 63
dingliches Vorkaufsrecht im Sinne von § 1094 Abs 2 BGB dar.[263] Das Vorkaufsrecht, um das es sich beim vom
BGH entschiedenen Fall handelte, hatte keinen subjektiv-dinglichen Charakter. Es ist vielmehr subjektiv-persönlich im Sinne von § 1094 Abs 1 BGB. Das ergab sowohl die Eintragung in Abteilung II der in Betracht
kommenden Grundbücher als auch die überall dort in Bezug genommene Bewilligung. Danach sind die Vorkaufsrechte bestellt worden zugunsten bestimmter Personen, die sämtlich unter Angabe von Name und Wohnort genau bezeichnet werden. Wenn Grundbuch und Eintragungsbewilligung außerdem als Berechtigte die
Rechtsnachfolger der Genannten aufführen, so liegt darin nicht eine Verdinglichung auf der aktiven Seite. Das
Wort »**Rechtsnachfolger**« bedeutet nach dem Zusammenhang ersichtlich nicht den jeweiligen Inhaber des
betreffenden Miteigentumsanteils, es meint vielmehr denjenigen, auf den das Vorkaufsrecht selbst später einmal
übergehen wird. Das hat auch seinen guten Sinn. Vorkaufsrechte sind nämlich nach §§ 1098 Abs 1 S 1, 473
S 1 BGB grundsätzlich weder übertragbar noch vererblich, sofern nicht ein anderes bestimmt ist. Die ausdrückliche Erwähnung der Rechtsnachfolger besagt also nichts anderes, als dass die Beteiligten, abweichend vom
Regelfalle, die Übertragbarkeit und Vererblichkeit auf Seiten des Vorkaufsberechtigten vereinbart haben. Eine
solche Vereinbarung bedarf, um dinglich wirksam zu sein, der grundbuchlichen Eintragung, wie sie erfolgt ist.
Die Beschränkung der **Vererblichkeit** auf die Kinder des Vorkaufsberechtigten ist eine gesetzlich zulässige Vereinbarung. Der Begriff »vererblich« ist nicht restriktiv dahin auszulegen, dass das Vorkaufsrecht nur im Wege
der Gesamtrechtsnachfolge nach § 1922 BGB auf die Kinder als Erben übergeht, sondern dahingehend, dass
auch eine Vermächtniserfüllung zugunsten der Kinder gemeint ist.[264] Ein allgemeiner Sprachgebrauch, demzufolge das Wort »**Rechtsnachfolger**« ausschließlich oder wenigstens in erster Linie auf den Gesamtrechtsnachfolger angewendet wird, besteht nicht. Der Abtretungsempfänger ist vom Sprachgebrauch her genau so
»Rechtsnachfolger« wie der Erbe. Wird in der Grundbucheintragung das Wort »Rechtsnachfolger« verwendet,
so enthält dies keine Einschränkung der Rechtsnachfolge nur auf die Gesamtrechtsnachfolge.[265] Ein Vertrag, mit
dem ein dingliches Vorkaufsrecht bestellt werden soll, das nur an einem Teil eines Flurstücks besteht, war
bis 31.12.2001 nach § 306 aF BGB nichtig, wenn es nicht dahin ausgelegt werden kann, der von dem Vorkaufsrecht erfasste Grundstücksteil solle als selbständiges Flurstück katasterrechtlich abgeteilt werden.[266] Vgl seit
01.01.2002 § 311a BGB.

Das Wort **Renten-»schuld«** braucht nicht notwendig in dem besonderen Sinne des § 1199 BGB, sondern es 64
kann auch in unscharfer Ausdrucksweise im Sinne einer Renten-*»verbindlichkeit«* aufgefasst werden, vor allem
wenn es sich um einen Gutsüberlassungsvertrag handelt. Die Auslegung der Eintragungsbewilligung kann erge-

---

258 BGH DNotZ 1969, 358; BGB-RGRK-*Augustin* § 873 Rn 55 ff.
259 BGH DNotZ 1965, 473.
260 DNotZ 1965, 476.
261 BayObLG Rpfleger 1984, 142.
262 BayObLG Rpfleger 1983, 344.
263 BGH DNotZ 1963, 236.
264 LG Würzburg DNotZ 1992, 319, ebenso OLG Hamm Rpfleger 1960, 154; **aA** LG Stuttgart BWNotZ 1974, 85.
265 BGH BB 1991, 503 = Rpfleger 1991, 199.
266 OLG Hamm NJW-RR 1996, 849.

ben, dass trotz der Bezeichnung »Rentenschuld« eine **Rentenreallast** bewilligt ist.[267] Umgekehrt kann trotz Bezeichnung einer »Leibrente« eine solche nicht vorliegen.[268]

65   Das Versprechen einer **Hypothek** an zweiter Rangstelle kann dahin ausgelegt werden, dass die Hypothek unmittelbar hinter der ersten Hypothek zu gewähren ist.[269] Fraglich ist, ob ein Antrag auf Eintragung einer rechtsgeschäftlich bestellten Hypothek als ersetzbar in einen Antrag auf Eintragung einer Zwangshypothek ausgelegt werden kann.[270] Auslegungsfähig ist die **Vorrangseinräumung** für eine Baugeldhypothek.[271] Die Vereinbarung vorzeitiger Fälligkeit einer Hypothek kann bedeuten, dass auch der Schuldner ein vorzeitiges Rückzahlungsrecht haben soll.[272] Das KG[273] deutete einen Antrag auf Grundbuchberichtigung (Eintragung eines unzulässigen **Rangvermerks** zwischen Nacherbenvermerk und gleichzeitig eingetragenem Grundpfandrecht) um in einen Antrag auf Eintragung eines zulässigen **Vermerks der Wirksamkeit des Grundpfandrechts** gegenüber dem Nacherben. Werden in einem Grundstücksveräußerungsvertrag mehrere Rechte als Gegenleistung für den Veräußerer bestellt, so kann regelmäßig eine *stillschweigende Rangbestimmung* dahin angenommen werden, dass diese Rechte untereinander Gleichrang haben sollen.[274] Die Erklärung des bisherigen Erbbauberechtigten, der das Grundstück (unter Aufhebung des *Erbbaurechts*) erwirbt, er belaste das Grundstück mit den am Erbbaurecht eingetragenen Rechten im selben Rangverhältnis mit, kann als entsprechende Eintragungsbewilligung ausgelegt werden.[275] Mit Recht wird zum **Zinsbeginn** bei einer Grundschuld der Standpunkt eingenommen, dass, wenn keine besonderen Umstände entgegenstehen, die Regel dahin geht, dass bei fehlender Angabe über den Zinsbeginn die Verzinsung mit der Eintragung der Grundschuld beginnen soll, während für eine andere Auslegung, die Ausnahme wäre, es eines besonderen Anhalts in den beurkundeten Erklärungen der Beteiligten bedarf.[276] Der Zinsbeginn ist auch vor Eintritt aufschiebender Bedingungen möglich.[277] »*Tag der Eintragung*« für Zinsbeginn genügt auch dem Bestimmtheitserfordernis.[278] Lässt die Eintragungsbewilligung die Auslegung zu, dass Zinsen erst vom Tage der Eintragung an gefordert, auf alle Fälle erst von da an hypothekarisch gesichert werden sollen, so mag eine besondere Angabe des Beginns der Verzinsung überflüssig sein. Bestritten ist aber, ob das Grundbuchamt ohne weiteres zu dieser Auslegung gelangen muss.[279] Bei Eintragung von Grundschuldzinsen im Grundbuch bedarf es nicht der Bezeichnung als Jahreszinsen. Die Anführung des Wortes »*jährlich*« bei Eintragung des Zinssatzes ist durch Bezugnahme gedeckt.[280]

66   Enthält eine Grundpfandrechts**abtretungsurkunde**[281] keine Aussage darüber, ob, in welcher Höhe und ab wann **Zinsen** und sonstige Nebenleistungen auf den Zessionar übergehen sollen, so ist im Wege der Auslegung der Wille der Beteiligten zu ermitteln, wobei in der Regel davon ausgegangen werden kann, dass rückständige Nebenleistungen nicht, künftig fällig werdende Nebenleistungen dagegen auf den Zessionar mit übergehen sollen.[282] Sind mit einer Grundschuld, die ab ihrer Eintragung zu verzinsen ist, Zinsen »*von Anfang an*« abgetreten, so sind hiermit mangels entgegenstehender Anhaltspunkte alle Zinsansprüche gemeint. Der Bestimmtheitsgrundsatz steht der Eintragung dieser Abtretung im Grundbuch nicht entgegen.[283] Der Begriff »*laufende Zinsen*«[284] wird als zu unklar erachtet. Zweifel können aber dann nicht aufkommen, wenn Zinsen nur noch dem

---

267   KG DNotZ 1958, 203 (*Hieber*).
268   BGH DNotZ 1992, 297.
269   RG SeuffA 78 Nr 68.
270   So OLG Naumburg m krit Anm *Diefenbach* NotBZ 2000, 193.
271   RGZ 76, 373; 83, 125; 86, 221.
272   RG JW 1930, 1193; *Soergel-Hefermehl* § 133 Rn 43.
273   HRR 1934, 199; *Ripfel*, Grundbuchrecht, 53.
274   So das LG Augsburg Rpfleger 1984, 435; ausführlich *Bauch* und *Bielau* Rpfleger 1983, 421; BayObLG Rpfleger 1982, 334.
275   BayObLG Rpfleger 1984, 145 = JurBüro 1984, 1393 = DNotZ 1985, 372.
276   RGZ 136, 235; OLG Köln NJW 1960, 1108; LG Aachen Rpfleger 1963, 116 (*Haegele*); *Palandt/Bassenge* § 1115 Rn 13; LG Aachen Rpfleger 1986, 89 zum Rangvorbehalt. Ausführlich zur Fälligkeit von Grundschuldzinsen: *Bauch* Rpfleger 1985, 466.
277   OLG Stuttgart NJW 1953, 464; *Schöner/Stöber* Rn 1957.
278   OLG Stuttgart DNotZ 1974, 358.
279   *Schöner/Stöber* Rn 1957.
280   OLG Saarbrücken OLGZ 1979, 306 = Rpfleger 1979, 305 = MittRhNotK 1980, 52; OLG Frankfurt OLGZ 1980, 72 = Rpfleger 1980, 18; OLG Zweibrücken MittBayNot 1976, 139; LG Frankenthal Rpfleger 1976, 246 = MDR 1976, 222; LG Bielefeld Rpfleger 1981, 354 unter Aufgabe seiner Meinung in JurBüro 1975, 967; OLG Neustadt NJW 1961, 2260; *Schöner/Stöber* Rn 1957; *Meyer-Stolte* Rpfleger 1975, 120; *Böttcher* Rpfleger 1980, 81. **AA** noch OLG Frankfurt Rpfleger 1978, 409; LG Marburg MDR 1979, 846; *Riggers* JurBüro 1975, 1034; *Österreich* MDR 1979, 13.
281   KG KGJ 40, 273; 46, 240; OLG Hamm JMBlNRW 1957, 158; LG Lübeck Rpfleger 1955, 159.
282   BGH NJW 1961, 1524; MüKo-*Eickmann* § 1159 Rn 6; *Riedel* RpflStud 1978, 15; ausführlich dazu: *Böttcher* Rpfleger 1984, 85 mwN; kritisch zu allem KEHE-*Dümig* § 26 Rn 41.
283   BayObLGZ 1984 Nr 23 = DNotZ 1984, 562 = Rpfleger 1984, 351; BayObLG Rpfleger 1984, 266; *Böttcher* Rpfleger 1984, 85.
284   KG HRR 1941 NR 604 = DNotZ 1941, 177; *Schöner/Stöber* Rn 2384.

neuen Gläubiger zustehen können, weil *»rückständige, laufende und künftige Zinsen«* mit abgetreten sind.[285] Die Abtretung einer Grundschuld *»nebst sämtlichen Zinsen«*[286] genügt nicht dem das Sachenrecht beherrschenden Bestimmtheitsgrundsatz, ebenso wenig die Bezeichnung *»mit den laufenden Zinsen«,*[287] anders aber bei der Formulierung *»mit den rückständigen, laufenden und künftigen Zinsen«,*[288] *»mit allen eingetragenen Zinsen«.*[289] Die Formulierung **»vom Tage der Eintragung an«** widerspricht bei Buchgrundpfandrechten dem Bestimmtheitsgrundsatz; es liegt Mehrdeutigkeit vor, weil die Formulierung bedeuten kann, dass die Nebenleistungen vom Tage der Eintragung der Abtretung oder vom Tage der Eintragung des Grundpfandrechts zu entrichten sind.[290] Bei Briefrechten gilt gleiches, wenn die Abtretung im Grundbuch eingetragen werden soll, allerdings kann die Abtretungserklärung in diesem Fall nur so verstanden werden, dass die Zinsen ab Eintragung des Grundpfandrechts im Grundbuch abgetreten sind.[291] Eine Zusammenstellung der zahlreichen Formulierungsvorschläge mit rechtlicher Würdigung gibt *Böttcher.*[292] Zur rückwirkenden Zinsabtretung bei einer Eigentümergrundschuld neuerdings BGH,[293] BayObLG,[294] OLG Düsseldorf.[295]

Der Inhalt der Zustimmung des Eigentümers zur **Löschung eines Grundpfandrechts** muss ausdrücklich oder durch Auslegung das Einverständnis des Eigentümers mit der Löschung eines bestimmten Grundpfandrechts enthalten. Zulässig ist die Zustimmung im Voraus zu allen etwaigen Löschungen nach Maßgabe der noch zu erteilenden Gläubigererklärungen.[296] Die Zustimmung kann auch in der Form erklärt werden, dass bei Bestellung eines neuen Rechts allen Erklärungen zugestimmt wird, die erforderlich sind, um diesem den bedungenen Rang zu verschaffen.[297] In der formularmäßigen Äußerung des Eigentümers, er *»bewilligt die zur Beschaffung des in Abschnitt X der Urkunde bestimmten Ranges erforderlichen Erklärung«* braucht nicht notwendig nur ein Einverständnis zu einem **Rangrücktritt** gesehen werden. Die Erklärung kann auch als Zustimmung zur Löschung des Grundpfandrechts zu werten sein wie dann, wenn die in Aussicht genommene Rangstelle des neuen Grundpfandrechts nur mit Löschungszustimmung erreicht werden kann.[298] Ob in einer Zustimmungserklärung des Eigentümers zur Teillöschung einer Hypothek eine Bewilligung zur Änderung des Inhalts des Rechts erblickt werden kann, erscheint mehr als fraglich.[299] Nach Meinung des LG Augsburg ist in der Zustimmung zur partiellen Aufhebung einer Grundschuld auch die Zustimmung zu deren Rangrücktritt enthalten.[300] Die vom Verkäufer eines Grundstücks in der Kaufvertragsurkunde enthaltene Löschungszustimmung zur erforderlichen Lastenfreistellung kann dahingehend ausgelegt werden, dass sie auch die Zustimmung zur Löschung von Rechten mit umfasst, die bei Beurkundung des Vertrags noch nicht im Grundbuch eingetragen waren (zB nach Vertragsabschluss eingetragene Zwangshypothek).[301] Die Erklärung des Eigentümers, die Löschung aller auf seinem Grundbesitz eingetragenen Belastungen nach Maßgabe der Gläubigerbewilligung zu bewilligen und zu beantragen, kann dahin ausgelegt werden, dass der Eigentümer damit nicht nur die nach § 1183 BGB, § 27 erforderliche Eigentümerzustimmung erteilt, sondern auch die Löschung einer Belastung für den Fall bewilligt, dass ein Grundpfandrecht kraft Gesetzes auf ihn als Eigentümer übergegangen ist.[302] Legt der Notar eine Auflassungsurkunde zur Eintragung vor, in der vereinbart ist, dass keine Belastungen übernommen werden, so ist die

67

---

285 KG JFG 6, 323; ausführlich zur Fälligkeit von Grundschuldzinsen: *Bauch* Rpfleger 1985, 466.
286 OLG Frankfurt MDR 1978, 228 = JurBüro 1978, 421.
287 KG HRR 1941 Nr 604 = DNotZ 1941, 177.
288 KG JFG 6, 323; KGJ 46, 240; 51, 294.
289 KG JW 1932, 376.
290 OLG Oldenburg Rpfleger 1976, 181; LG Bonn MittRhNotK 1977, 149; LG Köln MittRhNotK 1978, 40; *Schöner/Stöber* Rn 2384; *Böttcher* Rpfleger 1984, 85.
291 LG Köln MittRhNotK 1978, 14; *Schöner/Stöber* Rn 2384; **aA** LG Bonn MittRhNotK 1977, 149; OLG Oldenburg Rpfleger 1976, 181; LG Ellwangen BWNotZ 1988, 150; *Böttcher* Rpfleger 1984, 85. Zur Abtretung einer Eigentümergrundschuld OLG Köln Rpfleger 1985, 9 = WM 1984, 1475 = ZIP 1984, 1333 = JMBlNRW 1985, 34 gegen BayObLG Rpfleger 1976, 181; 1979, 100.
292 Rpfleger 1984, 85. Zur Abtretung von Zinsrückständen auch *Balser* NJW 1958, 698.
293 Rpfleger 1986, 9 = DNotZ 1986, 227 = WM 1985, 1453.
294 Rpfleger 1987, 365.
295 Rpfleger 1986, 468.
296 OLG Köln DNotZ 1982, 260 = Rpfleger 1981, 354; KEHE-*Munzig* § 27 Rn 10; *Schöner/Stöber* Rn 2757; *Haegele* Rpfleger 1970, 286; **aA** OLG Köln Rpfleger 1970, 286 (ablehnend *Haegele*) = MittBayNot 1970, 156 = MittRhNotK 1969, 789 (überholt).
297 *Schöner/Stöber* Rn 2758.
298 BayObLGZ 1973, 220 = DNotZ 1974, 92 = Rpfleger 1973, 404; BayObLG DNotZ 1980, 481 = Rpfleger 1980, 19; BayObLG DNotZ 1980, 433 = MDR 1981, 62; BayObLG DNotZ 1983, 434; BayObLG DNotZ 1980, 230 = MittBayNot 1979, 111; *Schöner/Stöber* Rn 2758. Zur stillschweigenden Rangbestimmung bei der Grundstücksveräußerung *Bauch* Rpfleger 1983, 421; *Bielau* Rpfleger 1983, 435.
299 OLG Düsseldorf Rpfleger 1985, 394.
300 MittBayNot 1983, 62.
301 LG Frankenthal MittBayNot 1988, 180; vgl auch BayObLG Rpfleger 1981, 23 = MittBayNot 1980, 208.
302 OLG Düsseldorf MittRhNotK 1988, 175.

nächstliegende Bedeutung, dass sämtliche Belastungen gelöscht werden sollen.[303] Eine Eintragungsbewilligung ist in der Regel in einer sachenrechtlichen Erklärung mit enthalten. Allerdings kann nach allgemeinen Auslegungsgrundsätzen nicht davon ausgegangen werden, dass die Bewilligung zur Löschung eines Grundpfandrechts die Bewilligung zur Eintragung eines Rangrücktritts enthält, da das Erlöschen eines Grundpfandrechts an einem abgeschriebenen Grundstücksteil etwas anderes ist als die nachträgliche Rangänderung zwischen bestehenden Grundstücksrechten.[304] Die Löschungszustimmung enthält weder einen Löschungsantrag noch einen Grundbuchberichtigungsantrag des zustimmenden Eigentümers.[305] Die in der Praxis häufige Verbindung einer Löschungsbewilligung mit einer Quittung dergestalt, dass keine Forderung mehr besteht oder der Gläubiger befriedigt ist, ist für den Grundbuchvollzug ungeeignet und kann für die Löschung nicht verwendet werden. Durch Auslegung der Erklärung kann nichts anderes gewonnen werden, dem dem Grundbuchführer ist jetzt bekannt, dass nicht mehr der wahre Berechtigte über das Recht verfügt.[306]

68   Die Zustimmung des Grundstückseigentümers in die Löschung der Hypothek kann schlüssig im Löschungsantrag und auch in einer **Freistellungsverpflichtung** in der Auflassungsurkunde enthalten sein; das gilt im Hinblick auf das mögliche Entstehen eines Eigentümergrundpfandrechts jedoch nicht ohne weiteres im Falle der Auflassung nur eines Teils des Grundstücks[307] oder bei der Veräußerung eines von mehreren Grundstücken.[308] Der BGH hatte zur Frage Stellung zu nehmen, ob eine Freistellungserklärung einer Bank, zu deren Gunsten mehrere neu gebildete Grundstücke mit einer Gesamtgrundschuld belastet sind, ausgelegt werden kann und mit welchem Ergebnis.[309] Hat der Inhaber eines dinglichen Rechts anlässlich des Verkaufs einer Teilfläche des belasteten Grundstücks die Eintragung des Rangrücktritts hinter die Auflassungsvormerkung des Erwerbers bewilligt, so kann die Auslegung des Grundbuchführers, hierin liege, auch wenn dies *»zum Zwecke der lastenfreien Abschreibung nach Vermessung«* geschehen ist, (noch) keine Bewilligung der **(Teil-)Löschung des Rechts**, nicht beanstandet werden.[310] Möglich ist nach den Umständen des Einzelfalles auch Auslegung der Zustimmung des Eigentümers zu allen zur Lastenfreistellung erforderlichen Erklärungen dahin, dass sich die Zustimmung nur auf solche Belastungen bezieht, die bei Beurkundung im Grundbuch eingetragen und den Beteiligten bekannt (in der notariellen Urkunde aufgeführt) sind. Dann liegt – ausnahmsweise abweichend von der Regel – in dieser Erklärung des Eigentümers nicht die Zustimmung zur Löschung einer Zwangshypothek, die nach Beurkundung in das Grundbuch eingetragen worden ist.[311] Wenn sich der Eigentümer bei Veräußerung eines von mehreren Grundstücken, auf denen eine Gesamthypothek lastet, dem Erwerber gegenüber zur Lastenfreistellung hinsichtlich der Vertragsfläche verpflichtet, so liegt darin mangels weiterer Anhaltspunkte nicht auch die Zustimmung zur **Löschung der Gesamthypothek** auf allen (anderen) Grundstücken.[312] Eine Formulierung *»Wir stimmen der Löschung sämtlicher Belastungen, die vom Erwerber nicht übernommen werden, zu«* wird bei Veräußerung eines von mehreren mit einer Gesamthypothek belasteten Grundstücks den Anforderungen des Grundbuchsverkehrs an Klarheit und Bestimmtheit des objektiven Inhalts einer Grundbucherklärung nicht gerecht.[313] Der Eigentümer, der bei Veräußerung nur eines mit der Gesamthypothek belasteten Grundstücks nicht nur der Löschung auf dem veräußerten Grundbesitz, sondern der Volllöschung zustimmen will, muss seine Zustimmung zur Gesamtlöschung hinreichend deutlich zum Ausdruck bringen.[314] Die Löschungsbewilligung des Gläubigers kann nicht als ein Verzicht nach § 1175 Abs 1 S 1 BGB ausgelegt werden.[315] Anders aber das LG Chemnitz: In einer Löschungsbewilligung des Grundschuldgläubigers zu einer Gesamtgrundschuld kann

---

303   BayObLG Rpfleger 1993, 58.
304   BayObLG NJW-RR 1989, 911 = Rpfleger 1989, 396 (Ls) = MittBayNot 1989, 310; dazu auch BayObLG Rpfleger 1985, 288.
305   OLG Saarbrücken MittRhNotK 1996, 57.
306   OLG Hamm DNotZ 2005, 630 = FGPrax 2005, 58 = NotBZ 2005, 114 = RNotZ 2005, 175 = Rpfleger 2005, 252; LG Aachen Rpfleger 1985, 489; **aA** LG Hof Rpfleger 1982, 174 m abl Anm *Böttcher*; KEHE-*Munzig* § 27 Rn 23; *Schöner/Stöber* Rn 2728.
307   BayObLGZ 1973, 220 = DNotZ 1974, 92 = Rpfleger 1973, 404; BayObLG DNotZ 1980, 481 = Rpfleger 1980, 19; BayObLG DNotZ 1980, 433 = MDR 1981, 62; BayObLG DNotZ 1983, 424; LG Nürnberg-Fürth MittBayNot 1978, 220; KEHE-*Munzig* § 27 Rn 19; *Schöner/Stöber* Rn 2758. Zur Frage, ob die Freistellungsverpflichtung des Eigentümers in seine Zustimmung zum Rangrücktritt ausgelegt werden kann: BayObLG Rpfleger 1985, 288.
308   BayObLGZ 1973, 220 = DNotZ 1974, 92 = Rpfleger 1973, 404; BayObLG DNotZ 1980, 481 = Rpfleger 1980, 19; BayObLG DNotZ 1980, 433 = MDR 1981, 62; BayObLG DNotZ 1983, 424. Zur Auslegung einer Freistellungserklärung einer Bank BGH NJW 1984, 169 = DNotZ 1984, 322 m Anm *Schelter* = MDR 1984, 131; OLG Nürnberg DNotZ 1983, 327 m Anm *Schelter*.
309   NJW 1984, 169 = DNotZ 1984, 322 = MDR 1984, 131 = Betrieb 1983, 2462.
310   BayObLG Rpfleger 1984, 404.
311   BayObLG Rpfleger 1981, 23 = MittBayNot 1980, 208; *Schöner/Stöber* Rn 2760; vgl auch G 67.
312   BayObLGZ 1973, 220 = DNotZ 1974, 92 = Rpfleger 1973, 404; BayObLG DNotZ 1980, 481 = Rpfleger 1980, 19; BayObLG DNotZ 1980, 433 = MDR 1981, 62; BayObLG DNotZ 1983, 424; *Schöner/Stöber* Rn 2759.
313   LG München I Rpfleger 2008, 21. Dazu auch *Schöner/Stöber* Rn 2759.
314   BayObLGZ 1973, 220 = DNotZ 1974, 92 = Rpfleger 1973, 404; BayObLG DNotZ 1980, 481 = Rpfleger 1980, 19; BayObLG DNotZ 1980, 433 = MDR 1981, 62; BayObLG DNotZ 1983, 424; *Schöner/Stöber* Rn 2759.
315   *Gross* BWNotZ 1984, 164.

bezüglich eines Grundstücks auch ein Teilverzicht gem § 1175 Abs 1 S 2 BGB gesehen werden.[316] Im Zweifel ist eine Bewilligung des Gläubigers zur »Pfandfreigabe« als Verzichtserklärung iS von § 1175 Abs 1 S 2 BGB auszulegen.[317] Sind zwei Grundstücke mit einer Gesamtgrundschuld belastet und liegen für beide Grundstücke Pfandfreigabeerklärungen des Gläubigers vor, so fragt sich, ob auf Grund sukzessiver Pfandfreigaben für sämtliche belasteten Grundstücke schließlich auch die Löschung am letzten belasteten Grundstück – und damit im Ergebnis eine Gesamtaufhebung der Grundschuld – erreicht werden kann.[318] Neben der Pfandfreigabeerklärung ist nicht noch eine ausdrückliche Löschungsbewilligung erforderlich.[319]

Der Eintragungsbewilligung für einen Rangvorbehalt zugunsten eines verzinslichen Grundpfandrechts, die keine Angaben zum Zeitpunkt des Zinsbeginns enthält, kann nicht durch Auslegung zweifelsfrei entnommen werden, dass der Anfangszeitpunkt für die Verzinsung der Tag sein soll, an dem das vorbehaltene Grundpfandrecht in das Grundbuch eingetragen wird. Der BGH[320] klärte die in der Praxis umstrittene Handhabung solcher Anträge und verlangt den genauen Zeitpunkt des Zinsbeginns des vorbehaltenen Rechts. Bei bereits eingetragenen Rangvorbehalten, die keine Angaben darüber enthalten, gilt nach BGH der Zeitpunkt der Eintragung des vorbehaltenen Grundpfandrechts als Mindestinhalt der Erklärung.[321]

Bei einem Gesamtrecht verlangt die Rechtsprechung, dass in der **Löschungsbewilligung alle Grundbuch-** **69** **stellen** genannt werden. Die Allgemeinfassung »**und allerorts**« oder dgl soll demnach nicht ausreichen. Dem ist so nicht zuzustimmen. Diese Klausel bedeutet im Rahmen der an das Grundbuchamt gerichteten Löschungsbewilligung nämlich nichts anderes, als dass das Grundpfandrecht zunächst an der ausdrücklich erwähnten Stelle und sodann an allen Orten gelöscht werden soll, wo es eingetragen ist.[322] Das Löschungsverlangen »allerorts« steht einer Auslegung dahin entgegen, dass das Recht nur auf einem oder mehreren Grundstücken gelöscht werden und im Übrigen bestehen bleiben solle. § 28 darf hier nicht zur Förmelei[323] führen. Die globale Bezugnahme auf alle Mithaftstellen ist sicherer[324] als die Aufführung sämtlicher belasteter Grundstücke. Bei Gesamtrechten bedarf es deshalb nicht jeweils der genauen Aufführung aller mithaftenden betroffenen Grundstücke, zB bei Löschung von Gesamtgrundpfandrechten nicht die Bezeichnung eines Grundstücks nach § 28 und Angabe der Mithaft.[325] Völlig ausreichend[326] ist es jedenfalls, wenn »*die Löschung des Gesamtrechts im Grundbuch von X Band Y Blatt Z und allen aus dem dortigen Mitbelastungsvermerk ersichtlichen Grundstücken bewilligt wird*«. Bewilligt und beantragt ein Grundstückseigentümer ganz allgemein die Löschung »*aller eingetragenen Grundstücksbelastungen*«, so bezieht sich diese Erklärung auf eine zu seinen Gunsten eingetragene Auflassungsvormerkung nur für den Fall, dass gleichzeitig auch etwaige Zwischenrechte gelöscht werden. Eine darin zugleich liegende materiell-rechtliche Aufhebungserklärung ist inhaltlich in gleicher Weise beschränkt.[327]

Bestehen Zweifel am Umfang einer Vollmacht, so ist diese nach den für die Auslegung von Grundbucherklä- **70** rungen geltenden Grundsätzen auszulegen; die Auslegung muss aber zu einem zweifelsfreien und eindeutigen Ergebnis führen. Bleibt danach die Reichweite einer Vollmacht zweifelhaft, ist von ihrem geringeren, eindeutig festzustellenden Umfang auszugehen.[328] Zur Auslegung von sonstigen Erklärungen und Anträgen vgl Rdn 71 ff, Rdn 83 ff.

316 LG Chemnitz MittRhNotK 2000, 433; OLG Hamm Rpfleger 1998, 511 = NJW-RR 1999, 741 = FGPrax 1998, 208. Für Teilvollzug auch LG München MittBayNot 2001, 484.
317 hM, vgl DNotI-Gutachten DNotI-Report 1999, 53
318 Bejahend: *Schöner/Stöber* Rn 2718; wohl auch *Bauer/von Oefele-Kohler* § 27 Rn 19; DNotI-Gutachten DNotI-Report 1999, 53; verneinend: *Staudinger-Wolfsteiner* § 1175 BGB Rn 3.
319 LG Dresden NotBZ 2000, 273 m zust Anm *Endorf.*
320 NJW 1995, 1081 = MittBayNot 1995, 122 = MittRhNotK 1995, 312; ebenso BayObLG MittBayNot 1994, 239; **aA** OLG Frankfurt DNotZ 1990, 743 m Anm *Kutter* = Rpfleger 1989, 401; LG Aachen Rpfleger 1986, 89. Die Praxis hat sich nun auf die neue Rechtsprechung einzustellen.
321 So BGH NJW 1995, 1081; **aA** *Demharter* MittBayNot 1995, 124, der die Eintragung mangels ausreichender Bestimmtheit für inhaltlich unzulässig hält, sodass nur ein Vorbehalt für ein unverzinsliches Grundpfandrecht bestehe.
322 So auch *Hieber* DNotZ 1961, 576.
323 *Schöner/Stöber* Rn 133, 2752.
324 *Teubner* DNotZ 1976, 750.
325 Ebenso *Schöner/Stöber* Rn 133, 2752; ausführlich *Hieber* DNotZ 1961, 576; *Bauer* Rpfleger 1963, 43; *Teubner* DNotZ 1976, 748. **AA** BayObLG DNotZ 1961, 591; BayObLG FGPrax 1995, 221 = MittRhNotK 1995, 323; OLG Neustadt Rpfleger 1962, 345 (*Haegele*); OLG Köln DNotZ 1976, 746 (ablehnend *Teubner*) = Rpfleger 1976, 402; LG Kassel Rpfleger 1987, 241.
326 Bay ObLG DNotZ 1997, 319 = FGPrax 1995, 221; OLG Neustadt Rpfleger 1962, 345; KEHE-*Munzig* § 28 Rn 12; *Schöner/Stöber* Rn 133, 2752; *Kehrer-Bühler-Tröster* § 2 C; *Haegele* Rpfleger 1962, 22, 347; *Böhringer* Rpfleger 1988, 389, 393; *Wulf* MittRhNotK 1996, 41, 46.
327 BGH DNotZ 1973, 367.
328 OLG Düsseldorf FGPrax 1998, 166; OLG Hamm Rpfleger 2002, 353; BayObLG Rpfleger 1996, 332 = MittRhNotK 1996, 218 zur Auslegung einer Vollmacht, alle Erklärungen abzugeben, die zum Vollzug im Grundbuch erforderlich oder zweckdienlich sind, im Zusammenhang mit einer Bestandteilszuschreibung und Flurstücksverschmelzung.

V. Auslegung des Eintragungsantrags

1. Allgemeines

71 Der Zweck des Grundbuchs, sichere Rechtsverhältnisse an Grundstücken zu schaffen und zu erhalten, verlangt klare und eindeutige Eintragungen und dementsprechende Erklärungen der Beteiligten. Für die Auslegung des Eintragungsantrags gelten die allgemeinen Grundsätze.[329] Es gilt die Auslegungsregel des § 133 BGB in entsprechender Anwendung; es ist nach dem wirklichen Willen zu forschen und **nicht an dem buchstäblichen Sinn des Ausdrucks zu haften**.[330] Im Wege der Auslegung muss der Inhalt bestimmbar sein.[331] Es genügt nicht, dass der Grundbuchführer das Gewollte als möglich folgern kann. Notwendig ist Zweifelsfreiheit,[332] wobei bei Unklarheit oder Mehrdeutigkeit allein die rechtlich zulässige Eintragung als gewollt anzusehen ist.[333] Oftmals ist schon im Wege der Auslegung zu ermitteln, wer überhaupt den Antrag gestellt hat oder in wessen Namen er gestellt worden ist,[334] vgl dazu § 15.

Geht ein Antrag ein, dessen Tragweite zweifelhaft ist, so hat das Grundbuchamt vor Verbescheidung des Antrags den Versuch einer Aufklärung durch Rückfrage beim Antragsteller zu machen.[335]

72 Auch **Eintragungsersuchen von Behörden** sind nicht buchstäblich, sondern nach ihrem wahren Sinn auszulegen. So ist zB in einer einstweiligen Verfügung, in der irrtümlich die Eintragung einer Vormerkung anstatt eines Widerspruchs oder umgekehrt angeordnet ist, dies bei der Grundbucheintragung zu berücksichtigen.[336]

2. Einzelfälle

73 Es ist Aufgabe des Grundbuchamts, eine im Allgemeinen beantragte Eintragung so vorzunehmen, wie und soweit es die gesetzlichen Vorschriften nach Maßgabe der herrschenden Rechtsanschauungen vorschreiben und erlauben.[337] Allerdings darf der Grundbuchführer nicht ohne weiteres anstatt eines unrichtig bezeichneten Rechts das der Sachlage entsprechende eintragen oder eine selbstverständliche Erklärung unterstellen. Die Erklärung, dass ein Eintragungsantrag teilweise zurückgenommen (eingeschränkt) werde, enthält in aller Regel auch die entsprechende Einschränkung der Eintragungsbewilligung.[338] Wird eine Eintragung beantragt, deren notwendige Voraussetzung eine andere Eintragung bildet, so ist eine Auslegung dahin möglich, dass alle Eintragungen beantragt sind, welche zur **Erreichung des Endzustandes** erforderlich sind,[339] wie beispielsweise die Eintragung der Pfändung vor Löschung der gepfändeten und zur Einziehung überwiesenen Hypothek auf Antrag des Pfändungsgläubigers[340] oder die Voreintragung der Erben des Gläubigers vor Eintragung eines Rangrücktritts[341] oder Voreintragung der Ehegatten nach § 14 GBBerG (Art 234 § 4a EGBGB) vor Eintragung einer Zwangshypothek oder Eintragung der Währungsumstellung eines Rechts vor einer Verfügung über das Recht oder Eintragung eines Grundpfandrechtes in jetzt gültiger Währung.[342] In dem nach Eintritt des Nacherbfalls gestellten Antrag des (Nach-)Erben, ihn im Wege der Grundbuchberichtigung als Berechtigten einzutragen, kann auch der Antrag auf Löschung des gegenstandslos gewordenen Nacherbenvermerks erblickt werden, zumindest dann, wenn der Vorerbe keine Verfügungen getroffen hat.[343]

74 Zur Auslegung der Anträge und ihrer Grundlagen kann auch das **Grundgeschäft** herangezogen werden.[344] Übernimmt der Erwerber mit Ausnahme der ausdrücklich bezeichneten Belastungen keine weiteren Belastungen, so ist die nächstliegende Bedeutung eines Antrags, dass die Löschung der nicht übernommenen Grund-

---

329 KG DNotZ 1958, 203; BayObLG Rpfleger 1979, 106 = DNotZ 1979, 428; *Hesse-Saage-Fischer* § 19 Anm II 4 b; OLG Frankfurt Rpfleger 1996, 104.

330 BayObLG BayObLGZ 1952, 24; OLG Frankfurt Rpfleger 1956, 193; OLG Hamm JMBlNRW 1959, 66; Rpfleger 1957, 117; OLG Karlsruhe DNotZ 1958, 257 (*Westermann*); OLG Frankfurt Rpfleger 1996, 104; *Schwarz* ZNotP 2002, 140.

331 KG DNotZ 1958, 203 (*Hieber*); LG Kassel NJW 1964, 932; KEHE-*Dümig* Einl C 35.

332 OLG Frankfurt Rpfleger 1956, 193.

333 KG JW 1924, 2047; BayObLG BayObLGZ 1976, 297 = Rpfleger 1977, 60; BayObLG BayObLGZ 1961, 63, 69; BayObLG BayObLGZ 1974, 365; *Demharter* § 13 Rn 16; KEHE-*Herrmann* § 13 Rn 35.

334 BayObLG Rpfleger 1985, 356 = JurBüro 1985, 1375; *Rademacher* MittRhNotK 1983, 87; *Lappe* Rpfleger 1984, 386.

335 Ebenso KEHE-*Dümig* Einl C 36; BayObLG Rpfleger 1985, 288.

336 KG JW 1937, 2918.

337 BayObLG BayObLGZ 23, 73.

338 BayObLG MittBayNot 1996, 36 = MittRhNotK 1996, 54.

339 BayObLG BayObLGZ 19, 22; OLG Frankfurt Rpfleger 1996, 104; BayObLG Rpfleger 1995, 332 = DNotZ 1994, 891.

340 KG JW 1924, 2047.

341 BayObLG Rpfleger 1979, 106 = DNotZ 1979, 428.

342 KG VIZ 1992, 486 = DtZ 1993, 25.

343 *Schwarz* ZNotP 2002, 140.

344 RG Gruch 54, 887. Die Löschungszustimmung enthält weder einen Löschungsantrag noch einen Grundbuchberichtigungsantrag des zustimmenden Eigentümers OLG Saarbrücken MittRhNotK 1996, 57.

stücksbelastungen beantragt ist.[345] Stellen die Beteiligten einen rechtlich unzulässigen Eintragungsantrag, kann das Grundbuchamt diesen dahingehend auslegen, dass die Eintragung eines abtrennbaren, rechtlich zulässigen und wirtschaftlich sinnvollen Teils des Antrags gewollt ist.[346] Das Verlangen nach Vorlage eines »konkreten« oder »unmissverständlichen« Antrags darf den Grundsatz der Bestimmtheit nicht überspannen. Legt der Notar dem Grundbuchamt eine Auflassungsurkunde zum Vollzug vor, nach der der Erwerber zwar ein eingetragenes Grundpfandrecht übernimmt, der Notar aber den Versuch der lastenfreien Umschreibung unternehmen soll und nach der die Vertragsparteien die Eigentumsumschreibung »in dem Lastenzustand wie oben schuldrechtlich vereinbart« bewilligen und beantragen, so ist nach Ansicht des OLG Frankfurt[347] jedenfalls dann nächstliegende Bedeutung des Eintragungsantrags, dass die Löschung des Grundpfandrechts beantragt ist, wenn der Notar auch die Löschungsbewilligung des Grundpfandrechtsgläubigers einreicht. Ein in einem Grundstücksvertrag mitbeurkundeter Löschungsantrag kann iS einer Zustimmung des Verkäufers zur Löschung erst noch entstehender zukünftiger Belastungen ausgelegt werden, so zB bei der Formulierung »die Beteiligten bewilligen die Löschung aller Belastungen nach Maßgabe der Bewilligungen der Berechtigten, insbesondere die Löschung des Rechts« ... Bedeutend wird diese Auslegung vor allem bei nach Vertragsabschluss zur Eintragung gekommener Zwangseintragungen.[348]

Das Grundbuchamt ist nicht verpflichtet, eine Eintragung zu bewirken, wenn das einzutragende Rechtsverhältnis unklar[349] ist, zB Unklarheit bei einem Vertrag mit dinglichen und persönlichen Vereinbarungen, Wohnrecht bei Zwangsversteigerung, Rücktrittsvorbehalt im Kaufvertrag für den Fall der Versagung einer behördlichen Genehmigung.[350] **75**

Ob dem Erfordernis der **Grundstücksbezeichnung** im Sinne des § 28 genügt ist, ist durch Auslegung des Antrags und der Unterlagen desselben zu klären, wenn es erforderlich und möglich ist. Wenn es unklar bleibt und nicht aufklärungsfähig ist, bleibt für Auslegung kein Raum mehr.[351] **76**

In dem Antrag auf nachträgliche **Bildung eines Hypothekenbriefes** ist der Antrag auf Eintragung der Aufhebung der Bestimmung enthalten, dass die Erteilung des Briefes ausgeschlossen ist.[352] **77**

Ausnahmsweise kann der auf eine bestimmte Eintragung gerichtete Antrag eine weitere Eintragung **stillschweigend**[353] mitumfassen: so bewilligt derjenige, der die **Abtretung** einer zur Grundschuld gewordenen Hypothek eintragen lässt, von selbst die Eintragung der **Umwandlung** der Grundschuld in die Hypothek.[354] So bewilligt ein Gläubiger, der mehrere Hypotheken unter Festsetzung eines bestimmten Rangverhältnisses abtritt und die Umschreibung bewilligt, damit ohne weiteres auch die Eintragung der **Rangänderung**,[355] ebenso der Eigentümer, der dieser Zession schlechthin zustimmt. **78**

Durch Auslegung von Eigentumsumschreibungsanträgen kann man auch zu **stillschweigend gewollten Anträgen** auf Vereinigung und **Bestandteilszuschreibung** von Grundstücken oder Grundstücksteilen kommen, vor allem dann, wenn diese nur rechtliche Durchgangsstufen für die Eigentumsänderung sind.[356] Wenn der Vorerbe keine Verfügung getroffen hat, ist der Antrag des Nacherben auf Eintragung seines Eigentums als Nacherbe auch dahingehend auslegbar, dass damit auch die Löschung des gegenstandslos gewordenen Nacherbenvermerks beantragt ist.[357] Mit dem Antrag auf Eintragung von **Rangrücktritten** eines dinglichen Rechts können auch die jeweiligen Voreintragungen beantragt sein, die nach § 39 zur Erreichung des mit dem Antrag erstrebten Endzustandes (Eintragung des Rangrücktritts) erforderlich sind.[358] Ein Antrag auf Eintragung eines Wirksamkeitsvermerks ist auslegungsfähig hinsichtlich des Ortes der Eintragung.[359] **79**

Hat das Gericht zur Sicherung eines Grundbuchberichtigungsanspruchs die Eintragung einer Vormerkung angeordnet, so muss das Grundbuchamt das Eintragungsersuchen in ein solches auf Eintragung eines **Wider-** **80**

---

345 BayObLG DNotZ 1994, 891 = Rpfleger 1995, 332.
346 OLG Hamm MittRhNotK 1995, 274.
347 Rpfleger 1996, 104.
348 OLG Zweibrücken FGPrax 1999, 173 = MittBayNot 1999, 564 = Rpfleger 1999, 533; LG Köln MittRhNotK 1999, 245.
349 KG KGJ 38, 271.
350 BayObLG BayObLGZ 1952, 24; BGH LM § 50 ZVG Nr 1; LG Köln NJW 1966, 891.
351 OLG Hamm NJW 1966, 2411.
352 KG KGJ 28, 151.
353 BayObLG DNotZ 1958, 388.
354 KG OLG 2, 412.
355 KG KGJ 21 A 281 = RJA 2, 50.
356 BGH DNotZ 1954, 197 = LM Nr 1 zu § 2 GBO; BayObLG DNotZ 1958, 388; *Riedel* DNotZ 1958, 393.
357 Ebenso *Schwarz* ZNotP 2002, 140.
358 BayObLG BayObLGZ 19, 19; BayObLG DNotZ 1979, 428 = Rpfleger 1979. 106; KEHE-*Herrmann* § 13 Rn 35.
359 *Bühler* gegen SaarlOLG BWNotZ 1995, 170 = Rpfleger 1995, 404.

spruchs umdeuten.[360] Aufgrund einer einstweiligen Verfügung darf das Grundbuchamt keine inhaltlich unzulässige Eintragung vornehmen.

81 Ein Eintragungsantrag muss, wie sich aus § 13 ergibt, nicht nur klar ergeben, dass eine Eintragung in das Grundbuch begehrt wird, sondern auch, dass diese Eintragung alsbald erfolgen soll. Ein Antrag unbestimmter Art, etwa auf Eintragung einer demnächstigen Löschung für eine entstehende bzw entstandene etwaige **Eigentümergrundschuld**, wenn gänzlich ungewiss ist, ob und wann die Voraussetzungen eintreten, ist unzulässig. Wenn der Antrag in einer Urkunde enthalten ist, etwa in einem notariellen Vertrag, muss der Wille der Vertragsbeteiligten in der Urkunde einen angemessenen Ausdruck gefunden haben.[361] Ist dies nicht der Fall und ergibt sich der Wille des Antragstellers nicht aus den zusätzlichen Erklärungen, so ist der Antrag zurückzuweisen.[362] Wird eine Eintragung aufgrund anderer Unterlagen als einer Eintragungsbewilligung beantragt, so muss sich der Antrag mit dem Inhalt dieser Unterlagen decken und § 28 entsprechen. Die Eintragung einer **Zwangshypothek** kann auch in Höhe eines geringeren Betrages als in dem Schuldtitel angegeben, beantragt werden.[363]

3. Textierungsvorschläge

82 Bei der Eintragung ist das Grundbuchamt an die Textierung des Eintragungsantrags nicht gebunden. Das Grundbuchamt muss **völlige Freiheit in der Abfassung** haben; eine Bindung des Grundbuchamts an Anträge und Vorschläge der Beteiligten bei Antragstellung ist abzulehnen. Der Wortlaut der Eintragung ist dem Grundbuchamt zu überlassen, denn es hat darauf zu achten, dass die Eintragung eine solche Fassung erhält, die in seiner Auslegung nach § 133 BGB für alle Beteiligten und Interessierten klar ist.

VI. Auslegung sonstiger Verfahrenshandlungen und Hoheitsakte im Grundbuchverfahren

83 Auslegung sonstiger **Verfahrenshandlungen**, die nicht zu den Grundbucherklärungen gehören, zB *Antrag, Antragsvollmacht, Bestimmungen über Briefaushändigung* sind nach den für Grundbucherklärungen geltenden Grundsätzen, aber mit Einschränkungen auslegungsfähig. Sie genügen den im Grundbuchverkehr an sie zu stellenden Anforderungen nur, wenn sich ohne Hinzuziehung anderer Erkenntnisquellen zweifelsfrei ergibt, welche Tätigkeit vom Grundbuchamt verlangt wird.[364]

84 **Gerichtliche und behördliche Hoheitsakte** im Grundbuchverfahren sind nach den Grundsätzen der §§ 133, 157 BGB auszulegen, soweit dies mit dem Wesen der Entscheidung vereinbar ist. An die Auslegung ist jedoch ein **strenger Maßstab anzulegen**.[365] Ist der Betroffene zur Erteilung einer Bewilligung verurteilt, so darf zur Klarstellung des Sinnes der Urteilsformel auf die Gründe des Urteils zurückgegangen werden.[366] Die Auslegung von Hoheitsakten obliegt dem Grundbuchamt, für dessen Entscheidung der Inhalt des Hoheitsaktes von Bedeutung ist.[367] Bei der Auslegung kommt es auf den nach außen erkennbaren Willen der Behörde an, die den Hoheitsakt erlassen hat, nicht auf die subjektive Beurteilung dieser Behörde oder der Parteien.[368]

VII. Auslegung dinglicher Erklärungen außerhalb des Grundbuchverfahrens

85 Bei der Auslegung ist zu unterscheiden zwischen Einigung und Eintragung.[369] Die Beschränkung bei der auf Drittinteressen abgestellten Eintragung auf die aus der Eintragungsgrundlage ersichtlichen oder sonst allgemein bekannten Umstände ist auf die Einigung nicht anzuwenden.[370] Der eingeschränkten Auslegung unterliegen nur Grundbucherklärungen. Darunter sind Antrag, Bewilligung und sonstige zur Eintragung erforderliche Erklärungen, nicht aber das zur dinglichen Rechtsänderung nötige materiell-rechtliche Rechtsgeschäft zu verstehen; für die Auslegung des letzteren gelten die **allgemeinen Vorschriften** uneingeschränkt.[371] Sofern materiell-rechtliche Rechtsgeschäfte zugleich Grundbucherklärungen sind, zB über § 20, legt sie nur das Grund-

---

360 KG JW 1937, 2918; *Kehrer-Bühler-Tröster* § 2 A.

361 BayObLG BayObLGZ 1966, 155; OLG Neustadt DNotZ 1965, 613.

362 OLG Neustadt DNotZ 1965, 613; OLG Hamm JMBlNRW 1956, 80.

363 RGZ 71, 371.

364 Ebenso BayObLG DNotZ 1979, 428; BayObLG NJW-RR 1986, 380; OLG Köln JMBlNRW 1982, 76; KEHE-*Dümig* Einl C 36.

365 RGZ 160, 39; BGH MDR 1965, 738. Zur Nachprüfbarkeit der Auslegung von behördlichen Willensakten BGHZ 3, 1, 15 = LM § 35 DBG; RGZ 102, 1; BayObLG NJW-RR 1986, 380.

366 KG OLG 10, 103; RJA 3, 35; BayObLG BayObLGZ 26, 4; *Güthe-Triebel* § 19 Bem 92.

367 BGH LM § 857 ZPO Nr 8.

368 RGZ 109, 380; 119, 364; 147, 29.

369 Grundlegend *Westermann* DNotZ 1958, 259; *Erman-Hagen* § 873 Rn 15, 23. Zustimmend MüKo-*Falckenberg* § 1018 Rn 18; MüKo-*Wacke* § 873 Rn 38. Anders noch *Wolff-Raiser* § 38 II 3. Ablehnend MüKo-*Joost* § 1105 Rn 14.

370 Bestritten, für Anlegung eines strengen Maßstabs die hM: BGHZ 60, 226 = NJW 1973, 846, 1195; WM 1969, 863; RGZ 131, 158. Gegen dessen Überspannung *Schöner/Stöber* Rn 172.

371 *Kehrer-Bühler-Tröster* § 2 A; *Bühler* BWNotZ 1964, 139.

buchamt nach den für Grundbucherklärungen geltenden Regeln aus; im Übrigen gelten wieder die allgemeinen Auslegungsgrundsätze.[372]

Dingliche Willenserklärungen bedürfen außerhalb des Grundbuchverfahrens nicht des strengen Auslegungs- **86** maßstabes. Die allgemeinen Auslegungsregeln gelten immer dann, wenn sie nicht aus besonderen Gründen eingeschränkt werden müssen.[373] Dieser Meinung folgt der BGH,[374] wonach »keine rechtsgültige Auflassung für die vom übereinstimmenden Willen der Beteiligten nicht umfasste Grundfläche vorliegt, wenn der Wortlaut der Auflassungserklärung weitergeht als der wirkliche Wille der Beteiligten« ... »Auf § 892 BGB käme es nur an, wenn ein Dritter das Grundstück von dem als Eigentümer eingetragenen erwerben würde. Nur in diesem Fall würde nämlich der Grundsatz Anwendung finden, dass es für die Festlegung des Inhalts eines dinglichen Rechts nicht auf das ankommt, was die ursprünglichen Parteien gewollt haben, sondern auf das, was jeder gegenwärtige und künftige Beteiligte als Inhalt annehmen muss. Zur Auslegung einer schriftlichen Erklärung über die Abtretung einer Grundschuld darf auf Umstände, die außerhalb der Urkunde liegen und nicht jedem Leser ohne weiteres erkennbar sind, nicht zurückgegriffen werden. Da die Abtretungserklärung die Grundbucheintragung ersetzt, müssen die Erklärung der Abtretung sowie die Bezeichnung der Grundschuld, des Zedenten und des Zessionars darin selbst enthalten sein.[375]

Die allgemeinen Auslegungsgrundsätze gelten, wenn im Verhältnis zwischen den an der Einigung Beteiligten **87** festgestellt werden muss, ob und mit welchem Inhalt sie die Einigung erklärt haben und ob zwischen ihnen Willensübereinstimmung bestanden hat. Die strengen Auslegungsmaßstäbe des Grundbuchverkehrs sind dagegen anzuwenden, wenn das Grundbuchamt die Eintragungsgrundlagen prüfen oder ein Gericht aus der Sicht eines durch §§ 891, 892 BGB geschützten Dritten den Inhalt des Grundbuchs oder der zu dessen Auslegung heranzuziehenden Urkunden und sonstigen Umstände feststellen muss.[376]

VIII. Auslegung von Gesetzen

Nach einer verbreiteten Ansicht[377] gilt § 133 BGB auch für die Auslegung von Gesetzen. Das soll bedeuten, **88** dass der wirkliche Wille des Gesetzgebers zu erforschen und die Auslegung nach Sinn und Zweck des Gesetzes vorzunehmen ist. Maßgebend für die Auslegung einer Gesetzesvorschrift ist der in dieser zum Ausdruck kommende **objektive Wille des Gesetzgebers**, so wie er sich aus dem Wortlaut der Gesetzesbestimmung und dem Sachzusammenhang ergibt, in der dieser hineingestellt ist. Nicht entscheidend ist dagegen die subjektive Vorstellung der am Gesetzgebungsverfahren beteiligten Organe oder einzelner ihrer Mitglieder über die Bedeutung der Bestimmung.[378] Gesetze sind so auszulegen, dass man, ohne an ihrem Wortlaut zu haften, durch Erforschung ihres Sinnes und Zweckes feststellt, was der Gesetzgeber gewollt hat.[379] Ziel der Gesetzesauslegung muss es auch in jedem Falle sein, der Gesetzesanwendung einen möglichst hohen Lebenswert zu geben.[380]

Die Auslegung einer Vorschrift ist **auch gegen den Wortlaut des Gesetzes** zulässig, »wenn der zur Entschei- **89** dung stehende Interessenkonflikt bei Erlass des Gesetzes noch nicht ins Auge gefasst werden konnte, weil er erst durch eine nach diesem Zeitpunkt eingetretene Änderung in Erscheinung getreten ist«.[381] Analogie und teleologische Reduktion sind von der Auslegung zu trennen. Vorrangig ist die Auslegung. Gesetzesauslegung bedeutet Sinnerforschung. Man unterscheidet die sprachlich-grammatikalische Auslegung, die systematische Auslegung und die teleologische Auslegung.

Zu beachten ist, dass bei eindeutigem Wortlaut, der den Sinn und Zweck des Gesetzes klar erkennen lässt, für **90** eine besondere Auslegung grundsätzlich kein Raum mehr ist.[382] Beruht dagegen der Wortlaut auf Zufall, und kann er daher nicht als Ausdruck einer bestimmten gesetzgeberischen Entscheidung gewertet werden, so ist die Auslegung freier. Doch muss das Ergebnis der Auslegung auch in diesen Fällen wenigstens andeutungsweise

---

372 *Bühler* BWNotZ 1964, 139.
373 *Westermann* DNotZ 1958, 259.
374 BGH DNotZ 1966, 172.
375 BGH BB 1991, 2398 = Rpfleger 1992, 99 = MittBayNot 1991, 254.
376 BayObLG DNotZ 1976, 372 = Rpfleger 1976, 13; BayObLGZ 1974, 112 = DNotZ 1974, 442 = Rpfleger 1974, 222 *Kehrer-Bühler-Tröster* § 2 C; *Wolff-Raiser* 120; *Bühler* BWNotZ 1964, 140.
377 BGHZ 2, 176 = NJW 1951, 602 (unter Berufung auf RGZ 89, 187; RGZ 96, 327; RGZ 117, 429; RGZ 139, 112); BGHZ 3, 82 = NJW 1951, 886; BGHZ 13, 28 = NJW 1954, 1113. Kritisch dazu *Staudinger-Dilcher* (12. Aufl) § 133 Rn 41. *Böhringer* Rpfleger 1988, 389; *Gassner* Rpfleger 1993, 474. Zur Gesetzesauslegung unter dem Gesichtspunkt des Vertrauensschutzes BGHZ 85, 66.
378 BVerfGE 1, 299 (312).
379 BGHZ 2, 184; 3, 89; KEHE-*Dümig* Einl C 18; *Reinecke* NJW 1951, 681; 1952, 1033, 1153; 1955, 1380, 1662; JuS 1964, 421; *Sauren* Rpfleger 1984, 185; *Schack-Michel* JuS 1961, 269; *Tetzner* JR 1964, 137; *Zimmermann* NJW 1951, 948; 1954, 1628.
380 *Soergel-Hefermehl* § 133 Anh 1.
381 BGHZ 17, 275; 18, 49; *Bengel/Simmerding* § 2 Rn 105.
382 BGH NJW 1951, 922; 1952, 797.

dem Wortlaut zu entnehmen sein.[383] Nur unter besonderen Umständen, insbesondere bei **Gesetzeslücken**, hat die Rechtsprechung weitergehend auch eine vom klaren Wortlaut abweichende oder ihm entgegengesetzte Auslegung zugelassen und sich dafür auf den Sinn und Zweck der Vorschrift berufen.[384] Dabei ist es notwendig, die einzelne Vorschrift nicht isoliert, sondern in ihrem Sinnzusammenhang mit den sonstigen Vorschriften des Gesetzes zu würdigen.

91   Die Auslegung und Anwendung der Gesetze ist grundsätzlich Sache der Gerichte, für die die vom Bundesverfassungsgericht nach Verfassungsrecht bestimmten Maßstäbe und Grenzen der Gesetzesauslegung verbindlich sind.[385] Wie die ZPO enthält die GBO Zweckvorschriften, die daher entsprechend ihrem Zweck ausgelegt werden müssen. Im Verfahrensrecht haben Rechtsbegriffe oft einen anderen Sinn als im BGB. Das Bundesverfassungsgericht hat nicht zu entscheiden, welche von mehreren möglichen Auslegungen einer Rechtsvorschrift die überzeugendste ist. Die Auslegung des einfachen Rechts und seine Anwendung auf den einzelnen Fall sind vielmehr allein Sache der dafür allgemein zuständigen Gerichte und der Nachprüfung durch das Bundesverfassungsgericht weitgehend entzogen.[386]

IX. Auslegung von Grundbucheintragungen

1. Allgemeines

92   Das Grundbuch ist dazu bestimmt, die dinglichen Rechtsverhältnisse am Grundstück zu schaffen und darzustellen. Angesichts der Bedeutung dieser Rechtsvorgänge und im Hinblick auf die dem Buch beigelegte Publizitätswirkung versteht sich, dass das Grundbuch die Rechtsverhältnisse in klaren und eindeutigen Eintragungen darstellen muss, »damit der ihnen zuerkannte öffentliche Glaube nicht zu einer Gefahr für den Rechtsverkehr wird«.[387]

93   Der **Bestimmtheitsgrundsatz** erfordert, dass Inhalt und Umfang der dinglichen Rechte in einer für jeden Beteiligten eindeutig erkennbaren Weise festgelegt werden. Insbesondere erfordert er im Grundbuchverkehr, dass die Eintragung über den Umfang des eingetragenen Rechts klare und bestimmte Auskunft gibt. Denn allein aus dem Eintragungsvermerk selbst in Verbindung mit der darin in zulässigem Umfang in Bezug genommenen Eintragungsbewilligung vermag die unbestimmte Reihe späterer Berechtigter und Verpflichteter den Umfang ihrer Rechte und Pflichten zu entnehmen.[388] Ist der Berechtigte im Eintragungsvermerk eindeutig angegeben, ist für eine Auslegung kein Raum.

94   Die an die Eintragung geknüpften Gutglaubenswirkungen nach §§ 892, 893 BGB und die vielfältigen, häufig gegenläufigen Interessen der Beteiligten erfordern stets einen **klaren und unmissverständlichen Inhalt des Grundbuchs**.[389] Die Eintragungen sind deshalb so abzufassen, dass sie keiner Auslegung bedürfen und dass keine Zweifel entstehen.[390]

95   Von der Auslegung einer Grundbucherklärung ist stets die der Grundbucheintragung zu unterscheiden. Soweit und sobald der Eintragungsvermerk den Inhalt der Eintragungsbewilligung durch Bezugnahme zum Grundbuchinhalt macht, gelten für die Auslegung der Bewilligung die Regeln der Grundbuchauslegung. Bis dahin aber darf das Grundbuchamt mit Einschränkungen auch subjektive Gesichtspunkte und nicht lediglich objektive zur Auslegung heranziehen, wenn es den dadurch gewonnenen Inhalt der Eintragungsbewilligung im Grundbuchvermerk selbst zum Ausdruck bringt oder wenigstens auf der Eintragungsbewilligung grundaktenkundig macht.[391]

2. Auslegungsgrundsätze

96   Auch die Grundbucheintragung ist zur Feststellung ihrer wahren Bedeutung der Auslegung fähig.[392] Die Auslegung der Eintragung als Hoheitsakt richtet sich nach den Regeln der §§ 133, 157 BGB, die durch die Besonderheiten des Grundbuchverfahrens eingeschränkt sind.[393]

---

383 BGH NJW 1954, 1113.

384 RGZ 142, 31; BGHZ 2, 184; 17, 176; 18, 49; NJW 1952, 832; 1955, 72; BAG BB 1955, 285; 1958, 80.

385 BVerfGE 40, 88 = Rpfleger 1975, 294.

386 BVerfG OV spezial 1999, 352. Zur Gesetzesauslegung und Verfassungsrecht *Schneider* Rpfleger 2000, 374; *Otte* NJW 1998, 119; *Drüen* JuS 1997, L 81.

387 *Eickmann*, Grundbuchverfahrensrecht, 8. Kap § 1 II 1; *Böttcher* Rpfleger 1984, 88; OLG Hamm Rpfleger 1986, 364.

388 BGH DNotZ 1976, 16; OLG Frankfurt Rpfleger 1983, 61; BayObLG JurBüro 1983, 1387 = Rpfleger 1983, 143 = DNotZ 1984, 565 = MittBayNot 1983, 16.

389 BGH Rpfleger 1975, 296 = MDR 1975, 745; BGHZ 35, 22 = MDR 1961, 587; BGH WM 1963, 29; KG KGJ 49, 211; *Ripfel* DNotZ 1955, 62.

390 KG OLGZ 1954, 244.

391 *Kehrer-Bühler-Tröster* § 2 A; zu streng dagegen OLG Bremen NJW 1965, 2403 = BWNotZ 1966, 112.

392 Ganz hM; RGZ 121, 43; 136, 232; JW 1926, 2547; BGH NJW 1985, 385 mwN; BayObLG BayObLGZ 1952, 24; BayObLG Rpfleger 1983, 61 = MDR 1983, 227; *Soergel-Stürner* § 873 Rn 20.

393 *Staudinger-Ertl*, BGB, 12. Aufl, § 873 Rn 165; *Staudinger-Gursky* (13. Aufl) § 873 Rn 254 ff; MüKo-*Falckenberg* § 1018 Rn 11; *Kehrer-Bühler-Tröster* § 2 C; BayObLG Rpfleger 1985, 288.

Grundbucheintragungen sind **nach ihrem strengen Wortlaut auszulegen**.[394] Für die Auslegung einer **97**
Grundbucheintragung ist maßgebend, was Wortlaut und Sinn für einen **unbefangenen Betrachter** als
nächstliegende Bedeutung des Eintrags und der darin in Bezug genommenen Unterlagen ergeben.[395] Zu
orientieren hat sich die Auslegung am Verständnishorizont vernünftiger, unbeteiligter Dritter.[396] Verlautbart der
Eintragungsvermerk einen **eindeutigen Wortlaut** nach dem Sprachgebrauch des Gesetzes, so ist für eine Auslegung des Eintragungsvermerks kein Raum; es liegt dann auch keine unklare Fassung der Eintragung vor.[397] Es
kommt auch keine abweichende Auslegung anhand der Eintragungsbewilligung und der tatsächlichen Verhältnisse in Betracht.[398]

Bezieht sich die Eintragung auf **altes Recht**, wie zB das allgemeine preußische Landrecht oder anderes vor In- **98**
Kraft-Treten des BGB geltendes Recht, so sind die Auslegungsgrundsätze des früheren Rechts zum sachlichen
Inhalt und zu seinem Umfang maßgebend.[399]

Die Auslegung hat objektiv zu erfolgen.[400] Der zu ermittelnde **objektive Sinn der Eintragung** entscheidet **99**
auch dann, wenn der tatsächliche Zustand darüber hinausgeht.[401] Inhalt und Umfang eines eingetragenen
Rechts sind ohne Rücksicht darauf, was die ursprünglichen Vertragsteile gemeint haben, nur aus dem Grundbuch selbst, dh dem Wortlaut der Eintragung und dem sich daraus ergebenden Sinn und den in der Eintragung
und Eintragungsbewilligung in Bezug genommenen Urkunden so auszulegen, wie sie jeder Dritte vornehmen
kann.[402] Für die Auslegung einer Grundbucheintragung kommt es also nicht so sehr auf den Willen der Beteiligten an, auf deren Bewilligung sich die Eintragung gründet, als darauf, wie später Benützer des Grundbuchs
die Eintragung verstehen müssen.[403] Was der Verfasser der Erklärung gewollt hat, ist ohne Bedeutung.[404] Ohne
Bedeutung für die Auslegung des Grundbuchinhaltes ist die Entstehungsgeschichte einer Eintragung.

Allgemein bekannte Tatsachen und **Lebenserfahrungen** dürfen bei der Auslegung berücksichtigt werden. Alle **100**
Umstände können daher berücksichtigt werden, nicht nur der dingliche Inhalt, auch Grundbucherklärungen,
Verfahrenshandlungen, schuldrechtliche Vereinbarungen und sonstige Abreden, sogar die nicht eintragungsfähigen.[405] Auch Umstände, wie sie sich aus den besonderen für jedermann offensichtlichen Verhältnissen des Einzelfalles ergeben, sind zu berücksichtigen.[406] Im Übrigen ist der Inhalt eines dinglichen Rechts so anzulegen,
wie der Begründungsakt nach dem Wortlaut von jedem dinglich Berechtigten und Verpflichteten verstanden
werden muss.[407] **Schuldrechtliche Vereinbarungen** über die Begründung des dinglichen Rechts dürfen zur
Auslegung der Eintragung dann herangezogen werden, wenn sie durch eine in dem Eintragungsvermerk angeführte Eintragungsbewilligung oder in letzterer erwähnte Urkunde gedeckt sind. Der in den herangezogenen
Urkunden enthaltene Vertragswille der Beteiligten kann aber bei der Feststellung des Inhalts des dinglichen
Rechts nur insoweit Beachtung finden, als er einen für jedermann erkennbaren Ausdruck der in Bezug genom-
menen Urkunde gefunden hat.

394 *Staudinger-Dilcher* (12. Aufl) § 133 Rn 61; *Staudinger-Ring* § 1018 Rn 41; BGB-RGRK-*Rothe* § 1018 Rn 31.
395 BGH DNotZ 1976, 16; BGHZ 37, 147; BGH Rpfleger 1985, 101 = JurBüro 1985, 375; BGH NJW-RR 1991, 457
= Rpfleger 1991, 49 = MDR 1991, 421; BGH NJW 1995, 1081 = MittBayNot 1995, 122 = MittRhNotK 1995, 312;
OLG Stuttgart BWNotZ 1989, 84; BayObLG Rpfleger 1983, 61 = MDR 1983, 227; BayObLG DNotZ 1984, 565
= Rpfleger 1983, 143; BayObLG NZM 1998, 775. KEHE-*Dümig* Einl C 20; *Staudinger-Ertl*, BGB, 12. Aufl, § 873
Rn 165; *Staudinger-Gursky* (13. Aufl) § 873 Rn 254 ff; BGB-RGRK-*Augustin* § 873 Rn 53.
396 BGHZ 59, 205 = NJW 1972, 1464; MüKo-*Wacke* § 873 Rn 53.
397 BayObLG Rpfleger 1982, 274; BGH NJW 1993, 3197 = Rpfleger 1994, 158 = MDR 1993, 1202 = MittBayNot
1994, 35.
398 BGH NJW 1993, 3197 = DNotZ 1994, 230 = Rpfleger 1994, 158 = MDR 1993, 1202 gegen OLG Düsseldorf
DNotZ 1988, 122 = Rpfleger 1987, 496.
399 RGZ 131, 159; OLG Hamm JMBlNRW 1964, 270 = DNotZ 1965, 426; LG Lübeck SchlHAnz 1964, 129 (*Scheyhing*); LG Freiburg Rpfleger 1981, 146 = BWNotZ 1981, 42; *Staudinger-Ring* § 1018 Rn 3; Vorbem 28 zu §§ 1018–
1029 BGB; MüKo-*Falckenberg* § 1018 Rn 17.
400 *Staudinger-Ertl*, BGB, 12. Aufl, § 873 Rn 165 mwN; *Staudinger-Gursky* (13. Aufl) § 873 Rn 255.
401 BGHZ 37, 147 = NJW 1962, 1344 = DNotZ 1963, 235; WM 1971, 1186; DNotZ 1976, 16; RGZ 136, 232; dazu
im Einzelnen MüKo-*Wacke* § 873 Rn 53. Ist ein Dienstbarkeitsberechtigter im Eintragungsvermerk eindeutig angegeben, so ist für eine Auslegung anhand der Eintragungsbewilligung oder der tatsächlichen Verhältnisse kein Raum mehr
(BGH DNotZ 1994, 230; BayObLG MittRhNotK 1996, 56).
402 RGZ 136, 232; DNotZ 1932, 722; BayObLG MittBayNot 1988, 231; *Staudinger-Ertl*, BGB, 12. Aufl, § 873 Rn 165;
Staudinger-Ring Vorbem 28 zu §§ 1018–1029; MüKo-*Wacke* § 873 Rn 53; MüKo-*Falckenberg* § 1018 Rn 16; *Soergel-Stürner* § 873 Rn 20.
403 RGZ 131, 168; 136, 234; 139, 130; RG HRR 1933 Nr 468, 1642, 1645; BGH DNotZ 1959, 240; BayObLG Bay-
ObLGZ 1953, 83; *Hesse-Saage-Fischer* § 53 Anm IV 2.
404 BayObLG ZNotP 1999, 373 = NZM 1999, 866.
405 BGH DNotZ 1970, 567 = WM 1969, 661; KEHE-*Dümig* Einl C 23; *Staudinger-Ertl*, BGB, 12. Aufl, § 873 Rn 166;
Staudinger-Gursky (13. Aufl) § 873 Rn 261 ff.
406 RG HRR 1933 Nr 1642.
407 RG JW 1933, 605 = HRR 1933 Nr 1645.

101   Da es sich bei Grundbucheintragungen nicht um Individualerklärungen handelt, ist die **Entstehungsgeschichte** der Eintragung **unerheblich**, wenn sie nicht aus den Eintragungsunterlagen erkennbar wird.[408]

102   Aus dem Grundbuchinhalt muss ein **hinreichender Anknüpfungspunkt** für eine Auslegung vorhanden sein. Der Eintragungsvermerk und die in Bezug genommenen Eintragungsunterlagen dürfen für sich betrachtet hinsichtlich des Rechtsinhalts nicht »farblos« sein; Rückschlüsse auf einen bestimmten Inhalt des Rechts müssen möglich sein.

3. Auslegbare Unterlagen

103   Strittig ist, ob nur der Inhalt des Grundbuchs maßgebend ist oder ob darüber hinaus andere Urkunden berücksichtigt werden können. Die Meinung[409] verdient den Vorzug, wonach zur Auslegung die Grundbucheintragung, die in Bezug genommene Eintragungsbewilligung und die in der Eintragungsbewilligung verwiesenen Urkunden herangezogen werden können. Nur die zulässigerweise in Bezug genommenen Urkunden können Gegenstand der Auslegung sein, da sie der Eintragung gleichstehen und nur der Grundbucheintrag auszulegen ist. Verweisung ist möglich auf Anlagen iSd BeurkG, andere Grundbucheintragungen beim selben Grundbuchamt und öffentliche Urkunden. Wurde auf bestimmte Abschnitte einer Urkunde verwiesen, sind nur diese für die Auslegung verwertbar.[410] Alle diese Unterlagen bilden mit dem Grundbucheintrag eine Einheit und müssen daher auch als eine Einheit ausgelegt werden.[411] Für die Auslegung der Eintragung von Wohnungseigentum hinsichtlich des Gegenstands des Sondereigentums sind grundsätzlich die Teilungserklärung und der Aufteilungsplan heranzuziehen.[412] Sich bei der Auslegung nur auf den Grundbucheintrag zu beschränken, ist mit § 874 BGB nicht vereinbar.

104   Außerhalb des Grundbuchs selbst und der **in Bezug genommenen Eintragungsbewilligung** liegende Umstände dürfen zur Ermittlung des Grundbuchinhalts nur insoweit herangezogen werden, als sie nach den besonderen Verhältnissen des Einzelfalles für jedermann (also nicht nur dem Betrachter oder dem Grundbuchführer) ohne weiteres erkennbar oder mühelos zugänglich sind.[413] Nur unter bestimmten, eng umgrenzten Voraussetzungen sind ausnahmsweise solche Umstände zur Ermittlung des Inhalts und Umfangs eines Grundstücksrechts heranziehbar.[414] Eintragungsvermerk und in Bezug genommener Inhalt bilden eine Einheit, auch für die Auslegung. Zu den **Umständen außerhalb des Grundbuchinhalts** gehören:[415] Orientierungshilfen in der Natur, zB Bäume, Hecken, Zäune, Gräben; Karten, Skizzen, Lagepläne, sofern sie allgemein zugänglich

---

408   RG RPflB 1933, 339; BGH WM 1962, 627 = DNotZ 1963, 436; BGH BGHZ 44, 171 = DNotZ 1966, 484; BGH DNotZ 1976, 16; *Staudinger-Ertl*, BGB, 12. Aufl, § 873 Rn 165; *Staudinger-Gursky* (13. Aufl) § 873 Rn 254; BGB-RGRK-*Augustin* § 873 Rn 53; MüKo-*Falckenberg* § 1018 Rn 17; so zB scheidet die Entstehungsgeschichte des dinglichen Vertrags und ein etwaiger Schriftwechsel der Parteien aus.

409   BGH 21, 34 = Rpfleger 1956, 231; BGH 59, 204 = NJW 1972, 1464; NJW 1965, 393; 1969, 502; DNotZ 1976, 16; 1976, 529; WM 1975, 498; RGZ 136, 232; OLG Karlsruhe DNotZ 1958, 257 (*Westermann*); KG NJW 1967, 2358; KG Rpfleger 1984, 347; OLG Frankfurt Rpfleger 1978, 213; BayObLG Rpfleger 1967, 11; KEHE-*Dümig* Einl C 20, 23; *Kehrer-Bühler-Tröster* § 2 C; *Staudinger-Ertl*, BGB, 12. Aufl, § 873 Rn 166; *Staudinger-Gursky* (13. Aufl) § 873 Rn 261 ff; MüKo-*Wacke* § 873 Rn 53; BGB-RGRK-*Augustin* § 873 Rn 53; KG DNotZ 1956, 555.

410   KEHE-*Dümig* Einl C 23; *Staudinger-Ertl*, BGB, 12. Aufl, § 873 Rn 166; *Staudinger-Gursky* (13. Aufl) § 873 Rn 261, 264; *Weber* DNotZ 1972, 133; dazu auch RGZ 113, 229.

411   RGZ 113, 229; *Staudinger-Ertl*, BGB, 12. Aufl, § 873 Rn 165; *Staudinger-Gursky* (13. Aufl) § 873 Rn 263, 264.

412   BayObLG MittBayNot 1999, 559.

413   Fehlt es daran, behalten sie für die Auslegung des Grundbucheintrags Bedeutung nur für die am dinglichen Vertrag Beteiligten und deren Gesamtrechtsnachfolger (BGB-RGRK-*Augustin* § 873 Rn 53); hM: RGZ 113, 229; 136, 234; BGH LM § 1018 BGB Nr 11; DNotZ 1958, 759; 1963, 436; 1965, 473 = NJW 1965, 393; 1966, 586; BGHZ 44, 171 = DNotZ 1966, 484; 47, 190 = DNotZ 1967, 756; DNotZ 1971, 96; BGHZ 59, 205 = NJW 1972, 1464 = MDR 1972, 939; DNotZ 1973, 20; 1974, 294; WM 1975, 498; DNotZ 1976, 16; Rpfleger 1985, 101 = NJW 1985, 385 mwN; Rpfleger 1996, 19 = MittBayNot 1995, 379; BGHZ 90, 181 = NJW 1984, 2210; BGHZ 145, 16 = NJW 2000, 3206; BGH DNotZ 2002, 721 = NJW 2002, 3021 = NotBZ 2002, 302 = Rpfleger 2002, 511 = ZNotP 2002, 441; BayObLG NotBZ 2002, 264 = Rpfleger 2002, 563 = ZNotP 2002, 439; KG Rpfleger 1984, 347; OLG Hamm NJW 1966, 2411; BayObLG Rpfleger 1983, 349; BayObLG Rpfleger 1989, 62; *Demharter* § 53 Rn 4; KEHE-*Dümig* Einl C 23, 24; *Schöner/Stöber* Rn 293, 172; *Kehrer-Bühler-Tröster* § 2 C; *Staudinger-Ertl*, BGB, 12. Aufl, § 873 Rn 165, 166; *Staudinger-Gursky* (13. Aufl) § 873 Rn 61, 62; *Staudinger-Dilcher* (12. Aufl) § 133 Rn 61; *Staudinger-Ring* § 1018 Rn 42; MüKo-*Wacke* § 873 Rn 53; MüKo-*Falckenberg* § 1018 Rn 16; OLG Frankfurt Rpfleger 1978, 213; BayObLG JurBüro 1983, 1387 mwN = DNotZ 1984, 565 = Rpfleger 1983, 143; BayObLG JurBüro 1983, 1389 mwN = Rpfleger 1983, 61; BayObLG MittBayNot 1999, 559.

414   Zutreffend für die Akten des gleichen Gerichts und für die in §§ 12, 12a GBO, § 46 GBV genannten Urkunden.

415   BGHZ 59, 11 = NJW 1972, 1283 = DNotZ 1972, 533 auf Vorlagebeschluss OLG Bremen DNotZ 1971, 663 in Übereinstimmung mit *Crusius* DNotZ 1966, 657; *Haegele* Rpfleger 1967, 33; *Weber* DNotZ 1972, 133; KEHE-*Dümig* Einl C 24; *Staudinger-Dilcher* (12. Aufl) § 133 Rn 61; *Staudinger-Ertl*, BGB, 12. Aufl, § 873 Rn 167; *Staudinger-Gursky* (13. Auf) § 873 Rn 263.

sind, was durch Verbindung mit der Urkunde durch Schnur und Siegel gesichert wird. Auch andere öffentliche Register wie das Güterrechtsregister oder das Liegenschaftskataster können herangezogen werden.[416]

Die nur den interessierten Beteiligten zugänglichen Urkunden können für die Auslegung nicht herangezogen werden. **105**

4. Klarstellungsvermerk

Erweist sich die Auslegung einer Grundbucheintragung als nicht zulässig oder nicht möglich, so ist die Eintragung inhaltlich unzulässig. Ist nur ein Teil der Grundbucheintragung inhaltlich unzulässig, so wird hierdurch die Zulässig- und Wirksamkeit der restlichen Eintragung nicht berührt, wenn diese für sich den wesentlichen Erfordernissen genügt.[417] Über die Wirksamkeit des materiellen Bestellungsvorgangs selbst ist dann nach § 139 BGB zu entscheiden. **106**

Ist die Eintragung **unklar** oder **widerspruchsvoll**, so entscheidet bei zulässiger (aber nicht bei unzulässiger)[418] Bezugnahme der Wortlaut der Eintragungsbewilligung über den Inhalt der Eintragung. Ein Klarstellungsvermerk kann eingetragen werden;[419] er setzt aber voraus, dass im Grundbuch die **Rechtslage richtig**, wenn auch unklar wiedergegeben ist. **107**

Ein Klarstellungsvermerk kommt nur bei besonderen Gründen in Betracht. Auf Antrag oder von Amts wegen kann bei unklarem Eintragungsvermerk ein solcher Klarstellungsvermerk eingetragen werden. Für einen **Amtswiderspruch** ist jedenfalls kein Raum.[420] Ist der Grunddienstbarkeitsberechtigte im Grundbuch eindeutig angegeben, so ist für eine Auslegung kein Raum mehr.[421] Es kann vorkommen, dass die im Grundbuch eingetragene schlagwortartige Bezeichnung der Dienstbarkeit (zB nach § 9 GBBerG) deren Inhalt nicht zutreffend wiedergibt, z.B. Trinkwasserfernleitungsrecht statt Wegerecht. Fraglich ist dann, ob lediglich die Anbringung eines Klarstellungsvermerks genügt, was grundsätzlich abzulehnen ist.[422] **108**

Eine in einem wesentlichen Punkt **völlig unklare Eintragung** kann als inhaltlich unzulässig iS von § 53 angesehen werden.[423] Solche unklar bleibende (perplexe) Eintragungen sind ohne Wirkung.[424] Um einen **rechtlich inhaltslosen Vermerk** und damit um eine unzulässige Eintragung handelt es sich, wenn bei einer Dienstbarkeit die nähere Bezeichnung des Inhalts sich nicht aus dem Grundbuch oder aus der in Bezug genommenen Eintragungsbewilligung ergibt.[425] **109**

5. Einzelfälle

Einzelfälle der Auslegung von Grundbucheintragungen: Erbbaurecht,[426] Vorkaufsrecht,[427] Nießbrauch,[428] Identität[429] von Kauffläche mit vermessener Fläche, Baubeschränkung,[430] Fahrtrecht,[431] Wegerecht,[432] Dienstbarkeitsberechtigter[433] und -umfang,[434] Grunddienstbarkeit[435] gewollt trotz Bezeichnung als beschränkt persönliche **110**

---

416 BayObLG DNotZ 1998, 205 = MittBayNot 1998, 31 = NJW-RR 1997, 1511.
417 BGH NJW 1966, 1656 = DNotZ 1967, 106 = WM 1968, 1087. Ausführlich zum Klarstellungsvermerk *Böhringer* NotBZ 2004, 13; *Holzer* ZfIR 2005, 165.
418 OLG Karlsruhe NJW 1958, 1189; *Ripfel*, Grundbuchrecht, 53.
419 RGZ 132, 106; KG KGJ 37 A 213; 47 A 198; KG DR 1942, 1796; KG DNotZ 1956, 555; OLG Düsseldorf DNotZ 1958, 155; *Staudinger-Ertl*, BGB, 12. Aufl, § 873 Rn 165; *Staudinger-Gursky* (13. Aufl) § 873 Rn 254 ff; *Soergel-Stürner* § 873 Rn 20; *Ripfel*, Grundbuchrecht, 53; *Schöner/Stöber* Rn 294; OLG Hamm Rpfleger 1985, 286 = MittRhNotK 1985, 121; OLG Stuttgart Rpfleger 1981, 355 = MDR 1981, 680 = BWNotZ 1981, 121 = Justiz 1981, 283.
420 LG Dortmund NJW 1965, 1233 = Rpfleger 1965, 175; *Demharter* § 53 Rn 7.
421 BGH DNotZ 1994, 230; BayObLGZ 1992, 204; BayObLG MittRhNotK 1996, 55.
422 Bejahend LG Chemnitz NotBZ 2006, 217 m. krit. Anm. *Holzer* NotBZ 2006, 288 = Rpfleger 2006, 319 m. abl. Anm. *Hintzen* Rpfleger 2006, 466 = RNotZ 2006, 192 = MittBayNot 2006, 335. Allgemein zum Klarstellungsvermerk *Böhringer* NotBZ 2004, 13; Holzer ZfIR 2005, 165.
423 RGZ 113, 223, 231; *Soergel-Stürner* § 873 Rn 20.
424 MüKo-*Wacke* § 873 Rn 53.
425 OLG Düsseldorf DNotZ 1958, 155.
426 BGH DNotZ 1967, 756; 1976, 16; BayObLG Rpfleger 1984, 266.
427 BGH DNotZ 1963, 235.
428 BGH DNotZ 1974, 294.
429 BGH DNotZ 1971, 96.
430 BGH DNotZ 1966, 486.
431 BGH DNotZ 1965, 474.
432 BGH DNotZ 1966, 484; 1976, 529; Rpfleger 1985, 101 = JurBüro 1985, 375.
433 BayObLG Rpfleger 1976, 250.
434 BGH DNotZ 1959, 240.
435 BGH DNotZ 1969, 367.

Dienstbarkeit, Anbaurecht,[436] Wohnungsrecht,[437] Grundschuldzinsen,[438] Wohnungseigentum;[439] Divergenz zwischen Teilungserklärung und Aufteilungsplan.[440]

X. Nachprüfung der Auslegung im Beschwerdeverfahren und anderen Verfahren

1. Beschwerdeverfahren

111 Im Grundbuchverfahren ist das Beschwerdegericht an die Auslegung des Grundbuchamts nicht gebunden. Grundbucheintragungen und die in Bezug genommenen Urkunden unterliegen der **Nachprüfung** im Beschwerdeverfahren. Die Beschwerdeinstanz tritt an die Stelle des Grundbuchamts, das als 1. Instanz entschieden hat, da es Sachinstanz ist. Es hat daher die Sach- und Rechtslage in vollem Umfang zu überprüfen, sowohl tatbestandsmäßig wie rechtlich. Deshalb können auch neue Tatsachen und Beweise in der Beschwerdeinstanz noch eingeführt werden.

112 Es ist möglich, dass das Landgericht den Eintragungsantrag aus anderen Erwägungen für nicht vollziehbar hält als das Grundbuchamt. Das Beschwerdegericht tritt bei der Entscheidung über den Eintragungsantrag **an die Stelle des Grundbuchamts.** Es hat daher nicht nur die Entscheidungsgründe des Erstgerichts, sondern das gesamte Sach- und Rechtsverhältnis daraufhin nachzuprüfen, ob dem Eintragungsantrag zu entsprechen ist oder nicht. Missbilligt das Beschwerdegericht den Ablehnungsgrund des Grundbuchamts, ist es aber der Ansicht, dass dem Eintragungsantrag aus anderem Grunde nicht stattgegeben werden kann, ist es befugt und verpflichtet, diesen aus dem anderen Grunde zurückzuweisen.[441]

113 Die Nachprüfung der Entscheidung des Grundbuchamts durch die Beschwerdeinstanz als Tatsacheninstanz ist umfassend. Es besteht insofern ein Unterschied gegenüber der Rechtsbeschwerdeinstanz, die keine Tatsacheninstanz ist. Die Auslegung, die sich nach § 133 BGB bemisst, bei der also nicht an dem buchstäblichen Sinn des Ausdrucks zu haften ist, ist grundsätzlich Sache des Tatrichters.

114 Die Auslegungsfähigkeit einer Erklärung ist vom Rechtsbeschwerdegericht selbständig nachzuprüfen.[442] Da es sich insoweit um die Auslegung einer Grundbucherklärung handelt, ist das Rechtsbeschwerdegericht nicht darauf beschränkt, die Auslegung des Tatrichters auf Rechtsfehler zu überprüfen. Vielmehr hat das Gericht der weiteren Beschwerde die Grundbucherklärung wie eine jede andere Verfahrenserklärung frei und selbstständig auszulegen.[443] Die Auslegung von Urkunden ist darauf zu überprüfen, ob gegen den klaren Sinn der Urkunde, gegen gesetzliche Auslegungsregeln und nach allgemein anerkannte Erfahrungssätze (zB den allgemeinen Sprachgebrauch) oder gegen Denkgesetze verstoßen wurde und ob alle für die Auslegung in Betracht kommenden Gesichtspunkte gewürdigt wurden. Es genügt, dass die Auslegung möglich ist. Zwingend braucht sie nicht zu sein.[444] Für die Auslegung von Grundbucheintragungen gilt allerdings: Die **Rechtsbeschwerdeinstanz** hat nur eine **begrenzte Nachprüfungsmöglichkeit**, da sie sich auf Überprüfung von Gesetzesverletzungen beschränkt. Die Auslegung eines Grundbucheintrags durch den Tatrichter kann allerdings im Rechtsbeschwerdeverfahren nicht generell auf ihre sachliche Richtigkeit oder gar Zweckmäßigkeit, sondern nur auf Rechtsfehler überprüft werden. Ein Rechtsfehler liegt vor, wenn der Tatrichter gegen den klaren Sinn der Urkunde, gegen gesetzliche Auslegungsregeln und allgemein anerkannte Erfahrungssätze oder gegen Denkge-

---

436 BayObLG MittRhNotK 1996, 55.

437 BayObLG MittBayNot 1999, 561.

438 BGH DNotZ 1963, 436.

439 OLG Stuttgart Rpfleger 1981, 109; BayObLGZ 1977, 226; 1978, 214.

440 BGH Rpfleger 1996, 19 = MittBayNot 1995, 379.

441 KG JFG 5, 432; BayObLG Rpfleger 1967, 11; anders bei Anfechtung einer Zwischenverfügung (KG JFG 8, 236).

442 BayObLG MittBayNot 2007, 49 = RNotZ 2007, 155; BayObLG Rpfleger 1984, 191 = MDR 1984, 403; BayObLG JurBüro 1985, 1375 = MittBayNot 1985, 150; BayObLG DNotZ 1984, 565 = Rpfleger 1983, 143; BayObLG NJW-RR 1986, 380.

443 BGHZ 37, 147; BGHZ 92, 351 = NJW 1985, 385 = Rpfleger 1985, 101 = MittBayNot 1985, 67; BGHZ 113, 374 = DNotZ 1991, 888 = NJW 1991, 1613 = Rpfleger 1991, 246; BGH NJW 1998, 3713; OLG Hamm OLGZ 1992, 398 = NJW-RR 1992, 1299 = Rpfleger 1992, 474; OLG Frankfurt Rpfleger 1996, 104; BayObLG DNotZ 1997, 324 = Rpfleger 1997, 154; BayObLG Rpfleger 1993, 189 = MittBayNot 1993, 17 unter Aufgabe entgegenstehender früherer Rechtsprechung; OLG Zweibrücken MittBayNot 1999, 564 = Rpfleger 1999, 533 = FGPrax 1999, 173.

444 OLG Stuttgart Rpfleger 2007, 258 = DNotZ 2007, 383 = FGPrax 2007, 66 m Anm *Demharter* = BB 2007, 845 m Anm *Priester* = EWiR 2007, 167 (bearb v *Schodder*) = BWNotZ 2008, 55 m zust Anm *Brenner* = RNotZ 2008, 162. Ebenso LG Magdeburg NotBZ 2008, 39 m Anm *Karlowski* (neuerlich bestätigt mit LG Magdeburg Beschl v 28.04.2008 – 3 T 75/08).

setze verstoßen oder nicht alle für die Auslegung in Betracht kommenden Gesichtspunkte gewürdigt hat.[445] In einem solchen Fall ist die Auslegung des Tatrichters für das Rechtsbeschwerdegericht nicht bindend. Hat das Tatsachengericht eine gebotene Auslegung nicht vorgenommen, so hat dies das Rechtsbeschwerdegericht nachzuholen.[446] Bei der Auslegung einer Grundbucheintragung ist vorrangig auf deren Wortlaut und Sinn, wie er sich für einen unbefangenen Betrachter als nächstliegende Bedeutung des Eingetragenen ergibt, abzustellen. Umstände außerhalb der Eintragung und der in ihr Bezug genommenen Eintragungsbewilligung dürfen nur insoweit herangezogen werden, als sie nach den besonderen Umständen des Einzelfalls für jedermann ohne weiteres erkennbar sind.[447] Die Erkennbarkeit für jedermann verlangt nicht Erkennbarkeit durch Einsicht in das Grundbuch und die Grundakten; vielmehr bezieht sie sich gerade auf andere Erkenntnismittel, wie etwa Feststellung des bestehenden Zustands im Zeitpunkt der Eintragung.[448]

Gerade bei der Anwendung des § 133 BGB und anderer derartiger allgemeiner Auslegungsgrundsätze ergibt sich deshalb nur eine begrenzte Auslegungsmöglichkeit für die Rechtsbeschwerdeinstanz, da sie neue Tatsachen nicht berücksichtigen darf.[449] Als neue Tatsache gilt auch die Bezugnahme auf eine im früheren Verfahren nicht benützte Urkunde.[450] Man lässt in der obersten Rechtsprechung[451] eine Nachprüfung auf den **Verstoß gegen Denkgesetze und allgemeine Erfahrungssätze** zu. Es bedeutet dies bereits eine Ausweitung der vom Gesetzgeber ursprünglich festgelegten Abgrenzung der Überprüfbarkeit durch die Rechtsbeschwerdeinstanz, die Sachentscheidungen verzögert und leicht dazu führen kann, dass die Rechtsbeschwerdeinstanz immer mehr zur Sach- und Tatsacheninstanz wird. Im Bereich des Grundbuchverfahrens besteht die Gefahr, dass die letzte Instanz den Charakter einer Tatsacheninstanz annimmt, mindestens teilweise, insbesondere wenn in der Rechtsbeschwerdeinstanz neues Material eingeführt und verwertet wird.[452] Keine Gesetzesverletzung liegt vor, wenn die Eintragung aufgrund rechtlich vertretbarer Auslegung erfolgt ist.[453]

115

2. Andere Verfahren

Im Zivilprozess und anderen Verfahren ist das Gericht in seiner Entscheidung über die Auslegung des Grundbuchinhalts, der Grundbucherklärungen und der dinglichen Willenserklärungen völlig frei, gleichgültig, ob der Prozess über dingliche Rechte und Ansprüche oder über Haftpflichtfragen geführt wird. Auch das Revisionsgericht hat das freie Auslegungsrecht.[454]

116

XI. Umdeutung

1. Normzweck

Sinn und Zweck des § 140 BGB[455] ist es, den Willen der Vertragsschließenden, einen bestimmten wirtschaftlichen Erfolg zu erreichen, auch dann zu verwirklichen, wenn das von ihnen gewählte rechtliche Mittel unzulässig ist, jedoch ein anderes zulässiges Mittel den angestrebten wirtschaftlichen Erfolg herbeizuführen vermag und dem **hypothetischen (mutmaßlichen) Willen** der Parteien entspricht, also ein anderer, rechtlich gangbarer Weg zur Verfügung steht, der zum annähernd gleichen wirtschaftlichen Ergebnis führt.[456] Die Vorschrift bildet

117

---

445 BGH WM 1958, 759; 1961, 866; BGHZ 32, 60; BGHZ 37, 147; BGHZ 59, 205; BGH FamRZ 1962, 561; OLDG Frankfurt MittBayNot 2007, 511; BayObLG BayObLGZ 1966, 242 = DNotZ 1967, 436; BayObLGZ 1972, 260; BayObLGZ 1974, 112 = DNotZ 1974, 442 = Rpfleger 1974, 222; BayObLG Rpfleger 1976, 304; BayObLGZ 1978, 194 = Rpfleger 1978, 392; BayObLG Rpfleger 1979, 424; 1980, 433; 1981, 147 = MittBayNot 1981, 22; BayObLGZ 1981, 30 = FamRZ 1981, 711; BayObLG Rpfleger 1981, 23; 1984, 142; OLG Düsseldorf DNotZ 1950, 41 = HEZ 2, 369; OLG Hamm DNotZ 1971, 48; BayObLG Rpfleger 1983, 61 = MDR 1983, 227; OLG Hamm Rpfleger 1985, 288; BayObLG FamRZ 1985, 209 mwN; BayObLG MittBayNot 1989, 90; BayObLG BWNotZ 1989, 38 = MittBayNot 1989, 25; OLG Köln Rpfleger 1985, 290.
446 BGHZ 37, 233 = DNotZ 1963, 226; BayObLG DNotZ 1985, 372 = Rpfleger 1984, 145 mwN; BayObLG NJW-RR 1987, 792.
447 OLG Köln NotBZ 2006, 366; OLG Karlsruhe Rpfleger 2005, 79 = BWNotZ 2006, 65 = NJW-RR 2005, 19 = MittBayNot 2005, 406.
448 BayObLG Rpfleger 2005, 21; BayObLG NotBZ 2003, 239.
449 OLG Köln Rpfleger 1985, 290.
450 BayObLG BayObLGZ 12, 706; 13, 68.
451 OLG Stuttgart Rpfleger 2007, 258 = DNotZ 2007, 383.
452 *Riedel* Rpfleger 1967, 6.
453 KG Rpfleger 1972, 58; OLG Hamm DNotZ 1967, 686 mwN; OLG Frankfurt Rpfleger 1976, 132; BayObLG BWNotZ 1989, 38 = MittBayNot 1989, 25.
454 RGZ 136, 234; 142, 158; 156, 129; 159, 321; 165, 68; BGH 9, 279; 13, 133; 14, 25; 37, 148 = DNotZ 1963, 235; DNotZ 1963, 436; 1976, 16; 1976, 529; OLG Düsseldorf DNotZ 1950, 41 = HEZ 2, 369; BGB-RGRK-*Krüger-Nieland-Zöller* § 133 Rn 71; *Soergel-Hefermehl* § 133 Rn 36; KEHE-*Dümig* Einl C 39.
455 *Bürck* JuS 1971, 571; SchlHAnz 1973, 37; *Soergel-Hefermehl* § 140 Rn 1.
456 BGH DB 1977, 995 im Anschluss an Prot I 262; BGHZ 19, 269 = NJW 1956, 297, BGH LM Nr 4 zu § 140 BGB; vgl über den Normzweck auch RGZ 129, 122; MüKo-*Mayer-Maly-Busche* § 140 Rn 1.

einen Anwendungsfall des Grundsatzes: dem Willen von Vertragsschließenden so weit als irgend angängig zum Erfolg zu verhelfen.[457] Missbilligt die Rechtsordnung dagegen nicht das Mittel, sondern den Erfolg, so darf nicht umgedeutet werden.[458]

118   Über die Auslegung einer Willenserklärung geht die in § 140 BGB getroffene Regelung hinaus. Entspricht ein nichtiges Rechtsgeschäft den Erfordernissen eines anderen Rechtsgeschäfts, so gilt das letztere, wenn anzunehmen ist, dass dessen Geltung bei Kenntnis der Nichtigkeit gewollt sein würde. Die Umdeutung nach § 140 BGB dient der Berücksichtigung wirklicher oder anzunehmender Zielsetzungen der an einem gescheiterten Rechtsgeschäft Beteiligten. § 140 BGB steht in einem inneren Zusammenhang mit den Bestimmungen der §§ 133, 139, 157 BGB und darf daher nicht zu einer Auslegung gegen den erklärten oder mutmaßlichen Willen der Beteiligten führen.

119   Bei der nach § 140 BGB erforderlichen Willensermittlung handelt es sich nicht darum, den wahren Willen der Parteien festzustellen, vielmehr ist mit den Mitteln der ergänzenden Auslegung der mutmaßliche Parteiwille zu bestimmen, dh der Wille, den die Parteien gehabt hätten, wenn sie die Nichtigkeit des ursprünglichen Rechtsgeschäfts gekannt hätten.[459] Es kommt in diesem Zusammenhang auf die allgemeine Meinung der an solchen Geschäften typischerweise beteiligten Wirtschaftskreise an.[460]

2. Abgrenzungen

120   Eine nach § 140 BGB vorgenommene Umdeutung eines Rechtsgeschäfts gehört nicht mehr zu dessen Auslegung, sondern setzt deren Ergebnis voraus. Die Auslegung orientiert sich zunächst am wirklichen Willen, die Umdeutung ist zumeist auf einen hypothetischen angewiesen.

121   Die **Falschbezeichnung** eines Rechtsgeschäfts macht keine Umdeutung erforderlich, ihre Korrektur unterliegt nicht den nach § 140 BGB maßgeblichen Grundsätzen *(falsa demonstratio);*[461] dazu Rdn 44.

122   Rechtsgeschäftlich angeordnete Umdeutung *(Konversionsklausel):* Sieht ein Rechtsgeschäft für den Fall einer Nichtigkeit vor, dass etwas anderes gelten soll, so ist diese **angeordnete Umdeutung** nicht nach § 140 BGB, sondern als bedingtes Rechtsgeschäft zu beurteilen. Andererseits können die Kontrahenten eines Rechtsgeschäfts jede Umdeutung ausschließen. Dann ist eben nicht anzunehmen, dass bei Kenntnis der Nichtigkeit ein Ersatzgeschäft »gewollt sein würde«.

123   **Abgrenzung von § 139 BGB:** § 140 BGB ist keine Auslegungsregel und daher kein Unterfall des § 139 BGB, sondern geht bedeutend weiter. Für die Umdeutung kommt es nicht wie nach § 139 BGB auf den erklärten Willen, sondern auf den nicht erklärten, den hypothetischen Parteiwillen an. Das schließt nicht aus, dass für den gleichen Fall § 139 BGB und § 140 BGB zur Anwendung gelangen. So bestimmt sich zB nach § 139 BGB, ob die nach § 140 BGB erfolgte teilweise Umdeutung eines nichtigen Rechtsgeschäfts dazu führen kann, den umgedeuteten Teil als selbständiges Rechtsgeschäft bestehen zu lassen.[462]

3. Voraussetzungen der Umdeutung

124   Zur Umdeutung (Konversion) eines Rechtsgeschäfts in ein anderes (Ersatzgeschäft) kann es nach § 140 BGB erst kommen, wenn der mit dem Inhalt des Geschäfts beabsichtigte rechtliche Erfolg nicht eintreten, die rechtsgeschäftliche Regelung so, wie sie getroffen wurde, nicht gelten kann, sondern nichtig ist. Einer Umdeutung hat deshalb stets die **Auslegung des Rechtsgeschäfts voranzugehen.**[463]

125   Zunächst ist der Inhalt eines Rechtsgeschäfts immer durch Auslegung[464] zu ermitteln. Diese kann bereits dazu führen, dass ein Geschäft der unzulässigen Art von den Beteiligten überhaupt nicht gewollt ist, weil nur eine falsche Bezeichnung gewählt wurde. Erst wenn feststeht, dass dem beabsichtigten Geschäft Hindernisse entgegenstehen, ist für eine Umdeutung Raum. Eine Umdeutung nach § 140 BGB kann erst dann einsetzen, wenn also das Ergebnis der Auslegung feststeht. Der Auslegung selbst ist es verwehrt, eine Umdeutung herbeizuführen.[465]

---

457   BGH NJW 1974, 43; DB 1977, 995.
458   *Krampe* JZ 1975, 574.
459   BGHZ 19, 269; 20, 363; BGH NJW 1971, 420; BAG JZ 1976, 324; *Staudinger-Roth* § 140 Rn 8, 10.
460   OLG Celle WuM 1975, 417; *Staudinger-Dilcher* (12. Aufl) § 140 Rn 9.
461   BGH DNotI-Report 2001, 142 = VIZ 2001, 499; OLG Hamm JW 1931, 550; *Zeiss* WM 1963, 906.
462   *Soergel-Hefermehl* § 140 Rn 12. OLG Stuttgart BWNotZ 1979, 17: Bei Nichtübereinstimmung von Auflassungserklärung und übereinstimmend Gewolltem ist der nichtige Teil der Auflassung in einen wirksamen umzudeuten. Solange diese Möglichkeit besteht, bleibt die Vermutung des § 891 BGB beachtlich.
463   *Staudinger-Roth* § 140 Rn 7; *Soergel-Hefermehl* § 140 Rn 1; *Bürck* SchlHAnz 1973, 40; OLG Hamm Rpfleger 1985, 289.
464   Die Auslegung des Rechtsgeschäfts geht der Umdeutung vor: BGH WM 1959, 328, 418; OLG Hamm Rpfleger 1985, 289.
465   MüKo-*Mayer-Maly-Busche* § 133 Rn 18.

Eine nicht am Wortlaut haftende Auslegung (§ 133 BGB) kann dazu führen, die Geltung eines Rechtsgeschäfts, **126** dessen Inhalt die Parteien lediglich unrichtig bezeichnet haben, gemäß dem wirklich vorhandenen Parteiwillen anzuerkennen. Der wahre Wille muss nur, gleichviel mit welchen Worten und Rechtsbegriffen, in der Erklärung zum Ausdruck gekommen sein, sei es auch nur hilfsweise für den Fall der Nichtigkeit.[466]

Der Umdeutung fähig sind nur solche Rechtsgeschäfte, die von vornherein oder aufgrund wirksamer Anfech- **127** tungen **nichtig** sind.[467] Aus welchem Grund das Geschäft nichtig ist, ist ohne Belang, die Hauptsache ist, dass das Ersatzgeschäft wirksam ist.[468] Es genügt jeder Nichtigkeitsgrund.[469] Die Heilbarkeit der Nichtigkeit, zB im Falle des Formmangels, steht einer Umdeutung nicht mehr im entgegen, sobald sie ausgeschlossen ist.[470] Erforderlich ist, dass eine Gesamtnichtigkeit eines Rechtsgeschäfts vorliegt. Alsdann baut § 140 BGB auf dieser freien Fläche ein neues Rechtsgeschäft auf. Die so genannte Konversion ist die richterliche Umdeutung – nicht Auslegung – des Parteiwillens aus der Interessenlage heraus.[471] Umdeutung von Grundbucherklärungen setzt voraus, dass die Erklärung mit dem durch Auslegung ermittelten Inhalt nicht eintragungsfähig ist, aber mit einem anderen Inhalt objektiv den Erfordernissen eines anderen Rechtsgeschäfts voll oder wenigstens weitgehend entspricht und mit diesem Inhalt nach dem hypothetischen Willen der Beteiligten bei Kenntnis der wahren Rechtslage gewollt wäre.[472]

Erst wenn die Möglichkeiten der Auslegung, insbesondere auch einer ergänzenden, restlos ausgeschöpft sind, **128** lässt sich die Feststellung treffen, dass das Rechtsgeschäft so, wie es getroffen ist, nichtig ist. Für diesen Fall fragt es sich, ob in dem angeschlossenen, wenn auch nichtigen Rechtsgeschäft, die Bestandteile eines anderen Geschäfts enthalten sind, das die Vertragsschließenden im Zeitpunkt der Vornahme gewollt haben würden, wenn sie die Nichtigkeit der von ihnen getroffenen rechtsgeschäftlichen Regelung erkannt hätten.[473] Alle Bestandteile des anderen Geschäfts (Ersatzgeschäfts) müssen vorhanden sein. Es müssen also ua die Geschäftsfähigkeit, Verfügungsmacht und die Formerfordernisse gewahrt sein.[474] § 140 BGB gestattet es nicht, fehlende Tatbestandselemente zu fingieren.[475]

4. Umdeutung

Die Umdeutung stellt im Gegensatz zur echten Auslegung nicht auf den wirklich vorhandenen, sondern den **129** **hypothetischen Willen** ab.[476] Dieser wird jedoch nur berücksichtigt, wenn auch die wesentlichen Erfordernisse des hypothetisch gewollten Geschäfts in dem umzudeutenden nichtigen Geschäft enthalten sind. Unter dieser Voraussetzung geht § 140 BGB davon aus, dass es den Vertragspartnern weniger auf die Rechtsform ihres Geschäfts als auf dessen wirtschaftlichen Erfolg ankommt und ihnen im Zweifel jedes rechtliche Mittel gleich sein wird, das diesen Erfolg, wenn auch nicht ganz, so doch wenigstens annähernd gewährleistet.[477] Ist dieser Wille feststellbar, so ist es auch gerechtfertigt, das Geschäft als ein anderes Rechtsgeschäft aufrechtzuerhalten, obwohl der Wille auf Errichtung des anderen Rechtsgeschäfts nicht gerichtet war.[478]

Die Wirkungen des anderen Rechtsgeschäfts müssen denen des ursprünglichen **wirtschaftlichen im Wesent-** **130** **lichen gleichartig** sein.[479] Daher ist die Umdeutung grundsätzlich ausgeschlossen, wenn ein Rechtsgeschäft vom Nichtberechtigten vorgenommen wurde.[480] Das an die Stelle des nichtigen tretende Geschäft ist so zu bestimmen, dass der ursprünglich gewollte Zweck ganz oder doch annähernd erreicht wird. Ist, wie meist, völlige Gleichheit nicht möglich, so ist die dem Zweck am nächsten kommende Form zu wählen.[481] Keinesfalls darf aber das durch Umdeutung geschaffene Geschäft über den Erfolg des ursprünglich gewollten Geschäfts

---

466 RGZ 125, 209.
467 *Erman-Palm* § 140 Rn 8–11; BGB-RGRK-*Krüger-Nieland-Zöller* § 140 Rn 8–12; *Hieber* DNotZ 1954, 303; zu den Auswirkungen der §§ 116, 117 BGB auf die Umdeutung *Mühlhans* NJW 1994, 1049.
468 *Hieber* DNotZ 1954, 303.
469 RGZ 125, 209; BGHZ 26, 320.
470 BGHZ 40, 218; *Staudinger-Dilcher* (12. Aufl) § 140 Rn 2.
471 BGHZ 19, 269.
472 KG DNotZ 1968, 95; KEHE-*Dümig* Einl C 29; *Staudinger-Ertl*, BGB, 12. Aufl, § 873 Rn 138; *Staudinger-Gursky* (13. Aufl) § 873 Rn 63.
473 *Soergel-Hefermehl* § 140 Rn 1.
474 *Staudinger-Roth* § 140 Rn 23; *Soergel-Hefermehl* § 140 Rn 4; BGB-RGRK-*Krüger-Nieland-Zöller* § 140 Rn 12, 13.
475 RG JW 1938, 44.
476 BGHZ 19, 269; 20, 363; BGH LM Nr 4 zu § 140 BGB; RGZ 110, 391; BayObLG BayObLGZ 1953, 333 = Rpfleger 1954, 45 = DNotZ 1954, 31 = NJW 1953, 1914; OLG Hamm Rpfleger 1985, 289; OLG Stuttgart OLGZ 1979, 21.
477 BGH LM Nr 4 zu § 140 BGB; RGZ 110, 391.
478 RG Recht 1910 Nr 1708.
479 RGZ 110, 391; 137, 171; BGHZ 19, 269; 20, 363; OLG Hamm Rpfleger 1985, 289; *Staudinger-Roth* § 140 Rn 21; BGB-RGRK-*Krüger-Nieland-Zöller* § 140 Rn 14; *Soergel-Hefermehl* § 140 Rn 1; *Bürck* JuS 1971, 572.
480 RGZ 124, 28.
481 RGZ 110, 392; 137, 176; *Soergel-Hefermehl* § 140 Rn 4ff.

hinausgehen,[482] zB nicht Abtretung statt nichtiger Verpfändung. Ferner darf die Konversion nicht den Schutz-zweck der Nichtigkeit vereiteln.

131 Für die Umdeutung ist nicht erforderlich, dass die Parteien einen auf das Geschäft in der veränderten Form gerichteten Willen hatten, sondern es ist zu fragen:[483] *»Wie hätten sich die Parteien bei Kenntnis der Nichtigkeit ver-halten?«.* Der Richter muss sich in die Situation und den Zweck des Geschäftsabschlusses hineindenken und von da aus den hypothetischen Vertragswillen der Parteien bestimmen. Dabei ist von den Auffassungen vernünftig denkender Menschen auszugehen, ohne dass das zu einer Bevormundung der Parteien führen darf. Besondere individuelle Willensrichtungen und Interessen sind zu beachten, soweit sie für das umzudeutende Geschäft bestimmt waren. Kommt der Richter zum Ergebnis, dass ein nichtiges Rechtsgeschäft vorliegt, so gibt ihm der vorgetragene Sachverhalt **von Amts wegen** Anlass zu **prüfen,** ob die objektiven und subjektiven Vorausset-zungen der Umdeutung gegeben sind. Die Umdeutung ist deshalb jedoch kein richterlicher Gestaltungsakt.[484] Damit es zur Umdeutung kommt, bedarf es nicht einer Geltendmachung seitens einer der Parteien; § 140 BGB spricht selbst die Geltung des Ersatzgeschäfts aus. Diese ist daher von Amts wegen wahrzunehmen.[485]

5. Umdeutung von Grundbucherklärungen

132 Umdeutungsfähig sind alle *(nichtigen)* Rechtsgeschäfte, insbesondere auch Verfügungen.[486] Strittig ist die Mög-lichkeit der Umdeutung durch das GBAmt.[487] Es ist zu unterscheiden: Die dem Grundbuchamt abgegebenen Parteierklärungen sind umdeutungsfähig, wenn die vorgelegten Urkunden eine abschließende Würdigung zulassen. Bestritten ist, ob die Grundbucheintragung selbst als Hoheitsakt und wegen der Publizitätsfunktion des Grundbuchs umdeutbar ist.[488]

133 Die Frage, ob es auch zur Aufgabe des Grundbuchamts gehören kann, § 140 BGB über die Umdeutung (Kon-version) eines Rechtsgeschäfts anzuwenden, ist zu bejahen.[489] Nach dem KG[490] ist das Grundbuchamt **zur Umdeutung berechtigt und verpflichtet,** wenn die vorgelegten Urkunden eine abschließende Würdigung gestatten, sodass die dem Grundbuchamt verbotene Beweisaufnahme entfällt.[491]

134 Die Umdeutungsfähigkeit von Grundbucherklärungen ist im Grundbuchverfahren nicht völlig ausgeschlossen, sondern stets vom Grundbuchamt mit den ihm zur Verfügung stehenden Mitteln zu prüfen, wenn Grundbuch-erklärungen trotz Auslegung zur Eintragung nicht ausreichen.[492] **Umdeutung** einer Grundbucherklärung iSv § 140 BGB ist so **in beschränktem Umfange** möglich.[493] Auch das Grundbuchamt hat das geltende bürgerli-che Recht anzuwenden, wozu die Vorschrift des § 140 BGB gehört, soweit nicht Besonderheiten des Grundbuchverfahrens einer abschließenden Beurteilung Schranken setzen. Einer solchen Umdeutung sind allerdings – ähnlich wie der Auslegung – bedingt durch den das Grundbuchverfahren beherrschenden Bestimmtheitsgrundsatz, das grundsätzliche Erfordernis urkundlich belegter Eintragungsunterlagen und das Fehlen einer Ermittlungs- und Beweiserhebungspflicht des Grundbuchamts im Eintragungsverfahren Grenzen gesetzt. Ist die Grundbucherklärung aber ihrem Wortlaut nach nicht eintragungsfähig, entspricht sie jedoch objektiv und nach dem wirtschaftlich mit ihr Gewollten den Erfordernissen eines anderen, eintragungsfähigen Rechts, so kann sich auch das Grundbuchamt, sofern es zu einer abschließenden Würdigung in der Lage ist,

---

482 BGHZ 19, 269; 26, 329; BGH LM Nr 4 zu § 140 BGB; RGZ 137, 176; *Soergel-Hefermehl* § 140 Rn 5.
483 RGZ 121, 85; BGHZ 19, 273; *Erman-Palm* § 140 Rn 15.
484 *Soergel-Hefermehl* § 140 Rn 1.
485 BGH LM Nr 4 zu § 140 BGB; *Soergel-Hefermehl* § 140 Rn 1; *Erman-Palm* § 140 Rn 18; *MüKo-Mayer-Maly-Busche* § 140 Rn 32. **AA** *Siller* AcP 138, 144, (185).
486 RGZ 66, 24; 129, 122; *MüKo-Mayer-Maly-Busche* § 140 Rn 7.
487 Ablehnend BayObLG NJW 1953, 1914; OLG Hamm Rpfleger 1959, 66; *Westermann* NJW 1970, 1023; zulassend: KG NJW 1967, 2358; HansOLG Bremen DNotZ 1987, 10; BayObLG Rpfleger 1983, 346; OLG Düsseldorf DNotZ 1977, 305; *Hieber* DNotZ 1954, 303.
488 Verneinend *Staudinger-Roth* § 140 Rn 10.
489 So auch *Schöner/Stöber* Rn 173.
490 DNotZ 1968, 95 = Rpfleger 1968, 50 m zust Anm *Riedel.*
491 So auch OLG Düsseldorf DNotZ 1977, 305; *Hieber* DNotZ 1954, 303; KEHE-*Dümig* Einl C 29 ff; *Staudinger-Roth* § 140 Rn 10; BayObLG Rpfleger 1983, 386; ablehnend noch BayObLG DNotZ 1954, 30; dazu auch OLG Hamm JMBlNRW 1959, 66; *Kehrer-Bühler-Tröster* § 2 A.
492 Zu Recht KG DNotZ 1968, 95 = Rpfleger 1968, 50 = NJW 1967, 2359; OLG Hamm Rpfleger 1985, 289; Hans-OLG Bremen DNotZ 1987, 10; *Staudinger-Ertl,* BGB, 12. Aufl, § 873 Rn 138; *Staudinger-Gursky* (13. Aufl) § 873 Rn 59, 63.
493 KG DNotZ 1968, 95 = Rpfleger 1968, 50; KG NJW 1968, 508; OLG Hamm Rpfleger 1957, 19 (*Haegele* Rpfleger 1957, 117) = JMBlNRW 1957, 92; OLG Düsseldorf DNotZ 1977, 305; KEHE-*Dümig* Einl C 29; *Schöner/Stöber* Rn 173; *Güthe* (6. Aufl) Vorbem 101 vor § 13 GBO; *Staudinger-Roth* § 140 Rn 10; BGB-RGRK-*Augustin* § 873 Rn 49; *Staudinger-Ertl,* BGB, 12. Aufl, § 873 Rn 138; *Staudinger-Gursky* (13. Aufl) § 873 Rn 63; *MüKo-Wacke* § 873 Rn 38; *MüKo-Westermann* § 1094 Rn 6; *Kehrer-Bühler-Tröster* § 2 A, 2 C; *Hieber* DNotZ 1954, 303; dazu auch BayObLG Rpfleger 1983, 346.

einer solchen Umdeutung nicht verschließen.[494] Die Umdeutung von Grundbucherklärungen ist möglich und geboten, wenn für das Grundbuchamt keine unklaren Verhältnisse bestehen, die Umdeutung vielmehr aufgrund der vorliegenden Urkunden ohne – im Grundbuchverfahren in der Regel nicht in Betracht kommende – zusätzliche Beweiserhebungen vorgenommen werden kann.[495]

Es ist keine gesetzliche Vorschrift ersichtlich, die die Anwendbarkeit von § 140 BGB gänzlich ausschlösse; um **135** so mehr, als es gerade bei § 140 BGB nicht darauf ankommt, dass die Beteiligten die etwaige Geltung des Ersatzrechtsgeschäftes schon als möglich ins Auge gefasst haben, sondern es genügt, dass sie als vernünftig denkende Leute das andere Geschäft gewollt haben würden. Dieser Wille kann nicht nach rein objektiven Gesichtspunkten[496] ermittelt, sondern muss nach der **Lebenserfahrung** bejaht werden, wenn die Beteiligten mit der Ersatzlösung einen nahezu gleichen Erfolg erreichen und der von ihnen gewollten Rechtsform kein besonderes Gewicht beigemessen haben. Um dies zu beurteilen, bedarf es **keiner Beweisaufnahme**, denn die **Vernunftgründe**, auf die es ankommt, sind objektiv festzustellen und von der Meinung der Beteiligten unabhängig. Auch in zahlreichen anderen Fällen des Grundbuchverfahrens müssen bestimmte Tatsachen nach verständigem Ermessen beurteilt werden, ohne dass ein schlüssiger Beweis verlangt werden könnte.[497] Das Grundbuchamt muss **allgemeine Erfahrungssätze verwerten**, die im Zusammenhang mit den vorgelegten Urkunden und der Lebenserfahrung des Grundbuchbeamten in jedem Falle eine Entscheidung zulassen.[498] Da aber die Anwendung der Bestimmung des § 140 BGB nur unter Berücksichtigung der besonderen Gegebenheiten des Grundbuchverfahrens in Betracht kommt, bedeutet dies, dass sie ausscheidet, wenn dazu eine Beweisaufnahme erforderlich wäre. Bestehen aber keine »unklaren Verhältnisse«, gestatten also bereits die dem Grundbuchamt vorliegenden Urkunden eine abschließende Würdigung, so ist auch der Grundbuchführer zur Umdeutung nicht nur berechtigt, sondern auch verpflichtet.[499]

Objektiv setzt die Umdeutung des nichtigen in ein wirksames Rechtsgeschäft voraus, dass dessen Bestandteile **136** in dem nichtigen Rechtsgeschäft enthalten sind, dass insbesondere das Ersatzgeschäft in seinen Wirkungen nicht über das nichtige Rechtsgeschäft hinausgeht.[500] Das Grundbuchamt hat die Eintragungsunterlagen zu prüfen, ob sie umdeutungsfähig sind. Lässt sich den Urkunden entnehmen, was die Beteiligten sich vorgestellt haben und welch anderes Geschäft sie bei Kenntnis der Nichtigkeit des erklärten Geschäfts gewollt haben würden, so führt die Umdeutung zum Erfolg. Ergibt sich der Wille der Beteiligten aus den gesamten Umständen so deutlich, ohne dass zu dieser Feststellung außergrundbuchliche Mittel in Anspruch genommen werden müssten, so kann von »unklaren Verhältnissen« nie die Rede sein; dann ist aber auch der Grundbuchführer verpflichtet, eine Umdeutung vorzunehmen.

Die vom Grundbuchverfahren bedingten Schwierigkeiten des Rückgriffs auf den wirklichen und hypotheti- **137** schen Willen der Beteiligten engen zwar den praktischen Spielraum der Umdeutung ein, schließen aber ihre **amtswegige Wahrnehmung** keineswegs aus.[501] Wo Zweifel bestehen bleiben, muss allerdings von § 18 Gebrauch gemacht werden und, wenn eine Aufklärung durch die Beteiligten nicht erfolgen kann, Zurückweisung des Antrags vorgenommen werden.[502] Auf keinen Fall darf das Grundbuchamt aber die Frage offen lassen und die Entscheidung von der Auslegung der Eintragung abhängig machen. Es hat vielmehr im und durch den Grundbucheintrag seine Entscheidung kundzutun.[503]

6. Umdeutung einer Grundbucheintragung

Ob Eintragungen im Grundbuch und anderen Registern (zu unterscheiden von der Umdeutung der Eintra- **138** gungsunterlagen) umdeutungsfähig sind, ist bestritten. Grundsätzlich gilt § 140 BGB auch für Verfahrensakte im Grundbuchverfahren.[504] Zu beachten ist allerdings: Das Grundbuch soll klare und eindeutige Rechtsverhältnisse schaffen. Wer mit dem Grundstückseigentümer Rechtsgeschäfte abzuschließen beabsichtigt, durch die das Grundstück betroffen wird, pflegt das Grundbuch einzusehen. Hier bedarf auch der **Dritte eines Schutzes**.

494 BayObLG BayObLGZ 1983, 118 = DNotZ 1983, 754 = Rpfleger 1983, 346; KG DNotZ 1968, 95 = Rpfleger 1968, 50 m Anm *Riedel*; OLG Hamm 1985, 289; HansOLG Bremen DNotZ 1987, 10; KEHE-*Dümig* C 29; *Schöner/Stöber* Rn 173; *Staudinger-Ertl*, BGB, 12. Aufl, § 873 Rn 138; *Staudinger-Gursky* (13. Aufl) § 873 Rn 63.
495 OLG Köln MittRhNotK 1996, 61.
496 BGHZ 19, 269; KEHE-*Dümig* Einl C 31 ff; *Staudinger-Ertl*, BGB, 12. Aufl, § 873 Rn 138; *Staudinger-Gursky* (13. Aufl) § 873 Rn 63.
497 ZB Nachweis der Entgeltlichkeit bei Verfügungen des Vorerben und Testamentsvollstrecker, bei Prüfung von AGB-Klauseln, *Böhringer* BWNotZ 1980, 129; BayObLG BayObLGZ 1952, 321; *Hieber* DNotZ 1954, 303.
498 *Staudinger-Ertl*, BGB, 12. Aufl, § 873 Rn 138; *Staudinger-Gursky* (13. Aufl) § 873 Rn 63; *Hieber* DNotZ 1954, 303.
499 Ebenso BayObLGZ 1983, 118; OLG Köln MittRhNotK 1996, 61.
500 BGHZ 20, 363 = DNotZ 1956, 495; BayObLG DNotZ 1998, 750.
501 So auch MüKo-*Mayer-Maly-Busche* § 140 Rn 32.
502 So auch *Riedel* Rpfleger 1968, 50.
503 *Ripfel*, Grundbuchrecht, 53.
504 *Staudinger-Roth* § 140 Rn 10 mwN.

Nach einem Teil der Meinungen ist es mit dem Zweck des Grundbuchs nicht vereinbar, dass ein Dritter bei unzulässigen Eintragungen Überraschungen ausgesetzt ist, indem nichtige Eintragungen in Rechtsgeschäfte anderer Art umgedeutet werden. Dies gelte vor allem dann, wenn das andere Rechtsgeschäft mit anderen Rechtsfolgen ausgestattet ist als das von den Beteiligten vereinbarte. Eine Umdeutung in Fällen dieser Art würde die Rechtssicherheit beeinträchtigen.

139 Deshalb wird von einem Teil der Meinungen die Umdeutung einer unwirksamen in eine wirksame Grundbucheintragung nicht für zulässig erachtet.[505] Dem kann so uneingeschränkt nicht gefolgt werden.[506]

140 Inhaltlich unzulässige Eintragungen sind mit der gebotenen Zurückhaltung **einer Umdeutung nicht gänzlich unzugänglich.**[507] Waren die Grundbucherklärungen, auf denen die Eintragung beruht, umdeutungsfähig, so hätte das Grundbuchamt sie mit dem umdeutungsfähigen zulässigen Inhalt eintragen können und müssen.[508] Daher muss auch die vollzogene unwirksame Eintragung *»umgedeutet«* werden, soweit das **Ersatzgeschäft gleichwertig** ist und kein *»plus«*, sondern ein vom Parteiwillen getragenes *»minus«* oder *»aliud«* enthält.[509] Die *»Umdeutung«* der Eintragung tritt (anders als ihre Auslegung) **nicht kraft Gesetzes** von selbst ein. Das Grundbuchamt hat sie als hoheitliche Tätigkeit analog den für umdeutungsfähige nichtige Verwaltungsakte geltenden Vorschriften ohne besonderen neuen Antrag dadurch vorzunehmen, dass es die unwirksame Eintragung aufgrund des noch nicht erledigten alten Eintragungsantrags und der ihm vorliegenden Eintragungsunterlagen durch eine wirksame Eintragung ersetzt.[510] Zur Umdeutung können das Güterrechtsregister und das Liegenschaftskataster herangezogen werden.[511] **Rückwirkung** gegen zwischenzeitliche Drittrechte kann man dem Ersatzrecht allerdings nicht beimessen, weil sie einen Eingriff in den rechtmäßigen Erwerb eines Dritten bedeuten würde.[512] Dafür fehlt es an einer gesetzlichen Grundlage. Eine Umdeutung setzt allerdings ein nichtiges Rechtsgeschäft voraus. Klaffen nur materielles Rechtsgeschäft sowie Eintragungsbewilligung einerseits und der Eintragungsvermerk andererseits auseinander, so scheidet eine Umdeutung aus.[513]

7. Einzelfälle

141 Rechtsprechung und Rechtslehre haben sich wiederholt mit der Frage befassen müssen, ob und inwieweit der Grundsatz der Konversion bei Eintragungsanträgen und Eintragungen im Grundbuchverkehr zur Anwendung gelangen kann. Aus der umfangreichen Rechtsprechung sollen zur Verdeutlichung des Problems einige Fälle grundsätzlicher Bedeutung erörtert werden. Für das obligatorische **Vorkaufsrecht** gemäß §§ 504 ff BGB gilt der Grundsatz der Vertragsfreiheit im Sinne inhaltlicher Gestaltungsfreiheit. Dagegen kann der gesetzliche Inhalt des dinglichen Vorkaufsrechts durch eine Vereinbarung der Parteien nicht abgeändert werden. Die Folge ist, dass ein dingliches Vorkaufsrecht nach §§ 1094 ff BGB mit fest bestimmten Preisen – ein sog limitiertes Vorkaufsrecht – in das Grundbuch nicht eingetragen werden kann. Nach OLG München[514] ist die Eintragung eines derartigen Vorkaufsrechts jedoch nur hinsichtlich dieser Vereinbarung nicht insgesamt inhaltlich unzulässig, da durch die Beseitigung der unzulässigen Preisvereinbarung der Eintragung kein wesentliches Erfordernis entzogen, sondern ihr hierdurch lediglich der gesetzlich vorgeschriebene Inhalt gegeben wird.[515] Die Vorschriften der §§ 463 bis 473 BGB enthalten selbst noch kein Preislimit, erst die Vereinbarung der Parteien könnte es schaffen. Damit ergibt sich die Frage, ob ein trotzdem eingetragenes **limitiertes dingliches Vorkaufsrecht** gemäß § 140 BGB in ein

---

505 *Staudinger-Roth* § 140 Rn 10; *Staudinger-Mayer-Maly-Mader,* Vorbem 13 zu § 1094; *Staudinger-Gursky* (13. Aufl) § 873 Rn 265; BGB-RGRK-*Augustin* § 873 Rn 49; MüKo-*Mayer-Maly-Busche* § 140 Rn 7; *Westermann* NJW 1970, 1023; *Weimar* WM 1966, 1098. Bedenklich: MüKo-*Westermann* § 1094 Rn 6.

506 So auch MüKo-*Wacke* § 873 Fn 147: Zu apodiktisch die gängige Unterscheidung, Eintragungen im Grundbuch seien wegen dessen Publizitätsfunktion und als Hoheitsakte zwar auslegungs-, aber nicht umdeutungsfähig: so *Weimar* WM 1966, 1098; MüKo-*Mayer-Maly-Busche* § 140 Rn 7; *Staudinger-Roth* § 140 Rn 10. Bejahend LG Darmstadt Rpfleger 2004, 349. Großzügig: RGZ 104, 122; BGH WM 1966, 891; *Soegel-Stürner* § 873 Rn 4; vgl auch OLG Jena JW 1929, 3319; BayObLGZ 30, 239; offen gelassen von BayObLG MittBayNot 1995, 460; eher ablehnend BayObLG NJW-RR 1997, 1511.

507 *Staudinger-Ertl*, BGB, 12. Aufl, § 873 Rn 168; dazu auch *Staudinger-Gursky* (13. Aufl) § 873 Rn 265, 266; MüKo-*Wacke* § 873 Rn 55.

508 KEHE-*Dümig* Einl C 30; *Staudinger-Ertl*, BGB, 12. Aufl, § 873 Rn 168; hierzu auch *Staudinger-Gursky* (13. Aufl) § 873, Rn 265, 266.

509 BGH BGHZ 19, 269; BayObLGZ 1981, 145; *Staudinger-Ertl*, BGB, 12. Aufl, § 873 Rn 168; MüKo-*Wacke* § 873 Rn 55; *Staudinger-Gursky* (13. Aufl) § 873 Rn 265, 266. *Krampe* JZ 1975, 575; KEHE-*Dümig* Einl C 31.

510 *Staudinger-Ertl*, BGB, 12. Aufl, § 873 Rn 168; *Staudinger-Gursky* (13. Aufl) § 873 Rn 265, 266; OLG Hamm Rpfleger 1976, 131; KEHE-*Dümig* Einl C 31.

511 BayObLG DNotZ 1998, 295 = MittBayNot 1998, 31 = NJW-RR 1997, 1511.

512 So auch *Staudinger-Ertl*, BGB, 12. Aufl, § 873 Rn 168; *Staudinger-Gursky* (13. Aufl) § 873 Rn 265; KEHE-*Dümig* Einl C 31; für eine Rückwirkung: MüKo-*Wacke* § 873 Rn 55.

513 BayObLG MittBayNot 1995, 460 zum Vorkaufsrecht.

514 RNotZ 2008, 226.

515 OLG München RNotZ 2008, 226; KGJ 43, 223.

vorgemerktes obligatorisches Vorkaufsrecht mit festem Preise umgedeutet werden kann. Andernfalls müsste die Löschung der Preisbestimmung im Grundbuch erfolgen, wenn die Einigung über die Bestellung des dinglichen Vorkaufsrechts auch ohne Preislimit stattgefunden hätte. Eine solche Umdeutung in ein durch Vormerkung gesichertes schuldrechtliches Vorkaufsrecht muss man aber zulassen.[516] Die Umdeutung setzt voraus, dass anzunehmen ist, die Beteiligten hätten bei Kenntnis der Nichtigkeit ihrer Abrede ein durch Vormerkung zu sicherndes schuldrechtliches Vorkaufsrecht vereinbart.[517] Dies ist bei einem subjektiv-persönlich bestellten, preislimitierten Vorkaufsrecht nahe liegend.[518] War ein limitiertes Vorkaufsrecht als subjektiv-dingliches konzipiert, so ist die Umdeutung in ein schuldrechtliches Vorkaufsrecht allerdings ausgeschlossen.[519]

Ein für den Berechtigten *»und seine Rechtsnachfolger«* bestelltes Vorkaufsrecht stellt kein subjektiv-dingliches im Sinne von § 1094 Abs 2 BGB dar.[520] **142**

Eine auf Begründung eines dinglichen Wiederkaufsrechts gerichtete Vereinbarung ist undeutbar in eine schuldrechtliche Rückkaufsverpflichtung, also ein durch Vormerkung sicherbares schuldrechtliches **Wiederkaufsrecht**.[521] **143**

Eine nichtige, aber eingetragene **Grunddienstbarkeit** kann nicht in eine beschränkte persönliche Dienstbarkeit umgedeutet werden. Eine Umwandlung einer beschränkten persönlichen Dienstbarkeit in eine Grunddienstbarkeit ist ebenfalls nicht möglich. Es ist eine Aufhebung des eingetragenen Rechts und eine Neubestellung des gewollten Rechts erforderlich.[522] **144**

Die nichtige Abtretung eines **Nießbrauchs** wird in die von § 1059 BGB gestattete Überlassung seiner Ausübung umgedeutet.[523] Dagegen dürfte es zu weit gehen, einen nichtigen Grundstücksveräußerungsvertrag in die Bestellung eines Nießbrauchs umzudeuten.[524] Gewiss ist die Bestellung eines Nießbrauchs ein minderes Recht gegenüber der Eigentumsübertragung. Es muss indessen bezweifelt werden, ob bei einer beabsichtigten Eigentumsübertragung die Bestellung eines Nießbrauchs, der dem Berechtigten erheblich geringere Befugnisse einräumt als einen Grundstückseigentümer, noch dem Parteiwillen entspricht. Außerdem kann eine solche Umdeutung zu nicht mehr tragbaren Drittwirkungen führen.[525] **145**

Ein wegen Formmangels **nichtiger Grundstücksveräußerungsvertrag** (Grundstücksstreifen als Straßenland) kann (unter Umständen) als Vertrag über die Bestellung einer **Dienstbarkeit** (als Straßenland zu dienen) aufrecht erhalten werden.[526] Der BGH[527] hat es als ein Umdeutungshindernis angesehen, wenn die Parteien einen Grundstückskauf nur unter der Bedingung einer Teilungsgenehmigung geschlossen hatten; tritt dann diese Bindung nicht ein, so kann der Vertrag nicht in eine Dienstbarkeitsbestellung umgedeutet werden.[528] **146**

Der **Eigentumsvorbehalt an einem Keller**[529] ist umdeutbar in eine Verpflichtung zur **Erbbaurechtsbestellung**; ein **Erbpachtvertrag** in einen Pachtvertrag.[530] Eine gescheiterte **Erbbaurechtsbestellung** kann dagegen nicht ohne weiteres in einen Pachtvertrag umgedeutet werden.[531] **147**

516 BGH WM 1966, 191; großzügig: RGZ 104, 122; 128, 247; zur Zwischenverfügung: KG KGJ 43, 223; München JFG 4, 348; Saarbrücken SaarRuStZ 1950, 31; dazu auch *Staudinger-Roth* § 140 Rn 63; *Staudinger-Mayer-Maly-Mader* § 1094 Rn 27, 31; *MüKo-Mayer-Maly-Busche* § 140 Rn 23; *MüKo-Wacke* § 873 Rn 55; *MüKo-Westermann* § 1094 Rn 6; *Soergel-Hefermehl* § 140 Rn 15; *Soergel-Stürner* § 1094 Rn 2; *Erman-Palm* § 140 Rn 24; JM Württemberg WürttZ 1923, 213 Nr 4. **AA** *Weimar* WM 1966, 1098; MDR 1977, 903; *Staudinger-Ertl,* BGB, 12. Aufl, § 873 Rn 67; *Staudinger-Gursky* (13. Aufl) § 873 Rn 63.
517 KG KGJ 43, 223; *Staudinger-Mayer-Maly-Mader* § 1094 Rn 31.
518 Ebenso LG Darmstadt Rpfleger 2004, 349.
519 Richtig BayObLG BayZ 1926, 155; OLGE 45, 182; *Staudinger-Mayer-Maly-Mader* § 1094 Rn 31; abweichend und bedenklich RGZ 128, 246.
520 BGHZ 37, 147 = NJW 1962, 1344; *Staudinger-Mayer-Maly-Mader* (12. Aufl) § 1094 Rn 13; BGB-RGRK-*Rothe* § 1094 Rn 10; *MüKo-Westermann* § 1094 Rn 10.
521 BGHZ 58, 78 = NJW 1972, 488 = LM Nr 6 zu § 497 BGB; BGH MDR 1965, 283 = JZ 1965, 215; *Staudinger-Roth* § 140 Rn 63; *MüKo-Mayer-Maly-Busche* § 140 Rn 23; *MüKo-Wacke* § 873 Rn 55; *MüKo-Westermann* § 1094 Rn 9; *Soergel-Hefermehl* § 140 Rn 15; *Soergel-Stürner* Rn 11 vor § 1094 und § 1094 Rn 2. **AA** BayObLG BayObLGZ 1961, 63 = NJW 1961, 1263; BayObLG OLG 45, 182 = JW 1927, 1432.
522 OLG München NJW 1957, 1765; OLG Hamm Rpfleger 1989, 448; *Staudinger-Ring* § 1018 Rn 39; *MüKo-Mayer-Maly-Busche* § 140 Rn 23; *Erman-Palm* § 140 Rn 24.
523 RG JW 1910, 801 = WanR 1910 Nr 317; *Staudinger-Frank* § 1059 Rn 3; *Staudinger-Roth* § 140 Rn 63; *MüKo-Mayer-Maly-Busche* § 140 Rn 23; *Soergel-Hefermehl* § 140 Rn 14.
524 *Weimar* WM 1966, 1098. **AA** RGZ 110, 391.
525 **AA** RGZ 110, 391; RG JW 1937, 3153; *Ermann-Palm* § 140 Rn 24.
526 RGZ 110, 391; RG Recht 1909, 420 = JZ 1909, 320; RG JW 1937, 3153; *MüKo-Mayer-Maly-Busche* § 140 Rn 23 mwN; *Weimar* WM 1966, 1098; abl *Flume* § 32 Rn 9e.
527 BGH NJW 1971, 420 = MDR 1971, 202.
528 *Staudinger-Roth* § 140 Rn 65; *Bürck* JuS 1971, 571.
529 RG SeuffA 79, 31.
530 RG WarnR 1928, 120 = Recht 1926, 393.
531 **AA** RG WarnR 1928 Nr 120 = Recht 1926, 393; wie hier: *Staudinger-Roth* § 140 Rn 64.

148 Die nichtige Begründung von **Wohnungseigentum** ist umdeutbar in die formlos gültige Begründung eines Dauerwohnrechts.[532] Der nichtige Beschluss über eine nachträgliche Umwandlung von Gemeinschafts- in Sondereigentum kann nicht im Sinne geltungserhaltender Reduktion in die Begründung eines Sondernutzungsrechts umgedeutet werden.[533] Die unwirksame Begründung von Sondereigentum (an Carports) kann in die Bestellung von Sondernutzungsrechten umgedeutet werden.[534]

149 Eine formnichtige **unwiderrufliche Vollmacht** lässt sich auch nach § 140 BGB nicht als eine widerrufliche Vollmacht aufrechterhalten, wenn dies dem Schutzgedanken der Vorschrift widerspricht, zB bei Grundstücksveräußerungsverträgen.[535]

150 Die nichtige Sicherungsübereignung eines Grundstücks ist umdeutbar in die Verpflichtung zur **Hypothekenbestellung**.[536] Bei der rechtsgeschäftlichen Begründung einer **Sicherungshypothek** müssen sich die Einigung und Eintragung auf den Charakter der Hypothek als Sicherungshypothek erstrecken. Betraf die Einigung die Bestellung einer Verkehrshypothek, während eine Sicherungshypothek eingetragen wurde, so erscheint die Annahme bedenkenfrei, dass eine Sicherungshypothek als minderes Recht entsteht. Insbesondere ist den Interessen des Grundstückseigentümers und des Hypothekars gedient. Unbeteiligte Dritte erfahren durch diese Umdeutung grundsätzlich keine unträgbare Überraschung. Der Hypothekengläubiger kann allerdings auf Grund der Sicherungsabrede die Umwandlung in eine Verkehrshypothek fordern.[537] Das Ersatzrechtsgeschäft kann nicht etwa in irgendeine Richtung schärfere Anforderungen stellen, als sie bei dem nichtigen Geschäft erfüllt sind. Dies gilt vor allem in formeller Beziehung. Deshalb ist es nach Ansicht des Reichsgerichts nicht zulässig, eine wegen Einigungsmangel **nichtige Hypothekenbestellung** in die Bestellung einer **Eigentümergrundschuld** umzudeuten. Dabei ist vorausgesetzt, dass der künftige Hypothekengläubiger sich infolge Geschäftsunfähigkeit mit dem Grundstückseigentümer nicht rechtswirksam einigen konnte (§ 105 Abs 1 BGB). Hier fehle die nach § 1196 Abs 2 BGB entsprechende Erklärung des Grundstückseigentümers gegenüber dem Grundbuchamt, dass für ihn eine Grundschuld in das Grundbuch eingetragen werden solle.[538] In keinem Falle könne der Antrag, für einen anderen eine Hypothek zu bestellen, dahin umgedeutet werden, auf jeden Fall für den Grundstückseigentümer aber eine Eigentümergrundschuld einzutragen. Die Eigentümergrundschuld sei ein aliud gegenüber einer Hypothekenbestellung.[539] Mit Recht deutet aber die hM[540] die gescheiterte Bestellung eines Fremdgrundpfandrechts in die gültige Begründung einer Eigentümergrundschuld um, wenn der dingliche Bestellungsakt auf der Seite des Grundstückseigentümers in Ordnung ist. Anders ist aber folgender Fall: In die Bestellung einer Grundschuld kann die **Abtretung** einer als Hypothek eingetragen, vermeintlich Eigentümergrundschuld gewordenen Eintragung umgedeutet werden, wenn sich die Hypothekenbestellung als nichtig herausstellt[541] (Abtretung einer nicht bestehenden Grundschuld umdeutbar in Bestellung einer Fremdgrundschuld).

151 Die Bestellung einer nichtigen **Hypothek mit unzulässiger Kursgarantieklausel** kann in die Einigung über die Bestellung der eingetragenen Hypothek ohne jede Klausel umgedeutet werden.[542] Das Faustpfand an einem Grundstück ist umdeutbar in eine Verpflichtung zur Bestellung einer Sicherungshypothek.[543]

152 Die **Abtretung** einer für eine **Buchhypothek** angesehenen Briefhypothek kann umgedeutet werden in die Abtretung des Anspruchs auf Rückübertragung der an einen Dritten abgetretenen Briefhypothek.[544] Die Blankoabtretung einer Hypothekenforderung ist umdeutbar in eine **Verpfändung**, wenn die Abtretungsurkunde »zu Verpfändungszwecken« gegeben ist und sich der Name des Pfandgläubigers aus einem weiteren Briefwechsel entnehmen lässt.[545] Die Sicherungsabtretung an den Versicherer ist umdeutbar in Verpfändung der Forderung, nicht aber eine wegen Unterlassung der Anzeige nach § 1280 BGB nichtige Forderungsverpfändung in

---

532 BGH NJW 1963, 339 = JZ 1963, 367; *Staudinger-Roth* § 140 Rn 65; *Staudinger-Ertl*, BGB, 12. Aufl, § 873 Rn 67; *Staudinger-Gursky* (13. Aufl) § 873 Rn 63; MüKo-*Mayer-Maly-Busche* § 140 Rn 23; *Soergel-Hefermehl* § 140 Rn 15; dazu auch *Westermann* JZ 1963, 369.
533 OLG Düsseldorf FGPrax 1995, 192.
534 OLG Köln MittRhNotK 1996, 61; LG Regensburg MittBayNot 1990, 43; *Böhringer* MittBayNot 1990, 12; *Demharter* § 19 Rn 30.
535 RGZ 110, 320; BGH BB 1965, 847.
536 OLG Naumburg JW 1929, 70; *Staudinger-Roth* § 140 Rn 67.
537 *Weimar* WM 1966, 1098.
538 RGZ 70, 358; *Weimar* WM 1966, 1098.
539 *Weimar* WM 1966, 1098.
540 Da der Eigentümer wegen der vorläufigen und der sekundären Eigentümerschuld (§§ 1163, 1177 BGB) stets als potentieller Inhaber des auf ihn kraft Gesetzes übergehenden Fremdpfandrechts eingetragen gilt.
541 RG LZ 1931, 839; *Staudinger-Roth* § 140 Rn 68; MüKo-*Mayer-Maly-Busche* § 140 Rn 23; *Soergel-Hefermehl* § 140 Rn 13; *Erman-Palm* § 140 Rn 26.
542 RGZ 108, 146; *Erman-Palm* § 140 Rn 26; *Weimar* WM 1966, 1098.
543 RG JW 1929, 70; *Erman-Palm* § 140 Rn 27.
544 RG Recht 1909, 3032; *Erman-Palm* § 140 Rn 26.
545 BGHZ 22, 128; RG JW 1928, 174.

eine Sicherungsabtretung, da diese stärker wirkt.[546] Eine nichtige Forderungsabtretung wurde als Verpfändung aufrechterhalten.[547] Die Umdeutung nichtiger **Verfügungen in Verpflichtungsgeschäfte** wird bejaht für die wegen Formmangel nichtige Verpfändung eines Grundpfandrechts, die als Bestellung eines persönlichen Zurückbehaltungsrechts am **Hypothekenbrief** anerkannt wird,[548] aber nicht gegen den Sonderrechtsnachfolger wirkt.[549]

Die Eintragung einer **Höchstbetragshypothek** muss abgelehnt werden, wenn die Eintragungsbewilligung die Forderung nach Grund und Betrag als feststehend bezeichnet.[550] Ist trotz endgültiger Bestimmtheit der Forderung die Hypothek unter Bezugnahme auf die Bewilligung als Höchstbetragshypothek im Grundbuch eingetragen worden, so ergibt sich die Frage, ob sie in eine gewöhnliche Sicherungshypothek im Wege der Umdeutung umgewandelt werden kann. Dies ist zu bejahen. Alsdann wäre ein Klarstellungsvermerk von Amts wegen im Grundbuch einzutragen.[551]   **153**

Der BGH[552] hat jetzt bei in Gütergemeinschaft lebenden Ehegatten, denen zu **Bruchteilsgemeinschaft** aufgelassen wurde, Durchgangserwerb angenommen und die Grundbuchberichtigung ohne Mitwirkung des Veräußerers zugelassen. Der BGH wollte damit »unnötige Formalitäten und praktische Schwierigkeiten« vermeiden. Dies sollte nunmehr als Richtschnur für die Lösung derjenigen Fälle sein, bei denen die Durchgangstheorie keine Anwendung finden kann, wie zB bei der **Auflassung** zum Gesamtgut an Eheleute, die tatsächlich aber nicht in Gütergemeinschaft leben oder an **ausländische Ehegatten zu einem falschen Güterstand**. Hier sollte man durch Umdeutung der Auflassung zur einseitigen Berichtigung der Gemeinschaftsangabe kommen, da die Veräußererseite daran in der Regel nicht interessiert ist.[553] Unbilligkeiten und unnötige praktische Schwierigkeiten werden auch hier vermieden. So können nach BayObLG[554] bei einer Auflassung an Ehegatten die Worte »in Gütergemeinschaft« auch umgedeutet werden in ein Anteilsverhältnis (zu je 1/2). Im Anschluss an diese Entscheidung ist zu überlegen, ob nicht jedenfalls die Auflassung an Ehegatten zum Gesamthandsvermögen einer formnichtigen BGB-Gesellschaft in eine Auflassung an die Ehegatten zu gleichen Bruchteilen umgedeutet werden kann, was wohl eher zu verneinen ist, weil es keine Vermutung dahingehend gibt, dass gerade gleiche Bruchteile gewollt sind.[555]   **154**

Die Abtretung des ehemännlichen Anteils am Grundstück der Gütergemeinschaft ist umdeutbar in eine Abtretung des Anspruchs auf **Auseinandersetzungserlös**;[556] die unwirksame Verfügung über einen Anteil an einer beendeten fortgesetzten Gütergemeinschaft umdeutbar in die Abtretung des Anspruchs des Beteiligten auf das, was ihm bei der Auseinandersetzung zusteht.[557]   **155**

Ein **Erbschaftskauf** ist umdeutbar in eine **Erbauseinandersetzung**[558] oder in die Abtretung der Auseinandersetzungsansprüche.[559] Die Umdeutung einer Verzichtserklärung, mit der ein Miterbe zum Ausdruck bringt, dass er mit der Erbschaft nichts mehr zu tun haben will, in eine Zustimmung zur Verfügung über sein Erbteil durch einen Nichtberechtigten ist möglich.[560] Übertragen Miterben ihren Anteil an einem Nachlassgegenstand auf einen anderen, so ist die Vereinbarung der Beteiligten in einen ersatzweise gewollten Vertrag umzudeuten, der die **Erbauseinandersetzung** und die Auflassung des Grundstücks an den Erwerber vorsieht.[561]   **156**

Das Ausscheiden eines BGB-Gesellschafters und Anwachsen seines Anteils nur an einige Gesellschafter kann nicht in eine Anteilsübertragung umgedeutet werden. Eine Übertragung der Mitgliedschaft kann in ihrem   **157**

---

546 BGH VersR 1953, 469.

547 BVerwG WM 1959, 278; *Staudinger-Roth* § 140 Rn 68. **AA** LG Bielefeld NJW 1956, 1483.

548 RGZ 66, 24; 124, 28; OGHZ 4, 138, 146; LG Kiel SchlHAnz 1921, 219; *Staudinger-Roth* § 140 Rn 63; *Staudinger-Wolfsteiner* § 1154 Rn 54; BGB-RGRK-*Mattern* § 1154 Rn 32; MüKo-*Mayer-Maly-Busche* § 140 Rn 23; *Erman-Palm* § 140 Rn 27.

549 OLG Hamburg MDR 1969, 139; *Staudinger-Wolfsteiner* § 1154 Rn 54.

550 KG FJG 7, 365; *Weimar* WM 1966, 1098.

551 *Weimar* WM 1966, 1098.

552 BGHZ 82, 346 = NJW 1982, 1097 = Rpfleger 1982, 135.

553 BayObLG BayObLGZ 1983, 118 = Rpfleger 1983, 346 = DNotZ 1983, 754 = MittBayNot 1983, 121 = MDR 1983, 763 = FamRZ 1983, 1033 = BWNotZ 1983, 125 = MittRhNotK 1983, 151; ebenso *Nieder* NJW 1984, 331. Dazu auch LG Köln MittRhNotK 1983, 157.

554 BayObLGZ 1983, 118 = DNotZ 1983, 754 = Rpfleger 1983, 346.

555 So MüKo/*Kanzleiter*, § 925 Rn 21; *Wolfsteiner*, DNotZ 2003, 626, 631.

556 RG LZ 1929, 575; BGH MDR 1966, 750 = LM Nr 1 zu § 1497; *Erman-Palm* § 140 Rn 25.

557 BGH MDR 1966, 1705; *Erman-Palm* § 140 Rn 25.

558 RGZ 129, 123.

559 RGZ 137, 176.

560 *Hieber* DNotZ 1954, 303.

561 KG Rpfleger 1968, 50 = DNotZ 1968, 95; *Riedel* Rpfleger 1968, 51. Überträgt ein Miterbe seinen Erbteil an alle anderen Miterben, so kann eine Umdeutung der Erklärungen in einen Auseinandersetzungsvertrag erfolgen, *Hans* OLG Bremen DNotZ 1987, 10.

wirtschaftlichen Ergebnis nicht dem Ausscheiden eines Gesellschafters mit der gesetzlichen Abfindungsfolge gleichgesetzt werden, jedenfalls dann nicht, wenn aus der notariellen Urkunde kein für die Übertragung des Anteils maßgebliches Grundgeschäft ersichtlich ist.[562]

158 Erklärungen, die **Eltern als Testamentsvollstrecker** für ihre Kinder abgeben, können nach § 140 BGB in Erklärungen der gesetzlichen Vertreter umgedeutet werden.[563]

159 Eine unwirksame Zuweisung von **Stellplätzen im Freien** zu Sondereigentum oder einer ganzen Haushälfte, lässt sich umdeuten in eine Bestimmung von Sondernutzungsrechten.[564] Eine unwirksame Bestimmung einer Teilungserklärung, durch die die Außenfenster dem **Sondereigentumsbereich** zugeordnet werden, kann dahin umgedeutet werden, dass der jeweilige Wohnungseigentümer die Instandhaltungspflicht in Bezug auf die Außenfenster zu tragen hat.[565]

160 Eine **unzulässige Beschwerde** gegen eine Eintragung im Grundbuch kann umgedeutet werden in eine Anregung, es möge ein Amtslöschungsverfahren eingeleitet werden.[566]

161 Eine unwirksame Löschungserleichterung nach § 23 GBO kann umgedeutet werden in eine Vollmacht zur Abgabe einer Löschungsbewilligung und verdient den Vorzug vor einer Umdeutung unmittelbar in eine vorweg abgegebene Löschungsbewilligung.[567]

---

562 OLG Hamm Rpfleger 1985, 289.
563 BayObLG Rpfleger 1992, 62.
564 *Ritzinger* BWNotZ 1988, 17.
565 OLG Hamm MittBayNot 1991, 260.
566 BayObLG Rpfleger 1986, 390.
567 *Wufka* MittBayNot 1996, 156; *Amann* DNotZ 1998, 6; *Frank* MittBayNot 1997, 217; strenger BayObLG DNotZ 1998, 66 = FGPrax 1997, 91 = NJW-RR 1997, 1237 = Rpfleger 1997, 373.

H. Amtspflichten des Grundbuchamts

Schrifttum

Amann, Steuerung des Bierabsatzes durch Dienstbarkeiten, DNotZ 1986, 578; *Auer,* Die Prüfungspflicht des Grundbuchverwalters nach Schweizerischem Recht, Sammlung »Abhandlungen zum Schweizer Recht« (Bern 1932); *Bader,* Nichtige Tilgungsregelungen in Bank-Formular-Kreditverträgen und ihre Behandlung, BB 1986, 543 und 1797; *Becker,* Die Rechtsnatur der Abgeschlossenheitsbescheinigung nach dem Wohnungseigentumsgesetz und das Prüfungsrecht des Grundbuchamtes, NJW 1991, 2742; *Bestelmeyer,* Gutgläubiger Erwerb und Erledigungsreihenfolge des § 17 GBO, Rpfleger 1997, 424; *Bock,* Die Auswirkungen der Konkurseröffnung und des Veräußerungsverbots nach § 106 I 3 KO auf den Grundbuchverkehr, (Diss Bonn 1980); *Böttcher,* Beeinträchtigungen der Verfügungsbefugnis, Rpfleger 1983, 49; *ders,* Verfügungsentziehungen, Rpfleger 1983, 187; *ders,* Verfügungsbeschränkungen, Rpfleger 1984, 377 und 1985, 1; *ders,* Verfügungsverbote, Rpfleger 1985, 381; *ders,* Die Prüfungspflicht des Grundbuchgerichts, Rpfleger 1990, 486; *Bötticher,* Die Bindung der Gerichte an die Entscheidungen anderer Gericht in »Hundert Jahre deutsches Rechtsleben«, 1960, Bd I, S 511 ff; *Du Chesne,* Die Prüfungspflicht des Grundbuchrichters, DNotV 1914, 722; *Diester,* Die Aufgaben der Grundbuchämter nach dem Wohnungseigentumsgesetz, Rpfleger 1965, 193; *ders,* Prüfungspflicht des Grundbuchamtes, wenn das Recht der Wohnungseigentümer zur Kündigung des Verwalters aus wichtigem Grund durch die Teilungserklärung unzulässigerweise eingeschränkt ist, Rpfleger 1968, 348; *Eickmann,* Konkurseröffnung und Grundbuch – Ein Beitrag zu Zweifelsfragen über Prüfungsrecht und Prüfungspflicht des GBA, Rpfleger 1972, 77; *ders,* Formalverfahren oder Rechtsverwirklichung? – ein Beitrag zu Fragen um Prüfungsrecht und Prüfungspflicht des GBA, Rpfleger 1973, 341; *Ertl,* Muß das Grundbuchamt den gutgläubigen Erwerb aus der Konkursmasse verhindern?, MittBayNot 1975, 204; *ders,* Prüfung des schuldrechtlichen Anspruchs vor Eintragung und Amtslöschung der Auflassungsvormerkung, Rpfleger 1979, 361; *ders,* Entwicklungsstand und Entwicklungstendenzen des Grundbuchrechts nach 80 Jahren GBO, Rpfleger 1980, 1; *Esser,* Richterrecht und Privatautonomie im Erbbaurecht, NJW 1974, 921; *Foerste,* Grenzen der Durchsetzung von Verfügungsbeschränkung und Erwerbsverbot im Grundstücksrecht (Diss Münster 1986); *ders,* Amtshaftung bei Vereitelung redlichen Erwerbs, Jus 1988, 861; *Garrn,* Zur richterlichen Inhaltskontrolle notarieller Verträge, NJW 1980, 2782; *Habersack,* Richtigkeitsgewähr notariell beurkundeter Verträge, AcP 1989, 403; *Haegele,* Die Prüfungspflicht des GBA bei Vorlage eines Erbscheins oder Testamentsvollstreckerzeugnisses, Rpfleger 1951, 547; *Hitzlberger,* Gedanken zur richterlichen Inhaltskontrolle, MittBayNot 1973, 331; *Huhn,* Gegenwärtige und künftige Hauptprobleme des Grundbuchverfahrensrechts, RpflStud 1978, 30; *Josef,* Rechtsprechung und Rechtslehre in der Frage über die wechselseitige Einwirkung von Entscheidungen in der freiwilligen und in der streitigen Gerichtsbarkeit, ZZP 40, 285; *Kesseler,* Risiken der Rangbescheinigung wegen des nur eingeschränkten Vertrauens auf den Inhalt des Grundbuchs – ein von der Rechtsprechung kreiertes Problem ?, ZNotP 2004, 338; *Köndgen,* Zur Praxis der sog nachträglichen Tilgungsverrechnung beim Hypothekenkredit, NJW 1987, 160; *Köther,* Der Umfang der Prüfungspflicht im Grundbuchrecht (Diss Würzburg 1982); *Kretschmar,* Kann die sich aus den Grundakten ergebende Unrichtigkeit des Grundbuchs ein Eintragungshindernis bilden? Gruchot 49, 1; *Landauer,* Prüfungsrecht und Prüfungspflicht des Grundbuchrichters, insbesondere bei Grundbuchberichtigungen und Verfügungen des befreiten Vorerben, ZBlFG 12, 321; *Langenfeld,* Notarieller Beurteilungsspielraum und gerichtliche Nachprüfung, BWNotZ 1990, 101; *Lenenbach,* Guter Glaube des Grundbuchamtes als ungeschriebene Voraussetzung des Gutglaubenserwerbs?, NJW 1999, 923; *Liebers,* Die Prüfungspflicht des Grundbuchrichters gegenüber Eintragungsanträgen und Eintragungsersuchen (Diss Berlin 1952); *Lopau,* Zur Tragweite des § 1136 BGB, BlGBW 1979, 101; *ders,* Kündigungsklauseln in Grundpfandverträgen, BlGBW 1980, 167; *Mühl,* Treu und Glauben im Sachenrecht, NJW 1956, 1657; *Nieder,* Entwicklungstendenzen und Probleme des Grundbuchverfahrensrechts, NJW 1984, 329; *Oberneck,* Über das Prüfungsrecht und die Prüfungspflicht des Grundbuchrichters, SeuffBl 72, 409; *Peykan,* Die grundbuchrechtliche Prüfungskompetenz des Rechtspflegers bei notariell beurkundeten Rechtsgeschäften, 2005; *Raststätter,* Die Prüfungs- und Belehrungspflichten des Notars bei Grundschuldbestellungen, BWNotZ 1990, 57; *ders,* Gedanken zur richterlichen Inhaltskontrolle notarieller Verträge, BWNotZ 1991, 81; *Riedel,* Prüfungsrecht und Prüfungspflicht des Grundbuchbeamten, BlGBW 1966, 221; *ders,* Zur Anwendung der §§ 133, 157, 242 BGB im Grundbuchverfahren, Rpfleger 1966, 356; *Riedl,* Prüfungsrecht und Prüfungspflicht im Grundbuchwesen (Diss Köln 1962); *Ripfel,* Zur Frage des Prüfungsrechts des GBA nach § 139 BGB, Rpfleger 1963, 140; *Ritzinger,* Das formelle Konsensprinzip als Schranke des Prüfungsrechts und der Prüfungspflicht des Grundbuchamts, BWNotZ 1981, 6; *Herbert Roth,* Die Inhaltskontrolle nichtausgehandelter Individualverträge im Privatrechtssystem, BB 1987, 977; *Rühl,* Materiell-rechtliche Prüfungspflichten nach der Grundbuchordnung, 1990; *Friedrich Schmidt,* Inhaltskontrolle und Grundbuchverfahrensrecht, MittBayNot 1978, 89; *Thiele,* Die Prüfungstätigkeit des Grundbuchrichters (Diss Erlangen 1930); *Vassel,* Das Grundbucheintragungsverfahren und die materielle Richtigkeit des Grundbuchs (Diss Marburg 1970); *Venjakob,* Das Legalitätsprinzip im Grundbuchverfahren, 1997; *ders,* Der Eintragungsantrag des Veräußerers und § 878 BGB, Rpfleger 1991, 284; *Weber,* Die Grenzen des grundbuchrichterlichen Prüfungsrechts, Gruchot 53, 352; *Wolfsteiner,* Bewilligungsprinzip, Beweislast und Beweisführung im Grundbuchverfahren, DNotZ 1987, 67; *Wufka,* Rechtseinheit zwischen Kausalgeschäft und Einigung bei Erbbaurechtsbestellung, DNotZ 1985, 651.

I. Grundsatzfragen

1. Rechtsgrundlagen

1 Unsere Rechtsordnung kennt keinen gesetzlichen Katalog der Amtspflichten des Grundbuchamtes. Sie ergeben sich daraus, dass dem Grundbuchamt die Anordnung der Eintragung übertragen ist und dass das Gesetz die Voraussetzungen für die Zulässigkeit der Anordnung bestimmt.[1] Mangels eines gesetzlichen Katalogs müssen die Amtspflichten aus den **in vielen Gesetzen verstreuten Einzelvorschriften** und Verfahrensgrundsätzen und (nicht immer einheitlichen), Gerichtsentscheidungen abgeleitet werden.[2] Dieser Aufgabe hat sich erstmals systematisierend *Ertl* angenommen.[3]

2. Umfang und Grenzen

2 Umfang und Grenzen der Amtspflichten des Grundbuchamts sind umstritten. Einig ist man sich lediglich darin, dass im Amtsverfahren und im Antragsverfahren unterschiedliche Amtspflichten bestehen,[4] da zwischen diesen beiden Verfahrensarten grundlegende Unterschiede existieren. Strittig ist vor allem die Frage, ob die Rechte des Grundbuchamts größer sind als seine Amtspflichten. Entgegen einer alten Meinung,[5] die Rechte des

---

1 KEHE-*Dümig* Einl C Rn 41.
2 *Ertl* Rpfleger 1980, 1, 6.
3 KEHE-*Ertl*, 4. Aufl, Einl C Rn 40 ff.
4 KEHE-*Dümig* Einl C Rn 45; *Ertl* Rpfleger 1980, 1, 6.
5 *Güthe-Triebel* Vorbem 99, 100 zu § 13.

Grundbuchamts seien größer als seine Pflichten, gehen nach einer Mittelmeinung[6] die Rechte des Grundbuchamts »grundsätzlich« nicht weiter, dh ausnahmsweise doch; nach heute hM[7] **entsprechen sich die Amtspflichten und die Rechte des Grundbuchamts**, dh die Rechte gehen nie weiter als die Amtspflichten. Der hM ist zuzustimmen, denn es widerspricht rechtsstaatlichen Grundsätzen, dass das Grundbuchamt als Gericht der freiwilligen Gerichtsbarkeit in einem rechtlich geordneten Verfahren nach eigener Willkür über seine Amtspflichten hinaus weitere Rechte wahrnimmt.[8] Der Streit dürfte jedoch weitgehend theoretischer Natur sein. Entscheidend ist, wie die Amtspflichten definiert werden; je umfangreicher, desto größer sind dann natürlich auch die Rechte des Grundbuchamts.

3. Verletzung

Das Grundbuchamt verletzt seine Amtspflichten nur bei einem Verstoß gegen Gesetzesrecht, nicht bei einem Verstoß gegen Lehrmeinungen.[9] Die Verletzung einer Amtspflicht erfüllt den objektiven Tatbestand des Art 34 GG und **§ 839 Abs 1 BGB**.[10] Vgl dazu ausführlich die Kommentare zu § 839 BGB. **3**

II. Amtsverfahren

Das Amtsverfahren ist die durch das Gesetz vorgeschriebene **Ausnahme**. Das Grundbuchamt muss ohne **4** Antrag und sogar gegen den Willen der Beteiligten tätig werden, weil das Gesetz das öffentliche Interesse an der Richtigkeit und Vollständigkeit des Grundbuchs über die privaten Interessen stellt.[11]

Selbständige Amtsverfahren sind: **5**
– Eintragung eines Amtswiderspruch (§ 53 Abs 1 S 1);
– Amtslöschung (§ 53 Abs 1 S 2);
– Grundbuchberichtigungszwangsverfahren (§§ 82 ff);
– Löschung gegenstandsloser Eintragungen (§§ 84 ff);
– Rangklarstellungsverfahren (§§ 90 ff).

Amtsverfahren im Zusammenhang mit Antragsverfahren sind: **6**
– Berichtigung des Aktivvermerks (§ 9 Abs 2);
– Eintragung des Aktivvermerks auf dem Blatt des belasteten Grundstücks (§ 9 Abs 3);
– Eintragung einer Vormerkung oder eines Widerspruchs bei der Zwischenverfügung (§ 18 Abs 2);
– Eintragung eines Widerspruchs bei Löschung von Rechten auf Lebenszeit bzw zeitlich beschränkter Rechte (§ 23 Abs 1 S 1, § 24);
– Vermerk über das Erlöschen einer Mitbelastung (§ 48 Abs 2);
– Eintragung des Nacherbenvermerks (§ 51);
– Eintragung des Testamentsvollstreckervermerks (§ 52);
– Vermerk über die Erteilung des Briefes (§ 68 Abs 3);
– Löschung der Vormerkung oder eines Widerspruchs bei Zurücknahme oder Zurückweisung der Beschwerde (§ 76 Abs Abs 2).

1. Pflicht, das Grundbuch richtig zu halten

Im Amtsverfahren kann die Pflicht, das Grundbuch richtig zu halten, voll verwirklicht werden.[12] Das Grund- **7** buchamt hat infolge des öffentlichen Interesses an der Vollständigkeit und Richtigkeit des Grundbuchs alle Parteiinteressen von Amts wegen zu wahren. Das zur Wahrung des Legalitätsprinzips durchzuführende Beweisverfahren erfolgt von Amts wegen.

2. Pflicht zur Beweiserhebung

a) **Beweisaufnahme.** aa) **Beweispflicht**. Vgl dazu: Einl F Rdn 89. **8**

bb) **Beweisarten**. Vgl dazu: Einl F Rdn 94–97. **9**

cc) **Beweismittel**. Vgl dazu: Einl F Rdn 96, 97. **10**

---

6 KG NJW 1972, 639, 641 = DNotZ 1972, 173, 176 = Rpfleger 1972, 94, 95.
7 *Schöner/Stöber* Rn 207; *Ertl* Rpfleger 1980, 1, 6; *Ritzinger* BWNotZ 1981, 6.
8 *Ertl* Rpfleger 1980, 1, 6.
9 *Ertl* Rpfleger 1980, 1, 7.
10 KEHE-*Dümig* Einl C Rn 47.
11 KEHE-*Dümig* Einl C Rn 49.
12 *Köther* 81.

11 **b) Feststellungslast.** Vgl dazu: Einl F Rdn 115.

3. Pflicht zur Aufklärung

12 Vgl dazu: Einl F Rdn 76.

4. Pflicht zur Gewährung rechtlichen Gehörs

13 Vgl dazu: Einl F Rdn 81.

III. Antragsverfahren

1. Verfahrensherrschaft der Beteiligten

14 Das Gesetz überlässt die Wahrung der Interessen an der Richtigkeit und Vollständigkeit des Grundbuchs den Beteiligten selbst.[13] Das Grundbuchamt darf nicht gegen den oder ohne Willen der Beteiligten tätig werden.[14] Jeder Beteiligte hat es selbst in der Hand, ob und zu welchem Zeitpunkt er die zur dinglichen Rechtsänderung erforderliche Grundbucheintragung durch einen entsprechenden Antrag veranlassen will. Vom Grundbuchamt oder von einem anderen Antragsberechtigten im Prozessweg kann niemand zur Antragstellung oder Unterlassung gezwungen werden, weil jeder der anderen am dinglichen Geschäft Beteiligten auf Grund seines eigenen Antragsrechts die Grundbucheintragung selbst beantragen kann (§ 13 Abs 1 S 2).[15] Das Grundbuchamt darf nicht über den Eintragungsantrag hinausgehen und nicht hinter ihm zurückbleiben.[16]

2. Pflicht zur Entscheidung über den Antrag

15 Das materielle Sachenrecht setzt die Einrichtung des Grundbuchs und die Regelung des Eintragungsverfahrens voraus. Es geht damit von der Amtspflicht des Grundbuchamts aus, Eintragungsanträge zu bearbeiten, auf ihre Gesetzesmäßigkeit zu prüfen und sie zu entscheiden,[17] und zwar entweder durch Eintragung oder Löschung, Zurückweisung oder vorläufig durch Zwischenverfügung (§ 18). Das Liegenlassen eines unerledigten Antrags, das Ruhen des Verfahrens und die Aussetzung des Verfahrens (vgl § 18 Rdn 20) sind ebenso unzulässig wie die Verweisung auf den Prozessweg (vgl § 18 Rdn 22); das Grundbuchamt muss vielmehr selbst entscheiden. Das Gesetz nennt keine bestimmte Frist für die Pflicht zur Entscheidung über den Antrag. Aus dem Recht zur Setzung einer angemessenen Frist nach § 18 folgt aber auch die Pflicht des Grundbuchamts zur Entscheidung innerhalb angemessener Frist.[18]

3. Pflicht zur Eintragung

16 Die Eintragungspflicht des Grundbuchamts ergibt sich aus den §§ 13, 18 und aus den Vorschriften, die die Eintragung zur unerlässlichen Voraussetzung der dinglichen Rechtsänderung machen (zB §§ 873, 875, 877 BGB).[19] Die Beteiligten haben ein Recht darauf, dass das Grundbuchamt die Eintragung unverzüglich vornimmt, sobald alle Eintragungsvoraussetzungen vorliegen, denn sie können die erstrebten materiellen Wirkungen nicht ohne Mitwirkung des Grundbuchamts herbeiführen.[20] Wird durch eine rechtswidrige Verzögerung der Eintragung von Auflassungsvormerkungen im Grundbuch die beabsichtigte Veräußerung von Eigentumswohnungen zeitweilig verhindert, so kann dies einen Entschädigungsanspruch des betroffenen Grundstückseigentümers aus enteignungsgleichem Eingriff begründen.[21] Der Staat hat seine Gerichte so auszustatten, dass sie die anstehenden Verfahren ohne vermeidbare Verzögerung abschließen können. Die Erfüllung dieser Verpflichtung kann den Justizbehörden insgesamt als drittgerichtete Amtspflicht obliegen.

4. Fürsorgepflicht

17 Eine neben der Prüfungspflicht (vgl Rdn 22 ff) bestehende besondere Fürsorgepflicht zum Schutz der Beteiligten von Rechtsverlusten hat das Grundbuchamt in der Regel nicht.[22] Beim Betroffenen (§ 13 Abs 1 S 2, § 19) darf es davon ausgehen, dass der Antrags- oder Urkundsnotar (§ 15) seinen Amtspflichten nach der BNotO und

---

13 KEHE-*Dümig* Einl C Rn 51.
14 *Schöner/Stöber* Rn 208.
15 *Staudinger-Gursky* § 873 Rn 228.
16 *Schöner/Stöber* Rn 208; *Ritzinger* BWNotZ 1981, 6.
17 *Schöner/Stöber* Rn 207.
18 KEHE-*Dümig* Einl C Rn 53.
19 KEHE-*Dümig* Einl C Rn 52.
20 KEHE-*Dümig* Einl C Rn 51.
21 BGH ZfIR 2007, 238.
22 KEHE-*Munzig*, Grundbuchrecht, 5. Aufl, Einl C Rn 59.

dem BeurkG nachgekommen ist. Soweit der Begünstigte (§ 13 Abs 1 S 2) einen formlosen Antrag stellt (§ 30), bedarf es keines besonderen Schutzes, weil er ja gerade von der Eintragung begünstigt wird.

5. Pflicht zur Aufklärung

Vgl dazu: Einl F Rdn 76.   **18**

6. Pflicht zur Gewährung rechtlichen Gehörs

Vgl dazu: Einl F Rdn 77 ff.   **19**

7. Pflicht zur Beweiserhebung

Vgl dazu: Einl F Rdn 87 ff.   **20**

8. Prüfungspflicht

»Das Verfahrensrecht hat im Verhältnis zum materiellen Recht grundsätzlich nur dienende Funktion, und im Bereich des **21** *Grundbuchrechts muss die Verlautbarung der wirklichen Rechtslage oberstes Ziel auch des formellen Grundbuchrechts sein. Auch wenn dieses Ziel nicht immer erreicht wird, muss es doch angestrebt und darf nicht ohne zwingenden Grund aufgegeben werden.«*

(BayObLG vom 13.08.1992, MittBayNot 1993, 363, 365)

»Im Übrigen durfte das Grundbuchamt schon wegen des Legalitätsgrundsatzes, der das ganze Grundbuchverfahren beherrscht, an einem Verstoß gegen die in den Kaufverträgen enthaltenen Vollmachtsbeschränkungen nicht mitwirken.«

(OLG München vom 13.06.2006, DNotZ 2007, 41)

»Das Grundbuchverfahrensrecht hat gegenüber dem materiellen Recht eine dienende Funktion.«

(OLG Hamm vom 15.03.2007, DNotZ 2007, 750)

a) Rechtsgrundlagen. Der Grundbuchrechtspfleger hat, wenn ein Eintragungsantrag oder -ersuchen beim **22** Grundbuchamt eingeht, über die Eintragung zu entscheiden und dann – wenn keine Hindernisse vorliegen – die Eintragung vorzunehmen. Es besteht somit eine Prüfungspflicht gegenüber den Anträgen und Ersuchen. Die Prüfungspflicht des Grundbuchamts ist nicht ausdrücklich im Gesetz genannt. Sie ergibt sich aber mittelbar aus den Vorschriften der GBO, der für dieses Verfahren hauptsächlich maßgebenden Verfahrensordnung, und zwar als **selbstverständliche Aufgabe**,[23] wie es schon in den Motiven zur GBO heißt.[24] Dem Grundbuchamt ist in § 1 die Zuständigkeit für die Anordnung der Eintragung übertragen. Diese Kompetenz verleiht ihm auch das Recht und die Pflicht, die in ihr liegenden Befugnisse auszuüben. Gemäß § 18 muss sich das Grundbuchamt bei der Behandlung eines Antrages schlüssig werden, ob es diesen beim Vorliegen eines Hindernisses zurückweist oder durch eine Zwischenverfügung erledigt, was als denknotwendig aber erst durch eine entsprechende Prüfung feststellen kann.[25] Außerdem bestimmt die GBO die Zulassungsvoraussetzung für eine Grundbucheintragung (zB §§ 13, 19, 29, 39), sodass das Grundbuchamt die Eintragung erst vornehmen darf, wenn es diese geprüft und deren Vorliegen festgestellt hat. Daher ist eine Festlegung der Prüfungspflicht expressis verbis im Gesetz nicht notwendig.[26]

Die Prüfungspflicht folgt daneben aus dem für staatliches Handeln allgemein geltenden Grundsatz der Sachprü- **23** fung (= **Legalitätsprinzip**).[27] Legalität bedeutet, dass staatliches Handeln im Einklang mit dem geltenden Recht vorzunehmen ist. Da nur durch eine Prüfung festgestellt werden kann, ob die gesetzlichen Voraussetzungen vorliegen, ergibt sich eine Prüfungspflicht zwingend aus dem Legalitätsprinzip. Folge des Sachprüfungsgrundsatzes ist somit, dass eine Eintragung erst nach Überprüfung und Feststellung der gesetzlichen Voraussetzungen vorgenommen werden darf, wozu nicht nur die formellen Erfordernisse der GBO gehören, sondern auch materielle Fragen (zB die Eintragungsfähigkeit, Richtigkeit des Buches usw).

b) Konsensprinzip. Das Eigentum an Grundstücken und sonstige dingliche Rechte an Grundstücken werden **24** entsprechend dem Grundsatz des § 873 BGB durch Einigung des Berechtigten und des anderen Teils sowie ferner durch die Eintragung der Rechtsänderung im Grundbuch erworben. Der Umfang der Prüfungspflicht des

---

23 *Böttcher* Rpfleger 1990, 486; *Güthe-Triebel* Vorbem 91 zu § 13; *Köther* § 1 I.
24 Entwurf einer Grundbuchordnung und Entwurf eines Gesetzes betreffend die Zwangsvollstreckung ins unbewegliche Vermögen, nebst Motive (Berlin 1889), S 86 zu § 48.
25 *Böttcher* Rpfleger 1990, 486; *Riedel* BlGBW 1966, 221.
26 *Böttcher* aaO; *Köther* § 1 I.
27 *Köther* § 1 II; *Böttcher* Rpfleger 1990, 486.

Grundbuchamts insoweit ist beschränkt.[28] Dieser beschränkende Kunstgriff tritt in die juristische Dogmatik mit dem Namen »Konsensprinzip« ein, **Einigungsgrundsatz**. Damit ist zunächst nur die Regelung auf den Begriff gebracht, die § 873 Abs 1 BGB ausspricht: Die erste Voraussetzung der dinglichen Rechtsänderung ist die Einigung der Beteiligten. Daneben tritt als zweite Voraussetzung die Grundbucheintragung, ein Vorgang, der verfahrensrechtlichen Charakter hat. Der Zweck des Eintragungsverfahrens ist es daher, die Einigung in ihre buchmäßige Verlautbarung umzusetzen. Dieser Zweck könnte am besten dadurch verwirklicht werden, wenn im Eintragungsverfahren die Wirksamkeit der dinglichen Einigung überprüft würde.

25 **aa) Formelles Konsensprinzip (§ 19).** Der Gesetzgeber der GBO wollte das Grundbuchverfahren beschleunigen und erleichtern; er hat deshalb – mit den Worten von *Huhn*[29] – die GBO als »Grundbuchverfahrensbeschleunigungsnovelle« ausgestaltet. Es gilt der Grundsatz der einseitigen Bewilligung (§ 19), das sog »formelle Konsensprinzip«. Damit das Grundbuchamt eine Eintragung vornehmen kann, hat der durch die Eintragung Betroffene eine Bewilligung abzugeben. Sie ist die **einseitige Einverständniserklärung des verlierenden Teils** mit der rechtsändernden Eintragung. Der Name »formelles Konsensprinzip« ist freilich irreführend: die einseitige Bewilligung stellt gerade keinen Konsens dar. Das formelle Konsensprinzip ist vielmehr eine formalisierte Beweisregel: Das Vorliegen der dinglichen Einigung ist dadurch bewiesen, dass der nachteilig Betroffene die Einigung behauptet. »Formelles Konsensprinzip« nennt man daher den grundbuchverfahrensrechtlichen Satz, dass das Grundbuchamt das Vorliegen des materiellen Konsens nicht zu prüfen habe. § 19 geht von dem Erfahrungssatz aus, dass in der Regel niemand einer ihn benachteiligenden Eintragung zustimmt, wenn eine sachenrechtliche Einigung nicht vorliegt.[30] Da der Betroffene nur sich selbst schädigen kann, kann ihm auch die Entscheidung überlassen bleiben, ob trotz Unsicherheit bezüglich der Wirksamkeit der Einigung eine Eintragung im Grundbuch erfolgen soll.

26 Die Funktion des formellen Konsensprinzips zeigt sich zB, wenn der Vertreter eines minderjährigen Eigentümers ein Grundpfandrecht bestellt. Hier ist dem Grundbuchamt die **familien- bzw vormundschaftsgerichtliche Genehmigung** (§ 1821 Abs 1 S 1, § 1643 BGB) und deren Zugang an die Eltern (den Vormund) nachzuweisen (§ 1828 BGB). In dem Grundbuchverfahren gemäß § 19 ist die Genehmigung nicht in ihrer Eigenschaft als Wirksamkeitsvoraussetzung der dinglichen Einigung zu prüfen, sondern nur insoweit, als sie durch das gesetzliche Genehmigungserfordernis bewirkte Einschränkung der Vertretungsmacht des Vertreters ausräumt. Das Grundbuchamt hat daher neben der Erteilung der vormundschaftsgerichtlichen Genehmigung nur deren Zugang an den Vertreter zu prüfen, wodurch dieser Vertretungsmacht erlangt. Da aber der dingliche Vertrag der Prüfung des Grundbuchamts bei einer Grundstücksbelastung entzogen ist, ist für das Grundbuchverfahren nach § 19 der Teil des Genehmigungsvorgangs ohne Bedeutung, der nur noch für das endgültige Wirksamwerden des Vertrags notwendig ist, das ist der Mitteilungsvorgang des § 1829 BGB. Ob diese Vorschrift erfüllt wurde, ist im Verfahren nach § 19 deshalb nicht zu prüfen.[31]

27 Das formelle Konsensprinzip wirkt sich auch dahingehend aus, dass im Rahmen des § 19 das Grundbuchamt nicht zu prüfen hat, ob etwa erforderliche **Zustimmungen Dritter** (zB Eigentümerzustimmung gemäß § 5 ErbbauRG) auch wirklich gegenüber dem einen oder anderen Teil der dinglichen Einigung erklärt worden ist (§ 182 BGB).[32] Die Wirksamkeit der Einigung ist auf Grund des formellen Konsensprinzips grundsätzlich nicht zu prüfen, sodass dem Grundbuchamt nur die Tatsache der Erteilung der Zustimmung nachzuweisen ist, nicht aber das materiellrechtliche Wirksamkeitserfordernis für die Einigung, nämlich der Zugang der Zustimmung an den Berechtigten.

28 **bb) Materielles Konsensprinzip (§ 20).** Als Ausnahme zu § 19 bestimmt § 20 die **Vorlage der dinglichen Einigung** im Falle einer Auflassung sowie der Bestellung, Änderung oder Übertragung eines Erbbaurechts. In diesem Fall ist somit die materiellrechtliche dingliche Einigung die Grundlage für die Eintragung: *materielles Konsensprinzip.*[33] Die Vorlage der Eintragungsbewilligung genügt nicht als Eintragungsvoraussetzung. Grund für die Durchbrechung des formellen Konsensprinzips des § 19 sind die weitgehend öffentlich- und privatrechtlichen Folgen, die sich bei der Übertragung des Grundeigentums und des Erbbaurechts ergeben. Es besteht deshalb ein besonders Interesse an der Übereinstimmung zwischen Grundbuch und materieller Rechtslage.[34] Während die Möglichkeit eines unrichtigen Grundbuchs bei den beschränkten dinglichen Rechten noch erträglich erscheint, sind bei der Grundstücksübertragung die Folgen so bedeutsam und von allgemeinem Inte-

---

28 *Huhn* RpflStud 1978, 30, 31.
29 *Huhn* aaO (Fn 27).
30 *Böttcher* Rpfleger 1990, 486; *Köther* § 3 II 1; *Ritzinger* BWNotZ 1981, 6; *Friedrich Schmidt* MittBayNot 1978, 89, 91; *Schmitz* MittBayNot 1982, 57, 58.
31 *Böttcher* RpflStud 1991, 73, 75; OLG Schleswig DNotZ 1959, 606; LG Flensburg Rpfleger 1966, 267; *Eickmann*, GBVerfR, Rn 205; *Ritzinger* BWNotZ 1981, 6, 7.
32 *Böttcher* Rpfleger 1990, 486, 487; *Ritzinger* BWNotZ 1981, 6, 7.
33 *Böttcher* aaO; *Köther* § 3 II 3.
34 KG KGJ 25, 102; *Köther* § 3 II 3; *Ritzinger* BWNotZ 1981, 6, 8.

resse, dass ein gesteigertes Bedürfnis zur Schaffung ordentlicher Rechtsverhältnisse besteht.[35] Das Interesse an der Grundbuchrichtigkeit hat hier Vorrang vor der Verfahrenserleichterung. Daher soll die Überwachung der materiellen Grundbuchrichtigkeit nicht allein den Betroffenen auferlegt werden, sondern auch das Grundbuchamt soll die Verantwortung mitübernehmen.[36]

c) Legalitätsprinzip. Das Grundbuchamt hat die Gesetzmäßigkeit jeder Eintragung und Löschung zu prüfen **29** und, auch gegen den Willen der Beteiligten, alle im Einzelfall einschlägigen gesetzlichen Vorschriften materiell- und verfahrensrechtlicher, privat- und öffentlichrechtlicher Art zu beachten, auch bloße Ordnungsvorschriften, deren Verletzung eine Eintragung nicht unwirksam und das Grundbuch nicht unrichtig machen würde.[37] Wenn der Staat im öffentlichen Interesse ein den privaten Rechtsverkehr dienendes Register wie das Grundbuch führt, muss er auch auf dessen Richtigkeit bedacht sein. Das bedeutet, dass das Grundbuch mit dem Gesetz, mit der wahren Rechtslage übereinzustimmen hat.[38] Dies ist der **Grundsatz der Gesetzmäßigkeit**, das Legalitätsprinzip. Somit müssen bei der Führung des Grundbuchs die Gesetze beachtet werden, so wie bei jedem anderen gerichtlichen Verfahren.[39] Weil Verfahrensordnungen nicht dazu verwendet werden können, einen gesetzwidrigen Zustand herbeizuführen, ist es Aufgabe des Grundbuchamtes, das Grundbuch richtig zu halten.[40] Daher sind alle Eintragungsanträge auf ihre Gesetzmäßigkeit zu prüfen.[41] Im Grundbuchverfahren gilt daher der im Gesetz nicht festgelegte Grundsatz, dass dem Grundbuchamt die Pflicht auferlegt ist, das Grundbuch mit der wirklichen Rechtslage in Übereinstimmung zu halten und eine Unrichtigkeit des Grundbuchs zu verhindern.[42] Diese Pflicht folgt zum einen aus der Pflicht des Grundbuchamtes als eines staatlichen Organs zur gewissenhaften Führung des Grundbuchs und zum anderen aus dem Legalitätsprinzip mit seinen Gedanken, im Interesse der Allgemeinheit eine Übereinstimmung von Rechts- und Buchlage zu erzielen. Das Grundbuchamt wird in einem Verfahren der freiwilligen Gerichtsbarkeit im Rahmen der staatlichen Rechtsfürsorge tätig. Es wirkt bei der Eintragung zum Zwecke der Vollendung eines dinglichen Rechtserwerbs mit und übt so Vermögensfürsorge aus.[43] Es handelt aber ebenfalls im Interesse der Allgemeinheit an der Offenkundigkeit der Grundstücksverhältnisse. Auch aus diesem Gesichtspunkt ergibt sich seine Pflicht zur Schaffung richtiger Grundbuchverhältnisse.

Überwiegend wird das Legalitätsprinzip nur insoweit beachtet, als daraus das **Verbot** hergeleitet wird, das **30** **Grundbuch** durch eine Eintragung, deren Unwirksamkeit feststeht, **wissentlich unrichtig werden zu lassen.**[44] Mit dem Grundsatz, nicht bewusst an der Herbeiführung eines unrichtigen Grundbuchstandes mitzuwirken, wird das Grundbuchamt zum Hüter des Grundbuchs.[45] Das Legalitätsprinzip ist aber Ausdruck des elementaren Verfassungsgrundsatzes von der Rechtsunterworfenheit allen gerichtlichen Handelns (Art 20 Abs 3 GG), der auch im Grundbuchverfahrensrecht gilt.[46] Das bedeutet, dass grundsätzliches Ziel der Grundbuchführung eine weitgehende Kongruenz von Buch und materiellem Recht sein muss.[47]

Der unspezifizierte Ausdruck »Legalitätsprinzip« ist für den Bereich des Grundbuchverfahrens ein wenig aussa- **31** gekräftiger Blankettbegriff. Das Legalitätsprinzip weist nämlich ebenso wie das Konsensprinzip **eine formelle und eine materielle Ausprägung** aus;[48] beide Prinzipien harmonieren insoweit, als sich formelles Konsensprinzip und formelles Legalitätsprinzip bzw materielles Konsensprinzip und materielles Legalitätsprinzip ergänzen. Dies ergibt sich aus der analytischen Gegenüberstellung der §§ 19 und 20. Bei der ersten Norm wird lediglich die einseitige Bewilligung des Betroffenen verlangt (= formelles Konsensprinzip), wohingegen § 20 die Vorlage der dinglichen Einigung gebietet (= materielles Konsensprinzip). Der Legalitätsgrundsatz kommt in beiden Fällen zur Anwendung, freilich mit verschiedenem Inhalt.

---

35 *Böttcher* Rpfleger 1990, 486, 487; *Köther* § 3 II 3.
36 *Eickmann*, GBVerfR, Rn 119.
37 *Nieder* NJW 1984, 329, 336; *Böttcher* Rpfleger 1990, 486, 487; RpflStud 1986, 73, 81.
38 *Schmitz* MittBayNot 1982, 57, 58; *Böttcher* Rpfleger 1990, 486, 487; RpflStud 1986, 73, 81.
39 OLG Hamm DNotZ 2007, 750; OLG München DNotZ 2007, 41; *Friedrich Schmidt* MittBayNot 1978, 89, 91; *Böttcher* Rpfleger 1990, 486, 487; RpflStud 1986, 73, 81.
40 BayObLG MittBayNot 1993, 363, 365; *Böttcher* Rpfleger 1990, 486, 487.
41 OLG Hamm DNotZ 2007, 750; OLG München DNotZ 2007, 41; *Friedrich Schmidt* MittBayNot 1978, 89, 91; *Böttcher* Rpfleger 1990, 486, 487; RpflStud 1986, 73, 81.
42 BayObLG MittBayNot 1993, 363, 365; *Köther* § 4 I; *Böttcher* RpflStud 1986, 73, 81.
43 *Köther, Böttcher* je aaO (Fn 41); **aA** OLG Karlsruhe Rpfleger 1994, 248.
44 BGHZ 35, 135, 139; BayObLGZ 1954, 286, 292; 1967, 13, 17; 1976, 44, 45; 1979, 434, 436; 1981, 112; KG JFG 1, 379, 380; OLG Hamm Rpfleger 1973, 137; *Schöner/Stöber* Rn 209.
45 *Böttcher* Rpfleger 1990, 486, 487; *Köther* § 4 I.
46 *Böttcher* aaO; *Schlenker* 3. Abschnitt II (S 11); *Eickmann*, GBVerfR, Rn 270.
47 BayObLG MittBayNot 1993, 363, 365; **aA** offenbar *Reithmann* MittBayNot 1989, 17, 18.
48 *Hahn-Mugdan*, Materialien V, S 195; *Heck* § 38, 3 (S 149); *Schlenker* 2. Abschn III 2 (S 20). *Böttcher* Rpfleger 1990, 486, 487; RpflStud 1986, 73, 81; *Horst Schmid* Rpfleger 1987, 133, 136.

32 **aa) Formelles Legalitätsprinzip**. In seiner formellen Ausprägung fordert das Legalitätsprinzip die **Prüfung der Bewilligung** (= Bereich des § 19).[49] Die Prüfung beschränkt sich jedoch nicht nur auf das tatsächliche Vorhandensein der Bewilligung.[50] Eine solche Auffassung stünde im Widerspruch zum Verhältnis von formellen und materiellen Grundstücksrecht. Da die grundbuchrechtliche Eintragungsbewilligung als »Surogat« an die Stelle des materiellen Rechtsgeschäfts tritt, stellt sie die verfahrensrechtliche Eintragungsgrundlage dar. Ist außerdem eine Grundbucheintragung nur zulässig, wenn sie durch eine Rechtsnorm vorgeschrieben (zB § 873 BGB) oder zugelassen ist (§ 53 Abs 1 S 2), ergibt sich aus diesem Zusammenspiel von formellem und materiellem Recht zwingend, dass die Bewilligung den vollständigen und nach materiellem Recht zulässigen dinglichen Inhalt verlautbaren muss.[51] Wenn aber unstreitig die Eintragungsvoraussetzungen zu prüfen sind, somit auch die Bewilligung, muss damit zugleich das materielle Recht Berücksichtigung finden, und zwar in der Weise, dass das zur Eintragung beantragte Recht auf seine **Eintragungsfähigkeit** zu prüfen ist.[52]

33 Zu verneinen ist die Eintragungsfähigkeit dort, wo die Eintragung des bewilligten Rechts nach Art oder Inhalt gegen materielles Recht verstößt. **Der Art nach** verstößt die Eintragung des bewilligten Rechts gegen materielles Recht, wenn ein Recht vorliegt, das dem Kreis der Sachenrechte (= numerus clausus) nicht angehört (zB dingliches Mietrecht). **Dem Inhalt nach** verstößt die Eintragung des bewilligten Rechts gegen materielles Recht, wenn das Recht nicht den für dieses Recht gesetzlich normierten Inhalt aufweist (= Typenzwang), zB ein Erbbaurecht an zweiter Rangstelle, aber auch dann, wenn die Unwirksamkeit der rechtsgeschäftlichen Begründung eines dinglichen Rechtes darauf beruht, dass eben deren Inhalt – und nicht der Abschluss als solcher – gegen materielles Gesetz verstößt (stets bei § 134 BGB; nie bei §§ 104 ff BGB).[53] In diesen Fällen, wenn also nach Art oder Inhalt es eingetragenen Rechts ein Verstoß gegen materielles Recht vorliegt, ist eine inhaltlich unzulässige Eintragung gegeben (§ 53 Abs 1 S 2).[54] Daraus folgt, dass alle Konstellationen, bei denen die Unwirksamkeit des materiellen Rechtsgeschäfts zur inhaltlichen Unzulässigkeit führt, bereits mit dem formellen Legalitätsprinzip bewältigt werden können; es fehlt in diesen Fällen schon an der Eintragungsfähigkeit des bewilligten Rechts.[55]

34 **bb) Materielles Legalitätsprinzip**. In seiner materiellen Ausprägung fordert das Legalitätsprinzip die **Prüfung des materiellen Begründungstatbestandes** des einzutragenden Rechts (= Bereich des § 20).[56] Das Grundbuchamt darf in diesem Fall eine Eintragung nur dann vornehmen, wenn die Wirksamkeit der dinglichen Einigkeit feststeht.

35 Sie tritt zB erst ein, wenn eine erteilte und gemäß § 1828 BGB wirksam gewordene **familien bzw vormundschaftsgerichtliche Genehmigung** durch die Eltern (den Vormund) dem Vertragspartner mit dem Willen, die endgültigen Vertragswirkungen herbeizuführen, mitgeteilt worden ist (§ 1829 BGB). Im Verfahren nach § 20 hat das Grundbuchamt deshalb zu prüfen die Erteilung der vormundschaftsgerichtlichen Genehmigung, deren Zugang an den Vormund bzw die Eltern (§ 182 BGB) und die Mitteilung der Genehmigung durch den Vormund (die Eltern) an den Vertragspartner und dessen Entgegennahme dieser Mitteilung (§ 1829 BGB).[57]

36 Im Rahmen des § 20 hat das Grundbuchamt auch zu prüfen, ob eine etwa erforderliche **Zustimmung Dritter** (zB Verwalterzustimmung gemäß § 12 WEG) wirksam erteilt worden ist und Nachweise hierüber in der Form des § 29 zu verlangen.[58] Derartige rechtsgeschäftliche Zustimmungen, dh Einwilligungen und Genehmigungen, werden gemäß § 182 BGB wirksam, wenn sie entweder dem einen oder anderen Teil gegenüber erklärt werden.

37 **d) Verhältnis von Konsensprinzip und Legalitätsprinzip. aa) Materielles Konsensprinzip und materielles Legalitätsprinzip**. § 20 verlangt für die Eintragung einer Auflassung sowie der Bestellung, Änderung oder Übertragung eines Erbbaurechts die Vorlage der dinglichen Einigung der Vertragspartner (= materielles Konsensprinzip; vgl Rdn 28). Das Grundbuchamt hat diesen materiellen Begründungstatbestand auf seine Wirksamkeit hin zu überprüfen (= materielles Legalitätsprinzip; vgl Rdn 34). Materielles Konsensprinzip und materielles Legalitätsprinzip korrespondieren somit miteinander, ergänzen sich gegenseitig und bilden eine prüfungsrechtliche Einheit. Beide Prinzipien stehen gleichberechtigt nebeneinander.[59]

---

49 *Schlenker* 2. Abschn III 2 (S 21); *Böttcher* Rpfleger 1990, 486, 487; RpflStud 1986, 73, 81.

50 So offenbar *Schippel-Brambring* DNotZ 1977, 156 Fn 44.

51 *Böttcher* Rpfleger 1990, 486, 487; RpflStud 1986, 73, 81.

52 *Schlenker* 3. Abschn IV (S 28); *Böttcher* Rpfleger 1990, 486, 487; RpflStud 1986, 73, 81 f.

53 *Schlenker* 3. Abschn IV (S 30, 31); *Böttcher* RpflStud 1986, 73, 82.

54 KEHE-*Eickmann* § 53 Rn 15 ff; *Böttcher* RpflStud 1986, 73, 82.

55 *Schlenker* 2. Abschn IV (S 31); *Böttcher* RpflStud 1986, 73, 82.

56 BayObLGZ 1974, 336; *Schlenker* 2. Abschn III (S 21); *Böttcher* RpflStud 1986, 73, 82.

57 *Böttcher* RpflStud 1991, 73, 74; OLG Oldenburg DNotZ 1957, 543; *Eickmann*, GBVerfR, 203; *Ritzinger* BWNotZ 1981, 6, 10.

58 *Böttcher* Rpfleger 1990, 486, 488; KG SeuffBl 72, 797.

59 *Böttcher* Rpfleger 1990, 486, 488; **aA** *Ertl* DNotZ 1990, 41.

bb) Formelles Konsensprinzip und formelles Legalitätsprinzip. Gemäß § 19 ist grundsätzlich für eine 38
Eintragung im Grundbuch nur die einseitige verfahrensrechtliche Bewilligung des Betroffenen erforderlich,
nicht jedoch der materiellrechtliche Begründungstatbestand (= formelles Konsensprinzip; vgl Rdn 25). Der
Prüfung unterliegt somit nur die Bewilligung, wozu allerdings auch die materiellrechtliche Frage nach der Eintragungsfähigkeit des bewilligten Rechts gehört (= formelles Legalitätsprinzip; vgl Rdn 32, 33). Formelles
Konsensprinzip und formelles Legalitätsprinzip sind aufeinander abgestimmt, ergänzen sich gegenseitig und bilden eine prüfungsrechtliche Einheit. Beide Prinzipien stehen gleichberechtigt nebeneinander. Das materielle
Recht ist dabei nur insoweit zu berücksichtigen, als die fehlende Eintragungsfähigkeit zur inhaltlichen Unzulässigkeit führen würde; nicht dagegen, wenn Abschlußmängel des materiellrechtlichen Begründungstatbestandes
die Grundbuchunrichtigkeit zur Folge hätte (= Frage des materiellen Legalitätsprinzips).

cc) Formelles Konsensprinzip und materielles Legalitätsprinzip. Bis heute **höchst umstritten** ist das 39
Verhältnis von formellem Konsensprinzip und materiellem Legalitätsprinzip. Die Frage ist, welches Prinzip das
höherwertige ist. Dabei geht es letztlich um die richtige Zuordnung zweier sich widerstreitender Ideale: der
materiellen Richtigkeit des Grundbuchs und der Einfachheit und Raschheit des Verfahrens. Das BayObLG[60]
führt dazu überzeugend aus: *»Das Verfahrensrecht hat im Verhältnis zum materiellen Recht grundsätzlich nur dienende
Funktion, und im Bereich des Grundbuchrechts muss die Verlautbarung der wirklichen Rechtslage oberstes Ziel auch des formellen Grundbuchrechts sein. Auch wenn dieses Ziel nicht immer erreicht wird, muss es doch angestrebt und darf nicht ohne
zwingenden Grund aufgegeben werden«.*

Die **herrschende Meinung** besagt aber, dass das Grundbuchverfahren grundsätzlich vom **formellen Kon-** 40
sensprinzip bestimmt wird, ihm also der **Vorrang vor dem materiellen Legalitätsprinzip** zusteht; letzteres
soll nur dort Bedeutung erlangen, wo feststeht, dass das Grundbuch durch eine Eintragung unrichtig würde.[61]
Nach dieser Ansicht sollte in Bezug auf das materielle Recht hinter jeder Vollzugsmitteilung das Grundbuchamt
stehen: »Ohne Gewähr«.[62] Zur Begründung wird angeführt:

(1) Das materielle Legalitätsprinzip habe – entgegen dem formellen Konsensprinzip (§ 19) – keine ausdrückliche Regelung in der GBO erfahren, sodass davon ausgegangen werden kann, dass das materielle Legalitätsprinzip durch das formelle Konsensprinzip eingeschränkt wird.

(2) Eine Interessenabwägung zwischen den Wunschidealen der Leichtigkeit des Grundbuchverfahrens und der
materiellen Richtigkeit des Grundbuchs führt nach dem Willen des Gesetzgebers dazu, dass die Schnelligkeit
der Durchführung der Sicherung der Richtigkeit vorangestellt ist.

(3) Für die Richtigkeit der Ansicht wird auch noch angeführt, dass die Schaffung der GBO im Bereich des Lie-
genschaftsrechtes die besitzenden Klassen unter sich gewesen sind, was wohl soviel heißen soll, dass sich der
Grundstücksverkehr im Wesentlichen zwischen wirtschaftlich und intellektuell gleichgestellten Personen vollzog; bei dieser Ausgangslage sei das materielle Legalitätsprinzip zu Recht vernachlässigt worden.

Eine Überprüfung von **Argument (1)** ergibt zunächst, dass in der Tat lediglich das formelle Konsensprinzip 41
einen ausdrücklichen, wenngleich sehr spärlichen Niederschlag in der GBO (§ 19) gefunden hat. Daraus bereits
den Vorrang vor dem materiellen Legalitätsprinzip abzuleiten, wäre verfehlt. Schon in den Motiven zur GBO
wird nämlich ausgeführt:[63] *»Die Prüfungspflicht des Grundbuchamtes braucht nicht hervorgehoben zu werden; denn sie
ergibt sich daraus, dass dem Grundbuchamt die Anordnung der Eintragung übertragen ist.«* Desweiteren führt *Achilles,*
einer der Väter der GBO, zu diesem Problem aus:[64] *»Während die meisten partikularen Grundbuch- oder Hypothe-
kengesetze (zB preuß GBO § 46) ausdrücklich vorschreiben, dass die Buchbehörden verpflichtet sind, die Eintragungs- und
Löschanträge auf ihre Begründung und Rechtfertigung zu prüfen, fehlt eine entsprechende Vorschrift in der GBO. Daraus
ist aber nicht zu folgern, dass das Grundbuchamt jetzt jeder Prüfungspflicht enthoben sei. Schon bei der Beratung des § 46
der preuß GBO vom 5. Mai 1872 in der Kommission des Abgeordnetenhauses wurde von dem Regierungskommissar hervorgehoben, dass Satz 1 des § 46 (= Der Grundbuchrichter ist verpflichtet, die Rechtsgültigkeit der vollzogenen Auflassung,
Eintragungs- und Löschungsbewilligung nach Form und Inhalt zu prüfen) nur derjenige positiv ausspreche, was die Regierung für selbstverständlich erachte … Aus diesem Grunde ist auch von dem Redaktor des Sachenrechts die Aufnahme einer
entsprechenden Bestimmung in seinem Entwurf vom Jahre 1883 für entbehrlich erklärt, und die weiteren Entwürfe haben
denselben Standpunkt festgehalten«.* Das Argument vom Vorrang des formellen Konsensprinzips wegen dessen

60 MittBayNot 1993, 363, 365.
61 BGH BGHZ 35, 140; Rpfleger 1986, 215; BayObLGZ 1923, 178; 1954, 286, 289; 1979, 434; 1981, 110, 112; KG
    HRR 1935 Nr 1373; DNotZ 1971, 418 = NJW 1971, 1319; OLG Hamm Rpfleger 1973, 137; DNotZ 1979, 752,
    757; Rpfleger 1983, 144; OLG Frankfurt Rpfleger 1991, 361; OLG Karlsruhe Rpfleger 1994, 248; *Schöner/Stöber*
    Rn 209; *Weber* Gruchot 53, 352 ff; *Oberneck* SeuffBl 72 409; *Friedrich Schmidt* MittBayNot 1978, 89, 91; *Ritzinger*
    BWNotZ 1981, 6, 10; *Wolfsteiner* DNotZ 1987, 67.
62 *Friedrich Schmidt* MittBayNot 1978, 89, 92.
63 Entwurf einer Grundbuchordnung, Amtl Ausgabe 1889, S 86.
64 *Achilles-Strecker* Vorbem IV zu § 13 (S 185).

alleiniger und ausdrücklicher Kodifizierung in der GBO kann sonach nicht überzeugen, da es im Widerspruch zur eindeutigen Intention des Gesetzgebers steht. Dieser wollte durch die Fassung der GBO keinesfalls eine solche Vorstellung erwecken, sondern lediglich erreichen, dass nicht Selbstverständlichkeiten den Umfang des Gesetzestextes unnötig belasten.[65]

42 Soweit mit dem **Argument (2)** eine Interessenabwägung zugunsten dem formellen Konsensprinzip vorgenommen wird, kann dem nicht zugestimmt werden. Der Gesetzgeber hat weder das Ideal von der Schnelligkeit und Einfachheit des Verfahrens noch das Ideal von der materiellen Richtigkeit des Grundbuchs streng übernommen. Die gefundene Kompromisslösung versucht vielmehr, beide Ideale zu berücksichtigen.[66] Der Gesetzgeber relativierte beide Interessen dadurch, dass er durch § 19 (= formelles Konsensprinzip), § 29 (= Urkundennachweis) und § 39 (= Voreintragung des Betroffenen) die dem Antragsteller obliegende, freilich abgeschwächte Beibringungspflicht und die dem Grundbuchamt obliegende Prüfung der Legalität nicht aufgehoben, sondern lediglich die Beibringungspflicht verschoben und die Prüfung vereinfacht hat. Dem Grundbuchamt sind nämlich im Normalfall lediglich Surrogate für das ursprüngliche Beweisthema in möglichst leicht prüfbarem Zustand (§ 29) vorzulegen.

43 Wenn als **Argument (3)** angeführt wird, dass zur Zeit der Schaffung der GBO Grundstücksgeschäfte sich nahezu ausschließlich zwischen wirtschaftlich und intellektuell in etwa Gleichgestellten abspielten, so hatte dies der grundsätzlich gegebenen »Waffengleichheit« zur Folge, dass das Grundbuchamt auf die materiellrechtliche Situation nicht einzugehen brauchte; die »besitzenden Klassen« waren gewissermaßen unter sich.[67] Heute spielen sich die Rechtsgeschäfte über Grundstücke und Grundstücksrechte aber nicht mehr zwischen wirtschaftlich Gleichgestellten ab; vielmehr ist in weiten Teilen Deutschlands der Grundstücksmarkt fest in den Händen einiger weniger Wohnungsbauunternehmen.[68] Die Vertragsfreiheit des Bürgers reduziert sich oft auf die bloße Abschlussfreiheit, auf das »Ja« oder »Nein«; letztlich besteht auch die Abschlussfreiheit realiter oftmals nicht – wer Geld braucht, muss eben ein Darlehen zu den überall gleichen Konditionen aufnehmen und dafür ein Grundpfandrecht zu den allgemein üblichen Bedingungen bestellen.[69] Die Vertragsbedingungen sind durch eine Vielzahl von Klauseln gekennzeichnet, die häufig alle Risiken eindeutig auf den Vertragspartner verlagern; »Verlierender« oder jedenfalls »Gefährdeter« ist heute kaum jemals mehr der Veräußerer, sondern der durch ein solches ausgeklügeltes Vertragssystem nahezu rechtlos gestellte Erwerber bzw dinglicher Schuldner.[70] Diese veränderte Ausgangslage muss das Grundbuchamt beachten. Denn das Verfahrensrecht, und die GBO gehört dazu, bedarf in besonderem Maße stets der Anpassung an die äußeren Notwendigkeiten.[71] Diese Anpassung und Fortentwicklung ist die Pflicht der dem Gesetz und dem Recht verpflichteten Gerichtsorgane.

44 Die Argumente, die den Vorrang des formellen Konsensprinzips vor dem materiellen Legalitätsprinzip zu stützen versuchen, erweisen sich somit als nicht stichhaltig. Das formelle Konsensprinzip kann und soll gewiss in einer großen Zahl unproblematischer Fälle das Grundbuchverfahren erleichtern und beschleunigen, aber es kann und darf nicht dazu missverstanden werden, dass es das Grundbuchamt nötigen könnte, Unrecht den Stempel des Rechts aufzudrücken.[72] Dies führt dazu, dass **formelles Konsensprinzip und materielles Legalitätsprinzip gleichberechtigt nebeneinander** stehen.[73] Ihre Abgrenzung zueinander sieht so aus, dass zwar im Regelfall, dh wenn das Grundbuchamt keinerlei Anhaltspunkte für eine Unwirksamkeit des materiellen Geschäfts hat, das formelle Konsensprinzip das Verfahren steuert; jeder durch Tatsachen begründete Anhaltspunkt zwingt jedoch aus der Sicht des materiellen Legalitätsprinzips zu einer genaueren Prüfung.

45 Zu beachten ist dabei, dass Fälle denkbar sind, wo die Unwirksamkeit des materiellen Rechtsgeschäfts nicht zur Grundbuchunrichtigkeit führt, sondern die Eintragungsfähigkeit des betreffenden Rechtes beseitigt, der Vollzug also eine inhaltlich unzulässige Eintragung bewirkt; diese Konstellationen sind bereits auf Grund des formellen Legalitätsprinzips zu prüfen und damit zu bewältigen (vgl Rdn 32, 33). Das materielle Legalitätsprinzip setzt dort ein, wo die Unwirksamkeit des materiellen Begründungstatbestandes nicht die Eintragungsfähigkeit betrifft, sondern bei Vollzug der Eintragung zur **Unrichtigkeit des Grundbuches** führen würde. Die Differenzierung zwischen der Grundbuchunrichtigkeit und der inhaltlichen Unzulässigkeit ergibt sich aus § 53 Abs 1. Der in Satz 1 verwandte Unrichtigkeitsbegriff ist identisch mit der einheitlichen Terminologie in den §§ 894, 899 BGB: sowohl der Widerspruch des § 899 BGB, der auf § 894 BGB verweist, als auch der Amtswi-

---

65 *Schlenker* 2. Abschn III 1 (S 18).
66 *Schlenker* 3. Abschn II 2 (S 22).
67 *Menger*, Das Bürgerliche Recht und die besitzlosen Volksklassen, (4. Aufl 1908, Neudruck 1968) 150 ff.
68 *Eickmann* Rpfleger 1973, 341, 342.
69 *Eickmann* Rpfleger 1973, 341, 342.
70 *Eickmann* aaO.
71 BGH NJW 1970, 900.
72 *Eickmann* Rpfleger 1973, 341, 346.
73 AG Bielefeld Rpfleger 1990, 203; *Böttcher* Rpfleger 1990, 486, 491; *Predari* § 18 Anm 1; *Schlenker* 2. Abschn III und IV; *Eickmann* Rpfleger 1973, 341, 346; *Liebers* 2; *Riedl* 22 ff; *Auer* 11–13, 24; *Huhn* RpflStud 1978, 30, 32; *Landauer* ZBlFG 12, 321 ff; *Horst Schmid* Rpfleger 1987, 133, 135.

derspruch des § 53 Abs 1 S 1 wollen einen gutgläubigen Erwerb verhindern. Im Gegensatz dazu geht § 53 Abs 1 S 2 davon aus, dass inhaltlich Unzulässiges nicht gutgläubig erworben werden kann; dies ergibt sich aus der angeordneten Rechtsfolge der Amtslöschung. Eine Eintragung ist dann inhaltlich unzulässig, wenn Art oder Inhalt des eingetragenen Rechts gegen das materielle Gesetz verstößt.[74]

e) Verwertbares Prüfungsmaterial. Gegenstand der Prüfung des Grundbuchamtes sind in erster Linie die eingereichten oder in Bezug genommenen **Eintragungsunterlagen**, da sie den Antrag begründen.[75] **46**

Außerdem ist das von der beantragten Eintragung betroffene **Grundbuchblatt** samt den in Bezug genommenen Eintragungsbewilligungen in jedem Fall in allen seinen Teilen Gegenstand der Prüfung auf das Vorhandensein von Eintragungshindernissen.[76] **47**

Der Grundbuchrechtspfleger ist bei Bearbeitung eines Eintragungsantrages nicht verpflichtet, die **Grundakten** daraufhin zu prüfen, ob sich aus ihnen Bedenken gegen die beantragte Eintragung ergeben; er kann sich auf die sorgfältige Prüfung der eingereichten und in Bezug genommenen Antragsunterlagen sowie des Grundbuchblattes beschränken.[77] Hat der Grundbuchrechtspfleger allerdings in den Grundakten Umstände entdeckt, die einer Eintragung entgegenstehen, darf er sie auch berücksichtigen, und zwar auch gegen den Willen des Antragstellers.[78] Jedoch darf das Grundbuchamt bei der Verwertung der Unterlagen früherer Eintragungen diesen keine andere Bedeutung beimessen, als dies anlässlich jener Eintragungen geschehen ist,[79] also zB nicht jemand als Vorerben behandeln, den es früher ohne Beifügung des Nacherbenvermerks eingetragen hat.[80] **48**

Berücksichtigen darf der Grundbuchrechtspfleger auch solche Tatsachen, die **offenkundig oder gerichtsbekannt** sind.[81] Hierbei kommt vor allem der Inhalt anderer Grundakten in Betracht, die dem Grundbuchrechtspfleger etwa in seiner Eigenschaft als Versteigerungsrechtspfleger bekannt geworden sind.[82] **49**

Die Begrenzung des Prüfungsrechts durch die Eintragungsunterlagen wurde früher als Auswirkung der Verfahrensherrschaft der Beteiligten bejaht.[83] Heute ist es zu Recht hM, dass das Grundbuchamt nicht an den Grundbuchinhalt und an die vorgelegten Urkunden gebunden ist; vielmehr darf es auch eine **anderweitig amtlich erlangte Kenntnis** von Tatsachen berücksichtigen, welche der beantragten Eintragung entgegenstehen.[84] Der Grundbuchrechtspfleger darf sein gesamtes Wissen zum Vor- und Nachteil der Beteiligten verwerten, auch soweit es nicht von diesen zum Gegenstand des Verfahrens gemacht worden ist; er muss sein Wissen allerdings aktenkundig machen und den Beteiligten zur Stellungnahme mitteilen. An die Erklärungen der Beteiligten ist das Grundbuchamt nicht gebunden, wenn es weiß, dass sie nicht der Wahrheit entsprechen. Während der Entwurf zur GBO in § 39 – dem jetzigen § 29 – die Prüfung nur auf das mit dem Antrag vorgelegte oder im Antrag Bezug genommene Urkundenmaterial beschränkte und dem Grundbuchamt die Benutzung sonst an das Grundbuchamt gelangter Urkunden nicht gestattete, enthält die endgültige Fassung des § 29 diese Beschränkung auf die vorgelegten Urkunden nicht mehr. Auch sonst ist in der GBO eine derartige einschränkende Vorschrift nicht enthalten. Außerdem muss aus der Pflicht des Grundbuchamts, das Grundbuch richtig zu halten (vgl Rdn 30), die generelle Möglichkeit der Berücksichtigung der Richtigkeit des Grundbuchs entgegenstehenden Umstände geschlossen werden; denn nur in den seltensten Fällen wird sich zB das Fehlen bzw die Unwirksamkeit der Einigung aus den Eintragungsunterlagen oder gar dem Grundbuch bzw den Grundakten selbst ergeben. Das Grundbuchamt müsste dann in vielen Fällen trotz sicheren Wissens davon, dass seine Eintragung das Grundbuch unrichtig werden lässt, die Eintragung vornehmen. Es würde so zu einem bloßen Vollzugsorgan herabgewürdigt. Hat der Grundbuchrechtspfleger seine sichere Überzeugung aus anderen Grundlagen gewonnen, so muss ein Rechtsschutzinteresse an der Verwertbarkeit seines Wissens bestehen. **50**

74 KEHE-*Eickmann* § 53 Rn 15 ff; *Demharter* § 53 Rn 44 ff.
75 BayObLG Rpfleger 1970, 23; OLG Hamm Rpfleger 1973 137; KEHE-*Herrmann* § 18 Rn 10; *Schöner/Stöber* Rn 209; *Köther* § 5 III.
76 *Böttcher* Rpfleger 1990, 486, 488; *Güthe-Triebel* § 1 Rn 43, 44; *Köther* § 5 III.
77 OLG Düsseldorf Rpfleger 1966, 261 (*Riedel*); *Schöner/Stöber* Rn 210.
78 BayObLGZ 1954, 292; KEHE-*Herrmann* § 18 Rn 10; *Staudinger-Gursky* § 891 Rn 70; *Köther* § 5 III.
79 KG HRR 1930 Nr 1468; OLG Schleswig SchlHA 1962, 176; *Staudinger-Gursky* § 891 Rn 70.
80 KG KGJ 1934, 2931 = HRR 1935 Nr 184; *Staudinger-Gursky* § 891 Rn 70.
81 *Demharter* § 29 Rn 60.
82 KG KGJ 25, 117; 40, 265; OLG Dresden OLGE 32, 407; *Güthe-Triebel* § 1 Rn 44; *Planck-Strecker* § 891 Anm 5 b; *Staudinger-Gursky* § 891 Rn 70.
83 *Kretschmar* Gruchot 49, 1 ff; *Weber* Gruchot 53, 352, 364; *Frey* ZBlFG 3, 565; wohl auch OLG Köln Rpfleger 1985, 435.
84 BayObLGZ 1954, 286, 292; 1959, 302; KG JFG 1, 380; 2, 322; KEHE-*Herrmann* § 18 Rn 9; *Schöner/Stöber* Rn 209; *Böttcher* Rpfleger 1990, 486, 488; *Köther* § 5 III; *Vassel* 33.

51 Zu **Erhebungen von Amts wegen** ist der Grundbuchrechtspfleger bei Eintragungsanträgen und -ersuchen **nicht berechtigt und nicht verpflichtet**.[85] Er darf vor allem nicht selbst zB in anderen Grundbuchblättern oder in Grundakten nach Eintragungshindernissen forschen.[86] Strittig ist die Frage, ob der Grundbuchrechtspfleger auch Tatsachen berücksichtigen darf, die er entgegen dem Ermittlungsverbot gewonnen hat und die mit Sicherheit ergeben, dass das Grundbuch unrichtig würde. Soweit dies wegen dem grundbuchrechtlichen Beibringungsgrundsatz (vgl Einl F Rdn 90) verneint wird,[87] kann dem nicht gefolgt werden. Wenn urkundlich belegt ist, sei es auch unter Verstoß gegen das Ermittlungsverbot des Grundbuchamtes, dass eine beantragte Eintragung das Grundbuch unrichtig machen würde, so verlangt das materielle Legalitätsprinzip, die Eintragung abzulehnen[88] (vgl Rdn 30).

52 **f) Prüfungsumfang. aa) Ist das Grundbuch richtig?** Nach **§ 891 Abs 1 BGB** gilt die positive Vermutung, dass dem Eingetragenen das Recht zusteht; vermutet wird also sowohl der objektive Bestand des fraglichen Rechts als auch die subjektive Berechtigung des Eingetragenen.[89] Die Vermutung gilt für das Eigentum, für die das Grundstück belastenden dinglichen Rechte und für jedes ein solches Recht belastende Recht. Die Vermutung des § 891 Abs 1 BGB erstreckt sich nicht auf die Rechtsfähigkeit des Eingetragenen. Deshalb hat das Grundbuchamt im Eintragungsantragverfahren dem Antragsteller durch Zwischenverfügung aufzugeben, die Rechtsfähigkeit einer als Eigentümerin eingetragenen Stiftung nachzuweisen, wenn sich hieran begründete Zweifel ergeben.[90]

53 An den gerichtlichen Hoheitsakt der Löschung knüpft **§ 891 Abs 2 BGB** die negative Vermutung, dass das gelöschte Recht nicht besteht. Vermutet wird dabei nicht, dass das betreffende Recht mit der formellen Löschung auch materiell erloschen ist, sondern dass es jedenfalls gegenwärtig nicht oder nicht mehr besteht; die Vermutung aus § 891 Abs 2 BGB besagt deshalb, dass das betreffende Recht – wenn es je bestanden hat – jedenfalls seit der Eintragung des Löschungsvermerks nicht mehr besteht.[91]

54 Die Vermutung des **§ 891 BGB gilt auch für das Grundbuchverfahren**.[92] Der Grundbuchrechtspfleger hat den Inhalt des Grundbuches angesichts einer vermuteten Richtigkeit den weiteren Eintragungen zugrunde legen; er hat davon auszugehen, dass der eingetragene Rechtsinhaber Berechtigter des dinglichen Rechts ist (§ 891 Abs 1 BGB) und dass ein gelöschtes Recht nicht besteht (§ 891 Abs 2 BGB). Ist ein Erbe ohne Beschränkung (zB Nacherbfolge) als Berechtigter im GB eingetragen, so kann das GBA wegen § 891 BGB grundsätzlich davon ausgehen, dass jedenfalls solche Beschränkungen nicht bestehen, die in das GB eingetragen werden sollen (zB Nacherbfolge gemäß § 51, Testamentsvollstreckung gemäß § 52).[93] Das Grundbuchamt darf eine neue Eintragung nicht bereits deshalb ablehnen, weil eine frühere Eintragung unter Verletzung gesetzlicher Vorschriften erfolgt ist, denn durch eine formell fehlerhafte Eintragung muss das Grundbuch nicht notwendigerweise unrichtig werden.[94]

55 Modifiziert wird die Vermutung des § 891 BGB bei den **Briefgrundpfandrechten**. Die Eintragung begründet nur dann die Vermutung, dass das Grundpfandrecht dem als Gläubiger Eingetragenen zusteht, wenn dieser sich auch im Besitz des Grundpfandbriefes befindet; wer also zwar als Berechtigter eines Grundpfandrechts eingetragen ist, aber den Brief nicht besitzt, kann sich zum Beweis seiner Rechtsinhaberschaft nicht auf die Eintragung berufen.[95] Die Briefvorlage durch einen Dritten, zB eine Bank, und (oder) die Weisung zur Rückgabe an einen

85 BGHZ 30, 258; 35, 139; BayObLGZ 1959, 447; 1969, 281; 1971, 257; Rpfleger 1982, 467; KG KGJ 27, 110; 52, 166; OLGE 43, 173; Rpfleger 1968, 224; OLG Hamm Rpfleger 1958, 15; *Demharter* § 1 Rn 46; *Böttcher* Rpfleger 1990, 486, 488.

86 OLG Hamm DNotZ 1972, 98; OLG Düsseldorf Rpfleger 1966, 261; *Kleist* MittRhNotK 1985, 133, 136 mwN.

87 KG Rpfleger 1968, 224; *Köther* § 5 III 2.

88 BayObLG Rpfleger 1973, 429; *Böttcher* Rpfleger 1990, 486, 489.

89 *Staudinger-Gursky* § 891 Rn 19.

90 OLG Frankfurt/M Rpfleger 1997, 105.

91 *Staudinger-Gursky* § 891 Rn 32.

92 RG Recht 1913 Nr 949; JW 1936, 1475; 1937, 108; 1939, 265; BayObLGZ 1952, 321, 323; 1967, 295, 297; 1971, 351, 354; 1972, 46, 48; DNotZ 1990, 739 = MittBayNot 1989, 209; DNotZ 1993, 335 = MittBayNot 1991, 256 (*Amann*) = Rpfleger 1992, 56; KG KGJ 40, 265; OLGE 10, 88; JFG 14, 382, 286; JW 1932, 1562 (*Ehard*); OLGZ 1973, 16 = NJW 1973, 56 = DNotZ 1973, 301 = Rpfleger 1973, 21; OLG Dresden OLGE 32, 407; OLG Frankfurt Rpfleger 1991, 361; OLG Stuttgart OLGZ 1979, 21, 24; LG Köln MittRhNotK 1995, 27; *Staudinger-Gursky* § 891 Rn 68; BGB-RGRK–*Augustin* § 891 Rn 19; MüKo–*Wacke* § 891 Rn 16; *Planck-Strecker* § 891 Anm 5 b; *Güthe-Triebel* § 19 Rn 37; *Ertl* DNotZ 1990, 684, 699; *Schöner/Stöber* Rn 341; *Wolff-Raiser* § 44 II; *Böttcher* Rpfleger 1982, 175; 1990, 486, 489.

93 OLG Frankfurt Rpfleger 1991, 361.

94 KG OLGE 1, 305; *Staudinger-Gursky* § 891 Rn 68.

95 BayObLGZ 1973, 246, 250 = Rpfleger 1973, 429; BayObLGZ 1983, 17; *Planck-Strecker* § 1117 Anm 4 a; BGB-RGRK–*Augustin* § 891 Rn 4; BGB-RGRK–*Mattern* § 1117 Rn 20; MüKo–*Wacke* § 891 Rn 6; MüKo–*Eickmann* § 1117 Rn 33; *Schöner/Stöber* Rn 341; **aA** KG KGJ 22, 309, 310; *Güthe-Triebel* § 19 Rn 33; **kritisch:** *Staudinger-Gursky* § 891 Rn 37.

Dritten, ist nicht geeignet, den Eingetragenen als Gläubiger zu legitimieren.[96] Nach außergrundbuchlicher Abtretung eines Briefgrundpfandrechts gilt § 1155 BGB, wonach der die Eintragung begehrende Gläubiger sein Recht durch den Besitz des Briefes sowie eine auf den eingetragenen Gläubiger zurückführende zusammenhängende Reihe von öffentlich beglaubigten Abtretungserklärungen belegt. Bestritten ist die Frage, ob die für die Berechtigung des eingetragenen Grundpfandrechtsgläubigers sprechende Vermutung des § 891 BGB dadurch widerlegt wird, dass ein Dritter den Brief und eine privatrechtliche Abtretungserklärung vorlegt. Dies wird verneint mit der Begründung, dass die Form des § 29 nicht gewahrt sei und die Möglichkeit bestehe, dass die Abtretung wirksam angefochten worden, das Recht zurückübertragen worden oder der wahre Berechtigte mit der Verfügung des Buchberechtigten einverstanden ist.[97] Diese Auffassung muss abgelehnt werden. Die Beglaubigungs- oder Beurkundungsform des § 29 gilt nur für eintragungsbegründende Erklärungen und Tatsachen, aber nicht für eintragungshindernde Umstände. Ob die Vermutung des § 891 BGB widerlegt ist, hat das GBA, soweit sich daraus ein Eintragungshindernis ergeben würde, in freier Beweiswürdigung zu beurteilen. Außerdem kann die abstrakte Erwägung, dass eine Abtretung durch Anfechtung oder aus einem anderen Grund unwirksam sein könne, die Beweiskraft auch einer nur privatschriftlichen Abtretungserklärung nicht ernstlich beeinträchtigen; Gleiches gilt für die nur abstrakte Möglichkeit eines Rückerwerbs des abgetretenen Briefgrundpfandrechts durch den ursprünglich eingetragenen Gläubiger. Eine privatrechtliche Abtretungserklärung mit Vorlage des Grundpfandrechtsbriefes widerlegt die Vermutung des § 891 BGB.[98] Soweit behauptet wird, dass eine privatrechtliche Rückabtretungserklärung mit Vorlage des Briefes die Vermutung des § 891 BGB wiederherstellen könne,[99] muss dem widersprochen werden. Es geht nämlich dabei um den Nachweis der Verfügungs- bzw Bewilligungsberechtigung des zweiten Zessionars. Hierbei handelt es sich um einen eintragungsbegründenden Umstand, der zweifelsfrei des Nachweises in der Form des § 29 bedarf. Beide Rechtsübergänge, dh die Abtretung durch den eingetragenen Gläubiger an den Dritten sowie dessen Rückabtretung an den eingetragenen Gläubiger müssen deshalb durch die Vorlage öffentlich beglaubigter Abtretungserklärungen nachgewiesen werden.[100]

Wenn ein **Widerspruch** gegen die Richtigkeit des Grundbuches eingetragen ist (§ 899 BGB), so wird dadurch die Vermutung des § 891 BGB noch nicht widerlegt.[101] Das gilt auch für den Amtswiderspruch (§ 53 Abs 1 S 1).[102] Der Widerspruch signalisiert nur Bedenken gegen die Richtigkeit, um einen gutgläubigen Erwerb nach § 892 BGB auszuschließen, dokumentiert aber nicht positiv die Grundbuchunrichtigkeit. Die Vermutung des § 891 BGB schon bei der Eintragung des Widerspruchs entfallen zu lassen, ist nicht möglich; zu dessen Vermerk im Grundbuch genügt ja nach §§ 294, 920 Abs 2, 936 ZPO bereits die bloße Glaubhaftmachung eines Grundbuchberichtigungsanspruchs.   **56**

Widerlegt ist die Vermutung des § 891 BGB nur durch den vollen Beweis von der Unrichtigkeit der Eintragung. **Bloße Vermutungen** hinsichtlich einer Grundbuchunrichtigkeit genügen ebenso wenig wie die Glaubhaftmachung der Unrichtigkeit.[103] Sie verpflichten das Grundbuchamt nicht, Nachforschungen anzustellen.[104] Die Möglichkeit oder Wahrscheinlichkeit, dass die Eintragung oder die der Grundbucheintragung gleichgestellte Legitimation des Briefbesitzes nach § 1155 BGB unrichtig ist, muss das Grundbuchamt daher außer Betracht lassen.[105]   **57**

Strittig ist die Frage, wie das Grundbuchamt zu verfahren hat, wenn es **durch Tatsachen oder Tatsachenbehauptungen begründete Zweifel** an der Richtigkeit des Grundbuches hat. Zum Teil wird die Meinung vertreten, dass in diesem Fall die beantragte Eintragung ohne weiteres vollzogen werden kann; evtl soll ein Hinweis   **58**

96 BayObLG JurBüro 1983, 762; *Schöner/Stöber* Rn 341; *Böttcher* Rpfleger 1990, 486, 489; **aA** *Ertl* DNotZ 1990, 684, 700.

97 OLG Köln MittRhNotK 1983, 52; 1995; 321; *Schöner/Stöber* Rn 342a; *Ertl* DNotZ 1990, 684, 699; *Amann* MittBayNot 1991, 258.

98 BayObLG MittBayNot 1989, 209 = DNotZ 1990, 739; MittBayNot 1991, 256 = Rpfleger 1992, 56 = DNotZ 1993, 335; LG Köln MittRhNotK 1995, 27; KG JW 1939, 562; *Palandt-Bassenge* § 891 Rn 10; MüKo-*Wacke* § 891 Rn 19; *Bestelmeyer* Rpfleger 1993, 279.

99 BayObLG MittBayNot 1991, 256 = Rpfleger 1992, 56 = DNotZ 1993, 335; LG Köln MittRhNotK 1995, 27.

100 *Bestelmeyer* Rpfleger 1993, 279.

101 RG HRR 1932 Nr 317; BGH BB 1967; 513; WM 1970, 557; BayObLG JurBüro 1983, 762; *Planck-Strecker* § 891 Anm 6 b; BGB-RGRK-*Augustin* § 891 Rn 26; MüKo-*Wacke* § 891 Rn 21; *Staudinger-Gursky* § 891 Rn 42; *Güthe-Triebel* § 19 Rn 37; *Schöner/Stöber* Rn 337; *Böttcher* Rpfleger 1990, 486, 489.

102 BGH MDR 1967, 749; *Staudinger-Gursky* § 891 Rn 42.

103 RG Recht 1913 Nr 949; BGH BB 1967 513; BayObLG DNotZ 1990, 739 = MittBayNot 1989, 209; KG JFG 5, 373, 376; JW 1927, 1427 (*Arnheim*); NJW 1973, 428, 429 = DNotZ 1973, 620, 622; OLG Hamburg OLGE 18, 118; OLG Köln MittRhNotK 1983, 52, 53; *Staudinger-Gursky* § 891 Rn 69; BGB-RGRK-*Augustin* § 891 Rn 19; MüKo-*Wacke* § 891 Rn 19; *Planck-Strecker* § 891 Anm 5 b; *Güthe-Triebel* § 19 Rn 37; *Böttcher* Rpfleger 1990, 486, 489; *Schöner/Stöber* Rn 342.

104 *Haegele* Rpfleger 1975, 153.

105 BGB-RGRK-*Augustin* § 891 Rn 19; *Schöner/Stöber* Rn 342; *Böttcher* Rpfleger 1990, 486, 489.

an die Beteiligten ergehen, womit auf die Bedenken aufmerksam gemacht werden kann.[106] Dem kann nicht gefolgt werden. Zu Recht nimmt die hM an, dass das Grundbuchamt aufgrund seiner Pflicht das Grundbuch so weit als möglich mit der Wirklichkeit in Übereinstimmung zu halten, im Falle begründeter Zweifel an der Richtigkeit des Grundbuchstandes durch den Erlass einer Zwischenverfügung auf die Behebung dieser Zweifel hinwirken muss.[107] Erlangt der Grundbuchrechtspfleger nicht die volle Überzeugung von der Grundbuchunrichtigkeit, so ist die Zwischenverfügung aufzuheben und die Eintragung vorzunehmen; durch den Erlass einer Zwischenverfügung tritt für den Grundbuchrechtspfleger keine Selbstbindungswirkung ein.

59 Gewinnt das Grundbuchamt die **sichere Kenntnis** von der Unrichtigkeit des Grundbuchs oder im Falle des § 1155 BGB von dem Nichtbestehen der Gläubigerstellung, so darf es sich über die Vermutung des § 891 BGB hinwegsetzen.[108] Die Überzeugung des Grundbuchrechtspflegers muss sich auf Tatsachen gründen. Wenn sich ergibt, dass die Grundbucheintragung unrichtig ist, kann die beantragte Eintragung nicht mehr vollzogen werden. Die Tatsachen, die die Vermutung des § 891 BGB widerlegen, müssen nicht in der Form des § 29 nachgewiesen werden,[109] es genügt zB auch Schriftform. § 29 gilt nur für eintragungsbegründende, aber nicht für eintragungshindernde Umstände. Bei einer anfangs unrichtigen Eintragung ist noch zu prüfen, ob sie nicht durch einen gutgläubigen Erwerb gemäß § 892 BGB richtig geworden sein kann.[110] Die Vermutung des § 891 BGB ist zB widerlegt, wenn ein Hypothekengläubiger eine löschungsfähige Quittung ausgestellt hat; daraus ergibt sich, dass die Hypothek nicht mehr dem eingetragenen Gläubiger zusteht, sodass aufgrund dessen Löschungsbewilligung die Hypothek nicht im Grundbuch gelöscht werden kann.[111]

60 bb) Liegen die Eintragungsvoraussetzungen vor? Das Grundbuchamt muss die verfahrensrechtlichen Voraussetzungen für eine Grundbucheintragung prüfen (vgl dazu die Übersicht Einl E). Die Wirksamkeit der Eintragungsvoraussetzung muss bis zur Eintragung fortbestehen.[112] Dabei gilt jedoch der Erfahrungssatz, dass sie noch wirksam sind, wenn sie wirksam zustande gekommen sind.[113] Überhaupt sind **allgemein anerkannte Erfahrungssätze** im Grundbuchverfahren zu beachten, wenn sie das Vorliegen von Eintragungsvoraussetzungen bzw das Fehlen von Eintragungshindernissen begründen (ausführlich dazu: Einl F Rdn 93). Hat zB der Käufer dem Veräußerer im notariell beurkundeten Kaufvertrag Auflassungsvollmacht erteilt, so darf das Grundbuchamt für den Fortbestand der Vollmacht die Vorlage eines weiteren Beweismittels in der Form des § 29 nur dann verlangen, wenn die Umstände begründete Zweifel am Fortbestand der Vollmacht aufwerfen; die rein gedachte Möglichkeit des Erlöschens der Vollmacht ist nicht geeignet, Zweifel am Bestehen der Vollmacht zu begründen.[114] Desgleichen ist das Grundbuchamt nicht berechtigt, den Nachweis der Existenz einer Grundstücks-BGB-Gesellschaft zu verlangen, wenn der Grundbesitz an die Erwerber in Gesellschaft bürgerlichen Rechts aufgelassen ist und sich konkludent aus dem Zusammenwirken der Gesellschafter der Bestand der Gesellschaft ergibt.[115] Eine Gesellschaft bürgerlichen Rechts kann zwar nicht allein zu dem Zweck gegründet werden, Grundbesitz zu »halten« oder zu »verwalten«, wenn damit lediglich die gleichartige Mitberechtigung mehrerer Personen an einem oder mehreren bestimmten Grundstücken gemeint ist, allerdings kann eine solche BGB-Gesellschaft gegründet werden zum Zwecke des Erwerbs eines oder mehrerer Grundstücke.[116]

61 Bloße Vermutungen hinsichtlich der Unwirksamkeit der Eintragungsunterlagen reichen nicht aus, um die Überzeugung an die in der Form des § 29 beigebrachten Unterlagen zu erschüttern.[117] Es ist nicht mit der Aufgabe des Grundbuchamtes vereinbar, jeder entfernten Möglichkeit eines Mangels nachzugehen. Dies würde die

---

106 OLG Hamburg OLGE 18, 118; *Staudinger-Gursky* § 891 Rn 71.

107 OLG Frankfurt/M Rpfleger 1997, 105; KG KGJ 29, 147, 148; 40, 294; OLGE 8, 304, 305; *Planck-Strecker* § 891 Anm 5 b; MüKo-*Wacke* § 891 Rn 20; *Ertl* DNotZ 1990, 684, 699; *Böttcher* Rpfleger 1990, 486, 489.

108 KG KGJ 29, 147, 148; 35, 302, 303; 40, 196, 199; JW 1937, 108; 1939, 562; NJW 1973, 56, 59 = DNotZ 1973, 301, 303 = Rpfleger 1973, 21, 22; OLG Köln MittRhNotK 1983, 52; OLG Stuttgart OLGZ 1979, 21; LG Dortmund Rpfleger 2002, 143; LG Freiburg Rpfleger 1981, 145; LG Köln MittRhNotK 1995, 27; OLG Frankfurt Rpfleger 1991, 361; *Böttcher* Rpfleger 1990, 486, 489; *Planck-Strecker* § 891 Anm 5 b; *Staudinger-Gursky* § 891 Rn 69; BGB-RGRK-*Augustin* § 891 Rn 19; MüKo-*Wacke* § 891 Rn 19; *Schöner/Stöber* Rn 342.

109 BayObLG DNotZ 1990, 739 = MittBayNot 1989, 209; DNotZ 1993, 335 = MittBayNot 1991, 256 = Rpfleger 1992, 56; KG JW 1939, 562; LG Köln MittRhNotK 1995, 27; *Palandt-Bassenge* § 891 Rn 10; **aA** *Ertl* DNotZ 1990, 684, 699.

110 RGZ 116, 340, 344; KG KGJ 31, 271; 41, 225; 52, 145; NJW 1973, 56, 58; OLG Dresden OLGE 32, 407; *Planck-Strecker* § 891 Anm 5 b; BGB-RGRK-*Augustin* § 891 Rn 19; MüKo-*Wacke* § 891 Rn 20.

111 *Böttcher* Rpfleger 1982, 175 mwN.

112 KEHE-*Dümig* Einl C Rn 63.

113 KEHE-*Dümig* aaO.

114 BayObLG DNotZ 1986, 344 = Rpfleger 1986, 90; KG DNotZ 1972, 18, 21.

115 LG Aachen MittRhNotK 1985, 215.

116 OLG Düsseldorf DNotZ 1973, 91, 92; DNotZ 1974, 170, 171; LG Köln MittRhNotK 1973, 500, 501.

117 BGHZ 35, 135 = Rpfleger 1961, 233, 234; KG DNotZ 1972, 173; BayObLG Rpfleger 1971, 430; *Köther* § 6 II 1; *Schmitz* MittBayNot 1982, 59; *Eickmann* Rpfleger 1979, 169, 170; *Kleist* MittRhNotK 1985, 133, 135; *Wolfsteiner* DNotZ 1987, 67, 80; *Böttcher* Rpfleger 1990, 486, 490.

Bearbeitung ungebührlich verzögern und den Grundbuchverkehr lahm legen.[118] Sind Vermutungen nicht durch Tatsachen untermauert, so kann das Grundbuchamt nicht die volle Überzeugung gewinnen, dass es die Eintragung ablehnen darf; die Glaubwürdigkeit der Eintragungsunterlagen wäre nicht hinreichend erschüttert.[119] Kein Hindernis stellt daher die rein theoretische Möglichkeit dar, dass der Eintragungsantrag mit der Rechtslage nicht im Einklang steht.

Bestehen **durch Tatsachen oder Tatsachenbehauptungen begründete Zweifel** an dem wirksamen Vorliegen der Eintragungsvoraussetzungen, so muss das Grundbuchamt den Sachverhalt aufklären (§ 18).[120] Die sich ergebenden Zweifel müssen also begründet sein, dh sie müssen die Überzeugung des Rechtspflegers von dem Vorliegen der Eintragungsvoraussetzungen ausschließlich oder erheblich in Zweifel stellen.[121] Die Tatsachen, aus denen sich die Zweifel ergeben, müssen stets geeignet sein, berechtigte Zweifel an der Fortdauer der Rechtsgültigkeit der vorgebrachten Eintragungsunterlagen zu begründen.[122] Die Tatsachen selbst müssen daher nach der Auffassung des Grundbuchamtes feststehen.[123] Ob begründete Zweifel bestehen, ist eine Frage der Tatsachenwürdigung. Begründete Zweifel liegen zB vor, wenn der Vollmachtgeber den wirksamen Widerruf der von ihm erteilten Vollmacht behauptet oder ein Gutachten die **Geschäftsfähigkeit** des Veräußerers bei der Auflassung verneint (vgl dazu ausführlich Einl F Rdn 94). Hat das Grundbuchamt aufgrund konkreter Tatsachen begründete Zweifel, ob im Falle des § 20 die vorgelegte dingliche Einigung wirksam ist, so erstreckt sich seine Prüfungspflicht darauf; diese Pflicht ergibt sich direkt aus § 20.[124] Das GBA hat im Eintragungsverfahren nach § 20 die Geschäftsfähigkeit (bei § 19 die entsprechende Verfahrenstätigkeit) zu prüfen und bei ernsthaften, auf Tatsachen beruhenden Zweifeln an der Geschäftsfähigkeit (zB ein die Geschäftsfähigkeit verneinendes Gutachten eines Nervenarztes) ihre Behebung durch Zwischenverfügung aufzugeben. Dabei braucht der volle Nachweis der Geschäftsfähigkeit nicht geführt zu werden; vielmehr genügt es, dass die bestehenden Zweifel so weit ausgeräumt werden, dass wieder von dem Grundsatz der Geschäftsfähigkeit ausgegangen werden kann (zB ein Gutachten eines anderen Nervenarztes, das die Geschäftsfähigkeit bejaht).[125] **62**

Hat der Rechtspfleger **sichere Kenntnis** davon erlangt, dass eine verfahrensrechtliche Eintragungsvoraussetzung fehlt, so darf er die beantragte Eintragung nicht vollziehen. Dies gilt auch, wenn alle materiellen Voraussetzungen vorliegen, somit das Grundbuch nicht unrichtig würde, weil sich das Grundbuchamt nicht über Soll-Vorschriften hinwegsetzen darf.[126] Fehlt eine verfahrensrechtliche Eintragungsvoraussetzung, die zugleich eine materielle Voraussetzung ist, so darf das Grundbuchamt bereits aus formellen Gründen nicht eintragen; zur Begründung braucht die entstehende Grundbuchunrichtigkeit nicht herangezogen werden.[127] Gelangt der Grundbuchrechtspfleger in den Fällen des § 20 zu dem Ergebnis, dass die dingliche Einigung nicht wirksam ist, muss es die Eintragung ablehnen. Dies gilt nicht nur, wenn eine dauernde Grundbuchunrichtigkeit entsteht, sondern auch dann, wenn das Grundbuch nur vorübergehend unrichtig wird, selbst wenn mit Sicherheit damit gerechnet werden kann, dass eine wirksame Einigung nachgeholt wird.[128] Das Grundbuchamt muss nämlich die ihm vorgelegten Einigungserklärungen der Beteiligten prüfen und die Ordnungsvorschriften des § 20 beachten. **63**

cc) Wird das Grundbuch richtig? Die Pflicht zur Wahrung der Richtigkeit des Grundbuchs ist die sich aus dem **Legalitätsgrundsatz** ergebende oberste Pflicht des Grundbuchamts;[129] es ist deshalb gehalten, nicht dabei mitzuwirken, das Grundbuch durch eine Eintragung unrichtig zu machen (vgl Rdn 30). Ein Eintragungshindernis kann auch darin bestehen, dass die Eintragung zur Unrichtigkeit des Grundbuchs führen würde. Dieser äußerst allgemein gefasste Grundsatz bedarf jedoch der Spezifizierung, da zum einen die Grundbuchunrichtigkeit von dauernder oder vorübergehender Art sein und zum anderen zwischen den Verfahren nach § 19 und § 20 unterschieden werden muss. **64**

118 *Köther* § 6 II 1; *Böttcher* aaO.
119 *Köther* aaO.
120 BGHZ 35, 135, 139 = Rpfleger 1961, 233, 235; OLG Schleswig NotBZ 2005, 222; BayObLG BayObLGZ 1959 297; 1967, 13; 1974, 336; DNotZ 1987, 98 = Rpfleger 1986, 369 = MittBayNot 1986, 124 = MittRhNotK 1986, 120 (*Kleist*) = BWNotZ 1987, 15 (*Böhringer*); BayObLGZ 1989, 111 = MittBayNot 1989, 307 = MittRhNotK 1989, 169; NJW-RR 1990, 721; Rpfleger 1992, 152; KG DNotZ 1972, 18; OLG Frankfurt Rpfleger 1977, 103; OLG Stuttgart DNotZ 1960, 600; OLG Hamm Rpfleger 1974, 40; *Köther* § 6 II 2; *Nieder* NJW 1984, 329, 337; *Kleist* MittRhNotK 1985, 133, 136; *Amann* MittBayNot 1986, 222, 223; *Wolfsteiner* DNotZ 1987, 67; *Böttcher* Rpfleger 1990, 486, 490.
121 *Köther* § 6 II 2; *Böttcher* aaO.
122 *Köther* aaO.
123 BayObLGZ 1967, 18; *Böttcher* Rpfleger 1990, 486, 490.
124 *Böttcher* Rpfleger 1990, 486, 490.
125 OLG Frankfurt NotBZ 2006 285; BayObLG BayObLGZ 1989, 111 = MittBayNot 1989, 307 = MittRhNotK 1989, 169; NJW-RR 1990, 721; Rpfleger 1992, 152.
126 *Ertl* Rpfleger 1980, 1, 7; *Wolfsteiner* DNotZ 1987, 67; *Böttcher* Rpfleger 1990, 486, 490.
127 *Ertl* Rpfleger 1980, 1, 7.
128 *Schöner/Stöber* Rn 209; *Böttcher* Rpfleger 1990, 486, 490.
129 BayObLG MittBayNot 1993, 363, 365; *Böttcher* Rpfleger 1990, 486, 490; **aA** *Wolfsteiner* DNotZ 1987, 67, 68.

65 Ergibt sich im **Eintragungsverfahren gemäß § 20**, dass eine **dauernde Grundbuchunrichtigkeit** entstehen würde, so kann dem Antrag nicht stattgegeben werden, er ist vielmehr zurückzuweisen. Zur Begründung dafür bedarf es aber nicht des Legalitätsprinzips, sondern im Verfahren nach § 20 gehört auch die Prüfung des materiellen Begründungstatbestands zu der Prüfung der Verfahrensvoraussetzungen (vgl Rdn 63).

66 Liegen im **Eintragungsverfahren gemäß § 19** alle Verfahrensvoraussetzungen vor, hat das Grundbuchamt aber sichere Kenntnis davon, dass die Eintragung mangels einer materiellen Voraussetzung zur **dauernden Grundbuchunrichtigkeit** führen würde, so darf es die beantragte Eintragung nicht vornehmen.[130] Dies wäre ein Verstoß gegen das materielle Legalitätsprinzip. Das Grundbuchamt muss daher den Antrag zurückweisen, wenn ihm Tatsachen bekannt sind, die zu seiner sicheren Überzeugung feststehen und aus denen sich ergibt, dass das Grundbuch durch die Eintragung unrichtig würde, und auch eine Heilung durch eine nachfolgende Einigung oder Zustimmung nicht erfolgen kann oder nach Sachlage nicht erfolgen wird, dh eine Einigung aus rechtlichen Gründen[131] unmöglich ist oder aus tatsächlichen Gründen[132] nicht nachfolgen wird.

67 Ergibt sich im **Eintragungsverfahren gemäß § 20**, dass eine **vorübergehende Grundbuchunrichtigkeit** entstehen würde, so darf das Grundbuchamt nicht eintragen, selbst wenn der Erwerber einen vorgemerkten Anspruch auf die dingliche Rechtsänderung hat oder mit Sicherheit damit gerechnet werden kann, dass eine wirksame Einigung nachfolgen wird. Zur Begründung des Zurückweisungsbeschlusses bedarf es aber nicht des Legalitätsprinzips, da im Verfahren nach § 20 materielle Voraussetzungen zugleich Verfahrensvoraussetzungen sind[133] (vgl Rdn 63).

68 Liegen im **Eintragungsverfahren gemäß § 19** alle Verfahrensvoraussetzungen vor, hat das Grundbuchamt aber sichere Kenntnis davon, dass die Eintragung mangels einer materiellen Voraussetzung (zB Fehlen der dinglichen Einigung) zur **vorübergehenden Grundbuchunrichtigkeit** führen würde, so rechtfertigt dies nach hM die Antragszurückweisung nicht, wenn nach der allgemeinen Lebenserfahrung damit gerechnet werden kann, dass die Einigung nachgeholt wird.[134] Dem kann nicht gefolgt werden. Die Bewilligung ist – bis zum Beweis des Gegenteils – der hinreichende Nachweis für das Vorliegen, die Rechtsbeständigkeit und die Wirksamkeit der dinglichen Einigung (vgl Rdn 25). An das Vorliegen der Bewilligung ist somit eine Vermutung für das Vorliegen der materiellen Rechtsänderungsvoraussetzungen angeknüpft.[135] Da das Gesetz nichts anders vorschreibt, ist gemäß § 292 ZPO der Gegenbeweis zulässig.[136] Da nur die dingliche Einigung die Grundbucheintragung rechtfertigt,[137] ist ein Antrag zurückzuweisen, wenn Tatsachen vorgebracht werden, die die Nichtexistenz der dinglichen Einigung ergeben.[138] Aus § 879 Abs 2 BGB kann nichts Gegenteiliges entnommen werden, denn diese Norm regelt im Interesse der Buchpublizität nur den Rang eines Rechts, falls er eben ausnahmsweise vor der Einigung in Unkenntnis von deren Fehlen eingetragen worden ist.

69 Einigkeit besteht insoweit, dass das Grundbuchamt auf Grund feststehender Tatsachen zu der **sicheren Kenntnis** der Unrichtigkeit des Grundbuchs kommen muss, die Tatsachen aber nicht in der Form des § 29 nachgewiesen sein müssen.[139] Nach dem Ergebnis der Prüfung des Grundbuchamts muss wenigstens ein so hoher Grad an Kenntnis erreicht sein, dass er nach allgemeiner Lebenserfahrung der Gewissheit über die Grundbuchunrichtigkeit gleichkommt.

130 OLG Hamm Rpfleger 1973, 137; LG Wuppertal MittRhNotK 1994, 218; *Pawlowski-Smid*, FG, Rn 461; *Köther* § 5 I; *Ertl* Rpfleger 1980, 1, 7; *Nieder* NJW 1984, 329, 337; *Schmitz* MittBayNot 1982, 57, 58; *Wolfsteiner* DNotZ 1987, 67.
131 Vgl dazu *Ritzinger* BWNotZ 1981, 6, 10 (V 1).
132 Vgl dazu *Ritzinger* BWNotZ 1981, 6, 10 (V 2).
133 OLG Schleswig NotBZ 2005, 222; *Pawlowski-Smid*, FG, Rn 462; *Schöner/Stöber* Rn 209a.
134 OLG München DNotZ 1937, 326; OLG Hamm Rpfleger 1973, 137; DNotZ 1979, 643; LG Wuppertal Rpfleger 1961, 199 (*Haegele*); KEHE-*Dümig* Einl C Rn 72; *Schöner/Stöber* Rn 209; *Ertl* Rpfleger 1980, 1, 7; *Nieder* NJW 1984, 329, 337; *Schmitz* MittBayNot 1982, 57, 58; *Friedrich Schmidt* MittBayNot 1978, 89, 92; *Ripfel* Rpfleger 1963, 140, 142; *Wolfsteiner* DNotZ 1987, 67.
135 Motive BGB III S 186 ff; BayObLG NJW 1967, 1284; KG HRR 1930 Nr 42; *Du Chesne*, Grundbuchverfahrensrecht (1919) 25.
136 OLG Hamburg NJW 1952, 147; *Rosenberg*, Die Beweislast, 233; *Eickmann*, Allgemeine Lehren des Rechts der Freiwilligen Gerichtsbarkeit und ihre Anwendung im Grundbuchverfahren, FS Hans Winter (1982, Veröffentlichung der FHSVR Berlin, Bd 35) S 9, 33.
137 So schon die Motive zum 1. Entw der GBO S 72; ebenso die Denkschrift zur GBO (vgl *Hahn-Mugdan*, Bd 5, S 156).
138 LG Wuppertal MittRhNotK 1994, 218.
139 BGHZ 35, 135, 139 = Rpfleger 1961, 233, 235; OLG Karlsruhe Rpfleger 2001, 343; OLG Jena Rpfleger 2001, 298; BayObLGZ 1967, 13 = Rpfleger 1967, 145; 1969, 281 = Rpfleger 1970, 23; 1981, 109, 112 = DNotZ 1981, 750; MittBayNot 1981, 188; DNotZ 1987, 98 = Rpfleger 1986, 369 = MittBayNot 1986, 124 = MittRhNotK 1986, 120 (*Kleist*); = BWNotZ 1987, 15 (*Böhringer*); LG Wuppertal NJW 1960, 1914; *Schöner/Stöber* Rn 209; *Köther* § 5 I und § 6 I; *Schmitz* MittBayNot 1982, 57, 58; *Ritzinger* BWNotZ 1978, 6, 10; *Friedrich Schmidt* MittBayNot 1978, 89, 92; *Wolfsteiner* DNotZ 1987, 67, 74; *Böttcher* Rpfleger 1990, 486, 490.

Umstritten ist die Frage, ob das Grundbuchamt beim Vorliegen aller Verfahrensvoraussetzungen **begründeten** 70
Zweifel an einer möglichen Grundbuchunrichtigkeit nachgeben darf, insbesondere eine Zwischenverfügung
mit dem Ziel der weiteren Klärung erlassen darf. Die hM verneint dies aus folgenden Gründen:[140]

(1) Eine Zwischenverfügung (§ 18) ist nur dann zulässig, wenn der Eintragungsantrag bei Nichtbeseitigung des
Hindernisses zurückgewiesen werden kann; würden sich die begründeten Zweifel aber auch durch die Zwi-
schenverfügung nicht zur sicheren Kenntnis von der Grundbuchunrichtigkeit entwickeln, so müsste jedoch die
Grundbucheintragung verfügt werden.

(2) Zweifelhafte Rechtsfragen können besser im Prozessverfahren geklärt werden, während das Grundbuchverfahren dafür weniger geeignet ist.

(3) Eine Prüfungspflicht des Grundbuchamts erübrigt sich angesichts der Belehrungstätigkeit des Notars.

(4) Da die Verfahrensregeln unabhängig von dem jeweils geltenden materiellen Recht gelten, ist das Ergebnis
eines Verfahrens schon dann gerecht, wenn es strikt nach dem Wortlaut des Verfahrensgesetzes zustandegekommen ist.

(5) Angesichts der großen Belastung der Grundbuchämter ist es unrationell und verfahrenshemmend, wenn die
Prüfungspflicht des Grundbuchamts über die formellen Voraussetzungen hinausgeht.

Keiner der angeführten Gründe mag zu überzeugen:

(1) Erlangt der Grundbuchrechtspfleger nicht die sichere Überzeugung von der Grundbuchunrichtigkeit, so ist
die Zwischenverfügung aufzuheben und die Eintragung vorzunehmen. Durch den Erlass einer Zwischenverfügung tritt für den Grundbuchrechtspfleger keine Selbstbindungswirkung ein (§ 18 Rdn 103).

(2) Die Lösung von rechtlichen Konflikten zu einem möglichst frühen Zeitpunkt ist der später nachfolgenden
Entscheidung eines Streits unbedingt vorzuziehen. Im Eintragungsverfahren des Grundbuchamts sind die Betei-
ligten angesichts der drohenden Zurückweisung sehr viel schneller bereit, durch eine Änderung beanstandeter
Vertragspassagen der Gerechtigkeit Genüge zu tun, als dies in einem späteren Prozess geschieht.[141]

(3) Eine noch so gewissenhaft ausgeübte Belehrung durch den Notar, deren Filterwirkung in einer Vielzahl der
Fälle ganz außer Frage steht, vermag jedoch eine Prüfung durch das Grundbuchamt nicht zu ersetzen. Die
Belehrungspflicht bezieht sich zB bei einer bloßen Unterschriftsbeglaubigung nach hM nicht auf den Inhalt des
einzutragenden Rechts.[142]

(4) Die Behauptung, jemandem sei auch dann bereits Gerechtigkeit widerfahren, wenn ihm zwar sein materielles Recht vorenthalten, jedoch ihm gegenüber ein formell korrektes Verfahren praktiziert worden ist, entspricht
nicht mehr dem heutigen Verständnis von Sinn und Zweck gerichtlicher Verfahren im sozialen Rechtsstaat.[143]
Verfahrensbestimmungen sind immer nur Hilfsmittel für die Verwirklichung oder Wahrung von Rechten; dabei
soll die Durchsetzung des materiellen Rechts so wenig wie möglich an Verfahrensfragen scheitern.[144] Verfahrensrecht ist in besonderem Maße Zweckmäßigkeitsrecht; es dient dem Schutze des materiellen Rechts und
darf es nicht durch Überperfektionismus oder Formenstarre gefährden oder gar vereiteln.[145]

(5) Auch wenn Rationalisierung eine wichtige Aufgabe vor allem bei der Justiz ist, dürfen die Gerichte nicht
der Versuchung unterliegen, die Schnelligkeit des Verfahrens zum Fetisch werden zu lassen, dem etwa gar die
materielle Gerechtigkeit unterzuordnen wäre. Gerade weil die Grundstücksgeschäfte ständig zunehmen, muss
das Grundbuchamt in eine stärkere Prüfungspflicht eintreten, als zu einer Zeit, in der Grundstücksgeschäfte
häufig routinemäßige Geschäftsvorfälle finanziell Gut- und Gleichgestellter waren.[146]

Aus den dargelegten Gründen ist daher der Ansicht zu folgen, dass das Grundbuchamt auch beim Vorliegen
aller Verfahrensvoraussetzungen den **durch Tatsachen oder Tatsachenbehauptungen begründeten Zweifeln** an einer entstehenden Grundbuchunrichtigkeit mit Hilfe einer **Zwischenverfügung** nachzugehen hat.[147]

---

140 BayObLG DNotZ 1987, 98 = Rpfleger 1986, 369 = MittBayNot 1986, 124 = MittRhNotK 1986, 120 (*Kleist*); =
   BWNotZ 1987, 15 (*Böhringer*); OLG Karlsruhe Rpfleger 1994, 248; *Schöner/Stöber* Rn 209; *Friedrich Schmidt* MittBay-
   Not 1978, 89, 92; *Ritzinger* BWNotZ 1978, 6, 10; *Amann* MittBayNot 1986, 222, 223; *Wolfsteiner* DNotZ 1987, 67,
   75.
141 *Eickmann* Rpfleger 1973, 341, 343.
142 *Haug* DNotZ 1972, 388, 420; *Eickmann* Rpfleger 1973, 341, 342 f mwN.
143 *Eickmann*, GBVerfR, 6. Kap § 1.
144 BGH LM Nr 9 zu § 209 BGB.
145 BGHZ 10, 359.
146 *Eickmann* Rpfleger 1973, 341, 342.
147 *Böttcher* Rpfleger 1990, 486, 491; OLG Jena Rpfleger 2001, 298, 299; AG Bielefeld Rpfleger 1990, 203; *Eickmann*,
   GBVerfR, 6. Kap § 1 und § 2 II; *Eickmann* Rpfleger 1973, 341; *Nieder* NJW 1984, 329, 337; *Schmitz* MittBayNot 1982,
   57, 59.

Auch das BayObLG[148] führt überzeugend aus: *»Das Verfahrensrecht hat im Verhältnis zum materiellen Recht grundsätzlich nur dienende Funktion und im Bereich des Grundbuchrechts muss die Verlautbarung der wirklichen Rechtslage oberstes Ziel auch des formellen Grundbuchrechts sein. Auch wenn dieses Ziel nicht immer erreicht wird, muss es doch angestrebt und darf nicht ohne zwingenden Grund aufgegeben werden.«*

71   Eine beantragte Eintragung kann jedoch nicht schon dann abgelehnt werden, wenn der Rechtspfleger **bloße Vermutungen** hat, sie könne möglicherweise das Grundbuch unrichtig machen; mit dieser Begründung kann auch eine Zwischenverfügung, die auf weitere Klärung abzielt, nicht erlassen werden.[149] Der Vorrang der materiellen Richtigkeit kann nicht in jedem Einzelfall gefordert werden. Soweit keine durch Tatsachen begründete Zweifel an einer entstehenden Grundbuchunrichtigkeit vorliegen, besteht kein Prüfungsrecht des Grundbuchamts. Deshalb darf die Eintragung einer Grundschuld nicht vom Nachweis der Zustimmung des Ehegatten des Eigentümers gemäß § 1365 BGB abhängig gemacht werden, wenn das Zustimmungserfordernis zwar möglich ist, sich aber nicht aus dem Grundschuldgläubiger bekannten, feststehenden Tatsachen ergibt.[150]

72   **dd) Darf das GBA beim gutgläubigen Erwerb mitwirken?**

Beispiel

2.2. Einigung und Bewilligung über eine Buchgrundschuld;
3.2. Insolvenzeröffnung;
4.2. Antrag des Grundstückseigentümers auf Eintragung der Buchgrundschuld;
5.2. Ersuchen auf Eintragung des Insolvenzvermerks.

Durch die Insolvenzeröffnung verlor der Grundstückseigentümer die Verfügungsbefugnis (§ 80 InsO). Die Grundschuld kann also nur noch nach § 91 InsO, § 878 BGB oder § 91 InsO, § 892 BGB oder mit der Zustimmung des Insolvenzverwalters erworben werden. Da die Anwendung des § 878 BGB ausgeschlossen ist, weil der Antrag nach Insolvenzeröffnung gestellt wurde, und der Insolvenzverwalter auch nicht zustimmen wird, ist der Rechtserwerb nur noch über § 892 BGB möglich. Vorweg ist zu bemerken, dass der Insolvenzvermerk keinesfalls vorab eingetragen werden darf, vielmehr ist gemäß der Eingangsreihenfolge über die Anträge zu entscheiden (§ 17).[151] Zunächst muss also das Grundbuchamt darüber entscheiden, ob es zum gutgläubigen Erwerb der Grundschuld mitwirken darf. Allgemein lautet die Frage, ob für einen gutgläubigen Verfügungsempfänger ein Rechtserwerb mit Eintragung auch dann herbeizuführen ist, wenn das Grundbuchamt die Unrichtigkeit des Grundbuchs oder eine nicht eingetragene Verfügungsentziehung kennt; die Beantwortung der Frage ist streitig.

73   **Eine Ansicht** besagt, dass ein **Antrag zurückgewiesen werden muss**, wenn durch die Eintragung ein noch nicht vollzogener Rechtserwerb herbeigeführt werden würde, von dem der Grundbuchrechtspfleger weiß, dass er nur gutgläubig geschehen könne.[152]

74   Nach der **Gegenmeinung** hat das Grundbuchamt den **Antrag zu vollziehen**, wenn es bei seiner Prüfung feststellt, dass zu dem nach § 892 BGB gutgläubigen Erwerb als letzter, die Rechtsänderung vollendender Akt nur noch die Grundbucheintragung fehlt.[153]

---

148   MittBayNot 1993, 363, 365.
149   OLG Karlsruhe Rpfleger 2001, 343; BayObLGZ 1981, 110, 112 = DNotZ 1981, 750; DNotZ 1987, 98 = Rpfleger 1986, 369 = MittBayNot 1986, 124 = MittRhNotK 1986, 124 (*Kleist*) = BWNotZ 1987, 15 (*Böhringer*); *Schöner/Stöber* Rn 209; *Köther* § 5 I und § 6 I; *Nieder* NJW 1984, 329, 337; *Schmitz* MittBayNot 1982, 57, 58; *Friedrich Schmidt* MittBayNot 1978, 89, 92; *Wolfsteiner* DNotZ 1987, 67.
150   LG Lüneburg Rpfleger 1990, 410.
151   *Böttcher* Rpfleger 1983, 49, 55.
152   RGZ 71, 38; OLG Schleswig NotBZ 2004, 320; BayObLG Rpfleger 1994, 453 = MittBayNot 1994, 324; BayObLGZ 1954, 96 = NJW 1954, 1120 = DNotZ 1954, 394; KG Rpfleger 1973, 23 = DNotZ 1973, 301 = NJW 1973, 56, 58; OLG München JFG 16, 144, 149; OLG Düsseldorf MittBayNot 1975, 224; OLG Karlsruhe Rpfleger 1998, 68; *Bestelmeyer* Rpfleger 1997, 424; BGB-RGRK-*Augustin* § 892 Rn 125; *Soergel-Stürner* § 892 Rn 17; *Palandt-Bassenge* § 892 Rn 34; *Demharter* § 13 Rn 12, § 19 Rn 59.
153   LG Koblenz Rpfleger 1997, 158; *Kesseler* ZNotP 2004, 338; *Hügel* in *Hügel*, GBO, Verfügungsbeeinträchtigungen, Rn 14; *Lenenbach* NJW 1999, 923; *Rieger* BWNotZ 2001, 86 f; *Wahl* in *Lambert-Lang/Tropf/Frenz*, Handbuch der Grundstückspraxis, Teil 1 Rn 209; *Wilke* in *Bauer/von Oefele* § 13 Rn 102; *Helwich* RpflStud 2001, 79, 81 f; MüKo-*Ott*, InsO, § 81 Rn 23; *Raebel* in *Lambert-Lang/Tropf/Frenz*, Handbuch der Grundstückspraxis, Teil 5 Rn 301; *Kohler* in *Bauer/von Oefele* AT VIII Rn 23; *Staudinger-Gursky* § 892 Rn 203; MüKo-*Wacke* § 878 Rn 22 und § 892 Rn 70; KEHE-*Munzig* § 19 Rn 94–100; *Schöner/Stöber* Rn 352; *Habscheid* § 41 III; *Eickmann*, GBVerfR, Rn 155 f; *Köther* §§ 8–12; *Böttcher* Rpfleger 1983, 187, 191; 1990, 486, 491; *Wieling*, Sachenrecht, § 20 II 3 h; *Müller Klaus*, Sachenrecht, Rn 1127; *Schmitz* JuS 1995, 245, 247; *Keller* RpflStud 1992, 161, 166; *Rühl* Kap V; *Foerste* S 103; *Ertl* MittBayNot 1975, 204; Rpfleger 1980, 41, 44; *Eickmann* Rpfleger 1972, 77; *Habscheid* ZZP 1977, 199; *Ripfel* Justiz 1966, 49, 51; *Kretschmar* Gruchot 49, 3 ff; *Böhringer* BWNotZ 1985, 102; *Rademacher* MittRhNotK 1983, 90; *Tiedtke* Jura 1983, 518, 521; *Fahlbusch* JA-Übungsblätter 1981, 134.

Soweit vorgebracht wird, dass eine Eintragung erfolgen muss, weil die ablehnende Ansicht ein **Verstoß gegen**   **75**
§ 17 darstellt,[154] so ist dies falsch. § 17 regelt die Entscheidungsreihenfolge und erst wenn diese feststeht, kann
sich die Frage nach dem gutgläubigen Erwerb stellen. Es liegt eine Verwechslung von Verfügungsentziehung[155]
und Verfügungsverbot[156] vor. Bei einem Verfügungsverbot besagt nämlich eine Ansicht, dass der Grundbuchrechtspfleger bei dessen Kenntnis einem hiergegen verstoßenden Antrag stattgeben darf, wenn zumindest
gleichzeitig ein Verfügungsverbot eingetragen wird; diese Meinung verstößt eindeutig gegen § 17.[157] Bei einem
Verfügungsverbot stellt sich nach richtiger Ansicht nicht die Frage nach einem gutgläubigen Erwerb; hat nämlich der Grundbuchrechtspfleger von einem Verfügungsverbot Kenntnis erlangt, ohne dass dieses im Grundbuch eingetragen ist, so muss er einen davon betroffenen Antrag grundsätzlich vollziehen.[158] Im Gegensatz dazu
wird bei einer Verfügungsentziehung nicht die Meinung vertreten, dass diese gleichzeitig mit der beantragten
Eintragung vermerkt werden muss.

Wenn außerdem angeführt wird, dass die fehlende materiellrechtliche Verfügungsberechtigung kein ausreichen-   **76**
der Ablehnungsgrund ist, weil es nur auf die **formelle Bewilligungsberechtigung** ankommt,[159] so ist dies
ebenfalls falsch. Mit der materiellrechtlichen Verfügungsberechtigung korrespondiert nämlich die formellrechtliche Bewilligungsberechtigung. Wer eine Grundbucheintragung bewilligen will, muss Bewilligungsmacht und
Bewilligungsbefugnis besitzen; dies sind die verfahrensrechtlichen Parallelbegriffe zur Verfügungsmacht und
Verfügungsbefugnis.[160]

Die Eintragung des redlichen Dritten wird weiter abgelehnt, weil der **gutgläubige Erwerb »sachlich unbe-**   **77**
rechtigt« sei; auch dies ist falsch. Das BGB behandelt den gutgläubigen Erwerb stets als vollgültigen und vollwer-
tigen Erwerb. Es gibt keine einzige Gesetzesstelle, die den gutgläubigen Erwerber schlechter stellen würde als den,
der vom Berechtigten erworben hat. Auch der BGH sieht im gutgläubigen Erwerb keinen vom Gesetz missbilligten, sondern einen durch den öffentlichen Glauben des Grundbuchs geschützten Vorgang.[161] Der gutgläubige
Erwerb wird so gestellt, als ob der Grundbuchinhalt der Wirklichkeit entspricht und der materiell Berechtigte verfügt hätte. Das Grundbuchamt hat mit der Eintragung das Gebot des materiellen Rechts zu verwirklichen. Es ist
nicht seine Aufgabe, Härten aus § 892 BGB zu mildern, die durch den Gutglaubenserwerb entstehen können.
Denn der Gesetzgeber hat bereits die verschiedenen beteiligten Interessen erkannt und gegeneinander abgewogen
und sich zugunsten des Rechtsverkehrs entschieden. Er hat den kraft guten Glaubens entstandenen Rechten die
Qualität rechtsgültig entstandener Rechte im Interesse der Rechtssicherheit zuerkannt.

Die Schutzwirkung des Grundbuchs gebührt einem Verfügungsempfänger erst, wenn alle gesetzlichen Voraus-   **78**
setzungen für seinen Erwerb erfüllt sind. Von diesem Grundsatz nach § 892 Abs 2 BGB eine Ausnahme. Er verstärkt den Schutz dadurch, dass er das Recht des Erwerbers bereits mit der Antragstellung schützt. Die eine
Antragszurückweisung befürwortende Ansicht meint hierzu, **§ 892 Abs 2 BGB schütze nur den vollende-**
ten – nicht aber den werdenden – Erwerb. Diese Argumentation ist weder dem Gesetz zu entnehmen noch
aus der Interessenwertung durch die §§ 891 ff BGB zu begründen. Sinn und Zweck des § 892 Abs 2 BGB ist es,
den Zeitpunkt der Gutgläubigkeit und die Folgen zu regeln. Es ist gewollt, dass der Schutz des Dritten nicht
erst mit der Eintragung, sondern bereits mit der Antragstellung eintritt. Von diesem Zeitpunkt an hat der
Erwerber keinen Einfluss mehr auf den Zeitpunkt der Vollendung des Rechtserwerbs. Er hat alles in seiner
Macht Stehende getan und hat jetzt keine Einwirkungsmöglichkeit mehr auf den Gang des Eintragungsverfahrens. Aus diesem Grund soll ihm von nun an die Kenntnis der Nichtberechtigung des Verfügenden nicht mehr
schaden. Ihm soll eine zeitliche Verzögerung des Erwerbsvollzugs nicht angelastet werden. Aus diesem Grund
darf das Grundbuchamt nach der Antragstellung nicht mehr eingreifen, um § 892 Abs 2 BGB in seiner Wirkung zunichte zu machen. Denn es ist gerade die Aufgabe des Grundbuchamtes den Rechtserwerb zu vollenden. Die Eintragung ist daher geboten. Auch der werdende Erwerb ist verfahrensrechtlich schutzwürdig und
schutzbedürftig.

Die Beachtung des **Grundbuchverfahrensrechts** ist kein Selbstzweck, sondern **soll der Verwirklichung des**   **79**
materiellen Grundstücksrechts dienen. Das Grundbuchamt handelt als Vollstrecker des materiellen Rechts.
Es muss seine Entscheidung im Einklang mit diesem finden. Aus diesem Grund darf das Grundbuchamt den im
materiellen Recht vorgesehenen Gutglaubenserwerb ermöglichen und seine Verwirklichung nicht unmöglich
machen. Die Ansicht, die dies fordert, verstößt damit gegen den Grundsatz, dass das Verfahrensrecht der
Rechtsverwirklichung dient. Seine Aufgabe ist es eben, dem materiellen Recht zur Geltung zu verhelfen.

---

154 ZB *Köther* § 9 II.
155 Vgl dazu *Böttcher* Rpfleger 1983, 187.
156 Vgl dazu *Böttcher* Rpfleger 1985, 381.
157 Ausführlich dazu *Böttcher* Rpfleger 1985, 381, 385 f.
158 *Böttcher* Rpfleger 1985, 381, 386.
159 ZB *Köther* § 9 I.
160 *Böttcher* Rpfleger 1983, 49, 60.
161 BGH Rpfleger 1986, 215, 216.

80   Die Gutglaubensvorschriften haben ihre Grundlage im Gedanken des **Verkehrsschutzes**. Der Rechtsschein basiert auf der Grundbucheintragung; dieser Staatshoheitsakt schafft eine starke Rechtsscheinposition, die Vertrauensbasis für den Rechtsverkehr ist. Der Rechtsschein ersetzt selbst die dem Handelnden fehlende materielle Verfügungsberechtigung. Dadurch, dass demjenigen, der die Unwirksamkeit des Rechtsgeschäfts bestreitet, die Beweislast auferlegt wird, das subjektive Erwerbshindernis – die Bösgläubigkeit des Erwerbers – nachzuweisen, wird eindeutig der Erwerber und so das Verkehrsinteresse begünstigt. Die Interessen des wahren Berechtigten werden so im Interesse des Rechtsverkehrs zurückgestellt, sie erscheinen weniger schutzbedürftig. Das Verkehrsinteresse steht im Vordergrund und der Erwerber wird durch diese Regelung begünstigt; dies stellten bereits die Motive zum BGB heraus.[162]

81   Wegen des öffentlichen Glaubens, den das Grundbuch genießt, soll verhindert werden, dass es unrichtig wird. Im gegebenen Fall (vgl Rdn 72) ist das Grundbuch aber unrichtig. Der gutgläubige Erwerber hat in seinem Vertrauen auf die Richtigkeit des Grundbuchs erworben und wird durch § 892 BGB geschützt. Mit der Eintragung erwirbt er das Recht, das **Grundbuch wird richtig** und alle weiteren Verfügungen seinerseits über das betroffene Recht sind Verfügungen des Berechtigten.

82   Weiß der Grundbuchrechtspfleger, dass eine beantragte Eintragung nur gemäß § 892 BGB in Wirksamkeit erwachsen kann, so hat er den **Antrag zu vollziehen**, wenn
– alle verfahrensrechtlichen Voraussetzungen für die Eintragung vorliegen und
– alle materiellrechtlichen Voraussetzungen für den Erwerb nach § 892 BGB vorliegen,

mit Ausnahme derjenigen, die ihre Ursache in der fehlenden Verfügungsberechtigung haben; ihr Fehlen wird durch den gutgläubigen Erwerb geheilt. Als **formelle Voraussetzungen** müssen wie in jedem Verfahren vorliegen: Antrag (§ 13), Bewilligung (§ 19) bzw Einigung (§ 20), Form (§ 29) und Voreintragung (§ 39). In diesem Verfahren fehlen allerdings die Antragsberechtigung wenn der Betroffene den Antrag stellt, weshalb vereinzelt ein Antrag des Begünstigten verlangt wird,[163] und die Bewilligungs-(Verfügungs-)befugnis des Betroffenen. Diese Mängel können jedoch keine Zurückweisung des Antrags rechtfertigen, weil sie ja gerade mit Eintragung durch den gutgläubigen Erwerb geheilt werden. Durch § 892 BGB werden sogar materielle Mängel geheilt (= Fehlen der Verfügungsberechtigung), sodass dies erst recht für formelle Hindernisse gelten muss, da das Verfahrensrecht der Durchsetzung des materiellen Rechts dient, und nicht deren Verweigerung. Als nächstes müssen die **materiellen Erfordernisse** geprüft werden. In erster Linie muss die Gutgläubigkeit des Verfügungsempfängers vorliegen, von der das Gesetz als Regel ausgeht.[164] Nur wenn der Beweis der Bösgläubigkeit geführt wird oder vor bzw mit der Eintragung der Rechtsänderung ein Widerspruch[165] bzw eine Verfügungsbeeinträchtigung[166] vermerkt wurde bzw wird, darf der Grundbuchrechtspfleger die Eintragung verweigern. Materiellrechtlich sind desweiteren für einen gutgläubigen Erwerb erforderlich: Unrichtige Grundbucheintragung, die dem öffentlichen Glauben unterliegt;[167] Rechtsgeschäft;[168] Verkehrsgeschäft.[169]

83   **ee) Bindung an andere Entscheidungen.** Das Grundbuchamt ist an Entscheidungen gebunden, soweit diese in **materielle Rechtskraft** erwachsen sind. Während die formelle Rechtskraft den »aktmäßigen Bestand der Entscheidung für die Zukunft sichert«, hat die materielle Rechtskraft – welche die formelle voraussetzt – einen zweifachen Zweck: Einmal verbietet sie eine nochmalige Entscheidung über denselben Verfahrensgegenstand (ne bis in idem) und errichtet so ein Verfahrenshindernis. Zum zweiten bindet sie das Entscheidungsorgan eines späteren Verfahrens an die Entscheidung, die es, wenn die entschiedene Frage als Vorfrage in einem anderen Verfahren auftaucht, ungeprüft zu übernehmen hat. Ist im GB eine zur Absicherung einer Bierbezugsverpflichtung bestellte, zeitlich unbeschränkte Dienstbarkeit eingetragen, und begehrt der Grundstückseigentümer die Löschung der Dienstbarkeit unter Berufung auf deren Nichtigkeit wegen sittenwidriger Bindung, so ist das GBA an ein rechtskräftiges Urteil des Zivilgerichts gebunden, mit dem die auf Erteilung einer Löschungsbewilligung gerichtete Klage des Grundstückseigentümers gegen den Inhaber der Dienstbarkeit abgewiesen und eine Nichtigkeit der Dienstbarkeit verneint wird.[170] Besteht Streit zwischen zwei Beteiligten darüber, wem von ihnen ein frei übertragbares Recht zusteht (zB Fischereirecht), ist ein zwischen diesen Beteiligten hierzu ergangenes rechtskräftiges Feststellungsurteil für das GBA bindend.[171] Wird die Löschung einer Eigentumsvormer-

---

162   Motive BGB III S 208.
163   *Schöner/Stöber* Rn 352; *Ertl* Rpfleger 1980, 41, 44.
164   BayObLG DNotZ 1986, 357; LG Aachen DNotZ 1984, 767; *Böttcher* Rpfleger 1983, 187, 190; ausführlich zur Gutgläubigkeit: MüKo-*Wacke* § 892 Rn 48–61.
165   Ausführlich dazu MüKo-*Wacke* § 892 Rn 44–47.
166   Ausführlich dazu MüKo-*Wacke* § 892 Rn 62–68.
167   Dazu MüKo-*Wacke* § 892 Rn 7–29.
168   Dazu MüKo-*Wacke* § 892 Rn 31–37.
169   Dazu MüKo-*Wacke* § 892 Rn 38–43.
170   OLG Zweibrücken OLGZ 1984, 385.
171   BayObLG Rpfleger 1992, 101 = MittBayNot 1992, 134.

kung aufgrund Unrichtigkeitsnachweises beantragt, so ist das zwischen den Beteiligten des Grundbuchverfahrens ergangene rechtskräftige Urteil, mit dem die auf Feststellung der Rechtswirksamkeit des Kaufvertrags gerichtete Klage abgewiesen wurde, für das GBA bindend.[172] Ein Negativtest des Vormundschaftsgerichts bindet das Grundbuchamt aber nicht, wenn dieses eine vormundschaftsgerichtliche Genehmigung für erforderlich hält; denn der Entscheidung des Vormundschaftsgerichts kommt keine materielle Rechtskraft zu.[173] Selbst eine erteilte vormundschaftsgerichtliche Genehmigung entbindet das Grundbuchamt nicht von seiner Prüfungspflicht, weil die Genehmigung nicht die Wirkung hat, Fehlendes zu ersetzen oder Unwirksames zu heilen (zB bei fehlender Vertretungsmacht wegen §§ 181, 1795 BGB).[174]

Soweit einer Entscheidung keine materielle Rechtskraft zukommt, aber **Gestaltungswirkung**, ist sie ihrer 84 Natur nach von jedermann anzuerkennen, daher auch von jedem Gericht. Die Anerkennung der Gestaltung setzt aber voraus, dass die sie bewirkende Entscheidung wirksam und nicht nichtig ist. Daher kann jedes Gericht die Entscheidung auf ihre Nichtigkeit hin prüfen und, wenn ein Nichtigkeitsgrund gegeben ist, die Anerkennung der Gestaltung verweigern.[175] Dagegen ist jede Nachprüfung auf die bloße Anfechtbarkeit mit Rechtsmitteln ausgeschlossen, weil die Entscheidung zu Recht besteht, solange sie nicht aufgehoben ist.

Entscheidungen, die lediglich **Feststellungswirkung** haben, ohne in materielle Rechtskraft zu erwachsen, 85 äußern keine Bindungswirkung. Soweit die Entscheidung jedoch Tatbestandsvoraussetzung eines Rechtserwerbs ist, ist ihre Tatbestandswirkung anzuerkennen.

Nur der Inhalt, nicht die **Begründung einer Entscheidung** bindet. Das wird zB wichtig, wenn das Gericht 86 seine Entscheidung auf bestimmte präjudizielle Fragen begründet hat; denn die als Begründung dienende Auffassung des Gerichts über Vorfragen bindet in keiner Weise andere Gerichte.

ff) Verstoß gegen ein gesetzliches Verbot (§ 134 BGB). Bei der Eintragung hat das Grundbuchamt zu prü- 87 fen, ob eine getroffene Regelung gegen zwingende gesetzliche Vorschriften verstößt, denn in diesem Fall würde sie das Grundbuch durch Verlautbarung einer unwirksamen Bestimmung unrichtig machen bzw zu einer inhaltlich unzulässigen Eintragung führen. Das Grundbuchamt hat daher eine **Eintragung abzulehnen**, wenn seine Prüfung ergibt, dass das Erfüllungsgeschäft (§ 873 BGB) wegen Verstoßes gegen ein gesetzliches Verbot iSd § 134 BGB nichtig ist.[176] Denn es muss verhindern, dass das Grundbuchamt unrichtig wird bzw eine inhaltlich unzulässige Eintragung verlautbart. Die durch eine Teilungserklärung getroffene Regelung, wonach auch der Erwerber einer Eigentumswohnung oder eines Teileigentums im Wege der Zwangsversteigerung für Hausgeldrückstände des Voreigentümers haftet, verstößt gegen § 56 S 2 ZVG und ist gemäß § 134 BGB nichtig.[177]

gg) Verstoß gegen die guten Sitten (§ 138 BGB) oder Treu und Glauben (§ 242 BGB). Es ist Aufgabe 88 des Grundbuchamtes, dass Grundbuch mit der wirklichen Rechtslage in Einklang zu halten und dessen Unrichtigkeit zu verhindern (vgl Rdn 30). Deshalb muss ein **Antrag abgelehnt** werden, wenn feststeht, dass die mit der Eintragung begehrte Rechtsänderung nicht eintreten kann, oder wenn die begehrte Rechtsfolge zwar möglich, jedoch sittenwidrig ist (§ 138 BGB) bzw gegen Treu und Glauben verstößt (§ 242 BGB).[178] Für eine solche Eintragung fehlt das Rechtsschutzinteresse, denn niemand kann ein schützenswertes Interesse daran haben, dass eine Eintragung vorgenommen wird, deren Rechtsfolgen nicht eintreten.[179] Von der **hM** wird jedoch folgende Einschränkung gemacht:[180] Im Antragsverfahren ist das Grundbuchamt zur Anstellung eigener Ermittlungen und Beweiserhebungen weder berechtigt noch verpflichtet, da § 12 FGG hier nicht gilt. Daraus wird gefolgert, es sei regelmäßig nicht Aufgabe des Grundbuchamts zu überprüfen, ob das zur Eintragung bewilligte Grundstücksrecht generell oder in einzelnen Auswirkungen gegen § 138 BGB oder § 242 BGB verstoße. Die Ermittlung und Auslegung allgemeiner Rechtsbegriffe wie »Sittenwidrigkeit« oder »Treu und Glau-

172 BayObLG MittBayNot 1995, 290.
173 KEHE-*Munzig* § 20 Rn 78; *Böttcher-Spanl* RpflJB 1990, 193, 195; *Meyer-Stolte* Rpfleger 1967, 294, 296 zu II 2; **aA** LG Braunschweig Rpfleger 1986, 90.
174 BGH FamRZ 1961, 473; *Meyer-Stolte* Rpfleger 1986, 90; *Böttcher-Spanl* RpflJB 1990, 193, 196.
175 BGHZ 41, 23, 29.
176 BGHZ 76, 371 = DNotZ 1980, 475 = Rpfleger 1980, 271; BayObLG Rpfleger 1986, 220; OLG Frankfurt/M MittBayNot 1998, 345; LG Mainz MittRhNotK 2000, 168; LG Stuttgart BWNotZ 1976, 86; AG Bielefeld Rpfleger 1990, 203; *Pawlowski-Smid*, FG, Rn 464; *Böttcher* Rpfleger 1990, 486, 492; *Schöner/Stöber* Rn 210; *Habscheid* § 41 II 6.
177 BGH Rpfleger 1987, 208.
178 OLG Frankfurt/M MittBayNot 1998, 345; BayObLG Rpfleger 1986, 220; OLG Karlsruhe-Freiburg Rpfleger 1987, 412; OLG Braunschweig Rpfleger 1975, 3399; LG München II Rpfleger 1983, 268; AG Bielefeld Rpfleger 1990, 203; OLG Zweibrücken MittBayNot 1994, 44; *Böttcher* Rpfleger 1990, 486, 492; *Habscheid* § 41 II 6.
179 *Böttcher* Rpfleger 1990, 486, 492.
180 BayObLGZ 1979, 434, 437 = NJW 1980, 2818 = DNotZ 1980, 357 = Rpfleger 1980, 105; MittBayNot 1981, 188; OLG Hamm Rpfleger 1973, 306: MittBayNot 1979, 173; OLG Stuttgart DNotZ 1960, 600; OLG Brandenburg Rpfleger 1995, 454; OLG Köln Rpfleger 1989, 405 (*Böttcher*); *Schöner/Stöber* Rn 210; *Ertl* Rpfleger 1980, 1, 7; *Horst Schmid* BB 1979, 1639, 1641; *Friedrich Schmidt* MittBayNot 1978, 89, 93; *Schmitz* MittBayNot 1982, 57, 59.

ben« komme wegen der formalen Struktur des Grundbuchverfahrens dem Grundbuchamt nicht zu. Hiervon wird nur dann eine Ausnahme zugelassen, wenn der Verstoß gegen solche unbestimmte Rechtsbegriffe »offensichtlich«, »offenkundig«, »zweifellos« oder »eindeutig« ist. Diese Begriffe sind jedoch nichts sagende Leerformeln. Richtig ist, dass eine Entscheidung über 138 BGB oder § 242 BGB in der Regel eine wertende Beurteilung in Kenntnis des gesamten Sachverhaltes und aller Umstände voraussetzt.[181] Außerdem tritt die Unbilligkeit der Regelung vor allem in einer ex-post-Betrachtung aufgrund ganz besonderer und ungewöhnlicher Umstände zutage.[182] Daneben gilt der Grundsatz von Treu und Glauben zwar für sachenrechtliche Leistungsverhältnisse (= dingliche Ansprüche und schuldrechtliche Ansprüche, die auf einem dinglichen Recht beruhen), aber in aller Regel aus Gründen der Rechtssicherheit nicht für die von den Prinzipien der Absolutheit, Bestimmtheit und Abstraktheit beherrschten dinglichen Zuordnungsverhältnisse.[183] Dies sind jedoch alles Anwendungsprobleme der §§ 138, 242 BGB, die sich erst dann stellen, wenn eine diesbezügliche Prüfungspflicht bejaht wird. **Rechtssystematisch ist daher wie folgt vorzugehen:**[184] Das Grundbuchamt muss die §§ 138, 242 BGB im Eintragungsverfahren beachten (vgl Rdn 29). Im Rahmen dieser Prüfung ist es an das besonders ausgestaltete Beweisverfahren im formellen Grundbuchrecht gebunden (vgl dazu Einl F Rdn 87 ff). Gelangt es daher – evtl nach vorheriger Zwischenverfügung (vgl Rdn 70) – nicht zur vollen Überzeugung, dass die Eintragung wegen der §§ 138, 242 BGB unrichtig wird, muss es den Antrag vollziehen. Nur wenn es sichere Kenntnis davon hat, dass die beantragte Eintragung sittenwidrig ist (§ 138 BGB) oder gegen Treu und Glauben verstößt (§ 242 BGB), darf es den Eintragungsantrag zurückweisen. Die **Sittenwidrigkeit** kann sich aus dem Inhalt des dinglichen Rechtsgeschäfts selbst ergeben,[185] wie zB bei der Bestellung einer Hypothek im Fall des § 1149 BGB (Verbot der lex commissoria) oder Verträgen und die in ihrem Rahmen bestellten dinglichen Rechte, die auf eine Knebelung des Schuldners hinauslaufen (= Bier- und Getränkebezugsverträge mit unbeschränkter oder übermäßig langer Dauer, dh mehr als 15 bis 20 Jahre).[186] Sittenwidrig und daher nichtig ist zB auch eine Vereinbarung in einem Erbbaurechtsvertrag, dass ein Heimfallanspruch des Grundstückseigentümers entstehen soll, wenn einer der jeweiligen Erbbauberechtigten nicht einer bestimmten Kirche angehört.[187] Eintragungsfähig ist dagegen die Vereinbarung eines Heimfallanspruchs für den Fall der kirchenfeindlichen Betätigung des Erbbauberechtigten oder seiner mit ihm in Hausgemeinschaft lebenden Familienangehörigen.[188] Hier wird nicht auf die Freiheit der Entschließung auf religiösem Gebiet eingewirkt, sondern Toleranz gegenüber der Kirche gefordert. Wann eine kirchenfeindliche Betätigung vorliegt, ist im Einzelfall unter Berücksichtigung aller Umstände jeweils zu entscheiden. Ist der Inhalt des dinglichen Rechtsgeschäfts scheinbar neutral, so kann aber die Sittenwidrigkeit gerade in der dinglichen Rechtsänderung begründet liegen und sich aus dem Gesamtcharakter ergeben, dh aus der zusammenfassenden Würdigung von Beweggrund, Zweck und Begleitumständen des dinglichen Geschäfts.[189] Nichtig ist daher zB die Übereignung eines Grundstücks als Belohnung für ein Verbrechen oder ausschließlich für geschlechtliche Hingabe, weil gerade die Übereignung den sittenwidrigen Lohn darstellt und den sittenwidrigen Erfolg herbeiführt.[190] Sittenwidrig ist ein in einer Teilungserklärung (§ 8 WEG) enthaltenes Vermietungsmonopol für einen zentralen Vermieter betreffend der Wohneinheiten.[191] Gleiches gilt für folgende Regelung in der Teilungserklärung: »Das Sondereigentum ist veräußerlich. Zur Veräußerung und Vermietung eines Sondereigentums ist keine Zustimmung der anderen Sondereigentümer erforderlich. Die Zustimmung ist jedoch bei einer Veräußerung und Vermietung an Ausländer, kinderreiche Familien (= mehr als 2 Kinder) oder Wohngemeinschaften (= mehr als 3 Personen) erforderlich«.[192] Diese Klausel enthält eine grobe Missachtung des Gleichheitssatzes (Art 3 Abs 1 GG), benachteiligt die fraglichen Gruppen willkürlich und verstößt gegen § 138 Abs 1 BGB. Missbräuchlich gemäß **§ 242 BGB** wäre zB eine Bestimmung in einer Wohnungseigentümergemeinschaftsordnung, dass von der Gemeinschaft nur Verträge mit Versicherungsgesellschaften abgeschlossen werden dürfen, die dem Verwalter genehm sind, um dem Verwalter auf diese Art Provisionsansprüche zu sichern.[193] Gleiches gilt für folgende Klausel in einer Gemeinschaftsordnung: »Wenn nicht innerhalb von 14 Tagen nach der Absendung der Abrechnung ein schriftlicher, begründeter Widerspruch von mehr als der Hälfte der Wohnungseigentümer eingelegt ist, gilt die Abrechnung

---

181 *Schöner/Stöber* Rn 210.
182 *Horst Schmid* BB 1979, 1639, 1641.
183 BGHZ 10, 75; 47, 189; 58, 157; *Ertl* Rpfleger 1980, 1, 7; *Mühl* NJW 1956, 1657; *Friedrich Schmidt* MittBayNot 1978, 89, 93.
184 Ebenso wohl *Pawlowski-Smid*, FG, Rn 464, 465.
185 *Staudinger-Gursky* § 873 Rn 139, 140.
186 RG JW 1927, 119; RGZ 82, 313; BGH WM 1976, 183; BGHZ 74, 293; NJW 1979, 865; DNotZ 1980, 45.
187 OLG Braunschweig Rpfleger 1975, 399; *Böttcher* Rpfleger 1990, 486, 493; allgemein auch: RG RGZ 21, 279; JW 1913, 1100; KG HRR 1933 Nr 1830; **aA** LG München II Rpfleger 1983, 268; *Sperling* Rpfleger 1983, 269.
188 OLG Braunschweig Rpfleger 1975, 399; LG München II Rpfleger 1983, 268; *Böttcher* Rpfleger 1990, 486, 493.
189 *Staudinger-Gursky* § 873 Rn 139, 141.
190 BGHZ 53, 376; 77, 59; NJW 1973, 1645.
191 OLG Karlsruhe-Freiburg Rpfleger 1987, 412.
192 OLG Zweibrücken MittBayNot 1994, 44.
193 *Röll* DNotZ 1978, 720, 723.

als anerkannt«.[194] Damit würde die personenrechtliche Gemeinschaftsstellung der Wohnungseigentümer zu stark ausgehöhlt, denn erfahrungsgemäß erhebt – vor allem bei größeren Gemeinschaften – nie mehr als die Hälfte der Wohnungseigentümer Widerspruch gegen die Abrechnung (zB 251 bei 500 Wohnungseigentümern). Die Klausel würde somit dem einzelnen Wohnungseigentümer praktisch jede Möglichkeit nehmen, die Abrechnung des Verwalters überprüfen zu lassen, und sei diese noch so unrichtig. Dagegen verstößt folgende Bestimmung weder gegen § 138 BGB noch gegen § 242 BGB: »Jeder Wohnungseigentümer kann sich in der Eigentümerversammlung nur durch seinen Ehegatten, einen Wohnungseigentümer oder den Verwalter vertreten lassen«.[195] Sie rechtfertigt sich als Ergebnis einer Interessenabwägung. Alle Wohnungseigentümer können ein Interesse daran haben, gemeinschaftsfremde Einwirkungen aus einer Versammlung fern zu halten; jedem Wohnungseigentümer bleibt es aber unbenommen, sich über die Tagesordnung vor deren Behandlung beraten zu lassen. Die von dem teilenden Alleineigentümer getroffene Regelung in der Gemeinschaftsordnung einer aus drei Wohnungen bestehenden Wohnanlage, dass für das Stimmrecht die unterschiedliche Größe der Miteigentumsanteile maßgebend ist, gegen seine Stimme aber ein Eigentümerbeschluss nicht gefasst werden kann, solange ihm auch nur eine Wohnung gehört, verstößt ebenfalls nicht gegen § 242 BGB, kann in das Grundbuch als Inhalt des Sondereigentums eingetragen werden.[196]

g) Prüfungsgegenstände. aa) Eintragungsbewilligung. (1) Im Falle des § 19. Eine wirksame Bewilligung ist Voraussetzung eines Eintragungsverfahrens (§ 19), deren Vorliegen aufgrund des **formellen Konsensprinzips** aber auch genügend (vgl Rdn 25). Die Prüfungspflicht des Grundbuchamts beschränkt sich jedoch nicht auf das bloße Vorliegen der Bewilligung. Das **formelle Legalitätsprinzip** verlangt vielmehr folgende Prüfung (vgl Rdn 32, 33): **89**

(1) Bewilligungserklärung
(2) Bewilligungsberechtigung
(a) Bewilligungsmacht
(b) Bewilligungsbefugnis
(3) Ordnungsgemäße Vertretung
(4) Bewilligungsinhalt
(a) Eintragungsfähigkeit des Rechts
(b) Eintragungsfähiger Inhalt
(c) Zulässiges Anteilsverhältnis mehrerer Berechtigter
(5) Mitbewilligung anderer Betroffener (zB § 27).

Das Grundbuchamt hat also nicht nur die formellen Eintragungsvoraussetzungen zu prüfen, sondern auch das materielle Recht, soweit es den Inhalt des einzutragenden Rechts betrifft (= Eintragungsfähigkeit). Formelles Konsensprinzip und formelles Legalitätsprinzip haben im Verfahren gemäß § 19 eine gleichberechtigte Bedeutung (vgl Rdn 38).

(2) Im Falle des § 20. Bei der Bestellung eines Erbbaurechts muss dem Grundbuchamt neben der materiellen dinglichen Einigung gemäß § 20 auch eine verfahrensrechtliche Bewilligung nach § 19 vom Grundstückseigentümer vorgelegt werden; dies ergibt sich zweifelsfrei aus § 14 Abs 1 S 3 ErbbauRG. Aber auch bei der Auflassung eines Grundstücks genügt dem Grundbuchamt nicht nur die materiellrechtliche dingliche Einigung (§ 20); vielmehr ist auch in diesem Fall daneben nach hM die verfahrensrechtliche Bewilligung gemäß § 19 erforderlich.[197] Dies verlangt wegen § 925 Abs 2 BGB auch der Grundstücksverkehr, so zB wenn sich die Beteiligten hinsichtlich des Grundstücks binden wollen, aber die Grundbucheintragung erst nach Kaufpreiszahlung erfolgen soll: die Auflassung wird zunächst in notariell beurkundeter Form erklärt (§ 873 Abs 2 Alt 1 BGB) und später die Bewilligung gemäß § 19 in notariell beglaubigter Form. Insoweit ist dieser hM zuzustimmen. Dann argumentiert sie jedoch inkonsequent weiter, weil in der vorgelegten materiellen Einigung nach § 20 auch immer konkludent die formelle Bewilligung nach § 19 liegen soll, soweit nichts anderes erklärt wird. Dadurch wird das zusätzliche Verlangen der Bewilligung neben der Auflassung nutzlos, außerdem wird diese Auslegung wohl dem Willen der Beteiligten nicht gerecht. Daher geht die Gegenansicht zu Recht davon aus, dass die materielle Auflassung die formelle Bewilligung nicht beinhalte; letztere muss vielmehr ausdrücklich erklärt werden.[198] **90**

bb) Dingliche Einigung. (1) Im Falle des § 20. Im Falle einer Auflassung eines Grundstücks sowie der Bestellung, Änderung oder Übertragung eines Erbbaurechts (§ 20) ist für die Grundbucheintragung die Vorlage der dinglichen Einigung erforderlich (= materielles Konsensprinzip, vgl Rdn 28). Die Prüfungspflicht des **91**

194 BayObLG Rpfleger 1990, 160 (*Böttcher*).
195 BGH Rpfleger 1987, 106; OLG Köln Rpfleger 1989, 405 (*Böttcher*); BayObLG FGPrax 1997, 60.
196 BayObLG ZflR 1997, 361.
197 BayObLG Rpfleger 1994, 344; MittBayNot 1993, 150, 151; KEHE-*Munzig* § 20 Rn 7; *Demharter* § 20 Rn 2; *Eickmann*, GBVerfR, Rn 120.
198 *Böttcher* Rpfleger 1990, 486, 493.

Grundbuchamts beschränkt sich jedoch nicht nur auf die verfahrensrechtliche Verwendbarkeit der Einigung im Grundbuchverfahren.[199] Das **materielle Legalitätsprinzip** verlangt im Falle der **Auflassung** vielmehr folgende Prüfung (vgl Rdn 34):

(1) Rechtsfähigkeit, Geschäftsfähigkeit (vgl Rdn 62)

(2) Verfügungsberechtigung

   (a) Verfügungsmacht

   (b) Verfügungsbefugnis

(3) Ordnungsgemäßer Vertragsabschluss

   (a) Zwei korrespondierende Willenserklärungen

   (b) Form des § 925 BGB

(4) Ordnungsgemäße Vertretung

(5) Inhalt

   (a) Einigung über Gemeinschaftsverhältnis mehrerer Erwerber

   (b) Unbedingt und unbefristet.

92 Verstößt beim **Erbbaurecht** die dingliche Einigung gegen den gesetzlich möglichen Inhalt gemäß § 1 ErbbauRG (zB wenn die Beteiligten über Lage und Größe des belasteten Grundstücks nicht einig waren[200] oder das Bauwerk wirtschaftlich nicht die Hauptsache darstellt[201]), so ist die Einigung aus diesem Grund nichtig; eine Eintragung kann nicht erfolgen.[202] Strittig ist, ob dem Grundbuchamt ein Prüfungsrecht bezüglich der Wirksamkeit der vertraglichen Vereinbarungen gemäß den §§ 2 ff ErbbauRG zusteht. Zum Teil wird dies verneint, weil derartige Vereinbarungen auch nach der Grundbucheintragung ihren schuldrechtlichen Charakter behalten und sich deshalb kein gutgläubiger Erwerb anschließen kann.[203] Dieser Ansicht kann nicht gefolgt werden. Diese Vereinbarungen werden zum »Inhalt des Erbbaurechts« (§ 2 ErbbauRG) und erlangen mit der Grundbucheintragung zwar keine dingliche Wirkung, werden aber »verdinglicht«, dh ein Rechtsnachfolger tritt mit dem Rechtserwerb in das mit dem dinglichen Recht verknüpfte Schuldverhältnis ein, selbst wenn er es nicht kennt.[204] Außerdem ist eine Prüfungspflicht des Grundbuchamts auch dann zu bejahen, wenn sich kein gutgläubiger Erwerb anschließen kann, aber Regelungen mangels Eintragungsfähigkeit zur inhaltlichen Unzulässigkeit führen würden (§ 53 Abs 1 S 2). Für die Eintragung von Bestimmungen, die gegen die §§ 2 ff ErbbauRG verstoßen, besteht somit kein Rechtsschutzbedürfnis.[205]

93 Da im Verfahren nach § 20 die Prüfung des materiellen Begründungstatbestandes zu der Prüfung der Verfahrensvoraussetzungen gehört, muss das Grundbuchamt nicht nur eine Eintragung ablehnen, die zur **dauernden Grundbuchunrichtigkeit** führt (vgl Rdn 65), sondern auch dann, wenn nur eine **vorübergehende Grundbuchunrichtigkeit** in Frage steht (vgl Rdn 67). Das Grundbuchamt hat also nicht nur das formale Vorliegen der dinglichen Einigung zu prüfen (= materielles Konsensprinzip), sondern aufgrund des materiellen Konsensprinzips auch die Wirksamkeit dieses Verfügungsgeschäfts. Beide Prinzipien stehen im Verfahren nach § 20 gleichberechtigt nebeneinander (vgl Rdn 37).

94 **(2) Im Falle des § 19.** Im Verfahren nach § 19 hat das Grundbuchamt grundsätzlich nur die Vorlage der Eintragungsbewilligung (= formelles Konsensprinzip, vgl Rdn 25), deren Wirksamkeit und die Eintragungsfähigkeit des bewilligten Rechts zu prüfen (= formelles Legalitätsprinzip, vgl Rdn 32, 33). Nicht verlangt werden kann in der Regel die Vorlage der **dinglichen Einigung** (= materielles Konsensprinzip, vgl Rdn 28), sodass auch deren Wirksamkeit **keiner Prüfung durch das Grundbuchamt unterliegt**[206] (= materielles Legalitätsprinzip, vgl Rdn 34). In Ausnahme von diesem Grundsatz ist eine Eintragung dann abzulehnen, wenn aufgrund des Fehlens oder der Unwirksamkeit der dinglichen Einigung eine dauernde Grundbuchunrichtigkeit entstehen würde (vgl Rdn 66). Gleiches gilt, wenn nur eine vorübergehende Grundbuchunrichtigkeit die Folge wäre, da zwar die Bewilligung das Vorliegen der dinglichen Einigung vermuten lässt, aber grundsätzlich immer nur die dingliche Einigung selbst die Grundbucheintragung rechtfertigt; bei deren Nichtexistenz ist die durch die Bewilligung geführte Vermutung jedoch widerlegt (vgl Rdn 68). Sofern durch Tatsachen oder Tatsachenbehauptungen **begründete Zweifel am wirksamen Vorliegen der dinglichen Einigung** bestehen, hat das Grundbuchamt

---

199 *Rühl*, Materiell-rechtliche Prüfungspflichten im Eintragungsverfahren nach der GBO, 1990, I Kap; *Böttcher* Rpfleger 1990, 486, 493; **aA** *Wufka* DNotZ 1985, 651, 662; *Wolfsteiner* DNotZ 1987, 67, 72 f.

200 BGH DNotZ 1969, 487.

201 BayObLG Rpfleger 1991, 303.

202 *Böttcher* Rpfleger 1990, 486, 494; *Wufka* DNotZ 1985, 651, 662 f.

203 *Staudinger-Ring* § 14 ErbbauVO Rn 12.

204 *Ertl* DNotZ 1979, 267, 271 ff.

205 *Böttcher* Rpfleger 1990, 486, 494.

206 OLG Karlsruhe Rpfleger 2001, 343; BayObLGZ 1979, 434 = DNotZ 1980, 357 = Rpfleger 1980, 105; MittBayNot 1981, 188; OLG Frankfurt NJW 1981, 876 = DNotZ 1981, 40 = Rpfleger 1980, 292; OLG Oldenburg NdsRpfl 1985, 16; LG Düsseldorf MittRhNotK 1982, 45; *Schöner/Stöber* Rn 208; *Nieder* NJW 1984, 329, 337; *Friedrich Schmidt* MittBayNot 1978, 89, 92; *Ritzinger* BWNotZ 1981, 6; *Böttcher* Rpfleger 1990, 486, 494.

durch Zwischenverfügung eine Aufklärung herbeizuführen (vgl Rdn 70). Wie bereits aufgeführt (vgl Rdn 44), stehen nämlich das formelle Konsensprinzip und das materielle Legalitätsprinzip gleichberechtigt nebeneinander. Das bedeutet: Soweit das Grundbuchamt keinerlei Anhaltspunkte oder bloße Vermutungen dafür hat, dass die dingliche Einigung mangelhaft sein könnte (= und das wird in der weit überwiegenden Zahl aller Verfahren sein), bedarf das Rechtsschutzbedürfnis der Beteiligten an einer Eintragung keiner näheren Begründung, dh es ist zu unterstellen; die Eintragung ist vorzunehmen. Jeder durch Tatsachen begründete Zweifel an der Wirksamkeit der dinglichen Einigung zwingt auch im Verfahren gemäß § 19 zur Aufklärung.[207]

cc) Schuldrechtliche Vereinbarungen. (1) Grundsatz. Das schuldrechtliche Verpflichtungsgeschäft und **95**
das dingliche Verfügungsgeschäft sind zwei Rechtsgeschäfte, die sich nicht nach den gleichen Vorschriften richten, nach Inhalt und Wirkungen voneinander abweichen.[208] Das schuldrechtliche Verpflichtungsgeschäft (= Grundgeschäft) begründet die schuldrechtliche Verpflichtung zur Vornahme der dinglichen Rechtsänderung. Das dingliche Verfügungsgeschäft (= Leistungsgeschäft; Erfüllungsgeschäft) ist auf die dingliche Rechtsänderung gerichtet und dient der Erfüllung des schuldrechtlichen Verpflichtungsgeschäfts; es ist ein Rechtsgeschäft, das zu seinem wirksamen Zustandekommen keiner Zweckvereinbarung bedarf (= inhaltliche Abstraktion) und von keinem schuldrechtlichen Grundgeschäft abhängig ist (= äußere Abstraktion).[209] Wegen dieses **Abstraktionsprinzips** kommen rechtsgeschäftliche dingliche Rechtsänderungen ohne Rücksicht darauf wirksam zustande, ob ein schuldrechtliches Grundgeschäft besteht.[210] Die Unwirksamkeit des Grundgeschäfts führt für sich allein zur Unwirksamkeit des Verfügungsgeschäfts.[211] Der Ausgleich erfolgt nach Bereicherungsrecht (§§ 812 ff BGB). Eine **Überprüfung des Grundgeschäfts** durch das Grundbuchamt **findet grundsätzlich nicht statt.**[212] Mängel des schuldrechtlichen Geschäfts sind regelmäßig von ihm nicht zu beachten. Die Eintragungsbewilligung (§ 19) hängt in ihrer Wirksamkeit nicht von der des schuldrechtlichen Vertrages ab, auch nicht, wenn beide in einer Urkunde enthalten sind.[213] Die Wirksamkeit des Grundgeschäfts kann auch nicht zur Bedingung der Bewilligung gemacht werden, denn diese ist als Verfahrenshandlung bedingungsfeindlich.[214] Ebenso herrscht – soweit § 20 in Betracht kommt – grundsätzlich eine scharfe Trennung zwischen dem schuldrechtlichen Grundgeschäft und dem dinglichen Erfüllungsgeschäft infolge des Abstraktionsprinzips. Vielmehr vollzieht sich, unabhängig davon, ob das schuldrechtliche Geschäft gültig ist oder nicht, mit der Eintragung der dingliche Rechtserwerb, falls eine gültige dingliche Einigung vorliegt. Daher besteht grundsätzlich weder im Rahmen der Prüfungspflicht der formellen Eintragungsvoraussetzungen noch im Hinblick auf die Pflicht, das Grundbuch richtig zu halten, eine Pflicht zur Überprüfung des schuldrechtlichen Vertrages. Es darf daher zB nicht die Eintragung auf Grund einer wirksamen Auflassung wegen Rücktritts von dem zugrunde liegenden Kauf- oder Tauschvertrag abgelehnt werden. Bei dem Vollzug einer Auflassung im Grundbuch ist auch nicht eine im Rahmen des Kaufvertrags zugesicherte Lastenfreiheit zu prüfen.[215] Vereinzelt wird behauptet, dass aus der Pflicht jeder staatlichen Gewalt, dem Gesetz Achtung zu verschaffen (Art 20 Abs 3 GG), folgt, dass es nicht Aufgabe des Grundbuchamts sein kann, bewussten **Rechtsverstößen gegen Formvorschriften** beim Grundgeschäft (zB § 311b Abs 1 S 1 BGB) dadurch Vorschub zu leisten, dass es ihm bekannt gewordene Rechtsverstöße durch Eintragung im Grundbuch heilt (§ 311b Abs 1 S 2 BGB).[216] Dem kann nicht zugestimmt werden. Die Formnichtigkeit des Grundgeschäfts berührt die Rechtswirksamkeit des dinglichen Geschäfts grundsätzlich nicht. Ob die Heilungswirkung des § 311b Abs 1 S 2 BGB eintritt oder nicht, steht nicht in der Entscheidung des Grundbuchamts; die Vorschrift greift unabhängig davon ein, ob die Vertragsparteien des Grundgeschäfts von dem Formmangel wussten oder nicht.[217] Aus Art 20 Abs 3 GG folgt daher kein Recht des Grundbuchamts, eine Eintragung wegen eines formungültigen Grundgeschäfts abzulehnen.[218] **Sicherungsdienstbarkeiten** beinhalten zB das ausschließliche Recht, auf dem belasteten Grundstück Biersorten jeder Art zu verkaufen,

---

207 LG Wuppertal MittRhNotK 1994, 218; *Böttcher* Rpfleger 1990, 486, 494.
208 *Staudinger-Ertl*, BGB, 12. Aufl, § 873 Rn 30.
209 *Staudinger-Ertl*, BGB, 12. Aufl, § 873 Rn 33 mwN.
210 BGHZ 27, 360, 366; 28, 182, 184.
211 RGZ 68, 100; 78, 282; 104, 102; 109, 201; KG OLGE 45, 193; BayObLG Rpfleger 1969, 48; OLG Frankfurt NJW 1981, 876 = DNotZ 1981, 40 = Rpfleger 1980, 292.
212 BayObLGZ 11, 524; 12, 478; 18, 280; Rpfleger 1980, 205; MittBayNot 1981, 188; DNotZ 1990, 510 = MittBayNot 1990, 39 = MittRhNotK 1989, 253; OLG Hamburg DNotZ 1999, 740; OLG Celle Rpfleger 1996, 336; KG OLGE 8, 303; OLG Hamm Rpfleger 1959, 127; OLG Schleswig SchlHA 1958, 48; OLG Frankfurt NJW 1981, 876; OLG Köln Rpfleger 1982, 61 (*Meyer-Stolte*); OLG Oldenburg DNotZ 1985, 712; LG Aachen Rpfleger 1963, 155; LG Osnabrück DNotZ 1985, 710; MüKo-*Wacke* § 873 Rn 20; *Köther* § 7 II; *Eickmann*, GBVerfR, Rn 274, 275; *Eickmann* Rpfleger 1973, 341, 345; *Nieder* NJW 1984, 329, 337; *Ertl* Rpfleger 1980, 1, 7; *Wufka* DNotZ 1985, 651, 663; *Ritzinger* BWNotZ 1981, 6, 8; *Friedrich Schmidt* MittBayNot 1978, 89, 92; *Böttcher* Rpfleger 1990, 486, 494.
213 *Böttcher* aaO; KG KGJ 41, 163; *Köther* § 7 II.
214 *Demharter* § 19 Rn 31; *Friedrich Schmidt* MittBayNot 1978, 89, 92.
215 OLG Celle Rpfleger 1996, 336; LG Aurich Rpfleger 1986, 469.
216 LG Osnabrück DNotZ 1985, 710.
217 BGH NJW 1975, 205.
218 OLG Oldenburg DNotZ 1985, 712; RGRK-*Räfle* § 2 ErbbauVO Rn 2; *Böttcher* Rpfleger 1990, 486, 495.

oder das Verbot jedes Bierabsatzes, und sind nach hM zulässig.[219] Der zu sichernde schuldrechtliche Bierbezugsvertrag ist über einen Zeitraum von 20 Jahren hinaus aber grundsätzlich nicht zulässig nach § 138 Abs 1 BGB.[220] Solche Sicherungsdienstbarkeiten sind – wie auch die Sicherungsgrundschulden – jedoch grundsätzlich losgelöst von den zugrunde liegenden schuldrechtlichen Vereinbarungen, also abstrakt; eine solche Dienstbarkeit ist daher nicht nach § 138 BGB unwirksam, auch wenn die Laufzeit der Bezugsbindung sittenwidrig ist.[221] Das Grundbuchamt kann und darf daher grundsätzlich nicht die schuldrechtlichen Verträge bei seiner Entscheidung über die Eintragung der Sicherungsdienstbarkeit überprüfen.[222] Die Sittenwidrigkeit der schuldrechtlichen Vereinbarung (Sicherungsabrede, Bezugsvertrag) wirkt sich nur dann auf die Dienstbarkeit aus, wenn der Bestand oder Fortbestand des Bierbezugsvertrags zur dinglich wirkenden Bedingung (vgl Rdn 99) für Bestand und Ausübung der Dienstbarkeit gemacht wurde (§ 158 BGB) oder eine – höchst selten vorkommende – Geschäftseinheit (vgl Rdn 100) zwischen schuldrechtlichem und dinglichem Geschäft gemäß § 139 BGB besteht.[223] Nur in diesen Ausnahmefällen kann eine Prüfungspflicht des Grundbuchamts hinsichtlich des schuldrechtlichen Bierbezugsvertrags in Betracht kommen.[224] Ansonsten kann eine Sicherungsdienstbarkeit unbefristet im Grundbuch eingetragen werden, dh wenn zwischen dem schuldrechtlichen Vertrag und der Dienstbarkeit keine rechtliche Verknüpfung besteht[225] oder der Dienstbarkeit noch gar kein schuldrechtlicher Vertrag zugrunde liegt.[226]

96 **(2) Ausnahmen.** Von dem Grundsatz der Unüberprüfbarkeit des schuldrechtlichen Grundgeschäfts hat die Rechtsprechung nach und nach eine **Vielzahl** von Ausnahmen zugelassen. Das aus dem Abstraktionsprinzip fließende Prüfungsverbot ist daher längst nicht mehr Dogma, sondern nur noch ein vielfältigen Ausnahmen zugänglicher Grundsatz.[227] So muss eine Überprüfung des Grundgeschäfts dann stattfinden, wenn
(1) es um die Frage geht, ob ein rechtlicher Vorteil iSd § 107 BGB vorliegt;[228]
(2) die Wirksamkeit einer Vollmacht von der Wirksamkeit des in derselben Urkunde beurkundeten Grundgeschäfts abhängt;[229]
(3) im Rahmen des § 181 BGB die Erfüllung einer schuldrechtlichen Verbindlichkeit festzustellen ist;[230]
(4) die Verfügungs- bzw (Bewilligungs-)berechtigung von der Art des Grundgeschäfts abhängt, zB beim Vorerben.[231]

Diese Überprüfung des schuldrechtlichen Grundgeschäfts findet im Rahmen der Prüfung der Eintragungsvoraussetzungen statt. Daher kann hier unstreitig eine Zwischenverfügung erlassen werden, wenn begründete Zweifel an der Wirksamkeit des schuldrechtlichen Vertrages bestehen (vgl Rdn 62).

97 Das die Ursache für die Unüberprüfbarkeit des schuldrechtlichen Grundgeschäfts darstellende Abstraktionsprinzip ist eingeschränkt bei »Fehleridentität«, »Bedingungszusammenhang« und »Geschäftseinheit« vom Verpflichtungs- und Verfügungsgeschäft.[232] In diesen Fällen, dh wenn ein **Mangel des schuldrechtlichen Grundgeschäfts auch das dingliche Erfüllungsgeschäft ergreift**, ist das Grundbuchamt zur Überprüfung des Verpflichtungsgeschäfts verpflichtet, wenn sich begründete Zweifel an dessen Wirksamkeit aufdrängen; gelangt es zu der sicheren Überzeugung, dass das Grundgeschäft unwirksam ist, so muss es den Eintragungsantrag zurückweisen.[233]

98 Eine **Fehleridentität** liegt vor, wenn der gleiche Fehler dem Verpflichtungs- und Verfügungsgeschäft anhaftet; beide Rechtsgeschäfte sind unwirksam.[234] Die Nichtigkeit der dinglichen Einigung hat zur Folge, dass die Rechtsänderung nicht eintreten kann und das Grundbuchamt dem Antrag nicht stattgeben darf. Bei Teilnich-

---

219 BGH BGHZ 74, 293 = DNotZ 1980, 43; WM 1980, 1293; NJW 1983, 115; 1984, 924; 1985, 2474; DNotZ 1986, 618; 1988, 572; 1992, 665.
220 BGH NJW 1970, 2243; 1972, 1459; 1985, 2693; DNotZ 1988, 576.
221 BGH DNotZ 1992, 665; 1990, 169; 1988, 576; 1988, 572.
222 BayObLG DNotZ 1986, 620; *Amann* DNotZ 1986, 578, 580; *Böttcher* Rpfleger 1990, 486, 495.
223 BGH DNotZ 1990, 169; OLG Karlsruhe DNotZ 1988, 579.
224 *Amann* DNotZ 1986, 578, 580; *Böttcher* Rpfleger 1990, 486, 495.
225 BayObLG DNotZ 1986, 620.
226 BGH DNotZ 1988, 572; 1986, 618.
227 *Eickmann*, GBVerfR, Rn 274.
228 BayObLGZ 1967, 245 = Rpfleger 1968, 18; *Eickmann*, GBVerfR, Rn 274.
229 OLG Hamm Rpfleger 1959, 127; OLG Frankfurt Rpfleger 1977, 103; 1979, 133; *Eickmann*, GBVerfR, Rn 274; *Ritzinger* BWNotZ 1981, 6, 8.
230 *Eickmann*, GBVerfR, Rn 274; *Köther* § 7 II; *Böttcher* Rpfleger 1990, 486, 496.
231 OLG Düsseldorf Rpfleger 1957, 413; OLG Hamm Rpfleger 1971, 147; *Eickmann*, GBVerfR, Rn 274; *Köther* § 7 II.
232 *Staudinger-Gursky* § 873 Rn 127.
233 OLG Frankfurt NJW 1981, 876 = DNotZ 1981, 40 = Rpfleger 1980, 292; OLG Oldenburg DNotZ 1985, 712; LG Osnabrück DNotZ 1985, 710; *Eickmann*, GBVerfR, Rn 275; *Köther* § 7 II; *Meyer-Stolte* Rpfleger 1982, 62; *Böttcher* Rpfleger 1990, 486, 495.
234 *Staudinger-Gursky* § 873 Rn 131.

tigkeit des Verpflichtungsgeschäfts ist in Fällen der Fehleridentität wegen des gleichen Nichtigkeitsgrundes das dingliche Verfügungsgeschäft im Zweifel in vollem Umfang nichtig, weil § 139 BGB im Schuld- und Sachenrecht anwendbar ist[235] (vgl Einl G Rdn 46). Zur Fehleridentität beider Geschäfte kommt es bei *mangelnder Geschäftsfähigkeit* eines Vertragsteils (§§ 104 ff BGB)[236] oder beim *geheimen Vorbehalt, Scheingeschäft und nicht ernst gemeinten Erklärungen* (§§ 116, 117, 118 BGB).[237] Bei der *Anfechtbarkeit* (§§ 119, 123 BGB) muss unterschieden werden zwischen dem Anfechtungsgrund und der Anfechtungserklärung.[238] Angefochten werden kann nur das Grundgeschäft, nur die Einigung oder auch beide; eine ausdrückliche Anfechtungserklärung hinsichtlich der Einigung ist aber nicht erforderlich, wenn aus der Anfechtung des Grundgeschäfts mit hinreichender Deutlichkeit hervorgeht, dass nach dem Willen des Anfechtenden auch die dinglichen Wirkungen keinen Bestand haben sollen.[239] Aus der Anfechtbarkeit des Grundgeschäfts folgt nicht notwendig auch die der Einigung; ob dies der Fall ist, muss vielmehr geprüft und festgestellt werden.[240] Bei der Anfechtung nach § 123 BGB ist jedoch grundsätzlich davon auszugehen, dass die Täuschung oder Drohung für das Verfügungsgeschäft in gleicher Weise ursächlich war wie für das Grundgeschäft.[241] *Formmängel* des Verpflichtungsgeschäfts und der dinglichen Einigung beeinträchtigen sich gegenseitig nicht, weil für sie (soweit sie nicht formfrei sind) unterschiedliche Formvorschriften gelten.[242] Der *Verstoß gegen ein Verbotsgesetz* (§ 134 BGB) macht die Einigung nur nichtig, wenn die Verbotsvorschrift auch das Verfügungsgeschäft betrifft.[243] *Dissens* (offener oder versteckter Mangel) in der Übereinstimmung der beiderseitigen Willenserklärungen über das Verpflichtungsgeschäft hat auf die Einigung wegen ihrer Abstraktheit keine rechtlichen Folgen.[244] Bei *Wucher* (§ 138 Abs 2 BGB) erfasst die Nichtigkeit nach dem Wortlaut »gewähren lässt« und dem Zweck des Gesetzes gerade auch das Erfüllungsgeschäft des Bewucherten, nicht das des Wucherers.[245] Deshalb ist die für eine wucherische Forderung bestellte Hypothek nichtig;[246] es entsteht auch keine Eigentümergrundschuld.[247] Ein *Verstoß gegen die guten Sitten* (§ 138 Abs 1 BGB) beim Grundgeschäft lässt die dingliche Einigung unberührt, weil das Erfüllungsgeschäft idR wertneutral ist.[248] Es ist regelmäßig sittlich neutral, weil es sich als rein technisches Hilfsmittel zur Verwirklichung eines dinglichen Rechtserwerbs im Einigsein über diese Rechtsänderung erschöpft. Die dinglichen Erklärungen enthalten für sich betrachtet idR nichts, woraus der Schluss auf eine Sittenwidrigkeit gezogen werden könnte.

Durch ausdrückliche Vereinbarung eines **Bedingungszusammenhanges** (§ 158 BGB) können die Beteiligten **99** die Rechtswirkungen der dinglichen Einigung von der Wirksamkeit des schuldrechtlichen Verpflichtungsgeschäfts abhängig machen; in solchen Fällen wird ein Fehler des Verpflichtungsgeschäfts durch Parteivereinbarung auf das Verfügungsgeschäft erstreckt.[249] Bei der Annahme eines stillschweigenden Bedingungszusammenhangs ist Zurückhaltung geboten, da sonst die konkludente Bedingung eine der Zielsetzung des Abstraktionsprinzips widerstreitende Fiktion wäre; sie scheidet auf jeden Fall aus, wenn die Parteien keine Zweifel an der Gültigkeit des Kausalgeschäfts geäußert haben.[250] Es entsteht ein »bedingtes Recht«, das als solches im Grundbuch eingetragen werden muss.[251] Nicht zulässig ist nach hM die Vereinbarung eines Bedingungszusammenhangs bei bedingungsfeindlichen Geschäften,[252] zB Auflassung eines Grundstücks (§ 925 Abs 2 BGB). Einräumung und Aufhebung von Sondereigentum (§ 4 Abs 2 S 2 WEG) und Übertragung des Erbbaurechts (§ 11 Abs 1 S 2 ErbbauRG). Vereinzelt wird dies jedoch für zulässig erachtet, da eine solche auf die gegenwärtige Vertragsgültigkeit abstellende Scheinbedingung keinen zu missbilligenden Schwebezustand herbeiführe, weil beide Verträge bereits im Augenblick ihres Abschlusses objektiv entweder wirksam oder unwirksam sind.[253]

235 RGZ 78, 371, 373; *Ripfel* Rpfleger 1963, 140.
236 MüKo-*Wacke* § 873 Rn 22.
237 RGZ 104, 104; KG OLGE 23, 323; MüKo-*Wacke* § 873 Rn 22.
238 *Staudinger-Gursky* § 873 Rn 133.
239 RGZ 69, 16.
240 RGZ 66, 389; 69, 16; 70, 57.
241 BGH DB 1966, 818; OLG Hamm VersR 1975, 814.
242 OLG Frankfurt NJW 1981, 876 = DNotZ 1981, 40 = Rpfleger 1980, 292; OLG Oldenburg DNotZ 1985, 712.
243 BGHZ 11, 59, 61 = NJW 1954, 549; RGZ 111, 246; MüKo-*Wacke* § 873 Rn 22; *Meyer-Stolte* Rpfleger 1982, 62.
244 *Staudinger-Gursky* § 873 Rn 144.
245 BGH WM 1974, 774; RGZ 57, 95; 93, 75; 109, 202; 111, 246.
246 KG JW 1913, 540; OLGE 24, 264; 44, 138.
247 RGZ 106, 139; MüKo-*Eickmann* § 1196 Rn 4, 5; **aA** OLG Bremen DNotZ 1965, 566.
248 BGH NJW 1973, 615; RGZ 109, 202; MüKo-*Wacke* § 873 Rn 22.
249 BGHZ 38, 193; MüKo-*Wacke* § 873 Rn 23; *Eickmann*, GBVerfR, Rn 275; *Nieder* NJW 1984, 329, 337; *Ertl* Rpfleger 1980, 1, 7; *Böttcher* Rpfleger 1990, 486, 495.
250 MüKo-*Wacke* § 873 Rn 23.
251 *Staudinger-Ertl*, BGB, 12. Aufl, § 873 Rn 96; **aA** *Staudinger-Gursky* § 873 Rn 145.
252 RGZ 104, 229; 134, 86; 137, 335; BGH NJW 1952, 60; NJW 1979, 1495 = DNotZ 1979, 407, 410 (*Winkler*); BayObLG Rpfleger 1969, 48; OLG Düsseldorf Rpfleger 1957, 413; OLG Celle OLGZ 1974, 164, 170 = DNotZ 1974, 731, 734 (*Winkler*); OLG Frankfurt NJW 1981, 876 = DNotZ 1981, 40 = Rpfleger 1980, 292; MüKo-*Wacke* § 873 Rn 23; *Maser* WM 1979, 1072, 1073.
253 *Huhn* RpflStud 1978, 30, 32.

Dem kann insoweit nicht zugestimmt werden, als diese Begründung für die Anfechtungsmöglichkeit des Kausalgeschäfts nicht zutrifft (vgl § 142 BGB).[254] Bei bedingungsfeindlichen Geschäften ist daher mit der hM anzunehmen, dass eine Vereinbarung des Bedingungszusammenhangs zur Nichtigkeit des Verfügungsgeschäfts führt. Die Wirksamkeit des Grundgeschäfts kann nicht zur Bedingung der Bewilligung (§ 19) gemacht werden, denn diese ist als Verfahrenshandlung bedingungsfeindlich. Bedeutung erlangt der Bedingungszusammenhang für das GBA daher wohl nur bei der Bestellung und Inhaltsänderung eines Erbbaurechts; diese Rechtsgeschäfte sind einer aufschiebenden Bedingung zugänglich und außerdem wird die dingliche Einigung vorgelegt (§ 20). Ist deren Wirksamkeit vom schuldrechtlichen Grundgeschäft abhängig gemacht, so muss das GBA auch das Kausalgeschäft überprüfen.

100 Die Konstruktion der **Geschäftseinheit** von Verpflichtungs- und Verfügungsgeschäft geht davon aus, dass die Vertragspartner diese beiden Geschäfte zu einer rechtlichen Einheit mit der Folge verbinden, dass im Zweifel bei Nichtigkeit des einen Teils (gleich ob des schuldrechtlichen oder dinglichen Geschäfts) das ganze Einheitsgeschäft nichtig ist (§ 139 BGB). Ein Teil der Rechtsprechung und Literatur lehnt die Geschäftseinheit zwischen Kausalgeschäft und Erfüllungsgeschäft ab.[255] Dies wird insbesondere damit begründet, dass der im Erfüllungsgeschäft zum Ausdruck kommende, unser Recht durchziehende Abstraktionsgrundsatz der privatautonomen Gestaltung vorgegeben sei und es nicht im Belieben der rechtsgeschäftlichen Handelnden stehe, die Verfügungsgeschäfte, die von der Rechtsordnung als »abstrakt« gegenüber dem Rechtsgrund normiert werden, zum Teil des Kausalgeschäfts zu machen. Demgegenüber lässt die Gegenmeinung zu, dass durch den Parteiwillen obligatorische und dingliche Rechtsgeschäfte als Teile eines zusammengefassten Rechtsgeschäftes iSd § 139 BGB voneinander abhängig sind; in einem solchen Falle soll eine Einheit zwischen Kausalgeschäft und Erfüllungsgeschäft trotz des Abstraktionsprinzips möglich sein.[256] Einigkeit herrscht zwischen beiden Ansichten nur insoweit, als eine Geschäftseinheit bei Bedingungsfeindlichkeit der Einigung ausgeschlossen ist, zB bei der Auflassung (§ 925 Abs 2 BGB) und Übertragung des Erbbaurechts (§ 11 Abs 1 S 2 ErbbauRG);[257] es liegt also nicht nur eine Scheinbedingung vor (vgl Rdn 99). Dem ist zuzustimmen, da das Abstraktionsbestreben des Gesetzgebers und damit der Wille des Gesetzgebers, die Parteidisposition auszuschließen, in diesen Fällen durch weitreichende Bedingungsverbote zum Ausdruck kommt. Ansonsten ist jedoch die Geschäftseinheit von Verpflichtungs- und Verfügungsgeschäft zuzulassen, zB bei der Bestellung des Erbbaurechts,[258] weil der Gesetzgeber selbst der Parteidisposition im Bereich des Erfüllungsgeschäfts Geltung verschafft, indem auch Bedingungen und Befristungen bei dinglichen Rechten möglich sind; ob eine rechtliche Einheit iSd § 139 BGB zwischen Kausal- und Erfüllungsgeschäft vorliegt, hängt somit vom Parteiwillen ab.[259] Dies erfordert im Einzelfall die Feststellung konkreter Anhaltspunkte. Ein praktisch immer vorliegender wirtschaftlicher Zusammenhang und die Zusammenfassung von Grund- und Erfüllungsgeschäft in einer Urkunde genügen dafür nicht.[260] Für das GBA kann diesbezüglich eine Prüfungspflicht wohl nur in Betracht kommen bei der Bestellung und Inhaltsänderung eines Erbbaurechts, da beide mit einer aufschiebenden Bedingung versehen werden können und bei denen auch die dingliche Einigung (§ 20) vorgelegt wird.[261]

101 **dd) Vormerkung.** Die Vormerkung ist **akzessorisch zum zu sichernden Anspruch,** dh sie teilt dessen rechtliches Schicksal. Das Bestehen des Anspruchs ist Wirksamkeitserfordernis für die Vormerkung, mit der Abtretung des Anspruchs geht auch die Vormerkung kraft Gesetzes über, erlischt der Anspruch, so erlischt auch die Vormerkung. Trotz dieser Besonderheiten wird die Meinung vertreten, dass das Grundbuchamt den zu sichernden Anspruch nicht zu prüfen habe und das formelle Konsensprinzip strikt anzuwenden sei; bloße Zweifel an der Wirksamkeit des zu sichernden Anspruchs sollen keine Beanstandung rechtfertigen. Nur wenn dem GBA positiv bekannt ist, dass der zu sichernde Anspruch nicht entstanden ist und auch nicht mehr entstehen kann, habe das GBA die beantragte Eintragung abzulehnen, weil es nicht dazu beitragen dürfe, dass das GB

---

254 MüKo-*Wacke* § 873 Rn 23 Fn 38.

255 OLG Oldenburg DNotZ 1985, 712; MüKo-*Wacke* § 873 Rn 24; *Flume,* AT, 2. Bd. § 12 III 4; *Schlüter* JuS 1969, 10, 12.

256 RGZ 104, 102; 153, 352; BGHZ 31, 321, 323; 38, 193; NJW 1952, 60; 1967, 1128, 1130; BAG NJW 1967, 751; OLG Celle OLGZ 1974, 170; OLG Frankfurt NJW 1981, 876 = DNotZ 1981, 40 = Rpfleger 1980, 292; *Wolf-Raiser* § 38 II 4 Fn 22; *Enneccerus-Nipperdey* § 202 IV 1; *Eickmann* Rpfleger 1973, 341, 344; *Meyer-Stolte* Rpfleger 1982, 62; *Wufka* DNotZ 1985, 651.

257 RGZ 104, 299; 134, 86; 137, 335; BGH DNotZ 1990, 169 = Rpfleger 1989, 278; NJW 1952, 60; DNotZ 1979, 407, 410 (*Winkler*); BayObLG Rpfleger 1969, 48; OLG Düsseldorf Rpfleger 1957, 413; OLG Celle DNotZ 1974, 731, 734 (*Winkler*); OLG Frankfurt Rpfleger 1980, 292; RGRK-*Räfle* § 11 ErbbauVO Rn 42. MüKo-*Wacke* § 873 Rn 24; *Wufka* DNotZ 1985, 651, 658 ff.

258 *Böttcher* Rpfleger 1990, 486, 495; *Wufka* DNotZ 1985, 651, 660 f.

259 *Wufka* DNotZ 1985, 651, 661.

260 BGH NJW 1952, 60, 61; 1967, 1128, 1130; DNotZ 1990, 169, 170; *Böttcher* Rpfleger 1990, 486, 496.

261 *Böttcher* Rpfleger 1990, 486, 496; **aA** *Wufka* DNotZ 1985, 651, 664.

unrichtig werde.[262] Die dafür angeführten Gründe überzeugen nicht. Soweit die generelle Unüberprüfbarkeit des schuldrechtlichen Grundgeschäfts geltend gemacht wird, ist dies schon im Ansatzpunkt verfehlt, weil der zu sichernde Anspruch nicht das Kausalgeschäft für die Vormerkungsbestellung darstellt. Das Grundgeschäft bei der Vormerkung ist die gesonderte schuldrechtliche Verpflichtung des Eigentümers, einem bestimmten Anspruch durch die Bewilligung einer Vormerkung zusätzlichen Schutz zu verleihen; die Prüfung des zu sichernden Anspruchs ist jedoch etwas völlig anderes.[263] Wenn daneben argumentiert wird, eine Prüfung des vorzumerkenden Anspruchs scheidet aus, weil auch für einen künftigen Anspruch eine Vormerkung eingetragen werden kann, so ist dem entgegenzuhalten, dass bei einem vormerkungsfähigen künftigen Anspruch der Rechtsboden durch ein rechtsverbindliches Angebot oder Abkommen soweit vorbereitet ist, dass eine vom Verpflichteten nicht mehr einseitig zerstörbare Bindung an das Rechtsgeschäft besteht;[264] das Entstehen des Anspruchs hängt nur noch vom Willen des demnächst Berechtigten ab,[265] sodass er jedenfalls entstehen kann. Bei einem endgültig unwirksamen schuldrechtlichen Vertrag steht jedoch fest, dass der Anspruch gerade nicht mehr zur Entstehung kommen kann. Außerdem wird gegen eine Prüfungspflicht des Grundbuchamts vorgebracht, dass der Entstehungsgrund des durch die Vormerkung zu sichernden Anspruchs nicht zum notwendigen Inhalt der Eintragung gehört. Dieser Aussage ist grundsätzlich zuzustimmen;[266] damit ist allerdings für die zu entscheidende Frage gar nichts gewonnen. Das Bestehen oder die Entstehbarkeit des zu sichernden Anspruchs ist nämlich ein Wirksamkeitserfordernis der begehrten Eintragung, und solche Wirksamkeitserfordernisse müssen grundsätzlich einer Prüfung zugänglich sein. Zu Recht wird daher folgende Meinung vertreten:[267] Auf Grund der Notwendigkeit einer vernünftigen Verfahrensgestaltung und dem Bedürfnis nach einer zügigen Durchführung des Eintragungsverfahrens braucht **das Grundbuchamt idR nicht den zu sichernden Anspruch überprüfen**, so insbesondere, wenn es nur bloße Vermutungen gegen dessen Wirksamkeit hat. In eine Prüfung des vorzumerkenden Anspruchs ist jedoch einzutreten, wenn durch Tatsachen oder Tatsachenbehauptungen **begründete Zweifel an der Wirksamkeit des Anspruchs bestehen**. Liegt nur eine schwebende Unwirksamkeit vor,[268] so kann die Eintragung nicht versagt werden, weil hier die Forderungsgrundlage besteht und das Entstehen des Anspruchs jedenfalls noch möglich ist (§ 883 Abs 1 S 2 BGB). Gelangt das Grundbuchamt aber zur **sicheren Kenntnis, dass der Anspruch nicht besteht und auch künftig nicht wirksam werden kann**, muss es die Eintragung ablehnen.

Streitig ist in den Fällen, in denen der vorzumerkende Anspruch nur in der Beurkundungsform des § 313 BGB **102** wirksam begründet werden kann, ob das Grundbuchamt die **Vorlage der notariellen Urkunde** verlangen muss. Eine Ansicht verneint dies und lässt die bloße Angabe der maßgeblichen Urkunde (nach Datum, Name und URNr des Urkundsnotars) in der Bewilligung genügen.[269] Dem ist zu widersprechen. Der Nachweis über die Einhaltung des Beurkundungszwanges ist **in den Fällen des § 311b Abs 1 BGB** eine Voraussetzung für die Eintragungsfähigkeit der Vormerkung, die das Grundbuchamt von Amts wegen prüfen muss. Aus einem Rechtsgeschäft, das wegen eines Formverstoßes nichtig ist (§ 125 BGB) kann kein wirksamer Anspruch entstehen.[270] Die Eintragung der Vormerkung ohne Vorlage der Urkunde könnte zu einer dauernd unrichtigen, möglicherweise inhaltlich unzulässigen Eintragung führen. Da dem Bewilligenden die Urkundenvorlage ohne Schwierigkeiten möglich ist, hat dies auch keine Verzögerung des Eintragungsverfahrens zur Folge. Nach richtiger Ansicht hat das Grundbuchamt daher die Pflicht, vor Eintragung der Vormerkung in den Fällen des § 311b Abs 1 BGB die Vorlage einer beglaubigten Abschrift der maßgebenden Urkunde zu verlangen.[271]

ee) Gemeinschaftsordnung. Nach der Vorschrift des § 10 Abs 3 WEG können die Wohnungseigentümer ihr **103** Verhältnis untereinander innerhalb der Grenzen des WEG abweichend von der gesetzlichen Rechtslage regeln (= Gemeinschaftsordnung). Soweit solche Vereinbarungen nicht durch eine Grundbucheintragung verdinglicht werden sollen, hat sich das Grundbuchamt einer Überprüfung zu enthalten, denn es handelt sich dann nur um schuldrechtliche Absprachen der Wohnungseigentümer untereinander.[272] Differenzen, die daraus auftreten können, sind nicht im Verfahren vor dem Grundbuchamt, sondern in den dafür in anderen Gesetzen vorgesehenen

---

262 OLG Zweibrücken RNotZ 2007, 212; BayObLG DNotZ 2003, 710 = Rpfleger 2003, 573; DNotZ 1995, 63 = Mitt-BayNot 1994, 323; OLG Köln MittRhNotK 1995, 100; *Schöner/Stöber* Rn 1514; KG Rpfleger 1969, 49; 1971, 312; 1972, 94; *Friedrich Schmidt* MittBayNot 1978, 89, 97; *Nieder* NJW 1984, 329, 338.

263 *Eickmann*, GBVerfR, Rn 276.

264 BayObLG Rpfleger 1977, 361; OLG Hamm Rpfleger 1978, 137.

265 RGZ 151, 75, 77; BGHZ 12, 115, 117; DNotZ 1982, 238, 239.

266 Vgl KEHE-*Erber-Faller* Einl G Rn 31.

267 MüKo-*Wacke* § 885 Rn 26; *Eickmann*, GBVerfR, Rn 276; *Huhn* RpflStud 1978, 30, 33; *Ertl* Rpfleger 1979, 361, 362; *Eickmann* Rpfleger 1973, 341, 344; *Leesmeister*, Materielles Liegenschaftsrecht im Grundbuchverfahren, 12. Kap § 2; *Böttcher* Rpfleger 1990, 486, 496.

268 Vgl dazu KEHE-*Erber-Faller* Einl G Rn 25–27.

269 KG DNotZ 1972, 173, 174 = Rpfleger 1972, 94; *Jansen* DNotZ 1953, 585; *Nieder* NJW 1984, 329, 338.

270 RGZ 151, 75.

271 *Staudinger-Gursky* § 885 Rn 63; MüKo-*Wacke* § 885 Rn 26; *Ertl* Rpfleger 1979, 361, 362.

272 OLG Köln DNotZ 1982, 756 = Rpfleger 1982, 61 (*Meyer-Stolte*).

Formen und Rechtswegen zu bereinigen. Für derartige Streitigkeiten ist in § 43 WEG die Entscheidung durch den Richter vorgesehen. Nach § 8 Abs 2, § 5 Abs 4, § 10 Abs 3 WEG können die Vereinbarungen über das Verhältnis der Wohnungseigentümer untereinander »als Inhalt des Sondereigentums« in das Grundbuch eingetragen werden, dh sie werden verdinglicht. Die Gemeinschaftsordnung, sei sie vom Bauträger vorformuliert oder von den Eigentümern vereinbart, gehört dann zum Inhalt des dinglichen Rechts »Wohnungseigentum« und damit zum Inhalt der Eintragungsbewilligung. Das Grundbuchamt hat daher den **Inhalt der Gemeinschaftsordnung darauf zu prüfen**, ob er Abweichungen von unabdingbaren Vorschriften des WEG (§ 134 BGB) oder gegen § 138 BGB bzw § 242 BGB verstößt;[273] vgl deshalb Rdn 87, 88!

104   **ff) Aufteilungsplan, Abgeschlossenheitsbescheinigung.** Bei der Anlegung von WE-Grundbüchern hat das Grundbuchamt ua zu prüfen
- eine als Aufteilungsplan einzureichende, von der Baubehörde mit Unterschrift und Siegel (oder Stempel) versehene Bauzeichnung (§ 7 Abs 4 Nr 1 WEG),
- eine Abgeschlossenheitsbescheinigung der Baubehörde (§ 7 Abs 4 Nr 2 WEG).

105   Der Eintragungsbewilligung (§ 19) ist als Anlage eine von der Behörde mit Unterschrift und Siegel (Stempel) versehene Bauzeichnung beizufügen, aus der die Aufteilung des Gebäudes sowie die Lage und Größe der im Sondereigentum und der im Gemeinschaftseigentum stehenden Gebäudeteile ersichtlich ist (= **Aufteilungsplan**, § 7 Abs 4 Nr 1 WEG). Dadurch sollen die Grenzen von Sondereigentum und Gemeinschaftseigentum klar abgesteckt werden. Das GBA hat zu prüfen, ob der Aufteilungsplan formell und inhaltlich in Ordnung und vollständig ist, ob er nicht im Widerspruch zur Eintragungsbewilligung (Teilungserklärung) steht oder in sich widersprüchlich ist; ansonsten kann der Aufteilungsplan nicht Grundlage für die Anlegung der Wohnungseigentumsgrundbücher sein.[274] Es ist nicht zwingend erforderlich, dass schon bei der Beglaubigung der Teilungserklärung der Aufteilungsplan als Anlage mit beigeheftet sein muss. Vielmehr genügt es, dass der Aufteilungsplan bis zur Eintragung vorgelegt und die Zusammengehörigkeit von Aufteilungsplan und Eintragungsbewilligung verdeutlicht wird. Stimmt der vorläufige Aufteilungsplan, auf dessen Grundlage die Teilungserklärung abgegeben wurde, nicht mit dem amtlichen Aufteilungsplan überein, kann dieser Mangel nicht durch eine sogenannte Identitätserklärung des Notars behoben werden. Die Übereinstimmung hat das Grundbuchamt grundsätzlich selbst zu prüfen.[275] Ein Aufteilungsplan ist nur erforderlich für Gebäude, in denen sich auch Sondereigentum befindet.[276] Befinden sich mehrere Bauwerke auf dem aufzuteilenden Grundstück, muss sich nach hM[277] aus dem Aufteilungsplan auch die genaue Lage der Gebäude ergeben. Der Aufteilungsplan muss sich auf alle Stockwerke beziehen, auch auf den Keller und das Dachgeschoss.[278] Neben den Grundrissen der Wohnungen muss der Aufteilungsplan auch Schnitte und Ansichten des Gebäudes enthalten, wobei sich Unterschrift und Siegel (Stempel) der Baubehörde auch darauf beziehen müssen.[279] Alle zu demselben Wohnungseigentum gehörenden Einzelräume sind mit der jeweils gleichen Nummer zu kennzeichnen (§ 7 Abs 4 Nr 1 WEG), auch die außerhalb der eigentlichen Wohnung liegen, zB Keller, Speicher;[280] eine nochmalige Beschreibung in der Teilungserklärung ist dann nicht notwendig.[281] Diese Grundsätze gelten auch, wenn die Teilungserklärung vor der Grundbucheintragung noch geändert wird, zB bei einem Kellertausch.[282] Im Falle des § 3 Abs 2 S 2 WEG muss sich die Art der dauerhaften Markierung aus dem Aufteilungsplan ergeben.[283] Das Erfordernis von Grundriss, Schnitten und Ansichten gilt auch für selbständige Garagen, an denen Sondereigentum begründet werden soll.[284] Sollen sie dagegen gemeinschaftliches Eigentum werden, genügt ein Grundriss (Bauzeichnung), aus der sich Lage und Größe der Garagen ersehen lassen; Ansichten und Schnitte sind nicht erforderlich.[285]

---

273   BayObLG MittBayNot 1995, 388; Rpfleger 1990, 160 (*Böttcher*) = DNotZ 1989, 428 (*Weitnauer*); DNotZ 1990, 37 (*Ertl*); OLG Frankfurt MittBayNot 1998, 345; DNotZ 1988, 707 (*Bassenge*); LG Regensburg Rpfleger 1991, 245 (*Schmid*); OLG Hamburg FGPrax 1996, 132; OLG Karlsruhe-Freiburg Rpfleger 1987, 412; OLG Düsseldorf DNotZ 1973, 552; OLG Köln Rpfleger 1989, Rpfleger 1982, 61 (*Meyer-Stolte*); LG Mainz MittRhNotK 2000, 168; BGB-RGRK-*Augustin* § 7 WEG Rn 22, § 8 WEG Rn 23; *Schöner/Stöber* Rn 2857; *Eickmann*, GBVerfR, Rn 272; *Eickmann* Rpfleger 1973, 341, 348; *Karstädt* MDR 1965, »256«; BlGBW 1966, 51; SchlHA 1966, 147; *Böttcher* Rpfleger 1990, 486, 497.
274   BayObLG Rpfleger 1993, 335.
275   BayObLG NotBZ 2003, 158.
276   *Lotter* MittBayNot 1993, 144.
277   OLG Hamm Rpfleger 1976, 317; OLG Bremen Rpfleger 1980, 68; LG Lüneburg Rpfleger 1979, 314; **aA** *Demharter* Rpfleger 1983, 133.
278   BayObLG Rpfleger 1980, 435.
279   BayObLG aaO; LG Lüneburg Rpfleger 1979, 314.
280   LG Heilbronn BWNotZ 1976, 125.
281   OLG Köln MittRhNotK 1992, 219; **aA** LG Köln Rpfleger 1992, 478.
282   BayObLG Rpfleger 1991, 414.
283   LG Nürnberg-Fürth DNotZ 1988, 321; *Schöner/Stöber* Rn 2855; **aA** *Röll* DNotZ 1988, 323.
284   BayObLGZ 1973, 78, 83; 1973, 267; OLG Hamm OLGZ 1977, 264, 272.
285   BayObLG Rpfleger 1993, 398.

Gemäß § 3 Abs 2 S 1 WEG soll für die im Sondereigentum stehenden Räume Abgeschlossenheit vorliegen. Da **106** es sich insoweit um eine Sollvorschrift handelt, ist bei einem Verstoß dagegen das eingetragene Wohnungseigentum weder nichtig noch anfechtbar.[286] Das GBA hat jedoch Sollvorschriften in gleicher Weise wie zwingende Vorschriften zu beachten. Als einzigen Nachweis für die Abgeschlossenheit iSv § 3 Abs 2 WEG sieht das WEG die **Abgeschlossenheitsbescheinigung** in § 7 Abs 4 S 1 Nr 2 vor. Sonstige Ermittlungen oder Beweiserhebungen über das etwaige Vorliegen der Abgeschlossenheit trotz Fehlens einer Abgeschlossenheitsbescheinigung sind dem GBA versagt.[287] Ohne Abgeschlossenheitsbescheinigung darf das GBA aber in keinem Fall Wohnungseigentum im GB eintragen.[288] Was unter Abgeschlossenheit zu verstehen ist, regelt das WEG selbst nicht. Dies ist der aufgrund des § 59 WEG erlassenen »Allgemeinen Verwaltungsvorschrift für die Ausstellung von Bescheinigungen gemäß § 7 Abs 4 Nr 2 und § 32 Abs 2 Nr 2 des WEG« vom 19.03.1974 (BAnz Nr 58 vom 23.03.1974, S 2) zu entnehmen. Nach Nr 5a sind abgeschlossene Wohnungen solche Wohnungen, »*die baulich vollkommen von fremden Wohnungen und Räumen abgeschlossen sind, zB durch Wände und Decken, die den Anforderungen der Bauaufsichtsbehörden (Baupolizei) an Wohnungstrennwänden und Wohnungstrenndecken entsprechen und einen eigenen abschließbaren Zugang unmittelbar vom Freien, von einem Treppenhaus oder einem Vorraum haben. Wasserversorgung, Ausguss und WC müssen innerhalb der Wohnung liegen.*« Für die Beurteilung der Abgeschlossenheit stellten die Verwaltungsgerichte auf die jeweils aktuelle Sach- und Rechtslage bei der Erteilung der Abgeschlossenheitsbescheinigung ab, vor allem auf die aktuellen bauordnungsrechtlichen Anforderungen des Brand-, Schall- und Wärmeschutzes.[289] Für Altbauwohnungen wurden deshalb vielfach keine Abgeschlossenheitsbescheinigungen erteilt. Die Praxis half sich mit dem sog Keller- bzw Garagenmodell, wonach Teileigentumsrechte in der Weise ausgestaltet wurden, dass als Sondereigentum lediglich Kellerräume bzw Garagen bestimmt und im Übrigen Sondernutzungsrechte an näher bezeichneten Wohnräumen begründet wurden.[290] Der Auslegung des Begriffs Abgeschlossenheit durch die Verwaltungsgerichte widersprachen die Zivilgerichte, weil die Abgeschlossenheit ein rein zivilrechtlicher Begriff sei, ohne Bezugnahme auf die baurechtlichen Vorschriften.[291] Durch Beschluss vom 30.06.1992 entschied der Gemeinsame Senat der obersten Gerichte des Bundes,[292] dass Räume auch dann abgeschlossen sein können iSv § 3 Abs 2 S 1 WEG, wenn die Trennwände und Trenndecken nicht den Anforderungen entsprechen, die das jeweils aktuelle Bauordnungsrecht eines Bundeslandes aufstellt. Wird dem GBA eine Abgeschlossenheitsbescheinigung vorgelegt, ist es daher nicht daran gebunden, sondern hat vielmehr in eigener Verantwortung zu prüfen, ob die Baubehörde § 3 Abs 2 S 1 WEG richtig ausgelegt hat.[293] Die Abgeschlossenheitsbescheinigung ist aber nur eine formelle Eintragungsvoraussetzung. Zu eigenen Ermittlungen gemäß § 12 FGG, ob die Bescheinigung mit der darin wiedergegebenen Sach- und Rechtslage übereinstimmt, ist das GBA daher weder berechtigt noch verpflichtet. Die einzige Ausnahme davon ist die aufgrund der Eintragungsunterlagen erkennbare Unrichtigkeit der Abgeschlossenheitsbescheinigung; dann darf das GBA nicht eintragen.[294] Ob die Baubehörde bei der Erteilung der Bescheinigung die Erfüllung bautechnischer Anforderungen an die Wohnungstrenndecken und -wände beachtet hat, unterliegt daher nicht dem Nachprüfungsrecht des Grundbuchamtes.[295] Keine Eintragung darf das GBA vornehmen, wenn die Abgeschlossenheitsbescheinigung als Verwaltungsakt angesehen wird[296] und sie zurückgenommen oder widerrufen wurde.[297] Die Abgeschlossenheitsbescheinigung hat jedoch lediglich die Bedeutung einer Wissenserklärung.[298] Deshalb hat das GBA ein Prüfungsrecht, ob eine Kraftloserklärung der Abgeschlossenheitsbescheinigung durch die Baubehörde auf rechtlich zutreffenden Erwägungen beruht.[299] Dies ist zumindest dann zu verneinen, wenn offenkundig ist, dass die Baubehörde eine Unrichtigkeit der Abgeschlossenheitsbescheinigung nur auf die Nichtbeachtung der aktuellen bautechnischen Anforderungen hinsichtlich der Wohnungstrennwände und -decken stützt.

---

286 BGH NJW 1990, 1111; BayObLG Rpfleger 1990, 114; 1980, 295; OLG Hamm Rpfleger 1976, 317, 319.

287 BayObLGZ 1990, 168 = Rpfleger 1990, 457 = MittBayNot 1990, 304 = MittRhNotK 1990, 215.

288 BayObLG aaO; Rpfleger 1993, 335; *Böttcher* Rpfleger 1990, 486, 497.

289 BayVGH, BVerwG, BVerfG DNotZ 1990, 247.

290 BayObLG DNotZ 1992, 718 = MittRhNotK 1992, 115 = BWNotZ 1992, 125 (*Böhringer*) = Rpfleger 1992, 154 (*Eckhardt*); OLG Hamm MittRhNotK 1993, 191; *Pause* NJW 1990, 3178; 92, 671; *Schneider* Rpfleger 1991, 499; *Schmidt* WE 1992, 2; **aA** LG Braunschweig Rpfleger 1991, 201; *Schäfer* Rpfleger 1991, 307.

291 BGH DNotZ 1990, 259; BayObLGZ 1990, 37.

292 NJW 1992, 3290 = DNotZ 1993, 48 = Rpfleger 1993, 238.

293 OBG Gemeinsamer Senat NJW 1992, 3290; BayObLG Rpfleger 1993, 335; 1984, 407; KG OLGZ 1985, 129 = Rpfleger 1985, 107; **aA** *Becker* NJW 1991, 2742.

294 BayObLGZ 1990, 168; 1989, 447; 1984, 136; 1980, 226; 1971, 102; KG Rpfleger 1985, 107; *Böttcher* Rpfleger 1990, 486, 497.

295 BGH Rpfleger 1990, 159 = DNotZ 1990, 259; BayObLGZ 1989, 447 = Rpfleger 1990, 114 = DNotZ 1990, 260 = MittBayNot 1990, 109 = MittRhNotK 1990, 19.

296 *Becker* NJW 1991, 2742.

297 BayObLG Rpfleger 1990, 457, 458.

298 BVerwG NJW 1990, 848; Rpfleger 1988, 256; VGH München NJW-RR 1990, 27; OVG Münster MittBayNot 1986, 82; BayObLG Rpfleger 1990, 457, 458.

299 BayObLGZ 1990, 168 = Rpfleger 1990, 457.

107   **h) Einzelfälle** (vgl zunächst Rdn 87, 88). Eine **Gerichtsklausel**, mit der für alle mit dem dinglichen Recht zusammenhängenden Streitigkeiten der Sitz der Berechtigten als Gerichtsstand bestimmt wird, ist unzulässig und nicht eintragungsfähig.[300] Sie ist prozessual nur in den Schranken des § 38 ZPO zulässig.

108   **Aufrechnungs- und Hinterlegungsverbot** sind mit dinglicher Wirkung nicht möglich.[301] Das Befriedigungsrecht des Eigentümers in der Form des § 1142 Abs 2 BGB gehört zum Inhalt des Eigentums am Grundstück; diese Vorschrift ist wegen des numerus clausus der Sachenrechte nicht abdingbar. Die Klausel »*Aufrechnung ist ausgeschlossen, soweit nicht zwingende gesetzliche Vorschriften dem entgegenstehen*« ist ebenfalls nicht eintragungsfähig.[302] Es gibt nämlich keinen Fall, in dem dinglich ein Aufrechnungsausschluß zulässig wäre, sodass dem Ausschluss stets eine zwingende gesetzliche Vorschrift entgegensteht. Die Klausel soll also nur dazu dienen, im rechtsunkundigen Vertragspartner die irrige Vorstellung hervorzurufen, dass die Aufrechnung eben doch nicht zulässig sei.

109   Strittig ist die Frage, ob folgende **Kündigungsklausel** eintragungsfähig ist: »*Im Falle einer ganzen oder teilweisen Veräußerung bzw Belastung des Grundstücks ist der Hypothekengläubiger zur fristlosen Kündigung berechtigt*«. Eine Ansicht bejaht die Zulässigkeit einer solchen Klausel.[303] Dem ist zu widersprechen. Eine solche Bestimmung ist vielmehr als Umgehung von § 1136 BGB nichtig.[304] Mit ihr wird nämlich genau das erreicht, was die Vorschrift ihrer ratio nach gerade verhindern will, nämlich eine Beeinträchtigung der wirtschaftlichen Handlungsfreiheit des Eigentümers. Gerät dieser nämlich in finanzielle Schwierigkeiten, so wird er trotzdem von einer Veräußerung oder Belastung des Grundbesitzes Abstand nehmen, weil ihm die fristlose Kündigung droht, mit der Folge, das Erlöste dem Gläubiger geben zu müssen.

110   Häufig enthalten Klauseln die **Fiktion des Zuganges** von Erklärungen, zB »*Mehreren Eigentümern gegenüber wird eine Erklärung (zB Kündigung) des Gläubigers auch dann wirksam, wenn sie nur einem von ihnen zugeht.*« Wenn mehrere Eigentümer als Gesamtschuldner haften, was die Regel ist, verlangt § 425 Abs 1 und 2 BGB die Kündigung gegenüber allen Miteigentümern. Der in der Klausel enthaltene Verzicht darauf ist unwirksam, da er nur die Überbürdung des Verwaltungsaufwandes für die Mitteilung der Kündigung an die mehreren Miteigentümer von demjenigen, der die Kündigung zu erklären hat, auf denjenigen, der sie entgegen nimmt, bewirkt.[305]

111   Die Wirksamkeit von **Zinsberechnungs- und Tilgungsverrechnungsklauseln** ist in Literatur und Rechtsprechung umstritten; da bei beiden Klauselarten der Zinseffekt derselbe ist, wird nur von Tilgungsverrechnungsklauseln gesprochen. Beispielhaft seien genannt:

»*Die in der Leistung enthaltenen Zinsen werden jeweils nach dem Darlehensstand am Schluss des vergangenen Tilgungsjahres berechnet.*«

»*Die Tilgungsleistungen werden jährlich am Schluss des Kalenderjahres verrechnet.*«

Die Zulässigkeit solcher Klauseln wird bejaht[306] und verneint.[307] Wegen Verstoßes gegen § 362 BGB und § 1163 Abs 1 S 2, § 1177 Abs 1 BGB muss bei dinglicher Sicherung von der Unwirksamkeit der Klauseln ausgegangen werden. § 362 BGB besagt, dass die Wirkung einer Tilgung sofort mit der Leistung eintritt; diese Bestimmung ist eine schuldrechtliche Fundamentalnorm, weil sie Gerechtigkeit und Rechtsfrieden in grundlegender Weise herstellt, und hat somit zwingenden, dh nicht abdingbaren Charakter. Mit der Erfüllung gemäß § 362 BGB entsteht als gesetzliche Folge ein Eigentümerrecht (§ 1163 Abs 1 S 2, § 1177 Abs 1 BGB). Dies kann durch eine schuldrechtliche Vereinbarung zwischen dem Hypothekengläubiger und dem Schuldner nicht mit dinglicher Wirkung ausgeschaltet oder hinausgeschoben werden. Entrichtet der Darlehensnehmer je nach Vertragsgestal-

---

300   OLG Köln Rpfleger 1956, 340 (*Bruhn*); *Schöner/Stöber* Rn 2076.
301   OLG München JFG 13, 275; OLG Düsseldorf NJW 1958, 1142; LG Aachen Rpfleger 1988, 99; OLG Hamburg Rpfleger 1959, 379; LG Köln DNotZ 1956, 601; *Schöner/Stöber* Rn 2074; *Eickmann* Rpfleger 1973, 341, 344; **aA** *Riedel* DNotZ 1954, 454.
302   *MüKo-Eickmann* § 1142 Rn 23; *Eickmann* Rpfleger 1973, 341, 344; **aA** LG Köln DNotZ 1956, 601; *KEHE-Herrmann* § 16 Rn 4.
303   BGHZ 76, 371 = NJW 1980, 1625 = DNotZ 1980, 475 = Rpfleger 1980, 271; BayObLG DNotZ 1981, 128 = BB 1980, 1185; KG KGJ 42, 280, 282; OLG Hamm OLGZ 1980, 87 = NJW 1980, 416 = DNotZ 1979, 752 = Rpfleger 1979, 405; OLG Frankfurt WM 1977, 1291, 1293; LG Würzburg DNotZ 1975, 221, 224; BGB-RGRK-*Mattern* § 1136 Rn 7; *Palandt-Bassenge* § 1136 Rn 1; *Schöner/Stöber* Rn 2077.
304   OLG Celle DNotZ 1979, 622 = Rpfleger 1979, 621; MüKo-*Eickmann* § 1136 Rn 5; *Knops* ZfIR 1998, 577, 592; *Eickmann* Rpfleger 1973, 341, 344; *Baur-Stürner*, Sachenrecht, § 40 III 2; *Lopau* BlGBW 1979, 101, 1980, 167; *Jauernig* § 1136 Anm 2.
305   *Eickmann* Rpfleger 1973, 341, 344.
306   OLG Stuttgart NJW 1987, 2020; OLG Frankfurt BB 1987, 432; LG Stuttgart NJW 1987, 657; *Schmuck* BB 1986, 1794; *Kollhosser* ZIP 1986, 1429; *Köndgen* NJW 1987, 140; *Bruchner* WM 1987, 449; *Baums* WM Sonderbeilage 1987 Nr 2.
307   MüKo-*Eickmann* § 1163 Rn 37 ff; *Bader* BB 1986, 543 und 1797; 1987, 348; *Löwe* ZIP 1986, 1363; *Trinkner-Wolfer* BB 1987, 425.

tung seine Zahlungen in monatlichen, vierteljährlichen oder halbjährlichen Raten, so wird er dadurch benachteiligt, dass er während des laufenden Jahres Zinsen auf bereits getilgte Kapitalanteile entrichtet und die zinsmindernde Wirkung dieser Zahlungen sich erst zum Jahresende – also nicht sofort mit Erbringung der jeweiligen Leistung – auswirkt. Folgende Beispiele von Tilgungsverrechnungsklauseln sind aus den dargelegten Gründen unwirksam:

(1) *»Das Darlehen wird durch vierteljährlich fällige Tilgungsbeiträge unter Gutschrift jeweils zum Jahresende getilgt«* (= Gutschriftsklausel);[308]

(2) *»Leistungen werden zunächst auf die Zinsen und erst zum letzten Fälligkeitstermin des Jahres auf das Kapital verrechnet«* (= Zinsverrechnungsklausel);[309]

(3) *»Jede Leistung des Schuldners gilt zunächst nicht als Leistung zur Tilgung der Schuld, sondern lässt eine Guthabensforderung des Schuldners gegen den Gläubiger entstehen, die dem Gläubiger zu dessen zusätzlicher Sicherung verpfändet wird«* (= Darlehensklausel).[310]

Eine **erweiterte Sicherungsklausel** liegt vor, wenn eine Grundschuld nicht nur der Sicherung einer einzelnen Forderung, sondern aller gegenwärtigen und künftigen Forderungen dienen soll. Eine solche Klausel ist gesetzlich jederzeit möglich und gemäß § 242 BGB nicht zu beanstanden, wenn der Darlehensnehmer identisch mit dem Grundstückseigentümer ist oder bei deren Nichtidentität die Grundschuld der Absicherung von Verbindlichkeiten in wechselnder Höhe aus einer laufenden Geschäftsverbindung dient.[311] Überraschungscharakter gemäß § 242 BGB können diese umfassenden Sicherungsklauseln nur haben, wenn der Darlehensnehmer nicht identisch ist mit dem Grundstückseigentümer und die Grundschuld zunächst nur der Sicherung einer konkreten Einzelforderung dient. **112**

Die in einer **Teilungserklärung** enthaltene Klausel, nach der Wohnungseigentümer sich in der Eigentümerversammlung nur durch Ehegatten, einen Wohnungs- oder Teileigentümer und den Verwalter derselben Wohnanlage vertreten lassen können, ist grundsätzlich wirksam.[312] Anders als im Vereinsrecht (§ 38 S 2 BGB) ist Stellvertretung im Sinne der §§ 164 ff BGB bei jedem Wohnungseigentümer grundsätzlich möglich. Diese Befugnis, sich durch einen Bevollmächtigten vertreten zu lassen, ist aber durch Rechtsgeschäft abdingbar. Nicht zulässig ist nur ein allgemeiner Ausschluss eines Wohnungseigentümers vom Stimmrecht.[313] **113**

IV. Prüfung von Allgemeinen Geschäftsbedingungen

Schrifttum

Böhringer, Beanstandung von AGB-Klauseln durch das Grundbuchamt, BWNotZ 1980, 129; *Böttcher,* Bedeutung des AGB-Gesetzes für das Grundbuchverfahren, RpflStud 1986, 73; *Brambring/Schippel,* Vertragsmuster des Notars und Allgemeine Geschäftsbedingungen, NJW 1979, 1802; *Eickmann,* Allgemeine Geschäftsbedingungen und Freiwillige Gerichtsbarkeit – ein Beitrag zur Inhaltskontrolle von AGB durch den Rechtspfleger, Rpfleger 1978, 1; *Ertl,* Entwicklungsstand und Entwicklungstendenzen des Grundbuchrechts nach 80 Jahren GBO, Rpfleger 1980, 1; *ders,* AGB-Kontrolle von Gemeinschaftsordnungen der Wohnungseigentümer durch das Grundbuchamt?, DNotZ 1981, 149; *Hahn,* Grundschuld und abstraktes Schuldversprechen, ZIP 1996, 1233; *Hottenbacher,* Die Auswirkungen des AGB-Gesetzes auf die mit einem abstrakten Schuldanerkenntnis verbundene formularmäßige Bestellung von Grundpfandrechten, BWNotZ 1979, 73; *Kümpel,* Persönliche Haftung und Vollstreckungsunterwerfung bei Grundpfandrechten und das AGB-Gesetz, WM 1978, 746; *Lopau,* Kündigungsklauseln in Grundpfandverträgen, BlGBW 1980, 167; *Rastätter,* Grenzen der banküblichen Sicherung durch Grundpfandrechte, DNotZ 1987, 459; *ders,* Zur Zulässigkeit des Verzichts auf den Nachweis der die Fälligkeit begründenden Tatsachen bei notariellen Vollstreckungsunterwerfungsklauseln, NJW 1991, 392; *Reinelt,* Ermächtigung des Verkäufers zur einseitigen Ausgestaltung der Teilungserklärung, NJW 1986, 826; *Röll,* Das AGB-Gesetz und die Aufteilung zu Wohnungseigentum, DNotZ 1978, 720; *Herbert Roth,* Die Inhaltskontrolle nichtausgehandelter Individualverträge im Privatrechtssystem, BB 1987, 977; *ders,* Allgemeine Geschäftsbedingungen und Individualvereinbarungen, BB 1992 Beilage 4; *Schippel/Brambring,* AGB-Gesetz und notariell beurkundete Formularverträge, DNotZ 1977, 131 und 197; *Schlenker,* Die Bedeutung des AGBG im Grundbuchantragsverfahren (Diss Tübingen 1982); *Schmid Horst,* Allgemeine Geschäftsbedingungen und Inhaltskontrolle im Grundbuchverfahren, BB 1979, 1639; *ders,* Inhaltskontrolle von AGB durch das Grundbuchgericht, Rpfleger 1987, 133; *Schmidt Friedrich,* Inhaltskontrolle und Grundbuchverfahrensrecht, MittBayNot 1978, 89; *ders,* Teilungserklärung als AGB?, MittBayNot 1979, 139; *Schmitz,* Überprüfung Allgemeiner Geschäftsbedingungen durch das Grundbuchamt, MittBayNot

---

308 RGZ 104, 68; OLG Hamm JMBl NRW 1962, 122; LG Essen Rpfleger 1961, 296; LG Koblenz Rpfleger 1963, 198; MüKo-*Eickmann* § 1163 Rn 37; *Bader* BB 1986, 543, 544.
309 MüKo-*Eickmann* § 1163 Rn 39; *Bader* BB 1986, 543, 545; **aA** RGZ 143, 70; LG Lübeck SchlHA 1963, 119.
310 MüKo-*Eickmann* § 1163 Rn 38; **aA** KG KGJ 53, 184.
311 BGH MittBayNot 1987, 79 = DNotZ 1987, 485; *Westermann-Eickmann* § 115 II 2 f; *Rastätter* DNotZ 1987, 459, 476 f.
312 BGH Rpfleger 1987, 106 = MittBayNot 1987, 84 = JZ 1987, 463 m abl Anm *Weitnauer:* BayObLGZ 1981, 181; OLG Karlsruhe OLGZ 1976, 273; OLG Frankfurt OLGZ 1979, 134; BGB-RGRK-*Augustin* § 25 WEG Rn 20; **aA** KG OLGZ 1986, 56; *Weimar* BlGBW 1977, 11, 12; 1981, 88; LG Hamburg Rpfleger 1979, 65; MüKo-*Röll* § 25 Rn 8.
313 BayObLGZ 1965, 34, 42; OLG Hamm Rpfleger 1975, 401, 402 = DNotZ 1976, 165.

1982, 57; *Schmitz-Valckenberg,* Probleme bei der Bestellung von Grundschulden im Hinblick auf die Vorschriften der §§ 3 und 9 AGBG, DNotZ 1996, 492; *Stürner,* Die neue Regelung des Rechts der Allgemeinen Geschäftsbedingungen und ihre Auswirkungen auf die notarielle Praxis, BWNotZ 1977, 106; *ders,* Die Kreditsicherung der Banken und das neue AGBG, JZ 1977, 431 und 639; *ders,* Die formularmäßige Bestellung von Grundpfandrechten und das neue AGBG – eine vorläufige Bestandsaufnahme, BWNotZ 1978, 2; *ders,* Die Auswirkungen des AGB-Gesetzes auf die mit einem abstrakten Schuldanerkenntnis verbundene formularmäßige Bestellung von Grundpfandrechten, BWNotZ 1979, 76; *Ulmer,* AGB-Gesetz und einseitig gesetzte Gemeinschaftsordnungen von Wohnungseigentümern, FS Weitnauer (1980) 205; *ders,* Notarielle Vertragsmuster und AGB-Inhaltskontrolle, DNotZ 1981, 84.

1. Unwirksamkeit von AGB

114 In der grundbuchrechtlichen Literatur wird vereinzelt die Meinung vertreten, dass die Aufnahme einer von den §§ 305–310 BGB missbilligten Klausel in den dinglichen Vertrag nicht die wirksame Bestellung eines dinglichen Rechts verhindert, sondern nur seine Ausübung, dh es komme nur zur relativen Unwirksamkeit der Klausel im Verhältnis zwischen den Vertragsparteien.[314] Dem kann nicht gefolgt werden.[315] Nicht nur, dass sich in der gesamten Kommentarliteratur zu den §§ 305–310 BGB kein Hinweis für diese Ansicht findet, auch der eindeutige Wortlaut der Vorschriften geht von der absoluten Unwirksamkeit (Nichtigkeit) der betroffenen Klauseln aus (»unwirksam«).

115 Strittig ist die Frage, ob eine Grundbucheintragung trotz eines Verstoßes des rechtsgeschäftlichen Begründungstatbestandes gegen die §§ 307–309 BGB zur teilweisen Grundbuchunrichtigkeit[316] oder zur **teilweisen inhaltlichen Unzulässigkeit**[317] der Eintragung führt. Zwischen einer Grundbuchunrichtigkeit und einer inhaltlichen Unzulässigkeit besteht ein aliud-Verhältnis.[318] Der Tatbestand der Grundbuchunrichtigkeit liegt dann vor, wenn der Buchstand und die materielle Rechtslage auseinander fallen; dies ist sicherlich der Fall, wenn der materielle Begründungstatbestand auf Grund von Umständen seines Abschlusses unwirksam ist (zB §§ 104 ff BGB, §§ 142, 123 BGB, § 1365 BGB). Es gibt aber auch Fälle, bei denen die Unwirksamkeit des materiellen Rechtsgeschäfts nicht zu Grundbuchunrichtigkeit, sondern infolge Beseitigung der Eintragungsfähigkeit zur inhaltlichen Unzulässigkeit der Grundbucheintragung führt. Dies folgt aus § 53 Abs 1 GBO, der zwischen Grundbuchunrichtigkeit und inhaltlicher Unzulässigkeit unterscheidet. Ein Amtswiderspruch kann gemäß § 53 Abs 1 S 2 GBO bei bestehender Grundbuchunrichtigkeit eingetragen werden, wenn sich ein gutgläubiger Erwerb anschließen kann. Im Gegensatz dazu lässt § 53 Abs 1 S 2 GBO eine Amtslöschung von inhaltlich unzulässigen Eintragungen nur zu, weil insoweit kein gutgläubiger Erwerb möglich ist. Die hM nimmt nun zu Recht an, dass eine gegenüber einer gegen die §§ 307–309 BGB verstoßende Klausel wegen ihrer absoluten Unwirksamkeit (Nichtigkeit) einem gutgläubigen Erwerb (zB durch einen Zessionar) nicht zugänglich ist.[319] Nichtiges kann nicht gutgläubig erworben werden.[320] Daraus folgt zwingend, dass ein Verstoß gegen die §§ 307–309 BGB bei dennoch vollzogener Grundbucheintragung nicht zur teilweisen Grundbuchunrichtigkeit führen kann, da sowohl § 894 BGB als auch § 53 Abs 1 S 1 GBO die Möglichkeit eines gutgläubigen Erwerbs voraussetzen. Nach allgemeiner Ansicht ist eine Eintragung dann inhaltlich unzulässig, wenn Art oder Inhalt des eingetragenen Rechts gegen das materielle Gesetz verstößt.[321] Dies ist neben den klassischen Verstößen gegen den numerus clausus (zB dingliches Mietrecht) und den Typenzwang (zB Erbbaurecht an zweiter Rangstelle) auch dann der Fall, wenn die Unwirksamkeit der rechtsgeschäftlichen Begründung eines dinglichen Rechts darauf beruht, dass deren Inhalt gegen materielles Gesetz verstößt; denn dann verlautbart die Eintragung eines solchen Rechts eben diesen Gesetzesverstoß und ist daher inhaltlich unzulässig.[322] Diese Voraussetzungen sind bei einem Verstoß gegen die §§ 307–309 BGB gegeben, da diese Normen zwingendes materielles Recht darstellen. Dass die absolute Unwirksamkeit (Nichtigkeit) einer gegen die §§ 307–309 BGB verstoßenden Klausel ihrem Inhalt, nicht dagegen den Umständen ihrer Begründung zuzurechnen ist, ergibt schon der Wortlaut dieser Normen, kodifizieren sie doch die von der Rechtsprechung begründete Inhaltskontrolle.[323] Festzuhalten bleibt somit, dass die Grundbucheintragung gegen die §§ 307–309 BGB verstoßenden Klausel nicht zu einer

---

314 MüKo-*Wacke* § 873 Rn 29; *Schöner/Stöber* Rn 212; *Ertl* DNotZ 1981, 149, 159; *Nieder* NJW 1984, 329, 338.

315 Ebenso: *Schlenker* 4. Abschn I 2. *Böttcher* RpflStud 1986, 73, 77; *Horst Schmid* Rpfleger 1987, 133, 134.

316 BayOblGZ 1979, 434 = NJW 1980, 2818 = DNotZ 1980, 357 = Rpfleger 1980, 105; OLG Köln Rpfleger 1989, 405 (*Böttcher*); *Schöner/Stöber* Rn 212; *Demharter* § 19, Rn 43 und § 53 Rn 48.

317 KEHE-*Eickmann* § 53 Rn 16; *Schlenker* 2. Abschn IV; *Eickmann,* GBVerfR, 6. Kap § 2 V 2; *Horst Schmid* BB 1979, 1639; Rpfleger 1987, 133, 137 f; *Ulmer,* FS-Weitnauer (1980), S 205, 222; *Böttcher* RpflStud 1986, 73, 77.

318 KG DR 1962, 1796; RG JW 1923; 750; MüKo-*Wacke* § 894 Rn 14; *Schlenker* S 29 ff; *Böttcher* RpflStud 1986, 73, 77; *Horst Schmid* Rpfleger 1987, 133, 137.

319 *Schlenker* 2. Abschn IV; *Horst Schmid* BB 1979, 1639, 1641; Rpfleger 1987, 133, 137; *Ulmer,* FS-Weitnauer (1980), S 205, 226; *Ertl* DNotZ 1979, 267, 273, 279; 1981, 149, 163 f; *Böttcher* RpflStud 1986, 73, 78; **aA** *Schöner/Stöber* Rn 212, die jedoch von der falschen Voraussetzung der relativen Unwirksamkeit ausgehen (vgl Rn H 125).

320 BayObLG MittBayNot 1991, 255.

321 KEHE-*Eickmann* § 53 Rn 15 f; *Demharter* § 53 Rn 42.

322 *Schlenker* S 30, 31; *Böttcher* RpflStud 1986, 73, 78; *Horst Schmid* Rpfleger 1987, 133, 137.

323 *Schlenker* S 96; *Böttcher* RpflStud 1986, 73, 78; *Horst Schmid* Rpfleger 1987, 133, 137.

teilweisen Grundbuchunrichtigkeit führt, sondern im Umfang des Gesetzesverstoßes eine teilweise inhaltliche Unzulässigkeit iSd § 53 Abs 1 S 2 GBO zur Folge hat.

2. Prüfungspflicht

Bereits im Jahre 1973 fordert erstmals *Eickmann* eine Prüfungspflicht des Grundbuchamtes hinsichtlich AGB.[324] **116** Inzwischen herrscht in Rechtsprechung und Literatur **Einigkeit darüber, dass das Grundbuchamt eine AGB-Kontrolle durchzuführen hat.**[325] Dies ist auch gerechtfertigt. Denn die Inhaltskontrolle von AGB ist Rechtsanwendung und daher von jedem Rechtsanwender von Amts wegen vorzunehmen, also auch vom Grundbuchamt. Es bedarf keiner Berufung einer Partei auf die Unangemessenheit einer AGB-Bestimmung.

3. Prüfungsumfang

a) Verbotsnormen. aa) Verbote ohne Wertungsmöglichkeit (§ 309 BGB). Jede Klausel in einem die **117** Voraussetzungen von AGB erfüllenden Vertragsvermerk ist zunächst darauf zu prüfen, ob sie unter den Verbotskatalog des § 309 BGB fällt. Hierbei handelt es sich um Klauselverbote ohne Beurteilungsspielraum. Im Vordergrund stehen Rechtsbegriffe, deren Subsumierung keine großen Probleme aufwirft. Ein Verstoß gegen § 309 BGB hat die strikte Unwirksamkeit zur Folge, ohne dass eine Billigkeitserwägung oder eine Angemessenheitsprüfung im Einzelfall stattfinden darf. Der Verbotskatalog von § 309 BGB ist in sich abgeschlossen und zieht auf Grund einer abschließenden Wertung des Gesetzgebers stets die Unwirksamkeitssanktion nach sich. Für das Grundbuchverfahren sind vor allem folgende Regelungen des § 309 BGB von Bedeutung:

Nr 3 erklärt eine Bestimmung, durch die dem Vertragspartner des Verwenders die Befugnis genommen wird, mit einer unbestrittenen oder rechtskräftig festgestellten Forderung aufzurechnen, für unwirksam.

Nr 5 geht davon aus, dass der Verwender eine begründete Schadensersatzforderung hat, verbietet aber die Festsetzung zu hoher Pauschalen in AGB sowie solcher Klauseln, die dem Kunden den Einwand versagen, in seinem Fall sei gar kein Schaden entstanden oder doch nur ein wesentlich geringer.

Nr 6 verbietet nicht generell Vertragsstrafeversprechen in AGB, sondern praktisch nur die Vereinbarung von »Reugeld« oder »Abstand« für den Fall, dass der Kunde sich vom Vertrag löst.

Nr 12 verbietet bestimmte Beweislastklauseln.

Nr 13 schließlich will insbesondere untersagen, dass Kundenerklärungen nur wirksam sind, wenn sie per Einschreiben abgegeben werden.

bb) Verbote mit Wertungsmöglichkeit (§ 308 BGB). Fällt eine Klausel nicht unter § 309 BGB, so ist der **118** Katalog des § 308 BGB zu prüfen. Die Besonderheit der in § 308 BGB enthaltenen Klauselverbote liegt darin, dass sie eine Wertung durch Ausfüllung von unbestimmten Rechtsbegriffen verlangen (Nr 5: angemessen; Nr 6: besondere Bedeutung). Auf Grund einer generalisierend-typisierenden Betrachtungsweise ist die Frage zu beantworten, ob die durchzuführende Wertung eine unangemessene Benachteiligung des AGB-Kunden zur Konsequenz hat oder nicht; insoweit sind die besonderen Umstände des Einzelfalles außer Betracht zu halten. Für das Grundbuchverfahren sind vor allem folgende Regelungen des § 308 BGB von Bedeutung:

Nr 5 erklärt fingierte Erklärungen für unwirksam.

Nr 6 verbietet, dass in AGB der Zugang von besonders bedeutsamen Erklärungen fingiert wird.

cc) Verbote auf Grund der Generalklausel des § 307 BGB. Fällt eine Klausel weder unter § 309 BGB **119** noch unter § 308 BGB, so ist sie schließlich an der Generalklausel des § 307 BGB zu messen. Bestimmungen in AGB dürfen danach inhaltlich nicht so gestaltet sein, dass sie den Vertragspartner des Verwenders entgegen Treu und Glauben unangemessen benachteiligen (§ 307 Abs 1 BGB). Eine unangemessene Benachteiligung des Vertragspartners wird widerlegbar vermutet, wenn eine Klausel eines der beiden in § 307 Abs 2 BGB vorgeschriebenen Kriterien erfüllt. Bei der Anwendung des § 307 BGB ist Abs 2 vor Abs 1 zu prüfen, weil Abs 2 den Kontrollmaßstab konkretisiert und Abs 1 die Fälle unangemessener Benachteiligung auffängt, die nicht schon durch

---

324 *Eickmann* Rpfleger 1973, 341.
325 BayObLGZ 1979, 434 = NJW 1980, 2818 = DNotZ 1980, 357 = Rpfleger 1980, 105; OLG Celle DNotZ 1979, 622 (*Schöner*) = Rpfleger 1979, 261; LG Nürnberg-Fürth BB 1979, 698; MittBayNot 1979, 10 (*Friedrich Schmidt*); AG Bayreuth BB 1979, 696 = MittBayNot 1979, 12 (*Friedrich Schmidt*); *Eickmann,* GBVerfR, 6. Kap § 2 V 2; *Habscheid* § 41 IV; *Pawlowski-Smid,* FG, Rn 466; *Schlenker* 5. Abschn; *Eickmann* Rpfleger 1978, 1; *von Westphalen* ZIP 1984, 1, 6; *Böhringer* BWNotZ 1980, 129; *Schmitz* MittBayNot 1982, 57; *Horst Schmid* BB 1979, 1639; *Nieder* NJW 1984, 329; *Ulmer,* FS-Weitnauer (1980), S 205; *Böttcher* RpflStud 1986, 73, 78.

Abs 2 erfasst werden. Die Inhaltskontrolle hat auf Grund einer überindividuell-generalisierenden, von den konkreten Umständen des Einzelfalles absehende Betrachtungsweise zu geschehen.[326]

120   § 307 Abs 2 BGB ordnet an, dass eine unangemessene Benachteiligung im Zweifel anzunehmen ist, wenn einer der unter Nr 1 und 2 umschriebenen Tatbestände erfüllt ist. Dadurch sollen der Praxis zum Zwecke der Konkretisierung der Generalklausel gesetzliche Orientierungskriterien an die Hand gegeben werden. § 307 Abs 2 Nr 1 BGB ist erfüllt, wenn eine Klausel von den wesentlichen Grundgedanken einer gesetzlichen Regel abweicht, sich also im Gegensatz zu ratio legis, zum Gerechtigkeitsgehalt der Norm, stellt. § 307 Abs 2 Nr 2 BGB liegt vor, wenn eine Klausel in einem Vertrag von den diesen Vertragstyp prägenden Rechten und Pflichten so abweicht, dass der Vertragszweck gefährdet erscheint; diese Vorschrift wurde in erster Linie geschaffen für den Fall, dass für den Vertragstyp eine Orientierungshilfe in Form einer dispositiven gesetzlichen Regelung nicht besteht.

121   § 307 Abs 1 BGB beurteilt die Wirksamkeit einer AGB-Klausel danach, ob durch die Regelung der Vertragspartner des Verwenders unangemessen benachteiligt wird; diese Frage muss im Hinblick auf die Gebote von Treu und Glauben entschieden werden. Die vom Gesetz geforderte Wertung hat dabei eine Analyse und Abwägung der gegensätzlichen Interessen der Beteiligten vorzunehmen.

122   **b) Meinungsvielfalt für das Grundbuchverfahren.** Zu den umstrittendsten Fragen im Grundbuchverfahrensrecht gehört die nach dem Prüfungsumfang hinsichtlich AGB. Es werden dazu **vier Meinungen** vertreten:

(1) Die erste Ansicht geht davon aus, dass das Grundbuchamt alle AGB-Klauseln uneingeschränkt an den §§ 307–309 BGB zu messen hat.[327]

(2) Eine zweite Ansicht bejaht die Prüfungspflicht uneingeschränkt für § 309 BGB; bei den Verbotsnormen der §§ 307, 308 BGB soll das Grundbuchamt nur bei »Offensichtlichkeit« bzw »Eindeutigkeit« des Verstoßes zur Prüfung berechtigt sein (= Klauselverbote mit Wertungsmöglichkeit).[328]

(3) Die überwiegende Ansicht gestattet dem Grundbuchamt eine Beanstandung auf Grund aller drei Verbotsnormen (§§ 307–309 BGB) nur dann, wenn sich ein Verstoß dagegen »aufdrängt« oder »zweifelsfrei« vorliegt, dh bei »Offensichtlichkeit« oder »Eindeutigkeit«.[329]

(4) Die vierte Meinung untersagt dem Grundbuchamt eine Inhaltskontrolle auf Grund § 307 BGB, gestattet sie gemäß § 308 BGB bei »Offensichtlichkeit« des Verstoßes und bei § 309 BGB stets.[330]

123   **c) Eigene Meinung.** Es ist davon auszugehen, dass der Grundbuchrechtspfleger verpflichtet ist, die ihm vorgelegten Unterlagen daraufhin zu überprüfen, ob sich darin ein Verstoß gegen die §§ 307–309 BGB befindet. Bei einem Eintragungsverfahren gemäß § 19 GBO ergibt sich eine diesbezügliche Prüfungspflicht aus der unstreitigen Pflicht des Grundbuchamts, die Eintragungsfähigkeit des dinglichen Rechts zu untersuchen (= **formelles Legalitätsprinzip**, vgl Rdn 32, 33); eine gegen die §§ 307–309 BGB verstoßende Grundbucheintragung führt mangels Eintragungsfähigkeit zur teilweisen inhaltlichen Unzulässigkeit (§ 53 Abs 1 S 2 GBO), die keinem gutgläubigen Erwerb zugänglich ist (vgl Rdn 115). Das im Eintragungsverfahren des § 20 GBO geltende **materielle Legalitätsprinzip** (vgl Rdn 34) verlangt sowieso die Überprüfung der materiellrechtlichen Regelungen, die Inhalt des Grundbuchs werden sollen, sodass sich bereits daraus die uneingeschränkte Prüfungspflicht des Grundbuchrechtspflegers hinsichtlich der §§ 307–309 BGB ergibt.

124   Abzulehnen ist vor allem eine unterschiedliche Behandlung der einzelnen Verbotsnormen der §§ 307–309 BGB (vgl Rdn 122 Ziff 2, 4). Die systematische Stellung des § 307 BGB ist vorgezeichnet, weil § 308 BGB eine beispielhafte Aufzählung, § 309 BGB eine abschließende Aufzählung von unwirksamen AGB-Klauseln enthalten. Sowohl **§ 308 BGB** als auch **§ 309 BGB** enthalten **Konkretisierungen der Generalklausel von § 307 BGB**, dh der Klauselkatalog des § 308 BGB präzisiert die Generalklausel des § 307 BGB, während der Verbotskatalog von § 309 BGB die Generalklausel des § 307 BGB definiert.

125   Widersprochen werden muss auch den Ansichten, die eine Prüfungspflicht nur dann bejahen, wenn sich ein Verstoß gegen die §§ 307–309 BGB »aufdrängt« oder »zweifelsfrei« vorliegt, dh bei **»Offensichtlichkeit«** oder

---

326 BGHZ 22, 90, 98; 52, 61, 63.
327 LG Nürnberg-Fürth BB 1979, 698; *Schlenker* 5. Abschn; *Eickmann* Rpfleger 1978, 1; *Böttcher* RpflStud 1986, 73, 82 (nach Rpfleger 1992, 319 nicht mehr für § 307 Abs 1); *Horst Schmid* BB 1979, 1663, (nach Rpfleger 1987, 133, 141 f nicht mehr für § 307 Abs 1).
328 *Schöner/Stöber* Rn 217; *Böhringer* BWNotZ 1980, 129.
329 BayObLG DNotZ 2003, 51; RNotZ 2003, 183; OLG Celle Rpfleger 1979, 261 = DNotZ 1979, 622 (*Schöner*); LG Nürnberg-Fürth MittBayNot 1979, 10 (*Friedrich Schmidt*); AG Bayreuth BB 1979, 696 = MittBayNot 1979, 12 (*Friedrich Schmidt*); *Soergel-Stürner* § 873 Rn 4; *Brehm*, FG, Rn 746; *Nieder* NJW 1984, 329, 338; *Schmitz* MittBayNot 1982, 57, 60.
330 *Friedrich Schmidt* MittBayNot 1978, 89, 97 f; *Reitmann* DNotZ 1979, 67, 91.

»**Eindeutigkeit**« (vgl Rdn 122 Ziff 2–4). Diese Begriffe sind **nichtssagende Leerformeln**. Diese Einschränkungen beruhen auf der falschen Voraussetzung, dass eine gegen die §§ 307–309 BGB verstoßende Grundbucheintragung zur teilweisen Grundbuchunrichtigkeit führt; im letzteren Fall darf eine Eintragung nämlich nur dann versagt werden, wenn die Grundbuchunrichtigkeit zur Überzeugung des Rechtspflegers feststeht (vgl Rdn 69). Es wurde jedoch bereits dargelegt, dass mangels Eintragungsfähigkeit eine inhaltlich unzulässige Eintragung vorliegt, wenn eine Klausel trotz Verstoßes gegen die §§ 307–309 BGB im Grundbuch eingetragen wird (vgl Rdn 115). Hinsichtlich der Eintragungsfähigkeit eines dinglichen Rechtes besteht jedoch unstreitig eine Prüfungspflicht, nicht nur bei der nichts sagenden »Offensichtlichkeit«. Gemeint ist wohl damit, dass nur solche Wertungen zur Prüfung und Beanstandung berechtigen sollen, die im Einzelfall ohne weitere Ermittlungen lediglich aus den vorgelegten Eintragungsunterlagen ohne Zweifel beurteilt werden können. Dies ist jedoch falsch. Die Eintragungsfähigkeit gehört nämlich zu den bei jeder Eintragung zu prüfenden Voraussetzungen, wobei bereits Zweifel daran zur Aufklärung berechtigen (vgl Rdn 62).

Es ist daher wie folgt vorzugehen:[331] Das Grundbuchamt muss die §§ 307–309 BGB im Eintragungsverfahren beachten. Im Rahmen dieser Prüfung ist es an das besonders ausgestaltete Beweisverfahren im formellen Grundbuchrecht gebunden.[332] Gelangt es – evtl nach vorheriger Zwischenverfügung (vgl Rdn 62) – zur Überzeugung, dass die Eintragung wegen der §§ 307–309 BGB inhaltlich unzulässig ist, muss es den Antrag ablehnen. Kann die Eintragungsfähigkeit der AGB-Klausel nicht mit Sicherheit verneint werden, muss die Eintragung erfolgen. **126**

4. Prüfungsgegenstände

a) Eintragungsbewilligung (§ 19 GBO). Eine Mindermeinung besagt, dass die Eintragungsbewilligung (§ 19 GBO) nicht vom Grundbuchamt überprüft werden dürfe.[333] Maßgeblich sei, dass sie auf Grund ihres verfahrensrechtlichen und einseitigen Charakters weder unmittelbar noch mittelbar unter § 305 Abs 1 BGB falle, der vorformulierte Vertragsbedingungen voraussetzt. Das AGBG will aber auch einseitige Erklärungen erfassen. Deshalb und wegen des Sachzusammenhangs zwischen dem dinglichen Einigungsvertrag und der Eintragungsbewilligung (§ 874 BGB: Bezugnahme auf die Bewilligung zur näheren Bezeichnung des Inhalts des dinglichen Rechts) ist in Übereinstimmung mit der hM[334] davon auszugehen, dass § 305 Abs 1 BGB auf die Eintragungsbewilligung als rechtlich selbständiges inhaltliches »Spiegelbild der Einigung« unmittelbar anzuwenden ist. **127**

b) Dingliche Einigung (§ 20 GBO). aa) Auflassung. Die Tatsache, dass §§ 305–310 BGB primär auf schuldrechtliche Verträge zugeschnitten ist, schließt unter den Voraussetzungen des § 305 Abs 1 BGB nicht aus, es auch auf sachenrechtliche Verträge anzuwenden, insbesondere auf die dingliche Einigung gemäß § 873 BGB. Bei der nach § 20 GBO gebotenen Überprüfung der Auflassung eines Grundstücks besteht allerdings kein Anlass für die Anwendung §§ 305 BGB, weil sich der Inhalt des Einigungsvertrags wegen seines abstrakten Charakters in der Vereinbarung des Eigentumsübergangs erschöpft.[335] **128**

bb) Erbbaurecht. Strittig ist die Frage, ob das Grundbuchamt verpflichtet ist, die Erbbaurechtsbestellung im Rahmen des § 20 GBO an den §§ 305–310 BGB zu messen. Hier können der Grundstückseigentümer und der Erbbauberechtigte auf Grund der §§ 2–8, § 27 Abs 1 S 2, § 32 Abs 1 S 2 ErbbauRG den Inhalt des Erbbaurechts mit verdinglicher Wirkung über dessen gesetzlichen Inhalt hinaus (vgl zB §§ 23, 26, 31–34 ErbbauRG) vertraglich gestalten; mit ihrer Eintragung im Grundbuch erstarken die zunächst nur schuldrechtlich wirkenden Vereinbarungen iSd § 2 ErbbauRG zum Inhalt des Erbbaurechts. Eine Mindermeinung verneint die Anwendung §§ 305–310 BGB auf die Erbbaurechtsbestellung.[336] Ausgehend von § 305 Abs 1 BGB können Vereinbarungen iSv § 2 ErbbauRG mit der hM[337] allgemeine Geschäftsbedingungen darstellen, wenn sie zB von Siedlungsgenossenschaften oder kirchlichen Organisationen für eine Vielzahl von Verträgen vorformuliert und dem jeweiligen künftigen Erbbauberechtigten als Vertragspartner bei Abschluss des Erbbaurechtsvertrages »gestellt« werden. **129**

---

331 Ebenso: *Pawlowski-Smid*, FG, Rn 466.
332 Vgl dazu: *Meikel-Böttcher* Einl F Rdn 87 ff.
333 OLG Frankfurt/M MittBayNot 1998, 345, 346 = ZfIR 1998, 235, 237; LG Aschaffenburg DNotZ 1979, 178; *Schippel-Brambring* DNotZ 1977; 156; *Dietlein* JZ 1977, 637, 638; *Friedrich Schmidt* MittBayNot 1979, 89, 97; *Schöner* DNotZ 1979, 624; *Schmitz* MittBayNot 1982, 57, 59.
334 OLG Stuttgart NJW 1979, 222, 223 = DNotZ 1979, 21; OLG Celle Rpfleger 1979, 261; LG Nürnberg-Fürth BB 1979, 698; LG Stuttgart BWNotZ 1978, 12; *Eickmann*, GBVerfR, 6. Kap § 2 V I; *Schlenker* 3. Abschn II 1; *Eickmann* Rpfleger 1978, 1, 4; *Horst Schmid* BB 1979, 1639, 1641; Rpfleger 1977, 133; *Heinrichs* NJW 1977, 1506; *Stürner* JZ 1977, 431 und 639; BWNotZ 1978, 2; *Böttcher* RpflStud 1986, 73, 82; *Rastätter* DNotZ 1987, 435.
335 *Schlenker* 3. Abschn I 1; *Eickmann* Rpfleger 1978, 1, 4; *Schmitz* MittBayNot 1982, 57, 59; *Böttcher* RpflStud 1986, 73, 83.
336 *Schöner/Stöber* Rn 1723, 1746.
337 MüKo-*von Oefele* § 2 ErbbauVO Rn 5; *Schlenker* 3. Abschn II 2; *Eickmann* Rpfleger 1978, 1, 4; *Böttcher* RpflStud 1986, 73, 83.

Richtig ist, dass das Gesetz den Inhalt des Erbbaurechts nur sehr begrenzt geregelt hat (§§ 1, 2, 3, 26, 31–34 ErbbauRG), im Übrigen aber der vertraglichen Gestaltung der Beteiligten überlassen. Wenn bei der Unwirksamkeit von AGB-Klauseln somit nicht auf gesetzliche Vorschriften zurückgegriffen werden kann, ist grundsätzlich eine Lückenfüllung via ergänzender Vertragsauslegung geboten. Während dies vor allem im Prozess Bedeutung erlangen dürfte, haben die Beteiligten im Grundbuchverfahren ja sogar die Möglichkeit, nach dem Erlass einer Zwischenverfügung bzw Zurückweisung ordnungsgemäße Bestimmungen zu erstellen.

130 c) Schuldrechtliche Vereinbarungen. Wegen des Abstraktionsprinzips darf das Grundbuchamt Klauseln im schuldrechtlichen Vertrag grundsätzlich nur dann prüfen, wenn sich daraus Auswirkungen auf das dingliche Erfüllungsgeschäft (vgl Rdn 95 ff); dies gilt auch für AGB-Klauseln. Im Bereich von AGB wird dies jedoch äußerst selten vorkommen. Nach § 306 Abs 1 BGB bleibt nämlich ein schuldrechtlicher Vertrag trotz der Unwirksamkeit einzelner Klauseln idR wirksam; nur ausnahmsweise, nämlich unter den Voraussetzungen des § 306 Abs 3 BGB wird der schuldrechtliche Vertrag – und da – mit evtl auch die dingliche Einigung – in seiner Gesamtheit unwirksam. Auf Grund des grundbuchrechtlichen Beibringungsgrundsatzes[338] und des Grundsatzes der Beweismittelbeschränkung[339] ist es dem Grundbuchamt aber idR nicht möglich, das Vorliegen der – oft sogar im Subjektiven wurzelnden – Unzumutbarkeitsgründe des § 306 Abs 3 BGB festzustellen.[340]

131 d) Vormerkung. Der zu sichernde Anspruch ist bei einer Vormerkung wegen deren strengen Akzessorietät einer Prüfung zugänglich (vgl Rdn 101); dies gilt auch für AGB-Klauseln.[341] Der schuldrechtliche Vertrag, aus dem der zu sichernde Anspruch entspringt, bleibt jedoch trotz unwirksamer AGB-Klauseln idR im Übrigen wirksam (§ 306 Abs 1 BGB). Die völlige Unwirksamkeit des gesamten Vertrags gemäß § 306 Abs 3 BGB ist mit Hilfe des besonders gestalteten Beweisverfahrens im Grundbuchrecht[342] regelmäßig nicht zu führen.

132 e) Vollstreckungsunterwerfung. Die §§ 305–310 BGB ist zwar in erster Linie auf schuldrechtliche Verträge zugeschnitten, aber es bestehen keine Bedenken es auch auf Regelungen vollstreckungsrechtlichen Inhalts anzuwenden. Die Abgabe einer vorformulierten Verpflichtung sich der Vollstreckung zu unterwerfen, ist AGB im Sinne von § 305 Abs 1 BGB; daher unterliegt nach hM auch die formularmäßige Vollstreckungsunterwerfung (§ 794 Abs 1 Nr 5, § 800 ZPO) der Inhaltskontrolle gemäß den §§ 307–309 BGB.[343]

133 f) Wohnungseigentum. Wohnungseigentum wird durch einen Vertrag der Miteigentümer (§ 3 WEG) oder durch eine Teilungserklärung des Alleineigentümers (§ 8 Abs 1 WEG) begründet; mit der Anlegung der Wohnungsgrundbücher wird die Teilung wirksam (§ 4 Abs 1 bzw § 8 Abs 2 S 2 WEG). Zusätzlich zu diesen Begründungserklärungen kann eine Gemeinschaftsordnung erstellt werden, und zwar gemeinschaftlich (§ 5 Abs 4, § 10 WEG) oder einseitig (§ 8 Abs 2 S 1, § 5 Abs 4, § 10 WEG); dadurch wird das Verhältnis der Wohnungseigentümer untereinander geregelt. Begrifflich sind die Begründungserklärungen und die Aufstellung der Gemeinschaftsordnung zwei verschiedene Dinge; beide unterliegen zwar dem gleichen Verfahren, sind jedoch sonst auseinander zu halten.[344]

134 aa) Begründungserklärungen. Wie bei der Auflassung bestehen auch bei den Begründungserklärungen, sei es durch Vertrag (§ 3 WEG) oder durch einseitige Teilungserklärung (§ 8 Abs 1 WEG), keinerlei rechtsgeschäftliche Gestaltungsfreiheiten. Vielmehr verfolgen diese einzig und allein das Ziel, durch Begründung von Sondereigentum Wohnungseigentum zu schaffen. Berührungspunkte mit dem AGBG sind somit nicht denkbar.[345]

135 bb) Gemeinschaftsordnung. Die Gemeinschaftsordnung ist eine Vereinbarung der Wohnungseigentümer untereinander. Im Falle des § 3 WEG entsteht sie auch als Vereinbarung, als Vertrag. Bei § 8 WEG handelt es sich um die Errichtung eines Status der Miteigentümer, für die das Gesetz dem teilenden Eigentümer die alleinige Kompetenz gibt; es ist ein privatrechtlicher Rechtssetzungsakt für die künftigen Wohnungseigentümer untereinander.[346] Entsprechend dem Wortlaut des Gesetzes (§ 10 WEG) steht der Inhalt der Gemeinschaftsord-

---

338 *Meikel-Böttcher* Einl F Rdn 90.

339 *Meikel-Böttcher* Einl F Rdn 102.

340 *Eickmann* Rpfleger 1978, 1, 4; *Böttcher* RpflStud 1986, 73, 83.

341 *Eickmann* Rpfleger 1978, 1, 4; *Böttcher* RpflStud 1986, 73, 83; *Horst Schmid* BB 1979, 1639, 1641; **aA** *Friedrich Schmidt* MittBayNot 1978, 89, 97.

342 Vgl dazu: *Meikel-Böttcher* Einl F Rdn 87 ff.

343 BGH NJW 1987, 907; OLG Stuttgart NJW 1979, 223; OLG Oldenburg ZIP 1984, 1468; *Stürner* JZ 1977, 431 und 639; *von Westphalen* ZIP 1984, 1, 7; *Rastätter* DNotZ 1987, 459; *Kollhosser* JA 1979, 264; *Kümpel* WM 1978, 746; *Böttcher* RpflStud 1986, 73, 83; **aA** *Fehl* S 138; *Dietlein* JZ 1977, 638; *Schippel-Brambring* DNotZ 1977, 131.

344 *Friedrich Schmidt* MittBayNot 1979, 139, 140; *Böttcher* RpflStud 1986, 73, 83.

345 *Schlenker* 3. Abschn I 3 a; *Röll* DNotZ 1978, 720, 722; *Friedrich Schmidt* MittBayNot 1979, 139, 140; *Böttcher* RpflStud 1986, 73, 83.

346 *Friedrich Schmidt* MittBayNot 1979, 139, 140; *Böttcher* RpflStud 1986, 73, 83.

nung grundsätzlich zur Disposition der Beteiligten. Diese vorerst nur schuldrechtlich wirkenden Vereinbarungen werden dann verdinglicht, dh auch gegenüber Sonderrechtsnachfolgern wirksam, wenn sie als Inhalt des Sondereigentums im Grundbuch eingetragen werden (§ 5 Abs 4, § 10 Abs 3 WEG).

Eine **gemeinschaftlich vereinbarte Gemeinschaftsordnung** der künftigen Wohnungseigentümer (§ 5 **136** Abs 4, § 10 WEG) kann – jedenfalls theoretisch – allgemeine Geschäftsbedingung iSv § 305 Abs 1 BGB sein.[347] Es handelt sich um eine vertragliche Vereinbarung. In der Praxis wird eine einvernehmlich aufgestellte Gemeinschaftsordnung aber wohl nie die Voraussetzungen von AGB erfüllen.[348] Im konkreten Fall wird es idR bereits an der Vorformulierung der Gemeinschaftsordnung fehlen. Außerdem wird grundsätzlich das Vielzahlerfordernis nicht vorliegen, was voraussetzen würde, dass die gleichen Bestimmungen in einer Vielzahl von Verträgen mit anderen Miteigentümern angewendet werden. Vor allem aber scheitert die Anwendung §§ 305–310 BGB aber daran, dass das Vertragswerk nicht einem Teil der Wohnungseigentümer von den übrigen »bei Vertragsabschluss gestellt«, dh seine Einbeziehung einseitig gefordert worden ist.

Ob eine vom Alleineigentümer **einseitig begründete Gemeinschaftsordnung** (§ 8 Abs 2 S 2, § 5 Abs 4, § 10 **137** WEG) die Voraussetzung von § 305 Abs 1 BGB erfüllt, gehört zu den heftig diskutierten Fragen im Grundstücksrecht. Festzuhalten bleibt zunächst: An der »Vorformulierung« besteht aus der Sicht der an die Gemeinschaftsordnung gebundenen Erwerber der Eigentumswohnungen kein Zweifel. Auch das Merkmal der »Vielzahl« ist in den Fällen unproblematisch, in denen entweder der Bauträger gewerbsmäßig tätig ist und die vorgesehene Gemeinschaftsordnung auch für weitere, künftig von ihm geplante Objekte verwenden will oder in denen ein von dritter Seite vorformuliertes Muster zugrunde gelegt wird. Da die Gemeinschaftsordnung ein einseitig, gegenüber dem Grundbuchamt zu erklärendes Rechtsgeschäft ist, fehlt es – jedenfalls im Zeitpunkt ihrer Abgabe – an einem Vertragspartner des Eigentümers und damit auch an der Möglichkeit des Aushandelns gemäß § 305 Abs 1 S 3 BGB; dadurch ist aber gleichzeitig das Merkmal des »Stellens« der Gemeinschaftsordnung aus der Sicht der künftigen Wohnungseigentümer erfüllt. Eine Meinung bejaht nun die unmittelbare Anwendung §§ 305–310 BGB auf die einseitig begründete Gemeinschaftsordnung, weil diese durch die Übertragung und Eintragung mindestens eines Wohnungseigentumsrechtes auf einen Erwerber auch »Vertragsqualität« erhält.[349] Dem kann nicht gefolgt werden. Nicht nur, dass Vertragsbedingungen bereits begrifflich ausscheiden, auch die Rechtsverbindlichkeit der in der Gemeinschaftsordnung einseitig getroffenen Regelungen tritt gegenüber dem Erwerber nicht durch Vereinbarung oder rechtsgeschäftliche Unterwerfung ein, sondern kraft Gesetzes als zwangsläufige Folge seines Erwerbs. Insoweit konsequent lehnt daher eine Ansicht die Anwendung der §§ 305–310 BGB auf einseitig begründete Gemeinschaftsordnungen ab.[350] Das Schutzbedürfnis der Erwerber von Eigentumswohnungen gegenüber einseitig vom Bauträger gesetzten, inhaltlich unangemessenen Regelungen in Gemeinschaftsordnungen, macht jedoch eine analoge Anwendung von AGB-Recht notwendig.[351] Zu denken ist nur an die nicht selten anzutreffenden Benutzungsbeschränkungen, Vertragsstrafen, Aufrechnungsverbote, Genehmigungs- und Zugangsfiktionen, Entziehungsregelungen oder übermäßige Verwalterrechte. Gegen eine analoge Anwendung von AGB-Recht auf einseitig gestellte Gemeinschaftsordnungen spricht auch nicht das besondere FG-Verfahren nach den §§ 43 ff WEG. Zum einen hat sich dieses Verfahren nicht als effektiv erwiesen, und zum anderen setzt es immer eine klageweise Geltendmachung voraus, dient nur dem Schutz von Individualinteressen und legt den Interessenkonflikt durch »bloßen« Ausgleich bei. Die grundbuchamtliche Inhaltskontrolle geschieht dagegen von Amts wegen, dient auch dem öffentlichen Interesse und wirkt vor allem präventiv.

5. Verfahrensfragen

Weiß das Grundbuchamt, dass AGB vorliegen und darin enthaltene Klauseln gegen die §§ 307–309 BGB verstoßen, so muss es den **Eintragungsantrag einheitlich behandeln** und diesen insgesamt durch Zwischenverfügung beanstanden. Eine Eintragung des dinglichen Rechts ist erst zulässig, wenn der Antragsteller seinen Antrag eingeschränkt, dh teilweise zurückgenommen hat. Das Grundbuchamt darf nicht weniger eintragen als beantragt ist. Soll zB eine Gemeinschaftsordnung in das Grundbuch eingetragen werden, so kann die Eintra- **138**

---

347 *Schlenker* 3. Abschn II 3; *Böttcher* RpflStud 1986, 73, 84.
348 *Kesseler* ZNotP 2005, 20; *Röll* DNotZ 1978, 720, 721; *Eickmann* Rpfleger 1978, 1, 5; *Ulmer,* FS-Weitnauer (1980), S 205, 209; *Ertl* DNotZ 1981, 149, 151; *Böttcher* RpflStud 1986, 73, 84.
349 BayObLG BB 1979, 857, 858; LG Magdeburg Rpfleger 1997, 108; *Eickmann* Rpfleger 1978, 1, 5; *Stürner* BWNotZ 1977, 106, 111.
350 BayObLG NJW-RR 1992, 83; 1987, 714; OLG Hamburg FGPrax 1996, 132, 133; LG Magdeburg Rpfleger 1997, 306; BGB-RGRK-*Augustin* § 8 WEG Rn 29; *Kesseler* ZNotP 2005, 20; *Schippel-Brambring* DNotZ 1977, 152, 177; *Weitnauer,* Beilage Nr 481 zu DB Heft 981, S 1, 5; *Ertl* DNotZ 1981, 149; *Friedrich Schmidt* MittBayNot 1979, 139; *Röll* DNotZ 1978, 720.
351 *Schlenker* 3. Abschn II 4; *Stein* S 62; *Ulmer,* FS Weitnauer (1980), S 205; *Roth* BB 1992 Beilage 4 S 1, 3; *Böttcher* RpflStud 1986, 73, 84.

gung nicht erfolgen, wenn auch nur eine Bestimmung darin unwirksam ist.[352] Die zuweilen zu beobachtende Praxis, den Eintragungsantrag im Umfang des AGB-Verstoßes zurückzuweisen, im Übrigen aber das dingliche Recht mit dem reduzierten zulässigen Inhalt einzutragen, ist unzulässig. Das Grundbuchamt darf einen einheitlichen Eintragungsantrag nicht teilweise zurückweisen und im Übrigen teilweise erledigen.[353]

139   Bestehen **begründete Zweifel** an der Wirksamkeit einer AGB-Klausel, so kann der Grundbuchrechtspfleger zur Aufklärung eine Zwischenverfügung erlassen.[354] Die Eintragungsfähigkeit eines dinglichen Rechts gehört zu allgemeinen Verfahrensvoraussetzungen; begründete Zweifel an deren Vorliegen berechtigen stets zum Erlass einer Zwischenverfügung (vgl Rdn 62). Die gegenteilige Ansicht[355] geht von der falschen Voraussetzung aus, dass eine gegen §§ 307–309 BGB verstoßende Grundbucheintragung die Unrichtigkeit zur Folge hat; in diesem Fall soll dann nur die sichere Kenntnis eine Beanstandung rechtfertigen (vgl Rdn 69, 70). Ein Verstoß gegen die §§ 307–309 BGB beseitigt allerdings nach richtiger Ansicht die Eintragungsfähigkeit und führt zur inhaltlichen Unzulässigkeit. (vgl Rdn 115).

140   Können die zur endgültigen Qualifizierung einer Klausel entscheidungserheblichen Tatsachen nicht geklärt werden, so orientiert sich die Entscheidung des Grundbuchamtes daran, wer die **Feststellungslast**[356] zu tragen hat.[357] Für den Nachweis der Voraussetzungen von AGB (= Vertrag, Vorformulierung, Vielzahl, Stellen) trägt der Partner des Verwenders die Feststellungslast. Für das Vorliegen einer Individualabrede trifft dagegen den Verwender die Feststellungslast.

141   Zugunsten des Partners des Verwenders greift idR der **Anscheinsbeweis**[358] ein, der auch vom Grundbuchrechtspfleger zu beachten ist.[359] Immer dann, wenn das äußere Bild der Urkunde vermuten lässt, dass unwirksame AGB-Klauseln verwendet worden sind, hat der Grundbuchrechtspfleger im Wege der Zwischenverfügung das Eintragungshindernis zu beanstanden; die Klausel kann dann entweder vom Antragsteller »gestrichen« oder der Nachweis des Bestehens einer Individualabrede erbracht werden. Liegt dem Grundbuchamt ein vorgedrucktes oder auf eine sonstige Weise offensichtlich vervielfältigtes Klauselwerk oder Formular vor, in dem nur noch die individuellen Daten der Beteiligten und des betroffenen Rechts und Grundstücks eingesetzt sind, so spricht eine Vermutung für das Vorliegen von AGB und damit gleichzeitig nach den Beweislastregeln §§ 305–310 BGB dafür, dass sie nicht im Einzelnen ausgehandelt sind.[360] Hypotheken- und Grundschuldformulare sind danach in der Regel AGB im Sinne von § 305 Abs 1 BGB.[361] Finden sich in einem solchen Formularvordruck hand- oder maschinenschriftliche Ergänzungen, Änderungen oder Streichungen, so spricht der Anscheinsbeweis für eine Individualabrede in Bezug auf diese Klauseln mit der Folge, dass das Grundbuchamt keine sichere Kenntnis mehr vom Vorliegen eines AGB-Verstoßes hat.[362] Das Gleiche gilt, wenn der Text maschinenschriftlich oder handschriftlich abgefasst ist; weiß das Grundbuchamt jedoch, zB durch das Vorliegen anderer gleich lautender Urkunden, dass der Verwender in anderen Fällen die Verträge ebenso formuliert, hat es Anlass, von AGB auszugehen.[363] Greift der Anscheinsbeweis nicht ein und kann nicht eindeutig festgestellt werden, dass AGB vorliegen, so entfällt der Schutz des Gesetzes und es müssen die zweifelhaften Klauseln eingetragen werden.[364] Geständniserklärungen, dass die Bestimmungen in der Urkunde individuell ausgehandelt worden sind, stellen für sich allein materiellrechtlich kein »Aushandeln« iSd § 305 Abs 1 BGB dar, jedoch sind sie in der Lage im Grundbuchverfahren den Anscheinsbeweis zu entkräften, wenn sie in den vorgedruckten Formularen handschriftlich oder maschinenschriftlich beigefügt sind.[365]

6. Einzelfälle

142   **a) § 309 BGB**. **Aufrechnungsverbote** mit unbestrittenen oder rechtskräftig festgestellten Forderungen sind, nach **§ 309 Nr 3 BGB** unwirksam. Dabei macht es keinen Unterschied, ob es sich um eine ausdrücklich das Aufrechnungsverbot erfassende AGB-Klausel handelt oder um eine sonstige Abrede, die im Ergebnis wie ein

---

352 BayObLG DNotZ 1986, 491; *Böttcher* RpflStud 1986, 73, 84.
353 BayObLGZ 1974, 294, 299; 1981, 56, 60; *Böttcher* RpflStud 1986, 73, 84.
354 *Eickmann* Rpfleger 1978, 1, 8; *Böttcher* RpflStud 1986, 73, 84 f.
355 *Schöner/Stöber* Rn 216.
356 Allgemein dazu *Meikel-Böttcher* Einl F Rdn 114 ff.
357 *Eickmann* Rpfleger 1978, 1, 8; *Böttcher* RpflStud 1986, 73, 85; **aA** *Böhringer* BWNotZ 1980, 129, 131.
358 Allgemein dazu *Meikel-Böttcher* Einl F Rdn 106.
359 *Schöner/Stöber* Rn 215; *Böhringer* BWNotZ 1980, 129, 130; *Eickmann* Rpfleger 1978, 1, 8; *Böttcher* RpflStud 1986, 73, 85.
360 BayObLGZ 1979, 434 = NJW 1980, 2818 = DNotZ 1980, 357 = Rpfleger 1980, 105; *Böhringer* BWNotZ 1980, 129, 130; *Eickmann* Rpfleger 1978, 1, 8; *Böttcher* RpflStud 1986, 73, 85.
361 *Böttcher* RpflStud 1986, 73, 85.
362 *Eickmann* Rpfleger 1978, 1, 8; *Böhringer* BWNotZ 1980, 129, 130; *Böttcher* RpflStud 1986, 73, 85.
363 *Böhringer* BWNotZ 1980, 129, 131; *Böttcher* RpflStud 1986, 73, 85.
364 *Eickmann* Rpfleger 1978, 1, 8; *Böhringer* BWNotZ 1980, 129, 130; *Böttcher* RpflStud 1986, 73, 85.
365 *Böhringer* BWNotZ 1980, 129, 131; *Böttcher* RpflStud 1986, 73, 85.

Aufrechnungsverbot wirkt, zB eine Barzahlungsklausel.[366] Aufrechnungsverbote können aber auch außerhalb des Anwendungsbereichs von § 11 Nr 3 AGBG gemäß **§ 307 BGB** unwirksam sein; dies ist der Fall bei einer Bestimmung, wonach die Aufrechnung mit Forderungen des Vertragspartners des Verwenders ausnahmslos ausgeschlossen ist.[367]

Von besonderer Bedeutung im Grundstücksrecht, vor allem bei den Grundpfandrechten, ist die Abgrenzung **143** zwischen **Schadenersatzpauschalen (§ 309 Nr 5 BGB)** und **Vertragsstrafen (§ 309 Nr 6 BGB),** zB für die Zinserhöhungsklauseln. Die Differenzierung wird idR danach vorgenommen, ob der geltend gemachte Anspruch in erster Linie der Erfüllung des Hauptvertrages dienen und auf den Vertragspartner einen möglichst wirkungsvollen Druck ausüben soll – dann handelt es sich um eine Vertragsstrafe –, oder ob der geltend gemachte Anspruch der vereinfachten Durchsetzung eines Schadenersatzanspruches dient – dann liegt eine Schadenersatzpauschalierung vor.[368] Die Abgrenzung richtet sich danach, ob es sich um eine, gemessen am üblichen Verzugsschaden, vernünftige Zusatzleistung handelt, die auch nur für den Verzugszeitraum geschuldet ist. Die Vereinbarung zB, der Darlehensgeber könne im Falle einer von ihm erklärten außerordentlichen Kündigung des Darlehensvertrages 2 % des Darlehensrestkapitals als **Entschädigungspauschale** verlangen, stellt die Vereinbarung eines pauschalierten Schadensersatzanspruchs dar, die unter den Voraussetzungen des § 309 Nr 5 BGB zulässig ist.[369] Hier soll nicht in erster Linie die Erfüllung der Hauptverbindlichkeit erreicht oder gesichert werden; wurde vielmehr zulässigerweise vom außerordentlichen Kündigungsrecht Gebrauch gemacht, so entsteht idR durch die nicht eingeplante sofortige Beendigung des Darlehensverhältnisses bis zur Wiederanlegung des vorzeitig zurückfließenden Kapitals an einen anderen Kunden ein Schaden. **Zinserhöhungsklauseln** für den Verzugsfall wurden früher des öfteren als »Strafzinsen« oder »Vertragsstrafen« bezeichnet.[370] Heute ist es hM, dass es sich nicht um die Regelung einer Vertragsstrafe im Sinne der §§ 339 ff BGB handelt, sondern um die Vereinbarung eines pauschalierten Anspruchs auf Schadenersatz; sie ist deshalb an § 309 Nr 5 BGB zu messen.[371] Bei der Zinserhöhungsklausel wird die Erfüllung der Gesamtverbindlichkeit überhaupt nicht und die Sicherung der Erfüllung der einzelnen Rate nur subsidiär berührt; im Vordergrund steht, dass der Gläubiger für den ihm infolge des Zahlungsverzugs entstehenden Verlust (= Verwendung, insbesondere Wiederanlage des eingehenden Geldes) entschädigt werden soll. Damit eine Pauschale nach § 309 Nr 5 BGB wirksam ist, darf der AGB-Verwender weder gegen die abstrakt-generalisierende Typisierung von § 309 Nr 5a BGB noch gegen die Elemente konkreter Schadensberechnung nach § 309 Nr 5b BGB verstoßen. Schadensersatzpauschalen sind gemäß § 309 Nr 5a BGB nur dann nicht zu beanstanden, wenn sie sich am typischen Durchschnittsschaden ausrichten, der aus der jeweiligen Vertragsverletzung – nach der Schätzung eines redlichen Beobachters – normalerweise eintritt;[372] es ist deshalb von einer generalisierenden Betrachtungsweise auszugehen, dh es muss eine objektive Prüfung vorgenommen werden, wobei die konkreten Umstände des Einzelfalles außer Betracht bleiben müssen.[373] Verzugszinsen 2 % über den Bundesbankdiskont sind zulässig,[374] nicht dagegen 6 %.[375] Ein Zinsaufschlag von 1 % der Darlehensrestsumme im Falle des Verzuges ist zulässig,[376] nicht dagegen 1, 8 % je Monat.[377] Nach § 309 Nr 5b muss die AGB-Klausel dem anderen Vertragsteil ausdrücklich den Nachweis gestatten, dass ein Schaden oder eine Wertminderung überhaupt nicht entstanden oder wesentlich geringer als die Pauschale sei.

Die **Form von Anzeigen und Erklärungen** ist in **§ 309 Nr 13 BGB** geregelt. Soweit AGB-Klauseln mehr **144** als gewöhnliche Schriftform verlangen, sind sie unwirksam. Dies ist zB der Fall, wenn vereinbart wird, dass der Grundstückseigentümer ein Grundpfandrecht nur mittels eingeschriebenem Brief kündigen könne.[378]

b) § 308 BGB. Häufig enthalten AGB-Klauseln, nach denen in bestimmten Fällen **Erklärungen fingiert 145** werden, zB bei Erhöhungen von Nebenleistungen. Sie sind nur unter den Voraussetzungen von **§ 308 Nr 5a und b BGB** wirksam. Wenn es heißt *»Alle Zahlungen gelten als für den Eigentümer des Pfandobjekts geleistet, sofern der Zahlende nicht schriftlich etwas anderes bestimmt«,* so wird dadurch vom Gesetz vor allem in den Fällen abgewi-

---

366 *Eickmann,* GBVerfR, Rn 284; *Böttcher* RpflStud 1986, 73, 85.
367 BGH MDR 1985, 228; *Böttcher* RpflStud 1986, 73, 85.
368 BGH DNotZ 1992, 659 = MittBayNot 1992, 327; BGHZ 49, 84, 89; NJW 1970, 29, 32; 1976, 1886; MüKo-*Eickmann* § 1115 Rn 30; *Böttcher* RpflStud 1986, 73, 85.
369 BayObLG Rpfleger 1981, 396; *Schöner/Stöber* Rn 2075; *Böttcher* RpflStud 1986, 73, 85.
370 KG KGJ 32, 252, 256; 36, 233, 234; 49, 211, 213; OLG München WPM 1966, 666, 667.
371 BayObLG Rpfleger 1981, 297; LG Stuttgart BWNotZ 1978, 12.
372 BGH WM 1977, 55, 56; OLG Stuttgart BB 1979, 908.
373 BGH NJW 1982, 331, 332.
374 BGHZ 82, 334 = NJW 1982, 331.
375 BGH NJW 1984, 2491.
376 BGH NJW 1983, 1542.
377 OLG Düsseldorf ZIP 1985, 472.
378 *Knops* ZflR 1998, 577, 592; *Eickmann* GBVerfR, Rn 284; *Eickmann* Rpfleger 1978, 1, 8; *Böttcher* RpflStud 1986, 73, 86.

chen, in denen ein Dritter oder (falls vom Gesetz vor allem in den Fällen abgewichen, in denen ein Dritter oder (falls Eigentümer und persönlicher Schuldner nicht identisch sind) der ersatzberechtigte persönliche Schuldner (vgl § 1164 BGB) Zahlungen leistet; insoweit liegt ein Verstoß gegen § 308 Nr 5 BGB vor. Eine Klausel *»Die Abrechnung gilt ohne Erteilung einer Entlastung als rechnerisch anerkannt, wenn nicht binnen 2 Monaten seit ihrer Bekanntgabe die Wohnungseigentümer gegenüber dem Verwalter schriftlich Widerspruch erhoben haben«* ist unwirksam; gemäß § 308 Nr 5b BGB muss schon in den AGB eine Verpflichtung zur Vorwarnung enthalten sein.[379] Bei einem Tilgungsdarlehen, das zur Konditionsanpassung in bestimmten Zeitabschnitten fällig gestellt wird, ist eine AGB-Klausel, die den Darlehensgeber zu einem Verlängerungsangebot verpflichtet und das Schweigen des Darlehensnehmers als Annahme wertet, nicht zulässig;[380] nach § 308 Nr 5 BGB muss dem Darlehensnehmer eine angemessene Frist zur Erklärung eingeräumt werden und zusätzlich muss sich der Darlehensgeber bereits in seinen AGB verpflichten, den Darlehensnehmer bei Fristbeginn nochmals besonders auf die Bedeutung seines Schweigens hinzuweisen.

146 Eine AGB-Klausel, die vorsieht, dass eine Erklärung des Verwenders von besonderer Bedeutung dem anderen Vertragsteil als zugegangen gilt **(= Fiktion des Zugangs)**, ist gemäß **§ 308 Nr 6 BGB** unwirksam. Dies ist zB der Fall bei einer Klausel, die bestimmt, dass eine Erklärung des Verwenders (Gläubigers) von besonderer Bedeutung (fristlose Kündigung der Hypothek) dem Schuldner (oder Grundstückseigentümer) auch dann als zugegangen gilt, wenn sie bei einer Änderung der Anschrift an die letzte dem Gläubiger bekannte Adresse versandt worden ist.[381] Die Klausel *»Erklärungen gegenüber dem Beirat gelten als allen Wohnungseigentümern zugegangen«* ist in dieser Allgemeinheit nicht mit § 308 Nr 6 BGB vereinbar.[382] Unwirksamkeit gemäß dieser Vorschrift liegt bei folgender Regelung vor:[383] *»Erklärungen der Gläubigerin wirken gegenüber allen Gesamtschuldnern, auch wenn sie nur einem von ihnen zugegangen sind«.* Unwirksam sind idR auch Klauseln, die bei mehreren gesamtschuldnerisch haftenden Partnern vorsehen, dass ein Gesamtschuldner als Empfangsvertreter bevollmächtigt wird, da dies dem in § 425 Abs 2 BGB zugrunde gelegten Leitbild widerspricht (§ 307 Abs 2 Nr 1 BGB).[384] Eine vorformulierte Bestimmung, nach der eine Genehmigung zu ihrer Wirksamkeit nicht des Zugangs bedarf, verstößt gegen § 308 Nr 6 BGB.[385]

147 **c) § 307 BGB.** Strittig ist die Frage, ob eine Hypothekenbedingungen enthaltene **Kündigungsklausel**, wonach der Gläubiger einer Hypothek berechtigt sein soll, im Falle der Veräußerung des Grundstücks durch den Schuldner das Darlehen zu kündigen, nach § 307 BGB kontrolliert werden kann und gegebenenfalls unwirksam ist. Eine Meinung[386] verneint die Anwendung des **§ 307 Abs 2 Nr 1 BGB**, weil diese Vorschrift nur Klauseln betreffe, die vom dispositiven Recht abweichen; § 1136 BGB ist jedoch eine zwingende Verbotsnorm. Dem kann nicht zugestimmt werden. Die in Frage stehende Kündigungsklausel betrifft einen gesetzlich nicht geregelten Sachverhalt, ergänzt somit das Gesetz (§ 1136 BGB) und ist damit an § 307 BGB zu messen.[387] Nach richtiger Ansicht[388] ist sie gemäß § 307 Abs 2 Nr 1 BGB unwirksam, weil dadurch eine dem Sinn und Zweck von § 1136 BGB zuwiderlaufende Beschränkung des wirtschaftlichen Handlungsspielraums des AGB-Kunden erreicht wird. Andererseits besteht für den Gläubiger kein wesentliches Interesse an einer solchen Klausel, weil ja auch bei einer Grundstücksveräußerung das dingliche Recht bestehen bleibt und die Forderung weiter sichert.

---

379 *Stürner* BWNotZ 1977, 106, 111; *Böttcher* RpflStud 1986, 73, 87.
380 BGH NJW 1985, 617; *Schöner/Stöber* Rn 2084; *Böttcher* RpflStud 1986, 73, 87.
381 BayObLGZ 1979, 434 = NJW 1980, 3818 = DNotZ 1980, 357 = Rpfleger 1980, 105; LG Magdeburg Rpfleger 1997, 108; LG Nürnberg-Fürth MittBayNot 1979; 10; *Schöner/Stöber* Rn 2083; *Eickmann*, GBVerfR, Rn 285; *Eickmann* Rpfleger 1978, 1, 8; *Böttcher* RpflStud 1986, 73, 87.
382 *Stürner* BWNotZ 1977, 106, 111; *Böttcher* RpflStud 1986, 73, 87.
383 *Eickmann*, GBVerfR, Rn 285; *Eickmann* Rpfleger 1978, 1, 8; *Stürner* BWNotZ 1977, 106, 111; *Böttcher* RpflStud 1986, 73, 87.
384 BGH DNotZ 1989, 621.
385 LG Koblenz DNotZ 1988, 496 m abl Anm v *Kanzleiter*.
386 BGHZ 76, 371 = NJW 1980, 1635 = DNotZ 1980, 475 = Rpfleger 1980, 271 = MittBayNot 1980, 117 (*Friedrich Schmidt*); BayObLG DNotZ 1981, 128 = bb 1980, 1185; OLG Hamm OLGZ 1980, 87 = NJW 1980, 416 = DNotZ 1979, 752 = Rpfleger 1979, 405; AG Bayreuth BB 1979, 696 = MittBayNot 1979, 12 (*Friedrich Schmidt*); *Schöner/Stöber* Rn 2077.
387 *Löwe* BB 1980, 1241; *Böttcher* RpflStud 1986, 73, 87.
388 OLG Celle Rpfleger 1979, 261 = DNotZ 1979, 622 (*Schöner*); MüKo-*Eickmann* § 1136 Rn 5; *Eickmann*, GBVerfR, Rn 286; *Eickmann* Rpfleger 1978, 1, 8; *Lopau* BlGBW 1979, 101; 1980, 167; *Gasteyer* Rpfleger 1980, 422; *von Westphalen* ZIP 1984, 1, 10; *Böttcher* RpflStud 1986, 73, 87.

I. Vertretung im Grundstücksverkehr

Schrifttum

Armbrüster, Änderungsvorbehalte und –vollmachten zugunsten des aufteilenden Bauträgers, ZMR 2005, 244; *Basty*, Vollmachten zur Änderung von Teilungserklärung/Gemeinschaftsordnung, NotBZ 1999, 233; *Benecke/Ehinger*, Vollmachtlose Mehrvertretung – Die Anwendung des § 181 BGB, MDR 2005, 1265; *Böhler*, Beurkundungserfordernis für die Genehmigung eines Grundstückskaufvertrags ?, BWNotZ 1985, 61; *Böhr*, Verbraucher und Unternehmer in der notariellen Praxis, RNotZ 2003, 277; *Böhringer*, Neue Amtspflichten des Notars bei Verbraucherverträgen (§ 17 Abs 2a S 2 BeurkG), BWNotZ 2003, 6; *Böttcher/Spanl*, Vormundschaftsgerichtliche Genehmigungen im Grundstücksverkehr, RpflJB 1990, 193; *Böttcher*, Änderungsvollmachten beim Wohnungseigentum, ZNotP 2007, 298; *ders*, Zwangsvollstreckungsunterwerfung durch einen Vertreter, BWNotZ 2007, 109; *ders*, Abschied von der »Gesamtbetrachtung« – Sieg des Abstraktionsprinzips!, Rpfleger 2006, 293; *ders*, Vertretung bei der notariellen Beurkundung von Verbraucherverträgen, BWNotZ 2003, 49; *ders*, Vormundschaftsgerichtliche Genehmigungen im Grundstücksrecht, Rpfleger 1987, 485; *ders*, Nachweis der vormundschaftsgerichtlichen Genehmigung im Grundbuchverfahren, RpflStud 1991, 73; *Bous*, Fortbestand und Rechtsschein der Untervollmacht trotz Wegfalls der Hauptvollmacht, RNotZ 2004, 483; *ders*, Zum Nachweis bestehender Vertretungsmacht gegenüber dem Grundbuchamt unter besonderer Berücksichtigung des § 172 Abs 1 BGB, Rpfleger 2006, 357; *Brambring*, Aktuelle Fragen der Grundstücksvollmacht, ZIR 1997, 184; *ders*, Vollmachtlose Vertretung beim Grundstückskaufvertrag, ZfIR 1997, 444; *ders*, Sperrfrist für Beurkundungstermine, ZfIR 2002, 597; *Braun*, Die vormundschaftsgerichtliche Genehmigung der Grundschuldbestellung in Ausübung einer Belastungsvollmacht, DNotZ 2005, 730; *Brenner*, Die Rechtsscheinhaftung des Vertretenen bei Aushändigung und Vorlage der Vollmacht im Sinne von § 172 Abs 1 BGB, BWNotZ 2001, 186; *Cypionka*, Die Auswirkungen des Betreuungsgesetzes auf die Praxis des Notars, DNotZ 1991, 571; *Dauner-Lieb/Dötsch*, Ein »Kaufmann« als Verbraucher ? – Zur Verbrauchereigenschaft des Personengesellschafters, DB 2003, 1666; *Dieterle*, Erteilung von Vollzugsvollmachten in notariellen Urkunden, BWNotZ 1991, 172; *ders*, Vollzugsvollmachten – ein Auslaufmodell ?, BWNotZ 2001, 115; *Dorsel*, Stellvertretung und Internationales Privatrecht, MittRhNotK 1997, 6; *Dümig*, Die Beteiligung Minderjähriger an einer rechtsfähigen Gesellschaft bürgerlichen Rechts aus familien- bzw. vormundschaftsgerichtlicher Sicht, FamRZ 2003, 1; *Ehmann*, Die Vollmacht »im Rahmen der Finanzierung des Kaufpreises«, BWNotZ 1989, 141; *Esser*, Rechtsberatungsgesetz – höchstrichterliche Rechtsprechung und ausgewählte notarrelevante Probleme, RNotZ 2005, 69; *Feller*, Teleologische Reduktion des § 181 letzter Halbsatz BGB bei nicht lediglich vorteilhaften Erfüllungsgeschäften, DNotZ 1989, 66; *Fischer*, Vertretung einer Aktiengesellschaft durch den Aufsichtsrat, ZNotP 2002, 297; *Flik*, Vorausgenehmigung zum rechtsgeschäftlichen Grundstücksverkehr, BWNotZ 1995, 44; *Fritz*, Bauträgermodelle und Rechtsscheinhaftung: Keine Divergenz der BGH – Senate?, ZfIR 2003, 803; *Fröhler*, Anwendbarkeit und Reichweite der Insichgeschäftsbeschränkung nach § 181 BGB bei Rechtsgeschäften, die Gemeinden betreffen, BWNotZ 2003, 14; *ders*, § 181 BGB in der notariellen Praxis, BWNotZ 2006, 97; *Führ/Menzel*, Grundstücksschenkung des gesetzlichen Vertreters an Minderjährige, FamRZ 2005, 1729; *Görgens*, Die unwiderrufliche Vollmacht, MittRhNotK 1982, 53; *Grauel*, Zur Genehmigung des Vormundschafts/Familiengerichts, insbesondere zu ihrer Wirksamkeit, ZNotP 2000, 152; *Grigas*, Ist die Bestellung einer Finanzierungsgrundschuld durch Angestellte des Notars aufgrund einer Vollzugsvollmacht noch zulässig ?, BWNotZ 2003, 104; *Grziwotz*, (Verbraucher-) Schutz vor dem Notar oder durch den Notar ?, ZIP 2002, 2109; *Gschoßmann*, Belastungen des zugewendeten Grundstücks – (bloße) Beschränkung oder (mögliche) Aufhebung des rechtlichen Vorteils, MittBayNot 1998, 236; *Helms*, Von Erfüllung und Vollzug notarieller Hinwirkungspflichten bei Verbraucherverträgen, ZNotP 2005, 13; *Herrmanns*, Rechtsberatung durch Geschäftsbesorger – Sorgen für den Rechtsberater ?, DNotZ 2001, 6; *Hertel*, Erste Anmerkungen zur Ergänzung des § 17 Abs 2a BeurkG, ZNotP 2002, 286; *Hügel*, Der Umfang von Veräußerungsvollmachten bei Vorwegbeleihung, NotBZ 1997, 9; *Ivo*, Grundschuldbestellung durch Minderjährige, ZNotP 2004, 17; *Jakoby*, Schenkung im Grundstücksrecht, Rpfleger 1994, 49; *Jerschke*, Ist die Schenkung eines vermieteten Grundstücks rechtlich vorteilhaft ?, DNotZ 1982, 459; *Joas*, Grundstücksschenkungen an Minderjährige, BWNotZ 1974, 146; *Joswig*, Neues zur Unwirksamkeit der Unterwerfung unter die sofortige Zwangsvollstreckung wegen Verstoßes gegen das Rechtsberatungsgesetz, ZfIR 2004, 45; *ders*, Unwirksamkeit der Unterwerfung unter die sofortige Zwangsvollstreckung wegen Verstoßes gegen das Rechtsberatungsgesetz, ZfIR 2003, 533; *Keim*, Erbauseinandersetzung und Erbanteilsübertragung, RNotZ 2003, 375; *Keller*, Bestellung von Finanzierungsgrundpfandrechten durch Vollzugsbevollmächtigte?, ZNotP 2003, 180; *Kesseler*, Vollmachtserteilung durch den Insolvenzverwalter, ZNotP 2003, 327; *ders*, Vereinfachung der Finanzierungsgrundschuld, ZNotP 2004, 433; *Kierdorf*, Das Vertretungsrecht der Eltern bei Grundstücksschenkungen an ihre minderjährigen Kinder, MittRhNotK 1975, 803; *Klüsener*, Grundstücksschenkung durch die Eltern, Rpfleger 1981, 258; *ders*, Vormundschaftsgerichtliche Genehmigung im Liegenschaftsrecht, Rpfleger 1981, 461; *Korte*, Bevollmächtigung als Bestandteil des zugrundeliegenden Rechtsverhältnisses, DNotZ 1984, 84; *Köhler*, Grundstücksschenkung an Minderjährige – ein »lediglich rechtlicher Vorteil« ?, JZ 1983, 225; *Krause*, Die Änderung von Teilungserklärungen aufgrund von Vollmachten oder Änderungsvorbehalten, NotBZ 2001, 433 und 2002, 11; *Krüger*, Grundstücksschenkungen an Minderjährige, ZNotP 2006, 202; *Kuhn*, Vollmacht und Genehmigung beim Grundstückskaufvertrag, RNotZ 2001, 305; *Lang/Korsten*, Geschäftsbesorgung bei Steuersparmodellen, Rechtsberatung und das Grundgesetz, ZfIR 2004, 932; *Lange*, Schenkungen an beschränkt Geschäftsfähige und § 107 BGB, NJW 1955, 1339; *Lepper*, Zur Vertretung kommunaler Sparkassen, RNotZ 2005, 425; *Limmer*, Notarielle Bescheinigungen und Bestätigungen, ZNotP 2002, 261; *Litzenburger*, Der Notar als Verbraucherschützer – die Amtspflichten gemäß § 17 Abs 2a Satz 2 BeurkG, NotBZ 2002, 280; *ders*, Das Gebot der funktionsgerechten Vorbereitung und Gestaltung der notariellen Beurkundung gemäß § 17 Abs 2a BeurkG, RNotZ 2006, 180; *Ludwig*, Zur Form der ausländischen Vollmacht für inländische Gegenstände, insbesondere Liegenschaften, NJW 1983, 495; *Maaß*, Können in Grundstückskaufverträgen noch Vollmachten auf Notariatsangestellte zur Bestellung von Grundpfandrechten zur Kaufpreisfinanzierung vorgesehen werden?, ZNotP 1999, 69; *ders*, Zur Auslegung von § 17 Abs 2a Satz 2 Nr 1 BeurkG – Sind Vollmachten in Grundstücksverträgen mit Verbrauchern weiterhin zulässig und können Mitarbeiter des Notars bei deren Vollzug aufgrund solcher Vollmachten weiterhin wirksam handeln?, ZNotP 2002, 455; *ders*, Zulässigkeit der Bestellung von Finanzierungsgrundschulden durch Notariatsangestellte aufgrund einer Belastungsvollmacht in Verbrauchergrundstücksverträgen, insbesondere: Ist eine »gestaffelte« Vollmacht auf den Bürovorsteher des Notars zulässig?, ZNotP 2004, 216; *Mayer,* Die Vertretungsbescheinigung des Notars, Rpfleger 1989, 142; *ders,* Der Anspruch auf vormundschaftsgerichtliche Genehmigung von Rechtsgeschäften, FamRZ 1994, 1007; *Meyer-Stolte,* Vormundschaftsgerichtliche Genehmigung und Grundbuch, Rpfleger 1967, 294; *ders,* Vormundschaftsgerichtliche Genehmigungen im Grundstücksverkehr, RpflJB 1970, 325 und 1980, 336; *ders,* Erleichterung der Elternschenkung, Rpfleger 1974, 85; *Mohnhaupt,* Zur Änderung des Beurkundungsverfahrens durch das OLG – Vertretungsgesetz, NotBZ 2002, 248; *Mohr,* Vormundschaftsgerichtliche Genehmigung einer Auflassungsvormerkung, Rpfleger 1981, 175; *Morhard,* Wirksame Einzel – Bevollmächtigung der Vorstände von Genossenschaften, MittBayNot 1987, 17; *Müller,* Vertretung des geschäftsunfähigen Ehegatten bei der Zustimmung nach den §§ 1365, 1366 BGB, ZNotP 2005, 419; *Neuhausen,* Rechtsgeschäfte mit Betreuten, RNotZ 2003, 157; *Neumeyer,* Die Vertretung öffentlich – rechtlicher Körperschaften, RNotZ 2001, 249; *Nittel,* Nichtigkeit von Geschäftsbesorgungsvollmachten und ihre Auswirkungen auf Kreditverträge, NJW 2002, 2599; *Paulus/Henkel,* Rechtsschein der Prozessvollmacht, NJW 2003, 1692; *Peglau,* Wirkung kirchlicher Genehmigungsvorbehalte im allgemeinen Rechtsverkehr, NVwZ 1996, 767; *Philippsen,* Die Hinwirkungspflichten des Notars bei Verbraucherverträgen in § 17 Abs 2a BeurkG, NotBZ 2003, 137; *Preuß,* Das für den Minderjährigen lediglich rechtlich vorteilhafte Geschäft, JuS 2006, 305; *Pützhoven,* Die Verbraucher – Unternemer – Eigenschaft in der notariellen Verhandlung, NotBZ 2002, 273; *Rastätter,* Grundstücksschenkungen an Minderjährige, BWNotZ 2006, 1; *Rathgeber,* Die Vertretung der Gemeinde im Grundstücksverkehr, BWNotZ 1980, 133; *REIß,* Kann der Immobilienerwerb Minderjähriger sofort im Grundbuch vollzogen werden?, RNotZ 2005, 224; *Reithmann,* Zur Beurkundung der Treuhändervollmacht im Rahmen eines Bauherrenmodells, MittBayNot 1986, 229; *ders,* Der Treuhänder des Baumodells nach dem Rechtsberatungsgesetz, ZfIR 2004, 275; *Rieger,* Neue Regeln für die Beurkundung von Verbraucherverträgen, MittBayNot 2002, 325; *Riggers,* Die Vertretung der Kirchen, JurBüro 1967, 698; *Ritzinger,* Formprobleme bei der Liegenschaftsvollmacht, NJW 2003, 28; *Röll,* Der Nachweis von Beschlüssen der Wohnungseigentümerversammlung gegenüber dem Grundbuchamt, Rpfleger 1986, 4; *Rösler,* Formbedürftigkeit der Vollmacht, NJW 1999, 1150; *Rösler/Willms,* Abschluß eines Verbraucherkreditvertrages durch notariell beurkundete Vollmacht, ZNotP 2000, 90; *Röthel/Krackhardt,* Lediglich rechtlicher Vorteil und Grunderwerb, JURA 2006, 161; *Scheffler,* Rechtsstellung und Vertretung der evangelischen Landeskirchen im staatlichen Bereich, NJW 1977, 740; *Schippers,* Vollmachtlose Vollmachtserteilung, DNotZ 1997, 683; *Schmitt,* Der Begriff der lediglich rechtlich vorteilhaften Willenserklärung i.S. des § 107 BGB, NJW 2005, 16; *Schneeweiß,* Die Doppelvertretung durch den Bürgermeister bei Grundstücksverträgen, MittBayNot 2001, 341; *Schreiber,* Zur Vollmachterteilung zum Abschluß von Grundstücksgeschäften mit Beteiligung Minderjähriger, NotBZ 2002, 128; *Schüle,* Probleme der Untervollmacht, insbesondere beim Nachweis im Grundbuchverfahren, BWNotZ 1984, 156; *Seeger,* Vertretung und Genehmigungserfordernisse bei Rechtsgeschäften kirchlicher Vermögensträger in MittBayNot 2003, 361; *Senft,* Sicherungsgrundschuld und Minderjährigenschutz, MittBayNot 1986, 230; *Sonnenfeld,* Vertretungsrechtliche Betrachtung der Erbauseinandersetzung und der Grundstücksveräußerung durch die Erbengemeinschaft, bestehend aus minderjährigen Erben und deren gesetzlichen Vertretern, NotBZ 2001, 322; *Sonnenfeld/Zorn,* Wirksamwerden gerichtlich genehmigungsbedürftiger Rechtsgeschäfte, Rpfleger 2004, 534; *Sorge,* Die Ergänzung des § 17 Abs 2a BeurkG, DNotZ 2002, 593; *Stiegeler,* Vollmachtsnachweis gegenüber dem Grundbuchamt, BWNotZ 1985, 129; *Stimmel,* Wirksamkeit der vom Treuhänder erklärten Zwangsvollstreckungsunterwerfung, ZfIR 2003, 577; *Struck,* Der Verbraucher-/Unternehmerbegriff im BGB, MittBayNot 2003, 259; *Stutz,* Der Minderjährige im Grundstücksverkehr, MittRhNotK 1993, 205; *Tebben,* Das schwebend unwirksame Insichgeschäft und seine Genehmigung, DNotZ 2005, 173; *Voran,* Vollmachten in Grundschuldformularen in der Klauselkontrolle, DNotZ 2005, 887; *Waldner/Mehler,* Probleme des § 172 BGB, insbesondere bei der Vorsorgevollmacht, MittBayNot 1999, 261; *Weigl,* Zur Konkretisierung von Änderungsvollmachten im Formularvertrag, NotBZ 2002, 325; *Wertenbruch,* Familiengerichtliche Genehmigungserfordernisse bei der GbR mit minderjährigen Gesellschaftern, FamRZ 2003, 1714; *Weser,* Die Auswirkungen des Betreuungsgesetzes auf die Praxis des Notars, MittBayNot 1992, 161; *Wilhelm,* Das Merkmal »lediglich rechtlich vorteilhaft« bei Verfügungen über Grundstücksrechte, NJW 2006, 2353; *Wilke,* Die Ausübungsbeschränkung bei der Finanzierungsvollmacht, MittBayNot 1996, 260; *Wojcik,* Abschied von der Gesamtbetrachtung bei Schenkung an Minderjährige?, DNotZ 2005, 655; *Wolf,* Der Nachweis der Untervollmacht bei Notar und Grundbuchamt, MittBayNot 1996, 266; *ders,* Der Vollmachtsnachweis bei der Zwangsvollstreckungsunterwerfung, ZNotP 2007, 86; *Wörner,* Zur Vollzugsvollmacht an Notarangestellte in notariellen Urkunden, JurBüro 1980, 1466; *Wufka,* Formfreiheit und Formbedürftigkeit der Genehmigung von Grundstücksverträgen, DNotZ 1990, 339; *Zettel,* Die vormundschaftsgerichtliche Genehmigung, JuS 1982, 751; *Zilles/Kämper,* Kirchengemeinden als Körperschaften im Rechtsverkehr, NVwZ 1994, 109; *Zimmer,* Rechtsgeschäftliche Vertretung und Zwangsvollstreckungsunterwerfung, NotBZ 2006, 302; *Zimmer,* Grundpfandrechtsbestellung durch Notarangestellte, ZNotP 2007, 407; *Zimmermann,* Probleme der isolierten Vollmacht, BWNotZ 1993, 35.

Übersicht

I. Rechtsgeschäftliche Vertretung

1. Allgemeines

1 **a) Zulässigkeit.** Im materiellen Grundstücksrecht und formellen Grundbuchverfahrensrecht müssen Erklärungen nicht höchstpersönlich abgegeben werden, sondern es ist dabei grundsätzlich **Stellvertretung möglich**,[1] so zB bei dem Abschluss von schuldrechtlichen Verpflichtungsgeschäften (zB Kaufvertrag, Sicherungsvertrag usw), bei der Einigung über die Bestellung, Abtretung oder Inhaltsänderung eines Grundstücksrechtes (§ 873, § 877 BGB), der Einigung über eine Rangänderung zwischen Grundstücksrechten (§ 880 Abs 2 S 1 BGB), der Begründung von Wohnungseigentum (§§ 3, 8 WEG), der Aufhebung von Grundstücksrechten (§ 875 BGB), der Bewilligung einer Vormerkung (§ 885 BGB), der Bestellung einer Eigentümergrundschuld (§ 1196 BGB), der Teilung, Vereinigung und Bestandteilszuschreibung von Grundstücken (§ 890 BGB), der Zustimmung zur Aufhebung von Grundpfandrechten (§ 1183 BGB) oder belasteten Grundstücksrechten (§ 876 S 1 BGB) oder subjektiv – dinglichen Rechten (§ 876 S 2 BGB) oder zum Rangrücktritt von Grundpfandrechten (§ 880 Abs 2 S 2 BGB), der Antragstellung beim Grundbuchamt (§ 13 GBO), der Abgabe einer Bewilligung (§ 19 GBO) usw. Bei der Auflassung eines Grundstücks (§ 873 BGB, § 20 GBO) ist zwar die gleichzeitige Anwesenheit vor einem Notar notwendig (§ 925 Abs 1 BGB), aber keine höchstpersönliche Abgabe der Erklärungen; auch die Auflassungserklärungen können deshalb von Stellvertretern abgegeben werden.

---

1 *Schaub* in *Bauer/von Oefele* AT VII Rn 1; *Schöner-Stöber* Rn 3532; KEHE-*Munzig* § 20 Rn 67.

b) Person des Vertreters. Vertreter kann **jede natürliche oder juristische Person** sein.[2] Auch ein Minder- 2
jähriger oder sonst in der Geschäftsfähigkeit Beschränkter kann zum Vertreter bestellt werden (§ 165 BGB).[3]
Das Handeln eines geschäftsunfähigen Vertreters ist dagegen nichtig (§ 105 BGB).[4] Zu der Neufassung ab
01.07.2008 von § 13 FGG und § 79 ZPO durch das RDG vom 12.12.2007 (BGBl I 2840) vgl § 56 Rdn 89 f.

Ein Vertretener oder mehrere Vertretene können einen oder mehrere Vertreter haben.[5] **Mehrere Bevollmäch-** 3
tigte können grundsätzlich nur gemeinsam vertreten, sofern sich aus dem Inhalt der Vollmacht nichts anderes
ergibt; insbesondere muss die Einzelvertretungsberechtigung von mehreren Bevollmächtigten deutlich in der
Vollmacht zum Ausdruck kommen.[6] Beim Grundsatz der Gesamtvertretung durch mehrere Bevollmächtigte
genügt es allerdings, wenn die Vertreter ihre Erklärungen einzeln nacheinander abgeben oder wenn sie einen
von ihnen zum Abschluss eines bestimmten Rechtsgeschäfts bzw zur Genehmigung einer ohne ihre Zustimmung abgegebenen Erklärung ermächtigen (§§ 178, 180 BGB).[7] Die generelle Ermächtigung oder Übertragung der Vertretungsmacht eines Gesamtvertreters auf einen anderen Gesamtvertreter ist jedoch unzulässig, weil
dadurch der Zweck der Gesamtvertretung nicht mehr gewahrt wäre.[8]

c) Erteilung der Vollmacht. Erteilt ein Beteiligter einem Dritten Vollmacht, in seinem Namen Willenser- 4
klärungen abzugeben und entgegenzunehmen, gibt er diesem die Befugnis, im Rechtsverkehr mit für ihn
unmittelbar bindender Wirkung zu handeln (§ 164 Abs 1 BGB). Die Erteilung der Vollmacht erfolgt materiell
durch **einseitige empfangsbedürftige Willenserklärung**.[9] Sie kann durch Erklärung gegenüber dem zu
Bevollmächtigenden (= Innenvollmacht) oder dem Dritten, demgegenüber die Vertretung stattfinden soll (=
Außenvollmacht) erfolgen (§ 167 Abs 1 BGB). Die einem beschränkt Geschäftsfähigen erteilte Vollmacht wird
wirksam mit dem Zugang an ihn, und zwar ohne dass sie zuvor seinem gesetzlichen Vertreter zugehen
musste.[10]

d) Beschränkung der Vollmacht. Durch die vom Vertreter innerhalb der Vertretungsmacht abgegebenen 5
Erklärungen wird der Vertretene berechtigt und verpflichtet. Um sicherzustellen, dass der Bevollmächtigte nur
im Sinne des Vertretenen handelt, ist es möglich, die Vollmacht inhaltlich zu beschränken.[11] Der Kreis der
erlaubten Erklärungen kann genau festgelegt und damit eingeschränkt werden, Befristungen und aufschiebende
bzw auflösende Bedingungen sind bei der Vollmacht möglich usw. Wenn der unter einer Bedingung Bevollmächtigte namens des Vollmachtgebers die Auflassung erklärt, muss zum Nachweis der Wirksamkeit der Auflassung nicht nur die Erteilung der bedingten Vollmacht durch den Vollmachtgeber, sondern auch der Eintritt der
Bedingung, von der nach dieser Erklärung die Vertretungsmacht abhängt, dem GBA in der Form des § 29
GBO nachgewiesen werden; ist eine Vollmacht unter der aufschiebenden Bedingung des Verlustes oder der
erheblichen Einschränkung der Entscheidungsfähigkeit der Vollmachtgeberin erteilt, bedarf der Bedingungseintritt als eine »andere Voraussetzung der Eintragung« im Sinne von § 29 Abs 1 S 2 GBO des Nachweises durch
eine öffentliche Urkunde und kann deshalb durch eine Erklärung eines Arztes nicht geführt werden.[12] Um die
Verwendbarkeit solcher Vollmachten im Rechtsverkehr nicht zu erschweren, werden diese inhaltlichen
Beschränkungen häufig nur **im Innenverhältnis** zwischen dem Vertretenen und dem Vertreter getroffen, während im Außenverhältnis die Vollmacht unbeschränkt gelten soll.[13] Die Gefahr, die sich dabei ergibt, besteht
darin, dass die Rechtsgeschäfte, die der Vertreter tätigt, im Außenverhältnis auch dann wirksam sind, wenn sie
über die im Innenverhältnis beschränkte Vollmacht hinausgehen.

e) Zeitpunkt des Vorliegens der Vertretungsmacht. Für die Beantwortung der Frage, wann die Vertre- 6
tungsmacht des Vertreters vorliegen muss, damit er eine wirksame Erklärung für den Vertretenen abgeben kann,
ist zu unterscheiden: Bei einer rechtsgeschäftlichen Willenserklärung (zB Auflassung) muss der Vertreter im

---

2   *Kuhn* RNotZ 2001, 305, 306.
3   *Schaub* in *Bauer/von Oefele* AT VII Rn 7; *Schöner-Stöber* Rn 3532; *Kuhn* RNotZ 2001, 305, 306.
4   *Kuhn* RNotZ 2001, 305, 306.
5   *Schaub* in *Bauer/von Oefele* AT VII Rn 3; *Schöner-Stöber* Rn 3534.
6   *Schaub* in *Bauer/von Oefele* AT VII Rn 4, 6; *Schöner-Stöber* Rn 3534.
7   BGH NJW 1975, 1117 = DNotZ 1975, 566; OLG Frankfurt Rpfleger 1975, 177; *Schaub* in *Bauer/von Oefele* AT VII
    Rn 5; *Schöner-Stöber* Rn 3534.
8   BGH NJW – RR 1986, 778; MüKo-*Schramm*, BGB, § 164 Rn 82; *Schaub* in *Bauer/von Oefele* AT VII Rn 5; *Schöner-Stö-
    ber* Rn 3534.
9   *Kuhn* RNotZ 2001, 305, 306.
10 OLG Frankfurt MDR 1964, 756; *Schaub* in *Bauer/von Oefele* AT VII Rn 7; *Schöner-Stöber* Rn 352 Fn 2.
11 *Kuhn* RNotZ 2001, 305, 306.
12 OLG Köln NotBZ 2007, 333 = RNotZ 2007, 483.
13 *Schaub* in *Bauer/von Oefele* AT VII Rn 27; *Kuhn* RNotZ 2001, 305, 306.

Zeitpunkt der Abgabe wirksam bevollmächtigt sein;[14] bei einer verfahrensrechtlichen Erklärung (zB Bewilligung nach § 19 GBO) ist auf den Zeitpunkt ihres Wirksamwerdens abzustellen.[15]

2. Arten und Inhalt der Vollmacht

7 **a) Auflassungsvollmacht.** Sie muss **eindeutig** und jeden vernünftigen Zweifel ausschließend erklärt werden. Dies ist zB nicht erfüllt, wenn es in einer Kaufvertragsurkunde zugunsten der Eheleute B heißt: *»Für die Erklärung der Auflassung bevollmächtige ich Herrn B.«* Vom Wortlaut der Vollmacht ist nämlich nicht klar, ob sie vom Verkäufer oder der Ehefrau und Mitkäuferin B erteilt wurde.[16] Die Bevollmächtigung *»für die Erklärung der Auflassung«* bedeutet nämlich nicht notwendigerweise, dass sie von dem Verkäufer erklärt sein muss. Zwar betrifft nach seiner historischen Entwicklung der Begriff der »Auflassung« eine Handlung, die der Verkäufer symbolisch zur Übertragung des Grundstückseigentums auf den Erwerber vorzunehmen hat. Nach der Legaldefinitionen des § 925 BGB ist jedoch unter »Auflassung« die Einigung des Verkäufers mit dem Erwerber zu verstehen. Beteiligt an der »Auflassung« im Sinne eines dinglichen consensus sind demnach gleichermaßen der Verkäufer wie auch der oder die Erwerber.

8 Die Erklärung der Auflassungsannahme hinsichtlich einer **Eigentumswohnung** durch den Verkäufer auf Grund einer Auflassungsvollmacht durch den Käufer an ihn ist durch den Inhalt der Vollmacht dann nicht gedeckt, wenn der Gegenstand der Auflassung, wie er sich hinsichtlich des Sondereigentums aus der Teilungserklärung in Verbindung mit dem Aufteilungsplan ergibt, von dem der Vollmachtsurkunde beigefügten Plan zum Nachteil des Erwerbers abweicht.[17] Für die Frage nach Inhalt und Umfang der von dem Erwerber erteilten Auflassungsvollmacht ist die zeichnerische Darstellung in dem Übersichtsplan wesentlich, da sich die Vorstellung des Erwerbers darüber, wozu der Vollmacht erteilt, und sein Erklärungswille nur auf dieser Grundlage bilden konnte. Wenn es in der Vollmachtsurkunde heißt, dass *»die zu errichtenden Sondereigentumseinheiten in der Anlage zu der Vollmacht gekennzeichnet sind«*, und in dieser Anlage ein Raum wesentlich größer dargestellt wurde als in dem Aufteilungsplan, ist die Auflassung durch die Vollmacht nicht gedeckt.

9 Ist eine Vollmacht zur Vertretung bei der **»Abmarkung einer Teilfläche«** erteilt, erstreckt sie sich nicht auf die Auflassung dieser Teilfläche.[18] Unter Abmarkung ist die ortsübliche Kennzeichnung einer Grundstücksgrenze durch Grenzmarken (Grenzmerkmale, Grenzzeichen) zu verstehen. Für eine weitergehende Auslegung dahin, dass die Vollmacht auch zur Auflassung der Teilfläche ermächtigt, ist kein Raum. Bei der Auslegung ist auf Wortlaut und Sinn der Erklärung abzustellen, wie er sich für einen unbefangenen Betrachter als nächstliegende Bedeutung der Erklärung ergibt. Die Auslegung der Vollmacht als Auflassungsvollmacht kann nicht als nächstliegende Bedeutung der Erklärung angesehen werden. Denn in aller Regel muss davon ausgegangen werden, dass eine Auflassungsvollmacht als solche bezeichnet wird. Die nächstliegende Bedeutung der Erklärung ist daher, dass die Vollmacht lediglich dazu ermächtigt, die katastermäßige Verselbstständigung der Teilflächen durch Zerlegung des ursprünglichen Flurstücks zu bewerten.

10 Wird in einem notariell beurkundeten Kaufvertrag über eine **noch nicht vermessene Grundstücksteilfläche,** die in einem beigefügten Lageplan eingezeichnet ist, zugleich eine Auflassungsvollmacht erteilt, und wird nach der Vermessung auf Grund der Vollmacht die Auflassung erklärt, so kann sie im Grundbuch nur vollzogen werden, wenn Identität zwischen dem von der Vollmacht gedeckten Grundstücksteil mit der später aufgelassenen Parzelle besteht. Der Umfang der erteilten Auflassungsvollmacht ist anhand der notariellen Urkunde iVm dem beigefügten Lageplan durch Auslegung zu ermitteln. Zwar sind kleinere Abweichungen zwischen einer als Veräußerungsobjekt in Aussicht genommenen, durch eine Zeichnung beschriebenen Grundstücksfläche und dem später vermessenen Grundstück mit den Grundbuchprinzipien noch vereinbar, weil hierbei ein objektiver Betrachter annehmen kann, dass die schließlich aufgelassenen Fläche derjenigen entspricht, die die Vertragsparteien bei der Vollmachtserteilung gemeint haben. Die Identität des Vertragsgegenstands ist objektiv jedoch dann in Frage gestellt, wenn sich wesentliche Größen- und/oder Formunterschiede herausstellen. Insbesondere die dreifache Größe des aufgelassenen Grundstücks lässt für das Grundbucheintragungsverfahren berechtigte Zweifel zu, dass die Auflassung durch den Umfang der Auflassungsvollmacht dann nicht gedeckt ist.[19]

---

14 OLG Frankfurt OLGZ 1984, 12; MüKo – *Schramm*, BGB, § 177 Rn 11; *Erman-Palm* § 177 Rn 5; *Staudinger-Schilken* § 177 Rn 5; *Schöner-Stöber* Rn 3532; *Bous* Rpfleger 2006, 357 **AA** *Soergel-Leptien* § 177 Rn 5 (Zugang ist maßgeblich).

15 KG DNotZ 1972, 615, 617; *Demharter* § 19 Rn 74; *Schaub* in *Bauer/von Oefele* AT VII Rn 1; *Schöner-Stöber* Rn 3532; zur Frage, wann eine Bewilligung wirksam wird, vgl *Meikel-Böttcher* § 19 Rdn 130 ff; **AA** *Bous* Rpfleger 2006, 357, 358 und RNotZ 2005, 625, 627; *Wolf* MittBayNot 1996, 266, wonach es auf den Zeitpunkt ankommen soll, in dem der Bewilligende alles seinerseits Erforderliche getan hat, damit seine Erklärung als grundbuchtaugliche Erklärung wirksam wird.

16 OLG Celle Rpfleger 1980, 150.

17 BayObLG Rpfleger 1985, 105.

18 BayObLG DNotZ 1988, 518; *Schaub* in *Bauer/von Oefele* AT VII Rn 20.

19 OLG Hamm Rpfleger 1985, 288; vgl ausführlich dazu *Meikel-Böttcher* § 7 Rdn 23 – 26.

b) Prozessvollmacht. Der Umfang der einem Anwalt erteilten Prozessvollmacht ergibt sich nicht allein aus **11**
§ 81 ZPO; vielmehr muss sich die Befugnis des Anwalts, auch materiellrechtliche Erklärungen abzugeben, aus
den Besonderheiten des Einzelfalles und dem inneren Zusammenhang der abgegebenen Erklärung mit dem
Gegenstand des Rechtsstreits erschließen.[20] Der Anwalt darf und muss insbesondere alle außerprozessualen
Handlungen vornehmen, die notwendig sind, um den Prozess siegreich zu beenden. Die Vollmacht reicht
danach so weit, wie sich der Rechtsanwalt bei vernünftiger, wirtschaftlicher Betrachtungsweise nach dem vor-
prozessualen Streitstoff angesichts des Zweckes, der mit seiner Beauftragung verfolgt wird, zu einer Rechtshandlung im Interesse seines Auftrag- und Vollmachtgebers als ermächtigt ansehen darf. Der Anwalt kann sich
zur Gestaltung eines Rechtsverhältnisses durch Verfügung nur dann als bevollmächtigt ansehen, wenn das Pro-
zessziel ersichtlich so verfolgt werden soll. Ein Anwalt, der etwa beauftragt ist, Mietzins einzuklagen, kann sich
je nach Sachlage zwar zur Kündigung des Mietverhältnisses, nicht aber zur Übereignung des Hauses an den
Mieter als befugt angesehen. Wird ein Anwalt beauftragt, aus einem Nießbrauch auf Entschädigung für vorent-
haltene Nutzungen zu klagen, so ermächtigt ihn die Prozessvollmacht nicht dazu, im Wege eines Vergleichs
gegen Zahlung der Entschädigung in die Löschung des Nießbrauchs einzuwilligen.[21]

c) Vollmacht für das schuldrechtliche Verpflichtungsgeschäft. Vollmachten zum Abschluss von schuld- **12**
rechtlichen Verpflichtungsgeschäften (zB Kaufvertrag, Sicherungsvertrag) berechtigen im Zweifel auch zur Vertretung bei den im Zusammenhang damit stehenden dinglichen Rechtsgeschäften (zB Auflassung eines Grundstücks, Einigung über eine Grundschuldbestellung) und zur Vertretung im Grundbuchverfahren (zB zur
Abgabe einer Bewilligung nach § 19 GBO).[22]

d) Verfahrensvollmacht. Eine Vollmacht kann ausdrücklich nur für Verfahrenserklärungen im formellen **13**
Grundbuchverfahren erteilt werden, zB zur Stellung eines Eintragungsantrages (§ 13 GBO) oder zur Abgabe
einer Bewilligung (§ 19 GBO). In diesem Fall umfasst die Vollmacht dann nicht die Möglichkeit zur Vertretung
beim Abschluss von schuldrechtlichen Verpflichtungsgeschäften (zB Kaufvertrag, Sicherungsvertrag) oder
sachenrechtlichen Erfüllungsgeschäften (zB Auflassung, Einigung über die Grundschuldbestellung).[23]

e) Vollmacht zur Änderung der Teilungserklärung/Gemeinschaftsordnung. Bei Anlagen nach dem **14**
Wohnungseigentumsgesetz besteht insbesondere für Bauträger eine Interesse daran, eine einmal errichtete Teilungserklärung mit Gemeinschaftsordnung später ohne allzu großen Aufwand ändern zu können (= Flexibilität-
sinteresse).[24] Das Vermarktungsinteresse des Bauträgers geht häufig dahin, Sonderwünsche späterer Käufer ohne
großen Aufwand erfüllen zu können. In Betracht kommt dabei beispielsweise die zusätzliche Zuordnung von
Stellplätzen,[25] die Zuweisung oder Erweiterung von Sondernutzungsrechten[26] oder den ursprünglich nicht
geplanten Anbau eines Wintergartens.[27] Die Käufer haben demgegenüber ein berechtigtes Interesse daran, dass
ihre Wohneinheit und deren bauliches Umfeld nicht durch spätere Änderungen beeinträchtigt wird (=
Bestandsinteresse).[28] Zur Änderung der Teilungserklärung ist daher grundbuchrechtlich die Zustimmung jedes
Käufers erforderlich, für den bereits eine Vormerkung eingetragen ist; ansonsten käme es diesen Personen gegenüber zur relativen Unwirksamkeit der Änderungen und damit zur Uneinheitlichkeit der Teilungserklärung.[29] Auch vor der Eintragung von Eigentumsvormerkungen ist diese **Zustimmung der Käufer** nicht entbehrlich, weil die Änderung der Teilungserklärung letztlich auf die im Kaufvertrag niedergelegten Rechte und
Pflichten durchschlägt.[30] Der aufteilende und veräußernde Eigentümer lässt sich deshalb dafür häufig von den
Käufern bevollmächtigen. Zur Erleichterung der Abänderung von Teilungserklärungen stehen aber zwei Mittel
zur Verfügung: der in der Gemeinschaftsordnung verankerte Änderungsvorbehalt und die Änderungsvollmacht.

Es ist grundsätzlich möglich, in der Teilungserklärung festzulegen, dass die Abänderung der Teilungserklärung **15**
nicht der Zustimmung aller Eigentümer bedarf, sondern durch Mehrheitsbeschluss oder einseitige Erklärung
eines oder mehrerer Miteigentümer geändert werden kann; die Zulässigkeit solcher **Änderungsvorbehalte**
sind Ausfluss der Vertragsfreiheit.[31] § 10 Abs 3 WEG erkennt diese privatautonome Gestaltungsfreiheit ausdrücklich an und besagt, dass die Änderungsvorbehalte auch gegenüber Rechtsnachfolgern wirken, wenn sie

---

20 BGH NJW 1972, 52; BGHZ 31, 206, 209; RGZ 53, 148.
21 BGH Rpfleger 1992, 475.
22 KEHE-*Munzig* § 19 Rn 192, § 20 Rn 90.
23 KEHE-*Munzig* § 19 Rn 192.
24 *Basty* NotBZ 1999, 233.
25 OLG Frankfurt/Main MittBayNot 1998, 183.
26 BayObLG DNotZ 1995, 610.
27 BayObLG DNotZ 1994, 233.
28 *Basty* NotBZ 1999, 233.
29 BayObLG DNotZ 1995, 612; *Armbrüster* ZMR 2005, 244, 248; *Krause* NotBZ 2001, 433, 434.
30 *Basty* NotBZ 1999, 233, 234.
31 *Armbrüster* ZMR 2005, 244; *Krause* NotBZ 2001, 433, 436.

im Grundbuch eingetragen sind. Dem Regelungsbereich durch Änderungsvorbehalten zugänglich sind nach § 10 Abs 3 WEG nur solche Angelegenheiten, die das Verhältnis der Wohnungseigentümer untereinander betreffen und finden damit ihre Grenze erst bei den Angelegenheiten, die über das Verhältnis der Wohnungseigentümer untereinander hinausgehen und das Verhältnis zu Dritten betreffen.[32] Die Umwandlung von Wohnungs- in Teileigentum und umgekehrt verändert nicht nur das unmittelbar betroffene Wohnungseigentum, sondern auch den Inhalt des jeweiligen Sondereigentums der übrigen Wohnungs- und Teileigentümer iSv §§ 877, 873 BGB und bedürfen daher materiell der Zustimmung aller Wohnungs- und Teileigentümer und formell deren Bewilligung nach § 19 GBO.[33] Da weder die Miteigentumsanteile noch die Grenzen von Sonder- und Gemeinschaftseigentum verändert werden, ist eine vorweggenommene Zustimmung oder Ermächtigung zu diesen Maßnahmen in der Teilungserklärung als Vereinbarung iSv § 10 Abs 2 S 2 WEG möglich.[34] Gleiches gilt für die nachträgliche Begründung, Inhaltsänderung und Aufhebung von Sondernutzungsrechten.[35] Wird die Teilungserklärung auf Grund eines Änderungsvorbehalts geändert, bedarf es auch nicht der Zustimmung der dinglich Berechtigten an den Raumeinheiten, da die Änderung von vornherein in der Teilungserklärung vorgesehen war und dann nur noch konkretisiert wird.[36]

Formulierungsvorschlag:[37]

Jeder Eigentümer ist berechtigt, die ihm gehörenden Einheiten von Wohnungs- in Teileigentum und von Teil- in Wohnungseigentum zu überführen.

Der teilende Eigentümer ist berechtigt, durch Erklärung gegenüber dem Grundbuchamt ohne Zustimmung der anderen Miteigentümer an dem im anliegenden Lageplan mit den Buchstaben A – B – C – D gekennzeichneten Grundstücksbereich Sondernutzungsrechte für PKW – Abstellplätze zu begründen und sie einzelnen Wohnungs-/Teileigentumseinheiten zuzuweisen. Aufschiebend bedingt durch die Zuweisung werden die anderen Wohnungseigentümer von der Nutzung der Stellplätze ausgeschlossen und haben die unentgeltliche Sondernutzung zu dulden.

Diese Befugnis erlischt mit der Veräußerung der letzten Wohnungs- bzw. Teileigentumseinheit durch den teilende Eigentümer und der Stellung des Antrags auf Eigentumsumschreibung auf den Käufer dieser Einheit. Alle Kosten im Zusammenhang mit der Zuordnung der Stellplätze auf Grund dieser Befugnis trägt ausschließlich der teilende Eigentümer.

16   Bei bestimmten Veränderungen **scheidet die Möglichkeit von Änderungsvorbehalten in der Teilungserklärung jedoch aus**, zB bei der Umwandlung von Gemeinschaftseigentum im Sondereigentum und umgekehrt.[38] Die Umwandlung betrifft das Grundverhältnis der Mitglieder der Gemeinschaft und die sachenrechtliche Zuordnung der Flächen, Gebäudeteile und Räume und nicht das in den §§ 10 bis 29 WEG geregelte Gemeinschaftsverhältnis. Damit scheidet eine Ermächtigung oder vorweggenommene Zustimmung nach § 10 WEG aus. Gleiches gilt für die Veräußerung einer Teilfläche oder die Zuschreibung weiterer Flächen, die das in Wohnungseigentum aufgeteilte Grundstück betreffen.[39] In diesen Fällen ist immer die Mitwirkung aller Wohnungseigentümer erforderlich. Wurde eine Einheit veräußert und ist der Erwerber bereits durch eine Vormerkung geschützt, muss auch der an der Abänderung mitwirken. Dies kann sehr zeit- und kostenaufwendig sein. Um dies zu vermeiden, werden in der Praxis **von den Käufern Vollmachten erteilt**, damit sie bei einer späteren Änderung der Teilungserklärung von dem Bauträger oder einem Dritten vertreten werden können. Die Änderungsvollmachten sind nicht Bestandteil der Gemeinschaftsordnung und werden nicht Inhalt des Wohnungseigentums. Ihre Erteilung macht deshalb die Zustimmung der betroffenen dinglichen Berechtigten zu einer Änderung der Teilungserklärung nicht überflüssig.[40] Die Bevollmächtigung des Verkäufers, die Teilungserklärung zu ändern, soweit dadurch das Kaufobjekt nicht berührt wird, berechtigt nicht zur Begründung von Sondernutzungsrechten an Teilen des Gemeinschaftseigentums.[41]

17   Erteilt in einem Kaufvertrag über eine Eigentumswohnung der Veräußerer dem Erwerber eine Vollmacht zur Änderung der Teilungserklärung, so ist darauf zu achten, dass diese **ausreichend bestimmt** ist und damit eine geeignete Grundlage für eine Grundbucheintragung darstellt.[42] Dies ist nicht der Fall bei einer Vollmacht zur

---

32   *Krause* NotBZ 2001, 433, 437; **AA** *Rapp* MittBayNot 1998, 77.
33   BayObLG RNotZ 2001, 118; *Basty* NotBZ 1999, 233, 235; *Krause* NotBZ 2001, 433, 436.
34   BayObLG DNotZ 1998, 379; RNotZ 2001, 118; *Armbrüster* ZMR 2005, 244; *Basty* NotBZ 1999, 233, 235; *Krause* NotBZ 2001, 433, 438.
35   BGH ZflR 2000, 884; *Armbrüster* ZMR 2005, 244; *Krause* NotBZ 2001, 433, 435 und 438.
36   BayObLG DNotZ 1996, 87, 91; 1996, 479, 483; *Armbrüster* ZMR 2005, 244; *Krause* NotBZ 2001, 433, 440 f.
37   Nach *Krause* NotBZ 2001, 433, 441.
38   BGH NJW 2003, 2165; BayObLG DNotZ 1998, 379; *Armbrüster* ZMR 2005, 244; *Krause* NotBZ 2001, 433, 434 und 437 f; *Basty* NotBZ 1999, 233, 235; *Hügel* NotBZ 2001, 107; **AA** *Röll* DNotZ 1998, 345.
39   *Krause* NotBZ 2001, 433, 437.
40   *Armbrüster* ZMR 2005, 244; *Krause* NotBZ 2002, 11, 14.
41   BayObLG DNotZ 2003, 932 m Anm *Basty* = ZflR 2003, 641.
42   *Armbrüster* ZMR 2005, 244; *Basty* NotBZ 1999, 233, 236; *Schaub* in *Bauer/von Oefele* AT VII Rn 22; *Schöner-Stöber* Rn 3555.

Änderung der Teilungserklärung, solange »*dem Käufer keine zusätzlichen Verpflichtungen auferlegt werden, sein Sondereigentum unangetastet bleibt und die Benutzung des Gemeinschaftseigentums nicht eingeschränkt wird*«.[43] Gleiches gilt für die Vollmacht zur Änderung der Teilungserklärung für den Fall, dass diese der Änderung bedarf und soweit die Änderung nicht das Sondereigentum des Käufers berührt.[44] Ist eine Grundbuchvollmacht wegen Verstoßes gegen den grundbuchrechtlichen Bestimmtheitsgrundsatzes teilweise unwirksam, so hat dies wegen § 139 BGB die Unwirksamkeit der ganzen Vollmacht zufolge; eine geltungserhaltende Reduktion ist ausgeschlossen.[45] Eine Unwirksamkeit des ganzen Vertrages kann aber in der Regel nicht angenommen werden.[46] Eine Vollmacht, »*soweit das Sondereigentum des Käufers nicht unmittelbar betroffen ist*«, ist dagegen ausreichend bestimmt; die Auslegung ergibt, dass nur zu solchen Änderungen eine Bevollmächtigung vorliegt, durch welche die im Sondereigentum stehenden Räume ihrer Lage und Größe nach nicht verändert werden.[47] Gleiches gilt für eine vom Käufer erteilten Vollmacht, die Teilungserklärung zu ändern, solange »*sein Sondereigentum unangetastet bleibt*«[48] oder »*soweit durch die Änderung die Lage und Gestalt der Wohnung nicht berührt wird, auch soweit Gemeinschaftseigentum betroffen wird*«.[49] Eine Vollmacht für einen Wohnungseigentümer, die Teilungserklärung im Rahmen bauaufsichtlicher Genehmigung in Bezug auf einen Dachausbau zu ändern, ist wirksam und berechtigt zu entsprechendem Umbau, zur Unterteilung und Umwandlung von Teileigentum in Wohnungseigentum.[50]

Um die Verwendbarkeit von Vollmachten im Grundbuchverfahren sicherzustellen, empfiehlt es sich, die Vollmachten im Außenverhältnis so weit wie möglich zu fassen (zB als Generalvollmachten) und **Beschränkungen nur für das Innenverhältnis zu vereinbaren.**[51]   **18**

Sachverhalt:[52] Der Eigentümer E teilte im Jahr 2000 sein Grundstück gemäß § 8 WEG in zehn Eigentums-   **19** wohnungen auf. In der Teilungserklärung/Gemeinschaftsordnung steht ua: »*Am Keller wird ausdrücklich kein Sondereigentum begründet. Der Grundstückseigentümer behält sich das Recht vor, an sämtlichen Kellerräumen, die in dem Plan für das Kellergeschoss enthalten sind, Sondernutzungsrechte für einzelne Wohnungseigentümer zu bilden. Die Wohnungseigentümer werden aufschiebend bedingt durch Zuweisung der Sondernutzungsrechte von Gemeingebrauch ausgeschlossen.*« Aus dem Aufteilungsplan ergibt sich, dass im Kellergeschoss einer der Räume mit »Fahrräder«, ein weiter mit »Waschen, Trocknen« bezeichnet ist. Die übrigen Räume sind mit »Keller« bezeichnet. Im Laufe der Zeit wurden bereits drei Wohnungen an K 1, K 2 und K 3 veräußert, die Käufer als neue Eigentümer in den Wohnungsgrundbüchern eingetragen. Die Wohnungen sind jeweils mit Grundschulden belastet. In den Kaufverträgen der bereits als Berechtigte im Grundbuch eingetragenen Wohnungseigentümer finden sich ua folgende Regelungen: »*Der Käufer bevollmächtigt den Verkäufer bis zum Abverkauf der letzten Einheit unwiderruflich beliebige Änderungen der Teilungserklärung mit Gemeinschaftsordnung vorzunehmen. Einzige Einschränkung ist, dass das Sondereigentum von verkauften Einheiten, insbesondere das Sondereigentum des Käufers, nicht beeinträchtigt werden darf. Weiter darf die Benutzung des übrigen Gemeinschaftseigentums wirtschaftlich gesehen nicht wesentlich beeinträchtigt werden. Um die unbeschränkte Verwendbarkeit der Vollmachten zu gewährleisten, sind alle Beteiligten darüber einig, dass Beschränkungen, die den Vollmachten beigefügt sind, rein schuldrechtliche Verpflichtungen darstellen, die den Umfang der Vollmachten dem Grundbuchamt gegenüber nicht einschränken sollen.*« Der aufteilende Eigentümer E veräußerte 2005 mit notariellem Vertrag eine weitere Wohnung an den Käufer K 4 und wies gleichzeitig dieser verkauften Wohnung ein Sondernutzungsrecht an den mit »Fahrräder« und »Waschen, Trocknen« bezeichneten Räumen und einem weiteren mit »Keller« bezeichneten zu. Auf den Vollzugsantrag des Notars erließ das Grundbuchamt eine Zwischenverfügung, die die beantragte Eintragung der Zuweisung von Sondernutzungsrechten von der Zustimmung der anderen Wohnungseigentümer K 1, K 2 und K 3 und ihrer Grundschuldgläubiger abhängig machte. Das *OLG München* bestätigte diese Zwischenverfügung – zu Unrecht.

Zulässig ist es, Sondernutzungsrechte in der Form zu begründen, dass alle Wohnungseigentümer unter der aufschiebenden Bedingung der positiven Zuordnung vom Mitbenutzungsrecht am gemeinschaftlichen Eigentum

43 BayObLGZ 1993, 259 = DNotZ 1994, 233 = MittRhNotK 1993, 286 = Rpfleger 1994, 17; BayObLG DNotZ 1981, 779; BayObLGZ 1994, 244 = DNotZ 1995, 610; BayObLG DNotZ 1997, 473; *Basty* NotBZ 1999, 233, 236; *Schaub* in *Bauer/von Oefele* AT VII Rn 25; *Schöner-Stöber* Rn 3555.
44 OLG Düsseldorf ZflR 1997, 302; *Basty* NotBZ 1999, 233, 236.
45 BayObLG MittBayNot 1994, 527; *Schaub* in *Bauer/von Oefele* AT VII Rn 26; *Schöner-Stöber* Rn 3555.
46 *Schaub* in *Bauer/von Oefele* AT VII Rn 26; *Schöner-Stöber* Rn 3555; **AA** OLG Thüringen DNotI-Report 1995, 6.
47 BayObLGZ 1994, 244 = MittBayNot 1994, 529 = MittRhNotK 1994, 283; *Basty* NotBZ 1999, 233, 236; *Schaub* in *Bauer/von Oefele* AT VII Rn 23.
48 BayObLG DNotZ 1981, 779; *Schaub* in *Bauer/von Oefele* AT VII Rn 23.
49 BayObLG MittBayNot 1998, 180; *Basty* NotBZ 1999, 233, 236; *Schöner-Stöber* Rn 3555.
50 KG DNotI-Report 1995, 170; BayObLG MittBayNot 2000, 319 bis = MittRhNotK 2000, 210; *Schaub* in *Bauer/von Oefele* AT VII Rn 24; *Schöner-Stöber* Rn 3555.
51 Vgl BayObLG ZflR 2003, 513 = RNotZ 2003, 183; Rpfleger 2003, 121 = ZflR 2003, 202 = FGPrax 2002, 245 = ZNotP 2002, 476; *Armbrüster* ZMR 2005, 244; *Krause* NotBZ 2002, 11, 12 f; *Basty* NotBZ 1999, 233, 237; *Kolb* MittRhNotK 1996, 254, 258; *Kutter* in Beck'sches Notar-Handbuch A II Rn 35, 129; *Rapp* in Beck'sches Notar – Handbuch A III Rn 154; **AA** LG Düsseldorf Rpfleger 1999, 217, 218.
52 Nach OLG München DNotZ 2007, 41 = NotBZ 2007, 28.

negativ ausgeschlossen sind.[53] Mit Eintritt der Bedingung in Form der positiven Zuordnungserklärung wird der Ausschluss der übrigen Wohnungseigentümer vom Mitgebrauch wirksam. Sie sind daher ebenso wenig von der beantragten Zuweisung eines Sondernutzungsrechtes berührt, wie die dinglich Berechtigten und Vormerkungsberechtigten, die ihre Rechtspositionen nach Eintragung der Gemeinschaftsordnung im Grundbuch erworben haben (vgl § 161 BGB); der teilende Alleineigentümer kann deshalb in diesem Fall einseitig ein Sondernutzungsrecht positiv zuordnen. Im vorliegenden Fall wurde in der Teilungserklärung von der letzten Möglichkeit Gebrauch gemacht. Trotzdem erkannten das Grundbuchamt und das *OLG München* diesen Änderungsvorbehalt nicht an. Er bezog sich nämlich »auf alle Kellerräume, die in dem Aufteilungsplan für das Kellergeschoss enthalten waren«. Das Sondernutzungsrecht sollte ua an den Kellerräumen bestellt werden, die im Aufteilungsplan nicht mit »Keller«, sondern mit »Fahrräder« und »Waschen, Trocknen« bezeichnet waren. Der Änderungsvorbehalt in der Teilungserklärung wurde so ausgelegt, dass von ihm nur die Kellerräume umfasst seien, die im Aufteilungsplan mit »Keller« bezeichnet wurden. Diese begriffsjuristische Auslegung ist jedoch nicht zwingend. Man hätte auch zu dem entgegengesetzten Ergebnis kommen können, nämlich dass sich der Änderungsvorbehalt auf alle Kellerräume bezog, und zwar unabhängig von ihrer Bezeichnung. Dann wäre der aufteilende Eigentümer allein zur Zuweisung des Sondernutzungsrechtes in der Lage gewesen.

Im Außenverhältnis, vor allem gegenüber dem Grundbuchamt, war die Änderungsvollmacht zugunsten des aufteilenden Eigentümers unbeschränkt erklärt worden. Im Innenverhältnis durfte von ihr nur Gebrauch gemacht werden, wenn die beabsichtigte Änderung die Benutzung des Gemeinschaftseigentums wirtschaftlich gesehen nicht wesentlich beeinträchtigt. Das *OLG München* meint, dass das Grundbuchamt das Innenverhältnis ausnahmsweise dann beachten müsse, wenn evident ist, dass den Vollmachtgebern (= Wohnungseigentümer K 1, K 2 und K 3) durch die Erklärung des Vollmachtnehmers ein Vermögensschaden entsteht. Vor der Zuweisung des Sondernutzungsrechtes an den im Gemeinschaftseigentum stehenden Räumen im Keller zugunsten des Käufers K 4 haben die Wohnungseigentümer K1, K2 und K 3 daran ein vermögenswertes Mitgebrauchsrecht nach § 13 Abs 2 WEG. Würde nun das Grundbuchamt auf Grund der Änderungsvollmachten das Sondernutzungsrecht eintragen, so entstünde ein wirtschaftlicher Nachteil für die Wohnungseigentümer K 1, K 2 und K 3 durch den Verlust ihres Mitgebrauchsrechts. Auf Grund des Legalitätsgrundsatzes, der das ganze Grundbuchverfahren beherrscht, dürfte das Grundbuchamt nicht an dem Vollmachtsmissbrauch mitwirken, der zum einen den Straftatbestand der Untreue erfülle und zum anderen zur Unwirksamkeit der Eintragungsbewilligungen (§ 19 GBO) des K 1, K 2 und K 3 führe. Dieser Argumentation muss widersprochen werden.[54] Das Mitgebrauchsrecht der anderen Wohnungseigentümer an den Kellerräumen geht nicht durch die Grundbucheintragung des Sondernutzungsrechtes verloren, sondern durch die schuldrechtliche Vereinbarung der Wohnungseigentümer, die keiner Form bedarf (§ 10 Abs 3 WEG). Für die Grundbucheintragung ist formellrechtlich aber nur die notariell beglaubigte Eintragungsbewilligung aller Wohnungseigentümer erforderlich (§§ 19, 29 GBO). Die Wirksamkeit zugrunde liegender schuldrechtlicher oder sachenrechtlicher Vereinbarungen hat das Grundbuchamt im Rahmen des formellen Konsensprinzips (§ 19 GBO) grundsätzlich nicht zu prüfen. Ob im vorliegenden Fall die Strafvorschrift des § 266 StGB erfüllt ist, wie das *OLG München* meint, oder gerade nicht, wie *Munzig*[55] darlegt, kann das Grundbuchamt in seinem formalisierten Verfahren nicht abschließend prüfen. Der das gesamte Grundbuchverfahren beherrschende Legalitätsgrundsatz[56] führt zu keinem anderen Ergebnis. Er besagt, dass das Grundbuchamt eine Eintragung ablehnen muss, von der es positiv weiß, dass sie zu einer Grundbuchunrichtigkeit führt. Dies ist im vorliegenden Fall nicht gegeben. Da die Vollmachten in der Regel in Allgemeinen Geschäftsbedingungen[57] enthalten sind (auch im vorliegenden Fall), stellt sich die Frage nach ihrer Zulässigkeit, insbesondere im Hinblick auf § 308 Nr 4 BGB.[58] Nach dieser Norm sind Veränderungen der zugesagten Leistung nur zulässig, wenn sie dem anderen Vertragsteil unter Berücksichtigung der Interessen des aufteilenden Eigentümers zumutbar sind. Nach überwiegender Auffassung werden die Allgemeinen Geschäftsbedingungen (§§ 305 ff BGB) auf die Änderungsvollmachten angewandt.[59] Steht für das Grundbuchamt fest, dass eine Vollmacht gegen die §§ 307–309 BGB verstößt, so hat es den Eintragungsantrag zu beanstanden und, sofern der Beanstandung nicht Rechnung getragen wird, diesen zurückzuweisen.[60] Allerdings berechtigen das Grundbuchamt nur solche Wertungen zur Prüfung und Beanstandung, die im Einzelfall ohne weitere Ermitt-

53 KG RNotZ 2007, 151, 153; OLG Düsseldorf DNotZ 2002, 157 = Rpfleger 2001, 524; OLG Hamm DNotZ 2000, 210; OLG Frankfurt Rpfleger 1998, 20.
54 Ebenso *Munzig* DNotZ 2007, 43; *Holzer* NotBZ 2007, 29.
55 DNotZ 2007, 43, 44 f.
56 Vgl ausführlich dazu *Meikel-Böttcher* Einl H Rdn 5 ff.
57 Zur Bedeutung im Grundbuchverfahren vgl ausführlich *Meikel-Böttcher* Einl H Rdn 114 ff.
58 So auch *Holzer* NotBZ 2007, 29.
59 BayObLG ZfIR 2003, 513 = RNotZ 2003, 183; ZfIR 2003, 516; Rpfleger 2003, 121; LG Düsseldorf Rpfleger 1999, 217; *Armbrüster* ZMR 2005, 244; *Holzer* NotBZ 2007, 29; **aA** *Basty* NotBZ 1999, 233, 237; *Krause* NotBZ 2002, 11, 12.
60 Vgl im Ergebnis übereinstimmend *Meikel-Böttcher* Einl H Rdn 123–126; BayObLG Rpfleger 2003, 121 = FGPrax 2002, 245; RNotZ 2003, 183; 2002, 513; LG Düsseldorf Rpfleger 1999, 217; *Holzer* NotBZ 2007, 29.

lungen und ohne nähere Kenntnis weiterer Umstände lediglich aus den vorgelegten Eintragungsunterlagen beurteilt werden können. Eine für das Grundbuchamt feststehende Unwirksamkeit einer Änderungsvollmacht liegt in der Regel dann nicht vor, wenn die im Außenverhältnis unbeschränkte Vollmacht im Innenverhältnis Bindungen unterliegt.[61] Eine ausreichende Bindung im Innenverhältnis besteht regelmäßig dann, wenn entweder das Sondereigentum oder Sondernutzungsrechte des Vollmachtgebers unberührt bleiben oder ihm keine zusätzlichen Verpflichtungen auferlegt werden.[62] Der Notar hat die Bindungen im Innenverhältnis zu überwachen und nicht das Grundbuchamt.[63] Ein evidenter und von Grundbuchamt zu beachtender Vollmachtsmissbrauch liegt bei einer im Außenverhältnis unbeschränkten Vollmacht dann nicht vor, wenn eine Änderung im Innenverhältnis (und damit vom Notar zu beachten) »bei wirtschaftlicher Betrachtungsweise Inhalt und Umfang des Sondereigentums des Vollmachtgebers nicht beeinträchtigt darf«.[64] Von der grundbuchrechtlichen Verwendbarkeit einer Änderungsvollmacht zu unterscheiden ist die im Einzelfall umstrittene materielle Frage ihrer Wirksamkeit, über die das Grundbuchamt nicht immer abschließend entscheiden kann. Nach überwiegender Meinung kann der aufteilende Eigentümer eine Änderung der Teilungserklärung nur dann verändern, wenn konkret beschrieben ist, unter welchen Voraussetzungen und in welchem Umfang vorgesehen ist, die Teilungserklärung zu ändern;[65] außerdem muss die Änderung für den Vollmachtgeber zumutbar sein (§ 308 Nr 4 BGB).[66] Je konkreter die mögliche Abänderung beschrieben ist, desto eher ist die Abänderung für den Vollmachtgeber zumutbar. Die Änderungsvollmacht sollte deshalb nur eingesetzt werden, wenn bereits bei Vertragsschluss die möglichen Änderungen hinreichend konkretisiert werden können.

Formulierungsvorschlag:[67]   **20**

»Der Käufer erteilt dem Verkäufer mit der Befugnis, Untervollmacht zu erteilen, und unter Befreiung von den Beschränkungen des § 181 BGB unwiderruflich Vollmacht, die Teilungserklärung samt Gemeinschaftsordnung beliebig zu ändern und zu ergänzen sowie sämtliche in diesem Zusammenhang erforderlichen oder zweckmäßigen Erklärungen gegenüber dem Grundbuchamt, Behörden und Privaten abzugeben und entgegenzunehmen. Diese Vollmacht erlischt nicht mit dem Tod des Vollmachtgebers.

Von dieser Vollmacht kann nur vor dem beurkundenden Notar, seinem Vertreter im Amt oder Amtsnachfolger Gebrauch gemacht werden. Diese sollen den Gebrauch der Vollmacht nur
– zur Umwandlung von Sonder- in Gemeinschaftseigentum und umgekehrt zum Zwecke der Verlegung des Hausanschlussraums und
– zur Umwandlung von Sonder- in Gemeinschaftseigentum im Rahmen des Ausbaus des Dachgeschosses
– zum Zwecke der Schaffung von Zugangsfluren zu den einzelnen neuen gebildeten Wohneinheiten zulassen.

Der Verkäufer muss sich weiter verpflichten, die Kosten der Änderung zu tragen.

Gegenüber dem Grundbuchamt ist die Vollmacht unbeschränkt. Lediglich im Innenverhältnis wird vereinbart, dass der Verkäufer von dieser Vollmacht nur Gebrauch machen darf, soweit dadurch das Sondereigentum oder Sondernutzungsrechte des Käufers unberührt bleiben.

Der Notar wird angewiesen, den Käufer unverzüglich durch Übersendung einer beglaubigten Abschrift der Änderungsurkunde zu informieren, wenn der Verkäufer von der vorstehenden Vollmacht Gebrauch macht.

Die Vollmacht erlischt, wenn sämtliche Wohnungs- und Teileigentumseinheiten im vertragsgegenständlichen Anwesen auf Erwerber umgeschrieben sind, spätestens am.........«

f) Generalvollmacht. Sie berechtigt den Bevollmächtigten zur unbeschränkten Vertretung in allen Angelegenheiten, in denen eine Vertretung zulässig ist.[68] Die Eltern, der Vormund, Betreuer, Pfleger können Generalvollmacht erteilen, und zwar auch über die Zeit ihrer eigenen Vertretungsmacht hinaus, also die Eltern auch über die Volljährigkeit ihrer Kinder hinaus.[69] Gleiches Recht sollen auch der Testamentsvollstrecker und der Insolvenzverwalter haben,[70] wobei deren Generalvollmacht mit der Beendigung des Amtes erlischt; vorher   **21**

---

61 BayObLG Rpfleger 2003, 121 = FGPrax 2002, 245 = RNotZ 2003, 183; ZfIR 2003, 513; **aA** LG Düsseldorf Rpfleger 1999, 217 (Unwirksamkeit nach § 307 Abs 2 BGB).
62 BayObLG ZfIR 2003, 513 = RNotZ 2003, 183.
63 BayObLG ZNotP 2002, 476, 477.
64 BayObLG DNotZ 2003, 51; *Munzig* DNotZ 2007, 43, 45; *Holzer* NotBZ 2007, 29, 30.
65 *Armbrüster* ZMR 2005, 244, 250; *Kolb* MittRhNotK 1996, 254, 258; *Krause* NotBZ 2002, 11, 13; **aA** *Weigl* NotBZ 2002, 325.
66 LG Düsseldorf Rpfleger 1999, 217, 218; *Armbrüster* ZMR 2005, 244, 250; *Krause* NotBZ 2002, 11, 13.
67 Nach *Krause* NotBZ 2002, 11, 14.
68 MüKo-*Schramm*, BGB, § 164 Rn 68; *Schaub* in *Bauer/von Oefele* AT VII Rn 9; *Schöner-Stöber* Rn 3534 a.
69 *Demharter* § 19 Rn 84.
70 **AA** mit guten Gründen *Kesseler* ZNotP 2003, 327.

wirksam gewordenen Bewilligungen auf Grund der Vollmacht bleiben jedoch unberührt.[71] Für Handelsgesellschaften kann auch eine Generalvollmacht erteilt werden, die ebenfalls über die Zeit der Vertretungsmacht der Erteilenden hinausreicht. Bei juristischen Personen des Privatrechts (zB GmbH, Genossenschaften) können organschaftliche Gesamtvertretungsbefugte (zB Geschäftsführer, Vorstandsmitglieder) weder sich gegenseitig noch Dritten organvertretende Generalvollmacht erteilen, da dies der Organpflicht widerspricht.[72] Dies gilt selbst dann, wenn alle Gesellschafter der Übertragung der Organbefugnisse zustimmen.[73] Juristische Personen des öffentlichen Rechts (zB Gemeinden vertreten durch den Bürgermeister) können keine Generalvollmachten erteilen, sondern nur Gattungs- und Spezialvollmachten.[74] Von den unzulässigen Generalvollmachten seitens juristischer Personen zu unterscheiden sind die zulässigen Generalhandlungsvollmachten, die gem § 54 HGB erteilt werden können;[75] erstere können uU in letztere umgedeutet werden.[76]

22   **g) Prokura.** Der Prokurist ist kein gesetzlicher Vertreter, sondern Bevollmächtigter, dessen Vertretungsmacht sich nach den §§ 48 ff HGB richtet; danach ist der ermächtigt zu **Geschäften jeder Art, die der Betrieb eines Handelsgewerbes mit sich bringt.** Die Erteilung der Prokura ist zwar zum Handelsregister anzumelden (§ 53 Abs 1 HGB), die Eintragung hat aber nur deklaratorische Bedeutung, dh die Prokura ist auch wirksam erteilt, wenn sie nicht im Handelsregister eingetragen ist.

23   Der Umfang der Vollmacht des Prokuristen ist gesetzlich normiert (§§ 49, 50 HGB); nach § 49 Abs 2 HGB ist der Prokurist zur **Veräußerung und Belastung von Grundstücken** nur bevollmächtigt, wenn ihm diese Befugnis besonders erteilt ist. Diese Immobiliarklausel kann im Handelsregister eingetragen werden, was aber für deren Wirksamkeit nicht notwendig ist.[77] § 49 Abs 2 HGB spricht zwar nur von der Veräußerung von Grundstücken, gilt aber analog auch für die Veräußerung von Wohnungs- und Teileigentum und die Übertragung eines Erbbaurechts.[78] § 49 Abs 2 HGB erwähnt nicht die formelle Eintragungsbewilligung des § 19 GBO. Letztere ist eine Verfahrenshandlung, nicht die materielle Veräußerung oder Belastung eines Grundstücks. § 49 Abs 2 HGB ist aber auf die den darin genannten materiellen Rechtänderungen entsprechenden Verfahrenshandlungen auszudehnen, was sich schon aus der historischen Entwicklung der Begriffe erklärt. Es fehlt den Prokuristen – ohne Immobiliarklausel – also insoweit auch die Bewilligungsberechtigung des § 19 GBO. Unter den Begriff der Veräußerung iSv § 49 Abs 2 HGB fällt das sachenrechtliche Erfüllungsgeschäft (= dingliche Einigung nach § 873 BGB) als auch das zugrundeliegende schuldrechtliche Verpflichtungsgeschäft (zB Kaufvertrag, Tausch, Schenkung usw).[79] Der Prokurist braucht nicht nur für die Veräußerung eines Grundstücks einer gesonderten Vollmacht, sondern auch für die Veräußerung von Miteigentumsanteilen daran.[80] Ist der vom Prokuristen Vertretene allerdings nur Gesellschafter und gehört ein Grundstück zum Gesellschaftsvermögen, so bedarf er für die Übertragung des Gesellschaftsanteils des Vertretenen nicht einer gesonderten Vollmacht nach § 49 Abs 2 HGB.[81] Zu den Belastungen iSv § 49 Abs 2 HGB gehören die Bestellung einer Hypothek, Grundschuld, Reallast, Grunddienstbarkeit, beschränkten persönlichen Dienstbarkeit, eines Vorkaufsrechtes, Nießbrauches, Erbbaurechtes an Grundstück des Kaufmanns; auch eine Vormerkung zur Eintragung eines der genannten Rechte kann der Prokurist nur mit gesonderter Vollmacht bestellen.[82] Gleiches gilt für die Begründung einer Eigentümergrundschuld.[83] Nicht unter § 49 Abs 2 HGB fallen folgende Vorgänge, dh dazu ist der Prokurist kraft seiner gesetzlichen Vertretungsmacht ohne gesonderte Vollmacht ermächtigt:[84] Erwerb eines Grundstücks, Wohnungs- oder Teileigentums, Erbbaurechtes; Abtretung, Inhaltsänderung, Rangänderung, Löschung von Grundstücksrechten. Auch die Bestellung eines Grundpfandrechtes zur Finanzierung des Kaufpreises für den Verkäufer oder einen Dritten fällt nicht unter § 49 Abs 2 HGB, weil es sich insoweit um eine sog Erwerbsmodalität handelt, die dem Erwerb eines bereits belasteten Grundstücks gleichkommt.[85] Die Beschränkung der Vertretungsbefugnis des § 49 Abs 2 HGB bezieht sich nur auf eigene Grundstücke des

---

71   BayObLGZ 1959, 297 = NJW 1959, 2119.
72   BGH DNotZ 1976, 37 = NJW 1975, 1741; BGH DNotZ 1977, 119 = NJW 1977, 199; BGH DNotZ 1988, 690 = NJW 1988, 1199; BGH NJW 1988, 164 = MittBayNot 1988, 227; OLG München NJW – RR 1991, 893; LG Köln Rpfleger 2002, 175; *Schöner-Stöber* Rn 3524 a; *Schaub* in *Bauer/von Oefele* AT VII Rn 10; *Demharter* § 19 Rn 84.
73   BGH WM 1976, 1246; *Schaub* in *Bauer/von Oefele* AT VII Rn 10.
74   *Demharter* § 19 Rn 84.
75   BGH WM 1976, 1246; 1978, 1047; KG Rpfleger 1991, 461 = MittRhNotK 1991, 317; *Schöner-Stöber* Rn 3534a; *Schaub* in *Bauer/von Oefele* AT VII Rn 11.
76   BGH DNotZ 2003, 147.
77   BayObLGZ 1971, 55 = DNotZ 1971, 243 = NJW 1971, 810 = Rpfleger 1971, 152.
78   *Staub-Joost* § 49 HGB Rn 30; *Schlegelberger-Schröder* § 49 HGB Rn 12.
79   *Schöner-Stöber* Rn 3592; *Schaub* in *Bauer/von Oefele* AT VII Rn 41, 42.
80   *Schaub* in *Bauer/von Oefele* AT VII Rn 31, 42.
81   MüKo-*Lieb-Krebs*, HGB, § 49 Rn 41; *Schaub* in *Bauer/von Oefele* AT VII Rn 39.
82   *Schaub* in *Bauer/von Oefele* AT VII Rn 43.
83   *Schöner-Stöber* Rn 3592; *Schaub* in *Bauer/von Oefele* AT VII Rn 44.
84   *Schaub* in *Bauer/von Oefele* AT VII Rn 45; *Schöner-Stöber* Rn 3592.
85   MüKo-*Lieb-Krebs*, HGB, § 49 Rn 48; *Schlegelberger-Schröder* § 49 HGB Rn 14; *Schaub* in *Bauer/von Oefele* AT VII Rn 46.

Unternehmers, für das Prokura erteilt worden ist; dies ist dem Normzweck der Vorschrift zu entnehmen, der den Schutz dieses Unternehmens und seines Immobiliarvermögens bezweckt. § 49 Abs 2 HGB greift also dann nicht ein, wenn die Grundstücksgeschäfte fremdes Vermögen betreffen;[86] auch dann nicht, wenn das Unternehmen, für das die Prokura besteht, etwa als persönlich haftender Gesellschafter oder Liquidator für ein anderes Unternehmen handelt, zu dem das Grundstück gehört. Wird bei einer Gesamtvertretung die Vertretungsmacht des Prokuristen im gesetzlichen Umfang des Gesellschaftsorgans erweitert, so trifft dann § 49 Abs 2 HGB nicht zu,[87] zB bei der OHG und KG durch einen persönlich haftenden Gesellschafter und einen Prokuristen (§ 125 Abs 3 HGB), bei der Aktiengesellschaft durch ein Vorstandsmitglied und einen Prokuristen (§ 78 Abs 3 AktG) und bei der GmbH durch ein Geschäftsführer und einen Prokuristen. Wird bei einer Gesamtprokura nach § 48 Abs 2 HGB ein Prokurist an die Mitwirkung eines Gesellschaftsorgans gebunden (persönlich haftender Gesellschafter, Vorstand, Geschäftsführer), ohne dass seine Vertretungsmacht erweitert und organschaftlich ausgestaltet ist, dann unterliegen der Prokurist und das Gesellschaftsorgan der Beschränkung des § 49 Abs 2 HGB.[88]

h) Handlungsvollmacht. Ist jemand ohne Erteilung der Prokura zum Betrieb eines Handelsgewerbes oder 24
zur Vornahme einer bestimmten zu einem Handelsgewerbe gehörigen Art von Geschäften oder zur Vornahme einzelner zu einem Handelsgewerbe gehörigen Geschäfte ermächtigt, so erstreckt sich die Vollmacht auf alle Geschäfte und Rechtshandlungen, die der Betrieb eines derartigen Handelsgewerbes oder die Vornahme derartiger Geschäfte gewöhnlich mit sich bringt (§ 54 Abs 1 HGB). Diese Handlungsvollmacht ist nicht im Handelsregister eingetragen. Sie kann von einem Einzelkaufmann und Handelsgesellschaften erteilt werden, auch von einem Prokuristen, aber nicht über seine eigene Vertretungsbefugnis hinaus. Hinsichtlich Verfügungen über Grundstücke gelten die Ausführungen zum Prokuristen (§ 54 Abs 2 HGB; vgl deshalb Rdn 23).

i) Vollzugsvollmacht. Sie sind in der notariellen Praxis verbreitet. Dabei erteilen Beteiligte dem **Notar oder** 25
seinen Mitarbeitern eine Vollmacht, all diejenigen Erklärungen abzugeben und entgegenzunehmen, die erforderlich sind, um den mit der ursprünglichen Urkunde angestrebten Erfolg herbeizuführen.[89] Eine solche Vollzugsvollmacht berechtigt zur Löschung der Eigentumsvormerkung nach Grundbucheintragung des Käufers als neuer Eigentümer.[90] Denkbar sind beispielsweise auch Vollmachten zur Abgabe der Eintragungsbewilligung des § 19 GBO in einer Urkunde, in der der schuldrechtliche Kaufvertrag und die sachenrechtliche Auflassung eines Grundstücks beurkundet wurden. Wenn bei einer Grundstücksübereignung zunächst nur der Kaufvertrag beurkundet wird, kann mittels einer Vollzugsvollmacht später und getrennt davon die materielle Auflassung und die formelle Bewilligung erklärt werden; dieses Verfahren, dessen Zulässigkeit nicht unbestritten ist,[91] stellt zumindest dann keine unrichtige Sachbehandlung iSv § 16 KostO dar, wenn dem Sicherungsbedürfnis des Verkäufers eine Bedeutung zukommt, welches über dasjenige bei einem einfachen Grundstückskaufvertrag hinausgeht.[92] Der Vorteil solcher Vollzugsvollmachten besteht darin, dass die Beteiligten nur einen Notartermin wahrnehmen müssen und der Vollzug der ursprünglichen Urkunde in der Überwachung des beurkundenden Notars bleibt.[93] Die in einem Kaufvertrag über eine Eigentumswohnung der Notariatsangestellten erteilte Vollmacht, zur Durchführung und etwaigen Ergänzung des Vertrages erforderlichen Erklärungen für die Vertragsparteien abzugeben, berechtigt nicht dazu, die vereinbarte Verpflichtung des Verkäufers zur Verschaffung eines dinglich wirkenden Sondernutzungsrechts durch die Pflicht zur Verschaffung eines schuldrechtlichen Sondernutzungsrechts zu ersetzen.[94] Während das dinglich wirkende Sondernutzungsrecht als Inhalt des Sondereigentums gegenüber jedem Sonderrechtsnachfolger eines von der Nutzung ausgeschlossenen Erwerbers wirkt, wird ein schuldrechtliches Sondernutzungsrecht mit einem Eigentümerwechsel hinfällig, wenn der neue Eigentümer die Rechte und Pflichten aus der Begründung des Sondernutzungsrechts nicht mit Zustimmung der übrigen Eigentümer übernimmt.[95] Es ist diesem gegenüber nicht durchsetzbar und verliert damit seinen Ausschließlichkeitscharakter. Zu einer derartigen Inhaltsänderung des Sondereigentums berechtigt die erteilte Vollmacht nicht. Eine nach ihrem Inhalt und Umfang sowie einer Gesamtwürdigung des maßgeblichen Urkundeninhalts am Ziel der Finanzierung und des Grundbuchvollzuges eines Grundstückskaufvertrages orientierte, die Bestellung von Dienstbarkeiten einschließende Vollmachtgewährung an Mitarbeiter des Notars legt die Auslegung nahe, das sämtliche auf das angestrebte Ziel gerichtete Vollzugsmaßnahmen im Rahmen der Zweckmäßigkeit

86 *Schaub* in *Bauer/von Oefele* AT VII Rn 37.
87 BGHZ 62, 166 = DNotZ 1975, 110 = NJW 1974, 1194 = Rpfleger 1974, 256; *Schöner-Stöber* Rn 3594.
88 BGH aaO; *Schöner-Stöber* Rn 3595.
89 *Dieterle* BWNotZ 1991, 172.
90 OLG München DNotZ 2006, 696 = Rpfleger 2006, 392 = NotBZ 2006, 214.
91 Dagegen OLG Köln MittRhNotK 1997, 328; OLG Schleswig JurBüro 1997, 435; OLG Düsseldorf DNotZ 1990, 674.
92 BayObLG MittBayNot 2000, 574; OLG Hamm FGPrax 1998, 154 = MittBayNot 1998, 275; OLG Oldenburg JurBüro 1987, 376; OLG Düsseldorf DNotZ 1996, 324; KG DNotZ 1976, 434; *Wolfsteiner* Rpfleger 1990, 505; *Kanzleiter* DNotZ 1996, 242.
93 *Dieterle* BWNotZ 1991, 172.
94 BGH DNotZ 2002, 866.
95 BGH aaO; OLG Köln DNotZ 2002, 223, 227; OLG Hamburg ZMR 2002, 216, 217; *Müller* ZMR 2000, 473, 474.

bzw. Dienlichkeit von der Vollmacht erfasst werden sollten; letzteres gilt auch hinsichtlich der für den grundbuchlichen Vollzug nachträglicher Rangrücktritte von Grundpfandrechten gegenüber einer Dienstbarkeit erforderlichen Erklärungen in der Form des § 29 GBO.[96] Wurde dem Notar eine Durchführungsvollmacht erteilt, so ist auch der Notarvertreter nach § 39 BNotO berechtigt davon Gebrauch zu machen;[97] gleiches gilt für den Notariatsverwalter.[98] Eine Vollzugsvollmacht für den Notar ist noch keine **Empfangsvollmacht** für den Notar. Die Bevollmächtigung des Notars zur Entgegennahme der Ausübungserklärung eines Vorkaufsberechtigten kann sich jedoch aus den Umständen ergeben (zB Beauftragung des Notars mit der Übersendung des Kaufvertrags an den Vorkaufsberechtigten mit der Aufforderung, sich über das Vorkaufsrecht zu erklären).[99] Zu der Neufassung ab 01.07.2008 von § 13 FGG und § 79 ZPO durch das RDG vom 12.12.2007 (BGBl I 2840) vgl § 56 Rdn 89 f.

26   **j) Untervollmacht.** Sie ist im Gesetz nicht ausdrücklich geregelt. Trotzdem ist sie seit langem unstreitig **anerkannt**.[100] Sie wird nicht vom Vertretenen erteilt, sondern vom Hauptbevollmächtigten. Der Unterbevollmächtigte kann trotzdem nur direkt im Namen des Vertretenen handeln, dh nur der Geschäftsherr wird vom Unterbevollmächtigten vertreten und nicht der Hauptbevollmächtigte.[101]

27   Enthält die Bevollmächtigung des Hauptvertreters keine ausdrückliche Zulässigkeit für eine Untervollmacht, so ist es eine Frage der Auslegung der Vollmacht, ob und in welchem Umfang die **Erteilung einer Untervollmacht zulässig** ist.[102] Dies ist zu bejahen, wenn die Auslegung kein gesteigertes Interesse des Vertretenen an der persönlichen Wahrnehmung durch den Hauptbevollmächtigten ergibt,[103] zB bei der Vollmachtserteilung an Fremde, bei entgeltlicher Geschäftsbesorgung durch jemanden, der dies gewerbsmäßig betreibt. Gleiches gilt, wenn das Interesse des Vertretenen gerade für die Erteilung der Untervollmacht spricht, zB für einen Bürovorsteher des Notars,[104] oder wenn die Hauptvollmacht vom Inhalt her sehr weitgehend ist, zB bei einer Generalvollmacht, Gattungsvollmacht, Vollmacht zu Abwicklung bestimmter Geschäftsverhältnisse.[105] Auch wenn die Vollmacht übertragbar ist, besteht kein unbedingtes Interesse des Vertretenen an der persönlichen Wahrnehmung durch den Hauptbevollmächtigten, so dass in diesen Fällen eine Befugnis zu Erteilung von Untervollmacht anzunehmen ist.[106]

28   Da niemand mehr Rechte weitergeben kann, als ihm selbst verliehen worden sind, kann der **Umfang der Untervollmacht** nicht über den der ursprünglichen Vollmacht hinausgehen.[107] Ist daher die Hauptvollmacht befristet oder unwiderruflich, kann keine zeitlich unbefristete oder unwiderrufliche Untervollmacht erteilt werden.[108]

29   Für die wirksame Erteilung einer Untervollmacht ist es nötig, dass im Zeitpunkt ihrer Erteilung die **Hauptvollmacht** wirksam gewesen ist.[109] Nach dem Wirksamwerden der Untervollmacht ist ihr Wirksambleiben nicht mehr vom weiteren Fortbestand der Hauptvollmacht **abhängig**.[110] Dies folgt daraus, dass der Untervertreter seine Vertretungsbefugnis für den Geschäftsherrn nicht aus der Person des Hauptbevollmächtigten, sondern vom Geschäftsherren selbst ableitet. Bei der Erteilung der Untervollmacht ist daher zwar die Hauptvollmacht vorzulegen, aber nicht beim Handeln des Unterbevollmächtigten.[111]

---

96 OLG Düsseldorf Rpfleger 2004, 38 = RNotZ 2003, 520.

97 LG Düsseldorf MittBayNot 2002, 526.

98 *Reithmann* MittBayNot 2002, 527.

99 OLG Frankfurt NotBZ 2006, 210.

100 *Bous* RNotZ 2004, 483; *Schüle* BWNotZ 1984, 156; allgemein zur Untervollmacht *Staudinger-Schilken* § 167 Rn 60 ff; *MüKo-Schramm*, BGB, § 167 Rn 70 ff; *Soergel – Leptien* § 167 Rn 56.

101 *Hügel-Reetz*, GBO, Vertretungsmacht, Rn 35; *MüKo – Schramm*, BGB, § 167 Rn 71; *Schaub* in *Bauer/ von Oefele* AT VII Rn 31; *Schüle* BWNotZ 1984, 156.

102 *Schaub* in *Bauer/ von Oefele* AT VII Rn 32; *Schöner-Stöber* Rn 3563; *Schüle* BWNotZ 1984, 156, 157.

103 BGH WM 1959, 377; OLG München WM 1984, 834; LG Köln MittRhNotK 1985, 39; *Schaub* in *Bauer/ von Oefele* AT VII Rn 32; *Schöner-Stöber* Rn 3563; *Schüle* BWNotZ 1984, 156, 157; DNotI – Report 1998, 126.

104 LG Wuppertal MittRhNotK 1978, 14; *Schöner-Stöber* Rn 3563; *Schaub* in *Bauer/ von Oefele* AT VII Rn 32; *Schüle* BWNotZ 1984, 156, 157.

105 *MüKo-Schramm*, BGB, § 167 Rn 77; *Schaub* in *Bauer/ von Oefele* AT VII Rn 32; *Schüle* BWNotZ 1984, 156, 157.

106 *Schüle* BWNotZ 1984, 156, 157.

107 *Hügel-Reetz*, GBO, Vertretungsmacht, Rn 37; *Wolf* MittBayNot 1996, 266, 268; *Staudinger-Schilken* § 167 Rn 67; *Schaub* in *Bauer/ von Oefele* AT VII Rn 33; kritisch dazu *Kesseler* ZNotP 2005, 20, 21.

108 *Hügel-Reetz*, GBO, Vertretungsmacht, Rn 37; *Schöner-Stöber* Rn 3565; *Schaub* in *Bauer/ von Oefele* AT VII Rn 34; *Wolf* MittBayNot 1996, 266, 268.

109 *Schaub* in *Bauer/ von Oefele* AT VII Rn 35; *Schöner-Stöber* Rn 3565.

110 *Bous* RNotZ 2004, 483; *Hügel-Reetz*, GBO, Vertretungsmacht, Rn 37; *Staudinger-Schilken* § 167 Rn 68; *MüKo-Schramm*, BGB, § 167 Rn 78; *Soergel-Leptien* § 167 Rn 59; *Schaub* in *Bauer/ von Oefele* AT VII Rn 35; *Schöner-Stöber* Rn 3565; *Schüle* BWNotZ 1984, 156; **AA** OLG Karlsruhe BWNotZ 1992, 102.

111 *Schaub* in *Bauer/ von Oefele* AT VII Rn 35; *Schöner-Stöber* Rn 3565; **AA** OLG Karlsruhe BWNotZ 1992, 102; *Wolf* MittBayNot 1996, 266.

k) Finanzierungsvollmacht. Zur Finanzierung der Kaufpreissumme, der Neubau-, Renovierungs- und **30** Sanierungskosten nimmt der Käufer regelmäßig ein Darlehen auf. Zur Absicherung muss bereits vor Umschreibung des Eigentums am Kaufgrundstück auf den Käufer daran ein Grundpfandrecht eingetragen werden. Dazu erteilt der **Verkäufer als Nocheigentümer** häufig dem **Käufer eine Vollmacht**;[112] zur Vermeidung eines weiteren Notartermins erteilt der Käufer zuweilen dem Notar oder einem Notarangestellten eine Untervollmacht zur Bestellung eines Finanzierungsgrundpfandrechtes.[113] Für den Verkäufer ist die Vollmachtserteilung an den Käufer jedoch mit Risiken versehen. Der Käufer hat nämlich einen Darlehensauszahlungsanspruch gegen seinen Gläubiger, aber letzterer ist am Grundstück des Verkäufers dinglich abgesichert. Für die Erfüllung der Pflichten des Käufers aus dem Darlehensverhältnis haftet somit auch der Verkäufer dem Gläubiger mit dem Grundstück. Der Verkäufer unterwirft sich als Eigentümer des Grundbesitzes häufig auch dem Gläubiger des Käufers gegenüber der sofortigen Zwangsvollstreckung;[114] zulässig ist aber auch eine Vollstreckungsunterwerfung des Käufers als künftiger Eigentümer, wodurch die Notwendigkeit der späteren Umschreibung der Vollstreckungsklausel auf den Käufer vermieden wird.[115] Zum Schutz des Verkäufers wird damit die von ihm dem Käufer ausgestellte Finanzierungsvollmacht mit inhaltlichen Beschränkungen versehen.[116] Zu der Neufassung ab 01.07.2008 von § 13 FGG und § 79 ZPO durch das RDG vom 12.12.2007 (BGBl I 2840) vgl § 56 Rdn 89 f.

Vereinbart wird in der Regel eine **eingeschränkte Sicherungsabrede,** und zwar in der Form, dass der Gläu- **31** biger das Grundpfandrecht nur wegen bestimmter Ansprüche (zB Kaufpreisforderung, Renovierungs- und Sanierungskosten) verwerten darf.[117] Außerdem verpflichtet sich der Gläubiger gegen Rückzahlung des bereits geleisteten Betrages, die Löschung des Grundpfandrechtes ohne Auflagen, Zinsen und Kosten für den Verkäufer zu bewilligen, wenn der Kaufvertrag wegen nicht vollständiger Kaufpreiszahlung rückabgewickelt wird. Die im Kaufvertrag und/oder der Grundschuldbestellungsurkunde enthaltene Sicherungsabrede kommt als Vereinbarung zwischen dem Verkäufer und dem Finanzierungsgläubiger durch die Zusendung und stillschweigende Annahme seitens des Gläubigers zustande.[118] Die Bank darf die Grundschuld dann nur für solche Forderungen in Anspruch nehmen, welche durch die Zweckerklärung gedeckt sind.[119] In der Praxis der Bestellung einer Finanzierungsgrundschuld auf dem Grundstück des Verkäufers ist inzwischen die Vereinbarung einer eingeschränkten Sicherungsabrede selbstverständlich.[120] Wenn der Finanzierungsgläubiger entgegen der Sicherungsabrede aus der Grundschuld vollstreckt, muss dagegen mit Vollstreckungsgegenklage nach §§ 795, 767 ZPO vorgegangen werden.[121] **Formulierungsbeispiel**:[122]

»Für das vorstehende Grundpfandrecht gilt zwischen Verkäufer und Gläubiger bis zur vollständiger Kaufpreiszahlung, längstens bis zum Übergang des Eigentums am Pfandobjekt auf den Käufer ausschließlich die nachfolgende Sicherungsvereinbarung: Der Gläubiger darf das Grundpfandrecht nur insoweit als Sicherheit verwerten und/oder behalten, als er tatsächlich Zahlungen mit Tilgungswirkung für die Kaufpreisschuld des Käufers geleistet hat. Ist die Grundschuld zurückzugewähren, so kann nur Löschung verlangt werden, nicht Abtretung oder Verzicht. Alle weiteren innerhalb oder außerhalb dieser Urkunde getroffenen Zweckbestimmungserklärungen, Sicherungs- und Verwertungsvereinbarungen gelten daher erst nach vollständiger Kaufpreiszahlung, spätestens nach Übergang des Eigentums am Pfandobjekt auf den Käufer.«

Außerdem kann vereinbart werden, dass der **Käufer** seine ihm gegen den Finanzierungsgläubiger zustehenden **32** **Ansprüche auf Auszahlung** des durch das Grundpfandrecht gesicherten Darlehens unwiderruflich **an den Verkäufer abtritt**.[123] Ergänzend dazu wird der Gläubiger angewiesen, die Gelder nur entsprechend den Zahlungsvereinbarungen im Kaufvertrag auszuzahlen. Die Abtretung bzw Auszahlungsanweisung wird dem Gläubiger zur Kenntnis gebracht.[124] Wirksam wird sie allerdings erst, wenn der Kreditgeber die Annahme erklärt.[125] Wenn der Käufer bei verschiedenen Gläubigern dinglich zu sichernde Darlehen erhält, sollte in jeder Grund-

---

112 Vgl dazu *Ehmann* BWNotZ 1989, 141.
113 *Hügel* NotBZ 1997, 9,11; *Ehmann* BWNotZ 1989, 141, 143.
114 *Kuhn* RNotZ 2001, 305, 313; *Hügel* NotBZ 1997, 9, 11.
115 Vgl KG DNotZ 1988, 238; *Schöner-Stöber* Rn 3158.
116 *Ehmann* BWNotZ 1989, 141, 143 f; *Kuhn* RNotZ 2001, 305, 313 f.
117 *Ehmann* und *Kuhn* je aaO; *Hügel* NotBZ 1997, 9.
118 *Kuhn* RNotZ 2001, 305, 314; *Hügel* NotBZ 1997, 9; LG Karlsruhe DNotZ 1995, 892 m Anm *Reithmann*; *Schöner-Stöber* Rn 3158.
119 *Wolfsteiner* MittBayNot 1981, 1,11; *Germer* BWNotZ 1991, 166; *Schramm* ZNotP 1998, 363; *Ehmann* BWNotZ 1989, 141, 144; LG Karlsruhe DNotZ 1995, 892; LG Mainz MittRhNotK 1988, 20; LG Stuttgart BWNotZ 1980, 68; LG Hanau MittBayNot 1981, 150; *Schöner-Stöber* Rn 3158.
120 *Reithmann* DNotZ 1995, 896, 897.
121 OLG Hamm DNotI-Report 1999, 50.
122 Nach *Schöner-Stöber* Rn 3159.
123 *Kuhn* RNotZ 2001, 305, 314; *Ehmann* BWNotZ 1989, 141, 144.
124 *Kuhn* aaO.
125 *Schöner-Stöber* Rn 3158.

schuldbestellungsurkunde die Höhe des jeweils abgetretenen Betrages genau beziffert werden, damit die gesamten Abtretungen die Kaufpreisforderungen nicht übersteigen[126]

33   Empfehlenswert ist es, die Finanzierungsvollmacht dahingehend zu beschränken, dass sie **nur vor dem den Kaufvertrag beurkundenden Notar**, seinem Amtsnachfolger oder seinen amtlich bestellten Vertretern verwendet werden darf.[127] Diese Beschränkung der Vollmacht hat Wirkung im Außenverhältnis, wenn sie nicht ausdrücklich nur im Innenverhältnis zwischen den Vertragsbeteiligten gelten soll.[128] Wird das Finanzierungsgrundpfandrecht danach von einem anderen Notar beurkundet, so kommt es zu schwebenden Unwirksamkeit und es ist die Genehmigung des Verkäufers in der Form des § 29 GBO erforderlich. Durch diese Ausübungsbeschränkung wird die reibungslose Abwicklung des Kaufvertrags sichergestellten und für den Verkäufer wird gewährleistet, dass der Notar die Grundpfandrechtbestellung unter Beachtung der in der Finanzierungsvollmacht erklärten Einschränkungen (Sicherungsabrede, Abtretung der Auszahlungsansprüche und Anzeige die Abtretung) durchgeführt wird.[129] Standesrechtlich begegnet diese Ausübungsbeschränkung keinen Bedenken.[130] Ist die Ausübung der Vollmacht auf eine Beurkundung durch den »amtierenden Notar« beschränkt, so kann von der Vollmacht auch dann durch Beurkundung vor dem Notarvertreter, Notariatsverwalter oder Amtsnachfolger wirksam Gebrauch gemacht werden, wenn dies in der Vertragsklausel nicht ausdrücklich geregelt ist.[131]

34   Wird der Kaufpreis über **mehrere Banken** finanziert, so sollte die Finanzierungsvollmacht eine Einschränkung dahingehend enthalten, das die Gläubiger Auszahlungen nur vornehmen dürfen, wenn die gesamte Finanzierung des Kaufpreises sichergestellt ist.[132] Deshalb werden sie sich jeweils den Gesamtfinanzierungsplan vorlegen lassen.

35   Die Finanzierungsvollmacht berechtigt den Käufer zur Abgabe eines **abstrakten Schuldanerkenntnisses** im Namen des Verkäufers nur dann, wenn dies ausdrücklich gestattet ist, wozu die allgemeine Befugnis »alle bankübliche Erklärungen« im Zusammenhang mit der Grundpfandrechtsbestellung abzugeben, nicht genügt.[133]

36   Auch zur Abgabe der **Unterwerfungserklärung nach § 800 ZPO** durch den Käufer im Namen des Verkäufers ermächtigt die allgemeine Belastungsvollmacht nicht.[134] Eine Vollmacht für den Käufer, für den Verkäufer Grundpfandrechte am Vertragsobjekt zu bestellen und dabei alle bankübliche Erklärungen abzugeben, beinhaltet jedoch auch die Vollmacht zu Abgabe der Vollstreckungsunterwerfung nach § 800 ZPO.[135] Eine formularmäßige Vollmacht, die auch eine persönliche Haftungsübernahme und Unterwerfung unter die sofortige Zwangsvollstreckung im Rahmen einer Grundschuldbestellung umfasst, verstößt gegen § 305c Abs 1 BGB.[136] Hat ein Vertreter die Unterwerfung des Schuldners unter die sofortige Zwangsvollstreckung aus einer Urkunde erklärt, ist die Zwangsvollstreckung nur zulässig, wenn die Vollmacht des Vertreters oder – bei vollmachtlosem Handeln – die Genehmigung von dessen Erklärungen seitens des Vertretenen durch öffentlich oder öffentlich beglaubigte Urkunden dem Schuldner zugestellt worden sind.[137]

37   Probleme ergeben sich zuweilen bei der **inhaltlichen Bestimmtheit** von Finanzierungsvollmachten. Eine Veräußerungsvollmacht »*Grundbesitz zu veräußern, den Kaufpreis im Empfang zu nehmen, die Auflassung zu erklären sowie die erforderlichen Eintragungen und Löschungen im Grundbuch zu bewilligen und zu beantragen*« berechtigt zB nicht ohne weiteres zur Unterbevollmächtigung des Käufers zur Bestellung von Finanzierungsgrundpfandrechten;[138] es gibt nämlich durchaus Fälle, bei denen keine Finanzierung nötig ist oder die Darlehensabsicherung anderweitig erfolgt. Eine Vollmacht »*Grundpfandrechte bis zur Kaufpreishöhe zu bestellen*« ermöglicht dagegen die Bestellung von in üblicher Höhe verzinslichen Finanzierungsgrundpfandrechten.[139] Zur Unwirksamkeit einer

---

126   *Kuhn* RNotZ 2001, 305, 314.
127   *Wilke* MittBayNot 1996, 260; *Kuhn* RNotZ 2001, 305, 314; *Ehmann* BWNotZ 1989, 141; *Amann* MittBayNot 1996, 420; *Schaub* in *Bauer/von Oefele* AT VII Rn 17; *Schöner-Stöber* Rn 3160; BayObLG DNotZ 1996, 295; LG Düsseldorf Rpfleger 1985, 100.
128   LG Nürnberg-Fürth MittBayNot 2006, 419.
129   *Kuhn* RNotZ 2001, 305, 314.
130   Ausführlich dazu *Wilke* MittBayNot 1996, 260, 263 f.
131   Gutachten in DNotI-Report 2005, 177.
132   *Ehmann* BWNotZ 1989, 141, 144.
133   *Schaub* in *Bauer/von Oefele* AT VII Rn 19.
134   BayObLG Rpfleger 1987, 153; OLG Düsseldorf Rpfleger 1988, 357; 1989, 499; *Schaub* in *Bauer/von Oefele* AT VII Rn 18; **AA** *Kesseler* ZNotP 2005, 20, 21; *Hügel* NotBZ 1997, 9, 11; *MüKo-Wolfsteiner*, ZPO, § 794 Rn 163.
135   LG Regensburg MittBayNot 1992, 400; *Schaub* in *Bauer/von Oefele* AT VII Rn 18.
136   BGH ZfIR 2003, 98 = DNotZ 2003, 203.
137   BGH ZfIR 2007, 110 = Rpfleger 2007, 37; ausführlich dazu *Böttcher* BWNotZ 2007, 109.
138   OLG Jena DNotI-Report 1995, 6; LG Oldenburg MittBayNot 2003, 291 m abl Anm *Peter/Roemer*; *Schaub* in *Bauer/von Oefele* AT VII Rn 15; **AA** LG Köln MittRhNotK 1977, 78; *Hügel* NotBZ 1997, 9.
139   BayObLG MittBayNot 1987, 140; *Schaub* in *Bauer/von Oefele* AT VII Rn 16.

Grundschuld gelangte der BGH[140] bei folgender Vollmacht: »*Der Verkäufer bevollmächtigt den Käufer, bereits jetzt im Rahmen der Finanzierung des Kaufpreises die Eintragung von Grundpfandrechten auf dem veräußerten Wohnungseigentumsrecht zu bewilligen und zu beantragen*«; in der Grundschulddurkunde von demselben Notar hieß es dann, dass »*der Käufer auf dem Grundeigentum des Verkäufers eine Grundschuld zugunsten des Gläubigers bestellt zur Sicherung aller bestehenden und künftigen Ansprüche aus der Geschäftsverbindung*«. Dem Ergebnis muss widersprochen werden.[141] Der Verwendungszweck der Finanzierungsbelastung ist nicht als inhaltliche Beschränkung der Vollmacht im Außenverhältnis anzusehen. Das **Innenverhältnis** zwischen Verkäufer und Käufer regelt im Detail, unter welchen Voraussetzungen der Käufer tätig werden darf. Daneben wird dem Käufer durch einseitige empfangsbedürftige Willenserklärung Vertretungsmacht eingeräumt, Dritten gegenüber Willenserklärungen mit Wirkung für den Verkäufer abzugeben; dies betrifft aber das **Außenverhältnis**. Während das Innenverhältnis das rechtliche Dürfen des Käufers regelt, bestimmt das Außenverhältnis das rechtliche Können des Käufers im Verhältnis zu Dritten; beides kann, aber muss nicht identisch sein. Wäre der Verwendungszweck des Grundpfandrechtes (= Finanzierung des Kaufpreises) Inhalt der Finanzierungsvollmacht für das Außenverhältnis, würde dies die Vollmacht ungeeignet machen für das Grundbuchverfahren, weil die Voraussetzungen der Ausübung der Vollmacht dem Grundbuchamt in der Form des § 29 GBO nachzuweisen wären, was ein unmögliches Unterfangen darstellen würde.[142] Eine Erklärung des Verkäufers oder des Gläubigers gegenüber dem Grundbuchamt in öffentlich beglaubigter Form, dass die Grundschuld zur Finanzierung des Kaufpreises verwendet wird, gilt als nicht ausreichend.[143] Richtig ist es vielmehr, dass die Beschränkungen hinsichtlich der Ausübung einer Finanzierungsvollmacht nur das Innenverhältnis zwischen den Verkäufer und den Käufer betreffen, aber die Vollmacht im Außenverhältnis unbeschränkte Wirkung hat. Dem Grundbuchamt ist daher bei der Eintragung von Grundpfandrechten auf Grund der Finanzierungsvollmacht nicht das Vorliegen des Verwendungszwecks nachzuweisen. Macht der Käufer von seiner Vollmacht vereinbarungswidrig Gebrauch, hat dies dann keinen Einfluss auf die Wirksamkeit der bestellten Grundschuld, sondern kann höchstens zu Schadensersatzansprüchen des Verkäufers gegen den Käufer führen. Um die Schwierigkeiten bei der Verwendung der Finanzierungsvollmachten zu vermeiden, empfiehlt es sich, klar und ausdrücklich zu regeln, was das Außen- und Innenverhältnis betrifft. Eine Finanzierungsvollmacht in einem Grundstückskaufvertrag soll bei gleichzeitiger Vereinbarung einer Sicherungsabrede und der Auflage, die Grundschuldbestellung bei dem amtierenden Notar vorzunehmen, idR dahingehend auszulegen sein, dass der Verkäufer den Käufer auch zur Bewilligung von über den vereinbarten Kaufpreis hinausgehenden Grundpfandrechten bevollmächtigt.[144]

Eine im notariellen Kaufvertrag dem Erwerber eingeräumte Vollmacht, das Grundstück bereits vor Eigentumsumschreibung dinglich zu belasten, berechtigt diesen – bei Weiterveräußerung – nicht, im Namen des eingetragenen Verkäufers einer von dem Zweiterwerber beantragten und bewilligten dinglichen Belastung des Grundstücks und der dinglichen Zwangsvollstreckungsunterwerfung zuzustimmen (= **Weitergabe der Belastungsvollmacht**).[145] Durch die dingliche Belastung seitens des Zweiterwerbers wird auch die Rechtsstellung des eingetragenen Eigentümers berührt, ohne dass dieser hinreichend abgesichert ist. Dieser ist nämlich nicht dagegen geschützt, dass die darlehensgebende Bank das Grundpfandrecht bereits vor vollständiger Kaufpreiszahlung verwertet.   **38**

Erteilt der Verkäufer eines Grundstücks dem Käufer die **Vollmacht**, das Grundstück schon vor Eigentumsübertragung mit Grundpfandrechten zu belasten und die entsprechenden Grundbucherklärungen abzugeben, **liegt hierin regelmäßig auch die Einwilligung (§ 185 Abs 1 BGB)**, das der Käufer die entsprechende materielle Verfügung sowie die formelle Eintragungsbewilligung im eigenen Namen erklärt.[146]   **39**

Formulierungsvorschlag:[147]   **40**

Der Käufer wird bevollmächtigt, zu Lasten des verkauften Grundstücks Grundpfandrechte für eine Bank oder Versicherung mit dem Sitz in der Bundesrepublik Deutschland in beliebiger Höhe mit Zinsen und Nebenleistungen in beliebigem Umfang zu bestellen. Er ist auch berechtigt, den jeweiligen Eigentümer der sofortigen Zwangsvollstreckung nach § 800 ZPO zu unterwerfen.

---

140 BGHZ 106, 1 = DNotZ 1989, 757 = NJW 1989, 521 = Rpfleger 1989, 146; in diese Richtung auch LG Hamburg Rpfleger 1989, 469.
141 So auch *Alff* Rpfleger 1989, 469; *Ehmann* BWNotZ 1989, 141.
142 *Alff* aaO.
143 *Ehmann* BWNotZ 1989, 141, 143.
144 LG Koblenz RNotZ 2003, 613.
145 BayObLG Rpfleger 1970, 431; OLG Düsseldorf ZfIR 1999, 595; LG Karlsruhe DNotZ 1995, 892; *Schöner-Stöber* Rn 3317.
146 BGHZ 106, 1 = DNotZ 1989, 757 = NJW 1989, 521 = Rpfleger 1989, 146; OLG Naumburg MittBayNot 2000, 117.
147 Nach *Ehmann* BWNotZ 1989, 141, 145.

Die Vollmacht ist im Innenverhältnis in der Weise eingeschränkt, dass durch die Grundpfandrechte, bis zur vollständigen Zahlung des Gesamtkaufpreises, nur Darlehen zur Kaufpreisfinanzierung aus diesem Vertrag abgesichert werden dürfen.

Die Vertretungsmacht des Bevollmächtigten bei der Vereinbarung von Zweckerklärungen für Grundschulden gilt nur für solche Erklärungen, in welchen folgendes bestimmt ist:

– *Der Gläubiger darf die Grundschuld bis zum Eigentumsübergang auf den Käufer nur für solche Forderungen in Anspruch nehmen, die zur Tilgung der Kaufpreisforderung, einschließlich aller Nebenforderungen des Verkäufers, aus diesem Vertrag an den Käufer geleistet worden sind.*

– *Soweit mehrere Gläubiger an der Finanzierung des Kaufpreises beteiligt sind, darf eine Valutierung nur erfolgen, wenn die Zahlung des Gesamtkaufpreises sichergestellt ist.*

– *Bis zur vollständigen Kaufpreiszahlung stehen alle Ansprüche aus der Zweckvereinbarung mit dem Gläubiger ausschließlich dem Verkäufer zu. Ihre Abtretbarkeit an andere Personen als den Käufer ist ausdrücklich ausgeschlossen. Der Verkäufer tritt alle ihm aus der Zweckvereinbarung jetzt oder in Zukunft zustehenden Ansprüche gegenüber dem Gläubiger sofort an dem Käufer – bei mehreren als Gesamtberechtigte nach § 428 BGB – ab. Die Abtretung ist aufschiebend bedingt durch die vollständige Zahlung des Kaufpreises aus dem Kaufvertrag. Sie wird von der Käuferseite angenommen.*

– *Der Verkäufer übernimmt keine persönliche Haftung irgendwelcher Art gegenüber den Grundpfandgläubigern.*

Mehrere Käufer sind je einzeln bevollmächtigt und zur Vollmachtsübertragung berechtigt, sie sind von den Beschränkungen des § 181 BGB befreit. Die Vollmacht erlischt nicht mit dem Tode des Verkäufers. Mehrere Käufer bevollmächtigen sich gegenseitig, im Rahmen der Grundpfandrechtsbestellungen, zur Übernahme der persönlichen Haftung für das Kapital gegenüber dem Gläubiger, einschließlich persönlicher Zwangsvollstreckungsunterwerfung unter Abschluss beliebig weitgehender Zweckvereinbarungen für Grundschulden.

Die vorstehenden Vollmachten gelten nur dann, wenn die Erklärungen, welche der notariellen Beurkundung oder Beglaubigung bedürfen vor dem beurkundenden Notar, seinem Vertreter oder Amtsnachfolger abgegeben oder die Unterschriften durch diesen beglaubigt werden.

Bei einem Widerruf der Vollmacht, bevor der Käufer im Verzug ist, ist der Verkäufer verpflichtet, auf Verlangen des Käufers unverzüglich entsprechende Erklärungen zur Bestellung der dinglichen Sicherheit für die Kaufpreisfinanzierung abzugeben.

Das Recht des Käufers, für seine Person weitergehende Vereinbarungen für die Zeit nach Kaufpreiszahlung zutreffen, ist dadurch nicht eingeschränkt.

3. Form der Vollmacht

41 **a) Materielle Form. aa) Formfreiheit**. Die Vollmacht bedarf materiell nicht der Form des Rechtsgeschäfts, auf dass sie sich bezieht (= Zielgeschäft, § 167 Abs 2 BGB). Dieses Prinzip hat seine Ursache darin, dass die Vollmacht grundsätzlich als abstraktes, dh vom Zielgeschäft losgelöstes Rechtsgeschäft angesehen wird.[148] Eine Vollmacht zum Abschluss eines Grundstücksgeschäfts kann daher materiell grundsätzlich formfrei erteilt werden, dh mündlich oder auch privatschriftlich.[149]

42 **bb) Formbedürftigkeit. (1) Allgemein**. Die Erteilung einer Vollmacht verkörpert eine Mittelstellung, eine Art Zwitterfunktion.[150] Sie steht nämlich zwischen dem ihr zugrundeliegenden **Grundgeschäft** zwischen dem Vollmachtgeber und Bevollmächtigten und dem Rechtsgeschäft zwischen dem Bevollmächtigten und Dritten (= **Zielgeschäft**). § 168 S 1 BGB besagt beispielsweise, dass sich das Erlöschen der Vollmacht nach ihrem Grundgeschäft bestimmt, das vielfach im Auftrag oder ein Geschäftsbesorgungsvertrag ist. Nach § 167 Abs 2 BGB bedarf die Erteilung der Vollmacht nicht der Form des Rechtsgeschäfts, auf dass sie sich bezieht (= Zielgeschäft). Die Erteilung der Vollmacht ist sowohl gegenüber dem Grundgeschäft ein abstraktes Erfüllungsgeschäft als auch unabhängig von dem Zielgeschäft.[151]

43 **(2) Formbedürftigkeit des Zielgeschäfts**. **Verbraucherdarlehensverträge** sind grundsätzlich **schriftlich** abzuschließen (§ 492 Abs 1 S 1 BGB). Gleiches gilt daher auch für eine Vollmacht, die ein Darlehensnehmer zum Abschluss eines Verbraucherdarlehensvertrags erteilt (§ 492 Abs 4 S 1 iVm Abs 1 S 1 BGB). Außerdem hat die Vollmacht die Angaben nach § 492 Abs 1 S 5 BGB zu enthalten (§ 492 Abs 4 S 1 BGB). Wird die Vollmacht notariell beurkundet (zB als Teil eines Treuhandvertrags beim Bauherren – Modell), sind die Angaben des § 492 Abs 1 S 5 BGB in der Vollmacht nicht erforderlich (§ 492 Abs 4 S 2 BGB).[152]

---

148 BGH WM 1985, 268; *Kuhn* RNotZ 2001, 305, 308.

149 *Schaub* in *Bauer/von Oefele* AT VII Rn 71; *Schöner-Stöber* Rn 3535; *Kuhn* RNotZ 2001, 305, 308.

150 *Ritzinger* BWNotZ 1987, 28.

151 *Schöner-Stöber* Rn 3537; *Kuhn* RNotZ 2001, 305, 308; *Ritzinger* BENotZ 1987, 28.

152 So bereits BGH ZIP 2001, 911; OLG Köln DNotZ 2000, 195; OLG Stuttgart MittRhNotK 2000, 162; *Rösler/Willms* ZNotP 2000, 90.

Der **Kaufvertrag** über einen Grundstück bedarf der **notariellen Beurkundung** (§ 311b Abs 1 S 1 BGB). **44** Normzweck ist vor allem, dass den Beteiligten durch die für sie besondere Situation der Beurkundung vor einem Notar ersichtlich werden soll, dass sie einen Vertrag von erheblicher Bedeutung abschließen. Hierauf werden sie durch die vom Notar erfolgenden Belehrungen aufmerksam gemacht. Sie sollen so vor übereilten Entscheidungen gewarnt werden.[153] Bei dem Abschluss eines Grundstückskaufvertrags durch einen Vertreter auf Seiten des Verkäufers oder des Käufers durchleben die Vertragsbeteiligten die Beurkundungssituation nicht mehr selbst, belehrt werden vom Notar nur die Anwesenden (§§ 6 Abs 2, 17 BeurkG) und damit kann die Situation eintreten, dass Verkäufer oder Käufer keine Möglichkeit mehr haben, eine letzte Entscheidung zu treffen. Allein aus der Formbedürftigkeit des Zielgeschäfts auch die Formbedürftigkeit der Vollmacht zu schließen, wäre jedoch nicht gerechtfertigt. Es muss ein weiteres Kriterium hinzukommen.[154]

(3) Isolierte Vollmacht. Sie sind zwar nicht die Regel, sondern kommen vor allem im Rahmen von Gefällig- **45** keitsverhältnissen vor; sie sind dann gegeben, wenn ein Grundgeschäft (zB Auftragsvertrag nach § 662 BGB oder Geschäftsbesorgungsvertrag gem § 675 BGB) völlig fehlt, später wegfällt oder wegen Formverstoßes nichtig ist.[155] Erteilt eine Vertragspartei zur Durchführung eines Grundstückskaufvertrags einem Dritten Auflassungsvollmacht, so liegt der Vollmachterteilung, wenn der Bevollmächtigte unentgeltlich tätig werden soll, regelmäßig ein Auftrag (§ 662 BGB) zu Grunde.[156] Die Begründung einer isolierten Vollmacht ohne Grundgeschäft ist zwar möglich, aber unüblich.[157] Von einem bloßen Gefälligkeitsverhältnis kann angesichts der wirtschaftlichen Bedeutung eines Grundstücksgeschäfts und der erheblichen Schadensfolgen, die – für den Bevollmächtigten erkennbar – bei einem fehlerhaften Gebrauch der Vollmacht eintreten können, nicht ausgegangen werden.[158] Eine isolierte Vollmacht bedarf dann der Form des Zielgeschäfts, wenn der **Vollmachtgeber bereits durch die Erteilung der Vollmacht rechtlich und tatsächlich in gleicher Weise gebunden wird wie durch den Abschluss des formbedürftigen Zielgeschäfts selbst,**[159] dh wenn der Vollmachtgeber mit der Vollmachterteilung sein Grundeigentum praktisch schon aus der Hand gegeben hat. Durch die Bindung trifft den Vollmachtgeber die Warnfunktion des § 311b Abs 1 S 1 BGB nicht mehr. Er hat seine letzte Entscheidung über den Grundstückskauf getroffen und ist nicht mehr Herr des Geschehens. Damit fühlt er sich genauso verpflichtet, als wenn er dem Kaufvertrag geschlossen hätte – allerdings ohne Warnung und Belehrung durch die notarielle Beurkundung.[160] In diesem Fall bedarf deshalb unter teleologischer Reduktion des § 167 Abs 2 BGB die isolierte Vollmacht zum Abschluss des Grundstückskaufvertrags der notariellen Beurkundung. Diese die Form der Vollmacht begründende »Bindungs – Formel« wird von der Rechtsprechung in verschienen Varianten vertreten, allerdings immer mit demselben Ergebnis.[161] Nach der sog »Gewand – Formel« ist eine Vollmacht dann formbedürftig, wenn sie nur das äußere Gewand darstellt, in das die Verpflichtung zur Eigentumsübertragung eingekleidet worden ist bzw in welchem sich der Vollmachtgeber zur Eigentumsübertragung oder zum Eigentumserwerb verpflichtet.[162] Die »Aktivitäten – Formel« hält eine Vollmacht dann für formbedürftig, wenn der Vollmachtgeber alles getan hat, was von seiner Seite zum Abschluss des Grundstücksveräußerungsvertrages erforderlich ist und der andere Teil in die Lage versetzt wird, ohne weitere Mitwirkung des Vollmachtgebers oder eines zur Wahrung der Interessen desselben berufenen Dritten das Geschäft zum Abschluss zubringen.[163] Die »Zweck – Formel« besagt, dass eine Vollmacht dann der für das Zielgeschäft vorgeschriebenen Form bedarf, wenn sie demselben Zweck dienen soll und tatsächlich auch dient, wie der Abschluss des formbedürftigen Zielgeschäfts; dies ist der Fall, wenn durch die Vollmachterteilung die gleiche Bindung eintritt wie bei Abschluss des eigentlichen Veräußerungsvertrages, also die Verpflichtung zur Veräußerung oder zum Erwerb

153 *Kuhn* RNotZ 2001, 305, 308.
154 *Kuhn* RNotZ 2001, 305, 308.
155 BGH RNotZ 2003, 62; OLG Zweibrücken OLGZ 1985, 45; *Wufka* DNotZ 1997, 315, 316 f; *Kuhn* RNotZ 2001, 305, 309; *Zimmermann* BWNotZ 1993, 35.
156 BGH RNotZ 2003, 62.
157 BGH NJW 1990, 1721, 1722 = DNotZ 1991, 374.
158 BGH RNotZ 2003, 62; BGHZ 21, 102, 107.
159 BGH NJW – RR 1988, 349, 351; NJW 1985, 730 = DNotZ 1985, 294; DNotZ 1979, 684; NJW 1975, 39; DNotZ 1966, 92; 1965, 549; 1952, 477; WM 1966, 761; 1976, 1039; 1974, 1229, 1231; OLG Schleswig DNotZ 2000, 775; KG OLGZ 1985, 184; OLG Zweibrücken DNotZ 1983, 104; OLG Frankfurt/M Rpfleger 1979, 133; OLG Stuttgart Die Justiz 1985, 300; BWNotZ 1976, 124; OLG Karlsruhe Rpfleger 1972, 92; *Schaub* in *Bauer/von Oefele* AT VII Rn 76, 81; *Schöner-Stöber* Rn 3537; *Kuhn* RNotZ 2001, 305, 308; *Ritzinger* BWNotZ 1987, 28, 29; *Zimmermann* BWNotZ 1993, 35.
160 *Kuhn* RNotZ 2001, 305, 308.
161 Ausführlich dazu *Ritzinger* BWNotZ 1987, 28, 29.
162 RG JW 1928, 2516; RGZ 108, 125; DNotZ 1933, 642; BGH DNotZ 1966, 92; WM 1966, 761; 1967, 1039; Rpfleger 1970, 388; WM 1974, 1229, 1231; OLG München DNotZ 1938, 165; OLG Stuttgart BWNotZ 1976, 124; OLGZ 1981, 164, 167; OLG Frankfurt/M Rpfleger 1979, 133.
163 RG JW 1928, 2516; RGZ 76, 182; 108, 125; BGH DNotZ 1966, 92; WM 1966, 761; 1967, 1039; OLG Stuttgart BWNotZ 1976, 124; OLGZ 1981, 164, 167.

bereits in der Vollmacht alles enthalten anzusehen ist.[164] Nach der »Umgehungs – Formel« ist die Vollmacht dann formbedürftig, wenn sonst die Formfreiheit dazu ausgenützt würde, die Formvorschrift zu umgehen.[165] Letztendlich besagt die »Okkult- oder Verdeckungs-Formel«, dass die Vollmacht dann der Form des § 311b Abs 1 S 1 BGB bedarf, wenn sie eine Grundstücksveräußerung nur verdeckt.[166]

46   Der Vollmachtgeber einer Liegenschaftsvollmacht verwirklicht die Tatbestands- oder Normerfüllung des § 311b Abs 1 S 1 BGB bereits dann, wenn die isolierte Vollmacht unwiderruflich erteilt wird. Zum Teil wird die Meinung vertreten, dass auch der einseitige Verzicht auf den Widerruf der Vollmachtserteilung möglich sei, also auch eine isolierte Vollmacht unwiderruflich erteilt werden können.[167] Dem ist mit der hM[168] zu widersprechen. Für die Entscheidung, ob eine Vollmacht widerruflich oder unwiderruflich ist, sind nicht nur die ausdrücklichen Erklärungen der Beteiligten maßgebend, sondern in erster Linie die Interessenlage. Eine Vollmacht, die nur dem Interesse des Vollmachtgebers dient, kann nicht unwiderruflich erteilt werden; dies wäre ein Widerspruch in sich. Der Ausschluss des Rechts zur Widerruf hat einen Sinn vielmehr nur bei einer Vollmacht, die zumindest in gleichem Maße wie dem Interesse des Vollmachtgebers auch dem Interesse des Bevollmächtigten oder eines Dritten dient; nur hier lässt sich die Bindung des Vollmachtgebers an die Vollmacht rechtfertigen. Die Interessenlage lässt sich aber in aller Regel nicht der Vollmacht als abstraktem Rechtsgeschäft, sondern nur dem zugrundeliegenden Grundgeschäft entnehmen. Daraus folgt, dass auch die isolierte Vollmacht, der kein Rechtsverhältnis zugrunde liegt, stets frei widerruflich ist, dh **rechtsgeschäftlich kann sie nicht unwiderruflich erklärt werden.** Isolierte Vollmachten bedürfen daher grundsätzlich **nicht der notariellen Beurkundung** nach § 311b Abs 1 S 1 BGB wie das Zielgeschäft (= Kaufvertrag, Unterwerfung unter die sofortige Zwangsvollstreckung).[169]

47   Auch wenn die isolierte Vollmacht rechtsgeschäftlich nicht unwiderruflich gestaltet werden kann, so sind doch Fallgestaltungen denkbar, bei denen es zur **faktischen Unwiderruflichkeit** der Vollmacht und damit ihrer Formbedürftigkeit (= **notarielle Beurkundung**) kommt. Dies ist beispielsweise dann der Fall, wenn der Verkäufer zwar nicht dem Käufer Vollmacht erteilt, aber seinem Angestellten oder einem Dritten und diese nur nach den Weisungen des Käufers und als dessen willenloses Werkzeug tätig werden dürfen, dh der Bevollmächtigte keinen eigenen Entscheidungsspielraum hat und nicht Willensvertreter, sondern nur Willensübermittler ist;[170] nicht ausreichend ist es, wenn zwar ein Angestellter des Käufers bevollmächtigt wird, dieser aber nicht von ihm abhängig ist.[171] Von einer faktisch unwiderruflichen Vollmacht, die damit notariell beurkundet sein muss, ist auch dann auszugehen, wenn der Vertretene dem Vertreter Vollmacht unter Befreiung von den Beschränkungen des § 181 BGB erteilt, einen Grundstück auf sich selbst zu übertragen, und Grund zu der Annahme besteht, dass der Vertreter so unverzüglich zur Unterzeichnung des Kaufvertrags schreiten wird, dass der Widerruf seitens des Vollmachtgebers faktisch ausgeschlossen ist.[172] Gleiches gilt, wenn der Vollmachtgeber bereits so schwer krank ist, dass er rein tatsächlich nicht mehr in der Lage ist, die Vollmacht zu widerrufen; in einem solchen Fall gibt er mit der Erteilung der Vollmacht zu erkennen, dass er das Geschehen aus der Hand gibt.[173] Da es in der Praxis oft schwer zu beurteilen ist, ob der Vollmachtgeber bereits faktisch an seine Vollmacht gebunden ist, kann es dem Notar nur empfohlen werden, solche Vollmachten zu beurkunden, wenn begründete Anhaltspunkte für eine Bindungswirkung der Vollmacht vorliegen.[174]

48   **(4) Vollmacht aufgrund eines Grundgeschäfts.** Von der Erteilung einer Vollmacht zu unterscheiden ist das zugrundeliegende Grundgeschäft und das aufgrund der Vollmacht abgeschlossene Zielgeschäft. Für die Frage der Beurkundungsbedürftigkeit einer Vollmacht ist Ausgangspunkt das Grundgeschäft zwischen Vollmachtgeber

---

164 RGZ 76, 182; 135, 70, 71.

165 KG OLGZ 1985, 184; OLG Koblenz NJW 1949, 244; OLG München DNotZ 1951, 31; OLG Zweibrücken DNotZ 1983, 104.

166 BGH DNotZ 1952, 477; 1965, 549; 1966, 92; WM 1967, 1039; 1966, 761; KG OLGZ 1985, 184; OLG Koblenz NJW 1949, 244.

167 *Staudinger – Schilken* § 168 Rn 11 und 17.

168 RGZ 62, 335; 109, 331, 333; BGH BGHZ 110, 363; NJW – RR 1991, 439; DNotZ 1989, 84; BayObLG DNotZ 1997, 312; DNotZ 1981, 567, 568; MittBayNot 1989, 308; KG DNotZ 1933, 181; OLG Schleswig MDR 1963, 675; OLG Frankfurt Rpfleger 1979, 133, 134; OLG Zweibrücken Rpfleger 1982, 216; BGB – RGRK – *Steffen* § 168 Rn 3; *Demharter* § 19 Rn 83; *Wolfsteiner* DNotZ 1979, 579, 585; *Görgens* MittRhNotK 1982, 53, 57; *Korte* DNotZ 1984, 84, 88; *Ritzinger* BWNotZ 1987, 28, 30 f; *Wufka* DNotZ 1997, 315, 316; *Kuhn* RNotZ 2001, 305, 308 f.

169 BGH ZfIR 2004, 56 = NJW 2004, 844 = DNotZ 2004, 360; *Zimmermann* BWNotZ 1993, 35, 36.

170 RGZ 76, 182; 79, 212; 104, 236; 108, 126; KG DNotZ 1940, 438; OLG Celle MDR 1962, 900; *Schaub* in *Bauer/von Oefele* AT VII Rn 82; *Ritzinger* BWNotZ 1983, 28, 31.

171 BGH NJW 1952, 1211; WM 1965, 108; *Schaub* in *Bauer/von Oefele* AT VII Rn 82.

172 *Kanzleiter* DNotZ 1979, 687, 688; *Zimmermann* BWNotZ 1993, 35, 36; *Kuhn* RNotZ 2001, 305, 309; *Schaub* in *Bauer/von Oefele* AT VII Rn 82.

173 BGH DNotZ 1979, 684; OLG Schleswig DNotZ 2000, 775; *Schaub* in *Bauer/von Oefele* AT VII Rn 82; *Kuhn* RNotZ 2001, 305, 308; *Zimmermann* BWNotZ 1993, 35, 36.

174 *Schöner-Stöber* Rn 3539; *Schaub* in *Bauer/von Oefele* AT VII Rn 86; *Kuhn* RNotZ 2001, 305, 309.

und Vollmachtnehmer und nicht das Zielgeschäft oder die Vollmacht als solches.[175] Das Grundgeschäft ist idR ein **Auftragsvertrag** nach § 662 BGB oder **Geschäftsbesorgungsvertrag** gem § 675 BGB.

Ob eine **Vollmacht unwiderruflich** und damit bindend ist, ergibt sich, wenn nicht eine isolierte Vollmacht **49** vorliegt, **aus dem ihr zugrundeliegenden Grundgeschäft**,[176] das die Interessenlage der Beteiligten widerspiegelt. Dies folgt aus § 168 S 2 BGB, wonach die Vollmacht widerruflich ist, sofern sich nicht aus dem zugrundeliegenden Rechtsverhältnis in anderes ergibt. Die Unwiderruflichkeit kann in dem Grundgeschäft ausdrücklich oder durch schlüssiges Verhalten erklärt werden.[177] Letzteres ist beispielsweise anzunehmen, wenn die Erteilung der Vollmacht nahezu ausschließlich im Interesse des Vertreters erfolgt oder das Interesse des Vertreters zumindest dem des Vertretenen gleichzusetzen ist[178] (zB der Vertreter ist Käufer des Grundstücks[179]). Widerruflich ist eine Vollmacht dagegen, wenn aus dem Grundgeschäft erkennbar ist, dass die Vollmachtserteilung allein den Interessen des Vertretenen dient, was den Regelfall darstellt.[180] Ist der Vertreter von den Beschränkungen des § 181 BGB befreit, ist dieser Umstand allein kein Kriterium für die Unwiderruflichkeit und damit der Beurkundungsbedürftigkeit nach § 311b Abs 1 S 1 BGB.[181] Wird der Vertreter ermächtigt, dass Geschäft mit sich selbst abzuschließen, so wird damit lediglich seine Vertretungsmacht erweitert. Hierdurch wird aber der Vollmachtgeber nicht stärker an die Vollmacht gebunden als bei einer Beschränkung der Vertretungsmacht nach § 181 BGB. Für die Frage der Bindungswirkung und Unwiderruflichkeit kommt es damit auch dann, wenn Befreiung von § 181 BGB erteilt ist, immer auf die Umstände des Einzelfalls an, insbesondere auf das der Vollmacht zugrundeliegende Rechtsverhältnis. Mit der Befreiung von § 181 BGB allein drängt der Vertretene noch keinen unumstößlichen Bindungswillen zum Ausdruck. Der Vollmachtgeber muss nicht nur entschlossen sein, an der Vollmacht festzuhalten; er muss sich außerdem in einer Lage sehen, die ihn jedenfalls nach eigener Überzeugung tatsächlich an die Vollmacht bindet. Ergibt sich die Unwiderruflichkeit der Vollmacht ausdrücklich oder konkludent aus dem zugrundeliegende **Grundgeschäft** (zB Vorvertrag), so ist bereits letzteres formbedürftig, dh es muss **notariell beurkundet** werden nach § 311b Abs 1 S 1 BGB.[182] Für die **Vollmacht** ist dann trotz ihrer Unwiderruflichkeit **keine notarielle Beurkundung mehr erforderlich**, da die Bindung nicht durch Erteilung der Vollmacht eintritt und damit der Vollmachtgeber insofern auch bei deren Erteilung nicht mehr des Schutzes des § 311b Abs 1 S 1 BGB bedarf.[183] Für die Praxis ist bei unwiderruflichen Vollmachten zu empfehlen, sowohl das Grundgeschäft als auch die Erteilung der Vollmacht notariell zu beurkunden, wobei an der Beurkundung der Vertretene und der Vertreter teilnehmen müssen.[184]

Die Formbedürftigkeit des Grundgeschäfts gilt ausnahmsweise auch für die daraus resultierende, vom Grundge- **50** schäft an und für sich abstrakte Vollmacht, wenn die **Vollmacht nach dem Willen der Beteiligten mit dem Grundgeschäft zu einem einheitlichen Rechtsgeschäft verbunden** ist, wenn Vollmacht und Grundgeschäft also miteinander stehen und fallen; ist also das formbedürftige Grundgeschäft (§ 311b Abs 1 S 1 BGB) nicht notariell beurkundet worden, erstreckt sich dieser Formmangel gem § 139 BGB auch auf die erteilte Vollmacht, und zwar selbst dann, wenn die Vollmacht ihrerseits eigenständig notariell beurkundet worden war.[185] Letztere ist dann ebenso wie das Grundgeschäft nichtig (§ 125 BGB). Besteht ein solch unlösbarer Zusammen-

---

175 BGH NJW 1985, 730; DNotZ 1988, 551; BGHZ 75, 143 = DNotZ 1980, 344; BayObLG DNotZ 1997, 312; OLG Hamm DNotZ 1994, 775; OLG Zweibrücken DNotZ 1983, 104; *Wufka* DNotZ 1997, 315, 316.

176 RGZ 109, 331, 333; BGH DNotZ 1972, 229; 1979, 684; 1966, 92; WM 1985, 647; BayObLG DNotZ 1987, 312; OLG Schleswig DNotZ 2000, 775; *Schaub* in *Bauer/von Oefele* AT VII Rn 79; *Schöner-Stöber* Rn 3537; *Wufka* DNotZ 1997, 315; *Ritzinger* BWNotZ 1987, 28, 30 f; *Zimmermann* BWNotZ 1993, 33, 36; *Kuhn* RNotZ 2001, 305, 308.

177 *Kuhn* RNotZ 2001, 305, 308.

178 BGH DNotZ 1972, 229, 230; NJW – RR 1991, 439, 441; *Schaub* in *Bauer/von Oefele* AT VII Rn 84; *Schöner-Stöber* Rn 3538; *Zimmermann* BWNotZ 1993, 33, 36; *Kuhn* RNotZ 2001, 305, 309.

179 BGH DNotZ 1966, 92; *Kuhn* RNotZ 2001, 305, 309.

180 BGH DNotZ 1972, 29; 1966, 95; NJW – RR 1991, 439, 441; BayObLG DNotZ 1997, 312; *Zimmermann* BWNotZ 1993, 33, 36; *Schaub* in *Bauer/von Oefele* AT VII Rn 85; *Schöner-Stöber* Rn 3538; *Kuhn* RNotZ 2001, 305, 309.

181 BGH DNotZ 1979, 684 = Rpfleger 1979, 191 = NJW 1979, 2306; DNotZ 1966, 92; 1965, 549; OLG Schleswig in DNotZ 2000, 775; *Schaub* in *Bauer/von Oefele* AT VII Rn 83; *Kuhn* RNotZ 2001, 305, 309; *Ritzinger* BWNotZ 1987, 28, 31 f; *Zimmermann* BWNotZ 1993, 33, 36.

182 BayObLG DNotZ 1997, 312.

183 BGH WM 1965, 253; BayObLG DNotZ 1997, 312; OLG Zweibrücken DNotZ 1983, 104; *Schaub* in *Bauer/von Oefele* AT VII Rn 79; *Schöner-Stöber* Rn 3527; *Wufka* DNotZ 1997, 315 f; *Görgens* MittRhNotK 1982, 53, 57; *Kuhn* RNotZ 2001, 305, 308; *Ritzinger* BWNotZ 1987, 28, 30;

184 *Schöner-Stöber* Rn 3539; *Schaub* in *Bauer/von Oefele* AT VII Rn 86; *Kuhn* RNotZ 2001, 305, 309.

185 RG JW 1930, 3474; RGZ 81, 49; BGH NJW 1997, 312; 1993, 2237; 1992, 3237; BGHZ 102, 60 = DNotZ 1988, 551 = NJW 1988, 697; DNotZ 1985, 294 = NJW 1985, 730; DNotZ 1980, 344, 348; DNotZ 1970, 743 = Rpfleger 1970, 388; DNotZ 1965, 552; WM 1985, 182; DNotZ 1961, 585 = NJW 1961, 1764; BayObLG DNotZ 1984, 250, 254; OLG Köln WM 1985, 983; OLG Karlsruhe MittBayNot 1986, 229; KG OLGZ 1985, 184; *Schaub* in *Bauer/von Oefele* AT VII Rn 80, 81; *Schöner-Stöber* Rn 3537; *Kuhn* RNotZ 2001, 305, 310; *Wufka* DNotZ 1997, 315, 317; *Wolfsteiner* DNotZ 1979, 579; *Korte* DNotZ 1984, 82; *Görgens* MittRhNotK 1982, 53; *Ritzinger* BWNotZ 1987, 28, 32 f; *Zimmermann* BWNotZ 1993, 35, 37.

hang zwischen Grundgeschäft und Vollmacht, ist **neben der Beurkundung des Grundgeschäfts auch die Beurkundung der Vollmacht erforderlich.** Häufigster Anwendungsfall bei der rechtlichen Einheit von Grundgeschäft und Vollmacht ist das »**Bauherren – Modell**«. Die im Rahmen von Baumodellen beabsichtigten Verträge, auch der Kaufvertrag über das Grundstück oder die Eigentumswohnung, werden in der Regel durch einen mit umfassenden Vollmachten ausgestatteten Treuhänder geschlossen.[186] Aufgrund eines Treuhand- oder Geschäftsbesorgungsvertrages wird der Treuhänder dabei für den Käufer tätig. Vielfach wird dabei die Vollmacht zum Abschluss der erforderlichen Verträge dem Treuhänder in dem Vertrag selbst erteilt; sie ist dann integrierender Bestandteil des Vertrags. Häufig werden jedoch auch der Treuhand- oder Geschäftsbesorgungsvertrag und die Vollmacht in getrennten Urkunden aufgenommen. Der Betreuungsvertrag ist ein formbedürftiges Rechtsgeschäft iSv § 311b Abs 1 S 1 BGB, da hierin bereits eine Verpflichtung des Anlegers zum Erwerb des Grundstücks liegt. Ob nun neben dem Geschäftsbesorgungsvertrag auch die Vollmacht zu beurkunden ist, also mit diesen in einem untrennbaren Zusammenhang iSv § 139 BGB steht, hängt nicht davon ab, ob beide Erklärungen in einer oder in zwei getrennten Urkunden enthalten sind; eine rechtliche Einheit zweier äußerlich selbstständiger Vereinbarungen ist vielmehr dann anzunehmen, wenn sie nach dem Willen der Beteiligten derart voneinander abhängen, dass sie miteinander stehen und fallen sollen. Die Niederlegung in verschiedenen Urkunden begründet zwar die Vermutung, dass die Erklärungen nicht in rechtlichem Zusammenhang stehen sollen. Diese Vermutung ist jedoch widerlegt, wenn die Beteiligten die rechtliche Einheit übereinstimmend gewollt haben. Sogar wenn nur einer der Vertragspartner einen solchen Willen zeigt und der andere ihn anerkennt oder zumindest hinnimmt, kann ein einheitliches Vertragswerk vorlegen und damit insgesamt gem § 311b Abs 1 S 1 BGB beurkundungsbedürftig sein, wenn eine Pflicht zum Erwerb oder zur Veräußerung eines Grundstücks miterfasst wird. Die Verknüpfung und rechtliche Einheit von Betreuungsvertrag und Vollmacht ist darin zu sehen, dass die Vollmacht zur Durchführung des Betreuungsvertrages zwingend erforderlich ist und in der Vollmacht regelmäßig ausdrücklich auf den Betreuungsvertrag Bezug genommen wird. Ist der Betreuungsvertrag wegen fehlender notarieller Beurkundung (§ 311b Abs 1 S 1 BGB) formnichtig (§ 125 BGB) erstreckt sich dies auch auf die erteilte Vollmacht, und zwar auch dann, wenn diese notariell beurkundet ist.[187]

51 **(5) Auflassungsvollmacht.** Sie kann gleichzeitig mit oder getrennt von der Kaufvertragsvollmacht erklärt werden. Unabhängig davon sollen für die Auflassungsvollmacht die gleichen Formgrundsätze wie bei der Kaufvertragsvollmacht gelten, dh die isolierte Auflassungsvollmacht soll der notariellen Beurkundung nach § 311b Abs 1 S 1 BGB bedürfen, wenn der Vollmachtgeber bei ihrer Erteilung den erforderlichen Bindungswillen hat (vgl Rdn 45 ff).[188] Dem kann nicht zugestimmt werden. Das Zielgeschäft für die Auflassungsvollmacht ist natürlich die Auflassung und die bedarf materiell nicht der notariellen Beurkundung, sondern muss nur bei gleichzeitiger Anwesenheit der Vertragsparteien vor dem Notar erklärt werden (§ 925 Abs 1 BGB); § 311b Abs 1 S 1 BGB findet bei der Auflassung keine Anwendung. Die Auflassungsvollmacht bedarf deshalb grundsätzlich keiner Form, dh sie kann auch **mündlich** erklärt werden.[189] Einigkeit herrscht insoweit, dass die Auflassungsvollmacht zumindest dann keiner Form bedarf, wenn bereits der Kaufvertrag notariell beurkundet und damit schon Bindung eingetreten ist.[190] Ist die Auflassungsvollmacht dagegen Teil eines einheitlichen formbedürftigen Rechtsgeschäfts (zB beurkundungsbedürftige Vollmachtserteilung für einen Grundstückskaufvertrag, Auftragsvertrag, Geschäftsbesorgungsvertrag), so ist sie zusammen mit diesem beurkundungsbedürftig nach § 311b Abs 1 S 1 BGB.[191]

52 **(6) Rechtsfolgen einer formunwirksamen Vollmacht.** Schließt ein Vertreter ohne formgerechte Vollmacht das Zielgeschäft (zB Kaufvertrag) ab, so handelt er als Vertreter ohne Vertretungsmacht und damit ist das **Zielgeschäft schwebend unwirksam** (§ 177 BGB);[192] gleiches gilt, wenn zwar die Vollmacht formgerecht errichtet wurde (zB notariell beurkundet), sie aber trotzdem nichtig ist, weil das die Bindung enthaltende Grundgeschäft formnichtig ist und Vollmacht und Grundgeschäft eine Rechtseinheit iSv § 139 BGB bilden.[193]

186 *Zimmermann* BWNotZ 1993, 35, 37.
187 BGH NJW 1997, 312; 1992, 3237; DNotZ 1988, 547; 1985, 294; 1981, 115; 1980, 344; WM 1965, 182; 1985, 596; 1985, 10; BayObLG DNotZ 1984, 250; OLG Köln WM 1985, 983; OLG Karlsruhe NJW – RR 1986, 100; *Schaub* in *Bauer/von Oefele* AT VII Rn 80; *Schöner-Stöber* Rn 3231, 3537; *Kuhn* RNotZ 2001, 305, 310; *Ritzinger* BWNotZ 1987, 28, 33 f; *Zimmermann* BWNotZ 1993, 35, 37; *Wolfsteiner* DNotZ 1979, 579; *Maser* NJW 1980, 961, 963.
188 BGH DNotZ 1963, 672; WM 1974, 1229; *Demharter* § 19 Rn 78.
189 *Schöner-Stöber* Rn 3541; *Kuhn* RNotZ 2001, 305, 310; *Ritzinger* BWNotZ 1987, 28, 30.
190 BGH WM 1965, 253; KG DNotZ 1933, 181; OLG Zweibrücken DNotZ 1983, 104; *Kuhn* RNotZ 2001, 305, 310; *Görgens* MittRhNotK 1982, 53, 57; *Ritzinger* BWNotZ 1987, 28, 30.
191 BGHZ 102, 60 = DNotZ 1988, 551 = NJW 1988, 697; OLG Schleswig DNotZ 2000, 775, 777; KG DNotZ 1986, 290; *Schöner-Stöber* Rn 3541; *Demharter* § 19 Rn 78.
192 *Schöner-Stöber* Rn 3542; *Schaub* in *Bauer/von Oefele* AT VII Rn 87.
193 *Schaub* in *Bauer/von Oefele* AT VII Rn 88; *Schöner-Stöber* Rn 3542.

Eine **Heilung** der formnichtigen Vollmacht und/oder des formnichtigen Grundgeschäfts (zB Auftragsvertrag, Geschäftsbesorgungsvertrag) durch das nachfolgende notariell beurkundete Zielgeschäft (zB Kaufvertrag) entsprechend § 311b Abs 1 S 2 BGB ist nicht möglich, da ja selbst das Zielgeschäft schwebend unwirksam ist nach § 177 BGB.[194] Bestritten ist die Frage, ob die Formnichtigkeit der Vollmacht durch eine wirksame Auflassung und die Grundbucheintragung des Eigentumswechsels gem § 311b Abs 1 S 2 BGB geheilt wird und damit auch der Kaufvertrag voll wirksam zustande kommt. Zum Teil wird dies bejaht mit folgender Begründung: wenn das formungültige Zielgeschäft durch Erfüllung heilbar sei, müsste dies auch für einen Formfehler der Vollmacht gelten, wenn sich der Formzwang für die sonst formfreie Vollmacht gerade aus den Zwecken des § 311b Abs 1 S 1 BGB herleite.[195] Dem folgt die hM[196] zu Recht nicht. § 311b Abs 1 S 2 BGB heilt lediglich Formmängel. Die fehlende Vertretungsmacht des Vertreters wird dadurch nicht geheilt. **53**

b) Formelle Form. Welche Form eine Vollmacht im Grundbuchverfahren haben muss, ist dem Verfahrensrecht und damit § 29 GBO zu entnehmen. Sie muss entweder **notariell beglaubigt oder beurkundet** sein. Hat die Vollmacht diese Form nicht, kann sie im Grundbuchverfahren nicht verwendet werden.[197] Wird aufgrund einer nicht der Form des § 29 GBO entsprechenden Vollmacht eine Grundbucheintragung vorgenommen, so wird das Grundbuch dennoch nicht unrichtig, wenn die Vollmacht materiell nach § 167 Abs 2 BGB keiner Form bedurfte. Liegt die Vollmacht bei Abgabe der Grundbucherklärungen (zB Bewilligung, Auflassung) nur in Schriftform vor, ist die notarielle Beglaubigung der Unterschrift des Vollmachtgebers nachzuholen.[198] Ist der Vertreter im Zeitpunkt der notariellen Beglaubigung oder Beurkundung der Grundbucherklärung nur mündlich bevollmächtigt, so sollte dies in der Grundbucherklärung vermerkt werden.[199] Der Nachweis der Bevollmächtigung ist dem Grundbuchamt gegenüber dann durch eine notariell beglaubigte Bestätigung des Vollmachtgebers zu erbringen.[200] Nicht erforderlich ist, dass die Kenntnisnahme des einen oder anderen Vertragsteils von der Vollmachtsbestätigung nachgewiesen wird.[201] Ist der Vertreter nur mündlich oder schriftlich bevollmächtigt, so muss die Form des § 29 GBO nachgeholt werden. Verweigert dies der Vertretene, so kann er auf Abgabe der Vollmachtsbestätigung in der Form des § 29 GBO verklagt werden (§ 894 ZPO), wenn die Vollmacht zumindest der materiellen Form des § 167 Abs 2 BGB entspricht.[202] Gemäß § 6 Abs 2 S 1 BtBG ist die Urkundsperson bei der Betreuungsbehörde befugt, Unterschriften auf Vorsorgevollmachten zu beglaubigen. Eine Vorsorgevollmacht wird im Hinblick auf eine künftige Geschäftsunfähigkeit oder Betreuungsbedürftigkeit erteilt und behält über den Zeitpunkt des Eintritts der Geschäftsunfähigkeit des Vollmachtgebers hinaus Wirkung. Vorsorgevollmachten sind dadurch gekennzeichnet, dass sie eine Bevollmächtigung in den Bereichen Gesundheitssorge, Pflegebedürftigkeit und Aufenthaltsbestimmung enthalten. Indiz von Vorsorgevollmachten ist weiter der Umstand, dass sie Betreuungsverfügungen und/oder Patientenverfügungen enthalten. Ob die Beglaubigungsbefugnis gemäß § 6 Abs 2 BtBG dem Erfordernis der öffentlichen Beglaubigung genügt, ist im Gesetz nicht ausdrücklich geregelt. Nach der Gesetzesbegründung muss davon ausgegangen werden, dass eine durch die Urkundsperson der Betreuungsbehörde unterschriftsbeglaubigte Vorsorgevollmacht ausreicht, um im Namen des Vollmachtgebers eine Grundbucheintragung herbeizuführen (§ 29 Abs 1 S 1 GBO).[203] **54**

4. Vollmachtloses Handeln

a) Allgemein. Vertretung ohne Vertretungsmacht liegt dann vor, wenn eine entsprechende **Vollmacht nicht oder nicht mehr besteht, missbraucht oder überschritten wird,** ohne Rücksicht auf die Kenntnis oder den Willen des vollmachtlosen Vertreters.[204] In diesem Fall wird der Vertretene durch das Handeln des Vertreters nicht gebunden. Vollmachtloses Handeln liegt aber auch dann vor, wenn der Vertreter zwar tatsächlich bevollmächtigt ist, aber bei Abschluss des Rechtsgeschäfts ausdrücklich als vollmachtlosen Vertreter auftritt, somit auf die Ausnützung seiner Vollmacht verzichtet.[205] Der mündlich oder privatschriftlich Bevollmächtigte **55**

---

194 *Wufka* DNotZ 1997, 315, 318.
195 *Kuhn* RNotZ 2001, 305, 311; *Brambring* DNotZ 1978, 149, 151; *Ritzinger* BWNotZ 1987, 28, 36 f; *Reithmann* Mitt-BayNot 1986, 229.
196 RGZ 94, 147, 150; 110, 321, 322; 137, 352; JW 1930, 3476; 1931, 522; BGH DNotZ 1966, 92, 96; 1969, 350; BGHZ 29, 9; *Schöner-Stöber* Rn 3542; *Schaub* in *Bauer/von Oefele* AT VII Rn 89; *Wolfsteiner* DNotZ 1982, 438.
197 *Schaub* in *Bauer/von Oefele* AT VII Rn 72; *Schöner-Stöber* Rn 3536.
198 *Schaub* in *Bauer/von Oefele* AT VII Rn 72; *Schöner-Stöber* Rn 3536.
199 *Schaub* in *Bauer/von Oefele* AT VII Rn 73.
200 BGHZ 29, 366 = Rpfleger 1959, 219; *Schaub* in *Bauer/von Oefele* AT VII Rn 73; *Schöner-Stöber* Rn 3536; vgl auch BGH NJW 1989, 2049; OLG Köln Rpfleger 1986, 298.
201 *Schaub* in *Bauer/von Oefele* AT VII Rn 75; *Schöner-Stöber* Rn 3536.
202 *Weirich-Mackeprang*, Grundstücksrecht, Rn 380.
203 BT-Drucks 15/2494 S 44; *Spanl* Rpfleger 2006, 455 und 2007, 372; *Krauß* BWNotZ 2006, 35; **aA** *Renner* Rpfleger 2007, 367 und BtPrax 2006, 174; *Meier* BtPrax 2005, 82.
204 *Schöner-Stöber* Rn 3544; *Schaub* in *Bauer/von Oefele* AT VII Rn 133.
205 *Schaub* in *Bauer/von Oefele* AT VII Rn 133; *Schöner-Stöber* Rn 3545.

handelt dann häufig als Vertreter ohne Vertretungsmacht, wenn zweifelhaft ist, ob die erteilte Vollmacht inhaltlich das abzuschließende Rechtsgeschäft voll abdeckt. Das Verfahren hat darüber hinaus den Vorteil, dass der Vertreter in jedem Fall von einem Haftungsrisiko gegenüber dem Vertragspartner frei bleibt (§ 179 Abs 3 BGB)[206] und der Vertretene die Möglichkeit einer nachträglichen Prüfung des Vertragsinhalts hat.[207]

56 **b) Zweiseitige Rechtsgeschäfte. aa) Schwebende Unwirksamkeit. (1) Allgemein.** Das von einem vollmachtlosen Vertreter vorgenommene Rechtsgeschäft ist nicht nichtig, sondern schwebend unwirksam und kann durch nachträgliche Zustimmung (= Genehmigung) seitens des Vertretenen volle Wirksamkeit erlangen (**§ 177 BGB**).[208] Dies gilt auch für die Auflassung eines Grundstücks, wenn sie von einem Vertreter ohne Vertretungsmacht erklärt worden ist; § 925 Abs 2 BGB steht dem nicht entgegen, weil Rechtsbedingungen, dh gesetzliche Wirksamkeitsvoraussetzungen eines Rechtsgeschäfts, nicht darunter fallen.[209]

57 **(2) Vormerkungsfähigkeit.** Übereignungsansprüche aus schwebend unwirksamen Kaufverträgen sind evtl als künftiger Ansprüche vormerkungsfähig. Dies allerdings nur dann, wenn für die Entstehung des Anspruchs nicht nur eine mehr oder weniger aussichtsreiche Möglichkeit besteht, sondern bereits eine feste Grundlage, ein sicherer Rechtsboden für den künftigen Anspruch vorhanden ist.[210] Dafür genügt die vom Schuldner nicht mehr einseitig zu beseitigende Bindung.[211] Diese liegt vor bei einem Übereignungsanspruch aus einem schwebend unwirksamen Kaufvertrag, der von einem **vollmachtlosen Vertreter des Käufers** abgeschlossen wurde; insoweit handelt es sich um einen vormerkungsfähigen, künftigen Anspruch.[212] Dagegen liegt bei einem Übereignungsanspruch aus einem schwebend unwirksamen Kaufvertrag aufgrund der Erklärung eines **vollmachtlosen Vertreters des Verkäufers** kein künftiger und damit vormerkungsfähigen Anspruch vor; zur Vereitelung des Rechtserwerbs des Käufers braucht der vertretene Verkäufer nur nicht zu genehmigen.[213]

58 **bb) Erteilung der Genehmigung. (1) Allgemein.** Ein schwebend unwirksamer Vertrag wird voll wirksam, wenn die Genehmigung durch den Vertretenen erteilt werden (§ 177 BGB). Die Genehmigung als nachträgliche Zustimmung ist eine einseitige empfangsbedürftige Willenserklärung, die nicht widerrufen werden kann (arg e contr § 178 S 1 BGB).[214] Sie kann dem Vertreter oder dem Dritten gegenüber erklärt werden (§ 182 Abs 1 BGB). Ist der Vertretene verstorben, dann kann die Genehmigung durch den oder die Erben erklärt werden;[215] gleiches gilt für den Sonderrechtsnachfolger des Vertretenen.[216] Die Genehmigung kann auch von einem Bevollmächtigten des Vertretenen erfolgen[217] oder einem vollmachtlosen Vertreter, wenn dieser später Vertretungsmacht erlangt.[218] Erwirbt der vollmachtlose Vertreter nachträglich den Verfügungsgegenstand rechtsgeschäftlich oder aufgrund Erbfolge, so wird das schwebend unwirksame Rechtsgeschäft trotzdem ohne seine Genehmigung nicht wirksam, da § 185 Abs 2, 2. und 3. Alt BGB insoweit keine Anwendung finden.[219] § 185 BGB regelt allein die Fälle, in denen ein Nichtberechtigter (nur) im eigenen Namen über ein fremdes Recht verfügt (also selbst Geschäftspartei ist), während er nicht anwendbar ist, wenn jemand bewusst (auch) für einen anderen, also im Namen des (wirklichen) Rechtsinhabers handelt, weil dann ein Fall der Stellvertretung gegeben ist und mithin der Vertretene Geschäftspartei sein soll.[220] Ein Anspruch des Vertragsgegners auf nachträgliche Genehmigung des vollmachtlos Vertretenen besteht grundsätzlich nicht, es sei denn, dass der Vertretene dazu aus einem Vorvertrag verpflichtet ist.[221]

---

206 *Schaub* in *Bauer/von Oefele* AT VII Rn 157; *Schöner – Stöber* Rn 3554; zur Haftung des vollmachtlosen Vertreters für die Notarkosten vgl ausführlich *Kuhn* RNotZ 2001, 305, 321 f; OLG Köln DNotZ 1977, 658; OLG Düsseldorf Mitt-RhNotK 1977, 187; LG Passau MittBayNot 1994, 474.

207 *Weirich-Mackeprang*, Grundstücksrecht, Rn 367.

208 RGZ 110, 319, 321; *Schaub* in *Bauer/von Oefele* AT VII Rn 87, 134; *Schöner-Stöber* Rn 3542, 3546; *Kuhn* RNotZ 2001, 305, 316; *Ritzinger* BWNotZ 1987, 28, 34.

209 *Demharter* § 20 Rn 22; *Kuhn* RNotZ 2001, 305, 316.

210 RGZ 151, 75; BGHZ 12, 115; *Böttcher* RpflStud 2001, 161, 163.

211 BayObLGZ 1972, 397; *Böttcher* RpflStud 2001, 161, 163 mwN.

212 BayObLG DNotZ 1990, 297; KG NJW 1971, 1319; *Kuhn* RNotZ 2001, 305, 317; *Böttcher* RpflStud 2001, 161, 164.

213 BayObLG Rpfleger 1977, 361; *Kuhn* RNotZ 2001, 305, 317; *Böttcher* RpflStud 2001, 161, 164.

214 *Kuhn* RNotZ 2001, 305, 319.

215 OLG Hamm Rpfleger 1979, 17; *Schöner-Stöber* Rn 3549; *Schaub* in *Bauer/von Oefele* AT VII Rn 139.

216 BGHZ 79, 374 = DNotZ 1981, 485 = NJW 1981, 1213; *Schaub* in *Bauer/von Oefele* AT VII Rn 139; *Schöner-Stöber* Rn 3549.

217 *Schöner-Stöber* Rn 3549; *Schaub* in *Bauer/von Oefele* AT VII Rn 139.

218 OLG Hamm Rpfleger 1971, 432; *Schöner-Stöber* Rn 3549.

219 OLG Frankfurt Rpfleger 1997, 60; *Schöner-Stöber* Rn 3549; *Schaub* in *Bauer/von Oefele* AT VII Rn 141, 142.

220 OLG Frankfurt Rpfleger 1997, 60; BayObLG NJW 1956, 1279, 1280; *Schaub* in *Bauer/von Oefele* AT VII Rn 141.

221 BGHZ 108, 380 = DNotZ 1990, 728 = NJW 1990, 50; *Schaub* in *Bauer/von Oefele* AT VII Rn 143; *Schöner-Stöber* Rn 3549.

(2) Form. Materiell bedarf die Genehmigung nicht der Form des Hauptgeschäfts (§ 182 Abs 2 BGB), dh die **59**
Genehmigung eines schwebend unwirksamen Kaufvertrags bedarf nicht der notariellen Beurkundung nach
§ 311b Abs 1 BGB, sondern kann vielmehr auch **mündlich** erteilt werden.[222] Zwar tritt damit der Schutzgedanke des § 311b Abs 1 BGB für den Genehmigenden in den Hintergrund, dies ist jedoch der Wille des
Gesetzgebers. Der Genehmigende kennt in der Regel den zu genehmigenden Vertrag.

Formell bedarf die Genehmigung der Form des § 29 Abs 1 S 1 GBO, dh sie muss dem Grundbuchamt in **60**
notariell beglaubigter oder beurkundeter Form vorgelegt werden.[223]

(3) Bedingung. Bestritten ist die Frage, ob die Genehmigung unter einer Bedingung erteilt werden kann.[224] **61**
Dies wird verneint mit der Begründung, das die Genehmigung als Gestaltungserklärung zur Wirksamkeit des
schwebend unwirksamen Rechtsgeschäfts führen und nicht ihrerseits wieder einen Schwebezustand hervorrufen solle, was für den Erklärungsgegner eine untragbare Ungewissheit über die Rechtslage bedeuten würde.[225]
Dem wird zu Recht widersprochen. Die Genehmigung ist kein gestaltendes Rechtsgeschäft, vielmehr eine einseitige empfangsbedürftige Willenserklärung, ein sog Hilfsgeschäft zum Hauptgeschäft und lässt letzteres wirksam werden; sie kann daher sehr wohl mit einer Bedingung versehen werden.[226] Für die Verwendbarkeit der
bedingten Genehmigung ist dem Grundbuchamt der Eintritt der aufschiebenden Bedingung oder der Ausfall
der auflösenden Bedingung in der Form des § 29 Abs 1 S 2 GBO nachzuweisen,[227] dh durch öffentliche
Urkunde. Da es sich um einen Tatsachennachweis handelt, scheidet notarielle Beglaubigung aus.[228] In der Praxis wird dies regelmäßig äußerst schwierig sein, weshalb von einer bedingten Genehmigung abzuraten ist.[229]
Vielmehr sollte durch einen Treuhandauftrag an den Notar sichergestellt werden, dass eine unbedingte Genehmigung nur nach Eintritt bestimmter Voraussetzungen dem Grundbuchamt vorgelegt wird. Soweit die Meinung vertreten wird, dass eine Auflassungsvollmacht wegen § 925 Abs 2 BGB bedingungsfeindlich sei,[230] muss
dem widersprochen werden. Nur die Auflassung als solches ist bedingungsfeindlich, aber nicht eine Vollmacht
dafür.[231]

(4) Zugang. Die Genehmigung des vollmachtlos Vertretenen ist eine empfangsbedürftige Willenserklärung, **62**
die gegenüber dem Vertreter oder dem Vertragsgegner erklärt werden kann (§ 182 Abs 1 BGB), wenn nicht
bereits eine Aufforderung nach § 177 Abs 2 BGB erfolgt ist. Wirksam wird die Genehmigung erst mit dem
Zugang beim Erklärungsempfänger.[232] Ist die Genehmigung privatschriftlich erteilt oder notariell beglaubigt, so
ist ihr Zugang erst dann anzunehmen, wenn die Erklärung mit dem Willen des Erklärenden so in den Bereich
des Erklärungsempfängers gelangt, dass dieser von der Erklärung Kenntnis nehmen kann.[233] Bei einer notariell
beurkundeten Genehmigung wird zum Teil die Meinung vertreten, dass es in entsprechender Anwendung des
§ 152 S 1 BGB des Zugangs nicht bedürfe.[234] Die Norm bestimmt für die Annahme eines notariell beurkundeten Angebots, dass der Vertrag bereits mit der Beurkundung der beurkundungsbedürftigen Annahmeerklärung
zustande kommt, ein Zugang der Annahmeerklärung beim Vertragspartner deshalb nicht erforderlich ist. Dem
muss widersprochen werden. Die Genehmigung ist materiell nicht formbedürftig (§ 182 Abs 2 BGB), so dass
§ 152 S 1 BGB nicht analog angewandt werden kann, und zwar auch dann nicht, wenn die Genehmigung frei-

---

222 BGH WM 1989, 650; 1989, 256; 1983, 712; 1981, 655; 1980, 866; BGHZ 79 = DNotZ 1981, 485; BGHZ 125, 218
     = DNotZ 1994, 764 = Rpfleger 1994, 408; RGZ 110, 319, 322; 129, 284, 286; OLG Köln MittRhNotK 1991, 309;
     NJW – RR 1993, 1364; *Demharter* § 20 Rn 22; *Schaub* in *Bauer/von Oefele* AT VII Rn 137, 138; *Schöner-Stöber*
     Rn 3548; MüKo-*Schramm*, BGB, § 177 Rn 34 und § 182 Rn 14 f; *Zimmermann* BWNotZ 1993, 35, 8; *Brambring* ZfIR
     1997, 444, 445; *Ritzinger* BWNotZ 1987, 28, 34 f; *Wufka* DNotZ 1990, 339; *Hoffmann* DNotZ 1983, 709; *Prölss*
     JuS 1985, 577, 585; *Kuhn* RNotZ 2001, 305, 319; **AA** OLG München DNotZ 1951, 31; OLG Saarbrücken OLGZ
     1968, 3, 6; BGB-RGRK-*Steffen* § 182 Rn 7; *Tiedtke* JZ 1990, 75; BB 1989, 924; *Göhler* BWNotZ 1985, 61, 62; *Hän-
     lein* JuS 1990, 737, 738.
223 *Schaub* in *Bauer/von Oefele* AT VII Rn 138; *Demharter* § 20 Rn 22; *Schöner-Stöber* Rn 3548; *Ritzinger* BWNotZ 1987,
     28, 34; *Kuhn* RNotZ 2001, 305, 319;
224 Vgl ausführlich dazu *Kuhn* RNotZ 2001, 305, 320 f.
225 MüKo-*Westermann*, BGB, § 158 Rn 28; MüKo-*Schramm*, BGB, § 177 Rn 30; *Palandt-Heinrichs* § 185 Rn 10; vgl auch
     BayObLG MDR 1995, 569.
226 RG HRR 1928, 1559; *Kuhn* RNotZ 2001, 305, 320; *Schöner-Stöber* Rn 3550; *Demharter* § 20 Rn 22; *Schaub* in *Bauer/
     von Oefele* AT VII Rn 143; BGB – RGRK – *Steffen* § 182 Rn 18.
227 *Schöner-Stöber* Rn 3550; *Schaub* in *Bauer/von Oefele* AT VII Rn 143; *Kuhn* RNotZ 2001, 305, 321.
228 *Kuhn* RNotZ 2001, 305, 321.
229 OLG Köln RNotZ 2007, 483, 486 = NotBZ 2007, 333; *Schaub* in *Bauer/von Oefele* AT VII Rn 143; *Schöner-Stöber*
     Rn 3550; *Kuhn* RNotZ 2001, 305, 321.
230 *Staudinger-Pfeifer* § 925 Rn 96.
231 KGJ 53, 141; *Demharter* § 20 Rn 22; MüKo-*Kanzleiter* § 925 BGB Rn 24; *Kuhn* RNotZ 2001, 305, 321.
232 *Schöner-Stöber* Rn 3551.
233 *Schaub* in *Bauer/von Oefele* AT VII Rn 145; *Schöner-Stöber* Rn 3551.
234 OLG Karlsruhe NJW 1988, 2050 = DNotZ 1990, 368; MüKo-*Kramer*, BGB, 152 Rn 5; *Palandt-Heinrichs* § 152 Rn 1.

willig notariell beurkundet wurde, obwohl dies materiell nicht notwendig war.[235] Geht bei einem Notar eine Genehmigung eines Beteiligten ein mit der Auflage, hiervon nur unter Erfüllung bestimmter Voraussetzungen Gebrauch zu machen, und teilt der Notar dem Geschäftsgegner den Eingang der Genehmigung und dieser Auflage mit, so ist damit die Genehmigung dem Geschäftsgegner nicht zugegangen und damit auch noch nicht wirksam geworden.[236] Wird die Genehmigung lediglich dem Grundbuchamt gegenüber abgegeben, so ersetzt dies nicht den Zugang beim Vertreter oder dem Geschäftsgegner.[237] Kein Zugang der Genehmigung liegt auch dann vor, wenn die Genehmigung im Falle einer Aufforderung nach § 177 Abs 2 BGB nicht dem Auffordern-den gegenüber abgegeben wird.[238] Für die Frage, ob und wie der Zugang der Genehmigung dem Grundbuch-amt nachzuweisen ist, bedarf es der Unterscheidung, ob es sich um ein Verfahren nach § 19 GBO oder § 20 GBO handelt. Soll eine Grundbucheintragung aufgrund einer formellen Bewilligung nach § 19 GBO erfolgen, so hat das Grundbuchamt das materielle Rechtsgeschäft grundsätzlich nicht zu prüfen, somit auch nicht den Zugang der Genehmigung.[239] Anders ist dies, wenn eine Grundbucheintragung aufgrund der materiellen ding-lichen Einigung nach § 20 GBO erfolgen soll (= Übereignung eines Grundstücks; Begründung, Inhaltsände-rung und Übertragung eines Erbbaurechts); in diesem Fall muss auch der für die Wirksamkeit der Einigung notwendige Zugang der Genehmigung geprüft werden.[240] Dieser ist eine mittelbar eintragungsbegründende Tatsache (= Nebenumstand),[241] für deren Nachweis § 29 GBO nicht gilt.[242] In der Praxis wird regelmäßig der Notar zum Empfang der Genehmigung bevollmächtigt. Mit ihrem Eingang beim Notar wird sie damit wirksam und aus der Vorlage der Genehmigung durch den Notar beim Grundbuchamt ergibt sich für dieses im Wege der freien Beweiswürdigung[243] dann, dass dem Notar die Genehmigung zugegangen und damit wirksam geworden ist.[244]

63 **cc) Verweigerung der Genehmigung. (1) Endgültige Unwirksamkeit.** Wird die notwendige Genehmi-gung vom Vertretenen verweigert, so ist das Rechtsgeschäfts endgültig unwirksam und wie ein nichtiger Ver-trag zu behandeln.[245]

64 **(2) Aufforderung nach § 177 Abs 2 BGB.** Um die schwebende Unwirksamkeit des Rechtsgeschäfts zu beenden, hat der andere Vertragsteil die Möglichkeit, den vollmachtlos Vertretenen ausdrücklich zur Abgabe der Genehmigung aufzufordern (§ 177 Abs 2 BGB). Macht der andere Vertragsteil davon Gebrauch, so kann die Genehmigung nur noch ihm gegenüber erklärt werden; eine vor der Aufforderung dem Vertreter gegen-über erklärte Genehmigung oder Verweigerung der Genehmigung wird unwirksam (§ 177 Abs 2 S 1 BGB). Die Genehmigung kann nur bis zum Ablauf von zwei Wochen nach dem Empfang der Aufforderung erklärt werden; wird sie nicht erklärt, so gilt sie als verweigert (§ 177 Abs 2 S 2 BGB). Ein Erwerber kann als anderer Vertragsteil die Aufforderung nach § 177 Abs 2 BGB nicht an einen anderen vollmachtlos vertretenen Miter-werber richten.[246] Sind bei einem durch einen vollmachtlosen Vertreter abgeschlossenen Vertrag mehrere Per-sonen Vertragspartner des Vertretenen, so müssen sie, sofern sich aus ihrem Innenverhältnis nichts anderes ergibt, sämtlich an einer Aufforderung nach § 177 Abs 2 S 1 BGB mitwirken.[247] Da der Notar üblicherweise beauftragt wird, die Genehmigung des vollmachtlos Vertretenen einzuholen, stellt sich die Frage, ob eine Aufforderung iSv § 177 Abs 2 BGB dann vorliegt, wenn der Notar den vollmachtlos Vertretenen unter Übersendung einer Abschrift des Vertrags schriftlich bittet, die Genehmigung zu erteilen. Das OLG Köln[248] hat diese Frage bejaht. Dem muss jedoch widersprochen werden. Zu einer solchen Vertretung des anderen Vertragsteils ist der Notar regelmäßig nicht bevollmächtigt, da eine solche Aufforderung die Abwicklung des Vertrages eher gefährden würde und die Vollzugstätigkeit des Notars damit lediglich eine Amtstätigkeit ist, zu der der Notar nicht als Bevollmächtigter des anderen Vertragsteils tätig wird. Die Beauftragung des Notars kann insoweit daher nur so verstanden werden, dass der Notar dem Vertretenen zunächst nur von der erfolgten Beurkundung Mitteilung

235 *Schöner-Stöber* Rn 3551; *Soergel – Leptien* § 182 Rn 1; *Schaub* in *Bauer/von Oefele* AT VII Rn 145; *Kuhn* RNotZ 2001, 305, 319; *Tiedtke* BB 1989, 924; *Brambring* ZfIR 1997, 444, 446.
236 BGH DNotZ 1983, 624; *Schöner-Stöber* Rn 3551; *Schaub* in *Bauer/von Oefele* AT VII Rn 146.
237 *Schaub* in *Bauer/von Oefele* AT VII Rn 146; *Schöner-Stöber* Rn 3551.
238 *Schaub* in *Bauer/von Oefele* AT VII Rn 148.
239 *Meikel-Böttcher* Einl H Rdn 27.
240 *Meikel-Böttcher* Einl H Rdn 36.
241 *Meikel-Böttcher* Einl F Rdn 104.
242 *Meikel-Böttcher* Einl F Rdn 105.
243 Vgl dazu *Meikel-Böttcher* Einl F Rdn 112.
244 *Schaub* in *Bauer/von Oefele* AT VII Rn 183; *Schöner-Stöber* Rn 3552.
245 RGZ 139, 118, 123; 168, 346, 351; BGH DNotZ 1954, 407; NJW 1963, 1613, 1615; JZ 1972, 368; NJW 1994, 1785, 1786; BayObLG NJW 1962, 2253, 2256; *Schöner-Stöber* Rn 3554; *Kuhn* RNotZ 2001, 305, 318.
246 OLG Düsseldorf MittBayNot 1994, 24 = MittRhNotK 1991, 252; *Schaub* in *Bauer/von Oefele* AT VII Rn 150.
247 BGH NotBZ 2004, 229 = MittBayNot 2004, 433.
248 NJW 1995, 1499 = MittRhNotK 1994, 168 = DNotI-Report 1994, 8.

gibt und ihn um die Genehmigung bittet; eine Aufforderung iSv § 177 Abs 2 BGB ist darin nicht zu sehen.[249] Den Voraussetzungen einer Aufforderung gem. § 177 Abs 2 BGB ist genügt, wenn unter Hinweis auf den notariellen Vertrag gefordert wird, die Genehmigung für die Vertretung ohne Vertretungsmacht zu erteilen; eine weitergehende Hinweispflicht auf die Folgen nach Ablauf von zwei Wochen sieht das Gesetz nicht vor.[250] Der Notar kann den Vollzug einer Urkunde verweigern, wenn eine hinreichend hohe Wahrscheinlichkeit dafür besteht, dass mangels fristgerechter Erklärung gem. § 177 Abs 2 BGB der Schwebezustand beendet war, der beurkundeten Kaufvertrag mithin unwirksam geworden ist.[251]

(3) Bestätigung. Die Verweigerung der Genehmigung ist mangels einer gesetzlichen Ausnahmebestimmung **65** ein unwiderrufliches Rechtsgeschäft.[252] Die Rechtssicherheit gebietet es, die Genehmigungsverweigerung mit der Folge der Unwirksamkeit des genehmigungsbedürftigen Rechtsgeschäfts als endgültig anzusehen. Es ist jedoch möglich, dass das infolge der Genehmigungsverweigerung endgültig unwirksame Rechtsgeschäft in **entsprechender Anwendung des § 141 Abs 1 BGB** bestätigt werden kann.[253] Diese Vorschrift findet zwar keine unmittelbare Anwendung, denn es liegt keine Nichtigkeit vor, sondern infolge der Genehmigungsverweigerung eine endgültige Unwirksamkeit. Sinn und Zweck der gesetzlichen Regelung gebieten es jedoch nicht, die Bestätigung eines nichtigen Rechtsgeschäfts zuzulassen, nicht aber die Bestätigung eines endgültig unwirksamen Rechtsgeschäfts. Die Bestätigung nach § 141 BGB erfordert eine neue Einigung der Vertragsparteien. Sie bezieht sich aber nur darauf, dass das bisher fehlerhafte Rechtsgeschäft als gültig anerkannt wird. Es braucht nicht über alle einzelnen Abmachungen des ursprünglichen Rechtsgeschäfts erneut eine Willensübereinstimmung hergestellt und erklärt zu werden; es genügt vielmehr, dass die Bestätigungsurkunde auf die Urkunde, die das zu bestätigende Rechtsgeschäfts enthält, hinweist.[254] Soweit die Bestätigung als Neuvornahme eines Rechtsverhältnisses angesehen wird,[255] kann dem nicht gefolgt werden. § 141 BGB eröffnet den Parteien die Möglichkeit, dem nichtigen Rechtsgeschäfts unter erleichterten Voraussetzungen vom Zeitpunkt der Bestätigung an Wirksamkeit zu verschaffen. Dieser Zweck der Vorschriften würde außer Acht gelassen, wenn man den Neuabschluss des zu bestätigenden Rechtsgeschäfts verlangte. Für die damit einhergehende Erschwerung der Bestätigung bietet das Gesetz keinen Anhalt.

c) Einseitige Rechtsgeschäfte. Bei einseitigen **nicht empfangsbedürftigen und amtsempfangsbedürf-** **66** **tigen** Rechtsgeschäften (zB Vereinigung und Bestandteilszuschreibung nach § 890 BGB, Bestellung einer Eigentümergrundschuld nach § 1196 BGB) ist Vertretung ohne Vertretungsmacht unzulässig (§ 180 S 1 BGB).[256] Eine nachträgliche Genehmigung ist nicht möglich, sie sind **unheilbar nichtig** und müssen neu vorgenommen werden.[257] Eine einseitige amtsempfangsbedürftige Willenserklärung ist auch die Teilungserklärung nach § 8 WEG, so dass sie gem § 180 S 1 BGB nicht von einem Vertreter ohne Vertretungsmacht erklärt werden kann;[258] ansonsten ist sie nichtig und nicht genehmigungsfähig.

Bei einseitigen **empfangsbedürftigen** Rechtsgeschäften (zB Aufhebung eines Grundstücksrechts nach § 875 **67** BGB, Bewilligung einer Vormerkung gem § 885 BGB) ist unter den Voraussetzungen des § 180 S 2 BGB eine **Heilung möglich.** Auch bei der Erteilung einer Vollmacht handelt es sich um ein einseitiges empfangsbedürftiges Rechtsgeschäft, das gegenüber dem Vertreter oder einem Dritten erklärt werden muss (§ 167 Abs 1 BGB).[259] Handelt ein Vertreter ohne Vertretungsmacht für den Verkäufer und erteilt der dem Käufer eine **Finanzierungsvollmacht** (vgl dazu Rdn 30 ff), so wird vereinzelt die Meinung vertreten, dass zwar ein Fall des § 180 S 1 BGB vorliege, aber der Nichtigkeit der Finanzierungsvollmacht durch eine teleologische Reduktion der Vorschrift begegnet werden könne.[260] Dies ist jedoch nicht nötig, da die Erteilung einer Finanzierungsvollmacht durch einen Vertreter ohne Vertretungsmacht unter § 180 S 2 BGB fällt.[261] Die Genehmigungsfähigkeit der Finanzierungsvollmacht ist gegeben, wenn der Vollmachtsempfänger (= Käufer) die von dem Vertreter behauptete Vertretungsmacht bei der Vornahme des Rechtsgeschäfts nicht beanstandet (§ 180 S 2, 1. Fall BGB).

249 OLG Frankfurt NJW – RR 2000, 751; OLG Naumburg DNotI-Report 1995, 26 m zust. Anm *Brambring* = Mitt-RhNotK 1994, 315; *Schöner-Stöber* Rn 3554; *Schaub* in *Bauer/von Oefele* AT VII Rn 149; *Holthausen-Dux* NJW 1995, 1470; *Kuhn* RNotZ 2001, 305, 318; *Brambring* ZfIR 1997, 444, 446.
250 OLG Zweibrücken Rpfleger 2002, 261 = MittBayNot 2002, 126.
251 OLG Zweibrücken aaO.
252 RGZ 139, 118, 123; BGHZ 13, 179, 187.
253 BGH DNotZ 2000, 288; *Kuhn* RNotZ 2001, 305, 319.
254 BGH aaO.
255 *Schöner-Stöber* Rn 345; *Schaub* in *Bauer/von Oefele* AT VII Rn 155.
256 *Soergel-Leptien* § 180 Rn 3; *Palandt-Heinrichs* § 180 Rn 1.
257 *Schöner-Stöber* Rn 3546; *Schaub* in *Bauer/von Oefele* AT VII Rn 135.
258 *Jennissen-Krause* § 8 WEG Rn 6; *Soergel-Stürner* § 8 WEG Rn 12.
259 *Staudinger-Gursky* § 167 Rn 10; BGB-RGRK-*Steffen* § 167 Rn 1, 3; MüKo-*Schramm*, BGB, § 167 Rn 4; *Soergel-Leptien* § 167 Rn 4; *Kuhn* RNotZ 2001, 305, 315.
260 *Schippers* DNotZ 1997, 683.
261 *Kuhn* RNotZ 2001, 305, 315.

Bereits im Auftreten als Stellvertreter liegt zumindest konkludent die Behauptung der Vertretungsmacht, so das bei verborgenen Mängeln in der Vertretungsmacht und fehlender Beanstandung durch den Vollmachtsempfänger (= Käufer) die Vollmachtserteilung genehmigungsfähig ist.[262] Gleiches gilt, wenn der Vollmachtsempfänger damit einverstanden ist, dass der Vertreter ohne Vertretungsmacht gehandelt hat (§ 180 S 2, 2. Fall BGB). An der Erfüllung dieses Tatbestandes bestehen für den Fall der Erteilung einer Finanzierungsvollmacht unter Einschaltung eines vollmachtlosen Vertreters auf Verkäuferseite keine Zweifel. Der Käufer weiß von der fehlenden Vertretungsmacht und ist mit der Beurkundung in dieser Weise einverstanden. Somit finden nach § 180 S 2 BGB die Vorschriften über Verträge Anwendung. Dies bedeutet, dass die Vollmacht nach § 177 BGB zunächst schwebend unwirksam erteilt worden ist und durch Genehmigung nach § 184 Abs 1 BGB rückwirkend volle Wirksamkeit erhalten kann.[263] Außerdem werden die aufgrund der Finanzierungsvollmacht abgegebene materielle Grundschuldeinigung (§ 873 BGB), deren formelle Eintragungsbewilligung (§ 19 GBO) und die sofortige Zwangsvollstreckungsunterwerfung (§§ 794 Nr 5, 800 ZPO) rückwirkend wirksam.

68   Für **verfahrensrechtliche Erklärungen** (zB Antrag nach § 13 GBO, Bewilligung nach § 19 GBO) gilt § 180 BGB nicht, dh die von einem Vertreter ohne Vertretungsmacht abgegebenen Verfahrenserklärungen sind bis zur Grundbucheintragung **genehmigungsfähig**.[264] Unterschiedlich beantwortet wird nur die Begründung dafür. Zum Teil wird behauptet, die Genehmigungsfähigkeit ergäbe sich aus § 177 BGB;[265] da es sich um Verfahrenserklärungen handelt, ist allerdings die Anwendung von § 89 Abs 2 ZPO angebracht.[266] Die Vollstreckungsunterwerfung nach §§ 794 Abs 1 Nr 5, 800 ZPO kann auch von einem vollmachtlosen Vertreter abgegeben werden.[267] Der Vertretene muss dies dann in notariell beglaubigter Form genehmigen;[268] vorher darf keine vollstreckbare Ausfertigung erteilt werden.[269]

5. Erlöschen der Vollmacht

69   **a) Allgemein.** Das Erlöschen der Vollmacht bestimmt sich nach dem ihrer Erteilung zugrunde liegenden Rechtsverhältnis (§ 168 S 1 BGB). Die Vollmacht ist auch bei dem Fortbestehen des Rechtsverhältnisses widerruflich, sofern sich nicht aus diesem ein anderes ergibt (§ 168 S 2 BGB). Über diese gesetzlich genannten Erlöschensgründe hinaus gibt es jedoch auch noch andere Tatbestände, die die Vollmacht erlöschen lassen.[270] Hat ein Vermögensverwalter (zB Insolvenzverwalter, Testamentsvollstrecker, Nachlassverwalter, Zwangsverwalter) Vollmacht erteilt, so erlischt diese, wenn die Vermögensverwaltung als solche endet.[271] Ein Wechsel in der Person des Vermögensverwalters soll dagegen keinen Einfluss auf das Fortbestehen einer erteilten Vollmacht haben.[272] Gleiches gilt für eine von dem gesetzlichen Vertreter (zB eines Minderjährigen) einem Dritten erteilte Vollmacht nach der Beendigung der gesetzlichen Vertretungsmacht (zB mit dem Eintritt der Volljährigkeit).[273] Auch eine von einem organschaftlichen Vertreter einer juristischen Person erteilte Vollmacht erlischt nicht durch den Wegfall seiner Vertretungsmacht[274] (zB hat der Wechsel eines Vereinsvorstandes keinen Einfluss auf die von dem ausgeschiedenen Vorstand erteilte Vollmacht[275]), sondern erst durch den Widerruf des neuen Vertreters der juristischen Personen.[276] Das vollständige Erlöschen einer bevollmächtigenden juristischen Person führt auch zum Erlöschen der erteilten Vollmacht, aber noch nicht deren Eintritt in die Liquidation.[277]

70   **b) Verzicht.** Will sich der Vertreter von der Bevollmächtigung lösen, kann er dies durch einseitige Verzichtserklärung.[278]

---

262 *Schippers* DNotZ 1997, 683, 688 f; MüKo-*Schramm*, BGB, § 180 Rn 5a.
263 *Kuhn* RNotZ 2001, 305, 315; *Schippers* DNotZ 1997, 683, 687 f; *Schöner-Stöber* Rn 3546.
264 BayObLG DNotZ 1989, 779; 1986, 238; OLG Frankfurt Rpfleger 1947, 60 = FGPrax 1996, 212; *Schöner-Stöber* Rn 3547; *Schaub* in *Bauer/von Oefele* AT VII Rn 136; *Demharter* § 19 Rn 7 4.
265 KG DNotZ 1936, 735.
266 *Eickmann*, GBVerfR, Rn 209; MüKo-*Schramm*, BGB, § 180 Rn 4.
267 RGZ 146, 308; LG Berlin MittRhNotK 1973, 359; LG Essen Rpfleger 1973, 324; LG Bonn Rpfleger 1990, 374; *Schöner-Stöber* Rn 2039.
268 RGZ 146, 308, 313; LG Köln DNotZ 1935, 193; *Stöber* Rpfleger 1994, 393, 395.
269 BayObLGZ 1964, 75 = DNotZ 1964, 573 = Rpfleger 1965, 17; OLG Zweibrücken MittRhNotK 1970, 137; *Schöner-Stöber* Rn 2039; KEHE-*Munzig* § 19 Rn 70b.
270 *Schaub* in *Bauer/von Oefele* AT VII Rn 90, 91.
271 *Schaub* in *Bauer/von Oefele* AT VII Rn 103, 129; *Demharter* § 19 Rn 82; MüKo-*Schramm*, BGB, § 168 Rn 27; *Soergel-Leptien* § 168 Rn 14.
272 *Schaub* in *Bauer/von Oefele* AT VII Rn 129; **aA** mit beachtlichen Argumenten *Kesseler* ZNotP 2004, 327.
273 RGZ 107, 161, 166; BayObLGZ 1959, 297 = NJW 1959, 2119; *Demharter* § 19 Rn 82; *Schaub* in *Bauer/von Oefele* AT VII Rn 103, 132;
274 RGZ 107, 161, 166.
275 LG Stuttgart DB 1982, 638.
276 *Schaub* in *Bauer/von Oefele* AT VII Rn 128.
277 MüKo-*Schramm*, BGB, § 168 Rn 26; *Schaub* in *Bauer/von Oefele* AT VII Rn 130.
278 *Schöner-Stöber* Rn 3566; *Schaub* in *Bauer/von Oefele* AT VII Rn 97; MüKo-*Schramm*, BGB, § 168 Rn 8.

c) Bedingung und Befristung. Eine auflösend bedingt erteilte Vollmacht erlischt mit dem Eintritt der auflö- **71** senden Bedingung ebenso wie eine befristet erteilte Vollmacht mit Fristablauf.[279] Eine in einem Kaufvertrag erteilte Vollmacht kann beispielsweise auflösend bedingt erklärt werden durch die Abgabe der Auflassung.[280]

d) Erlöschen des zugrunde liegenden Rechtsverhältnisses (§ 168 S 1 BGB). aa) Allgemein. Eine Voll- **72** macht erlischt, wenn das ihr zugrundeliegenden Rechtsverhältnis endet (§ 168 S 1 BGB), zB durch Zeitablauf, Kündigung, Rücktritt, Tod, Insolvenz usw. Der Vollmachtserteilung kann als Rechtsverhältnis zugrundeliegen ein **Auftrag, Geschäftsbesorgungs-, Dienst- oder Werkvertrag**, im Grundstücksrecht auch ein **Kauf-, Tausch- oder Schenkungsvertrag**. Das einer Auflassungs- oder Finanzierungsvollmacht zugrundeliegende Rechtsverhältnis ist sehr häufig der Grundstückskaufvertrag.[281] Erlischt letzterer oder ist er von Anfang an nichtig (zB mangels notarieller Beurkundung gem § 311b Abs 1 S 1 BGB), so hat dies im Zweifel gem § 139 BGB auch das Erlöschen bzw die Nichtigkeit der Auflassungs- oder Finanzierungsvollmacht zur Folge.[282] Das soll aber dann nicht gelten, wenn die Vollmacht unwiderruflich gerade zur Sicherung des Vertragsvollzugs erteilt sei.[283] Richtiger und dogmatischer sauberer ist es, die ausnahmsweise Wirksamkeit der Vollmacht in einem solchen Fall gem § 139 Hs 2 BGB davon abhängig zu machen, ob die Vollmacht nicht auch dann erteilt worden wäre, wenn die Parteien um die Unwirksamkeit des Verpflichtungsgeschäftes gewusst hätten, zB letzteres gerade durch den Vollzug der Auflassung heilen wollten nach § 311b Abs 1 S 2 BGB.[284]

Bei den **Baubetreuungs- bzw Bauträgermodellen** schließt in der Regel der künftige Erwerber einer **73** Immobilie mit einem Vollbetreuer bzw Treuhänder einen Geschäftsbesorgungsvertrag und ersterer erteilt dann letzterem Vollmacht für den Abschluß des Erwerbs-, Finanzierungs- und Mietgarantievertrages, zur dinglichen Belastung des Eigentums und evtl für die Geschäfte zur Bildung einer Wohnungseigentümergemeinschaft.[285] Nach **Art 1 § 1 Abs 1 S 1 RBerG** darf die Besorgung fremder Rechtsangelegenheiten geschäftsmäßig nur von Personen betrieben werden, denen dazu von der zuständigen Behörde die Erlaubnis erteilt ist. Wer ausschließlich oder hauptsächlich die rechtliche Abwicklung eines Grundstückserwerbs im Rahmen eines Bauträgermodells für den Erwerber besorgt, bedarf nach dieser Norm der Genehmigung; verfügt er darüber nicht, ist ein solcher **Geschäftsbesorgungsvertrag nichtig (§ 134 BGB)**.[286] Ist der Geschäftsbesorgungsvertrag zur Abwicklung eines Grundstückserwerbs im Bauträgermodell wegen Verstoßes gegen Art 1 § 1 Abs 1 S 1 RBerG nichtig, so **erstreckt sich die Nichtigkeit auch auf die dem Treuhänder dazu erteilte Vollmacht (§ 139 BGB)**.[287] Die Nichtigkeit der Vollmacht führt dazu, dass die vom Geschäftsbesorger für den Erwerber abgeschlossene Verträge und Erklärungen (zB Darlehensvertrag, Grundschuldbestellung, Vollstreckungsunterwerfung) grundsätzlich unwirksam sind (§ 177 Abs 1 BGB).[288]

bb) Geschäftsunfähigkeit des Vollmachtgebers. Das einer Vollmachtserteilung zugrundeliegende Rechts- **74** verhältnis (zB Geschäftsbesorgungsvertrag, Kaufvertrag) endet nicht, wenn der Vollmachtgeber nach der Erteilung der Vollmacht geschäftsunfähig wird (§§ 672, 675 BGB).[289] Deshalb **erlischt die Vollmacht** in diesem Fall auch **nicht**. Für den Vertreter gelten dann auch nicht die Beschränkungen, die der Vertreter des Geschäftsunfähigen daraufhin beachten muss.[290]

cc) Tod des Vollmachtgebers. Dadurch **erlischt weder dass der Vollmachtserteilung zugrundelie- 75 gende Rechtsverhältnis (§§ 672, 675 BGB) noch die Vollmacht selbst**.[291] Auch die dem Notar erteilte Vollzugvollmacht hat nach dem Tod des Vollmachtgebers Geltung, und zwar auch ohne ausdrückliche Rege-

279 *Schaub* in *Bauer/von Oefele* AT VII Rn 92; *Schöner-Stöber* Rn 3566.
280 Vgl dazu BayObLG Rpfleger 1986, 216; kritisch dazu *Schöner-Stöber* Rn 3555; *Schaub* in *Bauer/von Oefele* AT VII Rn 93.
281 *Schaub* in *Bauer/von Oefele* AT VII Rn 99; *Schöner-Stöber* Rn 3567.
282 BGH DNotZ 1990, 359; 1988, 350; 1985, 294; *Schaub* in *Bauer/von Oefele* AT VII Rn 100; *Schöner-Stöber* Rn 3567.
283 RGZ 103, 300; 114, 351; BGH DNotZ 1990, 359; BayObLG Rpfleger 1980, 277; OLG Köln MDR 1974, 310; *Schaub* in *Bauer/von Oefele* AT VII Rn 101; *Schöner-Stöber* Rn 3567.
284 So *Heckschen* DNotZ 1990, 360 f.
285 Vgl dazu *Reithmann-Meichssner-von Heymann*, Kauf vom Bauträger; *Brych-Pause*, Bauträgerkauf und Baumodelle.
286 BGH ZflR 2007, 275; DNotZ 2001, 49 = NJW 2001, 70; *Hermanns* DNotZ 2001, 6; *Nittel* NJW 2002, 2599, 2600.
287 BGH ZfIR 2007, 275; ZfIR 2003, 478; DNotI – Report 2003, 85; NJW 2002, 66 = DNotZ 2002, 51; NJW 2002, 2325; *Hermanns* DNotZ 2001, 6,10; *Nittel* NJW 2002, 2599, 2600 f.
288 BGH NJW 2004, 841; RNotZ 2002, 332, 333; BayObLG ZfIR 2003, 907; zur Wirksamkeit auf Grund Rechtsscheinstatbestände vgl BGH NotBZ 2006, 241; ZfIR 2005, 465; 2005, 196; ZNotP 2005, 61; ZfIr 2004, 518; Mitt-BayNot 2004, 37; ZfIR 2004, 61; 2004, 65; NJW 2004, 839.
289 *Schöner-Stöber* Rn 3568; *Schaub* in *Bauer/von Oefele* AT VII Rn 104.
290 RGZ 88, 345; *MüKo-Schramm*, BGB, § 168 Rn 12; *Soergel-Leptien* § 168 Rn 12; *Schaub* in *Bauer/von Oefele* AT VII Rn 104; *Schöner-Stöber* Rn 3568.
291 *Schaub* in *Bauer/von Oefele* AT VII Rn 105; *Schöner-Stöber* Rn 3569.

lung dazu.[292] Während der Dauer der Vollmacht ist der Bevollmächtigte auch nach dem Tod des Vollmachtgebers berechtigt im Namen der Erben zu handeln,[293] und zwar auch dann, wenn der Bevollmächtigte Alleinerbe des Vollmachtgebers ist;[294] eines Nachweises seines Erbrechts ist nicht nötig.[295] Ergibt sich aus der Vollmacht selbst nicht das ihr zugrunde liegende Rechtsverhältnis, so ist sie gegenüber dem Grundbuchamt nach dem Tod des Vollmachtgebers nur verwendbar, wenn in öffentlicher oder öffentlich beglaubigter Form nachgewiesen wird, dass ein über den Tod des Vollmachtgebers hinaus fortdauerndes Rechtsverhältnis der Vollmacht zugrunde liegt.[296] Für die Grundbuchberichtigung durch Eintragung der Erben genügt die Berichtigungsbewilligung des postmortal Bevollmächtigten nicht, es bedarf vielmehr des Erbnachweises nach § 35 GBO.[297] Sind die Erben des Vollmachtgebers minderjährig oder in der Geschäftsfähigkeit beschränkt, so bedarf der Vertreter für seine Handlungen trotzdem keiner Genehmigung durch das Familien- oder Vormundschaftsgericht, da er so zu behandeln ist, als ob er vom gesetzlichen Vertreter mit gerichtlicher Genehmigung bestellt wurde.[298] Die Rechtsgeschäfte des vom Erblasser Bevollmächtigten sind auch für einen Testamentsvollstrecker[299] oder einen Vorerben und Nacherben[300] verbindlich. Ist die vom Erblasser erteilte Vollmacht widerruflich, sind die Erben zum Widerruf berechtigt.[301] Erfolgt letzterer nicht von allen Erben, bleibt die Vollmacht bezüglich der nicht widerrufenden Erben in Kraft;[302] ein Anspruch auf Rückgabe der Vollmacht besteht daher nicht, sondern nur in Anspruch auf Anbringung eines entsprechenden Vermerks.[303]

76   **dd) Tod des Bevollmächtigten.** Dies führt in der Regel zum **Erlöschen des zugrundeliegende Rechtsgeschäfts** (§§ 673, 675 BGB) **und Vollmacht** (§ 168 S 1 BGB);[304] gleiches gilt, wenn der Bevollmächtigte geschäftsunfähig wird.[305] Wurde die Vollmacht im Interesse des Bevollmächtigten erteilt, zB zu Erfüllungszwecken eine Auflassungs- oder Belastungsvollmacht in einem Kaufvertrag, so besteht diese ausnahmsweise auch nach dem Tod des Bevollmächtigten fort.[306]

77   **e) Widerruf.** Bei einer **isolierten Vollmacht,** der keine Kausalvereinbarung zugrunde liegt, ist ein **Widerruf stets zulässig,** und zwar selbst dann, wenn sie unwiderruflich erklärt wurde.[307] Ohne ein der Vollmacht zugrundeliegendes Kausalverhältnis gibt es keinen rechtfertigenden Grund, dem Vollmachtgeber an den einseitig erklärten Ausschluss des Widerrufsrechts zu binden. Wenn schon eine nach dem Kausalverhältnis unwiderrufliche Vollmacht aus wichtigem Grund widerrufen werden darf,[308] muss die Befugnis zum Widerruf einer isolierten Vollmacht erst recht, und zwar auch ohne wichtigen Grund möglich sein, weil es dann mangels eines der Bevollmächtigung zugrundeliegenden Rechtsverhältnisses an einem Beurteilungsmaßstab für die Frage des Bestehens eines wichtigen Grundes fehlt.

78   Eine **Vollmacht, der ein Kausalverhältnis zugrundeliegt,** ist grundsätzlich auch **widerruflich,** und zwar auch dann, wenn das Kausalverhältnis fortbesteht (§ 168 S 2 BGB).[309] **Unwiderruflich** ist eine solche Voll-

292 AG Aschaffenburg Rpfleger 1971, 319 = MittBayNot 1971, 370; *Schaub* in *Bauer/von Oefele* AT VII Rn 106; *Schöner-Stöber* Rn 3570.

293 *Schöner-Stöber* Rn 3571.

294 LG Bremen Rpfleger 1993, 235; *Schaub* in *Bauer/von Oefele* AT VII Rn 107; KLAUS NJW 1948, 627; *Haegele* Rpfleger 1968, 345; **AA** OLG Stuttgart NJW 1948, 627.

295 *Schaub* in *Bauer/von Oefele* AT VII Rn 107; *Schöner-Stöber* Rn 3571.

296 KG DNotZ 1972, 18; *Schaub* in *Bauer/von Oefele* AT VII Rn 105; *Schöner-Stöber* Rn 3570.

297 RGZ 88, 345; KG DNotZ 1935, 600; LG Heidelberg NJW 1973, 1088; *Schöner-Stöber* Rn 3571; *Schaub* in *Bauer/von Oefele* AT VII Rn 108.

298 RGZ 88, 345; 106, 185; *Schöner-Stöber* Rn 357; *Schaub* in *Bauer/von Oefele* AT VII Rn 108; vgl aber auch BayObLG DNotZ 1977, 614 = Rpfleger 1976, 304, wonach der Pfleger eines Minderjährigen einen Vertreter bestellt hatte und dieser für die Auflassung eines Grundstücks des Minderjährigen der vormundschaftsgerichtlichen Genehmigung bedurfte.

299 KG OLGZ 1971, 160; *Schöner-Stöber* Rn 3571; *Schaub* in *Bauer/von Oefele* AT VII Rn 109.

300 KG DNotZ 1935, 600; *Schaub* in *Bauer/von Oefele* AT VII Rn 108; *Schöner-Stöber* Rn 3571.

301 *Schaub* in *Bauer/von Oefele* AT VII Rn 110; *Schöner-Stöber* Rn 3572.

302 BGH NJW 1975, 382; RG JW 1938, 1802; KG JW 1937, 2035; *Schöner-Stöber* Rn 3572; *Schaub* in *Bauer/von Oefele* AT VII Rn 110.

303 BGH MittBayNot 1990, 20; *Schöner-Stöber* Rn 3572; *Schaub* in *Bauer/von Oefele* AT VII Rn 110.

304 *Schaub* in *Bauer/von Oefele* AT VII Rn 111; *Schöner-Stöber* Rn 3573.

305 *Schöner-Stöber* Rn 3573; **AA** MüKo-*Schramm,* BGB, § 168 Rn 7.

306 RGZ 114, 354; RG JW 1929, 1674; KG JW 1939, 482; OLG Köln DNotZ 1970, 27 = OLGZ 1969, 304; OLG Schleswig MDR 1963, 675; *Schöner-Stöber* Rn 3573; *Schaub* in *Bauer/von Oefele* AT VII Rn 112.

307 RGZ 62, 334, 337; RG DNotZ 1989, 84; KG DNotZ 1980, 166, 167; OLG Zweibrücken OLGZ 1985, 45, 46; BGB-RGRK-*Steffen* § 168 Rn 2; *Demharter* § 19 Rn 83.

308 BGH WM 1985, 646, 647.

309 *Schaub* in *Bauer/von Oefele* AT VII Rn 113; *Schöner-Stöber* Rn 3574; *Demharter* § 19 Rn 83; *Kuhn* RNotZ 2001, 305, 307.

macht nur dann, wenn sich dies ausdrücklich oder konkludent aus dem Kausalverhältnis ergibt.[310] Letzteres ist dann der Fall, wenn die Vollmacht vereinbarungsgemäß auch dem Vorteil des Bevollmächtigten dient.[311] Beispielsweise ist die Unwiderruflichkeit einer Vollmacht auch ohne ausdrückliche Bestimmung vertraglich vereinbart, wenn der inzwischen verstorbene Eigentümer des Grundstücks eine Teilfläche einem Dritten überlassen und den Erwerber zugleich in der notariellen Urkunde Vollmacht über den Tod hinaus erteilt hat, ihn bei der Auflassung zu vertreten.[312] Das Recht, die Vollmacht zur Veräußerung eines Grundstücks zu widerrufen, kann nur dadurch wirksam ausgeschlossen werden, dass das der Erteilung der Vollmacht zugrundeliegende Rechtsgeschäft (zB Auftragsvertrag, Geschäftsbesorgungsvertrag) notariell beurkundet wird; die Beurkundung nur der Erklärung des Vollmachtgebers reicht nicht aus.[313] Eine unwiderrufliche Vollmacht kann trotzdem bei Vorliegen eines wichtigen Grundes widerrufen werden.[314] Ob ein solcher vorliegt, hängt entscheidend von dem Inhalt der der Vollmachtserteilung zugrundeliegenden Vereinbarungen ab.[315] Ist der Bevollmächtigte nur zu Belastungen des Grundstücks berechtigt, so rechtfertigt beispielsweise der Verkauf des Grundstücks zum Widerruf der Vollmacht.[316] Eine Unwiderruflichkeitsklausel ist wirkungslos, wenn der ihr zugrundeliegende Auftrag nur den Interessen des Auftraggebers dient.[317] Gleiches gilt für die Unwiderruflichkeit einer Generalvollmacht, die als übermäßige Beschränkung der Willensfreiheit des Vollmachtgebers nichtig ist (§ 138 BGB).[318] Ist eine Vollmacht des Erblassers widerruflich, so kann sie von jedem der Erben für seine Person widerrufen werden.[319]

Der Widerruf der Vollmacht bewirkt **ex nunc** das Erlöschen der Vollmacht.[320] Die vor dem Widerruf vorgenommenen Rechtshandlungen des Bevollmächtigten bleiben voll wirksam.   **79**

f) Untervollmacht. Sie kann grundsätzlich aus den gleichen Gründen erlöschen wie eine gewöhnliche Vollmacht. Ein Widerruf ist deshalb auch möglich, und zwar sowohl seitens des Geschäftsherrn als auch seitens des Hauptbevollmächtigten im Namen des Geschäftsherrn, sofern die Hauptvollmacht noch besteht.[321] Ein zusätzlicher Grund des Erlöschens für die Untervollmacht, nämlich das Erlöschen der Hauptvollmacht, besteht nicht.[322] Für die wirksame Erteilung einer Untervollmacht ist es zwar nötig, dass die Hauptvollmacht wirksam ist, aber nach dem Wirksamwerden der Untervollmacht ist ihr Wirksambleiben nicht mehr vom weiteren Fortbestand der Hauptvollmacht abhängig.[323] Die **Untervollmacht** kann jedoch aufgrund Rechtsgeschäfts **von der Hauptvollmacht abhängig** sein, nämlich dann, wenn sie ausdrücklich oder stillschweigend bedingt ist durch den Bestand der Hauptvollmacht. Eine solche Bedingung muss dem Unterbevollmächtigten aber erkennbar sein. Bei einer isolierten Vollmacht ist dies wohl ausgeschlossen; der Untervertreter nimmt nur vom Geschäftsherrn oder in dessen Namen entgegen und steht zum Hauptvertreter in keinerlei rechtsgeschäftlichen Beziehungen. Im Fall der in notariellen Verträgen eingesetzten Vollzugsbevollmächtigten handelt es sich in aller Regel um isolierte Vollmachten, die nicht aus dem Zusammenhang heraus von Hauptvollmacht abhängen und daher unabhängig von ihr erlöschen.[324] Von einer stillschweigenden Abhängigkeit der Untervollmacht von der Hauptvollmacht kann uU dann ausgegangen werden, wenn dem Innenverhältnis zwischen Haupt- und Unterbevollmächtigten eine Geschäftsbesorgung zugrundeliegt.[325]   **80**

g) Rechtsscheinhaftung. Ist die Vollmacht von Anfang an unwirksam gewesen oder nachträglich erloschen, so handelte der Vertreter ohne Vertretungsmacht. Der Geschäftsgegner wird allerdings durch die §§ 170 bis 173 BGB geschützt, sofern er das Fehlen der Vertretungsmacht bei der Vornahme des Rechtsgeschäfts weder kannte noch kennen musste; der Vertretene muss in diesem Fall das Rechtsgeschäft für und gegen sich   **81**

---

310 BayObLG DNotZ 1997, 312; *Demharter* § 19 Rn 83; *Schöner-Stöber* Rn 3574; *Schaub* in *Bauer/von Oefele* AT VII Rn 115.
311 RG 109, 333; JW 1932, 1548; BGH WM 1985, 646; OLG Schleswig MDR 1963, 675; *Demharter* § 19 Rn 83.
312 BayObLG MittBayNot 1989, 308; *Schaub* in *Bauer/von Oefele* AT VII Rn 115.
313 BayObLG DNotZ 1997, 312; *Demharter* § 19 Rn 83.
314 BGH WM 1969, 1009 = BB 1969, 1063; BayObLG MittBayNot 1989, 308; OLG Stuttgart MittBayNot 1997, 370; OLG Hamburg MDR 1962, 217; OLG Celle NdsRpfl 1961, 180; *Demharter* § 19 Rn 83; *Schaub* in *Bauer/von Oefele* AT VII Rn 114; *Schöner-Stöber* Rn 3574.
315 *Schaub* in *Bauer/von Oefele* AT VII Rn 116; *Schöner-Stöber* Rn 3574.
316 BGH DNotZ 1989, 84 = NJW 1988, 2603; *Schaub* in *Bauer/von Oefele* AT VII Rn 116.
317 BGH DNotZ 1972, 229; *Schöner-Stöber* Rn 3574; *Schaub* in *Bauer/von Oefele* AT VII Rn 117.
318 RGZ 76, 183; *Schöner-Stöber* Rn 3574; *Demharter* § 19 Rn 83.
319 RG JW 1938, 1892; *Demharter* § 19 Rn 83.
320 BayObLG DNotZ 1983, 752; OLG Köln Rpfleger 1993, 299; *Demharter* § 19 Rn 83; *Kuhn* RNotZ 2001, 305, 308.
321 *Schüle* BWNotZ 1984, 156, 157.
322 *Schüle* aaO.
323 *Bous* RNotZ 2004, 483; *Hügel-Reetz*, GBO, Vertretungsmacht, Rn 37; *Staudinger-Schilken* § 167 Rn 68; *MüKo-Schramm*, BGB, § 167 Rn 78; *Soergel-Leptien* § 167 Rn 59; *Schaub* in *Bauer/von Oefele* AT VII Rn 35; *Schöner-Stöber* Rn 3565; *Schüle* BWNotZ 1984, 156.
324 *Schüle* BWNotZ 1984, 156, 159.
325 *Schüle* BWNotZ 1984, 156, 158.

gelten lassen. Gem § 172 Abs 1 BGB ist für diese Rechtsscheinhaftung allerdings erforderlich, dass der **Vollmachtgeber dem Vertreter die Vollmachtsurkunde ausgehändigt und der Vertreter diese Vollmachtsurkunde dem Dritten vorgelegt hat.** Die Vollmachtsurkunde ist eine schriftliche Erklärung, in der jemand erklärt, dass er dem in der Urkunde Bezeichneten Vollmacht erteile oder bereits erteilt hat.[326] Notwendige Voraussetzung für den Gutglaubensschutz ist eine Aushändigung der Vollmachtsurkunde an den Bevollmächtigten, damit deren Besitz.[327] Der Vertretene muss dem Vertreter die Vollmachtsurkunde willentlich aushändigen, dh der Vertreter muss als Aussteller der Vollmachtsurkunde von sich aus diese Urkunde entäußern.[328] Dies liegt beispielsweise dann nicht vor, wenn der Aussteller der Vollmacht durch nicht hinreichende sorgfältige Verwahrung die Entwendung der Urkunde ermöglicht hat.[329] Nicht mit der Aushändigung einer Vollmachtsausfertigung iSv § 172 BGB gleichzusetzen ist die Berufung auf die Urschrift einer beurkundeten Vollmacht in der Urkundensammlung des Notars; sie kann daher nicht die Rechtsscheinwirkung des § 172 BGB auslösen.[330] § 172 Abs 1 BGB verlangt darüber hinaus, dass die Vollmacht dem Dritten vorgelegt wird. Dies ist dann der Fall, wenn die Urkunde der sinnlichen Wahrnehmung des Dritten unmittelbar zugänglich gemacht wird.[331] Die Vorlage muss spätestens bei Abschluss des Rechtsgeschäfts erfolgen. Es genügt jedoch, wenn die Urkunde dem Dritten bei einem früheren Rechtsgeschäft bereits einmal vorgelegt wurde, so dass eine Vorlegung bei jedem neuen Vertretergeschäft entbehrlich ist.[332] Für die Vorlage genügt es nicht, dass der Vertreter die Vollmacht in seinem Besitz hat, er muss sie dem Geschäftsgegner vorlegen, dh letzterer kann sich nicht darauf berufen, dass der Vertreter die Vollmacht besessen habe, wenn sie ihm nicht vorgelegt wurde.[333] Nicht ausreichend für die Vorlage ist es auch, auf eine bei den Grundakten liegende Vollmacht Bezug zu nehmen.[334] Nicht notwendig ist es, dass der Dritte die Urkunde tatsächlich und selbst einsieht, er kann vielmehr darauf verzichten oder durch einen Dritten (zB den Notar) Einsicht nehmen lassen.[335] Ausreichend ist es auch, wenn der Vertreter nur mittelbarer Besitzer der Vollmachtsurkunde ist und dem Geschäftsgegner die Befugnis erteilt, beim Besitzmittler Einsicht in die Urkunde zunehmen und der Geschäftsgegner dies auch tut.[336] Der Vertreter muss dem Dritten die gegen Rechtsschein erzeugende Urkunde in Urschrift oder – bei notarieller beurkundeter Vollmacht – in Ausfertigung (§ 47 BeurkG) vorlegen; Fotokopien, einfache und beglaubigte Abschriften genügen nicht, da sie in unbeschränkter Zahl gefertigt werden können und nicht der Rückgabepflicht nach § 175 BGB unterliegen.[337] Auch die Urschrift einer notariell beurkundeten Vollmacht genügt zur Herbeiführung der Rechtsscheinhaftung.[338]

82 Zweck des § 172 Abs 1 BGB ist der Schutz des gutgläubigen Geschäftsgegners. Deshalb muss der Vertreter die Vollmachtsurkunde dem Geschäftsgegner nicht unbedingt körperlich vorlegen, sondern es genügt, wenn der Geschäftsgegner die tatsächliche Möglichkeit der Einsichtnahme hat. Ausreichend ist es daher, wenn in einem notariellen Vertrag auf eine von dem beurkundenden Notar selbst beurkundete Vollmacht Bezug genommen wird und diese Urschrift bei dem Notar jederzeit zugänglich ist.[339] Aber auch die **Bezugnahme auf** eine von dem beurkundenden Notar gerade selbst nicht beurkundete **Vollmacht genügt als Vorlage der Vollmachtsurkunde iSv § 172 Abs 1 BGB, sofern die Urkunde nur in gehöriger Form jederzeit zugänglich ist.**[340] Spätestens auf Verlangen des Geschäftsgegners könnte und müsste der Notar die Vollmachtsurkunde vorlegen. Entscheidend ist nur, dass die Vollmachtsurkunde dem Geschäftsgegner zu Einsicht vorgelegt werden könnte, ohne dass es darauf ankommt, dass dieser auch tatsächlich Einsicht nimmt.[341]

---

326 RGZ 124, 386; *Brenner* BWNotZ 2001, 186, 187.

327 RGZ 56, 63, 66; 88, 430, 431; *Stiegeler* BWNotZ 1985, 129, 131.

328 BGHZ 65, 13.

329 BGH aaO.

330 OLG Köln DNotZ 1984, 389; LG Aachen MittRhNotK 1981, 39; *Schöner-Stöber* Rn 3584 aE; *Schaub* in *Bauer/von Oefele* AT VII Rn 174; *Stiegeler* BWNotZ 1985, 129, 131; *Kasper* MittRhNotK 1980, 132; *Haegele* Rpfleger 1972, 306; *Hieber* DNotZ 1952, 186.

331 RGZ 56, 63, 66; 88, 430, 431; BGH NJW 1988, 697; BGHZ 76, 76 = NJW 1980, 698 = DNotZ 1980, 352; *Brenner* BWNotZ 2001, 186, 188; *Stiegeler* BWNotZ 1985, 129, 131; *Hermanns* DNotZ 2001, 6,10.

332 RGZ 104, 360; *Brenner* BWNotZ 2001, 186, 188 Fn 36.

333 RGZ 56, 63, 69; 88, 430, 432; *Stiegeler* BWNotZ 1985, 129, 131.

334 BGH DNotZ 1980, 352, 353; RG JW 1928, 884; *Soergel-Leptien* § 172 Rn 4; *Stiegeler* BWNotZ 1985, 129, 131; **AA** *Schöner-Stöber* Rn 3587.

335 BGH DNotZ 1980, 352; RGZ 97, 273, 276; *Stiegeler* BWNotZ 1985, 129, 131.

336 KG OLGE 28 (1914), 37, 38; *Stiegeler* BWNotZ 1985, 129, 131.

337 BGH RNotZ 2002, 332 = ZNotP 2002, 397; BGHZ 102, 60, 63 = DNotZ 1997, 201 = MittRhNotK 1997, 19; DNotZ 2002, 48; NJW 1988, 679; *Soergel-Leptien* § 172 Rn 4; *Hermanns* DNotZ 2001, 6,10; *Brenner* BWNotZ 2001, 186, 188 mit Fn 37; *Stiegeler* BWNotZ 1985, 129, 131; *Kuhn* RNotZ 2001, 305, 311.

338 *Brenner* BWNotZ 2001, 186, 188.

339 BGHZ 76, 76 = NJW 1980, 698; BGH NJW 1988, 697; *Meikel-Hertel* § 29 Rdn 52; *Brenner* BWNotZ 2001, 186, 188.

340 *Brenner* BWNotZ 2001, 186, 188 f.

341 *Schöner-Stöber* Rn 3585 aE; *MüKo-Schramm*, BGB, § 172 Rn 8; *Brenner* BWNotZ 2001, 186, 189; **AA** *Erman-Palm* § 172 Rn 7: tatsächliche Einsichtnahme ist erforderlich.

Scheidet eine Rechtsscheinhaftung gem § 172 Abs 1 BGB wegen der fehlenden Vorlage der Vollmachtsurkunde **83** an den Geschäftspartner aus, kommt trotzdem eine Bindung des Vollmachtgebers unter dem Gesichtspunkt der allgemeinen Rechtsscheinhaftung in Betracht.[342] Zu denken ist dabei an die **beurkundete Erklärung eines Notars, dass ihm eine Vollmacht bei der Beurkundung einer Grundschuldbestellung mit Schuldanerkenntnis und Vollstreckungsunterwerfung in Urschrift oder Ausfertigung vorgelegen habe.**[343] In diesem Fall darf ein Kreditinstitut auf die Betätigung des Notars (§ 36 BeurkG) und auf die Wirksamkeit der Vollmacht vertrauen. Bei einer Beurkundung durch einen Bevollmächtigten ist der Notar gem § 12 BeurkG nämlich verpflichtet, sich die Vollmacht in Urschrift oder Ausfertigung vorlegen zu lassen.[344] Außerdem hat der Notar zu prüfen, ob der Bevollmächtigte über eine hinreichende Vertretungsbefugnis verfügt.[345] Die Bestätigung, dass ihm die Vollmacht vorgelegen habe, darf der Notar daher nur dann erteilen, wenn er nach pflichtgemäßer Prüfung zu dem Ergebnis gelangt, es liege eine wirksame Bevollmächtigung vor.[346] Die notarielle Bestätigung ist dann hinreichender und vom Vollmachtgeber veranlasster Anscheinstatbestand für das Vertrauen des Rechtsverkehrs auf die Wirksamkeit der Vollmacht.[347]

Vertrauensschutz gemäß den §§ 170 bis 172 BGB verdient nur der **Geschäftsgegner, der das Erlöschen oder** **84** **Nichtentstehen der Vollmacht nicht kennt und auch nicht kennen muss** (§ 173 BGB). Dabei kommt es nicht auf die Kenntnis oder das Kennenmüssen der den Mangel der Vertretungsmacht begründenden Umstände an, sondern auf die Kenntnis oder das Kennenmüssen des Mangels der Vertretungsmacht selbst.[348] Der Dritte hat jedoch keine allgemeine Nachprüfungs- und Erkundigungspflicht über die Wirksamkeit der Vollmacht.[349] Bedarf eine Vollmacht aber der notariellen Beurkundung und ist sie nur notariell beglaubigt, so wird der Gutglaubensschutz zugunsten des Dritten verneint, weil sich dieser Formmangel aus der Urkunde selbst ergibt.[350] Eine fahrlässige Unkenntnis wird dann angenommen, wenn besondere, dem Dritten erkennbare Umstände vorliegen, die Anlass zu Zweifeln am Bestand der Vollmacht geben.[351] Wird bei der notariellen Beurkundung einer Vollmacht beispielsweise vom Notar die Feststellung vergessen, dass der Inhalt der Urkunde vorgelesen und vom Vollmachtgeber genehmigt worden ist, was zu Unwirksamkeit der Vollmacht führt, so begründet das Nichterkennen dieses Mangels durch den Geschäftsgegner noch nicht den Vorwurf des fahrlässigen Verhaltens.[352] Dies wäre eine Überspannung der obliegenden Sorgfaltspflichten, wenn man verlangen würde, dass juristische Laien solche Mängel einer Urkunde erkennen müssten. Die Kenntnis oder fahrlässige Unkenntnis vom Nichtbestehen der Vollmacht zugrundeliegenden Rechtsverhältnisses genügt grundsätzlich nicht für die Versagung des Gutglaubensschutzes.[353]

Eine nicht wirksam erteilte Vollmacht kann auch über die in den §§ 171 bis 173 BGB geregelten Fälle hinaus **85** aus allgemeinen Rechtsscheingesichtspunkten dem Geschäftsgegner gegenüber als wirksam zu behandeln sein.[354] Das ist der Fall, wenn das Vertrauen des Dritten auf den Bestand der Vollmacht an andere Umstände als an die Vollmachtsurkunde anknüpft und nach den Grundsätzen über die **Duldungsvollmacht** schutzwürdig erscheint.[355] In Betracht kommen dabei nur bei oder vor Vertragsabschluss liegende Umstände. Denn eine Duldungsvollmacht ist nur gegeben, wenn der Vertretene es wissentlich geschehen lässt, dass ein anderer für ihn als Vertreter auftritt und der Vertragspartner dieses Dulden dahin versteht und nach Treu und Glauben auch verstehen darf, dass der als Vertreter Handelnde bevollmächtigt ist.[356] Ein jahrelanges Erfüllen eines Darlehensvertrages ist deshalb kein geeigneter Anknüpfungspunkt für eine Haftung aus wissentlich veranlasstem Rechtsschein.[357] Ein solches Verhalten des Vertretenen nach Vertragsschluss kann nur unter dem Gesichtspunkt der Genehmigung eines Vertrages rechtlich bedeutsam sein. Eine Genehmigung schwebend unwirksamer Geschäfte durch schlüssiges Verhalten setzt aber regelmäßig voraus, dass der Genehmigende die Unwirksamkeit kennt oder zumindest mit ihr rechnet und das in seinem Verhalten der Ausdruck des Willens zu sehen ist, dass bisher als unverbindlich angesehene Geschäft verbindlich zu machen.[358] Diese Voraussetzungen liegen jedoch dann nicht vor, wenn alle Beteiligten von der Wirksamkeit einer Vollmacht ausgehen.

---

342 BGH NJW 1998, 697.
343 BGH aao; *Hermanns* DNotZ 2001, 6,11.
344 BGH NJW 1991, 2744; DNotZ 1981, 43.
345 BGH aaO.
346 BGH DNotZ 1989, 43; *Hermanns* DNotZ 2001, 6,11.
347 BGH WM 1985, 596, 598; *Hermanns* DNotZ 2001, 6,11.
348 BGH ZNotP 2004, 195.
349 MüKo-*Schramm*, BGB, § 173 Rn 3.
350 RGZ 108, 125.
351 BGH NJW 1985, 730; MüKo-*Schramm*, BGB, § 173 Rn 3; *Soergel-Leptien* § 173 Rn 3; *Hermanns* DNotZ 2001, 6,12.
352 BGH MDR 1965, 282.
353 MüKo-*Schramm*, BGB, § 173 Rn 2.
354 BGH RNotZ 2002, 332; BGHZ 102, 62, 64 = DNotZ 1997, 701.
355 BGH aaO.
356 BGH RNotZ 2002, 332; VersR 1992, 989; WM 1956, 154.
357 BGH RNotZ 2002, 332, 334.
358 BGH DNotZ 1997, 701 = MittRhNotK 1997, 19.

6. Nachweis der Vollmacht gegenüber dem Grundbuchamt

86 **a) Prüfungspflicht.** Wird eine grundbuchrechtliche Erklärung (zB Bewilligung nach § 19 GBO, Auflassung gem § 20 GBO) von einem Vertreter abgegeben, so hat das **Grundbuchamt selbstständig** die Wirksamkeit der Vollmacht zu prüfen, und zwar auch dann, wenn der Urkundsnotar die Vollmacht für ausreichend angesehen hat.[359] Ob eine Vollmacht materiellrechtlich der notariellen Beurkundung nach § 311b Abs 1 S 1 BGB bedarf, braucht und darf das Grundbuchamt idR nicht zu prüfen; nur wenn sich aus der dem Grundbuchamt vorliegenden Vollmacht selbst die Notwendigkeit der notariellen Beurkundung nach § 311b Abs 1 S 1 BGB ergibt, ist das Grundbuchamt berechtigt, die fehlende Form zu beanstanden.[360]

87 **b) Erteilung der Vollmacht.** Dies wird dem Grundbuchamt durch ihre **Vorlage der Vollmacht in der formellen Form des § 29 Abs 1 S 1 GBO** nachgewiesen, dh sie muss notariell beglaubigt oder beurkundet sein;[361] für den Nachweis der Erteilung der Vollmacht reicht die Vorlage einer beglaubigten Abschrift aus.[362]

88 **c) Inhalt und Umfang der Vollmacht.** Auch dies ist vom Grundbuchamt selbstständig zu prüfen, und zwar unabhängig von der vorausgehenden Prüfungs- und Belehrungspflicht des Notars (§ 17 Abs 2 BeurkG).[363] Deshalb ist es unerlässlich, dass dem Grundbuchamt die Vollmachtsurkunde zumindest in beglaubigter Abschrift vorgelegt wird. Ist die Vollmacht im Außenverhältnis unbeschränkt, jedoch im Innenverhältnis beschränkt (vgl Rdn 5), so kann das Grundbuchamt keinen Nachweis verlangen, dass die Voraussetzungen für die Verwendung der Vollmacht erfüllt sind. Die in einem Grundstückskaufvertrag dem Bauträger erteilte Vollmacht, Grunddienstbarkeiten zu bestellen, die im Rahmen der Baumaßnahmen notwendig sind, ist für die Eintragung im Grundbuch nicht geeignet, wenn mit den im Grundbuchverfahren zulässigen Beweismitteln die Frage der Notwendigkeit nicht nachgewiesen werden kann.[364]

89 **d) Bestätigung der Vollmacht.** Hat er ein Vertreter aufgrund mündlicher oder privatschriftlicher, aber materiellrechtlich wirksamer Vollmacht gehandelt (§ 167 Abs 2 BGB), so muss diese Vollmacht dem Grundbuchamt gegenüber **in notariell beglaubigter Form nach § 29 Abs 1 S 1 GBO** bestätigt werden.[365] Eine solche Vollmachtsbestätigung hat rein deklaratorische Bedeutung und bedarf daher weder des Zugangs noch der Kenntnisnahme durch den Bevollmächtigten oder den anderen Vertragsteil.

90 **e) Zugang der Vollmacht.** Dies wird dem Grundbuchamt dadurch nachgewiesen, dass sich der Vertreter bei der Abgabe seiner Erklärung auf die ihm erteilte Vollmacht beruft.[366]

91 **f) Zeitpunkt für das Bestehen einer Vollmacht.** Die Vertretungsmacht muss in dem Zeitpunkt bestehen, zu dem die **von dem Vertreter abgegebene Erklärung** (zB Auflassung, Bewilligung) **wirksam wird**[367] (vgl dazu Rdn 6). Ob dies der Fall ist, hat das Grundbuchamt stets von Amts wegen zu prüfen. Unschädlich ist es, wenn die Vertretungsmacht nach diesem Zeitpunkt wegfällt.[368] Gibt ein Vertreter die materiellrechtliche Einigungserklärung nach § 20 GBO (= Auflassung eines Grundstücks; Begründung, Inhaltsänderung und Übertragung eines Erbbaurechts) vor dem Notar, so wird sie damit wirksam. Der Nachweis des Bestehens der Vollmacht ist auf diesen Zeitpunkt zu führen.[369] Die verfahrensrechtliche Bewilligung nach § 19 GBO wird wirksam mit Aushändigung der Urschrift oder Ausfertigung an den Begünstigten oder mit Eingang beim Grundbuchamt.[370] Das Wirksamwerden der Bewilligung durch Aushändigung beim Begünstigten lässt sich idR nicht grundbuchmäßig nachweisen. Wird dem Grundbuchamt mit der Eintragungsbewilligung die Vollmacht in

359 BayObLG Rpfleger 1986, 216; BayObLGZ 1954, 231; OLG Köln Rpfleger 1984, 182; OLG Hamm DNotZ 1954, 38; OLG Düsseldorf Rpfleger 1961, 46; LG Köln Rpfleger 2002, 175; *Demharter* § 19 Rn 74; *Schaub* in *Bauer/von Oefele* AT VII Rn 158; *Schöner-Stöber* Rn 3579; *Stiegeler* BWNotZ 1985, 129, 133.

360 OLG Hamm ZfIR 2005, 822.

361 BayObLG Rpfleger 2002, 194; BayObLGZ 1991, 24, 33; *Demharter* § 20 Rn 21; *Schaub* in *Bauer/von Oefele* AT VII Rn 159; *Schöner-Stöber* Rn 3580; *Eickmann*, GBVerfR, Rn 193; *Stiegeler* BWNotZ 1985, 129; *Kuhn* RNotZ 2001, 305, 306; *Wolf* MittBayNot 1996, 266.

362 *Schöner-Stöber* Rn 3580.

363 *Schaub* in *Bauer/von Oefele* AT VII Rn 161; *Schöner-Stöber* Rn 3580; *Stiegeler* BWNotZ 1985, 129, 133.

364 BayObLG DNotZ 2005, 294 = Rpfleger 2005, 186 = RNotZ 2005, 173.

365 BGHZ 29, 366 = DNotZ 1959, 312 = Rpfleger 1959, 219.

366 *Schaub* in *Bauer/von Oefele* AT VII Rn 160; *Schöner-Stöber* Rn 3580; *Stiegeler* BWNotZ 1985, 129; vgl auch *Meikel – Böttcher* Einl F Rdn 104–106.

367 BayObLG Rpfleger 1986, 90; 1986, 216; *Eickmann*, GBVerfR, Rn 197; *Demharter* § 19 Rn 74; *Schaub* in *Bauer/von Oefele* AT VII Rn 158; *Schöner-Stöber* Rn 3159; *Bous* Rpfleger 2006, 357; *Stiegeler* BWNotZ 1985, 129, 134; *Wolf* MittBayNot 1996, 266; *Kuhn* RNotZ 2001, 305, 306.

368 BayObLG DNotZ 1983, 752; KG DNotZ 1972, 615; *Eickmann*, GBVerfR, Rn 197.

369 KG DNotZ 1972, 615, 617; *Stiegeler* BWNotZ 1985, 129, 134.

370 Ausführlich dazu *Meikel-Böttcher* § 19 Rdn 130 ff.

Urschrift oder Ausfertigung eingereicht, so sind für das Grundbuchamt, bezogen auf den Zeitpunkt des Eingangs, die Voraussetzungen des Erfahrungssatzes, der dem § 172 Abs 2 BGB zugrunde liegt, nachgewiesen.[371] Soweit die Vollmacht allerdings nur in beglaubigter Abschrift dem Grundbuchamt eingereicht wird, kommt es zu einem Auseinanderfallen des Zeitpunktes, für den das Bestehen der Vollmacht in grundbuchmäßige Form nachgewiesen ist, und dem Zeitpunkt, in dem die Bewilligung wirksam wird. Soweit die Vollmacht vor dem Wirksamwerden der Bewilligung wirksam wurde, kann jedoch grundsätzlich vom Fortbestehen der Vollmacht bis zum Wirksamwerden der Bewilligung ausgegangen werden (vgl Rdn 97, 98).

g) Besitz der Vollmacht. Zum Nachweis der Vertretungsmacht ist der Besitz der Vollmachtsurkunde erforderlich (vgl § 172 BGB). Deshalb muss dem Grundbuchamt die **Urschrift einer notariell beglaubigten oder die Ausfertigung einer notariell beurkundeten Vollmachtsurkunde** vorgelegt werden.[372] Bei einer beurkundeten Vollmacht wird dem Vertreter eine Ausfertigung der Vollmachtsurkunde zum Vollmachtsnachweis ausgehändigt. Die Ausfertigung der Urkunde vertritt im Rechtsverkehr die Urschrift (§ 47 BeurkG). Die Urschrift der notariellen Urkunde wird in die notarielle Verwahrung genommen und verbleibt dort auf Dauer (§ 15 DONot). Die bloße Berufung des Vertreters gegenüber dem Grundbuchamt auf eine in der Urkundensammlung des Notars verwahrte Urschrift genügt zum Nachweis der Vollmacht nicht.[373] **92**

Zuweilen **bevollmächtigen sich in einer Urkunde zwei Personen gegenseitig** (zB A den B und B den A), so das jeder Beteiligte sowohl Vollmachtgeber als auch Bevollmächtigter ist. Wird im Ausfertigungsvermerk der Vollmachtsurkunde ein anderer (zB A) als er die Ausfertigung dem Grundbuchamt vorlegende Vertreter (zB B) namentlich genannt, so soll dies keine Zweifel am Bestehen der Vollmacht rechtfertigen.[374] In diesem Fall stimmen der Handelnde und der im Ausfertigungsvermerk Bezeichnete nicht überein. Der Besitz der Vollmachtsurkunde durch den Handelnden hat seine Ursache in diesem Fall idR darin, dass der Handelnde vom beurkundenden Notar die Ausfertigung zur Weitergabe an den Bevollmächtigten verlangt und erhalten, aber nicht weitergegeben hat. Dann liegt aber nicht der Fall des § 172 Abs 1 BGB vor, da es bereits am Tatbestandsmerkmal der willentlichen Aushändigung der Vollmachtsurkunde fehlt. Der Handelnde muss die Vollmachtsurkunde nicht vom darin genannten Vollmachtgeber erhalten haben, sondern er kann nach § 51 Abs 1 Nr 1 BeurkG jederzeit von dem beurkundenden Notar mangels anderer Vereinbarung auf einseitigen Antrag hin Ausfertigungen in beliebiger Zahl verlangen. Deshalb bestehen in diesem Fall erhebliche Zweifel an dem Bestand der Vollmacht und das Grundbuchamt kann den Nachweis des Bestehens der Vollmacht verlangen.[375] Der sicherste und einfachste Weg zur Vermeidung der aufgezeigten Problematik wäre die Bevollmächtigung jeweils nur einer Person in gesonderten Urkunden.[376] Soweit die gegenseitige Bevollmächtigung in einer Urkunde ausdrücklich gewünscht wird, sollte die Ausübung der Vollmacht im Außenverhältnis auf den Fall beschränkt werden, dass der Handelnde eine Ausfertigung vorlegt, die den richtigen Ausfertigungsvermerk trägt, also den Handelnden als Bevollmächtigten bezeichnet (*»Die Vollmacht ist nur wirksam, soweit und solange der jeweilige Bevollmächtigte bei der Vornahme einer jeden Vertreterhandlung im unmittelbaren Besitz einer namentlich und ausdrücklich ihm als Bevollmächtigten des jeweiligen Vollmachtgebers erteilten Ausfertigung der Vollmachtsurkunde ist«*).[377] **93**

Die **Vorlage einer beglaubigten oder einfachen Abschrift** der Vollmachtsurkunde gegenüber dem Grundbuchamt **genügt grundsätzlich nicht**, weil zum Nachweis der Vertretungsmacht der Besitz der Vollmachtsurkunde erforderlich ist (vgl § 172 BGB).[378] Bei einer notariell beurkundeten Vollmacht ersetzt nur die Ausfertigung die Vollmacht im Rechtsverkehr (§ 47 BeurkG). Ist die Vollmacht notariell beglaubigt, so beweist nur der Besitz der Urschrift der Vollmachtsurkunde die Vertretungsmacht. Die Beglaubigung einer Abschrift, bei der nach § 42 BeurkG festgestellt werden soll, ob die Urkunde eine Urschrift, eine Ausfertigung, eine beglaubigte oder einfache Abschrift ist, beweist als solche nämlich nur die Richtigkeit der Abschrift. Demgemäß erstreckt sich auch die Prüfungspflicht des Notars nur auf die Übereinstimmung von Hauptschrift und Abschrift. Sie erstreckt sich nicht auf die Verhältnisse der Beteiligten zur Urkunde, insbesondere nicht auf die Besitzrechte an der Urkunde. Knüpft aber das materielle Recht (§ 172 BGB) Rechtsfolgen an den Besitz der Urkunde, genügt die beglaubigte Abschrift allein nicht zum Nachweis des Besitzes der Hauptschrift. Im Falle des Widerrufs einer **94**

371 *Stiegeler* BWNotZ 1985, 129, 134.
372 BayObLG RNotZ 2002, 53 = Rpfleger 2002, 194 = MittBayNot 2002, 112; DNotZ 2000, 293 = Rpfleger 2000, 62; OLG Stuttgart DNotZ 1991, 138 = FGPrax 1998, 125; *Schaub* in *Bauer/von Oefele* AT VII Rn 172; *Schöner-Stöber* Rn 3584; *Bous* Rpfleger 2006, 357, 363; *Wolf* MittBayNot 1996, 266; *Stiegeler* BWNotZ 1985, 129, 131.
373 RGZ 56, 63, 68; OLG Köln MittRhNotK 1984, 80, 81; *Stiegeler* BWNotZ 1985, 129, 131.
374 OLG Köln Rpfleger 2002, 197 = RNotZ 2001, 407.
375 *Waldner/Mehler* Rpfleger 2002, 198; *Helms* RNotZ 2002, 235; *Demharter* FGPrax 2002, 139, 140.
376 Ausführlich dazu *Waldner/Mehler* MittBayNot 1999, 261.
377 *Waldner/Mehler* Rpfleger 2002, 199; *Helms* RNotZ 2002, 238.
378 BGHZ 102, 60 = DNotZ 1988, 551; BayObLG Rpfleger 2002, 194 = RNotZ 2002, 53 = MittBayNot 2002, 112; DNotZ 2000, 293 = Rpfleger 2000, 62; OLG Stuttgart DNotZ 1999, 138; 1952, 183; *Schaub* in *Bauer/von Oefele* AT VII Rn 173; *Schöner-Stöber* Rn 3584; *Eickmann*, GBVerfR, Rn 193; *Wolf* MittBayNot 1996, 266; *Stiegeler* BWNotZ 1985, 129, 131.

Vollmacht sind die Urschrift (bei notariell beglaubigter Vollmacht) oder sämtliche Ausfertigungen (bei notariell beurkundeter Vollmacht) zurückzugeben, nicht aber die beglaubigten Abschriften. Letztere können sich deshalb auch nach dem Widerruf oder der Kraftloserklärung einer Vollmacht in beliebiger Anzahl mit der Möglichkeit zum Missbrauch im Rechtsverkehr befinden.

95   **Ausnahmsweise genügt die Vorlage einer beglaubigten Abschrift der Vollmachtsurkunde** gegenüber dem Grundbuchamt, wenn zusätzlich eine **Bescheinigung des Notars** (vgl § 39 BeurkG) mit eingereicht wird, in der er bestätigt, **dass der Bevollmächtigte die Vollmachtsurkunde in Urschrift oder Ausfertigung ihm vorgelegt hatte**.[379] Gemäß § 12 BeurkG hat sich der Notar eine notariell beglaubigte Vollmacht in Urschrift oder eine notariell beurkundete Vollmacht in Ausfertigung vorlegen zu lassen. Falls die Beteiligten die vorgelegte Vollmachtsurkunde anderweitig benötigen, hat der Notar eine beglaubigte Abschrift davon dem Grundbuchamt einzureichen. Wird das Vertretergeschäft (zB Auflassung) notariell beurkundet, so kann der Notar die Tatsache des Besitzes der Vollmachtsurkunde durch den Bevollmächtigten mitbeurkunden. Diese Feststellung des Notars über die von ihm wahrgenommene Tatsache genießt öffentlichen Glauben. Es genügen dann die Vorlage einer beglaubigten Abschrift der Vollmachtsurkunde und der Bescheinigung des Notars beim Grundbuchamt zum Nachweis der Vertretungsbefugnis. Beglaubigt der Notar bei dem Vertretergeschäft nur die Unterschrift des Bevollmächtigten (zB Bewilligung nach § 19 GBO) und bescheinigt er im Beglaubigungsvermerk, dass der Bevollmächtigte bei Leistung der Unterschrift die Vollmachtsurkunde in Urschrift oder Ausfertigung vorgelegt hat, so ist durch diese Bestätigung, die öffentlichen Glauben genießt, der erforderliche Vertretungsnachweis erbracht.[380] Die Vollmachtsurkunde braucht dann lediglich in beglaubigter Abschrift dem Grundbuchamt eingereicht zu werden. Befindet sich bereits eine beglaubigte Abschrift der Vollmachtsurkunde bei den Grundakten, so kann auf diese verwiesen werden; es braucht nicht eine neue beglaubigte Abschriften eingereicht zu werden.[381]

96   Dem Grundbuchamt muss auch dann **ausnahmsweise nur eine beglaubigte Abschrift** der Vollmachtsurkunde vorgelegt werden, wenn sich der **Bevollmächtigte** zum Nachweis seiner Vertretungsbefugnis **auf die von dem beurkundenden Notar verwahrte Urschrift beruft**.[382] Die Berufung auf die Urschrift der Vollmacht, die in der Urkundensammlung des Notars verwahrt wird, ersetzt den Besitz der Ausfertigung. Das Grundbuchamt darf davon ausgehen, dass der Notar in Wahrung seiner Amtspflichten einen Hinweis macht oder die Bezugnahme auf die Vollmachtsurkunde unterlässt, wenn ihm der Vollmachtgeber den Widerruf der Vollmacht mitgeteilt hat. Zu denken ist dabei an die Bevollmächtigung eines Notarangestellten im notariell beurkundeten Kaufvertrag zur Abgabe rechtsgeschäftlicher oder verfahrensrechtlicher Erklärungen (zB Auflassung, Bewilligung), die in besonderer Mitteilung (= der notariellen Urkunde) einem Dritten (= Vertragspartner, Notar, Grundbuchamt) kundgetan wird.[383] Dem bevollmächtigten Notarangestellten wird in diesem Fall keine Ausfertigung der Vollmachtsurkunde erteilt. Die Berufung auf die Urschrift der Vollmacht, die in der Urkundensammlung des Notars verwahrt wird, und der Vorlage einer lediglich beglaubigten Abschrift, kommt vor allem dann in Betracht, wenn dem Bevollmächtigten ein originärer gesetzlicher Anspruch auf Erteilung einer Ausfertigung der Vollmachtsurkunde gemäß § 51 Abs 1 BeurkG zusteht, so zB wenn in einem notariell beurkundeten Kaufvertrag der Käufer dem Verkäufer eine Auflassungsvollmacht erteilt.[384] Es wäre reiner Formalismus in diesem Fall, wenn dem Grundbuchamt auch noch eine Ausfertigung der Vollmachtsurkunde vorgelegt werden müsste. Befindet sich bereits eine beglaubigte Abschrift der Vollmacht bei den Grundakten, so kann auf diese verwiesen werden; es braucht nicht eine neue beglaubigte Abschrift eingereicht zu werden.[385]

97   **h) Fortbestand der Vollmacht.** Neben der Erteilung der Vollmacht ist dem Grundbuchamt auch der Fortbestand der Vollmacht im Zeitpunkt des Wirksamwerdens der Erklärung des Vertreters nachzuweisen. Der Umstand, dass eine einmal erteilte Vollmacht noch besteht, dh nicht erloschen ist (zB ein Widerruf nicht

---

379   RGZ 104, 361; BGHZ 101, 60 = DNotZ 1988, 551 = NJW 1988, 697; BayObLG Rpfleger 2002, 194 = RNotZ 2002, 53 = MittBayNot 2002, 112; DNotZ 2000, 293 = Rpfleger 2000, 62; MittBayNot 1958, 268; DNotZ 1934, 445; KG FGPrax 1998, 7; DNotZ 1972, 615; OLG Stuttgart DNotZ 1999, 138; OLG Frankfurt Rpfleger 1997, 63; 1972, 306; LG Gera Rpfleger 1996, 507; *Schaub* in *Bauer/von Oefele* AT VII Rn 159, 175; *Schöner-Stöber* Rn 3577, 3584; *Wolf* MittBayNot 1996266; *Stiegeler* BWNotZ 1985, 129, 131; **AA** OLG Karlsruhe BWNotZ 1992, 102; LG Ellwangen BWNotZ 1990, 92.
380   BayObLG Rpfleger 2002, 194 = RNotZ 2002, 53 = MittBayNot 2002, 112; *Stiegeler* BWNotZ 1985, 129, 131.
381   *Wolf* MittBayNot 1996, 266, 267.
382   OLG Stuttgart DNotZ 1999, 138; OLG Köln DNotZ 1984, 569 = Rpfleger 1984, 182; MittRhNotK 1983, 209; *Schöner-Stöber* Rn 3585, 3586; *Schaub* in *Bauer/von Oefele* AT VII Rn 176, 177; *Demharter* § 19 Rn 80; *Stiegeler* BWNotZ 1985, 129, 132.
383   OLG Köln MittRhNotK 1983, 209; DNotZ 1984, 569 = Rpfleger 1984, 182; *Schöner-Stöber* Rn 3586; *Schaub* in *Bauer/von Oefele* AT VII Rn 176, 177.
384   OLG Stuttgart DNotZ 1999, 138 = FGPrax 1998, 125; *Schöner-Stöber* Rn 355; *Schaub* in *Bauer/von Oefele* AT VII Rn 175; *Stiegeler* BWNotZ 1985, 129, 132; *Kasper* MittRhNotK 1980, 132.
385   *Wolf* MittBayNot 1996, 266, 267.

erfolgt ist), kann nicht in der Form des § 29 GBO geführt werden. Das Grundbuchamt muss diese Frage vielmehr **im Wege der freien Beweiswürdigung unter Verwendung von Erfahrungssätze** beurteilen.[386] Liegen die Rechtsscheinatbestände der §§ 170–172 BGB vor, bestehen positive Anhaltspunkte für das Fortbestehen einer Vollmacht, zumindest solange dem Grundbuchamt keine konkreten Anhaltspunkte für die Bösgläubigkeit des Geschäftsgegners (§ 173 BGB), einen Vollmachtswiderruf (§ 171 Abs 2 BGB) oder die Kraftloserklärung der Vollmachtsurkunde (§ 176 BGB) bekannt werden.[387] Ist der Bevollmächtigte im Besitz der Urschrift der notariell beglaubigte Vollmacht oder der Ausfertigung der notariell beurkundeten Vollmacht, so hat das Grundbuchamt in der Regel vom Fortbestand der Vollmacht auszugehen, weil der Vollmachtgeber bei Widerruf die Rückgabe der Urkunde und bei Widerruf durch einen von mehreren Vollmachtgeber die Anbringung eines entsprechenden Vermerks verlangen kann.[388] Zum Nachweis des Fortbestandes einer Vollmacht gegenüber dem Grundbuchamt genügt auch die Bescheinigung des Notars, dass die Urschrift oder die Ausfertigung der Vollmachtsurkunde vorlag und die Vollmacht dem Notar gegenüber nicht widerrufen ist.[389] Ein Nachweis des Fortbestandes der Vollmacht kann danach grundsätzlich nicht mehr verlangt werden. Das Grundbuchamt hat solange vom Fortbestand der Vollmacht auszugehen, als ihm nicht Umstände bekannt werden, die hieran begründete Zweifel wecken.[390] Die Prüfung hat somit nicht dahin zu gehen, ob ausreichende Anhaltspunkte für den Fortbestand der Vollmacht gegeben sind, sondern ist darauf beschränkt, ob konkrete Umstände Zweifel am Fortbestand der Vollmacht begründen. Allein die rechtliche Möglichkeit, dass eine Vollmacht jederzeit widerrufen werden kann, vermag keinen Zweifel am Fortbestand der Vollmacht zu begründen.[391] Nichts anderes gilt für die rein gedachte Möglichkeit des Erlöschen der Vollmacht durch den Tod des Vollmachtgebers, solange nicht bei verständiger Auslegung der Vollmachtsurkunde konkrete Anhaltspunkte sich zeigen, dass sie mit den Tod des Vollmachtgebers erlöschen soll (vgl § 672 BGB).[392] Das Grundbuchamt ist daher grundsätzlich nicht berechtigt, einen weiteren Nachweis über das Fortbestehen der Vollmacht zu verlangen. Nur wo es durch Tatsachen gestützte Zweifel am Fortbestand einer Vollmacht hat (zB Mitteilung der Anfechtung einer Vollmacht,[393] des Widerruf einer Vollmacht[394]), ist es berechtigt, weitere Nachweise zu verlangen.[395] Das Grundbuchamt darf die Eintragung eines Eigentumswechsels an einem Grundstück vom Nachweis des Fortbestehens der Auflassungsvollmacht abhängig machen, wenn zwischen der Vollmachtserteilung und der Auflassungserklärung fünfzig Jahre liegen und die am Grundstücksübertragungsvertrag beteiligten Personen allesamt nicht mehr am Leben sind.[396] Wurde dem Notar in seiner amtlichen Eigenschaft Vollmacht erteilt, so ist nur die Erteilung der Vollmacht, nicht der Fortbestand nachzuweisen.[397] Hat das Grundbuchamt (zB durch Beiziehung der Betreuungsakten) sichere Kenntnis davon, dass die Bevollmächtigung, die der von der Eintragung Betroffene erteilt hat, bereits zum Zeitpunkt der Abgabe der Eintragungsbewilligung erloschen war, so soll es einen weiteren Vertretungsnachweis auch dann verlangen können, wenn die materiell – rechtlichen Erklärungen auf Grund des Rechtsscheinstatbestandes des § 172 Abs 1 und 2 BGB gegenüber dem Vertretenen bindend geworden sind.[398]

Voraussetzung dafür, dass das Grundbuchamt vom Fortbestand einer einmal erteilte und widerruflichen Vollmacht ausgehen kann, ist, dass die Vollmacht bis zum Zugang der grundbuchrechtlichen Erklärung beim Grundbuchamt nicht widerrufen worden und der Widerruf dem Grundbuchamt bekannt geworden sein darf.[399] Der **Widerruf der Vollmacht** braucht **nicht in der Form des § 29 GBO** nachgewiesen zu werden, **98**

386 BayObLGZ 1985, 318 = Rpfleger 1986, 90 = DNotZ 1986, 344; BayObLGZ 1959, 297 = Rpfleger 1960, 335; OLG Stuttgart DNotZ 1952, 183; OLG Frankfurt Rpfleger 1972, 306; OLG Karlsruhe BWNotZ 1992, 102; KG DNotZ 1972, 18; *Schaub* in *Bauer/von Oefele* AT VII Rn 164, 171; *Demharter* § 19 Rn 80; *Schöner-Stöber* Rn 3581, 3583; *Wolf* MittBayNot 1996, 266, 267; *Kuhn* RNotZ 2001, 305, 306; **AA** *Stiegeler* BWNotZ 1985, 129, 130.
387 *Schöner-Stöber* Rn 3581; *Schaub* in *Bauer/von Oefele* AT VII Rn 167.
388 BGH NJW 1990, 507; OLG Hamm ZfIR 2005, 822; BayObLG NJW 1959, 2119; Rpfleger 1986, 90; KG DNotZ 1972, 18; OLG Karlsruhe BWNotZ 1992, 102; OLG Köln Rpfleger 1984, 182; *Meikel-Böttcher* Einl F Rdn 93; *Demharter* § 19 Rn 80; *Schöner-Stöber* Rn 3584; *Schaub* in *Bauer/von Oefele* AT VII Rn 172; *Bous* Rpfleger 2006, 357, 363; *Kuhn* RNotZ 2001, 305, 306; *Wolf* MittBayNot 1996, 266, 267; *Stiegeler* BWNotZ 1985, 129, 130.
389 OLG Köln DNotZ 1984, 569.
390 OLG Hamm ZfIR 2005, 822; BayObLG DNotZ 1986, 344 = Rpfleger 1986, 90; *Schöner-Stöber* Rn 3590; *Schaub* in *Bauer/von Oefele* AT VII Rn 165; *Demharter* § 19 Rn 80; *Wolf* MittBayNot 1996, 266, 267.
391 BayObLG MittBayNot 1985, 257; OLG Düsseldorf Rpfleger 1966, 261; KG DNotZ 1972, 18; OLG Stuttgart DNotI – Report 1998, 61; *Schaub* in *Bauer/von Oefele* AT VII Rn 168, 179.
392 KG DNotZ 1972, 18; *Kuhn* RNotZ 2001, 305, 306.
393 OLG Frankfurt Rpfleger 1977, 103.
394 OLG Düsseldorf Rpfleger 1966, 261; OLG Kiel MDR 1947, 163.
395 *Schöner-Stöber* Rn 3590; *Meikel-Böttcher* Einl F Rdn 94.
396 OLG Naumburg FGPrax 2002, 241.
397 *Schaub* in *Bauer/von Oefele* AT VII Rn 166; *Schöner-Stöber* Rn 3591.
398 OLG Hamm NotBZ 2004, 397 = ZfIR 2004, 833 = FGPrax 2004, 266; **AA** mit beachtlichen Gründen *Bous* Rpfleger 2006, 357.
399 *Kuhn* RNotZ 2001, 305, 306.

da es sich insoweit um eine eintragungshindernde Erklärung handelt, für die die genannte Vorschrift keine Anwendung findet.[400] Auch eine unwiderruflich erteilte Vollmacht kann aus wichtigem Grunde widerrufen werden.[401] Das Grundbuchamt kann so lange vom Fortbestand der unwiderruflichen Vollmacht ausgehen, als ihm keine konkreten Anhaltspunkte bekannt sind, dass die Vollmacht tatsächlich widerrufen ist und außerdem ein den Widerruf rechtfertigender Grund besteht.[402] Die Wirksamkeit des Widerrufs der Vollmacht als eintragungshindernder Umstand ist im Wege der freien Beweiswürdigung festzustellen.[403] Dies muss auch für den wichtigen Grund als Wirksamkeitsvoraussetzung für den Widerruf gelten.[404] Bei der Beurteilung des Vorliegens eines wichtigen Grundes ist zu berücksichtigen, dass die Vereinbarung der Unwiderruflichkeit regelmäßig im Interesse des Bevollmächtigten geschieht und daher nur aus wirklich schwerwiegendem Anlass ihre Wirksamkeit verlieren kann, ferner, dass im Streitfall dem Vollmachtgeber die Darlegungs- und Beweislast obliegt. Bei dieser Sachlage wäre es verfehlt, im Grundbuchverfahren bereits dann von einem wirksamen Widerruf auszugehen, wenn das Vorliegen eines wichtigen Grundes nicht zweifelsfrei verneint werden kann. Umgekehrt kann ein Widerruf nicht erst dann Bedeutung gewinnen, wenn der wichtige Grund zur Überzeugung des Grundbuchamts dargetan ist.[405] Zu fordern ist daher, dass die Annahme eines wichtigen Grundes nahe liegt, ihr also ein erheblicher Grad von Wahrscheinlichkeit beizumessen ist.[406]

99   **i) Untervollmacht.** Was dem Grundbuchamt nachzuweisen ist, wenn ein Unterbevollmächtigter eine Grundbucherklärung abgibt, ist höchst umstritten. Eine Meinung besagt, dass dem Grundbuchamt sowohl die Untervollmacht als auch die Hauptvollmacht jeweils in Urschrift oder Ausfertigung vorzulegen sei, da der Fortbestand von Unter- und Hauptvollmacht im Zeitpunkt des Wirksamwerdens der Erklärung des Untervertreters nachzuweisen sei; die Vorlage beglaubigter Abschriften von Haupt- und Untervollmacht genüge ausnahmsweise nur dann, wenn der Notar nach § 12 BeurkG verfährt, dh er sich zum Zeitpunkt des Vertretergeschäfts die Hauptvollmacht in Urschrift oder Ausfertigung vorlegen lässt, und eine entsprechende Bescheinigung darüber in die Urkunde aufnimmt.[407] Eine zweite Ansicht stimmt dem grundsätzlich zu, lässt jedoch darüber hinaus eine Bestätigung des die Untervollmacht beurkundenden Notars über die Vorlage der Hauptvollmacht in Urschrift oder Ausfertigung im Zeitpunkt der Beurkundung der Unterbevollmächtigung jedenfalls dann als Nachweis für den Fortbestand der Hauptvollmacht im Zeitpunkt des Wirksamwerdens der Erklärung des Untervertreters ausreichen, wenn dieser Vermerk des Notars aus neuester Zeit stammt; wird der Untervertreter in nahem zeitlichen Zusammenhang mit der Unterbevollmächtigung tätig und enthält die Unterbevollmächtigung einen Vermerk des Notars über die Vorlage der Hauptvollmacht in Urschrift oder Ausfertigung, so könne das Grundbuchamt vom Fortbestand der Hauptvollmacht im Zeitpunkt des Wirksamwerdens der Erklärung des Untervertreters ausgehen[408] (abgelehnt wurde dies bei der Bevollmächtigung des Untervertreters im Jahr 1935 und seiner Erklärung im Jahre 1979). Beiden Ansichten kann nicht zugestimmt werden. Sie gehen nämlich von der falschen Voraussetzung aus, dass im Zeitpunkt des Handelns des Untervertreters die Hauptvollmacht noch bestehen muss; letztere muss jedoch nur im Zeitpunkt der Erteilung der Untervollmacht existieren und danach ist die Untervollmacht in ihrem Bestehen unabhängig vom Bestand der Hauptvollmacht (vgl Rdn 29). Die Prüfung des Grundbuchamtes hat sich daher darauf zu beschränken, ob **Bestand der Hauptvollmacht im Zeitpunkt der Erteilung der Untervollmacht** nachgewiesen werden kann.[409] Dieser Nachweis kann dadurch geschehen, dass der Hauptvertreter bei Erteilung der Untervollmacht dem Notar seine Vollmachtsurkunde in Urschrift oder Ausfertigung vorlegt und der Notar unter Hinweis hierauf gemäß § 12 BeurkG eine beglaubigte Abschrift dieser Urkunde beigefügt. Nur wenn die Untervollmacht auflösend bedingt ist durch das Erlöschen der Hauptvollmacht, ist auch der Nachweis des Fortbestehens der Hauptvollmacht im Zeitpunkt des Handelns des Untervertreters nachzuweisen.

7. Vertretung vor dem Notar

100   **a) Verbrauchervertrag. aa) Allgemeines.** Bei der Beurkundung von Verbraucherverträgen soll der Notar darauf hinwirken, dass die rechtsgeschäftlichen **Erklärungen des Verbrauchers von diesem persönlich oder durch eine Vertrauensperson abgegeben** werden (§ 17 Abs 2a S 2 Nr 1 BeurkG). Der Verbrauchervertrag ist in § 310 Abs 3 BGB als Vertrag zwischen einem Verbraucher und einem Unternehmer definiert. Die

---

400   *Meikel-Böttcher* Einl F Rdn 107–109.
401   BGH WM 1985, 646; 1969, 1009; OLG Stuttgart MittBayNot 1997, 370; MüKo-*Schramm*, BGB, § 168 Rn 39.
402   *Schöner-Stöber* Rn 3589.
403   *Meikel-Böttcher* Einl F Rdn 112.
404   *Munzig* MittBayNot 1997, 371, 372.
405   So aber *Demharter* § 19 Rn 83; *Munzig* MittBayNot 1997, 371, 372.
406   OLG Stuttgart MittBayNot 1997, 370; *Schaub* in *Bauer/von Oefele* AT VII Rn 178.
407   *Wolf* MittBayNot 1996, 266.
408   OLG Karlsruhe BWNotZ 1992, 102; *Demharter* § 19 Rn 80.
409   *Bous* RNotZ 2004, 483; *Hügel-Reetz*, GBO, Vertretungsmacht, Rn 40; *Schöner-Stöber* Rn 3565; *Schaub* in *Bauer/von Oefele* AT VII Rn 35; *Schüle* BWNotZ 1984, 156, 159; *Stiegeler* BWNotZ 1985, 129, 134.

Begriffe »Verbraucher« und »Unternehmer« sind wiederum in § 13 und § 14 BGB näher bestimmt. Entscheidend für die Anwendung des § 17 Abs 2a S 2 Nr 1 BeurkG ist die Eigenschaft der Vertragsparteien, dh der materiell Urkundsbeteiligten, nicht die der formell Beteiligten.[410] Wird ein Verbraucher bei einem Vertrag mit einem Unternehmer durch eine Person vertreten, der ebenfalls Unternehmer ist, handelt es sich dennoch um einen Verbrauchervertrag; umgekehrt handelt es sich bei einem Vertrag zwischen zwei Verbrauchern auch dann nicht um einen Verbrauchervertrag, wenn ein Verbraucher durch einen Unternehmer vertreten wird.[411] Ein Verbrauchervertrag liegt auch dann vor, wenn der Vertrag vom Anwalt des Verbrauchers stammt oder der Notar auf ein eigenes Vertragsmuster zurückgreift.[412] § 17 Abs 2a S 2 Nr 1 BeurkG ist auch dann zu beachten, wenn zwar kein Verbrauchervertrag beurkundet wird, sondern nur ein einseitiges, auf den Abschluss eines Verbrauchervertrages gerichtetes Rechtsgeschäft wie das Angebot oder die Annahme eines Grundstückskaufvertrages.[413] Das Vorliegen oder Nichtvorliegen eines Verbrauchervertrages hat der Notar aus der Pflicht zur Sachverhaltsklärung nach § 17 Abs 1 S 1 BeurkG zu ermitteln. Eine übereinstimmende Erklärung der Beteiligten, wonach kein Verbrauchervertrag vorliege, weil sie beide Verbraucher oder beide Unternehmer seien, genügt nicht.[414]

bb) Verbraucher. Verbraucher ist jede **natürliche Person**, die das Rechtsgeschäft zu einem Zweck   **101**
abschließt, der weder einer gewerblichen noch einer selbstständigen beruflichen Tätigkeit zugerechnet werden kann (§ 13 BGB). Juristische Personen des privaten und des öffentlichen Rechts sind keine Verbraucher, ebenso nicht die teilrechtsfähigen Personenhandelsgesellschaften (zB OHG, KG).[415] Eine Gesellschaft bürgerlichen Rechts ist nur dann Verbraucher, wenn sie ausschließlich aus natürlichen Personen besteht und weder freiberuflich noch gewerblich ausgerichtet ist.[416] Auch ein Kaufmann kann Verbraucher sein, wenn er zu Zwecken tätig wird, die nicht seiner gewerblichen oder beruflichen Tätigkeit zuzurechnen sind.[417]

cc) Unternehmer. Unternehmer ist jede **natürliche oder juristische Person**, die bei Abschluss des Rechts-   **102**
geschäfts **in Ausübung ihrer gewerblichen oder selbstständigen Tätigkeit** handelt (§ 14
BGB). Dazu gehören auch die als rechtsfähig behandelten Personenhandelsgesellschaften (zB OHG, KG)[418] und die Gesellschaft bürgerlichen Rechts,[419] wenn sie sich gewerblich betätigt, dh ein planmäßiger Geschäftsbetrieb wie etwa die Unterhaltung eines Büros oder einer speziellen Organisation erforderlich wird.[420] Unternehmer sind auch die Angehörigen der Freien Berufe, wie zB Rechtsanwälte, Notare, Wirtschaftsprüfer, Steuerberater, Ärzte, Zahnärzte usw.[421] Der Gewerblichkeitsbegriff umfasst auch handwerkliche und landwirtschaftliche Tätigkeitsbereiche, so dass die Veräußerung bisher landwirtschaftlich genutzter Flächen an einen Verbraucher aus Gründen der Betriebsumstrukturierung ein Verbrauchervertrag ist.[422] Existenzgründer sind Unternehmer, wenn das betreffende Geschäft im Zuge der Aufnahme einer gewerblichen oder selbständigen beruflichen Tätigkeit geschlossen wird.[423]

Nicht abschließend geklärt ist die Frage, ob **juristische Personen des öffentlichen Rechts als Unternehmer**   **103**
iSv § 14 BGB zu behandeln sind. Das Problem stellt sich beispielsweise, wenn eine natürliche Person, die ohne gewerblichen oder beruflichen Bezug handelt (= Verbraucher), einen Bauplatz kauft von einer Gemeinde, einem Land oder dem Bund bzw einer Behörde (Wasserwirtschaftsamt, Forstverwaltung, Straßenbauamt). Fraglich ist in diesen Fällen, ob die Tätigkeit der öffentlichen Hand im konkreten Einzelfall als gewerbliche Tätigkeit zu verstehen ist. Ein Gewerbe liegt dann vor, wenn eine planvolle, auf gewisse Dauer angelegte, selbstständige und wirtschaftliche Tätigkeit ausgeübt wird und dies nach Außen hervortritt.[424] Dies ist dann zu verneinen, wenn die öffentliche Hand ein Rechtsgeschäft abschließt, das unmittelbar einem öffentlichen Zweck dient, zB dem Erwerb

---

410 *Solveen* RNotZ 2002, 318, 319; *Brambring* ZfIR 2002, 597, 599.
411 *Solveen* und *Brambring* aaO.
412 *Brambring* ZfIR 2002, 597, 599.
413 OLG Schleswig ZNotP 2007, 430; *Blaeschke* RNotZ 2005, 330, 334; *Böhringer* BWNotZ 2003, 6; *Philippsen* NotBZ 2003, 137; *Solveen* RNotZ 2002, 318, 319; Rundschreiben der BNotK vom 28.04.2003, ZNotP 2003, 257, Abschn A.
414 *Philippsen* NotBZ 2003, 137, 140; *Brambring* ZfIR 2002, 597, 603.
415 *Brambring* ZfIR 2002, 597, 599; *Pützhoven* NotBZ 2002, 273, 276.
416 BGH DNotZ 2002, 528 = ZfIR 2002, 23 = NJW 2002, 368; *Brambring* ZfIR 2002, 597, 599; *Rieger* MittBayNot 2002, 325, 327; *Solveen* RNotZ 2002, 318, 319.
417 *Pützhoven* NotBZ 2002, 273, 276.
418 *Brambring* ZfIR 2002, 597, 599.
419 Zu deren Rechtsfähigkeit vgl BGH RNotZ 2001, 224.
420 BGH DNotZ 2002, 528 = ZfIR 2002, 23; *Brambring* ZfIR 2002, 597, 599; *Solveen* RNotZ 2002, 318, 319.
421 *Brambring* ZfIR 2002, 597, 599; *Grziwotz* ZfIR 2002, 667.
422 *Solveen* RNotZ 2002, 318, 319; *Braunfels* DNotZ 1997, 356, 359.
423 BGH DNotZ 2005, 270 = NotBZ 2005, 143; OLG Düsseldorf DNotI – Report 2005, 12; OLG Rostock NotBZ 2003, 242; **AA** *Philippsen* NotBZ 2003, 137; *Brambring* ZfIR 2002, 597, 599; *Solveen* RNotZ 2002, 318, 319.
424 Vgl dazu *Baumbach-Hopt* § 1 HGB Rn 12.

von Grundbesitz für den öffentlichen Straßenbau oder der Sicherung naturschutzrechtliche Ausgleichsflächen;[425] in diesem Fall liegt keine wirtschaftliche Tätigkeit der öffentlichen Hand vor und sie ist dann nicht Unternehmer. Schließt die öffentliche Hand ein Rechtsgeschäft mit einem Verbraucher, dass ebenso auch ein privater Unternehmer schließen könnte (zB Baulandverkauf durch die Gemeinde), so liegt ebenfalls keine gewerbliche Tätigkeit vor, wenn man dafür eine Gewinnerzielungsabsicht für erforderlich hält;[426] nach dieser Ansicht wären öffentliche Unternehmen und auch die Gemeinden nicht als Gewerbetreibende und damit auch nicht als Unternehmer anzusehen, so dass auch kein Verbrauchervertrag vorliegen würde. Zu Recht wird jedoch die Meinung vertreten, dass für eine gewerbliche Tätigkeit keine Gewinnerzielungsabsicht erforderlich ist, sondern bloße Entgeltlichkeit genügt;[427] nach dieser Ansicht ist die öffentliche Hand beim Verkauf eines Bauplatzes oder der Bestellung eines Erbbaurechtes dann Unternehmer iSv § 14 BGB.[428] Dies gilt vor allem bei einem serienmäßigen Verkauf von Bauplatzgrundstücken aus einem neu erschlossenen Baugebiet, weil diese Tätigkeit dann auch auf eine gewisse Dauer angelegt ist. Bei einem nur gelegentlichen Verkauf eines Gemeindegrundstücks kann dies aber bezweifelt werden.[429] Im Zweifel ist jedoch analog § 344 HGB davon auszugehen, dass alle von juristischen Personen oder rechtsfähigen Personengesellschaften abgeschlossenen Rechtsgeschäfte als in Ausübung ihrer gewerblichen Tätigkeit abgeschlossen anzusehen sind.[430]

104   **dd) Weder Verbraucher noch Unternehmer.** Juristische Personen oder sonstige rechtsfähige Personengesellschaften, die weder zu eigenen gewerblichen noch zu eigenen beruflichen Zwecken handeln, sind weder Verbraucher noch Unternehmer.[431] Dazu gehören gemeinnützige Stiftungen, Idealvereine, aber auch Kommunen außerhalb ihrer gewerblichen Tätigkeitsbereiche.

105   **ee) Einzelfälle. aa)** Um einen Verbrauchervertrag handelt es sich insbesondere bei einem **Kaufvertrag** über eine Immobilie oder dem **Bauträgervertrag** zwischen einem Verbraucher und einem Unternehmer.[432] In diesem Fall soll der Notar bei der Beurkundung darauf hinwirken, dass der Verbraucher seine rechtsgeschäftliche Erklärung persönlich oder vertreten durch eine Vertrauensperson abgibt (§ 17 Abs 2a S 2 Nr 1 BeurkG).

106   **bb)** Für den Vollzug von Verbraucherverträgen ist es nötig, dass **Eintragungsanträge (§ 13 GBO), Bewilligungen (§ 19 GBO), Rangbestimmungen (§ 45 Abs 3 GBO), Klarstellungen zum Grundbuchstand oder der Grundstücksbezeichnungen und evtl Erklärungen zur Beseitigung von formellrechtlichen Eintragungshindernissen** abgegeben werden. Dabei handelt es sich um Verbraucherverträge, so dass § 17 Abs 2a S 2 Nr 1 BeurkG insoweit keine Anwendung findet und diese Erklärungen nicht vom Verbraucher selbst oder einer Vertrauensperson abgegeben werden müssen.[433] § 17 BeurkG als magna carta der notariellen Tätigkeit regelt die vornehmste Pflicht des Notars, nämlich seine Prüfungs- und Belehrungspflicht.[434] § 17 Abs 2a S 2 Nr 1 BeurkG will insbesondere sicherstellen, dass der materiell Beteiligte in der Beurkundungsverhandlung anwesend ist und ihn die Belehrungen des Notars erreichen. Dies gilt in erster Linie für die Beurkundung des schuldrechtlichen Grund- oder Hauptvertrages (zB Kaufvertrag); dabei muss der Verbraucher selbst zugegen sein oder sich durch eine Vertrauensperson vertreten lassen. Im Rahmen dieser Beurkundung muss der Notar die erforderlichen Belehrungen auch für den Vollzug des Grundvertrages (zB durch Auflassung) geben, insbesondere darüber belehren, welche Abwicklungsmaßnahmen noch vorzunehmen sind (zB Abgabe der Eintragungsbewilligung nach § 19 GBO). Der wesentliche Inhalt des Vollzugsgeschäfts ist aber vorgegeben; letzteres muss sich im Rahmen der schuldrechtlichen Vereinbarungen des Hauptgeschäfts halten.[435] Für **Vollzugserklärungen von Verbraucherverträgen** besteht dann kein Bedürfnis mehr zur Anwendung von § 17 Abs 2a S 2 Nr 1 BeurkG, dh diese Norm ist nur bei der Beurkundung des Grund- bzw Hauptgeschäfts zu beachten. Solche Vollzugsgeschäfte braucht der Verbraucher nicht persönlich oder durch eine Vertrauensperson abzugeben.[436]

---

425   *Sorge* DNotZ 2002, 592, 599; *Rieger* MittBayNot 2002, 325, 327.

426   BGHZ 95, 156; 53, 222, 224; 49, 258, 260; 36, 273, 276.

427   MüKo-*Micklitz*, BGB, § 14 Rn 16; *Palandt-Heinrichs* § 14 Rn 2; *Philippsen* NotBZ 2003, 137, 138; *Sorge* DNotZ 2002, 593, 599; *Pützhoven* NotBZ 2002, 273, 276; *Faber* ZeuP 1998, 854, 868; K *Schmidt* ZHR 151 (1987), 302, 305 f.

428   *Philippsen* NotBZ 2003, 137, 138; *Sorge* DNotZ 2002, 593, 599; *Pützhoven* NotBZ 2002, 273, 276; *Rieger* MittBayNot 2002, 325, 327; *Grziwotz* ZflR 2002, 667.

429   So auch *Rieger* MittBayNot 2002, 325, 328.

430   *Palandt-Heinrichs* § 14 Rn 2; *Faber* ZEuP 1998, 854, 866; *Sorge* DNotZ 2002, 593, 599; *Pützhoven* NotBZ 2002, 273, 277; **AA** MüKo-*Micklitz*, BGB, § 14 Rn 27; *Pfeiffer* NJW 1999, 169, 173.

431   *Rieger* MittBayNot 2002, 325, 327; *Solveen* RNotZ 2002, 318, 319.

432   *Solveen* RNotZ 2002, 318, 319; *Brambring* ZflR 2002, 597, 600, 603.

433   Rundschreiben der BNotK vom 28.04.2003, ZNotP 2003, 257, Abschn C III; *Böhringer* BWNotZ 2003, 6, 7; *Philippsen* NotBZ 2003, 137, 141; *Solveen* RNotZ 2002, 318, 321; *Litzenburger* NotBZ 2002, 280, 281; *Maaß* ZNotP 2002, 455, 458; *Brambring* ZflR 2002, 597, 605.

434   *Schmitz-Valkenberg* DNotZ 1994, 496; *Hertel* ZNotP 2002, 286.

435   *Maaß* ZNotP 2002, 455, 458.

436   *Böhringer* BWNotZ 2003, 6, 7; *Maaß* ZNotP 2002, 455, 459 f; *Rieger* MittBayNot 2002, 325; *Hertel* ZNotP 2002, 286; *Solveen* RNotZ 2002, 318; *Sorge* DNotZ 2002, 593; *Litzenburger* NotBZ 2002, 280.

cc) Handelt es sich bei dem schuldrechtlichen Grundgeschäft (zB Kaufvertrag) für die Übereignung einer Immobilie um einen Verbrauchervertrag und wird bei dessen Beurkundung (§ 311b Abs 1 BGB) die Erklärung des Verbrauchers von ihm selbst oder durch eine Vertrauensperson abgegeben (§ 17 Abs 2a S 2 Nr 1 BeurkG), so stellt die getrennte Beurkundung der sachenrechtlichen **Auflassung** nur die Erfüllung der schuldrechtlichen Verpflichtung dar. Insoweit handelt es sich dann nur um ein Vollzugsgeschäfts, für das § 17 Abs 2a S 2 Nr 1 BeurkG nicht gilt, so dass die Auflassungserklärung des Verbrauchers nicht von ihm selbst oder einer Vertrauensperson abgegeben werden muss.[437] Die notarielle Belehrung des Verbrauchers erfolgt bereits bei der Beurkundung des schuldrechtlichen Kaufvertrags. Einer weiteren Belehrung des Verbrauchers bei der Beurkundung der Auflassung bedarf es nicht.

107

dd) Bei der gleichzeitigen Beurkundung von Kaufvertrag und Auflassung hinsichtlich einer noch nicht vermessenen Grundstücksteilfläche muss der Verbraucher seine Erklärungen selbst oder durch eine Vertrauensperson abgegeben, wenn es sich um einen Verbrauchervertrag handelt (§ 17 Abs 2a S 2 Nr 1 BeurkG). Bei der danach abgegebenen **Identitätserklärung** handelt es sich um keinen Verbrauchervertrag, sondern um eine reine Vollzugserklärung, für die § 17 Abs 2a S 2 Nr 1 BeurkG nicht gilt, dh der Verbraucher muss sie nicht selbst oder durch eine Vertrauensperson abgeben.[438] Die notarielle Belehrung des Verbrauchers erfolgte bereits bei der notariellen Beurkundung von Kaufvertrag und Auflassung.

108

ee) Nach der notariellen Beurkundung von Kaufvertrag und Auflassung hinsichtlich einer Eigentumswohnung und der Eintragung einer Eigentumsvormerkung für den Käufer im Grundbuch besteht zuweilen das Bedürfnis für eine **Änderung der Teilungserklärung samt Gemeinschaftsordnung**. Bei letzterem handelt es sich nicht um einen Verbrauchervertrag iSv § 17 Abs 2a S 2 Nr 1 BeurkG, so dass der durch die Vormerkung gesicherte Verbraucher seine Erklärungen nicht selbst oder durch eine Vertrauensperson abgegeben muss.[439] Die notarielle Belehrung des Verbrauchers erfolgt bei der notariellen Beurkundung der Vollmachtserteilung des Käufers an den Verkäufer zur Abänderung der Teilungserklärung samt Gemeinschaftsordnung im Rahmen der Beurkundung von Kaufvertrag und Auflassung.

109

ff) Bei der Bestellung eines Grundpfandrechtes ist zu unterscheiden der Darlehensvertrag, der schuldrechtliche Sicherungsvertrag (mit der Verpflichtung des Eigentümers zur Bestellung eines Grundpfandrechtes), die sachenrechtlichen Einigung zwischen dem Grundstückseigentümer und dem Gläubiger nach § 873 BGB,die vom Eigentümer abzugebenden formellen Eintragungsbewilligung nach § 19 GBO; notariell beurkundet wird nur letztere Erklärung nach § 29 GBO (und die Vollstreckungsunterwerfung nach § 794 Abs 1 Nr 5 ZPO). In dieser notariell beurkundeten formellen Eintragungsbewilligung des § 19 GBO liegt jedoch auch die materielle Einigungserklärung des Grundstückseigentümers nach § 873 BGB. Die gesamte **materielle Einigung über die Grundschuldbestellung** nach § 873 BGB ist ein Verbrauchervertrag, wenn er zwischen einem Verbraucher (Grundstückseigentümer) und einem Unternehmer (Kreditinstitut) abgeschlossen wird, für den § 17 Abs 2a S 2 Nr 1 BeurkG gilt;[440] die Einigungserklärung des Verbrauchers nach § 873 BGB (liegend in der formellen Bewilligung des § 19 GBO) muss daher grundsätzlich von ihm selbst oder einer Vertrauensperson abgegeben werden. Unschädlich für die Anwendung des § 17 Abs 2a S 2 Nr 1 BeurkG ist dabei die Tatsache, dass von dem Vertrag des § 873 BGB nur die Einigungserklärung des Eigentümers notariell beurkundet wird; auch bei der Abgabe dieses Teils des Verbrauchervertrages durch den Verbraucher greift der Schutzzweck des § 17 Abs 2a S 2 Nr 1 BeurkG.[441] Häufig wird im Zusammenhang mit einer Grundschuldbestellung ein vertragliches Schuldanerkenntnis (§ 780 BGB) oder Schuldversprechen (§ 781 BGB) zwischen dem Verbraucher – Eigentümer und der Unternehmer – Bank abgeschlossen; insoweit liegt unstrittig ein Verbrauchervertrag vor, für den § 17 Abs 2a S 2 Nr 1 BeurkG gilt.[442] Soll ein **Grundpfandrecht im Zusammenhang mit dem Erwerb einer Immobilie** für ein Kreditinstitut bestellt werden (= Verbrauchervertrag), so ist § 17 Abs 2a S 2 Nr 1

110

437 *Philippsen* NotBZ 2003, 137, 141; *Sorge* DNotZ 2002, 593, 601 f; *Rieger* MittBayNot 2002, 325, 330 f; *Hertel* ZNotP 2002, 286, 287; *Litzenburger* RNotzZ 2006, 180, 187; *Grigas* BWNotZ 2003, 104, 106; *Böhringer* BWNotZ 2003, 6,7; NotBZ 2002, 280, 281; *Brambring* ZfIR 2002, 597, 605; *Maaß* ZNotP 2002, 455, 458.

438 *Böhringer* BWNotZ 2003, 6,7; *Sorge* DNotZ 2002, 593, 603; *Rieger* MittBayNot 2002, 325, 331; *Solveen* RNotZ 2002, 318, 321; *Litzenburger* NotBZ 2002, 280, 281; *Brambring* ZfIR 2002, 597, 605.

439 *Böhringer* BWNotZ 2003, 6; *Philippsen* NotBZ 2003, 137, 142; *Brambring* ZfIR 2002, 597, 605; *Solveen* RNotZ 2002, 318, 321; *Rieger* MittBayNot 2002, 325, 331; *Sorge* DNotZ 2002, 593, 601; *Hertel* ZNotP 2002, 286, 287; **AA** *Litzenburger* NotBZ 2002, 280, 281.

440 OLG Schleswig ZNotP 2007, 430; Rundschreiben der BNotK vom 28.04.2003, ZNotP 2003, 257, Abschn A; *Harder/Fürtner* SchlHA 2007, 229, 232; *Blaeschke* RNotZ 2005, 330, 344; *Philippsen* NotBZ 2003, 137, 138; *Litzenburger* NotBZ 2002, 280, 281; *Sorge* DNotZ 2002, 593, 602; *Hertel* ZNotP 2002, 286, 287; *Solveen* RNotZ 2002, 318, 319; *Rieger* MittBayNot 2002, 325, 331; *Brambring* ZfIR 2002, 597, 604.

441 OLG Schleswig ZNotP 2007, 430; Rundschreiben der BNotK vom 28.04.2003, ZNotP 2003, 257, Abschn.A; *Blaeschke* RNotZ 2005, 330, 334; *Böhringer* BWNotZ 2003, 6; *Philippsen* NotBZ 2003, 137; *Sorge* DNotZ 2002, 593, 602; *Solveen* RNotZ 2002, 318, 319; *Hertel* ZNotP 2002, 286, 287; *Litzenburger* NotBZ 2002, 280, 281; *Brambring* ZfIR 2002, 597, 600.

442 OLG Schleswig ZNotP 2007, 430; *Maaß* ZNotP 2004, 216, 218; *Grigas* BWNotZ 2003, 104, 105.

BeurkG bei der Bestellung einer Finanzierungsgrundschuld dann nicht anwendbar, wenn der Verbraucherverkäufer dem Käufer eine notariell beurkundete Vollmacht dazu erteilt, eine Finanzierungsgrundschuld an dem noch dem Verbraucherverkäufer gehörenden Grundbesitz zu bestellen.[443] Unterschiedlich sind nur die Begründungen dafür. Zum Teil wird dies daraus gefolgert, dass es sich bei der Bestellung der Finanzierungsgrundschuld nur um ein Vollzugsgeschäft handele[444] bzw damit nur die Erfüllung einer Verbindlichkeit vorliege, nämlich die Pflicht des Verbraucherverkäufers aus dem Kaufvertrag zur Mitwirkung bei der Beschaffung von Kreditsicherheiten zur Kaufpreisfinanzierung.[445] Richtig ist aber, dass es sich insoweit nicht um die Erfüllung eines notariell beurkundeten Verpflichtungsgeschäfts handelt, da letzteres der Sicherungsvertrag ist und dieser nicht notariell beurkundet wird. Auch ein die Anwendung des § 17 Abs 2a S 2 Nr 1 BeurkG ausschließendes Vollzugsgeschäft eines notariell beurkundeten Grundgeschäftes liegt bei der Grundschuldbestellung nicht vor. Notariell beurkundet wird zwar der Kaufvertrag zwischen dem Verkäufer und dem Käufer, aber die Grundschuldbestellung ist kein Vollzugsgeschäft dazu;[446] sie ist vielmehr die Erfüllung des nicht notariell beurkundeten Sicherungsvertrages.[447] Das entscheidende Argument für die Nichtanwendbarkeit des § 17 Abs 2a S 2 Nr 1 BeurkG bei der Einigung über die Grundschuldbestellung zwischen dem Verbraucherverkäufer (und Nocheigentümer des Grundstücks) und dem Kreditinstitut besteht jedoch dahin, dass die Vollmachtserteilung des Verbraucherverkäufers an den Käufer notariell beurkundet wird und damit die notarielle Belehrung und Beratung des Verbraucherverkäufers und seine Fragemöglichkeiten vorgezogen sind.[448] Der Gesetzgeber verfolgte mit Schaffung des § 17 Abs 2a BeurkG unter anderem das Ziel, dass die dem Notar obliegende Belehrungspflicht möglichst unmittelbar gegenüber dem Verbraucher erfüllt wird. Bereits bei der Vollmachtserteilung im notariellen Kaufvertrag wird der Verbraucher persönlich über die später durch den Bevollmächtigten vorzunehmenden Rechtsgeschäfte belehrt, also insbesondere über die Grundschuldbestellung selbst (samt dinglichen Zinsen) sowie über die Zwangsvollstreckungsunterwerfung.[449] Vorteil dieser vorgezogenen Belehrung der Beteiligten ist, dass sie bereits bei Vertragsabschluss wissen, mit welchen weiteren Geschäften sie im Rahmen der Vertragsabwicklung zu rechnen haben und sie sich dementsprechend darauf einstellen können.[450] In demselben Maß, in dem der verkaufende Verbraucher bei Vollmachtserteilung belehrt werden kann, ist dies bei dem kaufenden Verbraucher möglich. Zwar treten auf Käuferseite regelmäßig das Schuldversprechen oder –anerkenntnis und die Zwangsvollstreckungsunterwerfung in persönlicher Hinsicht hinzu; doch darüber kann und muss der Notar den Verbraucher belehren.[451] Niemand wird ernsthaft behaupten, ein Verkäufer kann im notariellen Kaufvertrag belehrt werden, nicht jedoch ein Käufer. Bei Erörterung der Vollmacht wirkt der Notar zunächst darauf hin, dass der Verkäufer als Regelfall den Käufer bevollmächtigt, auch in seinem Namen Finanzierungsgrundpfandrechte zu bestellen. Zusätzlich und damit auch für den Fall, dass der Käufer gehindert ist, die Vollmacht persönlich auszuüben, wird eine weitere Person als Bevollmächtigte eingesetzt (zB Ehefrau, Rechtsanwalt, Bürovorsteher usw).[452]

Formulierungsvorschlag:[453]

»1. *Der Verkäufer bevollmächtigt den Käufer, in seinem Namen bei der Bestellung von Grundpfandrechten bis zur Höhe von …EUR nebst …% Jahreszinsen und…% einmaliger Nebenleistung im Rang vor der Vormerkung mitzuwirken und dabei in seinem Namen alle Erklärungen abzugeben, die dinglich zur Bestellung des Grundpfandrechts erforderlich sind, außerdem dazu, den jeweiligen Eigentümer des Kaufgegenstandes der sofortigen Zwangsvollstreckung in den belasteten Grundbesitz – über deren Bedeutung der Notar belehrte – zu unterwerfen und die entsprechenden Eintragungen zu bewilligen und zu beantragen.*

2. Der Käufer erteilt darüber hinaus eine der vorstehenden Ziffer 1 entsprechende Belastungsvollmacht der/dem…(Ehefrau, Rechtsanwalt, Bürovorsteher usw), Grundpfandrechte zu bestellen und den erworbenen Grundbesitz entsprechend zu belasten sowie für den Käufer Schuldanerkenntnisse abzugeben und ihn der sofortigen Zwangsvollstreckung in sein gesamtes Vermögen zu unterwerfen.

---

443 *Helms* ZNotP 2005, 13; *Grigas* BWNotZ 2003, 104; *Philippsen* NotBZ 2003, 137, 142; *Rieger* MittBayNot 2002, 325, 331; *Brambring* ZflR 2002, 597, 604; *Litzenburger* NotBZ 2002, 280, 281; *Maaß* ZNotP 2004, 216; 2002, 455.

444 *Philippsen* NotBZ 2003, 137, 142; *Litzenburger* NotBZ 2002, 280, 281.

445 *Rieger* MittBayNot 2002, 328, 331.

446 OLG Schleswig ZNotP 2007, 430; *Zimmer* ZNotP 2007, 407; Rundschreiben der BNotK vom 28.04.2003, ZNotP 2003, 257, Abschn C III.

447 *Zimmer* ZNotP 2007, 407; *Grigas* BWNotZ 2003, 104, 106.

448 *Helms* ZNotP 2005, 13, 17 f; *Maaß* ZNotP 2004, 216, 217 und 211; *Grigas* BWNotZ 2003, 104, 106; **AA** OLG Schleswig ZNotP 2007, 430, 433; *Zimmer* ZNotP 2007, 407.

449 *Helms* ZNotP 2005, 13, 17.

450 *Grigas* BWNotZ 2003, 104, 106.

451 *Helms* ZNotP 2005, 13, 18.

452 *Maaß* ZNotP 2004, 216, 221.

453 In Anlehnung an *Maaß* ZNotP 2004, 216, 221.

3. Der Notar wies darauf hin, dass die Grundpfandrechtsgläubiger i.d.R. verlangen, dass der Käufer zusätzlich zur Grund-
schuldbestellung ein notarielles Schuldanerkenntnis abgibt und sich wegen der anerkannten Forderung der sofortigen Zwangs-
vollstreckung aus der notariellen Urkunde in sein gesamtes Vermögen unterwirft. Der Notar belehrte den Käufer eingehend
über die sich daraus ergebenden Konsequenzen. Der Käufer weist die Bevollmächtigten hiermit an, Schuldanerkenntnisse
und die vorbezeichneten Vollstreckungsunterwerfungen für ihn zu erklären, soweit dies in den den Bevollmächtigten zu Ver-
fügung gestellten Formularen für die Grundpfandrechtsbestellung vorgesehen ist.

4. Die vorstehend eingeräumten Vollmachten können nur zur Beurkundung durch den amtierenden Notar oder dessen amt-
lich bestellten Vertreter und unter dessen Überwachung ausgeübt werden.«

gg) Bei einseitigen Rechtsgeschäften, die nicht auf Abschluss eines Verbrauchervertrages gerichtet sind, findet **111**
§ 17 Abs 2a S 2 Nr 1 BeurkG keine Anwendung, so zB bei der **Teilungserklärung nach § 8 WEG**.[454]

hh) Kein Verbrauchervertrag liegt vor bei einem **Vertrag zwischen zwei Verbrauchern**, zB bei einem **112**
Grundstückskaufvertrag zwischen natürlichen Personen zu privaten Zwecken.[455] § 17 Abs 2a S 2 Nr 1 BeurkG
ist dann nicht einschlägig. Gleiches gilt bei einem **Vertrag zwischen zwei Unternehmern**, zB einem
Grundstückskaufvertrag zwischen juristischen Personen.[456]

ff) Vertrauensperson. Bei der Beurkundung eines Verbrauchervertrages soll der Notar darauf hinwirken, dass **113**
der Verbraucher seine rechtsgeschäftliche Erklärung selbst oder durch eine Vertrauensperson abgibt ab (§ 17
Abs 2a S 2 Nr 1 BeurkG). Zu der Norm, die durch das »Gesetz zur Änderung des Rechts der Vertretung durch
Rechtsanwälte vor Oberlandesgerichten« vom 23.07.2002 (BGBl I 2850) eingeführt wurde, heißt es in der
Gesetzesbegründung nur: »Der Verbraucher soll persönlich den Beurkundungstermin wahrnehmen und sich im
Verhinderungsfall von einer Vertrauensperson, also nicht von einem geschäftsmäßigen Vertreter mit unter
Umständen konkurrierenden Eigeninteressen vertreten lassen«.[457] Die Geschäftsmäßigkeit des Vertreterhandelns
ist jedoch kein taugliches Kriterium für die Zulässigkeit der Vertretung, da beispielsweise der Rechtsanwalt oder
Steuerberater des Verbrauchers bedenkenlos als Vertreter zuzulassen ist.[458] Eine Person mit möglichen Eigeninteressen an der Vertretung des Verbrauchers scheidet als Vertrauensperson aus. Das ist der Fall, wenn der Vertreter vom Unternehmer vorgeschlagen wird, insbesondere der Treuhänder, selbst wenn er ein Rechtsanwalt oder
Steuerberater ist;[459] gleiches gilt für Geschäftsbesorger, die Initiatoren eines Kapitalanlagemodels sind.[460] Von
einer Vertrauensperson kann der Notar regelmäßig ausgehen beim Handeln des Ehegatten oder Lebenspartners
einer eingetragenen oder eheähnlichen Lebensgemeinschaft, eines Verwandten oder eines Verschwägerten
(Familienangehöriger) des Verbrauchers, und zwar selbst dann, wenn der Vertreter am Vertrag selbst beteiligt ist
oder unmittelbar oder mittelbar Vorteile durch dessen Abschluss erwirbt.[461] Als Vertrauensperson untauglich
sind dagegen diejenigen, die dem Unternehmer näher stehen als den Verbraucher,[462] zB Angestellte des Unternehmers. Um den Notar die zuweilen äußerst schwierige Beantwortung der Frage zu erleichtern, ob ein Vertreter als Vertrauensperson des Verbrauchers anzusehen ist, sollte in jeder notariell beurkundeten Vollmacht
angegeben werden, ob der Vertreter als Vertrauensperson des Verbrauchers angesehen wird.[463] Dann kann der
Notar bei der Beurkundung des Verbrauchervertrags grundsätzlich davon ausgehen.[464]

Unbestritten ist, dass ein nicht die konkrete Beurkundung vornehmender Notar eine Vertrauensperson für den **114**
Verbraucher sein kann.[465] Keine Einigkeit herrscht jedoch bei der Frage, ob dies auch für **Angestellte des**

---

454 *Böhringer* BWNotZ 2003, 6; *Brambring* ZfIR 2002, 597, 598; *Solveen* RNotZ 2002, 318, 319.
455 *Brambring* ZfIR 2002, 597, 598; *Solveen* RNotZ 2002, 318, 319; *Rieger* MittBayNot 2002, 325, 327; *Litzenburger*
     NotBZ 2002, 280; *Pützhoven* NotBZ 2002, 273, 276.
456 *Brambring* ZfIR 2002, 597, 598; *Pützhoven* NotBZ 2002, 273, 276; *Litzenburger* NotBZ 2002, 280; *Rieger* MittBayNot
     2002, 325, 328; *Solveen* RNotZ 2002, 318, 319.
457 BT-Drucks 14/266 S 50.
458 *Rieger* MittBayNot 2002, 325, 330; *Hertel* ZNotP 2002, 286, 288; *Solveen* RNotZ 2002, 318, 321; *Sorge* DNotZ 2002,
     593, 601.
459 *Brambring* ZfIR 2002, 597, 604.
460 *Sorge* DNotZ 2002, 593, 601.
461 *Litzenburger* NotBZ 2002, 280, 281; *Sorge* DNotZ 2002, 593, 601; *Solveen* RNotZ 2002, 318, 321; *Hertel* ZNotP 2002,
     286, 288.
462 *Hertel* ZNOTP 2002, 286, 288; *Solveen* RNotZ 2002, 318, 321; *Sorge* DNotZ 2002, 593, 601; kritisch dazu *Maaß*
     ZNotP 2002, 455, 457.
463 *Philippsen* NotBZ 2003, 137, 141; *Brambring* ZfIR 2002, 597, 604; *Litzenburger* NotBZ 2002, 280, 282.
464 *Litzenburger* RNotZ 2006, 180, 187; *Helms* ZNotP 2005, 13; *Grigas* BWNotZ 2003, 105; *Maaß* ZNotP 2004, 216,
     218 f; *Sorge* DNotZ 2002, 593, 600.
465 *Sorge* DNotZ 2002, 593, 602; *Maaß* ZNotP 2002, 455, 457; *Strunz* ZNotP 2002, 389.

beurkundenden Notars gilt. Überwiegend wird dies zu Recht verneint.[466] Nicht nur, dass der Verbraucher den Notarangestellten regelmäßig gar nicht persönlich kennt, sondern von dem Notar und seinen Mitarbeitern ist Unparteilichkeit zu erwarten, aber eine Vertrauensperson des Verbrauchers soll einseitig dessen Interessen wahrnehmen. Soweit die Meinung vertreten wird, dass auch ein Notarangestellter Vertrauensperson iSv § 17 Abs 2a S 2 Nr 1 BeurkG sein kann, wird dies damit begründet, dass sich das Vertrauen aufgrund der Einschätzung der Sachkenntnis und der Integrität des Notarangestellten ergeben kann.[467] Praktikabel erscheint dies nicht, denn wie soll der Verbraucher die Sachkompetenz des Notarangestellten einschätzen; dies wird ihm regelmäßig nicht möglich sein.

115   **gg) Hinwirkungspflicht.** Gem § 17 Abs 2a S 2 Nr 1 BeurkG hat der Notar bei der Beurkundung von Verbraucherverträgen darauf »hinzuwirken«, das der Verbraucher seine Erklärung persönlich oder durch eine Vertrauensperson abgibt. Der Gesetzgeber hat nicht erkennen lassen, was er unter dem »Hinwirken« versteht. Daraus folgt eine **Amtspflicht des Notars,**[468] das er das Beurkundungsverfahren grundsätzlich so gestaltet, dass ein Verbraucher als materiell Beteiligter seine rechtsgeschäftlichen Erklärungen persönlich oder durch eine Vertrauensperson vor dem Notar abgibt. Bei einem Verstoß gegen § 17 Abs 2a S 2 Nr 1 BeurkG ist der Verbrauchervertrag trotzdem wirksam, da es sich nur um eine beurkundungsrechtliche Sollvorschrift handelt.[469] Als Amtspflicht unterliegt die Hinwirkungspflicht des Notars nicht der Disposition der Urkundsbeteiligen, dh der Verbraucher kann nicht auf den bezweckten Schutz, nämlich der persönlichen Anwesenheit im Termin, mit einer für den Notar entlastenden Wirkungen verzichten.[470] Zum Teil wird die Hinwirkungspflicht des Notars lediglich als Hinweispflicht verstanden mit den Inhalt, auf die Gefahren einer Vertretung aufmerksam zu machen.[471] Dem wird zu Recht überwiegend widersprochen. Vielmehr liegt eine Handlungspflicht des Notars vor, und zwar insoweit, dass er regelmäßig bestimmte Maßnahmen ergreifen muss, um das in § 17 Abs 2a S 2 Nr 1 BeurkG formulierte Ziel zu erreichen, zB die Verschiebung des Beurkundungstermins anzubieten, damit der verhinderte Verbraucher doch persönlich teilnehmen kann.[472] Handelt ein Verbraucher bei der Beurkundung eines Verbrauchervertrags nicht selbst und wird er auch nicht von einer Vertrauensperson vertreten, so hat der Notar grundsätzlich die Beurkundung abzulehnen.[473] Ausnahmen von § 17 Abs 2a S 2 Nr 1 BeurkG sind streng zu prüfen. Nicht ausreichend dafür sind beispielsweise der Auslandsaufenthalt, die Krankheit oder ein auswärtiger Wohnort des Verbrauchers.[474] Sollte eine Vertretung durch eine Nicht – Vertrauensperson unumgänglich sein, so sollte der Notar wenigstens eine fernmündliche oder fernschriftliche Belehrung des Verbrauchers sicherstellen.[475]

116   **hh) Beurkundung.** Die Amtspflicht des Notars, darauf hinzuwirken, dass ein Verbraucher beim Abschluss eines Verbrauchervertrags seine Erklärung selbst oder durch eine Vertrauensperson abgibt (§ 17 Abs 2a S 2 Nr 1 BeurkG), gilt nur, wenn dieser Vertrag notariell beurkundet werden soll. Wird nur die Unterschrift des Verbrauchers unter den Vertrag notariell beglaubigt, so findet diese Norm keine Anwendung.[476]

117   **b) Sonstige Erklärungen.   aa) Allgemein.** Soweit **keine Beurkundung eines Verbrauchervertrags** iSv § 310 Abs 3 BGB, § 17 Abs 2a S 2 Nr 1 BeurkG ansteht (vgl dazu Rdn 106 ff; zB Vertrag zwischen zwei Verbrauchern oder zwei Unternehmern, Vollzugsverträge wie die Auflassung, einseitige Erklärungen wie die Teilungserklärung nach § 8 WEG, die Bewilligung nach § 19 GBO usw), müssen die Beteiligten ihre Erklärungen nicht persönlich oder durch eine Vertrauensperson abgeben, sondern eine Vertretung durch Dritte ist grundsätzlich möglich. Der Notar soll jedoch den Willen der Beteiligten erforschen, den Sachverhalt klären, die Beteiligten über die rechtliche Tragweite des Geschäfts belehren und ihre Erklärungen klar und unzweideutig

466   OLG Schleswig ZNotP 2007, 430; Rundschreiben der BNotK Nr 20/2003 vom 28.04.2003, ZNotP 2003, 257, Abschn C II; *Blaeschke* RNotZ 2005, 330, 344; *Böhringer* BWNotZ 2003, 6; *Philippsen* NotBZ 2003, 137, 140; *Sorge* DNotZ 2002, 593, 602 f; *Hertel* ZNotP 2002, 286, 288; *Rieger* MittBayNot 2002, 325, 330; *Solveen* RNotZ 2002, 318, 321; *Brambring* ZflR 2002, 597, 605.
467   *Litzenburger* RNotZ 2006, 180, 187; *Helms* ZNotP 2005, 13; *Maaß* ZNotP 2004, 216; 2002, 455; *Grigas* BWNotZ 2003, 105.
468   OLG Schleswig ZNotP 2007, 430; *Helms* ZNotP 2005, 13; *Brambring* ZflR 2002, 597, 600; *Solveen* RNotZ 2002, 318, 320; *Hertel* ZNotP 2002, 286, 290; *Litzenburger* NotBZ 2002, 280, 281.
469   Rundschreiben des BNotK vom 28.04.2003, ZNotP 2003, 257; Abschn B I; *Böhringer* BWNotZ 2003, 6,8; *Philippsen* NotBZ 2003, 137, 140; *Solveen* RNotZ 2002, 318, 320; *Hertel* ZNotP 2002, 286, 290; *Rieger* MittBayNot 2002, 325, 328.
470   *Philippsen* NotBZ 2003, 137, 140; *Solveen* RNotZ 2002, 318, 322.
471   *Litzenburger* NotBZ 2002, 280, 281.
472   *Philippsen* NotBZ 2003, 137, 140; *Solveen* RNotZ 2002, 318, 322 f.
473   *Brambring* ZflR 2002, 597, 606 f; *Rieger* MittBayNot 2002, 325, 330; *Solveen* RNotZ 2002, 318, 323.
474   *Rieger* MittBayNot 2002, 325, 330; **AA** *Brambring* ZflR 2002, 597, 603.
475   *Rieger* MittBayNot 2002, 325, 330.
476   *Grigas* BWNotZ 2003, 104, 105; *Solveen* RNotZ 2002, 318, 320; *Brambring* ZflR 2002, 597, 598.

in der Niederschrift wiedergeben (§ 17 Abs 1 BeurkG). Diese Pflichten bestehen grundsätzlich nur gegenüber dem formell an einer Beurkundung Beteiligten, also demjenigen, dessen im eigenen oder fremden Namen abgegebene Erklärungen beurkundet werden sollen (§ 6 Abs 2 BeurkG). Wenn alle materiell Beteiligten an der Beurkundung teilnehmen, wird der vom Gesetzgeber mit der notariellen Beurkundung verfolgte Zweck am besten erfüllt; Schutz- und Belehrungsfunktion sind dann am sichersten gewährleistet.[477] § 17 Abs 2a S 1 BeurkG, wonach das Beurkundungsverfahren so zu gestalten ist, dass es eine sinnvolle Belehrung ermöglicht, wird deshalb vor allem als Verbot verstanden, die Belehrung durch Einschaltung eines Vertreters zu umgehen.[478] Dies bedeutet, dass ein **materiell Beteiligter durch die Erteilung einer Vollmacht grundsätzlich nicht von einer Beurkundungsverhandlung ausgeschlossen oder vollmachtlos vertreten werden soll**.[479] Die berechtigten Belehrungsinteressen des Vollmachtgebers werden insbesondere dadurch gewahrt, dass in allen Berufsrichtlinien der Notarkammern verlangt wird, dass vorher, insbesondere bei Beurkundung der Vollmacht, vom Notar sicherzustellen ist, dass der Vollmachtgeber über die Inhalt des abzuschließenden Rechtsgeschäfts ausreichend belehrt wurde.[480]

bb) Notar als Bevollmächtigter. Der Notar ist nicht gehindert, eine **Vollmacht**, die die Beteiligten ihm im **118** Rahmen seiner Betreuungstätigkeit erteilen, **selbst zu beurkunden oder zu beglaubigen**.[481] § 3 Abs 1 Nr 1 BeurkG, wonach der Notar an einer Beurkundung nicht mitwirken darf, wenn es sich um eine »eigene Angelegenheit« handelt, steht dem nicht entgegen. Bei der Vollmachtserteilung an den Notar handelt es sich nämlich um eine Angelegenheit, die der Notar im Rahmen seiner Betreuungstätigkeit für andere übernimmt.[482] Auch § 7 Nr 1 BeurkG, wonach die Beurkundung einer Willenserklärung unwirksam ist, als sie darauf gerichtet ist, dem Notar einen rechtlichen Vorteil zu verschaffen, ist kein Hinderungsgrund, wenn die Vollmacht den Notar nur ermächtigt, Erklärungen beim Grundbuchamt abzugeben, zu ändern und zurückzunehmen oder Genehmigungen, Bescheinigungen, Zeugnisse und Zustimmungserklärungen einzuholen (= Vollzugsvollmacht). Die Rechte des Notars werden durch solche Vollmachten nicht erweitert, sondern es liegt nur eine Aufforderung zum Tätigwerden gem § 24 DNotO vor.[483] Zur Beglaubigung der Unterschrift des Bevollmächtigenden bei einer Vollmacht für den Notar ist letzterer selbst berechtigt, da sowohl § 3 als auch § 7 BeurkG nur für Beurkundungen gilt.

Gibt der Notar aufgrund einer Vollzugsvollmacht auf sich selbst Erklärungen für die Beteiligten ab, dann kann **119** trotz § 6 Abs 1 Nr 1 BeurkG eine wirksame öffentliche Urkunde vorliegen, die zum Nachweis von Eintragungsvoraussetzungen nach § 29 GBO ausreicht, und zwar ohne dass die Unterschrift des Notars durch einen anderen Notar beglaubigt wird.[484] Eine öffentliche Urkunde liegt nach § 415 ZPO dann vor, wenn sie von einer mit öffentlichem Glauben versehenen Person innerhalb des ihr zugewiesenen Geschäftskreises in der vorgeschriebenen Form aufgenommen ist. Mit öffentlichem Glauben versehenen Personen sind solche Urkundspersonen, die durch staatliche Ermächtigung bestellt sind; zu ihnen gehört der Notar.[485] Die Urkunde muss in der vorgeschriebenen Form aufgenommen werden. Insoweit wird die Meinung vertreten, dass für **notarielle Eigenurkunden** keine grundlegende gesetzliche Form vorgeschrieben sei, deshalb sollen Unterschrift und Dienstsiegel des Notars entsprechend § 24 Abs 3 BNotO als allgemeiner Formvorschrift für sonstige notarielle Tätigkeiten genügen.[486] Richtigerweise wird aber die Ansicht vertreten, dass es sich bei der Eigenurkunde um ein einfaches Zeugnis handelt, für das nach § 39 BeurkG anstelle einer Niederschrift eine Urkunde genügt, die das Zeugnis, die Unterschrift und das Präge- oder Farbdrucksiegel des Notars enthalten muss und Ort und Tag der Ausstellung angeben soll.[487] Der Notar kann die Eigenurkunde nur innerhalb des ihm zugewiesenen Geschäftskreises errichten. Voraussetzung ist dafür daher stets ein Auftrag durch mindestens einen Beteiligten, der in der Bevollmächtigung des Notars liegt. Nach § 24 Abs 1 BNotO gehört zu dem Amt des Notars auch die sonstige, das heißt, über Beurkundungen und Beglaubigungen sowie die weiteren in §§ 20 ff BeurkG aufgeführten Aufgaben hinausgehende Betreuung der Beteiligten auf dem Gebiet der vorsorgenden Rechtspflege.[488] Gegenstand der vorsorgenden Rechtspflege ist die Erleichterung und Sicherung des Privatrechtsverkehrs; damit ist die Zuständigkeit des Notars bestimmt.[489] Notarielle Eigenurkunden sind daher insbesondere zulässig nach voraus-

---

477 *Solveen* RNotZ 2002, 318, 320.
478 *Hertel* ZNotP 2002, 286, 287.
479 *Brambring* ZIR 1997, 184, 185; *Hertel* ZNotP 2002, 286, 287.
480 *Maaß* ZNotP 2002, 455, 456.
481 *Dieterle* BWNotZ 2001, 115; 1991, 172.
482 *Reithmann* MittBayNot 2001, 226, 227; *Dieterle* BWNotZ 2001, 115; 1991, 172.
483 LG Aschaffenburg Rpfleger 1971, 319; *Eickmann*, GBVerfR, Rn 210; *Dieterle* BWNotZ 2001, 115; 1991, 172.
484 BGH DNotZ 1981, 252; BayObLG DNotZ 1983, 434; Rpfleger 1988, 60; *Dieterle* BWNotZ 1991, 172, 175 f.
485 BGH DNotZ 1981, 118, 119; OLG Frankfurt/M MittBayNot 2001, 225.
486 BGHZ 78, 36 = Rpfleger 1980, 465; OLG Frankfurt/M MittBayNot 2001, 225, 226.
487 *Reithmann* MittBayNot 2001, 226, 227.
488 OLG Frankfurt/M MittBayNot 2001, 225.
489 *Reithmann* MittBayNot 2001, 226, 227.

gegangener Beurkundungs- und Beglaubigungstätigkeit, um eine von den Beteiligten bereits abgegebene Erklärung zu berichtigen oder zu ergänzen oder um sie den grundbuchrechtlichen Erfordernissen anzupassen.[490] Dies ist aber nicht notwendige Voraussetzung für eine notarielle Eigenurkunde. Auch ohne vorausgegangene Beurkundung oder Beglaubigung einer zur Grundbucheintragungen erforderlichen Erklärung kann der Notar eine Eigenurkunde (zB Eintragungsbewilligung nach § 19 GBO) aufgrund einer Vollzugsvollmacht im Rahmen seiner Betreuungstätigkeit errichten.[491] Unerheblich ist es auch, ob die notarielle Eigenurkunde ein materiell- (zB Mitteilung nach § 1829 BGB) oder nur formellrechtliche Erklärung (zB Bewilligung nach § 19 GBO) betrifft.[492] Zulässige Eigenurkunden sind beispielsweise die Eintragungsbewilligung nach § 19 GBO,[493] eine Rangbestimmung nach § 45 Abs 3 GBO,[494] die Identitätserklärung,[495] die Mitteilung einer familien- oder vormundschaftsgerichtliche Genehmigung nach § 1829 BGB aufgrund einer Doppelvollmacht[496] und eine Erklärung zur Klarstellung der Grundstücksbezeichnung.[497] Die notarielle Eigenurkunde kommt allerdings nur für Erklärungen in Betracht, für die materiellrechtlich eine besondere Form nicht vorgeschrieben ist.[498] Deshalb ist sie bei der Auflassung ausgeschlossen, die bei gleichzeitiger Anwesenheit beider Vertragsteile vor dem Notar erklärt werden muss (§ 925 Abs 1 BGB);[499] hierfür gilt die Ausschlussvorschrift des § 6 Abs 1 Nr 1, Abs 2 BeurkG.[500] In diesem Fall kann dann aber ein Mitarbeiter des Notars zum Bevollmächtigten für die Vertragsparteien bestellt werden.

120   **cc) Systematische Beurkundungen.** Der Notar soll das Beurkundungsverfahren so gestalten, dass die mit der Beurkundung verfolgten Zwecke erreicht werden, insbesondere die Schutz- und Belehrungsfunktion gewahrt wird (§ 17 Abs 2a S 1 BeurkG). Dies gilt insbesondere, wenn eine große Zahl gleichartiger Rechtsgeschäfte beurkundet wird, an denen jeweils dieselbe Person beteiligt ist. Für systematische Beurkundungen heißt es daher in den Richtlinienempfehlungen der Bundesnotarkammer in der Fassung vom 28.04.2006[501] in Abschn II 1: »Demgemäß sind die nachgenannten Verfahrensweisen in der Regel **unzulässig:**
(a) **systematische Beurkundung mit vollmachtlosen Vertretern;**
(b) **systematische Beurkundung mit bevollmächtigten Vertretern, soweit nicht durch vorausgehende Beurkundung mit dem Vollmachtgeber sichergestellt ist, daß dieser über den Inhalt des abzuschließenden Rechtsgeschäfts ausreichend belehrt werden konnte;**
(c) **systematische Beurkundung mit Mitarbeitern des Notars als Vertreter, ausgenommen Vollzugsgeschäfte; gleiches gilt für Personen, mit denen sich der Notar zur gemeinsamen Berufsausübung verbunden hat oder mit denen er gemeinsame Geschäftsräume unterhält;**
(d) **systematische Aufspaltung von Verträgen in Angebot und Annahme; soweit die Aufspaltung aus sachlichen Gründen gerechtfertigt ist, soll das Angebot vom belehrungsbedürftigeren Vertragsteil ausgehen;**
(e) **gleichzeitige Beurkundung von mehr als fünf Niederschriften bei verschiedenen Beteiligten.«**

Die Richtlinien der einzelnen Notarkammern haben diese Vorschläge der Bundesnotarkammer überwiegend übernommen. Das Tatbestandsmerkmal der Systematik ist erfüllt, wenn planmäßig der erkennbar Belehrungsbedürftige von der Beurkundung ausgeschlossen wird; die Planmäßigkeit indiziert dann auch die Missbräuchlichkeit.[502]

121   Praktisch bedeutungsvoll ist vor allem die Unzulässigkeit der systematischen Beurkundung mit **Mitarbeitern des Notars als Bevollmächtigte.** Ausgenommen davon sind die sog Vollzugsgeschäfte. Dazu gehören insbesondere (vgl Rdn 106 – 108) die Bewilligung des Eigentumswechsels (§ 19 GBO), eine Rangbestimmung (§ 45 Abs 3 GBO), die Identitätserklärung und die Auflassung (§ 20 GBO); für diese Vollzugsgeschäfte können daher auch die Mitarbeiter des Notars bevollmächtigt werden. Soweit es sich allerdings um die Abgabe von Verfahrenserklärungen handelt (zB Bewilligung nach § 19 GBO) kann dem Notar selbst eine Vollzugsvollmacht erteilt werden und dieser dann mittels notarielle Eigenurkunde die Erklärung abgeben; für die Abgabe von materiellrechtlichen Erklärungen, die einer bestimmten Form bedürfen (zB **Auflassung nach § 925 BGB**), scheidet eine Bevollmächtigung des Notars aus, so dass dann dafür auf die Mitarbeiter des Notars zurückgegriffen wer-

---

490 BGH DNotZ 1981, 118, 119; BayObLG Rpfleger 1988, 60; 1982, 416; OLG Düsseldorf Rpfleger 1989, 58.
491 OLG Frankfurt/M MittBayNot 2001, 225; *Reithmann* MittBayNot 2001, 226, 227.
492 OLG Frankfurt/M MittBayNot 2001, 225; *Behmer* Rpfleger 1984, 306; *Reithmann* DNotZ 1983, 438, 440.
493 OLG Frankfurt/M MittBayNot 2001, 225.
494 DNotI – Report 1988, 169.
495 KEHE-*Munzig* § 19 Rn 203.
496 KEHE-*Munzig* § 19 Rn 203.
497 BayObLG DNotZ 1988, 119.
498 *Reithmann* MittBayNot 2001, 226, 228.
499 BayObLG FGPrax 2001, 57, 59; *Reithmann* MittBayNot 2001, 226, 228.
500 *Reithmann* MittBayNot 2001, 226, 228.
501 DNotZ 2006, 561.
502 *Solveen* RNotZ 2002, 318, 320.

den kann[503] (vgl Rdn 118, 119). Der Notariatsmitarbeiter leitet seine Vollmacht dann unmittelbar von den Vertragsparteien und nicht von dem den Kaufvertrag beurkundenden Notar ab; es liegt ein unmittelbar privatrechtliches Verhältnis zwischen der Vertragsparteien und dem Notariatsangestellten vor.[504] Erteilt beispielsweise eine Vertragspartei zur Durchführung eines Grundstückskaufvertrags einem Notariatsangestellten Auflassungsvollmacht, so liegt der Vollmachterteilung, wenn der Bevollmächtigte unentgeltlich tätig werden soll, regelmäßig ein Auftrag (§ 662 BGB) zugrunde.[505] Der Notariatsangestellte handelt eigenverantwortlich und weisungsunabhängig vom beurkundenden Notar. Weigert er sich zur Vornahme des Rechtsgeschäfts (zB zur Vornahme der Auflassung wegen der Frage, ob der Kaufpreis vollständig bezahlt sei), kann der Notariatsmitarbeiter zur Vornahme dieser Handlung weder durch die Vertragsparteien noch gerichtlich angehalten noch vom Notar hierzu angewiesen werden.[506] Da es sich bei der Tätigkeit des Notariatsmitarbeiters um keine notarielle Amtstätigkeit handelt, stehen Verkäufer und Käufer der Beschwerdeweg nach § 15 BNotO nicht offen; der Käufer muss vielmehr zivilrechtliche Klage auf Auflassung gegenüber dem Verkäufer erheben.[507] Bei einem abredewidrigen Gebrauch der Vollmacht kommt eine Haftung des Notariatsangestellten aus positiver Vertragsverletzung seines Auftrags in Betracht.[508] Das Bestehen selbstständiger vertraglicher Beziehungen zwischen den Urkundsbeteiligten und dem Notariatsangestellten, die bei einem fehlerhaften Gebrauch von einer Auflassungsvollmacht Grundlage für Schadensersatzansprüchen der geschädigten Vertragsparteien gegen den bevollmächtigten Angestellten sein können, darf den Blick nicht darauf verstellen, dass es regelmäßig nach den Vorstellungen aller Beteiligten unbeschadet der Vollmachterteilung vorrangig Sache des mit dem Urkundsvollzug betrauten Notars ist, zu prüfen, ob die vertraglich festgelegten Voraussetzungen für eine Auflassung erfüllt sind. Die Abgabe der Auflassungserklärung, bei der der Notariatsangestellte formal wie jeder andere Verfahrensbeteiligte mit einem Urkundersuchen an den Notar herantritt, soll unter der Anleitung des Notars erfolgen. Diese der Erteilung einer Auflassungsvollmacht an Notariatsangestellte regelmäßig zugrunde liegende Willensrichtung der Beteiligten ist von entscheidender Bedeutung bei der Bestimmung der dem Bevollmächtigten bei Durchführung des Auftrags obliegenden Vertragpflichten. So ist der dann, wenn der Notar die Auflassungsvoraussetzungen für gegeben erachtet, im Allgemeinen nicht dazu verpflichtet nachzuprüfen, ob die Vorgehensweise des Notars in Einklang mit der Sach- und Rechtslage steht. Aufgrund dessen wird es in vielen Fällen, in denen ein Notariatsangestellter von einer ihm erteilten Auflassungsvollmacht objektiv fehlerhaft Gebrauch macht, schon an einer schuldhaften Pflichtverletzung fehlen, so dass die Außenhaftung des Angestellten nur selten neben der Haftung des Notars nach § 19 Abs 1 BNotO zum Tragen kommen wird.[509] Der mit dem Urkundsvollzug betraute Notar darf die Prüfung, ob die kaufvertraglich festgelegten Voraussetzungen für eine Auflassung vorliegen, nicht seinem Personal überlassen, und zwar selbst dann nicht, wenn seinem Personal Auflassungs- oder Vollzugsvollmacht erteilt worden ist; daher wird dann, wenn von einer Auflassungsvollmacht fehlerhaft Gebrauch gemacht worden ist, regelmäßig ein Notarverschulden vorliegen.[510] Nach § 19 Abs 1 S 2 BNotO kann ein amtspflichtwidrig handelnder Notar, dem lediglich Fahrlässigkeit zur Last fällt, nur dann auf Schadensersatz in Anspruch genommen werden, wenn der Verletzte nicht auf andere Weise Ersatz zu verlangen vermag. Als anderweitige Ersatzmöglichkeit kommen auch Ansprüche gegen den Vertragspartner oder solchen Personen in Betracht, die als Vertreter des Geschädigten aufgetreten sind und ihrem Vollmachtgeber nach Auftrags- oder Dienstvertragsrecht haften. Die Haftung eines Notarangestellten stellt für den Geschädigten jedoch keine anderweitige Ersatzmöglichkeit iSd § 19 Abs 1 S 2 BNotO dar.[511] Da es letztlich Sache des Notars ist, für Bürofehler einzustehen, ist es allein sach- und interessengerecht, dass der Geschädigte gleich den Notar in Anspruch nehmen kann.

Um **keine Vollzugsgeschäfte** handelt es sich bei der Teilungserklärung nach § 8 WEG, der Änderung der Teilungserklärung und der Bestellung einer Finanzierungsgrundschuld[512] (vgl Rdn 109–111); bei deren systematischen Beurkundung sollen daher die **Mitarbeiter des Notars nicht zu Bevollmächtigten bestellt werden**. **122**

c) Nachweis der Vollmacht. Der Notar, der Erklärungen eines Vertreters beurkunden soll, hat nach § 17 Abs 1 BeurkG die Vertretungsmacht zu prüfen.[513] Beruft sich der Vertreter auf eine Vollmacht, hat der Notar **123**

---

503 *Dieterle* BWNotZ 2001, 115; 1991, 172.
504 BGH RNotZ 2003, 62.
505 BGH aaO.
506 OLG Frankfurt/M BWNotZ 2001, 129.
507 *Dieterle* BWNotZ 2001, 115.
508 BGH RNotZ 2003, 62.
509 BGH aaO.
510 BGH RNotZ 2003, 62; DNotZ 1989, 452.
511 BGH RNotZ 2003, 62.
512 *Hertel* ZNotP 2002, 286, 287; *Bous* RNotZ 2005, 625, 627; ebenso die Richtlinien der Notarkammern Pfalz, Bayern, Mecklenburg-Vorpommern, Rheinische Notarkammer; **AA** Notarkammer Frankfurt/M und *Maaß* ZNotP 2002, 455; 1999, 69.
513 BGH DNotZ 1989, 43.

sich grundsätzlich die **Vollmachtsurkunde in Urschrift oder – wenn die Vollmacht notariell beurkundet ist – in Ausfertigung** vorlegen zu lassen.[514] Bedenken gegen die Vertretungsmacht hat der Notar mit den Beteiligten zu erörtern (§ 17 Abs 2 S 1 BeurkG) und, wenn die Beteiligten gleichwohl auf der Beurkundung bestehen, durch einen Vorbehalt in der Urkunde kenntlich zu machen (17 Abs 2 S 2 BeurkG). Steht der Mangel der Vertretungsmacht fest und erscheint eine Genehmigung durch den Vertretenen ausgeschlossen, hat der Notar die Beurkundung abzulehnen.[515]

124 Tritt vor dem Notar ein **Untervertreter** auf, so muss der Notar dessen Vertretungsmacht prüfen. Deshalb muss sich der Notar die Urkunde über die Erteilung der Untervollmacht in Urschrift oder – bei notarieller Beurkundung – Ausfertigung vorlegen lassen.[516] Gleiches gilt grundsätzlich auch für die Hauptvollmacht, da der Notar die wirksame Erteilung der Untervollmacht prüfen muss und dieses wiederum davon abhängig ist, ob im Zeitpunkt der Erteilung der Untervollmacht auch die Hauptvollmacht wirksam bestanden hat und die Erteilung einer Untervollmacht überhaupt zulässig war.[517] In Ausnahme davon genügt nur die Vorlage der Untervollmacht, wenn sich aus ihr der wirksamen Hauptvollmacht zum Erteilungszeitpunkt durch eine entsprechende Bescheinigung des Notars (vgl § 39 BeurkG) und der beigefügten beglaubigten Abschrift der Hauptvollmacht ergibt (§ 47, § 49 Abs 3, § 12 BeurkG).[518]

II. Gesetzliche Vertretung

1. Vertretung bei Schutzbefohlenen

125 **a) Kinder.** Die elterliche Sorge umfasst die Vertretung eines Kindes (§ 1629 Abs 1 S 1 BGB). Den **Eltern** steht die elterliche Sorge zu (§ 1626 Abs 1 BGB). Sind die Eltern bei der Geburt des Kindes nicht miteinander verheiratet, so steht ihnen die elterliche Sorge dann gemeinsam zu, wenn sie erklären, dass sie die Sorge gemeinsam übernehmen wollen (Sorgeerklärungen) oder einander heiraten (§ 1626 a Abs 1 BGB). Die Eltern vertreten das Kind gemeinschaftlich (§ 1629 Abs 1 S 2, 1. Hs BGB). Dieser Grundsatz der Gesamtvertretung verlangt es nicht, dass die Eltern gemeinsam und gleichzeitig tätig werden, sondern es ist auch eine getrennte und nacheinander erfolgende Erklärungsabgabe möglich.[519] Handelt ein Elternteil trotz Gesamtvertretung allein, so ist ein entsprechender Vertrag schwebend unwirksam (§ 177 BGB), kann aber vom anderen Elternteil genehmigt werden.[520]

126 Die Vertretung des Kindes durch **ein Elternteil allein** genügt, wenn eine Willenserklärung gegenüber dem Kind abgegeben werden (§ 1629 Abs 1 S 2, 2. Hs BGB). Daneben vertritt ein Elternteil das Kind allein, soweit er die elterliche Sorge allein ausübt oder ihm die Entscheidung nach § 1628 BGB übertragen ist (§ 1629 Abs 1 S 3 BGB). Die Mutter übt die elterliche Sorge allein aus, wenn die Eltern einander nicht geheiratet und Sorgerechtserklärungen nicht abgegeben haben (§ 1626a Abs 2 BGB). Ein Alleinvertretungsrecht eines Elternteils liegt auch dann vor, wenn ihm allein die elterliche Sorge durch das Familiengericht übertragen wurde (§§ 1671, 1672 BGB). Ist ein Elternteil tatsächlich verhindert, die elterliche Sorge auszuüben, oder ruht seine elterliche Sorge (§ 1674 BGB), so übt der andere Teil die elterliche Sorge allein aus; dies gilt nicht, wenn die elterliche Sorge dem Elternteil nach § 1626a Abs 2, § 1671 oder § 1672 Abs 1 BGB allein zustand (§ 1678 Abs 1 BGB). Stand die elterliche Sorge den Eltern gemeinsam zu und ist ein Elternteil gestorben, so steht die elterliche Sorge dem überlebenden Elternteil zu (§ 1680 Abs 1 BGB). Ist ein Elternteil, dem die elterliche Sorge gemäß § 1671 BGB oder § 1672 Abs 1 BGB allein zustand, gestorben, so hat das Familiengericht die elterliche Sorge dem überlebenden Elternteil zu übertragen, wenn dies dem Wohl des Kindes nicht widerspricht (§ 1680 Abs 2 S 1 BGB). Stand die elterliche Sorge der Mutter nach § 1626a Abs 2 BGB allein zu, so hat das Familiengericht die elterliche Sorge dem Vater zu übertragen, wenn dies dem Wohl des Kindes dient (§ 1680 Abs 2 S 2 BGB). Allein steht die elterliche Sorge einem Elternteil auch zu, wenn sie dem anderen Elternteil gemeinsam sorgeberechtigter Eltern entzogen wurde (§ 1680 Abs 3 iVm 1 BGB) oder wenn sie der nach § 1626a Abs 2 BGB allein sorgeberechtigten Mutter entzogen und dem Vater übertragen ist (§ 1680 Abs 3 iVm Abs 2 S 2 BGB). Trotz grundsätzlich bestehender Vermögenssorge beider Eltern kann die Mutter ein Kind allein vertreten, wenn die Vermögenssorge des Vaters gem § 1638 Abs 3 BGB ausgeschlossen ist.[521]

127 Der **Notar** kann von der Vertretungsmacht der Eltern für ein minderjähriges Kind ausgehen, wenn die Eltern miteinander verheiratet sind und weder eine abweichende Entscheidung des Familiengerichts bekannt noch Anhaltspunkte für eine Verhinderung eines Elternteils oder das Ruhen seiner elterlichen Sorge erkennbar ist;

---

514 *Wolf* MittBayNot 1996, 266; *Brambring* ZIR 1997, 184, 186.
515 BGH DNotZ 1989, 43.
516 *Wolf* MittBayNot 1996, 266, 269; *Brambring* ZIR 1997, 184, 187.
517 *Wolf* und *Brambring* jeweils aaO.
518 *Bous* RNotZ 2004, 483; *Hügel-Reetz*, GBO, Vertretungsmacht, Rn 40.
519 *Schaub* in *Bauer/von Oefele* AT VII Rn 187.
520 *Schaub* in *Bauer/von Oefele* AT VII Rn 194.
521 OLG Karlsruhe RNotZ 2004, 267.

gleiches gilt für das **Grundbuchamt**.[522] Das alleinige Sorge- und Vertretungsrecht der nicht verheirateten Mutter (§ 1626a Abs 2 BGB) kann durch eine Bestätigung des Jugendamts nachgewiesen werden, dass keine Sorgerechtserklärungen nach § 1626a Abs 1 Nr 1 BGB abgegeben wurden.[523] Hat ein Elternteil das alleinige Sorge- und Vertretungsrecht aufgrund einer Entscheidung des Familiengerichts, ist dies durch die Vorlage einer Ausfertigung nachzuweisen.

b) Mündel. Ein Minderjähriger erhält einen **Vormund**, wenn er nicht unter elterliche Sorge steht (zB Tod der Eltern) oder wenn die Eltern weder in den die Person noch in den das Vermögen betreffenden Angelegenheiten zur Vertretung des Minderjährigen berechtigt sind; gleiches gilt, wenn der Familienstand des Minderjährigen nicht zu ermitteln ist (§ 1773 BGB). Der Vormund hat das Mündel zu vertreten (§ 1793 Abs 1 BGB). Zum Nachweis seiner Vertretungsmacht dient die Bestallungsurkunde (§ 1791 BGB). Das Jugendamt als Amtsvormund weist sich durch Vorlage seiner Amtsbescheinigung aus (1791c BGB). **128**

c) Pflegling. Wer unter elterlicher Sorge oder unter Vormundschaft steht, erhält für Angelegenheiten, an deren Besorgung die Eltern oder der Vormund verhindert sind, einen **Pfleger** (§ 1909 BGB). Ein abwesender Volljähriger, dessen Aufenthalt unbekannt ist, erhält für seine Vermögensangelegenheiten, soweit sie der Fürsorge bedürfen, einen Abwesenheitspfleger; das gleiche gilt von einem Abwesenden, dessen Aufenthalt bekannt ist, der aber an der Rückkehr und der Besorgung seiner Vermögensangelegenheiten verhindert ist (§ 1911 BGB). Ist unbekannt oder ungewiss, wer bei einer Angelegenheit der Beteiligte ist, so kann dem Beteiligten für diese Angelegenheit, soweit eine Fürsorge erforderlich ist, ein Pfleger bestellt werden (§ 1913 BGB). Der Pfleger hat den Pflegling zu vertreten (§§ 1915, 1793 BGB). Zum Nachweis seiner Vertretungsmacht dient die Bestallungsurkunde (§§ 1915, 1791 BGB). **129**

d) Betreuter. Kann ein Volljähriger aufgrund einer psychischen Krankheit oder einer körperlichen, geistigen oder seelischen Behinderung seine Angelegenheiten ganz oder teilweise nicht besorgen, so bestellt das Vormundschaftsgericht für ihn einen **Betreuer** (§ 1896 BGB). In seinem Aufgabenkreis vertritt der Betreuer den Betreuten gerichtlich und außergerichtlich (§ 1902 BGB). Die Betreuung als solches hat keine unmittelbaren Auswirkungen auf die Geschäftsfähigkeit des Betreuten; ob letzterer geschäftsunfähig ist, beurteilt sich nach § 104 Nr 2 BGB.[524] Soweit dies zur Abwendung einer erheblichen Gefahr für die Person oder das Vermögen des Betreuten erforderlich ist, ordnet das Vormundschaftsgericht an, dass der Betreute zu einer Willenserklärung, die den Aufgabenkreis des Betreuers betrifft, dessen Einwilligung bedarf (= Einwilligungsvorbehalt, § 1903 BGB); in diesem Fall bedarf der Betreute aber trotzdem nicht der Einwilligung des Betreuers, wenn seine Willenserklärung lediglich einen rechtlichen Vorteil bringt.[525] In dem vom Einwilligungsvorbehalt erfassten Bereich hat ein Betreuter grundsätzlich die gleiche Rechtsstellung wie ein beschränkt-geschäftsfähiger Minderjähriger; es handelt sich hierbei quasi um eine partiell beschränkte Geschäftsfähigkeit.[526] Erklärungen, die der Betreute vor Wirksamwerden des Einwilligungsvorbehaltes wirksam abgegeben hat, bleiben wirksam und bedürfen nicht der Genehmigung des Betreuers (§ 130 Abs 2 BGB analog).[527] Ist der Betreute geschäftsfähig und ist kein Einwilligungsvorbehalt angeordnet, kann er selbst rechtsgeschäftlich handeln[528] (zB dem Betreuer eine rechtsgeschäftliche Vollmacht erteilen[529]). Damit steht die Geschäftsfähigkeit des Betreuten in Konkurrenz zu der Vertretungsmacht des Betreuers. Bei sich widersprechenden Erklärungen von Betreuer und Betreuten gilt der Grundsatz der zeitlichen Priorität.[530] Ist der Betreute geschäftsunfähig, kann er selbst keine wirksamen Willenserklärungen abgeben, sondern muss von Betreuer vertreten werden.[531] Der Betreuer hat sich durch seine Bestallungsurkunde auszuweisen (§ 69b Abs 2 FGG). **130**

e) Genehmigung durch das Familien- bzw Vormundschaftsgericht. Vertritt der Vormund sein Mündel, so bedarf er für gewisse Rechtsgeschäfte der Genehmigung des Vormundschaftsgerichts nach §§ 1812, 1821, 1822 BGB. Gleiches gilt für den Betreuer (§ 1908i BGB) und den Pfleger (§ 1915 BGB). Die Eltern oder ein alleinvertretungsberechtigtes Elternteil bedürfen der Genehmigung des Familiengerichts nach den §§ 1821, 1822 Nr 1, 3, 5, 8 bis 11 BGB. **131**

---

522 *Schöner-Stöber* Rn 3616.
523 *Schöner-Stöber* Rn aaO.
524 *Neuhausen* RNotZ 2003, 157; *Schöner-Stöber* Rn 3618a.
525 *Schaub* in *Bauer/von Oefele* AT VII Rn 264; *Schöner-Stöber* Rn 3618 a; *Cypionka* DNotZ 1991, 578; *Weser* MittBaynot 1992, 161; *Ritz-Mürtz* MittBayNot 1991, 233.
526 OLG Celle NotBZ 2007, 217 = DNotZ 2006, 923; Gutachten in DNotI-Report 2005, 193.
527 OLG Celle aaO; Gutachten in DNotI-Report 2005, 193.
528 *Schaub* in *Bauer/von Oefele* AT VII Rn 260.
529 *Schaub* in *Bauer/von Oefele* AT VII Rn 262.
530 *Neuhausen* RNotZ 2003, 157, 179; *Schaub* in *Bauer/von Oefele* AT VII Rn 261; *Soergel-Zimmermann* § 1902 Rn 28.
531 *Schaub* in *Bauer/von Oefele* AT VII Rn 263; *Soergel-Zimmermann* § 1902 Rn 29.

132   **aa) Bestandsverzeichnis des Grundbuchs.** Die **Teilung eines Grundstücks** ist nicht genehmigungsbedürftig, da insoweit keine Verfügung über das Grundstück iSv § 1821 Abs 1 Nr 1, 1. Alt BGB vorliegt.[532]

133   Genehmigungsbedürftig nach § 1821 Abs 1 Nr 1, 1. Alt BGB ist die **Begründung von Wohnungs- und Teileigentum**, und zwar sowohl bei der Begründung durch Aufteilung in ideelle Miteigentumsanteile nach § 8 WEG[533] als auch bei der Bestellung durch Einräumung von Sondereigentum gem § 3 WEG.[534]

134   Die **Vereinigung von Grundstücken** (§ 890 Abs 1 BGB) bedarf keiner Genehmigung nach § 1821 Abs 1 Nr 1, 1. Alt BGB, da der Bestand des Mündel- bzw Kindesvermögens nicht verändert werden.[535]

135   Die **Bestandteilszuschreibung von Grundstücken** (§ 890 Abs 2 BGB) ist dann genehmigungsfrei, wenn das Hauptgrundstück nicht mit Grundpfandrechten belastet ist. Dagegen ist eine Genehmigung nach § 1821 Abs 1 Nr 1, 1. Alt BGB erforderlich, wenn das Hauptgrundstück mit einem Grundpfandrecht belastet ist, denn dann erstreckt sich die Belastung kraft Gesetzes gem § 1131 BGB auf das Bestandteilsgrundstück, was einer Verfügung über das Grundstück gleichkommt.[536]

136   Zur Verfügung über ein subjektiv – dingliches Recht am dienenden Grundstück bedarf es materiellrechtlich der Zustimmung der Inhaber von Rechten am herrschenden Grundstücken, soweit diese betroffen werden (§ 876 S 2 BGB), und formellrechtlich deren Bewilligung nach § 19 GBO, wenn ein Herrschvermerk am herrschenden Grundstücken eingetragen ist (§ 21 GBO). Steht ein solches Recht am herrschenden Grundstück einem Schutzbefohlenen zu, so bedarf sein Vertreter für die Abgabe der **Zustimmung nach § 876 S 2 BGB** der Genehmigung nach § 1821 Abs 1 Nr 1, 2. Alt BGB.[537] Die Genehmigungspflicht nach dieser Vorschrift entfällt, wenn das Recht des Schutzbefohlenen am herrschenden Grundstück ein Grundpfandrecht ist (§ 1821 Abs 2 BGB). Der Vormund, Pfleger und Betreuer bedürfen jedoch der Genehmigung nach § 1822 Nr 13 BGB, wenn es sich um eine Hypothek am herrschenden Grundstück handelt; nach § 1812 BGB bei einer Grundschuld. Für die Eltern entfällt dieses Genehmigungserfordernis (§ 1643 BGB).

137   **bb) Abteilung I des Grundbuchs. (1) Schutzbefohlener als Veräußerer.** Jede **Übertragung von Grundstückseigentum** ist genehmigungspflichtig nach § 1821 Abs 1 Nr 1, 1. Alt BGB. Dies gilt auch für die Veräußerung von Miteigentumsanteilen und von Wohnungs- und Teileigentum sowie des Erbbaurechts.[538] Die Genehmigung ist auch dann erforderlich, wenn die Auflassung aufgrund eines Rücktritts vom Überlassungsvertrag und einer für den Fall des Rücktritts erteilten, gerichtlich genehmigten unwiderruflich Auflassungsvollmacht erfolgt.[539]

138   Genehmigungsbedürftig nach § 1821 Abs 1 Nr 1, 1. Alt BGB ist auch die **Umwandlung von Gesamthands- in Bruchteilseigentum und umgekehrt.**[540]

139   Der **Verzicht auf das Grundstückseigentum** (§ 928 BGB) ist genehmigungsbedürftig nach § 1821 Abs 1 Nr 1, 1. Alt BGB.[541]

140   Der **Übertragung eines Erbbaurechts und seiner Belastung mit Grundpfandrechten oder Reallasten muss der Grundstückseigentümer zustimmen**, wenn dies vereinbart ist (§ 5 ErbbauRG). Bestritten ist die Frage, ob ein gesetzlicher Vertreter des Grundstückseigentümers zur Abgabe dieser Zustimmung eine Genehmigung nach § 1821 Abs 1 Nr 1 BGB bedarf. Zum Teil wird dies verneint, weil keine Verfügung über ein Grundstück unter Grundstücksrecht vorliege.[542] Die Übertragung oder Belastung eines Erbbaurechts stellt aber eine Verfügung über ein Grundstücksrecht dar (§ 1821 Abs 1 Nr 1, 2. Alt BGB) und die Zustimmung des Grundstückseigentümers ist zumindest ein Teil des Verfügungsgeschäfts; deshalb ist dafür die Genehmigung des Familien- oder Vormundschaftsgerichts erforderlich.[543]

---

532   Ausführlich dazu *Meikel-Böttcher* § 7 Rdn 6 mwN.

533   *Schöner-Stöber* Rn 2850; *Böttcher-Spanl* RpflJB 1990, 193, 203; *Klüsener* Rpfleger 1981, 464; **AA** *Stutz* MittRhNotK 1993, 205, 215.

534   *Stutz* MittRhNotK 1993, 205, 215; *Schöner-Stöber* Rn 2850; *Böttcher-Spanl* RpflJB 1990, 193, 203.

535   Ausführlich dazu *Meikel-Böttcher* § 5 Rdn 21 mwN.

536   Ausführlich dazu *Meikel-Böttcher* § 6 Rdn 18 mwN.

537   *Böttcher-Spanl* RpflJB 1990, 193, 203; *MüKo-Wagenitz*, BGB, § 1821 Rn 21; *Soergel-Zimmermann* § 1821 Rn 10.

538   *Böttcher-Spanl* RpflJB 1990, 193, 203.

539   BayObLG Rpfleger 1976, 304; *Staudinger-Engler* (1999) § 1821 Rn 26; *Böttcher-Spanl* RpflJB 1990, 193, 204.

540   *Böttcher-Spanl* RpflJB 1990, 193, 204; *Stutz* MittRhNotK 1993, 205, 215.

541   *Böttcher-Spanl* RpflJB 1990, 193, 205.

542   LG Frankfurt Rpfleger 1974, 199; *Soergel-Zimmermann* Vorbem zu § 1821 Rn 7; *Linde-Richter*, Erbbaurecht und Erbbauzins, Rn 126; *Ingenstau-Hustedt*, ErbbauRG, § 5 Rn 15; *RGRK-Räfle*, ErbbauRG, § 5 Rn 10.

543   OLG Hamm Rpfleger 1967, 415; *Böttcher*, Praktische Fragen des Erbbaurechts, Rn 260; *MüKo-von Oefele*, ErbbauVO, § 5 Rn 4.

Geht ein Grundstück des Schutzbefohlenen außerhalb des Grundbuchs auf einen Dritten über, zB durch Erb- **141** anteilsübertragung (§ 2033 BGB), Ehevertrag (1426 BGB) oder ist der Schutzbefohlene materiell nicht der Grundstückseigentümer, ist zur deklaratorischen **Grundbuchberichtigung** keine Genehmigung erforderlich, wenn die Unrichtigkeit urkundlich nach § 22 GBO nachgewiesen wird.[544] Zur Abgabe einer Berichtigungsbewilligung nach § 19 GBO ist allerdings eine Genehmigung entsprechend § 1821 Abs 1 Nr 1, 1. Alt BGB erforderlich.[545] Die Bewilligung ist keine materiellrechtliche Verfügung, sondern eine reine formelle Verfahrenshandlung, welche grundsätzlich keiner Genehmigungspflicht unterliegt; allerdings könnte dann der gesetzliche Vertreter jeweils eine genehmigungsfreie Berichtigungsbewilligung abgeben, um eine genehmigungsbedürftige materielle Verfügung zu umgehen. Durch eine Eintragung aufgrund einer Berichtigungsbewilligung wird zwar die materielle Rechtslage nicht verändert, wohl kann sich aber zu Ungunsten des Schutzbefohlenen ein gutgläubiger Erwerb eines Dritten anschließen. Aus diesem Grund ist eine entsprechende Anwendung des § 1821 BGB auf die formelle Berichtigungsbewilligung zu fordern.

(2) Schutzbefohlener als Erwerber. Verträge, die auf den entgeltlichen Erwerb von Grundstückseigentum **142** durch den Schutzbefohlenen gerichtet sind, sind nach § 1821 Abs 1 Nr 5 BGB genehmigungspflichtig. Von der Vorschrift werden allerdings nur die **schuldrechtlichen Kausalgeschäfte** erfasst.[546] Neben dem Kaufvertrag wird auch ein Tauschvertrag erfasst, wenn er sich für den Schutzbefohlenen als entgeltlich darstellt. Auch die Ausübung eines dem Schutzbefohlenen zustehenden Vorkaufsrechts, Wiederkaufsrechts oder Optionsrechts fällt unter die Genehmigungsbedürftigkeit.[547] Streitig ist, ob die Ausübung des Miterbenvorkaufsrechts (§ 2034 BGB) durch den Schutzbefohlenen unter die Genehmigungsbedürftigkeit nach § 1821 Abs 1 Nr 5 BGB fällt. Soweit dies bejaht wird,[548] muss dem widersprochen werden. Hier ist zu beachten, dass der Vertrag nicht auf den Erwerb des Grundstücks (das im Nachlass vorhanden ist), sondern auf den Erwerb eines Miterbenanteils gerichtet ist. Eine Ausdehnung der Vorschrift auf diesen Bereich durch Auslegung ist aber durch nichts geboten, so dass keine Genehmigung nach § 1821 Abs 1 Nr 5 BGB erforderlich ist.[549] Zu beachten ist das Genehmigungserfordernis nach § 1822 Nr 10 BGB, wenn der Schutzbefohlene gemeinsam mit anderen erwirbt und eine gesamtschuldnerische Haftung für den Kaufpreis begründet wird.[550]

§ 1821 Abs 1 Nr 5 BGB betrifft nur das schuldrechtlich Grundgeschäft (zB den Kaufvertrag), aber nicht die **143** **sachenrechtliche Auflassung** des Grundstücks an den Schutzbefohlenen. Bei der Annahme der Auflassungserklärung durch den Schutzbefohlenen ist auch keine Genehmigungspflicht nach § 1821 Abs 1 Nr 2 BGB gegeben; selbst wenn man die Annahme einer Leistung als Verfügung betrachtet, ist es nicht Sinn und Zweck der Vorschrift, den Rechtserwerb durch den Schutzbefohlenen zu verhindern, deshalb § 1821 Abs 1 Nr 2 BGB insoweit teleologisch zu reduzieren ist.[551] Auch eine Genehmigungspflicht nach § 1812 BGB scheidet für den Vormund, Betreuer und Pfleger aus (für die Eltern findet diese Vorschrift sowieso keine Anwendung, § 1643 BGB), denn es greift § 1813 Abs 1 Nr 1 BGB, da der Gegenstand der Leistung nicht in Geld oder Wertpapieren besteht.[552] Da sich das Prüfungsrecht des Grundbuchamtes nur auf die dingliche Auflassung erstreckt (§ 20 GBO), kann es für die Eintragung eines Schutzbefohlenen als Grundstückserwerber keine Genehmigung verlangen.[553]

Keine Genehmigungspflicht nach § 1821 Abs 1 Nr 5 BGB unterliegt der **unentgeltliche Erwerb** von Grund- **144** stückseigentum durch den Schutzbefohlenen. Probleme ergeben sich bei der Feststellung einer Grenze zwischen Unentgeltlichkeit und Entgeltlichkeit eines Erwerbs.[554] Der BGH[555] hat eine am Schutzzweck des § 1821 BGB orientierte Auslegung eingebracht und Schenkungen dann von der Genehmigungspflicht ausgenommen, wenn sie sich insgesamt rechtlich vorteilhaft für den Schutzbefohlenen darstellen. Dies liegt unproblematisch dann vor, wenn das geschenkte Grundstück bereits mit öffentlichen Lasten, Grundpfandrechten und Dienstbarkeiten belastet ist[556] oder wenn die Schenkung unter der Auflage der Belastung mit einem solchen Recht erfolgt.[557] Die Schenkung unter Auflagen ist allerdings dann genehmigungspflichtig, wenn die Auflagen bereits

---

544 *Böttcher-Spanl* RpflJB 1990, 193, 206.
545 Ausführlich dazu *Meikel-Böttcher* § 22 Rdn 164 mwN.
546 RGZ 108, 357, 364; BayObLG DNotZ 1990, 510; OLG Köln Rpfleger 1996, 446; MüKo-*Wagenitz*, BGB, § 1821 Rn 44; *Soergel-Zimmermann* § 1821 Rn 15; *Böttcher-Spanl* RpflJB 1990, 193, 206.
547 MüKo-*Wagenitz*, BGB, § 1821 Rn 44.
548 OLG Schleswig SchlHA 1956, 262; MüKo-*Wagenitz*, BGB, § 1821 Rn 44; *Palandt-Diederichsen* § 1821 Rn 20.
549 *Böttcher-Spanl* RpflJB 1990, 193, 207; *Soergel-Zimmermann* § 1821 Rn 16; *Staudinger-Engler* § 1821 Rn 85.
550 BGH Rpfleger 1973, 204; BayObLG Rpfleger 1987, 303; *Böttcher-Spanl* RpflJB 1990, 193, 207.
551 RGZ 108, 357, 364; *Staudinger-Engler* § 1821 Rn 69; *Böttcher-Spanl* RpflJB 1990, 193, 207.
552 *Böttcher-Spanl* RpflJB 1990, 193, 207.
553 BayObLG DNotZ 1990, 510; *Böttcher-Spanl* RpflJB 1990, 193, 207.
554 Vgl dazu DNotI-Report 2005, 195.
555 Rpfleger 1980, 463.
556 BayObLGZ 1968, 1; MüKo-*Wagenitz*, BGB, § 1821 Rn 24; *Böttcher-Spanl* RpflJB 1990, 193, 207; *Klüsener* Rpfleger 1981, 466, 467.
557 MüKo-*Wagenitz*, BGB, § 1821 Rn 46; *Schöner-Stöber* Rn 3700; *Böttcher-Spanl* RpflJB 1990, 193, 207.

Entgeltlichkeitscharakter haben.[558] Umstritten ist dabei der Fall einer Grundstücksschenkung, wenn sie mit der Verpflichtung zur Übernahme persönlicher Verbindlichkeiten verknüpft ist (zB die Übernahme der persönlichen Schuld bei der Schenkung eines mit einer Hypothek belasteten Grundstücks). Das LG Düsseldorf[559] geht dabei von einer Schenkung unter Auflage aus und kommt damit zur Genehmigungsfreiheit. Das LG Köln[560] sieht darin eine echte vermögenswerte Gegenleistung des Beschenkten und kommt deshalb zur Genehmigungspflicht nach § 1821 Abs 1 Nr 5 BGB. Richtig dürfte wohl die Ansicht sein, das durch die Übernahme persönlicher Lasten der Schutzbefohlene Leistungspflichten ausgesetzt wird, denen er nicht durch Verweisung auf das geschenkte Grundstück entgehen kann (anders als bei übernommener Lasten, die sich nur auf das geschenkte Grundstück beschränken). Hier liegt deshalb eine vermögenswerte Gegenleistung vor.[561] Der Ansicht, welche dann Genehmigungsfreiheit annimmt, wenn die übernommene persönliche Verbindlichkeit eindeutig durch den Wert des zugewendeten Grundstücks gedeckt ist,[562] kann deshalb nicht gefolgt werden.

145 Erwirbt der Schutzbefohlene das Grundstückseigentum außerhalb des Grundbuchs, zB durch Erbfolge (§ 1922 BGB), Erbanteilsübertragung (§ 2033 BGB), Ehevertrag (§ 1426 BGB), so ist zur **Grundbuchberichtigung** keine Genehmigung erforderlich, und zwar unabhängig davon, ob die Eintragung durch Unrichtigkeitsnachweis (§ 22 GBO) oder aufgrund Berichtigungsbewilligung (§ 19 GBO) erfolgt.[563]

146 **cc) Abteilung II des Grundbuchs. (1) Schutzbefohlener als Eigentümer.** Für die sachenrechtliche **Bestellung von sog Nichtkapitalrechten** (= Grunddienstbarkeit, Nießbrauch, beschränkte persönliche Dienstbarkeit, Vorkaufsrecht, Reallast, Erbbaurecht, Dauerwohnung- und Dauernutzungsrecht) bedarf es der Genehmigung nach § 1821 Abs 1 Nr 1, 1. Alt BGB, da insoweit eine Verfügung über das Grundstück des Schutzbefohlenen vorliegt.[564] Das schuldrechtliche Grundgeschäft dafür bedarf der Genehmigung nach § 1821 Abs 1 Nr 4 BGB.

147 Erfolgt die Belastung des Grundstücks gleichzeitig mit dem Erwerb des Grundstücks durch den Schutzbefohlenen, so handelt es sich um eine genehmigungsfreie **Erwerbsmodalität**.[565] Der Fall ist so zu behandeln, als wenn der Schutzbefohlene bereits ein belastetes Grundstück erwerben würde. Wird die Belastung bei der Eigentumsübertragung vorbehalten, bedarf allerdings die spätere dingliche Belastung einer Genehmigung nach § 1821 Abs 1 Nr 1, 1. Alt BGB, denn die schuldrechtliche Verpflichtung aus dem Vorbehalt ändert nichts an der Genehmigungsbedürftigkeit des sachenrechtlichen Vollzugsgeschäfts.[566]

148 Die Bestellung einer **Eigentumsvormerkung** durch den gesetzlichen Vertreter des Grundstückseigentümers ist nach hM genehmigungspflichtig nach § 1821 Abs 1 Nr 1, 1. Alt BGB.[567] Nicht gefolgt werden kann der Ansicht, dass eine Genehmigung für die Bestellung einer Eigentumsvormerkung nicht erforderlich sein soll, wenn der schuldrechtliche Übereignungsanspruch bereits wirksam entstanden ist auf Grund Genehmigung nach § 1821 Abs 1 Nr 4 BGB und Mitteilung gem § 1829 BGB.[568] Zwar ist die Vormerkung akzessorisch zum gesicherten Anspruch, jedoch handelt es sich um ein mit dinglichen Wirkungen ausgestattetes Sicherungsmittel. Außerdem wird durch die Vormerkung die Veräußerlichkeit des Grundstücks beeinträchtigt. Aus diesen Gründen ist die Bestellung einer Eigentumsvormerkung wie eine Verfügung über das Grundstück zu behandeln und somit genehmigungspflichtig.

149 Die **Abtretung** oder **Rangänderung** dieser Nichtkapitalrechte am Grundstück des Schutzbefohlenen ist nicht genehmigungspflichtig nach § 1821 Abs 1 Nr 1 BGB, da es sich nicht um Grundstücksrechte des Schutzbefohlenen und auch nicht um Verfügungen über das Grundstück des Schutzbefohlenen handelt. Eine **Inhaltsänderung** wäre nur dann genehmigungspflichtig, wenn sie sich als teilweise Neubestellung darstellen würde (§ 1821

---

558 *Staudinger-Engler* § 1821 Rn 87; *Soergel-Zimmermann* § 1821 Rn 15; *Böttcher-Spanl* RpflJB 1990, 193, 207.
559 MittRhNotK 1973, 654.
560 MittRhNotK 1974, 363.
561 *Böttcher-Spanl* RpflJB 1990, 193, 208; *Klüsener* Rpfleger 1981, 466, 467.
562 MüKo-*Wagenitz*, BGB, § 1821 Rn 47.
563 *Böttcher-Spanl* RpflJB 1990, 193, 208.
564 *Böttcher-Spanl* RpflJB 1990, 193, 208 f.
565 LG München II MittBayNot 2005, 234; *Staudinger-Engler* § 1821 Rn 43–46; MüKo-*Wagenitz*, BGB, § 1821 Rn 23; *Böttcher-Spanl* RpflJB 1990, 193, 208; *Klüsener* Rpfleger 1981, 466.
566 BayObLG Rpfleger 1967, 304; *Staudinger-Engler* § 1821 Rn 47; MüKo-*Wagenitz*, BGB, § 1821 Rn 23; *Böttcher-Spanl* RpflJB 1990, 193, 208; *Klüsener* Rpfleger 1981, 466.
567 RGZ 118, 230, 234; OLG Frankfurt/M MittRhNotK 1998, 15; OLG Oldenburg DNotZ 1971, 484; OLG Celle DNotZ 1980, 554 = Rpfleger 1980, 187; LG Lübeck Rpfleger 1991, 363; *Staudinger-Engler* § 1821 Rn 51; MüKo-*Wagenitz*, BGB, § 1821 Rn 25; *Soergel-Zimmermann* § 1821 Rn 5; *Böttcher-Spanl* RpflJB 1990, 193, 209; *Mohr* Rpfleger 1981, 175; *Brüggemann* FamRZ 1990, 5,10; **AA** LG Stade MDR 1975, 933.
568 *Schöner-Stöber* Rn 1508; *Stutz* MittRhNotK 1993, 205, 216; *Klüsener* Rpfleger 1981, 461, 468.

Abs 1 Nr 1, 1. Alt BGB). Die **Aufhebung** solcher Nichtkapitalrechte ist genehmigungsfrei, da es sich um keine Verfügung über das Grundstück des Schutzbefohlenen handelt.[569]

(2) Schutzbefohlener als Berechtigter. Die **Bestellung von Nichtkapitalrechten** (= Grunddienstbarkeit, **150** Nießbrauch, beschränkte persönliche Dienstbarkeit, Vorkaufsrecht, Reallast, Erbbaurecht, Dauerwohnung- und Dauernutzungsrecht) zu Gunsten des Schutzbefohlenen ist nicht genehmigungspflichtig, da weder über ein Grundstück noch über ein Grundstücksrecht des Schutzbefohlenen verfügt wird (§ 1821 Abs 1 Nr 1 BGB).[570] Handelt es sich um einen entgeltlichen Erwerb, ist das Kausalgeschäft genehmigungsbedürftig nach § 1821 Abs 1 Nr 5 BGB.[571] Für den dinglichen Vollzug durch Einigung und Grundbucheintragung ist keine Genehmigung erforderlich. Zwar wird über eine Forderung des Schutzbefohlenen, die auf Begründung eines Grundstücksrechts gerichtet ist, verfügt, jedoch findet § 1821 Abs 1 Nr 2 BGB nach Sinn und Zweck keine Anwendung bei der Erfüllung des Anspruchs.

Die **Übertragung, Belastung, Inhalts- oder Rangänderung und Aufhebung** solcher Nichtkapitalrechte **151** für den Schutzbefohlenen bedarf der Genehmigung nach § 1821 Abs 1 Nr 1, 2. Alt BGB.[572] Bereits das obligatorische Verpflichtungsgeschäft bedarf einer Genehmigung nach § 1821 Abs 1 Nr 4 BGB.

Nicht genehmigungsbedürftig ist die Eintragung einer **Eigentumsvormerkung** zu Gunsten des Schutzbefoh- **152** lenen, da keine Verfügung über ein Grundstück oder ein Recht des Schutzbefohlenen vorliegt.[573] Genehmigungsbedürftig ist aber jegliche Verfügung über den Übereignungsanspruch des Schutzbefohlenen nach § 1821 Abs 1 Nr 2 BGB. Erfasst werden alle Verfügungen, die den Anspruch übertragen, inhaltlich ändern, belasten oder aufheben.[574] Veränderungen der Eigentumsvormerkung (zB Abtretung) sind nur berichtigend im Grundbuch einzutragen, werden aber von dem Genehmigungserfordernis des § 1821 Abs 1 Nr 1, 2. Alt BGB erfasst.[575] Keine Genehmigung ist erforderlich zur bewilligten Löschung einer Eigentumsvormerkung, wenn der Schutzbefohlenen mit dem Rang der Vormerkung als Eigentümer eingetragen wird.[576]

dd) Abteilung III des Grundbuchs. (1) Schutzbefohlener als Eigentümer. Die **Bestellung von Grund- 153 pfandrechten** am Grundstück des Schutzbefohlenen durch die gesetzlichen Vertreter bedarf grundsätzlich der Genehmigung nach § 1821 Abs 1 Nr 1, 1. Alt BGB, da insoweit eine Verfügung über das Grundstück vorliegt.[577] Dies gilt auch dann, wenn die Bestellung eines Grundpfandrechts aufgrund einer sog Belastungsvollmacht erfolgt, die in einem gerichtlich genehmigten Kaufvertrag erteilt wurde; beim Abschluss des Kaufvertrags, der die Belastungsvollmacht enthält, ist nämlich das Ausmaß der dinglichen Haftung noch nicht absehbar.[578]

Die Genehmigung nach § 1821 Abs 1 Nr 1, 1. Alt BGB für die Bestellung eines Grundpfandrechtes ist dann **154** nicht erforderlich, wenn die Belastung im unmittelbaren tatsächlichen und rechtlichen Zusammenhang mit dem Erwerb des Grundstücks steht (= **Erwerbsmodalität**), zB Begründung einer Restkaufpreisgrundschuld für den Veräußerer bzw einen Dritten oder eines Nießbrauchs für den Veräußerer.[579] Gleiches gilt, wenn für den Schutzbefohlenen zugleich mit dem entgeltlichen Erwerb des Grundstücks eine bereits bestehende dingliche Belastung übernommen wird, zB ein Grundpfandrecht für den Restkaufpreis.[580] § 1821 Abs 1 Nr 1, 1. Alt BGB findet in diesen Fällen keine Anwendung, weil diese Vorschrift nur bereits vorhandenes Grundvermögen schützen soll und Belastungen im Zusammenhang mit den Grundstückserwerb demgemäß nicht erfasst. Auch für Grundschuldbestellungen, durch die Mittel für andere Zwecke als die Kaufpreisfinanzierung beschafft werden sollen (zB für die Renovierung eines gekauften Hauses), soll nach den Grundsätzen der Erwerbsmodalität auch keine Genehmigungspflicht bestehen;[581] dies erscheint sehr bedenklich, weil dadurch das Institut der Erwerbsmodalität in unnötiger Weise verwässert und unpraktikabel wird.

569 *Böttcher-Spanl* RpflJB 1990, 193, 210.
570 *Böttcher-Spanl* RpflJB 1990, 193, 210.
571 *Schöner-Stöber* Rn 3700.
572 *Böttcher-Spanl* RpflJB 1990, 193, 210.
573 *Böttcher-Spanl* RpflJB 1990, 193, 210.
574 *Klüsener* Rpfleger 1981, 465.
575 RGZ 52, 11; 83, 438; *Böttcher-Spanl* RpflJB 1990, 193, 211.
576 LG Oldenburg Rpfleger 1972, 401; *Schöner-Stöber* Rn 3799; *Schwitzke* Rpfleger 1972, 394; *Böttcher-Spanl* RpflJB 1990, 193, 211.
577 *Schöner-Stöber* Rn 3688; *Böttcher-Spanl* RpflJB 1990, 193, 212.
578 OLG Zweibrücken DNotZ 2005, 634 = Rpfleger 2005, 193 = NotBZ 2005, 224 = RNotZ 2005, 361 = MittBayNot 2005, 313; LG Saarbrücken Rpfleger 1982, 25; LG Berlin Rpfleger 1994, 355; *Staudinger-Engler* § 1821 Rn 27; MüKo-*Wagenitz*, BGB, § 1821 Rn 16; *Neuhausen* RNotZ 2003, 157, 172.
579 RGZ 108, 356, 363; 110, 173, 175; BGHZ 24, 372 = NJW 1957, 1187; *Staudinger-Engler* § 1821 Rn 44; MüKo-*Wagenitz*, BGB, § 1821 Rn 23; *Soergel-Zimmermann* § 1821 Rn 8; *Böttcher-Spanl* RpflJB 1990, 193, 212.
580 BGHZ 24, 372 = NJW 1958, 1187; NJW 1998, 453; *Staudinger-Engler* § 1821 Rn 45; MüKo-*Wagenitz*, BGB, § 1821 Rn 24; *Soergel-Zimmermann* § 1821 Rn 8.
581 BGH NJW 1998, 453 = Rpfleger 1998, 110.

155 Unabhängig von der Genehmigung der Bestellung eines Grundpfandrechts bedarf jede Art der Aufnahme von Geld auf den Kredit des Schutzbefohlenen (insbesondere ein **Darlehensvertrag**) der Genehmigung nach § 1822 Nr 8 BGB.[582] Dabei ist zu beachten, dass die Genehmigung nach § 1822 Nr 8 BGB zusätzlich neben der Genehmigung des Grundpfandrechtes nach § 1821 Abs 1 Nr 1, 1. Alt BGB erforderlich ist.[583]

156 Im **Sicherungsvertrag** verpflichtet sich der Grundstückseigentümer zur Bestellung einer Grundschuld. Weiterer Inhalt ist vor allem die Zweckerklärung (= Zweckbestimmung, Sicherungsabrede), mit der bestimmt wird, für welche Forderungen des Gläubigers die Grundschuld in Anspruch genommen werden darf. Nach außen hin besitzt der Sicherungsnehmer zwar die volle Rechtsstellung eines Grundschuldgläubigers; aus dem Sicherungsvertrag ergibt sich aber im Innenverhältnis, dass er diese Rechtsmacht nur im Rahmen des Sicherungszweckes ausüben darf. Der Sicherungsvertrag insgesamt bedarf der Genehmigung nach § 1821 Abs 1 Nr 4 iVm Nr 1, 1. Alt BGB, wenn der Schutzbefohlene als **Grundstückseigentümer mit den persönlichen Schuldner identisch** ist.[584] Der Sicherungsvertrag begründet nämlich die Verpflichtung zur Bestellung der Grundschuld, stellt somit das schuldrechtliche Verpflichtungsgeschäft dar. Der allgemeine Grundsatz, dass dann, wenn obligatorisches Grundgeschäft und Erfüllungsgeschäft gleichermaßen genehmigungspflichtig sind, in der Genehmigung des einen auch die Genehmigung des anderen liegt,[585] gilt auch hier; die Genehmigung der Grundschuld umfasst somit auch den Sicherungsvertrag. Die Zweckerklärung, mit der bestimmt wird, für welche Forderungen des Gläubigers die Grundschuld als Sicherheit dient, bedarf keiner Genehmigung nach § 1821 Abs 1 Nr 1 BGB, und zwar unabhängig davon, ob sie gleichzeitig oder nachträglich mit der Grundschuldbestellung erfolgt.[586] Der Grundstückseigentümer verfügt in der Zweckerklärung nicht über sein Grundstück und ebensowenig über ein ihm zustehendes dingliches Recht an seinem Grundstück. Endet das ursprüngliche Forderungsverhältnis und entsteht der Rückgewähranspruch, so ist es grundsätzlich möglich, durch die noch nicht zurückgewährte Grundschuld auch eine neue andere Forderung zu sichern (= Revalutierung). Für den neuen Darlehensvertrag ist wiederum eine Genehmigung nach § 1822 Nr 8 BGB erforderlich. Die Revalutierung der Grundschuld muss durch die Zweckerklärung gedeckt sein; ist dies nicht der Fall, so muss diese ergänzt werden. In der Änderung der Zweckerklärung liegt aber eine Verfügung über den Rückgewähranspruch, die grundsätzlich nur mit Genehmigung nach § 1812 BGB wirksam ist[587] (gilt nicht für Eltern, § 1643 BGB).

157 Ist der Schutzbefohlene zwar **Grundstückseigentümer**, aber **nicht persönlicher Schuldner**, so bedarf der **Sicherungsvertrag** mit seiner Verpflichtung zur Grundschuldbestellung trotzdem der Genehmigung nach § 1821 Abs 1 Nr 4 iVm Nr 1, 1. Alt BGB. Die Zweckerklärung mit ihrer Bestimmung, für welche Forderungen des Gläubigers die Grundschuld als Sicherheit dient, ist ein Teil des Sicherungsvertrages und wird regelmäßig gleichzeitig mit der Grundschuld vereinbart. Für diesen Fall wird die Meinung vertreten, dass die der Grundschuld beigefügte Zweckerklärung keiner Genehmigung bedürfe.[588] Da jedoch eine fremde Schuld gesichert wird, ist eine Genehmigung nach § 1822 Nr 10 BGB erforderlich.[589] Bei der Fallgestaltung, in der der vom persönlichen Schuldner verschiedene Grundstückseigentümer die Zweckerklärung nachträglich zur Grundschuldbestellung abgibt, wird die Genehmigungspflicht nach § 1822 Nr 10 BGB verneint.[590] Dem wird zu Recht widersprochen.[591] Wird am Grundstück des Schutzbefohlenen eine Grundschuld bestellt und ist er nicht zugleich der persönliche Schuldner der zu sichernden Forderung, sondern ein Dritter, dann verbürgt sich der Schutzbefohlene als Grundstückseigentümer für die Schuld eines anderen. Ist die Grundschuld ohne wirksamen Sicherungsvertrag, und somit auch ohne Zweckerklärung, bestellt, dann ist der Grundschuldgläubiger durch die Grundschuld ohne rechtlichen Grund bereichert, und der Eigentümer hat den Anspruch aus § 812 BGB, der nach seiner Wahl auf Rückübertragung der Grundschuld, auf Verzicht entsprechend § 1168 BGB oder auf Aufhebung gerichtet ist. Macht der Grundschuldgläubiger sein Recht geltend, so kann ihm bei nicht bestehender Zweckerklärung gem §§ 1157, 1192 BGB die Einrede der ungerechtfertigten Bereicherung entgegengehalten werden. Ohne Zweckerklärung kann der Schutzbefohlene als Grundstückseigentümer somit jede dingliche Haftung abwehren. Gibt der gesetzliche Vertreter nun nachträglich für seinen Schutzbefohlenen die Zweckerklärung ab, dann kann die Einrede der ungerechtfertigten Bereicherung zur Abwendung der Inanspruchnahme nur mehr wegen anderer Forderungen als der in der Zweckerklärung genannten erhoben werden. Dadurch wird die Haftung des Mündels sehr wohl erweitert, sodass davon auszugehen ist, dass die nachträgliche

582 *Böttcher-Spanl* RpflJB 1990, 193, 212.
583 OLG Celle NJW 1954, 1729; *Böttcher* Rpfleger 1987, 485, 490.
584 *Böttcher* Rpfleger 1987, 485, 490.
585 RGZ 130, 148; BayObLG Rpfleger 1985, 235.
586 BayObLG Rpfleger 1986, 223 = MittBayNot 1986, 135; LG Frankenthal MittBayNot 1986, 263; *Böttcher* Rpfleger 1987, 485, 490.
587 *Böttcher* Rpfleger 1987, 485, 490.
588 LG Frankenthal MittBayNot 1986, 263.
589 *Böttcher* Rpfleger 1987, 485, 490; *Klüsener* Rpfleger 1993, 133, 138.
590 BayObLG Rpfleger 1986, 223 = MittBayNot 1986, 135.
591 *Böttcher* Rpfleger 1987, 485, 491; *Senft* MittBayNot 1986, 230; *Klüsener* Rpfleger 1993, 133, 138; vgl auch DNotI-Report 2005, 195, 196.

Zweckerklärung der Genehmigung nach § 1822 Nr 10 BGB bedarf. Soll durch die am Grundstück des Schutzbefohlenen eingetragene Grundschuld eine neue andere Forderung des persönlichen Schuldners gesichert werden (= Revalutierung), so muss dies durch eine Zweckerklärung gedeckt sein; ist dies nicht der Fall, so muss diese ergänzt werden. In der Änderung der Zweckerklärung liegt eine Verfügung über den Rückgewähranspruch des Schutzbefohlenen, die nur mit Genehmigung nach § 1812 BGB wirksam ist.[592] Da der Grundstückseigentümer vom persönlichen Schuldner verschieden ist, besteht daneben auch eine Genehmigungspflicht nach § 1822 Nr 10 BGB, wenn durch die Änderung der Zweckerklärung neue Forderungen einbezogen werden, für die der Schutzbefohlenen nicht persönlich haftet; darin liegt die Übernahme einer fremden Verbindlichkeit, für die das Grundstück bisher noch nicht haftete.[593]

Die Eintragung einer **Zwangsicherungshypothek** am Grundstück des Schutzbefohlenen ist genehmigungsfrei.[594] **158**

Die Bestellung einer **Eigentümergrundschuld** wird der Begründung einer Fremdgrundschuld gleichgestellt, so das hier eine Genehmigung nach § 1821 Abs 1 Nr 1, 1. Alt BGB erforderlich ist.[595] Zwar schmälert die Eigentümergrundschuld bis zu ihrer Abtretung das Vollrecht des Eigentums nicht, jedoch ist zu beachten, dass für den Fall einer genehmigungsfreien Bestellung des Rechts die Eltern wegen § 1821 Abs 2 BGB auch genehmigungsfrei agieren könnten, da § 1812 BGB für sie nicht anwendbar ist (§ 1643 BGB). Dies wäre aber eine Umgehung des Schutzes aus § 1821 BGB. Würden diese Vertreter sofort ein Fremdrecht bestellen, unterlägen sie dem § 1821 Abs 1 Nr 1, 1. Alt BGB; bestellen sie aber zunächst eine Eigentümergrundschuld und treten diese an einen Dritten ab, wären sie genehmigungsfrei und der Überwachung des Gerichts entzogen. Eine erweiternde Auslegung des § 1821 Abs 1 Nr 1, 1. Alt BGB auf die Abtretung ist nicht vertretbar, denn die Abtretung einer Eigentümergrundschuld ist eine Verfügung über diese, nicht aber über das Grundstück.[596] **159**

Die Erklärung der **Unterwerfung unter die sofortige Zwangsvollstreckung** sowie die Eintragung der Unterwerfung im Grundbuch sind genehmigungsfrei (§ 794 Abs 1 Nr 5, § 800 ZPO), da insoweit keine Verfügung über das Grundstück vorliegt.[597] **160**

Genehmigungsbedürftig ist für den Vormund, Betreuer und Pfleger die schuldrechtliche Vereinbarung zur Begründung eines **Löschungsanspruchs** nach § 1179 BGB (als Verpflichtung zur Aufhebung eines künftigen Eigentümerrecht) nach § 1812 Abs 1 Satz 2 BGB; die Eltern bleiben genehmigungsfrei (§ 1643 BGB).[598] Die Löschungsvormerkung verschafft der schuldrechtlichen Löschungsverpflichtung dingliche Wirkung (§§ 883, 888 BGB). Die Vormerkung wirkt auf das künftige Eigentümerrecht ein (sie beschränkt das Anwartschaftsrecht des Eigentümers auf Erwerb des Eigentümerrechts) und ist somit verfügungsähnlich zu behandeln. Die materielle Bestellung einer **Löschungsvormerkung** (§ 855 BGB) durch den Vormund, Betreuer und Pfleger bedarf der Genehmigung nach § 1812 Abs 1 Satz 1 BGB; die Eltern sind genehmigungsfrei (§ 1643 BGB).[599] § 1821 Abs 1 Nr 1, 2. Alt BGB scheitert an § 1821 Abs 2 BGB. **161**

Stimmt der Vormund, Betreuer oder Pfleger als Vertreter des **Grundstückseigentümers dem Rangrücktritt eines Grundpfandrechtes nach § 880 Abs 2 Satz 2 BGB zu**, so bedarf er dafür nach richtiger, wenn auch nicht unbestrittener Meinung der Genehmigung nach § 1812 BGB, denn dadurch verschlechtert sich der Rang des künftigen Eigentümerrechts.[600] Es kann keinen Unterschied machen, ob der Eigentümer mit seinem bereits bestehenden Eigentümerrecht zurücktritt oder durch seine Zustimmung die Anwartschaft auf dieses Recht verschlechtert. Die Eltern sind genehmigungsfrei (§ 1643 BGB). **162**

Wird der **Inhalt des Grundpfandrechtes zu Lasten des Grundstückseigentümers geändert**, so bedarf dies der Genehmigung nach § 1821 Abs 1 Nr 1, 1. Alt BGB, da es sich hierbei um eine Belastung des Grund- **163**

592 *Böttcher* Rpfleger 1987, 485, 491.
593 *Böttcher* aaO.
594 MüKo-*Wagenitz*, BGB, § 1821 Rn 13; *Böttcher-Spanl* RpflJB 1990, 193, 213.
595 KG JW 1932, 1388; *Böttcher-Spanl* RpflJB 1990, 193, 213; *Soergel-Zimmermann* § 1821 Rn 5; MüKo-*Wagenitz*, BGB, § 1821 Rn 25; kritisch *Klüsener* Rpfleger 1981, 465.
596 KG JFG 9, 262, 268; *Soergel-Zimmermann* § 1821 Rn 4; MüKo-*Wagenitz*, BGB, § 1821 Rn 27; **AA** KG OLGE 5, 409; *Eickmann*, GBVerfR, Rn 201.
597 BayObLGZ 1953, 111; *Böttcher-Spanl* RpflJB 1990, 193, 214; *Staudinger-Engler* § 1821 Rn 54; BGB-RGRK-*Dickescheid* § 1821 Rn 6; *Soergel-Zimmermann* § 1821 Rn 7; MüKo-*Wagenitz*, BGB, § 1821 Rn 27.
598 *Schöner-Stöber* Rn 3726; *Böttcher-Spanl* RpflJB 1990, 193, 214.
599 *Böttcher-Spanl* RpflJB 1990, 193, 214.
600 *Meikel-Böttcher* § 45 Rdn 126; *Böttcher-Spanl* RpflJB 1990, 193, 214; *Stutz* MittRhNotK 1993, 205, 215; MüKo-*Wagenitz*, BGB, § 1812 Rn 33; *Schöner-Stöber* Rn 3724; *Eickmann*, GBVerfR, Rn 201; **AA** OLG Schleswig SchlHA 1963, 273; *Staudinger-Engler* § 1821 Rn 60; BGB-RGRK-*Dickescheid* § 1821 Rn 6; *Soergel-Zimmermann* § 1821 Rn 7; MüKo-*Wagenitz*, BGB, § 1821 Rn 27.

stücks handelt.[601] Dies ist der Fall bei der Erhöhung der Zinsen, Verschlechterung des Kündigungsrechts des Eigentümers und der beschwerenden Änderung der Fälligkeit.

164 Folgende **Umwandlungen bei Grundpfandrechten** sind genehmigungspflichtig nach § 1821 Abs 1 Nr 1, 1. Alt BGB, weil zumindest eine Haftungserweiterung nicht ausgeschlossen ist: Hypothek in eine Grundschuld,[602] Sicherungshypothek in Verkehrshypothek.[603] Nicht genehmigungspflichtig sind dagegen die Umwandlung einer Grundschuld in eine Hypothek[604] und die Umwandlung eines Buchrechts in ein Briefrecht.[605]

165 Besteht am Grundstück des Schutzbefohlenen ein Fremdgrundpfandrecht, so ist zu dessen Löschung die **Eigentümerzustimmung nach § 1183 BGB** erforderlich (formell die Bewilligung nach § 27 GBO). Durch die Zustimmung wird auf die Anwartschaft des künftigen Eigentümerrechts endgültig verzichtet; es wird über ein Vermögensrecht des Schutzbefohlenen verfügt, so das nach richtiger, wenn auch nicht unbestrittener Meinung eine Genehmigung nach § 1812 BGB erforderlich ist.[606] Keiner Genehmigung bedürfen die Eltern (§ 1643 BGB).

166 **(2) Schutzbefohlener als Gläubiger.** Die **Bestellung eines Grundpfandrechtes** für einen Schutzbefohlenen ist genehmigungsfrei, da weder über ein Grundstück noch ein Recht des Schutzbefohlenen verfügt wird.[607] Auch der schuldrechtliche Erwerb eines Grundpfandrechtes durch den Schutzbefohlenen bedarf keiner Genehmigung nach § 1821 Abs 1 Nr 5 BGB wegen § 1821 Abs 2 BGB.

167 Wird eine **Hypothekenforderung oder eine Grundschuld abgetreten**, bedarf der Vormund, Betreuer oder Pfleger einer Genehmigung nach § 1812 BGB (nicht die Eltern, § 1643 BGB).[608] Dabei spielt es für die Grundbucheintragung keine Rolle, ob die Eintragung eine rechtsändernde Abtretung oder eine Grundbuchberichtigung (sofern das Briefgrundpfandrecht außerhalb des Grundbuchs abgetreten worden ist) darstellt. Das Grundbuchamt hat immer zu prüfen, ob die Vertretungsmacht des gesetzlichen Vertreters für das materielle Rechtsgeschäft vorgelegen hat.[609]

168 Unzweifelhaft stellt der **Rangrücktritt** einer Hypothek des Schutzbefohlenen eine Minderung der für die Forderung bestehenden Sicherheit dar, so das eine Genehmigung nach § 1822 Nr 13 BGB erforderlich ist.[610] Da eine Grundschuld rechtlich nicht als Sicherheit für eine Forderung des Schutzbefohlenen besteht, sondern als Grundstücksrecht unabhängig von einer Forderung, kann der Rangrücktritt einer Grundschuld immer nur nach § 1812 BGB genehmigungsbedürftig sein, und zwar unabhängig davon, ob es sich um eine Sicherungsgrundschuld oder isolierte Grundschuld handelt.[611] Die Eltern sind immer genehmigungsfrei, da weder § 1812 BGB noch § 1822 Nr 13 BGB in § 1643 Abs 1 BGB genannt sind.

169 Wird ein Grundstück aus der Haftung für eine Hypothek des Schutzbefohlenen freigegeben (= **Pfandfreigabe** nach § 1175 Abs 1 S 2 BGB), so ist dafür eine Genehmigung nach § 1822 Nr 13 BGB erforderlich; bei Grundschulden greift § 1812 BGB.[612] Die Eltern sind genehmigungsfrei (§ 1643 BGB).

170 Soll ein **Fremdgrundpfandrecht des Schutzbefohlenen gelöscht** werden, ist wegen § 1821 Abs 2 BGB keine Genehmigung nach § 1821 Abs 1 Nr 1, 2. Alt BGB erforderlich. Die Löschung kann unterschiedliche Ursachen haben. Soll ein Grundpfandrecht unter Fortbestand der gesicherten Forderung gelöscht werden, so handelt es sich um eine Rechtsaufhebung nach § 875 BGB. Der Vormund, Betreuer und Pfleger bedarf bei einer Hypothek einer Genehmigung nach § 1822 Nr 13 BGB; bei einer Grundschuld gilt der Genehmigungstatbestand des § 1812 BGB (die Eltern sind in jedem Fall genehmigungsfrei, § 1643 BGB).[613] Für die Löschung

---

601 BGH Rpfleger 1951, 453; *Schöner-Stöber* Rn 3691; *Böttcher-Spanl* RpflJB 1990, 193, 214; *Klüsener* Rpfleger 1981, 464; *Soergel-Zimmermann* § 1821 Rn 6; *MüKo-Wagenitz*, BGB, § 1821 Rn 26; *Staudinger-Engler* § 1821 Rn 48.

602 *Staudinger-Engler* § 1821 Rn 50; *MüKo-Wagenitz*, BGB, § 1821 Rn 26; *Soergel-Zimmermann* § 1821 Rn 6; **AA** *Gernhuber/ Coester-Waltjen*, Familienrecht, § 60 VI 4.

603 *Staudinger-Engler* § 1821 Rn 50; *MüKo-Wagenitz*, BGB, § 1821 Rn 26; *Erman-Holzhauer* § 1821 Rn 10; **AA** *Gernhuber/ Coester-Waltjen*, Familienrecht, § 60 VI 4.

604 *Staudinger-Engler* § 1821 Rn 50; *MüKo-Wagenitz*, BGB, § 1821 Rn 26; *Soergel-Zimmermann* § 1821 Rn 6.

605 *Böttcher-Spanl* RpflJB 1990, 193, 215; *MüKo-Wagenitz*, BGB, § 1821 Rn 26.

606 *Meikel-Böttcher* § 27 Rdn 86; *Böttcher* Rpfleger 1987, 485, 488; BayObLG Rpfleger 1985, 24; *Schöner-Stöber* Rn 3723; *Eickmann*, GBVerfR, Rn 201; *Staudinger-Engler* § 1812 Rn 59; *MüKo-Wagenitz*, BGB, § 1812 Rn 33; *Stutz* MittRhNotK 1993, 205, 215; **AA** *Soergel-Zimmermann* § 1812 Rn 12; *Erman-Holzhauer* § 1812 Rn 3.

607 *Böttcher-Spanl* RpflJB 1990, 193, 215.

608 Ausführlich dazu *Böttcher* Rpfleger 1987, 485, 489; *Meikel-Böttcher* § 26 Rdn 64; *Böttcher-Spanl* RpflJB 1990, 193, 216.

609 *Böttcher* Rpfleger 1987, 485, 489; *Böttcher-Spanl* RpflJB 1990, 193, 216.

610 *Meikel-Böttcher* § 45 Rdn 124; *Schöner-Stöber* Rn 3715.

611 *Meikel-Böttcher* § 45 Rdn 125; *Schöner-Stöber* Rn 3719.

612 *Böttcher-Spanl* RpflJB 1990, 193, 218.

613 Ausführlich dazu *Böttcher* Rpfleger 1987, 485; *Meikel-Böttcher* § 27 Rdn 26.

einer Hypothek soll es der Genehmigung nach § 1822 Nr 13 BGB nicht bedürfen, wenn die gesicherte Forderung unzweifelhaft wertlos sei[614] (zB die Forderung des Schutzbefohlenen richtet sich gegen eine ihm allein gehörende Gesellschaft). Wird auf ein Grundpfandrecht bei bestehenbleibender Forderung nach § 1168 BGB verzichtet, so bedarf es dafür eine Genehmigung nach § 1822 Nr 13 BGB bei einer Hypothek und gem § 1812 BGB bei einer Grundschuld (die Eltern sind genehmigungsfrei, § 1643 BGB).[615] Ist das Grundpfandrecht für den Schutzbefohlenen nie entstanden oder kraft Gesetzes erloschen (zB nach § 1181 BGB), so handelt es sich bei einer Löschung um eine Grundbuchberichtigung. Gibt der Vormund, Betreuer oder Pfleger eine Berichtigungsbewilligung ab, so bedarf diese eine Genehmigung nach § 1812 BGB, da durch diese berichtigende Löschung eine Buchposition des Schutzbefohlenen aufgegeben wird.[616] Wird das Grundpfandrecht mittels Unrichtigkeitsnachweises nach § 22 GBO gelöscht, bedarf es keiner Genehmigung.[617] Im Grundbuchverfahren wird häufig zur Löschung eines Grundpfandrechtes eine abstrakte Löschungsbewilligung des gesetzlichen Vertreters vorgelegt (§ 19 GBO). Dabei ist es für das Grundbuchamt nicht erkennbar, ob es sich um eine rechtsändernde Aufhebung oder eine berichtigende Löschung handelt. Dem Grundbuchamt ist aber in jedem Fall eine Genehmigung vorzulegen, entweder nach § 1822 Nr 13 BGB oder § 1812 BGB; nur die Eltern sind genehmigungsfrei (§ 1643 BGB).[618]

Hat der Grundstückseigentümer auf die Hypothekenforderung des Schutzbefohlenen oder auf die Grundschuld **171** des Schutzbefohlenen geleistet, so ist jeweils eine Eigentümergrundschuld entstanden (§§ 1163 Abs 1 S 2, 1177 Abs 1 BGB bzw §§ 1142, 1143 BGB); nicht wenn er bei einer Grundschuld auf die Forderung des Schutzbefohlenen geleistet hat, dann erlischt zwar diese, es verbleibt aber dem Schutzbefohlenen die Grundschuld. Genehmigungsbedürftig ist für den Vormund, Betreuer und Pfleger die Annahme der Leistung nach § 1812 BGB. Erteilt er eine sog **löschungsfähige Quittung**, ist hierfür keine neuerliche Genehmigung erforderlich. Wird allerdings die Quittungserteilung genehmigt, ist dies ausreichend, denn in ihr liegt auch die Genehmigung der Geldannahme.[619] Ist dem Grundbuchamt bekannt, dass dem Schutzbefohlenen das für ihn eingetragenen Grundpfandrecht nicht mehr zusteht (zB aus der Vorlage einer löschungsfähigen Quittung), so darf es keinesfalls mehr auf Bewilligung des gesetzlichen Vertreters löschen.

Ist im Grundbuch eine **Eigentümergrundschuld** für den Schutzbefohlenen eingetragen oder ergibt sich aus **172** einer löschungsfähigen Quittung, dass aus einem Fremdgrundpfandrecht außerhalb des Grundbuchs eine Eigentümergrundschuld für den Schutzbefohlenen entstanden ist (zB §§ 1163, 1177 BGB), und gehen diesem offenen oder verdeckten Eigentümerrecht dingliche Rechte im Rang nach, so bedarf der Vormund, Betreuer und Pfleger nach überwiegender, wenn auch nicht unbestrittener Meinung für die Löschung der Genehmigung nach 1812 BGB.[620] Die Eigentümergrundschuld ist ein Recht, kraft dessen Leistung verlangt werden kann. Dies zeigt sich insbesondere bei einer Zwangsversteigerung, wenn sie im geringsten Gebot steht oder ein etwaiger Erlös bei deren Erlöschen dem Eigentümer zufällt; während einer Zwangsverwaltung stehen dem Eigentümer die Zinsen aus einem Recht zu (§ 1197 Abs 2 BGB). Die Eltern sind genehmigungsfrei (§ 1643 BGB). Bei der Löschung einer letztrangigen Eigentümergrundschuld wird zum Teil das Genehmigungserfordernis nach § 1812 BGB verneint, weil es sich dabei nur um eine formelle Rechtsposition handeln solle.[621] Dem wird zu Recht widersprochen. Bei der letztrangigen Eigentümergrundschuld handelt es sich sehr wohl um eine materielle Rechtsposition, was sich vor allem in der Immobiliarvollstreckung zeigt. Kommt es zur Zwangsversteigerung, sichert die letztrangige Eigentümergrundschuld den Vorrang vor den Ansprüchen nach § 10 Abs 1 Nr 5–8 ZVG; fällt das Recht des Schutzbefohlenen nicht in das geringste Gebot, so gebührt ihm ein darauf entfallender Erlösanteil. Betreibt ein persönlicher Gläubiger die Zwangsversteigerung (§ 10 Abs 1 Nr 5 ZVG), so bleibt die Eigentümergrundschuld bestehen und sichert die Rangposition in § 10 Abs 1 Nr 4 ZVG. Eine materielle Rechtsposition kann der Eigentümergrundschuld daher nicht abgesprochen werden. Zur Löschung einer letztrangigen Eigentümergrundschuld bedürfen daher der Vormund, Betreuer und Pfleger eine Genehmigung nach § 1812 BGB.[622]

---

614 LG Mönchengladbach Rpfleger 2003, 651.
615 *Böttcher-Spanl* RpflJB 1990, 193, 218.
616 *Meikel-Böttcher* § 27 Rdn 26.
617 *Böttcher-Spanl* RpflJB 1990, 193, 218.
618 Ausführlich dazu *Böttcher* Rpfleger 1987, 485.
619 *Schöner-Stöber* Rn 37125; *Böttcher* Rpfleger 1987, 485, 486; *Böttcher-Spanl* RpflJB 1990, 193, 218.
620 Ausführlich dazu *Böttcher* Rpfleger 1987, 485, 486; *Böttcher-Spanl* RpflJB 1990, 193, 219; *Meikel-Böttcher* § 27 Rdn 26; BayObLGZ 1984, 218 = Rpfleger 1985, 24; OLG Hamm Rpfleger 1976, 309; *Staudinger-Engler* § 1812 Rn 59; BGB-RGRK-*Dickescheid* § 1812 Rn 13; MüKo-*Wagenitz*, BGB, § 1812. Rn 33; **AA** *Soergel-Zimmermann* § 1812 Rn 12; *Erman-Holzhauer* § 1812 Rn 3.
621 KG JW 1936, 2745; LG Limburg NJW 1949, 787; LG Würzburg MittBayNot 1972, 239; *Demharter* § 27 Rn 16; *Damrau* FamRZ 1984, 842, 849; Rpfleger 1985, 26; *Hurst* MittRhNotK 1966, 383, 413; *Riggers* JurBüro 1968, 188.
622 Ausführlich dazu *Böttcher* Rpfleger 1987, 485, 487; *Böttcher-Spanl* RpflJB 1990, 193, 219; *Meikel-Böttcher* § 27 Rdn 26; BayObLGZ 1984, 218 = DNotZ 1985, 161 = Rpfleger 1985, 24; *Schöner-Stöber* Rn 3722; KEHE-*Munzig* § 27 Rn 12; *Staudinger-Engler* § 1812 Rn 59; MüKo-*Wagenitz*, BGB, § 1812 Rn 33.

173 **ee) Sonderfälle. (1) Verurteilung zur Abgabe einer Willenserklärung.** Wird der Schutzbefohlenen zur Abgabe einer Willenserklärung verurteilt, zu gilt die Willenserklärung mit der Rechtskraft des Urteils als abgegeben (§ 894 ZPO). Eine Genehmigung nach den §§ 1812, 1821, 1822 BGB ist trotzdem erforderlich, wenn der Schutzbefohlenen rechtskräftig zur Abgabe einer genehmigungsbedürftigen Willenserklärung verurteilt ist; das Grundbuchamt kann daher eine beantragte Eintragung von der Vorlage einer Genehmigung abhängig machen.[623]

174 **(2) Berichtigung des Grundbuchs.** Bei einer Grundbuchberichtigung wird die außerhalb des Grundbuchs entstandene materielle Rechtslage nur im Grundbuch vermerkt. Die Eintragung ist nur deklaratorisch, es liegt keine Verfügung vor. Wird die Grundbuchunrichtigkeit urkundlich nachgewiesen (§ 22 GBO), so bedarf es keiner Genehmigung nach den §§ 1812, 1821, 1822 BGB.[624] Gleiches wird für eine Berichtigungsbewilligung nach § 19 GBO behauptet.[625] Dem kann nicht zugestimmt werden. Denn wenn der gesetzliche Vertreter zu der Erteilung einer Berichtigungsbewilligung selbstständig berechtigt wäre, so könnte er auch ohne Genehmigung des Gerichts über solche Vermögenswerte des Schutzbefohlenen verfügen, die das materielle Recht durch die Genehmigungspflicht gerade unter die besondere Obhut des Gerichts gestellt hat. Für die Abgabe einer Berichtigungsbewilligung bedarf der gesetzliche Vertreter daher der Genehmigung entsprechend den §§ 1812, 1821, 1822 BGB.[626]

175 **(3) Vollmachterteilung.** Die von einem gesetzlichen Vertreter einem Dritten erteilte Vollmacht zu einem Rechtsgeschäft ist grundsätzlich nicht genehmigungsbedürftig nach den §§ 1812, 1821, 1822 BGB; erst das vom Bevollmächtigten vorgenommene Rechtsgeschäft bedarf der Genehmigung, wenn es in den Katalog der genehmigungspflichtigen Geschäfte fällt.[627] Eine Vollmachterteilung ist aber dann einer Verfügung gleichzustellen mit der Folge ihrer Genehmigungsbedürftigkeit, wenn sie unwiderruflich erteilt ist.[628] Dieser Meinung ist aus Gründen des vorbeugenden Schutzes für den Schutzbefohlenen zu folgen; daneben unterliegt aber auch das vom Bevollmächtigten vorgenommene Rechtsgeschäft ebenfalls der Genehmigungspflicht.[629]

176 **(4) Vormerkung.** Die Bewilligung der Eintragung einer Vormerkung bedarf der Genehmigung nach § 1821 Abs 1 Nr 1 BGB, und zwar mit Rücksicht auf die hierdurch bewirkte dingliche Gebundenheit des mit der Vormerkung belasteten Grundstücks oder Grundstücksrechts (§§ 883, 888 BGB).[630]

177 **(5) Vermögensverwalter.** Handelt für den Schutzbefohlenen ein Testamentsvollstrecker, Nachlassverwalter oder Insolvenzverwalter, so ist die Genehmigung des Gerichts zu Rechtsgeschäften, zu denen der gesetzliche Vertreter die Genehmigung einzuholen hätte, nicht erforderlich, denn deren Rechtsmacht leitet sich nicht von der Vertretungsmacht des gesetzlichen Vertreters ab.[631] Dies gilt auch, wenn der Vermögensverwalter die Verfügung des gesetzlichen Vertreters genehmigt.[632] Selbst wenn der Vermögensverwalter zugleich gesetzlicher Vertreter ist, handelt er als Drittverwalter und unterliegt nicht der Genehmigungspflicht.[633] Genehmigungsfrei ist auch die Entgegennahme der Auflassung nach § 848 Abs 1 S 1 ZPO und die Bewilligung der Sicherungshypothek nach § 848 Abs 2 S 3 ZPO durch einen Sequester als Zwangsvertreter des Schutzbefohlenen.[634] Kann der

---

623 *Eickmann*, GBVerfR, Rn 213; *Stein-Jonas-Brehm* § 894 Rn 24; *Schilken* in MüKo/ZPO § 894 Rn 13; *Gernhuber/ Coester-Waltjen*, Familienrecht, § 60 V 4; *Müller* FamRZ 1956, 44; JR 1962, 448; **aA** BayObLGZ 1953, 111; *Staudinger-Engler* (1999) § 1821 Rn 22, 23; BGB-RGRK-*Dickescheid* Vorbem zu §§ 1821, 1822 Rn 13; *Soergel-Zimmermann* Vorbem zu § 1821 Rn 5; MüKo-*Wagenitz*, BGB, § 1821 Rn 14; *Erman-Holzhauer* Vorbem zu §§ 1821, 1822 Rn 3.

624 *Meikel-Böttcher* § 22 Rdn 164.

625 KG OLGE 26, 171; *Staudinger-Engler* § 1812 Rn 60; *Soergel-Zimmermann* § 1812 Rn 16; *Damrau* FamRZ 1984, 842, 850.

626 RGZ 133, 259; KG OLGE 25, 390, 392; *Meikel-Böttcher* § 22 Rdn 164; *Schöner-Stöber* Rn 3727.

627 *Neuhausen* RNotZ 2003, 157, 172; *Schreiber* NotBZ 2002, 128; MüKo-*Wagenitz*, BGB, § 1821 Rn 12.; *Staudinger-Engler* § 1821 Rn 57; *Soergel-Zimmermann* § 1812 Rn 8; *Böttcher-Spanl* RpflJB 1990, 193, 213; *Klüsener* Rpfleger 1981, 461, 463; *Maurer* Rpfleger 1982, 26; *Gernhuber/ Coester-Waltjen*, Familienrecht, § 60 V 6.

628 RGZ 90, 395, 400; BayObLG Rpfleger 1976, 304; FamRZ 1977, 141, 143; OLG Celle DNotZ 1974, 731, 733; KG FamRZ 1993, 733; MüKo-*Wagenitz*, BGB, § 1821 Rn 12; *Böttcher-Spanl* RpflJB 1990, 193, 213; **AA** *Schreiber* NotBZ 2002, 128; *Staudinger-Engler* § 1821 Rn 57, 58; LG Berlin Rpfleger 1994, 355.

629 OLG Zweibrücken DNotZ 2005, 634 = Rpfleger 2005, 193; *Klüsener* Rpfleger 1981, 462, 463.

630 RGZ 118, 230, 234; OLG Frankfurt/M Rpfleger 1997, 255; OLG Celle Rpfleger 1980, 187; OLG Oldenburg DNotZ 1971, 484; *Staudinger-Engler* § 1821 Rn 51; BGB-RGRK-*Dickescheid* § 1821 Rn 4; *Erman-Holzhauer* § 1821 Rn 10; *Böttcher-Spanl* RpflJB 1990, 193, 214; *Mohr* Rpfleger 1981, 175.

631 RGZ 106, 185, 187; KG OLGE 38, 259; 39, 262; OLG Celle OLGZ 1967, 483; *Staudinger-Engler* § 1821 Rn 12; MüKo-*Wagenitz*, BGB, § 1821 Rn 13; BGB-RGRK-*Dickescheid* Vorbem zu §§ 1821, 1822 Rn 14; *Soergel-Zimmermann* Vorbem zu § 1812 Rn 8; *Schöner-Stöber* Rn 3683; *Böttcher-Spanl* RpflJB 1990, 193, 205.

632 OLG Celle FamRZ 1968, 489; AG Bremen Rpfleger 1972, 369.

633 *Böttcher-Spanl* RpflJB 1990, 193, 205.

634 MüKo-*Wagenitz*, BGB, § 1821 Rn 13.

Vermögensverwalter nicht allein über einen Gegenstand verfügen (zB bei einem Insichgeschäft), sondern bedarf er dazu der Zustimmung des Schutzbefohlenen, der durch einen gesetzlichen Vertreter vertreten wird, so ist die Genehmigung des Gerichts erforderlich, wenn das Rechtsgeschäft -nähme es der gesetzliche Vertreter vor- der Genehmi-gungspflicht der §§ 1812, 1821, 1822 BGB unterläge.[635]

(6) Nacherbfolge. Ist der Schutzbefohlene Nacherbe, dann bedarf die Zustimmung seines gesetzlichen Ver- **178** treters zu einer Verfügung des Vorerben, die unter den Katalog der §§ 1812, 1821, 1822 BGB fällt, der Genehmigung des Familien- bzw Vormundschaftsgerichts.[636] Der Schutzbefohlene gibt durch seine Zustimmung sein künftiges Recht an einem Grundstück oder Grundstücksrecht auf; die Aufgabe dieses Anwartschaftsrechts ist nicht anders zu behandeln als die Aufgabe des Eigentums an einem Grundstück oder die Berechtigung an einem Grundstücksrecht selbst. Genehmigungspflichtig nach § 1821 Abs 1 Nr 1, 1. Alt BGB ist daher zB die Zustimmung des Nacherben zur Verfügung des Vorerben über ein Nachlassgrundstück. Verzichtet der gesetzliche Vertreter auf die Eintragung des Nacherbenvermerks (§ 51 GBO) zugunsten des Schutzbefohlenen am Nachlassgrundstück oder bewilligte ihr die Löschung des eingetragenen Nacherbenvermerks, ist eine Genehmigung nach § 1821 Abs 1 Nr 1 BGB erforderlich.[637] Der Nacherbenvermerk stellt für den Nacherben eine Schutzposition dar; verzichtet er auf ihn, verliert er dadurch nicht den Schutz des § 2113 Abs 1 BGB, wohl aber kann er einen Rechtsverlust durch gutgläubigen Erwerb eines Dritten nach §§ 2113 Abs 3, 892 BGB erleiden. Hat der gesetzliche Vertreter des Nacherben einer Verfügung des Vorerben über ein Nachlassgrundstück oder ein zum Nachlass gehörendes ähnliches Recht mit Genehmigung des Gerichts zugestimmt, dann scheidet mit dem Vollzug der Verfügung das Grundstück oder Grundstücksrecht endgültig und wirksam aus dem der Nacherbfolge unterliegenden Nachlass aus. Der Nacherbenvermerk ist in diesem Fall gegenstandslos, das Grundbuch durch seine weiterbestehende Eintragung unrichtig (§ 894 BGB). Die Grundbuchberichtigung kann nach § 22 GBO durch Unrichtigkeitsnachweis ohne Mitwirkung des Nacherben erreicht werden; zur Löschung des Vermerks bedarf es somit in diesem Fall auch keiner gerichtlichen Genehmigung.[638] Soll die Löschung des Nacherbenvermerks allerdings mittels Berichtigungsbewilligung des gesetzlichen Vertreters des Nacherben erfolgen, ist eine Genehmigung nach § 1821 Abs 1 Nr 1 BGB erforderlich.[639]

(7) Schutzbefohlener als Mitglied von Gesellschaften und Gemeinschaften. Verfügungen über Grund- **179** stücke einer juristischen Person (**AG, GmbH, eV, Gen**), an der ein Schutzbefohlener beteiligt ist, durch das verfügungsberechtigte Organ sind genehmigungsfrei; hier wird nicht für den Schutzbefohlenen gehandelt, sondern für die juristische Person. Dies gilt sogar dann, wenn der Schutzbefohlene Alleingesellschafter einer GmbH ist, deren Vermögen ausschließlich in einem Grundstück besteht.[640]

Bei Personenhandelsgesellschaften (**OHG, KG**), an denen ein Schutzbefohlener beteiligt ist, ist ebenfalls von **180** der Genehmigungsfreiheit auszugehen.[641] Zwar ist hier Rechtsträger nicht die Gesellschaft, sondern die gesamthänderische Verbindung der Gesellschafter (somit auch der Schutzbefohlene); allerdings wird für die Gesellschaft gehandelt, die insoweit als teilrechtsfähig zu betrachten ist (vgl § 124 HGB). Außerdem liegt beim Eintritt des Schutzbefohlenen in die Gesellschaft die Kontrolle des § 1822 Nr 3 BGB vor.

Da die **BGB- (Außen-) Gesellschaft** auch als rechtsfähig angesehen wird,[642] muss auch bei ihr von der **181** Genehmigungsfreiheit ausgegangen werden bei der Verfügung über ein Grundstück oder Grundstücksrecht, wenn sie ein Erwerbsgeschäft betreibt und einer ihrer Gesellschafter ein Schutzbefohlener ist, für den ein gesetzlicher Vertreter handelt.[643] Gleichzustellen sind dem **nichtrechtsfähige Vereine**, bei denen die Trennung von Vereinsvermögen und Privatvermögen der Mitglieder weitestgehend vollzogen ist.[644] Genehmigungsbe-

---

635 BGHZ 56, 275, 284 = NJW 1971, 1805 = Rpfleger 1971, 349; *Soergel-Zimmermann* Vorbem zu § 1821 Rn 8.
636 RGZ 102, 332, 338; 133, 259; 148, 385, 392; BayObLG Rpfleger 1982, 277; BayObLGZ 1959, 493, 501; *Staudinger-Engler* § 1821 Rn 59; *MüKo-Wagenitz*, BGB, § 1821 Rn 10; *Soergel-Zimmermann* Vorbem zu § 1821 Rn 7; *Böttcher-Spanl* RpflJB 1990, 193, 205.
637 *Böttcher-Spanl* RpflJB 1990, 193, 211; *MüKo-Wagenitz*, BGB, § 1821 Rn 10; *Schöner-Stöber* Rn 3718; *Klüsener* Rpfleger 1981, 465.
638 *Böttcher-Spanl* RpflJB 1990, 193, 211.
639 *Böttcher-Spanl* RpflJB 1990, 193, 212.
640 RGZ 133, 7,10; *Staudinger-Engler* § 1821 Rn 14; *MüKo-Wagenitz*, BGB, § 1821 Rn 8.; *Soergel – Zimmermann* Vorbem zu § 1821 Rn 8; *Böttcher-Spanl* RpflJB 1990, 193, 204.
641 RGZ 125, 380, 381; 137, 324, 344, BGHZ 55, 5 = NJW 1971, 375; *Staudinger-Engler* § 1821 Rn 15; *MüKo-Wagenitz*, BGB, § 1821 Rn 9; *Soergel-Zimmermann* Vorbem zu § 1821 Rn 8; *Böttcher-Spanl* RpflJB 1990, 193, 204.
642 BGH DNotZ 2001, 234.
643 OLG Schleswig DNotZ 2002, 551; OLG Hamburg FamRZ 1958, 333; *Schöner-Stöber* Rn 3684; *Staudinger-Engler* § 1821 Rn 16; *MüKo-Wagenitz*, BGB, § 1821 Rn 9; *Dümig* FamRZ 2003, 1; *Böttcher-Spanl* RpflJB 1990, 193, 204; **AA** LG Aschaffenburg MittRhNotK 1995, 183; *Soergel-Zimmermann* Vorbem zu § 1821 Rn 8.
644 *MüKo-Wagenitz*, BGB, § 1821 Rn 9; *Staudinger-Engler* § 1821 Rn 16.

dürftigkeit liegt allerdings dann vor, wenn die Gesellschaft bürgerlichen Rechts kein Erwerbsgeschäft betreibt, sondern zB eine Vermögensverwaltungsgesellschaft.[645]

182 Verfügt eine **Erbengemeinschaft**, an der ein Schutzbefohlener beteiligt ist, über ein Grundstück, bedarf die Verfügung einer Genehmigung nach § 1821 Abs 1 Nr 1, 1. Alt BGB.[646] Verfügt der Schutzbefohlene über seinen Erbanteil und ist im Nachlass ein Grundstück enthalten, so bedarf es neben der Genehmigung nach § 1822 Nr 1 BGB auch einer solchen nach § 1821 Abs 1 Nr 1, 1. Alt BGB.[647] Zwar ist nicht das Grundstück Verfügungsgegenstand, sondern der Anteil am Gesamthandsvermögen, aber die Rechtsfolgen der Verfügung wirken mittelbar auf das Grundstück ein. Genehmigungsfrei ist jedoch die Veräußerung eines Nachlassgrundstücks durch die Erbengemeinschaft, an welcher der Schutzbefohlene beteiligt ist, an den Schutzbefohlenen zu Alleineigentum, da hier der Schutzbefohlene auch bei strikter rechtlicher Betrachtung nur hinzugewinnt[648] (für den schuldrechtlichen Erbauseinandersetzungsvertrag ist § 1822 Nr 2 BGB zu beachten).

183 **(8) Reichweite einer Genehmigung.** Ist das der Verfügung zugrundeliegende **schuldrechtliche Geschäft gerichtlich genehmigt** worden (zB Kaufvertrag, § 1821 Abs 1 Nr 4 BGB), so kann idR angenommen werden, dass die **Genehmigung auch zur dinglichen Verfügung erteilt** ist; ebenso ist unter regelmäßigen Umständen die Annahme berechtigt, das mit der gerichtlichen Genehmigung der dinglichen Verfügung (zB Auflassung, § 1821 Abs 1 Nr 1, 1. Alt BGB) die stillschweigende Genehmigung des Verpflichtungsgeschäfts verbunden ist.[649] Falsch wäre es zu unterstellen, dass die Genehmigung des Verfügungsgeschäfts deshalb entfällt, weil durch die Genehmigung des Kausalgeschäftes bereits eine wirksame und unabänderliche Verpflichtung entstanden ist, welche dem Sinn und Zweck einer weiteren Genehmigung entfallen ließe.[650]

184 **f) Nachweis der gerichtlichen Genehmigung beim Grundbuchamt.** Die Prüfung der Notwendigkeit und Wirksamkeit einer Genehmigung des Familien- oder Vormundschaftsgerichts, aber auch die der Wirksamkeit des zu genehmigenden Rechtsgeschäfts, hat nach den **Regeln des Grundbuchverfahrens** zu erfolgen. Daher muss unterschieden werden zwischen einer Eintragung auf Grund einer materiellrechtlichen Einigung gem § 20 GBO (= Auflassung; Bestellung, Inhaltsänderung und Übertragung eines Erbbaurechts) und einer solchen auf Grund einer verfahrensrechtlichen Bewilligung gemäß § 19 GBO.

185 **aa) Verfahren nach § 20 GBO.** In diesem Fall darf das Grundbuchamt nur dann eintragen, wenn die **Wirksamkeit der dinglichen Einigung** feststeht. Handelt daher ein gesetzlicher Vertreter, so ist seine Vertretungsmacht zu prüfen. Unterliegt sie eine Beschränkung durch ein Genehmigungserfordernis, so hat das Grundbuchamt auch die gerichtliche Genehmigung zu beachten.

186 **(1) Erteilung der Genehmigung.** Dies ist dem Grundbuchamt durch die Vorlage der Genehmigung in Urschrift, Ausfertigung oder beglaubigter Abschrift nachzuweisen. Gehört das die Genehmigung erteilende Familien- oder Vormundschaftsgericht demselben Amtsgericht an wie das Grundbuchamt, so genügt statt der Vorlage die Verweisung auf die Familien- oder Vormundschaftsakten.

187 **(2) Zugang der Genehmigung an den gesetzlichen Vertreter (§ 1828 BGB).** Dies ist dem Grundbuchamt gegenüber nachgewiesen, wenn der gesetzliche Vertreter selbst die Genehmigung als Eintragungsunterlage einreicht. Dann kann davon ausgegangen werden, dass die Genehmigung dem gesetzlichen Vertreter ordnungsgemäß zugegangen ist. Gehört das genehmigende Familien- oder Vormundschaftsgericht demselben Amtsgericht wie das Grundbuchamt an, so genügt auch eine Verweisung auf die Akten des Familien- oder Vormundschaftsgerichts, aus denen dann die Bekanntmachung der Genehmigung an den gesetzlichen Vertreter aufgrund der dort befindlichen Zustellungsurkunde entnommen werden kann. Eine weitere Möglichkeit des Nachweises stellt die Bestätigung des Familien- oder Vormundschaftsgerichts auf der vorgelegten Genehmigung dar, wonach die Zustellung an den gesetzlichen Vertreter erfolgt ist.

188 **(3) Mitteilung der Genehmigung gem § 1829 BGB.** Für die Wirksamkeit des vom Grundbuchamt zu überprüfenden und einzutragenden Rechtsgeschäfts sind die Mitteilung der Genehmigung durch den gesetzli-

---

645 OLG Koblenz NJW 2003, 1401; OLG Hamburg FamRZ 1958, 333; MüKo-*Wagenitz*, BGB, § 1821 Rn 20; *Böttcher-Spanl* RpflJB 1990, 193, 204; *Klüsener* Rpfleger 1981, 464; **AA** *Dümig* FamRZ 2003, 1.

646 MüKo-*Wagenitz*, BGB, § 1821 Rn 20; *Schöner-Stöber* Rn 3684; *Böttcher-Spanl* RpflJB 1990, 193, 205; DNotI-Report 2002, 83.

647 OLG Düsseldorf JMBlNRW 1960, 101; MüKo-*Wagenitz*, BGB, § 1821 Rn 20; *Böttcher-Spanl* RpflJB 1990, 193, 205.

648 BayObLG NJW 1968, 941 = Rpfleger 1968, 151; MüKo-*Wagenitz*, BGB, § 1821 Rn 20; *Böttcher-Spanl* RpflJB 1990, 193, 205.

649 RGZ 130, 148, 150; BayObLG Rpfleger 1983, 344; 1985, 235; KG FamRZ 1993, 733; *Erman-Holzhauer* § 1821 Rn 8; *Staudinger-Engler* § 1821 Rn 24; MüKo-*Wagenitz*, BGB, § 1821 Rn 16; *Soergel-Zimmermann* § 1821 Rn 3; *Böttcher-Spanl* RpflJB 1990, 193, 204.

650 BayObLG Rpfleger 1985, 235; MüKo-*Wagenitz*, BGB, § 1821 Rn 16; *Böttcher-Spanl* RpflJB 1990, 193, 204.

chen Vertreter an den Vertragspartner und deren Zugang bei diesem erforderlich. Diese Tatbestände sind dem Grundbuchamt nachzuweisen. Die Mitteilung der Genehmigung zählt zu den sonstigen Erklärungen iSv § 29 Abs 1 S 1 GBO, so dass sie zumindest der notariellen Beglaubigung bedarf; der Nachweis des Zugangs ist durch öffentliche Urkunde gem § 29 Abs 1 S 2 GBO zu führen (= Zustellungsurkunde). Der Nachweis des § 1829 BGB ist auch dann als erbracht anzusehen, wenn der Vertragspartner die Genehmigung beim Grundbuchamt einreicht. In diesem Fall kann davon ausgegangen werden, dass er sie vom gesetzlichen Vertreter erhalten hat. Lag die Genehmigung bei Beurkundung der dinglichen Einigung bereits vor und macht der gesetzliche Vertreter davon Gebrauch, so genügt es für den Nachweis sowohl des § 1828 BGB als auch des § 1829 BGB, wenn in der Urkunde festgestellt wird: »Der Vertreter des Kindes (Mündels, Betreuten, Pfleglings) teilt dem Vertragspartner mit, dass er zur vorliegenden dinglichen Einigung die Genehmigung bereits am .... erhalten hat«. Um den Schwebezustand des § 1829 Abs 1 BGB zu beenden, kann der andere Vertragsteil den gesetzlichen Vertreter zur Mitteilung darüber auffordern, ob die Genehmigung erteilt worden sei. Wird die Genehmigung dem anderen Vertragsteil nicht binnen zwei Wochen nach dem Empfang der Aufforderung durch den gesetzlichen Vertreter mitgeteilt, so gilt sie als verweigert (§ 1829 Abs 2 BGB). Eine solche Aufforderung liegt nur dann vor, wenn der Erklärungsempfänger erkennen kann, dass es sich nicht um eine bloße Sachstandsanfrage, sondern um eine Erklärung von rechtserheblicher Bedeutung handelt; letzteres wird zB verneint, wenn die Anfrage nicht nur an den gesetzlichen Vertreter eines Verkäufers gerichtet wird, sondern auch an alle anderen Verkäufer.[651]

Wird die Genehmigung erst nach der Vertragsbeurkundung erteilt, so wird in nahezu allen Fällen von den **189** Beteiligten ein gemeinsamer Bevollmächtigter ernannt (= **Doppelvollmacht**), und zwar idR der **Notar**. Dieser nimmt die Genehmigung für den gesetzlichen Vertreter entgegen (§ 1828 BGB), teilt sie dem anderen Vertragsteil mit und nimmt für diesen die Mitteilung in Empfang (§ 1829 BGB). Die Zulässigkeit einer solchen Doppelvollmacht ist überwiegend anerkannt.[652] Bedenken werden insoweit angemeldet, weil die Doppelvollmacht § 1828 faktisch aushebele; der gesetzliche Vertreter wisse nicht, wann die Genehmigung dem Vertragsgegner mitgeteilt wird und er verzichte damit letztendlich auf die Möglichkeit, von der Genehmigung nicht Gebrauch zu machen.[653] Um diesen Bedenken zu begegnen, kommt nur die Erteilung einer jederzeit widerruflichen Vollmacht in Betracht; damit behält der gesetzliche Vertreter die Entscheidungsfreiheit über das Wirksamwerden des Rechtsgeschäfts.[654] Die Doppelbevollmächtigung darf nicht zu dem Zwecke erfolgen, dem Schutzbefohlenen die Möglichkeit zu nehmen, die – mit der Mitteilung nach § 1829 Abs 1 S 2 BGB für das Gericht unwiderruflich gewordene (§§ 55, 62 FGG) – Genehmigung im Beschwerdeweg überprüfen zulassen. Durch das vom BVerfG aufgestellte Erfordernis eines Vorbescheids wird der rechtsmissbräuchlichen Erteilung von Doppelvollmachten begegnet.[655]

Die mittels Doppelvollmacht vorgenommenen Rechtshandlungen können nicht als rein innerer Akt Wirksam- **190** keit erlangen; vielmehr muss die **Ausübung der Doppelvollmacht** materiell nach außen zum Ausdruck kommen[656] und formell dem Grundbuchamt nachgewiesen werden.[657] **Materiell** genügt ein bloßer Vermerk des Notars über die Kenntnisnahme der Genehmigung nicht,[658] wohl aber ein Vermerk über das Gebrauchmachen der Genehmigung[659] oder die bloße Einreichung beim Grundbuchamt durch den bevollmächtigten Notar.[660] Über den **formellen Nachweis** gegenüber dem Grundbuchamt hinsichtlich der Ausübung der Doppelvollmacht herrscht Streit. Es wird die Meinung vertreten, dass es ausreichend sei, wenn der Notar formlos die Vollmacht in der Weise ausübt, dass er die entsprechende Urkunde nach § 15 GBO dem Grundbuchamt vorlegt.[661] Der Nachweis der Ausübung der Doppelvollmacht erfolgt demnach durch konkludentes Verhalten. Dieser Ansicht ist nicht zu folgen. Richtig ist, dass die Ausübung der Vollmacht materiell keiner Form bedarf, also auch mündlich oder durch konkludentes Verhalten erfolgen kann, da auch für die Mitteilung des gesetzli-

---

651 OLG Düsseldorf DNotZ 2003, 863.
652 BGHZ 15, 97, 99; 19, 5,11; RGZ 121, 30, 33; BayObLG Rpfleger 1983, 344; OLG Düsseldorf NJW 1959, 391; OLG Hamm MDR 1953, 487; *Schöner-Stöber* § 3739; *Staudinger-Engler* § 1821 Rn 24; *BGB-RGRK-Dieckescheid* § 1821 Rn 13; *Erman-Holzhauer* § 1821 Rn 6; *MüKo-Wagenitz*, BGB, § 1821 Rn 14; *Böttcher* RpflStud 1991, 73, 74.
653 *Soergel-Zimmermann* § 1821 Rn 9; *Gernhuber/Coester-Waltjen*, Familienrecht, § 60 IV 5.
654 *Staudinger-Engler* § 1829 Rn 24; *MüKo-Wagenitz*, BGB, § 1829 Rn 14; *Neuhausen* RNotZ 2003, 157, 174; *Böttcher* RpflStud 1991, 73, 74.
655 BVerfG NJW 2000, 1709; vgl auch OLG Schleswig FamRZ 2001, 52; OLG Köln FamRZ 2001, 1167; OLG Hamm FamRZ 2001, 710; *MüKo-Wagenitz*, BGB, § 1829 Rn 15.
656 BayObLG FamRZ 1998, 1125, 1126; 1997, 1426, 1427; 1989, 1113, 1115; *MüKo-Wagenitz*, BGB, § 1821 Rn 16.
657 *Böttcher* RpflStud 1991, 73, 74.
658 OLG Zweibrücken DNotZ 1971, 731; *Soergel-Zimmermann* § 1829 Rn 9; *MüKo-Wagenitz*, BGB, § 1821 Rn 16.
659 OLG Hamm Rpfleger 1964, 313 = DNotZ 1964, 541; *MüKo-Wagenitz*, BGB, § 1821 Rn 16; *Soergel-Zimmermann* § 1829 Rn 9; *Staudinger-Engler* (1999) § 1829 Rn 25.
660 RGZ 121, 30; BayObLG FamRZ 1989, 1113, 1115; *Staudinger-Engler* § 1829 Rn 25; *MüKo-Wagenitz*, BGB, § 1821 Rn 16; *Soergel-Zimmermann* § 1829 Rn 9.
661 *Neuhausen* RNotZ 2003, 157, 173; *Schöner-Stöber* Rn 3740; *MüKo-Wagenitz*, BGB, § 1829 Rn 16; *Soergel-Zimmermann* § 1829 Rn 9.

chen Vertreters an den anderen Vertragsteil nichts anderes gilt. Das Grundbuchamt muss jedoch mit der für das Grundbuchverfahren notwendigen Bestimmtheit feststellen, ob das Rechtsgeschäft wirksam ist. Diese Prüfung wird dem Notar überlassen, wenn allein aus der Antragstellung nach § 15 GBO die Wirksamkeit der Vorgänge nach §§ 1828, 1829 BGB gefolgert wird. Die Gegenansicht verlangt daher zu Recht eine ausdrückliche Erklärung über die Ausübung der Doppelbevollmächtigung; zum Teil wird dafür nur Schriftform verlangt.[662] Es ist jedoch die Form des § 29 Abs 1 GBO einzuhalten, da es sich insoweit um eine Erklärung iSv § 29 Abs 1 GBO handelt, die in keinem Fall durch konkludentes Verhalten (= Antragstellung des Notars auf Vollzug der Urkunde) ersetzt werden kann. Der bevollmächtigte Notar muss für die Vollmachtgeber die erforderlichen Erklärungen formgerecht abgeben, indem er einen besonderen Vermerk auf der Urkunde anbringt, der etwa folgenden Wortlaut haben kann: *»Diese mir als Bevollmächtigtem des gesetzlichen Vertreters zugegangene Genehmigung habe ich heute mir selbst als gleichzeitig Bevollmächtigtem des anderen Vertragsteils mitgeteilt und für diesen in Empfang genommen.«* Dieser Vermerk ist eine notarielle Eigenurkunde, die die Qualität einer öffentlichen Urkunden iSv § 29 GBO hat, so dass es der Beglaubigung der Unterschrift des bevollmächtigtem Notars durch einen anderen Notar nicht bedarf.

191 **bb) Verfahren nach § 19 GBO.** Regelmäßig erfolgt eine Grundbucheintragung aufgrund einer formellen Bewilligung des Betroffenen nach § 19 GBO. Die materiellen Rechtsverhältnisse bleiben dabei grundsätzlich unberücksichtigt. **Das Familien- oder Vormundschaftsgericht genehmigt aber stets das der formellen Bewilligung zugrundeliegende materielle Rechtsgeschäft und nie die formelle Eintragungsbewilligung nach § 19 GBO.** Sie ist keine Verfügung, sondern eine reine Verfahrenshandlung, die weder genehmigungsbedürftig noch genehmigungsfähig ist.[663] Aus den angeführten Grundsätzen, dass im Verfahren gem § 19 GBO grundsätzlich nur die formelle Bewilligung zu prüfen ist und das grundsätzlich nur das materielle Rechtsgeschäft genehmigt wird, darf nicht gefolgert werden, dass im Verfahren nach § 19 GBO die Genehmigung nicht zu beachten ist. Die Beteiligten müssen im Grundbuchverfahren nämlich als verfahrensfähig sein, was nach § 52 ZPO analog zu beurteilen ist, dh verfahrensfähig sind grundsätzlich nur die unbeschränkt Geschäftsfähigen. Geschäftsunfähige und beschränkt Geschäftsfähige sind danach verfahrensunfähig; für sie muss der gesetzliche Vertreter handeln. Dessen Vertretungsmacht, die durch das Erfordernis einer gerichtlichen Genehmigung eingeschränkt sein kann, muss dann auch im Grundbuchverfahren geprüft werden.[664] Für den Nachweis der Genehmigung im Grundbuchverfahren gem § 19 GBO ist zu unterscheiden, ob materiellrechtlich ein Vertrag oder eine einseitige Willenserklärung zugrunde liegt.

192 **(1) Materiell liegt ein Vertrag zugrunde.** Dies ist beispielsweise der Fall, wenn der gesetzliche Vertreter des Grundstückseigentümers die Eintragung einer Grundschuld nach § 19 GBO bewilligt; dem liegt materiell die gerichtlich zu genehmigende (§ 1821 Abs 1 Nr 1, 1. Alt BGB) dingliche Einigung nach § 873 BGB zugrunde. Das Grundbuchamt hat die Erteilung der Genehmigung (vgl dazu Rdn 187) und deren Zugang an den gesetzlichen Vertreter nach § 1828 BGB (vgl dazu Abschn B I 6a bb) zu prüfen; fehlt eine oder das andere, ist eine Zwischenverfügung zu erlassen. In dem Grundbuchverfahren nach § 19 GBO ist die Genehmigung nicht in ihrer Eigenschaft als Wirksamkeitsvoraussetzung der dinglichen Einigung zu prüfen, sondern nur insoweit, als sie die durch das gesetzliche Genehmigungsverfahren bewirkte Einschränkung der Vertretungsmacht des Vertreters ausräumt. Das Grundbuchamt hat daher neben der Erteilung der Genehmigung nur deren Zugang an den Vertreter zu prüfen, wodurch dieser Vertretungsmacht erlangt. Da aber der dinglichen Vertrag der Prüfung entzogen ist, ist für das Grundbuchverfahren nach § 19 GBO der Teil des Genehmigungserfordernis ohne Bedeutung, der nur noch für das endgültige Wirksamwerden des Vertrages notwendig ist, das ist der Mitteilungsvorgang des § 1829 BGB. Ob diese Vorschrift erfüllt wurde, ist in dem Verfahren nach § 19 GBO deshalb **nicht zu prüfen.**[665]

193 **(2) Materiell liegt ein einseitiges Rechtsgeschäft zugrunde.** Auch wenn der formellen Eintragungsbewilligung nach § 19 GBO materiellrechtlich ein einseitiges Rechtsgeschäft zugrundeliegt (zB § 875, § 885, § 890, § 1183 BGB; § 8 WEG; § 5 Abs 2 ErbbauRG) hat das Grundbuchamt die Erteilung der Genehmigung nach den §§ 1812, 1821, 1822 BGB (vgl dazu Rdn 186) und deren Zugang an den gesetzlichen Vertreter nach § 1828 BGB (vgl dazu Rdn 187) zu prüfen. Materiell bestimmt **§ 1831 BGB** darüber hinaus, dass eine Genehmigung des Familien- oder Vormundschaftsgerichts nur bis zur Vollendung des einseitigen Rechtsgeschäfts möglich ist, danach nicht mehr. Formell ist diese materielle Vorschrift im Grundbuchverfahren nach § 19 GBO

---

662 *Eickmann*, GBVerfR, Rn 204.

663 *Schöner-Stöber* Rn 3743; *Eickmann*, GBVerfR, Rn 202; *Soergel-Zimmermann* § 1831 Rn 8; *Böttcher* RpflStud 1991, 73, 75.

664 *Schöner-Stöber* Rn 3743; *Böttcher* RpflStud 1991, 73, 75.

665 OLG Schleswig DNotZ 1959, 606; *Soergel-Zimmermann* § 1829 Rn 10; *Stutz* MittRhNotK 1993, 205, 208; *Böttcher* RpflStud 1991, 73, 75.

grundsätzlich nicht zu prüfen,[666] ebenso wie § 1829 BGB bei einem zugrundeliegenden Vertrag nicht im Verfahren nach § 19 zu prüfen ist. Ansonsten würden dem Grundbuchamt materiellrechtliche Prüfungen auferlegt, was grundsätzlich nicht geschehen soll. Der Grundsatz der Nichtbeachtung des § 1831 BGB im Grundbuchverfahren muss jedoch dort seine Grenze finden, wo das Grundbuchamt sichere Kenntnis von der Missachtung oder durch Tatsachen bzw Tatsachenbehauptungen begründete Zweifel an der Einhaltung des § 1831 BGB hat, was zu einer Grundbuchunrichtigkeit führen würde.

Besteht das zu genehmigende einseitige Rechtsgeschäft nur aus einer einseitigen materiellen Willenserklärung, die nicht gegenüber dem Grundbuchamt abgegeben werden kann (zB Zustimmung des gesetzlichen Vertreters des Nacherben zu einer Verfügung des Vorerben nach § 2113 BGB; Zustimmung des gesetzlichen Vertreters des Grundstückseigentümers zur Belastung eines Erbbaurechts mit Grundpfandrechten oder Reallasten nach § 5 Abs 2 ErbbauRG), muss die Genehmigung des Familien- oder Vormundschaftsgerichts vor dem Zugang der Zustimmungserklärung vorliegen (§ 1831 BGB). Ob, wann und gegenüber dem die zu genehmigende Zustimmungserklärung des gesetzlichen Vertreters abgegeben wurde oder wird, kann und darf das Grundbuchamt in seinem formellen Verfahren nicht prüfen. Die Anwendbarkeit des § 1831 BGB ist daher in diesem Fall zu verneinen, was zur Folge hat, dass mittels Zwischenverfügung sowohl eine Vorgenehmigung als auch eine Nachgenehmigung verlangt werden kann.[667] **194**

Besteht das zu genehmigende einseitige Rechtsgeschäfte nur aus einer einseitigen materiellen Willenserklärung, die auch gegenüber dem Grundbuchamt abgegeben werden kann (zB Zustimmung des gesetzlichen Vertreters des Grundstückseigentümers zur Löschung eines Fremdgrundpfandrechtes nach § 1183 BGB), so liegt diese in der formellen Bewilligung des gesetzlichen Vertreters des Schutzbefohlenen gegenüber dem Grundbuchamt (= Grundstückseigentümer nach § 27 GBO), soweit sie nicht bereits vorher erklärt wurde. Dies bedeutet, dass spätestens mit dem Zugang der formellen Erklärung des gesetzlichen Vertreters beim Grundbuchamt auch seine materielle Erklärung wirksam geworden ist. Eine Genehmigung des Familien- oder Vormundschaftsgerichts danach wäre nach dem Wortlaut des § 1831 BGB nicht mehr möglich. Die Vorschrift muss jedoch in diesem Fall im Grundbuchverfahren teleologisch reduziert werden. Der Schutzzweck der Norm, einen Dritten vor unabsehbarer rechtlicher Unsicherheit auf Dauer zu schützen, wird auch durch die Fristsetzung mittels Zwischenverfügung nach § 18 GBO erreicht; mit ihr kann daher sowohl eine Vorgenehmigung als auch eine Nachgenehmigung verlangt werden.[668] **195**

Besteht das zu genehmigende einseitige Rechtsgeschäft aus einer einseitigen materiellen Willenserklärung und der Grundbucheintragung (zB § 875 BGB, § 885 BGB, § 890 BGB, § 8 WEG), dann kann eine Genehmigung des Familien- oder Vormundschaftsgerichts auch unter Beachtung des § 1831 BGB bis zur Grundbucheintragung erfolgen.[669] Für das Grundbuchverfahren bedeutet dies, dass selbst unter Anwendung des § 1831 BGB mittels Zwischenverfügung die Genehmigung bis zur Grundbucheintragung verlangt werden kann.[670] **196**

2. Registrierte Personenvereinigungen

a) Aktiengesellschaft. Der Vorstand vertritt die AG gerichtlich und außergerichtlich (§ 78 Abs 1 AktG). Besteht der Vorstand aus mehreren Personen, so sind sämtliche **Vorstandsmitglieder nur gemeinschaftlich** zur Vertretung der AG befugt, es sei denn die Satzung bestimmt etwas anderes (§ 78 Abs 2 S 1 AktG). Die Satzung kann ua bestimmen, dass einzelne Vorstandsmitglieder allein oder in Gemeinschaft mit einem Prokuristen zur Vertretung der AG befugt sind; dasselbe kann der Aufsichtsrat bestimmen, wenn die Satzung ihn hierzu ermächtigt hat (§ 78 Abs 3 AktG). Zur Gesamtvertretung befugte Vorstandsmitglieder können einzelne von ihnen zur Vornahme bestimmter Geschäfte oder bestimmter Arten von Geschäften ermächtigen; dies gilt sinngemäß, wenn ein einzelnes Vorstandsmitglied in Gemeinschaft mit einem Prokuristen zur Vertretung der AG befugt ist (§ 78 Abs 4 AktG). Die Vertretungsbefugnis des Vorstands kann im Außenverhältnis nicht beschränkt werden (§ 82 Abs 1 AktG). Ein gesamtvertretungsberechtigtes Vorstandsmitglied kann ein anderes (gesamtvertretungsberechtigtes) Vorstandsmitglieder nicht in vollem Umfang seine Vertretungsmacht übertragen und damit zur Alleinvertretung ermächtigen, sondern nur zu bestimmten Rechtsgeschäften.[671] Letztere Ermächtigung wird unwirksam, wenn das ermächtigende oder ermächtigte Vorstandsmitglied aus dem Vorstand ausscheidet.[672] **197**

---

666 *Böttcher* RpflStud 1991, 73, 75 f; *Staudinger-Engler* § 1831 Rn 17; MüKo-*Wagenitz*, BGB, § 1831 Rn 8; *Soergel-Zimmermann* § 1831 Rn 8; *Schöner-Stöber* Rn 3749.
667 *Böttcher* RpflStud 1991, 73, 76.
668 *Böttcher* RpflStud 1991, 73, 76, *Staudinger-Engler* § 1831 Rn 17; MüKo-*Wagenitz*, BGB, § 1831 Rn 8.
669 *Stutz* MittRhNotK 1993, 205, 208.
670 *Böttcher* RpflStud 1991, 73, 77.
671 BGH DNotZ 1988, 690; 1976, 37; BGHZ 46, 72; 34, 27; *Schöner-Stöber* Rn 3621.
672 DNotI – Report 2000, 49; *Schöner-Stöber* Rn 3621; **AA** *Selbherr* MittBayNot 2000, 286.

198 Bei **Rechtsgeschäften zwischen der AG und Vorstandsmitgliedern** wird die AG vom Aufsichtsrat vertreten (§ 112 AktG). Davon kann nicht abgewichen werden (§ 23 Abs 5 AktG). Die Ausübung der Vertretungsbefugnis setzt einen Beschluss des Aufsichtsrates voraus (§ 108 Abs 1 AktG); gesamtvertretungsberechtigt sind danach die den Beschluss tragende Mehrheit der Aufsichtsratsmitglieder,[673] nicht einzelne Mitglieder des Aufsichtsrates und auch nicht der Vorsitzende.[674] Zum Nachweis der Vertretungsbefugnis ist ein Protokoll über den Aufsichtsratsbeschluss vorzulegen, dass vom Vorsitzenden des Aufsichtsrats und einem weiteren Aufsichtsratsmitglied zu unterzeichnen und zu beglaubigen ist entsprechend den §§ 26 Abs 4, 24 Abs 6 WEG.[675] Die Vertretungsbefugnis des Aufsichtsrates gilt auch bei Rechtsgeschäften zwischen der AG und ausgeschiedenen Vorstandsmitgliedern[676] und auch solchen, die erst in den Vorstand eintreten sollen, dh werdenden Vorstandsmitgliedern.[677] Bestritten ist die Frage, wer eine Aktiengesellschaft vertritt bei Rechtsgeschäften zwischen ihr und einer anderen Kapitalgesellschaft (AG, GmbH), deren einziger Aktionär oder Gesellschafter auch der Vorstandsvorsitzende der verfügenden AG ist (= wirtschaftliche Identität).[678] Zum Teil wird die Meinung vertreten, dass in analoger Anwendung des § 112 AktG die verfügende AG bei diesen Rechtsgeschäften vom Aufsichtsrat vertreten werden muss.[679] Dies ist jedoch abzulehnen. Weder der Wortlaut von § 112 AktG noch dessen Ausnahmecharakter lassen eine Analogie zu. Außerdem hätte die Anwendung von § 112 AktG eine erhebliche Rechtsunsicherheit zur Folge, denn ab wann liegt eine wirtschaftliche Identität eines Vorstandsmitgliedes mit einer Kapitalgesellschaft vor; wenn es 100 %, 75 % oder 51 % deren Anteile hält? Daher ist der Meinung zu folgen, die bei Rechtsgeschäften zwischen einer AG (vertreten durch ein Vorstandsmitglied) und einer anderen Kapitalgesellschaft (bestehend aus diesem Vorstandsmitglied als Aktionär oder Gesellschafter) § 112 AktG nicht analog angewendet und es bei der gesetzlichen Regelung des § 78 AktG beläßt.[680] Für die notarielle Praxis empfiehlt sich jedoch aus Gründen der Vorsicht eine vorsorgliche Doppelvertretung zu veranlassen bei der verfügenden AG, dh deren Vertretung sowohl durch den Vorstand als auch durch den Aufsichtsrat.[681] Bestritten ist auch die Frage, welche Rechtsfolgen eintreten, wenn unter Verletzung des § 112 AktG der Vorstand an Stelle des Aufsichtsrates gehandelt hat. Eine Meinung geht dann von der Nichtigkeit des Rechtsgeschäfts aus, dh behandelt § 112 AktG als gesetzliches Verbot nach § 134 BGB.[682] Dies ist abzulehnen. Gegen eine Wertung des § 112 AktG als gesetzliches Verbot isv § 134 BGB spricht bereits, dass § 112 AktG eine Regelung der Vertretungsmacht darstellt und Rechtsgeschäfte, die der Vorstand trotzdem an Stelle des als Vertretungsorgan berufenen Aufsichtsrats vornimmt, nicht als solche verboten sind. Warum der Schutzzweck des § 112 AktG die Annahme einer Nichtigkeit erfordern und damit die Überlagerung des § 177 BGB rechtfertigen soll, ist nicht erkennbar. Das gilt umso mehr, als § 177 BGB als Ausdruck eines allgemeinen Rechtsgedankens sogar bei der Vertretung Minderjähriger die schwebende Unwirksamkeit als ausreichenden Schutz ansieht. Warum die AG in den Fällen des § 112 AktG größeren Schutzes bedürfen soll als Minderjährige bei rechtsgeschäftlicher Betätigung, erschließt sich nicht. Bei Rechtsgeschäften zwischen einer Aktiengesellschaft (vertreten durch ihren Vorstand anstelle des Aufsichtsrates) und Vorstandsmitgliedern führt die Verletzung des § 112 AktG deshalb nicht zur Nichtigkeit des Rechtsgeschäfts nach § 134 BGB, sondern zur schwebenden Unwirksamkeit nach § 177 BGB.[683]

199 Nach der Auflösung der AG besorgen die Auseinandersetzung die **Vorstandsmitglieder als Liquidatoren**, soweit die Satzung oder ein Beschluss der Hauptversammlung keine anderen Personen als Liquidatoren bestellen (§ 265 AktG). Die Liquidatoren vertreten die Gesellschaft gerichtlich und außergerichtlich; sind mehrere Liquidatoren bestellt, so sind sämtliche nur gemeinschaftlich zur Vertretung der Gesellschaft befugt, es sei denn die Satzung bestimmt etwas anderes (§ 269 AktG). Stellt sich nach Schluss der Liquidation heraus, dass weitere Abwicklungsmaßnahmen nötig sind, so hat das Gericht auf Antrag die bisherigen Liquidatoren neu zu bestellen oder andere Liquidatoren zu berufen (§ 273 Abs 4 AktG).

200 **b) Kommanditgesellschaft auf Aktien.** Sie ist eine Gesellschaft mit eigener Rechtspersönlichkeit, bei der mindestens ein Gesellschafter den Gesellschaftsgläubiger unbeschränkt haftet (persönlich haftender Gesellschafter) und die übrigen an dem in Aktien zerlegten Grundkapital beteiligt sind, ohne persönlich für die Verbindlichkeiten der Gesellschafter zu haften (= Kommanditaktionäre, § 278 Abs 1 AktG). Die Vertretungsbefugnis

---

673 OLG Frankfurt AG 1981, 230, 231; *Schaub* in *Bauer/von Oefele* § 32 Rn 34.
674 BGHZ 41, 282, 285; OLG Stuttgart BB 1992, 1669.
675 *Schaub* in *Bauer/von Oefele* § 32 Rn 34.
676 BGH ZNotP 2005, 189; ZIP 1997, 1108; 1996, 1381; *Schaub* in *Bauer/von Oefele* § 32 Rn 33; *Fischer* ZNotP 2002, 297, 299.
677 BGHZ 26, 236, 238; *Schaub* und *Fischer* je aaO.
678 Vgl dazu Gutachten in DNotI-Report 2004, 75.
679 LG Koblenz ZNotP 2002, 322; *Mertens* in Kölner Kommentar zum AktG § 112 Rn 14; *Werner* ZGR 1989, 369, 372 f.
680 Ausführlich dazu *Fischer* ZNotP 2002, 397; *Hüffer* § 112 AktG Rn 2; Gutachten in DNotI-Report 2004, 75.
681 *Fischer* aaO.
682 OLG Stuttgart BB 1992, 1669; OLG Hamburg WM 1986, 972; *Mertens* in Kölner Kommentar zum AktG § 112 Rn 5; *Schöner-Stöber* Rn 3621; *Schaub* in *Bauer/von Oefele* § 32 Rn 35.
683 Gutachten in DNotI-Report 2004, 75; OLG Celle MittBayNot 2002, 410= BB 2002, 1483; OLG Karlsruhe WM 1996, 161; *Hüffer* § 112 AktG Rn 7; *Staudinger-Sack* § 134 Rn 33; *Soergel-Hefermehl* § 134 Rn 2.

richtet sich nach dem Recht der Kommanditgesellschaft (§ 278 Abs 2 AktG), so dass die KGaA von dem **persönlich haftenden Gesellschafter** allein vertreten wird, wenn es nur einen gibt; bei mehreren persönlich haftenden Gesellschaftern hat jeder Alleinvertretungsberechtigung, soweit der Gesellschaftsvertrag nichts anderes bestimmt (§§ 161 Abs 2, 125 Abs 1 HGB). Kommanditaktionäre sind nicht vertretungsberechtigt. Die KGaA wird gegenüber ihrem Komplementären durch den Aufsichtrat vertreten (§§ 278 Abs 3, 112 AktG); das gilt auch gegenüber ehemaligen Komplementären, unabhängig davon, ob sie eine andere Funktion in der Gesellschaft übernommen haben, etwa diejenige eines Aufsichtsratsmitglieds.[684]

c) Gesellschaft mit beschränkter Haftung. Die Gesellschaft wird durch die **Geschäftsführer** gerichtlich   **201**
und außergerichtlich vertreten (§ 35 Abs 1 GmbHG). Grundsätzlich können die Geschäftsführer nur **gemeinschaftlich** vertreten, soweit im Gesellschaftsvertrag nichts anderes bestimmt ist (§ 35 Abs 2 GmbHG). Eine Beschränkung der gesetzlich festgelegten Vertretungsmacht der Geschäftsführer kann Dritten gegenüber nicht erfolgen (§ 37 Abs 2 GmbHG). Hat die GmbH mehrere Geschäftsführer, kann auch bestimmt werden, dass ein Geschäftsführer nur in Gemeinschaft mit einem Prokuristen vertretungsberechtigt ist. Wird die GmbH durch zwei Geschäftsführer gemeinschaftlich vertreten und fällt einer von ihnen davon weg, so hat der verbleibende Geschäftsführer grundsätzlich Alleinvertretungsberechtigung, soweit im Gesellschaftsvertrag nichts anderes ausdrücklich bestimmt ist.[685] Ein Geschäftsführer kann seine vollständige Vertretungsberechtigung nicht auf einen anderen Geschäftsführer oder einen Dritten übertragen, wohl aber für einzelne bestimmte Geschäfte Vollmacht erteilen[686]

Nach der Auflösung der GmbH wird sie durch die **Liquidatoren** vertreten; dies sind die bisherigen Geschäfts-   **202**
führer, soweit der Gesellschaftsvertrag oder ein Gesellschafterbeschluss nichts anderes festlegt (§ 66 Abs 1 GmbHG). Für die Liquidatoren gelten dieselben Vertretungsregelungen wie für die Geschäftsführer (§ 69 Abs 1 GmbHG). Ergibt sich, dass nach dem Schluss der Liquidation und der Löschung der Firma im Handelsregister noch weitere Abwicklungsmaßnahmen zu erledigen sind, lebt die Vertretungsbefugnis der früheren Liquidatoren nicht wieder auf, sondern das Gericht hat Liquidatoren neu zu bestellen.[687] Ist eine Gesellschaft durch Löschung wegen Vermögenslosigkeit aufgelöst, sind für nachträgliche Abwicklungsmaßnahmen nur vom Gericht bestellte Liquidatoren vertretungsberechtigt (§ 66 Abs 5 GmbHG).

d) Genossenschaft. Sie wird durch den Vorstand gerichtlich und außergerichtlich vertreten (§ 24 Abs 1   **203**
GenG). Dieser besteht aus zwei Mitgliedern und wird von der Generalversammlung gewählt; durch das Statut kann eine höhere Mitgliederzahl festgesetzt werden (§ 24 Abs 2 GenG). Die **Vorstandsmitglieder** sind nur **gemeinschaftlich** zur Vertretung der Genossenschaft befugt; das Statut kann Abweichendes bestimmen (§ 25 Abs 1 GenG). Das Statut kann auch bestimmen, das einzelne Vorstandsmitglieder allein oder in Gemeinschaft mit einem Prokuristen zur Vertretung der Genossenschaft befugt sind (§ 25 Abs 2 GenG). Zur Gesamtvertretung befugte Vorstandsmitglieder können einzelne von ihnen zur Vornahme bestimmte Geschäfte oder bestimmte Arten von Geschäften (zB Abgabe von Grundbucherklärungen) ermächtigen (§ 25 Abs 3 GenG); die Genossenschaft als solche kann jedoch auch Dritten für diese Art von Rechtsgeschäften Vollmacht erteilen.[688] eine Beschränkung der Vertretungsmacht der Vorstandsmitglieder ist im Außenverhältnis nicht möglich (§ 27 Abs 2 GenG).

Bei **Rechtsgeschäften zwischen der Genossenschaft und Vorstandsmitgliedern** wird die Genossenschaft   **204**
ausnahmsweise vom Aufsichtsrat vertreten (§ 39 GenG); vgl dazu Rdn 198.

Die Genossenschaft kann auch **Prokura** oder **Handlungsvollmacht** erteilen (§ 42 GenG).   **205**

Nach der Auflösung der Genossenschaft erfolgte die Liquidation durch die Vorstandsmitglieder, wenn nicht   **206**
dieselbe durch das Statut oder durch Beschluss der Generalversammlung anderen Personen übertragen wird (§ 83 Abs 1 GenG). Die **Liquidatoren** haben die Genossenschaft gerichtlich und außergerichtlich zu vertreten (§ 88 S 1, 2. Hs GenG).

e) Offene Handelsgesellschaft. Zur Vertretung der Gesellschaft ist **jeder Gesellschafter allein** ermächtigt,   **207**
wenn er nicht durch den Gesellschaftsvertrag von der Vertretung ausgeschlossen ist (§ 125 Abs 1 HGB). Im Gesellschaftsvertrag kann bestimmt werden, dass alle oder mehrere Gesellschafter nur gemeinschaftlich zur Vertretung der Gesellschaft ermächtigt sein sollen (Gesamtvertretung; § 125 Abs 2 S 1 HGB). Die zur Gesamtvertretung berechtigten Gesellschafter können einzelne von ihnen zur Vornahme bestimmte Geschäfte oder bestimmte Arten von Geschäften ermächtigen (§ 125 Abs 2 S 2 HGB). Im Gesellschaftsvertrag kann auch

---

684 BGH ZNotP 2005, 189.
685 OLG Hamburg DNotZ 1988, 331.
686 *Schöner-Stöber* Rn 3626.
687 BGHZ 53, 264 = DNotZ 1970, 427 = Rpfleger 1970, 165.
688 Ausführlich dazu *Morhard* MittBayNot 1987, 17; *Schöner-Stöber* Rn 3646.

bestimmt werden, dass die Gesellschafter, wenn nicht mehrere zusammen handeln, nur in Gemeinschaft mit einem Prokuristen zur Vertretung der Gesellschaft ermächtigt sein sollen (§ 125 Abs 3 S 1 HGB). Die Vertretungsmacht der Gesellschafter erstreckt sich auf alle gerichtlichen und außergerichtlichen Geschäfte und Rechtshandlungen einschließlich der Veräußerung und Belastung von Grundstücken sowie der Erteilung des Widerrufs einer Prokura (§ 126 Abs 1 HGB). Eine Beschränkung des Umfanges der Vertretungsmacht ist Dritten gegenüber unwirksam (§ 126 Abs 2 HGB).

208   Nach der Auflösung der Gesellschaft erfolgt die Liquidation durch **sämtliche Gesellschafter als Liquidatoren**, sofern sie nicht durch den Beschluss der Gesellschafter oder durch den Gesellschaftsvertrag einzelnen Gesellschaftern oder anderen Personen übertragen ist (§ 146 Abs 1 HGB). Sind mehrere Liquidatoren vorhanden, so können die zur Liquidation gehörenden Handlungen **nur in Gemeinschaft** vornehmen, sofern nicht bestimmt ist, dass sie einzeln handeln können (§ 150 Abs 1 HGB). Sind nach der Löschung der Gesellschaft im Handelsregister noch weitere Abwicklungsmaßnahmen nötig, besteht die Vertretungsbefugnis der bisherigen Liquidatoren weiter und deshalb bedarf es dazu keiner gerichtlichen Neubestellung.[689]

209   **f) Kommanditgesellschaft.** Zur Vertretung der Gesellschaft ist **jeder Komplementär allein** ermächtigt, wenn er nicht durch den Gesellschaftsvertrag von der Vertretung ausgeschlossen ist (§ 161 Abs 2, § 125 Abs 1 HGB). Im Gesellschaftsvertrag kann bestimmt werden, dass alle oder mehrere Komplementäre nur gemeinschaftlich zur Vertretung der Gesellschaft ermächtigt sein sollen (Gesamtvertretung; § 161 Abs 2, § 125 Abs 2 S 1 HGB). Die zur Gesamtvertretung berechtigten Komplementäre können einzelne von ihnen zur Vornahme bestimmte Geschäfte oder bestimmte Arten von Geschäften ermächtigen (§ 161 Abs 2, § 125 Abs 2 S 2 HGB). Im Gesellschaftsvertrag kann auch bestimmt werden, dass die Komplementäre, wenn nicht mehrere zusammen handeln, nur in Gemeinschaft mit einem Prokuristen zur Vertretung der Gesellschaft ermächtigt sein sollen (§ 161 Abs 2, § 125 Abs 3 S 1 HGB). Die Vertretungsmacht der Komplementäre erstreckt sich auf alle gerichtlichen und außergerichtlichen Geschäfte und Rechtshandlungen einschließlich der Veräußerung und Belastung von Grundstücken sowie der Erteilung des Widerrufs einer Prokura (§ 161 Abs 2, § 126 Abs 1 HGB). Eine Beschränkung des Umfanges der Vertretungsmacht ist Dritten gegenüber unwirksam (§ 161 Abs 2, § 126 Abs 2 HGB).

210   Die **Kommanditisten sind zur Vertretung der Gesellschaft nicht ermächtigt** (§ 170 HGB). Als Prokurist oder Handlungsbevollmächtigter kann ein Kommanditist jedoch auftreten.[690]

211   Nach der Auflösung der Gesellschaft erfolgt die Liquidation durch **sämtliche Komplementäre und Kommanditisten als Liquidatoren**, sofern sie nicht durch den Beschluss der Gesellschafter oder durch den Gesellschaftsvertrag einzelnen Gesellschaftern oder anderen Personen übertragen ist (§ 146 Abs 1 HGB). Sind mehrere Liquidatoren vorhanden, so können Sie die zur Liquidation gehörenden Handlungen **nur in Gemeinschaft** vornehmen, sofern nicht bestimmt ist, dass sie einzeln handeln können (§ 150 Abs 1 HGB). Sind nach der Löschung der Gesellschaft im Handelsregister noch weitere Abwicklungsmaßnahmen nötig, besteht die Vertretungsbefugnis der bisherigen Liquidatoren weiter und deshalb bedarf es dazu keiner gerichtlichen Neubestellung.[691]

212   Eine **GmbH & Co. KG** wird auch durch ihre Komplementärin vertreten (§ 161 Abs 2, § 125 Abs 1 HGB), das ist die GmbH. Letztere wird wiederum durch ihren oder ihre Geschäftsführer vertreten (§ 35 GmbHG) oder ihren oder ihre Prokuristen bzw Handlungsbevollmächtigte.[692]

213   **g) Partnerschaft.** Zur Vertretung der Partnerschaft ist **jeder Partner allein** ermächtigt, wenn er nicht durch den Partnerschaftsvertrag von der Vertretung ausgeschlossen ist (§ 7 Abs 3 PartGG, § 125 Abs 1 HGB). Im Partnerschaftsvertrag kann bestimmt werden, dass alle oder mehrere Partner nur gemeinschaftlich zur Vertretung der Partnerschaft ermächtigt sein sollen (Gesamtvertretung; § 7 Abs 3 PartGG, § 125 Abs 2 S 1 HGB). Die zur Gesamtvertretung berechtigten Partner können einzelne von ihnen zur Vornahme bestimmte Geschäfte oder bestimmte Arten von Geschäften ermächtigen (§ 7 Abs 3 PartGG, § 125 Abs 2 S 2 HGB). Die Vertretungsmacht der Partner erstreckt sich auf alle gerichtlichen und außergerichtlichen Geschäfte und Rechtshandlungen einschließlich der Veräußerung und Belastung von Grundstücken sowie der Erteilung des Widerrufs einer Prokura (§ 7 Abs 3 PartGG, § 126 Abs 1 HGB). Eine Beschränkung des Umfanges der Vertretungsmacht ist Dritten gegenüber unwirksam (§ 7 Abs 3 PartGG, § 126 Abs 2 HGB).

214   Nach der Auflösung der Patnerschaft erfolgt die Liquidation durch **sämtliche Partner als Liquidatoren**, sofern sie nicht durch den Beschluss der Partner oder durch den Partnerschaftsvertrag einzelnen Partnern oder anderen Personen übertragen ist (§ 10 Abs 1 PartGG, § 146 Abs 1 HGB). Sind mehrere Liquidatoren vorhanden, so können

---

689 BGH NJW 1979, 1987 = Rpfleger 1979, 335; OLG Frankfurt Rpfleger 1980, 62; *Schöner-Stöber* Rn 3631.

690 *Schöner-Stöber* Rn 3632.

691 BGH NJW 1979, 1987 = Rpfleger 1979, 335; OLG Frankfurt Rpfleger 1980, 62; *Schöner-Stöber* Rn 3631.

692 *Schöner-Stöber* Rn 3634.

Sie die zur Liquidation gehörenden Handlungen **nur in Gemeinschaft** vornehmen, sofern nicht bestimmt ist, dass sie einzeln handeln können (§ 10 Abs 1 PartGG, § 150 Abs 1 HGB). Sind nach der Löschung der Partnerschaft im Partnerschaftsregister noch weitere Abwicklungsmaßnahmen nötig, besteht die Vertretungsbefugnis der bisherigen Liquidatoren weiter und deshalb bedarf es dazu keiner gerichtlichen Neubestellung.[693]

h) Europäische wirtschaftliche Interessenvereinigung. Die EWIV (Rechtsgrundlagen sind die EG – Verordnung vom 25.07.1985, Abl EG L 199 S 1 und das EWIV – AG vom 14.04.1988 BGBl I S 514) wird durch den Geschäftsführer, bei mehreren grundsätzlich **durch jeden Geschäftsführer einzeln,** vertreten (Art 20 Abs 1 EWIV – VO). Der Gründungsvertrag kann auch eine Gesamtvertretung durch zwei unter mehrere gemeinschaftlich handelnde Geschäftsführer vorsehen, wobei Dritten diese Regelung nur entgegengesetzt werden kann, wenn sie im Handelsregister eingetragen und bekanntgemacht ist (Art 20 Abs 2 mit Art 8 EWIV – VO). Eine Vertretung der Vereinigung durch einen Geschäftsführer in Gemeinschaft mit einem Prokuristen ist nicht vorgesehen.[694]   215

i) Eingetragener Verein. Er wird vom **Vorstand** gerichtlich und außergerichtlich vertreten (§ 26 BGB); besteht er aus mehreren Personen, so gilt der Grundsatz der **Gesamtvertretung,**[695] es sei denn, die Satzung bestimmt etwas anderes.   216

Durch die Satzung kann bestimmt werden, dass neben dem Vorstand für gewisse Geschäfte **besondere Vertreter** zu bestellen sind; die Vertretungsmacht eines solchen Vertreters erstreckt sich im Zweifel auf alle Rechtsgeschäfte, die der ihnen zugewiesene Geschäftskreis gewöhnlich mit sich bringt (§ 30 BGB).   217

Durch den Beschluss des Vorstandes kann einem Dritten oder einem Vorstandsmitglied **gesonderte Vollmacht** erteilt werden, die dem Grundbuchamt dann in der Form des § 29 GBO nachzuweisen ist.[696]   218

Die **Vertretungsmacht der Vorstandsmitglieder kann durch die Satzung mit Wirkung gegen Dritte beschränkt werden** (§ 26 Abs 2 S 2 BGB). Damit diese Beschränkungen gegenüber Dritten, der diese nicht kennt, auch wirksam sind, werden sie in das Vereinsregister eingetragen (§§ 68, 70 BGB). Eine Beschränkung der Vertretungsmacht muss jedoch eindeutig bestimmt in der Satzung geregelt sein, ansonsten wirkt sie nur im Innenverhältnis;[697] letzteres ist beispielsweise der Fall bei der Klausel »Investitionsmaßnahmen über 5000 EUR bedürfen der Zustimmung der Mitgliederversammlung«.[698] Müssen einem Rechtsgeschäft **alle Vereinsmitglieder zustimmen,** so sind dem Grundbuchamt für eine Eintragung die Erklärungen aller Vereinsmitglieder in öffentlich beglaubigter Form vorzulegen; die Niederschrift einer Versammlung langt dagegen nicht.[699] Sieht die Satzung die **Zustimmung der Mitgliederversammlung** oder eines anderen Beschlussorgans vor, so ist dem Grundbuchamt eine Niederschrift über die Beschlussfassung vorzulegen, bei der die Unterschrift der die Niederschrift errichtenden Personen (§ 58 Nr 4 BGB) öffentlich beglaubigt sind (entsprechend § 26 Abs 4, § 24 Abs 6 WEG); ein Nachweis über die Zuständigkeit des Unterzeichner der Niederschrift ist nicht zu erbringen.[700] Verlangt die Satzung die Zustimmung eines Mitgliedes eines Vereinsorgans (zB Mitglied des Gesamtvorstandes), so kann der Nachweis der Zugehörigkeit des Zustimmenden zu diesem Organ dem Grundbuchamt gegenüber durch die Vorlage einer Niederschrift über die Versammlung, in der die Wahl erfolgt ist, mit Beglaubigung der Unterschriften der Unterzeichner der Niederschrift geführt werden.[701]   219

Die Liquidation eines Vereins erfolgt durch den Vorstand; zu **Liquidatoren** können auch andere Personen bestellt werden (§ 48 Abs 1 BGB). Sind mehrere Liquidatoren vorhanden, so gilt der Grundsatz der Gesamtvertretung, soweit nichts anderes bestimmt ist (§ 48 Abs 3 BGB).   220

j) Versicherungsverein auf Gegenseitigkeit. Er ist im Handelsregister Abt B eingetragen und wird durch den **Vorstand** vertreten (§ 34 VAG und § 78 AktG; für den kleinen Verein § 53 VAG).   221

k) Nachweis der Vertretungsbefugnis. Dies ist gegenüber dem Grundbuchamt möglich durch
– ein **Zeugnis des Registergerichts** bei der AG, GmbH, OHG, KG, KGaA und Partnerschaftsgesellschaft (§ 32 GBO), beim eingetragenen Verein (§ 69 BGB) und der Genossenschaft (§ 26 Abs 2 GenG), Versicherungsverein auf Gegenseitigkeit;[702]   222

---

693 BGH NJW 1979, 1987 = Rpfleger 1979, 335; OLG Frankfurt Rpfleger 1980, 62; *Schöner-Stöber* Rn 3631.
694 *Schöner-Stöber* Rn 3634 c.
695 *Schöner-Stöber* Rn 3649; *Schaub* in *Bauer/von Oefele* AT VII Rn 280.
696 *Schöner-Stöber* Rn 3649.
697 BGH NJW – RR 1996, 866; *Stöber,* Vereinsrecht, Rn 282, 283.
698 BayObLG DNotZ 2000, 49.
699 *Schaub* in *Bauer/von Oefele* AT VII Rn 283; *Schöner-Stöber* Rn 3650.
700 *Schöner-Stöber* Rn 3650; *Schaub* in *Bauer/von Oefele* AT VII Rn 282.
701 LG Bochum Rpfleger 1979, 462; *Schaub* in *Bauer/von Oefele* AT VII Rn 283; *Schöner-Stöber* Rn 3650.
702 *Meikel-Roth* § 32 Rdn 29.

- **Bezugnahme auf das Register,** wenn das Registergericht und das Grundbuchamt dem gleichen Amtsgericht angehören (§ 34 GBO);
- eine **Bescheinigung des Notars** (§ 21 BNotO);[703]
- eine **beglaubigte Kopie aus dem Register**.

3. Nicht eingetragener Verein

223 Auf Vereine, die nicht im Vereinsregister eingetragen und damit nichtrechtsfähig sind, finden die Vorschriften über die den Gesellschaften bürgerlichen Rechts (§§ 705 ff BGB) entsprechende Anwendung (§ 54 BGB). Daher ist immer das Handeln **sämtlicher Mitglieder** notwendig (§§ 714, 709 BGB). Einzelnen Mitgliedern oder Dritten kann jedoch Vollmacht erteilt werden, die dem Grundbuchamt in der Form des § 29 GBO nachzuweisen ist. Die Mitglieder des nicht eingetragenen Vereins ergeben sich aus dem Grundbuch selbst, da dieser nicht grundbuchfähig ist.[704]

4. Gesellschaft bürgerlichen Rechts

224 Sie wird grundsätzlich von **allen Gesellschaftern** vertreten (§§ 714, 709 BGB). Sie können jedoch einigen oder einem von ihnen oder einem Dritten eine Vollmacht erteilen, die dem Grundbuchamt dann jedoch in der Form des § 29 GBO nachzuweisen ist; ausreichend ist es auch, wenn die Bevollmächtigung in einem notariell beurkundeten oder beglaubigten Gesellschaftsvertrag enthalten ist, der dem Grundbuchamt vorgelegt wird.[705] Materiell kann die Vollmacht auch konkludent erteilt werden, wovon auszugehen ist, wenn einem Gesellschafter gestattet wird, nahezu sämtliche Verträge (zB 95 %) allein namens der Gesellschaft abzuschließen.[706]

5. Stiftung

225 Sie wird vom **Vorstand** gerichtlich und außergerichtlich vertreten (§§ 86, 26 BGB); besteht er aus mehreren Personen, so gilt der Grundsatz der **Gesamtvertretung,**[707] es sei denn, die Satzung bestimmt etwas anderes.

226 Durch die Satzung kann bestimmt werden, dass neben dem Vorstand für gewisse Geschäfte **besondere Vertreter** zu bestellen sind; die Vertretungsmacht eines solchen Vertreters erstreckt sich im Zweifel auf alle Rechtsgeschäfte, die der ihnen zugewiesene Geschäftskreis gewöhnlich mit sich bringt (§§ 86, 30 BGB).

227 Durch den Beschluss des Vorstandes kann einem Dritten oder einem Vorstandsmitglied **gesonderte Vollmacht** erteilt werden, die dem Grundbuchamt dann in der Form des § 29 GBO nachzuweisen ist.

228 Die **Vertretungsmacht der Vorstandsmitglieder kann durch die Satzung beschränkt werden** (§§ 86, 26 Abs 2 S 2 BGB). Dritte müssen diese Beschränkungen allerdings nur dann gegen sich gelten lassen, wenn sie ihnen bekannt sind, da es ein bundeseinheitliches Stiftungsregister nicht gibt.[708]

229 Die Vertretungsberechtigung von Vorstandsmitgliedern kann dem **Grundbuchamt nachgewiesen** werden durch die Vorlage einer notariell beurkundeten oder beglaubigten Stiftungssatzung, in der die Vertretungsberechtigten namentlich genannt sind.[709] Ausreichend ist auch eine Vertretungsbescheinigung der Aufsichtsbehörde.[710] Das in einigen Ländern geführte Stiftungsverzeichnis genießt keinen Vertrauensschutz wie sonstige öffentliche Register, so dass damit kein Vertretungsnachweis möglich ist[711] und auch der Notar daher keine Bescheinigung nach § 21 BNotO erstellen kann.[712]

6. Bundesrepublik und Länder

230 **a) Bundesrepublik.** Art 59 GG weist dem **Bundespräsidenten** die völkerrechtliche Vertretungsmacht zu, dh er schließt im Namen des Bundes die Verträge in auswärtigen Staaten. Im Inneren der Bundesrepublik hat er jedoch keine Vertretungsmacht. Vertretungsberechtigt ist in erster Linie der **Bundeskanzler.**[713] Nach Art 65 GG leitet jeder **Bundesminister** seinen Geschäftsbereich selbstständig und unter eigener Verantwortung, woraus auch seine Vertretungskompetenz für den Bundesfiskus innerhalb seines Geschäftsbereichs abzuleiten

703 Ausführlich dazu *Meikel-Roth* § 32 Rdn 43 ff.
704 *Meikel-Böttcher* Einl F Rdn 49.
705 *Schöner-Stöber* Rn 3635; vgl auch BGH DNotZ 2002, 533.
706 BGH NotBZ 2005, 143 = ZNotP 2005, 143.
707 *Schaub* in *Bauer/von Oefele* AT VII Rn 293.
708 *Schaub* in *Bauer/von Oefele* AT VII Rn 294.
709 Gutachten DNotI-Report 2002, 27; *Schaub* in *Bauer/von Oefele* AT VII Rn 297.
710 Gutachten DNotI – Report 2002, 27.
711 *Schaub* in *Bauer/von Oefele* AT VII Rn 296.
712 Gutachten DNotI – Report 2002, 27.
713 *Schaub* in *Bauer/von Oefele* AT VII Rn 298; *Schöner-Stöber* Rn 3656.

ist.[714] Bei Maßnahmen, die nicht zu einem bestimmten Ressort gehören, wird der Bundesfiskus durch den Bundesfinanzminister vertreten.[715] Jeder Bundesminister kann seine Vertretungsbefugnis durch Delegation auf nachgeordnete Behörden übertragen.[716] Im Bereich der bundeseigenen Verwaltung (Art 86 ff GG) ist die Vertretungsbefugnis auf die **obersten Bundesbehörden** delegiert, so zB im Geschäftsbereich des Bundesministers der Finanzen auf die Oberfinanzdirektionen, Bundesvermögensämter und Bundesforstämter, im Geschäftsbereich des Bundesministers für Verkehr auf die Wasser- und Schifffahrtsdirektionen des Bundes, die Bundesanstalt für Straßenwesen oder das Luftfahrt – Bundesamt, im Geschäftsbereich des Bundesbauministers auf die Bundesbaudirektion.[717] Im Rahmen der Auftragsverwaltung wird die Bundesrepublik kraft Gesetzes von den Ländern vertreten (zB beim Bundesfernstraßenbau, vgl Art 90 Abs 2 GG), so dass die Vertretungsmacht nicht des Nachweises in der Form des § 29 GBO bedarf.[718]

b) Bundesländer. Ein Bundesland ist ein Staat. Für die Vertretung maßgebend sind die Landesverfassungen,[719] ergänzt mit besonderen gesetzlichen Vorschriften, die die Vertretung regeln[720] (zB für Bayern die Vertretungsverordnung idF vom 04.10.1995, GVBl 733). Vertretungsorgan ist in erster Linie die **Landesregierung** und dieser ist es gestattet, die Vertretungsbefugnis den **Ministerpräsidenten**, ein anderes Mitglied der Landesregierung oder auf nachgeordnete Stellen zu übertragen.[721] Jeder **Minister** der Landesregierung hat die Vertretungsbefugnis für seinen Geschäftsbereich;[722] dieser wiederum ist befugt, seine Vertretungsbefugnis allgemein oder für den Einzelfall per Geschäftsverteilung auf **Beamte seines Ministeriums** oder per Verwaltungsanordnung auf nachgeordnete **Landesbehörden** zu übertragen.[723] 231

c) Nachweis der Vertretungsmacht. Ist die Vertretung der Bundesrepublik oder eines Bundeslandes gesetzlich geregelt, so muss das Vertretungsorgan seine Berechtigung nicht noch gesondert zusätzlich nachweisen.[724] Die einschlägigen Vorschriften sind jedoch nicht mehr übersehbar, häufig nicht allgemein zugänglich und werden immer wieder geändert.[725] Deshalb muss dem Notar ein öffentlich – rechtlicher Anspruch auf Amtshilfe gegenüber der vertretenen Behörde zustehen, dh auf Erteilung einer Vertretungsbescheinigung, die die vertretungsberechtigten Personen ausweist und mit Dienstsiegel versehen ist.[726] Legt der Notar diese dann auch dem Grundbuchamt vor, hat letzteres regelmäßig keinen Anlass dafür, die Vertretungsbefugnis weiter zu überprüfen; aber auch ohne eine solche Vertretungsbescheinigung kann das Grundbuchamt von der ordnungsgemäßen Vertretung durch eine Behörde ausgehen, die in eigener Zuständigkeit ihre Vertretungsberechtigung prüfen muss.[727] 232

7. Kreis

Sie sind juristische Personen. Ihre Vertretung regelt sich nach der jeweiligen Landkreisordnung.[728] Grundsätzlich wird der Landkreis durch den **Landrat bzw Oberkreisdirektor** vertreten[729] (zB *Baden-Würtemberg*, § 32 LKrO; *Bayern*, Art 35 Abs 1 LKrO; *Brandenburg*, § 50 S 2 LKrO; *Hessen*, § 45 LKrO; *Mecklenburg-Vorpommern*, § 115 Abs 1 KV -MV; *Niedersachsen*, § 58 Abs 1 S NLO); *Nordrhein-Westfalen*, § 42 S 1 KrO; *Sachsen*, § 46 Abs 1 S 2 SächsLKrO; *Sachsen-Anhalt*, § 50 LKrO; *Schleswig-Holstein*, §§ 44, 52, 63 KrO; *Thüringen*, § 109 Abs 1 ThürKO). 233

8. Gemeinde[730]

a) Alle Bundesländer ohne Bayern. Die Vertretung einer Gemeinde im Außenverhältnis erfolgt grundsätzlich durch den **Bürgermeister**[731] (zB *Baden-Würtemberg*, § 52 Abs 1 GemO; *Brandenburg*, § 61 Abs 1 S 2 GO; 234

---

714 *Neumeyer* RNotZ 2001, 249, 255.
715 BGH NJW 1967, 1755.
716 *Neumeyer* RNotZ 2001, 249, 255.
717 *Neumeyer* aaO.
718 OLG Brandenburg FGPrax 2001, 95.
719 Vgl dazu *Riggers* JurBüro 1967, 854.
720 *Schaub* in *Bauer/von Oefele* AT VII Rn 299; *Schöner-Stöber* Rn 3657.
721 *Schaub* in *Bauer/von Oefele* AT VII Rn 300; *Neumeyer* RNotZ 2001, 249, 254.
722 *Schöner-Stöber* Rn 3657; *Schaub* in *Bauer/von Oefele* AT VII Rn 300.
723 *Neumeyer* RNotZ 2001, 249, 254.
724 BayObLG DNotZ 1987, 39 = MittBayNot 1986, 139; OLG Brandenburg FGPrax 2001, 95; *Schöner-Stöber* Rn 3658.
725 *Stein-Jonas-Schumann* § 18 ZPO Rn 1; *Neumeyer* RNotZ 2001, 249, 263.
726 *Neumeyer* RNotZ 2001, 249, 263.
727 *Schaub* in *Bauer/von Oefele* AT VII Rn 302; *Schöner-Stöber* Rn 3658.
728 BayObLG MittBayNot 1986, 139 = NJW-RR 1986, 894; *Schöner-Stöber* Rn 3659.
729 *Schaub* in *Bauer/von Oefele* AT VII Rn 304–307.
730 Vgl ausführlich dazu *Rathgeber* BWNotZ 1980, 133 und *Neumeyer* RNotZ 2001, 249.
731 *Schöner-Stöber* Rn 3660; *Neumeyer* RNotZ 2001, 249, 251.

Mecklenburg-Vorpommern, § 37 KV –MV; *Niedersachsen,* § 63 Abs 1 S 2 GO; *Nordrhein-Westfalen,* § 63 Abs 1 GO; *Sachsen,* § 51 Abs 1 SächsGO; *Sachsen-Anhalt,* § 57 Abs 2 GO; *Thüringen,* § 31 Abs. 1 GO).

235 Zum Teil sehen die Gemeindeordnungen einen **allgemeinen Vertreter des Bürgermeisters** vor (zB § 68 GO von Nordrhein-Westfalen). Dieser besitzt die Vertretungsmacht unabhängig von einer Verhinderung des Bürgermeisters, so dass beim rechtsgeschäftlichen Handeln des allgemeinen Vertreters anstelle des Bürgermeisters der Verhinderungsfall nicht zu prüfen ist.[732]

236 Für **Verpflichtungsgeschäfte** sehen Gemeindeordnungen vielfach eine **Gesamtvertretung zweier Gemeindeorgane** vor[733] (zB[734] in *Hessen* der Bürgermeister mit einem weiteren Mitglied des Gemeindevorstandes; in *Niedersachsen* der Gemeindedirektor gemeinsam mit dem Ratsvorsitzenden; in *Nordrhein-Westfalen* der Gemeindedirektor mit einem weiteren vertretungsberechtigten Beamten; in *Schleswig-Holstein* der Bürgermeister sowie ein Stellvertreter). Das Handeln nur eines von zwei Gesamtvertretungsberechtigten kann genehmigt werden.[735] Zulässig ist auch die Ermächtigung eines Gesamtvertreters durch den anderen in einzelnen Angelegenheiten.[736]

237 Die Vertretungsorgane einer Gemeinde bedürfen **im Innenverhältnis** für ihr Handeln vielfach einen entsprechenden **Gemeinderatsbeschluss**. Dies schränkt jedoch die Vertretungsmacht der Vertretungsorgane (zB des Bürgermeisters) im Außenverhältnis nicht ein, dh ihre Vertretung der Gemeinde ist auch dann wirksam, wenn kein entsprechender oder sogar ein abweichender Gemeinderatsbeschluss vorliegt.[737] Der Notar und das Grundbuchamt können daher für Erklärungen eines Vertretungsorgans einer Gemeinde (zB des Bürgermeisters) nicht die Vorlage eines zustimmenden Gemeinderatsbeschlusses verlangen.[738] Die zur Belastung von Gemeindegrundstücken in Brandenburg erforderliche kommunalaufsichtliche Genehmigung kann nicht durch Allgemeinverfügung des Landkreises erfolgen.[739]

238 **b) Bayern.** Art 38 GO idF vom 22.08.1998 (GVBl 797) begründet lediglich das Vertretungsrecht des **Bürgermeisters** einer Gemeinde, nicht jedoch seine Vertretungsmacht, dh er kann im Außenverhältnis nur wirksam vertreten, wenn ein sein Handeln deckender **Gemeinderatsbeschluss** vorliegt oder es sich um ein Geschäft der laufenden Verwaltung handelt.[740]

239 Handelt es sich bei einem Rechtsgeschäft allerdings nur um die Erledigung einer **laufenden Angelegenheit**, die für die Gemeinde keine grundsätzliche Bedeutung hat und keine erheblichen Verpflichtungen erwarten lässt, so entscheidet hierüber nach Art 37 Abs 1 Nr 1 GO der Bürgermeister in eigener Zuständigkeit, so dass sich in diesem Fall sein Vertretungsrecht mit seiner Vertretungsmacht deckt.[741] Unter den laufenden Angelegenheit mit einer Gemeinde sind insbesondere jene Geschäfte zu verstehen, die bei der Verwaltung der Gemeinde in mehr oder minder regelmäßiger Wiederkehr anfallen und zur ungestörten und ununterbrochenen Fortführung der Verwaltung notwendig sind.[742] Grundstücksgeschäfte sind nur in Ausnahmefällen als laufende Angelegenheiten zu qualifizieren, weshalb dafür idR ein Gemeinderatsbeschluss notwendig ist.[743] Sogar die Auflassung eines Kleinstgrundstückes gehört bei einer kleinen Gemeinde nicht zur laufenden Verwaltung[744] (auch noch die Veräußerung einer Grundstücksteilfläche von 141 qm[745]). Auch für die Aufhebung eines Ankaufsrechts ist ein Gemeinderatsbeschluss erforderlich;[746] wird er gefasst, so umfasst er nicht nur den schuldrechtlichen Vertrag, sondern auch für die Löschungsbewilligung die das Ankaufsrecht sichernde Eigentumsvormerkung.[747] Hat der

732 *Neumeyer* RNotZ 2001, 249, 251.
733 *Schöner-Stöber* Rn 3660.
734 Nach *Schaub* in *Bauer/von Oefele* AT VII Rn 310.
735 BGH DNotZ 1982, 611 = Rpfleger 1982, 142; OLG Frankfurt/M Rpfleger 1975, 177.
736 BGH ZNotP 1997, 112.
737 BGH BB 1966, 603; NJW 1980, 117; 1998, 3058; OLG Brandenburg DtZ 1996, 323; OLG Rostock NJW-RR 1994, 661; LG Leipzig DtZ 1994, 68; *Schöner-Stöber* Rn 3660; *Demharter* § 19 Rn 85; *Neumeyer* RNotZ 2001, 249, 255; **AA** OLG Naumburg DtZ 1996, 320; OLG Jena DtZ 1996, 318.
738 *Schöner-Stöber* Rn 3660.
739 OLG Brandenburg Rpfleger 2006, 644 = NotBZ 2006, 364.
740 BayObLGZ 1997, 223 = MittBayNot 1997, 383; BayObLGZ 1997, 37 = MittBayNot 1997, 120 m Anm *Grziwotz*; BayObLGZ 1986, 112; BayObLGZ 1974, 379 = Rpfleger 1975, 95; BayObLGZ 1974, 81 = MittBayNot 1974, 106; BayObLGZ 1972, 344 = Rpfleger 1973, 138; BayObLG Rpfleger 1969, 48; BayObLGZ 1952, 271 = DNotZ 1953, 96; *Schöner-Stöber* Rn 3660; *Demharter* § 19 Rn 85.
741 BayObLGZ 1997, 41 = MittBayNot 1997, 120; BayObLGZ 1974, 84 = MittBayNot 1974, 106; *Demharter* § 19 Rn 85.
742 BayObLGZ 1974, 376; 1974, 91, 94.
743 *Schaub* in *Bauer/von Oefele* AT VII Rn 318.
744 OLG Braunschweig NJW 1966, 58.
745 BayObLGZ 1974, 376 = Rpfleger 1975, 95.
746 BayObLGZ 1974, 376 = Rpfleger 1975, 95.
747 BayObLG BayVBl 1989, 412; *Demharter* § 19 Rn 87.

Gemeinderat den Verkauf einer Grundstücksteilfläche genehmigt, so ist der Bürgermeister zur Anerkennung der Vermessung des Vertragsgrundstücks und zur Auflassung an den Erwerber auch ohne weitere Beschlussfassung des Gemeinderats jedenfalls dann befugt, wenn das Ergebnis der Vermessung dem im Kaufvertrag angenommenen ungefähren Flächenmaß der Gundstücksteilfläche entspricht.[748] Auch für die Abgabe einer Löschungsbewilligung in einem Prozessvergleich braucht der Bürgermeister keinen Gemeinderatsbeschluss.[749]

Im Falle der **Verhinderung des ersten Bürgermeisters** wird die Gemeinde durch den zweiten bzw dritten Bürgermeister vertreten.[750] Die Erklärung des Verhinderungsfalles durch den Stellvertreter in einer notariellen Urkunde ist für das Grundbuchamt als Nachweis dafür ausreichend.[751]   **240**

Hat der Bürgermeister die Gemeinde vertreten, und zwar ohne entsprechenden Gemeinderatsbeschluss, dann ist das Rechtsgeschäft **schwebend unwirksam**, wenn nicht ausnahmsweise eine laufende Angelegenheiten vorliegt; es ist jedoch eine Heilung durch nachträgliche Beschlussfassung des Gemeinderates möglich.[752]   **241**

Handelt es sich bei der Vertretung durch den Bürgermeister um keine laufende Angelegenheit, so muss er seine **Vertretungsmacht gegenüber dem Notar und dem Grundbuchamt** durch eine Ausfertigung des das Rechtsgeschäft betreffenden Gemeinderatsbeschlusses **nachweisen**.[753] Wurden dem Bürgermeister nach Art 37 Abs 2 GO durch Geschäftsordnung Angelegenheiten zur selbständigen Erledigung übertragen und fällt das von ihm getätigte Rechtsgeschäft darunter, so muss er seine Vertretungsmacht durch Vorlage dieser Geschäftsordnung führen.[754] Beruht die Vertretungsmacht des Bürgermeisters weder auf einem Gemeinderatsbeschluss noch einer Geschäftsordnung des Gemeinderates, so muss er nachweisen, dass es sich um eine laufende Angelegenheit handelt.[755] In der Form des § 29 GBO wird dies idR nicht gelingen.[756] Der Gemeinderat kann idoch für laufende Angelegenheiten Richtlinien aufstellen, die der Abgrenzung der Geschäfte der laufenden Verwaltung von den dem Gemeinderat gesetzlich vorbehaltenen Angelegenheiten dienen.[757] Wenn die Richtlinien im Benehmen mit der Aufsichtsbehörde erlassen wurden, kann durch ihre Vorlage beim Notar und Grundbuchamt der Nachweis geführt werden, dass ein Rechtsgeschäft des Bürgermeisters zur laufenden Angelegenheit gehört; dies hat im Rahmen der freien Beweiswürdigung zu geschehen.[758] Fehlen solche Richtlinien, so ist es Sache des Bürgermeisters, dem Grundbuchamt durch die Darlegung aller für die Qualifizierung des Rechtsgeschäfts als laufende Angelegenheit der Gemeinde maßgeblichen Umstände die Überzeugung zu verschaffen, dass er zur Erledigung des Geschäfts kraft eigener Zuständigkeit befugt ist; an diese Beweisführung sind strenge Anforderungen zu stellen.[759]   **242**

Eine vom Gemeinderat erteilte generelle **Vollmacht** an den ersten Bürgermeister, die Gemeinde in allen Grundstücksgeschäften zu vertreten, ist unwirksam.[760] Bei der Beantwortung der Frage, ob der Bürgermeister einen Gemeindebediensteten zu seinem Bevollmächtigten bestellen kann, kommt es darauf an, ob dies eine Angelegenheit betrifft, die er selbst allein abschließen könnte; dann ist dies zulässig.[761] Braucht der Bürgermeister dagegen selbst einen Gemeinderatsbeschluss zur Vertretung, so kann für ein diesbezügliches Rechtsgeschäft nicht einen Gemeindebediensteten bevollmächtigten und damit die Notwendigkeit eines Gemeinderatsbeschlusses umgehen. Erst nach Erlass eines Gemeinderatsbeschlusses kann der Bürgermeister zu dessen Vollzug einen Dritten oder einen Gemeindebediensteten bevollmächtigten.[762]   **243**

9. Sonstige Körperschaften des öffentlichen Rechts

a) Ausgleichsbank. Sie ist eine rechtsfähige Anstalt des öffentlichen Rechts (§ 1 AusglBankG vom 23.09.1986, BGBl I 1545) und wird vom Vorstand vertreten, der aus mindestens zwei Mitgliedern besteht; für eine wirksame Vertretung bedarf es des gemeinschaftlichen Handelns von zwei Vorstandsmitgliedern oder einem Vorstandsmitglied und einem bevollmächtigten Vertreter.[763] Die Satzung kann auch bestimmen, dass zwei   **244**

---

748 BayObLGZ 1974, 81 = Rpfleger 1974, 224; *Demharter* § 19 Rn 87.
749 BayObLG BayVBl 1988, 250; *Demharter* § 19 Rn 85.
750 *Schaub* in *Bauer/von Oefele* AT VII Rn 329.
751 *Meikel-Böttcher* Einl F Rdn 93; *Schaub* in *Bauer/von Oefele* AT VII Rn 330.
752 BGH NJW 1966, 2402; BGHZ 32, 375; BayObLG MittBayNot 1986, 22; *Demharter* § 19 Rn 86.
753 BayObLGZ 1974, 84 = MittBayNot 1974, 106; BayObLGZ 1962, 253; 1971, 302 = Rpfleger 1971, 428; *Schöner-Stöber* Rn 3660; *Demharter* § 19 Rn 85.
754 *Schaub* in *Bauer/von Oefele* AT VII Rn 327, 328.
755 *Schöner-Stöber* Rn 3660.
756 *Schaub* in *Bauer/von Oefele* AT VII Rn 322.
757 *Schaub* in *Bauer/von Oefele* AT VII Rn 323.
758 *Schaub* in *Bauer/von Oefele* AT VII Rn 324, 325.
759 BayObLGZ 1974, 378 = Rpfleger 1975, 95; *Demharter* § 19 Rn 86.
760 BayObLGZ 1972, 344 = Rpfleger 1973, 138; *Demharter* § 19 Rn 86.
761 *Schaub* in *Bauer/von Oefele* AT VII Rn 334.
762 *Schaub* in *Bauer/von Oefele* AT VII Rn 335.
763 *Schaub* in *Bauer/von Oefele* AT VII Rn 338.

bevollmächtigten Vertreter Erklärungen für die Bank abgeben können (vgl § 6 AusglBankG). Die Vertretungsbefugnis wird durch eine mit Dienstsiegel versehene Bestätigung der Aufsichtsbehörde geführt (§ 6 Abs 3 AusglBankG).

245 **b) Ausländischer Staat.** Bei zivilrechtlichen Rechtsgeschäften wird er durch eine mit Einzelvollmacht von dem zuständigen Ressortminister des Entsendestaates ausgestatteten Person vertreten.[764] Dessen Unterschrift wird entweder durch die Botschaft dessen Entsendestaates in ihrer Echtheit bestätigten oder durch die deutsche Botschaft legalisiert (§ 13 KonsularG).

246 **c) Bundesanstalt für Post und Telekommunikation.** Sie ist eine rechtsfähige Anstalt des öffentlichen Rechts. Der Vorstand setzt sich aus einem Vorsitzenden und einem weiteren Mitglied zusammen. Die Anstalt wird durch die Mitglieder des Vorstandes vertreten, wobei deren Vertretungsbefugnis durch die Satzung geregelt wird (§ 4 BAPostG, BGBl I 1994, 2325).[765]

247 **d) Bundeseisenbahn, Deutsche Bahn AG.** Das Vermögen der Bundeseisenbahn ist nicht rechtsfähiges Sondervermögen des Bundes (§ 1 Eisenbahnneuordnungsgesetz, ENeuOG, vom 27.12.1993, BGBl I 2378), dass im Rechtsverkehr unter seinem Namen handeln kann (§ 4 Abs 1 EneuOG) und grundsätzlich durch den Präsidenten vertreten wird (§ 6 Abs 3 ENeuOG). Liegenschaften, die unmittelbar und ausschließlich bahnnotwendig sind, sind mit dem Tag ihrer Eintragung in das Handelsregister auf die Deutsche Bahn AG übergegangen (§ 21 ENeuOG). Die Vertretung richtet sich nach den Regeln der Aktiengesellschaften.[766]

248 **e) Bundesbank.** Sie ist eine juristische Person des öffentlichen Rechts. Vertreten wird sie durch das Direktorium, im Bereich der Landeszentralbanken durch den Vorstand und in Bereichen der Hauptstelle durch deren Direktoren; notwendig ist jeweils das Handeln von zwei Personen gemeinschaftlich. Die Vertretungsbefugnis kann durch eine Bescheinigung eines Urkundsbeamten der Deutschen Bundesbank nachgewiesen werden (§ 11 des Gesetzes über die Deutsche Bundesbank vom 22.10.1992, BGBl I 1783).

249 **f) Flurbereinigungs – Teilnehmergemeinschaft.** Ihre Vertretung erfolgt durch den Vorsitzenden (§ 26 Flurbereinigungsgesetz vom 16.03.1976, BGBl I 546).

250 **g) Bergrechtliche Gewerkschaften.** Sie werden vertreten durch den Repräsentanten oder Grubenvorstand; es gilt der Grundsatz der Gesamtvertretung.[767]

251 **h) Handwerksinnung, Handwerkskammer.** Die Vertretung erfolgt durch den Vorstand der Handwerksinnung (§ 66 Abs 3 Handwerksordnung idF vom 24.09.1998, BGBl I 1966, 3075) bzw den Präsidenten und Hauptgeschäftsführer der Handwerkskammer je nach Regelungen der Satzung (§ 109 HwO).[768]

252 **i) Holzabsatzfond.** Er ist eine Anstalt des öffentlichen Rechts und wird vertreten durch den Vorstand (§ 4 Abs 1 Holzabsatzfondgesetz idF vom 06.10.1998, BGBl I 3131).[769]

253 **j) Industrie- und Handelskammer.** Die Vertretung erfolgt durch den Vorsitzenden (§ 7 des Gesetzes vom 18.12.1956, BGBl I 1966, 1).

254 **k) Kirche**[770]. Gemäß Art 140 GG iVm Art 137 Abs 5 der Weimarer Reichsverfassung vom 11.08.1919 ist sowohl der katholischen als auch der evangelischen Kirche inDeutschland der Bestand als **Körperschaft des öffentlichen Rechts** garantiert.[771] Bestehen für Rechtsgeschäfte der Kirche aufsichtsrechtliche Genehmigungspflichten, so haben diese Außenwirkung, dh bis zur Erteilung der Genehmigung sind die Rechtsgeschäfte schwebend unwirksam.[772]

255 **aa) Evangelische Kirche.** Die **Evangelische Kirche in Deutschland** wird durch den Rat der EKD vertreten (Art 34 Abs 1 S 1 der Grundordnung der EKD vom 13.07.1948, Amtsblatt der EKD Nr 80 S 233). Dieser kann diese Vertretungsbefugnis allgemein oder im Einzelfall auf das sog Kirchenamt übertragen (Art 34 Abs 1

764 KG NJW 1974, 1627; *Schöner-Stöber* Rn 3662.
765 *Schöner-Stöber* Rn 3662 a.
766 *Schaub* in *Bauer/von Oefele* AT VII Rn 344.
767 *Schöner-Stöber* Rn 3668; *Schaub* in *Bauer/von Oefele* AT VII Rn 351.
768 *Schöner-Stöber* Rn 3670; *Schaub* in *Bauer/von Oefele* AT VII Rn 353.
769 *Schöner-Stöber* Rn 3670 a.
770 Ausführlich dazu *Riggers* JurBüro 1967, 698.
771 *Neumeyer* RNotZ 2001, 249, 266 .
772 OLG Hamm MittRhNotK 1993, 192; OLG Zweibrücken MDR 1966, 672.

S 2 der Grundordnung). Verpflichtungserklärungen und Vollmachten sind vom Vorsitzenden des Rates oder seinem Stellvertreter und dem Präsidenten des Kirchenamtes oder seinem Stellvertreter zu unterzeichnen (Art 34 Abs 2 der Grundordnung). Ist die Vertretungsbefugnis nach Art 34 Abs 1 S 2 der Grundordnung auf das Kirchenamt übertragen, so hat nur dessen Präsidenten oder sein Stellvertreter zu unterzeichnen. In jedem Fall muss zusätzlich das Siegel beigedrückt werden.[773]

Die **Landeskirchen, Kirchenbezirke und Kirchengemeinden** sind ebenfalls Körperschaften des öffentli- **256** chen Rechts.[774] Ihre Vertretung richtet sich nach den landesrechtlichen Verfassungen.[775] Im *Rheinland* beispielsweise wird die Landeskirche durch zwei hauptamtliche Mitglieder der Kirchenleitung vertreten, der Kirchenkreis vom Superintendenten und einem Mitglied des Kreissynodalvorstandes und die Kirchengemeinden von dem Vorsitzenden oder seinem Stellvertreter und zwei anderen Mitgliedern des Presbyteriums.[776] In *Baden* wird die Landeskirche durch den Oberkirchenrat in Einzelvertretung vertreten, der Kirchenbezirk durch den Bezirkskirchenrat und die Kirchengemeinden durch den Vorsitzenden des Kirchengemeinderates und zwei Kirchenälteste.[777] In *Bayern* wird die Landeskirche in Alleinvertretung vom Landesbischof oder einem Bevollmächtigten vertreten und die Kirchengemeinden in Alleinvertretung durch den Vorsitzenden des Kirchenvorstandes.[778] Bei Grundstücksveräußerungen aus dem Vermögen der Evangelisch –Lutherischen Landeskirche Mecklenburg ist im Grundbuchverfahren keine kirchenaufsichtliche Genehmigung erforderlich.[779]

bb) Katholische Kirche. Die **Kirchengemeinde** wird durch den Kirchenvorstand vertreten, dessen Zusam- **257** mensetzung landesrechtlichen Besonderheiten unterliegt.[780] In *Nordrhein-Westfalen* und *Niedersachsen* beispielsweise wird die Kirchengemeinde durch den Gemeindpfarrer oder seinen Stellvertreter und zwei weiteren Mitgliedern des Kirchenvorstandes vertreten.[781]

Die **Kirchengemeindeverbände** werden durch einen von der Verbandsvertretung bestellten Ausschuss vertre- **258** ten.[782] In Nordrhein–Westfalen beispielsweise erfolgt die Vertretung durch den Vorsitzenden und zwei Mitglieder des Ausschusses.[783]

Das **Bistum** wird vom Bischof vertreten.[784] **259**

Die **Domkapitel** werden vom Dompropst (Domdekan) vertreten.[785] **260**

Pfarrpfründestiftungen sind als kirchliche Stiftungen juristische Personen des öffentlichen Rechts.[786] Ihre **261** Außenvertretung bestimmt sich nach kirchlichem Recht (zB in Bayern nach der Ordnung für kirchliche Stiftungen, KiStiftO, veröffentlicht mit KMBek vom 09.05.1988 KWMBl I 1988, 212, 215). Sie werden idR durch den Pfründeinhaber (zB Pfarrer) vertreten.[787] Der Nachweis der ordnungsgemäßen Vertretung kann durch eine urkundliche Erklärung der kirchlichen Aufsichtsbehörde erbracht werden.[788]

l) Parteien[789]. Sie können unter ihrem Namen klagen und verklagt werden (§ 3 PartG). Vertreten werden sie **262** durch den Vorstand nach § 26 Abs 2 BGB, soweit die Satzung nicht eine abweichende Regelung trifft (§ 11 Abs 3 PartG).[790] Parteien sind in einem Parteienverzeichnis vermerkt. Letzteres stellt aber lediglich eine tatsächliche Auskunft des Bundeswahlleiters darüber dar, welche Angaben über die Vorstandsmitglieder von den politischen Parteien ihm gegenüber gemacht worden sind. Eine Prüfung der von den Parteien eingereichten Unterlagen erfolgt nicht. Ein Auszug aus den Parteienverzeichnis beweist damit nur, dass die Parteien gegenüber dem Bundeswahlleiter eine bestimmte Person als Vorstand bezeichnet haben, nicht jedoch, ob diese Personen auch wirksam bestellt worden sind oder materiell zur Vertretung der Partei berechtigt ist.[791] Das Parteien-

---

773 *Neumeyer* RNotZ 2001, 249, 268.
774 *Schaub* in *Bauer/von Oefele* AT VII Rn 354.
775 Vgl dazu *Riggers* JurBüro 1967, 697; *Denk* BWNotZ 1977, 10; *Scheffler* NJW 1977, 740.
776 *Neumeyer* RNotZ 2001, 249, 267.
777 *Schaub* in *Bauer/von Oefele* AT VII Rn 354.
778 *Schaub* in *Bauer/von Oefele* AT VII Rn 356.
779 LG Stralsund NotBZ 2006, 291.
780 OLG Hamm Rpfleger 1994, 19 = MittRhNotK 1993, 192; *Schöner-Stöber* Rn 3072.
781 *Neumeyer* RNotZ 2001, 249, 267.
782 *Schöner-Stöber* Rn 3672.
783 *Neumeyer* RNotZ 2001, 249, 267.
784 *Schöner-Stöber* Rn 3672.
785 *Schöner-Stöber* Rn 3672.
786 BayObLGZ 1999, 247, 251.
787 *Schaub* in *Bauer/von Oefele* AT VII Rn 364.
788 BayObLG Rpfleger 2001, 486.
789 Zu ihrer Grundbuchfähigkeit vgl *Meikel – Böttcher* Einl F Rdn 48.
790 *Schaub* in *Bauer/von Oefele* AT VII Rn 366.
791 DNotI – Report 1996, 84.

verzeichnis ist damit weder dem Handelsregister noch dem Vereinsregister vergleichbar, dh § 32 GBO oder § 69 BGB können weder direkt noch analog auf die Parteien angewandt werden.[792] Auch ist der Auszug aus dem Parteienverzeichnis keine öffentliche Urkunde iSv § 29 GBO.[793] Auf Grund des sich daraus ergebenden Beweisnotstandes muss ein Auszug aus dem Parteienverzeichnis als Mittel des Freibeweises zum Vertretungsnachweis anerkannt werden.[794] Aus ihm ergeben sich die Namen der Vorstandsmitglieder der politischen Parteien und die Satzung desselben.

263 **m) Sozialversicherungsträger.** Die **Bundesagentur für Arbeit** ist eine Körperschaft des öffentlichen Rechts und wird durch den Vorstand nach Maßgabe der vom Verwaltungsrat beschlossenen Satzung vertreten.[795]

264 Die **Deutsche Rentenversicherung Bund** ist auch eine Körperschaft des öffentlichen Rechts und wird von zwei Mitgliedern der Geschäftsführung vertreten.[796]

265 Die **Träger der Sozialversicherung** als rechtsfähige Körperschaften des öffentlichen Rechts werden in Grundstückssachen durch den Vorstand vertreten (§§ 35, 36 SGB IV).[797] Die Genehmigung der Aufsichtsbehörde ist Voraussetzung für die Wirksamkeit des Grundstückserwerbs durch den Sozialversicherungsträger (§ 85 SGB IV).[798]

266 **n) Wasser- und Bodenverband.** Er ist eine Körperschaft des öffentlichen Rechts und wird durch den Vorstand vertreten (§ 55 Abs 1 Wasserverbandsgesetz vom 12.02.1991, BGBl I 405).[799] Ob der Verbandsvorsteher allein oder nur gemeinschaftlich mit einem anderen Vorstandsmitglied zur Vertretung bestimmt ist, regelt die Satzung; diese kann auch einem Geschäftsführer des Verbandes Vertretungsbefugnis hinweisen (§ 55 Abs 1 WVG).[800] Der Vertretungsnachweis erfolgt durch Betätigung der Aufsichtsbehörde (§ 55 Abs 2 WVG).[801]

10. Vertretung einer Behörde

267 **Erklärungen oder Ersuchen** einer Behörde, auf grund deren eine Grundbucheintragung vorgenommen werden soll, sind zu **unterschreiben** und mit **Siegel oder Stempel** zu versehen (§ 29 Abs 3 GBO).

III. Vertretungshindernisse

1. Ausschlusstatbestände

268 **a) § 181 BGB.** Eine Person kann bei einem Vertrag grundsätzlich nicht sowohl eigene Vertragspartei als auch Vertreter der anderen Vertragspartei sein (= **Verbot des Selbstkontrahierens**). Ebenso ist grundsätzlich nicht möglich, dass ein und dieselbe Person beide Parteien eines Vertrages vertritt (= **Verbot der Mehrfachvertretung**). Erklärt deshalb die Auflassung eines Grundstücks ein sowohl vom Veräußerer als auch vom Erwerber bestellter Vertreter, so hat das Grundbuchamt selbstständig die Wirksamkeit der Vollmacht und den Umfang der Vertretungsmacht im Hinblick auf § 181 BGB zu prüfen.[802]

269 Lange Zeit wurde § 181 BGB als reine **formale Ordnungsvorschrift** verstanden und jede vom Wortlaut abweichende Einschränkung oder Erweiterung des Anwendungsbereichs abgelehnt.[803] Angeführt wurde dafür, dass zwar die Vermeidung von Interessenkonflikten das gesetzgeberische Motiv gewesen sei, aber zur Tatbestandserfüllung sei ein solcher Konflikt weder erforderlich noch ausreichend. Die heute hM[804] hält zwar zu Recht grundsätzlich an der formalen und tatbestandsbezogenen Anwendung des § 181 BGB fest, lässt dann aber ausnahmsweise dort **Einschränkungen und Erweiterungen** zu, wo eine Interessenkollision sachlich ausgeschlossen ist oder trotz Fehlen eines formalen Insichgeschäfts vergleichbare Tatbestände einer Interessenkollision vorliegen.

792 *Schaub* in *Bauer/von Oefele* AT VII Rn 367.
793 *Schaub* in *Bauer/von Oefele* AT VII Rn 368; DNotI – Report 1996, 84.
794 DNotI – Report 1996, 84; *Demharter* § 19 Rn 101; *Schaub* in *Bauer/von Oefele* AT VII Rn 369.
795 *Schöner-Stöber* Rn 3677.
796 *Schöner-Stöber* Rn 3677.
797 *Schaub* in *Bauer/von Oefele* AT VII Rn 377; *Schöner-Stöber* Rn 3677.
798 BGH DNotZ 2004, 461 = MittBayNot 2004, 255 = NotBZ 2004, 65.
799 *Schaub* in *Bauer/von Oefele* AT VII Rn 380; *Schöner-Stöber* Rn 3679.
800 *Schaub* in *Bauer/von Oefele* AT VII Rn 381.
801 *Schaub* in *Bauer/von Oefele* AT VII Rn 382; *Schöner-Stöber* Rn 3679.
802 BayObLG Rpfleger 1993, 441 = MittBayNot 1993, 150.
803 RGZ 103, 417, 418; 157, 24, 32; BGHZ 21, 229, 231; 33, 189; 50, 8,11; so auch noch *Demharter* § 19 Rn 88.
804 BGH NJW 1980, 932; 1975, 1885; 1972, 2262; 1971, 1355; DB 1976, 2238; *Staudinger-Schilken* § 181 Rn 7; MüKo-Schramm, BGB, § 181 Rn 4–10; *Soergel-Leptien* § 181 Rn 6; BGB-RGRK-*Steffen* § 181 Rn 2, 10; *Larenz-Wolf*, BGB-AT, § 46 Rn 126; *Medicus*, BGB-AT, Rn 961.

§ 181 BGB gilt nicht nur für den **rechtsgeschäftlichen Vertreter**, sondern auch für den **gesetzlichen Ver-** 270
treter, wie zB den Vormund (§ 1795 Abs 2 BGB),[805] die Eltern (§ 1629 Abs 2 S 1, § 1795 Abs 2 BGB),[806] den
Betreuer (§ 1908i Abs 1 S 1, § 1795 Abs 2 BGB)[807] und den Pfleger (§ 1915, § 1795 Abs 2 BGB).

Auch auf die **Vertretungsorgane juristischer Personen des Privatrechts** (zB GmbH, AG, Gen, eV) findet 271
§ 181 BGB Anwendung,[808] so zB auf den Geschäftsführer einer GmbH, auch wenn er der alleinige Geschäftsführer einer sog EinMann – GmbH ist (§ 35 Abs 4 GmbHG).[809] Will beispielsweise die GmbH (vertreten durch
den Geschäftsführer) ihr Grundstück auf den Geschäftsführer selbst oder einen Dritten (vertreten durch den
Geschäftsführer) übertragen, liegt ein Fall des § 181 BGB vor. Möchte eine AG (üblicherweise vertreten durch
ihren Vorstand) Grundbesitz auf eines ihrer Vorstandsmitglieder übertragen, so greift die Spezialregelung des
§ 112 AktG, wonach die AG dann vom Aufsichtsrat vertreten werden muss (vgl dazu Rdn 198).

§ 181 BGB findet auch Anwendung auf die **Vertretungsorgane der Personengesellschaften** (zB GbR, 272
OHG, KG), so beispielsweise wenn eine GmbH & Co. KG ihr Grundstück auf eine andere GmbH & Co. KG
übertragen will und beide zwar unterschiedliche GmbHs als Komplementäre haben, diese aber jeweils den glei-
chen Geschäftsführer.[810] Bei der Übertragung von Grundbesitz einer GmbH & Co. KG (vertreten durch die
Komplementär – GmbH, vertreten durch den Geschäftsführer) auf die Komplementär – GmbH oder den
Geschäftsführer der Komplementär – GmbH findet § 181 BGB ebenfalls Anwendung.[811]

Auch auf die **Vertretungsorgane juristischer Personen und Körperschaften des öffentlichen Rechts** 273
findet § 181 BGB Anwendung.[812] Die gleiche Person kann somit grundsätzlich nicht für verschiedene Behörden tätig werden.

§ 181 BGB findet dagegen **keine Anwendung**, wenn eine Person auf einer Seite eines Rechtsgeschäfts mehr- 274
fach auftritt, dh sog **Parallelerklärungen** abgibt.[813] Dies ist beispielsweise der Fall, wenn jemand bei der Übertragung eines Grundstücks mehrere Veräußerer oder mehrere Erwerber vertritt oder selbst als ein Veräußerer
und Vertreter eines anderen Veräußerers handelt oder bei amts-empfangsbedürftigen Willenserklärungen (zB
Teilungserklärung nach § 8 WEG oder Vereinigungserklärung nach § 890 BGB oder Begründung einer Eigentümergrundschuld nach § 1196 BGB oder Antragstellung nach § 13 GBO jeweils gegenüber dem Grundbuchamt) mehrere Erklärende vertritt oder eine solche Erklärung selbst und als Vertreter einer anderen Person
abgibt. Für eine analoge Anwendung fehlt es an der im Interesse der Rechtssicherheit und Rechtsklarheit erforderlichen generell – abstrakt fassbaren, vom konkreten Einzelfall abstrahierbaren Interessenkonflikt.

Steht ein Vertreter auf beiden Seiten eines Rechtsgeschäfts (zB als Vertreter und eigene Partei oder zweimal als 275
Vertreter), so stellt sich die Frage, ob § 181 BGB auch dann noch Anwendung findet, wenn der Vertreter für
den Vertretenen einen **Untervertreter** oder für sich selbst einen **Eigenvertreter** bestellt. Da es in diesen Fällen
dann an der von § 181 BGB vorausgesetzte Personenidentität fehlt, wird dessen Anwendbarkeit deshalb vereinzelt verneint.[814] Die hM[815] sieht dies jedoch zu Recht anders, dh wendet **§ 181 BGB analog** an. In beiden Fällen besteht die Gefahr der Benachteiligung des Vertretenen. Wenn der den Untervertreter oder Eigenvertreter
bevollmächtigende Vertreter selbst am Handeln wegen § 181 BGB gehindert ist, kann er nicht mehr Rechte
weitergeben als er selbst hat und damit § 181 BGB umgehen. Eine analoge Anwendung des § 181 BGB auf Fälle
der Untervertretung setzt jedoch voraus, dass der bestellte Untervertreter nicht in einem unmittelbaren Rechtsverhältnis zum letztlich Vertretenen, sondern nur zum Hauptvertreter steht; letzteres ist nicht der Fall, wenn ein
Stadtbaurat und Stadtbauoberamtsrat auf Grund eines vom Stadtdirektor verliehenen konkreten Amtes eine

---

805 *Schaub* in *Bauer/von Oefele* AT VII Rn 247.
806 *Schaub* in *Bauer/von Oefele* AT VII Rn 197.
807 Vgl Gutachten in DNotI – Report 2002, 107.
808 BGH NJW 1960, 2285; WM 1967, 1164; *Schöner-Stöber* Rn 3558.
809 *Schöner-Stöber* Rn 3627.
810 BayObLGZ 1979, 187 = Rpfleger 1979, 301 = DNotZ 1980, 88; *Schöner-Stöber* Rn 3558; *Demharter* § 19 Rn 90.
811 OLG Hamm Rpfleger 1983, 280; BayObLG MittBayNot 2000, 43; 2000, 241; 2000, 330.
812 BGHZ 56, 97, 101; 50, 10; 33, 189, 190; LG Arnsberg Rpfleger 1983, 63; *Staudinger-Schilken* § 181 Rn 19; *MüKo-
     Schramm*, BGB, § 181 Rn 37; *Palandt-Heinrichs* § 181 Rn 3; *Soergel-Leptien* § 181 Rn 24; *Fröhler* BWNotZ 2003, 14;
     Schneeweiß MittBayNot 2001, 341; *Neumeyer* RNotZ 2001, 249, 265.
813 BGHZ 50, 8,10 = DNotZ 1968, 543 = NJW 1968, 936; OLG Frankfurt NotBZ 2007, 371; BayObLG FGPrax 1995,
     20; OLG Jena NJW 1995, 3126; *MüKo-Schramm*, BGB, § 181 Rn 12, 28; *Staudinger-Schilken* (2001) § 181 Rn 8; *Soer-
     gel-Leptien* § 181 Rn 12; *Schöner-Stöber* Rn 3562, 3603 a; *Schaub* in *Bauer/von Oefele* AT VII Rn 57.
814 RGZ 56, 104; 108, 405; 157, 24, 31; BAG FamRZ 1969, 535; *Demharter* § 19 Rn 90.
815 BGH NJW 1991, 692; BGHZ 91, 334 = NJW 1984, 2085; BGHZ 64, 72, 74 = NJW 1975, 1117; BayObLG Rpfle-
     ger 1993, 441; KG MittBayNot 1999, 472 = NJW-RR 1991, 168; OLG Frankfurt DNotZ 1974, 435; *MüKo-
     Schramm*, BGB, § 181 Rn 10, 24; *MüKo-Wagenitz*, BGB, § 1795 Rn 14; *Staudinger-Schilken* § 181 Rn 36; *BGB-
     RGRK-Steffen* § 181 Rn 12; *Soergel-Leptien* § 181 Rn 13; *Erman-Palm* § 181 Rn 15; *Palandt-Heinrichs* § 181 Rn 12;
     LARENZ-Wolf, BGB-AT, § 46 Rn 140; *Medicus*, BGB-AT, Rn 962; *Schaub* in *Bauer/von Oefele* AT VII Rn 56; *Fröhler*
     BWNotZ 2006, 97.

Stadt vertreten bei einem Rechtsgeschäft mit einem Dritten, der vom Stadtdirektor vertreten wird, da der Stadtbaurat und der Stadtbauoberamtsrat als Beamte in einem öffentlich- rechtlichen Dienst- und Treueverhältnis unmittelbar zur Stadt stehen.[816] Die analoge Anwendung des § 181 BGB wird auch zu Recht abgelehnt, wenn der Einzelprokurist einer GmbH für diese mit einem alleinvertretungsberechtigten Vorstandsmitglied eines Vereins kontrahiert, der zugleich der alleinige, aber im konkreten Fall nicht handelnde Geschäftsführer der GmbH ist.[817] Der Prokurist ist nämlich nicht der Untervertreter des Geschäftsführers, sondern nimmt seine Aufgabe in eigener Verantwortung wahr.

276 Werden zwei Gesamtvertreter (zB zwei Geschäftsführer einer GmbH) auf der einen Seite und einer von ihnen im eigenen Namen auch auf der anderen Seite eines Rechtsgeschäfts tätig, so ist dies ein Fall des § 181 BGB; die Erklärung des auf beiden Seiten Mitwirkenden kann auch nicht in eine zulässige Einzelfallermächtigung des anderen zur Alleinvertretung umgedeutet werden.[818] Ist dagegen bei einer **Gesamtvertretung** ein Gesamtvertretungsberechtigter wirksam ermächtigt, Geschäfte allein abzuschließen (vgl § 125 Abs 2 S 2, § 150 Abs 1 S 2 HGB; § 78 Abs 4 AktG; § 25 Abs 3 GenG), und nimmt er ein solches Geschäft mit einem anderen Gesamtvertreter, der im eigenen Namen handelt vor, so ist mangels Personenidentität § 181 BGB vom Wortlaut her nicht erfüllt. Zum Teil wird jedoch eine analoge Anwendung befürwortet,[819] weil es Ziel des § 181 BGB sei, den Vertretenen, dh den nicht handelnden Gesamtvertreter vor Nachteilen zu bewahren. Die überwiegende Meinung lehnt die analoge Anwendung des § 181 BGB in diesem Fall jedoch zu Recht ab.[820] Die gesetzlich vorgesehene Ermächtigung verschafft dem einzelnen Gesamtvertreter nämlich nicht nur eine Untervollmacht, sondern in Erweiterung der gesetzlichen Vertretungsmacht eine organschaftliche Alleinvertretungsbefugnis. Der ermächtigte Gesamtvertreter entscheidet daher selbstständig in eigener Verantwortung und völlig unabhängig von Weisungen (anders als zB ein Untervertreter).

277 In der Praxis kommt es häufiger vor, dass der Vertreter einer Vertragspartei auch als **vollmachtloser Vertreter** der anderen Vertragspartei auftritt, so zB wenn eine Gemeinde (ordnungsgemäß vertreten durch ihren Bürgermeister) ein Grundstück veräußert an eine Privatpersonen, die bei der notariellen Beurkundung von Kaufvertrag und Auflassung ebenfalls von dem Bürgermeister, wenn auch vollmachtlos, vertreten wird oder umgekehrt (Käufer vertritt die Gemeinde vollmachtlos). Ob diesem Rechtsgeschäft § 181 BGB entgegensteht, ist bestritten. Dies wird bejaht mit der Begründung, dass ein Interessenkonflikt nicht ausgeschlossen werden könne;[821] zur Wirksamkeit des Rechtsgeschäfts ist dann neben der Genehmigung des vollmachtlos Vertretenen auch die Genehmigung des mit Vertretungsmacht vertretenen Vertragspartei erforderlich, sofern sie ihrem Vertreter nicht die Mehrfachvertretung gemäß § 181 BGB bereits im Voraus gestattet hatte. Gegen diese Ansicht bestehen jedoch erhebliche Bedenken. Der vollmachtlos Vertretene hat es vollständig in der Hand, ob er durch Genehmigung eine Bindung an die vom Vertreter ohne Vertretungsmacht abgegebene Erklärung herbeiführen will oder nicht (§ 177 BGB). Auf die Person des vollmachtlosen Vertreters kommt es dabei nicht an, dh aus der Sicht des Genehmigenden spielt er nur eine Statistenrolle. Die rechtliche Prüfung und der wirksame Abschluss des Rechtsgeschäfts werden auf den späteren Zeitpunkt der Genehmigung verschoben. Der Vertreter ohne Vertretungsmacht ist gar kein Vertreter iSv § 181 BGB. Er kann seine Vertretungsmacht nicht missbrauchen, weil er sie nicht hat. § 177 Abs 1 BGB spricht daher auch nicht von »Vertreter«, sondern von »jemand«; letzterer ist der Vertreter ohne Vertretungsmacht, der gar kein Vertreter im Rechtssinne ist, sondern ein beliebig ersetzbarer quivis ex populo. § 181 BGB ist daher nach richtiger Ansicht auf die vollmachtlosen Vertreter nicht anwendbar, weil die vorausgesetzte Gefahr eines schadensträchtigen Interessenkonfliktes mangels Vertretungsmacht des Handelnden nicht besteht.[822] Dies gilt nicht nur bei der vollmachtlosen Vertretung einer Vertragspartei, sondern auch beim vollmachtlosen Mehrvertreter beider Vertragsbeteiligten.[823] Die vertretenen Vertragsparteien (zB GmbH, Gemeinde) können und müssen zum Teil die Genehmigung durch einen Vertreter abgeben (zB Geschäftsführer, Bürgermeister). Umstritten ist, ob der Vertreter dafür von § 181 BGB befreit sein muss. Eine

---

816 OVG Münster NotBZ 2002, 426.
817 BGHZ 91, 334 = NJW 1984, 2085; MüKo-*Schramm*, BGB, § 181 Rn 25; *Larenz-Wolf*, BGB-AT, § 46 Rn 140.
818 RGZ 89, 367, 373; BGH NJW 1993, 618; BayObLGZ 1979, 187; *Erman-Palm* § 181 Rn 19.
819 *Erman-Palm* § 181 Rn 19; *Schlegelberger/Karsten Schmidt* § 125 HGB Rn 25; *Reinicke* NJW 1975, 1185; *Klamroth* BB 1975, 851; *Plander* DB 1975, 1493.
820 BGHZ 64, 72 = NJW 1975, 1117; NJW-RR 1986, 778; BAG NJW 1981, 2374; *Staudinger-Schilken* § 181 Rn 17; MüKo-*Schramm*, BGB, § 181 Rn 22; *Soergel-Leptien* § 181 Rn 13; *Palandt-Heinrichs* § 181 Rn 13.
821 BayObLG Rpfleger 1988, 61 = MittBayNot 1986, 68 = MittRhNotK 1987, 127; OLG Düsseldorf MittBayNot 1999, 470; LG Saarbrücken MittBayNot 2000, 433; MüKo-*Schramm*, BGB, § 181 Rn 14; *Fröhler* BWNotZ 2006, 97, 102 f und 2003, 14, 18; *Tebben* DNotZ 2005, 173; *Kuhn* RNotZ 2001, 305, 324 f.
822 *Schöner-Stöber* Rn 3559 a; *Lichtenberger* MittBayNot 2000, 434; 1999, 470; *Bous* RNotZ 2005, 625, 627; *Schneeweiß* MittBayNot 2001, 341; *Neumeyer* RNotZ 2001, 249, 265 f; *Kanzleiter* MittRhNotK 1987, 128; *Vollhardt* DNotZ 2000, 309; *Fertl* Rpfleger 1988, 61.
823 *Benecke/Ehinger* MDR 2005, 1265.

Auffassung hält dies nicht für erforderlich.[824] Nach anderer Ansicht kann dagegen nur ein von § 181 BGB befreiter Vertreter ein schwebend unwirksames Insichgeschäft genehmigen.[825] Richtig ist, dass die Genehmigung eines schwebend unwirksamen Insichgeschäfts ein Rechtsgeschäft ist und deshalb wie jedes andere Rechtsgeschäft dem Verbot des § 181 BGB untersteht. Die Genehmigung ist aber kein Insichgeschäft, wenn der genehmigende Vertreter mit dem Abschluss des Insichgeschäfts nichts zu tun hatte, er also weder als Vertreter noch als Vertretener an dem Insichgeschäft beteiligt war[826] und bei vollmachtloser Mehrvertretung, wenn keine Personenidentität zwischen den die Genehmigung Erklärenden besteht.[827] Auf die Genehmigung findet § 181 BGB ausnahmsweise nur dann Anwendung, wenn der genehmigende Vertreter an dem schwebend unwirksamen Rechtsgeschäft entweder selbst als Insichvertreter beteiligt war oder das Rechtsgeschäft auch in seinem Namen vorgenommen wurde; bei vollmachtloser Mehrvertretung, soweit die Parteien des betreffenden Rechtsgeschäfts bei der Erteilung der Genehmigung durch dieselbe Person vertreten werden.[828]

§ 181 BGB findet nicht nur bei Verträgen Anwendung, sondern erfasst auch die Vornahme **einseitiger empfangsbedürftiger Rechtsgeschäfte**.[829] Der Vertreter ist deshalb grundsätzlich daran gehindert, eine Willenserklärungen im Namen des Vertretenen abzugeben und im eigenen Namen zu empfangen und umgekehrt.   **278**

Gibt der Grundstückseigentümer beispielsweise als Vertreter eines Grundpfandrechtsgläubigers die **Aufgabeerklärung nach § 875 Abs 1 S 1 BGB** gegenüber sich selbst als Grundstückseigentümer ab, so liegt ein Verstoß gegen § 181 BGB vor. Der Grundstückseigentümer als Vertreter des Grundpfandrechtsgläubigers kann jedoch die Aufgabeerklärung auch gegenüber dem Grundbuchamt abgeben (§ 875 Abs 1 S 2 BGB), dh ihm stehen als Empfänger für die Aufgabeerklärung Wahladressaten zur Verfügung. Aber selbst wenn die Aufgabeerklärung gegenüber dem Grundbuchamt abgegeben wird, liegt ein Verstoß gegen § 181 BGB vor.[830] In jedem Fall ist der Grundstückseigentümer der durch die Aufgabeerklärung materiell Begünstigte. Sachlich ist der Grundstückseigentümer der eigentliche Erklärungsempfänger. Ob er es auch formal ist, kann nicht entscheidend sein. Es wäre nicht zu rechtfertigen, den im einen Fall (Erklärung gegenüber dem Begünstigten) eingreifenden Schutz des § 181 BGB im anderen Fall (Erklärung gegenüber dem Grundbuchamt) nicht zu gewähren. § 181 BGB würde bei der Aufgabe von Grundpfandrechten seine Bedeutung verlieren, wenn er durch eine Erklärung gegenüber dem Grundbuchamt umgangen werden könnte.

Auch bei der Abgabe der **Zustimmung nach § 876 S 1 BGB** gibt es mehrere Empfangsmöglichkeiten (= Begünstigte oder Grundbuchamt, § 876 Satz 3 BGB). Für die Aufhebung eines Erbbaurechts bedarf es beispielsweise der Aufgabeerklärung des Erbbauberechtigten nach § 875 BGB, der Zustimmung des Grundstückseigentümers nach § 26 ErbbauRG und eventuell der Zustimmung von dinglich Berechtigten am Erbbaurecht (zB eines Vormerkungsberechtigten) nach § 876 S 1 BGB. Wird der Vormerkungsberechtigte bei der Abgabe seiner Zustimmung vom Erbbauberechtigten vertreten und wird sie gegenüber dem Erbbauberechtigten selbst abgegeben, liegt ein klarer Fall von § 181 BGB vor. Die Vorschrift ist aber auch dann anzuwenden, wenn der Erbbauberechtigte als Vertreter des Vormerkungsberechtigten die Zustimmung gegenüber dem Grundstückseigentümer oder dem Grundbuchamt abgibt.[831] Denn für die Anwendung des § 181 BGB kann es nicht darauf ankommen, wem gegenüber der Vertreter eine Erklärung im konkreten Fall abgibt; sonst wär der Umgehung von § 181 BGB Tür und Tor geöffnet.   **279**

Bei der Abgabe der **Zustimmungserklärung des Grundstückseigentümers zur Aufhebung eines Grundpfandrechtes nach § 1183 S 1 BGB** bestehen ebenfalls mehrere Empfangsmöglichkeiten, nämlich der Grundpfandrechtsgläubiger oder das Grundbuchamt (§ 1183 S 2 BGB). Wird der Grundstückseigentümer bei der Abgabe seiner Zustimmung vom Grundpfandrechtsgläubiger vertreten und erfolgt die Erklärung gegenüber dem Grundpfandrechtsgläubiger selbst, liegt ein Fall des § 181 BGB vor. Dies muss aber auch dann gelten, wenn die Zustimmung den Grundbuchamt gegenüber erklärt wird, da materiell der Erklärungsempfänger immer der Gläubiger ist und § 181 BGB nicht auf diese Weise umgangen werden darf.[832]   **280**

---

824 KG DNotZ 1941, 164; LG Saarbrücken MittBayNot 2000, 433; *Lichtenberger* MittBayNot 2000, 434, 435 und 1999, 470, 472; *Schneeweiß* MittBayNot 2001, 341, 343; *Kuhn* RNotZ 2001, 305, 328.

825 *Staudinger-Schilken* § 181 Rn 35 f; *Fröhler* BWNotZ 2003, 14, 21; *Neumeyer* RNotZ 2001, 249, 265,

826 *Tebben* DNotZ 2005, 173.

827 *Benecke/Ehinger* MDR 2005, 1265.

828 *Tebben* und *Benecke/Ehinger* je aaO.

829 BGH NJW-RR 1991, 1441; *Staudinger-Schilken* § 181 Rn 13; *MüKo-Schramm*, BGB, § 181 Rn 13; *Soergel-Leptien* § 181 Rn 16; *Fröhler* BWNotZ 2006, 97.

830 BGH DNotZ 1981, 22 = NJW 1980, 1577 = Rpfleger 1980, 336; *Meikel-Böttcher* § 27 Rdn 85; *Demharter* § 19 Rn 89; *MüKo-Schramm*, BGB, § 181 Rn 29; *Schöner-Stöber* Rn 3562; *Fröhler* BWNotZ 2006, 97, 101.

831 BayObLG Rpfleger 1987, 156 = MittBayNot 1987, 88; *Schöner-Stöber* Rn 3562; *Demharter* § 19 Rn 89; *Fröhler* BWNotZ 2006, 97, 101.

832 *Meikel-Böttcher* § 27 Rdn 85; *Schöner-Stöber* Rn 3562; *MüKo-Schramm*, BGB, § 181 Rn 29; *Fröhler* BWNotZ 2006, 97, 101.

281 Für den **Rangrücktritt eines Grundpfandrechtes** bedarf es neben der Einigung der rangtauschenden Gläubiger (§ 880 Abs 2 S 1 BGB) auch der **Zustimmung des Grundstückseigentümers (§ 880 Abs 2 S 2 BGB)**; letztere kann gegenüber den rangtauschenden Gläubigern unter dem Grundbuchamt abgegeben werden (§ 880 Abs 2 S 3 BGB). Wird der Grundstückseigentümer bei der Abgabe seiner Zustimmung dabei vom zurücktretenden Grundpfandrechtsgläubiger vertreten und erfolgt die Abgabe auch gegenüber diesem, so liegt ein Fall des § 181 BGB vor. Nichts anderes kann gelten, wenn der zurücktretende Grundpfandrechtsgläubiger als Vertreter des Grundstückseigentümers die Zustimmung gegenüber dem vortretenden Gläubiger oder dem Grundbuchamt abgibt.[833] Möglich ist jedoch auch, dass bei dem Rangrücktritt eines Grundpfandrechtes ein beteiligter Gläubiger vom Grundstückseigentümer vertreten wird. Der Abschluss der dinglichen Einigung nach § 880 Abs 2 S 1 BGB fällt dann sicher nicht unter § 181 BGB. Gleiches gilt, wenn die Eigentümerzustimmung gegenüber dem Grundbuchamt oder dem vortretenden Gläubiger (vertreten durch den Grundstückseigentümer) abgegeben wird.[834] Gibt der Eigentümer allerdings seine Zustimmung gegenüber dem von ihm vertretenen Gläubiger des zurücktretenden Rechts ab, liegt ein Fall des § 181 BGB vor.[835]

282 Für die **Veräußerung einer Eigentumswohnung** muss sehr häufig der **Verwalter zustimmen (§ 12 WEG)**. Die Zustimmung kann der Verwalter gegenüber dem Veräußerer und Erwerber abgeben (§ 182 BGB). Nach überwiegender Ansicht kann der Verwalter trotz § 181 BGB einer Veräußerung zustimmen, bei der er selbst als Veräußerer oder Erwerber auftritt, und zwar gegenüber seinem Vertragspartner.[836] Dieser formalen Betrachtungsweise muss auf Grund des Schutzzweckes des § 181 BGB widersprochen werden, der sonst jederzeit umgangen werden könnte. Deshalb ist der Verwalter wegen § 181 BGB an der Zustimmung verhindert; an seine Stelle tritt die Wohnungseigentümerversammlung.[837]

283 Will ein Vorerbe als Eigentümer eines Grundstücks wirksam – auch für den Fall des Eintritts des Nacherbfalls – darüber verfügen, muss der **Nacherbe zustimmen** (§ 2113 Abs 1 BGB). Die Zustimmung des Nacherben ist gegenüber dem Vorerben oder dessen Vertragspartner (zB einem Grundschuldgläubiger bei Bestellung einer Grundschuld durch den Vorerben) abzugeben. Ist der Vorerbe auch Vertreter des Nacherben, so soll er trotzdem nicht gehindert sein, die Zustimmung für den Nacherben abzugeben.[838] Dem ist zu widersprechen. Gibt der Vorerbe als Vertreter des Nacherben die Zustimmung gegenüber sich selbst ab, dürfte eindeutig ein Verstoß gegen § 181 BGB vorliegen. Gleiches muss aber auch dann gelten, wenn der Vorerbe als Vertreter des Nacherben die Zustimmung gegenüber seinem Vertragspartner (zB dem Grundschuldgläubiger) abgibt, weil sonst § 181 BGB ohne weiteres umgangen werden könnte.[839]

284 Die **Zustimmung zu einem Gesamtvermögensgeschäft im Sinne von § 1365 BGB** ist keine höchstpersönliche Willenserklärung und kann daher durch den Betreuer des geschäftsunfähigen Ehegatten abgegeben werden.[840] Ist der veräußernde Ehegatte zugleich Betreuer seines Ehegatten, kann er die Zustimmung nach § 1365 BGB entweder gegenüber dem Käufer oder sich selbst als Verkäufer abgeben (§ 182 Abs 1 BGB). § 181 BGB greift nicht nur im letzteren Fall ein, sondern auch bei Abgabe der Zustimmung durch den Betreuer des Ehegatten gegenüber dem Käufer, da materiell betroffener Erklärungsempfänger nur der veräußernde Ehegatte ist.[841] Für den zustimmungspflichtigen Ehegatten ist deshalb ein Ergänzungsbetreuer zu bestellen (§ 1899 Abs 4 BGB).

Auf die einseitige formelle **Bewilligungserklärung des § 19 GBO ist § 181 BGB** nach überwiegender Meinung zu Recht **nicht anwendbar**.[842] Voraussetzung für § 181 BGB ist, dass der Vertreter sie in einer Person abgibt und entgegennimmt, was bei der Bewilligung gerade nicht der Fall ist, da Empfänger letztlich immer das Grundbuchamt ist. Dies bedeutet jedoch nicht, dass § 181 BGB dem formellen Eintragungsverfahren stets ohne Beachtung bleibt. Neben dem formellen Konsensprinzip im Grundbuchverfahren steht nämlich noch gleichberechtigt das **Legalitätsprinzip**, wonach das Grundbuchamt eine Eintragung nicht vornehmen darf, wenn feststeht, dass das Grundbuch unrichtig werden würde, oder begründete Zweifel daran bestehen, ob das Grundbuchamt durch eine Eintragung richtig werden würde.[843] Stellt beispielsweise der Grundstückseigentümer den

---

833 *Meikel-Böttcher* § 45 Rdn 122; *Schöner-Stöber* Rn 3562.
834 *Meikel-Böttcher* § 45 Rdn 121; *Demharter* § 19 Rn 89; *Schöner-Stöber* Rn 3562; *MüKo-Schramm*, BGB, § 181 Rn 30.
835 *Meikel-Böttcher* § 45 Rdn 121; *Soergel-Stürner* § 880 Rn 15; *Ulbrich* MittRhNotK 1995, 289, 296.
836 KG DNotZ 2004, 391; BayObLG MittBayNot 1986, 180; OLG Düsseldorf Rpfleger 1985, 61; *Pick* in *Bärmann-Pick-Merle* § 12 WEG Rn 21; *MüKo-Schramm*, BGB, § 181 Rn 12 Fn 18; *Fröhler* BWNotZ 2006, 97, 100.
837 LG Hagen Rpfleger 2007, 196; LG Traunstein MittBayNot 1980, 164; *Schneider* in *Riecke-Schmid* § 12 WEG Rn 82; *Sohn* NJW 1985, 3060; *Böttcher* Rpfleger 2005, 648.
838 OLG Hamm DNotZ 2003, 635; *Fröhler* BWNotZ 2006, 97, 101.
839 *Staudinger-Schilken* § 181 Rn 4; *Erman-Palm* § 181 Rn 17; *MüKo-Schramm*, BGB, § 181 Rn 28.
840 *Müller* ZNotP 2005, 419; BGB-RGRK-*Finke* § 1365 Rn 35; **AA** *Staudinger-Schilken* Vorbem zu §§ 164 ff Rn 41.
841 *Müller* ZNotP 2005, 419.
842 BayObLG DNotZ 1934, 443; *Schöner-Stöber* Rn 3562; *Böttcher* Rpfleger 1990, 486, 496; **AA** *Eickmann*, GBVerfR, Rn 195.
843 Ausführlich dazu *Meikel-Böttcher* Einl H Rdn 29 ff.

Antrag auf Löschung eines Grundpfandrechtes nach § 13 GBO, erklärt seine formelle Zustimmung dafür nach § 27 GBO und gibt auch noch als Vertreter des Grundpfandrechtsgläubigers die formelle Löschungsbewilligung nach § 19 GBO ab, so hat das Grundbuchamt aus dem Legalitätsprinzip heraus wegen offenkundiger Zweifel an der materiellen Wirksamkeit der materiellen Aufgabeerklärung nach § 875 BGB (Verletzung des § 181 BGB!) einen solchen Antrag zu beanstanden.[844] Gleiches gilt, wenn für die Begründung eines Grundpfandrechtes der künftige Gläubiger als Begünstigter den Eintragungsantrag nach § 13 GBO stellt und zugleich als Vertreter des Eigentümers die formelle Eintragungsbewilligung nach § 19 GBO abgibt. Auch in diesem Fall hat das Grundbuchamt auf Grund des formellen Konsensprinzips grundsätzlich nicht die materielle Wirksamkeit der Bestellung des Grundpfandrechtes zu prüfen. Da die der formellen Bewilligung zugrundeliegende materielle Einigung über die Begründung des Grundpfandrechtes nach § 873 BGB wegen Verletzung des § 181 BGB unwirksam sein könnte, bestehen für das Grundbuchamt offenkundige Zweifel an der Wirksamkeit dieser dinglichen Einigung. Auf Grund des Legalitätsprinzips ist das Grundbuchamt deshalb zur Beanstandung des Eintragungsantrags verpflichtet.[845]

b) § 1795 BGB. aa) § 1795 Abs 2 iVm § 181 BGB. Das allgemeine Vertretungshindernis des **§ 181 BGB** gilt auch für den **Vormund** (§ 1795 Abs 2 BGB), die **Eltern** (§ 1629 Abs 2 BGB), den **Betreuer** (§ 1908i BGB) und den **Pfleger** (§ 1915 BGB), dh auch für die gesetzlichen Vertreter von Schutzbefohlenen. **285**

Der **gesetzliche Vertreter** ist somit an der Vornahme eines Rechtsgeschäfts verhindert, wenn er **auf beiden Seiten des Rechtsgeschäfts** beteiligt ist. Ausgeschlossen ist die Vertretung demnach bei einem Rechtsgeschäft des gesetzlichen Vertreters im Namen des Schutzbefohlenen **286**
– mit sich im eigenen Namen und
– mit sich als Vertreter eines Dritten.

Ein Elternteil ist deshalb beispielsweise von der Vertretung seines Kindes grundsätzlich ausgeschlossen, wenn es sein Grundstück auf das Kind übertragen will (es sei denn, die Übereignung ist für das Kind lediglich rechtlich vorteilhaft).

Kein Verstoß gegen § 181 BGB liegt vor, wenn der gesetzliche Vertreter mehrerer Schutzbefohlenen **auf derselben Seite eines Rechtsgeschäfts** vertritt oder selbst als Partei und gesetzlicher Vertreter eines Schutzbefohlenen auf einer Seite eines Rechtsgeschäfts steht.[846] Dies ist beispielsweise der Fall, wenn Veräußerer oder Erwerber eines Grundstücks sowohl der gesetzliche Vertreter als auch der Schutzbefohlene ist. In der Praxis kommt es häufiger vor, dass eine Erbengemeinschaft auch aus dem gesetzlichen Vertreter und einem oder mehreren Schutzbefohlenen besteht.[847] **Veräußert die Erbengemeinschaft ein Grundstück**, so besteht für den gesetzlichen Vertreter kein Vertretungshindernis nach § 181 BGB, da er und sein Schutzbefohlener gemeinsam auf der Veräußererseite stehen.[848] Wird jedoch in dem Veräußerungsvertrag auch zugleich die Erlösverteilung unter den Miterben geregelt, dh Veräußerung und Erlösverteilung werden zu einer Geschäftseinheit zusammengefasst, dann handelt es sich auch um eine Art und Weise der Erbauseinandersetzung, auf die nach Maßgabe der §§ 2042 ff BGB kein Anspruch besteht, so das dann für den gesetzlichen Vertreter ein Vertretungsausschluss nach § 181 BGB besteht.[849] Erfolgt jedoch zunächst nur ein freihändiger Verkauf eines Nachlassgrundstücks ohne Regelung der Erlösverteilung, dann unterliegt der gesetzliche Vertreter keinem Vertretungsausschluss, selbst dann, wenn die Erlösverteilung das bestimmende Motiv für die Grundstücksveräußerung ist, da dann die auf den Erlös bezogene Teilerbauseinandersetzung selbst nicht Vertragsinhalt geworden ist.[850] Eine motivabhängige Betrachtung würde dem Anliegen auf Rechtssicherheit nicht gerecht werden. Auf den Zweck, den eine Erbengemeinschaft mit der Veräußerung eines Grundstücks verfolgt, kann es bei der Beurteilung eines Vertretungsausschlusses nicht ankommen. **287**

---

844 BGH Rpfleger 1980, 336; BayObLG Rpfleger 1987, 156; *Meikel-Böttcher* § 27 Rdn 85; *Demharter* § 19 Rn 89; *Schöner-Stöber* Rn 3562.
845 RGZ 89, 371; *Schöner-Stöber* Rn 149; *Demharter* § 19 Rn 89; *Meikel-Böttcher* Einl H Rdn 94.
846 BGHZ 50, 8, 10 = NJW 1968, 39; *Schaub* in *Bauer/von Oefele* AT VII Rn 207; *Schöner-Stöber* Rn 3603 a.
847 Vgl nur DNotI – Report 2002, 107.
848 OLG Frankfurt NotBZ 2007, 371; OLG Stuttgart Rpfleger 2003, 501; *Sonnenfeld* NotBZ 2001, 322; *Schaub* in *Bauer/von Oefele* AT VII Rn 209; *MüKo-Wagenitz*, BGB, § 1795 Rn 8; *Fröhler* BWNotZ 2006, 97.
849 RGZ 93, 334; BGHZ 21, 229; *Sonnenfeld* NotBZ 2001, 322, 324; *Schöner-Stöber* Rn 3603 a, 3613; *MüKo-Wagenitz*, BGB, § 1795 Rn 8; *Klüsener* Rpfleger 1993, 133, 134.
850 OLG Stuttgart Rpfleger 2003, 501; OLG Jena Rpfleger 1996, 26 = NJW 1995, 3126; *Schöner-Stöber* Rn 3603 a; *Schaub* in *Bauer/von Oefele* AT VII Rn 209; *MüKo-Wagenitz*, BGB, § 1795 Rn 8; **AA** *Sonnenfeld* NotBZ 2001, 322; *Wesche* Rpfleger 1996, 198.

288   Ist ein Elternteil nach § 181 BGB von der Vertretung ausgeschlossen, so ist **auch der andere Elternteil an der gesetzlichen Vertretung gehindert**, und zwar unabhängig davon, ob für diesen auch ein Vertretungsausschluss nach § 1795 Abs 1 Nr 1 BGB besteht oder nicht.[851]

289   **bb) § 1795 Abs 1 BGB.** Diese Vorschrift betrifft nicht nur Vertretungshindernisse für den **Vormund**, sondern auch für die **Eltern** (§ 1629 Abs 2 BGB), den **Betreuer** (§ 1908i BGB) und den **Pfleger** (§ 1915 BGB). Auch hier gilt, wie bei § 181 BGB, dass der Vertretungsausschluss beide Elternteile betrifft, auch wenn nur bei einem von ihnen der Wortlaut des § 1795 Abs 1 BGB greift.

290   **(1) § 1795 Abs 1 Nr 1 BGB.** Nach dieser Norm kann ein gesetzlicher Vertreter seinen **Schutzbefohlenen** nicht vertreten bei einem Rechtsgeschäft mit dem **Ehegatten oder Lebenspartner iSv § 1 Abs 1 S 1 LPartG des gesetzlichen Vertreters oder mit einer in gerader Linie mit den gesetzlichen Vertreter verwandten Person.** Die Eltern können deshalb beispielsweise ihr Kind bei der Übereignung eines Grundstückes durch seine Großeltern grundsätzlich nicht vertreten[852] (es sei denn, das Rechtsgeschäft ist lediglich rechtlich vorteilhaft für den Vertretenen). Gleiches gilt, wenn der Vater sein Kind bei der Rückübereignung eines Grundstücks an die Mutter vertreten wollte (weil diese die dem Kind gemachte Schenkung widerrufen hat);[853] die Mutter ist bereits nach § 181 BGB ausgeschlossen.

291   Von dem Vertretungshindernis des § 1795 Abs 1 Nr 1 BGB sind nicht nur **Verträge** betroffen, sondern auch **einseitige Rechtsgeschäfte**,[854] so zB die Erklärung zur Aufhebung eines Grundstücksrechtes des Schutzbefohlenen nach § 875 BGB zugunsten des Ehegatten des gesetzlichen Vertreters.[855] Auch kann der gesetzliche Vertreter seinen Schutzbefohlenen nicht bei einer Zustimmung vertreten, die dieser als Nacherbe einem Rechtsgeschäft des Ehegatten des gesetzlichen Vertreters als Vorerben erteilt (§ 2113 BGB).[856] Wenn behauptet wird, dass der gesetzlicher Vertreter auch an der Abgabe der formellen Bewilligung nach § 19 GBO durch § 1795 Abs 1 Nr 1 BGB gehindert sein kann,[857] so muss dem widersprochen werden. Empfänger der Bewilligung ist letztendlich immer das Grundbuchamt, so das insoweit kein Vertretungsausschluss vorliegen kann. Jedoch kann das im Grundbuchverfahren nach § 19 GBO zu beachtende Legalitätsprinzip[858] zur Anwendung von § 1795 Abs 1 Nr 1 BGB führen. Bewilligt beispielsweise ein Betreuer des Grundstückseigentümers die Eintragung eines Grundpfandrechtes für den Ehegatten des Betreuers, so hat zwar das Grundbuchamt grundsätzlich nicht die materielle dingliche Einigung des Grundstückseigentümers (vertreten durch den Betreuer) und dem Ehegatten des Betreuers nach § 873 BGB zu prüfen; da jedoch in diesem Fall wegen § 1795 Abs 1 Nr 1 BGB offenkundige Zweifel an der Wirksamkeit dieser Einigung bestehen, verlangt das Legalitätsprinzip ausnahmsweise die Prüfung der materiellen Einigung und damit die Beanstandung des Eintragungsantrags.

292   § 1795 Abs 1 Nr 1 GB kommt dann nicht zur Anwendung, wenn der gesetzliche Vertreter des Schutzbefohlenen und sein Ehegatte, Lebenspartner oder Verwandter in gerader Linie **auf derselben Seite eines Rechtsgeschäfts** stehen.[859] Dies ist beispielsweise der Fall, wenn der Schutzbefohlenen (vertreten durch die Eltern, den Vormund, Betreuer oder Pfleger) und die Ehegatte, Lebenspartner oder Verwandte in gerader Linie des gesetzlichen Vertreters gemeinsam als Veräußerer oder Erwerber eines Grundstücks auftreten.

293   Der gesetzliche Vertreter ist nur für solche Rechtsgeschäfte mit seinem **Ehegatten oder Lebenspartner** von der Vertretung ausgeschlossen, mit dem er zur Zeit der Vornahme des Geschäfts in gültiger Ehe verheiratet oder Lebenspartnerschaft lebt. Bei Geschäften nach rechtskräftiger Scheidung oder Aufhebung einer Lebenspartnerschaft entfällt die Sperre des § 1795 Abs 1 Nr 1 BGB.[860] Auch bei Rechtsgeschäften mit der zweiten Ehefrau ist der gesetzliche Vertreter von der Vertretung erstehelicher Kinder ausgeschlossen.[861]

294   Der Vertretungsausschluss des § 1795 Abs 1 Nr 1 BGB gilt für den gesetzlichen Vertreter nur bei Rechtsgeschäften mit **Personen, die mit ihm in gerader Linie verwandt sind** (§ 1589 BGB). Für Rechtsgeschäfte

---

851 BayObLG MittBayNot 1974, 155; BayObLGZ 1959, 370 = NJW 1960, 577 = FamRZ 1960, 33; OLG Hamm FamRZ 1965, 86; KG FamRZ 1994, 380; *Schöner-Stöber* Rn 3601; *Schaub* in *Bauer/von Oefele* AT VII Rn 198, 205; *Stutz* MittRhNotK 1993, 205, 206.
852 *Schöner-Stöber* Rn 3601; *Schaub* in *Bauer/von Oefele* AT VII Rn 206.
853 KG OLGE 40, 81; *Schaub* in *Bauer/von Oefele* AT VII Rn 239.
854 MüKo-*Wagenitz*, BGB, § 1795 Rn 23.
855 BayObLGZ 9, 413; KG JW 1935, 1439; MüKo-*Wagenitz*, BGB, § 1795 Rn 24.
856 BayObLGZ 5, 412; MüKo-*Wagenitz*, BGB, § 1795 Rn 24.
857 MüKo-*Wagenitz*, BGB, § 1795 Rn 23.
858 Ausführlich dazu *Meikel-Böttcher* Einl H Rdn 29 ff.
859 MüKo-*Wagenitz*, BGB, § 1795 Rn 25.
860 BGH FamRZ 1958, 178; OLG Stuttgart NJW 1955, 1721; OLG Düsseldorf NJW 1965, 400; *Schaub* in *Bauer/von Oefele* AT VII Rn 238; MüKo-*Wagenitz*, BGB, § 1795 Rn 26; *Stutz* MittRhNotK 1993, 205, 206.
861 KG JW 1935, 1439; *Schaub* in *Bauer/von Oefele* AT VII Rn 239.

mit Verwandten in der Seitenlinie oder mit Verschwägerten des gesetzlichen Vertreters gilt die Vorschrift nicht, auch nicht analog.[862]

(2) § 1795 Abs 1 Nr 2 BGB. Der gesetzliche Vertreter ist von der Vertretung des Schutzbefohlenen ausgeschlossen 295
- bei Verfügungen, welche die **Übertragung** oder Belastung einer durch eine **Hypothek** gesicherte Forderung des Schutzbefohlenen gegen den gesetzlichen Vertreter zum Gegenstand hat und
- bei Verfügungen, durch die eine **Hypothek**, die für eine Forderung des Schutzbefohlenen gegen den gesetzlichen Vertreter besteht, **aufgehoben** oder gemindert werden soll und
- bei allen Rechtsgeschäften, welche die Verpflichtung des Schutzbefohlenen zu einer der genannten Verfügungen begründet.

Bestritten ist die Frage, ob dieser Vertretungsausschluss auch für die sog **Sicherungsgrundschuld** gilt. Dies 296 wird abgelehnt, da diese rechtlich abstrakt von einer Forderung ist.[863] Wirtschaftlich sichert aber eine solche Grundschuld eine Forderung des Schutzbefohlenen gegen den gesetzlichen Vertreter, so dass der Schutzzweck eine entsprechende Anwendung verlangt.[864]

2. Befreiung von den Vertretungsauschlüssen

a) § 1795 BGB. Das Gesetz selbst sieht keine Möglichkeit vor, von den Vertretungshindernissen des § 1795 297 BGB Befreiung zu erteilen (anders als bei § 181 BGB). Daher kann der vertretene **Schutzbefohlene seinem gesetzlichen Vertreter keine Befreiung von § 1795 BGB erteilen**.[865]

Bestritten ist allerdings die Frage, ob das **Vormundschaftsgericht** dem gesetzlichen Vertreter Befreiung von 298 den Beschränkungen des § 1795 BGB erteilen kann. Zum Teil wird dies bejaht.[866] Die hM verneint dies jedoch zu Recht.[867] § 1795 BGB sieht im klaren Gegensatz zu § 181 BGB keine Möglichkeit der Befreiung vor. Im Unterschied zu § 1796 hat das Vormundschaftsgericht bei § 1795 auch keinen Raum für eine Prüfung, ob durch das geplante Rechtsgeschäft ein Interessenkonflikt droht oder nicht.

b) § 181 BGB. aa) Allgemein. (1) Rechtsnatur der Gestattung. Wenn der Vertretene den Vertreter von 299 den Beschränkungen des § 181 BGB befreit, handelt es sich bei dieser **Gestattung um ein einseitiges empfangsbedürftiges Rechtsgeschäft**, durch das der Vertretene auf den Schutz dieser Vorschrift verzichtet.[868] Die Vertretungsmacht des Vertreters wird dadurch erweitert. Der Vertretene hat die Gestattung dem Vertreter gegenüber zu erklären.

(2) Form. Die Befreiung von § 181 BGB bedarf **materiellrechtlich** keiner Form, und zwar selbst dann nicht, 300 wenn die Vollmacht als solche formbedürftig ist.[869] Die Gestattungen wird zwar idR zugleich mit der Vollmachtserteilung erfolgen, kann jedoch auch formlos vor oder nach der Bevollmächtigung erklärt werden. **Formellrechtlich** muss die Befreiung von § 181 BGB dem Grundbuchamt in der Form des § 29 GBO nachgewiesen werden.

(3) Erklärung. Die Befreiung von § 181 BGB sollte vom Vertretenen zwar **ausdrücklich** erfolgen, zwingend 301 nötig ist dies jedoch nicht, dh sie kann auch **schlüssig** erfolgen.[870] Da die Gestattung des Selbstkontrahierens oder der Mehrfachvertretung eine Ausnahme darstellt, muss sie jedoch unzweifelhaft aus den Umständen hervorgehen, dh bei der Auslegung von Erklärungen ist diesbezüglich Zurückhaltung geboten.[871] Beispielsweise liegt allein in der Erteilung einer Vollmacht für alle Rechtsgeschäfte, bei denen gesetzlich eine Vertretung zuge-

---

862 BayObLG FamRZ 1998, 512; OLG Hamm FamRZ 1965, 86; MüKo-*Wagenitz*, BGB, § 1795 Rn 27; *Schaub* in *Bauer/ von Oefele* AT VII Rn 238.
863 *Staudinger-Engler* (1999) § 1795 Rn 28; *Gernhuber/Coester-Waltjen*, Familienrecht; § 61 IV 3.
864 OLG Braunschweig JW 1936, 2937; *Staudinger/Peschel-Gutzeit* § 1629 Rn 274; MüKo-*Huber*, BGB, § 1629 Rn 61; MüKo-*Wagenitz*, BGB, § 1795 Rn 33; *Soergel – Zimmermann* § 1795 Rn 36; *Erman-Holzhauer* § 1795 Rn 17; BGB-RGRK-*Dickescheid* § 1795 Rn 15; *Schaub* in *Bauer/von Oefele* AT VII Rn 240; *Stutz* MittRhNotK 1993, 205, 206.
865 BGH NJW 1956, 1433; FamRZ 1961, 473, 475.
866 *Erman-Holzhauer* § 1795 Rn 10; *Larenz-Wolf*, BGB-AT, § 46 Rn 132; U *Hübner*, Interessenkonflikt und Vertretungsmacht, 1977, S 125 ff; *Nipperdey*, FS für Raape, 1948, S 305.
867 RGZ 71, 162; BGHZ 21, 22 9, 234; BGH FamRZ 1961, 473; BayObLGZ 25, 193, 197; OLG Hamm FamRZ 1975, 510; *Demharter* § 19 GBO Rn 92; *Staudinger-Engler* § 1795 Rn 9; MüKo-*Schramm*, BGB, § 181 Rn 55; MüKo-*Wagenitz*, BGB, § 1795 Rn 18; *Soergel-Zimmermann* § 1795 Rn 45; *Buchholz* NJW 1993, 1161; *Neuhausen* RNotZ 2003, 157, 167.
868 MüKo-*Schramm*, BGB, § 181 Rn 45.
869 MüKo-*Schramm*, BGB, § 181 Rn 46.
870 MüKo-*Schramm*, BGB, § 181 Rn 48.
871 RGZ 51, 427; *Staudinger-Schilken* § 181 Rn 51; MüKo-*Schramm*, BGB, § 181 Rn 48.

lassen ist, noch keine Befreiung von den Beschränkungen des § 181 BGB.[872] Eine schlüssige Gestattung kann dann aber angenommen werden, wenn das Vertretergeschäft nur durch ein Insichgeschäft abgeschlossen werden kann, so zB wenn in einer Kaufvertragsurkunde beide Vertragsparteien einen Dritten zur Erklärung der Auflassung bevollmächtigen.[873] Eine konkludente Befreiung von § 181 BGB liegt auch dann vor, wenn ein unter Verstoß gegen diese Vorschrift vorgenommenes Rechtsgeschäft von dem Vertretenen genehmigt wird.[874]

302   Die Befreiung von § 181 BGB muss der **Vertretene** erklären. Der Vertreter kann die Gestattung nicht sich selbst gegenüber erklären.[875] Werden beide Vertragsparteien durch denselben Bevollmächtigten vertreten (zB bei der Auflassung), dh gibt es **mehrere Vertretene**, so müssen auch beide Vertragsparteien den Vertreter von den Beschränkungen des § 181 BGB befreien.[876]

303   **bb) Vermögensverwalter.** Der Erblasser (oder Erbe) kann dem Testamentsvollstrecker das Selbstkontrahieren sowie die Mehrfachvertretung gestatten. Im Rahmen ordnungsgemäßer Verwaltung des Nachlasses kann der Testamentsvollstrecker auch Vollmacht erteilen und für Einzelfälle von § 181 BGB Befreiung erteilt; gleiches gilt für den Insolvenz-, Nachlass- und Zwangsverwalter.[877]

304   **cc) Untervertretung.** Ist ein Vertreter zur Bestellung eines Untervertreters befugt, dann kann er diesen nur dann auch von den Beschränkungen des § 181 BGB befreien, wenn ihm selbst das Selbstkontrahieren und die Mehrfachvertretung gestattet ist.[878] Hat ein nicht von den Beschränkungen des § 181 BGB befreiter Untervertreter ein Rechtsgeschäft unter Verletzung dieser Norm vorgenommen, so kann es dadurch wirksam werden, dass es von dem Hauptbevollmächtigten im Namen des Vollmachtgebers oder von letzterem selbst genehmigt wird.[879]

305   **dd) Gesellschaften. (1) Juristische Personen des Privatrechts.** Ihren Vertretungsorganen kann Befreiung von § 181 BGB erteilt werden in der jeweiligen **Satzung** (Gesellschaftsvertrag) oder durch einen generellen oder einzelfallbezogenen **Beschluss** der Gesellschafterversammlung (bei der GmbH),[880] der Generalversammlung (bei der eingetragenen Genossenschaft)[881] oder der Mitgliederversammlung (beim eingetragenen Verein),[882] wofür aber eine Ermächtigungsgrundlage in der Satzung (Gesellschaftsvertrag) notwendig ist.[883] Dem Grundbuchamt gegenüber sind diese Tatbestände in der Form des § 29 GBO nachzuweisen. Ergibt sich die Befreiung aus dem Handelsregister, so genügt ein Zeugnis nach § 32 GBO oder die Bezugnahme gem 34 GBO oder eine Notarbescheinigung nach § 21 BNotO oder ein beglaubigter Handelsregisterauszug.[884]

306   Bei einer **Aktiengesellschaft** kann den Vorstandsmitgliedern auch der Aufsichtsrat keine Befreiung vom Verbot des Selbstkontrahierens nach § 181, 1. Alt BGB erteilen (vgl § 112 AktG).[885] Von dem Verbot der Mehrfachvertretung nach § 181, 2. Alt BGB kann jedoch Befreiung erteilen werden, und zwar entweder in der Satzung selbst oder auf Grund eines satzungsmäßig zugelassenen Beschlusses des Aufsichtsrates.[886]

---

872   KG JR 1952, 428; *Schaub* in *Bauer/von Oefele* AT VII Rn 58; *Demharter* § 19 Rn 92; MüKo-*Schramm*, BGB, § 181 Rn 48.
873   LG Kassel DNotZ 1958, 429; *Schöner-Stöber* Rn 3557; MüKo-*Schramm*, BGB, § 181 Rn 49; *Schaub* in *Bauer/von Oefele* AT VII Rn 59.
874   LG Saarbrücken MittBayNot 2000, 433; *Schöner-Stöber* Rn 3557; *Lichtenberger* MittBayNot 2000, 434, 435; *Kuhn* RNotZ 2001, 305, 327 f; *Schneeweiß* MittBayNot 2001, 341, 344.
875   BGHZ 58, 118; *Schaub* in *Bauer/von Oefele* AT VII Rn 60.
876   RGZ 94, 147; OLG München DNotZ 1951, 31; LG Kassel DNotZ 1958, 429; *Schaub* in *Bauer/von Oefele* AT VII Rn 59.
877   MüKo-*Schramm*, BGB, § 181 Rn 53.
878   BayObLG Rpfleger 1993, 441 = MittBayNot 1993, 150; KG FGPrax 1998, 81 = NJW-RR 1999, 168 = MittBayNot 1999, 472; OLG Frankfurt/M DNotZ 1974, 437 = OLGZ 1974, 347; LG Saarbrücken MittBayNot 2000, 433; *Staudinger-Schilken* § 181 Rn 35; BGB-RGRK-*Steffen* § 181 Rn 16; MüKo-*Schramm*, BGB, § 181 Rn 54; *Soergel-Leptien* § 181 Rn 36; *Demharter* § 19 Rn 92; *Schaub* in *Bauer/von Oefele* AT VII Rn 60; *Demharter* § 19 Rn 92; *Kuhn* RNotZ 2001, 305, 327 f; *Neumeyer* RNotZ 2001, 249, 265.
879   KG DR 1941, 997; *Demharter* § 19 Rn 92; *Kuhn* RNotZ 2001, 305, 327 f.
880   BGH NJW-RR 1994, 291, 293; NJW 1983, 1676.
881   BGH WM 1971, 1082.
882   *Staudinger-Schilken* § 181 Rn 53; *Schöner-Stöber* Rn 3649.
883   BGH NJW 1991, 173; BGHZ 87, 59, 60; BayObLG Rpfleger 1993, 441; BayObLGZ 1985, 191; OLG Köln NJW 1993, 1018; *Staudinger-Schilken* § 181 Rn 53; *Schaub* in *Bauer/von Oefele* AT VII Rn 63; MüKo-*Schramm*, BGB, § 181 Rn 50; *Demharter* § 19 Rn 92.
884   *Schaub* in *Bauer/von Oefele* AT VII Rn 63.
885   Gutachten in DNotI-Report 2007, 89; *Schöner-Stöber* Rn 3621; MüKo-*Schramm*, BGB, § 181 Rn 50; *Schaub* in *Bauer/von Oefele* § 32 Rn 35; *Fischer* ZNotP 2002, 297, 298.
886   Gutachten in DNotI-Report 2007, 89; *Baetzgen* RNotZ 2005, 193; *Auktor* NZG 2006, 334; *Nägele/Böhm* BB 2005, 2197; *Fischer* ZNotP 2002, 297, 298.

(2) Personengesellschaften. Für die Befreiung der vertretungsberechtigten Personen bei einer GbR, OHG **307** und KG von den Beschränkungen des § 181 BGB ist grundsätzlich ein **Gesellschafterbeschluss** erforderlich.[887] Dem Grundbuchamt gegenüber ist er in der Form des § 29 GBO vorzulegen. Ausreichend ist aber auch für den Nachweis der Befreiung von § 181 BGB ein Zeugnis nach § 32 GBO, die Bezugnahme gem § 34 GBO, die Notarbescheinigung nach § 21 BNotO oder ein beglaubigter Handelsregisterauszug. Soll ein Vertrag zwischen zwei GmbH & Co. KGs abgeschlossen werden, die jeweils von dem gleichen Geschäftsführer der Komplementär – GmbHs vertreten werden, müssen sowohl die Komplementär – GmbHs als auch der jeweilige Geschäftsführer von beiden Seiten von den Beschränkungen des § 181 BGB befreit werden.[888] Für das konkrete zwischen den KGs abzuschließende Rechtsgeschäft ist dem Geschäftsführer von der jeweiligen KG die Befreiung zu erteilen und nicht von der Gesellschafterversammlung der GmbHs.[889] Ist der alleinige Geschäftsführer der Komplementär – GmbH einer GmbH & Co. KG im Verhältnis zur GmbH von den Beschränkungen des § 181 BGB befreit, so kann die GmbH als Vertreterin der KG ihrem Geschäftsführer im Verhältnis zur KG eine auf den Einzelfall bezogene Gestattung erteilen.[890]

(3) Liquidation. Ist eine vertretungsberechtigte Person von den Beschränkungen des § 181 BGB befreit, so **308** gibt es keinen Grundsatz, dass dies auch dann weitergelten soll, wenn er nach der Auflösung der Gesellschaft als geborener Liquidator auftritt.[891] Ist allerdings in der Satzung (Gesellschaftsvertrag) eine Ermächtigung enthalten, durch Beschluss die vertretungsberechtigten Organe von den Beschränkungen des § 181 BGB zu befreien, so gilt dies auch für die Befreiung der Liquidatoren.[892]

ee) Juristische Personen und Körperschaften des öffentlichen Rechts. Da auch ihre Vertretungsorgane **309** dem Verbot des Selbstkontrahierens und der Mehrfachvertretung des § 181 BGB unterliegen, muss ihnen solch rechtsgeschäftliches Handeln gestattet werden, was grundsätzlich möglich ist.[893] Aus gesetzlichen Vorschriften lässt sich die Befreiung von § 181 BGB idR weder ausdrücklich noch stillschweigend entnehmen.[894] Zuständig zur Gestattung ist stets und ausschließlich der Vertretene, zB die Gemeinde. Da die juristische Person selbst nicht handlungsfähig ist, muss das Bestellorgan des Vertreters (zB des Bürgermeisters) auch die Gestattung erklären.[895] Zuständig für die Gestattung des Selbstkontrahierens und der Mehrfachvertretung durch einen Bürgermeister ist daher nicht die Gemeinde als eigentlich Vertretene, sondern der Gemeinderat als universelles Vertretungsorgan der Gemeinde.[896]

3. Lediglich rechtlicher Vorteil für den Vertretenen

a) Allgemeines. Auf Grund teleologischer Reduktion ist **§ 181 BGB** dann nicht anwendbar, wenn bei einem **310** Fall des Selbstkontrahierens für den Vertretenen oder einem Fall der Mehrfachvertretung für die Vertretenen aus dem Rechtsgeschäft ein lediglich rechtlicher Vorteil erwächst,[897] dh der Vertreter ist in diesen Fällen nicht von der Vertretung ausgeschlossen. Ein Interessenwiderstreit ist ausgeschlossen und Interessen Dritter stehen dem auch nicht entgegen. Gleiches gilt für den Vertretungsausschluss des **§ 1795 Abs 1 Nr 1 BGB**, dh der gesetzliche Vertreter kann in den dort genannten Fällen auch den Schutzbefohlenen vertreten, wenn das Rechtsgeschäft für diesen lediglich einen rechtlichen Vorteil bringt.[898] Ein über sieben Jahre altes minderjähriges Kind kann eine Willenserklärung auch ohne Mitwirkung seines gesetzlichen Vertreters wirksam abgeben,

---

887 MüKo-*Schramm*, BGB, § 181 Rn 50.
888 BayObLGZ 1979, 187 = DNotZ 1980, 88 = Rpfleger 1979, 301; *Schaub* in *Bauer/von Oefele* AT VII Rn 62.
889 BGHZ 58, 115 = JR 1972, 287; MüKo-*Schramm*, BGB, § 181 Rn 50.
890 OLG Düsseldorf Rpfleger 2005, 137.
891 BayObLGZ 1985, 189 = Rpfleger 1985, 301 = MittBayNot 1985, 139 = MittRhNotK 1985, 182; OLG Düsseldorf NJW-RR 1990, 51; OLG Hamm BB 1997, 2293; *Schöner-Stöber* Rn 3628; MüKo-*Schramm*, BGB, § 181 Rn 51.
892 BayObLG NJW-RR 1996, 611 = MittBayNot 1997, 49; MüKo-*Schramm*, BGB, § 181 Rn 51.
893 *Fröhler* BWNotZ 2003, 14; *Lichtenberger* MittBayNot 2000, 434, 435; *Schneeweiß* MittBayNot 2001, 341, 343 f; *Neumeyer* RNotZ 2001, 249, 265.
894 LG Arnsberg Rpfleger 1983, 63.
895 *Schneeweiß* MittBayNot 2001, 341, 344.
896 *Neumeyer* RNotZ 2001, 249, 265; *Schneeweiß* MittBayNot 2001, 341, 344.
897 BGH NJW 1989, 2542; 1982; 1984; 1975, 1885; BGHZ 59, 240 = DNotZ 1973, 83 = NJW 1972, 2262 = Rpfleger 1974, 105; BGHZ 94, 235 = DNotZ 1986, 80 = NJW 1985, 2407 = Rpfleger 1985, 293; BayObLGZ 1998, 139; OLG Dresden MittRhNotK 1997, 184; OLG Hamm DNotZ 1983, 371 = Rpfleger 1983, 251; MüKo-*Schramm*, BGB, § 181 Rn 15; *Staudinger-Schilken* § 181 Rn 12; *Soergel-Leptien* § 181 Rn 27; *Erman-Palm* § 181 Rn 10; *Schaub* in *Bauer/von Oefele* AT VII Rn 66, 203; *Schöner-Stöber* Rn 3561, 3602; *Larenz-Wolf*, BGB-AT, § 46 Rn 132; *Medicus*, BGB-AT, Rn 961; *Fröhler* BWNotZ 2006, 97; *Stutz* MittRhNotK 1993, 205, 209.
898 BGH NJW 1975, 1885 = MittBayNot 1975, 175; BayObLG Rpfleger 1975, 167; BayObLGZ 1979, 49 = DNotZ 1979, 543 = Rpfleger 1979, 197; BayObLGZ 1998, 139, 142 = DNotZ 1999, 589 ist = NJW 1998, 3574 bis = Rpfleger 1998, 425; OLG Hamm Rpfleger 2000, 449 = MittRhNotK 2000, 336; MüKo – *Wagenitz*, BGB, § 1795 Rn 30; *Schöner-Stöber* Rn 3602; *Schaub* in *Bauer/von Oefele* AT VII Rn 203; *Stutz* MittRhNotK 1993, 205, 209.

durch die es lediglich einen rechtlichen Vorteil erlangt (§ 107 BGB), dh es muss in diesem Fall nicht vertreten werden.

311 Die Frage, ob ein Rechtsgeschäft für den Vertretenen lediglich rechtlich vorteilhaft ist, ist grundsätzlich nur nach **abstrakt rechtlichen Gesichtspunkten** zu beurteilen; ob dem Vertretenen dies auch wirtschaftlich von Vorteil ist oder sogar mit wirtschaftlichem Nachteil verbunden ist, bleibt dabei außer Betrachtung.[899] Rechtliche Nachteile können deshalb auch durch noch so große wirtschaftliche Vorteile nicht ausgeglichen werden.

312 Nachteile bleiben aber dann unberücksichtigt, wenn sie nur den Wert des erworbenen Gegenstandes mindern oder aufzehren, aber das übrige Vermögen des Vertretenen nicht bedrohen. Im schlimmsten Fall bekommt der Vertretene einen wertlosen Gegenstand.[900] Damit stellt er sich jedoch nicht schlechter, als er ohne ihn gestanden hätte. Erwachsen aus dem Erwerb aber auch Nachteile, die das sonstige Vermögen des Vertretenen bedrohen, setzt die Schutzbedürftigkeit des Vertretenen ein, so dass kein lediglich rechtlicher Vorteil vorliegt. Es kommt also entscheidend darauf an, ob die Haftung des Vertretenen auf den erworbenen Gegenstand begrenzt ist (= **nur dingliche Haftung**) oder ob darüber hinaus sein übriges Vermögen mithaftet (= auch persönliche Haftung).[901]

313 Bei der **schenkungsweisen Übereignung einer Immobilie von den Eltern an ihre Kinder** hatte der BGH[902] zunächst den Abschluss des Schenkungsvertrags als lediglich rechtlich vorteilhaft (es entsteht ja nur der Übereignungsanspruch) und die Auflassung dann als Erfüllung einer Verbindlichkeit (des Schenkungsvertrages) angesehen, kam also zu keiner Verletzung des § 181 BGB. Damit blieben aber etwaige, sich aus dem Eigentumswechsel ergebende Nachteile für den Vertretenen unberücksichtigt. Unter Durchbrechung des Abstraktionsprinzips wurde dann die getrennte Betrachtung von schuldrechtlichem und dinglichem Rechtsgeschäft abgelehnt und eine Gesamtbetrachtung vorgenommen, bei der die Mängel des dinglichen Geschäfts (Übereignung) bereits bei dem schuldrechtlichen Teil (Schenkung) berücksichtigt wurden.[903] Inzwischen hat der BGH[904] zu Recht die Gesamtbetrachtung aufgegeben und § 181 letzter Hs BGB insoweit einer teleologischen Reduktion unterworfen, dass nur eine »lediglich rechtlich vorteilhafte Erfüllung einer Verbindlichkeit« diese Ausnahme rechtfertige. *Krüger*[905] vertritt entgegen der hM[906] neuerdings mit beachtlichen Argumenten die Auffassung, dass § 181 BGB in diesen Fällen von vornherein nicht anwendbar sei, weil Hs 2 von § 181 BGB auf die Erfüllung solcher Verbindlichkeiten beschränkt sei, die den Vertretenen (hier also den Minderjährigen) treffen und eine solche Verpflichtung steht bei der Erfüllung eines Schenkungsverpflichtungsvertrags nicht in Rede.

314 Lässt sich mit abschließender Sicherheit nicht feststellen, ob ein Rechtsgeschäft für den Vertretenen lediglich rechtlich vorteilhaft ist, so sollte in der Praxis immer der **sicherste Weg** gegangen werden, dh für den zu Vertretenden sollte ein **Ergänzungspfleger** nach § 1909 BGB bestellt werden.[907]

315 **b) Unentgeltlicher Erwerb eines unbelasteten Grundstücks.** Die mit jeder Art von Grunderwerb verbundene Verpflichtung zur **Tragung öffentlicher Lasten** stellt nach Auffassung des *BGH*[908] jedenfalls insoweit keinen Rechtsnachteil dar, als es sich um laufende Aufwendungen, insbesondere die Pflicht zur Entrichtung der Grundsteuer, handelt. Der Grundstückseigentümer haftet zwar für die Erfüllung seiner auf öffentlichem Recht beruhenden Abgabenverpflichtungen nicht nur dinglich, sondern auch persönlich. Dieser Umstand zwingt jedoch nicht in jedem Fall zu der Annahme der rechtlichen Nachteilhaftigkeit, sondern nur bei einer Gefährdung des Vermögens des Minderjährigen. Letzteres treffe bei solchen persönlichen Verpflichtungen nicht zu, die ihrem Umfang nach begrenzt und wirtschaftlich derart unbedeutend sind, dass sie unabhängig von den Umständen des Einzelfalles eine Verweigerung der Genehmigung durch den gesetzlichen Vertreter oder durch einen Ergänzungspfleger nicht rechtfertigen könnten. Dies ist insbesondere bei den laufenden öffentlichen

899 BGH DNotZ 1971, 302; BayObLGZ 1979, 49, 53 = DNotZ 1979, 543 ist = Rpfleger 1979, 197; *Palandt – Heinrichs* § 107 Rn 2; *MüKo-Schmitt*, BGB, § 107 Rn 28; *Schöner-Stöber* Rn 3606; *Schaub* in *Bauer/von Oefele* AT VII Rn 214; **AA** *Stürner* AcP 173 (1973), 402 ff; *Stutz* MittRhNotK 1993, 205, 210.

900 BayObLGZ 1979, 49, 53 = DNotZ 1979, 543; *Schöner-Stöber* Rn 3606; *Schaub* in *Bauer/von Oefele* AT VII Rn 215; *Stutz* MittRhNotK 1993, 205, 209.

901 DNotI-Report 2005, 195.

902 BGHZ 15, 168.

903 BGHZ 78, 28 = NJW 1981, 109 = Rpfleger 1980, 463 = DNotZ 1981, 111.

904 BGH DNotZ 2005, 625 = Rpfleger 2005, 355; ausführlich dazu und zustimmend: *Böttcher* Rpfleger 2006, 293; *Preuß* JuS 2006, 305, 309; *Röthel/Krackhardt* JURA 2006, 161; bereits früher dieser Meinung: *Jauernig* JuS 1982, 576; *Feller* DNotZ 1989, 66; *Erman-Palm* § 107 Rn 5; *Soergel-Hefermehl* § 107 Rn 5.

905 *Krüger* ZNotP 2005, 202.

906 RG SeuffA 77 Nr 62; *Staudinger– Schilken* § 181 Rn 61; *Soergel-Hefermehl* § 181 Rn 43; *Erman-Palm* § 181 Rn 27 gehen davon aus, dass sich § 181 BGB auf die Erfüllung von Verbindlichkeiten des Vertretenen gegenüber dem Vertreter ebenso beziehe wie auf die Erfüllung solcher des Vertreters gegenüber dem Vertretenen.

907 *Wilhelm* NJW 2006, 2353; *Schöner-Stöber* Rn 3603; *Schaub* in *Bauer/von Oefele* AT VII Rn 213.

908 NJW 2005, 415 = DNotZ 2005, 549 = Rpfleger 2005, 189 = ZfIR 2005, 288; kritisch dazu: *Röthel/Krackhardt* JURA 2006, 161.

Grundstückslasten der Fall, da sie keine Gefährdung des Vermögens des Minderjährigen mit sich bringen, sondern in der Regel aus den laufenden Erträgen des Grundstückes gedeckt werden können. Dies rechtfertigt es, sie als rechtlich nicht nachteilig zu behandeln. Der Ansicht des *BGH* ist im Ergebnis zuzustimmen.[909] Dies folgt richtigerweise nicht daraus, dass die öffentlichen Grundstückslasten auf Gesetz oder Satzung beruhen, also nicht Gegenstand der zwischen den Parteien getroffenen rechtsgeschäftlichen Abreden sind.[910] Denn das Vermögen des Minderjährigen ist nicht weniger gefährdet, wenn der Eintritt eines Rechtsnachteils zwar von den Parteien des Rechtsgeschäfts nicht gewollt, vom Gesetz jedoch als dessen Rechtsfolge angeordnet ist. Ansonsten widerspricht die Begründung des *BGH* aber einer verbreiteten Meinung,[911] die öffentlichen – rechtliche Lasten des Eigentums generell als unbeachtlich qualifiziert, also nicht an die Erwerber-, sondern an die Eigentümerposition angeknüpft und in ihnen lediglich eine dem Eigentum innewohnende Bindung, nicht aber eine besondere Verbindlichkeit erblickt hat. Die Begründung des *BGH* führt dazu, dass darum gestritten wird, ob eine persönliche Verpflichtung aus einer öffentlichen Grundstückslast für den Minderjährigen wirtschaftlich so unbedeutend ist, dass sie unabhängig von den Umständen des Einzelfalles eine Verweigerung der Genehmigung durch die gesetzlichen Vertreter nicht rechtfertigen könnte.[912] Bei den außerordentlichen öffentlich-rechtlichen Lasten des Eigentums, insbesondere den einmaligen (zB Erschließungs- oder Anliegerbeiträgen; Pflicht zur Beseitigung der Gefahrenquelle, die von einem baufälligen Haus ausgeht), wird dies in der Regel zu verneinen sein. Für die Grundbuchämter stellt sich das Problem, ob für die minderjährigen Erwerber außerordentliche öffentlich – rechtliche Grundstückslasten mit der Folge der persönlichen Haftung konkret anstehen oder nicht. Im Zweifelsfall wird auf Grund des Minderjährigenschutzes davon ausgegangen werden müssen, was zur Folge hat, dass ein Ergänzungspfleger handeln muss. Um dies zu vermeiden, sollten in den notariellen Urkunden Angaben zu erwartenden außerordentlichen öffentlich – rechtlichen Grundstückslasten gemacht werden.[913]

c) Unentgeltlicher Erwerb eines belasteten Grundstücks. aa) Grundpfandrecht. Erwirbt der Vertretene ein Grundstück belastet mit einem oder mehreren Grundpfandrechten ohne Übernahme der persönlichen Schuld, so ist dies für ihn trotzdem **lediglich rechtlich vorteilhaft.**[914] Durch die Übernahme eines Grundpfandrechtes wird dem Vertretenen als künftigem Grundstückseigentümer keine eigenständige schuldrechtliche Zahlungsverpflichtung auferlegt. Er hat höchstens zu dulden, dass der Grundpfandrechtsgläubiger zur Befriedigung seines Rechts die Zwangsversteigerung in das Grundstück betreibt. Nach Zuschlagserteilung hätte er das Grundstück wieder verloren; sein sonstiges persönliches Vermögen wäre aber nicht geschmälert. Zum Teil wird die Meinung vertreten, dass bei einem überbelasteten Grundstück von einem rechtlichen Nachteil auszugehen sei;[915] dies wird damit begründet, dass der Vertretene zur für unabsehbare Zeit seine Kreditwürdigkeit einbüße. Dies muss jedoch abgelehnt werden, da es sich insoweit um keinen rechtlichen Nachteil handelt.[916] Übernimmt der Vertretene aber auch die dem Grundpfandrecht zugrundeliegende Forderung, so ist der Erwerb nie lediglich rechtlich vorteilhaft.[917] Eine den Eigentümer treffende persönliche Zahlungspflicht kann sich daraus ergeben, dass er die Kosten des zur Zwangsvollstreckung in das Grundstück erforderlichen Titels tragen muss.[918]

bb) Reallast. Erwirbt der Vertretene ein mit einer Reallast belastetes Grundstück, so ist dies wegen der persönlichen Haftung des Grundstückseigentümers nach § 1108 Abs 1 BGB **rechtlich nachteilig;**[919] anders wäre es, wenn die persönliche Haftung des Erwerbers ausgeschlossen und der Ausschluss im Grundbuch eingetragen ist.[920]

316

317

---

909 So auch *Schmitt* NJW 2005, 1090, 1091 f; *Sonnenfeld* NotBZ 2005, 154, 155; *Feller* MittBayNot 2005, 412.

910 So aber *Westermann* JZ 1955, 244, 245.

911 OLG Celle MDR 2001, 931; BayObLGZ 1998, 144; *Klüsener* Rpfleger 1981, 461, 466.

912 *Schmitt* NJW 2005, 1090, 1092.

913 *Böhringer* BWNotZ 2006, 118, 119; *Sonnenfeld* NotBZ 2005, 154, 156; *Böttcher* Rpfleger 2006, 293, 298.

914 RGZ 148, 321, 324; BGH BWNotZ 1955, 72; BayObLGZ 1967, 245 = DNotZ 1968, 98 = NJW 1967, 1912; BayObLGZ 1979, 49, 53 = DNotZ 1979, 543; MüKo-*Schmitt*, BGB, § 107 Rn 40; *Schaub* in Bauer/von Oefele AT VII Rn 219; *Schöner-Stöber* Rn 3606; *Krüger* ZNotP 2006, 202, 204 f; *Klüsener* Rpfleger 1981, 258, 261; *Stutz* MittRhNotK 1993, 205, 210; Gutachten in DNotI-Report 2005, 195.

915 *Stutz* MittRhNotK 1993, 205, 210; vgl auch OLG Hamm NJW-RR 2001, 437; *Klüsener* Rpfleger 1981, 258, 261; *Köhler* JZ 1983, 225.

916 Ebenso BayObLG DNotZ 1979, 543; *Krüger* ZNotP 2006, 202, 205; *Schöner-Stöber* Rn 3606 Fn 17; *Schaub* in Bauer/von Oefele AT VII Rn 219; *Palandt-Heinrichs* § 107 Rn 4.

917 *Böhringer* BWNotZ 2006, 118, 119; *Schöner-Stöber* Rn 3606; *Schaub* in Bauer/von Oefele AT VII Rn 221.

918 *Staudinger-Wolfsteiner* § 1147 Rn 18, 29; **AA** *Preuß* JuS 2006, 305, 308 hält dies für unbeachtlich.

919 *Schaub* in Bauer/von Oefele AT VII Rn 227; *Schöner-Stöber* Rn 3608; MüKo-*Schmitt*, BGB, § 107 Rn 40; *Rastätter* BWNotZ 2006, 1,6; *Wilhelm* NJW 2006, 2353, 2354; *Stutz* MittRhNotK 1993, 205, 211; *Lange* NJW 1955, 1339; *Klüsener* Rpfleger 1981, 258, 262.

920 *Böhringer* BWNotZ 2006, 118, 120.

318   **cc) Vorkaufsrecht.** Erwirbt der Vertretene ein Grundstück belastet mit einem Vorkaufsrecht, so ist dies trotzdem für ihn **lediglich rechtlich vorteilhaft**.[921] Vorkaufsrechte stellen auch nur eine dingliche Belastung dar (§§ 1094, 1095 BGB), begründen aber keine persönliche Verpflichtung des Vertretenen. Eine solche entsteht erst, wenn ein Kaufvertrag über das Grundstück abgeschlossen wird und der Berechtigte das Vorkaufsrecht ausübt.

319   **dd) Erbbaurecht.** Der Erwerb eines Grundstücks belastet mit einem Erbbaurecht ist für den Vertretenen **rechtlich nachteilig**, da zB der Grundstückseigentümer für den Entschädigungsanspruch des Erbbauberechtigten nach dem Erlöschen des Erbbaurechts durch Zeitablauf (§ 27 ErbbauRG) persönlich haftet.[922]

320   **ee) Nießbrauch.** Der Erwerb eines Grundstücks belastet mit einem Nießbrauch stellt für den Vertretenen trotzdem einen **lediglich rechtlichen Vorteil** dar.[923] Nach Ansicht des *BGH* soll dies jedenfalls dann gelten, wenn der Nießbraucher über §§ 1042 S 2, 1047 BGB auch die Kosten außergewöhnlicher Ausbesserungen und Erneuerungen sowie die außergewöhnlichen Grundstückslasten zu tragen hat, der Eigentümer also nicht zum Aufwendungs- oder Verwendungsersatz gemäß §§ 1049, 677 ff BGB verpflichtet ist.[924] Darauf kann es aber nicht ankommen.[925] Da der Eigentümer nur nach den Vorschriften der Geschäftsführung ohne Auftrag haftet, ist gewährleistet, dass der Vertretene nicht für jede Verwendung aufkommen muss, sondern nur für solche, die ohnehin objektiv geboten waren.[926]

321   **ff) Dienstbarkeiten.** Der Erwerb eines Grundstücks belastet mit einer Grunddienstbarkeit oder einer beschränkten persönlichen Dienstbarkeiten ist grundsätzlich **lediglich rechtlich vorteilhaft**, da sie ausschließlich das Grundstück selbst belasten.[927] Wenn allerdings nach §§ 1021 Abs 1, 1090 Abs 2 BGB als Inhalt der Dienstbarkeit dem Eigentümer die Unterhaltung einer Anlage (zB Straße bei einem Geh- und Fahrtrecht) obliegt, ist der Erwerb des Grundstücks rechtlich nachteilig, denn dafür haftet der Grundstückseigentümer nach §§ 1108 Abs 1, 1021 Abs 2 BGB auch persönlich.[928]

322   **gg) Wohnungsrecht.** Wenn der Vertretene ein Grundstück belastet mit einem Wohnungsrecht nach § 1093 BGB erwirbt, so ist dies für ihn **lediglich rechtlich vorteilhaft**.[929] Er hat nur das Wohnen auf seinem Grundstück zu dulden; sein sonstiges Vermögen treffende Verpflichtungen erwachsen daraus nicht.

323   **hh) Vormerkung.** Der Erwerb eines Grundstücks, auf dem eine Eigentumsvormerkung lastet, ist für den Vertretenen trotzdem **lediglich rechtlich vorteilhaft**, weil kein persönliches Haftungsrisiko besteht.[930] Bei sonstigen Vormerkungen kommt es auf die Vorteilhaftigkeit des vorgemerkten Anspruchs an.[931]

324   **d) Unentgeltlicher Erwerb eines Grundstücks mit Belastungsvorbehalt.** Ist eine dingliche Belastung als lediglich rechtlich vorteilhaft anzusehen (= Grundpfandrechte, Vorkaufsrecht, Nießbrauch, Grunddienstbarkeit, beschränkte persönliche Dienstbarkeit einschließlich Wohnungsrecht, Eigentumsvormerkung), dann ist der Erwerb eines Grundstücks nach hM für den Vertretenen auch dann **lediglich rechtlich vorteilhaft**, wenn die Belastung erst neu begründet wird, aber zeitgleich mit dem Eigentumserwerb; wird die Verpflichtung zur Neubelastung jedoch erst nach dem Eigentumserwerb des Vertretenen erfüllt, so soll dies rechtlich nachteilig

921   BayObLG ZfIR 1998, 476 = NJW 1998, 3574; *Böhringer* BWNotZ 2006, 118, 120; *Schaub* in *Bauer/von Oefele* AT VII Rn 226; *Schöner-Stöber* Rn 3606, 3608; MüKo-*Schmitt*, BGB, § 107 Rn 40; *Stutz* MittRhNotK 1993, 205, 212.
922   *Rastätter* BWNotZ 2006, 1,6; *Staudinger-Rapp*, ErbbauVO, § 27 Rn 7.
923   RGZ 148, 321, 323; BayObLGZ 1998, 139 = ZfIR 1998, 476 = DNotZ 1999, 589 = NJW 1998, 3574 = Rpfleger 1998, 425; BayObLGZ 1979, 49 = DNotZ 1979, 543 = Rpfleger 1979, 197; OLG Köln NJW-RR 1998, 363 = Rpfleger 1998, 159 = MittBayNot 1998, 106; OLG Celle DNotZ 1974, 733; OLG Dresden MittBayNot 1996, 288 = MittRhNotK 1997, 184; OLG Stuttgart BWNotZ 1955, 213; LG Augsburg Rpfleger 1967, 175; LG Bonn MittBayNot 1974, 115; LG Tübingen MittRhNotK 1971, 687; LG Nürnberg-Fürth MittBayNot 1981, 16; MüKo-*Schmitt*, BGB, § 107 Rn 40; *Schöner-Stöber* Rn 3608; *Schaub* in *Bauer/von Oefele* AT VII Rn 225; *Stutz* MittRhNotK 1993, 205, 211; **AA** *Preuß* JuS 2006, 305, 308; *Petersen* JURA 2003, 399, 402; *Schreiber* JURA 1991, 24, 29; OLG Frankfurt/M Rpfleger 1974, 429 = MittBayNot 1974, 255.
924   BGH NJW 2005, 415 = DNotZ 2005, 549 = Rpfleger 2005, 189 = ZfIR 2005, 288; dem folgend *Krüger* ZNotP 2006, 202, 205; *Böhringer* BWNotZ 2006, 118, 120; *Sonnenfeld* NotBZ 2005, 154, 155.
925   So auch *Feller* MittBayNot 2005, 412.
926   *Stutz* MittRhNotK 1993, 205, 211.
927   BayObLG DNotZ 1968, 98; OLG Dresden MittBayNot 1996, 288, 290; LG Augsburg Rpfleger 1967, 175; *Schaub* in *Bauer/von Oefele* AT VII Rn 224; *Stutz* MittRhNotK 1993, 205, 210.
928   *Böhringer* BWNotZ 2006, 118, 120; *Stutz* MittRhNotK 1993, 205, 210; *Klüsener* Rpfleger 1981, 258.
929   BayObLGZ 1967, 249 = DNotZ 1968, 98 ist = Rpfleger 1968, 18; BayObLGZ 1979, 49 = DNotZ 1979, 543 = Rpfleger 1979, 197; *Schöner-Stöber* Rn 3607; *Schaub* in *Bauer/von Oefele* AT VII Rn 222.
930   *Schöner-Stöber* Rn 3608; *Schaub* in *Bauer/von Oefele* AT VII Rn 226; *Stutz* MittRhNotK 1993, 205, 212.
931   *Stutz* MittRhNotK 1993, 205, 212; *Klüsener* Rpfleger 1981, 258, 262.

sein.[932] Dem kann zugestimmt werden, soweit die erst zu bestellende Belastung zeitgleich mit dem Eigentumserwerb des Vertretenen erfolgt. Rechtlich und wirtschaftlich macht es nämlich keinen Unterschied, ob ein bereits belastetes Grundstück erworben wird, oder ein noch unbelastetes Grundstück mit der Verpflichtung, sofort beim Erwerb die Belastung zu begründen. Der Vertretene gibt in keinem Falle etwas von seinem vor dem Erwerb vorhandenen Vermögen auf und belastet es auch nicht. Entgegen der hM bleibt der Grundstückserwerb des Vertretenen auch dann lediglich rechtlich vorteilhaft, wenn die mit dem Grundstückserwerb bereits begründete Verpflichtung zur Belastung des Grundstücks erst nachträglich erfüllt wird.[933] Auch in diesem Fall braucht der vertretene Grundstückserwerber über den Wert des Grundstücks hinaus nichts aufzuwenden. Einen eventuell drohenden Verzugsschaden kann der gesetzliche Vertreter durch rechtzeitige Bestellung der Grundstücksbelastung verhindern. Nicht lediglich rechtlich vorteilhaft ist der Grundstückserwerb für den Vertretenen natürlich dann, wenn er nicht nur verpflichtet ist das erworbene Grundstück zu belasten, sondern auch die persönliche Haftung für die der dinglichen Belastung zugrundeliegenden Forderung übernimmt.[934]

e) Unentgeltlicher Erwerb eines Erbbaurechts. Der Erwerb eines Erbbaurechtes ist für den Vertretenen **rechtlich nachteilig**, wenn eine Erbbauzinsreallast darauf lastet, die nach § 9 Abs 1 ErbbauRG, § 1108 Abs 1 BGB auch persönlich geschuldet wird.[935]   **325**

f) Unentgeltlicher Erwerb von Wohnungs- und Teileigentum. Der Erwerb einer Eigentumswohnung   **326** führt dazu, dass der Vertretene zugleich in die Gemeinschaft der Wohnungseigentümer und in die vom Gesetz damit verknüpften vielfältigen Verpflichtungen (§§ 10 ff WEG) eintritt sowie den gesetzlichen Bestimmungen über die Verwaltung des gemeinschaftlichen Eigentums (§§ 20 ff WEG) unterworfen ist. Damit treffen den Erwerber auch Pflichten, für die er persönlich einzustehen hat. Dies allein reicht jedoch nicht, um den Erwerb einer Eigentumswohnung als rechtlich nachteilig anzusehen.[936] Wie die öffentlichen Lasten beim Erwerb eines Grundstücks stellen die gesetzlichen Pflichten des Wohnungseigentümers eher unbedeutende Belastungen dar im Vergleich mit dem Wert der Zuwendung. Wenn der Vertretene eine Eigentumswohnung erwirbt, dann ist dies für ihn – unabhängig von Belastungen – aber dann **rechtlich nachteilig**, wenn dies mit dem Eintritt in den Verwaltervertrag verbunden ist, weil dies eine gesamtschuldnerische Haftung für die Verpflichtungen aus diesem Vertrag begründet.[937] Gleiches gilt, wenn die vereinbarten Verpflichtungen der Wohnungseigentümer (zB im Zusammenhang mit der Wiederherstellung eines zerstörten Gebäudes) gegenüber den gesetzlichen Verpflichtungen erheblich verschärft sind.[938]

g) Unentgeltlicher Erwerb einer vermieteten Immobilie. Ist eine Immobilie vermietet, so ist der Erwerb   **327** **rechtlich nachteilig** ist.[939] Mit dem Erwerb ist eine persönliche Haftung verbunden. Gemäß §§ 566 Abs 1, 581 Abs 2, 593b BGB tritt der Erwerber mit dem Eigentumsübergang in sämtliche Rechte und Pflichten aus dem bestehenden Mitverhältnis ein. Er ist daher nicht nur zu der Überlassung des vermieteten Grundstücks verpflichtet (§§ 535 Abs 1, 581 Abs 1, 585 Abs 2 BGB); vielmehr können ihn insbesondere auch Schadensersatz- und Aufwendungsersatzpflichten (§§ 536a, 581 Abs 2, 586 Abs 2 BGB) sowie die Pflicht zur Rückgewähr einer von dem Mieter geleisteten Sicherheit (§§ 566a, 581 Abs 2, 593b BGB) treffen. Diese aus dem Eintritt in ein

---

932 RGZ 148, 321, 324; BayObLGZ 1998, 139 = ZflR 1998, 476 = DNotZ 1999, 589 = NJW 1998, 3574 = Rpfleger 1998, 425; BayObLGZ 1979, 49, 53 = DNotZ 1979, 543 = Rpfleger 1979, 197; BayObLGZ 1967, 245 = NJW 1967, 1912 = DNotZ 1968, 98 = Rpfleger 1968, 18; OLG Köln Rpfleger 1998, 159 = MittBayNot 1998, 106; OLG Celle DNotZ 1974, 733; OLG Dresden MittBayNot 1996, 288 = MittRhNotK 1997, 184; OLG Stuttgart BWNotZ 1955, 213; LG Augsburg Rpfleger 1967, 175; LG Aachen FamRZ 1969, 610; LG Tübingen BWNotZ 1971, 67; MüKo-*Schmitt*, BGB, § 107 Rn 41, 42; *Schaub* in *Bauer/von Oefele* AT VII Rn 220, 223; *Schöner-Stöber* Rn 3607; *Rastätter* BWNotZ 2006, 1,7; *Krüger* ZNotP 2006, 202, 205; *Klüsener* Rpfleger 1981, 258, 262.
933 OLG Frankfurt Rpfleger 1981, 19 = MittBayNot 1981, 66; *Krüger* ZNotP 2006, 202, 205; *Stutz* MittRhNotK 1993, 205, 212; vgl auch *Stürner* AcP 173, 402, 430 f.
934 *Schöner-Stöber* Rn 3607; *Schaub* in *Bauer/von Oefele* AT VII Rn 220.
935 *Stutz* MittRhNotK 1993, 205, 212.
936 OLG Celle NJW 1976, 2214; MüKo-*Schmitt*, BGB, § 107 Rn 47; *Gitter – Schmitt* JuS 1982, 253, 255; *Stürner* AcP 173, 402, 432; *Jahnke* NJW 1977, 960; *Stutz* MittRhNotK 1993, 205, 211.
937 OLG Hamm Rpfleger 2000, 449 = MittRhNotK 2000, 336; BayObLGZ 1979, 43 = MittBayNot 1979, 150; OLG Celle NJW 1976, 2214; *Schöner-Stöber* Rn 3609; MüKo – *Schmitt*, BGB, § 107 Rn 47, 48; **AA** *Jahnke* NJW 1977, 960.
938 BGHZ 78, 28 = DNotZ 1981, 111 = NJW 1981, 109 = Rpfleger 1980, 463; BayObLGZ 1998, 505 = Rpfleger 1998, 70 = FGPrax 1998, 21; LG Köln MittRhNotK 1981, 47; LG Saarbrücken MittRhNotK 1990, 109; *Schöner-Stöber* Rn 3609; *Schaub* in *Bauer/von Oefele* AT VII Rn 230; MüKo-*Schmitt*, BGB, § 107 Rn 39, 47, 48.
939 BGH DNotZ 2005, 625 = Rpfleger 2005, 355; BayObLG NJW 2003, 1129 = RNotZ 2003, 126; OLG Oldenburg DNotZ 1989, 92; OLG Karlsruhe OLGR Karlsruhe 2000, 259, 260; LG Oldenburg NdsRpfl 1987, 216; *Schöner-Stöber* Rn 3608; *Staudinger/Peschel-Gutzeit* § 1629 Rn 233; *Jauernig/Jauernig* § 107 Rn 4; *Bamberger/Roth/Wendtlandt* § 107 Rn 8; MüKo-*Schmitt*, BGB, § 107 Rn 48; *Krüger* ZNotP 2006, 202, 206; *Rastätter* BWNotZ 2006, 1,7; *Stutz* MittRhNotK 1993, 205, 211; *Feller* DNotZ 1989, 66; *Lange* NJW 1955, 1341; **AA** *Schaub* in *Bauer/von Oefele* AT VII Rn 229; *Stürner* AcP 173, 402, 431, 448; *Jerschke* DNotZ 1982, 460.

Mietverhältnis resultierenden Pflichten sind ihrem Umfang nach nicht begrenzt. Deshalb ist der Erwerb einer vermieteten Immobilie für einen Minderjährigen nicht lediglich rechtlich vorteilhaft. Dies gilt auch dann, wenn sich der Veräußerer den Nießbrauch an der zu übertragenden Immobilie vorbehält[940] und der Nießbraucher (= frühere Eigentümer) Vermieter in dem unverändert fortbestehenden Mietverhältnis bleibt.[941] Mit dem Tod des Nießbrauchers erlischt das Recht (§ 1061 BGB) und der minderjährige Erwerber tritt entsprechend § 1056 Abs 1 BGB in die Pflichten aus dem dann noch bestehenden Mietvertrag ein. Dies geschieht zwar kraft gesetzlicher Anordnung und ist deshalb nicht von dem rechtsgeschäftlichen Willen der Parteien umfasst, was im Hinblick auf den verfolgten Schutzzweck jedoch ohne Belang ist. Ist die Immobilie deshalb bereits im Zeitpunkt der Auflassung vermietet, besteht die hinreichend konkrete Möglichkeit, dass der Minderjährige bei Beendigung des Nießbrauchs mit Pflichten aus dem Mietvertrag belastet werden kann; dies genügt, um einen Rechtsnachteil anzunehmen.

328   **h) Unentgeltlicher Immobilienerwerb unter Rückforderungsvorbehalt.** Jeder schenkungsweise Erwerb einer Immobilie steht unter dem nicht abdingbaren Vorbehalt der Rückforderung wegen Verarmung des Schenkers gemäß § 528 BGB oder wegen erfolgten Widerrufs bei grobem Undank nach § 530 BGB. In beiden Fällen haftet der Beschenkte nur bereicherungsrechtlich, also nur mit dem Erworbenen selbst (§§ 528 Abs 1 S 2, 531 Abs 2 BGB). Der Vertretene ist nach § 818 Abs 3 BGB nur verpflichtet, soweit er noch bereichert ist. Aus diesem Grund wird der lediglich rechtliche Vorteil eines unentgeltlichen Grundstückserwerbs vom gesetzlichen Vorbehalt der Rückforderung nicht berührt.[942] Als Konsequenz dessen ist eine vertragliche Erweiterung des Rückforderungsrechts immer dann als nachteilig einzustufen, wenn dem Vertretenen über die bereicherungsrechtliche Rückabwicklung hinaus zusätzliche Pflichten auferlegt werden.[943] Während die lediglich mit einem Vorbehalte verbundene aufschiebend bedingte Rückübereignungspflicht des Beschenkten am Schenkungscharakter der Zuwendung nichts ändert (ebenso die dafür eingetragene Rückauflassungsvormerkung[944]), stellt zB der Verzicht auf Aufwendungsersatz eine zusätzliche, über die bereicherungsrechtliche Haftung hinausgehende, zusätzliche Verpflichtung dar.[945] Das gleiche gilt für die Verpflichtung des Beschenkten zur selbstständigen Rückübertragung. Letztgenannte Pflicht ist nachteilig, weil der Vertretene für die Übertragung nach dem Recht der Leistungsstörung haftet.[946]

In der Entscheidung des *BGH* vom 25.11.2004[947] ging es um folgenden Sachverhalt: Die Mutter war Alleineigentümerin eines Hausgrundstückes, dass mit einer Grundschuld belastet war. Zu notarieller Urkunde erklärte sie die Schenkung und Auflassung des Grundstücks an ihre beiden minderjährigen Kinder, die dabei von ihr vertreten wurden. Der **Schenkungsvertrag** sah ein **Rücktrittsrecht** der Mutter vor, falls das Grundstück später ohne Zustimmung der Mutter veräußert oder belastet oder wenn eines der beschenkten Kinder vor der Mutter versterben würde. Das Grundbuchamt lehnte die Eintragung der minderjährigen Kinder als Eigentümer im Grundbuch ab, obwohl die Auflassung für sich allein gesehen rechtlich vorteilhaft war. Die rechtliche Nachteilhaftigkeit der Auflassung sollte sich vielmehr aus der Ausdehnung der rechtliche Nachteilhaftigkeit des Schenkungsvertrags auf die dingliche Auflassung im Wege der Gesamtbetrachtung ergeben. Normalerweise ist der Schenkungsvertrag zugunsten eines Minderjährigen lediglich rechtlich vorteilhaft, weil er nur einen Übereignungsanspruch für den Minderjährigen entstehen lässt. Im zu entscheidenden Fall führte der Rücktrittsvorbehalt der Mutter jedoch zur Nachteilhaftigkeit des Schenkungsvertrags. Er könnte eine Belastung der Minderjährigen nach sich ziehen, weil sie im Fall der Ausübung des Rücktrittsrechts nach Übereignung des Grundstücks nicht nur dieses zurückzugewähren hätten (§ 346 Abs 1 BGB), sondern darüber hinaus auch zum Wertersatz oder Schadensersatz, insbesondere wegen einer zwischenzeitlichen Verschlechterung des Grund-

---

940   BGH DNotZ 2005, 625 = Rpfleger 2005, 355; BayObLG DNotZ 2003, 711 = Rpfleger 2003, 579; BayObLG NJW 2003, 1129; OLG Karlsruhe OLGR Karlsruhe 2000, 259; *Krüger* ZNotP 2006, 202, 207; *Böhringer* BWNotZ 2006, 118, 120; **AA** OLG Celle MDR 2001, 931, 932; *Fembacher* DNotZ 2005, 627.

941   BFH NJW 1989, 3175, 3176; *Staudinger-Emmerich* § 567 Rn 13.

942   OLG Dresden MittBayNot 1996, 288, 290; MüKo-*Schmitt*, BGB, § 107 Rn 47; *Schaub* in *Bauer/von Oefele* AT VII Rn 235; *Schöner-Stöber* Rn 3611; *Rastätter* BWNotZ 2006, 1,7; *Lange* NJW 1955, 1339, 1340; *Stürner* AcP 173, 402, 425; *Klüsener* Rpfleger 1981, 258, 263; *Stutz* MittRhNotK 1993, 205, 213.

943   BayObLG ZNotP 2004, 277; OLG Köln Rpfleger 2003, 570 = RNotZ 2003, 515.

944   OLG Dresden MittBayNot 1996, 288, 291; OLG Celle DNotZ 1974, 73.

945   OLG Köln Rpfleger 2003, 570 = RNotZ 2003, 515; BayObLG DNotZ 1975, 219; OLG Dresden MittBayNot 1996, 288, 290; LG Mönchengladbach MittRhNotK 1972, 258; LG Wuppertal MittRhNotK 1975, 1; LG Bonn MittRhNotK 1974, 244; *Schaub* in *Bauer/von Oefele* AT VII Rn 236; *Schöner-Stöber* Rn 3611; *Klüsener* Rpfleger 1981, 258, 263.

946   BayObLG ZNotP 2004, 277; Rpfleger 1974, 399; OLG Köln Rpfleger 2003, 570; OLG Dresden MittBayNot 1996, 288, 291; LG Bonn MittRhNotK 1974, 115; *Schaub* in *Bauer/von Oefele* AT VII Rn 236; *Schöner-Stöber* Rn 3611; *Böhringer* BWNotZ 2006, 118, 120; *Klüsener* Rpfleger 1981, 258, 263; *Joas* BWNotZ 1974, 146, 147; *Stutz* MittRhNotK 1993, 205, 213.

947   NJW 2005, 415 = DNotZ 2005, 549 = Rpfleger 2005, 189 = ZflR 2005, 288; zustimmend *Krüger* ZNotP 2006, 202, 206; *Rastätter* BWNotZ 2006, 1.

stücks, verpflichtet sein könnten (§ 346 Abs 2 bis 4 BGB). Der unter dem Rücktrittsvorbehalt stehende Schenkungsvertrag war somit schwebend unwirksam (§§ 107, 108 Abs 1 BGB). Die Mutter konnte ihre Kinder dabei nicht wirksam vertreten. Zur Wirksamkeit des Schenkungsvertrags bedarf es der Genehmigung eines Ergänzungspflegers. Der Rechtsnachteil betrifft nach zutreffender Ansicht des *BGH* jedoch nur den schuldrechtlichen Schenkungsvertrag und auf Grund des Abstraktionsprinzips nicht die sachenrechtliche Auflassung. Sie ist wirksam, weil sie den Minderjährigen nur zum Eigentum am Grundstück verhilft, somit diese einen lediglich rechtlichen Vorteil erlangen (§ 107 BGB). Das Grundbuchamt durfte daher gemäß § 20 GBO die beantragte Eigentumsumschreibung nicht von der vorherigen Genehmigung des Überlassungsvertrags durch einen Ergänzungspfleger und das Vormundschaftsgericht abhängig machen. Die Mutter konnte bei der Annahme ihrer eigenen Auflassungserklärung die Kinder vertreten. Die Unwirksamkeit der Auflassung lässt sich nicht daraus herleiten, dass man den Überlassungsvertrag als Gesamtheit betrachtet, also zwischen den mit seinem schuldrechtlichen Teil und seinem dinglichen Teil jeweils verbundenen Rechtsfolgen nicht differenziert. Eine Gesamtbetrachtung ist aber nicht veranlasst, wenn das Grundgeschäft bereits bei isolierter Betrachtung mit Rechtsnachteilen für den Minderjährigen verbunden und deshalb gem. §§ 107, 108 Abs 1 BGB schwebend unwirksam ist. In diesem Fall fehlt es von vornherein an eine Verpflichtung, die der gesetzliche Vertreter im Wege des In – sich – Geschäfts gemäß § 181 letzter Halbsatz BGB erfüllen könnte, so dass eine Umgehung des von § 107 BGB intendierten Schutzes nicht möglich ist. Es bleibt damit bei dem geltenden Grundsatz, dass Verfügungen als abstrakte Rechtsgeschäfte unabhängig von den ihnen zu Grunde liegenden Kausalgeschäften zu beurteilen sind. Bei isolierter Betrachtung war die Auflassung nicht mit Rechtsnachteilen für die minderjährigen Kinder verbunden, die gem. §§ 107, 108 Abs 1 BGB eine Genehmigung des dinglichen Vertrags durch den gesetzlichen Vertreter oder durch einen Ergänzungspfleger erforderlich machen würden. Fazit ist, dass das Eigentum auf einen Minderjährigen umzuschreiben ist, und zwar auch dann, wenn der Grundbuchrechtspfleger die schwebende Unwirksamkeit des schuldrechtlichen Vertrags erkennt. Kritik an dieser Entscheidung des *BGH* wurde vor allem von *Joswig*[948] laut. Nach seiner Meinung führt diese *BGH* – Entscheidung zu einer Lücke im Minderjährigenschutz. § 107 BGB wolle vom Erfordernis der Einwilligung des gesetzlichen Vertreters nur die Rechtsgeschäfte ausnehmen, die die Rechtsstellung des Minderjährigen ausschließlich verbessern. Dies könne schwerlich bejaht werden, wenn von vornherein klar ist, dass das Geschäft rückabgewickelt werden muss, falls der Mangel des Grundgeschäfts nicht noch behoben wird. Er plädiert daher auch für den Fall, wo ein Mangel das schuldrechtliche Verpflichtungsgeschäft betrifft, diesen im Wege der Gesamtbetrachtung auch auf das dingliche Erfüllungsgeschäft auszudehnen. Dem muss widersprochen werden. Zwar trifft die minderjährigen Kinder mit der Übereignung des Grundstücks eine bereicherungsrechtliche Verpflichtung zur Herausgabe (§ 812 Abs 1 S 1 Alt 1 BGB), falls der zu Grunde liegende, schwebend unwirksame Schenkungsvertrag nicht genehmigt werden sollte. Diese Verpflichtung ist jedoch ihrem Umfang nach auf den noch vorhandenen Wert der rechtsgrundlosen Leistung beschränkt (§ 818 Abs 3 BGB). Eine Beeinträchtigung ihres sonstigen Vermögens, der als Rechtsnachteil angesehen werden müsste, ist daher nicht zu besorgen.[949]

Die **notarielle Praxis** steht in diesen Fällen vor einem Dilemma: Nach § 53 BeurkG muss der Notar ein vollzugsreifes Geschäft sofort zum Grundbuchvollzug bringen, und die wirksame Auflassung ist vollzugsreif. Damit würde der Notar aber amtspflichtwidrig handeln, da dafür kein wirksamer schuldrechtlicher Rechtsgrund vorliegt. Der Amtspflichtverstoß liegt entweder bei den allgemeinen Belehrungs- und Betreuungspflichten nach § 17 BeurkG im Zeitpunkt der Beurkundung[950] oder einem Verstoß gegen die ratio legis des § 925a BGB zum Zeitpunkt des Vollzugs.[951] Wird der schuldrechtliche Schenkungsvertrag endgültig nicht genehmigt und ist die Auflassung aber schon vollzogen, fallen jedenfalls Kosten für die Rückabwicklung des dann rechtsgrundlos erfolgten Erwerbs an. Deshalb sollte der Vollzug der Auflassung bis zur Genehmigung des Grundgeschäfts durch einen Ergänzungspfleger zurückgestellt werden.[952] Dafür sollte in der notariellen Urkunde eine Anweisung an den Notar aufgenommen werden, die Auflassung nicht im Grundbuch vollziehen zu lassen, bevor ein Ergänzungspfleger den schuldrechtlichen Schenkungsvertrag genehmigt hat.[953] Nur wenn ausnahmsweise alle Beteiligte gemeinsam den sofortigen Vollzug der Auflassung trotz unwirksamen Schenkungsvertrags verlangen, sollte der Notar nach entsprechender Belehrung über die Rechtsfolgen dem nachkommen.

i) Unentgeltlicher Erwerb eines Grundstücksrechtes. Dies ist für den Vertretenen grundsätzlich **lediglich**   **329** **rechtlich vorteilhaft**, solange nicht dem Vertretenen besondere persönliche Verpflichtungen auferlegt werden, die sein übriges Vermögen gefährden.[954]

948 ZflR 2005, 292.
949 So auch *Krüger* ZNotP 2006, 202, 206; *Sonnenfeld* NotBZ 2005, 154.
950 *Staudinger-Pfeifer* § 925a BGB Rn 3, 7.
951 *Reiß* RNotZ 2005, 224, 225.
952 *Rastätter* BWNotZ 2006, 1,6; *Feller* MittBayNot 2005, 412, 413; *Sonnenfeld* NotBZ 2005, 154, 154.
953 *Fröhler* BWNotZ 2006, 97, 104; *Reiß* RNotZ 2005, 224, 226.
954 *Stutz* MittRhNotK 1993, 205, 213; *Klüsener* Rpfleger 1981, 258, 262.

330   Die unentgeltliche Bestellung eines **Nießbrauchs** ist für den Vertretenen allerdings rechtlich nachteilig, da ihn Erhaltungs-, Versicherungs- und Lastentragungspflichten treffen (§§ 1041, 1045, 1047 BGB).[955] Dies gilt um so mehr, wenn zu den gesetzlichen Verpflichtungen des Nießbrauches noch vertragliche Verpflichtungen kommen, die der Nießbraucher auf sich nimmt.[956] Werden jedoch dem Eigentümer sämtliche Pflichten aus dem Nießbrauch auferlegt, so ist die unentgeltliche Einräumung eines Nießbrauchs lediglich rechtlich vorteilhaft.[957]

4. Erfüllung einer Verbindlichkeit

331   Einem Vertreter ist das Selbstkontrahieren und die Mehrfachvertretung möglich, wenn er dabei nur in Erfüllung einer Verbindlichkeit (zB Schenkungsvertrag, Kaufvertrag) handelt (**§ 181 BGB**). Läßt beispielsweise jemand als vom Erblasser Bevollmächtigter ein Nachlassgrundstück an sich selbst auf, das ihm vom Erblasser vermächtnisweise zugewendet wurde, ist ihm dies ohne Verstoß gegen § 181 BGB möglich.[958] Weicht bei der Veräußerung einer noch nicht vermessenen Teilfläche eines Grundstücks das später herausgemessene Flurstück mehr als nur geringfügig von der im Kaufvertrag zeichnerisch dargestellten nicht vermessenen Teilfläche ab,[959] so hat der Käufer keinen Anspruch auf Übereignung des herausgemessenen Flurstücks, weil es sich dabei nicht um den Kaufgegenstand handelt.[960] Bei der nachfolgenden Messungsanerkennung (= Änderung zum Kaufvertrag) und Auflassung des herausgemessenen Flurstücks handelt es sich dann nicht um die Erfüllung eines Anspruchs aus dem Kaufvertrag, weshalb der Ausnahmetatbestand des § 181 Halbs 2 BGB nicht eingreift.

332   Ein gesetzlicher Vertreter ist in den Fällen des **§ 1795 Abs 1 Nr 1 BGB** ausnahmsweise dann nicht von der Vertretung ausgeschlossen, wenn er lediglich in Erfüllung einer Verbindlichkeit handelt. Bei dem Tatbestand des **§ 1795 Abs 1 Nr 2 BGB** aber ist der gesetzliche Vertreter auch dann ausgeschlossen, wenn er in Erfüllung einer Verbindlichkeit handeln würde; der Gesetzgeber sah für diese Ausnahmemöglichkeit in diesem Fall keine Notwendigkeit.[961]

333   Bei einer **Erbauseinandersetzung** handelt es sich nur dann um die Erfüllung einer Verbindlichkeit, wenn sie völlig unter Beachtung der gesetzlichen Regeln erfolgt (§ 2042 Abs 2, §§ 750 bis 758 BGB), denn die Erben sind nur zu der Art und Weise der Auseinandersetzung verpflichtet, die das Gesetz vorsieht.[962] Überträgt eine Erbengemeinschaft als Grundstückseigentümer ihre Immobilie auf die einzelnen Miterben als Miteigentümer nach Bruchteilen genau entsprechend den Erbquoten, so handelt es sich dabei um eine gegenständliche beschränkte Teilerbauseinandersetzung.[963] Insoweit handelt es sich nicht um die Erfüllung einer Verbindlichkeit, da dies nicht den gesetzlichen Regeln der Auseinandersetzung entspricht.[964] Diese sehen nämlich zunächst eine Teilung in Natur vor (§ 752 BGB). Ist dies nicht möglich, soll die Aufhebung der Gemeinschaft bei Grundstücken durch Zwangsversteigerung und Teilung des Erlöses erfolgen (§ 753 Abs 1 BGB).

5. Rechtsfolgen

334   **a) Schwebende Unwirksamkeit**. § 181 BGB und § 1795 BGB stellen keine gesetzlichen Verbote dar, so dass ein Verstoß dagegen nicht zur Nichtigkeit des betroffenen Rechtsgeschäfts führt, sondern zur schwebenden Unwirksamkeit (§ 177 BGB);[965] einseitige Rechtsgeschäfte sind endgültig unwirksam (§ 180 S 1 BGB; schwebend in den Fällen des § 180 S 2, 3 BGB).[966] Ein schwebend unwirksamer Vertrag kann genehmigt werden, und zwar grundsätzlich vom Vertretenen.[967] Bei Mehrfachvertretung ist die Genehmigung aller Vertretenen erfor-

---

955   OLG Saarbrücken DNotZ 1980, 113; LG Kaiserslautern MittRhNotK 1977, 8,9; LG Aachen MittRhNotK 1978, 100, 101; MüKo-*Schmitt*, BGB, § 107 Rn 48; *Schaub* in *Bauer/von Oefele* AT VII Rn 232; *Schöner-Stöber* Rn 3610; *Stutz* MittRhNotK 1993, 205, 213.

956   BGH DNotZ 1971, 302 = Rpfleger 1971, 147; *Schaub* in *Bauer/von Oefele* AT VII Rn 232; *Schöner-Stöber* Rn 3610.

957   LG Augsburg MittBayNot 1977, 181; LG Stuttgart BWNotZ 1981, 65; LG Ulm BWNotZ 1977, 91; MüKo-*Schmitt*, BGB, § 107 Rn 48; *Schaub* in *Bauer/von Oefele* AT VII Rn 233; *Stutz* MittRhNotK 1993, 205, 213.

958   BayObLG DNotZ 2004, 925; DNotZ 1983, 176 = Rpfleger 1982, 344; *Schaub* in *Bauer/von Oefele* AT VII Rn 67.

959   Vgl dazu ausführlich *Meikel-Böttcher* § 7 Rn 40.

960   BGH MittBayNot 1995, 31; *Schöner-Stöber* Rn 880.

961   KG OLGE 5, 362; MüKo-*Wagenitz*, BGB, § 1795 Rn 33; *Stutz* MittRhNotK 1993, 205, 206 f.

962   BGH FamRZ 1984, 688; *Schaub* in *Bauer/von Oefele* AT VII Rn 244; *Sonnenfeld* NotBZ 2001, 322, 323.

963   BGH FamRZ 1984, 688; *Sonnenfeld* NotBZ 2001, 322, 323.

964   *Sonnenfeld* NotBZ 2001, 322, 323; **AA** *Schaub* in *Bauer/von Oefele* AT VII Rn 244.

965   RGZ 119, 116; BGHZ 65, 123, 126 = NJW 1976, 104; BGH NJW-RR 1994, 2 91, 292; BGHZ 21, 234; *Schöner-Stöber* Rn 3605; MüKo-*Schramm*, BGB, § 181 Rn 41; MüKo-*Wagenitz*, BGB, § 1795 Rn 38; *Schaub* in *Bauer/von Oefele* AT VII Rn 68; *Demharter* § 19 Rn 90.

966   MüKo-*Wagenitz*, BGB, § 1795 Rn 38.

967   BGHZ 65, 123, 126 = NJW 1976, 104; BGH NJW-RR 1994, 291, 292; *Schöner-Stöber* Rn 3560; *Schaub* in *Bauer/von Oefele* AT VII Rn 68; MüKo-*Schramm*, BGB, § 181 Rn 41; *Staudinger-Schilken* § 181 Rn 45; *Soergel-Leptien* § 181 Rn 45; *Erman-Palm* § 181 Rn 21.

derlich.[968] Nach dem Tode des Vertretenen kann dessen Erbe genehmigen.[969] Hat ein gesetzlicher Vertreter entgegen § 181 BGB oder § 1795 BGB gehandelt, kann der Schutzbefohlene grundsätzlich nicht genehmigen, es sei denn er ist inzwischen voll geschäftsfähig geworden.[970] Aber auch das Vormundschaftsgericht kann keine Genehmigung erteilen, weder im Fall des Selbstkontrahierens[971] oder der Mehrfachvertretung[972] bei § 181 BGB noch im Fall des § 1795 BGB.[973] In Betracht kommt nur ein Ergänzungspfleger nach § 1909 BGB.[974]

b) Ergänzungspfleger bei gesetzlicher Vertretung. Ist der oder sind die gesetzlichen Vertreter von der **335** Vertretung des Schutzbefohlenen nach den §§ 181, 1795 BGB ausgeschlossen, dann ist für den Schutzbefohlenen ein Ergänzungspfleger nach § 1909 BGB zu bestellen;[975] ist ein Betreuer an der Vertretung des Betreuten verhindert, so ist kein Ergänzungspfleger, sondern ein Ergänzungsbetreuer zu bestellen (§ 1899 Abs 4 BGB).[976] Sind an einem Rechtsgeschäft mehrere Schutzbefohlene zu vertreten, so erhält jeder einen eigenen Ergänzungspfleger, wenn sich diese bei dem Rechtsgeschäft mit gegenläufigen Interessen gegenüberstehen, zB bei einem Erbauseinandersetzungsvertrag; dagegen reicht ein Ergänzungspfleger für mehrere Schutzbefohlenen, wenn bei gleicher Interessenlage gleichlautende Erklärungen parallel gegenüber Dritten abzugeben sind, zB das mehreren Kindern gehörende Grundstück wird an ihren Vater veräußert.[977]

---

968 OLG Düsseldorf DB 1999, 578; *Schaub* in *Bauer/von Oefele* AT VII Rn 68; MüKo-*Schramm*, BGB, § 181 Rn 41.
969 OLG Hamm OLGZ 1979, 44, 45; *Schaub* in *Bauer/von Oefele* AT VII Rn 68; MüKo-*Schramm*, BGB, § 181 Rn 41.
970 *Schaub* in *Bauer/von Oefele* AT VII Rn 69, 200; MüKo-*Schramm*, BGB, § 181 Rn 42; MüKo-*Wagenitz*, BGB, § 1795 Rn 38.
971 RGZ 71, 162, 166; 67, 61, 63; BGHZ 21, 22 9, 234 = NJW 1956, 1433; *Schaub* in *Bauer/von Oefele* AT VII Rn 69; *Staudinger-Schilken* § 181 Rn 47; MüKo-*Schramm*, BGB, § 181 Rn 42; MüKo-*Wagenitz*, BGB, § 1795 Rn 18.
972 OLG Hamm OLGZ 1975, 173; *Schaub* in *Bauer/von Oefele* AT VII Rn 69; *Staudinger-Schilken* § 181 Rn 47; BGB-RGRK-*Steffen* § 181 Rn 6, 16; MüKo-*Schramm*, BGB, § 181 Rn 42; *Erman-Palm* § 181 Rn 22; MüKo-*Wagenitz*, BGB, § 1795 Rn 18; **AA** *Soergel-Leptien* § 181 Rn 42, 45; *Larenz-Wolf*, BGB-AT, § 46 Rn 132.
973 RGZ 71, 162; BGHZ 21, 229, 234; BayObLG Rpfleger 1977, 440; MüKo-*Wagenitz*, BGB, § 1795 Rn 38.
974 *Schaub* in *Bauer/von Oefele* AT VII Rn 69, 200.
975 *Schöner-Stöber* Rn 3601, 3604; *Schaub* in *Bauer/von Oefele* AT VII Rn 199, 211; MüKo-*Wagenitz*, BGB, § 1795 Rn 37.
976 MüKo-*Wagenitz*, BGB, § 1795 Rn 37.
977 RGZ 67, 61; 71, 162; 93, 334; BGH DNotZ 1956, 559; OLG Hamm DNotZ 1975, 410; LG Köln DNotZ 1951, 229; *Schöner-Stöber* Rn 3601; MüKo-*Wagenitz*, BGB, § 1795 Rn 37; *Stutz* MittRhNotK 1993, 205, 207.

J. Öffentlich-rechtliche Verfügungsbeschränkungen und Vorkaufsrechte

Schrifttum

Allerkamp, Vorvertrag, Option und Vorhand, MittRhNotK 1981, 55 ff; *Amann/Brambring/Hertel,* Vertragspraxis nach neuem Schuldrecht, 2. Auflage 2003; *Basty/Brückner,* Vertragsgestaltung bei rechtsgeschäftlichen Vorkaufsrechten, ZNotP 1998, 275 ff; *Baur,* Bedeutung des Grundstücksverkehrsgesetzes, RdL 1996, 256 ff; *Battis/Krautzberger/Löhr,* BauGB, 10. Auflage 2007; *Beck'sches,* Notar-Handbuch, 4. Auflage 2006; *Bendel,* Das Genehmigungsverfahren nach dem GrdStVG bei Ausübung des siedlungsrechtlichen Vorkaufsrechtes, RdL 1962, 169 ff; *Berg,* Zum Einfluß des öffentlichen Rechts auf das Privatrecht. Möglichkeiten und Grenzen staatlicher Einwirkungen auf den Grundstücksverkehr unter besonderer Berücksichtigung des Rechts der Flurbereinigung, MittBayNot 1988, 197 ff; *Bielenberg/Krautzberger/Söfker,* Baugesetzbuch mit Leitfaden und Kommentierung. 8. Auflage 2007; *Brambring,* Schuldrechtsreform und Grundstückskaufvertrag, DNotZ 2001, 590 ff; *ders,* Schuldrechtsreform und Grundstückskaufvertrag (Ergänzung), DNotZ 2001, 904 ff; *Burbulla,* Der Vorkaufsfall im Zivilrecht, 2006; *Campe/v Wulfhorst,* Entbehrlichkeit von Negativattesten bei Grundstücksteilungen nach §§ 19, 20 BauGB in Mecklenburg-Vorpommern und Sachsen-Anhalt, NotBZ 1998, 98 ff; *Dieterich,* Baulandumlegung, 5. Auflage 2006; *Ehrenforth,* Das Vorkaufsrecht des Reichssiedlungsgesetzes, AcP 150, 1949, 420 ff; *Ernst/Zinkahn/Bielenberg/Krautzberger,* BauGB, 2007 (Loseblatt); *Feuchthofen,* Das siedlungsrechtliche Vorkaufsrecht im System bodenrechtlicher Normierung, BayVBl 1985, 394 ff; *Finkelnburg,* Bauleitplan, Teilungsgenehmigung, Vorkaufsrechte und Zulässigkeit von Vorhaben, NJW 1998, 1 ff; *Flik,* Zum Vorkaufsrecht in den neuen Bundesländern aus § 20 VermG, BWNotZ 1993, 83 ff; *Gelzer/Bracher/Reidt,* Bauplanungsrecht, 7. Auflage 2004; *Göhner,* Das gemeindliche Vorkaufsrecht, 2006; *Grauel,* Landesrechtliche Vorkaufsrechte, MittRhNotK 1993, 243 ff, 1994, 190 ff u 1995, 363 ff; *Gronemeyer,* BauGB-Praxiskommentar, 1999; *Groschupf,* Beschränkungen im Grundstücksverkehr nach der Novelle zum Baugesetzbuch (BauROG 1998), NJW 1998, 418 ff; *Grunewald,* Umgehung schuldrechtlicher Vorkaufsrechte, in: Festschrift f Gernhuber, 1992, S 137 ff; *Grziwotz,* »Altlasten« im Grundstücksverkehr, MittBayNot 1990, 282 ff; *ders,* Fälligkeit und Verzinsung des Kaufpreises bei Ausübung eines Vorkaufsrechts, MittBayNot 1992, 173 ff; *ders,* Baulanderschließung, 1993 (2. Auflage 2008); *ders,* Das Investitionserleichterungs- und Wohnbaulandgesetz in der notariellen Praxis, DNotZ 1993, 488 ff; *ders,* Kaufvertragsabwicklung bei der Ausübung eines gemeindlichen Vorkaufsrechts, NVwZ 1994, 215 ff; *ders,* Zur Zulässigkeit von Entwicklungsvereinbarungen, DNotI-Report 24/1994, 1 ff; *ders,* Änderungen des Baugesetzbuches und Vertragsgestaltung, DNotZ 1997, 916 ff; *ders,* Öffentlich-rechtliche Beschränkungen im Grundstücksverkehr und zivilrechtliche Hürden für städtebauliche Verträge, in: RWS-Forum Band 13, Immobilienrecht 1998, S 237 ff; *ders,* BauGB-Teilungsgenehmigung und Grundbuchverfahren, ZNotP 1999, 221 ff; *ders,* Praxis-Handbuch Grundbuch und Grundstücksrecht, 1999; *ders,* Neuregelung des Wohnungsbaurechts und Grundstücksverkehr – ein Überblick, DNotZ 2001, 822 f; *ders,* Schuldrechtsmodernisierung und Gestaltung von Verträgen im öffentlichen Recht und Städtebaurecht, BauR 2002, 1839 ff; *ders,* Bauplatzkaufvertrag mit Auflassung und weiteren Vereinbarungen, BauR 2002, 1844 ff; *ders,* Immobilienkauf nach der Schuldrechtsmodernisierung, ZfIR 2002, 1033 f; *ders,* Die Schuldrechtsreform in der Praxis – Ausstrahlungen auf den Immobilienverkehr, in: *Dauner-Lieb/Konzen/Schmidt,* Das neue Schuldrecht in der Praxis, 2003, S 509 ff; *ders,* Vertragsgestaltung im öffentlichen Recht, JuS-Schriftenreihe, Bd. 160, 2002; *Hagen,* Zur Beurkundung von Kaufverträgen unter Beteiligung der öffentlichen Hand, RNotZ 2001, 40 ff; *ders/Brambring/Krüger/Hertel,* Der Grundstückskauf, 8. Auflage 2005; *Hahn,* Rechtsgeschäftliche Vorkaufsrechte im Rahmen von Grundstückskaufverträgen, MittRhNotK 1994, 193 ff; *Heinzmann,* Die städtebauliche Entwicklungsmaßnahme nach den §§ 165–171 Baugesetzbuch unter Berücksichtigung ihrer besonderen Bedeutung für den Notar und das Grundbuchamt, BWNotZ 2000, 25 ff; *Hellmann-Sieg/Smeddinck,* Das gemeindliche Vorkaufsrecht und seine Wirkung auf den bereits bestehenden notariellen Kaufvertrag ein Grundstück, BauR 1999, 122 ff; *Henrich,* Vorvertrag, Optionsvertrag, Vorrechtsvertrag, 1965; *Herminghausen,* Zur Ausübung des siedlungsrechtlichen Vorkaufsrechtes, AgrarR 1980, 300 ff; *Hertel,* Schuldrechtsreform – Überblick und Hinweise zur notariellen Vertragsgestaltung, ZNotP 2002, 1 ff; *Hoppe/Bönker/Grotefels,* Öffentliches Baurecht, 2. Auflage 2002; *Hörsting,* Das Grundstücksverkehrsgesetz, AgrarR 1998, 180 ff; *Hötzel,* Freigrenzen im Grundstücksverkehrsgesetz, AgrarR 1983, 176 ff; *Huber,* Ausübung gemeindlicher Vorkaufsrechte nach dem BauGB und Kaufvertragsvollzug, NotBZ 2003, 445 ff u 2004, 91 ff, 177 ff u. 297 ff; *Jäde/Dirnberger/Weiß,* Baugesetzbuch, 5. Auflage 2007; *Kahlke,* Das Genehmigungsverfahren nach dem GrdStVG bei Ausübung des siedlungsrechtlichen Vorkaufsrechtes, RdL 1962, 312 ff; *Kinne,* Das Vorkaufsrecht nach der Neufassung des § 20 VermG und nach dem SchuldRÄndG, ZOV 1994, 449 ff; *Könnies,* Grundstücksverkehr während der Flurbereinigung, MittRhNotK 1987, 93 ff u. VC; *Krautzberger,* Städtebauförderungsrecht, Städtebauliches Sanierungs- und Entwicklungsrecht, Stadtumbau, 2007 (Loseblatt); *Lambert-Lang/Tropf/Frenz* (Hrsg), Handbuch der Grundstückspraxis, 2. Auflage 2005; *Langhein,* Das neue Umwandlungsverbot, ZNotP 1998, 346 ff; *Limmer/Hertel/Frenz/Mayer* (Hrsg), Würzburger Notarhandbuch, 2005; *Linde,* Ausübung gesetzlicher Vorkaufsrechte, RdL 1981, 1 ff; *Manssen,* Privatrechtsgestaltung durch Hoheitsakt, 1994; *Mayer,* Rechtsprobleme des auf eine Teilfläche beschränkten Vorkaufsrechts nach §§ 24 ff BBauG, NJW 1984, 100 ff; *Mößle,* Die Verfassungsmäßigkeit von Vorkaufsrecht und Umlegung als Instrumente kommunaler Bodenpolitik, MittBayNot 1988, 213 ff; *Netz,* Grundstücksverkehrsgesetz, 3. Auflage 2006; *Perlau,* Wirkung kirchlicher Genehmigungsvorbehalte im allgemeinen Rechtsverkehr, NVwZ 1996, 767 ff; *Schlichter-Stich/Driehaus/Paetow (Hrsg),* Berliner Kommentar zum Baugesetzbuch, 3. Auflage 2002; *Schmidt-Eichstaedt/Reitzig,* Teilungsgenehmigung und Grundbuchsperre, NJW 1999, 385 ff; *Schönheit,* Die Änderung siedlungsrechtlicher Vorschriften durch das Grundstücksverkehrsgesetz, MittRhNotK 1961, 949 ff; *Schreiber,* Vorkaufsrechte, Jura 2001, 196 ff; *Schreiber* (Hrsg), Immobilienrecht, 2. Auflage 2005; *Schröder,* BauGB, 7. Auflage 2006; *Schurig,* Das Vorkaufsrecht im Privatrecht, 1975; *Schürmann,* »Altlasten« als Rechtsproblem beim Grundstücksgeschäft, MittRheinNotK 1994, 1 ff; *Schulte,* Zur materiellen Wirksamkeit des siedlungsrechtlichen Vorkaufsrechts, RdL 1965, 106 ff; *Schwantang/Wingerter,* Flurbereinigungsgesetz, 8. Auflage 2008; *Spannowsky/Mechtritz (Hrsg),* Online-Kommentar BauGB; *Steffen,* Einwendungen gegen das siedlungsrechtliche Vorkaufsrecht, RdL 1979, 199 ff; *ders,* Fundstellen zum Grundstücksverkehrsgesetz, 2. Auflage 1994; *Tiedtke,* Voraussetzungen und Fehlen der Geschäftsgrundlage des Kaufvertrages, NJW 1987, 874 f; *ders/Wälzholz,* Die Schuldrechtsreform in der notariellen Praxis, NotBZ (SoH), 2001, 13 ff; *Vierhaus,* Das Bundes-Bodenschutzgesetz, NJW 1998, 1262 ff; *Wälzholz/Bülow,* Die Schuldrechtsreform in der notariellen Praxis, MittBayNot 2002, 509 ff; *Waibel,* Der Vollzug von Grenzregelungsbeschlüssen im Grundbuch, Rpfleger 1976, 34 ff; *Wandel,* Schwarzkauf und

Vorkaufsrecht, BWNotZ 1985, 55 ff; *Wenzel,* Rechtsprechung zum Grundstücksverkehrsgesetz usw in der Rechtsprechung des BGH, AgrarR 1995, 37 ff; *Zacharias,* Rücknahme und Widerruf von Vertragsgenehmigungen, NVwZ 2002, 1306 ff; *Zilles/Kämper,* Kirchengemeinden als Körperschaften im Rechtsverkehr, NVwZ 1994, 109 ff.

Übersicht

I. Privatrechtsgestaltende Verwaltungsakte

1. Gestaltungswirkung

1 Während Verfügungen ein bestimmtes Tun, Dulden oder Unterlassen ge- oder verbieten und vollstreckbar sind, richten sich gestaltende Verwaltungsakte ausschließlich auf die Begründung, Änderung oder Aufhebung eines Rechtsverhältnisses.[1] Beziehen sich Verwaltungsakte auf Rechtsverhältnisse des privaten Rechts, handelt es sich um **privatrechtsgestaltende Verwaltungsakte**.[2] Sie sind einer Vollstreckung – abgesehen von etwaigen Nebenbestimmungen und von den Kosten – weder fähig noch bedürftig, da sie sich gleichsam selbst vollziehen.[3] Beispiele sind die öffentlichrechtliche Genehmigung privatrechtlicher Rechtsgeschäfte und die Ausübung öffentlichrechtlicher Vorkaufsrechte.[4] Während der Verwaltungsakt beim Vorkaufsrecht wie die entsprechende Willenserklärung eines Privaten wirkt, wird die öffentlichrechtliche Genehmigung im Rahmen des Vertragsverhältnisses zwischen Privaten als Rechtsbedingung qualifiziert,[5] durch die der Vertrag erst rechtswirksam wird. Es handelt sich um rechtsgeschäftlich wirkende Verwaltungsakte.[6] Zu Grunde liegt meist das Institut des präventiven Verbots mit Erlaubnisvorbehalt, auch als Kontrollerlaubnis bezeichnet.[7] Es ist durch das bipolare Modell des Gegenüberstehens von grundrechtlich fundiertem, anspruchsberechtigtem Bürger und dem Gemeinwohl verpflichteter, präventiv kontrollierender Verwaltung gekennzeichnet.[8]

2. Schwebende und endgültige Unwirksamkeit

2 Das privatrechtliche Rechtsgeschäft bleibt bis zur Genehmigungserteilung schwebend unwirksam.[9] Die Parteien sind hieran gebunden. Erfüllungsansprüche bestehen jedoch zunächst nicht. Die Bindungswirkung der

---

1 Vgl nur *Ruffert* in *Erichsen/Ehlers* AllgVerwR, 13. Aufl 2006, § 20 Rn 51; *Maurer* AllgVerwR, 16. Aufl 2006, § 9 Rn 45; *Wolff/Bachof/Stober/Kluth* VerwR, Bd 1, 12. Aufl 2007, § 46 Rn 3a.
2 Ausführlich *Manssen* Privatrechtsgestaltung durch Hoheitsakt, 1994, insb S 20 ff u 274 ff u *Schmidt* Unmittelbare Privatrechtsgestaltung durch Verwaltungsakt, 1975, passim.
3 S nur *Forsthoff* VerwR I, 10. Aufl 1973, § 11, 3 b.
4 S nur BVerwG NJW 1994, 3178; VGH Mannheim NVwZ 1992, 898 u *Kopp/Ramsauer* VwVfG, 10. Aufl 2008, § 35 Rn 35.
5 *Ruffert* in *Erichsen/Ehlers* AllgVerwR, 13. Aufl 2006, § 20 Rn 42 aE.
6 Anders verwendet *Jellinek* VerwR, 3. Aufl 1931 (ND 1948), S 259 den Begriff »rechtsgeschäftlicher Verwaltungsakt«.
7 So *Maurer* AllgVerwR, 16. Aufl 2006, § 9 Rn 51.
8 S dazu insb *Wahl* DVBl 1982, 51/52 f.
9 BGH ZfIR 2008, 415/416; BVerwG NZM 2003, 360/361; OVG Koblenz DÖV 1984, 389/390.

Vereinbarung verpflichtet die Parteien aber, auf die Erteilung der Genehmigung hinzuwirken und alles zu unterlassen, was ihr entgegenstehen könnte.[10] Der **Schwebezustand** endet mit endgültiger Versagung der Genehmigung, d.h. mit Rechts- oder Bestandskraft der abschließenden Entscheidung des Gerichts oder der Verwaltungsbehörde.[11] Nach der Rechtsprechung[12] soll allerdings die Nichtigkeit bereits dann eintreten, wenn die oberste Genehmigungsbehörde erklärt, dass die entsprechenden Genehmigungen generell nicht erteilt werden. Damit tritt auch ohne Durchführung des Verfahrens die Nichtigkeit des Rechtsgeschäfts ein. Dies kommt jedoch nur in Betracht, wenn keine Ausnahmen von der Versagung der Genehmigung vorgesehen sind.

Wird die Genehmigung erteilt, entfällt die Unwirksamkeit. Durch die Nachholung des Wirksamkeitserfordernisses wird das Rechtsgeschäft wirksam. Der Schwebezustand endet. Der Genehmigung kommt regelmäßig **Rückwirkung** zu. Die Wirkungen des Rechtsgeschäfts treten folglich zum Zeitpunkt seiner Vornahme ein, sofern die Parteien nichts Abweichendes vereinbart haben oder aus dem Zweck des Genehmigungserfordernisses etwas Anderes folgt. Umstritten ist, ob sich die Rückwirkung aus einer Analogie zu § 184 BGB oder der öffentlich-rechtlichen Zweckverfolgung ergibt.[13]   **3**

Die Rechtsfolgen der **Genehmigungsversagung** richten sich nach der Bedeutung der Genehmigung. Betrifft   **4** sie das schuldrechtliche Verpflichtungsgeschäft, so endet der Schwebezustand; die Unwirksamkeit wird endgültig. Es handelt sich nicht um einen Fall der Unmöglichkeit. Das Rechtsgeschäft wird vielmehr nichtig. Auch der spätere Wegfall der Genehmigungspflicht durch eine Gesetzesänderung oder abweichende Verwaltungspraxis machen das nichtige Rechtsgeschäft nicht wieder wirksam. Gleiches gilt bei der nachträglichen Aufhebung des Versagungsbescheides. Erforderlich ist in beiden Fällen vielmehr eine Neuvornahme, zu der aber die Parteien grundsätzlich nicht verpflichtet sind.[14] Eine Ausnahme besteht nur, wenn die Genehmigung wirksam wird, bevor der Ablehnungsbescheid bestandskräftig wird,[15] oder das Genehmigungserfordernis wegfällt, solange der Schwebezustand noch besteht.[16]

Bedarf lediglich das Erfüllungsgeschäft (zB die Auflassung) der Genehmigung, so tritt kein Schwebezustand ein.   **5** Das schuldrechtliche Rechtsgeschäft ist vielmehr von Anfang an wirksam und begründet Erfüllungsansprüche. Die Genehmigungserteilung hat dieselben Wirkungen wie beim Verpflichtungsgeschäft. Wird die Genehmigung versagt, tritt nachträgliche **Unmöglichkeit** ein.[17] Nach der bis 01.01.2002 geltenden Rechtslage wurden die Parteien, die die Unmöglichkeit in der Regel nicht zu vertreten hatten, gemäß §§ 275, 323 BGB aF von ihrer jeweiligen Leistungspflicht frei.[18] Anders war dies nur, wenn ein Vertragsteil das Risiko der Genehmigungsversagung übernommen hatte.[19] § 311a BGB hat nunmehr die Unterscheidung zwischen anfänglichen und nachträglichen Leistungshindernissen und die daran anknüpfenden Rechtsfolgen aufgegeben. Gemäß § 311a Abs 2 BGB besteht jedoch eine Haftung für ein anfängliches Leistungshindernis, wenn es der Schuldner bei Vertragsschluss kannte oder wenn er seine Unkenntnis zu vertreten hatte. Geht man entgegen der zutreffenden hM von einem anfänglichen Leistungshindernis aus, so kommt es darauf an, ob bereits die Kenntnis von dem Genehmigungserfordernis zur Haftung nach § 311a Abs 2 BGB führt.[20] Dies ist jedoch im Normalfall zu verneinen. Die Kenntnis vom Genehmigungserfordernis des Erfüllungsgeschäftes kann der Kenntnis bzw. dem Kennenmüssen von der Genehmigungsversagung und damit der Unmöglichkeit nicht gleichgestellt werden.[21] Deshalb führt die nachträgliche Versagung der für das Erfüllungsgeschäft erforderlichen Genehmigung gem. §§ 275 Abs 1, 326 Abs 1 BGB zum Entfallen der Leistungspflichten. Eine Pflicht zum Schadens- und Aufwendungsersatz besteht nur, wenn dem Schuldner von Anfang an bekannt war oder fahrlässig unbekannt blieb, dass die Genehmigung nicht erteilt werden konnte, sowie dann, wenn er das Risiko der Genehmigungserteilung ausdrücklich oder konkludent übernommen hatte. Dies ist bei Veräußerung einer Grundstücksteilfläche nicht automatisch der Fall. Fehlen konkrete Anhaltspunkte für die Übernahme einer (unselbständigen) Garantie, verbleibt es bei dem Grundsatz der verschuldensunabhängigen Haftung.[22]

---

10 BayObLG MittBayNot 1987, 250/251; vgl auch BGH MietRB 2008, 42 = NJW 2007, 3777.
11 BGH NJW 1993, 650. Zur unzumutbar langen Dauer s LG Konstanz NJW-RR 2004, 91.
12 BGHZ 127, 368/377 = NJW 1995, 318; vgl *Schmidt* NJW 1995, 2253.
13 Vgl OVG Münster NJW 1982, 1771 u. *U. Stelkens* in *Stelkens/Bonk/Sachs* VwVfG, 7. Aufl 2008, § 35 Rn 141.
14 BGH MDR 1963, 837.
15 BGHZ 84, 71.
16 BGHZ 127, 375.
17 BGH NJW 1993, 651; *Staudinger/Löwisch* § 275 Rn 59; **aA** nur *Tiedtke/Wälzholz* NotBZ (SoH) 2001, 13/24 u *Wälzholz/Bülow* MittBayNot 2001, 509/510, die einen Fall anfänglicher objektiver Unmöglichkeit annehmen.
18 BGH NJW 1969, 837. Vgl *Schmittat* MittRhNotK 1986, 209/221.
19 BGH NJW 1980, 700.
20 So *Wälzholz/Bülow* MittBayNot 2001, 509/510 f.
21 Ausführlich bereits *Grziwotz* in *Dauner-Lieb/Konzen/Schmidt* (Hrsg) Das neue Schuldrecht, S 477/486. Vgl auch *Mattheus* in *Schwab/Witt* Einführung in das neue Schuldrecht, 2002, S 67/90 ff u *Medicus* JuS 2003, 521/527.
22 BGH MietRB 2008, 42 = NJW 2007, 3777.

3. Form und Nebenbestimmungen

6 Sieht das Spezialgesetz keine besondere Form vor, bestimmt sich die Form der Genehmigung und der Vorkaufsrechtsausübung nach § 37 Abs 2 VwVfG bzw der entsprechenden Vorschrift des LandesVwVfG. Danach werden Verwaltungsakte regelmäßig in **Schriftform** oder **elektronischer Form** erlassen.[23] Ausnahmsweise kann auch ein Untätigbleiben der Behörde einen Verwaltungsakt fingieren.[24] Aus dem Bescheid muss die Erlassbehörde erkennbar sein. Der Verwaltungsakt muss ferner die Unterschrift oder die Namenswiedergabe des Behördenleiters, seines Vertreters oder des Beauftragten erhalten.[25] Das Fehlen der **Unterschrift** macht ihn nichtig.[26] Die Beifügung eines **Dienstsiegels** ist nicht erforderlich.[27] Bei Verwaltungsakten, die mit Hilfe elektronischer Einrichtungen erlassen werden, können Unterschrift und Namenswiedergabe fehlen.[28] Beim elektronischen Verwaltungsakt tritt an die Stelle der Unterschrift die qualifizierte elektronische Signatur; die Signierung mit einer einfachen oder fortgeschrittenen Signatur und mit einem Pseudonym, das die Identifizierung der Person des Signaturschlüsselinhabers nicht ermöglicht, ist nicht zulässig.[29]

7 Erst mit der **Bekanntgabe** wird der Verwaltungsakt existent.[30] Ab diesem Zeitpunkt des Wirksamwerdens ergeben sich aus ihm Rechtsfolgen. Deshalb kann ein Verwaltungsakt vor Bekanntgabe widerrufen werden. Auswirkungen auf das betreffende Rechtsgeschäft oder die Vorkaufsrechtsausübung sind damit nicht verbunden.

8 Ein privatrechtsgestaltender Verwaltungsakt kann auch in der Sonderform der **Allgemeinverfügung** ergehen (§ 35 S 2 VwVfG). Sie richtet sich an einen nach allgemeinen Merkmalen bestimmten oder bestimmbaren Personenkreis. Auch wenn man mit der hM davon ausgeht, dass der »Personenkreis« zum Zeitpunkt des Erlasses nicht objektiv feststehen muss,[31] sondern nach allgemeinen Merkmalen bestimmt werden kann, muss zumindest eine öffentliche Bekanntmachung erfolgen (§ 41 Abs 3 S 2 VwVfG). Deshalb ist es nicht ausreichend, wenn der Verwaltungsakt lediglich dem Grundbuchamt mitgeteilt wird. Fehlt eine wirksame Bekanntgabe, wird der Verwaltungsakt nicht existent. Der Verwaltungsakt ist nicht nichtig; es handelt sich vielmehr um einen Nichtverwaltungsakt. Dies ist vom Grundbuchamt zu beachten. Wird dies übersehen, wird das Grundbuch jedoch nicht unrichtig, wenn trotz dieses Verstoßes das Grundbuch die materielle Rechtslage zutreffend wiedergibt. Beispiel ist ein nicht richtig bekannt gegebenes Negativzeugnis, wenn im konkreten Fall jedoch tatsächlich bei Eintragung keine Genehmigung erforderlich war.

9 **Nebenbestimmungen** dürfen mit einer Genehmigungserteilung, auf die ein Anspruch besteht, nur verbunden werden, wenn sie durch eine Rechtsvorschrift zugelassen sind oder wenn sie sicherstellen sollen, dass die gesetzlichen Voraussetzungen des Verwaltungsaktes erfüllt werden.[32] Nebenbestimmungen sind die Befristung, die Bedingung, der Widerrufsvorbehalt, die Auflage und der Auflagenvorbehalt. Bedingungen betreffen als aufschiebende oder auflösende die Rechtswirkungen des Verwaltungsaktes. Demgegenüber macht die Auflage nicht die Rechtswirkungen des Verwaltungsaktes von einem zukünftigen ungewissen Verhalten des Betroffenen abhängig, sondern verpflichtet den Begünstigten des Verwaltungsaktes zu einem Tun, Dulden oder Unterlassen, um die Voraussetzungen des Verwaltungsaktes besser abzusichern. Diese Unterscheidung gibt der klassische zivilrechtliche Grundsatz wieder: »Die Bedingung suspendiert, zwingt aber nicht, die Auflage zwingt, suspendiert aber nicht.«[33] Im Grundbuchverfahren ist der Eintritt einer aufschiebenden Bedingung in der Form des § 29 GBO nachzuweisen. Demgegenüber betrifft die Erfüllung einer Auflage nur die öffentlich-rechtliche Zweckbindung und das diesbezügliche Verfahren, nicht dagegen das Grundbuchrecht.

10 Ein privatrechtsgestaltender Verwaltungsakt darf nicht mit einer Nebenbestimmung versehen werden, die für das Privatgeschäft nicht zulässig wäre. Beispiel ist die öffentlich-rechtliche Genehmigung einer Auflassung, die ihrerseits nicht unter einer Bedingung oder Zeitbestimmung erfolgen darf (§ 925 Abs 2 BGB).[34] Ebenso ist die Ausübung eines Vorkaufsrechts durch Verwaltungsakt unter einer Bedingung[35] grundsätzlich unzulässig.[36] Jedoch sind privatrechtsgestaltende Verwaltungsakte **nicht** bereits ihrer Natur nach **nebenbestimmungsfeindlich**. Ein Schwebezustand zwischen dem Erlass des Verwaltungsaktes und dem Eintritt seiner Rechtswirk-

---

23 § 37 Abs 2 S 1 VwVfG. Vgl zur Grundstücksverkehrsgenehmigung BVerwG LKV 2006, 31.
24 Vgl nur § 20 Abs 5 S 4 BauGB.
25 BVerwG LKV 2006, 31/32.
26 VGH München NVwZ 1987, 729 u VGH München BayVBl 1997, 150/154.
27 VGH Mannheim DÖV 1997, 602. Zu Besonderheiten bei der Zustellung vgl § 2 Abs 1 S 1 VwZG.
28 Vgl § 37 Abs 4 VwVfG.
29 *Roßnagel* NJW 2003, 469/472 f.
30 Vgl § 41 VwVfG.
31 S nur VGH Mannheim DÖV 2000, 275; vgl auch BayObLG NVwZ 2000, 467.
32 § 36 Abs 1 VwVfG.
33 *v Savigny* System des heutigen römischen Rechts, Bd 3, 1840, S 231. S dazu *Brenner* JuS 1996, 281/285; kritisch allerdings *Martens* JuS 1975, 69/73.
34 *U. Stelkens* in *Stelkens/Bonk/Sachs* VwVfG, 7. Aufl 2008, § 36 Rn 62.
35 S nur *Erman/Grunewald* § 464 Rn 2.
36 Vgl auch BGHZ 79, 201/205 = NJW 1981, 980 f zu einer Auflage bei einer Teilungsgenehmigung.

samkeit ist bei Rechtsgeschäften nicht von vornherein ausgeschlossen. Dies ist vielmehr nach dem Zweck des Rechtsgeschäfts und dem Zweck des Genehmigungsvorbehalts zu entscheiden.

4. Aufhebung privatrechtsgestaltender Genehmigungen

Die traditionelle Ansicht ging lange Zeit davon aus, dass privatrechtsgestaltende Verwaltungsakte aus Gründen **11**
der Rechtssicherheit nicht mehr zurückgenommen werden können, wenn die privatrechtlichen Wirkungen
bereits endgültig eingetreten sind.[37] Dies sollte insbesondere für behördliche Genehmigungen gelten, die Wirksamkeitsvoraussetzung privatrechtlicher Rechtsgeschäfte sind.[38] Ausnahmen wurden nur bei einer Einwilligung
zu einem noch nicht abgeschlossenen Vertrag, einer Genehmigung zu einem Vertrag, dessen Gestaltungswirkung noch nicht eingetreten ist, und bei einer erschlichenen Genehmigung angenommen.[39] Demgegenüber
soll nach neuerer Auffassung auch bei privatrechtsgestaltenden Verwaltungsakten entsprechend dem Wortlaut
der §§ 48 f VwVfG eine **Aufhebung** nicht schlechthin ausgeschlossen sein.[40] Dies ist jedenfalls dann der Fall,
wenn die Gestaltungswirkung noch nicht eingetreten ist. Aber auch bei Verwaltungsakten, deren Wirkung eingetreten ist, ist die Rückabwicklung einer privatrechtlichen Gestaltung nicht generell unmöglich. Beispielsweise
kann eine Rücknahme eines Verwaltungsakts erfolgen, wenn rechtliche Zweifel an der Wirksamkeit des
Rechtsgeschäfts bestehen und auch auf den Verwaltungsakt durchschlagen.[41] Anders ist dies, wenn durch Versagung einer Genehmigung ein Rechtsgeschäft bereits endgültig unwirksam wurde.[42] Die Aufhebung der Genehmigung bedeutet, dass infolge des Erlöschens der Rechtswirkungen der Genehmigung für das Rechtsgeschäft
keine Genehmigung mehr besteht. Der Rechtsgrund für den Leistungsaustausch entfällt. Ist er bereits erfolgt,
hat eine Rückabwicklung stattzufinden. Eine Einschränkung der Aufhebung der Genehmigung ist auf Grund
der Publizität des Grundbuchs nicht notwendig.[43] Da der gutgläubige Erwerb von einer Genehmigungsaufhebung unberührt bleibt, sind weitergehende Einschränkungen bei Rechtsgeschäften, die das Eigentum oder
Rechte betreffen, die im Grundbuch eingetragen werden, nicht erforderlich.

Hinsichtlich der **Zulässigkeit der Rücknahme** ist, sofern keine gebundene Entscheidung vorliegt, deshalb im **12**
Einzelfall zu prüfen, in welchem Umfang sich die privatrechtsgestaltende Wirkung auf den Rechtskreis des
Adressaten oder Dritter auswirkt. Hierbei spielt auch eine Rolle, ob eine Rücknahme ex tunc oder ex nunc in
Betracht kommt.[44] Entsprechend gilt dies für den Widerruf einer rechtmäßigen Genehmigung. Im Rahmen
der Ermessensentscheidung ist abzuwägen, ob der rechtsgestaltende Verwaltungsakt endgültigen Charakter
haben sollte.[45] Das Ermessen wird im Regelfall wegen der Auswirkungen auf den Rechtsverkehr zu Gunsten
der Aufrechterhaltung der Genehmigung auszuüben sein.[46] Auch ein Wiederaufgreifen des Verfahrens (§ 51
VwVfG) ist nicht zulässig, wenn ein unanfechtbarer Verwaltungsakt gegen den Willen der Betroffenen in
Rechtsverhältnisse des Privatrechts gestaltend eingegriffen hat bzw. einen beantragten Eingriff versagt hat.[47]

II. Öffentlich-rechtliche Verfügungsbeschränkungen

1. Genehmigungserfordernisse, notarielle Beurkundung, grundbuchamtlicher Vollzug

Gemäß § 18 BeurkG ist der Notar verpflichtet, die Beteiligten auf erforderliche behördliche Genehmigungen **13**
oder zumindest auf etwa darüber bestehende Zweifel hinzuweisen. Er soll dies in der Niederschrift vermerken.
Die Tätigkeit des **Notars** erschöpft sich nicht in dem pauschalen **Hinweis**, dass für das vorgenommene Grundstücksgeschäft öffentlich-rechtliche Genehmigungserfordernisse bestehen oder bestehen können.[48] Der Notar

---

37 Zur Lehre von der besonderen Bestandkraft privatrechtsgestaltender Verwaltungsakte s *Steiner* DVBl 1970, 34/37 u ausführlich *Manssen* Privatrechtsgestaltung durch Hoheitsakt, S 295.
38 So zB noch *Wolff/Bachof/Stober/Kluth* Verwaltungsrecht, Bd 1, 12. Aufl 2007, § 51 Rn 54 u *Kopp/Ramsauer* VwVfG,
    10. Aufl 2008, § 48 Rn 15.
39 Zur Rücknahme bei arglistiger Täuschung VGH München BayVBl 2006, 149.
40 BVerwG DÖV 1977, 832; BVerwG NJW 1988, 275/276 u VGH München NVwZ 1992, 992/993; *Erichsen* Jura 1981,
    534/542; *Ruffert* in *Erichsen/Ehlers* Allg VerwR, 13. Aufl 2006, § 23 Rn 6 u *Steiner* DVBl 1970, 34. Offen BVerwG DVBl
    1997, 956/957. S auch OVG Bautzen DÖV 2006, 921 = BauR 2006, 1108 = SächsVBl 2006, 140 zur Rücknahme
    einer Genehmigungsfiktion.
41 OVG Münster NVwZ 1987, 155.
42 Zur Bestätigung eines derartigen Rechtsgeschäfts s BGH DNotZ 2000, 288 = MDR 1999, 1491 = MittRhNotK 2000,
    25 = NJW 1999, 3704 = ZflR 2000, 264.
43 **AA** *Zacharias* NVwZ 2002, 1306/1308 unter unzutreffender Bezugnahme auf *Böhringer* DtZ 1993, 141/143, der nur
    § 20 GVO darstellt.
44 *Sachs* in *Stelkens/Bonk/Sachs* VwVfG, 7. Aufl 2008, § 48 Rn 104. Vgl auch *Zacharias* NVwZ 2002, 1306/1308.
45 Vgl BVerwG BauR 1977, 408; s auch *Kopp/Ramsauer* VwVfG, 10. Aufl 2008, § 49 Rn 18a.
46 *Maurer* Allg VerwR, 16. Aufl 2006, § 11 Rn 33; s auch BVerwGE 54, 257 u VGH München NVwZ 1992, 992.
47 *Schäfer* in *Obermayer* VwVfG, 3. Aufl 1999, § 51 Rn 12.
48 Vgl. v *Schuckmann/Preuß* in *Huhn/v Schuckmann* BeurkG, 4. Aufl 2003, § 18 Rn 1; *Soergel/Mayer* § 18 BeurkG Rn 2 u
    Winkler BeurkG, 16. Aufl 2008, § 18 Rn 44.

muss vielmehr die in Betracht kommenden Genehmigungen und Bestätigungen im Einzelnen nennen. Der Notar muss über Wirksamkeit, Umfang und Folgen der Genehmigung bzw ihrer Versagung aufklären.[49] Die Rechtsprechung hält den Notar ferner für verpflichtet, den Beteiligten Hilfslösungen für den Fall einer Genehmigungsversagung vorzuschlagen und mit ihnen die damit verbundenen Vor- und Nachteile zu erörtern.[50] Im Einzelfall kann es auch sinnvoll sein, wenn die Beteiligten oder der Notar in ihrem Auftrag vor Beurkundung des Rechtsgeschäfts eine Stellungnahme oder ein Negativzeugnis der zuständigen Behörde einholt.[51] Ergibt sich das Problem der möglichen Genehmigungsversagung erst bei der Beurkundung, kann im Einvernehmen mit sämtlichen Beteiligten die Beurkundung in Einzelfällen unterbrochen und nach Vorliegen der Stellungnahme bzw Bescheinigung der Behörde fortgesetzt werden.

14 Der Notar muss zwar den Vollzug des Rechtsgeschäfts, bei dessen Errichtung er tätig geworden ist, betreiben; diese Pflicht besteht jedoch lediglich im Umfang des § 53 BeurkG. Eine Verpflichtung zur **Erholung** der erforderlichen Genehmigungen trifft den beurkundenden Notar nur, wenn er dies im Rahmen eines selbstständigen Betreuungsgeschäftes nach § 24 BNotO übernommen hat. Nachdem der Urkundsnotar nicht automatisch als bevollmächtigt gilt, eine Genehmigung oder ein Negativzeugnis im Namen der Beteiligten einzuholen, ist hierzu eine rechtsgeschäftliche Bevollmächtigung erforderlich. Sie kann bereits in der Formulierung gesehen werden, dass der Notar den Vollzug des Rechtsgeschäfts in jeder Hinsicht betreiben soll. Im Hinblick auf die Anfechtbarkeit einer Genehmigungsversagung und die hierfür geltenden Fristen sollte der Notar zur Entgegennahme einer Genehmigungsversagung nicht bevollmächtigt werden. Zweckmäßigerweise sollte er davon jedoch eine Abschrift erhalten.[52] Ein Hinweis darauf, dass die Erholung von Genehmigungen mit einer zusätzlichen Gebühr verbunden ist (§ 146 KostO), ist im Normalfall nicht erforderlich, da die Beteiligten nicht davon ausgehen können, dass diese Tätigkeiten kostenfrei sind. Wollen die Beteiligten erforderliche Genehmigungen selbst erholen, so ist ein diesbezüglicher Hinweis in der Urkunde empfehlenswert; rechtlich geboten ist er jedoch nicht.[53]

15 Die notarielle Belehrungspflicht betrifft nur Genehmigungserfordernisse und Negativzeugnisse hinsichtlich der Wirksamkeit des Rechtsgeschäfts und seines grundbuchrechtlichen Vollzugs, nicht jedoch bauliche Genehmigungserfordernisse, aus dem Grundbuch nicht ersichtliche öffentlich-rechtliche Nutzungsbeschränkungen und Probleme, die sich aus dem beurkundeten Rechtsgeschäft für eine geplante Bebauung ergeben können (zB die Einhaltung von Abstandsflächen).[54] Eine diesbezügliche Belehrung wird auch dem im öffentlichen Recht, insbesondere im Baurecht kundigen Notar mangels Kenntnis des Sachverhalts (zB Bebauungsplan, umliegende Bebauung beim Innenbereich, Bestehen einer Veränderungssperre etc) nicht möglich sein. Bei Offensichtlichkeit und ungewandten Beteiligten kann jedoch nach § 17 BeurkG eine **Hinweispflicht** des Notars auf etwa auftretende Probleme und die diesbezügliche Möglichkeit einer sachverständigen Beratung durch Dritte bestehen.

16 Das **Grundbuchamt** hat vor Vornahme einer Eintragung zu prüfen, ob hierzu behördliche Genehmigungen erforderlich sind.[55] Gegebenenfalls ist durch Zwischenverfügung der Nachweis der genau bezeichneten Genehmigung bzw. die Vorlage eines entsprechenden Negativzeugnisses zu verlangen.[56] Das Grundbuchamt hat sodann die Einhaltung der formellen Voraussetzungen der Genehmigung bzw. des Negativzeugnisses zu prüfen. Dies betrifft nicht nur die grundbuchrechtlichen Vorschriften, sondern auch die bestehenden Anforderungen der einschlägigen Spezialgesetze. An eine formgerecht, insbesondere unter Beachtung der Zuständigkeitsvorschriften, erteilte Genehmigung bzw Negativbescheinigung ist das Grundbuchamt gebunden, selbst wenn es sie für rechtswidrig hält.[57] Etwas Anderes dürfte ausnahmsweise nur dann gelten, wenn die Bescheinigung offensichtlich nichtig ist, beispielsweise detailliert begründet wird, wieso die Genehmigung zu versagen ist, diese aber dennoch erteilt wird, weil der zuständige Beamte das Gesetz für nichtig hält oder aus »Gemeinwohlgesichtspunkten« gegen eine großzügige Spende des Antragstellers von der Anwendbarkeit der Versagungsgründe absehen möchte. Demgegenüber gibt allein der Umstand, dass ein Amtsträger, der Bescheinigungen erteilt hat, wegen Dienstvergehen seines Amtes enthoben wurde, dem Grundbuchamt nicht das Recht, die von ihm erteilten Genehmigungen bzw. Negativatteste nicht anzuerkennen.

---

49 BGH NJW 1993, 648.
50 BGH NJW 1993, 648.
51 *Eylmann/Vaasen/Frenz* BNotO/BeurkG, 2. Aufl 2004, § 18 BeurkG Rn 3.
52 Die Formulierung könnte lauten: »Der Notar wird beauftragt und bevollmächtigt, alle zur Wirksamkeit oder zum Vollzug erforderlichen Genehmigungen und Negativbescheinigungen einzuholen und für die Beteiligten entgegenzunehmen. Sollte eine Genehmigung versagt oder unter einer Bedingung oder Auflage erteilt werden, ist der Notar zur Entgegennahme nicht bevollmächtigt; er soll jedoch eine Abschrift erhalten.«
53 Unklar *Eylmann/Vaasen/Frenz* BNotO/BeurkG, 2. Aufl 2004, § 18 BeurkG Rn 3.
54 Ähnlich *Winkler* BeurkG, 16. Aufl 2008, § 18 Rn 44 u bereits *Winkler* NJW 1973, 886.
55 S nur OLG Jena Rpfleger 1998, 109 u OLG Zweibrücken Rpfleger 1995, 179.
56 Vgl *Meikel/Böttcher* § 18 Rdn 6.
57 Vgl BGHZ 44, 325 = Rpfleger 1966, 79; BayObLG NJW 1951, 645; BayObLGZ 1952, 56.

2. Teilungsgenehmigung

Das bundesrechtliche Teilungsgenehmigungserfordernis nach § 19 BauGB aF wurde abgeschafft. § 19 Abs 2   **17**
BauGB hat nur baurechtliche, keine grundbuchrechtlichen Auswirkungen.[58] Auch die bauordnungsrechtlichen
Genehmigungspflichten für Grundstücksteilungen wurden mit Ausnahme von Nordrhein-Westfalen und (eingeschränkt) Niedersachsen[59] abgeschafft. Lediglich § 8 Abs 3 ThürBO sieht diesbezüglich die Möglichkeit der
Ausstellung eines Positivzeugnisses auf Antrag vor.[60] Dieses hat aber keine grundbuchrechtliche Relevanz. Landesrechtliche Waldgesetze enthalten weiterhin Genehmigungserfordernisse für die **Teilung von Grundstücken.**[61] Betroffen ist nicht die schuldrechtliche Teilflächenveräußerung, sondern der Vollzug dieses Rechtsgeschäfts durch Eintragung im Grundbuch unter einer eigenen Nummer des Bestandsverzeichnisses. Umstritten
ist, ob bei einer Kenntnis von der Genehmigungspflicht und den diesbezüglichen gesetzlichen Voraussetzungen
bei der späteren Nichterteilung ein Fall der auf das positive Interesse gehenden Veräußererhaftung nach § 311a
Abs 2 BGB vorliegt oder ein Fall der nicht zu vertretenden Unmöglichkeit, bei der beide Vertragsteile von
ihren Leistungspflichten frei werden.[62] Konsequenz der erstgenannten Ansicht für die Vertragsgestaltung ist, dass
zur Haftungsvermeidung des Verkäufers ein unter der aufschiebenden Bedingung der Erteilung der behördlichen Genehmigung stehender Vertrag geschlossen werden muss. Nach der zweiten Meinung ist dies nicht
erforderlich; lediglich zur Beseitigung der für die Parteien bestehenden Unsicherheit über die Dauer der Bindung an den Vertrag bei einem etwaigen Rechtsstreit mit der Genehmigungsbehörde[63] kann ein vertragliches
Rücktrittsrecht vereinbart werden.

3. Genehmigung der Aufteilung nach dem WEG

a) Aufteilung in Fremdenverkehrsgebieten. aa) Genehmigungspflicht. Die Gemeinden können nach   **18**
§ 22 BauGB einen **Genehmigungsvorbehalt für die Begründung oder Teilung von Wohnungseigentum oder Teileigentum**[64] nach dem Wohnungseigentumsgesetz, Wohnungs- und Teilerbbaurechten (§ 30
WEG)[65] sowie Dauerwohn- und Dauernutzungsrechten (§ 31 WEG) einführen. Sinn der Regelung ist die
Sicherung der Zweckbestimmung von Gebieten mit Fremdenverkehrsfunktionen. Der Gesetzgeber geht typisiert davon aus, dass die Zweitwohnungsbildung durch die Umwandlung von Beherbergungsbetrieben mittels
der vorbezeichneten Rechtsinstrumentarien erfolgt. Weitere Fälle, insbesondere die Bildung von Miteigentumsanteilen verbunden mit einer Benutzungsregelung, hat der Gesetzgeber in Kenntnis der hiermit verbundenen städtebaulichen Probleme keiner Genehmigungspflicht unterworfen; eine analoge Anwendung verbietet
sich deshalb.[66] Auch im Rahmen der Novellierung des Baugesetzbuchs war eine Änderung der Vorschrift, das
heißt ein Erfassen der Umgehungsmöglichkeiten, ausdrücklich nicht geplant.[67]

Voraussetzung einer Genehmigungspflicht ist eine entsprechende Anordnung in einem Bebauungsplan oder   **19**
einer sonstigen **Satzung.** Diese kann nur mit Wirkung von der Bekanntmachung an in Kraft gesetzt werden.[68]
Nicht mehr Voraussetzung ist seit der 01.01.1998 geltenden, durch das BauROG 1998 novellierten Fassung eine
Rechtsverordnung der Landesregierung als erste Verfahrensstufe. Materiell-rechtliche Voraussetzung für den Sat-
zungserlass ist eine überwiegende Prägung der Gemeinde oder von Gemeindeteilen durch den Fremdenverkehr.[69] Das Gesetz (§ 22 Abs 1 S 4 BauGB) fingiert die Zweckbestimmung – allerdings nicht abschließend – für drei
Gebiete. Ferner muss durch die Zweitwohnungsbildung die Zweckbestimmung des Fremdenverkehrs beeinträchtigt werden.[70] Dies kann nicht nur bei den in § 22 Abs 1 S 4 BauGB genannten Gebieten der Fall sein, son-

58 Vgl *Söfker* in *Ernst/Zinkahn/Bielenberg/Krautzberger* § 19 Rn 24; *Jäde* in *Jäde/Dirnberger/Weiß* § 19 Rn 10. Zur Zuordnung
    »zerschnittener Räume« s BGH ZfIR 2004, 104.
59 § 8 BauO NRW u § 94 NBauO, §§ 2, 4, 8 ModKG.
60 § 8 Abs 3 ThürBO; s dazu LG Meiningen NotBZ 2006, 145. Vgl auch *Friege* ThürVBl 2005, 25 ff u *Watoro* NotBZ
    2004, 416 ff.
61 Ausführlich *Meikel/Böttcher* § 7 Rdn 11 ff; vgl auch die Übersicht http://www.dnoti.de/DOC/2005/Teilungsgenehmi-
    gung-2.doc.
62 Zu diesem Fall der juristischen Unmöglichkeit s nur *Medicus* SchR I, 17. Aufl 2006, Rn 367.
63 S dazu oben Rdn 2.
64 Zur Beeinträchtigung bei Bildung von Teileigentum s VGH Mannheim NJW 1993, 3216 = ZfBR 1993, 241.
65 Unzutreffend *Bönker* in *Hoppe/Bönker/Grotefels* Öffentl BauR, 3. Aufl 2004, § 9 Rn 49.
66 OLG Schleswig MDR 2000, 1185 = Rpfleger 2000, 492 = DNotZ 2000, 779 = ZfIR 2000, 642 = BWNotZ 2001,
    15 = RNotZ 2001, 45; **aA** noch LG Flensburg ZfIR 2000, 567 m abl Anm *Grziwotz*. Vgl auch VG Augsburg BayVBl
    2006, 508 = MittBayNot 2006, 172.
67 Vgl Bundesministerium f Verkehr, Bau- und Wohnungswesen (Hrsg), Novellierung des BauGB, Bericht der Unabhängi-
    gen Expertenkommission, 2002, Rn 176 u § 174a EAGBauentwurf.
68 BVerwGE 105, 153 = BauR 1998, 96 = DÖV 1998, 115 = DVBl 1998, 42 = NVwZ 1998, 277 = UPR 1998, 109 =
    ZfBR 1998, 53.
69 Die Ermächtigung deckt regelmäßig keine Satzung für das gesamte Gemeindegebiet (BVerwGE 96, 217 = DÖV 1995, 30
    = DVBl 1994, 1149 = NVwZ 1995, 375).
70 Die allgemeine Befürchtung genügt (OVG Schleswig SchlHA 1993, 277).

dern auch zB im Außenbereich.[71] Geprägt durch Beherbergungsbetriebe und Wohngebäude mit Fremdenverkehrsbeherbergung ist ein Gebiet, wenn diese Nutzungen in dem Gebiet ein so deutliches Gewicht haben, dass sie ihm gleichsam »den Stempel aufdrücken«.[72] In dem betreffenden Gebiet dürfen auch einzelne Flächen wie zB Gemeinbedarfsflächen und Flächen öffentlicher Nutzung liegen; sie müssen nicht aus dem Geltungsbereich einer sich auf das Gebiet erstreckenden Fremdenverkehrssatzung ausgenommen werden.[73] Die Gemeinde muss den Genehmigungsvorbehalt aufheben oder im Einzelfall einzelne Grundstücke durch Erklärung gegenüber dem Eigentümer vom Genehmigungsvorbehalt freistellen, wenn die vorstehenden Voraussetzungen entfallen sind (§ 22 Abs 8 BauGB). Die Satzung verliert jedoch nicht automatisch mit dem Wegfall der Erlassvoraussetzungen ihre Wirkung. Dem Eigentümer steht vielmehr ein Freistellungsanspruch zu.[74]

20   **bb) Genehmigungserteilung.** Über die Genehmigung entscheidet die Baugenehmigungsbehörde im Einvernehmen mit der Gemeinde (§ 22 Abs 5 S 1 BauGB[75]). Das **Genehmigungsverfahren** ist in § 22 Abs 5 S 2 bis 6 BauGB geregelt.[76] Die Gemeinde ist verpflichtet, dem Grundbuchamt den Beschluss über die Satzung, das Datum ihres Inkrafttretens sowie die genaue Bezeichnung der betroffenen Grundstücke mitzuteilen (§ 22 Abs 2 S 3 BauGB). Von der Bezeichnung der Grundstücke kann abgesehen werden, wenn die gesamte Gemarkung betroffen ist (§ 22 Abs 2 S 4 BauGB). Die Mitteilung hat rechtzeitig, dh vor dem Inkrafttreten der Satzung zu geschehen. Das Gesetz knüpft allerdings an die Mitteilung bzw einen Verstoß gegen diese Pflicht keine Rechtsfolgen. Der Genehmigungsvorbehalt tritt mit der ortsüblichen Bekanntmachung des Bebauungsplans bzw der Fremdenverkehrssatzung in Kraft. Er wird somit auch wirksam, wenn die Mitteilung unterbleibt. Eine vorläufige Grundbuchsperre zur Sicherung der Aufstellung der Satzung enthält das Gesetz nicht. Auch die Eintragung eines Grundbuchvermerks hinsichtlich der Genehmigungspflicht ist im Gesetz nicht vorgesehen. Umgekehrt besteht nicht die Möglichkeit der gutgläubigen Aufteilung bei Bestehen des Genehmigungserfordernisses, wenn hiervon die Beteiligten und das Grundbuchamt Kenntnis haben. Der Genehmigungsvorbehalt bewirkt eine Grundbuchsperre. Ab seiner Wirksamkeit darf ohne Vorlage eines entsprechenden Bescheides der Genehmigungsbehörde die Begründung oder Unterteilung von Rechten nach dem WEG nicht mehr in das Grundbuch eingetragen werden (§ 22 Abs 6 S 1 BauGB). Da das Nichtvorliegen einer Mitteilung an das Grundbuchamt über das Bestehen keine Sicherheit bietet, werden die Beteiligten häufig ein Negativzeugnis der Genehmigungsbehörde anfordern. Zu dessen Erteilung ist sie weiter verpflichtet. Das Grundbuchamt darf es oder eine Genehmigung aber wohl nur dann fordern, wenn es Kenntnis von einem entsprechenden Satzungsverfahren erlangt hat.[77] Trägt das Grundbuchamt in Unkenntnis vom Genehmigungsvorbehalt eine Auf- oder Unterteilung nach dem WEG im Grundbuch ein, so wird das Grundbuch unrichtig. Ein gutgläubiger Erwerb des aufgeteilten Wohnungs- und Teileigentums ist möglich. Um ihn zu verhindern, kann die Bauaufsichtsbehörde das Grundbuchamt um Eintragung eines Widerspruchs ersuchen (§ 22 Abs 6 S 2 BauGB). Die Gemeinde kann ihrerseits nur einen diesbezüglichen Anspruch gegen die Bauaufsichtsbehörde geltend machen. Die Gemeinde kann außerdem dem Grundbuchamt die Genehmigungspflicht mitteilen, damit dieses von Amts wegen einen Widerspruch gegen die Richtigkeit des Grundbuchs einträgt.

21   Die **Voraussetzungen für die Erteilung** der Genehmigung sind in § 22 Abs 4 BauGB festgelegt. Es besteht ein Anspruch auf Genehmigungserteilung, falls keiner der im Gesetz abschließend aufgezählten Versagungsgründe vorliegt. Eine Nichterteilung ist nur möglich, wenn eine tatsächliche Beeinträchtigung der Fremdenverkehrsfunktion durch das konkrete Einzelvorhaben erfolgt.[78] Die Genehmigung kann erteilt werden, wenn dies zur Vermeidung einer besonderen Härte für den Eigentümer auf Grund wirtschaftlicher Nachteile geboten ist (§ 22 Abs 4 S 3 BauGB). Ist bereits eine Vormerkung auf zu bildendes Wohnungs- oder Teileigentum im Grundbuch zu Gunsten eines Dritten eingetragen oder zumindest beantragt, bevor der Genehmigungsvorbehalt wirksam wird, so muss die Genehmigung erteilt werden. Allerdings zeigt die Regelung des Gesetzes (§ 22 Abs 4 S 2 BauGB), dass insoweit das Grundbuchamt auf die Genehmigung nicht von sich aus verzichten darf; die Prüfung, ob der diesbezügliche Anspruch eines Dritten die gesetzlichen Voraussetzungen erfüllt, obliegt der Aufsichtsbehörde und ggf den Verwaltungsgerichten. Eine analoge Anwendung dieser Genehmigungspflicht ist geboten, wenn ein Antrag auf Aufteilung sowie auf Eintragung einer Vormerkung zur Sicherung des Erwerbsanspruchs eines Dritten hinsichtlich eines Wohnungs- oder Teileigentums vor Wirksamwerden des Genehmi-

---

71   *Jäde* in *Jäde/Dirnberger/Weiß* BauGB, § 22 Rn 5.
72   Vgl *Kraft* in Berliner Kommentar zum BauGB, § 22 Rn 8.
73   BVerwGE 105, 1 = BauR 1997, 815 = DVBl 1997, 1126 = NVwZ 1998, 276 = UPR 1997, 464 = ZfBR 1997, 313. Vgl auch BVerwGE 99, 242 = BauR 1996, 68 = DVBl 1996, 52 = NVwZ 1996, 999 = ZfBR 1996, 48 u BVerwGE 99, 237 = NVwZ-RR 1996, 373 = DVBl 1996, 55 = BauR 1996, 72 = ZfBR 1996, 51.
74   Dieser ist mit der Verpflichtungsklage (*Jäde* in *Jäde/Dirnberger/Weiß* BauGB, § 22 Rn 12) zu verfolgen.
75   Für die Einvernehmensfiktion gilt § 36 Abs 2 S 2 BauGB.
76   Vgl OVG Lüneburg NdsRpfl 2001, 282 = NVwZ 2001, 1066 = ZfBR 2001, 352, wonach die Einreichung des Auftrags bei der Gemeinde die Zweimonatsfrist des § 19 Abs 3 S 7 BauGB 1986 nicht auslöst.
77   *Grziwotz* in *Spannowsky/Uechtritz* BauGB § 22 Rn 19; enger *Krautzberger* in *Battis/Krautzberger/Löhr* § 22 Rn 19.
78   OVG Schleswig SchlHA 1993, 277.

gungsvorbehalts beim Grundbuchamt eingehen.[79] Die Bestellung einer so genannten Fremdenverkehrsdienstbarkeit oder eine sonstige Erklärung des Eigentümers, eine Nutzung als Zweitwohnung zu unterlassen, reicht dagegen nicht aus, um einen Anspruch auf Erteilung einer Genehmigung nach § 22 BauGB zu begründen. Das hoheitliche Instrumentarium ist gegenüber privatrechtlichen Regelungen nach h M nicht subsidiär.[80] Die **Aufhebung** des Genehmigungsvorbehalts führt zum Wegfall des Genehmigungserfordernisses auch für bereits beantragte Aufteilungen. Die Gemeinde hat das Grundbuchamt hiervon zu unterrichten. Der Genehmigungsvorbehalt erlischt mit Mitteilung der Aufhebung (§ 22 Abs 8 S 2 bis 4 BauGB). Insofern kommt ihr eine Rechtswirkung zu. Ist der Genehmigungsvorbehalt bereits vorher entfallen, führt § 22 Abs 8 S 4 BauGB lediglich zu einer »Erstreckung« des guten Glaubens des Grundbuchs auf die Richtigkeit der Mitteilung der Gemeinde.[81]

b) Aufteilung im Bereich einer Milieuschutzsatzung. aa) Genehmigungspflichtige Vorgänge. Zum   **22**
Zweck der Stadterhaltung haben die Gemeinden die Möglichkeit, durch Satzung Gebiete festzulegen, in denen bestimmte bauliche Maßnahmen der Genehmigung bedürfen. Soll die Zusammensetzung der Wohnbevölkerung erhalten bleiben (**Milieuschutz**), muss dies aus städtebaulichen Gründen erforderlich sein.[82] Der Erlass ist für ein Gebiet mit jeder Art von Wohnbevölkerung zulässig.[83] Da die Erhaltungssatzungen grundsätzlich nur bauliche Maßnahmen einschließlich Nutzungsänderungen betreffen, sind sie für das Grundbuch ohne Bedeutung. Eine Ausnahme bildet die Milieuschutzsatzung, wenn die Landesregierung auf Grund der Ermächtigung in § 172 Abs 1 S 4 BauGB mit einer Geltungsdauer von höchstens fünf Jahren durch Rechtsverordnung bestimmt, dass die **Begründung von Sondereigentum** (Wohnungs- und Teileigentum) an Gebäuden, die ganz oder teilweise Wohnzwecken zu dienen bestimmt sind, nicht ohne Genehmigung erfolgen darf. Es handelt sich somit um ein dreistufiges Verfahren, nämlich Erlass einer Rechtsverordnung durch die Landesregierung, Beschluss einer Milieuschutzsatzung durch die Gemeinde und Erteilung der Genehmigung ebenfalls durch die Gemeinde (§ 173 Abs 1 S 1 BauGB).[84] Die Rechtsverordnung kann einzelne Gebiete, aber auch sämtliche Milieuschutzgebiete des Landes einschließlich künftiger Milieuschutzgebiete betreffen.[85] Die Geltungsdauer kann auch auf einen kürzeren Zeitraum als fünf Jahre festgelegt werden. Der Erlass einer Nachfolgeverordnung kurz vor Abschluss der festgelegten Frist ist zulässig.[86]

Eine Genehmigung war **nicht erforderlich**, wenn die Bildung von Teil- und Wohnungseigentum vor dem   **23**
26.01.1997 beantragt worden war und der Antrag ggf nach Erfüllung der Vorgaben einer Zwischenverfügung vollzugsreif war. Gleiches gilt, wenn ein Anspruch auf Bildung oder Übertragung von Teil- und Wohnungseigentum vor dem genannten Stichtag durch eine Vormerkung gesichert wurde, wobei auch insoweit der Eintragungsantrag ausreichte.[87] Über den Wortlaut der Überleitungsvorschrift hinaus soll nach hM[88] § 172 BauGB auf Anträge auch nicht anwendbar sein, die zwar erst nach dem Stichtag gestellt, aber vor dem In-Kraft-Treten der Verordnung bzw einer Milieuschutzsatzung im Grundbuch vollzogen wurden. Dies widerspricht jedoch der gesetzlichen Überleitungsnorm, die eine Umwandlungswelle vor dem In-Kraft-Treten des BauROG 1998 verhindern wollte;[89] ein Vertrauensschutz ist im Hinblick auf die Beschlussfassung des Vermittlungsausschusses vom 26.06.1997 nicht gegeben. Konsequenz der hier vertretenen Ansicht ist, dass, sofern zwischenzeitlich kein gutgläubiger Erwerb erfolgte, in Gebieten von Milieuschutzsatzungen, bei denen durch Rechtsverordnung eine Rückwirkung auf den 26.06.1997 oder einen anderen Zeitpunkt vor dem 01.01.1998 bestimmt wurde und die Eintragung der Aufteilung in Wohnungs- und Teileigentum nach dem Zeitpunkt des In-Kraft-Tretens der Verordnung sowie vor dem 01.01.1998 erfolgte, ein Widerspruch gegen die Richtigkeit des Grundbuchs eingetra-

79 Str, ausführlich *Grziwotz* in *Spannowsky/Uechtritz* BauGB § 22 Rn 24.
80 So BVerwGE 99, 237 = NVwZ-RR 1996, 373 = DVBl 1996, 55 = BauR 1996, 72 = ZfBR 1996, 51; BVerwGE 99, 242 = BauR 1996, 68 = DVBl 1996, 52 = NVwZ 1996, 999 = ZfBR 1996, 48; OLG München MittBayNot 2001, 98; OVG Schl.-H. MittBayNot 1994, 168 (LS); **aA** VGH München MittBayNot 1994, 167; *Schmidt* MittBayNot 1996, 179 f u *Grziwotz* MittBayNot 1994, 167. Vgl auch *Grziwotz* MittBayNot 1996, 181f.
81 *Grziwotz* in *Spannowsky/Uechtritz* BauGB § 22 Rn 17.
82 OVG Greifswald BauR 2001, 1397 = NordÖR 2001, 213 = NVwZ-RR 2001, 719; vgl auch VGH München BayVBl 1996, 594 = NVwZ-RR 1997, 595 u OVG Berlin NVwZ 1996, 920. Zur Vereinbarkeit mit Art 14 GG s VGH München BayVBl 1995, 372 = NVwZ-RR 1995, 429.
83 BVerwGE 105, 67 = BauR 1997, 992 = DÖV 1997, 1049 = DVBl 1998, 40 = NVwZ 1998, 503 = ZfBR 1997, 311.
84 Bisher existierte nur in Hamburg eine derartige Verordnung; vgl Verordnung über die Einführung einer Umwandlungsgenehmigung in Sozialen Erhaltungsgebieten (Umwandlungsverordnung-UmwandVO) v 06.01.1998, Hamb GVBl 1998, 3 u Verordnung über eine Umwandlungsgenehmigung in Gebieten zur Erhaltung der Zusammensetzung der Wohnbevölkerung (Umwandlungsverordnung-UmwandVO) v. 12.12.2002, Hamb GVBl 2002, 324. Sie ist ausgelaufen. Ein erneuter Erlass ist derzeit nicht geplant.
85 *Krautzberger/Söfker* Rn 636.
86 *Krautzberger/Söfker* Rn 636; *Groschupf* NJW 1998, 418/421; *Langhein* ZNotP 1998, 346.
87 Vgl § 236 Abs 2 S 1 u 2 BauGB.
88 So *Groschupf* NJW 1998, 418/422; *Hertel* DNotI-Report 1997, 159/163 u *Langhein* ZNotP 1998, 346/347.
89 Vgl BT-Drs 339/97 S 26 u 261.

gen werden kann. Wurde vor dem Wirksamwerden des Genehmigungsvorbehalts, das heißt dem In-Kraft-Treten der Rechtsverordnung oder dem Vorliegen einer Milieuschutzsatzung, bereits eine Vormerkung zur Sicherung eines Anspruchs auf Übertragung von Sondereigentum im Grundbuch eingetragen, ist eine Genehmigung erforderlich; auf ihre Erteilung besteht jedoch ein Rechtsanspruch (§ 172 Abs 4 S 3 Nr 4 BauGB). Der Wortlaut dieser Vorschrift geht von der Eintragung der Vormerkung im Grundbuch aus. Entsprechend dem Gesetzeszweck muss jedoch auch eine Antragstellung wie in § 878 BGB genügen.[90]

24   Betroffen sind **Gebäude, die ganz oder teilweise Wohnzwecken** zu dienen bestimmt sind. Erfasst wird jedoch nicht nur die Wohnungseigentumsbildung, sondern auch die Bildung von Teileigentum, das heißt die Umwandlung von Wohngebäuden in Eigentumswohnungen und gewerbliche Einheiten. Umstritten ist, ob der Genehmigungsvorbehalt auch die Aufteilung von neu zu errichtenden Bauvorhaben betrifft. Im Hinblick auf den erhaltungsrechtlichen Charakter der Genehmigung ist dies zu verneinen.[91] Da ein Neubaunachweis ohnehin nicht in der Form des § 29 GBO möglich ist, kann das Grundbuchamt bei Bestehen einer Rechtsverordnung stets ein Negativattest fordern. Auf Grund des eindeutigen Wortlauts der Norm werden Wohnungs- und Teilerbbaurechte sowie Dauernutzungsrechte vom Genehmigungsvorbehalt nicht erfasst. Demgegenüber dürfte für spätere Änderungen, die die Abgrenzung von Sondereigentum gegen Gemeinschaftseigentum betreffen, sowie für die Umwandlung von Teileigentum in Wohnungseigentum und umgekehrt eine Genehmigungspflicht bestehen.[92]

25   **bb) Anspruch auf Genehmigungserteilung.** Eine Versagung der Genehmigung ist nur zulässig, um in dem Gebiet die Zusammensetzung der Wohnbevölkerung aus besonderen städtebaulichen Gründen zu erhalten. Das Genehmigungsverfahren bezweckt keinen Mieterschutz; allerdings können gebietsspezifische Höchstmieten als Hinweis auf städtebauliche Probleme dienen. Ein **Genehmigungsanspruch** besteht vor allem in folgenden Fällen (§ 172 Abs 4 S 3 BauGB):

26   – Das Grundstück gehört zu einem **Nachlass** und es ist beabsichtigt, Sondereigentum zu Gunsten von Miterben oder Vermächtnisnehmern zu begründen (§ 172 Abs 4 S 3 Nr 2 BauGB). Nach dem Gesetzeszweck, eine einvernehmliche Erbauseinandersetzung durch Begründung von Wohnungs- und Teileigentum zu ermöglichen, darf eine Genehmigung auch für eine Aufteilung abweichend von den Erbquoten nicht versagt werden.[93] Eine Nutzung der Sondereigentumseinheit zu eigenen Wohnzwecken des betreffenden Miterben oder Vermächtnisnehmers ist nicht erforderlich. Wird das gesamte Gebäude nach dem WEG aufgeteilt und nur einem Miterben zugeteilt, besteht hingegen kein Anspruch auf Genehmigungserteilung.[94] Eine analoge Anwendung dieser Norm auf andere Gesamthandsgemeinschaften wie zB die BGB-Gesellschaft ist auf Grund des eindeutigen Wortlauts nicht möglich.

27   – Die entgeltliche oder unentgeltliche Veräußerung des Sondereigentums erfolgt an **Familienangehörige**, die eine **Eigennutzung** beabsichtigen (§ 172 Abs 4 S 3 Nr 3 BauGB). Strittig ist, ob zur Bestimmung des Familienangehörigen auf die wohngeldrechtliche Definition (§ 4 Abs 1 WoGG), den Begriff des Haushaltsangehörigen nach dem Wohnraumförderungsgesetz (§ 18 Abs 2 WoFG) den strafrechtlichen Angehörigenbegriff (§ 11 Abs 1 Nr 1a StGB) oder die mietrechtliche Kündigungsnorm des § 573 Abs 2 Nr 2 BGB abzustellen ist.[95] Während unstreitig nunmehr der eingetragene Lebenspartner Familienangehöriger ist (§ 11 Abs 1 LPartG), hat die dargestellte Streitfrage noch Bedeutung für den nichtehelichen oder nicht eingetragenen Lebensgefährten. Jedenfalls muss aber der Familienangehörige nicht im Familienhaushalt des Eigentümers leben.

28   – Wurde ein Anspruch auf Übertragung noch zu bildenden Sondereigentums **durch Vormerkung** im Grundbuch gesichert oder wurde nach der hier vertretenen Auffassung[96] eine entsprechende Vormerkung beim Grundbuchamt beantragt, soll der zivilrechtliche Anspruch durch einen Genehmigungsvorbehalt nicht beeinträchtigt werden (§ 172 Abs 4 S 3 Nr 4 BauGB).

29   – Das Gebäude wird im Zeitpunkt der Antragstellung nicht zu Wohnzwecken genutzt (§ 172 Abs 4 S 3 Nr 5 BauGB). Entscheidend ist der **Leerstand** des gesamten Gebäudes, nicht einzelner Wohnungen. Es darf sich zudem nicht nur um einen modernisierungsbedingten kurzzeitigen Leerstand auf Grund einer Sanierung handeln.

---

90   **AA** *Hertel* DNotI-Report 1997, 159/163 u ihm folgend *Langhein* ZNotP 1998, 346/347, der dies allerdings als systemwidrig ansieht. Ebenfalls kritisch *Stock* in *Ernst/Zinkahn/Bielenberg/Krautzberger* BauGB, § 172 Rn 197.

91   Ebenso *Krautzberger/Söfker* Rn 636; aA *Hertel* DNotI-Report 1997, 159/160 u *Langhein* ZNotP 1998, 346/347.

92   Ebenso *Langhein* ZNotP 1998, 346/348; *Stock* in *Ernst/Zinkahn/Bielenberg/Krautzberger* BauGB, § 172 Rn 121; **aA** *Schlichter/Stich* (Hrsg) Berl Schwerpunkte-Kommentar zum BauGB 1998, § 172 Rn 7.

93   Vgl VGH Kassel BauR 1993, 192; DÖV 1993, 123 = NVwZ 1993, 401 = ZMR 1994, 181; s ferner VGH Mannheim NVwZ-RR 1994, 313.

94   So auch *Krautzberger/Söfker* Rn 652; **aA** wohl *Langhein* ZNotP 1998, 346/350.

95   S nur *Stock* in *Ernst/Zinkahn/Bielenberg/Krautzberger* BauGB, § 172 Rn 196.

96   Vgl oben Rdn 23.

– Der Eigentümer verpflichtet sich, innerhalb von sieben Jahren ab der Begründung von Sondereigentum, das **30**
heißt der Anlegung der entsprechenden Grundbuchblätter, Wohnungen **nur an die Mieter zu veräußern**
(§ 172 Abs 4 S 3 Nr 6 BauGB). Ein Anspruch auf Genehmigung besteht nach dieser Bestimmung nur für die
Begründung von Wohnungseigentum, nicht für Teileigentum.[97] Dieses »Mieterkauf-Privileg« betrifft nur
den Mieter, der in der betreffenden Wohnung lebt.[98] Zur Überwachung kann in der Genehmigung
bestimmt werden, dass die Veräußerung von Sondereigentum an dem Gebäude während der Dauer der vorstehenden Verpflichtung der Genehmigung der Gemeinde bedarf (§ 172 Abs 4 S 4 BauGB). Diese Genehmigungspflicht kann auf Ersuchen der Gemeinde in das Grundbuch für das Sondereigentum eingetragen
werden; sie erlischt automatisch nach Ablauf der Verpflichtung (§ 172 Abs 4 S 5 BauGB). Es handelt sich um
ein relatives Verfügungsverbot, bezogen auf den Veräußerungsvorgang und zu Gunsten der Gemeinde. § 135
BGB ist somit anwendbar. Erfolgt keine Eintragung im Grundbuch, so besteht für das Grundbuchamt auch
keine Verpflichtung zur Prüfung. Eine Prüfungsbefugnis des Grundbuchamts bei Kenntnis von der Genehmigungspflicht kann allerdings nicht verneint werden.[99]

cc) Sicherung des Genehmigungsvorbehalts durch Verfügungsverbot und Grundbuchsperre. Als **31**
Mittel zur Sicherung des Genehmigungsvorbehalts hinsichtlich der Aufteilung nach dem WEG sieht das Gesetz
ein **relatives Verfügungsverbot** (§ 172 Abs 1 S 5 BauGB) sowie eine Grundbuchsperre entsprechend den
Vorschriften für die Genehmigung der WEG-Aufteilung in Fremdenverkehrsgebieten (§ 172 Abs 1 S 6 BauGB)
vor. Auch eine Zurückstellung der Entscheidung über die Genehmigung der Begründung von Wohnungs- und
Teileigentum für bis zu zwölf Monate ist bei einer beabsichtigten Aufstellung einer Erhaltungssatzung möglich
(§ 172 Abs 2 BauGB).

Die Grundbuchsperre tritt nur in denjenigen Gebieten ein, die durch **Rechtsverordnung** der Landesregierung **32**
bezeichnet werden. Deshalb ist eine Genehmigung oder ein Negativattest bzw ein Fiktionszeugnis für jede
Begründung von Wohnungs- und Teileigentum lediglich dann erforderlich, wenn eine Rechtsverordnung
besteht und diese für sämtliche Milieuschutzsatzungen des Landesgebietes eine Genehmigungspflicht zulässt.
Hat die Landesregierung von der Verordnungsermächtigung keinen Gebrauch gemacht, darf die Begründung
von Wohnungs- und Teileigentum nicht von der Vorlage eines Genehmigungsbescheides bzw eines Negativattestes abhängig gemacht werden.[100] Gleiches gilt, wenn die Rechtsverordnung nur bestimmte Landesteile
umfasst. Besteht eine Rechtsverordnung, ist das Grundbuchamt jedoch nicht verpflichtet, von sich aus zu
ermitteln, ob auch das betreffende Grundstück im Geltungsbereich einer Milieuschutzsatzung liegt.[101]

Wird die Aufteilung ohne Vorliegen einer erhaltungsrechtlichen Genehmigung vorgenommen, kann die **33**
Gemeinde das Grundbuchamt um Eintragung eines Widerspruchs gegen die unzulässige Eintragung ersuchen.
Die **ohne Genehmigung** oder Negativattest der Gemeinde in das Grundbuch eingetragene Aufteilung nach
dem WEG ist ferner im Verhältnis zur Gemeinde unwirksam, da der Erlaubnisvorbehalt als relatives Verfügungsverbot iS des § 135 BGB ausgestaltet ist. Allerdings soll durch diese Vorschrift ein Gutglaubensschutz nicht
ausgeschlossen sein. War dem Erwerber des im Grundbuch eingetragenen Wohnungs- oder Teileigentums die
Genehmigungspflicht nicht bekannt, kann er das Wohnungs- oder Teileigentum gutgläubig erwerben.[102] Durch
den gutgläubigen Erwerb einer Wohnungs- oder Teileigentumseinheit entfällt die relative Unwirksamkeit im
Verhältnis zur Gemeinde für das gesamte Objekt. Ein Widerspruch gegen die Richtigkeit kann somit auch
nicht mehr hinsichtlich der noch nicht gutgläubig erworbenen Sondereigentumseinheiten im Grundbuch eingetragen werden.

4. Genehmigungspflichten in der Grenzregelung, Umlegung und Flurbereinigung

Bodenordnende Maßnahmen sind dazu bestimmt, die Grundstücksgestaltung neu zu ordnen, so dass die neu **34**
gebildeten Grundstücke den Anforderungen einer geordneten städtebaulichen oder sonstigen Entwicklung entsprechen und auch sinnvoll genutzt werden können. Es handelt sich hinsichtlich der bodenordnenden Maßnahmen des Baugesetzbuchs um eine Ergänzung der Bauleitplanung, die dazu dient, die Grundstücksverhältnisse in
Übereinstimmung mit den bauleitplanerischen Anforderungen zu bringen. Demgegenüber besteht die Aufgabe
der Flurbereinigung vorwiegend darin, landwirtschaftlichen Grundbesitz neu zu ordnen.

97 *Stock* in *Ernst/Zinkahn/Bielenberg/Krautzberger* BauGB, § 172 Rn 199; **aA** *Langhein* ZNotP 1998, 346/351.
98 *Krautzberger* in *Battis/Krautzberger/Löhr* § 172 Rn 58.
99 **AA** *Langhein* ZNotP 1998, 346/352.
100 OLG Zweibrücken DNotZ 1999, 825 = Rpfleger 1999, 441 = MittBayNot 1999, 412; OLG Hamm FGPrax 1999,
132 = Rpfleger 1999, 487 = MittRhNotK 1999, 251 = ZNotP 1999, 361; *Griwotz* DNotZ 1997, 916/936; **aA**
Krautzberger in *Battis/Krautzberger/Löhr* § 172 Rn 15 u *Battis/Krautzberger/Löhr* NVwZ 1997, 1145/1146.
101 **AA** *Köhler* in *Schrödter* BauGB, § 172 Rn 44, wie hier dagegen *Hertel* DNotI-Report 1997, 159/162 u *Stock* in *Ernst/*
Zinkahn/Bielenberg/Krautzberger BauGB, § 172 Rn 127.
102 § 135 Abs 2 BGB; vgl *Hertel* DNotI-Report 1997, 159/162f.

35   **a) Umlegung und Grundstücksverkehr. aa) »Amtliches Grundstückstauschverfahren«.** Die Umlegung stellt ein amtliches **»Grundstückstauschverfahren«** dar.[103] Sie ist im Geltungsbereich eines einfachen und eines qualifizierten Bebauungsplans, aber auch im nicht beplanten Innenbereich möglich (§ 45 Abs 1 BauGB). Als Erschließungsumlegung dient sie in einem bisher unbebauten Gebiet dazu, dieses für die Erschließung und Neubebauung zu ordnen. Die Neuordnungsumlegung erfasst dagegen bereits bebaute Gebiete und soll sie für eine Nutzungsänderung vorbereiten. Die Umlegung ist in erster Linie auf eine privatnützige Eigentumsverwendung gerichtet.[104] Sie darf nicht angeordnet werden, wenn die Bodenordnung im Rahmen einer so genannten freiwilligen Umlegung durch die beteiligten Eigentümer erfolgt.[105] Ein Rechtsanspruch auf Durchführung einer Umlegung besteht grundsätzlich nicht.[106]

36   Das Umlegungsverfahren wird von den Grundsätzen der Eigentumserhaltung und der **dinglichen Surrogation** beherrscht. Es erfolgt kein Entzug des Eigentums. Es ändert sich nur der Eigentumsgegenstand. Die Umlegung ist somit wesensmäßig eine unterbrochene Fortsetzung des Eigentumsrechts an einem verwandelten Grundstück.[107] Die Rechtsänderungen einer Umlegung können sich sowohl auf das Eigentum als auch auf dingliche und obligatorische Rechte beziehen (§ 61 BauGB). In den Bundesländern, in denen Baulasten bestehen, können auch diese im Einvernehmen mit der Baugenehmigungsbehörde aufgehoben, geändert oder neu begründet werden.

37   Das Umlegungsverfahren kann nicht dazu benutzt werden, Rechte an Grundstücken zu ordnen, ohne die Grundstücksgrenzen selbst zu ändern. Eine so genannte **Rechtsumlegung** zur Änderung und Neubegründung von Rechten allein kann im Umlegungsverfahren nicht durchgeführt werden.[108] Jedoch können im Rahmen der Umlegung an einem einzelnen Grundstück Rechte aufgehoben, geändert oder begründet werden, auch wenn die Grenzen dieses Grundstücks in der Umlegung nicht verändert werden, wenn insgesamt durch die Umlegung das Ziel verfolgt wird, die Grundstücke für eine planentsprechende oder der Eigenart ihrer Umgebung entsprechende Nutzung nach Lage, Form und Größe zweckmäßig zu gestalten. Eine bloße Rechtsumlegung ist dagegen unwirksam, führt nicht zu einem neuen Rechtszustand und darf deshalb vom Grundbuchamt nicht vollzogen werden.[109]

38   **bb) Ablauf der Umlegung.** Ziel des Umlegungsverfahrens ist es, den bisherigen Rechtszustand durch den in dem Umlegungsplan vorgesehenen zu ersetzen (§ 72 BauGB). Die **Rechtsänderung** vollzieht sich außerhalb des Grundbuchs; dieses wird unrichtig und muss berichtigt werden (§ 74 BauGB). Dazu werden zunächst die Grundstücke im Umlegungsgebiet zu einer Umlegungsmasse vereinigt (§ 55 Abs 1 BauGB). Die Gemeindebedarfsflächen und die naturschutzrechtlichen Ausgleichsflächen werden vorab ausgeschieden (§ 55 Abs 2 BauGB). Die verbleibende Masse bildet die »Verteilungsmasse« (§ 55 Abs 4 BauGB), die die beteiligten Grundstückseigentümer erhalten.

39   Der Ablauf der Umlegung erfolgt in folgenden **Phasen**:

Die Anordnung der Umlegung erfolgt durch Beschluss der Gemeindevertretung (§ 46 Abs 1 BauGB). Die Durchführung obliegt hingegen dem Umlegungsausschuss, der mit selbständigen Entscheidungsbefugnissen ausgestattet ist. Die Gemeinde kann die Durchführung auch auf die Flurbereinigungsbehörde oder eine andere geeignete Behörde wie zB das staatliche Vermessungsamt übertragen (§ 46 BauGB).

40   Der **Umlegungsbeschluss** der Umlegungsstelle (§ 47 Abs 1 BauGB) leitet die Umlegung ein. In ihm ist das Umlegungsgebiet (§ 52 BauGB) zu bezeichnen. Die betroffenen Grundstücke sind einzeln aufzuführen. Rechtsfolgen des Umlegungsbeschlusses sind eine **Verfügungs- und Veränderungssperre** (§ 51 BauGB) für Grundstücksteilungen und für Verfügungen über Grundstücke und Rechte an Grundstücken, ausgenommen im förmlich festgelegten Sanierungsgebiet und im Entwicklungsbereich. Betroffen sind ferner obligatorische Verträge, in denen ein Recht zum Erwerb eines Grundstücks eingeräumt wird, insbesondere Kaufverträge, sowie Nutzungsvereinbarungen, insbesondere Miet- und Pachtverträge. Es wird sodann von Amts wegen ein **Umlegungsvermerk** in das Grundbuch eingetragen (§ 54 Abs 1 S 2 BauGB). Dies erfolgt nur nachrichtlich.

103 Vgl *Spannowsky* in Berliner Kommentar zum BauGB vor § 45–84 Rn 4 u *Ronellenfitsch* VerwArch 87, 1996, 143/152.
104 Zur verfassungsrechtlichen Zulässigkeit s BVerfG BayVBl 2002, 112 = DVBl 2001, 1427 = NVwZ 2001, 1023 = UPR 2001, 388 = ZfBR 2001, 478 = ZfIR 2001, 756 sowie *Christ* DVBl 2002, 1517 ff; *Uechtritz* ZfIR 2001, 722 ff u *Haas* NVwZ 2002, 272 ff. Vgl ferner *Schmidt-Aßmann* DVBl 1992, 152 ff.
105 S nur *Dieterich* Baulandumlegung, Rn 471. Zum Umfang der Regelungsmöglichkeiten BVerwG NJW 1985, 989 = DÖV 1985, 32 = RdL 1984, 285 = BauR 1985, 71 = ZfBR 1984, 245 u BVerwG BauR 2002, 57 = NVwZ 2002, 473 = ZfIR 2001, 927.
106 § 46 Abs 3 BauGB. Zu Ausnahmen s *Brohm* Öffentl BauR, 3. Aufl 2002, § 26 Rn 34 u *Erbguth/Wagner*, Grundzüge des öffentlichen Baurechts, 4. Aufl 2005, § 7 Rn 4.
107 BGHZ 100, 148/156 = NJW 1987, 3260; *Schiefendecker* in *Hoppe/Bönker/Grotefels* Öffentl BauR, § 10 Rn 4.
108 BGH NJW 1987, 1602.
109 Vgl auch *Dieterich* Baulandumlegung Rn 305.

Die Rechtsfolgen der Bekanntmachung des Umlegungsbeschlusses treten nämlich unabhängig von dem Grundbucheintrag ein. Mit der Bekanntmachung des Umlegungsbeschlusses entsteht ferner das gesetzliche Vorkaufsrecht gemäß § 24 Abs 1 Nr 2 BauGB.

Nach dem Umlegungsbeschluss ist der Bestand der Grundstücke in einer zeichnerischen und einer textlichen **41** Darstellung (**Bestandskarte und Bestandsverzeichnis**, § 53 BauGB) zu ermitteln. Die Bestandskarte weist die bisherige Lage, Größe und die Nutzung der eingebrachten Grundstücke aus. Im Bestandsverzeichnis sind die im Grundbuch eingetragenen Eigentümer, die grundbuch- und katastermäßige Bezeichnung, die Größe, die Nutzungsart und die im Grundbuch in Abteilung II eingetragenen Belastungen und Beschränkungen aufzuführen. Die Einsicht in die Belastungen der Abteilung II ist nur denjenigen gestattet, die ein berechtigtes Interesse entsprechend § 12 GBO darlegen.

Es folgt die Durchführung des **Erörterungstermins** mit den Eigentümern (§ 66 Abs 1 S 1 BauGB). **42**

Ergebnis ist die Aufstellung eines **Umlegungsplans** durch die Umlegungsstelle (§ 66 BauGB). Der Umle- **43** gungsplan besteht aus einer Umlegungskarte und einem Umlegungsverzeichnis. Die Umlegungskarte stellt den künftigen Zustand des Umlegungsgebiets dar und enthält die neuen Grundstücksgrenzen und -bezeichnungen sowie die örtlichen Verkehrsflächen, die Gemeinbedarfsflächen und die naturschutzrechtlichen Ausgleichsflächen. Das Umlegungsverzeichnis führt die alten und die neuen Grundstücke, die aufgehobenen, die geänderten oder neu begründeten Rechte, die unveränderten Grundstückslasten nach Rang und Betrag, die Geldleistungen, die Zahlungspflichtigen, die Fälligkeit und Zahlungsart, die einzuziehenden und die zu verlegenden örtlichen Verkehrsflächen, Gemeinbedarfsflächen, Ausgleichsflächen und Wasserläufe sowie die städtebaulichen Gebote und die Baulasten auf. Die Einsichtnahme in den Umlegungsplan knüpft wiederum an die Darlegung eines berechtigten Interesses an. Eine Vorwegregelung vor Aufstellung des Umlegungsplans ist mit dem Einverständnis der betroffenen Rechtsinhaber möglich (§ 76 BauGB). Die öffentliche Bekanntmachung der Unanfechtbarkeit des Umlegungsplans (§§ 71, 72 BauGB) bewirkt die Rechtsänderungen in der Umlegung. Eine spätere Änderung des Umlegungsplans ist nur unter engen Voraussetzungen, insbesondere im Einverständnis der Beteiligten, möglich (§ 73 BauGB). Mit der Rechtsänderung ist auch die Einweisung der Eigentümer in den Besitz der zugeteilten Grundstücke verbunden. Allerdings ist eine vorzeitige Besitzeinweisung hinsichtlich der öffentlichen Bedarfsflächen und der Zuteilungsgrundstücke bereits nach Aufstellung des Bebauungsplans möglich (§ 77 BauGB).

Die Ermittlung der Zuteilungsgrundstücke erfolgt folgendermaßen: Sämtliche Grundstücke, ausgenommen die **44** für öffentliche Zwecke genutzten, bilden die **Einwurfsmasse**. Aus der Umlegungsmasse werden vorweg die Flächen ausgeschieden, die nach dem Bebauungsplan als Gemeinbedarfsflächen und naturschutzrechtliche Ausgleichsflächen festgesetzt oder im Innenbereich hierfür erforderlich sind (§ 55 Abs 2 S 1 BauGB).[110] Die nach Abzug der vorstehend bezeichneten Flächen rechnerisch verbleibende Fläche bildet die **Verteilungs- masse** (§ 55 Abs 4 BauGB). Hieran bestehen Zuteilungsansprüche der beteiligten Eigentümer im Verhältnis der Flächen (§ 58 BauGB) oder im Verhältnis der Werte der früheren Grundstücke (§ 57 BauGB). Der Abzug des Flächenbeitrags (§ 58 Abs 1 S 1 BauGB) zum Ausgleich der Vorteile, die durch die Umlegung eintreten, oder ein entsprechender Geldbetrag ist bei einer Neuordnungsumlegung bis zu 30 %, in anderen Gebieten bis zu 10 % möglich.[111] Für einen darüber hinausgehenden Umlegungsvorteil kann ein Geldbeitrag erhoben werden (§ 58 Abs 1 S 4 BauGB).

cc) Grundstücksverkehr und Grundbucheintragungen während der Umlegung. Bei der ab der Bekannt- **45** machung des Umlegungsbeschlusses bis zur Bekanntmachung der Unanfechtbarkeit des Umlegungsplans eintretenden Sperre handelt es sich um ein Verbot mit Genehmigungsvorbehalt.[112] Die Eintragung erfolgt nur nachrichtlich; sie hat keine rechtsbegründende Funktion. Der **Umlegungsvermerk** hat keinen Rang und ist kein Recht im Sinne von § 879 BGB.[113] Die Vorschriften über die Vermutung für die Richtigkeit des Grundbuchs und über den öffentlichen Glauben finden keine Anwendung. Auch eine Vormerkung bietet gegen den Umlegungsvermerk keinen Schutz.[114] Es handelt sich nämlich um keine Zwischeneintragung, die eine Eigentumsumschreibung und Löschung der Auflassungsvormerkung unter der Voraussetzung, dass Zwischeneintragungen nicht erfolgt sind, hindern würde.[115] Da die Eintragung einer Vormerkung bereits vor Erteilung der Genehmigung der

---

110 Ausführlich *Dieterich* Baulandumlegung, Rn 174 ff.
111 Zum Umfang der Grunderwerbsteuerbefreiung s BFHE 190, 225 = BStBl II 2000, 206 = DB 2000, 654 = DStR 2000, 278 = NVwZ 2000, 839; teilw abw noch BFHE 162, 146 = BStBl II 1990, 1034; BFHE 177, 418 = BB 1995, 2096 = DB 1997, 1647; BFHE 183, 269 = BStBl II 1998, 27 = DStRE 1998, 21 = NVwZ 1998, 439.
112 Zum Grundstücksverkehr während der Umlegung s *Knöfel* ZfIR 2002, 773 ff u *Zimmermann* MittRhNotK 1990, 185 ff.
113 LG Frankenthal Rpfleger 2000, 63.
114 LG Frankenthal Rpfleger 2000, 63.
115 LG Frankenthal Rpfleger 2000, 63.

zugrunde liegenden Vereinbarung möglich ist und die Vormerkung auch keine Verfügung darstellt, kann sie unabhängig von einer Genehmigungserteilung im Grundbuch eingetragen werden.[116]

46 Auf die Erteilung der Genehmigung besteht ein Rechtsanspruch.[117] Die Genehmigung kann unter Auflagen und außer bei Verfügungen über Grundstücke und über Rechte an Grundstücken auch unter Bedingungen oder Befristungen erteilt werden (§ 51 Abs 4 S 1 BauGB). Bei der **Genehmigungserteilung** unter Auflagen, Bedingungen oder Befristungen besteht ein Rücktrittsrecht der betroffenen Vertragspartei (§ 54 Abs 4 S 2 u 3 BauGB). Das Grundbuchamt hat das Vorliegen der erforderlichen Genehmigung oder einer Negativbescheinigung zu prüfen. Das Gesetz verweist hierzu auf die entsprechende Anwendung der Vorschriften zur Genehmigung nach § 22 BauGB. Erfolgt die Eintragung ohne Genehmigung, ist das Grundbuch unrichtig und von Amts wegen ein Widerspruch in das Grundbuch einzutragen. Lehnt das Grundbuchamt eine Eintragung ab, so steht der Umlegungsstelle kein Beschwerderecht zu.[118] Zu beachten ist, dass auch für genehmigungspflichtige Vorgänge, an denen die Gemeinde selbst beteiligt ist, eine Genehmigung der Umlegungsstelle erforderlich ist.

47 Betroffen von der Genehmigungspflicht sind nur Vorgänge während des Zeitraums, in dem die Genehmigungspflicht gilt. Einer **erneuten Auflassung** des Ersatzgrundstücks bedarf es nicht. Dies gilt auch, wenn die Auflassung hinsichtlich des Einlagegrundstücks nach Bekanntmachung des unanfechtbaren Umlegungsplans erklärt wird.[119] Wird nicht das Einlagegrundstück, sondern das Ersatzgrundstück veräußert, so kann der Vollzug erst nach Unanfechtbarkeit des Umlegungsplans erfolgen. Der Erwerber nimmt am Umlegungsverfahren nicht teil. Die Sicherung des schuldrechtlichen Anspruchs auf Erwerb des Zuteilungsgrundstücks ist möglich, wenn das Ersatzgrundstück flächenmäßig im Einlagegrundstück enthalten ist. Andernfalls kann eine Sicherung bis zum Zeitpunkt der Rechtskraft des Umlegungsplanes nur durch auflösend bedingte Veräußerung des Einlagegrundstücks oder eines Miteigentumsanteils hieran, der wertmäßig dem Zuteilungsgrundstück entspricht, erfolgen. Umstritten, aber wohl auf Grund des Surrogatsprinzips zu bejahen ist die Möglichkeit der Eintragung einer Auflassungsvormerkung am Einlagegrundstück, gerichtet auf Eigentumsverschaffung an dem im noch nicht bestandskräftigen Umlegungsplan ausgewiesenen Ersatzgrundstück.[120] Die Konkretisierung kann durch den Entwurf des Umlegungsplanes erfolgen. Die Sicherungswirkung beruht auf dem Surrogationsprinzip des Umlegungsrechts.

48 **dd) Vollzug des Umlegungsplans im Grundbuch.** Der **unanfechtbare Umlegungsplan** ist auf Ersuchen der Umlegungsstelle im Grundbuch zu vollziehen. Grundlage ist eine beglaubigte Ausfertigung des Umlegungsplans. Gleichzeitig ist der Umlegungsvermerk wieder zu löschen (§ 74 Abs 1 BauGB).

49 Umstritten ist der **Umfang der Prüfungsbefugnis** des Grundbuchamtes bei Vollzug des Berichtigungsersuchens. Das Grundbuchamt muss prüfen, ob das Eintragungsersuchen von der dazu befugten Stelle eingegangen ist, ob die Formvoraussetzungen erfüllt sind und die erforderlichen Unterlagen oder sonstigen Eintragungsvoraussetzungen vorliegen. Seiner Prüfungspflicht unterliegt auch die Frage, ob die vorgesehenen Eintragungen nach den Vorschriften des Bürgerlichen Rechts und der Grundbuchordnung zulässig sind.[121] So darf beispielsweise eine Dienstbarkeit, die zu einem positiven Tun verpflichtet, nicht in das Grundbuch eingetragen werden. Gleiches gilt für die vorgesehene Eintragung einer Baulast in das Grundbuch. Ferner ist die Voreintragung des Berechtigten zu prüfen.[122] Demgegenüber ist der Inhalt des Umlegungsplanes in materieller Hinsicht, das heißt das Vorliegen der Voraussetzungen für die Umlegung, die korrekte Durchführung des Umlegungsverfahrens und sonstige Rechtmäßigkeitsvoraussetzungen des Umlegungsplans, grundsätzlich nicht zu prüfen.[123] Anders ist dies, wenn der Umlegungsplan nichtig und seine Fehlerhaftigkeit dem Grundbuchamt sicher bekannt ist.[124]

50 Aber auch darüber hinausgehend darf das Grundbuch nicht dabei mitwirken, das Grundbuch unrichtig zu machen.[125] Dies dürfte insbesondere die Fälle betreffen, in denen ein Verstoß gegen grundlegende Rechtsprinzipien vorliegt. Praktisch wird dies bei der Frage, ob im Umlegungsverfahren damit nicht in Verbindung stehende Vorgänge des allgemeinen Grundstücksverkehrs gleichsam »miterledigt« werden dürfen. Dies ist nicht der

---

116 Hieraus können sich bei Kaufverträgen Finanzierungsprobleme ergeben, wenn die Kaufpreisfälligkeit von der Eintragung der Vormerkung abhängt, während die Finanzierungsgrundschuld erst später, das heißt nach Genehmigungserteilung, im Grundbuch eingetragen werden kann. Dies ist bei der Vertragsgestaltung zu beachten.
117 Vgl § 51 Abs 3 BauGB. Vgl BGH DVBl 1992, 1429 = DÖV 1992, 974.
118 Str, wie hier OLG Celle NJW 1963, 1160; **aA** *Ernst/Otte* in *Ernst/Zinkahn/Bielenberg/Krautzberger* § 51 Rn 19.
119 BayObLGZ 1980, 108 = MittBayNot 1980, 67 = Rpfleger 1980, 293.
120 Ebenso LG Wiesbaden Rpfleger 1972, 307; **aA** *Schöner/Stöber* Rn 3873 Fn 34 u GBA Neuenburg BWNotZ 1993, 125, da nicht der Teil des Einlagegrundstücks genau bezeichnet werden kann, an dessen Stelle das Ersatzgrundstück tritt.
121 S nur *Dieterich* Baulandumlegung, Rn 378.
122 LG Regensburg NJW-RR 1987, 1044.
123 Vgl BayObLGZ 1981, 8/11 u *Kern* ZfV 1976, 246.
124 BayObLGZ 1970, 182/185; BayObLGZ 1985, 372/374 = Rpfleger 1986, 129.
125 BGHZ 19, 355/357f.

Fall, wenn damit ein Steuerstraftatbestand verbunden ist; das Grundbuchamt darf hieran nicht mitwirken. Die Zuteilung von Grundstücken an am Umlegungsverfahren nicht beteiligte Personen allein begründet demgegenüber keine **Weigerungsbefugnis** des Grundbuchamtes. Entscheidend ist vielmehr, ob die Zuteilung offenkundig mit dem Umlegungsverfahren nichts zu tun hat.[126] Dies ist nicht der Fall, wenn auf Grund eines nicht mit dem Umlegungsverfahren im Zusammenhang stehenden Grundstücksgeschäfts der Erwerber des Einlagegrundstücks als neuer Teilnehmer in das Umlegungsverfahren eintritt; in diesem Fall kann der Eigentumswechsel durch Berichtigung der Grundbücher und ohne Vollzug der Auflassung erfolgen.[127]

ee) Kosten. Die in der Umlegung anfallenden Verfahrenskosten sowie die Sachkosten hat die Gemeinde zu tragen (§ 78 BauGB). Geschäfte und Verhandlungen, die der Durchführung der Umlegung dienen, einschließlich der Berichtigung der öffentlichen Bücher, sind von Gebühren und ähnlichen nichtsteuerlichen Abgaben sowie von Auslagen frei. Dabei sind die Begriffe Geschäfte und Verhandlungen weit zu verstehen. Es handelt sich letztlich um jegliches Tätigwerden, das nichtsteuerliche Abgabepflichten auszulösen geeignet ist.[128] Dies betrifft auch die Geschäfte, die der Vermeidung der gesetzlichen Umlegung dienen. Erforderlich ist nicht, dass ein Umlegungsverfahren bereits angeordnet ist. Ausreichend ist die Beziehung zur Umlegung als Bodenordnung.[129] Voraussetzung für die Anerkennung der **Abgabenfreiheit** ist, dass die Umlegungsstelle versichert, dass ein Geschäft oder eine Verhandlung der Durchführung oder Vermeidung der Umlegung dient (§ 79 Abs 2 BauGB). An diese Tatsachenbescheinigung ist das Grundbuchamt gebunden. Es ist zur rechtlichen Nachprüfung der Richtigkeit der Zweckdienlichkeitsbescheinigung nicht befugt.[130]

b) Vereinfachte Umlegung und Grundbuch. Die vereinfachte Umlegung ist eine Umlegung im »Kleinen«.[131] Es handelt sich um einen **Austausch von Grundstücken und Grundstücksteilen** zwischen benachbarten und in enger Nachbarschaft liegenden Grundstücken und durch einseitige Zuteilung benachbarter Splittergrundstücke oder Grundstücksteile (§ 80 Abs 1 S 1 BauGB). Die auszutauschenden Grundstücke und Grundstücksteile (»Wechselgrundstücke«) dürfen nicht selbständig bebaubar sein. Eine einseitige Zuteilung muss im öffentlichen Interesse geboten sein.[132] Die neu zu ordnenden Grundstücke müssen jedoch – anders als bei der früheren Grenzregelung – keine gemeinsame Grenze mehr haben. Ein Ringtausch ist möglich. Die vereinfachte Umlegung ist so durchzuführen, dass jedem Eigentümer nach dem Verhältnis des Werts seines früheren Grundstücks zu den übrigen Grundstücken mindestens ein Grundstück in gleicher oder gleichwertiger Lage zugeteilt wird. Eine durch die vereinfachte Umlegung für den einzelnen Grundstückseigentümer bewirkte Wertminderung darf nur unerheblich sein.

Die Festsetzung der neuen Grenzen erfolgt durch Beschluss der Gemeinde (§ 82 BauGB), die auch den Wertausgleich nach enteignungsrechtlichen Vorschriften regeln muss. Es handelt sich dabei um einen **Verwaltungsakt**.[133] Im Rahmen des Verfahrens können auch Dienstbarkeiten, Baulasten und Grundpfandrechte neu geordnet und zu diesem Zweck begründet oder aufgehoben werden. Betroffenen ist vorher Gelegenheit zur Stellungnahme zu geben. Zahlungen, vor allem der Ausgleich von Werthänderungen der Grundstücke oder von Wertunterschieden, sind im Verhältnis zur Gemeinde abzuwickeln. Sie ruhen als öffentliche Last auf den Grundstücken.

Der **Beschluss über die vereinfachte Umlegung** entspricht dem Umlegungsplan. Mit der öffentlichen Bekanntmachung seiner Unanfechtbarkeit wird der bisherige Rechtszustand durch den neuen ersetzt (§ 83 BauGB). Das Eigentum an den ausgetauschten oder einseitig zugeteilten Grundstücksteilen oder Grundstücken geht lastenfrei auf die neuen Eigentümer über. Unschädlichkeitszeugnisse sind nicht erforderlich. Ausgetauschte oder einseitig zugeteilte Grundstücksteile und Grundstücke werden Bestandteil des Grundstücks, dem sie zugeteilt werden. Die dinglichen Rechte an diesem Grundstück erstrecken sich auf die zugeteilten Grundstücksteile oder Grundstücke (§ 83 Abs 4 BauGB). Das Grundbuch wird unrichtig und muss berichtigt werden (§ 84 Abs 1 BauGB). Hinsichtlich der Verfahrens- und Sachkosten und der Abgaben- und Auslagenbefreiung gelten die Vorschriften zur Umlegung entsprechend. Ein Verfügungsverbot während des Grenzregelungsverfahrens besteht nicht.

51

52

53

54

---

126 Dies verkennen *Dieterich* Baulandumlegung Rn 378 u OLG Hamm Rpfleger 1996, 338 = MittBayNot 1996, 452 = MittRhNotK 1996, 28 Teilnichtigkeit und eine Berichtigungsbefugnis des Grundbuchamtes nehmen auch *Schöner/Stöber* Rn 3872 an. Vgl auch OLG Hamm NVwZ-RR 2004, 16 = ZflR 2004, 380 u *Spannowsky* in Berliner Kommentar zum BauGB vor §§ 45–84 Rn 4.
127 Ebenso OLG Zweibrücken DNotZ 2003, 279. Verfehlt *Maaß* ZNotP 2003, 362 ff.
128 *Jäde* in *Jäde/Dirnberger/Weiß* § 79 Rn 1. Vgl auch OLG Düsseldorf NJW-RR 1997, 1375.
129 *Otte* in *Ernst/Zinkahn/Bielenberg/Krautzberger* § 79 Rn 10.
130 *Jäde* in *Jäde/Dirnberger/Weiß* § 79 Rn 12.
131 *Otte* ZfBR 1987, 263/267.
132 S. *Stemmler* DVBl 2003, 165 ff.
133 S nur *Schiefendecker* in *Hoppe/Bönker/Grotefels* § 10 Rn 52.

c) Beschränkungen bei Flurbereinigungsverfahren. aa) Aufgabe, Beschluss und Teilnehmergemein-
55 **schaft.** Während die Umlegung innergemeindliche Grundstücke betrifft, dient die Flurbereinigung der **Neuordnung ländlichen Grundbesitzes** (§ 1 FlurBG). Die Flurbereinigung ist ebenso wie die Bodenordnung
privatnützig.[134] Die Flurbereinigung umfasst insbesondere die Neueinteilung der Feldmark, die Zusammenlegung von Grundbesitz und die Schaffung von Wegen, Straßen, Gewässern und anderen gemeinschaftlichen
Anlagen, jedoch nur, soweit es der Zweck der Flurbereinigung erfordert, sowie die Ordnung der rechtlichen
Verhältnisse. Zur Durchführung der Ordnung der rechtlichen Verhältnisse können auch Dienstbarkeiten zB für
Geh- und Fahrtrechtrechte begründet,[135] nicht jedoch Grenzstreitigkeiten zwischen Nachbarn entschieden
werden.[136] Im Rahmen der Flurbereinigung können auch Reallasten und Erwerbsrechte beschränkt und aufgehoben werden (§ 49 Abs 1 S 1 FlurbG). Die Flurbereinigung wird in einem behördlich geleiteten Verfahren
innerhalb eines bestimmten Gebietes (Flurbereinigungsgebiet) unter Mitwirkung der Gesamtheit der beteiligten
Grundeigentümer durchgeführt.[137] Die Anordnung der Flurbereinigung erfolgt durch Flurbereinigungsbeschluss der oberen Flurbereinigungsbehörde (§ 4 FlurbG). Die Eigentümer und Erbbauberechtigten der betroffenen Grundstücke bilden die **Teilnehmergemeinschaft**; sie entsteht mit dem Flurbereinigungsbeschluss und
ist eine Körperschaft des öffentlichen Rechts (§ 16 FlurbG). Die Beitrags- und Vorschusspflicht für Aufwendungen im Interesse der Teilnehmer, die diese zu tragen haben, ruht als öffentliche Last auf den Grundstücken (§ 20
FlurbG).

56 **bb) Flurbereinigungsverfahren und Grundbuch.** Das Flurbereinigungsverfahren beginnt mit dem Flurbereinigungsbeschluss. Nach Ermittlung der Beteiligten wird der Wert der alten Grundstücke festgestellt. Es folgt
die Ausweisung gemeinschaftlicher und öffentlicher Anlagen und deren Erfassung im Wege- und Gewässerplan
mit landschaftspflegerischem Begleitplan. Unter Berücksichtigung der Landabzüge für gemeinschaftliche und
öffentliche Anlagen haben die Landabfindung und hilfsweise ein Entgeltausgleich stattzufinden. Die Landabfindung tritt hinsichtlich der Rechte an den alten Grundstücken an deren Stelle (§ 68 Abs 1 S 1 FlurbG). Ein **Verzicht auf die Landabfindung** kann zu Gunsten der Teilnehmergemeinschaft, anderen Teilnehmern, aber
auch Nichtteilnehmern erfolgen. Der Verzicht kann auch zu Gunsten eines bestimmten Dritten erklärt werden.[138] Allerdings muss der Verzicht zu Gunsten Dritter stets dem Zweck der Flurbereinigung dienen.[139] Den
Vollzug von Erbauseinandersetzungen, Hofübergaben und sonstigen Verträgen des Grundstücksverkehrs unter
Umgehung der Form- und Genehmigungsvorschriften sowie der Steuerpflichten muss die Behörde daher
zurückweisen.[140] Wird ein Grundstücksgeschäft ohne Zusammenhang mit der Flurbereinigung in diese einbezogen, ohne den fehlenden Zusammenhang offen zu legen, kann dies sogar als Steuerhinterziehung strafbar
sein,[141] da nur die durch das Flurbereinigungsverfahren bewirkten Eigentumsübergänge durch das Gesetz
grunderwerbsteuerbefreit sind.[142]

57 Es folgt die Aufstellung des Flurbereinigungsplanes durch die Flurbereinigungsbehörde bzw Teilnehmergemeinschaft. Der **Flurbereinigungsplan** ist ein Verwaltungsakt;[143] er ist den Beteiligten bekannt zu geben. Ist
der Flurbereinigungsplan unanfechtbar geworden, wird seine Ausführung angeordnet. Zu dem in der Ausführungsanordnung bestimmten Zeitpunkt tritt der im Flurbereinigungsplan vorgesehene neue Rechtszustand an
die Stelle des bisherigen (§ 61 FlurbG). Eine vorzeitige Ausführungsanordnung vor Unanfechtbarkeit ist zur
Vermeidung erheblicher Nachteile möglich (§ 63 FlurbG).[144] Ebenso kann eine vorläufige Besitzeinweisung
erfolgen (§ 65 FlurbG).[145]

58 Das Grundbuch ist auf Ersuchen der Flurbereinigungsbehörde entsprechend dem Flurbereinigungsplan zu berichtigen (§ 79 FlurbG).[146] Dem Ersuchen auf **Berichtigung des Grundbuchs** sind eine Bescheinigung über den
Eintritt des neuen Rechtszustandes und ein beglaubigter Auszug aus dem Flurbereinigungsplan beizufügen; dieser

---

134 *Grimm* AgrarR, 2. Aufl 2004, Rn 389.
135 BVerwG RdL 1971, 43.
136 OVG Koblenz RdL 1971, 129.
137 Zu Zusagen im Verfahren s BVerwG NVwZ-RR 2007, 456.
138 Vgl § 52 Abs 3 FlurbG. Zur Grunderwerbsteuerpflicht s BFHE 213, 406 = BStBl II 2006, 919 = DStRE 2006, 1539.
139 Allg zur Beschränkung der Befugnis der Teilnehmergemeinschaft s VGH München BayVBl 2006, 672.
140 *Schwantang/Wingerter* FlurbG, § 51 Rn 3a.
141 Vgl demgegenüber zur Steuerfreiheit unvermeidbarer Mehrzuweisungen *Hofmann* GrEStG, 8. Aufl 2004, § 1 Rn 56 u
     zur Steuerfreiheit »echter« Verzichtsvereinbarungen BFH, BFHE 191, 426 = BStBl II 2000, 627 = DB 2000, 1848 =
     DStRE 2000, 990 = ZFIR 2000, 727. Zur Steuerpflicht der Landzuteilung nach § 54 Abs 2 FlurbG s FG Bad-Württ
     DStRE 2006, 558.
142 *Fischer* in *Boruttau* GrESt, 16. Aufl 2007, § 1 Rn 642a u BFHE 213, 406 = BStBl II 2006, 919 = DStRE 2006, 1539.
143 Die Funktionslosigkeit eines in ihm enthaltenen Festsetzungen entspricht jedoch derjenigen von Bauleitplänen (VGH
     München BayVBl 2005, 631).
144 OVG Koblenz DÖV 2003, 513; vgl auch BVerwG DÖV 2005, 750 = NVwZ-RR 2005, 20.
145 Zu Ermessensfehlern s OVG Koblenz DÖV 2003, 825 = DVBl 2003, 1080.
146 Zum Antragsrecht eines Teilnehmers vgl § 82 FlurbG.

muss die Eigentümer der zum Flurbereinigungsgebiet gehörenden Grundstücke, die alten Grundstücke und Berechtigungen sowie die dafür ausgewiesenen Abfindungen, die Landzuteilungen sowie die gemeinschaftlichen und die öffentlichen Anlagen und die zu löschenden, die auf neue Grundstücke zu übertragenden oder die neu einzutragenden Rechte nachweisen (§ 80 FlurbG). Der Flurbereinigungsplan dient zunächst als amtliches Verzeichnis der Grundstücke (§ 2 Abs 2 GBO, § 81 Abs 1 FlurbG). Die Ausführungskosten trägt die Teilnehmergemeinschaft (§ 105 FlurbG). Die Berichtigung des Grundbuchs ist von Kosten und Abgaben befreit; ausreichend ist eine diesbezügliche Versicherung der Flurbereinigungsbehörde (§ 108 FlurbG).[147] Der Abschluss des Flurbereinigungsverfahrens erfolgt durch die Schlussfeststellung (§ 149 FlurbG).[148]

Die Flurbereinigungsbehörde teilt dem Grundbuchamt die Anordnung des Flurbereinigungsverfahrens einschließlich der in das Verfahren einbezogenen Grundstücke (§ 4 FlurbG), die Änderungen des Flurbereinigungsgebiets (§ 8 FlurbG), die Einstellung des Flurbereinigungsverfahrens (§ 9 FlurbG), den Zeitpunkt des Eintritts des neuen Rechtszustandes (§§ 61 bis 63 FlurbG) und die Schlussfeststellung (§ 149 FlurbG)[149] mit sowie die Abgabe der Unterlagen an die für die Führung des Liegenschaftskatasters zuständige Behörde (§ 81 Abs 12 FlurbG). Umgekehrt hat das Grundbuchamt die Flurbereinigungsbehörde bis zum Zeitpunkt des Wirksamwerdens der Schlussfeststellung von allen Eintragungen zu **benachrichtigen**, die nach der Anordnung des Flurbereinigungsverfahrens im Grundbuch der betroffenen Grundstücke vorgenommen worden sind oder vorgenommen werden, soweit nicht die Flurbereinigungsbehörde auf die Benachrichtigung verzichtet. Ferner benachrichtigt es die Flurbereinigungsbehörde von der Eintragung neuer Eigentümer, der an das Flurbereinigungsgebiet angrenzenden Grundstücke, soweit die Flurbereinigungsbehörde dem Grundbuchamt die Bezeichnung solcher Grundstücke zu diesem Zweck mitgeteilt hat (§ 12 FlurbG).[150]   **59**

Neben dem Regelflurbereinigungsverfahren gibt es noch das vereinfachte Flurbereinigungsverfahren (§ 86 FlurbG) zum Ausgleich besonderer Nachteile für die Landeskultur und bei Vorliegen zersplitterten Grundbesitzes, das Unternehmensflurbereinigungsverfahren (§§ 87 ff FlurbG)[151] zur Vermeidung zulässiger Enteignungen größeren Umfangs für Großbauvorhaben, das Beschleunigte Zusammenlegungsverfahren (§§ 91 ff FlurbG), insbesondere zur Beseitigung des Brachlandproblems, und den Freiwilligen Landtausch (§§ 103a ff FlurbG) auf private Initiative von Landwirten zur Betriebsverbesserung.[152] Beim Freiwilligen Landtausch tritt an die Stelle des Flurbereinigungsplans der Tauschplan (§ 103f Abs 1 S 1 FlurbG). Eine Schlussfeststellung ist nicht erforderlich; das Verfahren endet mit Berichtigung der öffentlichen Bücher (§ 103h FlurbG). Das **Regelflurbereinigungsverfahren** kann mit den **Sonderverfahren** verbunden bzw als Sonderverfahren fortgeführt werden; die Sonderverfahren können ebenfalls untereinander verbunden werden (§§ 103j, 103k FlurbG).   **60**

cc) Grundstücksverkehr und Verfügungssperre. Beschränkungen für Grundstücksgeschäfte[153] bestehen im Flurbereinigungsverfahren grundsätzlich **nicht**. Das Flurbereinigungsverfahren hat auf den Grundstücksverkehr und den grundbuchamtlichen Vollzug von Verträgen während der Verfahrensdauer somit im Regelfall keine Auswirkungen.[154] Der Erwerber eines im Flurbereinigungsgebiet belegenen Grundstücks tritt in das Verfahren in dem Stand bei seiner Eintragung im Grundbuch oder der Anmeldung des Erwerbs ein (§ 15 FlurbG). Hinsichtlich der Auflassung und der Auflassungsvormerkung gelten die Ausführungen zur Umlegung entsprechend.[155]   **61**

Zum Abschluss von **Verträgen der Teilnehmergemeinschaft** ist jedoch die Zustimmung der Flurbereinigungsbehörde erforderlich. Diese kann die Teilnehmergemeinschaft zum Abschluss von Verträgen geringer Bedeutung allgemein ermächtigen (§ 17 FlurbG). Die materiellrechtlich formfreie Zustimmung[156] ist dem Grundbuchamt in der Form des § 29 GBO nachzuweisen.   **62**

Eine weitere Ausnahme vom Grundsatz des Fehlens von Beschränkungen für den Grundstücksverkehr gilt, wenn ein Teilnehmer mit seiner Zustimmung statt in Land ganz oder teilweise in Geld abgefunden wird. Ver-   **63**

---

147 Nachdem die durch das Flurbereinigungsverfahren bewirkten Eigentumsübergänge kraft Gesetzes steuerbefreit sind, bindet die Bescheinigung der Flurbereinigungsbehörde die Finanzbehörden nur in tatsächlicher, nicht in rechtlicher Hinsicht (str; vgl *Schwantang/Wingerter* FlurbG § 108 Rn 35 u *Fischer* in *Boruttau* GrESt, 16. Aufl 2007, § 1 Rn 642a).
148 Zur gerichtlichen Aufhebung s OVG Koblenz DÖV 2005, 750.
149 Zu ihrer Bestandskraft s BVerwG DVBl 2007, 979 = NVwZ-RR 2007, 648.
150 Zur Flurbereinigung und dem Grundbuchverfahren vgl auch die Gem Bekm d Bay StMinJ u StMinLuF JMBl 2003, 124 f.
151 Vgl auch VGH München BayVBl 2007, 180.
152 Die angebliche Beschleunigung gegenüber privatrechtlichen Vereinbarungen, die langwierige Verhandlungen über die Lastenfreistellung erfordern sollen (so *Schwantang/Wingerter* FlurbG vor § 103 Rn 143), dürfte allerdings nicht eintreten. Mit der Erholung der Lastenfreistellungserklärungen werden nämlich regelmäßig die Notare betraut.
153 Zu Grundstücks- und Nutzungsänderungen s § 34 FlurbG.
154 Ausführlich *Mannel* MittBayNot 2004, 397 ff.
155 Vgl Rdn 47.
156 *Schwantang/Wingerter* FlurbG § 17 Rn 3.

Grziwotz   437

zichtet ein **Beteiligter auf** eine **Landabfindung** für seine Einlageflurstücke oder nach Eintritt des neuen Rechtszustandes auf seine Abfindungsflurstücke, so besteht ein **relatives Verfügungsverbot** (§ 52 Abs 3 FlurbG), sobald der Verzicht unwiderruflich wird. Das Verfügungsverbot ist auf Ersuchen der Flurbereinigungsbehörde für die Teilnehmergemeinschaft und im Falle der Zustimmung zu Gunsten eines bestimmten Dritten für diesen in das Grundbuch einzutragen. Vor Eintragung besteht die Möglichkeit des gutgläubigen Erwerbs. Das Verfügungsverbot kann auch auf einen Grundstücksteil beschränkt werden, und zwar sowohl auf einen ideellen Anteil als auch auf einen realen Grundstücksteil.[157] Fehlt es in diesem Fall an einer hinreichenden Konkretisierung, tritt das Verfügungsverbot nicht ein. Wird das Eintragungsersuchen nicht rechtzeitig gestellt und entsteht auf Grund eines gutgläubigen Erwerbs ein Schaden, so begründet diese Amtspflichtverletzung eine Haftung. Gleiches gilt, wenn die Geldabfindung vor Eintragung ausbezahlt wird.[158] Ist das Grundstück mit Rechten Dritter belastet, so muss der Wert dieser Rechte bei der Abfindung abgezogen werden.

64   Die Inhaber von Grundpfandrechten und Reallasten sowie Gläubiger rückständiger öffentlicher Lasten sind auf die **Geldabfindung** angewiesen (§ 72 Abs 1 FlurbG).[159] Altenteilsberechtigte sind gesondert abzufinden (§ 73 FlurbG).

5. Genehmigungspflichtige Rechtsvorgänge im Sanierungsgebiet und im Entwicklungsbereich

65   **a) Städtebauliche Gesamtmaßnahmen.** Die städtebaulichen Sanierungs- und Entwicklungsmaßnahmen lassen sich als **Gesamtmaßnahmen** kennzeichnen. Im Unterschied zu einzelnen Planungen und Vorhaben erfordern sie ein auf ein bestimmtes Gebiet bezogenes planmäßiges und aufeinander abgestimmtes Vorgehen, um ein »Bündel städtebaulicher Maßnahmen«.[160] Es handelt sich um gebietsbezogene Maßnahmen, also um Maßnahmen mit gebietlicher Auswirkung, nicht um Einzelmaßnahmen oder einzelne Planungen. Ein qualifizierter städtebaulicher Handlungsbedarf soll im Rahmen einer einheitlichen Vorbereitung und Durchführung einer Lösung zugeführt werden. Dementsprechend reicht auch das hoheitliche Eingriffsinstrumentarium weiter als im Rahmen »normaler« Bauleitplanungen.

66   **b) Städtebauliche Sanierungsmaßnahmen. aa) Sanierungsverfahren.** Städtebauliche Sanierungsmaßnahmen dienen der Behebung städtebaulicher Missstände, und zwar sowohl hinsichtlich der Substanz als auch der Funktion. Das **Sanierungsverfahren** gliedert sich in die Vorbereitungsphase (§ 140 BauGB), wobei im Rahmen der vorbereitenden Untersuchungen noch keine Beschränkungen für den Grundstücksverkehr (§ 142 BauGB) eintreten. Es schließt sich die förmliche Festlegung des Sanierungsgebiets an. Nach Aufstellung der städtebaulichen Planung erfolgen in der abschließenden Durchführungsphase (§ 146 BauGB) die Ordnungs- und Baumaßnahmen.

67   **bb) Auswirkungen auf den Grundstücksverkehr und das Grundbuch.** Die förmliche Festlegung des Sanierungsgebiets erfolgt durch gemeindliche Satzung (§ 142 Abs 3 S 1 BauGB). In ihr ist die Frist festzulegen, in der die Sanierung durchgeführt werden soll. Sie soll 15 Jahre nicht überschreiten. Gegebenenfalls ist die Frist beschlussmäßig zu verlängern. Mit ihrer Bekanntmachung wird die Sanierungssatzung rechtsverbindlich (§ 143 Abs 1 BauGB).[161] Die Gemeinde teilt dem Grundbuchamt die rechtsverbindliche Sanierungssatzung mit; hierbei sind die betroffenen Grundstücke einzeln aufzuführen. Im Grundbuch wird deklaratorisch ein **Sanierungsvermerk** eingetragen (§ 143 Abs 2 BauGB). Dies ist nicht erforderlich, wenn die Sanierung im vereinfachten Verfahren (§ 142 Abs 4 BauGB) durchgeführt wird und in der Sanierungssatzung die Anwendung des § 144 Abs 2 BauGB, nämlich die Genehmigungspflicht für grundbuchrechtliche Rechtsvorgänge, ausgeschlossen ist (§ 143 Abs 2 S 3 BauGB). Die Festlegung des Sanierungsgebiets löst ferner eine Veränderungs- und Verfügungssperre aus, die durch eine **Grundbuchsperre** gesichert wird (§§ 144, 145 BauGB). Zusätzlich steht der Gemeinde im Sanierungsgebiet ein besonderes Vorkaufsrecht zu (§ 24 Abs 1 S 1 Nr 3 BauGB). In der zweiten Phase der Sanierung führt die Gemeinde die Ordnungsmaßnahmen, nämlich die Bodenordnung und sonstige Maßnahmen, die notwendig sind, um die Baumaßnahmen realisieren zu können, durch (§ 147 BauGB). Die anschließenden Baumaßnahmen fallen in die Zuständigkeit der Grundstückseigentümer (§ 148 BauGB).

68   Die durch die Sanierung veranlassten Bodenwertsteigerungen sollen zur Finanzierung der Sanierungsmaßnahmen verwendet werden. Die Abschöpfung der sanierungsbedingten Bodenwertsteigerungen zur Deckung der Finanzierungskosten erfolgt durch Erhebung eines Ausgleichsbetrags, der nicht als öffentliche Last auf dem Grundstück ruht (§ 154 BauGB).[162] Er besteht in der Differenz zwischen dem sanierungsunbeeinflussten

---

157   *Schwantang/Wingerter* FlurbG § 52 Rn 9.

158   Vgl § 53 Abs 1 S 1 FlurbG. *Seehusen/Schwede* FlurbG, 7. Aufl 1997, § 52 Rn 7.

159   Zum Rang der Abfindung vgl § 74 FlurbG; zu den Besonderheiten einer teilweisen Geldabfindung s § 76 FlurbG.

160   S nur *Krautzberger* Einl B Rn 31, 39 u 135.

161   Vgl BGH UPR 1994, 390.

162   S BVerwG BayVBl 1999, 51 = DÖV 1999, 156 = DVBl 1998, 1294 = DWW 1999, 19 = NuR 2000, 261 = NVwZ 1999, 407 = ZfBR 1999, 100.

Anfangswert und dem nach der Durchführung der Sanierung sich ergebenden Endwert. Abweichend hiervon kann die Gemeinde den Ausgleichsbetrag ausnahmsweise ausgehend von dem Aufwand für die Erweiterung oder Verbesserung der Erschließungsanlagen (Verkehrsanlagen) in dem Sanierungsgebiet berechnen (§ 154 Abs 2a BauGB).[163] Damit die sanierungsbedingten Werterhöhungen nicht im Rahmen eines Grundstücksgeschäfts vom Veräußerer vereinnahmt werden, während der Erwerber den **Ausgleichsbetrag** zu entrichten hat, sieht das Gesetz bei Grundstückskaufverträgen eine Preisprüfung vor. Ergibt sich nach Durchführung der Sanierung ein Überschuss, ist dieser auf die Eigentümer der im Sanierungsgebiet gelegenen Grundstücke zu verteilen (§ 156 Abs 1 S 1 BauGB).

Der **Abschluss** der Sanierung erfolgt durch Abschlusserklärung, wenn der Sanierungszweck für einzelne **69** Grundstücke erreicht ist oder er sich als nicht erreichbar erweist (§ 163 BauGB). Die Sanierung kann ferner durch Aufhebung der Sanierungssatzung für das gesamte Gebiet oder Teile davon beendet werden; die Satzung mit dem Aufhebungsbeschluss wird mit Bekanntmachung rechtsverbindlich (§ 162 BauGB). In beiden Fällen ersucht die Gemeinde das Grundbuchamt, an den betroffenen Grundstücken die Sanierungsvermerke zu löschen (§§ 162 Abs 3, 163 Abs 3 BauGB).

c) Städtebauliche Entwicklungsmaßnahmen. aa) Zweck. Städtebauliche Entwicklungsmaßnahmen **70** dienen der erstmaligen **Entwicklung oder Neuordnung** von Ortsteilen und anderen Teilen des Gemeindegebiets (§ 165 Abs 2 BauGB). Eine Entwicklungsmaßnahme ist auch in Anpassungsgebieten, das heißt zusammenhängend bebauten Gebieten möglich (§ 170 BauGB). Da zum Zweck der Durchführung der Entwicklungsmaßnahme auch enteignet werden kann, müssen bei der förmlichen Festlegung des Entwicklungsbereichs die Enteignungsvoraussetzungen vorliegen.[164] Das Wohl der Allgemeinheit muss die Durchführung der Entwicklung erfordern.[165]

bb) Verfahren und Grundbuch. Die Gemeinde beschließt die förmliche Festlegung des städtebaulichen **71** Entwicklungsbereichs als Satzung, die der Genehmigung der Aufsichtsbehörde bedarf (§ 165 Abs 6 BauGB). Mit ihrer Bekanntmachung, die zusammen mit der Erteilung der Genehmigung zu erfolgen hat, wird die Entwicklungssatzung rechtsverbindlich (§ 165 Abs 8 BauGB). Die Gemeinde teilt dem Grundbuchamt die rechtsverbindliche Entwicklungssatzung mit. Hierbei sind die betroffenen Grundstücke im Einzelnen aufzuführen. In den Grundbüchern wird ein **Entwicklungsvermerk** eingetragen. Dieser hat lediglich deklaratorische Bedeutung. Folgen sind eine Veränderungs- und Verfügungssperre (§§ 169 Abs 1 Nr 3, 144 BauGB). Ebenso wie im Sanierungsgebiet bestehen eine Grundbuchsperre und ein Vorkaufsrecht für die Gemeinde. Anders als im Sanierungsrecht erfolgt im Entwicklungsrecht grundsätzlich ein Durchgangserwerb; der entwicklungsbedingte Mehrwert verbleibt dadurch der Gemeinde. Wird auf den Erwerb verzichtet, so ist ein Ausgleichsbetrag zu erheben und im Rahmen des Genehmigungsverfahrens von Veräußerungsverträgen eine Preiskontrolle durchzuführen. Eine Berechnung des Ausgleichsbetrags nach dem Aufwand entsprechend § 154 Abs 2a BauGB ist nicht zulässig (§ 169 Abs 1 Nr 7 BauGB). Die Bodenwertsteigerungen dürfen wiederum nur bis zur Höhe der Entwicklungskosten »abgeschöpft« werden (§ 171 Abs 1 BauGB). Die städtebauliche Entwicklungsmaßnahme wird verfahrensrechtlich wie die Sanierungsmaßnahme abgeschlossen (§ 169 Abs 1 Nr 8 iVm §§ 162, 163 BauGB).

d) Genehmigungsverfahren im Sanierungsgebiet und im Entwicklungsbereich. aa) Genehmigungsvorbehalt. Im förmlich festgesetzten Sanierungsgebiet besteht ein **Genehmigungsvorbehalt**, sofern nicht **72** ausnahmsweise im vereinfachten Verfahren hierauf verzichtet wird. Im städtebaulichen Entwicklungsbereich ist ein Verzicht auf die Genehmigungspflicht nicht möglich; ein vereinfachtes Verfahren existiert anders als im Recht der Sanierung nicht.

---

163 S. nur *Schmidt* GuG 2007, 83 ff.
164 BVerwG DVBl 1982, 537/539; *Gaentzsch* NVwZ 1991, 921/922; *Krautzberger* WiVerw 1993, 85/97.
165 Vgl nur BVerwG BauR 1998, 751 = DÖV 1998, 603 = NuR 1999, 273 = NVwZ-RR 1998, 544 = UPR 1998, 352 = ZfBR 1998, 252; BVerwG BayVBl 1993, 51 = DÖV 1999, 156 = DVBl 1998, 1294 = NVwZ 1999, 407 = NuR 2000, 261 = BauR 1999, 100; BVerwG BauR 2001, 375 = GE 2001, 215 = LKV 2001, 126 = ZfBR 2001, 137 = ZfIR 2001, 570; BVerwG BauR 2001, 931 = DÖV 2001, 472 = NuR 2001, 390 = NVwZ 2001, 558 = UPR 2001, 229 = ZfBR 2001, 276 = ZfIR 2001, 394; BVerwG BauR 2001, 1689 = DVBl 2001, 1444 = NVwZ 2001, 1053 = UPR 2002, 28 = ZfBR 2001, 495; BVerwG BauR 2001, 1684 = DVBl 2001, 1440 = NVwZ 2001, 1050 = UPR 2002, 25 = ZfBR 2001, 492; BVerwG BauR 2002, 1360; BVerwGE 117, 248 = BauR 2003, 1195 = DVBl 2003, 1056 = NVwZ 2003, 746 = ZfIR 2003, 644; BVerwG NVwZ-RR 2004, 325; BVerwG BauR 2004, 1584; VGH München BayVBl 1996, 271; VGH Mannheim VBlBW 1998, 141 = NuR 1999, 277; OVG Berlin ZfBR 1998, 211; OVG Münster DVBl 1998, 351; VGH Mannheim NVwZ-RR 1999, 564; VGH Mannheim BauR 2006, 1443; OVG Lüneburg NdsRpfl 2007, 225 (LS); vgl auch *Stich* GewArch 2001, 137 ff; OVG Koblenz NVwZ-RR 2001, 643; OVG Münster DVBl 2001, 1875.

73 Im förmlich festgelegten Sanierungsgebiet bzw. städtebaulichen Entwicklungsbereich bedürfen die rechtsgeschäftliche Veräußerung oder Belastung von Grundstücken und die Begründung schuldrechtlicher Verpflichtungen hierzu,[166] die Bestellung und Veräußerung eines Erbbaurechts sowie die Verpflichtung hierzu, die Bestellung eines das Grundstück belastenden Rechts sowie die Verpflichtung hierzu und die Teilung eines Grundstücks der **Genehmigung der Gemeinde**.[167]

74 Die **Veräußerung** ist der dingliche Vollzug des Eigentumswechsels. Ist eine Genehmigung für den schuldrechtlichen Vertrag erteilt worden, gilt auch das zur Ausführung vorgenommene dingliche Rechtsgeschäft als genehmigt (§ 144 Abs 3 Nr 2 Hs 2 BauGB). Wurde die Auflassung vor der förmlichen Festlegung als Sanierungsgebiet erklärt, ist eine sanierungsrechtliche Genehmigung nicht erforderlich.[168] Demgegenüber bedarf die Auflassung der Genehmigung, wenn das schuldrechtliche Geschäft genehmigungsfrei, das heißt vor Rechtsverbindlichkeit der Satzung abgeschlossen wurde; allerdings wird in dieser Konstellation regelmäßig ein Anspruch auf Genehmigungserteilung bestehen. Hinsichtlich der Genehmigungspflicht sind den Grundstücken Miteigentumsanteile hieran sowie das Wohnungs- und Teileigentum gleichgestellt, nicht dagegen Anteile an Gesellschaften, zu denen ein Grundstück gehört, und Erbteile sowie Rechte, die zum Erwerb eines Grundstücks berechtigen.[169] Gesetzliche Eigentumsübergänge und ein Eigentumsübergang durch Hoheitsakt wie zB in der Zwangsversteigerung einschließlich der Teilungsversteigerung[170] sind sanierungs- und entwicklungsrechtlich genehmigungsfrei zulässig.[171]

75 Die **Bestellung eines Rechts**, das ein Grundstück belastet, umfasst nicht die Eintragung einer Vormerkung sowie zwangsweise Eintragungen.[172] Ausgenommen von der Genehmigungspflicht sind ferner Rechte, die mit der Durchführung von Baumaßnahmen im Rahmen der Sanierung zusammen hängen. Diese Voraussetzung kann das Grundbuchamt regelmäßig nicht nachprüfen, so dass eine entsprechende Bestätigung der Gemeinde erforderlich ist. Dies gilt auch bei der Bestellung von Grundpfandrechten;[173] eine Ausnahme kann möglicherweise eine Hypothek zur Sicherung einer Darlehensforderung der öffentlichen Hand, die im Rahmen der Städtebauförderung gewährt wird, bilden.

76 Auch **schuldrechtliche Verträge** zu dinglichen Verpflichtungen sind genehmigungspflichtig. Betroffen ist auch die Änderung eines bereits genehmigten Vertrages, und zwar auch dann, wenn der Ursprungsvertrag vor förmlicher Festlegung des Gebietes rechtswirksam war. Nicht genehmigungspflichtig ist die Abtretung einer Forderung auf Eigentumsverschaffung. Die Gemeinde kann die Genehmigung für bestimmte Fälle allgemein erteilen (§ 144 Abs 3 BauGB). Diese so genannte Vorweggenehmigung kann jedoch nicht auf alle Genehmigungstatbestände erstreckt werden. Im nicht vereinfachten Sanierungsverfahren darf der Preisprüfung als wesentliches Kriterium nicht die Grundlage im Genehmigungsrecht des § 144 Abs 2 BauGB entzogen werden.[174] Insofern kann für die Genehmigungstatbestände nach § 144 Abs 2 Nr 1 u 3 BauGB nicht eine Vorwegerteilung erfolgen.[175]

77 **bb) Freistellung von der Genehmigung.** Das Gesetz stellt zahlreiche Rechtsvorgänge **von** der **Genehmigung frei**:

78 – Die Genehmigungsfreiheit bei **Beteiligung der Gemeinde** oder des Sanierungsträgers für das Treuhandvermögen als Vertragsteil oder Eigentümer (§ 144 Abs 4 Nr 1 BauGB) gilt nur für die die Sanierung durchführende Gemeinde und für Sanierungsträger, die nicht auf eigene Rechnung handeln. Das Geschäft muss im Fall des Sanierungsträgers der Durchführung der Sanierung dienen, nicht jedoch bei der Gemeinde als Vertragspartner. Trotz der gesetzlichen Genehmigungsfreistellung kann ein vertraglicher Genehmigungsvorbehalt zwischen der Gemeinde und dem Sanierungsträger vereinbart werden.[176]

---

166 Genehmigungspflicht auch für bei In-Kraft-Treten der Satzung schwebend unwirksame Verträge (OVG Berlin ZfBR 1998, 211 = DVBl 1998, 909 (LS)).

167 Vgl *Zimmermann* MittRhNotK 1990, 185 ff. Zu den Notarkosten gem § 146 KostO s LG Kleve, MittRhNotK 2000, 360. Zum Streitwert bei einer Klage auf Genehmigungserteilung s OVG Berlin NVwZ-RR 1997, 754 = MDR 1996, 1079.

168 KG FGPrax 1996, 213 u OLG Celle NotBZ 2002, 226.

169 Ebenso *Krautzberger* in *Ernst/Zinkahn/Bielenberg/Krautzberger* § 144 Rn 29.

170 LG Berlin NJW-RR 1989, 1151.

171 S nur *Krautzberger* § 144 Rn 10.

172 LG Koblenz NJOZ 2004, 3941; *Krautzberger* § 144 Rn 49 ff.

173 Zur Umgehung der Genehmigungspflicht durch Bestellung eines abstrakten Schuldanerkenntnisses mit Unterwerfung unter die sofortige Zwangsvollstreckung statt einer Hypothek vgl OLG Oldenburg NdsRPfl 1998, 239 = NJW-RR 1998, 1239 = GE 1998, 1086.

174 Zur Bedeutung und verfassungsrechtlichen Einordnung der Preiskontrolle s BVerwG BauR 1998, 527 = DÖV 1998, 516 = GE 1998, 495 = NVwZ 1998, 954 = SächsVBl 1998, 186 = BauR 1998, 347.

175 *Krautzberger* § 144 Rn 68 u *Krautzberger* in *Battis/Krautzberger/Löhr* § 144 Rn 18. Zur Versagung der Genehmigung s VG Saarlouis NVwZ-RR 2003, 338.

176 *Krautzberger* § 144 Rn 90 unter Bezugnahme auf LG Bremen, Urt v 03.08.1982 – 1 02303/1982 (unveröffentlicht).

– Die **Vorwegnahme der gesetzlichen Erbfolge** bezieht sich auf sämtliche gesetzliche Erben und nicht nur 79
auf Ehegatten, Lebenspartner und Erben der ersten Ordnung (§ 144 Abs 4 Nr 2 BauGB).[177] Unschädlich
dürfte es sein, wenn neben den gesetzlichen Erben eine weitere Person wie zB der Ehegatte oder eingetragene Lebenspartner mitbegünstigt wird. Die Vorwegverfügung kann entgeltlich oder unentgeltlich erfolgen.
Allerdings besteht eine Genehmigungspflicht, wenn Leistungen vereinbart sind, die für die Vorwegnahme
der Erbfolge atypisch sind. Nicht unter den Befreiungstatbestand fallen auch Veräußerungen im Rahmen
einer Erbauseinandersetzung.[178]

– Befreit sind auch Teilungen und Rechtsvorgänge, die Zwecken der **Landesverteidigung** dienen (§ 144 80
Abs 4 Nr 4 BauGB). Der letztgenannte Begriff ist entsprechend § 37 Abs 2 BauGB auszulegen, wobei
jedoch die Zwecke der Bundespolizei und des zivilen Bevölkerungsschutzes anders als in der vorgenannten
Norm nicht erfasst sind.

– Der Erwerb durch **Bedarfsträger** auf Grund eines Planfeststellungsverfahrens und eines Verfahrens für die 81
Errichtung und den Betrieb öffentlich zugänglicher Abfallbeseitigungsanlagen, ist genehmigungsfrei zulässig,
wenn das betreffende Grundstück bereits in ein diesbezügliches Verfahren einbezogen ist (§ 144 Abs 4 Nr 5
BauGB). Nicht ausreichend ist die diesbezügliche Erwartung, dass das Grundstück für ein solches Verfahren
möglicherweise benötigt wird.

cc) Genehmigungserteilung und Beschränkungen im Grundstücksverkehr. Die Genehmigung wird 82
durch die Gemeinde erteilt. Für das **Verfahren** gelten die Ausführungen zur Genehmigung einer WEG-Aufteilung in Fremdenverkehrsgebieten entsprechend (§ 145 Abs 1 BauGB). Auf die Genehmigung besteht ein
Rechtsanspruch, wenn kein Versagungsgrund vorliegt.[179] Die Genehmigung kann unter Auflagen, jedoch nur
in den Fällen des § 144 Abs 1 BauGB auch befristet oder bedingt erteilt werden. Unter welchen Voraussetzungen die Genehmigung mit einer Nebenbestimmung der zugelassenen Art versehen werden darf, ergibt sich aus
§ 36 Abs 1 Alt 2 VwVfG i V mit § 145 Abs 2 BauGB.[180] Nebenbestimmungen sind jedoch nicht möglich, wenn
sie zur Rechtsnatur des Rechtsvorgangs in Widerspruch stehen. Die Genehmigung kann auch vom Abschluss
eines städtebaulichen Vertrages abhängig gemacht werden (§ 144 Abs 4 BauGB),[181] wenn dadurch Genehmi-
gungshindernisse ausgeräumt werden. Dagegen darf die Genehmigungserteilung nicht an den Abschluss eines
Modernisierungs- und Instandsetzungsvertrages gekoppelt werden.[182] Zur Sicherung der Genehmigungspflicht
tritt eine **Grundbuchsperre** ein (§ 145 Abs 6 BauGB). Sie wird durch den Genehmigungsbescheid, ein Negativattest oder ein Fiktionszeugnis beseitigt, nicht jedoch durch eine Versagung der Genehmigung, auch wenn
diese als »Sanierungsgenehmigung« überschrieben ist.[183]

Bei einer Sanierungsmaßnahme, die nicht im vereinfachten Verfahren durchgeführt wird, und bei einer Ent- 83
wicklungsmaßnahme ist der Erwerb von Grundstücken durch die Gemeinde und den Sanierungs- bzw. Entwicklungsträger nur zum sanierungsunbeeinflussten Anfangswert und die spätere Veräußerung nur zum Neu-
ordnungswert zulässig.[184] Gegen diese Pflicht verstoßende **Grundstücksverträge** sind nichtig.[185] Ein Verstoß
liegt vor, wenn der vereinbarte Kaufpreis den gesetzlich vorgeschriebenen Wert in einer dem Rechtsverkehr
erkennbaren Weise deutlich verfehlt. In diesem Fall hat auch das Grundbuchamt einen entsprechenden Eintragungsantrag zurückzuweisen.

Der zwischen der Gemeinde und dem Sanierungs- bzw Entwicklungsträger abgeschlossene **Sanierungs- bzw** 84
Entwicklungsvertrag bedarf, auch wenn er eine Verpflichtung zum Erwerb oder zur Veräußerung von
Grundstücken enthält, nicht der Form des § 311b Abs 1 BGB.[186] Dieses Absehen vom Erfordernis der notariellen Beurkundung betrifft jedoch nur den Sanierungs- und Entwicklungsvertrag, nicht weitere Grundstücksgeschäfte des Sanierungs- und Entwicklungsträgers. Dies ist auch beim Grundbuchvollzug zu beachten.

---

177 Str, ebenso wie hier auch *Krautzberger* § 144 Rn 96.
178 *Neuhausen* in *Brügelmann* § 144 Rn 41.
179 § 145 Abs 2 BauGB; vgl BVerwG BauR 1979, 139 = DÖV 1979, 217 = DVBl 1979, 153 = NJW 1979, 2577 u OVG
     Bautzen LKV 1998, 201 = SächsVBl 1998, 65. Vgl auch VG Saarlouis NVwZ-RR 2003, 338. Zur Verpflichtung, eine
     Genehmigung zu erteilen, wenn eine Maßnahme vor Einführung der zeitlichen Grenze nicht mehr zügig oder gar
     nicht mehr weitergeführt wurde, vgl OVG Berlin DÖV 2000, 924 (LS) = GE 2000, 1263 = LKV 2001, 126 = ZfBR
     2000, 566 = ZMR 2000, 784.
180 BVerwGE 126, 104 = BauR 2006, 1726 = DVBl 2006, 1118 = NVwZ 2006, 1167 = NZM 2006, 903 u VG Berlin
     NVwZ 2003, 242.
181 Vgl VGH Mannheim NJW 1998, 1089.
182 OLG Köln NVwZ-RR 1993, 169/171.
183 LG Halle BWNotZ 2004, 203 (LS).
184 §§ 153 Abs 3 u 4, 169 Abs 1 Nr 6, Abs 8 BauGB.
185 Vgl BVerwG NVwZ 1994, 91; ebenso *Krautzberger* § 144 Rn 93.
186 §§ 159 Abs 2 S 2, 167 Abs 2 S 2 BauGB.

6. Genehmigungspflichten nach dem Grundstücksverkehrsgesetz

85 **a) Genehmigungspflichtige Geschäfte. aa) Land- und forstwirtschaftliche Grundstücke.** Die Genehmigungspflichten des Gesetzes über Maßnahmen zur Verbesserung der Agrarstruktur und zur Sicherung land- und forstwirtschaftlicher Betriebe (Grundstücksverkehrsgesetz – GrdstVG) betreffen in erster Linie land- und forstwirtschaftliche Grundstücke (§ 1 Abs 1 GrdstVG). Grundstück ist auch der reale oder ideelle Teil eines Grundstücks (§ 1 Abs 3 GrdstVG).[187] Während der Begriff der **Landwirtschaft** im Gesetz definiert wird (§ 1 Abs 2 GrdstVG), fehlt eine derartige Begriffsbestimmung für forstwirtschaftliche Grundstücke. Die Aufstellung eines Wirtschaftsplans für die forstwirtschaftliche Nutzung dürfte zur Bejahung dieses Tatbestandes nicht erforderlich sein.[188]

86 Unerheblich für die land- und forstwirtschaftliche Nutzung ist die Zugehörigkeit zu einem diesbezüglichen Betrieb.[189] Eine vorübergehende anderweitige Verwendung nimmt dem Grundstück nicht seinen land- oder forstwirtschaftlichen Charakter.[190] Maßgeblich für die **Qualität** ist allein die Eignung zur land- oder forstwirtschaftlichen Nutzung.[191] Ein Grundstück verliert seine Eigenschaft als land- oder forstwirtschaftliches Grundstück erst, wenn eine rechtlich wirksame Widmungsänderung auf Dauer vorliegt.[192] Allein der Umstand, dass ein Grundstück im Flächennutzungsplan als Bauland dargestellt ist, führt jedoch zu keiner derartigen Widmungsänderung;[193] Gleiches gilt für einen noch nicht rechtsverbindlichen Bebauungsplan. Brach- und Ödland unterfällt dem Grundstücksverkehrsgesetz dann, wenn auf ihm eine land- oder forstwirtschaftliche Nutzung möglich ist.

87 **bb) Genehmigungspflichtige Vorgänge.** Die Bestellung und die Übertragung von Erbbaurechten an landwirtschaftlichen Grundstücken stellen bundesrechtlich keine genehmigungspflichtigen Vorgänge dar.[194] Im Rahmen der Genehmigungspflicht stehen einer Grundstücksveräußerung die Erbteilsveräußerung an einen anderen als einen Miterben, wenn der Nachlass im Wesentlichen aus einem land- oder forstwirtschaftlichen Betrieb besteht, also nicht der übrige Nachlass wertmäßig überwiegt,[195] und die Bestellung eines Nießbrauchs an einem Grundstück gleich (§ 2 Abs 2 Nr 2 u 3 GrdstVG). Zusätzlich können die Länder die Veräußerung von grundstücksgleichen Rechten sowie von selbständigen Fischereirechten dem **Anwendungsbereich** des Grundstücksverkehrsgesetzes unterwerfen (§ 2 Abs 3 Nr 1 GrdstVG). Demgegenüber unterfällt die Übertragung von Gesellschaftsanteilen einschließlich der Beteiligung an einer BGB-Gesellschaft nicht der Genehmigungspflicht nach dem Grundstücksverkehrsgesetz.

88 **Genehmigungspflichtige Geschäfte** sind der schuldrechtliche Vertrag und die dingliche Erklärung, insbesondere die Einigung über den Eigentumsübergang (Auflassung). Ist der schuldrechtliche Vertrag genehmigt worden, so gilt auch die damit übereinstimmende Auflassung als genehmigt. Deshalb kann zur Auflassung eine erneute Genehmigung erforderlich sein, wenn der Vertragsgegenstand abweicht. Dies ist nicht bereits bei einem Teilflächenkauf mit abweichender Flächengröße der Fall, wenn zwar die Quadratmeterzahl von der geschätzten abweicht, jedoch der Vertragsgegenstand durch die Einzeichnung in einen Lageplan bestimmt war. Im umgekehrten Fall der Bestimmung des Vertragsgegenstandes durch eine bestimmte Größenangabe ist eine Abweichung jedoch genehmigungspflichtig. Die Genehmigung kann bereits zu dem Entwurf eines Veräußerungsvertrages erteilt werden (§ 2 Abs 1 S 3 GrdstVG).[196]

89 Der Begriff der **Veräußerung** ist weit auszulegen. Es fallen darunter entgeltliche und unentgeltliche Grundstücksübertragungen, auch Tauschverträge und die Übergabe eines landwirtschaftlichen Betriebes im Ganzen. Dies gilt ferner für eine Vermögensauseinandersetzung,[197] die Einbringung eines Grundstücks in eine Gesellschaft, die Vermächtniserfüllung und bedingte Kaufverträge. Keiner Genehmigung bedürfen nichtrechtsgeschäftliche Vorgänge; hierzu gehören der Eigentumsübergang, der kraft Gesetzes eintritt, wie zB bei der Verein-

---

187 Vgl § 2 Abs 2 Nr 1 GrdstVG. S. zum rechtlichen und wirtschaftlichen Grundstücksbegriff BGHZ 49, 145; BGHZ 94, 299/303 = AgrarR 1985, 300 = DNotZ 1986, 102 = MDR 1985, 1024 = NJW-RR 1986, 310; BGH AgrarR 1986, 211; OLG Naumburg NJOZ 2005, 1450/1454; zum unterschiedlichen Grundstücksbegriff im GrdstVG und im RSG s OLG Schleswig MittBayNot 2007, 431.
188 OVG Münster MDR 1960, 1041.
189 *Lange* GrdstVG, 1962, § 1 Anm 2 u *Netz* GrdstVG § 1 Anm 4.1.6.
190 BGH Rpfleger 1981, 346.
191 BGHZ 106, 251 = NJW 1989, 1223; vgl auch OLG Dresden NuR 1995, 164.
192 OLG Oldenburg NJW-RR 1997, 147.
193 OLG Stuttgart RdL 1987, 183 u OLG Stuttgart RdL 1991, 52.
194 BGHZ 65, 345 = Rpfleger 1976, 126 = DNotZ 1976, 369; OLG Hamm NJW 1966, 1416.
195 Es genügt also nicht, wenn sich einzelne land- und forstwirtschaftliche Grundstücke ohne Hofstelle im Nachlass befinden.
196 *Lange* GrdstVG, 1962, § 2 Anm 3a u *Netz* GrdstVG § 2 Anm 4.2.7.
197 Wohl auch bei Auseinandersetzung einer Gesamthandgemeinschaft in Miteigentum (OLG München AgrarR 1973, 242; OLG Karlsruhe AgrarR 1978, 52; OLG Stuttgart RdL 1987, 213; OLG Stuttgart RdL 1990, 155; unklar BGH RdL 1957, 10).

barung der Gütergemeinschaft,[198] Hoheitsakte wie zB der Erwerb in der Zwangsversteigerung und die Enteignung sowie die Aufhebung eines noch nicht vollzogenen Veräußerungsvertrages. Strittig sind die Behandlung der Einräumung eines Vorkaufsrechts, die Beurkundung eines einseitigen Vertragsangebots und die Vereinbarung eines Ankaufsrechts.[199] In sämtlichen Fällen scheidet eine Genehmigungspflicht grundsätzlich mangels eines konkreten Prüfungszeitpunkts aus. Demgegenüber wird man beim Ankaufsrecht und beim Vertragsangebot die Genehmigungsfähigkeit dann nicht verneinen können, wenn die Vertragsbedingungen schon festliegen und die Annahme bzw die Ausübungserklärung »zeitnah« erfolgt, das heißt keine Änderung der im Rahmen der Genehmigung zu beurteilenden Voraussetzungen bis zum »Wirksamwerden« des Vertrags eintritt.[200] Genehmigungspflichtig sind dagegen unstrittig die Abtretung des Anspruchs auf Eigentumsverschaffung und die Änderung eines Veräußerungsvertrages, insbesondere der Wechsel des Vertragspartners und der Hauptpflichten (zB Kaufpreis).[201] Ein auf die Beschaffung eines Grundstücks gerichteter Treuhandauftrag[202] sowie eine unwiderrufliche Grundstücksveräußerungsvollmacht[203] sollen nicht der Genehmigungspflicht unterfallen. An der Richtigkeit dieser Ansicht bestehen jedoch begründete Bedenken, wenn die Einzelheiten des Rechtsgeschäfts bereits bei Beauftragung bzw Bevollmächtigung festgelegt sind und eine Bindung des Auftrag- bzw Vollmachtgebers eintritt, so dass dieser gegebenenfalls gerichtlich zur Erfüllung gezwungen werden kann.

b) Bundes- und landesrechtliche Genehmigungsfreiheit. Das Gesetz unterscheidet zwischen Rechtsgeschäften, die von der Genehmigungspflicht bundes- oder landesrechtlich freigestellt sind, und solchen, bei denen die Genehmigung nicht verweigert werden darf.[204]   **90**

aa) Bundesrechtliche Freistellungen. Hinsichtlich der Vertragsbeteiligten besteht eine Freistellung, wenn der Bund oder ein Land als Veräußerer oder Erwerber beteiligt sind (§ 4 Nr 1 GrdstVG) oder eine mit den Rechten einer Körperschaft des öffentlichen Rechts ausgestattete Religionsgemeinschaft als Erwerber (nicht Veräußerer) handelt und Vertragsgegenstand kein land- oder wirtschaftlicher Betrieb ist.[205] In beiden Fällen greift die **Befreiungsvorschrift** nur bei **Beteiligung** der vorgenannten juristischen Personen selbst, nicht bei einer rechtsfähigen Einrichtung des Bundes, des Landes oder einer der bezeichneten Religionsgemeinschaften ein. Bundes- und Landesanstalten, aber auch Gemeinden als Teile der mittelbaren Staatsverwaltung, Privatunternehmen der öffentlichen Hand sowie kirchliche Stiftungen und von Kirchen gegründete Privatrechtssubjekte unterfallen damit nicht dem Befreiungstatbestand.   **91**

Genehmigungsfrei sind außerdem Veräußerungen, die der Durchführung eines **Flurbereinigungsverfahrens** oder eines Siedlungsverfahrens dienen (§ 4 Nr 3 GrdstVG).[206]   **92**

Genehmigungsfrei sind ferner Veräußerungen von **bestimmten Grundstücken**. Dies gilt für Grundstücke im räumlichen Geltungsbereich eines qualifizierten, eines einfachen oder eines vorhabenbezogenen Bebauungsplans, ausgenommen es handelt sich um die Wirtschaftsstelle eines land- oder forstwirtschaftlichen Betriebes oder um Grundstücke, die als Flächen für die Landwirtschaft, als Wald oder als rekultivierbares Moor- und Ödland ausgewiesen sind.[207] Die Rückausnahme soll wiederum die land- und forstwirtschaftliche Zweckbestimmung im Rahmen des Grundstücksverkehrs sicherstellen. Die Genehmigungsfreiheit tritt zudem nur dann ein, wenn die entsprechenden Festsetzungen rechtsverbindlich sind, also nicht bei Entwürfen von Bebauungsplänen oder bei lediglich im Aufstellungsverfahren befindlichen Plänen, und zwar selbst dann, wenn bereits Planreife eingetreten ist. Veräußerungen, die nach dem Bayerischen Almgesetz genehmigungspflichtig sind (§ 4 Nr 5 GrdstVG) sowie die Übertragung eines Grundstücks als Landabfindung an einen Miterben im gerichtlichen Zuweisungsverfahren eines Betriebs (§ 16 Abs 4 S 3 GrdstVG) bleiben ebenfalls genehmigungsfrei.   **93**

bb) Landesrechtliche Ausnahmen von der Genehmigungspflicht. Die landesrechtlichen Ausführungsgesetze zum Grundstücksverkehrsgesetz enthalten weitere Regelungen für den Grundstücksverkehr, wonach **bestimmte Vorgänge** von der Genehmigungspflicht freigestellt sind.[208]   **94**

---

198 S nur *Netz* GrdstVG § 2 Anm 4.2.6.35; dies gilt sowohl bei Ehegatten als auch bei eingetragenen Lebenspartnern.
199 S nur *Schöner/Stöber* Rn 3951 ff. S auch BGHZ 87, 233 = NJW 1984, 122.
200 Teilw abw *Schöner/Stöber* Rn 3952 ff.
201 So bereits *Lange* GrdstVG, 1962, § 2 Anm 13 u *Vorwerk/Spreckelsen* GrdstVG, 1963, § 2 Anm 70.
202 BGHZ 82, 292 = NJW 1982, 881 = Rpfleger 1982, 95.
203 *Schöner/Stöber* Rn 3950.
204 Vgl unten Rdn 117 ff.
205 § 4 Nr 2 GrdstVG.
206 § 37 BVFG, auf den § 4 Nr 3 GrdstVG auch als Ausnahme verweist, ist weggefallen (BGBl 1993 I, 830/836).
207 Vgl auch §§ 191, 169 Abs 1 Nr 10 BauGB. Die Gemeinde kann somit durch die entsprechende Ausweisung beim Erwerb von Grundstücken einen Genehmigungszwang erwirken (*Netz* GrdstVG, § 8 Anm 4.8.4.3.1).
208 Vgl auch http://www.dnoti.de/DOC/2002/GrundstueckVG-1.doc.

95   Die Landesrechte enthalten unterschiedliche **Freigrenzen**:

Baden-Württemberg: § 1 AGGrdstVG vom 21.02.2006 (GBl S 85), letzte Änderung vom 17.07.2006 (GBl S 270).

96   Genehmigungsfrei ist die Veräußerung eines Grundstücks, das weder selbst noch zusammen mit anderen Grundstücken des Veräußerers, mit denen es eine zusammenhängende Fläche bildet, folgende **Größen** unterschreitet: 0, 5 ha, wenn das Grundstück dem Weinbau oder dem Erwerbsgartenbau dient, 1 ha bei allen anderen Veräußerungen. Die Landesregierung kann für bestimmte Landesteile die Freigrenze durch Rechtsverordnung auf 10 Ar festsetzen, nicht jedoch bei der Veräußerung an Gemeinden oder Gemeindeverbände, in deren Gebiet das Grundstück liegt, und bei der Veräußerung an Träger der öffentlichen Wasserversorgung, wenn das Grundstück in einem Wasserschutzgebiet oder einem als Wasserschutzgebiet vorgesehenen Gebiet liegt. Die Freigrenzen gelten nicht für die Veräußerung eines Grundstücks, auf dem sich die Hofstelle befindet (§ 1 AGGrdstVG).[209]

97   *Bayern:* Gesetz zur Ausführung des Grundstücksverkehrsgesetzes und des Landpachtverkehrsgesetzes v 21.12.1961 (BayRS 7810-1-E), letzte Änderung v 28.03.2000 (GVBl S 136).

98   Die Veräußerung von Grundstücken bis zu einer **Größe** von weniger als 2 ha bedarf keiner Genehmigung. Eine Ausnahme besteht jedoch dann, wenn aus einem landwirtschaftlichen Betrieb ab einer Größe von 2 ha ein mit Gebäuden der Hofstelle besetztes Grundstück veräußert wird oder innerhalb von drei Jahren vor der Veräußerung aus dem gleichen Grundbesitz im Rahmen der Freigrenze land- und forstwirtschaftliche Grundstücke veräußert worden sind und bei Einrechnung dieser Veräußerung die Fläche von zwei ha erreicht wird (Art 2 AGGrdstLPachtVG).

99   *Berlin:* Gesetz über die Genehmigungsfreiheit im Verkehr mit land- und forstwirtschaftlichen Grundstücken vom 05.10.1994 (GVBl S 392).

Gemäß § 1 AGGrdStVG bedarf die Veräußerung von Grundstücken bis zu einer **Größe** von 1 ha nicht der Genehmigung.

100   *Brandenburg:* Gesetz zur Ausführung des Grundstücksverkehrsgesetzes v 18.03.1994 (GVBl I S 81), letzte Änderung vom 28.06.2006 (GVBl I S 74).

Gemäß § 1 AGGrdstVG bedarf die Veräußerung von Grundstücken, die **kleiner** als zwei Hektar sind, keiner Genehmigung.

101   *Bremen:* Gesetz über die Freigrenze im land- und forstwirtschaftlichen sowie gärtnerischen Grundstücksverkehr v 24.02.1970 (BremGBl S 29), letzte Änderung v 26.09.1972 (BremGBl S 193).

Nach § 1 dieses Gesetzes sind Veräußerungen von Grundstücken, die **nicht größer** als 2500 qm sind, genehmigungsfrei zulässig.

102   *Hamburg:* Gesetz über die Freigrenze im land- und forstwirtschaftlichen Grundstücksverkehr vom 21.06.1971 (GVBl S 111).

Befreit von der Genehmigung sind Grundstücksveräußerungen **bis zur Größe** von 1 ha.

103   *Hessen:* Gesetz über die Genehmigungsfreiheit im Verkehr mit land- und forstwirtschaftlichen Grundstücken v 17.04.1962 (GVBl S 263), letzte Änderung v 18.12.1989 (GVBl S 497).

Die Veräußerung eines Grundstücks, das **kleiner als** 2500 qm und nicht bebaut ist, ist genehmigungsfrei zulässig.

104   *Mecklenburg-Vorpommern:* Ausführungsgesetz des Landes Mecklenburg-Vorpommern zum Grundstücksverkehrsgesetz v 23.04.1998 (GVOBl S 448).

Für die Veräußerung eines Grundstücks **unter zwei Hektar** ist keine Genehmigung erforderlich (§ 1 AG M-V GrdstVG).

105   *Niedersachsen:* Niedersächsisches Ausführungsgesetz zum Grundstücksverkehrsgesetz v 11.02.1970 (GVBl S 130), letzte Änderung vom 05.11.2004 (GVBl S 412).

Keiner Genehmigung bedarf die Veräußerung von Grundstücken, die **kleiner** als 1 ha sind (§ 1 AGGrdstVG).

106   *Nordrhein-Westfalen:* Nordrhein-Westfälisches Ausführungsgesetz zum Grundstücksverkehrsgesetz v 14.07.1981 (GVBl S 403).

Die Veräußerung von Grundstücken **bis zu einer Größe** von 1 ha bedarf keiner Genehmigung (§ 1a AGGrdstVG NW).

---

209   Vgl hierzu auch VO v 13.02.1995 GBl S 276, wonach die Freigrenze für die Landkreise Konstanz und Waldshut sowie für die Städte Blumberg und Geisingen auf 10 Ar festgesetzt wird.

Rheinland-Pfalz: Landesgesetz zur Ausführung des Grundstücksverkehrsgesetzes (AGGrdstVG RP) v 02.02.1993 **107**
(GVBl S 105).

Die Veräußerung eines Grundstücks bedarf keiner Genehmigung, wenn das Grundstück **nicht größer** als 50
Ar ist, es sei denn, das Grundstück wird weinbaulich genutzt und ist größer als 10 Ar oder auf dem Grundstück
befindet sich die Wirtschaftsstelle eines land- oder forstwirtschaftlichen Betriebes (§ 1 AGGrdstVG RP). Gemäß
§ 2 AGGrdstVG RP sind die Bestimmungen des Grundstücksverkehrsgesetzes auch anzuwenden auf die Veräußerung von grundstücksgleichen Rechten, welche die land- und forstwirtschaftliche Nutzung eines Grundstücks zum Gegenstand haben, und auf die Veräußerung von selbständigen Fischereirechten, die nicht dem
Eigentümer eines Gewässers zustehen.

Gemäß § 15 des Landesforstgesetzes v 02.02.1977 (GVBl S 21) unterliegt auch die Veräußerung von **Waldgrundstücken** sowie die Veräußerung von grundstücksgleichen Rechten, welche die forstwirtschaftliche Nutzung zum Gegenstand haben, den gesetzlichen Bestimmungen über den Grundstücksverkehr.

Saarland: Verordnung zur Durchführung des Grundstücksverkehrsgesetzes und des Reichssiedlungsgesetzes v **108**
03.07.1969 (Abl S 408).

Genehmigungsfrei ist die Veräußerung von Grundstücken, deren **Gesamtfläche** 15 Ar nicht übersteigt. Dies
gilt auch für das entsprechende Verpflichtungsgeschäft (§ 1 VOGrdstVG/RSG).[210]

Sachsen: Sächsisches Justizgesetz (SächsJG) v 24.11.2000 (GVBl S 280, Ber. GVBl 2001 S 704). **109**

Gemäß § 54 SächsJG bedürfen keiner Genehmigung die Verpflichtung zur Veräußerung und die Veräußerung
eines Grundstücks, wenn dessen **Größe** bei einer Veräußerung an Gemeinden, Verwaltungsverbände oder
Landkreise, in deren Gebiet das Grundstück liegt, 1,0 ha nicht übersteigt. Bei allen übrigen Veräußerungen
beträgt die Größe, die nicht überschritten werden darf, 0,5 ha. Bildet das Grundstück mit anderen Grundstücken des Veräußerers eine zusammenhängende Fläche, gilt als Grundstück die jeweils einheitlich bewirtschaf-
tete Fläche. Die Ausnahme gilt jedoch nicht für ein Rechtsgeschäft über ein Grundstück, auf dem sich eine
Hofstelle befindet oder das dem Weinbau, dem Erwerbsgartenbau oder der Teichwirtschaft dient (§ 54
SächsJG).

Sachsen-Anhalt: Ausführungsgesetz des Landes Sachsen-Anhalt zum Grundstücksverkehrsgesetz (AG-GrdstVG) **110**
v 25.10.1995 (GVBl S 302).

Genehmigungsfrei ist die Veräußerung von unbebauten Grundstücken, die **kleiner** als 2 ha sind. Ist das Grundstück mit einem für die land- oder forstwirtschaftliche Nutzung geeigneten Wirtschaftsgebäude bebaut und im
Flächennutzungsplan oder im Bebauungsplan als Fläche für die Land- oder Forstwirtschaft ausgewiesen, besteht
keine Genehmigungspflicht, wenn das Grundstück kleiner als 0,25 ha ist.

Schleswig-Holstein: Gesetz zur Durchführung des Grundstücksverkehrsgesetzes (AGGrdstVG SH) v 08.12.1961 **111**
(GVOBl 1962 S 1), letzte Änderung v 21.02.1996 (GVOBl S 231).

Die Veräußerung von Grundstücken, die **nicht größer** als 2 ha sind, bedarf keiner Genehmigung (§ 1 Abs 2
AGGrdstVG SH).

Thüringen: Thüringer Gesetz über die Genehmigungsfreiheit im Verkehr mit land- und forstwirtschaftlichen **112**
Grundstücken nach dem Grundstücksverkehrsgesetz v 30.01.1997 (GVBl S 71).

Genehmigungsfrei ist gemäß § 1 dieses Gesetzes die Veräußerung eines Grundstücks, das **kleiner** als 0,25 ha ist.

---

210 Gemäß § 3 unterliegen im Flurbereinigungs- und Zusammenlegungsverfahren in der Zeitspanne zwischen der Anordnung des Verfahrens und der Ausführungsanordnung Verfügungen über Grundstücke, deren Veräußerung genehmigungspflichtig ist, dem Vorkaufsrecht des Siedlungsunternehmens (§ 3 VOGrdstVG/RSG).

113 c) Genehmigungsverfahren. aa) Zuständige Behörde und Antragsberechtigung. Die zuständige Behörde bestimmt das Landesrecht.²¹¹ Antragsberechtigt sind die Vertragsparteien sowie bei einem Vertrag zu Gunsten Dritter auch der Dritte. Das Gesetz sieht ferner eine Ermächtigung zur Antragstellung zu Gunsten des Urkundsnotars vor (§ 3 Abs 3 GrdstVG). Dem formlosen **Antrag** muss eine Abschrift des Veräußerungsvertrages, ggf des Entwurfs bei einer Vorabgenehmigung, beigefügt werden (§ 6 Abs 1 S 1 GrdstVG). Örtlich zuständig ist die Genehmigungsbehörde, in deren Bezirk die Hofstelle des Betriebes liegt, zu dem das veräußerte Grundstück gehört, hilfsweise mangels Hofstelle die Belegenheitsbehörde (§ 18 Abs 1 GrdstVG). Im Verfahren ist die land- und forstwirtschaftliche Berufsvertretung zu hören (§ 19 GrdstVG). Liegen die Voraussetzungen für ein Vorkaufsrecht nach dem RSG vor, so ist vor der Entscheidung über die Genehmigung eine Klärung hinsichtlich der Ausübung des Vorkaufsrechtes herbeizuführen (§ 12 GrdstVG).²¹²

114 Sofern nicht im Rahmen einer Hofübergabe, die der Höfeordnung unterliegt, das Gericht entscheidet (§ 31 Abs 2 GrdstVG), ist die Entscheidung über die Genehmigung binnen eines Monats nach Eingang zu erteilen. Die **Frist** kann durch Zwischenbescheid auf zwei Monate und bei der Herbeiführung der Entscheidung über das Vorkaufsrecht nach dem RSG auf drei Monate verlängert werden (§ 6 Abs 1 GrdstVG).²¹³ Die Frist ist zwingend und kann wohl auch einvernehmlich durch Vereinbarung mit den Parteien nicht verlängert werden.²¹⁴ Allerdings können die Parteien ihre Anträge bis zur Bestandskraft einer Entscheidung zurücknehmen und später erneut stellen. Wird der Genehmigungs- oder der Zwischenbescheid nicht innerhalb der maßgeblichen Frist dem Veräußerer zugestellt, gilt die Genehmigung als erteilt. Hierüber ist ein Fiktionszeugnis zu erteilen (§ 6 Abs 3 GrdstVG). Zu beachten ist, dass die Frist nicht durch die Zustellung an den Erwerber gewahrt wird.²¹⁵ Die Zustellung an den Notar auf Grund dessen allgemeiner Ermächtigung nach § 3 Abs 2 S 2 GrdstVG dürfte nicht ausreichen, da hierin nur die Befugnis zur Antragstellung, nicht jedoch eine Zustellungsvollmacht enthalten ist.²¹⁶ Anders ist dies, wenn der Notar ausdrücklich zur Entgegennahme der Genehmigung, eines Negativzeugnisses oder auch eines Versagungsbescheides bevollmächtigt ist.²¹⁷ Bereits die allgemeine Ermächtigung des Notars berechtigt diesen auch, einen Zwischenbescheid über die Fristverlängerung in Empfang zu nehmen. Die allgemeine Empfangsvollmacht wirkt jedoch nicht in der Weise verdrängend, dass eine Zustellung nur an den Notar möglich wäre.²¹⁸ Haben die Vertragsbeteiligten den Urkundsnotar darüber hinaus bevollmächtigt, in ihrem Namen die erforderlichen Anträge auf Erteilung der Genehmigung zu stellen und die ergehenden Bescheide für die Beteiligten in Empfang zu nehmen, so geht der BGH von einer zwingenden Zustellung eines Bescheides an den Urkundsnotar aus; die alleinige Zustellung an die Vertragsbeteiligten selbst soll die Genehmigungsfrist nicht verlängern.²¹⁹

115 bb) Genehmigungsnachweis und -erteilung. Der Grundbuchvollzug darf erst erfolgen, wenn dem Grundbuchamt die unanfechtbare **Genehmigung** oder ein diesbezügliches Fiktionszeugnis bzw, wenn eine Genehmigung nicht erforderlich ist, ein entsprechendes Negativattest vorgelegt wird. Erfolgt die Eintragung ohne Genehmigung oder vor ihrer Unanfechtbarkeit, so ist auf Ersuchen der Genehmigungsbehörde ein Wider-

---

211 Ausführlich *Flik* BWNotZ 1995, 44 ff. Vgl ferner die Übersicht in *Schönfelder* Deutsche Gesetze, § 3 GrdstVG Fn 3. Genehmigungsbehörden sind in Baden-Württemberg das Landwirtschaftsamt, in Bayern die Kreisverwaltungsbehörde bzw das Staatsministerium für Ernährung, Landwirtschaft und Forsten, wenn ein Bezirk Vertragsteil ist, in Brandenburg die Landkreise und kreisfreien Städte, in Bremen die Landwirtschaftsbehörde, in Hamburg die Umweltbehörde bzw Behörde für Wirtschaft und Arbeit, in Hessen Kreisausschüsse der Landkreise, in Mecklenburg-Vorpommern die Ämter für Landwirtschaft, in Niedersachsen die Landkreise und kreisfreien Städte, in Nordrhein-Westfalen die Geschäftsführer der Kreisstellen der Landwirtschaftskammern, in Rheinland-Pfalz die Kreisverwaltung bzw. Stadtverwaltung bzw. bei Beteiligung eines Landkreises oder einer Stadt die obere Landwirtschaftsbehörde bzw bei Beteiligung eines Bezirksverbandes die oberste Landwirtschaftsbehörde, im Saarland die Landkreise, der Stadtverband Saarbrücken, die Landeshauptstadt Saarbrücken und die kreisfreien Städte bzw bei Beteiligung eines Landkreises oder einer kreisfreien Stadt das Landwirtschaftsministerium, in Sachsen die Landwirtschaftsämter, in Sachsen-Anhalt die Landkreise und kreisfreien Städte, in Schleswig-Holstein die Ämter für Land- und Wasserwirtschaft und in Thüringen die Landwirtschafts- und Flurneuordnungsämter.
212 Vgl. Rdn 259 ff.
213 Vgl OLG Koblenz OLGR Frankfurt 2006, 888.
214 So *Schöner/Stöber* Rn 4005; ebenso bereits *Lange* GrdstVG, 1962, § 6 Anm 5; *Wöhrmann* GrdstVG, 1963, S 121 u *Netz* GrdstVG, § 6 Anm 4.6.2 aE.
215 § 6 Abs 2 GrdstVG; BGH DNotZ 1979, 560 = Rpfleger 1979, 193.
216 OLG Naumburg NJ 2002, 101 (LS).
217 Wegen der Rechtsbehelfsfristen sollte der Notar jedoch nicht zur Empfangnahme einer ablehnenden Entscheidung bevollmächtigt werden. Formulierungsbeispiel: Der Notar ist zur Entgegennahme der Genehmigung und eines Negativzeugnisses, nicht jedoch eines Ablehnungsbescheides oder einer Genehmigung unter Bedingungen oder Auflagen bevollmächtigt. Er soll jedoch keine Ablichtung erhalten.
218 Str, ebenso *Schöner/Stöber* Rn 4006; **aA** OLG Celle RdL 1980, 44 u BGHZ 123, 1 = DVBl 1993, 1352 = MDR 1993, 1183 = NJW 1993, 3061 = WM 1993, 1805.
219 So BGHZ 132, 368 = DNotZ 1997, 630 = MDR 1996, 853 = NJW 1996, 2102 = WM 1996, 1738 = ZIP 1996, 1254.

spruch im Grundbuch einzutragen.[220] Das Grundbuchamt ist außerdem befugt, einen Amtswiderspruch im Grundbuch einzutragen. Auch ohne Genehmigung bleibt der Vorgang rechtsbeständig, wenn die Eintragung ein Jahr besteht und kein Widerspruch gegen die Richtigkeit des Grundbuchs innerhalb der Jahresfrist eingetragen oder beantragt wurde (§ 7 Abs 3 GrdstVG). Diese Genehmigungsfiktion gilt auch bei einer Schwarzpreisabrede hinsichtlich des wirklich gewollten und durch Grundbucheintragung geheilten Kaufvertrages.[221] Sie soll den guten Glauben an die Richtigkeit des Grundbuchs wiederherstellen.

Auf die Erteilung der Genehmigung besteht ein **Anspruch** (§ 9 Abs 1 GrdstVG). Eine rechtswidrige Versagung und eine Verzögerung der Erteilung können Entschädigungsansprüche des betroffenen Grundstückseigentümers begründen.[222] Liegt keine Genehmigungsfreiheit (§ 4 GrdstVG) und kein Anspruch auf Genehmigungserteilung (§ 8 GrdstVG) vor, so kann die Genehmigung versagt oder unter Auflagen oder Bedingungen erteilt werden (§§ 9 ff GrdstVG), wenn eine ungesunde Verteilung von Grund und Boden,[223] eine unwirtschaftliche Verkleinerung oder ein grobes Missverhältnis[224] des Gegenwerts zum Wert des Grundstücks vorliegt.[225] **116**

Die **Genehmigungserteilung** hat zu erfolgen (§ 8 GrdstVG), wenn **117**

– eine **Gemeinde** oder ein Gemeindeverband an der Veräußerung beteiligt ist (§ 8 Nr 1 GrdstVG). Voraussetzung ist, dass das Grundstück im Bereich dieser Körperschaft liegt und in einem Flächennutzungs- oder Bebauungsplan nicht als Fläche für die Land- und Forstwirtschaft vorgesehen ist. **118**

– ein land- oder forstwirtschaftlicher Betrieb **geschlossen** oder im Wege der vorweggenommenen Erbfolge übertragen oder an einem Grundstück ein Nießbrauch bestellt wird (§ 8 Nr 2 GrdstVG).[226] Begünstigt ist ein derartiger Vorgang nur, wenn der Erbe der Ehegatte des Eigentümers oder mit ihm in gerader Linie verwandt oder bis zum dritten Grad in der Seitenlinie verwandt oder bis zum zweiten Grad verschwägert ist. Diese Vorschrift dürfte analog auf den eingetragenen Lebenspartner anwendbar sein.[227] Eine geschlossene Übergabe an eine Person ist nicht erforderlich.[228] Umstritten ist, ob ein Anspruch auf Genehmigungserteilung auch besteht, wenn bei einer Hofübergabe ein Rückbehalt einzelner Grundstücke durch den Übergeber oder eine Abfindung weichender Erben erfolgt; dies ist zu bejahen, wenn man in der zweiten Alternative einen eigenen Tatbestand sieht.[229] **119**

– ein gemischter Betrieb **insgesamt** veräußert wird und die land- oder forstwirtschaftliche Fläche nicht die Grundlage für eine selbständige Existenz bietet (§ 8 Nr 3 GrdstVG).[230] **120**

– die Veräußerung einer **Grenzverbesserung** dient (§ 8 Nr 4 GrdstVG). Beispiel hierfür ist die »freiwillige Umlegung oder Flurbereinigung«. **121**

– Grundstücke zur Verbesserung der Landbewirtschaftung oder aus anderen volkswirtschaftlich gerechtfertigten Gründen **getauscht** werden und die Tauschaufgabe nicht mehr als ein Viertel des höheren Grundstückswertes ausmacht (§ 8 Nr 5 GrdstVG). **122**

– Grundstücke im **Vorfeld einer Enteignung**, bergrechtlichen Grundabtretung oder zur Erfüllung einer gesetzlichen Übernahmeverpflichtung übertragen werden (§ 8 Nr 6 GrdstVG). **123**

---

220 BGHZ 94, 24 = NJW 1985, 1902. Vgl auch *Gehse* RNotZ 2007, 61, 77.
221 BGH NJW 1981, 1957.
222 BGH NJW 1997, 1229 = LM Art 14 (Cc) GrdstVG Nr 61 u BGHZ 136, 182 = BayVBl 1998, 764 = DNotZ 1998, 468 = MDR 1997, 824 = NJW 1997, 3432 = NuR 1998, 333 = UPR 1998, 21 = ZfBR 1997, 329 = ZfIR 1997, 466. Zu den zivilrechtlichen Auswirkungen der Versagung für gleichartige Verträge s BGH MDR 1993, 693 = NJW 1993, 648. Zur Rechtsverletzung s BGH NJW-RR 1991, 1290 u BGH NVwZ-RR 1995, 1 = UPR 1994, 390.
223 BGH NJW-RR 1986, 312; BGH NJW-RR 1991, 1481; BGHZ 112, 86 = NJW 1991, 107; BGHZ 116, 348 = NJW 1992, 1457; BGH DNotZ 1996, 885 = NJW-RR 1996, 528; BGH DNotZ 1997, 427 = MDR 1997, 232 = NJW-RR 1997, 336 = NuR 1997, 310 = ZfIR 1997, 37; BGH NJW-RR 1998, 1472 = NuR 1996, 616 = ZfIR 1998, 608; BGH NJOZ 2006, 2063; BGH DNotZ 2006, 785 = NJW-RR 2006, 1245 = NotBZ 2006, 282; OLG Oldenburg NdsRpfl 1985, 141; OLG Jena OLG-NL 1998, 254; OVG Weimar NuR 1999, 659; OLG Jena NuR 2000, 539; OLG Oldenburg NuR 2002, 118; OLG Schleswig SchlHA 2007, 63; AG Dannenberg NuR 1983, 285. Zu Kollision mit naturschutzrechtlichen Belangen s *Netz* NuR 2003, 663 ff.
224 BGH DNotZ 2001, 724 = MDR 2001, 861 = NJW-RR 2001, 1021 = ZEV 2001, 320 = ZfIR 2001, 569.
225 Vgl BGHZ 124, 217 = FamRZ 1994, 245 = NJW 1994, 733; AG Lahr NJW-RR 1992, 601; AG Ellwangen BWNotZ 1997, 150.
226 Zum Begriff der Hofstelle OLG Frankfurt OLGR Frankfurt 2006, 456.
227 **AA** wohl *Schöner/Stöber* Rn 3975, die die entsprechende Anwendung generell ablehnen. Unstr besteht im Verlöbnis (§ 1297 BGB, § 1 Abs 3 LPartG) keine Genehmigungspflicht.
228 BGH DNotZ 2000, 313 = NJW-RR 2000, 665 = ZEV 2000, 205; **aA** *Lange* GrdstVG, 1962, § 8 Anm 4.
229 **AA** *Schöner/Stöber* Rn 3975 u *Netz* GrdstVG, § 8 Anm 4.8.5.1.2; wie hier *Lange* GrdstVG, 1962, § 8 Anm 4.
230 Zur Genehmigungsschädlichkeit von Veräußerungseinschränkungen s OLG Celle OLGR Celle 2006, 102.

124 – Ersatzland zur **Existenzsicherung**, zur Aufgabenerfüllung oder zur Verpachtung an einen beeinträchtigten Landwirt erworben wird (§ 8 Nr 7 GrdstVG).

125 Liegt ein Versagungsgrund vor, kann eine Genehmigung unter Auflagen oder Bedingungen für den Erwerber sowie unter der Bedingung, dass eine bestimmte Vertragsänderung erfolgt, erteilt werden. Eine derartige Nebenbestimmung ist jedoch nur zulässig, wenn damit ein Versagungsgrund ausgeräumt werden kann.[231] Bei einer Genehmigungserteilung unter Auflagen besteht ein gesetzliches Rücktrittsrecht der betroffenen Vertragspartei (§ 10 Abs 2 GrdstVG).

126 **cc) Grundbuchvollzug**. Das Grundbuchamt hat in eigener Zuständigkeit zu prüfen, ob die Voraussetzungen einer Genehmigungspflicht bei der Veräußerung land- oder forstwirtschaftlicher Flächen vorliegen. Nur wenn konkrete Zweifel an der Genehmigungsfreiheit bestehen, kann die Eigentumsumschreibung von der Vorlage einer Genehmigung bzw eines Negativattests abhängig gemacht werden.[232] Dies ist bei der Veräußerung von »Kleinflächen« unterhalb der maßgeblichen Freigrenzen nur dann der Fall, wenn auf Grund bestimmter Tatsachen berechtigte Zweifel daran bestehen, dass die Freigrenzen überschritten sind.[233] Demgegenüber besteht in den Fällen der Genehmigungspflicht (§ 8 GrdstVG) keine **Prüfungskompetenz des Grundbuchamtes**; in diesen Fällen ist vielmehr die behördliche Genehmigung oder die sie ersetzende gerichtliche Entscheidung[234] dem Grundbuchamt nachzuweisen. Wird eine Genehmigung unter einer Bedingung erteilt, so hat die Genehmigungsbehörde über den Bedingungseintritt auf Antrag eine Bescheinigung zu erteilen (§ 11 Abs 2 GrdstVG). Der Genehmigungseintritt kann nicht in anderer Form nachgewiesen werden. Ist eine Genehmigung uneingeschränkt erteilt worden, kann das Grundbuchamt nicht verlangen, dass die Unanfechtbarkeit des Bescheids noch gesondert nachgewiesen wird.[235]

127 Das Verfahren vor der Genehmigungsbehörde ist gebühren- und auslagenfrei (§ 23 GrdstVG). Wird der Notar mit der Erholung der Genehmigung beauftragt, so fällt eine Gebühr nach § 146 Abs 1 S 1 KostO an. Bei der Veräußerung mehrerer Grundstücke, die keine rechtliche Einheit bilden, bestimmt sich der Geschäftswert nur aus dem Teil des Geschäfts, der eine Vollzugstätigkeit erfordert.[236] Beispiel ist die Veräußerung eines innerörtlichen Miethauses und eines landwirtschaftlichen Grundstücks. In diesem Fall bestimmt sich der Geschäftswert nur aus dem Wert des landwirtschaftlichen Grundstücks, für das die Genehmigung erforderlich ist. Dies ist unabhängig davon, ob eine wirtschaftliche Einheit vorliegt. Entscheidend ist nämlich der Gegenstand der Genehmigung.

7. Genehmigungspflichten im Enteignungsrecht

a) Die Enteignung zur städtebaulichen Planverwirklichung. aa) Zweck und Gegenstand der Enteig-
128 **nung**. Die §§ 85 ff BauGB regeln den Fall der **Administrativenteignung**, das heißt der unmittelbaren Eigentumsentziehung durch Verwaltungsakt. Sie dient insbesondere dem Vollzug des Bebauungsplans (so genannte planakzessorische Enteignung), der Lückenschließung im Innenbereich, der Beschaffung von Ersatzland, der Begründung von entzogenen Rechten und der Durchsetzung von Baugeboten (§ 85 BauGB). Eine Enteignung ist nur zum Wohl der Allgemeinheit zulässig. Voraussetzung ist ferner, dass der Enteignungszweck auf andere zumutbare Weise nicht erreicht werden kann (§ 87 Abs 1 BauGB). Gegenstand der Enteignung sind unter anderem das Eigentum und Rechte an Grundstücken. Sie können entzogen und belastet werden (§ 86 Abs 1 Nr 1 u 2 BauGB). Die Form des Eigentums, nämlich Alleineigentum, Miteigentum, Gesamthandseigentum, Wohnungs- und Teileigentum, ist unerheblich. Betroffen ist auch das Eigentum an Grundstücksteilen (§ 200 Abs 1 BauGB). Ebenso können grundstücksgleiche Rechte zB das Erbbaurecht Gegenstand der Enteignung sein.[237]

129 Die Entziehung des Eigentums hat zur Folge, dass die Eigentumsposition des Betroffenen beseitigt wird und der Begünstigte zu dem in § 117 Abs 5 S 1 BauGB genannten Zeitpunkt originäres Eigentum erwirbt. Das in seiner Hand entstehende Eigentum ist frei von allen privatrechtlichen Belastungen, soweit sie durch den Enteignungsbeschluss nicht ausnahmsweise aufrecht erhalten bleiben (§ 97 Abs 1 BauGB).[238] Enteignungsfähig sind neben Grundstücken und grundstücksgleichen Rechten auch andere dingliche Rechte wie zB Dienstbarkeiten, ding-

---

231 BGH DNotZ 1999, 85 = NJW-RR 1998, 1470 = NuR 1998, 615 = ZflR 1998, 610.
232 OLG Zweibrücken FGPrax 1999, 3 = MittBayNot 1999, 98 = NJW-RR 1999, 454 = Rpfleger 1999, 179; OLG Saarbrücken RNotZ 2006, 619 u LG Regensburg RdL 1987, 211; teils abweichend OLG Frankfurt Rpfleger 1980, 197.
233 BayObLGZ 1969, 144 u BayObLG MittBayNot 2001, 206 = NJW-RR 2001, 736 = Rpfleger 1999, 179.
234 Zur Befugnis der Behörde zur Genehmigungserteilung noch im gerichtlichen Verfahren s BGHZ 84, 70 = NJW 1982, 2251.
235 BGHZ 94, 24 = NJW 1985, 1902.
236 *Tiedtke* Notarkosten im Grundstücksrecht, 2. Aufl 2007, Rn 524.
237 Str, wie hier *Battis* in *Battis/Krautzberger/Löhr* § 86 Rn 2.
238 Zum Bestehenbleiben öffentlich-rechtlicher Lasten s *Halama* in Berliner Kommentar z BauGB, § 86 Rn 23.

liche Vorkaufsrechte, Reallasten und Grundpfandrechte.[239] Neben der **Vollenteignung** ist auch eine **Teilenteignung** durch Belastung eines Grundstücks mit einem dinglichen Recht möglich. In Betracht kommen die Grunddienstbarkeit, die beschränkte persönliche Dienstbarkeit und das Erbbaurecht. Sie dienen vor allem der Sicherung der Erschließung sowie der Belassung von Bauwerken.[240] Dagegen scheiden Hypotheken, Grund- und Rentenschulden sowie Reallasten und Vorkaufsrechte als im Rahmen einer Enteignung neu zu begründende dingliche Rechte aus, da sie den Enteignungszweck nicht fördern können.[241] Sie können jedoch als Ersatzrecht begründet werden. Bei der Belastung des Grundstücks mit einem Recht ist im Enteignungsbeschluss zugleich der Rang dieses Rechts festzulegen.

Der Entzug oder die Belastung von Rechten an Grundstücken betrifft sämtliche **dinglichen Grundstücks-** **130** **rechte**, und zwar sowohl bundes- als auch landesrechtliche Rechte wie zB ein Fischerei- oder ein Forstrecht.[242] Nicht Gegenstand einer Enteignung können die unmittelbar auf Gesetz beruhenden Eigentumsbeschränkungen wie zB das Notwegerecht und das Überbaurecht sein.[243] Dies ist hinsichtlich des Überbaurechts überzeugend, da dieses Recht durch Enteignung des Überbaus beseitigt werden kann. Hinsichtlich der Notwege- und Notleitungsrechte ist dies allerdings fraglich, da nicht in sämtlichen Fällen durch eine Erschließung das diesbezügliche Recht entfallen wird. Kein Gegenstand einer selbständigen Enteignung ist eine Vormerkung. Als akzessorisches Recht entfällt sie, wenn der durch sie gesicherte Anspruch enteignet wird. Die Entziehung eines Rechts an einem Grundstück kann vollständig durch Aufhebung, aber auch teilweise durch Inhaltsänderung geschehen. Denkbar und im Hinblick auf die Sicherung im Falle einer Zwangsversteigerung in Ländern, die Baulasten nicht kennen, auch praxisrelevant ist die Änderung des Rangs eines Rechtes durch einen Rangrücktritt.[244]

Im Hinblick auf das im Enteignungsrecht geltende **Verhältnismäßigkeitsprinzip** kann eine Belastung eines **131** Grundstücks mit einem Recht, wenn sie zur Verwirklichung des Enteignungszwecks ausreicht, Vorrang vor der Vollenteignung haben (§ 92 Abs 1 S 2 BauGB). Der Eigentümer kann jedoch bei Belastung eines Grundstücks oder bei Enteignung eines Teils die Vollenteignung bzw. die Ausdehnung der Enteignung verlangen (§ 92 Abs 2 u 3 BauGB).

bb) Enteignungsverfahren und Grundbuch. Die Enteignungsbehörde ist die höhere Verwaltungsbehörde **132** (§ 104 Abs 1 BauGB). Einzelheiten regeln die Länder. Das die Enteignung vorbereitende Verfahren beginnt mit dem Eingang des Enteignungsantrags bei der Belegenheitsgemeinde (§ 105 S 1 BauGB). Die eigentliche Einleitung des Enteignungsverfahrens setzt die Anberaumung eines Termins zur mündlichen Verhandlung durch die Enteignungsbehörde voraus (§ 108 Abs 1 S 1 BauGB).[245] Die Enteignungsbehörde hat dem Grundbuchamt die Einleitung des Enteignungsverfahrens mitzuteilen. Zugleich ersucht die Enteignungsbehörde das Grundbuchamt, in das Grundbuch des betroffenen Grundstücks einen **Enteignungsvermerk** einzutragen (§ 108 Abs 6 BauGB). Die Eintragung wirkt nicht konstitutiv.[246] Ein Gutglaubensschutz dahingehend, dass ein Enteignungsverfahren nicht eingeleitet ist, wenn das Grundbuch den Vermerk nicht enthält, besteht nicht. Das Grundbuchamt ist seinerseits verpflichtet, die Enteignungsbehörde von allen Eintragungen zu benachrichtigen, die nach dem Zeitpunkt der Einleitung des Enteignungsverfahrens im Grundbuch des betroffenen Grundstücks vorgenommen worden sind oder vorgenommen werden. Auch insoweit ist unerheblich, ob der Enteignungsvermerk bereits eingetragen ist; ebenso ist der Zugang der Mitteilung über die Einleitung des Enteignungsverfahrens für die Benachrichtigungspflicht ohne Bedeutung. In der Gestaltung des Mitteilungsverfahrens (Übermittlung eines Grundbuchauszugs und späterer Ergänzung oder Übermittlung jeweils aktueller Grundbuchauszüge) sind die Enteignungsbehörde und das Grundbuchamt frei. Das Grundbuchamt hat bei der Eintragung des Enteignungsvermerks und der Mitteilungspflicht keine Prüfungsbefugnis hinsichtlich der Zulässigkeit des Enteignungsverfahrens. Der Enteignungsvermerk ist auf Ersuchen der Behörde zu löschen, wenn das Enteignungsverfahren beendet ist. Auch insoweit besteht keine eigene Prüfungsbefugnis oder Löschungskompetenz des Grundbuchamtes.[247]

Das Enteignungsverfahren endet mit einer Einigung; diese steht einem nicht mehr anfechtbaren Enteignungs- **133** beschluss gleich (§ 110 BauGB). Denkbar ist auch eine Teileinigung (§ 111 BauGB). Soweit eine Einigung nicht zustande kommt, entscheidet die Enteignungsbehörde durch Beschluss über den Enteignungsantrag. Dieser enthält zugleich die Entscheidung darüber, welche Rechte an dem Gegenstand der Enteignung aufrecht erhal-

---

239 *Battis* in *Battis/Krautzberger/Löhr* § 86 Rn 4.
240 *Runkel* in *Ernst/Zinkahn/Bielenberg/Krautzberger* § 86 Rn 41 ff.
241 *Runkel* in *Ernst/Zinkahn/Bielenberg/Krautzberger* § 86 Rn 44 u *Reisnecker* in *Brügelmann* (Hrsg) BauGB, § 86 Rn 6 ff.
242 Umstr für Fischerei- u Jagdrechte, s BGHZ 84, 261/264 u *Halama* in Berliner Kommentar z BauGB, § 86 Rn 17.
243 So *Runkel* in *Ernst/Zinkahn/Bielenberg/Krautzberger* § 86 Rn 51.
244 Dies übersieht *Runkel* in *Ernst/Zinkahn/Bielenberg/Krautzberger* § 86 Rn 56.
245 BGHZ 48, 286.
246 *Dyong* in *Ernst/Zinkahn/Bielenberg/Krautzberger* § 108 Rn 18.
247 *Reisnecker* in *Brügelmann* (Hrsg) BauGB, § 108 Rn 35.

ten bleiben und mit welchen Rechten der Gegenstand der Enteignung, das Ersatzland oder ein anderes Grundstück belastet werden (§ 112 BauGB). Die durch diesen Verwaltungsakt beabsichtigten Rechtsänderungen treten nicht bereits mit seinem Erlass und auch nicht mit seiner Unanfechtbarkeit ein, sondern erst mit dem in der **Ausführungsanordnung** festgelegten Tag. An diesem Tag wird der bisherige Rechtszustand durch den im Enteignungsbeschluss genannten neuen Rechtszustand ersetzt (§ 117 Abs 5 BauGB). Die Ausführungsanordnung schließt die Einweisung in den Besitz des enteigneten Grundstücks und des Ersatzlandes zu dem festgesetzten Tag ein (§ 117 Abs 6 BauGB).[248]

134 Der **Enteignungsbeschluss** hat den Gegenstand der Enteignung, und zwar wenn das Eigentum an einem Grundstück Gegenstand der Enteignung ist, das Grundstück nach Größe, grundbuchmäßiger, katastermäßiger und sonst üblicher Bezeichnung,[249] und wenn ein anderes Recht an einem Grundstück Gegenstand einer selbständigen Enteignung ist, dieses Recht nach Inhalt und grundbuchmäßiger Bezeichnung zu bezeichnen (§ 113 Abs 2 Nr 4a u 4b BauGB). Die Enteignungsbehörde übersendet dem Grundbuchamt eine beglaubigte Abschrift des Enteignungsbeschlusses und der Ausführungsanordnung und ersucht es, die Rechtsänderungen in das Grundbuch einzutragen (§ 117 Abs 7 BauGB). Das Ersuchen ist zu unterschreiben und mit Dienstsiegel zu versehen.[250] Die Eintragung in das Grundbuch hat nur deklaratorische Bedeutung, da die Rechtsänderung bereits an dem in der Ausführungsanordnung festgesetzten Tag eintritt. Ist der Enteignungsbeschluss durch Urteil geändert worden, so muss dem Grundbuchamt von der Enteignungsbehörde auch das Urteil mit Rechtskraftzeugnis zugestellt werden.

135 Der Umfang der Grundbuchberichtigung ergibt sich aus dem Enteignungsbeschluss. Grundsätzlich trägt die Enteignungsbehörde die Verantwortung dafür, dass die Voraussetzungen für das Ersuchen tatsächlich vorliegen.[251] Das **Grundbuchamt** kann deshalb nicht die Vorlage eines Briefes bei einer Briefhypothek oder -grundschuld fordern. Allerdings muss es **prüfen**, ob durch die beantragte Eintragung das Grundbuch unrichtig würde. Ferner hat es zu prüfen, ob die ersuchende Behörde zum Erlass des Enteignungsbeschlusses und der Ausführungsanordnung zuständig ist, und ob das Ersuchen formell und inhaltlich den gesetzlichen Anforderungen entspricht.[252] Dagegen muss es nicht prüfen, ob der Enteignungsbeschluss sachlich richtig ist und die Voraussetzungen für den Erlass der Ausführungsanordnung vorgelegen haben.[253] Nicht ersetzt wird durch den Enteignungsbeschluss und die Ausführungsanordnung die für die Eigentumsumschreibung ggf erforderliche Unbedenklichkeitsbescheinigung des Finanzamts. Eine Voreintragung muss gegebenenfalls analog § 14 GBO von der ersuchenden Behörde beantragt werden.

136 **cc) Genehmigungspflicht zur Sicherung.** Im Enteignungsverfahren besteht eine der entsprechenden Anordnung im Umlegungsverfahren (§ 51 BauGB) nachgebildete Genehmigungspflicht (§ 109 BauGB). Es handelt sich um ein Verbot mit Erlaubnisvorbehalt. Ab der Bekanntmachung über die Einleitung des Enteignungsverfahrens (§ 108 Abs 5 BauGB) gilt eine Genehmigungspflicht für Rechtsgeschäfte entsprechend den Pflichten im Umlegungsverfahren.[254] Ausnahmsweise kann die Genehmigungspflicht bereits zu einem früheren Zeitpunkt angeordnet werden (§ 109 Abs 3 BauGB). Diese Anordnung kann nach überwiegender Ansicht nicht auf einzelne Rechtsvorgänge, Vorhaben oder Teilungen beschränkt werden.[255] Sie ist öffentlich bekannt zu machen und dem Grundbuchamt mitzuteilen. Die **Genehmigungspflicht** hat zur Folge, dass Rechtsgeschäfte bis zur Entscheidung über den Genehmigungsantrag schwebend unwirksam sind. Soweit für einen genehmigungsbedürftigen Rechtsvorgang eine Eintragung in das Grundbuch erforderlich ist, darf die Eintragung erst erfolgen, wenn die Genehmigung erteilt ist. Das Grundbuchamt hat die Genehmigungspflicht von Amts wegen zu beachten, sobald es Kenntnis vom Enteignungsverfahren hat. Die gesetzlich vorgesehenen Mitteilungen sind nicht Voraussetzung für die Beachtungspflicht. Mit der Bekanntmachung über die Einleitung des Enteignungsverfahrens bzw der Bekanntmachung der Anordnung des früheren Eintritts der Genehmigungspflicht tritt vielmehr automatisch die Genehmigungspflicht ein. Ohne Genehmigung vorgenommene Eintragungen machen das Grundbuch unrichtig.

---

248 Zur Möglichkeit einer vorzeitigen Besitzeinweisung vgl § 116 BauGB.

249 Bei einer Teilfläche ist zur Bezeichnung auf Vermessungsniederschriften Bezug zu nehmen. Bei der Belastung eines Grundstücks mit einem Recht sind die Art, der Inhalt sowie der Rang des Rechts, der Berechtigte und das Grundstück anzugeben. Ferner sind die Eigentums- und sonstigen Rechtsverhältnisse vor und nach der Enteignung in den Enteignungsbeschluss aufzunehmen. Kann der Grundstücksteil nicht in dieser Form bezeichnet werden, so kann der Enteignungsbeschluss ihn auf Grund fester Merkmale in der Natur oder durch Bezugnahme auf die Eintragung in einen Lageplan bezeichnen. Liegt das Ergebnis der Vermessung vor, ist der Enteignungsbeschluss durch einen Nachtragsbeschluss anzupassen (§ 113 Abs 2 Nr 4 u Abs 4 BauGB).

250 *Dyong G* in *Ernst/Zinkahn/Bielenberg/Krautzberger* § 117 Rn 17.

251 BayObLG DNotZ 1988, 781 u *Krohn* Enteignung, Entschädigung, Staatshaftung, 1993, Rn 262.

252 BayObLG BayVBl 1972, 613 u *Breuer* in *Schrödter* BauGB, § 117 Rn 22.

253 *Dyong* in *Ernst/Zinkahn/Bielenberg/Krautzberger* § 117 Rn 17 u *Reisnecker* in *Brügelmann* (Hrsg) BauGB, § 117 Rn 32.

254 Vgl Rdn 45 ff.

255 *Dyong* in *Ernst/Zinkahn/Bielenberg/Krautzberger* § 109 Rn 14.

Die Genehmigungspflicht **endet** mit dem Termin der Ausführungsanordnung, der unanfechtbaren Ablehnung **137**
des Enteignungsantrags oder der Erledigung der Enteignung durch eine Einigung, soweit diese reicht.[256] Die
vorzeitige Anordnung nach § 109 Abs 3 BauGB endet ab der Bekanntmachung der Einleitung des Enteignungsverfahrens, da von diesem Zeitpunkt an ohnehin die Genehmigungspflicht nach § 109 Abs 1 BauGB gilt.

Auf die Erteilung der Genehmigung besteht ein **Rechtsanspruch** (§ 109 Abs 2 BauGB). Die Genehmigung **138**
darf nach hM mit einer Nebenbestimmung versehen werden, wenn diese sicherstellen soll, einen Versagungsgrund auszuräumen.[257] Während des Zeitraums, in dem die Genehmigungspflicht gilt, darf das Grundbuchamt
Rechtsänderungen, die einer Genehmigung bedürfen, nicht ohne Genehmigung eintragen. Eintragungen ohne
Genehmigung machen das Grundbuch unrichtig. Das Grundbuchamt hat einen Widerspruch von Amts wegen
einzutragen (§ 53 GBO).

b) Die Landesenteignungsgesetze. Die **Regelungsdichte** der Landesenteignungsgesetze ist unterschied- **139**
lich. Manche beschränken sich auf die Normierung des Enteignungsverfahrens. Andere enthalten auch
Ermächtigungsgrundlagen für Enteignungen.

Baden-Württemberg: LEntG v 06.04.1982 (GBl S 97), letzte Änderung v 14.12.2004 (GBl S 884). **140**

Lässt die Enteignung von Grundstücken (§ 1 LEntG) durch Eigentumsentzug und -belastung sowie Entziehung,
Änderung und Belastung anderer Rechte und Grundstücke zu (§ 3 Abs 1 Nr 1 u 2 LEntG). Dies gilt ebenso
für Grundstücksteile (§ 3 Abs 3 LEntG) und für grundstücksgleiche Rechte (§ 3 Abs 4 LEntG). Das Enteignungsverfahren wird vom Regierungspräsidium als Enteignungsbehörde durchgeführt (§ 17 Abs 1 LEntG). Von
der Bekanntmachung des Enteignungsverfahrens oder vom Beginn der Auslegung des Plans im Planfeststellungsverfahren (§ 24 LEntG) an besteht eine **Verfügungs- und Veränderungssperre** für Verfügungen über
ein Grundstück oder Rechte an einem Grundstück (§ 26 Abs 1 S 1 Nr 1 LEntG). Die Sperre wird auf Ersuchen
der Enteignungsbehörde im Grundbuch eingetragen (§ 26 Abs 4 LEntG). Mit dem in der Ausführungsanordnung festzusetzenden Tag tritt der neue Rechtszustand ein. Das Grundbuch wird auf Ersuchen der Enteignungsbehörde unter Übersendung einer beglaubigten Abschrift des Enteignungsbeschlusses und der
Ausführungsanordnung berichtigt; die Sperre wird gelöscht (§ 32 Abs 4 LEntG). Eine Aufhebung des Enteignungsbeschlusses wird dem Grundbuchamt mitgeteilt (§ 35 Abs 3 LEntG).

Bayern: Bayerisches Gesetz über die entschädigungspflichtige Enteignung v 25.07.1978 (BayRS 2141-1-I), **141**
letzte Änderung v 24.12.2002 (GVBl S 962).

Gemäß Art 2 Abs 1 Nr 1 u 2 BayEG können durch Enteignung Eigentümern ein Grundstück oder andere
Rechte an Grundstücken entzogen, geändert oder belastet werden. Dies gilt entsprechend für Grundstücksteile
und grundstücksgleiche Rechte (Art 2 Abs 4 u 5 BayEG). Im Enteignungsverfahren gilt von der Bekanntmachung (Art 26 Abs 7 BayEG) oder vom Beginn der Auslegung der Pläne im Planfeststellungsverfahren an eine
Verfügungs- und Veränderungssperre, die Verfügungen über ein Grundstück und über Rechte an einem
Grundstück betrifft (Art 27 Abs 1 Nr 1 BayEG). Die Verfügungs- und Veränderungssperre wird im Grundbuch
eingetragen (Art 27 Abs 4 S 1 BayEG). Mit dem in der Ausführungsanordnung festgesetzten Tag wird der bisherige Rechtszustand durch den im Enteignungsbeschluss geregelten neuen Rechtszustand ersetzt. Die Enteignungsbehörde (= Kreisverwaltungsbehörde, Art 19 BayEG) übersendet dem Grundbuchamt eine beglaubigte
Abschrift des Enteignungsbeschlusses und der Ausführungsanordnung und ersucht es, das Grundbuch entsprechend den Rechtsänderungen zu berichtigen (Art 34 Abs 7 BayEG). Eine Aufhebung des Enteignungsbeschlusses ist dem Grundbuchamt abschriftlich mitzuteilen (Art 37 Abs 3 BayEG).

Berlin: Berliner Enteignungsgesetz vom 14.07.1964 (GVBl S 737), letzte Änderung vom 30.11.1984 (GVBl **142**
S 1664).

Gegenstand der Enteignung sind nur die in § 86 BBauG v 23.06.1960 (BGBl I S 341) genannten Gegenstände.
Hierzu gehören auch das Eigentum an Grundstücken und Rechte an Grundstücken. Für das Enteignungsverfahren gelten die Vorschriften des BBauG (jetzt BauGB) entsprechend (§ 5 BerlEntG). Die Enteignung unbe-
weglicher Kulturdenkmale sieht § 26 Abs 2 DschGBln vor. Im Grundbuch wird ein Enteignungsvermerk auf
Ersuchen der Behörde eingetragen (§ 31 Abs 3 DschGBln). Das Enteignungsverfahren ist bis zur Löschung des
Enteignungsvermerks mit einer **Verfügungssperre** für die Grundeigentümerinnen oder Grundeigentümer
sowie Drittberechtigte verbunden (§ 31 Abs 4 DschGBln).

Brandenburg: Enteignungsgesetz des Landes Brandenburg v 19.10.1992 (GVBl I S 430), letzte Änderung vom **143**
07.07.1997 (GVBl I S 72).

---

256 *Battis* in *Battis/Krautzberger/Löhr* § 109 Rn 2.
257 So *Dyong* in *Ernst/Zinkahn/Bielenberg/Krautzberger* § 109 Rn 4 u *Battis* in *Battis/Krautzberger/Löhr* § 109 Rn 4.

Durch Enteignung kann das Eigentum an Grundstücken entzogen oder belastet werden, das Eigentum an selbständigem Gebäudeeigentum entzogen oder belastet werden sowie andere Rechte an Grundstücken entzogen oder belastet werden. Dies gilt entsprechend für Grundstücksteile und grundstücksgleiche Rechte (§ 3 Abs 1 Nr 1, 2, 3 Abs 5, Abs 6 EntGBbg). Gemäß § 26 Abs 1 EntGBbg besteht von der Bekanntmachung über die Einleitung des Enteignungsverfahrens oder von der Auslage des Planes im Planfeststellungsverfahren an eine **Verfügungs- und Veränderungssperre** (§ 26 Abs 1 EntGBbg). Betroffen sind Grundstücksteilungen, Verfügungen über ein Grundstück und über Rechte an einem Grundstück sowie Vereinbarungen, durch die einem anderen ein Recht zum Erwerb eines Grundstücks oder Grundstücksteils eingeräumt wird. Bei Erteilung der Genehmigung unter Auflagen, Bedingungen oder Befristungen besteht ein gesetzliches Rücktrittsrecht (§ 26 Abs 4 EntGBbg). Die Genehmigungspflicht kann bereits zu einem früheren Zeitpunkt angeordnet werden (§ 26 Abs 5 EntGBbg). Im Grundbuch ist ein Enteignungsvermerk einzutragen (§§ 25 Abs 5, 26 Abs 5 S 4 EntGBbg). Mit dem in der Ausführungsanordnung festzusetzenden Tag wird der bisherige Rechtszustand durch den im Enteignungsbeschluss geregelten neuen Rechtszustand ersetzt (§ 33 Abs 5 EntGBbg). Ist die Ausführungsanordnung unanfechtbar, so ersucht die Enteignungsbehörde das Grundbuchamt unter Übersendung einer beglaubigten Abschrift des Enteignungsbeschlusses und der Ausführungsanordnung um Eintragung der Rechtsänderung in das Grundbuch und Löschung der Vermerke. Diese Vermerke sind auch dann zu löschen, wenn das Enteignungsverfahren beendet wird, ohne dass eine Ausführungsanordnung ergeht (§ 33 Abs 7 EntGBbg). Dies gilt insbesondere bei unanfechtbarer Aufhebung des Enteignungsbeschlusses (§ 36 Abs 2 EntGBbg).

144 *Bremen:* Enteignungsgesetz für die Freie Hansestadt Bremen v 05.10.1965 (BremGBl S 129), letzte Änderung vom 12.06.1973 (BremGBl S 127).

Gemäß § 3 Abs 1 BremEntG können durch Enteignung das Eigentum an Grundstücken und andere Rechte an Grundstücken entzogen oder belastet werden. Für das Enteignungsverfahren gelten die Vorschriften der §§ 107 ff BBauG (nunmehr: **BauGB**) entsprechend (§ 6 Abs 3 BremEntG).

145 *Hamburg:* Hamburgisches Enteignungsgesetz v 11.11.1980 (GVBl S 305), letzte Änderung v 18.02.2004 (GVBl S 107).

Gegenstand der Enteignung können der Entzug oder die Belastung des Eigentums an Grundstücken sowie der Entzug oder die Belastung anderer Rechte an Grundstücken sein (§ 4 Abs 1 Nr 1 u 2 HmbEntG). Das Enteignungsverfahren bestimmt sich unter sinngemäßer **Anwendung der §§ 106 ff BauGB** (§ 7 Abs 4 S 1 HmbEntG).

146 *Hessen:* Hessisches Enteignungsgesetz (HEG) v 04.04.1973 (GVBl I S 107).

Enteignungsgegenstand sind das Eigentum an Grundstücken sowie Rechte an Grundstücken (§ 4 Abs 1 Nr 1 u 2 HEG). Gleiches gilt für Grundstücksteile und grundstücksgleiche Rechte (§ 2 HEG). Die Enteignungsbehörde teilt dem Grundbuchamt die Einleitung des Enteignungsverfahrens mit. Die Mitteilung begründet eine Nachrichtspflicht hinsichtlich der Eintragung im Grundbuch (§ 26 Abs 5 HEG). Zu dem in der Ausführungsanordnung festgesetzten Tag wird der bisherige Rechtszustand durch den im Enteignungsbeschluss geregelten Rechtszustand ersetzt. Die Enteignungsbehörde übersendet dem Grundbuchamt eine beglaubigte Abschrift des Enteignungsbeschlusses und der Ausführungsanordnung mit dem Ersuchen, das Grundbuch entsprechend zu berichtigen (§ 35 Abs 3 u 5 HEG). Wird der Enteignungsbeschluss aufgehoben, ist dies ebenfalls dem Grundbuchamt schriftlich mitzuteilen (§ 33 Abs 2 HEG). Eine **Verfügungssperre** sieht das Gesetz **nicht** vor.

147 *Mecklenburg-Vorpommern:* Enteignungsgesetz für das Land Mecklenburg-Vorpommern v 02.03.1993 (GVOBl S 178), letzte Änderung v 25.10.2005 (GVOBl S 535).

Gegenstand der Enteignung können das Eigentum an Grundstücken und andere Rechte an Grundstücken sein, die entzogen oder belastet werden können. Entsprechendes gilt für Grundstücksteile (§ 4 Abs 1 Nr 1, 2 u 3 EntG). Für das Enteignungsverfahren gelten die **§§ 106 ff BauGB entsprechend** (§ 10 Abs 2 EntG).

148 *Niedersachsen:* Niedersächsisches Enteignungsgesetz v 06.04.1981 (GVBl S 83), letzte Änderung 05.11.2004 (GVBl S 394).

Im Rahmen der Enteignung können das Eigentum an Grundstücken oder Rechte an Grundstücken entzogen oder belastet werden (§ 3 Abs 1 Nr 1 u 2 NEG). Die Enteignungsbehörde (= Innenministerium, § 19 NEG) teilt dem Grundbuchamt die Einleitung des Enteignungsverfahrens mit. Das Grundbuchamt trägt einen Enteignungsvermerk in das Grundbuch ein; dieser ist nach Beendigung des Enteignungsverfahrens auf Ersuchen der Enteignungsbehörde wieder zu löschen. Das Grundbuchamt hat die Enteignungsbehörde von allen Eintragungen im Grundbuch während des Enteignungsverfahrens zu benachrichtigen (§ 29 Abs 6 NEG). Es tritt eine **Verfügungs- und Veränderungssperre** ein. Zu Grundstücksteilungen und Verfügungen über Grundstücke und Rechte an Grundstücken sowie diesbezüglichen schuldrechtlichen Vereinbarungen ist eine Genehmigung erforderlich (§ 29a Abs 1 S 1 Nr 1 NEG). Die Anordnung der Genehmigungsbedürftigkeit nach Eingang des

Enteignungsantrages ist möglich (§ 29a Abs 2 NEG). An dem in der Ausführungsanordnung festzusetzenden Tag wird der bisherige Rechtszustand durch den im Enteignungsbeschluss geregelten neuen Rechtszustand ersetzt. Die Rechtsänderungen sind im Grundbuch auf Ersuchen der Enteignungsbehörde unter Übersendung einer beglaubigten Abschrift des Enteignungsbeschlusses und der Ausführungsanordnung einzutragen (§ 36 Abs 3 S 1 u Abs 5 NEG).

Nordrhein-Westfalen: Landesenteignungs- und -entschädigungsgesetz (EEG NW) v 20.06.1989 (GVBl S 366 **149** m Berichtung GVBl S 570), letzte Änderung v 05.04.2005 (GVBl S 306).

Gegenstand der Enteignung sind das Eigentum an Grundstücken und andere Rechte an Grundstücken (§ 3 Abs 1 EEG NW) sowie Grundstücksteile und grundstücksgleiche Rechte (§ 3 Abs 4 u 5 EEG NW). Von der Bekanntmachung über die Einleitung des Enteignungsverfahrens (§ 25 Abs 4 EEG NW) oder von der Auslage des Planes im Planfeststellungsverfahren (§ 23 EEG NW) tritt eine **Verfügungs- und Veränderungssperre** ein (§ 26 Abs 1 EEG NW). In das Grundbuch wird ein Offenlegungsvermerk (§ 23 Abs 1 S 5 u 6 EEG NW) bzw ein Enteignungsvermerk eingetragen (§§ 25 Abs 5, 26 Abs 5 S 4 EEG NW). Der neue Rechtszustand tritt ein mit dem in der Ausführungsanordnung festgesetzten Tag (§ 33 Abs 5 EEG NW). Die Rechtsänderungen werden auf Ersuchen und unter Übersendung einer beglaubigten Abschrift des Enteignungsbeschlusses und der Ausführungsanordnung im Grundbuch eingetragen. Die eingetragenen Vermerke sind zu löschen; dies gilt auch bei einer sonstigen Beendigung des Enteignungsverfahrens (§§ 33 Abs 7, 36 Abs 2 EEG NW).

Rheinland-Pfalz: Landesenteignungsgesetz (LEnteigG) v 22.04.1966 (GVBl S 103), letzte Änderung v **150** 02.03.2004 (GVBl S 198).

Durch Enteignung können das Eigentum an Grundstücken und andere Rechte an Grundstücken entzogen und belastet werden (§ 3 Abs 1 Nr 1 u 2 LEnteigG). Die Einleitung des Enteignungsverfahrens ist von der Enteignungsbehörde (Struktur- und Genehmigungsdirektion, § 20 LEnteigG) dem Grundbuchamt mitzuteilen. Dies löst eine **Benachrichtigungspflicht** des Grundbuchamtes aus (§ 31 Abs 5 LEnteigG). Mit dem in der Ausführungsanordnung festgesetzten Tag wird der bisherige Rechtszustand durch den im Enteignungsbeschluss geregelten neuen Rechtszustand ersetzt. Die Enteignungsbehörde übersendet dem Grundbuchamt eine beglaubigte Abschrift des Enteignungsbeschlusses und der Ausführungsanordnung mit dem Ersuchen, die Rechtsänderungen in das Grundbuch einzutragen (§ 39 Abs 3 u 5 LEnteigG). Wird der Enteignungsbeschluss aufgehoben, ist dies dem Grundbuchamt abschriftlich mitzuteilen (§ 42 Abs 2 LEnteigG).

Saarland: Gesetz über die Enteignung von Grundeigentum v 11.06.1874 (BS Saar 214-2), letzte Änderung v **151** 15.02.2006 (Amtsbl S 474).

§ 2 EnteigG lässt die Entziehung und dauernde Beschränkung des Grundeigentums zu. Dies gilt ebenso für Rechte am Grundeigentum (§ 5 EnteigG). Sie erfolgt auf Grund einer Enteignungsanordnung, die auch vorübergehende Beschränkungen für die Dauer von höchstens drei Jahren enthalten kann (§ 2, 3 EnteigG). Kommt es im Entschädigungsverfahren vor dem beauftragten Kommissar zu einer protokollierten Einigung, so hat das Protokoll die Kraft einer gerichtlichen oder notariellen Urkunde (§ 21 Abs 2 S 1 EnteigG). **Grundbuchberichtigung** erfolgt auf Grund einer Nachricht von der Enteignungserklärung und des Eintragungsersuchens, wobei der Enteignungsbeschluss dem Erkenntnis eines Gerichtes hierbei gleich steht (§ 28 EnteigG).

Sachsen: Sächsisches Enteignungs- und Entschädigungsgesetz (SächsEntEG) v 18.07.2001 (GVBl S 453). **152**

Das sächsische Enteignungsgesetz verweist hinsichtlich des Gegenstandes der Enteignung und des Enteignungsverfahrens auf die Vorschriften des BauGB.

Sachsen-Anhalt: Enteignungsgesetz des Landes Sachsen-Anhalt v 13.04.1994 (GVBl S 508, ber S 759), letzte **153** Änderung v 18.11.2005 (GVBl S 698).

Durch Enteignung können das Eigentum an Grundstücken entzogen oder belastet werden und andere Rechte an Grundstücken entzogen oder belastet werden (§ 3 Abs 1 Nr 1 u 2 EntG). Die Einleitung eines Enteignungsverfahrens wird von der Enteignungsbehörde (= Landesverwaltungsamt, § 16 EntG) dem Grundbuchamt mitgeteilt. Im Grundbuch wird ein Enteignungsvermerk eingetragen, der nach Beendigung auf Ersuchen der Behörde wieder zu löschen ist. Es besteht eine Benachrichtigungspflicht des Grundbuchamtes (§ 24 Abs 6 EntG). Von der Bekanntmachung über die Einleitung des Enteignungsverfahrens an sowie im Fall einer Planfeststellung vom Beginn der Auslegung des Plans an besteht eine **Genehmigungsbedürftigkeit** für Grundstücksteilungen, Verfügungen über ein Grundstück oder Rechte an einem Grundstück sowie Vereinbarungen, durch die einem anderen ein Recht zum Erwerb eines Grundstücks oder Grundstücksteils eingeräumt wird (§ 25 Abs 1 Nr 1 EntG). Mit dem in der Ausführungsanordnung festgesetzten Tag wird der bisherige Rechtszustand durch den im Enteignungsbeschluss geregelten neuen Rechtszustand ersetzt. Die Enteignungsbehörde übersendet dem Grundbuchamt eine beglaubigte Abschrift des Enteignungsbeschlusses und der Ausführungsanordnung und ersucht es, die Rechtsänderung in das Grundbuch einzutragen (§ 32 Abs 3 u 5 EntG). Eine Aufhebung des Enteignungsbeschlusses ist dem Grundbuchamt mitzuteilen (§ 35 Abs 2 EntG).

154 *Schleswig-Holstein:* Gestz über die Enteignung von Grundeigentum v 11.06.1874 (GS Schl-H II, Gl Nr 214-1), letzte Änderung v 12.06.2004 (GVOBl S 152).

Grundeigentum (§ 1 EnteignG) und Rechte am Grundeigentum (§ 6 EnteignG) können aufgrund eines Beschlusses der Enteignungsbehörde (= Landesregierung bzw ausnahmsweise das Innenministerium, §§ 2, 3 EnteignG) und auf Dauer beschränkt werden. Vorübergehende Beschränkungen für die Dauer von bis zu drei Jahren sind zulässig (§ 4 EnteignG). Eine Einigung im Entschädigungsverfahren vor dem beauftragten Kommissar hat die Kraft einer gerichtlichen oder notariellen Urkunde (§ 26 Abs 2 S 1 EnteignG). Die **Eintragung im Grundbuch** erfolgt aufgrund einer Nachricht des Innenministeriums von der Enteignung und dem Ersuchen um Bewirkung der Eintragung. Dabei steht der Enteignungsbeschluss des Innenministeriums dem Erkenntnis eines Gerichts gleich (§ 33 EnteignG).

155 *Thüringen:* Thüringer Enteignungsgesetz (ThürEG) v 23.03.1994 (GVBl 329), letzte Änderung v 25.11.2004 (GVBl S 853).

Durch Enteignung können das Eigentum an Grundstücken entzogen oder belastet werden und andere Rechte an Grundstücken entzogen, geändert oder belastet werden (dingliche Rechte; § 3 Abs 1 Nr 1 u 2 ThürEG). Es tritt eine **Verfügungs- und Veränderungssperre** von der Bekanntmachung über das Enteignungsverfahren an oder vom Beginn der Auslegung der Pläne im Planfeststellungsverfahren an ein. Verfügungen über ein Grundstück oder über Rechte an einem Grundstück sowie Vereinbarungen, durch die einem anderen ein Recht zur Nutzung oder Bebauung eines Grundstücks oder Grundstücksteils eingeräumt wird, bedürfen der schriftlichen Genehmigung der Enteignungsbehörde (§ 25 Abs 1 Nr 1 ThürEG). Die Enteignungsbehörde kann bereits ab dem Eingang des Enteignungsantrags die Verfügungssperre anordnen. Die Enteignungsbehörde ersucht das Grundbuchamt, die Verfügungs- und Veränderungssperre im Grundbuch einzutragen. Das Grundbuchamt trifft eine Mitteilungspflicht ab Wirksamwerden der Sperre (§ 25 Abs 4 ThürEG). Zu dem in der Ausführungsanordnung festgesetzten Tag wird der bisherige Rechtszustand durch den im Enteignungsbeschluss geregelten neuen Rechtszustand ersetzt (§ 32 Abs 6 S 1 ThürEG). Die Enteignungsbehörde übersendet dem Grundbuchamt eine beglaubigte Abschrift des Enteignungsbeschlusses und der Ausführungsanordnung und ersucht es, das Grundbuch entsprechend den Rechtsänderungen zu berichtigen (§ 32 Abs 7 ThürEG). Eine Aufhebung des Enteignungsbeschlusses ist dem Grundbuchamt abschriftlich mitzuteilen (§ 35 Abs 3 ThürEG).

8. Genehmigungserfordernisse nach dem Kommunalrecht

156 Das Gemeindewirtschaftsrecht enthält Grundlagen der Vermögensverwaltung der kommunalen Körperschaften und beschränkt insbesondere den Erwerb und die Veräußerung von Vermögensgegenständen,[258] soweit dies zur Aufgabenerfüllung erforderlich ist. Eine Veräußerung von Vermögensgegenständen ist nur gestattet, sofern sie zur Erfüllung der öffentlichen Aufgaben in absehbarer Zeit nicht mehr benötigt werden. Die Veräußerung muss grundsätzlich zum vollen Wert erfolgen. Regelmäßig besteht ein Schenkungsverbot. Eine Veräußerung unter Wert ist nur zur Erfüllung öffentlicher Aufgaben zulässig. Die Grundsätze der kommunalen Haushaltsführung können bei besonders grober Verletzung auch über § 138 BGB Aussenwirkung haben und zur Sittenwidrigkeit des gegen sie verstoßenden Geschäfts führen.[259] Landesrechtlich unterschiedlich bestehen Genehmigungspflichten für die Veräußerung von Grundstücken.[260] Auch Belastungen von Grundstücken sind teilweise nur eingeschränkt oder mit Genehmigung der Aufsichtsbehörde zulässig. Schließlich kann auf Grund des kommunalen Verfassungsrechts für bestimmte Geschäfte ein **Zustimmungserfordernis** durch andere Gemeindeorgane zB den Gemeinderat bestehen. Ob diese Zustimmungspflicht nur interne Auswirkungen hat oder auch die Rechtswirksamkeit des privatrechtlichen Rechtsgeschäfts betrifft, richtet sich nach dem jeweiligen Landesrecht.

157 *Baden-Württemberg:* Gemeindeordnung für Baden-Württemberg v 24.07.2000 (GBl S 581, ber GBl S 698), letzte Änderung v 14.02.2006 (GBl S 20).[261]

---

258 S nur *v Mutius* Kommunalrecht, 1996, Rn 524; *Burgi* Kommunalrecht, 2006, Rn 18 u *Richter* in *Henneke/Pünder/Waldhoff* Recht der Kommunalfinanzen, 2006, § 38 Rn 18 ff. Vgl *Freuen* MittRhNotK 1996, 301 ff. Zur Vertretung s *Neumayer* RNotZ 2001, 249 ff.

259 BGH KommJur 2006, 423 = MDR 2006, 799 = MittBayNot 2006, 494 = NVwZ-RR 2007, 47 = NZM 2006, 707 = ZflR 2006, 336.

260 Zur Haftung bei Verweigerung der Genehmigung BGHZ 157, 168 = DVBl 2004, 577 = NVwZ 2005, 484 = WM 2004, 182 u BGHZ 170, 356 = LKV 2007, 333 = WM 2007, 748. Zu den Amtspflichten der Aufsichtsbehörde BGHZ 153, 198 = BauR 2003, 858 = BayVBl 2003, 537 = DÖV 2003, 415 = DVBl 2003, 400 = NJW 2003, 1318 = NVwZ 2003, 634; vgl dazu *v Muthius/Groth* NJW 2003, 1278 ff.

261 Vertretung durch den Bürgermeister (§ 42 Abs 1 S 2 GemO); zur rechtsgeschäftlichen Vollmacht und zu Verpflichtungserklärungen vgl §§ 53 f GemO.

§ 88 Abs 1 GemO macht die Bestellung von Sicherheiten zu Gunsten Dritter von der Genehmigung der Rechtsaufsichtsbehörde abhängig.[262] Vermögensgegenstände dürfen in der Regel nur zu ihrem **vollen Wert** veräußert werden (§ 92 Abs 1 S 2 GemO). Der Beschluss über die Veräußerung eines Vermögensgegenstandes unter seinem vollen Wert ist der Rechtsaufsichtsbehörde vorzulegen, sofern nicht eine allgemeine Freistellung durch das Innenministerium vorliegt (§ 92 Abs 3 GemO). Eine Außenwirkung kommt dieser Vorlagepflicht nicht zu.

Landkreisverordnung für Baden-Württemberg v 19.06.1987 (GBl S 289), letzte Änderung v 14.02.2006 (GBl S 20).[263]

Gemäß § 48 LKrO gelten für die Wirtschaftsführung die Vorschriften der §§ 77 ff GemO entsprechend. Gemäß § 18 Gesetz über kommunale Zusammenarbeit (GKZ) v 16.09.1974 (GBl S 408, berichtigt GBl 1975 S 460, GBl 1976 S 408), letzte Änderung v 14.12.2004 (GBl S 884) gelten die Vorschriften über die Gemeindewirtschaft entsprechend für Zweckverbände.

Bayern: Gemeindeordnung für den Freistaat Bayern v 22.08.1998 (GVBl S 796), letzte Änderung durch Gesetz **158** v 10.04.2007 (GVBl S 271).[264]

Gemäß Art 72 Abs 3 GO bedarf die Gemeinde zur Bestellung von Sicherheiten zu Gunsten Dritter der Genehmigung. Hiervon kann das Staatsministerium des Inneren durch Rechtsverordnung für bestimmte Rechtsgeschäfte, die die Gemeinden zur Erfüllung bestimmter Aufgaben eingehen, eine Freistellung erteilen. Dies ist erfolgt durch die Verordnung über kreditähnliche kommunale Rechtsgeschäfte v 16.08.1995 (GVBl S 812), zuletzt geändert 28.03.2001 (GVBl S 174). Gemäß § 3 Nr 4 dieser Verordnung ist die Bestellung von Grundpfandrechten beim Erwerb oder der Veräußerung eines Grundstücks im Zusammenhang mit der Kaufpreiszahlung genehmigungsfrei; dasselbe gilt, wenn ein mit einem Grundpfandrecht belastetes Grundstück erworben wird. Gemäß § 4 dieser Verordnung ist schriftlich festzustellen, nach welcher Vorschrift der Abschluss des Rechtsgeschäfts genehmigungsfrei ist. Die Freistellung deckt die Mitwirkung bei Finanzierungsgrundschulden von Grundstückserwerbern, die von der Gemeinde kaufen, auch über die Höhe des Kaufpreises hinaus, wenn gleichzeitig eine Valutierung zunächst nur zur Kaufpreiszahlung erfolgen darf. Die Veräußerung von Vermögensgegenständen darf in der Regel nur zum vollen Wert erfolgen (Art 75 Abs 1 S 2 GO). Der **volle Wert** ist dabei der Verkehrswert, der nach der höchst zulässigen Nutzung des Grundstücks zu bestimmen ist.[265] Schenkungen und die unentgeltliche Überlassung von Gemeindevermögen sind unzulässig (Art 12 Abs 2 S 2 BV u Art 75 Abs 3 S 1 GO). Ein Verstoß gegen diese Bestimmungen hat nach § 134 BGB die Nichtigkeit von Kauf und Übereignung zur Folge.[266] Als Nachweis, dass eine Unterwertveräußerung nicht vorliegt oder ausnahmsweise wegen der Erfüllung einer kommunalen Aufgabe zulässig ist, wird regelmäßig eine diesbezügliche Feststellung der vertretungsberechtigten Personen erfolgen; diese Feststellung wird als ausreichender Nachweis dafür angesehen, dass ein Unterwertverkauf nicht vorliegt.[267] Eine Bindung des Grundbuchamtes an diese Feststellung besteht bei einem krassen Missverhältnis von Kaufpreis und Wert jedoch nicht.

Landkreisordnung v 22.08.1998 (GVBl S 826), letzte Änderung v 08.12.2006 (GVBl S 975).[268]

---

262 Eine allgemeine Genehmigung kann für Rechtsgeschäfte der Gemeinde zur Förderung des Städte- und Wohnungsbaus erteilt werden (§ 88 Abs 4 Nr 1 GemO).

263 Vertretung durch den Landrat (§ 37 Abs 1 S 2 LKrO); zur rechtsgeschäftlichen Vollmacht und zu Verpflichtungserklärungen vgl §§ 43 f LKrO.

264 Der 1. Bürgermeister vertritt die Gemeinde nach außen (Art 38 Abs 1 GO). Allerdings gibt diese Bestimmung nach überwiegender Ansicht in Bayern nur ein Vertretungsrecht, keine Vertretungsmacht. Die Vertretungsmacht des 1. Bürgermeisters hat sich aus einem Beschluss des Gemeinderats oder eines beschließenden Ausschusses oder aus dem Gesetz zu ergeben. Vgl BayObLGZ 1952, 271/273; 1962, 247/253 = BayVBl 1963, 58/59; 1971, 299/302 = BayVBl 1972, 24/25; 1972, 344/345 = BayVBl 1973, 131; 1974, 81/84 = BayVBl 1974, 314; 1974, 374/376 = BayVBl 1974, 706; BayVBl 1986, 155; BayObLGZ 1986, 112 = BayVBl 1986, 476 = NJW-RR 1986, 1080 = DÖV 1986, 931 sowie BayVerfGH VerfGH 25 27/43 = BayVBl 1972, 237/240. Die Einschränkung der Vertretungsmacht gilt auch gegenüber allen mit der Gemeinde im Rechtsverkehr stehenden Dritten. Der gute Glaube der Vertragsparteien wird nicht geschützt (kritisch deshalb *Reuter* DtZ 1997, 15/16 f). Abweichend zur DDR-Kommunalverfassung BGH BauR 1998, 576 = VIZ 1998, 280 = ZOV 1998, 185 u BGH NJW 1998, 3058 = ZOV 1998, 345. Zur Form der Verpflichtungsgeschäfte und zur Bevollmächtigung s Art 38, 39 GO. Für die Messungsanerkennung und Auflassung bei einem Teilflächenkauf ist nur dann kein erneuter Gemeindebeschluss erforderlich, wenn sich keine Flächenabweichung ergibt und der erste Beschluss nach seinem Wortlaut auch die Vollzugserklärung umfasst. Unerheblich ist bei einer Flächenabweichung, ob nach der Geschäftsordnung für sie die Vertretungsmacht des Bürgermeisters gegeben ist; maßgeblich ist das gesamte Geschäft.

265 BayObLGZ 2001, 54 = BayVBl 2001, 539 = NJOZ 2001, 1144; BayObLGZ 1995, 225 = NVwZ-RR 1996, 342.

266 BayObLG BayVBl 1983, 378; BayObLG BayVBl 1995, 667 u BayVerfGH MittBayNot 2008, 412 = BayVBl 2008, 237.

267 BayObLG BayVBl 1995, 667.

268 Der Landkreis wird durch den Landrat und den Kreistag bzw durch einen beschließenden Ausschuss gemeinsam vertreten (vgl Fn 264). Zu Verpflichtungsgeschäften und Vollmachten s Art 35 LKrO.

Hinsichtlich der Bestellung von Sicherheiten zu Gunsten Dritter und der Befreiung für bestimmte Rechtsgeschäfte gelten die Ausführungen zum Gemeinderecht entsprechend (Art 66 Abs 3 u 5 LKrO). Gleiches gilt für die Veräußerung von Vermögen (Art 69 LKrO).

Bezirksordnung v 22.08.1998 (GVBl S 850), letzte Änderung v 08.12.2006 (GVBl S 975).[269]

Hinsichtlich der Bestellung von Sicherheiten zu Gunsten Dritter und der Befreiung für bestimmte Rechtsgeschäfte gelten die Ausführungen zum Gemeinderecht entsprechend (Art 64 Abs 3 u 5 BezO). Gleiches gilt für die Veräußerung von Vermögen (Art 67 BezO).

Gesetz über die kommunale Zusammenarbeit v 20.07.1994 (GVBl S 555 Ber 1995, 98), letzte Änderung v 10.04.2007 (GVBl S 271).[270]

Hinsichtlich der Verbandwirtschaft gelten die Vorschriften der Gemeindeordnung bzw der Landkreisordnung bzw der Bezirksordnung, und zwar je nach der Größe des Zweckverbandes entsprechend (Art 40 Abs 1 S 1 KommZG).

159 *Brandenburg:* Gemeindeordnung für das Land Brandenburg v 10.10.2001 (GVBl I S 154), letzte Änderung vom 28.06.2006 (GVBl I S 74).[271]

Die Bestellung von Sicherheiten für Dritte ist grundsätzlich unzulässig. Die Kommunalaufsichtsbehörde kann jedoch Ausnahmen zulassen. Die oberste Kommunalaufsichtsbehörde kann ferner eine Genehmigung allgemein für Rechtsgeschäfte erteilen, die von der Gemeinde zur Förderung des Städte- und Wohnungsbaus eingegangen werden (§ 86 Abs 1 u 4 GO). Vermögensgegenstände dürfen in der Regel nur zu ihrem **vollen Wert** veräußert werden (§ 90 Abs 1 S 2 GO). Die Veräußerung unter Wert bedarf der Genehmigung der Kommunalaufsichtsbehörde (§ 90 Abs 3 GO).

Landkreisordnung für das Land Brandenburg v 15.10.1993 (GVBl I S 433), letzte Änderung v 22.06.2005 (GVBl I S 210).[272]

Hinsichtlich der Wirtschaftsführung gelten die Vorschriften über die Gemeindeordnung entsprechend (§ 63 Abs 1 LKrO).

Gesetz über Kommunale Gemeinschaftsordnung im Land Brandenburg v 28.05.1999 (GVBl I S 194).[273]

Für Zweckverbände gelten gemäß § 18 Abs 1 GKG die Vorschriften der Gemeindewirtschaft entsprechend.

160 *Hamburg:* Haushaltsordnung der Freien und Hansestadt Hamburg v 23.12.1971 (GVBl 1972 S 10), letzte Änderung v 12.06.2007 (GVBl S 173).

Die Übernahme von Bürgschaften, Garantien oder sonstigen Gewährleistungen bedarf einer der Höhe nach bestimmten Ermächtigung durch den Haushaltsbeschluss oder durch ein Gesetz (§ 39 LHO). **Grundstücke** dürfen nur mit Einwilligung der für die Finanzen zuständigen Behörde erworben oder veräußert werden. Für zu erwerbende oder zu veräußernde Grundstücke ist eine Wertermittlung aufzustellen. Dingliche Rechte an Grundstücken sollen nur gegen angemessenes Entgelt bestellt werden. Die Bestellung bedarf der Einwilligung der für die Finanzen zuständigen Behörde. Beim Erwerb von Grundstücken können Hypotheken, Grund- und Rentenschulden unter Anrechnung auf den Kaufpreis übernommen werden (§ 64 LHO).

161 *Hessen:* Hessische Gemeindeordnung v 01.04.2005 (GVBl I S 142), letzte Änderung 14.12.2006 (GVBl I S 666).[274]

Die Bestellung von Sicherheiten zu Gunsten Dritter ist nur mit Genehmigung der Aufsichtsbehörde zulässig (§ 104 Abs 1 HGO). Eine Ausnahme gilt nur für Rechtsgeschäfte, die von der Gemeinde zur Förderung des Städte- und Wohnungsbaus abgeschlossen werden (§ 104 Abs 4 HGO). Vermögensgegenstände darf die Gemeinde in der Regel nur zu ihrem **vollen Wert** veräußern (§ 109 Abs 1 S 2 HGO).

Hessische Landkreisordnung (HKO) v 01.04.2005 (GVBl I S 183), letzte Änderung v 21.07.2006 (GVBl I S 394).[275]

Für die Kreiswirtschaft gelten die Vorschriften der Hessischen Gemeindeordnung entsprechend (§ 52 HGO).

---

269 Zur Vertretung des Bezirks s Art 33a Abs 1 BezO sowie Fn 264. Zu Verpflichtungsgeschäften und Vollmachten s Art 33 Abs 2 BezO.
270 Zur Vertretung sind die Verbandsversammlung und der Verbandsvorsitzende gemeinsam befugt (Art 34, 36, 37 KommZG), vgl Fn 264.
271 Zur Vertretung, zur Form und zu Verpflichtungserklärungen vgl § 67 GO.
272 Zur Vertretung des Landkreises und zur Form vgl §§ 50 S 1, 56 LKrO.
273 Zur Vertretung des Zweckverbandes durch den Verbandsvorsteher sowie zur Form s § 16 Abs 6 S 1 u Abs 7 GKG.
274 Zur Vertretung und Form vgl § 71 HGO.
275 Zur Vertretung des Landkreises und Form vgl § 45 HGO.

Gesetz über kommunale Gemeinschaftsarbeit v 16.12.1969 (GVBl I S 307), letzte Änderung v 21.03.2005 (GVBl I S 229).[276]

Hinsichtlich der Wirtschaftsführung sind auf Zweckverbände die Vorschriften des Gemeindewirtschaftsrechts sinngemäß anzuwenden (§ 18 Abs 1 KGG).

Mecklenburg-Vorpommern: Kommunalverfassung für das Land Mecklenburg-Vorpommern (KV M-V) v **162** 18.06.2004 (GVOBl S 205), letzte Änderung v 10.07.2006 (GVOBl S 539).[277]

Die Gemeinde darf außer zur Erfüllung ihrer Aufgaben keine Sicherheiten zu Gunsten Dritter bestellen oder Verpflichtungen aus Gewährverträgen übernehmen; die Rechtsaufsichtsbehörde kann Ausnahmen zulassen, soweit ein öffentliches Interesse besteht (§ 58 Abs 1 KV M-V). Die Veräußerung von Vermögen muss zum **vollen Wert** erfolgen, soweit nicht ein besonderes öffentliches Interesse Abweichungen zulässt (§ 57 Abs 1 S 2 KV M-V). Der Genehmigung der Rechtsaufsichtsbehörde bedürfen unentgeltliche Veräußerungen von Vermögensgegenständen, die Veräußerung von Grundstücken und Grundstücksteilen unter ihrem vollen Wert sowie die Bestellung von Erbbaurechten unter dem vollen Wert (§ 57 Abs 3 KV M-V). Die Genehmigung zu den letztgenannten Geschäften durch die Rechtsaufsichtsbehörde gilt als erteilt, wenn eine mögliche Verletzung von Rechtsvorschriften von ihr nicht innerhalb von zwei Monaten nach Eingang der erforderlichen Antragsunterlagen geltend gemacht wird (§ 57 Abs 5 KV M-V). Für bestimmte Rechtsgeschäfte kann das Innenministerium durch Rechtsverordnung von der Genehmigungspflicht freistellen (§ 57 Abs 6 KV M-V).[278] Bei der genehmigungsfreien Veräußerung von Grundstücken, Grundstücksteilen und grundstücksgleichen Rechten zum vollen Wert muss der Bürgermeister oder einer seiner Stellvertreter gegenüber dem Grundbuchamt erklären, dass die Veräußerung zum vollen Wert erfolgt (§ 57 Abs 4 S 1 KV M-V, § 20 Abs 3 KV-DVO). Der Begriff des Stellvertreters ist kommunalrechtlich zu verstehen (§ 40 Abs 1 S 1 KV M-V). Der ständige Vertreter nach § 40 Abs 4 KV M-V fällt wohl nicht hierunter.[279] Hinsichtlich der Haushaltswirtschaft des Landkreises gelten die Bestimmungen über die Haushaltswirtschaft der Gemeinden entsprechend (§ 120 Abs 1 KV M-V). Für die Haushaltswirtschaft des Zweckverbandes gelten die Bestimmungen der Haushaltswirtschaft der Gemeinden entsprechend (§ 161 Abs 1 S 2 KV M-V).

Niedersachsen: Niedersächsische Gemeindeordnung (NGO) v 28.10.2006 (GVBl S 472), letzte Änderung v **163** 07.12.2006 (GVBl S 575).[280]

Sicherheiten zu Gunsten Dritter darf die Gemeinde nur mit Genehmigung der kommunalen Aufsichtsbehörde bestellen (§ 93 Abs 1 NGO).[281] Eine allgemeine Genehmigung ist möglich für Rechtsgeschäfte zur Förderung des Städte- und Wohnungsbaus (§ 93 Abs 4 NGO). Vermögensgegenstände dürfen Gemeinden in der Regel nur zu ihrem **vollen Wert** veräußern (§ 97 Abs 1 S 2 NGO). Eine unentgeltliche Veräußerung ist zu begründen und bei Auswirkungen auf die Finanzwirtschaft in einem Vorbericht zum Haushaltsplan bzw im Anhang zum Jahresbericht zu erläutern (§ 97 Abs 3 Nr 1 NGO).

Niedersächsische Landkreisordnung v 30.06.2006 (GVBl S 511).[282]

Für die Kreiswirtschaft gelten die Vorschriften der Gemeindeordnung entsprechend (§ 65 NLO).

Nordrhein-Westfalen: Gemeindeordnung für das Land Nordrhein-Westfalen (GONRW) v 14.07.1994 (GV **164** S 666), letzte Änderung v 09.10.2007 (GV S 380).[283]

---

276 Zur Vertretung des Zweckverbandes durch den Verbandsvorstand und zur Form vgl § 16 Abs 2 KGG.
277 Zur Vertretung der Gemeinde und zur Form vgl § 38 Abs 2 u 6 KV M-V. Zur Vertretung durch den Landrat und zur Form vgl § 115 Abs 1 u 5 KV M-V. Zur Vertretung des Zweckverbandes und zur Form vgl § 158 KV M-V.
278 Vgl hierzu Durchführungsverordnung zur Kommunalverfassung v 23.04.1999 GVOBl S 295, berichtigt S 306 u 431. § 20 KV-DVO stellt Geschäfte mit einer beurkundeten Gegenleistung in inländischer Währung bei Kreisangehörigen bis zu 50.000 DM und bei einer Grundstücksgröße von nicht mehr als 50.000 qm sowie bei kreisfreien Städten und Landkreisen bis zu 500.000 DM und einer Grundstücksgröße von nicht mehr als 50.000 qm frei. Ferner sind Rechtsgeschäfte der Gemeinden und Landkreise freigestellt, wenn der andere Vertragsteil das Land, eine Gemeinde, ein Amt, ein Landkreis oder ein Zweckverband ist. Zusätzliche Voraussetzung ist, dass die Gemeinde oder der Landkreis gegenüber dem Grundbuchamt erklärt, dass die Veräußerung zum vollen Wert erfolgt. Diese Erklärung ist durch den gesetzlichen Vertreter oder einem seiner Stellvertreter abzugeben (§ 20 Abs 3 KV-DVO).
279 *Meyer* LKV 2004, 241/244.
280 Zur Vertretung der Gemeinde und zur Form vgl § 63 NGO.
281 S dazu Verordnung über die Genehmigungsfreiheit von Rechtsgeschäften der Gemeinden und Landkreise v 26.06.1997 (GVBl S 307).
282 Zur Vertretung des Landkreises und zur Form vgl § 58 Abs 1, 2 u 3 NLO.
283 Zur Vertretung der Gemeinde und zur Form vgl §§ 63, 64 GONRW. Zur Spezialvorschrift des § 113 Abs 2 GONRW s OLG Hamm NVwZ-RR 2008, 52.

Die Bestellung von Sicherheiten zu Gunsten Dritter ist nur mit Genehmigung der Aufsichtsbehörde zulässig (§ 87 Abs 1 GONRW).[284] Ein hiergegen verstoßendes Rechtsgeschäft ist nichtig (§ 130 Abs 2 GONRW). Dies dürfte auch für Finanzierungsgrundpfandrechte von Käufern gelten, die von der Gemeinde ein Grundstück erwerben. Vermögensgegenstände dürfen in der Regel nur zu ihrem **vollen Wert** veräußert werden (§ 90 Abs 3 S 2 GONRW).

Kreisordnung für das Land Nordrhein-Westfalen v 14.07.1994 (GV S 646), letzte Änderung v 09.10.2007 (GV S 380).[285]

Für die Haushaltswirtschaft gelten die Bestimmungen der Gemeindeordnung entsprechend (§ 53 Abs 1 KrONW).

Gesetz über kommunale Gemeinschaftsarbeit v 01.10.1979 (GV S 621), letzte Änderung v 05.04.2005 (GV S 272).[286]

Auf die Wirtschaftsführung des Zweckverbandes finden die Vorschriften der Gemeindewirtschaft sinngemäß Anwendung (§ 18 Abs 1 GkGNRW).

165 *Rheinland-Pfalz:* Gemeindeordnung v 31.01.1994 (GVBl S 153), letzte Änderung v 02.03.2006 (GVBl S 57).[287]

Die Bestellung von Sicherheiten zu Gunsten Dritter ist nur mit Genehmigung der Aufsichtsbehörde möglich (§ 104 Abs 1 GO). Die oberste Aufsichtsbehörde kann die Genehmigung allgemein für Rechtsgeschäfte zur Förderung des Städte- und Wohnungsbaus erteilen (§ 104 Abs 4 Nr 1 GemO). Gemäß § 79 Abs 1 S 3 GemO darf die Gemeinde Vermögensgegenstände in der Regel nur zu ihrem **vollen Wert** veräußern.

Landkreisordnung v 31.01.1994 (GVBl S 188), letzte Änderung v 02.03.2006 (GVBl S 57).[288]

Die Vorschriften der Gemeindewirtschaft gelten entsprechend.

166 *Saarland:* Kommunalselbstverwaltungsgesetz (KSVG) Gesetz Nr 778 v 27.06.1997 (AmtsBl S 682), letzte Änderung v 29.08.2007 (AmtsBl S 1766).[289]

Sicherheiten zu Gunsten Dritter darf die Gemeinde nur mit Zustimmung der Kommunalen Aufsichtsbehörde bestellen (§ 93 Abs 1 KSVG).[290] Vermögensgegenstände dürfen in der Regel nur zu ihrem **vollen Wert** veräußert werden (§ 95 Abs 3 S 2 KSVG). Hinsichtlich der Kreiswirtschaft gelten die Vorschriften über die Gemeindewirtschaft entsprechend (§ 189 Abs 1 KSVG).

167 *Sachsen:* Gemeindeordnung für den Freistaat Sachsen (SächsGemO) v 18.03.2003 (GVBl S 55, ber S 159), letzte Änderung v 01.06.2006 (GVBl S 151).[291]

---

284 Vgl Verordnung über Ausnahmen vom Verbot der Bestellung von Sicherheiten zu Gunsten Dritter durch Gemeinden v 27.11.1996 (GV S 519).

285 Zur Vertretung des Kreises und zur Form vgl §§ 42e), 43 KrONRW.

286 Zur Vertretung des Zweckverbands und zur Form vgl § 16 Abs 2 S 1 u Abs 3 GkGNW.

287 Zur Vertretung der Gemeinde und zur Form vgl §§ 47 Abs 1 S 1 u 49 GO.

288 Zur Vertretung des Landkreises und zur Form vgl § 41 Abs 1 u 43 LKrO.

289 Zur Vertretung der Gemeinde durch die Bürgermeisterin oder den Bürgermeister und zur Form vgl §§ 59 Abs 1, 62 KSVG. Zur Vertretung durch die Landrätin oder den Landrat und zur Form vgl § 178 Abs 1 u § 181 KSVG.

290 Vgl hierzu Verordnung über die Genehmigungsfreiheit von Rechtsgeschäften der Gemeinden und Gemeindeverbände v 28.09.2001 (AmtsBl S 1942). Gemäß § 1 dieser Verordnung besteht keine Genehmigungspflicht bei Belastung eines von einer Gemeinde oder einem Gemeindeverband veräußerten Grundstücks oder grundstücksgleichen Rechts mit Grundpfandrechten nach Abschluss des Kaufvertrages, aber vor Umschreibung des Eigentums im Grundbuch. Gläubiger des Grundpfandrechtes darf nur ein inländisches Kreditinstitut, eine inländische Bausparkasse oder ein inländisches Versicherungsunternehmen sein (europarechtlich allerdings bedenklich). Ferner muss durch eine Anweisung an den Notar oder auf sonstige Weise gewährleistet sein, dass die Belastung bis zur vollständigen Zahlung des Kaufpreises nur gegen gleichzeitige Abtretung der Darlehensvaluta bis zur Höhe des Kaufpreises an den Veräußerer erfolgt (aber in der Praxis meist wegen eines Ausschlusses der Abtretung nicht erreichbar). Das Grundpfandrecht darf ferner zur Eintragung im Grundbuch nur beantragt werden, wenn der Kaufpreis bezahlt ist oder der Gläubiger dem Notar schriftlich bestätigt hat, dass die Darlehensvaluta bis zur Höhe des Kaufpreises gemäß den Fälligkeitsbestimmungen der Kaufvertragsurkunde an den Veräußerer überwiesen wird. Der Eintritt der vorstehenden Voraussetzungen muss dem Grundbuchamt nicht nachgewiesen werden. Liegen sie vor, können Grundpfandrechte nebst Zinsen und sonstigen Nebenleistungen in beliebiger Höhe bestellt werden. Auch eine dingliche Zwangsvollstreckungsunterwerfung ist möglich. Ist eine nicht vermessene Teilfläche Vertragsgegenstand, darf das gesamte Grundstück belastet werden, wenn gewährleistet ist, dass das Grundpfandrecht erst dann zur Eintragung gelangt, wenn der Gläubiger schriftlich und unwiderruflich bestätigt hat, dass er die nicht verkaufte Teilfläche unverzüglich aus der Haftung für das Grundpfandrecht entlässt, sobald dies möglich ist. Auch dies muss dem Grundbuchamt nicht nachgewiesen werden. Eine Finanzierungsvollmacht zu Gunsten des Erwerbers ist möglich, jedoch nur vor dem beurkundenden Notar oder seinem Sozius, Notarvertreter, Notariatsverwalter oder Amtsnachfolger.

291 Zur Vertretung durch den Bürgermeister und zur Form vgl § 51 Abs 1 S 2 u § 60 SächsGemO.

Die Bestellung von Sicherheiten zu Gunsten Dritter bedarf der Zustimmung der Rechtsaufsichtsbehörde (§ 83 Abs 1 SächsGemO). Hiervon kann das Staatsministerium des Innern Ausnahmen allgemein zulassen (§ 83 Abs 4 SächsGemO). Die Veräußerung von Vermögen darf in der Regel nur zum **vollen Wert** erfolgen. Zur Förderung der Bildung privaten Eigentums unter sozialen Gesichtspunkten kann die Gemeinde bei der Veräußerung von Eigentumswohnungen und Grundstücken angemessene Nachlässe gewähren (§ 90 Abs 1 S 2 u 3 SächsGemO). Der Genehmigung der Rechtsaufsichtsbehörde bedürfen Rechtsgeschäfte, in denen sich die Gemeinde verpflichtet, **Grundstücke** oder grundstücksgleiche Rechte zu veräußern oder andere Vermögensgegenstände unentgeltlich oder unter ihrem vollen Wert zu veräußern, sofern sie nicht geringwertig sind (§ 90 Abs 3 Nr 1 u 2 SächsGemO).

Landkreisordnung für den Freistaat Sachsen (SächsLKrO) v 19.07.1993 (GVBl S 577), letzte Änderung v 11.05.2005 (GVBl S 155).[292]

Für die Haushaltswirtschaft und die Vermögensverwaltung gelten die Bestimmungen der Gemeindeordnung entsprechend (§§ 61, 62 SächsLKrO).

Sächsisches Gesetz über Kommunale Zusammenarbeit (SächsKomZG) v 19.08.1993 (GVBl S 815, ber GVBl 1993, S 1003), letzte Änderung v 05.05.2004 (GVBl S 148).

Für die Wirtschaftsführung des Zweckverbandes gelten die Vorschriften über die Gemeindewirtschaft entsprechend (§ 58 Abs 1 S 1 SächsKomZG).

Sachsen-Anhalt: Gemeindeordnung für das Land Sachsen-Anhalt (GO LSA) v 05.10.1993 (GVBl S 568), letzte **168** Änderung v 11.06.2006 (GVBl S 522).[293]

Die Gemeinde darf Sicherheiten zu Gunsten Dritter nur mit Zustimmung der kommunalen Aufsichtsbehörde bestellen (§ 101 Abs 1 GO LSA). Das Staatsministerium des Inneren kann die Genehmigung allgemein erteilen für Rechtsgeschäfte, die von der Gemeinde zur Förderung des Städte- und Wohnungsbaus eingegangen werden (§ 101 Abs 4 GO LSA).[294] Vermögensgegenstände dürfen von der Gemeinde in der Regel nur zu ihrem **vollen Wert** veräußert werden (§ 105 Abs 1 S 2 GO LSA).

Landkreisordnung für das Land Sachsen-Anhalt (LKO LSA)[295] v 05.10.1993 (GVBl S 598), letzte Änderung v 16.11.2006 (GVBl S 522).

Auf die Wirtschaftsführung des Landkreises finden die Vorschriften über die Gemeindewirtschaft entsprechende Anwendung (§ 65 LKO LSA). Dies gilt entsprechend für Zweckverbände (§ 16 Abs 1 S 1 GKG-LSA).

Schleswig-Holstein: Gemeindeverordnung für Schleswig-Holstein v 28.02.2003 (GVOBl S 57), letzte Änderung **169** v 12.10.2007 (GVOBl S 452).[296]

Gemäß § 86 Abs 1 GO darf die Gemeinde keine Sicherheiten zugunsten Dritter bestellen; Ausnahmen bedürfen der Genehmigung der Aufsichtsbehörde. Durch die Verordnung des Innenministeriums kann Freistellung vom Genehmigungserfordernis für Rechtsgeschäfte zur Erfüllung bestimmter Aufgaben oder unterhalb bestimmter Wertgrenzen erfolgen (§ 86 Abs 5 GO).

Die Gemeinde darf Vermögensgegenstände in der Regel nur zu ihrem **vollen Wert** veräußern (§ 90 Abs 1 S 3 GO).

Thüringen: Thüringer Gemeinde- und Landkreisordnung (ThürKO) v 28.01.2003 (GVBl S 41), letzte Änderung **170** v 23.12.2005 (GVBl S 446).[297]

Die Gemeinde bedarf zur Bestellung von Sicherheiten zu Gunsten Dritter der Genehmigung (§ 64 Abs 3 ThürKO). Der Innenminister kann durch Rechtsverordnung Rechtsgeschäfte von der Genehmigung freistel-

---

292 Zur Vertretung durch den Landrat und zur Form vgl § 47 Abs 1 S 2, § 56 SächsLKrO).
293 Zur Vertretung durch den Bürgermeister und zur Form vgl § 57 Abs 2 u § 70 GO LSA. Zur Folge eines Formverstoßes s OLG Naumburg LKV 2005, 470.
294 Vgl RE des Innenministeriums v 21.06.1994 (MBl 1994 S 2147).
295 Zur Vertretung durch den Landrat und zur Form vgl § 46 Abs 1 S 3 LKO LSA u § 59 LKO LSA. Der Zweckverband wird durch den Verbandsvorsitzenden vertreten, vgl § 12 Abs 1 S 1 GKG-LSA; vgl auch § 16 Abs 1 S 1 GKG-LSA.
296 Zur Vertretung und zur Form vgl §§ 51, 56 GO.
297 Der Bürgermeister vertritt die Gemeinde, vgl § 31 Abs 1 ThürKO. Der Landrat vertritt den Landkreis, vgl § 109 Abs 1 ThürKO. Der Verbandsvorsitzende vertritt den Zweckverband vgl § 33 Abs 1 S 1 ThürKGG). Zur Form s § 59 ThürKO u § 34 ThürKGG.

len, die die Gemeinden zur Erfüllung bestimmter Aufgaben eingehen (§ 64 Abs 5 Nr 1 ThürKO).[298] Die Thüringer Grundpfandrechts-Genehmigungsfreistellungsverordnung v 26.01.2006 (GVBl 2006 S 48) stellt unter bestimmten Voraussetzungen die Bestellung von Grundpfandrechten durch kommunale Gebietskörperschaften bei einer Veräußerung von Grundstücken und grundstücksgleichen Rechten von der Genehmigungspflicht frei.[299] Die Gemeinde darf Vermögensgegenstände in der Regel nur zu ihrem **vollen Wert** veräußern.[300] Ausnahmen sind im Besonderen öffentlichen Interesse zulässig. Dies gilt insbesondere für Veräußerungen zur Förderung sozialer Einrichtungen, des sozialen Wohnungsbaus und der Gewerbeansiedlung.[301] Weitere Ausnahmen betreffen Besonderheiten der neuen Bundesländer (§ 67 Abs 1 ThürKO). Die Gemeinde bedarf der Genehmigung der Rechtsaufsichtsbehörde, wenn sie Vermögensgegenstände unentgeltlich veräußert sowie **Grundstücke** und grundstücksgleiche Rechte verkauft oder tauscht (§ 67 Abs 3 Nr 1 u 2 ThürKO). Der Innenminister kann durch Rechtsverordnung Rechtsgeschäfte von der Genehmigungspflicht freistellen, wenn sie zur Erfüllung bestimmter Aufgaben abgeschlossen werden oder ihrer Natur nach regelmäßig wiederkehren oder wenn bestimmte Wertgrenzen oder Grundstücksgrößen nicht überschritten werden (§ 67 Abs 4 ThürKO). Das Verschenken und die unentgeltliche Überlassung von Gemeindevermögen sind unzulässig, ausgenommen die Veräußerung von Gemeindevermögen in Erfüllung von Gemeindeaufgaben (§ 67 Abs 5 ThürKO).

Für die Kreiswirtschaft gelten die Bestimmungen der Gemeindewirtschaft entsprechend (§ 114 ThürKO). Für die Verbandswirtschaft von Zweckverbänden gelten die Vorschriften für die Gemeindewirtschaft ebenfalls entsprechend (§ 36 Abs 1 S 1 ThürKGG).

9. Hinweise auf weitere Genehmigungserfordernisse[302]

171   **a) Almgrundstücke.** In Bayern ist gemäß Art 1 Nr 1 u 2 AlmG[303] die Veräußerung eines Almgrundstücks sowie die Bestellung und Veräußerung eines dinglichen Rechts zur Nutzung eines Almgrundstücks **genehmigungspflichtig.** Dies gilt ebenso für die rechtsgeschäftliche Begründung, Änderung oder Aufhebung von Gemeinschaftsverhältnissen an Almgrundstücken und Almrechten (Art 1 Abs 1 Nr 3 AlmG). Eine Genehmigung ist nicht erforderlich bei Rechtsgeschäften zwischen Ehegatten oder Personen, die untereinander in gerader Linie verwandt oder verschwägert oder in der Seitenlinie bis zum zweiten Grad verwandt sind, wenn die Vertragsschließenden die Landwirtschaft im Hauptberuf ausüben oder früher ausgeübt haben (Art 1 Abs 2 AlmG).[304] Gemäß Art 21 S 1 AlmG besteht keine Genehmigungspflicht bei Rechtsgeschäften des Freistaats Bayern in Ansehung von eigenen oder fremden Almgrundstücken und Almrechten. Bei einer nicht genehmigten Rechtsänderung kann die zuständige Behörde[305] das Grundbuchamt um die Eintragung eines Widerspruchs ersuchen (Art 2 Abs 1 S 1 AlmG).[306] Der Widerspruch ist zu löschen, wenn die zuständige Behörde darum ersucht (Art 2 Abs 2 AlmG) oder wenn die Genehmigung erteilt wird.

172   **b) Ausgleichsleistungsgesetz.** Personen, die am 01.10.1996 ehemals volkseigene, von der Treuhandanstalt zu privatisierende land- und forstwirtschaftliche Flächen langfristig gepachtet hatten und diese Flächen erworben haben, dürfen vor Ablauf von 20 Jahren ohne Genehmigung der für die Privatisierung zuständigen Stelle diese Flächen nicht veräußern. Eine Genehmigung darf nur unter der Voraussetzung erteilt werden, dass der den Erwerbspreis übersteigende Veräußerungserlös der Treuhandanstalt oder deren Rechtsnachfolger (= Bundesanstalt für vereinigungsbedingte Sonderaufgaben) zufließt. Das **Veräußerungsverbot** bedarf zu seiner Wirksamkeit der Eintragung im Grundbuch (§ 3 Abs 10 S 3 AusglLeistG).[307]

---

298   Vgl hierzu Verordnung über die Genehmigungsfreiheit kreditähnlicher kommunaler Rechtsgeschäfte v 20.05.1997 (GVBl S 231), letzte Änderung v 10.11.2001 (GVBl 2002 S 92). Nach § 2 Abs 1 dieser Verordnung ist die Stundung von Zahlungsverpflichtungen aus Rechtsgeschäften genehmigungsfrei, wenn die Fälligkeit nicht über das laufende Haushaltsjahr hinausgeschoben wird; über das laufende Haushaltsjahr hinaus besteht Genehmigungsfreiheit gestaffelt nach bestimmten Stundungsbeträgen (§ 2 Abs 2, § 5). Einer Genehmigung bedarf es nicht, wenn beim Erwerb von Grundstücken Grundpfandrechte für Kaufpreisreste bestellt werden oder ein mit einem Grundpfandrecht belastetes Grundstück erworben wird (§ 3). Die Gebietskörperschaft hat dem Vertragspartner gegenüber schriftlich zu erklären, dass und auf Grund welcher Bestimmungen der Abschluss des Rechtsgeschäfts genehmigungsfrei ist (§ 4).
299   Zur ThürGGFVO ausführlich *Maaß* NotBZ 2006, 353 ff.
300   Zur Nichtigkeitsfolge bei einem Verstoß OLG Jena LKV 2006, 94; offen BGH DNotI-Report 2003, 57. Zum (verneinten) Drittschutz des Veräußerungsverbots VG Gera NotBZ 2006, 65.
301   S. hierzu Thüringer Verordnung nach § 67 Abs 1 S 6 der Thüringer Kommunalordnung v 09.12.1997 (GVBl S 519), letzte Änderung v 10.10.1997 (GVBl S 352).
302   Vgl auch die Übersicht bei *Winkler* BeurkG, 16. Aufl 2008, § 18 Rn 2 ff mit einer Zusammenstellung auch inzwischen abgeschaffter Genehmigungspflichten.
303   BayRS 7817-2-E, zuletzt geändert 24.04.2001, GVBl S 140; vgl auch Gesetz über die Ausübung und Ablösung des Weiderechts auf fremden Grund und Boden BayRS 7817-1-E, zuletzt geändert 24.04.2001, GVBl S 140.
304   Gleichgestellt dürfte der eingetragene Lebenspartner sein.
305   Zuständige Behörde ist die Kreisverwaltungsbehörde Art 19 Abs 1 S 1 AlmG.
306   Zur Genehmigungsversagung vgl VGH München AgrarR 1986, 113.
307   Vgl dazu § 13 Abs 3 FlächenerwerbsVO (BGBl 1995 I S 2072).

c) Bahneinheit. Soweit Landesrecht dies vorsieht, kann die Veräußerung und Belastung der zu einer Bahneinheit gehörenden Grundstücke unwirksam sein, soweit nicht die **Bahnaufsichtsbehörde** bescheinigt, dass die Verfügung die Leistungsfähigkeit des Bahnunternehmens nicht beeinträchtigt.[308] Dies gilt jedoch nur für Bahnen, die nicht vom Reich bzw vom Bund übernommen wurden.[309]

173

d) Bauen im Außenbereich. § 35 BauGB lässt Bauvorhaben im Außenbereich nur zu, wenn es sich um so genannte privilegierte Vorhaben (§ 35 Abs 1 BauGB) oder um so genannte halbprivilegierte Vorhaben (§ 35 Abs 4 BauGB) und sonstige Vorhaben (§ 35 Abs 2 BauGB) handelt, bei Letztgenannten jedoch nur in besonderen Ausnahmefällen. Besondere Bedeutung hat in der Praxis die **Nutzungsänderung** land- oder forstwirtschaftlich genutzter Gebäude (§ 35 Abs 4 S 1 Nr 1 BauGB). Das Gesetz will zwar einerseits den Strukturwandel in der Landwirtschaft ermöglichen und erlaubt deshalb eine Entprivilegierung landwirtschaftlicher Gebäude im Außenbereich.[310] Andererseits soll dadurch keine zusätzliche Bebauung im Außenbereich erfolgen. Aus diesem Grund muss eine Verpflichtung übernommen werden, keine Neubebauung als Ersatz für die aufgegebene Nutzung vorzunehmen. Beispiel für eine mögliche Fehlentwicklung ist die »Umwidmung« eines Stallgebäudes zu Wohnzwecken und die anschließend privilegiert mögliche Neuerrichtung eines Stallgebäudes. Die Verpflichtung muss vom Inhaber des land- oder forstwirtschaftlichen Betriebs übernommen werden (§ 35 Abs 4 S 1 Nr 1g BauGB).[311] Zur Sicherung soll die Baugenehmigungsbehörde durch eine nach Landesrecht vorgesehene Baulast oder in anderer Weise die Einhaltung der vorgenannten Verpflichtung sicherstellen (§ 35 Abs 5 S 3 BauGB).

174

Auch in den übrigen Fällen der so genannten Halbprivilegierung, nämlich der Ersatzbauwerke für mangelhafte Wohngebäude und für zerstörte Gebäude, der erhaltenswerten Gebäude sowie der Erweiterung von Wohngebäuden und Gewerbebetrieben (§ 35 Abs 4 S 1 Nr 2–6 BauGB) soll die Baugenehmigungsbehörde sicherstellen, dass die bauliche oder sonstige Anlage nach Durchführung des Vorhabens nur in der vorgesehenen Art genutzt wird (§ 35 Abs 5 S 4 BauGB). Mit Rücksicht auf die überragende Bedeutung des Außenbereichsschutzes hat der Bundesgesetzgeber es für erforderlich gehalten, neben den baurechtlichen Genehmigungseinschränkungen zusätzliche **Sicherstellungen** vorzusehen. Bei der Entprivilegierung land- und forstwirtschaftlicher Gebäude handelt es sich in erster Linie um Baulasten und Dienstbarkeiten. Auch in den Ländern, die Baulasten kennen, kann die Sicherstellung durch Dienstbarkeit erfolgen. Das flankierende Sicherungsinstrumentarium in den übrigen Fällen wird vom Gesetzgeber nicht genannt. Auch insoweit kommen wiederum insbesondere Baulasten und Dienstbarkeiten in Betracht.[312] Grundsätzlich steht ein hinreichendes bauaufsichtliches Instrumentarium, nämlich die Untersagung einer Nutzungsänderung, zur Verfügung, um die Zuordnung begünstigter Außenbereichsvorhaben zu ihren spezifischen Nutzungszwecken sicherzustellen.[313] Die darüber hinausgehenden Anforderungen sind im Hinblick auf den Grundsatz des § 36 Abs 1 VwVfG eher bedenklich. Mit der Begründung, sie hätten einen moralisch-flankierenden Charakter,[314] dürfte der rechtstaatliche Verhältnismäßigkeitsgrundsatz kaum einzuhalten sein. Sinn gibt diese Vorschrift nur, wenn man die Anforderungen mit dem Schutz des Grundstücksverkehrs rechtfertigt. Insofern stellt die Eintragung einer Dienstbarkeit im Grundbuch das vorrangige Sicherungsmittel dar. Eine Baulast dürfte im Lichte dieses Schutzzwecks eher sekundäre Bedeutung haben oder nur in Fällen in Betracht kommen, in denen eine Dienstbarkeit wegen einer unsicheren Rangstelle keine ausreichende Sicherung darstellt.[315]

175

e) Bausparkassen. Bausparkassen ist der Erwerb von Grundstücken, Erbbaurechten, Rechten in der Form des Wohnungseigentums, Teileigentums, Wohnungserbbaurechts und Teilerbbaurechts nur zur Verhütung von Ausfällen an Forderungen und zur Beschaffung von Geschäftsräumen sowie von Wohnräumen für ihre Betriebsangehörigen gestattet (§ 4 Abs 4 Gesetz über Bausparkassen, BauSparkG). Es handelt sich um eine rein **gewerberechtliche Bestimmung**, die sich nicht auf das zivilrechtliche Geschäft auswirkt und deshalb vom Grundbuchamt nicht zu prüfen ist.

176

---

308 Vgl den Vorbehalt in Art 112 EGBGB.
309 Vgl *Soergel/Hartmann* Art 112 Rn 1.
310 S nur VGH München BauR 2007, 1693 = NVwZ 2007, 1450.
311 S nur *Söfker* in *Ernst/Zinkahn/Bielenberg/Krautzberger* § 35 Rn 146.
312 Ebenso *Jäde* in *Jäde/Dirnberger/Weiß* § 35 Rn 170.
313 Zutreffend *Jäde* in *Jäde/Dirnberger/Weiß* § 35 Rn 166.
314 So *Jäde* in *Jäde/Dirnberger/Weiß* § 35 Rn 169.
315 **AA**, nämlich wohl für das umgekehrte Rangverhältnis, *Söfker* in *Ernst/Zinkahn/Bielenberg/Krautzberger* § 35 Rn 167. Die in § 35 Abs 6 S 2 BauGB aF bis 31.12.1997 enthaltene Veräußerungsbeschränkung »nachgezogener« Altenteilhäuser ist entfallen. Die eingetragenen Veräußerungsbeschränkungen sind auf Grund der Änderung der Rechtslage unwirksam geworden; sie können auf Antrag gelöscht werden (**aA** *Schöner/Stöber* Rn 3852; *Krautzberger* in *Battis/Krautzberger/Löhr* § 35 Rn 24 fordert nunmehr den Ausschluss der freien Veräußerlichkeit in rechtlich gesicherter Weise).

177 **f) Beitrittsgebiet.** Die wesensmäßig verschiedene Eigentumsordnung der ehemaligen DDR erforderte für eine Übergangszeit **Sonderregeln**, die auch mit Verfügungsbeschränkungen verbunden waren und teilweise noch sind. Sie werden an anderer Stelle dargestellt.[316]

178 **g) Bergwerkseigentum.** Bergwerkseigentum gewährt das Recht, bestimmte Bodenschätze aufzusuchen. Es entsteht durch Verleihung, und zwar mit Zustellung der Berechtsamsurkunde an den Antragsteller (§§ 7 Abs 1, 8, 9, 10 u 17 Abs 1 BBergG). Die rechtsgeschäftliche Veräußerung von Bergwerkseigentum und der schuldrechtliche Vertrag hierüber bedürfen der **Genehmigung** der zuständigen Behörde (§§ 23 Abs 1 S 1, 142 BBergG). Die Genehmigung kann auch vor der Beurkundung des Rechtsgeschäfts erteilt werden. Sie gilt als erteilt, wenn sie nicht innerhalb von zwei Monaten nach Eingang des Antrags versagt wird. Hierüber hat die zuständige Behörde auf Verlangen ein Zeugnis zu erteilen (§ 23 Abs 2 BBergG).

179 **h) Beschlagnahme von Verfalls- und Einziehungsgegenständen.** Die förmliche Beschlagnahme eines Grundstücks oder eines grundstücksgleichen Rechts wird dadurch bewirkt, dass ein Vermerk über die Beschlagnahme in das Grundbuch eingetragen wird. Hinsichtlich des Umfangs der Beschlagnahme gelten die §§ 20 Abs 2, 21 ZVG (§ 111c Abs 2 StPO). **Die Eintragungen in das Grundbuch** werden auf Ersuchen der Staatsanwaltschaft oder des Gerichts bewirkt, welches die Beschlagnahme angeordnet hat (§ 111f Abs 2 S 1 StPO). Die Beschlagnahme hat die Wirkung eines Veräußerungsverbotes nach § 136 BGB; das Verbot umfasst auch andere Verfügungen als Veräußerungen (§ 111c Abs 5 StPO). Der gutgläubige Erwerb bleibt damit möglich, so lange kein Vermerk im Grundbuch eingetragen ist. Der gute Glaube muss sich auf das Nichtbestehen des Veräußerungsverbotes beziehen.[317]

180 **i) Deutsche Rentenversicherung Bund/Deutsche Rentenversicherung Knappschaft-Bahn-See.** Bei der Auflösung des nicht liquiden Anlagevermögens der Deutschen Rentenversicherung Bund bzw der Deutschen Rentenversicherung Knappschaft-Bahn-See darf die Veräußerung grundsätzlich nur zum Verkehrswert, jedoch nicht unter dem Anschaffungswert erfolgen (§ 293 Abs 3 S 2, Abs 3 S 5 SGB VI). Hierüber besteht eine Unterrichtungspflicht gegenüber dem Bundesministerium für Arbeit und Soziales. Rechtsgeschäfte bedürfen der **Einwilligung** des Bundesministeriums für Arbeit und Soziales (§ 293 Abs 4 S 1 u 6 SGB VI).

181 **j) Europarechtliche Beihilfenaufsicht.** Art 87 EGV unterwirft staatliche Beihilfen ab einer bestimmten Höhe einer Notifizierungspflicht der EU-Kommission (Art 88 EGV).[318] Die Bewilligung der Beihilfe bedarf danach zur Vermeidung von Wettbewerbsverzerrungen der Zustimmung der Kommission. Auch bei einer Grundstücksveräußerung der öffentlichen Hand an ein Unternehmen kann bei einer verbilligten Abgabe eine **notifizierungspflichtige Beihilfe** vorliegen.[319] Auf Grund der Ermächtigung in Art 89 EGV vom Rat erlassene Durchführungsverordnungen konkretisieren sowohl den Umfang der Beihilfe als auch das Verfahren.[320] Von Bedeutung ist insbesondere die Bagatellgrenze, bis zu der eine Beihilfe nicht notifiziert werden muss (so genannte de-minimis-Beihilfe). Die Grenze liegt derzeit bei 200.000 Euro pro Unternehmen während drei Steuerjahren.[321] Die Kommission hat die Befugnis, von einem Mitgliedstaat die Aussetzung rechtswidriger Beihilfen zu verlangen.[322] Grundstücksgeschäfte, die die europarechtliche Notifizierungspflicht nicht beachten, sind unwirksam.[323] Art 86 EGV ist dagegen wohl kein Verbotsgesetz iS von § 134 BGB, da den Beteiligten nicht die Vornahme eines Rechtsgeschäfts verboten wird. Die Feststellung der Unzulässigkeit erfolgt vielmehr durch die Kommission in dem maßgeblichen Verfahren. Der Spruch der Kommission entfaltet somit eine Verbotswirkung. Eine diesbezügliche Entscheidung könnte einem Verbotsgesetz gleichzustellen sein, so dass ab diesem Zeitpunkt eine entsprechende Vereinbarung unwirksam wird.[324] Eine Prüfungspflicht trifft das Grundbuchamt nicht; allerdings darf es eine Eintragung nicht vornehmen, wenn es Kenntnis von einem Durchführungsverbot

---

316 Vgl hierzu Einl J Rdn 331 ff., Rdn 350 ff.
317 BGH NStZ 1985, 262 u *Meyer-Goßner* StPO, 50. Aufl 2007, § 111c Rn 10.
318 Früher Art 93 EWG-Vertrag.
319 S nur *Geiger* EUV/EGV, 4. Aufl 2004, Art 87 EGV Rn 8 u *Grziwotz* WiB 1996, 895 f; *ders*, Vertragsgestaltung im öffentlichen Recht, Rn 289; *Kilb* JuS 2003, 1072 ff; *Koenig/Kühling* NZBau 2001, 409 ff; *Lindner* BayVBl 2002, 193 ff; *Pechstein* EuZW 1998, 495 ff u *Trautwein* BayVBl 1996, 230 ff.
320 536 ABlEG Nr 83, 1 = EuZW 1990, 277 = NVwZ 1999, 1090 ff. S dazu *Becker* EWS 2007, 255 ff u *Jennert* KommJur 2005, 364 ff.
321 Verordnung (EG) Nr 1998/2006 der Kommission vom 15.12.2006 über die Anwendung der Artikel 87 und 88 EG-Vertrag auf »De-minimis«-Beihilfen, ABlEU L 379/5. Vgl *Sinnave* EuZW 2001, 69 ff u *Nordmann* EuZW 2007, 752 ff.
322 EuGH DVBl 2280.
323 BGH EuZW 2003, 444 = MittBayNot 2004, 250 = VIZ 2003, 340 = ZfIR 2004, 73 u BGH EuZW 2004, 252 = NVwZ 2004, 636 = ZIP 2004, 498. S dazu *Schmidt-Räntsch* NJW 2005, 106 ff.
324 Str, ebenso *Trautwein* BayVBl 1996, 230 u *Schütterle* EuZW 1993, 625/627.

gemäß Art 88 Abs 3 S 3 EGV hat. Insofern ist auch die Eintragung einer Auflassungsvormerkung nicht mehr gestattet.[325]

k) Familienfideikommisse. Kaum noch praktische Bedeutung haben Nutzungs- und **Verfügungsbe- 182 schränkungen**, die durch das Fideikommissgericht nach § 6 des Gesetzes über das Erlöschen der Familienfidei- kommisse und sonstiger gebundener Vermögen[326] angeordnet werden konnten.

l) Genehmigungserfordernisse zur Grundstücksteilung. Eine Genehmigungspflicht von Grundstückstei- 183 lungen ist neben §§ 51 Abs 1 S 1 Nr 1, 109 Abs 1, 144 Abs 2 Nr 5 und 169 Abs 1 Nr 3 BauGB noch in **Son- dergesetzen** enthalten. So regelt § 120 SachenRBerG eine Reihe von Sondertatbeständen. Auch die Landes- rechte, nämlich die Bauordnungen von Niedersachsen und Nordrhein-Westfalen (§ 94 NBauO, § 8 BauO NRW) sowie eine Reihe von Wald- und Forstgesetzen (§ 24 WaldG BW, § 15 HessForstG, § 27 WaldG M-V, § 18 LWaldG SH, § 16 ThürWaldG) sehen noch eine Genehmigungspflicht für Grundstücksteilungen vor.[327]

m) Handwerksinnung/-kammer. Die Handwerksinnung, die Vereinigung der selbständigen Handwerker eines 184 bestimmten Bezirks, ist eine Körperschaft des öffentlichen Rechts (§§ 52, 53 HandwO). Die Handwerksinnungen eines bestimmten Bezirkes bilden die Kreishandwerkerschaft; sie ist ebenfalls eine Körperschaft des öffentlichen Rechts (§§ 86, 89 Abs 1 Nr 1 HandwO). Der Erwerb, die Veräußerung oder die dingliche Belastung von **Grundei- gentum der Handwerksinnung** bedürfen der Beschlussfassung in der Innungsversammlung (§ 61 Abs 2 Nr 7a HandwO). Die entsprechenden Beschlüsse bedürfen ferner der Genehmigung durch die Handwerkskammer (§ 61 Abs 3 HandwO). Dies gilt entsprechend für die Kreishandwerkerschaften (§ 89 Abs 1 Nr 3 HandwO).[328] Auch bei Handwerkskammern als Körperschaften des öffentlichen Rechts (§ 90 Abs 1 HandwO) bedarf der Erwerb und die Veräußerung von Grundeigentum der Beschlussfassung der Vollversammlung (§ 106 Abs 1 Nr 9 HandwO). Eine Genehmigung durch die oberste Landesbehörde ist nicht erforderlich.[329]

n) Heimstättenrecht. Nach Aufhebung des Reichsheimstättengesetzes mit Wirkung ab 1. Oktober 1993[330] 185 bestehen **keine** diesbezüglichen **Verfügungsbeschränkungen** mehr. Der Heimstättenvermerk im Grundbuch ist als gegenstandslos kostenfrei zu löschen. Auf Grund § 17 Abs 2 S 2 RHeimstG erlöschen die am 1. Okto- ber 1993 im Grundbuch eingetragenen Hypotheken und Grundschulden; die Entstehung eines Eigentümer- rechtes ist ausgeschlossen. Die Fortgeltung des § 17 Abs 2 S 2 RHeimstG aF ist in den alten Bundesländern im Grundbuch von Amts wegen bei den betroffenen Rechten kostenfrei zu vermerken.[331]

o) Pfandbriefbanken (früher Hypothekenbanken). Bei der Insolvenz von Pfandbriefbanken (§ 1 Abs 1 186 PfandBG) fallen die in den Deckungsregistern eingetragenen Werte nicht in die Insolvenzmasse (§ 30 Abs 1 S 1 PfandBG). Sie unterliegen der Verwaltungs- und Verfügungsbefugnis des gerichtlich ernannten Sachwalters (§ 30 Abs 2 S 1, Abs 3 S 1 PfandBG). Dieser kann bei Hypotheken seine Bestellung eintragen lassen. Werden Hypotheken, bei denen die Bestellung des Sachwalters eingetragen worden ist, gelöscht, so ist die Löschung der Eintragung der Sachwalterbestellung von diesem zusätzlich zu beantragen (§ 31 Abs 3 S 2 u 3 PfandBG). Wei- tere Beschränkungen bestehen nicht mehr.[332] Lediglich aus Gründen der Transparenz sind quartalsweise sowie im Anhang zum Jahresabschluss Angaben über die Zahl der Fälle, in denen die Pfandbriefbank während des Geschäftsjahres Grundstücke zur Verhütung von Verlusten an Hypotheken hat übernehmen müssen, zu machen (§ 28 Abs 2 S 1 Nr 3b PfandBG).

p) Kapitalabfindung von Versorgungsberechtigten. Personen, die durch eine militärische oder eine mili- 187 tärähnliche Dienstverrichtung oder durch einen Unfall während der Ausübung des militärischen oder militär-

---

325 Das deutsche Abstraktionsprinzip dürfte bei einem Verstoß gegen europäisches Recht wenig helfen, aA *Raebel* in *Lam- bert-Lang/Tropf/Frenz*, HB Grundstückspraxis, 2. Aufl 2005, Teil 5, Rn 349. Vgl aber EuGH EuZW 2007, 514 = DVBl 2007, 1165 = KommJur 2007, 346 = NZBau 2007, 594 zur Berufung auf innerstaatliche Rechtsprinzipien bei einem Verstoß gegen europäisches Recht.
326 RGBl 1938 I S 825/826 f.
327 Vgl aber § 7 MBO 2002, der für die Teilung von Grundstücken keine Erlaubnispflicht mehr vorsieht, sondern nur ein repressives Einschreiten der Baugenehmigungsbehörde, falls baurechtswidrige Zustände geschaffen werden und keine Abweichung (Ausnahme oder Befreiung) erteilt werden kann. S dazu bereits OVG Berlin DVBl 2002, 1142.
328 Nach § 83 Abs 1 Nr 2 ist bezüglich dem Landesinnungsverband eine Genehmigung der Handwerkskammer nicht erforder- lich.
329 Zur Schenkungsteuerpflicht bei Übertragung von der Handwerkskammer an die Kreishandwerkerschaft s BFHE 208, 426 = BStBl II 2005, 311 = DB 2005, 1042 = DStRE 2005, 594 = ZEV 2005, 217.
330 BGBl 1993 I S 912.
331 Vgl Art 6 § 2 Abs 3 Gesetz zur Aufhebung des Reichsheimstättengesetzes v 17.06.1993 (BGBl I S 912/913).
332 Noch nicht berücksichtigt von *Raebel* in *Lambert-Lang/Tropf/Frenz*, HB Grundstückspraxis, 2. Aufl 2005, Teil 5 Rn 338.

ähnlichen Dienstes oder durch die für diesen Dienst eigentümlichen Verhältnisse eine gesundheitliche Schädigung erlitten haben,[333] kann zum Erwerb oder zur wirtschaftlichen Stärkung eigenen Grundbesitzes eine Kapitalabfindung gewährt werden. Dies gilt entsprechend für Wohnungseigentum, Dauerwohnrechte, Erbbaurechte und Wohnungserbbaurechte (§ 72 BVG). Die bestimmungsgemäße Verwendung des Kapitals ist sicherzustellen. Zu diesem Zweck kann angeordnet werden, dass die **Veräußerung und Belastung** des mit der Kapitalabfindung erworbenen oder wirtschaftlich gestärkten Grundstücks, Erbbaurechts, Wohnungseigentums oder Wohnungserbbaurechts innerhalb einer Frist bis zu fünf Jahren nur mit **Genehmigung** der zuständigen Verwaltungsbehörde zulässig sind. Diese Anordnung wird mit der Eintragung in das Grundbuch wirksam. Die Eintragung erfolgt auf Ersuchen der zuständigen Verwaltungsbehörde (§ 75 BVG).[334]

188 Gleiches gilt für Soldaten im Ruhestand, denen eine Kapitalabfindung insbesondere zum Erwerb oder zur wirtschaftlichen Stärkung eigenen Grundbesitzes, zum Erwerb grundstücksgleicher Rechte und zur Beschaffung einer Wohnstätte gewährt werden kann (§ 28 Abs 1 SVG). Auch insoweit ist die bestimmungsgemäße Verwendung des Kapitals dadurch sicherzustellen, dass die Veräußerung und Belastung des Grundstücks oder des an einem Grundstück bestehenden Rechts innerhalb einer Frist bis zu fünf Jahren nur mit Genehmigung des Bundesministers der Verteidigung zulässig ist. Diese Anordnung wird mit der Eintragung in das Grundbuch wirksam. Eingetragen wird auf Ersuchen des Bundesministers der Verteidigung (§ 31 SVG).

189 Die jeweilige Anordnung kann nach Fristablauf auf Antrag des Eigentümers oder der zuständigen Behörde gelöscht werden.

190 **q) Kapitalanlagegesellschaft.** Eine Kapitalanlagegesellschaft (§ 2 Abs 6 InvG) darf Grundstücke und Erbbaurechte (Immobilien-Sondervermögen) nur erwerben, wenn ein Sachverständiger, der nicht einem von der Kapitalanlagegesellschaft gebildeten Sachverständigenausschuss (§ 77 InvG) angehört, sie zuvor bewertet hat und die aus dem Sondervermögen zu erbringende Gegenleistung den ermittelten Wert nicht oder nur unwesentlich übersteigt (§ 67 Abs 5 InvG). Bei Bestellung und Verlängerung eines Erbbaurechts muss er die Angemessenheit des Erbbauzinses bestätigen (§ 67 Abs 7 InvG).[335] Die Nichtbeachtung dieser Vorschriften berührt jedoch die **Wirksamkeit** dieses Rechtsgeschäfts **nicht** (§ 67 Abs 8 InvG).[336] Stehen Grundstücke und Erbbaurechte bereits im Eigentum der Kapitalanlagegesellschaft, dürfen sie für Rechnung eines Immobilien-Sondervermögens nicht erworben werden. Gleiches gilt für Geschäfte im Konzern (§ 68a Abs 1 InvG). Umgekehrt darf die Kapitalanlagegesellschaft derartige Gegenstände, die zu einem Immobilien-Sondervermögen gehören, nur mit Zustimmung der Bundesanstalt für eigene Rechnung erwerben oder an ein Konzernunternehmen veräußern (§ 68a Abs 2 InvG). Ein Verstoß gegen diese Vorschriften berührt die Wirksamkeit des Rechtsgeschäfts nicht (§ 72 InvG). Bei einer Veräußerung von Grundstücken und Erbbaurechten, die zu einem Immobilien-Sondervermögen gehören, hat dies zum vom Sachverständigenausschuss ermittelten Wert zu erfolgen (§ 82 Abs 1 InvG). Bei einer Veräußerung einer Mehrzahl von Vermögensgegenständen in einem einheitlichen Rechtsgeschäft kommt es auf die insgesamt vereinbarte Gegenleistung an. Die vorgenannten Einschränkungen gelten für Infrastruktur-Sondervermögen entsprechend (§ 90a InvG). Eine Kapitalanlagegesellschaft darf ferner nur mit Zustimmung der Depotbank über zum Immobilien-Sondervermögen gehörende Immobilien verfügen (§ 26 Abs 1 Nr 3 InvG). Eine Verfügung ohne Zustimmung der Depotbank ist gegenüber den Anlegern unwirksam (§ 86 Abs 2 S 3 InvG).[337] Die Vorschriften zu Gunsten derjenigen, welche Rechte von einem Nichtberechtigten herleiten, finden entsprechende Anwendung (§ 26 Abs 2 S 4 InvG). Zum Schutz der Anteilsinhaber sieht das Gesetz die Eintragung der Verfügungsbeschränkung in das Grundbuch vor. Die Kapitalanlagegesellschaft hat dafür zu sorgen, dass die Verfügungsbeschränkung in das Grundbuch eingetragen wird (§ 76 Abs 1 InvG).

191 **r) Kirchenrecht.** Für Kirchen im Bereich der als Körperschaften des öffentlichen Rechts anerkannten Kirchen, insbesondere der katholischen und der evangelischen Kirche, bestehen kirchenrechtliche **Beschränkungen** für den Erwerb, die Veräußerung und Belastung von Grundstücken und grundstücksgleichen Rechten sowie für Verfügungen über Rechte an Grundstücken. Die jeweiligen landesrechtlichen innerkirchlichen Normen gelten auch für die kircheneigenen Stiftungen,[338] Orden und Klöster.[339] Handelt ein Vertreter für die Kirche ohne aufsichtliche Genehmigung, so ist das Geschäft zunächst nicht wirksam. Diese Genehmigungspflicht

---

333 Vgl die gleichgestellten Fälle gem § 1 Abs 2 BVG.

334 Diese Vorschrift gilt entsprechend für eine Rentenkapitalisierung nach § 1 Rentenkapitalisierungsgesetz-KOV (vgl § 2 Abs 1 Rentenkapitalisierungsgesetz-KOV).

335 *Baur* in *Assmann/Schütze* Handbuch des Kapitalanlagerechts, 3. Aufl 2007, § 20 Rn 134. Vgl noch zur alten Rechtslage *Lindner-Figura* in *Brinkhaus/Scherer* KAGG/AuslInvestmG, 2003, § 27 KAGG Rn 9 ff u nunmehr kurz *Wagner* ZflR 2004, 399/402.

336 Vgl zur alten Fassung noch *Lindner-Figura* in *Brinkmann/Scherer* KAGG/AuslInvestmG, 2003, § 27 KAGG Rn 32.

337 Vgl *Baur* in *Assmann/Schütze* Handbuch des Kapitalanlagerechts, 3. Aufl 2007, § 20 Rn 345.

338 Vgl dazu auch unter »Stiftungen«.

339 S zur kirchlichen Vermögensverwaltung nur *Zilles/Kämper* NVwZ 1994, 109 ff.

ist auch vom Grundbuchamt zu beachten.[340] Die Genehmigung kann von den Aufsichtsorganen unterschrieben und mit dem kirchlichen Siegel versehen werden; da es sich um Behörden iS von § 29 Abs 3 GBO handelt, ist die Beglaubigung der Unterschrift durch einen Notar nicht erforderlich.[341] Die öffentliche Beurkundung ersetzt die Beidrückung des Dienstsiegels bei der Erklärung (§ 67 BeurkG). Allerdings muss die Vertretungsmacht dem Grundbuchamt nachgewiesen werden. Dies kann durch eine Eigenurkunde in der Form des § 29 Abs 3 GBO erfolgen oder durch Bestätigung der Aufsichtsbehörde. Bei den Genehmigungsvorbehalten und Formvorschriften handelt es sich nach überwiegender Ansicht um Vertretungsregelungen und nicht nur um innerkirchliche Kontrollbefugnisse.[342] Deshalb bedarf bereits die Bewilligung der Vormerkung der kirchenaufsichtlichen Genehmigung.[343] Materiellrechtlich verstößt die Berufung auf die innerkirchlichen Vertretungsbeschränkungen nur in besonders gelagerten Ausnahmefällen gegen § 242 BGB.[344]

s) Sparkassen. *Baden-Württemberg:* Sparkassengesetz für Baden-Württemberg (SpG) v 19.07.2005 (GBl S 587). **192**

Gemäß § 33 SpG bedarf **nur** die **Beteiligung** an Unternehmen des privaten Rechts der Zustimmung der Rechtsaufsichtsbehörde und teilweise auch der Zustimmung des Sparkassenverbands.[345]

Bayern: Gesetz über die öffentlichen Sparkassen v 01.10.1956 (BayRS 2025-1-I, letzte Änderung v 04.12.2002 (GVBl S 962). **193**

Gemäß Art 5 Abs 7 SpkG sind Urkunden, die von zwei, nach Maßgabe des Unterschriftenverzeichnisses der Sparkasse Zeichnungsberechtigten unterschrieben sind, ohne Rücksicht auf die Einhaltung sparkassenrechtlicher Vorschriften rechtsverbindlich.[346] Immobilien dürfen zur Weiterveräußerung nur erworben werden, wenn die Aufsichtsbehörde dazu unter Berücksichtigung des öffentlichen Auftrags der Sparkasse die **Genehmigung** erteilt (§ 15 Abs 2 SpkO). Eine Ausnahme gilt, wenn der Immobilienerwerb zur Verhütung von Verlusten erfolgt. Dies ist dem Grundbuchamt nicht nachzuweisen.

Brandenburgisches Sparkassengesetz (BbgSpkG) v 26.06.1996 (GVBl I S 210), letzte Änderung v 10.07.2002 (GVBl I S 57).[347] **194**

§ 8 SpkV erlaubt die Anlage der Mittel in Grundstücken, grundstücksgleichen Rechten, Wohnungseigentum und Teileigentum im Geschäftsgebiet, wenn sie ganz oder teilweise dem Geschäftsbetrieb oder ausschließlich oder überwiegend Wohnzwecken dienen, sowie zur Vermeidung von Verlusten auch außerhalb des Geschäftsgebiets. Unbebaubare Grundstücke können zur Bebauung unter Beachtung der vorstehenden Zweckbindung und zur Vermeidung von Verlusten erworben werden. Die Anlage in nicht dem Geschäftsbetrieb dienenden Immobilien darf – außer zur Vermeidung von Verlusten – fünfzig vom Hundert der Bemessungsgrundlage betragen. **Nachweise** gegenüber dem Grundbuchamt sind **nicht** erforderlich.

Hessen: Hessisches Sparkassengesetz v 24.02.1991 (GVBl I S 78), letzte Änderung v 29.03.2007 (GVBl I S 252). **195**

Besondere **Einschränkungen** der Geschäftstätigkeit bestehen **nicht**.

Mecklenburg-Vorpommern: Sparkassengesetz des Landes Mecklenburg-Vorpommern v 26.07.1994 (GVOBl S 761), letzte Änderung v 20.07.2006 (GVOBl S 576). **196**

Gemäß § 8 SpkVO M-V kann die Sparkasse ihre Mittel in Grundstücken, grundstücksgleichen Rechten, Wohnungseigentum oder Teileigentum im Geschäftsgebiet anlegen, die ganz oder teilweise ihrem Geschäftsbetrieb

---

340 OLG Hamm MDR 1988, 860; OLG Hamburg MDR 1988, 860; OLG Hamm NVwZ 1994, 205/206; OLG Frankfurt NVwZ 2001, 958/959 u OLG Braunschweig Rpfleger 1991, 452; OLG Hamburg NWR 1988, 860/861; OLG Hamm OLGZ 1981, 129 = MittRhNotK 1981, 46 = Rpfleger 1981, 60; BayObLG NJW-RR 1990, 476. Nach dem Beschluss der Bischofskonferenz vom 24. – 27.09.1984 unterliegen Veräußerungen und veräußerungsähnliche Geschäfte beim Übersteigen von 10 Millionen DM neben der Genehmigung des Diözesanbischofs auch der Genehmigung des Apostolischen Stuhles. Interne Genehmigungskosten darf die Kirche nicht auf den Erwerber umlegen (BayVerwG Urt v 10.04.2008 – 7C 47.07– nv).
341 *Zilles/Kämper* NVwZ 1994, 109/113.
342 Str; *Peglau* NVwZ 1996, 767/768. Zum Nachweis der Handelnden-Eigenschaft bei der Evangelischen Kirche s *Neumeyer* RNotZ 2001, 249, 268. Vgl auch OLG Frankfurt MittRhNotK 1990, 20, 21 u *Eckert/Heckel* MittbayNot 2006, 471.
343 **AA**, aber inkonsequent *Waldner* in *Bauer/von Oefele* AT VIII Rn 123.
344 OLG Frankfurt NVwZ 2001, 958/959.
345 Gemäß § 22 Abs 3 SpG gelten Urkunden, die vom Vorstand oder von den mit seiner Vertretung beauftragten Personen ausgestellt und mit dem Siegel versehen sind, als Urkunden öffentlicher Behörden.
346 Gemäß § 27 Abs 1 SpkO führen die Sparkassen ein Dienstsiegel.
347 Urkunden, die vom Vorstand oder von den mit seiner Vertretung beauftragten Personen ausgestellt und mit dem Siegel der Sparkasse (§ 4 Abs 5 S 1 BbgSpkG) versehen sind, gelten als Urkunden öffentlicher Behörden (§ 18 Abs 3 BbgSpkG).

oder ausschließlich oder überwiegend Wohnzwecken dienen oder freihändig oder im Wege der Zwangsversteigerung zur Vermeidung von Verlusten – auch außerhalb des Geschäftsgebietes – erworben werden. Unbebaute Grundstücke können zur Bebauung unter Beachtung der vorstehenden Voraussetzungen erworben werden. Die Anlage darf grundsätzlich 50 vom Hundert der Bemessungsgrundlage nicht überschreiten. Diese Bestimmung (§ 8 SpkVO M-V) hat jedoch **keine Außenwirkung**.[348]

197 *Niedersachsen:* Sparkassengesetz für das Land Niedersachsen v 16.12.2004 (GVBl S 609), letzte Änderung v 15.11.2005 (GVBl S 352).

Gemäß § 16 Abs 3 Nr 5 NSpG beschließt der Verwaltungsrat über den Erwerb, die Veräußerung und die Belastung von Grundstücken nach Maßgabe der Wertgrenzen seiner Geschäftsordnung. Die Zustimmung hat aber keine Außenwirkung (§ 16 Abs 1 NSpG).

198 *Nordrhein-Westfalen:* Sparkassengesetz (SpkG) v. 10.09.2004 (GVBl S 521).

Durch Rechtsverordnung der Aufsichtsbehörde können für bestimmte bankübliche Geschäfte Verbote und Einschränkungen angeordnet werden (§ 4 Abs 2 SpkG).[349]

199 *Rheinland-Pfalz:* Sparkassengesetz (SpkG) v 01.04.1982 (GVBl S 113), letzte Änderung v 21.11.2006 (GVBl S 349).

Einschränkungen der Geschäftstätigkeit bestehen **nicht**.

200 *Saarland:* Saarländisches Sparkassengesetz (SSpG) v 08.08.2006 (AmtsBl S 1534).

Die Beschränkung für Beteiligungen an Unternehmen des privaten Rechts (§ 36 Abs 2 S 2 SSpG) für die Landesbank Saar hat **keine grundbuchrechtliche Bedeutung**.[350]

201 *Sachsen:* Gesetz über die öffentlich-rechtlichen Kreditinstitute im Freistaat Sachsen und die Sachsen-Finanzgruppe (KrWG) v 13.12.2002 (GVBl S 333).

Der Vorstand vertritt die Sparkasse (§ 18 Abs 1 S 2 KrWG). Urkunden, die vom Vorstand oder von den mit seiner Vertretung beauftragten Personen ausgestellt und mit dem Siegel versehen sind (§ 4 Abs 4 S 1 KrWG), gelten als Urkunden öffentlicher Behörden (§ 18 Abs 3 KrWG). Die Sparkasse kann ihre Mittel in Grundstücken, grundstücksgleichen Rechten, Wohnungseigentum oder Teileigentum im Geschäftsgebiet anlegen, die ganz oder teilweise dem Geschäftsbetrieb oder ausschließlich oder überwiegend Wohnzwecken dienen oder freihändig oder im Wege der Zwangsversteigerung zur Vermeidung von Verlusten, auch außerhalb des Geschäftsgebiets, erworben werden. Unbebaute Grundstücke können zur Bebauung unter Einhaltung der vorstehenden Voraussetzungen erworben werden. Die Anlage in nicht dem Geschäftsbetrieb dienenden Immobilien, ausgenommen zur Vermeidung von Verlusten, darf höchstens 50 vom Hundert der Bemessungsgrundlage betragen. Diese (§ 8 SächsSpkVO) sowie weitere Geschäftsbeschränkungen (§ 9 SächsSpkVO) haben **keine Außenwirkung**.

202 *Sachsen-Anhalt:* Sparkassengesetz des Landes Sachsen-Anhalt (SpkG-LSA) v 13.07.1994 (GVBl S 823), letzte Änderung v 18.12.2007 (GVBl S 447).

Der Vorstand vertritt die Sparkasse (§ 18 Abs 1 S 2 SpkG-LSA). Urkunden, die vom Vorstand oder von den mit seiner Vertretung beauftragten Personen ausgestellt und mit dem Siegel (§ 4 Abs 5 SpkG-LSA) versehen sind, gelten als öffentliche Urkunden (§ 18 Abs 3 SpkG-LSA). § 8 SpkVO gestattet die Anlage von Mitteln in Grundstücken und grundstücksgleichen Rechten, Wohnungseigentum und Teileigentum im Geschäftsgebiet, wenn sie ganz oder teilweise dem Geschäftsbetrieb oder ausschließlich oder überwiegend Wohnzwecken dienen oder zur Vermeidung von Verlusten – auch außerhalb des Geschäftsgebietes – erworben werden. Die Anlage in nicht dem Geschäftsbetrieb dienenden Immobilien darf – außer zur Vermeidung von Verlusten – nur fünfzig vom Hundert der Bemessungsgrundlage betragen.

203 *Schleswig-Holstein:* Sparkassengesetz für das Land Schleswig-Holstein v 09.02.2005 (GVOBl S 111, Berichtigung S 186), letzte Änderung v 12.10.2005 (GVOBl S 487).

Der Vorstand ist gesetzlicher Vertreter der Sparkasse (§ 14 Abs 1 SpkG). Urkunden, die vom Vorstand oder den mit seiner Vertretung beauftragten Beschäftigten ausgestellt und mit dem Dienstsiegel (§ 1 Abs 4 SpkG) versehen sind, sind öffentliche Urkunden (§ 14 Abs 3 SpkG).

---

348 Urkunden, die vom Vorstand oder den zu seiner Vertretung beauftragten Personen ausgestellt werden und mit dem Siegel (§ 4 Abs 5 SpkG) versehen sind, gelten als Urkunden öffentlicher Behörden (§ 18 Abs 3 SpkG).

349 Durch Beschluss des Verwaltungsrates können Mitglieder des Vorstands von den Beschränkungen des § 181 BGB befreit werden (§ 19 Abs 1 S 2 SpkG). Bei vom Vorstand ausgestellten und mit Siegel versehenen Urkunden handelt es sich um öffentliche Urkunden (§ 19 Abs 3 SpkG).

350 Die Vertretung richtet sich nach § 16 Abs 2 SSpG und der Satzung (§ 16 Abs 3 SSpG).

Thüringen: Thüringisches Sparkassengesetz (ThürSpkG) v 19.07.1994 (GVBl S 911), letzte Änderung v **204**
3.12.2002 (GVBl S 424).

Der Vorstand vertritt die Sparkasse (§ 12 Abs 2 ThürSpkG, § 10 Abs 1 S 1 ThürSpkVO).[351] Die von den zeichnungsberechtigten Vertretern der Sparkasse ausgestellten und mit dem Siegel der Sparkasse (§ 1 Abs 3 S 1 ThürSpkG) versehenen Urkunden gelten als öffentliche Urkunden (§ 10 Abs 4 ThürSpkVO). Die Sparkasse kann ihre Mittel in Grundstücken anlegen, die ganz oder teilweise dem eigenen Geschäftsbetrieb dienen, ausschließlich oder überwiegend Wohnzwecken im Geschäftsgebiet der Sparkasse dienen oder zur Vermeidung von Verlusten erworben werden. Die Anlage in Grundstücken zu Wohnzwecken ist bis zu einem Gesamtbetrag in Höhe von 25 vom Hundert der Bemessungsgrundlage zulässig (§ 26 ThürSpkVO). Diese Beschränkung sowie die weiteren Beschränkungen (§ 27 ThürSpkVO) haben für den Grundstücksverkehr **keine** unmittelbare **Bedeutung**.

t) Stiftungen. Das Stiftungsrecht versucht, das Stiftungsvermögen in seinem Bestand möglichst zu erhalten **205**
und Erträge zur Erfüllung des Stiftungszweckes einzusetzen.[352] Dies wird, soweit landesrechtlich angeordnet, durch die Stiftungsaufsicht kontrolliert. Instrument sind teilweise **Genehmigungsvorbehalte** bei einzelnen Vermögensgeschäften.[353] Die allgemeine Verpflichtung zur Vermögenserhaltung hat dagegen nur aufsichtsrechtliche Bedeutung und ist vom Grundbuchamt nicht zu prüfen. In manchen Ländern ergibt sich die Vertretungsbefugnis aus dem Stiftungsverzeichnis (§ 4 Abs 2 StiftG BW, Art 8 Abs 2 BayStG, § 17a Abs 2 HessStiftG, § 5 Abs 2 Stift RhPf u § 15 Abs 2 StiftG SH) sowie dem Stiftungsregister (§ 12 Abs 2 StiftG NRW). Teilweise stellen die zuständigen Behörden eine Bescheinigung darüber aus, wer nach Maßgabe der Satzung und der von der Stiftung mitgeteilten Angabe zur Vertretung der Stiftung berechtigt ist (§ 11 Abs 2 StiftGBln, § 17 HmbAGBGB, § 11 Abs 2 S 2 NStiftG, § 12 Abs 5 StiftG NRW u § 8 Abs 3 StiftG SH). Auch wenn eine diesbezügliche Norm fehlt, ist dies ständige Praxis der Stiftungsbehörden.[354]

Baden-Württemberg: Stiftungsgesetz für Baden-Württemberg v 4.10.1977 (GBl S 408), letzte Änderung v **206**
16.12.2003 (GBl S 720).

Hinsichtlich der Veräußerung und Belastung von Grundstücken, ausgenommen Familienstiftungen, besteht **nur** eine **Anzeigepflicht** (§ 13 Abs 1 Nr 1 StiftG). Die Durchführung dieser Maßnahmen ist erst nach Bestätigung der Rechtmäßigkeit oder bei fehlender Beanstandung innerhalb zwei Wochen zulässig.

Für die Verwaltung und Beaufsichtigung kirchlicher Stiftungen gelten die von der Religionsgemeinschaft erlassenen Vorschriften (§ 25 Abs 1 StiftG). Für kommunale Stiftungen gelten regelmäßig die Vorschriften des kommunalen Wirtschaftsrechts (§ 31 Abs 2 StiftG).

Bayern: Bayerisches Stiftungsgesetz v 19.12.2001 (GVBl 2002 S 10), letzte Änderung v 22.08.2008 (GVBl 73). **207**

Das Stiftungsvermögen ist sicher und wirtschaftlich zu verwalten. Die **Genehmigung** der Stiftungsaufsichtbehörde bedürfen: die Annahme von Zustiftungen, die mit einer Last verknüpft sind, der Abschluss von Rechtsgeschäften, die ein Einstehen der Stiftung für fremde Schuld zum Gegenstand haben, und Rechtsgeschäfte, an denen ein Mitglied eines Stiftungsorgans persönlich oder als Vertreter eines Dritten beteiligt ist und keine im Gesetz genannte Ausnahme vorliegt.

Die kirchlichen Stiftungen unterstehen der Aufsicht der betreffenden Kirche (Art 31 Abs 1 S 1 BayStiftG). Für kommunale Stiftungen gelten die Vorschriften der Gemeindewirtschaft, der Landkreiswirtschaft und der Bezirkswirtschaft entsprechend (Art 28 Abs 3 S 3 BayStiftG).

Brandenburg: Stiftungsgesetz für das Land Brandenburg v 20.04.2004 (GVBl I S 150). **208**

Die Stiftungsbehörde kann in Ausübung ihrer Aufsicht Beschlüsse und andere Maßnahmen, die dem Stifterwillen oder den Gesetzen widersprechen, beanstanden und anordnen, dass sie aufgehoben oder rückgängig gemacht werden (§ 8 Abs 1 S 1 StiftGBbg).

Kirchliche Stiftungen und den kirchlichen Stiftungen gleichgestellte Stiftungen unterliegen nicht der Aufsicht des Landes (§§ 4 Abs 3, 18 Abs 2 S 1 StiftGBbg).

---

351 Zur Siegelführung vgl § 1 Abs 3 S 1 ThürSpkG. Rechtsverbindliche Erklärungen bedürfen der Unterschrift zweier Vorstandsmitglieder (§ 10 Abs 1 S 2 ThürSpkVO).
352 S nur *Reuter* NZG 2005, 649/650 ff.
353 Vgl *Hof* in *Seifart/v Campenhausen (Hrsg)* Handbuch des Stiftungsrechts, 2. Aufl 1999, § 10 Rn 40 f u *Schlüter/Stolte* Stiftungsrecht, 2007, Kap 3 Rn 9 ff.
354 Vgl *Richter/Sturm* NZG 2005, 655/656.

209   *Hessen:* Hessisches Stiftungsgesetz v 04.04.1966 (GVBl I S 77), letzte Änderung v 26.11.2002 (GVBl I 700).

Gemäß § 6 Abs 1 StiftG ist das Stiftungsvermögen in seinem **Bestand** ungeschmälert zu **erhalten**. Die Aufsichtsbehörde kann Ausnahmen zulassen.

210   *Mecklenburg-Vorpommern:* Stiftungsgesetz für das Land Mecklenburg-Vorpommern v 07.06.2006 (GVOBl S 366).

Gemäß § 6 Abs 1 StiftG kann die Stiftungsbehörde Beschlüsse und andere Maßnahmen der Stiftungsorgane, die dem Stifterwillen oder den Gesetzen widersprechen, beanstanden und anordnen, dass sie innerhalb einer angemessenen Frist aufgehoben oder rückgängig gemacht werden. Beanstandete Maßnahmen dürfen nicht vollzogen werden.

Kirchliche Stiftungen unterstehen der kirchlichen Aufsicht (§ 11 Abs 1 S 1 Nr 1 StiftG).

211   *Niedersachsen:* Niedersächsisches Stiftungsgesetz v 24.07.1968 (GVBl S 119), letzte Änderung v 23.11.2004 (GVBl S 514).

Gemäß § 6 Abs 1 NStiftG ist das Stiftungsvermögen in seinem **Bestand** ungeschmälert zu **erhalten**; die Stiftungsbehörde kann Ausnahmen zulassen.

Die Vorschrift der Vermögensverwaltung bei kommunalen Körperschaften gelten für kommunale Stiftungen[355] entsprechend (§ 19 Abs 2 NStiftG). Kirchliche Stiftungen[356] unterstehen der kirchlichen Aufsicht (§ 20 Abs 1 S 1 Nr 3 NStiftG).

212   *Nordrhein-Westfalen:* Stiftungsgesetz für das Land Nordrhein-Westfalen v 15.02.2005 (GVBl S 52).

Das Stiftungsvermögen ist grundsätzlich ungeschmälert zu erhalten (§ 4 Abs 2 S 1 StiftG NRW). Die beabsichtigte Veräußerung oder Belastung von Grundstücken oder sonstigen Vermögenswerten ist – abgesehen von privaten Stiftungen[357] – der zuständigen Aufsichtsbehörde anzuzeigen, wenn der Geschäftswert der beabsichtigten Maßnahmen ein Fünftel des Stiftungsvermögens, mindestens aber 100.000 Euro beträgt (§ 7 Abs 2 und 4 StiftG NRW). Maßnahmen der Stiftungsorgane kann die Aufsichtsbehörde widersprechen und beanstanden; sie kann verlangen, dass sie innerhalb einer bestimmten Frist aufgehoben oder rückgängig gemacht werden (§ 8 Abs 1 StiftG NRW). Die kirchlichen Stiftungen unterliegen kirchlicher Stiftungsaufsicht (§ 14 Abs 3 StiftG NRW).

213   *Rheinland-Pfalz:* Stiftungsgesetz v 19.07.2004 (GVBl S 385). Das Stiftungsvermögen ist möglichst ungeschmälert zu erhalten (§ 7 Abs 2 StiftG). Die Stiftungsbehörde kann Maßnahmen beanstanden und ihre Aufhebung bzw. Rückgängigmachung verlangen, wenn sie gegen das Gesetz oder die Satzung verstoßen (§ 9 Abs 4 StiftG). § 2 Abs 2 StiftG definiert die privaten Stiftungen als solche, die überwiegend private Zwecke verfolgen; es handelt sich insbesondere um die Familienstiftungen. Kirchliche Stiftungen unterstehen der Aufsicht der Kirchenbehörde (§ 12 Abs 3 StiftG).

214   *Saarland:* Saarländisches Stiftungsgesetz Nr 1168 v 09.08.2004 (AmtsBl S 1825), letzte Änderung v 15.02.2006 (AmtsBl 474).

Das Stiftungsvermögen ist in seinem **Bestand** ungeschmälert zu **erhalten**; Ausnahmen kann die Stiftungsbehörde zulassen (§ 6 Abs 1 StiftG).

Gemäß § 20 Abs 2 S 2 StiftG gelten für die Vermögensverwaltung der kommunalen Stiftungen die Vorschriften über die Vermögensverwaltung nach dem KSVG. Die Stiftungsaufsicht über kirchliche Stiftungen führt die zuständige Kirchenbehörde (§ 19 Abs 4 S 1 StiftG).

215   *Sachsen:* Gesetz über die Bildung und Tätigkeit von Stiftungen v 13.09.1990 (GBl der DDR I S 1483), letzte Änderung v 17.04.1998 (GVBl S 151).

Das Stiftungsvermögen ist in seinem **Bestand** zu **erhalten** (§ 14 Abs 2 S 1 StiftG). Kirchliche Stiftungen sind der kirchlichen Aufsicht unterstellt (§§ 26 Abs 1, 27 Abs 3 StiftG).

216   *Sachsen-Anhalt:* Gesetz über die Bildung und Tätigkeit von Stiftungen v 01.01.1997 (GVBl S 144).

Das Stiftungsvermögen ist in seinem **Bestand** zu **erhalten** (§ 14 Abs 2 S 1 StiftG). Kirchliche Stiftungen sind der kirchlichen Aufsicht unterstellt (§§ 26 Abs 1, 27 Abs 3 StiftG).

217   *Schleswig-Holstein:* Gesetz über rechtsfähige Stiftungen des bürgerlichen Rechts v 02.03.2000 (GVOBl S 208), letzte Änderung v 12.10.2005 (GVOBl S 487).

---

355 § 19 Abs 1 S 1 NStiftG.
356 § 20 Abs 1 S 1 NStiftG.
357 Vgl. *Andrick* RNotZ 2005, 473/477 u *Richter* ZEV 2005, 517/519.

Anzeigepflichtige Handlungen (Umschichtungen des Vermögens, unentgeltliche Zuwendungen, Eingehung von Verbindlichkeiten, Veräußerung von Sachen mit besonderem Wert) sind der Aufsichtsbehörde vorher bekanntzumachen. Sie gelten, wenn ihnen nicht in vier Wochen seit Zugang schriftlich widersprochen wird, als genehmigt (§ 9 Abs 1 StiftG). Nach einer Beanstandung sind Maßnahmen, soweit rechtlich möglich, rückgängig zu machen (§ 11 StiftG).

Thüringen: Gesetz über die Bildung und Tätigkeit von Stiftungen v 2.10.1998 (GVBl S 361), letzte Änderung **218** v 25.11.2004 (GVBl S 853).

Gemäß § 14 Abs 2 StiftG ist das Stiftungsvermögen in seinem **Bestand** zu **erhalten**. Kirchliche Stiftungen sind der kirchlichen Aufsicht unterstellt (§§ 26 Abs 1, 27 Abs 3 StiftG).

u) Träger der Sozialversicherung. Die Träger der Sozialversicherung (§ 29 SGB IV) unterliegen im Rah- **219** men ihrer Selbstverwaltung bei der Verwaltung der Mittel Einschränkungen. Die Anlegung der Rücklage ist unter anderem nur in Forderungen, für die eine sichere Hypothek, Grund- oder Rentenschuld an dem Grundstück, Wohnungseigentum oder Erbbaurecht im Bereich der Europäischen Gemeinschaften besteht oder in Grundstücken und grundstücksgleichen Rechten im Inland (§ 83 Abs 1 Nr 6 u 8 SGB IV) zulässig. Ein Grundpfandrecht ist als sicher anzusehen, wenn die Beleihung die ersten zwei Drittel des Wertes des Grundstücks, Wohnungseigentums oder Erbbaurechts nicht übersteigt (§ 84 SGB IV). Diese interne Bindung ist vom Grundbuchamt nicht zu überprüfen. Insbesondere der Erwerb und das Leasen von Grundstücken und grundstücksgleichen Rechten bedürfen der **Genehmigung** der Aufsichtsbehörde (§ 85 Abs 1 S 1 SGB IV). Die Genehmigung der Aufsichtsbehörde ist Wirksamkeitsvoraussetzung.[358] Eine Ausnahme gilt, wenn der fiktive Kaufpreis 0,3 vom Hundert des zuletzt festgestellten Haushaltsvolumens des Versicherungsträgers, mindestens jedoch 22.800 Euro (Stand Haushaltsjahr 2000[359]) und höchstens 342.000 Euro (Stand Haushaltsjahr 2000) nicht übersteigen (§ 85 Abs 2 u 3 SGB IV). Diese Einschränkung findet auf die Bundesagentur für Arbeit keine Anwendung (§ 85 Abs 4 SGB IV). Für die Veräußerung und die Belastung von Grundstücken besteht nach dieser Vorschrift keine Genehmigungspflicht.

v) Versicherungsunternehmen. Versicherungsunternehmen dürfen das gebundene Vermögen in Grundstü- **220** cken und grundstücksgleichen Rechten anlegen (§ 54 Abs 2 S 1 Nr 5 VAG). Eine Genehmigung ist nicht erforderlich. § 66 Abs 4a VAG regelt den Wertersatz unbelasteter und belasteter Grundstücke bzw grundstücksgleicher Rechte.[360] Bei Lebensversicherungen, Krankenversicherungen und der privaten Pflegeversicherung (§ 79 VAG, nicht jedoch bei öffentlich-rechtlichen Versicherungsunternehmen, § 79a VAG) sind zur Überwachung des Sicherungsvermögens ein Treuhänder und ein Stellvertreter für ihn zu bestellen (§ 70 VAG). Verfügungen über das Sicherungsvermögen bedürfen der schriftlichen Zustimmung des Treuhänders (§ 72 Abs 1 u 3 VAG). Die Löschung ist im Vermögensverzeichnis vom Treuhänder zu unterzeichnen. Im Insolvenzfall ist für das Sicherungsvermögen ein Pfleger zu bestellen (§ 78 VAG).

w) Wasser- und Bodenverband. Wasser- und Bodenverbände bedürfen zu unentgeltlichen Veräußerungen **221** von Vermögensgegenständen und zur Bestellung von Sicherheiten der **Zustimmung der Aufsichtsbehörde** (§ 75 Abs 1 Nr 1 u 3 WVG). Gleiches gilt für Rechtsgeschäfte, die den vorgenannten Geschäften wirtschaftlich gleich kommen (§ 75 Abs 2 WVG). Die Zustimmung gilt als erteilt, wenn sie nicht innerhalb eines Monats nach Eingang der Anzeige bei der Aufsichtsbehörde versagt wird. Diese kann die Frist durch Zwischenbescheid in Einzelfällen um einen Monat verlängern (§ 75 Abs 5 WVG). Es handelt sich jedoch nur um eine Aufsichtsmaßnahme ohne Außenwirkung.

10. Genehmigungserfordernisse ohne grundbuchrechtliche Bedeutung

a) Veränderungssperre. Das Verfahren zur Aufstellung eines Bebauungsplans nimmt häufig längere Zeit in **222** Anspruch. Um zu verhindern, dass durch Baumaßnahmen ein Zustand geschaffen wird, der den Festsetzungen des künftigen Bebauungsplans widerspricht, kann die Gemeinde nach dem Aufstellungsbeschluss eine Veränderungssperre als Satzung beschließen (§§ 14 ff BauGB). Die abschließend in § 14 Abs 1 BauGB genannten Verbotstatbestände können **nicht** auf **rechtsgeschäftliche Verfügungen** erweitert werden.[361] Das Grundbuchverfahren ist deshalb von einer Veränderungssperre nicht betroffen.

---

358 BGH DNotZ 2004, 461 = MDR 2004, 389 = MittBayNot 2004, 256 = ZflR 2004, 146.
359 Beide Beträge verändern sich in demselben Verhältnis wie der Baukostenindex, den das Bundesministerium für Arbeit und Sozialordnung alljährlich bekannt gibt (§ 85 Abs 3 SGB IV).
360 Vgl zur Eintragung in ein Verzeichnis § 66 Abs 6 VAG.
361 *Bönker* in *Hoppe/Bönker/Grotefels* Öffentl. BauR, § 9 Rn 16. Vgl *Grabe* BauR 1999, 1419.

223 **b) Anlagengenehmigungen, Planfeststellungsverfahren, Bodenschutz und Baurecht.** Anlagengenehmigungen wie zB nach § 4 BImschG und Genehmigungen in Planfeststellungsverfahren[362] haben **keine Auswirkungen** auf das Grundbuch. Gleiches gilt für behördliche Verfahren nach dem BBodSchG; diesbezüglich ist erst der Wertausgleich gemäß § 25 Abs 6 BBodSchG im Grundbuch zu vermerken.[363] Baurechtliche Genehmigungen wirken für und gegen Rechtsnachfolger;[364] sie sind jedoch für das Grundbuchverfahren ohne Bedeutung. Gleiches gilt für die nur in Bayern bestehende Möglichkeit der Abstandsflächenübernahme durch Erklärung gegenüber der Baubehörde, die in keinem Register vermerkt wird.[365]

224 **c) Wertsicherungsklauseln.** Nach § 1 Preisklauselgesetz (PrKG) sind Gleitklauseln verboten. Ausgenommen sind vor allem Preisklauseln in langfristigen Verträgen (§ 3 PrKG) und Erbbauzinsreallasten in Erbbaurechtsverträgen mit einer Laufzeit von mindestens 30 Jahren (§ 4 PrKG). Zulässig sind Preisklauseln in Verträgen von gebietsansässigen Unternehmen (§ 14 BGB) mit Gebietsfremden (§ 6 PrKG) und in Regelungen, die lediglich zu einer Ermäßigung der Geldschuld führen können (§ 1 Abs 2 Ziff 4 PrKG).[366] Das Verbot von Preisklauseln gilt ferner nicht für Leistungsvorbehaltsklauseln, für Spannungsklauseln und Kostenelementeklauseln sowie für Klauseln in Erbbaurechtsbestellungsverträgen. Unberührt bleiben schließlich die Vorschriften über die Indexmiete (§ 557b BGB, § 1 Abs 3 PrKG). Ein Genehmigungserfordernis besteht nicht mehr.[367] Materiellrechtlich hat sich durch das **System der Legalausnahme** keine Änderung ergeben. Deshalb ist eine Wertsicherungsklausel zur Sicherung einer bereits entstandenen, aber erst künftig fällig werdenden Forderung zulässig, wenn sie früher genehmigungsfähig war oder unter eine Legalausnahme fällt. Uneingeschränkt zulässig sind Wertsicherungsklauseln, die einen erst künftig entstehenden Anspruch betreffen. Entspricht eine Preisklausel nicht den gesetzlichen Anforderungen, ist sie nicht automatisch unwirksam. Die Unwirksamkeit tritt erst mit Wirkung ab dem Zeitpunkt des gerichtlich rechtskräftig festgestellten Verstoßes ein (§ 8 PrKG).[368] Vereinbarungen zwischen den Vertragsparteien, die eine frühere Unwirksamkeit der Preisklausel vorsehen, bleiben allerdings unberührt. Unklar bleiben die Auswirkungen auf den Vertrag im Übrigen. Das Grundbuchamt hat im Rahmen der Eintragung einer wertgesicherten Reallast keine Prüfungsbefugnis hinsichtlich der Wirksamkeit der Preisklausel, wenn es die Vertragsparteien bei der gesetzlichen Regelung des § 8 PrKG belassen. Zu prüfen ist jedoch, ob die Beteiligten den Zeitpunkt der Unwirksamkeit der Wertsicherungsklausel vorverlegt haben; ist dies der Fall, könnte das Grundbuch durch die Eintragung einer unwirksamen Preisklausel nämlich unrichtig werden.[369]

III. Öffentlich-rechtliche Vorkaufsrechte

1. Bedeutung, Ausübung und Abwicklung

225 **a) Bedeutung und verfassungsrechtliche Vorgaben.** Die gesetzlichen Vorkaufsrechte des Bundes und der Länder dienen den Erwerbsinteressen der öffentlichen Hand und bestimmter vom Gesetzgeber als besonders förderungswürdig angesehener Berechtigter.[370] Sie bezwecken nicht die Mobilisierung von Grund und Boden, sondern ermöglichen nur den Zugriff auf schon am Immobilienmarkt befindliches Grundeigentum.[371] Als weniger einschneidendes Mittel sind sie jedoch einem unmittelbaren Eingriff auf Eigentumsentzug im Hinblick auf die Anforderungen des rechtsstaatlichen Verhältnismäßigkeitsprinzips vorzuziehen. Nach überwiegender Ansicht stellen die gesetzlichen Vorkaufsrechte inhalts- und schrankenbestimmende Vorschriften im Sinne des Art 14 Abs 1 S 2 GG dar, durch die die Sozialbindung des Grundeigentums konkretisiert wird. Die Ausübung des Vorkaufsrechts durch die öffentliche Hand verwirklicht daher keine enteignenden oder enteignungsgleichen Tatbestand und enthält auch keinen unzulässigen Eingriff in die durch Art 2 GG geschützte Vertragsfreiheit.[372] Dies ist jedoch nicht unbestritten.[373] Ist wie beim gemeindlichen Vorkaufsrecht nach den §§ 24 ff BauGB mit dem Vorkaufsrecht eine Grundbuchsperre verbunden, so lässt sich das den Privaten auch mit Kosten belastende Verfahren verfassungsrechtlich unter Verhältnismäßigkeitsgesichtspunkten nicht mehr rechtfertigen, wenn das

---

362 S nur §§ 72 f VwVfG.
363 Vgl auch *Kersten* BWNotZ 2000, 73 ff.
364 Vgl § 58 Abs 3 MBO 2002.
365 Art 6 Abs 2 S 3 BayBO. Vgl zur Abstandsflächenübernahme durch Baulasten, *Wenzel* Baulasten in der Praxis, 2006 Rn 140.
366 S ferner die weiteren Ausnahmen in §§ 2–7 PrKG.
367 Ausführlich zur früheren Genehmigungspflicht *Limmer* ZNotP 1999, 148 ff.
368 Vgl *Reul* MittBayNot 2007, 445/450. Vgl auch *Kirchhoff* DNotZ 2007, 913 u *Wilsch* NotBZ 2007, 431. Zur AGB-rechtlichen Zulässigkeit in Preisanpassungsklauseln *v Westphalen* MDR 2008, 424.
369 Ebenso *Reul* MittBayNot 2007, 445/452.
370 Ähnlich *Preuß* in *Schreiber* (Hrsg) Immobilienrecht, Handbuch, 2. Aufl 2005, Kap 14 Rn 86 u *Schreiber* Jura 2001, 196/200.
371 Zutreffend *Jäde* UPR 1993, 48/51f.
372 So BGHZ 29, 113/114; BGHZ 32, 225/226 f u BGH NJW 1989, 37/38.
373 Vgl *Labbè* AnwBl. 1989, 530/534 u. *Mößle* MittBayNot 1988, 213/214 ff.

Vorkaufsrecht nur in einem verschwindend kleinen Promillesatz ausgeübt wird und nicht mehr dem eigentlichen Zweck, nämlich der Bodenvorratspolitik, sondern lediglich der Informationsbeschaffung über den Grundstücksverkehr dient.[374] Die **verfassungsrechtlichen Vorgaben**, nämlich der Eigentumsschutz und die Vertragsfreiheit, haben unabhängig von dieser Streitfrage jedenfalls Auswirkungen auf die Gestaltung des Verfahrens. Dieses muss der Bedeutung der vorbezeichneten Grundrechte entsprechen.

b) Ausübung des Vorkaufsrechts. aa) Ausübungserklärung und Erstvertrag. Das Vorkaufsrecht wird **226** durch Erklärung gegenüber dem Verpflichteten ausgeübt. Die Ausübung gesetzlicher Vorkaufsrechte bedarf grundsätzlich keiner besonderen Form;[375] insbesondere ist der trotz der hiermit verbundenen Erwerbspflicht keine notarielle Beurkundung erforderlich.[376] Jedoch sehen die gesetzlichen Vorkaufsrechte regelmäßig eine **Ausübung durch Verwaltungsakt** vor. Für den Verwaltungsakt gelten wiederum mangels spezieller Vorschriften die allgemeinen Anforderungen des Bundes- bzw Landesverwaltungsverfahrensrechts. Danach bedarf die Ausübung der Schriftform oder der diese ersetzenden elektronischen Form. An Stelle des Erlasses eines Verwaltungsaktes ist auch der Abschluss eines öffentlich-rechtlichen Vertrages möglich. Dieser bedarf jedoch der notariellen Beurkundung.[377] Dies gilt trotz der Regelung in § 464 Abs 1 S 2 BGB, wonach die Ausübungserklärung nicht der für den Kaufvertrag bestimmten Form bedarf. Diese Vorschrift betrifft nämlich nur die einseitige Gestaltungserklärung, nicht jedoch die vertraglich bindende Vorkaufsrechtsausübung.

Die Ausübungserklärung muss auch beim gesetzlichen Vorkaufsrecht **eindeutig und vorbehaltlos** erfolgen. **227** Die Ausübung des Vorkaufsrechtes ist unwirksam, wenn der Vorkaufsberechtigte es ablehnt, die mit seiner Erklärung verbundenen, aus dem Erstkauf resultierenden Pflichten zu übernehmen, sofern das Gesetz wie zB beim preislimitierten Vorkaufsrecht nicht ausdrücklich Ausnahmen hiervon vorsieht. Eine Ausübungserklärung unter Vorbehalt kann der Verpflichtete zurückweisen.[378] Allerdings ist es unschädlich, wenn der Vorkaufsberechtigte an der Wirksamkeit bestimmter Teile des Vertrages, die offensichtlich nur zur Erschwerung oder Umgehung des Vorkaufsrechtes abgeschlossen wurden, Zweifel äußert.[379] Sieht das Gesetz keine Sonderregeln vor, ist auch die Erklärung der vorkaufsberechtigten öffentlichen Hand unzulässig, sie würde den Kaufpreis erst nach einer gerichtlichen Überprüfung zahlen, weil möglicherweise durch einen überhöhten Kaufpreis oder einen unüblichen Zeitpunkt für die Entrichtung des Kaufpreises (zB ohne Sicherungen) die Ausübung des Vorkaufsrechtes erschwert werden solle.[380]

Durch die Ausübung des Vorkaufsrechts tritt der Berechtigte nicht in den das Vorkaufsrecht auslösenden Kauf- **228** vertrag an Stelle des Dritten ein.[381] Vielmehr kommt ein zweiter Kaufvertrag zustande, dessen Inhalt sich, sofern nicht abweichende gesetzliche Bestimmungen bestehen, nach dem des Erstvertrages richtet.[382] Der Erstvertrag wird, sofern wiederum keine diesbezüglichen gesetzlichen Sondervorschriften existieren, auch nicht unwirksam. Der Grundstücksverkäufer muss sich deshalb, um Schadensersatzpflichten gegenüber dem Käufer zu vermeiden, Lösungsmechanismen vom Erstvertrag für den Fall der Ausübung des Vorkaufsrechtes vorbehalten.[383] Diese sind allerdings nach Ausübung des Vorkaufsrechtes gegenüber dem Vorkaufsberechtigten unwirksam (§ 465 BGB). Umstritten ist, bis zu welchem Zeitpunkt sich Vertragsänderungen, die der Vorkaufsverpflichtete mit dem Dritten vereinbart, auf das Vorkaufsrechtsverhältnis zum Berechtigten auswirken. Nach einer Ansicht entfällt die **Dispositionsbefugnis** über das Bestehen des Vertrages mit Wirkung gegenüber dem Vorkaufsberechtigten nach der Wirksamkeit des Vertrages.[384] Danach wäre auch ein Rücktritt vom Ausgangsvertrag auf Grund eines diesbezüglichen vertraglichen Vorbehalts vor Ausübung des Vorkaufsrechtes gegenüber dem Vorkaufsberechtigten ohne Wirkung.[385] Eine einvernehmliche Aufhebung eines bereits rechtswirksamen Kauf-

---

374 Vgl zu Zahlen über die Häufigkeit der Ausübung *Bracker* ZRP 1986, 276; *Konrad* ZRP 1986, 96/97 Fn 10; *Grziwotz* DNotZ 1993, 488/496 f.

375 So BGHZ 144, 357 = DNotZ 2000, 764 = MDR 2000, 1184 = MittBayNot 2000, 539 = NJW 2000, 2665 = NZM 2000, 858 = ZfIR 2000, 861 zu § 570b BGB aF (nunmehr § 577 BGB). Vgl auch § 464 Abs 1 S 2 BGB.

376 BGHZ 144, 357 = DNotZ 2000, 764 = MDR 2000, 1184 = MittBayNot 2000, 539 = NJW 2000, 2665 = NZM 2000, 858 = ZfIR 2000, 861; **aA** mit beachtlichen Argumenten *Staudinger/Mader* § 463 Rn 3; sowie für das Mietervorkaufsrecht *Hammen* DNotZ 1997, 543 f; *Heintz* Vorkaufsrecht des Mieters, 1998, S 126 f; *Lüke* ZfIR 1997, 245 f u *Schmidt* DWW 1994, 65 f. Kritisch auch *Medicus,* SchuldR II, 14. Aufl 2007, Rn 160.

377 § 57 Bundes- oder LandesVwVfG iVm § 311b Abs 1 BGB.

378 So die hM, zB BGH MDR 1962, 974; BGH MDR 1964, 748; BGH MDR 1966, 134 u BGH WM 1988, 92/93; **aA** MüKo/*Westermann* § 464 Rn 2.

379 Ebenso *Soergel/Huber* § 505 Rn 7.

380 BGH MDR 1966, 134; **aA** MüKo/*Westermann* § 463 Rn 18 ff.

381 Unklar *Schreiber* Jura 2001, 196/201.

382 Zur (verneinten) Haftung für Sachmängel bei Kenntnis des Erstkäufers s OLG Nürnberg MDR 2005, 437.

383 Vgl BayObLGZ 1997, 223 = DNotZ 1998, 478; s zu diesbezüglichen Vorsorgemaßnahmen *Basty/Brückner* ZNotP 1998, 275/279 f.

384 So *Winkler* NJW 1970, 98 u *Grziwotz* NVwZ 1994, 215/216.

385 BGH DNotZ 1977, 349.

vertrages ist nach dieser Meinung ebenso ohne Wirkung gegenüber dem Vorkaufsberechtigten.[386] Nach überwiegender Ansicht besteht dagegen die Dispositionsbefugnis der Kaufparteien über ihren Vertrag bis zur Ausübung des Vorkaufsrechtes, das heißt den Zeitpunkt des Zugangs der Vorkaufserklärung.[387] Unstrittig sind Rücktrittsrechte und Bedingungen, die nicht die Ausübung des Vorkaufsrechtes betreffen, zulässig. Beispiel ist die Bedingung, dass eine beantragte Baugenehmigung nicht bis zum Ablauf eines bestimmten Termins erteilt oder bestandskräftig wird. Eine Änderung oder Ergänzung des Vertrages ist nach beiden Ansichten bis zur Ausübung des Vorkaufsrechtes zulässig. Sie muss dem Vorkaufsberechtigten jedoch erneut mitgeteilt werden und setzt eine neue Überlegungsfrist für die Ausübung des Vorkaufsrechtes in Lauf.[388] Dies gilt unproblematisch für Änderungen, die im ursprünglichen Vertrag enthaltene Fehler berichtigen wie zB die Aufnahme eines bei einem Teilflächenverkauf vergessenen Geh- und Fahrtrechts zur Sicherung der Erschließung. Änderungen hingegen, die lediglich im Hinblick auf die drohende Ausübung des Vorkaufsrechtes vereinbart werden, entfalten im Verhältnis zum Vorkaufsberechtigten als »Fremdkörper« keine Wirkung. Vor Rechtswirksamkeit des Vertrages ist eine Abänderung oder Aufhebung des geschlossenen Erstvertrages jederzeit möglich, und zwar auch mit Wirksamkeit gegenüber dem Vorkaufsberechtigten.[389] Während des Schwebezustandes können Verkäufer und Käufer den Kaufvertrag willkürlich aufheben oder abändern und damit das Vorkaufsrecht gegenstandslos machen. Der Vorkaufsberechtigte hat nämlich kein Recht auf Eintritt des Vorkaufsfalles.[390] Demgemäß ist der Verkäufer in der Vertragsgestaltung mit dem Erstkäufer grundsätzlich frei.[391] Der Verkäufer ist nicht gehalten, dem Vorkaufsberechtigten die Ausübung des Vorkaufsrechtes zu ermöglichen.[392]

229   **bb) Rechtswirksamer Kaufvertrag, Umgehungsversuche.** Das gesetzliche Vorkaufsrecht kann grundsätzlich nur bei **Abschluss eines wirksamen Kaufvertrages** über das mit dem Vorkaufsrecht belastete Grundstück ausgeübt werden.[393] Das schließt es jedoch nicht aus, dass die Erklärung des Vorkaufsberechtigten, dass er von seinem Vorkaufsrecht Gebrauch mache, schon zu einem (noch) schwebend unwirksamen Vertrag mit Wirkung auf den Genehmigungszeitpunkt erfolgt.[394] Allerdings geht der Vorkaufsberechtigte das Risiko ein, dass die Vertragsbeteiligten des Erstkaufs diesen abändern oder aufheben.[395] Kraft ausdrücklicher gesetzlicher Anordnung kann das Vorkaufsrecht ausnahmsweise auch bei bestimmten Unwirksamkeitsgründen des Erstvertrages bestehen.[396] Nachdem sich das Vorkaufsrecht auf Kaufverträge bezieht, lösen ein Schenkungsvertrag, auch eine gemischte Schenkung (jedenfalls bei überwiegender Unentgeltlichkeit),[397] eine Erbauseinandersetzung und generell die Auseinandersetzung einer Gesamthandsgemeinschaft,[398] ein Tausch, und zwar auch ein Ringtausch, die Einbringung eines Grundstücks in eine Gesellschaft als tauschähnlicher Vertrag,[399] die Übertragung von Erbteilen oder Gesellschaftsanteilen, die Veräußerung eines Grundstücks von einer Personengesellschaft an eine andere mit identischen Gesellschaftern sowie die Bestellung einer Dienstbarkeit zur Ausbeutung (Steinbruch) auf 99 Jahre[400] das Vorkaufsrecht nicht aus.[401] Bei einer Veräußerung zu einem nicht sittenwidrigen[402] »Freundschaftspreis«, das heißt einem besonders günstigen Preis, ohne dass eine Einigung über eine teilweise Unentgeltlichkeit vorliegt, kann das Vorkaufsrecht zu diesem Preis ausgeübt werden.[403] Strittig ist, ob das Vorkaufsrecht beim Verkauf aller Gesellschaftsanteile besteht, wenn es sich bei dem mit dem Vorkaufsrecht belasteten Grund-

386   Umstr, s BGH NJW 1994, 1442; vgl auch VGH München NVwZ 1995, 304 u *Brambring* ZAP 1993, 965/967.
387   So BGH NJW 1969, 1959/1960 u *Staudinger/Mader* § 464 Rn 18.
388   Vgl BGH NJW 1973, 1365 u OLG Karlsruhe NJW-RR 1996, 916.
389   BGHZ 139, 29/34 = NJW 1998, 2352/2353 = DNotZ 1998, 895 = LM § 504 BGB Nr 17 = MDR 1998, 893 = MittBayNot 1998, 336 = NotBZ 1998, 150 = NuR 1998, 618 = WM 1998, 1405 = ZfIR 1998, 416 = ZIP 1998, 1405.
390   So BGH NJW 1977, 762.
391   S nur *Jauernig/Berger* BGB, 12. Aufl 2007, § 464 Rn 7.
392   S nur *Palandt/Weidenkaff* § 464 Rn 7.
393   Vgl nur BGH WM 1960, 551/553.
394   BGHZ 139, 29 = NJW 1998, 2352/2353 = DNotZ 1998, 895 = LM § 504 BGB Nr 17 = MDR 1998, 893 = MittBayNot 1998, 336 = NotBZ 1998, 150 = NuR 1998, 618 = WM 1998, 1405 = ZfIR 1998, 416 = ZIP 1998, 1405.
395   Vgl zu dieser Konsequenz *Grunewald* EWiR 1998, 637/638.
396   VG Ansbach MittBayNot 2001, 588. Weiter gehend bei gesetzlichen Vorkaufsrechten *Wandel* BWNotZ 1985, 55/58 f.
397   Vgl RGZ 101, 99/101; KG MDR 2000, 147.
398   BGHZ 13, 133/138; BGH WM 1970, 321/322; *Hahn* MittRhNotK 1994, 193/199.
399   BGHZ 31, 37; OLG Nürnberg DNotZ 1970, 39/41; OLG Stuttgart NJOZ 2001, 335. Anders die Entnahme durch einen Gesellschafter im Wege des Kaufs, s OLG Karlsruhe WM 1990, 725 (teilw abw *Hertel* in *Lambert-Lang/Tropf/ Frenz* HB Grundstückspraxis, 2. Aufl 2005, Teil 2 Rn 549).
400   BGH BGHRp 2004, 12 = DNotZ 2004, 448 = MDR 2004, 24 = MittBayNot 2004, 186 = NJW 2003, 3769 = NotBZ 2003, 424 = WM 2004, 686 = ZfIR 2003, 1038; **aA** noch OLG Bamberg OLGRp 2003, 117.
401   Vgl nur *Hahn* MittRhNotK 1994, 193/196 ff.
402   S BGH DNotZ 2001, 724 = ZfIR 2001, 569; BGH DNotZ 1997, 707 = ZfIR 1997, 260; BGH NJW 1992, 889 zu Fällen eines krassen Missverhältnisses von Leistung und Gegenleistung.
403   Str, ebenso RGZ 101, 99 u *Soergel/Huber* § 504 Rn 13; **aA** *Schurig* S 137 f wonach der Vorkaufsberechtigte den zu schätzenden »eigentlichen« Kaufpreis zu zahlen hat, nicht den ermäßigten, u wohl auch KG MDR 2000, 147.

stück um das einzige Vermögen der Gesellschaft handelt.[404] Dagegen ist ein Vorkaufsrecht unstreitig bei Veräußerung eines realen Teils, das heißt einer Teilfläche, und eines ideellen Bruchteils, das heißt eines Miteigentumsanteils an dem belasteten Grundstück möglich.[405] Allerdings liegt ein mit einem »Dritten« abgeschlossener Kaufvertrag dann nicht vor, wenn ein Miteigentümer seinen Anteil an einen anderen Mitberechtigten verkauft.[406] Zudem wird bei Veräußerung eines Miteigentumsanteils häufig das bei den gesetzlichen Vorkaufsrechten erforderliche Vorliegen des öffentlichen Interesses an der Ausübung des Vorkaufsrechtes fehlen. Das Vorkaufsrecht besteht ferner nicht in der Zwangsversteigerung, wohl aber in der Teilungsversteigerung, wenn nicht ein Mitberechtigter das Grundstück einsteigert. Die gesetzlichen Vorkaufsrechte enthalten teilweise weitere sachliche und persönliche Einschränkungen des Vorkaufsrechts.

Gerade bei öffentlich-rechtlichen Vorkaufsrechten wird mitunter versucht, durch die Vertragsgestaltung das **230** Vorkaufsrecht zu **umgehen** oder seine Ausübung so zu erschweren, dass es faktisch nicht mehr in Betracht kommt.[407] Soweit als Reaktion darauf nicht bereits der Gesetzgeber[408] das Vorkaufsrecht auch auf Vertragsgestaltungen erstreckt hat, die in ihrer Gesamtheit einem Kaufvertrag nahezu gleich kommen,[409] kann bei einer Umgehung trotz formellen Fehlens der Vorkaufsrechtsvoraussetzungen ein Vorkaufsrecht bestehen. Die Umgehungsabsicht kann sich dabei aus den objektiven Umständen, insbesondere der Ungewöhnlichkeit des zwischen fremden Vertragsparteien Vereinbarten, ergeben. Beispiele sind die Einbringung in eine Gesellschaft und das bereits beabsichtigte Ausscheiden des »Alteigentümers«,[410] die Aufteilung in Wohnungs- und Teileigentum sowie die anschließende Veräußerung sämtlicher Wohnungs- und Teileigentumseinheiten an denselben Käufer, wenn die gesetzliche Vorschrift Wohnungs- und Teileigentum vom Vorkaufsrecht ausnimmt,[411] der mit dem Grundstückskauf verbundene Erlassvertrag über die Nichtausübung des Vorkaufsrechtes, der mit dem vollmachtlosen Vertreter abgeschlossen wird,[412] die Abgabe eines unbefristeten und unwiderruflichen Kaufangebots des Veräußerers samt Vorauszahlung in Höhe des Kaufpreises mit Sicherung durch Eintragung einer Vormerkung sowie einer Veräußerungs- und Belastungsvollmacht und einem Nießbrauch zu Gunsten des Käufers[413] sowie ein Tausch eines Seeufergrundstücks gegen eine Streuwiese mit Aufzahlungsverpflichtung[414] und schließlich eine bindende Vermächtniszuwendung gegen Zahlung eines bestimmten Betrages verbunden mit einer Verfügungsunterlassungsverpflichtung.[415] Ein das Vorkaufsrecht vereitelnder Vertrag kann nichtig sein (§ 138 BGB). Voraussetzung ist, dass er durch seinen Gesamtcharakter oder die Art und Weise des Zustandekommens das Gepräge der Sittenwidrigkeit erhält. Hierzu ist erforderlich, dass er auf verwerflichen Beweggründen oder der Anwendung unlauterer Mittel oder ausschließlich zu dem Zweck abgeschlossen wird, dem Vorkaufsberechtigten Schaden zuzufügen. In diesem Fall besteht auch eine Schadensersatzpflicht.[416] Grundsatz ist jedoch auch bei einem öffentlich-rechtlichem Vorkaufsrecht, dass der Eigentümer nicht gehalten ist, dem Berechtigten die Ausübung des Vorkaufsrechts zu ermöglichen.[417]

Grundsätzlich hat der durch die Ausübung des Vorkaufsrechtes zustande kommende Vertrag denselben **Inhalt 231** **wie der Erstvertrag** (§ 464 Abs 2 BGB).[418] Die §§ 465 ff BGB dienen dazu, einerseits die freie Entscheidung des Verpflichteten über die Konditionen des Verkaufs zu wahren, andererseits aber auch eine Aushöhlung und Umgehung der Position des Vorkaufsberechtigten zu verhindern, wobei bei den gesetzlichen Vorkaufsrechten zusätzlich die öffentlich-rechtliche Zweckbestimmung zu beachten ist. Deshalb hat der Vorkaufsberechtigte lediglich Verpflichtungen nicht zu erfüllen, die wesensmäßig nicht mehr zum Kaufvertrag gehören und sich

---

404 Verneinend RGZ 104, 42/43 f u *Soergel/Huber* § 504 Rn 14; **aA** in einem Umgehungsfall OLG Nürnberg NJW-RR 1992, 461.
405 Vgl OLG Frankfurt/M Rpfleger 1996, 24 = MDR 1995, 687.
406 BGHZ 13, 133/139 = NJW 1954, 1035; BGHZ 48, 1; BGH WM 1997, 1162/1164; BGH WM 1970, 321; BayObLG Rpfleger 1986, 53; BayObLG MittBayNot 1981, 18; OLG Frankfurt DNotZ 1996, 41 = Rpfleger 1996, 24 = FGPrax 1995, 139; teilw abw *Grunewald* in Festschrift für Gernhuber S 46 f. Vgl auch DNotI-Report 2000, 21.
407 *Vogt* in Festschrift für Wenzel 2005, 453 ff u *Kreuzer* ebenda, 361/364 ff. Allg zum Umgehungsgeschäft beim Vorkaufsrecht *Mayer-Maly* in Festschrift für Wagner 1987, 283 ff, *Schermaier* AcP 196, 1996, 256 ff u kurz *Schreiber* Jura 2001, 196/198 f.
408 Vgl Rdn 229.
409 Zu kaufähnlichen Verträgen s *Burbulla* Der Vorkaufsfall im Zivilrecht, 2006, S 12 ff.
410 Vgl OLG Nürnberg NJW-RR 1992, 461.
411 Dagegen ist eine Umgehung bei Bestellung eines Vorkaufsrechts grundsätzlich zu verneinen.
412 BGHZ 110, 230 = NJW 1990, 1473.
413 BGHZ 115, 335 = NJW 1992, 236.
414 VGH München BayVBl 1996, 210 = MittBayNot 1996, 324.
415 BGH MDR 1998, 829 = MittBayNot 1998, 334 = NJW 1998, 2136 = ZflR 1998, 352; kritisch *Schermaier* AcP 196, 1996, 256/274 f.
416 BGH DNotZ 2006, 122 = JA 2006, 167 = MDR 2006, 79 = MittBayNot 2006, 135 = NJW-RR 2006, 1534 = NZM 2005, 779 = WM 2005, 2248. Vgl auch OG Celle MietRB 2008, 36.
417 BGH WM 1970, 321.
418 Zur Sachmängelhaftung s OLG Nürnberg MDR 2005, 437.

darin vielmehr als Fremdkörper darstellen.[419] Es handelt sich um Gestaltungen, die bei objektiver Betrachtungsweise völlig außerhalb des Abhängigkeitsverhältnisses von Leistung und Gegenleistung liegen, in dieser Form nur für den Vorkaufsfall getroffen wurden und den Parteien des Erstvertrages bei dessen Durchführung keine irgendwie gearteten Vorteile bringen.[420] Dies gilt auch für nachträgliche Vertragsänderungen, nachdem der Vorkaufsberechtigte sein Kaufinteresse bekundet hat.[421]

c) Notarielle Hinweispflichten und grundbuchamtliche Beachtenspflichten. aa) Hinweis- und
232 **Anzeigepflichten.** § 20 BeurkG verpflichtet den **Notar** bei der Beurkundung einer Grundstücksveräußerung, wenn ein gesetzliches Vorkaufsrecht in Betracht kommen könnte, darauf hinzuweisen und dies in der Niederschrift zu vermerken.[422] Eine Aufzählung sämtlicher theoretisch denkbarer Vorkaufsrechte ist nicht erforderlich. Ausreichend ist, wenn auf Vorkaufsrechte hingewiesen wird, die im konkreten Fall praktisch relevant werden könnten oder hinsichtlich derer für den grundbuchamtlichen Vollzug zumindest eine Nichtausübungsbescheinigung erholt werden muss. Ob im Einzelfall die Voraussetzungen für die Ausübung des Vorkaufsrechtes vorliegen, wird der Notar im Regelfall mangels Kenntnis des die Tatbestandsvoraussetzungen ausfüllenden Sachverhalts nicht beurteilen können.[423] **Hinweisen** kann er jedoch auf die abstrakten Rechtsfolgen, und zwar sowohl hinsichtlich des Erstkaufs als auch hinsichtlich des in Folge der Ausübung des Vorkaufsrechtes zustande kommenden Zweitkaufs. Dabei wird er im Regelfall, um eine Haftung des Verkäufers wegen eines etwaigen Doppelverkaufs auszuschließen, auch anregen, Lösungsmechanismen vom Vertrag für den Fall der Ausübung eines Vorkaufsrechtes vorzusehen.

233 Die **Anzeigepflicht** und das diesbezügliche Recht hinsichtlich des möglicherweise ein Vorkaufsrecht auslösenden Kaufvertrags treffen nur die Vertragsbeteiligten bzw stehen nur ihnen zu, nicht jedoch dem Notar kraft eigenen Rechts. Der Notar kann sich jedoch von den Beteiligten bevollmächtigen lassen, die Erklärung über die Nichtausübung des Vorkaufsrechtes einzuholen. Eine Vollmacht, den Vollzug des Vertrages durchzuführen, enthält regelmäßig auch die Vollmacht zur Mitteilung des Vorkaufsrechts.[424] Eine diesbezüglich dem Notar erteilte Vollmacht enthält jedoch nicht automatisch auch die Zuständigkeit für die Entgegennahme einer Erklärung über die Vorkaufsrechtsausübung.[425] Ohne ausdrücklich anders lautende Ermächtigung handelt es sich nämlich regelmäßig nur um eine Durchführungsvollmacht für den abgeschlossenen Vertrag. Eine diesbezügliche Durchführungsvollmacht muss immer mangels abweichender Anweisung die Pflicht zur Verschwiegenheit (§ 18 BNotO) beachten. Da über die Ausübung von Vorkaufsrechten häufig nicht geheim entschieden wird, besteht das Risiko, dass der Inhalt der notariellen Urkunde gleichsam auf dem offenen Markt bekannt gemacht wird.[426] Die Übersendung einer Vertragsabschrift setzt deshalb eine ausführliche Erörterung mit den Beteiligten und deren ausdrückliches Einverständnis oder das konkrete Verlangen wenigstens einer Vertragspartei voraus.[427] Im Normalfall empfiehlt sich eine **zweistufige Mitteilung**: Zunächst wird allein die Tatsache des Verkaufs des betroffenen Grundstücks übermittelt; nur bei Bestehen eines Vorkaufsrechts wird sodann der Inhalt des Vertrages bekannt gegeben.[428] Nachdem diese zweistufige Vorgehensweise der üblichen Vertragsdurchführung entspricht, trifft den Notar auch keine Hinweispflicht darauf, dass eine andere, einseitig den Verkäufer begünstigende Vertragsgestaltung möglich wäre.

234 Die auftragsgemäße Einholung eines Negativzeugnisses nach § 28 Abs 1 BauGB löst eine **Vollzugsgebühr** in Höhe von 1/10 aus (§ 146 Abs 1 S 1 Hs 2 KostO). Diese Gebühr wird jedoch nur gesondert berechnet, wenn noch weitere Genehmigungen zu erholen sind; andernfalls fällt für die gesamte Tätigkeit lediglich eine 5/10 Gebühr aus dem Geschäftswert an. Die Klärung der Ausübung bzw. Nichtausübung sonstiger gesetzlicher Vorkaufsrechte fällt nicht unter die Vollzugstätigkeit gemäß § 146 Abs 1 KostO; hierfür ist eine selbständige Gebühr nach § 147 Abs 2 KostO zu erheben. Der Geschäftswert für diese Gebühr ist nach § 30 Abs 1 KostO zu schätzen und beträgt in den meisten Fällen ca. 10 % des Wertes des Kaufvertrages.[429]

---

419 Zur Nichtigkeit derartiger Vereinbarungen BGH NJW 1964, 540 u BGH WM 1970, 1315/1318 bzw zum Entfallen einer Bindung des Vorkaufsberechtigten an den »Fremdkörper« OLG Stuttgart ZMR 1998, 771.
420 Vgl BGHZ 102, 237/241 = MDR 1988, 311; BGHZ 115, 335 = NJW 1992, 236; BGH DNotZ 1996, 1029 = MittBayNot 1995, 448.
421 OLG Stuttgart DNotI-Report 2001, 101 zu einem nachträglichen Vertragsstrafeversprechen.
422 S *Kreuzer* in Festschrift für Wenzel 2005, 361/371 ff. Zur Hinweispflicht bei Unwirksamkeit eines Vorkaufsrechts gegenüber dem Vorkaufsberechtigten s BGH DNotZ 2003, 426 = MDR 2003, 537 = MittBayNot 2003, 310 = NJW 2003, 1940 = NotBZ 2003, 109 = WM 2003, 932 = ZfIR 2003, 356.
423 Ähnlich *Winkler* BeurkG, 16. Aufl 2008, § 20 Rn 49; zu weitgehend Rn 53.
424 **AA** LG Frankfurt/O MittBayNot 2004, 358.
425 Ebenso OVG Lüneburg NJW 1996, 212. Zur Möglichkeit einer diesbezüglichen Bevollmächtigung s *Hueber* NotBZ 2003, 445/447 f.
426 *Gärtner* BWNotZ 1981, 23.
427 Ähnlich OVG Münster NJW 1980, 1067.
428 Ausführlich *Grziwotz* CR 1991, 109/111 u nunmehr *Grziwotz* in *Spannowsky/Uechtritz* BauGB § 28 Rn 13.
429 Vgl *Tiedtke* Notarkosten im Grundstücksrecht 2. Aufl 2007, Rn 564 ff u *Bengel/Tiedtke* in *Korintenberg/Lappe/Bengel/Reimann* KostO, 17. Aufl 2008, § 147 Rn 107.

bb) Ausübung und Grundbuchsperre. Das Bestehen eines gesetzlichen Vorkaufsrechts bewirkt **keine** **235** **Grundbuchsperre**. Ihm kommt ohne ausdrückliche diesbezügliche Anordnung auch keine Vormerkungswirkung zu.[430] Die Ausübung des Vorkaufsrechts hat als solche ferner keine dingliche Wirkung. Deshalb wird das Grundbuch nicht unrichtig. Hinsichtlich des grundbuchrechtlichen Vollzugs des Zweitvertrags gelten, sofern nicht besondere gesetzliche Bestimmungen bestehen, die Vereinbarungen des Erstvertrages. Dies betrifft jedoch nicht auch die im Erstvertrag enthaltene Auflassung; diese muss vielmehr zwischen dem Eigentümer und dem Vorkaufsberechtigten nochmals erklärt werden.[431] Dies gilt entsprechend für die Bewilligung einer Vormerkung zur Sicherung des Eigentumsverschaffungsanspruchs, und zwar unabhängig davon, ob man der Ansicht folgt, dass es sich bei der Eintragungsbewilligung um eine rein verfahrensrechtliche Erklärung handelt,[432] oder ob man von einer Doppelnatur der Bewilligung ausgeht.[433] Sofern das Gesetz nicht besondere Sicherungsmechanismen wie zB die Möglichkeit der Eintragung einer Vormerkung auf Grund Verwaltungsakts enthält, kann das Vorkaufsrecht durch eine Belastung des Grundbesitzes zu Gunsten Dritter, die vom Vorkaufsrecht keine Kenntnis haben, und durch zwangsweise Verfügungen faktisch leer laufen. Gleiches gilt für eine Veräußerung des Grundbesitzes durch einen weiteren Vertrag, der keinen Vorkaufsfall darstellt.

Die öffentliche Hand als Vorkaufsberechtigter hat grundsätzlich die mit dem Dritten vereinbarten **Gegenleis-** **236** **tungen** zu bewirken. Diese Pflicht erstreckt sich auf alle Bedingungen, Zeitbestimmungen und sonstigen Haut- und Nebenabreden. Betroffen ist somit nicht nur die Kaufpreiszahlungszahlungspflicht.[434] Vom Vorkaufsberechtigten sind vielmehr diejenigen Leistungen zu erbringen, die dem Dritten nach dem Kaufvertrag oblegen hätten. Betroffen sind auch die Kosten der Vertragserrichtung des Erstvertrages.[435] Umstritten ist, ob hierzu ferner die Kosten der Eintragung einer Auflassungsvormerkung und deren Löschung gehören.[436] Die Kosten der Bestellung, der Eintragung und der Löschung der Kaufpreisfinanzierungsgrundschuld des Dritten hat dieser selbst zu tragen. Gleiches dürfte für die Kosten erforderlicher Genehmigungen gelten, die für den durch die Ausübung des Vorkaufsrechtes zustande kommenden Kaufvertrag nochmals erforderlich sind, sofern nicht Befreiungstatbestände vorliegen. Ist beim Drittgeschäft ein Makler eingeschaltet gewesen und kommt es dann zur Ausübung eines Vorkaufsrechts, so stellt sich die Frage, ob der Vorkaufsberechtigte den Maklerlohn bezahlen muss, sofern nicht ohnehin wegen der Ausübung des Vorkaufsrechtes der Anspruch auf die Maklerprovision entfällt.[437] Entscheidend ist die Vertragsgestaltung, sofern es sich nicht um einen »Fremdkörper« im Vertrag handelt. Hat der Drittkäufer die Verpflichtung des Verkäufers zur Entrichtung der Maklerprovision zusätzlich zum Kaufpreis übernommen, handelt es sich um eine weitere Gegenleistung mit Kaufpreischarakter; deshalb muss auch der Vorkaufsberechtigte diese Verpflichtung erfüllen.[438] Gleiches gilt, wenn sich der Käufer im Wege des Vertrages zu Gunsten Dritter in einer die mit dem Makler bereits bestehende Vereinbarung bekräftigenden Klausel verpflichtet, an den Makler die Käuferprovision zu entrichten.[439]

---

430 Vgl zu ihr *Wieling* AcP 2002, 745 ff.
431 BayObLGZ 13, 573 ff. Ebenso *Schöner/Stöber* Rn 1423.
432 So insbes OLG Düsseldorf Rpfleger 1981, 177/178; *Böttcher* Rpfleger 1991, 272; offen BGH Rpfleger 1982, 414/415.
433 So insbes *Kollhosser* JA 1984 714/715. Vgl zum Meinungsstreit auch *Kössinger* in *Bauer/v Oefele* § 19 Rn 29 ff mwN u *ders*, in Festschrift für *Wolfsteiner* 2007, 73/77 ff.
434 Zur Kaufpreisfälligkeit s OLG München MittBayNot 1994, 30; vgl auch *Grziwotz* MittBayNot 1992, 173 ff u NVwZ 1994, 215/217 f.
435 BGH MDR 1960, 1004; BGH Rpfleger 1978, 97 = MittRhNotK 1978, 46/47. Der Käufer hat keinen unmittelbaren Erstattungsanspruch gegen den Vorkaufsberechtigten (vgl *Hahn* MittRhNotK 1994, 193/211, **aA** BGH MDR 1960, 1004, offen BGH Rpfleger 1978, 97 = MittRhNotK 1978, 46).
436 Bejahend *Soergel/Huber* § 505 Rn 14; MüKo/*Westermann* § 464 Rn 7 u *Schöner/Stöber* Rn 1421; verneinend LG Bonn NJW 1965, 1606 u *Staudinger/Mader* § 464 Rn 19. BGH NJW 1982, 2068/2069 = DNotZ 1982, 629/630 betrifft einen Sonderfall. Die Kosten einer eventuell nochmals erforderlichen Auflassung hinsichtlich des Restgrundstücks (vgl BayObLG MittBayNot 1978, 155) hat bei Ausübung des Vorkaufsrechts hinsichtlich einer Teilfläche der Vorkaufsberechtigte zu tragen.
437 S dazu RGZ 157, 243/244; RG DR 1939, 2107; BGH WM 1982, 1098; LG Wiesbaden NJW-RR 2001, 708 = NZM 2000, 920; *Altmeppen* Provisionsansprüche bei Vertragsauflösung, 1987, S 153 ff; *Lindemann/Mormann* MDR 2007, 1113 ff u *Schmidt* Der Provisionsanspruch des Zivilmaklers bei Störungen des Hauptvertrages, 1995, S 106 f. Vgl ferner BGH DVBl 1999, 1293 = NJW 1999, 2271 = NZM 1999, 469 = ZfIR 1999, 259 = NJW 1999, 604 u BGH BGHRp 2007, 333 = DNotZ 2007, 528 = MDR 2007, 641 = NZM 2007, 256 = ZfIR 2007, 682 sowie *Althammer* NZM 2008, 25 ff. Zum Entfallen der Provisionspflicht des Käufers LG Wiesbaden NZM 2000, 920.
438 Ebenso BGH NJW 1982, 2068 = DNotZ 1982, 629; vgl auch LG Frankfurt NJW-RR 1996, 1080.
439 BGHZ 131, 318 = MDR 1996, 250 = NJW 1996, 654 = ZIP 1996, 424 = MittBayNot 1997, 97; ähnlich bereits BGH LM § 505 BGB Nr 4 = MDR 1963, 303; BGH NJW 1982, 2068; vgl auch OLG München BB 1977, 1627; OLG Hamm DNotZ 1983, 234; OLG Düsseldorf MDR 1999, 800; *Wälzholz* MittBayNot 2000, 357/366 ff; **ablehnend** OLG Celle NJW-RR 1996, 629; LG Köln MDR 1985, 935; *Staudinger/Mader* § 464 Rn 20 u *Hees* Die vertragstypologische Bestimmung des Vorkaufsfalles und die Wirkungen einzelner Vereinbarungen und Störungen des Drittvertrages für das Vorkaufsverhältnis, Diss. Kiel 1991, S 201.

2. Bundesrechtliche Vorkaufsrechte

237 Die in Bundesgesetzen geregelten Vorkaufsrechte gehen, sofern nicht ausdrückliche Subsidiaritätsbestimmungen vorliegen, den landesrechtlichen Vorkaufsrechten vor. Bestehen hinsichtlich eines Grundstücks **mehrere Vorkaufsrechte nebeneinander**, so enthält meist das Gesetz einen Vorrang der öffentlich-rechtlichen Vorkaufsrechte vor privatrechtlichen.[440] Umgekehrt bedarf die Ausübung eines öffentlich-rechtlichen Vorkaufsrechtes einer Rechtfertigung durch das Wohl der Allgemeinheit, so dass sich ein Nachrang der Vorkaufsrechtsausübung durch die öffentliche Hand gegenüber einem privaten Vorkaufsberechtigten ergeben kann. Zusätzlich kann sich durch die teilweise vom Gesetz eingeräumte Abwendungsbefugnis, die wiederum Ausfluss der Bestandsgarantie des Eigentums ist, faktisch trotz des angeordneten Vorrangs ein materiellrechtlicher Nachrang des Vorkaufsrechts der öffentlichen Hand ergeben.

238 **a) Gemeindliche Vorkaufsrechte nach dem BauGB. aa) Vorkaufsrecht und Verzicht**. Das BauGB unterscheidet ein allgemeines Vorkaufsrecht (§ 24 BauGB) und ein besonderes Vorkaufsrecht[441] (§ 25 BauGB). Das allgemeine Vorkaufsrecht besteht kraft Gesetzes. Die Gemeinde kann jedoch für das gesamte Gemeindegebiet oder für sämtliche Grundstücke einer Gemarkung durch öffentlich bekannt zu machende Erklärung im Vorhinein auf die Ausübung des Vorkaufsrechtes in einem näher zu bestimmenden Umfang verzichten (§ 28 Abs 5 S 1 u 3 BauGB). Ein jederzeit möglicher Widerruf des Verzichts betrifft nur künftige nicht vor Bekanntmachung des Widerrufs geschlossene Kaufverträge (§ 28 Abs 5 S 2 u 3 BauGB). Ein auf einzelne Grundstücke oder Gebiete einer städtebaulichen Maßnahme zB ein Bebauungsplan beschränkter **Verzicht** soll nach hM[442] unwirksam sein. Geht man von dem Sinn der Norm aus, dem Grundbuchamt Arbeit zu ersparen, wäre dem – allerdings entgegen dem insoweit eindeutigen Gesetzeswortlaut – nicht zu folgen, wenn die einzelnen Grundstücke samt Gemarkung in dem Verzicht ausdrücklich genannt sind.[443] Eine Gemeinde kann ihren Verzicht auf eine bestimmte Gemarkung auch dann beschränken, wenn diese zu verschiedenen Gemeinden gehört; der Verzicht erstreckt sich dann räumlich nur auf die im Gebiet der politischen Gemeinde gelegenen Grundstücke der betreffenden Gemarkung. Gegenständliche Beschränkungen des Verzichts sind zulässig; sie müssen jedoch durch das Grundbuchamt nachprüfbar sein. Beispiele sind hierfür der Verzicht auf bestimmte Kaufgegenstände (zB Miteigentum, Grundstücke ab einer bestimmten Größe) und über die Regelungen in § 25 BauGB hinaus bei bestimmten Kaufparteien (zB Sanierungs- und Entwicklungsträger und Körperschaften des öffentlichen Rechts). Unzulässig soll dagegen ein Verzicht auf bestimmte, im Gesetz geregelte Vorkaufsrechte sein.[444] Geht man wiederum von dem Sinn der Bestimmung aus, das Grundbuchverfahren zu erleichtern, so spricht nichts gegen einen auf bestimmte Vorkaufsrechte, die das Grundbuchamt problemlos nachprüfen kann, beschränkten Verzicht wie zB den Verzicht auf das Vorkaufsrecht in einem Umlegungsgebiet.[445] Mit der ortsüblichen Bekanntmachung (§§ 41, 43 VwVfG) wird der Verzicht wirksam; die Mitteilung an das Grundbuchamt ist rein deklaratorisch. Mit Wirksamkeit des Verzichtes entfallen die Mitteilungspflicht, das Recht zur Ausübung des Vorkaufsrechtes und die Grundbuchsperre. Erfasst werden nicht nur die nach dem Zeitpunkt des Wirksamwerdens der Verzichtserklärung abgeschlossenen Kaufverträge, sondern auch die bereits abgeschlossenen Kaufverträge.[446] Der Verzicht erfasst nur Vorkaufsrechte nach dem BauGB; er kann nicht auf gemeindliche Vorkaufsrechte auf Grund anderer Rechtsgrundlagen erstreckt werden. Der Verzicht kann nur mit Wirkung für die Zukunft, dh für nach Wirksamwerden des Widerrufs abzuschließende Kaufverträge wieder beseitigt werden. Er führt zum Wiederaufleben der Grundbuchsperre und zur Notwendigkeit einer Negativbescheinigung. Das Grundbuchamt hat nicht zu prüfen, ob der Widerruf wirksam ist (§ 28 Abs 5 S 2 u 5 BauGB).

239 § 28 Abs 5 BauGB schließt, wie § 28 Abs 1 S 4 BauGB zeigt, andere Formen des Verzichts auf das Vorkaufsrecht nicht aus.[447] Kraft der gesetzlichen Fiktion der vorbezeichneten Norm enthält das **Negativattest** der Gemeinde unabhängig von der materiell-rechtlichen Richtigkeit der darin enthaltenen Erklärung einen gegenüber dem

---

440 Vgl § 24 Abs 5 S 1 BBauG.

441 Ausführlich *Göhner* Das gemeindliche Vorkaufsrecht, 2006, 76 ff. Das durch das WoBauErlG eingeführte und durch das InvErlWoBauG erweiterte Vorkaufsrecht nach § 3 BauGB-MaßnG betrifft nur Vorkaufsfälle nach dem 31.05.1990 und vor dem 01.01.1998 in den alten Bundesländern sowie nach dem 01.05.1993 und vor dem 01.01.1998 im Beitrittsgebiet (§§ 12, 19 Abs 2 Nr 2 BauGB-MaßnG; vgl noch *Bielenberg* in *Ernst/Zinkahn/Bielenberg/Krautzberger* § 19 BauGB-MaßnG Rn 5). Auf die Wirksamkeit des Vertrages kommt es dabei nicht an. Inhaltlich ist die Vorschrift nunmehr in § 24 BauGB enthalten.

442 So zB *Stock* in *Ernst/Zinkahn/Bielenberg/Krautzberger* § 28 Rn 94; *Jäde* in *Jäde/Dirnberger/Weiß* § 28 Rn 31 u nunmehr auch *Grziwotz* in *Spannowsky/Uechtritz* BauGB § 28 Rn 17.

443 So *Schelter* DNotZ 1987, 330/345.

444 So *Stock* in *Ernst/Zinkahn/Bielenberg/Krautzberger* § 28 Rn 96; weitergehend *Jäde* in *Jäde/Dirnberger/Weiß* § 28 Rn 31 aE.

445 Ebenso wohl *W. Schrödter* in *Schrödter*, BauGB, § 28 Rn 43.

446 *Stock* in *Ernst/Zinkahn/Bielenberg/Krautzberger* § 28 Rn 93. **AA** *Gaentzsch* BauGB, 1991, § 28 Rn 21, der die Wirkung mangels ausdrücklicher Erstreckung auf bereits abgeschlossene Kaufverträge nur ex nunc eintreten lassen will.

447 Ebenso *Stock* ZfBR 1987, 10/19.

Antragsteller verbindlichen Verzicht auf das gesetzliche Vorkaufsrecht. Im Zivilrecht ist ein Verzicht nach hM[448] nur durch einen Erlassvertrag zwischen dem Eigentümer oder dem Drittkäufer einerseits und dem Vorkaufsberechtigten andererseits, nicht jedoch durch eine einseitige Erklärung des Vorkaufsberechtigten möglich.[449] Demgegenüber ist im Anwendungsbereich der gesetzlichen Vorkaufsrechte ein Verzicht durch Verwaltungsakt oder durch öffentlich-rechtlichen Vertrag zulässig.[450] Der einseitige Verzicht ist je nach seinem Regelungsinhalt ein begünstigender Verwaltungsakt, der einen Verzicht auf die künftige Ausübung oder eine Zusage der künftigen Nichtausübung enthält.[451] Ob dieser Verzicht auch gebietsbezogen erklärt werden kann oder ob § 28 Abs 5 BauGB insoweit eine abschließende Regelung darstellt, was wohl zu verneinen ist,[452] ist strittig. Ein Negativattest macht den Verzicht nur dann entbehrlich, wenn das Grundbuchamt aus der Erklärung den Umfang unzweifelhaft entnehmen kann. Wird der Verzicht zu einem bestimmten Vertrag erklärt und dieser nachträglich geändert, geht der Verzicht ins Leere. Der Vorkaufsberechtigte kann sein Vorkaufsrecht nach Mitteilung des geänderten Vertrages wieder ausüben.

bb) Allgemeines und besonderes Vorkaufsrecht. Das Gesetz unterscheidet zwischen dem allgemeinen und **240** dem besonderen Vorkaufsrecht. Das **allgemeine Vorkaufsrecht** steht der Gemeinde gemäß § 24 Abs 1 BauGB zu beim Kauf von Grundstücken
- im Geltungsbereich eines Bebauungsplans, soweit es sich um Flächen handelt, für die nach dem Bebauungsplan eine Nutzung für öffentliche Zwecke oder für Ausgleichs- und Ersatzmaßnahmen festgesetzt ist (§ 24 Abs 1 S 1 Nr 1 BauGB),[453]
- in einem Umlegungsgebiet (§ 24 Abs 1 S 1 Nr 2 BauGB),
- in einem förmlich festgelegten Sanierungsgebiet und städtebaulichen Entwicklungsbereich (§ 24 Abs 1 S 1 Nr 3 BauGB),
- im Geltungsbereich einer Satzung zur Sicherung von Durchführungsmaßnahmen des Stadtumbaus und einer Erhaltungssatzung (§ 24 Abs 1 S 1 Nr 4 BauGB),
- im Geltungsbereich eines Flächennutzungsplans, soweit es sich um unbebaute Flächen im Außenbereich handelt, für die nach dem Flächennutzungsplan eine Nutzung als Wohnbaufläche oder Wohngebiet dargestellt ist (§ 24 Abs 1 S 1 Nr 5 BauGB),[454]
- in Gebieten, die nach den §§ 30, 33 oder 34 Abs 2 BauGB vorwiegend mit Wohngebäuden bebaut werden können, soweit die Grundstücke unbebaut sind (§ 24 Abs 1 S 1 Nr 6 BauGB),[455] sowie
- in Gebieten, die zum Zweck des vorbeugenden Hochwasserschutzes von Bebauung freizuhalten sind, insbesondere in Überschwemmungsgebieten (§ 25 Abs 1 S 1 Nr 7 BauGB).[456]

Das **besondere Vorkaufsrecht** (§ 25 BauGB) setzt den Erlass einer Satzung voraus.[457] Die Gemeinde kann ein **241** Satzungsvorkaufsrecht begründen
- im Geltungsbereich eines Bebauungsplans für unbebaute Grundstücke (§ 25 Abs 1 S 1 Nr 1 BauGB), und
- in für städtebauliche Maßnahmen in Betracht gezogenen Gebieten zur Sicherung einer geordneten städtebaulichen Entwicklung (§ 25 Abs 1 S 1 Nr 2 BauGB).[458]

Kommt ein gemeindliches Vorkaufsrecht aus mehreren gesetzlichen Gründen in Betracht, so ist streitig, welche **242** Grundsätze für die **Konkurrenz** der Vorkaufsrechte zu gelten haben. Von Bedeutung ist dieser Meinungsstreit, weil das Gesetz an die einzelnen Tatbestände des Vorkaufsrechts teilweise unterschiedliche Rechtsfolgen

---

448 So insbes BGHZ 37, 147/151; BGHZ 60, 275/291 u BGH WM 1966, 893/895, mit dem Hinweis, dass bei einem einseitigen Verzicht der Ausübung des Vorkaufsrechts der Einwand des treuwidrigen Verhaltens entgegengehalten werden kann. Vgl auch *Soergel/Huber* § 504 Rn 44.
449 Abw *Scheurig* S 174 u *Staudinger/Mader* § 464 Rn 23.
450 *W. Schrödter* in *Schrödter* BauGB, § 28 Rn 46 u *Schmidt* Rpfleger 1979, 121.
451 *Stock* in *Ernst/Zinkahn/Bielenberg/Krautzberger* § 28 Rn 91.
452 **AA** *W. Schrödter* in *Schrödter* BauGB, § 28 Rn 46.
453 Es genügt bereits der ortsüblich bekannt gemachte Bebauungsplanaufstellungsbeschluss (§ 28 Abs 1 S 2 BauGB); vgl zum Vorkaufsrecht in Bebauungsplan-Aufstellungsgebieten *Bracher* in *Gelzer/Bracher/Reidt* Bauplanungsrecht, Rn 2482.
454 Ausreichend ist der ortsüblich bekannt gemachte Aufstellungsbeschluss für einen Flächennutzungsplan, der eine entsprechende Darstellung enthält (§ 28 Abs 1 S 3 BauGB). Unbebaut sind Flächen, auf denen kein Vorhaben iS von § 29 Abs 1 BauGB vorhanden ist (vgl BVerwG DVBl 1997, 432). Zur Rechtfertigung der Ausübung s VG Karlsruhe BauR 2008, 960.
455 Das Vorkaufsrecht bezieht sich nicht auf den unbeplanten Innenbereich nach § 34 Abs 1 BauGB (*Krautzberger* in *Battis/Krautzberger/Löhr* § 24 Rn 14).
456 Es dient nicht der Verfolgung wasserwirtschaftlicher Zwecke. Deshalb hängt es nicht vom Bestehen eines fachgesetzlich festgesetzten Überschwemmungsgebiet ab. Erforderlich und ausreichend ist die Festsetzung eines kommunalen Überschwemmungsgebiets im Bebauungsplan (ebenso *Stock* in *Ernst/Zinkahn/Bielenberg/Krautzberger* § 24 Rn 44a).
457 Vgl *Bönker* BauR 1996, 313 ff. Gem § 16 BerlAGBauGB treten an die Stelle der Satzungen Rechtsverordnungen des Senats.
458 Zum weit auszulegenden Begriff der städtebaulichen Maßnahmen s BVerwG BauR 1994, 495 = NJW 1994, 3178.

knüpft.[459] Zutreffend dürfte es sein, der Gemeinde ein Wahlrecht einzuräumen, von welchem Vorkaufsrecht sie Gebrauch machen will, sofern nicht aus gesetzlichen Gründen ein Vorrang besteht. Die Gemeinde muss jedoch in jedem Fall klarstellen, auf welches Vorkaufsrecht sie sich bei seiner Geltendmachung beruft.[460]

243   **cc) Ausschluss und Beschränkung auf Teilfläche.** Die Gemeinde darf das Vorkaufsrecht nur ausüben, wenn das Wohl der Allgemeinheit dies rechtfertigt (§§ 24 Abs 3 S 1, 25 Abs 2 S 1 BauGB). Kraft Gesetzes ausgeschlossen ist es, beim Verkauf von Rechten nach dem Wohnungseigentumsgesetz (Wohnungs- und Teileigentum) und von Erbbaurechten einschließlich Wohnungs- und Teilerbbaurechten (§§ 24 Abs 2, 25 Abs 2 S 1 BauGB). Entsprechend gilt dieser **Ausschluss** für den Kauf von Gebäudeeigentum in den neuen Bundesländern.[461]

244   Weitere **Ausschlusstatbestände** in denen typischerweise das Wohl der Allgemeinheit eine Vorkaufsrechtsausübung nicht rechtfertigt, enthält § 26 BauGB. »Negative« Ausübungsvoraussetzungen,[462] das heißt ein Ausschluss des Vorkaufsrechtes liegt vor, wenn

 – ein Verkauf an den Ehegatten oder an eine Person erfolgt, die mit dem Eigentümer in gerader Linie verwandt oder verschwägert oder in der Seitenlinie bis zum dritten Grad verwandt ist (§ 26 Nr 1 BauGB),[463]
 – das Grundstück von einem öffentlichen Bedarfsträger oder von Kirchen- oder Religionsgesellschaften des öffentlichen Rechts zu einem im Gesetz bezeichneten öffentlichen Zweck gekauft wird (§ 26 Nr 2 BauGB),[464]
 – auf dem Grundstück bauliche Maßnahmen von überörtlicher Bedeutung auf Grund von Planfeststellungsverfahren oder öffentlich zugängliche Abfallbeseitigungsanlagen errichtet werden sollen, für die ein diesbezügliches Verfahren eingeleitet oder durchgeführt worden ist (§ 26 Nr 3 BauGB) oder
 – das Grundstück bebauungsplankonform oder entsprechend einer städtebaulichen Maßnahme bebaut ist und genutzt wird und auch keine Missstände oder Mängel gemäß § 177 Abs 2 u 3 BauGB vorliegen (§ 26 Nr 4 BauGB).[465]

Nach überwiegender Ansicht besteht ferner kein gemeindliches Vorkaufsrecht beim Verkauf durch den Insolvenzverwalter.[466]

245   Nach den gesetzlichen Vorschriften, und auf Grund der Erforderlichkeit der Rechtfertigung durch das Wohl der Allgemeinheit kann das Vorkaufsrecht auf einen **Teil** des verkauften Grundstücks beschränkt sein. Beispiel hierfür ist das Vorkaufsrecht für eine öffentliche Verkehrsfläche oder eine naturschutzrechtliche Ausgleichsfläche nach § 24 Abs 1 S 1 Nr 1 BauGB. In diesem Fall muss die Teilfläche hinreichend bestimmt sein. Dies kann beispielsweise durch die Festsetzungen eines Bebauungsplans gegeben sein.[467] Dem Eigentümer kann gemäß § 28 Abs 2 S 2 BauGB iVm § 467 S 2 BGB ein Übernahmeanspruch hinsichtlich des Restgrundstücks zustehen.[468] Demgegenüber steht dem Käufer, wenn er von seinen Möglichkeiten gegenüber dem Verkäufer zur Rückgängigmachung des Vertrages nicht Gebrauch macht, kein Erstreckungsanspruch gegen die vorkaufsberechtigte Gemeinde zu.[469] Stehen der Gemeinde mehrere Vorkaufsrechte bezüglich der Vertragsgrundstücke zu, so kann sie eines oder einzelne bezüglich eines Teils der Grundstücke ausüben. § 28 Abs 2 S 2 BauGB iv m § 467 S 2 BGB sind auch in diesem Fall anwendbar.[470]

246   **dd) Ausübung und Rechtsfolgen.** Das Vorkaufsrecht kann nur binnen zwei Monaten nach Mitteilung des Kaufvertrags gegenüber dem Verkäufer ausgeübt werden (§ 28 Abs 2 S 1 BauGB). Es handelt sich bei dieser

---

459 S nur *Bönker* in *Hoppe/Bönker/Grotefels* Öffentl Baurecht, § 9 Rn 75 f u *Gronemeyer* in *ders*, BauGB, 1999, § 24 Rn 31f.
460 Ebenso *Brenner* Baurecht, 2. Aufl 2006, S 125.
461 *Bracher* in *Gelzer/Bracher/Reidt* Bauplanungsrecht, Rn 2514.
462 So *Stock* ZfBR 1987, 10/14.
463 Zu den Begriffen der Verwandtschaft und Schwägerschaft s §§ 1589, 1590 BGB. Der Ausschlusstatbestand muss bei Wirksamkeit des Kaufvertrages oder bei Ausübung des Vorkaufsrechts vorliegen (str, vgl auch *Stock* in *Ernst/Zinkahn/Bielenberg/Krautzberger* § 26 Rn 2a u *Jäde* in *Jäde/Dirnberger/Weiß* BauGB, § 26 Rn 2). Der Ausschlusstatbestand gilt bei einem eingetragenen Lebenspartner entsprechend. Er entfällt bei Ehegatten und eingetragenen Lebenspartnern nicht bereits bei Rechtshängigkeit einer Scheidung oder Aufhebung (ebenso *W. Schrödter* in *Schrödter* BauGB, § 26 Rn 3).
464 Hierzu gehören seit 01.01.1998 nicht mehr die Telekom AG und die Deutsche Post AG (ebenso *Stock* in *Ernst/Zinkahn/Bielenberg/Krautzberger* § 26 Rn 8a).
465 Vgl OVG Saarlouis BauR 2004, 1268. Gem § 6 Abs 2 InVorG ist ein gesetzliches Vorkaufsrecht bei Veräußerung nach den Vorschriften des Bauplanungsrechts ausgeschlossen.
466 § 417 BGB iVm § 28 Abs 1 S 3 BauGB; LG Gera MittBayNot 2007, 316.
467 Vgl BayObLGZ 1997, 160 = Rpfleger 1997, 473 = ZflR 1997, 603 = FGPrax 1997, 169 = NJW-RR 1998, 86.
468 BGH BauR 1990, 637 = DVBl 1990, 1104 = NJW 1991, 293.
469 BVerwG BauR 2002, 1216. Zur Vertragsauslegung vgl BayObLGZ 1997, 223 = BayVBl 1998, 122 = DNotZ 1998, 478 = NVwZ-RR 1998, 510 = MittBayNot 1997, 383.
470 BGH BGHRp 2006, 1286 = NJW-RR 2006, 1449 = RNotZ 2006, 538 = ZflR 2007, 61; OLG Düsseldorf NJW-RR 2003, 801; **aA** OLG Karlsruhe BWNotZ 1958, 218/219.

Frist um eine Ausschlussfrist.[471] Sie kann auf Antrag des Käufers einmalig um zwei Monate verlängert werden (§ 27 Abs 1 S 3 BauGB). Dies soll dem Drittkäufer die Möglichkeit geben, von seiner Abwendungsbefugnis nach § 27 BauGB Gebrauch zu machen. Die **Frist** beginnt ab Mitteilung des Inhalts des Kaufvertrages, wobei für die Mitteilung keine bestimmte Form vorgeschrieben ist.[472] Nicht ausreichend ist die Übersendung eines Entwurfs, der in wesentlichen Teilen nicht dem später abgeschlossenen Kaufvertrag entspricht.[473] Gleiches gilt, wenn wesentliche Vertragsinhalte bekannt sind oder der Vertrag selbst einer anderen Stelle bei der Gemeinde vorgelegt wird.[474] Der Fristbeginn setzt ferner voraus, dass der Vertrag wirksam ist, wozu jedoch nicht eine Genehmigung gehört, die lediglich den dinglichen Vollzug, das heißt die Auflassung betrifft.[475] Nach Mitteilung des Kaufvertrages ist auf Ersuchen der Gemeinde eine Vormerkung zur Sicherung ihres Anspruchs auf Übereignung des Grundstücks in das Grundbuch einzutragen. Diese Sicherung ist Folge der Entdinglichung des Vorkaufsrechtes. Als weitere Sicherung dienen die **Grundbuchsperre** und das Negativattest gemäß § 28 Abs 1 S 2 u 3 BauGB. Bei Kaufverträgen darf danach das Grundbuchamt den Käufer nur in das Grundbuch eintragen, wenn ihm die Nichtausübung oder das Nichtbestehen des Vorkaufsrechtes nachgewiesen ist. Dies gilt auch, wenn das gemeindliche Negativattest zur Ausübung eines privaten Vorkaufsrechts erforderlich ist und die Gemeinde bereits ein Negativattest über das Nichtbestehen eines gemeindlichen Vorkaufsrechts erteilt hat, da sich zwischenzeitlich die Rechtslage oder die Voraussetzungen geändert haben können.[476]

Das Grundbuchamt hat selbständig zu prüfen, ob ein Kaufvertrag, der das gemeindliche Vorkaufsrecht auslöst, **247** vorliegt.[477] Kommt es zum Ergebnis, dass dies nicht der Fall ist, bedarf es keines Negativattests. Andernfalls kann eine Eigentumsumschreibung auf den Käufer nur vorgenommen werden, wenn ein **Negativattest** vorgelegt wird. Eine Überprüfung dieser Bescheinigung der Gemeinde hat das Grundbuchamt jedoch nicht vorzunehmen. Ist die Gemeinde selbst an einem Kauf beteiligt, steht ihr kein Vorkaufsrecht zu; insofern bedarf es keines Negativattests.[478] Nach dem Gesetzeswortlaut ist das Grundbuchamt jedoch befugt, auch bei Vorliegen eines Ausschlussgrundes nach § 26 BauGB, insbesondere bei einem Verwandtengeschäft nach § 26 Abs 1 Nr 1 BauGB, ein Negativattest zu fordern.[479] Besteht kein Vorkaufsrecht oder will die Gemeinde es nicht ausüben, so hat sie das Negativattest unverzüglich auszustellen (§ 28 Abs 1 S 3 BauGB).[480] Das Negativzeugnis kann auch vor Abschluss eines Kaufvertrages bereits beantragt und von der Gemeinde erteilt werden; die Gemeinde ist allerdings zur Erteilung nicht verpflichtet. Für die Erteilung des Negativattests wird eine Frist von zwei bis höchstens drei Wochen ab Zugang der entsprechenden Anforderung ausreichend anzusehen sein. Eine verspätete Erteilung stellt eine Amtspflichtverletzung dar.[481] Ein Zurückbehaltungsrecht (§ 273 BGB) zB wegen offener kommunaler Abgaben (Grundsteuer, Erschließungsbeiträge, etc) steht der Gemeinde nicht zu. Auch Auflagen wie zB die Bestellung einer Dienstbarkeit (Leitungsrecht, Fahrtrecht etc) sind ebenfalls regelmäßig unzulässig. Sie hindern zudem nicht die Verwendung für den Grundbuchvollzug. Wird der Käufer versehentlich als Eigentümer im Grundbuch eingetragen, wird das Grundbuch nicht unrichtig. Eine Auflassungsvormerkung zu Gunsten der Gemeinde kommt nicht mehr in Betracht; ein Amtswiderspruch scheidet aus.[482]

Die Ausübung des Vorkaufsrechtes erfolgt durch Verwaltungsakt.[483] Ist das Einverständnis eines weiteren Organs **248** erforderlich, genügt das interne Einverständnis.[484] Da es sich um eine Verpflichtungserklärung handelt, ist die

---

471 VGH Kassel NJW 1989, 1676; OLG Frankfurt NVwZ 1982, 580/581.

472 Vgl BGH DNotZ 1959, 472 = MDR 1959, 649 = WM 1959, 861; OVG Lüneburg ZMR 1984, 389; OLG München MittBayNot 1984, 141.

473 BGH DNotI-Report 2003, 57 = DNotZ 2003, 431 = ZMR 2003, 408.

474 Vgl OVG Magdeburg LKV 2003, 189.

475 Vgl OVG Lüneburg Beschl v 27.05.2008 – 1 ME 77/08 – nv; *Bracher* in *Gelzer/Bracher/Reidt* Bauplanungsrecht, Rn 2513 u *Stock* in *Ernst/Zinkahn/Bielenberg/Krautzberger* § 28 Rn 16.

476 **AA** AnwKommBGB/*Reetz* § 1098 Rn 21.

477 BGHZ 73, 12 = NJW 1979, 875 = Rpfleger 1979, 97 = DNotZ 1979, 214; OLG Frankfurt NJW 1988, 271 = MittBayNot 1988, 77; *Lemmel* in Berliner Kommentar z BauGB, § 28 Rn 16.

478 Im Ergebnis ebenso *Stock* in *Ernst/Zinkahn/Bielenberg/Krautzberger* § 28 Rn 17.

479 Str, **aA** OLG München Rpfleger 2008, 252 = ZflR 2008, 118; LG Würzburg MittBayNot 1989, 217 u *Stock* in *Ernst/ Zinkahn/Bielenberg/Krautzberger* § 28 Rn 17; unklar *Schöner/Stöber* Rn 4130.

480 Zur Gebührenpflichtigkeit s VGH München NJW-RR 1996, 702 = BayVBl 1995, 692 u OVG Münster MittRhNotK 1987, 165. Kostenschuldner sind die Antragsteller, nicht der Notar, da er nur im Auftrag der Beteiligten tätig werden kann (vgl VG Göttingen NJW 2004, 3651).

481 Vgl BGHZ 170, 260 = BayVBl 2007, 667 = DNotZ 2007, 371 = DÖV 2007, 387 = DVBl 2007, 908 = KommJur 2007, 234 = Rpfleger 2007, 254 = ZIP 2007, 1220 = ZflR 2007, 238.

482 BayObLG DNotZ 1984, 378 = NJW 1983, 1567.

483 Zur Anfechtung durch den Verkäufer und den Drittkäufer s VGH Mannheim DÖV 2000, 925 = NVwZ-RR 2000, 761 = VBlBW 2000, 277; vgl auch OVG Lüneburg AgrarR 2002, 356 = DVBl 2002, 715. Zur Bindung an den Vertrag s BGH NJW 1989, 37 u OLG Frankfurt OLGRp 1996, 159.

484 VGH Kassel NVwZ-RR 2005, 650/651 = KommJur 2005, 303.

hierfür kommunalrechtlich erforderliche Form einzuhalten.[485] Die **Ausübung** hat gegenüber dem Veräußerer zu erfolgen (§ 28 Abs 2 S 1 BauGB). Der Notar ist ohne ausdrückliche diesbezügliche Vollmacht nicht tauglicher Adressat der Ausübungserklärung.[486] Das Grundbuchamt hat eine Überprüfung der Rechtmäßigkeit der Ausübung des Vorkaufsrechts nicht vorzunehmen. Das Vorkaufsrecht der Gemeinde ist nicht übertragbar (§ 28 Abs 2 S 4 BauGB). Die Gemeinde kann jedoch das Vorkaufsrecht unter den in § 27a BauGB genannten Voraussetzungen zu Gunsten eines Dritten ausüben. Mit Ausübung des Vorkaufsrechtes kommt der Kaufvertrag zwischen dem Verpflichteten und der Gemeinde oder bei Ausübung des Vorkaufsrechtes zu Gunsten des Dritten zwischen dem Verkäufer und dem begünstigten Dritten zustande.[487]

249 Die Gemeinde bzw der Dritte sind grundsätzlich verpflichtet, den vereinbarten **Kaufpreis** zu bezahlen. Bei einem Teilflächenkauf ist der Kaufpreis im Normalfall gemäß § 28 Abs 2 S 2 BauGB iVm § 467 S 2 BGB zu ermitteln. Entscheidend ist das Wertverhältnis, nicht das Größenverhältnis der Teilflächen.[488] Maßgebend ist das objektive Wertverhältnis, nicht die im Kaufvertrag festgelegte Bewertung durch die Vertragsparteien.[489] Umstritten aber wohl zu verneinen ist, ob der Preis im Ausübungsbescheid festzusetzen ist.[490] Im Fall der Ausübung des Vorkaufsrechts zu Gunsten eines Dritten haftet die Gemeinde neben dem begünstigten Dritten dem Verkäufer als Gesamtschuldnerin (§ 27a Abs 2 S 2 BauGB).

250 Das Gesetz (§ 28 Abs 3 u 4 BauGB) erlaubt eine Abweichung vom vereinbarten Kaufpreis. Übersteigt dieser den Verkehrswert in einer dem Rechtsverkehr erkennbaren Weise deutlich, so kann die Gemeinde als Kaufpreis den **Verkehrswert** des Grundstücks im Zeitpunkt des Kaufes als Kaufpreis bestimmen.[491] Nachdem die Gemeinde berechtigt ist, die Anpassung des Kaufpreises an den Verkehrswert vorzunehmen, kann sie auch zum vereinbarten Kaufpreis das Vorkaufsrecht ausüben. Übt sie zum Verkehrswert aus, so kann der Verkäufer bis zum Ablauf eines Monats nach Unanfechtbarkeit der Ausübung des Verwaltungsakts vom Vertrag zurücktreten. In diesem Fall trägt die Gemeinde die Kosten des Vertrags auf der Grundlage des Verkehrswerts (§ 28 Abs 3 S 4 BauGB);[492] etwa darüber hinaus gehende Kosten hat der Veräußerer zu tragen, da sein Grundstück vorkaufsrechtsbelastet ist.[493] Nach Ablauf der Rücktrittsfrist erlischt die Eigentumsverschaffungspflicht des Verkäufers aus dem Kaufvertrag mit der Gemeinde; das Eigentum geht vielmehr über, wenn auf Ersuchen der Gemeinde der Übergang des Eigentums in das Grundbuch eingetragen wird.[494] Die Gemeinde erwirbt somit das Eigentum nicht durch Auflassung und Eintragung, sondern in einem beschleunigten Verfahren (§ 28 Abs 3 S 6 BauGB, der eine gesetzliche Vorschrift iS von § 38 GBO darstellt). Das Ersuchen darf von der Gemeinde erst nach Eintritt der Bestandkraft des Verwaltungsaktes und fruchtlosem Ablauf der Monatsfrist gestellt werden. Eine sofortige Vollziehbarkeit des Ausübungsbescheides genügt dagegen nicht. Wird das Vorkaufsrecht zu Gunsten eines Dritten ausgeübt, so erfolgt der Eigentumsübergang auf den Dritten auf Grund des entsprechenden Ersuchens der Gemeinde. Das Grundbuchamt muss nur prüfen, ob der Bescheid über die Ausübung des Vorkaufsrechtes zu Gunsten der Gemeinde oder des Dritten unanfechtbar geworden ist.

251 In den Fällen des § 24 Abs 1 S 1 Nr 1 BauGB, die an Stelle einer möglichen Enteignung treten, hat die Gemeinde als Kaufpreis den **Entschädigungswert** nach den §§ 93 ff BauGB zu bezahlen. Wird das Vorkaufsrecht zum Enteignungswert hinsichtlich einer Teilfläche ausgeübt, so ist die Festlegung des Restpreises unproblematisch, da die Enteignungsentschädigung zwingend ist und somit das objektive Wertverhältnis der Teilflächen feststeht.[495] Dies gilt auch dann, wenn der vereinbarte Kaufpreis geringer ist. Die Gemeinde hat insoweit kein Wahlrecht. Dies entspricht der verfassungsrechtlichen Gleichbehandlung im Enteignungsrecht.[496] Hin-

485 Vgl BGHZ 32, 375 = NJW 1960, 1805 = WM 1960, 977; OLG Frankfurt NVwZ 1982, 580; VGH Kassel KommJur 2005, 303 = NVwZ-RR 2005, 650; OVG Lüneburg BauR 2006, 572 = NdsVBl 2005, 264.

486 OVG Lüneburg MDR 1995, 1214 = NJW 1996, 212.

487 §§ 28 Abs 2 S 2, 27a Abs 2 S 1 BauGB.

488 BGH BauR 1990, 697 = DBVl 1990, 1104 = NJW 1991, 293.

489 OLG Karlsruhe NJW-RR 1996, 916.

490 Wie hier VGH München BayVBl 1999, 563 = NJW 2000, 531; **aA** *Bracher* in *Gelzer/Bracher/Reidt* Bauplanungsrecht, Rn 2573.

491 Dies wird bei einer Überschreitung des Verkehrswertes von 20 % vorliegen (vgl *Bönker* in *Hoppe/Bönker/Grotefels* § 9 Rn 83), nicht jedoch bei nur 10 % (*W. Schrödter* in *Schrödter* BauGB, § 28 Rn 29).

492 Umstr ist, ob diese Vorschrift den Erst- oder Zweitkauf meint. Nach richtiger Auffassung kann es sich nur um die Kosten des Erstvertrages handeln, da für den durch die Ausübung des Vorkaufsrechts entstehenden Vertrag regelmäßig keine Kosten anfallen (ebenso *Roos* in *Brügelmann* BauGB, § 28 Rn 61 u *W. Schrödter* in *Schrödter* BauGB, § 28 Rn 32; **aA** *Stock* in *Ernst/Zinkahn/Bielenberg/Krautzberger* § 28 Rn 63.

493 Vgl *Stock* in *Ernst/Zinkahn/Bielenberg/Krautzberger* § 28 Rn 65 aE, der aber den Kauf zwischen Gemeinde und Eigentümer meint.

494 S nur *Gerstinger* ZfBR 1998, 65/76.

495 *Mayer* NJW 1984, 100/102; vgl auch *Hellmann-Sieg/Smeddinck* BauR 1999, 122/123 f u *Vahle* MDR 1981, 625 ff.

496 Dies verkennt *Brohm* Öffentl Baurecht, 3. Aufl 2002, § 25 Rn 8. Auch beim freihändigen Erwerb werden vielfach »Gleichstellungsklauseln« vereinbart. Zur verneinten Erstattung von nicht wertsteigernder Aufwendungen s BGH NZM 2007, 933 = NJW 2008, 515 = MDR 2008, 72 = BauR 2008, 491 = DNotZ 2008, 433.

sichtlich der Eigentumsverschaffung gilt das beim preislimitierten Vorkaufsrecht Gesagte entsprechend. Auch insoweit hat das Grundbuchamt die Eintragung vorzunehmen, ohne dass die notwendige Bewilligung des Verkäufers vorliegen müsste (§ 28 Abs 4 S 3 BauGB).

Bei Ausübung des Vorkaufsrechtes kann die Gemeinde das Grundbuchamt um Löschung einer auf Grund des **252** Erstvertrages eingetragenen **Vormerkung** zu Gunsten des Drittkäufers ersuchen, wenn sie nach Ausübung des Vorkaufsrechtes im Grundbuch als Eigentümerin eingetragen worden ist (§ 28 Abs 2 S 6 BauGB). Dieses Recht besteht unabhängig davon, ob die Gemeinde auf Grund einer Auflassung oder eines Ersuchens im Grundbuch als Eigentümerin eingetragen wurde. Zur Löschung bedarf es keines Antrags nach § 13 GBO. § 19 GBO findet wegen des Ersuchens keine Anwendung. Die Gemeinde darf das Ersuchen nur stellen, wenn die Ausübung des Vorkaufsrechtes für den Käufer unanfechtbar ist; diese Voraussetzung unterliegt jedoch nicht der Prüfung durch das Grundbuchamt.

Das gemeindliche Vorkaufsrecht geht Vorkaufsrechten Privater vor. Ein privater Vorkaufsberechtigter kann in **253** das Grundbuch nur eingetragen werden, wenn die Gemeinde erklärt, dass ihr kein Vorkaufsrecht zusteht oder dass sie es nicht ausübt. Dies gilt auch dann, wenn das Vorkaufsrecht des Privaten dinglich gesichert ist. Mit Eigentumserwerb der Gemeinde erlöschen **rechtsgeschäftliche Vorkaufsrechte** (§ 28 Abs 2 S 5 BauGB). Das Grundbuch wird insoweit unrichtig. Dingliche Vorkaufsrechte sind auf Antrag zu löschen, sobald die Gemeinde nach Ausübung ihres Vorkaufsrechtes das Eigentum erworben hat. Gleiches gilt, sofern für schuldrechtliche Vorkaufsrechte Vormerkungen eingetragen sind (§ 28 Abs 2 S 6 BauGB). Demgegenüber geht das siedlungsrechtliche Vorkaufsrecht nach den §§ 4 ff RSG dem gemeindlichen Vorkaufsrecht vor, da es während des Genehmigungsverfahrens nach dem GrdStVG ausgeübt wird, während das gemeindliche Vorkaufsrecht einen rechtswirksamen Kaufvertrag voraussetzt.[497]

b) Planungsrechtliche Vorkaufsrechte. aa) Allgemeines. Im Rahmen von Planfeststellungs- und Plange- **254** nehmigungsverfahren wird dem **Träger des Vorhabens** an den betroffenen Flächen ein gesetzliches Vorkaufsrecht eingeräumt. Dies setzt eine gewisse Konkretisierung des Verfahrens voraus. Die vom Vorkaufsrecht betroffenen Flächen ergeben sich aus dem ausgelegten bzw den Beteiligten zur Einsichtnahme offen gelegten Plänen. Das Vorkaufsrecht besteht während der Dauer der Veränderungssperre. Es hat nur schuldrechtliche Wirkung.[498] Grundbuchmäßige Sicherungen sind nicht vorgesehen.

bb) Übersicht. Es handelt sich um **folgende Vorkaufsrechte**: **255**
- Vorkaufsrecht für Betriebsanlagen einer Eisenbahn (§ 19 Abs 3 AEG).[499]
- Vorkaufsrecht für den Träger der Straßenbaulast von Bundesautobahnen und -fernstraßen (§ 9a Abs 6 FStrG).[500]
- Vorkaufsrecht des Unternehmers von Flugplätzen (§ 8a Abs 3 LuftVG).[501]
- Vorkaufsrecht für den Vorhabenträger von Betriebsanlagen der Magnetschwebebahnen (§ 4 Abs 3 MBPLG).[502]
- Vorkaufsrecht für den Unternehmer und denjenigen, der Straßenbahnbetriebsanlagen baut (§ 28a Abs 3 PBefG).[503]
- Vorkaufsrecht des Bundes an Flächen für Bundeswasserstraßen (§ 15 Abs 3 WaStrG).[504]
- Vorkaufsrecht für den Träger des Vorhabens von Hochspannungsleitungen, ausgenommen Bahnstromfreileitungen, mit einer Netzspannung von 110 Kilovolt oder mehr und Gasversorgungsleitungen mit einem Durchmesser von mehr als 300 Millimeter (§ 44a Abs 3 EnWG).[505]

c) Vorkaufsrecht des Mieters. Als Schutzmaßnahme gegen die Verdrängung von Mietern bei der Umwand- **256** lung ihrer öffentlich geförderten Mietwohnung[506] in eine Eigentumswohnung sah § 2 WoBindG ein Vorkaufsrecht vor. Diese am 01.03.1980 in Kraft getretene Vorschrift wurde durch das Wohnungsbaureformgesetz mit Wirkung zum 01.01.2002 aufgehoben.[507] § 2b WoBindG war in Verfahren, die vor dem 01.01.2002 eingeleitet

---

497 *Stock* in *Ernst/Zinkahn/Bielenberg/Krautzberger* § 28 Rn 50.
498 Zu den (verneinten) Auswirkungen der Vorkaufsrechtsausübung auf die Klagebefugnis eines Drittkäufers s BVerwG NVwZ-RR 1998, 284 = UPR 1997, 153.
499 BGBl 1993 I S 2378; Berichtigung 1994 I S 2439; letzte Änderung BGBl 2007 I S 1383.
500 BGBl 2007 I S 1206.
501 BGBl 2007 I S 698; letzte Änderung BGBl 2007 I S 2631.
502 BGBl 2006 I S 2833, ber 2007 I S 691.
503 BGBl 1990 I S 1690; letzte Änderung BGBl 2007 I S 2246.
504 BGBl 2007 I S 962; letzte Änderung BGBl 2007 I S 2930.
505 BGBl 2005 I S 1970; letzte Änderung BGBl 2007 I S 2966.
506 Zu diesem Begriff s *Mückenberger/Hanke* Wohnungsbindungsrecht, 1991, Teil I Rn 15 f u *Silberkuhl* ZMR 1987, 161.
507 Vgl *Grziwotz* DNotZ 2001, 822/825.

worden waren, weiterhin anzuwenden.[508] Außerdem ist die Rechtsprechung zu dieser aufgegebenen Bestimmung noch von Bedeutung für das nunmehr in § 577 BGB enthaltene Vorkaufsrecht des Mieters im Falle einer **Wohnungseigentumsbegründung.**

257 Nach § 2b **WoBindG** war nur der Mieter vorkaufsberechtigt, dem die Wohnung vor Begründung des Wohnungseigentums durch Anlegung des Wohnungsgrundbuchs als Mieter überlassen worden war.[509] Es bestand auch dann, wenn die Eintragung der Aufteilung nach WEG in das Grundbuch zum Zeitpunkt des Verkaufs noch nicht erfolgt war oder die Aufteilung sogar nur im Entwurf vorlag.[510] Das Mietverhältnis musste zur Zeit des Vorkaufsfalls bestehen.[511] Das Vorkaufsrecht war ferner nur beim ersten Verkaufsfall und nicht bei einem späteren weiteren Verkauf durch den Erwerber nach der Umwandlung gegeben.[512] Das Vorkaufsrecht bestand grundsätzlich nicht, wenn ein mit öffentlich geförderten Wohnungen bebautes Grundstück als Ganzes veräußert wurde, auch wenn die Umwandlung in Eigentumswohnungen beabsichtigt war.[513] Umstritten war, ob der Mieter bereits vor Abschluss des Kaufvertrages mit dem Dritten,[514] erst nach Abschluss des Kaufvertrages und dessen Mitteilung[515] oder gar nicht[516] auf sein Vorkaufsrecht verzichten konnte. Das Vorkaufsrecht wirkte nur schuldrechtlich. Als Sicherung war nur eine Vormerkung des Mieters möglich, die auf Grund Bewilligung oder einstweiliger Verfügung im Rang vor der Vormerkung des Drittkäufers eingetragen wurde.[517] Eine Glaubhaftmachung der Gefährdung des zu sichernden Anspruchs war nicht erforderlich (§ 885 Abs 1 S 2 BGB).[518]

258 Zum Schutz des Mieters bei einer Umwandlung in Wohnungseigentum enthält nunmehr § 577 **BGB** ein Vorkaufsrecht.[519] Die Mitteilung über den abgeschlossenen Kaufvertrag muss mit einer Unterrichtung des Mieters über sein Vorkaufsrecht verbunden werden (§ 577 Abs 2 BGB). Kraft ausdrücklicher gesetzlicher Anordnung erfolgt die Ausübung des Vorkaufsrechtes durch schriftliche Erklärung (§ 577 Abs 3 BGB).[520] Das Mietervorkaufsrecht greift nur beim ersten Verkaufsfall nach Aufteilung bzw ab Aufteilungsabsicht ein. Es besteht deshalb nicht, wenn die Eigentumswohnung vor dem am 01.03.1993 erfolgten In-Kraft-Treten des § 570b BGB aF bereits einmal verkauft worden ist und nach diesem Zeitpunkt erneut verkauft wird.[521] Auf nachfolgende Verkäufe erstreckt sich das Mietervorkaufsrecht nur, wenn die Ausübung des Vorkaufsrechts bei dem ersten Verkauf zB wegen des Verkaufs an einen Familienangehörigen nicht möglich war.[522] Es besteht dagegen auch, wenn der Vorkaufsberechtigte zur Zeit der WEG-Aufteilung als Angehöriger in der Wohnung lebte und mit dem Tod des damaligen Mieters in das Mietverhältnis eingetreten ist.[523] Ein Vorkaufsrecht ist ferner in den Fällen gegeben, in denen die Teilungserklärung vor Abschluss des Mietvertrages abgegeben, aber grundbuchamtlich erst nach Mietvertragsabschluss vollzogen wird.[524] Umstritten ist der Fall, dass die Wohnungsgrundbücher vor Abschluss bzw vor Vollzug des Kaufvertrages geschlossen werden, der Erwerber aber eine neue Auftei-

508 § 50 Abs 2 WoFG. Das Vorkaufsrecht nach § 2b WoBindG kann wohl nach dem 01.01.2002 auch für frühere Vorkaufsfälle nicht mehr ausgeübt werden (ausführlich *Grziwotz* DNotZ 2001, 822/825; **aA** DNotI-Gutachten Az se-fi M/I/1-§ 577 BGB-33086).
509 *Sonnenschein* NJW 1980, 2055/2057; kritisch *Becker* MittRhNotK 1980, 213/259.
510 BayObLGZ 1992, 100 = MDR 1992, 1151 = NJW-RR 1992, 1039 = ZMR 1992, 337.
511 *Wienicke* WM 1980, 93/96 u früher *Bellinger* in *Fischer-Dieskau/Pergande/Schwendner* Wohnungsbaurecht, § 2b WoBindG Anm 3.2.
512 BGHZ 141, 194 = MDR 1999, 986 = JR 2000, 234 m Anm *Sonnenschein* = MittBayNot 1999, 463 = NJW 1999, 2044 = NZM 1999, 629 = ZfIR 1999, 512.
513 BayObLGZ 1992, 100 = MDR 1992, 1151 = NJW-RR 1992, 1039 = ZMR 1992, 337.
514 So *Wienicke* WM 1980, 93/97 u *Becker* MittRhNotK 1980, 213/215.
515 So *Sonnenschein* NJW 1980, 2055/2058.
516 So früher *Bellinger* in *Fischer-Dieskau/Pergande/Schwendner* Wohnungsbaurecht, § 2b WoBindG Anm 6.
517 Vgl OLG München DNotZ 1999, 800 = MDR 1999, 1315 = NJW-RR 1999, 1314 = NZM 1999, 797 = ZfIR 2000, 35.
518 So früher *Bellinger* in *Fischer-Dieskau/Pergande/Schwendner* Wohnungsbaurecht, § 2b WoBindG Anm 5.1.
519 Vgl die alte Fassung § 570b BGB aF; s dazu *Bub* NZM 2000, 1092 ff; *Götz* BWNotZ 2000, 9 ff; *Langhein* DNotZ 1993, 650 ff; *ders*, ZRP 2000, 473 ff; *Schmidt* DWW 1994, 65 ff u *Wirth* MittBayNot 1984, 9 ff. Zur Kündigungsbeschränkung bei Wohnraumumwandlung s § 577a BGB.
520 Vgl auch BGHZ 144, 357 = DNotZ 2000, 764 = MDR 2000, 1184 = MittBayNot 2000, 539 = NJW 2000, 2665 = NZM 2000, 258 = ZfIR 2000, 861; OLG Düsseldorf DNotZ 1999, 491 = MDR 1998, 1404 = MittBayNot 1999, 57 = NZM 1998, 1001 = ZfIR 1999, 30; OLG Frankfurt MDR 1998, 1093 = NJW-RR 1999, 16; AG Berlin-Charlottenburg NZM 1999, 22.
521 BGHZ 141, 194 = NJW 1999, 2044 = NZM 1999, 629 u BGH DNotZ 2006, 747 = MDR 2006, 1275 = NJW 2006, 1869 = NZM 2006, 505 = ZfIR 2006, 803.
522 BGH MDR 2007, 1181 = NJW 2007, 2699 = NZM 2007, 640 = NotBZ 2007, 326 = IMR 2007, 298.
523 BGH FamRZ 2003, 1919 = MDR 2003, 1410 = NJW 2003, 3265 = NZM 2003, 847 = NotBZ 2003, 392 = ZWE 2004, 154.
524 AG Frankfurt MDR 1995, 145 = NJW 1993, 1034 = ZMR 1095, 317.

lung beabsichtigt.[525] Umstritten sind ferner die Veräußerung eines Miteigentumsanteils unter Begründung einer Benutzungsregelung[526] und der en bloc-Verkauf.[527] Der Anwendungsbereich des Mietervorkaufsrechts betrifft alle Wohnungen, die in Eigentumswohnungen umgewandelt wurden, während sie vermietet waren, und nunmehr erstmals verkauft werden. Dem Vorkaufsrecht unterliegen somit auch Wohnungen, die vor dem 01.09.1993, dem In-Kraft-Treten dieser Norm, umgewandelt wurden und die danach veräußert werden, wenn der im Veräußerungszeitpunkt vorhandene Mieter bereits bei Wirksamwerden der Umwandlung Mieter war. Auch eine (praktisch freilich kaum relevante) Veräußerung nach der Umwandlung, aber vor dem 01.09.1993 hindert das Vorkaufsrecht nicht.[528] Vom Wortlaut umfasst ist auch der Mieter, der die Wohnung nicht mehr bewohnt;[529] dies ist jedoch im Hinblick auf den Schutzzweck fraglich. Ein Verzicht des Mieters auf die Ausübung des Vorkaufsrechtes soll jedenfalls vor Abschluss des Kaufvertrages unwirksam sein.[530]

d) Vorkaufsrecht des Siedlungsunternehmens. aa) Voraussetzungen des Vorkaufsrechts. Im Genehmigungsverfahren nach dem Grundstücksverkehrsgesetz[531] erfolgt auch die Klärung, ob ein Vorkaufsrecht des Siedlungsunternehmens nach § 4 RSG gegeben ist. Das Vorkaufsrecht des Siedlungsunternehmens besteht nur bei einem **nach dem Grundstücksverkehrsgesetz nicht genehmigungsfähigen Verkauf** eines landwirtschaftlichen Grundstücks oder von Moor- und Ödland, das in landwirtschaftliche Kultur gebracht werden kann, in Größe von 2 ha aufwärts bzw der im Landesrecht festgelegten Größe. Vorkaufsberechtigt ist das Siedlungsunternehmen, in dessen Bezirk die Hofstelle des Betriebes liegt; ist eine solche nicht vorhanden, so steht das Vorkaufsrecht dem Siedlungsunternehmen zu, in dessen Bezirk das Grundstück ganz oder zum größten Teil liegt (§ 4 Abs 1 RSG). Die Siedlungsbehörde kann statt des gemeinnützigen Siedlungsunternehmens ein Siedlungsunternehmen nach § 1 Abs 1 S 3 RSG bestimmen (§ 4 Abs 5 RSG). Vom Vorkaufsrecht betroffen sind nur landwirtschaftliche Grundstücke, nicht jedoch forstwirtschaftliche Grundstücke.[532] Für Teilflächen, die teils landwirtschaftlich teils forstwirtschaftlich genutzt werden, ist eine wirtschaftliche Betrachtungsweise maßgeblich; handelt es sich um eine wirtschaftliche Einheit und können beide Flächen sinnvollerweise nicht voneinander getrennt werden, so erstreckt sich das Vorkaufsrecht auch auf das Waldstück.[533] Maßgeblich ist ein wirtschaftlicher, nicht ein grundbuchrechtlicher Grundstücksbegriff.[534] Beim Verkauf mehrerer separater Grundstücke, die keine wirtschaftliche Einheit bilden und nicht alle dem Vorkaufsrecht nach § 4 RSG unterliegen, kann dieses nicht ausgeübt werden, wenn die Möglichkeit einer Teilung des Vertrages nach den Interessen der Beteiligten nicht besteht.[535]

Das Vorkaufsrecht besteht nur bei einer Veräußerung »durch Kaufvertrag«.[536] Es gilt somit nicht für sämtliche nach dem Grundstücksverkehrsgesetz genehmigungspflichtigen Vorgänge, so zB nicht bei Veräußerung eines Erbteils an einen anderen als einen Miterben.[537] Bei Veräußerung eines Miteigentumsanteils soll die Ausübung

259

260

---

525 Str ist, ob das Vorkaufsrecht in diesem Fall erst bei Weiterverkauf der umgewandelten Wohnungen besteht (so wohl DNotI-Report 2001, 48; **aA** zu Recht *Langhein* DNotZ 1993, 650/661; *Schilling/Meyer* ZMR 1994, 497/503 u *Wirth* MittBayNot 1998, 8/12).

526 Bejahend OLG Karlsruhe WuM 1992, 519.

527 Zur Geltung von Preisvergünstigungen bei einem Paketverkauf auch für den Mieter, der sein Vorkaufsrecht nur hinsichtlich einer Wohnung ausübt, OLG Düsseldorf DNotZ 1999, 491 = MDR 1998, 1404 = MittBayNot 1999, 57 = NZM 1998, 1001 = ZflR 1999, 30 u *Sonnenschein* NJW 1997, 1270/1283; tlw abw OLG München MittBayNot 2005, 306 u *Derleder* NJW 1996, 2817/2819. Eine nur zur Vereitelung des Vorkaufsrechts vorgenommene Kaufpreisaufteilung kann zum Schadensersatz verpflichten (BGH DNotZ 2006, 122 = JA 2006, 169 = MDR 2006, 79 = MittBayNot 2006, 135 = NJW-RR 2005, 1534 = NZM 2005, 779). Zur Verpflichtung zur Zahlung der Maklerprovision OLG Düsseldorf MDR 1999, 800.

528 LG Oldenburg WuM 1997, 436; AG Berlin-Charlottenburg NZM 1999, 22; *Langhein* DNotZ 1993, 650.

529 So LG Köln NJW-RR 1995, 1354.

530 *Brambring* ZAP 1993, 965/971; *Langhein* DNotZ 1993, 650/663; *Schilling/Mayer* ZMR 1994, 497/504 u *Zawar* in Festgabe *Weichler* 1997, 223/227. Zum zulässigen Verzicht nach Beurkundung des Drittkaufs und der Unterrichtung hiervon s nur *Wirth* MittBayNot 1998, 9/14. Vgl. aber Rdn 238.

531 Vgl Rdn 85 ff. Zum Zweck des Vorkaufsrechts s OLG Frankfurt OLGRp 2007, 872. Zur Verfassungskonformität s OVG Münster NJW 1952, 1431.

532 BGH RdL 1966, 17 u BGHZ 134, 166 = DNotZ 1997, 801 = NJW 1997, 1073 = ZflR 1997, 148 = ZIP 1997, 560; OLG Jena OLG-NL 1995, 209/210 u OLG Koblenz RdL 2000, 302/303.

533 BGHZ 134, 166 = DNotZ 1997, 801 = NJW 1997, 1073 = ZflR 1997, 148 = ZIP 1997, 560.

534 OLG Schleswig MittBayNot 2007, 431 = RNotZ 2007, 210.

535 OLG Naumburg NJ 2002, 263 (LS), allerdings dürfte dieser Fall bei Fehlen einer wirtschaftlichen Einheit nur ausnahmsweise vorliegen. Zum Grundstücksbegriff s OLG Naumburg NJOZ 2005, 1450 = NotBZ 2005, 265; zum Verkauf mehrerer Grundstücke s auch OLG Jena OLG-NL 1998, 254.

536 Vgl dazu Rdn 229 f u KG MDR 2000, 147, wonach ein Vorkaufsrecht bei einer gemischten Schenkung nicht ausgeübt werden kann.

537 Zum Kaufvertrag s Rdn 229 f.

des Vorkaufsrechtes nicht möglich sein.[538] Gleiches gilt bei der Veräußerung eines Erbbaurechts.[539] Auf Grund der gesetzlichen Fiktion des § 4 Abs 3 S 2 RSG ist ein so genannter **Schwarzkauf** für die Ausübung des Vorkaufsrechts als gültig anzusehen. Der Gesetzgeber wollte mit dieser Bestimmung das im Gemeininteresse liegende Vorkaufsrecht vor Vertragspartnern schützen, die es durch Berufung auf die Nichtigkeit des Kaufvertrages auszuschalten versuchen.[540] Bedenken hinsichtlich der Verfassungswidrigkeit dieser Anordnung[541] hat der Bundesgerichtshof nicht thematisiert. Sie sind in den Schranken des § 138 BGB, das heißt bis zu einem objektiven Missverhältnis von Leistung und Gegenleistung, das den Vorwurf der Sittenwidrigkeit begründen würde, auch nicht überzeugend.[542] Beruht die Unwirksamkeit auf anderen Umständen als einer Unterverbriefung zB einer Überverbriefung oder der unterlassenen Beurkundung weiterer Abreden, verbleibt es bei der Nichtigkeit des Vertrages und damit der nicht gegebenen Möglichkeit der Ausübung des Vorkaufsrechts.[543]

261   Der Verkauf an **bestimmte Erwerber** ist vom Vorkaufsrecht ausgenommen. Das Gesetz nennt die Veräußerung an eine Körperschaft des öffentlichen Rechts, ausgenommen zur Grundstücksbeschaffung als Ersatzland,[544] an den Ehegatten oder an eine Person, die mit dem Eigentümer in gerader Linie oder bis zum dritten Grad in der Seitenlinie verwandt oder bis zum zweiten Grad verschwägert ist (§ 4 Abs 2 RSG). Gleiches gilt für die Schwägerschaft in gerader Linie[545] und für eingetragene Lebenspartner. Weiterhin besteht kein Vorkaufsrecht beim Neuerwerb durch Berufslandwirte innerhalb von drei Jahren nach erfolgter Enteignung (§ 11a RSG).

262   **bb) Vorkaufsrechtsausübung.** Die Genehmigungsbehörde nach dem Grundstücksverkehrsgesetz muss bei Vorliegen der Voraussetzungen für ein Vorkaufsrecht nach § 4 RSG vor Entscheidung über den Antrag auf Genehmigung den Vertrag der Siedlungsbehörde zur Herbeiführung einer Erklärung über die Ausübung des Vorkaufsrechtes vorlegen. Nachdem die Abwicklung ausschließlich über die Genehmigungsbehörde erfolgt, entfällt das Vorkaufsrecht, wenn die Genehmigungsbehörde den Vertrag der Siedlungsbehörde nicht vorlegt (§ 6 Abs 1 S 1 RSG). Die Erklärung des Vorkaufsberechtigten über die Ausübung des Vorkaufsrechts ist über die Siedlungsbehörde der Genehmigungsbehörde zuzuleiten. Das Vorkaufsrecht wird gegenüber dem Eigentümer dadurch ausgeübt, dass die **Genehmigungsbehörde** diese Erklärung ihm mitteilt. Außer an den Verpflichteten hat die Mitteilung auch an den Käufer und an denjenigen zu ergehen, zu dessen Gunsten der Kaufvertrag geschlossen worden ist (§ 21 GrdstVG). Der Ausübung des Vorkaufsrechtes steht nicht entgegen, dass der Vertrag nach anderen Vorschriften noch einer Genehmigung bedarf (§ 6 Abs 3 RSG). Die Genehmigung nach dem Grundstücksverkehrsgesetz gilt durch die Mitteilung über die Ausübung des Vorkaufsrechtes hinsichtlich des Zweitkaufs als erteilt (§ 6 Abs 1 S 3 RSG).

263   Die Ausübung des Vorkaufsrechtes kann nur innerhalb der **Frist** des § 6 Abs 1 GrdStVG erfolgen, wobei maßgeblich für die Rechtzeitigkeit der Erklärung die Zustellung beim Verpflichteten ist (§ 6 Abs 2 RSG).[546] Der Zwischenbescheid verlängert die Frist der Ausübung des Vorkaufsrechts auf insgesamt drei Monate. Dies gilt auch dann, wenn dieser Grund im Zwischenbescheid nicht angegeben wird.[547] Dem Vorkaufsberechtigten steht innerhalb der Ausübungsfrist ein Besichtigungsrecht zu; wird er an der Ausübung des Rechts gehindert und teilt er dies der Genehmigungsbehörde innerhalb der Frist mit, so verlängert sich die Ausübungsfrist. Das Vorkaufsrecht kann in diesem Fall auch binnen einer Frist von einem Monat von dem Tage ab, an dem das Hindernis wegfällt, ausgeübt werden (§ 7 S 2 RSG). Erfolgt die Fristverlängerung nicht oder nicht wirksam, so kann das Vorkaufsrecht nur innerhalb der Einmonatsfrist ausgeübt werden. Der Umstand, dass die Parteien keine Kenntnis vom Vorkaufsrecht hatten, ändert hieran nichts. Auch ein Wegfall der Geschäftsgrundlage ist im Hinblick auf die Unkenntnis vom reichssiedlungsgesetzlichen Vorkaufsrecht nicht anzunehmen.[548] Wegen der schwebenden Unwirksamkeit des Vertrages können die Parteien den Vertrag jederzeit bis zur Zustellung der Mitteilung über die Ausübung des Vorkaufsrechtes ändern oder aufheben.[549] Die Wirksamkeit der Ausübung des Vorkaufsrechtes tritt erst dann ein, wenn der Bescheid über die Mitteilung der Ausübung durch die Genehmigungsbehörde an den Verkäufer unanfechtbar geworden ist.[550]

---

538 *Schöner/Stöber* Rn 4148 (abw bei der Veräußerung sämtlicher Miteigentumsanteile).
539 Str, wie hier *Schöner/Stöber* Rn 4149.
540 BGHZ 53, 52/54 = DNotZ 1970, 174 = NJW 1970, 283 u BGHZ 134, 166 = DNotZ 1997, 801 = NJW 1997, 1073 = ZfIR 1997, 148 = ZIP 1997, 560.
541 So aber *Rapsch* AgrarR 1985, 38 u nochmals RdL 1985, 116.
542 Dies verkennt KG MDR 2000, 147.
543 OLG München RdL 1992, 77.
544 Eine Unterausnahme besteht, wenn die Körperschaft des öffentlichen Rechts das Grundstück zur Erfüllung der ihr obliegenden Aufgaben benötigt (§ 4 Abs 2 S 4 RSG).
545 *Schöner/Stöber* Rn 4151.
546 OLG Schleswig RdL 2000, 95 = SchlHA 2000, 136.
547 *Schöner/Stöber* Rn 4157.
548 LG Chemnitz NuR 2001, 356.
549 Vgl OLG München RdL 1992, 159 u OLG Schleswig RdL 2000, 95 = SchlHA 2000, 136.
550 Zu Einwendungen gegen das Vorkaufsrecht s § 10 RSG u BGH DNotZ 2006, 785 = NJW-RR 2006, 1245 = NotBZ 2006, 282. Zum Umfang der Entscheidung s OLG Schleswig RdL 2000, 95 = SchlHA 2000, 136.

Für die **Rechtsfolgen** der Ausübung des Vorkaufsrechtes gelten die Bestimmungen des BGB über das Vorkaufsrecht (§ 8 Abs 1 S 1 RSG).[551] Das Vorkaufsrecht erstreckt sich auch auf das mitverkaufte Zubehör. Bei Vereinbarung einer Nebenleistung, die nicht in Geld zu schätzen ist, kann der Eigentümer vom Vorkaufsberechtigten die Erfüllung dieser Nebenleistungen nicht verlangen (§ 8 Abs 2 RSG). Mit Ausübung des Vorkaufsrechts erlöschen rechtsgeschäftliche dingliche und schuldrechtliche Vorkaufsrechte.[552] Das Vorkaufsrecht bedarf keiner Grundbuchsperre. Der nicht genehmigte Erstvertrag kann nämlich nicht abgewickelt werden. Hinsichtlich des Zweitvertrages muss der Vorkaufsberechtigte ggf auf Erfüllung klagen.[553] 264

3. Landesrechtliche Vorkaufsrechte[554]

a) Fischereirecht. *Baden-Württemberg:* Fischereigesetz für Baden-Württemberg v 14.11.1979 (GBl S 466, Berichtigung GBl 1980 S 136), letzte Änderung v 14.12.2004 (GBl S 895). 265

Gemäß § 8 Abs 3 FischG steht bei nicht beschränkten Fischereirechten in Bundeswasserstraßen sowie in Gewässern erster Ordnung dem Land, bei Fischereirechten in Gewässern zweiter Ordnung der Gemeinde sowie bei Fischereirechten in Wasserbecken iS des § 63 Abs 4 WG (Wasserbecken, die überwiegend dem Hochwasserschutz oder der Niederwasseraufbesserung dienen und überörtliche Bedeutung haben) auch den für diesen Zweck bestehenden **öffentlich-rechtlichen Körperschaften** ein Vorkaufsrecht zu. Das Vorkaufsrecht hat nur schuldrechtliche Wirkung und ist bei Gemeinden auf ihr Gemeindegebiet beschränkt.

Bayern: Fischereirecht für Bayern v 15.08.1908 (BayRS 793-1-E), letzte Änderung v 23.11.2001 (GVBl S 734). 266

Gemäß Art 26 FiG besteht beim Verkauf eines von einem Grundstück unabhängigen Koppelfischereirechts an einen nicht Koppelfischereiberechtigten ein Vorkaufsrecht der übrigen Mitfischereiberechtigten und nach diesen der sonst auf der gleichen Wasserstrecke **Fischereiberechtigten**.

Sachsen-Anhalt: Fischereigesetz v 31.08.1993 (GVBl S 464), letzte Änderung v 15.04.2005 (GVBl S 231). 267

Bei Fischereirechten an Gewässern, an denen kein Eigentum begründet ist, sowie an Bundeswasserstraßen mit Ausnahme von künstlichen Wasserstraßen (Kanälen) steht dem Land, bei Fischereirechten an künstlichen Bundeswasserstraßen steht dem Bund, bei Fischereirechten an anderen Gewässern steht dem **Gewässereigentümer** ein Vorkaufsrecht zu. Die Frist für die Ausübung des Vorkaufsrechts beträgt einen Monat. Die §§ 463 bis 469 Abs 1, 472 u 473 BGB sind anzuwenden (§ 8 Abs 4 FischG).

Schleswig-Holstein: Landesfischereigesetz v 10.02.1996 (GVOBl S 211), letzte Änderung v 12.10.2005 (GVOBl S 487). 268

Bei Übertragung eines selbständigen Fischereirechtes hat die Eigentümerin oder der **Eigentümer** des belasteten Gewässergrundstücks ein Vorkaufsrecht. Die Ausübungsfrist beträgt drei Monate. Es besteht nicht, wenn sich das selbständige Fischereirecht über mehrere Gewässergrundstücke erstreckt. Die Vorschriften der §§ 463–468, 469 Abs 1 u 471 BGB finden entsprechende Anwendung (§ 9 LFischG).

b) Naturschutzrecht. *Baden-Württemberg:* Gesetz zum Schutz der Natur, zur Pflege der Landschaft und über die Erholungsvorsorge in der freien Landschaft (Naturschutzgesetz) v 13.12.2005 (GBl S 319). 269

Gemäß § 56 NatSchG stehen dem Land Vorkaufsrechte zu an Grundstücken, auf denen sich oberirdische private Gewässer befinden, die in Naturschutzgebieten, Kernzonen von Biosphärengebieten oder in flächenhaften Naturdenkmalen liegen oder auf denen Naturdenkmale stehen. Liegen diese Merkmale nur bei einem Teil des Grundstücks vor, so erstreckt sich das Vorkaufsrecht nur auf diese Teilfläche (§ 56 Abs 1 S 2 NatSchG). Die Ausübung des Vorkaufsrechts erfolgt durch den Landesbetrieb Vermögen und Bau Baden-Württemberg, Betriebsleitung (§ 56 Abs 3 NatSchG). Das Vorkaufsrecht bedarf nicht der Eintragung in das Grundbuch (§ 56 Abs 4 S 2 NatSchG). Der Eigentumserwerb auf Grund der Ausübung des Vorkaufsrechtes führt zum Erlöschen rechtsgeschäftlicher Vorkaufsrechte (§ 56 Abs 4 S 3 NatSchG). § 56 Abs 7 S 3 NatSchG verweist auf die §§ 463–468 Abs 1, 471, 1098 Abs 2 u 1099–1102 BGB. Damit findet auch § 1098 Abs 2 BGB Anwendung, wonach

---

551 Ein Verzicht auf das Vorkaufsrecht vor Abschluss des Vertrages ist zB auch zu einem Entwurf möglich (*Schöner/Stöber* Rn 4173).

552 § 5 RSG; eine Ausnahme dürfte für ein im Kaufvertrag zu Gunsten des Verkäufers vereinbartes Vorkaufsrecht gelten (OLG Hamm AgrarR 1986, 17).

553 Zum Erwerbsrecht der Berechtigten erloschener Vorkaufsrechte bei nicht zweckentsprechender Verwendung s § 9 RSG. Zum siedlungsrechtlichen Wiederkaufsrecht (§ 20 RSG), bei dem es sich um ein gesetzliches dingliches Recht handelt s BGHZ 57, 356 = NJW 1972, 537; BGHZ 58, 395 = NJW 1972, 1279 u *Pannwitz* RdL 1965, 193 ff; daneben können Wiederkaufsrechte auch rechtsgeschäftlich vereinbart werden (BGHZ 97, 238 = NJW 1986, 1993 u BGHZ 103, 175 = NJW 1988, 1386).

554 Vgl auch die Zusammenstellung von *Grauel* MittRhNotK 1993, 243 ff, 1994, 190 ff, 1997, 367 ff, RNotZ 2002, 210 ff u 2004, 31 f.

das Vorkaufsrecht die **Wirkung einer Vormerkung** hat. Die Ausübung des Vorkaufsrechts bedarf keiner Form.[555]

270 *Bayern:* Gesetz über den Schutz der Natur, die Pflege der Landschaft und die Erholung in der freien Natur (Bayerisches Naturschutzgesetz) vom 23.12.2005 (GVBl S 2).

Dem Freistaat Bayern sowie den Bezirken, Landkreisen, Gemeinden und kommunalen Zweckverbänden stehen gemäß Art 34 BayNatSchG Vorkaufsrechte zu beim Verkauf von Grundstücken, auf denen sich oberirdische Gewässer einschließlich von Verlandungsflächen, ausgenommen Be- und Entwässerungsgräben, befinden oder die daran angrenzen, die ganz oder teilweise in Naturschutzgebieten, Nationalparken, als solchen einstweilig sichergestellten Gebieten oder in geplanten Naturschutzgebieten ab Eintritt der Veränderungsverbote nach Art 48 Abs 3 BayNatSchG liegen, und solchen, auf denen sich Naturdenkmäler, geschützte Landschaftsbestandteile oder solche einstweilig sichergestellte Schutzgegenstände befinden. Das Vorkaufsrecht besteht nicht nur bei Kaufverträgen, sondern auch bei Vertragsgestaltungen, die in ihrer Gesamtheit einem Kaufvertrag nahezu gleich kommen.[556] Betrifft das Vorkaufsrecht nur eine Teilfläche, so erstreckt sich das Vorkaufsrecht nur auf diese.[557] Die Ausübung des Vorkaufsrechts erfolgt durch den Freistaat Bayern, vertreten durch die Kreisverwaltungsbehörde.[558] Die Mitteilung über den das Vorkaufsrecht auslösenden Vertrag (also nicht nur eines Kaufvertrages) ist gegenüber der Kreisverwaltungsbehörde abzugeben. Das Vorkaufsrecht geht anderen Vorkaufsrechten unbeschadet bundesrechtlicher anderweitiger Regelungen im Rang vor, rechtsgeschäftlichen Vorkaufsrechten jedoch nur, wenn diese nach dem 01.08.1973 bestellt wurden. Es bedarf nicht der Eintragung in das Grundbuch. Mit dem Eigentumserwerb auf Grund der Ausübung des Vorkaufsrechts erlöschen rechtsgeschäftliche Vorkaufsrechte.[559] Für das Vorkaufsrecht gelten die Bestimmungen der §§ 463–468, 469 Abs 1, 471, 1098 Abs 2 u 1099–1102 BGB entsprechend. Das Vorkaufsrecht ist ausgeschlossen bei Veräußerung an den Ehegatten oder eine Person, die mit dem Eigentümer in gerader Linie verwandt ist.[560] Eine Abwendungsbefugnis entsprechend § 27 Abs 1 BauGB sieht das naturschutzrechtliche Vorkaufsrecht nicht vor.[561] Das Vorkaufsrecht betrifft kraft Verweisung in Art 9 Abs 1 FiG auch selbständige Fischereirechte.[562] Eine dingliche Wirkung kommt dem Vorkaufsrecht, abgesehen von der **Vormerkungswirkung** gemäß Art 34 Abs 7 S 2 BayNatSchG iV mit § 1098 Abs 2 BGB, nicht zu.[563] Zum Vollzug ist deshalb noch die Erklärung der Auflassung erforderlich. Eine Eintragung des Vorkaufsrechtes im Grundbuch ist nicht möglich.[564]

271 *Berlin:* Berliner Naturschutzgesetz v 09.11.2006 (GVBl S 1073).

Das Vorkaufsrecht gem § 45 NatSchG Bln aF wurde ersatzlos aufgehoben.

272 *Brandenburg:* Brandenburgisches Naturschutzgesetz v 26.05.2004 (GVBl I S 350), letzte Änderung v 28.06.2006 (GVBl I S 74).

Gemäß § 69 Abs 1 BbgNatSchG steht dem Land ein Vorkaufsrecht beim Kauf von Grundstücken zu, die ganz oder teilweise in Nationalparks, Naturschutzgebieten oder Gebieten liegen, die als Naturschutzgebiet einstweilig sichergestellt sind. Gleiches gilt für Grundstücke, die als künftiges Naturschutzgebiet einer Veränderungssperre unterliegen. Das Vorkaufsrecht ist ausgeschlossen beim Verkauf an den Ehegatten oder eine in gerader Linie verwandte Person. Es besteht nicht bei einem Kauf von Rechten nach dem WEG und von Erbbaurechten. Ausübungsbehörde ist die Fachbehörde für Naturschutz und Landschaftspflege. Das Vorkaufsrecht bedarf nicht der Eintragung in das Grundbuch. Die §§ 463–469, 471, **1098 Abs 2**, 1099–1102 BGB gelten entsprechend. Ein Verzicht ist bereits vor dem Verkauf zulässig; die diesbezügliche Erklärung gilt nur innerhalb von zwei Jahren nach ihrem Zugang. Das Vorkaufsrecht kann auch zugunsten bestimmter Dritter ausgeübt werden.

---

555 VGH Mannheim NVwZ 1992, 898. Zur Notwendigkeit mit Beschlussfassung über die Ausübung des Vorkaufsrechtes im Gemeinderat VGH Mannheim NJW-RR 1998, 877.

556 Vgl zu dieser Erweiterung *Fischer-Hüftle/Egner* BayVBl 1999, 680 ff u *Fischer-Hüftle* in *Engelhardt/Brenner/Fischer-Hüftle* BayNatSchG, Art 34 Rn 11 ff.

557 Ein Anspruch nach Art 34 Abs 1 S 4 BayNatSchG auf Erstreckung auf das gesamte Grundstück steht nur dem Eigentümer, nicht dem Käufer zu (VGH München NJW-RR 2002, 228 = BayVBl 2002, 729 = NuR 2002, 221 = NotBZ 2002, 154). Zum Anspruch auf Erstreckung des Vorkaufsrechtes auf das ganze Grundstück s VGH München BayVBl 1999, 563 = NJW 2000, 531 = NuR 1999, 397.

558 Bei Ausübung hinsichtlich einer Teilfläche muss der verhältnismäßige Kaufpreis nicht bestimmt werden; dieser wird durch freiwillige Vereinbarung zwischen Vorkaufsberechtigten und Vorkaufsverpflichteten bestimmt (VGH München BayVBl 1999, 563 = NJW 2000, 531 = NuR 1999, 397).

559 Zur Ausübung des Vorkaufsrechts zugunsten eines Vereins oder zugunsten des Bayerischen Naturschutzfonds s Art 34 Abs 5 BayNatSchG. Zum Einverständnis des Dritten s VG Regensburg BayVBl 2007, 377.

560 Dies muss nunmehr wohl entsprechend für den eingetragenen Lebenspartner gelten.

561 VG Regensburg BayVBl 2002, 771.

562 VGH München BayVBl 2000, 59.

563 BayObLG BayObLGZ 1999, 245 = BayVBl 2000, 28 = MittBayNot 1999, 555 = NJW-RR 2000, 92 = NuR 2000, 237.

564 BayObLG BayObLGZ 2000, 224 = BayVBl 2001, 60 = FGPrax 2000, 215 = MittBayNot 2000, 555 m Anm *Frank* = NJW-RR 2000, 1687 = NotBZ 2000, 338 = NuR 2001, 179 = Rpfleger 2000, 543 = ZfIR 2001, 135.

Bremen: Bremisches Naturschutzgesetz vom 17.09.1979 (BremGBl S 345), letzte Änderung v 22.06.2004 **273** (BremGBl S 313).

Gemäß § 36 Abs 1 BremNatSchG steht den Gemeinden ein Vorkaufsrecht beim Kauf von Grundstücken zu, die in Naturschutz- oder Landschaftsschutzgebieten liegen oder in solchen, in denen sich besonders geschützte Biotope (§ 22a BremNatSchG) befinden, auf denen sich Naturdenkmale befinden, auf denen sich oberirdische Gewässer befinden, die an oberirdische Gewässer angrenzen, oder sich in deren unmittelbarer Nähe befinden oder die von einem Verfahren nach § 23 oder § 25 BremNatSchG erfasst sind. Ist nur ein Teil des Grundstücks betroffen, so erstreckt sich das Vorkaufsrecht nur auf diese Teilfläche, wenn die Teilung nach dem BauGB zulässig ist. Das Vorkaufsrecht bedarf nicht der Eintragung in das Grundbuch. Rechtsgeschäftliche Vorkaufsrechte erlöschen bei einem Eigentumserwerb auf Grund der Ausübung des Vorkaufsrechts (§ 36 Abs 4 BremNatSchG). Die §§ 463–468 Abs 1, 471, **1098 Abs 2**, 1099–1102 BGB gelten entsprechend.

Hamburg: Hamburgisches Gesetz über Naturschutz und Landschaftspflege (HmbNatSchG) v 07.08.2001 (GVBl **274** S 281),[565] letzte Änderung v 03.04.2007 (GVBl S 119).

Der Stadt Hamburg steht ein Vorkaufsrecht zu beim Verkauf von Grundstücken, die in Naturschutzgebieten oder Nationalparken liegen, auf denen sich Naturdenkmale befinden, auf denen sich besonders geschützte Biotope (ausgenommen Feldhecken und Feldgehölze sowie Küstendünen und Strandwälle, Salzwiesen und Watt- flächen im Küstenbereich, Seegraswiesen und sonstige Makrophytenbestände, Riffe sowie artenreiche Kies-, Grobsand- und Schillbereiche im Meeres- und Küstenbereich sowie Röhrichte, Rieder und Nasswiesen) befin- den, oder die ganz oder überwiegend mit einem Gewässer überstanden sind (Gewässerparzelle). Grundstücken sind Erbbaurechte gleichgestellt. Ist ein Teil des Grundstücks betroffen, so erstreckt sich das Vorkaufsrecht nur auf diese Teilfläche (§ 37 Abs 1 HmbNatSchG). Zur Sicherung des Vorkaufsrechts besteht eine **Grundbuch- sperre**. Das Nichtbestehen bzw die Nichtausübung des Vorkaufsrechts ist durch ein Negativattest nachzuwei- sen (§ 37 Abs 3 S 2, 3 u 4 HmbNatSchG). Nach Mitteilung des Kaufvertrages durch den Verpflichteten oder den Käufer ist auf Ersuchen der zuständigen Behörde zur Sicherung des Anspruchs auf Übereignung des Grundstücks eine Vormerkung in das Grundbuch einzutragen; die Kosten der Eintragung und der späteren Löschung trägt die Stadt Hamburg (§ 37 Abs 4 HmbNatSchG). Für das Vorkaufsrecht gelten die §§ 463, 464 Abs 2, 465–468, 471 BGB. Bei einem Eigentumsübergang auf Grund der Ausübung des Vorkaufsrechtes erlö- schen rechtsgeschäftliche Vorkaufsrechte. Die zu Gunsten der Käuferin bzw des Käufers eingetragene Vormer- kung kann auf Grund eines Ersuchen bei Unanfechtbarkeit des Ausübungsbescheids gelöscht werden (§ 37 Abs 5 S 5 HmbNatSchG). Der Kaufpreis kann auf den Verkehrswert des Grundstücks herabgesetzt werden, wenn der vereinbarte Kaufpreis den Verkehrswert in einer dem Rechtsverkehr erkennbaren Weise deutlich überschreitet. In diesem Fall besteht ein gesetzliches Rücktrittsrecht des bzw der Verpflichteten. Wird das Rücktrittsrecht ausgeübt, trägt die Stadt Hamburg die Kosten des Vertrages auf der Grundlage des Verkehrswer- tes (§ 37 Abs 6 HmbNatSchG).

Hessen: Hessisches Naturschutzgesetz (HENatG) v 04.12.2006 (GVBl I S 619). **275**

Das Vorkaufsrecht der Gemeinde bzw bei Nichteintritt des Landkreises bzw bei Nichteintritt beider des Landes gemäß § 40 HENatG aF wurde abgeschafft.

Mecklenburg-Vorpommern: Gesetz zum Schutz der Natur und der Landschaft im Lande Mecklenburg-Vorpom- **276** mern v 22.10.2002 (GVOBl 2003 S 1), letzte Änderung v 14.07.2006 (GVOBl S 560).

Dem Land steht ein Vorkaufsrecht zu an einem Grundstück, das ganz oder teilweise in einem Nationalpark, in einem Naturschutzgebiet oder in einem Gebiet liegt, das als geplantes Naturschutzgebiet einstweilig sicherge- stellt ist (§ 48 Abs 1 LNatG M-V). Betrifft das Vorkaufsrecht nur einen Teil des Grundstücks, so kann die Aus- übung des Vorkaufsrechts auf diese Teilfläche beschränkt werden (§ 48 Abs 3 S 1 LNatG M-V). Das Vorkaufs- recht ist ausgeschlossen, wenn das Grundstück an Familienangehörige iS von § 8 Nr 2 GrdstVG oder zusammen mit einem landwirtschaftlichen Betrieb, mit dem es eine Einheit bildet, veräußert wird (§ 48 Abs 2 LNatG M-V). Die §§ 463–468, 471, **1098 Abs 2**, 1099–1102 BGB gelten entsprechend (§ 48 Abs 5 LNatG M-V). Das Vorkaufsrecht bedarf nicht der Eintragung in das Grundbuch (§ 48 Abs 6 LNatG M-V). Eine Ausübung zugunsten bestimmter begünstigter Dritter ist zulässig (§ 48 Abs 7 LNatG M-V).

Niedersachsen: Niedersächsisches Naturschutzgesetz v 11.04.1994 (GVBl S 155, Berichtigung S 267), letzte **277** Änderung v 26.04.2007 (GVBl S 161).

Dem Land steht an Grundstücken, die ganz oder teilweise in einem Naturschutzgebiet oder Nationalpark lie- gen oder auf denen sich ein Naturdenkmal befindet, ein Vorkaufsrecht zu. Darüber hinaus kann die obere

---

565 Die Stadt Hamburg hat beim Verkauf von Rechten nach dem WEG einen generellen Verzicht auf das Vorkaufsrecht erklärt.

Naturschutzbehörde durch Verordnung[566] an den Grundstücken in bestimmten Gebieten, die die Voraussetzungen des Naturschutzgebietes erfüllen oder sich für die Erholung der Allgemeinheit in Natur und Landschaft besonders eignen, ein Vorkaufsrecht des Landes begründen; der Geltungsbereich muss in einer Karte bestimmt werden (§ 48 NNatG). Das Vorkaufsrecht bedarf nicht der Eintragung in das Grundbuch; es wird jedoch nachrichtlich im Liegenschaftskataster eingetragen (§ 48 Abs 2 S 1 NNatG). Die §§ 463–469, 471, **1098 Abs 2**, 1099–1102 BGB gelten entsprechend (§ 48 Abs 2 S 3 NNatG).[567] Das Vorkaufsrecht geht rechtsgeschäftlichen Vorkaufsrechten im Range vor. Es kann auch zugunsten Dritter ausgeübt werden (§ 48 Abs 4 NNatG).

278 *Nordrhein-Westfalen:* Gesetz zur Sicherung des Naturhaushalts und zur Entwicklung der Landschaft v 21.07.2000 (GV S 568).

Dem Träger der Landschaftsplanung steht beim Verkauf von Grundstücken im Geltungsbereich eines Landschaftsplans für die Umsetzung der Festsetzungen eines Naturschutzgebietes, eines Naturdenkmals, geschützter Landschaftsbestandteile und von Entwicklungs-, Pflege- und Erschließungsmaßnahmen ein Vorkaufsrecht zu. Das Vorkaufsrecht besteht nicht beim Verkauf von Rechten nach dem WEG und Erbbaurechten. Es ist ausgeschlossen bei einer Veräußerung an Ehegatten, an eingetragene Lebenspartnerinnen und Lebenspartner, an in gerader Linie Verwandte und Verschwägerte sowie an in der Seitenlinie bis zum dritten Grad verwandte Personen. Die Nichtausübung im Geltungsbereich eines Landschaftsplans oder bestimmter Teile kann beschlossen werden; sie ist ortsüblich bekannt zu machen (§ 36a LGNRW). Das Vorkaufsrecht hat lediglich schuldrechtliche Wirkung.[568]

279 *Rheinland-Pfalz:* Das Landespflegegesetz v 05.02.1979 (GVBl S 36), letzte Änderung v 28.09.2005 (GVBl S 387) enthält **kein** Vorkaufsrecht.

280 *Saarland:* Gesetz zum Schutz der Natur und Heimat im Saarland, Gesetz Nr 1097 (SNG) v 05.04.2006 (AmtsBl S 726).

Den Gemeinden stehen in ihrem Gebiet Vorkaufsrechte zu beim Kauf von Grundstücken, auf denen oberirdische Gewässer liegen, die an oberirdische Gewässer angrenzen oder sich in deren unmittelbarer Nähe befinden, auf denen sich gesetzlich geschützte Biotope, Naturdenkmäler oder geschützte Landschaftsbestandteile befinden, die in Naturschutzgebieten, in Gebieten von gemeinschaftlicher Bedeutung oder in Europäischen Vogelschutzgebieten liegen (§ 13 Abs 1 SNG). Das Vorkaufsrecht ist ausgeschlossen, wenn der Eigentümer oder die Eigentümerin des Grundstücks an seine Ehepartnerin oder ihren Ehepartner oder seinen Lebenspartner oder ihre Lebenspartnerin oder an eine Person veräußert, die mit ihm oder ihr in gerader Linie verwandt oder verschwägert oder in der Seitenlinie bis zum dritten Grad verwandt ist (§ 13 Abs 2 S 2 SNG). Die Ausübungsfrist beträgt zwei Monate, § 28 BauGB. §§ **1098 Abs 2**, 1099–1102 BGB gelten entsprechend. Das Vorkaufsrecht bedarf nicht der Eintragung im Grundbuch (§ 13 Abs 3 SNG). Das Vorkaufsrecht kann innerhalb der Ausübungsfrist auf das Land, die Landkreise oder den Stadtverband Saarbrücken übertragen werden. Es kann auch zugunsten bestimmter juristischer Personen des Privatrechts ausgeübt werden.

281 *Sachsen*: Sächsisches Gesetz über Naturschutz und Landschaftspflege (SächsNatSchG) v 03.07.2007 (GVBl S 321).

Dem Freistaat Sachsen steht das Vorkaufsrecht zu an Grundstücken, auf denen sich oberirdische Gewässer befinden oder die daran angrenzen einschließlich der Grundstücke, die bei Hochwasser überflutet werden können, und in Schutzstreifen (§ 34 SächsNatSchG) (ausgenommen sind Be- und Entwässerungsgräben), die sich in Naturschutzgebieten, Nationalparken oder Biosphärenreservaten oder als solchen einstweilig sichergestellten Gebieten befinden, auf denen sich Naturdenkmale, geschützte Landschaftsbestandteile oder als solche einstweilig sichergestellte Schutzgegenstände befinden (§ 36 Abs 1 S 1 SächsNatSchG). Treffen die Merkmale nur für einen Teil des Grundstücks zu, so erstreckt sich das Vorkaufsrecht nur auf diese Teilfläche (§ 36 Abs 1 S 2 SächsNatSchG). Das Vorkaufsrecht wird durch den Staatsbetrieb Sächsisches Immobilien- und Baumanagement (SImmBa) ausgeübt (§ 36 Abs 3 S 1 SächsNatSchG). Es kann auch zugunsten einer anderen Körperschaft des öffentlichen Rechts oder eines anerkannten Naturschutzverbandes ausgeübt werden. Die Ausübungsfrist beträgt zwei Monate nach Mitteilung des Kaufvertrages durch den beurkundenden Notar. Die Frist beginnt mit dem Zugang der Mitteilung bei der unteren Naturschutzbehörde (§ 36 Abs 4 S 1 u 2 SächsNatSchG). Die §§ 463–468, 469 Abs 1, 471, **1098 Abs 2**, 1099–1102 BGB gelten entsprechend (§ 36 Abs 4 S 3 SächsNatSchG). Das Vorkaufsrecht bedarf keiner Eintragung im Grundbuch. Bei einem Eigentumserwerb auf Grund des Vorkaufsrechts erlöschen rechtsgeschäftliche Vorkaufsrechte (§ 36 Abs 5 SächsNatSchG).

---

566 Allgemein zur verfassungsrechtlichen Zulässigkeit BVerwG BauR 1996, 541 = NvWZ-RR 1996, 500 = NuR 1996, 405 = UPR 1995, 305.

567 Zur Angabe des Verwendungszwecks und der Konkretisierung im gerichtlichen Verfahren OVG Lüneburg DÖV 2002, 831. Zur Mitteilung s OVG Lüneburg NVwZ-RR 2003, 193.

568 Vgl auch *Kesseler* ZNotP 2006, 450 ff.

Sachsen-Anhalt: Naturschutzgesetz des Landes Sachsen-Anhalt (NatSchG LSA) v 23.07.2004 (GVBl S 454), **282** letzte Änderung v 20.12.2005 (GVBl S 769).

Der Gemeinde, bei Nichteintritt dem Landkreis und danach dem Land stehen Vorkaufsrechte zu an Grundstücken, die ganz oder teilweise in Naturschutzgebieten oder solchen einstweilig gesicherten Gebieten oder in Nationalparken liegen oder auf denen sich Naturdenkmäler, geschützte Landschaftsbestandteile oder als solche einstweilig gesicherte Schutzgegenstände oder gesetzlich geschützte Biotope befinden (§ 59 Abs 1 NatSchG LSA).[569] Die Ausübungsfrist beträgt zwei Monate ab Mitteilung des wirksamen Kaufvertages an die Gemeinde durch den Verkäufer oder den Käufer. § 463 BGB gilt entsprechend (§ 59 Abs 2 S 3 NatSchG LSA). Es besteht eine **Grundbuchsperre**. Der Käufer darf als Eigentümer im Grundbuch erst eingetragen werden, wenn die Nichtausübung oder das Nichtbestehen des Vorkaufsrechts durch Zeugnis des Landes nachgewiesen wird. Das Zeugnis gilt als Verzicht auf die Ausübung des Vorkaufsrechts (§ 59 Abs 3 NatSchG LSA).

Schleswig-Holstein: Gesetz zum Schutz der Natur v 06.03.2007 (GVOBl S 136, Berichtigung GVOBl 2007 **283** S 250), letzte Änderung v 13.12.2007 (GVOBl S 499).

Das Vorkaufsrecht gemäß § 40 LNatSchGSH aF[570] wurde abgeschafft.

Thüringen: Gesetz für Natur und Landschaft (ThürNatG) v 30.08.2006 (GVBl S 421). **284**

Den Kommunen und dem Land steht ein Vorkaufsrecht zu beim Verkauf von Grundstücken, die ganz oder teilweise in Naturschutzgebieten, Nationalparken oder Biosphärenreservaten oder als solchen einstweilig sichergestellten Gebieten sowie in den übergeleiteten Schongebieten oder in geschützten Feuchtgebieten liegen, sowie bei Grundstücken, auf denen sich Naturdenkmale, geschützte Landschaftsbestandteile oder als solche einstweilig sichergestellte Schutzgegenstände sowie die übergeleiteten Flächennaturdenkmale oder geschützten Parks befinden (§ 52 Abs 1 S 1 ThürNatG). Das Vorkaufsrecht gilt nicht nur bei einem Verkauf, sondern auch dann, wenn das Vorkaufsrecht durch anderweitige Gestaltungen umgangen wird (§ 52 Abs 1 S 2 ThürNatG). Treffen die Merkmale nur auf einen Teil des Grundstücks zu, so erstreckt sich das Vorkaufsrecht nur auf diese Teilfläche (§ 52 Abs 2 S 1 ThürNatG). Das Vorkaufsrecht bedarf nicht der Eintragung in das Grundbuch. Die §§ 463–469, 471, **1098 Abs 2**, 1099–1102 BGB sind anzuwenden (§ 52 Abs 6 ThürNatG). Die Mitteilung vom Kauf hat gegenüber der oberen Naturschutzbehörde zu erfolgen (§ 52 Abs 4 ThürNatG). Übersteigt der Kaufpreis den Verkehrswert deutlich in einer dem Rechtsverkehr erkennbaren Weise, kann die Vorkaufsrechtsausübung zum Verkehrswert erfolgen. In diesem Fall steht dem Verkäufer ein Rücktrittsrecht zu (§ 52 Abs 7 ThürNatG).

c) Denkmalschutz. *Baden-Württemberg:* Gesetz zum Schutz der Kulturdenkmale (DSchG) v 06.12.1983 (GBl **285** S 797), letzte Änderung v 25.04.2007 (GBl S 252).

Das Gesetz enthält **kein** Vorkaufsrecht.

Bayern: Denkmalschutzgesetz v 25.06.1973 (BayRS 2242-1-BFK), letzte Änderung v 20.12.2007 (GVBl 958).

Das Vorkaufsrecht nach Art 19 DSchG betrifft **nur bewegliche** Denkmäler (Art 19 Abs 1 S 1 DSchG).

Berlin: Denkmalschutzgesetz Berlin v 24.04.1995 (GVBl S 274), letzte Änderung v 14.12.2005 (GVBl S 754).

Das Vorkaufsrecht des § 18 DSchG Bln aF wurde aufgehoben.

Brandenburg: Brandenburgisches Denkmalschutzgesetz v 24.05.2004 (GVBl S 215).

Ein Vorkaufsrecht ist **weder für bewegliche noch für unbewegliche** Gegenstände vorgesehen.

Bremen: Denkmalschutzgesetz v 22.06.2004 (BremGBl S 313).

Ein Vorkaufsrecht ist **weder für bewegliche noch für unbewegliche** Gegenstände vorgesehen.

Hamburg: Denkmalschutzgesetz v 03.12.1973 (GVBl S 466), letzte Änderung v 04.04.2006 (GVBl S 143).

Ein Vorkaufsrecht ist **weder für bewegliche noch für unbewegliche** Gegenstände vorgesehen.

Hessen: Denkmalschutzgesetz v 05.09.1986 (GVBl I S 270), letzte Änderung v 31.10.2001 (GVBl I S 434).

Ein Vorkaufsrecht ist **weder für bewegliche noch für unbewegliche** Gegenstände vorgesehen.

Mecklenburg-Vorpommern: Gesetz zum Schutz und zur Pflege der Denkmale im Lande Mecklenburg-Vorpommern (DSchG M-V) v 06.01.1998 (GVOBl S 12), letzte Änderung v 20.07.2006 (GVOBl S 576).

---

569 Zur Ausübung und der verfassungsrechtlichen Zulässigkeit s OVG Magdeburg LKV 2003, 189 zu § 40 NatSchG LSA aF.
570 S zu ihm noch OVG Schleswig NuR 2000, 294.

Der Gemeinde steht beim Kauf von Grundstücken, auf oder in denen sich Denkmale befinden, ein Vorkaufsrecht zu. Dies gilt nicht beim Verkauf an den Ehegatten, Lebenspartner oder an eine mit dem Eigentümer in gerader Linie verwandte oder verschwägerte oder in der Seitenlinie bis zum dritten Grad verwandte Person.[571] Das Vorkaufsrecht besteht nicht beim Kauf von Rechten nach dem WEG und bei Erbbaurechten (§ 22 Abs 1 DSchG M-V). Für das Vorkaufsrecht gelten die §§ 463, 464 Abs 2, 465–468, 471 BGB. Nach Mitteilung des Kaufvertrages ist auf Ersuchen der Gemeinde zur Sicherung ihres Anspruchs auf Übereignung des Grundstücks eine Vormerkung in das Grundbuch einzutragen; die Gemeinde trägt die Kosten der Eintragung der Vormerkung und ihrer Löschung (§ 22 Abs 2 S 3 DSchG M-V). Beim Eigentumserwerb auf Grund des Vorkaufsrechts erlöschen rechtsgeschäftliche Vorkaufsrechte. Die Gemeinde kann nach Unanfechtbarkeit der Ausübung des Vorkaufsrechtes das Grundbuchamt ersuchen, eine zur Sicherung des Übereignungsanspruch des Käufers im Grundbuch eingetragene Vormerkung zu löschen (§ 22 Abs 2 S 6 DSchG M-V). Das Vorkaufsrecht bewirkt eine **Grundbuchsperre**; eine Eintragung ist nur bei Vorliegen eines Negativattestes möglich (§ 22 Abs 3 S 2 bis 4 DSchG M-V).

Niedersachsen: Niedersächsisches Denkmalschutzgesetz v 30.05.1978 (GVBl S 517), letzte Änderung v 05.11.2004 (GVBl S 415).

Ein Vorkaufsrecht ist **weder für bewegliche noch für unbewegliche** Gegenstände vorgesehen.

Nordrhein-Westfalen: Gesetz zum Schutz und zur Pflege der Denkmäler im Lande Nordrhein-Westfalen v 11.03.1980 (GV S 226), letzte Änderung v 25.09.2001 (GV 708).

Ein Vorkaufsrecht ist **weder für bewegliche noch für unbewegliche** Gegenstände vorgesehen.

Rheinland-Pfalz: Denkmalschutz- und -pflegegesetz (DSchPflG) v 23.03.1978 (GVBl S 159), letzte Änderung v 28.09.2005 (GVBl S 387).

Der Gemeinde steht beim Verkauf eines Grundstücks, auf dem sich ein unbewegliches geschütztes Kulturdenkmal (§§ 4 Abs 1, 8 Abs 1 DSchPflG) befindet, ein Vorkaufsrecht zu. Bei überörtlicher Bedeutung steht dem Land ein Vorkaufsrecht zu, das dem Vorkaufsrecht der Gemeinde vorgeht (§ 32 Abs 1 DSchPflG). Das Vorkaufsrecht besteht nicht beim Verkauf an den Ehegatten oder eine Person, die mit dem Eigentümer in gerader Linie verwandt oder verschwägert oder in der Seitenlinie bis zum dritten Grad verwandt ist.[572] Für die Ausübung des Vorkaufsrechts gilt eine Zweimonatsfrist ab Mitteilung vom Kauf durch den Eigentümer bzw ab Aufforderung zur Mitteilung durch die Gemeinde. Die Gemeinde hat für die Aufforderung einen Monat nach Eingang der Anzeige durch die Untere Denkmalschutzbehörde Zeit zur Aufforderung; andernfalls erlischt ihr Vorkaufsrecht für diesen Verkaufsfall. Die §§ 465–468, 471, **1098 Abs 2** u 1099–1102 BGB sind anzuwenden (§ 32 Abs 2 DSchPflG).

Saarland: Saarländisches Denkmalschutzgesetz (SDschG) Nr 1554 v 19.05.2004 (AmtsBl S 1498), letzte Änderung v 21.11.2007 (AmtsBl S 2393).

Den Gemeinden steht beim Kauf von Grundstücken, auf oder in denen sich Bau- oder unbewegliche Bodendenkmäler befinden, die in die Denkmalliste eingetragen sind, ein Vorkaufsrecht zu (§ 15 Abs 1 SDschG). Das Vorkaufsrecht ist ausgeschlossen, wenn der Eigentümer oder die Eigentümerin das Grundstück an seine Ehegattin oder ihren Ehegatten oder an eine Person veräußert, die mit ihr oder ihm in gerader Linie verwandt oder verschwägert oder in der Seitenlinie bis zum dritten Grade verwandt ist (§ 15 Abs 1 S 3 SDschG).[573] Beide am Erstkauf beteiligten Parteien trifft eine Mitteilungspflicht. Die Ausübungsfrist beträgt zwei Monate. Die §§ 463–467, 469 Abs 1, 471, **1098 Abs 2**, 1099–1102 BGB gelten entsprechend. Das Vorkaufsrecht kann auch zu Gunsten einer anderen juristischen Person ausgeübt werden (§ 15 Abs 2 SDschG). Das Vorkaufsrecht bedarf nicht der Eintragung im Grundbuch. Rechtsgeschäftliche Vorkaufsrechte erlöschen bei einem Eigentumserwerb auf Grund der Ausübung des Vorkaufsrechts (§ 15 Abs 4 S 2 SDschG).

Sachsen: Gesetz zum Schutz und zur Pflege der Kulturdenkmale im Freistaat Sachsen (SächsDSchG) v 03.03.1993 (GVBl S 229), letzte Änderung v 05.05.2004 (GVBl S 148).

Der Gemeinde steht beim Verkauf eines Grundstücks, auf dem sich ein unbewegliches Kulturdenkmal befindet, ein Vorkaufsrecht zu. Bei überörtlicher Bedeutung ist der Freistaat Sachsen vorrangig vorkaufsberechtigt (§ 17 Abs 1 SächsDSchG).[574] Das Vorkaufsrecht besteht nicht, wenn der Eigentümer das Grundstück an seinen Ehegatten oder an eine andere Person verkauft, die mit ihm in gerader Linie verwandt oder verschwägert oder in

---

571 Dies muss entsprechend für Lebenspartner gelten.
572 Gleiches dürfte für den eingetragenen Lebenspartner gelten.
573 Dies dürfte entsprechend für den eingetragenen Lebenspartner gelten.
574 Zum Konflikt zwischen dem Vorkaufsrecht nach dem SächsDSchG und dem SächsNatSchG s § 17 Abs 1 S 3 SächsDSchG.

der Seitenlinie bis zum dritten Grad verwandt ist.[575] Der Eigentümer oder der Dritte haben den abgeschlossenen Vertrag der Gemeinde unverzüglich mitzuteilen. Bei überörtlicher Bedeutung des Kulturdenkmals kann die Mitteilung auch an die Landesbehörde erfolgen. Die Gemeinde hat bei Anzeige der Veräußerung eines Kulturdenkmals (§ 16 Abs 2 SächsDSchG) den Verpflichteten binnen eines Monats unverzüglich zur Abgabe der Mitteilung aufzufordern; unterlässt sie dies, so erlischt das Vorkaufsrecht für diesen Verkaufsfall (§ 18 Abs 3 S 4 u 5 SächsDSchG). Die Ausübungsfrist beträgt zwei Monate nach Mitteilung des Kaufvertrages durch den Veräußerer oder den Erwerber. Die §§ 463–468, 469 Abs 1, 471, **1098 Abs 2**, 1099–1102 BGB sind anzuwenden. Bei einem Eigentumserwerb auf Grund des Vorkaufsrechts erlöschen rechtsgeschäftliche Vorkaufsrechte.

Sachsen-Anhalt: Denkmalschutzgesetz des Landes Sachsen-Anhalt (DenkmSchG) v 21.10.1991 (GVBl S 368), letzte Änderung v 20.12.2005 (GVBl S 769).

Der Gemeinde steht beim Verkauf eines Grundstücks, auf dem sich ein unbewegliches, geschütztes Kulturdenkmal befindet, ein Vorkaufsrecht zu. Bei überörtlicher Bedeutung ist das Land vorrangig vorkaufsberechtigt. Das Vorkaufsrecht ist ausgeschlossen, wenn der Eigentümer das Grundstück an seinen Ehegatten, seinen eingetragenen Lebenspartner oder eine Person verkauft, die mit ihm in gerader Linie verwandt oder verschwägert oder in der Seitenlinie bis zum dritten Grad verwandt ist (§ 11 Abs 1 DenkmSchG). Das Vorkaufsrecht kann nur innerhalb von zwei Monaten nach Mitteilung des Kaufvertrages durch den Eigentümer ausgeübt werden.[576] Die Gemeinde hat bei Veräußerung eines Kulturdenkmals (§ 17 DenkmSchG) den Eigentümer innerhalb eines Monats nach Eingang der Anzeige der Denkmalschutzbehörde zur Mitteilung aufzufordern. Unterlässt die Gemeinde die fristgerechte Aufforderung, so erlischt das Vorkaufsrecht für diesen Verkaufsfall. §§ 463, 464 Abs 2, 465–468, 471, **1098 Abs 2**, 1099–1102 BGB sind anzuwenden (§ 11 Abs 2 DenkmSchG).

Schleswig-Holstein: Gesetz zum Schutz der Kulturdenkmale v 21.11.1996 (GVOBl S 677, Berichtigung 1997 S 630), letzte Änderung v 12.10.2005 (GVOBl S 487).

Ein Vorkaufsrecht ist nicht vorgesehen.[577]

Thüringen: Thüringer Denkmalschutzgesetz (ThürDSchG) v 14.04.2004 (GVBl S 465, Berichtigung GVBl S 562), letzte Änderung v 23.11.2005 (GVBl S 359).

Der Gemeinde steht beim Kauf von Grundstücken, auf oder in denen sich Kulturdenkmale befinden, die im Denkmalbuch eingetragen sind, ein Vorkaufsrecht zu. Das Vorkaufsrecht ist ausgeschlossen, wenn der Eigentümer das Grundstück an seinen Ehegatten oder eine Person veräußert, die mit ihm in gerader Linie verwandt oder verschwägert oder in der Seitenlinie bis zum dritten Grad verwandt ist (§ 30 Abs 1 ThürDSchG).[578] Die Frist für die Ausübung des Vorkaufsrechts beträgt zwei Monate. Die §§ 463–468, 469 Abs 1, 471 BGB sind anzuwenden (§ 30 Abs 2 S 1 u 2 ThürDSchG). Nach Mitteilung des Kaufvertrages ist auf Ersuchen der Gemeinde eine Vormerkung zur Sicherung des Anspruchs auf Übereignung des Grundstücks in das Grundbuch einzutragen; die Gemeinde trägt die Kosten der Eintragung und der Löschung. Bei einem Eigentumsübergang auf Grund der Ausübung des Vorkaufsrechts erlöschen rechtsgeschäftliche Vorkaufsrechte. Die Gemeinde kann nach unanfechtbarer Ausübung des Vorkaufsrechts das Grundbuchamt ersuchen, die zur Sicherung des Übereignungsanspruchs des Dritten im Grundbuch eingetragene Vormerkung zu löschen (§ 30 Abs 2 S 4 ff ThürDSchG). Das Vorkaufsrecht bewirkt eine **Grundbuchsperre**, die nur durch ein Negativzeugnis überwunden werden kann (§ 30 Abs 3 S 2, 3 u 4 ThürDSchG). Übt die Gemeinde das Vorkaufsrecht zu Gunsten eines Dritten aus, muss ihr die notariell beglaubigte Zustimmung des Begünstigten vorliegen (§ 30 Abs 4 S 4 ThürDSchG).

d) Waldgesetz. *Baden-Württemberg:* Waldgesetz für Baden-Württemberg v 31.08.1995 (GBl S 685), letzte Änderung v 13.12.2005 (GBl S 745). **286**

Gemäß § 25 LWaldG stehen der Gemeinde und dem Land ein Vorkaufsrecht an Waldgrundstücken zu. Ist nur ein Teil des Grundstücks Wald, so erstreckt sich das Vorkaufsrecht nur auf diesen Teil des Grundstücks. Es ist nachrangig gegenüber dem Vorkaufsrecht nach § 56 NatSchG. Es bedarf nicht der Eintragung in das Grundbuch. Die Mitteilung vom Kauf ist gegenüber der Forstbehörde abzugeben. Ein Vorkaufsrecht besteht nicht bei einem Verkauf des Waldgrundstücks an den Inhaber eines land- oder forstwirtschaftlichen Betriebs iS von § 1 ALG, an Familienangehörige iS von § 8 Nr 2 GrdstVG,[579] zusammen mit einem landwirtschaftlichen Betrieb, mit dem es eine wirtschaftliche Einheit bildet und zum Zweck der Strukturverbesserung an den Besitzer eines angrenzenden Waldgrundstücks (§ 25 Abs 2 LWaldG). Die §§ 463–468, 469 Abs 1, 471, 1098 Abs 2, 1099–1102 sind anzuwenden. Eine **Grundbuchsperre** ist mit dem Vorkaufsrecht **nicht** verbunden.

---

575 Gleiches dürfte für den eingetragenen Lebenspartner gelten.
576 Zur Ausübung durch Verwaltungsakt s VG Dessau LKV 2005, 183 u *Albrecht* LKV 2005, 151/152. Zur Rechtfertigung durch das Wohl der Allgemeinheit s OVG Magdeburg IMR 2007, 33.
577 Zur Möglichkeit der Enteignung s §§ 27 ff LDSchG SH.
578 Gleiches dürfte für den eingetragenen Lebenspartner gelten.
579 Zu diesen gehört nach der hier vertretenen Auffassung auch der eingetragene Lebenspartner.

Berlin: Gesetz zur Erhaltung und Pflege des Waldes v 16.09.2004 (GVBl S 819).

Gemäß § 7 LWaldG aF bestand ein Vorkaufsrecht. Es wurde aufgehoben.

Mecklenburg-Vorpommern: Waldgesetz für das Land Mecklenburg-Vorpommern (LWaldG) v 08.02.1993 (GVOBl S 90), letzte Änderung v 25.10.2005 (GVOBl S 535).

Das Land hat ein Vorkaufsrecht an einem Grundstück, das ganz oder teilweise im oder am landeseigenen Wald liegt (§ 26 Abs 1 LWaldG). Zuständig für die Ausübung des Vorkaufsrechtes ist die oberste Forstbehörde (§ 26 Abs 2 LWaldG). Es besteht nicht, wenn der Verkauf an einen Familienangehörigen nach § 8 Nr 2 GrdstVG erfolgt (§ 26 Abs 3 LWaldG). Das Vorkaufsrecht bedarf nicht der Eintragung im Grundbuch. Die §§ 463–469, 471, **1098 Abs 2**, 1099–1102 BGB gelten entsprechend.

Sachsen: Waldgesetz für den Freistaat Sachsen (SächsWaldG) v 10.04.1992 (GVBl S 137), letzte Änderung v 23.04.2007 (GVBl S 110).

Der Gemeinde und dem Freistaat Sachsen steht ein Vorkaufsrecht an Waldgrundstücken zu. Ist nur ein Teil des Grundstücks Wald, so erstreckt sich das Vorkaufsrecht nur auf diesen Teil des Grundstücks (§ 27 Abs 1 Sächs-WaldG). Das Vorkaufsrecht darf nicht ausgeübt werden, wenn das Waldgrundstück an den Inhaber eines land- und forstwirtschaftlichen Betriebes iS von § 1 GAL oder an Familienangehörige iS von § 8 Nr 2 GrdStVG oder zusammen mit einem landwirtschaftlichen Betrieb, mit dem es eine wirtschaftliche Einheit bildet, oder an den Eigentümer des angrenzenden Waldgrundstücks verkauft wird. Ein naturschutzrechtliches Vorkaufsrecht geht vor. Das Vorkaufsrecht bedarf nicht der Eintragung in das Grundbuch (§ 27 Abs 3 SächsWaldG). Das Vorkaufs-recht kann innerhalb von zwei Monaten nach Mitteilung des Kaufvertrages ausgeübt werden. Die §§ 463–468, 469 Abs 1, 471, **1098 Abs 2**, 1099–1102 BGB sind anzuwenden. Das Vorkaufsrecht des Freistaats übt die Forst-behörde aus (§ 27 Abs 1 S 4 SächsWaldG).

Schleswig-Holstein: Landeswaldgesetz v 05.12.2004 (GVOBl S 461), letzte Änderung v 17.08.2007 (GVOBl S 426).

Dem Land steht ein Vorkaufsrecht an einem Grundstück zu, das ganz oder teilweise in einem Erholungs- oder Schutzwald liegt (§ 16 Abs 1 LWaldG). Es wird durch Verwaltungsakt der obersten Forstbehörde gegenüber dem Veräußerer ausgeübt. Ausgeschlossen ist die Ausübung, wenn das Grundstück an einen Familienangehöri-gen iS von § 8 Nr 2 GrdStVG verkauft wird (§ 16 Abs 2 LWaldG).[580] Das Vorkaufsrecht bedarf nicht der Eintra-gung im Grundbuch. Es geht rechtsgeschäftlichen Vorkaufsrechten im Rang vor. Die §§ 463–469, 471, **1098 Abs 2**, 1099–1102 BGB gelten entsprechend (§ 16 Abs 3 S 3 LWaldG).

Thüringen: Gesetz zur Erhaltung, zum Schutz und zur Bewirtschaftung des Waldes und zur Förderung der Forstwirtschaft v 28.06.2006 (ThürWaldG) (GVBl S 343).

Den angrenzenden Privatwaldeigentümern, den Gemeinden und dem Land steht das Vorkaufsrecht an Wald-grundstücken in dieser Reihenfolge zu.[581] Angrenzende Privateigentümer müssen zum Zeitpunkt der Aus-übung des Vorkaufsrechts seit mindestens einem Jahr im Grundbuch eingetragen sein; ausgenommen hiervon ist der Eigentumsübergang im Wege der Erbfolge. Sind mehrere benachbarte Privatwaldeigentümer vorhanden, steht diesen Vorkaufsrecht in der Reihenfolge der durch den Grundstücksankauf erreichbaren größeren Bewirt-schaftungsverbesserung zu (§ 17 Abs 1 S 1 bis 3, 5 ThürWaldG). Das naturschutzrechtliche Vorkaufsrecht hat Vorrang (§ 17 Abs 1 S 4 ThürWaldG). Die Frist für die Ausübung des Vorkaufsrechts beträgt zwei Monate (§ 17 Abs 1 S 7 ThürWaldG). Das angrenzenden Privatwaldeigentümern zustehende Vorkaufsrecht gilt als verfallen, wenn die Mitteilung des Kaufvertrages an die Berechtigten unter der Anschrift gerichtet worden ist, die sich aus dem Grundbuch und aus dem Liegenschaftskataster ergibt, und es binnen zwei Monaten nach Absendung der Mitteilung nicht ausgeübt wird (§ 17 Abs 1 S 8 ThürWaldG). Das Vorkaufsrecht darf nicht ausgeübt werden, wenn das Waldgrundstück an Familienangehörige bis zur Verwandtschaft dritten Grades oder zusammen mit einem landwirtschaftlichen Betrieb, mit dem es eine wirtschaftliche Einheit bildet, verkauft wird (§ 17 Abs 3 ThürWaldG). Das Vorkaufsrecht betrifft auch Anteile am Gemeinschaftswald, soweit die Satzung nichts Anderes bestimmt (§ 17 Abs 4 ThürWaldG). Es bedarf nicht der Eintragung in das Grundbuch und geht rechtsgeschäft-lich bestellten Vorkaufsrechten vor. §§ 464 Abs 2, 465–469 und 471 BGB gelten entsprechend (§ 17 Abs 5 ThürWaldG).

287   **e) Stockwerkseigentum.** *Baden-Württemberg:* Württembergisches Ausführungsgesetz zum Bürgerlichen Gesetzbuch und zu anderen Reichsjustizgesetzen v 29.12.1931 (RegBl S 545), letzte Änderung v 05.06.1973 (GBl S 165).

---

580   Gleiches dürfte für den eingetragenen Lebenspartner gelten.
581   Zur Frage einer eventuellen Verfassungswidrigkeit OLG Jena NotBZ 2007, 412. Vgl auch *Wataro* NotBZ 2007, 393.

Art 228 des Württembergischen AGBGB sieht ein Vorkaufsrecht beim Verkauf eines Stockwerkseigentums an andere Personen als an Ehegatten,[582] Abkömmlinge, angenommene Kinder oder Mitstockwerkseigentümer für die anderen Stockwerkseigentümer nach dem Verhältnis ihrer Stockwerksrechte vor. Hinsichtlich des Vorkaufsrechts wird auf die Vorschriften der §§ **1096, 1098–1102 BGB** verwiesen. Die Frist zur Ausübung beträgt drei Wochen. Das Vorkaufsrecht gilt auch beim Verkauf im Wege der Zwangsversteigerung oder durch den Insolvenzverwalter. Bei einer Rechtsnachfolge geht es auf den Rechtsnachfolger über. Bei einem Gesamtverkauf eines Stockwerkeigentums mit einer anderen Immobilie besteht das Vorkaufsrecht nur hinsichtlich des Stockwerkeigentums. Unberührt bleibt §§ 1098 Abs 1 S 1 iV m 467 S 2 BGB.

f) Almgrundstücke und -rechte. *Bayern:* Gesetz über den Schutz der Almen und die Förderung der Almwirtschaft v 28.04.1932 (BayRS 7817-2-E), letzte Änderung v 24.04.2001 (GVBl S 140).

288

Gemäß Art 3 Almgesetz besteht bei Veräußerung eines Anteils an einem gemeinschaftlichen Almgrundstück ohne das landwirtschaftliche Anwesen für die übrigen Teilnehmer ein Vorkaufsrecht, wenn sie durch Bestätigung der Kreisverwaltungsbehörde nachweisen, dass sie den Anteil für ihre eigene Wirtschaft benötigen. Das Vorkaufsrecht geht rechtsgeschäftlichen Vorkaufsrechten vor, die nach dem 1. April 1932 bestellt wurden; es bedarf nicht der Eintragung in das Grundbuch. Die Frist zur Ausübung des Vorkaufsrechts beträgt zwei Monate. Im Übrigen gelten für das Vorkaufsrecht die §§ 463 ff BGB. Es hat jedoch bereits ab dem Zeitpunkt der Entstehung die gleiche **Wirkung wie eine Auflassungsvormerkung**. Das Vorkaufsrecht kann auch zum Verkehrswert ausgeübt werden, wenn der vereinbarte Kaufpreis den Verkehrswert in einer dem Rechtsverkehr erkennbaren Weise deutlich überschreitet. In diesem Fall besteht ein gesetzliches Rücktrittsrecht des Grundstückseigentümers (Art 3 Almgesetz iVm § 4 Abs 8 BayNatSchG).

g) Straßenrecht. *Brandenburg:* Brandenburgisches Straßengesetz (BbgStrG) v 31.03.2005 (GVBl I S 134, Berichtigung GVBl I S 197).

289

Gemäß § 40 Abs 5 BbgStrG steht dem **Träger der Straßenbaulast** (§ 9 BbgStrG) vom Beginn der Auslegung der Pläne im Planfeststellungsverfahren oder von dem Zeitpunkt an, zu dem den Betroffenen Gelegenheit gegeben wird, den Plan einzusehen, das heißt ab dem Zeitpunkt des Eintritts der Veränderungssperre, ein Vorkaufsrecht zu. Weitere Einzelheiten regelt das Gesetz nicht.

Hamburg: Hamburgisches Wegegesetz (HWG) v 22.01.1974 (GVBl S 41, 83), letzte Änderung v 21.11.2006 (GVBl S 562).

Vom Beginn der Auslegung der Pläne im Planfeststellungsverfahren oder von dem Zeitpunkt an, zu dem den Betroffenen Gelegenheit gegeben wird, den Plan einzusehen (Veränderungssperre), steht dem **Vorhabenträger** ein Vorkaufsrecht zu. Es bedarf nicht der Eintragung im Grundbuch. § 28 BauGB gilt entsprechend. Es besteht soweit eine Grundbuchsperre (§ 15a Abs 3 HWG).

Nordrhein-Westfalen: Straßen- und Wegegesetz des Landes Nordrhein-Westfalen (StrWG NRW) v 23.09.1995 (GV S 1028 Berichtigung GV 1996, S 81, 141, 216 u 355), letzte Änderung v 04.05.2004 (GV S 259).

Wird eine Straße eingezogen, so steht dem **Eigentümer**, der zur Abwendung der Enteignung Straßengrund freihändig veräußert hat, ein gesetzliches Vorkaufsrecht zu (§ 12 Abs 2 S 1 StrWG NRW). Auf dieses Vorkaufsrecht sind die §§ 463–469, 472, 1098 Abs 2, 1099–1102 u 1103 Abs 1 BGB entsprechend anwendbar. Das Vorkaufsrecht bedarf nicht der Eintragung in das Grundbuch (§ 12 Abs 3 StrWG NRW).

Ferner steht dem Träger der Baulast von Beginn der Auslegung der Pläne in einem Planfeststellungsverfahren oder von dem Zeitpunkt an, in dem dem Betroffenen die Gelegenheit gegeben wird, den Plan einzusehen ein Vorkaufsrecht an den vom Plan betroffenen Flächen zu (§ 40 Abs 4 StrWG NRW). Weitere Regelungen zu diesem Vorkaufsrecht enthält das Gesetz nicht.

Rheinland-Pfalz: Landesstraßengesetz v 01.08.1977 (GVBl S 273), letzte Änderung v 18.09.2005 (GVBl S 387).

Dem **Träger der Straßenbaulast** steht vom Beginn der Auslegung des Planes im Planfeststellungsverfahren oder von dem Zeitpunkt an, zu dem den Betroffenen Gelegenheit gegeben wird, den Plan einzusehen, an den betroffenen Grundstücken ein Vorkaufsrecht zu (§ 7 Abs 6 LStrG).

Sachsen: Sächsisches Straßengesetz v 21.01.1993 (GVBl S 93), letzte Änderung v 28.05.2004 (GVBl S 200).

Gemäß § 40 Abs 1 S 3 steht dem **Träger der Straßenbaulast** vom Beginn der Auslegung der Pläne im Planfeststellungsverfahren oder von dem Zeitpunkt an, zu dem den Betroffenen Gelegenheit gegeben wird, den Plan einzusehen, ein Vorkaufsrecht an den betroffenen Flächen zu (§ 40 Abs 1 S 3 SächsStrG).

---

582 Wohl entsprechend kein Vorkaufsrecht beim Verkauf an den eingetragenen Lebenspartner.

290   **h) Wasser-, Deich- und Hafenrecht.** *Hamburg:* Hamburgisches Wassergesetz (HWaG) v 29.03.2005 (GVBl S 92), letzte Änderung v 01.09.2005 (GVBl S 377).

Der Stadt Hamburg steht beim Verkauf von Grundstücken ein Vorkaufsrecht zu an den betroffenen Flächen für öffentliche Hochwasserschutzanlagen ab der Auslegung des Plans im Planfeststellungsverfahren oder von dem Zeitpunkt an, zu dem den Betroffenen Gelegenheit zur Einsicht des Plans gegeben wird (Veränderungssperre), sowie an Flächen, die an eine öffentliche Hochwasserschutzanlage angrenzen und für Zwecke des Hochwasserschutzes gegenwärtig oder zukünftig benötigt werden. Das Vorkaufsrecht bedarf nicht der Eintragung im Grundbuch. § 28 BauGB findet sinngemäß Anwendung (§ 55b HWaG).

Hamburg: Hafenentwicklungsgesetz (HafenEG) v 25.01.1982 (GVBl S 19), letzte Änderung v 07.09.2007 (GVBl S 282).

Der Hamburg Port Authority steht an allen Flächen im **Hafengebiet** ein Vorkaufsrecht zu. Sofern es diese nicht ausübt, steht es der Stadt Hamburg zu. Es bedarf nicht der Eintragung im Grundbuch. § 28 Abs 1 u 2 BauGB gelten sinngemäß (§ 13 Abs 1 HafenEG). Es besteht somit eine Grundbuchsperre. Außerdem kann zur Sicherung des Anspruchs auf Übereignung auf Ersuchen eine Vormerkung in das Grundbuch eingetragen werden. Bei einem Eigentumserwerb auf Grund der Ausübung des Vorkaufsrechts erlöschen rechtsgeschäftliche Vorkaufsrechte. Die Vormerkung des Dritten kann bei unanfechtbarer Ausübung des Vorkaufsrechts auf Ersuchen gelöscht werden. Übersteigt der Kaufpreis die Enteignungsentschädigung, kann der Kaufpreis auf den Entschädigungswert herabgesetzt werden. Wird ein Gutachten des Gutachterausschusses für Grundstückswerte hierzu eingeholt, wird die Ausübungsfrist bis zum Eingang des Gutachtens unterbrochen (§ 13 Abs 2 HafenEG). Grundsätzlich hat bei Ausübung des Vorkaufsrechtes zum Entschädigungswert der Verkäufer ein Rücktrittsrecht; dieses ist ausgeschlossen bei einer Planfeststellung für Vorbereitungsmaßnahmen (§ 14 HafenEG) sowie bei der Zulässigkeit der Enteignung des Grundstücks. Der Rücktritt ist gegenüber dem Käufer und der Hamburg Port Authority bzw. der Stadt Hamburg gegenüber zu erklären. Bei Ausübung des Rücktrittsrechts trägt derjenige, der das Vorkaufsrecht ausüben wollte, die Kosten des Vertrags auf der Grundlage des festgesetzten Entschädigungswerts (§ 13 Abs 3 u 4 HafenEG). Die Eintragung des Eigentumsübergangs auf die Hamburg Port Authority oder die Stadt Hamburg erfolgt auf Ersuchen der zuständigen Behörde bei Unanfechtbarkeit des Ausübungsbescheides oder Rechtskraft eines Urteils über die Rechtmäßigkeit der Vorkaufsrechtsausübung (§ 13 Abs 5 HafenEG).

Sachsen: Sächsisches Wassergesetz (SächsWG) v 18.10.2004 (GVBl S 482), letzte Änderung v 01.06.2006 (GVBl S 146).

Der Freistaat Sachsen hat bei **Gewässern** erster Ordnung ein Vorkaufsrecht für Gewässergrundstücke und für an die Gewässer angrenzende Grundstücke, wenn diese für wasserwirtschaftliche oder gewässerökologische Aufgaben benötigt werden. Ein Vorkaufsrecht besteht auch an Grundstücken, die in Überschwemmungsgebieten und Hochwasserentstehungsgebieten liegen. Diese Vorkaufsrechte gelten auch für Gemeinden. Dasselbe gilt für Gemeinden beschränkt auf Gewässer zweiter Ordnung. Für die Ausübung des Vorkaufsrechts gelten §§ 26 Nr 1–3, 28 Abs 1, 2 u 6 BauGB entsprechend (§ 25 Abs 2 SächsWG). Es tritt somit eine **Grundbuchsperre** ein.[583]

291   **i) Enteignungsrecht**[584]. *Saarland:* Gesetz über die Enteignung von Grundeigentum v 11.06.1874 (PrGS S 221), letzte Änderung v 15.02.2006 (AmtsBl S 474).

Gemäß § 48 Abs 2 EnteigG steht bei einer Veräußerung eines enteigneten oder durch freien Vertrag an den Unternehmer abgetretenen Grundstücks oder Grundstücksteils dem **früheren Eigentümer** ein Vorkaufsrecht zu, wenn in der Folge das abgetretene Grundstück ganz oder teilweise zu dem bestimmten Zweck nicht weiter notwendig ist und veräußert werden soll. Die Absicht der Veräußerung und der angebotene Kaufpreis müssen dem berechtigten Eigentümer angezeigt werden; dieser verliert sein Vorkaufsrecht, wenn er sich nicht binnen zwei Monaten darüber erklärt. Wird die Anzeige unterlassen, so kann der Berechtigte seinen Anspruch gegen jeden Besitzer geltend machen (§ 48 Abs 2 u 3 EnteigG).

292   **j) Belegungsrecht.** *Brandenburg:* Belegungsbindungsgesetz des Landes Brandenburg v 26.10.1995 (GVBl I S 256).

Bis zum 31.12.2013 (§ 7) besteht an belegungsgebundenen Mietwohnungen ein Vorkaufsrecht des Mieters bei einer **Umwandlung in eine Eigentumswohnung** (§ 4 Abs 1, § 2b WoBindG).

Mecklenburg-Vorpommern: Belegungsbindungsgesetz des Landes Mecklenburg-Vorpommern v 18.12.1995 (GVOBl S 661), letzte Änderung v 01.08.2000 (GVOBl S 634).

---

583   Ausführlich *Böhringer* NotBZ 2005, 417 ff.
584   Vgl auch Rdn 151.

Bis zum 31.12.2013 (Art 3) bestehen bei belegungsgebundenen Mietwohnungen Bindungen. Ein Vorkaufs-recht des Mieters bei Umwandlung in eine Eigentumswohnung besteht nicht, da Art 1 § 6 Abs 1 nicht auf § 2b WoBindG verweist.

Sachsen: Sächsisches Belegungsrechtsgesetz (SächsBelG) v 14.12.1995 (GVBl S 396), letzte Änderung v 28.06.2001 (GVBl S 426).

Gemäß § 15 SächsBelG findet § 2b WoBindG, der ein Vorkaufsrecht des Mieters bei der **Umwandlung von Mietwohnungen** in Eigentumswohnungen vorsah, entsprechende Anwendung. § 2b WoBindG wurde durch das Wohnraumförderungsgesetz aufgehoben.[585]

Sachsen-Anhalt: Belegungsbindungsgesetz des Landes Sachsen-Anhalt (BelBindG LSA) v 14.12.1995 (GVBl S 376), letzte Änderung v 16.07.2003 (GVBl S 158).

§ 8 Abs 2 BelBindG LSA aF wurde mit Wirkung zum 01.09.2003 aufgehoben.

Thüringen: Thüringer Belegungsrechtegesetz v 08.12.1995 (GVBl S 360), letzte Änderung v 24.10.2001 (GVBl S 265) aF wurde mit Wirkung zum 31.12.2003 aufgehoben.

k) Vorkaufsrechte in den neuen Bundesländern. (1) Vorkaufsrecht von Mietern und Nutzern **293**

Mietern und Nutzern von Ein- und Zweifamilienhäusern sowie von Grundstücken für Erholungszwecke, die der staatlichen Verwaltung iS des § 1 Abs 4 VermG unterlagen oder auf die ein Anspruch auf Rückübertragung besteht, kann auf Antrag ein Vorkaufsrecht am Grundstück eingeräumt werden (§ 20 VermG).[586]

(2) Vorkaufsrecht des Berechtigten

Erhält ein **früherer Berechtigter** sein ehemaliges Grundstück nicht zurück, weil Dritte daran Eigentum oder ein dingliches Nutzungsrecht erworben haben, erhält er auf Antrag ein Vorkaufsrecht (§ 20a VermG).[587]

(3) Vorkaufsrecht der Mitglieder einer LPG

Beabsichtigt eine LPG landwirtschaftliche Flächen, an denen sie Eigentum besitzt, für die landwirtschaftliche Nutzung zu verkaufen, hat sie diese zuerst **Mitgliedern** oder ehemaligen Mitgliedern anzubieten, die im räumlichen Wirkungskreis der LPG einen eigenen landwirtschaftlichen Betrieb errichten wollen oder errichtet haben (§ 48 LwAnpG). Bei der Verwertung des Vermögens einer LPG im Rahmen ihrer Auflösung und Abwicklung sind Kaufangebote der Mitglieder vorrangig zu berücksichtigen. Ihnen steht ein Vorkaufsrecht zu (§ 42 Abs 2 LwAnpG).

(4) Vorkaufsrecht des Nutzers

Der **Nutzer** ist zum Vorkauf berechtigt, wenn das von ihm genutzte Grundstück erstmals an einen Dritten ver-kauft wird. Betroffen sind insbesondere die Grundstücke, die zum Zwecke der kleingärtnerischen Nutzung, Erholung oder Freizeitgestaltung oder zur Errichtung von Garagen oder anderen persönlichen, jedoch nicht Wohnzwecken dienenden Bauwerken überlassen wurden. Das Vorkaufsrecht besteht insbesondere nicht, wenn der Nutzer das Grundstück nicht vertragsgemäß nutzt.[588] Ferner ist das Vorkaufsrecht ausgeschlossen, wenn das Grundstück an Abkömmlinge, den Ehegatten oder Lebenspartner oder an Geschwister des Grundstückseigen-tümers verkauft wird. Erstreckt sich die Nutzungsbefugnis auf eine Teilfläche, so kann das Vorkaufsrecht nur ausgeübt werden, wenn die einem oder mehreren Nutzern überlassene Fläche die halbe Grundstücksgröße übersteigt (§ 57 SchuldRAnpG).[589]

585 Vgl dazu Rdn 256 ff.
586 Vgl dazu *Busche* in *Säcker* Vermögensrecht 1995, § 20 Rn 3 ff; *Claussen* NJ 1993, 404 ff; *Flick* NJ 1993, 507 ff; *Horst* DWW 1991, 273 ff; *Kinne* ZOV 1992, 352; *Plesse* in *Fieberg/Reichenbach/Messerschmidt/Neuhaus* VermG, § 20 Rn 5 ff; *Schnabel* ZOV 1993, 1294; *ders,* ZOV 1994, 168.
587 Zur verfassungsrechtlichen Zulässigkeit vgl dazu BVerwG NJW 1999, 3355 = ThürVBl 1999, 229 = ZOV 1999, 392 u BVerfG NJW 2000, 1486 = VIZ 2000, 282 = WM 2000, 360.
588 Vgl AG Leipzig VIZ 1999, 293 = NotBZ 1999, 133.
589 Zum Sonderfall der Parzellierung nach der Restitution vgl LG Magdeburg VIZ 1997, 547.

K. Besonderheiten in den neuen Bundesländern

Die Besonderheiten des Grundstücksrechts in den neuen Bundesländern wurden in der 9. Auflage in Einl. C 1001 ff und als B-Teile bei den einzelnen Paragraphen der GBO-Kommentierung ausführlich dargestellt. Viele dieser Erläuterungen haben im Laufe der Zeit ihre praktische Bedeutung verloren; sie sind daher in der 10. Auflage nicht mehr übernommen worden. Einleitung K gibt in einer gedrängten Übersicht Hinweise auf das fortwirkende liegenschaftsrechtliche Sonderrecht in den neuen Ländern.[1]

Schrifttum

1. Grundbuchrecht

Böhringer, Entwicklungen im Grundstücksrecht in den neuen Ländern rund um die Jahrtausendwende, NJ 2001, 281; *ders,* Das Grundstücksrechtsänderungsgesetz aus grundbuchrechtlicher Schau, VIZ 2001, 1; *ders,* Gebührenfragen beim ostdeutschen Gebäudeeigentum, JurBüro 1995, 176; *ders,* Problemfälle bei der Grundbuchbereinigung in den neuen Bundesländern Osten, DtZ 1994, 194; *ders,* Zweifelhafte Rechtslagen beim neuen Grundbuchbereinigungsgesetz, DtZ 1994, 130; *ders,* »Ostspezifische« Gebührentatbestände bei Grundbucheintragungen, JurBüro 1994, 513; *ders,* Neue Gebührentatbestände für Grundbucheintragungen in den neuen Bundesländern, JurBüro 1994, 198; *ders,* Gebührenbefreiungsvorschriften für besondere Grundbucheintragungen in den neuen Bundesländern, JurBüro 1992, 783; *ders,* Grundbuchrechtliche Probleme bei der Privatisierung des Volkseigentums, BWNotZ 1992, 96; *ders,* Die Grundbucheinsicht in den neuen Bundesländern, DtZ 1991, 272; *ders,* Einführung des EDV-Grundbuchs jetzt möglich, DtZ 1993, 202; *ders,* Problemfälle und modifizierte Geltung der KostO in den neuen Bundesländern, JurBüro 1991, 457; *ders,* Die Privatisierungsreform im Osten aus grundbuchrechtlicher Sicht, BB 1991, Beilage 13, S 1; *Mrosek/Petersen,* Grundstücksdokumentation in der DDR, DtZ 1994, 331; *Rellermeyer,* Grundbuchführung im Land Brandenburg, Rpfleger 1992, 283, und 1993, 187; *Schmidt-Räntsch,* Grundbuchvorfahrt bei Investitionsvorhaben in den neuen Bundesländern: Die allgemeine Verwaltungsvorschrift zur Grundbuchverfahrensbeschleunigung, DtZ 1991, 65; *von Schuckmann,* Einrichtung und Führung des Grundbuchs in der ehem. DDR, Rpfleger 1991, 139; *Wolfsteiner,* Bewilligungsprinzip, Beweislast und Beweisführung im Grundbuchverfahren, DNotZ 1987, 67.

2. Grundstückseigentum

Aschmann/Groth, Das Verkehrsflächenbereinigungsgesetz – Regelungsbereich, Verfahren, Verfassungsmäßigkeit, ZOV 2003, 85; *Bietz,* Brandenburgisches Nachbarrechtsgesetz, DtZ 1997, 149; *Böhringer,* Entwicklung des Grundstücksrechts in den neuen Bundesländern, NJ 2007, 49; *ders,* Entwicklung des Grundstücksrechts in den neuen Bundesländern, NJ 2005, 385; *ders,* Löschung beschränkter dinglicher Rechte mit Besonderheiten in den neuen Ländern, NotBZ 2005, 269; *ders,* Fortwirkendes Sonderrecht für beschränkte dingliche Rechte in den neuen Ländern, BWNotZ 2007, 1; *ders,* Fortwirkendes liegenschaftsrechtliches Sonderrecht in den neuen Ländern, BWNotZ 2005, 25; *ders,* Aufwertung von Bucheigentum durch Ausschlußurteil, Ersitzung und andere Rechtsbestände in Ost und West, NotBZ 2003, 85; *ders,* Möglichkeiten der Ausschließung unbekannter Rechtsinhaber im Liegenschaftsrecht, NotBZ 2001, 197; *ders,* Das Verkehrsflächenbereinigungsgesetz aus grundbuchrechtlicher Schau, VIZ 2002, 193; *ders,* Zehn Jahre liegenschaftsrechtliches Sonderrecht in den neuen Bundesländern, VIZ 2000, 569; *ders,* Grundbuchrechtliches Schicksal von Altkaufverträgen beim Flächenerwerbsprogramm, OV spezial 2000, 336; *ders,* Heilung von Rechtsvorgängen mit ostdeutschem Grundstücksbezug, OV spezial 2000, 98; *ders,* Aufwertung von Bucheigentum nach Art 237 § 2 EGBGB, insbesondere im Falle des DDR-Fiskalerbrechts, OV spezial 1999, 258; *ders,* Übersicht zur Heilungsvorschrift nach Erlaß des WoModSiG, VIZ 1997, 583; *ders,* Heilungsvorschriften im ostdeutschen Grundstücksverkehr, VIZ 1995, 624; *ders,* Grundbuchrechtliche Konsequenzen aus einem möglichen Verstoß des Flächenerwerbsprogramms gegen EG-Beihilferecht, OV spezial 1998, 242; *ders,* Ausschluß von Eigentümerrechten in den neuen Bundesländern, BWNotZ 1998, 73; *ders,* Heilung nichtiger Grundstücksveräußerungen nach Art 231 § 8 I EGBGB, DtZ 1997, 343; *ders,* Aktuelle Grundbuch-Rechtsprechung in den neuen Bundesländern, NJ 1996, 231; *ders,* Auswirkungen eines irrtümlich angenommenen DDR-Staatserbrechts auf den Grundstücksverkehr, DtZ 1996, 130; *ders,* Aktuelle Grundbuch-Rechtsprechung in den neuen Bundesländern, NJ 1996, 231, *ders,* Neue Entwicklungen im Grundbuchbereich, insbesondere beim Computer-Grundbuch, BWNotZ 1994, 25; *ders,* Checkliste zu Stichtagen und Fristen im Liegenschaftsrecht, VIZ 1994, 122, und OV spezial 1997, 360; *ders,* Problemfälle bei der Grundbuchbereinigung in den neuen Bundesländern Osten, DtZ 1994, 194; *ders,* Zweifelhafte Rechtslagen beim neuen Grundbuchbereinigungsgesetz, DtZ 1994, 130; *ders,* Obacht im Osten, Agrarfinanz 2/1994 S 20; *ders,* Kleine Sachenrechtsreform in den neuen Bundesländern, Rpfleger 1993, 51; *ders,* Verfügungsbeschränkungen und Vorkaufsrechte im Grundstücksverkehr, OV spezial 9/93, S 12; *ders,* Ostdeutscher Grundstücksverkehr mit Besonderheiten, BWNotZ 1993, 78; *ders,* Verfügungsbeeinträchtigungen des Grundstücksverkehrs durch »ostspezifische« Regelungen, Rpfleger 1994, 45; *ders,* Besonderheiten beim Grundstückseigentum und Kataster in den neuen Bundesländern, DVW 1993, 55; *ders,* Eigentumsverzicht und Aneignungsrecht, Finanzwirtschaft 1993, 96; *ders,* Grundbuchrechtliche Probleme in den neuen Bundesländern, NJ 1992, 289; *ders,* Grundbuchrechtliche Besonderheiten in den neuen Bundesländern, OV spezial 13/92, S 11; *ders,* Besonderheiten des Liegenschaftsrechts nach dem Einigungsvertrag, Rpfleger 1991, 89; *ders,* Modalitäten des Grundstücksvertrages in den neuen Bundesländern, BWNotZ 1991, 30; *ders,* Besonderheiten beim Grundstückserwerb in den neuen Bundesländern, Rpfleger 1991, 1023; *Brettholle,* Unbekannte Erben – Nachlaßpfleger, Testamentsvollstrecker, JCC und Vertreter von Amts wegen im vermögensrechtlichen Verfahren, OV spezial 1998, 274; *von Craushaar,* Grundstückseigentum in den neuen Bundesländern, DtZ 1991, 359; *Dehner,* Nachbarrecht in den neuen Bundesländern, DtZ 1991, 108; *Demharter,* Grundbuchrechtliche Behandlung von Grundstücken der ehemaligen UdSSR, VIZ 1998, 65; *Eckert,* EG-Beihilferecht und Grundstückskaufvertrag, NotBZ 2005, 345; *Eickmann,* Restitution nach dem VermG, wenn der Eigentümer noch im Grundbuch steht?, NJ 2003, 462; *ders,* Keine Rückübertra-

---

1 Dazu auch die Darstellung von *Böhringer* BWNotZ 2005, 25 und BWNotZ 2007,

gung erforderlich, wenn der Alteigentümer noch im Grundbuch steht, ZOV 2002, 263; *ders*, Die Sachenrechtsbereinigung – Grundzüge einer anspruchsvollen Kodifikation, DNotZ 1996, 139; *Fassbender*, Beurkundungen bei Beteiligten von Bürgern der ehemaligen DDR, MittRhNotK, 1990, 209; *Flik*, Beurkundungen über Grundstücke aus den neuen Bundesländern, BWNotZ 1993, 1; *Foss*, Die Entschädigung von Straßenland nach dem EALG, OV spezial 1998, 290; *Gehling*, Die Vermögenszuordnung von ehemaligen Reichsbahngrundstücken, VIZ 2002, 65; *ders*, Die Zuordnung volkseigener Reichsbahngrundstücke an die Rechtsnachfolgerin eines VEB, VIZ 1997, 459; *Geulen*, Der Streit um das frühere Reichsvermögen in Berlin, LKV 2005, 158; *Glantz*, Die Fortgeltung des dreijährigen Veräußerungsverbotes aus dem DDR-Verkaufsgesetz vom 07.03.1990 als Landesrecht, DtZ 1992, 108; *Grün*, Keine Verfügungsbefugnis des »öffentlichen« Nichtberechtigten zu Lasten des privaten Berechtigten, ZIP 1998, 321; *dies.*, Der Bund als williger Vollstrecker der DDR (II), ZIP 1997, 491; *dies.*, Der Bund als williger Vollstrecker der DDR?, ZIP 1996, 1860; *Hagen*, »Heilung« durch Eintragung – Zur Folgenbegrenzung bei fehlerhaften gesellschaftsrechtlichen Umwandlungsakten, in: Festschrift Rheinisches Notariat, 1998, S 261; *Hellmann*, Das Mauergrundstücksgesetz – Ende einer unendlichen Geschichte?, VIZ 1996, 425; *Hirschinger*, Das Grundstücksrechtsbereinigungsgesetz, NJ 2001, 570; *Horst*, Ausgewählte Probleme beim Erwerb von Grundstücken in der ehemaligen DDR, DWW 1991, 134; *Janke*, Die Rechtsprechung zur Anwendung des ZGB der DDR – Eigentum und Vertragsrecht, NJ 2005, 529; *ders*, Die Rechtsprechung zur Anwendung des ZGB der DDR – Grundstücksrecht (Teil 1), NJ 2006, 7; *ders*, Die Vermutung der Richtigkeit des Grundbuchs und der gutgläubige Erwerb bei ZGB-Hypotheken, NJ 1991, 29; *ders*, Der gutgläubige Erwerb von Grundstücken, NJ 1990, 407; *ders*, Bodenrecht in den deutschen Staaten, RpflJB 1995, 206; *Keller*, Rechtsprechungsübersicht zum Grundstücks- und Grundbuchrecht der Neuen Länder, FGPrax 1997, 1 und 44; *ders*, Bodenrecht in den deutschen Staaten, RpflStud 1995, 206; *Kießling*, Wer ist noch Eigentümer eines nach dem VerkaufsG erworbenen Grundstücks?, NJ 1996, 237; *Kohler*, Nochmals: Rechtsweg zur Sicherung des Rückgewähranspruchs nach dem Vermögensgesetz, VIZ 1992, 308; *ders*, Einstweilige Sicherung der Rückerstattung von Grundstücken in den neuen Bundesländern, DNotZ 1991, 699; *ders*, Zivilrechtliche Sicherung der Rückerstattung von Grundstücken in den neuen Bundesländern, NJW 1991, 465; *Kolb*, Flächenerwerbsprogramm als Beihilfe im Sinne des Gemeinschaftsrechts, NJ 1999, 512; *Kringe*, Das Eigentumsrecht an Grundstücken der DDR nach dem ZGB, DWW 1988, 342; *Kroker/Teige*, Die Verteilung des Sondervermögens Deutsche Reichsbahn, VIZ 2002, 385; *dies.*, Die Behandlung des Sondervermögens Deutsche Reichsbahn im Lichte neuerer Rechtsprechung, VIZ 2000, 326; *dies.*, Die Verteilung des Sondervermögens Deutsche Reichsbahn, VIZ 1999, 511; *Lames*, Eigentumsübergang durch sofort vollziehbaren Rückübertragungsbescheid, ZflR 1997, 388; *Ludden*, Die Systematik des Flächenerwerbsprogramms nach § 3 AusglLeistG, VIZ 1997, 129; *Märker*, Der Staatsräson verpflichtet! Zur Entscheidung des Bundesverfassungsgerichts über die Verfassungsmäßigkeit des Entschädigungs- und Ausgleichsleistungsgesetzes, VIZ 2001, 233; *Meixner*, Das Flächenerwerbsprogramm vor der Europäischen Kommission – Zur Kommissionsentscheidung vom 22. Dezember 1998, ZOV 1999, 251; *Pechstein*, Das Flächenerwerbsprogramm verstößt gegen das EG-Beihilferecht, NJW 1999, 1429; *ders*, Nichtigkeit beihilfengewährender Verträge nach Art 93 III 3 EGV, EuZW 1998, 495; *Pieper*, Flächenerwerbsprogramm und gemeinschaftsrechtliches Beihilfeverbot, OV spezial 1998, 322; *Rohde*, Grundstückseigentums- und Bodennutzungsverhältnisse in den neuen Bundesländern nach dem Einigungsvertrag, DNotZ 1991, 186; *ders*, Die Entwicklung der Grundeigentums- und Bodennutzungsverhältnisse nach dem Einigungsvertrag, DtZ 1990, 312; *Schäfer-Gölz/Lange*, Sind Kaufverträge, die vor dem 03.10.1990 von bundesdeutschen und Westberliner Notaren über in der ehemaligen DDR belegenes Grundvermögen beurkundet wurden, formunwirksam? DtZ 1991, 292; *Sauthoff*, Alte Straßen in den neuen Ländern – Probleme der Überleitung, des rückständigen Grunderwerbs und der Entschädigung, LKV 1998, 472; *Schmidt/Gohrke*, Art 237 § 2 EGBGB – Eine echte Ausschlussfrist?, VIZ 2000, 697; *Schmidt-Räntsch*, Investitionsvorrang und Eigentumsrecht nach dem Wohnraummodernisierungssicherungsgesetz, VIZ 1997, 449; *ders*, Die Heilung zivilrechtlicher Mängel beim Erwerb zu DDR-Zeiten, ZIP 1996, 1858; *Schnabel*, Zivilrechtsweg bei nichtigen Eigentumsübertragungen in der Spätphase der DDR, ZOV 2003, 81; *ders*, Diskriminierende und machtmißbräuchliche Enteignungen, insbesondere nach dem Aufbau- bzw Baulandgesetz, DtZ 1995, 348; *Schotten*, Zur Formwirksamkeit von Verträgen über Grundbesitz in der ehemaligen DDR, die vor der Vereinigung in den alten Bundesländern beurkundet worden sind, DNotZ 1991, 771; *Schotten/Schmellenkamp*, Zur materiell-rechtlichen Wirksamkeit von Verträgen über Grundbesitz in der ehemaligen DDR, die vor der Vereinigung in den alten Bundesländern beurkundet worden sind, DNotZ 1992, 203; *von Schuckmann*, Grundstücksrecht in den neuen Bundesländern, RpflStud 1992, 3; *Spieß*, Grundstücksneuordnung nach dem Bodensonderungsgesetz, NJW 1998, 2553; *Stavorinus*, Das Grundstücksrechtsbereinigungsgesetz, NotBZ 2001, 349; *ders*, Die EGBGB-Heilungsvorschriften des WoModSiG, NotBZ 1997, 181 und 1998, 6; *Steffens*, Vermögensrechtliche Restitution und Erbrecht nachrangiger Erben, DtZ 1997, 81; *Stellwaag*, Zuständigkeiten für die Vermögenszuordnung, Rpfleger 1995, 148; *Theisen*, Begünstigter Flächenerwerb als gemeinschaftsrechtswidrige Beihilfe und Kaufpreisnachforderung der BVVG, NJ 2003, 176; *Thietz-Bertram*, Leitfaden zur Bodensonderung, VIZ 1998, 500; *Tigges*, Pflegerbestellung zum Zwecke der Grundstücksveräußerung als unlautere Machenschaft, OV spezial 1997, 50; *Unverferth*, Herausgabe von Nutzungen nach Zuordnung von Grundstücken auf den Bund, OV spezial 1997, 195; *Walter*, Grundstückserwerb und Verfügungsbefugnis der öffentlichen Hand durch Erbausschlagung und Ersitzung, DtZ 1996, 226; *Wassermann*, Ein Gesetzentwurf, der dem Recht und der Gerechtigkeit Hohn spricht, DWW 1997, 39; *ders*, Der Streit um die Mauergrundstücke geht weiter, NJW 1996, 3134; *Wilhelms*, Zur Wirksamkeit von Kaufverträgen als Grundlage für die Sachenrechtsbereinigung, VIZ 1999, 395; *ders*, Probleme bei der Anwendung der Ausschlußfrist des Art 237 § 2 Abs 1 EGBGB, OV spezial 1998, 258; *Wendenburg*, Das Flächenerwerbsprogramm im Lichte der Entscheidung der Europäischen Kommission vom 20. Januar 1999, VIZ 1999, 703; *Wilke*, Welches Nachbarrecht gilt in den neuen Ländern?, DtZ 1996, 294; *Wötzel/Schwarze*, Die sofortige Vollziehbarkeit des Bodensonderungsbescheids, VIZ 1999, 190; *Zuck*, Eigentumsnachweise in Ostdeutschland, MDR 1991, 209.

3. Volkseigentum/Kommunen

Albrecht, Wer kann ehemals volkseigenen Grundbesitz veräußern? VIZ 1991, 88; *Bärwaldt*, Die Treuhandanstalt nach dem Inkrafttreten des Einigungsvertrages, DtZ, 1990, 347; *Böhringer*, Ausschluß von Eigentümerrechten in den neuen Bundesländern, BWNotZ 1998, 73; *ders*, Entflechtung von Unternehmen in den neuen Bundesländern, Rpfleger 1992, 45; *ders*, Grundstücksverfügungen und Grundstücksverkehr von Kommunen in den neuen Bundesländern und Änderungen durch das

2. Vermögensrechtsänderungsgesetz, Finanzwirtschaft 1992, 169; *ders*, Vermögensrechtliche Aufgaben der Kommunen im Grundstücksverkehr in den neuen Bundesländern, VIZ 2003, 553; *ders*, Rechtsstellung und Aufgaben der Gemeinden im Grundstücksverkehr in den neuen Bundesländern, Finanzwirtschaft 1995, 36; *ders*, Die Verfügungsermächtigung nach § 6 Vermögenszuordnungsgesetz, MittBayNot 1991, 189; *ders*, Mögliche Grundstücksverfügungen im Rahmen des § 6 VZOG, OV spezial 20/93, S 6; *ders*, Erweiterungen der Verfügungsermächtigung in § 8 VZOG, MittBayNot 1994, 18; *ders*, Zum Schicksal von »Modrow«-Kaufverträgen, OV spezial 1996, 334; *ders*, Heilung von »Modrow«-Kaufverträgen aus grundbuchverfahrensrechtlicher Sicht, VIZ 1997, 617; *ders*, Grundbuchrechtliche Probleme bei der Privatisierung des Volkseigentums, BWNotZ 1992, 96; *ders*, Wegfall der kommunalaufsichtsrechtlichen Genehmigungen bei Grundstücksverfügungen der Kommunen, Finanzwirtschaft 1992, 230; *ders*, Die Privatisierungsreform im Osten aus grundbuchrechtlicher Sicht, BB 1991, Beilage 13, S 1; *ders*, Grundbucheintragung der in Kapitalgesellschaften umgewandelten Wirtschaftseinheiten als Grundstückseigentümer, NJ 1991, 540; *Bultmann*, Grundvermögen der 1952 aufgelösten Altkreise – Rechtsübergang auf die Landkreise durch Rechtsnachfolge oder Vermögenszuordnung?, VIZ 1996, 499; *Busche*, Das »Sachenrecht« des Treuhandgesetzes – Regelungsprobleme des gesetzlichen Eigentumsübergangs nach § 11 II 2 TreuhG, VIZ 1999, 505; *Danziger*, Zuordnungsrechtliche Behandlung von Fiskalerbschaftsvermögen, VIZ 1995, 277; *Floren*, Sittenwidrigkeit der Modrow-Verträge, VIZ 1998, 119; *Fritsche*, Rechte und Pflichten des Verfügungsberechtigten nach bestandskräftigem Rückübertragungsbescheid und vor Übergang des Eigentums, OV spezial 1998, 178; *Ganske*, Spaltung der Treuhandunternehmen, DB 1991, 791; *Göhring*, Das Gesetz über den Verkauf volkseigener Gebäude vom 07.03.1990 – ein Stein des Anstoßes?, NJ 1994, 64; *Heidemann*, Die Neufassung von Art 231 § 8 III EGBGB durch das Wohnraummodernisierungssicherungsgesetz vom 23.07.1997, VIZ 1998, 122; *Immenga*, Privatisierung durch Gesellschaftsrecht: Die Treuhandanstalt, NJW 1993, 2471; *Janke*, Kaufverträge mit dem Magistrat von Berlin (Ost) nach dem 16.05.1990, DtZ 1997, 17; *Keller*, Heilung fehlerhafter Umwandlungen der volkseigenen Betriebe der Gebäudewirtschaft, VIZ 1996, 16; *ders*, Umwandlung volkseigener Betriebe der Gebäudewirtschaft, Rpfleger 1994, 437; *Kellner*, Neues zu den so genannten Modrow-Verkäufen – und alle Fragen offen, VIZ 2004, 153; *Kießling*, Wer ist noch Eigentümer des nach dem VerkaufsG erworbenen Grundstücks?, NJ 1996, 237; *Kroker/Teige*, Grundstücksbezogene Eigentumszuweisungen nach § 11 II 2 TreuhG, VIZ 2000, 199; *Lachmann*, Das Treuhandgesetz, DtZ 1990, 238; *Lambsdorff*, Vermögensübergang bei ehemals volkseigenen Betrieben, DtZ 1992, 102; *Lange*, Wem gehört das ehemalige Volkseigentum? – Grundfragen der Art 21 und 22 EinigungsV, DtZ 1991, 329; *Meyer-Ravenstein*, Rechtsnachfolge volkseigener Güter, DtZ 1995, 225; *Peinemann*, Rechtsprobleme in der Praxis der Privatisierung ehemals volkseigenen landwirtschaftlich genutzten Grund und Bodens, AgrarR 1995, 225; *Purps*, »Modrowkaufverträge« und Nutzungsentgeltansprüche, VIZ 1997, 335; *ders*, Kaufverträge mit den Räten der Städten und Gemeinden nach dem 16.05.1990, DtZ 1996, 265; *Robbert*, Rechtsfolgen des Auseinanderfallens von Grundmittelfonds und Rechtsträgerschaft im Grundstücksrecht der DDR, ZfIR 2006, 86; *Rodenbach*, Fallgruppen nichtiger Modrow-Kaufverträge trotz der Heilungsbestimmungen im Wohnraummodernisierungssicherungsgesetz, VIZ 1998, 113; *ders*, Zu den Heilungsbestimmungen im Wohnraummodernisierungssicherungsgesetz, ZOV 1997, 375; *Schnabel*, Fallgruppen nichtiger Modrow-Kaufverträge trotz der Heilungsbestimmungen im Wohnraummodernisierungssicherungsgesetz, VIZ 1998, 113; *ders*, Zu den Wirksamkeitserfordernissen der Modrow-Kaufverträge in der Sachenrechtsbereinigung und der Verfassungsgemäßheit des § 121 SachenRBerG, VIZ 1999, 393; *Stavorinus*, Die EGBGB-Heilungsvorschriften des WoModSiG, NotBZ 1997, 181 und 1998, 6; *Teige*, Der Eigentumsübergang am zur Wohnungsversorgung genutzten volkseigenen Vermögen, VIZ 1997, 9; *ders*, Der Übergang ehemals volkseigenen Grund und Bodens, VIZ 1994, 60; *ders*, Eigentumsübergang auf BVS-/Treuhandkapitalgesellschaften bei Nutzungsverträgen zwischen volkseigenen Wirtschaftseinheiten, VIZ 1995, 452; *Teige/Rauch*, Verfügungsbefugnis über volkseigene Grundstücke nach dem Vermögenszuordnungsrecht, VIZ 1997, 622; *Weimar*, Die Kapitalgesellschaften »im Aufbau« in den neuen Bundesländern, BB Supplement Deutsche Einigung – Rechtsentwicklungen, Folge 22/1991, S 12; *Weise*, Die Zuordnungen ehemaligen Volkseigentums und die Restitutionen nach Art 21 Abs 3 Einigungsvertrag, ZIP 1992, 1357; *Welter*, Zweifelsfragen zur Verfügungs- und Vertretungsbefugnis der Treuhandanstalt, BB 1993, 378; *Wendenburg*, Der freie Verkauf ehemals volkseigener Güter durch die BVVG, OV spezial 1998, 66; *Wilhelms*, Der Verkauf volkseigener Grundstücke, VIZ 1997, 74; *ders*, Zur Genehmigungspflicht bei Verkäufen von volkseigenen Grundstücken durch die Gemeinden, VIZ 2000, 1; *Wittmer*, Die Entwicklung des Rechts zu Fragen der »Modrow-Käufe«, Teil 1–3, OV spezial 2000, 314, 330 und 359;

4. Bodenreformgrundstücke

Böhringer, Vertretung des unbekannten Bodenreformeigentümers, Verjährungsverzicht und missbräuchliche Auflassung an den Landesfiskus, NJ 2004, 342; *ders*, Fortdauernde Besonderheiten bei Bodenreform-Grundstücken, OV spezial 2000, 354; *ders*, Weiterhin Schwierigkeiten mit Bodenreformland-Kaufverträgen, OV spezial 1999, 119; *ders*, Gutgläubiger Erwerb von Bodenreformland, NJ 1993, 259; *Doehring/Ruess*, Die Entscheidung des BVerfG zur Entschädigung von Opfern der Bodenreform im Lichte der EMRK-Rechtssicherheit oder mit Sicherheit Unrecht?, NJW 2001, 640; *Limmer*, Verjährung der Ansprüche aus der Abwicklung von Bodenreformgrundstücken – Aktuelle Probleme, NotBZ 2000, 248;

5. Ungetrennte Hofraumanteile

Böhringer, Die formale Grundbuchfähigkeit ungetrennter Hofräume, VIZ 1994, 63; *ders*, Ungetrennte Hofräume jetzt wieder verkehrsfähig, DtZ 1994, 100; *Schmidt-Räntsch*, Die Hofraumverordnung für die neuen Bundesländer, ZIP 1993, 1917; *Stellwaag*, Grenzbestimmung und Vermögenszuordnung im Bereich ungetrennter Hofräume, ZOV 2003, 156; *Ufer*, Über die Gebäudesteuerrollen in Preußen, DNotZ 1992, 777; *ders*, Die »Ungetrennten Hofräume« und das Grundbuch, DtZ 1992, 272;

6. Genossenschaften

Beuthien/Beck, Rechtsprobleme bei der Umwandlung der Produktionsgenossenschaften des Handwerks, ZIP 1992, 83; *Jürgens,* Teilung, Zusammenschluß und Umwandlung von Landwirtschafts-Produktionsgenossenschaften in der ehemaligen DDR, DtZ 1991, 12; *Steding,* Ostdeutsche Genossenschaft: woher – wohin?, NJ 2000, 623; *ders,* Agrar-, Genossenschafts- und Bodenrecht in den neuen Bundesländern – Reflexionen zu Vergangenheit, Übergang und Zukunft, DtZ 1991, 393; *Turner/Karst,* Die Umwandlung Landwirtschaftlicher Produktionsgenossenschaften, DtZ 1992, 33; *Zierold,* Rechtsfragen des landwirtschaftlichen Bodeneigentums und des Bodennutzungsrechts der landwirtschaftlichen Produktionsgenossenschaft, AgrarR 1990, 276.

7. Konsumgrundstücke

Böhringer, Form von Grundstücksübertragungen – insbes. die Globalaktionen des Konsums, OV spezial 1995, 286; *Habscheid,* Konsumgenossenschaften als Rechtsträger an volkseigenen Grundstücken, VIZ 1993, 198; *ders,* Eigentumszuordnung konsumgenossenschaftlicher Betriebe, Rpfleger 1993, 184; *Schäfer-Gölz,* Die »Abgabe« konsumgenossenschaftlicher Liegenschaften in der DDR 1956/57 und 1959/60, VIZ 1995, 326; *Scheibner,* Nochmals: Das Ende der sozialistischen Konsumgenossenschaften in der DDR, OV spezial 2000, 5; *Wilhelms,* Das Ende der sozialistischen Konsumgenossenschaften – Eine Duplik, OV spezial 2000, 171; *ders,* Das Ende der sozialistischen Konsumgenossenschaften in der DDR, OV spezial 1998, 370 und 1999, 2;

8. Eheliches Vermögen

Arnold, Zwangsvollstreckung bei fortgeltendem Güterstand der Eigentums- und Vermögensgemeinschaft (744a ZPO), DtZ 1991, 80; *Böhmer,* Das Ehe- und Familienrecht im Einigungsvertrag mit IPR und Übergangsvorschriften, StAZ 1990, 357; *Böhringer,* Problemfälle bei der Grundbuchbereinigung im Osten, DtZ 1994, 194; *ders,* Grundbuchberichtigung bei übergeleitetem »ehelichen Vermögen«, Rpfleger 1994, 282; *ders,* Zweifelhafte Rechtslagen beim neueren Grundbuchberichtigungsgesetz, DtZ 1994, 130; *ders,* Probleme bei der Umwandlung ehelichen Grundstücksvermögens, OV spezial 3/94, S 13; *ders,* Keine gesetzliche Umwandlung des »ehelichen Vermögens« in hälftiges Miteigentum, OV spezial 7/93, S 6; *ders,* Grundstückserwerb »in ehelichem Vermögen«, OV spezial 3/93, S 2; *ders,* Anmerkung zu LG Dresden, Beschl. v 12.01.1996 – 2 T 0660/95, Rpfleger 1996, 406; *ders,* Grundbuchberichtigung bei übergeleitetem »ehelichen Vermögen«, Rpfleger 1994, 282; *ders,* Zwangshypothek bei »ehelichem Vermögen«, OV spezial 14/94, S 14; *ders,* Die Komplettierung von Grund und Boden mit dem Gebäudeeigentum, OV spezial 10/93, S 8; *ders,* Keine gesetzliche Umwandlung des »ehelichen Vermögens« in hälftiges Miteigentum, OV spezial 7/93, S 6; *ders,* Besonderheiten des Gebäudeeigentums nach Art 233 § 2b EGBGB, OV spezial 4/93, S 1; *ders,* Grundstückserwerb »im ehelichen Vermögen«, OV spezial 3/93, S 2; *ders,* Grundbuchrechtliche Probleme in den neuen Bundesländern, NJ 1992, 289; *ders,* Die Güterstands-Optionserklärung nach Art 234 § 4 EGBGB, DNotZ 1991, 223; *Bosch,* Familien- und Erbrecht als Themen der Rechtsangleichung nach dem Beitritt der DDR zur Bundesrepublik Deutschland, FamRZ 1991, 1001; *Brudermüller/Wagenitz,* Das Ehe- und Ehegüterrecht in den neuen Bundesländern, FamRZ 1990, 1294; *Coester-Waltjen,* Ausgewählte zivilrechtliche Fragen im Einigungsvertrag: Interlokale und intertemporale Probleme, Ehegüterrecht und nachehelicher Unterhalt; *Eberhardt,* Die Novellierung des Familiengesetzbuches der DDR, FamRZ 1990, 917; *Faßbender,* Beurkundungen bei Beteiligung von Bürgern der ehemaligen DDR, MittRhNotK 1990, 209; *Grandke,* Zur Erweiterung der Maßgaben des Einigungsvertrages im Bereich des ehelichen Güterrechts, NJ 1994, 256; *Keller,* Rechtsprechungsübersicht zum Grundstücks- und Grundbuchrecht der Neuen Länder, FGPrax 1997, 1 und 41; *Lang,* § 40 FGB/DDR: Anspruchsgrundlage der Gegenwart, Forum Familienrecht (FF) 2006, 29; *Lipp,* Die Eigentums- und Vermögensgemeinschaft des FGB und der Einigungsvertrag – eine vergebene Chance für eine Reform des Güterstandsrechts?, FamRZ 1996, 1117; *Lingelbach,* Besonderheiten der Behandlung des ehelichen Vermögens in den neuen Bundesländern, ZAP Nr 18 vom 19.09.2001 Fach 11 S, 627; *Pawlowski/Lipp,* Überlegungen zur Option für die Zugewinn- oder die Errungenschaftsgemeinschaft, FamRZ 1992, 377; *Peters,* Grundbuchberichtigung bei Eintragung ehemaliger DDR-Eheleute in ehelicher Vermögensgemeinschaft, DtZ 1994, 399; *ders,* Registerverfahrenbeschleunigungsgesetz und Familienrecht, FamRZ 1994, 673, *ders,* Zum Optionsrecht nach Art 234 § 4 EGBGB, FamRZ 1993, 877; *Rauscher,* Die Überleitung des Ehegüterrechts im Einigungsvertrag, DNotZ 1991, 209; *Rellermeyer,* DDR-Güterstand und Teilungsversteigerung, Rpfleger 1995, 321; *Riedel,* Verfahren beim Grundbuchberichtigungszwang nach § 82 GBO, JurBüro 1979, 559; *Smid/Schöpf,* Auswirkungen des Einigungsvertrages auf das eheliche Güterrecht, NJ 1991, 21; *Stankewitsch,* Vollstreckung gem. § 744a ZPO in eheliches Eigentum und Vermögen, das dem FGB-Güterstand unterliegt, NJ 1991, 534; *Storr,* Neue Probleme mit der Überleitung des Güterstandes der ehelichen Eigentums- und Vermögensgemeinschaft in den der Zugewinngemeinschaft, OV spezial 1995, 395; *Tremmel,* Nochmals: Abwicklung der Bodenreform, RPfleger 1993, 177; *Trittel,* Eheliche Vermögensgemeinschaft – Auch künftig kein Verlaß auf das Grundbuch, OV spezial 1/94, S 6; *Vossius,* Das Registerverfahrenbeschleunigungsgesetz, MittbayNot 1994, 10; *Wandel,* Die Bedeutung des Einigungsvertrages für die notarielle Praxis, BWNotZ 1991, 1; *Wassermann,* Die Zwangsvollstreckung gegen Ehegatten nach § 744a ZPO, FamRZ 1991, 507; *Wolf,* Das Familienrecht der DDR und der Einigungsvertrag, DtZ 1995, 386.

9. Gebäudeeigentum/Erbbaurecht

Barkam, Die Vereinigung von Gebäudeeigentum und Grundstückseigentum in den neuen Bundesländern, ZAP-DDR, Fach 7, S 31; *Böhringer,* Der Aufhebungszwang des § 78 SachenRBerG beim Gebäudeeigentum, VIZ 2004, 345; *ders,* Der Grundstücksverkehr bei im Grundbuch unsichtbaren Gebäudeeigentumsrechten, Mitbenutzungsrechten und Dienstbarkeiten, NotBZ 2002, 117; *ders,* Möglichkeiten der Ausschließung unbekannter Rechtsinhaber im Liegenschaftsrecht, NotBZ 2001, 197; *ders,* Entwicklungen im Grundstücksrecht in den neuen Ländern rund um die Jahrtausendwende, NJ 2001, 281; *ders,* Drohender Verlust dinglicher Rechte in den neuen Ländern durch wiederhergestellte Grundbuchpublizität zum 1. Januar 2001, ZfIR 2000, 671; *ders,* Urkundennachweise zur Eintragung bisher unsichtbarer Rechtspositionen, NotBZ

2000, 371; *ders,* Rechtslage nach Wiederherstellung der Grundbuch-Publizität in den neuen Ländern aus notarieller Sicht, BWNotZ 2000, 1; *ders,* Eigentumsfristen verlängert und Gutglaubensschutz des Grundbuchs nochmals ausgesetzt, OV spezial 2000, 18; *ders,* Das dingliche Nutzungsrecht und seine Unpfändbarkeit, VIZ 2000, 193; *ders,* Das Zweite Eigentumsfristengesetz und die Suspendierung der Grundbuch-Publizität, VIZ 2000, 129; *ders,* Wichtige Fristen und Termine zum Jahreswechsel im ostdeutschen Liegenschaftsrecht, OV spezial 1999, 306; *ders,* Wegfall liegenschaftsrechtlicher Besonderheiten in den neuen Ländern zur Jahrtausendwende, Rpfleger 1999, 425; *ders,* Sicherung von Rechtspositionen durch Widerspruchseintragungen in ostdeutschen Grundbüchern, VIZ 1999, 569; *ders,* Die Aufhebung des Gebäudeeigentums und die erforderliche Bescheinigung hierzu – zugleich Anmerkung zu LG Erfurt, Beschluss v 26.02.1999 –, NotBZ 1999, 85; *ders,* Gutglaubens-Schutzvorschriften des ostdeutschen Liegenschaftsrechts verlängert, DtZ 1997, 42; *ders,* Verstößt die Grundstückszuschreibung zum Gebäudeeigentum gegen das Verfügungsverbot des § 78 SachenRBerG?, OV spezial 1996, 262; *ders,* Die Teilung von Gebäudeeigentum, DtZ 1996, 290; *ders,* Rechtsgrundlagen für Gebäudeeigentum, VIZ 1996, 131; *ders,* Sicherung von Rechtspositionen an ostdeutschen Grundstücken vor Rechtsverlust, DtZ 1996, 34; *ders,* Neufassung des Erlasses über die Errichtung eines rechtlich selbständigen Sondervermögens »Entschädigungsfonds«, OV spezial 1995, 73; *ders,* Zusammenführung von Gebäude- und Grundeigentum, DtZ 1994, 266; *ders,* Die Komplettierung von Grund und Boden mit dem Gebäudeeigentum, OV spezial 1997, 360; *ders,* Checkliste zu Stichtagen und Fristen im Liegenschaftsrecht, VIZ 1994, 122, und OV spezial 1997, 360; *ders,* Besonderheiten des Gebäudeeigentums nach Art 233 § 2b EGBGB, OV spezial 4/93, S 1; *ders,* Probleme des Notars mit unsichtbaren Grundbuchbelastungen und Verfügungsbeeinträchtigungen im Osten und Westen, BWNotZ 1992, 3; *ders,* Grundbuchrechtliche Probleme in den neuen Bundesländern, NJ 1992, 289; *ders,* Besonderheiten des Liegenschaftsrechts nach dem Einigungsvertrag, Rpfleger 1991, 89; *Brüning,* Die Sonderrechtsfähigkeit von Grundstücksbestandteilen – Ein zivilrechtliches Problem bei der Privatisierung kommunaler Leitungsnetze, VIZ 1997, 398; *Cremer,* Wiederherstellung des öffentlichen Glaubens des Grundbuches und Beseitigung sonstiger spezifischer Rechtsunsicherheiten im Grundstücksrecht des Beitrittsgebiets – der Stand zehn Jahre nach der Wiedervereinigung, NotBZ 2000, Sonderheft, S 13; *Döbereiner,* Zuschreibung, Aufgabeerklärung und Gläubigerzustimmung, NotBZ 1998, 34; *Eickmann,* Fortgeltendes DDR-Sachenrecht und Zwangsversteigerung, ZflR 1997, 61; *Faßbender,* Anm. zur Gebäudeeigentumsentscheidung des LG Schwerin, DNotZ 1993, 512; *Flik,* Ist das übergeleitete Gebäudeeigentum verkehrsfähig und realkreditfähig?, DtZ 1996, 162; *ders,* Die Überleitung des Gebäudeeigentums in Dauerwohnrechte und Dauernutzungsrechte, BWNotZ 1996, 97; *ders,* Sind die »alten« Erbbaurechte der Neuen Bundesländer verkehrsfähig?, DtZ 1997, 146; *Flik/Keller,* Zur Klage auf Grundbuchberichtigung für Gebäudeeigentum und Mitbenutzungsrechte sowie zu vorläufigen Sicherungsmaßnahmen, DtZ 1996, 330; *Gößmann,* Das vertragliche Nutzungsrecht des ZGB, WM 1991, 1861; *Heinze,* Aufteilung von Gebäudeeigentum nach dem Wohnungseigentumsgesetz, DtZ 1995, 195; *Horst,* Eigentum contra Nutzungsrecht an Grundstücken in den neuen Ländern – Konfliktbewältigung und Rechtsanpassung, ZOV 1994, 392 und 433; *ders,* Gebäudeeigentum und Nutzungsrechte an Grundstücken in der ehemaligen DDR, DWW 1991, 273; *ders,* Gebäudeeigentum und Nutzungsrechte, ZAP-DDR, Fach 7, S 55; *ders,* Rechtsfragen bei Garagen auf fremdem Boden in den neuen Ländern, DWW 1994, 135; *Hügel,* Vor- und Nachteile des Grunderwerbs durch Aufgabeerklärung, NotBZ 1998, 22; *ders,* Die Begründung von Wohnungseigentum an selbständigemäß Gebäudeeigentum und dessen Behandlung im Rahmen von § 67 SachenRBerG, DtZ 1996, 66; *ders,* Mitt-BayNot 1993, 196; *Janke,* Gebäudeeigentum und Grundstücksversteigerung, Rpfleger 1994, 194; *ders,* Das Gebäudeeigentum und seine grundbuchmäßige Behandlung nach der Gebäudegrundbuchverfügung – GGV, MittBayNot 1994, 389; *Kassebohm,* Das Eigentum an Gebäuden im Gebiet der neuen Bundesländer, VIZ 1993, 425; *Krauß,* Zur Anwendung des § 78 SachenRBerG, NotBZ 1999, 215; *ders,* Grundstück und Gebäudeeigentum: Bestandteilszuschreibung und/oder Aufgabeerklärung?, NotBZ 1997, 60; *ders,* Die Aufhebung des Nutzungsrechts bzw Aufgabe des Gebäudeeigentums nach Art 233 § 4 Abs 6 EGBGB, OV spezial 1997, 5; *ders,* § 78 SachenRBerG – Bestandsaufnahme einer problemreichen Norm, VIZ 1996, 691; *Lambsdorff/Stuth,* Gesondertes Gebäudeeigentum ehemals volkseigener Betriebe, VIZ 1992, 348; *Lehmann,* Verkehrsfähigkeit von Gebäudeeigentum und sonstigem Sondereigentum, DtZ 1992, 375; *Maaß,* Die Beendigung des Erbbaurechts, NotBZ 2002, 389; *Maskow,* Nutzungsentgelt im Fall eines unentgeltlichen Nutzungsrechts?, NJ 2004, 110; *Matthiessen,* Sachenrecht in der Schuldrechtsanpassung: Rechtsprobleme bei Übertragung des Sondereigentums an Bungalows und Garagen, VIZ 1996, 13; *ders,* Begründung von Zwangshypotheken nach Zusammenführung von Grund- und Gebäudeeigentum, OV spezial 1995, 137; *Pfeifer/Stickler,* Das verlorene Erbbaurecht oder: Der lange Weg der Wiederentdeckung, ZflR 1999, 90; *Purps,* Gefahren bei der Aufgabe von Gebäudeeigentum im Falle verdeckter Restitutionsansprüche, VIZ 2004, 7; *ders,* Isolierte Nutzungsrechte in der Sachenrechtsbereinigung, DtZ 1995, 390; *Riedel,* Verfahren beim Grundbuchberichtigungszwang nach § 82 GBO, JurBüro 1979 659; *Rohde,* Grundstückseigentums- und Bodennutzungsverhältnisse in den neuen Bundesländern nach dem Einigungsvertrag, DNotZ 1991, 186; *ders,* Die Entwicklung der Grundeigentums- und Bodennutzungsverhältnisse nach dem Einigungsvertrag, DtZ 1990, 312; *Schmidt,* Zusammenführung von Grundstücks- und Gebäudeeigentum, VIZ 1995, 377; *Schmidt-Räntsch,* Das Eigentumsfristengesetz, VIZ 1997, 2; *ders,* Anmerkung zu Gebäudeeigentum bei schuldrechtlichen Nutzungsrechten, Auswirkungen der Schuldrechtsanpassung, Rechtsfolgen, DNotI-Report 1996, 13; *Schnabel,* Ausschlußfristen für Grundstücksrechte im Beitrittsgebiet zum 1. Januar 2001 – Änderung durch das 2. Eigentumsfristengesetz, ZOV 2000, 79; *ders,* Zur Verkehrsfähigkeit von selbständigem Gebäudeeigentum und zu dem Anspruch auf Anlegung von Gebäudegrundbuchblättern, ZOV 1993, 151; *Stellwaag,* Selbständiges Gebäudeeigentum, VIZ 1996, 377; *Teige,* Kein Eigentumsübergang bei vertraglicher Nutzung von Gebäuden oder Gebäudeteilen, VIZ 1998, 658; *Wilhelms,* Das Nutzungsrecht für Bürger der DDR, VIZ 1996, 431; *ders,* Nutzungsrechte in der Sachenrechtsbereinigung, DtZ 1995, 228; *ders,* Nicht ausgeübte Nutzungsrechte an unbebauten Grundstücken im Beitrittsgebiet, ZOV 1994, 171; *Wobst,* Kein Gebäudeeigentum auf Trümmer- oder Althypothekengrundstücken, MDR 1991, 697; *Zimmermann,* Selbständiges Eigentum an aufstehenden Bauwerken und Anlagen auf einem Grundstück in der ehem. DDR, OV spezial 1995, 251; *ders,* Gebäudeeigentum in der DDR vor Inkrafttreten des ZGB – Ein Anwendungsproblem des SachenRBerG, VIZ 1995, 505.

10. Mitbenutzungsrechte/Dienstbarkeiten

Böhringer, Entwicklung des Grundstücksrechts in den neuen Bundesländern, NJ 2007, 49; *ders,* Entwicklung des Grundstücksrechts in den neuen Bundesländern, NJ 2005, 385; *ders,* Löschung beschränkter dinglicher Rechte mit Besonderheiten in den neuen Ländern, NotBZ 2005, 269; *ders,* Bestellung einer Dienstbarkeit in der Verkehrsflächenbereinigung aus grundbuchrechtlicher Schau, VIZ 2003, 55; *ders,* Das Grundbuchverfahren bei Eintragung und Löschung von Dienstbarkeiten nach § 9 GBBerG, Rpfleger 2002, 186; *ders,* Der Grundstücksverkehr bei im Grundbuch unsichtbaren Gebäudeeigentumsrechten, Mitbenutzungsrechten und Dienstbarkeiten, NotBZ 2002, 117; *ders,* Urkundennachweise zur Eintragung bisher unsichtbarer Rechtspositionen, NotBZ 2000, 371; *ders,* Gefährdung ostdeutscher Servituten und Mitbenutzungsrechte zum 01.01.2001, VIZ 2000, 441; *ders,* Drohender Verlust dinglicher Rechte in den neuen Ländern durch wiederhergestellte Grundbuchpublizität zum 1.Januar 2001, ZfIR 2000, 671; *ders,* Rechtslage nach Wiederherstellung der Grundbuch-Publizität in den neuen Ländern aus notarieller Sicht, BWNotZ 2000, 1; *ders,* Eigentumsfristen verlängert und Gutglaubensschutz des Grundbuchs nochmals ausgesetzt, OV spezial 2000, 18; *ders,* Das Zweite Eigentumsfristengesetz und die Suspendierung der Grundbuch-Publizität, VIZ 2000, 129; *ders,* Gefährdung von Rechtspositionen bei wieder hergestellter Grundbuch-Publizität ab 01.01.2001, OV spezial 2000, 258; *ders,* Wegfall liegenschaftsrechtlicher Besonderheiten in den neuen Ländern zur Jahrtausendwende, Rpfleger 1999, 425; *ders,* Sicherung von Rechtspositionen durch Widerspruchseintragungen in ostdeutschen Grundbüchern, VIZ 1999, 569; *ders,* Wichtige Fristen und Termine zum Jahreswechsel im ostdeutschen Liegenschaftsrecht, OV spezial 1999, 306; *ders,* Sicherung und Eintragung von Mitbenutzungsrechten und besonderen ostdeutschen Dienstbarkeiten, Rpfleger 1997, 244; *ders,* Gutglaubens-Schutzvorschriften des ostdeutschen Liegenschaftsrechts verlängert, DtZ 1997, 42; *ders,* Sicherung von Rechtspositionen an ostdeutschen Grundstücken vor Rechtsverlust, DtZ 1996, 34; *ders,* Checkliste zu Stichtagen und Fristen im Liegenschaftsrecht, VIZ 1994, 122, und OV spezial 1997, 360; *ders,* Auswirkungen des Registerverfahrenbeschleunigungsgesetzes auf den Grundstücksverkehr in den neuen Bundesländern, DtZ 1994, 50; *ders,* Problemfälle bei der Grundbuchbereinigung in den neuen Bundesländern, DtZ 1994, 194; *ders,* Zweifelhafte Rechtslagen beim neuen Grundbuchbereinigungsgesetz, DtZ 1994, 130; *ders,* Probleme des Notars mit unsichtbaren Grundbuchbelastungen und Verfügungsbeeinträchtigungen im Osten und Westen, BWNotZ 1992, 3; *ders,* Grundstücksrecht: Die Situation im Osten, AgrarFinanz 5/1992, 10; *ders,* Besonderheiten des Liegenschaftsrechts nach dem Einigungsvertrag, Rpfleger 1991, 89; *ders,* Ostdeutscher Grundstücksverkehr mit Besonderheiten, BWNotZ 1993, 78; *ders,* Grundbuchrechtliche Probleme in den neuen Bundesländern, NJ 1992, 289; *Brüning,* Die Sonderrechtsfähigkeit von Grundstücksbestandteilen – Ein zivilrechtliches Problem bei der Privatisierung kommunaler Leitungsnetze, VIZ 1997, 398; *Dehner,* Altrechtliche Grunddienstbarkeiten in Sachsen und Thüringen, DtZ 1996, 298; *Egerland,* Sachlicher, zeitlicher und persönlicher Anwendungsbereich des Anspruchs gemäß § 116 SachenRBerG, NotBZ 2003, 332; *Fischer,* Die altrechtlichen Dienstbarkeiten in Bayern, AgrarR 1975, 132; *ders,* Altrechtliche Dienstbarkeiten, ein Zopf zum Abschneiden?, MittBayNot 1973, 7; *Flik,* Sicherung von Rechtspositionen an ostdeutschen Grundstücken vor Rechtsverlust, DtZ 1996, 34; *ders,* Beurkundungen über Grundstücke aus den neuen Bundesländern, BWNotZ 1993, 1; *Flik/Keller,* Zur Klage auf Grundbuchberichtigung für Gebäudeeigentum und Mitbenutzungsrechte sowie zu vorläufigen Sicherungsmaßnahmen, DtZ 1996, 330; *Geißler,* Altrechtliche Dienstbarkeiten und Grundbuch, BWNotZ 1952, 12; *Hartung,* Grundstücksmitbenutzungsrechte von Energieversorgungsunternehmen nach der Energieverordnung, VIZ 1995, 6; *Hezel,* Badische altrechtliche Wege- und Zugangsrechte und als gemeinschaftliche Hofeinfahrten und Hofreiten, BWNotZ 2000, 114; *Holzer,* Das Registerverfahrenbeschleunigungsgesetz, NJW 1994, 481; *Horst,* Nachbarliche Wechselwirkung zwischen Grunddienstbarkeit und Baulast, DWW 2000, 110; *Kamlah,* Altrechtliche Dienstbarkeiten, ein Zopf zum Abschneiden, MittBayNot 1972, 221; *Keller,* Bestellung von Dienstbarkeiten nach § 116 SachenRBerG, Rpfleger 1999, 231; *ders,* Grundstücksrechte der ehemaligen DDR in der Zwangsversteigerung, Rpfleger 1992, 501; *Linde,* Dienstbarkeiten nach badischem Landesrecht; DJ 1962, 136; *Peter,* Löschung gegenstandsloser Rechte, BWNotZ 1983, 49; *Riedel,* Über den Beweis altrechtlicher Grunddienstbarkeiten, RdL 1952, 32; *Rohde,* Grundstückseigentums- und Bodennutzungsverhältnisse in den neuen Bundesländern nach dem Einigungsvertrag, DNotZ 1991, 186; *ders,* Die Entwicklung der Grundeigentums- und Bodennutzungsverhältnisse nach dem Einigungsvertrag, DtZ 1990, 312; *Schnabel,* Ausschlußfristen für Grundstücksrechte im Beitrittsgebiet zum 1. Januar 2001 – Änderung durch das 2. Eigentumsfristengesetz, ZOV 2000, 79; *Schulze,* Das Eigentum an Versorgungsanlagen bei der Mitbenutzung fremder Grundstücke und Gebäude durch Energieversorgungsunternehmen, Rpfleger 1999, 167; *Schmidt-Räntsch,* 10 Jahre Sachenrechtsbereinigung, NJ 2005, 49; *ders,* Das Eigentumsfristengesetz, VIZ 1997, 2; *Schmidt-Recla,* Grunddienstbarkeiten nach sächsischem Privatrecht und ihr Fortbestand nach dem 31.12.2000, ZOV 1999, 408; *Schnabel,* Ausschlußfristen für Grundstücksrechte im Beitrittsgebiet zum 1. Januar 2001 – Änderungen durch das 2. Eigentumsfristengesetz, ZOV 2000, 79; *Schulze,* Das Eigentum an Versorgungsanlagen bei der Mitbenutzung fremder Grundstücke und Gebäude durch Energieversorgungsunternehmen, Rpfleger 1999, 167; *Seeliger,* Die Benutzung fremder Grundstücke durch Leitungen der öffentlichen Versorgung in den neuen Bundesländern, DtZ 1995, 34 und DWW 1996, 12; *ders,* Neue Entwicklungen bei der Mitbenutzung fremder Grundstücke durch Versorgungsleitungen insbesondere in den neuen Bundesländern, DWW 1996, 12; *Sigloch,* Altrechtliche Dienstbarkeiten im Grundbuch, DNotV 1929, 88; *Thietz-Bartram,* Melioration des Meliorationsanlagengesetzes, VIZ 2000, 321; *Volmer,* Angewandte Rechtsgeschichte: Die (Nicht-)Überleitung des Immobilienrechts auf das Recht des BGB – Teil II, NotBZ 2002, 437.

11. Vorkaufsrechte

Albrecht, Der Vorkauf im Denkmalschutzrecht, LKV 2005, 151; *Andrae,* Zur Wirksamkeit vereinbarter Vorkaufsrechte in nach dem Gesetz vom 07.03.1990 abgeschlossenen Grundstückskaufverträgen, NJ 1994, 251; *Böhringer,* Vermögensrechtliche Aufgaben der Kommunen im Grundstücksverkehr in den neuen Bundesländern, VIZ 2003, 553; *ders,* Möglichkeiten der Ausschließung unbekannter Rechtsinhaber im Liegenschaftsrecht, NotBZ 2001, 197; *ders,* Aktuelle Grundbuch-Rechtsprechung in den neuen Bundesländern, NJ 1996, 231; *ders,* Vorkaufsrechte in den neuen Bundesländern, ZAP-Ost Fach 3, S 9; *ders,* Verfügungsbeschränkungen und Vorkaufsrechte im Grundstücksverkehr, OV spezial 9/1993, S 12; *ders,* Das Vorkaufsrecht gemäß § 20 VermG, OV spezial 18/1993, S 2; *ders,* Probleme des Notars mit unrichtigen Grundbuchbelastungen und Verfügungsbeschränkungen im Osten und Westen, BWNotZ 1992, 3: *ders,* Grundbuchrechtliche Probleme in den neuen

Bundesländern, NJ 1992, 289; *Flik,* Zum Vorkaufsrecht in den neuen Bundesländern aus § 20 des Vermögensgesetzes, BWNotZ 1993, 83; *Grauel,* Landesrechtliche Vorkaufsrechte, MittRhNotK 1993, 243; 1994, 199; 1997, 367; RNotZ 2002, 210; *Kinne,* Probleme des Vorkaufsrechts, ZOV 1992, 352; *Krause,* Die Präzisierung des Nutzervorkaufsrechts gemäß § 20 VermG durch das Vermögensrechtsbereinigungsgesetz, OV spezial 1999, 6; *ders,* Das Vorkaufsrecht gemäß § 57 SchuldRAnpG, NotBZ 1998, 45; *ders,* Vorkaufsrecht gemäß § 57 SchuldRAnpG hinsichtlich einer nach der Restitution des ursprünglichen Grundstücks parzellierten Teilfläche, VIZ 1998, 426; *ders,* Verzicht auf das Vorkaufsrecht gemäß § 57 SchuldRAnpG, ZfIR 1998, 273; *Schmidt-Räntsch,* Aktuelle Probleme der Sachenrechtsbereinigung, ZIP 1996, 767; *Schöne,* Der Vorkaufsberechtigte unbekannten Aufenthalts im Liegenschaftsrecht, Rpfleger 2002, 131.

12. Grundpfandrechte

Bestelmeyer, Löschung einer Zwangshypothek infolge Eröffnung der Gesamtvollstreckung?, DtZ 1997, 274; *ders,* »Herrschende Meinungen« im Bereich des Nacherbenrechts, Rpfleger 1994, 189; *Böhringer,* Löschung beschränkter dinglicher Rechte mit Besonderheiten in den neuen Bundesländern, NotBZ 2005, 269; *ders,* Entwicklung des Grundstücksrechts in den neuen Bundesländern, NJ 2005, 385; *ders,* Möglichkeiten der Ausschließung unbekannter Rechtsinhaber im Liegenschaftsrecht, NotBZ 2001, 197; *ders,* Das Grundstücksänderungsgesetz aus grundbuchrechtlicher Schau, VIZ 2001, 1; *ders,* Umstellung von Wert- und Gebührengrenzen im Grundstücksrecht auf Euro, Rpfleger 2000, 433; *ders,* Neue Eurogrenzwerte im Grundbuchverfahrensrecht, ZfIR 2000, 1012; *ders,* Zwangsvollstreckungsunterwerfung bei ZGB-Hypotheken und Aufbaugrundschulden, NJ 1999, 455; *ders,* Löschungsbewilligung der Staatsbank zur Löschung von Hypotheken für Privatgläubiger, DtZ 1996, 152; *ders,* Löschung einer Zwangshypothek infolge Eröffnung der Gesamtvollstreckung, DtZ 1996, 258; *ders,* Die »wieder entdeckten« Abgeltungshypotheken und Abgeltungslasten, DtZ 1995, 432; *ders,* Beseitigung dinglicher Rechtslagen bei Grundstücken in den neuen Ländern, Rpfleger 1995, 51; *ders,* Löschung von Grundpfandrechten in den neuen Ländern, Rpfleger 1995, 139; *ders,* Bereinigung und Umschreibung von ostdeutschen Grundbüchern, Rpfleger 1995, 437; *ders,* Löschung von Grundpfandrechten bei unbekanntem Gläubiger, NJ 1994, 303; *ders,* Das Schicksal der Aufbauhypotheken bei Grundstücksveränderungen, OV spezial 4/94, S 12; *ders,* Zwangshypothek bei »ehelichem Vermögen«, OV spezial 14/1994 S 14; *ders,* Löschung von Grundpfandrechten bei unbekanntem Gläubiger, NJ 1994, 303; *ders,* Auswirkungen des Registerverfahrenbeschleunigungsgesetzes auf den Grundstücksverkehr in den neuen Bundesländern, DtZ 1994, 50; *ders,* Die Komplettierung von Grund und Boden mit dem Gebäudeeigentum, OV spezial 10/93, S 8; *ders,* Grundbuchrechtliche Besonderheiten im ostdeutschen Hypothekenrecht, BWNotZ 1993, 117; *ders,* Kleine Sachenrechtsreform in den neuen Bundesländern, Rpfleger 1993, 51; *ders,* Grundbuchrechtliche Probleme in den neuen Bundesländern, NJ 1992, 289; *ders,* Probleme des Notars mit unsichtbaren Grundbuchbelastungen und Verfügungsbeeinträchtigungen im Osten und Westen, BWNotZ 1992, 3; *ders,* Grundschulden auf Gebäude, AgrarFinanz 1992 Heft 12, S 10; *ders,* Der Grundbesitz in den neuen Bundesländern als Kreditunterlage, BWNotZ 1991, 129; *Beckers,* Die grundpfandrechtliche Kreditsicherung in den neuen Bundesländern nach dem 2. VermRÄndG, DNotZ 1993, 364; *ders,* Die Aufbauhypotheken des ZGB/DDR und ihre aktuellen Probleme, WM 1991, 1701; *Bruckmann,* Grundbuchrechtliche Behandlung so genannter Abgeltungsdarlehen, VIZ 1994, 216; *Broschat,* Das Gesetz zur Regelung bestimmter Altforderungen, ZOV 2005, 274; *Bultmann,* Rechtsnatur von Goldmark-, Reichsmark- und DDR-Mark-Hypotheken, NJ 1993, 203; *Eickmann,* Fortgeltendes DDR-Sachenrecht und Zwangsversteigerung, ZfIR 1997, 61; *Fraude,* Berücksichtigung von Tilgungsleistungen im Rahmen von § 2 Abs 1 AusglLeistG i V m. § 3 Abs 4 EntschG, OV spezial 1999, 181; *ders,* Ausschluß unbekannter Grundpfandrechtsgläubiger durch die Kreisgerichte gem. § 1170 BGB, OV spezial 1998, 130; *Grabarse,* Zur Bedeutung der Hauszinssteuer für die Höhe einer Entschädigung oder Ausgleichsleistung, OV spezial 1998, 338; *Gruber,* Wer haftet für Forderungen aus Grundmittel-Kreditverträgen zwischen der Staatsbank und Genossenschaften?, VIZ 2003, 361; *Hermann/Broschat,* Hauszinssteuer-Abgeltungsdarlehen – letzter Akt durch Änderung des Gesetzes, OV spezial 1995, 303; *dies.,* Hauszinssteuer-Abgeltungsdarlehen und ihre Behandlung nach dem VermG, OV spezial 6/94, S 3; *Holzer,* Unwirksamkeit der Zwangssicherungshypothek durch Gesamtvollstreckungseröffnung, ZIP 1996, 780; *Horn,* Grundpfandkredite im neuen Bundesgebiet, ZIP 1993, 659; *Hundertmark,* Uraltschuld »Hauszinssteuer«, Anmerkungen zur Rechtslage, ZOV 1994, 241; *Janke,* Das ZGB der DDR in der Rechtsprechung seit der deutschen Einheit, NJ 2003, 64; *ders,* Die Vermutung der Richtigkeit des Grundbuches und der gutgläubige Erwerb bei ZGB-Hypotheken, NJ 1991, 29; *Janke/Menzke,* Löschung und Abtretung von vor Inkrafttreten des ZGB begründeten Grundpfandrechten, NJ 1988, 9; *Keller,* Zwangshypothek und Gesamtvollstreckung, Rpfleger 1997, 45; *ders,* Besprechung der Entscheidung des OLG Jena zur Löschung einer Zwangshypothek infolge Eröffnung der Gesamtvollstreckung, FGPrax 1996, 167; *Kulaszewski,* Wiederaufleben von Schulden, die LPG-Mitgliedern nach dem Entschuldungsgesetz erlassen worden waren, NJ 1968, 593; *Leiss,* Die Behandlung der so genannten »Judenhypotheken«, DNotZ 1969, 609 und MittBayNot 1973, 191; *Lessing,* Das Aufgebotsverfahren, RpflStud. 2004, 97; *Nyman,* Übernahmeverpflichtung von Hauszinssteuer-Abgeltungsdarlehen nach Rückübertragung von Grundstücken durch die Restitutionsberechtigten, OV spezial 1995, 171; *Rodenbach,* Das Altforderungsregelungsgesetz, NJ 2005, 348; *Rühl,* Die Ablösung früherer Rechte nach §§ 18 bis 18b Vermögensgesetz, VIZ 1997, 342; *Schmidt,* Das Ende der Diskussion über den Fortbestand von Altschulden, DtZ 1997, 338; *Schmidt/Wingbermühle,* Die Neufassung der Grundstücksverkehrsordnung und die Auswirkungen auf die Finanzierung des Grundstückserwerbs, VIZ 1994, 328; *Völmer,* Angewandte Rechtsgeschichte: Die (Nicht-)Überleitung des Immobilienrechts auf das Recht des BGB – Teil II, NotBZ 2002, 437; *Weimar,* Probleme der Kreditsicherung an Grund und Boden in den neuen Bundesländern, DtZ 1991, 50; *Welter,* Grundpfandrechte in den neuen Bundesländern, WM 1991, 1189; *Wenckstern,* Die Löschung von Grundpfandrechten bei nicht erreichbarem Berechtigten, DNotZ 1993, 547; *Wilhelms,* Zur Unwirksamkeit von DDR-Aufbauhypotheken, DtZ 1996, 366.

13. Gesetzliche Vertreter, Genehmigungen

Böhringer, Erlaubnis gem. § 7 GBBerG oder Genehmigung gem. Art 233 § 2 Abs 3 EGBGB?, Rpfleger 2005, 121; *ders,* Genehmigungen, Erlaubnisse und Vorkaufsrechte im ostdeutschen Grundstücksverkehr, BWNotZ 1996, 49; *ders,* Genehmigungszuständigkeit für ostdeutsche Grundstücksverfügungen durch besondere Vertreter, OV spezial 1996, 26; *ders,* Weiterhin

Schwierigkeiten mit der Grundstücksverkehrsordnung, OV spezial 1996, 129; *ders,* Gesetzlicher Vertreter für unbekannte Inhaber dinglicher Rechte, Finanzwirtschaft 1994, 38; *ders,* Genehmigungspflichtige Rechtsgeschäfte nach der GVO, DtZ 1993, 141; *ders,* Wegfall der kommunalaufsichtsrechtlichen Genehmigungen bei Grundstücksverfügungen der Kommunen, Finanzwirtschaft 1992, 230; *Braun,* Das Erfordernis rechtsaufsichtlicher Genehmigung bei der Veräußerung kommunaler Grundstücke nach dem Vermögenszuordnungsgesetz, NotBZ 1997, 167; *Egerland,* Zur Genehmigung von Grundstücksübereignungen bei juristischen Personen des öffentlichen Rechts als Vertreter gem. Art 233 Abs 3 EGBGB, NotBZ 2005, 90; *Eickmann,* Besonderheiten der gesetzlichen Vertretung bei Grundstücksgeschäften im Beitrittsgebiet, RpflStud 1995, 20; *Faßbender,* Probleme mit der Grundstücksverkehrsordnung, VIZ 1993, 527; *Frenz,* Zur Neufassung der Grundstücksverkehrsordnung, DtZ 1994, 56; *Hahn/Giese,* Der gesetzliche Vertreter nach § 11b VermG, ZOV 1993, 149; *Krause,* Genehmigung nach der Grundstücksverkehrsordnung bei Veräußerung eines Grundstücks nach Zwangsversteigerung, OV spezial 1998, 182; *Nanke,* GVO-Genehmigung bei Veräußerung nach Zwangsversteigerung (GVO § 2), JurBüro 1988, 405; *Renner,* Die Vertretungsbefugnis der Bürgermeister in den neuen Bundesländern: »Trendwende« in der Rechtsprechung, NotBZ 1997, 49; *Reuter,* Bürgermeister deutscher Gemeinden ohne Außenvertretungsmacht?, DtZ 1997, 15; *Schmidt-Räntsch,* Die GVO-Novelle im Registerverfahrenbeschleunigungsgesetz, OV spezial 7/94, S 3; *Schmidt/Wingbermühle,* Die Neufassung der Grundstücksverkehrsordnung und die Auswirkungen auf die Finanzierung des Grundstückserwerbs, VIZ 1994, 328; *Schnabel,* Neufassung der Grundstücksverkehrsordnung – Gescheiterte Beschleunigung des Grundstücksverkehrs, ZOV 1994, 93; *Trittel,* Behinderung des Grundstücksverkehrs in den neuen Bundesländern, MittBayNot 1991, 60; *Vietmeier,* Die Vertretungsmacht des Bürgermeisters bei fehlendem Ratsbeschluß, LKV 1995, 178; *Welter,* Zweifelsfragen zur Verfügungs- und Vertretungsbefugnis der Treuhandanstalt, BB 1993, 378; *Wilhelms,* Zur Genehmigungspflicht bei Verkäufen von volkseigenen Grundstücken durch die Gemeinden, VIZ 2000, 1; *ders,* Genehmigung von Grundstücksverkäufen der Kommunen nach dem Verkaufsgesetz vom 07.03.1990 durch die Rechtsaufsichtsbehörde, VIZ 1998, 548; *Wolf,* Einige Praxisprobleme der GVO-Genehmigung nach dem Registerverfahrenbeschleunigungsgesetz, MittBayNot 1995, 17.

Übersicht

Böhringer

I. Liegenschaftsrechtliches Sonderrecht

Das Grundstücksrecht der ehemaligen DDR unterschied sich deutlich von der Sachenrechtsordnung des Bürgerlichen Gesetzbuches. Seit der Wiederherstellung der staatlichen Einheit am 03.10.1990 muss das 40-jährige Erbe einer völlig anders verlaufenen Rechtsentwicklung bewältigt werden. So manches Sonderrecht gilt auch heute noch. Die das Grundstückseigentum beeinflussenden partikularrechtlichen Regelungen sind weiterhin von Bedeutung. **1**

1. Volkseigentum

Spätestens mit dem Einigungsvertrag wurde das Volkseigentum der ehem. DDR abgeschafft und durch Privateigentum ersetzt. Seit dem 03.10.1990 sind deshalb die mit **Rechtsträgervermerk** versehenen Grundbucheintragungen unrichtig. Wer über volkseigenes Vermögen verfügen will, muss in der Form des § 29 GBO seine Berechtigung dazu nachweisen. Hier hilft ein Bescheid nach § 2 VZOG. Da das **Zuordnungsverfahren** einige Zeit in Anspruch nimmt, wurde mit § 8 VZOG für bestimmte im Grundbuch eingetragene Rechtsträger eine Verfügungsermächtigung geschaffen.[2] § 8 VZOG setzt nicht voraus, dass der Verfügungsberechtigte auch materiellrechtlich Eigentümer ist oder wird. Auf Grund der Verfügungsermächtigung vorgenommene Rechtsgeschäfte gelten als Verfügungen des Berechtigten. Die Verfügungsermächtigung hat den Charakter einer gesetzlichen Vollmacht. Verfügungsermächtigt ist die Gebietskörperschaft (Bund, Länder, Landkreise, Städte und Gemeinden) als solche. Bei der Ausübung der Verfügungsbefugnis bestehen keine Zustimmungserfordernisse nach dem Haushalts- und Kommunalaufsichtsrecht, wohl aber sind sonstige öffentlich-rechtliche Vorschriften zu beachten. Bei beschränkten dinglichen Rechten alter öffentlicher Stellen besteht eine Bewilligungsbefugnis von Dienststellen des Bundes u. a. nach § 105 Abs 1 Nr 6 GBV. Außerdem gilt die Regelung Art 231 § 10 EGBGB. Das Gesetz zur Regelung bestimmter Altforderungen (AFRG)[3] bestimmt nun den Bund (Entschädigungsfonds)[4] als Gläubiger solcher von dem 08.05.1945 begründeter Darlehensforderungen, die einem im Beitrittsgebiet infolge der Besatzung enteigneten Kreditinstitut zustanden, wenn die Forderungen mangels Belegenheit im Beitrittsgebiet nicht wirksam enteignet waren und das Kreditinstitut Ausgleichsleistungen erhalten hat. S dazu 9. Aufl § 13 Rn B 169 ff; § 22 Rn B 35, 193 ff; Einl C Rn 1126. **2**

2. Bodenreformgrundstücke

Eine besondere rechtliche Regelung gab es in der ehemaligen DDR zu den sog. Bodenreformgrundstücken. Mit Art 233 §§ 11 ff EGBGB hat der Gesetzgeber die Eigentumsverhältnisse bei Grundstücken aus der Bodenreform, die noch als Eigentum eines Neubauern eingetragen sind, umfassend geregelt. Bodenreformgrundstücke sind nur **3**

---

2 Ausführlich *Böhringer* MittBayNot 1991, 189; *ders* MittBayNot 1994, 18; *ders* OV spezial 20/1993 S 6; *Janke* NJ 2005, 529, 531.

3 Vom 10.06.2005, BGBl I S 1589. Dazu *Rodenbach* NJ 2005, 348; *Broschat* ZOV 2005, 274; BGH NJ 2006, 409 m zust Anm *Nawroth*.

4 Gemeint ist der Entschädigungsfonds nach § 9 EntschG, der vom BARoV unter der Aufsicht des BMF verwaltet wird.

solche, die am 15.03.1990 **als Bodenreformgrundstücke im Grundbuch gekennzeichnet** waren; in Abt. II des Grundbuchs war ein Bodenreformvermerk eingetragen. Die fortdauernden Besonderheiten kommen nur für solche Grundstücke aus der Bodenreform in Betracht.[5] Nach Art 233 § 11 Abs 2 EGBGB erfolgt eine gesetzliche Übertragung (zum 22.07.1992) von Eigentum an Bodenreformgrundstücken, die nicht von unerledigten früheren Besitzwechsel- oder Rückfallvorgängen betroffen sind. S dazu 9. Aufl § 35 Rn B 2, 50.

3. Ungetrennte Hofraumgrundstücke

4   Es gibt in den neuen Ländern vielfach unvermessene Grundstücke, bei denen nicht eindeutig feststeht, auf welche Bodenfläche sie sich erstrecken. Vor allem bei den so genannten »**Anteilen an ungetrennten Hofräumen**« besteht keine katastermäßige Erfassung der Anteile am Gesamtgrundstück. Die Hofraumverordnung stellt die formale Grundbuchfähigkeit solcher Grundbucheinträge her. Das amtliche Verzeichnis iS von § 2 GBO wird ersetzt durch die **Gebäudesteuerrolle**. Ist dieses nicht mehr vorhanden, genügt der Einheitswert-, Grundsteuer-, Grunderwerbsteuer- und Abwassergebührenbescheid. Fehlt die Bezeichnung des Grundstücks nach diesen Ersatzangaben im Grundbuch, ist die Bezeichnung nach Gebäudesteuerrolle bzw Ersatzbescheiden von Amts wegen nachzuholen (§ 2 Abs 2 HofV), wenn im jeweiligen Grundbuch eine sonstige Eintragung vorgenommen werden soll.[6] Das bedeutet für das Grundbuchamt eine Grundbuchsperre. Der Grundbuchführer hat also zuerst die Grundbuchergänzung vorzunehmen und dann erst den Eintragungsantrag zu erledigen.

5   Die Hofraumverordnung regelt aber nicht, um welche konkrete Fläche und Lage es sich beim Anteil am ungetrennten Hofraum handelt. **Lage und Fläche** der unvermessenen Grundstücke wird erst durch einen mit Sonderungsbescheid festgestellten Sonderungsplan bestimmt; für das Verfahren dazu gilt das Bodensonderungsgesetz und die Sonderungsplanverordnung.

6   Die HofV gilt zeitlich **befristet bis 31.12.2010**. Bis dahin hat der Grundstückseigentümer entweder die Vermessung des Hofraumgrundstücks oder die Kartierung nach dem Bodensonderungsgesetz zu veranlassen und in einen Sonderungsplan aufnehmen zu lassen, da andernfalls das Grundstück ab 01.01.2011 nicht mehr als Grundstück grundbuchfähig gilt, also nicht mehr Objekt von Verfügungen sein kann. Die bisherige Grundbucheintragung ist ab diesem Zeitpunkt unzulässig, weil das Grundstück nicht nach einem amtlichen Verzeichnis oder Ersatznachweis benannt, also unzureichend bestimmt ist. Die nicht ergänzte Eintragung verlautbart ab 01.01.2011 einen Rechtszustand, den es nicht mehr geben kann. S dazu 9. Aufl § 2 Rn B 53.

4. Gebäudeeigentum

7   **a) Rechtscharakter.** Nach dem ZGB-DDR war der Eigentümer des Grund und Bodens auch Eigentümer der mit dem Grundstück fest verbundenen Gebäude und Anlagen. Eine Besonderheit des DDR-Bodenrechts war (und bleibt) die Zulassung eines vom Grundeigentum getrennten, **selbstständigen Eigentums** an Gebäuden, Baulichkeiten und anderen Einrichtungen (Gebäudeeigentum).[7] Dieses von Grund und Boden getrennte Eigentum entstand in vielen Fällen erst mit tatsächlicher Errichtung des Bauwerks. Das Bauwerk musste am 03.10.1990 nicht fertig gestellt sein; es musste die Errichtung eines Gebäudes aber erkennbar sein. S dazu 9. Aufl § 3 Rn B 3, 135, § 5 Rn B 1; § 6 Rn B 1, § 46 Rn B 14; vgl auch § 144.

8   Nach Art 231 § 5 Abs 1, Art 233 §§ 2b Abs 2, 4 und § 8 EGBGB bleibt das isolierte Gebäudeeigentum erhalten, das am 02.10.1990 bestanden hat. Dementsprechend werden Gebäude, Anlagen, Anpflanzungen oder Einrichtungen, die nach dem am 02.10.1990 in der ehemaligen DDR geltenden Recht selbstständiges Eigentum waren, von den §§ 93, 94 BGB ausgenommen. Für Gebäudeeigentum gemäß § 288 Abs 4 und nach § 292 Abs 3 ZGB gelten seit dem 03.10.1990 die sich **auf Grundstücke beziehenden Vorschriften** des BGB mit Ausnahme der §§ 927, 928 BGB. Etwas anderes gilt für das Gebäudeeigentum gemäß §§ 296, 312 ZGB; es wird wie eine bewegliche Sache behandelt und nur noch schuldrechtlichen Regeln unterstellt.[8] Neu geschaffen wurde ein Gebäudeeigentum nach Art 233 § 2b EGBGB.

9   **b) Dingliche Nutzungsrechte.** In der ehemaligen DDR kamen verschiedene Arten von Nutzungsrechten[9] vor. Es gab verliehene Nutzungsrechte, zugewiesene Nutzungsrechte, Nutzungsrechte für Arbeiterwohnungsbaugenossenschaften, Nutzungsrechte nach dem Verkaufsgesetz,[10] Nutzungsrechte für ausländische Staaten, für

---

5   Einzelheiten *Böhringer* MittBayNot 1992, 369; *ders* VIZ 1993, 195; *ders* Rpfleger 1993, 89; *ders* OV spezial 2000, 354.

6   Eingehend *Ufer* DNotZ 1992, 777; *ders* DtZ 1992, 272; *Schmidt-Räntsch* ZIP 1993, 1917; *Böhringer* VIZ 1994, 63; *ders* DtZ 1994, 100; DNotI-Gutachten DNotI-Report 1995, 105. Zur Behandlung der Anteile BGH DtZ 1997, 321 = NJ 1997, 423 = VIZ 1997, 293. Zur Zwangsversteigerung BGH DtZ 1996, 212 = NJ 1996, 585 = Rpfleger 1996, 471; Gutachten DNotI-Report 1995, 105.

7   Zu den Rechtsgrundlagen *Böhringer* OV spezial 19/1993 S 11; *ders* VIZ 1996, 131.

8   Es handelt sich nach Art 232 § 4 EGBGB um ein schuldrechtliches Nutzungsverhältnis besonderer Art.

9   Ausführlich *Böhringer* BWNotZ 1992, 3.

10 DDR-GBl 1990 I Nr 18 S 157.

LPGen (§ 27 LPGG) und für Betriebe (§ 459 ZGB). Das Gebäudeeigentum für die Berechtigten ist heute im Grundbuch eintragbar.

Für Gebäudeeigentum aufgrund von dinglichen Nutzungsrechten ebenso wie für nutzungsrechtsloses Gebäu- **10**
deeigentum fehlte zu DDR–Zeiten vielfach nicht nur eine Eintragung des dinglichen Nutzungsrechts oder des
nutzungsrechtslosen Gebäudeeigentums im Grundbuch des Grundstücks. Oft ist auch das Grundbuchblatt für
das Gebäudeeigentum selbst gar **nicht angelegt**. Dies ist zum Teil darauf zurückzuführen, dass die **Nachwei-**
sung des Gebäudeeigentums Schwierigkeiten bereitete. Die Frage dieses Nachweises ist mit § 4 GGV geregelt worden. Die Vorschrift zeichnet sich dadurch aus, dass sie im Interesse der Anlegung von Gebäudegrundbuchblättern im großen Umfang von den strengen Nachweisforderungen des § 29 GBO abweicht, die in den
vorliegenden Fällen kaum eingehalten werden können (vgl auch Art 233 § 2b EGBGB).

c) Grundbucheintragung. Für das Gebäudeeigentum war grundsätzlich ein **besonderes Gebäudegrund-** **11**
buchblatt anzulegen.[11] Dieses Gebäudegrundbuchblatt war für das Gebäude Grundbuch im Sinne des Gesetzes. Es verlautbart selbstständiges Eigentum an Gebäuden und Anlagen unabhängig vom Eigentum an Grund
und Boden. Dieses Gebäudeeigentum ist in etwa vergleichbar dem Erbbaurecht. Es war grundsätzlich veräußerlich und belastbar.

Für Gebäudeeigentum aufgrund dinglicher Nutzungsrechte nach dem Zivilgesetzbuch der Deutschen Demo- **12**
kratischen Republik (ZGB) und dem Gesetz über die Verleihung von Nutzungsrechten an volkseigenen
Grundstücken vom 17. Dezember 1970[12] kann nach §§ 3 ff GGV ein Gebäudegrundbuchblatt angelegt werden.
Gleiches gilt für nutzungsrechtsloses Gebäudeeigentum nach Art 233 §§ 2b und 8 EGBGB. Geregelt ist auch
die Frage, wie ein dem Gebäudeeigentum zugrunde liegendes dingliches Nutzungsrecht oder nutzungsrechtsloses Gebäudeeigentum im Grundbuch für das Grundstück eingetragen werden soll. Denn vom 1. Januar 2001 an
bewirkt die Veräußerung des Grundstücks an gutgläubiger Erwerber zugleich auch den **Untergang von**
Gebäudeeigentum und des Rechts zum Besitz aus Art 233 § 2a EGBGB, deren Eintragung im Grundbuch
des Grundstücks nicht vor diesem Zeitpunkt beantragt worden ist (Art 231 § 5 Abs 3 und Art 233 § 4 Abs 2
EGBGB sowie § 111 SachenRBerG).[13] Ferner gilt, dass über ein Gebäudeeigentum im Grundsatz nur verfügt
werden kann, wenn das dem Gebäudeeigentum zugrunde liegende Nutzungsrecht oder, wenn ein solches nicht
vorhanden ist, das Vorhandensein von Gebäudeeigentum in der zweiten Abteilung des für das Grundstück eingetragen ist.

d) Verkehrsfähigkeit. Das Gebäudeeigentum ist als grundstücksgleiches Recht **eigenständig verkehrsfähig**. **13**
Verfügungen über das als grundstücksgleiches Recht anerkannte Gebäudeeigentum richten sich ab 03.10.1990
nach den Vorschriften des BGB für die Verfügungen über Grundstückseigentum. Verfügungen über das
Gebäudeeigentum erfassen auch das Nutzungsrecht als Bestandteil des Gebäudeeigentums. Die notwendigen
Grundbucheintragungen sind im Gebäudegrundbuch vorzunehmen, die Aufhebung des Rechts dagegen im
Grundstücksgrundbuch. Das Gebäudeeigentum (samt dinglichem Nutzungsrecht) unterliegt der **Zwangsvoll-**
streckung in das unbewegliche Vermögen. Das Gebäudeeigentum ist nicht pfändbar.[14] § 867 Abs 2 ZPO
betrifft auch das Gebäudeeigentum, weil dieses ein grundstücksgleiches Recht ist. Die Vorschriften der §§ 927,
928 BGB sind nicht anwendbar. Bei Eintragungen und Berichtigungen beim Gebäudeeigentum nach Art 233
§§ 2b und 8 EGBGB hat das Grundbuchamt zu prüfen, ob das Gebäude noch vorhanden ist, § 144 Abs 1
Nr 4 S 5 GBO.

Die **Teilung** von Gebäudeeigentum ist zulässig.[15] Bei nutzungsrechtsbewehrtem Gebäudeeigentum ist dem **14**
Grundbuchamt die Zustimmung des Grundstückseigentümers zur Teilung in der Form des § 29 GBO nachzuweisen, da die Teilung des dinglichen Nutzungsrechts eine Inhaltsänderung darstellt (§ 14 Abs 3 GGV).

Die **Zuschreibung** eines selbstständigen Grundstücks zu einem von einem Gebäudeeigentum betroffenen/ **15**
belasteten Grundstücks setzt keine Ausdehnung des Gebäudeeigentums auf die zuzuschreibende Fläche voraus
(anders beim Erbbaurecht wegen § 6 GBO). Die Zuschreibung des belasteten/betroffenen Grundstücks zum
Gebäudeeigentum ist zulässig (ähnliche Rechtslage wie beim Erbbaurecht), nicht aber umgekehrt.[16] An beiden
Rechtsobjekten muss die **gleiche Rechtsinhaberschaft** bestehen. Die Zuschreibung eines Gebäudeeigentums
zu einem anderen Gebäudeeigentum ist zu bejahen.

---

11 Vgl zur Grundbuchanlegung die Gebäudegrundbuchverfügung, BGBl 1994 I S 1606.
12 DDR-GBl I Nr 24 S 372.
13 BGBl 1994 I S 2457.
14 Ausführlich *Böhringer* VIZ 2000, 193.
15 *Böhringer* DtZ 1996, 290.
16 *Böhringer* Liegenschaftsrecht, Rn 620.

16   Auch die **Vereinigung** mehrerer Gebäudeeigentumsrechte ist statthaft. Dagegen ist die Vereinigung des Gebäudeeigentums mit dem mit ihm belasteten Grundstück nicht zulässig.[17]

17   Die **Übertragung** des selbstständigen Gebäudeeigentums erfolgt nach §§ 873, 925 BGB, der Kausalvertrag dazu bedarf der Form des § 311b Abs 1 BGB.

18   Für die **Belastung** des Gebäudeeigentums mit beschränkten dinglichen Rechten gelten die Sachenrechtsvorschriften des BGB. Das Gebäudeeigentum kann auch mit Dienstbarkeiten belastet werden, vgl zB § 9 Abs 1 S 3 GBBerG.

19   Da ein Grundstücksmiteigentumsanteil nicht vorhanden ist, kann eine Umwandlung des Gebäudeeigentums in **Wohnungseigentum** nicht erfolgen.[18] Die Bestellung eines **Erbbaurechts am Gebäudeeigentum** scheitert schon aus begrifflichen Gründen, aber auch, weil das Überleitungsrecht dem Nutzungsberechtigten keine neuen Berechtigungen verleihen wollte. Die Überleitung des Gebäudeeigentums in Dauerwohnrechte und Dauernutzungsrechte ist möglich.[19]

20   Das dingliche Nutzungsrecht (wie auch das nutzungsrechtslose Gebäudeeigentum) kann im **Rang zurücktreten** hinter andere dingliche Rechte am belasteten Grundstück.[20] Eine Verbotsvorschrift ähnlich § 10 ErbbauRG ist nicht vorhanden und auch nicht entsprechend anzuwenden.

21   **e) Komplettierung.** Möglich ist eine Eigentumskomplettierung.[21] Erwirbt demnach der Gebäudeeigentümer den Grund und Boden oder erwirbt der Grundstückseigentümer das Gebäudeeigentum hinzu, so erlischt das selbstständige Gebäudeeigentum nicht automatisch; es tritt keine Konsolidation (§ 899 BGB) ein. Das **Gebäudeeigentum erlischt nicht** kraft Gesetzes.[22] Grundsätzlich sind somit beide Grundbücher fortzuführen (vergleichbar dem Erbbaurecht). Über beide Rechtsobjekte kann aber nur noch einheitlich verfügt werden; nach § 78 SachenRBerG besteht ein Verfügungs- und Trennungsverbot sowie die Verpflichtung des Eigentümers zur Aufhebung des Gebäudeeigentums.[23] S dazu 9. Aufl § 5 Rn B 1, § 6 Rn B 1.

22   § 78 SachenRBerG trifft Vorsorge dafür, dass Grundstücks- und Gebäudeeigentum bei einer Komplettierung nicht wieder auseinanderfallen. Es besteht ein **absolut wirkendes Verfügungsverbot**. Das Grundbuchamt hat die Verfügungssperre von Amts wegen zu beachten. Die Ausnahmen des § 78 Abs 1 S 2 SachenRBerG sind dem Grundbuchamt in der Form des § 29 GBO nachzuweisen, der die Zwangsversteigerung anstrebende Gläubiger hat formgerecht den Ausnahmefall zu bestätigen. Auf die Eintragung einer Zwangshypothek kann § 78 Abs 1 S 2 SachenRBerG entsprechend angewandt werden. Strittig ist dabei, ob wegen § 78 SachenRBerG noch eine Zwangshypothek an einem der beiden Objekte eintragungsfähig ist oder ob ausnahmsweise – contra legem zu § 867 Abs 2 ZPO – die Eintragung einer Gesamtzwangshypothek zulässig ist.[24] Fraglich ist, ob das Gesamtrecht an beiden Rechtsobjekten den gleichen Rang haben muss, weil eine rangdivergierende Belastung dem Gesetzeszweck von § 78 SachenRBerG zuwiderlaufen würde.[25] Allerdings ist zu bedenken, dass in der Vollstreckungspraxis getrennte Ausgebote bei Gesamtrechten durchaus üblich sind; § 78 SachenRBerG sollte deshalb nicht zu extensiv ausgelegt werden.

23   Die abstrakte Gefahr, dass eine erteilte GVO-Genehmigung widerrufen werden kann, begründet keine Ausnahme von der Aufgabepflicht.[26] Eine Einschränkung des Aufgabezwangs des § 78 SachenRBerG ist im Wege der teleologischen Reduktion der Vorschrift dann gerechtfertigt, wenn für das Grundstück Restitutionansprü-

---

17   OLG Jena Rpfleger 1998, 195; LG Dresden Rpfleger 1999, 271; LG Mühlhausen DNotI-Report 1998, 141 = Rpfleger 1998, 195, *Böhringer* OV spezial 4/1993 S 1. Zum vergleichbaren Fall beim Erbbaurecht BayObLG DNotI-Report 1999, 81 = MittBayNot 1999, 375.

18   OLG Jena DtZ 1996, 88 = Rpfleger 1996, 194; *Krauß* OV spezial 1997, 5; *Purps* VIZ 1997, 463; aA *Hügel* DtZ 1996, 66.

19   *Flik* BWNotZ 1996, 97.

20   BezG Dresden Rpfleger 1993, 396; *Keller* Rpfleger 1994, 194; *ders* MittBayNot 1994, 389, 397; kritisch *Cremer* NotBZ 2000, Sonderheft, *S 13, 17.*

21   *Böhringer* OV spezial 10/1993 S 8; *ders* DtZ 1994, 266.

22   *Böhringer* DtZ 1994, 266; *ders* OV spezial 10/1993 S 8.

23   Zum Aufhebungszwang des § 78 SachenRBerG beim Gebäudeeigentum *Böhringer* VIZ 2004, 345; *ders* OV spezial 1996, 262; *ders* OV spezial 1995, 73.

24   Bejahend OLG Brandenburg DtZ 1996, 384 = FGPrax 1997, 9 = Rpfleger 1997, 60; OLG Jena DtZ 1997, 391 = Rpfleger 1997, 431; ablehnend: LG Frankfurt/O. Rpfleger 1997, 212. Wer dies ablehnt – wofür die dogmatisch besseren Gründe sprechen – verweigert dem Gläubiger den zwangsweisen Zugriff auf eines der Objekte mittels einer Zwangshypothek und verweist ihn auf das extrem umständliche Verfahren der Pfändung von Aufhebungsansprüchen.

25   So *Schöner/Stöber* Rn 4287; *Vossius,* SachenRBerG, 2. Aufl, § 78 Rn 9.

26   OLG Brandenburg OLG-NL 2006, 2 = NJ 2006, 35 m Anm *Fritzsche* = NotBZ 2006, 99 = ZOV 2005, 287; *Böhringer* VIZ 2004, 345.

che nach dem Vermögensgesetz angemeldet sind.[27] Gleiches gilt bei dinglichen Belastungen des Grundstücks, die zu einer mit der Geltendmachung von Restitutionsansprüchen vergleichbaren Instabilität des Rechtserwerbs am Grundstück führen, demnach bei Grundpfandrechten und sonstigen Belastungen (unbefristeter Nießbrauch für juristische Personen), die zu einer dauerhaften faktischen Aushöhlung des Eigentums am Gebäude führen, darunter sind wohl darunter sind wohl Vorkaufsrechte und Rückforderungsrechte nach Schenkungsrecht nicht zu zählen.[28] Das Verkehrsflächenbereinigungsgesetz verweist zwar nicht ausdrücklich auf § 78 SachenRBerG, gleichwohl ist diese Vorschrift anwendbar. Ausnahmen von § 78 SachenRBerG bestehen in den Fällen des § 1 Abs 2 SachenRBerG, also bei Vermögenszuordnung nach dem Einigungsvertrag, dem Treuhandgesetz, dem Vermögenszuordnungsgesetz und dem Wohnungsgenossenschafts-Vermögensgesetz. Ebenso wie im Fall von angemeldeten Restitutionsansprüchen nach dem Vermögensgesetz besteht auch aufgrund des Wiederkaufsrechts gemäß § 10 VerkFlBerG der Aufgabezwang gemäß § 78 SachenRBerG so lange nicht, wie das Wiederkaufsrecht noch besteht.[29] Das Grundbuchamt kann in den Fällen des § 78 SachenRBerG ein Zwangsverfahren zur Aufhebung des Gebäudeeigentums durchführen.[30]

f) Aufhebung/Erlöschen. aa) Voraussetzungen. Art 233 § 4 Abs 6 EGBGB regelt ausdrücklich, dass das Gebäudeeigentum gemäß §§ 875, 876 BGB aufgehoben werden kann.[31] Bei der Aufhebung des Gebäudeeigentums ist nicht erforderlich, dass das **Gemeinschaftsverhältnis** der Eigentümer (§ 47 GBO) bei beiden Rechtsobjekten konkordant ist. So ist denkbar, dass Eheleute »in ehelichem Vermögen« als Eigentümer im Grundstücksgrundbuch eingetragen sind und das bestehende Gebäudeeigentum »je zur Hälfte« hinzuerwerben oder umgekehrt und sodann die Aufhebungserklärung für das Gebäudeeigentum abgeben. S dazu 9. Aufl § 3 Rn B 135, § 46 Rn B 14   **24**

Erforderlich zur Aufhebung eines im Grundstücksgrundbuch eingetragenen Gebäudeeigentums ist die **Erklärung des Gebäudeeigentümers**, dass er das Recht aufgebe, sowie die **Löschung** des Gebäudeeigentums im Grundstücksgrundbuch (§ 12 Abs 1 GGV) und die **Schließung** des Gebäudegrundbuchblattes.   **25**

Der **Grundstückseigentümer** braucht – anders als beim Erbbaurecht – der Aufhebung nicht zuzustimmen. Grundsätzlich ist die Zustimmung der **Inhaber dinglicher Rechte** am Gebäudeeigentum zu der Aufhebung des Gebäudeeigentums gemäß § 876 BGB notwendig.[32] Eine Ausnahme wird dann gemacht, wenn die dingliche Rechtsstellung der Zustimmungsberechtigten durch die Aufhebung nicht berührt wird, also sich dessen Rechtsstellung materiellrechtlich nicht verschlechtert. Keine Zustimmung ist deshalb nötig, wenn das im Gebäudegrundbuch eingetragene Recht mit gleichem Inhalt und nicht rangschlechter zugleich auf dem Grundstück lastet (inhalts- und ranggleiche Doppelbelastung).   **26**

Für alle Erklärungen gilt grundbuchverfahrensrechtlich die **Form des § 29 GBO**.   **27**

Sind die Eigentümer der beiden Rechtsobjekte verschiedene Personen, so ist die Vorlage einer **Unbedenklichkeitsbescheinigung** des Finanzamts nach § 22 GrEStG notwendig. Ein Negativattest wegen des gemeindlichen **Vorkaufsrechts** ist nicht vorzulegen, wohl aber eine Genehmigung nach § 145 BauGB, wenn das Grundstück in einem Sanierungsgebiet liegt. Die Aufgabeerklärung erfordert keine Genehmigung nach der **Grundstücksverkehrsordnung (GVO)**, wohl aber eine dieser Erklärung zu Grunde liegende Verpflichtung (Form: § 311b BGB) zur Übertragung des selbstständigen Gebäudeeigentums. Ein gutgläubiger Erwerb des Gebäudes vom Buchberechtigten nach den üblichen Regeln des Erwerbs vom Nichtberechtigten ist möglich, da auf Grund von § 893 BGB für die Aufgabe des Rechtes nach § 875 BGB der Gutglaubensschutz des § 892 BGB entsprechend gilt.   **28**

bb) Rechtsfolgen. Durch die Aufhebung des Gebäudeeigentums wird das **Gebäude wesentlicher Bestandteil des Grundstücks**, § 94 BGB. Das Gebäude hat nunmehr nach § 93 BGB mit dem Grundstück ein einheitliches rechtliches Schicksal, kann also nicht mehr Gegenstand besonderer dinglicher Rechte sein.   **29**

---

27 Hinweise bei OLG Naumburg NotBZ 2004, 281. Ausführlich zu Einschränkungen beim Aufgabezwang *Böhringer* VIZ 2004, 345; OLG Brandenburg NotBZ 2004, 281; LG Potsdam DNotI-Report 1996, 32, *Bauer/von Oefele-Krauß*, GBO, 1. Aufl, E I Rn 440–442, unter Erweiterung auf alle Fälle des instabilen Eigentumserwerbs am Grundstück.

28 Dazu *Bauer/von Oefele-Krauß*, GBO, Abschn E I Rn 442; *Krauß* NotBZ 1997, 60; LG Mühlhausen DNotI-Report 1998, 141 = NotBZ 1998, 34 *(Döbereiner)* = Rpfleger 1998, 196; OLG Jena NotBZ 1998, 32 = OLG-NL 1998, 181 = Rpfleger 1998, 195; LG Dresden NotBZ 1999, 87 = Rpfleger 1999, 271; BayObLG DNotI-Report 1999, 81 = MittBayNot 1999, 375, zum Erbbaurecht.

29 LG Potsdam DNotI-Report 1996, 32; *Czub/Schmidt-Räntsch/Frenz*, SachenRBerG (4/01), § 78 Rn 29.

30 Allgemein zum Verfahren beim Grundbuchberichtigungszwang nach § 82 GBO *Riedel* JurBüro 1979, 659.

31 LG Erfurt NotBZ 1999, 68 m Anm *Böhringer*; Einzelheiten *Böhringer* DtZ 1994, 266.

32 Eine Löschungsbewilligung für das einzelne Recht ist nicht erforderlich.

30 Die Aufhebung ist in das Grundbuch des Grundstücks einzutragen, § 875 BGB. Ist das Gebäudeeigentum/Nutzungsrecht nicht im Grundstücksgrundbuch vermerkt, ist kein Aufhebungsvermerk dort zulässig.[33]

31 **cc) Unredlich erworbene Nutzungsrechte.** Unredlich erworbene dingliche Nutzungsrechte können durch einen **Bescheid** des Amts zur Regelung offener Vermögensfragen gemäß §§ 16, 33, 34 VermG oder durch gerichtliches Aufhebungsurteil aufgehoben werden (Art 233 § 4 Abs 5 EGBGB). Die Löschung im Grundbuch ist deklaratorisch. Grundpfandrechte am Gebäudeeigentum sind ohne Löschungsbewilligung der Gläubiger zu löschen, da das Belastungsobjekt nicht mehr existiert. § 12 Abs 1 GGV kann bei § 16 VermG direkt, bei Art 233 § 4 Abs 5 EGBGB entsprechend angewandt werden.

32 **dd) Gutgläubiger Wegerwerb.** In einer Vielzahl von Fällen wurden die Nutzungsrechte im Grundstücksgrundbuch nicht eingetragen. Im Hinblick auf §§ 891, 892 BGB hätte ein Vermerk im Grundbuch des betroffenen Grundstücks erfolgen sollen. Um gutgläubig lastenfreien (nutzungsrechtsfreien/gebäudeeigentumsfreien) Erwerb bis Ende 2000 auszuschließen, bestimmt Art 231 § 5 Abs 3 und Art 233 § 4 Abs 2 EGBGB, dass das dingliche Nutzungsrecht/Gebäudeeigentum unter bestimmten Voraussetzungen[34] durch die Gutglaubensvorschriften nicht beeinträchtigt wird. In ihren Grundzügen ähnelt die Vorschrift derjenigen des Art 187 EGBGB. Der 31.12.2000 war der Stichtag für die Anwendung der Gutglaubens-Vorschriften. S dazu 9. Aufl § 3 Rn B 186.

33 Bei Gutgläubigkeit des Erwerbers erlischt das Gebäudeeigentum ohne das sachenrechtliche Aufhebungsverfahren nach Art 233 § 4 Abs 6 EGBGB. Das Gebäudegrundbuchblatt wird in einem solchen Fall unrichtig und ist im Wege der Grundbuchberichtigung nach §§ 22, 19, 29 GBO zu schließen, gegebenenfalls hat der Grundstückserwerber seinen ihm nach § 894 BGB zustehenden Berichtigungsanspruch klageweise durchzusetzen (§ 894 ZPO). Eine amtswegige Löschung kann nicht erfolgen.

34 **ee) Aufgebot des Gebäudeeigentümers.** Ist der Nutzer oder sein **Aufenthalt unbekannt**, so hat der Grundstückseigentümer nach § 18 SachenRBerG die Möglichkeit, den Nutzer im Wege eines Aufgebotsverfahrens mit seinen Rechten auszuschließen.[35] Ähnlich § 937 Abs 1 BGB muss der **Besitzverlust mindestens zehn Jahre** angedauert haben. Mit dem Ausschlussurteil gehen das Gebäudeeigentum und das Nutzungsrecht auf den Grundstückseigentümer über. Es kommt zu keiner Konsolidation oder Konfusion, beide Rechtsobjekte bleiben bestehen. Das Grundbuch wird berichtigt. Der Eintragungsantrag bedarf keiner Form. Vorzulegen ist Ausfertigung des Ausschlussurteils, ebenso Unbedenklichkeitsbescheinigung des Finanzamtes (§ 22 GrEStG).

35 **ff) Sachenrechtsbereinigung.** Mit der **Bestellung eines Erbbaurechts** ist die Sachenrechtsbereinigung (§ 32 SachenRBerG) vollzogen. Das Gebäude wird – kraft Gesetzes – Bestandteil des Erbbaurechts. Gebäudeeigentum und Nutzungsrecht erlöschen – außerhalb des Grundbuchs – nach § 59 SachenRBerG. Ein vorhandenes Gebäudegrundbuchblatt ist zu schließen. Das Gebäudeeigentum bzw das dingliche Nutzungsrecht ist in Abt. II des Grundbuchs des Grundstücks – sofern dort eingetragen – als gegenstandslos im Wege der Grundbuchberichtigung zu löschen. § 12 Abs 1 GGV kann entsprechend angewandt werden, denn die Rechtslage des § 59 SachenRBerG entspricht der Aufhebung des Nutzungsrechts nach § 16 VermG bzw nach Art 233 § 4 Abs 5 EGBGB. Auch die gesetzlichen Besitzrechte nach Art 233 § 2a GBGB erlöschen mit der Bestellung des Erbbaurechts, der Vermerk nach Art 233 § 2c Abs 2 EGBGB wird damit gegenstandslos und kann berichtigend gelöscht werden. Beschränkte dingliche Rechte setzen sich nach § 34 Abs 1 SachenRBerG am Erbbaurecht fort und sind von Amts wegen dort einzutragen.

5. Dingliche Rechte in Abt. II des Grundbuchs

36 **a) Mitbenutzungsrechte. aa) Allgemeines.** Mitbenutzungsrechte gelten gemäß Art 233 § 5 Abs 1 EGBGB als dingliche Rechte besonderer Art weiter. S dazu 9. Aufl Einl C Rn 1001. Sie erweitern damit den numerus clausus der Sachenrechte. Gewisse bisher im Grundbuch nicht eingetragene Mitbenutzungsrechte erlöschen, wenn sie nicht bis 31.12.2000 anerkannt oder rechtshängig gemacht worden sind. § 8 GBBerG, § 13 SachenR-DV, Art 1 Abs1 Nr 2 EFG, 2. EFG, Art 233 § 5 EGBGB).[36] **Rechtzeitig anerkannte** Mitbenutzungsrechte bleiben gegenüber dem öffentlichen Glauben des Grundbuchs weiterhin bestandskräftig. Ab 01.01.2001 ist aber gutgläubiger Wegerwerb bzw Vorrangerwerb möglich. § 8 GBBerG gilt nicht für Anlagen nach § 9 GBBerG.

---

33 *Böhringer* OV spezial 4/1993 S 1, 3.

34 Eingehend *Böhringer* BWNotZ 1992, 3.

35 Zur Ausschließung von Rechtsinhabern *Böhringer* NotBZ 2001, 197.

36 Zur Gefährdung der Mitbenutzungsrechte *Böhringer* VIZ 2000, 441; *ders* BWNotZ 2000, 1. Zur Sicherung und Eintragung von Mitbenutzungsrechten *Böhringer* Rpfleger 1997, 244; *ders* NotBZ 2002, 117; *Flik/Keller* DtZ 1996, 330. Zu Urkundennachweisen für die Eintragung unsichtbarer Rechtspositionen *Böhringer* NotBZ 2000, 371.

bb) Grundbucheintragung. Die Eintragung des Mitbenutzungsrechts stellt eine Grundbuchberichtigung 37
dar, weil ein außerhalb des Grundbuchs rechtswirksam entstandenes und fortbestehendes Grundstücksrecht, das
im Grundbuch nicht eingetragen ist, in dieses eingetragen werden soll. Für die Eintragung aller am **Stichtag
31.12.2000** nicht erloschener Mitbenutzungsrechte im Grundbuch gilt die Grundbuchordnung mit ihren
Nebenbestimmungen (zB die Grundbuchverfügung). Der Unrichtigkeitsnachweis wird geführt durch öffentliche oder öffentlich beglaubigte Urkunden (§ 22 Abs 1 GBO) oder durch freiwillig abgegebener oder durch
Klage erzwungener Berichtigungsbewilligung des betroffenen Grundstückseigentümers.

Im Berichtigungsverfahren ist zu unterscheiden zwischen der Buchung des Rechts als solches und der Rang- 38
festlegung des Mitbenutzungsrechts. Das Mitbenutzungsrecht hat gemäß Art 233 § 9 Abs 2 EGBGB den **Rang**
seines zeitlichen Entstehens, also mit schriftlicher Vereinbarung zwischen den Nutzungsberechtigten und der
Eigentümerzustimmung, wobei der Zugang der zeitlich letzten Willenserklärungen, also die Perfektion des
Rechtsgeschäfts, entscheidet. Da die Beteiligten oft selbst nicht mehr wissen, wann das Mitbenutzungsrecht
eigentlich entstanden ist, bestimmt § 8 Abs 2 GBBerG, dass das Mitbenutzungsrecht als am 25.12.1993 entstan-
den gilt (Fiktion), obwohl nach dem 02.10.1990 Mitbenutzungsrechte nicht mehr entstehen konnten. Der
Rang des Mitbenutzungsrechts ist also entweder der des tatsächlichen Entstehenszeitpunkts, ggf der sich aus der
Fiktion in § 8 Abs 2 GBBerG ergebende Rang, unter Umständen auch der deklaratorischen Eintragung des
Mitbenutzungsrechts.

cc) Sicherungsmaßnahmen. Als vorläufige Sicherungsmaßnahme für das noch nicht im Grundbuch einge- 39
tragene, aber bestehen gebliebene Mitbenutzungsrecht kann auch die Eintragung eines **Widerspruchs**
im Wege der einstweiligen Verfügung begehrt und der Vollzug im Grundbuch beantragt werden. Der Mitbenutzungsberechtigte muss den Erlass einer einstweiligen Verfügung – wegen der Dringlichkeit ohne mündliche
Verhandlung – beantragen. Außerdem sollte er beim Gericht beantragen, das Ersuchen um Eintragung des
Widerspruchs durch das Gericht beim Grundbuchamt zu stellen.

dd) Erlöschen von Mitbenutzungsrechten. Eingetragene wie auch nicht eingetragene Mitbenutzungs- 40
rechte können wegen **vierjähriger Nichtausübung** erlöschen, aber auch dann, wenn Voraussetzungen für
ihre Begründung weggefallen sind (§ 322 Abs 3 ZGB-DDR). Für die Löschung gilt § 22 GBO.

ee) Altrechtliche Dienstbarkeiten. Bei altrechtlichen Dienstbarkeiten aus der Zeit vor dem 01.01.1900 gel- 41
ten Besonderheiten. Altrechtliche Dienstbarkeiten gemäß Art 187 EGBGB spielen auch heute noch vor allem
in ländlichen Gebieten eine nicht unbedeutende Rolle; solche Dienstbarkeiten sind oft durch unvordenkliche
Verjährung oder Ersitzung entstanden. Das frühere Landesrecht bestimmt den Zeitraum für die Ersitzung bzw
Verjährung.[37] Die Fristen werden vom 01.01.1900 an zurückgerechnet. Für die altrechtlichen Dienstbarkeiten
gilt nunmehr § 8 Abs 1 GBBerG. Danach müssen diese Altrechte bis zum Ablauf des 31.12.2000 vom Eigentümer anerkannt oder rechtshängig gemacht werden, damit sie nicht erlöschen.[38] Sind solche Handlungen vorgenommen worden, bleiben die Altrechte über den 31.12.2000 bestehen, können aber nicht gutgläubig wegerworben werden, wenn sie nicht im Grundbuch eingetragen sind; Art 187 EGBGB gilt, allerdings kann das Landesrecht in den neuen Ländern gutgläubigen Wegerwerb zulassen.[39] S dazu 9. Aufl § 22 Rn B 150.

b) Dienstbarkeiten für Energieversorgungsanlagen. § 9 Abs 1 GBBerG normiert die gesetzliche Begrün- 42
dung von beschränkten persönlichen Dienstbarkeiten für Energiefortleitungsanlagen zum 25.12.1993. Die
Grundbuchberichtigung erfolgt auf Antrag des Dienstbarkeitsberechtigten mit einer Bescheinigung der Auf-
sichtsbehörde des Versorgungsunternehmens, § 9 Abs 5 GBBerG. Unter Vorlage einer uneingeschränkten
Bescheinigung kann das Energieversorgungsunternehmen (EVU) beim Grundbuchamt die Eintragung der
Dienstbarkeit beantragen, das Grundbuchamt berichtigt daraufhin das Grundbuch. Die Eintragung des Rechts
erfolgt an **rangbereiter Stelle**, § 8 Abs 1 SachenR-DV. Mit der SachenR-DV wurden die Regelungen des § 9
Abs 1 bis 7 GBBerG auch auf wasserwirtschaftliche Anlagen erstreckt, und zwar zum 11.01.1995. Zu den Was-
serversorgungs- und Abwasserbeseitigungsanlagen gehören in erster Linie Leitungen und Pumpstationen, aber
auch Versorgungswege und ähnliche Anlagen, nicht jedoch Wasserwerke, Abwasserbehandlungsanlagen (Klär-
werke) und Meliorationsanlagen. Gemäß § 9 Abs 11 GBBerG gelten die Regelungen des § 9 GBBerG und der
SachenR-DV auch für Telekommunikationsanlagen, Ölleitungen u. a, also für das Bescheinigungsverfahren, die
Grundbuchberichtigung und die Erlöschensbescheinigung. S dazu 9. Aufl Einl Rdn C 1036.

---

37 Dazu AG Dresden DtZ 1996, 153; LG Meiningen Grundstücksrecht und Grundstücksnutzung 1994, 115. Ausführlich
    zum Landesrecht in Sachsen und Thüringen *Dehner* DtZ 1996, 298; *Schmidt-Recla* ZOV 1999, 408.
38 Einzelheiten *Böhringer* Rpfleger 1999, 425; *ders* VIZ 2000, 441; *ders* ZflR 2000, 671; *ders* NotBZ 2000, 371; *ders* NotBZ
    2002, 117.
39 Zu den Eintragungsvoraussetzungen OLG Jena Rpfleger 2000, 210 = NotBZ 2000, 65.

43   **c) Löschung von Altrechten.** Viele Altdienstbarkeiten für Energieversorgungsunternehmen sind gegenstandslos. § 9 Abs 7 GBBerG sieht zu deren Löschung ebenfalls ein Bescheinigungsverfahren vor, demzufolge die Behörde das **Nichtmehrbestehen der Dienstbarkeit bescheinigen** kann, wenn der Grundstückseigentümer oder das EVU dies beantragt, das EVU zustimmt und sonst kein Rechtsinhaber ersichtlich ist. Die Bescheinigung und ein Antrag nach § 13 GBO reichen aus, um das Recht im Grundbuch – berichtigend – löschen zu können

44   **Alte** Rechtspositionen für ehemalige staatliche Stellen in Abt. II des Grundbuchs können nach § 105 GBV nunmehr mit einer Löschungsbewilligung der Bundesanstalt für Immobilienaufgaben (BImA) Außenstelle Chemnitz[40] gelöscht werden[41] (§ 2 Abs 1 S 1 BImA-Errichtungsgesetz[42]).

45   **d) Vorkaufsrechte. aa) ZGB-Vorkaufsrechte.** Art 233 § 3 Abs 4 EGBGB bestimmt, dass die Vorkaufsrechte gemäß §§ 306 ff ZGB-DDR (an Grundstücken und Gebäuden) inhaltlich umgestaltet und zukünftig die Bestimmungen über das dingliche Vorkaufsrecht nach § 1094 bis § 1104 BGB anzuwenden sind. Dies ist vor allem für die Ausübung des Rechts von Bedeutung. Beeinträchtigungen entsprechend § 308 ZGB-DDR gelten nun nicht mehr, ebenso auch nicht mehr die Geltendmachungsfrist des § 309 Abs 3 ZGB-DDR für das Verlangen auf Übertragung des Eigentums. Für das Rangverhältnis ist Art 233 § 9 EGBGB maßgebend. Für die übergeleiteten ZGB-Vorkaufsrechte besteht seit 01.10.1994 die Möglichkeit der Ausschließung eines unbekannten Vorkaufsberechtigten nach § 6 Abs 1a GBBerG. Das ZGB kannte nur das subjektiv-persönliche Vorkaufsrecht, das jetzt in ein solches des § 1094 Abs 1 BGB **übergeleitet** wurde. Die Vorkaufsrechte können inhaltlich geändert werden, ohne dass eine Neubegründung erfolgen müsste, §§ 877, 873, 874 BGB gelten. Es kann demnach das Vorkaufsrecht subjektiv-dinglich (§ 1094 Abs 2 BGB), für mehrere oder für alle Verkaufsfälle (§ 1097 Alt 2 BGB), übertragbar und vererblich (§ 1098 Abs 1 S 1 iVm § 473 S 1 BGB) gestaltet werden. S dazu 9. Aufl Einl C 1084, § 20 Rn B 112.

46   **bb) Neue Vorkaufsrechte.** Neue (bundesrechtliche) Vorkaufsrechte[43] bestehen in den neuen Ländern nach §§ 20, 20a VermG und § 57 SchuldRAnpG.[44] Auch landesrechtliche Vorschriften über ein Vorkaufsrecht an Grundstücken und grundstücksgleichen Rechten wurden erlassen.[45] Das Vorkaufsrecht gemäß § 24 ff BauGB setzt sich auch gegenüber einem **durch Verwaltungsakt begründeten Vorkaufsrecht** gemäß § 20 VermG durch, ebenso bei einem käuflichen Erwerb des Grundstücks durch die Gemeinde, wenn der vorkaufsberechtigte Dritte von seinem Vorkaufsrecht Gebrauch macht und die Gemeinde ihrerseits das ihr zustehende gesetzliche Vorkaufsrecht nach §§ 24 ff BauGB ausübt und damit den Dritten ausschaltet.

47   **cc) Vorkaufsrechte nach §§ 20, 20a VermG.**

– Allgemeines

§ 20 VermG sieht die Einräumung dinglicher Vorkaufsrechte zu Gunsten von Mietern bzw sonstigen Nutzern staatlich verwalteter oder in Volkseigentum überführter Ein- und Zweifamilienhäuser oder Erholungsgrundstücke sowie zu Gunsten des Berechtigten in den Fällen vor, in denen Dritte Eigentum oder dingliche Nutzungsrechte am Grundstück erworben haben. Das nach §§ 20, 20a VermG durch das Amt zur Regelung offener Vermögensfragen (ARoV) mit Bescheid neu begründete Vorkaufsrecht **entsteht mit der Eintragung im Grundbuch** und ist verfassungsrechtlich mit Art 14 GG vereinbar.[46] Die Behörde ersucht um Eintragung im Grundbuch. Ist eine Entscheidung des ARoV über die Begründung eines Vorkaufsrechts für sofort vollziehbar erklärt worden, so gilt nach § 34 VermG die Eintragung eines Widerspruchs oder einer Vormerkung im

---

40 Glockenstraße 1, 09130 Chemnitz. Die BImA genießt keine Kostenfreiheit nach § 11 Abs 1 KostO.
41 Einzelheiten zu den Löschungsmöglichkeiten *Böhringer* NotBZ 2005, 269.
42 BImA-Errichtungsgesetz vom 9.12.2004 (BGBl I S 3235).
43 Ausführlich *Böhringer* OV spezial 9/1993, S 12; *ders* OV spezial 18/1993, S 2; *ders* ZAP-Ost Fach 3, S 9; *ders* VIZ 2003, 553; *Grauel* MittRhNotK 1993, 243; 1994, 190; 1997, 367; RNotZ 2002, 210, jeweils zu den landesrechtlichen Vorkaufsrechten. Zum Vorkaufsrecht nach Landeswaldgesetz Mecklenburg-Vorpommern LG Schwerin NotBZ 1997, 213 m Anm *Suppliet* und NotBZ 1998, 33 m Anm *Böhringer*. Zu den landesrechtlichen Belegungsbindungsgesetzen mit Vorkaufsrechten *Bundschuh* VIZ 1998, 357.
44 Dazu *Krause* NotBZ 1998, 45; *ders* VIZ 1998, 426 zu Teilflächen; *ders* ZfIR 1998, 273, zum Verzicht auf das Vorkaufsrecht gemäß § 57 SchuldRAnpG. Zum Vorkaufsrecht bezüglich einer erst nach Restitution des Grundstücks parzellierten Teilfläche LG Magdeburg VIZ 1997, 547. Zum Ausschluss des Vorkaufsrechts aus § 57 SchuldRAnpG bei Nichtnutzung des Grundstücks AG Leipzig NotBZ 1999, 133 = VIZ 1999, 293. Zur Präzisierung des Nutzervorkaufsrechts durch das VermBerG, *Krause* OV spezial 1999, 6. Kein Vorkaufsrecht besteht, wenn nicht das gesamte Grundstück verkauft wird bzw nur eine Teilfläche genutzt und das gesamte Grundstück verkauft wird, siehe im Einzelnen DNotI-Gutachten, Fax-Abruf-Nr 1627.
45 Einzelheiten *Böhringer* NotBZ 2005, 417; *Grauel* RNotZ 2002, 210.; *Albrecht* LKV 2005, 151 (Denkmalschutzgesetz Sachsen-Anhalt); LG Schwerin NotBZ 1997, 213 m Anm *Suppliet* und NotBZ 1998, 33 m Anm *Böhringer*.
46 BVerfG NJW 2000, 1486 = VIZ 2000, 282 = WM 2000, 360; BVerwG NJW 1999, 3355 = VIZ 2000, 100.

Grundbuch als bewilligt. Das Gesetz sagt nicht, wann das Sicherungsmittel Vormerkung oder Widerspruch konkret eingesetzt wird, wegen der konstitutiven Eintragung des Rechts im Grundbuch dürfte eine Vormerkung das richtige Sicherungsmittel darstellen.[47]

– Erholungsgrundstücke   **48**

Die Nutzung von Grundstücken zu Erholungszwecken war in §§ 312 ff ZGB geregelt. Danach konnten land- und forstwirtschaftlich nicht genutzte Bodenflächen Bürgern zum Zwecke der kleingärtnerischen Nutzung, Erholung und Freizeitgestaltung überlassen werden.

– Verpflichteter   **49**

Vorkaufsverpflichteter ist der Restitutionsberechtigte bzw der Zessionar des Restitutionsanspruchs, an den das Grundstück zurückübertragen worden ist bzw wird. Verpflichtet ist aber auch derjenige, der am 29.09.1990 (In-Kraft-Treten des Vermögensgesetzes) als Grundstückseigentümer unter staatlicher Verwaltung im Grundbuch eingetragen war und seither Eigentümer geblieben ist.

– Inhalt des Rechts   **50**

Das Vorkaufsrecht hat den gesetzlichen Inhalt der §§ 463–472, 875, 1098 Abs 1 S 2 und Abs 2, §§ 1099–1102, § 1103 Abs 2 und § 1104 BGB.[48] Für mehrere Mieter ist ein gemeinsames Vorkaufsrecht einzutragen. Ein Gemeinschaftsverhältnis ist im Grundbuch nicht anzugeben (§ 472 BGB).[49] Bei diesem Vorkaufsrecht sind erweiternde abweichende Vereinbarungen unzulässig (zB ist ein preislimitiertes Vorkaufsrecht nicht möglich). Das Vorkaufsrecht beschränkt sich **auf einen Verkaufsfall**, also auf den Fall des Verkaufs durch den vorkaufsverpflichteten Eigentümer. Das Vorkaufsrecht ist demnach auf den Verkaufsfall beschränkt, der während des Miet-/Nutzungsverhältnisses des Vorkaufsberechtigten eintritt. Der Fall des ersten Verkaufs i S von § 20 Abs 4 S 2 VermG kann erst eintreten, nachdem das Vorkaufsrecht durch Eintragung im Grundbuch entstanden ist.[50] Das Recht ist subjektiv-persönlich, unübertragbar und nicht vererblich. Unberührt bleibt aber § 564 BGB.

– Erlöschen   **51**

Das Vorkaufsrecht erlischt mit einmaliger fristgerechter Ausübung. Ferner erlischt es bei Übereignung des Grundstücks/Gebäudeeigentums an Dritte ohne Verkaufsfall (bei Tausch, Schenkung, Erbauseinandersetzung usw.). Das Grundbuch ist unrichtig und kann gemäß § 22 GBO berichtigt werden. Das Vorkaufsrecht erlischt ferner mit **Beendigung des Miet-/Pachtverhältnisses,** gleichgültig auf welche Art das Vertragsverhältnis endet.[51] Das Vorkaufsrecht erlischt ferner, wenn der Vorkaufsberechtigte nicht mehr Mieter/Nutzer ist und das Miet- oder Nutzungsverhältnis beendet ist, wobei § 563a BGB unberührt bleibt. Zum **Nachweis des Erlöschens** kann wohl selten eine öffentliche Urkunde i S von § 29 GBO vorgelegt werden kann, so dass eine Berichtigungsbewilligung notwendig ist oder aber eine Klage nach § 894 BGB, § 894 ZPO erhoben wird. Ein Abwesenheitspfleger nach § 1911 BGB könnte die Interessen des Abwesenden wahrnehmen.

Ist zwischenzeitlich der Berechtigte des nach § 20 VermG begründeten Vorkaufsrechts nicht mehr auffindbar, **52** ist das Recht löschbar nach den üblichen Vorschriften (§ 20 Abs 8 VermG). § 6 Abs 1a GBBerG ist wohl für solche Vorkaufsrechte nicht anwendbar, demnach gelten für das Aufgebot die §§ 1170, 1104, 1112 BGB.[52]

– Nutzer nach § 57 SchuldRAnpG   **53**

Der unter das Schuldenrechtsanpassungsgesetz[53] fallende Nutzer eines Grundstücks hat nach § 57 SchuldRAnpG ein gesetzlich begründetes, lediglich schuldrechtlich wirkendes Vorkaufsrecht, das als solches nicht im Grundbuch eintragbar ist. Vor Abschluss des Kaufvertrages ist es ohne Mitwirkung des Grundstückseigentümers **nicht vormerkbar**. Nach Ausübung des Vorkaufsrechts kann im Wege der einstweiligen Verfügung die Eintragung einer Vormerkung angestrebt werden. Das Prozessgericht kann in einem solchen Falle um Eintragung der Vormerkung ersuchen.

Das Vorkaufsrecht greift ein, wenn das Grundstück erstmals an einen Dritten nach dem 01.01.1995 verkauft **54** wird. Es besteht nicht, wenn das Grundstück nicht vertragsgemäß genutzt wird. Kann der Nutzer ein Vorkaufsrecht nach § 20 VermG geltend machen, so besteht das Vorkaufsrecht nach § 57 SchuldRAnpG ebenfalls nicht.

---

47 BGHZ 132 306 = MDR 1996, 1110 = NJW 1996, 2030 = WM 1996, 1091 = VIZ 1996, 458.
48 Einzelheiten *Wittner* OV spezial 8/1994 S 3; *Krause* OV spezial 1999, 6; zur Rechtslage vor dem 25.12.1993: *Flik* BWNotZ 1993, 83; *Böhringer* OV spezial 18/1993 S 2.
49 *Böhringer* NJ 1992, 289.
50 BVerwG VIZ 2004, 449.
51 LG Frankfurt/Oder VIZ 2004, 76.
52 BGH DNotI-Report 2004, 98 = Rpfleger 2004, 363 = NJW-RR 2004, 664 = NotBZ 2004, 350 m Anm *Krause* = ZfIR 2004, 877; *Böhringer* NotBZ 2001, 197; *Bauer/von Oefele-Maaß*, GBO, § 6 GBBerG Rn 1; aA LG Aachen NJW-RR 1998, 87; LG Erfurt Rpfleger 1994, 310; LG Augsburg MittBayNot 1981, 130.
53 BGBl 1994 I S 2538, 2547.

Es greift auch nicht, wenn das Grundstück vom Eigentümer an Abkömmlinge, den Ehegatten oder an Geschwister verkauft wird. Will der Erwerber das Grundstück einem besonderen Investitionszweck nach dem Investitionsvorranggesetz zuführen, besteht das Vorkaufsrecht ebenfalls nicht.[54]

55 – Landesrechtliche Vorkaufsrechte

Die neuen Bundesländer haben das Recht, gesetzliche Bestimmungen zur Durchführung des Bundesnaturschutzgesetzes zu erlassen. Davon wurde auch in den neuen Bundesländern Gebrauch gemacht, so zB in den Gesetzen über den Naturschutz, Forstschutz, Denkmalschutz.[55] In vielen landesrechtlichen Vorkaufsrechtsbestimmungen ist festgelegt, dass das landesrechtliche Vorkaufsrecht unbeschadet bundesrechtlicher Vorkaufsrechte anderen Vorkaufsrechten im Range vorgeht. Die landesrechtlichen Vorkaufsrechte bedürfen nicht der Eintragung in das Grundbuch. Grundbuchsperrend sind nur wenige landesrechtliche Vorkaufsrechte, so zB das Vorkaufsrecht nach dem Denkmalschutzgesetz von Berlin, Mecklenburg-Vorpommern und Thüringen sowie dem Naturschutzgesetz/Waldgesetz von Berlin.

6. Grundpfandrechte

56 **a) Ablösung geringwertiger Rechte.** Nach § 10 GBBerG besteht in den neuen Bundesländern nach § 10 GBBerG die Möglichkeit, vor dem 01.07.1990 begründete bzw entstandene Grundpfandrechte aller Art nach § 10 GBBerG abzulösen. Dieses Ablöserecht des Eigentümers besteht für alle **geringwertige Grundpfandrechte** mit einem umgerechneten Betrag von nicht mehr als 6000 EURO, also für Rechte mit einem Währungsbetrag bis zu 23.469,96 GM, 23.469,96 RM, 23.469,96 Mark-DDR (vgl § 36a GBMaßnG). S dazu 9. Aufl Einl C Rn 1321.

57 Auch für **Reallasten** besteht ein Ablöserecht. (Wieder-)eingetragene (enteignete) Grundpfandrechte (§ 3 Abs 1a VermG) und die nach § 18 VermG a.F. (wieder-)eingetragenen Grundpfandrechte fallen unter § 10 GBBerG, nicht jedoch die Restitutionshypotheken nach § 7 Abs 3 S 2 und § 7a Abs 3 VermG. Bei Rentenschulden und Reallasten tritt anstelle des Nennbetrages der für Rechte dieser Art im Verfahren nach dem Vermögensgesetz anzusetzende Ablösebetrag, also der kapitalisierte Betrag der Rechte, § 1199 BGB, § 18 Abs 4 VermG.

58 Das Ablöserecht steht dem Grundstückseigentümer; bei mehreren kann jeder nur insgesamt das Ablöserecht im Gesamtumfang des Rechts ausüben.[56] Auch bei bekanntem Gläubiger kann von dem Ablöserecht Gebrauch gemacht werden. Der Grundstückseigentümer hat bei der **Hinterlegung des Geldbetrags** unwiderruflich zu erklären, dass er auf das Recht zur Rücknahme verzichte (§ 376 Abs 2 Nr 1 BGB). Hinterlegungsstelle hat bei dem Amtsgericht zu erfolgen, in dessen Bezirk das belastete Grundstück belegen ist. Möglich ist aber auch, die Hinterlegung bei Amtsgericht, in dessen Bezirk der Grundstückseigentümer seinen Wohnsitz hat (§ 374, § 269 Abs 1, § 270 Abs 4, analog § 1142 Abs 2 BGB). Dem Eigentümer hat die Hinterlegungsstelle einen Hinterlegungsschein zu erteilen, der der Form des § 29 GBO entsprechen muss und § 28 GBO zu beachten hat. Mit diesem Hinterlegungsschein ist dann die Löschung des Rechts im Grundbuch möglich; der Grundpfandrechtsbrief braucht dem Grundbuchamt nicht vorgelegt zu werden. Der Grundstückseigentümer ist berechtigt, auch nach Ablösung den unbe-kannten Gläubiger im Wege des Aufgebotsverfahrens nach § 1170 BGB, § 982 ZPO auszuschließen und dann die hinterlegte Summe entsprechend § 10 Abs 3 GBBerG zurückzuverlangen.[57]

59 **b) Tilgung der Hypothekenforderung.** ZGB-Hypotheken, insbesondere Aufbauhypotheken erlöschen durch Tilgung der Forderung (Art 233 § 3 Abs 1 EGBGB i V mit § 454 Abs 2 ZGB). Gleiches gilt für Aufbaugrundschulden. § 22 GBO gilt für die Löschung solcher Rechte.

60 **c) Entschuldungsfälle.** Nach dem Gesetz über die Entschuldung der Klein- und Mittelbauern beim Eintritt in landwirtschaftliche Produktionsgenossenschaften vom 17.02.1954 wurden die Grundpfandrechte mit einem besonderen Löschungsvermerk gelöscht. Dieser sprachlich besonders gefasste Vermerk sollte gutgläubig lastenfreien Grundstückserwerb verhindern und ist bei einem Eigentumswechsel in ein anderes Grundbuch mitzu-übertragen. Die Wirkungen des Löschungsvermerks ähneln denen eines Widerspruchs nach § 892 BGB. Der Löschungsvermerk kann gemäß § 105 Abs 1 Nr 6 GBV mit Löschungsbewilligung der Kreditanstalt für Wiederaufbau gelöscht werden.[58]

---

54 *Horst* DWW 1995, 212.
55 Ausführlich *Böhringer* NotBZ 2005, 417.
56 Einzelheiten *Böhringer* in: *Eickmann*, Sachenrechtsbereinigung, § 10 GBBerG Rn 19 ff.
57 Ebenso KG Rpfleger 2008, 478 = NJ 2008, 412.
58 *Kulaszewski* NJ 1968, 593; *Böhringer* BWNotZ 1991, 131.

7. Wiederhergestellte Grundbuchpublizität

Für den Grundstücksverkehr gelten grundsätzlich die Gutglaubensschutzregeln der §§ 891–893 BGB. Die vielen **61** bisher nicht aus dem Grundbuch erkennbaren Rechtspositionen[59] mussten bis zum **31.12.2000** dokumentiert werden, damit es von da an nicht zu einem Rechtsverlust kommt. Nach dem 31.12.2000 bleiben nur geringfügige Einschränkungen der allgemeinen Gutglaubenschutzregeln bestehen.[60] S dazu 9. Aufl § 3 Rn B 186.

Bei einem ab 01.01.2001 gestellten Antrag[61] auf Eigentumsänderung ist ein **gebäudeeigentumsfreier Grund- 62 stückserwerb** möglich. Ein nach § 459 DDR-ZGB entstandener und bisher nicht im Grundstücksgrundbuch eingetragener **Miteigentumsanteil** kann erst ab 01.01.2001 durch gutgläubigen Grundstückserwerb Dritter verlustig gehen (§ 892 BGB, § 113 Abs 3 S 1 Nr 1–3 SachenRBerG). Der Mitbenutzer eines Grundstücks konnte bis zum Ablauf des 31.12.2000 beim Grundbuchamt die Eintragung seines **Mitbenutzungsrechts** im Wege der Grundbuchberichtigung beantragen.[62] Bis dahin drohte ihm kein Rechtsverlust (Art 233 § 5 Abs 1 EGBGB). Hauptsächlich kommen Wegerechte und Leitungsrechte in Betracht. Danach erlöschen nicht rechtzeitig vor Ablauf des 31.12.2000 geltend gemachte Mitbenutzungsrechte und sonstige nicht im Grundbuch eingetragene **altrechtliche Grunddienstbarkeiten** (Art 187 EGBGB). Rechtzeitig anerkannte Rechte können bei künftigen Verfügungen des Grundstücks gutgläubig lastenfrei wegerworben werden.[63]

8. Vertretung des unbekannten Rechtsinhabers

a) Spezialgesetzliche Regelungen. Nicht immer ist bekannt, wer Rechtsinhaber ist. Häufig kommt dies bei **63** Erbfällen vor.[64] In diesen und anderen Fällen kann ein gesetzlicher Vertreter für den unbekannten Eigentümer bestellt werden (Art 233 § 2 Abs 3 EGBGB). In Spezialgesetzen sind dem Art 233 § 2 Abs 3 EGBGB ähnliche Vertretungsregelungen enthalten. So erhalten **unbekannte Grundstückseigentümer** einen Vertreter im Verwaltungsverfahren nach § 16 VwVfG, § 207 BauGB und § 8 Verkehrswegeplanungsbeschleunigungsgesetz. Zivilrechtliche Regelungen sehen einen Pfleger vor nach §§ 1911, 1913 und 1960 BGB. Sonderbestimmungen finden sich auch in § 11b VermG. Die staatliche Bestellung eines gesetzlichen Vertreters lässt die Handlungs-, Geschäfts- und Prozessfähigkeit des Vertretenen unberührt. Widersprüchliches Handeln (zB kurz vor der Abberufung des Vertreters) von gesetzlichem Vertreter und Vertretenen bleibt möglich; jeder kann eine Verfügung über das Grundstück bzw Gebäude treffen. Bei Unvereinbarkeit der beiden Rechtsgeschäfte besteht kein Vorrang. Es gelten die allgemeinen Grundsätze des BGB. Handelt es sich um kollidierende Verpflichtungsgeschäfte, so sind sie alle wirksam; bei Verfügungsgeschäften hat das zuerst beim Grundbuchamt beantragte Geschäft den Erledigungsvorrang (§ 17 GBO).

b) Gesetzlicher Vertreter nach Art 233 § 2 Abs 3 EGBGB. Für den gesetzlichen Vertreter nach Art 233 **64** § 2 Abs 3 EGBGB sind die Vorschriften über die Pflegschaft entsprechend anwendbar. Überwiegend wird davon ausgegangen, dass wegen der Verweisung auf § 16 Abs 4 VwVfG die Bestellungs- (Verwaltungs-) Behörde (Landkreis/kreisfreie Stadt) für die Bestellung als auch für die Überwachung und insbesondere für die Erteilung der Genehmigung nach §§ 1821, 1822 BGB zuständig ist.[65]

c) Pfleger/Vertreter. Ist der Grundstückseigentümer unbekannt, so kann es aus verschiedenen Gründen auch **65** zur Bestellung eines Pflegers kommen. Für diese gilt dann § 7 GBBerG, sofern der Vertreter eine juristische Person ist.

d) Nachlasspfleger. Das Nachlassgericht hat nach § 1960 BGB einzuschreiten, wenn die Erben eines Nach- **66** lasses unbekannt sind und ein Bedürfnis zur Sicherung und Erhaltung des Nachlasses bis zur Annahme der Erbschaft besteht. Das Nachlassgericht bestellt den Nachlasspfleger. Auch für die Genehmigung von bestimmten Rechtsgeschäften (zB § 1821 BGB) und für die Überwachung des Nachlasspflegers ist das Nachlassgericht und nicht das Vormundschaftsgericht zuständig.

e) Abwesenheitspfleger. Der gesetzgeberische Zweck ist die Fürsorge für Vermögensangelegenheiten einer **67** Person, die infolge Abwesenheit an deren Besorgung verhindert ist (§ 1911 BGB). Diese Pflegschaft kann nicht

---

59 Dazu *Böhringer* BWNotZ 1992, 3.
60 Ausführlich zur Wiederherstellung der Publizität *Böhringer* Rpfleger 1999, 425; *ders* BWNotZ 2000, 1; *ders* VIZ 2000, 129; *ders* OV spezial 2000, 18; *ders* VIZ 2000, 441; *ders* OV spezial 2000, 258; *ders* ZfIR 2000, 671.
61 Zur Sicherungswirkung von Grundbuchanträgen *Böhringer* Rpfleger 1996, 177; *ders* zu Widerspruchseintragungen VIZ 1999, 569.
62 Zur Sicherung und Eintragung von Mitbenutzungsrechten *Böhringer* Rpfleger 1997, 245.
63 Ausnahme: Mitbenutzungsrechte für Energieversorgungsunternehmen, deren Rechte bis 31.12.2010 fortbestehen, § 8 Abs 3 und § 9 Abs 1 S 2 GBBerG.
64 Zur Vertretung unbekannter Bodenreformeigentümer *Böhringer* NJ 2004, 342.
65 Zur Zuständigkeit *Böhringer* OV spezial 1996, 26.

angeordnet werden für eine juristische Person, deren Vertreter unbekannt sind. Das Vormundschaftsgericht ordnet an und überwacht den Pfleger.

68   **f) Pflegschaft für unbekannte Beteiligte.** Für natürliche wie auch juristische Personen kann diese Pflegschaft angeordnet werden (§ 1913 BGB). Ein herrenloses Grundstück kann keinen Pfleger erhalten. Ist nur der Vertreter der juristischen Person unbekannt oder ungewiss, so liegt § 1913 BGB nicht vor. Das Vormundschaftsgericht ordnet an und überwacht den Pfleger.

69   **g) Pfleger für Sachenrechts- und Verkehrsflächenbereinigung.** § 17 SachenRBerG gibt dem Nutzer in gesetzlich bestimmten Fällen das Recht, die Bestellung eines Pflegers für den Grundstückseigentümer oder Inhaber eines dinglichen Rechts am Grundstück herbeizuführen. Die Bestellung des Pflegers erfolgt durch das Vormundschaftsgericht, in dessen Bezirk das Grundstück/Gebäude liegt. Der Pfleger erhält eine Bestellungsurkunde. Er wird **vom Vormundschaftsgericht beaufsichtigt** und bedarf zu gewissen Rechtshandlungen der Genehmigung des Vormundschaftsgerichts. Die Ausübung des Amts als Pfleger weist also gegenüber anderen Pflegschaftsfällen keine weiteren Besonderheiten auf. Gleiches gilt für den Pfleger bei der Verkehrsflächenbereinigung nach § 3 Abs 3 S 3 VerkFlBerG.

70   **h) Vertreter für Bodensonderungsverfahren.** Im Verfahren nach dem Bodensonderungsgesetz kann es erforderlich werden, dass ein Vertreter für die nicht bekannten Planbetroffenen bzw für die nicht aus dem Grundbuch ersichtlichen oder sonst beim Grundbuchamt bekannten Grundstückseigentümer zu bestellen ist. Vor allem dann, wenn die Feststellungen einer Bodenneuordnung endgültig sind und nicht korrigiert werden können, ist die Bestellung notwendig. Die Bestellung des Vertreters erfolgt nach Maßgabe des Art 233 § 2 Abs 3 EGBGB.

71   **i) Altrechtliche Personenzusammenschlüsse.** Um zu vermeiden, dass bei einem altrechtlichen Personenzusammenschluss für die einzelnen unbekannten Gesamthänder Pfleger bestellt werden müssen, bestimmt Art 233 § 10 EGBGB, dass die Gemeinde des in ihrem Gebiet belegenen Grundstücks kraft Gesetzes zur Vertretung des Personenzusammenschlusses (neben den Organen) und der Mitglieder ermächtigt ist. Ein besonderer Bescheid oder eine Bescheinigung über die Verfügungsbefugnis ergeht nicht und ist auch nicht für das Grundbuchamt erforderlich.[66]

9. Aufgebot des Rechtsinhabers

72   **a) Grundstückseigentum, Gebäudeeigentum.** § 927 BGB ermöglicht dem langjährigen Eigenbesitzer die Aneignung des Grundstücks auf Grund eines gerichtlichen Aufgebots. In den neuen Bundesländern kommt das Aufgebotsverfahren insbesondere für die Fälle in Betracht, in denen ein Grundstück vor vielen Jahren verkauft und übergeben, die Eigentumsumschreibung aber nicht veranlasst wurde; aber auch wegen einer unübersehbaren bzw nicht ermittelten Zahl von Erben die Erklärung der dinglichen Einigung nicht möglich war bzw ist.[67]

73   § 927 BGB ist nicht anwendbar auf beschränkte dingliche Rechte am Grundstück, auf Erbbaurechte und andere grundstücksgleiche Rechte wie Fischereirechte und auf das in den neuen Ländern vorkommende Gebäudeeigentum gemäß Art 233 §§ 2b, 4, 8 EGBGB. Sondervorschriften bestehen jedoch für **Bodenreformgrundstücke** durch Art 233 § 15 EGBGB, für einen ehemals volkseigenen **Miteigentumsanteil** nach § 114 SachenRBerG sowie für das **Gebäudeeigentum** durch § 18 SachenRBerG und § 15 GBBerG.

74   Durch ein vorbehaltloses Ausschlussurteil verlieren alle das Eigentum, gegen die das Urteil wirkt; das Grundstück wird herrenlos, es sei denn, der Antragsteller war als Grundstückseigentümer eingetragen. Das **vorbehaltlose Urteil** gewährt dem Eigenbesitzer ein Aneignungsrecht; der Aneignungsberechtigte kann beim Grundbuchamt mit einer Ausfertigung oder beglaubigten Abschrift[68] des Ausschlussurteils seine Eintragung im Grundbuch als Eigentümer beantragen. Zu diesem originären Eigentumserwerb[69] braucht dem Grundbuchamt keine steuerliche Unbedenklichkeitsbescheinigung des Finanzamts nach § 22 GrEStG vorgelegt[70] zu werden.

---

66   *Böhringer* NJ 2000, 120, 124.

67   Zu den verschiedenen Aufgebotsmöglichkeiten *Böhringer* NotBZ 2001, 197; *ders* NotBZ 2003, 85.

68   Eine beglaubigte Abschrift des Urteils genügt, weil es nur auf den Nachweis des Bestehens der zur Grundbucheintragung erforderlichen Urkunde ankommt, nicht aber an den unmittelbaren Besitz einer Urkunde gewisse Rechtsfolgen verbunden sind, wie dies bei Vollmachten und Erbscheinen der Fall ist, *Böhringer* in: *Eickmann*, Sachenrechtsbereinigung, § 6 GBBerG Rn 39; *Bauer/von Oefele-Maaß*, GBO, § 6 Rn 21 GBBerG; *ders* § 15 Rn 9 GBBerG.

69   Die Voraussetzungen des § 1 Abs 1 Nr 3 S 1 GrEStG liegen bei einem ursprünglichen Erwerb nicht vor.

70   OLG Zweibrücken DNotZ 1987, 233 = MDR 1987, 56 = NJW-RR 1986, 1461 = Rpfleger 1987, 105; *Schöner/Stöber* Rn 1025; *Böhringer* Rpfleger 2000, 99, 103; *Saenger* MDR 2001, 134.

Nach überwiegender Meinung[71] ist der Grundbuchantrag (§ 13 GBO) grundbuchverfahrensrechtlich formgebunden (§§ 30, 29 GBO).

b) Eigentumsvormerkung. § 887 BGB gestattet dem Grundstückseigentümer, den unbekannten Gläubiger **75** mit dessen zwecklos gewordener Vormerkung entsprechend § 1170 BGB wie einen Hypothekengläubiger auszuschließen. Für das Aufgebotsverfahren gelten §§ 946, 988, 1024 ZPO. Mit § 6 Abs 1a GBBerG schuf der Gesetzgeber die Möglichkeit, Berechtigte **unbekannten Aufenthalts** im Wege des Aufgebotsverfahrens auszuschließen. Ein unbekannter Aufenthalt einer Person liegt vor, wenn sich jemand von seinem Wohnsitz oder, falls er einen solchen nicht hatte, von seinem Aufenthaltsort abgereist ist, ohne dass Nachricht über seinen neuen Aufenthaltsort vorliegt, insbesondere ohne polizeiliche Abmeldung verzogen ist. Unbekannten Aufenthalts ist auch wer an seinem Wohnsitz verschwunden ist und Nachricht von seinem Verbleib trotz Nachforschungen nicht zu erlangen ist. Die Sonderregelung in § 6 Abs 1a GBBerG erspart dem Grundstückseigentümer den vielleicht nur unter unverhältnismäßigen Schwierigkeiten zu führenden Todesnachweis des Berechtigten.

c) Rechtslagen in Abt. II und III des Grundbuchs. aa) Anwendungsbereich. Liegen die Voraussetzungen **76** des § 5 Abs 1 GBBerG nicht vor, kann mit einem Aufgebotsverfahren nach § 6 Abs 1 S 1 und Abs 1a GBBerG die Löschung eines Rechts erreicht werden. Darunter fallen Vorkaufsrechte, Reallasten, Nießbrauche, beschränkte persönliche Dienstbarkeiten, im Grundbuch eingetragene Mitbenutzungsrechte und Vormerkungen.

Das GBBerG erlaubt abweichend von der Regelung des § 1170 BGB die Durchführung eines Aufgebotsverfah- **77** rens zum Ausschluss unbekannter Rechtsinhaber auch in den Fällen, in denen der eingetragene Berechtigte eben wegen dieser Eintragung zwar bekannt, aber nicht feststellbar ist, ob er noch lebt oder wo er seinen **Aufenthalt** hat.[72] Die Regelung betrifft zum einen die Fälle, in denen das Recht erloschen ist, weil der Berechtigte zwischenzeitlich zwar verstorben ist, der Todesnachweis aber trotzdem nicht entbehrlich ist. Das Aufgebotsverfahren erspart dem Eigentümer hier den unter Umständen nur unter unverhältnismäßigen Schwierigkeiten zu führenden Todesnachweis. Zum anderen sind auch die Fälle erfasst, in denen andere Erlöschenstatbestände vorliegen und der Aufenthalt des – früheren – Berechtigten unbekannt ist. Viele dingliche Rechte können aber auch über § 105 Abs 1 Nr 6 GBV erleichtert gelöscht werden.

Grundpfandrechte fallen nicht unter § 6 GBBerG; auch Vermerke über ihre Pfändung oder Verpfändung kön- **78** nen nicht darunter eingeordnet werden. Auch bei subjektiv-dinglichen Vorkaufsrechten und Reallasten ist das Aufgebotsverfahren nach § 6 Abs 1a GBBerG möglich. § 6 Abs 1a GBBerG ist zulässig für alle vor dem 3.10.1990 begründeten Vorkaufsrechte, Reallasten und Vormerkungen. Für Grundpfandrechte gibt es das Aufgebotsverfahren nach §§ 1170, 1171 BGB.

§ 6 Abs 1 S 2 GBBerG gestattet das Aufgebotsverfahren auch für bestimmte Grunddienstbarkeiten, die Famili- **79** enfideikommisse, Familienanwartschaften, Lehen, Stammgüter oder ähnlich gebundenes Vermögen. Auch für subjektiv-dingliche Vorkaufsrechte und Reallasten muss ein Aufgebotsverfahren bejaht werden (es besteht die gleiche Problematik wie bei Grunddienstbarkeiten).

bb) Aufgebot auch bei unbekanntem Aufenthalt. Die Sonderregelung in § 6 GBBerG gilt auch bei unbe- **80** kanntem Aufenthalt des Berechtigten, sodass sie über die bisher bestehenden Bestimmungen für Vormerkung, Reallast und Vorkaufsrecht (§§ 887, 1104, 1112 BGB) hinausgeht. Für die Praxis ist dies eine Erleichterung, denn die Abgrenzung zwischen einem der Person nach unbekannten Rechtsinhaber und einem Rechtsinhaber unbekannten Aufenthalts ist häufig nicht möglich. Die dinglichen Rechte können bereits durch ein Aufgebotsverfahren zur Löschung gebracht werden, wenn sich jemand von seinem Wohnsitz bzw seinem üblichen Aufenthaltsort entfernt hat, ohne eine Nachricht über seinen Aufenthaltsort zu hinterlassen, insbesondere ohne polizeiliche Meldung.

Das Aufgebotsverfahren für Berechtigte aus Nießbrauch, beschränkter persönlicher Dienstbarkeit, Wohnungs- **81** recht, Mitbenutzungsrechte nach Art 233 § 5 Abs 1 EGBGB, §§ 321 ff ZGB, unvererbliche und unübertragbare Vorkaufsrechte und Reallasten kann schon dann durchgeführt werden, wenn nicht feststellbar ist, ob der eingetragene Berechtigte noch lebt oder wo er sich aufhält. Die Regelung gilt auch, wenn der Begünstigte eine juristische Person und zweifelhaft ist, ob sie noch besteht oder ihr Vermögen auf eine andere juristische Person übergegangen ist.

---

71 SchlHOLG JurBüro 1989, 90; *Staudinger-Pfeifer* § 927 Rn 29 BGB; *Bauer/von Oefele/Schaub* § 33 GBO Rn 19; *Demharter* § 44 Anh 5 GBO; *Schöner/Stöber* Rn 1026; *Hügel/Otto* § 30 GBO Rn 11; aA OLG Dresden Rpfleger 2007, 543; OLG Jena DNotI-Report 2003, 21 = FGPrax 2003, 9 = Rpfleger 2003, 177 = ZfIR 2003, 63; MüKo-*Kanzleiter* § 927 Rn 7; *Palandt-Bassenge* § 927 Rn 8 BGB; *Saenger* MDR 2001, 134; diese Gegenansicht stützt sich auf den Gedanken, dass Antragsteller und Betreiber des Aufgebotsverfahrens personengleich sind und der Eigentumserwerbswille des Antragstellers sich aus dem Ausschlussurteil ergibt.

72 Zu den Möglichkeiten der Ausschließung unbekannter Rechtsinhaber *Böhringer* NotBZ 2001, 197; *ders* NotBZ 2005, 269; *Schöne* Rpfleger 2002, 131; *Wehrstedt* RNotZ 2001, 516.

82   cc) Vernichtete Grundbuchunterlagen. Ein Aufgebotsverfahren ist auch möglich bei vernichteten Grundbuchunterlagen. Über den Wortlaut von § 6 Abs 1 S 2 letzter Fall GBBerG hinaus gilt dies auch für subjektivdingliche Vorkaufsrechte und Reallasten. Dieses Aufgebot soll aber nur subsidiär stattfinden. Ein zerstörtes oder abhanden gekommenes Grundbuch ist grundsätzlich nach § 141 GBO wiederherzustellen.

83   dd) Sonstige Möglichkeiten. Für andere Rechtsinhaber sehen die Vorschriften in § 6 Abs 1 und § 9 Abs 7 S 3 GBBerG, Art 233 § 15 Abs 3 S 7 EGBGB, §§ 18 und 114 SachenRBerG sowie § 15 GBBerG ein Aufgebot des Rechtsinhabers vor, wobei die Rechtsfolgen je nach Verfahren verschieden sind. Stets handelt es sich bei der Grundbucheintragung jedoch um eine Grundbuchberichtigung.

84   ee) Wirkungen des Ausschlussurteils. Mit dem Erlass des sofort rechtskräftigen Ausschlussurteils **erlischt das Recht**;[73] das Grundbuch kann unter Vorlage des Urteils und durch formlosen Antrag berichtigt werden. Bei Aufhebung des Urteils mit Wirkung ex tunc erlöschen die Rechtspositionen gemäß § 22 GBO, was eine Löschungsbewilligung des Berechtigten voraussetzt. Kein Kraftloswerden, solange ein Vorbehalt im Urteil nicht durch Verzicht oder Urteil beseitigt ist.

85   Vorzulegen ist das **Aufgebotsurteil** in Ausfertigung; für den Eintragungsantrag gilt § 13 GBO. Bei mehreren Rechtsinhabern kommt es auf das im Grundbuch eingetragene Gemeinschaftsverhältnis (§ 47 GBO) an, ob ein Aufgebotsverfahren zulässig ist; bei Bruchteilsgemeinschaften im Hinblick auf den ideellen Bruchteil ist dies zu bejahen, nicht dagegen bei Gesamthandbeteiligung; möglich dagegen der Ausschluss aller Gesamthänder, auch wenn einer von ihnen der Antragsteller ist, gleiches gilt für Gesamtberechtigung nach § 428 BGB. Bei »in ehelichem Vermögen« eingetragenen Ehegatten ist ein Aufgebotsverfahren zum Ausschluss eines Ehegatten nur zulässig, wenn das Ehegatteneigentum in Bruchteilsgemeinschaft übergeleitet ist, wofür eine Vermutung spricht, Art 234 § 4a EGBGB. Bei Rückoption in den früheren DDR-Güterstand ist ein Aufgebot nur eines Ehegatten unzulässig.[74]

86   Nicht diskutiert ist bisher, ob bei Verfügungsbeschränkungen betreffend die Fideikommisseigenschaft ein Aufgebot nach § 6 Abs 1 GBBerG oder nach § 927 BGB möglich ist; durch ein solches Verfahren würden die Beschränkungen der Nacherbfolge erlöschen.

87   d) Grundpfandrechtsgläubiger. Viele Gläubiger von beschränkten dinglichen Rechten sind unbekannt oder unbekannten Aufenthalts. Grundpfandrechtsgläubiger können mit einem Aufgebotsverfahren nach §§ 1170, 1171 BGB mit ihren Rechten ausgeschlossen werden.[75] Mit Erlass des Ausschlussurteils geht das Grundpfandrecht auf den Grundstückseigentümer über. Bei der Falllage des § 1171 BGB kann der Gläubiger auch durch Hinterlegung des Geldbetrages im Wege des Aufgebotsverfahrens ausgeschlossen werden. Auf wen das dingliche Recht dann übergeht, entscheidet das materielle Recht (§§ 1143, 1163, 1164 BGB).

II. Bereinigung der Rechtslagen und Bodenneuordnung

88   Das Registerverfahrenbeschleunigungsgesetz, das Sachenrechtsänderungsgesetz, das Schuldrechtsänderungsgesetz und das Verkehrsflächenbereinigungsgesetz (Art 1 des Grundstücksrechtsbereinigungsgesetz – GrundRBerG) wollen die Eigentumsordnung der ehem. DDR auf die des BGB zurückführen.

1. Sachenrechtsbereinigung

89   a) Anpassung von Nutzungsrechten. Die Anpassung der Nutzungsrechte ist ein Gebot der Rechtsvereinheitlichung, die infolge der Umstellung der Rechts- und Wirtschaftsordnung erforderlich und aus Gründen der Rechtssicherheit zweckmäßig ist. Die **Einheitlichkeit der Rechtsanwendung** und die Rechtssicherheit im Grundstücksverkehr wären erschwert, wenn nur in den neuen Ländern (einem Teil der Bundesrepublik) auf Dauer besondere sachenrechtliche Rechtsformen weiter bestünden, die es in den alten Ländern nicht gibt.

90   Eine Anpassung ist auch geboten, um zu rechtlichen Gestaltungen zu kommen, die auch unter den jetzt bestehenden Verhältnissen einen Sinn ergeben. Die vom Staat oder von landwirtschaftlichen Produktionsgenossenschaften bestellten Nutzungsrechte sind wesentlich anders als die Rechte, die das Sachenrecht des Bürgerlichen Gesetzbuchs kennt.

91   Schließlich ist eine Anpassung auch erforderlich, um die aufgrund Nutzungsrechts errichteten Gebäude marktgängig zu machen, damit diese veräußert und beliehen werden können. Dies ist in der Praxis vielfach nicht gegeben. Die Rechtssicherheit, die wirtschaftliche Dispositionen ermöglicht, muss hier geschaffen werden.

---

73   Bei Reallasten entsteht keine Eigentümerreallast.

74   Zum ähnlichen Fall der Gütergemeinschaft LG Aurich NdsRpfl 1994, 71.

75   Dazu *Böhringer* NotBZ 2005, 269; *ders* NotBZ 2001, 197; *ders* NJ 1994, 303; *ders* Rpfleger 1995, 139; *Lessing* RpflStud. 2004, 97; *Wenckstern* DNotZ 1993, 547.

b) Nicht gesicherte Bebauungen. Für die mit Billigung staatlicher Stellen errichteten Gebäude ohne Bestel- **92** lung eines Nutzungsrechts wurde zunächst ein die bauliche Investition sicherndes Recht zum Besitz oder zum Erwerb des Grundstücks geschaffen (Art 233 § 2a EGBGB).

Über den Besitzschutz hinaus wurde in den Fällen der Bebauung ohne eine dingliche Absicherung die Ver- **93** kehrsfähigkeit für diese Investitionen hergestellt. Hierzu bedarf es der Begründung eines übertragbaren und beleihbaren dinglichen Rechts oder eines Anspruchs des Nutzers zum Erwerb des Grundstücks (Komplettie- rung). Diese ist mit der Sachenrechtsbereinigung erfolgt, in der die durch die staatliche Zuweisung begründeten Besitzstände der Errichter oder Erwerber von Gebäuden in BGB konforme Rechte zu überführen sind.

c) Gegenstände der Sachenrechtsbereinigung. aa) Verliehene/zugewiesene Nutzungsrechte. Mit der **94** Sachenrechtsbereinigung wird dafür gesorgt, dass entweder aus diesen Nutzungsrechten[76] dem Bürgerlichen Gesetzbuch konforme, verkehrsfähige dingliche Rechte entstehen oder eine Auflösung des Konflikts zwischen Nutzer und Grundstückseigentümer durch Hinzuerwerb des Grundstücks durch den Nutzer **(Komplettie- rung)** herbeigeführt werden kann. Die Anpassung lässt sich hier im Wege der Rechtsumwandlung herbeifüh- ren, wobei sowohl die Rechtsform als auch der Inhalt der Nutzungsrechte verändert werden.

bb) Andere bauliche Investitionen. Die Bebauung fremder Grundstücke in der ehemaligen DDR erfolgte **95** nicht allein auf der Grundlage von Nutzungsrechten. Die bauliche Inanspruchnahme des fremden Grundstücks konnte auf gesetzlichen Regelungen beruhen, die im ZGB keine Aufnahme gefunden hatten, auf Musterstatu- ten für die landwirtschaftlichen Produktionsgenossenschaften und schließlich auf schlichtem, teilweise rechts- widrigem, jedoch üblichem Verwaltungshandeln.

cc) Staatlicher und genossenschaftlicher Wohnungsbau. Die Sachenrechtsbereinigung muss auch Rege- **96** lungen für viele im staatlichen und genossenschaftlichen Wohnungsbau errichteten Gebäude finden. Dies sind die meist in Plattenbauweise errichteten Wohnblocks. Die Überbauung im Privateigentum stehender Grund- stücke hat besondere Problemlagen geschaffen. Nach den Regelungen des ZGB der DDR entstand aufgrund der Bebauung im staatlichen Wohnungsbau an den Gebäuden kraft Gesetzes Volkseigentum (§ 459 Abs 1 S 1 ZGB); für die Bebauung privater Grundstücke durch Wohnungsbaugenossenschaften aufgrund solcher Nut- zungsverträge war »nur« die Entstehung eines der Werterhöhung entsprechenden Miteigentumsanteils vorge- sehen (§ 459 Abs 4 ZGB).

In manchen Bezirken wurden aufgrund von Entscheidungen örtlicher Partei- oder Staatsfunktionäre ganze **97** Stadtteile ohne Klärung der Eigentumsverhältnisse an Grund und Boden errichtet. Selbstständiges Gebäudeei- gentum konnte hier nach DDR-Recht nicht entstehen. Besondere Probleme ergaben sich dann, wenn die Wohnblocks quer über die **Grundstücksgrenzen** verlaufen. Das führt dazu, dass die Eigentumsgrenzen nun- mehr vertikal die Gebäude durchschneiden. In diesen Fällen kann eine sinnvolle Eigentumsregelung nur in der Weise erfolgen, dass der Nutzer des Gebäudes die Grundstücke hinzuerwirbt, auf denen das Gebäude steht (Komplettierung). Erbbaurechte über mehrere Grundstücke hinweg führen zu unübersichtlichen Rechtsver- hältnissen und sind – soweit nicht ein Gesamterbbaurecht für das Gebäude bestellt wird – auch rechtlich nicht zulässig.

dd) Bestimmte zweckgenutzte Bauten. Gegenstand der Sachenrechtsbereinigung sind schließlich die **98** öffentlichen, gewerblichen oder landwirtschaftlichen Zwecken dienenden Gebäude, für die die Nutzung des Grundstücks nicht geregelt ist. Dies betrifft:
– Vormals volkseigene Betriebe, staatliche Bauten,
– Genossenschaften mit einem handwerklichen oder gewerblichen Geschäftsgegenstand,
– Landwirtschaftliche Produktionsgenossenschaften.[77]

ee) Erholungsgrundstücke (Datschen). Die Nutzung von Grundstücken durch Bürger zur Erholung, Frei- **99** zeitgestaltung oder kleingärtnerischer Bewirtschaftung ist kein Gegenstand der Sachenrechtsbereinigung, und zwar auch dann nicht, wenn zu diesem Zweck eine Baulichkeit (sog Datsche) auf dem **fremden** Grundstück errichtet wurde.

Die Regelung der Nutzung von Grundstücken zur Erholung, Freizeitgestaltung und kleingärtnerischen **100** Bewirtschaftung soll nicht im Rahmen der Sachenrechtsbereinigung, sondern in Ausfüllung des Anpassungs- vorbehalts in Art 232 § 4 Abs 1 EGBGB erfolgen, nämlich im Schuldrechtsanpassungsgesetz (SchuldRAnpG).

---

76 Zugewiesene oder verliehene Nutzungsrechte nach §§ 287 – 294 ZGB; Nutzungsrechte für AWG; Nutzungsrechte an anderen Genossenschaften für gewerbliche Zwecke.
77 *Böhringer* MittBayNot 1992, 112; *ders* OV spezial 19/1993 S 11.

101   **d) Anspruchslösung**[78]. **aa) Allgemeine Grundsätze.** Das SachenRBerG trifft Regelungen für Rechtsverhältnisse an Grundstücken, die mit Nutzungsrechten belastet sind oder auf denen ohne solche Absicherung Gebäude errichtet wurden. Mit diesem Gesetz werden Ansprüche auf Bestellung von Erbbaurechten und zum Erwerb des Eigentums an Grundstücken begründet. Das SachenRBerG sieht **keine Umwandlung bestehender Nutzungsrechte kraft Gesetzes** vor. Den Beteiligten (Eigentümern und Nutzern) werden vielmehr gesetzliche Ansprüche eingeräumt, aus denen sie den Abschluss eines Erbbaurechts- oder (dies gilt grundsätzlich nur für die Nutzer) eines Grundstückskaufvertrages verlangen können. Die Bestimmungen über den Inhalt des Vertrages sind dispositiv; sie greifen dann ein, wenn die Beteiligten sich nicht in anderer Weise einigen.

102   Die Anspruchslösung ermöglicht eine **individuelle Vertragsgestaltung** nach den Vorstellungen der Parteien. Erst dann, wenn die Parteien sich nicht einigen können, greifen die dispositiven gesetzlichen Bestimmungen zum Inhalt des Vertrages ein. Die gesetzliche Regelung vermeidet doppelte Belastungen der Grundbuchämter. In der überwiegenden Zahl der Fälle wird die Sachenrechtsbereinigung durch Ankauf des Grundstücks durch den Nutzer erfolgen. Dies ist für beide Seiten vorteilhafter. Der Erwerb des Grundstücks ermöglicht dem Nutzer, mit dem Grundstück nach Belieben zu verfahren; der Grundstückseigentümer erhält sogleich einen namhaften Geldbetrag, den er anlegen oder anderweitig verwenden kann.

103   Die Beteiligten können für eine lange Zeit noch den alten Rechtszustand belassen, wenn sie derzeit keine Änderung wünschen.[79] Damit tritt eine zeitliche Entspannung ein; die Grundbuchämter werden nicht sofort mit einer Unzahl von Eintragungsanträgen überschwemmt.

104   **bb) Anspruchsberechtigte und -verpflichtete.** Berechtigt und verpflichtet zum Vertragsschluss sind die Nutzer und die Grundstückseigentümer.

105   Das SachenRBerG bestimmt jedoch, dass allein die Nutzer uneingeschränkt berechtigt sind, den Abschluss eines Grundstückskaufvertrages zu verlangen. Ihnen steht ein Wahlrecht zu (§ 15 SachenRBerG).[80] Für die Eigentümer ist ein solcher Anspruch nur bei niedrigen Verkehrswerten begründet.

106   **cc) Verkehrswert.** Der Verkehrswert zum Zeitpunkt des Vertragsangebots ist Grundlage für die Bemessung des Erbbauzinses und des Kaufpreises. Zugrunde gelegt wird der Bodenwert eines unbebauten, aber baureifen Grundstücks, da nur insoweit ein Ausgleich herbeizuführen ist. Die anteiligen Vermessungs- und Erschließungskosten sind abzuziehen, wenn sie nicht der Grundstückseigentümer getragen hat oder das Grundstück bereits während der Dauer seines Besitzes erschlossen und vermessen war. Dazu gehören im Wesentlichen diejenigen Fälle, in denen bereits eine Altbebauung vorhanden war. Soweit Bodenrichtwerte vorliegen, sollen diese grundsätzlich herangezogen werden (§ 19 SachenRBerG). Freilegungskosten, die sich bereits jetzt wertmindernd auswirken, sind zu berücksichtigen.

107   **dd) Erfasste Flächen.** Eines der schwierigen Probleme bei der Sachenrechtsbereinigung besteht darin, dass die Grenzen der Nutzungsrechte und -befugnisse und die Grundstücksgrenzen in weiten Bereichen nicht übereinstimmen. Hier sind verschiedene Fallgruppen zu regeln, für die das Gesetz in den Grundzügen folgende Lösung bereitstellt:

108   Soweit die Nutzungsrechtsgrenzen und Grundstücksgrenzen übereinstimmen, erstrecken sich die nach diesem Gesetz begründeten Ansprüche auf das Grundstück insgesamt.

109   Bei den aufgrund des aufgehobenen gesetzlichen Nutzungsrechts der landwirtschaftlichen Produktionsgenossenschaften genutzten Gebäuden ist nur die bauliche Investition zu schützen und deshalb das Nutzungsrecht auf die Funktionsflächen zu beschränken. Betriebliche Gesichtspunkte des Nutzers sind zu berücksichtigen; sie können im Einzelfall eine Einbeziehung größerer Flächen rechtfertigen.

110   Bei städtebaulichen Entwicklungen vor Klärung der Eigentumsverhältnisse stehen den Nutzern der Gebäude (meist Kommunen, Wohnungsgenossenschaften, Gewerbebetriebe) die Ansprüche auf Bestellung von Erbbaurechten und zum Ankauf des Grundstücks entsprechend den allgemeinen Grundsätzen des SachenRBerG zu. Erfasst werden jedoch allein die durch die Bebauung betroffenen Flächen.

111   Im **Eigenheimbau** können die Grundstückseigentümer bei Überschreitung der Regelgröße von 500 Quadratmetern eine Übertragung abtrennbarer, selbstständig nutzbarer Teilflächen gegen Entschädigung der aufstehenden Bauwerke (Garagen, Ställe für Kleintierhaltung usw.) und der Anpflanzung verlangen.

---

78   Einzelheiten *Horst* ZOV 1994, 342; *Leutheusser-Schnarrenberger* DtZ 1993, 34; *Czub* NJ 1994, 555 und 1995, 10; *Eickmann* DNotZ 1996, 139; *Frenz* NJW 1995, 2657; *Krauß* MittBayNot 1995, 253 und 353; *Schmidt-Räntsch* VIZ 1994, 441.

79   Wegen eines gutgläubigen »Wegerwerbs« der Ansprüche aus der Sachenrechtsbereinigung vgl § 111 SachenRBerG.

80   Der Grundstückseigentümer ist nur nachrangig wahlberechtigt. Zur Gesetzesstruktur *Krauß* MittBayNot 1995, 253 und 353.

Das SachenRBerG schließt **nicht nutzbare Restflächen** in die Ansprüche grundsätzlich mit ein. Der Nutzer 112
kann die Erstreckung seiner Nutzungsbefugnis und des Ankaufsrechts auf diese Flächen verlangen, die für den
Grundstückseigentümer in der Regel nur eine Belastung darstellen. Der Grundstückseigentümer kann vom
Nutzer auch die Übernahme dieser Flächen durch Erbbaurecht oder Ankauf verlangen, wenn hierdurch nach
Lage, Form und Größe ein zweckmäßig gestaltetes Erbbaurecht oder Grundstück entsteht. Der Nutzer braucht
Übergrößen in Bezug auf die vorhandene Bebauung nur dann in den Erbbaurechtsvertrag einzubeziehen oder
anzukaufen, wenn die Belastung für ihn zumutbar bleibt. Im Einzelfall wird es darauf ankommen, wie groß die
vom Nutzer zusätzlich zu übernehmende Restfläche ist, welche Nutzungsvorteile sich für den Nutzer hieraus
ergeben und schließlich wie hoch die zusätzliche finanzielle Belastung für den Nutzer ist.

ee) Einreden. Die Ausübung der nach diesem Gesetz entstandenen Ansprüche soll unter bestimmten Voraus- 113
setzungen ausgeschlossen sein. Verfahren für die Vermögenszuordnung und zur Bodenordnung können mit der
Verfolgung der Ansprüche nach dem SachenRBerG konkurrieren. Auch die Verfahren zur Zusammenführung
von Grundstücks- und Gebäudeeigentum nach § 64 LwAnpG konkurrieren mit den nach dem SachenRBerG
geltend zu machenden Ansprüchen. Es muss eine doppelte Entscheidung über denselben Sachverhalt in verschiedenen Verfahren ausgeschlossen werden. Das SachenRBerG sieht vor, dass die Ansprüche nicht geltend
gemacht werden können, wenn eine Entscheidung in einem Bodenordnungsverfahren getroffen worden ist.

Der Gedanke des Investitionsschutzes greift bei **unnutzbaren Gebäuden und nicht ausgeübten Nutzun-** 114
gen nicht. Der Zweck der Sachenrechtsbereinigung, bauliche Investitionen zu sichern, wird verfehlt, wenn das
Bauwerk wegen schwerwiegender Bauschäden nicht mehr nutzbar ist und die Nutzung auch nicht mehr stattfindet. In diesen Fällen ist auch kein Erbbaurecht oder Ankaufsrecht zu begründen.

Die Ansprüche auf Bestellung von Erbbaurechten und zum Ankauf des Grundstücks sollen bei **geringer Rest-** 115
nutzungsdauer des Gebäudes ausgeschlossen sein, wenn kein Nutzungsrecht bestellt wurde und das vom Nutzer errichtete Gebäude öffentlichen Zwecken dient oder land-, forstwirtschaftlich oder gewerblich genutzt
wird.

e) Anspruch auf Erbbaurecht. aa) Bestellung eines Erbbaurechts. Das Erbbaurecht ist im Vertrag über 116
die Bestellung des Erbbaurechts festzulegen. Das SachenRBerG sieht deshalb gesetzliche Ansprüche auf
Abschluss eines Erbbaurechtsvertrages für Grundstückseigentümer und Nutzer vor (§§ 32 ff SachenRBerG). Die
Bestellung des Erbbaurechts kann nach § 10 Abs 1 ErbbauRG **nur zur ersten Rangstelle** erfolgen. Das
SachenRBerG trifft Vorsorge dafür, dass die Erstrangigkeit herbeigeführt werden kann. Es wird ein gesetzlicher
Anspruch gegen die Inhaber am Grundstück eingetragener dinglicher Rechte begründet, einem Rangrücktritt
zuzustimmen (§ 33 SachenRBerG).

Nach dem SachenRBerG können **mehrere Erbbaurechte** an einem Grundstück im Gleichrang an erster 117
Rangstelle bestellt werden, oder sog Gesamterbbaurechte bestellt werden, die sich auf mehrere Grundstücke
erstrecken, oder unter bestimmten Voraussetzungen auch ein Erbbaurecht auf dem benachbarten Grundstück
zur Absicherung eines Überbaus bestellt werden (so genannte Nachbarerbbaurechte).

bb) Inhalt des Erbbaurechtsvertrages. Der Inhalt des Erbbaurechts muss durch vertragliche Vereinbarungen 118
festgelegt werden. § 42 SachenRBerG enthält Bestimmungen, die zum Inhalt des Erbbaurechts gehören müssen, und solche, die die Beteiligten vertraglich als Inhalt des Erbbaurechts bestimmen können, womit sie nach
Eintragung des Vertrages in das Grundbuch gegenüber jedem Rechtsnachfolger wirken. Insoweit trifft das
SachenRBerG hier eine § 2 ErbbauRG entsprechende Regelung für die nach diesem Gesetz zu treffenden Vereinbarungen.

cc) Erbbauzins. Der regelmäßige Zins beträgt die Hälfte des für die entsprechende Nutzung üblichen Zinses. 119
Der regelmäßige Erbbauzins ist dann anzuwenden, wenn Nutzungsrechte bestellt oder vor dem Beitritt auf den
von landwirtschaftlichen Produktionsgenossenschaften genutzten Flächen vor der Aufhebung des gesetzlichen
Nutzungsrechts (zum 01.07.1990) mit dem Bau eines Gebäudes begonnen wurde.

Der Erbbauzins wird durch die Nutzungsart bestimmt. Bemessungsgrundlage für den Zins ist grundsätzlich der 120
Verkehrswert eines baureifen Grundstücks (§ 19 Abs 2 SachenRBerG).

Die **Sicherung des Erbbauzinses** erfolgt – wie bei § 9 Abs 1 ErbbauRG – durch Eintragung einer Reallast. 121
Zudem ist es nach der Änderung[81] der Verordnung über das Erbbaurecht möglich, dass die Verpflichtung zur
Zahlung der künftig fällig werdenden Erbbauzinsen, deren Höhe bestimmt sein muss, zum Inhalt des Erbbau-
rechts erklärt werden kann.

---

81 Art 2 § 1 SachenRÄndG.

122 **dd) Dauer des Erbbaurechts.** Das SachenRBerG geht von dem Inhalt des Nutzungsrechts und dort, wo ein solches Recht nicht bestellt wurde, von der tatsächlichen baulichen Inanspruchnahme des Grundstücks aus, sofern diese nach den Rechtsvorschriften zulässig war oder mit Billigung staatlicher Stellen erfolgt ist. Die regelmäßige Dauer des Erbbaurechts (§ 53 SachenRBerG) wird nach der **typischen Nutzungsdauer eines Neubaus** bestimmt, wobei im Interesse der Vereinfachung eine Differenzierung nach drei Kategorien vorgesehen wird. Die vorgesehenen Laufzeiten von 90 Jahren für Ein- und Zweifamilienhäuser und bestimmte öffentlichen Zwecken dienenden Bauten, von 80 Jahren für die im staatlichen und genossenschaftlichen Wohnungsbau errichteten Gebäude sowie für Büro- und Dienstgebäude und von 50 Jahren für alle anderen Bauwerke, ist einfacher zu handhaben als eine Suche nach der technischen Nutzungsdauer des betroffenen Gebäudes in jedem Einzelfall.

123 Bei den land-, forstwirtschaftlich, gewerblich genutzten oder den staatlichen Stellen dienenden Gebäuden ist, sofern kein zu einem Neubau berechtigendes Nutzungsrecht bestellt wurde, allein der Wert der vorhandenen baulichen Investitionen zu sichern. Das SachenRBerG sieht ein Erbbaurecht mit einer nach der Restnutzungsdauer bestimmten Vertragszeit vor (§ 53 Abs 3 SachenRBerG). Beträgt diese weniger als 25 Jahre, so ist eine dingliche Belastung des Grundstücks mit einem Erbbaurecht nicht gerechtfertigt.

124 **f) Gesetzliches Ankaufsrecht. aa) Hinzuerwerb des Grundstücks.** Das gesetzliche Ankaufsrecht ist die zweite Säule, auf der die Sachenrechtsbereinigung ruht. Das SachenRBerG kommt damit dem Wunsch vor allem der Nutzer nach dem Erwerb des Eigentums am Grundstück entgegen. Insbesondere bei den Eigentümern von Eigenheimen im Beitrittsgebiet bestehen häufig Vorbehalte gegen das Erbbaurecht. Ein Hinzuerwerb des Eigentums am Grundstück wird demgegenüber als die sichere Alternative bevorzugt.

125 Das gesetzliche Ankaufsrecht ist eine gesetzliche Lösung des Konflikts, dass zwei Parteien (Grundstückseigentümer und Nutzer) an einem Grundstück berechtigt sind und zwischen ihnen ein Ausgleich gefunden werden muss.

126 **bb) Gesetzliche Ansprüche auf Vertragsschluss.** Das Ankaufsrecht gibt einen Anspruch zum Abschluss eines Grundstückskaufvertrages, für den das SachenRBerG **dispositive Bestimmungen** bereitstellt. Anspruchsinhaber ist grundsätzlich der Nutzer, der insoweit ein Wahlrecht zwischen Erbbaurecht und Ankauf hat (vgl § 15 SachenRBerG). Der Grundstückseigentümer kann nur bei geringen Grundstückswerten, bei denen sich die Bestellung von Erbbaurechten nicht »lohnt«, den Ankauf des Grundstücks verlangen.

127 Eine Ausnahme hiervon ist das Recht des Grundstückseigentümers zum Ankauf eines Wirtschaftsgebäudes im ländlichen Raum (§§ 81 ff SachenRBerG). Durch diese Bestimmungen wird Übereinstimmung mit den Regelungen des Landwirtschaftsanpassungsgesetzes hergestellt.

128 **cc) Kaufgegenstand.** Kaufgegenstand ist grundsätzlich das mit dem Nutzungsrecht belastete oder bebaute Grundstück. Grundstückseigentümer und Nutzer können im Rahmen der Vertragsfreiheit auch die Grenzen der Teilfläche eines Grundstücks bestimmen, auf die sich die Nutzungsbefugnis aus dem Erbbaurecht erstrecken oder die vom Stammgrundstück abgeschrieben werden soll (§ 85 Abs 2 SachenRBerG). Der Notar kann hierzu im Rahmen des Vermittlungsverfahrens mit Einverständnis der Beteiligten – gegebenenfalls nach Anhörung eines betroffenen Nachbarn – einen Vermessungsingenieur oder einen Sachverständigen beauftragen.

129 **dd) Regelmäßiger Preis.** Der regelmäßige Preis beträgt die Hälfte des Verkehrswertes eines unbebauten Grundstücks zum Zeitpunkt des Vertragsschlusses. Dies entspricht dem Grundsatz der Aufteilung der Bodenwerte und wahrt die Parallelität zum Erbbaurecht (§§ 60 ff SachenRBerG).

130 **g) Notarielles Vermittlungsverfahren.** Die Klage auf Abschluss eines Vertrages wäre in der Weise zu führen, dass der Kläger ein notarielles Angebot einholt und auf dessen Annahme klagt. Dies würde in der Praxis zu erheblichen Schwierigkeiten führen, wenn viele Punkte zwischen den Beteiligten streitig sind. Der Kläger könnte dann gezwungen sein, nach Erörterung der Sache durch das Gericht ein weiteres Angebot (eventuell mehrere Hilfsangebote) beurkunden zu lassen. Dies würde zu einer zusätzlichen Belastung für den Kläger führen. Die Erörterung vieler Streitpunkte des abzuschließenden Vertrages durch das Prozessgericht wäre zudem zeitaufwändig und teuer.

131 §§ 87 ff SachenRBerG sehen deshalb ein notarielles Vermittlungsverfahren vor, analog zu den Regelungen über die Vermittlung der Nachlassauseinandersetzung (§§ 86 bis 98 FGG). Der Notar hat auf Antrag die Beteiligten (Nutzer, Grundstückseigentümer und – falls zur Durchführung des Vertrages erforderlich – auch die Inhaber dinglicher Rechte) vorzuladen. In der Verhandlung sind die für einen Vertragsschluss erforderlichen Elemente abzufragen und dabei die streitigen und die unstreitigen Punkte in einem Eingangsprotokoll festzuhalten. Der Notar soll den Beteiligten einen Vermittlungsvorschlag unterbreiten und ist auch berechtigt, danach Ermittlungen zu den Streitpunkten zu erheben.

Kommt es durch notarielle Vermittlung zu einer **Einigung**, so hat der Notar den Vertrag in einer für den Voll- 132
zug im Grundbuch geeigneten Weise zu protokollieren. Hierin liegt der besondere Vorteil einer Vermittlung
durch den Notar, zu dessen Aufgaben die Beurkundung gehört und der deshalb im Falle des Konsenses sogleich
auch den Vertragsabschluss beurkunden kann.

Kommt es zu **keiner Einigung**, so hat der Notar die unstreitig gewordenen und die streitig gebliebenen 133
Punkte in einem Abschlussprotokoll festzuhalten, das insoweit eine Konzentration des Streitstoffes in einem
anschließenden Rechtsstreit[82] herbeiführen soll. Die Einigung über unstreitige Punkte kann mit Zustimmung
der Beteiligten für das künftige Verfahren verbindlich werden.

Das Vermittlungsverfahren dient zugleich dem Rechtsfrieden, da eine solche Erörterung mit Hilfe des Notars 134
viele Streitfragen erledigen und oft zur Beurkundung führen wird. Auch soweit es nicht zu einem Vertragsschluss kommt, wird die Rechtsverfolgung erleichtert, weil der Vertragsantrag nach dem Ergebnis des Vermittlungsverfahrens formuliert werden kann und es dann häufig nicht mehr der Durchführung eines streitigen Verfahrens bedürfen wird (§§ 98, 99, 103 SachenRBerG).

h) Sicherung von Sachenrechtsbereinigungsansprüchen. aa) Gutglaubenswirkung des Grundbuchs. Die 135
Wiederherstellung des guten Glaubens[83] an das Grundbuch erfolgt zum 01.01.2001. § 111 SachenRBerG[84] zieht
daraus die Folgerungen für die Rechtsverhältnisse, die Gegenstand der Sachenrechtsbereinigung sind Die Norm verlängert den liegenschaftsrechtlichen Redlichkeitsschutz sozusagen in den Schuldrechtsbereich hinein. Dies ist auch
sachgerecht, denn wenn schon nach Art 231 § 5 Abs 3, Art 233 § 4 EGBGB im Grundstücksgrundbuch nicht eingetragene dingliche Nutzungsrechte/Gebäudeeigentum im Falle des gutgläubigen lastenfreien Erwerbs erlöschen, muss
dies erst recht für die aus diesen Rechten fließenden gesetzlichen Ansprüche des Nutzers auf Durchführung der
Sachenrechtsbereinigung gelten.

Kein gutgläubig sachenrechtsbereinigungsfreier Rechtserwerb (dingliche Einigung/Vormerkungsbewilligung 136
nach dem 31.12.2000) ist möglich,[85] wenn vor dem Antrag auf Eintragung des Rechtserwerbs bereits im
Grundbuch eingetragen bzw zur Eintragung beantragt worden ist: das dingliche Nutzungsrecht/Gebäudeeigen-
tum im Grundstücksgrundbuch oder der Schutzvermerk nach Art 233 § 2c Abs 2 EGBGB oder der Vermitt-
lungsverfahrensvermerk nach § 92 Abs 5 SachenRBerG oder ein Zustimmungsvorbehalt[86] nach § 6 Abs 4
BoSoG bzw § 13 GBBerG. Außerdem wird entsprechend den allgemeinen Grundsätzen des § 892 Abs 1 S 2
BGB der gute Glaube zerstört, wenn der Rechtserwerber positive Kenntnis vom Bestehen eines vom Sachenrechtsbereinigungsgesetz erfassten Nutzungtatbestandes hat.

bb) Schutzvermerk. Ansprüche aus der Sachenrechtsbereinigung nach dem Sachenrechtsbereinigungsgesetz 137
sollen durch einen Vermerk[87] gesichert werden können, soweit der Nutzer unter das Moratorium nach Art 233
§ 2a EGBGB fällt. Der Vermerk ist in Abt. II des Grundstücksgrundbuchs unter Angabe des besitzberechtigten,
des Umfangs und Inhalts des Rechts einzutragen[88] und hat die **Wirkung einer Vormerkung** (vgl § 883
Abs 2, §§ 884, 886–888 BGB). Verfügungen des Grundstückseigentümers über das Grundstück sind dem
Berechtigten aus Art 233 § 2a EGBGB gegenüber unwirksam. Der Vermerk ersetzt keine Vollzugshandlungen
aus der Sachenrechtsbereinigung, sondern sichert nur Ansprüche, die aus dem Sachenrechtsbereinigungsgesetz
fließen (zB Anspruch auf Bestellung eines Erbbaurechts oder Ankauf des Grundstücks). Wird zeitlich später ein
notarielles Vermittlungsverfahren beantragt, ist der Schutzvermerk entsprechend zu ergänzen.[89]

cc) Vermittlungsverfahren[90]. Durch die Stellung eines – schlüssigen – Antrags eines an der Sachenrechtsbe- 138
reinigung Beteiligten[91] ist der Notar verpflichtet, das Grundbuchamt um Eintragung des Vermittlungsvermerks
gemäß § 92 Abs 5 SachenRBerG zu ersuchen. Mit dem Schutzvermerk wird gutgläubig sachenrechtsbereinigungsfreier Erwerb eines Dritten nach dem 31.12.2000 verhindert. Es wird der gute Glaube des Rechtsverkehrs
an die Nichtanhängigkeit eines Vermittlungsverfahrens zerstört und die Wirkung des Verfahrensergebnisses für
und gegen Rechtsnachfolger aufseiten des Verfahrensbeteiligten erreicht (ähnlich dem Rechtshängigkeitsvermerk nach §§ 265, 266, 325 ZPO).

---

82 Zu den Rechtswirkungen eines Sachenrechtsbereinigungsurteils OLG Jena VIZ 2002, 646 = NJ 2002, 603.
83 *Böhringer* DtZ 1994, 50.
84 Art 1 SachenRÄndG, BGBl I S 1994, 2457.
85 § 111 SachenRBerG.
86 Zustimmungsvorbehalt bedeutet Verfügungssperre.
87 Art 2323 § 2c Abs 2 EGBGB.
88 Einzelheiten zum Eintragungsverfahren §§ 4 Abs 4, 7 GGV.
89 § 92 Abs 6 S 3 SachenRBerG.
90 *Frenz* NJW 1995, 2660.
91 Dazu zählen nach § 87 Abs 2 SachenRBerG nur Nutzer und Grundstückseigentümer.

139 Der Vermerk hat die Wirkung einer Vormerkung (§ 92 Abs 6 S 1 SachenRBerG) und sichert die Ansprüche nach dem Sachenrechtsbereinigungsgesetz. Der Antragsteller kann daher die Rechte aus § 888 Abs 1 BGB geltend machen. Die Eintragung erfolgt jeweils sowohl in Abt II des Grundbuchblattes des Grundstücks als auch des möglicherweise angelegten Gebäudegrundbuchblatts.

140 Ist bereits nach Art 233 § 2c Abs 2 EGBGB ein Schutzvermerk eingetragen, ist lediglich eine entsprechende Ergänzung bei diesem erforderlich (§ 92 Abs 4 S 3 SachenRBerG).

141 **dd) Belastungsverbot bei Moratoriums-Grundstücken.** Art 233 § 2a Abs 3 S 2 EGBGB verbietet dem Eigentümer eines Moratoriums-Grundstücks, dieses über den Umfang hinaus zu belasten, zu dem er gesetzlich oder aufgrund einer behördlichen Entscheidung verpflichtet ist. Es handelt sich um ein lediglich **schuldrechtlich wirkendes Belastungsverbot**, das als solches im Grundbuch nicht eintragbar ist. Wird allerdings ein gerichtliches Belastungsverbot von dem Nutzer des Grundstücks erwirkt, ist dieses eintragbar. Bis dahin sind Verfügungen des Grundstückseigentümers voll wirksam.[92] Das Verbot kann auch durch einen Verfahrensvermerk nach Art 233 § 2c EGBGB gesichert werden.

2. Grundzüge des Verkehrsflächenbereinigungsgesetzes (VerkFlBerG)

142 **a) Allgemeines.** Das Registerverfahrenbeschleunigungsgesetz, das Sachenrechtsänderungsgesetz und das Schuldrechtsänderungsgesetz sollten die Eigentumsordnung der ehem DDR auf die des BGB zurückführen. Ausgenommen waren jedoch Privatgrundstücke, die zu **öffentlichen Zwecken genutzt** wurden. Diese Lücke wurde durch das seit 1. Oktober 2001 geltende Gesetz zur Bereinigung der Rechtsverhältnisse an Verkehrsflächen und anderen öffentlich genutzten privaten Grundstücken – Verkehrsflächenbereinigungsgesetz[93] (VerkFlBerG) geschlossen, welches als Art 1 in das Gesetz[94] zur Bereinigung offener Fragen des Rechts an Grundstücken in den neuen Ländern – Grundstücksrechtsbereinigungsgesetz – GrundRBerG) eingestellt ist.

143 **b) Zweck und Regelungsbereich des Gesetzes.** In der ehemaligen DDR sind oftmals private Grundstücke für öffentliche Zwecke in Anspruch genommen worden, ohne dass eine förmliche Überführung des Grundstücks in Volkseigentum stattgefunden hätte oder die Nutzung des Grundstücks gegenüber dem Eigentümer auf eine rechtliche Grundlage gestellt worden wäre. Gleichwohl besteht die öffentliche Nutzung (insbesondere Straßen und andere Verkehrsflächen wie öffentliche Plätze und Parks, Gebäude im Verwaltungsgebrauch wie Schulen und Rathäuser) in vielen Fällen fort.

144 In der ganz überwiegenden Zahl der Fälle wurden die betroffenen Grundstücke als Straßen, Wege, Plätze, Parks, Gehwege, natürliche und künstliche Gewässer, aber auch für Anlagen des öffentlichen Personennahverkehrs wie zB Straßenbahngleise und für andere Bahnanlagen in Anspruch genommen. Öffentliche Grünanlagen, Freizeiteinrichtungen, Verwaltungsgebäude, Schulen, Rathäuser und Ausbildungsstätten, Universitätsgebäude, Kindertagesstätten, Flughäfen, Feuerwehreinrichtungen usw. können sich ebenfalls auf solchen **Privatgrundstücken** befinden.

145 Das Eigentum an allen diesen Grundstücken war zu DDR-Zeiten demnach durch Nutzungsbefugnisse der öffentlichen Hand überlagert und der Sache nach wirtschaftlich ausgehöhlt. Die erst nach dem 02.10.1990 auf privatem Grund und Boden für öffentliche Aufgaben in Anspruch genommenen Grundstücke unterfallen nicht dem Regelungsbereich des VerkFlBerG. Nach der Struktur der öffentlichen Nutzungen auf Privatgrundstücken sind von dem Verkehrsflächenbereinigungsgesetz in erster Linie die Kommunen, daneben auch die Länder (insbesondere bei Straßen und Gewässern) und der Bund (im Bereich der Bundesverkehrswege und militärischer Liegenschaften) betroffen.

146 **c) Wesentliche Grundsätze der Neuregelung.** Für die Verkehrsflächenbereinigung gelten nachfolgende Grundsätze:
– Der öffentliche Nutzer (in der Regel der Fiskus, unter bestimmten Voraussetzungen auch die privatrechtlich organisierte öffentliche Hand) erhält ein **Erwerbsrecht für privaten Grund** und Boden, wenn er diesen noch heute für öffentliche Zwecke nutzt, oder eine Dienstbarkeit.

---

92 *Böhringer* Rpfleger 1994, 45.
93 Es ist das Pendant zum Sachenrechtsbereinigungsgesetz. Das Gesetz ist verfassungsgemäß, BGH DNotI-Report 2008, 127 = NJ 2008, 432.
94 Vom 27.10.2001 (BGBl I, 2716). Äußerungen im Schrifttum: *Stavorinus* – Das Grundstücksrechtsvereinigungsgesetz, NotBZ 2001, 349; *Purps* – Neue Sonderbestimmungen im Grundstücksrecht der neuen Bundesländer, ZfIR 2001, 593; *Trimbach-Matthiessen* – Das Grundstücksrechtsbereinigungsgesetz, VIZ 2002, 1; *Hirschinger* – Das Grundstücksrechtsbereinigungsgesetz, NJ 2001, 570; *Böhringer* – Das Verkehrsflächenbereinigungsgesetz aus grundbuchrechtlicher Schau, VIZ 2002, 193; *ders* Bestellung einer Dienstbarkeit in der Verkehrsflächenbereinigung aus grundbuchrechtlicher Schau, VIZ 2003, 55; *Schmidt-Räntsch* – Der Kaufvertrag nach dem Verkehrsflächenbereinigungsgesetz, ZfIR 2006, 385.

– Für den **Ankaufspreis** wird zwischen Verkehrsflächen und anderen öffentlichen Nutzungen unterschieden. Dies beruht auf dem Umstand, dass Verkehrsflächen als langfristig angelegte Infrastruktureinrichtungen – anders als die Nutzung für Verwaltungs- oder Dienstgebäude – für die öffentliche Hand nicht wirtschaftlich verwert- oder nutzbar (kommerzialisierbar) sind; es sind daher niedrige Ankaufspreise vorgesehen. **147**

– Die Bereinigung soll möglichst rasch erfolgen. Unter Berücksichtigung auch der Haushaltslage der öffentlichen Hand wird dem Fiskus eine Zeitspanne bis 30.06.2007 eingeräumt, seine Rechte aus dem Gesetz geltend zu machen. Danach soll der Eigentümer den Ankauf durch die öffentliche Hand – unbefristet – verlangen können. **148**

d) Erwerbsrecht mit gesetzlicher Ausgestaltung. Das Verkehrsflächenbereinigungsgesetz gilt für Grundstücke, die am 01.10.2001 im Eigentum Privater, also nicht der öffentlichen Hand stehen. Es kommt nicht auf die Grundbucheintragung an, sondern auf die Wirksamkeit der Überführung in Volkseigentum, Art 237 EGBGB. Die öffentliche Nutzung muss bei Ausübung des Erwerbsrechts noch andauern, ansonsten fehlt es an einer zu bereinigenden bodenrechtlich unklaren Situation. Ein Ankaufsrecht des öffentlichen Nutzers scheidet auch aus, wo der Fortbestand der öffentlichen Nutzung bereits dinglich gesichert ist, zB durch eine Dienstbarkeit. **149**

Der öffentliche Nutzer hat – orientiert am Vorbild der Sachenrechtsbereinigung – einen **privatrechtlichen Bereinigungsanspruch** auf Erwerb des Eigentums an dem von der öffentlichen Nutzung betroffenen Grundstück. Der Anspruch geht auf Zustimmung zum Abschluss eines Grundstückskaufvertrages zu den im Verkehrsflächenbereinigungsgesetz vorgegebenen Modalitäten,[95] insbesondere zu den in §§ 5 und 6 VerkFlBerG vorgesehenen Kaufpreisen. Die Bestellung eines Erbbaurechts kann nicht verlangt werden. Für eine Dienstbarkeitslösung sind entsprechende Regelungen in §§ 3 und 8 VerkFlBerG enthalten. **150**

Das Recht auf Durchführung einer Bereinigung der Rechtsverhältnisse an für öffentliche Zwecke genutzten Flächen hat zunächst allein der öffentliche Nutzer. Der Grundstückseigentümer hatte vor dem 1.07.2007 keinen Anspruch auf Bereinigung. Der öffentliche Nutzer konnte bis zum Ablauf des 30.06.2007 das Erwerbsrecht ausüben, § 8 Abs 1 VerkFlBerG. Nach Ablauf dieser Frist hat er kein Recht mehr, den Vertragsabschluss zu verlangen. Das Erwerbsrecht wird durch Abgabe eines notariell beurkundeten Verkaufsangebots ausgeübt, das dem Grundstückseigentümer vor Ablauf der Ausschlussfrist zugegangen sein muss. **151**

Der Gesetzgeber stellt die Bereinigung in das **Belieben der Beteiligten** und nimmt auch eine nicht erfolgte Bereinigung in Kauf. Der öffentliche Nutzer kann nach § 3 Abs 1 VerkFlBerG vom Grundstückseigentümer die Annahme eines Angebots für einen Grundstückskaufvertrag oder die Bestellung einer Dienstbarkeit[96] verlangen, wenn der Inhalt des Angebots den gesetzlichen Vorgaben des Verkehrsflächenbereinigungsgesetzes entspricht. Mit diesem Verfahren ist eine behördenfreie Anspruchslösung ohne Durchführung eines Verwaltungsverfahrens gefunden worden. Das Erwerbsrecht wird nach § 3 Abs 1 VerkFlBerG durch Abgabe eines vom öffentlichen Nutzer erklärten, notariell beurkundeten Angebots zum Abschluss eines Kaufvertrags – mit den gesetzlichen Vorgaben[97] – ausgeübt.[98] **152**

Rechtstechnisch besteht ein **privatrechtlicher Anspruch** des öffentlichen Nutzers gegenüber dem Grundstückseigentümer auf Annahme des notariell beurkundeten Kaufvertragsangebots. Offen gelassen hat der Gesetzgeber, innerhalb welcher Frist der Grundstückseigentümer das Angebot anzunehmen hat. Auch fehlt eine Regelung, wie lange der öffentliche Nutzer an sein Angebot gebunden ist, § 152 S 2 iV mit § 151 S 2 BGB. **153**

Wird das **Angebot** nicht freiwillig in notariell beurkundeter Form angenommen, muss der öffentliche Nutzer den Grundstückseigentümer auf Annahme des Vertragsangebotes verklagen, § 894 ZPO. Die **Annahmeerklärung** darf keine inhaltlichen Abänderungen oder Erweiterungen enthalten. Möglich bleiben aber auch einvernehmliche Regelungen der Parteien (§ 13 VerkFlBerG). Auf Grund des durch Angebot und Annahme zu Stande gekommenen Kaufvertrags (§§ 128, 152 BGB) ist der Grundstückseigentümer schuldrechtlich verpflichtet, das Grundstück an den öffentlichen Nutzer zu übereignen. Die Vertragsparteien haben die Auflassung des Grundstücks (§ 925 BGB) zu erklären, notfalls wird die Auflassungserklärung des Partners durch Urteil nach § 894 ZPO ersetzt. **154**

---

95 Das VerkFlBerG enthält eine höhere Regelungsdichte und präzisere Regelung als das SchenRBerG. Da das notarielle Vermittlungsverfahren im Anwendungsbereich des VerkFlBerG nur als Hilfsverfahren vorgesehen ist, kommt die lückenauffüllende Lehre vom notardispositiven Recht im VerkFlBerG nicht zum Tragen, so auch *Stavorinus* NotBZ 2001, 349, 351.

96 Diese Falllage soll hier nur am Rande behandelt werden.

97 Ein Abweichen von den Vorgaben des Gesetzes ist beim Zwangsvertrag nicht zulässig. Einzelheiten zum Beurkundungsverfahren bei *Stavorinus* NotBZ 2001, 349, 352; *Schmidt-Räntsch* ZfIR 2006, 385.

98 Zu seiner Wirksamkeit bedarf das Angebot des Zugangs. Dem Grundstückseigentümer ist eine Ausfertigung des Angebots zu übersenden, die Zusendung lediglich einer beglaubigten Abschrift des Angebots genügt nicht.

155   **e) Weiterhin unbeschränkte Verfügungsbefugnis des Eigentümers.** Der Grundstückseigentümer ist trotz Bestehens des Erwerbsrechts des öffentlichen Nutzers nicht in seiner sachenrechtlichen Verfügungsbefugnis eingeschränkt. Er unterliegt weder Geboten noch besonderen Genehmigungspflichten, auch keinem Verfügungsverbot. Kann der Grundstückseigentümer nach § 8 Abs 2 VerkFlBerG vom Nutzer den Ankauf des Grundstücks verlangen, so handelt es sich dabei um eine Rechtsposition, die einem subjektiv-dinglichen Recht angenähert ist. Der Anspruch des Grundstückseigentümers auf Abschluss eines Kaufvertrages ist auf Grund seiner subjektiv-dinglichen Natur **sonderrechtsunfähig und wesentlicher Bestandteil des Grundstücks** iS von § 93 BGB. Bei Veräußerung des Grundstücks geht der Anspruch ipso iure auf den Sonderrechtsnachfolger über.

156   Das Erwerbsrecht des öffentlichen Nutzers ist zivilrechtlicher Natur, macht das Grundbuch nicht unrichtig; deshalb scheidet die Eintragung eines Widerspruchs gemäß § 899 BGB aus. Der Grundstückseigentümer ist wirklicher Eigentümer, Verfügungen durch ihn sind solche vom Berechtigten. Die Verkehrsflächenbereinigung kann nur durchgeführt werden, wenn der jeweilige Grundstückseigentümer verpflichtet wird Diese Verpflichtung aus dem VerkFlBerG geht unmittelbar auf **Rechtsnachfolger** des Grundstückseigentümers über.[99] Ein gutgläubig lastenfreier (anspruchsfreier = bereinigungsfreier) Grundstückserwerb findet − anders als bei der Regelung in § 111 SachenRBerG[100] − nicht statt. Jeder Grundstückserwerber muss damit rechnen, dass der öffentliche Nutzer von ihm die Übertragung des Grundstücks verlangen kann.

157   Nach Ausübung des Erwerbsrechts ist dieses »verbraucht« und sodann kein »Anhängsel« des Grundstücks mehr. Eine danach vorgenommene rechtsgeschäftliche Veräußerung oder Zwangsversteigerung des Grundstücks würde mangels Eintragung einer Vormerkung zu einem Untergang des Anspruchs des Nutzers führen. § 7 Abs 2 VerkFlBerG gewährt daher dem Nutzer einen Anspruch auf Abgabe einer Bewilligung zur Eintragung einer Eigentumsvormerkung zu Gunsten des Nutzers.

158   Erst mit der Eintragung einer **Eigentumsvormerkung** für den öffentlichen Nutzer ist dieser dann vor Verfügungen des Grundstückseigentümers geschützt, §§ 883, 885 BGB iV mit § 7 Abs 2 S 1 VerkFlBerG. Das Erwerbsrecht bzw der Anspruch auf Bestellung einer Dienstbarkeit kann im rechtsgeschäftlichen Grundstücksverkehr und beim Erwerb im Wege einer Zwangsversteigerung gegen einen Rechtserwerber andernfalls nicht mehr durchgesetzt werden.[101]

f) Abwicklung eines ausgeübten Erwerbsrechts. aa) Bekannter/Unbekannter Grundstückseigentümer.
159   Der Grundstückseigentümer hat den Ankaufsanspruch des öffentlichen Nutzers zu erfüllen. Dem Testamentsvollstrecker ist gemäß § 2205 S 2 BGB die Verfügung über das Grundstück möglich; ist ihm ausnahmsweise vom Erblasser ein Verfügungsverbot auferlegt worden, hat der öffentliche Nutzer gegen die **Erben** einen Anspruch auf deren Zustimmung zu der Veräußerung. Ist der Grundstückseigentümer eine **Vorerbe**, so ist dieser der Schuldner des Anspruchs. Durch den Ausschluss des § 2113 BGB wird erreicht, dass bei Eintritt des Nacherbfalls der Ankaufsvertrag gleichwohl wirksam bleibt. Die Sondervorschrift des § 3 Abs 4 S 2 VerkFlBerG hat Bedeutung für alle Erbfälle, die vor dem 01.01.1976[102] oder nach dem 02.10.1990 eingetreten sind Der Kaufpreis fällt selbstverständlich in den Nachlass und unterliegt den allgemeinen Bestimmungen (§§ 2111, 2119 BGB).

160   Viele Grundstückseigentümer oder ihr gegenwärtiger Aufenthaltsort sind nicht bekannt. Damit der Flächenerwerb nicht jahrelang blockiert wird, enthält § 3 Abs 4 S 3 VerkFlBerG eine Spezialregelung, die die allgemeinen Regeln des bürgerlichen Rechts aber nicht verdrängt, sondern überlagert. Die Vorschriften des § 17 SachenRBerG über die Pflegschaft für einen Grundstückseigentümer werden für entsprechend anwendbar erklärt. Unberührt bleiben gleichwohl die gesetzlichen Regelungen der Pflegschaft nach §§ 1909 ff, 1960 BGB und die gesetzliche Vertretung der Mitglieder von altrechtlichen Personenzusammenschlüssen durch die Belegenheits-Gemeinde nach Art 233 § 10 EGBGB. Anwendbar bleiben auch die Vertretungsregeln nach Art 233 § 2 Abs 3 EGBGB und § 11b VermG.

161   Bei allen Vertretern ist stets zu prüfen, ob sie ausnahmsweise von den Beschränkungen des § 181 BGB durch gesetzliche Sonderbestimmungen befreit sind So kann zB ein Bürgermeister einer Gemeinde nicht als Vertreter eines altrechtlichen Personenzusammenschlusses (nach Art 233 § 10 EGBGB) dessen Grundstück an die Gemeinde veräußern, weil weder Art 233 § 10 EGBGB noch die Bestimmungen des Kommunalrechts eine Befreiung von § 181 BGB zulassen. In solchen Erwerbsfällen bedarf es der Bestellung eines (Ergänzungs-)Pflegers nach § 3 Abs 4 S 3 VerkFlBerG iVm § 17 Abs 1 Nr 2 und 4, Abs 2 SachenRBerG für die unbekannten Mitglieder des altrechtlichen Personenzusammenschlusses. Bei öffentlichen Vertretern ist auch das Erfordernis einer Verkaufserlaubnis nach § 7 GBBerG zu beachten.

---

99   Ebenso *Stavorinus* NotBZ 2001, 349, 352.
100   Anders als bei § 111 SachenRBerG wird im Geltungsbereich des VerkFlBerG die Institution des liegenschaftsrechtlichen Redlichkeitsschutzes (§§ 891, 892 BGB) nicht in den Schuldrechtsbereich hinein verlängert.
101   Ebenso *Stavorinus* NotBZ 2001, 349, 352, 372.
102   Bei Erbfällen in der Zeit vom 01.01.1976 bis 02.10.1990 gilt § 2113 BGB wegen § 8 Abs 2 S 2 EGZGB ohnehin nicht.

bb) Erwerb mehrerer öffentlicher Nutzer. Nutzen mehrere öffentliche Nutzer das betroffene Grundstück **162** gemeinsam (etwa bei gemeinsamer Unterbringung von Gemeinde- und Kreisverwaltung in einem Verwaltungsgebäude), so bestimmt § 3 Abs 6 VerkFlBerG, dass sie als Gesamtgläubiger berechtigt und als Gesamtschuldner verpflichtet sind (§§ 428, 421 BGB). Da das Innenverhältnis der mehreren Nutzer in § 3 VerkFlBerG nicht geregelt ist, haben sich die Nutzer über ihr nach § 47 GBO anzugebendes Gemeinschaftsverhältnis zum Erwerb des Grundstücks zu einigen, notfalls gelten §§ 426, 430 BGB.

Zu beachten ist, dass die Gesamtgläubigerschaft nach § 428 BGB bei Eintragung von Grundstückseigentum **163** kein zulässiges **Gemeinschaftsverhältnis** iS von § 47 GBO ist.[103] Bei der Auflassung des Grundstücks muss deshalb ein anderes Gemeinschaftsverhältnis angegeben werden, zB Bruchteile bei einer Bruchteilsgemeinschaft oder die Nutzer als Gesellschafter des bürgerlichen Rechts. Bewilligt der Grundstückseigentümer allerdings nach § 7 Abs 2 S 1 VerkFlBerG die Eintragung einer Eigentumsvormerkung für die mehreren Nutzer, so ist die Angabe der Gesamtgläubigerschaft nach § 428 BGB als Gemeinschaftsverhältnis bei der Vormerkung jedoch zulässig. Es findet insoweit nicht die Regel Anwendung, dass nicht vorgemerkt werden kann, was später nicht eintragungsfähig ist. Die Ansprüche der mehreren Nutzer sind auch einzeln durch Vormerkung sicherbar.[104]

cc) Sicherung des Erwerbsrechts durch Vormerkung. Mit der freiwillig oder durch Urteil (§ 894 ZPO) **164** erzwungenen Annahme des Kaufangebots kommt der Kaufvertrag zwischen dem öffentlichen Nutzer und dem Grundstückseigentümer zu Stande. Der durch den Kaufvertrag begründete Anspruch des Nutzers auf Verschaffung des Eigentums an dem betroffenen Grundstück muss noch durch Erklärung der Auflassung und Grundbucheintragung (§§ 873, 925 BGB) erfüllt werden. Zur Sicherung dieses Anspruchs ist der Grundstückseigentümer nach § 7 Abs 2 VerkFlBerG verpflichtet, die Eintragung einer Eigentumsvormerkung zu **bewilligen**.

Materiellrechtlich ist die Bewilligung formfrei, grundbuchverfahrensrechtlich sind §§ 19, 28, 29 GBO zu **165** beachten. Für das Eintragungsverfahren beim Grundbuchamt gelten weiter die Vorschriften der §§ 13, 39, 40 GBO. Das Erfordernis der Voreintragung des Verkäufers gilt nicht, wenn die Erben, der Testamentsvollstrecker oder Nachlasspfleger verfügt (§ 40 GBO). Gleiches gilt für die Verfügung der aus einem Restitutions- oder Zuordnungsbescheid begünstigten Person (§ 11 GBBerG) sowie im Falle einer Verfügung des gesetzlichen Zuteilungseigentümers (samt Ehegattenmiterwerber) über ein Bodenreformgrundstück (Art 233 § 11 Abs 3 EGBGB). Im Einzelfall ist außerdem zu prüfen, ob eine Genehmigung zur Eintragung der Eigentumsvormerkung erforderlich ist, so zB nach § 1821 Abs 1 Nr 1, §§ 1915, 1960, 1643 BGB, § 17 SachenRBerG, Art 233 § 2 Abs 3 EGBGB.

dd) Auflassung des Grundstücks. Der Kaufvertrag kommt bei der Verkehrsflächenbereinigung in der Regel **166** durch sukzessive Beurkundung eines Kaufangebots des öffentlichen Nutzers und der Annahmeerklärung des Grundstückseigentümers zu Stande. Die Erklärung der Auflassung erfordert dagegen die gleichzeitige Anwesenheit von Veräußerer und Erwerber vor dem Notar (Sukzessivbeurkundung ist nicht möglich, Stellvertretung der Parteien jedoch zulässig, ebenso vollmachtlose Vertretung und Nachgenehmigung des Vertretenen). Im Regelfall der Verkehrsflächenbereinigung ist eine **Auflassungsvollmacht** erforderlich. Außerhalb der Verkehrsflächenbereinigung würde ein Käuferangebot eine Auflassungsvollmacht des Käufers an den Verkäufer enthalten. Bei der Verkehrsflächenbereinigung hat der Gesetzgeber einen anderen Weg gewählt. § 7 VerkFlBerG bestimmt, dass das Angebot des öffentlichen Nutzers eine Vollmachtserklärung des Grundstückseigentümers als Vollmachtgeber für den öffentlichen Nutzer als Bevollmächtigten zu enthalten hat. In der Annahmeurkunde hat der Grundstückseigentümer – beurkundungstechnisch – diese Vollmacht als seine einseitige Erklärung zu bestätigen bzw zu wiederholen.

Gleiches gilt für eine im Käuferangebot enthaltene Bewilligung des Grundstückseigentümers auf Eintragung **167** einer Eigentumsvormerkung für den Nutzer. Es empfiehlt sich daher, in die Annahmeerklärung eine pauschale Erklärung des Grundstückseigentümers aufzunehmen, wonach er die im Angebot enthaltenen einseitigen Erklärungen seinerseits unter Verweisung (§ 13a BeurkG) auf die Angebotsurkunde wiederholt, insbesondere dort enthaltene Vollmachten und Grundbucherklärungen, oder aber die Vollmacht und die Eintragungsbewilligung direkt in der Annahmeurkunde erklärt, wie es auch § 7 Abs 2 S 1 und Abs 3 S 1 VerkFlBerG vorsieht.

ee) Buchung der Eigentumsänderung. Zur Eintragung der Eigentumsänderung auf den öffentlichen Nut- **168** zer sind die allgemeinen grundbuchverfahrensrechtlichen Bestimmungen zu beachten.[105] Dem Antragsteller obliegt es, die Ausfertigung/beglaubigte Abschrift der Auflassung und wegen der regelmäßig im Kaufvertrag enthaltenen Auflassungsvollmacht auch die Ausfertigung[106] der Angebots- und Annahmeurkunde sowie die

---

103 Einzelheiten bei *Meikel-Böhringer* § 47 Rdn 136. Bei der Dienstbarkeitslösung wäre ein Rückgriff auf § 428 BGB möglich.
104 Zu allem *Meikel-Böhringer* § 47 Rdn 142.
105 §§ 13, 19, 28, 29, 39, 40 GBO.
106 Beglaubigte Abschrift genügt nicht.

sonstigen zur Eintragung erforderlichen Unterlagen beizubringen. Dazu zählen die privatrechtlichen und behördlichen **Genehmigungen** (zB nach § 2 GVO, §§ 2, 5 GrdstVG,[107] die Teilungsgenehmigung nach §§ 22, 51, 144, 169 BauGB und nach landesrechtlichen Bauordnungsvorschriften[108]), etwaige gerichtliche/behördliche Genehmigungen/Erlaubnisse für gesetzliche Vertreter nach §§ 1643, 1821, 1915, 1960 BGB, § 17 SachenRBerG, § 11b VermG, § 8 BoSoG, Art 233 § 2 Abs 3 EGBGB, § 3 Abs 4 S 3 VerkFlBerG.

169 Keinesfalls vorzulegen ist dem Grundbuchamt ein Negativzeugnis[109] nach § 28 BauGB bzw nach gewissen landesrechtlichen Vorkaufsrechtsbestimmungen (zB nach den Denkmalschutzgesetzen von Berlin, Mecklenburg-Vorpommern und Thüringen sowie nach dem Naturschutz-/Waldgesetz von Berlin). Beim Teilflächenkauf benötigt das Grundbuchamt auch noch die katasteramtlichen Fortschreibungsunterlagen (Veränderungsnachweis).

170 Da der Ankauf des Grundstücks ein grunderwerbsteuerbarer Vorgang nach[110] § 1 Abs 1 Nr 1 GrEStG darstellt, ist dem Grundbuchamt zur Überwindung der Grundbuchsperre nach § 22 GrEStG eine **steuerrechtliche Unbedenklichkeitsbescheinigung** des zuständigen Finanzamts vorzulegen, sofern nicht landesrechtliche Vorschriften gewisse öffentliche Nutzer (wie zB Bund, Länder und Gemeinden) davon befreien.[111]

171 Vereinigen sich durch Ausübung des Erwerbsrechts das Grundstück und ein etwaiges Gebäudeeigentum in einer Hand, so ist der Eigentümer zur Aufgabe des Gebäudeeigentums verpflichtet. § 78 SachenRBerG ist – auch beim Fehlen einer ausdrücklichen Regelung im VerkFlBerG – entsprechend anzuwenden.[112]

172 **g) Wiederkaufsrecht des Alteigentümers**. Wird die öffentliche Nutzung des betroffenen Grundstücks aufgegeben, entfällt die Rechtfertigung für einen Eigentumsübergang auf die öffentliche Hand § 10 Abs 1 S 1 VerkFlBerG sieht deshalb ein befristetes – außergrundbuchliches – Wiederkaufsrecht des vormaligen Grundstückseigentümers für den Fall vor, dass das Grundstück ganz oder überwiegend nicht für öffentlich Zwecke genutzt wird Ein bloßer Wechsel in der öffentlichen Nutzung löst das Wiederkaufsrecht allerdings nicht aus.

173 Das Wiederkaufsrecht erlischt bei Verkehrsflächen mit Ablauf von 30 Jahren und bei allen übrigen Flächen mit dem Ablauf von 10 Jahren seit der Eintragung des öffentlichen Nutzers in das Grundbuch. Für das Wiederkaufsrecht gelten die Bestimmungen der §§ 456 bis 462 BGB. Es handelt sich um ein gesetzliches Wiederkaufsrecht, das aber nicht verdinglicht ist. Das Wiederkaufsrecht als solches kann nicht in das Grundbuch eingetragen werden. Vor Ausübung des Wiederkaufsrechts ist der bedingte Anspruch des Wiederkaufsberechtigten auf Übereignung des Grundstücks übertragbar, pfändbar, verpfändbar und verzichtbar. Ob sich aus dem Wiederkaufsrecht ohne weiteres das Recht ergibt, zur Sicherung des bedingten Eigentumsverschaffungsanspruchs die Bewilligung einer Vormerkung vom öffentlichen Nutzer verlangen zu können, richtet sich nach dem Kaufvertrag und evtl darin enthaltener Nebenpflicht auf Sicherung des Alteigentümers.

174 Zur Erzwingung der **Nebenpflicht** dient in Ermangelung einer Eintragungsbewilligung die einstweilige Verfügung, die aber bei aufschiebend bedingten Ansprüchen je nach der – nahe oder entfernt liegenden – Möglichkeit des Bedingungseintritts möglicherweise nicht erlassen werden kann.[113] Gleichwohl ist zur Sicherung des durch Ausübung des Wiederkaufsrechts entstehenden Anspruchs auf Eigentumsverschaffung die freiwillige Abgabe einer Eintragungsbewilligung und Eintragung der Eigentumsvormerkung für den vormaligen Grundstückseigentümer zulässig. Die öffentliche Hand wird aber wegen eines etwaigen späteren Verwaltungs- und Kostenaufwands zur Löschung der Vormerkung an der Eintragung einer solchen Vormerkung kein Interesse haben und wohl selten zur Abgabe einer Eintragungsbewilligung bereit sein. Der durch die Vormerkung gesicherte Anspruch richtet sich nur gegen den öffentlichen Nutzer als Vertragspartner.

175 **Mehreren Alteigentümern** steht das Wiederkaufsrecht nach § 461 BGB gemeinschaftlich zu; unerheblich ist, welcher Art die gemeinsame Berechtigung der mehreren Alteigentümer ist (zB bisher als Bruchteilseigentümer nach §§ 741 ff BGB). Zur Eintragung einer Vormerkung bedarf es bei mehreren Wiederkaufsberechtigten nicht der Angabe des zwischen ihnen bestehenden Gemeinschaftsverhältnisses iS von § 47 GBO; dem § 472 BGB entspricht hier § 461 BGB.[114]

---

107 Beachte wegen etwaiger Freigrenzen die landesrechtlichen Ausführungsgesetze zum Grundstücksverkehrsgesetz.
108 § 8 ThürBO, § 8 BauOLSA.
109 Der Ankauf nach dem Verkehrsflächenbereinigungsgesetz ist kein Vorkaufsfall. Er erfolgt zwar im Gewande eines Kaufs, jedoch in Erfüllung eines zwischen den Beteiligten bestehenden gesetzlichen Schuldverhältnisses. Gl A *Stavorinus* NotBZ 2001, 349, 368. So zum ähnlich gelagerten Fall bei der Sachenrechtsbereinigung, *Vossius* Sachenrechtsbereinigungsgesetz, 2. Aufl, Rn 18 vor § 61 SachenRBerG.
110 Die Steuerpflicht entfällt nur unter den allgemeinen Voraussetzungen der §§ 3 ff GrEStG.
111 Einzelheiten *Böhringer* Rpfleger 2000, 99.
112 *Stavorinus* NotBZ 2001, 349, 351.
113 *Staudinger-Gursky* BGB, 13. Aufl, § 885 Rn 20 ff.
114 *Meikel-Böhringer* § 47 Rdn 8, 51, 52 mwN.

h) Sonstige Verfahren zur Rechtsbereinigung. Eine Rechtsbereinigung ist auch mit anderen Rechtsinstrumenten möglich. Die Parteien haben nach § 13 VerkFlBerG die Freiheit, ihre Rechtsverhältnisse auch abweichend von den Bereinigungsvorschriften des VerkFlBerG zu regeln.[115] Durch die ausdrückliche Bestimmung in § 13 Abs 1 S 2 VerkFlBerG ist es Bund, Ländern und Gemeinden möglich, auch **Vergleiche** abzuschließen, weil ansonsten diesen Körperschaften wegen deren Haushaltsrecht enge Grenzen gesetzt wären. **176**

Sind zur Rechtsbereinigung für öffentlich genutzte Grundstücke umfangreiche Vermessungsarbeiten notwendig, kann es sinnvoll sein, das Instrument des **Sonderungsbescheids** im Verfahren nach dem Bodensonderungsgesetz einzusetzen. § 11 Abs 1 VerkFlBerG regelt Besonderheiten eines solchen Verfahrens. **177**

Auch die Verfahren nach dem Flurbereinigungsgesetz und nach §§ 53 bis 64b LwAnpG stehen durch die ausdrückliche Festlegung in § 11 Abs 2 VerkFlBerG für die Regelung des rückständigen Grunderwerbs zur Verfügung, materiellrechtlich allerdings nach den Vorgaben des Verkehrsflächenbereinigungsgesetzes, insbesondere hinsichtlich der Wertbestimmung der betroffenen Flächen. Nach § 13 Abs 2 VerkFlBerG gehen die Regelungen des Sachenrechtsbereinigungsgesetzes (SachenRBerG), des Bodensonderungsgesetzes (BoSoG), des Landwirtschaftsanpassungsgesetzes (LwAnpG), des Meliorationsanlagengesetzes (MeAnlG) und von § 9 GBBerG sowie die Sachenrechtsdurchführungsverordnung (SachenR-DV) vor. **178**

3. Grundzüge des Schuldrechtsänderungsgesetzes (SchuldRÄndG[116])

a) Allgemeines. Neben den von den Sachenrechtsbereinigung erfassten Sachverhalten bestehen jedoch im Beitrittsgebiet eine Reihe anderer – der Natur nach dem Schuldrecht zuzuordnender – Nutzungen fremder Grundstücke, deren Anpassung an die Vorschriften des BGB erfolgen musste. Mit dem Schuldrechtsänderungsgesetz (Schuldrechtsanpassungsgesetz u.a.) sollen diese Nutzungen abschließend in BGB-konforme Rechtsverhältnisse überführt werden. **179**

b) Anknüpfungspunkte einer gesetzlichen Regelung. Die bodenrechtlichen Bestimmungen der DDR unterschieden nicht streng zwischen dinglichen und obligatorischen Berechtigungen an Grundstücken. Der Einigungsvertrag hat allerdings wieder eine klare Trennlinie gezogen. Die dem Schuldrecht zuzuordnenden Nutzungsverhältnisse an Grundstücken im Beitrittsgebiet sind dort grundsätzlich in das Miet- bzw Pachtrecht übergeleitet worden (Art 232 §§ 2 und 3 EGBGB). **180**

c) Erholungs- und Freizeitgrundstücke (Art 232 § 4 Abs 1 EGBGB). In der DDR wurden nach In-Kraft-Treten des ZGB (01.01.1976) Bodenflächen zum Zwecke der kleingärtnerischen Nutzung, Erholung und Freizeitgestaltung durch Nutzungsverträge nach §§ 312 ff ZGB überlassen (auf bis zu diesem Zeitpunkt zu solchen Zwecken abgeschlossene Verträge waren die §§ 312 ff ZGB ebenfalls anzuwenden, vgl § 2 Abs 2 EGZGB). Die Verträge ermöglichten eine praktisch lebzeitige Nutzung des Grundstücks zu persönlichen Zwecken, wie zum Beispiel zur Einrichtung eines Kleingartens, der Errichtung eines Wochenendhauses, dem Bau einer Garage oder einer anderen Baulichkeit. **181**

Auf diese Rechtsverhältnisse sind nach Maßgabe des Einigungsvertrags bis zu einer abschließenden Bereinigung die Bestimmungen des ZGB anzuwenden. Für **Grundstücke in Kleingartenanlagen** gilt seit dem 03.10.1990 das Bundeskleingartengesetz (Art 232 § 4 Abs 3 EGBGB). Zur Sicherung einer späteren gesetzlichen Anpassung dieser Rechtsverhältnisse sieht das Registerverfahrenbeschleunigungsgesetz (RegVBG) ein Vertragsmoratorium vor, nach dem bis zum 31.12.1994 Kündigungen des Grundstückseigentümers über den bereits eng gefassten § 314 Abs 3 ZGB hinaus nur noch wegen Zahlungsverzug des Nutzers zulässig sein sollen. Ab 01.01.1995 gilt das SchuldRÄndG. Die fortbestehenden dinglichen Erholungsnutzungsrechte wurden durch das Erholungsnutzungsrechtsgesetz (ErholNutzG) bereinigt. Es besteht kein Recht auf Ankauf des Grundstücks, sondern lediglich ein Anspruch auf Bestellung eines »kleinen« Erbbaurechts (für die Dauer von 30 Jahren ab Vertragsabschluss). **182**

d) Die Fälle des bisherigen Moratoriums (Art 233 § 2a Abs 1 EGBGB). Durch das 2. VermRÄndG wurde mit Art 233 § 2a EGBGB ein gesetzliches Besitzrecht geschaffen. Hierdurch sollten mit Billigung staatlicher Stellen auf fremden Grundstücken vorgenommene Bebauungen geschützt werden, die in der DDR nicht adäquat gesichert worden sind Erfolgreiche Herausgabeklagen der Grundstückseigentümer hätten in diesen Fällen die seinerzeit bereits angedachte Sachenrechtsbereinigung vor vollendete Tatsachen gestellt und damit im Vorstadium konterkariert. Das Sachenrechtsbereinigungsgesetz führt nunmehr in einer Vielzahl der im Moratorium genannten Sachverhalte eine abschließende Klärung der Rechtsverhältnisse zwischen Grundstückseigentümer und Nutzer herbei. Einige der durch Art 233 § 2a EGBGB geschützten Bebauungen behandelt die Sachenrechtsbereinigung jedoch nicht (vgl das SchuldRÄndG): **183**

---

115 Einzelheiten *Stavorinus* NotBZ 2001, 349, 378.
116 Zu Praxisfragen *Horst* DWW 1995, 198; *Köhler* VIZ 1997, 193. Grundzüge: *Horst* ZOV 1994, 433; *Leutheusser-Schnarrenberger* DtZ 1993, 3222; *Messerschmidt* NJW 1994, 2648; *Rövekamp* NJ 1995, 15; *Schmidt-Räntsch* DtZ 1994, 322.

184 **aa) Überlassungsverträge**. Zu nennen sind hier zunächst die Überlassungsverträge, mit denen bebaute Grundstücke (meist zu Wohnzwecken) übergeben worden sind Nur wenn der Nutzer bedeutende Investitionen in das Gebäude vorgenommen hat, unterfällt der Vertrag dem Sachenrechtsbereinigungsgesetz. In den übrigen Fällen gilt zunächst der Vertrag weiter (Art 232 § 1 EGBGB). Ist der Vertrag ausgelaufen, besteht nur noch bis zum 31.12.1994 Besitzschutz (Art 233 § 2a Abs 1 S 2 EGBGB). Ab 01.01.1995 gelten die §§ 34 ff SchuldRAnpG.

185 **bb) Miet- und Pachtverträge**. Fremde Privatgrundstücke wurden in der DDR auch auf der Grundlage von Miet- oder Pachtverträgen bebaut. Hauptsächlich geschah dies bei Handwerkern und kleinen Gewerbebetreibenden, denen nach dem Recht der DDR Nutzungsrechte nicht verliehen werden konnten. Ihnen sind über die Bestimmungen der Gewerberaumlenkungsverordnung hinaus Freiflächen zur Bebauung mit einem betrieblichen Zwecken dienenden Gebäude zugewiesen worden. Daneben konnten im Rahmen der staatlichen Wohnraumlenkung renovierungsbedürftige Gebäude zur Rekonstruktion zugewiesen werden. Anstelle teurer Rekonstruktionen errichteten die »Mieter« zum Teil neue Gebäude. Aufwendige Rekonstruktionen werden wie bei der Sachenrechtsbereinigung unter Umständen der Neuerrichtung von Gebäuden gleichzustellen sein. Ab 01.01.1995 gelten insbesondere die §§ 43 ff SchuldRAnpG.

186 **e) Meliorationsanlagen**. Im Rahmen des gesetzlichen Bodennutzungsrechts nach § 18 LPG-Gesetzes errichteten landwirtschaftliche Produktionsgenossenschaften auch großflächige Anlagen zur Verbesserung der Bodenstruktur (sog Meliorationsanlagen). An diesen Beregnungsanlagen und Drainagen ist nach § 27 des LPG-Gesetzes selbstständiges Eigentum entstanden, das der Einigungsvertrag (Art 233 § 5 Abs 1 EGBGB) aufrechterhalten hat. S dazu 9. Aufl Einl C Rn 1071.

187 Ab 01.01.1995 gilt für solche Anlagen das Meliorationsanlagengesetz (Art 4 des SchuldRÄndG).

188 Meliorationsanlagen können in Einzelfällen mit einer baulichen Anlage oder einem Gebäude verbunden sein, zB Pumpstationen, Staubecken, Speicher als Bewässerungs- oder Beregnungsanlagen. Wurden bis zum 08.08.1990 von volkseigenen Betrieben, staatlichen Organen und Einrichtungen Anlagen i S v § 459 ZGB auf ehemals nicht volkseigenen Grundstücken errichtet und ein Nutzungsvertrag nicht abgeschlossen, so fingiert § 15 Abs 5 S 2 MeAnlG die Entstehung von selbständigem Gebäudeeigentum, auch wenn die Voraussetzungen des § 459 ZGB nicht bestehen. Entstehungszeitpunkt des fingierten Anlageneigentums ist der Zeitpunkt der Errichtung der Anlage.

189 **f) Dingliche Nutzungsrechte (Art 233 § 4 EGBGB)**. Schließlich soll das Sachenrechtsbereinigungsgesetz auf dingliche Nutzungsrechte, die zu persönlichen Zwecken (insbesondere zur Errichtung eines Wochenendhauses) verliehen worden sind, wegen ihrer vergleichsweise geringeren wirtschaftlichen und sozialen Schutzbedürftigkeit keine Anwendung finden. Auch für diese Fälle wurden im Schuldrechtanpassungsgesetz Regelungen getroffen (§§ 18 ff SchuldRAnpG; §§ 1 ff Erholungsnutzungsrechtsgesetz – Art 1 und 2 des SchuldRÄndG).

4. Sonderungsverfahren nach § 6 BoSoG

190 Vielfach gibt es in den neuen Bundesländern unvermessene Grundstücke und Nutzungsrechte, bei denen nicht eindeutig ist, auf welchen Bodenflächen sie ausgeübt werden dürfen. Außerdem sind zahlreiche Grundstücke großflächig überbaut worden. Auch **ungetrennte Hofräume** bestehen in ehemals preußischen Gebieten. S dazu 9. Aufl § 2 Rn B 24, 53. Die notwendige Ordnung dieser Verhältnisse kann mit der Sachenrechtsbereinigung nur unvollkommen verwirklicht werden, deshalb wurde das Bodensonderungsgesetz (BoSoG) erlassen.[117] § 6 BoSoG bestimmt, dass **unvermessenes Eigentum** und die nicht grafisch nachweisbare Befugnis zur Ausübung dinglicher Rechte nach einem Verwaltungsverfahren in einem Sonderungsplan festzulegen ist. Der Sonderungsplan ersetzt nach § 7 Abs 2 BoSoG das amtliche Verzeichnis nach § 2 Abs 2 GBO und auch einen bereits bestehenden Ersatz für das amtliche Verzeichnis (zB bei ungetrennten Hofräumen nach der HofV).

191 Nach § 7 Sonderungsplanverordnung (SPV) wird das Grundbuch von Amts wegen nach Vorliegen eines bestandskräftigen Sonderungsbescheids berichtig. Danach erhält das Grundbuchamt eine beglaubigte Abschrift des Sonderungsbescheids und berichtigt das Grundbuch von Amts wegen entsprechend dem Sonderungsbescheid Da die Rechtsänderung auf einem **Bescheid** und nicht auf Rechtsgeschäft beruht, sind Genehmigungen nach dem Grundstücksverkehrsgesetz und Teilungsgenehmigungen nach dem Baugesetzbuch und Landesbauordnungen nicht erforderlich. Auch eine GVO-Genehmigung, Erlaubnisse nach § 7 GBBerG usw. sind nicht notwendig. Eine Unbedenklichkeitsbescheinigung nach § 22 GrEStG ist nicht vorzulegen.

---

117 Dazu *Schmidt-Räntsch* DtZ 1994, 354; *Thietz-Bartram* VIZ 1998, 500; *Spieß* NJW 1998, 2553.

5. Zuordnungsverfahren für ehemals volkseigene Grundstücke

In Art 21 und 22 EinigungsV bestimmte der Gesetzgeber für die neuen Bundesländer den gesetzlichen Eigen- **192** tumsübergang des ehemals volkseigenen Vermögens in das Privateigentum des Bundes, der Länder, der Landkreise und Kommunen. Die Eigentumsverhältnisse sollten sich nach den faktischen Nutzungsverhältnissen am 3.10.1990 unter Berücksichtigung der im Grundgesetz festgelegten Aufgabenverteilung richten. Für diese Zwecke wurde eine neue Art des **Planverfahrens** im Rahmen der Vermögenszuordnung geschaffen, das so genannte Zuordnungsplanverfahren nach § 2 Abs 2a VZOG. Dadurch ist es möglich, größere gebietsbezogene Zuordnungen vorzunehmen, die in räumlichem und sachlichem Zusammenhang miteinander stehen und bei denen ein Grundstück mehreren Berechtigten ganz oder teilweise zuzuordnen ist. Außerdem können auf Antrag des Berechtigten für die ihm zukommenden Flächen in dem Zuordnungsplan nach seinen Angaben Einzelgrundstücke gebildet werden. Dem Feststellungsbescheid wird ein Plan beigefügt, aus dem sich die neuen Grundstücksgrenzen ergeben. In dem Plan sind die tatsächlich bestehenden Nutzungs- und Grundstücksstrukturen ausgewiesen, verbunden mit einer entsprechenden Neuaufteilung der Grundstücke an die jeweiligen Zuordnungsberechtigten.

6. Bodenneuordnung in der Landwirtschaft

Zur Regelung der neuen Eigentumsverhältnisse in der Land- und Forstwirtschaft ist nach § 53 Abs 3 LwAnpG der **193** freiwillige Landtausch oder ein von der Flurneuordnungsbehörde angeordnetes Bodenordnungsverfahren vorgesehen.[118] Die Neuordnung der Eigentumsverhältnisse erfolgt durch freiwilligen **Landtausch** oder durch ein von der Flurneuordnungsbehörde angeordnetes Verfahren. Kommt ein freiwilliger Landtausch nicht zu Stande, ist unter Leitung der dieser Behörde ein Bodenordnungsverfahren durchzuführen. S dazu 9. Aufl § 2 Rn B 5.

In der von der Flurneuordnungsbehörde zu erlassenden Ausführungsanordnung wird der Zeitpunkt bestimmt, **194** zu dem der im Tausch- bzw Bodenordnungsplan vorgesehene neue Rechtszustand an die Stelle des bisherigen tritt. Ab diesem Zeitpunkt setzt sich das Eigentum an den im Tausch- bzw Bodenordnungsplan als **Landabfindung** ausgewiesenen Grundstücken fort. Der Tausch- bzw Bodenordnungsplan dient bis zur Berichtigung von Kataster und Grundbuch als »Amtlicher Nachweis der Grundstücke«.

Sowohl im Falle des freiwilligen Landtausches als auch des Bodenordnungsverfahrens wird das Grundbuch auf- **195** grund eines Ersuchens nach § 38 GBO, das die Flurneuordnungsbehörde stellt, berichtigt. (Vorbild ist das Flurbereinigungsersuchen nach dem FlurbG). Mit dem Eintritt des neuen Rechtszustandes wird der Teilnehmer Eigentümer der Abfindungsgrundstücke, kann also darüber voll verfügen.

III. Das Grundstück/Gebäudeeigentum und seine Buchung

1. Grundbuchsysteme

§ 144 Abs 1 Nr 3 GBO bestimmt, dass die Grundbücher, die nach den am 02.10.1990 bestehenden Bestim- **196** mungen geführt werden, als Grundbücher im Sinne der GBO gelten. Demnach bestehen papierne Grundbücher im
- Reichsvordruck,
- DDR-Formular als Loseblatt-Grundbuch,
- Sachsengrundbuch,
- landesrechtlich festgelegten Muster als Loseblatt-Grundbuch (seit 03.10.1990).

Für grundstücksgleiche Rechte existieren Erbbaugrundbücher, Heimstätten-Grundbücher (auslaufend), **197** Grundbücher für Bergwerkseigentum. Eine sehr große Bedeutung haben die Gebäudegrundbuchblätter, vgl § 144 Abs 1 Nr 4 GBO. Wegen der Umwandlung von Gebäudeeigentum in Erbbaurechte aufgrund der Sachenrechtsbereinigung[119] werden die Erbbaugrundbücher eine Renaissance erleben.

Das **maschinell geführte Grundbuch** (PC-Grundbuch) ist überwiegend eingeführt, §§ 126–134 GBO, **198** §§ 61–93, 106 GBV. Es löst damit das papierne Grundbuch ab.[120]

Eine besondere Art der Buchung war bis 03.10.1990 bei volkseigenen Grundstücken festzustellen. Für sie **199** wurde lediglich ein Bestandsblatt[121] geführt, das aber nicht als Grundbuch iSv § 144 Abs 1 Nr 3 GBO gilt, weswegen seit 24.07.1994[122] für solche Grundstücke ein Grundbuch entsprechend § 105 Abs 1 Nr 5 GBV angelegt werden kann und bereits angelegte Grundbücher als Grundbücher iSd GBO gelten, § 105 Abs 2 GBV.

---

118 *Krauß* OV spezial 1999, 231 zum Verhältnis der Sachenrechtsbereinigung zur Flurneuordnung nach dem Landwirtschaftsanpassungsgesetz; *Steding* LKV 1992, 350 zu Grundzügen der Flurbereinigung und ihrer rechtlichen Gestaltung in den neuen Bundesländern.
119 Art 1 des SachenRÄndG, BGBl 1994 I S 2457.
120 *Böhringer* DtZ 1993, 202.
121 Nr 160 der Colido-Grundbuchanweisung.
122 BGBl 1994 I S 1606.

200 Nutzungs-Grundbücher zur Bodennutzungsdokumentation sind keine Grundbücher iSv § 144 Abs 1 Nr 3 GBO. Diese Bücher dienten lediglich der Steuerung und Überwachung der Nutzung von Bodenflächen.

2. Buchungspflicht

201 a) **Gebäudeeigentum.** Nach § 3 Abs 1 S 1 GBO erhält jedes Grundstück und grundstücksgleiches Recht ein Grundbuchblatt. Für das Gebäudeeigentum nach §§ 288 Abs 4 und 292 ZGB war grundsätzlich auch zu DDR-Zeiten ein Gebäudegrundbuchblatt anzulegen. Die dinglichen Nutzungsrechte entstanden in der Regel außerhalb des Grundbuchs.[123] Für das Gebäudeeigentum nach § 27 LPGG war kein Gebäudegrundbuchblatt anzulegen. Mit Art 233 § 2b EGBGB ist seit 22.07.1992 (Inkrafttreten des 2. VermRÄndG)[124] die Möglichkeit der Grundbuchanlegung auf eine gesetzliche Grundlage gestellt.

202 Einzelheiten regelt die **Gebäudegrundbuchverfügung (GGV).**[125] Diese gilt für jede Art von Gebäudeeigentum und für den Vermerk über ein Recht zum Besitz aufgrund der Errichtung eines Gebäudes (Art 233 §§ 2a, 2c EGBGB). Die **Gebäudegrundbuchverfügung ist lex specialis** zur Grundbuchordnung, der Grundbuchverfügung und der Wohnungseigentumsgrundbuchverfügung. Diese Rechtsvorschriften gelten aber subsidiär, soweit die GGV keine Regelung trifft. Die GGV zeichnet sich dadurch aus, dass sie im Interesse der Anlegung von Gebäudegrundbuchblättern im großen Umfang von den strengen Nachweisanforderungen des § 29 GBO abweicht (zB §§ 4, 8, 10 Abs 2 GGV). Dagegen wird bei § 11 Abs 3 GGV – realitätsfern – auf § 29 GBO bestanden, obwohl bei ähnlicher Rechtslage andernorts früher darauf verzichtet wurde (Art 233 § 13 Abs 5 EGBGB aF).

203 Neben dem Gebäudeeigentum für die LPGen erhalten nach Art 233 § 2b EGBGB auch die Genossenschaften im Bereich der Wohnungswirtschaft und des Wohnungsbaus nutzungsrechtloses Gebäudeeigentum an Gebäuden und Anlagen, die vor dem 03.10.1990 auf vormals volkseigenen Grundstücken errichtet worden sind. Für alle diese Gebäudeeigentumsrechte kann jetzt auf formlosen Antrag des Nutzers ein Gebäudegrundbuchblatt angelegt werden,[126] Art 233 § 2c EGBGB.

204 Solange über das Gebäudeeigentum keine Verfügung getroffen wird, ist eine Grundbuchanlegung nicht notwendig, wohl aber wegen des **gutgläubigen »Wegerwerbs«** seit 01.01.2001 dringend zu empfehlen,[127] Art 233 § 2b, 8, 4 EGBGB. Verfügungen über die genannten Gebäudeeigentumsrechte richten sich nach den Vorschriften des BGB für die Verfügungen über Grundstückseigentum, daher ist in solchen Fällen die vorgängige Anlegung eines Gebäudegrundbuchblattes notwendig (dies zumindest seit dem 22.07.1992, Art 233 § 2b Abs 6 EGBGB).

205 Der Antragsteller hat gei dem speziellen Gebäudeeigentum gemäß Art 233 § 2b Abs 3 EGBGB gegenüber dem Grundbuchamt zu versichern, dass bei keiner anderen Stelle ein vergleichbarer Antrag beim Bundesamt für zentrale Dienste und offene Vermögensfragen anhängig oder abschlägig beschieden worden ist.

206 b) **»Umfunktionierte« Gebäudegrundbuchblätter.** Ein als Grundstücksgrundbuch fortgeführtes Gebäudegrundbuchblatt gilt gemäß § 12 Abs 2 S 2 GGV als Grundbuch iSd GBO. In Anlehnung an § 144 Abs 1 Nr 3 GBO ist klargestellt, dass das Grundstück in dem (ehemaligen) Gebäudegrundbuchblatt ordnungsgemäß gebucht ist. Dies gilt jedoch nur für die in § 12 Abs 2 S 2 GBO aufgeführte Falllage der **Verwechslung von Gebäude- und Grundstücksgrundbuch**, nicht jedoch in allen übrigen Fällen – etwa bei einer Schließung des Grundstücksgrundbuchs infolge der Übertragung des Grundstücks auf ein anderes Grundstücksgrundbuchblatt.

207 c) **In Volkseigentum überführte Grundstücke.** Bei der Überführung von Privateigentum in Volkseigentum war das bisherige Grundbuchblatt zu schließen. Fortan wurde hierfür nur ein Bestandsblatt i S der Colido-Grundbuchanweisung vom 27.10.1987 geführt, das jedoch kein Grundbuch ist und darum auch nicht nach § 144 Abs 1 Nr 3 GBO als Grundbuch gilt. Nach dem 03.10.1990 für diese Grundstücke neu angelegte Grundbücher gelten unter den Voraussetzungen des § 105 Abs 1 Nr 5 und Abs 2 GBV als Grundbücher iS der GBO.

3. Amtliches Verzeichnis

208 a) **Allgemeines.** Das amtliche Verzeichnis ist der zentrale vollständige Nachweis über die räumliche Ausdehnung von Rechten am Grund und Boden.

---

123 *Böhringer* BWNotZ 1992, 3.
124 BGBl 1992 I S 1257.
125 BGBl 1994 I S 1606.
126 Wegen Einzelheiten vgl die GGV.
127 Einzelheiten bei BGH NJ 2003, 198 = Rpfleger 2003, 118; *Böhringer* OV spezial 1999, 306; *ders* Rpfleger 1999, 425; *ders* BWNotZ 2000, 1; *Flik* DtZ 1996, 162. Zum Grundstücksverkehr bei im Grundbuch unsichtbarem Gebäudeeigentum *Böhringer* NotBZ 2002, 117.

Amtliches Verzeichnis der Grundstücke ist nach § 144 Abs 1 Nr 2 GBO das am 2.10.1990 zur Bezeichnung des **209** Grundstücks maßgebende oder an seine Stelle tretende Verzeichnis. Bei nachstehenden Sachverhalten kann von § 2 Abs 2 GBO abgewichen werden.

b) Zuordnungsverfahren nach § 2 VZOG[128]. Wird eine noch nicht vermessene Teilfläche eines Grund- **210** stücks nach § 2 VZOG zugeordnet, so dient in den Fällen des § 2 Abs 2a bis 2c VZOG bis zur Berichtigung des Liegenschaftskatasters der **Zuordnungsplan** als amtliches Verzeichnis der Grundstücke i S von § 2 Abs 2 GBO, vgl § 3 Abs 1 S 4 VZOG. Die Grundbuchberichtigung kann schon vor der Berichtigung des Liegenschaftskatasters vorgenommen werden.

c) Bodenneuordnung nach §§ 53 ff LwAnpG[129]. Zur Regelung neuer Eigentumsverhältnisse in der Land- **211** und Forstwirtschaft ist nach § 53 Abs 3 LwAnpG der freiwillige Landtausch oder ein von der Flurneuordnungs- behörde angeordnetes Bodenordnungsverfahren vorgesehen. Beim freiwilligen Landtausch tritt der **»Tausch- plan«** an die Stelle des Flurbereinigungsplans, ist somit bis zur Ergänzung des Liegenschaftskatasters amtliches Verzeichnis der Grundstücke.[130] Gleiches gilt für den **»Bodenordnungsplan«** nach §§ 59, 61, 63 Abs 2 LwAnpG iVm §§ 61, 81 FlurbG.

d) Sonderungsverfahren nach § 6 BoSoG[131]. § 6 BoSoG bestimmt, dass unvermessenes Eigentum und die **212** nicht grafisch nachweisbare Befugnis zur Ausübung dinglicher Rechte nach einem Verwaltungsverfahren in einem **Sonderungsplan** festzulegen ist. Der Sonderungsplan ersetzt nach § 7 Abs 2 BoSoG das amtliche Ver- zeichnis nach § 2 Abs 2 GBO und auch einen bereits bestehenden Ersatz für das amtliche Verzeichnis (zB bei ungetrennten Hofräumen nach der HofV).[132]

e) Ungetrennte Hofräume. In den neuen Ländern gibt es das Phänomen der ungetrennten Hofräume. Bei die- **213** sen so genannten Anteilen an ungetrennten Hofräumen besteht keine katastermäßige Erfassung der Anteile am Gesamtgrundstück. S dazu 9. Aufl § 2 Rn B 53. Die **formale Grundbuchfähigkeit** ungetrennter Hofräume wird durch die HofV[133] erreicht. Das **Gebäudesteuerbuch** stellt nach der HofV das amtliche Verzeichnis nach § 2 Abs 2 GBO dar und ersetzt das Kataster als das gewöhnliche Verzeichnis. Bei einem Fehlen der Gebäudesteuerrolle wird diese durch Einheitswertbescheide, Grund- und Grunderwerbsteuerbescheide oder durch Abgabenbe- scheide für Grundstücksabgaben nach dem landesrechtlichen Kommunalabgabengesetz ersetzt.[134] Die Notlösun- gen der HofV werden wiederum durch einen Sonderungsplan nach § 6 BoSoG ersetzt.[135]

Die HofV gilt zeitlich befristet bis 31.12.2010. Bis dahin hat der Grundstückseigentümer entweder die Vermes- **214** sung des Hofraumgrundstücks oder die Kartierung nach dem BoSoG zu veranlassen und in einen **Sonde- rungsplan** aufnehmen zu lassen, da andernfalls das Grundstück ab 01.01.2011 nicht mehr als Grundstück grundbuchfähig gilt, also nicht mehr Objekt von Verfügungen sein kann.[136] Nach diesem Zeitpunkt ist eine Grundbucheintragung ohne Richtigstellung des Grundbuchs nicht zulässig, weil das Grundstück nicht nach einem amtlichen Verzeichnis oder Ersatznachweis benannt, also unzureichend bestimmt ist.[137]

f) Gebäudeeigentum/Nutzungsrecht. Unterhalb des Niveaus des amtlichen Verzeichnisses nach § 2 Abs 2 **215** GBO und dieses ersetzende Beschreibungen sind im Bereich des Art 233 §§ 2a – 2c, 8 EGBGB Grundbuchein- tragungen erleichtert möglich.

Soll ein dingliches Nutzungsrecht oder Gebäudeeigentum an nicht grundbuchmäßig bestimmten Grundstü- **216** cken oder Teilen hiervon im Grundbuch eingetragen werden, so gilt § 10 GGV. Sofern ein Vermessungs- oder ein Bodensonderungsverfahren noch nicht erfolgt ist, ermöglicht die Vorschrift die Anlegung eines Gebäude- grundbuchblattes und die Eintragung des dinglichen Nutzungsrechts oder Gebäudeeigentums in das Grund- stücks-Grundbuch, wenn andere amtliche Unterlagen vorgelegt werden können (keine Form des § 29 GBO nötig). Es genügt z. B, wenn ein öffentlich bestellter Vermessungsingenieur die Lage des Gebäudes ermittelt.

---

128 Bekanntmachung der Neufassung BGBl 1994 I S 709.
129 Bekanntmachung der Neufassung BGBl 1991 I S 1418; geändert BGBl 1994 I S 2492.
130 §§ 54, 55 LwAnpG iVm §§ 103 ff, 81 FlurbG.
131 BGBl 1993 I S 2182, 2215.
132 BGBl 1993 I S 1658.
133 BGBl 1993 I S 1658.
134 Ausführlicher *Böhringer* DtZ 1994, 100; *ders* VIZ 1994, 63; *Schmidt-Räntsch* ZIP 1993, 1917; *Ufer* DNotZ 1991, 777; *ders* DtZ 1992, 272; BGH DtZ 1996, 212 = NJ 1996, 585 = Rpfleger 1996, 417; BGH DtZ 1997, 321 = NJ 1997, 423 = VIZ 1997, 321; Gutachten DNotI-Report 1995, 105.
135 § 7 Abs 2 S 3 BoSoG.
136 Die Fungibilität besteht ab 01.01.2011 nicht mehr, wenn nicht bis zu diesem Zeitpunkt die Grundbuchangaben ergänzt worden sind.
137 *Böhringer* VIZ 1994, 63.

217   **g) Mehrere Erbbaurechte auf einem Grundstück.** Nach § 39 SachenRBerG können an einem Grundstück mehrere Erbbaurechte mit einer Rechtsausübung auf bestimmten Grundstücksflächen bestellt werden. Ein den Anforderungen des § 8 Abs 2 BoSoG entsprechender Lageplan genügt anstelle des amtlichen Verzeichnisses nach § 2 Abs 2 GBO für die Bezeichnung der Ausübungsfläche (Nutzungsbefugnis). Handskizzen und ältere Katasterauszüge genügen nicht. S dazu 9. Aufl § 6a Rn B 10, 27, 37.

4. Vereinigung/Zuschreibung von Rechtsobjekten[138]

218   **a) Allgemeines.**   § 890 BGB trägt dem Bedürfnis nach Zusammenfassung mehrerer wirtschaftlich zusammengehörenden Rechtsobjekte zu einer rechtlichen Einheit Rechnung. § 5 GBO ergänzt grundbuchverfahrensrechtlich die materiell-rechtliche Vorschrift des § 890 BGB und bestimmt eine Vereinigung, wenn Verwirrung nicht zu besorgen ist. Gleiches gilt für die Zuschreibung, § 6 GBO. Voraussetzung ist stets, dass an den Rechtsobjekten die gleiche Rechtsinhaberschaft besteht, also auch das gleiche Gemeinschaftsverhältnis mehrerer Berechtigter. S dazu 9. Aufl § 5 Rn B 1, § 6 Rn B 1.

219   **b) Vereinigung.**   Grundstücksgleiche Rechte (zB das selbstständige Gebäudeeigentum bzw Erbbaurechte) können vereinigt werden, wenn es sich um Rechte gleicher Gattung handelt. Unzulässig ist demnach die Vereinigung eines selbstständigen Gebäudeeigentums mit einem Erbbaurecht. Nicht statthaft ist auch die Vereinigung eines Gebäudeeigentums mit einem Bergwerkseigentum, § 9 Abs 2 BBergG. Möglich ist aber die Vereinigung mehrerer Gebäudeeigentumsrechte; die Zustimmung des Grundstückseigentümers hierzu ist nicht erforderlich.[139]

220   Die nach § 39 SachenRBerG an einem einzigen Grundstück möglichen Erbbaurechte können bei **gleicher Rechtsinhaberschaft** vereinigt werden.

221   **Nicht möglich** ist die Vereinigung des selbstständigen Gebäudeeigentums mit dem belasteten bzw betroffenen Grundstück.[140] Das nutzungsrechtslose Gebäudeeigentum ist nach Art 233 § 2b, § 2c Abs 1, § 8 EGBGB wie eine Belastung des Grundstücks zu behandeln, das nutzungsrechtsbewehrte Gebäudeeigentum ist eine Belastung des Grundstücks, Art 233 § 4 Abs 1 S 2 EGBGB. Diese Eigenschaft des Gebäudeeigentums ist für die Versagung einer Vereinigung beider Rechtsobjekte entscheidend.[141] Möglich bleibt aber die Vereinigung des Gebäudeeigentums mit einem anderen Grundstück.

222   Unzulässig ist die Vereinigung von Miteigentumsanteilen mit einem Gebäudeeigentum.

223   **c) Zuschreibung.**   Die Bestandsteilszuschreibung nach § 890 Abs 2 BGB iVm § 6 GBO ist eine besondere Art der Vereinigung; sie unterscheidet sich lediglich in ihrer Wirkung durch die Besonderheit, dass sich gemäß § 1131 BGB die auf dem Hauptobjekt bestehenden Grundpfandrechte automatisch auf das Bestandteilsobjekt erstrecken.[142]

224   Unzulässig ist die Zuschreibung des Gebäudeeigentums zu dem Grundstück, das es betrifft oder auf dem es lastet.[143] Möglich ist die Zuschreibung eines anderen Grundstücks zu einem Gebäudeeigentum.

225   Bei grundstücksgleichen Rechten ist nur die Zuschreibung von Rechten gleicher Gattung statthaft. Möglich ist die Zuschreibung eines Gebäudeeigentums gleicher Art (unterscheide das nutzungsrechtslose Gebäudeeigentum – Art 233 § 2b und § 8 EGBGB – vom nutzungsrechtsbewehrten Gebäudeeigentum – Art 233 § 4 EGBGB) zu einem anderen. Die Zuschreibung eines Erbbaurechts zu einem anderen ist möglich, auch im Falle des § 39 Abs 1 SachenRBerG. Die Zuschreibung eines Bergwerkseigentums zu einem Gebäudeeigentum und umgekehrt ist nicht zulässig, § 9 Abs 2 BBergG.

5. Teilung

226   **a) Allgemeines.**   Eine ausdrückliche gesetzliche Regelung für die Zulässigkeit der Teilung eines Rechtsobjekts besteht nicht, ist jedoch nach § 903 BGB gestattet. Teilungsbeschränkungen (zB BauGB bzw landesrechtlichen

---

138   Ausführlich *Böhringer* OV spezial 10/1993 S 8; *ders* DtZ 1994, 266; *Krauß* NotBZ 1997, 60; *Hügel* MittBayNot 1993, 196; *Schulte* BWNotZ 1960, 137 zum Erbbaurecht. Dazu auch BayObLG DNotI-Report 1999, 81 = ZNotP 1999, 206 = MittBayNot 1999, 375 m Anm *Rapp*; OLG Jena DtZ 1997, 391 = NJ 1997, 545 = Rpfleger *1997, 431*; OLG Jena Rpfleger 1998, 196; LG Mühlhausen Rpfleger 1998, 196; LG Dresden NotBZ *1999, 87.*

139   Vgl auch § 14 Abs 3 GGV. OLG Jena Rpfleger 1998, 195; *Böhringer* DtZ 1996, 290.

140   OLG Jena Rpfleger 1998, 195; *Böhringer* NJ 2001, 281; *ders* DtZ *1996, 290;* *Hügel* NotBZ 1999, 88. Zur ähnlichen Rechtslage beim Erbbaurecht *Meikel/Böttcher* § 5 Rdn 14.

141   *Böhringer* Liegenschaftsrecht, Rn 624.

142   OLG Jena Rpfleger 1998, 195; *Krauß* NotBZ 1997, 60; *Schmidt* VIZ 1995, 377; *Böhringer* BWNotZ 1991, 131; *ders* NJ 1992, 289; *ders* OV spezial 4/1994 S 12 zur Problematik bei Aufbauhypotheken.

143   *Böhringer* Liegenschaftsrecht, Rn 622.

Bauordnungen) sind zu beachten; dies gilt auch für die Teilung eines Gebäudeeigentums. Bei einem Verfahren nach dem Bodensonderungsgesetz ist eine Teilungsgenehmigung jedoch nicht erforderlich (§ 7 Abs 5 SPV).[144]

b) Grundstück. § 14 Abs 4 GGV erleichtert dem Grundstückseigentümer den Nachweis, dass ein abgeschrie-   **227**
bener Teil eines Grundstücks nicht mit einem dinglichen Nutzungsrecht oder von einem Gebäudeeigentum betroffen ist. Es genügt eine Vermesserbescheinigung (Form: § 29 GBO).

c) Volkseigene Grundstücke für Wirtschaftseinheiten. Nach § 2 der 5. DVO-THG[145] gelten bestimmte   **228**
volkseigene Grundstücke von Gesetzes wegen – als geteilt. Nach § 4 VZOG wird festgestellt, wem heute das Eigentum an den Teilflächen zusteht. Der Zuordnungsplan nach § 2 Abs 2b VZOG ersetzt das amtliche Verzeichnis iS von § 2 Abs 2 GBO. Die Grundbuchberichtigung erfolgt aufgrund eines Ersuchens nach §§ 4, 3 VZOG.

d) Gebäudeeigentum/Nutzungsrecht. Die Teilung eines Gebäudeeigentums ist anders zu behandeln als die   **229**
Teilung eines Erbbaurechts, die eine teilweise Aufhebung des Rechts darstellt und damit der Zustimmung des Grundstückseigentümers bedarf.

Bei der Teilung von Gebäudeeigentum ist nach § 14 Abs 3 GGV zu **unterscheiden**, ob es sich um ein nut-   **230**
zungsrechtsloses Gebäudeeigentum nach Art 233 §§ 2b und 8 EGBGB oder um das nutzungsrechtsbewehrte Gebäudeeigentum nach Art 233 § 4 EGBGB handelt.

Bei der ersten Fallgruppe ist dem Grundbuchamt keine Zustimmung des Grundstückseigentümers vorzulegen.   **231**
Im zweiten Fall ergeben sich dagegen Besonderheiten aus der Verknüpfung des Gebäudeeigentums mit dem dinglichen Nutzungsrecht. Ohne dessen gleichzeitige Teilung kann das Gebäudeeigentum nicht geteilt werden. Da die Teilung des Nutzungsrechts aber Inhaltsänderung ist, ist hier die Zustimmung des Grundstückseigentümers dem Grundbuchamt vorzulegen (Form: § 29 GBO).[146] Die Zustimmung der dinglich Berechtigten am Gebäudeeigentum ist nicht erforderlich, soweit die Belastung auf den geteilten Gebäudeeigentumsrechten unverändert als Gesamtbelastung bestehen bleibt. Nicht nötig ist die Zustimmung der am Grundstück eingetragenen dinglich Berechtigten.

6. Eigentumsaufgabe[147]

a) Aufgabe eines Bodenreformgrundstücks. Der Gesetzgeber hat bei der Abwicklung der Bodenreform   **232**
die Zuteilung des Grundstückseigentums in pauschalierender Weise nachgezeichnet. Er hat in Art 233 § 11 Abs 2 EGBGB die formale Grundbucheintragung als grundbuchklaren Anknüpfungspunkt bestimmt. Art 233 § 15 Abs 2 EGBGB gibt dem Eigentümer die Möglichkeit der Aufgabe des Eigentums seines Bodenreformgrundstücks.[148] Er kann sich durch Aufgabeerklärung nach § 928 BGB von dem ihm zum 22.07.1992 »aufgedrängten« Eigentum befreien. Ein Miteigentümer kann sein Miteigentum nicht aufgeben.[149]

Die Aufgabeerklärung[150] des Eigentümers bedarf der Zustimmung der Ortsgemeinde, erst dann kann der   **233**
Eigentumsverzicht im Grundbuch eingetragen werden; ein Verstoß hiergegen macht das Grundbuch unrichtig.[151] Die auf dem Grundstück lastenden dinglichen Rechte werden von der Eigentumsaufgabe nicht berührt.

b) Eigentumsverzicht des Restitutionsberechtigten. Der Beteiligte nach §§ 2, 1 Abs 4 VermG hat das   **234**
zeitlich befristete Recht, auf sein früher staatlich verwaltetes Grundstückseigentum gemäß § 11 VermG zu verzichten.

7. Aneignungsrecht[152]

a) Bodenreformland. Abweichend von § 928 BGB können sich nach Art 233 § 15 EGBGB auch andere Per-   **235**
sonen das Bodenreformgrundstück aneignen.[153] Zur Grundbuchgängigkeit ist ein Aufgebotsverfahren nach der ZPO vorgesehen. Mit Erlass des Ausschlussurteils wird der dieses beantragende Aneignungsberechtigte Eigen-

---

144 BGBl 1994 I S 3701.
145 DDR-GBl 1990 I Nr 60 S 1466 – fortgeltend –.
146 § 14 Abs 3 S 2 GGV. Vgl auch *Böhringer* DtZ 1996, 290.
147 Eingehend *Böhringer* Finanzwirtschaft 1993, 96.
148 Allgemein zu den Möglichkeiten eines Eigentumsverzichts an Grundstücken *Böhringer* BWNotZ 2005, 25, 33.
149 BGHZ 115, 1 = DNotZ 1992, 392 = Rpfleger 1991, 495; kritisch *Kanzleiter* NJW 1996, 905.
150 Grundbuchverfahrensrechtlich gilt § 29 GBO.
151 *Böhringer* VIZ 2003, 553; *ders* OV spezial 5/94 S 13.
152 Ausführlich *Böhringer* Finanzwirtschaft 1993, 96.
153 Art 233 § 15 EGBGB.

tümer. Der Antrag des Aneignungsberechtigten bedarf der **Form** des § 29 GBO,[154] was wohl nach den aus §§ 20, 22 Abs 2 GBO abgeleiteten Grundsätzen zu bejahen ist. Mehrere Gläubiger haben ihr Gemeinschaftsverhältnis nach § 47 GBO anzugeben. Mit der Eintragung wird das Eigentum erworben.

236   **b) Ehemals staatlich verwaltete Grundstücke.** Das Aneignungsrecht bei einem Eigentumsverzicht des Grundstückseigentümers nach § 11 VermG steht nicht dem Landesfiskus, sondern dem Entschädigungsfonds[155] als Sondervermögen des Bundes zu (§ 9 EntschG). Der Entschädigungsfonds wird vom Bundesamt für zentrale Dienste und offene Vermögensfragen (früher: Bundesamt zur Regelung offener Vermögensfragen) in Berlin vertreten. Eine Frist zur Ausübung des Aneignungsrechts ist nicht festgelegt. Im Grundbuch ist einzutragen »Bundesrepublik Deutschland (Entschädigungsfonds)« und als Eintragungsgrundlage anzugeben »Aneignungserklärung vom . . .; eingetragen am . . .« Eine Unbedenklichkeitsbescheinigung gemäß § 22 GrEStG ist wegen des originären Rechtserwerbs nicht erforderlich.[156]

IV. Zuständigkeit zur Grundbuchführung

1. Sachliche Zuständigkeit

237   Sachlich zuständig für alle Grundbuchsachen ist das Amtsgericht. Nach § 144 Abs 1 Nr 1 und Abs 2 GBO konnten aber bis zum 31.12.1994 die Grundbücher von den bis zum 02.10.1990 zuständigen oder später durch Landesrecht bestimmten Stellen geführt werden. Damit ist die Übergangsphase für die zu DDR-Zeiten zuständigen Liegenschaftsdienste (der Räte des Bezirks mit Außenstellen in den Kreisen) ausgelaufen.[157] Die bisherige Funktionskombination Grundbuchführung/Vermessungs- und Katasterdienst ist damit beseitigt. Die Grundbuchführung ist ausschließlich Teil der freiwilligen Gerichtsbarkeit.

2. Örtliche Zuständigkeit

238   Nach § 1 Abs 1 S 2 GBO ist das Grundbuchamt für die in seinem Bezirk liegenden Grundstücke und grundstücksgleichen Rechte wie zB das selbstständige Gebäudeeigentum und das Erbbaurecht örtlich zuständig. Über § 144 Abs 1 Nr 5 GBO sind die §§ 5, 7 FGG anwendbar.

239   Vor allem in Bezirken mit maschineller Grundbuchführung (PC-Grundbuch) kann eine Zuständigkeitskonzentration bestehen, § 1 Abs 3 GBO.

3. Funktionelle Zuständigkeit

240   **a) Rechtspfleger.** Dem Rechtspfleger beim Amtsgericht sind die Grundbuchsachen in vollem Umfang übertragen, es gilt das RpflG.

241   **b) Bereichsrechtspfleger.** Zu DDR-Zeiten wurden die mit der Grundbuchführung beauftragten Bediensteten des Liegenschaftsdienstes als Bereichsleiter bzw stellvertretende Bereichsleiter bezeichnet. Der Einigungsvertrag ließ es zu, dass Beschäftigte[158] mit Rechtspflegeraufgaben betraut werden konnten. Nach § 34 Abs 2 RpflG dürfen diese Personen auch nach dem 31.12.1996 die Aufgaben eines Rechtspflegers in Grundbuchsachen wahrnehmen. Ab 01.01.1997 können grundsätzlich nur noch an Fachhochschulen ausgebildete Rechtspfleger die Grundbuchsachen zur Aufgabenerledigung übertragen erhalten.[159]

242   Bereichsrechtspfleger konnten sich durch zusätzliche Lehrgänge zu Rechtspflegern ausbilden lassen und können dann mit allen Rechtspflegeraufgaben betraut werden, § 34a Abs 1 RpflG.

243   In den Grundbuchämtern der neuen Ländern konnten bis zum Ablauf des 31.12.1999 auch Personen mit der Vornahme von Amtshandlungen beauftragt werden, die diesen Ämtern aufgrund von Dienstleistungsaufträgen auf Dauer oder vorübergehend zugeteilt wurden, § 114 Abs 4 GBO.

244   Die Zuständigkeit der Bediensteten des Grundbuchamts richtet sich nach den am 02.10.1990 bestehenden oder später durch ein Bundesland erlassenen späteren Bestimmungen (zB Grundbuchgesetze und Geschäftsanweisungen), § 144 Abs 1 Nr 1 GBO.

---

154   OLG Schleswig JurBüro 1989, 90.
155   Dazu *Kuhlmey* OV spezial 4/94 S 8.
156   *Böhringer* NotBZ 2001, 197.
157   *Böhringer* Liegenschaftsrecht, Rn 898.
158   Anl I Kap III Sachgeb A Abschn III Nr 3 lit b).
159   § 34 Abs 1 und 3 RpflG.

V. Akten und Verzeichnisse

1. Grundakten

Wird ein Gebäudegrundbuchblatt angelegt, so sind die **Nachweise des Gebäudeeigentums** zu den Grund-   245
akten des Gebäudegrundbuchblattes oder, wenn dieses nicht besteht, zu den Grundakten des belasteten oder
betroffenen Grundstücks zu nehmen (§ 4 Abs 1, 5 GGV).

Wird ein nicht im Grundstücks-Grundbuch eingetragenes Gebäudeeigentum aufgehoben, so ist die **Aufhe-**   246
bungserklärung beim Grundbuchamt einzureichen und in den Grundakten des betroffenen Grundstücks
abzulegen, Art 233 § 4 Abs 6 EGBGB.

Auch **eine Fortgeltungserklärung** des dinglich Berechtigten nach § 5 GBBerG ist zu den Grundakten zu   247
nehmen.

Das Grundbuchamt hat nach § 70 LwAnpG die **Nutzungsurkunden** der LPGen zu den Akten des Gebäude-   248
grundbuchblattes zu nehmen oder, wenn ein solches noch nicht angelegt ist, zu denen des Grundstücks zu nehmen.

2. Integrationsregister

Zu DDR-Zeiten wurde ein Register geführt, das alle wesentlichen Daten des Grundstücksgrundbuchs, des   249
Gebäudegrundbuchblattes und des Nutzungsgrundbuchs enthielt. Dieses Integrationsregister war Bestandteil
der Liegenschaftsdokumentation.[160] Der zentrale Speicher befand sich in Halle. Die für das Grundbuchamt
wichtigen Daten sind nach dem 02.10.1990 als Bestandsverzeichnis zum Grundbuch genommen worden; das
Integrationsregister ist heute nicht Teil des Grundbuchs.

VI. Grundbucheinsicht

1. Allgemeines

In den neuen Ländern ist die Einsicht in die Grundbücher besonders wichtig. § 12 GBO hat wegen des Nachwei-   250
ses von Restitutionsansprüchen nach der AnmeldeVO/VermG eine besondere Bedeutung erlangt. Soweit in den
neuen Ländern frühere (geschlossene) Grundbücher und Grundakten von einer anderen Stelle[161] als dem Grundbuchamt aufbewahrt werden, gilt über § 12b Abs 1, 2 GBO das Einsichtsrecht des § 12 GBO entsprechend. Dies
bedeutet, dass über die Gewährung der Einsicht und die Erteilung von Abschriften der Leiter der Stelle oder ein
von ihm ermächtigter Bediensteter entscheidet. Gegen die Entscheidung ist die Beschwerde nach §§ 71 ff GBO
gegeben.[162] Örtlich zuständig ist das Landgericht, in dessen Bezirk die Stelle ihren Sitz hat.[163]

Auch geschlossene Grundbücher können unter den Voraussetzungen des § 12 GBO eingesehen werden. Die für   251
die neuen Länder bestehenden Sonderregelungen[164] gehen dem Einsichtsrecht nach § 12 GBO vor.[165]

2. Einzelfälle[166]

a) Alteigentümer. Soweit sie Enteignete/Rückübertragungsberechtigte sind, haben solche Personen Ansprü-   252
che auf Rückübertragung ihres Grundstücks bzw auf Geldentschädigung nach dem Vermögensgesetz und Ent-
schädigungs- und Ausgleichsleistungen. Sie haben das Einsichtsrecht in Grundbuch und Grundakten, und zwar
zeitlich so weit zurück, wie dies zur Feststellung ihres damaligen Eigentumsrechts notwendig ist. Auch wenn
der Anspruchsberechtigte lediglich einen Anspruch auf Geldentschädigung hat, muss er das Recht haben, seine
damaligen Eigentumsverhältnisse zurückverfolgen zu können; dies kann nämlich wegen der Höhe der Entschädigung bzw Entschuldung des Grundstücks bedeutend sein.

b) Baulichkeiten. aa) Gebäude aufgrund Nutzungsrechts. Das DDR-ZGB und andere Rechtsvorschrif-   253
ten der ehemaligen DDR ermöglichten selbstständiges Eigentum an Gebäuden und Anlagen unabhängig vom
Eigentum am Boden. Es wurden Nutzungsrechte verliehen oder zugewiesen.[167] Gemäß Art 231 § 5 Abs 1
EGBGB blieb dieses selbstständige Gebäudeeigentum bestehen. Der Eigentümer des Grundstücks (Grund und
Bodens) und der Gebäudeeigentümer stehen in Rechtsbeziehungen zueinander und haben deshalb ein Ein-
sichtsrecht in die entsprechenden Grundbücher.

---

160 Vgl auch die Colido-Grundbuchanweisung, in Kraft gewesen vom 01.03.1988 bis zum Ablauf des 02.10.1990.
161 ZB Staatsarchive oder das Grundbucharchiv in Barby.
162 § 12c GBO gilt nicht sinngemäß.
163 Vgl den früheren § 125 GBO (Art 10 des PrHBG, BGBl 1991 I S 766, 788), jetzt § 12c GBO.
164 *Böhringer*, Rpfleger 1989, 309; *ders* DtZ 1991, 272; *Wolfsteiner* Rpfleger 1993, 273; *Holzer/Kramer* Rn 183.
165 So § 12b GBO, AV über die Einrichtung eines zentralen Grundbucharchivs in Berlin-Hohenschönhausen.
166 Ausführlicher *Böhringer* DtZ 1991, 272; *ders* Rpfleger 1987, 181 und 1989, 309; *ders* BWNotZ 1989, 1.
167 §§ 291 bis 294 DDR-ZGB; *Böhringer* BWNotZ 1991, 30; *ders* Rpfleger 1991, 89.

254   **bb) Eigenheimbesitzer nach DDR-LPG-Gesetz.** Die landwirtschaftlichen Produktionsgenossenschaften konnten Bürgern zum Eigenheimbau Nutzungsrechte an Bodenflächen zuweisen. Die Zuweisung konnte sich beziehen auf genossenschaftliche (Ausnahme), staatliche (volkseigene Flächen) und Flächen im Eigentum von Mitgliedern und Nichtmitgliedern. Rechtsgrundlage für diese Zuweisung waren § 18 LPG-Gesetz, §§ 291 bis 294 iVm mit § 295 ZGB-DDR und die Verordnung vom 09.09.1976.[168] Seit 03.10.1990 sind die Rechtsbeziehungen zwischen Grundstückseigentümern und Eigenheimbesitzer (im Sinne von Eigentümer) neu zu ordnen. Das Landwirtschaftsanpassungsgesetz[169] verpflichtet zur Herstellung der Einheit von Boden und Gebäudeeigentum. Der Eigenheimbesitzer hat in das Grundbuch des Bodeneigentümers ein Einsichtsrecht; umgekehrt gilt dies auch, wenn im Einzelfall ein Gebäudegrundbuchblatt angelegt worden ist.

255   **cc) Wochenendhäuser.** Auch die Partner von vertraglich begründeten Nutzungsverhältnissen[170] haben ein Einsichtsrecht in das Grundstücks-Grundbuch, auch wenn die entstandenen Baulichkeiten gemäß § 296 DDR-ZGB als bewegliche Sachen gelten. Es besteht das Nutzungsverhältnis weiter, der Nutzer muss wissen, wer Eigentümer ist. Dies ist schon wegen der Bezahlung und Höhe des Nutzungsentgelts notwendig.[171]

256   **dd) Recht zum Besitz.** Wer nach Art 233 § 2a EGBGB ein Recht zum Besitz hat, kann das Grundbuch einsehen.

257   **c) Berechtigte schuldrechtlicher Art.** Nach dem Recht der ehemaligen DDR waren der Nießbrauch, die Reallast, das Wohnungsrecht, das Altenteil (als Zusammenfassung der genannten Rechte) im Grundbuch nicht eintragbar. In manchen Haus- und Hofübergabeverträgen unter Verwandten wurden solche Rechte vereinbart, die mangels Grundbucheintragung höchstens schuldrechtlich wirkten. Kann man aus solchen Verträgen einen Anspruch auf Einräumung eines solchen, nach dem 02.10.1990 eintragbaren beschränkten dinglichen Rechts entnehmen (was durch Auslegung zu ermitteln ist), so ist ein berechtigtes Interesse gegeben, unabhängig davon, ob eine Eintragungsbewilligung schon erklärt worden ist. Die schuldrechtlichen Vereinbarungen bedürfen allerdings der Darlegung.

258   **d) Bodenreform-Besserberechtigte.** Der nach Art 233 § 12 EGBGB Anspruchsberechtigte hat ein Einsichtsrecht.

259   **e) Dienstbarkeitsberechtigte.** § 3 MeAnlG und § 116 SachenRBerG gewähren einen Anspruch auf Bestellung einer Dienstbarkeit. Den Anspruchsberechtigten steht das Einsichtsrecht zu.

260   **f) Enteignete/Rückübertragungsberechtigte.** Solchen Personen steht ein Einsichtsrecht zu, vgl die Ausführungen oben lit a).

261   **g) Entschuldungsfälle.** Es gibt eine Reihe von Fällen, in denen alte, bereits gelöschte Grundpfandrechte wieder aufleben können, zB LPG-Fälle. Es handelt sich hier um früheren landwirtschaftlichen Grundbesitz, der beim Eintritt von Bauern in landwirtschaftliche Produktionsgenossenschaften entschuldet wurde. Diese Entschuldung wurde jedoch unwirksam, wenn der Entschuldete aus der Genossenschaft austrat oder das Grundstück an ein Nichtgenossenschaftsmitglied veräußerte. In diesen Fällen lebt die Schuld wieder auf. Jeder Kaufinteressent hat dies bei seinen Verhandlungen zu beachten, weshalb ihm zu gestatten ist, dass er das Grundbuch genügend lang zurückverfolgen darf, nämlich auch über die Eigentumszeit seines veräußernden Vertragspartners hinaus, also zurück bis zur Gründung der ehemaligen DDR.

262   **h) Gebäudeeigentümer.** Zwischen dem Eigentümer von Grund und Boden und dem Gebäudeeigentümer bestehen Rechtsbeziehungen, die beide zur Einsicht in das entsprechende Grundbuch des anderen berechtigen; vgl im Übrigen die Ausführungen oben lit b).

263   **i) LPG als Nutzer.** Das Einsichtsrecht einer LPG in das Grundbuch des bisher von ihr genutzten Grundstücks ist zu bejahen. Pächtern steht bei bestehendem Pachtverhältnis stets das Einsichtsrecht zu. Die landwirtschaftlichen Produktionsgenossenschaften bestehen nach dem Einigungsvertrag – zeitlich befristet – fort.[172] Wird das Mitgliedschaftsverhältnis bei der LPG beendet, hat das ausscheidende Mitglied Anspruch auf Abschluss eines

---

168   DDR-GBl I 1976; Ber (Nr 42), S 500.
169   Vom 29.06.1990 (DDR-GBl I S 642), gilt nach dem Einigungsvertrag fort (vgl Anl II Kap VI Abschn II Nr 1 Einigungsvertrag, zuletzt geändert BGBl 1994 I S 2492).
170   §§ 312 bis 315 DDR-ZGB.
171   Art 232 § 4 EGBGB.
172   Anl II Kap VI Abschn III Nr 2 Einigungsvertrag.

Pachtvertrages mit der LPG. Soweit nach dem Änderungsgesetz vom 6. 3. 1990[173] zum LPG-Gesetz[174] durch neue Nutzungsverträge direkte Beziehungen zwischen Eigentümer und LPG geschaffen werden, bedarf die LPG evtl zur Feststellung des Eigentümers auch einer – zu bejahenden – Grundbucheinsicht.

j) Meliorationsanlagen. Der Eigentümer einer Meliorationsanlage hat gewisse Ansprüche gegen den Grundstückseigentümer nach dem Meliorationsanlagengesetz; er hat deshalb ein Einsichtsrecht.   **264**

k) Mieter/Nutzer. Aufgrund der wohnungswirtschaftlichen Entscheidungen der Gebäudewirtschaft in den neuen Bundesländern, ganze Wohnungsbestände in großem Stil in Wohnungseigentum aufzuteilen oder zu verkaufen, gewinnt die Frage an Aktualität, ob dem Mieter ein Recht zusteht, das zugehörige Grundbuch der entsprechenden Immobilie einzusehen. Bejaht wird heute ein Einsichtsrecht des Mieters/Pächters.[175] Das Informationsbedürfnis über die Situation des Eigentümers vor dem Hintergrund bestehender oder auch noch einzugehender Rechtsbeziehungen, die unter wirtschaftlichen Gesichtspunkten eine Vertrauensbasis voraussetzen, wird als berechtigtes Interesse anerkannt.   **265**

Die Information, wer Eigentümer des Grundstücks ist, kann im Osten Deutschlands für den Mieter wichtig sein. Kündigungen und Aufforderung zur Duldung von Modernisierungsmaßnahmen sind unwirksam, wenn sie vor der Eintragung einer Eigentumsänderung im Grundbuch schon vom künftigen Erwerber erklärt werden (§ 566 BGB). Ein Blick ins Grundbuch kann hier schnell Klarheit schaffen, wer eigentlich Eigentümer ist.   **266**

In den neuen Bundesländern wird Mietern und Nutzern von Ein- und Zweifamilienhäusern sowie von Grundstücken für Erholungszwecke, die staatlich verwaltet waren oder auf die ein Anspruch auf Rückübertragung besteht, gemäß §§ 20, 20a VermG auf Antrag ein Vorkaufsrecht am Grundstück eingeräumt. Die künftigen Vorkaufsberechtigten können das Grundbuch einsehen, vor allem zur Prüfung des Rangs, der ja über die wirtschaftliche Bedeutung des Vorkaufsrechts entscheidet.   **267**

l) Mitbenutzungsrecht. In der ehemaligen DDR konnten Mitbenutzungsrechte nach § 321 Abs 1 bis 3 und § 322 DDR-ZGB (zB Wege- und Überfahrtsrechte) auch ohne Eintragung im Grundbuch begründet werden und konnten bis 31.12.2000 ggf wie eingetragene Dienstbarkeiten jedem künftigen Grundstückseigentümer gegenüber wirksam bleiben. Der Mitbenutzungsberechtigte hat nach Art 233 § 5 Abs 3 EGBGB die Möglichkeit, sein nach § 8 GBBerG bestehen gebliebenes Recht im Grundbuch eintragen zu lassen. Zu diesem Zwecke darf er das Grundbuch einsehen.   **268**

m) Pächter. Pächter haben ein Einsichtsrecht. Dies gilt auch für Pächter nach § 3 Abs 1 AusglLeistG und § 6 AnpflEigentG.   **269**

n) Pflanzungen. Der Eigentümer von Anpflanzungen nach dem Anpflanzungseigentumsgesetz[176] hat gewisse Ansprüche gegen den Grundstückseigentümer; er ist deshalb einsichtsberechtigt.   **270**

o) Berechtigte aus der Sachenrechtsbereinigung[177]**/Schuldrechtsanpassung**[178]. In den neuen Ländern trifft man als Besonderheit an, dass die Errichtung von Bauwerken weithin nicht mit dem Eigentumserwerb an dem Grundstück verbunden war. Solche Rechtsverhältnisse finden sich in allen Bereichen (Einfamilienhäuser, Miethäuser, komplexer Wohnungsbau, gewerbliche Objekte sowie Gebäude und bauliche Anlagen im landwirtschaftlichen Bereich). Mit dem Sachenrechtsbereinigungsgesetz wird ein Interessenausgleich zwischen den Nutzern und den Eigentümern der überbauten Grundstücke hergestellt.   **271**

Alle nach § 9 SachenRBerG definierten Nutzer haben ein Grundbucheinsichtsrecht, sofern ihr Rechtsverhältnis nicht unter § 2 SachenRBerG fällt (vgl auch lit i). Auch den nach § 4 SchuldRAnpG definierten Nutzern eines in § 1 SchuldRAnpG aufgeführten Rechtsverhältnisses steht wegen ihrer Ansprüche ein Einsichtsrecht zu.   **272**

p) Vermessungsingenieure/Sachverständige. Die öffentlich bestellten Vermessungsingenieure[179] und die öffentlich beeidigten Sachverständigen müssen in Erfüllung der ihnen übertragenen Amtsbefugnisse auf Grundstücksdaten zurückgreifen. Sie können den Behörden gleichgestellt werden. Vor allem die Sachverständigen werden wegen der vielen Entschädigungsfälle nach dem Vermögensgesetz/Entschädigungsgesetz auf die Grundbucheinsicht angewiesen sein.   **273**

q) Vermögensämter. Die Durchführung der Regelung offener Vermögensfragen nach dem Vermögensgesetz erfolgt von den Ämtern zur Regelung offener Vermögensfragen (ARoV) nach §§ 22 ff VermG. Die Grund-   **274**

---

173 DDR-GBl 1990 I S 843.
174 Vom 02.07.1982 (DDR-GBl I S 443).
175 OLG Hamm NJW-RR 1986, 824 = DNotZ 1986, 497 = Rpfleger 1986, 128 = JurBüro 1986, 597; AG München WuM 1982, 218; *Pfeilschifter* WuM 1986, 327; aA *Weimar* MDR 1986, 817.
176 AnpflEigentG (BGBl 1994 I S 2538, 2549).
177 BGBl 1994 I S 2457. BGBl.
178 1994 I S 2538.
179 Vgl § 42 GBV.

buchämter haben diesen Ämtern nicht nur als Behörden nach § 43 GBV Grundbucheinsicht zu gestatten, sondern ihnen auch unentgeltlich[180] Amts- und Rechtshilfe (Art 35 GG) zu leisten.

275 **r) Vorkaufsberechtigte.** Nach §§ 20, 20a VermG kann bestimmten Mietern und Nutzern von Ein- und Zweifamilienhäusern sowie Grundstücken zur Erholung ein Vorkaufsrecht eingeräumt werden; sie haben ein Grundbucheinsichtsrecht.

276 Nach § 57 SchuldRAnpG steht dem Nutzer eines Grundstücks ein Vorkaufsrecht zu; er hat Einsichtsrecht.

277 **s) Wohnungsgenossenschaften.** Bestimmte Wohnungsgenossenschaften haben nach § 1 WoGenVermG[181] Eigentum von der Kommune erworben und sind einsichtsberechtigt.

VII. Antragsgrundsatz

278 Nach § 13 GBO ist der von einer Grundbucheintragung betroffene oder der begünstigte Teil befugt, den Eintragungsantrag zu stellen. In den neuen Ländern gibt es Ausnahmen.

1. Behördliche Entscheidungen

279 Bei Verfahren nach dem Vermögensgesetz und Vermögenszuordnungsgesetz (einschließlich dem Wohnungsgenossenschafts-Vermögensgesetz) wird das Grundbuchamt um Eintragung des Rechtsentscheids ersucht (§ 34 VermG, § 3 VZOG). Die Verfahrensbeteiligten haben kein Antragsrecht. Lediglich bei einer sofort vollziehbaren Entscheidung kann auch der aus der Entscheidung Begünstigte den Antrag auf Eintragung eines Widerspruchs/einer Vormerkung gemäß § 34 Abs 1 S 3 VermG stellen. Auch das Vorkaufsrecht nach §§ 20, 20a VermG wird nur auf Ersuchen der Behörde eingetragen. Das gilt auch für die in § 1287 BGB bezeichnete Sicherungshypothek an einem restituierten Grundstück.

2. Anlegung eines Gebäudegrundbuchblattes

280 Nach Art 233 § 2b Abs 1 S 1, § 8 EGBGB ist auf Antrag des Nutzers ein Gebäudegrundbuchblatt anzulegen.[182] Gegenüber dem Grundbuchamt hat dieser zu versichern, dass bei keiner anderen Stelle ein vergleichbarer Antrag anhängig oder ein Antrag beim Bundesamt für zentrale Dienste und offene Vermögensfragen abschlägig beschieden worden ist (Art 233 § 2b Abs 3 EGBGB).

281 Antragsberechtigt ist neben dem Nutzer auch der Grundstückseigentümer (§ 13 GBO). Das Antragsrecht für die Eintragung eines entsprechenden Vermerks im Grundstücks-Grundbuch steht aber auch dem Inhaber eines beschränkten dinglichen Rechts am Gebäudeeigentum zu, weil der Vermerk auch zu seinen Gunsten wirkt, nämlich gutgläubig lastenfreien Grundstückserwerb verhindert (Art 231 § 5 Abs 3 EGBGB) bzw gutgläubigen Rechtserwerb am Gebäudeeigentum erst ermöglicht (Art 233 § 2c Abs 3 und § 4 Abs 1 S 3 EGBGB). Das Antragsrecht muss bejaht werden, weil seine formale, abstrakte Rechtsposition von der Eintragung im Grundstücksgrundbuch berührt wird.[183] Auch dieser Antrag ist formlos.

3. Schutzvermerke für Sachenrechtsbereinigung

282 Der Vermerk nach Art 233 § 2c Abs 2 EGBGB kann vom Nutzer zur Eintragung beantragt werden. Auch dem Grundstückseigentümer nach § 13 Abs 2 GBO das Antragsrecht zu. Dinglich Berechtigten am Gebäudeeigentum steht ein solches Recht nicht zu. Möglich erscheint die Pfändung der diesbezüglichen Ansprüche des Nutzers mit der Folge, dass der Schutzvermerk mit einem Pfandvermerk zugunsten des Gläubigers erzwingbar wird.[184] Antragsberechtigte Nutzer sind solche nach § 9 SachenRBerG.

4. Notarantrag

283 Nach § 92 SachenRBerG hat derjenige Notar, der ein Vermittlungsverfahren durchführen soll, beim Grundbuchamt ein Ersuchen (§ 38 GBO) um Eintragung eines **Vermerks über die Eröffnung des Vermittlungs-**

---

180 § 27 VermG, § 11 KostO.
181 Bekanntmachung der Neufassung BGBl 1994 I S 1438.
182 Ausführlich *Keller* MittBayNot 1994, 389; *Schmidt-Räntsch/Sternal* DtZ 1994, 262; *Böhringer* OV spezial 19/93 S 11; *ders* MittBayNot 1992, 112; *Stellwaag* VIZ 1995, 573; *Wilhelms* VIZ 2003, 313; *Flik* DtZ 1996, 162.
183 *Böhringer* DtZ 1994, 50.
184 OLG Brandenburg FGPrax 2002, 148 = VIZ 2002, 488; OLG Brandenburg NJ 2003, 318 = Rpfleger 2003, 240 = VIZ 2003, 197; OLG Dresden ZOV 2001, 249; OLG Jena NJ 2003, 152 m Anm *Fritsche*; LG Erfurt VIZ 1999, 497; KG VIZ 1999, 618; LG Schwerin NotBZ 1998, 77 = Rpfleger 1998, 283; *Vossius* MittBayNot 1994, 10; *Schnabel* NJW 2000, 2387, 2393.

verfahrens zu stellen. Der die Ansprüche sichernde Vermerk ist mit der Beantragung der Eintragung der Rechtsänderung durch den Notar im Grundbuch zu löschen; der Notar hat mit den Anträgen zur Rechtsänderung auch den Antrag auf Löschung des Vermerks zu stellen. Der Notar ist stets gehalten, spätestens 6 Monate nach Beurkundung der Rechtsänderung die Löschung des Vermerks zu beantragen, § 98 Abs 2 SachenRBerG. Löschungsvorschriften enthalten auch § 106 Abs 4 und § 108 Abs 4 SachenRBerG.

Wird zur Durchführung der Sachenrechtsbereinigung eine Rechtsbegründung durch Sonderungsbescheid **284** beantragt, so berichtigt das Grundbuchamt auf Antrag des Notars die Grundbücher entsprechend dem Inhalt des Bescheids und den abgeschlossenen Verträgen, § 10 Abs 2 Sonderungsplanverordnung.[185]

5. Form

Der reine Eintragungsantrag[186] bedarf nicht der Form des § 29 GBO und des § 126 BGB; er muss aber – arg. **285** § 13 Abs 1 S 2 GBO – in einem Schriftstück enthalten sein.

Es ist wohl davon auszugehen, dass die Aneignungserklärung des Aneignungsberechtigten[187] (sein Antrag auf **286** Eintragung) der Form des § 29 GBO bedarf, was nach den aus §§ 20, 22 Abs 2 GBO abgeleiteten verfahrensrechtlichen Grundsätzen entnommen werden kann.

Klargestellt ist in § 14 GBBerG und § 8 GGV, dass ein Berichtigungsantrag bei einem gemeinschaftlichem **287** Recht von Ehegatten[188] nicht der Form des § 29 GBO bedarf, auch nicht mit Blick auf § 22 Abs 2 GBO.

6. Zusätzliche Versicherungen

Der Antragsteller hat bei bestimmten Falllagen neben seinem Antrag noch einen bestimmten Tatbestand zu ver- **288** sichern. Es braucht keine eidesstattliche Versicherung vorgelegt werden.

a) Anlegung eines Gebäudegrundbuchblattes. Im Antrag des Nutzers auf Anlegung eines Gebäudegrund- **289** buchblattes hat der Antragsteller zu versichern, dass bei keiner anderen Stelle ein vergleichbarer Antrag anhängig oder abschlägig beschieden worden ist (Art 233 § 2b Abs 4 S 4 EGBGB).

Soll für Ehegatten ein Gebäudegrundbuchblatt angelegt werden und ist ein Ehegatten zwischenzeitlich verstor- **290** ben, so kann eine Versicherung[189] der Erben wegen einer Nichtoption in den alten Güterstand beigebracht werden, § 8 GGV.

Soll ein Nutzungsrecht/Gebäudeeigentum auf nicht bestimmten Grundstücken oder Grundstücksteilen einge- **291** tragen werden, so genügen gewisse Unterlagen zur Eintragung, wenn der Berechtigte versichert,[190] dass die primären Nachweise nicht vorgelegt werden können (§ 10 Abs 2 GGV).

b) Gemeinschaftliches Vermögen von Ehegatten. Zur Berichtigung des Grundbuchs bei den nach **292** Art 234 §§ 4, 4a EGBGB umgewandelten Grundstücken und Gebäuden ist anstelle der Verfahrenserklärung eines zwischenzeitlich verstorbenen Ehegatten eine Versicherung[191] über das Nichtoptieren zugelassen (§ 14 GBBerG). Gleiches gilt bei § 8 GGV.

c) Löschung gewisser überholter Rechte. Nach § 6 Abs 2 GBBerG können neben den Kohleabbauberech- **293** tigkeiten auch die mit ihnen in Zusammenhang stehenden Vormerkungen, Vorkaufsrechte und Dienstbarkeiten gelöscht werden, wenn der Zusammenhang glaubhaft gemacht[192] wird. Diese Vorschrift übernimmt den Rechtsgedanken des § 294 ZPO, § 15 FGG.[193]

7. Besondere materiell-rechtliche Wirkungen des Antrags

a) Gutglauben-Schutzfrist.[194] aa) Gebäudeeigentum. Das Gebäudeeigentum erlischt, wenn nach dem **294** 31.12.2000 ein Antrag auf Eintragung einer rechtsgeschäftlichen Eigentumsänderung (§ 925 BGB) am Grundstück beim Grundbuchamt gestellt wird, es sei denn, es selbst oder – bei nutzungsbewehrtem Gebäudeeigen-

---

185 BGBl 1994 I S 3701.
186 *Böhringer* Rpfleger 1994, 449.
187 Art 233 § 15 EGBGB, § 11 VermG. *Böhringer* Finanzwirtschaft 1993, 96.
188 Einzelheiten bei *Böhringer* Rpfleger 1994, 282; *ders* OV spezial 3/1994 S 13.
189 Form des § 29 GBO nicht erforderlich.
190 § 29 GBO gilt nicht.
191 § 29 GBO gilt nicht.
192 § 29 GBO gilt nicht.
193 *Böhringer* in: *Eickmann*, Sachenrechtsbereinigung, § 5 GBBerG Rn 31.
194 *Böhringer* DtZ 1994, 50; *ders* ZfIR 2000, 671.

tum – das dingliche Nutzungsrecht war im Grundbuch des Grundstücks eingetragen oder dem Erwerber des Grundstücks bekannt.[195] Es muss sich um Gebäudeeigentum handeln, das am 02.10.1990 bestanden hat. Nicht unter die **Immunitätsvorschriften** des Art 231 § 5 Abs 3 EGBGB und Art 233 § 4 Abs 2 EGBGB fällt das Gebäudeeigentum, das erst am 22.07.1992 gemäß Art 233 § 2b Abs 1 S 1 EGBGB entstanden ist. Vor allem bei Gebäudeeigentum von LPGen kommt es auf den Entstehungszeitpunkt des Gebäudeeigentums an. Das nach § 27 LPGG entstandene Gebäudeeigentum fällt unter die Regelung des Art 231 § 5 Abs 3 EGBGB, das am 22.07.1992 neu entstandene Gebäudeeigentum der LPG aufgrund der Rechtslage nach Art 233 § 2a EGBGB konnte seither schon gutgläubig wegerworben werden.[196]

295 bb) Mitbenutzungsrechte. Gemäß § 8 GBBerG erlöschen zum 31.12.2000 die Mitbenutzungsrechte im Sinne von § 321 Abs 1 bis 3 und des § 322 ZGB, wenn sie nicht bis dahin geltend gemacht worden sind.[197] Wurden sie **rechtzeitig geltend gemacht**, so können sie aber ab 01.01.2001 gutgläubig wegerworben werden, wenn der Eintragungsantrag des Erwerbers nach diesem Zeitpunkt gestellt wird (Art 233 § 5 EGBGB).

296 b) Zeitschranke des § 8 VZOG[198]. Nach § 8 VZOG können gewisse im Grundbuch noch eingetragene Rechtsträger von **volkseigenen Grundstücken und Gebäuden** über diese verfügen, unabhängig von derjenigen juristischen Person des öffentlichen Rechts, der das Eigentum nach Art 21, 22 Einigungsvertrag zusteht.

297 Die Verfügungsbefugnis des Verfügungsbefugten endet, wenn ein Zuordnungsbescheid nach § 2 VZOG unanfechtbar geworden und eine Urkunde[199] hierüber dem Grundbuchamt vorgelegt worden ist. § 878 BGB ist entsprechend und erweitert anzuwenden (§ 8 Abs 3 VZOG). Es kommt also auch auf den Zeitpunkt der Antragstellung an.[200]

298 Auch für die **Deutsche Bahn AG** besteht eine solche Verfügungsermächtigung; eine beantragte Verfügung bleibt wirksam, auch wenn sich herausstellen sollte, dass der Gegenstand der Verfügung nicht bahnnotwendig war und daher nicht auf die Deutsche Bahn AG überging. Ähnliches gilt für den Bereich der Sozialversicherung und dem Vermögen der Deutschen Post.

299 c) Erbquotenprinzip bei Bodenreformland. Starb der eingetragene (Buch-)Eigentümer vor dem 22.07.1992, so sind seine mehreren Erben als Gemeinschaft der Erben in Bruchteilsgemeinschaft nach §§ 741 ff BGB einzutragen, die Bruchteile bestimmen sich seit 25.12.1993 (Inkrafttreten des RegVBG) nach den Erbteilen.[201] Alle Miterben können jedoch in der Form des § 29 GBO einvernehmlich andere Bruchteile angeben. Nach der Grundbuchberichtigung ist eine Änderung der Bruchteile nur über §§ 873, 925 BGB möglich.

300 d) Altrechtliche Personenzusammenschlüsse. Bei altrechtlichen Personenzusammenschlüssen nach Art 233 § 10 EGBGB hat die Belegenheitsgemeinde eine gesetzliche Vertretungsbefugnis, die erst endet, wenn sie durch Bescheid der Flurneuordnungsbehörde aufgehoben und eine Ausfertigung hiervon zu den Grundakten des konkret betroffenen Grundstücks gelangt ist. Bis zu diesem Zeitpunkt beim Grundbuchamt schon beantragte Verfügungen können vom Grundbuchamt noch vollzogen werden.[202]

301 e) »Eheliches Vermögen«. Art 234 § 4a EGBGB gestattet den Ehegatten, ihr bisheriges »eheliches Vermögen« im Grundbuch zu Bruchteilseigentum eintragen zu lassen. In der Zeit vom 25.12.1993 bis 24.06.1994 konnten die Ehegatten vom Gleichanteilsprinzip abweichen und formlos andere Bruchteile zur Grundbuchberichtigung beantragen.[203]

8. Auslegung eines Antrags

302 Auch das Grundbuchamt ist verpflichtet, einen Eintragungsantrag auszulegen.[204]

195 *Böhringer* BWNotZ 2000, 1.
196 Gutgläubiger Wegerwerb ist bei ihnen schon vor dem 01.01.2001 möglich.
197 *Böhringer* ZfIR *2000, 671; ders* BWNotZ 2000, 1; *ders* OV spezial 200, 18, *ders* DtZ 1994, 50; § 13 SachenR-DV.
198 *Böhringer* MittBayNot 1991, 189; *ders* MittBayNot 1994, 18; *ders* OV spezial 20/1993 S 6.
199 Form § 29 GBO.
200 *Böhringer* ZAP-Ost 16/1994 S 509.
201 Zur Problematik *Böhringer* MittBayNot 1992, 369; *ders* VIZ 1993, 195.
202 *Böhringer* NJ 2000, 120; *ders* Rpfleger 1994, 45.
203 Ausführlicher *Böhringer* OV spezial 3/1994 S 13.
204 *Böhringer* Liegenschaftsrecht, Rn 984.

a) Schließung eines Gebäudegrundbuchs. Wird vom Gebäudeeigentümer beantragt, das Gebäudegrund- 303
buchblatt zu schließen, so ist dies als Antrag auf Löschung (Aufhebung) des dinglichen Nutzungsrechts (Art 233
§ 4 EGBGB) auszulegen (Form: § 29 GBO, Art 233 § 4 Abs 6 EGBGB).[205]

b) Zwangsgläubiger bei »ehelichem Vermögen«. Der Antrag auf Eintragung einer Zwangshypothek[206] auf 304
dem Miteigentumsanteil eines seit 03.10.1990 im gesetzlichen Güterstand der Zugewinngemeinschaft lebenden
Ehegatten beinhaltet im Zweifel alle Anträge, die zur Eintragung der Hypothek erforderlich sind, also auch den
Antrag auf Berichtigung des Grundbuchs durch Eintragung der Ehegatten je zur Hälfte anstelle des bisher eingetragenen Gemeinschaftsverhältnisses »in ehelichem Vermögen« (Art 234 §§ 4, 4 a EGBGB, § 14 GBBerG, § 14 GBO).

c) Währungsumstellung[207]. Anträge auf Eintragung von Veränderungen bei einem vor dem 01.07.1990 305
begründeten Grundpfandrecht/Reallast sind in der Weise anzulegen, dass auch der Antrag auf vorgängige
Umstellung der Währung als gestellt gilt. Es besteht in den neuen Ländern eine völlig andere Rechtslage als bei
der Währungsreform 1948 in den Altländern. Vgl auch § 26a GBMaßnG bei Umstellung von DM in EURO
und bei § 28.

9. Zwangsgläubiger

§ 14 GBO erweitert den Kreis der Antragsberechtigten über § 13 GBO hinaus. Besonders wichtig ist diese 306
Antragsberechtigung für die Eintragung einer Zwangshypothek auf dem Grundstück von Ehegatten, die noch
»in ehelichem Vermögen« eingetragen sind. Soweit eine vorgängige Berichtigung des Grundbuchs hinsichtlich
der Bruchteilsgemeinschaft der Ehegatten erforderlich ist, besteht das Antragsrecht. In den Ausnahmefällen des
§ 39 Abs 2 und § 40 GBO sowie der §§ 17, 146 ZVG entfällt das Antragsrecht. Die Umwandlung des gemeinschaftlichen Vermögens nach Art 234 § 4a EGBGB bedeutet eine Rechtsnachfolge iSv § 40 GBO.[208]

Wenn zur Eintragung des Berechtigten die Anlegung eines Gebäudegrundbuchblattes erforderlich ist, kann der 307
Zwangsgläubiger auch diese anstelle des Nutzers beantragen. Auch kann er beantragen, den Vermerk über das
Bestehen des Gebäudeeigentums beim Grundstücksgrundbuch anzubringen, damit gutgläubiger Wegerwerb
des Gebäudeeigentums verhindert wird, Art 231 § 5 Abs 3 und 4, Art 233 § 2c Abs 1 EGBGB.

10. Konkurrierende Anträge

a) Vermögenszuordnung. Im Bereich des § 8 VZOG ist es nicht ausgeschlossen, dass der tatsächliche Eigen- 308
tümer neben dem Verfügungsermächtigten verfügt. Bei Unvereinbarkeit beider Rechtsgeschäfte besteht kein
Vorrang, es entscheidet allein § 17 GBO, welches Rechtsgeschäft zuerst erledigt wird und ob dann überhaupt
noch der später gestellte Antrag erledigt werden kann.[209]

Ein unanfechtbarer Feststellungsbescheid nach § 2 VZOG und sein Zugang zu den Grundakten beendet die 309
Verfügungsbefugnis des Rechtsträgers.

Ersuchen[210] nach § 38 GBO sind einheitlich zu erledigen oder im Ganzen abzulehnen. Dies gilt auch für die 310
Ersuchen nach § 34 VermG und § 2 VZOG.

b) Altrechtlicher Personenzusammenschluss. Auch bei der Falllage des Art 233 § 10 EGBGB kann es vor- 311
kommen, dass neben dem gesetzlichen Vertreter[211] das Vertretungsorgan des altrechtlichen Personenzusammenschlusses verfügt. § 17 GBO entscheidet, welcher Antrag zuerst erledigt wird bzw ob dann der spätere Antrag
überhaupt noch erledigungsfähig ist.

11. Grundbuchsperre

Das Belastungsverbot des Art 233 § 2a Abs 3 S 2 EGBGB wirkt lediglich schuldrechtlich und ist vom Grund- 312
buchamt nicht zu beachten.

Das Grundbuchamt darf eine Grundstücksauflassung dann nicht mehr vollziehen, wenn vor der Grundbuchein- 313
tragung eine erforderliche **GVO-Genehmigung** aufgehoben worden ist und dies dem Grundbuchamt
bekannt wurde, § 2 Abs 2 und § 7 Abs 1 GVO. Der Antrag ist zurückzuweisen.

---

205 *Böhringer* OV spezial 4/1993 S 1, 3.
206 *Böhringer* OV spezial 3/1994 S 13 und 14/1994 S 14.
207 §§ 1–4 GBBerG; *Böhringer* NJ 1992, 289; *ders* BWNotZ 1993, 117.
208 *Böhringer* Rpfleger 1994, 282; *ders* DtZ 1994, 194, 199; *ders* OV spezial 3/1994 S 13.
209 *Böhringer* Finanzwirtschaft 1992, 169.
210 *Böhringer* Rpfleger 1992, 45, 48.
211 *Böhringer* Finanzwirtschaft 1994, 38.

314 Soweit bei einem bisher gebuchten »**Anteil an ungetrenntem Hofraum**« im Grundbuch die Registriernummer des Gebäudesteuerbuchs bzw anderer Nachweise fehlt, ist nach der HofV[212] die Bezeichnung nachzuholen, ehe eine weitere Eintragung im Grundbuch vorgenommen werden darf. Die Ersetzungswirkung der HofV ist **zeitlich begrenzt bis 31.12.2010**. Danach sind ungetrennte Hofräume nicht mehr grundbuchfähig.[213] Der Eigentümer ist also gezwungen, das Grundstück bis dahin vermessen oder in Bodensonderungspläne nach dem BoSoG aufnehmen zu lassen, da andernfalls das Grundstück nicht mehr als ein solches im Rechtssinne gilt.

315 Auch das Sachenrechtsbereinigungsgesetz enthält **Grundbuchsperren**. Nach § 39 Abs 3 S 2 SachenRBerG kann über ein **Nachbarerbbaurecht** nur zusammen mit dem Eigentum am herrschenden Grundstück verfügt werden.

316 Mit § 78 SachenRBerG will der Gesetzgeber erreichen, dass möglichst schnell ein verkehrsfähiges Eigentum am Grundstück entsteht, das ein aufstehendes Gebäude als Bestandteil des Grundstücks umfasst. Bei einem so genannten **Komplettierungsfall** (Grundstück und Gebäudeeigentum vereinigen sich in einer Hand) ist eine getrennte Veräußerung oder Belastung eines der Rechtsobjekte nicht mehr zulässig.[214] Die Eintragung einer **Zwangshypothek** könnte über den Rechtsgedanken des § 78 Abs 1 S 2 SachenRBerG bejaht werden. Das Grundbuchamt hat von Amts wegen die Grundbuchsperre (absolutes Verfügungsverbot) zu beachten. Eine dagegen verstoßende Verfügung macht das Grundbuch unrichtig; ein Amtswiderspruch (§ 53 GBO) ist einzutragen.

317 Eine Grundbuchsperre bedeutet auch der **Zustimmungsvorbehalt** nach § 11c VermG, § 13GBBerG und § 6 Abs 4 BoSoG.

318 Verzichtet der Zuteilungseigentümer aus Art 233 § 11 Abs 2 EGBGB auf das Eigentum am **Bodenreformland**, so bedarf er der Zustimmung der Gemeinde, in deren Gebiet das Grundstück liegt (Art 233 § 15 Abs 2 EGBGB). Diese Zustimmung ist Wirksamkeits- und damit Eintragungsvoraussetzung der Eigentumsaufgabe.[215]

319 Dahingestellt bleiben kann, ob gegen eine **Untätigkeit des Grundbuchamts** oder gegen eine verzögerliche Behandlung im Wege der Dienstaufsicht vorgegangen werden müsste oder aber unter Umständen eine Untätigkeitsbeschwerde gegeben wäre.[216]

VIII. Eintragungsbewilligung/Einigung

1. Rechtsträgerschaft

320 Bestimmte volkseigene Institutionen der ehemaligen DDR waren berechtigt, das ihnen vom Staat anvertraute Volkseigentum zu besitzen und zu nutzen. Diese Institutionen bezeichnete man als »Rechtsträger«. Seit dem 03.10.1990 sind die mit Rechtsträgervermerk versehenen Grundbucheintragungen unrichtig, weil der Einigungsvertrag das »Eigentum des Volkes« neu regelte.[217] Ein heute noch im Grundbuch eingetragener Rechtsträger ist also keinesfalls mehr als Verfügungsberechtigter legitimiert (Ausnahme § 8 VZOG). Die Rechtsträgerschaft ist nicht als eine dem Privateigentum iSd Art 14 GG gleichwertige Rechtsposition anzusehen. Eine Neueintragung ist nur ausnahmsweise bei § 4 Abs 1 S 3 SPV zugelassen.

321 Das VZOG schaffte Regelungen, wie in grundbuchgängiger Weise die Zuordnung des ehemals volkseigenen Vermögens nachgewiesen werden kann. S dazu 9. Aufl § 19 Rn B 87.

322 Wer über volkseigenes Vermögen verfügen will, muss in der Form des § 29 GBO seine Berechtigung dazu nachweisen. Hier hilft ein Bescheid nach § 2 VZOG. Da das Zuordnungsverfahren einige Zeit in Anspruch nimmt, wurde mit § 8 VZOG für bestimmte Rechtsträger eine **Verfügungsermächtigung** geschaffen. Diese Verfügungsbefugnis besteht von Gesetzes wegen. Die Regelung setzt nicht voraus, dass der Verfügungsberechtigte auch materiellrechtlich Eigentümer ist oder wird. Aufgrund der Verfügungsermächtigung vorgenommene Rechtsgeschäfte gelten als Verfügungen des Berechtigten.[218]

323 Die Verfügungsermächtigung hat den Charakter einer gesetzlichen Vollmacht. Die Verfügungsbefugnis ist zeitlich beschränkt, zum Schutze des Erwerbers gilt § 878 BGB entsprechend und erweitert, vgl § 8 VZOG.

---

212 BGBl 1993 I S 1658. Gutachten DNotI-Report 1995, 105; *Schmidt-Räntsch* ZIP 1993, 1917; *Ufer* DNotZ 1992, 777; *ders* DtZ 1992, 272; zur Zwangsversteigerung BGH DtZ 1996, 212 = NJ 1996, 585 = Rpfleger 1996, 417.

213 *Böhringer* VIZ 1994, 63; *ders* DtZ 1994, 100.

214 Diese Rechtslage beeinträchtigt eine Anspruchssicherung nach § 73 Abs 5 SachenRBerG. Zum Verfügungsverbot *Böhringer*, in *Eickmann*, Sachenrechtsbereinigung, Art 233 § 4 EGBGB Rn 32; *Böhringer* OV spezial 1997, 262; *Krauß* NotBZ 1997, 60, 65; *ders* NotBZ 1999, 215.

215 *Böhringer* Finanzwirtschaft 1993, 96; *ders* VIZ 2003, 553.

216 Dazu BezG Dresden DtZ 1992, 190.

217 Art 233 § 2 EGBGB.

218 Einzelheiten *Böhringer* MittBayNot 1991, 189 und 1994, 18; *ders* OV spezial 20/1993 S 6; *ders* Finanzwirtschaft 1992, 169; *ders* Finanzwirtschaft 1992, 230; *Albrecht* VIZ 1991, 88; *Krauß* NotBZ 1999, 215.

Dies ist nicht die einzige Vorschrift, bei der § 878 BGB in veränderter Form angewendet wird. Auch bei 324
Art 233 § 16 EGBGB, bei § 11a Abs 1 VermG und bei § 12 Abs 3 InVorG sowie Art 1 § 22 ENeuOG wird die
zum Vollzug beantragte Verfügung bzw der Anspruch auf Vollendung der Verfügung zugunsten des Rechtser-
werbes geschützt.

2. Staatliche Verwaltung

Die staatliche Verwaltung[219] über Vermögenswerte endete zum 31.12.1992 (§ 11a Abs 1 S 1 VermG). Ist der 325
Gläubiger nicht oder sein Aufenthalt nicht feststellbar, so ist die Staatsbank Berlin bzw jetzt die Kreditanstalt für
Wiederaufbau gesetzlicher Vertreter, § 11b VermG. Beweiserleichterungen für das Grundbuchverfahren schafft
§ 105 Abs 1 Nr 6 und Abs 3 GBV bis 31.12.2010.

3. Öffentliche Stellen/Enteignete Banken und Versicherungen/Ausländische Staaten

§ 105 Abs 1 Nr 6 GBV enthält Beweiserleichterungen für die Behandlung der Rechte aufgelöster juristischer 326
Personen des öffentlichen Rechts und der enteigneten Kreditinstitute und Versicherungen. Die **Nachweiserleichterung** besteht darin, dass § 29 GBO nicht in vollem Umfang gilt. Für den Nachweis der Verfügungsbefugnis gegenüber dem Grundbuchamt genügt die Bewilligung (§ 19 GBO) einer Bewilligungsstelle. Diese
Regelung ist bis 31.12.2010 befristet.

Nachweiserleichterungen wegen der **Verfügungsbefugnis ausländischer staatlicher oder behördlicher** 327
Stellen gewährt auch § 104a GBV.

4. Gesetzliche Vertreter

Nach Art 233 § 10 EGBGB ist die Belegenheitsgemeinde kraft Gesetzes zur Vertretung eines altrechtlichen Per- 328
sonenzusammenschlusses[220] (neben dem Organ) ermächtigt. Bei konkurrierenden Rechtsgeschäften entscheidet
§ 17 GBO die Erledigungsreihenfolge.[221] Das Vertretungsrecht besteht auch für Wege und Gewässer ohne bisherige Eigentümerangabe.

Gesetzliche Vertreter bestehen auch bei bestimmten Falllagen[222] wie zB bei § 11b VermG, Art 233 § 2 Abs 3 329
EGBGB, § 16 SachenRBerG, § 8 Abs 5 BoSoG, § 25 InVorG. Ihre Verfügungsbefugnis besteht bis zu ihrer
Abberufung. Bei einer nach ZGB-Erbrecht angeordneten Testamentsvollstreckung ist der Testamentsvollstre-
cker lediglich Vertreter der Erben.

5. Erbengemeinschaft

Nach Art 235 EGBGB bleiben die Erbrechtsvorschriften für vor dem 03.10.1990 eingetretene Erbfälle auch 330
weiterhin maßgebend. Ein Miterbe kann nach § 400 ZGB allein die Eintragung einer Buchhypothek (ähnlich
§ 3 Abs 1a VermG) bewilligen. Er hat dem Grundbuchamt allerdings seine Verfügungsbefugnis darzutun, also
die Zweckgebundenheit der Hypothek darzulegen; die Form des § 29 GBO ist dafür nicht einzuhalten (entsprechende Anwendung der Lebenserfahrungsgrundsätze wie bei der Verfügung eines befreiten Vorerben bzw
eines Testamentsvollstreckers).[223]

6. Verfügungsbeschränkungen

Verfügungsmacht und Verfügungsbefugnis können durch Gesetz oder gerichtliche Anordnung eingeschränkt 331
oder entzogen sein. Die ostdeutschen Beeinträchtigungen beeinflussen in verschiedenem Umfang Grundstücksverfügungen.[224] S dazu 9. Aufl § 19 Rn B 307.

a) Zustimmungsvorbehalte. Jede Verfügung über ein Grundstück oder Gebäude von Bürgern von Däne- 332
mark, Finnland, Schweden und Österreich, die zum Entschädigungsabkommen zählen, bedarf der Zustimmung
des Bundesamts für zentrale Dienste und offene Vermögensfragen (früher: Bundesamt zur Regelung offener
Vermögensfragen). Gleiches gilt für die USA. Das Grundbuchamt benötigt diese Zustimmung dann, wenn ein
entsprechender Vermerk im Grundbuch eingetragen[225] ist, § 11c VermG, § 1b Abs 4 VZOG.

Bei einem entsprechenden **Grundbuchvermerk** darf das Grundbuchamt ohne Zustimmung der zuständigen 333
Behörde eine Eintragung nicht vornehmen; es handelt sich um den Zustimmungsvorbehalt nach § 13 GBBerG
und § 6 Abs 4 BoSoG.[226]

---

219 *Böhringer* ZAP–Ost 16/1994 S 512.
220 *Böhringer* NJ 2000, 120; *ders* Rpfleger 1993, 51.
221 *Böhringer* MittBayNot 1991, 189.
222 *Böhringer* Rpfleger 2005, 121; *ders* Finanzwirtschaft 1994, 38; *Eickmann* RpflStud. 1995, 20.
223 AA. OLG Rostock OLG–NL 1994, 213 für vor dem 03.10.1990 beantragte Eintragungen. Ab diesem Zeitpunkt
      gestellte Anträge werden nach dem Verfahrensrecht der GBO behandelt, also kein Urkundennachweis ist zu erbringen,
      die Darlegung der Verfügungsbefugnis genügt.
224 *Böhringer* Rpfleger 1994, 45.
225 *Böhringer* Rpfleger 1994, 45.
226 *Böhringer* Rpfleger 1994, 45.

334 Der eingetragene Zustimmungsvorbehalt nach § 11c VermG, § 13 GBBerG, § 6 Abs 4 BoSoG bedeutet eine Verfügungsbeschränkung (Veräußerungs- und Belastungsverbot) und ist vom Grundbuchamt zu beachten. Für die Eintragung gilt das Prioritätsprinzip des § 17 GBO.

335 b) Veräußerungsverbot bei ehemaligem Bodenreformland. Bestimmte Personen, die entschädigungslos enteignet worden sind, haben nach § 3 AusglLeistG die Möglichkeit, bestimmte land- und forstwirtschaftliche Flächen zu erwerben. Für solche erworbenen Flächen besteht 20 Jahre lang ein Veräußerungsverbot, das zu seiner Wirksamkeit der Eintragung im Grundbuch bedarf, § 3 Abs 10 AusglLeistG. Für die Eintragung gilt das Prioritätsprinzip.[227]

336 c) Veräußerungsverbot bei Gebäudekomplettierung. Erwirbt der Nutzer/Gebäudeeigentümer das Grundstück hinzu, so tritt keine Konsolidation/Konfusion beider Rechtsobjekte ein. Durch die Komplettierung entsteht aber ein absolut wirkendes, nicht im Grundbuch eintragbares Verfügungsverbot (§ 78 Sachen-RBerG), das vom Grundbuchamt zu beachten ist.[228] Das Verbot bedeutet eine **Grundbuchsperre**, die allein in den Fällen des § 78 Abs 3 SachenRBerG durchbrochen werden kann.[229] Verbotswidrige Verfügungen machen das Grundbuch unrichtig. Eine gegen das Verbot verstoßende Verfügung macht das Grundbuch unrichtig; der Grundbuchführer hat einen Amtswiderspruch (§ 53 GBO) einzutragen.

337 d) Nachbarerbbaurecht/Bodenreformland. § 39 Abs 3 SachenRBerG sieht ein Nachbarerbbaurecht vor, über das nur zusammen mit dem Eigentum am herrschenden Grundstück verfügt werden kann; dieses **absolute Verfügungsverbot** hat der Grundbuchführer zu beachten. Gleiches gilt für die Eigentumsaufgabe an Bodenreformland nach Art 233 § 15 Abs 2 EGBGB, die der Zustimmung der Belegenheitsgemeinde bedarf.

338 e) Alte Personenzusammenschlüsse. Ebenfalls hat das Grundbuchamt die Verfügungsbeschränkung bei altrechtlichen Personenzusammenschlüssen nach Art 113, 233 § 10 EGBGB zu beachten, sofern nicht die Belegenheitsgemeinde als gesetzliche Vertreterin handelt.

339 f) Besitzmoratorium, Restitution, Erbrecht. Lediglich schuldrechtlich wirkend sind das Verfügungsverbot nach § 3 Abs 3 VermG, das Belastungsverbot nach Art 233 § 2a Abs 3 EGBGB, das Verfügungsverbot nach § 1 Abs 2 S 2 WoGenVermG und nach § 12 VZOG. Das Grundbuchamt kann eine Verfügung nicht beanstanden.

340 Eine nach ZGB-Erbrecht angeordnete **Testamentsvollstreckung** hat nicht die Wirkung einer Verfügungsbeschränkung. Ein solcher Testamentsvollstrecker ist Vertreter der Erben.

341 g) Fideikommiss. Familienfideikommisse beinhalten Verfügungsbeschränkungen, die auch heute noch fortwirken, bis der Fideiauflösungsschein erteilt wird, wozu es in den neuen Ländern teilweise bis heute nicht gekommen ist. § 6 GBBerG ermöglicht in bestimmten Fällen ein Aufgebotsverfahren.[230]

342 h) Ungeteilte Hofräume, Gebäudeeigentum. Eine Grundbuchsperre besteht wegen der Ergänzung der Bestandsangaben im Grundbuch von »Anteilen an ungetrennten Hofräumen«, § 2 Abs 2 HofV. Auch bei § 12 Abs 2 und 3 sowie § 15 Abs 1 S 2 GGV gilt der Grundsatz, dass zuerst die Grundbuchergänzung nachzuholen ist und erst dann ein Eintragungsantrag erledigt werden darf.

343 i) Sonstige. Lediglich schuldrechtlich wirkend sind das Verfügungsverbot nach § 3 Abs 3 VermG, das Belastungsverbot[231] nach Art 233 § 2a Abs 3 EGBGB, das Verfügungsverbot nach § 1 Abs 2 S 2 WoGenVermG[232] und nach § 12 VZOG. Das Grundbuchamt kann eine Verfügung nicht beanstanden.

344 Der im Grundbuch noch eingetragene oder als gelöscht noch sichtbare **Bodenreformvermerk** bedeutet keine Verfügungsbeschränkung mehr (Art 233 § 16 Abs 3 EGBGB). Das Bodenreformland ist spätestens seit 22.07.1992 fungibel und unterliegt lediglich schuldrechtlichen Herausgabeansprüchen (Art 233 §§ 11 und 12 EGBGB).

---

227 *Böhringer* in: *Eickmann*, Sachenrechtsbereinigung, Anh EGBGB, Übersicht 6c.
228 *Böhringer* OV spezial 1995, 73; *ders* OV spezial 1996, 262.
229 *Böhringer* OV spezial 1997, 262.
230 Zu Herkommen und Bedeutung von Familienvereinen und Fideikommissionen *Weskamm* OV spezial 1997, 145; zur Verfügungs- und Verwaltungsbefugnis bei einem Rittergut BGH ZIP 1999, 29 = ZNotP 1999, 125, dazu EWiR 1999, 153 (bearb v *Weber/Tamm*); OLG München MittBayNot 2004, 434 (zur Jahrtagsstiftung); ausführlich *Böhringer* in: *Eickmann*, Sachenrechtsbereinigung, § 6 GBBerG Rn 21.
231 *Böhringer* Rpfleger 1994, 45.
232 BGBl 1994 I S 1438.

7. Auflassung

Erwerben **Ehegatten**, so ist auf das Gemeinschaftsverhältnis zu achten. Nach der Vermutung des Art 234 § 4a **345**
EGBGB kann das Grundbuchamt davon ausgehen, dass Ehegatten nicht in den alten Güterstand rückoptiert
haben.[233] Aber ein in einer nach dem 02.10.1990 erklärten Auflassung angegebenes **Gemeinschaftsverhältnis**
»Eigentums- und Vermögensgemeinschaft des FGB-DDR« ist ein denkbares Gemeinschaftsverhältnis; die Auflassung ist zu vollziehen.[234]

Im Verfahren zur **Rückübertragung von Grundstücken** nach dem Vermögensgesetz können die Beteiligten **346**
sich gütlich einigen. In einem solchen Fall kann das ARoV einen **Bescheid** erlassen als rechtsgestaltenden Verwaltungsakt, der auch eine Einigung zu anderen Vermögenswerten enthalten kann, über die nicht im Verfahren
nach dem VermG zu entscheiden wäre, § 31 Abs 5 S 3 und 4 VermG. Die Grundbucheintragung ist dann
berichtigend und erfolgt auf Ersuchen des ARoV, § 34 VermG, eine Auflassung ist nicht vorzulegen.

Im Verfahren der **Zuordnung von Volkseigentum** nach dem VZOG[235] besteht die Möglichkeit, **Zuord-** **347**
nungsbescheide entsprechend einem von den Beteiligten ausgehandelten Ergebnis erlassen zu können, auch
wenn dieses den materiellen Zuordnungsregeln nicht entspricht, § 2 Abs 1 S 6 VZOG; eine Auflassung ist nicht
vorzulegen.

Der »**Besser**«-**Berechtigte** nach Art 233 § 12 EGBGB hat gegen den Zuteilungseigentümer nach Art 233 § 11 **348**
Abs 3 EGBGB einen gesetzlichen Anspruch auf Eigentumsübertragung, der notfalls über § 894 ZPO durchgesetzt wird. Auch bei § 64b LwAnpG besteht die gleiche Rechtslage.

Die Behandlung eines bisher nicht eingetragenen **volkseigenen Miteigentumsanteils** am Grundstück regelt **349**
§ 113 SachenRBerG, der damit den allgemeinen Grundbuchberichtigungsanspruch aus § 894 BGB konkretisiert. Die Eintragung des Miteigentumsanteils des ehemaligen volkseigenen Miteigentumsanteils aus § 459 ZGB
in das Grundbuch ist Grundbuchberichtigung nach § 22 GBO. An einer Klarstellung des Grundbuchs hat auch
der Grundstückseigentümer ein Interesse. Es steht ihm nach § 114 SachenRBerG ein **Aufgebotsverfahren** zur
Verfügung, das zum Erlöschen des nach § 459 ZGB entstandenen Miteigentumsanteils und zum Erwerb des
Anteils durch den eingetragenen Alleineigentümer führt.

8. Genehmigungen[236]/Bescheinigungen

Das öffentliche Recht in den neuen Ländern enthält eine Vielzahl von Beschränkungen des Grundstücksver- **350**
kehrs, die »ostspezifisch« sind.

a) Grundstücksverkehrsordnung. Die Grundstücksverkehrsordnung (GVO) wird seit der Einheit als Instru- **351**
ment zur **Sicherung vermögensrechtlicher Ansprüche** nach dem VermG eingesetzt. Von großer Bedeutung ist die Genehmigung nach § 2 GVO für die **Auflassung eines Grundstücks/Gebäudes** samt schuldrechtlichem Vertrag hierüber sowie zur Bestellung und Übertragung eines **Erbbaurechts** (wichtig bei den
Fällen der Sachenrechtsbereinigung). Bei besonderer Falllage ist die Genehmigung nicht erforderlich, § 2 Abs 1
S 2 Nr 1 bis 4 GVO, § 7 Abs 5 SPV. Zuständig für die Erteilung der Genehmigung ist die nach § 7 GVO
bestimmte Stelle. Auch eine Vorausgenehmigung ist zulässig, § 1 Abs 1 S 2 GVO. Wegen der Zuständigkeit der
Treuhandanstalt/BvS nach der GVO vgl §§ 1–4 TreuhUmbenV.[237]

b) Kommunalaufsicht. Kommunen bedürfen zur Verfügung über Grundstücke der Genehmigung der **352**
Rechtsaufsichtsbehörde.[238] Maßgebend sind §§ 45, 49, 95 Kommunalverfassung bzw die jetzt bestehenden landesrechtlichen Gemeinde- und Landkreisordnungen.[239] Nach diesen Regelungen richtet sich auch, ob ein
Ratsbeschluss dem Grundbuchamt vorzulegen ist, was zB für Sachsen zu verneinen ist. Rechtsaufsichtsbehör-
den sind die Landkreise für kreisangehörige Gemeinden, das Regierungspräsidium für kreisfreie Städte und
Landkreise. Verfügt allerdings die Kommune als Rechtsträger nach § 8 VZOG, so ist eine kommunalaufsichtsrechtliche Genehmigung wegen der **Sonderregelung in § 8 Abs 1a VZOG** nicht erforderlich.

c) Aufhebung von Genehmigungen. Der Rechtsverkehr muss mit der Möglichkeit der Aufhebung eines **353**
Genehmigungsbescheids durch die Verwaltungsbehörde oder das Verwaltungsgericht rechnen. Deshalb darf ein
genehmigungspflichtiges Rechtsgeschäft im Grundbuch erst vollzogen werden, wenn die Genehmigung
bestandskräftig ist. Die GVO und das InVorG erlauben dagegen den Vollzug des Geschäfts auch schon vor **Ein-**

---

233 *Böhringer* Rpfleger 1994, 282.
234 *Böhringer* OV spezial 3/1993 S 2 und 3/1994 S 13.
235 S dazu 9. Aufl § 22 Rn B 35.
236 *Böhringer* OV spezial 9/1993 S 12.
237 *Böhringer* DtZ 1993, 141; *Frenz* DtZ 1994, 56.
238 *Böhringer* Finanzwirtschaft 1992, 169 und 230.
239 Zu den vermögensrechtlichen Aufgaben der Kommunen im Grundstücksverkehr *Böhringer* VIZ 2003, 553.

tritt der **Bestandskraft** der Entscheidung. Nach § 7 GVO[240] bleibt das im Grundbuch vollzogene Rechtsgeschäft wirksam, auch wenn die **Genehmigung zurückgenommen, widerrufen oder aufgehoben** wird. Ist der Eintragungsantrag noch nicht durch Eintragung erledigt, darf nicht mehr eingetragen werden, wenn das Grundbuchamt von einem Rechtsbehelf gegen den Bescheid Kenntnis erlangt hat oder ihm der Widerruf/die Aufhebung der Genehmigung bekannt ist, § 2 Abs 2 GVO.[241]

354   **d) Genehmigungen nach dem BauGB.** Den Bedürfnissen der Bodensonderung und **Sachenrechtsbereinigung** wird durch Maßgaben zu § 20 BauGB Rechnung getragen (§ 120 SachenRBerG), die durch landesrechtliche bauordnungsrechtliche Teilungsgenehmigungen ergänzt werden können. Bei einer **Vermögenszuordnung** nach dem VZOG ist eine (Teilungs-)Genehmigung nach dem BauGB und nach dem Bauordnungsrecht nicht erforderlich, § 3 Abs 2 VZOG. § 9 Abs 4 BoSoG und § 7 Abs 5 SPV stellen klar, dass neben dem **Sonderungsbescheid** Genehmigungen nach anderen Vorschriften (zB nach den Landesbauordnungen, § 2 GrdstVG) nicht erforderlich sind. § 120 Abs 4 SachenRBerG schließt das Genehmigungserfordernis des § 144 Abs 2 BauGB für Grundstücksveräußerungen und Erbbaurechtsbestellungen in förmlich festgelegten **Sanierungsgebieten und Entwicklungsbereichen** (§ 169 Abs 1 Nr 1 BauGB) aus.

355   **e) Grundstücksverkehrsgesetz.** Ohne Genehmigung oder Negativattest nach dem Grundstücksverkehrsgesetz vorgenommene Umschreibungen machen das Grundbuch unrichtig. Gleiches gilt auch für die Eintragung eines Nießbrauchs an Grundstücken der genannten Art. Bei einer **Vermögenszuordnung** nach dem VZOG ist eine Genehmigung nach dem GrdstVG nicht erforderlich, § 3 Abs 2 VZOG, ebenso nicht bei **Bodensonderungsverfahren** § 9 Abs 4 BoSoG und § 7 Abs 5 SPV. Die mit der Privatisierung betraute Stelle bedarf zu einer **Flächenveräußerung** iSv § 3 AusglLeistG keiner Genehmigung nach § 2 GrdstVG, vgl § 3 Abs 1 AusglLeistG.

356   **f) Vormundschaftsgerichtliche Genehmigung.** Bei Bodenneuordnungsverfahren nach dem Bodensonderungsgesetz ist zu den Rechtsänderungen keine familien-/vormundschaftsgerichtliche Genehmigung erforderlich, § 7 Abs 5 SPV.

357   **g) Genehmigung der Vertreter-Bestellungsbehörde.** Gewisse gesetzliche Vertreter bedürfen zur Vornahme von Verfügungen über Grundstücke und Gebäude einer Genehmigung einer Behörde, für die die Vorschriften des § 1821 BGB gelten.[242]

358   In der **Sachenrechtsbereinigung** ist für unbekannte Beteiligte ein Pfleger nach § 17 Abs 1 SachenRBerG zu bestellen. Statt der Bestellungsbehörde ist das Vormundschaftsgericht im Bereich der Sachenrechtsbereinigung zuständig, § 17 Abs 3 S 4 SachenRBerG. Es handelt sich um den Vertreter nach § 11b VermG und Art 233 § 2 Abs 3 EGBGB.

359   Im Verfahren der **Bodensonderung** ist ebenfalls ein Vertreter für unbekannte Beteiligte nach den Vorschriften des Art 233 § 2 Abs 3 EGBGB zu bestellen, § 8 Abs 5 S 3 BoSoG.

360   Nach § 8 **Verkehrswegeplanungsbeschleunigungsgesetz** wird die Genehmigung nach § 1821 BGB von der Bestellungsbehörde erteilt.

361   Der inzwischen außer Kraft getretene § 7 GBBerG[243] sah für bestimmte gesetzliche Vertreter und Pfleger von Eigentümern an Grundstücken und Gebäuden eine Verkaufserlaubnis vor. Im Verfahren nach dem Bodensonderungsgesetz ist für Rechtsänderungen keine Erlaubnis notwendig, § 7 Abs 5 SPV.

362   **h) Vorkaufsrecht.** Das Grundbuchamt hat auch in den neuen Ländern vor einem Eigentumswechsel ein **Zeugnis** gemäß § 28 BauGB zu erhalten (Grundbuchsperre). Wird mit einem Investitionsvorrangbescheid verfügt, ersetzt der Bescheid nach § 11 InVorG das Zeugnis nach § 28 BauGB.

363   Es bestehen viele **landesrechtliche Vorkaufsrechte** im Bereich des Denkmalschutzes bzw Naturschutzes und des Forstschutzes.[244] Der Notar hat diese zu beachten, das Grundbuchamt allerdings nur dann, wenn sie eine Grundbuchsperre enthalten, was selten ist.[245] Eine solche Grundbuchsperre[246] gibt es zB beim Vorkaufsrecht für

---

240   Früher § 20 GVO.
241   *Frenz* DtZ 1994, 56.
242   BGH NotBZ 2003, 26; *Böhringer* VIZ 2003, 533; *ders* BWNotZ 2005, 25, 333; *ders* NotBZ 2001, 197; *ders* DtZ 1994, 38; *Eickmann* RpflStud. 1995, 20; *Limmer* NotBZ 2000, 248.
243   *Böhringer* DtZ 1994, 194; *ders* Rpfleger 2005, 121.
244   *Grauel* RNotZ 2002, 210; *Böhringer* ZAP-Ost Nr 3/1998, 69.
245   Einzelheiten *Böhringer* NotBZ 2005, 417.
246   Zu grundbuchsperrenden Vorkaufsrechten LG Schwerin NotBZ 1998, 33 m Anm *Böhringer*; *Böhringer* NotBZ 2005, 417.

Naturschutz und Forstschutz in Berlin, für Denkmalschutz in Mecklenburg-Vorpommern und Thüringen. Bei den Vorkaufsrechten nach §§ 20, 20a VermG[247] und § 57 SchuldRAnpG hat der Grundbuchführer nichts zu beachten,[248] der Notar sehr wohl aber den Tatbestand zu ermitteln und die Anzeigen an den Vorkaufsberechtigten zu machen.

i) Unbedenklichkeitsbescheinigung. Nach § 22 GrEStG darf der Erwerber eines Grundstücks erst in das   **364**
Grundbuch eingetragen werden, wenn die steuerliche Unbedenklichkeitsbescheinigung des Finanzamts dem Grundbuchamt vorliegt. **Ausnahmen** enthalten die landesrechtlichen Geschäftsanweisungen in Grundbuchsachen. Diese Grundsätze gelten für konstitutive wie auch deklaratorische Grundbucheintragungen. Diese Regelung gilt grundsätzlich auch für Grundstückserwerbe, die von der Grunderwerbsteuer befreit sind. **Befreiung** von der Grunderwerbsteuer enthalten das Grunderwerbsteuergesetz, § 34 Abs 3 VermG und hinsichtlich der Unbedenklichkeitsbescheinigung § 3 Abs 2 VZOG, § 7 Abs 5 SPV.

Die Finanzverwaltungen der einzelnen Bundesländer haben festgelegt, dass Ersuchen des **Bundeseisenbahn-**   **365**
vermögens um Berichtigung des Grundbuchs (Art 1 § 23 Abs 4 S 1 ENeuOG)[249] beim Grundbuchamt ohne Vorlage einer Unbedenklichkeitsbescheinigung erledigt werden können.

IX. Berichtigung des Grundbuchs

In den neuen Ländern stimmen oftmals Grundbuchinhalt und materielle Rechtslage nicht überein, weil viele   **366**
Rechtsübergänge außerhalb des Grundbuchs eingetreten sind. Der Berichtigung des Grundbuchs kommt daher eine große Bedeutung zu. Die Unrichtigkeit des Grundbuchs durch Rechtsvorgänge außerhalb des Grundbuches tritt vielfältig auf:

1. Entstehung eines dinglichen Rechts

a) Gebäudeeigentum. Zum 22.07.1992 wurde nach Art 233 § 2b Abs 1 EGBGB das Eigentum an Gebäuden   **367**
übertragen, das LPGen, Arbeiter-Wohnungsbaugenossenschaften sowie gemeinnützige Wohnungsgenossenschaften auf Volkseigentum errichtet haben. Darunter fällt auch das Eigentum an Gebäuden und Anlagen, das LPGen auf privatem Grund errichtet haben. Das **nutzungsrechtslose** Gebäudeeigentum kann seither im Grundbuch eingetragen werden.

Ist ein **dingliches Nutzungsrecht** nur auf die Gebäudegrundfläche verliehen worden, so umfasst das Nut-   **368**
zungsrecht auch die Nutzung des Grundstücks in dem für Gebäude der errichteten Art zweckentsprechenden ortsüblichen Umfang, bei Eigenheimen nicht mehr als 500 qm Fläche. Das Grundbuch kann entsprechend berichtigt werden, Art 233 § 4 Abs 3 S 4 und 5 EGBGB. Dies gilt nicht für das Gebäudeeigentum nach Art 233 §§ 2b und 8 EGBGB.

b) Dienstbarkeiten für Energieversorgungsanlagen. § 9 Abs 1 GBBerG normiert die gesetzliche Begrün-   **369**
dung von beschränkten persönlichen Dienstbarkeiten für Energiefortleitungsanlagen zum 25.12.1993. Die Grundbuchberichtigung erfolgt in der Regel auf Antrag des Dienstbarkeitsberechtigten mit einer **Bescheinigung der Aufsichtsbehörde** des Versorgungsunternehmens, § 9 Abs 5 GBBerG. Eine Berichtigungsbewilligung des Grundstückseigentümers muss mit einer Erklärung des Notars nach § 9 Abs 1 SachenR-DV versehen sein.[250]

c) Entschuldungsfälle. Durch das Gesetz vom 17.02.1954[251] über die Entschuldung der Klein- und Mittel-   **370**
bauern beim Eintritt in landwirtschaftliche Produktionsgenossenschaften kann eine erlassene Forderung und mit ihr das Sicherungsmittel wieder aufleben.[252] Die **Wiedereintragung** des damals gelöschten Grundpfandrechts ist Grundbuchberichtigung.[253]

2. Übergang eines dinglichen Rechts

a) Eigentumsübergang Volkseigentum. Mit der Abschaffung des Volkseigentums zum 03.10.1990 (Art 8   **371**
EV und Art 233 § 2 EGBGB) und den Privatisierungen zum 01.07.1990 (§ 1 Abs 4 und § 11 Abs 2 THG) wurde jeweils das Volkseigentum durch Privateigentum ersetzt. Die kraft Gesetzes ohne weiteren Vollzugsakt

---

247 *Böhringer* BWNotZ 12996, 49; *ders* OV spezial 18/1993 S 2.
248 *Böhringer* OV spezial 9/1993 S 12.
249 BGBl 1993 I S 2378 mit Berichtigung BGBl 1994 I S 2439.
250 *Böhringer* NotBZ 2002, 117; *ders* Rpfleger 2002, 186; *Hartung* VIZ 1995, 6; *Maaß* NotBZ 2001, 280; *Schulze* Rpfleger 1996, 167; *Seeliger* DWW 1996, 12; *ders* DtZ 1995, 34.
251 DDR-GBl Nr 23 S 224.
252 Vgl auch § 50 LwAnpG.
253 *Böhringer* Liegenschaftsrecht, Rn 844; *Kulaszewski* NJ 1968, 593.

eingetretenen Eigentumsübergänge und Eigentumszuordnungen waren und sind zwangsläufig. S dazu 9. Aufl § 22 Rn B 35.

372   Die **Berichtigung der Grundbücher** erfolgt nach § 22 GBO. Da die Regeln der Art 21 und 22 EV an Kriterien anknüpfen, die sich selten in grundbuchmäßiger Form (§ 29 GBO) nachweisen lassen, wurde das Vermögenszuordnungsgesetz geschaffen, das die Umsetzung der Vorschriften des Einigungsvertrags ermöglicht. Das VZOG ändert nichts am Eigentum an Grundstücken, es regelt lediglich, wie das Eigentum an Grundstücken grundbuchgängig nachgewiesen werden kann. In der Regel erfolgt die Grundbuchberichtigung mit einem **Ersuchen der Zuordnungsstelle** nach § 3 VZOG.[254] Bis dahin können allerdings bestimmte, noch im Grundbuch als Rechtsträger des Volkseigentums Bezeichnete nach § 8 VZOG mit einer gesetzlichen **Verfügungsermächtigung** über Grundstücke/Gebäude verfügen. Mit § 8 VZOG kann der Rechtsträger aber nicht seine Eigentümereintragung im Wege der Grundbuchberichtigung bewirken.[255]

373   Die Zuordnung von **Straßengrundstücken** richtet sich grundsätzlich nach Art 21 und 22 EV. Jedoch ermöglicht § 5 Abs 2 VZOG eine erleichterte Berichtigung der Grundbücher ohne ein Zuordnungsverfahren.[256] Dies gilt auch in den Fällen, in denen ein anderer als der Bund oder eine Gemeinde Träger der Straßenbaulast wird. Das Grundbuch kann auf Antrag der zuständigen Straßenbehörde berichtigt werden. Es genügt, wenn dieser Antrag mit Dienstsiegel oder Stempel versehen ist und das Grundstück bezeichnet.

374   Ein nach § 459 ZGB entstandener **volkseigener Miteigentumsanteil** wurde oftmals nicht im Grundbuch – berichtigend – eingetragen. Die kraft Gesetzes entstandenen Miteigentumsanteile bestehen nach Art 233 § 8 S 1 EGBGB und § 113 SachenRBerG fort; ein gutgläubiger Erwerb des Alleineigentums durch gutläubige Dritte entsprechend § 892 Abs 1 BGB ist jedoch möglich. § 113 SachenRBerG gibt den Parteien des Nutzungsvertrags einen gesetzlichen Anspruch auf Grundbuchberichtigung und konkretisiert insoweit § 894 BGB. § 22 GBO gilt; eine Bescheinigung nach § 22 GrEStG ist vorzulegen.

375   Die Eintragung des **Volkseigentums ist nicht mehr möglich** (eine Ausnahmeregel wie bei § 4 Abs 1 S 3 SPV besteht nicht). In der Form des § 29 GBO muss der heutige Miteigentümer seine Rechtsnachfolge nachweisen, notfalls über einen Zuordnungsbescheid nach §§ 2, 4 VZOG. Eine schlüssige Berichtigungsbewilligung des Grundstückseigentümers genügt ebenfalls.

376   Der Inhaber des ehemals volkseigenen Miteigentumsanteils kann jedoch auch über ein **Aufgebotsverfahren** nach § 114 SachenRBerG mit seinem Anteil ausgeschlossen werden. Mit dem Ausschlussurteil erwirbt der eingetragene Eigentümer den Miteigentumsanteil, so dass wieder Alleineigentum auch im materiell-rechtlichen Sinne entsteht, das Grundbuch ist wieder richtig, wobei allerdings die Grundlagen des jetzigen Alleineigentums in Abt. I des Grundbuchs vermerkt werden müssen.

377   **b) Bodenreformland.** Mit Art 233 §§ 11 ff EGBGB hat der Gesetzgeber die Abwicklung der Bodenreform geregelt und die Rechtslage nach früher geltenden Bodenreformgrundsätzen – oftmals pauschaliert – nachgezeichnet. Für die Berichtigung des Grundbuchs gilt: Der Eigentumsübergang erfolgte am 22.07.1992, 0 Uhr, kraft Gesetzes. Der **gesetzliche Eigentumserwerb** greift auch ein, falls nach Vorschriften der ehem. DDR ein wirksamer Besitzwechsel vollzogen wurde, eine Berichtigung des Grundbuchs jedoch unterblieb und nicht bis zum 02.10.1990 beim Grundbuchamt beantragt wurde.

378   Ein Ehegatte eines eingetragenen Eigentümers erwirbt kraft Gesetzes nur dann einen hälftigen Miteigentumsanteil am Grundstück, wenn die Ehe am 15.03.1990 bestanden hat und er am 22.07.1990 noch lebte. Eine Ehescheidung ab 16.03.1990 lässt das Erwerbsrecht des Ehegatten unberührt.[257]

379   Erben eines vor dem 22.07.1992 verstorbenen Erblassers bilden **keine Erbengemeinschaft**, sondern eine Gemeinschaft nach Bruchteilen (§§ 741 ff BGB). Das Bodenreformgrundstück bildet keinen Nachlaßgegenstand und unterliegt nicht den Beschränkungen der Vor-/Nacherbfolge und der Testamentsvollstreckung. Die Bruchteile der am 22.07.1992 vorhandenen Erben und Erbeserben richten sich nach den Erbquoten.

380   Zur **Grundbuchberichtigung** genügt die Vorlage der Erbnachweise nach § 35 GBO. Bei einem noch lebenden eingetragenen Eigentümer sind keine Nachweise zu erbringen. Bei seiner Grundbuchberichtigung hat das Grundbuchamt die Mitberechtigung eines Ehegatten nicht zu erforschen.[258]

---

254   Vgl auch § 2 WoGenVermG.

255   § 8 VZOG ermöglicht aber Umwandlungen nach § 58 UmwG; BezG Dresden Rpfleger 1993, 190 m abl Anm *Keller*; *Böhringer* BWNotZ 1992, 86.

256   *Franke/Teige* OV spezial 1997, 332; *Sauthoff* LKV 1998, 472; VG Schwerin VIZ 2002, 478; OLG Rostock NotBZ 2002, 420; Gutachten DNotI-Report 2003, 139.

257   Ausführlich *Böhringer* VIZ 1993, 195; *ders* Rpfleger 1993, 89.

258   Eingehend *Böhringer* Rpfleger 1993, 89.

c) Berichtigung bei »ehelichem Vermögen«. Nach Art 234 § 4a EGBGB ist das gemeinschaftliche Eigen- **381**
tum von Ehegatten, die früher im gesetzlichen Güterstand nach dem DDR-Familiengesetzbuch gelebt und
nicht für die Beibehaltung dieses Güterstandes nach Maßgabe von Art 234 § 4 EGBGB optiert[259] haben, von
Gesetzes wegen auf 03.10.1990 **in Bruchteilsgemeinschaft umgewandelt** worden.[260] § 14 GBBerG regelt
die grundbuchtechnischen Einzelheiten der Umwandlung. Für den Nachweis der Grundbuchunrichtigkeit
kann sich der Antragsteller (Ehegatte oder Zwangsgläubiger nach § 14 GBO) auf die Vermutung des Art 234
§ 4a Abs 3 EGBGB stützen.[261] S dazu 9. Aufl § 33 Rn B 6, 19, 55, § 47 Rn B 5.

Möglich ist eine Grundbuchberichtigung auch, wenn beide Ehegatten die Grundbuchberichtigung mit ihrer **382**
Nichtoptionsbestätigung beantragen. Beim Vorableben eines Ehegatten oder beider sind entsprechende **Versicherungen** über die Nichtoption abzugeben. Die Erklärungen, Versicherungen und der Berichtigungsantrag
bedürfen nicht der Form des § 29 GBO. Dies gilt auch nach § 8 S 2 GGV. Allerdings wird das Grundbuch im
letzten Fall nur auf Antrag eines Antragsberechtigten (§§ 13, 14 GBO) berichtigt, nicht von Amts wegen, was
dem Grundbuchamt aber trotzdem nicht verwehrt ist.

Bei **Bodensonderungsverfahren** gilt für den Bescheid und die Grundbucheintragung die Vermutung des **383**
Art 234 § 4a Abs 3 EGBGB, vgl § 7 Abs 4 SPV.

d) Aufgebot des Nutzers. Bei einem Aufgebot des Nutzers nach § 18 SachenRBerG geht das Nutzungsrecht **384**
nicht unter, vielmehr erlöschen lediglich die Ansprüche des Nutzers. Das Gebäudeeigentum bleibt selbstständig
bestehen und geht, gegebenenfalls belastet mit den Rechten Dritter, auf den Eigentümer kraft Gesetzes mit
Erlass des Ausschlussurteils über. Die Grundbuchberichtigung erfolgt nach §§ 13, 22, 29 GBO (Antragstellung
durch den Eigentümer unter Vorlage einer Ausfertigung des Ausschlussurteils). § 78 SachenRBerG ist vom
Eigentümer zu beachten.

e) Dingliche Rechte am Surrogationsobjekt. Wird nach § 32 SachenRBerG für den Nutzer eines Grund- **385**
stücks ein Erbbaurecht bestellt, so erlischt mit dessen Bestellung (Einigung und Eintragung im Grundstücksgrundbuch sowie Anlegung des Erbbaugrundbuchs) das Gebäudeeigentum, § 59 Abs 1 SachenRBerG. Die bisherigen Belastungen des Gebäudes bestehen gemäß § 34 Abs 1 S 2 EGBGB am Erbbaurecht fort (im bisherigen
Rang, insbesondere also im Rang vor dem Erbbauzins) und sind auf das Erbbaugrundbuch amtswegig zu übertragen, entsprechende Bewilligungen der Beteiligten sind nicht erforderlich.

3. Erlöschen dinglicher Rechte

a) Gutgläubiger Wegerwerb des Gebäudeeigentums. Nach Art 231 § 5 Abs 3 EGBGB erlischt das **386**
Gebäudeeigentum, wenn nach dem 31.12.2000 das Grundstückseigentum übertragen wird und der Erwerber
von dem Gebäudeeigentum keine Kenntnis hat bzw das dingliche Nutzungsrecht/Gebäudeeigentum nicht im
Grundstücksgrundbuch vermerkt ist.[262] Grundpfandrechte am Gebäudeeigentum setzen sich am Wertersatzanspruch des Gebäudeeigentümers als Pfandrechte fort.[263]

Das Gebäudegrundbuchblatt darf nur dann geschlossen werden, wenn dem Grundbuchamt in der Form des **387**
§ 29 GBO der gebäudeeigentumsfreie Grundstückserwerb nachgewiesen wird, gegebenenfalls hat der Grundstückserwerber seinen ihm nach § 894 BGB zustehenden Berichtigungsanspruch klageweise durchzusetzen
(§ 894 ZPO).[264]

b) Erbbaurecht statt Gebäudeeigentum. Wird nach den Vorschriften des Sachenrechtsbereinigungsgesetzes **388**
ein Erbbaurecht bestellt, so wird das dem Nutzungsverhältnis unterliegende Gebäude wesentlicher Bestandteil
des Grundstücks. Das selbstständige Gebäudeeigentum erlischt mit der Eintragung des Erbbaurechts im Grundstücksgrundbuch und der Anlegung des Erbbaugrundbuchs,[265] § 59 SachenRBerG.[266] Das Gebäudegrundbuch
ist nach § 12 Abs 1 Hs. 2 GGV zu schließen. Ein im Grundstücksgrundbuch eingetragenes Nutzungsrecht oder
ein Vermerk über das Besitzrecht nach Art 233 § 2a EGBGB ist zu löschen. Belastungen des Gebäudeeigentums
setzen sich am Erbbaurecht fort (§ 34 Abs 1 S 2 EGBGB); sie sind mit der Schließung des Gebäudegrundbuchs

259 Zur Option *Böhringer* DNotZ 1991, 223.
260 *Böhringer* Rpfleger 1994, 282; *ders* OV spezial 3/1994 S 13.
261 Die gesetzliche Vermutung kann durch das Güterrechtsregister oder die Eintragung anderer Bruchteile oder durch
     Gütergemeinschaft im Grundbuch widerlegt werden.
262 *Schnabel* ZOV 2000, 79; *Böhringer* Rpfleger 1999, 425; *ders* BWNotZ 2000, 1; *ders* VIZ 2000, 129; *ders* ZfIR 2000,
     671;
263 Gleiche Falllage wie bei § 16 Abs 3 VermG und Art 233 § 4 Abs 5 EGBGB.
264 *Böhringer* DtZ 1994, 50.
265 § 11 Abs 1, § 14 ErbbauRG, § 873 Abs 1 BGB.
266 Dazu *von Oefele* DtZ 1995, 158, *Krauß* MittBayNot 1995, 253, 263.

amtswegig zu löschen und auf das Erbbaugrundbuch zu übertragen. Bewilligungen der Beteiligten sind nicht notwendig.

389   **c) Gebäudeeigentumsfreie Abschreibung eines Grundstücksteils.** § 14 Abs 4 GGV ermöglicht es, dass ein mit einem Gebäudeeigentum/dinglichen Nutzungsrecht (Art 233 §§ 4, 2 b, 8 EGBGB) belastetes Grundstück geteilt[267] und ein abzuschreibender Grundstücksteil lastenfrei gebucht werden kann. Es handelt sich um einen mit § 1026 BGB vergleichbaren Fall. Für die Teilung eines nutzungsrechtsbewehrten Gebäudeeigentums gelten die §§ 877, 873, 874, 876 BGB; beim nutzungsrechtslosen Gebäudeeigentum gilt für seine Teilung § 903 BGB. Die Teilungserklärung bedarf verfahrensrechtlich der Form des § 29 BGB, ebenso die Zustimmung etwaiger dinglicher Rechtsinhaber am Gebäudeeigentum.

390   **d) Mitbenutzungsrechte u. a.** Gewisse nicht eingetragene Mitbenutzungsrechte erlöschen, wenn sie gemäß § 8 GBBerG nicht rechtzeitig anerkannt oder rechtshängig gemacht worden sind. Stichtag dafür ist der 31.12.2000 (Vgl auch § 13 SachenR-DV). Für die Löschung gilt § 22 GBO.[268]

391   Nach § 8 GBBerG bestandskräftige, aber bis zum Ablauf des 31.12.2000 nicht im Grundbuch eingetragene Rechte (Antragsdatum und nicht das Eintragungsdatum entscheidet) unterliegen ab dem 01.01.2001 den Vorschriften über den öffentlichen Glauben des Grundbuchs (Art 233 § 5 Abs 2 EGBGB), können also beim Fehlen eines Rechtshängigkeitsvermerks nach § 8 Abs 4 GBBerG gutgläubig »wegerworben« werden. Für die Löschung gilt § 22 GBO.

392   Eingetragene wie auch nicht eingetragene Mitbenutzungsrechte können wegen vierjähriger Nichtausübung erlöschen, aber auch dann, wenn die Voraussetzungen für ihre Begründung weggefallen sind (§ 322 Abs 3 ZGB). Für die Löschung gilt § 22 GBO.

393   **e) Überholte dingliche Rechte[269].** § 5 GBBerG gestattet die **erleichterte Löschung** überholter Rechtspositionen.[270] Darunter fallen Nießbrauche (§ 1030 BGB), beschränkte persönliche Dienstbarkeiten (§§ 1090 – 1093 BGB), subjektiv-persönliche Vorkaufsrechte (§ 1094 Abs 1, § 1103 Abs 2, §§ 1098, 514 BGB), subjektiv-persönliche Reallasten (§ 1105 Abs 1, § 1111 Abs 1 und 2 BGB). Hypotheken, Grundschulden und Rentenschulden sind ebenfalls unter die Vorschrift zu zählen, sofern das Gläubigerrecht unvererblich und unabtretbar gestaltet wurde, was nach §§ 399, 1113 BGB möglich ist. Dies kommt extrem selten vor. Eine solche Rechtsposition ist aus dem Grundbuch bzw den Grundakten zu entnehmen. Zur Löschung von Rechtspositionen vgl auch 9. Aufl § 13 Rn B 169 ff, § 22 Rn B 193 ff.

394   Mit dem Ablauf von 110 Jahren von dem Geburtstag des Berechtigten an erlischt das Recht, sofern nicht innerhalb von 4 Wochen ab diesem Zeitpunkt eine **Erklärung des Berechtigten** beim Grundbuchamt eingegangen ist, dass er auf den Fortbestand seines Rechts bestehe. Die Mitteilung muss nach Ablauf der genannten 110-Jahres-Frist abgefasst sein. Anders lässt sich nämlich nicht feststellen, ob der Berechtigte noch lebt. Sie muss innerhalb der 4-Wochen-Frist beim Grundbuchamt eingegangen sein. Für die Fristberechnung gelten die §§ 187 Abs 2, § 188 Abs 2, § 193 BGB. Die Fortgeltungserklärung bedarf nicht der Form des § 29 GBO; es gilt ausschließlich § 126 BGB. Geht die Fortgeltungserklärung vor dem 110. Geburtstag des Berechtigten oder nach Ablauf der vierwöchigen Mitteilungsfrist ein, so hat eine solche Erklärung nicht die Wirkung des Nichterlöschens des Rechts. Eine verspätet eingegangene Fortgeltungserklärung kann demnach die Löschung des Rechts nicht verhindern, auch wenn der Berechtigte noch lebt. Liegt die Fallage des § 5 Abs 1 GBBerG vor, kann das Grundbuchamt von Amts wegen die Löschung vornehmen.

395   § 5 GBBerG umfasst auch eine Vormerkung, wenn sie oder der gesicherte Anspruch unübertragbar und unvererblich ist. Steht das dingliche Recht mehreren Personen zu einem bestimmten Gemeinschaftsverhältnis zu, so entscheidet das **Gemeinschaftsverhältnis**, ob das Recht für alle Personen schon mit der Erlöschensfiktion bei einem der mehreren Berechtigten insgesamt erlischt oder nur bei der konkret 110 Jahre alt gewordenen Person. Letzteres ist zu bejahen bei der Gesamtberechtigung gemäß § 428 BGB und bei Gesamthändern; es erlischt also nur die Rechtsposition des 110-jährigen, nicht die der anderen Berechtigten. Steht das Recht mehreren zu Bruchteilen zu, tritt die Erlöschensfiktion nur bezüglich dieses Bruchteilsberechtigten ein.

396   § 5 Abs 2 GBBerG stellt nunmehr eindeutig klar, dass die **Kohleabbaugerechtigkeiten** erloschen sind; sie können jetzt als gegenstandslos gelöscht werden. Oftmals wurden im Zusammenhang mit der Kohleabbaugerechtigkeit auch Dienstbarkeiten (Unterlassungsdienstbarkeiten, Dienstbarkeiten betreffend Ausschluss eines Eigentümerrechts), Vorkaufsrechte und Vormerkungen eingetragen. Besonders häufig kam die **Bergschadens-**

---

267   Ausführlich *Böhringer* DtZ 1996, 290; *ders* NotBZ 1999, 68.
268   *Böhringer* VIZ 2000, 129; *ders* VIZ 2000, 441; *ders* ZfIR 2000, 671.
269   *Böhringer* DtZ 1994, 50, 52.
270   Zur Löschung beschränkter dinglicher Rechte *Böhringer* NotBZ 2005, 385; *ders* Rpfleger 1995, 51; *ders* Rpfleger 1995, 437; *Roth/Schmitz* DNotZ 2002, 839; *Janke/Menzke* NJ 1989, 99.

verzichts-Dienstbarkeit vor. Dieser Verzicht auf die Entschädigung von Bergschäden wurde durch Dienstbarkeit betreffend Ausschluss (oder Beschränkung) eines Eigentümerrechts zugunsten des Bergwerkeigentümers bzw Abbauberechtigten abgesichert. Auch als Dienstbarkeit betreffend **Bergschadenminderwertverzicht** kamen Rechtspositionen in den Grundbüchern vor.

Es ist weder eine Berichtigungsbewilligung noch ein Unrichtigkeitsnachweis vorzulegen. Der Gesetzesbefehl in § 5 Abs 2 GBBerG ist ausreichend. Es ist unter Umständen aber ein Zusammenhang der Rechtspositionen glaubhaft zu machen.   **397**

f) Aufgebotsverfahren[271]. Liegen die Voraussetzungen des § 5 Abs 1 GBBerG nicht vor, kann mit einem Aufgebotsverfahren nach § 6 Abs 1 S 1 und Abs 1a GBBerG die Löschung des Rechts erreicht werden.[272] Darunter fallen Vorkaufsrechte, Reallasten, Nießbrauche, beschränkte persönliche Dienstbarkeiten, im Grundbuch eingetragene Mitbenutzungsrechte und Vormerkungen. Berechtigter kann auch eine juristische Person sein. Ein Aufgebotsverfahren ist auch möglich bei vernichteten Grundbuchunterlagen. Mit Erlass des Ausschlussurteils erlischt das dingliche Recht. Das Grundbuchamt löscht auf formlosen Antrag. Dazu ist das **Ausschlussurteil** in Ausfertigung vorzulegen.   **398**

g) Apothekengerechtigkeiten. Diese auf früheren Landesrechten beruhenden, vererblichen und veräußerlichen Apothekenbetriebsrechte sind kraft Gesetzes[273] erloschen. Die Löschung ist Grundbuchberichtigung, sie kann auch von Amts wegen erfolgen. Nachweise sind keine vorzulegen.   **399**

h) Grundpfandrechte. aa) Ablösung geringwertiger Rechte. Seit dem Inkrafttreten des RegVBG am 25.12.1993 besteht in den neuen Bundesländern die Möglichkeit, vor dem 01.07.1990 begründete bzw entstandene Grundpfandrechte aller Art nach § 10 GBBerG abzulösen.[274] Dieses Ablöserecht des Eigentümers besteht für alle **Grundpfandrechte** mit einem umgerechneten Betrag von nicht mehr als 6.000 Euro, also für Rechte mit einem Währungsbetrag bis zu 23.469,96 GM, 23.469,96 RM, 23.469,96 Mark-DDR.[275] Auch für **Reallasten** besteht ein Ablöserecht. S zu allem 9. Aufl Einl C Rn 1321.   **400**

Auch (wieder-)eingetragene (enteignete) Grundpfandrechte (§ 3 Abs 1a VermG) und die nach § 18 a.F. VermG (wieder-)eingetragenen Grundpfandrechte fallen unter § 10 GBBerG, nicht jedoch die Restitutionshypotheken nach § 7 Abs 3 S 2 und § 7a Abs 3 S 2 VermG a. F.[276]   **401**

bb) Tilgung der Hypothekenforderung. ZGB-Hypotheken, insbesondere Aufbauhypotheken erlöschen durch Tilgung der Forderung (Art 233 § 3 Abs 1 EGBGB iVm § 454 Abs 2 ZGB); eine Eigentümergrundschuld ist nicht entstanden. § 22 GBO gilt für die Löschung.   **402**

4. Vormerkungen, Widersprüche, Vermerke

a) Vormerkung/Widerspruch nach § 34 Abs 1 VermG. Um den Restitutionsberechtigten sofort vor Verfügungen des Verfügungsberechtigten über das Grundstück/Gebäude zu schützen, kann das ARoV seine Entscheidung für **sofort vollstreckbar** erklären, § 34 Abs 5 VermG. Die Vorläufigkeit der Grundbucheintragung wird sichergestellt durch eine nach § 34 Abs 1 VermG ins Grundbuch einzutragende Vormerkung (bei neu begründeten Rechten nach § 3 Abs 1a und §§ 20, 20a VermG) für den Restitutionsberechtigten/Vorkaufsberechtigten bzw Widerspruch (bei zurückzuübertragendem Grundstücken/aufzuhebendem dinglichen Nutzungsrecht) zugunsten des bisher eingetragenen Verfügungsberechtigten; dies ist nicht unbestritten. S dazu 9. Aufl § 25 Rn 2, 21.   **403**

Ist die Entscheidung des ARoV unanfechtbar geworden, erlischt die Vormerkung bzw der Widerspruch. Zum Nachweis des Erlöschens genügt das Ersuchen des ARoV um Eintragung der entsprechenden Rechtsänderung aus dem Restitutionsbescheid. Wird die sofort vollziehbare Entscheidung unanfechtbar aufgehoben, so wird das Sicherungsmittel gegenstandslos. § 25 S 2 GBO findet Anwendung. Berichtigungsunterlagen können eine Abhilfeentscheidung oder ein Widerspruchsbescheid sein, §§ 72, 73 VwGO.[277]   **404**

---

271 *Böhringer* DtZ 1994, 194.
272 *Böhringer* NotBZ 2001, 197; *Lessing* RpflStud 2004, 97; *Schöne* Rpfleger 2002, 131; *Wehrstedt* RNotZ 2001, 516.
273 § 7 VO v 22.06.1949 (ZVOBl I Nr 56 S 487); Verfügungen und Mitteilungen des Ministeriums für Gesundheitswesen 1958 Nr 4 S 4.
274 Dazu *Böhringer* NotBZ 2005, 269.
275 § 36a GBMaßnG.
276 *Böhringer* NJ 1994, 303.
277 *Böhringer* Liegenschaftsrecht, Rn 449. Ausführlich *Lorenzen* VIZ 1994, 554 mwN.

405 **b) Energiefortleitungsanlagen.** Wird nach § 9 Abs 5 GBBerG in der Bescheinigung der Aufsichtsbehörde eines Energieversorgungsunternehmens ein Widerspruch vermerkt, so kann mit einer solchen **Bescheinigung** die beschränkte persönliche Dienstbarkeit im Grundbuch noch nicht eingetragen werden, vielmehr nur ein Widerspruch gegen das Nichteingetragensein der Dienstbarkeit (§ 8 Abs 2 SachenR-DV). Die Löschung des Widerspruchs erfolgt aufgrund freiwillig abgegebener oder durch Klage erzwungener Berichtigungs-(Löschungs)-Bewilligung des Versorgungsunternehmens. § 25 GBO gilt nicht.[278]

406 **c) Bodenreformvermerk.** Durch die Abwicklung der Bodenreform (Art 233 §§ 11 ff EGBGB) ist auch der nach dem Recht der ehemaligen DDR eingetragene Bodenreformvermerk gegenstandslos geworden.[279] Der Vermerk kann **von Amts wegen gelöscht** werden. Unterlagen sind hierzu nicht erforderlich. Da der Vermerk aber weiterhin (bis 31.12.2000 für das Grundbuchamt) noch rechtlich erheblich[280] war, wurde er oft auch weiterhin sichtbar gehalten und bei einer Übertragung des Grundstücks in ein anderes oder neues Grundbuch als gelöschte Eintragung mitübertragen.[281]

407 **d) Staatliche Verwaltung.** Nach § 11a Abs 1 VermG endete die staatliche Verwaltung über Vermögensgegenstände zum 31.12.1992. Ein im Grundbuch eingetragener Verwaltungsvermerk ist nun gegenstandslos und kann auf Antrag des Grundstückseigentümers oder des bisherigen staatlichen Verwalters gelöscht werden (§ 11a Abs 2 VermG). Auch amtsweig (§§ 84 ff GBO) kann der Vermerk gelöscht werden.

408 **e) Sachenrechtsbereinigungsvermerke. aa) Für Besitzberechtigten.** Nicht vermerkte Ansprüche aus der Sachenrechtsbereinigung aus dem Recht zum Besitz gemäß Art 233 § 2a EGBGB können gegebenenfalls nicht mehr geltend gemacht werden,[282] wenn kein Vermerk nach Art 233 § 2c Abs 2 EGBGB im Grundbuch eingetragen ist. Der gemäß § 7 GGV einzutragende Vermerk wird gelöscht, wenn eine **Löschungsbewilligung des Besitzberechtigten** vorgelegt wird. Löschung im Wege der Grundbuchberichtigung (§ 22 GBO) ist möglich, wenn die Zustellung der einstweiligen Verfügung verspätet erfolgt ist oder wenn die einstweilige Verfügung durch eine vollstreckbare Entscheidung aufgehoben wird. Ist bei diesem Vermerk die Eröffnung des Vermittlungsverfahrens vermerkt worden und sind die Beteiligten identisch, so bedarf es zur Löschung des Vermerks nicht der Bewilligung des Berechtigten; es gilt § 98 Abs 2 SachenRBerG.

409 **bb) Notarielles Vermittlungsverfahren.** Das notarielle Vermittlungsverfahren (§§ 92 ff SachenRBerG) soll bei den Falllagen des Sachenrechtsbereinigungsgesetzes den Abschluss eines Erbbaurechtsvertrages oder eines Grundstückskaufvertrages fördern. Im Grundbuch wird auf **Ersuchen (§ 38 GBO) des Urkundsnotars** ein Vermerk eingetragen, der sicherstellt, dass wegen des Grundstücks/Gebäudes ein Vermittlungsverfahren anhängig ist. Text der Grundbucheintragung: »Das Vermittlungsverfahren nach §§ 87 ff SachenRBerG mit (Bezeichnung des Berechtigten) ist eröffnet. Eingetragen aufgrund Ersuchens des Notars ... in ... vom ... am ...«

410 Der in Abt. II des Grundbuchs des betroffenen Grundstücks/Gebäudes einzutragende Vermerk verliert mit der Beendigung oder Einstellung des Vermittlungsverfahrens seine Bedeutung; er wird gegenstandslos. Spätestens 6 Monate nach Beurkundung bzw Zustandekommen des Vertrags durch Urteil hat der Urkundsnotar die Löschung des Vermerks zu beantragen (über Hemmung der Frist § 99 Abs 3 SachenRBerG); es handelt sich um ein **Eintragungsersuchen** iSv § 38 GBO. Sobald die Einigung im Grundbuch vollzogen ist, ist der Vermerk gegenstandslos und kann auch von Amts wegen gelöscht werden.

411 Bei Einstellung des Vermittlungsverfahrens erlässt der Notar einen Einstellungsbeschluss oder stellt der bisher beauftragte Notar den Beteiligten eine Bescheinigung (Form: § 39 BeurkG) über die Einstellung des Verfahrens aus, mit der der Eigentümer des betroffenen Grundstücks/Gebäudes die Löschung des Vermerks im Grundbuch beantragen kann.

412 **f) Entschuldungsvermerke gemäß § 80 SchRG u. a.** Mit § 15 Abs 2 Abschn I Nr 17 EGZGB ist zum 1.01.1976 das Schuldenregelungsgesetz (SchRG) vom 1.6.1933[283] und die zu seiner Ausführung erlassenen Rechtsvorschriften außer Kraft getreten. Der aufgrund des Schuldenregelungsgesetzes eingetragene Vermerk »Das Grundstück unterliegt der Entschuldung« ist heute **gegenstandslos** und kann von Amts wegen gelöscht werden,[284] vgl auch § 84 Abs 1 S 2.

---

278 Dazu *Maaß* NotBZ 2001, 280; *Böhringer* Rpfleger 2002, 186.
279 Art 233 § 16 Abs 3 EGBGB; *Böhringer* NJ 1992, 289; *ders* OV spezial 19/1992 S 3.
280 Vgl das Widerspruchsverfahren nach Art 233 § 13 EGBGB aF; *Böhringer* Rpfleger 1994, 45.
281 *Böhringer* MittBayNot 1992, 369. Der Vermerk könnte lauten: »Bodenreformvermerk gelöscht am ... Im Hinblick auf Art 233 §§ 11 ff EGBGB mitübertragen am ...«.
282 § 111 SachenRBerG.
283 RGBl I S 331.
284 §§ 52, 80 SchRG.

Alte Zwangsverwaltungsverfahren waren bis zum 31.03.1976[285] abzuschließen. Diese Vermerke können **413** nunmehr als gegenstandslos gelöscht werden.

g) Reichsheimstättenvermerk. Vor dem 01.01.1976 eingetragene Heimstättenvermerke sind gegenstandslos, **414** da das Reichsheimstättengesetz[286] gemäß § 15 Abs 2 Abschn I Nr 13 EGZGB in der ehemaligen DDR seit 01.01.1976 aufgehoben ist. Die nach dem 02.10.1990 eingetragenen Heimstättenvermerke – sofern überhaupt vorgenommen – sind ab 01.01.1999 löschbar.[287]

h) Reichssiedlungsgesetz. Dieses Gesetz wurde durch § 15 Abs 2 Abschnitt I Nr 12 EGZGB am 01.01.1976 **415** außer Kraft gesetzt. Alte Vormerkungen zur Sicherung eines Vorkaufsrechts bzw Wiederkaufsrechts sind gegenstandslos und von Amts wegen zu löschen.

i) Verfügungsverbote. Nach Art 233 § 2a Abs 3 S 2 EGBGB, § 3 Abs 3 S 1 VermG, § 1 Abs 1 S 2 WoGen- **416** VermG hat der Eigentümer des Grundstücks gewisse Verfügungen über dieses zu unterlassen. Der Besitzberechtigte, der Restitutionsberechtigte bzw die Wohnungsgenossenschaft kann durch einstweilige Verfügung eine Sicherung durch ein Verfügungsverbot erwirken und letzteres im Grundbuch eintragen lassen. Dieses gerichtlich angeordnete Verfügungsverbot kann gelöscht werden aufgrund Löschungsbewilligung des Verbotsgeschützten oder über § 25 GBO.

j) Zustimmungsvorbehalte[288]. aa) Zustimmungsvorbehalt nach § 11c VermG. Nach § 11c VermG **417** unterliegen Vermögensgegenstände von bestimmten Ausländern gewissen Verfügungsbeschränkungen, bis nach § 1b VZOG ein Zuordnungsbescheid ergangen und beim Grundbuchamt eingegangen ist. Gelöscht werden kann der Vorbehalt, wenn das für zentrale Dienste und offene Vermögensfragen in Berlin bzw die Bundesbehörde um Löschung ersucht[289] oder das damalige Eintragungsersuchen durch das Verwaltungsgericht aufgehoben wurde oder dem Grundbuchamt der bestandskräftige Zuordnungsbescheid nach § 2 VZOG vorgelegt wird.[290]

bb) Bodensonderungsverfahren. Nach § 6 Abs 4 BoSoG kann die Sonderungsbehörde um Eintragung eines **418** Zustimmungsvorbehalts ersuchen. Nach Abschluss des Bodensonderungsverfahrens ersucht wiederum diese Behörde um Löschung des Vorbehalts nach Vollzug der Bodensonderung.

cc) Flurneuordnungsverfahren. Der Zustimmungsvorbehalt nach § 13 S 2 GBBerG soll die Durchführung **419** des Verfahrens zur Feststellung und Neuordnung der Eigentumsverhältnisse nach §§ 53 ff LwAnpG sichern und die Gebäudeeigentümer und Nutzer vor einem Rechtsverlust durch gutgläubigen Erwerb des Eigentums am Grundstück schützen. Die Flurneuordnungsbehörde ersucht um Eintragung und Löschung des Zustimmungsvorbehalts.

5. Mitbenutzungsrechte

Art 233 § 5 EGBGB lässt die Mitbenutzungsrechte nach §§ 321, 322 ZGB als dingliche Rechte eigener Art an **420** dem Grundstück bestehen. Die Eintragung[291] des Mitbenutzungsrechts (zB Wege- oder Überfahrtsrechte, Leitungsrechte Privater) war nicht Wirksamkeitsvoraussetzung, ist heute aber Grundbuchberichtigung und wegen der **Erlöschensregelung** in § 8 Abs 1 GBBerG und des gutgläubigen Wegerwerbs nach Art 233 § 5 Abs 2 EGBGB, § 13 SachenRBerG geboten.

Für die formalen Voraussetzungen der Eintragung der Mitbenutzungsrechte gelten §§ 19, 22 GBO. Die Eintra- **421** gung erfolgt entweder im Antragsverfahren nach § 22 GBO oder durch freiwillig abgegebene oder durch Klage erzwungene Berichtigungsbewilligung des Grundstückseigentümers. Ist die Entstehung des Rechts und sein besserer **Rang** aus öffentlichen Urkunden nachweisbar, so ist das Recht mit dem daraus ersichtlichen Inhalt und unter Vermerk des gemäß Art 233 § 9 Abs 2 EGBGB für den Rang maßgeblichen Zeitpunkt seiner Entstehung einzutragen (Art 233 § 5 Abs 3 EGBGB).[292]

Ist weder in öffentlichen Urkunden noch in der Bewilligung der genaue Zeitpunkt der Entstehung des Rechts **422** bezeichnet, kann sein **Vorrang** vor anderen Rechten aber nachgewiesen werden oder ist er von den bisher im

---

285 § 29 Abs 3 GrdstVollstrO (DDR–GBl 1976 I Nr 1 S 1).
286 RGBl 1937 I S 1291.
287 Art 6 § 2 Abs 4 des Aufhebungsgesetzes zum RHStG (BGBl 1993 I S 912).
288 *Böhringer* Rpfleger 1994, 45.
289 Zum Ersuchen BVerwG VIZ 1998, 204; *Flik* DtZ 1996, 34; *Flik/Keller* DtZ 1996, 330.
290 Zum Zustimmungsvorbehalt OLG Brandenburg VIZ 1999, 688; *Meixner* VIZ 1996, 365.
291 Zu den beizubringenden Urkundennachweisen *Böhringer* NotBZ 2000, 371.
292 Einzelheiten zum Rangverhältnis *Böhringer* in: *Eickmann*, Sachenrechtsbereinigung, § 8 GBBerG Rn 69.

Grundbuch eingetragenen Berechtigten der beschränkten dinglichen Rechte bewilligt worden, so wird dieser Vorrang im Grundbuch dokumentiert. Bei Unklarheiten über den Rang wird als Entstehungszeitpunkt des Rechts der 25.12.1993 angenommen, § 8 Abs 2 GBBerG. Die Inhaber der ab dem 25.12.1993 eingetragenen bzw bis zum 31.12.2000 zur Eintragung beantragten dinglichen Rechte haben den Vorrang zu bewilligen, da sie nicht gutgläubig ihre Rangposition gegenüber dem spätestens am 25.12.1993 entstandenen Mitbenutzungs-recht erwerben konnten, Art 233 § 5 Abs 2 EGBGB.

6. Ungetrennter Hofraumanteil

423 In den ehemals preußischen Gebieten in den neuen Ländern gibt es vielfach unvermessene Grundstücke, bei denen nicht eindeutig feststeht, auf welche Bodenflächen sie sich erstrecken. Bei den so genannten Anteilen an ungetrennten Hofräumen besteht keine katastermäßige Erfassung der Anteile am Gesamtgrundstück. Mit der Hofraumverordnung[293] wird die formale Grundbuchfähigkeit dieser Grundstücke wieder hergestellt. Aber erst ein Verfahren nach dem Bodensonderungsgesetz oder eine Vermessung der Grundstücke bewirkt eine **Real-kreditfähigkeit** des Grundstücks samt aufstehendem Gebäude.[294] Bis zum 31.12.2010 hat dies zu geschehen, andernfalls das Grundstück nicht mehr als Grundstück im Rechtssinne gilt, es also nicht mehr Objekt von Ver-fügungen sein kann. S dazu 9. Aufl § 2 Rn B 53.

7. Löschungen von Amts wegen[295]

424 Ohne Nachweise kann von Amts wegen gelöscht werden:
- das **entschuldungsrechtliche Vorkaufsrecht** (§ 94 SchRG). Gleiches gilt für **Entschuldungseröff-nungsvermerke** (§ 8 Abs 2 SchRG) sowie Ermächtigungen zum Abschluss eines **Zwangsvergleichs** (§ 85 SchRG);
- **Apothekengerechtigkeiten** (Apothekenbetriebsrechte)[296]
- **Brennereirechte**, sie sind keine dinglichen Berechtigungen, sondern steuerliche Vorzugsrechte;
- vor dem 01.01.1976 begonnene **Zwangsverwaltungsverfahren** waren bis zum 31.03.1976 abzuschließen; noch nicht gelöschte Vermerke sind heute gegenstandslos;
- der Vermerk über die Eröffnung des **Vermittlungsverfahrens** nach § 92 Abs 5 und § 98 Abs 2 S 2 sowie § 106 Abs 4 S 2 SachenRBerG, sobald die Einigung im Grundbuch vollzogen ist;
- der **Zustimmungsvorbehalt** nach § 11c VermG, sobald eine bestandskräftige Zuordnung (§ 2 VZOG) vor-genommen und dem Grundbuchamt nachgewiesen wurde;
- der vor dem 22.07.1992 für die Treuhandanstalt eingetragene **Amtswiderspruch auf Bodenreform-grundstücken** einer am 15.03.1990 noch lebenden natürlichen Person (Art 233 § 11 Abs 2 S 1 Nr 1 EGBGB), weil Vorschriften über die Abwicklung der Bodenreform (Art 233 §§ 11 ff EGBGB) abschließend sind;
- die vor dem 01.06.1994 eingetragene Vormerkung für den Besserberechtigten im Widerspruchsverfahren nach Art 233 § 13 a.F. EGBGB, falls dem Grundbuchamt nicht bis 01.10.1994 eine Auflassungsklage des Besserberechtigten nachgewiesen wurde;
- die nach Art 233 § 13 a.F. EGBGB eingetragene Eigentumsvormerkung kann als gegenstandslos gelöscht werden, wenn nicht innerhalb von 4 Monaten ab ihrer Grundbucheintragung dem Grundbuchamt gegen-über der Nachweis der Auflassungsklage erbracht wird;
- Widersprüche nach § 11 Abs 3 GGV werden in der Regel 14 Monate nach ihrer Eintragung gegenstandslos und können gelöscht werden, wenn nicht vorher dem Grundbuchamt gegenüber ein Vermittlungsverfahren oder eine Klageerhebung nach den Vorschriften des Sachenrechtsbereinigungsgesetzes nachgewiesen wurde;
- der besondere Widerspruch nach § 11 Abs 5 S 3 GGV wird in der Regel 3 Monate nach seiner Eintragung im Grundbuch gegenstandslos.

---

293 BGBl 1993 I S 1658.
294 Dazu *Böhringer* DtZ 1994, 100; *ders* VIZ 1994, 63; *Schmidt-Räntsch* VIZ 1992, 163; *Ufer* DtZ 1992, 272; *ders* AVN 1/1992, 25.
295 Ausführlich *Böhringer* Rpfleger 1995, 51. S dazu auch § 46 und 9. Aufl § 13 Rn B 169 ff, § 22 Rn B 193.
296 Vgl hierzu § 7 Abs 1 der VO vom 22.06.1949, ZVOBl I 56 S 487, sowie die Mitteilung des Ministeriums für Gesund-heitswesen über grundbuchrechtliche Behandlung der erloschenen Apothekenbetriebsrechte (Verfügungen und Mittei-lungen des Ministeriums für Gesundheitswesen 1958 Nr 4 S 4; Ausgabetag: 30.04.1953). Die Inhaber erloschener Apo-thekenbetriebsrechte wurden auf Antrag entschädigt (vgl dazu § 9 Abs 3 der VO vom 22.06.1949); AVdRJM vom 16.01.1940, DJ 1940, 123; § 29 Abs 3 GrdstVollstrO (GBl 1976 I Nr 1 S 1); Art 19 Abs 3 RegVBG; *Böhringer* OV spezial 1/94 S 7.

X. Vormerkung/Widerspruch

In den neuen Ländern kommen Vormerkungen und Widersprüche verschiedener Ausprägung zur Eintragung   **425**
im Grundbuch.

1. Vermögensgesetz

Ist eine Entscheidung über die Rückübertragung eines Eigentumsrechts für **vorläufig vollziehbar** erklärt wor-   **426**
den, so gilt die Eintragung eines Widerspruchs im Grundbuch als bewilligt. Der Widerspruch richtet sich
gegen die Eintragung des vom Verwaltungsakt Begünstigten als Eigentümer im Grundbuch. Der Widerspruch
wird zugunsten des bisherigen Eigentümers/Verfügungsberechtigten im berichtigten Grundbuch eingetragen
und drückt so die Vorläufigkeit der Berichtigung aus.[297]

Erfolgt durch vorläufig vollziehbaren Hoheitsakt außerhalb des Grundbuchs die **Neubegründung eines ding-**   **427**
lichen Rechts (zB das Vorkaufsrecht nach §§ 20, 20a VermG), so wird zugunsten des Begünstigten eine Vormerkung nach § 883 BGB beim betroffenen Grundstück im Grundbuch eingetragen.

Ist die Restitutionsentscheidung nach § 33 VermG **unanfechtbar** geworden, so erlischt nach § 34 Abs 1 S 4   **428**
VermG der Widerspruch bzw die Vormerkung. Die Vorschrift hat eine eigenständige Bedeutung in der Weise,
dass zur Löschung des Widerspruchs/der Vormerkung **keine Löschungsbewilligung** des Widerspruchsbe-
rechtigten/Vormerkungsberechtigten erforderlich ist, also der Regelung in § 25 GBO gleichkommt. Wird der
die Eigentumsänderung oder die Rechtsbegründung aussprechende Verwaltungsakt unanfechtbar aufgehoben,
enthält § 34 VermG keine Regelung, jedoch gilt § 25 GBO.

Wurde trotz nicht bestandskräftigem Bescheid um Grundbuchberichtigung ersucht und das Grundbuch berich-   **429**
tigt, so wurde das Grundbuch erneut unrichtig, weshalb die Behörde (§§ 23–25 VermG) gemäß § 38 GBO in
entsprechender Anwendung des § 34 Abs 2 VermG um Eintragung eines Widerspruchs ersuchen kann.[298]

2. Vermögenszuordnungsgesetz[299]

Nach § 3 Abs 1 S 2 VZOG kann die zuständige Zuordnungsbehörde (§ 1 Abs 1 VZOG) um Eintragung eines   **430**
Widerspruchs für den Zuordnungsbegünstigten bei vorbehaltenem Recht des eingetragenen Eigentümers ersuchen. Der Zuordnungsbegünstigte kann seine Eintragung als Eigentümer in einem solchen Fall erst erreichen,
wenn der Wegfall des Vorbehalts feststeht. Deshalb darf die Zuordnungsbehörde um Eintragung des Zuordnungsbegünstigten erst ersuchen, wenn die Eintragung des eingetragenen Eigentümer bewilligt oder die fehlende Berechtigung der eingetragenen Person durch rechtskräftiges Urteil festgestellt worden ist. Der Widerspruch wird dann auf Ersuchen der Zuordnungsbehörde – als gegenstandslos – gelöscht.

3. Sachenrechtsbereinigungsansprüche

Zur Sicherung etwaiger Ansprüche aus dem Sachenrechtsbereinigungsgesetz ist auf Antrag des Gebäudenutzers   **431**
im Grundstücksgrundbuch ein **Vermerk** nach Art 233 § 2c Abs 2 EGBGB einzutragen. Für das Eintragungsverfahren gilt § 4 Abs 4 und § 7 GGV. Der Vermerk hat die Wirkung einer Vormerkung nach §§ 883, 885 BGB.

Bei einem notariellen **Vermittlungsverfahren** hat der damit beauftragte Notar nach § 92 Abs 5 SachenRBerG   **432**
das Grundbuchamt um Eintragung eines Vermerks über die Eröffnung eines Vermittlungsverfahrens in das
Grundbuch des Grundstücks und – falls vorhanden – des Gebäudes zu ersuchen. Der Vermerk sichert die nach
dem Sachenrechtsbereinigungsgesetz gesetzlich begründeten Ansprüche wie eine **Vormerkung** aus einem bereits
abgeschlossenen sachenrechtlichen Vertrag samt Vollzug, § 92 Abs 6 SachenRBerG. Er hindert den Eigentümer
des Grundstücks bzw des Gebäudes damit faktisch, wenn auch nicht rechtlich, an Verfügungen über das Grundstück bzw Gebäude. Der die Ansprüche sichernde Vermerk ist mit der Beantragung der Eintragung der Rechtsänderung durch den Notar im Grundbuch zu löschen, § 98 Abs 2 S 2, § 106 Abs 4 S 2 SachenRBerG.

Ist ein Rechtsstreit wegen der Eintragung eines **Miteigentumsanteils** nach § 459 Abs 1 S 2 und Abs 4 S 1   **433**
ZGB bei einem Zivilgericht anhängig, so hat das Prozessgericht beim Grundbuchamt um Eintragung eines
Rechtshängigkeits-Vermerks über den anhängigen Berichtigungsanspruch zu ersuchen, um ab 01.01.2001[300]
gutgläubigen Wegerwerb des Berichtigungsanspruchs zu vermeiden, § 113 Abs 3 S 2 SachenRBerG.[301] Der
Vermerk hat die Wirkung eines Widerspruchs.

---

297 Einzelheiten zur Auslegung von § 34 Abs 1 S 3 VermG *Lorenzen* VIZ 1994, 554 mwN.
298 OLG Naumburg Rpfleger 1993, 444; a. A. LG Leipzig Rpfleger 1993, 444.
299 Bekanntmachung der Neufassung, BGBl 1994 I S 709.
300 Wegen der Frist vgl das 2. Eigentumsfristengesetz (2. EFG) vom 20.12.1999, BGBl, 2493; dazu *Böhringer* VIZ 2000,
     129.
301 Gleiches gilt für die Eintragung eines Vermerks über die Klageerhebung wegen Bestellung einer Dienstbarkeit, § 116
     SachenRBerG. Ähnlich auch § 8 Abs 4 GBBerG.

4. Bodenneuordnung

434 Bei einem Verfahren der Bodenneuordnung nach dem Bodensonderungsgesetz kann nach § 7 Abs 3 SPV ein Sonderungsbescheid hinsichtlich eines gebuchten Grundstücks auch nur teilweise bestandskräftig werden. In diesem Fall kann das für dieses Flurstück vorhandene Grundbuch nicht geschlossen werden, weil sein Bestand teilweise noch vorhanden ist und das Grundbuch insoweit noch nicht unrichtig geworden ist, als die Bestandskraft des Sonderungsbescheids noch aussteht. In diesem Fall kann ein Grundbuchvollzug unter Vermeidung der mit einer sonst eintretenden Doppelbuchung verbundenen Gefahren nur erreicht werden, wenn insoweit gegen die Eintragung des Grundstücksbestands in dem noch »offenen« (bisherigen) Grundbuch ein **Widerspruch** eingetragen wird. Ein Widerspruchsberechtigter kann aber im Grundbuch nicht eingetragen werden, weil dieser infolge der fehlenden Bestandskraft noch nicht feststeht.

5. Gesetzlich entstandene Dienstbarkeiten

435 Am 25.12.1993 sind nach § 9 Abs 1 GBBerG für gewisse Energiefortleitungsanlagen beschränkte persönliche Dienstbarkeiten – kraft Gesetzes – entstanden. Die Grundbuchberichtigung erfolgt mit einem Bescheinigungsverfahren nach § 9 Abs 5 GBBerG und § 7 SachenR-DV. Ist in der Bescheinigung der Aufsichtsbehörde ein Widerspruch vermerkt, wird im Grundbuch **an rangbereiter Stelle ein Widerspruch** zugunsten des Versorgungsunternehmens eingetragen.[302] Der Widerspruch richtet sich gegen die Richtigkeit des Grundbuchs wegen eines nicht eingetragenen Leitungs- und Anlagenrechts.[303]

436 Mit freiwillig abgegebener oder durch Klage erzwungener Bewilligung des Grundstückseigentümers kommt es zur Beseitigung des Widerspruchs und zur Eintragung der Dienstbarkeit. Obsiegt der Grundstückseigentümer im Streit mit dem Energieversorgungsunternehmen über die Dienstbarkeit, so ist der Widerspruch auf Grund freiwillig abgegebener oder durch Klage erzwungener Bewilligung des Energieversorgungsunternehmens zu löschen. § 25 GBO kann auch nicht entsprechend herangezogen werden.

XI. Übertragung/Aufhebung von dinglichen Rechten

1. Allgemeines

437 Aus Art 233 § 3 EGBGB ergibt sich, dass **ZGB-Hypotheken** (01.01.1976 bis 02.10.1990) grundsätzlich nach dem bisherigen Recht zu behandeln sind; sie sind Buchrechte, der Briefausschluss wurde nicht im Grundbuch eingetragen. Nach Art 233 § 6 EGBGB sind jedoch die Vorschriften des BGB über Sicherungshypotheken bei einer Abtretung des Rechts anwendbar, §§ 873, 1154 Abs 3 BGB (Einigung und Grundbucheintragung). Für die Abtretung rückständiger Zinsen und Nebenleistungen gilt § 1159 BGB (formloser Abtretungsvertrag, §§ 398 ff BGB). Einreden gegen die Forderung hat ein gutgläubiger Erwerber gegen sich gelten zu lassen; § 1138 BGB gilt nicht. Auch für die **Zwangshypothek** nach der früheren Grundstücksvollstreckungsverordnung gilt dies. Bei der **Höchstbetragshypothek** ist § 1190 Abs 4 BGB anwendbar. Für die Abtretung einer **Aufbaugrundschuld** (als Buchrecht) gelten §§ 873, 1154 Abs 3 BGB entsprechend. S dazu 9. Aufl § 46 Rn B 14, 34, 124.

2. Ablöserecht[304]

438 Das Ablöserecht nach § 10 GBBerG gilt für alle vor dem 01.07.1990 (Zeitpunkt der Antragstellung beim Liegenschaftsdienst/Grundbuchamt) begründeten Grundpfandrechte (nach dem bis 31.12.1975 geltenden BGB bzw nach dem ZGB), auch für gesetzlich entstandene Hypotheken (zB Sicherungshypotheken nach § 1287 BGB, 848 ZPO) und Zwangshypotheken. Auch (wieder-)eingetragene enteignete Grundpfandrechte und die nach § 18 a.F. VermG (wieder-)eingetragenen Grundpfandrechte fallen unter § 10 GBBerG, nicht jedoch die Restitutionshypotheken nach § 7 Abs 3 S 2 VermG und § 7a Abs 3 S 2 aF VermG. S dazu 9. Aufl Einl Rn 1321.

439 Das Ablöserecht für eine in den neuen Bundesländern eingetragene Hypothek oder Grundschuld mit einem umgerechneten Nennbetrag von ursprünglich nicht mehr als 10.000,-- DM wurde zum 01.01.2002 auf 6.000 EURO geändert und entspricht nach der Maßgabenregelung des Einigungsvertrags zu § 18 GBMaßnG und Art 3 des RegVBG einem Betrag von 23.469,96 Mark der DDR (DDR-Mark) bzw 23.469,96 Deutsche Mark der Deutschen Notenbank (MDN) bzw 23.469,96 Reichsmark (RM) bzw 23.469,96 Goldmark (GM). Das Ablöserecht besteht für den Eigentümer auch dann, wenn der Gläubiger bekannt ist. Jeder mit dem Grundpfandrecht belastete Miteigentümer (Bruchteilseigentümer, Gesamthandseigentümer) kann das Ablöserecht ausüben, aber nur über den gesamten Umfang des Rechts. Bei einem Gesamtrecht ist jeder Eigentümer (ohne Mitwirkung der anderen) zur Ablösung des Rechts berechtigt; eine nur auf ein einzelnes Grundstück

---

302 *Böhringer* Rpfleger 2002, 186.
303 § 8 Abs 2 SachenR-DV.
304 *Böhringer* DtZ 1994, 50, 52; *ders* 1994, 196.

beschränkte Ablösung ist nicht zulässig. Ein Vertreter des Eigentümers bedarf keiner Genehmigung des Vormundschaftsgerichts bzw der Bestellungsbehörde, da kein Fall der §§ 1821, 1812 BGB bzw § 10 GBBerG vorliegt. Eine Teilablösung ist nicht zulässig.

Mit der **Hinterlegung** (unter Verzicht auf das Recht der Rücknahme) erlischt das Grundpfandrecht; es entsteht keine Eigentümergrundschuld. Pfandrechte und Nießbrauche am Grundpfandrecht erlöschen. Das Grundbuch wird unrichtig. Die Löschung erfolgt unter Vorlage des Hinterlegungsscheins (Form § 29 GBO), aus dem sich ergeben muss, dass er ein solcher des § 10 GBBerG ist, weil andere Hinterlegungsscheine keine solche Wirkung haben. Der Grundstückseigentümer ist berechtigt, auch nach Ablösung den unbe-kannten Gläubiger im Wege des Aufgebotsverfahrens nach § 1170 BGB, § 982 ZPO auszuschließen und dann die hinterlegte Summe entsprechend § 10 Abs 3 GBBerG zurückzuverlangen.[305]   **440**

Erforderlich ist noch ein (formloser) **Berichtigungsantrag**. Eine Löschungszustimmung des Eigentümers gemäß § 1183 BGB, § 27 GBO ist nicht erforderlich. Ein für das Grundpfandrecht erteilter Brief wird mit dem Zeitpunkt des Erlöschens des Rechts – automatisch – kraftlos. Das **Kraftloswerden des Briefes** ist vom Grundbuchamt durch Aushang an bestimmten Stellen bzw Veröffentlichung in bestimmten Zeitungen bekanntzumachen. Die Kosten der Hinterlegung hat der Gläubiger entsprechend § 381 BGB zu tragen. Die Voreintragung der Euro-Währung, des Eigentümers oder Gläubigers ist nicht erforderlich; selbstverständlich hat sich aber der Gesamtrechtsnachfolger eines eingetragenen Eigentümers zu legitimieren.   **441**

3. Gläubigerpositionen

Durch die faktische und rechtliche Entwicklung seit Kriegsende kann man grundsätzlich nicht davon ausgehen, dass der im Grundbuch eingetragene Gläubiger auch berechtigt ist, über das Grundpfandrecht zu verfügen. Enteignungen, die Rechtsträger des Volkseigentums und die Überleitungsbestimmungen im Einigungsvertrag sind zu beachten.   **442**

a) Erweiterte Verfügungsbefugnis. § 105 Abs 1 Nr 6 GBV schafft **Erleichterungen beim Nachweis**, wer die Löschung von vor dem 01.07.1990 eingetragenen bzw beantragten Grundpfandrechten bewilligen kann. Bewilligungsstelle dürfte in erster Linie die Staatsbank Berlin bzw die Kreditanstalt für Wiederaufbau[306] sein. Zu beachten ist auch die Regelung in Art 231 § 10 Abs 3 EGBGB.   **443**

Die Nachweiserleichterungen des § 105 Abs 1 Nr 6 GBV gelten dann nicht, wenn es sich um eine natürliche Person als Grundpfandrechtsgläubiger handelt. Zu beachten ist, dass die Zustimmung des Eigentümers nach § 27 GBO nur bei ZGB-Hypotheken, Aufbaugrundschulden und Abgeltungshypotheken[307] entbehrlich ist.[308]   **444**

aa) Enteignungen. Die ab 08.05.1945 enteigneten Kreditinstitute und Versicherungen können über ihr eingetragenes Grundpfandrecht nicht verfügen, auch wenn sie den Grundpfandrechtsbrief in Händen haben. Die Enteignungen bleiben bestehen; eine Restitution ist nicht möglich.   **445**

Beachte dazu die Regelung in Art 231 § 10 EGBGB und das Altforderungsregelungsgesetz (AFRG).[309] Mit Art 231 § 10 EGBGB wird klargestellt,[310]) dass von volkseigenen Kreditinstituten der DDR verwaltete Grundpfandrechte, als deren Gläubiger im Grundbuch das Volkseigentum in Rechtsträgerschaft des Kreditinstituts eingetragen war, spätestens mit Wirkung zum 01.07.1990 in die Gläubigerschaft der sie verwaltenden Kreditinstitute übergegangen sind. Gleiches gilt für die von den Sparkassen verwalteten Verbindlichkeiten des Volksvermögens. Um Streitigkeiten über das richtige Institut des Gläubigers/Schuldners weitestgehend auszuschließen, stellt Art 231 § 10 Abs 1 EGBGB klar, dass von einem – nach dieser Vorschrift – möglichen Gläubiger oder Schuldner (Kreditinstitut/Kreditanstalt für Wiederaufbau für das vom Bund treuhänderisch verwaltete Finanzvermögen) vorgenommene Rechtshandlungen sowohl für und gegen den nach Art 231 § 10 Abs 1 EGBGB richtigen Gläubiger oder Schuldner als auch für und gegen den Kreditnehmer wirken.   **446**

Das Altforderungsregelungsgesetz regelt die Zuordnung bestehender privatrechtlicher Darlehensforderungen, die vor dem 08.05.1945 begründet wurden und regelmäßig an im Beitrittsgebiet belegenen Grundstück grund-   **447**

305 Ebenso KG Rpfleger 2008, 478 = NJ 2008, 412.
306 BGBl 1994 I S 2554.
307 Dazu *Böhringer* DtZ 1995, 432.
308 Einzelheiten *Böhringer* in: *Eickmann*, Sachenrechtsbereinigung, Art 233 § 6 EGBGB Rn 10.
309 Vom 10.06.2005, BGBl I, 1589.
310 Bisher strittig: KG ZfIR 1997, 621 = GE 1997, 1171 = KGR 1997, 219 = Rpfleger 1997, 522 = VIZ 1997, 696 = ZOV 1997, 340, aufgehoben durch BGH NJW 2000, 424 = VIZ 2000, 110 = WM 2000, 70, dazu EWiR 2000, 225 (*Hager*); Anm zur Entscheidung des KG: *Blümel* GE 1997, 1113; *Böhringer* VIZ 1998, 424; *Schnabel* GE 1997, 1122; *Schmidt-Räntsch* OV spezial 1998, 13; *Thau* VIZ 1998, 67. Vgl auch BGHZ 139, 357 = KPS § 16 VermG 2/98 = ZIP 1999, 285 = VIZ 1999, 103 = WM 1998, 2423 = MDR 1999, 86, dazu EWiR 1999, 137 (*Kohler*); *Böhringer* in: *Eickmann*, Sachenrechtsbereinigung, Anh. GBBerG, Übersicht 8b.

pfandrechtlich gesichert wurden. Gläubiger waren Banken, Bausparkassen und Versicherungen (Kreditinstitute), deren Vermögenswerte enteignet wurden. Der Entzug des Pfandobjektes beim Schuldner, die Enteignung des grundpfandrechtlich belasteten Grundstückes, und der mit der Überführung des Grundstücks in Volkseigentum nach den in der DDR geltenden Vorschriften verbundene Untergang des Grundpfandrechtes hat den Bestand der persönlichen Forderung unberührt gelassen.[311]

448 **bb) Gläubigersitz im heutigen Ausland.** Gläubiger mit Sitz in heute nicht mehr zum Bundesgebiet gehörenden Gebieten wurden nicht enteignet. § 105 Abs 1 Nr 6 GBV hilft bei Kreditinstituten bei der Löschung, ebenso bei geringwertigen Rechten das Ablöserecht des § 10 GBBerG.

449 **cc) Sonstiges.** Über Rechte von bergrechtlichen Gewerkschaften kann nach § 105 Abs 1 Nr 6 GBV verfügt werden.

450 Sparkassen können über die zu ihren Gunsten eingetragenen Rechte selbst verfügen (§ 105 Abs 1 Nr 6 GBV).

451 **b) Unbekannter Gläubiger.** Immer wieder kommt es vor, dass der Grundpfandrechtsgläubiger seiner Person oder seinem Aufenthalt nach unbekannt ist. In solchen Fällen bestehen mehrere Möglichkeiten der Löschung des Rechts.

452 **aa) Aufgebotsverfahren.** Ist der Gläubiger der Person nach unbekannt, so kann zu seiner Ausschließung das Aufgebotsverfahren nach § 1170 BGB, §§ 946 ff, 982 ff ZPO durchgeführt werden. Antragsberechtigt ist nach § 984 ZPO der Grundstückseigentümer wie auch der gleich-/nachrangige dingliche Berechtigte. Mit der Verkündung des **Ausschlussurteils** erwirbt der Eigentümer das Uraltrecht (Rechte vor dem 01.01.1976) als Eigentümergrundschuld. Die Löschung des Rechts kann der Eigentümer unter Vorlage des Ausschlussurteils beantragen.[312]

453 Nach § 1171 BGB kann der unbekannte Gläubiger auch durch Geldhinterlegung mit seinem Recht ausgeschlossen werden. Auf wen die Hypothek übergeht, richtet sich nach §§ 1143, 1163 Abs 1 S 2, 1164 BGB. Dieser hat dann die Löschung zu bewilligen.

454 **bb) Kündigung/Hinterlegung.** Ist der Gläubiger lediglich wegen seines Aufenthalts unbekannt, finden §§ 1170, 1171 BGB keine Anwendung. Der Eigentümer hat nach §§ 132, 1141 BGB zu kündigen; bei einer Sicherungshypothek gilt § 1185 Abs 2 BGB. Der Eigentümer hat den Geldbetrag zu hinterlegen. Die bloße Vorlage eines Hinterlegungsscheins beweist nicht die Rechtmäßigkeit der Hinterlegung und das Bestehen eines Hinterlegungsgrundes; mit einer solchen Urkunde kann die Unrichtigkeit des Grundbuchs nicht nachgewiesen werden. Allerdings kann eine Klage auf Grundbuchberichtigung angestrebt werden. Außerdem ist der Hypothekenbrief vorzulegen, notfalls muss er für kraftlos erklärt werden (§ 1162 BGB, § 26 GBMaßnG). Bei geringwertigen Grundpfandrechten schafft § 10 GBBerG Erleichterungen.

455 **cc) Pflegerbestellung.** Möglich ist auch die Bestellung eines Pflegers nach §§ 1911, 1913 BGB, der mit der Genehmigung des Vormundschaftsgerichts die Löschung der Hypothek bewilligen kann. Das Fürsorgebedürfnis wird nach h. M. bejaht. Die örtliche Zuständigkeit des Vormundschaftsgerichts richtet sich nach §§ 36 Abs 2, 37 Abs 2 bzw § 39 Abs 2 FGG. Der Hypothekenbrief ist ggf für kraftlos zu erklären (§ 1162 BGB, § 26 GBMaßnG).

4. Zustimmungsvorbehalt gemäß § 11c VermG

456 Nach § 11c VermG unterliegen Vermögensgegenstände von bestimmten Ausländern gewissen Verfügungsbeschränkungen, bis nach § 1b VZOG ein Zuordnungsbescheid ergangen ist. Nur mit Zustimmung der zuständigen Stelle kann über das dingliche Recht verfügt bzw der Vorbehalt wieder beseitigt werden.

5. Voreintragung des Gläubigers/der Währung

457 Zur Löschung des Grundpfandrechts ist die Voreintragung des Gläubigers nicht erforderlich. Sollte ein Rechtsträger des Volkseigentums eingetragen sein, gilt dies ebenfalls, vgl § 11 GBBerG und §§ 39, 40 GBO.

458 Selbstverständlich hat der Verfügende seine Verfügungsbefugnis in Form des § 29 GBO nachzuweisen. Erleichterungen schafft § 12 GBBerG und § 105 Abs 1 Nr 6 GBV. Gebietskörperschaften haben einen Zuordnungsbescheid vorzulegen (§ 2 VZOG), § 8 VZOG gilt bei Verfügungen über beschränkte dingliche Rechte nicht.

---

311 Dazu *Rodenbach* NJ 2005, 348; *Broschat* ZOV 2005, 274.
312 Zum Aufgebotsverfahren *Böhringer* NotBZ 2001, 197; *Lessing* RpflStud. 2004, 97.

Bei vor dem 01.07.1990 eingetragenen Grundpfandrechten stimmt die eingetragene Währung nicht mit den Erfordernissen des § 28 GBO überein. Bei einer **Totallöschung** des Rechts ist die Umstellung der Währungseinheit auf die seit 01.07.1990 gültige in Deutsche Mark bzw jetzt in Euro nicht erforderlich. Anders ist es bei der **Löschung eines Teilbetrages**. In dem Antrag auf Teillöschung des Rechts kann auch die Anregung auf eine amtswegige Umstellung der Währungseinheit vor Vollzug der Teillöschung gesehen werden (vgl auch § 4 GBBerG).   **459**

6. Zustimmung des Eigentümers

Grundsätzlich hat auch in den neuen Ländern § 27 GBO seine Geltung und damit der Eigentümer des belasteten Grundstücks/Gebäudeeigentums der Löschung eines Grundpfandrechts zuzustimmen.   **460**

Zur Löschung von **Uraltrechten** (01.01.1900–31.12.1975) ist die Zustimmung des Eigentümers dann erforderlich, wenn sie während der ZGB-Zeit (01.01.1976–02.10.1990) nicht in ZGB-Rechte umgewandelt worden sind.   **461**

Aus **ZGB-Hypotheken** (insbesondere Aufbauhypotheken) konnte eine Eigentümergrundschuld nicht entstehen. Nach Art 233 § 6 EGBGB ist deshalb folgerichtig die Zustimmung des Eigentümers entbehrlich. Gleiches gilt für die vor dem 01.01.1976 begründeten **Aufbaugrundschulden**.   **462**

Mit der **Hinterlegung** des Geldbetrags nach § 10 GBBerG erlöschen diejenigen Grundpfandrechte, die vor dem 01.07.1990 begründet worden sind. Eine Eigentümergrundschuld entsteht nicht. Die Löschung im Grundbuch ist Grundbuchberichtigung. Eine Zustimmung des Eigentümers nach § 27 S 2 GBO ist nicht notwendig.   **463**

Mangels Eigentümerfähigkeit erlöschen ZGB-Hypotheken und Aufbaugrundschulden bei der Ausschließung des Gläubigers entsprechend §§ 1170, 1171 BGB.   **464**

Soweit eine Zustimmung des Eigentümers nach § 1183 BGB (für BGB-Grundpfandrechte) erforderlich ist, ist diese zwar keine Verfügung über das dingliche Recht, jedoch eine Verfügung über das Anwartschaftsrecht auf Ersuchen als Eigentümergrundschuld.[313] Eine familien-/vormundschaftsgerichtliche Genehmigung ist deshalb für die Erklärung nach § 27 GBO erforderlich. Dies gilt auch, sofern für den Eigentümer ein Vertreter nach § 8 Abs 5 S 3 BoSoG, § 11b Abs 1 VermG, Art 233 § 2 Abs 3 EGBGB bestellt worden ist, ebenso für die Falllage des Art 233 § 10 EGBGB.   **465**

Eltern, Betreuer, Vormünder, Pfleger, gesetzliche Vertreter (nach Art 233 § 2 Abs 3 EGBGB, § 11b VermG) bedürfen zur Ausübung des Ablöserechts nicht der Genehmigung des Familien-/Vormundschaftsgerichts oder der Bestellungsbehörde.   **466**

7. Entschuldungsfälle und Löschungsvermerk

Das Gesetz über die Entschuldung der Klein- und Mittelbauern beim Eintritt in landwirtschaftliche Produktionsgenossenschaften vom 17.02.1954[314] ordnete die Befreiung bestimmter Altbauern von den auf ihren Grundstücken ruhenden Schulden an. Die Grundpfandrechte wurden gelöscht. Der Löschungsvermerk enthielt aber einen Hinweis auf das o. g. Entschuldungsgesetz und signalisierte so dem Rechtsverkehr, dass bei bestimmter Falllage das Grundpfandrecht automatisch wiederauflebt.[315]   **467**

Der Löschungsvermerk verhindert gutgläubig lastenfreien Erwerb und kann **nicht als gegenstandslos** gelöscht werden; es gilt § 105 Abs 1 Nr 6 GBV. Die Staatsbank Berlin bzw deren Nachfolgerin stellt die Bewilligung aus. Die Zustimmung des Eigentümers nach § 27 GBO zur Eintragung eines unbedingten Löschungsvermerks (zB »Endgültig gelöscht am . . .«) ist nicht erforderlich, da formal kein Grundpfandrecht gelöscht wird.   **468**

8. Formerleichterungen

Hypotheken und Grundschulden aus der Zeit vor dem 01.07.1990 mit einem umgerechneten Nennbetrag von nicht mehr als 3 000 EURO können ohne Einhaltung der Form des § 29 GBO erleichtert gelöscht werden (§ 18 Abs 1 S 1 und § 36a GBMaßnG), demnach für Grundpfandrechte bis zu einem Betrag von ehemals 11.734,98 GM bzw 11.734,98 RM bzw 11.734,98 DDR-Mark = 5.867,49 DM. Dies gilt für die Löschungsbewilligung des Gläubigers, die Löschungszustimmung des Eigentümers (bei ZGB-Hypotheken und Aufbaugrundschulden ist eine solche Zustimmung nicht erforderlich) und der Dritten (Pfandgläubiger und Nießbraucher gemäß § 876 BGB) sowie den Nachweis der Erbfolge bei Gläubiger, Eigentümer und Dritten; in solchen   **469**

---

313 BayObLGZ 1984, 218 = DNotZ 1985, 161 = Rpfleger 1985, 24 m Anm *Damrau*; *Schöner/Stöber* Rn 3723; *Böttcher* Rpfleger 1987, 485.
314 DDR-GBl I S 224.
315 *Kulaszewski* NJ 1968, 593.

Fällen sind Erbscheine nicht erforderlich, es genügt z B die eidesstattliche Versicherung und glaubhafte andere Feststellungen.

9. Übertragbarkeit von Vorkaufsrechten

470 Art 233 § 3 Abs 4 EGBGB bestimmt, dass mit dem Inkrafttreten des Sachenrechtsänderungsgesetzes am 01.10. 1994 die Vorkaufsrechte nach §§ 306 ff ZGB (an Grundstücken und Gebäuden) **inhaltlich umgestaltet** und zukünftig die Bestimmungen über das dingliche Vorkaufsrecht nach §§ 1094 bis 1104 BGB anzuwenden sind. Die Vorkaufsrechte können inhaltlich geändert werden, ohne dass eine Neubegründung erfolgen müsste. Es kann demnach das Vorkaufsrecht subjektiv-dinglich, für mehrere oder für alle Verkaufsfälle, übertragbar und vererblich ausgestaltet werden.

471 Nach §§ 20, 20a VermG entsteht ein Vorkaufsrecht, wenn der Bescheid des ARoV unanfechtbar und die Grundbucheintragung erfolgt ist. Das Vorkaufsrecht ist nicht vererblich und nur im Rahmen des § 563 BGB ein Eintritt in das Vorkaufsverhältnis möglich.

472 Ein lediglich schuldrechtlich wirkendes Vorkaufsrecht wurde in § 57 SchuldRAnpG für den Nutzer eines Grundstücks (§ 4 SchuldRAnpG) begründet. Das Vorkaufsrecht geht beim Tod des Nutzers auf denjenigen über, der das Vertragsverhältnis mit dem Grundstückseigentümer nach den Bestimmungen des Schuldrechtsanpassungsgesetzes fortsetzt.

10. Meliorationsanlagen-Dienstbarkeit

473 Nach § 3 MeAnlG kann wegen einer Anlage zur Bewässerung von Grundstücken oder zu deren Beregnung das betroffene Grundstück mit einer beschränkten persönlichen Dienstbarkeit belastet werden. Diese Dienstbarkeit ist in Abweichung von § 1092 Abs 1 S 1 BGB auf einen anderen Betreiber der Anlage übertragbar.

XII. Grundstücksbezeichnung/Währungsangabe nach § 28 GBO

1. Grundstücksbezeichnung

474 Besteht Gebäudeeigentum auf einer **Teilfläche** eines Grundstücks und ist dieser Grundstücksteil als reale Teilfläche nicht nach § 28 GBO bestimmt, müsste eigentlich vor einer Eintragung des Gebäudeeigentums eine Vermessung und Teilung des Grundstücks erfolgen. § 10 GGV regelt in diesem Fall die Eintragung des Gebäudeeigentums und des Nutzungsrechts ohne Teilung des Grundstücks. Der Nutzer hat den Umfang des Gebäudeeigentums dem Grundbuchamt gegenüber nachzuweisen. § 10 Abs 2 GGV sieht dafür erleichterte Nachweise ohne Einhaltung der Form des § 29 GBO vor. Ziel ist es nämlich, eine möglichst rasche und unkomplizierte Eintragung von Gebäudeeigentum und Nutzungsrecht und dessen Verkehrsfähigkeit zu erreichen. § 10 GGV ist eine Ausnahme zu § 7 Abs 1 GBO. S dazu 9. Aufl § 28 Rn B 1 ff.

475 Auch bei behördlichen/gerichtlichen **Ersuchen** ist § 28 S 1 GBO zu beachten. Viele Grundbucheintragungen werden aufgrund solcher Ersuchen vorgenommen, so zB Ersuchen um Eintragung der Restitutionsentscheidung (§ 34 Abs 2 VermG) oder der Vermögenszuordnung (§ 3 VZOG, § 2 WoGenVermG) sowie um Eintragung eines Zustimmungsvorbehalts (§ 11c VermG, § 6 Abs 4 BoSoG, § 13 GBBerG, § 3 Abs 10 AusglLeistG) oder von Verfahrensvermerken (§ 8 Abs 4 GBBerG, § 92 Abs 5 und § 113 Abs 4 SachenRBerG) bzw von Widersprüchen (§ 3 Abs 1 S 2 VZOG).

2. Währungsangabe

476 Restituierte dingliche Rechte wurden in der Währung »Deutsche Mark« begründet bzw sind ab 01.01.2002 in »Euro« zu begründen und im Grundbuch einzutragen (§ 3 Abs 1a S 2 VermG, § 2 HypAblV). In den Verfahren zur Bodenordnung (nach § 1 ff BoSoG, § 64 LwAnpG, § 2 Abs 2b S 5 VZOG) neu begründete dingliche Rechte konnten nur in »Deutsche Mark« bzw ab 01.01.2002 in »Euro« eingetragen werden, bei zu übertragenden Grundpfandrechten kann amtswegig eine Währungsumstellung im Verhältnis 2 : 1 (alte Währungseinheit zu Deutsche Mark) und 1,95583 DM zu 1 EURO vorgenommen werden.

XIII. Nachweis der Eintragungsgrundlagen

477 In den neuen Ländern lassen Gesetzesvorschriften das Abweichen von der strengen Form des Urkundenbeweises zu. S dazu auch 9. Aufl § 29 Rn B 20 ff.

1. Antrag, Versicherungen

478 Grundbucheintragungsanträge bedürfen nach § 13 GBO nicht der Form des § 29 GBO. Dies gilt auch für den Antrag von Ehegatten und ihre Versicherung, ihre **»in ehelichem Vermögen«** eingetragene Rechtsposition auf hälftiges Bruchteilseigentum gemäß Art 234 § 4a EGBGB zu berichtigen, § 14 GBBerG.[316] Auch der Antrag auf Anlegung eines Gebäudegrundbuchblattes gemäß Art 233 § 2b Abs 3 EGBGB bedarf keiner Form, auch nicht die Versicherung über das Nichtbestehen eines solchen Antrags bei einer anderen Stelle.

Die Versicherungen nach § 14 S 2 GBBerG und § 8 S 2 GGV bedürfen nicht der Form des § 29 GBO. Dies gilt **479** auch für die Versicherung nach § 10 Abs 2 GGV.

Gläubiger können bei einem **Verzicht** des Eigentümers eines Bodenreformgrundstücks auf sein Eigentum **480** nach Erlass eines Ausschlussurteils als Eigentümer im Grundbuch eingetragen werden, Art 233 § 15 Abs 3 EGBGB. Aus §§ 20, 22 Abs 2 GBO kann entnommen werden, dass ihr Antrag der Form des § 29 GBO bedarf.

2. Eintragungshindernde Tatsachen

Auch die in § 2 Abs 2 S 5 GVO genannten Anhaltspunkte bedürfen keiner Form. Anders dagegen § 2 Abs 2 **481** S 4 GVO; das Grundbuchamt kann einen Eintragungsantrag nur zurückweisen, wenn das Grundbuchamt Kenntnis von einem Rechtsbehelf mit aufschiebender Wirkung hat und diese Kenntnis sich auf öffentliche oder öffentlich beglaubigte Urkunden gründet.[317]

3. Aufhebung dinglicher Rechte

Bei der Aufhebung eines **dinglichen Nutzungsrechts** ist zu unterscheiden: ist das Recht nicht im Grund- **482** stücksgrundbuch eingetragen/vermerkt, bedarf die Aufhebungserklärung des Berechtigten der strengen Form des § 128 BGB; die öffentliche Beglaubigung der Aufhebungserklärung genügt dagegen – verfahrensrechtlich – bei der Aufhebung eines im Grundstücksgrundbuch eingetragenen dinglichen Nutzungsrechts. Gleiches gilt für die Aufhebung eines nutzungsrechtslosen Gebäudeeigentums (Art 233 §§ 2b, 8 mit § 4 Abs 6 EGBGB).

Ein nicht im Grundbuch eingetragenes **Mitbenutzungsrecht** nach Art 233 § 5 EBGB wird nach dem früheren **483** Recht der DDR aufgehoben; es ist ein Aufhebungsvertrag erforderlich, der aber – auch verfahrensrechtlich – keiner Form bedarf. Art 233 § 3 Abs 2 EGBGB durchbricht nicht nur das Voreintragungsprinzip des § 39 GBO, sondern gibt auch den immobiliarrechtlichen Charakter des Mitbenutzungsrechts bei der Aufhebung dieses Rechts auf.[318]

4. Bescheinigungen von Gerichten/Behörden

a) Registergericht. Der lückenlose Nachweis der Rechtsnachfolge von Genossenschaften[319] bereitet in den **484** neuen Bundesländern Probleme, insbesondere wegen des Formerfordernisses von § 29 GBO. § 12 GBBerG sieht vor, dass gegenüber dem Grundbuchamt eine **Bescheinigung** der das Register für den neuen Rechtsin- haber führenden Stelle (Handelsregister, Genossenschaftsregister) ausreichend ist. Die Bescheinigung erbringt gegenüber dem Grundbuchamt den Beweis, dass die entsprechende Rechtsnachfolge vorliegt. Auch wenn die Genossenschaft in eine Personengesellschaft (OHG oder KG) umgewandelt worden ist, erscheint eine analoge Anwendung von § 12 GBBerG gerechtfertigt. In allen Fällen muss die Rechtsnachfolge im Wege der Umwand- lung, Verschmelzung oder Spaltung erfolgt sein.[320] Bei den LPGen gilt dafür das Landwirtschaftsanpassungsge- setz. Soweit Registereintragungen (zB bei LPG-Registern und PGH-Registern) von einer Verwaltungsbehörde vorgenommen worden sind, bleiben sie wirksam. Bei sachlicher Nachfolge besteht nach § 12 Abs 2 GBBerG eine Fiktion; das Registergericht (nicht das Grundbuchamt) hat den Sachverhalt zu ermitteln und eine Beschei- nigung auszustellen.

b) Behördenbestätigungen. § 9 Abs 1 GBBerG normiert die gesetzliche Begründung von beschränkten per- **485** sönlichen Dienstbarkeiten für Energiefortleitungsanlagen zum 25.12.1993. Der Dienstbarkeitsberechtigte hat die Grundbuchberichtigung selbst zu betreiben, für die eine von der nach § 9 Abs 5 GBBerG bzw § 3 SachenR-DV zuständigen Behörde ausgestellte und den gesetzlichen Anforderungen entsprechende **Beschei- nigung** (§ 7 SachenR-DV) ausreichend ist, § 29 GBO gilt (Siegel/Stempel der Behörde mit Unterschrift).

Auch § 9 Abs 7 GBBerG und § 10 SachenR-DV sehen ein Bescheinigungsverfahren für die **Löschung von** **486** **Altdienstbarkeiten** vor. Danach kann die zuständige Stelle das Nichtbestehen einer Dienstbarkeit bescheini- gen, § 29 GBO gilt (§ 10 SachenR-DV). Nach § 9 Abs 2 SachenR-DV kann die zuständige Behörde den Ver- zicht eines Versorgungsunternehmens auf eine Dienstbarkeit bescheinigen.

---

316 *Böhringer* Rpfleger 1994, 282; *Ders.* OV spezial 3/94 S 13; *Rauscher* DNotZ 1991, 209; *Storr* OV spezial 1995, 395.
317 Dazu allgemein *Wolfsteiner* DNotZ 1987, 67.
318 *Böhringer* NotBZ 1999, 68.
319 LPG, gärtnerische Produktionsgemeinschaften, Fischereigenossenschaften, PGH, Genossenschaften der Wohnungswirt- schaft, Konsumgenossenschaften, vergleichbare Genossenschaften oder kooperative Einrichtungen, die juristische Per- sonen waren.
320 Ausführlich *Böhringer* in: *Eickmann*, Sachenrechtsbereinigung, § 12 GBBerG Rn 4; OLG Jena NotBZ 1999, 31.

487   Ein **Grundstücksteil** kann lastenfrei **(gebäudeeigentumsfrei) abgeschrieben** werden, wenn nach § 14 Abs 4 GGV das Katasteramt oder ein öffentlich bestellter Vermessungsingenieur dies bestätigt. Diese Stellen können auch eine Bestätigung über den räumlichen Umfang eines Gebäudeeigentums ausstellen, § 10 Abs 2 S 2 GGV.

488   Im Verfahren zur **Anlegung eines Gebäudegrundbuchblattes** genügt nach § 4 Abs 1 S 2 GGV eine Bescheinigung der Gemeinde über das Bestehen eines Gebäudes. Das Katasteramt oder ein öffentlich bestellter Vermessungsingenieur können nach § 10 Abs 2 S 2 und § 14 Abs 4 S 2 GGV bestimmte Tatsachen bestätigen.

5. Nachweiserleichterungen

489   Die strengen, aber sinnvollen und sicheren Beweisgrundsätze des Grundbuchverfahrensrechts werden in den neuen Ländern zunehmend gelockert. S dazu 9. Aufl § 29 Rn B 20 ff.

490   **a) Überholte dingliche Rechte.** Bei bestimmten unvererblichen und nicht veräußerbaren dinglichen Rechten fingiert § 5 Abs 1 GBBerG das Erlöschen dieser Rechte mit dem Ablauf von 110 Jahren von dem Geburtstag des Berechtigten bzw der Grundbucheintragung an. Die Fortgeltungserklärung des Berechtigten bedarf lediglich der Schriftform.

491   **b) Kohleabbaugerechtigkeiten u.a.** Nach § 5 Abs 2 GBBerG können Kohleabbaugerechtigkeiten und dem Inhaber dieser Gerechtigkeit zu deren Ausübung eingeräumte Dienstbarkeiten, Vorkaufsrechte und Vormerkungen amtswegig gelöscht werden, allerdings ist der Zusammenhang der Rechte glaubhaft zu machen, wofür § 29 GBO nicht gilt.

492   **c) Energiefortleitungsdienstbarkeiten.** Die nach § 9 Abs 1 GBBerG zum 25.12.1993 gesetzlich begründeten Dienstbarkeiten können mit einer Bescheinigung der zuständigen Stelle in das Grundbuch eingetragen werden. Nicht mehr bestehende Energiefortleitungsdienstbarkeiten können ebenfalls mit einer Behördenbescheinigung gelöscht werden. Vgl auch §§ 7 und 10 SachenR-DV.

493   **d) Löschung geringwertiger Rechte.** §§ 18, 36a GBMaßnG lassen die formerleichterte Löschung geringwertiger dinglicher Rechte zu. Auch § 10 GBBerG ermöglicht mit dem Ablöserecht eine erleichterte Löschung von Grundpfandrechten und Reallasten. Allerdings bedarf in einem solchen Fall der **Hinterlegungsschein** der Form des § 29 GBO und der Angabe, dass es sich um eine Hinterlegung in Ausübung des Ablöserechts nach § 10 GBBerG handelt, denn die nach anderen Rechtsvorschriften zulässige Hinterlegung bewirkt kein Erlöschen des dinglichen Rechts. Der Löschungsantrag des Eigentümers bedarf aber – wie üblich für Grundbuchanträge – keiner Form.

494   **e) Verfahrensvermerke.** Verfahrensvermerke werden üblicherweise von Behörden und Gerichten veranlasst (vgl § 13 GBBerG, § 6 Abs 4 BoSoG, § 11c VermG, § 8 Abs 4 GBBerG, § 113 Abs 2 und § 116 Abs 2 SachenRBerG). Bei der **Sachenrechtsbereinigung** kann der Notar das Grundbuchamt um Eintragung eines Vermerks über die Eröffnung eines Vermittlungsverfahrens in das Grundbuch des betroffenen Grundstücks und Gebäudeeigentums ersuchen, § 92 Abs 5 SachenRBerG. Für das Ersuchen gilt § 38 GBO entsprechend. Die Löschung des Vermerks erfolgt nach § 98 Abs 2 SachenRBerG auf Antrag des Notars,[321] der diesen Antrag (Ersuchen iSv § 38 GBO) in der Regel zusammen mit dem Antrag auf Eintragung der Rechtsänderungen im Grundbuch stellt. Der Löschungsantrag ist formfrei.

495   **f) Verfügungsberechtigte. aa) Rechte für alte öffentliche Stellen, Banken u. a.** Vielfach sind beschränkte dingliche Rechte in den Grundbüchern eingetragen, als deren Gläubiger/Berechtigte eine heute nicht mehr bestehende öffentliche Stelle oder eine enteignete Bank/Versicherung oder ein bestimmter Rechtsträger im Grundbuch eingetragen ist. Bis zum 31.12.2010 wird nach § 105 Abs 1 Nr 6 GBV der Nachweis der **Verfügungsbefugnis erleichtert**; bestimmte Bewilligungsstellen können Eintragungs-/Löschungsbewilligungen abgeben, also ohne besonderen Nachweis ihrer Verfügungsberechtigung über die dinglichen Rechte verfügen. Altbewilligungen der Bewilligungsstellen bleiben wirksam, § 105 Abs 3 GBV. Vgl aber auch Art 231 § 10 Abs 3 EGBGB.

496   Zum Nachweis der Befugnis ausländischer Stellen gegenüber dem Grundbuchamt genügt nach § 104a GBV eine Bestätigung des Auswärtigen Amtes. Dies gilt vor allem für solche Fälle, in denen **ausländische Staaten** sich in den letzten Jahren aufgespalten haben oder noch aufspalten (wie zB Tschechoslowakei, Jugoslawien und Sowjetunion).

---

321   Vgl auch § 106 Abs 4 SachenRBerG.

bb) Ehemaliges Staatsvermögen. Damit Rechtsnachfolger des vormals volkseigenen Vermögens ihre   497
Rechtsposition in grundbuchgängiger Weise nachweisen können, wurde das Vermögenszuordnungsgesetz
geschaffen. Nach § 3 VZOG berichtigt das Grundbuchamt auf entsprechendes Ersuchen das Grundbuch. Im
Zuordnungsverfahren wird auch festgestellt, welche Grundstücke im Eigentum von Wohnungsgenossenschaften
stehen, vgl § 1 WoGenVermG. In allen Fällen kann auch mit dem Urkundenbeweis der §§ 22, 29 GBO das
Grundbuch berichtigt werden, was allerdings selten der Fall sein dürfte.

cc) Verfügungsbefugnis gemäß § 8 VZOG. Eine Verfügung über Grundstücke und Gebäude des ehemali-   498
gen Staatsvermögens ist grundsätzlich erst möglich, wenn das Verfahren nach dem VZOG durchgeführt worden ist. Um eine Störung der Investitionstätigkeit zu verhindern, ist mit § 8 VZOG eine **Verfügungsbefugnis**
eingerichtet worden, die grundsätzlich rein formal an die Eintragung eines Vermerks über die Rechtsträgerschaft im Grundbuch anknüpft.[322] Ein besonderer Bescheid über die Verleihung der Verfügungsbefugnis nach
§ 8 VZOG ist nicht erforderlich, sie besteht kraft Gesetzes.

Die Grundbucheintragung »als Rechtsträger« verleiht die Legitimation zum Handeln. Verfügungen des Verfü-   499
gungsbefugten gelten als Verfügungen des Berechtigten. Der wahre Berechtigte kann solche Verfügungen nicht
verhindern. Auf die Gutgläubigkeit des Erwerbers kommt es nicht an. Die Verfügungsermächtigung endet erst,
wenn ein bestandskräftiger Zuordnungsbescheid dem Grundbuchamt zu den Grundakten des konkret betroffenen Grundstücks/Gebäudes vorgelegt worden ist. Ein erweiterter § 878 BGB findet zum Schutze des Rechtserwerbers Anwendung.

dd) Altrechtliche Personenzusammenschlüsse. Bei altrechtlichen Personenzusammenschlüssen (Art 113   500
EGBGB, §§ 2, 3, 6 EGZGB) ist heute oft unklar, wer ihre Mitglieder sind und wer für sie handeln kann.
Art 233 § 10 EGBGB ermächtigt die Belegenheitsgemeinde zum Handeln. Es handelt sich um eine **Vertretung kraft Gesetzes**. Ein besonderer Bescheid über die Vertretungsbefugnis ergeht nicht und ist auch für das
Grundbuchamt nicht erforderlich.[323] Die Vertretungsbefugnis endet, wenn sie durch Bescheid der Flurneuordnungsbehörde aufgehoben wird und eine Ausfertigung des Bescheides dem Grundbuchamt zu den Grundakten
des konkret betroffenen Grundstücks gelangt. Damit wird für vorher getätigte und noch nicht durch Grundbucheintragung vollendete Verfügungen ein Verkehrsschutz erreicht. § 878 BGB kann nicht herangezogen werden, da er auf den Wegfall der Vertretungsbefugnis keine Anwendung findet.

ee) Anlegung von Gebäudegrundbüchern u. a. Im Verfahren zur Anlegung von Gebäudegrundbuchblät-   501
tern werden nach der Gebäudegrundbuchverfügung besonders viele Ausnahmen von § 29 GBO – oft zwangsläufig – gemacht.

Bei § 4 Abs 1 GGV hat die Vorlage von Nutzungsurkunde, Kaufvertrag und Baugenehmigung oder Gemeinde-   502
bescheinigung stets in der Form des § 29 GBO zu erfolgen. Die Nachweise für das Gebäudeeigentum nach
Art 233 § 8 EGBGB (§ 459 ZGB) können in der Regel nicht in der Form des § 29 GBO erbracht werden, deshalb lässt § 4 Abs 3 GGV Ausnahmen von der Formstrenge zu. Bei Gebäudeeigentum nach Art 233 § 2b
EGBGB werden Beweisschwierigkeiten durch ein **Feststellungsverfahren bei der Oberfinanzdirektion**
überwunden. Zur Eintragung des Vermerks gemäß Art 233 § 2c Abs 2 EGBGB sind an die Nachweise aus § 4
Abs 4 GGV keine großen Anforderungen zu stellen, grundsätzlich ist aber § 29 GBO zu beachten (Ausnahme
bei § 4 Abs 4 Nr 3 GGV iVm Art 232 § 1a EGBGB).

Bei der Eintragung von Gebäudeeigentum auf einer real nicht bestimmten Grundstücksfläche sind die strengen   503
Förmlichkeiten des § 29 GBO nicht einzuhalten. § 10 Abs 2 GGV lehnt sich dabei auch an das keiner Formstrenge unterliegenden Grundbuch-Anlegungsverfahren nach der GBO an.[324]

6. Heilung von Formmängeln[325]

Durch Art 233 § 7 Abs 1 EGBGB werden bestimmte Urkunden von Westnotaren denjenigen der Notare in   504
den neuen Ländern gleichgestellt und dies rückwirkend klargestellt.

Bei **verunglückten Umwandlungen** enthält Art 233 § 7 Abs 4 EGBGB Vorschriften über die Heilung von   505
Formmängeln. Durch Art 231 § 8 EGBGB wird der Formmangel bei bestimmten **Vollmachten** geheilt. Bei
verunglückten **Realteilungen** heilt § 12 SpTrUG.

---

322 *Böhringer* MittBayNot 1991, 189; *ders* MittBayNot 1994, 18.
323 *Böhringer* NJ 2000, 120; *ders* Rpfleger 1994, 45; *ders* Finanzwirtschaft 1994, 38.
324 So schon *Böhringer* MittBayNot 1992, 112.
325 Einzelheiten *Böhringer* in: *Eickmann*, Sachenrechtsbereinigung, Art 233 § 2 EGBGB Rn 39; *Böhringer* VIZ 2000, 569;
    ders OV spezial 2000, 98; *ders* NotBZ 2003, 85.

506 Die **Auflassung** des § 925 BGB ist bei bestimmten Veräußerungen nicht nötig, wenn wenigstens die DDR-Vorschriften über den Eigentumsübergang eingehalten worden sind, Art 233 § 7 Abs 1 S 3 EGBGB.

507 Vor dem Inkrafttreten des 2. VermRÄndG (22.7. 1992) war streitig gewesen, ob das nutzungsrechtslose Gebäudeeigentum, insbesondere das **LPG-Gebäudeeigentum** wie eine bewegliche Sache oder wie das Eigentum am Grundstück zu übertragen ist. Art 233 § 2b Abs 6 EGBGB bestimmt, dass die dort genannten, nach §§ 929 ff BGB vorgenommenen Übereignungen wirksam sind, insbesondere die mangelnde Auflassungsform geheilt ist.

7. Rechtsnachfolgen bei Handelsgesellschaften/Genossenschaften

508 Genossenschaften und Kapitalgesellschaften können mit einer Registerbescheinigung nach § 12 Abs 1 GBBerG ihre **Rechtsnachfolgereigenschaft** gegenüber dem Grundbuchamt beweisen. S dazu 9. Aufl § 32 Rn B 5 ff.

509 Mit einer beschränkten Fiktion in § 12 Abs 2 GBBerG wird Nachweisproblemen bei der **Rechtsnachfolge** von Genossenschaften abgeholfen, weil oft anders die Rechtsnachfolge nicht nachweisbar ist.[326]

510 Die Umwandlung einer Gesellschaft bürgerlichen Rechts in eine Partnerschaftsgesellschaft oder Handelsgesellschaft kann nach § 15 Abs 3 GBV auch mit einer Bescheinigung des Registergerichts nachgewiesen werden. Diese Bestimmung ist § 12 Abs 1 GBBerG nachgebildet.

8. Güterstand und Grundbuchberichtigung

511 a) **Überleitung**. Durch die Überleitungsbestimmung in Art 234 Art 4a EGBGB ist festgelegt, dass das »**eheliche Vermögen**« automatisch in Miteigentum[327] der Ehegatten je zur Hälfte umgewandelt ist. Eine Vermögensauseinandersetzung (§§ 873, 925 BGB) ist nicht erforderlich. Die Grundbuchberichtigung erfolgt auf schriftlichen Antrag der Ehegatten. Auch ein Zwangsgläubiger nach § 14 GBO kann die Grundbuchberichtigung beantragen (§ 14 GBBerG). Der Antragsteller kann sich auf die Vermutung der Unrichtigkeit des Grundbuchs stützen; diese Vermutung gilt allerdings nur, wenn die Ehegatten »in ehelichem Vermögen« eingetragen sind. Das Grundbuchamt kann zur Grundbuchberichtigung keinen Auszug aus dem Güterrechtsregister fordern, auch keine Versicherung über die Nichtoption des alten Güterstandes. Das Grundbuchamt darf die Ausnahmen nicht amtswegig erforschen. Nur wenn es präsente Beweismittel hat, kann es den Berichtigungsantrag beanstanden.[328] S dazu 9. Aufl § 33 Rn B 6, 19, 55.

512 b) **Option in »alten« Güterstand**. Jeder Ehegatte konnte bis zum Ablauf des 02.10.1992 die Fortgeltung seines bis zum Ablauf des 02.10.1990 bestehenden gesetzlichen Güterstandes der Eigentums- und Vermögensgemeinschaft des Familiengesetzbuchs der DDR erklären (Art 234 § 4 EGBGB) und damit die Überleitung seines Güterstandes in die Zugewinngemeinschaft rückwirkend ausschließen.

513 c) **Vermutung der Grundbuchunrichtigkeit**. Die Vermutung des Art 234 § 4a Abs 3 EGBGB gilt auch bei einem Bescheid im Bodensonderungsverfahren, § 7 Abs 4 SPV. Bei § 8 GGV fehlt dagegen eine Verweisung, gleichwohl gilt sie auch dort (die Gebäudegrundbuchverfügung trat vor der Ergänzung des § 14 S 2 GBBerG in Kraft).

9. Erbrechtslagen

514 a) **Temporale Rechtslagen**. Art 235 § 1 EGBGB bestimmt, dass für die erbrechtlichen Verhältnisse das bisherige Recht maßgebend bleibt, wenn der Erblasser vor dem 03.10.1990 gestorben ist. S dazu 9. Aufl § 35 Rn B 2 ff. Demnach ist das BGB-Erbrecht grundsätzlich in allen nach dem 02.10.1990 eingetretenen Erbfällen anzuwenden unter Beachtung der in Art 235 § 1 Abs 2 und § 2 EGBGB geregelten Ausnahmen. Bei der Anwendung des materiellen Erbrechts sind verschiedenen Zeiträumen zu berücksichtigen. Bei Erblassern mit letztem Wohnsitz in den **alten** Ländern:[329]

515 – **1.01.1900 bis 31.12.1975**: Erbrecht und Güterrecht nach §§ 1922 ff BGB;
– **1.01.1976 bis 02.10.1990**: Nachlassspaltung bei Grundvermögen auf dem Gebiet der DDR, § 25 RAG;
– **ab 03.10.1990**: Erbrecht nach BGB.

516 Bei Erblassern mit letztem Wohnsitz in der **ehemaligen DDR**:
– **1.01.1900 bis 06.10.1949**: Erbrecht nach BGB; Güterrecht nach BGB;
– **7.10.1949 bis 31.12.1956**: Erbrecht nach BGB; Güterstand der Gütertrennung;

---

326 *Böhringer* DtZ 1994, 194, 198.
327 Rechtsgemeinschaft nach §§ 741 ff BGB.
328 Zur Grundbuchberichtigung *Böhringer* Rpfleger 1994, 282; *ders* DtZ 1994, 130.
329 *Böhringer* BWNotZ 2005, 25; *ders* Rpfleger 1999, 110; *ders* DNotZ 2004, 694; *ders* Rpfleger 1991, 275.

- **1.01.1957 bis 31.03.1966:** Erbrecht nach BGB ohne Änderungen durch GleichberG. Besonderheiten bestehen beim Erbrecht adoptierter Kinder; Güterstand der Gütertrennung;
- **1.04.1966 bis 31.12.1975:** Erbrecht nach BGB ohne Änderungen durch GleichberG, VFGüterstandG, NichtehelG; Besonderheiten beim Erbrecht des Ehegatten (§ 10 EGFGB), nichtehelicher Kinder (§ 9 EGFGB) und adoptierter Kinder (§§ 62, 72, 73 FGB); Güterstand der Eigentums- und Vermögensgemeinschaft nach dem FGB;
- **1.01.1976 bis 02.10.1990:** Erbrecht nach ZGB mit Besonderheit beim Erbrecht adoptierter Kinder (§§ 62, 72, 73 FGB); Güterstand der Eigentums- und Vermögensgemeinschaft nach dem FGB;
- **ab 03.10.1990:** Erbrecht nach BGB mit Besonderheit beim Ehegattenerbrecht bei Rückoption (Art 234 § 4 EGBGB), bei nichtehelichen Kindern (Art 235 § 1 Abs 2 EGBGB) und adoptierter Kinder (Art 234 § 13 EGBGB); Güterstand der Zugewinngemeinschaft, außer bei Rückoption (Art 234 § 4 EGBGB).

b) Erbfälle vor dem 01.01.1976. Bei Erbfällen vor dem 01.01.1976 gilt das Prinzip der Nachlasseinheit. Sowohl in der alten Bundesrepublik als auch in der ehem. DDR vererbte sich der gesamte Nachlass nach einem einheitlichen Erbstatut (Recht des gewöhnlichen Aufenthalts). In solchen Erbfällen hat das nach der allgemeinen Zuständigkeitsregel des § 73 FGG zuständige (Wohnsitz-)Nachlassgericht den Erbschein zu erteilen. Dieser Erbschein gilt dann für alle Vermögensgegenstände, sowohl in den Altländern als auch in den neuen Bundesländern. Es handelt sich stets um einen allgemeinen, unbeschränkten Erbschein gemäß § 2353 BGB, der die einheitliche, allgemeine Erbfolge nach dem BGB bezeugt und sich nicht mehr nur auf in den Altländern oder nur in den neuen Bundesländern befindlichen (beweglichen oder unbeweglichen) erstreckt.

517

c) Erbfälle zwischen dem 01.01.1976 und 03.10.1990. Bei solchen Erbfällen sind die Regelungen des Rechtsanwendungsgesetz (RAG) der ehem. DDR zu beachten **(Nachlassspaltung).** Abweichend vom Staatsangehörigkeitsprinzip vererbten sich nach § 25 Abs 2 RAG die in der ehem. DDR belegenen Grundstücke und andere Rechte an Grundstücken und Gebäuden (Gebäudeeigentum) ausschließlich nach dem Recht der ehem. DDR (Prinzip der Nachlassspaltung).[330]

518

aa) Erblasser mit letztem gewöhnlichen Aufenthalt in der ehem. DDR. Der Erblasser wurde nach dem ZGB beerbt; auch die Vererbung von Vermögensgegenständen jeglicher Art in der Bundesrepublik Deutschland erfolgte nach dem ZGB-Erbrecht. Der Erbschein ist vom nach § 73 FGG zuständigen (Wohnsitz-)Nachlassgericht zu erteilen. Es handelt sich um einen allgemeinen, unbeschränkten Erbschein, der das Erbrecht nach dem ZGB bezeugt.

519

bb) Erblasser mit letztem Aufenthalt in der BRD (heute alte Länder). Die Bundesrepublik Deutschland und die ehem. DDR wendeten grundsätzlich auf das Erbrecht ihrer Staatsangehörigen das Staatsangehörigkeitsprinzip an. Allerdings kam bei in der ehem. DDR belegenen Grundvermögen nach § 25 Abs 2 RAG zu einer **Nachlassspaltung.** Diese Nachlassspaltung bewirkte, dass sich zwei rechtlich getrennte Vermögensmassen nach unterschiedlichen Rechtsnormen vererbten. Annahme oder Ausschlagung einer Erbschaft konnte sich daher nur auf die jeweilige Vermögensmasse beziehen.

520

Das (Wohnsitz-)Nachlassgericht ist seit 03.10.1990 gemäß § 73 FGG für die Erteilung des allgemeinen Erbscheins nach § 2353 BGB wie auch für den **»gegenständlich (und territorial) beschränkten« (Eigenrechts-)Erbschein** für das Erbrecht nach dem ZGB (für den in der ehem. DDR belegenen Grundstücke oder Gebäude oder Rechten hieran) zuständig. Beide Erbscheine können isoliert beantragt und erteilt werden, auch bei identischer Erbfolge, weil beide Rechtsordnungen Unterschiedlichkeiten aufweisen. Diese beiden Erbscheine können auch als Doppelerbschein in einer Urkunde zusammengefasst werden.[331]

521

Bei Erbfällen in der Zeit zwischen dem 01.01.1976 und dem 03.10.1990 richtet sich die Erbfolge in unbewegliches Vermögen (Grundstückseigentum und sonstige Rechte am Grundstück und Gebäude) nach dem Recht des Belegenheitsortes, § 25 RAG (Nachlass-Spaltung); für solches unbewegliches Vermögen muss ein Erbschein das Erbrecht des ZGB bezeugen. Zuständig für die Erbscheinserteilung ist ab 03.10.1990 das Wohnsitznachlassgericht des Erblassers.

522

---

330 Zu den verschiedenen Erbnachweisen *Böhringer* Rpfleger 1999, 110; *ders* DNotZ 2004, 694.
331 Ein Doppelerbschein könnte folgenden Wortlaut haben:
   »Der am 08.08.1990 verstorbene E ist beerbt worden
   - von der Witwe A zur Hälfte und den Kindern B und C gemeinsam zur anderen Hälfte, unter sich zu gleichen Teilen, auf Grund gesetzlicher Erbfolge des Bürgerlichen Gesetzbuchs; diese Erbfolge erstreckt sich nicht auf das Eigentum und andere Rechte an Grundstücken und Gebäuden, die sich in der ehem. Deutschen Demokratischen Republik (einschließlich Berlin/Ost) befinden;
   - von der Witwe A und den Kindern B und C unter sich zu gleichen Teilen, auf Grund gesetzlicher Erbfolge des Zivilgesetzbuchs der ehem. Deutschen Demokratischen Republik; diese Erbfolge erstreckt sich nur auf das Eigentum und andere Rechte an Grundstücken und Gebäuden, die sich in der ehem. Deutschen Demokratischen Republik (einschließlich Berlin/Ost) befinden.«

523   **Formerleichterungen** schafft § 35 Abs 3 GBO bei geringwertigen Grundstücken, § 36a GBMaßnG bei geringwertigen Grundpfandrechten und Reallasten und § 5 GBBerG bei überholten dinglichen Rechten in Abt. II des Grundbuchs.

524   **d) Bodenreformland.** Art 233 § 11 Abs 2 EGBGB regelt die gesetzliche Übertragung von Eigentum an Bodenreformgrundstücken zum 22.07.1992.[332] S dazu 9. Aufl § 35 Rn B 50.

525   **aa) Lebende natürliche Person.** Der am 15.03.1990 im Grundbuch eingetragene und am 22.07.1992 noch lebende Eigentümer erhält das Grundstückseigentum (Art 233 § 11 Abs 2 S 1 Nr 1 EGBGB). War dieser am 15.03.1990 verheiratet und unterlag die Ehe dem Güterstand des Familiengesetzbuchs, so ist dieser Ehegatte ab 22.07.1992 hälftiger Miteigentümer geworden (Art 233 § 11 Abs 5 EGBGB), sofern er diesen Stichtag erlebte.

526   **bb) Verstorbener Neubauer.** Ist der im Grundbuch eingetragene Neubauer vor dem 16.03.1990 bereits verstorben gewesen oder zwischen dem 15.03.1990 und dem 22.07.1992 verstorben, so werden kraft Gesetzes die Personen Eigentümer, die seine Erben bzw Erbeserben am 22.07.1992 tatsächlich sind (Art 233 § 11 Abs 2 S 1 Nr 2 Alt 1 und 2 EGBGB). Es handelt sich aber um keine Erbengemeinschaft nach § 400 ZGB oder §§ 2032 ff BGB, sondern um eine Gemeinschaft von Personen, die – im Zweifel – zu den Erbquoten Bruchteilseigentümer werden. Jeder Miterbe kann über seinen Miteigentumsanteil frei verfügen. Der Bruchteil unterliegt nicht den aus Anlass des Erbfalls entstandenen Verfügungsbeschränkungen (Testamentsvollstreckung, Nacherbfolge) über Nachlassgegenstände. Bewusst wollte der Gesetzgeber das Bodenreformland nicht als Nachlassgegenstand behandeln.

527   Stirbt der sowohl am 15.03.1990 wie auch noch am 22.07.1992 lebende allein eingetragene Eigentümer nach dem 21.07.1992, so vererbt sich das ihm kraft Gesetzes am 22.07.1992 nach Art 233 § 11 Abs 2 S 1 EGBGB übertragene Eigentum auf seinen Erben bzw seine Erben gemäß §§ 1922, 2032 BGB (»in Erbengemeinschaft«); im Grundbuch wird die Erbengemeinschaft als solche gemäß § 47 GBO eingetragen.[333]

528   **cc) Mitberechtigung des Ehegatten.** War der Neubauer vor dem 16.03.1990 verstorben, wird sein Ehegatte hälftiger Miteigentümer am Grundstück, wenn er den 22.07.1992 erlebt hat. Ist der am 15.03.1990 im FGB-Güterstand lebende und im Grundbuch allein eingetragene Neubauer nach dem 15.03.1990, aber vor dem 22.07.1992 verstorben, so werden Eigentümer zur einen Hälfte die Erben bzw Erbeserben des Neubauern (unter sich als Miteigentümer zu den Bruchteilen, die ihren Erbquoten am 22.07.1992 entsprechen) und zur anderen Hälfte derjenige Ehegatte des Neubauern, der am 15.03.1990 mit diesem verheiratet war; der Ehegatte musste aber den 22.07.1992 erlebt haben. War der Neubauer am 15.03.1990 verheiratet gewesen, so werden er und sein damaliger Ehegatte am 22.07.1992 je hälftige Miteigentümer (§§ 741 ff BGB).

529   **dd) Nachweis der Berechtigung.** Weder der Notar noch das Grundbuchamt haben die Verpflichtung, auch die Grundakten oder die historischen Grundbücher zur Feststellung der Rechtslage am 15.03.1990 einzusehen. Das Grundbuchamt hat die fortdauernden Besonderheiten bei Bodenreformgrundstücken nur dann zu beachten, wenn ihm der Charakter des Grundstücks als Bodenreformland bekannt ist. Diese Kenntnis kann vom Grundbuchamt auf verschiedene Weise erlangt werden. Zum einen ist ein gelöschter Bodenreformvermerk im Grundbuch erkennbar, zum anderen kann sich aus den Angaben über die Eintragungsgrundlagen eine Kenntnis von der Befangenheit des Grundstücks als Bodenreformgrundstück ergeben. Weiter können eingetragene oder gelöschte, aber noch sichtbare Vormerkungen nach Art 233 § 13a.F. EGBGB oder nach Art 233 § 13a EGBGB ein Indiz für ein Bodenreformgrundstück sein. Auch Hinweise auf dem Handblatt zum Grundbuch oder auf Einlagebögen zum Grundbuch oder auf der Grundbuchaufschrift oder im Bestandsverzeichnis des Grundbuchs sind zu beachten.

530   Der Rechtsnachfolger eines verstorbenen Neubauern hat seine Berechtigung durch Urkunden nach § 35 GBO nachzuweisen. Zu unterscheiden ist, ob der Neubauer bzw sein Ehegatte vor dem 1.01.1976, in der Zeit zwischen dem 01.01.1976 und dem 03.10.1990, in der Zeit zwischen dem 03.10.1990 und dem 22.07.1992 oder danach verstorben ist. Bei diesen temporären Falllagen kommt es zur Anwendung unterschiedlichen Rechts und damit verschiedenartiger Erbnachweise. Bei Erbfällen im Zeitraum zwischen dem 1.01.1976 und dem 03.10.1990 ist eine etwaige Nachlassspaltung nach § 25 Abs 2 RAG zu beachten. Ein Anteil einer verstorbenen Person an dem Zuteilungseigentum ist nicht als »ein anderes Recht an Grundstücken und Gebäuden« iS von § 25 Abs 2 RAG anzusehen, der Anteil unterliegt nicht der Nachlassspaltung.

---

332 Einzelheiten *Böhringer* in: *Eickmann*, Sachenrechtsbereinigung, Art 233 § 11 EGBGB Rn 12 ff.
333 Einzelheiten bei *Böhringer* Liegenschaftsrecht, Rn 248 ff.

e) Vor- und Nacherbschaft. Das ZGB kannte die Vor- und Nacherbfolge nicht.[334] S dazu 9. Aufl § 51 Rn **531**
B 1 ff. War die Testamentserrichtung vor dem 01.01.1976, der Erbfall während der ZGB-Geltungszeit, so ist
zwar die Vorerbfolge wirksam angeordnet, der Vorerbe unterliegt jedoch keinen Verfügungsbeschränkungen.
Ein bei solchen Erbfällen trotzdem im Grundbuch eingetragener bzw einzutragender Nacherbenvermerk hat
insoweit keine Bedeutung,[335] verlautbart lediglich die Befangenheit des Grundstücks zum Nachlass.

War die Testamentserrichtung und der Erbfall zwischen dem 01.01.1976 und dem 03.10.1990, so bestand keine **532**
Verfügungsbeschränkung, ein Nacherbenvermerk – auch ein eingeschränkter – ist und war nicht zulässig. Bei
der Grundbuchberichtigung ist zu prüfen, ob der eingesetzte Vorerbe als Vollerbe oder als Vermächtnisnehmer
(Nießbraucher) gelten kann. In Erbscheinen sind die verschiedenen Rechtslagen darzustellen.[336]

f) Testamentsvollstreckung. Nach dem ZGB war ein Testamentsvollstrecker lediglich Vertreter der Erben, **533**
die die Testamentsvollstreckung auch jederzeit beenden konnten.[337] S dazu 9. Aufl § 52 Rn B 1 ff. War die Testamentserrichtung und der Erbfall während der ZGB-Geltungszeit, so gilt die Testamentsvollstreckung nach
dem ZGB. Es besteht keine Verfügungsbeschränkung der Erben. Das Testamentsvollstreckerzeugnis hat diese
Rechtslage zum Ausdruck zu bringen, ein Testamentsvollstreckervermerk ist im Grundbuch nicht eintragbar.
Die Erben sind neben dem Testamentsvollstrecker verfügungsbefugt.

War die **Testamentserrichtung vor dem 01.01.1976**, der Erbfall während der Geltung des ZGB, so gilt die **534**
Testamentsvollstreckung des BGB samt § 2211 BGB. Nur der Testamentsvollstrecker ist verfügungsbefugt, im
Grundbuch wurde und wird der Testamentsvollstreckervermerk eingetragen.

War die **Testamentserrichtung während der ZGB–Zeit**, der Erbfall nach dem 02.10.1990, so ist die Testa- **535**
mentsvollstreckung gültig; das Testament ist jedoch auszulegen, ob eine Testamentsvollstreckung nach dem
ZGB oder dem BGB gewollt war, letzteres ist wohl oftmals anzunehmen und dann ein Testamentsvollstreckungsvermerk in das Grundbuch einzutragen mit der Wirkung einer Verfügungsentziehung gemäß § 2211
BGB.

Für die Erteilung von Testamentsvollstreckerzeugnissen und im Grundbuchverfahren sind diese Unterschiede **536**
von Bedeutung. Testamentsvollstreckerzeugnisse, die allgemein nach dem 31.12.1975 und vor dem 03.10.1990
für BGB-Erbfälle (Erblasser hatte letzten Wohnsitz in der alten Bundesrepublik) erteilt worden sind, gelten
nicht für den unbeweglichen Nachlass auf dem Gebiet der ehem. DDR. Dafür können beschränkte Testamentsvollstreckerzeugnisse gemäß § 25 Abs 1 RAG erteilt werden. In dem Zeugnis ist dann zum Ausdruck zu
bringen, dass die Testamentsvollstreckung keine Verfügungsbeschränkung für die Erben beinhaltet.

XIV. Ersuchen von Behörden und Gerichten

1. Prozessgericht

Ist ein Rechtsstreit um die Eintragung eines bisher nicht gebuchten **Miteigentumsanteils** nach § 459 Abs 1 **537**
S 2 und Abs 4 S 1 ZGB anhängig, kann das Prozessgericht nach § 113 Abs 3 S 2 SachenRBerG um Eintragung
und Löschung eines Rechtshängigkeitsvermerks ersuchen.

§ 116 SachenRBerG eröffnet die Möglichkeit einer Absicherung der Mitbenutzung des fremden Grundstücks **538**
durch eine **Dienstbarkeit**. Die Eintragung eines Vermerks über die vor dem 01.01.2001 erfolgte Klageerhebung erfolgte entsprechend § 113 Abs 3 SachenRBerG (Ersuchen des Prozessgerichts).

Hat ein Nutzer eines Grundstücks ein **Besitzrecht** nach Art 233 § 2a EGBGB, so kann er seine Ansprüche aus **539**
den Sachenrechtsbereinigungsgesetz vormerkungsähnlich mit einem Vermerk nach Art 233 § 2c
EGBGB sichern. Das Prozessgericht kann im einstweiligen Verfügungsverfahren die Eintragung anordnen,
§ 941 ZPO, § 4 Abs 4 Nr 5 GGV.

2. Notar bei Vermittlungsverfahren

Zur Sicherung der Nutzer von Grundstücken, die Ansprüche auf einen Grundstücksankauf oder eine Erbbau- **540**
rechtsbestellung haben, kann in einem notariellen Vermittlungsverfahren der damit beauftragte Notar das
Grundbuchamt um **Eintragung eines Vermerks** über die Eröffnung eines Vermittlungsverfahrens im Grundbuch bei den betroffenen Grundstücken und Gebäuden ersuchen, § 92 Abs 5 SachenRBerG. Der Notar ersucht
nach § 98 Abs 2 und § 106 Abs 4 S 2 SachenRBerG um Löschung des Vermerks. Dies gilt auch bei Einstellung
des Vermittlungsverfahrens.

---

334 *Adlerstein/Desch* DtZ 1991, 193; *Böhringer* BWNotZ 2005, 25.
335 *Böhringer* Liegenschaftsrecht, Rn 1263 ff.
336 *Bestelmeyer* Rpfleger 1994, 189.
337 *Adlerstein/Desch* DtZ 1991, 193; *Böhringer* BWNotZ 2005, 25.

541   Wurde bei dem Vermerk nach Art 233 § 2c EGBGB die Eröffnung des Vermittlungsverfahrens vermerkt, so ersucht der Notar um Löschung des Gesamtvermerks, wenn die Beteiligten identisch sind; in solchen Fällen ist keine Löschungsbewilligung des Berechtigten notwendig.

3. Flurneuordnungsbehörde

542   In Verfahren nach §§ 53 ff LwAnpG ersucht die Flurneuordnungsbehörde das Grundbuchamt um Grundbuchberichtigung im **freiwilligen Landtausch** nach § 55 Abs 2 LwAnpG und im **Bodenordnungsverfahren** nach §§ 56, 61 LwAnpG. Beschränkte dingliche Rechte können an den betroffenen Grundstücken und Gebäuden aufgehoben, geändert oder neu begründet werden, § 13 GBBerG. S dazu 9. Aufl § 2 Rn B 5.

543   Auch in einem Verfahren nach § 64 LwAnpG **(Zusammenführung von Boden- und Gebäudeeigentum)** hat die Flurneuordnungsbehörde um Berichtigung der Grundbücher zu ersuchen, wobei das Gebäudeeigentum mit Nutzungs- oder Besitzrecht am Grundstück (Art 233 §§ 4, 2b EGBGB) in ein BGB-konformes dingliches Recht am Grundstück, insbesondere in ein Erbbaurecht umgewandelt werden kann, obwohl solches Gebäudeeigentum als grundstücksgleiches Recht gilt, § 13 GBBerG.

544   Gemäß § 13 S 2 GBBerG kann die Flurneuordnungsbehörde das Grundbuchamt um Eintragung eines **Zustimmungsvorbehalts** bei Verfügungen über dingliche Rechte ersuchen. Dieser Vorbehalt soll die Durchführung von Verfahren nach §§ 53 ff LwAnpG sichern und zugleich die betroffenen Gebäudeeigentümer und Nutzer, deren Rechte nicht im Grundbuch eingetragen und deren Ansprüche nicht durch Vermerk nach Art 233 § 2c EGBGB gesichert sind, vor einem Rechtsverlust durch gutgläubigen Erwerb des Grundstückseigentums schützen.

4. Sonderungsbehörde

545   Die Gemeinde als Sonderungsbehörde (§ 10 BoSoG) kann nach § 6 Abs 4 BoSoG das Grundbuchamt um Eintragung und Löschung eines **Zustimmungsvorbehalts** ersuchen. Der Grundbucheintrag soll die Durchführung des Verfahrens nach § 1 Nr 3 und 4 BoSoG sichern und vor einem Rechtsverlust durch gutgläubigen Erwerb des Grundstücks schützen.

5. Vermögensrechtliche Falllagen

546   Die nach §§ 23–25 VermG zuständigen Behörden ersuchen nach § 34 Abs 2 VermG das Grundbuchamt um Berichtigung des Grundbuchs entsprechend dem nach § 33 VermG ergangenen Bescheid. Die Ersuchensbefugnis der Behörde ist grundsätzlich als ausschließlich zu verstehen. § 11 Abs 1 GBBerG enthält eine Befreiung von der Pflicht zur Voreintragung nach § 39 GBO.

547   Ersucht werden kann um Eintragung der Rückübertragung von Eigentums- und dinglichen Rechten an Grundstücken und Gebäuden, um (gegebenenfalls teilweise) Löschung eingetragener beschränkter dinglicher Rechte (zB Grundpfandrechte) und um Löschung unredlich erworbener Nutzungsrechte im Sinne der §§ 288 und 292 ZGB.

548   Auch um Eintragung der durch den Bescheid nach § 33 Abs 3 VermG neu begründeten beschränkten dinglichen Rechte (§ 3 Abs 1a VermG), der Vorkaufsrechte nach §§ 20, 20a VermG, der Sicherungshypotheken nach § 7 Abs 3 S 2 VermG und nach § 1287 S 2 BGB kann die Behörde ersuchen, ebenso um die Löschung des Vermerks über die staatliche Verwaltung eines Grundstücks oder Gebäudes. Bei der Eintragung von Erbengemeinschaften wird die Pflicht zur Angabe des Gemeinschaftsverhältnisses (§ 47 GBO) durch die Regelungen in § 2a VermG modifiziert.

549   Ist eine Entscheidung der Behörde für **sofort vollziehbar**[338] erklärt worden, so gilt die Eintragung eines Widerspruchs (bei Rückübertragung eines Eigentumsrechts) bzw einer Vormerkung (bei Neubegründung eines dinglichen Rechts, § 3 Abs 1a, §§ 20, 20a VermG) als bewilligt. Fraglich erscheint, ob in solchen Fällen die Behörde um Eintragung ersuchen kann, was aus Gründen der Verfahrensökonomie bejaht werden sollte. Der durch den Verwaltungsakt Begünstigte hat stets ein Antragsrecht beim Grundbuchamt.

550   Wurde trotz **nicht bestandskräftigem** Restitutionsbescheid um Grundbuchberichtigung ersucht und die Grundbucheintragung vorgenommen, so kann wegen des erneut unrichtig gewordenen Grundbuchs das ARoV gemäß § 38 GBO in entsprechender Anwendung des § 34 Abs 2 VermG um Eintragung eines Widerspruchs ersuchen;[339] die Falllage ähnelt der des § 7 AnmeldeVO. Es muss möglich sein, den guten Glauben an das Grundbuch zu suspendieren.

---

338   § 34 Abs 1 S 8 VermG.
339   OLG Naumburg Rpfleger 1993, 444; a. A. LG Leipzig Rpfleger 1993, 444. Wie hier *Meikel-Roth* § 38 Rdn 36.

Nach § 16 Abs 6 S 2 VermG kann das ARoV auch um Eintragung eines Widerspruchs bei Grundpfandrechten **551**
ersuchen.

6. Zustimmungsvorbehalte

Bis zur Abwicklung von Entschädigungsvereinbarungen nach § 1b VZOG bedarf jede Verfügung über ein **552**
Grundstück oder Gebäude, das zum Abkommensgegenstand gehört der Zustimmung der nach § 11c VermG
bestimmten Stelle. Deshalb kann diese Stelle beim Grundbuchamt um Eintragung eines Zustimmungsvorbehalts ersuchen. Dies gilt auch für die Löschung des Vorbehalts.

7. Abwicklung der Bodenreform

Bei der Abwicklung der Bodenreform kann der Landesfiskus als »Besser«-Berechtigter nach Art 233 § 12 **553**
Abs 2 Nr 1 lit d) und Nr 2 lit c) EGBGB Ansprüche auf Eigentumsübertragung haben; beachte aber die Verjäh-
rungsvorschrift in Art 233 § 14 EGBGB. Der Fiskus kann sich auch nach dem Ablauf des 02.10.2000 sichern,
indem er nach Art 233 § 13a EGBGB das Grundbuchamt um Eintragung einer Eigentumsvormerkung wegen
seines Anspruchs nach Art 233 § 11 Abs 2 EGBGB ersucht.[340]

8. Besondere Falllagen

a) Bodensonderung. Die **Bodenneuordnungsverfahren** nach dem Bodensonderungsgesetz wollen die **554**
Bodeneigentumsverhältnisse mit den tatsächlichen Nutzungsverhältnissen in Übereinstimmung bringen. Anders
als das Vermögensgesetz oder das Baugesetzbuch für den Umlegungsplan sieht das Bodensonderungsgesetz
nicht vor, dass die Berichtigung des Grundbuchs auf Ersuchen der Behörde erfolgt. § 7 SPV regelt deshalb, dass
das Grundbuchamt die Berichtigung vornimmt, wenn ihm eine Ausfertigung oder beglaubigte Abschrift des
Bescheides mit der Angabe, in welchem Umfang er bestandskräftig ist, zugeleitet wird. Wegen des Gemeinschaftsverhältnisses der dinglich Berechtigten modifiziert § 7 Abs 4 SPV die Bestimmungen des § 47 GBO.

b) Hofraumverordnung. Anteile an einem ungetrennten Hofraum sind nur dann verkehrsfähig, wenn sie die **555**
nach § 1 HofV erforderlichen Grundbuchangaben aufweisen.[341] Bis 31.12.2010 können die Angaben von Amts
wegen nachgeholt werden. Behördliche Ersuchen sind nicht vorgesehen.

c) Sonderung zur Sachenrechtsbereinigung. Das Verfahren nach dem Bodensonderungsgesetz ist auch zur **556**
Durchführung der Sachenrechtsbereinigung vorgesehen. Soll der Sonderungsbescheid die schuldrechtlichen
Verträge der Parteien vollziehen, erfolgt nach § 7 Abs 2 S 5 SPV[342] die Berichtigung der Grundbücher aufgrund
des Bescheids auf Antrag des Notars. Den Sonderungsbescheid übersendet die Sonderungsbehörde dem
Grundbuchamt erst nach Eintritt der Bestandskraft des Sonderungsbescheids und erst nach Vorliegen bestimm-
ter Voraussetzungen, § 7 Abs 2 S 3 SPV.

XV. Voreintragung des Betroffenen

1. Restitutionsbescheid

Das Erfordernis der Voreintragung des Betroffenen gilt nicht, wenn eine Person aufgrund eines Ersuchens nach **557**
§ 34 Abs 2 VermG einzutragen ist.[343] Dadurch wird vermieden, dass in diesen Fällen zunächst Volkseigentum
bzw der bislang Verfügungsberechtigte als solcher eingetragen werden muss. S dazu 9. Aufl § 39, 40 Rn B 1 ff.

Der Grundsatz der Voreintragung ist ferner nicht anzuwenden, wenn die durch einen Restitutionsbescheid **558**
begünstigte Person oder deren Erbe zugunsten eines Dritten verfügt.[344] Der aus dem Bescheid Begünstigte ist
aber nicht gehindert, zunächst seine Voreintragung zu erwirken. Dies hat für den erwerbenden Dritten den
Vorteil, dass er auch bei einer Aufhebung des Restitutionsbescheides aufgrund der Vorschriften über den gutgläubigen Erwerb (§ 892 BGB) regelmäßig wirksam Eigentümer wird.

---

340 Einzelheiten *Böhringer* NotBZ 2000, 248; *Stavorinus* NotBZ 2000, 296.
341 *Schmidt-Räntsch* ZIP 1993, 1917; Ufer DNotZ 1992, 777; *ders* DtZ 1992, 272; *Böhringer* VIZ 1994, 63; *ders* DtZ 1994,
     1000. Zur Behandlung der Anteile auch BGH DNotI-Report 1997, 93 = DtZ 1997, 321 = NJ 1997, 423 = VIZ
     1997, 293.
342 BGBl 1994 I S 3701.
343 § 11 Abs 1 GBBerG.
344 Unter Verfügung versteht man alle rechtsgeschäftliche Verfügungen, aber nicht Zwangsvollstreckungsmaßnahmen von
     Gläubigern sowie Eintragungen aufgrund Ersuchen einer Behörde/Gericht. Bei Eintragung eines Zwangsversteige-
     rungs- und Zwangsverwaltungsvermerks entfällt nach h. M. ohnehin die Voreintragung.

559   Soll gemäß § 34 Abs 1 S 3 VermG ein **Widerspruch oder eine Vormerkung** bei dem restitutionsbefangenen Grundstück eingetragen werden, gilt § 11 Abs 1 GBBerG ebenfalls.

2. Zuordnungsbescheid

560   § 11 Abs 1 GBBerG bezieht den Zuordnungsbescheid nach § 2 VZOG in den Ausnahmekatalog von § 39 Abs 1 GBO mit ein. Verfügt die durch den Zuordnungsbescheid nach § 2 VZOG begünstigte Person über den Grundbesitz, ist die Voreintragung des betroffenen Rechtsinhabers nicht anzuwenden.

3. Verfügungsermächtigung nach § 8 VZOG

561   Die Ausnahmeregelung des § 11 Abs 1 GBBerG gilt auch für alle Verfügungen, die der Verfügungsberechtigte aus § 8 VZOG vornimmt, insbesondere bei einer Veräußerung. Gleiches gilt auch für Eigentumsvormerkungen. Die Voreintragung des tatsächlichen Eigentümers gemäß Art 21, 22 Einigungsvertrag ist nicht notwendig.

4. Aufhebung von Nutzungsrechten/Gebäudeeigentum

562   Art 233 § 2b, § 4 Abs 6, § 8 EGBGB regelt, dass das dingliche Nutzungsrecht/Gebäudeeigentum gemäß §§ 875, 876 BGB aufgehoben werden kann. In Abweichung des das Sachenrecht beherrschenden Dualitätsprinzips und des Prinzips der Voreintragung des Rechts ist die Aufhebung eines bisher ins Grundstücksgrundbuch vermerkten Nutzungsrechts/Gebäudeeigentums in der Weise möglich, dass ohne vorherige Eintragung des Rechts bzw Vermerks im Grundstücksgrundbuch eine notariell beurkundete (beglaubigte Unterschrift des Nutzers genügt nicht) Aufhebungserklärung genügt. Ein für ein nicht im Grundstücksgrundbuch vermerktes Nutzungsrecht/Gebäudeeigentum etwa angelegtes Gebäudegrundbuchblatt ist nach § 12 Abs 1 GGV von Amts wegen zu schließen.

5. Mitbenutzungsrecht

563   Soll das nicht im Grundbuch eingetragene Mitbenutzungsrecht (Art 233 § 5 Abs 1 EGBGB) aufgehoben werden, so ist für diese Aufhebung keine Voreintragung des Rechts mit anschließender Löschungseintragung erforderlich, Art 233 § 3 Abs 2 EGBGB. Die Form des § 29 GBO ist nicht einzuhalten, Art 233 § 4 Abs 6 EGBGB gilt nicht entsprechend.

6. Alte Rechte öffentlicher Stellen/Banken/Versicherungen

564   In den Grundbüchern von Grundstücken und Gebäuden im Beitrittsgebiet sind vielfach noch Grundpfand- und andere beschränkte dingliche Rechte eingetragen, als deren Gläubiger eine heute nicht mehr bestehende öffentliche Stelle eingetragen ist. Das können aber auch Gläubiger sein, die außerhalb dieses Gebietes tätig waren, zB ehemals preußische Provinzialverbände aus heute nicht mehr zum Bundesgebiet gehörenden Gebieten. § 105 Abs 1 Nr 6 GBV sieht vor, dass ein besonderer Nachweis entbehrlich ist, wenn für die einzelnen Fallgruppen bestimmte Bewilligungsstellen verfügen. Die Bewilligungsstelle bzw der heute materiell Berechtigte braucht nicht voreingetragen sein.

7. Grundbesitz ausländischer Staaten

565   Probleme werfen Eigentumsrechte an Grundstücken und Gebäuden auf, die ausländischen Staaten zustehen, die sich in den letzten Jahren aufgespalten haben und noch aufspalten. Solche Aufspaltungen ziehen den gesetzlichen Übergang von Vermögenswerten nach sich. Soweit – wie im Fall der früheren tschechischen und slowakischen Republik – ein Auseinandersetzungsvertrag vorhanden ist, wäre ein Grundbuchvollzug von darin enthaltenen gesetzlichen Eigentumsübergängen möglich. Oft fehlen derartige Vereinbarungen aber vollständig. Vielfach werden sie nicht unmittelbar für das Grundbuchamt nachvollziehbar sein. Die Folge hiervon ist eine Verfahrensblockade. Deshalb wurden **Beweiserleichterungen** geschaffen. Sie bestehen darin, dass die Bestätigung des Auswärtigen Amtes, das mit den Verhältnissen des betreffenden Staates bzw seiner Nachfolger am ehesten vertraut sein dürfte, als Nachweis ausreicht. Diese Regelung gilt auch im Alt-Bundesgebiet. Die Voreintragung des Verfügenden ist nicht notwendig, § 104a GBV.

8. Währungsumstellung

566   Durch die Währungsumstellung ist das Grundbuch iSv § 39 GBO unrichtig geworden; daher muss vor Eintragung einer Veränderung des Grundpfandrechts dessen Umstellungsbetrag im Grundbuch eingetragen werden.

Die **Voreintragung**[345] des Umstellungsbetrags ist erforderlich bei Änderung der Zins- und Zahlungsbestimmungen des Grundpfandrechts, bei Umwandlung einer Hypothek in eine Grundschuld, bei Forderungsauswechslung, bei Mitbelastung eines weiteren Grundstücks und bei Abtretung eines Teilbetrages. Vgl bei § 28.

Zweifelhaft ist die Voreintragungspflicht bei Pfandfreigabe (§ 1175 Abs 1 S 2 BGB), Löschung eines Teilbetrags, bei Verteilung einer Gesamthypothek nach § 1132 Abs 2 BGB, bei Abtretung des Rechts.   567

Unterbleiben kann die Voreintragung der Währungsumstellung bei Eintragung des Rangrücktritts und eines Rangvorbehalts, Totallöschung des Rechts, neuer Brieferteilung, Eintragung des Briefausschlusses, Bestandteilszuschreibung.   568

Anträge auf Eintragung von Veränderungen bei dem dinglichen Recht sind in der Weise **auszulegen**, dass sie alle Anträge enthalten, die zur Eintragung der Veränderung im Grundbuch erforderlich sind, also auch den Antrag auf Umstellung der Währung.   569

Die Goldmark war wertmäßig der Reichsmark gleichgestellt[346] und ist wie diese im Verhältnis 1 : 1 auf Mark der DDR und dann am 01.07.1990 im Verhältnis 2 : 1 auf Deutsche Mark und diese im Verhältnis 1,95583 DM zu 1 EURO umgestellt worden. 2 Goldmark, 2 Reichsmark, 2 Mark der DDR entsprechen 1 Deutschen Mark bzw 0,51 EURO (§ 36a GBMaßnG). 1 kg Feingold entspricht 1395 DM (§ 2 GBBerG) bzw 713,25 EURO. Die Unrichtigkeit des Grundbuchs ergibt sich bei diesen Angaben zwingend aus dem Gesetz. Die Eintragung des Umstellungsbetrags kann von Amts wegen vorgenommen werden.   570

Wertbeständige[347] Rechte auf Roggen- und Weizenbasis werden nach § 2 Abs 2 GBBerG umgestellt. Zur Grundbuchberichtigung ist bei Vorliegen des Ausnahmetatbestandes des § 2 Abs 2 und § 3 GBBerG die entsprechende Bewilligung des eingetragenen Gläubigers (Ausnahme § 105 Abs 1 Nr 6 GBV) in der Form des § 29 GBO notwendig, im Übrigen ist nach § 4 S 2 GBBerG die amtswegige Berichtigung möglich.   571

XVI. Vorlage des Hypothekenbriefs
1. Qualifikation des Rechts

Ob es sich um ein Briefrecht handelt, kann in den neuen Bundesländern nicht immer aus der Fassung des Grundbucheintrags entnommen werden. ZGB-Hypotheken und Aufbaugrundschulden waren stets Buchrechte; der Briefausschluss wurde im Grundbuch nicht vermerkt. Bei der Löschung von Grundpfandrechten muss also geprüft werden, ob es sich um ein (nicht in ein ZGB-Recht umgewandeltes) Uraltrecht, eine ZGB-Hypothek/Aufbaugrundschuld oder um ein Neurecht handelt.   572

2. Ausnahmen

a) Falllage des § 105 Abs 1 Nr 6 GBV. Wird von der Bewilligungsstelle eine Löschungsbewilligung nach § 105 Abs 1 Nr 6 GBV ausgestellt, so kann das Grundpfandrecht ohne Vorlage des Briefes gelöscht werden. Vgl auch Art 231 § 10 Abs 3 EGBGB.   573

b) Kraftloserklärung des Briefes. Oft ist über das Schicksal von Grundpfandrechtsbriefen über ein Uraltrecht nichts bekannt. Ist der Brief nicht beibringbar, muss er grundsätzlich im Aufgebotsverfahren nach §§ 946, 1003 ff ZPO für kraftlos erklärt werden (§ 1162 BGB).   574

c) Feststellungsverfahren beim Grundbuchamt. Eine erleichterte Kraftloserklärung eines Grundpfandrechtsbriefes sieht § 26 GBMaßnG vor. In vielen Fällen wird aber wegen § 105 Abs 1 Nr 6 S 6 GBV ein solches Feststellungsverfahren nicht notwendig werden; vor allem bei natürlichen Personen als Gläubiger hat § 26 GBMaßnG Bedeutung. Mit der Eintragung der Löschung des Rechts wird der Brief kraftlos.   575

d) Ausschließung des Gläubigers. Nach §§ 1170, 1171 BGB kann ein Gläubiger im Wege des Aufgebotsverfahrens mit seinem Recht ausgeschlossen werden. Mit Erlass des Ausschlussurteils wird der dem Gläubiger erteilte Grundpfandrechtsbrief ohne ein besonderes Aufgebot kraftlos. Zur Löschung des Rechts muss kein neuer Grundpfandrechtsbrief vorher erteilt werden. Es genügt die Vorlage des Ausschlussurteils.   576

e) Ablösung nach § 10 GBBerG. Mit der Hinterlegung des in § 10 GBBerG genannten Geldbetrags in Ausnützung des Ablöserechts erlischt das (geringwertige) Grundpfandrecht. Ein für das Grundpfandrecht erteilter Brief wird mit dem Zeitpunkt des Erlöschens des Grundpfandrechts kraft der gesetzlichen Regel in § 10   577

---

345 *Böhringer* BWNotZ 1993, 117.
346 RGBl 1939 I S 1015; RGBl 1940 I S 152.
347 Vgl dazu auch § 12 SachenR-DV wegen der Mittelwerte und Marktpreise bei sonstigen wertbeständigen Grundpfandrechten.

GBBerG – automatisch – kraftlos. Das Kraftloswerden des Briefes ist vom Grundbuchamt durch Aushang an bestimmten Stellen bzw Veröffentlichung in bestimmten Zeitungen bekanntzumachen.

578 **f) Zustimmungsvorbehalt nach § 11c VermG.** Bei Eintragung des Zustimmungsvorbehalts auf Ersuchen des Bundesamts für zentrale Dienste und offene Vermögensfragen (früher: Bundesamt zur Regelung offener Vermögensfragen) ist der Grundpfandrechtsbrief nicht vorzulegen (§ 105 Abs 1 Nr 6 S 6 GBV). Obwohl nicht ausdrücklich geregelt, hat dies auch für die Löschung eines Vorbehalts zu gelten.

XVII. Die Grundbucheintragung

1. Eintragungsfähigkeit des Rechts

579 Das frühere Volkseigentum kann seit 03.10.1990 nicht mehr im Grundbuch eingetragen werden; es sind die heute nach dem Einigungsvertrag (zB Art 21 und 22) bestimmten Körperschaften einzutragen. Der Nachweis dazu kann durch einen **Vermögenszuordnungsbescheid** nach § 2 VZOG dem Grundbuchamt gegenüber geführt werden. Ausnahmsweise wird in § 4 Abs 1 S 3 SPV die Eintragung des bisherigen Volkseigentums unter Angabe des Rechtsträgers zugelassen.

580 Die nach §§ 321, 322 ZGB entstandenen **Mitbenutzungsrechte** können im Rahmen des Art 233 § 5 EGBGB im Wege der Grundbuchberichtigung eingetragen werden.[348] Für die Mitbenutzungsrechte nach § 321 Abs 4 ZGB gelten die Sondervorschriften des § 8 Abs 3 und § 9 GBBerG.

581 Eine **Aufbauhypothek** kann nicht mehr begründet werden, auch nicht im Wege einer rechtsgeschäftlichen Mitbelastung eines Grundstücks (Gesamthypothek).[349]

582 Bei der Anlegung wie bei der Vornahme von Eintragungen oder Berichtigungen im **Gebäudegrundbuchblatt** müsste an sich streng genommen geprüft werden, ob das Gebäudeeigentum noch besteht. Hiervon kann aber in aller Regel davon ausgegangen werden. § 144 Abs 1 Nr 4 S 5 GBO bestimmt nur beim Gebäudeeigentum, dem ein dingliches Nutzungsrecht zugrunde liegt (Art 233 § 4 EGBGB), dass diese Prüfung nicht nötig ist (überflüssige Förmelei).

2. Ergänzung von Eintragungen

583 Eine Eintragung kann nur vorgenommen werden bei einem Rechtsobjekt. Bei **Anteilen am ungetrennten Hofraum** müssen zuerst die Ergänzungen entsprechend der HofV im Bestandsverzeichnis erfolgen.[350] Dies hat aber nicht in einer gezielten Aktion zu erfolgen, sondern auf Anregung des Eigentümers, spätestens aber dann, wenn über das Rechtsobjekt verfügt werden soll (Grundbuchsperre).

584 § 12 GGV regelt die Bewältigung von Fehlern bei der Dokumentation von Rechtsänderungen beim **Gebäudeeigentum**. Wurde die Schließung eines Gebäudegrundbuchblattes versäumt, ist dies bei der nächsten Eintragung nachzuholen. Wurde das Gebäude- und Grundstücksgrundbuch verwechselt und das Gebäudegrundbuchblatt zum Grundstücksgrundbuch »umfunktioniert«, so gilt für diesen Fall die **Klarstellung** in § 12 Abs 2 S 2 GGV. Für Altfälle gilt § 15 Abs 1 S 2 GGV.

585 Bei der **Aufhebung von Gebäudeeigentum** kam es vor, dass ohne jegliche rechtsgeschäftliche Aufhebungserklärung das Gebäudegrundbuchblatt geschlossen wurde. Das Grundbuchamt hat bei der nächsten Eintragung die Beteiligten vorher zur Abgabe der Erklärungen aufzufordern. Nach § 12 Abs 3 GGV sind die Erklärungen an der Grundbuchstelle, an der sie erfolgt sind, nachträglich zu bestätigen. Für Altfälle gilt § 15 Abs 1 S 2 GGV.

3. Gebäudeeigentum

586 Zum 01.01.2001 wird der gute Glaube an das Grundbuch wiederhergestellt.[351] Bei der Anlegung eines Gebäudegrundbuchblattes sind amtswegige Eintragungen im Grundstücksgrundbuch vorzunehmen (Art 233 § 2b Abs 2, § 2c, § 4 Abs 1, § 8 EGBGB). Ist ein Gebäudegrundbuchblatt bereits angelegt, so ist die Eintragung bei der nächsten anstehenden Eintragung im Gebäude- oder Grundstücksgrundbuch in Abt. II des Grundstücksgrundbuchs vorzunehmen, §§ 5 und 6 GGV. Eine gezielte Eintragungsaktion ist nicht erforderlich.

587 Nach § 15 GGV sind bei den nach den vor dem 01.10.1994 geltenden Vorschriften angelegten Gebäudegrundbuchblättern Vermerke über die Anlegung eines Gebäudegrundbuchblattes bei der nächsten anstehenden Eintragung in das Grundbuch anzubringen.

---

348 Zu Urkundennachweisen *Böhringer* NotBZ 2000, 371; *Flik/Keller* DtZ 1996, 330.
349 *Böhringer* OV spezial 4/1994 S 12.
350 BGBl 1993 I S 1658; *Böhringer* VIZ 1994, 63; *Schmidt-Räntsch* VIZ 1992, 163.
351 *Böhringer* ZflR 2000, 671; *ders* BWNotZ 2000, 1; *ders* OV spezial 2000, 18; *ders* DtZ 1994, 50.

Wird in Vollzug der Sachenrechtsbereinigung ein Erbbaurecht bestellt, so wird nach § 59 SachenRBerG das **588** Gebäude Bestandteil des Erbbaurechts; das selbstständige Gebäudeeigentum erlischt mit Entstehung des Erbbaurechts, also mit Einigung und Eintragung im Grundbuch. Das Gebäudegrundbuchblatt ist zu schließen, § 12 Abs 1 GGV, das Nutzungsrecht bzw der Vermerk über das Gebäudeeigentum in Abt. II des Grundstücksgrundbuchs ist von Amts wegen – berichtigend – zu löschen. Belastungen des Gebäudes bestehen nach § 34 Abs 1 SachenRBerG am Erbbaurecht fort und sind von Amts wegen in das Erbbaugrundbuch zu übertragen.

4. Aufhebung/Löschung eines Rechts

Bei Aufhebung eines nicht im Grundstücksgrundbuch eingetragenen selbstständigen Gebäudeeigentums ist im **589** Grundstücksgrundbuch kein Aufhebungsvermerk einzutragen. Das Grundbuchamt schließt lediglich das evtl vorhandene Gebäudegrundbuchblatt (vgl Art 233 § 4 EGBGB[352] und § 12 Abs 1 GGV).

Der Bodenreformvermerk ist seit 16.03.1990 gegenstandslos und kann nach § 84 GBO gelöscht werden, **590** Art 233 § 16 Abs 3 EGBGB. Auch aufgrund eines Antrags eines Beteiligten (§ 13 GBO) kann die Grundbuchberichtigung erfolgen.

5. Rang der Grundstücksrechte und Rangvermerke

a) Rangverhältnis. Der Rang eines dinglichen Rechts bedeutet im Falle der zwangsweisen Realisierung des **591** Rechts eine Befriedigungsreihenfolge. Die früher beantragte Eintragung ist vor der später beantragten zu erwirken (Antragsreihenfolgeprinzip). S dazu auch 9. Aufl § 45 Rn B 1 ff, 35.

Die bisherigen dinglichen Rechte an Grundstücken und Gebäuden sind am 03.10.1990 mit ihrem bisherigen **592** Inhalt und Rang übernommen worden.[353] Art 233 § 9 EGBGB regelt das Rangverhältnis aller dinglichen Rechte untereinander und entspricht in etwa der Regelung des § 879 BGB.

Rangvermerke sind von Amts wegen anzubringen. Über § 45 GBO hinaus erforderte Art 233 § 13 Abs 1 S 2 **593** aF EGBGB die Darstellung des Vorrangs der Eigentumsvormerkung vor der nachrangigen Rechtsposition.

b) Dingliche Nutzungsrechte. Mehrere Nutzungsrechte (Art 233 § 4 Abs 1 EGBGB) sind mit dem sich aus **594** Art 233 § 9 Abs 2 EGBGB ergebenden Rang einzutragen, § 14 Abs 2 GGV. Da aber **verschiedene Nutzungsrechte** stets verschiedene Grundstücksflächen betreffen, dürften kaum Probleme auftauchen.

Mehrere Nutzungsrechte können nach § 14 Abs 2 GGV in einem Rangverhältnis zueinander und zu anderen **595** dinglichen Rechten stehen. Ein Rangrücktritt ist möglich; die Regel vom erstrangigen Erbbaurecht (§ 10 ErbbauRG) kann auf Nutzungsrechte und Gebäudeeigentum nicht angewandt werden.

c) Erbbaurechte. Auch in den neuen Ländern gilt die Regel, dass Erbbaurechte an erster Rangstelle im **596** Grundbuch einzutragen sind. §§ 35 ff SachenRBerG schaffen Ansprüche auf einen Rangrücktritt der bisher eingetragenen dinglichen Rechte am Grundstück. S dazu 9. Aufl § 6a Rn B 10, 37, § 10 Rn B 2.

Mehrere nach § 39 Abs 1 SachenRBerG bestellte **Erbbaurechte** an einem einzigen Grundstück haben unter- **597** einander Gleichrang, auch wenn sie zu unterschiedlichen Zeiten in das Grundbuch eingetragen werden (Abweichung vom allgemeinen Prioritätsgrundsatz). Der Gleichrang ist im Grundbuch zu vermerken, Rang- und Zustimmungserklärungen sind nicht notwendig. Die Erbbaurechte sind bei einer zwangsweisen Verwertung wie Rechte an einem anderen Grundstück zu behandeln.

Bei **Nachbarerbbaurechten** ist auf das Rangverhältnis nach § 39 Abs 3 S 1 Nr 2 SachenRBerG zu achten. **598**

Der **Rangrücktritt** des Berechtigten eines dinglichen Nutzungsrechts nach Art 233 § 4 Abs 1 EGBGB wie **599** auch der Eigentümer eines Gebäudes (Art 233 § 2b und 8 EGBGB) hinter ein eingetragenes oder einzutragendes beschränktes dingliches Recht ist zulässig.[354] Verfahrensrechtlich ist ein Rangverhältnis nach §§ 17, 45 GBO zu bejahen, was besonders deutlich wird bei einer Konkurrenz von Vormerkung und Nutzungsrecht wegen relativer Unwirksamkeit des Nutzungsrechts aus § 883 Abs 2 BGB.[355]

d) Mitbenutzungsrechte. Mitbenutzungsrechte nach §§ 321 und 322 ZGB sind gemäß Art 233 § 5 Abs 1 **600** EGBGB am 03.10.1990 bestehen geblieben und stellen beschränkte dingliche Rechte dar, **erweitern** also den Numerus-clausus-Katalog der BGB-Sachenrechte. Die Eintragung solcher außerhalb des Grundbuchs entstandener Rechte an Grundstücken ist möglich und stellt eine Grundbuchberichtigung iSv § 22 GBO.

---

352 *Böhringer* OV spezial 4/1993 S 1, 3.
353 Art 233 § 3 Abs 1 EGBGB.
354 *Keller* Rpfleger 1994, 194; *ders* MittBayNot 1994, 389, 397; BezG Dresden Rpfleger 1993, 396.
355 Ebenso *Keller* MittBayNot 1994, 389, 397.

601   Ist die Entstehung des Rechts und sein besserer Rang aus öffentlichen Urkunden (§ 29 Abs 3 GBO) nachweisbar, so ist das Mitbenutzungsrecht mit dem daraus ersichtlichen Inhalt und unter Vermerk des nach Art 233 § 9 Abs 1 für den Rang maßgeblichen **Zeitpunkts seiner Entstehung** einzutragen.

602   Gemäß Art 233 § 9 EGBGB können Rangvermerke angebracht werden, weil sonst sich der Rang nach dem Eintragungszeitpunkt richtet. Entscheidend für den Rang **nicht eingetragener Mitbenutzungsrechte** sind die nach Art 233 § 5 Abs 3 S 2 und 3 EGBGB einzutragenden Rangvermerke, sind solche nicht vorhanden, ist der Eintragungszeitpunkt maßgeblich. § 8 Abs 2 GBBerG ergänzt die Regelungen hinsichtlich des Entstehungszeitpunkts des Rechts.

603   Möglich bleibt aber auch die Eintragung des Rechts mit (freiwillig abgegebener oder durch Klage erzwungener) Bewilligung des Grundstückseigentümers. Im Zweifel gilt nach § 8 Abs 2 GBBerG der 25.12.1993 als Entstehungszeitpunkt. Ein früherer **Zeitpunkt der Entstehung** des Rechts muss entweder nach § 29 Abs 3 GBO nachgewiesen werden oder ein entsprechender Vorrang von den Inhabern von vor dem 25.12.1993 eingetragenen beschränkten dinglichen Rechte bewilligt werden.[356]

604   Das Mitbenutzungsrecht hat stets Rang vor solchen beschränkten dinglichen Rechten, die in der Zeit zwischen dem 25.12.1993 und dem Ablauf des 31.12.2000 begründet worden sind, da Art 233 § 5 Abs 2 EGBGB bis 31.12.2000 gutgläubigen Vorrangerwerb ausschließt. Fraglich ist, ob das Grundbuchamt das Recht auch an rangbereiter Stelle eintragen kann oder ob es »Rangrücktrittserklärungen« verlangen muss. Nach § 8 Abs 1 S 1 SachenR-DV kann die nach § 9 GBBerG gesetzlich begründete Dienstbarkeit an **rangbereiter Stelle** eingetragen werden, weil gutgläubiger Vorrangerwerb möglich ist.

605   **e) Verfahrensvermerke.** Der Vermerk nach Art 233 § 2a, § 2c Abs 2 EGBGB ist kein dingliches Recht am Grundstück/Gebäude. Ihm ist jedoch Vormerkungswirkung beigelegt; damit ist er im Verhältnis zu anderen Eintragungen auch rangfähig im verfahrensrechtlichen Sinne, §§ 17, 45 GBO.[357]

606   Gleiches gilt für den Vermerk über die Eröffnung eines **Vermittlungsverfahrens** nach § 92 Abs 5 und 6 SachenRBerG.

607   Die **Zustimmungsvorbehalte** nach § 11c VermG, § 13 GBBerG, § 6 Abs 4 BoSoG, § 3 Abs 10 AusglLeistG stellen Verfügungsbeeinträchtigungen dar.[358] Sie werden erst mit ihrer Eintragung im Grundbuch wirksam. Für sie gelten die §§ 17 und 45 GBO.

608   **f) ZGB-Hypotheken/Aufbaugrundschulden.** Gemäß § 456 ZGB hat eine **Aufbauhypothek** Vorrang vor anderen Hypotheken. Dies gilt aber nur für vor dem 01.07.1990 begründete Aufbauhypotheken.[359] Der Rang von ZGB-Hypotheken richtet sich über Art 233 § 3 Abs 1 EGBGB nach § 453 Abs 2 ZGB, also nach dem Zeitpunkt ihres Entstehens; die ZGB-Hypothek entstand mit ihrer Eintragung im Grundbuch. Eine Ausnahme bestand für **Aufbauhypotheken**, die nach § 456 ZGB den Vorrang vor anderen Hypotheken hatten. Mehrere Aufbauhypotheken haben gleichen Rang, der Vorrang besteht nicht gegenüber Rechten in Abt. II des Grundbuchs. Beachte aber, dass das Vorrangprivileg nur solche Aufbauhypotheken haben, die vor dem 01.07.1990 eingetragen oder zur Eintragung beantragt worden sind. Entscheidend ist nur dieses Datum, nicht etwa das Datum des Kreditvertrags oder die erst nach dem 30.06.1990 erfolgte Grundbucheintragung. Nach dem 30.06.1990 bis zum Ablauf des 02.10.1990 beantragte Aufbauhypotheken genießen nicht das Vorrangprivileg.[360]

609   Der Vorrang der Aufbauhypothek kann auch für Zinsänderungen bis zu einem Gesamtumfang von 13 % in Anspruch genommen werden, Art 233 § 9 Abs 2 S 2 EGBGB. Für Aufbaugrundschulden[361] gilt dies ebenfalls. Die Regelung entspricht im Grundsatz § 1119 BGB. Dies gilt nur für Zinsen, nicht für die Erweiterung anderer dinglicher Nebenleistungen, wozu die Zustimmung der gleich- und nachrangigen Berechtigten nötig ist. Wird der Zinssatz über 13 % hinaus erhöht und soll der überschießende Zins ebenfalls an der Rangstelle des Hauptrechts abgesichert werden, so ist die Zustimmung der gleich- und nachstehenden Berechtigten erforderlich. Die Regelung ähnelt § 1119 BGB.

610   Auch **Aufbaugrundschulden**[362] hatten das Vorrangprivileg. Dieses blieb ihnen über Art 233 § 3 Abs 1 und § 9 Abs 3 S 4 EGBGB erhalten.

---

356 Ausführlich *Böhringer* in: *Eickmann*, Sachenrechtsbereinigung, § 8 GBBerG Rn 73.
357 So auch *Keller* MittBayNot 1994, 389, 398.
358 *Böhringer* Rpfleger 1994, 45.
359 § 3 des 1. Zivilrechtsänderungsgesetzes (GBl 1990 I Nr 39 S 524).
360 § 3 des 1. Zivilrechtsänderungsgesetzes (GBl 1990 I Nr 39 S 524).
361 Diese konnten nur bis 31.12.1975 begründet werden.
362 Die Aufbaugrundschuld war etwa so geregelt wie die vor dem 01.07.1990 begründeten Aufbauhypotheken, vgl auch BGH VIZ 1999, 103 = ZNotP 1999, 37; dazu EWiR 1999, 137 (*Kohler*).

Der gesetzliche Vorrang solcher »alter« Aufbauhypotheken und Aufbaugrundschulden kann durch eine rechts- **611** geschäftlich vereinbarte **Rangänderung** verändert werden, § 880 BGB. Zu beachten ist allerdings, dass diese Rechte nicht eigentümerfähig waren, so dass die Zustimmung des Eigentümers (§ 880 Abs 2 S 2 BGB) nicht erforderlich ist. Insoweit ist eine teleologische Reduktion der Vorschrift vorzunehmen.

Der gesetzliche Vorrang der »alten« Aufbauhypotheken wirkt nicht auch gegenüber Belastungen auf dem **612** **Bestandteilsgrundstück** (§ 1131 S 2 BGB), die Rangordnung am Bestandteilsgrundstück bleibt unangetastet. Die am Hauptgrundstück lastenden Grundpfandrechte erstrecken sich im bisherigen Rangverhältnis (also mit dem Vorrangprivileg nach § 456 Abs 3 ZGB) auf das Bestandteilsgrundstück. Allgemein wird davon ausgegangen, dass § 1131 BGB auf Aufbauhypotheken anwendbar ist.[363]

g) Restitutionsentscheide. Das Ersuchen des ARoV gemäß § 34 VermG wird nach dem Antragsreihenfolge- **613** prinzip des § 17 GBO erledigt. Das ARoV hat dann, wenn der Bescheid eine Entscheidung über die Rückgabe des Grundstücks, die (Wieder-)Begründung eines Vorkaufsrechts (nach §§ 30, 20a VermG) enthält, das Rangverhältnis dieser beschränkten dinglichen Rechte untereinander zu bestimmen, andernfalls trägt das Grundbuchamt die Rechte gleichrangig ein, was aber der materiellen Rechtslage nicht entsprechen dürfte, denn die wiederbegründeten Rechte sind außerhalb des Grundbuchs an nächstoffener Rangstelle entstanden (§ 3 Abs 1a S 1 und § 34 Abs 1 S 2 VermG), während das Vorkaufsrecht erst mit (konstitutiver) Eintragung im Grundbuch entsteht (§ 20 Abs 6 S 1 VermG).

h) Gutgläubiger Vorrangerwerb. aa) Energieanlagen–Dienstbarkeit. Eine eingeschränkte Immunitäts- **614** vorschrift findet sich in § 9 Abs 1 S 2 GBBerG: Eine Einschränkung des öffentlichen Glaubens des Grundbuchs hinsichtlich des Rangs der gesetzlich begründeten Dienstbarkeiten für die Energiefortleitungsanlagen besteht nicht. Lediglich gutgläubiger Wegerwerb des beschränkten dinglichen Rechts vor 31.12.2010 ist ausgeschlossen. Die Eintragung der gesetzlich begründeten Dienstbarkeit erfolgt nach § 8 Abs 1 S 1 SachenR–DV zunächst an **rangbereiter Stelle.** Für ein gutgläubiges Kreditinstitut ist somit klar, dass die zu seinen Gunsten bestellten Grundpfandrechte immer den Rang haben, der ihnen ausweislich des im Grundbuch eingetragenen Bestandes zukommt.[364]

Konkurrieren **Zwangseintragungen**, rechtsgeschäftlich bestellte Grundpfandrechte u. a. mit der gesetzlich **615** begründeten Dienstbarkeit, so können **relative Rangverhältnisse** entstehen ähnlich der Falllage der nicht eingetragenen Sicherungshypothek nach § 1287 BGB oder des zu Unrecht gelöschten vorrangigen Rechts. Der öffentliche Glaube des Grundbuchs greift uneingeschränkt ab 01.01.2011, ab diesem Zeitpunkt die gesetzlich begründete Dienstbarkeit gutgläubig wegerworben werden.

bb) Vorkaufsrecht nach §§ 20, 20a VermG. § 892 BGB erfährt bei den Vorkaufsrechten nach §§ 20, 20a **616** VermG eine Einschränkung. Ist im Zeitpunkt des Abschlusses des Kaufvertrags über einen bereits gestellten Antrag auf Einräumung eines Vorkaufsrechts noch nicht entscheiden, so kann es sich erst auf den **nächstfolgenden Verkauf** erstrecken. In einem solchen Fall ist dem Interesse des Mieters oder Nutzers ausnahmsweise der Vorrang gegenüber dem Interesse des Rechtsverkehrs an der negativen Publizität des Grundbuchs einzuräumen. Insoweit wird auch der Rang anderer beschränkter dinglicher Rechte am Grundstück tangiert.

cc) Mitbenutzungsrechte. Mitbenutzungs- und andere dingliche Rechte (zB altrechtliche Grunddienstbar- **617** keiten nach Art 187 EGBGB) erlöschen zu dem in § 8 Abs 1 GBBerG iVm § 13 SachenR–DV genannten Stichtag (31.12.2000), sofern sie nicht bis dahin anerkannt oder rechtshängig gemacht worden sind. Im Falle einer Anerkennungshandlung besteht zwar das Recht, der Dritte kann aber ab 01.01.2001 gutgläubig vorrangig erwerben, Art 233 § 5 Abs 2 EGBGB iVm § 8 Abs 1 GBBerG und § 13 SachenR–DV (Mitbenutzungsrecht).[365]

6. Gemeinschaftsverhältnis nach § 47 GBO

a) Ehegatten. Um ein Recht im Sinne von § 47 GBO handelt es sich auch bei dem Gebäudeeigentum nach **618** Art 233 §§ 2b und 8 EGBGB, dem dinglichen Nutzungsrecht nach Art 233 § 4 Abs 1 EGBGB oder dem Vermerk zur Sicherung der Ansprüche aus der Sachenrechtsbereinigung über das Recht zum Besitz gemäß Art 233 § 2a EGBGB. § 8 S 1 GGV sieht eine dem § 14 GBBerG entsprechende Regelung vor, wobei wohl auch die

---

363 Ausführlich zur Rangordnung *Eickmann* Grundstücksrecht, Rn 201; zur Geltung des § 1131 BGB *Keller* MittBayNot 1994, 389, 399, der darauf hinweist, dass weder das frühere Recht noch die intertemporale Norm des Art 233 § 6 EGBGB für eine Anwendung des § 1131 BGB sprechen. Die Anwendbarkeit der Vorschrift erfolgte wohl aus praktischen Gründen, weil ab 1990 mit dem Zuerwerb des Bodens viele Komplettierungsfälle entstanden und man sich rechtsgeschäftliche Nachverpfändungserklärungen ersparen wollte. Man kann heute schon von einer überall praktizierten Gewohnheit sprechen. Diese stützt sich auf § 890 BGB und § 6 GBO mit der Folge des § 1131 BGB.
364 Einzelheiten *Böhringer* Rpfleger 2002, 186; *ders* NotBZ 2002, 117.
365 Dazu *Böhringer* VIZ 2000, 441; *ders* ZfIR 2000, 671.

Berufung auf die Vermutung des Art 234 § 4a Abs 3 EGBGB zulässig sein dürfte, weil dieser Nachweis zeitlich nach Inkrafttreten des § 8 GGV erst ab 01.10.1994 durch Art 2 § 6 Nr 5b SachenRÄndG[366] ermöglicht wurde; eine Anpassung von § 8 S 1 GGV unterblieb jedoch.

619   Obwohl das Beteiligungsverhältnis der Ehegatten nicht in den Eintragungsunterlagen angegeben ist, kann mit den Nachweisen des § 8 S 1 in Verbindung mit § 14 S 2 GBBerG das Recht nach Art 233 §§ 2b, 4, 8 EGBGB bzw der Vermerk nach Art 233 § 2c Abs 2 EGBGB im Grundbuch eingetragen werden. § 8 S 2 GGV hilft aber nur dann weiter, wenn das entsprechende Recht Ehegatten zusteht und nicht auch dann, wenn sonst mehrere Personen zB Erbengemeinschaften oder Personengesellschaften Inhaber eines solchen Rechts sind. Letztere haben ihr Gemeinschaftsverhältnis durch Erbschein oder Handelsregisterauszug oder durch Bescheinigung des Registergerichts gemäß § 12 GBBerG bzw § 15 Abs 3 GBV nachzuweisen; es bleibt insoweit bei der Regel von § 47 GBO.

620   Sofern die genannten Rechte bzw der Vermerk bereits ohne Beachtung des § 47 GBO in das Grundbuch eingetragen worden sind, soll für Ehegatten nach § 8 S 2 GGV die Vermutung des Art 234 § 4a Abs 3 EGBGB anwendbar sein. Dadurch wird erreicht, dass auch ohne Beteiligung der bereits eingetragenen Ehegatten eine Anpassung an § 47 GBO erfolgen kann. Für die erforderliche Ergänzung der Grundbucheintragung genügt ein Antrag eines Antragsberechtigten (§§ 13, 14 GBO). Ein amtswegiges Tätigwerden ist nicht vorgeschrieben, gleichwohl aber möglich, denn § 8 S 3 GGV will nur verhindern, dass die Grundbuchämter sämtliche Eintragungen überprüfen müssen; eine gezielte Aktion soll nicht veranstaltet werden.

621   Bei **Bodenordnungsmaßnahmen** kann es vorkommen, dass mehrere Begünstigte Eigentümer oder sonstige Berechtigte an einem Grundstück aus der Sonderung nach dem Bodensonderungsgesetz werden. Dies ist namentlich bei ungetrennten Hofräumen und unvermessenem Eigentum möglich. In solchen Fällen muss in dem Sonderungsbescheid das Gemeinschaftsverhältnis angegeben werden. Bei Ehegatten ist grundsätzlich die Vermutung des Art 234 § 4a Abs 3 EGBGB für hälftige Bruchteile zugrundezulegen, § 7 Abs 4 SPV.

622   **Ausnahmen** von § 47 GBO gibt es auch bei der Eintragung eines Widerspruchs nach § 7 Abs 3 SPV; auch bei der Eigentumsvormerkung für den »Besser«-Berechtigten nach Art 233 § 13 Abs 1 S 2 letzter Halbsatz EGBGB aF gab es Besonderheiten. Der Eintragung eines Begünstigten bedarf es bei dem Widerspruch nach § 7 Abs 3 SPV nicht, da der Berechtigte infolge der fehlenden Bestandskraft des Sonderungsbescheids noch nicht feststeht.

623   **b) Erbengemeinschaft.** Nach § 2a VermG kann der Vermögenswert einer Erbengemeinschaft, deren Mitglieder nicht sämtlich namentlich bekannt sind, nach dem zu bezeichnenden Erblasser als solcher zurückübertragen werden. Ausnahmsweise wird in Abweichung von § 15 GBV eine Erbengemeinschaft mit dem Erblasser eingetragen ohne namentliche Nennung der Erben. Nach § 2a Abs 1 und 1a VermG kann die Erbengemeinschaft (ggf zusammen mit der **Conference on Jewish Material Claims against Germany Inc.**, anstelle namentlich nicht bekannter jüdischer Miterben) nach dem zu bezeichnenden Erblasser als solche im Grundbuch eingetragen werden.

624   Der Personenkreis muss so genau angegeben werden, wie dies nach Lage des Falles möglich ist. Zulässig ist demnach: »Die unbekannten Erben des am ... in ... verstorbenen ..., zuletzt wohnhaft in ...« oder »Die unbekannten Erben des ...« oder beim Unbekanntsein eines Teils der Miterben: »A, B und die unbekannten Beteiligten hinsichtlich des Anteils des X am Nachlass seines am ... verstorbenen Vaters Y«. Bei Verfügungen über ihr Rechtsobjekt haben die Erben aber ihr Erbrecht gemäß § 35 GBO nachzuweisen.

625   Ein nicht mehr an der Rückübertragung interessierter Miterbe kann auf seine **Rechte verzichten**, dies führt dann dazu, dass der betreffende Miterbe nicht mehr als Erbe gilt. Bei Verfügungen der Erbengemeinschaft ist dies zu berücksichtigen. Das Amt zur Regelung offener Vermögensfragen hat dem Grundbuchamt einen solchen Verzicht mit dem Ersuchen um Berichtigung des Grundbuchs gemäß § 34 VermG mitzuteilen; der verzichtende Miterbe kann dann nicht mehr als Mitglied der Erbengemeinschaft vermerkt werden, auch wenn die Erbnachweise ihn als Erben deklarieren; § 2a VermG ist lex specialis.

626   **c) Bodenreformgrundstück.** Bei **Bodenreformland** besteht die Besonderheit, dass Erben eines eingetragenen »Siedlungs«-Bauern bei entsprechender Falllage nicht in Erbengemeinschaft, sondern als Gemeinschaft der **Erben zu Bruchteilen** (§§ 741 BGB – Gemeinschaft) eingetragen werden (Art 233 § 11 Abs 2 S 1 Nr 2 EGBGB). S dazu 9. Aufl § 35 Rn B 50. Die Bruchteile entsprechen den Erbquoten, sofern die Gemeinschafter nicht abweichende Bruchteile vereinbaren (Form: § 29 GBO). Zu beachten ist, wann der (Buch-) Eigentümer verstorben ist.[367] Liegt das Sterbedatum vor dem 22.07.1992, so werden seine am 22.07.1992 vorhandenen Erben in **Bruchteilsgemeinschaft** nach §§ 741 ff BGB Eigentümer. Bei einem Erbfall ab 22.07.1992 besteht eine **Erbengemeinschaft** nach §§ 1922, 2032 BGB.

---

366 Änderung des § 14 GBBerG.
367 *Böhringer* DNotZ 2004, 694; *ders* Rpfleger 1999, 110.

Nach der Vermutung des Art 234 § 4a EGBGB kann das Grundbuchamt davon ausgehen, dass das bisherige 627
»eheliche Vermögen« in hälftiges Bruchteilseigentum der Ehegatten umgewandelt wurde. Bei einer Grundbuchberichtigung können sich die Ehegatten auf diese Vermutung berufen, es sei denn, aus dem Güterrechtsregister ist etwas anderes erkennbar oder aus dem Grundbuch ergeben sich andere Bruchteile oder dem Grundbuchamt ist eine Gütergemeinschaft bekannt. Auch bei § 14 GBBerG gilt die Vermutung.[368]

aa) Ehescheidung vor dem 03.10.1990. Endete der gesetzliche Güterstand der Ehegatten vor dem 628
03.10.1990 wegen Scheidung der Ehe, so besteht eine **Liquidationsgemeinschaft** an Grundstücken und
Gebäuden u. a.; das Grundbuch kann berichtigt werden etwa in »Gesamtgut der beendeten, nicht auseinander-
gesetzten Eigentums- und Vermögensgemeinschaft des Familiengesetzbuchs der ehemaligen Deutschen Demokratischen Republik«. Die Überleitungsvorschriften des Art 234 § 4 EGBGB gelten in einem solchen Falle
nicht.

bb) Ehegattenneuerwerb. Der Ehegattenerwerb »in ehelichem Vermögen« ist möglich, da abstrakt gesehen 629
in einem möglichen Güterstand erworben wird. Das Grundbuchamt kann **keine Fortgeltungserklärung**[369]
nach Art 234 § 4 EGBGB verlangen.[370] Nur beim Vorliegen konkreter Anhaltspunkte kann das Grundbuchamt
den Antrag beanstanden (zB Eheschließung erst nach dem 02.10.1990 oder Kenntnis von einer erst nach dem
02.10.1992 – verspätet – abgegebenen Fortgeltungserklärung).

cc) Komplettierungsfall. Oftmals wird der betroffene Grund und Boden wegen der Erstreckungswirkungen 630
des § 1131 BGB dem Gebäudeeigentum zugeschrieben. Dabei ist auf eine exakte Übereinstimmung der Eigentumsverhältnisse samt Gemeinschaftsverhältnis zu achten. Bei diesen »Komplettierungsfällen« kommt man oft
über die Vermutung des Art 234 § 4a EGBGB zu der geforderten Konkordanz des Gemeinschaftsverhältnisses.[371]

d) Aneignungsberechtigung. Mehrere aneignungsberechtigte Gläubiger (Art 233 § 15 EGBGB) haben bei 631
ihrem Eintragungsantrag das Gemeinschaftsverhältnis nach § 47 GBO anzugeben; in der Regel wird die
Gemeinschaft nach §§ 741 ff BGB in Betracht kommen.[372]

e) Widerspruchsberechtigter. § 47 GBO gilt bei den Widersprüchen nach § 16 Abs 6 S 2 und § 34 Abs 1 632
S 3 VermG, ebenso bei dem Widerspruch nach § 3 Abs 1 S 2 VZOG. Auch für das Grundbuchamt gilt dabei
die Vermutung des Art 234 § 4a Abs 3 EGBGB zu hälftigem Bruchteilseigentum der Ehegatten als Widerspruchsberechtigte. § 8 S 1 GGV kann sinngemäß herangezogen werden, ebenso § 14 S 2 GBBerG und § 7
Abs 4 SPV.

f) Erbbauberechtigter. Fraglich ist, ob bei der Bezeichnung des Eigentümers des mit einem Erbbaurecht 633
belasteten Grundstücks entsprechend § 47 GBO auch das Gemeinschafts- oder Anteilsverhältnis anzugeben ist.
Die Neuregelung in § 14 Abs 4 ErbbauRG schreibt dies jedenfalls für das maschinell geführte Grundbuch nicht
vor.

g) Ersuchen. Ersuchen von Behörden/Gerichten kommen wegen der besonderen Eigentumssituation in den 634
neuen Ländern sehr häufig vor, vgl §§ 11c, 34 VermG, § 3 VZOG, § 61 LwAnpG, § 8 Abs 4 GBBerG, § 113
Abs 3 SachenRBerG. Für diese Ersuchen gilt § 47 GBO (Ausnahme bei § 2a VermG).

7. Gesamtbelastungsvermerk nach § 48 GBO

§ 48 GBO kommt zur Anwendung, wenn mehrere Grundstücke einheitlich mit einem einzigen dinglichen Recht 635
belastet werden soll. Das materielle Liegenschaftsrecht muss das dingliche Recht als Gesamtrecht zulassen.

a) Dienstbarkeit. § 9 Abs 1 S 1 GBBerG normiert die gesetzliche Begründung von beschränkten persönli- 636
chen Dienstbarkeiten für Energiefortleitungsanlagen zum 25.12.1993 (vgl auch § 1 SachenR-DV). Belastet sind
die überspannten und überquerten oder sonst in Anspruch genommenen Grundstücke. Ist das Grundstück mit
einem Erbbaurecht oder einem dinglichen Nutzungsrecht nach Art 233 § 4 EGBGB belastet, ruht die Dienstbarkeit als Gesamtbelastung auf dem Grundstück und dem Erbbaurecht oder Gebäudeeigentum, § 9 Abs 1 S 3
GBBerG. Anders ließ sich eine rechtliche Absicherung der Leitungsrechte nicht erreichen. Der Erbbauberechtigte bzw Gebäudeeigentümer nimmt eine Gesamtgläubigerstellung mit dem Grundstückseigentümer ein. Eine
gleiche Art der Nutzung der Rechtsobjekte liegt vor.

---

368 *Böhringer* DtZ 1994, 130; *ders* DtZ 1994, 194, 198.
369 *Böhringer* OV spezial 3/93 S 2; *ders* DNotZ 1991, 223.
370 *Böhringer* OV spezial 3/1993 S 2.
371 *Böhringer* OV spezial 4/1993 S 1; *ders* OV spezial 10/1993 S 8; *ders* DtZ 1994, 266.
372 Zum Eigentumsverzicht und Aneignungsrecht *Böhringer* Finanzwirtschaft 1993, 96.

637 **b) Erbbaurecht**. Keine Gesamtbelastung von Grundstück und Erbbaurecht tritt bei § 36 Abs 1 S 1 Sachen-RBerG ein; es besteht lediglich ein Anspruch auf eine anteilige, gleichrangige Belastung des für den Nutzer zu bestellenden Erbbaurechts. Die Gesetzesnorm erhält dem Inhaber des dinglichen Rechts eine den Wertverhältnissen zum Zeitpunkt der Beleihung entsprechende Sicherheit. Bei der anteiligen Belastung handelt es sich um zwei Einzelrechte. Das Verbot der Doppelsicherung wird durchbrochen. Beim Ankauf einer Grundstücksteilfläche nach §§ 62, 63 SachenRBerG kann hingegen ein Gesamtrecht durch Teilung des Grundstücks entstehen, sofern es nicht zu einer Verteilung nach § 1132 Abs 2 BGB kommt, die eine Aufhebung der Gesamthaft herbeiführt.

638 Nach § 35 Abs 1 SachenRBerG können Berechtigte einer Dienstbarkeit eine der Belastung des Grundstücks entsprechende Belastung des Erbbaurechts verlangen, wenn das Recht im Gebäude des Nutzers (zB ein Wohnungsrecht) oder auf der der Nutzungsbefugnis des Nutzers unterliegende Fläche (zB ein Leitungs- oder Wegerecht) auszuüben ist. Eine Gesamtbelastung dürfte dann zulässig sein, wenn das Sachenrecht dies erlaubt; Nießbrauch und Vorkaufsrecht können keine Gesamtrechte sein.

639 **c) Nachbarerbbaurecht**. Nach § 39 Abs 2 SachenRBerG kann sich ein Erbbaurecht auf mehrere Grundstücke erstrecken (Gesamterbbaurecht). Auch ein Nachbarerbbaurecht ist seit 01.10.1994 möglich, jedoch muss nach § 39 Abs 3 S 3 SachenRBerG im Erbbaugrundbuch und im Grundbuch des belasteten Grundstücks die Bezeichnung als Nachbarerbbaurecht erfolgen und im Grundbuch des herrschenden Grundstücks ein Bestandteilsvermerk angebracht werden. Nur so kann das Verfügungsverbot sichtbar werden. Das Nachbarerbbaurecht und das herrschende Grundstück können **nur einheitlich belastet** werden. Es handelt sich aber um keine Gesamtbelastung im eigentlichen Sinne, denn das Nachbarerbbaurecht ist Bestandteil (Annex) des herrschenden Grundstücks. Gleichwohl sind Mitbelastungsvermerke anzubringen.

640 Dem Grundsatz des § 93 BGB folgend, sollen am herrschenden Grundstück und am Erbbaurecht gleiche Rechtsverhältnisse herrschen. **Grundpfandrechte und die Erbbauzins-Reallast** sind als Gesamtbelastung nach § 48 GBO am Nachbarerbbaurecht und auch am herrschenden Grundstück zu buchen. Eine Verfügungsbeschränkung besteht auch in der Weise, dass sonstige dingliche Rechte nur einheitlich das Nachbarerbbaurecht und das herrschende Grundstück belasten können. Es handelt sich insoweit um eine unechte Gesamtbelastung, weil ja das Nachbarerbbaurecht nur in dieser Konstellation überhaupt verkehrsfähig ist und Bestandteil des herrschenden Grundstücks ist. Nicht möglich ist es, dass ein dinglich Berechtigter sein dingliches Recht am Nachbarerbbaurecht oder nur am herrschenden Grundstück aufhebt; dies würde dem Grundgedanken des § 93 BGB widersprechen.

641 **d) Dingliches Nutzungsrecht/Gebäudeeigentum**. Der Kreis der dinglichen Rechte, die als Gesamtbelastung nach § 48 GBO gebucht werden können, wird um das dingliche Nutzungsrecht (Art 233 § 4 Abs 1 EGBGB) erweitert, § 5 Abs 3 GGV. Dieses Nutzungsrecht muss in den Grundbüchern sämtlicher belasteter Grundstücke eingetragen werden, weil das Recht ein einheitliches Gesamtrecht ist.

642 Bezieht sich ein dingliches Nutzungsrecht nach Art 233 § 4 Abs 1 EGBGB auf mehrere Grundstücke oder Flurstücke, so lastet es als beschränktes dingliches Recht auf allen Grundstücken, auf denen das Gebäude mit seinen Funktionsflächen steht. Ebenso wie nach § 3 Abs 4 S 4 GGV im Bestandsverzeichnis des Gebäudegrundbuchblattes sämtliche belasteten Grundstücke anzugeben sind, muss das dingliche Nutzungsrecht in den Grundbüchern der betroffenen Grundstücke eingetragen werden. Das Recht ist aber ein **einheitliches Gesamtrecht**, so dass die Mitbelastung der verschiedenen Grundstücke auch grundbuchrechtlich deutlich gemacht werden muss. § 48 GBO ist über § 5 Abs 3 GGV deshalb auch auf das Nutzungsrecht anwendbar. Dies gilt nach § 6 S 2 GGV auch sinngemäß für das Gebäudeeigentum nach Art 233 §§ 2b und 8 EGBGB.

643 **e) Besitzrecht**. Das Recht zum Besitz nach Art 233 § 2a EGBGB ist keine dingliche Belastung des Grundstücks. Es ist aber wie eine Belastung in der zweiten Abteilung des Grundbuchs des betroffenen Grundstücks einzutragen. Nach § 7 Abs 2 und § 9 Abs 1 und 2 GGV wird erreicht, dass sämtliche betroffenen Grundstücke anzugeben sind, soweit sich der Vermerk auf mehrere Grundstücke und/oder Grundstücksteilflächen bezieht; allerdings bedarf es der grundbuchmäßigen Bezeichnung der Grundstücke hier nicht, da sie im Bestandsverzeichnis dieses Grundbuchblattes vorgetragen sind und auf diese Angaben Bezug genommen werden kann. Es reicht die Angabe ihrer laufenden Nummern im Bestandsverzeichnis aus, ansonsten sind Mitbelastungsvermerke anzubringen.

644 **f) Dingliche Rechte in der Bodenneuordnung**. In den Verfahren der Bodenordnung (Umlegung und Grenzregelung nach dem Baugesetzbuch, Flurneuordnung nach dem LwAnpG, Bodensonderung nach dem Bodensonderungsgesetz, Zuordnung nach § 2 Abs 2b VZOG) können beschränkte dingliche **Rechte neu begründet** werden. Es können nur dingliche Rechte nach dem BGB begründet werden. Aus den behördlichen Bescheiden muss hervorgehen, ob dingliche Rechte auf mehreren neu gebildeten Flurstücken als Gesamtbelastung lasten (vgl zB § 4 Abs 3 und 4 sowie § 5 Abs 2 SPV).

g) Vorkaufsrechte. Mehrere Grundstücke können nicht mit einem einheitlichen Vorkaufsrecht belastet wer- 645
den. Möglich ist aber das Vorkaufsrecht an Miteigentumsanteilen. §§ 20, 20a VermG ermöglicht dem Mieter
oder Nutzer, dass sie an jedem einzelnen (früher staatlich verwalteten) Miteigentumsanteil und darüber hinaus
auch an dem Grundstück als solchem ein Vorkaufsrecht erhalten können. Wird ein Miteigentumsanteil verkauft, erstreckt sich das Vorkaufsrecht nur auf diesen Anteil; veräußern alle Miteigentümer das Grundstück als
Ganzes, besteht das Vorkaufsrecht am Grundstück.

8. Nacherbenvermerk

Das ZGB kannte keine Nacherbfolge. Es ist aber nach § 8 Abs 2 S 2 EGZGB zu unterscheiden: bei Testaments- 646
errichtung vor dem 01.01.1976 und Erbfall während der ZGB-Zeit besteht zwar Vor- und Nacherbfolge,
jedoch ohne die sich daraus für den Vorerben ergebenden Beschränkungen der Verfügungsbefugnis; der Vorerbe kann wie ein Vollerbe uneingeschränkt verfügen. Die Befangenheit des Grundstücks zum Nachlas kann
durch einen besonderen Nacherbenvermerk verlautbart werden: *»Nacherbfolge ist angeordnet ... Der Vorerbe ist in
seiner Verfügungsbefugnis nicht beschränkt.«*

Bei Testamentserrichtung und Erbfall während der ZGB-Zeit besteht keine Nacherbfolge, auch keine Verfü- 647
gungsbeschränkung. Ein Nacherbenvermerk kann im Grundbuch nicht – auch nicht eingeschränkt – eingetragen werden; bei einer Grundbuchberichtigung ist zu prüfen, ob der eingesetzte Vorerbe als Vollerbe oder als
Vermächtnisnehmer (Nießbraucher) gelten kann.

Bei der Eigentumszuweisung von **Bodenreformland** nach Art 233 § 11 Abs 2 S 1 Nr 2 EGBGB an die 648
Gemeinschaft der Erben handelt es sich nicht um einen Nachlaßgegenstand des verstorbenen (Buch-)Eigentü-
mers. Ein Nacherbenvermerk ist in keinem Falle im Grundbuch eintragbar.

Hat ein Grundstückseigentümer nach dem **Verkehrsflächenbereinigungsgesetz** (VerkFlBerG) das Grund- 649
stückseigentum auf einen öffentlichen Nutzer zu übertragen, so kann ein Vorerbe die Übereignung auch ohne
Zustimmung des Nacherben vornehmen, da nach § 3 Abs 4 S 2 VerkFlBerG die Bestimmung des § 2113 BGB
ausgeschlossen ist. Gleiches gilt für die Bestellung einer Dienstbarkeit durch den Vorerben zu Gunsten des
öffentlichen Nutzers.

9. Testamentsvollstreckungsvermerk

Eine Testamentsvollstreckung nach dem ZGB hatte nicht die gleiche Bedeutung und den gleichen Umfang wie 650
eine Testamentsvollstreckung nach dem BGB. Für die Erben besteht keine Verfügungsbeschränkung wie bei
§ 2211 BGB. Es ist zu unterscheiden: bei Testamentserrichtung vor dem 01.01.1976 und Erbfall während der
ZGB-Zeit besteht gemäß § 8 Abs 2 S 1 EGZGB die Testamentsvollstreckung des BGB (Eintragung eines TV-
Vermerks); war die Testamentserrichtung und der Erbfall während der ZGB-Zeit, so gilt das ZGB (keine Eintragung eines TV-Vermerks). Die Erben sind neben dem Testamentsvollstrecker verfügungsbefugt.

Bei der Eigentumszuweisung von Bodenreformland an die Gemeinschaft der Erben (Art 233 § 11 Abs 2 S 1 651
Nr 2 EGBGB) handelt es sich um keinen Nachlaßgegenstand des verstorbenen (Buch-) Eigentümers. Ein Testamentsvollstreckervermerk ist bei dem zum 22.07.1992 zugeteilten Grundstück nicht eintragbar.[373]

Hat ein Grundstückseigentümer nach dem **Verkehrsflächenbereinigungsgesetz** (VerkFlBerG) das Grund- 652
stückseigentum auf den öffentlichen Nutzer zu übertragen, so kann ein Testamentsvollstrecker die Übereignung
auch dann vornehmen, wenn er einem Verfügungsverbot des Erblassers unterliegt, § 3 Abs 4 S 2 VerkFlBerG.
Gleiches gilt für die Bestellung einer Dienstbarkeit durch den Testamentsvollstrecker zu Gunsten des öffentlichen Nutzers.

XVIII. Amtswiderspruch/Löschung

1. Alte Eintragungen

Die jeweils im Zeitpunkt der Vornahme der Grundbucheintragung geltenden Verfahrensnormen entscheiden 653
darüber, ob der Liegenschaftsdienst/Grundbuchamt Vorschriften verletzt hat. Die Grundbuchführer haben keinesfalls in gezielten Aktionen den Grundbuchbestand zu durchsuchen, ob Pflichtverletzungen des Grundbuchamts begangen wurden. Auch wenn die Verletzung rechtsstaatlicher Grundsätze gerügt wird, hat der Grundbuchführer nur nach den Kriterien des § 53 GBO zu prüfen. Nur wenn begründete Anhaltspunkte für eine
Unwirksamkeit eines Verwaltungsakts (zB ungesetzliche Enteignungsbeschlüsse) vorliegen, kann der Grundbuchführer das Ersuchen zurückweisen; ein Amtswiderspruch ist wohl in den seltensten Fällen eintragbar, da
die Nichtigkeit des Verwaltungsaktes nach § 44 VwVfG für das Grundbuchamt wohl kaum erkennbar ist.

---

373 *Böhringer* MittBayNot 1992, 369; *ders* VIZ 1993, 195.

2. Bei behördlichen Ersuchen

654   Hat das Grundbuchamt vorschriftswidrig eine Eintragung vorgenommen, durch die das Grundbuch unrichtig geworden ist, so sieht § 53 Abs 1 GBO die Eintragung eines Widerspruchs von Amts wegen vor. Fehlt es an einem vorschriftswidrigen Verhalten des Grundbuchamts, so ist es Sache der Beteiligten, einen Widerspruch nach § 899 BGB in das Grundbuch eintragen zu lassen. Deshalb kann das Grundbuchamt keinen Amtswiderspruch eintragen, wenn zB der Restitutionsbescheid noch nicht bestandskräftig ist und trotzdem das Amt zur Regelung offener Vermögensfragen um Grundbuchberichtigung nach § 34 VermG ersucht. Das ARoV ist aber berechtigt, um Eintragung eines Widerspruchs zu ersuchen; die Falllage ähnelt der des § 7 AnmeldeVO.[374]

3. Verstoß gegen Zustimmungsvorbehalt/Verfügungsverbote

655   Wird ohne Vorliegen einer Zustimmung[375] nach § 11c VermG, § 6 BoSoG, § 13 GBBerG, § 3 Abs 10 AusglLeistG eine Grundbucheintragung vorgenommen, kann das Grundbuch unrichtig werden. In solchen Fällen ist von Amts wegen ein Widerspruch einzutragen. Eine nachträgliche Genehmigung heilt jedoch den Mangel.

656   Wird entgegen dem absoluten Verfügungsverbot in §§ 39 und 78 SachenRBerG eine Verfügung im Grundbuch eingetragen, so macht die Eintragung das Grundbuch unrichtig, ein Amtswiderspruch ist einzutragen.

4. Verfügungen von Kommunen

657   Verfügt eine Kommune über Grundstücke und Gebäude, ist die kommunalaufsichtsrechtliche Genehmigung erforderlich. Wird ohne diese im Grundbuch die Rechtsänderung eingetragen, ist ein Amtswiderspruch einzutragen. Seit Inkrafttreten des 2. VermRÄndG (Art 14 Abs 4 und 5) ist klargestellt, dass eine solche Genehmigung durch den Investitionsvorrangbescheid (§ 11 InVorG), die Eigenbescheinigung nach § 3a VermG und die Investitionsbescheinigung nach dem BInVG in der Fassung der Bekanntmachung vom 22.04.1991[376] ersetzt[377] ist. Der eingetragene Amtswiderspruch ist in solchen Fällen wieder von Amts wegen als gegenstandslos zu löschen. Bei Verfügungen von Rechtsträgern nach § 8 VZOG gelten aber Ausnahmen von der Genehmigungspflicht.

5. Bodenreformland

658   Vor Inkrafttreten der Vorschriften über die Abwicklung der Bodenreform (Art 233 §§ 11 ff EGBGB) am 22.07.1992 wurden in manchen Fällen für die Treuhandanstalt Amtswidersprüche bei Bodenreformgrundstücken eingetragen. Diese können seither von Amts wegen als gegenstandslos gelöscht werden; ein Antrag oder eine Löschungsbewilligung der Treuhandanstalt bzw deren Nachfolgeorganisation ist nicht erforderlich. Diese Löschungsmöglichkeit besteht allerdings nur in den Fällen des Art 233 § 11 Abs 2 EGBGB.

6. Staatsbank Berlin/KfW

659   In vielen Fällen hat die Staatsbank Berlin über dingliche Rechtspositionen verfügt. § 105 Abs 3 GBV stellt klar, dass die »Altbewilligung« Bestand hat, wenn die Bewilligung von der Staatsbank Berlin oder von einer der in § 105 Abs 1 Nr 6 GBV genannten Bewilligungsstelle erklärt worden ist. Insoweit sind jetzt Amtswidersprüche obsolet und wieder löschbar.

7. Gebäudeeigentum

660   Keine Amtswidersprüche sind einzutragen bei fehlgeschlagenen sog. Komplettierungsfällen, soweit sie unter die Heilungsvorschrift des § 12 GGV fallen. Werden bei der Falllage des § 12 Abs 3 GGV von den Beteiligten keine Erklärungen nachgereicht, sind das Gebäudeeigentum und das Grundstück wieder in getrennten Grundbüchern zu buchen.

661   Bei einem »falschen« Ersuchen nach § 34 Abs 2 VermG kann das Grundbuch unrichtig werden, ohne dass das Grundbuchamt von Amts wegen einen Widerspruch einzutragen hat.[378]

662   Einen Widerspruch besonderer Art stellt die Widerspruchseintragung nach § 11 GGV dar. Der Widerspruch[379] wird von Amts wegen eingetragen, soll gutgläubigen Wegerwerb von Einreden des Grundstückseigentümers verhindern, bleibt nur vorübergehend wirksam und kann nach Ablauf einer bestimmten Frist seit seiner Eintragung in das Grundbuch als gegenstandslos gelöscht werden. Der Widerspruch stellt keine Grundbuchsperre dar.

---

374   So OLG Naumburg Rpfleger 1993, 444; aA LG Leipzig Rpfleger 1993, 444.
375   *Böhringer* Rpfleger 1994, 45.
376   BGBl I S 994.
377   *Böhringer* Finanzwirtschaft 1992, 169, 173; *ders* Finanzwirtschaft 1992, 230.
378   OLG Naumburg Rpfleger 1993, 444; vgl aber auch LG Leipzig Rpfleger 1993, 444.
379   Der Widerspruch ähnelt der Eintragung gemäß § 1157 BGB.

8. Ungetrennte Hofräume

Zweifelhaft ist die Rechtslage bei einem »Anteil am ungetrennten Hofraum«, wenn ohne die nach der 663
Hofraumverordnung[380] erforderliche Ergänzung der Grundstücksangaben eine Verfügung über das Grundstück
eingetragen wird. Da ein Grundstück im Rechtssinne nicht vorhanden ist, kann eine Verfügung hierüber keine
Geltung erlangen.[381] Entweder sind die Ergänzungen nachzuholen oder es kommt zu einer Löschung nach § 53
GBO oder §§ 84 ff GBO, da eine Verfügung über ein Grundstück das Vorhandensein eines solchen im Rechts-
sinne voraussetzt. Die Hofraumverordnung gilt bis 31.12.2010.

XIX. Beschwerde

§ 71 GBO stellt den Grundsatz auf, dass gegen jede Entscheidung des Grundbuchamts die (unbefristete) 664
Beschwerde gegeben ist. § 144 Abs 1 Nr 7 und Abs 3 GBO regeln Übergangsfragen, die sich im Zusammenhang mit Rechtsmitteln gegen die als Justizverwaltungsbehörden organisierten Grundbuchämter ergeben
haben. Ziel der Regelungen war es, einheitlich die Verfahren in das Beschwerdeverfahren nach der GBO zu
führen.

In den neuen Ländern wurden anfangs Grundakten und Grundbücher oft von **anderen Stellen** als den 665
Grundbuchämtern aufbewahrt (Archive in Hohenschönhausen und Barby). Bei wem und unter welchen
Voraussetzungen Einsicht[382] in diese genommen und Abschriften hieraus begehrt werden können, regelte bis
zum Inkrafttreten des RegVBG § 125 GBO, der aus Gründen der Übersichtlichkeit als § 12b GBO neu einge-
stellt wurde. Über die Gewährung von Einsicht oder die Erteilung von Abschriften entscheidet die Leitung der
Stelle oder ein von ihr hierzu ermächtigter Bediensteter. Gegen die Entscheidung ist die Beschwerde nach
§§ 71 GBO gegeben. Örtlich zuständig ist das Gericht, in dessen Bezirk die Stelle ihren Sitz hat (§ 12c Abs 5
GBO).

Die Abwicklung von **Entschädigungsvereinbarungen** der ehem. DDR wird durch einen Zustimmungsvor- 666
behalt nach § 11c VermG gesichert.[383] Auf Ersuchen trägt das Grundbuchamt einen Vermerk im Grundbuch
ein. Der Rechtsinhaber kann das Ersuchen im Nachhinein anfechten und zwar mit einem Widerspruch gegen
den Verwaltungsakt. Die Grundbuchbeschwerde ist nicht statthaft.

Bei der **Sachenrechtsbereinigung** kann ein notarielles Vermittlungsverfahren beantragt werden. Der Notar ist 667
dann nach § 92 SachenRBerG gehalten, ein Ersuchen zur Eintragung eines Vermerks über die Eröffnung des
Vermittlungsverfahrens an das Grundbuchamt zu richten. Das Ersuchen wie auch die Eintragung des Vermerks
sind nicht beschwerdefähig. Der Beschluss des Notars über die Eintragung des Eröffnungsvermerks ist jedoch
nach § 89 Abs 2 SachenRBerG anfechtbar.

---

380 BGBl 1993 I S 1658.
381 *Schmidt-Räntsch* ZIP 1993, 1917; *Böhringer* VIZ 1994, 63; *Ufer* DNotZ 1992, 777; *ders* DtZ 1992, 272.
382 Allgemein *Böhringer* DtZ 1991, 272.
383 *Böhringer* Rpfleger 1994, 45.

L. International-privatrechtliche Bezüge im Grundbuchrecht

Schrifttum

Amann, Eigentumserwerb unabhängig von ausländischem Güterrecht? MittBayNot 1986, 222; *Arnold,* Die Beglaubigungsverträge mit Frankreich und mit Italien, DNotZ 1975, 581; *Bausback,* Der dingliche Erwerb inländischer Grundstücke durch ausländische Gesellschaften, DNotZ 1995, 254; *Bergmann/Ferid,* Internationales Familienrecht (Loseblatt); *Bindseil,* Internationaler Urkundenverkehr, DNotZ 1992, 275; *Breidenbach,* Handbuch Wirtschaft und Recht in Osteuropa (Loseblatt); *Bülow/ Böckstiegel/Geimer/Schütze,* Internationaler Rechtsverkehr in Zivil- und Handelssachen (Loseblatt); *DNotI (Deutsches Notarinstitut),* Notarielle Fragen des internationalen Rechtsverkehrs, 1995; *Dorsel,* Stellvertretung und Internationales Privatrecht, MittRhNotK 1997, 6; *Eiselsberg,* Gesellschaftsrecht in Europa, 1997; *Ferid/Firsching/Dörner/Haussmann,* Internationales Erbrecht (Loseblatt); *Flick/Piltz,* Der Internationale Erbfall, Erbrecht – Internationales Privatrecht – Erbschaftsteuerrecht, 2. Aufl. 2007; *Frank/Wachter,* Handbuch Immobilienrecht in Europa – Zivil- und steuerrechtliche Aspekte des Erwerbs, der Veräußerung und Vererbung von Immobilien, 2004; *Geimer,* Konsularisches Notariat, DNotZ 1978, 3; *Hagena,* Die Bestimmungen über die Errichtung einer Urkunde in einer fremden Sprache und die Übersetzung von Niederschriften, insbesondere die Beurkundung von Affidavits, DNotZ 1978, 387; *Herberstein,* Die GmbH in Europa, 2. Aufl, Wien 2001; *Hertel,* Zweisprachige Urkunden?, in: Festschrift für Hans Wolfsteiner, 2007, 51; *Hohloch,* EU-Handbuch Gesellschaftsrecht (Loseblatt, Stand: August 2001, seitdem nicht mehr aktualisiert); *Holzborn/Israel,* Internationale Handelsregisterpraxis, NJW 2003, 3014; *Karst,* Entbehrlichkeit von Apostillen im deutsch-französischen Rechtsverkehr, RIW 2005, 289; *Kaufhold,* Zur Anerkennung ausländischer öffentlicher Testamente und Erbnachweise im Grundbuchrecht, ZEV 1997, 399; *Kierdorf,* Die Legalisation von Urkunden (1973); *Knoche,* Die Vertretung englischer Handelsgesellschaften aus Sicht des deutschen Notars – Kollisionsrecht, Sachrecht und Nachweisprobleme, MittRhNotK 1985, 165; *Kropholler/Krüger/Riering/Samtleben/ Siehr,* Außereuropäische IPR-Gesetze, DNotI/Max-Planck-Institut, 1999; *Krzywon,* Ausländische Erbrechtszeugnisse im Grundbuchverfahren, BWNotZ 1989, 133; *Langhein,* Kollisionsrecht der Registerurkunden, Rpfleger 1996, 45; *Luther,* Beglaubigung und Legalisation im zwischenstaatlichen Rechtsverkehr, MDR 1986, 10; *Maitland-Walker,* Guide to European Company Law, 2. Aufl, London 1997; *Promberger,* Notarielle »Bescheinigungen« über Registereintragungen, Rpfleger 1977, 355 = MittBayNot 1977, 225 und Rpfleger 1982, 460; *Reithmann,* Beurkundung, Beglaubigung, Bescheinigung durch inländische oder ausländische Notare, DNotZ 1995, 360; *Reithmann/Martiny* Internationales Vertragsrecht, 6. Aufl 2004; *Riering,* IPR-Gesetze in Europa, 1997; *Roth,* Grundbuchverfahren und ausländisches Güterrecht, IPRax 1991, 320; *Roth,* Legalisation und Apostille im Grundbuchverfahren, IPRax 1994, 86; *Schaub,* NZG 2000, 953; *Schotten/Schmellenkamp,* Das Internationale Privatrecht in der notariellen Praxis, 2. Aufl. 2007; *Süß,* Overview: Age of majority and age of testamentary capacity in other countries, Notarius International 2002, 245; *Süß,* Ausländer im Grundbuch und im Registerverfahren, Rpfleger 2003, 53; *Süß,* Eherecht in Europa, 2006; *Süß,* Erbrecht in Europa, 2. Aufl. 2008; *Süß/Wachter,* Handbuch des internationalen GmbH-Rechts, 2006; *Weber,* Das Haager Übereinkommen zur Befreiung ausländischer öffentlicher Urkunden von der Legalisation, DNotZ 1967, 469; *Widtmann/Mayer,* Umwandlungsrecht (Loseblatt); *Wolfsteiner,* Bewilligungsprinzip, Beweislast und Beweisführung im Grundbuchverfahren, DNotZ 1987, 67.

I. Volljährigkeit und gesetzliche Vertretung natürlicher Personen

1. Geschäftsfähigkeit und Verfahrensfähigkeit

Materiell-rechtliche Geschäftsfähigkeit und grundbuchverfahrensrechtliche Verfahrensfähigkeit unterliegen nach **1**
den hier vertretenen Auffassungen unterschiedlichen – die erste international-privatrechtlichen, letztere internati-
onal-verfahrensrechtlichen – Anknüpfungen. Daher ist nach ihrem Anwendungsbereich zu unterscheiden:
- Die grundbuchliche **Verfahrensfähigkeit** ist für den **Antrag** (§ 13) sowie für das Beschwerdeverfahren zu
  prüfen.
- Für die **Einigung**, deren materielle Wirksamkeit das Grundbuchamt nach § 20 zu prüfen hat, ist materiellrechtliche **Geschäftsfähigkeit** erforderlich.
- Da die **Bewilligung** nach § 19 heute ganz mehrheitlich als rein verfahrensrechtliche Erklärung angesehen
  wird und daher hierfür die neuere Literatur mehrheitlich die Verfahrensfähigkeit analog § 52 ZPO verlangt

wird,[1] nicht aber (unmittelbar) Geschäftsfähigkeit nach §§ 104 ff BGB, muss dies auch für die international-verfahrensrechtliche Anknüpfung gelten und dafür die Verfahrensfähigkeit genügen lassen. Wer hingegen mit der Gegenmeinung (wie sie auch die Rechtsprechung zur Verfahrenstätigkeit vertritt) für die Bewilligung unmittelbar Geschäftsfähigkeit verlangt,[2] muss (sofern dies Anknüpfung über § 52 ZPO ausschließen und nicht nur abkürzen soll) auch im internationalen Verfahrensrecht an die Geschäftsfähigkeit anknüpfen.

2. Verfahrensfähigkeit

2   **a) Verfahrensfähigkeit oder Geschäftsfähigkeit nach Heimatrecht?** Weder die GBO noch das FGG (noch das zum 01.01.2009 in Kraft tretende FamFG[3]) enthalten eine ausdrückliche Regelung über die internationale Anknüpfung der Verfahrensfähigkeit im Grundbuchrecht oder allgemein in Verfahren der freiwilligen Gerichtsbarkeit. Daher ist auf die allgemeinen **Regelungen der ZPO** über die Prozessfähigkeit zurückzugreifen.

- Eine Meinung will an die **Geschäftsfähigkeit nach dem Heimatrecht**[4] des Beteiligten anknüpfen. Sie begründet dies mit der Anwendung der lex fori auf die Prozessfähigkeit als Verfahrensvoraussetzung. Nach deutschem Prozessrecht entspricht aber die Prozessfähigkeit grds der Geschäftsfähigkeit (§ 51 Abs 1 ZPO). Die Geschäftsfähigkeit bei Ausländern bestimmt sich wiederum nach deren Heimatrecht (Art 7 Abs 1 S 1 EGBGB). Damit werden aber internes Recht und IPR in der falschen Reihenfolge geprüft; das IPR ist nicht am Ende zu prüfen, sondern die international-verfahrensrechtliche Frage nach der Anknüpfung der Prozessfähigkeit muss am Anfang der Prüfung stehen.
- Einleuchtender erscheint mir eine Anknüpfung an die **Prozessfähigkeit nach dem Heimatrecht** (bzw. an die Verfahrensfähigkeit für das jeweilige Verfahren oder allgemein für Verfahren der freiwilligen Gerichtsbarkeit, sofern es diese im betreffenden Heimatstaat gibt). Diese Anknüpfungsregel ergibt sich indirekt aus § 55 ZPO, der zumindest voraussetzt, dass sich die Prozessfähigkeit eines Ausländers nach seinem Heimatrecht bestimmt. (Ist ein Ausländer nach seinem Heimatrecht nicht prozessfähig, wohl aber nach deutschem Prozessrecht, so genügt dies nach § 55 ZPO ebenfalls.)

3   Im Regelfall kommen beide Ansichten zu **denselben Ergebnissen**, da auch ausländische Rechtsordnungen typischerweise die Prozessfähigkeit an die Geschäftsfähigkeit anknüpfen. Daher scheinen mir die älteren Gerichtsentscheidungen, die unmittelbar auf die Geschäftsfähigkeit nach Heimatrecht abstellen, ein im jeweiligen Fall richtiges Ergebnis mit verkürzter Argumentation abzuleiten.

In einigen Fallkonstellationen gibt es aber **Unterschiede**:
- Das ausländische Recht kann Geschäftsfähigkeit und Prozessfähigkeit unterschiedlich regeln – insbesondere für **spezielle Verfahrensarten**. Dies wäre nach der hier vertretenen Ansicht auch in deutschen Verfahren anzuerkennen (allerdings für das Grundbuchverfahren kaum relevant).
- Vor allem wäre nach der Gegenansicht (Anknüpfung an die Geschäftsfähigkeit) auch eine **Rück- oder Weiterverweisung** durch das ausländische IPR zu beachten (Art 4 Abs 1 EGBGB), da Art 7 EGBGB eine Gesamtverweisung enthält,[5] so wenn das Heimatrecht eines in Deutschland lebenden Ausländers die Geschäftsfähigkeit dem Wohnsitzrecht unterstellt. Hingegen dürfte es kaum eine Rück- oder Weiterverweisung durch das internationale Zivilverfahrensrecht des ausländischen Staates geben.

4   **b) Verfahrensfähigkeit nach deutschem Recht genügt (§ 55 ZPO).** § 55 ZPO ist in Verfahren der freiwilligen Gerichtsbarkeit analog anwendbar. Danach gilt ein Ausländer, dem nach dem Recht seines Landes die Verfahrensfähigkeit mangelt, als geschäftsfähig, wenn ihm nach deutschem Recht die Verfahrensfähigkeit zusteht.[6] Nach § 55 ZPO gilt also ein Ausländer mit Vollendung des **18. Lebensjahres** auch dann als verfahrensfähig, wenn sein Heimatrecht ein höheres Lebensalter für den Eintritt der Verfahrensfähigkeit (bzw Geschäftsfähigkeit) verlangt.

5   Im Ergebnis ist daher bei einem Ausländer die Verfahrensfähigkeit nach Maßgabe des Heimatrechts nur bei einem unter 18-jährigen Ausländer zu prüfen.
- Lässt man nach der hier vertretenen Meinung die Verfahrensfähigkeit für die Bewilligung genügen – und wendet man hierauf § 55 ZPO an, so muss das Grundbuchamt bei der Bewilligung eines **18-jährigen Aus-**

---

1 KEHE-*Eickmann* § 1 Rn 30; *Meikel-Böttcher* Einl F Rdn 63.
2 RGZ 145, 284, 286; BGHZ 35, 1, 4; BayObLG MDR 1982, 228; BayObLGZ 1989, 175 = FamRZ 1989, 1003 = MDR 1989, 920 = NJW-RR 1989, 1241 = Rpfleger 1989, 366. OLG Köln MittRhNotK 1987, 197; KG 16, 253; *Demharter* § 1 Rn 32; *Bumiller/Winkler*, FGG, 8. Aufl 2006, vor § 13 Rn 14.
3 BR-Drucks 309/07 vom 10.05.2007 = BT-Drucks 16/6308 vom 07.09.2007; BT-Drucks 16/9733 vom 23.06.2008; BR-Drucks 617/08 vom 29.08.2008
4 BayObLGZ 1963, 35, 37 = FamRZ 1974, 469; KEHE-*Sieghörtner* Einl Rn U 18.
5 *Staudinger-Hausmann*, BGB, 2007, Art 7 EGBGB Rn 3, 16 ff.
6 BayObLGZ 2002, 99, 101 = FamRZ 2002, 1282; KEHE-*Sieghörtner* Einl Rn U 18; *Staudinger-Hausmann* Art 7 EGBGB Rn 99.

länders dessen Geschäftsfähigkeit nach seinem Heimatrecht nicht prüfen (wohl aber bei einer Einigung nach § 20) – sondern hätte nur dann die Eintragung zu verweigern, wenn es positiv wüsste, dass die einzutragende Rechtsänderung infolge der Minderjährigkeit des ausländischen Beteiligten unwirksam ist. Eine Prüfung wäre für die Bewilligung nur bei einem unter 18-jährigen Ausländer erforderlich.

– Fordert man hingegen entweder mit der **(älteren) Rechtsprechung** auch für die Bewilligung die Geschäftsfähigkeit, so würde § 55 ZPO für die Bewilligung nicht gelten. Das Grundbuchamt müsste nicht nur im Bereich des materiellen Konsensprinzips nach § 20, sondern auch im Bereich des formellen Konsensprinzips nach § 19 die Geschäftsfähigkeit des (möglicherweise minderjährigen) Ausländers prüfen. Die Grenze für die Prüfung läge hier bei **21 Jahren**, weil nach allen ausländischen Rechtsordnungen die Volljährigkeit spätestens mit Vollendung des 21. Lebensjahres eintritt.

3. Geschäftsfähigkeit (Volljährigkeit)

a) Anknüpfung an die Staatsangehörigkeit (Art 7 EGBGB). Art 7 Abs 1 S 1 EGBGB verweist für die (bei materiellen Rechtsgeschäften relevante) Rechts- und Geschäftsfähigkeit einer Person auf deren **Heimatrecht**.   6

– Hat der Beteiligte neben der deutschen noch eine (oder mehrere) andere Staatsangehörigkeiten, so ist allein auf die **deutsche Staatsangehörigkeit** abzustellen (Art 5 Abs 1 S 2 EGBGB).
– Sonst ist bei **doppelter oder mehrfacher Staatsangehörigkeit** das Recht des Staates anzuwenden, »mit dem die Person am engsten verbunden ist, insbesondere durch ihren gewöhnlichen Aufenthalt oder durch den Verlauf ihres Lebens« (Art 5 Abs 1 S 1 EGBGB).

b) Rück- oder Weiterverweisung (Art 4 Abs 1 EGBGB). Art 7 Abs 1 S 1 EGBGB enthält eine Gesamtverweisung (Art 4 Abs 1 S 1 EGBGB). Eine Rückverweisung oder Weiterverweisung durch das IPR des Heimatstaates ist daher zu beachten:[7]   7

– Dies gilt zum einen für eine Rück- oder Weiterverweisung auf das **Wohnsitz- oder Aufenthaltsrecht** bei einem Beteiligten mit Wohnsitz oder gewöhnlichem Aufenthalt in Deutschland (zB durch das IPR von Dänemark,[8] Art 35 IPRG Schweiz oder die Anknüpfung an das domicile nach dem Recht der Common Law-Staaten).
– Ebenso ist eine Rück- oder Weiterverweisung aufgrund abweichender Qualifikation zu beachten, so wenn das zur Anwendung berufene Heimatrecht die Frage dem **Geschäftsrecht** unterstellt, wie etwa nach den Rechtsordnungen des *Common Law*.[9] Da Geschäftsrecht für Grundstücksgeschäfte das Belegenheitsrecht ist (nach Common Law wie nach dem IPR nahezu aller Staaten), bestimmt sich die Geschäftsfähigkeit von Staatsangehörigen eines Common Law-Staates für dingliche Rechtsgeschäfte über deutsche Grundstücke (und damit auch für die Bewilligung nach § 19, sofern man entgegen der hier vertretenen Meinung auch hierfür auf die Geschäftsfähigkeit abstellt) nach deutschem Recht.

c) Länderliste Volljährigkeitsalter. Betrachtet man das Volljährigkeitsalter in den einzelnen Ländern, so lassen sich folgende Merksätze aufstellen: 8

– In der Mehrzahl der Länder, insbesondere **in allen europäischen Staaten,** beträgt das Volljährigkeitsalter **18 Jahre** (mit der einzigen Ausnahme der Kanalinsel Jersey).
– In **keinem Land** liegt das Volljährigkeitsalter **über 21 Jahre**.

Alphabetische Länderliste Volljährigkeitsalter:[10]   9

Afghanistan: 18 Jahre; Ägypten: 21 Jahre; Albanien: 18 Jahre; Algerien: 19 Jahre; Andorra: 18 Jahre; Angola: 18 Jahre; Äquatorialguinea: 18 Jahre; Argentinien: 21 Jahre; Armenien: 18 Jahre; Aserbaidschan: 18 Jahre; Äthiopien: 18 Jahre; Australien: 18 Jahre;

Bahamas: 18 Jahre; Bahrein: 21 Jahre; Bangladesch: 18 Jahre; Barbados: 18 Jahre; Belarus sh Weißrussland; Belgien: 18 Jahre; Belize: vermutlich 18 Jahre; Benin: 21 Jahre; Bermuda (britisches Überseegebiet): 21 Jahre; Bhutan: vermutlich 18 Jahre; Birma/Burma sh Myanmar; Bolivien: 21 Jahre; Bosnien und Herzegowina: 18 Jahre; Botsuana: 21 Jahre; Brasilien: 18 Jahre; Brunei Darussalam: unbekannt; Bulgarien: 18 Jahre; Burkina Faso (früheres Obervolta): 20 Jahre; Burundi: 21 Jahre;

---

7 *Staudinger-Hausmann* Art 7 EGBGB Rn 3, 16 ff. Eine Länderliste über die Anknüpfung der Geschäftsfähigkeit ist mir leider nicht bekannt.
8 KG IPRspr 1929 Nr 88.
9 BGHZ 24, 352, 356 ff = IPRspr 1956/57 Nr 146; *Staudinger-Hausmann* Art 7 EGBGB Rn 18 f.
10 Eine Länderliste mit Weltkarte findet sich in Notarius International 1-2/2006, Umschlagseiten III-IV, auch im Internet: www.notarius-international.uinl.org unter Ausländisches Recht; vgl auch die Listen bei: *Revillard*, Droit International Privé et Communautaire, 6. Aufl 2006, Rn 514; *Schotten/Schmellenkamp* Rn 388; *Staudinger-Hausmann* Anh zu Art 7 EGBGB (ausführliche Liste, auch mit Regeln über die beschränkte Geschäftsfähigkeit und über vorzeitige Mündigkeit); *Süß* Notarius International 2002, 245; *Süß* Rpfleger 2003, 53, 54 ff.

Cayman Islands sh Kaimaninseln; Ceylon sh Sri Lanka; Chile: 18 Jahre; China (Volksrepublik): 18 Jahre; Costa Rica: 18 Jahre; Côte d'Ivoire sh Elfenbeinküste;

Dänemark: 18 Jahre; Dominica (Commonwealth): 18 Jahre; Dominikanische Republik: 18 Jahre; Dschibuti: 18 Jahre;

Ecuador: 18 Jahre; El Salvador: 18 Jahre; Elfenbeinküste (Côte d'Ivoire): 21 Jahre; England: 18 Jahre; Eritrea: 18 Jahre;

Fidschi: 21 Jahre; Finnland: 18 Jahre; Frankreich: 18 Jahre;

Gabun: 21 Jahre; Gambia: 21 Jahre; Georgien: 18 Jahre; Ghana: 18 Jahre; Grenada: 21 Jahre; Griechenland: 18 Jahre; Großbritannien sh England bzw Schottland; Guatemala: 18 Jahre; Guinea: 21 Jahre; Guinea-Bissau: 21 Jahre; Guyana: 18 Jahre;

Haiti: 21 Jahre; Honduras: 21 Jahre; Hongkong (China): 18 Jahre;

Indien: 18 Jahre; Indonesien: 21 Jahre; Irak: 18 Jahre; Iran: 18 Jahre; Irland: 18 Jahre; Island: 18 Jahre; Israel: 18 Jahre; Italien: 18 Jahre;

Jamaika: 18 Jahre; Japan: 20 Jahre; Jemen: 18 Jahre; Jersey: 21 Jahre (andere Kanalinseln hingegen 18 Jahre); Jordanien: 18 Jahre; (früheres) Jugoslawien s Serbien;

Kaimaninseln (Cayman Islands): 18 Jahre; Kambodscha: 18 Jahre; Kamerun: 21 Jahre; Kanada: 19 Jahre in Britisch Kolumbien (British Columbia), Neu Braunschweig (New Brunswick), Neufundland und Labrador (Newfoundland and Labrador), Nordwest Territorium (Northwest Territories), Neuschottland (Nova Scotia), Nunavut, Yukon – 18 Jahre in Alberta, Manitoba, Ontario, Prinz Eduard Insel (Prince Edward Island), Quebec, Saskatchewan; Britische Kanalinseln (Channel Islands): 18 Jahre (Ausnahme: 21 Jahre auf Jersey); Kap Verde: 18 Jahre; Kasachstan: 18 Jahre; Katar: 18 Jahre; Kenia: 18 Jahre; Kirgisistan: 18 Jahre; Kolumbien: 18 Jahre; Komoren: unbekannt; Republik Kongo (Brazzaville): wohl 17 Jahre; Demokratische Republik Kongo (früher Zaire): 18 Jahre; Korea (Republik): 20 Jahre; Volksrepublik Korea (Nordkorea): wohl 17 Jahre; Kosovo: 18 Jahre; Kroatien: 18 Jahre; Kuba: 18 Jahre; Kuwait: 21 Jahre;

Laos: 18 Jahre; Lesotho: 21 Jahre; Lettland: 18 Jahre; Libanon: 18 Jahre; Liberia: 21 Jahre; Libyen: 21 Jahre; Liechtenstein: 18 Jahre; Litauen: 18 Jahre; Luxemburg: 18 Jahre;

Macao (China): 18 Jahre; Madagaskar: 21 Jahre; Malawi: 21 Jahre; Malaysia: 18 Jahre; Malediven: unbekannt; Mali: 21 Jahre; Malta: 18 Jahre; Marokko: 18 Jahre; Mauretanien: 18 Jahre; Mauritius: 18 Jahre; Mazedonien (FYROM): 18 Jahre; Mexiko: 18 Jahre (in allen Bundesstaaten); Föderierte Staaten von Mikronesien: unbekannt; Republik Moldau: 18 Jahre; Monaco: 18 Jahre; Mongolei: 18 Jahre; Montenegro: 18 Jahre; Mosambik: 18 Jahre; Myanmar (Burma): 21 Jahre (18 Jahre, bei gemeinsamem Handeln mit einem Vormund);

Namibia: 21 Jahre; Nauru: vermutlich 21 Jahre; Nepal: 18 Jahre; Neuseeland: 20 Jahre; Nicaragua: 21 Jahre; Niederlande: 18 Jahre; Niederländische Antillen: 21 Jahre; Niger: 21 Jahre; Nigeria: 21 Jahre; Norwegen: 18 Jahre;

Obervolta sh Burkina Faso; Oman: vermutlich 18 Jahre; Österreich: 18 Jahre;

Pakistan: 18 Jahre; Panama: 18 Jahre; Papua Neuguinea: 18 Jahre; Paraguay: 20 Jahre; Peru: 18 Jahre; Philippinen: 18 Jahre; Polen: 18 Jahre; Portugal: 18 Jahre; Puerto Rico: 21 Jahre;

Ruanda: 21 Jahre; Rumänien: 18 Jahre; Russland: 18 Jahre;

Salomonen: 21 Jahre; Sambia: 21 Jahre; Samoa: 21 Jahre; San Marino: 18 Jahre; Saudi Arabien: 18 Jahre; Schottland: 18 Jahre; Schweden: 18 Jahre; Schweiz: 18 Jahre; Senegal: 21 Jahre; Serbien: 18 Jahre; Seychellen: 18 Jahre; Sierra Leone: 21 Jahre; Simbabwe: 18 Jahre; Singapur: 21 Jahre; Slowakei: 18 Jahre; Slowenien: 18 Jahre; Somalia: 18 Jahre; Spanien: 18 Jahre; Sri Lanka: 18 Jahre; St. Lucia: 18 Jahre; Sudan: 18 Jahre; Südafrika: 21 Jahre; Suriname: 21 Jahre; Swasiland: 21 Jahre; Syrien: 18 Jahre;

Tadschikistan: 18 Jahre; Taiwan (Republik China): 20 Jahre; Tansania: 18 Jahre; Thailand: 20 Jahre; Togo: 21 Jahre; Tonga: vermutlich 21 Jahre; Trinidad und Tobago: 18 Jahre; Tschad: 21 Jahre; Tschechische Republik: 18 Jahre; Tunesien: 20 Jahre; Türkei: 18 Jahre; Turkmenistan: 18 Jahre;

Uganda: 18 Jahre; Ukraine: 18 Jahre; Ungarn: 18 Jahre; Uruguay: 18 Jahre; USA (Vereinigte Staaten von Amerika): 21 Jahre in Colorado, Guam, Mississippi und Puerto Rico – 19 Jahre in Alabama und Nebraska – 18 Jahre in den übrigen Staaten und Territorien; Usbekistan: 18 Jahre;

Vanuatu: 21 Jahre; Venezuela: 18 Jahre; Vereinigte Arabische Emirate (VAR): 21 Mondjahre (= 20 Jahre + 4 Monate); Vereinigtes Königreich von Großbritannien und Nordirland sh England bzw Schottland; Vereinigte Staaten von Amerika sh USA; Vietnam: 18 Jahre;

Weißrußland (Belarus): 18 Jahre;

Zaire sh Demokratische Republik Kongo; Zentralafrikanische Republik: 18 Jahre; Zypern: 18 Jahre.

d) Gutglaubensschutz (Art 12 S 1 EGBGB). Art 12 S 1 EGBGB schützt den **guten Glauben** in die **10** Geschäftsfähigkeit eines ausländischen Vertragspartners: Befinden sich beide Vertragspartner in demselben Staat, so kann sich ein Ausländer, der nach dem Recht des Aufenthaltsstaates rechts-, geschäfts- und handlungsfähig wäre, auf eine Beschränkung seiner Rechts-, Geschäfts- oder Handlungsfähigkeit nach seinem Heimatrecht nur berufen, wenn der andere Vertragsteil die Beschränkung kannte oder kennen musste.[11]

– Ausgenommen sind Grundstücksgeschäfte über Grundstücke, die außerhalb des Staates liegen, in dem das Geschäft abgeschlossen wurde (Art 12 S 2 Var 3 EGBGB).

– Wurde hingegen ein Vertrag über ein deutsches Grundstück in Deutschland abgeschlossen, so kann der Gutglaubensschutz nach Art 12 S 1 EGBGB zugunsten des Erwerbers sowohl für den schuldrechtlichen Vertrag wie für die dingliche Einigung[12] eingreifen.

– Gutgläubig ist, wer die fehlende Rechts-, Geschäfts- oder Handlungsfähigkeit des anderen Vertragsteils weder kannte noch kennen musste. Es schadet also bereits **leichte Fahrlässigkeit**.[13] Die bloße Kenntnis, dass der Geschäftsgegner Ausländer ist, begründet aber noch keine **Erkundigungspflicht** und damit keine Fahrlässigkeit der Unkenntnis.[14]

– Mit der Bedeutung des Rechtsgeschäfts steigen nach h.M. auch die Anforderungen an die Erkundigungspflicht des anderen Teils.[15] Bei **Grundstücksgeschäften** dürfte daher der Gutglaubensschutz nur selten eingreifen.

Art 12 EGBGB gilt **nicht für Bewilligungen** gegenüber dem Grundbuchamt. Zwar gilt die Bestimmung **11** auch für einseitige Rechtsgeschäfte, aber nicht für amtsempfangsbedürftige Erklärungen[16] – bzw nicht für die Frage der Verfahrensfähigkeit (für die er durch § 55 ZPO als Spezialregelung verdrängt ist).[17]

Für die Einigung nach § 20 gilt Art 12 EGBGB hingegen.

4. Gesetzliche Vertretung Minderjähriger durch ihre Eltern

a) Auf die elterliche Vertretung anwendbares Recht (Art 21 EGBGB). Die gesetzliche Vertretung nicht **12** verfahrensfähiger (natürlicher) Personen bestimmt sich nach dem materiellen Zivilrecht, nicht nach dem Verfahrensrecht.

An vorrangigen völkerrechtlichen Vereinbarungen (Art 3 Abs 2 S 1 EGBGB) ist für die Anknüpfung der Vertretung Minderjähriger derzeit nur das Niederlassungsabkommen zwischen dem Deutschen Reich und dem Kaiserreich Persien vom 17.02.1929 (RGBl 1930 II 1006)[18] im Verhältnis zum **Iran** relevant. Nach dessen Art 8 Abs 3 kommt iranisches Recht zur Anwendung, wenn die Beteiligten ausschließlich die iranische Staatsangehörigkeit besitzen.[19]

Hingegen enthalten bisher weder das Europäische Gemeinschaftsrecht noch multilaterale Verträge Regelungen **13** über das auf die Vertretung durch die Eltern anwendbare Recht, insbesondere auch nicht das **Haager Minderjährigenschutzabkommen** vom 05.10.1961 (Haager Übereinkommen über die Zuständigkeit der Behörden und das anzuwendende Recht auf dem Gebiet des Schutzes von Minderjährigen – MSA[20]). Auch dessen Art 3 (wonach ein »Gewaltverhältnis«, das nach dem Heimatrecht des Minderjährigen kraft Gesetzes besteht, in allen Vertragsstaaten anzuerkennen ist) enthält keine eigenständige Kollisionsnorm, sondern gilt nach der Rechtsprechung des BGH nur bei Schutzmaßnahmen nach Art 1 und 2 MSA.[21]

---

11 Vgl – neben den Kommentierungen zu Art 12 EGBGB – insbes *Liessem* NJW 1989, 501; *Schotten* DNotZ 1994, 672; *Wolfsteiner* DNotZ 1987, 82.

12 *Mäsch* in *Bamberger/Roth* Art 12 EGBGB Rn 11; MüKo-*Spellenberg* Art 12 EGBGB Rn 26; *Staudinger-Hausmann* Art 12 EGBGB Rn 26.

13 BGH IPRax 1999, 105 = NJW 1998, 2453.

14 *Liessem* NJW 1989, 501; *Schotten* DNotZ 1994, 672.

15 *Staudinger-Hausmann* Art 12 EGBGB Rn 42 unter Berufung auf BT-Drucks 10/504, 50; *Schotten/Schmellenkamp* Rn 64.

16 MüKo-*Spellenberg* Art 12 EGBGB Rn 31.

17 KEHE-*Sieghörtner* Einl Rn U 22; *Staudinger-Hausmann* Art 12 EGBGB Rn 39.

18 Internet: http://www.datenbanken.justiz.nrw.de/ir_htm/dt-iran_niederlassungsabkommen.html.

19 BGHZ 60, 68, 74 = JuS 1973, 378 = NJW 1973, 417; OLG Zweibrücken FamRZ 2001, 920 = IPRspr 2000 Nr 79, 162 = NJWE-FER 2001, 174 = OLG-Report 2001, 318.

20 BGBl 1971 II 217 und 1150.

21 BGHZ 111, 205 = IPRax 1991, 254 = NJW 1990, 3073; BayObLGZ 1988, 6 = FamRZ 1988, 649 = IPRax 1988, 48; BayObLGZ 1988, 76 = FamRZ 1988, 766 = IPrax 1988, 304; OLG Celle FamRZ 1988, 646 = IPRax 1988, 301; OLG Hamburg FamRZ 1987, 974 = IPRax 1987, 324, OLG Karlsruhe IPRspr 1989 Nr 159 = StAZ 1989, 352; OLG Köln IPRspr 1988 Nr 117b; OLG Stuttgart OLGZ 1988, 165 = IPRspr 1988 Nr 116b = NJW 1989, 673; *Dörner* JR 1988, 268; *ders* IPRax 1989, 33; *Palandt/Heldrich* Anh zu Art 24 EGBGB Rn 14; *Staudinger-Henrich* (2001) Art 21 EGBGB Rn 82; **aA** *Staudinger-Kropholler* (2003) Vor Art 19 EGBGB Rn 286; aA wohl auch die hM in Frankreich und Österreich, vgl die Nachweise bei *Staudinger-Kropholler* Vor Art 19 EGBGB Rn 293.

14   Anders würde dies, wenn das **Haager Kinderschutzübereinkommen** vom 19.10.1996[22] auch für Deutschland in Kraft tritt. Denn nach dessen Art 16 und 17 bestimmt sich die elterliche Vertretung (wandelbar) nach dem jeweiligen **gewöhnlichen Aufenthalt des Kindes**. Rück- und Weiterverweisungen sind grds nicht zu beachten, ausgenommen bei der Verweisung nach Art 16 auf das Recht eines Nichtvertragsstaats und dieser auf das Recht eines anderen Nichtvertragsstaats verweist, der die Verweisung annimmt (Art 21 Abs 1 Haager Kinderschützübereinkommen).

   Deutschland hat das Haager Kinderschutzübereinkommen zwar am 01.04.2003 unterzeichnet, aber noch nicht ratifiziert – ebenso wenig wie die meisten anderen EU-Staaten.[23]

15   Bis zu dessen Inkrafttreten ist das autonome deutsche Kollisionsrecht anzuwenden. Nach **Art 21 EGBGB** unterliegen die Rechtsverhältnisse zwischen einem Kind und seinen Eltern dem Recht des Staates, in dem das Kind seinen **gewöhnlichen Aufenthalt** hat. Dies gilt insbes für die **gesetzliche Vertretung** des Kindes durch seine Eltern.[24]
   – Hat das Kind seinen gewöhnlichen Aufenthalt in Deutschland, so gilt deutsches Recht (§§ 1629 ff BGB).
   – Hat das Kind seinen gewöhnlichen Aufenthalt im Ausland, so ist zunächst das IPR des Aufenthaltsstaates zu prüfen (Art 4 Abs 1 EGBGB).[25] Dabei kann es zu **Weiter- oder Rückverweisung** kommen, wenn das IPR des Aufenthaltsstaates nicht an den gewöhnlichen Aufenthalt, sondern etwa an das Heimatrecht des Kindes oder eines Elternteils anknüpft (vgl Rdn 21 ff).

16   **b) Erfordernis vormundschaftsgerichtlicher Genehmigung.** Art 21 EGBGB regelt auch, inwieweit die Vertretung durch die Eltern Beschränkungen unterliegt, insbes durch **Genehmigungserfordernisse** (Erfordernis familiengerichtlicher Genehmigung).[26]

17   Zwei abweichende Meinung wollen hingegen das **Haager Minderjährigenschutzabkommen** auf vormundschaftsgerichtliche Genehmigungserfordernisse anwenden:
   – Eine Meinung will dabei Art 3 MSA als Kollisionsnorm anwenden und vormundschaftsgerichtliche Genehmigungserfordernisse dem Heimatrecht des Kindes unterstellen;[27] dies widerspricht aber BGHZ 111, 205.
   – Nach einer anderen Meinung bestimmt sich zwar das »Ob« des Genehmigungserfordernisses nach dem autonomen Kollisionsrecht (in Deutschland also nach Art 21 EGBGB, dh nach dem Recht am gewöhnlichen Aufenthalt des Kindes). Das »Wie«, also insbes die Voraussetzungen der Genehmigungserteilung, sollen sich aber (als Schutzmaßnahme) nach der lex fori, dh dem innerstaatlichen Recht der anordnenden Behörde richten (Art 2 MSA).[28] Im Ergebnis führt dies wiederum zur Anwendung des Aufenthaltsrechts (Art 1). An dieser Meinung irritiert die Aufspaltung in zwei unterschiedliche Anknüpfungsnormen.

18   **c) Anerkennung ausländischer Entscheidungen.** Mehrere Regelungen schreiben jedoch die Anerkennung ausländischer Entscheidungen hinsichtlich der elterlichen Vertretung vor: So regelt die **Brüssel IIa-Verordnung** (Verordnung (EG) Nr 2201/2003 des Rates über die Zuständigkeit und die Anerkennung und Vollstreckung von Entscheidungen in Ehesachen und im Verfahren betreffend die elterliche Verantwortung für die gemeinsamen Kinder der Ehegatten, ABl EG 2003 L 338 S 1)[29] die Anerkennung gerichtlicher Entscheidungen über die elterliche Sorge, die in einem anderen EU-Mitgliedstaat ergangen sind.

19   Die Anerkennung von Sorgerechtsentscheidungen regelt auch Art 7 des **Luxemburger Europäischen Übereinkommens** über die Anerkennung und Vollstreckung von Entscheidungen über das Sorgerecht für Kinder und die Wiederherstellung des Sorgerechtsverhältnisses vom 20.05.1980.[30]

---

22 Haager Übereinkommen über die Zuständigkeit, das anzuwendende Recht, die Anerkennung, Vollstreckung und Zusammenarbeit auf dem Gebiet der elterlichen Verantwortung und der Maßnahmen zum Schutz von Kindern vom 19.10.1996, französischer und englischer Text im Internet auf der Homepage der Haager Konvention: http://www.hcch.net/index_en.php?act=conventions.text&cid=70; deutsche Übersetzung RabelsZ 62 (1998) 502.
23 Für die Liste der Vertragsstaaten vgl die Homepage der Haager Konvention: http://www.hcch.net/index_en.php?act=conventions.status&cid=70.
24 OLG Hamm FamRZ 2001, 1533.
25 *Sturm/Sturm* StAZ 1998, 305, 313; *Otte* in *Bamberger/Roth* BGB, 2003, Art 21 EGBGB Rn 9; *Erman/Hohloch* BGB, 12. Aufl 2008, Art 21 EGBGB Rn 4; *Palandt/Heldrich* Art 21 EGBGB Rn 9; *Staudinger-Henrich* Art 21 EGBGB Rn 32; **aA** MüKo-*Klinkhardt* BGB, 4. Aufl 2006, Art 21 EGBGB Rn 4.
26 OLG Stuttgart NJW-RR 1996, 1288; LG Saarbrücken ZFJ 1991, 604; *Jaspersen* FamRZ 1996, 395; MüKo-*Klinkhardt* Art 21 EGBG Rn 8; *Palandt/Heldrich* Art 21 EGBGB RdNr4; **aA** – Anknüpfung an Vertragsstatut: wohl BGH DNotZ 2004, 152 = ZEV 2003, 375 mit Anm *Damrau*.
27 AG Glückstadt FamRZ 1980, 824 mit Anm *Kropholler*; *Schwimann* FamRZ 1978, 303 = ÖNotZ 1978, 97; *Reithmann/Martiny/Hausmann* Internationales Vertragsrecht Rn 2876; *Staudinger-Kropholler* Vor Art 19 EGBGB Rn 89 ff.
28 MüKo-*Siehr* Anh I zu Art 19 EGBGB Rn 57; *Staudinger-Henrich* Art 21 EGBGB Rn 132.
29 Vgl insbes die Kommentierung der das elterliche Sorgerecht betreffenden Regelungen bei MüKo-*Siehr* Anh I Art 21 EGBGB Rn 25 ff.
30 BGBl 1990 II 220.

Das Übereinkommen wirkt im Verhältnis zwischen Deutschland und den anderen EU-Mitgliedsstaaten, ferner gegenüber Island, Liechtenstein, Mazedonien, der Republik Moldau, Norwegen, der Schweiz, Serbien und der Türkei.[31]

Schließlich regelt Art 7 des **Haager Minderjährigenschutzabkommens** vom 05.10.1961 (vgl Rdn 13) die **20** Anerkennung von Schutzmaßnahmen (wie zB der Anordnung der Vormundschaft).

d) Länderliste Anknüpfung elterliche Vertretung. Im Rahmen des Art 21 EGBGB kommt bei gewöhnli- **21** chem Aufenthalt des Kindes im Ausland dessen Aufenthaltsrecht zur Anwendung, wenn der Aufenthaltsstaat ebenfalls an den gewöhnlichen Aufenthalt anknüpft.
– Zum einen gilt dies, wenn das autonome IPR an das Aufenthaltsrecht anknüpft.
– Dies gilt aber auch für die Länder, für die das **Haager Kinderschutzübereinkommen** vom 19.10.1996 (vgl Rdn 13) bereits in Kraft getreten ist. Denn die dort in Art 17 vorgesehene Anknüpfung an das Recht des gewöhnlichen Aufenthalts gilt auch, wenn danach das Recht eines Nichtvertragstaates anwendbar ist (Art 20); dh dass die Anknüpfungsregel universell auch gegenüber Drittstaaten gilt (ebenso wie die Zuständigkeitsnormen im Haager Minderjährigenschutzabkommen als Vorgängerabkommen). So hat sich va in einigen mittel- und osteuropäischen Ländern die frühere Anknüpfung an das Heimatrecht in eine Anknüpfung an das Aufenthaltsrecht geändert.

Hingegen kommt in folgenden Fällen eine **Rück- oder Weiterverweisung** in Betracht: **22**
– bei einer Anknüpfung an das **Heimatrecht des Kindes**
– oder an das gemeinsame **Heimatrecht der Eltern** oder das Heimatrecht des Vaters (sofern das Kind bzw die Eltern ihren gewöhnlichen Aufenthalt nicht in ihrem Heimatstaat haben).
– In den **Common Law** Ländern gilt für die elterliche Vertretung hinsichtlich beweglicher Sachen das Recht des domicile des betreffenden Elternteils, hinsichtlich Immobilien hingegen wohl das Recht des Lageortes – auch wenn es hierzu jedenfalls für England keine Entscheidungen gibt.[32] Für Rechtsgeschäfte über deutsche Grundstücke und das Grundbuchverfahren vor dem deutschen Grundbuchamt ergibt sich daraus eine **Rückverweisung** auf das deutsche Recht. (Hinsichtlich des beweglichen Kindesvermögens kann sich darüber hinaus eine versteckte Rückverweisung aus den Zuständigkeitsvorschriften ergeben).[33]

Alphabetische Liste der Anknüpfung in ausgewählten Ländern:[34] **23**

Afghanistan: wohl Heimatrecht des Kindes (Art 23 ZGB); **24**

Ägypten: Heimatrecht des Kindes (Art 11, 16 ZGB);

Albanien: jeweiliger gewöhnlicher Aufenthalt des Kindes (Haager Kinderschützübereinkommen, seit 01.04.2007, zuvor Heimatrecht des Kindes);

Algerien: Heimatrecht des Kindes (Art 10, 15 ZGB);

Angola: Heimatrecht der Eltern, sonst gemeinsamer gewöhnlicher Aufenthalt (Art 57 ZGB);

Argentinien: wohl Wohnsitz des Kindes;

Armenien: jeweiliger gewöhnlicher Aufenthalt des Kindes (Haager Kinderschützübereinkommen, seit 01.05.2008);

Aserbaidschan: gemeinsamer Wohnsitz von Eltern und Kind (Art 153 FamGB);

Äthiopien: wohl Aufenthaltsrecht des Kindes (keine ausdrückliche gesetzliche Regelung);

Australien: jeweiliger gewöhnlicher Aufenthalt des Kindes (Haager Kinderschützübereinkommen, seit 01.08.2003);

Bangladesch: bei ehelichen Kindern domicile des Vaters, bei nichtehelichen Kindern domicile der Mutter **25** (unklar, ob Belegenheitsrecht für Immobilien;

---

31 Letzte Bekanntmachung BGBl 2004 II 570.
32 *Dicey/Morris/Collins* The Conflict of Laws, 14. Aufl 2006 Rn 19-009.
33 Die englischen Gerichte und die Gerichte der USA (und idR auch die der anderen Common Law-Staaten) wenden in Fragen der elterlichen Sorge stets ihr eigenes Recht an, wenn sie sich als zuständig ansehen. Spiegelbildlich als IPR-Regel angewandt heißt dies, dass nach englischem IPR/IPR der Bundesstaaten der USA auch die deutschen Gerichte ihr eigenes (dh deutsches) Recht anwenden können, wenn sie zuständig sind (= versteckte Rückverweisung, vgl OLG Stuttgart FamRZ 1997, 958 mit Anm *Henrich*; *Staudinger-Henrich* Art 21 EGBGB Rn 35).
34 vgl insbes *Staudinger-Henrich* Art 21 EGBGB Rn 33 ff; vgl auch *Emmerling de Oliveira* in Würzburger Notarhandbuch, 2006, Teil 7 Rn 1391 ff (Länderbeispiele Frankreich, Italien, Österreich und Schweiz); für die zitierten Gesetzestexte zum IPR vgl insbes *Riering* IPR-Gesetze in Europa, 1997; *Kropholler/Krüger/Riering/Samtleben/Siehr* Außereuropäische IPR-Gesetze, 1999.

Belgien: gewöhnlicher Aufenthalt des Kindes (Art 35 IPRG, zuvor Heimatrecht des Kindes);

Bolivien: wohl Wohnsitz des Kindes;

Bosnien und Herzegowina: gemeinsames Heimatrecht der Eltern (Art 40 IPRG);

Botsuana: wohl Aufenthaltsrecht des Kindes (nicht kodifiziert);

Brasilien: wohl Wohnsitz (Art 7 EGZGB);

Bulgarien: jeweiliger gewöhnlicher Aufenthalt des Kindes (Haager Kinderschützübereinkommen seit 01.02.2007, zuvor Heimatrecht des Kindes);

Burkina Faso (ehemals Obervolta): bei ehelichen Kindern Ehewirkungsstatut (= Heimatrecht der Eltern, subsidiär – letzter – gemeinsamer Wohnsitz, Art 1038, 1034, 1022 ZGB);

Burundi: wohl weiterhin Heimatrecht des Vaters bei Geburt des Kindes (Art 7 kongolesisches PersGB von 1895);

26   **Chile**: wohl Wohnsitz des Kindes;

China (Volksrepublik): gewöhnlicher Aufenthalt;

Costa Rica: Heimatrecht für Kinder mit Staatsangehörigkeit von Costa Rica, ebenso gilt costa-ricanisches Recht für ausländische Kinder mit Wohnsitz in Costa Rica (Art 23 ZGB);

27   **Dänemark**: gewöhnlicher Aufenthalt;

Dominikanische Republik: für Immobilien Belegenheitsrecht, iü Heimatrecht (Art 3 ZGB);

Dschibuti: unklar, ob Anknüpfung an Aufenthalt oder Heimatrecht (nicht kodifiziert);

28   **Ecuador**: jeweiliger gewöhnlicher Aufenthalt des Kindes (Haager Kinderschützübereinkommen seit 01.09.2003);

Elfenbeinküste (Côte d'Ivoire): für Immobilien Belegenheitsrecht, iü Heimatrecht (Art 3 ZGB);

El Salvador: wohl Heimatrecht des Kindes (Art 10 FamGB);

England: für Immobilien Belegenheitsrecht, für bewegliches Vermögen *domicile* der Eltern (Common Law);

Estland: jeweiliger gewöhnlicher Aufenthalt des Kindes (Haager Kinderschützübereinkommen seit 01.06.2003, zuvor Heimatrecht des Kindes);

29   **Finnland**: Heimatrecht des Kindes, sofern mindestens ein Elternteil eine andere Staatsangehörigkeit als das Kind hat (§ 19 IPR-FamR);

Frankreich: Heimatrecht des Kindes (in Anwendung von Art 3 des Haager Minderjährigenschutzabkommens als eigenständiger Kollisionsnorm – abweichend von Deutschland);

30   **Gabun**: gabunisches Recht, wenn ein Elternteil oder Kind gabunischer Staatsangehöriger ist, iü Heimatrecht des Kindes (Art 38 ZGB);

Gambia: für Immobilien Belegenheitsrecht, für bewegliches Vermögen *domicile* der Eltern (Common Law);

Georgien: Aufenthaltsrecht des Kindes (Art 50 IPRG);

Ghana: für Immobilien Belegenheitsrecht, für bewegliches Vermögen *domicile* der Eltern (Common Law);

Gibraltar: für Immobilien Belegenheitsrecht, für bewegliches Vermögen *domicile* der Eltern (Common Law);

Griechenland: gemeinsame Staatsangehörigkeit der Eltern, in zweiter Linie letzter gemeinsamer gewöhnlicher Aufenthalt, sonst Staatsangehörigkeit des Kindes (Art 18 ZGB);

Großbritannien s England bzw Schottland;

Guatemala: wohl Aufenthaltsrecht;

Guinea: wohl Heimatrecht;

31   **Honduras**: wohl Heimatrecht (Art 13 ZGB);

Hongkong (China): für Immobilien Belegenheitsrecht, für bewegliches Vermögen *domicile* der Eltern (Common Law);

32   **Indien**: für Immobilien Belegenheitsrecht, für bewegliches Vermögen *domicile* der Eltern (Common Law);

Indonesien: für Immobilien Belegenheitsrecht, iü wohl Heimatrecht;

Irland: für Immobilien Belegenheitsrecht, für bewegliches Vermögen *domicile* der Eltern (Common Law); 33

Irak: Heimatrecht des Vaters (Art 19 ZGB);

Iran: vorrangig vor Art 21 EGBGB gilt Heimatrecht, wenn Kind und Eltern ausschließlich iranische Staatsangehörige sind (Art 8 Abs 3 Anhang zum Deutsch-Persischen Niederlassungabkommen, vgl Rdn 12);

Island: wohl wie Dänemark gewöhnlicher Aufenthalt;

Israel: Wohnsitz des Kindes;

Italien: Heimatrecht des Kindes (Art 36, 19 IPRG);

Jamaica: wohl für Immobilien Belegenheitsrecht, für bewegliches Vermögen *domicile* der Eltern (Common 34
Law);

Japan: Heimatrecht des Kindes, sofern mindestens ein Elternteil dieselbe Staatsangehörigkeit wie das Kind hat (Art 21 RAG);

Jemen: jemenitisches Recht (Art 27 ZGB);

Jordanien: Heimatrecht des Kindes (Art 17 ZGB);

Kambodscha: wohl Heimatrecht des Kindes; 35

Kanada – anglophone Provinzen: für Immobilien Belegenheitsrecht, für bewegliches Vermögen *domicile* der Eltern (Common Law), Quebec: gewöhnlicher Aufenthalt des Kindes (Art 3085 ZGB);

Britische Kanalinseln: wohl für Immobilien Belegenheitsrecht, für bewegliches Vermögen *domicile* der Eltern (Common Law);

Kap Verde: Heimatrecht des Kindes;

Kasachstan: gemeinsamer Wohnsitz von Eltern und Kind, sonst Heimatrecht des Kindes (Art 207 FamGB);

Katar: wohl Heimatrecht des Vaters;

Kenia: wohl für Immobilien Belegenheitsrecht, für bewegliches Vermögen *domicile* der Eltern (Common Law);

Kirgisistan: gemeinsamer Wohnsitz von Eltern und Kind, sonst Heimatrecht des Kindes (Art 201 Entwurf FamGB 2005);

Kolumbien: kolumbianisches Recht sowohl für Ausländer in Kolumbien wie Kolumbianer im Ausland;

Republik Kongo (Brazzaville): wohl gewöhnlicher Aufenthalt (Art 820 FamGB);

Demokratische Republik Kongo (Zaire): wohl Heimatrecht des Vaters (Art 12 ZGB);

Korea (Republik): Heimatrecht des Vaters, hilfsweise Heimatrecht der Mutter (§ 22 IPRG);

Kosovo: wohl weiterhin gemeinsames Heimatrecht der Eltern (so bisher Art 40 IPRG Serbien);

Kroatien: gemeinsames Heimatrecht der Eltern (Art 40 IPRG);

Kuba: wohl Heimatrecht (Art 12 ZGB);

Kuwait: Heimatrecht des Vaters (Art 43 IPRG);

Laos: keine gesetzliche Regelung, in Laos wohl Anwendung der lex fori; 36

Lettland: jeweiliger gewöhnlicher Aufenthalt des Kindes (Haager Kinderschützübereinkommen seit 01.04.2003);

Liberia: wohl Common Law: für Immobilien Belegenheitsrecht, für bewegliches Vermögen *domicile* der Eltern;

Libyen: Heimatrecht des Kindes (Art 16 ZGB);

Liechtenstein: gewöhnlicher Aufenthalt des Kindes;

Litauen: jeweiliger gewöhnlicher Aufenthalt des Kindes (Haager Kinderschützübereinkommen seit 01.09.2004);

Luxemburg: für eheliche Kinder Ehewirkungsstatut (dh gemeinsames Heimatrecht der Eltern, bzw bei gemischt-nationalen Ehen gemeinsamer Ehewohnsitz), für nichteheliche Kinder nach Heimatrecht des Kindes;

Malawi: wohl Common Law: für Immobilien Belegenheitsrecht, für bewegliches Vermögen *domicile* der 37
Eltern;

Malaysia: für Immobilien Belegenheitsrecht, für bewegliches Vermögen *domicile* der Eltern (Common Law);

Mali: Heimatrecht (wobei möglicherweise malische Staatsangehörigkeit des Vaters für die Anwendung malischen Rechts genügt);

Malta: für Immobilien Belegenheitsrecht, für bewegliches Vermögen *domicile* der Eltern (Common Law);

Marokko: jeweiliger gewöhnlicher Aufenthalt des Kindes (Haager Kinderschützübereinkommen seit 01.12.2002);

Mauretanien: Heimatrecht des Kindes;

Mazedonien (FYROM): gemeinsames Heimatrecht der Eltern (Art 40 IPRG);

Mexiko: wohl Wohnsitz des Kindes;

Republik **Moldau**: gemeinsamer Wohnsitz der Eltern, sonst Heimatrecht des Kindes (Art 160 FamGB);

Monaco: jeweiliger gewöhnlicher Aufenthalt des Kindes (Haager Kinderschützübereinkommen seit 01.01.2002);

Montenegro: gemeinsames Heimatrecht der Eltern (Art 40 IPRG);

Mosambik: Heimatrecht der Eltern, sonst gemeinsamer gewöhnlicher Aufenthalt (Art 57 ZGB);

38 **Neuseeland**: für Immobilien Belegenheitsrecht, für bewegliches Vermögen *domicile* der Eltern (Common Law);

Nicaragua: Wohnsitz des Kindes (Art VI Nr 6 ZGB);

Niederlande: nach hM jetzt wohl gewöhnlicher Aufenthalt des Kindes (zuvor nach hM für Heimatrecht des Kindes);

Nigeria: wohl Common Law, dh für Immobilien Belegenheitsrecht, für bewegliches Vermögen *domicile* der Eltern;

Norwegen: wohl Wohnsitz des Kindes;

39 **Östereich**: Heimatrecht des Kindes (§§ 24, 25 Abs 2 IPRG);

40 **Pakistan**: wohl islamisches Recht für Muslime; iü wohl Common Law, dh für Immobilien Belegenheitsrecht, für bewegliches Vermögen *domicile* der Eltern;

Panama: wohl Heimatrecht des Kindes (Art 6 FamGB);

Paraguay: wohl Wohnsitz (Art 11, 12 ZGB);

Peru: wohl Wohnsitz des Kindes;

Philippinen: wohl Heimatrecht des Kindes (Art 15 FamGB);

Polen: Heimatrecht des Kindes (Art 19 IPRG);

Portugal: Heimatrecht des Kindes (Art 57 IPRG);

Puerto Rico: wohl Common Law, dh für Immobilien Belegenheitsrecht, für bewegliches Vermögen *domicile* der Eltern;

41 **Ruanda**: wohl Heimatrecht des Vaters (Art 235 ZGB);

Rumänien: wohl Heimatrecht des Kindes (wobei allerdings Art 38 IPRG die Anwendung des Rechts des Staates vorschreibt, »dessen Behörden die Ausübung des Schutzes durch die Berechtigten regeln und überwachen«);

Russland: gemeinsamer Wohnsitz von Eltern und Kind, sonst Heimatrecht des Kindes (Art 163 FamGB);

42 **Sambia**: wohl Common Law, dh für Immobilien Belegenheitsrecht, für bewegliches Vermögen *domicile* der Eltern;

Schottland: für Immobilien Belegenheitsrecht, für bewegliches Vermögen *domicile* der Eltern (Common Law);

Schweden: wohl Heimatrecht (Kap 4 Gesetz 1904:26);

Schweiz: gewöhnlicher Aufenthalt des Kindes (Art 82 IPRG);

Senegal: für eheliche Kinder Anknüpfung an Ehewirkungsstatut (= gemeinsames Heimatrecht der Eltern, jedenfalls sofern zugleich Heimatrecht des Kindes), für nichteheliche Kinder Heimatrecht der Mutter bzw nach Anerkennung Heimatrecht des Vaters (Art 844, 843 FamGB);

Serbien: gemeinsames Heimatrecht der Eltern (Art 40 IPRG);

Seychellen: wohl Wohnsitz, für Immobilien Belegenheitsrecht (Art 3 ZGB);

Sierra Leone: wohl Common Law, dh für Immobilien Belegenheitsrecht, für bewegliches Vermögen *domicile* der Eltern;

Simbabwe: wohl Common Law, dh für Immobilien Belegenheitsrecht, für bewegliches Vermögen *domicile* der Eltern;

Singapur: Common Law, dh für Immobilien Belegenheitsrecht, für bewegliches Vermögen *domicile* der Eltern;

Slowakei: jeweiliger gewöhnlicher Aufenthalt des Kindes (Haager Kinderschützübereinkommen seit 01.01.2002, zuvor Heimatrecht des Kindes);

Slowenien: jeweiliger gewöhnlicher Aufenthalt des Kindes (Haager Kinderschützübereinkommen seit 01.02.2005);

Somalia: wohl Heimatrecht des Kindes (Art 11, 20 ZGB);

Spanien: Heimatrecht des Kindes (Art 9 Abs 4 IPRG);

Sri Lanka: Common Law, dh für Immobilien Belegenheitsrecht, für bewegliches Vermögen *domicile* der Eltern;

St. Lucia: Common Law, dh für Immobilien Belegenheitsrecht, für bewegliches Vermögen *domicile* der Eltern;

Südafrika: für Immobilien wohl Belegenheitsrecht, für bewegliches Vermögen *domicile* der Eltern (Common Law);

Sudan: wohl Heimatrecht des Kindes (Art 11 Abs 1 und 9 ZGB);

Syrien: Heimatrecht des Kindes (Art 12, 17 ZGB);

Tadschikistan: gemeinsamer Wohnsitz von Eltern und Kind, sonst Heimatrecht des Kindes (Art 173 FamGB); **43**

Taiwan (Republik China): Heimatrecht des Vaters (Ausnahme: taiwanesisches Recht, wenn Vater die taiwanesische Staatsangehörigkeit verloren hat, die Mutter aber taiwanesische Staatsangehörige ist, § 19 IPRG);

Tansania: wohl Common Law, dh für Immobilien Belegenheitsrecht, für bewegliches Vermögen *domicile* der Eltern;

Thailand: bei ehelichen Kindern Heimatrecht des Vaters, bei nichtehelichen Heimatrecht der Mutter (§ 30 IPRG);

Togo: für eheliche Kinder Anknüpfung an Ehewirkungsstatut (= gemeinsames Heimatrecht der Eltern, jedenfalls sofern zugleich Heimatrecht des Kindes), für nichteheliche Kinder Heimatrecht der Mutter bzw nach Anerkennung Heimatrecht des Vaters (Art 708, 710 FamGB);

Tonga: wohl Common Law, dh für Immobilien Belegenheitsrecht, für bewegliches Vermögen *domicile* der Eltern;

Trinidad und Tobago: wohl Common Law, dh für Immobilien Belegenheitsrecht, für bewegliches Vermögen *domicile* der Eltern;

Tschad: Heimatrecht des Ehemannes (Art 70 Nr 1 JustizVO);

Tschechische Republik: jeweiliger gewöhnlicher Aufenthalt des Kindes (Haager Kinderschützübereinkommen seit 01.01.2002, zuvor Heimatrecht des Kindes);

Tunesien: Heimatrecht oder Wohnsitz des Kindes (Art 50 IPRG);

Türkei: für eheliche Kinder allgemeines Ehewirkungsstatut zum Zeitpunkt der Geburt (= gemeinsames Heimatrecht der Eltern, sonst gemeinsamer gewöhnlicher Aufenthalt, Art 19, 15, 12 Abs 2 IPRG), für nichteheliche Kinder das Heimatrecht des betreffenden Elternteils (Art 19, 17 IPRG);

Turkmenistan: wohl gemeinsamer Wohnsitz von Eltern und Kind, sonst Heimatrecht des Kindes (wie in den anderen zentralasiatischen GUS-Staaten und in Russland);

Uganda: wohl Common Law, dh für Immobilien Belegenheitsrecht, für bewegliches Vermögen *domicile* der **44** Eltern;

Ukraine: jeweiliger gewöhnlicher Aufenthalt des Kindes (Haager Kinderschützübereinkommen seit 01.02.2008;

Ungarn: jeweiliger gewöhnlicher Aufenthalt des Kindes (Haager Kinderschützübereinkommen seit 01.05.2006, zuvor Heimatrecht des Kindes);

Uruguay: ehelicher Wohnsitz (Art 2396 ZGB);

USA (Vereinigte Staaten von Amerika): für Immobilien Belegenheitsrecht, für bewegliches Vermögen *domicile* der Eltern (Common Law);

Usbekistan: wohl gemeinsamer Wohnsitz von Eltern und Kind, sonst Heimatrecht des Kindes (wie in den anderen zentralasiatischen GUS-Staaten und in Russland);

45 **Venezuela**: Wohnsitz des Kindes (Art 24 IPRG);

Vietnam: wohl primär gemeinsames Heimatrecht von Eltern und Kind, sonst gemeinsamer Wohnsitz (Art 100 FamGB);

46 **Weißrussland** (Belarus): wohl Heimatrecht des Kindes (Art 234 FamGB);

47 **Zypern**: für Immobilien Belegenheitsrecht, für bewegliches Vermögen *domicile* der Eltern (Common Law).

48 Leben **beide Eltern**, so steht ihnen jedenfalls bei ehelichen Kindern in fast allen Rechtsordnungen die elterliche Sorge gemeinschaftlich zu. Für die Vertretung genügt idR das Handeln eines Elternteils. Für besonders wichtige Rechtsgeschäfte, wie inbes Verfügungen über Grundstücke, kann aber auch gemeinschaftliche Vertretung durch beide Eltern erforderlich sein.

Soweit – wie nach religiösem islamischen Recht – nur der Vater für das Kind handeln kann, nicht aber die Mutter, ist dies (soweit nicht eine gerichtliche Zuordnung der Vermögenssorge im Einzelfall erfolgte), bei hinreichendem Inlandsbezug als Verstoß gegen den deutschen ordre public (Art 6 EGBGB) unbeachtlich.

49 **Genehmigungserfordernisse** nach ausländischem Kindschaftsrecht betreffen häufig inbes Grundstücksgeschäfte und/oder Schenkungen.

5. Vertretung durch Vormund, Betreuer oder Pfleger

50 **a) Vorrangige Staatsverträge gegenüber Einzelstaaten.** Für einzelne Länder gilt aufgrund **vorrangiger Staatsverträge** (inbes bilateraler Abkommen) für die Vormundschaft über Volljährige wie Minderjährige deren **Heimatrecht**:
   – (Nur) gegenüber **Belgien** gilt zZ noch das Haager Vormundschaftsabkommen vom 12.06.1902[35], das die Vormundschaft an das Heimatrecht des Mündels anknüpft (Art 1).
   – Für die Vormundschaft etc über **iranische** Staatsangehörige gilt ebenfalls deren **Heimatrecht** nach Art 8 Abs 3 des deutsch-persischen Niederlassungsabkommens vom 17.02.1929 (RGBl 1930 II 1006 – sh Rdn 12).
   – Das deutsch-österreichische Vormundschaftsabkommen vom 05.02.1927 trat hingegen mit Ablauf des 30.06.2003 außer Kraft.[36]

51 **b) Haager Minderjährigenschutzabkommen.** Iü ist für die Anordnung der Vormundschaft über Minderjährige das **Haager Minderjährigenschutzabkommen** vom 05.10.1961[37](s Rdn 13) und damit grds das Recht des **gewöhnlichen Aufenthalts** anzuwenden.[38]
   – Das Abkommen ist auf alle Minderjährige anzuwenden, die ihren gewöhnlichen Aufenthalt in einem Vertragsstaat haben (Art 13 Abs 1). Die Vertragsstaaten konnten bei der Zeichnung einen Vorbehalt erklären, das Abkommen nur auf Minderjährige anzuwenden, die Staatsangehörige eines Vertragsstaates sind (Art 13 Abs 3). Deutschland hat keinen derartigen Vorbehalt erklärt. Daher ist das Abkommen auch auf minderjährige **Drittstaatsangehörige** anzuwenden, die ihren **gewöhnlichen Aufenthalt in Deutschland** haben.
   – Die Anordnung der Vormundschaft ist eine **Schutzmaßnahme** iSd Art 1 des Abkommens. Als derartige Schutzmaßnahme betrachtet die Rechtsprechung auch die Bestellung eines Ergänzungspflegers.[39]
   – Die Anordnung der Vormundschaft (bzw sonstige Schutzmaßnahme) unterliegt dem innerstaatlichen Recht der anordnenden Behörde (Art 2). Dieses Recht bestimmt auch Inhalt und Umfang der Rechte des Vormunds etc, inbes dessen **Verfügungsbefugnis** bzw deren Einschränkung durch vormundschaftsgerichtliche ua Genehmigungserfordernisse.[40]

52 **c) Haager Erwachsenenschutzabkommen.** Für Betreuung und Vormundschaft über Volljährige wird bald das Haager Übereinkommen über den internationalen Schutz von Erwachsenen vom 13. Januar 2000 (**Haager**

---

35 RGBl 1904 240; BGBl 1955 II 188. Kommentierung bei MüKo-*Klinkhardt* Anh Art 24 EGBGB.
36 BGBl 2003 II 540, 824.
37 BGBl 1971 II 217 und 1150.
38 Vgl die Kommentierungen bei *Palandt-Heldrich* Anh zu Art 24 EGBGB; *Staudinger-Kropholler* Vor Art 19 EGBGB Rn 26 ff.
39 BayObLGZ 1981, 252 = NJW 1982, 1228, dazu *Hüßtege* IPRax 1982, 95; *Süß* Rpfleger 2003, 53, 56.
40 *Palandt-Heldrich* Anh zu Art 24 EGBGB Rn 16; *Staudinger-Kropholler* Vor Art 19 EGBGB Rn 272.

Erwachsenenschutzübereinkommen)[41] anzuwenden sein – und zwar vorrangig vor Art 24 EGBGB (Art 3 Abs 2 S 1 EGBGB).

Allerdings ist das Übereinkommen **noch nicht in Kraft** getreten. Bisher wurde es nur von Deutschland und Großbritannien ratifiziert (letzteres nur für Schottland); für das Inkrafttreten ist eine dritte Ratifikation erforderlich (Art 57 Übk). Frankreich, die Niederlande und die Schweiz haben das Übereinkommen gezeichnet, aber noch nicht ratifiziert.

Zum Inhalt: 53
- Das Abkommen gilt insbes für Vormundschaft, **Betreuung** und Pflegschaft über Erwachsene, einschließlich der dafür erforderlichen **vormundschaftsgerichtlichen Genehmigungen** (Art 3).
- Das Abkommen ist auch im Verhältnis zu Drittstaaten anzuwenden (Art 18).
- Zuständigkeit (Art 5) und anwendbares Recht (Art 13) knüpfen an den **gewöhnlichen Aufenthalt** an.
- In einer **Vorsorgvollmacht** kann der Vollmachtgeber eine **Rechtswahl** entweder zugunsten des Staatsangehörigkeitsrechtes, eines früheren Aufenthaltsrechtes oder des Belegenheitsrechtes für das im betreffenden Staat belegene Vermögen treffen; ansonsten gilt auch hier das Recht des gewöhnlichen Aufenthalts (Art 15).

d) Autonomes deutsches IPR (Art 24 EGBGB). Art 24 EGBGB kommt nur zur Anwendung, sofern   54
keine vorrangige staatsvertragliche Regelung eingreift (Art 3 Abs 2 S 1 EGBGB), dh (derzeit noch) für die Vormundschaft über **Volljährige**, für Betreuung und Pflegschaft.
- Art 24 Abs 1 S 1 EGBGB knüpft grds an das **Heimatrecht** des Mündels, Betreuten oder Pfleglings an.
- Eine **Rück- oder Weiterverweisung** durch das ausländische IPR ist aber zu beachten (Art 4 Abs 1 EGBGB).[42]

Das **ausländische IPR** knüpft die Vormundschaft idR nach denselben Grundsätzen wie die elterliche Vertre-   55
tung an (vgl Rdn 23).[43] Von einer Auflistung sei hier abgesehen; im Grundbuchverfahren kommt es bei Auslandsbezug einer Vormundschaft idR nur auf die Anerkennung einer im Ausland angeordneten Vormundschaft und die sich daraus ergebende Vertretungsmacht des Vormunds an.

Rechtsfolgen: 56
- Der Inhalt einer Betreuung und der angeordneten Vormundschaft und Pflegschaft unterliegt nach Art 24 Abs 3 EGBGB dem Recht des **anordnenden Staates**. Nach diesem Recht bestimmen sich insbes Inhalt und Umfang des Rechte des Vormunds etc, inbes auch ob der Vormund eine **vormundschaftsgerichtliche Genehmigung** benötigt.[44]
- Eine (ausnahmsweise) nach einem ausländischen Recht bereits kraft Gesetzes eintretende Vormundschaft oder Pflegschaft richtet sich hingegen auch in ihrem Inhalt nach dem Heimatrecht des Mündels oder Pfleglings (Art 24 Abs 1 S 1 EGBGB, da es keinen anordnenden Staat gibt).
- Der **Gutglaubensschutz** des Art 12 EGBGB gilt entsprechend auch für den Umfang der Vertretungsmacht eines nach ausländischem Recht bestellten Vormunds, Betreuers oder Pflegers.[45] Auf das Grundbuchverfahren ist Art 12 EGBGB aber nicht anzuwenden (vgl Rdn 10 f).

Außerhalb des Anwendungsbereichs des Haager Minderjährigenschutzabkommens (und künftig des Haager   57
Erwachsenenschutzübereinkommens) bestimmt sich die **Anerkennung** einer im Ausland angeordneten Vormundschaft, Betreuung oder Pflegschaft nach § 16a FGG.

II. Rechtsgeschäftliche Vollmacht und Vertreter kraft Amtes

1. Rechtsgeschäftliche Vollmacht[46]

Die Anknüpfung der Vollmacht ist weder in für Deutschland anwendbaren Staatsverträgen noch im autonomen   58
IPR ausdrücklich geregelt.
- Das **Haager Übereinkommen** über das auf die Stellvertretung anwendbare Recht vom 14.03.1978,[47] das an den Geschäftssitz oder gewöhnlichen Aufenthalt des Vertreters anknüpft (Art 5), gilt nur im Verhältnis zwischen Argentinien, Frankreich, den Niederlanden und Portugal.
- Die Stellvertretung ist ausdrücklich aus dem Anwendungsbereich des **Schuldvertragsstatuts ausgenom-**

---

41 BGBl 2007 II 323; zu Vertragsstaaten und Inkrafttreten vgl die Homepage der Haager Konferenz: http://www.hcch.net/index_en.php?act=conventions.text&cid=71.
42 BayObLGZ 1970, 300 = NJW 1971, 997; 997; *Staudinger-Kropholler* Art 24 EGBGB Rn 64.
43 vgl die Länderbeispiele bei *Staudinger-Kropholler* Art 24 EGBGB Rn 64 ff.
44 LG Berlin StAZ 1980, 23; MüKo-*Klinkhardt* Art 24 EGBGB Rn 27; *Staudinger-Kropholler* Art 24 EGBGB Rn 43.
45 *Palandt-Heldrich* Art 12 EGBGB Rn 5.
46 vgl insbes *Dorsel*, Stellvertretung und Internationales Privatrecht, MittRhNotK 1997, 6; *Schaub* in *Bauer/von Oefele* Int Bezüge Rn 1 ff; *Hügel-Zeiser* Int Bezüge Rn 35 ff; KEHE-*Sieghörtner* Einl Rn U 166 f.
47 Text auf der Homepage der Haager Konferenz: http://www.hcch.net/index_en.php?act=conventions.text&cid=89.

men (Art 1 Abs 3 lit f des Römischen EG-Übereinkommens vom 19.06.1980 über das auf vertragliche Schuldverhältnisse anwendbare Recht – EVÜ;[48] ebenso Art 1 Lit f der das EVÜ ablösenden Rom I-Verordnung;[49] in Umsetzung des EVÜ in Art 37 S 1 Nr 3 EGBGB).

59 Nach hM gilt das **Wirkungslandstatut** oder Wirkungsstatut: Die Vollmacht ist gesondert anzuknüpfen – getrennt sowohl vom zugrunde liegenden Innenverhältnis zwischen Vollmachtgeber und Bevollmächtigtem wie von dem mittels der Vollmacht abgeschlossenen Rechtsgeschäft. Wirksamkeit und Wirkung der Vollmacht bestimmen sich nach dem Recht des Landes, in dem die Vollmacht nach dem Willen des Vollmachtgebers ihre Wirkungen entfalten soll.[50]
– Wirkungsland ist grundsätzlich der Ort, an dem der Vertreter von seiner Vollmacht Gebrauch macht, also beim Erklärungsvertreter der Ort der **Abgabe der Erklärung**,[51] beim Empfangsvertreter der Ort des Empfangs.
– Die hM versteht dies als **Sachnormverweisung**. Eine Rück- oder Weiterverweisung durch das IPR des Wirkungslandes ist nicht zu beachten.[52]
– Soll von einer Vollmacht bestimmungsgemäß **an mehreren Orten** Gebrauch gemacht werden (etwa von einer Generalvollmacht), so stellt die Rechtsprechung[53] auf den Schwerpunkt des Gebrauchs ab, während ein Teil der Literatur[54] dann – je nach Wirkungsort – mehrere Vollmachtsstatute nebeneinander anwenden will.
– Für Rechtsgeschäfte über **Grundstücke** gilt jedenfalls für die dingliche Verfügung das **Belegenheitsrecht** (sei es als Ausfluss des Wirkungslandprinzips oder als Ausnahme dazu).[55] Belegenheitsrecht gilt daher für die sachenrechtliche Einigung nach §§ 873, 925 BGB; grundbuchverfahrensrechtlich ist dies im Rahmen des materiellen Konsensprinzips (§ 20 GBO) zu beachten.
– Ob das Belegenheitsrecht bei Grundstücksgeschäften auch für die Vollmacht hinsichtlich des **schuldrechtlichen Grundgeschäfts** gilt, ist strittig;[56] dafür spricht aber, dass auch für den Schuldvertrag mangels abweichender Regelung das Belegenheitsrecht als Schuldstatut gilt. Hinsichtlich der Vollmacht für das schuldrechtliche Rechtsgeschäft kann eine Rechtswahl getroffen werden (wobei idR nur eine Rechtswahl zugunsten des Geschäftsrechts sinnvoll ist).
– **Verfahrensrechtliche Vollmachten** unterliegen der lex fori, dh dem jeweiligen Verfahrensrecht.[57] Im Grundbuchverfahren gilt daher die lex fori (also deutsches Recht) für Vollmachten zur Antragstellung (§ 13) oder Bewilligung (§ 19).

60 Im Ergebnis unterliegt damit eine im deutschen Grundbuchverfahren verwendete Vollmacht **immer dem deutschen Recht**, sowohl im Bereich des materiellen Konsensprinzips (§ 20 GBO), wie des formellen Konsensprinzips (§ 19), wie für den Antrag (§ 13).

---

48 BGBl 1986 II 810.
49 Verordnung (EG) Nr 593/2008 vom 17.06.2008, ABL L 177 vom 04.07.2008, S 6; Entwurf KOM (2005) 650 = IPRax 2006, 193; dazu *Bitterich* RIW 2006, 262; *Hübner* EuZW 2006, 449; *Junker* RIW 2006, 401; *Leible* IPRax 2006, 365; *Mankowski* IPRax 2006, 101.
50 BGH NJW 1954, 1561; BGHZ 43, 21, 26; BGHZ 64, 183, 192 = WM 1975, 610; BGH BB 1982, 1204 = DB 1982, 1613 = IPRax 1983, 67 = MDR 1982, 995 = NJW 1982, 2733 = WM 1982, 1132, 1133; BGH BauR 1990, 769 = DB 1990, 2217 = IPRax 1991, 247 = MDR 1991, 236 = NJW 1990, 3088 = WM 1990, 1847 = ZfBR 1990, 288; BGH DNotZ 1994, 485, 487 = MDR 1993, 1244 = NJW 1993, 2744 = WM 1993, 1513; BGHZ 128, 41, 47 = DtZ 1995, 250 = IPRax 1996, 342 = MDR 1995, 427 = WM 1995, 124; BGHZ 158, 1 = BB 2004, 683 = NJW 2004, 1315, 1316 = WM 2004, 671 = ZIP 2004, 659; OLG Stuttgart OLGZ 1981, 164 = DNotZ 1981, 746 = MDR 1981, 405 = Rpfleger 1981, 145; zu abweichenden Meinungen der Literatur, etwa Anknüpfung an den gewöhnlichen Aufenthalt des Vollmachtgebers oder an das Geschäftsstatut, vgl *Palandt-Heldrich* Art 12 EGBGB Rn 1; *Staudinger/Magnus*, BGB, 2001, Einl zu Art 27–37 EGBGB Rn A 16 ff.
51 BGH BauR 1990, 769 = DB 1990, 2217 = IPRax 1991, 247 = MDR 1991, 236 = NJW 1990, 3088 = WM 1990, 1847 = ZfBR 1990, 288.
52 *Palandt-Heldrich* Anh Art 32 EGBGB Rn 1; *Staudinger/Magnus* Einl zu Art 27–37 EGBGB Rn A 61; *Schotten-Schmellenkamp* Rn 90.
53 BGH IPRspr 1989 Nr 3, 3 = NJW-RR 1990, 248, 250.
54 *KEHE-Sieghörtner* Einl Rn U 169; *Hausmann* in *Reithmann/Martiny* Rn 2434; *Schotten/Schmellenkamp*, IPR in der notariellen Praxis, 2. Aufl 2007, Rn 90.
55 RGZ 149, 93, 94; RG DNotZ 1944, 151; BGH NJW 1963, 46; OLG München IPRax 1990, 320 = NJW-RR 1989, 663, 664 = RIW 1990, 226; *KEHE-Sieghörtner* Einl Rn U 170.
56 Für Anwendung des Belegenheitsrechts auch für das schuldrechtliche Geschäft: OLG Frankfurt WM 1963, 872, 875; *Sandrock/Müller* Handbuch der Internationalen Vertragsgestaltung II Rn D 45; **aA** die wohl hM: *Sieghörtner* ZEV 1999, 461, 464; *KEHE-Sieghörtner* Einl Rn U 171; *Palandt-Heldrich* Anh Art 32 EGBGB Rn 2; *Hausmann* in *Reithmann/Martiny* Rn 2454; *Schotten/Schmellenkamp* Rn 91 Fn 51.
57 BGH BB 1958, 351 = DB 1958, 363 = MDR 1958, 319 = WM 1958, 557; BGH BauR 1990, 769 = DB 1990, 2217 = IPRax 1991, 247 = MDR 1991, 236 = NJW 1990, 3088 = WM 1990, 1847 = ZfBR 1990, 288.

Auch für die **Form** gilt im Grundbuchverfahren immer § 29 Abs 1 S 1 GBO, dh auch die ausländische Voll-   **61**
macht ist durch öffentliche Urkunde oder **öffentlich beglaubigte Urkunde nachzuweisen**.[58]

Art 11 Abs 1 EGBGB, der alternativ die Einhaltung der Formerfordernisse der Ortsform oder des Geschäftsrechts genügen lässt, gilt nur für das schuldrechtliche Geschäft, nach der Rechtsprechung auch für die Vollmacht hinsichtlich des dinglichen Geschäfts[59] (während die Verfügung selbst die Form des Belegenheitsrechts
einhalten muss), jedenfalls aber nicht für das Grundbuchverfahren (vgl Rdn 280).

2. Insolvenzverwalter

a) Europarecht (EuInsVO). Die Anerkennung eines in einem anderen EU-Mitgliedstaat (ausgenommen   **62**
Dänemark) eröffneten Insolvenzverfahrens und auch die Rechte des dort bestellten Insolvenzverwalters
bestimmt sich nach der **Europäischen Verordnung über Insolvenzverfahren** (Verordnung (EG) Nr 1346/
2000 des Rates vom 29. Mai 2000).[60]

Danach ist ein in einem Mitgliedstaat eröffnetes Insolvenzverfahren in allen übrigen Mitgliedsstaaten **anzuerkennen** (Art 16 EuInsVO = § 343 InsO), wenn
- es sich um ein Insolvenzverfahren handelt (Art 2 Abs 1 lit a EuInsVO, dh um eines der in Anhang A aufgeführten nationalen »Gesamtverfahren«),
- das Verfahren von einem Art 3 der Verordnung **zuständigen Gericht** eines Mitgliedsstaates eröffnet wurde
  (inbes am »Mittelpunkt der tatsächlichen Interessen«, der bei Gesellschaften am Satzungssitz vermutet
  wird) – wobei allerdings nach der Rechtsprechung des EuGH die Bejahung der Zuständigkeit durch das
  eröffnende Gericht von den Gerichten der anderen Mitgliedstaaten nicht nachgeprüft werden darf,[61]
- sobald die Entscheidung im Staat der Verfahrenseröffnung wirksam ist,
- sofern die Anerkennung der Verfahrenseröffnung nicht ausnahmsweise gegen den ordre public des anerkennenden Mitgliedstaates verstößt (Art 26 EuInsVO).

Die Verfahrenseröffnung im EU-Ausland wirkt in Deutschland, ohne dass es eines besonderen Anerkennungs-
verfahrens bedürfte (Art 17 Abs 1).

Anwendbares Recht für das Insolvenzverfahren und seine Wirkungen ist nach Art 4 EuInsVO (= § 355 InsO)   **63**
grds das Recht des Mitgliedsstaates, in dem das Verfahren eröffnet wird (**Recht des »Staates der Verfahrenseröffnung«** – *lex fori concursus*), sofern die Verordnung nichts anderes bestimmt.

Es bestimmt insbesondere (Art 4 Abs 2 EuInsVO):
- bei welcher Art von Schuldnern ein Insolvenzverfahren zulässig ist (Art 4 Abs 2 lit a),
- welche Vermögenswerte zur Masse gehören und wie die nach der Verfahrenseröffnung vom Schuldner
  erworbenen Vermögenswerte zu behandeln sind (lit b),
- ferner die **Befugnisse des Schuldners und des Verwalters** (lit c)
- und wie sich das Insolvenzverfahren auf laufende Verträge des Schuldners auswirkt (lit e).

Ausgenommen von der *lex fori concursus* sind hingegen: **64**
- Für einen Vertrag, der zum Erwerb oder zur Nutzung eines unbeweglichen Gegenstandes berechtigt, ist ausschließlich das **Belegenheitsrecht** anzuwenden (Art 8 EuInsVO = § 336 InsO), also insbes für Kauf- oder
  Mietvertrag, auch wenn der Anspruch nicht dinglich gesichert ist.[62] Dies schafft einen Gleichlauf mit dem
  materiell anwendbaren Recht.
- Für die Wirkungen des Insolvenzverfahrens auf Rechte des Schuldners an einem unbeweglichen Gegenstand
  (an einem Schiff oder einem Luftfahrzeug), die der Eintragung in ein öffentliches Register unterliegen, ist
  das Recht des Mitgliedsstaates maßgebend, unter dessen Aufsicht das Register geführt wird (**Register-
  staates**) (Art 11 = §§ 336, 351 InsO). Dies betrifft das Eigentum und dingliche Rechte an Grundstücken.
- Ebenso richtet sich der »Schutz des Dritterwerbers« (dh der **Gutglaubensschutz**) bei einer Verfügung über
  einen unbeweglichen Gegenstand gegen Entgelt nach dem Belegenheitsrecht oder dem Recht des Register-
  staates (Art 14 EuInsVO = § 349 Abs 1 InsO).

---

58 *Schaub* in *Bauer/von Oefele* Int Bezüge Rn 33; *Hügel-Zeiser* Int Bezüge Rn 38; KEHE-*Sieghörtner* Einl Rn U 186; MüKo-
    Spellenberg Art 11 EGBGB Rn 30; *Hausmann* in *Reithmann/Martiny* Rn 2472.
59 OLG München IPRax 1990, 320 = NJW-RR 1989, 663, 664 = RIW 1990, 226 (privatschriftliche deutsche Vollmacht
    für spanische Immobilie); OLG Nürnberg IPRspr 29 Nr 26 (österreichische Grundstücksvollmacht) OLG Stuttgart
    OLGZ 1981, 164 = DNotZ 1981, 746 = MDR 1981, 405 = Rpfleger 1981, 145 (liechtensteinische Auflassungsvoll-
    macht); LG Berlin I IPRsr 30 Nr 24 (finnische Grundstücksvollmacht); KEHE-*Sieghörtner* Einl Rn U 185; *Hausmann* in
    Reithmann/Martiny Rn 2471; **aA** *Ludwig* NJW 1983, 495; MüKo-*Spellenberg* Vor Art 11 EGBGB Rn 249.
60 ABl EU L 160 vom 30.06.2000, S 1–18, in Kraft seit 31.05.2002.
61 EuGH, Urteil vom 02.05.2006 – C-341/04 (Parmalat), EuZW 2006, 337 = NJW 2006, 2682 = NZI 2006, 360= RIW
    2006, 619.
62 MüKoInsO-*Reinhard* Art 9 EuInsVO Rn 2.

– Schließlich bleiben **dingliche Rechte** von Gläubigern unberührt (Art 5 EuInsVO), dh Aus- und Absonderungsrechte (Art 5 Abs 2 lit a und c EuInsVO = § 351 InsO), aber ebenso die Vormerkung (Art 5 Abs 3 EuInsVO = § 349 Abs 2 InsO).

Damit gilt sowohl für das schuldrechtliche wie für das dingliche Rechtsgeschäft und für den gutgläubigen Erwerb (§§ 892, 893 BGB) hinsichtlich deutscher Grundstücke auch in einem im EU-Ausland eröffneten Insolvenzverfahren deutsches Recht. Lediglich die Person und die Befugnisse des Insolvenzverwalters bestimmen sich nach dem Recht des Eröffnungsstaates.

65 Nach Art 18 Abs 1 EuInsVO darf der **Verwalter**, der durch ein nach Art 3 Abs 1 zuständiges Gericht bestellt worden ist, im Gebiet eines anderen Mitgliedstaats alle **Befugnisse** ausüben, die ihm nach dem Recht des Staates der Verfahrenseröffnung zustehen,
– solange in dem anderen Staat nicht ein weiteres Insolvenzverfahren eröffnet ist (**Partikularverfahren**, insbes Sekundärinsolvenzverfahren, Art 3 Abs 2, 27–38 EuInsVO, §§ 354–358 InsO)
– oder eine gegenteilige Sicherungsmaßnahme auf einen Antrag auf Eröffnung eines Insolvenzverfahrens hin ergriffen worden ist.

Bei der Ausübung seiner Befugnisse hat der Verwalter das Recht des Mitgliedstaats zu beachten, in dessen Gebiet er handeln will, insbesondere hinsichtlich der Art und Weise der Verwertung eines Gegenstands der Masse (Art 18 Abs 3).

66 Den **Nachweis der Verwalterstellung** regelt Art 19 EuInsVO (= § 347 InsO): Danach wird die Bestellung zum Verwalter durch eine beglaubigte Abschrift der Entscheidung, durch die er bestellt worden ist, oder durch eine andere von dem zuständigen Gericht ausgestellte Bescheinigung nachgewiesen. Dabei kann eine Übersetzung in die Amtssprache des Mitgliedstaats verlangt werden, in dessen Gebiet er handeln will. Eine Legalisation oder eine entsprechende andere Förmlichkeit (zB Apostille) kann aber nicht verlangt werden.

Bei Verfügungen oder Bewilligungen des ausländischen Verwalters dient die **beglaubigte Abschrift der Bestellungsurkunde** als Nachweis der Verfügungsmacht gegenüber dem Grundbuchamt durch öffentliche Urkunde iSd § 29 Abs 1 S 2 GBO.

67 Nach Art 22 Abs 1 EuInsVO (= § 346 InsO) ist die Eröffnung des Insolvenzverfahrens auf Antrag des Verwalters (oder nach Wahl des Mitgliedstaates von Amts wegen) in das **Grundbuch einzutragen**; auch hier müssen die Voraussetzungen für die Anerkennung nach Art 16 vorliegen.
– In Deutschland ist der Antrag nach Art 102 § 6 EGInsO an das das nach Art 102 § 1 InsO zuständige Insolvenzgericht zu richten; dieses ersucht das Grundbuchamt um Eintragung (§ 38 GBO), wenn nach dem Recht des Staats, in dem das Hauptinsolvenzverfahren eröffnet wurde, die Verfahrenseröffnung ebenfalls eingetragen wird. Der ausländische Insolvenzverwalter kann nicht unmittelbar das Grundbuchamt um Eintragung ersuchen. Durch die **Zwischenschaltung des Insolvenzgerichts** ist das Grundbuchamt von einer eigenen Prüfung der Anerkennungsvoraussetzungen der ausländischen Insolvenzeröffnung enthoben.
– Form und Inhalt der Grundbucheintragung richten sich nach deutschem Recht. Kennt das Recht des Staats der Verfahrenseröffnung Eintragungen, die dem deutschen Recht unbekannt sind, so hat das Insolvenzgericht eine Eintragung zu wählen, die der des Staats der Verfahrenseröffnung am nächsten kommt.

68 **b) Autonomes deutsches Internationales Verfahrensrecht (§§ 335–352 InsO).** Für in Drittstaaten außerhalb der EU eröffnete ausländische Insolvenzverfahren gelten nur §§ 335–352 InsO. §§ 335–352 InsO wurden weitestgehend inhaltsgleich und vielfach wortgleich zu den Regelungen der Europäischen Verordnung über das Insolvenzverfahren gestaltet. §§ 335–352 sind so formuliert, dass sie unterschiedslos für in EU-Staaten und in Drittstaaten eröffnete Insolvenzverfahren gelten. Gegenüber anderen EU-Staaten gilt aber die Europäische Verordnung über Insolvenzverfahren unmittelbar; §§ 335 ff InsO können hier keine abweichenden Regelungen treffen, sondern nur das dort Geregelte wiedergeben, teils in zusammenfassender Form, teils mit zusätzlichen, auf das deutsche Recht zugeschnittenen Erläuterungen.

69 So wird auch ein in einem Drittstaat eröffnetes Insolvenzverfahren in Deutschland anerkannt (§ 343 InsO),
– ausgenommen die Gerichte des Staats der Verfahrenseröffnung sind nach deutschem Recht **international** nicht **zuständig**
– oder die Anerkennung führt zu einem Ergebnis, das mit wesentlichen Grundsätzen des deutschen Rechts offensichtlich unvereinbar ist.

70 Anzuwenden ist das Recht des Eröffnungsstaates (§ 335 InsO), ausgenommen Verträge über unbewegliche Grundstücke (§ 336 InsO).
– Insbesondere gilt der Gutglaubensschutz (§§ 892, 893 BGB) auch gegenüber einem ausländischen Insolvenzverfahren (§ 349 Abs 1 InsO).
– Ebenso gilt auch die Vormerkungswirkung (§ 106 InsO) gegenüber einem ausländischen Insolvenzverfahren (§ 349 Abs 2 InsO).

– Dingliche Aus- und Absonderungsrechte an (zur Zeit der Insolvenzeröffnung) im Inland belegenen Gegenständen bleiben von der ausländischen Insolvenzeröffnung unberührt (§ 351 InsO).

Die **Grundbucheintragung** erfolgt auf Ersuchen (§ 38 GBO) des – zwischengeschalteten – deutschen Insolvenzgerichtes (§ 346 InsO). Das Grundbuchamt muss also nicht selbst die Anerkennung der ausländischen Insolvenz prüfen.   **71**

Das deutsche Insolvenzgericht wird auf Antrag des ausländischen Insolvenzverwalters tätig. Dieser hat dabei glaubhaft zu machen, dass die tatsächlichen Voraussetzungen für die Anerkennung der Verfahrenseröffnung vorliegen. Gegenüber dem Insolvenzgericht gilt die Beweismittelbeschränkung auf öffentliche Urkunden nach § 29 GBO nicht.

Der ausländische Insolvenzverwalter weist seine Bestellung durch eine beglaubigte Abschrift der Entscheidung, durch die er bestellt worden ist, oder durch eine andere von der zuständigen Stelle ausgestellte Bescheinigung nach. Das Insolvenzgericht kann eine Übersetzung verlangen, die von einer hierzu im Staat der Verfahrenseröffnung befugten Person zu beglaubigen ist (§ 347 InsO).   **72**

Die **beglaubigte Abschrift der Bestellungsentscheidung** (§ 347 InsO) dient auch als Nachweis gegenüber dem Grundbuchamt (§ 29 Abs 1 S 2 GBO) bei Verfügungen und Bewilligungen durch den ausländischen Insolvenzverwalter.

III. Ausländische Gesellschaften

1. Grundbuchfähigkeit

Eine ausländische Gesellschaft kann in das deutsche Grundbuch eingetragen werden (Grundbuchfähigkeit), wenn sie nach dem auf sie anwendbaren Gesellschaftsrecht rechtsfähig ist.[63]   **73**
– Rechtsfähig (und damit grundbuchfähig) sind grds ausländische **Kapitalgesellschaften** (GmbH, AG, Limited etc).

Personen- und auch **Personenhandelsgesellschaften** sind hingegen nach ausländischem Gesellschaftsrecht zT nicht rechtsfähig: **74**
– So gehört etwa bei einer **englischen** *partnership* das Vermögen den Gesellschaftern und nicht der Gesellschaft; in Konsequenz kann die *partnership* auch nicht als Eigentümerin eines deutschen Grundstücks eingetragen werden[64] (ebenso wohl für die meisten anderen Rechtsordnungen des Common Law).
– Ebensowenig ist die **niederländische Kommanditgesellschaft** (*commanditaire vennootschap*) nach bisherigem Recht grundbuchfähig, da Vermögensinhaber die Komplementäre (bei mehreren als OHG) sind.[65]

Ausländische **Gesellschaften bürgerlichen Rechts** sind nach ihrem Heimatrecht zT rechtsfähig und in ihrem Heimatstaat auch grundbuchfähig, wie etwa die *société civile* nach dem Recht Frankreichs, Belgiens oder Luxemburgs (nicht hingegen die niederländische *maatschap* oder die österreichische Gesellschaft bürgerlichen Rechts).[66]   **75**

Verneint man allerdings – wie der Autor dieser Zeilen – der deutschen Gesellschaft bürgerlichen Rechts (GbR) mangels Registereintragung trotz Teilrechtsfähigkeit und Eigentümerstellung die Grundbucheintragung unter ihrem eigenen Namen (welchem auch?) und wendet auf sie weiterhin § 47 GBO an,[67] so wird man in Konsequenz auch einer ausländischen, nicht in ein Register eingetragenen Gesellschaft bürgerlichen Rechts die Grundbuchfähigkeit als solche versagen und dort ebenfalls die einzelnen Gesellschafter als Gesamthänder nach § 47 GBO eintragen müssen, nicht nur den Namen der Gesellschaft.

2. Nachweis von Bestand und Vertretungsbefugnis

a) Nachweiserfordernis. Der Nachweis für Bestand und Vertretungsbefugnis einer ausländischen Gesellschaft ist dem Grundbuchamt zu erbringen: **76**
– bei einer **Bewilligung durch** eine ausländische Gesellschaft (§ 19 GBO),
– im Bereich des **materiellen Konsensprinzips** (§ 20 GBO) sowohl für eine Verfügung durch wie bei einer Eintragung zugunsten einer ausländischen Gesellschaft.

---

63 BayObLGZ 2002, 413 = DNotI-Report 2003, 29 = DNotZ 2003, 295 = MittBayNot 2004, 232 = NotBZ 2003, 70 = NZG 2003, 290 = Rpfleger 2003, 241 = ZIP 2003, 398 (englische *private limited company*); KEHE-*Sieghörtner* Einl Rn U 54.
64 DNotI-Gutachten Fax-Abruf-Nr 14300 vom 24.07.2007.
65 DNotI-Gutachten, Fax-Abruf-Nr. 14308 vom 30.07.2008.
66 Gutachten, DNotI-Report 2004, 158, 160 (Frankreich: Verfügung deutscher Ehegatten mit Grundbesitz in Frankreich).
67 *Schöner/Stöber* Rn 240 ff; *Kesseler* ZIP 2007, 421, 423; *Lautner* NotBZ 2007, 229; *Volmer* DNotZ 2007, 120.

77 Wird hingegen eine **Eintragung zugunsten** einer ausländischen Gesellschaft **bewilligt**, so ist im Rahmen des Bewilligungsprinzips kein voller Nachweis erforderlich; vielmehr genügt für die Eintragung, dass Bestand und Rechtsfähigkeit der ausländischen Gesellschaft nicht ausgeschlossen sind.[68] Dies kann dazu führen, dass etwa eine Vormerkung für eine ausländische Gesellschaft leicht eingetragen, aber nur schwer zu löschen ist, wenn der Kaufvertrag nicht durchgeführt wird und die ausländische Gesellschaft nicht mehr daran interessiert ist, einen grundbuchfähigen Vertretungsnachweis zu erbringen (oder womöglich gar die Vormerkung zugunsten einer tatsächlich gar nicht existenten Gesellschaft eingetragen ist).[69]

78 **b) Prüfungsmaßstab: § 29, nicht § 32 GBO.** Bei ausländischen Gesellschaften sind Bestand und Vertretungsbefugnis nach der allgemeinen Regel des **§ 29 GBO** durch öffentliche Urkunden nachzuweisen.[70] Die Spezialregelungen der § 32 GBO, § 9 Abs 3 HGB, § 69 BGB und § 26 Abs 2 GenG, wonach ein Handelsregisterauszug den Nachweis der Vertretungsbefugnis einer Handelsgesellschaft etc erbringt, gilt nur für Eintragungen im deutschen Handelsregister, dh für deutsche Gesellschaften bzw im deutschen Register eingetragene Zweigniederlassungen ausländischer Gesellschaften, nicht für in ausländischen Registern eingetragene Gesellschaften.

79 Dabei kann man allerdings keinen weitergehenden Nachweis verlangen, als nach dem betreffenden ausländischen Recht möglich ist. Wenn das betreffende ausländische Recht kein beweiskräftiges Handelsregister kennt und es nach der betreffenden Rechtsordnung auch sonst keinen vollständigen Beweis für Bestand und Vertretungsbefugnis durch öffentliche Urkunden gibt, so kann und muss das Grundbuchamt zwar den **nach ausländischem Recht möglichen Nachweis** verlangen – dies genügt dann aber auch.

80 **c) Ausländischer Handelsregisterauszug.** Relativ einfach ist der Nachweis von Bestand und Vertretungsbefugnis, soweit der Sitz- oder Gründungsstaat der Gesellschaft ein Handelsregister kennt, dessen Handelsregisterauszüge oder –bescheinigungen Beweiskraft haben. Dies sind die meisten Länder des Civil Law, also insbes des Rechtskreises des Code Napoleon, des deutschen Rechtskreises sowie die (ehemals) kommunistisch regierten Länder.

Derartige Handelsregisterauszüge sind idR gleichwertig, da ihnen auch nach ihrem jeweiligen Recht Beweiskraft bzw Gutglaubensschutz zukommt.[71]

81 **d) Common Law–System.** Nicht alle Staaten kennen aber ein derartiges Handelsregister. V.a. in den Common Law-Ländern lässt sich der Eintragung nach dem traditionellen System nur die Gründung und der Fortbestand der Gesellschaft entnehmen (sowie die bei Gründung Vertretungsbefugten), nicht aber die Person der aktuell Vertretungsbefugten. Hier wird der Nachweis durch eine Kombination verschiedener Urkunden geführt, wie sich inbes am Bespiel der USA zeigen lässt:[72]
- Eine Bescheinigung des (Handels- oder Gesellschafts-)Registers (*certificate of incorporation* oder *certificate of good standing*) erbringt – als öffentliche Urkunde – Nachweis über Gründung (und idR auch den Fortbestand) der Gesellschaft.
- Die **Vertretungsbefugnis** ergibt sich aber idR nicht aus dem Register. Zwar werden meist die bei Gründung der Gesellschaft bestellten Gesellschaftsorgane dem Register gemeldet. Spätere Änderungen müssen aber in vielen Common Law Staaten nicht gemeldet werden. Die Person der vertretungsberechtigten Gesellschaftsorgane (und ggf auch deren Vertretungsbefugnisse) bescheinigt statt dessen der *Secretary* **der Gesellschaft** (*company secretary*). Häufig bescheinigt er dazu Auszüge aus dem Beschlussbuch der Gesellschaft oder zumindest den Inhalt von Beschlüssen (die der Vorstand, *board of directors*, getroffen hat). Soweit dem Handelsregister auch Wechsel der vertretungsberechtigten Personen gemeldet werden (wie nach dem neuen englischen *Company Register*), ist eine Bescheinigung des *secretary* gleichwohl erforderlich, wenn nicht alle Mitglieder des *board* handeln und die Einzelvertretungsbefugnis der Handelnden durch die entsprechenden Beschlüsse des *board* nachzuweisen ist.

---

68 *Bausback* DNotZ 1996, 254; KEHE-*Sieghörtner* Einl Rn U 69-70; *Meikel-Böttcher* § 19 Rdn 163.
69 Vgl BGH DNotZ 1994, 485 = NJW 1993, 2744.
70 KG OLGE 12, 157 Nr 8e; BayObLGZ 2002, 413 = DNotI-Report 2003, 29 = DNotZ 2003, 295 = MittBayNot 2004, 232 = NotBZ 2003, 70 = NZG 2003, 290 = Rpfleger 2003, 241 = ZIP 2003, 398; OLG Hamm BB 1995, 446 mit Anm *Schuck* = DB 1995, 137 mit Anm *Bungert* DB 1995, 963 = DNotI-Report 1995, 18 = FGPrax 1995, 5 = MittBayNot 1995, 68 = MittRhNotK 1994, 350 = NJW-RR 1995, 469 = RIW 1995, 152 = WM 1995, 456; *Bausback* DNotZ 1996, 254, 265; *Haas* DB 1997, 1501, 1504; *Schaub* in *Bauer/von Oefele* Int Bezüge Rn 125; *Demharter* § 32 Rn 2; *Hügel-Zeiser* Int Bezüge Rn 99; KEHE-*Sieghörtner* Einl Rn U 70; *Meikel-Roth* § 32 Rdn 59.
71 *Holzborn/Israel*, Internationale Handelsregisterpraxis, NJW 2003, 3014; *Schaub* NZG 2000, 953.
72 Vgl Gutachten DNotI-Report 2001, 29 (USA/Delaware: Vertretung einer corporation); *Fischer*, Existenz- und Vertretungsnachweise bei US Corporations, ZNotP 1999, 352; *Jacob-Steinorth*, Die Vertretungsmacht bei den wichtigsten amerikanischen Handelsgesellschaften, DNotZ 1958, 361; *Knoche*, Die Vertretung englischer Handelsgesellschaften aus Sicht des deutschen Notars – Kollisionsrecht, Sachrecht und Nachweisprobleme, MittRhNotK 1985, 165.

Für die Form des Nachweises (§ 29 GBO) gilt: **82**
- Die Bescheinigung des Registers (*certificate of incorporation* oder *certificate of good standing*) ist öffentliche Urkunde.
- Die Bescheinigung des *Secretary* ist hingegen eine Privaturkunde. Das Gesellschaftssiegel und damit den nach dem anwendbaren Gesellschaftsrecht höchstmöglichen (wenngleich noch hinter § 29 GBO zurückbleibenden) Nachweis wird man daher auch für das deutsche Grundbuchverfahren verlangen. Aus Sicht des deutschen Grundbuchrechts bleibt die Bescheinigung gleichwohl Privaturkunde, da dem *Secretary* keine hoheitlichen Beurkundungsfunktionen verliehen sind.
- Gegenüber dem deutschen Grundbuchamt ist eine **Unterschriftsbeglaubigung** der Unterschrift des *Secretary* der Gesellschaft erforderlich (ferner – je nach Land – eine **Apostille** oder Legalisation der ausländischen Unterschriftsbeglaubigung). Die Unterschriftsbeglaubigung geht zwar über das in den Common Law-Rechtsordnungen Übliche hinaus, ist aber nach deren Rechtsordnung möglich – und daher erforderlich, um zumindest soweit als möglich an die Anforderungen des § 29 GBO heranzukommen. Erfüllt sind die Anforderungen auch damit noch nicht: Als sonstige Eintragungsvoraussetzung müsste auch die Vertretungsbefugnis nach § 29 Abs 1 S 2 GBO durch eine öffentliche Urkunde nachgewiesen werden. Da dies in den meisten Common Law-Rechtsordnungen nicht möglich ist, muss das Mögliche genügen, nämlich die Unterschriftsbeglaubigung (also eine öffentlich beglaubigte Urkunde, § 29 Abs 1 S 1) unter einer nach dem Heimatrecht der Gesellschaft mit besonderer Beweiskraft ausgestatteten, wenn auch privatschriftlichen Bestätigung. So lässt die Grundbuchpraxis häufig die Bestätigung des Secretary mit Unterschriftsbeglaubigung und Apostille genügen.
- Weitergehend könnte man im Grundbuchverfahren für die Bescheinigung des *Secretary* ein *Affidavit* oder ein *Acknowledgement* fordern, also eine Art eidesstattlicher Versicherung. Dies wäre nach dem Recht der Common Law-Staaten möglich.[73] Ist die Bescheinigung mit der Unterschrift des *Secretary* und dem **Siegel der Gesellschaft** *(corporate seal)* versehen und/oder gegenüber einem Common Law *notary public* eine eidesähnliche strafbewährte Bestätigung *(acknowledgement)* abgegeben, dass die Abschrift den vom *board* gefassten Beschluss wahrheitsgemäß wiedergibt, so kommt der Bescheinigung nach dem Recht der meisten Common Law Staaten eine besondere Beweisfunktion bzw Gutglaubensschutz zu.[74] Auch ein *Affidavit* erfüllt zwar die Voraussetzungen des § 29 Abs 1 S 2 GBO nicht: Es mag zwar eine öffentliche Urkunde sein, doch erbringt es nur Beweis für die Abgabe der Erklärung durch den *Secretary*, nicht für deren Richtigkeit (weil der *Secretary* Gesellschaftsorgan ist und nicht Behörde iSd §§ 415, 418 ZPO). Aber einen besseren Nachweis gibt es in den Rechtsordnungen des Common Law nicht; daher kann das deutsche Grundbuchamt nicht einen nach dem Heimatrecht der Gesellschaft nicht möglichen Beweis durch öffentliche Urkunde verlangen.

Die **Bescheinigung des Secretary** mag etwa folgenden Wortlaut haben: **83**

I ... secretary of xy inc., do hereby certify that at the legal meeting of the board of directors of the said company regularly called, notice of which was duly given to each director, which meeting was held at the office of the company at Y on the ... day of ... 2000, a majority of the directors were present and a resolution of which the following is a copy was adopted by the said board as follows:

Resolved: ..

Seal of corporation, signature, secretary of xy inc.[75]

Auch wenn vorstehend vereinfachend von den Common Law-Rechtsordnungen gesprochen wurde, so gilt dies **84** längst nicht (mehr) für alle Common Law-Rechtsordnungen.
- Viele Common Law-Länder haben ihr System unserem **Handelsregisters mittlerweile angenähert**, als dass sie nun auch die Meldung von Änderungen in der Person der Vertretungsberechtigten an das Register vorschreiben (teils auch in Form einer zu aktualisierenden Liste der Geschäftsführer) und dem auch Beweiswirkung oder jedenfalls Gutglaubensschutz beimessen. Dies gilt für die europäischen Common Law-Staaten (in teilweiser Umsetzung der EG-Publizitätsrichtline) und weltweit insbes für kleinere Common Law-Staaten, die traditionell va von Handel oder Finanzdienstleistungen leben (wie zB Bahamas, Barbados, Hongkong oder Singapur), aber etwa auch für Indien. Hier ist eine Bescheinigung des *secretary* aber ggf erforderlich, um die Einzelvertretungsbefugnis des Handelnden nachzuweisen, wenn nicht alle Mitglieder des *board* mitwirken.
- Umgekehrt kennen auch manche »**zivilistische**« **Rechtsordnungen** kein voll ausgebautes Handelsregister, sondern kombinieren – ähnlich wie die Common Law-Rechtsordnungen – das Handelsregister als Nachweis für den Bestand der Gesellschaft mit der Bescheinigung eines Gesellschaftsorgans über die Vertretungsbefugnis, so etwa Argentinien.

73 KG GmbHR 2003, 116; LG Berlin ZIP 2004, 2380; *Hahn* DNotZ 1964, 290; *Heinz* ZNotP 2000, 412.
74 So für die USA: *Hamilton* Corporations, 3. Aufl 1992, S 553.
75 *Jacob-Steinorth*, Die Vertretungsmacht bei den wichtigsten amerikanischen Handelsgesellschaften, DNotZ 1958, 361, 367.

e) Registerbescheinigung eines deutschen Notars über ausländisches Handelsregister (§ 21 BNotO).
85   Nach § 21 Abs 1 BNotO kann der Notar eine Bescheinigung über eine Vertretungsberechtigung sowie über das Bestehen oder den Sitz einer juristischen Person oder Handelsgesellschaft oder sonstige rechtserhebliche Umstände ausstellen, wenn sich diese Umstände aus einer Eintragung im Handelsregister oder in einem ähnlichen Register ergeben. Diese Bescheinigung hat die gleiche Beweiskraft wie ein Handelsregisterauszug.

Die besondere Beweiskraft des § 21 Abs 1 S 2 BNotO gilt mE auch für Registerbescheinigungen eines deutschen Notars aufgrund Einsicht in ein **ausländisches Register,** das vergleichbare Funktionen und Beweiskraft wie das deutsche Handelsregister hat (oder damit ein »ähnliches Register iSd § 21 Abs 1 S 1 BNotO ist).[76]

Die **Gegenmeinung** will hingegen die besondere Beweiskraft des § 21 Abs 1 S 2 BNotO auf eine Bescheinigung über ein deutsches Register beschränken.[77] Hinsichtlich ausländischer Register könne der deutsche Notar nur eine (beweiskräftige) Tatsachenbescheinigung über den Inhalt der Eintragung erstellen, ggf verbunden mit einem (nicht beweiskräftigen) Rechtsgutachten über sich daraus ergebenden rechtlichen Schlussfolgerungen (wie zB die Vertretungsbefugnis).

Die praktischen Unterschiede beider Ansichten sind gering, sofern der deutsche Notar zunächst die tatsächlichen Grundlagen seiner Registerbescheinigung feststellt. Denn soweit es sich dabei um eigene Tatsachenfeststellungen des Notars handelt (zB aufgrund Einsicht in ein Online einsehbares ausländisches Handelsregister[78]), ist damit Beweis der Eintragung erbracht (§ 418 ZPO). Sofern man den daraus vom Notar in seiner Registerbescheinigung gezogenen Schlussfolgerungen nicht ohnehin die Beweiskraft des § 21 BNotO zuerkennt, können sie dem Grundbuchamt jedenfalls als rechtsgutachterliche Hilfe bei dessen eigener Rechtsprüfung dienen.

86   **f) Bescheinigung eines ausländischen Notars oder Anwalts.** Vertretungs- oder Registerbescheinigungen eines ausländischen Notars fallen nicht unter die besondere Beweisregel des § 21 Abs 1 BNotO[79] – erst recht nicht Bescheinigungen eines ausländischen Rechtsanwalts. Gleichwohl genügt insbes eine Bescheinigung durch ausländische Notare häufig als Nachweis.[80]
   – Hinsichtlich der festgestellten Tatsachen (inbes der Registereintragungen) kann einer solchen Bescheinigung Beweiskraft als öffentliche Urkunde zukommen.
   – Die rechtliche Schlussfolgerung ist zwar keine öffentliche Urkunde. Wenn aber das betreffende ausländische Recht keinen Vertretungsnachweis in Form einer öffentlichen Urkunde kennt, so kann das Grundbuchamt auch keinen solchen fordern, sondern muss sich mit dem Möglichen begnügen. IdR kann es dabei auf die Richtigkeit einer gutachterlichen Feststellung eines Notars aus der betreffenden Rechtsordnung vertrauen.

3. Anwendbares Gesellschaftsrecht

87   **a) EU, EWIR und USA: Gründungsrecht.** Nach der Rechtsprechung des EuGH ist die Rechts- und Parteifähigkeit von Gesellschaften, die in anderen EU-Mitgliedstaaten gegründet wurden, auch dann anzuerkennen, wenn sie ihren tatsächlichen Verwaltungssitz nicht im Gründungsstaat haben.[81] Praktisch gilt damit die

---

76   LG Aachen MittBayNot 1990, 125 = MittRhNotK 1988, 157; *Melchior/Schulte* NotBZ 2003, 344, 345; *Sandkühler* in *Arndt/Lerch/Sandkühler* BNotO, § 21 BNotO Rn 14; *Limmer* in *Eylmann/Vaasen* BNotO und BeurkG, § 21 BNotO Rn 9; *von Schuckmann/Renner* in *Huhn/von Schuckmann* BeurkG, § 12 BeurkG Rn 30; *Schöner/Stöber* Rn 3636b; *Winkler* BeurkG, § 12 BeurkG Rn 25
     Zwar hat das ausländische Register als solches nicht die Beweiskraft der § 32 GBO, § 9 Abs 3 HGB etc. Sofern es sich aber eine ähnliche Beweisfunktion wie das deutsche Register hat, kann das fehlende Element durch die Prüfung und Bescheinigung durch den Notar als deutschen Amtsträger ergänzt werden.
77   OLG Hamm BB 1995, 446 mit Anm *Schuck* = DB 1995, 137 mit Anm *Bungert* DB 1995, 963 = DNotI-Report 1995, 18 = FGPrax 1995, 5 = MittBayNot 1995, 68 = MittRhNotK 1994, 350 = NJW-RR 1995, 469 = RIW 1995, 152 WM 1995, 456; *Bausback* DNotZ 1996, 254, 265; *Haas* DB 1997, 1501, 1504; *Schaub* in *Bauer/von Oefele* Int Bezüge Rn 125; *Hügel-Zeiser* Int Bezüge Rn 99; KEHE-*Sieghörtner* Einl Rn U 70; *Meikel-Roth* § 32 Rdn 5.
78   allg zur Einsicht in ein elektronisches Handelsregister als Grundlage einer Registerbescheinigung nach § 21 BNotO vgl: Bundesnotarkammer, Rundschreiben Nr 14/2003 vom 14.04.2003 – im Internet abrufbar auf der Homepage der BNotK: http://www.bnotk.de/Service/Rundschreiben/RS2003.14.Bescheinigungen+elektr.Register.html.
79   OLG Köln MittRhNotK 1988, 181 = Rpfleger 1989, 66; *Hügel-Zeiser* Int Bezüge Rn 99; KEHE-*Sieghörtner* Einl Rn U 70; *Schöner/Stöber* Rn 3636b.
80   LG Kleve RNotZ 2008, 30; *Reithmann* DNotZ 1995, 360; *ders* in *Schippel/Bracker* BNotO, 8. Aufl 2006, § 21 BNotO Rn 3; KEHE-*Sieghörtner* Einl Rn U 70; *Schöner/Stöber* Rn 3636b.
81   EuGHE 1999 I, 1459 = DNotI-Report 1999, 71 = DNotZ 1999, 593 = EWiR 1999, 259 = EuZW 1999, 216 = IPRax 1999, 360 = JZ 1999, 669 = MittBayNot 1999, 298 = NJW 1999, 2027 = NJW 1999, 447 = ZIP 1999, 438 (Centros); EuGHE 2002 I, 9919 = ABl EG 2003, Nr C 323, 12 = DB 2001, 2642 = DNotI-Report 2002, 182 = DNotZ 2003, 139 = EuZW 2002, 754 = MittBayNot 2003, 63 = NJW 2002, 3614 = Rpfleger 2003, 131 (Überseering); EuGHE 2003 I, 10155 = DB 2003, 2219 = DNotI-Report 2003, 166 = DNotZ 2004, 55= ZIP 2003, 1885 = NJW 2003, 3331 = NotBZ 2003, 388 (Inspire Art).

Gründungstheorie für Gesellschaften aus anderen **EU–Mitgliedstaaten**[82] wie aus anderen Staaten des EWIR (**Europäischen Wirtschaftsraumes**: Island, Liechtenstein, Norwegen).[83]

Teilweise will die Rechtsprechung dies auch auf Gesellschaften aus der **Schweiz**[84] ausdehnen, die zwar weder der EU noch dem Europäischen Wirtschaftsraum angehört, jedoch mit der EU durch mehrere sektorielle Abkommen sehr eng verflochten ist. Dies geht jedoch über das hinaus, was die EuGH-Rechtsprechung erfordert.

Auch in den **USA** gegründete Gesellschaften sind kraft des Deutsch-Amerikanischen Freundschafts-, Handels- und Schifffahrtsvertrages[85] als rechts- und parteifähig anzuerkennen, auch wenn sie ihren tatsächlichen Verwaltungssitz in Deutschland haben.[86]   **88**

b) Gesellschaften aus anderen Staaten: Verwaltungssitz. Die **Sitztheorie**, wonach sich das Gesellschafts- statut einer Gesellschaft nach dem Sitz ihrer tatsächlichen Verwaltung bestimmt, die die deutsche Rechtspre- chung zuvor gewohnheitsrechtlich angewandt hatte,[87] gilt uneingeschränkt nur mehr für **Gesellschaften außerhalb von EU, EWIR und USA**.[88]   **89**

Im Grundbucheintragungsverfahren ist aber von einem **allgemeinen Erfahrungssatz** des Inhaltes auszugehen, dass eine ausländische Kapitalgesellschaft ihren tatsächlichen Verwaltungssitz in dem Staat hat, nach dessen Recht sie gegründet worden ist. Das Grundbuchamt hat deshalb eine Eintragung nur dann abzulehnen, wenn bei Würdigung der Eintragungsunterlagen bzw anderweitiger gesicherter Erkenntnisse konkrete, durchgrei- fende Zweifel am Bestehen eines ausländischen tatsächlichen Verwaltungssitzes der Gesellschaft verbleiben.[89]   **90**

c) Gesetzesvorhaben zur Anknüpfung an das Gründungsrecht (Art 10 EGBGB nF). Nach einem   **91** **Referentenentwurf** des Bundesjustizministeriums vom Januar 2008[90] soll künftig das Gründungsrecht für alle (eingetragenen) Gesellschaften gelten (Art 10 EGBGB n.F.). Dies soll nicht nur für Gesellschaften aus der EU, dem EWIR und den USA gelten, sondern auch für Gesellschaften aus Drittstaaten.

Die Sitztheorie würde damit allenfalls noch für die nicht eingetragenen Gesellschaften gelten, deren Gesell- schafter sich bei der Gründung keinem Recht ausdrücklich unterstellt haben.

---

82 BGHZ 154, 185 = DNotI-Report 2003, 78 = NJW 2003, 1461 = RNotZ 2003, 327 = ZNotP 2003, 225; BayObLGZ 2002, 413 = DNotI-Report 2003, 29 = DNotZ 2003, 295 = MittBayNot 2004, 232 = NotBZ 2003, 70 = Rpfleger 2003, 241 = ZIP 2003, 398.

83 BGHZ 164, 148 = DB 2005, 2345 = DNotI-Report 2005, 174 = DNotZ 2006, 143 = EuZW 2005, 733 = MDR 2006, 105 = NJW 2005, 3351 = Rpfleger 2006, 20.

84 OLG Hamm AG 2007, 332 = BB 2006, 2487 mit Anm *Wachter* = DNotI-Report 2006, 195 = ZIP 2006, 1822 (noch nicht rechtskräftig); vgl *Mauch* ZVglRWiss 106 (2007), 272.

85 Freundschafts-, Handels- und Schifffahrtsvertrag zwischen der Bundesrepublik Deutschland und den Vereinigten Staaten von Amerika vom 29.10.1954, BGBl 1954 II 487.

86 BGHZ 153, 353 = DNotI-Report 2003, 534 = NJW 2003, 1607; BGH DNotI-Report 2004, 154 = NJW-RR 2004, 1618 = ZNotP 2004, 405; BGH DNotI-Report 2005, 7 = ZNotP 2005, 34 = ZIP 2004, 2230; OLG Zweibrücken NJW 1987, 2168.

87 BGHZ 25, 134, 144; BGHZ 53, 181, 183 = DB 1970, 441 = WM 1970, 279; BGHZ 78, 318, 334 = BB 1981, 200 = DB 1981, 574 = JZ 1981, 139 = MDR 1981, 314 = NJW 1981, 522 = WM 1981, 32 = ZIP 1981, 31; BGHZ 97, 269, 271 = MittBayNot 1986, 269 = NJW 1986, 2194; BGH MittRhNotK 1992, 17 = NJW 1992, 618 = ZIP 1991, 1582; BGHZ 118, 151, 167 = DB 1992, 1471 = MDR 1992, 765 = NJW 1992, 2026 = Rpfleger 1992, 404; BGH MDR 1995, 846 = NJW 1995, 1032; BGH DB 1995, 2472 = MDR 1996, 105 = NJW 1996, 54, 55; BGHZ 134, 116 = NJW 1997, 657, 658; BGH DB 2000, 1114 = DNotI-Report 2000, 106 = DNotZ 2000, 782 = IPRax 2000, 423 = MittBayNot 2000, 564 = WM 2000, 1257 = ZIP 2000, 967.

88 Vgl *Eidenmüller* ZIP 2002, 2244; *Geyrhalter/Gänßler* NZG 2003, 411; *Willer* IPRax 2003, 328.

89 OLG Hamm BB 1995, 446 mit Anm *Schuck* = DB 1995, 137 mit Anm *Bungert* DB 1995, 963 = DNotI-Report 1995, 18 = FGPrax 1995, 5 = MittBayNot 1995, 68 = MittRhNotK 1994, 350 = NJW-RR 1995, 469 = RIW 1995, 152; LG Traunstein DNotI-Report 1998, 72; *Schöner/Stöber* Rn 3636a; ebenso allg OLG München DB 1986, 1767 = NJW 1986, 2197, 2198 = WM 1986, 937; aA MüKo-*Kindler* IntGesR Rn 343.

90 Internet: http://www.bmj.bund.de/files/-/2751/RefE%20Gesetz%20zum%20Internationalen%20Privatrecht%20der%20Ge- sellschaften,%20Vereine%20und%20juristischen%20Personen.pdf.

4. Alphabetische Länderliste: Gesellschaftsformen und Nachweis

92 Nachfolgend sind für die meisten europäischen Staaten und für wichtigere außereuropäische Staaten die häufigsten Gesellschaftsformen und der Nachweis von deren Bestand und Vertretungsbefugnis angegeben.[91]
 – In der Regel ist angegeben, ob es Gesellschaftsformen gibt, die einer Aktiengesellschaft, einer GmbH, OHG und KG entsprechen.
 – Verein, Stiftung, Genossenschaft, Gesellschaft bürgerlichen Rechts sowie die Gesellschaftsformen des EU-Rechts (SE, EWIV) sind nicht mit aufgeführt – erstere wegen der geringeren praktischen Bedeutung, letztere, weil sich deren Existenz für die EU-Mitgliedstaaten unmittelbar aus den entsprechenden EU-Verordnungen ergibt.
 – Auch Mischformen (KGaA, GmbH & Co. KG etc.) sind nicht angegeben.

93 Nicht immer gibt es für **ausländische Gesellschaftsformen** ein deutsches Pendant – und umgekehrt:
 – So kennen die Rechtsordnungen des Common Law typischerweise nur eine Form der Kapitalgesellschaft (*Limited*). Wenn man von der Dualität des deutschen Rechtes her denkt, so ist sie in Grundstruktur der Aktiengesellschaft näher als der GmbH. Um aber ihre Funktion als einzige Art der Kapitalgesellschaft in der betreffenden Rechtsordnung hervorzuheben, ist die *Limited* in der nachfolgenden Übersicht als »**Kapitalgesellschaft**« bezeichnet.
 – In den meisten Rechtsordnungen des Common Law gibt es **zwei Unterformen** der Limited, zum einen die *private limited company*, zum anderen die *publicly held* oder *public limited company*. Von den Funktion her kann man erstere mit der GmbH, letztere mit der Aktiengesellschaft deutschen Rechts vergleichen – aber nur von der Funktion her, da beide nicht getrennte Rechtsformen, sondern Untertypen derselben Rechtsform sind (insofern der Unterscheidung zwischen der »kleinen AG« und der »normalen« AG im deutschen Recht vergleichbar).
 – Ebenfalls eine aus dem Common Law entspringende Eigenart ist die *limited liability partnership* (LLP), eine »Personengesellschaft mbH« oder »KG ohne Komplementär«, dh eine Mischform zwischen Personen- und Kapitalgesellschaft (Hybridgesellschaft): Sie ist zwar eine Personengesellschaft (*partnership*), aber sie hat keinen persönlich haftenden Gesellschafter (*general partner*). Vergleichbar ist die Mischform der US-amerikanischen *limited liability company* (LLC), aber auch die in Japan im Jahr 2006 anstelle der GmbH eingeführte *gôdô kaisha* (»Gemeinsame Gesellschaft« oder Einheitsgesellschaft).

94 Äquatorialguinea s OHADA (Rdn 143).

Algerien

Das Gesellschaftsrecht ist im 5. Buch des Handelsgesetzbuches geregelt (*Code des sociétés, livre 5 du code de commerce*, Art 544–842 HGB[92]). Wichtige Gesellschaftsformen sind :
 – **SNC** = *société en nom collectif* (Offene Handelsgesellschaft – OHG) (Art 551–563 HGB): Einzelvertretungsbefugnis jedes Gesellschafters im Rahmen des Gesellschaftszwecks, keine Beschränkung mit Drittwirkung möglich (abweichende gesellschaftsvertragliche Regelung wirkt Dritten gegenüber nur bei Bekanntmachung im *Staatsanzeiger*);
 – **SCS** = *société en commandite simple* (Kommanditgesellschaft – KG) (Art 563–563 *bis* 10 HGB): Vertretung durch die Komplementäre (*associès commandités*) nach den Regeln der OHG, Kommanditisten (*associès commanditaires*) sind von der Vertretung ausgeschlossen (Art 563 *bis* 5);
 – **SARL** = *société à responsabilité limité* (GmbH) bzw **EURL** = *entreprise unipersonelle à responsabilité limité* (Einpersonen-GmbH) (Art 564–591 HGB): Einzelvertretungsbefugnis jedes Geschäftsführers (*gérant*), kann durch die Satzung nicht mit Drittwirkung beschränkt werden (Art 577 Abs 2 HGB);
 – **SA** = *société anonyme* (Aktiengesellschaft) (Art 592 – 715*ter* 10 HGB, davon KGaA: Art 715 *bis* 133 ff): gemeinschaftliche Vertretung durch den Vorstand (*conseil d'administration*) (Art 623);

Der Nachweis von Bestand und Vertretungsbefugnis der Gesellschaft wird durch einen **Handelsregisterauszug** geführt. Das algerische Handelsregister wird durch das nationale Handelsregisterzentrum (*centre national du registre de commerce*) geführt. Der Handelsregisterauszug genießt öffentlichen Glauben (Art 2 Abs 2 Handelsge-

---

91 Länderberichte über das Gesellschaftsrecht va europäischer Staaten finden sich in: *Behrens*, Die GmbH im internationalen und ausländischen Recht, 2. Aufl 1997; *Breidenbach*, Handbuch Wirtschaft und Recht in Osteuropa (Loseblatt); *DNotI*, Notarielle Fragen des internationalen Rechtsverkehrs, 1995; *Eiselsberg*, Gesellschaftsrecht in Europa, 1997; *Herberstein*, Die GmbH in Europa, 2. Aufl 2001; *Hohloch*, EU-Handbuch Gesellschaftsrecht (Loseblatt, Stand August 2001, seitdem nicht mehr aktualisiert); *Lutter*, Die Gründung einer Tochtergesellschaft im Ausland, ZGR-Sonderheft, 3. Aufl 1995; *Maitland-Walker*, Guide to European Company Law, 2. Aufl 1997; *Hausmann* in *Reithmann/Martiny*, Internationales Vertragsrecht, 6. Aufl 2004, Rn 2300 ff; *Süß/Wachter*, Handbuch des internationalen GmbH-Rechts, 2006; *Süß* in Würzburger Notarhandbuch, Teil 7 Rn 1523 ff; *Widmann/Mayer*, Umwandlungsrecht (Loseblatt); als einführende Übersichten vgl *Mödl*, Die ausländische Kapitalgesellschaft in der notariellen Praxis, RNotZ 2008, 1; *Schaub*, NZG 2000, 953; *Zimmermann* in Beck'sches Notarhandbuch, 4. Aufl 2006, Teil G Rn 213 ff.
92 Internet: http://www.c-notaires.dz/notaire_07/pages/texte_legislatifs.php (Notarkammer Algerien, französisch).

werbeG[93]). Umgekehrt gilt auch negative Publizität: Eine eintragungspflichtige Tatsache kann Dritten nur nach ihrer Eintragung entgegengehalten werden (Art 11–12).

Argentinien:[94]   95

Wichtige Gesellschaftsformen sind (*Ley de Sociedades* – Gesellschaftsgesetz):
- **S.A.** = *sociedad anónima* (Aktiengesellschaft), Vertretung durch den Vorstandsvorsitzenden (die Satzung kann auch anderen Vorstandsmitgliedern Vertretungsmacht erteilen;
- **S.R.L.** = *sociedad de responsibilidad limitada* (GmbH): Einzelvertretungsbefugnis jedes Geschäftsführers (*gerente*)) (vorbehaltlich abweichender gesellschaftsvertraglicher Regelung, Art 157 GesG);
- **S.C.** = *sociedad colectiva* (Offene Handelsgesellschaft – OHG): Einzelvertretungsbefugnis jedes Gesellschafters (vorbehaltlich abweichender gesellschaftsvertraglicher Regelung, Art 127 GesG);
- **S. en C.** = *sociedad en comandita* (Kommanditgesellschaft – KG);
- *sociedad civil* (Gesellschaft bürgerlichen Rechts) – rechtsfähig (Art 1648 CC = Código civil – Bürgerliches Gesetzbuch Argentinien): Einzelvertretungsbefugnis jedes Gesellschafters (vorbehaltlich abweichender gesellschaftsvertraglicher Regelung, Art 1676, 1693 CC).

Der Vertretungsnachweis erfolgt zweistufig – ähnlich wie in den Rechtsordnungen des Common Law:
- Der **Bestand** der Gesellschaft kann durch einen **Handelsregisterauszug** nachgewiesen werden. Die Handelsregister werden – je nach Provinz – vom Handelsgericht oder von einer Stelle der öffentlichen Verwaltung geführt.
- Die **Vertretungsbefugnis** wird durch eine (beglaubigte) Abschrift des Gesellschaftsvertrages bzw. des entsprechenden **Gesellschaftsbeschlusses** nachgewiesen.
- Gesellschaftsvertrag bzw. Gesellschafterbeschluss müssen durch notarielle Niederschrift oder mit Unterschriftsbeglaubigung nachgewiesen werden (§ 29 GBO). Das deutsche Grundbuchamt kann außerdem hierfür sowie für den Handelsregisterauszug eine **Apostille** verlangen.

Australien:[95]   96

Das Gesellschaftsstatut knüpft an das **Gründungsrecht** an (wie in den anderen Common Law-Rechtsordnungen).

Das Gesellschaftsrecht ist im Bundesterritorium (Canberra) und in den Einzelstaaten durch **gleichlautende Gesetze** geregelt. Wichtige Gesellschaftsformen sind:
- **Ltd** = *Public Company* oder *Limited* (Kapitalgesellschaft, in ihrer wirtschaftlichen Funktion ähnlich einer AG): Gesamtvertretung durch Vorstand (*board of directors*), die idR *officers* zur Vertretung im Tagesgeschäft bevollmächtigen;
- **Pty Ltd** = *Proprietory Company* (Kapitalgesellschaft, in ihrer wirtschaftlichen Funktion ähnlich einer GmbH): Gesamtvertretung durch Vorstand (*board of directors*);
- *Partnership* (Offene Handelsgesellschaft – OHG);
- *Limited partnership* (Kommanditgesellschaft).

Der Nachweis erfolgt wie in anderen Common Law-Staaten:
- Nachweis der Gründung durch *Certificate of Registration* der ASIC (*Australian Securities and Investment Commission*),[96]
- Vertretungsnachweis durch Bescheinigung des **Secretary der Gesellschaft**, idR durch von ihm beglaubigten Auszug aus dem Beschlussbuch (*minute book*).
- Für die Bescheinigung des *Secretary* ist zumindest eine **Unterschriftsbeglaubigung** erforderlich (§ 29 GBO). Außerdem kann das Grundbuchamt hierfür und für das *Certificate of Registration* eine **Apostille** verlangen.

Bahamas: 97

Das Gesellschaftsrecht folgt im wesentlichen dem englischen Vorbild.
- Relevant ist v.a. die *International Business Company* (Internationale Handelsgesellschaft = Off-shore Gesellschaft) in Form einer *limited company* (Kapitalgesellschaft): Gesamtvertretung durch den Vorstand (*board of directors*) (vorbehaltlich abweichender Regelung in der Gesellschaftssatzung, Art 47, 53, 71 IBCA = *International Business Companies Act* 2000 – Gesetz über Internationale Handelsgesellschaften).[97]

---

93   Gesetz Nr 04-08 vom 14.08.2004 »über die Ausübung eines Handelsgewerbes« (*Loi relative aux conditions d'exercice des activités commerciales*), GBl Algerien Nr 2004/52 vom 18.08.2004, S 4–8; Internet : http://www.droit-afrique.com/images/textes/Algerie/algerie_exercice_activites_commerciales.pdf.
94   *Acquarone*, Argentinien, in *DNotI*, Notarielle Fragen des internationalen Rechtsverkehrs, 1995, S 1–19.
95   *Fletcher*, The Law of Partnership in Australia and New Zealand, 7. Aufl; *French*, Guide to Corporations Laws, 4. Aufl 1994; *Fritzemeyer/Strohmaier*, Australien, in *Süß/Wachter* S 355–378; *Whitford*, Corporations Law in Australia, in *Thomasic*, Company Law in Asia, 1999, S 627–683.
96   Internet: www.asic.gov.au.
97   *International Business Companies Act* 2000, in Kraft seit 29.12.2000, Internet:

Nachweis von Bestand und Vertretungsbefugnis:
- Der Bestand wird durch die Eintragungsbescheinigung (*certificate of incorporation*) des Handelsregisters (*registrar of companies*) bescheinigt.
- Die Vertretungsbefugnis ergibt sich aus dem **Register der Vorstandsmitglieder** (*register of directors*), das jede Gesellschaft führen muss. Eine Abschrift ist auch beim Handelsregister (*registrar of companies*) einzureichen und kann dort eingesehen werden (Art 44 IBCA). Dieses Register (bzw. dessen Abschrift) erbringt Beweis für die Vertretungsmacht. Haben nicht alle Vorstandsmitglieder gehandelt, ist ggf. noch eine (beglaubigte) Abschrift des Gesellschaftsvertrages *(memorandum of association)* zum Nachweis der Einzelvertretungsmacht erforderlich.
- Ebenso ist wohl denkbar, die Vertretungsbefugnis durch eine **Bescheinigung des registered agent** (d.h. des auf den Bahamas registrierten Vertreters der Gesellschaft, Art 38 IBCA) nachzuweisen, ähnlich der Bescheinigung des *Secretary* der Gesellschaft in anderen Common Law-Ländern.

98 Barbados:

Das Gesellschaftsrecht folgt im wesentlichen dem englischen Vorbild.
- **ltd./corp./inc.** = *Limited/Corporation/Incorporated* ist die hauptsächliche Gesellschaftsform (Art 1–311 *Companies Act* 1984[98]) (mit Unterformen der *Public Company*, vergleichbar einer Aktiengesellschaft, und der *Private Company*, vergleichbar einer GmbH).
- Die Vertretung erfolgt durch den Vorstand (*board of directors*). Dieser muss bei *public companies* aus mindestens 3 Personen bestehen, bei *private companies* genügt ein *director* (Art 59). Die Satzung (*articles*) kann die Vertretungsmacht des Vorstands beschränken (Art 60). In der Praxis erfolgt häufig eine Delegation auf einen geschäftsführenden Vorstand (*managing director*).

Nachweis:
- Das *Certificate of Incorporation* (Eintragungsbescheinigung) des Handelsregisters (*Registrar of Companies*) erbringt vollen Beweis für die Gründung (Art 8, 404 *Companies Act*). Den Fortbestand kann ggf. eine aktuelle Bescheinigung ausweisen.
- Wechsel in der Person der Vorstände müssen sowohl in den Büchern der Gesellschaft (*company registers*) registriert werden (Art 170, 172) wie dem Handelsregister (*Registrar of Companies*) gemeldet und dort registriert werden (Art 74). Daher kann auch der Nachweis nicht nur durch eine Bescheinigung des **Secretary der Gesellschaft** erfolgen (ggf. mit vom *Secretary* beglaubigten Auszügen aus dem Beschlussbuch der Gesellschaft) (in der Praxis wohl der Regelfall), sondern wohl auch durch eine Bescheinigung des Handelsregisters.
- Die Vertretungsmacht ist auf den Gesellschaftszweck beschränkt (**ultra vires-Lehre**). Dieser lässt sich durch Vorlage der Satzung (*articles*) nachweisen (in vom *Secretary* der Gesellschaft beglaubigter Abschrift).

99 Belarus s Weißrussland;

Belgien:[99]

Das Gesellschaftsstatut wird an den tatsächlichen **Verwaltungssitz** angeknüpft (Art 110 IPRG[100]).

Das Gesellschaftsrecht ist im Gesellschaftsgesetz[101] geregelt. Wichtige Gesellschaftsformen sind:
- **SA** = *société anonyme* = (Aktiengesellschaft): »kollektive« Vertretung durch den Verwaltungsrat (*conseil d'administration*) (Satzung kann abweichend Einzel- oder Gesamtvertretung festlegen);
- **SPRL/BVBA** = *société privée à responsabilité limitée (SPRL)/besloten vennootschap met beperkte aansprakelijkheid (BVBA)* (GmbH) als häufigste Gesellschaftsform: Einzelvertretungsbefugnis jedes Geschäftsführers (*gérant*) (abweichende gesellschaftsvertragliche Regelung wirkt Dritten gegenüber nur bei Bekanntmachung im Anhang (*Annexes*) zum Belgischen Staatsanzeiger, *Moniteur Belge*);
- **SNC** = *société en nom collectif/vennootschapp onder firma* (Offene Handelsgesellschaft – OHG): rechtsfähig; Einzelvertretungsbefugnis jedes Gesellschafters (abweichende gesellschaftsvertragliche Regelung wirkt Dritten gegenüber nur bei Bekanntmachung im *Moniteur Belge*);
- **SCS** = *société en commandite simple/eenvoudige commanditaire vennootschapp* (Kommanditgesellschaft – KG): rechtsfähig; Vertretung durch die Komplementäre (*associés commandités*) nach den Regeln der S.N.C. (OHG), Kommanditisten (*associés commanditaires*) sind von der Vertretung ausgeschlossen.

---

98 *Companies Act* 1984 (Kapitalgesellschaftsgesetz), chapter 138 der Laws of Barbados, Internet: http://www.barbadosbusiness.gov.bb/miib/Legislation/documents/companies_act_cap308.pdf.

99 *Blaurock/Jung*, Das belgische Kapitalgesellschaftsrecht, 2. Aufl 1999; *Ghorain/van Themsche/Bouckhaert/van der Burght*, Belgien, in *DNotI*, Notarielle Fragen des internationalen Rechtsverkehrs, 1995, S 21–53; *Hoffmann*, Grundzüge des belgischen Handels-, Gesellschafts- und Wirtschaftsrechts, 1996; *Kocks/Hennes*, Belgien, in *Süß/Wachter* S 379–412; *Krahé*, Vertretungsregeln und deren Nachweis bei Handelsgesellschaften des niederländischen, belgischen und französischen Rechts, MittRhNotK 1987, 65; *Peters*, Gesellschaftsrecht in Belgien, 1993.

100 Deutsche Übersetzung des IPRG Belgien: GBl Belgien vom 25.10.2005, S 48274, Internet: http://www.ejustice.just.fgov.be/mopdf/2005/11/10_1.pdf (dort S 26 ff von 365 Seiten).

101 Gesellschaftsgesetzbuch = *Code des sociétés/Wetboek van vennootschappen* vom 07.05.1999, in Kraft seit 06.02.2001.

Der Nachweis von Bestand und Vertretungsbefugnis erfolgt durch einen Auszug aus dem **Zentralen Unternehmensregister** (**BCE/KBO** = *Banque-Carrefour des Entreprises/Kruispuntbank van Ondernemingen*),[102] in das die Eintragungen durch die jeweiligen örtlichen Handelsgerichte (*tribunal de commerce*) erfolgen.

Benin s OHADA.   **100**

Bermuda:

Das Gesellschaftsrecht folgt im wesentlichen dem englischen Vorbild.
- **ltd.** = *company limited by shares* (Kapitalgesellschaft) ist die hauptsächliche Gesellschaftsform (*Companies Act* 1981[103]). Die Vertretung erfolgt durch das *board of directors* (Vorstand).

Nachweis:
- Das *Certificate of Incorporation* (Eintragungsbescheinigung) des Handelsregisters (*Registrar of Companies*, Art 3) erbringt Beweis für die Gründung der Gesellschaft (Art 6, 14, 15 *Companies Act*). Den Fortbestand kann ggf. eine aktuelle Bescheinigung ausweisen.
- Wechsel in der Person der Vorstände müssen sowohl in den Büchern der Gesellschaft (*company register of directors*) registriert werden wie dem Handelsregister (*Registrar of Companies*) gemeldet und dort registriert werden (Art 92). Daher kann auch der Nachweis nicht nur durch eine Bescheinigung des *secretary* **der Gesellschaft** erfolgen (ggf. mit vom *secretary* beglaubigten Auszügen aus dem Beschlussbuch der Gesellschaft, *minutes*, Art 81) (in der Praxis wohl der Regelfall), sondern wohl auch durch eine Bescheinigung des Handelsregisters.
- Die Vertretungsmacht ist auf den Gesellschaftszweck beschränkt (**ultra vires-Lehre**). Dieser lässt sich durch Vorlage der Satzung (*articles*) nachweisen (in vom *secretary* der Gesellschaft beglaubigter Abschrift).

Bolivien: **101**

Wichtige Gesellschaftsformen sind (vgl Art 126 C.com. = *Código de Comercio* – Handelsgesetzbuch[104]):
- **S. A.** = *Sociedad anónima* (Aktiengesellschaft, Art 217–364 C.com.), Vertretung durch den Vorstandsvorsitzenden (*presidente del directorio*) (vorbehaltlich Satzungsregelung über Gesamtvertretung, Art 314 C.com., bzw. Delegation durch den Vorstand an Geschäftsführer, *gerente*, der nicht Vorstandsmitglied sein muss, Art 327 C.com.);
- **SRL** oder **Ltda** = *Sociedad de responsabilidad limitada* (GmbH, Art 195–216 C.com.), wohl Einzelvertretungsbefugnis jedes Geschäftsführers (*gerente* oder *administrador*, Art 203 C.com.);
- **Co.** oder **compañía** = *Sociedad colectiva* (Offene Handelsgesellschaft – OHG, Art 173–183 C.com.), Einzelvertretungsbefugnis jedes Gesellschafters (vorbehaltlich abweichender gesellschaftsvertraglicher Regelung, Art 175 C.com.);
- **S en C. S** oder **S. C. S.** = *Sociedad en comandita simple* (Kommanditgesellschaft – KG, Art 184–194 C.com.), Vertretung durch die Komplementäre (*socios colectivos*) oder nach gesellschaftsvertraglicher Bestimmung durch Dritte, aber Ausschluss der Kommanditisten (*socios comanditarios*) von der Vertretung (Art 188 C.com.).

Die Vertretungsbefugnis ist auf den **Gesellschaftszweck** (*objeto de la sociedad*) der jeweiligen Gesellschaft beschränkt (Art 163 C.com.).

Bosnien-Herzegowina: **102**

Die Gesellschaftsformen entsprechen denen in Kroatien bzw Serbien. Bestand und Vertretungsbefugnis werden durch einen **Handelsregisterauszug** nachgewiesen.[105]

---

102 Das Unternehmensregister wurde durch Gesetz vom 16.01.2003 geschaffen. Die Einsicht in das Register bestimmt sich durch Königlichen Beschluss vom 04.07.2000. Zum früheren Recht vgl *Holzborn/Israel* NJW 2003, 3014, 3016.

103 *Companies Act* 1981 (Kapitalgesellschaftsgesetz), Gesetz Nr 59/1981, Bermuda Laws, Title 17, Internet: http://www.fortknox.bm/NXT/gateway.dll?f=templates&fn=default.htm.

104 Ccom = *Código de Comercio* – Handelsgesetzbuch Bolivien, Gesetzesdekret (*Decreto Ley*) Nr 14379, Internet: http://www.biblioteca.jus.gov.ar/CComercioBolivia.html.

105 Handelsregistergesetze des Gesamtstaates bzw. der beiden Teilstaaten: *Framework Law on the Registration of Business Entities in Bosnia and Herzegovina*, Gesetz Nr 29.07.2004, GBl Gesamtstaat Bosnien-Herzegowina Nr 42/2004; *Law on the Registration of Business Entities in the Federation of Bosnia and Herzegovina*, GBl Teilstaat Bosnien-Herzegowina Nr 27/2005; *Law on the Registration of Business Entities in the Republika Srpska*, GBl Srpska Nr 42/2005 – je nicht amtliche englische Übersetzung – Internet: http://www.fipa.gov.ba/.

103 Brasilien:[106]

Wichtige Gesellschaftsformen sind:
- *sociedade anônima* oder *Companhia* (Aktiengesellschaft);
- *sociedade de responsabilidade limitada* (Ltda – GmbH): Einzelvertretung durch jeden Geschäftsführer (*administrador*), sofern der Gesellschaftsvertrag nichts anderes bestimmt (Art 1053, 1013 CC);
- *sociedade em nome coletivo* (Offene Handelsgesellschaft – OHG);
- *sociedade em comandita simple* (Kommanditgesellschaft – KG);
- *sociedade simples* (Gesellschaft bürgerlichen Rechts) – rechtsfähig.

Der Nachweis von Existenz und Vertretungsbefugnis der Gesellschaft erfolgt durch einen Auszug aus dem brasilianischen **Handelsregister** (*Registro Público de Empresas Mercantis* oder *Registro Comercial*), das vom Ausschuss für Handelssachen (*Junta Comercial*) des jeweiligen Bundesstaates geführt wird und beim nationalen Handelsregisteramt (DNRC – *Departamento Nacional de Registros Comerciais*)[107] für ganz Brasilien einsehbar ist (vgl Art 1150–1154 Código civil – CC – und Gesetz 8.934/1994).

104 Britische Jungferninseln (British Virgin Islands):

Gesellschaftsrecht und Vertretungsnachweis folgen im wesentlichen dem englischen Vorbild.[108]

105 Bulgarien:[109]

Es gibt fünf Formen von Handelsgesellschaften (Art 64 HGB Bulgarien):
- **s-ie** = *sabiratelno druzhestvo* oder *sadruzhie* (Offene Handelsgesellschaft – OHG, Art 76–98 HGB): Einzelvertretung durch jeden Gesellschafter, vorbehaltlich abweichender Regelung im Gesellschaftsvertrag, die gutgläubigen Dritten gegenüber nur bei Eintragung im Handelsregister entgegengehalten werden kann (Art 89);
- **KD** = *komanditno druzhestvo* (Kommanditgesellschaft – KG, Art 99–112 HGB): Vertretung durch die Komplementäre (Art 105);
- **OOD** = *druzhestvo s ogranichena otgovornost* (GmbH) bzw. *ednolichno OOD* (Einpersonen-GmbH) (Art 113-157 HGB): Einzelvertretung jedes Geschäftsführers vorbehaltlich abweichender Satzungsregelung (Art 141);
- **AD** = *aktionerno druzhestvo* (Aktiengesellschaft, Art 158–252 HGB): gemeinschaftliche Vertretung durch den Vorstand (bei dualistischer Gestaltung, Art 241, wie bei monistischer Ausgestaltung, Art 244);
- **KDA** = *komanditno druzhestvo s aktsii* (Kommanditgesellschaft auf Aktien, Art 253–274 HGB).

Bestand und Vertretungsbefugnis werden durch einen **Handelsregisterauszug** nachgewiesen (Art 3–6 HGB).

106 Burkina Faso (früher Obervolta) s OHADA

107 Chile:[110]

Die wichtigsten Gesellschaftsformen sind:
- **S. A.** = *sociedad anónima* (Aktiengesellschaft) (Aktiengesetz 18.046 vom 22.10.1981[111]): Vertretung durch Vorstand (*directorio*), der Teile seiner Befugnisse auf einen Vorstand (*director*) oder einen Ausschuss oder auf Geschäftsführer (*gerentes*) übertragen kann (Art. 31 ff);
- **S.R.L.** = *sociedad de responsibilidad limitada* (GmbH) (Gesetz 3.918 vom 14.02.1923[112]): Einzelvertretungsbefugnis jedes Gesellschafters wie bei der OHG (sic!) (Art 4) (vorbehaltlich abweichender gesellschaftsvertraglicher Regelung);
- **S. C.** = *sociedad colectiva* (Offene Handelsgesellschaft – OHG) (Art 349-423 HGB = *Código de Comercio* vom 23.11.1865[113]): Einzelvertretungsbefugnis jedes Gesellschafters (vorbehaltlich abweichender gesellschaftsvertraglicher Regelung, Art 385, 395 HGB);
- **S. en C.** = *sociedad en comandita* (Kommanditgesellschaft – KG) (Art 470-490 HGB): Vertretung durch Komplementäre;

---

106 *Curschmann/Jolowicz,* Brasilien, in *Süß/Wachter,* Handbuch des internationalen GmbH-Rechts, 2006, S 413–438; *Curschmann/Jolowicz,* Das neue brasilianische GmbH-Recht, GmbHR 2003, 1185; *Figueiredo Ferreira/Weinzenmann,* Das Notariat in Brasilien, Notarius International 2006, 86–96; *Florence,* Das brasilianische Gesellschaftsrecht, 4. Aufl 2005; *Hartard/Tinelli Forthaus,* Die Gesellschaft mit beschränkter Haftung im brasilianischen Recht nach dem Zivilgesetzbuch vom 11.01.2003, RIW 2005, 525; *Sanden,* Das Unternehmen im neuen Zivilgesetzbuch Brasiliens, 2004.

107 Internet: www.dnrc.gov.br.

108 Internetseite der Regierung: http://www.bvi.gov.vg/.

109 *Lagler/Doytchinova,* Bulgarien, in *Süß/Wachter,* S 439–463.

110 *Valenzuela Riveros,* Chile, in *DNotI,* Notarielle Fragen des internationalen Rechtsverkehrs, 1995, S 55–66.

111 Gesetzestext auf der Homepage der Bibliothek des Kongresses von Chile (*Biblioteca del Congreso Nacional*): http://www.bcn.cl/leyes/pdf/actualizado/29473.pdf.

112 http://www.bcn.cl/leyes/pdf/actualizado/24349.pdf.

113 http://www.bcn.cl/leyes/pdf/actualizado/1974.pdf.

– *sociedad en comandita por acciones* (KGaA) (Art 490–506 HGB): wie AG.

Es besteht ein **Handelsregister**.

Volksrepublik China:[114]

108

Wichtige (Kapital-)Gesellschaftsformen sind:[115]
– *gufen gongsi* = *Joint Stock Limited Company* (Aktiengesellschaft);
– *youxian gongsi* = **Ltd** – *Limited Liability Company* (GmbH).

Bestand und Vertretungsbefugnis werden durch die **Geschäftslizenz** (*Enterprise Corporation Business Licence*) der Registrierungsbehörde (idR Verwaltungsbehörde für Industrie und Handel – *Administration of Industry & Commerce*) nachgewiesen; diese stellt einen auf die Hauptinhalte konzentrierten Handelsregisterauszug dar.[116] Daraus ergibt sich auch der **Unternehmensgegenstand**, auf den sich die Vertretungsbefugnis der Gesellschaftsorgane beschränkt (ultra vires-Lehre).

Alternativ ist auch eine Vertretungsbescheinigung durch einen chinesischen Notars möglich und praxisüblich.[117]

Côte d'Ivoire s Elfenbeinküste (bzw OHADA).

Dänemark:[118]

109

Wichtige Gesellschaftsformen sind:
– **A.S.** = *aktieselskab* (Aktiengesellschaft):[119] Vertretung durch ein Mitglied des Aufsichtsrates zusammen mit einem Vorstand – oder durch den gesamten Aufsichtsrat (vorbehaltlich abweichender Regelung in der Satzung) (§ 60 AktG);
– **A.p.S.** = *anpartsselskab* (GmbH):[120] Vertretung durch ein Mitglied des Aufsichtsrates zusammen mit einem Geschäftsführer – oder durch den gesamten Aufsichtsrat (vorbehaltlich abweichender Regelung im Gesellschaftsvertrag) (§ 24 GmbHG);
– **I.S.** = *interessentkab* (ähnlich einer OHG): Einzelvertretungsbefugnis jedes Gesellschafters (vorbehaltlich abweichender Regelung im Gesellschaftsvertrag);
– **K.S.** = *kommanditselskab* (Kommanditgesellschaft – KG): Vertretung durch die Komplementäre.

Der Nachweis von Bestand und Vertretungsbefugnis erfolgt bei **Kapitalgesellschaften** durch das **Gesellschaftsregister** (*Erhvers-OG Selskabsstyrelen*).[121] Für Personengesellschaften ergibt sich die Vertretungsbefugnis nur aus dem Gesellschaftsvertrag.

Elfenbeinküste (Côte d'Ivoire) s OHADA

110

England s Großbritannien.

---

114 *Dickson/Vietz*, Das neue GmbH-Recht der Volksrepublik China, GmbHR 2006, 245–249; *Jianhong Fan*, Überblick über die chinesische »Investment Company« in der Form der Einpersonen-Holding-GmbH, Notarius International 2006, 1; *Kroymann*, Die Reform des Chinesischen Gesellschaftsgesetzes, RIW 2006, 429; *Lau*, Chinese limited liability companies under the new Company Law, Hong Kong Law Journal 36 (2006), 633; *Mützel*, Das revidierte Gesellschaftsgesetz der VR China: Eine Übersicht über die wichtigeren Änderungen, ZChinR 2006, 287–338; *Mützel*, Einige Anmerkungen zur Revision des Partnerschaftsunternehmensgesetzes, ZChinR 2006, 405; *Scheil*, China, in *Süß/Wachter*, Handbuch des internationalen GmbH-Rechts, 2006, S 465–493; *Thomasic/Jian Fu*, Company Law in China, in *Thomasic*, Company Law in Asia, 1999, S 135–181; *Liu Ying*, Rechtsformen chinesischer Unternehmen, Notarius International 2004, 7.
115 Gesellschaftsgesetz vom 29.12.1993, in Kraft seit 01.07.1994; novellierte Fassung vom 27.10.2005, in Kraft seit 01.01.2006.
116 Muster vgl *Süß/Wachter*, Handbuch des internationalen GmbH-Rechts, 2006, auf der beigefügten CD-ROM im Dateiverzeichnis China.
117 *Wang* Notarius International 2003, 149.
118 *Cornelius*, Das dänische Notarwesen, DNotZ 1996, 352; *Gomard*, Das dänische Gesetz über Aktiengesellschaften, 3. Aufl 1991; *Olsen/Beltoft*, Dänemark, in DNotI, Notarielle Fragen des internationalen Rechtsverkehrs, 1995, S 67–78; *Ring/Olsen-Ring*, Dänemark, in *Süß/Wachter* S 495–520; *Schütte*, Das dänische GmbH-Gesetz, 1996.
119 Gesetz über Aktiengesellschaften Nr 760 vom 15.09.1995.
120 GmbH-Gesetz Nr 378 vom 22.05.1996.
121 *lov om erhvervsdrivende virksomheder* = Handelsgesellschaftsgesetz Nr 123 vom 18.02.1994.

Estland:[122]

Handelsgesellschaften sind (§ 2 HGB):[123]
- TÜ = *täisühing* (Offene Handelsgesellschaft – OHG) (§§ 79–124 HGB): Einzelvertretungsbefugnis jedes Gesellschafters vorbehaltlich abweichender gesellschaftsvertraglicher Regelung (§ 98);
- UÜ = *usaldusühing* (Kommanditgesellschaft – KG) (§§ 125–134 HGB): Vertretung durch Komplementäre (§ 131);
- OÜ = *osaühing* (GmbH) (§§ 135–220 HGB): Einzelvertretungsbefugnis jedes GmbH-Geschäftsführers, vorbehaltlich abweichender Satzungsregelung, die Dritten gegenüber nur bei Eintragung in das Handelsregister wirkt (§ 181);
- AS = *aktsiaselts* (Aktiengesellschaft) (§§ 221–383 HGB): dualistische Struktur mit Vorstand und Aufsichtsrat, Einzelvertretungsbefugnis jedes Vorstandsmitglieds, vorbehaltlich abweichender Satzungsregelung, die Dritten gegenüber nur bei Eintragung in das Handelsregister wirkt (§ 307);
- Erwerbsgenossenschaft.

Der Nachweis von Bestand und Vertretungsbefugnis erfolgt durch einen **Handelsregisterauszug** (§§ 22–74 HGB).

111   Finnland:[124]

Wichtige Gesellschaftsformen sind:
- **OYJ** = *oyj-julkinen osakeyhtiö* (Aktiengesellschaft):[125] dualistisches System aus Vorstand und Geschäftsführern, Vertretung durch Vorstandsvorsitzenden oder durch zwei Vorstände oder durch einen Vorstand zusammen mit einem Geschäftsführer;
- **OY** = *oyyksityinin osakeyhtiö* (Art kleine Aktiengesellschaft, funktionell der GmbH vergleichbar): Vertretung wie die der OYJ;
- **AY** = *avoin yhtiö* (Offene Handelsgesellschaft – OHG):[126] Einzelvertretungsbefugnis jedes Gesellschafters, vorbehaltlich abweichender gesellschaftsvertraglicher Regelung;
- **KY** = *kommandiittiyhtiö* (Kommanditgesellschaft – KG): Vertretung durch Komplementäre.

Der Nachweis von Bestand und Vertretungsbefugnis erfolgt durch einen **Handelsregisterauszug.**[127]

112   Frankreich:[128]

Eine gesetzliche Regelung der Anknüpfung des Gesellschaftsstatuts fehlt; die h.M. knüpft nach der **Sitztheorie** an.

Wichtige Gesellschaftsformen sind (Handelsgesellschaften sind geregelt im *Code de Commerce* = HGB):[129]
- **SA** = *société anonyme* = (Aktiengesellschaft) (Art L 224-1–L 227-20 HGB): gemeinschaftliche Vertretung durch den Verwaltungsrat (conseil d'administration) (abweichende Satzungsregelung möglich) (Art L 225-17 ff HGB) (Unterformen: SAS = *société par actions simplifiée*; Art L 227-1–L 227-20 HGB SCA = *société en commandite par actions* Art L 226-1–L 226-14 HGB; SE = Societé européenne Art L 229-1–L 229-15 HGB);
- **SARL** = *société à responsabilité limité* (GmbH) als häufigste Gesellschaftsform (Art L 223-1–L 223-43 HGB): Einzelvertretungsbefugnis jedes Geschäftsführers (*gérant*) (Art L 223-18, L 221-4 und 221-5 HGB);
- **SNC** = *société en nom collectif* (Offene Handelsgesellschaft – OHG) (Art L 221-1–L 221-17 HGB): Einzelvertretungsbefugnis jedes Gesellschafters (abweichende gesellschaftsvertragliche Regelung wirkt Dritten gegenüber nur bei Bekanntmachung) (Art L 221-3–L 221-5 HGB);

---

122   *Klauberg*, Estland, in *Süß/Wachter* S 729–757; *Klauberg*, Gesellschaftsrecht in Estland, Lettland und Litauen, 2004.

123   Handelsgesetzbuch vom 15.02.1995.

124   *Miettinen*, Finnland, in *Süß/Wachter* S 759–798; *Wilske/Miettinen/Kocher*, Das reformierte finnische Aktienrecht, RIW 2002, 94.

125   Gesellschaftsgesetz Nr 734/1978.

126   Partnerschaftsgesetz Nr 389/1988.

127   Trade Register: http://www.prh.fi/en/kaupparekisteri.html oder Business Information System: http://www.ytj.fi/english/.

128   *Chaussade-Klein*, Gesellschaftsrecht in Frankreich, 2. Aufl 1997; *Frank*, Neue Entwicklungen im französischen GmbH-Recht, GmbHR 2002, 54; *Frank/Wachter*, Neuere Entwicklungen im französischen GmbH-Recht, RIW 2002, 11; *Karst*, Die GmbH französischen Rechts, NotBZ 2006, 119; *Karst*, Frankreich, in *Süß/Wachter* S 799–843; *Krahé*, Vertretungsregeln und deren Nachweis bei Handelsgesellschaften des niederländischen, belgischen und französischen Rechts, MittRhNotK 1987, 65; *Maier*, Die GmbH im französischen Recht, GmbHR 1990, 379; *Maul*, Geschäftsführer einer französischen SARL – Bestellung, Kompetenzen, Vergütung und Haftung, RIW 2000, 364; *Revillard*, Frankreich, in *DNotI*, Notarielle Fragen des internationalen Rechtsverkehrs, 1995, S 119–146.

129   C.com. = *Code de commerce* – HGB Frankreich, mit grundlegender Reform im Jahr 2000. Internet: www.legifrance.gouv.fr.

- **SCS** = *société en commandite simple* (Kommanditgesellschaft – KG) (Art L 221-1–L 225-12 HGB): Vertretung durch die Komplementäre (*associés commandités*) nach den Regeln der S.N.C. (OHG) (Art L 221-2), Kommanditisten (*associés commanditaires*) sind von der Vertretung ausgeschlossen (Art L 221-6);
- **SCI** = *société civile* (Gesellschaft bürgerlichen Rechts) – rechtsfähig.

Der Nachweis erfolgt durch **Handelsregisterauszug**. Das Register (*régistre de commerce et des sociétés*) wird vom örtlichen Handelsgericht (*tribunal de commerce*) geführt. Es kann auch zentral über das Pariser Markenamt (*Institut National de la Propriété Industrielle*)[130] eingesehen werden.

Gabun s OHADA.

Gibraltar:[131] Das Gesellschaftsrecht entspricht im wesentlichen dem im Vereinigten Königreich von Großbritannien und Nordirland (sh Großbritannien).

113

Griechenland:[132]

114

Das IPR folgt der **Sitztheorie** (Art 10 ZGB); kraft einer Ausnahmeregelung gilt aber für Schiffahrtsgesellschaften die Gründungstheorie.

Wichtige Gesellschaftsformen sind:
- **A.E.** = *anonymos etairia* (Aktiengesellschaft):[133] Gesamtvertretung durch Vorstand;
- **E.P.E.** = *etairia periorismenis evthinis* (GmbH):[134] Gesamtvertretung durch Geschäftsführer (*diacheiristes*), vorbehaltlich abweichender Regelung im Gesellschaftsvertrag (Art 16, 17); die Vertretungsbefugnis ist auf den Gesellschaftszweck beschränkt, aber Schutz des gutgläubigen Geschäftspartners, sofern dieser die Beschränkung nicht kennen musste (für Kennenmüssen genügt noch nicht, dass die Regelung des Gesellschaftszwecks in dem im Handelsregister publizierten Gesellschaftsvertrag enthalten ist) (Art 18);
- **O.E.** = *omorythmos etairia* (Offene Handelsgesellschaft – OHG) (§§ 20–22 HGB Griechenland): Einzelvertretungsbefugnis vorbehaltlich abweichender gesellschaftsvertraglicher Regelung, außergewöhnliche Geschäfte bedürfen aber der Zustimmung aller Gesellschafter;
- **E.E.** = *eterorythmos etairia* (Kommanditgesellschaft – KG) (§§ 23–28 HGB): Vertretung durch die Komplementäre;
- Gesellschaft bürgerlichen Rechts (§§ 741–748 ZGB Griechenland): rechtsfähig .

Der Nachweis von Bestand und Vertretungsbefugnis erfolgt durch Vorlage der vom **Handelsregister** veröffentlichten Satzung samt Änderungen.[135]

Großbritannien (Vereinigtes Königreich von Großbritannien und Nordirland):[136]

115

Das Gesellschaftsstatut wird an das **Gründungsrecht** angeknüpft.

Wichtige Gesellschaftsformen sind:
- (*registered*) *company* (Kapitalgesellschaft) mit Unterformen der **plc** = *public limited liability company* (vergleichbar einer Aktiengesellschaft)

---

130 Internet: www.inpi.fr; vgl *Holzborn/Israel* NJW 2003, 3014, 3016.
131 Gesetzestexte finden sich auf der Homepage des Justizministeriums: http://www.gibraltarlaws.gov.gi/.
132 *Mouratidou*, Länderbericht Griechenland, Notarius International 2001, 94; *Papathoma-Baetge/Baetge*, Gesellschaftsrecht in Griechenland, 1995; *Polycronis*, Griechenland, in DNotI, Notarielle Fragen des internationalen Rechtsverkehrs, 1995, S 147–158; *Soufleros*, Die GmbH im griechischen Recht, GmbHR 1992, 276; *Ziouvas*, Griechenland, in *Süß/Wachter*, Handbuch des internationalen GmbH-Rechts, 2006, S 845–880.
133 Gesetz Nr 2190/1920; deutsche Übersetzung in *Simitis*, Das griechische Aktienrecht, 1973. Vgl *Papadimopoulos*, Vergleichender Überblick über das griechische Aktienrecht und die Notwendigkeit einer Aktienrechtsreform, ZVglRWiss 94 (1995), 186–203; *Papathoma-Baetge*, Vergleichender Überblick über das Recht der Aktiengesellschaft (Anonymi Eteria) in Griechenland, IStR 1997, 502.
134 Gesetz Nr 3190/1955; vgl *Baetge*, Die Einführung der Einmann-GmbH in das griechische Recht, RIW 1995, 25; *Muchtaris*, Vergleichender Überblick über das Recht der Kapitalgesellschaften in Griechenland, IStR 1993, 378.
135 *Mouratidou*, Länderbericht Griechenland, Notarius International 2001, 94, 102; *Polycronis*, Griechenland, in DNotI, Notarielle Fragen des internationalen Rechtsverkehrs, 1995, S 147, 148 f.
136 *Claudet*, Länderbericht England, Notarius International 2002, 53; *Ebert/Levedag*, England, in *Süß/Wachter* S 573–728; *Güthoff*, Gesellschaftsrecht in Großbritannien, 2004; *Heinz*, Die englische Limited, 2004; *Just*, Die englische Limited in der Praxis, 2005; *Kallmeyer*, Vor- und Nachteile der englischen Limited im Vergleich zur GmbH oder GmbH & Co. KG, DB 2004, 636; *Knoche*, Die Vertretung englischer Handelsgesellschaften aus Sicht des deutschen Notars – Kollisionsrecht, Sachrecht und Nachweisprobleme, MittRhNotK 1985, 165; *Langhein*, Notarieller Rechtsverkehr mit englischen Gesellschaften, NZG 2001, 1123; *Luke*, Die U.K. Limited, 2005; *Ready*, England, in DNotI, Notarielle Fragen des internationalen Rechtsverkehrs, 1995, S 101–118; *Vorpeil/Wieder*, Vertretungsbefugnis und Legitimationsprüfung bei englischen Kapital- und Personengesellschaften, RIW 1995, 285; *Wachter*, Existenz- und Vertretungsnachweise bei der englischen private limited company, DB 2004, 2795.

– und der **Ltd.** = *private limited liability company* (walisisch: cuf = *cyfyngedig*) (vergleichbar einer GmbH): Gesamtvertretung durch Vorstand (*board of directors*), der bei der bei einer *public limited liability company* aus mindestens 2 Personen bestehen muss, während bei einer *private limited liability company* auch ein einköpfiger Vorstand möglich ist; häufig erfolgt rechtsgeschäftliche Delegation durch den Vorstand auf ein oder mehrere Vorstandsmitglieder.

– **LLP** = *limited liability partnership* (Personengesellschaft mbH), eine Mischform zwischen Personen- und Kapitalgesellschaft, da sie zwar eine Personengesellschaft (*partnership*) ist, aber ohne einen persönlich haftenden Gesellschafter (*general partner*);

– *partnership* (Offene Handelsgesellschaft – OHG): Einzelvertretungsbefugnis jedes Gesellschafters (*partner*);

– *limited partnership* (Kommanditgesellschaft – KG): Einzelvertretungsbefugnis jedes Komplementärs (*general partner*), während Kommanditisten (*limited partner*) von der Vertretung ausgeschlossen sind (Art 6 *Limited Partnership Act* 1907).

Im Vereinigten Königreich besteht ein Handelsregister (*Companies House* in Cardiff für England und Wales, in Edinburgh für Schottland, in Belfast für Nordirland),[137] dessen Eintragungen aber nur geringere Beweiskraft als die der kontinentalen Register entfalten; insbesondere genießt das Register keinen guten Glauben und keine positive Publizität, sondern nur negative Publizität (dh die Gesellschaft kann sich nicht auf eintragungspflichtige, Tatsachen berufen, wenn diese nicht eingetragen und auch sonst nicht dem Dritten bekannt sind).

– Eine Bescheinigung des *Companies House* über die Eintragung der Gesellschaft (*certificate of incorporation*) erbringt Nachweis für die Gründung und – bei hinreichender Aktualität – den **Fortbestand** einer Kapitalgesellschaft (*registered company*, dh plc oder Ltd) oder einer Hybridgesellschaft (LLP).[138]

– Die **Vertretungsbefugnis** ergibt sich aber nicht notwendigerweise vollständig aus dem Register.[139] Zwar sind in England in Umsetzung der EG-Publizitätsrichtlinie mittlerweile auch Änderungen der Besetzung des *board of directors* einzutragen; dies genügt als Nachweis aber nur, wenn (ausnahmsweise) alle Vorstandsmitglieder gemeinsam handeln.

– Eine sich aus einem Beschluss ergebende Einzelvertretungsbefugnis oder die Vertretungsbefugnis anderer Angestellter (*officers*), die nicht dem board angehören, wird üblicherweise durch den **Secretary der Gesellschaft** (*company secretary*) bescheinigt, unter Beifügung einer vom *Secretary* beglaubigten Abschrift des betreffenden Gesellschafterbeschlusses (ebenso wie der *secretary* früher auch die einzige Möglichkeit war, die aktuelle Besetzung des *board* nachzuweisen).[140]

– Im internationalen Rechtsverkehr werden häufig auch **Bescheinigungen der scrivener notaries** der City of London als Vertretungsnachweis verwendet, zT auch Bescheinigungen anderer englischer Notare (*general notaries*).[141]

– Die Existenz einer **Personengesellschaft** (*partnership*) kann nur durch eine beglaubigte Abschrift des Gesellschaftsvertrages nachgewiesen werden, da diese nicht registriert werden (ausgenommen die LLP). Die Vertretungsbefugnis kann entweder durch eine vom *Secretary* der Gesellschaft beglaubigte Abschrift des Beschlusses aller Gesellschafter (bzw. bei der *limited partnership* aller *general partner*) oder durch Vollmachten aller *general partner* nachgewiesen werden.

– Gegenüber dem deutschen Grundbuchamt ist eine **Unterschriftsbeglaubigung** der Bescheinigung des *Secretary* der Gesellschaft erforderlich (§ 29 GBO). Außerdem kann das Grundbuchamt (bei allen Arten von Bescheinigungen) eine **Apostille** verlangen.

116 Guatemala:[142]

Handelsgesellschaften sind (Art 10 HGB = *Código de Comercio*, Dekret Nr 2/70[143]):

– **S. A.** = *sociedad anónima* (Aktiengesellschaft) (Art 86–194 HGB): Vertretung durch den Vorstand als Organ (*consejo de administración*) bzw – wenn nur ein Vorstand bestellt ist – durch diesen (*administrador único*) (vorbehaltlich abweichender Satzungsregelung) (Art 164);

---

137 Internet: www.companies-house.gov.uk.

138 KG DB 2005, 1158 = GmbHR 2005, 771 = IPRspr 2005 Nr 2, 5 = KG-Report 2005, 468 = NZG 2005, 758 = ZIP 2005, 989 (zu einer Limited der Isle of Man). Die Vorlage der Gründungsurkunde allein erbringt nur Beweis über die Gründung, aber nicht über den Fortbestand der Gesellschaft.

139 LG Berlin DB 2004, 2628 will auch für die Vertretung eine Bescheinigung des Registers ausreichen lassen; kritisch dazu hingegen *Heckschen* NotBZ 2005, 24.

140 Vgl *Knoche*, Die Vertretung englischer Handelsgesellschaften aus Sicht des deutschen Notars – Kollisionsrecht, Sachrecht und Nachweisprobleme, MittRhNotK 1985, 165.

141 Gutachten, DNotI-Report 1995, 76 (Großbritannien: private limited company, Vertretungsnachweis) und DNotI-Report 4/1993, S 4 (Limited Company, Gesellschafterstellung, Vertretungsnachweis).

142 *Larios Ochaíta*, Guatemala, in *DNotI*, Notarielle Fragen des internationalen Rechtsverkehrs, 1995, S 159–191.

143 Gesetzestext auf der Homepage des Parlaments von Guatemala: http://www.sib.gob.gt/es/normativa/normas_reforma_ financieras/codigo_de_comercio.pdf.

- **S. R. L.** = *sociedad de responsibilidad limitada* (GmbH) (Art 78–85 HGB): Einzelvertretungsbefugnis jedes Gesellschafters (sic!) wie in der OHG (vorbehaltlich abweichender Satzungsregelung) (Art 85, 67);
- **S. C.** = *sociedad colectiva* (Offene Handelsgesellschaft – OHG) (Art 59–67 HGB): Einzelvertretungsbefugnis jedes Gesellschafters (vorbehaltlich abweichender gesellschaftsvertraglicher Regelung) (Art 67);
- **S. en C.** = *sociedad en comandita simple* (Kommanditgesellschaft – KG) (Art 68–77 HGB): Vertretung durch Komplementäre (Art 72, 67);
- *sociedad en comandita por acciones* (KGaA) (Art 195–202): wie AG.

Bestand und Vertretungsbefugnis der Gesellschaften können dem **Handelsregister** (*Registro Mercantil*) entnommen werden (Art 332–358 HGB).

Guinea und Guinea-Bissau s OHADA.

Hongkong:[144]

117

Gesellschaftsrecht und Vertretungsnachweis folgen weiterhin dem Muster des **Common Law**. Das Gesellschaftsstatut knüpft an das Gründungsrecht an.
- **Ltd** = *Limited* (Kapitalgesellschaft, ähnlich einer Aktiengesellschaft) als häufigste Gesellschaftsform (*Companies Ordinance* – Gesellschaftsverordnung[145]): Gesamtvertretung durch Vorstand (*directors*), wobei mindestens 2 Vorstände bestellt werden müssen (Art 153);
- *Private Company* (vergleichbar einer GmbH) als Unterform der Limited mit höchstens 50 Gesellschaftern und Beschränkungen der Übertragbarkeit von Gesellschaftsanteilen (Art 29 *Companies Ordinance*), 1 Vorstand genügt (Art 153a), iü Vertretung wie bei sonstiger Ltd.
- Die Beschränkung auf den Gesellschaftszweck (**ultra vires-Lehre**) (falls die Satzung, *articles*, eine Einschränkung auf einen bestimmten Zweck, *object*, vornimmt) gilt **nur im Innenverhältnis**, nicht im Außenverhältnis (Art 5b).

Nachweis:
- Das *Certificate of Incorporation* (Eintragungsbescheinigung) des Handelsregisters (*Registrar of Companies*) erbringt vollen Beweis für die Gesellschaftsgründung (Art 16, 18 *Companies Ordinance*). Den Fortbestand kann ggf. eine aktuelle Bescheinigung ausweisen.
- Die Gesellschaft muss eine Liste ihrer Geschäftsführer und Sekretäre (*register of directors and secretaries*) führen (Art 158). Ebenso muss sie jede Veränderung dem Handelsregister (*Registrar of Companies*) melden (Art 158), das auch eine Liste aller Geschäftsführer führt (Art 158c). Daher kann der Nachweis der Vertretungsbefugnis entweder (wie im praktischen Regelfall) durch eine Bescheinigung des **secretary der Gesellschaft** geführt werden (ggf. mit vom *secretary* beglaubigten Auszügen aus dem Beschlussbuch der Gesellschaft), aber auch durch eine Bescheinigung des Handelsregisters.

Indien:[146]

118

Das indische Gesellschaftsrecht folgt im wesentlichen noch dem **englischen Vorbild**. Wichtige Gesellschaftsformen sind (vgl Art 12 *Companies Act 1956*):[147]
- **Ltd.** = *Public Limited Company*, meist *Public Company Limited by Shares* (vergleichbar einer Aktiengesellschaft) (daneben gibt es auch *limited by guarantee*), **Gesamtvertretung** durch *board of directors* (Vorstand, der aus mindestens 3 Personen bestehen muss, Art 252 *Companies Act*) (aber in der Praxis häufig generelle Delegation der Vertretung für laufende Geschäfte auf einen e*managing director*, Art 267 ff *Companies Act*) oder Ermächtigung durch das *board of directors* zur Vertretung im Einzelfall für ein bestimmtes Rechtsgeschäft; die Vertretungsbefugnis beschränkt sich aber auf den Gesellschaftszweck (*ultra-vires-***Lehre**).
- **Private Limited** = *Private Limited Company* (als zweite Unterform der *Company* – Kapitalgesellschaft – neben der *Public Limited Company*), meist in Form einer *Company Limited by Shares* – vergleichbar einer GmbH (selten als *Company Limited by Guarantee*): Vertretung wie bei Ltd; allerdings kann der Vorstand auch nur aus 2 Personen bestehen.
- *partnership* = Personengesellschaft (ähnlich einer OHG, mit persönlicher und unbeschränkter Haftung jedes Gesellschafters, Art 25 *Partnership Act*[148]); Vermögen ist wohl Gesamthandseigentum im Sinn des deutschen Sachrechts, jedoch ist die *partnership* wohl in das Grundbuch einzutragen (anders als die englische *partner-*

---

144 *Chee Keong Lau*, Hong Kong Company, in *Thomasic*, Company Law in Asia, 1999, S 183–217.
145 *Companies Ordinance* (Gesellschaftsverordnung) von 1932, Laws of Hong Kong chapter 32, Internet: http://www.legislation.gov.hk/blis_export.nsf/home.htm.
146 *Bayer*, Länderteil Indien, in: Handbuch Wirtschaft und Recht in Asien, 1999; *Deutsch-indische Handelskammer*, Gesellschaftsrecht in Indien, Bombay 1992; *Wegen/Nahrang*, Gesellschaftsrecht in Indien, 1997.
147 *Companies Act* 1956 (Kapitalgesellschaftsgesetz), Gesetz Nr 1/1956 vom 18.01.1956, in Kraft seit 01.04.1956, Internet: http://indiacode.nic.in/fullact1.asp?tfnm=195601.
148 *Indian Partnership Act* 1932 (Personengesellschaftsgesetz), Gesetz Nr 9/1932 vom 08.04.1932, Internet: http://indiacode.nic.in/fullact1.asp?tfnm=193209.

ship), da sie zwar nicht rechtsfähig, wohl aber partei- und prozessfähig ist; jeder Gesellschafter hat Einzelvertretungsmacht, aber beschränkt auf laufende Geschäfte im Rahmen des Gesellschaftszwecks, für Erwerb oder Veräußerung – und wohl auch Belastung – von Immobilien ist die Mitwirkung aller Gesellschafter erforderlich (Art 19 *Partnership Act*);
– eine Personengesellschaft mit Haftungsbegrenzung wie bei einer KG kennt das indische Recht nicht.

Nachweis:
– Die Gründung der Gesellschaft ergibt sich durch eine Bescheinigung des Handelsregisters: bei Kapitalgesellschaften, *Ltd* oder *Private Limited*, durch *Certificate of Incorporation* des *Registrar of the State*, bei *Partnerships* durch *Registrar of the Firms* (ggf. in Verbindung mit einer aktuellen Bescheinigung, dass die Gesellschaft weiterhin eingetragen ist).
– Die Person der Vorstände (*directors*) bzw. der Gesellschafter einer Personengesellschaft (*partners*) kann entweder durch eine Bescheinigung über die Anmeldung beim Handelsregister belegt werden (Art 306 *Companies Act* bzw. Art 58 *Partnership Act*) – oder bei Kapitalgesellschaften durch eine Bescheinigung des **Secretary der Gesellschaft** (Art 378–383 *Companies Act*, verbunden mit einer vom *Secretary* beglaubigten Abschrift aus dem Beschlussbuch der Gesellschaft (*minute book*). Einzelvertretungsmacht einzelner Vorstände kann nur durch Bescheinigung des *Secretary* nachgewiesen werden.
– Zur Prüfung, ob das Rechtsgeschäft vom Gesellschaftszweck gedeckt ist (**ultra-vires-Lehre**), lässt man sich zweckmäßigerweise den Gründungsvertrag (*memorandum of association*, Art 13 *Companies Act*) und die Satzung (*articles of association*, Art 26–30 *Companies Act*) vorlegen, jeweils in vom *Secretary* der Gesellschaft beglaubigter Abschrift.

119   Indonesien:[149]

Das Kapitalgesellschaftsrecht ist im Gesellschaftsgesetz aus dem Jahr 1995 geregelt:[150]
– **PT** = *Perseroan Terbatas*: (*limited liability company* – Kapitalgesellschaft) mit Unterform der *Perseroan Terbatas Terbuka* (*publicly held* oder *open limited company* – funktionell vergleichbar einer Aktiengesellschaft): Gesamtvertretung durch den Vorstand (*board of directors*).

Es gibt es ein **Handelsregister** beim jeweiligen Bezirksgericht am Ort des Sitzes der Gesellschaft, ferner ein zentrales Handelsregister beim Justizministerium in Jakarta. Das zentrale Handelsregister beim Justizministerium hat sich laut Auskunft der Außenhandelskammer in einigen Fällen als lückenhaft erwiesen; daher dürfte eine Einsicht in das Register beim örtlichen Bezirksgericht vorzugswürdig sein.

120   Irland:[151]

Die Gesellschaftsformen entsprechen im wesentlichen denen des englischen Rechts (vgl Großbritannien Rdn 115):
– *limited company* (Kapitalgesellschaft) mit Unterformen der **plc** = *company limited by shares* (Gälisch: **cpt** = *cuidechta phoibi*) (Aktiengesellschaft)
– sowie der **ltd** = *private company limited by shares* (Art kleine Aktiengesellschaft, funktionell der GmbH vergleichbar): für alle Arten der *limited* Gesamtvertretung durch den Vorstand (*board of directors*);
– (*ordinary*) *partnership* (Offene Handelsgesellschaft – OHG);
– *limited partnership* (Kommanditgesellschaft – KG).

Der Nachweis von Bestand und Vertretungsbefugnis erfolgt wie in Großbritannien,
– dh für Bestand und (auch aktuelle) Besetzung des Vorstands durch einen Handelsregisterauszug,
– für die Einzelvertretungsbefugnis eines *director* oder für die Vertretungsbefugnis von nicht dem *board* angehörenden *officers* durch eine Bescheinigung des *secretary* der Gesellschaft, verbunden mit Auszügen aus dem Beschlussbuch der Gesellschaft.

121   Israel:[152]

Das Gesellschaftsrecht folgt **englischem Vorbild**:
– *limited* = es besteht nur eine Grundform der Kapitalgesellschaft, mit Unterformen der *public company* und der *private limited company* (erstere, wie in den Common Law-Rechtsordnungen funktionell eher einer Aktiengesellschaft vergleichbar, letztere eher einer GmbH): Gesamtvertretung durch den Vorstand (*board of directors*), daneben bei *public company* zwingend Bestellung eines *general manager* für das Tagesgeschäft;
– *partnership* (Offene Handelsgesellschaft – OHG);
– *limited partnership* (Kommanditgesellschaft – KG).

---

149 *Little/Kamarul*, Company Law in Indonesia, in *Thomasic*, Company Law in Asia, 1999, S 475–506.
150 Gesellschaftsgesetz = *Perseroan Terbatas* (*Company Law* 1995 = *Law on Limited Liability Companies*) Nr 1/1995 vom 07.03.1995; Internet: http://www.indobizlaw.com (kostenpflichtig).
151 DNotI-Gutachten, Fax-Abruf-Nr 14209 vom 27.09.2004 (Irland: Vertretung einer Limited Company); Fax-Abruf-Nr. 14170 vom 15.10.2004 (Irland: Vertretung einer Limited Company).
152 *Danassan/Theiß* NZG 2001, 49, 56.

Hertel

Der **Nachweis** von Existenz und Vertretungsbefugnis ist zweigeteilt, ähnlich dem Common Law:
- Das Bestehen der Gesellschaft lässt sich durch eine Bescheinigung des Handelsregisters (*Registrar of Companies* des Justizministeriums) nachweisen.
- Die Vertretungsbefugnis lässt sich dem Register nicht entnehmen, da dort nur die Gründungsvorstände anzumelden sind. Die Gesellschaft muss jedoch an ihrem Hauptsitz ein öffentlich zugängliches Register über die Person der directors führen, einschließlich der Beschlüsse, in denen sie bestellt bzw ihnen bestimmte Befugnisse verliehen wurden. In Israel selbst kann man daher Einsicht in das Register nehmen. Im internationalen Verkehr tritt an dessen Stelle eine notarielle Bescheinigung über die Vertretungsbefugnis.

Italien:[153]

122

Das Gesellschaftsstatut knüpft an das **Gründungsrecht** an. Jedoch ist auch dann italienisches Recht anwendbar, wenn sich der tatsächliche Verwaltungssitz in Italien befindet oder wenn sich dort der Schwerpunkt der wirtschaftlichen Interessen befindet (Art 25 IPRG[154]).

Das Gesellschaftsrecht ist im italienischen *Codice Civile* (Bürgerliches Gesetzbuch),[155] 5. Buch, Kapitel 5 und 6 geregelt. Wichtige Gesellschaftsformen sind:
- **s.p.a.** =*società per azioni* (Aktiengesellschaft) (Art 2325–2461 CC): Verwaltung durch Vorstand (*consiglio di amministrazione* Art 2380 ff CC), Beschränkungen wirken gegenüber Dritten nur bei Bekanntmachung (Art 2384 CC);
- **s.r.l.** = *società a responsabilità lmitata* (GmbH)[156] (Art 2472–2494 CC): Vertretung durch Verwaltungsrat (*cosiglio d'amministrazione*), je nach Satzung Gesamt- oder Einzelvertretung (Art 2487, 2381 ff CC);
- **s.n.c.** = *società in nome collettiva* (Offene Handelsgesellschaft – OHG) (Art 2291–2312 CC): Vertretung durch geschäftsführende Gesellschafter (*amministratore*) (Art 2295 Nr 3, 2298 CC);
- **s.a.s.** = *società in accomandita* (Kommanditgesellschaft – KG) (Art 2313–2324 CC): nur Komplementäre (*soci accomandatari*) können geschäftsführende Gesellschafter sein, Kommandisten (*soci accomandanti*) sind von Geschäftsführung und Vertretung ausgeschlossen (Art 2318 CC);
- **s.s.** = *società semplice* (Gesellschaft bürgerlichen Rechts) (Art 2251–2290 CC): nicht rechtsfähig.

Der Nachweis von Bestand und Vertretungsbefugnis erfolgt durch einen Auszug aus dem **Handelsregister** (*registro delle imprese*),[157] das seit 1995 von der Handelskammer der jeweiligen Provinz geführt wird.

Japan:[158]

123

Eine gesetzliche Regelung über das Gesellschaftsstatut fehlt. Die herrschende Meinung wendet die **Gründungstheorie** an.

Wichtige Gesellschaftsformen sind:
- **kk** = *kabushiki kaisha* (Aktiengesellschaft):[159] Vertretungsbefugt sind nicht alle Mitglieder des Vorstandes (*tori shimari yakukai* – Vorstand oder »Verwaltungsrat«), sondern nur die dazu besonders ernannten Vorstandsmitglieder (*daihyo torishimari yaku = executive officer*), insbes der »president« (Art 261 HGB Japan); außerdem Anscheins- bzw. Duldungsvollmacht für solche Mitglieder des Vorstands der Gesellschaft, deren Titel zur Vermutung Anlass gibt, dass sie vertretungsberechtigt (Art 262 HGB Japan);

153 *Anchini/Cafagno/Pasqualis/Tassinari/Lops*, Italien, in *DNotI*, Notarielle Fragen des internationalen Rechtsverkehrs, 1995, S 193–223; *Bauer*, Italien, in *Süß/Wachter* S 881–922; *Calo*, Länderbericht Italien, Notarius International; *Hofmann*, Gesellschaftsrecht in Italien, 3. Aufl 2006; *Kindler*, Italienisches Gesellschaftsrecht in der deutschen notariellen Praxis, in Jahrbuch für Italienisches Recht 15/16 (2002/2003), 35.
154 IPRG = Gesetz über die Reform des IPR, Gesetz Nr 218 vom 31.05.1995, in Kraft seit 01.09.1995; deutsche Übersetzung: *de Meo*, ZfRV 1996, 46, 48 ff = *ders*, in *Riering*, IPR-Gesetze in Europa, S 42 ff; *Jayme/Siehr/Kronke*, StAZ 1996, 250.
155 *Codice Civile* (Bürgerliches Gesetzbuch), Internet: http://www.jus.unitn.it/cardozo/Obiter_Dictum/codciv/codciv.htm oder http://www.notarlex.it/codici.jsp; deutsche Übersetzungen von *Bauer/Eccher/König/Kreuzer/Zanon*, Italienisches Zivilgesetzbuch – Codice civile, zweisprachige Ausgabe, 4. Aufl 2004; *Patti*, Codice civile – Das italienische Zivilgesetzbuch, 2008.
156 *Bader*, Die neue società a resonsabilità limitada in Italien, GmbHR 2005, 1474; *Buenger*, Reform des italienischen Gesellschaftsrechts, RIW 2004, 249; *Hartl*, Die Reform des italienischen Gesellschaftsrechts, NZG 2003, 667; *Lorenzetti/Strand*, Umfassende Reform des GmbH-Recht in Italien, GmbHR 2004, 731; *Steinhauer*, Die Reform des Gesellschaftsrecht in Italien, EuZW 2004, 364; *Tassinari*, Reform des italienischen GmbH-Rechts, Notarius International 2002, 209.
157 vgl *Holzborn/Israel* NJW 2003, 3014, 3016 f.
158 *Baum/Drobnig*, Japanisches Handels- und Wirtschaftsrecht, 1994; *Bottomley*, Company Law in Japan, in *Thomasic*, Company Law in Asia, 1999, S 39.74; *Kawamoto/Kishida/Morita/Kawaguchi*, Gesellschaftsrecht in Japan, 2004; *Menkhaus*, Japan, in *Süß/Wachter* S 923–933; *Menkhaus*, Allgemeines Gesellschaftsrecht in Japan, in *Menkhaus/Sato*, Festschrift für Koresuke Yamauchi, 2006; *Oyazaki*, Japan, in *DNotI*, Notarielle Fragen des internationalen Rechtsverkehrs, 1995, S 225–237.
159 2. Buch des GesG = Gesetz über die (Handels- =) Anteilsgesellschaften (*mochibun kaisha*).

– *gôdô kaisha* = »Gemeinsame Gesellschaft« oder Einheitsgesellschaft (Art 575–675 GesG), eine im Jahr 2006 anstelle der GmbH eingeführte **Hybridgesellschaft**, die als Personengesellschaft mit beschränkter Haftung Merkmale von Personen- und Kapitalgesellschaften in sich vereinigt, ähnlich der US-amerikanischen LLC (*limited liability company*),[160] Einzelvertretungsbefugnis jedes Gesellschafters (wobei einzelne Gesellschafter von der Geschäftsführung ausgeschlossen werden können oder Gesamtvertretung gesellschaftsvertraglich bestimmt werden kann, Art 590, 599 GesG);

– **yk** = *yûgen kaisha* (GmbH) wurde mit Einführung der *gôdô kaisha* abgeschafft;

– *gômei kaisha* (Offene Handelsgesellschaft – OHG);

– *gôshi kaisha* (Kommanditgesellschaft – KG), wobei beide Personengesellschaften selten sind.

Der Nachweis von Bestand und Vertretungsbefugnis erfolgt durch einen **Handelsregisterauszug** (Art 9 ff HGB Japan).

Jugoslawien s Serbien.

124 Kaimaninseln (British Cayman Islands):

Gesellschaftsrecht und Vertretungsnachweis folgen im wesentlichen dem englischen Vorbild.[161]

Kamerun s OHADA.

Kanada:[162]

In Kanada besteht nebeneinander ein Gesellschaftsrecht des Gesamtstaates und der verschiedenen Provinzen. Im Bund gilt für Kapitalgesellschaften der *Canada Business Corporations Act* (CBCA) von 1975. Ihm folgen die *Business Corporations Acts* der Provinzen weitgehend. Nur nach Bundesrecht gegründete Gesellschaften dürfen auch außerhalb ihrer Gründungsprovinz tätig werden.

Die wichtigsten Gesellschaftsformen sind:

– *ltd* oder *inc* = *limited liability company* oder *incorporated* oder *corporation* (= Kapitalgesellschaft), mit Unterformen der *public company* (funktionell einer Aktiengesellschaft vergleichbar) und der *private company* (= *non-offering company* – funktionell einer GmbH vergleichbar): Gesamtvertretung durch Vorstand (*board of directors*), häufig aber delegiert durch Geschäftsordnung (*by-laws*) der Gesellschaft oder Beschluss auf einzelne Angestellte (*officers*) der Gesellschaft, insbes den Geschäftsführer (*president*);

– *general partnership* (Offene Handelsgesellschaft – OHG): sie muss in den meisten Provinzen nur bei Verfolgung bestimmter Gesellschaftszwecke in das Handelsregister eingetragen werden;

– *limited partnership* (Kommanditgesellschaft – KG).

Nachweis:

– Der Nachweis kann sowohl hinsichtlich des Bestandes der Gesellschaft wie hinsichtlich der Zusammensetzung des *board of directors* durch eine Bescheinigung (*certificate of incorporation/certificate of good standing*) des **Handelsregisters** (*Corporate Register*) erfolgen, da auch Änderungen in der Zusammensetzung des *board* eintragungspflichtig sind.[163]

– Die Einzelvertretungsmacht eines officers wird wie in den USA und nach traditionellem Common Law idR durch eine entsprechende Bescheinigung des *secretary*, iVm vom *secretary* beglaubigten Auszügen aus dem Beschlussbuch, geführt.

125 Britische Kanalinseln (British Channell Islands) (Guernsey, Jersey, Sarks):[164]

Das Gesellschaftsrecht folgt im Wesentlichen dem englischen Vorbild (s Großbritanien, Rdn 115).

---

160 Gesetz Nr 86/2006 vom 26.07.2005, in Kraft seit 01.05.2006; vgl *Dernauer*, Die japanische Gesellschaftsrechtsreform 2005/2006, ZJapanR/J.Japan.L. 20 (2005), 125–162; *Kaiser*, Die Regelung der Hybridgesellschaft (gôdô kaisha) im japanischen Gesellschaftsgesetz, RIW 2007, 16–27.

161 *Wassermeyer*, IStR-Oasenbericht, IStR 1994, S. 388; im Internet finden sich Gesetzestexte zum Gesellschaftsrecht auf der Homepage der *Monetary Authority* (Zentralbank): http://www.cimoney.com.ky/ (insbes Companies Law – Gesellschaftsgesetz – chapter 22, überarbeitet im Jahr 2001).

162 *Nockelmann*, Kanada, in *Süß/Wachter* S 935–971; *Lefebvre*, Québec, in *DNotI*, Notarielle Fragen des internationalen Rechtsverkehrs, 1995, S 379–403; *Pouliot/Sennecke/Quack* Die Gründung einer Tochtergesellschaft in Kanada, in *Lutter*, Gründung einer Tochtergesellschaft im Ausland, 3. Aufl 1995, S 354 ff; *Schennach/Fritz*, Gesellschaftsrecht in Kanada, 1997; *Welling*, Corporate Law in Canada, 2. Aufl 1991.

163 Vgl *Holzborn/Israel* NJW 2003, 3014, 3019 f.

164 Gesetzestexte finden sich auf der Homepage der Regierung: http://www.gov.gg/ccm/navigation/government/law-officers/.

Kolumbien:[165]

Wichtige Gesellschaftsformen sind (HGB = *Código de Comercio*[166], dort in Art 98–265 auch allgemeine Regeln für Gesellschaftsformen): **126**
- **S. A.** = *sociedad anónima* (Aktiengesellschaft) (Art 373–460 HGB): Vertretung durch den oder die Vertretungsberechtigten (*representante legal*) (Art 440, 441);
- **S. R. L.** = *sociedad de responsibilidad limitada* (GmbH) (Art 353–372 HGB): Einzelvertretungsbefugnis jedes Geschäftsführers (*gerente*)) (Art 358);
- **S. C.** = *sociedad colectiva* (Offene Handelsgesellschaft – OHG) (Art 294–322 HGB): Einzelvertretungsbefugnis jedes Gesellschafters (vorbehaltlich abweichender gesellschaftsvertraglicher Regelung, Art 310);
- **S. en C.** = *sociedad en comandita* (Kommanditgesellschaft – KG) (Art 323–342 HGB): Vertretung durch die Komplementäre (nach den Regeln der OHG) (Art 326, 327, 310).
- *sociedad en comandita por acciones* (KGaA) (Art 343–352).

Bestand und Vertretungsbefugnis der Gesellschaften können dem **Handelsregister** (*Registro Mercantil*) entnommen werden (Art 26–47 HGB).

Komoren und Republik Kongo (Brazaville) s OHADA.

Korea (Republik):[167] **127**

Das Gesellschaftsstatut wird an das **Gründungsrecht** angeknüpft (Art 16 IPRG[168]).

Formen von Handelsgesellschaften sind (Art 170 HGB, Gesetz Nr 1000 vom 20.1.1962)[169]:
- *chusik hoesa* – im Englischen auch transkribiert als *joosik-hwesa* (*stock company* – Aktiengesellschaft) als mit über 90% häufigste Gesellschaftsform (Art 288–542 HGB): Vertretungsberechtigt sind nicht sämtliche Mitglieder des Vorstandes, sondern nur das oder die von der Hauptversammlung der Gesellschaft oder vom Vorstand hierzu bestimmten Vorstandsmitglieder, mehrere idR mit Gesamtvertretungsbefugnis (Art 389 Akt);
- *yuhan hoesa* oder *yuhan-hwesa* (*limited liability company* – GmbH) (Art 543–613): nicht jeder Geschäftsführer (*director*) ist vertretungsbefugt, sondern nur der oder die von der Gesellschafterversammlung dazu bestimmten Geschäftsführer (Art 562);
- *hapmyong hoesa* oder *hapmyong-hwesa* (*partnership company* – Offene Handelsgesellschaft) (Art 178–267): Einzelvertretung durch jeden Gesellschafter (vorbehaltlich abweichender gesellschaftsvertraglicher Regelung) (Art 207);
- *hapcha hoesa* oder *hapja-hwesa* (*limited partnership company* – Kommanditgesellschaft) (Art 268–287): Einzelvertretung durch jeden Komplementär (vorbehaltlich abweichender gesellschaftsvertraglicher Regelung) (Art 273, 269, 207).

Der Nachweis erfolgt durch einen Auszug aus dem koreanischen **Handelsregister** (Art 37 HGB)[170].

Kroatien:[171] **128**

Das kroatische IPR folgt der **Gründungstheorie**.

Wichtige Gesellschaftsformen sind:
- **d.d.** = *dionicko drustvo* (Aktiengesellschaft);
- **d.o.o.** = *drustvo s organicenom odgovornoscu* (GmbH) als mit weitem Abstand häufigste Gesellschaftsform: Gesamtvertretung aller Geschäftsführer (Direktoren), durch Gesellschaftsvertrag kann Einzelvertretungsbefugnis eingeräumt werden;
- **j.t.d.** = *javno trgovacko drustvo* (Offene Handelsgesellschaft – OHG);
- **k.d.** = *komanditno drustvo* (Kommanditgesellschaft – KG): auch GmbH & Co. KG ist zulässig (*XY d.o.o. j.t.d.*).

---

165 *Medina*, Kolumbien, in *DNotI*, Notarielle Fragen des internationalen Rechtsverkehrs, S 239–261.
166 http://www.secretariasenado.gov.co/leyes/C_COMERC.HTM
167 *Dirkis*, Company Law in Korea, in *Thomasic*, Company Law in Asia, 1999, S 75–133; *Sonn*, Das koreanische Aktienrecht, 2. Aufl 1989.
168 IPRG = IPR-Gesetz (Gesetz über das internationale Privatrecht) Nr 6465 vom 07.04.2001, in Kraft seit 01.07.2001, deutsche Übersetzung: IPRax 2007, 479; vgl *Kwang-Jun Tsche/Mörsdorf-Schulte* IPRax 2007, 473; *Pißler* RabelsZ 70 (2006) 279–341.
169 Eine englische Übersetzung von Teil 3 (Art 169-) des koreanischen HGB, der das Gesellschaftsrecht enthält, findet sich auf der Homepage des koreanischen Justizministeriums: http://unpan1.un.org/intradoc/groups/public/documents/apcity/unpan011485.pdf.
170 *Sonn*, Das koreanische Aktienrecht, 2. Aufl 1989, S 23
171 *Lagler/Wahl Cesarec*, Kroatien, in *Süß/Wachter* S 973–1001.

Bestand und Vertretungsbefugnis können durch einen **Handelsregisterauszug** (*sudski registar* – Gerichtsregister) nachgewiesen werden.

129   Lettland:[172]

Wichtige Gesellschaftsformen sind:
- **PS** = *Pilna Sabiedriba* (Offene Handelsgesellschaft – OHG) (§§ 77–117 HGB Lettland[173]): Einzelvertretungsbefugnis jedes Gesellschafters, soweit der Gesellschaftsvertrag nicht Gesamtvertretung vorsieht;
- **KS** = *Komanditsabiedriba* (Kommanditgesellschaft – KG) (§§ 118–133 HGB): Vertretung durch die Komplementäre (§ 126 HGB);
- **SIA** = *Sabiedriba ar ierobezotu atbildibu* (GmbH) (§§ 134–184 HGB – allgemeine Regeln über Kapitalgesellschaften, §§ 185–224: GmbH): Gesamtvertretung durch alle Geschäftsführer gemeinsam, soweit Satzung nicht Einzelvertretung zulässt (§ 223 HGB);
- **AS** = *Akciju Sabiedriba* (Aktiengesellschaft) (§§ 134–184 HGB – allgemeine Regeln über Kapitalgesellschaften, §§ 225–311: AG): Gesamtvertretung durch alle Vorstände gemeinsam, soweit Satzung nicht Einzelvertretung zulässt (§ 303 HGB).

Der Nachweis von Bestand und Vertretungsbefugnis erfolgt durch einen **Handelsregisterauszug** (§§ 6–16 HGB).

130   Liechtenstein:[174]

Wichtige Gesellschaftsformen sind:
- **AG** = Aktiengesellschaft: Vertretung durch mindestens 2 Mitglieder des Verwaltungsrates, sofern nichts anderes gesellschaftsvertraglich geregelt und im Öffentlichkeitsregister eingetragen ist (Art 344, 188 Abs 3 PGR[175]), dabei kann die Vertretungsbefugnis auf einzelne Mitglieder des Verwaltungsrates (Delegierte) oder auch auf Nichtgesellschafter (Direktoren) übertragen werden (Art 348 PRG);
- **GmbH**: gemeinschaftliche Vertretung durch alle Gesellschafter (vorbehaltlich abweichender Regelung im Gesellschaftsvertrag, Art 397 Abs 1 PGR);
- **Kollektivgesellschaft** (ähnlich einer OHG): Einzelvertretungsbefugnis jedes Gesellschafters (Art 698 Abs 2 PGR) (vorbehaltlich abweichender Regelung im Gesellschaftsvertrag, die aber Dritten gegenüber nur wirkt, wenn sie diesem bekannt ist oder im Öffentlichkeitsregister eingetragen ist (Art 699, 1000 PGR);
- **KG** = Kommanditgesellschaft, Vertretung durch die persönlich haftenden Gesellschafter, diese wie bei einer Kollektivgesellschaft (d.h. Einzelvertretungsbefugnis mit Möglichkeit abweichender Regelung, die aber Dritten gegenüber nur bei Kenntnis oder Registereintragung wirkt) (Art 740 PGR);
- **Stiftung** als häufige Gesellschaftsform, auch für unternehmerische Zwecke bzw als Finanzholding.

Der Nachweis erfolgt durch einen Auszug des **Öffentlichkeitsregisters**,[176] das beim Registeramt in Vaduz geführt wird.

131   Litauen:[177]

Wichtige Gesellschaftsformen sind:
- **AB** = *Akcine bendrove* (offene Aktiengesellschaft): Gesamtvertretung durch den Vorstand (§ 27 KapGesG[178]);
- **UAB** = *Uzdaroji akcine bendrove* (geschlossene Aktiengesellschaft – funktionell einer GmbH vergleichbar): Vertretung wie AG (da beides Unterformen einer einheitlichen Kapitalgesellschaft sind);
- **TUB** = *Tikroji ukine bendrija* (Offene Handelsgesellschaft – OHG);
- **KUB** = *Komanditine ukine bendrija* (Kommanditgesellschaft – KG).

In der Literatur ist nicht behandelt, wie der Nachweis von Bestand und Vertretungsbefugnis erfolgt.[179]

---

172   *Klauberg*, Lettland, in *Süß/Wachter* S 1003–1017; *Klauberg*, Gesellschaftsrecht in Estland, Lettland und Litauen, 2004.

173   Handelsgesetzbuch Lettland vom 13.04.2000 – englische Übersetzung: http://www.ttc.lv/index.php?&id=10&tid=50&l=EN&seid=down&itid=13716.

174   *Marxer*, Gesellschaften und Steuern in Liechtenstein, 13. Aufl 2003; *Wagner*, Gesellschaftsrecht in der Schweiz und Liechtenstein, 2. Aufl 2000; *Wagner/Schwärzler*, Liechtenstein, in *Süß/Wachter* S 1019–1034.

175   PGR = Personen- und Gesellschaftsrecht vom 20.01.1926.

176   Öffentlichkeitsregister (Handelsregister): http://www.llv.li/rss/llv-gboera.htm.

177   *Arbočiene/Klauberg*, Litauen, in *Süß/Wachter* S 1035–1063; *Giebeler/Wrede* in *Lutter*, Die Gründung einer Tochtergesellschaft im Ausland, 3. Aufl 1995, S 469 ff; *Klauberg*, Gesellschaftsrecht in Estland, Lettland und Litauen, 2004.

178   Kapitalgesellschaftsgesetz Litauen vom 5.07.1994, Nr 528, offizielle Übersetzung: http://www3.lrs.lt/pls/inter3/dokpaieska.showdoc_e?p_id=101600&p_query=&p_tr2=; deutsche Übersetzung von *Schulze* in *Brunner/Schmid/Westen*, Wirtschaftsrecht der osteuropäischen Staaten, Litauen III 3 a).

179   Nach der EG-Publizitätsrichtlinie müssten sich die erforderlichen Angaben sämtliche aus dem Handelsregister ergeben; in der Praxis scheint es aber hier Schwierigkeiten zu geben.

Luxemburg:[180] 132

Die Gesellschaftsformen entsprechen im wesentlichen den französischen Gesellschaftsformen. Art 2 des Gesetzes über die Handelsgesellschaften (HGesG)[181] nennt sechs Formen von Gesellschaften:
- **S.A.** = *société anonyme* (Aktiengesellschaft) (Art 23-101-17 HGesG): gemeinschaftliche Vertretung durch den Verwaltungsrat (conseil d'administration) (abweichende Satzungsregelung möglich);
- **S.A.R.L** = *société à responsabilité limité* (GmbH) (Art 177.202 HGesG): Einzelvertretungsbefugnis jedes Geschäftsführers (*gérant*) (Art 191 HGesG);
- **S.e.n.c.** = *société en nom collectif* (Offene Handelsgesellschaft – OHG) (Art 14–15 HGesG): Einzelvertretungsbefugnis jedes Gesellschafters;
- **S.e.c.s.** = *société en commandite simple* (Kommanditgesellschaft – KG) (Art 16–22 HGesG);
- **S.C.A.** = *société en commandite par actions* (Kommanditgesellschaft auf Aktien – KGaA) (Art 102–112 HGesG);
- **S.Coop.** = *société cooperative* (Genossenschaft) (Art 113-137-10 HGesG).

Der Nachweis von Bestand und Vertretungsbefugnis erfolgt idR durch eine notarielle Bescheinigung,[182] seltener durch einen Handelsregisterauszug[183] (da letzterer nur die Angaben der notariellen Bescheinigung bestätigt).

Malaysia:[184] 133

Das Gesellschaftsstatut wird nach englischem Vorbild an das Gründungsrecht angeknüpft.

Das Gesellschaftsrecht folgt im Wesentlichen dem **englischen Vorbild**:
- *company* (Kapitalgesellschaft): Es gibt nur eine Art Kapitalgesellschaft, allerdings mit Unterformen: Gesamtvertretung durch den Vorstand (*board of directors*).

Der Nachweis von Bestand und Vertretungsbefugnis folgt dem traditionellen Muster des Common Law (vgl Rdn 81 ff), also Kombination von Handelsregisterbescheinigung und Bestätigung des *secretary* der Gesellschaft über die maßgeblichen Gesellschafterbeschlüsse.

Mali s OHADA.

Malta:[185] 134

Ds Gesellschaftsrecht folgt in vielem dem englischen Vorbild.

Wichtige Gesellschaftsformen sind:
- *company limited by shares* (vergleichbar einer Aktiengesellschaft);
- ltd = *limited liability company* (vergleichbar einer GmbH): Vertretung bei laufenden Geschäften durch je zwei Geschäftsführer (*directors*) (Art 121 *Commercial Partnerships Ordinance*[186]);
- *partnership en nom collectif* (Offene Handelsgesellschaft – OHG);
- *partnership en commandite* (Kommanditgesellschaft – KG);

Der Nachweis erfolgt (vgl Rdn 81 ff):
- *certificate of registration* sowie *certificate of good-standing* für Bestand der Gesellschaft und (aktuell) bestellte Geschäftsführer (*directors*),
- (alternativ dazu oder) zusätzlich für abgeleitete Vertretungsmacht einzelner Geschäftsführer durch eine Bescheinigung des secretary der Gesellschaft über die entsprechenden Gesellschafterbeschlüsse.

Marokko:[187] 135

Das Gesellschaftsstatut knüpft an den **Satzungssitz** der Gesellschaft an (Art 7 Dahir vom 12.08.1913[188]).

---

180 *Schwachtgen*, Luxemburg, in *Süß/Wachter* S 1065–1098.
181 Loi concernant les sociétés commerciales = Gesetz über die Handelsgesellschaften vom 10.08.1915, Internet: http://www.legilux.public.lu/leg/textescoordonnes/recueils/recueil_societes/IIA2_LOI_10_08_1915.pdf.
182 *Schwachtgen* in *Süß/Wachter*, Luxemburg Rn 59.
183 www.rcsl.lu.
184 *Arjunan*, Company Law in Malaysia, in *Thomasic*, Company Law in Asia, 1999, S 391–415; *Lenz*, Gesellschaftsrecht in Singapur und Malaysia, 1995.
185 *Saydon*, Malta, in DNotI, Notarial Questions in International Affairs, 1995.
186 *Commercial Partnerships Ordinance* = Handelsgesellschaftsgesetz vom 19.04.1965 (Laws of Malta, chapter 161); Gesetzestexte (englisch, Justizministerium): http://www.justice.gov.mt/.
187 *Sefrioui*, Länderbericht Marokko, Notarius 2005, 65, 77 ff.
188 Dahir vom 12.08.1913 über den Zivilstand der Franzosen und Ausländer in Marokko (»CCE« oder »DCC«), französischer Gesetztext und deutsche Übersetzung: *Kropholler/Krüger/Riering/Samtleben/Siehr*, Außereuropäische IPR-Gesetze, S 508.

Wichtige Gesellschaftsformen sind:
- **SA** = *société anonyme* (Aktiengesellschaft);[189]
- **SARL** = *société à responsabilité limité* (GmbH);[190]
- *société en nom collectif* (Offene Handelsgesellschaft – OHG):[191] gemeinschaftliche Vertretung durch alle Gesellschafter (sofern nicht einem Gesellschafter Vollmacht erteilt wurde);
- *société en commandite simple* (Kommanditgesellschaft – KG): Vertretung durch die Komplementäre.

Der Nachweis von Bestand und Vertretungsbefugnis erfolgt durch einen **Handelsregisterauszug**. Das Grundbuchamt kann eine Legalisation verlangen.

136   Mazedonien (FYRoM):[192]

Es bestehen im wesentlichen dieselben Gesellschaftsformen wie in Serbien oder in Kroatien.

137   Mexiko:[193]

Der Nachweis erfolgt durch einen Handelsregisterauszug. Die Handelsregister der einzelnen mexikanischen Gliedstaaten werden nun nach einem einheitlichen System elektronisch geführt.[194]

Das Gesellschaftsstatut wird an das **Gründungsrecht** angeknüpft (Art 2736 CCDF[195]).

Wichtige Gesellschaftsformen sind (Art 1 LGSM)[196]:
- **SA** = *sociedad anónima* (Aktiengesellschaft) als häufigste Gesellschaftsform (Art 87–206 LGSM): Vertretung durch Verwaltungsrat (*Presidente del Consejo de Administración*) oder ein vom Verwaltungsrat für bestimmte Rechtsgeschäfte delegierten Mitglied des Verwaltungsrates (Art 142 ff, 148 LSGM) (sowie *sociedad en comandita per aciones* = Kommanditgesellschaft auf Aktien, Art 207–211 LGSM);
- **SRL** = *sociedad de responsabilidad limitada* (GmbH) (Art 25–50 LGSM): Vertretung durch Geschäftsführer (*gerentes*) (Art 74 LGSM);
- *sociedad en nombre colectivo* (Offene Handelsgesellschaft – OHG) (Art 25–50 LGSM): Vertretung durch Verwalter (*administradores*), die keine Gesellschafter sein müssen (Art 36 LSGM);
- *sociedad en comandita simple* (Kommanditgesellschaft – KG) (Art 25–50 LGSM): Vertretung wie OHG, also durch Komplementäre (*socios comanditados*) oder auch gesellschaftsfremde Verwalter, Kommanditisten (*comanditarios*) sind von der Vertretung ausgeschlossen (Art 54 LGSM).

138   Mongolei:[197]

Das Gesellschaftsstatut wird an das **Gründungsrecht** angeknüpft (Art 544 Abs 1 BGB Mongolei[198]).

Wichtige Gesellschaftsformen sind:
- **HK** oder **XK** = *khuvitsaat kompanz* (*joint stock company* – Aktiengesellschaft): gemeinschaftliche Vertretung durch deren Geschäftsführer (*Guitsetgekh udirdlaga*) (vorbehaltlich gesellschaftsvertraglicher Einzelvertretungsmacht, Art 80 Abs 7 (Kapital-)GesellschaftsG[199]);
- **HHK** oder **XXK** = *khyazgaarlagdmal khariutslagatai kompany* (*limited liability company* – GmbH) als häufigste Gesellschaftsform: Vertretung wie bei AG;

---

189 Gesetz Nr 17.95, Dahir 1.96.124 vom 30.08.1996, GBl Marokko Nr 4422 vom 17.10.1996, S 661.

190 Art 44 ff des Gesetzes Nr 5.96, Dahir 1.97.49 vom 13.02.1997.

191 Gesetz Nr 5.96, Dahir 1.97.49 vom 13.02.1997 (wie GmbH und KG).

192 Gesetzestexte in englischer Übersetzung: http://www.mlrc.org.mk/.

193 *Márquez González*, Länderbericht Mexiko, Notarius International 2005, 232, 244 ff; *Prieto Aceves*, Mexiko, in *DNotI*, Notarielle Fragen des internationalen Rechtsverkehrs, 1995, S 263–283.

194 *Sistema Integral de Gestión Registral (SIGER)*, eingeführt durch die Handelsregisterverordnung vom 24.10.2003 des Bundeswirtschaftsministeriums (*Secretaría de Economía*).

195 CCDF = *Código Civil del Distrito Federal* (Zivilgesetzbuch des Bundesdistriktes Mexiko Stadt) aus dem Jahr 1932.

196 LGSM = *Ley General de Sociedades Mercantiles* (Handelsgesellschaftsgesetz) aus dem Jahr 1934.

197 *Yanjinkhorloo*, Länderbericht Mongolei, Notarius International 2004, 17.

198 Zivilgesetzbuch vom 10.01.2002, GBl. Mongolei Nr7/2002, in Kraft seit 01.09.2002; Englische Übersetzung im Internet unter: http://www.investmongolia.com/law04.pdf. Deutsche Übersetzung des Entwurfs, die aber, soweit ersichtlich, dem endgültigen Gesetzestext entspricht, im Internet unter: http://www.cis-legal-reform.org/civil-code/index.html#civil-code-mongolia. Vgl auch *Nelle*, Privatisierung in der Mongolei erhält neuen Auftrieb, WiRO (Wirtschaft und Recht in Osteuropa) 2001, 325–332
Deutsche Übersetzung der IPR-Bestimmungen (6. Abschnitt, Art 539–552 BGB): IPRax 2003, 381; im Internet unter: www.cis-legal-reform.org/civil-code/mongolia/PART9.HTM. Vgl. *Nelle*, Neues Internationales Privat-, Zivilverfahrens- und Vollstreckungsrecht in der Mongolei, IPRax 2003, 378–381.

199 Gesetz über (Kapital-) Gesellschaften vom 02.07.1999, GBl Mongolei Nr 34/1999, englische Übersetzung im Internet unter: www.investmongolia.com/law05.pdf.

- **BB** = *bukh gishuud buren khariutslagatai* (*unlimited partnership* – Offene Handelsgesellschaft – OHG);[200]
- **ZB** = *zarim gishuud buren khariutslagatai* (*limited partnership* – Kommanditgesellschaft – KG).

Der Nachweis erfolgt durch einen Handelsregisterauszug des »Staatsregisters für Personenhandelsgesellschaften, Kapitalgesellschaften, Genossenschaften und Unternehmen mit Beteiligung von Staatseigentum«, das vom **Nationalen Steueramt** geführt wird (§ 7 Gesetz über Staatsregister von juristischen Personen). Das Grundbuchamt kann eine Legalisation verlangen.

Montenegro: Derzeit gilt noch dasselbe Gesellschaftsrecht wie in Serbien.[201]

139

Neuseeland:[202]

140

Das Gesellschaftsstatut wird nach der **Gründungstheorie** angeknüpft.

Das Kapitalgesellschaftsrecht ist im *Companies Act 1993* (GesG)[203] geregelt. Wichtige Gesellschaftsformen sind:
- *Company*: Es gibt nur eine Form der Kapitalgesellschaft (*company*), die aber als Gesellschaft mit begrenzter Haftung der Gesellschafter (*limited liabilty*) oder mit unbegrenzter Haftung (*unlimited liability*) ausgestaltet sein kann (Art 10 GesG): jeweils Gesamtvertretung durch Vorstand (*board of directors*) (Art 128 GesG), die idR *officers* zur Vertretung im Tagesgeschäft bevollmächtigen.

Der Nachweis erfolgt wie in anderen Common Law-Staaten (vgl Rdn 81 ff), dh:
- der Bestand durch ein *certificate of incorporation* (Art 14 GesG),
- die Vertretungsbefugnis durch eine Bescheinigung des *secretary* der Gesellschaft über die maßgeblichen Beschlüsse des Vorstandes (*board of directors*).

Niederlande:[204]

141

Im IPR folgen die Niederlande der **Gründungstheorie**.

Das Gesellschaftsrecht ist im Zweiten Buch des niederländischen Bürgerlichen Gesetzbuches (*Burgerlijk Wetboek* – **BW**)[205] geregelt. Wichtige Gesellschaftsformen sind:
- **N.V.** = *naamloze vennootshap* (Aktiengesellschaft);
- **B.V.** = *besloten vennootshap (met beperkte aansprachkelijkheid)* (GmbH): Einzelvertretungsbefugnis aller Geschäftsführer, vorbehaltlich abweichender gesellschaftsvertraglicher Regelung, die wohl auch ins Handelsregister einzutragen ist (Art 2:240 BW);[206]
- **v.o.f.** = (Offene Handelsgesellschaft – OHG, Art 16 HGB);
- **C.V.** = (Kommanditgesellschaft – KG, Art 19 HGB): deren Rechtsfähigkeit ist Gegenstand eines Gesetzentwurfes;[207]
- *maatshap* (Gesellschaft bürgerlichen Rechts, Art 7:1655 BW): nicht rechtsfähig und damit auch in Deutschland nicht grundbuchfähig.

Der Nachweis von Bestand und Vertretungsbefugnis erfolgt grds durch einen **Handelsregisterauszug**. Für eine verlässliche Festellung wäre aber zusätzlich noch der Gesellschaftsvertrag und die Bestellung der Gesellschaftorgane zu prüfen.[208]

Niger s OHADA.

---

200 Gesetz über Personen(handels-)gesellschaften (Partnerschaften) und Kapitalgesellschaften vom 11.05.1995, GBl. Mongolei Nr 8-9/1995; englische Übersetzung »The Partnership and Company Law of Mongolia« im Internet unter: www.cis-legal-reform.org/document.asp?id=424. Die Bestimmungen des Gesetzes über Kapitalgesellschaften wurden außer Kraft gesetzt durch das (Kapital-) Gesellschaftsgesetz vom 02.07.1999 mit Wirkung vom 16.07.1999.
201 Vgl Rdn 153
202 *Beck/Borrowdale*, Companies and Securities Law, *Fitzsimons*, New Zealand Company Law, in *Thomasic*, Company Law in Asia, 1999, S 597–626.
203 http://rangi.knowledge-basket.co.nz/gpacts/public/text/1993/an/105.html.
204 *Gotzen*, Niederländisches Handels- und Wirtschaftsrecht, 2. Aufl 2000; *Haarhuis*, Gesellschaftsrecht in den Niederlanden, 1995; *Krahé*, Vertretungsregeln und deren Nachweis bei Handelsgesellschaften den niederländischen, belgischen und französischen Rechts, MittRhNotK 1987, 65; *Mehring*, Die GmbH im niederländischen Recht, GmbHR 1991, 297; *Rademakers/de Vries*, Niederlande, in *Süß/Wachter* S 1099–1159; *Tomlou*, Niederlande, in *DNotI*, Notarielle Fragen des internationalen Rechtsverkehrs, 1995, S 285–299; *de Witt/Tomlou*, Länderbericht Niederlande, Notarius International 2002, 37.
205 Gesetzestexte im Internet auf der Homepage des niederländischen Justizministeriums: http://www.overheid.nl/op/.
206 Gutachten DNotI-Report 2001, 121 (Vertretung einer niederländischen B.V.); *Rademakers/de Vries* in *Süß/Wachter*, Niederlande Rn 208.
207 *Rademakers/de Vries* in *Süß/Wachter*, Niederlande Rn 1.
208 *Holzborn/Israel* NJW 2003, 3014, 3016; *Rademakers/de Vries* in *Süß/Wachter*, Niederlande Rn 132.

142 Norwegen:[209]

Wichtige Gesellschaftsformen sind:
- **AS** = *aksjeselskap* (Aktiengesellschaft): Vertretung durch Verwaltungsrat, daneben Bestellung eines geschäftsführenden Direktors *(administrerende Direktør)* möglich, in größeren AG zwingend (§ 8 AktG[210]);
- (eine der GmbH vergleichbare Rechtsform gibt es in Norwegen nicht);
- **ANS** = *ansvarlig selskap* sowie DA = *anscarlig selskap med delt ansvar* (Offene Handelsgesellschaft – OHG);
- **KS** = *kommenditselskap* (Kommanditgesellschaft – KG).

Der Nachweis von Bestand und Vertretungsbefugnis erfolgt durch **Handelsregisterbescheinigung** des *Brønnøysund*-Registers.[211]

143 (ehemaliges) Obervolta (jetzt Burkina Faso) sh OHADA.

OHADA:

Die 1993 gegründete OHADA (*Organisation pour l'Harmonisation en Afrique du Droit des Affaires* – Organisation zur Vereinheitlichung des Wirtschaftsrechts in Afrika)[212] hat u.a. 1997 ein für alle Mitgliedsstaaten **einheitliches Gesellschaftsgesetz** erlassen. OHADA umfasst das frankophone West- und Zentralafrika, genauer die 14 Staaten der Zone des Franc CFA (Äquatorialguinea, Benin, Burkina Faso (früher Obervolta), Elfenbeinküste (Côte d'Ivoire), Gabun, Guinea-Bissau, Kamerun, Republik Kongo (Brazaville), Mali, Niger, Senegal, Tschad, Togo und die Zentralafrikanische Republik) sowie die Komoren und Guinea; die Demokratische Republik Kongo (früher Zaire) soll in Kürze beitreten.

Wichtige Gesellschaftsformen sind:
- **S.A.** = *société anonyme* (Aktiengesellschaft, Art 385–853 GesG[213]):, Geschäftsführung entweder nur durch *administrateur général* (Art 494–509) oder durch Verwaltungsrat/Vorstand (*conseil d'administration*, Art 415–493), der aus seiner Mitte einen *président-directeur-général* (**PDG**, Art 462–469) bestimmen kann – oder einen Fremdgeschäftsführer (*directeur général*, Art 485–493); der PDG bzw. der *directeur général* kann die S.A. allein vertreten (Art 465, 488);
- **S.A.R.L.** = *société à responsabilité limité* (GmbH, Art 309–384 GesG): Einzelvertretungsbefugnis jedes Geschäftsführers (*gérant*, Art 328, 329);
- **S.N.C.** = *société en nom collectif* (Offene Handelsgesellschaft – OHG, Art 270–292 GesG): Der Gesellschaftsvertrag kann Geschäftsführer (*gérant*) bestimmen oder deren spätere Bestimmung vorsehen (die Geschäftsführer müssen nicht Gesellschafter sein, sondern können auch **Fremdgeschäftsführer** sein); ansonsten sind alle Gesellschafter Geschäftsführer (Art 272); jeder Geschäftsführer/geschäftsführende Gesellschafter hat **Einzelvertretungsbefugnis**, keine Einschränkung durch Gesellschaftsvertrag möglich (Art 273);
- **S.C.S.** = *société en commandite simple* (Kommanditgesellschaft – KG, Art 293–308 GesG): Vertretung durch alle Komplementäre (*associés commandités*) bzw. durch die vom Gesellschaftsvertrag oder nach dessen Maßgabe bestimmten Geschäftsführer (*gérant*) nach den Regeln der S.N.C. (OHG); Kommanditisten (*associés commanditaires* oder *associés en commandite*) sind von der Vertretung ausgeschlossen (Art 298).

Bestand und Vertretungsbefugnis werden durch einen **Auszug aus dem Handelsregister** (*registre de commerce*) nachgewiesen. Die Eintragung ist konstitutiv für die Entstehung der Gesellschaft (Art 97). Auch die Vertretungsbefugten (Geschäftsführer etc.) sind in das Handelsregister einzutragen (Art 124).

144 Österreich:[214]

Österreich folgt im IPR der **Sitztheorie** (§ 10 IPRG). Für Gesellschaften aus dem EU-Ausland wendet die Judikatur aber aufgrund der europarechtlichen Vorgaben die Gründungstheorie an.[215]

---

209 *Aarbakke/Steiniger*, Das Norwegische Aktienrecht, 1983; *Förster*, RIW 1982, 808; *Ring/Olsen-Ring*, Einführung in das skandinavische Recht, 1999.

210 Aktiengesetzes vom 04.06.1976, deutsche Übersetzung in *Aarbakke/Steiniger*, Das Norwegische Aktienrecht, 1983, S 47 ff.

211 http://www.brreg.no/english/registers/.

212 Internet: www.ohada.com (einschließlich der einschlägigen Gesetzestexte – auf Französisch).

213 *Acte uniforme relatif au Droit des Sociétés Commerciales et du Groupement d'Intérêt Économique* (Einheitsgesetz über Handelsgesellschaften und Wirtschaftliche Interessensvereinigung) vom 17.04.1997, Internet: www.ohada.com.

214 *Antenreiter*, Länderbericht Österreich, Notarius International 2002, 119; *Beer*, Österreich, in *Süß/Wachter*, Handbuch des internationalen GmbH-Rechts, 2006, S 1161–1222; *Fritz*, Wichtige Grundlagen für Geschäftsführer einer österreichischen GmbH, GmbHR 2005, 1339; *Kastner/Doralt/Novotny*, Grundriss des österreichischen Gesellschaftsrechts, 5. Aufl 1990; *Koppensteiner*, GmbH-Gesetz Kommentar, 2. Aufl 1999; *Kostner/Umfahrer*, Die Gesellschaft mit beschränkter Haftung, Handbuch für die Praxis, 5. Aufl 1998; *Leopold*, Österreich, in *DNotI*, Notarielle Fragen des internationalen Rechtsverkehrs, 1995, S 301–320.

215 Vgl *Kersting/Schindler*, Die EuGH-Entscheidung »Inspire Art« und ihre Auswirkungen auf die Praxis, RdW 2003, 621.

Wichtige Gesellschaftsformen sind:[216]
- **AG** = Aktiengesellschaft (AktG[217]);
- **GesmbH** (geregelt im GmbHG[218]) als mit 64 % aller Eintragungen wichtigste Gesellschaftsform: Gesamtvertretungsbefugnis aller Geschäftsführer, sofern nicht gesellschaftsvertraglich anders geregelt (§ 18 GmbHG);
- **OG** (früher OHG) = Offene Gesellschaft (früher Offene Handelsgesellschaft) (Art 105–160 UG);
- **KG** = Kommanditgesellschaft (Art 161–177 HGB);
- die Gesellschaft bürgerlichen Rechts ist nicht rechtsfähig.

Der Nachweis von Bestand und Vertretungsbefugnis erfolgt durch einen **Firmenbuchauszug**.[219]

Panama: 145

In der Praxis wichtig ist vor allem:
- **S.A.** = *Sociedad Anónima* (Aktiengesellschaft), Geschäftsführung und Vertretung durch Mehrheit des Vorstandes (*junta directiva* = board of directors, Art 54 AktG[220]) (vorbehaltlich abweichender Satzungsregelung).

Der Vertretungsnachweis erfolgt entsprechend wie in den **Common Law-Staaten** (vgl Rdn 81 ff).

Peru:[221] 146

Das Gesellschaftsstatut bestimmt sich nach dem **Gründungsrecht** (Art 2073 CC Peru).

Wichtige Gesellschaftsformen sind:
- **S.A.** = *sociedad anónima* (Aktiengesellschaft), mit Unterformen der SAA (*sociedad anónima abierta* = offene AG) und der SAC (*sociedad anónima cubierta* = geschlossene AG), jeweils vertreten durch Geschäftsführer (*gerente*);
- **S.R.L.** = *sociedad de responsibilidad limitada* (GmbH), vertreten durch Geschäftsführer (*gerente*);
- *sociedad civil* (Gesellschaft bürgerlichen Rechts), umfasst auch die Personengesellschaften, die das deutsche Recht als OHG oder Partnerschaftsgesellschaft charakterisieren würde.

Der Nachweis erfolgt durch einen **Auszug des Gesellschaftsregisters** (*Registro de Personas Jurídicas*). Das Grundbuchamt kann eine Legalisation verlangen.

Polen:[222] 147

Im polnischen Gesellschaftsrecht gilt grds die **Sitztheorie**.

Das Gesellschaftsrecht ist im Gesetz über Handelsgesellschaften geregelt (HGesG[223]). Wichtige Gesellschaftsformen sind:
- **S.A.** = *Spólka Akcyjna* (Aktiengesellschaft);
- **Sp. z o.o.** = *Spólka z Ograniczon Odpowiedzialności* (GmbH) als häufigste Gesellschaftsform: gemeinschaftliche Vertretung durch zwei Vorstandsmitglieder oder ein Vorstandsmitglied und einen Prokuristen (sofern nicht die Satzung etwas anderes regelt, etwa Einzelvertretungsbefugnis oder Gesamtvertretungsbefugnis vorsieht, Art 204 HGesG);

---

216 UGB (HGB) – Unternehmensgesetzbuch – früher Handelsgesetzbuch von 1897 (Umbenennung durch Gesetz von 2005): http://www.ris2.bka.gv.at/GeltendeFassung.wxe?QueryID=Bundesnormen&Gesetzesnummer=10001702 &TabbedMenuSelection=BundesrechtTab.

217 AktG = Aktiengesetz von 1965: http://www.ris2.bka.gv.at/GeltendeFassung.wxe?QueryID=Bundesnormen&Gesetzesnummer=10002070&TabbedMenuSelection=BundesrechtTab.

218 GmbH-Gesetz von 1906: http://www.ris2.bka.gv.at/GeltendeFassung.wxe?QueryID=Bundesnormen&Gesetzesnummer=10001720&TabbedMenuSelection=BundesrechtTab.

219 http://www.firmenbuchgrundbuch.at/.

220 AktG = *Ley sobre Sociedades Anónimas* (Aktiengesellschaftsgesetz) Nr 32 vom 26.02.1927, GBl. Panama 5,067 vom 16.03.1927,

221 *Fernandini Barreda*, Länderbericht Peru, Notarius International 2003, 28; *Rodríguez Dominguez*, Peru, in *DNotI*, Notarielle Fragen des internationalen Rechtsverkehrs, 1995, S 321–356.

222 Polnische Wirtschaftsgesetze, 6. Aufl 2004; *Bogen/Siekierzyński*, Polen, in *Süß/Wachter* S 1223–1254; *BReidenbach*, Handbuch Wirtschaft und Recht in Osteuropa (Loseblatt); *Brockhuis/Schnell*, Gesellschaftsrecht in Polen, 2. Aufl 2002; *Cierpial/Löffler/Thurner*, Die Rechtsstellung der Vorstandsmitglieder einer GmbH in Polen, WiRO 1995, 333 und 366; *Diedrich/Kos*, Entstehung einer GmbH nach polnischem Recht, WiRO 2000, 41; *Gorzawski*, GmbH und nichts Neues in Polen?, WiRO 2003, 143; *Kos*, Die GmbH & Co. KG nach polnischem Recht, WiRO 2000, 297; *Lewandowski/Kwasnicki*, »Große« Änderung des polnischen Gesetzbuches über die Handelsgesellschaften, WiRO 2004, 234; *Marr*, Das polnische GmbH-Recht im Vergleich zum deutschen GmbH-Gesetz, 1998; *Pörnbacher*, Reform des polnischen Gesellschaftsrechts – Auswirkungen für die Praxis, RIW 2001, 431; *Pörnbacher*, Die GmbH nach polnischem Recht, GmbHR 2002, 370; *Zmudzinski*, Polen, in *DNotI*, Notarielle Fragen des internationalen Rechtsverkehrs, 1995, S 357–378.

223 HGesG = *Kodeks Spólek Handlowych* (Gesetz über Handelsgesellschaften), deutsche Übersetzung in: Polnische Wirtschaftsgesetze, 6. Aufl 2004.

- **Sp.j.** = *Spólka Jawna* (Offene Handelsgesellschaft – OHG);
- **Sp.K.** = *Spólka Komandytowa* (Kommanditgesellschaft – KG).

Der Nachweis von Bestand und Vertretungsbefugnis erfolgt durch einen Auszug aus dem **Unternehmensregister** (KRS).[224]

148 **Portugal:**[225]

Das Gesellschaftsstatut knüpft an den **tatsächlichen Verwaltungssitz** an (Sitztheorie, Art 3 CSC = *Código das Sociedades Comerciais* – Handelsgesellschaftsgesetzbuch[226]).

Wichtige Gesellschaftsformen sind:
- **S.A.** = *Sociedade Anónima* (Aktiengesellschaft) (Art 271–464 CSC): Vertretung durch Vorstand (*Conselho de Administração*, Art 390–412 CSC), Vertretung durch **Mehrheit der Vorstandsmitglieder** (*administradores*, Art 408 CSC), Beschränkung der Vertretungsmacht auf den Gesellschaftszweck, sofern der Dritte die Überschreitung kannte oder kennen musste (Art 409 CSC);
- **Lda** oder *Limitada* = *Sociedade por Quotas* (GmbH) (Art 197–270 CSC)[227] als mit über 90% häufigste Gesellschaftsform: Vertretung durch **Mehrheit der Geschäftsführer** (*gerentes*, Art 261 CSC), Beschränkung der Vertretungsmacht auf den Gesellschaftszweck, sofern der Dritte die Überschreitung kannte oder kennen musste (Art 260 CSC);
- *Sociedade em Nome Colectivo* (mit Namenszusatz »e Companhia« o.ä.) (Offene Handelsgesellschaft – OHG) (Art 175–196 CSC): Einzelvertretungsbefugnis jedes Gesellschafters (vorbehaltlich abweichender gesellschaftsvertraglicher Regelung);
- *Sociedade em Comandita Simples* (mit Namenszusatz »em Comandita« oder »& Comandita«) (Kommanditgesellschaft – KG) (Art 465–480 CSC): Vertretung durch Komplementäre (*sócios comanditados*) nach den Regeln der OHG (Gesellschaftsvertrag kann aber auch Vertretung durch Kommanditisten, *sócios comanditários*, zulassen, Art 470, 474 CSC);

Der Nachweis von Bestand und Vertretungsbefugnis erfolgt durch einen **Handelsregisterauszug** (*certidão do registro comercial*).[228]

149 **Rumänien:**[229]

Das Gesellschaftsstatut knüpft an den **Satzungssitz** der Gesellschaft an (Art 40 IPRG[230]).

Wichtige Gesellschaftsformen sind:
- **S.N.C.** = *societate în nume colectiv* (Offene Handelsgesellschaft – OHG);
- **S.C.S.** = *societate în comandită simplă* (Kommanditgesellschaft – KG);
- **S.R.L.** = *societate cu răspundere limitată* (GmbH): Einzelvertretungsbefugnis jedes Geschäftsführers (vorbehaltlich abweichender Satzungsregelung, Art 75 HGesG);
- **S.A.** = *societate pe acţiuni* Aktiengesellschaft) HGesG = Handelsgesellschaftsgesetz;[231]
- **S.C.A.** = *societate în comandită pe acţiuni* (Kommanditgesellschaft auf Aktien – KGaA);

Der Nachweis von Bestand und Vertretungsbefugnis erfolgt durch einen **Handelsregisterauszug** (*certificat constator*).[232]

---

224 Vgl *Holzborn/Israel* NJW 2003, 3014, 3019.

225 *Cremades/Peinado*, Gesellschaftsrecht in Portugal, 1993; *Driese*, Die GmbH im portugiesischen Recht, GmbHR 1991, 49; *Stieb*, Portugal, in *Süß/Wachter* S 1255–1288.

226 CSC = *Código das Sociedades Comerciais* – Handelsgesellschaftsgesetzbuch Portugal, Gesetzesdekret Nr 262/86 vom 02.09.1986, Internet: http://www.apdt.org/guia/L/CSC/csc.htm.

227 zuvor GmbH-Gesetz vom 11.04.1901.

228 Rechtsgrundlage ist der *Código do Registo Comercial* (Handelsregistergesetzbuch), Gesetzesdekret Nr 403/86 vom 03.12.1986. Die Publizitätswirkung der Eintragung ist in Art 166–171 CSC geregelt. Vgl *Holzborn/Israel* NJW 2003, 3014, 3017.

229 *Piuk*, Rumänien, in *Süß/Wachter* S 1289–1321.

230 IPR-Gesetz = *Legea cu privire la reglementarea raporturilor de drept internaţional privat* (Gesetz zur Regelung der Rechtsverhältnisse des Internationalen Privatrechts), Gesetz Nr 105/1992 vom 22.09.1992, rumänischer Originaltext und deutsche Übersetzung in *Riering*, IPR-Gesetze in Europa,

231 HGesG = *Legea privind Societăţile Comerciale* (Handelsgesellschaftsgesetz), Gesetz Nr 31/1990, GBl Rumänien Nr 126/1990, Neuverlautbarung am 17.11.2004, GBl Rumänien Nr 1066/2004. Im Internet findet sich auf der Homepage des Handelsregister lediglich eine Liste der relevanten Gesetze, aber nicht deren Gesetzestext: http://www.onrc.ro/english/legislation.php.

232 Internet: www.onrc.ro
    Rechtsgrundlage ist das *Legea privind Registrul Comerţului* (Handelsregistergesetz), Gesetz Nr 26/1990, GBl Rumänien Nr 121/1990, mit Änderung GBl Nr 48/1998.

Russland:[233]

150

Das Gesellschaftsstatut richtet sich nach dem **Gründungsrecht** (Art 1202 ZGB[234]).

Wichtige Gesellschaftsformen sind:
- **AO** = *Akzionernoje Obschestwo* (Aktiengesellschaft);[235]
- **OOO** = *Obschestwo s Ogranichennoj Otwetstwennostju* (GmbH):[236] Einzelvertretungsbefugnis des Geschäftsführers;
- (Offene Handelsgesellschaft – OHG);
- **KT** = *komandítnoje towárischtschestwo* (Kommanditgesellschaft – KG).

Nachweis:
- Die Eintragung in das **Staatliche Register juristischer Personen**[237] ist für die Gründung der Gesellschaft konstitutiv. Daher kann der Handelsregisterauszug zum Nachweis des Bestandes dienen.
- Die **Vertretungsbefugnis** ist ebenfalls im Register eingetragen. An die Eintragung sind jedoch **keinerlei Rechtsfolgen** geknüpft. Insbesondere ist auch der gute Glaube an den Fortbestand der Vertretungsmacht eines eingetragenen (und trotz zwischenzeitlicher Abberufung nicht gelöschten) Gesellschaftsorgans geschützt.[238]

Schweden:[239]

151

Eine gesetzliche Regelung der IPR-Anknüpfung fehlt. Nach h.M. gilt für eingetragene Gesellschaften das **Gründungsrecht** (für nicht eingetragene Gesellschaften hingegen die Sitztheorie).[240]

Gesellschaftsformen:
- In Schweden ist die Aktiengesellschaft (*aktiebolag*) die einzige Form der Kapitalgesellschaft.[241] Es gibt sie aber in zwei Unterformen: zum einen als **Publikums-AB** = *Publikt Aktiebolag* (Publikums-Aktiengesellschaft): Gesamtvertretung durch den Verwaltungsrat (*styrelse*); dieser kann seine Vertretungsmacht ganz oder teilweise auf den geschäftsführenden Direktor (**VD** – *verkställande direktör*) delegieren;
- zum anderen als **Privat-AB** = *Privat Aktiebolag* (Privat-Aktiengesellschaft): Vertretung wie bei Publikums-AG, allerdings muss kein geschäftsführender Direktor (VD) bestellt werden;
- **HB** = *handelsbolag* (Offene Handelsgesellschaft – OHG): Einzelvertretungsbefugnis jedes Gesellschafters, abweichende gesellschaftsvertragliche Regelung bedarf der Eintragung ins Handelsregister;
- **KB** = *kommanditbolag* (Kommanditgesellschaft – KG): Vertretung durch Komplementäre.

Der Nachweis von Bestand und Vertretungsbefugnis erfolgt durch einen Auszug aus dem **Gesellschaftsregister** (*Bolagsverket* – *Swedish Companies Registration Office*).[242]

Schweiz:[243]

152

Im IPR folgt die Schweiz der **Gründungstheorie**.

Das Gesellschaftsrecht ist im Fünften Buch des Obligationenrechts (OR)[244] geregelt. Wichtige Gesellschaftsformen sind:
- **AG** = Aktiengesellschaft als mit über 60 % aller Gesellschaften häufigste Gesellschaftsform (Art 620–763 OR): Einzelvertretungsbefugnis durch jedes Mitglied des Verwaltungsrats (vorbehaltlich – in das Handelsregister einzutragender – abweichender Satzungsregelung, Art 718, 720 OR);
- Kommanditaktiengesellschaft (Art 764–771 OR);

---

233 *Görlitz*, Russland, in *Süß/Wachter* S 1323–1346.
234 Deutsche Übersetzung der IPR-Bestimmungen (Art 1186–1224 ZGB (Dritter Teil) vom 26. 11. 001, in Kraft seit 01.03.2002) bei: *Mindach* IPRax 2002, 309, 327 ff; *Solotych* RabelsZ 67 (2003), S 341.
235 Föderales Gesetz über die Aktiengesellschaften, Gesetz Nr 208-FZ vom 26.12.1995.
236 GmbH-Gesetz vom 08.02.1998, in Kraft seit 01.03.1998.
237 Föderales Gesetz über die staatliche Registrierung juristischer Personen vom 08.08.2001; Verordnung über das Staatliche Register juristischer Personen, Nr 438 vom 19.06.2003.
238 *Görlitz*, in *Süß/Wachter,* Russland Rn 56.
239 *Foerster/Kastner*, Schweden, in *Süß/Wachter,* Handbuch des internationalen GmbH-Rechts, 2006, S 1347–1384; *Korkisch/Carsten*, Das schwedische Aktienrecht, 2. Aufl 1986; *Nicolaysen*, Schweden: Das neue Aktiengesetz, RIW 2005, 884; *Ring/Olsen-Ring*, Einführung in das skandinavische Recht, 1999.
240 *Foerster/Kastner*, in *Süß/Wachter,* Schweden Rn 155.
241 AktG = *Aktiebolagslagen* (Aktiengesellschaftsgesetz), GBl Schweden 2005, 551; ferner *Aktiebolagsförordningen* (Verordnung über die Aktiengesellschaft) GBl Schweden 2005, 559, beide in Kraft seit 01.01.2006; *Nicolaysen*, RIW 2005, 884.
242 Internet: www.bolagsverket.se.
243 *Böckli*, Schweizer Aktienrecht, 3. Aufl 2004; *Forstmoser/Meier-Hayoz/nobel*, Schweizerisches Aktienrecht, 1996; *Meier-Hayoz/Forstmoser*, Schweizerisches Gesellschaftsrecht, 9. Aufl 2004; *Staiger*, Schweiz, in *Süß/Wachter* S 1385–1436; *Wagner*, Gesellschaftsrecht in der Schweiz und Liechtenstein, 2. Aufl 2000.
244 OR = Obligationenrecht Schweiz, Internet: http://www.admin.ch/ch/d/sr/sr.html.

- **GmbH** (ca. 25 % aller registrierten Gesellschaften) (Art 772–827 OR): Gesamtvertretung durch alle **Gesellschafter** (sic!) (vorbehaltlich abweichender gesellschaftsvertraglicher Regelung, die im Handelsregister einzutragen ist, wobei auch nur Fremdgeschäftsführer bestimmt werden können, Art 811 OR);
- **KollG** = Kollektivgesellschaft (entspricht deutscher OHG) (Art 552–593 OR): Einzelvertretungsbefugnis jedes Gesellschafters (abweichende gesellschaftsvertragliche Regelung wirkt Dritten gegenüber nur bei Eintragung im Handelsregister);
- **KommG** = Kommanditgesellschaft (Art 594–619 OR).

Bei allen schweizer Gesellschaften ist die Vertretungsmacht auf den **Gesellschaftszweck** beschränkt (wie er im Handelsregister eingetragen ist).

Der Nachweis von Bestand und Vertretungsbefugnis erfolgt durch einen **Handelsregisterauszug**, wobei in den einzelnen Kantonen unterschiedliche Zuständigkeiten bestehen.[245]

Senegal s OHADA.

153   Serbien:[246]

Das Gesellschaftsstatut knüpft an das **Gründungsrecht** an.

Wichtige Gesellschaftsformen sind:
- **a.d.** = *Akcinoarsko društvo* (Aktiengesellschaft) (HGesG[247]);
- **d.o.o.** = *Društvo s Ograničenom Odgovornošću* (GmbH): Vertretung – je nach Satzung – durch Direktor oder Verwaltungsrat (*Upravni Odbor* – dann Gesamtvertretung) (Art 153 HGesG);
- **o.d.** = *Ortacko društvo* (Offene Handelsgesellschaft – OHG);
- **k.d.** = *Komanditno društvo* (Kommanditgesellschaft – KG).

Der Nachweis von Bestand und Vertretungsbefugnis erfolgt durch einen **Auszug aus dem Handelsregister** (vgl Art 10 Handelsregistergesetz[248]), das von der Agentur für das Handelsregister (*Agencija za privedne registre*)[249] geführt wird.

154   Seychellen:

Das Gesellschaftsrecht folgt im Wesentlichen dem **englischen Vorbild**.
- Relevant ist v.a. die *International Business Company* (Internationale Handelsgesellschaft = Off-shore Gesellschaft) in Form einer *limited company* (Kapitalgesellschaft), Gesamtvertretung durch den Vorstand (*board of directors*) (Art 41–57 *International Business Companies Act* 1994 – Gesetz über Internationale Handelsgesellschaften)[250]

Zum **Nachweis** dient wie in anderen Rechtsordnungen des **Common Law** (vgl Rdn 81 ff):
- einerseits die Eintragungsbescheinigung (*certificate of incorporation*) des Handelsregisters (*registrar of companies*) zum Nachweis des Bestandes,
- andererseits zum Nachweis der Vertretungsbefugnis eine **Bescheinigung des registered agent** (d.h. des auf den Seychellen registrierten örtlichen Vertreters der Gesellschaft, Art 38–40) bzw. des *Secretary* der Gesellschaft mit von diesem beglaubigten Auszügen aus dem Beschlussbuch.
- Für das deutsche Grundbuchverfahren ist zumindest eine Unterschriftsbeglaubigung der Unterschrift des *registered agent* (oder des *secretary*) erforderlich. Außerdem kann das Grundbuchamt eine **Apostille** verlangen.

155   Singapur:[251]

Das Gesellschaftsstatut wird – wie in den anderen Rechtsordnungen des Common Law an das **Gründungsrecht** angeknüpft.

---

245 Internet: www.shab.ce; vgl *Holzborn/Israel* NJW 2003, 3014, 3018.
246 *Pink/vojnocic*, Serbien, in *Süß/Wachter* S 1437–1463.
247 HGesG = *Zakon o privrednim društvima* (Handelsgesellschaftsgesetz), GBl Serbien Nr 125/2004, in Kraft seit 30.11.2004.
248 *Zakon o registraciji privrednih subjekta* (Handelsregistergesetz), in Kraft seit 30.11.2004.
249 Internet: www.apr.sr.gov.yu. Bis einschließlich Oktober 2004 wurde das Handelsregister in Serbien von den örtlichen Gerichten geführt.
250 *International Business Companies Act* 1994.
251 *Busching/Unger*, Singapur, in *Süß/Wachter* S 1465–1489; *Klötzel*, Gründung einer Tochtergesellschaft in Singapur, in *Lutter*, Die Gründung einer Tochtergesellschaft im Ausland, ZGR-Sonderheft, 3. Aufl 1995, S 689 ff; *Lenz*, Gesellschaftsrecht in Singapur und Malaysia, 1995; *Pentony*, Company Law in Singapore, in *Thomasic*, Company Law in Asia, 1999, S 417–474.

Wichtige Gesellschaftsformen sind:
- **Ltd.** = *public(ly held) company* als eine (der Aktiengesellschaft vergleichbare) Unterform einer *Company* (Kapitalgesellschaft) (*Companies Act* – Kapitalgesellschaftsgesetz[252]);
- **Pte. Ltd.** = *private(ly held) company* als zweite, eher der GmbH vergleichbare Unterform der Kapitalgesellschaft (insbes. mit Begrenzung auf höchstens 50 Gesellschafter) – häufigste Gesellschaftsform: Gesamtvertretung durch alle Mitglieder des Vorstandes (*board of directors*), aber Delegation auf geschäftsführenden Vorstand (*managing director*) möglich (häufig für den gesamten gewöhnlichen Geschäftsbetrieb), iü häufig Bevollmächtigung für einzelne Rechtsgeschäfte; keine *ultra-vires*-Doktrin mehr (§ 25 Abs 1 *Companies Act*);
- **LLP** = *limited liability partnership* (Personengesellschaft mit Haftungsbegrenzung aller Gesellschafter);[253]
- *partnership* (Personengesellschaft) – nach dem Recht Singapurs nicht rechtsfähig (und damit auch in Deutschland nicht grundbuchfähig).

Der Nachweis ist wie in England und den anderen Common Law-Staaten idR zweigeteilt:
- Der **Bestand** der Gesellschaft ist nachzuweisen durch einen Auszug aus dem **Handelsregister** (ACRA – *Accounting and Corporate Regulatory Authority*).[254] Die Praxis in Singapur begnügt sich häufig mit einem vom *Secretary* der Gesellschaft beglaubigten Auszug. Für das deutsche Grundbuchverfahren ist aber ein amtlich beglaubigter Auszug erforderlich – und grds auch eine Apostille.
- Die Namen der Direktoren werden ebenfalls in das Handelsregister eingetragen. Daher genügt der Registerauszug als Nachweis, wenn alle Direktoren handeln. Vertreten nur einzelne Direktoren, so lässt sich die **Vertretungsbefugnis** nur durch eine **Bescheinigung des Secretary** der Gesellschaft nachweisen, der einen Auszug aus dem Beschlussbuch der Gesellschaft (*minute book*) mit dem entsprechenden Beschluss (*resolution*) des Vorstands (*board of directors*) beglaubigt (wobei es sich entweder um einen Beschluss für das konkrete Rechtsgeschäft handeln kann oder um einen allgemeinen Beschluss für eine bestimmte Art von Rechtsgeschäften). Dazu gibt der *secretary* vor einem singapurianischen *notary public* ein (an die Beschlussabschrift angehängtes) *affidavit* ab, eine strafbewehrte eidesgleiche Bestätigung, dass die Abschrift den vom *board* gefassten Beschluss wahrheitsgemäß wiedergibt.

Slowakei:[255]   **156**

Wichtige Gesellschaftsformen sind:
- **a.s.** = *akciová společnost* (Aktiengesellschaft): Einzelvertretungsbefugnis jedes Vorstandsmitgliedes (abweichende Satzungsregelung wirkt Dritten gegenüber nur bei Handelsregistereintragung, § 191 HGB);
- **s.r.o.** = *společnost s ručením omezeným* (GmbH): Einzelvertretungsbefugnis jedes Geschäftsführers (abweichende Regelung des Gesellschaftsvertrags wirkt Dritten gegenüber nur bei Handelsregistereintragung, § 133 HGB);
- **v.o.s.** = *veřejná obchidní společnost* (Offene Handelsgesellschaft – OHG): Einzelvertretungsbefugnis jedes Gesellschafters (abweichende Regelung des Gesellschaftsvertrags wirkt Dritten gegenüber nur bei Handelsregistereintragung);
- **v.o.s.** = *komanditní společnost* (Kommanditgesellschaft – KG): Vertretung durch Komplementäre (nach Bestimmungen über die Vertretung der OHG durch deren Gesellschafter, § 101 HGB).

Der Nachweis von Bestand und Vertretungsbefugnis erfolgt durch einen **Handelsregisterauszug** (§§ 27–34 HGB).[256]

Slowenien:[257]   **157**

Im IPR folgt Slowenien der **Gründungstheorie**.

Wichtige Gesellschaftsformen sind:
- **d.d.** = *delniska druzba* (Aktiengesellschaft);
- **d.o.o.** = *druzba z omejeno odgovornostjo* (GmbH): Alleinvertretungsmacht jedes Geschäftsführers, sofern gesellschaftsvertraglich nichts anderes geregelt ist;
- **d.n.o.** = *druzba z neomejeno odgovornostjo* (Offene Handelsgesellschaft – OHG);

---

252 *Companies Act* – Kapitalgesellschaftsgesetz 1994, chapter 50, Internet: http://statutes.agc.gov.sg/.
253 erst seit April 2005 eingeführt durch *Limited Liability Partnerships Act* Nr 5/2005, Internet: http://statutes.agc.gov.sg/.
254 Internet: www.acra.gov.sg bzw. Registereinsicht unter: www.biznet.com.sg.
255 *Bohata*, Gesellschaftsrecht in der Tschechischen Republik und der Slowakei, 2. Aufl 1998; *Kovac*, Slowakische Republik, in *DNotI*, Notarielle Fragen des internationalen Rechtsverkehrs, 1995, S 405–431; *Liebscher/Svorcik*, Die Kapitalgesellschaft nach tschechischem und slowakischem Recht, 1993; *Oveckova/Stessl*, Die jüngste Novelle des slowakischen Handelsgesetzbuches, WiRO 1999, 405; *Sovava*, Slowakei, in *Süß/Wachter* S 1491–1518; *Stessl*, Jüngste Neuerungen im slowakischen Gesellschaftsrecht, WiRO 2002, 237; *Stessl*, Das neue slowakische GmbH-Recht, GmbHR 2002, 638.
256 Vgl *Holzborn/Israel* NJW 2003, 3014, 3018.
257 *Braniselj*, Länderbericht Slowenien, Notarius International 2004, 153; *Knaus*, Slowenisches Gesellschaftsrecht, 2002; *Lagler/Petrović*, Slowenien, in *Süß/Wachter* S 1519–1545.

– **k.d.** = *komanditna druzba* (Kommanditgesellschaft – KG);
– **k.d.d.** = *komanditna delniska druzba* (Kommanditgesellschaft auf Aktien – KGaA).

Der Nachweis von Bestand und Vertretungsbefugnis erfolgt durch einen **Handelsregisterauszug**.[258]

158 Spanien:[259]

Es ist strittig, ob Spanien im IPR der Gründungs- oder der Sitztheorie folgt (oder einer modifizierten Gründungstheorie).

Wichtige Gesellschaftsformen sind:
– **S.A.** = *sociedad anónima* (Aktiengesellschaft);
– **S.R.L.** = *sociedad de responsibilidad limitada* (GmbH):[260] Vertretung durch Geschäftsführer (*administrador*), wobei die Satzung bei mehreren Geschäftsführern regelt, ob diese alle je einzelvertretungsbefugt sind (*administradores solidarios*) oder ob je zwei gemeinsam vertretungsbefugt sind (*administradores mancomunados*) oder ob nur alle gemeinschaftlich als Verwaltungsrat vertreten können (*consejo de administración*) (Art 62 GmbHG), dies ist auch in das Handelsregister einzutragen;
– **S.C.** = *sociedad colectiva* (Offene Handelsgesellschaft – OHG): für Vertretung der Gesellschaft bedarf es ausdrücklicher Ermächtigung der Gesellschafter, dann aber Einzelvertretungsbefugnis der Gesellschafter (abweichende Regelung bedarf der Eintragung im Handelsregister;
– **S. en C.** = *sociedad en comandita* (Kommanditgesellschaft – KG).

Der Nachweis von Bestand und Vertretungsbefugnis erfolgt durch einen **Handelsregisterauszug**.[261]

159 Südafrika:[262]

Im IPR knüpft Südafrika das Gesellschaftsstatut nach der **Gründungstheorie** an.

Das Gesellschaftsrecht ähnelt dem **englischen Vorbild**.
– Wie England kennt Südafrika zwei Unterformen einer *company* (Kapitalgesellschaft), nämlich die **Ltd** = *public company* (funktionell der Aktiengesellschaft vergleichbar),
– und die **Pty** = *private company* (funktionell der GmbH vergleichbar): Bei beiden Unterformen bestimmt sich die Vertretungsmacht nach der Satzung (*articles of association*), idR aber jedenfalls Gesamtvertretung durch den Vorstand (*board of directors*), ggf zusätzlich Einzelvertretungsmacht eines *director* oder anderer leitender Angestellter (*officer*), häufig beschränkt auf bestimmte Geschäfte.
– Daneben gibt es noch die **CC** = *close corporation* (Kapitalgesellschaft mit nur wenigen Gesellschaftern) als zweite eigenständige Form einer Kapitalgesellschaft: Einzelvertretungsbefugnis jedes Gesellschafters (sic!), vorbehaltlich abweichender Regelung in der Satzung (*articles of association*).
– *partnership* (Personengesellschaft).

---

258 Slowenisches Handelsregister im Internet: www.sodisce.si.

259 *Bascopé/Hering*, Die spanische Gesellschaft mit beschränkter Haftung, GmbHR 2005, 609; *Cohnen*, Spanisches Internationales Gesellschaftsrecht: Stand 2004, IPRax 2005, 467; *Cremades*, Gesellschaftsrecht in Spanien – eine Einführung mit rechtsvergleichenden Tabellen, 3. Aufl 2001; *Löber/Fabregat/Poniatowski/Bilz*, Firma in Spanien, 2005; *Löber/Lozano/Steinmetz*, Spanien, in *Süß/Wachter* S 1547–1617; *Löber/Wicke*, Aktuelles spanisches Handels- und Wirtschaftsrecht, 2. Aufl 2006; *Marinello/Mayer*, Die spanische GmbH, Zweisprachige Textausgabe des GmbH-Gesetzes vom 23. März 1995 mit Einführung; *Planells de Pozo/Torres Escámez*, Länderbericht Spanien, Notarius International 2003, 283; *von Sohst*, Das spanische Aktien- und GmbH-Gesetz, Zweisprachige Ausgabe der vollständigen Gesetzestexte, 2003; *Torres Escamez*, Spanien, in DNotI, Notarielle Fragen des internationalen Rechtsverkehrs, 1995, S 417–431; *Windgassen*, Sociedad Limitada (S.L.) oder Sociedad Anónima (S.A.) in Deutschland und Gesellschaft mit beschränkter Haftung (GmbH) oder Aktiengesellschaft (AG) in Spanien, INF 2005, 202.

260 Geregelt im L.S.L. = *Ley de Sociedades de Responsabilidad Limitada* = GmbH-Gesetz Nr 2/1995 vom 23.03.1995, Internet: http://noticias.juridicas.com/base_datos/Privado/l2-1995.html
Vgl *Bascopé/Hering*, Die spanische Gesellschaft mit beschränkter Haftung. Errichtung, Organisation, Liquidation und Besteuerung, GmbHR 2005, 609; *Bilz*, Neue spanische GmbH, Sociedad limitada nueva empresa, INF 2003, 96; *Cabanas Trejo/Vestweber*, Das neue spanische Gesetz der Gesellschaft mit beschränkter Haftung, ZVglRWiss 1996, 444; *Embid Irujo*, Eine spanische »Erfindung« im Gesellschaftsrecht: Die »Sociedad limitada nueva empresa« – die neue unternehmerische GmbH, RIW 2004, 760; *Fischer*, Das neue GmbH-Gesetz in Spanien, RIW 1996, 12; *Fröhlingsdorf*, Die neue spanische GmbH: Neues Unternehmen, RIW 2003, 584; *Lindner*, Die spanische »Sociedad limitada nueva empresa«, ZVglRWiss 2004, 204; *Löber/Wendland/Bilz/Lozano«*, Die neue spanische GmbH, 3. Aufl 2006; *Reckhorn-Hengemühle*, Die neue spanische GmbH nach dem Gesetz 2/1995 vom 23. März 1995, 1997; *Vietz*, Die neue »Blitz-GmbH« in Spanien, GmbHR 2003, 523.

261 Geregelt in der Handelsregisterverordnung Nr 1784/1996 vom 19.07.1986, Internet: http://noticias.juridicas.com/base_datos/Privado/rd1784-1996.html; vgl *Holzborn/Israel* NJW 2003, 3014, 3017.

262 *Gradel*, Der Einfluss englischen Rechts bei der Herausbildung der südafrikanischen Kapitalgesellschaft, RIW 1997, 998; *Henning/Bleimschein*, »Close Corporation« in Südafrika, RIW 1990, 617; *Olbrisch*, Die südafrikanische close corporation und die strukturellen Unterschiede zur deutschen GmbH; *Rönck*, Gesellschaftsrecht in Südafrika, 1996; *Sutherland/Wicke*, Südafrika, in *Süß/Wachter* S 1619–1716.

In Südafrika gilt noch die **ultra vires-Doktrin**, dh Vertreter können die Gesellschaft grds nur im Rahmen von deren Geschäftszweck verpflichten.

In Südafrika gibt es kein Handelsregister in unserem Sinn. Die Gesellschaftsgründung ist bei der **CIPRO** anzuzeigen (*Companies and Intellectual Property Registration Office*) mit einem *founding statement* (schriftliche Gründungserklärung). Dabei müssen auch Memorandum und Satzung (*articles of association*) registriert werden. Daher erfolgt der Nachweis der Vertretungsbefugnis wie nach klassischem Common Law mehrstufig (vgl Rdn 81 ff) – hier sogar dreistufig:

– durch das bei CIPRO registrierte *founding statement* (über den Bestand der Gesellschaft)
– sowie die dort registrierte Satzung (*articles of association*) (zur Prüfung des Gesellschaftszwecks und der allgemeinen Vertretungsregelung),
– und eine **Bescheinigung des Secretary** der Gesellschaft (über die Vertretungsbefugnis, einschließlich der Person der Vertretungsbefugten).

Taiwan:[263]   160

Die vier Formen rechtsfähiger Handelsgesellschaften sind (Art 2 GesG[264]):
– *Company Limited by Shares* (Kapitalgesellschaft, Art 128–356 GesG): Geschäftsführung durch Vorstand (*board of directors*, Art 192–215), das mit Mehrheit entscheidet (Art 206), häufig auch Delegation auf geschäftsführenden Vorstand (*managing director*) (Art 208);
– *Limited Company* (Personengesellschaft nur mit Gesellschaftern beschränkter Haftung, Art 114–127 GesG);
– *Unlimited Company* (Offene Handelsgesellschaft – OHG, Art 40–97 GesG);
– *Unlimited Company with Limited Liability Shareholders* (Kommanditgesellschaft – KG, Art 98–113 GesG).

Beschränkungen der Vertretungsmacht wirken nicht gegenüber gutgläubigen Dritten (Art 36).

Der Nachweis von Bestand und Vertretungsbefugnis erfolgt durch Bescheinigung des **Handelsregisters** (Art 387–446 GesG).

Tansania: 161

Das Gesellschaftsrecht folgt im wesentlichen dem englischen Vorbild. Im *Companies Act 2002* (Gesellschaftsgesetz)[265] geregelte Gesellschaftsformen sind (§ 3 Abs 2):
– *company limited by shares* = Haftungsbegrenzung auf das eingezahlte (bzw. noch nicht eingezahlte) Gesellschaftskapital: Gesamtvertretung durch Vorstand (*board of directors*) (§ 181); Beschränkungen der Vertretungsmacht wirken einem Dritten gegenüber nur, wenn dieser bösgläubig war (§ 36 Abs 1);
– *company limited by guarantee* = Haftungsbegrenzung auf ein summenmäßig begrenztes, bei Auflösung der Gesellschaft beizutragendes Kapital: Vertretung wie bei *company limited by shares*;
– *unlimited company* = Gesellschaft ohne Haftungsbegrenzung: Vertretung wie bei *company limited by shares*.

Innerhalb der jeweiligen Gesellschaftsform wird weiter unterschieden zwischen *public company* (öffentlicher Gesellschaft) und *private company* (= »privater« oder kleiner Gesellschaft) (§ 3 Abs 3, § 27).

Thailand:[266]   162

Wichtige Gesellschaftsformen sind:
– *public limited company* (vergleichbar einer Aktiengesellschaft):[267] Gesamtvertretung durch Vorstand (*board of directors*), vorbehaltlich abweichender gesellschaftsvertraglicher Regelung;
– *private limited company* (als Art »kleine« Aktiengesellschaft, funktionell vergleichbar einer GmbH): Gesamtvertretung durch Vorstand (*board of directors*), vorbehaltlich abweichender gesellschaftsvertraglicher Regelung (Art 1167 ZGB[268]); Beschränkung der Vertretungsmacht auf den Geschäftsgegenstand der Gesellschaft (*ultra vires*-Doktrin);
– *registered) ordinary partnership* (Offene Handelsgesellschaft – OHG) (auch möglich als nicht eingetragene *Ordinary Partnership*, dann aber nicht rechtsfähig);
– *limited partnership* (Personengesellschaft nur mit Gesellschaftern beschränkter Haftung – »Kommandisten«, ohne Komplementär).

---

263 *Andrews/Francis*, Company Law in Taiwan, in *Thomasic*, Company Law in Asia, 1999, S 219–295.
264 *Companies Act* (Gesellschaftsgesetz).
265 Der *Companies Act 2002* (Gesellschaftsgesetz) ersetzt die frühere *Companies Ordinance*. (chapter 212 of the Laws of Tanganyika, Revised Edition 1947). Internet: http://www.parliament.go.tz/Polis/PAMS/Docs/12-2002.pdf (Parlament, englisch).
266 *Asawaroj/Clark*, Company Law in Thailand, in *Thomasic*, Company Law in Asia, 1999, S 343–390; *Falder*, Gesellschaftsrecht in Thailand, 1996.
267 AktG = *Public Limited Companies Act* (Aktiengesellschaftsgesetz), B.E. 2535 (1992) vom 29.05.1992; mit Änderungsgesetz *Public Limited Companies Act (No. 2)*, B.E. 2544 (2001) vom 23.06.2001, Internet: http://chanyakomol.com/thailaws/law/t_laws/tlaw0225_a.htm bzw. http://chanyakomol.com/thailaws/law/t_laws/tlaw0226.htm.
268 Die GmbH ist im Buch III des thailändischen *Civil and Commercial Code 1928* geregelt.

Der Vertretungsnachweis wird durch eine Bescheinigung des Handelsregisters erbracht, das vom *Commercial Registration Department* geführt wird. Dort sind auch die Vorstandsmitglieder (*board of directors*) registriert (Art 39 AktG).

Togo und Tschad s OHADA.

163   Tschechien:[269]

Wichtige Gesellschaftsformen sind:
- **a.s.** = *akciová společnost* (Aktiengesellschaft), Einzelvertretungsbefugnis jedes Vorstandsmitgliedes (abweichende Satzungsregelung wirkt Dritten gegenüber nur bei Handelsregistereintragung, § 191 HGB[270]);
- **s.r.o.** = *společnost s ručením omezeným* (GmbH), Einzelvertretungsbefugnis jedes Geschäftsführers (abweichende Regelung des Gesellschaftsvertrags wirkt Dritten gegenüber nur bei Handelsregistereintragung, § 133 HGB);
- **v.o.s.** = *veřejná obchidní společnost* (Offene Handelsgesellschaft – OHG), Einzelvertretungsbefugnis jedes Gesellschafters (abweichende Regelung des Gesellschaftsvertrags wirkt Dritten gegenüber nur bei Handelsregistereintragung);
- **v.o.s.** = *komanditní společnost* (Kommanditgesellschaft – KG), Vertretung durch Komplementäre (nach Bestimmungen über die Vertretung der OHG durch deren Gesellschafter, § 101 HGB).

Der Nachweis von Bestand und Vertretungsbefugnis erfolgt durch einen **Handelsregisterauszug** (§§ 27–34 HGB).[271]

164   Türkei:[272]

Die Türkei knüpft das Gesellschaftstatut an den **Sitz** der Gesellschaft an (Art 8 IPRG).

Wichtige Gesellschaftsformen sind:
- **a.s.** = *anonim irket* (Aktiengesellschaft), Gesamtvertretung durch den Verwaltungsrat, der aber Einzelvertretungsbefugnis erteilen kann (Art 317, 319 HGB[273]);
- **ltd. rk.** = *limited irket* (GmbH), Gesamtvertretung durch Gesellschafter (sic!), die aber einem oder mehreren Geschäftsführern (Einzel-) Vertretungsbefugnis übertragen können (Art 540 HGB);
- **kol. rk.** = *kollektif irket* (»Kollektivgesellschaft« – entspricht der deutschen OHG), Einzelvertretung durch jeden Gesellschafter (Beschränkung der Vertretungsmacht nur bei Eintragung im Handelsregister wirksam, Art 176 HGB);
- **kom. rk.** = *komandit irket* (Kommanditgesellschaft – KG), Einzelvertretung durch Komplementäre (iü wie Kollektivgesellschaft, Art 257 Abs 1 HGB).

Der Nachweis von Bestand und Vertretungsbefugnis erfolgt durch einen **Handelsregisterauszug** aus dem von den Handelskammern geführten Register.[274]

165   Ukraine:[275]

Nach dem IPR der Ukraine wird das Gesellschaftsstatut an das Gründungs- und **Registerrecht** angeknüpft.

Wichtige Gesellschaftsformen sind nach dem Gesetz über die Wirtschaftsgesellschaften vom 19.09.1991 (Gesellschaftsgesetz):[276]
- Aktiengesellschaft: Gesamtvertretung durch den Vorstand (Art 47) und Einzelvertretungsmacht des Vorstandsvorsitzenden (Art 48 GesG); die Satzung kann auch den anderen Vorstandsmitgliedern Einzelvertretungsmacht verleihen (Art 48 GesG) und wohl auch die Einzelvertretungsmacht des Vorstandsvorsitzenden beschränken;
- GmbH: Einzelvertretungsmacht des Generaldirektor und Gesamtvertretung aller Direktoren (Geschäftsführer), wobei die Satzung auch den anderen Direktoren Einzelvertretungsmacht verleihen kann (Art 62 GesG) (und wohl auch die Einzelvertretungsmacht des Vorstandsvorsitzenden beschränken kann);

269 Tschechische Wirtschaftsgesetze, Bd II (HGB), 4. Aufl 2006 (= Auszug aus Handbuch Wirtshaft und Recht in Osteuropa); *Bohata*, Gesellschaftsrecht in der Tschechischen Republik und der Slowakei, 2. Aufl 1998; *Bohata*, Tschechisches HGB und kein Ende, WiRO 2002, 43; *Holler/Wesbuer*, Die tschechische GmbH nach dem neuen Handelsrecht, WiRO 2002, 202; *Schwarz/Kubánek*, Tschechische Republik, in *Süß/Wachter* S 1717–1736; *Wawerka*, Tschechische Republik, in *DNotI*, Notarielle Fragen des internationalen Rechtsverkehrs, 1995, S 433–462.
270 HGB Tschechien.
271 Vgl *Holzborn/Israel* NJW 2003, 3014, 3018.
272 *Rumpf*, in *Süß/Wachter* S 1737–1784; *Rumpf*, Die GmbH in der Türkei, GmbHR 2002, 835.
273 HGB = Handelsgesetzbuch Türkei.
274 *Rumpf* in *Süß/Wachter*, Türkei Rn 110.
275 *Brunner/Schmid/Westen*, Wirtschaftsrecht der osteuropäischen Staaten, Ukraine; *Kiszczuk*, Das Recht der Wirtschaftsgesellschaften in der Ukraine, Dissertation Hamburg 1996; *Solotych*, Gesellschaftsrecht der Ukraine, 1994.
276 Übersetzung in *Brunner/Schmid/Westen*, Wirtschaftsrecht der osteuropäischen Staaten, Ukraine, S 37 ff.

– »Gesellschaft mit zusätzlicher Haftung«: Vertretung wie bei der GmbH (Verweisung in Art 65 auf die Regelungen für die GmbH in Art 52–64 GesG);
– Offene Handelsgesellschaft (OHG): keine juristische Person;
– Kommanditgesellschaft (KG): juristische Person, vertreten die Komplementäre.

Aus dem **Handelsregister** lässt sich lediglich der Bestand der Gesellschaft nachweisen (»Zeugnis über die staatliche Registrierung der juristischen Person«), nicht die Vertretungsberechtigten.[277]
– Die Vertretungsmacht der Organe kann durch eine (beglaubigte) Abschrift der zum Handelsregister eingereichten Satzung nachgewiesen werden.
– Die Person der Vorstände/Direktoren ist daher durch (beglaubigte) Abschriften der entsprechenden Gesellschafterbeschlüsse nachzuweisen.

Ungarn:[278]

Das ungarische IPR knüpft das Gesellschaftsstatut nach der **Gründungstheorie** an (§ 18 IPR-VO).

Wichtige Gesellschaftsformen sind:
– **rt** = *részvéntyr társaság* (Aktiengesellschaft): Einzelvertretungsbefugnis jedes Vorstandsmitglieds (vorbehaltlich abweichender Satzungsregelung, §§ 39, 40 GWG[279]);
– **kft** = *korlátolt felelösségü társaság* (GmbH): Einzelvertretungsbefugnis jedes Vorstandsmitglieds (vorbehaltlich abweichender gesellschaftsvertraglicher Regelung, § 156 GWG);
– **kv** = *közüs vullalat* (Gemeinschaftsunternehmen – *joint venture*): Einzelvertretung durch den Direktor (§ 114 GWG);
– **kkt** = *küzkereseti társaság* (Offene Handelsgesellschaft – OHG): Einzelvertretungsbefugnis jedes Gesellschafters (vorbehaltlich abweichender gesellschaftsvertraglicher Regelung, § 186 GWG);
– **bt** = *betéti társaság* (Kommanditgesellschaft – KG): Einzelvertretungsbefugnis jedes Komplementärs (Gesellschaftsvertrag kann auch gemeinschaftliche Vertretung durch Komplementäre vorsehen, kann aber nicht den Kommanditisten organschaftliche Vertretungsmacht geben, §§ 101, 102 GWG).

Der Nachweis erfolgt durch durch einen **Handelsregisterauszug**. Dieser kann entweder vom jeweiligen örtlichen Handelsregister des Gesellschaftssitzes erteilt werden oder vom Firmeninformationsdienst (*Céginformációs Szolgálat*) des Justizministeriums.[280]

Uruguay:[281]

Die in der Praxis wichtigsten Gesellschaftsformen sind:
– **S.A.** = *sociedad anónima* (Aktiengesellschaft, Art 244 ff GesG = *Ley de Sociedades* – Gesellschaftsgesetz)[282]): Gesamtvertretung durch den Vorstand (Art 79);
– **S.R.L.** = *sociedad de responsibilidad limitada* (GmbH);
– **S.C.** = *sociedad colectiva* (Offene Handelsgesellschaft – OHG, Art 199 ff GesG);
– **S. en C.** = *sociedad en comandita* (Kommanditgesellschaft – KG, Art 212 ff GesG).

Keine Vertretungsmacht besteht für Rechtsgeschäfte, die »offenkundig« dem **Gesellschaftszweck** entgegenstehen.

Der Vertretungsnachweis erfolgt ähnlich wie in den Common Law-Staaten (vgl Rdn 81 ff) oder in Argentinien durch eine Kombination der Eintragungsbescheinigung des zentralen Handelsregisters (*Registro Publico de Comercio*)[283] (für den Bestand der Gesellschaft) und **beglaubigtem Auszug aus dem Beschlussbuch** (zum Nachweis der Person der Vertretungsberechtigten und ihrer Vertretungsmacht).

166

167

---

277 Verordnung über die staatliche Registrierung von Subjekten unternehmerischer Tätigkeit der Ukraine vom 29.04.1994, Übersetzung von *Debryckyj*, WiRO 1994, 397.
278 *Gál-Komonczy*, Ungarn, in *DNotI*, Notarielle Fragen des internationalen Rechtsverkehrs, 1995, S 441–462; *Janssen/ Fest*, Unterschiede in der Rechtspraxis ungarischer Kft und deutscher GmbH, RIW 2002, 825; *Köhle/Demeter*, Die Gesellschaft mbH in Ungarn – Gesellschaftsrecht, Gesetzestext, Kommentar, 1991; *Pajor-Bytomski*, Die Rechtsstellung des ungarischen GmbH-Geschäftsführers, RIW 2001, 765; *Sander*, Die ungarische Gesellschaft mit beschränkter Haftung – mit Gemeinsamkeiten zur deutschen GmbH, 2002; *Squarra/Braner*, Ungarn, in *Süß/Wachter* S 1785–1829.
279 GWG = Gesetz über Wirtschaftsgesellschaften vom 09.12.1997.
280 Internet: http://www.microsec.hu; vgl *Holzborn/Israel* NJW 2003, 3014, 3019.
281 *Molla/Arezo píriz/Bauzón*, Uruguay, in *DNotI*, Notarielle Fragen des internationalen Rechtsverkehrs, 1995, S 463–481.
282 *Ley de Sociedades* (Gesellschaftsgesetz), Gesetz Nr 16.060 vom 04.09.1989, in Kraft seit 05.01.1990.
283 Gesetz 16.320 vom 01.01.1993.

168 USA (Vereinigte Staaten von Amerika):[284]

Die USA folgen der **Gründungstheorie.**

Jeder **Bundesstaat** hat sein eigenes Gesellschaftsrecht, wobei die einzelnen Rechte aber weitgehend denselben Grundprinzipien folgen. Die Gesellschaft kann ihren Sitz außerhalb des Bundesstaates haben, nach dessen Recht sie gegründet wird.

Wichtige Gesellschaftsformen sind:
- *corporation* (Kapitalgesellschaft – ohne Unterscheidung zwischen AG und GmbH): verwaltet und vertreten durch den Vorstand (*board of directors*) (Gesamtvertretung); tägliche Geschäftsführung durch Geschäftsführer *executive officers*, (inbes *president*,[285] *secretary* und *treasurer*), deren Vertretungsmacht sich aus Beschlüssen des *board of directors* ableitet (oder aus den *bylaws* = der Geschäftsordnung der Gesellschaft); Vermutung der Vertretungsbefugnis für *president* hinsichtlich der gewöhnlichen Geschäfte *(ordinary business transactions)*, grds aber nicht für Immobiliengeschäfte;[286]
- *partnership* (Offene Handelsgesellschaft – OHG);
- *limited partnership* (Kommanditgesellschaft – KG).

Der **Vertretungsnachweis** erfolgt noch nach klassischem Common Law, dh zweistufig (vgl Rdn 81):[287]
- Das *certificate of incorporation* bzw das *certificate of good standing* weist die Gründung bzw (im letzteren Fall) auch den Fortbestand der Gesellschaft nach. Die Vertretungsbefugnis ergibt sich daraus jedoch nicht. Denn dem Register sind die Personen der Vorstände (*board of directors*) nur zum Zeitpunkt der Gesellschaftsgründung anzumelden, nicht aber spätere Wechsel von Vorständen; daher kann schon die Person der *directors* nicht durch das *certificate of incorporation* nachgewiesen werden (ausgenommen allenfalls bei neugegründeten Gesellschaften) – und erst recht weist es nicht deren Vertretungsbefugnis nach, wenn (wie idR) nicht alle Vorstände gemeinsam handeln, sondern nur einzelne von ihnen oder andere Mitarbeiter (*officers*).
- Die Vertretungsbefugnis des Handelnden wird statt dessen durch eine Bescheinigung (*acknowledgement*) des *secretary* der Gesellschaft erbracht, idR verbunden mit vom *secretary* beglaubigten Auszügen aus dem Beschlussbuch der Gesellschaft (nämlich die einschlägigen Beschlüsse über die Bestellung der handelnden Gesellschaftsorgane und über deren Befugnisse). Für die Abschriftsbeglaubigung ist die Abschrift vom *secretary* (und ggf von einem weiteren *officer* oder *director* der Gesellschaft zu unterschreiben); anschließend hat der *secretary* vor einem *notary public* ein *acknowledgement* (Anerkennung oder Bekräftigung) zu erklären.
- Zur Verwendung gegenüber dem deutschen Grundbuch sind Unterschriftsbeglaubigung und Apostille erforderlich.

169 Vereinigte Arabische Emirate (VAR):[288]

Wichtige Gesellschaftsformen sind:
- *public shareholding company* oder *private shareholding company* (Aktiengesellschaft);
- **LLC** = *limited liability company* (GmbH) als häufigste Form: Vertretung durch Geschäftsführer (*director*), wobei der Gesellschaftsvertrag bestimmt, ob Einzel- oder gemeinschaftliche Vertretungsbefugnis besteht;
- *general partnership* (Offene Handelsgesellschaft – OHG);
- *limited partnership* (Kommanditgesellschaft – KG);
- *joint venture* (Gemeinschaftsunternehmen).

Als Vertretungsnachweis ist die Vorlage des Gesellschaftsvertrages und der Gewerbelizenz erforderlich.[289]

170 Vereinigtes Königreich von Großbritannien und Nordirland s Großbritannien;

Vereinigte Staaten von Amerika s USA;

---

284 *Bungert*, Die GmbH im US-amerikanischen Recht – Close corporation, 1993; *Bungert*, Gesellschaftsrecht der USA, 3. Aufl 2003; *Carney/Hay* Die Gründung einer Tochtergesellschaft in den USA, in *Lutter* Die Gründung einer Tochtergesellschaft im Ausland, ZGR-Sonderheft, 3. Aufl 1995, S 942; *Cox/Hazen*, Corporations, 2. Aufl 2005; *Elsing/van Alstine*, US-amerikanisches Handels- und Wirtschaftsrecht, 2. Aufl 1999; *Gerber*, USA, in *Süß/Wachter* S 1831–1875; *Merkt/Göthel*, US-amerikanisches Gesellschaftsrecht, 2. Aufl 2006; *Wright/Holland*, Neue Wege im Gesellschaftsrecht der USA: Die Limited Liability Company am Beispiel des Bundesstaates Georgia, NJW 1996, 95.

285 Ist der *president* zugleich Mitglied des *board of directors*, so spricht man vom *chief executive officer* (CEO).

286 Gutachten, DNotI-Report 2001, 29 (USA/Delaware: Vertretung einer corporation).

287 Vgl Gutachten DNotI-Report 2001, 29 (USA/Delaware: Vertretung einer corporation); *Bungert* DB 1995, 963, 967 f; *Fischer*, Existenz- und Vertretungsnachweise bei US Corporations, ZNotP 1999, 352; *Holzborn/Israel* NJW 2003, 3014, 3019; *Jacob-Steinorth*, Die Vertretungsmacht bei den wichtigsten amerikanischen Handelsgesellschaften, DNotZ 1958, 361; *Kau/Wiehe* RIW 1991, 32, 33.

288 *Seifert*, Vereinigte Arabische Emirate, in *Süß/Wachter* S 1877–1901.

289 *Seifert* in *Süß/Wachter*, Vereinigte Arabische Emirate Rn 94.

Vietnam:[290]

Das Gesellschaftsstatut wird nach der **Gründungstheorie** bestimmt (Art 832 ZGB[291]).

Wichtige Gesellschaftsformen sind:
- *limited liability company* (GmbH) (Art 38–62 GesG = Gesellschaftsgesetz 2005[292] sowie Art 63–76 für Einpersonen-GmbH): Vertretung durch den Geschäftsführer (*director* oder *general director*), soweit nicht die Satzung die Angelegenheit der Beschlussfassung der Gesellschafterversammlung vorbehält (Art 55);
- *shareholding company* (Aktiengesellschaft) (Art 77–129 GesG): Vertretung durch den Vorstandsvorsitzenden (*director* oder *general director*), soweit nicht die Satzung die Angelegenheit der Beschlussfassung des Vorstandes (*board of management*, Art 108) vorbehält (Art 116);
- *partnership* (Offene Handelsgesellschaft, OHG, oder auch Kommanditgesellschaft, KG, je nachdem ob auch Kommanditisten, *limited partners*, dabei sind) (Art 130–140 GesG): Vertretung durch die Komplementäre (*general partners*) (unklar, ob Einzelvertretungsbefugnis), dabei Beschränkung auf den Gesellschaftszweck (Art 137).

Der Nachweis von Bestand und Vertretungsbefugnis erfolgt durch eine Bescheinigung des **Handelsregisters** (Art 25–26 ZGB).

Weißrussland (Belarus):   171

Das Gesellschaftsstatut knüpft an das **Gründungsrecht** an (Art 1112 ZGB).[293]

Wichtige Gesellschaftsformen sind:
- *general partnership* (Offene Handelsgesellschaft – OHG) (Art 66–80 ZGB): Gesamtvertretung durch die Gesellschafter;
- *special partnership* (Kommanditgesellschaft – KG) (Art 81–85 ZGB): Vertretung durch Komplementäre (*general partners*) (Art 83 ZGB);
- *Limited Liability Company* (GmbH) (Art 86–93 ZGB): Gesamtvertretung durch Geschäftsführer (*executive body*), soweit nicht eine ausschließliche Zuständigkeit der Gesellschafterversammlung nach der Satzung besteht (Art 90 ZGB);
- *Joint Stock Company* (Aktiengesellschaft) (Art 96–106 ZGB): Gesamtvertretung durch Vorstand (*executive body*), soweit nicht eine ausschließliche Zuständigkeit der Gesellschafterversammlung nach der Satzung besteht (Art 103 ZGB).

Der Nachweis erfolgt durch einen **Handelsregisterauszug** (vgl Art 47 ZGB).

Zentralafrikanische Republik s OHADA   172

Zypern:[294]

Im internationalen Gründungsrecht knüpft Zypern – wie die anderen Common Law-Staaten – an das **Gründungsrecht** der Gesellschaft an.

Das Gesellschaftsrecht ähnelt stark dem **englischen Vorbild**. Die hauptsächlichen Gesellschaftsformen sind:
- *public company limited by shares* (Aktiengesellschaft) bzw *public company limited by shares* (Art »kleine« Aktiengesellschaft, entspricht funktionell einer GmbH): Gesamtvertretung durch Vorstand (*board of directors*, Art 80 Kapitalgesellschaftsgesetz, *Cypriot Companies Law*,[295] das weitgehend dem früheren Gesellschaftsgesetz des Vereinigten Königreichs von 1948 entspricht);
- *company limited by guarantee*;
- *general partnership* (Offene Handelsgesellschaft – OHG);[296]
- *limited partnership* (Kommanditgesellschaft – KG): Vertretung durch die Komplementäre (*general partners*).

Der Nachweis erfolgt grds durch einen **Handelsregisterauszug**, aus dem sich auch die Person der aktuellen Vorstände (*directors*) ergibt.

---

290   *Gillespie*, Company Law in Vietnam, in *Thomasic*, Company Law in Asia, 1999, S 297–341; *Müller*, Überblick über das Gesellschaftsrecht der Sozialistischen Republik Vietnam, IWB, Fach 6 Gruppe 3, 1994.
291   Zivilgesetzbuch der Sozialistischen Republik Vietnam vom 28.10.1995 – engl Übersetzung von *Baker & McKenzie / Clifford Chance*, The Civil Code of the Socialist Republic of Vietnam, 1996.
292   englische Übersetzung im Internet (Nationalversammlung Vietnam): http://www.sme.com.vn/Upload/Documents/ ENTERPRISE%20LAW%202005%20in%20ENGLISH.pdf.
293   Zivilgesetzbuch Weißrussland vom 07.12.1998, Nr 218-Z. Englische Übersetzung: http://law.by/work/EnglPortal.nsf/ 0791c722ea4cdeb5c225716600472038/a6f0bfbf7d5ce1abc2257226004222a5?OpenDocument.
294   *Neocleus* Introduction to Cyprus Law: http://www.neocleous.com/index.php?pageid=167 (nur Leseversion, kein Ausdruck möglich).
295   *chapter* 113 der *Laws of Cyprus*.
296   *Partnerships and Business Names Law, chapter 116 of the Laws of Cyprus*.

Handeln aber nicht alle dort genannten Vorstände, so kann die dem handelnden *director* oder sonstigen *officer* erteilte Einzelvertretungsmacht nur durch Bescheinigung Bescheinigung des *secretary* mit von ihm beglaubigter Abschrift aus dem Beschlussbuch erbracht werden (wie nach traditionellem Recht der Common Law-Staaten, vgl Rdn 81 ff).

5. Trust

173   Deutschland hat das **Haager Trustübereinkommen** vom 01.07.1985[297] nicht gezeichnet; auch das autonome deutsche Recht kennt keinen Trust.

174   Ein **Trust inter vivos** ist aus Sicht des deutschen Rechts ein schuldrechtlicher Vertrag, idR eine Treuhandvereinbarung.
   – Im IPR bestimmen sich daher die Beziehungen zwischen dem Begründer des Trust, dem *trustee* und den Begünstigten nach dem Vertragsstatut.[298] Ist der Trust hingegen gesellschaftsähnlich strukturiert, so will eine abweichende Meinung nach dem Gesellschaftsstatut anknüpfen, also an den tatsächlichen Verwaltungssitz.[299]
   – Die **sachenrechtlichen** Wirkungen eines Trust bestimmen sich nach dem Belegenheitsrecht des jeweiligen Gegenstandes. In Deutschland ist ein zwischen Trust-Errichter und Trustee gespaltenes Eigentum nicht möglich; idR liegt bei einem Trust inter vivos eine (Verwaltungs-)**Treuhand** im Sinne des deutschen Rechts vor, so dass (allein) der Treuhänder Eigentümer ist.[300]

175   Anders ein durch Verfügung von Todes wegen begründeter Trust (**testamentary trust**):
   – Er wird als erbrechtliche Verfügung angesehen und unterliegt entsprechend dem Erbstatut.[301]
   – Die sachenrechtlichen Wirkungen unterliegen dem Belegenheitsrecht. Danach ist ein *testamentary trust* hinsichtlich der in Deutschland belegenen Vermögensgegenstände, inbes hinsichtlich deutscher Grundstücke, in eine **Testamentsvollstreckung** umzudeuten.[302]
   – Im Grundbuch ist daher der *beneficiary* als Eigentümer einzutragen mit einem **Testamentsvollstreckungsvermerk**.

IV. Ausländischer Güterstand

1. Prüfungspflicht und –kompetenz des Grundbuchamtes

176   Die Prüfungspflichten des Grundbuchamtes hinsichtlich des Güterstandes sind bei einem (möglicherweise) ausländischen Güterstand eines Beteiligten die gleichen wie bei einem deutschen Güterstand – weder weiter noch enger.[303]

Für **Verfügungen** heißt dies:
   – Handeln **beide Ehegatten** als Bewilligende (§ 19 GBO) oder als Veräußerer (§ 20 GBO), so ist es gleichgültig, in welchem Güterstand sie leben.
   – Bewilligt ein **einzelner Ehegatte**, der im Grundbuch eingetragen ist, (oder veräußert er allein), so spricht die Vermutung des § 891 BGB zu seinen Gunsten auch im Grundbuchverfahren. Nur wenn diese Vermu-

---

297   http://www.hcch.net/index_en.php?act=conventions.text&cid=59; deutsche Übersetzung IPRax 1987, 55; RabelsZ 50 (1986), 698 ff; vgl *Kegel*, Internationales Privatrecht, S 429 f; *Pirrung*, Die XV. Tagung der Haager Konferenz für Internationales Privatrecht – Trustübereinkommen vom 1. Juli 1985, IPRax 1987, 52.

298   BGH IPRspr 1968/69 Nr 160 = WM 1968, 1170, 1172; *von Bar*, Internationales Privatrecht, Bd II Rn 500; *Coing*, Übernahme des Trust in unser IPR?, in Festschrift Heinsius, 1991, 79; *Czermak*, Der Express-Trust im Internationalen Privatrecht, 1986; *Graue*, Der Trust im Internationalen Privat- und Steuerrecht, in Festschrift Murad Ferid, 1978, 151; 174 ff; *Graupner*, Der englische Trust im deutschen Zivilprozeß, ZVglRW 1989, 149; *Witthuhn*, Das Internationale Privatrecht des Trust, 1987; *Zwirlein*, Der Trust – ein sinnvolles Element der Nachfolgeplanung aus deutscher Sicht, in Gestaltung und Analyse in der Rechts-, Wirtschafts- und Steuerberatung von Unternehmen, 1998, 75, 77 ff.

299   *Großfeld* Rn 770, 779; *Kegel* S 428; *Lüderitz* Rn 64; MüKo-*Kindler* Rn 220, 224; noch weitergehend für Behandlung eines US-amerikanischen Trust als Gesellschaft aufgrund des deutsch-amerikanischen Freundschaftsvertrages: *Sieker*, Der US-Trust, 1991, S 87 ff; dagegen *Witthuhn* S 113 ff.

300   BGH DB 1984, 2192 = IPRax 1985, 221, 223 mit Anm *Kötz* IPRax 1985, 205 = MDR 1985, 212 = NJW 1984, 2762 = WM 1984, 1125 = ZIP 1984, 1405.

301   *von Oertzen* IStR 1995, 150; *Zwirlein* S 77.

302   OLG Frankfurt IPRspr 1962/63 Nr 146; *Czermak* S 294 f; *Staudinger-Dörner* (1995) Art 25 EGBGB Rn 412, 854; **aA** *Pinkernelle/Spreen* DNotZ 1967, 204; *Witthuhn* S 147 f.

303   BayObLGZ 1986, 81 = DNotZ 1987, 98 = FamRZ 1986, 809 = MittBayNot 1986, 124 = MittRhNotK 1986, 120 mit Anm *Kleist* = NJW-RR 1986, 893 = Rpfleger 1986, 369, dazu *Böhringer* BWNotZ 1987, 17; OLG Karlsruhe Rpfleger 1994, 248; *Schaub* in *Bauer/von Oefele* § 33 Rn 68; *Demharter* § 33 Rn 29; *Hügel-Zeiser* Int Bezüge Rn 74; *Meikel-Roth* § 33 Rdn 29 ff; *Schöner/Stöber* Rn 3421 ff.

tung sicher widerlegt ist, kann – und muss – das Grundbuchamt die Eintragung einer Verfügung des in einem ausländischen Güterstand lebenden Beteiligten zurückweisen.[304]
– Bei konkreten Zweifeln an der (alleinigen) Verfügungsbefugnis des Handelnden kann das Grundbuchamt eine **Zwischenverfügung** erlassen.

Ähnlich kann das Grundbuchamt auch eine beantragte und bewilligte **Eintragung zugunsten** eines (möglicherweise) in einem ausländischen Güterstand lebenden Beteiligten nur ablehnen, wenn es sichere Kenntnis davon hat, dass durch die Eintragung das Grundbuch unrichtig werden würde.[305] Oder, wie es die Entscheidungen auch umgekehrt und etwas milder formulieren: Besteht nach dem aufgrund der gemachten Angaben und des sonstigen Kenntnisstandes des Grundbuchamts anwendbaren Recht die nicht nur theoretische Möglichkeit, dass ein Ehegatte Alleineigentum erwerben kann (oder beide Ehegatten Miteigentum), hat das Grundbuchamt die Eintragung vorzunehmen.[306]   **177**
– So kann das Grundbuchamt die Eintragung der Auflassung an einen (möglicherweise) in einem ausländischen Güterstand lebenden Beteiligten zu Alleineigentum[307] oder an Ehegatten, die (möglicherweise) in einem ausländischen Güterstand leben, als Miteigentümer nur ablehnen wenn es sichere Kenntnis davon hat, dass nach dem maßgeblichen Güterrecht das Grundstück gemeinschaftliches Eigentum der Ehegatten wird.[308]
– Ebenso kann die beantragte Eintragung des Erwerbs in einem ausländischen Güterstand nur abgelehnt werden, wenn das Grundbuchamt sichere Kenntnis hat, dass die Ehegatten nicht in diesem Güterstand leben.[309]
– Beim Erwerb begründen bloße Zweifel **keine Zwischenverfügung**. Unzulässig ist daher insbes eine Zwischenverfügung mit dem Ziel bloßer Ausforschung des für den Sachverhalt einschlägigen IPR.[310]

Grundsätzlich sind dabei folgende **Prüfungsschritte** zu durchlaufen: **178**
– Auf welches Ehegüterrecht verweist das **deutsche IPR**?
– Kommt es zu einer **Rück- oder Weiterverweisung** durch das ausländische IPR?
– Welcher **gesetzliche Güterstand** gilt im betreffenden ausländischen Recht?
– Falls die Ehegatten eine davon abweichende **ehevertragliche Vereinbarung** getroffen haben: Ist diese Vereinbarung wirksam?
– Beim **Erwerb**: Kann ein Ehegatte in dem betreffenden Güterstand allein erwerben – oder können beide Ehegatten zu Miteigentum bzw in dem angegebenen Gemeinschaftsverhältnis erwerben?
– Bei der **Verfügung** – sofern ein Ehegatte allein verfügt: Kann ein Ehegatte allein über das Grundstück (oder das dingliche Recht) verfügen und damit auch allein die Bewilligung erklären oder ist die Mitwirkung des anderen Ehegatten erforderlich?
– Fehlte dem handelnden Ehegatten die alleinige Verfügungsbefugnis nach dem anwendbaren ausländischen Güterrecht, so ist der **gute Glaube** des Geschäftspartners geschützt, wenn dieser die Verfügungsbeschränkung weder kannte noch kennen musste (Art 16, 12 EGBGB – vgl Rdn 195).

Erst wenn sich bei sämtlichen Prüfungsschritten sicher ergibt, dass bei einer Verfügung die alleinige Bewilligungsbefugnis trotz Voreintragung des Bewilligenden fehlt bzw dass beim Erwerb die beantragte Eintragung das Grundbuch unrichtig machen würde, kann und muss das Grundbuchamt die beantragte Eintragung verweigern.

---

304 BayObLGZ 1986, 81 = DNotZ 1987, 98 = Rpfleger 1986, 369; BayObLGZ 1992, 85 = DNotZ 1992, 575 = Rpfleger 1992, 341; OLG Karlsruhe Rpfleger 1994, 248; KG DNotZ 1973, 620 = NJW 1973, 428; LG Aurich MittRhNotK 1990, 220 = NJW 1991, 642 = Rpfleger 1991, 289; *Wolfsteiner* DNotZ 1987, 67, 82; *Schaub* in Bauer/von Oefele Int Bezüge Rn 289; *Hügel-Zeiser* Int Bezüge Rn 76 ff; *Schöner/Stöber* Rn 3421a.
305 *Böhringer* BWNotZ 1988, 49; *ders* Rpfleger 1990, 337, 342; *Wolfsteiner* DNotZ 1987, 67; *Schaub* in Bauer/von Oefele Int Bezüge Rn 291; *Hügel-Zeiser* Int Bezüge Rn 74 f; KEHE-*Sieghörtner* Einl U Rn 233; *Schöner/Stöber* Rn 3421b.
306 BayObLGZ 1992, 85 = DNotZ 1992, 575 = FamRZ 1992, 1204 = MittBayNot 1992, 268 = MittRhNotK 1992, 152 = NJW-RR 1992, 1235 = Rpfleger 1992, 341 (Erwerb zu Alleineigentum durch Jugoslawen).
307 BayObLGZ 1986, 81 = DNotZ 1987, 98 = FamRZ 1986, 809 = MittBayNot 1986, 124 = MittRhNotK 1986, 120 mit Anm *Kleist* = NJW-RR 1986, 893 = Rpfleger 1986, 369, dazu *Böhringer* BWNotZ 1987, 17 (Alleinerwerb durch verheirateten Inder); BayObLG DNotZ 1986, 487 = MittBayNot 1986, 74 = NJW-RR 1986, 1025 = Rpfleger 1986, 127, dazu *Amann* MittBayNot 1986, 222, *Jayme* IPRax 1987, 290 (Alleinerwerb durch verheirateten Italiener); BayObLGZ 1992, 85 = DNotZ 1992, 575 = FamRZ 1992, 1204 = MittBayNot 1992, 268 = MittRhNotK 1992, 152 = NJW-RR 1992, 1235 = Rpfleger 1992, 341 (Erwerb zu Alleineigentum durch Jugoslawen).
308 BayObLG BWNotZ 2001, 132 mit Anm *Böhringer* = DNotI-Report 2001, 51 = DNotZ 2001, 391 = MittBayNot 2001, 221 mit Anm *Riering* = NJW-RR 2001, 879 = RNotZ 2001, 212 = Rpfleger 2001, 173, dazu Anm *Hohloch* JuS 2001, 1025 (Erwerb zu Bruchteilen durch jugoslawische Ehegatten); OLG Karlsruhe Rpfleger 1994, 248.
309 OLG Düsseldorf DNotI-Report 2000, 35 = FamRZ 2000, 1574 = FGPrax 2000, 5 = MittBayNot 2000, 125 = MittRhNotK 1999, 384 = NJW-RR 2000, 542 = Rpfleger 2000, 107 = ZNotP 2000, 111 (Erwerb »in Gütergemeinschaft niederländischen Rechts« bewilligt und beantragt).
310 BayObLGZ 1986, 81 = DNotZ 1987, 98 = FamRZ 1986, 809 = MittBayNot 1986, 124 = MittRhNotK 1986, 120 mit Anm *Kleist* = NJW-RR 1986, 893 = Rpfleger 1986, 369, dazu *Böhringer* BWNotZ 1987, 17; OLG Düsseldorf DNotI-Report 2000, 35 = FamRZ 2000, 1574 = FGPrax 2000, 5 = MittBayNot 2000, 125 = MittRhNotK 1999, 384 = NJW-RR 2000, 542 = Rpfleger 2000, 107 = ZNotP 2000, 111.

2. Anwendbares Recht

179 **a) Vorrangige Staatsverträge und Europarecht.** Das **Europarecht** regelt die güterrechtliche Anknüpfung bisher nicht, inbes auch nicht im Rahmen der Brüssel IIa-Verordnung. Jedoch ist eine **Verordnung geplant**, die sowohl die güterrechtliche Anknüpfung wie diesbezügliche gerichtliche Zuständigkeiten und die Anerkennung von Entscheidungen regeln soll;[311] ein Entwurf liegt noch nicht vor. Dem Vernehmen nach gehen die Überlegungen zu einer (wohl wandelbaren) Anknüpfung an den gemeinsamen Wohnsitz bzw gewöhnlichen Aufenthalt.

180 Für die Anknüpfung des Ehegüterrecht gilt ein vorrangiger Staatsvertrag nur im Verhältnis zum **Iran**: Nach Art 8 Abs 3 S 1 des Niederlassungsabkommens zwischen dem Deutschen Reich und dem Kaiserreich Persien vom 17.02.1929[312] gilt für rein iranische bzw rein deutsche Ehen das jeweilige Heimatrecht der Ehegatten. Dies entspricht grds der Anknüpfung nach Art 15 iVm Art 14 Abs 1 Nr 1 EGBGB.

181 **Multilaterale Übereinkommen** über die Anknüpfung des Güterrechts gelten nicht (mehr) für Deutschland:
- Das **Haager Ehewirkungsübereinkommen** vom 17.07.1905,[313] das an das Heimatrecht des Ehemannes anknüpfte, galt bis 1987 noch im Verhältnis zu Italien. Seither ist es nur noch für Altehen mit ausländischen Ehegatten anzuwenden, wenn der ausländische Heimatstaat zur Zeit des Eheschlusses noch Vertragsstaat war. Auch dort gilt aber für die Zeit nach dem 08.04.1993 aus verfassungsrechtlichen Gründen die Übergangsregelung des Art 220 Abs 3 EGBGB (dh bei einer nicht auf Rechtswahl beruhenden Anknüpfung an das Mannesrecht nach dem 08.04.1993 die allgemeinen Anknüpfungsregel des Art 15 EGBGB).[314]
- Dem **Haager Ehegüterrechtsübereinkommen** vom 14.03.1978[315] ist Deutschland hingegen nicht beigetreten.

182 **b) Deutsches IPR. aa) Objektives Güterstatut (Art 15 Abs 1 EGBGB).** Das deutsche IPR knüpft das eheliche Güterrecht nach denselben Kriterien an wie das allgemeine Ehewirkungsstatut (Art 14 Abs 1 und 2 EGBGB) – allerdings unwandelbar nach den Verhältnissen bei Eheschließung (Art 15 Abs 1 EGBGB).
- In erster Linie ist danach an eine **gemeinsame Staatsangehörigkeit** der Ehegatten bei Eheschließung anzuknüpfen (wobei bei Doppelstaatlern, die auch deutsche Staatsangehörige sind, auf die deutsche Staatsangehörigkeit abzustellen ist, ansonsten auf die effektive Staatsangehörigkeit, Art 5 Abs 1 EGBGB).
- Bei gemischt-nationalen Ehen ist das Recht des Staates anzuwenden, in dem beide Ehegatten bei Eheschließung **ihren gewöhnlichen Aufenthalt** hatten.
- Führen beide Anknüpfungen nicht weiter (weil die Ehegatten weder eine gemeinsame Staatsangehörigkeit hatten noch einen gemeinsamen gewöhnlichen Aufenthalt bereits bei Eheschließung), so ist hilfsweise schließlich das Recht des Staates anzuwenden, dem die Ehegatten auf andere Weise gemeinsam am engsten verbunden sind (also zB des Staates, in dem sie nach ihren Planungen bei Eheschließung beabsichtigten, beide künftig auf Dauer ihren gewöhnlichen Aufenthalt zu nehmen).

Abzustellen ist allein auf den **Zeitpunkt der Eheschließung**. Das Güterstatut ist nach Art 15 Abs 1 EGBGB **unwandelbar**; es bleibt unverändert, auch wenn die Ehegatten ihre Staatsangehörigkeit oder ihren Wohnsitz wechseln (anders als das allgemeine Ehewirkungsstatut nach Art 14 EGBGB).

183 Nach Art 3 Abs 3 EGBGB anerkennt das deutsche IPR eine **Güterrechtsspaltung** (oder im Erbrecht Nachlassspaltung), die das ausländische IPR für im betreffenden Staat belegene Vermögensgegenstände vorsieht – auch wenn aus deutscher Sicht deutsches und nicht ausländisches Güterrecht anzuwenden ist. Dies spielt jedoch für das Grundbuchverfahren keine Rolle, da es keine deutschen Grundstücke betreffen kann.

---

311 Grünbuch zu den Kollisionsnormen im Güterrecht unter besonderer Berücksichtigung der gerichtlichen Zuständigkeit und der gegenseitigen Anerkennung, KOM (2006) 400 vom 17.07.2006; vgl auch die zugrunde liegende Studie zum Ehegüterrecht in den EU-Mitgliedstaaten (Asser Institut/Katholische Universität Löwen) vom 30.04.2003 (JAI/A3/2001/03) (nur auf Französisch): http://ec.europa.eu/justice_home/doc_centre/civil/studies/doc_civil_studies_en.htm.
312 RGBl 1930 II 1002, 1006; RGBl 1931 II 9; BGBl 1955 II, 829.
313 RGBl 1912, 453, 475; Fortgeltung nach dem 2. Weltkrieg gegenüber Italien: Bekanntmachung vom 14.02.1955, BGBl 1955 II, 188; gekündigt gegenüber Italien mit Wirkung zum 23.08.1987: Bekanntmachung vom 26.02.1986, BGBl 1986 II, 505.
314 BGH DNotZ 1987, 292 mit Anm *Lichtenberger* = FamRZ 1986, 1200 = JuS 1987, 316 mit Anm *Hohloch* = MDR 1987, 220 = MittBayNot 1987, 32 = MittRhNotK 1986, 266 = NJW 1987, 583 = Rpfleger 1987, 16, dazu *Henrich* IPRax 1987, 93, *Lichtenberger* MittBayNot 1987, 257, *Rauscher* NJW 1987, 531, *Puttfarken* RIW 1987, 834 (Italien); BGH FamRZ 1987, 679 = IPRspr 1987 Nr 47b = MittBayNot 1987, 254 mit Anm *Lichtenberger* = MDR 1987, 828 = NJW 1988, 638, dazu Schurig IPRax 1988, 88 (Italien); BGH FamRZ 1988, 40 = IPRspr 1987, Nr 51 = MittRhNotK 1988, 45 (Niederlande); *Staudinger-Mankowski* Art 14 EGBGB Rn 6b.
315 Das Haager Ehegüterrechtsübereinkommen ist lediglich für Frankreich, Luxemburg und die Niederlande in Kraft getreten; Österreich und Portugal haben es 1978 zwar gezeichnet, aber seither nicht ratifiziert. Für Text und Vertragsstaaten vgl im Internet die Homepage der Haager Konferenz: www.hcch.net/e/conventions/index.html; RabelsZ 41 (1977) 554; vgl *von Bar* RabelsZ 57 (1993), 63, 108 ff.

bb) Vertriebene, Aussiedler und Spätaussiedler. Nach Art 15 Abs 4 EGBGB bleibt die Sonderregelung **184** für **volksdeutsche Vertriebene** durch das »Gesetz über den ehelichen Güterstand von Vertriebenen und Flüchtlingen« (VFGüterstandG) vom 04.08.1969[316] unberührt.

- In den Anwendungsbereich fallen nach dem Gesetzeswortlaut (volksdeutsche) Vertriebene und Sowjetzonenflüchtlinge iSd §§ 1, 3 und 4 Bundesvertriebenengesetz (BVFG). Dieser Status wird durch deutschen Verwaltungsakt verbindlich festgestellt und kann durch einen **amtlichen Vertriebenenausweis** nachgewiesen werden.
- **Spätaussiedler**, die erst ab dem 01.01.1993 ihre Heimat verlassen haben (§ 4 BVFG), sind vom Wortlaut der Verweisung im VFGüterstandG nicht erfaßt. Denn bei der seinerzeitigen Änderung des BVFG wurde das VFGüterstandG nicht entsprechend angepaßt. Die wohl h.M. wendet es jedoch analog an.[317]
- Nach der Regelung des Art 15 EGBGB unterliegen **Vertriebene** idR zunächst einem ausländischen Güterstatut, insbes wenn beide ausländische Staatsangehörige desselben Staates sind (etwa beide russische oder kasachische Staatsangehörige). Drei Monate nach der Übersiedlung nach Deutschland (gewöhnlicher Aufenthalt), wandelt sich dies jedoch in den gesetzlichen Güterstand des deutschen Rechts über (Zugewinngemeinschaft) (§§ 3 iVm § 1 VFGüterstandG). Jeder der Ehegatten kann der Überleitung binnen Jahresfrist widersprechen (§ 4). Dadurch werden die Vertriebenen auch güterrechtlich Deutsche.
- Der Güterstand ändert sich aber **nur für die Zukunft**, nicht rückwirkend. Im alten Güterstand der Errungenschaftsgemeinschaft gesamthänderisch erworbenes Vermögen bleibt daher Gesamthandsvermögen.[318]
- Zu demselben Ergebnis kommt man idR aufgrund einer Rückverweisung durch das Heimatrecht der Ehegatten, da die GUS-Staaten das Güterstatut wandelbar an den jeweiligen gemeinsamen Aufenthalt der Ehegatten anknüpfen, so dass nach deren (gemeinsamer) Übersiedlung nach Deutschland schon kraft Rückverweisung deutsches Ehegüterrecht gilt.[319]

cc) Altehen (bis 08.04.1983). Für bis zum 08.04.1983 abgeschlossene Altehen gelten Sonderregeln. Wurde **185** die Ehe schon **vor dem 01.04.1953** abgeschlossen, so gilt für das Ehegüterrecht das **Heimatrecht des Ehemannes** (Art 220 Abs 3 S 6 EGBGB iVm Art 15 Abs 1 EGBGB aF).

Für **ab dem 01.04.1953, aber bis zum 08.04.1983 abgeschlossene Ehen** sieht Art 220 Abs 3 EGBGB eine **186** unterschiedliche Anknüpfungsregelung für die Zeit bis zum 08.04.1983 und danach vor. Bis zum 08.04.1983 gilt – im Wege einer Anknüpfungsleiter:
- grundsätzlich das Recht der gemeinsamen Staatsangehörigkeit beider Ehegatten zur Zeit der Eheschließung,
- ansonsten das Recht des Staates, dem sich die Ehegatten unterstellt haben (durch formfreie ausdrückliche oder durch stillschweigende Rechtswahl, insbes. wenn sie einen Ehevertrag unter Anwendung eines bestimmten Rechtes abgeschlossen haben) oder von dessen Anwendung sie (ohne Rechtswahl) ausgegangen sind;
- hilfsweise gilt das Heimatrecht des Ehemannes zur Zeit der Eheschließung.

Seit dem 09.04.1983 gilt hingegen auch für die ab dem 01.04.1953 abgeschlossenen Altehen Art 15 EGBGB nF.
- Mit der anderen Anknüpfung kann ein **Statutenwechsel** eintreten, insbes sofern die Ehegatten zuvor von der Anwendung des Mannesrechtes ausgegangen waren (ohne jedoch eine Rechtswahl zu treffen).[320] Trotz neuer Anknüpfungsgrundlage bleibt hingegen das anwendbare Güterrecht unverändert, wenn bereits zuvor das gemeinsame Heimatrecht anzuwenden war oder wenn die Ehegatten eine Rechtswahl getroffen hatten.
- Eine gesonderte Auseinandersetzung des am 08.04.1983 vorhandenen Vermögens ist aber auch im Falle eines Statutenwechsels nicht vorzunehmen.[321]

---

316 BGBl 1969 I, 1067; vgl *Scheugenpflug* MittRhNotK 1999, 372.
     Übersieht man die Sonderanknüpfung, kommt man idR gleichwohl zum selben Ergebnis. Denn das IPR früher der Sowjetunion und nun der einzelnen GUS-Staaten sieht eine wandelbare Anknüpfung an das jeweilige gemeinsame Wohnsitzrecht vor (die allerdings zT nicht ausdrücklich gesetzlich geregelt ist). Diese wandelbare Rückverweisung nimmt das deutsche Recht an, so dass die Ehegatten schon aufgrund der Rückverweisung dem deutschen Ehegüterrecht unterliegen.

317 *Wandel* BWNotZ 1994, 85, 87; *Scheugenpflug* MittRhNotK 1999, 372, 377; *Süß* Rpfleger 2003, 53, 59; *Soergel-Schurig*, 12. Aufl 1996, Art 15 EGBGB Rn 74; *Staudinger-Mankowski* Art 15 EGBGB Rn 439; aA *Palandt-Heldrich* Anh zu Art 15 EGBGB Rn 2.

318 OLG Brandenburg DtZ 1997, 204 = FamRZ 1997, 1015 = OLG-Report 1996, 294.

319 Vgl die Länderliste Rdn 198 ff.

320 Die zuvor geltende Regelung, die auch bei bloßem Ausgehen vom Mannesrecht den Güterstand über den 08.04.1983 hinaus fortgelten ließ, war verfassungswidrig (BVerfG DNotI-Report 2003, 30 = FamRZ 2003, 361 mit Anm *Henrich* = IPRspr 2002 Nr 73, 159 = MittBayNot 2003, 403 = NJW 2003, 1656, dazu *Eule* MittBayNot 2003, 335.

321 BGHZ 119, 392 = FamRZ 1993, 289 = IPRax 1995, 399 = MDR 1993, 238 = NJW 1993, 3.

187 **dd) Rechtswahl (Art 15 Abs 2 EGBGB).** Durch Rechtswahl können die Ehegatten (auch in Altehen, auch Vertriebene etc) wählen (Art 15 Abs 2 EGBGB):
- entweder das Recht des Staates, dessen **Staatsangehörigkeit** zumindest einer von ihnen zur Zeit der Rechtswahl hat (Nr 1),
- oder in dem einer von ihnen zur Zeit der Rechtswahl seinen **gewöhnlichen Aufenthalt** hat (Nr 2),
- oder für **unbewegliches Vermögen** auch das Recht des Lageortes (Nr 3), nach hM auch beschränkt auf ein **einzelnes Grundstück**.[322]

Die Rechtswahl muß notariell beurkundet werden (Art 15 Abs 3 iVm Art 14 Abs 4 EGBGB). Zugleich mit der Rechtswahl können – müssen aber nicht – materiell-rechtliche Regelungen auf der Ebene des gewählten Rechtes erfolgen (zB die Vereinbarung eines Wahlgüterstandes oder eine Modifikation des gesetzlichen Güterstandes).

188 **Iranische** Ehepaare mit Wohnsitz in Deutschland können nach hM **keine Rechtswahl** nach Art 15 Abs 2 Nr 2 EGBGB zugunsten des deutschen Ehegüterrechtes treffen,[323] da das deutsch-persische Abkommen vom 17.02.1929 (Rdn 180) auch insoweit eine abschließende Regelung durch Anknüpfung an das gemeinsame Heimatrecht vorsehe. M.E. ist aber eine Rechtswahl möglich, da das Abkommen nur die objektive Anknüpfung regelt, nicht aber die Möglichkeit einer Rechtswahl.[324]

189 **c) Ausländisches IPR.** Art 15 EGBGB enthält eine Gesamtverweisung. Zunächst ist also das ausländische IPR zu prüfen, ob sich daraus eine Rück- oder Weiterverweisung ergibt (Art 4 Abs 1 EGBGB).

Dabei lassen sich folgende Anknüpfungsregeln für das Güterstatut unterscheiden:
- Primär wird meist entweder an die **Staatsangehörigkeit** oder an den **Wohnsitz/gewöhnlichen Aufenthalt** angeknüpft (wobei die nachstehende Übersicht grds. nicht zwischen Wohnsitz und gewöhnlichem Aufenthalt unterscheidet). Dazwischen steht die Anknüpfung der common law Staaten an das *domicile*, das in der Ausprägung des englischen Rechts kaum wandelbar ist (und damit der Staatsangehörigkeit im Ergebnis ähnelt), während er es sich nach US-Recht leicht wandelt (und damit dem Wohnsitz/gewöhnlichen Aufenthalt nahekommt).
- Bei der Staatsangehörigkeit findet sich häufig noch die traditionelle Anknüpfung allein an die **Staatsangehörigkeit des Ehemannes** (v.a. in den islamischen Staaten).
- Bei einer Anknüpfung an die gemeinsame Staatsangehörigkeit findet sich meist – im Sinne der im deutschen IPR geltenden »Kegel'schen« Leiter eine **sekundäre Anknüpfung** an den gemeinsamen Wohnsitz/gewöhnlichen Aufenthalt.
- Umgekehrt findet sich in Rechtsordnungen, die primär an den gemeinsamen Wohnsitz/gewöhnlichen Aufenthalt anknüpfen, manchmal, aber keineswegs immer das gemeinsame Heimatrecht als sekundäre Anküpfung.

Weitergehende Sekundär- oder Tertiäranknüpfungen (wie z.B. nach Art 14, 15 EGBGB an das Recht des Staates, dem die Ehegatten sonst am engsten verbunden sind), sind in der Übersicht nicht angegeben, da sie sich nur schwer systematisieren lassen.

190 Soweit möglich ist auch angegeben, ob die Anknüpfung **unwandelbar** an die Verhältnisse im Zeitpunkt der Eheschließung (oder unmittelbar davor/danach) anknüpft, oder ob sie **wandelbar** an die »jeweilige« Staatsangehörigkeit bzw. den »jeweiligen« Wohnsitz/gewöhnlichen Aufenthalt anknüpft. Verweist das deutsche IPR auf das Recht eines Staates mit wandelbarer Anknüpfung, so ist die Rück- oder Weiterverweisung auch dann zu beachten, wenn sie sich aus nach dem Eheschließung geänderten Verhältnissen ergibt (z.B. ein Statutenwechsel infolge Umzugs in einen anderen Staat).[325]

191 In der Liste nicht angegeben, ob es sich aus Sicht des ausländischen IPR um eine Sachnormverweisung handelt oder ob aus dessen Sicht eine **Rück- oder Weiterverweisung** durch das IPR eines dritten Staates zu beachten wäre. Denn dies wäre idR nur für die Prüfung des aus Sicht des betreffenden ausländischen IPR anwendbaren Rechts relevant.

Bei einer Prüfung aus Sicht des deutschen IPR – wie sie das Grundbuchamt vornimmt – ist eine Rückverweisung durch das ausländische IPR auf das deutsche IPR immer zu beachten. Die Frage, ob das ausländische IPR eine Weiterverweisung durch ein drittes Recht anerkennt, könnte zwar theoretisch relevant werden; doch kommt es in der Praxis kaum je darauf an.

---

322 LG Mainz NJW-RR 1994, 73; *Mankoswki* FamRZ 1994, 1457; *Palandt-Heldrich* Art 15 EGBGB Rn 22; a.A. *Schotten* DNotZ 1994, 566.

323 *MüKo-Birk* Art 25 EGBGB Rn 295; *Staudinger-Mankowski* (2003) Art 15 EGBGB Rn 4.

324 *Hertel* in Würzburger Notarhandbuch, Teil 7 Rn 95; ebenso zur entsprechenden Frage im Erbrecht: *Staudinger-Dörner* (2000) Vor Art 25 EGBGB Rn 149.

325 *Staudinger/Mankowski* Art 15 EGBGB Rn 39.

3. Typisierung ausländischer Güterrechte

a) Güterstände. Die Vielfalt ausländischer Güterstände lässt sich in folgenden Typen von Güterständen syste-**192** matisieren, die auf einer Skala von einer vollständigen Gütertrennung über eine Gütertrennung mit Ausgleich nach gerichtlichem Ermessen (Common Law), einen schuldrechtlichen Zugewinnausgleich (wie nach deutschem Recht), Errungenschaftsgemeinschaft, Fahrnis- und Errungenschaftsgemeinschaft bis zur vollständigen Gütergemeinschaft andererseits reichen:[326]

– **Gütertrennung (ohne Ausgleichsansprüche)**: Sie gibt es v.a. in den **islamischen Staaten**.
– In den **Common Law-Staaten** ist die Gütertrennung ebenfalls gesetzlicher Güterstand. Gleichzeitig ist den Gerichten jedoch (prozessrechtlich) die Kompetenz gegeben, bei Scheidung dem anderen Ehegatten Vermögensgegenstände oder Geldansprüche zuzuweisen. Ich bezeichne dies als **Gütertrennung mit gerichtlicher Ermessenszuteilung**.
– **Zugewinnausgleich**: Eigentumsrechtlich besteht Gütertrennung, doch entsteht bei Beendigung der Ehe ein schuldrechtlicher Ausgleichsanspruch auf Geldzahlung. Die Zugewinngemeinschaft findet sich als gesetzlicher Güterstand im deutschen Rechtskreis (Deutschland, Griechenland, Österreich, Schweiz, Taiwan, Türkei), aber auch in Israel.
– Ähnlich ist die »**aufgeschobene Gütergemeinschaft**« der nordischen Staaten (Dänemark, Finnland, Island, Norwegen, Schweden, ähnlich aber auch die »allgemeine Gütergemeinschaft« der Niederlande; ähnlich wohl auch Kolumbien). Eigentumsrechtlich handelt es sich jedenfalls während der Ehe wohl um Gütertrennung; teilweise wird aber bei der Auseinandersetzung im Fall der Scheidung oder im Todesfall ein gesamthänderisches Vermögen gesehen (wobei dies mit den eigentumsrechtlichen Kategorien des deutschen Rechts schwer zu fassen ist; daher der Meinungsstreit).[327]
– **Errungenschaftsgemeinschaft**: Hier wird das während der Ehe erworbene Vermögen gemeinschaftliches Vermögen. Die in die Ehe eingebrachten Vermögensgegenstände – sowie idR auch die während der Ehe durch Schenkung oder von Todes wegen erworbenen Vermögensgegenstände – bleiben hingegen Eigengut jedes Ehegatten. Die Errungenschaftsgemeinschaft ist heute gesetzlicher Güterstand in den meisten Staaten des Rechtskreises des **Code Napoleon** (zB in Belgien, Frankreich, Italien, Luxemburg, Portugal, Spanien sowie den meisten lateinamerikanischen Ländern) und in den (ehemals) **kommunistisch regierten Staaten** (zB in den osteuropäischen Staaten, in Russland und der GUS, in der Volksrepublik China, Vietnam). Dabei kann die Abgrenzung zwischen Errungenschaft und Einzelvermögen in den einzelnen Staaten durchaus in relevanten Punkten unterschiedlich sein, inbes bei Surrogaterwerb mit Mitteln des Eigengutes.
– Davon zu unterscheiden ist die **Fahrnis- und Errungenschaftsgemeinschaft** (*communauté de meubles et d'acquets*): Sie ist allgemeine Gütergemeinschaft für das bewegliche Vermögen, verbunden mit Errungenschaftsgemeinschaft für das unbewegliche Vermögen. Für das Grundbuchverfahren besteht damit kein Unterschied gegenüber einer Errungenschaftsgemeinschaft. Früher war die Fahrnis- und Errungenschaftsgemeinschaft der gesetzliche Güterstand des Code Napoleon; heute ist sie dies nur noch in der Dominikanischen Republik und im Tschad.
– **(allgemeine) Gütergemeinschaft**: Hier wird das gesamte Vermögen beider Ehegatten gemeinschaftliches Vermögen, also sowohl deren in die Ehe eingebrachtes wie deren während der Ehe erworbenes Vermögen. Gesetzlicher Güterstand ist die allgemeine Gütergemeinschaft heute nur noch auf den **Phillippinen** und in **Südafrika** (sowie den vom südafrikanischen Recht beeinflussten Staaten Lesotho, Namibia und Swasiland).

Eine Unterscheidung nach der **Verwaltung des Vermögens** erübrigt sich heute weitgehend.   **193**
– Nur mehr eine Handvoll Staaten kennt die Vermögensverwaltung durch den **Ehemann** im Rahmen des gesetzlichen Güterstandes (so Haiti und St. Lucia, je in Verbindung mit Errungenschaftsgemeinschaft). Soweit bekannt, ist dies in der Länderliste mit angegeben.
– IdR verwaltet jeder Ehegatte eigenes Vermögen selbst. **Gemeinschaftliches Vermögen** wird meist gemeinsam verwaltet, wobei jeder Ehegatte kleinere Rechtsgeschäfte allein vornehmen kann; für Verfügungen über **Grundstücke** ist aber typischerweise eine **gemeinschaftliche Verfügung** erforderlich.

b) Verfügungsbeschränkungen. Verfügungsbeschränkungen eines ausländischen Güterrechts (nach Art des **194** deutschen § 1365 BGB) sind zu beachten, spielen aber in der Praxis keine größere Rolle.

Denn die bei Gütertrennung am häufigsten anzutreffende Verfügungsbeschränkung, wonach ein Ehegatte nicht ohne Zustimmung des anderen über die **Familienwohnung** verfügen darf (auch wenn er deren Alleineigentü-

---

326 Vgl die Länderdarstellungen in *Bergmann/Ferid*, Internationales Ehe- und Kindschaftsrecht (Loseblatt); *Schotten/Schmelenkamp* Rn 389 ff; sowie im Praktikerkommentar/BGB; viele Gesetzestexte finden sich auch im Internet, erschlossen insbes über die Homepage des DNotI: www.dnoti.de unter Links International (geordnet nach Kontinenten und Ländern).

327 DNotI-Gutachten, Fax-Abruf Nr 1401 vom 14.06.2004 (Niederlande: Eherecht, Güterstand); vgl auch nachstehend die Nachweise in Fußnote zu Rdn 202 – Dänemark, sowie zu Rdn 212 – Niederlande.

mer ist), gilt häufig nur für Grundstücke/Wohnungen im betreffenden Staat (so insbes idR in den Common Law-Staaten[328]), nicht hingegen wenn die Ehegatten in einem Drittstaat leben.

195 **c) Gutglaubensschutz (Art 16 EGBGB).** Vor allem aber gilt für eine güterrechtliche Mitberechtigung wie für Verfügungsbeschränkungen aus einem ausländischen Güterstand der Gutglaubensschutz des Art 16 EGBGB, der einen seiner wesentlichen Anwendungsbereiche im Grundbuchrecht hat.[329]

– Voraussetzung ist, dass mindestens ein Ehegatte seinen **gewöhnlichen Aufenthalt** in Deutschland hat (oder hier ein Gewerbe betreibt).

– Teilweise wird (als ungeschriebenes Tatbestandsmerkmal) auch verlangt, dass das Rechtsgeschäft in Deutschland abgeschlossen wurde[330] oder jedenfalls einen sonstigen **Inlandsbezug** hat, etwa (bei einem im Ausland abgeschlossenen Rechtsgeschäft) durch den gewöhnlichen Aufenthalt des Dritten in Deutschland.[331] Als Inlandsbezug dürfte aber bei einem Grundstücksgeschäft auch genügen, dass das Rechtsgeschäft ein deutsches Grundstück betrifft.

– Dann können die Ehegatten analog § 1412 BGB einem Dritten gegenüber Einwendungen aus einem ausländischen (gesetzlichen oder vertraglichen) Güterstand gegen ein Rechtsgeschäft, das einer von ihnen mit dem Dritten abgeschlossen hat, nur herleiten, wenn der ausländische Güterstand in das **Güterrechtsregister eingetragen** oder dem Dritten bekannt war.

– Es schadet lediglich **positive Kenntnis**, bloß fahrlässige Unkenntnis genügt nicht. Die bloße Kenntnis der Ausländereigenschaft eines oder beider Ehegatten genügt daher nicht (allg Meinung). Ebensowenig genügt die bloße Kenntnis, dass die Ehegatten nicht im gesetzlichen Güterstand des deutschen Rechts leben (strittig).[332] Erforderlich, aber auch genügend ist die Kenntnis, dass die Ehegatten in einem **bestimmten ausländischen Güterstand** leben (also dessen, was im Güterrechtsregister zu verlautbaren wäre); eine Kenntnis inhaltlicher Details des betreffenden Güterstandes und insbes der daraus entspringenden Verfügungsbeschränkungen ist hingegen nicht erforderlich (weil sich dies auch aus der Eintragung im Güterrechtsregister nicht ergeben würde).[333]

– Der Schutz gilt unabhängig davon, ob der ausländische Güterstand beim Veräußerer oder beim Erwerber vorliegt.

196 Als Rechtsfolge müssen sich die Ehegatten analog § 1412 BGB so behandeln lassen, als lebten sie im gesetzlichen Güterstand des **deutschen Rechts**.

– Dh es ist zu prüfen, ob die Verfügung bei Anwendung deutschen Güterrechts (inbes auch von § 1365 BGB[334]) wirksam wäre.

– Nach hM kann der Dritte aber auf den Schutz des Art 16 EGBGB auch **verzichten** und sich statt dessen auf die Anwendung des einschlägigen ausländischen Güterrechts berufen.[335]

197 Neben Art 16 EGBGB kommt bei Verfügungsbeschränkungen aufgrund eines ausländischen Güterrechts auch noch der Gutglaubensschutz nach Art 12 EGBGB in Betracht (vgl Rdn 10).

198 **d) Länderliste gesetzlicher Güterstand und Anknüpfung Güterstatut.** Die nachfolgende Kurzübersicht[336] typisiert den jeweiligen gesetzlichen Güterstand und die Anknüpfung des Ehegüterrecht. Wie jede tabellarische Übersicht simplifiziert sie notwendigerweise. Die Übersicht kann daher eine genauere Prüfung im Einzelfall nicht ersetzen, wenn es möglicherweise zur Anwendung eines Güterrechts mit Gesamthandsvermögen kommt.

328 *Hertel* in Würzburger Notarhandbuch, Teil 7 Rn 779.
329 *Staudinger-Mankowski* Art 16 EGBGB Rn 7.
330 MüKo/*Siehr* Art 16 EGBGB Rn 13; *Hausmann* in Reithmann/Martiny Rn 1981; **aA** Soergel/Schurig Art 16 EGBGB Rn 4.
331 *Otte* in Bamberger/Roth Art 16 EGBGB Rn 21; *Erman/Hohloch* Art 16 EGBGB Rn 11; *Staudinger-Mankowski* Art 16 EGBGB Rn 30.
332 *Palandt/Helrich* Art 16 EGBGB Rn 2; *Staudinger-Mankowski* Art 16 EGBGB Rn 3; **aA** *Liessem* NJW 1989, 497, 500; *Schotten* DNotZ 1994, 670, 677.
333 *Amann* MittBayNot 1986, 224, 226; *Bader* MittRhNotK 1994, 161, 163; *Erman/Hohloch* Art 16 EGBGB Rn 13; *Staudinger-Mankowski* Art 16 EGBGB Rn 43.
334 Vgl LG Aurich FamRZ 1990, 776 = IPRax 1991, 341 f; dazu *Roth* IPRax 1991, 320.
335 *Amann* MittBayNot 1986, 224, 226; *Roth* IPRax 1991, 320, 321; *Schotten* DNotZ 1994, 670, 678; *Otte* in Bamberger/Roth Art 16 EGBGB Rn 44; *Staudinger-Mankowski* Art 16 EGBGB Rn 15, 55 ff; **aA** Soergel/Schurig Art 16 EGBGB Rn 9.
336 Vgl auch die Übersicht der gesetzlichen Güterstände in Notarius International 1-2/2005, Umschlagseiten III-IV – auch im Internet: www.notarius-international.uinl.org – unter Ausländisches Recht; *Revillard*, Droit International Privé et Communautaire, 6. Aufl 2006, Rn 375; *Süß*, Ausländer im Grundbuch und im Registerverfahren, Rpfleger 2003, 53, 57 ff.

Afghanistan: islamische Gütertrennung, (jeweilige) Staatsangehörigkeit des Ehemannes;   **199**

Ägypten:[337] islamische Gütertrennung; Staatsangehörigkeit des Ehemannes (bei Eheschließung, Art 13 ZGB[338]);

Albanien: Errungenschaftsgemeinschaft; gemeinsame Staatsangehörigkeit;

Algerien:[339] islamische Gütertrennung (Art 37 FamGB); Staatsangehörigkeit des Ehemannes (Art 12 ZGB; Ausnahme: algerisches Recht, wenn einer der Ehegatten Algerier ist, Art 13 ZGB);[340]

Andorra: Gütertrennung mit gerichtlicher Ermessenszuteilung; wohl Staatsangehörigkeit des Ehemannes (aber andorranisches Recht bei Wohnsitz in Andorra);

Angola:[341] Errungenschaftsgemeinschaft (Art 49, 51–52 FamGB); Anknüpfungsleiter (Art 53 ZGB): gemeinsame Staatsangehörigkeit bei Eheschließung, bei gemischt-nationalen Ehepaaren gemeinsamen gewöhnlicher Aufenthalt im Zeitpunkt der Eheschließung, sonst Heimatrecht des Ehemannes im Zeitpunkt der Eheschließung;

Äquatorialguinea:[342] wohl Errungenschaftsgemeinschaft; Heimatrecht des Ehemannes (Art 9 CC);

Argentinien:[343] Errungenschaftsgemeinschaft; erster ehelicher Wohnsitz;

Armenien: Errungenschaftsgemeinschaft; wohl jeweiliger gemeinsamer Wohnsitz;

Aserbaidschan: Errungenschaftsgemeinschaft; wohl jeweiliger gemeinsamer Wohnsitz;

Äthiopien:[344] Errungenschaftsgemeinschaft (Art 647–661 ZGB; Art 62, 57, 58 FamGB); wohl jeweiliger gemeinsamer Wohnsitz;

Australien: Common Law Gütertrennung mit gerichtlicher Ermessenszuteilung; matrimonial domicile, Lageort für Immobilien, Rechtswahl möglich;

Bahamas: Common Law Gütertrennung mit gerichtlicher Ermessenszuteilung; matrimonial domicile, Lageort **200** für Immobilien, Rechtswahl möglich;

Bahrein: islamische Gütertrennung, Staatsangehörigkeit des Ehemannes;

Bangladesch: personale Spaltung des Ehegüterrechts nach Religionszugehörigkeit: islamische Gütertrennung, Hindu-Recht bzw – für Christen sowie für andere Religionsgemeinschaften als Auffangregelung – Common Law Gütertrennung; Anknüpfung an *domicile* des Ehemannes (unklar, ob Belegenheitsrecht für Immobilien);

Barbados: Common Law Gütertrennung mit gerichtlicher Ermessenszuteilung; wohl matrimonial domicile, Lageort für Immobilien, Rechtswahl möglich;

Belarus sh Weißrussland;

Belgien: Errungenschaftsgemeinschaft; erster ehelicher Wohnsitz nach Eheschließung (bei Eheschließung vor dem 01.10.2004: gemeinsame Staatsangehörigkeit, sonst gemeinsamer Wohnsitz, je zur Zeit der Eheschließung), Rechtswahl zugunsten des Rechts des gewöhnlichen Aufenthalts oder des Heimatrechts eines Ehegatten zulässig;

Belize: vermutlich Common Law Gütertrennung mit gerichtlicher Ermessenszuteilung; wohl matrimonial domicile, Lageort für Immobilien, Rechtswahl möglich;

---

337 Arabische Republik Ägypten, in *Bergmann/Ferid*, Internationales Ehe- und Kindschaftsrecht, Stand 1993; *Rohe*, Das neue ägyptische Familienrecht, StAZ 2001, 193.

338 IPR (Art 10–28 ZGB) in französischer Fassung und deutscher Übersetzung: *Makarov*, Quellen des internationalen Privatrechts, 3. Aufl 1978; auch abgedruckt in *Kropholler/Krüger/Riering/Samtleben/Siehr*, Außereuropäische IPR-Gesetze, S 14.

339 *Rieck*, Algerien, in *Bergmann/Ferid*, Internationales Ehe- und Kindschaftsrecht, Stand 8/1991; *Nelle*, Neue rechtliche Entwicklungen im Maghreb (Marokko, Algerien, Libyen, Mauretanien und Tunesien), StAZ 2004, 253; *Nelle*, Familienrechtliche Modernisierung und islamische Bioethik im neuen Familiengesetzbuch von Algerien, StAZ 2005, 289–295.

340 Übersetzung des IPR (Art 9–24 ZGB): *Nelle*, IPRax 2007, 557–559.

341 *Rau*, Angola, in *Bergmann/Ferid*, Internationales Ehe- und Kindschaftsrecht, Stand 6/1993.

342 *Rau*, Äquatorialguinea, in *Bergmann/Ferid*, Internationales Ehe- und Kindschaftsrecht, Stand 9/1989.

343 *Acquarone*, Argentinien, in *DNotI*, Notarielle Fragen des internationalen Rechtsverkehrs, 1995, S 1.

344 *Nelle*, Äthiopien, in *Bergmann/Ferid*, Internationales Ehe- und Kindschaftsrecht, Stand 11/2004; *Nelle*, Neue familienrechtliche Entwicklungen am Horn von Afrika (Äthiopien, Eritrea, Dschibuti, Somalia und Sudan), StAZ 2004, 93.

Benin:[345] Gütertrennung (Art 184 FamGB)[346] (bis 24.08.2004 galt hingegen Errungenschafts- und Fahrnisgemeinschaft); gemeinsames Heimatrecht, bei gemischt-nationalen Ehepaaren: erster gemeinsamer Wohnsitz der Ehegatten nach der Eheschließung (Art 985 FamGB), Rechtswahl zulässig;

Birma/Burma s Myanmar;

Bolivien: Errungenschaftsgemeinschaft; wohl jeweiliger gemeinsamer Wohnsitz;

Bosnien und Herzegowina: Errungenschaftsgemeinschaft; jeweilige gemeinsame Staatsangehörigkeit, sekundär jeweiliger gemeinsamer Wohnsitz;

Botsuana: Common Law Gütertrennung mit gerichtlicher Ermessenszuteilung, Anknüpfung an Wohnsitzrecht zur Zeit der Eheschließung, evtl Lageort für Immobilien, Rechtswahl bis zur Eheschließung möglich, sofern von Vertragsschlussstaat zugelassen;

Brasilien: Errungenschaftsgemeinschaft; gemeinsamer Wohnsitz der Verlobten bei Eheschließung;

Brunei Darussalam: islamische Gütertrennung; wohl Staatsangehörigkeit des Ehemannes;

Bulgarien: Errungenschaftsgemeinschaft; gemeinsame Staatsangehörigkeit;

Burkina Faso: Errungenschaftsgemeinschaft (Art 309, 319–347 FamGB[347]); gemeinsame Staatsangehörigkeit, sonst gemeinsamer Wohnsitz, Rechtswahl zulässig (Art 1026 FamGB);

Burundi: wohl Errungenschaftsgemeinschaft; gemeinsamer Wohnsitz; Rechtswahl wohl zulässig;

201   Cayman Islands s Kaimaninseln;

Ceylon s Sri Lanka;

Chile: Errungenschaftsgemeinschaft; gemeinsames Heimatrecht, sonst gemeinsamer Wohnsitz je bei Eheschließung;

China (Volksrepublik): Errungenschaftsgemeinschaft; lex fori bzw. Aufenthaltsrecht (Hongkong bzw. Macao s dort);

Costa Rica: Gütertrennung, Vermögensauseinandersetzung aber ähnlich wie bei Errungenschaftsgemeinschaft;

Côte d'Ivoire s Elfenbeinküste;

202   **Dänemark:** aufgeschobene (»nordische«) Gütergemeinschaft; gewöhnlicher Aufenthalt des Ehemannes bei Eheschließung;[348]

Dominica: wohl Common Law Gütertrennung mit gerichtlicher Ermessenszuteilung, wohl Anknüpfung an matrimonial domicile bzw Lageort für Immobilien;

Dominikanische Republik: Errungenschaftsgemeinschafts- und Fahrnisgemeinschaft (= Gütergemeinschaft hinsichtlich des beweglichen Vermögens); wohl gemeinsame Staatsangehörigkeit, sonst erster ehelicher Wohnsitz, Rechtswahl wohl zulässig;

Dschibuti: islamische Gütertrennung, wohl Staatsangehörigkeit des Ehemanns;

---

345   *Gbaguidi*, Europäische Einflüsse und Entwicklungen im Internationalen Privatrecht der Familie in der Republik Benin. Aspekte des Gesetzes über die Person und die Familie vom 7. Juni 2002, in *Freitag/Leible/Sippel/Wanitzek*, Internationales Familienrecht für das 21. Jahrhundert, S 155–170 (mit französischem Wortlaut der einschlägigen Gesetzesbestimmungen).

346   FamGB = *Code des Personnes et de la Famille* (Personen- und Familiengesetzbuch), Gesetz Nr 2002-07, in Kraft seit 24.08.2004.

347   FamGB = *Code des Personnes et de la Famille* (Personen- und Familiengesetzbuch) vom 16.11.1989, in Kraft seit 04.08.1990, Internet: http://www.legiburkina.bf.

348   Auch die »**aufgeschobene Gütergemeinschaft**« der **nordischen Staaten** (Dänemark, Finnland, Island, Norwegen, Schweden) wird in der Literatur nur teilweise als Gesamthandseigentum im Sinne des deutschen Rechts angesehen (so wohl *Staudinger-Mankowski* Art 15 EGBGB Rn 250; unklar *Dübeck* ZEuP 1995, 827), teils hingegen als Bruchteilseigentum, da insbesondere bei der Scheidung nur ein schuldrechtlicher Ausgleichsanspruch besteht (*Scherpe* in *Bergmann/Ferid*, Internationales Ehe- und Kindschaftsrecht, Dänemark, Stand Okt 2003, S 61 Fn 8; *Hertel* in Würzburger Notarhandbuch, Teil 7, Rn 1047; *Koenigs* in *Schotten/Schmellenkamp* Rn 394 und 406, unklar Rn 410; ähnlich *Carsten* in *Bergmann/Ferid*, Schweden, Stand Dez 2005, S 32 f; *Frantzen* in *Bergmann/Ferid*, Dänemark, Stand Sept 2004, S 26 f). Denn in den nordischen Ländern kann ein Ehegatte auch hinsichtlich des »Gesamtgutes« als Alleineigentümer eingetragen werden oder können die Ehegatten in Bruchteilseigentum eingetragen werden (*Johansson* in *Süß/Ring*, Eherecht in Europa, 2006, Eherecht in Schweden, Rn 26; ähnlich für die Eigentumslage: *Ring/Olsen-Ring* in *Süß/Ring*, Eherecht in Dänemark, Rn 17 ff; *von Knorre* in *Süß/Ring*, Eherecht in Finnland, Rn 15).

Ecuador: Errungenschafts- und Fahrnisgemeinschaft (= Gütergemeinschaft hinsichtlich des beweglichen Vermögens) (Art 137, 157 ff. ZGB); Territorialiätsprinzip: für ausländische Ehegatten in Ecuador gilt ecuadorianisches Recht, ebenso für Ecuadorianer im Ausland; **203**

El Salvador: aufgeschobene Errungenschaftsgemeinschaft (Art 40–89, insbes 42, 62 ff. FamGB); Territorialiätsprinzip: für ausländische Ehegatten in El Salvador gilt salvadorianisches Recht, ebenso für Salvadorianer im Ausland;

Elfenbeinküste (Côte d'Ivoire): Errungenschaftsgemeinschaft; Anknüpfung an gemeinsame Staatsangehörigkeit, sonst gemeinsamer Wohnsitz (unklar ob bei Eheschließung oder ob wandelbar), Rechtswahl zulässig;

England: Common Law Gütertrennung mit gerichtlicher Ermessenszuteilung; matrimonial domicile (nach h.M. domicile des Ehemannes), Lageort für Immobilien, Rechtswahl möglich;

Eritrea: Errungenschaftsgemeinschaft; wohl gemeinsamer Wohnsitz

Estland: Errungenschaftsgemeinschaft; jeweiliger gemeinsamer Wohnsitz, sonst gemeinsame Staatsangehörigkeit;

Fidschi: vermutlich Common Law Gütertrennung mit gerichtlicher Ermessenszuteilung; auch Anknüpfung wohl Common Law: domicile des Ehemannes, Lageort für Immobilien, Rechtswahl zulässig; **204**

Finnland: aufgeschobene (»nordische«) Gütergemeinschaft; Staatsangehörigkeit des Ehemannes bei Eheschließung;

Frankreich: Errungenschaftsgemeinschaft; Haager Ehegüterrechtsübereinkommen (erster gewöhnlicher Aufenthalt nach Eheschließung, Güterstatutswechsel bei 10jährigem gemeinsamem Aufenhalt in einem anderen Staat);

Gabun: Common Law Gütertrennung mit gerichtlicher Ermessenszuteilung; Anknüpfung an lex fori **205**

Gambia: Common Law Gütertrennung mit gerichtlicher Ermessenszuteilung; IPR-Anknüpfung nach Common Law;

Georgien: Errungenschaftsgemeinschaft; wohl jeweiliger gemeinsamer Wohnsitz;

Ghana: Common Law Gütertrennung mit gerichtlicher Ermessenszuteilung; matrimonial domicile bzw Lageort für Immobilien;

Gibraltar: Common Law Gütertrennung mit gerichtlicher Ermessenszuteilung; für Immobilien Belegenheitsrecht, für bewegliches Vermögen *matrimonial domicile*, Rechtswahl möglich;

Grenada: wohl Common Law Gütertrennung mit gerichtlicher Ermessenszuteilung; wohl Anknüpfung an matrimonial domicile bzw Lageort für Immobilien;

Griechenland: Zugewinnausgleich; gemeinsame Staatsangehörigkeit, sekundär gemeinsamer Wohnsitz;

Großbritannien s England bzw Schottland;

Guatemala: Errungenschaftsgemeinschaft; Anknüpfung an gemeinsame Staatsangehörigkeit bei Eheschließung, sonst an ersten ehelichen Wohnsitz, Rechtswahl zulässig;

Guinea: Gütertrennung; wohl Staatsangehörigkeit (Art 9 ZGB);

Guinea-Bissau: wohl Errungenschaftsgemeinschaft; Anknüpfung an gemeinsame Staatsangehörigkeit bei Eheschließung, ansonsten gemeinsamer gewöhnlicher Aufenthalt, Rechtwahl zulässig (Art. 53 ZGB);

Guyana: vermutlich Common Law Gütertrennung mit gerichtlicher Ermessenszuteilung; wohl matrimonial domicile, Lageort für Immobilien, Rechtswahl möglich;

Haiti: Errungenschaftsgemeinschaft mit Verwaltung durch den Ehemann; wohl gemeinsame Staatsangehörigkeit; **206**

Honduras: Gütertrennung mit gerichtlicher Ermessenszuteilung; wohl Staatsangehörigkeit (Art 13 ZGB);

Hongkong (China): Gütertrennung mit gerichtlicher Ermessenszuteilung; matrimonial domicile, Lageort für Immobilien, Rechtswahl möglich;

Indien: Gütertrennung (nach Religionszugehörigkeit personal gespalten: zT Hindu, zT islamisch; unklar, ob Errungenschaftsgemeinschaft in Goa, Dman, Diu); matrimonial domicile, Lageort für Immobilien, Rechtswahl vermutlich möglich; **207**

Indonesien: Errungenschaftsgemeinschaft, für Moslems: Gütertrennung; Heimatrecht des Ehemannes;

Irak: islamische Gütertrennung; Staatsangehörigkeit des Ehemannes (Art 19 ZGB);

Iran: islamische Gütertrennung; Staatsangehörigkeit des Ehemannes (Staatsvertrag im Verhältnis zu Deutschland: Staatsangehörigkeit beider Ehegatten);

Irland: Common Law Gütertrennung mit gerichtlicher Ermessenszuteilung; matrimonial domicile, Lageort für Immobilien, Rechtswahl möglich;

Island: aufgeschobene (»nordische«) Gütergemeinschaft; wohl Wohnsitz des Ehemannes;

Israel: Zugewinnausgleich, gemeinsamer Wohnsitz der Verlobten bei Eheschließung;

Italien: Errungenschaftsgemeinschaft; gemeinsame Staatsangehörigkeit, sekundär gemeinsamer Wohnsitz, je bei Eheschließung, Rechtswahl möglich;

208 **Jamaika**: Common Law Gütertrennung mit gerichtlicher Ermessenszuteilung; matrimonial domicile, Lageort für Immobilien, Rechtswahl möglich;

Japan: Gütertrennung; gemeinsame Staatsangehörigkeit, sekundär gemeinsamer Wohnsitz, wohl wandelbar;

Jemen: islamische Gütertrennung; Staatsangehörigkeit des Ehemannes;

Jordanien: islamische Gütertrennung; Staatsangehörigkeit des Ehemannes bei Eheschließung;

Jugoslawien s Serbien;

209 **Kaimaninseln** (Cayman Islands): Common Law Gütertrennung mit gerichtlicher Ermessenszuteilung; wohl matrimonial domicile, Lageort für Immobilien, Rechtswahl wohl möglich;

Kambodscha: Errungenschaftsgemeinschaft; Anwendung der lex fori;

Kamerun: vermutlich Errungenschaftsgemeinschaft;

Kanada – anglophone Provinzen: Common Law Gütertrennung mit gerichtlicher Ermessenszuteilung – Quebec: Errungenschaftsgemeinschaft; Anknüpfung in anglophonen Provinzen wie in Quebec: matrimonial domicile, Lageort für Immobilien, Rechtswahl möglich;

Britische **Kanalinseln**: Common Law Gütertrennung mit gerichtlicher Ermessenszuteilung; für Immobilien Belegenheitsrecht, für bewegliches Vermögen *matrimonial domicile*, Rechtswahl möglich;

Kap Verde: Errungenschaftsgemeinschaft; Anknüpfung an gemeinsame Staatsangehörigkeit;

Kasachstan: Errungenschaftsgemeinschaft; jeweiliger gemeinsamer Wohnsitz;

Katar: islamische Gütertrennung; Staatsangehörigkeit des Ehemannes;

Kenia: Common Law Gütertrennung mit gerichtlicher Ermessenszuteilung; wohl matrimonial domicile, Lageort für Immobilien, Rechtswahl wohl möglich;

Kirgisistan: Errungenschaftsgemeinschaft; jeweiliger gemeinsamer Wohnsitz;

Kolumbien: ähnlich wie aufgeschobene (»nordische«) Gütergemeinschaft; Territorialitätsprinzip: für ausländische Ehegatten in Kolumbien gilt kolumbianisches Recht; ebenso für kolumbianische Ehegatten im Ausland;

Republik Kongo (Brazaville): Errungenschaftsgemeinschaft; jeweilige gemeinsame Staatsangehörigkeit, sonst jeweiliger gemeinsamer Wohnsitz der Ehegatten;

Demokratische Republik Kongo (früher Zaire): Errungenschaftsgemeinschaft;

Korea (Republik): Gütertrennung mit gerichtlicher Ermessenszuteilung;

Volksrepublik Korea (**Nordkorea**): Familienvermögen (ähnlich der Errungenschaftsgemeinschaft);

Kosovo: Errungenschaftsgemeinschaft;

Kroatien: Errungenschaftsgemeinschaft;

Kuba: Errungenschaftsgemeinschaft;

Kuwait: islamische Gütertrennung; Staatsangehörigkeit des Ehemannes;

210 **Laos**: Errungenschaftsgemeinschaft; wohl Anwendung der lex fori (Art 47 FamGB);

Lesotho: wohl allgemeine Gütergemeinschaft; Anknüpfung wohl wie Common Law;

Lettland: Errungenschaftsgemeinschaft; wohl jeweiliger Wohnsitz;

Libanon: islamische Gütertrennung; Staatsangehörigkeit des Ehemannes;

Liberia: Common Law Gütertrennung mit gerichtlicher Ermessenszuteilung; wohl auch Common Law-Anknüpfung;

Libyen: islamische Gütertrennung; Staatsangehörigkeit des Ehemannes;

Liechtenstein: Gütertrennung; gewöhnlicher Aufenthalt bei Eheschließung, Rechtswahl möglich (Art 20 IPRG);

Litauen: Errungenschaftsgemeinschaft; lex fori, keine Rechtswahlmöglichkeit;

Luxemburg: Errungenschaftsgemeinschaft; Haager Ehegüterrechtsübereinkommen (erster gewöhnlicher Aufenthalt nach Eheschließung, Güterstatutswechsel bei 10jährigem gemeinsamem Aufenhalt in einem anderen Staat);

Macao (China): Zugewinnausgleich; Anknüpfung an jeweiligen gewöhnlichen Aufenthalt; 211

Madagaskar: Errungenschaftsgemeinschaft;

Malawi: Common Law Gütertrennung mit gerichtlicher Ermessenszuteilung; Common Law Anknüpfung;

Malaysia: Gütertrennung (wohl personal gespalten: zT islamisch, zT Common Law mit gerichtlicher Ermessenszuteilung); Common Law Anknüpfung;

Malediven: vermutlich Common Law Gütertrennung mit gerichtlicher Ermessenszuteilung; wohl Staatsangehörigkeit des Ehemannes;

Mali: islamische Gütertrennung; Staatsangehörigkeit des Ehemannes;

Malta: Errungenschaftsgemeinschaft; matrimonial domicile, Lageort für Immobilien, Rechtswahl möglich;

Marokko: islamische Gütertrennung; Staatsangehörigkeit des Ehemannes;

Mauretanien: islamische Gütertrennung, Staatsangehörigkeit des Ehemannes;

Mauritius: Errungenschaftsgemeinschaft;

Mazedonien (FYROM): Errungenschaftsgemeinschaft, jeweiliges gemeinsames Heimatrecht, sekundär jeweiliger gemeinsamer Wohnsitz;

Mexiko: je nach Bundesstaat zT Errungenschaftsgemeinschaft (Chihuahua, Morelos, Nueva León, Puebla, Quintana Roo, Tabasco, Veracruz), zT allgemeine Gütergemeinschaft (Aguascalientes, Jalisco, Oaxaca, Sonora, Tamaulipas), zT Gütertrennung (Campeche, Guanajuato, Guerrero, Hidalgo, Michoacán, Querétaro, Tlaxcala, Yucatán, Zacatecas); Anknüpfung jeweiliger gemeinsamer Wohnsitz;

Republik **Moldau**: Errungenschaftsgemeinschaft; jeweiliger gemeinsamer Wohnsitz;

Monaco: Gütertrennung; Anknüpfung an Wohnsitz, Rechtswahl möglich;

Mongolei:[349] Familienvermögen (ähnlich Errungenschaftsgemeinschaft); Anknüpfung an jeweiligen gemeinsamen Wohnsitz, Rechtswahl möglich;

Montenegro: Errungenschaftsgemeinschaft; jeweilige gemeinsame Staatsangehörigkeit, sonst jeweiliger gemeinsamer Aufenthalt;

Mosambik: Errungenschaftsgemeinschaft; Anknüpfung an gemeinsame Staatsangehörigkeit bei Eheschließung, sonst erster ehelicher Wohnsitz, Rechtswahl zulässig;

Myanmar (Burma): Errungenschaftsgemeinschaft;

Namibia: allgemeine Gütergemeinschaft; wohl matrimonial domicile, Lageort für Immobilien, Rechtswahl 212 wohl möglich;

Nauru: vermutlich Common Law Gütertrennung mit gerichtlicher Ermessenszuteilung; wohl Common Law Anknüpfung;

Nepal: wohl Gütertrennung (möglicherweise mit gerichtlicher Ermessenszuteilung);

Neuseeland: Common Law Gütertrennung mit gerichtlicher Ermessenszuteilung (mit Elementen der aufgeschobenen Gütergemeinschaft); matrimonial domicile, Lageort für Immobilien, Rechtswahl möglich;

Nicaragua: Gütertrennung; wohl Anknüpfung an Ort der Eheschließung;

---

349 *Yanjinkhorloo*, Länderbericht Mongolei, Notarius International 2004, 17.

Niederlande: »Gütergemeinschaft«, ähnlich der aufgeschobenen (»nordischen«) Gütergemeinschaft, d.h. kein Gesamtgut (strittig);[350] Haager Ehegüterrechtsübereinkommen mit Vorbehalt (gemeinsame Staatsangehörigkeit, nach 10jährigem Aufenthalt Wandel in gemeinsames Aufenthaltsrecht);

Niger: islamische Gütertrennung;

Nigeria: Common Law Gütertrennung mit gerichtlicher Ermessenszuteilung (für Moslems: islamische Gütertrennung), wohl matrimonial domicile, Lageort für Immobilien, Rechtswahl wohl möglich;

Norwegen: aufgeschobene (»nordische«) Gütergemeinschaft; gemeinsamer Wohnsitz bei Eheschließung;

213 **Obervolta** s Burkina Faso;

Oman: islamische Gütertrennung, Staatsangehörigkeit des Ehemannes;

Österreich: Zugewinnausgleich (trotz der gesetzlichen Bezeichnung als »Gütertrennung«); gemeinsame Staatsangehörigkeit, sekundär gemeinsamer Aufenthalt, je bei Eheschließung, Rechtswahl möglich;

214 **Pakistan**: islamische Gütertrennung; wohl domicile des Ehemannes;

Panama: Common Law Gütertrennung mit gerichtlicher Ermessenszuteilung;

Papua Neuguinea: vermutlich Gütertrennung mit gerichtlicher Ermessenszuteilung; wohl Common Law Anknüpfung;

Paraguay: Errungenschaftsgemeinschaft;

Peru: Errungenschaftsgemeinschaft; gewöhnlicher Aufenthalt;

Philippinen: allgemeine Gütergemeinschaft; lex fori, sofern ein Ehegatte philippinischer Staasangehöriger ist;

Polen: Errungenschaftsgemeinschaft; jeweilige gemeinsame Staatsangehörigkeit, sekundär jeweiliger gemeinsamer Wohnsitz, keine Rechtswahlmöglichkeit;

Portugal: Errungenschaftsgemeinschaft; jeweilige gemeinsame Staatsangehörigkeit, sekundär jeweiliger gemeinsamer Wohnsitz, keine Rechtswahlmöglichkeit;

Puerto Rico: Errungenschaftsgemeinschaft; IPR-Anknüpfung nach Common Law;

215 **Ruanda**: vermutlich allgemeine Gütergemeinschaft;

Rumänien: Errungenschaftsgemeinschaft; jeweilige gemeinsame Staatsangehörigkeit, sekundär jeweiliger gemeinsamer Wohnsitz, keine Rechtswahl möglich;

Russland: Errungenschaftsgemeinschaft; jeweiliger gemeinsamer Wohnsitz;

216 **Salomonen**: vermutlich Common Law Gütertrennung mit gerichtlicher Ermessenszuteilung; wohl Common Law Anknüpfung;

Sambia: Common Law Gütertrennung mit gerichtlicher Ermessenszuteilung; wohl matrimonial domicile, Lageort für Immobilien, Rechtswahl wohl möglich;

Samoa: vermutlich Common Law Gütertrennung mit gerichtlicher Ermessenszuteilung; wohl Common Law Anknüpfung;

San Marino: Errungenschaftsgemeinschaft;

Saudi-Arabien: islamische Gütertrennung, Staatsangehörigkeit des Ehemannes;

---

350 Bei ausländischen Güterständen kann man sich – auch wenn der geltende Güterstand bekannt ist – durchaus unklar sein, ob der Güterstand ein Gesamthandseigentum begründet oder nicht. Dies zeigt etwa das Beispiel des gesetzlichen Güterstandes des **niederländischen Rechts** sehr deutlich: Während die Gerichtspraxis die »allgemeine Gütergemeinschaft« (»*allgehele gemeenschap van goederen*« – Art 1:93 ff. BW = BGB Niederlande) bisher als Gesamtgut im Sinne des deutschen Sachenrechts ansieht oder jedenfalls als Gemeinschaft *sui generis*, die ohne Angabe von Bruchteilen einzutragen ist (OLG Oldenburg NdsRpfl 1991, 205 = Rpfleger 1991, 412; OLG Düsseldorf DNotI-Report 2000, 35 = FamRZ 2000, 1574 = FGPrax 2000, 5 = MittBayNot 2000, 125 = MittRhNotK 1999, 384 = NJW-RR 2000, 542 = Rpfleger 2000, 107 = ZNotP 2000, 111; LG Köln, MittRhNotK 1978, 113), geht eine neuere Literaturmeinung davon aus, dass es sich eher um eine Gütertrennung mit güterrechtlichem Ausgleich handelt (*Schotten/Schmellenkamp*, Das IPR in der notariellen Praxis, 1995, Rn 405; *Weber*, in *Bergmann/Ferid/Henrich*, Internationales Ehe- und Kindschaftsrecht, Niederlande, Stand 10/2005, S 45, Fn 156), so dass grundsätzlich Anteilsverhältnisse einzutragen sind oder jedenfalls eingetragen werden können (*Süß*, Rpfleger 2003, 53, 50; *Schöner/Stöber*, Rn 3422 Rn 50; *Hertel* in Würzburger Notarhandbuch, 2005, Teil 7, Rn 686) .

Schottland: Zugewinnausgleich, matrimonial domicile (nach h.M. domicile des Ehemannes), Lageort für Immobilien, Rechtswahl möglich;

Schweden: aufgeschobene (»nordische«) Gütergemeinschaft; jeweiliger gemeinsamer Aufenthalt, sofern Aufenthalt mindestens 2 Jahre bestand;

Schweiz: »Errungenschaftsbeteiligung« (Art des Zugewinnausgleichs); jeweiliger gemeinsamer Wohnsitz, sonst jeweilige gemeinsame Staatsangehörigkeit;

Senegal: islamische Gütertrennung; gemeinsame Staatsangehörigkeit, sonst wohl jeweiliger gemeinsamer Wohnsitz;

Serbien: Errungenschaftsgemeinschaft; jeweilige gemeinsame Staatsangehörigkeit, sonst jeweiliger gemeinsamer Aufenthalt;

Seychellen: ähnlich der Common Law Gütertrennung mit gerichtlicher Ermessenszuteilung; jedenfalls zu Lasten des schuldigen Ehegatten; Common Law IPR-Anknüpfung;

Sierra Leone: Common Law Gütertrennung mit gerichtlicher Ermessenszuteilung; für Muslime wohl islamische Gütertrennung; Common Law IPR-Anknüpfung;

Simbabwe: Gütertrennung mit gerichtlicher Ermessenszuteilung, wohl matrimonial domicile, Lageort für Immobilien, Rechtswahl wohl möglich;

Singapur: Common Law Gütertrennung mit gerichtlicher Ermessenszuteilung; wohl matrimonial domicile, Lageort für Immobilien, Rechtswahl wohl möglich;

Slowakei: Errungenschaftsgemeinschaft; jeweilige gemeinsame Staatsangehörigkeit, sekundär jeweiliger gemeinsamer Wohnsitz, Rechtswahl möglich;

Slowenien: Errungenschaftsgemeinschaft; jeweilige gemeinsame Staatsangehörigkeit, sekundär jeweiliger gemeinsamer Wohnsitz, Rechtswahl möglich;

Somalia: islamische Gütertrennung; Staatsangehörigkeit des Ehemannes;

Spanien: Errungenschaftsgemeinschaft (Foralrechte: Aragon, Navarra: Zugewinnausgleich; Balearen, Katalonien: Gütertrennung; Baskenland, Estramadura: allgemeine Gütergemeinschaft); jeweilige gemeinsame Staatsangehörigkeit, sekundär jeweiliger gemeinsamer Wohnsitz, Rechtswahl möglich;

Sri Lanka (früher Ceylon): Common Law Gütertrennung mit gerichtlicher Ermessenszuteilung; Common Law IPR-Anknüpfung;

St. Lucia: Errungenschaftsgemeinschaft (Verwaltung durch den Ehemann); Common Law IPR-Anknüpfung;

Südafrika: allgemeine Gütergemeinschaft; wohl matrimonial domicile, Lageort für Immobilien, Rechtswahl wohl möglich;

Sudan: islamische Gütertrennung; wohl Staatsangehörigkeit des Ehemannes;

Suriname: wohl Errungenschaftsgemeinschaft; gemeinsame Staatsangehörigkeit;

Swasiland: wohl allgemeine Gütergemeinschaft; wohl Common Law Anknüpfung;

Syrien: islamische Gütertrennung; wohl Staatsangehörigkeit des Ehemannes;

Tadschikistan: Errungenschaftsgemeinschaft; jeweiliger gemeinsamer Wohnsitz;

Taiwan (Republik China): Zugewinnausgleich; Staatsangehörigkeit des Ehemannes;

Tansania: Gütertrennung mit gerichtlicher Ermessenszuteilung; wohl matrimonial domicile, Lageort für Immobilien, Rechtswahl wohl möglich;

Thailand: Errungenschaftsgemeinschaft; Staatsangehörigkeit des Ehemannes;

Togo: Common Law Gütertrennung mit gerichtlicher Ermessenszuteilung; Anknüpfung an gemeinsames Heimatrecht, sonst an gemeinsamen Wohnsitz, Rechtwahl wohl nur vor oder bei der Eheschließung zulässig;

Tonga: vermutlich Common Law Gütertrennung mit gerichtlicher Ermessenszuteilung; wohl Common Law Anknüpfung;

Trinidad und Tobago: Common Law Gütertrennung mit gerichtlicher Ermessenszuteilung; wohl Common Law Anknüpfung;

217

Tschad: Errungenschafts- und Fahrnisgemeinschaft (= Gütergemeinschaft hinsichtlich des beweglichen Vermögens), für Moslems: islamische Gütertrennung; Anknüpfung an Heimatrecht des Ehemannes, Rechtswahl zulässig;

Tschechische Republik: Errungenschaftsgemeinschaft; jeweilige gemeinsame Staatsangehörigkeit, sekundär jeweiliger gemeinsamer Wohnsitz, Rechtswahl möglich;

Tunesien: islamische Gütertrennung; Staatsangehörigkeit des Ehemannes;

Türkei: »Errungenschaftsbeteiligung« (Art des Zugewinnausgleichs); gemeinsame Staatsangehörigkeit, sekundär gemeinsamer Wohnsitz, je bei Eheschließung, Rechtswahl möglich;

Turkmenistan: Errungenschaftsgemeinschaft; jeweiliger gemeinsamer Wohnsitz;

218 **Uganda**: Common Law Gütertrennung mit gerichtlicher Ermessenszuteilung; wohl matrimonial domicile, Lageort für Immobilien, Rechtswahl wohl möglich;

Ukraine: Errungenschaftsgemeinschaft; jeweiliger gemeinsamer Wohnsitz;

Ungarn: Errungenschaftsgemeinschaft; jeweilige gemeinsame Staatsangehörigkeit, sekundär jeweiliger gemeinsamer Wohnsitz, Rechtwahl;

Uruguay: Errungenschaftsgemeinschaft; Anknüpfung an den ersten ehelichen Wohnsitz, keine Rechtswahl zulässig;

USA (Vereinigte Staaten von Amerika): Common Law Gütertrennung mit gerichtlicher Ermessenszuteilung (Errungenschaftsgemeinschaft hingegen in Arizona, Idaho, Kalifornien, Louisiana, Nevada, Neu Mexiko, Texas, Bundesstaat Washington, Wisconsin); matrimonial domicile (gemeinsames domicile beider Ehegatten), Lageort für Immobilien, Rechtswahl möglich;

Usbekistan: Errungenschaftsgemeinschaft; jeweiliger gemeinsamer Wohnsitz;

219 **Venezuela**: Errungenschaftsgemeinschaft;

Vereinigte Arabische Emirate (VAR): islamische Gütertrennung, Staatsangehörigkeit des Ehemannes;

Vereinigtes Königreich von Großbritannien und Nordirland s Großbritannien;

Vereinigte Staaten von Amerika s USA;

Vietnam: Errungenschaftsgemeinschaft; vermutlich Anknüpfung primär an gemeinsames Heimatrecht, sekundär an den gemeinsamen Wohnsitz (Art 100 FamGB), Belegenheitsrecht für Immobilien;

220 **Weißrussland** (Belarus): Errungenschaftsgemeinschaft; jeweiliger gemeinsamer Wohnsitz;

221 Zaire s Demokratische Republik Kongo;

Zentralafrikanische Republik: wohl Errungenschaftsgemeinschaft; Rechtswahl wohl zulässig;

Zypern: Common Law Gütertrennung mit gerichtlicher Ermessenszuteilung; matrimonial domicile, Lageort für Immobilien, Rechtswahl wohl möglich.

4. Erwerb bei ausländischem Güterstand (§ 47 GBO)

222 **a) Auflassung an Ehegatten in Gesamthand ausländischen Güterstandes.** Führt der ausländische Güterstand nach der ausländischen Rechtsordnung zu einer **eigentumsrechtlichen Mitberechtigung** des Ehegatten, so entsteht auch nach deutschem Recht (das auf das Sachenrecht hier belegener Sachen anzuwenden ist) sachenrechtlich eine Gesamthand. Dabei erkennt das deutsche Recht die Regeln des jeweiligen Ehegüterrechts für die Gesamthand an.

– Materiell ist Voraussetzung, dass der Erwerb in das Gesamtgut der jeweiligen Gütergemeinschaft oder Errungenschaftsgemeinschaft fällt.

– Verfahrensrechtlich kann das Grundbuchamt aber keinen vollständigen Nachweis verlangen. Ist die Eintragung des Erwerbs in einem ausländischen Güterstand **bewilligt**, so kann das Grundbuchamt die Eintragung nur ablehnen, wenn es sichere Kenntnis hat, dass die Ehegatten nicht in diesem Güterstand leben (vgl Rdn 177).[351]

---

351 OLG Düsseldorf DNotI-Report 2000, 35 = FamRZ 2000, 1574 = FGPrax 2000, 5 = MittBayNot 2000, 125 = Mitt-RhNotK 1999, 384 = NJW-RR 2000, 542 = Rpfleger 2000, 107 = ZNotP 2000, 111 (Erwerb »in Gütergemeinschaft niederländischen Rechts« bewilligt und beantragt); *Böhringer* BWNotZ 1988, 49; *ders* Rpfleger 1990, 337, 342; *Wolfsteiner* DNotZ 1987, 67; *Schaub* in *Bauer/von Oefele* Int Bezüge Rn 291; *Hügel-Zeiser* Int Bezüge Rn 74 f; KEHE-*Sieghörtner* Einl U Rn 233; *Schöner/Stöber* Rn 3421b.

Für die **Fassung der Grundbucheintragung** empfiehlt sich die typisierende Bezeichnung des Art des auslän- **223** dischen Güterstandes (Gütergemeinschaft, Errungenschaftsgemeinschaft, Fahrnis- und Errungenschaftsgemeinschaft) und die Angabe der Rechtsordnung, also zB »in Errungenschaftsgemeinschaft französischen Rechts«.[352]
- **Präziser**, allerdings unüblich und in dieser Ausführlichkeit auch nicht erforderlich wäre die Fassung »**zum Gesamtgut** der (ehelichen) Errungenschaftsgemeinschaft französischen Rechts«.
- Häufig findet sich in der Praxis auch die Fassung »im **gesetzlichen Güterstand** (französischen) Rechts«. Auch dies genügt. Zur Verdeutlichung würde ich hier aber empfehlen, noch die Bezeichnung des Güterstandes hinzufügen, also zB »im gesetzlichen Güterstand (französischen) Rechts (Errungenschaftsgemeinschaft)«.
- Will man beides kombinieren, so ergäbe sich die umfassende Fassung »zum Gesamtgut des gesetzlichen Güterstandes französischen Rechts (Errungenschaftsgemeinschaft)«.
- Bei einem ausländischen **vertraglichen Güterstand** empfiehlt sich, neben der Art des Güterstandes darauf hinzuweisen, dass es sich um einen vertraglichen Güterstand handelt (inbes wenn es einen ähnlichen und damit verwechslungsfähigen gesetzlichen Güterstand gibt).
- Die zusätzliche Angabe der **fremdsprachigen Bezeichnung** des Güterstandes ist zulässig, aber überflüssig.

Ebenso kann der ausländische Güterstand nicht eingetragen werden, wenn er nicht zu einer eigentumsrechtli- **224** chen Mitberechtigung des anderen Ehegatten führt.[353] Strittig ist dies inbes für die »aufgeschobene Gütergemeinschaft« der **nordischen Staaten** sowie für den gesetzlichen Güterstand der **Niederlande** (vgl Rdn 192). ME handelt es sich dabei nicht um eine eigentumsrechtliche Teilhabe, so dass gemeinschaftlich erwerbende Ehegatten nicht in nordischer/niederländischer Gütergemeinschaft einzutragen wären, sondern zB zu Bruchteilen.[354]

b) Auflassung zu Alleineigentum oder Bruchteilen trotz Gesamthand nach ausländischem Güterrecht. Wird an einen (möglicherweise) in einem ausländischen Güterstand lebenden Beteiligten die Auflassung **225** zu Alleineigentum erklärt oder an Ehegatten, die (möglicherweise) in einem ausländischen Güterstand leben, als Miteigentümer (oder ihre Eintragung als Allein- oder Mitberechtigte eines beschränkten dinglichen Rechts bewilligt), so darf das Grundbuchamt die Eintragung nur ablehnen wenn es **sichere Kenntnis** davon hat, dass nach dem maßgeblichen Güterrecht das Grundstück gemeinschaftliches Eigentum der Ehegatten zur güterrechtlichen Gesamthand wird (vgl Rdn 177).[355]

Wird an einen Ehegatten zu Alleineigentum oder an beide Ehegatten zu Bruchteilseigentum aufgelassen und **226** dies so im Grundbuch eingetragen, obwohl die Ehegatten in Gütergemeinschaft oder Errungenschaftsgemeinschaft leben und das erworbene Grundstück nach den Regeln des Ehegüterrechts zum Gesamtgut gehört, so bewirkt die unrichtig erklärte Auflassung gleichwohl materiell einen **Eigentumserwerb** der Ehegatten **zur Gesamthand** nach dem für sie maßgeblichen Güterstand. Der BGH entschied dies für den Erwerb durch in Gütergemeinschaft deutschen Rechts nach §§ 1415 ff BGB lebende Ehegatten.[356] Dasselbe gilt, wenn die erwerbenden Ehegatten in Gütergemeinschaft oder Errungenschaftsgemeinschaft nach einem ausländischen Güterrecht leben (und das erworbene Grundstück in das Gesamtgut fällt).[357]

---

352 KEHE-*Sieghörtner* Einl U Rn 229; *Limmer* in *Reithmann/Martiny* Rn 1004.
353 OLG Zweibrücken DNotZ 2008, 529 = FamRZ 2008, 1366 = FGPrax 2008, 147 = OLG-Report 2008, 410 (Ablehnung der beantragten Eintragung »als Eigentümer gemäß dem gesetzlichen Güterstand des Rechtes des Staates Türkei«).
354 **aA** OLG Düsseldorf DNotI-Report 2000, 35 = aaO; vgl iü die Fundstellennachweise in den Fußnoten der Länderliste zu Dänemark (Rdn 202) und den Niederlanden (Rdn 212).
355 BayObLGZ 1986, 81 = DNotZ 1987, 98 = FamRZ 1986, 809 = MittBayNot 1986, 124 = MittRhNotK 1986, 120 mit Anm *Kleist* = NJW-RR 1986, 893 = Rpfleger 1986, 369, dazu *Böhringer* BWNotZ 1987, 17 (Alleinerwerb durch verheirateten Inder); BayObLG DNotZ 1986, 487 = MittBayNot 1986, 74 = NJW-RR 1986, 1025 = Rpfleger 1986, 127, dazu *Amann* MittBayNot 1986, 222, *Jayme* IPRax 1987, 290 (Alleinerwerb durch verheirateten Italiener); BayObLGZ 1992, 85 = DNotZ 1992, 575 = FamRZ 1992, 1204 = MittBayNot 1992, 268 = MittRhNotK 1992, 152 = NJW-RR 1992, 1235 = Rpfleger 1992, 341 (Erwerb zu Alleineigentum durch Jugoslawen); BayObLG BWNotZ 2001, 132 mit Anm *Böhringer* = DNotI-Report 2001, 51 = DNotZ 2001, 391 = MittBayNot 2001, 221 mit Anm *Riering* = NJW-RR 2001, 879 = RNotZ 2001, 212 = Rpfleger 2001, 173, dazu Anm *Hohloch* JuS 2001, 1025 (Erwerb zu Bruchteilen durch jugoslawische Ehegatten); OLG Karlsruhe Rpfleger 1994, 248; *Böhringer* BWNotZ 1988, 49; *ders* Rpfleger 1990, 337, 342; *Wolfsteiner* DNotZ 1987, 67; *Schaub* in *Bauer/von Oefele* Int Bezüge Rn 291; *Hügel-Zeiser* Int Bezüge Rn 74 f; *Schöner/Stöber* Rn 3421b.
356 BGHZ 82, 346 = DNotZ 1982, 692 = FamRZ 1982, 356 = MittBayNot 1982, 67 = NJW 1982, 1097 = Rpfleger 1982, 135 = WM 1982, 330; *Meikel-Böttcher* § 20 Rdn 124; *Meikel-Böhringer* § 47 Rdn 266; *Schöner/Stöber* Rn 761; MüKo/*Kanzleiter*, BGB, 4. Aufl 2004, § 925 BGB Rn 10 und § 1416 BGB Rn 26; *Staudinger-Pfeifer* (2004) § 925 BGB Rn 57; *Staudinger-Thiele* (2000) § 1416 BGB Rn 29.
357 KEHE-*Sieghörtner* Einl U Rn 231; Gutachten DNotI-Report 2007, 91, 92.

Das Grundbuch kann berichtigt werden, sei es aufgrund Bewilligung des/der eingetragenen Ehegatten, sei es aufgrund Unrichtigkeitsnachweises (§ 22 GBO).

227 Ist die Auflassung an die Ehegatten zu Bruchteilseigentum erklärt, obwohl diese mit der Eintragung zum Gesamtgut der Gütergemeinschaft oder Errungenschaftsgemeinschaft erwerben würden, und bemerkt man die unrichtige Angabe des Gemeinschaftsverhältnisses noch vor der **Grundbucheintragung**, so kann die »falsche« Auflassung grundbuchverfahrensrechtlich »richtig« vollzogen und die Ehegatten unmittelbar im richtigen Gemeinschaftsverhältnis (Gütergemeinschaft oder Errungenschaftsgemeinschaft) eingetragen werden, wenn die Erwerber dies beantragen; eine neue Auflassung ist nicht erforderlich.[358]

228 **c) Auflassung an tatsächlich nicht bestehende Gesamthand.** Wird umgekehrt an Eheleute, die nicht im Güterstand der Gütergemeinschaft oder Errungenschaftsgemeinschaft leben, ein Grundstück zum Gesamtgut aufgelassen und sie im Grundbuch als Eigentümer in Gütergemeinschaft (Errungenschaftsgemeinschaft) eingetragen, so ist zwar die **erklärte Auflassung nach hM unwirksam**.
– Denn nach der Rechtsprechung ist die Angabe des Gemeinschaftsverhältnisses der Erwerber materielle Wirksamkeitsvoraussetzung der Auflassung, so dass bei falscher Angabe des Gemeinschaftsverhältnisses bzw. bei Angabe eines tatsächlich nicht existenten Gemeinschaftsverhältnisses die Auflassung unwirksam ist.[359]
– Dies erscheint mir zweifelhaft; denn dem Veräußerer ist idR gleichgültig, in welchem Erwerbsverhältnis die Ehegatten erwerben. Manche Literaturstimmen sehen daher in der Auflassung auch eine **Ermächtigung** an die Erwerber (§ 185 BGB), das **Erwerbsverhältnis auch einseitig abzuändern**, also ohne Mitwirkung des Veräußerers.[360] Überwiegend fordert die Literatur dafür allerdings eine erneute Auflassung (wobei die Erwerber aufgrund der ihnen erteilten Ermächtigung auch für den Veräußerer handeln).[361] Teils hält die Literatur aber auch eine unterschriftsbeglaubigte Bewilligung (§ 19) für ausreichend.[362]

229 Jedoch kann die unwirksame Auflassung nach der Rechtsprechung im Regelfall in eine Auflassung an die Eheleute als **Bruchteilseigentümer zu je ein Halb umgedeutet** werden, sofern (wie idR) kein Vertragsteil der Begründung von Gesamthandseigentum besondere Bedeutung beigemessen hat und bei Kenntnis des richtigen Güterstandes eine Auflassung an die Ehegatten zu gleichen Bruchteilen erfolgt wäre. Auch die Grundbucheintragung kann ggf entsprechend umgedeutet werden.[363]

5. Veräußerung oder Belastung bei ausländischem Güterstand

230 **a) Gemeinschaftliches Eigentum trotz Grundbucheintragung nur eines Ehegatten.** Ist im Grundbuch nur ein Ehegatte als Alleineigentümer eingetragen, gehört das Grundstück aber tatsächlich zum ehelichen Gesamtgut einer Güter- oder Errungenschaftsgemeinschaft (sei es dass dies bei der Auflassung übersehen wurde oder dass der Eigentümer später geheiratet oder anders in den Güterstand der Güter- oder Errungenschaftsgemeinschaft getreten ist), so wäre materiell-rechtlich für eine wirksame Verfügung über das Grundstück auch die Mitwirkung des nicht eingetragenen Ehegatten erforderlich.
– Materiell-rechtlich streitet aber die **Vermutung des § 891 BGB** für Alleineigentum des Eingetragenen. Ein Dritter kann von diesem gutgläubig erwerben (§ 892 BGB).
– Damit wäre auch grundbuchverfahrensrechtlich für die **Bewilligung** eigentlich die Mitwirkung des anderen Ehegatten erforderlich. Auch für die Bewilligung gilt aber die Vermutung des § 891 BGB.[364]

231 **b) Verfügungsbeschränkungen nach ausländischem Güterrecht.** Verfügungsbeschränkungen nach ausländischem Güterrecht wären auch grundbuchverfahrensrechtlich zu beachten. IdR wird das Grundbuchamt aber einen gutgläubigen Erwerb nach Art 16 oder 12 EGBGB nicht ausschließen können (vgl Rdn 195 ff, 10); dann muss es die beantragte Eintragung vornehmen.

---

358 BGHZ 82, 346 = DNotZ 1982, 692; Gutachten DNotI-Report 2007, 92.
359 BayObLGZ 1958, 353 = DNotZ 1959, 200 = Rpfleger 1959, 128; OLG Hamm DNotZ 1965, 468; OLG Neustadt DNotZ 1965, 613; *Demharter* § 20 GBO Rn 33; *Kössinger* in *Bauer/von Oefele* § 20 GBO Rn 168; KEHE-*Munzig* § 20 GBO Rn 74; MüKo-*Kanzleiter* § 925 BGB Rn 23; *Staudinger-Pfeifer* § 925 BGB Rn 54.
360 *Meikel-Böhringer* § 47 Rdn 266; *Meikel-Böttcher* § 20 Rdn 124; *Schöner/Stöber*, Rn 3312; hinsichtlich der Abänderungsmöglichkeit auch: OLG Köln Mitt-RhNotK 1979, 192 = Rpfleger 1980, 16; LG Lüneburg Rpfleger 1994, 206; *Palandt-Bassenge*, § 925 BGB Rn 16.
361 *Schöner/Stöber* Rn 3312.
362 *Meikel-Böhringer* § 47 Rdn 266.
363 BayObLGZ 1983, 118 = DNotZ 1983, 754 = FamRZ 1983, 1033 = MittBayNot 1983, 121 = MittRhNotK 1983, 151 = MDR 1983, 763; *Böhringer* BWNotZ 1985, 104; *Demharter* § 20 GBO Rn 33; *Kössinger* in *Bauer/von Oefele* § 20 GBO Rn 169; KEHE-*Munzig* § 20 GBO Rn 81; *Meikel-Böttcher* § 20 Rdn 124; *Meikel-Böhringer* § 47 Rdn 266; *Schöner/Stöber* Rn 100b, Rn 762; MüKo-*Kanzleiter* § 925 BGB Rn 23; *Palandt-Bassenge* § 925 BGB Rn 17; *Staudinger-Pfeifer*, § 925 BGB Rn 56; Gutachten DNotI-Report 2007, 91, 92.
364 .

V. Ausländischer Erbnachweis oder ausländische Testamentseröffnung

1. Anerkennung ausländischer Erbscheine

a) Gerichtspraxis: § 35 GBO als Spezialregelung. § 35 Abs 1 S 1 GBO verlangt für den Nachweis der Erb- **232** folge im Grundbuchverfahren grundsätzlich einen Erbschein. Nach ständiger Praxis und jedenfalls bisher herr- schender Literaturmeinung erfordert dies einen deutschen Erbschein (§ 2353 BGB), ggf. in der Form eines Fremdrechtserbscheins (§ 2369 BGB). Ein ausländischer Erbschein genügt demnach nicht.[365]

Es gibt auch keine staatsvertraglichen Regelungen, die eine Anerkennung ausländischer Erbscheine verlangen würden.[366]

b) Abweichende Literaturmeinung: Anerkennung nach § 16a FGG bei Substitution. Eine vordrin- **233** gende Literaturmeinung[367] will demgegenüber einen ausländischen Erbschein nach § 16a FGG dann als Substi- tut eines deutschen Erbscheins anerkennen, wenn
- die ausstellende ausländische Stelle bei Anwendung der deutschen Zuständigkeitsvorschriften **international zuständig** wäre (§ 16a Nr 1 FGG),
- das **Verfahren** dem deutschen gleichwertig ist,
- und wenn der ausländische Erbnachweis in seinen **Wirkungen** nach dem Recht des ausstellenden Staates den Wirkungen des deutschen Erbscheins (Vermutungs-, Beweiswirkung und Gutglaubensschutz, §§ 2365, 2366 BGB) jedenfalls weitgehend gleichkommt.

Praktisch relevant wird der Unterschied beider Meinungen nur für wenige Staaten:[368] **234**
- So wollen Vertreter der Mindermeinung Erbscheine aus **Elsaß–Lothringen** anerkennen, die auf der Grund- lage der insoweit fortgeltenden §§ 2353 ff BGB von den dortigen Nachlassgerichten ausgestellt sind. Die im übrigen **Frankreich** ausgestellten notariellen Erbnachweise (*acte de notorité*) genügen hingegen auch nach dieser Ansicht nicht; denn sie genießen Gutglaubensschutz nur bei der Veräußerung beweglicher Gegen- stände, nicht aber bei Grundstücksveräußerungen.[369] Dasselbe muss für **Belgien** und **Luxemburg** gelten, die weitgehend der früheren französischen Rechtslage entsprechen (also noch nicht einmal die zwischenzeit- liche gesetzliche Regelung der Gutglaubenswirkung des *acte de notorité* in Art 730-1 ff CC Frankreich ken- nen).
- Auch Erbscheine aus **Griechenland** werden von dieser Meinung als gleichwertig angesehen, da die betref- fenden Regelungen des griechischen ZGB (Art 1956–1966) weitgehend denen des deutschen BGB entspre- chen.[370]
- Ein *Probate*-Zeugnis aus dem Vereinigten Königreich von **Großbritannien** und Nordirland oder aus der Republik **Irland** betrachtet auch die Mindermeinung nicht als gleichwertig.[371]
- Dagegen soll ein aus den **italienischen Provinzen Südtirol und Venetien** stammender, nach dem inso- weit fortgeltenden österreichischen Recht erstellter Erbschein (*certificato di eredità*) anzuerkennen sein.[372]
- Die notarielle Erbbescheinigung der **Niederlande** (*verklaring van erfrecht*) wird ebenso wie die entsprechen- den französischen oder italienischen notariellen Bescheinigung auch von der Mindermeinung nicht als gleichwertig angesehen.[373]
- Eine **österreichische** Einantwortungsurkunde genügt auch nach Ansicht der Mindermeinung jedenfalls für das deutsche Grundbuchverfahren nicht, da sie sich nicht auf außerhalb Österreichs belegene Grundstücke bezieht.[374]

---

365 KG JFG 17, 342; KG DNotZ 1953, 406; KG DNotZ 1998, 303 = FamRZ 1998, 308 = FGPrax 1997, 132 = KG-Report 1997, 103 = NJW-RR 1997, 1094 = Rpfleger 1997, 384 (israelischer Erbschein); OLG Zweibrücken IPRspr 1989 Nr 249, 551 = MDR 1990, 341 = Rpfleger 1980, 121; *Jayme* ZfRV 24 (1983) 162; *Krzywon*, Ausländi- sche Erbrechtszeugnisse im Grundbuchverfahren, BWNotZ 1989, 133; *Süß* Rpfleger 2003, 65; *Demharter* § 35 Rn 13; *Hügel-Wilsch* § 35 Rn 155; *Meikel-Roth* § 35 Rdn 45 ff; *Schöner/Stöber* Rn 800; offen lassend KEHE-*Sieghörtner* Einl Rn U 406 ff.

366 Vgl die Untersuchung von *Krzywon* BWNotZ 1989, 133.

367 *Kaufhold*, Zur Anerkennung ausländischer öffentlicher Testamente und Erbnachweise im Grundbuchverfahren, ZEV 1997, 399; *Ludwig* NotBZ 2003, 216, 220; *Schaub* in *Bauer/von Oefele* Int Bezüge Rn 558 ff, 587; *Kegel/Schurig* § 21 IV 4; MüKo-*Birk* Art 25 EGBGB Rn 362;

368 Vgl die Übersicht in *Zimmermann*, Erbschein und Erbscheinsverfahren, 2004, Rn 717 ff.

369 *Gotthardt* ZfRV 1991, 2; *Schaub* in *Bauer/von Oefele* Int Bezüge Rn 569 ff.

370 *Krzywon* BWNotZ 1989, 133 Fn 2; *Schaub* in *Bauer/von Oefele* Int Bezüge Rn 572.

371 *Schaub* in *Bauer/von Oefele* Int Bezüge Rn 574, 585.

372 *Schaub* in *Bauer/von Oefele* Int Bezüge Rn 577.

373 *Schaub* in *Bauer/von Oefele* Int Bezüge Rn 579.

374 OLG Zweibrücken IPRspr 1989 Nr 249, 551 = MDR 1990, 341 = Rpfleger 1980, 121; *Krzywon* BWNotZ 1989, 133; *Riering/Tersteegen*; *Schaub* in *Bauer/von Oefele* Int Bezüge Rn 584; *Hügel-Wilsch* § 35 Rn 158; *Meikel-Roth* § 35 Rn 45; **aA** – für Anerkennung: LG Hamburg IPRax 1992, 253 mit zust Anm *Bungert* 225.

- Auch ein **polnischer** Erbschein wird von der Mindermeinung als gleichwertig angesehen.[375]
- Für die **Schweiz** (Art 559 ZGB Schweiz) ist dies unter den Vertretern der neueren Auffassung strittig; die Rechtsprechung lehnte die Anerkennung ab.[376] Die Gleichwertigkeit ist abzulehnen, da eine Prüfung des Erbrechts vor Erstellung der Bescheinigung und eine Gutglaubenswirkung des Erbscheins fehlt.

235 **c) Künftiger Europäischer Erbschein.** In ein paar Jahren wird es aber wahrscheinlich eine Regelung über einen Europäischen Erbschein geben. Die Europäische Kommission arbeitet derzeit am Entwurf einer **Verordnung über das Internationale Erbrecht**, also Zuständigkeit, Anerkennung und IPR. Im Rahmen der Verordnung soll auch ein Europäischer Erbschein eingeführt werden, der, im Staat des letzten Wohnsitzes des Erblassers ausgestellt, in allen EU-Staaten Beweiswirkung und Gutglaubensschutz genösse. Ein Entwurf der Verordnung dürfte im Jahr 2009 veröffentlicht werden.[377]

2. Verfügung von Todes wegen in ausländischer öffentlicher Urkunde

236 Die Regel des § 35 Abs 1 S 2 GBO, wonach bei Erbfolge aufgrund einer Verfügung von Todes wegen, die in einer öffentlichen Urkunde enthalten ist, an Stelle eines Erbscheins die Vorlage der Verfügung und der Niederschrift über ihre Eröffnung genügt, gilt auch für **ausländische Testamente**.[378]
- Voraussetzung ist, dass die Verfügung zu **öffentlicher Urkunde** errichtet wurde. Dies ist der Fall für alle Verfügungen von Todes wegen, die in Rechtsordnungen mit lateinischem Notariat zu notarieller Urkunde errichtet wurden.[379] Ein nur öffentlich beglaubigtes (unterschriftsbeglaubigtes) Testament, wie zB nach der Bestätigungsformel des Common Law, genügt hingegen nicht, ebenso wenig ein nach dem Tod des Erblassers bei Gericht hinterlegtes und dabei inhaltlich in das Hinterlegungsprotokoll aufgenommenes Testament.[380] Ggf ist eine Legalisation oder Apostille zum Nachweis der Echtheit der ausländischen Urkunde erforderlich (vgl Rdn 282 ff).[381]
- Eröffnung und **Eröffnungsniederschrift** durch ein ausländisches Nachlassgericht genügen nach hM sogar dann, wenn das ausländische Recht gar kein förmliches Eröffnungsverfahren kennt.[382] ME ist hingegen zu fordern, dass das eröffnende Gericht international zuständig war und dass das ausländische Eröffnungsverfahren dem deutschen gleichwertig ist, was mE ein gesetzlich geregeltes Verfahren erfordert.[383]
- Liegt keine ausländische Eröffnungsniederschrift vor, muss ein Erbschein verlangt werden[384] – sofern nicht das **deutsche Nachlassgericht** ebenfalls international zuständig ist und daher die Eröffnung noch durchführen kann.

237 Den Inhalt des anwendbaren ausländischen Erbrechts muss das Grundbuchamt grds zwar **von Amts wegen ermitteln**.[385] Insoweit gilt auch nicht die Beweismittelbeschränkung auf öffentliche oder öffentlich beglaubigte Urkunden (§ 29 GBO); daher kann ggf auch ein **Gutachten** eines Universitätsinstituts, eines Juristen aus dem betreffenden Staat oder etwa ein vom Notar vorgelegtes Gutachten des Deutschen Notarinstituts (DNotI) herangezogen werden.[386]

---

375 *Ludwig* NotBZ 2003, 216, 220 f.
376 Anerkennung ablehnend: BayObLG FamRZ 1991, 1237 = IPRspr 1991, Nr 232, 498 = NJW-RR 1991, 1098; *Schaub* in *Bauer/von Oefele* Int Bezüge Rn 584; KEHE-*Sieghörtner* Einl Rn U 410; Gutachten DNotI-Report 2000, 81; Anerkennung bejahend: *Kaufhold* ZEV 1997, 399, 404; *Linde* BWNotZ 1961, 16.
377 Derzeit ist nur das Grünbuch vom 01.03.2005 veröffentlicht (Dokument KOM/2005/65) sowie die hierzu eingegangenen Stellungnahmen.
378 KG OLGE 3, 221; KG JFG 17, 342, 345; KGJ 35 A 162; *Kaufhold* ZEV 1997, 399, 400; *Hügel-Wilsch* § 35 Rn 86; *Meikel-Roth* § 20 Rdn 101; KEHE-*Sieghörtner* Einl Rn U 411; *Schöner/Stöber* Rn 800.
379 KEHE-*Sieghörtner* Einl Rn U 412; *Schöner/Stöber* Rn 800; vgl die Länderhinweise bei *Schaub* in *Bauer/von Oefele* Int Bezüge Rn 588 ff.
380 KG OLGE 8, 222 (Italien).
381 *Böhringer* ZEV 2001, 387; *Hügel-Wilsch* § 35 Rn 86.
382 KGJ 36, 162; KEHE-*Sieghörtner* Einl Rn U 416; *Meikel-Roth* § 35 Rdn 105; zu den ausländischen Eröffnungsverfahren vgl *Böhringer* ZEV 2001, 387.
383 Sonst ist zB nicht gesichert, dass alle Erben geladen werden – bzw dass diese der der Eröffnung hinreichende Bedeutung beimessen und ggf dort bereits auf ihnen bekannte abweichende Verfügungen von Todes wegen hinweisen.
384 KGJ 36, 162, 164; *Schaub* in *Bauer/von Oefele* Int Bezüge Rn 120; *Meikel-Roth* § 35 Rdn 105; *Schöner/Stöber* Rn 800 Fn 74.
385 KG JFG 17, 342, 345; LG München I Rpfleger 2007, 316 = ZEV 2007, 434
Hilfsmittel sind insbes die (leider nicht immer aktuellen) Länderdarstellungen in der Loseblattsammlung *Ferid/Firsching/Dörner/Haussmann*, Internationales Erbrecht; sowie im Praktikerkommentar/BGB; viele Gesetzestexte finden sich auch im Internet, erschlossen insbes über die Homepage des DNotI: www.dnoti.de unter Links International (geordnet nach Kontinenten und Ländern).
386 LG Aachen Rpfleger 1965, 233; *Kaufhold* ZEV 1997, 399, 400; KEHE-*Sieghörtner* Einl Rn U 414; *Schöner/Stöber* Rn 800; aA *Hügel-Wilsch* § 35 Rn 86.

Während das Grundbuchamt aber bei einer Verfügung von Todes wegen nach deutschem Recht die rechtliche Auslegung selbst vornehmen muss und einen Erbschein nur verlangen darf, wenn weitere Ermittlungen tatsächlicher Art erforderlich sind, kann es bei einer Verfügung nach ausländischem Recht bei schwierigen Auslegungsfragen im Einzelfall einen **Erbschein verlangen.**[387] Denn § 293 ZPO stellt das ausländische Recht einer beweisfähigen und ggf beweisbedürftigen Tatsache gleich.

Ggf genügt das eröffnete Testament noch nicht zum Nachweis des Erbrechts, weil das anwendbare ausländische Erbrecht **weitere Voraussetzungen** für die Erbfolge erfordert: **238**
- Während nach deutschem Recht die Erbschaft auf den berufenen Erben übergeht, unbeschadet des Rechtes, sie auszuschlagen (§ 1942 BGB), erfordern verschiedene ausländische Erbrechte für den Erwerb der Erbschaft positiv eine (ausdrückliche oder konkludente) **Annahme des Erben** (so insbes die Rechtsordnungen des Code Napoleon, aber etwa auch das österreichische Recht). Meines Erachtens ist daher hier ein Nachweis der Erbschaftsannahme durch öffentliche Urkunde erforderlich – auch wenn die hM[388] dies für nicht erforderlich hält und anders als bei Erbfolge nach deutschem Recht.[389] Jedenfalls für die Rechtsordnungen, die eine konkludente Erbschaftsannahme genügen lassen, genügt eine unterschriftsbeglaubigte Erklärung des Erben; denn darin liegt zumindest eine konkludente Annahme.
- Der Pflichtteil besteht in diversen Rechtsordnungen nicht in einem Geldanspruch (wie nach deutschem Recht) und auch nicht in einer gesetzlichen Beteiligung als Miterbe (Noterbrecht), sondern in einem von fristgerechter **Geltendmachung abhängigen Noterbrecht** (inbes in den Staaten des Code Napoleon sowie in ehemals kommunistisch regierten Staaten). Solange die Noterben sich hier nicht erklärt haben, kann das Erbrecht nur unter dem Vorbehalt festgestellt werden, dass die Noterben ihre Rechte nicht geltend machen – und alternativ für den Fall, dass die Noterbrechte fristgerecht geltend gemacht werden. Hier ist grds ein Erbschein erforderlich,[390] sofern nicht der Verzicht auf (oder ggf der Fristablauf für) die Rechte der Noterben anderweitig durch öffentliche Urkunden nachgewiesen wird (oder offenkundig ist), ggf auch durch eidesstattliche Versicherung der Noterben über die Nichtgeltendmachung bzw den Verzicht.[391]

3. Anwendbares Erbrecht

a) Geplante EU-Verordnung. Das derzeitige autonome IPR wird in ein paar Jahren voraussichtlich durch eine europäische Regelung in der geplanten **Verordnung über das Internationale Erbrecht** abgelöst werden deren Entwurf im Jahr 2009 veröffentlicht werden dürfte (vgl Rdn 235).[392]   **239**

Nach dem derzeitigen Diskussionsstand dürfte die Verordnung das anwendbare Erbrecht an den **letzten Wohnsitz** des Erblassers anknüpfen.   **240**

Außerdem soll eine **Rechtswahl** zugunsten des Heimatrechtes oder des Wohnsitzrechtes (sei es im Zeitpunkt der Rechtswahl oder im Zeitpunkt des Todes) zugelassen werden.

b) Vorrangige Staatsverträge. An vorrangigen Staatsverträgen gelten derzeit zwei Konsularverträge, die eine **Nachlassspaltung für Immobilien** vorsehen, wobei das Heimatrecht des Erblassers für das bewegliche Vermögen anzuwenden ist.   **241**

Zum einen ist dies § 14 des deutsch-türkischen Nachlaßabkommens, das abgeschlossen als Anlage zu Art 20 des **deutsch-türkischen Konsularvertrages**[393] vom 28.05.1929 abgeschlossen wurde:

§ 14 Abs. (1) »Die erbrechtlichen Verhältnisse bestimmen sich in Ansehung des beweglichen Nachlasses nach den Gesetzen des Landes, dem der Erblasser zur Zeit seines Todes angehörte.

(2) Die erbrechtlichen Verhältnisse in Ansehung des unbeweglichen Nachlasses bestimmen sich nach den Gesetzen des Landes, in dem dieser Nachlass liegt, und zwar in der gleichen Weise, wie wenn der Erblasser zur Zeit seines Todes Angehöriger dieses Landes gewesen wäre.«

---

387 KG OLGE 10, 94; *Kaufhold* ZEV 1997, 399, 400; *Hügel-Wilsch* § 35 Rn 86; *Meikel-Roth* § 35 Rn 123 ff; *Schöner/Stöber* Rn *800;* aA *Schaub* in *Bauer/von Oefele* Int Bezüge Rn 561; offen KEHE-*Sieghörtner* Einl Rn U 414.

388 KEHE-*Sieghörtner* Einl Rn U 415; *Meikel-Roth* § 35 Rdn 105.

389 LG Amberg Rpfleger 1991, 451.

390 OLG Düsseldorf MittRhNotK 1983, 111 (Niederlande); KEHE-*Sieghörtner* Einl Rn U 415; *Schöner/Stöber* Rn *800.*

391 *Kaufhold* ZEV 1997, 399, 400; *Süß* Rpfleger 2003, 53, 56; die hM erkennt diese Ausnahmen nicht an und verlangt immer einen Erbschein.

392 Derzeit ist nur das Grünbuch vom 01.03.2005 veröffentlicht (Dokument KOM/2005/65) sowie die hierzu eingegangenen Stellungnahmen.

393 RGBl 1930 II 748; Fortgeltung gemäß Bekanntmachung vom 26.02.1952, BGBl 1952 II 608; vgl *Dörner* Das deutsch-türkische Nachlaßabkommen, ZEV 1996, 90 ff; *Schömmer/Fassold/Bauer*, Internationales Erbrecht Türkei, 1997, S 46; *Schotten/Schmellenkamp* S 405; *Staudinger-Dörner* 1995 Anh zu Art 25 f EGBGB Rn 603.

242 Gegenüber den GUS-Staaten gilt Art 28 Abs 3 des **deutsch-sowjetischen Konsularvertrages** vom 25.04.1958 fort.[394]

- Der Konsularvertrag gilt im Verhältnis zu den **GUS-Staaten** fort, so gegenüber: Armenien,[395] Aserbaidschan,[396] Georgien,[397] **Kasachstan**,[398] Kirgisistan,[399] **Russland**,[400] Tadschikistan,[401] der Ukraine,[402] Usbekistan[403] und Weißrussland (Belarus).[404] Eine ausdrückliche Regelung über die Fortgeltung im Verhältnis gegenüber Turkmenistan fehlt. Gegenüber den baltischen Staaten Estland, Lettland und Litauen gilt der Konsularvertrag hingegen nicht fort (ebensowenig wie die anderen sowjetischen Abkommen), da sich die baltischen Staaten als Rechtsnachfolger bzw identisch mit den im Zweiten Weltkrieg von der Sowjetunion besetzten Staaten verstehen.
- Geregelt ist lediglich eine **Nachlassspaltung** für Immobilien in Art 28 Abs 3: »Hinsichtlich der unbeweglichen Nachlaßgegenstände finden die Vorschriften des Staates Anwendung, in dessen Gebiet diese Gegenstände belegen sind.«
- Für das **bewegliche Vermögen** enthält der deutsch-sowjetische Konsularvertrag keine Regelung; insoweit ist das jeweilige **autonome IPR** anwendbar (also in Deutschland Art 25 EGBGB).

243 Das Haager Übereinkommen über das auf die Rechtsnachfolge von Todes wegen anzuwendende Recht (**Haager Erbrechtsübereinkommen**) vom 01.08.1989[405] ist bisher für keinen Staat in Kraft getreten – und wird wohl auch nicht mehr in Kraft treten. Es wurde lediglich von den Niederlanden ratifiziert und auch in deren nationales Recht umgesetzt. Nach Art 3 des Übereinkommens gilt – vereinfacht gesagt – zunächst das Heimatrecht des Erblassers. Wenn der Erblasser sich allerdings 5 Jahre oder mehr in einem anderen Staat aufhält, schlägt dies in das Aufenthaltsrecht um.

244 **c) Deutsches IPR.** Nach autonomem deutschen IPR unterliegt die Rechtsnachfolge von Todes wegen dem Recht des Staates, dem der Erblasser im Zeitpunkt seines Todes angehörte (Anknüpfung an die **Staatsangehörigkeit**) (Art 25 Abs 1 EGBGB).

Bei mehrfacher Staatsangehörigkeit ist auf die effektive Staatsangehörigkeit abzustellen, dh das Recht des Staates, dem der Erblasser am engsten verbunden war, insbes durch seinen gewöhnlichen Aufenthalt oder durch den Verlauf seines Lebens (Art 5 Abs 1 S 1 EGBGB). War der Erblasser auch deutscher Staatsangehöriger, so ist deutsches Erbrecht anwendbar (Art 25 Abs 1 iVm Art 5 Abs 1 S 2 EGBGB).

245 Eine **Rechtswahl** ist nach deutschem IPR nur für in Deutschland belegenes **unbewegliches Vermögen** und nur zugunsten deutschen Rechtes zulässig (Art 25 Abs 2 EGBGB). Die Rechtswahl bedarf der Form einer Verfügung von Todes wegen. Die Rechtswahl kann nach hM auch auf ein einzelnes Grundstück beschränkt werden.[406]

246 Auch bei einem deutschen Erblassers kann es zu einer **Nachlassspaltung** kommen: Wenn nämlich das Belegenheitsrecht für bestimmte Gegenstände eine besondere Erbfolge vorschreibt (insbes für Immobilien an deren Belegenheitsrecht anknüpft), so anerkennt das deutsche IPR dies nach Art 3 Abs 3 EGBGB. Daher vererben sich zB die in England, Frankreich oder den USA belegenen Grundstücke deutscher Erblasser nach dem Erbrecht des Belegenheitsstaates.

Dies spielt jedoch für das Grundbuchverfahren keine Rolle, da es keine deutschen Grundstücke betreffen kann.

247 **d) Anknüpfung nach ausländischem IPR: Typisierung.** Die Verweisung auf das Heimatrecht eines ausländischen Erblassers ist eine Gesamtverweisung (Art 4 Abs 1 S 1 EGBGB). Daher ist zunächst zu prüfen, ob das IPR des Heimatstaates eine Rück- oder Weiterverweisung vorsieht.

---

394 BGBl 1959 II 232 und 469. vgl *Schotten/Schmellenkamp* Rn 265; *Staudinger-Dörner*, 2007, Vorbem zu Art 25 f EGBGB Rn 193 ff.
395 BGBl 1993 II 169.
396 BGBl 1996 II 2471.
397 BGBl 1992 II 1128.
398 BGBl 1992 II 1120.
399 BGBl 1992 II 1015.
400 BGBl 1992 II 1016.
401 BGBl 1995 II 255.
402 BGBl 1993 II 1189.
403 BGBl 1993 II 2038.
404 BGBl 1994 II 2533.
405 http://www.hcch.net/index_en.php?act=conventions.text&cid=62; deutsche Übersetzung: IPRax 2000, 53; vgl *Weber*, Internationales Erbrecht in den Niederlanden, IPRax 2000, 41.
406 *Dörner* DNotZ 1988, 86; *Lichtenberger*, DNotZ 1986, 665; *Siehr* IPRax 1987, 7; *Staudinger-Dörner* Art 25 EGBGB Rn 503; **aA** insbes *Kühne* IPRax 1987, 73; kritisch MüKo-*Birk* Art 25 EGBGB Rn 45.

Dabei finden sich folgende Anknüpfungsregeln für das Erbstatut: **248**

– **Heimatrecht des Erblassers** (Staatsangehörigkeit) für das gesamte Vermögen (einschließlich Immobilien): Neben Deutschland gilt dies in den meisten **osteuropäischen** Staaten, aber auch in mehreren westeuopäischen Staaten (**Italien, Österreich**, Portugal, Schweden, **Spanien**) sowie den Staaten des **islamischen** Rechtskreises. Seltener ist dies mit einer Nachlassspaltung verbunden; wichtigstes Beispiel hierfür ist die Türkei.

– **Letzter Wohnsitz** oder gewöhnlicher Aufenthalt des Erblassers für das gesamte Vermögen: zZ gilt dies va für einige **lateinamerikanische Staaten**. Wahrscheinlich wird dies auch die Lösung der künftigen europäischen Erbrechtsverordnung sein.

– **Nachlassspaltung** mit Recht des **letzten Wohnsitzes** (oder gewöhnlicher Aufenthalt) für das bewegliche Vermögen sowie Belegenheitsrecht für Immobilien: inbes in **Frankreich** und den **GUS-Staaten** (Russland etc) sowie in **China**.

– **Common Law** (Belegenheitsrecht für Immobilien, Recht des letzten *domicile* des Erblassers für bewegliches Vermögen): In praktisch allen Common Law-Ländern. Dabei ist der Begriff des *domicile* allerdings unterschiedlich. In der Definition der USA ähnelt das *domicile* dem kontinentaleuropäischen Wohnsitzbegriff, in der englischen Definition hingegen eher der Staatsangehörigkeit. Denn nach englischem Recht ändert sich das *domicile* nur bei dem Willen, dauerhaft oder jedenfalls nicht nur befristet in dem betreffenden Land zu bleiben; daher wird nach englischem Recht ein neues *domicile* nur selten erworben.

– Lösung des Haager Erbrechtsübereinkommens (vgl Rdn 243), dh zunächst Heimatrecht, **nach fünfjährigem Aufenthalt** Recht des gewöhnlichen Aufenthalts: in **Finnland** und in den **Niederlanden**.

– **Belegenheitsrecht** für unbewegliches wie für bewegliches Vermögen.

– **lex fori** = Regelungen, wonach die Gerichte des betreffenden Staates ihr eigenes (Erb-)Recht anzuwenden haben – ohne Regelung für andere Fälle.

Viele Rechtsordnungen sehen dabei eine **Nachlassspaltung** vor, wonach für **Immobilien** das Erbrecht des **249** Belegenheitsstaates gilt. Für deutsche Immobilien liegt hierin eine (gegenständlich beschränkte) Rückverweisung. Diese Nachlassspaltung erkennt das deutsche IPR auch bei Geltung deutschen Erbrechts für im betreffenden Land belegene Immobilien nach Art 3 Abs 3 EGBGB an.

e) Länderliste Erbstatut. Alphabetische Länderübersicht der Anknüpfung des Erbstatuts:[407] **250**

Afghanistan: Staatsangehörigkeit;

Ägypten: Staatsangehörigkeit;

Albanien: Staatsangehörigkeit + Belegenheitsrecht für Immobilien – gesetzlich geregelt nur für Immobilien in Albanien;

Algerien: Staatsangehörigkeit;

Andorra: Staatsangehörigkeit;

Angola: Staatsangehörigkeit;

Äquatorialguinea: vermutlich Staatsangehörigkeit;

Argentinien:[408] Wohnsitz + nach der Rechtsprechung Belegenheitsrecht für Immobilien, nach der Literatur hingegen auch für Immobilien Recht des gewöhnlichen Aufenthaltes;

Armenien: Wohnsitz + Belegenheitsrecht für Immobilien (Rechtswahl des Heimatrechtes zugelassen);

Aserbaidschan: Wohnsitz + Belegenheitsrecht für Immobilien (gesetzlich geregelt nur für Immobilien in Aserbaidschan);

Äthiopien: vermutlich Wohnsitz;

Australien: Common Law;

Bahamas: Common Law; **251**

Bahrain: Staatsangehörigkeit;

Bangladesch: Common Law;

---

407 Vgl die Übersicht der Anknüpfung des Erbstatuts in Notarius International 3-4/2005, Umschlagseiten III-IV – auch im Internet: www.notarius-international.uinl.org – unter Ausländisches Recht; *Revillard*, Droit International Privé et Communautaire, 6. Aufl 2006, Rn 569; *Riering* in *Dittmann/Reimann/Bengel*, Testament und Erbvertrag, 4. Aufl 2002, Rn B 76; *Staudinger-Dörner* Anh zu Art 25 EGBGB.

408 *Acquarone*, Argentinien, in *DNotI*, Notarielle Fragen des internationalen Rechtsverkehrs, 1995, S 1.

Barbados: Common Law;

Belarus s Weißrussland;

Belgien: gewöhnlicher Aufenthalt + Belegenheitsrecht für Immobilien (Rechtswahl des Heimatrechtes oder des Aufenthaltsrechtes zugelassen, Noterbrechte bleiben aber unberührt);

Belize: vermutlich Common Law;

Benin: Staatsangehörigkeit; ausgenommen bei deutlich engerer Verbindung zum Wohnsitzrecht, Rechtswahl des Wohnsitzrechtes zugelassen;

Birma/Burma s Myanmar;

Bolivien: vermutlich gewöhnlicher Aufenthalt + Belegenheitsrecht für Immobilien;

Bosnien und Herzegowina: Staatsangehörigkeit;

Botsuana: Common Law;

Brasilien: Wohnsitz, aber Belegenheitsrecht, soweit Ehegatte und Kinder brasilianische Staatsangehörige sind und das Belegenheitsrecht für sie günstiger ist;[409]

Brunei Darussalam: Staatsangehörigkeit;

Bulgarien: gewöhnlicher Aufenthalt + Belegenheitsrecht für Immobilien;

Burkina Faso: Staatsangehörigkeit, ausgenommen bei deutlich engerer Verbindung zum Wohnsitzrecht, Rechtswahl des Wohnsitzrechtes zugelassen;

Burundi: Staatsangehörigkeit;

252 Ceylon s Sri Lanka;

Chile: Wohnsitz (Ausnahme: chilenisches Recht, falls der Erblasser und sein Ehegatte sowie die erbenden Verwandten chilenische Staatsangehörige sind; Vorwegnahmerecht an in Chile belegenem Vermögen als weitere Ausnahme, falls nur die gesetzlichen Erben, nicht aber der Erblasser chilenische Staatsangehöriger sind);

China (Volksrepublik): Wohnsitz + Belegenheitsrecht für Immobilien (Hongkong bzw. Macao sh. dort);

Costa Rica: Wohnsitz (aber Belegenheitsrecht für Immobilien in Costa Rica; ebenso für Mobilien in Costa Rica, die costaricanischen Staatsangehörigen gehören; für Erbfolge ausländischer Staatsangehöriger mit gewöhnlichem Aufenthalt außerhalb von Costa Rica wohl Anknüpfung an den gewöhnlichen Aufenthalt, bei gesetzlicher Erbfolge aber möglicherweise auch an Heimatrecht);

Côte d'Ivoire s Elfenbeinküste;

253 **Dänemark:** Wohnsitz;

Dominica: Common Law;

Dominikanische Republik: Staatsangehörigkeit + Belegenheitsrecht für Immobilien;

Dschibuti: vermutlich Staatsangehörigkeit;

254 **Ecuador:** Wohnsitz (dieselben 2 Ausnahmen wie in Chile);

El Salvador: Wohnsitz (Vorwegnahmerecht an in El Salvador belegenem Vermögen, falls die gesetzlichen Erben Staatsangehörige von El Salvador sind);

Elfenbeinküste (Côte d'Ivoire): Wohnsitz + Belegenheitsrecht für Immobilien (nach Oberstem Gerichtshof hingegen Staatsangehörigkeit);

England: Common Law;[410]

Eritrea: vermutlich Wohnsitz;

Estland: Wohnsitz (Rechtswahl des Heimatrechtes für Mobilien zugelassen);

255 **Fidschi:** vermutlich Common Law;

Finnland: gewöhnlicher Aufenhalt nach 5 Jahren, zuvor Heimatrecht (Rechtswahl zugunsten des Heimatrechtes oder des Rechtes des gewöhnlichen Aufenthaltes zulässig);

---

409 *Figueiredo Ferreira/Weinzenmann*, Das Notariat in Brasilien, Notarius International 2006, 86.
410 *Claudet*, Länderbericht England, Notarius International 2002, 53.

Frankreich: Wohnsitz + Belegenheitsrecht für Immobilien;

Gabun: Wohnsitz + Belegenheitsrecht für Immobilien (Vorwegnahmerecht);

256

Gambia: Common Law;

Georgien: Staatsangehörigkeit;

Ghana: Common Law;

Grenada: Common Law;

Griechenland: Staatsangehörigkeit;[411]

Großbritannien s England bzw Schottland;

Guatemala: Wohnsitz + Belegenheitsrecht für Immobilien (Belegenheitsrecht für gesamten Nachlass in Guatemala);

Guinea: vermutlich Wohnsitz + Belegenheitsrecht für Immobilien;

Guinea–Bissau: vermutlich Staatsangehörigkeit;

Guyana: Common Law;

Haiti: vermutlich Wohnsitz + Belegenheitsrecht für Immobilien;

257

Honduras: Wohnsitz (dieselben 2 Ausnahmen wie in Chile);

Hongkong (China): Common Law;

Indien: Common Law (Goa, Dman, Diu aber Staatsangehörigkeit);

258

Indonesien: Staatsangehörigkeit, aber Belegenheitsrecht für Immobilien in Indonesien;

Irak: Staatsangehörigkeit;

Iran: Staatsangehörigkeit;

Irland: Common Law;

Island: Wohnsitz;

Israel: Wohnsitz;

Italien: Staatsangehörigkeit, Rechtswahl des Wohnsitzrechtes zugelassen, vorausgesetzt der Wohnsitz am Ort des gewählten Rechts besteht auch zum Todeszeitpunkt noch; Pflichtteilsrecht der in Italien wohnenden Pflichtteilsberechtigten bleibt unberührt;[412]

Jamaika: Common Law;

259

Japan: Staatsangehörigkeit;[413]

Jemen: Staatsangehörigkeit;

Jordanien: Staatsangehörigkeit;

Jugoslawien s Serbien;

Kaimaninseln (Cayman Islands): Common Law;

260

Kambodscha: vermutlich gewöhnlicher Aufenthalt + Belegenheitsrecht für Immobilien;

Kamerun: lex fori (möglicherweise auch Heimatrecht), im den beiden ehemals britischen Ostprovinzen Common Law;

Kanada: Common Law (in Quebec hingegen letzter Wohnort + Belegenheitsrecht für Immobilien, Rechtswahl zugelassen);[414]

Britische **Kanalinseln**: Common Law;

Kap Verde: Staatsangehörigkeit;

---

411 *Mouratidou*, Länderbericht Griechenland, Notarius International 2001, 94.
412 *Calò*, Länderbericht Italien, Notarius International 2001, 179.
413 *Yamamoto*, Länderbericht Japan, Notarius International 2003, 66.
414 *Pepin/Lachance*, Länderbericht Québec, Notarius International 2003, 194.

Kasachstan: Wohnsitz + Belegenheitsrecht für Immobilien (Rechtswahl des Heimatrechtes zulässig);

Katar: Staatsangehörigkeit;

Kenia: Common Law (ausdrücklich geregelt nur Belegenheitsrecht für Immobilien in Kenia);

Kirgisistan: Wohnsitz + Belegenheitsrecht für Immobilien (Rechtswahl des Heimatrechtes zulässig);

Kolumbien: Wohnsitz (dieselben 2 Ausnahmen wie in Chile);

Republik Kongo (Brazaville): Staatsangehörigkeit, möglicherweise Belegenheitsrecht für Immobilien;

Demokratische Republik Kongo (früher Zaire): Staatsangehörigkeit;

Korea (Republik): Staatsangehörigkeit;

Volksrepulik Korea (**Nordkorea**): erbrechtliche Anknüpfung unbekannt;

Kosovo: Staatsangehörigkeit;

Kroatien: Staatsangehörigkeit;

Kuba: Staatsangehörigkeit;

Kuwait: Staatsangehörigkeit;

261   **Laos**: Staatsangehörigkeit;

Lesotho: Common Law;

Lettland: Belegenheitsrecht für gesamten Nachlass (gesetzlich geregelt nur für Vermögen in Lettland);

Libanon: Staatsangehörigkeit;

Liberia: Common Law;

Libyen: Staatsangehörigkeit;

Liechtenstein: Staatsangehörigkeit, Rechtswahl des Wohnsitzrechtes zugelassen;

Litauen: gewöhnlicher Aufenthalt + Belegenheitsrecht für Immobilien;

Luxemburg: Wohnsitz + Belegenheitsrecht für Immobilien;

262   **Macao** (China): Wohnsitz;

Madagaskar: Wohnsitz + Belegenheitsrecht für Immobilien;

Malawi: Common Law;

Malaysia: Common Law;

Malediven: vermutlich Common Law;

Mali: vermutlich Staatsangehörigkeit;

Malta: Common Law;

Marokko: Staatsangehörigkeit;[415]

Mauretanien: Staatsangehörigkeit;

Mauritius: vermutlich Wohnsitz + Belegenheitsrecht für Immobilien;

Mazedonien (FYROM): Staatsangehörigkeit;

Mexiko: Belegenheitsrecht für gesamten Nachlass (Ausnahmen Bundesstaaten Quintana Roo: Anknüpfung an Wohnsitz; Puebla, San Luis Potosí: Wohnsitz für beweglichen Nachlass, Belegenheitsrecht für Immobilien);[416]

Republik **Moldau**: Heimatrecht + Belegenheitsrecht für Immobilien (Rechtswahl des Wohnsitzrechtes zulässig, aber wohl ohne Einfluss auf Pflichtteilsrechte);

Monaco: Staatsangehörigkeit + Belegenheitsrecht für Immobilien;

---

415 *Sefrioui*, Länderbericht Marokko, Notarius International 2005, 65.
416 *Márquez González*, Länderbericht Mexiko, Notarius International 2005, 232.

Mongolei: Wohnsitz + Belegenheitsrecht für Immobilien (gesetzlich geregelt nur für Immobilien in der Mongolei);[417]

Montenegro: Staatsangehörigkeit;

Mozambik: Staatsangehörigkeit;

Myanmar (Burma): Common Law;

Namibia: Common Law;

Nauru: vermutlich Common Law;

Nepal: unbekannt;

Neuseeland: Common Law;

Nicaragua: Wohnsitz (Vorwegnahmerecht);

Niederlande: gewöhnlicher Aufenhalt nach 5 Jahren, zuvor Heimatrecht (Rechtswahl zugunsten des Heimatrechtes oder des Rechtes des gewöhnlichen Aufenthaltes zulässig);[418]

Niger: Staatsangehörigkeit;

Nigeria: Common Law;

Norwegen: Wohnsitz;

Obervolta sh Burkina Faso;

Oman: vermutlich Staatsangehörigkeit;

Österreich: Staatsangehörigkeit;[419]

Pakistan: Common Law;

Panama: Belegenheitsrecht für gesamten Nachlass (gesetzlich geregelt nur für Vermögen in Panama);

Papua Neuguinea: Common Law;

Paraguay: Wohnsitz (Belegenheitsrecht für Immobilien in Paraguay);

Peru: Wohnsitz;[420]

Philippinen: Staatsangehörigkeit;

Polen: Staatsangehörigkeit;

Portugal: Staatsangehörigkeit;

Puerto Rico: Common Law in der Rechtspraxis (nach Gesetzestext hingegen Staatsangehörigkeit + Belegenheitsrecht für Immobilien);

Ruanda: Staatsangehörigkeit;

Rumänien: Staatsangehörigkeit + Belegenheitsrecht für Immobilien;

Russland: Wohnsitz + Belegenheitsrecht für Immobilien;

Salomonen: vermutlich Common Law;

Sambia: Common Law;

Samoa: vermutlich Common Law;

San Marino: Staatsangehörigkeit + Belegenheitsrecht für Immobilien;

Saudi-Arabien: Staatsangehörigkeit;

Schottland: Common Law;

Schweden: Staatsangehörigkeit;

Schweiz: Wohnsitz (Rechtswahl des Heimatrechtes zugelassen);

263

264

265

266

267

---

417 *Yanjinkhorloo*, Länderbericht Mongolei, Notarius International 2004, 17.
418 *De Wit/Tomlow*, Länderbericht Niederlande, Notarius International 2002, 27.
419 *Antenreiter*, Länderbericht Österreich, Notarius International 2002, 119.
420 *Fernandini Barreda*, Länderbericht Peru, Notarius International 2003, 28.

Senegal: Staatsangehörigkeit;

Serbien: Staatsangehörigkeit;

Seychellen: Common Law;

Sierra Leone: Common Law;

Simbabwe: Common Law;

Singapur: Common Law;

Slowakei: Staatsangehörigkeit;

Slowenien: Staatsangehörigkeit;[421]

Somalia: Staatsangehörigkeit;

Spanien: Staatsangehörigkeit;[422]

Sri Lanka (früher Ceylon): Common Law;

St. Lucia: Common Law;

Südafrika: Common Law;

Sudan: Staatsangehörigkeit;

Suriname: Staatsangehörigkeit;

Swasiland: wohl Common Law;

Syrien: Staatsangehörigkeit;

268 **Tadschikistan**: Wohnsitz + Belegenheitsrecht für Immobilien (gesetzlich geregelt nur für Immobilien in Tadschikistan);

Taiwan (Republik China): Staatsangehörigkeit;

Tansania: Common Law;

Thailand: Wohnsitz + Belegenheitsrecht für Immobilien;

Togo: Staatsangehörigkeit; möglicherweise Belegenheitsrecht für Immobilien;

Tonga: vermutlich Common Law;

Trinidad und Tobago: Common Law;

Tschad: Staatsangehörigkeit;

Tschechische Republik: Staatsangehörigkeit;

Tunesien: Staatsangehörigkeit;

Türkei: Staatsangehörigkeit + Belegenheitsrecht für Immobilien (gesetzlich geregelt nur für Immobilien in der Türkei);

Turkmenistan: Wohnsitz + Belegenheitsrecht für Immobilien (gesetzlich geregelt nur für Immobilien in Turkmenistan);

269 **Uganda**: Common Law;

Ukraine: Wohnsitz + Belegenheitsrecht für Immobilien (Rechtswahl des Heimatrechtes zulässig);

Ungarn: Staatsangehörigkeit;

Uruguay: Belegenheitsrecht für gesamten Nachlass;

USA (Vereinigte Staaten von Amerika): Common Law (Ausnahme: in Mississippi Belegenheitsrecht für gesamten Nachlass);

Usbekistan: Wohnsitz + Belegenheitsrecht für Immobilien (Rechtswahl des Heimatrechtes zulässig);

---

421 *Braniselj*, Länderbericht Slowenien, Notarius International 2004, 153.
422 *Del Pozo/Torres Escámez*, Länderbericht Spanien, Notarius International 2003, 283.

Venezuela: Wohnsitz (Vorwegnahmerecht); 270

Vereinigte Arabische Emirate (VAR): Staatsangehörigkeit;

Vereinigtes Königreich von Großbritannien und Nordirland sh England bzw Schottland;

Vereinigte Staaten von Amerika sh USA;

Vietnam: vermutlich Wohnsitz + Belegenheitsrecht für Immobilien (möglicherweise Staatsangehörigkeit);

Weißrussland (Belarus): Wohnsitz + Belegenheitsrecht für Immobilien (Rechtswahl des Heimatrechtes zuge- 271 lassen);

Zaire sh Demokratische Republik Kongo; 272

Zentralafrikanische Republik: gewöhnlicher Aufenthalt + Belegenheitsrecht für Immobilien;

Zypern: Common Law.

4. Ausländisches Testamentsvollstreckerzeugnis oder ausländische Nachlassabwicklung

Das **Erbstatut** bestimmt auch, ob eine **Testamentsvollstreckung** zulässig ist und welche Rechte, inbes wel- 273 che Verfügungsbefugnis, der Testamentsvollstrecker hat.[423]

Die Bestellung und Rechtsstellung eines **Nachlasspflegers** oder Nachlassverwalters bestimmt sich hingegen nach **Art 24 EGBGB** (vgl Rdn 54).[424]

Bei Anwendung **österreichischen Erbrechts** stellt sich das Problem, dass nach hM eine **Einantwortung** für 274 den Erwerb auch des deutschen Nachlasses erforderlich, dass das österreichische Gericht aber die Einantwortung nur beschränkt auf das in Österreich belegene Vermögen ausspricht, nicht für deutsche Grundstücke.[425]

VI. Ausländische öffentliche Urkunden

1. Allgemeines: Prüfungsmaßstab und Anwendungsbereich

a) Prüfung bei Bewilligung (§ 19). Die Bewilligung einer Grundbucheintragung (§ 19) kann auch durch 275 eine ausländische öffentliche Urkunden oder eine im Ausland öffentlich beglaubigte Urkunden nachgewiesen werden, sofern diese einer deutschen öffentlichen Urkunde oder (zumindest) einer deutschen **Unterschriftsbeglaubigung gleichwertig** ist.[426]

§ 29 GBO ist auch insoweit Prüfungsmaßstab. Wie bei einer inländischen öffentlichen Urkunde ist demnach Voraussetzung, dass die Urkunde
- von einer zuständigen **öffentlichen Behörde** oder von einer mit **öffentlichem Glauben versehenen Person**
- innerhalb der Grenzen ihrer **Amtsbefugnisse** bzw des ihr zugewiesenen Geschäftskreises
- in der vorgeschriebenen **Form** aufgenommen wurde (§ 415 ZPO) (vgl § 29 Rdn 194 ff).

Als zusätzliches Erfordernis kommt für ausländische Urkunden noch die **Gleichwertigkeit** der ausländischen Beurkundung hinzu (s Rdn 344 ff). Für das Grundbuchverfahren spielt dies allerdings nur eine geringe praktische Rolle, da nach § 29 Abs 1 S 1 GBO für die Bewilligung ua Erklärungen der Beteiligten eine Unterschriftsbeglaubigung genügt und da ausländische Unterschriftsbeglaubigungen idR gleichwertig sind.

Als zweites zusätzliches Erfordernis ist bei ausländischen öffentlichen Urkunden jedoch vorab noch der **Nach-** 276 **weis der Echtheit** zu führen (§ **438 Abs 1 ZPO**) (s Rdn 282 ff). Denn die Echtheitsvermutung des § 437 Abs 1 ZPO gilt nur für inländische amtliche Urkunden.
- Zum Beweis der Echtheit genügt nach § **438 Abs 2 ZPO**, der auch im Grundbuchverfahren Anwendung findet, jedenfalls die **Legalisation** durch den deutschen Konsularbeamten, in dessen Konsularbezirk die Urkunde errichtet wurde (§ 13 Abs 2 KonsularG = Legalisation im engeren Sinn).

---

423 BGH NJW 1963, 46, 47; BayObLGZ 1990, 51 = DNotZ 1991, 546 = FamRZ 1990, 669 = IPRax 1991, 343 = Mitt-BayNot 1990, 249 = NJW-RR 1990, 906 = Rpfleger 1990, 363, dazu *Roth* IPRax 1991, 322.
424 *KEHE-Sieghörtner* Einl Rn U 39.
425 *Stögner/Perscha*, Verlassenschaftsverfahren in Österreich, Notarius International 2005, 113.
426 vgl speziell für das Grundbuchverfahren: OLG Zweibrücken FGPrax 1999, 86 = MittBayNot 1999, 480 = OLGR 1999, 370 = Rpfleger 1999, 326; *Demharter* § 29 Rn 50 ff; *Knothe* in *Bauer/von Oefele* Int Bezüge Rn 623, 628 ff; *Hügel-Zeiser* Int Bezüge Rn 238 ff; *KEHE-Sieghörtner* Einl U Rn 381, 384 ff; ebenso allg *Arnold* DNotZ 1975, 581, 585; *Armbrüster*, in *Huhn/v. Schuckmann*, BeurkG, 4. Aufl 2003, § 1 BeurkG Rn 78; *Staudinger-Hertel*, BGB (2004), § 129 BGB Rn 134; *Winkler* BeurkG, 16. Aufl 2008, Einl Rn 88.

– Anstelle der Legalisation genügt eine **Apostille**, soweit die Urkunde aus einem Vertragsstaat des Haager Übereinkommens vom 5. Oktober 1961 über die Befreiung ausländischer öffentlicher Urkunden vom Erfordernis der Legalisation.

– Weitere multilaterale Abkommen, die vom Erfordernis der Legalisation befreien, gelten für **Personenstandsurkunden** sowie für diplomatische und **konsularische Urkunden**.

– Aufgrund bilateraler Abkommen von jedem Echtheitsnachweis befreit sind (alle oder bestimmte) öffentliche Urkunden aus **Belgien, Dänemark, Frankreich, Griechenland, Italien, Österreich** und der **Schweiz**.

277 Steht die Echtheit der Urkunde fest, so gilt der **Erfahrungssatz**, dass ausländische Behörden ihre Zuständigkeits-, Verfahrens- und Formvorschriften im Regelfall einhalten. Solange der Erfahrungssatz nicht erschüttert ist, ist daher der Nachweis der ausländischen Zuständigkeits-, Verfahrens- und Formvorschriften entbehrlich (s Rdn 342).

Andernfalls kann der Nachweis insbes durch eine **Legalisation im weiteren Sinn** erbracht werden, dh die über die Legalisation im engeren Sinn hinausgehende Bestätigung des deutschen Konsularbeamten, dass der Aussteller zur Aufnahme der Urkunde zuständig war und dass die Urkunde in der den Gesetzen des Ausstellungsorts entsprechenden Form aufgenommen worden ist (§ 13 Abs 4 KonsularG – s Rdn 343). Im folgenden wird unter Legalisation grds die Legalisation im engeren Sinn verstanden, sofern sie nicht ausdrücklich als Legalisation im weiteren Sinn bezeichnet ist.

278 Steht ihre Echtheit fest, so hat die ausländische öffentliche Urkunde dieselbe Beweiskraft wie eine deutsche öffentliche Urkunde.[427] Dh wenn die Voraussetzungen der §§ 415, 417, 418 ZPO vorliegen (Zuständigkeit, Verfahren, Form), so erbringt auch die ausländische Urkunde den vollen Beweis ihres Inhalts bzw der darin bezeugten Erklärungen oder Tatsachen.

279 **b) Ausschließliche internationale Zuständigkeit für Auflassung (§ 20).** Für die **Auflassung** (§ 20) genügt eine ausländische Urkunde nie – unabhängig von der Gleichwertigkeit der ausländischen Urkundsperson und des ausländischen Beurkundungsverfahrens. Denn für die Auflassung eines im Inland gelegenen Grundstücks (oder Erbbaurechts) nach § 925 Abs 1 S 2 BGB (iVm § 11 Abs 1 ErbbauRG) besteht eine **ausschließliche Zuständigkeit** der deutschen Urkundspersonen. Sie kann nur vor einem deutschen Notar oder deutschen Konsularbeamten (§ 12 Nr 1 KonsularG) oder vor einem Gericht im gerichtlichen Vergleich (§ 127a BGB) erklärt werden. Eine vor einem ausländischen Notar erklärte Auflassung ist unwirksam.[428] Sie genügt daher auch im Grundbuchverfahren nach § 20 nicht.

Die ausschließliche Beurkundungszuständigkeit entspricht der ausschließlichen Zuständigkeit deutscher Gerichte für Streitigkeiten über Eigentum oder dingliche Rechte an »deutsche Grundstücken« (§ 24 ZPO), die wiederum einem allgemeinen international-zivilprozssrechtlichen Grundsatz entspricht.

280 **c) Ortsform (Art 11 Abs 1 EGBGB) genügt verfahrensrechtlich nicht.** Im Grundbuchverfahren ist Art 11 EGBGB nicht anwendbar. Nach **Art 11 Abs 1 EGBGB** ist ein Rechtsgeschäft **formgültig**, wenn es wahlweise entweder den Formvorschriften des materiell anwendbaren Rechtes (**Geschäftsstatut**) genügt oder des Rechts des Staates, in dem das Rechtsgeschäft abgeschlossen wird (**Ortsstatut**). Dies gilt auch für schuldrechtliche Verträge über deutsche Grundstücke.

– Art 11 Abs 4 enthält zwar eine Ausnahmebestimmung für schuldrechtliche Verträge über ein dingliches Recht an einem Grundstück oder über ein Recht zur Grundstücksnutzung. Diese Verträge unterliegen den zwingenden Vorschriften des Staates der belegenen Sache (lex rei sitae), falls dieses ausschließlichen Geltungsanspruch erhebt. Eine solche ausschließliche Geltung erhebt § 311b BGB (= § 313 BGB aF) aber nicht.[429] Ein Vertrag, der die Verpflichtung zur Veräußerung oder zum Erwerb eines im Inland gelegenen Grundstücks zum Gegenstand hat, ist danach auch dann formgültig, wenn die Form des Abschlussortes eine geringere Form als die der notariellen Beurkundung zulässt.

---

427 BVerwG BayVBl 1987, 123 = IPRspr 1986, Nr 159 = NJW 1987, 1159 = NVwZ 1987, 492; OLG Hamm IPRspr 2001, 176; *Zöller/Geimer* § 438 ZPO Rn 2.

428 BGH BB 1969, 197 = WM 1968, 1170; OLG Hamm NJW 1974, 1057; KG OLGZ 1986, 319 = DNotZ 1987, 44 = Rpfleger 1986, 428; OLG Köln OLGZ 1972, 321 = DNotZ 1972, 489 = Rpfleger 1972, 134; LG Ellwangen BWNotZ 2000, 45 = MittRhNotK 2000, 252; *Bausback* DNotZ 1996, 254; *Blumenwitz* DNotZ 1968, 712, 736; *Döbereiner* ZNotP 2001, 465; *Jakobs* MittRhNotK 1985, 57, 58; *Kropholler* ZHR 140 [1976], 394, 410; *Reithmann*, in *Reithmann/Martiny* Rn 646; *Riedel* DNotZ 1955, 521; *Weber* NJW 1955, 1784, 1786, 57; *Demharter* § 20 Rn 15; *Palandt-Bassenge* § 925 Rn 2; *Palandt-Heldrich* Art 11 EGBGB Rn 9, 22; *Staudinger-Firsching*. 12. Aufl, Art 11 EGBGB Rn 18; *Staudinger-Hertel* (2004) Vor §§ 127a, 128 BGB Rn 724; **aA** *Heinz* ZNotP 2001, 460; *Mann* NJW 1955, 1177; *Mann* ZHR 138 [1974], 448, 456; *Staudinger-Winkler von Mohrenfels*, 13. Aufl, Art 11 EGBGB Rn 315; zweifelnd auch MüKo-*Spellenberg* Art 11 EGBGB Rn 45.

429 *Palandt-Heldrich* Art 11 EGBGB Rn 12.

– Nach Art 11 Abs 5 gilt eine weitere Ausnahme für **dingliche Rechtsgeschäfte**. Ein Rechtsgeschäft, durch das ein Recht an einer Sache begründet oder über ein solches Recht verfügt wird, ist nur formgültig, wenn es die Formerfordernis des Rechts erfüllt, das auf das seinen Gegenstand bildende Rechtsverhältnis anzuwenden ist (Geschäftsstatut); die Einhaltung der Ortsform genügt nicht. Zur Eigentumsübertragung an deutschen Grundstücken bedarf es daher unabhängig vom Vertragsort einer **Auflassung** nach § 925 BGB. Diese ausschließliche Geltung des Belegenheitsrechts entspricht der früheren Regelung in Art 11 Abs 2.

Die alternative Einhaltung der Ortsform genügt aber nur für das materielle Recht (bzw im Immobilienrecht **281** nur für das schuldrechtliche Geschäft), nicht für das Verfahrensrecht. § 29 ist **Verfahrensvorschrift**; es gilt **deutsches Recht** als lex fori. Die Formerfordernisse des § 29 gelten daher für das deutsche Grundbuchverfahren auch dann, wenn nach dem Recht des Staates, in dem die Eintragungsbewilligung abgegeben wird, das dort maßgebliche Verfahrensrecht auf eine Form verzichtet oder eine geringere Form genügen lässt. Eintragungsunterlagen sind daher stets durch öffentliche oder öffentlich beglaubigte Urkunde nachzuweisen.

2. Nachweis der Echtheit der ausländischen öffentlichen Urkunde (§ 438 ZPO)

a) Grundsatz. Nur die echte Urkunde ist beweiskräftig. Die Urkunde ist iS der Verfahrensvorschriften dann **282** echt, wenn sie von derjenigen Person herrührt, die sie errichtet hat. § 437 ZPO stellt eine einfache Rechtsvermutung für die Echtheit inländischer öffentlicher Urkunden auf. Öffentliche Urkunden, die von einer ausländischen Amtsperson herrühren, haben diese Vermutung der Echtheit nicht (§ 438 Abs 1 ZPO). Vielmehr ist die Echtheit bei ausländischen Urkunden nachzuweisen.[430]

Dabei entscheidet das Grundbuchamt nach seinem Ermessen, welchen **Nachweis für die Echtheit** es nach den Umständen des Falles fordert (§ 438 Abs 1 ZPO). Dabei begrenzen aber internationale Abkommen sein Ermessen und regeln, was höchstens als Echtheitsnachweis verlangt werden kann:
– Für einzelne Länder oder bestimmte Arten öffentlicher Urkunden ist ein Nachweis der Echtheit ganz entbehrlich. Dies gilt aufgrund bilateraler Abkommen für (bestimmte oder alle) öffentliche Urkunden aus **Belgien, Dänemark, Frankreich, Griechenland, Italien, Österreich** und der **Schweiz** (s Rdn 308 ff).
– Aufgrund multilateraler Abkommen vom Nachweis der Echtheit befreit sind **Personenstandsurkunden** sowie diplomatische und **konsularische Urkunden** (s Rdn 323 ff).
– Nach dem **Haager Übereinkommen** vom 5. Oktober 1961 über die Befreiung ausländischer öffentlicher Urkunden vom Erfordernis der Legalisation genügt im Verhältnis der Vertragsstaaten untereinander eine **Apostille** (s Rdn 328 ff).
– Jedenfalls als Echtheitsnachweise genügt eine **Legalisation** durch den deutschen Konsularbeamten, in dessen Bezirk die ausländische Urkunde errichtet wurde (§ 438 Abs 2 ZPO) (s Rdn 335 ff).

Nach seinem **Ermessen** kann das Grundbuchamt aufgrund der besonderen Umstände des Einzelfalls die **283** Urkunde auch ohne oder bei einem geringeren Nachweis als echt ansehen (§ 438 Abs 1 ZPO).[431] So kann das Grundbuchamt etwa auf die Apostille verzichten, wenn es bereits mehrere Bewilligungen aufgrund von Unterschriftsbeglaubigungen desselben ausländischen Notars bearbeitet hat.

b) Länderliste. Eine aktualisierte Länderliste der Echtheitsnachweise findet sich auf der **Homepage des** **284** **DNotI**;[432] darauf beruht auch die nachfolgende Übersicht.
– ZT bestehen unterschiedliche Nachweiserfordernisse für den Gebrauch deutscher Urkunden im Ausland und ausländischer Urkunden in Deutschland: So wird insbes ein bilaterales Abkommen mit Belgien zur Freistellung von der Legalisation von Belgien nicht, wohl aber von Deutschland angewandt (wegen eines Fehlers im Ratifikationsverfahrens).
– Umgekehrt können bei Vorbehalten Deutschlands gegenüber dem Beitritt anderer Staaten zum Haager Übereinkommen vom 05.10.1961 über die Befreiung ausländischer öffentlicher Urkunden von der Legalisation möglicherweise dennoch deutsche öffentliche Urkunden im betreffenden Staat ohne Legalisation anerkannt werden.
– In einigen Staaten nehmen die deutschen Auslandsvertretungen derzeit **keine Legalisation** vor, insbes wenn es dort zu viele Urkundsfälschungen gibt und daher eine genauere Prüfung erforderlich ist, als im standardisierten Legalisationsverfahren möglich. Die dortigen deutschen Konsularbeamten können jedoch im Rahmen der **Amtshilfe** für das deutsche Grundbuchamt (oder für den die Urkunde vorlegenden deut-

---

430 BayObLG MittBayNot 1989, 273.
431 KG JW 1930, 1874 = DNotZ 1930, 611; KG DNotZ 1931, 29; KG JW 1933, 524 = DNotZ 1933, 718; OLG Hamburg JFG 10, 8; BayObLG MittBayNot 1989, 273, 275; BayObLG DNotZ 1993, 397 = MittBayNot 1993, 80 = MittRhNotK 1992, 326 = Rpfleger 1993, 192 (Echtheitsbescheinigung eines US-Gerichtes vorgelegt statt der erforderlichen Apostille des Secretary of state); *Langheim* Rpfleger 1996, 45; *Reithmann* DNotZ 1995, 360; *Demharter* Rn 50; *Schöner/Stöber* Rn 165.
432 http://www.dnoti.de – unter Arbeitshilfen/IPR.

schen Notar) im Einzelfall (gegen Kostenersatz) überprüfen lassen, ob der bescheinigte Sachverhalt zutrifft und hierdurch die Entscheidung des Grundbuchamts über den Beweiswert der Urkunde in Deutschland erleichtern.[433]

285 **Afghanistan**: keine Nachweiserleichterung, zZ legalisieren deutsche Auslandsvertretungen keine Urkunden aus Afghanistan;

Ägypten: Legalisation erforderlich;

Albanien: Legalisation erforderlich;[434]

Algerien: Legalisation erforderlich;

Andorra: Apostille genügt seit 31.12.1996;[435]

Angola: Legalisation erforderlich;

Anguilla (britisches Überseegebiet): Apostille genügt (s Großbritannien);

Antigua und Barbuda: Apostille genügt seit 01.11.1981;[436]

Äquatorialguinea: keine Nachweiserleichterung, zZ legalisieren deutsche Auslandsvertretungen keine Urkunden aus Äquatorialguinea;

Argentinien: Apostille genügt seit 18.02.1988;[437]

Armenien: Apostille genügt seit 14.08.1994;[438]

Aruba: Apostille genügt seit 30.04.1967 (s Niederlande);

Aserbaidschan: keine Nachweiserleichterung,[439] zZ legalisieren deutsche Auslandsvertretungen keine Urkunden aus Aserbaidschan;

Äthiopien: Legalisation erforderlich;

Australien: Apostille genügt seit 16.03.1995;[440]

286 **Bahamas**: Apostille genügt seit 10.07.1973;[441]

Bahrain: Legalisation erforderlich;

Bangladesch: keine Nachweiserleichterung, zZ legalisieren deutsche Auslandsvertretungen keine Urkunden aus Bangladesch;

Barbados: Apostille genügt seit 30.11.1966;[442]

Belarus s Weißrussland;

Belgien: Für die Verwendung belgischer Urkunden in Deutschland keine Apostille erforderlich (bilateraler Vertrag zwischen der Bundesrepublik Deutschland und dem Königreich Belgien über die Befreiung öffentlicher Urkunden von der Legalisation vom 13. Mai 1975,[443] vgl Rdn 309 f);[444] Personenstandsurkunden sind von der Legalisation freigestellt nach Art 8 des Übereinkommens vom 08.09.1976[445] (vgl Rdn 323 ff);

---

433 Die Liste der betroffenen Staten findet sich im Internet auf der Homepage des Auswärtigen Amtes: http://www.auswaertiges-amt.de/diplo/de/Infoservice/FAQ/BeglaubigungLegalisation/14-Ablehnung-ausl.html.
434 Albanien ist zwar seit 09.05.2004 Vertragsstaat des Haager Übereinkommens vom 05.10.1961 zur Befreiung ausländischer öffentlicher Urkunden von der Legalisation. Deutschland hat aber einen Vorbehalt nach Art 12 Abs 2 des Abkommens eingelegt; daher gilt das Übereinkommen nicht im Verhältnis zu Deutschland.
435 BGBl 1996 II 2802.
436 BGBl 1986 II 542.
437 BGBl 1988 II 235.
438 BGBl 1994 II 2532.
439 Aserbaischan ist zwar seit 02.03.2005 Vertragsstaat des Haager Übereinkommens vom 05.10.1961 zur Befreiung ausländischer öffentlicher Urkunden von der Legalisation. Deutschland hat aber einen Vorbehalt nach Art 12 Abs 2 des Abkommens eingelegt; daher gilt das Übereinkommen nicht im Verhältnis zu Deutschland.
440 BGBl 1995 II 222.
441 BGBl 1977 II 20.
442 BGBl 1996 II 934.
443 BGBl 1980 II 815.
444 Umgekehrt empfiehlt sich zur Verwendung deutscher Urkunden in Belgien empfiehlt sich, vorsichtshalber eine Apostille einzuholen, da das bilaterale Abkommen unter Hinweis auf einen Fehler im Ratifikationsverfahren in Belgien jedenfalls teilweise nicht anerkannt wird. Die Apostille genügt aber jedenfalls, da das Haager Übereinkommens vom 05.10.1961 zur Befreiung ausländischer öffentlicher Urkunden von der Legalisation im Verhältnis zwischen Belgien und Deutschland seit 09.02.1976 gilt (BGBl 1976 II 199).
445 BGBl 1997 II 774, BGBl 1998 II 966.

Belize: Apostille genügt seit 11.04.1993;[446]

Benin: keine Nachweiserleichterung, zZ legalisieren deutsche Auslandsvertretungen keine Urkunden aus Benin;

Bermuda (britisches Überseegebiet): Apostille genügt (sh Großbritannien);

Bhutan: Legalisation erforderlich;

Birma/Burma s Myanmar;

Bolivien: Legalisation erforderlich;

Bosnien und Herzegowina: Apostille genügt seit 06.03.1992;[447] Personenstandsurkunden sind von der Legalisation (und Apostille) freigestellt nach Art 8 des Übereinkommens vom 08.09.1976[448] (vgl Rdn 323 ff);

Botsuana: Apostille genügt seit 30.09.1966;[449]

Brasilien: Legalisation erforderlich;

Britische Jungferninseln (British Virgin Islands) (britisches Überseegebiet): Apostille genügt (sh Großbritannien);

Brunei Darussalam: Apostille genügt seit 03.12.1987;[450]

Bulgarien: Apostille genügt seit 29.04.2001 (BGBl 2001 II 801);

Burkina Faso (ehem Obervolta): Legalisation erforderlich;

Burundi: Legalisation erforderlich;

Cayman Islands s Kaimaninseln;

Ceylon s Sri Lanka;

Chile: Legalisation erforderlich;

China (Volksrepublik): Legalisation erforderlich (Apostille genügt für Hongkong und Macao – sh dort);

Cookinseln: Apostille genügt seit 30.04.2005 (BGBl 2005 II 752);

Costa Rica: Legalisation erforderlich;

Côte d'Ivoire s Elfenbeinküste;

Dänemark: keinerlei Echtheitsnachweis erforderlich (deutsch-dänisches Beglaubigungsabkommen vom 17.06.1936, RGBl 1936 II 213 – vgl Rdn 311 ff);[451]

Dominica: Apostille genügt seit 03.11.1978 (BGBl 2003 II 734);

Dominikanische Republik: keine Nachweiserleichterung, zZ legalisieren deutsche Auslandsvertretungen keine Urkunden aus der Dominikanischen Republik;

Dschibuti: keine Nachweiserleichterung, zZ legalisieren deutsche Auslandsvertretungen keine Urkunden aus Dschibuti;

Ecuador: Apostille genügt seit 02.04.2005;[452]

El Salvador: Apostille genügt seit 31.05.1996;[453]

Elfenbeinküste (Côte d'Ivoire): keine Nachweiserleichterung, zZ legalisieren deutsche Auslandsvertretungen keine Urkunden aus der Elfenbeinküste;

England s Großbritannien;

287

288

289

---

446 BGBl 1993 II 1005.
447 BGBl 1994 II 82.
448 BGBl 1997 II, 774; BGBl 1998 II, 966.
449 BGBl 1970 II 121.
450 BGBl 1988 II 154.
451 Dänemark ist außerdem seit 26.12.2006 Vertragsstaat des Haager Übereinkommens vom 05.10.1961 zur Befreiung ausländischer öffentlicher Urkunden von der Legalisation. Dem geht aber die weitergehende und speziellere Regelung des bilateralen Abkommens vor.
452 BGBl 2005 II 752.
453 BGBl 1996 II 934.

Eritrea: keine Nachweiserleichterung, zZ legalisieren deutsche Auslandsvertretungen keine Urkunden aus Eritrea;

Estland: Apostille genügt seit 30.09.2001;[454]

290 **Falklandinseln** (britisches Überseegebiet): Apostille genügt (s Großbritannien);

Fidschi: Apostille genügt seit 10.10.1970;[455]

Finnland: Apostille genügt seit 26.08.1985;[456]

Frankreich: keinerlei Echtheitsnachweis erforderlich (Abkommen zwischen der Bundesrepublik Deutschland und der Französischen Republik über die Befreiung öffentlicher Urkunden von der Legalisation vom 13. September 1971;[457] vgl Rdn 313 f);[458] für Personenstandsurkunden ergibt sich die Befreiung von der Legalisation auch aus Art 8 des Übereinkommens vom 08.09.1976; [459] vgl Rdn 323 ff;

291 **Gabun:** Legalisation erforderlich;

Gambia: keine Nachweiserleichterung, zZ legalisieren deutsche Auslandsvertretungen keine Urkunden aus Gambia;

Georgien: keine Nachweiserleichterung,[460] zZ legalisieren deutsche Auslandsvertretungen keine Urkunden aus Georgien;

Ghana: keine Nachweiserleichterung, zZ legalisieren deutsche Auslandsvertretungen keine Urkunden aus Ghana;

Gibraltar (britisches Überseegebiet): Apostille genügt (s Großbritannien);

Grenada: Apostille genügt seit 07.02.1974;[461]

Griechenland: keinerlei Echtheitsnachweis erforderlich (deutsch-griechisches Abkommen über die gegenseitige Rechtshilfe in Angelegenheiten des bürgerlichen und Handelsrechts vom 11.05.1938,[462] vgl Rdn 315 f);[463]

Großbritannien (Vereinigtes Königreich von Großbritannien und Nordirland): Apostille genügt seit 13.02.1966;[464] dies gilt auch für folgende britische Kron- bzw. Überseegebiete: Anguilla, Bermuda, Caymaninseln = Kaimaninseln, Falklandinseln, Gibraltar, Guernsey, Isle of Man, Jersey, Britische Jungferninseln = British Virgin Islands, Montserrat, St. Helena, Turks- und Caicosinseln);[465]

Guatemala: Legalisation erforderlich;

Guernsey (britisches Krongebiet): Apostille genügt (s Großbritannien);

Guinea: keine Nachweiserleichterung, zZ legalisieren deutsche Auslandsvertretungen keine Urkunden aus Guinea;

Guinea-Bissau: keine Nachweiserleichterung, zZ legalisieren deutsche Auslandsvertretungen keine Urkunden aus Guinea-Bissau;

Guyana: Legalisation erforderlich;

---

454 BGBl 2002 II 626.
455 BGBl 1971 II 1016.
456 BGBl 1985 II 1006.
457 BGBl 1974 II 1100.
458 Frankreich ist außerdem seit 13.02.1966 (BGBl 1966 II 106) Vertragsstaat des Haager Übereinkommens vom 05.10.1961 zur Befreiung ausländischer öffentlicher Urkunden von der Legalisation. Dem geht aber die weitergehende und speziellere Regelung des bilateralen Abkommens vor.
459 BGBl 1997 II 774, BGBl 1998 II 966.
460 Georgien ist zwar seit 21.08.2006 Vertragsstaat des Haager Übereinkommens vom 05.10.1961 zur Befreiung ausländischer öffentlicher Urkunden von der Legalisation. Deutschland hat aber einen Vorbehalt nach Art 12 Abs 2 des Abkommens eingelegt; daher gilt das Übereinkommen nicht im Verhältnis zu Deutschland.
461 BGBl 1975 II 366.
462 RGBl 1939 848.
463 Griechenland ist außerdem seit 18.05.1985 (BGBl 1985 II 1108) Vertragsstaat des Haager Übereinkommens vom 05.10.1961 zur Befreiung ausländischer öffentlicher Urkunden von der Legalisation. Dem geht aber die weitergehende und speziellere Regelung des bilateralen Abkommens vor.
464 BGBl 1966 II 106.
465 Die Liste der vom Übereinkommen umfassten abhängigen britischen Gebiete findet sich auf der Homepage der Haager Konferenz : http://www.hcch.net/index_en.php?act=conventions.childstatus&cid=41&mid=352.

Haiti: keine Nachweiserleichterung, zZ legalisieren deutsche Auslandsvertretungen keine Urkunden aus Haiti;   **292**

Honduras: Apostille genügt seit 30.09.2004;[466]

Hongkong (China): Apostille genügt seit 25.04.1965;[467] dies gilt auch nach dem Übergang an China weiter;[468]

Indien: keine Nachweiserleichterung,[469] zZ legalisieren deutsche Auslandsvertretungen keine Urkunden aus   **293**
Indien;

Indonesien: Legalisation erforderlich;

Irak: keine Nachweiserleichterung, zZ legalisieren deutsche Auslandsvertretungen keine Urkunden aus dem
Irak;

Iran: Legalisation erforderlich;

Irland: Apostille genügt seit 09.03.1999;[470]

Island: Apostille genügt seit 27.11.2004;[471]

Isle of Man (britisches Krongebiet): Apostille genügt (s Großbritannien);

Israel: Apostille genügt seit 14.08.1978;[472]

Italien: keinerlei Echtheitsnachweis erforderlich (bilateraler Vertrag zwischen der Bundesrepublik Deutschland
und der Italienischen Republik über den Verzicht auf die Legalisation von Urkunden vom 7. Juni 1969;[473] vgl
Rdn 317 ff);[474] für Personenstandsurkunden ergibt sich die Befreiung von der Legalisation auch aus Art 8 des
Übereinkommens vom 08.09.1976[475] (vgl Rdn 323 ff);

Jamaika: Legalisation erforderlich;   **294**

Japan: Apostille genügt seit 27.07.1970;[476]

Jemen: Legalisation erforderlich;

Jersey (britisches Krongebiet): Apostille genügt (s Großbritannien);

Jordanien: Legalisation erforderlich;

Jugoslawien s Serbien;

Jungferninseln s Britische Jungferninseln;

Kaimaninseln (Cayman Islands) (britisches Überseegebiet): Apostille genügt (s Großbritannien);   **295**

Kambodscha: keine Nachweiserleichterung, zZ legalisieren deutsche Auslandsvertretungen keine Urkunden
aus Kambodscha;

Kamerun: keine Nachweiserleichterung, zZ legalisieren deutsche Auslandsvertretungen keine Urkunden aus
Kamerun;

Kanada: Legalisation erforderlich;

Britische Kanalinseln: (British Kanal Islands): Apostille genügt für Guernsey und Jersey (s Großbritanien)

Kap Verde: Legalisation erforderlich;

---

466 BGBl 2005 II 64.
467 BGBl 1966 II 106.
468 BGBl 2003 II 583, 594.
469 Indien ist zwar seit 14. 7.2005 Vertragsstaat des Haager Übereinkommens vom 05.10.1961 zur Befreiung ausländischer
     öffentlicher Urkunden von der Legalisation. Deutschland hat aber einen Vorbehalt nach Art 12 Abs 2 des Abkommens
     eingelegt; daher gilt das Übereinkommen nicht im Verhältnis zu Deutschland.
470 BGBl 1999 II 142.
471 BGBl 1965 II 865.
472 BGBl 1978 II 1198.
473 BGBl 1974 II 1069.
474 Italien ist außerdem seit 11.02.1978 (BGBl 1978 II 153) Vertragsstaat des Haager Übereinkommens vom 05.10.1961
     zur Befreiung ausländischer öffentlicher Urkunden von der Legalisation. Dem geht aber die weitergehende und speziel-
     lere Regelung des bilateralen Abkommens vor.
475 BGBl 1997 II 774, BGBl 1998 II 966.
476 BGBl 1970 II 752.

Kasachstan: Apostille genügt seit 30.01.2001;[477]

Katar: Legalisation erforderlich;

Kenia: keine Nachweiserleichterung, zZ legalisieren deutsche Auslandsvertretungen keine Urkunden aus Kenia;

Kirgisistan: Legalisation erforderlich;

Kolumbien: Apostille genügt seit 30.01.2001;[478]

Demokratische Republik Kongo (früher Zaire): keine Nachweiserleichterung, zZ legalisieren deutsche Auslandsvertretungen keine Urkunden aus der Demokratischen Republik Kongo;

Republik Kongo (Brazaville): keine Nachweiserleichterung, zZ legalisieren deutsche Auslandsvertretungen keine Urkunden aus der Republik Kongo;

Korea (Republik): Apostille genügt seit 14.07.2007;[479]

Volksrepulik Korea (**Nordkorea**): Legalisation erforderlich;

Kosovo: Eine Rechtsnachfolgeerklärung Kosovos für das seinerzeit von Jugoslawien ratifizierte[480] Haager Übereinkommen vom 05.10.1961 zur Befreiung ausländischer öffentlicher Urkunden von der Legalisation liegt noch nicht vor, ist aber wohl zu erwarten; dies würde klarstellen, dass weiterhin die Apostille genügt; ebenso liegt bisher keine Rechtsnachfolgeerklärung hinsichtlich des »Übereinkommens über die Erteilung mehrsprachiger Auszüge aus Personenstandsbüchern/Zivilstandsregistern« vom 08.09.1976 [481] (vgl Rdn 323 ff) vor, nach dem Personenstandsurkunden von der Legalisation freigestellt sind;

Kroatien: Apostille genügt seit 08.10.1991;[482] Personenstandsurkunden sind von der Legalisation freigestellt nach Art 8 des Übereinkommens vom 08.09.1976; [483] vgl Rdn 323 ff;

Kuba: Legalisation erforderlich;

Kuwait: Legalisation erforderlich;

296   **Laos**: keine Nachweiserleichterung, zZ legalisieren deutsche Auslandsvertretungen keine Urkunden aus Laos;

Lesotho: Apostille genügt seit 04.10.1966;[484]

Lettland: Apostille genügt 30.01.1996;[485]

Libanon: Legalisation erforderlich;

Liberia: keine Nachweiserleichterung,[486] zZ legalisieren deutsche Auslandsvertretungen keine Urkunden aus Liberia;

Libyen: Legalisation erforderlich;

Liechtenstein: Apostille genügt seit 17.09.1972;[487]

Litauen: Apostille genügt seit 19.07.1997;[488]

Luxemburg: Apostille genügt 03.06.1979;[489] Personenstandsurkunden sind von der Legalisation freigestellt nach Art 8 des Übereinkommens vom 08.09.1976[490] (vgl Rdn 323 ff); dasselbe ergibt sich auch aus dem deutsch-luxemburgischen Abkommen vom 03.06.1982 über den Verzicht auf die Beglaubigung und über den Austausch von Personenstandsurkunden etc;[491]

---

477 BGBl 2001 II 298.
478 BGBl 2001 II 298.
479 BGBl 2008 II 224.
480 BGBl 1966 II 106.
481 BGBl 1997 II 774.
482 BGBl 1994 II 82.
483 BGBl 1997 II, 774; BGBl 1998 II, 966.
484 BGBl 1972 II 1466.
485 BGBl 1996 II 223.
486 Liberia ist zwar seit 08.02.1996 Vertragsstaat des Haager Übereinkommens vom 05.10.1961 zur Befreiung ausländischer öffentlicher Urkunden von der Legalisation. Deutschland hat aber einen Vorbehalt nach Art 12 Abs 2 des Abkommens eingelegt; daher gilt das Übereinkommen nicht im Verhältnis zu Deutschland.
487 BGBl 1972 II 1466.
488 BGBl 1997 II 1400.
489 BGBl 1979 II 684.
490 BGBl 1997 II, 774; BGBl 1998 II, 966.
491 BGBl 1983 II 698, in Kraft seit 01.04.1984: BGBl 1984 II 188, vgl Bekanntmachung BGBl 1984 II 498.

Macao (China): Apostille genügt seit 04.02.1969;[492] dies gilt auch nach dem Übergang an China weiter;[493]   **297**

Madagaskar: Legalisation erforderlich;

Malawi: Apostille genügt seit 02.12.1967;[494]

Malaysia: Legalisation erforderlich;

Malediven: Legalisation erforderlich;

Mali: Legalisation erforderlich;

Malta: Apostille genügt seit 02.03.1968;[495]

Man s Isle of Man;

Marokko: keine Nachweiserleichterung, zZ legalisieren deutsche Auslandsvertretungen keine Urkunden aus Marokko (ausgenommen Auszüge aus Personenstandsregistern);

Marschallinseln: Apostille genügt seit 14.08.1992;[496]

Mauretanien: Legalisation erforderlich;

Mauritius: Apostille genügt seit 12.03.1968;[497]

Mazedonien (FYROM): Apostille genügt seit 17.09.1991;[498]

Personenstandsurkunden sind von der Legalisation freigestellt nach Art 8 des Übereinkommens vom 08.09.1976[499] (vgl Rdn 323 ff);

Mexiko: Apostille genügt seit 14. 8.1995;[500]

Föderierte Staaten von Mikronesien: Legalisation erforderlich;

Republik Moldau: keine Nachweiserleichterung,[501] zZ legalisieren deutsche Auslandsvertretungen keine Urkunden aus der Republik Moldau;

Monaco: Apostille genügt seit 31.12.2002;[502]

Mongolei: keine Nachweiserleichterung, zZ legalisieren deutsche Auslandsvertretungen keine Urkunden aus der Mongolei;

Montenegro: Apostille genügt seit 03.06.2006 (dem Tag der Unabhängigkeit von Serbien und Montenegro);[503] Personenstandsurkunden sind wohl weiterhin von der Legalisation freigestellt, da das diesbezügliche »Übereinkommen über die Erteilung mehrsprachiger Auszüge aus Personenstandsbüchern/Zivilstandsregistern« vom 08.09.1976[504] (vgl Rdn 323 ff) auch nach der Unabhängigkeit weitergelten dürfte;

Montserrat (britisches Überseegebiet): Apostille genügt (s Großbritannien);

Mosambik: Legalisation erforderlich;

Myanmar (Birma/Burma): keine Nachweiserleichterung, zZ legalisieren deutsche Auslandsvertretungen keine Urkunden aus Myanmar;

Namibia: Apostille genügt seit 30.01.2001;[505]   **298**

Nauru: Legalisation erforderlich;

---

492 BGBl 1969 II 120.
493 BGBl 2003 II 789, 798
494 BGBl 1968 II 76.
495 BGBl 1968 II 131.
496 BGBl 1992 II 948.
497 BGBl 1970 II 121.
498 BGBl 1994 II 1191.
499 BGBl 1997 II 774, BGBl 1998 II, 966.
500 BGBl 1995 II 694.
501 Die Republik Moldau ist zwar seit 16.03.2007 Vertragsstaat des Haager Übereinkommens vom 05.10.1961 zur Befreiung ausländischer öffentlicher Urkunden von der Legalisation. Deutschland hat aber einen Vorbehalt nach Art 12 Abs 2 des Abkommens eingelegt; daher gilt das Übereinkommen nicht im Verhältnis zu Deutschland.
502 BGBl 2003 II 63.
503 BGBl 1966 II 106, 2008 II 224.
504 BGBl 1997 II 774, BGBl 2002 II 1207.
505 BGBl 2001 II 298.

Nepal: keine Nachweiserleichterung, zZ legalisieren deutsche Auslandsvertretungen keine Urkunden aus Nepal;

Neuseeland: Apostille genügt seit 22.11.2001;[506]

Nicaragua: Legalisation erforderlich;

Niederlande: Apostille genügt seit 13.02.1966;[507] Personenstandsurkunden sind von der Legalisation freigestellt nach Art 8 des Übereinkommens vom 08.09.1976[508] (vgl Rdn 323 ff);

Niederländische Antillen: Apostille genügt seit 30.04.1967;

Niger: Legalisation erforderlich;

Nigeria: keine Nachweiserleichterung, zZ legalisieren deutsche Auslandsvertretungen keine Urkunden aus Nigeria;

Niue: Apostille genügt seit 02.03.1999;[509]

Norwegen: Apostille genügt seit 29.07.1983;[510]

299 Obervolta s Burkina Faso;

Oman: Legalisation erforderlich;

Österreich: keinerlei Echtheitsnachweis erforderlich (deutsch-österreichischer Beglaubigungsvertrag vom 21.06.1923[511]vgl Rdn 319 ff); Personenstandsurkunden sind von der Legalisation freigestellt nach Art 8 des Übereinkommens vom 08.09.1976[512] (vgl Rdn 323 ff); dasselbe ergibt sich auch aus dem deutsch-österreichischen Vertrag vom 18.11.1980 über den Verzicht auf die Beglaubigung und über den Austausch von Personenstandsurkunden etc;[513]

300 **Pakistan**: keine Nachweiserleichterung, zZ legalisieren deutsche Auslandsvertretungen keine Urkunden aus Pakistan;

Panama: Apostille genügt seit 04.08.1991;[514]

Papua Neuguinea: Legalisation erforderlich;

Paraguay: Legalisation erforderlich;

Peru: Legalisation erforderlich;

Philippinen: keine Nachweiserleichterung, zZ legalisieren deutsche Auslandsvertretungen keine Urkunden von den Philippinen;

Polen: Apostille genügt seit 14.08.2005[515],[516] Personenstandsurkunden sind von der Legalisation freigestellt nach Art 8 des Übereinkommens vom 08.09.1976[517] (vgl Rdn 323 ff);

Portugal: Apostille genügt seit 04.02.1969;[518] Personenstandsurkunden sind von der Legalisation freigestellt nach Art 8 des Übereinkommens vom 08.09.1976[519] (vgl Rdn 323 ff);

Puerto Rico: Apostille genügt seit 15.10.1981 (s USA);

---

506 BGBl 2002 II 626.
507 BGBl 1966 II 106.
508 BGBl 1997 II 774, BGBl 1998 II 966.
509 BGBl 1999 II 142.
510 BGBl 1983 II 478.
511 RGBl 1924 II 61. Österreich ist außerdem seit 13.01.1968 (BGBl 1968 II 76) Vertragsstaat des Haager Übereinkommens vom 05.10.1961 zur Befreiung ausländischer öffentlicher Urkunden von der Legalisation. Dem geht aber die weitergehende und speziellere Regelung des bilateralen Abkommens vor.
512 BGBl 1997 II 774, BGBl 1998 II 966.
513 BGBl 1964 II 194, 1981 II 1050, in Kraft seit 01.05.1982: BGBl 1982 II 207, dazu Bekanntmachungen BGBl 1982 II 459 und 1984 II 915.
514 BGBl 1991 II 998.
515 BGBl 2006 II 132.
516 In der Weimarer Zeit schlossen Polen und das Deutsche Reich ein bilaterales Abkommen zur Befreiung vom Legalisationserfordernis ab (RGBl. 1925 II, 139). Das Abkommen wird aber infolge des Zweiten Weltkrieges und der damaligen Besetzung Polens durch Deutschland nicht mehr angewandt.
517 BGBl 1997 II 774, BGBl 2003 II 2171.
518 BGBl 1969 II 120.
519 BGBl 1997 II 774, BGBl 1998 II 966.

Ruanda: keine Nachweiserleichterung, zZ legalisieren deutsche Auslandsvertretungen keine Urkunden aus **301** Ruanda;

Rumänien: Apostille genügt seit 16.03.2001;[520]

Russland: Apostille genügt seit 31.05.1992;[521]

Salomonen: Legalisation erforderlich; **302**

Sambia: Legalisation erforderlich;

Samoa: Apostille genügt seit 13.09.1999;[522]

San Marino: Apostille genügt seit 13.02.1995;[523]

Saudi-Arabien: Legalisation erforderlich;

Schweden: Apostille genügt seit 01.05.1999;[524]

Schweiz: von Gerichten und bestimmten höheren (und den obersten) Verwaltungsbehörden errichtete öffentliche Urkunden sind von jedem Echtheitsnachweis befreit (deutsch-schweizerischer Vertrag über die Beglaubigung öffentlicher Urkunden vom 14. Februar 1907, RGBl 1907, 411 – vgl Rdn 321 f); Personenstandsurkunden sind von der Legalisation freigestellt nach Art 8 des Übereinkommens vom 08.09.1976[525] (vgl Rdn 323 ff); dasselbe ergibt sich auch aus dem deutsch-schweizerischen Abkommen vom 04.11.1985 über den Verzicht auf die Beglaubigung und über den Austausch von Personenstandsurkunden etc;[526] für Urkunden der übrigen Verwaltungsbehörden und für notarielle Urkunden aus der Schweiz ist eine Apostille erforderlich bzw genügend (seit 11.03.1973[527]);

Senegal: keine Nachweiserleichterung, zZ legalisieren deutsche Auslandsvertretungen keine Urkunden aus dem Senegal;

Serbien (bzw früher **Jugoslawien**): Apostille genügt seit 24.01.1965;[528] Personenstandsurkunden sind von der Legalisation freigestellt nach Art 8 des Übereinkommens vom 08.09.1976[529] (vgl Rdn 323 ff);

Seychellen: Apostille genügt seit 31.03.1979;[530]

Sierra Leone: keine Nachweiserleichterung, zZ legalisieren deutsche Auslandsvertretungen keine Urkunden aus Sierra Leone;

Simbabwe: Legalisation erforderlich;

Singapur: Legalisation erforderlich;

Slowakei: Apostille genügt seit 18.02.2002;[531]

Slowenien: Apostille genügt seit 25.06.1991;[532] Personenstandsurkunden sind von der Legalisation freigestellt nach Art 8 des Übereinkommens vom 08.09.1976[533] (vgl Rdn 323 ff);

Somalia: keine Nachweiserleichterung, zZ legalisieren deutsche Auslandsvertretungen keine Urkunden aus Somalia;

Spanien: Apostille genügt seit 25.09.1978;[534] Personenstandsurkunden sind von der Legalisation freigestellt nach Art 8 des Übereinkommens vom 08.09.1976[535] (vgl Rdn 323 ff);

---

520 BGBl 2001 II 801.
521 BGBl 1992 II 948.
522 BGBl 1999 II 794.
523 BGBl 1995 II 222.
524 BGBl 1999 II 420.
525 BGBl 1997 II 774, BGBl 1998 II 966.
526 BGBl 1988 II 126, in Kraft seit 01.07.1988: BGBl 1988 II 467, dazu Bekanntmachungen BGBl 1988 II 697 und 1994 II 3703.
527 BGBl 1973 II 176.
528 BGBl 1966 II 106, 2002 II 626, 2008 II 224.
529 BGBl 1997 II 774, 2002 II 1207.
530 BGBl 1979 II 417.
531 BGBl 2002 II 626.
532 BGBl 1993 II 1005.
533 BGBl 1997 II 774, BGBl 1998 II 966.
534 BGBl 1978 II 1330.
535 BGBl 1997 II 774, BGBl 1998 II 966.

Sri Lanka (früher Ceylon): keine Nachweiserleichterung, zZ legalisieren deutsche Auslandsvertretungen keine Urkunden aus Sri Lanka;

St. Helena (britisches Überseegebiet): Apostille genügt (s Großbritannien);

St. Kitts und Nevis: Apostille genügt seit 14.12.1994;[536]

St. Lucia: Apostille genügt seit 01.06.2002;[537]

St. Vincent und die Grenadinen: Apostille genügt seit 27.10.1979;[538]

Südafrika: Apostille genügt seit 30.04.1995;[539]

Sudan: Legalisation erforderlich;

Suriname: Apostille genügt seit 25.11.1975;[540]

Swasiland: Apostille genügt seit 06.09.1968;[541]

Syrien: Legalisation erforderlich;

303   **Tadschikistan**: keine Nachweiserleichterung, zZ legalisieren deutsche Auslandsvertretungen keine Urkunden aus Tadschikistan;

Taiwan (Republik China): Legalisation erforderlich;

Tansania: Legalisation erforderlich;

Thailand: Legalisation erforderlich;

Togo: keine Nachweiserleichterung, zZ legalisieren deutsche Auslandsvertretungen keine Urkunden aus Togo;

Tonga: Apostille genügt seit 04.06.1970;[542]

Trinidad und Tobago: Apostille genügt seit 14.07.2000;[543]

Tschad: keine Nachweiserleichterung, zZ legalisieren deutsche Auslandsvertretungen keine Urkunden aus dem Tschad;

Tschechische Republik: Apostille genügt seit 16.03.1999;[544]

Tunesien: Legalisation erforderlich;

Türkei: Apostille genügt seit 29.09.1985;[545] Personenstandsurkunden sind von der Legalisation freigestellt nach Art 8 des Übereinkommens vom 08.09.1976[546] (vgl Rdn 323 ff);

Turks- und Caicosinseln (britisches Überseegebiet): Apostille genügt (s Großbritannien);

Turkmenistan: Legalisation erforderlich;

304   **Uganda**: keine Nachweiserleichterung, zZ legalisieren deutsche Auslandsvertretungen keine Urkunden aus Uganda;

Ukraine: Legalisation erforderlich;[547]

Ungarn: Apostille genügt seit 18.01.1973;[548]

Uruguay: Legalisation erforderlich;

---

536 BGBl 1994 II 3765.
537 BGBl 2002 II 2503.
538 BGBl 2003 II 698.
539 BGBl 1995 II 326.
540 BGBl 1977 II 593.
541 BGBl 1979 II 417.
542 BGBl 1972 II 254.
543 BGBl 2000 II 34.
544 BGBl 1999 II 142.
545 BGBl 1985 II 1108.
546 BGBl 1997 II 774, BGBl 1998 II 966.
547 Die Ukraine ist zwar seit 22.12.2003 Vertragsstaat des Haager Übereinkommens vom 05.10.1961 zur Befreiung ausländischer öffentlicher Urkunden von der Legalisation. Deutschland hat aber einen Vorbehalt nach Art 12 Abs 2 des Abkommens eingelegt; daher gilt das Übereinkommen nicht im Verhältnis zu Deutschland.
548 BGBl 1973 II 65.

USA (Vereinigte Staaten von Amerika): Apostille genügt seit 15.10.1981;[549]

Usbekistan: Legalisation erforderlich;

Vannatu: Legalisation erforderlich;

Venezuela: Apostille genügt seit 16.03.1999;[550]

305

Vereinigte Arabische Emirate (VAR): Legalisation erforderlich;

Vereinigtes Königreich von Großbritannien und Nordirland s Großbritannien;

Vereinigte Staaten von Amerika s USA;

Vietnam: keine Nachweiserleichterung, zZ legalisieren deutsche Auslandsvertretungen keine Urkunden aus Vietnam;

Weißrussland (Belarus): Apostille genügt seit 31.05.1992;[551]

306

Zaire sh Demokratische Republik Kongo;

307

Zentralafrikanische Republik: keine Nachweiserleichterung, zZ legalisieren deutsche Auslandsvertretungen keine Urkunden aus der Zentralafrikanischen Republik;

Zypern: Apostille genügt seit 30.04.1973.[552]

c) Befreiung von der Legalisation aufgrund zweiseitiger Abkommen. Zweiseitige Verträge über die Befreiung öffentlicher Urkunden (oder bestimmter öffentlicher Urkunden) von der Legalisation (und der Apostille) bestehen mit **Belgien, Dänemark, Frankreich, Griechenland, Italien, Österreich** und der **Schweiz**. In ihrem jeweiligen Anwendungsbereich gilt für die betreffenden ausländischen öffentlichen Urkunden dieselbe Echtheitsvermutung wie nach § 437 ZPO für deutsche öffentliche Urkunden.[553]

308

– Der Anwendungsbereich der neueren Beglaubigungsverträge mit **Italien** (1969), **Frankreich** (1971) und **Belgien** (1975), aber auch der aus der Zwischenkriegszeit stammende Vertrag mit **Österreich** (1923) umfasst im wesentlichen alle Arten öffentlicher Urkunden, insbes Urkunden aller Gerichte, Verwaltungsbehörden und Notare. Sie führen zu einer Befreiung **aller** öffentlichen Urkunden von der Legalisation und verwirklichen damit das Ziel der Freizügigkeit[554] der öffentlichen Urkunden im zwischenstaatlichen Rechtsverkehr.

– Die anderen Verträge aus der Zwischenkriegszeit befreien hingegen nur Urkunden **bestimmter Behörden und/oder bestimmte Beurkundungsgegenstände** von der Legalisation, nämlich Urkunden von Gerichten und höheren oder obersten Verwaltungsbehörden (so die Verträge mit der **Schweiz** 1907, **Dänemark** 1936 und **Griechenland** 1938). Notarielle Urkunden stellt lediglich der Vertrag mit Dänemark von der Legalisation frei.

– Voraussetzung ist jeweils, dass die Urkunde mit **Siegel** (oder Stempel) der ausstellenden Stelle versehen ist. Eine Unterschrift ist nicht ausdrücklich erwähnt, aber der Sache nach durch den Begriff der Urkunde vorausgesetzt. Damit ähneln die Voraussetzungen denen des § 29 Abs 3 GBO.

– Die Befreiung stellt nicht nur von der Legalisation, sondern **auch von der Apostille frei**. Die neueren Verträge stellen dies ausdrücklich klar. Die älteren Verträge konnten dies noch nicht ausdrücklich regeln, da es damals noch keine Apostille gab. Der Sache nach war aber auch damals eine umfassende Freistellung von zusätzlichen Beglaubigungserfordernissen gewollt, nicht nur ein vereinfachtes Verfahren, wie es die Apostille darstellt.

– Für andere Urkunden sehen die Verträge mit Dänemark und Griechenland eine **Zwischenbeglaubigung** oder **Überbeglaubigung** vor (so Art 2 des deutsch-dänischen Beglaubigungsabkommens insbes für Urkunden des Grundbuchamts, Art 24 Abs 2 des deutsch-griechischen Beglaubigungsabkommens insbes für Urkunden des Grundbuchamts und für notarielle Urkunden). Der Sache nach handelt es sich um einen **Vorläufer der Apostille** (so dass diese Bestimmungen heute in der Praxis durch die Apostille ersetzt sind).

– Die Verträge mit Belgien, Frankreich und Italien sehen vor, dass bei **ernsthaften Zweifeln** an der Echtheit der Unterschrift, der Eigenschaft, in welcher der Unterzeichner der Urkunde gehandelt hat, und gegebe-

---

549 BGBl 1981 II 903.
550 BGBl 1999 II 142.
551 BGBl 1993 II 1005.
552 BGBl 1973 II 391.
553 *Zöller/Geimer* § 438 ZPO Rn 1.
554 *Arnold* DNotZ 1975, 581, 583 weist in Fn 13 zutreffend darauf hin, dass der Begriff »Freizügigkeit von Urkunden« sich nur auf die Echtheit öffentlicher Urkunden bezieht. Nicht geregelt wurden sonstige Fragen des internationalen Beurkundungsrechts, auch nicht die Frage, ob eine im anderen Vertragsstaat vorgenommene Beurkundung für die Wahrung einer gesetzlich vorgeschriebenen Form, von der die Wirksamkeit eines Rechtsakts abhängt, anerkannt wird.

nenfalls an der Echtheit des Siegels oder des Stempels, mit dem die Urkunde versehen ist, ein **Ersuchen um Nachprüfung** an die zuständige Stelle des Herkunftsstaates gerichtet werden kann (vgl Art 6, 7 des Vertrages mit Belgien, Art 7, 8 des Vertrages mit Frankreich, Art 4, 5 des Vertrages mit Italien). Rechtlich ist dies eine gutachterliche Äußerung, die der Behörde des Empfangsstaates bei der Beurteilung der Echtheit hilft, funktionell eine Art »Apostille on demand«, oder Apostille bei Bedarf. Diese Möglichkeit besteht auch für das Grundbuchamt.

309 **aa) Belgien.** Vertrag zwischen der Bundesrepublik Deutschland und dem Königreich Belgien über die Befreiung öffentlicher Urkunden von der Legalisation vom 13. Mai 1975,[555] in Kraft seit 01.05.1981.[556]

Belgien hält sich wegen eines Fehlers des Ratifikationsverfahrens für nicht an diesen Vertrag gebunden. Er wird jedoch von deutscher Seite beachtet, so dass belgische öffentliche Urkunden im deutschen Grundbuchverfahren ohne Apostille anzuerkennen sind.

Das Abkommen folgt in Inhalt und Aufbau weitgehend den zuvor mit Italien (07.06.1969) und Frankreich (13.09.1971) abgeschlossenen bilateralen Abkommen.
- Der Anwendungsbericht umfasst öffentliche Urkunden insbes der **Gerichte, Verwaltungsbehörden und Notare** (Art 2), einschließlich Unterschriftsbeglaubigungen (Art 4).
- Die Urkunde muss **Siegel** oder Stempel der ausstellenden Behörde tragen (Art 1).
- Die Urkunden im Anwendungsbereich sind freigestellt von Legalisation (Art 1) und Apostille (Art 10 Abs 2).
- Bei ernsthaften Zweifeln an der ernsthafte Zweifel an der Echtheit oder der Funktion des Ausstellers ist aber ein **Nachprüfungsverfahren** im Errichtungsstaat möglich (Art 6 – 7).

310 **Art 1**

Öffentliche Urkunden, die in einem der beiden Staaten errichtet und mit amtlichem Siegel oder Stempel versehen sind, bedürfen zum Gebrauch in dem anderen Staat keiner Legalisation, Apostille oder ähnlichen Förmlichkeit.

Art 2

Als öffentliche Urkunden sind für die Anwendung dieses Abkommens anzusehen:
1. Urkunden eines Gerichts oder einer Staatsanwaltschaft bei einem Gericht sowie eines deutschen Vertreters des öffentlichen Interesses;
   Urkunden eines Urkundsbeamten der Geschäftsstelle sowie eines deutschen Rechtspflegers;
   Urkunden eines Gerichtsvollziehers;
2. Urkunden einer Verwaltungsbehörde;
3. Urkunden eines Notars;
4. Urkunden eines Diplomaten oder Konsularbeamten eines der beiden Staaten, ohne Rücksicht darauf, ob die diplomatische Mission oder die konsularische Vertretung ihren Sitz in dem anderen oder in einem dritten Staat hat;
5. Scheck- und Wechselproteste zu anderen handelsrechtlichen Wertpapieren, auch wenn sie von einem Postbediensteten aufgenommen sind.

Art 3

(1) Als öffentliche Urkunden sind für die Anwendung dieses Abkommens auch Urkunden anzusehen, die, selbst wenn sie nicht mit amtlichem Siegel oder Stempel versehen sind,
a) in einem der beiden Staaten eine Person oder Stelle errichtet hat, die nach dem Recht dieses Staates zur Ausstellung öffentlicher Urkunden in Fällen der Art befugt ist, zu denen die vorgelegte Urkunde gehört, und
b) die zuständige Behörde dieses Staates beglaubigt hat.

(2) Durch die Beglaubigung nach Absatz 1 wird die Echtheit der Unterschrift, des Siegels oder Stempels, falls die Urkunde mit einem solchen versehen ist, sowie die Befugnis der die Urkunde ausstellenden Person oder Stelle zur Errichtung öffentlicher Urkunden in Fällen der Art bestätigt, zu denen die vorgelegte Urkunde gehört.

(3) Jeder Staat bestimmt die zuständige Behörde nach Absatz 1. Diese Bestimmung wird dem anderen Staat bei dem Austausch der Ratifikationsurkunden mitgeteilt. Jede Änderung, die nachträglich in der Zuständigkeit der Behörde eintritt, wird auf diplomatischem Weg mitgeteilt.

Art 4

Amtliche Bescheinigungen, die auf Privaturkunden angebracht sind, wie zum Beispiel Vermerke über die Registrierung, Sichtvermerke zur Feststellung eines bestimmten Zeitpunkts, Beglaubigungen von Unterschriften sowie Beglaubigungen von Abschriften, sind als öffentliche Urkunden im Sinne dieses Abkommens anzusehen, wenn sie von einer in Artikel 2 angeführten Person oder Behörde erteilt sind.

Art 5

(1) Unter Legalisation im Sinne dieses Abkommens ist die Förmlichkeit zu verstehen, durch welche die Diplomaten oder Konsularbeamten des Staates, in dessen Hoheitsgebiet die Urkunde vorgelegt werden soll, die Echtheit der Unterschrift, die

---

555 BGBl 1980 II 815.
556 Bekanntmachung, BGBl 1981 II 142.

Hertel

Eigenschaft, in welcher der Unterzeichner der Urkunde gehandelt hat, und gegebenenfalls die Echtheit des Siegels oder Stempels, mit dem die Urkunde versehen ist, bestätigen.

(2) Als Apostille wird die Förmlichkeit bezeichnet, die in den Artikeln 3, 4 und 5 des Haager Übereinkommens vom 5. Oktober 1961 zur Befreiung ausländischer öffentlicher Urkunden von der Legalisation vorgesehen ist.

Art 6

(1) Wird eine öffentliche Urkunde im Sinne der Artikel 2, 3 und 4 in einem der beiden Staaten vorgelegt und ergeben sich ernsthafte Zweifel an der Echtheit der Unterschrift, an der Eigenschaft, in welcher der Unterzeichner der Urkunde gehandelt hat, und gegebenenfalls an der Echtheit des Siegels oder des Stempels, mit dem die Urkunde versehen ist, so kann ein Ersuchen um Nachprüfung unmittelbar gerichtet werden

in Belgien
an das Ministerium für Auswärtige Angelegenheiten,
in der Bundesrepublik Deutschland
an das Bundesverwaltungsamt in Köln.

(2) Diese Behörden übermitteln die von der zuständigen Person, Stelle oder Behörde abgegebene Äußerung.

Art 7

(1) Dem Ersuchen um Nachprüfung nach Artikel 6 ist möglichst die Urkunde im Original oder in Ablichtung beizufügen.

(2) Die an die zuständige belgische Behörde gerichteten Ersuchen nebst Anlagen müssen in französischer oder niederländischer Sprache abgefasst oder von einer Übersetzung in eine dieser Sprache begleitet sein. Die an die zuständige deutsche Behörde gerichteten Ersuchen nebst Anlagen müssen in deutscher Sprache abgefasst oder von einer Übersetzung in diese Sprache begleitet sein.

(3) Für die Erledigung der Ersuchen werden Gebühren oder Auslagen irgendwelcher Art nicht erhoben.

Art 8

Übersetzungen von öffentlichen Urkunden im Sinne der Artikel 2, 3 und 4, die von einer Verwaltungsbehörde, einem Notar oder einem vereidigten Übersetzer eines der beiden Staaten im Rahmen ihrer Befugnisse gefertigt und mit der Bescheinigung der Richtigkeit und Vollständigkeit versehen worden sind, können in dem anderen Staat verwendet werden, ohne dass eine Legalisation, Apostille oder Beglaubigung nach Artikel 3 verlangt werden darf.

Art 9

Jeder der beiden Staaten trifft die notwendigen Maßnahmen, um zu vermeiden, dass seine Behörden Urkunden mit der Legalisation, Apostille oder einer ähnlichen Förmlichkeit versehen, wenn die Urkunden hiervon auf Grund dieses Abkommens befreit sind.

Art 10

(1) Dieses Abkommen läßt andere mehr- oder zweiseitige Übereinkünfte unberührt, welche die Staaten geschlossen haben oder schließen werden und die für besondere Sachgebiete die gleichen Gegenstände regeln.

(2) Zwischen den beiden Staaten besteht Einverständnis darüber, daß die Vorschrift des Haager Übereinkommens vom 5. Oktober 1961 zur Befreiung ausländischer öffentlicher Urkunden von der Legalisation gemäß seinem Artikel 3 in ihren Beziehungen nicht anzuwenden sind.

Art 11

Dieses Abkommen gilt auch für das Land Berlin, sofern nicht die Regierung der Bundesrepublik Deutschland gegenüber der Regierung des Königreichs Belgien innerhalb von drei Monaten nach Inkrafttreten des Abkommens eine gegenteilige Erklärung abgibt.

bb) Dänemark. Deutsch-dänisches Beglaubigungsabkommen vom 17. Juni 1936.[557]   **311**
- Der Anwendungsbereich umfasst insbes Urkunden von Gerichten, von obersten oder **höheren Verwaltungsbehörden** sowie von **Notaren** (Art 1).
- Voraussetzung ist, dass die Urkunden mit **Siegel** oder Stempel der Urkundsperson versehen sind.
- Eine **Überbeglaubigung** durch den Gerichtspräsidenten ist erforderlich für Urkunden eines Grundbuchamts, Gerichtsvollziehers oder Urkundsbeamten der Geschäftsstelle des Gerichts (Art 2).
- Die Urkunden im Anwendungsbereich sind von jeglicher Legalisation freigestellt, auch vom Erfordernis der Apostille (als leichterer Variante der Legalisation, die es bei Abschluss des deutsch-dänischen Abkommens noch nicht gab).
- Die Regelung zur Überbeglaubigung von **Personenstandsurkunden** (Art 3) ist überholt durch Art 8 des »Übereinkommens über die Erteilung mehrsprachiger Auszüge aus Personenstandsbüchern/Zivilstandsregistern« vom 08.09.1976,[558] der Personenstandsurkunden von jeglicher zusätzlichen Beglaubigung freistellt.

---

557 RGBl 1936 II 213; Bekanntmachung über die Wiederanwendung BGBl 1953 II 186.
558 BGBl 1997 II, 774.

312 **Art 1**

(1) Urkunden, die von einer deutschen oder dänischen Gerichtsbehörde, von einer obersten oder höheren deutschen oder dänischen Verwaltungsbehörde oder von einem obersten deutschen Verwaltungsgericht aufgenommen, ausgestellt oder beglaubigt und mit dem Siegel oder Stempel der Behörde versehen sind, bedürfen zum Gebrauch im Gebiete des anderen Staates keiner weiteren Beglaubigung oder Legalisation. Soweit es sich um Urkunden kollegialer Gerichte handelt, genügt die Beglaubigung durch den Vorsitzenden.

(2) Ferner bedürfen keiner weiteren Beglaubigung oder Legalisation Urkunden, die von einem deutschen oder dänischen Notar aufgenommen, ausgestellt oder beglaubigt und mit dem Amtssiegel oder Amtsstempel versehen sind.

(3) Zu den in Abs 1 aufgezählten Gerichts- und Verwaltungsbehörden gehören auch die beiderseitigen Staatsanwaltschaften.

Art 2

(1) Für deutsche Urkunden, die nicht zu den in Artikel 1 bezeichneten gehören und von einem Gerichtsvollzieher, einer anderen gerichtlichen Hilfsbeamten, einem Grundbuchamt oder einer autorisierten Hinterlegungsstelle aufgenommen, ausgestellt oder beglaubigt sind, genügt zum Gebrauch in Dänemark die Beglaubigung durch den zuständigen Präsidenten des Amts- oder Landgerichts unter Beifügung des Amtssiegels oder Amtsstempels. Das gleiche gilt für Urkunden, die von dem Urkundsbeamten der Geschäftsstelle eines deutschen Gerichts aufgenommen, ausgestellt oder beglaubigt sind; gehört die ausfertigende oder beglaubigende Stelle einem Gericht höherer Ordnung an, so ist die Beglaubigung durch den Präsidenten dieses Gerichts erforderlich.

(2) Für den Gebrauch von Urkunden der in Abs 1 bezeichneten Art im *Deutschen Reich*, die von dänischen Behörden ausgestellt sind, genügt die Beglaubigung durch den zuständigen Richter, bei Urkunden kollegialer Gerichte durch den Vorsitzenden, unter Beifügung von Dienstsiegel oder Dienststempel. Bei Urkunden autorisierter Hinterlegungsstellen ist die Beglaubigung durch das Justizministerium erforderlich.

Art 3

(1) Auszüge aus deutschen Personenstandsregistern werden in Dänemark ohne weitere Beglaubigung oder Legalisation anerkannt, wenn sie von dem Standesbeamten oder seinem Stellvertreter oder von dem Urkundsbeamten der Geschäftsstelle des Amtsgerichts, bei dem die Nebenregister verwahrt werden, beglaubigt und mit dem Siegel oder Stempel des Beamten oder des Amtsgerichts versehen sind. Auszüge aus Registern, die über Geburten, Heiraten oder Sterbefälle vor dem 1. Januar 1876 im Gebiet des *Deutschen Reichs* von einer anderen Stelle als einem Standesbeamten geführt worden sind, bedürfen keiner weiteren Beglaubigung oder Legalisation, wenn sie von dem zuständigen deutschen Landgerichtspräsidenten oder von einer höheren Verwaltungsbehörde beglaubigt und mit dem Siegel oder Stempel der Behörde versehen sind; dabei ist zu bescheinigen, dass der Aussteller zur Erteilung des Auszuges befugt ist.

(2) Zum Gebrauch dänischer Urkunden ziviler Behörden über Standesfälle ist im *Deutschen Reich* die Beglaubigung durch die zuständige dänische Ortsverwaltungsbehörde (in Kopenhagen die Polizeidirektion, außerhalb Kopenhagens der Polizeimeister) unter Beifügung ihres Dienstsiegels oder Dienststempels erforderlich; dabei ist zu bescheinigen, dass der Aussteller zur Ausfertigung der Urkunde befugt ist. Urkunden über den Inhalt von Kirchenbüchern werden durch das Kirchenministerium beglaubigt.

(3) Ehefähigkeitszeugnisse, die von einem deutschen Standesbeamten oder dessen Stellvertreter oder vom Königlich Dänischen Justizministerium, dem Polizeidirektor in Kopenhagen oder dem örtlich zuständigen Polizeimeister ausgestellt und mit dem Siegel oder Stempel des Beamten oder der Behörde versehen sind, werden im Gebiet des anderen Staates ohne weitere Beglaubigung oder Legalisation anerkannt.

Art 4

Wechsel- oder Scheckproteste bedürfen zum Gebrauch im Gebiet des anderen Staates keiner Beglaubigung oder Legalisation, wenn sie in Deutschland von Notaren, Gerichtsbeamten, Postbeamten oder solchen Personen, denen von der Postverwaltung die Aufnahme von Protesten übertragen ist, in Dänemark von Notaren, Unternotaren oder solchen Personen, die von dem Präsidenten des zuständigen Gerichts zweiter Instanz (Landsret) zum Notariat ermächtigt sind, aufgenommen, unterschrieben und mit dem Amtssiegel oder Amtsstempel versehen sind.

Art 5

Von dem Abkommen werden nicht berührt
1. die für Reisepässe und Reiselegitimationen geltenden Vorschriften,
2. die Erleichterungen, die auf Grund besonderer Vereinbarungen namentlich für den Handelsverkehr und für das Zollverfahren gewährt werden.

313 **cc) Frankreich.** Abkommen zwischen der Bundesrepublik Deutschland und der Französischen Republik über die Befreiung öffentlicher Urkunden von der Legalisation vom 13. September 1971,[559] in Kraft seit 01.04.1975.[560]

---

559 BGBl 1974 II 1074, 1100.
560 *Arnold*, Die Beglaubigungsverträge mit Frankreich und Italien, DNotZ 1975, 581; vgl LG Wuppertal IPRspr 2004, Nr 223, 501 = RNotZ 2005, 123.

Das Abkommen mit Frankreich entspricht in Inhalt und Aufbau weitgehend dem zuvor mit Italien (07.06.1969) und dem später mit Belgien (13.05.1975) abgeschlossenen bilateralen Abkommen.
– Es gilt für öffentliche Urkunden insbes der Gerichte, Verwaltungsbehörde und **Notare** (Art 2), einschließlich Unterschriftsbeglaubigungen (Art 4).
– Die Urkunde muss Siegel oder Stempel der ausstellenden Stelle tragen (Art 1).
– Die Urkunden sind freigestellt von Legalisation und Apostille (Art 1, 11 Abs 2).
– Ein **Nachprüfungsverfahren** im Herkunftsstaat ist bei ernsthaften Zweifeln möglich (Art 6–7).

Art 1

314

Öffentliche Urkunden, die in einem der beiden Staaten errichtet und mit amtlichem Siegel oder Stempel versehen sind, bedürfen zum Gebrauch in dem anderen Staat keiner Legalisation, Apostille oder ähnlichen Förmlichkeit.

Art 2

Als öffentliche Urkunden sind für die Anwendung dieses Abkommens anzusehen:
1. Urkunden eines Gerichts oder einer Staatsanwaltschaft bei einem Gericht sowie eines deutschen Vertreters des öffentlichen Interesses;
   Urkunden eines Urkundsbeamten der Geschäftsstelle sowie eines deutschen Rechtspflegers,
   Urkunden eines Gerichtsvollziehers;
2. Urkunden einer Verwaltungsbehörde;
3. Urkunden eines Notars;
4. Scheck- oder Wechselproteste, auch wenn sie in der Bundesrepublik Deutschland von einem Postbediensteten aufgenommen worden sind.

Art 3

(1) Als öffentliche Urkunden sind für die Anwendung dieses Abkommens auch Urkunden anzusehen, die in einem der beiden Staaten eine Person oder Stelle errichtet hat, die nach dem Recht dieses Staates zur Ausstellung öffentlicher Urkunden in Fällen der Art befugt ist, zu denen die vorgelegte Urkunde gehört.

(2) Diese Bestimmung ist auch dann anzuwenden, wenn derartige Urkunden nicht mit amtlichem Siegel oder Stempel versehen sind.

Art 4

Amtliche Bescheinigungen, die auf Privaturkunden angebracht sind, wie zum Beispiel Vermerke über die Registrierung, Sichtvermerke zur Feststellung eines bestimmten Zeitpunkts, Beglaubigungen von Unterschriften sowie Beglaubigungen von Abschriften sind, je nach der Eigenschaft der Person, Stelle oder Behörde, welche die Bescheinigung oder Beglaubigung erteilt hat, entweder gemäß Artikel 2 oder gemäß Artikel 3 als öffentliche Urkunden anzusehen.

Art 5

(1) Unter Legalisation im Sinne dieses Abkommens ist die Förmlichkeit zu verstehen, durch welche die diplomatischen oder konsularischen Vertreter des Staates, in dessen Hoheitsgebiet die Urkunde vorgelegt werden soll, die Echtheit der Unterschrift, die Eigenschaft, in welcher der Unterzeichner der Urkunde gehandelt hat, und gegebenenfalls die Echtheit des Siegels oder Stempels, mit dem die Urkunde versehen ist, bestätigen.

(2) Als Apostille wird die Förmlichkeit bezeichnet, die in den Artikeln 3, 4 und 5 des Haager Übereinkommens vom 5. Oktober 1961 zur Befreiung ausländischer öffentlicher Urkunden von der Legalisation vorgesehen ist.

Art 6

(1) Wird eine öffentliche Urkunde im Sinne der Artikel 2, 3 und 4 in einem der beiden Staaten vorgelegt und ergeben sich ernsthafte Zweifel an der Echtheit der Unterschrift, an der Eigenschaft, in welcher der Unterzeichner der Urkunde gehandelt hat, und gegebenenfalls an der Echtheit des Siegels oder des Stempels, mit dem die Urkunde versehen ist, so kann ein Ersuchen um Nachprüfung unmittelbar gerichtet werden
   in der Bundesrepublik Deutschland
   an das Bundesverwaltungsamt in Köln,
   in der Französischen Republik
   an das Ministerium der Justiz.

(2) Diese Behörden übermitteln die von der zuständigen Person, Stelle oder Behörde abgegebene Äußerung.

Art 7

(1) Wird eine Urkunde im Sinne des Artikels 3 und gegebenenfalls im Sinne des Artikels 4 in einem der beiden Staaten vorgelegt und ergeben sich ernsthafte Zweifel über ihre Eigenschaft als öffentliche Urkunde, so kann ein Ersuchen um Auskunft unmittelbar an die in Artikel 6 angeführten Behörden gerichtet werden, um festzustellen, ob die Person, Stelle oder Behörde, welche die Urkunde errichtet hat, nach innerstaatlichem Recht zur Ausstellung öffentlicher Urkunden in Fällen der Art befugt ist, zu denen die vorgelegte Urkunde gehört.

(2) Das Bundesverwaltungsamt in der Bundesrepublik Deutschland und das Ministerium der Justiz in der Französischen Republik übermitteln die von der zuständigen Behörde abgegebene Äußerung.

Art 8

(1) Dem Ersuchen um Nachprüfung nach Artikel 6 und dem Ersuchen um Auskunft nach Artikel 7 ist möglichst die Urkunde im Original oder in Ablichtung beizufügen.

(2) Das Ersuchen und seine Anlagen müssen in der Sprache des ersuchten Staates abgefaßt oder von einer Übersetzung in diese Sprache begleitet sein.

(3) Für die Erledigung der Ersuchen werden Gebühren oder Auslagen nicht erhoben.

Art 9

(1) Übersetzungen von öffentlichen oder privaten Urkunden oder von Schriftstücken aller Art, die in einem der beiden Staaten verwendet werden sollen, können in jedem der beiden Staaten von einem vereidigten Übersetzer beglaubigt werden.

(2) Derartige beglaubigte Übersetzungen, die mit dem Siegel oder Stempel des Übersetzers versehen sind, können verwendet werden, ohne daß eine Legalisation, Apostille, Beglaubigung oder ähnliche Förmlichkeit verlangt werden darf.

Art 10

Jeder der beiden Staaten trifft die notwendigen Maßnahmen, um zu vermeiden, daß seine Behörden öffentliche Urkunden mit der Legalisation, Apostille, Beglaubigung oder einer ähnlichen Förmlichkeit versehen, wenn die Urkunden hiervon auf Grund dieses Abkommens befreit sind.

Art 11

(1) Dieses Abkommen läßt andere mehr- oder zweiseitige Übereinkünfte unberührt, welche die Staaten geschlossen haben oder schließen werden und die für besondere Sachgebiete die gleichen Gegenstände regeln.

(2) Dieses Abkommen geht in den Beziehungen zwischen den beiden Staaten dem Haager Übereinkommen vom 5. Oktober 1961 zur Befreiung ausländischer öffentlicher Urkunden von der Legalisation vor.

Art 12

Dieses Abkommen gilt auch für das Land Berlin, sofern nicht die Regierung der Bundesrepublik Deutschland gegenüber der Regierung der Französischen Republik innerhalb von drei Monaten nach Inkrafttreten des Abkommens eine gegenteilige Erklärung abgibt.

315 **dd) Griechenland. Deutsch-griechisches Abkommen über die gegenseitige Rechtshilfe in Angelegenheiten des bürgerlichen und Handels-Rechts** vom 11. Mai 1938.[561]
 – Gänzlich von jeder Legalisation befreit sind nur Urkunden von **Gerichten** oder einer **obersten Verwaltungsbehörde** (Art 24 Abs 1).
 – Urkunden von **Notaren**, Grundbuchämtern etc bedürfen hingegen der **Überbeglaubigung** durch den Präsidenten des jeweiligen Gerichtshofs erster Instanz in Griechenland (bzw deutsche Urkunden der Überbeglaubigung durch den Landgerichtspräsidenten) – also einer Art Vorstufe der 1961 geschaffenen Apostille. Insoweit ist das Abkommen daher in der Praxis überholt durch das Haager Übereinkommen vom 05.10.1961 zur Befreiung ausländischer öffentlicher Urkunden von der Legalisation.

316 **Art 24**

(1) Urkunden, die von einem deutschen Landgericht oder einem griechischen Gerichtshof erster Instanz oder einem deutschen oder griechischen Gericht höherer Ordnung, von einer deutschen oder griechischen obersten Verwaltungsbehörde oder von einem deutschen oder griechischen obersten Verwaltungsgericht aufgenommen, ausgestellt oder beglaubigt und mit dem Siegel oder Stempel der Behörde versehen sind, bedürfen zum Gebrauch im Gebiete des anderen Staates keiner Beglaubigung oder Legalisation.

(2) Für Urkunden, die von einem der in Abs 1 nicht erwähnten deutschen oder griechischen Gerichte, einem Gerichtsvollzieher oder einem Grundbuchamt oder einer Hinterlegungsstelle oder einem deutschen oder griechischen Notar aufgenommen, ausgestellt oder beglaubigt sind, genügt zum Gebrauch im Gebiet des anderen Staates die Beglaubigung (Legalisation) durch den zuständigen Landgerichtspräsidenten im *Deutschen Reich* und durch den Präsidenten des Gerichtshofs erster Instanz in Griechenland unter Beifügung des Amtssiegels oder Amtsstempels. Das gleiche gilt für die von einem Urkundsbeamten der Geschäftsstelle (Gerichtsschreiber) eines deutschen oder griechischen Gerichts aufgenommenen, ausgestellten oder beglaubigten Urkunden. Gehört der Gerichtsschreiber einem Gericht höherer Ordnung an, so erfolgt die Beglaubigung durch den Präsidenten dieses Gerichts.

317 **ee) Italien.** Vertrag zwischen der Bundesrepublik Deutschland und der Italienischen Republik über den Verzicht auf die Legalisation von Urkunden vom 7. Juni 1969,[562] in Kraft seit 05.05.1975.[563]

---

561 RGBl 1939 II 848, in Kraft seit 17.07.1939: RGBl 1939 II 848, Bekanntmachung über Wiederanwendung: BGBl 1952 II 634.
562 BGBl 1974 II 1069.
563 *Arnold*, Die Beglaubigungsverträge mit Frankreich und Italien, DNotZ 1975, 581.

Dem Abkommen mit Italien folgen die später mit Frankreich (13.09.1971) und mit Belgien (13.05.1975) und Italien (07.06.1969) abgeschlossenen bilateralen Abkommen in Inhalt und Aufbau weitgehend.

- Das Abkommen gilt insbes für öffentliche Urkunden von **Gerichten**, (allen) **Verwaltungsbehörden**, **Notaren** etc (Art 1 Abs 2), einschließlich Unterschriftsbeglaubigung (Art 3).
- Die Urkunde muss **Siegel** oder Stempel der ausstellenden Stelle tragen (Art 1).
- Die Urkunden sind freistellt von Legalisation und Apostille (Art 1).
- Bei anderen öffentlichen Urkunden ist eine Überbeglaubigung möglich (Art 2).
- Bei ernstlichen, begründeten Zweifel an der Echtheit der Urkunde ist ein **Auskunftsersuchen** an den Herkunftsstaat möglich (Art 4).

Art 1   318

(1) Öffentliche Urkunden, die in einem Vertragsstaat errichtet und mit amtlichem Siegel oder Stempel versehen sind, bedürfen zum Gebrauch in dem anderen Vertragsstaat keiner Legalisation, Beglaubigung oder anderen Förmlichkeit, die der Legalisation oder Beglaubigung entspricht.

(2) Als öffentliche Urkunden im Sinne des Absatzes 1 sind nur anzusehen:
1. Urkunden eines Gerichtes einschließlich solcher Urkunden, die von einem Urkundsbeamten der Geschäftsstelle oder von einem Rechtspfleger errichtet worden sind;
2. Urkunden einer Verwaltungsbehörde;
3. Urkunden, die von einer nach innerstaatlichem Recht zur Errichtung öffentlicher Urkunden befugten juristischen Person des öffentlichen Rechts errichtet worden sind;
4. Urkunden eines Notars;
5. Urkunden eines Gerichtsvollziehers;
6. Scheck- und Wechselproteste, auch wenn sie von einem deutschen Postbeamten oder von einem italienischen Gemeindebeamten oder von einer anderen Person, die nach innerstaatlichem Recht für die Aufnahme von Protesten zuständig ist, aufgenommen worden sind.

(3) Die Vorschriften des Absatzes 1 gelten auch für Urkunden, die von einer diplomatischen oder konsularischen Vertretung eines Vertragsstaates errichtet worden sind, ohne Rücksicht darauf, ob die diplomatische oder konsularische Vertretung ihren Sitz in dem anderen Vertragsstaat oder in einem dritten Staat hat.

(4) Zu den in Absatz 2 aufgeführten Gerichten und Verwaltungsbehörden gehören auch die Staatsanwaltschaften der beiden Vertragsstaaten sowie die deutschen Vertreter des öffentlichen Interesses.

Art 2

Andere als die in Artikel 1 Abs 2 genannten Urkunden, die nach dem Recht eines Vertragsstaates als öffentliche Urkunden anzusehen sind, bedürfen zum Gebrauch in dem anderen Vertragsstaat keiner Legalisation, wenn sie von der nach Artikel 5 bestimmten zuständigen Behörde des Vertragsstaates, in dem die Urkunde errichtet worden ist, beglaubigt sind.

Art 3

Der Beglaubigungsvermerk, der einer privaten Urkunde von einem Gericht, einem Notar oder einer Verwaltungsbehörde des einen Vertragsstaates beigefügt ist, bedarf, wenn von der Urkunde in dem anderen Vertragsstaat Gebrauch gemacht werden soll, keiner Legalisation, Beglaubigung oder anderen Förmlichkeit, die der Legalisation oder Beglaubigung entspricht.

Art 4

(1) Wird von einer öffentlichen Urkunde, die in einem Vertragsstaat oder von einer diplomatischen oder konsularischen Vertretung eines Vertragsstaates errichtet worden ist und für welche die Erleichterungen der Artikel 1 und 2 gelten, vor einem Gericht oder einer Verwaltungsbehörde des anderen Vertragsstaates Gebrauch gemacht, so kann das Gericht oder die Verwaltungsbehörde die nach Artikel 5 bestimmte zuständige Behörde des Vertragsstaates, in dem die Urkunde errichtet worden ist, unmittelbar um eine Auskunft über die Echtheit der Urkunde ersuchen, wenn ernstliche, begründete Zweifel an der Echtheit dieser Urkunde bestehen; das gleiche gilt für den in Artikel 3 erwähnten Beglaubigungsvermerk.

(2) Das Ersuchen um Auskunft und seine Anlagen müssen in der Sprache der ersuchten Behörde abgefaßt oder von einer Übersetzung in die Sprache der ersuchten Behörde begleitet sein. Die ersuchte Behörde leitet die Auskunft dem ersuchenden Gericht oder der ersuchenden Verwaltungsbehörde unmittelbar zu. Für die Auskunft werden Gebühren oder Auslagen nicht erhoben.

Art 5

(1) Jeder Vertragsstaat bestimmt:
1. die Behörden, die für die Beglaubigung nach Art 2 zuständig sind,
2. die Behörden, die zuständig sind, die Auskunft nach Artikel 4 Abs 1 zu erteilen.

(2) Die Vertragsstaaten notifizieren sich einander diese Bestimmung bei dem Austausch der Ratifikationsurkunden und unterrichten sich gegebenenfalls über Änderungen, die in der Bestimmung eintreten.

Art 6

(1) Dieser Vertrag berührt nicht die Vorschriften anderer zweiseitiger Übereinkünfte, die für besondere Sachgebiete die Legalisation oder die Beglaubigung von Urkunden regeln.

Hertel   683

(2) Es bleiben ferner unberührt die Vorschriften mehrseitiger Übereinkommen, die über diesen Vertrag hinausgehende Erleichterungen bei der Legalisation oder Beglaubigung vorsehen. Im übrigen gehen die Bestimmungen dieses Vertrages den Vorschriften mehrseitiger Übereinkommen vor, es sei denn, daß diese Übereinkommen abweichende Vereinbarungen nicht zulassen.

Art 7

Dieser Vertrag gilt auch für das Land Berlin, sofern nicht die Regierung der Bundesrepublik Deutschland gegenüber der Regierung der Italienischen Republik innerhalb von drei Monaten nach dem Inkrafttreten des Vertrages eine gegenteilige Erklärung abgibt.

319 **ff) Österreich. Deutsch-österreichischer Beglaubigungsvertrag** vom 21. Juni 1923.[564]

Der Anwendungsbereich umfasst insbes Urkunden aller **Gerichte, Verwaltungsbehörden** (Art 1) und **Notare** (Art 3), einschließlich Unterschriftsbeglaubigung (Art 4).
— Voraussetzung ist, dass die Urkunden mit **Siegel** oder Stempel der ausstellenden Behörde (des Notars) versehen sind (Art 1–4).
— Für **Personenstandsurkunden** gilt nunmehr als lex specialis der deutsch-österreichischer Vertrag vom 18.11.1980 über den Verzicht auf die Beglaubigung und über den Austausch von Personenstandsurkunden etc.[565]

Innerhalb des Anwendungsbereich sind Urkunden aus dem anderen Vertragsstaat von jeder »weiteren Beglaubigung« freigestellt (Art 1–4), also sowohl von der Legalisation wie von der Apostille (als vereinfachter Form der Legalisation, die es bei Vertragsschluss im Jahr 1923 noch nicht gab).

320 **Art 1**

Urkunden, die von einer Gerichts- oder Verwaltungsbehörde des einen vertragsschließenden Staates ausgestellt wurden, bedürfen zum Gebrauch im Gebiete des anderen Staates keiner weiteren Beglaubigung, wenn sie mit dem Siegel oder Stempel der Gerichts- oder Verwaltungsbehörde versehen sind.

Art 2

Auszüge aus den Kirchenbüchern über Taufen, Trauungen oder Todesfälle, die im *Deutschen Reiche* unter dem Kirchensiegel erteilt werden, sowie Auszüge aus den Geburts-, Trauungs- und Sterberegistern, die in Österreich geführt werden und mit dem Siegel oder Stempel des Matrikenführers versehen sind, bedürfen zum Gebrauch im Gebiete des anderen Staates keiner weiteren Beglaubigung.

Art 3

Die von Notaren ausgefertigten und mit dem amtlichen Siegel des Notars versehenen Urkunden, die von Standesbeamten des *Deutschen Reichs* ausgefertigten und mit ihrem Siegel oder Stempel versehenen Urkunden, ferner die von den Gerichtskanzleien und gerichtlichen Hilfsämtern, Gerichtsvollziehern oder anderen gerichtlichen Hilfsbeamten ausgefertigten und mit dem Gerichtssiegel versehenen Urkunden bedürfen zum Gebrauch im Gebiete des anderen Staates keiner weiteren Beglaubigung.

Art 4

Die einer Privaturkunde von einer Gerichts- oder Verwaltungsbehörde oder einem Notar beigefügte Beglaubigung bedarf keiner weiteren Beglaubigung.

321 **gg) Schweiz.** Deutsch-schweizerischer Vertrag über die Beglaubigung öffentlicher Urkunden vom 14. Februar 1907.[566]

Der Anwendungsbereich ist **enger** als in den anderen (und späteren) bilateralen Abkommen (und auch als bei dem ca. 15 Jahre später abgeschlossenen Vertrag mit Österreich):
— Vom Echtheitsnachweis befreit sind lediglich **gerichtliche Urkunden** und Urkunden bestimmter höherer und oberster **Verwaltungsbehörden**.[567] Unterschriftsbeglaubigungen durch Gerichte sind miterfasst (Art 1 Abs 1).
— Die vom Anwendungsbereich erfassten öffentlichen Urkunden sind von der Legalisation und der (damals noch nicht existenten) Apostille (als vereinfachter Sonderform der Legalisation) befreit.

Für andere öffentliche Urkunden gilt:
— Für **Personenstandsurkunden** ergibt sich die Befreiung nicht aus dem Abkommen von 1907, sondern aus dem deutsch-schweizerischen Abkommen vom 04.11.1985 über den Verzicht auf die Beglaubigung und über den Austausch von Personenstandsurkunden etc.[568]

---

564 RGBl 1924 II 61, Bekanntmachung über die Wiederanwendung: BGBl 1952 II 436.
565 BGBl 1964 II 194, 1981 II 1050, in Kraft seit 01.05.1982: BGBl 1982 II 207, dazu Bekanntmachungen BGBl 1982 II 459 und 1984 II 915.
566 RGBl 1907 411, 415.
567 Liste BGBl 1998 II 71.
568 BGBl 1988 II 126, in Kraft seit 01.07.1988: BGBl 1988 II 467, dazu Bekanntmachungen BGBl 1988 II 697 und 1994 II 3703.

Hertel

– Für **notarielle Urkunden** ist hingegen eine **Apostille** erforderlich (nach Maßgabe des Haager Übereinkommens vom 05.10.1961).

Art 1

322

(1) Die von den Gerichten des einen Teils mit Einschluss der Konsulargerichte aufgenommenen, ausgestellten oder beglaubigten Urkunden bedürfen, wenn sie mit dem Siegel oder Stempel des Gerichts versehen sind, zum Gebrauch in dem Gebiet des anderen Teiles keiner Beglaubigung (Legalisation).

(2) Zu den bezeichneten Urkunden gehören auch die von dem Gerichtsschreiber unterschriebenen Urkunden, sofern diese Unterschriften nach den Gesetzen des Teiles genügen, dem das Gericht angehört.

Art 2

(1) Urkunden, die von einer der in dem beigefügten Verzeichnis aufgeführten obersten und höheren Verwaltungsbehörden des einen der beiden Teile aufgenommen, ausgestellt oder beglaubigt und mit dem Siegel oder Stempel der Behörde versehen sind, bedürfen zum Gebrauch in dem Gebiete des anderen Teiles keiner Beglaubigung (Legalisation).

(2) Das Verzeichnis kann im beiderseitigen Einvernehmen jederzeit auf dem Verwaltungswege durch Bekanntmachung geändert oder ergänzt werden.[569]

Art 3

(1) Die Bestimmungen der Artikel 1 und 2 finden auch auf die deutschen Schutzgebiete Anwendung.

(2) Sie finden entsprechende Anwendung, wenn Urkunden, die von Behörden des einen Teiles aufgenommen, ausgestellt oder beglaubigt sind, vor Behörden des anderen Teiles, die ihren Sitz außerhalb des Gebiets dieses Teiles haben, gebraucht werden.

d) Befreiung von der Legalisation aufgrund multilateraler Abkommen. aa) Personenstandsurkunden und Auszüge aus Personenstandsbüchern. Auszüge aus Personenstandsbüchern bzw. **Personenstandsurkunden** sind nach Art 8 des »Übereinkommens über die Erteilung mehrsprachiger Auszüge aus Personenstandsbüchern/Zivilstandsregistern« vom **08.09.1976**[570] im Verhältnis zu anderen Vertragsstaaten vom Erfordernis der Legalisation freigestellt.

323

Der insoweit maßgebliche Artikel 8 lautet: »(1) Die Auszüge sind mit dem Datum ihrer Ausstellung sowie mit der Unterschrift und dem Dienstsiegel der ausstellenden Behörde zu versehen. Sie haben die gleiche Kraft wie die nach den innerstaatlichen Rechtsvorschriften des betreffenden Staates ausgestellten Auszüge.

(2) Sie sind **ohne Legalisation**, Beglaubigung oder gleichwertige Förmlichkeit im Hoheitsgebiet jedes durch dieses Übereinkommen gebundenen Staates anzunehmen.« (Hervorhebung durch den Autor).

Das Abkommen gilt neben Deutschland auch für Belgien,[571] Bosnien-Herzegowina,[572] Frankreich,[573] Italien,[574] das ehemalige Jugoslawien,[575] Kroatien,[576] Luxemburg,[577] Mazedonien,[578] Montenegro,[579] die Niederlande,[580] Österreich,[581] Polen,[582] Portugal,[583] die Schweiz,[584] Serbien,[585] Slowenien,[586] Spanien,[587] Türkei.[588] Es gilt wohl auch für das Kosovo, da es zuvor für Jugoslawien und dann für Serbien galt, auch wenn das Kosovo nach seiner jeweiligen Unabhängigkeit noch keine Rechtsnachfolgeerklärung abgegeben hat.

---

569 Das aktuelle Verzeichnis der deutschen und schweizerischen Verwaltungsbehörden, deren Urkunden zum Gebrauch im Gebiet des anderen Staates keiner Beglaubigung bedürfen, enthält die Bekanntmachung vom 11.12.1997 (BGBl 1998 II 71).

570 BGBl 1997 II, 774; eine deutsche Übersetzung des Übereinkommens und eine aktualisierte Liste der Vertragsstaaten findet sich auch im Internet auf der Homepage der CIEC (Internationalen Kommission für das Zivilstandswesen): http://www.ciec-deutschland.de/cln_028/nn_866074/DE/Abkommen/abkommen16.html.

571 BGBl 1998 II 966.
572 BGBl 1998 II 966.
573 BGBl 1998 II 966.
574 BGBl 1998 II 966.
575 BGBl 2002 II 1207.
576 BGBl 1998 II 966.
577 BGBl 1998 II 966.
578 BGBl 1998 II 966.
579 BGBl 2007 II 1975.
580 BGBl 1998 II 966.
581 BGBl 1998 II 966.
582 BGBl 2003 II 2171.
583 BGBl 1998 II 966.
584 BGBl 1998 II 966.
585 BGBl 2002 II 1207.
586 BGBl 1998 II 966.
587 BGBl 1998 II 966.
588 BGBl 1998 II 966.

Eine insoweit inhaltsgleiche Regelung zum Verzicht auf die Legalisation findet sich auch in Art 4 des **Luxemburger Übereinkommens vom 26.09.1957** über die kostenlose Erteilung von Personenstandsurkunden und den Verzicht auf ihre Legalisation[589], das gegenüber Belgien, Frankreich, Italien, Luxemburg, den Niederlanden, Österreich, Portugal, der Schweiz und der Türkei gilt[590].

324 Das Wiener Abkommen vom 08.09.1976 **ersetzt** nach seinem Art 14 zwischen seinen Vertragsstaaten das **frühere Übereinkommen vom 27.09.1956** »über die Erteilung gewisser für das Ausland bestimmter Auszüge aus Personenstandsbüchern«,[591] in Kraft seit 23.12.1961.[592]
- Dessen insoweit maßgeblicher Artikel 4 lautet: »Wortgetreue Abschriften oder Auszüge von Einträgen in Personenstandsbüchern, die mit der Unterschrift und dem Dienstsiegel der erteilenden Behörde versehen sind, bedürfen in den Hoheitsgebieten der Vertragsstaaten keiner Legalisation.«
- Vertragsstaaten waren neben Deutschland Belgien,[593] Frankreich,[594] Italien,[595] das ehemalige Jugoslawien (BGBl 1967 II 2467), Luxemburg,[596] Mazedonien,[597] Montenegro,[598] die Niederlande,[599] Österreich,[600] Portugal,[601] die Schweiz,[602] Serbien[603] und die Türkei.[604] Da alle seinerzeitigen Vertragsstaaten auch Vertragsstaaten des neuen Abkommens vom 08.09.1976 sind, ist das Abkommen vom 27.09.1956 nicht mehr anzuwenden.

325 Daneben bestehen **bilaterale Abkommen**, die ebenfalls Personenstandsurkunden vom Beglaubigungserfordernis freistellen. Ihnen kommt insoweit derzeit aber keine eigenständige Bedeutung zu, da sich die Freistellung schon aus Art 8 des multilateralen Abkommens vom 08.09.1976 ergibt:
- deutsch-**luxemburgisches** Abkommen vom 03.06.1982 über den Verzicht auf die Beglaubigung und über den Austausch von Personenstandsurkunden etc,[605]
- deutsch-**österreichischer** Vertrag vom 18.11.1980 über den Verzicht auf die Beglaubigung und über den Austausch von Personenstandsurkunden etc,[606]
- deutsch-**schweizerisches** Abkommen vom 04.11.1985 über den Verzicht auf die Beglaubigung und über den Austausch von Personenstandsurkunden etc.[607]

Das deutsch-**dänische** Beglaubigungsabkommen vom 17.06.1936[608] (vgl Rdn 311 f) sah in seinem Art 3 eine Überbeglaubigung von Personenstandsurkunden vor. Dies ist überholt durch Art 8 des multilateralen Übereinkommens vom 08.09.1976, da dies Personenstandsurkunden weitergehend von jeglicher zusätzlichen Beglaubigung freistellt.

326 **bb) Diplomatische und konsularische Urkunden.** Europäisches Übereinkommen vom 7. Juni 1968 zur Befreiung der von diplomatischen oder konsularischen Vertretern errichteten Urkunden von der Legalisation,[609] in Kraft seit 19.09.1971.[610]

---

589 BGBl 1961 II 1055, 1067, in Kraft seit 24.12.1961 (BGBl 1962 II 43).
590 In Kraft getreten für Belgien seit 12.06.1966 (BGBl 1966 II 613), Frankreich seit 03.01.1960 (gegenüber Deutschland aber erst seit 24.12.1961, BGBl 1962 II 43), Italien seit 07.12.1968 (BGBl 1969 II 107), Luxemburg seit 13.07.1960 (gegenüber Deutschland aber erst 24.12.1961, BGBl 1962 II 43), die Niederlande seit 03.01.1960 (gegenüber Deutschland aber erst seit 24.12.1961, BGBl 1962 II 43), Österreich seit 01.10.1965 (BGBl 1965 II 1953), Portugal seit 27.02.1982 (BGBl 1982 II 550), die Schweiz seit 01.12.1960 (gegenüber Deutschland aber erst seit 24.12.1961, BGBl 1962 II 43) und die Türkei seit 14.03.1963 (BGBl 1963 II 314).
591 BGBl 1961 II 1065, 1067.
592 BGBl 1962 II 42. Deutsche Übersetzung und Vertragsstaaten im Internet: http://www.ciec-deutschland.de/cln_028/nn_866074/DE/Abkommen/abkommen02.html; dazu *Massfeller* StAZ 1956, 181, 209.
593 BGBl 1975 II 1414.
594 BGBl 1962 II 42.
595 BGBl 1969 II 107.
596 BGBl 1962 II 42.
597 BGBl 1994 II 974.
598 BGBl 2007 II 1974.
599 BGBl 1962 II 43, BGBl 1987 II 255.
600 BGBl 1965 II 1953.
601 BGBl 1982 II 276, 550.
602 BGBl 1962 II 42.
603 BGBl 2002 II, 1440.
604 BGBl 1963 II 314.
605 BGBl 1983 II 698, in Kraft seit 01.04.1984: BGBl 1984 II 188, vgl Bekanntmachung BGBl 1984 II 498.
606 BGBl 1964 II 194, 1981 II 1050, in Kraft seit 01.05.1982: BGBl 1982 II 207, dazu Bekanntmachungen BGBl 1982 II 459 und 1984 II 915.
607 BGBl 1988 II 126, in Kraft seit 01.07.1988: BGBl 1988 II 467, dazu Bekanntmachungen BGBl 1988 II 697 und 1994 II 3703.
608 RGBl 1936 II 213, Bekanntmachung über die Wiederanwendung BGBl 1953 II 186.
609 BGBl 1971 II 85.
610 BGBl 1971 II 1023.

Diplomatische und konsularische Urkunden sind zwischen den Vertragsstaaten des Europäischen Übereinkommens v 07.06.1968 sowohl von der Legalisation als auch von der Apostille (als vereinfachter Art der Legalisation) befreit.

– Das Übereinkommen gilt gegenwärtig im Verhältnis von Deutschland zu Frankreich,[611] Griechenland,[612] Irland,[613] Italien,[614] Liechtenstein,[615] Luxemburg,[616] der Republik Moldau,[617] den Niederlanden,[618] Norwegen,[619] Österreich,[620] Polen,[621] Schweden,[622] Schweiz,[623] Spanien,[624] der Tschechischen Republik,[625] der Türkei,[626] dem Vereinigten Königreich von Großbritannien und Nordirland (einschließlich Insel Man, Guernsey, Jersey)[627] sowie Zypern.[628]

– Das Übereinkommen ergänzt das Haager Übereinkommens v 05.10.1961, das nach seinem Art 1 Abs 3 diplomatische und konsularische Urkunden ausdrücklich ausnimmt.

Art 1

Unter Legalisation im Sinne dieses Übereinkommens ist nur die Förmlichkeit zu verstehen, die dazu bestimmt ist, die Echtheit der Unterschrift auf einer Urkunde, die Eigenschaft, in welcher der Unterzeichner der Urkunde gehandelt hat, und gegebenenfalls die Echtheit des Siegels oder Stempels, mit dem die Urkunde versehen ist, zu bestätigen.

Art 2

(1) Dieses Übereinkommen ist auf Urkunden anzuwenden, die von den diplomatischen oder konsularischen Vertretern einer Vertragspartei in ihrer amtlichen Eigenschaft und in Wahrnehmung ihrer Aufgaben in dem Hoheitsgebiet irgendeines Staates errichtet worden sind und die vorgelegt werden sollen:

a) in dem Hoheitsgebiet einer anderen Vertragspartei oder

b) vor diplomatischen oder konsularischen Vertretern einer anderen Vertragspartei, die ihre Aufgaben in dem Hoheitsgebiet eines Staates wahrnehmen, der nicht Vertragspartei dieses Übereinkommens ist.

(2) Dieses Übereinkommen ist auch auf amtliche Bescheinigungen wie zB Vermerke über die Registrierung, Sichtvermerke zur Feststellung eines bestimmten Zeitpunktes und Beglaubigung von Unterschriften anzuwenden, die von den diplomatischen oder konsularischen Vertretern auf anderen als den in Absatz 1 genannten Urkunden angebracht ist.

Art 3

Jede Vertragspartei befreit die Urkunden, auf die dieses Übereinkommen anzuwenden ist, von der Legalisation.

Art 4

(1) Jede Vertragspartei trifft die notwendigen Maßnahmen, um zu vermeiden, dass ihre Behörden die Legalisation in Fällen vornehmen, in denen dieses Übereinkommen von der Legalisation befreit.

(2) Jede Vertragspartei stellt, soweit erforderlich, die Prüfung der Echtheit der Urkunde sicher, auf die dieses Übereinkommen anzuwenden ist. Für diese Prüfung werden Gebühren oder Auslagen irgendwelcher Art nicht erhoben; sie wird so schnell wie möglich vorgenommen.

Art 5

Dieses Übereinkommen geht im Verhältnis zwischen den Vertragsparteien den Bestimmungen von Verträgen, Übereinkommen oder Vereinbarungen vor, welche die Echtheit der Unterschrift diplomatischer oder konsularischer Vertreter, die Eigenschaft, in welcher der Unterzeichner einer Urkunde gehandelt hat, und gegebenenfalls die Echtheit des Siegels oder Stempels, mit dem die Urkunde versehen ist, der Legalisation unterwerfen oder unterworfen werden.

611 BGBl 1971 II 1023.
612 BGBl 1979 II 338.
613 BGBl 1999 II 762.
614 BGBl 1971 II 1313.
615 BGBl 1973 II 1248.
616 BGBl 1979 II 938.
617 BGBl 2002 II 1872.
618 BGBl 1971 II 1023.
619 BGBl 1981 II 561.
620 BGBl 1973 II 746.
621 BGBl 1995 II 251.
622 BGBl 1973 II 1676.
623 BGBl 1971 II 1023.
624 BGBl 1982 II 639.
625 BGBl 1998 II 2373.
626 BGBl 1987 II 427.
627 BGBl 1971 II 1023.
628 BGBl 1971 II 1023.

327

328 **e) Apostille**[629]. Die in der Praxis wichtigste Nachweiserleichterung beruht auf dem **Haager Übereinkommen vom 5. Oktober 1961** zur Befreiung ausländischer öffentlicher Urkunden von der Legalisation. Es bezweckt, eine möglichst große Zahl öffentlicher Urkunden von den langwierigen Legalisationsformalitäten zu befreien. Öffentliche Urkunden, die in dem Hoheitsgebiet eines Vertragsstaates errichtet worden sind (sog Errichtungsstaat) und die in dem Hoheitsgebiet eines anderen Vertragsstaates (sog Empfangsstaat) vorgelegt werden sollen, sind nach Art 2 von der Legalisation befreit.

329 Das Übereinkommen ist für Deutschland seit dem 13.02.1966 in Kraft,[630] nach seiner Ratifikation durch das Gesetz v 21.06.1965.[631]

Die Liste der **Vertragsstaaten** zeigt eindrucksvoll, dass es ein Übereinkommen mit weltweitem Geltungsanspruch ist, das von Staaten aus allen Rechtskreisen ratifiziert wurde. Insbesondere gilt das Abkommen im Verhältnis zu allen EU-Staaten. Vertragsstaaten des Haager Übereinkommens, (denen gegenüber Deutschland keinen Vorbehalt nach Art 12 Abs 2 eingelegt hat) sind (Stand April 2008):

Andorra (BGBl 1996 II 2802), Antigua und Barbuda (BGBl 1986 II 542), Argentinien (BGBl 1988 II 235), Armenien (BGBl 1994 II 2532), Australien (BGBl 1995 II 222),

Bahamas (BGBl 1977 II 20), Barbados (BGBl 1996 II 934), Belgien (BGBl 1976 II 199), Belize (BGBl 1993 II 1005), Bosnien-Herzegowina (BGBl 1994 II 82), Botsuana (BGBl 1970 II 121), Brunei Darussalam (BGBl 1988 II 154), Bulgarien (BGBl 2001 II 801),

Cookinseln (BGBl 2005 II 752),

Dänemark (aber vorrangiger bilateraler Beglaubigungsvertrag, RGBl 1936 II 213), Dominica (BGBl 2003 II 734), Ecuador (BGBl 2005 II 752),

El Salvador (BGBl 1996 II 934), Estland (BGBl 2002 II 626),

Fidschi (BGBl 1971 II 1016), Finnland (BGBl 1985 II 1006), Frankreich (BGBl 1966 II 106, aber vorrangiger bilateraler Beglaubigungsvertrag, BGBl 1974 II 1100),

Grenada (BGBl 1975 II 366) Griechenland (BGBl 1985 II 1108, für Urkunden von Gerichten und obersten Verwaltungsbehörden gilt vorrangiger bilateraler Beglaubigungsvertrag, RGBl 1939 848), Großbritannien (Vereinigtes Königreich von Großbritannien und Nordirland, BGBl 1966 II 106, auch für die Gebiete, deren internationale Beziehungen vom Vereinigten Königreich wahrgenommen werden: Anguilla, Bermuda, Caymaninseln = Kaimaninseln, Falklandinseln, Gibraltar, Guernsey, Isle of Man, Jersey, Britische Jungferninseln = British Virgin Islands, Montserrat, St. Helena, Turks- und Caicosinseln),[632]

Honduras (BGBl 2005 II 64), Hongkong (China) (BGBl 1966 II 106, BGBl 2003 II 583, 594),

Irland (BGBl 1999 II 142), Island (BGBl 1965 II 865), Israel (BGBl 1978 II 1198), Italien (BGBl 1978 II 153, aber vorrangiges bilaterales Beglaubigungsabkommen, BGBl 1974 II 1069),

Japan (BGBl 1970 II 752), ehemaliges Jugoslawien (BGBl 1966 II 106),

Kasachstan (BGBl 2001 II 298), Kolumbien (BGBl 2001 II 298), Korea (Republik) (seit 14.07.2007, BGBl 2008 II 224), Kroatien (BGBl 1994 II 82),

Lesotho (BGBl 1972 II 1466), Lettland (BGBl 1996 II 223), Liechtenstein (BGBl 1972 II 1466), Litauen (BGBl 1997 II 1400), Luxemburg (BGBl 1979 II 684),

Macau (China) (BGBl 1969 II 120, BGBl 2003 II 789, 798), Malawi (BGBl 1968 II 76), Malta (BGBl 1968 II 131), Marschallinseln (BGBl 1992 II 948), Mauritius (BGBl 1970 II 121), Mazedonien (BGBl 1994 II 1191), Mexiko (BGBl 1995 II 694), Monaco (BGBl 2003 II 63), Montenegro (BGBl 1966 II 106, 2008 II 224),

Namibia (BGBl 2001 II 298), Neuseeland (BGBl 2002 II 626), Niederlande (BGBl 1966 II 106), Niue (BGBl 1999 II 142), Norwegen (BGBl 1983 II 478),

Österreich (BGBl 1968 II 76, aber vorrangiger bilateraler Beglaubigungsvertrag, RGBl 1924 II 61),

Panama (BGBl 1991 II 998), Polen (BGBl 2006 II 132), Portugal (BGBl 1969 II 120),

Rumänien (BGBl 2001 II 801), Russland (BGBl 1992 II 948),

---

629 *Weber* DNotZ 1967, 469; *Schmidt* in *Bülow-Böckstiegel* Band II und D II; *Ferid* RabelsZ 62/63, 413.
630 BGBl 1966 II 106.
631 BGBl 1965 II 875.
632 Die Liste der vom Übereinkommen umfassten abhängigen britischen Gebiete findet sich auf der Homepage der Haager Konferenz : http://www.hcch.net/index_en.php?act=conventions.childstatus&cid=41&mid=352.

Samoa (BGBl 1999 II 794), San Marino (BGBl 1995 II 222), Schweden (BGBl 1999 II 420), Schweiz (BGBl 1973 II 176, für Urkunden von Gerichten und höheren Verwaltungsbehörden vorrangiger bilateraler Beglaubigungsvertrag, RGBl 1907, 411), Serbien (BGBl 1966 II 106, 2002 II 626, 2008 II 224), Seychellen (BGBl 1979 II 417), Slowakei (BGBl 2002 II 626), Slowenien (BGBl 1993 II 1005), Spanien (BGBl 1978 II 1330), St. Kitts und Nevis (BGBl 1994 II 3765), St. Lucia (BGBl 2002 II 2503), St. Vincent und die Grenadinen (BGBl 2003 II 698), Südafrika (BGBl 1995 II 326), Suriname (BGBl 1977 II 593), Swasiland (BGBl 1979 II 417),

Tonga (BGBl 1972 II 254), Trinidad und Tobago (BGBl 2000 II 34), Tschechische Republik (BGBl 1999 II 142), Türkei (BGBl 1985 II 1108),

Ungarn (BGBl 1973 II 65), USA (Vereinigte Staaten von Amerika) (BGBl 1981 II 903),

Venezuela (BGBl 1999 II 142), Vereinigtes Königreich sh Großbritannien,

Weißrussland (Belarus) (BGBl 1993 II 1005),

Zypern (BGBl 1973 II 391).

São Tomé und Príncipe hat seinen Beitritt zum Abkommen erklärt. Das Abkommen tritt am 13.09.2008 im Verhältnis zwischen São Tomé und Príncipe und den Vertragsstaaten in Kraft, die nicht bis zum 15.07.2008 einen Vorbehalt erklärt haben.

Folgende Staaten sind zwar dem Haager Übereinkommen beigetreten, Deutschland hat aber fristgerecht einen **Vorbehalt nach Art 12 Abs 2** eingelegt, so dass das Übereinkommen im Verhältnis dieser Staaten zu Deutschland nicht in Kraft getreten ist: Albanien, Aserbaidschan, Georgien, Indien, Liberia, Republik Moldau, Ukraine.

In den Anwendungsbereich des Abkommens fallen öffentliche Urkunden von **Gerichten**, (aller) **Verwaltungsbehörden** und der **Notare** – einschließlich Vermerkurkunden wie inbes Unterschriftsbeglaubigungen (Art 1 Abs 2).   **330**
– Von dem Übereinkommen bleiben **weitergehende Befreiungen** in zweiseitigen Verträgen unberührt (Art 3 Abs 2).
– Das Haager Übereinkommen gilt nicht für Urkunden, die von diplomatischen oder konsularischen Vertretern errichtet sind, Art 1 Abs 3 (s hierzu vorstehend das Europäische Übereinkommen v 07.06.1968, Rdn 326 f).

An die Stelle der Legalisation tritt mit denselben Wirkungen gemäß Art 3 Abs 1 als einzige Bestätigungsförmlichkeit die in Art 4 vorgesehene **Apostille**. Die Apostille vereinfacht damit das Legalisationsverfahren.   **331**
– Die Apostille wird von der zuständigen Behörde des **Errichtungsstaates** erteilt – während die Legalisation von der diplomatischen oder konsularischen Vertretung des Empfangsstaates erteilt wird. Jeder Vertragsstaat bestimmt die zuständigen Behörden und teilt sie dem Niederländischen Außenministerium mit (Art 6).[633]
– Die Apostille ist zu erteilen unter Verwendung der dem Übereinkommen als Anlage gegebenen **Muster** (s Rdn 333).[634] In den letzten Jahren sind einzelne Staaten dazu übergegangen, »vereinfachte« Apostillen zu erstellen (so insbes Ecuador und Kolumbien[635]). Dabei handelt es sich nicht um Apostillen iSd Übereinkommens, so dass auch dessen Nachweiswirkungen nicht gelten; allerdings kann das Grundbuchamt aufgrund seines Ermessens die Urkunde gleichwohl als echt anerkennen.

Die ordnungsgemäß ausgefüllte Apostille erbringt nach Art 5 Abs 2 den **Nachweis** der Echtheit der Unterschrift, der Amtseigenschaft, in der die unterzeichnende Person gehandelt hat, und ggf der Echtheit des Siegels oder Stempels, mit dem die Urkunde versehen ist. Die Apostille ersetzt also die Legalisation im engeren Sinne, nicht die Legalisation im weiteren Sinne.   **332**

Umstritten ist die **Beweiskraft der Apostille**.[636]
– Sie beweist sicherlich nicht, dass die mit ihr versehene Urkunde unter das Übereinkommen fällt, diese also öffentliche Urkunde nach Art 1 ist. Gleichwohl darf davon ausgegangen werden, dass die die Apostille erteilende Behörde insoweit eine Prüfung durchgeführt hat. Für das Grundbuchamt besteht aber insoweit keine Pflicht zur Nachprüfung.

---

633 Für Deutschland bestimmen Verordnungen der Landesregierungen (aufgrund des Art 2 Abs 1 des Zustimmungsgesetzes v 21.06.1965) die zuständigen Stellen. Die Verordnungen sind abgedruckt bei *Bülow-Böckstiegel*, Internationaler Rechtsverkehr, Band II, D II 1e.
Unter der Ordnungsnummer D II 1 f findet sich ein Verzeichnis der Staaten, für die das Haager Übereinkommen in Kraft ist, und die Bezeichnung der für die Erteilung der Apostille zuständigen Behörden in den jeweiligen Staaten. Im Internet finden sich die zuständigen ausländischen Behörden auf der Homepage der Haager Konferenz:
634 Vgl für Deutschland die Verordnung über die Ausstellung der Apostille nach Art 3 des Haager Übereinkommens vom 23.02.1966 (BGBl 1966 II 138).
635 vgl BGBl 2005 II 752.
636 *Weber* DNotZ 1967, 469, 473; *Jansen* Einl BeurkG Rn 44, 49, 50; *Blumenwitz* DNotZ 1968, 712, 730.

– Die Apostille beweist auch nicht die Echtheit des Siegels; sie »bezeugt« nur die Echtheit und begründet eine einfache, **widerlegbare Vermutung**. Über die Beweiswirkung entscheidet die lex fori.[637] Da die Apostille an die Stelle der Legalisation tritt, gilt für sie § 438 Abs 2 ZPO.

333   Der **Vertragstext** des Haager Übereinkommen vom 05.10.1961 zur Befreiung ausländischer öffentlicher Urkunden von der Legalisation[638] lautet wie folgt:

Die Unterzeichnerstaaten dieses Übereinkommens, mit dem Wunsche, ausländische öffentliche Urkunden von der diplomatischen oder konsularischen Legalisation zu befreien, haben beschlossen, zu diesem Zweck ein Übereinkommen zu schließen, und haben die folgenden Bestimmungen vereinbart:

Art 1

(1) Dieses Übereinkommen ist auf öffentliche Urkunden anzuwenden, die in dem Hoheitsgebiet eines Vertragsstaates errichtet worden sind und die in dem Hoheitsgebiet eines anderen Vertragsstaates vorgelegt werden sollen.

(2) Als öffentliche Urkunde im Sinne dieses Übereinkommens werden angesehen:
a) Urkunden eines staatlichen Gerichts oder einer Amtsperson als Organ der Rechtspflege, einschließlich der Urkunden, die von der Staatsanwaltschaft oder einem Vertreter des öffentlichen Interesses, von einem Urkundsbeamten der Geschäftsstelle oder von einem Gerichtsvollzieher ausgestellt sind;
b) Urkunden der Verwaltungsbehörden;
c) notarielle Urkunden;
d) amtliche Bescheinigungen, die auf Privaturkunden angebracht sind, wie zB Vermerke über die Registrierung, Sichtvermerke zur Feststellung eines bestimmten Zeitpunktes und Beglaubigungen von Unterschriften.

(3) Dieses Übereinkommen ist jedoch nicht anzuwenden
a) auf Urkunden, die von diplomatischen oder konsularischen Vertretern errichtet sind,
b) auf Urkunden der Verwaltungsbehörden, die sich unmittelbar auf den Handelsverkehr oder auf das Zollverfahren beziehen.

Art 2

Jeder Vertragsstaat befreit die Urkunden, auf die dieses Übereinkommen anzuwenden ist und die in seinem Hoheitsgebiet vorgelegt werden sollen, von der Legalisation. Unter Legalisation im Sinne dieses Übereinkommens ist nur die Förmlichkeit zu verstehen, durch welche die diplomatischen oder konsularischen Vertreter des Landes, in dessen Hoheitsgebiet die Urkunde vorgelegt werden soll, die Echtheit der Unterschrift, die Eigenschaft, in welcher der Unterzeichner der Urkunde gehandelt hat, und gegebenenfalls die Echtheit des Siegels oder Stempels, mit dem die Urkunde versehen ist, bestätigen.

Art 3

(1) Zur Bestätigung der Echtheit der Unterschrift, der Eigenschaft, in welcher der Unterzeichner der Urkunde gehandelt hat und gegebenenfalls der Echtheit des Siegels oder Stempels, mit dem die Urkunde versehen ist, darf als Förmlichkeit nur verlangt werden, daß die in Artikel 4 vorgesehene Apostille angebracht wird, welche die zuständige Behörde des Staates ausstellt, in dem die Urkunde errichtet worden ist.

(2) Die in Absatz 1 erwähnte Förmlichkeit darf jedoch nicht verlangt werden, wenn Gesetze oder andere Rechtsvorschriften des Staates, in dem die Urkunde vorgelegt wird, oder dort bestehende Gebräuche oder wenn Vereinbarungen zwischen zwei oder mehreren Vertragsstaaten sie entbehrlich machen, sie vereinfachen oder die Urkunde von der Legalisation befreien.

Art 4

(1) Die in Artikel 3 Absatz 1 vorgesehene Apostille wird auf der Urkunde selbst oder auf einem mit ihr verbundenen Blatt angebracht; sie muß dem Muster entsprechen, das diesem Übereinkommen als Anlage beigefügt ist.

(2) Die Apostille kann jedoch in der Amtssprache der Behörde, die sie ausstellt, abgefaßt werden. Die gedruckten Teile des Musters können auch in einer zweiten Sprache wiedergegeben werden. Die Überschrift »Apostille (Convention de La Haye du 5 octobre 1961)« muß in französischer Sprache abgefaßt sein.

Art 5

(1) Die Apostille wird auf Antrag des Unterzeichners oder eines Inhabers der Urkunde ausgestellt.

(2) Ist die Apostille ordnungsgemäß ausgefüllt, so wird durch sie die Echtheit der Unterschrift, die Eigenschaft, in welcher der Unterzeichner der Urkunde gehandelt hat, und gegebenenfalls die Echtheit des Siegels oder Stempels, mit dem die Urkunde versehen ist, nachgewiesen.

(3) Die Unterschrift und das Siegel oder der Stempel auf der Apostille bedürfen keiner Bestätigung.

Art 6

(1) Jeder Vertragsstaat bestimmt die Behörden, die zuständig sind, die Apostille nach Artikel 3 Absatz 1 auszustellen.

---

637 *Weber* DNotZ 1967, 469, 474 Fn 27; *Jansen* Einl BeurkG Rn 50.
638 BGBl 1965 II 875.

(2) Er notifiziert diese Bestimmung dem Ministerium für Auswärtige Angelegenheiten der Niederlande bei der Hinterlegung der Ratifikations- oder der Beitrittsurkunde oder bei der Erklärung über die Ausdehnung des Übereinkommens. Er notifiziert ihm auch jede Änderung, die in der Bestimmung dieser Behörden eintritt.

Art 7

(1) Jede nach Artikel 6 bestimmte Behörde hat ein Register oder ein Verzeichnis in einer anderen Form zu führen, in das die Ausstellung der Apostillen eingetragen wird; dabei sind zu vermerken: a) die Geschäftsnummer und der Tag der Ausstellung der Apostille, b) der Name des Unterzeichners der öffentlichen Urkunde und die Eigenschaft, in der er gehandelt hat oder bei Urkunden ohne Unterschrift die Behörde, die das Siegel oder den Stempel beigefügt hat.

(2) Auf Antrag eines Beteiligten hat die Behörde, welche die Apostille ausgestellt hat, festzustellen, ob die Angaben, die in der Apostille enthalten sind, mit denen des Registers oder des Verzeichnisses übereinstimmen.

Art 8

Besteht zwischen zwei oder mehreren Vertragsstaaten ein Vertrag, ein Übereinkommen oder eine Vereinbarung des Inhalts, daß die Bestätigung der Unterschrift, des Siegels oder des Stempels gewissen Förmlichkeiten unterworfen ist, so greift dieses Übereinkommen nur ändernd ein, wenn jene Förmlichkeiten strenger sind als die in den Artikeln 3 und 4 vorgesehen.

334

Modèle d'apostille
L'apostille aura la forme d'un carré de 9 centimètres de côté au minimum

APOSTILLE

(Convention de La Haye du 5 octobre 1961)

1. Pays: _____

   Le présent acte public

2. a été signé par _____

3. agissant en qualité de _____

4. est revêtu du sceau/timbre de _____

   _____

Attesté

5. à _____   6. le _____

7. par _____

8. sous N° _____

9. Sceau/timbre: _____   10. Signature: _____

Model of certificate
The certificate will be
in the form of a square
with sides at least
9 centimetres long

```
                    APOSTILLE
        (Convention de La Haye du 5 octobre 1961)

1. Country: _____
   This public document
2. has been signed by _____
3. acting in the capacity of _____
4. bears the seal/stamp of _____
   _____
                    Certified
5. at _____      6. the _____
7. by _____
8. N° _____
9. Seal/Stamp:            10. Signature:
   _____          _____
```

Muster der Apostille
Die Apostille soll die
Form eines Quadrats
mit Seiten von minde-
stens 9 Zentimetern
haben

```
                    APOSTILLE
        (Convention de La Haye du 5 octobre 1961)

1. Land: _____
   Diese öffentliche Urkunde
2. ist unterschrieben von _____
3. in seiner Eigenschaft als _____
4. sie ist versehen mit dem Siegel/Stempel des (der)
   _____
                    Bestätigt
5. in _____      6. am _____
7. durch _____
8. unter Nr. _____
9. Siegel/Stempel         10. Unterschrift:
   _____          _____
```

335 f) Die Legalisation[639]. Unterfällt die ausländische öffentliche Urkunde keiner der dargestellten Sonderregelungen, die entweder von jeglichem Nachweis der Echtheit freistellen oder eine Apostille genügen lassen, so ist
eine Legalisation erforderlich.

---

639 *Bülow* DNotZ 1955, 9; *Kierdorf*, Die Legalisation von Urkunden (1973); *Luther* MDR 1986, 10; *Schmidt* in *Bülow-Böck-stiegel* Band II unter D I; *Wagner* DNotZ 1975, 581.

Der Begriff der Legalisation im engeren Sinne[640] ist in **§ 13 Abs 2 KonsularG** definiert:[641]

»Die Legalisation bestätigt die Echtheit der Unterschrift, die Eigenschaft, in welcher der Unterzeichner der Urkunde gehandelt hat, und gegebenenfalls die Echtheit des Siegels, mit dem die Urkunde versehen ist.«

Zuständig für die Legalisation einer ausländischen öffentlichen Urkunde ist der deutsche Konsularbeamte, in dessen Amtsbezirk die Urkunde erstellt wurde.

336

Nach § 13 Abs 1 KonsularG sind die Konsularbeamten nur befugt, die in ihrem Amtsbereich ausgestellten **öffentlichen Urkunden** zu legalisieren. Privaturkunden dürfen danach nicht legalisiert werden. Ist jedoch unter einer Privaturkunde die Unterschrift beglaubigt, so kann der Beglaubigungsvermerk als öffentliche Urkunde legalisiert werden. Hat der deutsche Konsularbeamte selbst die Unterschrift beglaubigt, so bedarf die Urkunde (selbstverständlich) keiner Legalisation.

337

Ist eine ausländische öffentliche Urkunde von der Legalisation **befreit**, so kann das Grundbuchamt **nicht** auf einer Legalisation durch den deutschen Konsularbeamten bestehen. Der Konsularbeamte ist berechtigt, einen solchen Antrag abzulehnen. Nach § 13 Abs 5 KonsularG sollen Urkunden, die gemäß zwei- oder mehrseitiger völkerrechtlicher Übereinkunft von der Legalisation befreit sind, nicht legalisiert werden.

Die Legalisation wird nach § 13 Abs 3 KonsularG durch einen auf die Urkunde zu setzenden **Vermerk** vollzogen. Der Vermerk soll den Namen und die Amts- oder Dienstbezeichnung des Unterzeichners der Urkunde enthalten. Er soll den Ort und den Tag seiner Ausstellung angeben und ist mit Unterschrift und Präge- oder Farbdrucksiegel zu versehen.

338

Üblich ist folgende Fassung:

»Gesehen im Konsulat (Generalkonsulat – in der Konsularabteilung der Botschaft) der Bundesrepublik Deutschland in ... zur Legalisation der vorstehenden Unterschrift des ... (Vorname, Zuname, Amts- oder Dienstbezeichnung).«

(Datum) | (Unterschrift)

(Dienstsiegel) | (Amtsbezeichnung)

Die Rechtsfolge der Legalisation regelt § 438 Abs 2 ZPO. Danach genügt die Legalisation zum Nachweis der Echtheit einer ausländischen Urkunde.

339

Eine inhaltsgleiche Regelung enthielt bereits § 2 des Gesetzes betreffend die Beglaubigung öffentlicher Urkunden v 01.05.1878:[642]

Zur Annahme der Echtheit einer Urkunde, welche als von einer ausländischen öffentlichen Behörde oder von einer mit öffentlichem Glauben versehenen Person des Auslandes ausgestellt oder aufgenommen sich darstellt, genügt die Legalisation durch einen Konsul oder Gesandten des Reiches.

g) Einzelfallprüfung bei Aussetzung der Legalisation. Problematisch ist der Nachweis der Echtheit für die Länder,[643] in denen die deutschen Auslandsvertretungen die Legalisation eingestellt haben, weil dort deren Voraussetzungen derzeit nicht gegeben sind, weil im Amtsbezirk des betreffenden Konsulats oft Urkunden falschen Inhalts oder Urkunden, die von nicht berechtigten Stellen ausgestellt wurden, aufgetaucht waren.

340

Die jeweils zuständige deutsche Auslandsvertretung kann jedoch im Rahmen der **Amtshilfe** für deutsche Behörden im Einzelfall überprüfen lassen, ob der bescheinigte Sachverhalt zutrifft und hierdurch die Entscheidung der Inlandsbehörde über den Beweiswert der Urkunden in Deutschland erleichtern.

Deutsche Behörden oder Gerichte – damit auch das Grundbuchamt oder ein Notar –, die Urkunden aus einem Land benötigen, für das das Legalisationsverfahren eingestellt wurde, können eine solche Überprüfung verlangen. Dazu muss die betreffende deutsche Inlandsbehörde ein **Amtshilfeersuchen** an die zuständige Auslandsvertretung richten.Sie muss die ausländische Urkunde im Original beifügen, konkrete Fragen stellen oder um Globalüberprüfung ersuchen, und im Verhältnis zur Auslandsvertretung die Übernahme der dabei

---

640 Zur Legalisation im weiteren Sinne siehe Rdn 343.
641 Das Haager Übereinkommen definiert die Legalisation in gleicher Weise.
642 RGBl 89 = BGBl III 318-1.
643 Vgl die Länderliste Rdn 284 ff sowie die Homepage des Auswärtigen Amtes: http://www.auswaertiges-amt.de/diplo/de/Infoservice/FAQ/BeglaubigungLegalisation/14-Ablehnung-ausl.html.

entstehenden Auslagen zusagen (wobei die Inlandsbehörde ihrerseits diese Auslagen dem Antragsteller in Rechnung stellen kann).

Die Auslagen entstehen dadurch, dass die deutschen Auslandsvertretungen die gewünschten Überprüfungen nicht ausschließlich mit eigenem Personal durchführen können, sondern sich regelmäßig auch auf die Erkundigungen von Vertrauensanwälten und sonstigen Vertrauenspersonen stützen müssen. Je nach Zeitaufwand der Prüfung sind **Auslagen** zu erstatten, die sich **auf mehrere hundert Euro** belaufen können. Die inländischen Behörden können zur Übermittlung ihrer Amtshilfeersuchen an die deutsche Auslandsvertretung den amtlichen Kurierweg des Auswärtigen Amts mitbenutzen. Privatpersonen können diesen Kurierweg hingegen nicht in Anspruch nehmen. Einzelheiten zum Prüfverfahren können den Merkblättern der zuständigen deutschen Auslandsvertretung entnommen werden.[644]

Für die Prüfung der Echtheit kann und hat das Grundbuchamt alle in Betracht kommenden (und ihm vorgelegten) Nachweismittel zu berücksichtigen (also nicht nur öffentliche Urkunden).[645]

Die besondere Schwierigkeit für das Grundbuchverfahren ergibt sich daraus, dass für die dem Grundbuchamt nachzuweisenden Erklärungen und Tatsachen grds nur ein Beweis durch öffentliche Urkunden möglich ist. Kann aber die Echtheit einer ausländischen Urkunde (zB einer Personenstandsurkunde) nicht nachgewiesen werden, so könnte die betreffende Tatsache möglicherweise im Grundbuchverfahren gar nicht nachgewiesen werden.

3. Einhaltung der ausländischen Zuständigkeit, Verfahrens- und Formvorschriften

341 **a) Grundsatz.** Durch die **Legalisation** wird die Echtheit der ausländischen amtlichen Urkunde nachgewiesen, regelmäßig jedoch nicht ihre Eigenschaft als »öffentliche Urkunde«,[646] die vom Grundbuchamt selbständig zu prüfen ist. Es geht hierbei um die Fragen, ob die ausländische Urkundsperson nach Maßgabe des für sie geltenden Rechts zur Aufnahme der Urkunde befugt war und ob sie die Formvorschriften beachtet hat, also die Voraussetzungen der §§ 415, 417, 418 ZPO. Insoweit gelten für die Prüfung durch das Grundbuchamt keine geringeren Anforderungen als an die Prüfung inländischer amtlicher Urkunden. Eine »Privilegierung« ausländischer amtlicher Urkunden gibt es nicht.

342 **b) Vermutung bei Echtheit.** Im internationalen Rechtsverkehr ist aber der **Erfahrungssatz** anerkannt, dass öffentliche Behörden und Notare die für sie maßgebenden Zuständigkeits- und Formvorschriften beachten.[647] Auf diesen Erfahrungssatz kann sich auch das Grundbuchamt verlassen; es ist darüber hinaus an ihn gebunden.

Dieser Erfahrungssatz gilt unabhängig davon, ob die Echtheit der Urkunde durch Legalisation oder Apostille nachgewiesen worden ist oder ob aufgrund eines Staatsvertrages kein Echtheitsnachweis erforderlich ist. Wird beispielsweise dem Grundbuchamt die Urkunde eines italienischen Notars zum Vollzug vorgelegt, die nach dem deutsch-italienischen Beglaubigungsvertrag keiner Legalisation, Beglaubigung oder anderen Förmlichkeiten bedarf, so gilt neben dem allgemeinen Erfahrungssatz, dass der italienische Notar die Vorschriften über seine Zuständigkeit und über die Form der Beurkundung eingehalten hat (die Urkunde also öffentliche Urkunde ist), die vertraglich festgelegte Vermutung, dass die Urkunde echt ist.

343 **c) Legalisation im weiteren Sinn.** Bestehen jedoch gewichtige Gründe für die Annahme, dass eine vorgelegte ausländische Urkunde fehlerhaft oder kompetenzwidrig aufgenommen wurde, so ist das Grundbuchamt berechtigt, eine entsprechende Bestätigung zu verlangen.[648] Man spricht hier von einer **Legalisation im weiteren Sinn** und versteht darunter die über die Legalisation im engeren Sinn hinausgehende Bestätigung des deutschen Konsularbeamten, dass der Aussteller zur Aufnahme der Urkunde zuständig war und dass die Urkunde in der den Gesetzen des Ausstellungsorts entsprechenden Form aufgenommen worden ist. Zuständig für die Legalisation im weiteren Sinn (§ 13 Abs 4 KonsularG) sind alle Konsularbeamte (§§ 2 iV 19, 24 KonsularG).

Bei der Legalisation im weiteren Sinne ist folgender Zusatz zum Legalisationsvermerk üblich:

»Der ... (Amts- oder Dienstbezeichnung) war zur Aufnahme der vorstehenden Urkunde zuständig.

644 http://www.auswaertiges-amt.de/diplo/de/Infoservice/FAQ/BeglaubigungLegalisation/15-WasTun-ausl.html.
645 *Knothe* in *Bauer/von Oefele* Int Bezüge Rn 627; *Hügel-Zeiser* Int Bezüge Rn 246.
646 RG JW 1927, 1097; *Jansen* Einl BeurkG Rn 50; *Weber* DNotZ 1967, 469, 472 Fn 17 und 27.
647 KG DR 1939, 1946 = JFG 20, 171; BayObLG MittBayNot 1989, 273; OLG Zweibrücken FGPrax 1999, 86 = MittBayNot 1999, 480 = OLG-Report 1999, 370 = Rpfleger 1999, 326; LG Wiesbaden Rpfleger 1988, 17; *Arnold* DNotZ 1975, 581, 586; *Weber* DNotZ 1967, 469, 472; *Knothe* in *Bauer/von Oefele* Int Bezüge Rn 627; *Demharter* § 29 Rn 51; *Hügel-Zeiser* Int Bezüge Rn 243; *Jansen* Einl BeurkG Rn 49; KEHE-*Sieghörtner* Einl U Rn 386.
648 Missverständlich: KG DR 1939, 1946 = JFG 20, 171, 178; OLG Zweibrücken FGPrax 1999, 86 = MittBayNot 1999, 480 = OLG-Report 1999, 370 = Rpfleger 1999, 326; LG Wiesbaden Rpfleger 1988, 17; *Demharter* Rn 51; *Jansen* Einl BeurkG Rn 49.

Die Urkunde ist in der von hiesigen Gesetzen entsprechenden Form aufgenommen worden.«

Der Konsularbeamte darf diese Bestätigung nur erteilen, sofern über die Rechtslage kein Zweifel besteht (§ 13 Abs 4 KonsularG).

Durch die Legalisation im weiteren Sinn wird für das Grundbuchamt der Nachweis erbracht, dass die ausländische Urkunde eine öffentliche Urkunde ist. Sie erlangt damit die gleiche Beweiskraft wie eine inländische Urkunde. Solche Urkunden begründen mithin vollen Beweis des beurkundeten Vorgangs oder ihres Inhalts oder der bezeugten Tatsache.

4. Gleichwertigkeit der ausländischen öffentlichen Urkunde

Grundsätzlich kann eine ausländische öffentliche Urkunde nur dann ein Formerfordernis des deutschen Rechts erfüllen – hier das verfahrensrechtliche Formerfordernis (Nachweiserfordernis) des § 29 GBO – wenn die ausländische Beurkundung der deutschen Beurkundung **gleichwertig** ist.[649]   **344**

Erfordert das deutsche Recht eine Beurkundung durch **Niederschrift**(§§ 6 ff BeurkG), so ist die Gleichwertigkeit idR für notarielle Beurkundungen aus Ländern des lateinischen Notariats zu bejahen, für Notare aus den Common Law Ländern hingegen zu verneinen.[650]

Ist hingegen nur eine **Unterschriftsbeglaubigung** erforderlich – wie im Regelfall im Grundbuchverfahren –, so genügt dem eine ausländische Unterschriftsbeglaubigung in aller Regel.   **345**
- Insbesondere genügt auch eine Unterschriftsbeglaubigung durch einen *notary public* in einem Rechtssystem des *Common Law,* der selbst kein Jurist ist.[651]
- Ebenso genügt eine Unterschriftsbeglaubigung durch **Urkundspersonen von Verwaltungsbehörden**, soweit diesen Urkundsfunktion für die Unterschriftsbeglaubigung zugewiesen sind (und nicht nur für eine amtliche Beglaubigung mit rein behördeninterner Funktion), wie zB Gemeindeschreiber, Gemeindeverwalter oder Gemeindeammänner in verschiedenen **Schweizer** Kantonen (va östlich der Linie Aare/Reuss sowie nördlich der Alpen).

Die Frage der Gleichwertigkeit stellt sich, wenn die ausländische Unterschriftsbeglaubigung nicht den Wirksamkeitserfordernissen des § 40 BeurkG entspricht: **346**
- Eindeutig zu bejahen ist die Gleichwertigkeit, wenn die Wirksamkeitserfordernisse des § 40 BeurkG erfüllt sind, also
- Die Rechtsprechung ließ eine Unterschrift eines *notary public* aus dem Common Law Bereich genügen, die nur den Vermerk »signature witnessed« (Bezeugung der Unterschrift) sowie Unterschrift und Amtsbezeichnung des Notars enthielt.[652]
- Entsprechend erkennt die Praxis auch Unterschriftsbeglaubigungen aus frankophonen Ländern an (zB Belgien, Frankreich, Luxemburg), die ebenfalls nur aus einem vom Notar unterschriebenen Stempel »Légalisation de/s signature/s« (»Unterschriftsbeglaubigung«) mit Siegel des Notars bestehen.
- Fragwürdig wird dies, wenn ein *notary public* des Common Law teilweise ohne jeden Vermerk nur seine Unterschrift und sein Siegel unter die Unterschrift der Beteiligten setzt.

Bedenken können sich auch aus dem Verfahren ergeben:
- Verschiedene ausländische Rechte lassen es zu, eine Unterschrift auch aufgrund telefonischer Anerkennung oder aufgrund des bloßen Vergleichs mit einer vorliegenden Unterschrift zu beglaubigen. Dies ist mE nicht mehr gleichwertig.[653]

5. Beweiswert

Stehen die Echtheit fest, sind Zuständigkeit, Verfahren und Form für die Erstellung der ausländischen öffentlichen Urkunde eingehalten und ist diese gleichwertig, so hat diese **dieselbe Beweiskraft** wie eine deutsche öffentliche Urkunde.[654]   **347**

---

649 BGHZ 80, 76, 78; MüKo-*Spellenberg* Art 11 EGBGB Rn 10 mwN; *Palandt-Heldrich* Art 11 EGBGB Rn 14; *Keidel-Winkler* Eine BeurkG Rn 50.
650 MüKo-*Spellenberg* Art 12 EGBGB Rn 10; *Jansen* Einl BeurkG Rn 32; *Blumenwitz* DNotZ 1968, 737; *Jansen* Einl BeurkG Rn 32 mwN.
651 OLG Zweibrücken FGPrax 1999, 86 = MittBayNot 1999, 480 = OLG-Report 1999, 370 = Rpfleger 1999, 326.
652 OLG Zweibrücken FGPrax 1999, 86 = MittBayNot 1999, 480 = OLG-Report 1999, 370 = Rpfleger 1999, 326. Die Entscheidung behandelt – und bejaht – lediglich die Gleichwertigkeit der Urkundsperson. Sie befasst sich gar nicht mit der Gleichwertigkeit des Verfahrens der Unterschriftsbeglaubigung.
653 *Staudinger-Hertel* § 129 BGB Rn 136.
654 BVerwG BayVBl 1987, 123 = IPRspr 1986, Nr 159 = NJW 1987, 1159 = NVwZ 1987, 492; OLG Hamm IPRspr 2001, 176; *Zöller/Geimer* § 438 ZPO Rn 2.

348 Für deutsche Personenstandsurkunden gilt die Beweisregel des **§ 66 Personenstandsgesetz** (PStG), wonach Personenstandsurkunden dieselbe Beweiskraft wie die Personenstandsbücher haben, also bei ordnungsgemäßer Führung Eheschließung, Geburt und die darüber gemachten näheren Angaben beweisen, sofern nicht der Nachweis ihrer Unrichtigkeit geführt wird (§ 60 Abs 1 PStG). § 66 PStG gilt allerdings nach der Rechtsprechung des Bundessozialgerichts und nach Ansicht der Lehre nur für deutsche, nicht aber für ausländische Urkunden. Für Personenstandsurkunden aus anderen EU-Staaten leitete jedoch der **EuGH** in seiner Entscheidung in der Rechtssache »Dafeki«[655] einen erhöhten Beweiswert aus dem in der Freizügigkeit der Arbeitnehmer (ex-Art 48 EG – jetzt Art 39, sowie dem System sozialer Sicherheit, ex-Art 51 EGV – jetzt Art 42) enthaltenen Diskriminierungsverbot eine gemeinschaftsrechtliche Pflicht zur Anerkennung von Personenstandsurkunden aus anderen EU-Staaten ab, jedenfalls für Verfahren über sozialrechtliche Leistungsansprüche.

Aufgrund des formellen Prüfungsprinzips im Grundbuchverfahren dürften diese gewissen Unterschiede in der Beweiskraft zwischen deutschen, EU-Ausland und Drittstaats-Personenstandsurkunden in der Praxis zu keinen unterschiedlichen Ergebnissen führen.

349 § 419 ZPO **(Urkunden mit Mängeln)** bleibt für echte ausländische öffentliche Urkunden anwendbar, da für das Beweisverfahren einschließlich der Beweiswürdigung und der Regeln über die Beweiskraft von Beweismitteln die lex fori maßgebend ist.[656]

6. Übersetzung fremdsprachiger Urkunden[657]

350 Gerichtssprache ist nach **§ 184 GVG** deutsch; das gilt auch für das Grundbuchverfahren (§ 8 FGG). Sonst wäre auch eine Bezugnahme auf die Eintragungsbewilligung nach § 44 Abs 2 GBO nicht möglich.
  – Grundsätzlich müssen die in § 29 genannten Urkunden, soweit sie **Erklärungen** der Beteiligten enthalten, aber auch formlose Anträge in deutscher Sprache abgefasst sein, andernfalls kann eine Übersetzung verlangt werden.
  – Für **sonstige Tatsachen**, die dem Grundbuchamt nachzuweisen sind, gilt der Grundsatz **nicht** uneingeschränkt. Wird eine solche Urkunde in fremder Sprache vorgelegt (zB eine Vertretungsbescheinigung), so darf und soll das Grundbuchamt analog § 9 FGG vom Verlangen nach einer Übersetzung absehen, wenn der Rechtspfleger oder Richter der Fremdsprache mächtig ist.[658] Bei einfachen Texten, etwa einer Vollmacht oder einer Vertretungsbescheinigung in englischer oder französischer Sprache wird gleichwohl häufig eine deutsche Übersetzung eines vereidigten Dolmetschers im Wege der Zwischenverfügung verlangt, obgleich der Rechtspfleger über ausreichende Sprachkenntnisse verfügt. Ein kurzer Beglaubigungsvermerk in ausländischer Sprache ist in aller Regel auch ohne besondere Sprachkenntnisse verständlich und daher nicht zu beanstanden.

351 Kann danach vom Grundbuchamt eine Übersetzung in die deutsche Sprache verlangt werden, so muss die **Übersetzung selbst beweiskräftig** sein.

Früher war die Beweiskraft der Übersetzung fremdsprachiger Urkunden geregelt in § 2 der **Verordnung zur Vereinfachung des Verfahrens auf dem Gebiet des Beurkundungsrechts** v 21.10.1942;[659] diese Verordnung wurde aber mit Ablauf des 24.04.2006 außer Kraft.[660]
  – Nach § 2 der Verordnung galt die Übersetzung als richtig und vollständig, wenn dies von einem Übersetzer bescheinigt wurde, der dazu besonders ermächtigt war. Die Bescheinigung sollte auf die Übersetzung gesetzt sein, auch den Tag der Übersetzung sowie die Stellung des Übersetzers angeben und mit seiner Unterschrift versehen sein. Der Gegenbeweis gegen die Richtigkeit oder Vollständigkeit der Übersetzung war zulässig. Der Vorstandsbeamte des Amtsgerichts, in dessen Bezirk der Übersetzer seinen Wohnsitz hat, konnte auf Antrag bestätigen, dass die Unterschrift von dem Übersetzer herrührte und dass diese mit der Anfertigung derartiger Übersetzungen betraut war.
  – In § 3 der Verordnung war die Erteilung von **Ausfertigungen und Abschriften von Übersetzungen** geregelt. Das Gericht oder der Notar, die eine fremdsprachige Urkunde verwahren, konnten, »wenn dies den Umständen nach angebracht erscheint«, die Ausfertigung oder Abschrift von einer Übersetzung erteilen, die nach § 2 Abs 1 der Verordnung gefertigt ist. Die Übersetzung verblieb zusammen mit der Urschrift

---

655 EuGH, Urt vom 02.12.1977 – C-336/94 (Dafeki), EuGHE I 1997, 6761 = ABl EG 1998, Nr C 41, 4 = EuZW 1998, 47 = StAZ 1998, 117.
656 BGH JZ 1955, 702; *Jansen* Einl BeurkG Rn 50.
657 *Hagena* Die Bestimmungen über die Errichtung einer Urkunde in einer fremden Sprache und die Übersetzung von Niederschriften – insbesondere die Beurkundung von Affidavits –, DNotZ 1978, 387.
658 *Demharter* § 1 Rn 34; *Knothe* in *Bauer/von Oefele* Teil F Rn 623.
659 RGBl I 609 = BGBl III 315-5.
      Lichtenberger BayVBl 1986, 360; *Jansen* Einl BeurkG Rn 24.
660 Art 87 Erstes Gesetz über die Bereinigung von Bundesrecht im Zuständigkeitsbereich des Bundesministeriums der Justiz, BGBl 2006 I 866, 878.

in der Verwahrung des Gerichts oder Notars. Nach § 3 Abs 3 der Verordnung konnten die Beteiligten auch verlangen, dass die Ausfertigung oder Abschrift von der (fremdsprachigen) Urschrift erteilt wurde, »wenn dazu ein besonderer Anlass besteht«.[661]

Durch die Aufhebung der Bundesverordnung unverändert gelten für die **landesrechtlichen Vorschriften** für die gerichtliche Bestellung und Vereidigung von Dolmetschern;[662] diese regeln zT auch ausdrücklich den Bestätigungsvermerk über die Richtigkeit und Vollständigkeit der Übersetzung (vgl etwa Art 11 BayDolmetscherG). Im Grundbuchamtverfahren ist daher weiterhin die Übersetzung eines amtlich bestellten Dolmetschers für die betreffende Sprache erforderlich – ebenso wie im Handelsregisterverfahren.[663] Darüber hinaus muss bei fremdsprachigen Erklärungen die Übersetzung mit der Originalurkunde durch **Schnur und Siegel** eines Notars verbunden sein und muss die Unterschrift des Dolmetschers (unter seiner Erklärung, dass die Übersetzung dem Original entspricht) vom Notar beglaubigt sein; nur dann entspricht sie § 29 Abs 1[664].

Für **Urkunden**, die von einem **deutschen Notar** errichtet werden, gelten – teilweise abweichend von der früheren Verordnung – § 5 und § 50 BeurkG. Nach § 5 Abs 2 BeurkG kann der Notar auf Verlangen Urkunden auch in einer anderen Sprache errichten. Er soll dem Verlangen nur entsprechen, wenn er der fremden Sprache hinreichend kundig ist.[665] Nach § 50 Abs 1 BeurkG kann der Notar, wenn er die Urkunde in einer fremden Sprache errichtet hat, die deutsche Übersetzung mit der Bescheinigung der Richtigkeit und Vollständigkeit versehen. Er braucht also hierfür keinen Übersetzer zuzuziehen. Diese Befugnis wird auf alle Niederschriften ausgedehnt, von denen der Notar nach § 48 S 1 BeurkG Ausfertigungen erteilen darf. Das sind, abgesehen von den eigenen Urkunden, die der Notar in Verwahrung hat (§ 25 Abs 1 BNotO), auch andere notarielle Urkunden, deren Verwahrung ihm obliegt (§§ 45 Abs 1, 2, 51 Abs 1 S 2 BNotO).[666] | **352**

Die Bescheinigung der Richtigkeit der Übersetzung ist in Form eines **Vermerks** (§ 39 BeurkG) zu erteilen.[667] Die ausdrückliche Feststellung, dass der Notar der fremden Sprache hinreichend kundig ist, ist nicht erforderlich. Eine bescheinigte Übersetzung gilt als richtig und vollständig (§ 50 Abs 2 BeurkG), hat also die Beweiskraft der öffentlichen Urkunde nach § 418 ZPO.[668] Der Gegenbeweis bleibt zulässig. Von einer Übersetzung, deren Richtigkeit und Vollständigkeit ein Notar bescheinigt hat, können nach § 50 Abs 3 S 1 BeurkG Ausfertigungen oder beglaubigte Abschriften zur Vorlage beim Grundbuchamt erteilt werden. Dies genügt für das Grundbuchverfahren.

Ist der Notar der fremden Sprache, in der die Urkunde errichtet werden soll, nicht kundig, so hat er die Beurkundung abzulehnen.[669] Möglich ist, dass die Urkunde in deutscher Sprache errichtet und ihr, weil sie auch im Ausland Verwendung finden soll, eine Übersetzung beigefügt wird.

§ 16 BeurkG regelt die hiervon scharf zu trennende Frage des Beurkundungsverfahrens, wenn ein **Beteiligter** nach seinen Angaben oder nach der Überzeugung des Notars der **deutschen Sprache nicht hinreichend kundig** ist (bzw allgemein der Urkundssprache nicht hinreichend kundig ist).[670] Nach § 16 Abs 2 BeurkG[671] muss die Niederschrift den Beteiligten anstelle des Vorlesens übersetzt werden. Für die Übersetzung muss, falls der Notar nicht selbst übersetzt, ein Dolmetscher zugezogen werden. Ist der Dolmetscher nicht allgemein vereidigt, so soll ihn der Notar vereidigen, es sei denn, dass alle Beteiligten darauf verzichten. Eine schriftliche Anfertigung der Übersetzung kann von jedem Beteiligten verlangt werden (sie ist in diesem Fall der Niederschrift beizufügen), sie können darauf verzichten und sich mit der mündlichen Übersetzung begnügen. | **353**

Obgleich § 16 Abs 2 BeurkG »Muss-Vorschrift« ist, deren Verletzung zur Unwirksamkeit der Beurkundung und damit zur Formungültigkeit der Urkunde führt, hat das Grundbuchamt keine Prüfungspflicht und kein Prüfungsrecht, ob ein ausländischer Beteiligter tatsächlich der deutschen Sprache hinreichend kundig ist.[672] Denn die Nichtigkeit tritt nur ein, wenn die Niederschrift den Vermerk enthält, dass ein Beteiligter der Urkundssprache (nach seiner Angabe und nach Überzeugung des beurkundenden Notars) nicht hinreichend kundig war

---

661 *Jansen* Einl BeurkG Rn 25.
662 Zur Gesetzgebungskompetenz der Länder vgl BayVerfGHE 38, 82 = BayVBl 1986, 363 = DÖV 1986, 390
   Die Bestellungsvoraussetzungen müssen durch Gesetz geregelt werden; eine bloße Verwaltungsvorschrift genügt nicht (BVerwG NJW 2007, 1478).
663 OLG Hamm, Beschl vom 12.02.2008 – 15 W 359-07 (unveröffentlicht); LG Leipzig NZG 2005, 759.
664 KGJ 2 Nr 85; KG JFG 7, 243, 245 = HRR 1930 Nr 237; *Demharter* § 1 Rn 34; Gutachten DNotI-Report 205, 161.
665 *Winkler* § 50 BeurkG Rn 3; *Mecke* DNotZ 1968, 584, 599; zur Möglichkeit zweisprachiger Urkunden vgl auch *Hertel*, in Festschrift Wolfsteiner, 2007, 51.
666 *Winkler* § 5 BeurkG Rn 5.
667 Formulierungsbeispiel bei *Winkler* § 50 Rn 9.
668 *Jansen* § 50 BeurkG Rn 2.
669 § 5 Abs 2 S 2 BeurkG und § 15 Abs 2 BNotO.
670 *Hagena* DNotZ 1978, 387; *Jansen* § 16 BeurkG; *Keidel-Winkler* § 16 BeurkG Rn 5 ff.
671 BGBl 1992 II 948.
672 *Jansen* § 16 BeurkG Rn 5.

(und wenn gleichwohl keine Übersetzung erfolgte)[673] – wenn also das Erfordernis einer Übersetzung auch für Dritte (und damit auch für das Grundbuchamt) unmittelbar aus der Urkunde heraus erkennbar ist.

Grundbuchordnung

in der Fassung der Bekanntmchung vom 26.05.1994 (BGBl I S 1114), zuletzt geändert durch Gesetz vom 23.11.2007 (BGBl I S 2614)

Erster Abschnitt
Allgemeine Vorschriften

§ 1 (Grundbuchamt; Zuständigkeit)

(1) Die Grundbücher, die auch als Loseblattgrundbuch geführt werden können, werden von den Amtsgerichten geführt (Grundbuchämter). Diese sind für die in ihrem Bezirk liegenden Grundstücke zuständig. Die abweichenden Vorschriften der §§ 143 und 144 für Baden-Württemberg und das in Artikel 3 des Einigungsvertrages genannte Gebiet bleiben unberührt.

(2) Liegt ein Grundstück in dem Bezirk mehrerer Grundbuchämter, so ist das zuständige Grundbuchamt nach § 5 des Gesetzes über die Angelegenheiten der freiwilligen Gerichtsbarkeit zu bestimmen.

(3) Die Landesregierungen werden ermächtigt, durch Rechtsverordnung die Führung des Grundbuchs einem Amtsgericht für die Bezirke mehrerer Amtsgerichte zuzuweisen, wenn dies einer schnelleren und rationelleren Grundbuchführung dient. Sie können die Ermächtigung durch Rechtsverordnung auf die Landesjustizverwaltungen übertragen.

(4) Das Bundesministerium der Justiz wird ermächtigt, durch Rechtsverordnung, die der Zustimmung des Bundesrates bedarf, die näheren Vorschriften über die Einrichtung und die Führung der Grundbücher, die Hypotheken-, Grundschuld- und Rentenschuldbriefe und die Abschriften aus dem Grundbuch und den Grundakten sowie die Einsicht hierin zu erlassen sowie das Verfahren zur Beseitigung einer Doppelbuchung zu bestimmen. Es kann hierbei auch regeln, inwieweit Änderungen bei einem Grundbuch, die sich auf Grund von Vorschriften der Rechtsverordnung ergeben, den Beteiligten und der Behörde, die das in § 2 Abs 2 bezeichnete amtliche Verzeichnis führt, bekannt zu geben sind.

Schrifttum

Bernhard, Rechtspfleger, Richter- und Rechtsprechungsbegriff, DRiZ 1981, 361; *Blaesing,* Rechtspfleger und Grundgesetz, NJW 1971, 1436; *Böttcher,* Verfassungskonformität der Übertragung der Grundbuchsachen auf den Rechtspfleger, Rpfleger 1986, 201; *Eickmann,* Rechtspflegerrecht im Wandel, RpflBl 1971, 37; *ders,* Leitideen des Rechtspflegerrechts, RpflBl 1976, 46; *ders,* Die Dritte Gewalt – Begriff und Wirklichkeit, Rpfleger 1976, 153; *ders,* Die Beteiligung von Ausländern am Grundbuchverfahren, Rpfleger 1983, 465; *Ertl,* Entwicklungsstand und Entwicklungstendenzen des Grundbuchrechts nach 80 Jahren Grundbuchordnung, Rpfleger 1980, 1; *Habscheid,* Rechtspfleger und freiwillige Gerichtsbarkeit, Rpfleger 1967, 317; *ders,* Der Rechtspfleger in der Gerichtsorganisation, RpflBl 1967, 73 = Rpfleger 1968, 237; *ders,* Das neue Rechtspflegergesetz, RpflBl 1970, 5; *ders,* Zur Stellung des Rechtspflegers nach dem neuen Rechtspflegergesetz, NJW 1970, 1975; *ders,* Der Rechtspfleger als Organ der Rechtspflege, RpflBl 1974, 39; *Herbst,* Bedarf die Tätigkeit des Rechtspflegers der verfassungsrechtlichen Absicherung?, RpflBl 1977, 9; *Hezel,* Notarrecht in Baden-Württemberg, Rpfleger 2001, 13; *Huhn,* Richter und Rechtspfleger DRiZ 1975, 16; *ders,* Bedarf die Tätigkeit des Rechtspflegers der verfassungsrechtlichen Absicherung?, RpflBl 1977, 4; *Kissel,* Der Rechtspfleger im Wandel der Zeiten, Rpfleger 1984, 445; *Klüsener,* Der Rechtspfleger – einige Gedanken zur Standortbestimmung, RpflStud 1987, 25; *Kollhosser,* Das Grundbuch – Funktion, Aufbau, Inhalt, JA 1984, 558; *ders,* Grundprobleme des Grundbuchverfahrens, JA 1984, 714; *Lindacher,* Rechtssprechung iS von Art 92 GG und freiwillige Gerichtsbarkeit, Rpfleger 1973, 1; *ders,* Richter und Rechtspfleger, SchlHA 1975, 137; RpflBl 1076, 6; *Nieder,* Entwicklungstendenzen und Probleme des Grundbuchverfahrensrechts, NJW 1984, 329; *ders,* Die verbleibende Zuständigkeit des Notars neben dem Rechtspfleger in Grundbuchsachen im badischen Rechtsgebiet BWNotZ 1990, 111; *Quack,* Geschäftsverteilungspläne und gesetzlicher Richter, BB 1992, 1; *Richter,* Rechtsbereinigung in Baden-Württemberg, Rpfleger 1975, 417; *ders,* Sachliche Unabhängigkeit und Dienstaufsicht, BWNotZ 1986, 115; *Ritzinger,* Das Haftungsprivileg des § 839 Abs 3 BGB bei Amtspflichtverletzungen des Notars und des Grundbuchamtes, BWNotZ 1988, 104; *Sangmeister,* Gerichtliche Sachentscheidungen trotz geschäftsplanmäßiger Unzuständigkeit des erkennenden Gerichts?, MDR 1988, 190; *Schenke,* Die Bedeutung der verfassungsrechtlichen Rechtsschutzgarantie des Art 19 Abs 4 GG, JZ 1988, 317; *Tams,* Der Rechtspfleger als Richter i.S.d. Grundgesetzes, Rpfleger 2007, 581; *M. Ule,* Der Rechtspfleger und sein Richter (1983)

I. Allgemeines

1. Inhalt der Vorschrift

1 Der durch das RegVBG vom 20.12.1993 (BGBl I 2182) neu gefasste § 1 regelt die **sachliche Zuständigkeit** im Grundbuchverfahren und enthält Bestimmungen über die **örtliche Zuständigkeit**. In § 1 Abs 3 findet sich eine Ermächtigung der Landesregierungen zu einer Zuständigkeitskonzentration. § 1 Abs 4 ermächtigt das Bundesministerium der Justiz, nähere Vorschriften zu erlassen, insbesondere über die **Einrichtung und Führung der Grundbücher.** Auf Grund dieser Ermächtigung (früher § 1 Abs 3) sind ergangen:
- Verordnung zur Durchführung der Grundbuchordnung **(Grundbuchverfügung – GBV)**[1] vom 08.08.1935 (RMBl 637);
- Verordnung über die Anlegung und Führung der Wohnungs- und Teileigentumsgrundbücher **(Wohnungsgrundbuchverfügung – WGV)**[2] vom 01.08.1951 (BAnz Nr 152);
- Verordnung über die Anlegung und Führung von Gebäudegrundbüchern **(Gebäudegrundbuchverfügung – GGV)** vom 15.07.1994 (BGBl I 1606).

2. Geltungsbereich der Vorschrift

2 Von den Zuständigkeitsvorschriften betroffen werden die »Grundbuchsachen«. Dazu gehören:

3 **a) Das allgemeine Grundbuchverfahren 1. Instanz.** Entscheidung über Eintragungsanträge; Vornahme von Eintragungen sowie Bekanntmachung derselben; Erteilung und Unbrauchbarmachung von Briefen; Führung der Grundakten; Aufbewahrung von Urkunden; Entscheidung über die Grundbucheinsicht; wird das Grundbuchamt als Vollstreckungsgericht tätig, zB bei der Eintragung einer Zwangshypothek, so handelt es sich auch um ein Grundbuchverfahren.[3]

4 **b) Die besonderen Grundbuchverfahren.** Amtswiderspruchs- und Amtslöschungsverfahren; Rangklarstellungsverfahren; Zwangsberichtigungsverfahren.

5 **c) Erklärungen gegenüber dem Grundbuchamt.** Zu den Grundbuchsachen gehört auch die Abgabe von materiellrechtlichen Erklärungen gegenüber dem Grundbuchamt,[4] wie dies vorgesehen ist in den §§ 875 Abs 1,

---

1 Neu bekannt gemacht am 10.02.1995 (BGBl I 115).
2 Neu bekannt gemacht am 10.02.1995 (BGBl I 135).
3 KEHE-*Eickmann* § 1 Rn 2; *Eickmann* GBVerfR, Rn 42; *Demharter* § 1 Rn 16.
4 *Demharter* § 1 Rn 4.

876, 880 Abs 2 S 3, 928 Abs 1, 1168 Abs 2, 1183, 1196 Abs 2 BGB, § 8 Abs 1 WEG. Dagegen besteht die Möglichkeit der Abgabe einer Erklärung vor dem Grundbuchamt (zB § 873 Abs 2, 2 Alt BGB), dh die Beurkundung einer solchen Erklärung durch das Grundbuchamt, seit dem In-Kraft-Treten des BeurkG nicht mehr; entsprechende Vorschriften sind obsolet.[5]

3. Baden-Württemberg

In den ehemaligen Ländern Baden und Württemberg, die nunmehr zu dem Lande Baden-Württemberg gehö- **6** ren, sind **§ 1 Abs 1 S 1 und 2 noch nicht in Kraft** getreten. Die Bestimmung des Zeitpunkts, zu welchem § 1 Abs 1 S 1 und 2 dort in Kraft tritt, blieb bei der Vereinheitlichung des Grundbuchrechts vorbehalten; solange dies nicht geschehen ist, bleibt es in Baden-Württemberg bei dem sich aus dem Landesgesetz über die freiwillige Gerichtsbarkeit vom 12.02.1975 (LFGG in Bad-Württ GBl 1975, 116, zuletzt geändert durch Gesetz vom 28.07.2005, GBl 580) und aus der Verordnung zur Ausführung des LFGG im Bereich des Grundbuchwesens vom 21.05.1975 (Bad-Württ GBl 1975, 398, zuletzt geändert durch VO d JuM vom 7.09.1998, GBl 505) ergebenden Zustand (§ 1 Abs 1 S 3, § 143).

In Baden-Württemberg wird das Grundbuch nicht beim Amtsgericht geführt, vielmehr in jeder Gemeinde von **7** den **Notaren im Landesdienst**. Das Recht der freiwilligen Gerichtsbarkeit im badischen und württembergischen Rechtsgebiet ist durch das Amtsnotariat geprägt, das außerhalb des Landes Baden-Württemberg keine Parallele hat. Das besondere am Amtsnotariat württembergischer wie auch badischer Prägung ist einmal die Funktionskombination zwischen der Amtszuständigkeit des Notars in der freiwilligen Gerichtsbarkeit und der Beurkundungskompetenz, zum anderen der Behördencharakter des Notariats und schließlich die dezentrale Einrichtung der einzelnen Behörden der freiwilligen Gerichtsbarkeit als staatliche Behörden am Sitz des Notariats.[6] Der Gesetzgeber von Baden-Württemberg hat 1975 im LFGG diese traditionelle Funktionskombination ausdrücklich bestätigt. Rechtsstaatliche Bedenken gegen die Vereinigung der Funktionen der Beurkundung und der richterlichen Tätigkeit im Bereich der FG werden vom Justizministerium Baden-Württemberg[7] nicht geteilt. Das Amtsnotariat hat sich in der Zusammenfassung von Beurkundungsnotariat und bestimmten gerichtlichen Zuständigkeiten auf dem Gebiet der freiwilligen Gerichtsbarkeit praktisch bewährt.[8] Bei In-Kraft-Treten des Grundgesetzes wurden die Einrichtungen des Notariats in Baden-Württemberg in ihrem Bestand durch Art 138 GG geschützt. Änderungen aufgrund der konkurrierenden Gesetzgebungskompetenz des Bundes nach Art 74 Nr 1 GG sind von der Zustimmung der baden-württembergischen Landesregierung abhängig.

In Baden-Württemberg sind die **Grundbuchämter** für die Führung der Grundbücher zuständig (§ 1 Abs 1 **8** LFGG). In jeder Gemeinde mit Notariatssitz ist ein staatliches Grundbuchamt eingerichtet. Das Grundbuchamt führt die Bezeichnung der Gemeinde, in der es errichtet ist. **Grundbuchbeamte** sind der »Notar im Landesdienst« (§ 17 Abs 1 LFGG) und die Notarvertreter (§ 29 Abs 1 LFGG). Daneben kommt der Rechtspfleger in Betracht, der durch besondere Anordnung des Justizministeriums im badischen Rechtsgebiet zum Grundbuchbeamten bestellt werden kann (§ 29 Abs 1 S 2 LFGG). Für Grundbucheintragungen genügt die Unterschrift des Notars oder Rechtspflegers; die Unterschrift eines zweiten Beamten ist nicht erforderlich.[9] Die Notare im Landesdienst sind bei der Wahrnehmung von Aufgaben der Rechtspflege sachlich unabhängig und nur dem Gesetz unterworfen (§ 2 LFGG); damit ist die volle sachliche Unabhängigkeit wie beim Richter (Art 97 GG, § 26 DRiG) oder Rechtspfleger (§ 9 RpflG) gemeint. Die baden-württembergischen Amtsnotare sind **Richter iSv Art 92 GG**, da sie ebenso wie die Grundbuchrechtspfleger (vgl Rdn 38) Rechtsprechungsaufgaben wahrnehmen.[10] Die Amtsnotare üben die grundbuchliche Tätigkeit aus, die sonst von den Gerichten wahrgenommen werden; soweit ihre gerichtliche Zuständigkeit reicht, handelt es sich daher um echte Spezialgerichte innerhalb der Dritten Gewalt.

Im früheren **Landesteil Baden** sind die zum Richteramt befähigten und beamteten Notare Grundbuchbeamte **9** geblieben. In jeder Gemeinde befindet sich ein Grundbuchamt; der Notar besucht regelmäßig die zu seinem Bezirk gehörenden Grundbuchämter, um die dort angefallenen Sachen zu erledigen. Gegen die Entscheidungen der Notare ist die Beschwerde zum Landgericht gegeben.

Im früheren **Landesteil Württemberg** ist der Bezirksnotar, ein Staatsbeamter mit Sonderlaufbahn innerhalb **10** des Justizdienstes mit einer besonders sorgfältigen Ausbildung (Notariatslaufbahn), Grundbuchbeamter. Er wird für einen bestimmten Bezirk ernannt und führt dort die Geschäfte der Grundbuchämter. Die Entscheidung des Grundbuchbeamten ist mit den regulären Rechtsmitteln anzufechten.[11]

---

5 KEHE-*Eickmann* § 1 Rn 2; *Eickmann* GBVerfR, Rn 42.
6 Einzelheiten bei *Böhringer* BWNotZ 2001, 1.
7 *Schneider* in Sonderheft der BWNotZ 1977 »150 Jahre Amtsnotariat in Württemberg«.
8 Dazu im Einzelnen *Richter* Rpfleger 1975, 417; *Henssler* DRiZ 1976, 75; *Henssler-Rebmann* Sonderheft der BWNotZ 1977 »150 Jahre Amtsnotariat in Württemberg«, 6, 24.
9 OLG Karlsruhe Justiz 1979, 336.
10 *Nieder* BWNotZ 1986, 104; **aA** *Richter* BWNotZ 1986, 115.
11 Vor dem In-Kraft-Treten des LFGG war gegen die Entscheidung des Bezirksnotars der sog Abänderungsantrag an das Amtsgericht gegeben; vgl *Habscheid* § 10 III 2.

11 Im Verhinderungsfall wird der Grundbuchbeamte vom **Ratschreiber** der jeweiligen Gemeinde (Gemeindebeamter des gehobenen Dienstes) vertreten, § 32 LFGG. Dieser ist auch befugt, Unterschriften und Abschriften öffentlich zu beglaubigen; dagegen soll eine Unterschrift nicht beglaubigt werden, wenn die Urkunde zur Verwendung im Ausland bestimmt ist (§ 32 Abs 4 LFGG). Gegen Entscheidungen des Ratschreibers ist die Erinnerung gemäß § 33 LFGG gegeben. Seine Zuständigkeit im Vertretungsfall bezieht sich gemäß § 32 Abs 1 LFGG auf[12]
- Entgegennahme von schriftlichen Erklärungen für das Grundbuchamt und Anbringung des Eingangsstempels;
- Gewährung der Grundbucheinsicht und Erteilung bzw. Beglaubigung von Abschriften.

Gemäß § 32 Abs 2 LFGG ist im badischen Rechtsgebiet der Ratschreiber weiterhin zuständig
- für die Aufgaben des Urkundsbeamten der Geschäftsstelle;
- für sonstige Verrichtungen der Geschäftsstelle und des Kanzleidienstes;
- für das Kosten-, Kassen- und Rechnungswesen.

Auf Grund § 32 Abs 3 LFGG ist der Ratschreiber im badischen und württembergischen Rechtsgebiet befugt, in Grundbuchangelegenheiten Erklärungen zu entwerfen und folgende Erklärungen zu beurkunden:
- Kauf- und Tauschverträge sowie Vollmachten hierzu;
- Anträge, Bewilligungen und Zustimmungen zur Eintragung oder Löschung von dinglichen Rechten, die nach den von ihm beurkundeten Verträgen zu bestellen oder zu beseitigen sind;
- Auflassungen zu den vor ihm beurkundeten Verträgen.

II. Sachliche Zuständigkeit

12 Die sachliche Zuständigkeit erklärt, welche Art von Gericht in erster Instanz für das Grundbuchverfahren zuständig ist.[13]

1. Amtsgericht als Grundbuchamt

13 Sachlich zuständig für alle Grundbuchsachen ist das Amtsgericht (§ 1 Abs 1 S 1). Das Grundbuchamt als Abteilung des Amtsgerichts führt dessen Bezeichnung **ohne den Zusatz »Grundbuchamt«** (§ 1 Abs 1 GeschBehAV). Der Zusatz »Grundbuchamt« sollte auch nicht aus Zweckmäßigkeitsgründen erfolgen,[14] da sonst in der Öffentlichkeit der Eindruck entstehen könnte, es werde ein »Amt«, dh die Verwaltung, tätig; nach richtigem Verständnis vom Grundbuchverfahren handelt jedoch ein »Gericht« im Sinne des GVG.[15] In **Bayern** ist anstelle der GeschBehAV vom 25.02.1936 die BayGBGA vom 16.10.2006 (JMBl 182) getreten; nach Ziff 1.1.1. BayGBGA führt das Grundbuchamt die Bezeichnung des Amtsgerichts, zu dem es gehört, **mit dem Zusatz »Grundbuchamt«** – ein bedauerlicher Anachronismus. Entsprechend der Bezeichnung der anderen Abteilungen des Amtsgerichts (zB Familiengericht, Vormundschaftsgericht, Registergericht, Insolvenzgericht) wird der Ausdruck »Grundbuchgericht« empfohlen.

2. Verletzung der sachlichen Zuständigkeit

14 **a) Handlungen.** Wird eine grundbuchrechtliche Handlung von einem sachlich unzuständigen Gericht (zB Landgericht) vorgenommen, so wird die Wirkung der betreffenden Handlung in der grundbuchrechtlichen Literatur unterschiedlich dargestellt. Während eine Meinung von der Nichtigkeit ausgeht,[16] nimmt die Gegenansicht die Gültigkeit, aber Anfechtbarkeit an.[17] Da die Grundbuchvorschriften keinen Anhaltspunkt für eine Klärung hergeben, ist auf die Normen der freiwilligen Gerichtsbarkeit zurückzugreifen. § 7 FGG erklärt, dass selbst Handlungen eines kraft Gesetzes ausgeschlossenen Richters (Rechtspflegers) gültig sind, sodass solche eines lediglich sachlich unzuständigen Gerichts erst recht wirksam sein müssen – argumentum a maiore ad minus. Es kann wohl nicht bestritten werden, dass der Mangel eines ausgeschlossenen Justizorgans weit schwerwiegender ist als das Fehlen der sachlichen Zuständigkeit. Nun könnte zur Rechtfertigung der Nichtigkeit auf § 32 FGG verwiesen werden, der bestimmt, dass die Aufhebung einer Verfügung, durch die jemand die Fähigkeit oder die Befugnis zur Vornahme eines Rechtsgeschäfts oder zur Entgegennahme einer Willenserklärung erhält, auf die zwischenzeitlich getätigten Rechtsgeschäfte ohne Einfluss bleibt, sofern nicht die Verfügung wegen Mangels der sachlichen Zuständigkeit unwirksam ist; dem kann jedoch nicht gefolgt werden, weil die in § 32 FGG genannte »sachliche Zuständigkeit« nach dem damaligen Sprachgebrauch die Fälle meint, die heute

---

12 *Schöner/Stöber* Rn 43; vgl auch *Böhringer* BWNotZ 2001, 1.
13 *KEHE-Eickmann* § 1 Rn 3; *Eickmann* GBVerfR, Rn 42.
14 *Eickmann* GBVerfR, Rn 42.
15 *Eickmann* GBVerfR, Rn 42.
16 *Demharter* § 1 Rn 25.
17 *Waldner* in *Bauer/von Oefele* § 1 Rn 5; *KEHE-Eickmann* § 1 Rn 4; *Eickmann* GBVerfR, Rn 44.

als Grenzüberschreitungen zwischen freiwilliger und streitiger Gerichtsbarkeit bezeichnet werden. In Überein-stimmung mit der hM in der freiwilligen Gerichtsbarkeit[18] ist daher auch im Bereich des Grundbuchverfahrens bei Verstößen gegen die sachliche Zuständigkeit von der **Gültigkeit** aber (falls möglich: § 71) **Anfechtbarkeit** der betreffenden Handlung auszugehen.

b) Abgabe von Erklärungen. Materiellrechtliche Erklärungen, die gegenüber dem Grundbuchamt abzuge-   **15** ben sind (zB Aufhebungserklärung gemäß § 875 Abs 1 BGB), werden mit dem Zugang beim (richtigen) Emp-fänger wirksam, § 130 BGB. Die Abgabe einer solchen Willenserklärung gegenüber einem sachlich unzustän-digen Gericht (zB OLG) führt zu deren Unwirksamkeit.[19] Erfolgt die Abgabe einer grundbuchrechtlichen Erklä-rung gegenüber dem sachlich zuständigen Amtsgericht, jedoch anstatt beim Grundbuchamt beim Registerge-richt, so ist unter Anwendung des Vertrauensschutzgedankens regelmäßig von der Wirksamkeit auszugehen.[20]

III. Örtliche Zuständigkeit

Sie regelt die Zuweisung der Rechtspflegeaufgaben in Grundbuchsachen für ein bestimmtes Grundstück an das   **16** Amtsgericht eines bestimmten Ortes[21] und bestimmt sich nach § 1 Abs 1 S 2, Abs 2; ergänzend kommen die §§ 5, 7 FGG in Betracht.

1. Gesetzliche Regelung

Nach § 1 Abs 1 S 2 ist jedes Amtsgericht für die in seinem Bezirk liegenden Grundstücke zuständig. Dies   **17** bedeutet: Der Bezirk eines GBA ist identisch mit dem Bezirk eines Amtsgerichts, also **Grundbuchamtsbezirk = Amtsgerichtsbezirk**. Die Zweigstelle eines Amtsgerichts schafft keinen eigenen Gerichts- oder GBA-Bezirk. Vom Grundbuchamtsbezirk sind die Grundbuchbezirke im Sinne des § 2 Abs 1 zu unterscheiden; ein Grundbuchamtsbezirk kann einen oder mehrere Grundbuchbezirke haben.

In **Ausnahme** von der Regel des § 1 Abs 1 S 2 kann sich die örtliche Zuständigkeit erstrecken auf   **18**

(a) die in dem Bezirk eines anderen Grundbuchamts liegenden Teile eines Grundstücks, wenn die Zuständigkeit des GBA für das ganze Grundstück nach § 5 FGG von dem gemeinsamen oberen Gericht bestimmt ist (§ 1 Abs 2);

(b) die in dem Bezirk eines anderen Grundbuchamts gelegenen Grundstücke, die zu einer Heimstätte oder zu einem Hof gehören, bei einem Hof allerdings nur, wenn das Grundbuch über die Hofstelle von dem GBA geführt wird (§ 4 Abs 2 S 1, S 2 Hs 1);

(c) die in dem Bezirk eines anderen Grundbuchamts liegenden Grundstücke, die zu einem Familienfideikom-miss gehören oder in ähnlicher Weise rechtlich miteinander verbunden sind (zB Waldgüter, Schutzforste), wenn die Zuständigkeit des GBA nach § 5 EGG von dem gemeinschaftlichen oberen Gericht bestimmt ist (§ 4 Abs 2 S 1, S 2 Hs 2);

(d) die mit einem Grundstück des Grundbuchamtbezirks vereinigten Grundstücke, die im Bezirk eines anderen GBA liegen, wenn die Zuständigkeit des Grundbuchamts für das Grundstück nach § 5 FGG von dem gemein-schaftlichen oberen Gericht bestimmt ist (§ 5 Abs 1 S 2);

(e) die Grundstücke eines anderen Grundbuchamtbezirks, die dem im Bezirk des Grundbuchamts liegenden Hauptgrundstücke zugeschrieben sind, solange die Zuschreibung aufrechterhalten bleibt (§ 6 Abs 1 S 2).

2. Bestimmung durch das Obergericht

Liegt **ein Grundstück im Bezirk mehrerer Grundbuchämter,** so wird das zuständige Amtsgericht nach § 5   **19** FGG durch das gemeinschaftliche obere Gericht bestimmt (§ 1 Abs 2). Es handelt sich also nicht um ein Grundstück, das im Bezirk mehrerer Zweigstellen ein und desselben Amtsgerichts liegt, da dieses Grundstück ja trotzdem demselben Amtsgerichtsbezirk und damit demselben Grundbuchamtsbezirk angehört. Es muss sich vielmehr um ein Grundstück handeln, das in verschiedenen Amtsgerichtsbezirken liegt, wobei es gleichgültig ist, ob die flächenmäßige Verteilung unterschiedlich ist und wie viel der Fläche in dem einen oder anderen Grundbuchamtsbezirk liegt. Es kann dies allerdings im Rahmen der Entscheidung, nach § 5 S 1 FGG berück-sichtigt werden. Der Fall des § 1 Abs 2 kann auch nachträglich eintreten, wenn ein Grundstück im Grundbuch eines Grundbuchamts gebucht ist, der Bezirk dieses Grundbuchamts aber geändert wird und die neue Grenze das Grundstück durchschneidet.[22]

---

18 *Keidel-Zimmermann* § 7 Rn 26; *Bumiller-Winkler* § 7 Rn 6; *Bassenge-Herbst-Roth* § 7 Rn 2; *Bärmann* § 6 III 3 d; *Habscheid* § 13 II, *Pikart-Henn* 65; *Habscheid* NJW 1966, 1787. **AA** BGHZ 24, 48 = NJW 1957, 832.
19 KEHE-*Eickmann* § 1 Rn 4.
20 *Eickmann* GBVerfR, Rn 44.
21 KEHE-*Eickmann* § 1 Rn 5; *Eickmann* GBVerfR, Rn 45.
22 OLG Frankfurt Rpfleger 1979, 209; KEHE-*Eickmann* § 1 Rn 6; *Demharter* § 1 Rn 21.

20 Bei **Streit oder Ungewissheit über die örtliche Zuständigkeit** ist unmittelbar nach § 5 FGG das zuständige Grundbuchamt zu bestimmen. Es muss sich um mehrere selbständige Grundbuchämter handeln, nicht nur um verschiedene Abteilungen desselben Grundbuchamts oder um eine Zweigstelle desselben. Streit liegt vor, wenn alle in Betracht kommenden Grundbuchämter die Tätigkeit ablehnen (negativer Kompetenzkonflikt) oder wenn mehrere Grundbuchämter die Erledigung für sich beanspruchen (positiver Kompetenzkonflikt). Es muss sich aber um einen Streit der Grundbuchämter, nicht der Beteiligten handeln; letztere sind auf den Beschwerdeweg angewiesen. Ist ein Grundbuchamt nach gegenseitigem Meinungsaustausch bereit, die Sachbearbeitung zu übernehmen, so besteht die Möglichkeit der Aufhebung bei Anfechtung im Beschwerdeweg gemäß § 78. Ungewissheit liegt nur bei objektiver Unklarheit über tatsächliche Verhältnisse vor. Es kommt dies vor allem in Betracht, wenn die Grenzen der Grundbuchamtsbezirke zweifelhaft sind.

21 **Zur Entscheidung zuständig** ist das gemeinschaftliche obere Gericht, also das Landgericht, wenn die Grundbuchämter zu dessen Bezirk gehören, das Oberlandesgericht, wenn die Grundbuchämter verschiedenen Landgerichtsbezirken, jedoch dem gleichen Oberlandesgerichtsbezirk angehören. Sind die Grundbuchämter in verschiedenen Oberlandesgerichtsbezirken, so ist nicht der BGH zuständig, sondern dasjenige OLG, in dessen Bezirk das zuerst mit der Sache befasste Grundbuchamt liegt. Als zuerst mit der Sache befasstes Gericht ist das Gericht anzusehen, bei dem das Grundstück bisher gebucht war.[23] Dabei entscheidet als gemeinschaftliches oberes Gericht in Rheinland-Pfalz das OLG Zweibrücken anstelle des sonst zuständigen OLG (§ 3 Ges v 15.06.1949, GVBl I 225, idF d § 21 GerichtsorganisationsG v 10.05.1977, GVBl 333), wenn die in Frage kommenden Grundbuchämter in verschiedenen Oberlandesgerichtsbezirken liegen. Das Verfahren über die Bestimmung des zuständigen Gerichts ist von Amts wegen einzuleiten; es kann auch angeregt werden. Dagegen besteht keine Zuständigkeit nach § 5 FGG, wenn eines der Grundbuchämter im Ausland, das andere im Bundesgebiet liegt.[24] Die Entscheidung über die Zuständigkeit ist nicht anfechtbar (§ 5 Abs 2 FGG).

3. Zuständigkeitskonzentration

22 Auf Grund § 1 Abs 3 sind die Landesregierungen ermächtigt, durch Rechtsverordnung die Führung des Grundbuchs einem Amtsgericht für die Bezirke mehrerer Amtsgerichte zuzuweisen. Voraussetzung ist jedoch, dass dies einer schnelleren und rationelleren Grundbuchführung dient, nicht aber ein maschinell geführtes GB. Eine Zuständigkeitskonzentration über Ländergrenzen hinweg ist nicht möglich. Die Landesregierungen können die Ermächtigung durch Rechtsverordnung auf die Landesjustizverwaltungen übertragen (§ 1 Abs 3 S 2).

4. Verletzung der örtlichen Zuständigkeit

23 **a) Handlungen.** Für die Wirkung der Handlungen durch ein örtlich unzuständiges Amtsgericht (GBA) ist § 7 FGG maßgebend, wonach gerichtliche Handlungen nicht aus dem Grund unwirksam sind, weil sie von einem örtlich unzuständigen Gericht vorgenommen sind.[25] Gerichtliche Handlung des Grundbuchamts ist jede positive Tätigkeit,[26] zB Eintragungen, Entscheidungen (Zurückweisung, Zwischenverfügung), Erteilung von Hypotheken- und Grundschuldbriefen; im Gegensatz zu den aktiven Handlungen steht die bloße Entgegennahme von Erklärungen. Wenn auch die örtliche Unzuständigkeit des Grundbuchamts eine grundbuchrechtliche Handlung **nicht unwirksam** macht, so bleibt sie doch fehlerhaft und somit **anfechtbar**.[27] Soweit eine Handlung unanfechtbar geworden ist, ist eine Beschwerde – auch mit der Begründung, das Gericht sei örtlich unzuständig gewesen – nicht mehr zulässig;[28] dies trifft zu bei Eintragungen, an denen sich gutgläubiger Erwerb anschließen kann, weil dagegen nach § 71 Abs 2 S 1 eine Beschwerde (und damit auch die Erinnerung, § 11 Abs 5 S 1 RpflG) unzulässig ist. Soweit jedoch eine Anfechtungsmöglichkeit gegeben ist (zB bei Zurückweisung, Zwischenverfügung), führt eine Beschwerde zur Aufhebung der angefochtenen Handlung; eine Aufhebung hat aber keine rückwirkende Kraft, da sonst die Rückwirkung praktisch zur Unwirksamkeit der Handlung hinausliefe; die vom örtlich unzuständigen Gericht erlassene Entscheidung wird mit ex nunc-Wirkung aufgehoben.[29] Wird ein Grundbuchverfahren bereits längere Zeit geführt, ohne dass eine Endentscheidung getroffen wurde (zB Rangklarstellungsverfahren), so hat die Anfechtung wegen der örtlichen Unzuständigkeit zur Folge, dass dem Grundbuchamt für die Zukunft die Bearbeitung entzogen wird,[30] dh eine evtl erfolgte Beweisaufnahme nicht wiederholt werden muss, sondern nur die Endentscheidung dem örtlich zuständigen Gericht zugewiesen wird.[31]

---

23 KEHE-*Eickmann* § 1 Rn 6.
24 BayObLGZ 1955, 73 = NJW 1955, 1281.
25 RGZ 132, 409; KEHE-*Eickmann* § 1 Rn 8; *Eickmann* GBVerfR, Rn 46; *Schöner/Stöber* Rn 51.
26 *Keidel-Zimmermann* § 7 Rn 2.
27 *Keidel-Zimmermann* § 7 Rn 34, 36; KEHE-*Eickmann* § 1 Rn 8; *Eickmann* GBVerfR, Rn 46; *Habscheid* § 13 I 1.
28 *Habscheid* aaO.
29 *Keidel-Zimmermann* § 7 Rn 34, 36; *Eickmann* GBVerfR, Rn 46; *Habscheid* § 13 I 1.
30 KEHE-*Eickmann* § 1 Rn 8; *Schöner/Stöber* Rn 51.
31 *Eickmann* GBVerfR, Rn 46.

b) Abgabe von Erklärungen. Umstritten ist die Frage, inwieweit materiellrechtliche Erklärungen (zB Auf- 24
hebung eines Grundstücksrechts gem § 875 BGB), die gegenüber einem örtlich unzuständigen Grundbuchamt
abgegeben worden sind, Wirksamkeit erlangen können. Eine Meinung besagt, dass Erklärungen gegenüber
dem örtlich unzuständigen Gericht schlechterdings unwirksam sind, weil § 7 FGG nur von gerichtlichen Handlungen spricht, nicht von anderen Verrichtungen.[32] Diese Wortinterpretation widerspricht aber dem Sinn des
Gesetzes, das dem Bürger nicht die Folgen von Zuständigkeitsirrtümern aufbürden will. Für den Laien ist es oft
sehr schwierig, sich in den Bestimmungen über die örtliche Zuständigkeit zurechtzufinden, zumal es vorkommt, dass ein an sich unzuständiges Grundbuchamt das Grundbuch für ein Grundstück führt. Irrtümer der
Beteiligten sind also leicht möglich. **Folgende Fälle sind zu unterscheiden:**

aa) Erkennt das angegangene Grundbuchamt seine Unzuständigkeit nicht, dh hält es sich irrtümlich 25
für zuständig (zB wenn das Grundstück unter Verletzung des § 1 Abs 1 S 2 gebucht ist), so gebietet es der
Grundsatz des Vertrauensschutzes, dass dem Erklärenden nicht der Zuständigkeitsverstoß angelastet wird. Die
abgegebene Erklärung ist wirksam, weil sich ein Verfahrensbeteiligter darauf verlassen kann, dass ein Gericht
seine Zuständigkeit richtig beurteilt.[33]

bb) Erkennt das Grundbuchamt, dem gegenüber die Erklärung abzugeben ist, **seine Unzuständigkeit** 26
und gibt die Erklärung an das zuständige Gericht weiter, so ist sie auf jeden Fall wirksam und zwar mit
der Einreichung beim zuständigen Grundbuchamt; nur zur Wahrung einer gesetzlichen Frist kann die Wirksamkeit bereits beim unzuständigen GBA eintreten.[34]

cc) Das Grundbuchamt erkennt seine Unzuständigkeit, macht aber den Erklärenden nicht darauf 27
aufmerksam; in diesem Fall muss die Erklärung wirksam geworden sein, da fehlerhaftes Verhalten des
Gerichts nicht zum Nachteil der Beteiligten gereichen darf.[35]

dd) Erklärt das Grundbuchamt seine Unzuständigkeit, und gibt es die Erklärung zurück, so ist die 28
Erklärung unwirksam; Wirksamkeit tritt erst mit der Abgabe der Erklärung vor dem zuständigen Gericht ein.[36]

ee) Weist das angegangene Grundbuchamt den Erklärenden auf die Unzuständigkeit hin und bleibt 29
im Übrigen untätig, so herrscht bezüglich der Wirkung der Erklärung Streit. Zum Teil wird von der Wirksamkeit der Erklärung ausgegangen.[37] Dem kann nicht gefolgt werden. Zuständigkeitsverstöße können auf
Grund des Vertrauensschutzes nur dann den Verfahrensbeteiligten nicht aufgebürdet werden, wenn es ihnen
nicht möglich war, diese zu erkennen. Wer aber auf eine bestehende Unzuständigkeit ausdrücklich hingewiesen
worden ist, bedarf des Vertrauensschutzes nicht. In einem solchen Fall ist daher von der Unwirksamkeit der
Erklärung auszugehen.[38]

Bezüglich materiellrechtlicher Erklärungen, die gegenüber einem örtlich unzuständigen Grundbuchamt abge- 30
geben worden sind, gilt somit folgender **Grundsatz:** »Wenn aus der Sicht des Erklärenden sich dieser darauf
verlassen konnte, dass die Angelegenheit in Ordnung geht, besteht für ihn Vertrauensschutz, sodass seine Erklärung wirksam ist!«

IV. Grundbuchamt

1. Funktionelle Zuständigkeit

Sie regelt, welches Justizorgan für bestimmte Verrichtungen des Grundbuchamts zuständig ist und welche 31
Zuständigkeiten im Rechtsmittelzug gegeben sind.[39] Im Verfahren beim Amtsgericht werden folgende Justizor-
gane tätig:

a) Grundbuchrichter. Er ist nahezu aus dem gesamten Grundbuchverfahren ausgeschieden, nachdem eine 32
Vollübertragung auf den Rechtspfleger stattgefunden hat (§ 3 Nr 1 Buchst h RpflG). Lediglich in einigen Ausnahmefällen kann der Grundbuchrichter noch tätig werden:

Nach § 5 RpflG hat der Rechtspfleger ein Geschäft dem Grundbuchrichter unter gewissen Voraussetzungen 33
vorzulegen. Hält ein Gericht ein für eine Entscheidung maßgebliches Gesetz für verfassungswidrig, so hat es

---

32 *Schlegelberger* § 7 Anm 16.
33 BGHZ 36, 197; RGZ 71, 380; 117, 346; KEHE-*Eickmann* § 1 Rn 9; *Demharter* § 1 Rn 23; *Keidel-Zimmermann* § 7
   Rn 7; *Habscheid* § 13 I 2 b; *Baur* § 7 IV; *Bärmann* § 6 IV 4; *Eickmann* GBVerfR, Rn 47 Beispiel 7 a.
34 *Keidel-Zimmermann* § 7 Rn 6; KEHE-*Eickmann* § 1 Rn 9; *Eickmann* GBVerfR, Rn 47 Beispiel 7 b; *Habscheid* § 13 I 2 a.
35 *Eickmann* GBVerfR, Rn 47 Beispiel 7 d; *Habscheid* § 13 I 2 c.
36 LG Lübeck SchlHA 1959, 104; KEHE-*Eickmann* § 1 Rn 9; *Keidel-Zimmermann* § 7 Rn 4; *Baur* § 7 IV; *Habscheid* § 13 I
   2a; *Bärmann* § 6 IV 4.
37 *Keidel-Zimmermann* § 7 Rn 5; *Habscheid* § 13 I 2c; *Baur* § 7 IV; *Bärmann* § 6 IV 4.
38 KEHE-*Eickmann* § 1 Rn 9; *Eickmann* GBVerfR, Rn 47 Beispiel 7c; *Bumiller-Winkler* § 7 Rn 3.
39 KEHE-*Eickmann* § 1 Rn 10; *Eickmann* GBVerfR, Rn 48.

nach Art 100 Abs 1 GG die Entscheidung des Bundesverfassungsgerichts bzw des Landesverfassungsgerichts einzuholen. Kommt der Rechtspfleger bei der Bearbeitung einer Angelegenheit zu dieser Auffassung, hat er die Sache dem Richter vorzulegen, der dann über die Vorlage an das zuständige Verfassungsgericht entscheidet (**§ 5 Abs 1 Nr 1 RpflG**). Nur die positive Überzeugung von der Verfassungswidrigkeit eines Gesetzes begründet die Vorlagepflicht des Gerichts nach Art 100 Abs 1 GG und damit auch des Rechtspflegers nach § 5 Abs 1 Nr 1 RpflG; bloße Zweifel an der Verfassungsmäßigkeit genügen nicht. Der Rechtspfleger ist vielmehr bei etwaigen Zweifeln zu einer verfassungskonformen Auslegung des Gesetzes berechtigt und verpflichtet. Der weitere in **§ 5 Abs 1 Nr 1 RpflG** vorgesehene Vorlegungsfall (= Sachzusammenhang) ist für Grundbuchsachen angesichts der Vollübertragung auf den Rechtspfleger bedeutungslos.

34   Nach **§ 5 Abs 2 RpflG** kann der Rechtspfleger eine Sache dem Richter vorzulegen, wenn die Anwendung von ausländischem Recht in Betracht kommt. Daraus kann jedoch nicht geschlossen werden, dass bei jedem Fall mit Auslandsberührung von vornherein ein Vorlagerecht besteht. Vielmehr ist es Aufgabe des Rechtspflegers zu prüfen, ob das IPR an das deutsche oder ausländische Recht anknüpft.[40] Diese Prüfung hat mit Hilfe der im EGBGB geregelten Kollisionsnormen, die deutsches Recht sind, oder der einschlägigen Staatsverträge, die nach § 59 Abs 2 GG durch Zustimmung innerstaatliches Recht geworden sind, zu erfolgen. Kein Vorlagerecht besteht beim IPR, soweit seine Kollisionsnormen auf deutsches Recht verweisen oder deutsches Recht kraft Staatsvertrages anwendbar ist. Das Vorlagerecht beginnt vielmehr erst dann, wenn eine Verweisung auf ausländisches Recht gegeben ist. Enthält das ausländische Recht dann wiederum eine Rückverweisung (renvoi) auf deutsches Recht,[41] so ist es zweckmäßig, wenn der Richter dies im Akt vermerkt und die Angelegenheit dann vom Rechtspfleger weiterbearbeitet wird (§ 5 Abs 2 RpflG).

35   Nach **§ 7 RpflG** entscheidet bei Streit oder Ungewissheit über die funktionelle Zuständigkeit der Richter. Diese Regelung ist nicht unbedenklich,[42] denn es entspricht einem allgemein geltenden Grundsatz, dass in einem Streit zwischen zwei Beteiligten ein unbeteiligter Dritter entscheidet. Die Vorschrift ist umso bedenklicher, als der Beschluss des Richters unanfechtbar ist. Der Gesetzgeber sollte dies bedenken[43] und bei einer Reform des Rechtspflegerrechts eine Regelung ähnlich der in § 5 FGG treffen, wonach die Entscheidung über den Kompetenzkonflikt dem gemeinsamen Gericht der höheren Instanz zufällt.

36   **b) Rechtspfleger.** Dem Rechtspfleger beim Amtsgericht sind (seit 01.07.1970) die **Grundbuchsachen in vollem Umfang übertragen** (§ 3 Nr 1 Buchst h RpflG); Richtervorbehalte gibt es nicht mehr. Die Übertragung der Grundbuchsachen auf den Rechtspfleger ist verfassungskonform.[44] Er erledigt somit alle Geschäfte, die vom Grundbuchamt nach den Verfahrensvorschriften mit Wirkung nach außen vorzunehmen sind und für die sich nicht aus der GBV oder aus der GBO eine besondere Zuständigkeitsregelung ergibt.[45] Nach § 4 Abs 1 RpflG hat der Rechtspfleger die übertragenen Geschäfte in eigener Zuständigkeit abschließend zu bearbeiten (Beweiserhebung § 12 FGG; Anberaumung und Durchführung einer mündlichen Verhandlung; Androhung und Verhängung von Ordnungsstrafen). Die Ausnahmen nach § 4 Abs 2 Nr 1 und 2 RpflG (Anordnung und Abnahme eines Eides; Androhung und Anordnung von Freiheitsentziehungen) kommen im Grundbuchverfahren nicht in Frage. Dagegen ist der Rechtspfleger gemäß § 4 Abs 2 Nr 3 RpflG nicht befugt, über Anträge zu entscheiden, die auf Änderung einer Entscheidung des Urkundsbeamten der Geschäftsstelle gerichtet sind; damit soll ein Über-Unterordnungsverhältnis zwischen Rechtspfleger und Urkundsbeamten vermieden werden. Bei Entscheidungen, die der Rechtspfleger trifft, und im Schriftverkehr hat er seiner Unterschrift das Wort »Rechtspfleger« beizufügen (§ 12 RpflG). Dagegen werden die Eintragungen im Grundbuch nur mit dem Namen ohne die Beifügung »Rechtspfleger« unterzeichnet.[46]

37   Der Rechtspfleger ist ein besonderes **Organ der Rechtspflege** im Rahmen der Gerichtsverfassung,[47] bei seinen Entscheidungen ist er das **Gericht**.[48] Nach § 9 RpflG ist der Rechtspfleger sachlich unabhängig und nur an Recht und Gesetz gebunden. Nach einer Mindermeinung ist die sachliche Unabhängigkeit nicht identisch mit der Selbständigkeit;[49] Unabhängigkeit ist demnach vielmehr Einmischungs- und Eingriffsfreiheit im Verhältnis zum verwaltenden Staat, Selbständigkeit dagegen Entscheidungsautonomie im Verhältnis zum Richter. Die heute ganz hM setzt dagegen zu Recht die **sachliche Unabhängigkeit** des § 9 RpflG mit **Selbständig-**

40   *Arnold/Meyer-Stolte/Herrmann* § 5 Rn 15; *Eickmann* Rpfleger 1983, 465, 466.
41   Vgl dazu: *Eickmann* Rpfleger 1983, 465 (Abschn III 2.2).
42   *Kissel* Rpfleger 1984, 445, 451; *Müller-Webers* DRiZ 1970, 159, 160.
43   *Gustavus* RpflBl 1980, 13, 15.
44   BayObLGZ 1992, 13 = Rpfleger 1992, 147; *Waldner* in *Bauer/von Oefele* § 1 Rn 17; *Demharter* § 1 Rn 16; ausführlich dazu *Böttcher* Rpfleger 1986, 201.
45   KEHE-*Eickmann* § 1 Rn 12.
46   *Schöner/Stöber* Rn 47.
47   *Bassenge-Herbst-Roth* § 1 Rn 3–5.
48   OLG Celle Rpfleger 1965, 59.
49   *M. Ule* Rn 46; *Brüggemann* JR 1965, 83; *Lappe* Rpfleger 1976, 55.

keit gleich.[50] Für den Rechtspfleger bedeutet dies: Weisungsfreiheit, Entziehungsfreiheit, Verantwortungsfreiheit. Auf Grund der Weisungsfreiheit dürfen ihm in Bezug auf seine Entscheidungen keinerlei Weisungen erteilt werden.[51] Die Entziehungsfreiheit sichert, dass dem Rechtspfleger keine Rechtssachen entzogen werden.[52] Die Verantwortungsfreiheit gewährleistet dem Rechtspfleger schließlich, dass er für seine Entscheidungen keine nachteiligen Folgen zu befürchten hat; der Kernbereich jeder sachlichen Entscheidung ist einer Würdigung durch die Dienstaufsicht entzogen.[53]

Kontrovers behandelt wird die Frage, ob der Rechtspfleger **Richter iSv Art 92 GG** und **gesetzlicher Richter iSv Art 101 Abs 1 S 2 GG** ist. Verneint wird dies überwiegend mit der Begründung, dass dem Rechtspfleger die persönliche Unabhängigkeit fehle.[54] Da jedoch nachgewiesen worden ist, dass der Rechtspfleger allgemein – und speziell im Grundbuchverfahren – Rechtsprechungstätigkeit ausübt[55] (vgl Einl B Rdn 37), kann daraus nur der Schluss gezogen werden, dass der Rechtspfleger Richter iSv Art 92 GG und damit auch gesetzlicher Richter iSv Art 101 Abs 1 S 2 GG ist.[56]   **38**

c) Urkundsbeamter der Geschäftsstelle. Er hat im Bereich des Grundbuchverfahrens folgende besondere Aufgaben: **39**
– Vollzug und Unterzeichnung der Eintragung (§ 44 Abs 1 GBO).
– Unterzeichnung der Grundpfandrechtsbriefe (§ 56 Abs 2 GBO).
– Erteilung von Abschriften aus dem Grundbuch oder den Grundakten (§ 12 Abs 2 GBO, §§ 44, 45 GBV).
– Gestattung der Einsicht in das Grundbuch oder die Grundakten (§ 12c Abs 1 Nr 1 GBO, § 12 Abs 1 GBO, §§ 43, 46 GBV).
– Erteilung von Auskünften in den gesetzlich vorgesehenen Fällen (§ 12c Abs 1 Nr 2 und 3 GBO, § 45 Abs 3 GBV); sonstige Auskünfte hat der Rechtspfleger zu erteilen.
– Entscheidung über Rückgabe von Urkunden (§ 10 Abs 1 S 2 GBO) und die Versendung von Grundakten an andere inländische Behörden (§ 12c Abs 1 Nr 4 GBO); über die Versendung von Akten an ausländische Behörden entscheidet die Landesjustizverwaltung (§ 17 Abs 6 GeschBeh-AV).
– Beglaubigung von Abschriften aus dem Grundbuch (§ 12c Abs 2 Nr 1 GBO).
– Verfügung und Eintragung zur Erhaltung der Übereinstimmung zwischen dem Grundbuch und dem amtlichen Grundstücksverzeichnis, wenn es sich lediglich um eine Veränderung der geometrischen Form des Grundstücks handelt; liegen gleichzeitig eine Berichtigung rechtlicher Art oder eine Berichtigung eines Irrtums über das Eigentum vor, so ist der Rechtspfleger zuständig (§ 12c Abs 2 Nr 2 GBO).
– Entscheidung über Ersuchen um Eintragung oder Löschung des Insolvenzvermerks und der Verfügungsbeeinträchtigungen nach der InsO sowie des Zwangsversteigerungs- und Zwangsverwaltungsvermerks (§ 12c Abs 2 Nr 3 GBO); für die Löschung des Zwangsversteigerungs- und Zwangsverwaltungsvermerks im Rahmen des § 130 ZVG ist der Rechtspfleger zuständig.
– Berichtigung der Eintragungen des Namens, Berufs oder Wohnorts von natürlichen Personen (§ 12c Abs 2 Nr 4 GBO).
– Anfertigung der Nachweise nach § 10a Abs 2 (§ 12c Abs 2 Nr 5 GBO).

Wer Urkundsbeamter sein kann, ist in den Geschäftsstellenanordnungen der Landesjustizverwaltungen bestimmt.[57] Sie weisen die Aufgaben des Urkundsbeamten grundsätzlich dem Beamten des mittleren Justizdienstes zu; der Beamte des gehobenen Justizdienstes ist nur noch aushilfsweise zuständig, wenn sonst keine geeigneten Beamten des mittleren Dienstes zur Verfügung stehen. Die Geschäftsstellenanordnungen aller Länder sehen vor, dass die Aufgaben des Urkundsbeamten, für die der Beamte des mittleren Dienstes zuständig ist,   **40**

---

50 KEHE-*Eickmann* § 1 Rn 12; *Arnold/Meyer-Stolte/Herrmann* § 9 Rn 2; *Bassenge-Herbst-Roth* § 9 Rn 2; *Eickmann* Rpfleger 1976, 153, 158; *Gaul* Rpfleger 1971, 49; *Habscheid* Rpfleger 1968, 241; RpflBl 1970, 6, 9; *Huhn* DRiZ 1975, 16; *Marquordt* Rpfleger 1970, 4; *Baur* DRiZ 1971, 109; *Müller-Webers* DRiZ 1971, 159; *Bartholomeyczik* RpflBl 1965, 6.
51 *Arnold/Meyer-Stolte/Herrmann* § 9 Rn 9; M. *Ule* Rn 48, 69.
52 *Eickmann* Rpfleger 1976, 153, 158.
53 *Eickmann* aaO.
54 BVerfG Rpfleger 2000, 205; BayObLG Rpfleger 1992, 147; *Bassenge-Herbst-Roth* Vorbem Rn 8–11 zu § 1 RpflG; *Winkler* ZZP 1988, 216, 218 (sehr emotional); M. *Ule* Rn 57, 112, 395; *Ruwe* Schließt Art 92 GG die Zuweisung echter Streitsachen an den Rechtspfleger aus? (Diss Münster 1975); *Kissel* Rpfleger 1984, 445, 449; *Bernhard* DRiZ 1981, 361; *Wochener* NJW 1979, 2509; *Blaesing* NJW 1971, 1436; *Baur* DRiZ 1971, 109; *Gaul* Rpfleger 1971, 41.
55 Sehr ausführlich *Böttcher* Rpfleger 1986, 201; ebenso *Arnold/Meyer-Stolte/Herrmann* § 1 Rn 55, 56; *Habscheid* Rpfleger 1968, 237; NJW 1970, 1775: *Eickmann* Rpfleger 1976, 143.
56 Sehr ausführlich *Tams* Rpfleger 2007, 581; *Böttcher* Rpfleger 1986, 201; ebenso LG Frankfurt Rpfleger 1992, 271; *Arnold/Meyer-Stolte/Herrmann* § 1 Rn 55, 56; *Steiner-Hagemann* § 1 Rn 7; *Eickmann* Rpfleger 1976, 153; *Habscheid* Rpfleger 1957, 164; 1967, 317; 1968, 237; RpflBl 1970, 8; NJW 1970, 1775; *Huhn* DRiZ 1975, 16; RpflBl 1976, 12; 1977, 4; *Lindacher* Rpfleger 1973, 1; RpflBl 1976, 6; *Bökelmann* RpflBl 1975, 40; *Koellreuther* Rpfleger 1952, 353; 1953, 1; *Giese* Rpfleger 1954, 161; *Wallner* ZRP 1985, 223.
57 Vgl zB in *Bayern*: VO vom 06.05.1982 (GVBl 271).

auch von geeigneten und besonders erfahrenen Justizangestellten wahrgenommen werden können.[58] Urkundsbeamter muss also nicht unbedingt ein Beamter im staatsrechtlichen Sinn sein, sondern es bleibt dem Ermessen des Landesgesetzgebers überlassen, zu bestimmen, welchem Personenkreis die Tätigkeit des Urkundsbeamten übertragen werden sollen.[59] Voraussetzung ist vor allem die Befähigung zur Wahrnehmung von Urkundsbeamtengeschäften, dh die tatsächlichen und rechtlichen Kenntnisse des Justizangestellten sollen den des mittleren Beamten entsprechen. Nicht zu verwechseln ist der »Justizangestellte mit Urkundsbeamtenbefähigung« auf Grund der Geschäftsstellenanordnungen der Länder mit dem vom Behördenvorstand »ermächtigten Justizangestellten« gemäß § 44 Abs 1 S 2 und 3, § 56 Abs 2 GBO. Letzterer ist zur Mitunterschrift befugt, solange die Ermächtigung besteht. Die Ermächtigung kann auch beschränkt sein, auf Vertretungsfälle, auf Urlaubszeiten ua; solche Beschränkungen sind dann zu beachten. Bei diesem Justizangestellten müssen besondere Befähigungen, insbesondere beruflicher Art, nicht vorhanden sein, da es sich nur um eine Unterschriftsleistung handelt und meist nur die Gewähr für richtige Übertragung aus dem Entwurf gegeben sein soll. Es braucht daher nicht die Befähigung für die Laufbahn eines Beamten oder Urkundsbeamten vorliegen, dh es kann sich insoweit um einen weniger sachkundigen und erfahrenen Angestellten handeln.[60] Allerdings wird die Auswahl mit Vorsicht zu treffen sein, da bei Ungeeignetheit und dadurch verursachte Fehler bei Beglaubigungen oder Grundbucheintragungen Haftungen entstehen können.

41   Der Urkundsbeamte der Geschäftsstelle entscheidet in eigener Zuständigkeit bei den Aufgaben des § 12c Abs 1 und 2 GBO. Da es sich hierbei um ehemals richterliche Tätigkeiten handelt, gilt § 1 GVG entsprechend, dh der Urkundsbeamte entscheidet **weisungsfrei**.[61]

42   Wird eine Änderung der Entscheidung des Urkundsbeamten begehrt, so gilt § 12c Abs 4 GBO. Wenn dem Änderungsverlangen nicht stattgegeben wird, so hat der Grundbuchrichter über die **Erinnerung** zu entscheiden; erst dann kann der Weg der Beschwerde beschritten werden. Der Rechtspfleger ist nicht befugt, anstelle des Richters zu entscheiden.[62]

43   **d) Ermächtigter Bediensteter für die zweite Unterschrift.** In den Fällen des § 12c Abs 2 Nr 2 bis 4 GBO hat außer dem Urkundsbeamten der Geschäftsstelle noch ein zweiter Beamter der Geschäftsstelle oder ein vom Behördenvorstand ermächtigter Justizangestellter die Eintragung zu unterzeichnen (§ 44 Abs 1 S 3 GBO). Dieser zur zweiten Unterschrift ermächtigte Angestellte braucht, im Gegensatz zu dem zum Urkundsbeamten ermächtigten Angestellten, nicht über eingehende Kenntnisse und Erfahrungen auf dem Gebiet des Grundbuchverfahrens zu verfügen.[63]

44   **e) Präsentatsbeamter.** Für die Entgegennahme von Eintragungsanträgen und Eintragungsersuchen sowie für die Beurkundung des Zeitpunkts des Eingangs ist außer dem Rechtspfleger, der das Grundbuch für das infragestehende Grundstück führt, nur ein vom Gerichtsvorstand dafür ausdrücklich bestellter Beamter zuständig (§ 13 Abs 3 S 1 GBO). Bezieht sich der Antrag oder das Ersuchen auf mehrere Grundstücke in verschiedenen Geschäftsbereichen desselben Grundbuchamts, so ist jeder Beamte zuständig, der Anträge oder Ersuchen auch nur für eines der Grundstücke entgegennehmen darf (§ 13 Abs 3 S 2 GBO). Bei der Anbringung des Eingangsvermerks (das sog »Präsentat«) ist der Zeitpunkt des Eingangs nach Tag, Stunde und Minute zuverlässig zu beurkunden (§ 19 Abs 2 GeschBehAV), was besonders wichtig ist für den Rang des einzutragenden Rechtes (§ 879 BGB, §§ 17, 45 GBO) und das Wirksamwerden von Verfügungsbeeinträchtigungen (§ 878 BGB). Die Zuständigkeit des Präsentatsbeamten ist zur Vermeidung von Schadensfällen eine ausschließliche.[64]

2. Verletzung der funktionellen Zuständigkeit

45   **a) Zuständigkeit: Richter; Handlung; Rechtspfleger.** Diese Fallkonstellation dürfte in der Praxis äußerst selten sein, da das Grundbuchverfahren nicht mehr vom Richter beherrscht wird, sondern in vollem Umfang auf den Rechtspfleger übertragen wurde (§ 3 Nr 1 Buchst h RpflG). Zu denken ist lediglich an die Fälle des § 5 RpflG: der Rechtspfleger wird tätig, obwohl eine Vorlagepflicht an den Richter besteht.[65] Nach § 8 Abs 3 RpflG ist diese Verletzung der Vorlagepflicht ohne negative Auswirkungen; die Handlung des Rechtspflegers ist wirksam.

---

58   *Eickmann* GBVerfR, Rn 51.
59   KEHE-*Eickmann* § 1 Rn 14.
60   *Haegele* Rpfleger 1964, 3, 10.
61   RGZ 110, 315; KEHE-*Eickmann* § 1 Rn 15.
62   § 4 Abs 2 Nr 3 RpflG wurde zwar durch das Justizmodernisierungsgesetz vom 24.08.2004 aufgehoben, aber nicht § 12c Abs 4 GBO (ebenso *Demharter* § 12c Rn 11; KEHE-*Eickmann* § 12c Rn 16; **AA** *Rellermeyer* Rpfleger 2004, 593).
63   KEHE-*Eickmann* § 1 Rn 17.
64   *Eickmann* GBVerfR, Rn 52.
65   *Eickmann* GBVerfR, Rn 56 Beispiel 8 c.

b) Zuständigkeit: Rechtspfleger; Handlung: Richter. Nach § 8 Abs 1 RpflG ist ein vom Richter vorge- **46** nommenes Geschäft wirksam, obwohl es zu den auf den Rechtspfleger übertragenen Geschäften gehört.

c) Zuständigkeit: Rechtspfleger; Handlung: Urkundsbeamter. Nimmt der Urkundsbeamte eine Auf- **47** gabe wahr, die in den Kernbereich des Grundbuchverfahrens fällt (zB Eintragung einer Zwangshypothek für den verhinderten Rechtspfleger[66]), so ist diese Handlung unheilbar nichtig.[67] Dies ergibt sich daraus, dass für ehemals richterliche Geschäfte auch heute nur das Gericht, dh der Grundbuchrechtspfleger, zuständig ist, und eben der Urkundsbeamter der Geschäftsstelle nicht Gericht im Sinne der gerichtsverfassungsrechtlichen Regelungen ist.

d) Zuständigkeit: Rechtspfleger; Handlung: Beamter des gehobenen Dienstes. Dieser Fall kommt in **48** der Praxis immer wieder vor, da die Zuständigkeitsvorschriften häufig leichtfertig zur Seite geschoben werden, so zB wenn der Grundbuchrechtspfleger in die Justizverwaltung versetzt wird und dann noch Eintragungen unterschreibt, die er als Grundbuchrechtspfleger verfügt hatte.[68] Für diese Konstellation ist streng zwischen der Befähigung und der Befugnis zur Wahrnehmung von Rechtspflegergeschäften zu unterscheiden: Die Befähigung erlangt man durch die Ableistung der vorgeschriebenen Ausbildung, die bestandene Rechtspflegerprüfung und die beamtenrechtliche Ernennung. Die Befugnis zur Wahrnehmung von Rechtspflegergeschäften setzt daneben noch einen Betrauungsakt voraus (§ 2 Abs 1 S 1 RpflG). Dieser Betrauungsakt bedarf keines besonderen Hoheitsaktes, da die Betrauung keine formbedürftige beamtenrechtliche Ernennung darstellt; die Betrauung geschieht vielmehr durch Zuweisung von Rechtspflegergeschäften an den betreffenden Beamten im Geschäftsverteilungsplan des Gerichts.[69] Nimmt jemand die Aufgaben eines Rechtspflegers wahr, ohne dass er dazu befugt ist, dh ohne Betrauungsakt, so sind die Handlungen unwirksam.[70]

e) Zuständigkeit: Grundbuchrechtspfleger; Handlung: Vormundschaftsrechtspfleger. Wird ein **49** Rechtspfleger vom Grundbuchamt an das Vormundschaftsgericht umgesetzt und unterschreibt er dann noch Eintragungen im Grundbuch, so bleibt es bei deren Wirksamkeit in entsprechender Anwendung von § 22d GVG.[71] Dies ergibt sich daraus, dass der Betrauungsakt weiterhin vorliegt und beim Abteilungswechsel innerhalb einer Behörde einer Versetzung im Rechtssinne nicht vorliegt.

f) Zuständigkeit: Urkundsbeamter; Handlung: Richter. Ein solcher Fall liegt zB vor, wenn der Richter **50** jemand die Einsicht in das Grundbuch versagt (§ 12);[72] zuständig für die Entscheidung ist der Urkundsbeamte der Geschäftsstelle (§ 12c Abs 1 Nr 1 GBO). Eine Ansicht nimmt die Unwirksamkeit der Entscheidung an, weil die Zuständigkeit des Urkundsbeamten in den ihm zur eigenen Bearbeitung übertragenen Angelegenheiten eine ausschließliche sei.[73] Dem kann nicht zugestimmt werden. Wirksamkeit liegt vor, wenn der Richter anstelle des Rechtspflegers (§ 8 Abs 1 RpflG) und der Rechtspfleger anstelle des Urkundsbeamten (§ 8 Abs 5 RpflG) tätig wird; daraus ergibt sich, dass ein Geschäft auch dann wirksam sein muss, wenn der Richter anstelle des Urkundsbeamten tätig wird.[74] Es handelt sich hierbei um den typischen Fall der Handlung eines in der Gerichtshierarchie übergeordneten Organs (vgl auch § 10 ZPO).

g) Zuständigkeit: Urkundsbeamter; Handlung: Rechtspfleger. In einem solchen Fall ordnet § 8 Abs 5 **51** RpflG an, dass die Wirksamkeit nicht berührt wird. Der Vorschrift liegt der Grundgedanke zugrunde, dass eine Kompetenzüberschreitung nach »unten« unschädlich ist; hat ein Justizorgan eine Entscheidung getroffen, die einem in der Hierarchie der Gerichtsverfassung nachgeordneten Organ zusteht, so bleibt es bei der Wirksamkeit der Entscheidung.[75]

66 *Eickmann* GBVerfR, Rn 56 Beispiel 8 e.
67 OLG Frankfurt Rpfleger 1991, 12; OLG Hamm NJW-RR 1987, 957; LG Detmold Rpfleger 1996, 19; KEHE-*Eickmann* § 1 Rn 22; **aA** OLG Zweibrücken Rpfleger 1997, 369.
68 *Eickmann* GBVerfR, Rn 56 Beispiel 8 f.
69 *Arnold/Meyer-Stolte/Herrmann* § 2 Rn 2; *Bassenge-Herbst-Roth* § 2 Rn 9.
70 OLG Frankfurt JVBl 1968, 132; KEHE-*Eickmann* § 1 Rn 23.
71 *Eickmann* GBVerfR, Rn 56 Beispiel 8 f.
72 *Eickmann* GBVerfR, Rn 56 Beispiel 8 d.
73 BGH NJW 1957, 990; RGZ 110, 311; OLG Düsseldorf Rpfleger 1956, 43; *Arnold/Meyer-Stolte/Herrmann* § 8 Rn 3; *Josef* ZZP 53, 95; *Herpers* Rpfleger 1967, 170; gleicher Ansicht für vom Richter vorgenommene frühere Urkundsbeamtentätigkeiten, die nunmehr dem Rechtspfleger übertragen sind: BayObLG Rpfleger 1981, 442.
74 OLG Hamm Rpfleger 1971, 107; LG Bonn Rpfleger 1993, 333; *Demharter* § 1 Rn 19; KEHE-*Eickmann* § 1 Rn 19; *Eickmann* GBVerfR, Rn 56 Beispiel 8 d; *Rosenberg-Schwab-Gottwald* § 26 I 3; für Rechtsmitteleinlegung zu richterlichem Protokoll: BGH Rpfleger 1982, 411; OLG Köln Rpfleger 1977, 105.
75 *Arnold/Meyer-Stolte/Herrmann* § 8 Rn 13.

52 **h) Zuständigkeit: Urkundsbeamter; Handlung: Ein nur zur zweiten Unterschrift ermächtigter Bediensteter.** Trägt der nur zur zweiten Unterschrift ermächtigte Bedienstete (§ 44 Abs 1 S 3 GBO) den Insolvenzvermerk ein und unterschreibt ihn zusammen mit einem anderen zur zweiten Unterschrift ermächtigten Bediensteten, so ist diese Eintragung unwirksam.[76] Eine solche Eintragung darf nur der Urkundsbeamte vornehmen (§ 12c Abs 2 Nr 3 GBO), dh ein Justizbeamter des mittleren Dienstes oder ein zum Urkundsbeamten bestellter Justizangestellter.

53 **i) Zuständigkeit: Präsentatsbeamter; Handlung: Ein nicht zum Präsentat befugter Bediensteter.** Da die Zuständigkeit des Präsentatsbeamten wegen der Bedeutung der Beurkundung des Eingangszeitpunkts eine ausschließliche ist,[77] macht deren Verletzung das Präsentat unwirksam.[78] Der Antrag gilt erst dann als eingegangen, wenn er dem zuständigen Präsentatsbeamten oder dem zuständigen Rechtspfleger (vgl § 13 Abs 2) vorgelegt wird. Dies kann zu einem Rangverlust führen, wenn in der Zwischenzeit der zuständige Präsentatsbeamte den Eingang anderer Anträge, die dasselbe Grundstück betreffen, beurkundet hat.

3. Geschäftsverteilung in Grundbuchsachen

54 Das Recht auf den gesetzlichen Rechtspfleger gemäß Art 101 Abs 1 S 2 GG muss dadurch gesichert werden, dass die Zuständigkeiten zwischen den einzelnen Rechtspflegern im **Geschäftsverteilungsplan gem § 21e GVG** geregelt werden.[79] Jeder anderen Ansicht[80] ist zu widersprechen. Es gehört zum elementaren Rechtsschutz des Bürgers, dass er das für ihn zuständige Justizorgan im Voraus mit Sicherheit feststellen kann,[81] um sich so vor Verschiebungen unter den Rechtspflegern zu schützen.[82] Die Geschäftsverteilung dient daneben der Sicherung der sachlichen Unabhängigkeit der Rechtspfleger.[83] Besondere Bedeutung erlangt der Geschäftsverteilungsplan für die Beteiligten, wenn sie ihr Recht auf Ablehnung eines befangenen oder ausgeschlossenen Rechtspflegers ausüben wollen. Dies ist nur dann möglich, wenn aus dem Geschäftsverteilungsplan ohne Zweifel der zuständige Rechtspfleger oder dessen Vertreter erkennbar ist. Die in der Praxis zuweilen vorgebrachte Behauptung, dass eine Geschäftsverteilung nach objektiven Kriterien in Grundbuchsachen nicht möglich sei, trifft nicht zu. Zum einen beweisen die meisten Geschäftsverteilungspläne bereits heute das Gegenteil, indem sie eine Abgrenzung nach Gemarkung oä vornehmen, zum anderen gab es auch früher eine Geschäftsverteilung im Grundbuchverfahren, als der Richter noch zuständig war; durch die Übertragung auf den Rechtspfleger kann sich an deren Notwendigkeit nichts geändert haben. Der Justizverwaltung kann nur empfohlen werden, die richterlichen Geschäftsverteilungsregeln ebenfalls für die Verteilung der Rechtspflegeraufgaben anzuwenden, auch wenn es für die Praxis manchmal umständlich und beschwerlich ist.

55 Der Geschäftsverteilungsplan muss die **Zuständigkeit der Rechtspfleger nach allgemeinen Merkmalen regeln,**[84] so zB nach Gemarkungen. Nie darf nach Umfang oder Schwierigkeitsgrad der Verfahren verteilt werden und stets ist darauf zu achten, dass der Arbeitsanfall möglichst gleichmäßig verteilt wird, auch wenn die Rechtspfleger unterschiedlich beamtenrechtlichen Dienstgraden angehören. Weiterhin muss der Geschäftsverteilungsplan die Vertretung jedes einzelnen Rechtspflegers genau bestimmen; die Vertretung muss so festgelegt werden, dass der Vertreter für jeden Vertretungsfall eindeutig feststeht, dh also mehrere Vertreter in bestimmter Reihenfolge für den Fall weiterer Verhinderungen. Entscheidend für den Geschäftsverteilungsplan ist somit, dass für ein bestimmtes Grundstück ein eindeutig bestimmbarer Rechtspfleger bzw dessen Vertreter zuständig ist. Während eines Jahres darf der Geschäftsverteilungsplan der Rechtspfleger gemäß § 21e Abs 3 GVG nur geändert werden, wenn dies wegen Überlastung oder ungenügender Auslastung eines Rechtspflegers oder infolge Wechsels oder dauernder Verhinderung einzelner Rechtspfleger nötig wird.[85]

56 Der in § 22d GVG zum Ausdruck kommende Grundsatz, dass Handlungen des nach der Geschäftsverteilung unzuständigen Richters **wirksam** sind, gilt auch für den Rechtspfleger; dh Verstöße des Rechtspflegers gegen

---

76 *KEHE-Eickmann* § 1 Rn 25; *Eickmann* GBVerfR, Rn 56 Beispiel 8 h.
77 *Eickmann*, GBVerfR, Rn 52.
78 *KEHE-Eickmann* § 1 Rn 24; *Eickmann* GBVerfR, Rn 56 Beispiel 8 g; *Demharter* § 1 Rn 24, § 13 Rn 24; *Schöner/Stöber* Rn 56; kritisch dazu *Waldner* in *Bauer/von Oefele* § 1 Rn 24.
79 OLG Frankfurt NJW 1968, 1289; *Steiner-Hagemann* § 1 Rn 7; *KEHE-Eickmann* § 1 Rn 26; *Eickmann* GBVerfR, Rn 57; *Jansen* § 7 Rn 10; *Schöner/Stöber* Rn 45; *Habscheid* § 9 I 2; M. *Ule* Rn 114, 411; *Giese* Rpfleger 1953, 149; *Koellreuther* Rpfleger 1953, 1; *Schorn* Rpfleger 1957, 267; *Wedewer* JVBl 1958, 2.
80 *Bassenge-Herbst-Roth* Rn 11 vor § 1 RpflG; *Brüggemann* JR 1964, 81.
81 BVerfGE 6, 50.
82 *Habscheid* § 9 I 2.
83 *Eickmann* RpflBl 1976, 46, 48.
84 BGHSt 7, 23 = NJW 1955, 152; OLG Bremen NJW 1965, 1447; *KEHE-Eickmann* § 1 Rn 26; *Eickmann* GBVerfR, Rn 57; *Schöner/Stöber* Rn 45; M. *Ule* Rn 118.
85 *KEHE-Eickmann* § 1 Rn 26; M. *Ule* Rn 120, 121.

den Geschäftsverteilungsplan lassen die Wirksamkeit der betreffenden Handlung unberührt.[86] Jedoch kann die Entscheidung des nach dem Geschäftsverteilungsplan unzuständigen Rechtspflegers mit der Begründung angefochten werden, dass nicht der gesetzliche Rechtspfleger entschieden habe.[87]

86 *Demharter* §1 Rn 24; *Keidel-Zimmermann* §7 Rn 33; *Eickmann* GBVerfR, Rn 57.
87 BGHZ 37, 127 = MDR 1962, 645; OLG Bremen NJW 1965, 1447; KEHE-*Eickmann* §1 Rn 26; *Schöner/Stöber* Rn 45.

§ 2 (Grundbuchbezirke; Liegenschaftskataster; Abschreibung von Grundstücksteilen)

(1) Die Grundbücher sind für Bezirke einzurichten.

(2) Die Grundstücke werden im Grundbuch nach den in den Ländern eingerichteten amtlichen Verzeichnissen benannt (Liegenschaftskataster).

(3) Ein Teil eines Grundstücks soll von diesem nur abgeschrieben werden, wenn ein von der zuständigen Behörde erteilter beglaubigter Auszug aus dem beschreibenden Teil des amtlichen Verzeichnisses vorgelegt wird, aus dem sich die Bezeichnung des Teils und die sonstigen aus dem amtlichen Verzeichnis in das Grundbuch zu übernehmenden Angaben sowie die Änderungen ergeben, die insoweit bei dem Rest des Grundstücks eintreten. Der Teil muss im amtlichen Verzeichnis unter einer besonderen Nummer verzeichnet sein, es sei denn, dass die zur Führung des amtlichen Verzeichnisses zuständige Behörde hiervon absieht, weil er mit einem benachbarten Grundstück oder einem Teil davon zusammengefasst wird, und dies dem Grundbuchamt bescheinigt. Durch Rechtsverordnung der Landesregierung, die zu deren Erlass auch die Landesjustizverwaltungen ermächtigen können, kann neben dem Auszug aus dem beschreibenden Teil auch die Vorlage eines Auszugs aus der amtlichen Karte vorgeschrieben werden, aus dem sich die Größe und Lage des Grundstücks ergeben, es sei denn, dass der Grundstücksteil bisher im Liegenschaftskataster unter einer besonderen Nummer geführt wird.

(4) Ein Auszug aus dem amtlichen Verzeichnis braucht nicht vorgelegt zu werden, wenn der abzuschreibende Grundstücksteil bereits nach dem amtlichen Verzeichnis im Grundbuch benannt ist oder war.

(5) Die Landesregierungen werden ermächtigt, durch Rechtsverordnung zu bestimmen, dass der nach den vorstehenden Absätzen vorzulegende Auszug aus dem amtlichen Verzeichnis der Beglaubigung nicht bedarf, wenn der Auszug maschinell hergestellt wird und ein ausreichender Schutz gegen die Vorlage von nicht von der zuständigen Behörde hergestellten oder von gefälschten Auszügen besteht. S 1 gilt entsprechend für andere Fälle, in denen dem Grundbuchamt Angaben aus dem amtlichen Verzeichnis zu übermitteln sind. Die Landesregierungen können die Ermächtigung durch Rechtsverordnung auf die Landesjustizverwaltungen übertragen.

Schrifttum

Bauch, Eintragung von Veränderungen im Bestand und Eigentum von Grundstücken aufgrund des Wasserrechts in das Grundbuch, MittBayNot 1984, 1; *Böttcher,* Grundstücksteilung, Rpfleger 1989, 133; *Ziegler,* Ermittlung und Genauigkeit der Flächenangaben in Kataster und Grundbuch, MittBayNot1989, 65

I. Normzweck

1 Die Einrichtung der in **Abs 1** angesprochenen Grundbuchbezirke soll das Auffinden der Grundstücke in den Büchern erleichtern, während die an das amtliche Verzeichnis anknüpfende Grundstücksbezeichnung das Auffinden in der Natur ermöglichen soll, **Abs 2**.

2 § 2 befasst sich mit der **Grundbucheinrichtung** und wird durch die §§ 1–3 GBV ergänzt. In den **Abs 3–5** finden sich Regeln für die Abschreibung von Grundstücksteilen.

Die Vorschrift wurde durch das RegVBG neu gefasst.

II. Die Grundbuchbezirke

1. Der Grundsatz der Bezirkseinrichtung

Nach § 1 Abs 1 S 2 ist der **Grundbuchamtsbezirk** der Amtsgerichtsbezirk. Da die Amtsgerichte zur Führung **3** berufen sind, umfasst die Zuständigkeit des jeweiligen Gerichts die in seinem Bezirk gelegenen Grundstücke. Soweit nach § 136 landesrechtliche Vorschriften aufrechterhalten bleiben, gelten auch die entsprechenden Vorschriften über die Einrichtung der Grundbücher fort.

Der **Grundbuchbezirk**, von dem Abs 1 spricht, wird bestimmt durch den Gemeindebezirk (§ 1 Abs 1 GBV), **4** er deckt sich also mit den politischen Grenzen. Dabei sind folgende Fälle zu unterscheiden:

a) Gemeinde = Amtsgericht. Der Grundbuchbezirk kann sich mit dem Amtsgerichtsbezirk decken, wenn **5** die politische Gemeinde Sitz eines Amtsgerichts ist, dessen Zuständigkeit nur den politischen Gemeindebezirk umfasst. Nach Anordnung der Justizverwaltung kann auch ein Gemeindebezirk in mehrere Grundbuchbezirke geteilt werden, § 1 Abs 1 S 2 GBV.

Beispiel:

Gemeinde A – Amtsgericht A

A 1	A 2

A

entweder

A = Gemeindebezirk = Amtsgerichtsbezirk = Grundbuchbezirk

oder

A = Gemeindebezirk = Amtsgerichtsbezirk
A 1 und A 2 = Grundbuchbezirke

b) Mehrere Gemeinden = ein Amtsgerichtsbezirk. Der Grundbuchbezirk kann Teil eines Amtsgerichts- **6** bezirk sein, wenn mehrere Gemeindebezirke in die Zuständigkeit eines Amtsgerichts fallen.

Beispiel:

Gemeinden A und B = Amtsgericht A

A   A

	B 1
	B 2

A, B = Gemeindebezirk
A, B 1, B 2 = Grundbuchbezirke
A + B = Amtsgerichtsbezirke

c) Eine Gemeinde = mehrere Amtsgerichte. Ein Amtsgerichtsbezirk kann auch ein Teil eines Gemeinde- **7** bezirks sein, wenn in einer Gemeinde mehrere Amtsgerichte bestehen, das ist zB in Berlin der Fall. Es bestehen dann jedoch mehrere Grundbuchbezirke.

Beispiel:

Gemeinde A B; Amtsgerichte A und B

Amtsgericht A
Amtsgericht B

A B

AB = Gemeindebezirk
A, B = Amtsgerichtsbezirke und je ein Grundbuchbezirk

2. Ausnahmen

8 **a) Generelle Ausnahmen** können sich ergeben, wenn entsprechend dem Vorbehalt in § 95 GBV tradierte **abweichende Bezirkseinteilungen** aufrecht erhalten wurden (vgl insoweit die Erl zu § 95 GBV). So bilden in Bayern die Gemarkungen (früher Steuergemeinden) die Grundbuchbezirke, § 211 der Bayerischen Dienstanweisung für die Grundbuchämter in den Landesteilen rechts des Rheins vom 27.02.1905 (JMBl 63). Zu den Grundbuchbezirken im gemeinschaftlichen deutsch-luxemburgischen Hoheitsgebiet iS von Art 1 des Vertrages vom 19.12.1984 (BGBl 1988 II 415) siehe für Rheinland-Pfalz vie VO vom 16.08.1990 (GVBl 273). Ausnahmen gelten ebenfalls wenn sog. **Gattungsgrundbücher** geführt werden. Gattungsgrundbücher sind solche, die für bestimmte Grundstücksarten (= Nutzungsarten) geführt werden (zB Bahngrundbücher, Bergwerksgrundbücher). Nach § 136 sind darauf bezogene landesrechtliche Vorschriften aufrecht erhalten. Vgl insoweit die Erl zu § 136.

9 **b) Ausnahmen im Einzelfall** können sich ergeben:
- Wenn gem § 4 mehrere Grundstücke desselben Eigentümers auf einem Blatt gebucht werden. Die mehreren Grundstücke müssen zwar im selben Amtsgerichtsbezirk liegen, es ist jedoch nicht erforderlich, dass sie in einem Grundbuchbezirk liegen
- Im Fall der **Vereinigung** mehrerer Grundstücke, wenn diese in verschiedenen Grundbuchbezirken liegen, § 5.
- Im Falle der **Zuschreibung** (§ 6), wenn die Grundstücke zu verschiedenen Grundbuchbezirken gehören.

III. Grundstücksbezeichnung

10 Das Grundbuch gibt die rechtlichen Verhältnisse am Grundstück wieder; die **tatsächlichen Verhältnisse** (= Lage, geometrische Form, Größe, Nutzungsart) ergeben sich aus dem amtlichen Verzeichnis. Vgl dazu die ausführliche Darstellung bei Einl I. Zum Grundstücksbegriff s § 3 Rdn 4 ff.

11 Im Grundbuch sind die Grundstücke (**Abs 2**) diesem Verzeichnis entsprechend zu bezeichnen. Dies gilt allerdings nur für das Bestandsverzeichnis des Blattes, auf dem das Grundstück gebucht ist, nicht für andere Fälle einer Grundstücksbezeichnung (zB bei subjektiv-dinglichen Rechten, beim sog. »Herrschvermerk«, beim Gesamtrechtshinweis). In letzteren Fällen ist das Grundstück mit seiner Grundbuchstelle (»Band ...«, »Blatt ...«) zu bezeichnen.[1]

12 Die Eintragung als solche ist in **§ 6 Abs 3–5 GBV** geregelt. Danach ist die Grundstücksbezeichnung in den Spalten 3 und 4 des Bestandsverzeichnisses einzutragen. Vgl dazu die Erl zu § 6 GBV.

IV. Veränderungen der Bestandsangaben ohne Teilung

1. Die Übereinstimmungseintragungen

13 Der Zweck des **Abs 2** (= Auffinden der Grundstücke in der Örtlichkeit) kann nur erreicht werden, wenn tatsächlich Änderungen jeweils im Grundbuch Berücksichtigung finden. Dem dienen die Vorschriften, die zur Erhaltung der Übereinstimmung zwischen dem amtlichen Verzeichnis und dem Grundbuch erlassen wurden. Der Urkundsbeamte des Grundbuchamtes (§ 12c Abs 2 Nr 2) ist an einen **Veränderungsnachweis** grundsätzlich gebunden; es hat die darin ausgewiesenen Veränderungen ohne Weiteres zu vollziehen, sofern damit nicht zugleich eine Veränderung rechtlicher Art (s dazu die Erl zu Rdn 21 und Rdn 25 ff) verbunden ist.[2] Beim Veränderungsnachweis handelt es sich um einen Verwaltungsakt,[3] jedenfalls hinsichtlich der tatsächlichen Feststellungen. Inmitten liegende Rechtsfragen fallen jedoch nicht in die Kompetenz der Verwaltungsbehörde. Diese sind von den ordentlichen Gerichten zu klären. Beim Veränderungsnachweis handelt es sich nicht um ein behördliches Ersuchen iSd § 38 iVm § 29 Abs 3.[4]

14 Soweit das **Kataster noch nicht amtliches Verzeichnis** ist, gelten die landesrechtlichen Vorschriften, die aufgrund des inzwischen durch das RegVBG aufgehobenen § 6 AVOGBO erlassen worden waren bzw § 144.

15 Ist das **Kataster amtliches Verzeichnis** und das Grundbuch darauf zurückgeführt, so gilt die AV des RMdJ vom 20.01.1940 (DJ 214) ergänzt durch die AV vom 26.01.1942 (DJ 85), die in allen Ländern bei Erlass der Anordnung über die Mitteilung in Zivilsachen (MiZi) einheitlich geändert wurde, und in Bayern die §§ 38 ff der Bayerischen Geschäftsanweisung für die Behandlung der Grundbuchsachen (GBGA) vom 07.12.1981.

---

1 *Huth* Rpfleger 1975, 226; *Demharter* § 2 Rn 6; KEHE-*Eickmann* § 2 Rn 8; **aA** KG Rpfleger 1975, 226; KGJ 35, 242; *Güthe-Triebel* A. 17.
2 BayObLG Beschluss vom 08.03.1990 – BReg 2 Z 13/90 –; OLG Düsseldorf Rpfleger 1988, 140.
3 BayObLG Rpfleger 1982, 19; OLG Oldenburg Rpfleger 1992, 387.
4 OLG Düsseldorf Rpfleger 1988, 140, KEHE-*Eickmann* § 2 Rn 11.

Zuständig ist gem § 12c Abs 2 Nr 2 der Urkundsbeamte der Geschäftsstelle. Er nimmt die Übereinstimmungs- **16** seintragungen vor aufgrund eines Veränderungsnachweises der Katasterbehörde. Vgl. dazu die Erl zu § 12c. Ausgenommen sind die Fälle, in denen zugleich eine Rechtsänderung vorzunehmen ist, Rechtsfragen zu entscheiden sind oder die Berichtigung eines Irrtums über das Eigentum. In diesen Fällen ist der Rechtspfleger zuständig.[5]

2. Berichtigende Eintragungen

a) Abgrenzung, Arten. Die berichtigenden Eintragungen sind von den Übereinstimmungseintragungen **17** (Fortführungs- und Veränderungseintragungen) zu unterscheiden.[6] Es handelt sich nämlich nicht um den Nachvollzug von (planmäßigen) Veränderungen, sondern um die Richtigstellung von (ungewollt) idR von Anfang an **unrichtigen Bestandsangaben**.

Dabei kann eine Unrichtigkeit bestehen **18**
– **tatsächlicher** Art (zB ein Grundstück ist nicht bewaldet, sondern öd) oder
– **rechtlicher** Art (zB Zugehörigkeit einer Parzelle zum Grundstück; vgl unten Rdn 22).

Diese Unterscheidung ist wichtig für die **funktionelle Zuständigkeit**, denn nur die tatsächliche Unrichtigkeit darf vom Urkundsbeamten der Geschäftsstelle berichtigt werden (§ 12c Abs 2 Nr 2). Rechtliche Unrichtigkeiten darf nur der Rechtspfleger berichtigen. S dazu unten Rdn 21 ff.

Die **rechtliche Unrichtigkeit** in dem hier zu behandelnden Zusammenhang liegt nur dann vor, wenn die **19** Vorschriften der §§ 891, 892 BGB auf den Gegenstand der Unrichtigkeit Anwendung finden,[7] dh wenn dieser vom öffentlichen Glauben des Grundbuches erfasst wird.

Nicht von der Vermutung des § 891 BGB **erfasst** werden die **Tatsachenangaben (Eintragungen in Spalten** **20** **3c und 4)** über die Eigenschaften und Verhältnisse des Grundstücks, wie Lage, Größe (Flächenmaß),[8] Bebauung,[9] Nutzungsart oder Bewuchs, Hausnummer, Straßenbezeichnung.[10] Veränderungen in der Größe können sich ergeben durch eine verbesserte Messtechnik, aber auch durch Anlandungen oder Überflutungen (s dazu Rdn 24).

Die Angaben über den **Grenzverlauf** bzw die **Fläche** (dh die Eintragungen in den Spalten 3a und b) werden **21** von den §§ 891, 892 BGB erfasst.[11] Der Grenzverlauf ergibt sich aus den im Bestandsverzeichnis genannten Flurstücksnummern. Die danach in der Flurkarte nachgewiesene Grundstücksgrenze gilt als die richtige Grenze. Voraussetzung dafür ist die Zurückführung des Grundbuchs auf das Kataster.[12] Ist das Grundstück in der Örtlichkeit nicht nachzuweisen, so ist der öffentliche Glaube ohne Bedeutung; das Grundbuchblatt ist zu schließen (§ 35 GBV).[13]

Unrichtigkeiten können hinsichtlich des Grenzverlaufs auch bestehen:

– bei einer **Parzellenverwechslung** (Falscheintragung) eines zu einem anderen Grundstück gehörenden **22** Flurstücks[14] oder Falscheintragung eines zu dem bestimmten Grundstück gehörenden Flurstücks bei einem anderen Grundstück oder eine Kombination aus beidem.

– bei einer **unrichtigen Darstellung** des Grenzverlaufs in der Flurkarte. **23**

---

5 *Demharter* § 2 Rn 24; KEHE-*Eickmann* § 2 Rn 11.
6 *Güthe-Triebel* § 2 Rn 42.
7 *Güthe-Triebel* § 2 Rn 45 ff.
8 OLG Oldenburg Rpfleger 1992, 387.
9 BayObLGZ 1956, 101; 1971, 4.
10 RGZ 61, 188, 193 ff; 73, 125, 128 ff; 80, 365, 367 ff; BayObLG Rpfleger 1988, 254; OLG Oldenburg Rpfleger 1991, 412; 1992, 387; *Baur-Stürner* § 10 III; BGB-RGRK-*Augustin* § 891 Rn 14; *Demharter* § 2 Rn 26; *Erman-Westermann* Vorbem vor § 891 Rn 2, 3; MüKo-*Wacke* § 891 Rn 11; *Westermann-Eickmann* § 88 II 2.
11 RGZ 73, 125, 129; BayObLGZ 1976, 110; 1987, 413 = Rpfleger 1988, 254; OLG Frankfurt Rpfleger 1985, 229; *Eichler*, Institutionen, II 2; BGB-RGRK-*Augustin* § 891 Rn 11–13; *Demharter* § 2 Rn 26; MüKo-*Wacke* § 891 Rn 11; *Westermann-Eickmann* § 88 II 2.
12 BayObLGZ 1976, 110 = Rpfleger 1976, 251; *Demharter* § 2 Rn 26.
13 *Demharter* § 2 Rn 26.
14 So die Definition von *Wacke* (MüKo § 891 Rn 11).

24 Besonderheiten bestehen bei Grenzveränderungen durch **Anlandung**[15] **und Überflutung:**[16]

Bei Anlandungen und Überflutungen ändern sich die Grundstücksgrenzen unabhängig von rechtsgeschäftlichen Erklärungen, hoheitlichen Handlungen oder katastertechnischen Vorgängen infolge natürlicher Ereignisse. Gegenüber diesen **Naturereignissen** wirkt der öffentliche Glaube des Grundbuchs nicht. Die im Grundbuch ausgewiesenen Grundstücksgrenzen stehen insoweit nicht unter dem Schutz der §§ 891, 892 BGB.[17] Sind Grenzveränderungen durch Anlandung oder Überflutung entstanden, kann der Veränderungsnachweis ohne weiteres vollzogen werden. Sie sind wie eine Berichtigung rein tatsächlicher Art zu behandeln, so dass auch dafür der Urkundsbeamte der Geschäftsstelle zuständig ist.[18] Entsteht Streit über die Eigentumsverhältnisse, sind die Beteiligten auf den Prozessweg zu verweisen.[19] Daneben besteht für die Beteiligten die Möglichkeit den Veränderungsnachweis (als Verwaltungsakt) anzufechten,[20] die Eigentumsverhältnisse können im Verwaltungsverfahren jedoch nicht geklärt werden. Das Grundbuchverfahren, das kein streitentscheidendes Verfahren ist, eignet sich zur Klärung dieser Frage nicht, auch nicht wenn der Rechtspfleger des Grundbuchamtes im Rahmen des § 12 FGG eigene Ermittlungen anstellt.[21] Der Vollzug des Veränderungsnachweises ändert an der materiellen Rechtslage nichts.[22] Ein Rechtsverlust durch gutgläubigen Erwerb scheidet aus.[23]

25 **b) Berichtigung rechtlicher Unrichtigkeit.** Bei der Berichtigung rechtlicher Unrichtigkeiten ist die Möglichkeit **gutgläubigen Erwerbs** zu erwägen:

26 **aa) Kein gutgläubiger Erwerb möglich; auch kein Versteigerungserwerb.** Dieser Fall liegt nur vor, wenn seit der Eintragung der falschen Bestandsangaben **weder** ein **rechtsgeschäftlicher Eigentumswechsel noch** ein Eigentumswechsel infolge **Zuschlag** in der Zwangsversteigerung (s dazu unten Rdn 28) gebucht wurde.

27 Zu beachten ist dabei, dass sich diese Betrachtung nicht nur auf das Blatt des gerade infragestehenden Grundstücks beschränken darf. In den vorgenannten Fällen ist ja stets zumindest ein **anderes Grundstück** betroffen, dessen Rechtsverhältnisse und Rechtsentwicklung gleichfalls mit einzubeziehen sind.

28 Beim Erwerb durch **Zuschlag** in der Zwangsversteigerung sind zwar die §§ 891, 892 BGB nicht anwendbar, trotzdem erwirbt der Ersteher das Eigentum so, wie es im Grundbuch gebucht ist,[24] so dass derselbe Effekt wie beim Gutglaubensschutz erreicht wird.

29 Ferner, wenn zwar ein rechtsgeschäftlicher Eigentumserwerb gebucht wurde, die **Voraussetzungen** des Gutglaubensschutzes jedoch erkennbar nicht vorlagen (zB wegen des Fehlens des Verkehrsgeschäfts oder wegen nachgewiesener Bösgläubigkeit des Erwerbers).

30 Neben den oben unter Rdn 26 bis 29 geschilderten Voraussetzungen darf das Grundstück seit der Eintragung der Bestandsangaben nicht rechtsgeschäftlich **belastet** oder auch **keine Belastung rechtsgeschäftlich übertragen** worden sein, es sei denn gutgläubiger Erwerb scheidet erkennbar aus.

31 Ist dies **alles** (bei **allen** Grundstücken) der Fall, kann die **Berichtigung** vollzogen werden.

32 **bb) Gutgläubiger Erwerb möglich; Versteigerungserwerb geschehen.** Ist bereits ein **Zuschlag** in der Zwangsversteigerung erfolgt oder liegt eine rechtsgeschäftliche **Veräußerung oder Belastung** vor, bei der Gutglaubensschutz nicht ausgeschlossen werden kann, so kann eine »Berichtigung« in den Erwerb der Beteiligten gegen deren Willen auch grundbuchmäßig nicht eingreifen; sie würde zwar an diesem Erwerb materiell nicht ändern, führte aber zu einer Grundbuchunrichtigkeit.

---

15 S dazu je nach dem Zeitraum der Anlandung die Wassergesetze der Länder und die Vorläufer (aufrecht erhalten durch Art 65 EGBGB und Art 89 Nr 2 PrAGBGB): zB Wassergesetz für das Land Rheinland-Pfalz (Landeswassergesetz) vom 01.08.1960 GVBl S 153, jetzt vom 04.03.1983 GVBl S 31, davor Preußisches Wassergesetz vom 07.04.1913 (PrWassG, GS S 53), davor Code Civil Art 556 für Anlandungen an Ufergrundstücken und Art 560 für Inseln, die sich neu gebildet haben. Daneben s auch das Preußische Gesetz betreffend die Befugnisse der Strombauverwaltung gegenüber den Uferbesitzern an öffentlichen Flüssen vom 20.08.1883 (GS S 333) zu Anlandungen infolge Strombaumaßnahmen. Vgl auch die Übersicht bei Böhm, Eigentum und Eigentumsgrenzen an Gewässern nach den Landeswassergesetzen, 1963, S, 1.

16 S dazu die Wassergesetze der Länder: Zusammenstellung s MüKo-*Säcker* Art 65 EGBGB Rn 2 und bei *Satorius*, Verfassungs- und Verwaltungsgesetze, Anm zu Nr 845.

17 BGH 110, 148, 155; BayObLGZ 1987, 410 = Rpfleger 1988, 254 mit anschaulichem Beispiel; BayObLG NJW-RR 2000, 1258.

18 **AA** KEHE-*Eickmann* § 2 Rn 11.

19 BGHZ 92, 326 = NJW 1985, 1289; BayObLG NJW-RR 2000, 1258; **aA** OLG Oldenburg Rpfleger 1992, 387.

20 BayObLG NJW-RR 2000, 1258.

21 **AA** OLG Oldenburg Rpfleger 1992, 387.

22 *Demharter* § 2 Rn 25.

23 BayObLG NJW-RR 2000, 1258.

24 *Steiner-Eickmann* ZVG § 90 Rn 7 und 13.

cc) Eigentumswechsel. Hier kann eine Berichtigung nur geschehen, wenn **alle Beteiligten** (dh auch die   33
Eigentümer der anderen betroffenen Grundstücke) in grundbuchmäßiger Form **zustimmen**.[25]

dd) Belastungen. Ist das Grundstück belastet worden, so erfasst bei Eingreifen des Gutglaubensschutzes das   34
Recht das Grundstück im gebuchten Bestand. Eine Berichtigung ist auch hier nur mit **Zustimmung aller
Beteiligten** (= Eigentümer und Gläubiger, evtl Drittberechtigte gem § 876 BGB) möglich.

Sind diese Zustimmungen nicht zu erlangen, schlagen *Güthe-Triebel* vor,[26] das Recht auf dem »alten« Blatt und   35
auf dem Blatt zu buchen, zu dem Flurstück oder Teil, die falsch gebucht waren, in Wahrheit gehören. Dem
kann nicht zugestimmt werden. Zum einen gehört dieses Verfahren bei Rechten, die nicht von § 7 Abs 2 erfasst
werden, zu einer ordnungswidrigen Buchung auf einem realen Grundstücksteil; zum anderen aber – und das
erscheint noch gewichtiger – bestehen Zweifel, ob die dann entstehende Gesamt- oder Mehrfachbelastung
mehrerer Grundstücke von der Einigung nach § 873 BGB noch erfasst wird. In solchen Fällen hat die **Berichtigung** zu **unterbleiben**. Die Beteiligten sind auf den Prozessweg zu verweisen.

V. Abschreibung nach Teilung

1. Regelvoraussetzungen

Soll ein Grundstück gem § 7 Abs 1 geteilt werden, ist nach **Abs 3** ein beglaubigter Auszugs aus dem amtlichen   36
Verzeichnis (= **Veränderungsnachweis**) vorzulegen. Auf die Vorlagepflicht eines Auszugs aus der amtlichen
Karte wurde bei der Neufassung der Vorschrift verzichtet. Der abzuschreibende Grundstücksteil muss regelmäßig katastertechnisch verselbständigt sein, dh er muss eine eigene Flurstücksnummer erhalten. Zum Zurflur-
stück s unten Rdn 39. Unter der Voraussetzung, dass der abzuschreibende Grundstücksteil bisher nicht unter
einer besonderen Nummer im Liegenschaftskataster geführt wird (Abs 2 S 3), können die Landesregierungen
im Wege der Rechtsverordnung neben dem Auszug aus dem amtlichen Verzeichnis auch die Vorlage eines Auszugs aus der amtlichen Karte vorschreiben. Die Landesregierungen können die Ermächtigung auch auf die Justizverwaltungen delegieren.

2. Ausnahmen

Die Vorlage eines Veränderungsnachweises ist nach der Neuregelung durch das RegVBG nicht mehr erforder-   37
lich, wenn von einem zusammengesetzten Grundstück[27] eines oder mehrere unveränderte Flurstücke abgeschrieben werden sollen, sich also die Flurstücksbezeichnung nicht ändert.

Auf den Veränderungsnachweis kann jedoch in diesen Fällen nicht verzichtet werden,
– wenn nicht alle, für die Abschreibung erforderlichen Angaben grundbuchersichtlich sind (zB Fehlen der
  Größenangabe des abzuschreibenden Flurstücks) oder
– wenn der abzuschreibende Grundstücksteil mit einem früher im Grundbuch ausgewiesenen Flurstück identisch ist.[28]

Durch die Neuregelung durch das RegVBG ist allerdings nunmehr auch festgelegt, dass die Vorlage eines Ver-   38
änderungsnachweises auch bei behördlichen Ersuchen dann erforderlich ist, wenn die Abschreibung eines Teiles
eines Grundstücks, das aus nur einem Flurstück besteht (sog Idealgrundstück), erfolgen soll. Bisher waren die
Fälle der Abschreibung aufgrund Ersuchens einer Auseinandersetzungsbehörde und behördliche Ersuchen aufgrund eines Enteignungsbeschlusses davon ganz generell befreit, § 2 Abs 3 lit b aF. Durch analoge Anwendung,
teleologische Auslegung oder Reduktion wurden auch folgende vergleichbare Fälle unter diese Regelung sub-
sumiert, weil die erforderlichen behördlichen Erklärungen ohnehin die notwendigen Nachweise enthalten:
– Ausübung eines öffentlich-rechtlichen Vorkaufsrechts
– Umlegung nach dem BauGB
– Grenzregelungen nach dem BauGB
– Eigentumsänderungen aufgrund straßen- oder wasserrechtlicher Vorschriften. Es ist nicht recht einzusehen,
  warum es der Gesetzgeber nicht bei der bisherigen Ausnahmeregelung belassen hat. Nach der Neuregelung
  durch das RegVBG ist also folgendes zu beachten:
– Handelt es sich um ein **Idealgrundstück** sind nunmehr auch bei Abschreibungen von Grundstückstei-
  len in den og Fällen **Veränderungsnachweise** erforderlich.
– Handelt es sich um ein sog **zusammengesetztes Grundstück** gilt auch hier **Abs 4**.

---

25 *Güthe-Triebel* § 2 Rn 45.
26 § 2 Rn 45.
27 Ein Grundstück im Rechtssinn, das aus mehreren Flurstücken besteht, vgl *Eickmann*, Grundbuchverfahrensrecht Rn 60.
28 *Demharter* § 2 Rn 32.

3. Zuflurstück

39   Von der katastertechnischen Verselbständigung und Zuteilung einer eigenen Flurstücksnummer für einen Grundstücksteil kann abgesehen werden, wenn die Darstellung in einer Karte technisch unmöglich oder unzweckmäßig ist, insbesondere wenn der Verselbständigung des Grundstücksteils nur vorübergehende Bedeutung zukommt.[29] Der Grundstücksteil kann dann als sog Zuflurstück bezeichnet werden,[30] und zwar unter Hinweis auf das Herkunftsflurstück und das neue Flurstück. Zuflurstücke gelten für die Anwendung des § 890 BGB als selbständige Grundstücke, sie sind als solche aber nicht in das Grundbuch einzutragen.[31] Zur Eintragung s die Erl zu § 13 GBV.

4. Beglaubigung

40   Regelmäßig bedarf der Auszug aus dem amtlichen Verzeichnis der Beglaubigung (Abs 3) durch die zuständige Behörde (Vermessungsamt bzw Liegenschaftsamt). Durch Rechtsverordnung der Landesregierungen, die zu deren Erlass auch die Justizverwaltungen ermächtigen können, kann bestimmt werden, dass der vorzulegende Auszug aus dem amtlichen Verzeichnis der Beglaubigung nicht bedarf. Voraussetzung dafür sind jedoch weiter die maschinelle Herstellung des Auszugs und ein ausreichender Schutz gegen die Vorlage von nicht von der zuständigen Behörde erstellten oder verfälschten Auszügen.

5. Verstöße

41   Ist ohne Vorlage eines Veränderungsnachweises ein Grundstücksteil abgeschrieben worden, ergeben sich daraus keine materiellrechtlichen Folgen, denn bei Abs 3 handelt es sich um eine Ordnungsvorschrift.[32] Insbesondere ist die Auflassung eines Grundstücksteils auch ohne Vorliegen der für die Abschreibung erforderlichen Unterlagen wirksam, wenn der Teil, vor allem durch die Angabe der Grenzen, hinreichend deutlich gekennzeichnet ist.[33]

---

29 KEHE-*Eikmann* § 2 Rn 6.
30 BGH DNotZ 54, 197; BayObLGZ 54, 258 = DNotZ 55, 205.
31 BayObLGZ 54, 258 = DNotZ 55, 205; BayObLGZ 57, 356 = DNotZ 58, 388; KEHE-*Eickmann* § 2 Rn 6.
32 *Demharter* § 2 Rn 35.
33 RG DR 1941, 2196; BGHZ 90, 326 = Rpfleger 1984, 310; *Demharter* § 2 Rn 35.

§ 3 (Grundbuchblatt; buchungsfreie Grundstücke; Buchung von Miteigentumsanteilen)

(1) Jedes Grundstück erhält im Grundbuch eine besondere Stelle (Grundbuchblatt). Das Grundbuchblatt ist für das Grundstück als das Grundbuch im Sinne des Bürgerlichen Gesetzbuches anzusehen.

(2) Die Grundstücke des Bundes, der Länder, der Gemeinden und anderer Kommunalverbände, der Kirchen, der Klöster und Schulen, die Wasserläufe, die öffentlichen Wege, sowie die Grundstücke, welche einem dem öffentlichen Verkehr dienenden Bahnunternehmen gewidmet sind, erhalten ein Grundbuchblatt nur auf Antrag des Eigentümers oder eines Berechtigten.

(3) Ein Grundstück ist auf Antrag des Eigentümers aus dem Grundbuch auszuscheiden, wenn der Eigentümer nach Absatz 2 von der Verpflichtung zur Eintragung befreit und eine Eintragung, von der das Recht des Eigentümers betroffen wird, nicht vorhanden ist.

(4) Das Grundbuchamt kann, sofern hiervon nicht Verwirrung oder eine wesentliche Erschwerung des Rechtsverkehrs oder der Grundbuchführung zu besorgen ist, von der Führung eines Grundbuchblatts für ein Grundstück absehen, wenn das Grundstück den wirtschaftlichen Zwecken mehrerer anderer Grundstücke zu dienen bestimmt ist, zu diesen in einem dieser Bestimmung entsprechenden räumlichen Verhältnis und im Miteigentum der Eigentümer dieser Grundstücke steht (dienendes Grundstück).

(5) In diesem Falle müssen an Stelle des ganzen Grundstücks die den Eigentümern zustehenden einzelnen Miteigentumsanteile an dem dienenden Grundstück auf dem Grundbuchblatt des dem einzelnen Eigentümer gehörenden Grundstücks eingetragen werden. Diese Eintragung gilt als Grundbuch für den einzelnen Miteigentumsanteil.

(6) Die Buchung nach den Absätzen 4 und 5 ist auch dann zulässig, wenn die beteiligten Grundstücke noch einem Eigentümer gehören, dieser aber die Teilung des Eigentums am dienenden Grundstück in Miteigentumsanteile und deren Zuordnung zu den herrschenden Grundstücken gegenüber dem Grundbuchamt erklärt hat; die Teilung wird mit der Buchung nach Absatz 5 wirksam.

(7) Werden die Miteigentumsanteile an dem dienenden Grundstück neu gebildet, so soll, wenn die Voraussetzungen des Absatzes 4 vorliegen, das Grundbuchamt in der Regel nach den vorstehenden Vorschriften verfahren.

(8) Stehen die Anteile an dem dienenden Grundstück nicht mehr den Eigentümern der herrschenden Grundstücke zu, so ist ein Grundbuchblatt anzulegen.

(9) Wird das dienende Grundstück als Ganzes belastet, so ist, sofern nicht ein besonderes Grundbuchblatt angelegt wird oder § 48 anwendbar ist, in allen beteiligten Grundbuchblättern kenntlich zu machen, dass das dienende Grundstück belastet ist; hierbei ist jeweils auf die übrigen Eintragungen zu verweisen.

Schrifttum

Wendt, Die Buchung dienender Grundstücke, Rpfleger 1992, 457 ff.

I. Normzweck

1 Die Vorschrift des § 3 befasst sich in **Abs 1 S 1** gleichfalls mit der Grundbucheinrichtung, indem sie den Begriff des »**Grundbuchblattes**« einführt und definiert. Durch diese Regelung sollen nach den Motiven »sämtliche Angaben über die Rechtsverhältnisse eines Grundstücks an einer Stelle nachgewiesen werden«.[1] **S 2** gibt der Vorschrift daneben materiellrechtlichen Inhalt. Er stellt die Verbindung her zwischen den Vorschriften des materiellen Grundstücksrechts, in denen stets »das Grundbuch« angesprochen ist, und den grundbuchtechnischen Einrichtungsregeln: Das Grundbuchblatt ist »das Grundbuch« iSd materiellen Rechts (BGB, WEG, Erb-bauRG).

2 **Abs 2 bis 4** regeln **Ausnahmen von dem** sich aus Abs 1 ergebenden Grundsatz des **Buchungszwanges** (vgl unten Rdn 25 ff und Rdn 41 ff). **Abs 2** knüpft an die praktische Erfahrung an, dass die Grundstücke der öffentlichen Hand, der Kirchen und ähnlicher Rechtsträger nur selten am Grundstücksverkehr teilnehmen. Es wäre unzweckmäßig, sie dem Arbeit und Kosten verursachenden Buchungszwang zu unterwerfen. Ihre Buchung ist nicht Pflicht, wohl aber Recht des Eigentümers.[2]

3 **Abs 4** enthält ein – für die Grundbuchpraxis sehr bedeutsame – Sonderregelung in Bezug auf Grundstücke, deren wirtschaftliche und praktische Bedeutung nicht für sie allein und auf sich bezogen besteht, sondern durch ihre dienende Bedeutung für andere Grundstücke charakterisiert ist. Die **Buchung einzelner Anteile** (vgl unten Rdn 41 ff) bei jeweils anderen Grundstücken soll der Zusammenfassung und Verdeutlichung der wirtschaftlichen Einheit dienen, deren gemeinsame Belastung erleichtern und die Buchführung vereinfachen.

4 Die Vorschrift ist insbesondere hinsichtlich der Anteilsbuchung durch das RegVBG neu gefasst worden.

II. Das Grundstück und sein Grundbuch

1. Der Grundstücksbegriff

5 Umgangssprache ebenso wie juristische Fachsprache kennen den Grundstücksbegriff. Angesichts der vielfältigen und verschiedenen Begriffsinhalte ist eine genaue Unterscheidung unerlässlich:

6 **a) Grundstück im Verkehrssinn** (allgemeiner Sprachgebrauch) ist eine örtliche zusammenhängende Bodenfläche, die in der Natur durch Hecken, Zäune, Mauern, Begrenzungssteine oä abgegrenzt ist.

7 **b) Grundstück im Rechtssinn** ist nach der grundlegenden, allerdings begriffsjuristisch orientierten Definition des Reichsgerichts[3] »ein räumlich abgegrenzter Teil der Erdoberfläche, der auf einem besonderen Grundbuchblatt unter einer besonderen Nummer im Verzeichnis der Grundstücke gebucht ist«. Zu ergänzen ist dieser Begriff dahin, dass ein Grundstück im Rechtssinn auch bei den modernen Formen der Anteilsbuchung (vgl Rdn 33) vorliegt. Es handelt sich mithin nicht nur um das **Grundstück** im Rechtssinn, sondern genauer um das Grundstück **im Sinne des Immobiliarverkehrs**.

Beide Grundstücksbegriffe werden in der Jurisprudenz verwandt, so dass sie unterschieden werden müssen: Während der **rechtliche Grundstücksbegriff** für alle immobiliarverkehrsrechtlichen Vorgänge des **BGB, des WEG, des ErbbauRG, des ZVG, der GBO und der GBV** der verbindliche ist, ist der allgemeine Grundstücksbegriff der der nachbarrechtlichen (auch denen des BGB), umweltschutzrechtlichen oder immissionsschutzrechtlichen Vorschriften. Die Gesetzgeber dieser auf § 906 BGB zurückgehenden Normen hatten losgelöst vom Begriff des Grundstücks im Rechtssinn das Grundstück als Teil des Raumes im Sinn. Auf die nach irgendwelchen subjektiven Bedürfnissen der jeweiligen Eigentümer gezogenen Grundstücksgrenzen kommt es bei den objektiven Betrachtungsweisen bei nachbarrechtlichen Einwirkungen, im öffentlichen Planungsrecht, im Umweltschutz oder im Bereich des Städtebaus nicht an. Dh bei gesetzlichen Schuldverhältnissen[4] anders als beim vereinbarten (und durch Grunddienstbarkeit gesicherten) Nachbarrecht bedarf es einer weit weniger

---

1 Motive, 32.
2 Motive, 37, 38.
3 RGZ 84, 270. Vgl auch die daran anknüpfenden Definitionen KGJ 53, 171; BayObLGZ 1954, 262 und 1956, 473; OLG Hamm NJW 1966, 2411; BayObLG Rpfleger 1981, 190; *Demharter* § 2 Rn 15.
4 *Westermann-Eickmann* § 79 I 3 mwN.

stringenten Fassung des Grundstücksbegriffs, so dass Formulierungen wie »räumlicher Herrschaftsbereich des Eigentümers«,[5] räumliche Gemeinschaft der Grundstücke oder Grundstück im Raum zur Beurteilung der nachbarrechtlichen Rechtsfragen in aller Regel völlig ausreichen.

c) Grundstück im katastertechnischen Sinn ist »ein zusammenhängender Teil der Erdoberfläche, der in der   **8** Flurkarte unter einer besonderen Nummer gebucht ist«.[6]

Katasterbegriff und Immobiliarverkehrsbegriff können sich decken, müssen es jedoch nicht. Besteht ein Grundstück im Immobiliarverkehrsrechtssinn nur aus einem Flurstück (sog Idealgrundstück),[7] so bezeichnen beide begriffliche Betrachtungen denselben Gegenstand. Ein Grundstück im Immobiliarverkehrsrechtssinn kann jedoch auch mehrere Flurstücke umfassen (sog zusammengesetztes Grundstück).[8]

Niemals kann ein Grundstück im Immobiliarverkehrsrechtssinn nur aus einem Teil eines Flurstücks bestehen oder einen solchen (mit) beinhalten;[9] oder, umgekehrt ausgedrückt, ein Katasterflurstück kann nicht mehrere Grundstücke umfassen.[10] Ein Grundstück im Verkehrsrechtssinn besteht also immer aus einem ganzen Flurstück (Begriffsparallelität im Idealfall), häufig jedoch aus mehreren (immer: ganzen) Flurstücken. Ausnahmen zu diesen Grundsätzen werden zugelassen für Anliegerweg, -gräben oder -wasserläufe, die ein Flurstück bilden, ohne ein Grundstück zu sein.[11]

d) Grundstück im steuerrechtlichen Sinn ist »jede wirtschaftliche Einheit« des Grundvermögens.[12]   **9**

Der steuerrechtliche Begriff folgt aus der dem Steuerrecht weseneigenen wirtschaftlichen Betrachtungsweise; er knüpft an die wirtschaftliche Nutzung an und ist deshalb mit dem katastertechnischen wie mit dem rechtlichen Grundstücksbegriff nur zufällig, nie aber begriffsnotwendig deckungsgleich. So können mehrere Grundstücke (und damit auch Flurstücke) eine wirtschaftliche Einheit im Sinne des Bewertungsrechts bilden. Ein Grundstück im Verkehrsrechtssinn kann jedoch auch in mehrere bewertungsrechtliche Einheiten zerfallen.[13] Freilich ist es auch denkbar, dass ein Grundstück im Immobiliarverkehrsrechtssinn zugleich als bewertungsrechtliche Einheit zu behandeln ist, dann decken sich die Gegenstände beider Begriffe. Ist das Grundstück ein sog Idealgrundstück (s oben Rdn 8), dann beschreiben sogar alle drei Begriffe denselben Gegenstand.

2. Grundbuchblatt

a) Definition. Das Grundbuchblatt ist nach Abs 1 S 1 die besondere Stelle, die ein Grundstück im Buch   **10** erhält.

b) Buchungsgegenstand. Jedes Grundstück erhält ein Blatt (Grundsatz des sog. **Realfoliums**). Diese Vor-   **11** schrift beschreibt zugleich Buchungssystem und Buchungsgegenstand. Die GBO übernimmt mit der grundsätzlichen Zuweisung eines eigenen Blattes an jedes Grundstück das System des sog Realfoliums, das in den östlichen Provinzen Preußens und in Sachsen galt. Die Ausnahmeregelung des **Abs 4** erlaubt jedoch auch die Zusammenfassung mehrerer Grundstücke auf einem Blatt desselben Eigentümers (= **Personalfolium**). Der Gesetzgeber hat insoweit eine typische Buchungsform des süddeutschen Rechtskreises (so Württemberg, Pfalz) als abweichende Buchungsform zugelassen. Vgl dazu die Erl zu § 4.

Buchungsgegenstand ist das Grundstück, sofern es überhaupt buchungsfähig ist (vgl unten Rdn 22 f). **Bestand-**   **12** **teile** (nicht die subjektiv-dinglichen Rechte, s Rdn 13) **und Zubehör** werden grundsätzlich nicht gesondert (mit) gebucht.

Ein eigenes Grundbuchblatt wird auch in folgenden Sonderfällen angelegt für: **13**
– **Miteigentumsanteile,** wenn sie entweder mit dem Sondereigentum (Teileigentum) iSd WEG verbunden sind, § 7 Abs 1 WEG, oder wenn die Voraussetzungen von § 3 Abs 4 vorliegen, dazu unten Rdn 41 ff,
– **Erbbaurechte** nach dem ErbbauRG von Amts wegen (§ 14 ErbbauRG); für das altrechtliche Erbbaurecht auf Antrag, § 8 Abs 1 S 1 aF bzw bei Veräußerung oder Belastung von Amts wegen, § 8 Abs 1 S 2 aF § 8 in der Fassung vom 05.08.1935 wurde zwar durch das RegVBG vom 20.12.1993 (BGBl I 2182) aufgehoben, die in dieser Vorschrift enthaltenen Regelungen gelten jedoch für alte Erbbaurechte unverändert weiter.

---

5 BGB Mot III S 258.
6 Diese Definition fand sich in Nr 9 des Runderlasses des RMdJ zur Übernahme der Bodenschätzungsergebnisse in die Liegenschaftskataster vom 23. 9. 136; sie ist seither in den einzelnen Ländervorschriften beibehalten worden.
7 *Eickmann,* Grundbuchverfahrensrecht, 4. Kap § 1 II.
8 *Eickmann* aaO (= Fn 7).
9 *Bengel-Simmerding* § 3 Rn 31; *Eickmann* aaO; *Güthe-Triebel* § 3 Rn 6.
10 BayObLGZ 1954, 265.
11 Vgl hierzu BayObLG NJW-RR 1998, 524; BayObLG Rpfleger 1977, 103; 1993, 104.
12 § 2 Abs 1 S 1, § 70 des Bewertungsgesetzes (BEWG 1974).
13 Vgl *Rössler-Troll-Langner* BerG (13. Aufl.) § 70 Rn 4.

- **Bergwerkseigentum,** § 9 Abs 1 S 2 BBergG vom 13.08.1980 (BGBL I 1310);
- Rechte, die nach landesrechtlichen Vorschriften den Charakter eines grundstücksgleichen Rechts haben (zB **Gewässer- und Fischereirechte**), vgl dazu die Erl zu § 136;
- bestimmte wesentliche Bestandteile eines Grundstücks, und zwar für das **Stockwerkseigentum** (aufrechterhalten durch Art 182 EGBGB) und das **Gebäudeeigentum** (vgl dazu die Erl zu § 144).
- Eine weitere Ausnahme gilt für die gem § 96 BGB als Bestandteil des herrschenden Grundstücks geltenden **subjektiv-dinglichen Rechte,** § 9 Abs 1; vgl dazu die Erl zu § 9.

14   **c) Buchungspflicht.** Aus der Formulierung, dass jedes Grundstück »ein Grundbuchblatt erhält« wird allgemein der Grundsatz der Buchungspflicht (besser: Buchungsunterworfenheit) abgeleitet, dazu s unten Rdn 19 ff.

3. Das Grundbuchblatt

15   **a) Definition.** Wo immer in Rechtsvorschriften des Privatrechts bzw im Grundbuchverfahrensrecht vom »Grundbuch« die Rede ist, bezieht sich dies auf das Grundbuchblatt iS von Abs 1 S 1. Die Verknüpfung des Begriffes aus S 1 allein mit dem des BGB ist zu eng; sie bezieht sich auch auf alle anderen privatrechtlichen Vorschriften, weil angenommen werden muss, dass diese jeweils vom Grundbuchbegriff des BGB ausgehen.

16   **b) Grundbuch des betroffenen Rechts.** Wenn das Gesetz Eintragungen »im Grundbuch« verlangt, so ist stets das Grundbuch des betroffenen Rechts gemeint. Dies ist insb bedeutsam für subjektiv-dingliche Rechte, deren Rechtsverhältnisse (Entstehen, Inhaltsänderung, Aufhebung) nur wirksam im Grundbuch des belasteten (dienenden) Grundbuches gebucht werden können, sowie für das Erbbaurecht. Beim **Erbbaurecht** sind allerdings folgende Eintragungen zu unterscheiden:
- Die Eintragung im Grundbuch des belasteten Grundstücks ist rechtserheblich für das Entstehen, den Rang und die Aufhebung des Erbbaurechts.
- Das Grundbuch für das Erbbaurecht (vgl § 14 ErbbauRG) ist der Ort der konstitutiven Eintragungen in Bezug auf Inhaltsänderungen, Übertragungen und Belastungen des Erbbaurechts.

17   **c) Gliederung.** Das Grundbuchblatt gliedert sich nach § 4 GBV in das Bestandsverzeichnis und drei Abteilungen. In den §§ 5 bis 12 GBV ist den Eintragungen jeweils eine besondere Stelle innerhalb des Blattes zugewiesen (technische Aufgliederung in Abteilungen und Spalten). Nach allgemeiner Auffassung in Rspr[14] und Literatur[15] ist diese technische **Aufgliederung materiellrechtlich grundsätzlich unerheblich,** dh dass eine auf dem richtigen Blatt aber dort an falscher Stelle vorgenommene Buchung wirksam ist, sofern mit ihr ernstlich eine rechtsändernde Eintragung bezweckt war. Das gilt dann nicht, wenn das materielle Recht ausdrücklich die Buchung an einer bestimmten Stelle verlangt, so zB in § 881 Abs 2 BGB.

18   **d) Doppelbuchung.** Ist ein Grundstück auf mehreren Grundbuchblättern unzulässigerweise eingetragen, so spricht man von einer sog Doppelbuchung. Das zu ihrer Beseitigung einzuschlagende Verfahren ist in § 38 GBV geregelt, vgl die Erl dort.

Einander widersprechende Doppelbuchungen schließen die Berufung auf den öffentlichen Glauben des Buches aus. Sie erzeugen beide keinen Rechtsschein, es entscheidet allein die wirkliche Rechtslage.[16]

III. Buchungsfähigkeit; Buchungspflicht

1. Buchungsfähigkeit

19   **Buchungsfähig sind:**

a) Bodenflächen, sofern die zu buchende Fläche mindestens aus einem, gegebenenfalls auch aus mehreren ganzen Flurstücken besteht. Voraussetzung ist dafür, dass das Grundstück den Vorschriften des Immobiliarsachenrechts unterliegt und somit am Liegenschaftsverkehr teilnehmen kann. Vgl dazu unten Rdn 22.

20   **b) Gewässer,** sofern sie den Vorschriften des Immobiliarsachenrechts unterliegen, vgl dazu unten Rdn 23.

21   **c)** die oben unter Rdn 13 dargestellten **grundstücksgleichen Rechte.**

---

14 RGZ 31, 311; 54, 284; 98, 219; BayObLGZ 1967, 402; 1969, 202; 1971, 198.
15 *Demharter* § 3 Rn 11; KEHE-*Eickmann* § 3 Rn 3.
16 BGH DB 1969, 1458; KG JW 1938, 3046; *Erman-Westermann* § 892 Rn 4; MüKo-*Wacke* § 892 Rn 27; *Staudinger-Gursky* § 892 Rn 27.

2. Nicht Buchungsfähige

a) Grundstücke. Alle Grundstücke, die dem Immobiliarsachenrecht nicht unterliegen (**res extra commercium**).[17] Fälle dieser Art sind selten, weil sich die aus dem französischen Rechtskreis kommende Auffassung von einer Spaltung in öffentliches und privates Eigentum, also die Möglichkeit eines vom Privatrecht losgelösten öffentlichen Eigentums nicht durchgesetzt hat.[18] Es ist jedoch durch Landesrecht begründbar.[19] Die Stadt Hamburg hat davon in Bezug auf öffentliche Wege und auf Hochwasserschutzanlagen Gebrauch gemacht.[20] Dies ist zu unterscheiden von den vielfältigen Fällen einer Widmung zur öffentlichen Sache, die jedoch nichts daran ändert, dass solche Grundstücke den privatrechtlichen Vorschriften in Bezug auf ihre dinglichen Rechtsverhältnisse unterliegen und somit auch buchungsfähig sind. Vgl zB hinsichtlich der sog **res sacrae** *Staudinger-Dilcher* Vorbem 35, 36 zu § 90 BGB und hinsichtlich der Friedhöfe ebenda, Vorbem 37. Grundstücke der angesprochenen Art sind zwar buchungsfähig, jedoch nicht buchungspflichtig.

b) Gewässer. Gewässer sind nicht buchungsfähig, wenn sie nicht den Vorschriften des Immobiliarsachenrechts unterliegen, an ihnen also – wie oben Rdn 20 – öffentliches Eigentum besteht. Dies ist nur in Baden-Württemberg hinsichtlich der **oberirdischen Gewässer erster und zweiter Ordnung** der Fall.[21] Das Wasserrecht aller anderen Bundesländer ebenso wie das des Bundes hält an den tradierten dualistischen Status fest, der die Gewässer einerseits privatrechtlichem Eigentum zuweist, sie aber andererseits einer öffentlich-rechtlichen Zweckbestimmung und Benutzungsordnung unterwirft.[22] Sie sind dann stets buchungsfähig, wenngleich nicht buchungspflichtig, vgl dazu unten Rdn 30.

3. Buchungspflicht

Nach Abs 1 S 1 erhält jedes Grundstück (grundstücksgleiches Recht) ein **Grundbuchblatt**. Im Zusammenhang mit den Abs 2 und 3 und der dort angesprochenen Buchungsverpflichtung entnimmt man allgemein aus diese Regelung das Bestehen einer Buchungspflicht.[23] Das heißt, der Eigentümer muss die Anlegung des Blattes dulden. Auch wenn er keine Rechtsgeschäfte in Bezug auf das Grundstück beabsichtigt, kann er die Buchung nicht verhindern bzw keine Ausbuchung verlangen.

Ausnahmen ergeben sich aus Abs 2 (dazu s unten Rdn 25 ff).

4. Ausnahmen von der Buchungspflicht

Aus dem Vorliegen der Buchungsfähigkeit ergibt sich grundsätzlich das Bestehen der Buchungspflicht. Es bestehen folgende Ausnahmen gem **Abs 2**:

a) Grundstücke der öffentlichen Hand. Grundstücke, die im Eigentum des **Bundes**, eines **Landes**, einer Gemeinde oder eines Kommunalverbandes stehen, müssen nicht gebucht werden.

b) Kirchengrundstücke. Für Grundstücke der **Kirchen** besteht keine Buchungspflicht. Gemeint sind damit die mit öffentlich-rechtlicher Rechtspersönlichkeit ausgestatteten Religionsgemeinschaften[24] einschließlich ihrer Teilgliederungen mit entsprechender Rechtspersönlichkeit. Buchungsfreiheit liegt ebenfalls bei anderen öffentlich-rechtlichen Körperschaften[25] vor, so zB bei den öffentlich-rechtlichen **Stiftungen des Kirchenrechts**, die das Vermögen der Kirchengemeinden verwalten. Dabei kann es jedoch im Einzelnen auf die staatskirchenrechtlichen Verträge ankommen. Die einzelnen Kirchengemeinden,[26] Kirchen oder Kirchenbauvereine werden von der Befreiung nicht erfasst.[27] Dies gilt jedoch nicht für die Gemeinden der **israelitischen Kultusgemeinschaft**, denn für sie existiert keine Gesamtkirche. Die Rechtsfähigkeit anderer Religionsgemeinschaften beruht in der Regel auf Privatrecht (id Regel Vereinsrecht). Sie unterliegen der Buchungspflicht.

22

23

24

25

26

27

---

17 *Güthe-Triebel* § 3 Rn 18.
18 Vgl *Staudinger-Dilcher* Vorb 32 zu § 90.
19 BVerfGE 24, 367; 42, 20.
20 § 4 WegeG vom 04.04.1961 (HambGVBl 117) und § 4a DeichG vom 29.04.1964 (HambGVBl 79).
21 §§ 4, 5 BWWasserG vom 25.02.1960 idF der Bek v 26.04.1976 (GBl 369).
22 *Breuer*, Öffentliches und privates Wasserrecht (1976), Rn 30; *Forsthoff*, Verwaltungsrecht (10. Aufl) Bd I 376 ff; *Papier*, Recht der Öffentlichen Sachen (1977), 24 ff.
23 *Demharter* § 3 Rn 8; *KEHE-Eickmann* § 3 Rn 2.
24 *Demharter* § 3 Rn 14; *KEHE-Eickmann* § 3 Rn 4.
25 *Maunz-Dürig* GG, Art 140 Rn 27 bei Art 137 WeimVerf Beispiele für die Zugehörigkeit zur einen oder anderen Gruppe bei *Maunz-Dürig* Art 140 Rn 30 bei Art 137 WeimVerf.
26 OLG Düsseldorf NJW 54, 1767.
27 OLG Düsseldorf NJW 1954, 1767; *Schöner-Stöber* Rn 608; *KEHE-Eickmann* § 3 Rn 4.

28 **c) Klostergrundstücke.** Grundstücke die im Eigentum eines Klosters stehen müssen nicht gebucht werden, sofern das Kloster nach Maßgabe der geltenden Konkordate selbständig rechtsfähig sind, sonst gilt Rdn 27.

29 **d) Schulgrundstücke.** Regelmäßig wird bei ihnen ein Fall der Rdn 26 vorliegen, weil die Schulgrundstücke in Eigentum der öffentlichen Hand stehen werden. Die Regelung kann also nur Bedeutung haben für Grundstücke im Eigentum einer natürlichen oder juristischen Person des Privatrechts.

30 **e) Wasserläufe.** Der Begriff bestimmt sich gem Art 65 EGBGB grundsätzlich nach landesrechtlichen Regelungen. Diese finden sich in den Wassergesetzen der Länder.[28] Für die **Bundeswasserstraßen** gelten das Gesetz über die vermögensrechtlichen Verhältnisse der Bundeswasserstraßen vom 21.05.1951 (BGBl I S 352) und das Bundeswasserstraßengesetz vom 02.04.1968 (BGBl II 173). Sie fallen infolge des Bundeseigentums unter Rdn 26. Da allgemein unter Wasserläufen nur solche Gewässer verstanden werden, die in natürlichen oder künstlichen Betten oberirdisch abfließen,[29] fallen **Seen** (Teiche, Weiher) grundsätzlich nicht darunter; die landesrechtlichen Regelungen dazu sind unterschiedlich. Besonderheiten gelten zB für Seen[30] und das Eigentum an **Ufergrundstücken bei Anlandungen**,[31] wobei zu differenzieren ist, ob die Anlandung natürlich entstanden ist, durch Aufschüttungen oder infolge vom Strombaumaßnahmen bei schiffbaren Flüssen.[32]

Voraussetzung für die Buchung eines fließenden Gewässers im Grundbuch ist, dass es ein selbständiges Grundstück im Rechtsinn darstellt. Steht das fließende Gewässer als sog. **Anliegergewässer** im Eigentum der Eigentümer der Ufergrundstücke, so kommt eine Buchung von »Anteilen« hieran (auf dem Grundbuchblatt der jeweiligen Ufergrundstücke) nicht in Betracht.[33]

31 **f) Öffentliche Wege.** »Öffentlich« wird eine Straße (ein Weg) durch den förmlichen Hoheitsakt der **Widmung**.[34] Der daneben im öffentlichen Recht verwendete Begriff der »tatsächlich öffentlichen Straße«,[35] der eine Straße kennzeichnet, die ohne Widmung vom Eigentümer der Allgemeinheit zum Verkehr überlassen wurde, dürfte vom Sinn und Zweck der Regelung nicht unter die Ausnahme fallen.

32 **g) Bahngrundstücke.** Die Ausnahme von der Buchungspflicht besteht für Grundstücke, die einem dem öffentlichen Verkehr gewidmeten **Bahnunternehmen** dienen. Wesentlich ist, dass die Bahn dem öffentlichen Verkehr (dh der allgemeinen Benutzung) dient. Ihr Rechtsträger muss ebenso wenig wie der Eigentümer eine Rechtsperson des öffentlichen Rechts sein.

5. Faktische Ausnahmen von der Buchungspflicht bei aufgeteilter Buchung

33 Ist ein Grundstück in **Wohnungseigentum** aufgeteilt oder wird eine **Anteilsbuchung** nach Abs 4 vorgenommen (dazu unten Rdn 41 ff), gibt es kein Blatt mehr, auf dem das in Miteigentumsanteile ideell aufgeteilte Grundstück als solches gebucht wäre. Eine Buchung des Grundstücks als realer Teil der Erdoberfläche existiert nicht mehr, sie ist ersetzt durch die Buchung der ideellen Anteile. Nicht mehr die Sache, sondern die Berechtigungen an ihr sind Buchungsgegenstand. Ob darin eine Ausnahme von dem Gebot der einmaligen (»besonderen«) Buchungsstelle oder – wohl richtig – überhaupt vom Buchungszwang sieht, mag letztlich dahinstehen. Diese Situationen ändern nichts daran, dass infolge der in beiden Fällen nur ideellen Aufteilung das Grundstück als reales Ganzes rechtlich existent ist[36] und auch als Ganzes weiter Gegenstand von Verfügungen sein kann.

6. Die Bedeutung der Buchungsfreiheit

34 Buchungsfreiheit bedeutet grundbuchtechnisch das Recht, bei einem bereits gebuchten Grundstück unter bestimmten Voraussetzungen die **Ausbuchung** verlangen zu können (s dazu unten Rdn 38 f), sie nimmt daneben aber nicht die Möglichkeit, das nicht gebuchte Grundstück buchen zu lassen (vgl Rdn 40). Bei dem Vorliegen bestimmter Fälle ist diese Buchung Voraussetzung für den Fortgang des Grundbuchverfahrens.

---

28 Zusammenstellung s MüKo-*Säcker* Art 65 EGBGB Rn 2 und bei *Satorius* Verfassungs- und Verwaltungsgesetze, Anm zu Nr 845.
29 Vgl BayObLG Rpfleger 1966, 332.
30 RG RGZ 140, 49; BayObLG NJW 89, 247.
31 BGHZ 92, 326 = NJW 1985, 1289; BayObLGZ 1989, 270; BayObLG AgrarR 1990, 60; BayObLG Rpfleger 88, 254; OLG Hamm Rpfleger 1985, 396; *Bauch* MittBayNot 84, 1.
32 BGHZ 92, 326 = NJW 1985, 1289 mwN.
33 BayObLG BayVBl. 1984, 188; *Bengel-Simmerding* Grundbuch, Grundstück, Grenze §§ 3, 4 Rn 20, 2.
34 Rechtsvorschriften finden sich dafür, soweit Bundesfernstraßen betroffen sind, im Bundesfernstraßengesetz idF vom 01.10.1974 (BGBl I 2413), hinsichtlich der anderen Straßen in den Straßengesetzen der Länder, Fundstellennachweis bei *Arndt-Köpp* ua Besondere Verwaltungsrecht, 416.
35 Vgl BayObLG NVwZ 1983, 637, 638.
36 OLG Oldenburg Rpfleger 1977, 22; KG Rpfleger 1976, 181; OLG Frankfurt Rpfleger 1973, 394; *Staudinger-Ertl* 12. Aufl, Vorbem 11 zu § 873; **aA** *Bärmann-Pick-Merle* WEG, § 1 Rn 60.

Da nach Art 186 Abs 2 EGBGB das **Grundbuch** auch für nichtgebuchte Grundstücke als **angelegt** gilt, sind **35** gem Art 189 EGBGB auch für die buchungsfreien Grundstücke die Vorschriften des Liegenschaftsrechts maßgebend. Verfügungen über das Grundstück machen die Eintragung des Grundstücks, dh die Anlegung eines Blattes erforderlich.[37]

Ausnahmen sind gemäß Art 127 EGBGB dann möglich, wenn ein buchungsfreies Grundstück übereignet **36** werden soll und es nach der Übereignung, dh in der Hand des Erwerbers, wiederum unter Abs 2 fiele (zB Übereignung vom Land an die Gemeinde, vom Bund an ein Land oä). In solchen Fällen kann das Landesrecht die Form der Übereignung abweichend von §§ 873, 925 BGB regeln, also insbesondere die Grundbucheintragung und damit die Blattanlegung entbehrlich machen.[38]

Die Ausnahme gilt jedoch nur, wenn das Grundstück auch tatsächlich nicht eingetragen ist. Ist ein Blatt für ein buchungsfreies Grundstück angelegt, gelten die allgemeinen Vorschriften.

Eine weitere Ausnahme kann der Landesgesetzgeber gem Art 128 EGBGB für den Fall der Bestellung oder **37** Aufhebung (nicht: Übertragung[39]) einer Dienstbarkeit an einem buchungsfreien und auch tatsächlich nicht gebuchten Grundstück treffen.[40]

IV. Ausbuchung und Einbuchung

1. Die Ausbuchung

Nach Abs 3 kann der Eigentümer eines buchungsfreien Grundstücks dessen Ausbuchung beantragen, wenn **38** Eintragungen in Abt II oder III nicht vorliegen. Knüpft die Buchungsfreiheit an die Person des Eigentümers an, so kann den **Antrag** nur der Eigentümer stellen, der in seiner Person die Ausbuchungsvoraussetzung (= Befreiung vom Buchungszwang) erfüllt. Bei der Veräußerung eines Grundstücks an die öffentliche Hand, die Kirche usw. besteht somit die **Antragsberechtigung** erst mit dem Übergang des Eigentums auf den Erwerber; das genügt jedoch, weil die Antragsberechtigung erst bei Vollendung der Eintragung (hier: Ausbuchung) vorliegen muss und – auch bei gleichzeitiger, selbst bei späterer Beantragung des Auflassungsvollzugs – der neue Eigentümer ohnehin vorher eingetragen werden muss. Der Antrag auf Ausbuchung ist gemäß § 30 formfrei.[41]

Wird eines von mehreren gem § 4 gebuchten Grundstücken oder nur ein Grundstücksteil übereignet, so müsste **39** gem § 6 Abs 7, § 13 Abs 5 GBV zunächst ein neues Blatt angelegt werden, auf dem der Eigentumsübergang zu vollziehen und die Ausbuchung zu vermerken wären. Erst dann könnte das Blatt geschlossen werden. Um dergleichen Umständlichkeiten zu vermeiden, ist es zulässig, die Eigentumsumschreibung und den Ausbuchungsvermerk in Spalte 8 des Bestandsverzeichnisses miteinander zu verbinden:[42]

»Aufgelassen an das Land Berlin am ...; dies und das Ausscheiden aus dem Grundbuch eingetragen am ...«

2. Die Einbuchung (Anlegungsverfahren)

Das Verfahren bei Anlegung eines Grundbuchblattes für ein noch nicht gebuchtes Grundstück ist in den **40** §§ 116 ff geregelt. Auf die Erläuterungen zu diesen Vorschriften kann deshalb verwiesen werden. Die Bestimmungen der §§ 116 ff sind durch das RegVBG an die Stelle der §§ 7 ff AVOGBO getreten.

V. Die Anteilsbuchung

1. Begriff

Nach **Abs 4** kann von der Buchung eines Grundstücks auf einem Blatt dann abgesehen werden, wenn es keine **41** eigenständige wirtschaftliche Bedeutung hat, sondern gewissermaßen als »Zubehör« (nicht im Rechtssinn) anderer Grundstücke (deren Eigentümer es in Bruchteilsgemeinschaft gemäß §§ 1008 ff BGB gehört) anzusehen ist (zB gemeinschaftliche Parkplatzflächen, Höfe, Spielplätze, Zufahrtswege uä).[43] Es werden dann die einzelnen Miteigentumsanteile auf den Blättern der jeweiligen Hauptgrundstücke gebucht. Dies kommt grundsätzlich

---

37 RG RGZ 164, 385; vgl auch OLG Celle NdsRpfl 54, 180; LG Verden RdL 67, 328; KEHE-*Eickmann* § 3 Rn 5.
38 Einschlägiges Landesrecht: Baden-Württemberg: § 29 AGBGB v 26.11.1974 (GBl 498); Bayern: Art 55 AGBGB v 20.09.1982 (GVBl. 803); Berlin: Art 27 AVBGB v 20.09.1899 (BRV 440–1); Bremen: Art 16 AGBGB v 18.07.1899 (SGL 400 a-1); Hamburg: § 20 AVBGB idF v 01.07.1958 (BL 40 e); Niedersachsen: § 19 AGBGB idF v 14.07.1972 (GVBl 387); Rheinland-Pfalz: 21 AVBGB v 27.09.1974 (GVBl 357).
39 BayObLGZ 1965, 400, 406.
40 Einschlägiges Landesrecht: Baden-Württemberg: § 29 AVBGB; Bayern: Art 56, 57 AVBGB; Hamburg: § 43 AVBGB; Niedersachsen: § 20 AVBGB.
41 KEHE-*Eickmann* § 3 Rn 6.
42 *Demharter* § 3 Rn 21; *Güthe-Triebel* § 3 Rn 66; KEHE-*Eickmann* § 3 Rn 6.
43 S dazu ausführlich *Wendt* Rpfleger 1992, 457 ff.

auch beim Wohnungs- oder Teileigentum in Betracht.[44] An ihrer materiellen Selbständigkeit ändert dies nichts. Die Buchung auf gesonderten Blättern hingegen ist nicht zulässig.[45] Die Eintragung gilt dann nach **Abs 5 S 2** als Grundbuch des einzelnen Miteigentumsanteils.

2. Voraussetzungen

42   Durch die Änderung der Vorschrift durch das RegVBG ist die Voraussetzung der geringen **wirtschaftlichen Bedeutung des Zubehörgrundstücks** ersatzlos weggefallen. Es sind nunmehr nur noch folgende Voraussetzungen zu erfüllen:

43   **a) Zweckbestimmung als »dienendes« Grundstück.** Das Grundstück muss dem wirtschaftlichen Zweck der anderen Grundstücke zu dienen bestimmt sein. Diese Voraussetzung kann nach der **Nutzungsart** offenkundig sein (zB Weg, Spielplatz). Ist dies nicht der Fall (Praxisbeispiel: sog Forum einer Eigenheimsiedlung, das als Versammlungsplatz für Siedlungsfeste uä dienen soll), so muss eine diesbezügliche Vereinbarung der Miteigentümer vorgelegt werden, die als sog Nebenumstand[46] nicht der Form des § 29 bedarf. Der Begriff des »wirtschaftlichen« Zwecks ist weit auszulegen; es muss jeder Zweck genügen, der mit der Nutzung der »herrschenden« Grundstücke in einem sinnvollen Zusammenhang steht. Haben die Eigentümer mehrerer Eigenheimgrundstücke ein ihnen gemeinschaftlich zu Bruchteilen gehörendes Grundstück für das Abstellen von PKW durch Dritte verpachtet, dient es den Miteigentümern als Einkommensquelle und nicht den wirtschaftlichen Zwecken der Eigenheimgrundstücke. Eine für die wirtschaftlichen Zwecke der Eigenheimgrundstücke erforderliche Funktionsverlagerung auf das gemeinschaftliche Grundstück liegt hier nicht vor. Der Wohnzweck der Eigenheimgrundstücke wird durch die Verpachtung des gemeinschaftlichen Grundstücks nicht sinnvoll ergänzt, verbessert oder erweitert.[47]

44   **b) Räumliches Verhältnis.** Diese Voraussetzung hat kaum eigenständige Bedeutung neben der oben unter Rdn 43 genannten, denn entweder fehlt es bereits an der dienenden Eigenschaft (zB Weg, der nur den Zugang zu einigen der Siedlungshäuser vermittelt), dann kommt es auf das räumliche Verhältnis nicht an, oder aber die zweckdienende Funktion kann sinnvoll erfüllt werden (zB Spielplatz, der nur an eines von zehn Siedlungsgrundstücken angrenzt), dann liegt stets auch das diesem Zweck[48] dienende räumliche Verhältnis vor. Das räumliche Verhältnis ist durch eine Karte nachzuweisen.[49]

45   **c) Bruchteilseigentum beim dienenden Grundstück.** Das dienende Grundstück muss grundsätzlich im Bruchteilseigentum (§§ 741 ff, 1008 BGB) mehrerer stehen. Dies ist nicht der Fall, wenn jedem einzelnen Eigentümer eines Ufergrundstücks der jeweils an sein Grundstück grenzende Teil eines Baches gehört (in den Grenzen des Art 6 Abs 2 BayWG).[50] Der durch das RegVBG eingefügte **Abs 6** lässt nunmehr expressis verbis auch die Buchung gem Abs 4 für den Fall zu, wenn die beteiligten (herrschenden) Grundstücke noch einem Eigentümer gehören. Hier hat der Gesetzgeber dem praktischen Bedürfnis Rechnung getragen,[51] wenn zB der Bauträger oder Projektabwickler noch Eigentümer aller herrschenden Grundstücke und des dienenden ist. Rechtsprechung und Literatur hatten die Buchung der (künftigen) Miteigentumsanteile bereits auf den jeweiligen Blättern der herrschenden Grundstücke für zulässig erachtet.[52] Erforderlich zu dieser Buchungsform ist lediglich die Erklärung des Eigentümers aller Grundstücke. Diese Erklärung unterliegt nicht der Form des § 29.[53]

Die Neuregelung folgt damit dem Grundgedanken der buchungsmäßigen Zusammenfassung der wirtschaftlichen Einheiten (oben Rdn 3) sowie der Praktikabilität, vor allem bei der Finanzierung (Beleihung) durch zukünftige Erwerber.

44   OLG Celle Rpfleger 1997, 522; BayObLG DNotZ 1995, 74; BayObLGZ 1974, 466, 470 = DNotZ 1976, 28; OLG Düsseldorf Rpfleger 1970, 394; *Demharter* § 3 Rn 27.
45   KEHE-*Eickmann* § 3 Rn 15.
46   Vgl *Eickmann* Grundbuchverfahrensrecht, Rn 248.
47   *Wendt* Rpfleger 1992, 457; 463.
48   Darauf stellen *Güthe-Triebel* (§ 3 Rn 70) zu Recht ab.
49   KEHE-*Eickmann* § 3 Rn 7.
50   BayObLG BayVBl 1984, 188.
51   BT-Drucks 12/5553 S 54.
52   BayObLG DNotZ 1976, 28 = Rpfleger 1975, 90; OLG Köln Rpfleger 1981, 481 (*Meyer-Stolte*); LG Bochum Rpfleger 1981, 299; AG München MittBayNotV 1972, 237; *Wendt* Rpfleger 1992, 457, 464; *Schöner-Stöber* Rn 590; KEHE-*Eickmann* § 3 Rn 33; nunmehr ebenso *Demharter* § 3 Rn 33.
53   BT-Drucks 12/5553 S 55; *Bauer/v Oefele* Rn 36; *Demharter* § 3 Rn 34; **aA** KEHE-*Eickmann* § 3 Rn 10.

d) Keine Verwirrungsgefahr oder wesentliche Erschwerung. Durch die Anteilsbuchung darf keine Ver- **46** wirrung zu besorgen sein. Der Begriff der **Verwirrung** ist ein unbestimmter Rechtsbegriff,[54] so dass eine Ermessensentscheidung ausfällt. Verwirrung liegt vor, wenn der Rechtszustand des Grundstücks mit der für den Rechtsverkehr notwendigen Klarheit und Bestimmtheit aus dem Grundbuch nicht mehr erkennbar ist, so dass die Gefahr von Streitigkeiten zwischen den Realberechtigten untereinander oder mit Dritten oder von Verwicklungen besonders im Falle der Zwangsversteigerung besteht.[55] Verwirrungsgefahr kann insbesondere bei einer Belastung des dienenden Grundstücks bestehen.[56] S dazu Rdn 52.

Weder der Rechtsverkehr noch die Grundbuchführung dürfen durch diese Buchungsart wesentlich erschwert werden. Infolge der Gesetzesänderung durch das RegVBG ist die Anteilsbuchung nunmehr als **Regelfall** und nicht länger als Ausnahme anzusehen **(Abs 7)**.[57]

3. Verfahren

Das Verfahren ist ein **Amtsverfahren**, so dass die in der Praxis häufigen Anträge nur den Charakter einer **47** **Anregung** haben.[58]

Allgemein wird angenommen, dass die Entscheidung über die Vornahme der Anteilsbuchung eine **Ermessens-** **48** **entscheidung** darstelle.[59] Das ist nicht richtig. Allein aus dem Wort »kann« ergibt sich der Charakter einer Ermessensentscheidung nicht. Auch kann in der Formulierung die bloße Ermächtigung zur Abweichung nach Abs 1 gesehen werden. Ob die Anteilsbuchung »eine wesentliche Erschwerung des Rechtsverkehrs oder der Grundbuchführung« (Abs 4) darstellt, ist keine Ermessensfrage. Die Ermessensvoraussetzungen sind selbst keine Ermessensbestimmungen. Wenn diese Voraussetzungen anzunehmen sind, besteht keinerlei Anlass, eine Wahlmöglichkeit des Grundbuchamtes iSd Ermessenslehre anzunehmen. Somit ist kein Ermessensbereich erkennbar, in dem eine Ermessensausübung überhaupt stattfinden könnte.[60]

Die Anteilsbuchung ist stets praktischer, übersichtlicher, den Beleihungsinteressen von Eigentümer und Bank dienlicher, arbeitssparender und somit eine Erleichterung für den Grundbuch- und Rechtsverkehr. Überdies wird durch die Anteilsbuchung ein effektiverer Datenschutz erreicht als bei der Führung eines gemeinschaftlichen Grundbuchblattes für die Miteigentumsanteile.[61] Wenn ihre Voraussetzungen vorliegen, hat das Grundbuchamt sie vorzunehmen; fehlt es an einer der oben unter Rdn 43–46 genannten Voraussetzungen, so hat sie aus Rechtsgründen zu unterbleiben, auch das informationelle Selbstbestimmungsrecht[62] hat dann zurückzustehen.[63]

Die Anteilsbuchung kann nur **einheitlich vollzogen** werden, dh es müssen gleichzeitig – unter Schließung des **49** bisherigen Blattes des dienenden Grundstücks – alle Anteile den herrschenden Grundstücken zugebucht werden.[64] Eine nur teilweise Schließung unter Beibehaltung des bisherigen Blattes für einzelne Miteigentumsanteile ist nicht zulässig.[65] Die Eintragung selbst ist in § 8 GBV geregelt, die Eintragungsmuster finden sich in Anlage 1 zur GBV.

Die Ablehnung der durch einen Beteiligten angeregten Anteilsbuchung ist mit **Beschwerde** anfechtbar.[66] **50** Gegen die Anlegung eines Grundbuchblattes für das dienende Grundstück und gegen die Buchung der Miteigentumsanteile findet eine Beschwerde nicht statt, § 125 (s dazu die Erl zu § 125).

4. Aufhebung

Nach Abs 8 ist die Anteilsbuchung aufzuheben und für das Grundstück ein eigenes Blatt anzulegen, wenn die **51** Anteile nicht mehr den Miteigentümern der herrschenden Grundstücke zustehen, dh wenn ein Anteil oder

---

54 BayObLG Rpfleger 1977, 251; 1980, 91; KEHE-*Eickmann* § 3 Rn 7; *Wendt* Rpfleger 1992, 457, 459.
55 OLG Hamm Rpfleger 1968, 121; OLG Düsseldorf DNotZ 1971, 479; *Wendt* Rpfleger 1992, 457, 459.
56 BayObLGZ 1991, 145 = Rpfleger 1991, 299; OLG Düsseldorf NJW 1985, 2537 = Rpfleger 1985, 395; *Demharter* § 3 Rn 28; KEHE-*Eickmann* § 3 Rn 14.
57 BT-Drucks 12/5553 S 55; *Demharter* § 3 Rn 29.
58 OLG Düsseldorf NJW 1985, 2337; OLG Düsseldorf Rpfleger 1970, 394, 395 und 1985, 395; *Wendt* Rpfleger 1992, 457, 458; *Demharter* § 3 Rn 30; KEHE-*Eickmann* § 3 Rn 8.
59 OLG Düsseldorf Rpfleger 1970, 394, 395 (pflichtgemäßes Ermessen); *Demharter* § 3 Rn 30; *Güthe-Triebel* § 3 Rn 71 (gar »freies Ermessen«); KEHE-*Eickmann* § 3 Rn 8; **aA** *Wendt* Rpfleger 1992, 457, 459.
60 *Kopp* Verwaltungsverfahrensgesetz § 40 Rn 13; *Sachs* in Verwaltungsverfahrensgesetz § 40 Rn 23 je mit vielen weiteren Nachweisen.
61 BT-Drucks 12/5553 S 55.
62 BVerfG NJW 1984, 422.
63 OLG Düsseldorf NJW 1985, 2537.
64 LG Nürnberg-Fürth Rpfleger 1971, 222 (*Meyer-Stolte*); KEHE-*Eickmann* § 3 Rn 10; *Schöner-Stöber* Rn 590.
65 BayObLG DNotZ 1995, 74, 76; BayObLGZ 1994, 221; *Demharter* § 3 Rn 31.
66 OLG Düsseldorf Rpfleger 1970, 394, *Wendt* Rpfleger 1992, 457, 458; *Demharter* § 3 Rn 38.

mehrere Anteile oder alle Anteile veräußert wurden. Gleiches dürfte für den Fall der Zwangsversteigerung in das gesamte dienende Grundstück gelten. Die Aufhebung der Anteilsbuchung erfolgt von Amts wegen, auch sie ist keine Ermessensentscheidung (s oben Rdn 48).[67] Sie muss aus rechtlichen Gründen immer erfolgen, wenn eine ihrer gesetzlichen Voraussetzungen nicht mehr vorliegt. Vor der Aufhebung der Anteilsbuchung ist den Beteiligten rechtliches Gehör zu gewähren.[68]

5. Belastung des dienenden Grundstücks als Ganzes

52 Wird das dienende Grundstück belastet, ist die Anlegung eines Blattes infolge der Gesetzesänderung durch das RegVBG nicht mehr zwingend erforderlich, **Abs 9**. Es kann nunmehr auch bei der bisherigen Anteilsbuchung verbleiben.[69] Bei der Belastung des dienenden Grundstücks ist allerdings auf allen Blättern die Mitbelastung der anderen kenntlich zu machen. Bei gesamtrechtsfähigen Belastungen (Grundpfandrecht, Reallast) ist § 48 anzuwenden.[70] Ist die Belastung nicht gesamtrechtsfähig, ist im Grundbuchblatt jedes Miteigentumsanteils das Recht als Einzelrecht einzutragen und durch eine Verweisung zu vermerken, dass alle anderen Miteigentumsanteile ebenso belastet sind.[71]

---

67 *Wendt* Rpfleger 1992, 457, 465.
68 *Wendt* Rpfleger 1992, 457, 465.
69 Vgl dazu das Beispiel in BT-Drucks 12/5553 S 55; OLG Celle Rpfleger 1992, 473.
70 *Demharter* § 3 Rn 36; KEHE-*Eickmann* § 3 Rn 11.
71 BayObLGZ 1991, 139 = Rpfleger 1991, 299 = NJW-RR 1991, 1172 (für eine altrechtliche Grunddienstbarkeit); *Demharter* § 3 Rn 36; KEHE-*Eickmann* § 3 Rn 11.

§ 4 (Gemeinschaftliches Grundbuchblatt)

(1) Über mehrere Grundstücke desselben Eigentümers, deren Grundbücher von demselben Grundbuchamt geführt werden, kann ein gemeinschaftliches Grundbuchblatt geführt werden, solange hiervon Verwirrung nicht zu besorgen ist.

(2) Dasselbe gilt, wenn die Grundstücke zu einem Hof im Sinne der Höfeordnung gehören oder in ähnlicher Weise bundes- oder landesrechtlich miteinander verbunden sind, auch wenn ihre Grundbücher von verschiedenen Grundbuchämtern geführt werden. In diesen Fällen ist, wenn es sich um einen Hof handelt, das Grundbuchamt zuständig, welches das Grundbuch über die Hofstelle führt; im übrigen ist das zuständige Grundbuchamt nach § 5 des Gesetzes über die Angelegenheiten der freiwilligen Gerichtsbarkeit zu bestimmen.

I. Normzweck

Die Bedeutung der gesetzlichen Bestimmung besteht in einer starken Annäherung an das **Prinzip des Personalfoliums.** Es wird mit gewissen Einschränkungen die gemeinsame Eintragung mehrerer Grundstücke desselben Eigentümers auf einem gemeinsamen Grundbuchblatt zugelassen. Man spricht in diesem Falle von einer »Zusammenschreibung« von Grundstücken; während die Vereinigung (§ 5) und die Zuschreibung (§ 6) materiell-rechtliche Wirkungen haben, hat im Gegensatz dazu die Zusammenschreibung (§ 4) nur formelle Bedeutung.[1] Damit stellt § 4 eine Ausnahme von dem in § 3 aufgestellten Grundsatz dar, dass jedes Grundstück ein eigenes Grundbuchblatt erhalten soll. Die strenge Durchführung dieser Regel würde in Gegenden mit zersplittertem Grundbesitz das Verfahren des Grundbuchamts und die Verfügungen des Eigentümers über seinen Grundbesitz zu sehr erschweren. Da nur zugelassen wird, dass für mehrere Grundstücke ein gemeinsames Blatt angelegt und geführt wird, wurde am Realfolium im Grundsatz festgehalten.   **1**

II. Voraussetzungen

1. Mehrere Grundstücke

Es muss sich um mehrere Grundstücke handeln. Der Begriff des Grundstücks ist **im Rechtssinne** zu verstehen. Es ist daher ohne Belang, ob die in Frage kommenden Grundstücke sich aus mehreren Grundstücken im katastermäßigen Sinne, die man als Flurstücke bezeichnet, zusammensetzen oder durch Vereinigung oder Zuschreibung (§§ 5, 6) entstanden sind.   **2**

Nicht zulässig ist es, mehrere **Miteigentumsanteile** desselben Eigentümers an verschiedenen Grundstücken auf einem Blatt zu buchen. Eine Sonderregelung besteht für die Buchung ideeller Miteigentumsanteile auf dem Blatt des herrschenden Grundstücks nach § 3 Abs 5. Auch für das Wohnungseigentum ist eine Ausnahme zugelassen; es ist die Zusammenschreibung mehrerer demselben Eigentümer gehörenden Wohnungs- oder Teileigentumsrechte möglich (§ 1 WGV). Dies gilt auch dann, wenn nach Teilung gem § 8 WEG mehrere Miteigentumsanteile auf einem Blatt gebucht werden, weil sie sich noch in der Hand des Veräußerers befinden oder von   **3**

---

1 KEHE-*Eickmann* § 4 Rn 1.

demselben Erwerber erworben werden.[2] Eine andere Art der selbständigen Eintragung von Anteilen ist nicht zulässig; es dürfen also nicht mehrere Miteigentumsanteile, ohne dass die erwähnten besonderen Voraussetzungen vorliegen, auf einem gemeinschaftlichen Blatt eingetragen werden.

4 Dem Grundstück stehen **grundstücksgleiche Rechte** gleich. Für das Erbbaurecht ist auf § 11 ErbbauRG hinzuweisen, da die sich auf Grundstücke beziehenden Vorschriften entsprechend anzuwenden sind. Dies gilt auch für andere grundstücksgleiche Rechte. Auch über mehrere Bahneinheiten desselben Unternehmens kann unter den Voraussetzungen des § 4 ein gemeinschaftliches Bahngrundbuchblatt geführt werden. Ebenfalls kann im Bergwerksgrundbuch für mehrere Bergwerke desselben Berechtigten ein gemeinschaftliches Blatt geführt werden. Es können mehrere grundstücksgleiche Rechte ein gemeinsames Blatt erhalten. Es ist aber ebenso möglich, dass ein Grundstück und ein grundstücksgleiches Recht des nämlichen Berechtigten auf einem gemeinschaftlichen Blatt geführt werden.[3] Es kann sich jeweils auch um mehrere Grundstücke oder um mehrere Berechtigungen handeln. Ob dies alles zweckmäßig ist, ist eine andere Frage. Beim Erbbaurecht steht § 14 Abs 1 ErbbauRG, wonach für ein Erbbaurecht ein besonderes Blatt anzulegen ist, nicht entgegen, da dies grundsätzlich auch für das Grundstück nach § 3 gilt und § 4 eben hiervon eine Ausnahme enthält.

5 Es müssen mehrere Grundstücke bzw grundstücksgleiche Rechte sein, also **mindestens zwei**; eine Begrenzung nach oben ist nicht vorgesehen, sie ergibt sich jedoch aus dem Grundbuchmuster und aus dem Verwirrungsangebot (s unten Rdn 12 ff). Andererseits ist es auch nicht erforderlich, dass alle Grundstücke desselben Eigentümers auf einem einzigen Grundbuchblatt zusammengefasst werden; dies würde gerade eine Verwirklichung des Grundsatzes des Personalfoliums sein. Im Bereich des § 4 besteht die Möglichkeit, aber nicht die Notwendigkeit, alle Grundstücke desselben Eigentümers auf einem Blatt zu vereinigen. Es braucht sich daher bei der Mehrheit nur um einen Teil der Grundstücke des betreffenden Eigentümers handeln. Es können die Übrigen selbständig bleiben oder sie können ihrerseits wieder alle oder teilweise auf einem oder mehreren Blättern zusammengefasst werden. Es kann also ein gemeinschaftliches Bild neben einzelnen Blättern geführt werden; es sind mithin die verschiedensten Variationen denkbar.

2. Derselbe Eigentümer

6 Die mehreren Grundstücke bzw grundstücksgleichen Rechte müssen demselben Eigentümer bzw Berechtigten gehören. Nicht vorausgesetzt wird, dass die mehreren Grundstücke einer einzelnen Person gehören. Auch solche Grundstücke, die denselben **Miteigentümern oder Gesamthändern** gehören, können ein gemeinschaftliches Grundbuchblatt erhalten.[4] Eine solche Mehrheit von Eigentümern des gleichen Grundbesitzes steht dem Einzeleigentümer gleich.

7 Es muss sich also um den bzw die gleichen Eigentümer handeln. Unzulässig ist es daher, Grundstücke **verschiedener Eigentümer oder Miteigentümer** auf einem gemeinsamen Blatt vorzutragen, zB Grundstücke des Ehemannes und der Ehefrau oder Grundstücke von Eltern und Kindern oder Grundstücke einer OHG und Grundstücke im Miteigentum der einzelnen Gesellschafter usw. Auch dann ist die Führung eines gemeinschaftlichen Grundbuchblattes ausgeschlossen, wenn die Grundstücke teils im Alleineigentum und teils im Mit- oder Gesamthandseigentum derselben Personen stehen, wie Grundstücke als Vorbehaltsgut einerseits und eheliches Gesamtgut andererseits.

8 Nicht erforderlich ist, dass die mehreren Grundstücke **derselben Vermögensmasse** angehören. Deshalb ist die Führung eines gemeinschaftlichen Blattes nicht dadurch ausgeschlossen, dass zB ein Grundstück der Nacherbfolge unterliegt, die Übrigen aber nicht.

9 Es dürfen nicht gemeinsam gebucht werden Grundstücke, die denselben Personen gehören, wenn die **Anteile der Beteiligten oder die Art der Gemeinschaft verschieden sind**;[5] zB darf ein Grundstück, das zwei Brüdern in Erbengemeinschaft zusteht, nicht auf dem Grundbuchblatt eingetragen werden, das für ein anderes, im Miteigentum der Brüder je zur Hälfte stehendes Grundstück angelegt ist. Auch verschiedene Arten von Gesamteigentum schließen die gemeinschaftliche Buchung aus; daher darf ein Grundstück, das Ehegatten in Gütergemeinschaft gehört, nicht mit einem Grundstück zusammengeschrieben werden, das diesen in Erbengemeinschaft zusteht. Wenn die Anteile von Miteigentümern an den mehreren Grundstücken unterschiedlich sind, ist eine Zusammenschreibung ebenfalls unzulässig; die Personen der Eigentümer sind zwar identisch, nicht aber ihr Anteil am Eigentum, worauf es letztendlich ankommt.

10 Unzweckmäßig und daher zu unterlassen ist die Führung eines gemeinschaftlichen Grundbuchblattes für Grundstücke des Bundes, eines Landes, einer Gemeinde oder einer anderen **öffentlich-rechtlichen Körperschaft**, die verschiedenen Verwaltungszweigen unterliegen, zB für Grundstücke der Justiz- und Finanzverwaltung.

---

2 KEHE-*Eickmann* § 4 Rn 2.
3 BayObLGZ 14, 147; 28, 810; KGJ 30, 184.
4 *Demharter* § 4 Rn 4.
5 KEHE-*Eickmann* § 4 Rn 2; *Güthe-Triebel* § 4 Anm 5.

3. Dasselbe Grundbuchamt

Es wird vorausgesetzt, dass über die mehreren Grundstücke desselben Eigentümers die Grundbuchblätter von **11** demselben Grundbuchamt geführt werden. Nicht erforderlich ist, dass die Grundstücke im Bezirk desselben Grundbuchamts belegen sind, dh die Führung eines gemeinschaftlichen Grundbuchblattes wird nicht dadurch ausgeschlossen, dass die Grundstücke in **verschiedenen Grundbuchbezirken** desselben Grundbuchamts liegen. Es kommt vielmehr auf die Führung der Grundbücher an. Es können daher auch Grundstücke, die nicht im Bezirk des Grundbuchamts liegen, für die das Grundbuchamt aber kraft gesetzlicher Vorschrift oder kraft Bestimmung örtlich zuständig ist (§ 1 Abs 2, § 5 Abs 1 S 2, § 6 Abs 1 S 2), zusammen mit solchen Grundstücken oder mit im Grundbuchamtsbezirk belegenen Grundstücken auf einem Blatt eingetragen werden. § 4 Abs 1 bedeutet daher gegenüber § 1 Abs 1 eine Erweiterung und damit eine Ausnahme der örtlichen Zuständigkeit. Nicht erforderlich ist auch, dass die Grundstücke bei der **Geschäftsverteilung** unter mehrere Grundbuchrechtspfleger alle in den Zuständigkeitsbereich eines Rechtspflegers fallen.[6]

4. Keine Verwirrung

Von der Führung des gemeinschaftlichen Grundbuchblattes darf keine Verwirrung zu besorgen sein. Dies ist **12** der Fall, wenn es zur **Unübersichtlichkeit des Grundbuchblattes** kommt.[7] Verwirrung ist daher zu besorgen, wenn die Eintragungen derart unübersichtlich und schwer verständlich sind, dass der gesamte Grundbuchrechtszustand des Grundstücks nicht mit der für den Grundbuchverkehr notwendigen Klarheit und Bestimmtheit erkennbar ist und die Gefahr von Streitigkeiten zwischen den Realbeteiligten untereinander und mit dritten Beteiligten und von Verwicklungen, namentlich im Falle der Zwangsversteigerung, besteht. Die Gefahr der Unübersichtlichkeit und damit der Verwirrung kann sich aus der Zusammenschreibung allzu vieler Grundstücke ergeben.

Die Besorgnis der Verwirrung kann namentlich in der nach Anlegung des gemeinschaftlichen Blattes fortdau- **13** ernden **Verschiedenheit der Belastung der einzelnen Grundstücke** ihren Grund haben.[8] Bei äußerst komplizierten Rangverhältnissen kann daher die Zusammenschreibung abgelehnt werden. Es muss sich dabei aber immer um eingetragene Belastungen handeln. Eine Verschiedenheit der Belastung bildet daher unter keinen Umständen einen Hinderungsgrund, soweit die Belastungen von der Eintragung ausgeschlossen sind (zB Überbau- und Notwegrenten oder öffentliche Lasten).[9]

Die Frage, ob Verwicklungen, die sich **im Falle der Zwangsversteigerung** ergeben, Anlass zu einer Verwir- **14** rung geben können, ist zu bejahen. Dieses Problem dürfte aber vor allem im Rahmen der §§ 5, 6 eine Rolle spielen, wenn der Vereinigung bzw Bestandteilszuschreibung katastertechnisch eine Verschmelzung vorausgeht.[10] Im Falle des § 4 dürfte wohl kaum oder sehr selten ein Verfahren praktisch werden, in dem wegen Zwangsversteigerung Besorgnis der Verwirrung bestehen wird, da die gemeinschaftlich gebuchten Grundstücke ihre rechtliche Selbständigkeit behalten und deshalb in der Regel einzeln zu versteigern sind, wie wenn sie auf einzelnen Blättern vorgetragen wären (§ 63 ZVG). Bei einem Zuschlag an verschiedene Ersteher ist das gemeinschaftliche Blatt ohnedies aufzugeben.

Die Besorgnis der Verwirrung ist ein **unbestimmter Rechtsbegriff**; für eine Ermessensentscheidung ist kein **15** Raum.[11] Bei gegebener Sach- und Rechtslage kann unter Berücksichtigung der ratio legis immer nur *eine* Entscheidung über das Vorliegen der Verwirrungsgefahr richtig sein; Entscheidungskriterien sind dabei ua die Unübersichtlichkeit des Grundbuchs, verworrene Belastungs- und Rangverhältnisse und Probleme bei einer evtl Zwangsversteigerung.[12]

III. Verfahren

1. Ermessensentscheidung

Liegen die Voraussetzungen des § 4 Abs 1 vor (dh also, dass Verwirrung – oben Rdn 12 ff – nicht zu besorgen **16** ist), so kann für die mehreren Grundstücke ein gemeinschaftliches Grundbuchblatt geführt bzw fortgeführt werden. Ob ein gemeinschaftliches Blatt geführt werden soll oder ob für jedes einzelne Grundstück oder für einzelne Gruppen besondere Grundbuchblätter geführt werden sollen, entscheidet das **pflichtgemäße Ermes-**

---

6 *Demharter* § 4 Rn 5.
7 KG OLGE 8, 300, 301; 39, 221, 222; OLG Hamm Rpfleger 1968, 121; OLG Düsseldorf DNotZ 1971, 479; *Demharter* § 4 Rn 6.
8 KEHE-*Eickmann* § 4 Rn 3; *Demharter* § 4 Rn 6.
9 KG OLGE 6, 259; 18, 196; LG Nürnberg–Fürth DNotZ 1953, 145.
10 Vgl dazu: KEHE-*Eickmann* § 5 Rn 13.
11 BayObLGZ 1977, 119 = Rpfleger 1977, 251; Rpfleger 1980, 191; KEHE-*Eickmann* § 4 Rn 3; *Demharter* § 4 Rn 6; *Schöner/Stöber* Rn 174.
12 KEHE-*Eickmann* § 5 Rn 12.

sen des Grundbuchrechtspflegers.[13] Auch wenn alle Voraussetzungen vorliegen, so kann der Grundbuchrechtspfleger dennoch die Zusammenschreibung nicht für zweckmäßig halten. Eine Verpflichtung zur Zusammenschreibung besteht nicht. Doch soll das Grundbuchamt auf Anträge und Wünsche der Beteiligten eingehen, soweit es das Erfordernis der übersichtlichen Grundbuchführung gestattet. Im Übrigen wird der Grundbuchrechtspfleger von der Möglichkeit der Zusammenschreibung, um den Rechtsverkehr zu erleichtern, möglichst weitgehenden Gebrauch machen und ein gemeinschaftliches Blatt insbesondere dann anlegen, wenn aus irgendeinem Anlass ein Grundstück an sich auf ein anderes Grundbuchblatt übertragen oder ein Grundbuchblatt umgeschrieben werden muss. Es sind bei der Entscheidung nicht nur öffentliche Belange an einem reibungslosen Grundbuchverfahren zu berücksichtigen, sondern es ist auch auf die privaten Interessen der Beteiligten an einer ordnungsgemäßen Verwaltung des Eigentums Rücksicht zu nehmen.[14]

2. Von Amts wegen

17 Die Anlegung eines gemeinschaftlichen Grundbuchblattes ist weder von einem Antrag noch von der Zustimmung des Eigentümers abhängig, sondern erfolgt von Amts wegen, wenn sie der Grundbuchrechtspfleger für zweckmäßig hält.[15] Der Eigentümer kann die Zusammenschreibung zwar anregen, aber nicht verlangen;[16] dies gilt auch von sonstigen Beteiligten oder Dritten. Immerhin wird das Grundbuchamt in der Regel den **Eigentümer hören**.[17] Denn wenn dieser beabsichtigt, das eine oder andere der auf dem gemeinsamen Blatt vorzutragenden Grundstücke zu veräußern, ist die Zusammenschreibung wenig zweckmäßig, da sie im Falle der Veräußerung alsbald wieder aufgehoben werden müsste. Der Grundbuchrechtspfleger wird, wenn eine Anlegung vorgenommen werden soll, eine Eintragungsverfügung erlassen; ein **besonderer Beschluss ergeht nicht**.

3. Anlegung eines gemeinschaftlichen Grundbuchblattes

18 Die Anlegung kann in der Art erfolgen, dass für die sämtlichen auf dem gemeinschaftlichen Blatt vorzutragenden Grundstücke ein neues Blatt angelegt wird. Ein **neues Blatt** ist anzulegen, wenn die Grundstücke bisher kein eigenes Blatt hatten, etwa bei Grundstücksteilen, die abgeschrieben werden, oder wenn bisher buchungsfreie Grundstücke zusammengeschrieben und belastet werden.

19 Die Anlegung kann aber auch in der Weise erfolgen, dass das für eines der Grundstücke bestehende Blatt fortgeführt und die übrigen Grundstücke auf dieses übertragen werden. Ein **bisheriges Blatt wird fortgeführt**, wenn mindestens eines der Grundstücke schon ein Blatt hat. Die anderen Grundstücke sind von den bisherigen Blättern abzuschreiben und auf das neue Blatt zu übertragen.

20 Auf **dem gemeinschaftlichen Blatt** erhält jedes selbständige Grundstück im Bestandsverzeichnis in Spalte 1 eine besondere laufende Nummer. Durch einen besonderen Vermerk wird die Zusammenschreibung im Gegensatz zur Vereinigung und Zuschreibung als Bestandteil nicht zum Ausdruck gebracht. Hinsichtlich der 2. und 3. Abteilung ist bei der Eintragung von Belastungen, die nur eines oder mehrere der auf dem gemeinschaftlichen Blatt eingetragenen Grundstücke betreffen, zu beachten, dass in Spalte 2 nur die laufenden Nummern der betroffenen Grundstücke aufzuführen sind. Der Grundbuchrechtspfleger muss also, wenn er Eintragungen auf einem gemeinschaftlichen Grundbuchblatt vorzunehmen hat, der Ausfüllung von Spalte 2 in der 2. und 3. Abteilung besondere Sorgfalt zuwenden. Ebenso muss jeder, der das Grundbuch einsieht, in solchen Fällen die Eintragung besonders genau daraufhin prüfen, welche im Bestandsverzeichnis eingetragenen Grundstücke belastet sind.

4. Wiederaufhebung eines gemeinschaftlichen Grundbuchblattes

21 Ein gemeinschaftliches Grundbuchblatt ist wieder aufzuheben aus folgenden Gründen:

Das Vorliegen der **Voraussetzungen** für die Zusammenschreibung wurde **irrtümlich angenommen**; sie waren also bei Vornahme der Zusammenschreibung nicht angegeben.[18]

22 Nachträglicher **Wegfall von Voraussetzungen** für die Zusammenschreibung rechtfertigt ebenfalls die Aufhebung der Zusammenbuchung.[19] Das Grundbuchamt hat von Amts wegen darüber zu wachen, ob die Voraussetzungen des § 4 etwa fortgefallen sind. Dies kommt zB in Betracht, wenn eines der auf dem gemeinschaftlichen Blatt eingetragenen Grundstücke in das Eigentum einer anderen Person übergeht oder wenn ein Grundstück herrenlos wird, weil es dann auf ein anderes Blatt zu übertragen ist.[20]

---

13 LG Aachen MittRhNotK 1987, 164.
14 *Demharter* § 4 Rn 7; KEHE-*Eickmann* § 4 Rn 3.
15 KGJ 50, 127.
16 KG OLGE 5, 188.
17 KG DR 1942, 1710; *Demharter* § 4 Rn 7; kritisch dazu *Waldner* in *Bauer/von Oefele* § 4 Rn 17.
18 OLG Hamm Rpfleger 1987, 195.
19 OLG Hamm Rpfleger 1987, 195.
20 KGJ 51, 192.

Fortführung des gemeinschaftlichen Blattes ist nach dem Ermessen des Grundbuchrechtspflegers **nicht mehr** **23** **zweckmäßig**, insbesondere wenn Verwirrungsgefahr besteht. § 4 gestattet die Zusammenschreibung nur, solange von ihr Verwirrung nicht zu besorgen ist. Die Verwirrung braucht noch nicht eingetreten zu sein; es genügt vielmehr, dass sie eintreten werde. Diese Voraussetzung wird vor allem dann gegeben sein, wenn die gemeinsam gebuchten Grundstücke nachträglich verschieden belastet werden sollen oder wenn durch teilweise Löschungen, Hypothekenverteilungen usw eine die Übersichtlichkeit gefährdende Verschiedenheit der Belastung eintritt. Auch ohne dass eine Veränderung an dem Grundbuchblatt eintritt oder bevorsteht, ist die Aufhebung der Zusammenschreibung zulässig, wenn der Grundbuchrechtspfleger seine Ansicht über die Verwirrungsgefahr ändert oder bei einem Wechsel des Grundbuchrechtspflegers der jetzt zuständige Rechtspfleger insoweit anderer Meinung ist als sein Vorgänger.

Das **Verfahren** wird bei Anlass von Amts wegen eingeleitet, ohne dass ein Antrag erforderlich ist. Die Aufhe- **24** bung des gemeinschaftlichen Blattes wird in der Weise vorgenommen, dass entweder Abschreibung erfolgt oder ein Verfahren nach §§ 5, 6 stattfindet. Bei Abschreibung aller, einiger oder eines der Grundstücke kann die Weiterbehandlung in der Weise geschehen, dass die abgeschriebenen Grundstücke auf neu anzulegende Einzelblätter oder auf ein bereits bestehendes Blatt zwecks gemeinschaftlicher Buchung (§ 4) oder zwecks Vereinigung oder Zuschreibung (§§ 5, 6) übertragen werden, wobei die mehreren Grundstücke durchaus verschiedene dieser Wege gehen können. Bei Abschreibung aller Grundstücke ist das bisherige Grundbuchblatt zu schließen (§ 34 Buchst a GBV). Bleiben auf dem bisherigen Blatt mehrere Grundstücke eingetragen, so können diese entweder als selbständige Grundstücke eingetragen bleiben (§ 4) oder es kann eine Vereinigung oder Zuschreibung (§§ 5, 6) stattfinden. Bleibt nur ein einziges Grundstück eingetragen, so hat es ein eigenes Blatt.

5. Rechtsbehelfe

Die gemeinschaftliche Buchung ist keine Eintragung im Sinne des § 71 Abs 2 (§ 11 Abs 5 RpflG), sondern eine **25** auf Zweckmäßigkeitsgründen beruhende Einschreibung ohne materiellrechtliche Folgen.[21] Daraus folgt, dass gegen die Zusammenschreibung und deren Ablehnung sowie gegen die Wiederaufhebung und deren Verweigerung die **Beschwerde** zulässig ist.[22] Beschwerdeberechtigt ist der Eigentümer[23] und ein dinglich Berechtigter,[24] zB ein Hypothekengläubiger im Falle der Ablehnung der Wiederaufhebung, wenn die Hypothek unter der Voraussetzung der Aufhebung der gemeinschaftlichen Buchung bewilligt worden ist und die Verfügung über sie durch ein unübersichtliches Grundbuchblatt erschwert wird.

IV. Wirkungen

Die Führung eines gemeinschaftlichen Grundbuchblattes ist eine rein grundbuchtechnische Zweckmäßigkeits- **26** frage, die **keinerlei materiell-rechtliche Wirkungen** hat.[25] Die zusammengeschriebenen Grundstücke behalten ihre volle rechtliche Selbständigkeit.[26] Den Gegensatz zur Zusammenschreibung bilden die Vereinigung mehrerer Grundstücke zu einem Grundstück (§ 890 Abs 1 BGB, § 5 GBO), und die Zuschreibung eines Grundstücks zu einem anderen als Bestandteil dieses Grundstücks (§ 890 Abs 2 BGB, § 6 GBO); hier bilden die mehreren Grundstücke rechtlich *ein* Grundstück. Bei der Zusammenschreibung dagegen kann der Eigentümer über jedes Grundstück **einzeln verfügen**, insbesondere es getrennt von den Übrigen veräußern und belasten. Er braucht nicht einmal vorher die Aufhebung der gemeinschaftlichen Grundbuchblattes zu beantragen; dies erfolgt von Amts wegen. Ebenso kann in jedes der zusammengeschriebenen Grundstücke gesondert vollstreckt werden. Die Rechte an den einzelnen Grundstücken bleiben in dem bisherigen Umfang bestehen, also keine Mithaft eines Grundstücks für die Lasten der Übrigen. Durch Eintragung einer Hypothek auf allen oder mehreren Grundstücken entsteht eine **Gesamthypothek**. Vor Eintragung einer **Zwangshypothek** auf mehreren oder sämtlichen Grundstücken ist eine Verteilung gemäß § 867 Abs 2 ZPO notwendig; ein Verstoß dagegen macht die Eintragung inhaltlich unzulässig (§ 53 Abs 1 S 2).[27]

---

21 KGJ 23, 221.
22 KEHE-*Eickmann* § 4 Rn 5; *Demharter* § 4 Rn 10.
23 KG OLGE 5, 188; *Demharter* § 4 Rn 10.
24 KGJ 50, 127.
25 KEHE-*Eickmann* § 4 Rn 6; *Demharter* § 4 Rn 11.
26 KG HRR 1941 Nr 28; BayObLGZ 1970, 166 = Rpfleger 1970, 346.
27 RGZ 163, 125; KGJ 49, 234; KG JFG 14, 103; OLG Köln NJW 1961, 368; KEHE-*Eickmann* § 4 Rn 6; *Demharter* § 4 Rn 12.

V. Die besonderen Fälle des § 4 Abs 2

1. Zweck dieser Vorschrift

27   § 4 Abs 2 erweitert die in § 4 Abs 1 gegebene Möglichkeit der gemeinschaftlichen Buchung, indem er für gewisse Grundstücke von dem Erfordernis, dass die Grundbücher über die zusammenzuschreibenden Grundstücke von demselben Grundbuchamt geführt werden müssen, absieht. Abs 2 betrifft Grundstücke, die einem bestimmten Zweck gewidmet und daher wirtschaftlich, in mancher Hinsicht auch rechtlich, zu einer Einheit verbunden sind. Es ist daher zweckmäßig, sie auch grundbuchmäßig zusammenzufassen. Auch unterliegen diese Grundstücksgesamtheiten gewisse sachenrechtlichen Sondervorschriften, vor allem Veräußerungs- und Belastungsbeschränkungen. Die einheitliche Behandlung der sich auch diesen Vorschriften ergebenden grundbuchrechtlichen Fragen soll dadurch gesichert werden, dass das Grundbuch über alle zusammengehörenden Grundstücke von einem Grundbuchamt geführt wird. Auch ersieht man auf diese Weise ohne weiteres aus dem Grundbuch, auf welche Grundstücke sich die Beschränkungen beziehen.

2. Gegenstand der Vorschrift

28   **a) Allgemein.** Gegenstand des § 4 Abs 2 sind **Grundstücke,** die zu einem Hof im Sinne der Höfeordnung gehören oder in ähnlicher Weise **rechtlich miteinander verbunden** sind. Mehrere Grundstücke sind nur dann im Sinne des § 4 Abs 2 rechtlich miteinander verbunden, wenn sie sachenrechtlichen Sondervorschriften unterliegen, insbesondere bezüglich Veräußerung und Belastung, einerlei ob diese Sonderregelung öffentlich-rechtlicher oder privatrechtlicher Natur ist.[28] Eine ausdehnende Auslegung ist nicht zulässig. Es genügt nicht, dass die Grundstücke durch die Personen derselben Eigentümer miteinander verbunden sind und dass nach dem Willen der Miteigentümer die Zusammengehörigkeit dauernd aufrechterhalten werden soll.

29   **b) Hof iSd HöfeO.** Im Gebiet der Länder Hamburg, Niedersachsen, Nordrhein-Westfalen und Schleswig-Holstein handelt es sich bei einer land- oder forstwirtschaftlichen Besitzung mit einer zu ihrer Bewirtschaftung geeigneten Hofstelle um einen Hof iSd HöfeO, sofern sie einen **Wirtschaftswert** von mindestens **10000 EURO** hat (§ 1 Abs 1 S 1 HöfeO). Eine Besitzung, die einen Wirtschaftswert von weniger als 10000 EURO, mindestens jedoch von 5000 EURO hat, wird Hof, wenn der Eigentümer erklärt, dass sie Hof sein soll, und wenn der Hofvermerk im GB eingetragen wird (§ 1 Abs 1 S 3 HöfeO). Wirtschaftswert ist der nach den steuerlichen Bewertungsvorschriften festgestellte Wirtschaftswert iSd § 46 des Bewertungsgesetzes idF der Bek vom 26.09.1974 (BGBl I 2369), geändert durch Art 15 des Zuständigkeitslockerungsgesetzes vom 10.03.1975 (BGBl I 685).

30   Eine Besitzung, die Hof ist (§ 1 Abs 1 S 1 HöfeO) oder Hof werden kann (§ 1 Abs 1 S 3 HöfeO), wird auf Ersuchen des Landwirtschaftsgerichts im GB als Hof eingetragen (§ 2 Abs 1 HöfeVfO). Um die Eintragung des **Hofvermerks** wird von Amts wegen ersucht, wenn für die Entstehung eines Hofes keine Erklärung des Eigentümers notwendig ist, dh bei einem Wirtschaftswert von mindestens 10000 EURO; ansonsten erfolgt das Ersuchen nur auf Grund einer Erklärung des Eigentümers (§ 3 HöfeVfO).

31   Die zum Hof gehörenden Grundstücke desselben Eigentümers sind auf Ersuchen des Landwirtschaftsgerichts **auf einem besonderen Grundbuchblatt** einzutragen (§ 7 Abs 1 HöfeVfO). Grundstücke, die nicht zum Hof gehören, sind nicht auf dem Grundbuchblatt des Hofes einzutragen (§ 7 Abs 2 HöfeVfO). Der Hofvermerk wird in die Aufschrift des Grundbuchs des Hofes eingetragen und lautet: »Hof gemäß der Höfeordnung. Eingetragen am ...« (§ 6 Abs 1 HöfeVfO).

32   **c) In ähnlicher Weise verbundene Grundstücksgesamtheit.** Eine Zusammenschreibung gemäß § 4 Abs 2 hängt davon ab, dass die Grundstücke in solcher Weise rechtlich miteinander verbunden sind, wie es bei den im Gesetz aufgeführten Beispielen der Fall ist; deren gemeinsames Merkmal besteht darin, dass die Grundstücke zu einer **Wirtschaftseinheit** gehören, die infolge **sachenrechtlicher Sondervorschriften** gewissen Beschränkungen im Rechtsverkehr unterliegt.[29] Da es sich bei § 4 Abs 2 um eine Ausnahmevorschrift handelt, kommt eine ausdehnende Auslegung dieser Bestimmung nicht in Betracht. Für die Zusammenschreibung von Grundstücken, deren Grundbücher von verschiedenen Grundbuchämtern geführt werden, genügt daher bloße Betriebsverbundenheit und gemeinsame Nutzung nicht.[30] Auch landwirtschaftliche Anwesen, die keinem Höfe- oder Anerbenrecht unterliegen, fallen nicht unter die Bestimmungen des § 4 Abs 2 S 1.[31] Das Bestehen eines Gesamthaftungsverhältnisses an mehreren Grundstücken desselben Eigentümers, deren Grundbücher von verschiedenen Grundbuchämtern geführt werden, rechtfertigt für sich allein nicht die Zusammenschreibung der Grundstücke bei einem Grundbuchamt.[32]

28 BayObLGZ 1974, 25 = Rpfleger 1974, 158; KG JFG 14, 209; 18, 124; OLG Hamm Rpfleger 1960, 92; OLG Köln Rpfleger 1976, 16; KEHE-*Eickmann* § 4 Rn 8; *Demharter* § 4 Rn 13.
29 BayObLGZ 1974, 25 = Rpfleger 1974, 158; KG JFG 14, 209; 18, 124; OLG Hamm Rpfleger 1960, 92; OLG Köln Rpfleger 1976, 16; KEHE-*Eickmann* § 4 Rn 8; *Demharter* § 4 Rn 13.
30 OLG Düsseldorf MittRhNotK 1977, 145.
31 BayObLG 1974, 25 = Rpfleger 1974, 158; OLG Hamm Rpfleger 1987, 195.
32 OLG Köln Rpfleger 1976, 16; OLG Hamm Rpfleger 1960, 92.

Die **Schutzforsten** wurden aus Forstbelangen heraus gebildet. Wälder, die sich nach Beschaffenheit und **33** Umfang zu nachhaltiger forstmäßiger Bewirtschaftung eigneten, wurden durch Bildung von Schutzforsten vor ordnungswidriger Bewirtschaftung und unwirtschaftlicher Zersplitterung geschützt, §§ 5, 15, 17 Gesetze vom 06.07.1938 (RGBl I 825). Die auf Grund der Auflösung von Fideikommiß-Vermögen gebildeten Schutzforsten werden als Schutzforsten neuen Rechts bezeichnet (§ 16 aaO). Veränderungen und Aufhebung der Eigenschaft als Schutzforst unterliegen den Beschränkungen des § 7 aaO.

Wald-, Deich-, Wein- und Landgüter dürfen nach § 8 Gesetz vom 06.07.1938 (RGBl I 825) seit 01.01.1939 **34** nicht mehr gebildet werden; bei ihnen erlosch spätestens zu diesem Zeitpunkt die Waldguts-, Deichguts-, Weinguts- oder Landgutseigenschaft. Die Beschränkungen blieben bzw bleiben aber aufrechterhalten, bis der Vermerk im Grundbuch gelöscht ist, § 9 VO vom 20.03.1939 (RGBl I 509).

3. Voraussetzungen

§ 4 Abs 2 bildet eine Ergänzung des § 4 Abs 1, und zwar wie der Gesetzeswortlaut deutlich zeigt, nur in der **35** einen Richtung, dass die Grundbücher der beteiligten Grundstücke von verschiedenen Grundbuchämtern geführt werden können. Im Übrigen müssen aber die Voraussetzungen des § 4 Abs 1 vorliegen, wenn gemeinsame Buchung erfolgen soll. Die Voraussetzungen gemeinsamer Buchung sind also bei Gegenständen des § 4 Abs 2 folgende:
- Mehrere Grundstücke,
- derselbe Eigentümer,
- gleiches Grundbuchamt oder verschiedene Grundbuchämter,
- keine Verwirrung.

a) Mehrere Grundstücke. Es gelten die gleichen Ausführungen wie bei § 4 Abs 1 (vgl Rdn 2 ff). **36**

b) Derselbe Eigentümer. Die zusammenzuschreibenden Grundstücke müssen demselben Eigentümer gehö- **37** ren; eine Zusammenbuchung auf einem Blatt, wenn die Grundstücke verschiedenen Eigentümern gehören, ist unzulässig, mögen die Grundstücke auch rechtlich eine Einheit bilden (vgl im Übrigen Rdn 6 ff).

c) Gleiches Grundbuchamt oder verschiedene Grundbuchämter. Die Bedeutung des § 4 Abs 2 liegt **38** darin, dass er in dort aufgeführten Fällen das Erfordernis des § 4 Abs 1, dass die Grundstücke bei demselben Grundbuchamt gebucht sein müssen, beseitigt. Eine Zusammenschreibung ist daher zulässig, wenn für die Grundstücke die Grundbücher vom gleichen Grundbuchamt geführt werden, ferner auch − und darin besteht die Erweiterung des § 4 Abs 2 −, wenn die Grundbücher nicht vom gleichen, sondern von verschiedenen Grundbuchämtern geführt werden. Es handelt sich hier um verschiedene Grundbuchämter, nicht etwa um verschiedene Abteilungen (Referate) desselben Grundbuchamts. Die verschiedenen Grundbuchämter müssen im Bereich des Bundesgebiets sein. Die Landesgrenzen innerhalb dieses Gebiets stehen dagegen nicht entgegen. Es können also die Grundbuchämter in verschiedenen Ländern liegen. Da § 4 Abs 2 auf § 5 FGG bezüglich Bestimmung des zuständigen Grundbuchamts Bezug nimmt, ergibt sich daraus, dass dies auch der Wille des Gesetzes ist.

d) Keine Verwirrung. Auch bei § 4 Abs 2 ist Voraussetzung der Zusammenschreibung, dass von der Führung **39** eines gemeinschaftlichen Blattes Verwirrung nicht zu besorgen ist[33] (vgl dazu Rdn 12 ff).

4. Verfahren

a) Zuständigkeit. Nach § 4 Abs 2 S 2 ist bei einem Hof das Grundbuchamt zuständig, welches das Grund- **40** buch über die **Hofstelle** führt; im Übrigen ist das zuständige Grundbuchamt nach **§ 5 FGG** zu bestimmen. § 5 FGG ist auch dann anzuwenden, wenn bei einer Heimstätte usw Streit über das zuständige Grundbuchamt entsteht. Ob Grundstücke im Sinne des § 4 Abs 2 S 1 rechtlich verbunden sind, hat das gemeinsame obere Gericht zu entscheiden, wenn es nach § 5 FGG eine Entscheidung zu treffen hat, da diese Frage in Zusammenhang damit steht.[34] Das nach § 4 Abs 2 S 2 zuständige Grundbuchamt lässt sich nötigenfalls zur Prüfung, ob die Zusammenschreibung erfolgen soll, von dem anderen Grundbuchamt die Grundakten übersenden. Hat es die Zusammenschreibung verfügt, so tritt damit ein Zuständigkeitswechsel ein, der nach § 25 GBV durchzuführen ist. Die Neuanlegung eines Blattes (§ 25 Abs 2 GBV) kommt jedoch nicht in Frage; vielmehr werden die hinzutretenden Grundstücke auf das jetzt maßgebende Blatt übertragen.[35] Ist mit der Zusammenschreibung ein Eigentumswechsel verbunden, so hat vor der Entscheidung über die Zusammenschreibung das Grundbuchamt,

---

33 KG JFG 14, 209.
34 BayObLGZ 1974, 26 = Rpfleger 1974, 158; KG JW 1937, 112 = JFG 14, 209; OLG Hamm Rpfleger 1960, 92; *Demharter* § 4 Rn 14.
35 KEHE-*Eickmann* § 4 Rn 9.

das zur Zeit des Eingangs des Antrags für das seinen Eigentümer wechselnde Grundstück zuständig ist, den neuen Eigentümer einzutragen; erst dann folgt das Verfahren nach § 25 GBV.

41   **b) Ermessensentscheidung.** Gemeinsam dem § 4 Abs 1 und dem § 4 Abs 2 ist auch, dass die Entscheidung über die Zusammenschreibung im **Ermessen des Grundbuchrechtspflegers** steht, da der Satz des § 4 Abs 1, dass ein gemeinschaftliches Grundbuchblatt beim Vorliegen der gesetzlichen Voraussetzungen geführt werden kann, auch für § 4 Abs 2 gilt. Soweit Ausnahmen von dem Ermessen bestehen, also eine **Pflicht zu gemeinsamer Buchung** gegeben ist, gilt bei § 4 Abs 2 keine andere Handhabung. Wenn daher die gemeinsame Buchung vorgeschrieben ist, so ergibt sich aus § 4 Abs 1 und 2, dass diese Notwendigkeit nicht nur besteht, wenn die Grundbücher der betroffenen Grundstücke von demselben Grundbuchamt geführt werden, sondern auch dann, wenn die Grundbuchführung bei verschiedenen Grundbuchämtern liegt. Für eine Ermessensentscheidung des Grundbuchamts ist in folgenden Fällen kein Raum: hinsichtlich der zu einem Schutzforst gehörenden Grundstücke (§ 2 Abs 2 SchutzforstVO vom 21.12.1939, RGBl I 2459) sowie im Geltungsbereich der Höfeordnung idF vom 26.07.1976 (BGBl I S 1933) hinsichtlich der Hofgrundstücke (§ 7 HöfeVO vom 29.03.1976, BGBl I S 885); hier ist dem Grundbuchamt einerseits die Zusammenschreibung der zusammengehörigen Grundstücke, andererseits aber auch ihre von anderen Grundstücken getrennte Buchung vorgeschrieben.

42   **c) Von Amts wegen.** Die Zusammenschreibung erfolgt von Amts wegen; ein besonderer Beschluss ergeht nicht (vgl Rdn 17).

43   **d) Anlegung eines gemeinschaftlichen Grundbuchblattes.** Vgl die Ausführungen zu Rdn 18 ff.

44   **e) Wiederaufhebung eines gemeinschaftlichen Grundbuchblattes.** In den Fällen des gebundenen Vermögens und § 4 Abs 2 kommt eine Aufhebung gemeinschaftlicher Buchung in Frage, wenn kein gebundenes Vermögen mehr vorhanden ist, wenn also die Hofeigenschaft usw nicht mehr besteht. Wenn die Voraussetzungen des § 4 Abs 2 nicht mehr vorliegen, kann noch § 4 Abs 1 bei einem Teil der Grundstücke erfüllt sein. Eine Prüfung unter diesem Gesichtspunkt ist vorzunehmen. Die Voraussetzung für die gemeinsame Buchung kann bei einem Hof usw auch dann in Wegfall kommen bzw wechseln, wenn die Hofstelle verlegt wird, sodass ein anderes Grundbuchamt zur Führung zuständig wird. In diesem Fall ist dann das bisher zuständige Grundbuchamt nicht mehr für die Führung des gemeinsamen Grundbuchblattes zuständig (vgl im Übrigen Rdn 21 ff). Bloße Zweckmäßigkeitsgründe und langer Zeitablauf (zB über 30 Jahre) hindern die Wiederaufhebung einer Zusammenschreibung von in verschiedenen Grundbuchbezirken belegenen Grundstücken nicht, wenn es an den sachlichen Voraussetzungen des § 4 Abs 2 fehlt.[36]

45   **f) Rechtsbehelfe.** Vgl die Ausführungen zu Rdn 25.

VI. Verletzung des § 4

46   Die Verletzung des § 4 ist **ohne materiell-rechtliche Wirkung.** Die Rechte am Grundstück und die Möglichkeit, über das Grundstück zu verfügen, werden weder durch eine verbotswidrige gemeinschaftliche Buchung noch durch deren Fortsetzung oder Aufhebung berührt. § 53 findet keine Anwendung, da die Anlegung eines gemeinschaftlichen Blattes eine Einschreibung tatsächlicher Natur darstellt.[37]

---

36 OLG Hamm Rpfleger 1987, 197.
37 KG OLGE 5, 188.

§ 5 (Vereinigung)

(1) Ein Grundstück soll nur dann mit einem anderen Grundstück vereinigt werden, wenn hiervon Verwirrung nicht zu besorgen ist. Werden die Grundbücher von verschiedenen Grundbuchämtern geführt, so ist das zuständige Grundbuchamt nach § 5 des Gesetzes über die Angelegenheiten der freiwilligen Gerichtsbarkeit zu bestimmen.

(2) Die an der Vereinigung beteiligten Grundstücke sollen im Bezirk desselben Grundbuchamts und derselben für die Führung des amtlichen Verzeichnisses nach § 2 Abs 2 zuständigen Stelle liegen und unmittelbar aneinandergrenzen. Von diesen Erfordernissen soll nur abgewichen werden, wenn hierfür, insbesondere wegen der Zusammengehörigkeit baulicher Anlagen und Nebenanlagen, ein erhebliches Bedürfnis besteht. Die Lage der Grundstücke zueinander ist durch Vorlage einer von der zuständigen Behörde beglaubigten Karte nachzuweisen. Das erhebliche Bedürfnis ist glaubhaft zu machen; § 29 gilt hierfür nicht.

Schrifttum

Böttcher, Grundstücksverbindungen, RpflStud 1989, 1 und 53; *ders,* Belastungen bei Vereinigung von Grundstücken und Verschmelzung von Flurstücken, RpflStud 2007, 113; *ders,* Die Besorgnis der Verwirrung bei Vereinigung und Bestandteilszuschreibung, BWNotZ 1986, 73; *Cammerer,* Zulässigkeit der Vereinigung und Zuschreibung eines Erbbaurechts mit einem Grundstück, BayNotZ 1922, 173; *Corvey,* Die Vereinigung von Grundstücken im Grundbuch, Rpfleger 1959, 173; *Götz,* Bedarf der Antrag auf Vereinigung (§ 890 I BGB) und deren Aufhebung der Form des § 29 GBO?, MittBayNot 1928, 155; *Kollhosser,* Das Grundbuch – Funktion, Aufbau, Inhalt, JA 1984, 558 Frage 5; *Kriegel,* Grundstückteilungen und -vereinigungen (3. Aufl, 1967); *Löscher,* Zuflurstücke, JurBüro 1960, 283; *Meyer-Stolte,* Besprechung zum Beschluss3. 1980, Rpfleger 1980, 191; *ders,* Besprechung zum Beschluss des LG Hildesheim vom 19.12.1980, Rpfleger 1981, 107; *ders,* Besprechung zum Beschluss des LG Darmstadt vom 22.12.1981, Rpfleger 1982, 216; *Merkel-Corvey,* Die Vereinigung von Grundstücken im Grundbuch, Rpfleger 1960, 391; *Panz,* Die Auswirkungen von Änderungen im Grundstücksbestand auf Vorkaufsrechte und Analog-Vereinbarungen zu §§ 502, 513 BGB, BWNotZ 1995, 156; *Minning,* Die Vermessung aus der Sicht des Notariats, MittRhNotK 1973, 671; *Röll,* Flurstücksverschmelzung und subjektive dingliche Rechte, MittBayNotV 1960, 187; *ders,* Grundstückteilungen, Vereinigungen und Bestandteilszuschreibungen im Anschluss an Vermessungen, DNotZ 1968, 523; *Orth,* Bedeutung, Voraussetzungen und Wirkungen von Vereinigung und Zuschreibung (§ 890 BGB) nach der neuen GBO, DGWR 1937, 373c; *Schäfer,* Die Vereinigung und Zuschreibung von Grundstücken nach § 890 BGB (Diss Marburg 1907); *Schulte,* Verbindungen von Erbbaurechten und Grundstücken gemäß § 890 BGB, MittBayNotZ 1960, 137; *Stöber,* Neuer Löschungsanspruch oder alte Löschungsvormerkung?, Rpfleger 1978, 165; *ders,* Was verwirrt bei Vereinigung?, MittBayNot 2001, 281; *Streuer,* Nachverpfändung, Zuschreibung oder Pfanderstreckung kraft Gesetzes?, Rpfleger 1992, 181; *Weber,* Das missverstandene »Zuflurstück«, DNotZ 1960, 229; *Wendt,* Verwirrungsgefahr bei unterschiedlicher Belastung mit Grundpfandrechten, Rpfleger 1983, 192.

Übersicht

I. Normzweck

1 Um dem Bedürfnis nach Zusammenfassung mehrerer wirtschaftlich zusammengehörender Grundstücke zu einer rechtlichen Einheit Rechnung zu tragen, ist es nach § 890 Abs 1 BGB zulässig, dass mehrere Grundstücke dadurch zu einem Grundstück vereinigt werden können, dass sie als ein einziges Grundstück im Grundbuch eingetragen werden. Die Vereinigung vollzieht sich mit der Eintragung im Grundbuch. Die materiellrechtliche Grundlage der Vereinigung ist § 890 Abs 1 BGB, der durch die formellrechtliche Vorschrift des § 5 ergänzt wird, wonach die Vereinigung nur dann zulässig ist, wenn hiervon **Verwirrung nicht zu besorgen** ist. Dadurch sollen Schwierigkeiten im Hinblick auf spätere Maßnahmen, insbesondere der Zwangsversteigerung, vermieden werden. Bei der Vereinigung gemäß § 5 handelt es sich nicht nur um einen buchungstechnischen, sondern um einen materiellrechtlichen Vorgang, der die rechtliche Verbindung der beteiligten Grundstücke bewirkt.[1] Davon zu unterscheiden ist die Führung eines gemeinschaftlichen Grundbuchblattes, die sog Zusammenschreibung gemäß § 4, die eine rein grundbuchtechnische Maßnahme ohne materielle Bedeutung ist und die Selbständigkeit der beteiligten Grundstücke unberührt lässt. Die sog »einfache Zusammenmessung« nach §§ 316, 318 der Bayerischen Dienstanweisung für die Grundbuchämter vom 27.02.1905 ist nach hM nicht mehr zulässig.[2]

II. Begriff der Vereinigung

2 Nach § 890 Abs 1 BGB können mehrere Grundstücke dadurch zu einem Grundstück vereinigt werden, dass der Eigentümer sie als ein Grundstück in das Grundbuch eintragen lässt. Bei der Vereinigung entsteht aus bisher selbständigen Grundstücken ein **neues einheitliches Grundstück**.[3] Die Grundstücksvereinigung kann auf zwei verschiedenen Wegen geschehen:[4]
- Beide Grundstücke werden unter einer neuen Nummer im Grundbuch eingetragen, und zwar ohne vorausgehende katastertechnische Verschmelzung, womit aus den bisher selbständigen Grundstücken nunmehr ein neues, zusammengesetztes Grundstück entstanden ist (= bestehend aus mehreren Flurstücken).
- Die Flurstücke der zu vereinigenden Grundstücke werden von der Vermessungsbehörde zu einem neuen einheitlichen Flurstück verschmolzen, das dann im Grundbuch als neues Grundstück eingetragen wird (= bestehend aus einem Flurstück).

Streng zu unterscheiden sind daher der rechtliche Begriff der »Vereinigung« und der katastertechnische Begriff der »Verschmelzung«. Wenn zwei Flurstücke katastertechnisch miteinander verbunden werden und aus ihnen

---

1 KEHE-*Eickmann* § 5 Rn 1; *Demharter* § 5 Rn 1.
2 BayObLGZ 1954, 258; KEHE-*Eickmann* § 5 Rn 1; *Staudinger-Gursky* § 890 Rn 2.
3 *Böttcher* RpflStud 1989, 1; MüKo-*Wacke* § 890 Rn 3; *Eickmann* GBVerfR, Rn 77.
4 *Böttcher* RpflStud 1989, 1; *Kollhosser* JA 1984, 558 Frage 5.

ein neues einheitliches Flurstück gebildet wird, so liegt eine **Verschmelzung** vor.[5] Wenn zwei bisher selbständige Grundstücke rechtlich miteinander verbunden werden und aus ihnen ein neues einheitliches Grundstück gebildet wird, so handelt es sich um eine **Vereinigung**, und zwar unabhängig davon, ob das neue Grundstück aus einem oder mehreren Flurstücken besteht.

III. Der Vereinigung zugängliche Rechtsobjekte

1. Grundstück mit Grundstück

Der Regelfall des § 890 Abs 1 BGB geht von mehreren – also mindestens zwei – Grundstücken aus. Es müssen **3** Grundstücke im Rechtssinne sein, die vereinigt werden. Da ein Grundstück im Rechtssinne aus mehreren Grundstücken iS des Katasterrechts bestehen kann, besteht die Möglichkeit, dass ein Grundstück sich aus mehreren Flächen zusammensetzt. In einem solchen Fall darf aber nur das ganze Grundstück im Rechtssinne in die Vereinigung einbezogen werden. Denn Grundstücksteile können nicht vereinigt werden iS des § 5, mögen sie katastermäßig sein oder nicht. Sie müssen gegebenenfalls vor der Vereinigung zu selbständigen Grundstücken erhoben werden.[6] Gleichgültig ist, ob die Grundstücke bisher auf einem gemeinschaftlichen Grundbuchblatt (§ 4) oder auf besonderen Blättern eingetragen waren.

Auch ein **Wohnungseigentumsgrundstück** kann mit einem gewöhnlichen Grundstück vereinigt werden. **4** Voraussetzung dafür ist aber, dass die Eigentümergemeinschaft an dem hinzukommenden Grundstück aus denselben Miteigentümern mit den gleichen Miteigentumsanteilen besteht wie die Wohnungseigentümergemeinschaft. Entgegen einer Mindermeinung[7] ist darüber hinaus erforderlich, dass die gewöhnlichen Miteigentumsanteile an dem hinzukommenden Grundstück in Wohnungseigentumsanteile (= Miteigentumsanteile verbunden mit Sondereigentum) umgewandelt werden.[8] Da diese Umwandlung eine über die Rechtsfolgen des § 890 BGB hinausgehende Inhaltsänderung der Miteigentumsanteile an dem hinzukommenden Grundstück darstellt, setzt dies dahingehende Willenserklärungen der Miteigentümer voraus, die noch nicht in den Vereinigungserklärungen sämtlicher Wohnungseigentümer zu sehen sind. Ausreichend ist jedoch dafür, wenn die Miteigentümer erklären, dass sich die Teilungserklärung auf das hinzukommende Grundstück erstrecken soll[9] oder sie nach den Bestimmungen des WEG erwerben.[10]

Auch ein **Erbbaugrundstück** kann mit einem gewöhnlichen Grundstück vereinigt werden. Zur Vermeidung **5** der Verwirrungsgefahr (§ 5 Abs 1 S 1) ist das Erbbaurecht auf das hinzukommende Grundstück auszudehnen, wenn auch eine katastermäßige Verschmelzung erfolgt.[11] Es handelt sich dabei um eine Inhaltsänderung des Erbbaurechts gemäß § 877 BGB.[12] Deshalb sind dafür materiellrechtlich eine Einigung zwischen dem Grundstückseigentümer und dem Erbbauberechtigten und die Eintragung im Grundstücksgrundbuch erforderlich. Eine Zustimmung der dinglich Berechtigten am Erbbaurecht ist nicht notwendig, weil sie keine Beeinträchtigung erleiden.[13] Die Grundpfandrechte am bisherigen Erbbaurecht erstrecken sich kraft Gesetzes auf das Erbbaurecht in seinem neuen Bestand.[14] Dies muss auch für Rechte in Abteilung II des Erbbaugrundbuches gelten, da sich am Belastungsgegenstand »Erbbaurecht« nichts ändert.[15]

---

5 *Böttcher* RpflStud 1989, 1; *Eickmann* GBVerfR, Rn 77. (Dabei wird nicht übersehen, dass die Verschmelzung in das Kataster immer erst nach der Vereinigung übernommen wird. Im Veränderungsnachweis wird dem GBA sozusagen eine Verschmelzung angeboten für die gleichzeitige Eintragung von Vereinigung und Verschmelzung im GB. Die Verschmelzung wird im eigentlichen Verzeichnis der Grundstücke, dem Liegenschaftsbuch, erst nach Eingang der Veränderungsliste vollzogen. Im Flurbuch und in der Flurkarte wird die Verschmelzung zwar schon berücksichtigt, aber sie ist im Flurbuch ausdrücklich als nicht endgültig und nicht wirksam gekennzeichnet. Im Auszug aus dem Liegenschaftsbuch erscheint sie überhaupt nicht. Der VN, die Einträge in Flurbuch und Fortführungskarte sind also eine Art Forderung, dass der Voreintrag als gültig erklärt wird).
6 *Böttcher* RpflStud 1989, 1, 2.
7 OLG Frankfurt Rpfleger 1973, 394; LG Düsseldorf MittRhNotK 1970, 190.
8 OLG Frankfurt Rpfleger 1993, 396; OLG Zweibrücken DNotZ 1991, 605 (*Herrmann*) = NJW-RR 1990, 782; OLG Oldenburg Rpfleger 1977, 22; *Demharter* § 5 Rn 7; *Staudinger-Gursky* § 890 Rn 13.
9 OLG Frankfurt Rpfleger 1993, 396 = DNotZ 1993, 612.
10 *Röll* Rpfleger 1990, 277, 278.
11 *Schöner/Stöber* Rn 1844.
12 BayObLG DNotZ 1985, 375, 377.
13 OLG Neustadt DNotZ 1964, 344; BGB-RGRK-*Räfle* § 11 Rn 20.
14 BayObLG Rpfleger 1991, 354; OLG Hamm NJW 1963, 111; 1974, 280; OLG Neustadt DNotZ 1964, 344; **aA** LG Dortmund NJW 1960, 487.
15 OLG Hamm DNotZ 1974, 94; OLG Neustadt DNotZ 1964, 344; BGB-RGRK-*Räfle* § 11 ErbbauVO Rn 20; *Schöner/Stöber* Rn 1844; *Böttcher* Erbbaurecht, Rn 563; **aA** *Haegele* Rpfleger 1967, 284; *Kehrer* BWNotZ 1959, 87.

2. Grundstück mit Zuflurstück

6 Zuflurstücke sind unbenannte, aus Vereinfachungsgründen nicht in das Kataster aufgenommene, sondern mit einer bloßen »Zu«-Nummer versehene Trennstücke von bloß vorübergehender Bedeutung, die im Rahmen des § 890 BGB wie gebuchte Grundstücke behandelt, sonst aber im Grundbuch nicht als selbständige Grundstücke geführt werden.[16] Daher ist auch die Vereinigung von Grundbuchgrundstücken mit Zuflurstücken nach materiellem Recht zulässig.[17] Wie die Vereinigung von Grundstücken und Zuflurstücken im Grundbuch technisch zu vollziehen ist, ist in der GBV nicht geregelt. Die Bestimmungen in § 6 Abs 2, Abs 6c und § 13 Abs 1 GBV gelten entsprechend.

3. Grundstück mit grundstücksgleichem Recht

7 Strittig ist, ob die Vereinigung eines Grundstücks mit einem grundstücksgleichem Recht erfolgen kann, wobei darauf hinzuweisen ist, dass es sich auch um mehrere Grundstücke oder grundstücksgleiche Rechte handeln kann. Die Frage ist mit der hM zu bejahen. Die Gleichstellung durch das Gesetz hat grundsätzlich die Zulässigkeit der Vereinigung zur Folge.[18] Da sich diese auch durchführen lässt, bestehen für diesen Fall keine Bedenken, sie wegen Wesensverschiedenheit auszuschließen. Es bestehen jedoch zwei Ausnahmen:
– Das **Erbbaurecht** hat einen Doppelcharakter, nämlich grundstücksgleiches Recht und Belastung des Eigentums an einem Grundstück. Entgegen überwiegender Ansicht[19] ist es nicht zulässig, ein Grundstück mit einem Erbbaurecht zu vereinigen.[20] Durch die Verbindung muss eine Rechtseinheit geschaffen werden; aber bereits die Übertragung von Grundstück (§§ 873, 925 BGB) und Erbbaurecht (§ 873 BGB, § 5 Abs 1 ErbbauVO) vollziehen sich nach unterschiedlichen Regeln. Nicht abschließend geklärt ist auch die Frage, ob das Erbbaurecht mit dem Erbbaugrundstück verbunden werden kann. Die überwiegende Ansicht[21] lehnt dies zu Recht ab, weil dies zu einem unzulässigen subjektiv-dinglichen Erbbaurecht führen würde.
– Nicht statthaft ist außerdem die Vereinigung eines Grundstücks mit einem **Bergwerkseigentum** (§ 9 Abs 2 BundesbergG vom 13.08.1980, BGBl I 1310). Die am 01.01.1982 bestehenden Vereinigungen bleiben hiervon unberührt, die Länder können aber Vorschriften über ihre Aufhebung erlassen (§§ 151 Abs 2 Nr 3, 154 Abs 1 BundesbergG).[22]

4. Grundstück mit Wohnungseigentum

8 Streitig ist, ob ein Wohnungseigentumsrecht mit einem Grundstück vereinigt werden kann.[23] Abgelehnt wird dies mit der Begründung, dass der mit dem Sondereigentum verbundene Miteigentumsanteil kein grundstücksgleiches Recht sei.[24] Daraus allein kann jedoch noch nicht die Unzulässigkeit der Vereinigung geschlossen werden. Vielmehr handelt es sich beim Wohnungseigentum um ein neues dingliches Recht eigener Art[25] mit selbständiger Buchungsmöglichkeit (§ 7 Abs 1 WEG), und zwar im Gegensatz zum gewöhnlichen Miteigentumsanteil ohne Sondereigentum. Da für die Vereinigung auch ein praktisches Bedürfnis bestehen kann, nämlich die Erhöhung der Beleihungs- und Verkehrsfähigkeit, ist von deren Zulässigkeit auszugehen.

---

16 BGH DNotZ 1954, 197; BayObLG Rpfleger 1972, 18; BayObLGZ 1954, 258; 1957, 256; OLG Frankfurt Rpfleger 1960, 127; *Böttcher* RpflStud 1989, 1, 2.

17 BayObLGZ 1974, 23 = DNotZ 1974, 443 = Rpfleger 1974, 148; KEHE-*Eickmann* § 5 Rn 4; *Demharter* § 5 Rn 4; BGB-RGRK-*Augustin* § 890 Rn 3; MüKo-*Wacke* § 890 Rn 11; *Soergel-Stürner* § 890 Rn 6; *Löscher* JurBüro 1960, 283; *Böttcher* RpflStud 1989, 1, 2.

18 OLG Neustadt DNotZ 1964, 344 = Rpfleger 1963, 241; OLG Hamburg NJW 1965, 1765; OLG Hamm NJW 1974, 280; KEHE-*Eickmann* § 5 Rn 6; *Demharter* § 5 Rn 6; *Schöner/Stöber* Rn 627; BGB-RGRK-*Augustin* § 890 Rn 5; MüKo-*Wacke* § 890 Rn 11, 12; *Soergel-Stürner* § 890 Rn 7; *Schulte* BWNotZ 1960, 137; **aA** *Staudinger-Gursky* § 890 Rn 19; *Güthe-Triebel* §§ 5, 6 Rn 5; *Thieme* §§ 5, 6 Rn 2.

19 OLG Neustadt DNotZ 1964, 344; OLG Hamburg NJW 1974, 280;

20 *Böttcher* Erbbaurecht, Rn 550; *von Oefele-Winkler* Rn 5.179; MüKo-*von Oefele* § 11 ErbbauVO Rn 33; *Staudinger-Gursky* § 890 Rn 19.

21 *Böttcher* Erbbaurecht, Rn 552; *Staudinger-Gursky* § 890 Rn 19; MüKo-*von Oefele* § 11 ErbbauVO Rn 33; *Schöner/Stöber* Rn 1847; *von Oefele-Winkler* Rn 5.180; *Schulte* BWNotZ 1960, 137, 140; **aA** BGB-RGRK-*Räfle* § 11 ErbbauVO Rn 21.

22 *Demharter* § 5 Rn 6.

23 **Verneinend:** OLG Düsseldorf DNotZ 1964, 361 = MittBayNot 1963, 327 = MittRhNotK 1963, 595; *Staudinger-Gursky* § 890 Rn 20; BGB-RGRK-*Augustin* § 3 WEG Rn 22; **bejahend:** BayObLG Rpfleger 1994, 108; KEHE-*Eickmann* § 5 Rn 9; *Demharter* § 5 Rn 5; *Schöner/Stöber* Rn 2979; MüKo-*Wacke* § 890 Rn 12; *Böttcher* RpflStud 1989, 1, 2.

24 Zu dieser Frage vgl *Sauren* NJW 1985, 180.

25 *Staudinger-Ring*, 11.Aufl, § 1 WEG Rn 9.

5. Grundstück mit Miteigentumsanteil

Die Vereinigung von Miteigentumsanteilen mit einem Grundstück ist nicht zulässig,[26] und zwar schon deshalb, weil Miteigentumsanteile grundsätzlich nicht selbst gebucht sind. Aber auch im Falle der Buchung von Miteigentumsanteilen gemäß § 3 Abs 4, 5 hat das Gesetz die Vereinigung nicht gewährt, sodass eine Vereinigung mit einem Grundstück als unzulässig angesehen werden muss.

9

6. Zuflurstück mit Zuflurstück

Da die Zuflurstücke im Rahmen des § 890 BGB vorübergehend wie gebuchte Grundstücke behandelt werden, kann ein Zuflurstück auch mit einem anderen zu einem selbständigen Grundstück mit neuer Flurnummer vereinigt werden.[27]

10

7. Grundstücksgleiches Recht mit grundstücksgleichem Recht

Grundstücksgleiche Rechte (zB Erbbaurecht) können, da sie rechtlich den Grundstücken gleichgestellt sind, wie Grundstücke miteinander vereinigt werden; es gilt jedoch die Einschränkung, dass nur Rechte gleicher Gattungen vereinigt werden können, also nicht zB ein Erbbaurecht mit einer Fischereigerechtigkeit.[28] Hinsichtlich der Vereinigung von Bergwerkseigentum bestehen jedoch Beschränkungen (vgl §§ 24 ff sowie §§ 151 Abs 2 Nr 4, 154 Abs 1 BundesbergG).

11

8. Wohnungseigentum mit Wohnungseigentum

Da es sich beim Wohnungseigentum um ein besonders ausgestaltetes Miteigentum handelt (nämlich verbunden mit Sondereigentum), das ein eigenes Grundbuchblatt erhält und dem Volleigentum an einem Grundstück weitgehend angenähert ist (Verkehrs- und Belastungsfähigkeit), besteht Einigkeit über die **Zulässigkeit** der Vereinigung von zwei oder mehrerer Wohnungseigentumsrechte, soweit sie demselben Eigentümer gehören.[29] Wegen § 1 Abs 4 WEG ist es nach dieser allgemeinen Ansicht auch erforderlich, dass die Wohnungseigentumsberechtigungen an demselben Grundstück bestehen.[30]

12

Bestritten ist, ob die rechtliche Vereinigung zweier Eigentumswohnungen auch **tatsächlich** zu einer Eigentumswohnung führen muss. Dies wird behauptet, weil der Vollzug der Vereinigung zur Verschmelzung der bisherigen Miteigentumsanteile zu einem neuen einheitlichen Anteil und der bisherigen Sondereigentumsräume zu einem neuen einheitlichen Sondereigentum führe.[31] Dem kann nicht zugestimmt werden. Dies kann zwar sein, wenn der Wohnungseigentümer dies will, muss aber nicht. Die Vereinigung zweier Eigentumswohnungen ist insoweit gleich zu behandeln wie die Vereinigung zweier Grundstücke. Letzteres ist unstrittig in der Weise möglich, dass der rechtlichen Vereinigung zweier Grundstücke keine katastermäßige, dh tatsächliche Verschmelzung zugrunde liegt, sodass ein zusammengesetztes Grundstück im Rechtssinn entsteht, das zwar unter einer Nummer im Bestandsverzeichnis gebucht wird, aber aus zwei tatsächlichen Flurstücken besteht. In gleicher Weise ist die rechtliche Vereinigung zweier Eigentumswohnungen möglich, dh es entsteht eine Wohnungseigentumsberechtigung im Rechtssinn, die auch im Grundbuch unter einer Nummer gebucht wird, aber sich tatsächlich aus zwei Eigentumswohnungen zusammensetzt.[32]

13

Die Vereinigung zweier Eigentumswohnungen setzt **materiell** gemäß § 890 Abs 1 BGB eine formlose Erklärung des Wohnungseigentümers gegenüber dem GBA voraus.[33] Die Zustimmung der dinglich Berechtigten an den zu vereinigenden Eigentumswohnungen ist nicht erforderlich, da ihre Rechte nicht beeinträchtigt werden,

14

---

26 BayObLG Rpfleger 1994, 108; NJW 1958, 2116, 2118; KG KGJ 28, 68; OLG Saarbrücken OLGZ 1972, 129, 132; OLG Hamburg NJW 1965, 1765; LG Münster DFG 1940, 141; KEHE-*Eickmann* § 5 Rn 10; *Demharter* § 5 Rn 5; *Staudinger-Gursky* § 890 Rn 16; MüKo-*Wacke* § 890 Rn 12; *Schöner/Stöber* Rn 626; *Staudenmaier* NJW 1964, 2145; *Böttcher* RpflStud 1989, 1, 2; **aA** *Bünger* NJW 1964, 583.

27 KEHE-*Eickmann* § 5 Rn 5; *Demharter* § 5 Rn 4; BGB-RGRK-*Augustin* § 890 Rn 3; *Löscher* JurBüro 1960, 283, 285; *Böttcher* RpflStud 1989, 1, 3.

28 BayObLG MittBayNot 1996, 34; OLG Hamm Rpfleger 1973, 427; KEHE-*Eickmann* § 5 Rn 6; *Demharter* § 5 Rn 6; *Böttcher* Erbbaurecht, Rn 547; *Staudinger-Gursky* § 890 Rn 18; BGB-RGRK-*Augustin* § 890 Rn 5; MüKo-*Wacke* § 890 Rn 12; *Soergel-Stürner* § 890 Rn 7; *Schöner/Stöber* Rn 627.

29 BGHZ 146, 241; OLG Hamm DNotZ 2007, 225; KG Rpfleger 1989, 500; BayObLGZ 1971, 102; 1971, 246; OLG Stuttgart OLGZ 1977, 431; OLG Hamburg Rpfleger 1966, 79; KEHE-*Eickmann* § 5 Rn 8; *Demharter* § 5 Rn 5; *Böttcher* RpflStud 1989, 1, 3.

30 **AA** *Schöner/Stöber* Rn 2979.

31 *Streuer* Rpfleger 1992, 181, 185.

32 KG Rpfleger 1989, 500; *Bärmann*, Wohnungseigentum, Rn 121.

33 BGHZ 146, 241; OLG Hamm DNotz 2007, 225; BayObLG FGPrax 2001, 65; **AA** *Streuer* Rpfleger 1992, 181; gemäß § 8 Abs 1 WEG.

dh sie bleiben im bisherigen Umfang bestehen und erstrecken sich nicht auf den anderen Teil.[34] Einer Zustimmung der anderen Wohnungseigentümer oder deren Gläubiger bedarf es mangels Beeinträchtigung ebenfalls nicht.[35]

15 **Formell** setzt die Vereinigung zweier Eigentumswohnungen zunächst einen schriftlichen Antrag des vereinigenden Wohnungseigentümers (§§ 13, 30) und seine Bewilligung in öffentlich beglaubigter Form (§§ 19, 29) voraus. Problematisch ist die Frage, ob auch ein berichtigter Aufteilungsplan und eine neue Abgeschlossenheitsbescheinigung (§ 7 Abs 4 WEG) vorgelegt werden müssen. Streitig ist insbesondere, ob nur die bisherigen Eigentumswohnungen abgeschlossen sein müssen[36] oder die neue Eigentumswohnung.[37] In dieser Allgemeinheit wird diese Frage aber nicht zu beantworten sein. Abgeschlossenheit der neuen Wohnungseigentumsberechtigung ist nur dann zu verlangen (ebenso ein berichtigter Aufteilungsplan), wenn der rechtlichen Vereinigung auch eine tatsächliche Verbindung zugrunde liegt, dh ein neuer einheitlicher Miteigentumsanteil mit einem einzigen Sondereigentum gebildet wird. Dagegen kann keine neue Abgeschlossenheitsbescheinigung (und kein berichtigter Aufteilungsplan) verlangt werden, wenn der rechtlichen Vereinigung der Eigentumswohnungen keine tatsächliche Verbindung zugrunde liegt, dh die neue Wohnungseigentumsberechtigung zwar unter einer Nummer im GB eingetragen wird, jedoch weiterhin tatsächlich aus zwei Eigentumswohnungen besteht.

16 Die Vereinigung von Eigentumswohnungen darf nur erfolgen, wenn hiervon **Verwirrung nicht zu besorgen ist** (§ 5 Abs 1 S 1). Es wird die Ansicht vertreten,[38] dass die unterschiedliche Belastung der zu vereinigenden Wohnungseigentumsrechte nicht zur Verwirrungsgefahr führen muss; nämlich dann, wenn die neue vereinigte Wohnungseigentumsberechtigung zwar unter einer Nummer im Bestandsverzeichnis gebucht wird, aber weiterhin aus zwei selbständig gebuchten Miteigentumsanteilen jeweils verbunden mit dem bisherigen Sondereigentum besteht (zB 50/1000 Miteigentumsanteil verbunden mit dem Sondereigentum an der Wohnung Nr 10 ...; 150/1000 Miteigentumsanteil verbunden mit dem Sondereigentum an der Wohnung Nr 15 ...). Nur wenn die neue Wohnungseigentumsberechtigung auch einen neuen vereinigten Miteigentumsanteil enthält (zB 200/1000 Miteigentumsanteil verbunden mit dem Sondereigentum an den Wohnungen Nr 10 und 15 ...), soll Verwirrungsgefahr bestehen. Diese Auffassung, die die Grundsätze hinsichtlich der Verwirrungsgefahr bei der Vereinigung von Grundstücken nahtlos auf die Vereinigung von Eigentumswohnungen überträgt, begegnet erheblichen Bedenken. Die Besorgnis der Verwirrung liegt bei unterschiedlicher Belastung von zu vereinigenden Grundstücken zusätzlich dann nicht vor, wenn der rechtlichen Vereinigung keine katastertechnische Verschmelzung zugrunde liegt, dh das vereinigte Grundstück im Rechtssinn aus zwei Flurstücken besteht. Diese Gedanken können jedoch nicht ohne weiteres auf die Vereinigung von Eigentumswohnungen übertragen werden. Würde sie sich darauf beschränken, dass die bisherigen Eigentumswohnungen nur grundbuchmäßig unter einer laufenden Nummer gebucht werden, obwohl weder eine Verbindung der Miteigentumsanteile noch eine Verschmelzung des Sondereigentums stattfindet, dann liegt gar keine wirkliche Vereinigung vor. Eine solche Auffassung widerspricht allgemein der Natur von Miteigentumsanteilen und speziell dem Wesen einer Wohnungseigentumsberechtigung. Hat zB jemand einen gewöhnlichen Miteigentumsanteil zu 1/3 an einem Grundstück und erwirbt er einen weiteren von 1/3 dazu, dann verbinden sich die bisherigen Miteigentumsanteile automatisch zu einem einheitlichen Miteigentumsanteil von 2/3 Außerdem kann eine – wenn auch nur vereinigte – Wohnungseigentumsberechtigung immer nur einen Miteigentumsanteil haben; das Gesetz spricht in § 1 Abs 2 und § 6 Abs 2 WEG von »dem Miteigentumsanteil«. Bei der Begründung von Wohnungseigentum kann eine Berechtigung auch nicht aus mehreren Miteigentumsanteilen bestehen; eine solche Situation darf sich nachträglich durch eine Vereinigung von Eigentumswohnungen ebenfalls nicht ergeben. Die Vereinigung von Wohnungseigentumsrechten führt vielmehr immer dazu, dass die neue Wohnungseigentumsberechtigung einen einheitlichen Miteigentumsanteil hat, sodass die unterschiedliche Belastung der bisherigen Eigentumswohnungen stets die Besorgnis der Verwirrung gemäß § 5 Abs 1 S 1 hervorruft.[39]

9. Miteigentumsanteil mit Miteigentumsanteil

17 Miteigentumsanteile können nicht vereinigt werden, da sie nicht als selbständige Grundstücke anzusehen sind; daher ist eine Vereinigung nicht möglich. Die selbständige Buchung von Miteigentumsanteilen nach § 3 Abs 4,

---

34 BGH NJW 1978, 230; OLG Saarbrücken OLGZ 1972, 137; *Staudinger-Gursky* § 890 Rn 20, 29; BGB-RGRK-*Augustin* § 890 Rn 8, 13; **aA** *Streuer* Rpfleger 1992, 181, 185 f.

35 *Schöner/Stöber* Rn 2979.

36 BGHZ 146, 241; OLG Zweibrücken ZMR 2001, 663; OLG Hamburg FGPrax 2004, 217; KG Rpfleger 1989, 500; BayObLG MittBayNot 1999, 179; BayObLGZ 1971, 102; 1971, 246; LG Wiesbaden Rpfleger 1989, 194; LG Ravensburg Rpfleger 1978, 303; *Demharter* § 5 Rn 5; *Waldner* in *Bauer/von Oefele* §§ 5, 6 Rn 16.

37 OLG Stuttgart OLGZ 1977, 431; KEHE-*Eickmann* § 5 Rn 8; *Röll* Rpfleger 1976, 283.

38 OLG Hamm DNotZ 2007, 225; KG Rpfleger 1989, 500 kritisch dazu *Morvilius* MittBayNot 2007, 492.

39 *Streuer* Rpfleger 1992, 181, 185; *Meyer-Stolte* Rpfleger 1989, 502; MüKo-*Röll* § 3 WEG Rn 20.

5 sieht die Vereinigung nicht vor; deshalb ist sie unzulässig.[40] Ein praktisches Bedürfnis dafür ist auch nicht ersichtlich.

IV. Materiellrechtliche Entstehungsvoraussetzungen

1. Erklärung des Eigentümers

Die Vereinigung setzt materiellrechtlich eine hierauf gerichtete **Erklärung des Eigentümers gegenüber** **18** **dem Grundbuchamt** voraus (§ 890 Abs 1 BGB). Die Erklärung ist eine rechtsgeschäftliche Willenserklärung des Eigentümers mit dem Ziel, ein neues und erweitertes Rechtsobjekt entstehen zu lassen.[41] Wie bei der Übertragung und Belastung von Grundstückseigentum und Grundstücksrechten immer die Einigung und Grundbucheintragung zusammentreffen müssen (§ 873 Abs 1 BGB), bedarf es zur rechtswirksamen Vereinigung der Erklärung des Eigentümers gegenüber dem Grundbuchamt und der Grundbucheintragung (§ 890 Abs 1 BGB). Unschädlich ist es, wenn die Vereinigungserklärung der Eintragung nachfolgt. Die Vereinigungserklärung kann nur der Eigentümer abgeben (bei Miteigentum alle Miteigentümer), nicht dagegen ein Grundpfandrechtsgläubiger.[42] Missverständlich ist es, bei der Vereinigungserklärung gemäß § 890 Abs 1 BGB von einem »materiellen Antrag« zu sprechen,[43] da der Begriff des Antrags nur im formellen Recht zu finden ist (§ 13).

Die Vereinigungserklärung des Eigentümers ist für die Vereinigung ein wesentliches Erfordernis. **Fehlt die** **19** **materiellrechtliche Vereinigungserklärung** oder ist sie nichtig, oder aus einem sonstigen Grunde unwirksam, zB wenn nicht vom wahren Eigentümer abgegeben oder so undeutlich, dass sie den wahren Willen nicht erkennen lässt, so treten die Wirkungen der Vereinigung nicht ein, das Grundbuch ist unrichtig.[44] Gutgläubiger Dritterwerb wird nach § 892 BGB geschützt.[45] Eine Amtslöschung wegen inhaltlicher Unzulässigkeit (§ 53 Abs 1 S 2) scheidet aus, da das Gesetz die Vereinigung gestattet; der Grundbuchrechtspfleger hat aber gemäß § 53 Abs 1 S 1 einen Amtswiderspruch einzutragen.[46] Die Erklärung eines Nichteigentümers kann auch nach § 185 Abs 2 BGB konvaleszieren.[47]

Materiellrechtlich ist die Vereinigungserklärung **formlos** wirksam, sodass sie auch stillschweigend abgegeben **20** werden kann.[48]

Die **Zustimmung Dritter** ist nicht erforderlich, insbesondere nicht die der **dinglich Berechtigten**, da deren **21** Rechte durch die Vereinigung nicht beeinträchtigt werden.[49] Bei **Gütergemeinschaft** ist keine Einwilligung des nicht verwaltenden Ehegatten nach § 1424 BGB und bei der **Zugewinngemeinschaft** keine Einwilligung des Ehegatten aus den Gründen des § 1365 BGB erforderlich. Eine Vereinigung ist auch keine unentgeltliche Verfügung des **Testamentsvollstreckers** nach § 2205 S 3 BGB. Außerdem ist eine Genehmigung des **Vormundschaftsgerichts** nach § 1821 Abs 1 Nr 1 BGB (§ 1643 BGB) nicht erforderlich, da der Bestand des Mündel- bzw Kindesvermögens nicht verändert wird.

2. Grundbucheintragung

Zur rechtswirksamen Vereinigung ist als **Konstitutivakt** noch die Grundbucheintragung gemäß § 890 Abs 1 **22** BGB erforderlich.

---

40 BayObLGZ 1993, 297 = Rpfleger 1994, 108; OLG Düsseldorf DNotZ 1963, 753; OLG Hamburg NJW 1965, 1765; LG Münster DFG 1940, 141; KEHE-*Eickmann* § 5 Rn 10; *Demharter* § 5 Rn 5; *Schöner/Stöber* Rn 626; BGB-RGRK-*Augustin* § 890 Rn 5; *Soergel-Stürner* § 890 Rn 7.
41 *Staudinger-Gursky* § 890 Rn 23; BGB-RGRK-*Augustin* § 890 Rn 9; MüKo-*Wacke* § 890 Rn 6; *Böttcher* RpflStud 1989, 1.
42 BayObLGZ 1976, 180 = DNotZ 1977, 242; *Staudinger-Gursky* § 890 Rn 23; BGB-RGRK-*Augustin* § 890 Rn 9; MüKo-*Wacke* § 890 Rn 6; *Böttcher* RpflStud 1989, 1.
43 So *Pawlowski-Smid*, FG, Rn 406.
44 KG KGJ 30, 195; 49, 235; OLG Kassel JW 1933, 1339 Nr 5; BGB-RGRK-*Augustin* § 890 Rn 11; *Schöner/Stöber* Rn 624; *Böttcher* RpflStud 1989, 1, 2.
45 *Staudinger-Gursky* § 890 Rn 23; MüKo-*Wacke* § 890 Rn 6; *Böttcher* RpflStud 1989, 1, 2.
46 *Pawlowski-Smid*, FG, Rn 407; BGB-RGRK-*Augustin* § 890 Rn 11; *Staudinger-Gursky* § 890 Rn 28; *Böttcher* RpflStud 1989, 1, 2.
47 *Staudinger-Gursky* § 890 Rn 23; MüKo-*Wacke* § 890 Rn 6; *Böttcher* RpflStud 1989, 1, 2.
48 MüKo-*Wacke* § 890 Rn 8; *Böttcher* RpflStud 1989, 1.
49 KG OLGE 12, 145; KGJ 31, 241; OLG Karlsruhe OLGE 39, 222; OLG Saarbrücken OLGZ 1972, 137; *Staudinger-Gursky* § 890 Rn 29; BGB-RGRK-*Augustin* § 890 Rn 13; MüKo-*Wacke* § 890 Rn 9; *Soergel-Stürner* § 890 Rn 5; KEHE-*Eickmann* § 5 Rn 18; *Demharter* § 5 Rn 9; *Güthe-Triebel* §§ 5, 6 Rn 12; *Schöner/Stöber* Rn 621; *Böttcher* RpflStud 1989, 1, 2.

V. Formellrechtliche Eintragungsvoraussetzungen

1. Eintragungsantrag (§ 13)

23 Für die Grundbucheintragung der Vereinigung ist formellrechtlich ein Eintragungsantrag erforderlich (§ 13), dessen Fehlen aber auf die Wirksamkeit der vorgenommenen Eintragung keinen Einfluss hat.[50] Von dem verfahrensrechtlichen Antrag ist die Erklärung des Eigentümers, welche die materiellrechtliche Grundlage für die Vereinigung bildet (§ 890 Abs 1 BGB), zu unterscheiden; letztere ist jedoch idR im Antrag enthalten.

24 **a) Antragsberechtigung.** Zur Antragstellung ist nach hM **nur der Eigentümer** befugt (§ 13 Abs 1 S 2), nicht auch ein dinglich Berechtigter.[51] Eine Mindermeinung besagt, dass der Antrag nicht nur vom Eigentümer, sondern auch von jedem anderen gestellt werden kann, zu dessen Gunsten die Vereinigung erfolgen soll.[52] Diese abweichende Auffassung ist abzulehnen, da die dinglich Berechtigten durch die Vereinigung nicht unmittelbar beteiligt werden.[53] Außerdem würde diese Meinung zu einer unzulässigen Ausweitung der Antragstellung führen.

25 **b) Form.** Der Eintragungsantrag bedarf grundsätzlich **keiner Form**, nur wenn er, wie zumeist, die formelle Bewilligung gemäß § 19 ersetzt, bedarf er nach § 30 der **öffentlich beurkundeten oder beglaubigten Form** (§ 29 Abs 1 S 1).[54] Es ist hinzuweisen auf das *Gesetz über die Beurkundungs- und Beglaubigungsbefugnis der Vermessungsbehörden* vom 15.11.1937 (RGBl I 1257). Diese Vorschriften dienen der Erleichterung hinsichtlich der Form des § 29, da vielfach die Erfahrung gemacht wurde, dass sich Grundstückseigentümer weigern, formgerechte Anträge zu stellen. Nach diesem Gesetz sind die Vorsteher der unteren Vermessungsbehörden und die von ihnen beauftragten Beamten – regelmäßig Beamte des höheren und des gehobenen Dienstes – befugt, Anträge des Eigentümers auf Vereinigung in ihrem Amtsbezirk öffentlich zu beurkunden oder zu beglaubigen. Das Gesetz gilt als landesrechtliche Vorschrift weiter und ist auch durch das BeurkG vom 28.08.1969 (BGBl I 1513) unberührt geblieben (§ 61 Abs 1 Nr 6 BeurkG). Es ist von einigen Ländern in die Katastergesetze übernommen worden, erstmals in Bayern als Art 9 VermKatG vom 31.07.1970 (GVBl 369). Bei der Vereinigung soll von dieser Befugnis nur Gebrauch gemacht werden, wenn die zu vereinigenden Grundstücke örtlich und wirtschaftlich ein einheitliches Grundstück darstellen,[55] wenn in der Angelegenheit noch weitere Erklärungen abgegeben werden müssen, die von einem Notar beurkundet oder beglaubigt werden, sollen die Vermessungsbehörden von ihrer Befugnis absehen.[56]

26 **c) Inhalt.** Der Antrag muss den Vereinigungswillen unzweifelhaft zum Ausdruck bringen. Ob eine Vereinigung oder Bestandteilzuschreibung eintreten soll, richtet sich nach dem Willen des Eigentümers, der sorgfältig zu erforschen ist.[57] Grundsätzlich erfordert jedoch der Grundbuchverkehr ausdrückliche Erklärungen. In Übereinstimmung mit diesem Grundsatz muss deshalb eine eindeutige **Erklärung des Eigentümers** dahingehend verlangt werden, **ob Vereinigung oder Bestandteilzuschreibung gewollt ist**.[58] Dies ist vor allem wegen der unterschiedlichen materiellrechtlichen Folgen erforderlich (§ 1131 BGB!). Daraus kann aber nicht geschlossen werden, dass die Worte »Vereinigung« oder »Bestandteilzuschreibung« seitens des Eigentümers verwendet werden müssten. Die Erkennbarkeit lässt auch eine eindeutige Entscheidung, zB durch **Auslegung** oder sonstige zwingende Umstände zu, ohne dass darüber hinaus eine Festlegung durch den Gebrauch eines bestimmten Wortes erfolgen müsste.[59] Wird beantragt, ein Grundstück einem anderen »zuzuschreiben«, so ist darunter regelmäßig die Zuschreibung als Bestandteil zu verstehen.[60] Nicht ausreichend sind dagegen Erklärungen, die auf »*Zusammenmessung*«, »*Zusammenschreibung*«, »*Verbindung*«, »*Verschmelzung*« gerichtet sind; es kann sich hierbei um Verfahren nach §§ 4, 5 oder 6 handeln, sodass durch Zwischenverfügung Klarstellung verlangt werden

---

50 BGB-RGRK-*Augustin* § 890 Rn 10; *Böttcher* RpflStud 1989, 1, 3. **AA** zu Unrecht *Soergel-Stürner* § 890 Rn 8.

51 KEHE-*Eickmann* § 5 Rn 19; *Demharter* § 5 Rn 11; *Güthe-Triebel* §§ 5, 6 Rn 6; *Schöner/Stöber* Rn 629; *Soergel-Stürner* § 890 Rn 8; *Böttcher* RpflStud 1989, 1, 3.

52 KG KGJ 30, 178; 31, 346; *Staudinger-Gursky* § 890 Rn 24; BGB-RGRK-*Augustin* § 890 Rn 10; MüKo-*Wacke* § 890 Rn 8.

53 Allgemein zum Erfordernis der Unmittelbarkeit: *Böttcher* Rpfleger 1982, 52, 55.

54 BayObLGZ 1957, 357 = DNotZ 1958, 388; KG KGJ 31, 238; KEHE-*Eickmann* § 5 Rn 19; *Demharter* § 5 Rn 11; *Schöner/Stöber* Rn 628; *Staudinger-Gursky* § 890 Rn 24; *Böttcher* RpflStud 1989, 1, 3.

55 *Bengel/Simmerding* §§ 5, 6 Rn 29.

56 *Bengel/Simmerding* §§ 5, 6 Rn 32.

57 *Staudinger-Gursky* § 890 Rn 26; BGB-RGRK-*Augustin* § 890 Rn 1; MüKo-*Wacke* § 890 Rn 7; *Soergel-Stürner* § 890 Rn 5; *Böttcher* RpflStud 1989, 1, 4.

58 BayObLG MittBayNot 1994, 128; KG OLGE 39, 221; LG Schweinfurt MittBayNot 1978, 217; KEHE-*Eickmann* § 5 Rn 18; *Schöner/Stöber* Rn 630; *Staudinger-Gursky* § 890 Rn 26; BGB-RGRK-*Augustin* § 890 Rn 12; *Böttcher* RpflStud 1989, 1, 4.

59 LG Schweinfurt MittBayNot 1978, 217; *Röll* DNotZ 1968, 523, 529; *Böttcher* RpflStud 1989, 1, 4.

60 KG DR 1940, 1952 = HRR 1941 Nr 28; *Staudinger-Gursky* § 890 Rn 26; MüKo-*Wacke* § 890 Rn 7; *Soergel-Stürner* § 890 Rn 5; *Böttcher* RpflStud 1989, 1, 4.

muss.[61] Nicht gefolgt werden kann der Meinung, die im Zweifel immer die Vereinigung annimmt;[62] vielmehr muss ein Eintragungsantrag, der seinem Wortlaut nach sowohl auf eine Vereinigung (§ 890 Abs 1 BGB) als auch auf eine Bestandteilszuschreibung (§ 890 Abs 2 BGB) gerichtet ist, als eine ungeeignete Eintragungsunterlage angesehen werden.[63] Dies ergibt sich mit Rücksicht auf die verschiedenen Rechtsfolgen aus dem im Grundbuchverfahren geltenden formellen Bestimmtheitsgrundsatz (vgl Einl D Rdn 11), wonach die Eintragungsunterlagen eindeutige Erklärungen enthalten müssen.

In folgenden Fällen wird in Literatur und/oder Rechtsprechung der **unzweifelhafte Vereinigungswille** angenommen, und zwar ohne eindeutige Festlegung im Eintragungsantrag:

- Im bloßen Vollzugsantrag zum Veräußerungsgeschäft liege der Antrag auf Vereinigung, wenn ersichtlich sei, dass das Veräußerungsgeschäft ohne Grundstücksfusion nicht vollzogen werden kann.[64] Dem kann nicht zugestimmt werden. Das Gesetz kennt zwei Arten von Grundstücksfusionen, die Vereinigung und Bestandteilszuschreibung (§ 890 BGB). Wieso beim Vollzug einer Veräußerung gerade die Vereinigung gewollt sein soll, ist nicht ersichtlich.
- Eine Vereinigung sei gewollt, wenn die Rechte in Abt III durch Pfandunterstellung ausgedehnt werden, denn wo eine automatische Erstreckung erfolgt, wäre dies überflüssig.[65] Dem kann so nicht zugestimmt werden. Es stimmt zwar, dass im Verhältnis Hauptgrundstück/Bestandteilsgrundstück eine automatische Pfanderstreckung eintritt (§ 1131 BGB), jedoch gilt dies nicht im Verhältnis Bestandteilsgrundstück/Hauptgrundstück, weshalb die Pfandunterstellung auch bei der Bestandteilszuschreibung ihre Bedeutung haben kann.[66]
- Mit dem Antrag »auf Vollzug eines Veränderungsnachweises« sei im Zweifel die Vereinigung nach § 890 Abs 1 BGB als normale Form der Grundstücksverbindung gewollt.[67] In dieser pauschalen Form kann dem jedoch nicht gefolgt werden. Vielmehr muss sich aus der Begründung oder den Anlagen zum Veränderungsnachweis noch der eindeutige Vereinigungswille ergeben,[68] weil ein Veränderungsnachweis eben auf zwei verschiedene Arten vollzogen werden kann.

2. Eintragungsbewilligung (§ 19)

Die gemäß § 19 iVm § 890 Abs 1 BGB erforderliche Eintragungsbewilligung des Eigentümers[69] ist in seinem Antrag auf Eintragung der Vereinigung zu sehen.[70] Dieser gemischte Antrag muss dann öffentlich beglaubigt sein (§ 30).   **27**

3. Keine Besorgnis der Verwirrung (§ 5 Abs 1 S 1)

a) Allgemeines. Eine Vereinigung darf im Grundbuch nicht vollzogen werden, wenn dadurch Verwirrung zu besorgen ist (§ 5 Abs 1 S 1). Da § 5 aber nur eine grundbuchrechtliche Ordnungsvorschrift ist, dh das Fehlen der Verwirrungsgefahr nur eine **formell-rechtliche Voraussetzung** der Vereinigung darstellt, ist die Vereinigung auch dann materiellrechtlich wirksam, wenn objektiv von ihr Besorgnis der Verwirrung ausgeht.[71]   **28**

Der **Begriff der Verwirrung** erfordert nach der allgemein üblichen Charakterisierung, dass die Eintragungen im Grundbuch durch die Vereinigung bzw Bestandteilszuschreibung, derart unübersichtlich und schwer verständlich werden, dass der grundbuchliche Rechtszustand des Grundstücks nicht mit der für den Grundbuchverkehr notwendigen Klarheit und Bestimmtheit erkennbar ist und die Gefahr von Streitigkeiten zwischen den Realberechtigten untereinander oder mit dritten Beteiligten und von Verwicklungen namentlich im Falle der Zwangsversteigerung besteht.[72]   **29**

61 KEHE-*Eickmann* § 5 Rn 18; *Staudinger-Gursky* § 890 Rn 26; *Böttcher* RpflStud 1989, 1, 4.
62 BayObLG Rpfleger 1996, 332; MittBayNot 1971, 363 (vgl aber MittBayNot 1994, 128); LG Schweinfurt MittBayNot 1978, 217; *Staudinger-Gursky* § 890 Rn 26; BGB-RGRK-*Augustin* § 890 Rn 1; MüKo-*Wacke* § 890 Rn 7; *Röll* DNotZ 1968, 523, 529.
63 KG OLGE 39, 221; KEHE-*Eickmann* § 5 Rn 18; *Waldner* in *Bauer/von Oefele* §§ 5, 6 Rn 22; *Böttcher* RpflStud 1989, 1, 4.
64 *Bengel/Simmerding* §§ 5, 6 Rn 19.
65 BGH DNotZ 1954, 197; LG Schweinfurt MittBayNot 1978, 217; *Röll* DNotZ 1968, 523, 529.
66 KEHE-*Eickmann* § 5 Rn 18; *Staudinger-Gursky* § 890 Rn 26; *Böttcher* RpflStud 1989, 1, 4.
67 BayObLGZ 1957, 354 = DNotZ 1958, 388 m Anm *Riedel*; LG Schweinfurt MittBayNot 1978, 217; *Röll* DNotZ 1968, 523, 529.
68 KEHE-*Eickmann* § 5 Rn 19; *Staudinger-Gursky* § 890 Rn 26; *Schöner/Stöber* Rn 630; *Böttcher* RpflStud 1989, 1, 4.
69 *Demharter* § 5 Rn 10; *Böttcher* RpflStud 1989, 1, 4.
70 *Böttcher* S 1989, 1, 4.
71 KEHE-*Eickmann* § 5 Rn 12; *Pawlowski-Smid*, FG, Rn 407; *Böttcher* BWNotZ 1986, 73.
72 BayObLG Rpfleger 1997, 102; DNotZ 1994, 242 = MittBayNot 1994, 127 = Rpfleger 1994, 250; KG Rpfleger 1989, 500; OLGE 8, 300; 39, 221; OLG Hamm Rpfleger 1968, 121; 1998, 154; OLG Düsseldorf Rpfleger 2000, 211; DNotZ 1971, 479; OLG Schleswig Rpfleger 1982, 371; LG Wuppertal MittRhNotK 1995, 65; LG Hildesheim Rpfleger 1981, 107 m Anm *Meyer-Stolte*; LG Aachen MittRhNotK 1982, 46; 1983, 162; Rpfleger 1986, 50; KEHE-*Eickmann* § 5 Rn 12; *Demharter* § 5 Rn 13; *Staudinger-Gursky* § 890 Rn 14; *Schöner/Stöber* Rn 635; *Wendt* Rpfleger 1983, 192; *Röll* DNotZ 1968, 523, 531; *Böttcher* BWNotZ 1986, 73.

30 Bei dem Begriff »Besorgnis der Verwirrung« wurde früher in Rechtsprechung und Schrifttum davon ausgegangen, es handele sich um eine vom Grundbuchrechtspfleger zu treffende Ermessensentscheidung.[73] Mit Beschluss vom 04.05.1977 hat demgegenüber das BayObLG[74] die »Besorgnis der Verwirrung« als einen Begriff mit einem umschriebenen und damit nachprüfbaren rechtlichen Inhalt gewertet, der als **unbestimmter Rechtsbegriff** anzusehen ist und für eine Ermessensentscheidung des Grundbuchrechtspflegers keinen Raum lässt. Der Auffassung des BayObLG ist die Judikatur und Literatur zu Recht gefolgt.[75] Grundsätzlich kann der Eigentümer mit seinem Grundbesitz nach Belieben verfahren (§ 903 BGB), so insbesondere Grundstücke vereinigen oder als Bestandteil zuschreiben (§ 890 BGB). Dieses Recht des Eigentümers wird durch die §§ 5, 6 eingeschränkt, da eine Vereinigung bzw Bestandteilszuschreibung nur zulässig ist, wenn davon keine Besorgnis der Verwirrung ausgeht. Diese Einschränkung des Eigentumsrechts ist eine gesetzliche Inhaltsbestimmung des Eigentums iS des Art 14 Abs 1 S 2 GG. Dies ist nur dann gerechtfertigt, wenn objektiv anzunehmen ist, dass die Vereinigung bzw Bestandteilszuschreibung zur Verwirrung führen werde. Das Erfordernis der objektiven, im Einzelfall also durch Tatsachen begründete Annahme für das Vorliegen der Verwirrungsgefahr lässt im Gegensatz zur Ermessensentscheidung bei gegebener Sach- und Rechtslage unter Berücksichtigung der ratio legis immer nur eine richtige Entscheidung zu.[76] Die Zurückweisung eines Vereinigungs- oder Zuschreibungsantrags bei fehlender objektiver Annahme des Eintritts der Verwirrungsgefahr wäre ein Verstoß gegen Art 14 Abs 1 GG und daher grundgesetzwidrig.[77]

31 **Entscheidungskriterien** bei der Feststellung der Verwirrungsgefahr sind beispielsweise die Übersichtlichkeit des Grundbuchs vor allem für die Öffentlichkeit (§ 12), die durch eine Vielfalt von Grundstücken und Belastungen gefährdet sein kann, aber auch die eindeutige Bestimmbarkeit der Belastungs- und Rangverhältnisse, die durch häufige Pfandunterstellungen und Rangänderungen in Frage gestellt sein kann.[78] Vordringliches Kriterium sind aber die Schwierigkeiten bei einer möglichen Zwangsversteigerung,[79] insbesondere bei der Festlegung des Versteigerungsobjekts und der Aufstellung des geringsten Gebotes, schließlich bei der Erlösverteilung. Das Grundbuchamt darf keine Rechtsverhältnisse schaffen, die eine Verwertung des Grundstücks unmöglich machen.

32 Bei der Prüfung der Frage, ob durch eine Vereinigung oder Bestandteilszuschreibung eine Verwirrung des Grundbuchs gemäß §§ 5, 6 zu besorgen ist, sind nach richtiger Ansicht nicht nur die gegenwärtigen Rechtsverhältnisse der Grundstücke und die unmittelbaren Folgen der Vereinigung oder Bestandteilszuschreibung zu berücksichtigen, sondern auch sonstige Folgen, die sich aus Anträgen ergeben, die in Verbindung mit dem Vereinigungs- oder Zuschreibungsantrag gestellt sind; eine zukünftige Entwicklung, die **im Zeitpunkt der Entscheidung** noch nicht sicher überschaubar ist, darf der Grundbuchrechtspfleger dagegen nicht berücksichtigen (zB geplante Aufteilung des neuen Grundstücks in Wohnungseigentum).[80] Bei der Vereinigung/Bestandteilszuschreibung verschieden belasteter Grundstücke nach vorhergehender Flurstücksverschmelzung ist Verwirrung nicht zu besorgen, wenn feststeht, dass die auf einer Teilfläche bestehende Belastung alsbald gelöscht wird;[81] das Grundbuchamt kann deshalb nicht die Pfanderstreckung eines bereits eingetragenen Rechts auf eine zugemessene Teilfläche verlangen, wenn diese Teilfläche im selben Veränderungsnachweis in einem späteren Vortrag, dessen Vollzug gleichfalls beantragt wurde, wieder weggemessen wurde.

33 Zum Teil wird die Ansicht vertreten, dass die **nach der Vereinigung/Bestandteilszuschreibung** – theoretisch – **mögliche Flurstücksverschmelzung** einen objektiven Umstand darstellt, der die Annahme der Verwirrungsgefahr wegen der unterschiedlichen Belastung der Grundstücke schon im Zeitpunkt der Vereinigung/Bestandteilszuschreibung begründet.[82] *Wendt* ist dieser Meinung zu Recht mit überzeugender Begründung ent-

---

73 BayObLGZ 10, 630, 633; 29, 162, 165; OLG Frankfurt Rpfleger 1975, 312; *Röll* DNotZ 1968, 523, 531.
74 BayObLGZ 1977, 119 = Rpfleger 1977, 251 = DNotZ 1978, 102; ebenso Rpfleger 1980, 191 m Anm *Meyer-Stolte*; Rpfleger 1994, 250 = DNotZ 1994, 242 = MittBayNot 1994, 127.
75 LG Nürnberg-Fürth MittBayNot 1981, 124; LG Aachen Rpfleger 1986, 50; LG Wuppertal MittRhNotK 1995, 65; KG Rpfleger 1989, 500; KEHE-*Eickmann* § 5 Rn 12; *Demharter* § 5 Rn 13; *Staudinger-Gursky* § 890 Rn 14; BGB-RGRK-*Augustin* § 890 Rn 7; MüKo-*Wacke* § 890 Rn 10; *Soergel-Stürner* § 890 Rn 9; *Schöner/Stöber* Rn 634; *Wendt* Rpfleger 1983, 192; *Böttcher* BWNotZ 1986, 73.
76 KEHE-*Eickmann* § 5 Rn 12; *Böttcher* BWNotZ 1986, 73.
77 *Wendt* Rpfleger 1983, 192, 193; *Böttcher* BWNotZ 1986, 73.
78 LG Aachen Rpfleger 1986, 20.
79 BayObLG DNotZ 1994, 242 = Rpfleger 1994, 250; *Böttcher* BWNotZ 1986, 73.
80 OLG Hamm Rpfleger 1998, 154; 1968, 121; OLG Düsseldorf DNotZ 1971, 479; OLG Schleswig Rpfleger 1982, 371; LG Münster Rpfleger 2002, 22; 1998, 243; LG Detmold Rpfleger 2002, 22; LG Aachen MittRhNotK 1983, 162; LG Hildesheim Rpfleger 1981, 107 m Anm *Meyer-Stolte*; *Schöner/Stöber* Rn 639; KEHE-*Eickmann* § 5 Rn 12; *Güthe-Triebel* §§ 5, 6 Rn 7; *Wendt* Rpfleger 1983, 192, *Böttcher* BWNotZ 1986, 73.
81 LG Traunstein MittBayNot 1973, 83 m Anm *Wirner*; *Röll* DNotZ 1968, 523, 538; *Böttcher* BWNotZ 1986, 73.
82 *Stöber* MittBayNot 2001, 281; *Schöner/Stöber* Rn 639; *Morvillius* MittBayNot 2006, 229; *Meyer-Stolte* Rpfleger 1980, 191; 1981, 107.

gegengetreten.[83] Bei Flurstücken, die eine örtliche und wirtschaftliche zusammenhängende Bodenfläche bilden, was aus der im Bestandsverzeichnis des Grundbuchs enthaltenen katastertechnischen Beschreibung der Grundstücke und den katasteramtlichen Unterlagen ersichtlich ist, liegen zwar die katastertechnischen Voraussetzungen für eine Flurstücksverschmelzung vor, wobei jedoch die Entscheidung darüber vom Ermessen des Katasteramts abhängt.[84] Nach erfolgter Eintragung der Vereinigung/Bestandteilszuschreibung im Grundbuch setzt eine Verschmelzung der Flurstücke nach den landesrechtlichen Katasterbestimmungen voraus, dass die betreffenden Flurstücke Teile ein und desselben Grundstücks im Rechtssinne sind und dass der Verschmelzung nach dem Inhalt des Grundbuchs kein Hindernis entgegensteht.[85] Bei unterschiedlicher Belastung des Grundstücks würde nach Aufnahme der Flurstücksverschmelzung in das Bestandsverzeichnis des Grundbuchs aus diesem nicht mehr ersichtlich sein, auf welchen einzelnen Teilen des Grundstücks die Rechte lasten. Eine Flurstücksverschmelzung verletzt in diesem Fall somit materielles Recht, da sie gegen den Bestimmtheitsgrundsatz des § 873 BGB verstößt, zur Unanwendbarkeit der §§ 891, 892 BGB führt und die Verwertung von Grundpfandrechten durch Zwangsversteigerung in den belasteten Grundstücksteil verhindert.[86] Die Aufnahme der Flurstücksverschmelzung nach Vereinigung/Bestandteilszuschreibung in das Bestandsverzeichnis des Grundbuchs ist daher bei unterschiedlicher Belastung des Grundstücks durch Entscheidung des Amtsgerichts, die der Rechtspfleger nach Vorlage durch den unzuständigen Urkundsbeamten der Geschäftsstelle (§ 12c Abs 2 Nr 2) zu treffen hat, als unzulässig abzulehnen.[87] Eine mögliche Flurstücksverschmelzung nach Vereinigung/Bestandteilszuschreibung kann somit nicht die Besorgnis der Verwirrung begründen, weil bei unterschiedlicher Belastung des Grundstücks ihre Aufnahme in das Grundbuch abzulehnen ist. Wurde die Flurstücksverschmelzung vom Katasteramt vorgenommen, so hat es diese rückgängig zu machen, da es als Verwaltungsbehörde der gerichtlichen Entscheidung zu folgen hat.[88]

b) Eigentumsverhältnisse. Verwirrung ist zu besorgen bei unterschiedlichen Eigentumsverhältnissen an den zu vereinigenden Grundstücken.[89] Die Grundstücke müssen **demselben Eigentümer** bzw grundstücksgleiche Rechte demselben Berechtigten gehören (§ 890 Abs 1 BGB), wobei es genügt, wenn das Eigentum gleichzeitig mit der Vereinigung/Bestandteilszuschreibung erworben wird.[90] Nicht vorausgesetzt wird, dass die Grundstücke einer einzelnen Person gehören. Auch solche Grundstücke, die denselben Miteigentümern oder Gesamthändern gehören, können einer Vereinigung/Bestandteilszuschreibung unterzogen werden. Eine solche Mehrheit von Eigentümern des gleichen Grundbesitzes steht dem Eigentümer gleich. Nicht vereinigt werden können Grundstücke, die denselben Personen, aber in verschiedenen Gemeinschaftsarten gehören. Selbst verschiedene Arten von Gesamthandeigentum (zB Erbengemeinschaft und BGB-Gesellschaft) schließen die Möglichkeit der Vereinigung/Bestandteilszuschreibung aus.[91] Verwirrung ist stets zu besorgen, wenn die Anteile der Miteigentümer an den zu vereinigenden Grundstücken verschieden sind.[92] Nicht erforderlich ist, dass die mehreren Grundstücke derselben Vermögensmasse des Eigentümers angehören; der Vereinigung/Bestandteilszuschreibung zweier Grundstücke steht daher nicht entgegen, dass eines der Nacherbfolge unterliegt, das andere dagegen nicht. **34**

c) Beschränkte dingliche Rechte. aa) Grundsatz. Ob die **unterschiedliche Belastung** der betroffenen Grundstücke mit beschränkten dinglichen Rechten Verwirrungsgefahr bedeutet, ist streitig.[93] Es stehen sich **drei Meinungen** gegenüber: **35**

---

83 Rpfleger 1983, 192; 1994, 456; ebenso OLG Hamm Rpfleger 1998, 154; OLG Düsseldorf Rpfleger 2000, 211; LG Detmold und LG Münster Rpfleger 2002, 22; *Soergel-Stürner* § 890 Rn 9; *Böttcher* BWNotZ 1986, 73, 74; *Waldner* in *Bauer/von Oefele* §§ 5, 6 Rn 26.

84 *Wendt* Rpfleger 1983, 192, 195.

85 *Wendt* Rpfleger 1983, 192, 194.

86 *Wendt* Rpfleger 1983, 192, 196 ff; *Böttcher* BWNotZ 1986, 73, 74.

87 OLG Düsseldorf Rpfleger 2000, 211; OLG Hamm Rpfleger 1998, 154; LG Detmold und LG Münster Rpfleger 2002, 22; *Wendt* Rpfleger 1983, 192, 198; *Böttcher* BWNotZ 1986, 73, 74; **aA** *Meyer-Stolte* Rpfleger 1980, 191.

88 *Steiner-Hagemann* Einl Rn 22; *Wendt* Rpfleger 1983, 192, 199; *Böttcher* BWNotZ 1986, 73, 74.

89 BayObLG Rpfleger 1991, 4; *Eickmann* GBVerfR, Rn 78; *Schöner/Stöber* Rn 625; *Röll* DNotZ 1968, 523, 531; *Böttcher* BWNotZ 1986, 73, 74.

90 BayObLGZ 1954, 258; KGJ 36, 193; OLG Zweibrücken DNotZ 1991, 605 (*Herrmann*); OLG Karlsruhe BadRspr 1911, 21; RG Recht 1914 Nr 1274; KEHE-*Eickmann* § 5 Rn 11; *Demharter* § 5 Rn 7; *Staudinger-Gursky* § 890 Rn 11; BGB-RGRK-*Augustin* § 890 Rn 4; MüKo-*Wacke* § 890 Rn 6; *Soergel-Stürner* § 890 Rn 8; *Röll* DNotZ 1968, 523, 531; *Böttcher* BWNotZ 1986, 73, 74.

91 KEHE-*Eickmann* § 5 Rn 11; *Staudinger-Gursky* § 890 Rn 12; *Böttcher* BWNotZ 1986, 73, 74.

92 OLG Zweibrücken DNotZ 1991, 605 (*Herrmann*); KEHE-*Eickmann* § 5 Rn 14; *Demharter* § 5 Rn 7; *Staudinger-Gursky* § 890 Rn 12; *Eickmann*, GBVerfR, Rn 78; *Böttcher* BWNotZ 1986, 73, 74.

93 Der BGH Rpfleger 2006, 150 = DNotZ 2006, 288 = NJW 2006, 1000 hat die Frage – entgegen der Auffassung von *Morvilius* MittBayNot 2006, 229 Fn 2 – offen gelassen; vgl *Böttcher* RpflStud 2007, 113; Gutachten in DNotI-Report 2006, 189.

(1) Bei Vereinigung und Bestandteilszuschreibung ist grundsätzlich Verwirrung zu besorgen, wenn die Belastung mit Rechten im Bestand und in der Rangfolge uneinheitlich ist; dies gilt sowohl für den Fall, dass eine Flurstücksverschmelzung vorausgeht, als auch für den Fall, dass dem nicht so ist, weil auch nachträglich eine Flurstücksverschmelzung möglich ist.[94]

(2) Eine unterschiedliche Belastung der einzelnen zu vereinigen oder an der Zuschreibung beteiligten Grundstücke oder eine sich aus § 1131 BGB ergebende gesetzliche Rangfolge auf dem zugeschriebenen Grundstück begründen dann die Besorgnis der Verwirrung, wenn eine Flurstücksverschmelzung vorausgeht, dh das neu gebildete Grundstück auch katastermäßig eine Einheit bildet.[95]

(3) Bei Vereinigung und Bestandteilszuschreibung begründen die unterschiedliche Belastung oder eine sich aus § 1131 BGB ergebende Rangfolge nicht die Besorgnis der Verwirrung; dabei wird nicht darauf eingegangen, ob eine Flurstücksverschmelzung zugrunde liegt oder nicht.[96]

Der *ersten Meinung*, die bei unterschiedlicher Belastung oder uneinheitlichen Rangverhältnissen stets Verwirrungsgefahr annimmt, kann nicht gefolgt werden. Sie macht § 1131 BGB unanwendbar und schränkt das grundgesetzlich geschützte Eigentumsrecht über das nach Art 14 Abs 1 S 2 GG zulässige Maß hinaus ein. Es ist ein Widerspruch in sich, wenn einerseits die §§ 890, 1131 BGB das Recht des Eigentümers auf Vereinigung und Bestandteilszuschreibung trotz unterschiedlicher Belastung und Rangfolge ausdrücklich gestatten und dieser Umstand andererseits zugleich als objektive Annahme für das Vorliegen der Verwirrungsgefahr über die §§ 5, 6 zu einer Einschränkung dieses materiell-rechtlich zulässigen und grundgesetzlich geschützten Eigentumsrechts führen soll. Dass eine mögliche Flurstücksverschmelzung nach erfolgter Vereinigung/Bestandteilszuschreibung nicht die Besorgnis der Verwirrung begründet, wurde bereits dargelegt (vgl Rdn 33). Der *dritten Meinung*, die bei der Prüfung der Verwirrungsgefahr auf keine Flurstücksverschmelzung eingeht, kann ebenfalls nicht zugestimmt werden. Geht nämlich eine Flurstücksverschmelzung der Vereinigung/Bestandteilszuschreibung voraus, dann führt eine unterschiedliche Belastung zur Verwirrung bei der Zwangsversteigerung. In diesem Fall werden die Grenzsteine zwischen den Flurstücken entfernt, sie sind nicht nur ein einheitliches rechtliches Grundstück, sie stellen auch ein einheitliches katastertechnisches Flurstück dar. Bei der Vereinigung bleiben aber die bestehenden Belastungen unverändert, sodass jeder reale Grundstücksteil nur für die ursprünglich an ihm begründeten Rechte haftet. Bei der Bestandteilszuschreibung erstrecken sich die das Hauptgrundstück belastenden Grundpfandrechte auf das zugeschriebene Grundstück, während die Belastungen des Bestandteilsgrundstücks auf diesem allein bestehen bleiben (§ 1131 BGB). Daher ist die Zwangsversteigerung aus einem vor der Vereinigung entstandenen Recht lediglich in den haftenden Grundstücksteil möglich,[97] bei der Bestandteilszuschreibung können Gläubiger der Rechte, die nur das Bestandteilsgrundstück belasten, allein in dieses vollstrecken.[98] Eine Zwangsvollstreckung in den nicht haftenden Teil ist insoweit unzulässig, weil er vom Vollstreckungstitel nicht erfasst sein kann.[99] Nach einer Flurstücksverschmelzung ist aber der real haftende Grundstücksteil nicht mehr aus dem Grundbuch feststellbar. Da aber idR Voraussetzung der Zwangsversteigerung in einen realen Grundstücksteil ist, dass es sich zumindest um ein katastertechnisches Flurstück handelt und dieses im Grundbuch eingetragen ist,[100] ist eine Verwertung des realen Grundstücksteils sehr erschwert.[101] Aber selbst wenn ein Einzelausgebot des realen Grundstücksteils erfolgen würde, könnte das Grundbuch nur nach erneuter Vermessung hinsichtlich des Zuschlagbeschlusses berichtigt werden, was die Durchsetzung der Gläubigerrechte unzulässig erschweren würde.[102] Richtig ist daher die *zweite Meinung*, wonach eine **unterschiedliche Belastung** der einzelnen zu vereinigen oder an der Zuschreibung beteiligten Grundstücke

94 *Stöber* MittBayNot 2001, 281; *Schöner/Stöber* Rn 639; *Morvilius* MittBayNot 2006, 229; *Meyer-Stolte* Rpfleger 1980, 191; 1981, 107.
95 BayObLG DNotZ 1994, 242 = Rpfleger 1994, 250 = MittBayNot 1994, 127; BayObLGZ 1977, 119 = DNotZ 1978, 102 = Rpfleger 1977, 251; OLG Hamm Rpfleger 1998, 154 = ZflR 1998, 115; KG Rpfleger 1989, 500; OLG Frankfurt DNotZ 1993, 612 = Rpfleger 1993, 396; Rpfleger 1975, 312; OLG Düsseldorf Rpfleger 2000, 211 = FGPrax 2000, 57 = ZflR 2000, 284; DNotZ 1971, 479; OLG Schleswig Rpfleger 1982, 371; LG München I MittBayNot 2004, 131; LG Münster Rpfleger 1998, 243; LG Augsburg MittBayNot 1998, 187; LG Wuppertal MittRhNotK 1995, 65; LG Aachen MittRhNotK 1982, 46; *Soergel-Stürner* § 890 Rn 9; KEHE-*Eickmann* § 5 Rn 13; *Demharter* § 5 Rn 14; *Eickmann* GBVerfR, Rn 78; *Wendt* Rpfleger 1983, 192; *Röll* DNotZ 1968, 523, 534 ff; *Panz* BWNotZ 1995, 156, 158; *Böttcher* BWNotZ 1986, 73, 74 f; *Stavorinus* Rpfleger 2004, 738, 739; *Bengel/Simmerding* §§ 5, 6 Rn 2; *Waldner* in *Bauer/von Oefele* §§ 5, 6 Rn 27–29.
96 BayObLG Rpfleger 2000, 191 (aufgegeben in DNotZ 1994, 242 = Rpfleger 1994, 250 = MittBayNot 1994, 127); LG Hildesheim Rpfleger 1981, 107 m abl Anm *Meyer-Stolte*.
97 KG OLGE 12, 146; OLG Karlsruhe OLGE 39, 222; *Böttcher* BWNotZ 1986, 73, 75.
98 *Steiner-Hagemann* Einl Rn 21; *Böttcher* BWNotZ 1986, 73, 75.
99 *Steiner-Hagemann* Einl Rn 21; *Röll* DNotZ 1968, 523, 534; *Böttcher* BWNotZ 1986, 73, 75.
100 *Steiner-Hagemann* Einl Rn 22; *Böttcher* BWNotZ 1986, 73, 75.
101 Vgl BGH DNotZ 2006, 228 = Rpfleger 2006, 150 = NJW 2006, 100; *Böttcher* RpflStud 2007, 113.
102 Vgl BGH DNotZ 2006, 228=Rpfleger 2006, 150=NJW 2006, 100; *Böttcher* RpflStud 2007, 113. *Röll* DNotZ 1968, 523, 534; *Böttcher* BWNotZ 1986, 73, 75.

oder eine sich **aus § 1131 BGB ergebende Rangfolge** nur dann die **Besorgnis der Verwirrung** begründen, wenn eine **Flurstücksverschmelzung vorausgeht.** Liegt nämlich keine Flurstücksverschmelzung zugrunde, behalten die Grundstücksteile ihre katastermäßige Selbständigkeit, auch wenn die Vereinigung/Bestandteilszuschreibung durch gemeinschaftliche Buchung der Flurstücke unter einer laufenden Nummer des Bestandsverzeichnisses erfolgte. Die Vereinigung oder Bestandteilszuschreibung hindert daher auch bei unterschiedlicher Belastung nicht die Zwangsversteigerung; sie ist aus einem vor Vereinigung/Bestandteilszuschreibung eingetragenen Verwertungsrecht in den belasteten Grundstücksteil (= Flurstück) des zusammengesetzten Grundstücks möglich und zulässig.[103] Der belastete Grundstücksteil ist aus dem Grundbuch feststellbar, sodass er im Anordnungsbeschluss bestimmt bezeichnet werden kann. Seine Beschlagnahme führt zur Aufhebung der Vereinigung oder Bestandteilszuschreibung. Die einzelnen unterschiedlich belasteten Grundstücksteile werden in der Zwangsversteigerung wie selbständige Grundstücke im Rechtssinne behandelt. Erfolgt die Zwangsversteigerung des realen Grundstücksteils, dann kann die Abschreibung gegen den Willen des Eigentümers erst nach Rechtskraft des Zuschlags in Ausführung des Grundbuchersuchens (§ 130 ZVG) durchgeführt werden als sog notwendige Teilung.[104] Festzuhalten bleibt, dass die bisherigen Ausführungen hinsichtlich der Verwirrungsgefahr gelten für **Grundpfandrechte, Vorkaufsrechte** und **Erbbaurechte.**

Eine Besonderheit besteht, wenn **ein zusammengesetztes, dh aus mehreren Flurstücken bestehendes Grundstück,** dessen einzelne Flurstücke unterschiedlich belastet sind, **in Wohnungseigentum nach § 8 WEG aufgeteilt werden soll.** Dies hätte nämlich zur Folge, dass ein Gläubiger, dessen Grundpfandrecht nur an einem Flurstück des zusammengesetzten Grundstücks lastet, hinsichtlich der einzelnen mit dem Sondereigentum verbundenen Miteigentumsanteile an der Zwangsvollstreckung gehindert werde, weil sich sein Titel weder auf das gesamte Stammgrundstück noch auf das einzelne Wohnungseigentum bezieht. Es wäre auch nicht möglich, nur den Teil des Wohnungseigentums zu versteigern, der dem belasteten realen Grundstücksteil zuzuordnen ist. Die Aufteilung eines Grundstücks nach der Vereinigung in Wohnungseigentum ist im Grundbuch daher nur einzutragen, wenn die zu einem Grundstück vereinigten Flurstücke in Abteilung 3 des Grundbuchs gleiche Belastungsverhältnisse aufweisen.[105] **36**

Keine Verwirrungsgefahr besteht, wenn an den betroffenen Grundstücken (Zuflurstücken) je **dasselbe beschränkte dingliche Recht** lastet.[106] In der Grundbuchpraxis hat dies vor allem bei den Dienstbarkeiten Bedeutung (Nießbrauch, Grunddienstbarkeit, beschränkte persönliche Dienstbarkeit). Da die Teilung eines Grundstücks zur Folge hat, dass sich eine einheitliche Dienstbarkeit in entsprechend viele Einzeldienstbarkeiten an den Grundstücksteilen aufgliedert (Nießbrauch § 7 Rdn 77, Grunddienstbarkeit § 7 Rdn 90, beschränkte persönliche Dienstbarkeit § 7 Rdn 79–81), so ist es nur folgerichtig, der Vereinigung (Bestandteilszuschreibung) von gleichartig belasteten Grundstücksteilen die Rechtswirkung beizulegen, dass die Dienstbarkeiten an den bisherigen Grundstücksteilen an dem neuen Grundstück ein einheitliches Recht bilden. Angesichts der Gleichheit der Grundstücksbelastungen bestehen keine Bedenken bei der Eintragung des neu gebildeten Grundstücks, die bisherigen zwei Dienstbarkeiten als ein einheitliches Recht einzutragen.[107] Jedoch ist dabei zu vermerken, dass das eine einheitliche Recht zuvor an mehreren Grundstücken eingetragen war; denn dadurch wird zusammen mit der im Bestandsverzeichnis des neu anzulegenden Blattes eingetragenen Vereinigung der beiden Grundstücke erkennbar, wie es zur Entstehung des einheitlichen Rechtes gekommen ist. Muss kein neues Blatt angelegt werden, ist in der Veränderungsspalte des Hauptgrundstücks zu vermerken, dass die auf diesem eingetragene Dienstbarkeit auch auf dem hinzukommenden Grundstücksteil ruht.[108] **37**

bb) Reallast. Sind bei einer Vereinigung/Bestandteilszuschreibung die beteiligten Grundstücke mit Reallasten belastet, so ist bei der Prüfung der Verwirrungsgefahr hinsichtlich dieser Rechte § 7 Abs 2 zu beachten.[109] Nach dieser Vorschrift ist eine echte Teilbelastung bei Neueintragung oder Lastenerstreckung möglich, wenn es sich um eine Reallast handelt, eine von der zuständigen Behörde gefertigte Karte vorgelegt wird und Verwirrung nicht zu besorgen ist. Entgegen dem Wortlaut des § 7 Abs 2 ist Verwirrung nur dann nicht zu besorgen, wenn das neue Grundstück im Rechtssinne aus mehreren Flurstücken besteht und die Reallast sich auf ein oder einige Flurstücke davon erstreckt; da die Zwangsversteigerung in einen realen Grundstücksteil zur Voraussetzung hat, dass dieser zumindest ein katastertechnisches Flurstück darstellt,[110] ist Verwirrung dann zu besorgen, wenn das Verwertungsrecht Reallast (§§ 1107, 1147 BGB) an einen katastermäßig nicht feststehenden Teil des **38**

103 *Wendt* Rpfleger 1983, 192, 196; *Meyer-Stolte* Rpfleger 1981, 107; *Röll* DNotZ 1968, 523, 534; *Böttcher* BWNotZ 1986, 73, 75.
104 *Steiner-Hagemann* Einl Rn 22; *Böttcher* BWNotZ 1986, 73, 75.
105 OLG Hamm Rpfleger 1998, 154 = ZflR 1998, 115; KEHE-*Eickmann* § 5 Rn 13.
106 BayObLG Rpfleger 1977, 442 = DNotZ 1978, 103; LG Darmstadt Rpfleger 1982, 216 m abl Anm *Meyer-Stolte*; KEHE-*Eickmann* § 5 Rn 13; *Schöner/Stöber* Rn 636; *Röll* DNotZ 1968, 523, 535 f; *Böttcher* BWNotZ 1986, 73, 75.
107 BayObLG, LG Darmstadt, *Schöner/Stöber*, *Röll*, *Böttcher* je aaO; **aA** *Meyer-Stolte* Rpfleger 1982, 217.
108 *Röll* DNotZ 1968, 523, 536; *Böttcher* BWNotZ 1986, 73, 75.
109 LG Nürnberg-Fürth MittBayNot 1981, 124; *Röll* DNotZ 1968, 523, 533; *Böttcher* BWNotZ 1986, 73, 75.
110 *Steiner-Hagemann* Einl Rn 22; *Böttcher* BWNotZ 1986, 73, 76.

neuen Grundstücks haftet. Obwohl also § 7 Abs 2 seinem Wortlaut nach für Reallasten eine Ausnahme zulässt, gilt derselbe allgemeine Grundsatz wie zB bei Grundpfandrechten: Eine **unterschiedliche Belastung** der einzelnen zu vereinigenden oder an der Bestandteilszuschreibung beteiligten Grundstücke hinsichtlich Reallasten begründet dann die **Besorgnis der Verwirrung**, wenn eine **Flurstücksverschmelzung vorausgeht**.

39 **cc) Dienstbarkeiten.** Sind infolge der beantragten Vereinigung/Bestandteilszuschreibung die unselbständigen Teilflächen des neuen Grundstücks mit Dienstbarkeiten (Nießbrauch, Grunddienstbarkeit, beschränkte persönliche Dienstbarkeit) unterschiedlich belastet, so ist dann keine Verwirrung zu besorgen, wenn § 7 Abs 2 erfüllt ist.[111] Da es sich bei den Dienstbarkeiten – im Gegensatz zur Reallast – um keine Verwertungsrechte handelt, muss Belastungsgegenstand nicht unbedingt ein katastermäßig feststehendes Flurstück sein. Vielmehr genügt es, wenn sich die verschieden belasteten Grundstücksteile klar im Grundbuch verlautbaren lassen. Verwirrung ist – auch nach vorausgegangener Flurstücksverschmelzung – daher dann nicht zu besorgen, wenn das neue Grundstück im Rechtssinne aus
– einem Flurstück besteht, die Dienstbarkeit sich auf einen realen Teil davon erstreckt und dafür ein Auszug der Flurkarte vorgelegt wird,
– mehreren Flurstücken besteht und die Dienstbarkeit sich auf ein oder einige Flurstücke davon erstreckt,
– mehreren Flurstücken besteht, die Dienstbarkeit sich auf einen oder mehrere Teile eines oder mehrerer Flurstücke erstreckt und dafür ein Auszug der Flurkarte vorgelegt wird.

40 **dd) Subjektiv-dingliche Rechte.** Bei der Vereinigung/Bestandteilszuschreibung samt vorausgehender Flurstücksverschmelzung mehrerer Grundstücke, von denen bisher nur eines das **herrschende Grundstück** aus einem subjektiv-dinglichen Recht ist (Grunddienstbarkeit, Vorkaufsrecht § 1094 Abs 2 BGB, Reallast § 1105 Abs 2 BGB, Erbbauzins, vgl § 9 Rdn 3 ff), ist deswegen **keine Verwirrung zu besorgen**.[112] Über die Person des Berechtigten des subjektiv-dinglichen Rechts kann es keine Zweifel geben, weil es an dem neu gebildeten Grundstück nur ein einheitliches Eigentumsverhältnis geben kann. Verwirrung ist schon deshalb nicht zu besorgen, weil es dafür nur auf das belastete, nicht auf das herrschende Grundstück ankommt. Grundsätzlich kann zwar ein realer Grundstücksteil nicht herrschendes Grundstück sein, sodass bei Neubestellung eines subjektiv-dinglichen Rechts lediglich für einen realen Grundstücksteil dessen Verselbständigung durch Abschreibung erforderlich ist.[113] Andererseits ist aber anerkannt, dass die Beschränkung der Ausübung eines subjektiv-dinglichen Rechts auch zugunsten eines realen Teils des herrschenden Grundstücks zulässig ist.[114] Bei einer Vereinigung/Bestandteilszuschreibung von Grundstücken, von denen lediglich eines das herrschende Grundstück eines subjektiv-dinglichen Rechts ist, bedarf es daher zur Eintragung des neuen Grundstücks nicht der Erstreckung der Berechtigung aus dem subjektiv-dinglichen Recht auf das gesamte neue Grundstück oder aber der Beseitigung des subjektiv-dinglichen Rechts. Letzteres bleibt im bisherigen Umfang bestehen, dh es verbleibt dem Gesamtgrundstück, jedoch unter Beschränkung der Ausübung für den Grundstücksteil, der früher herrschendes Grundstück war.[115] Aus den Katasterunterlagen, die auch hinsichtlich früherer Vermessungen aufbewahrt werden, ist ohne weiteres zu ersehen, auf welchen Grundstücksteil sich das subjektiv-dingliche Recht bezieht. Unerheblich ist, ob das Recht gemäß § 9 auf dem Blatt des herrschenden Grundstücks vermerkt ist.[116]

41 **d) Vormerkung und Widerspruch.** Sind bei einer Vereinigung/Bestandteilszuschreibung die beteiligten Grundstücke mit Vormerkungen oder Widersprüchen belastet, so ist selbst dann davon **keine Verwirrung** zu besorgen, wenn eine Flurstücksverschmelzung vorausgeht. Es ist nämlich unstreitiges Recht, dass Vormerkungen und Widersprüche an realen Grundstücksteilen eingetragen werden können, und zwar in Ausnahme von § 7 ohne vorherige grundbuchmäßige Verselbständigung und Abschreibung des betroffenen Grundstücksteiles; erforderlich ist dafür nur, dass die Teilfläche genau bezeichnet wird (vgl dazu § 7 Rdn 35–38). Ist diese Voraussetzung hinsichtlich der Vormerkung oder des Widerspruchs am neuen Grundstück erfüllt, kann nichts anderes gelten als bei der ursprünglichen Neubelastung eines realen Grundstücksteils. Am schuldrechtlichen Anspruch, den die Vormerkung sichert, oder dem möglichen Berichtigungsanspruch, den der Widerspruch sichert, ändert eine Vereinigung/Bestandteilszuschreibung nichts. Für den neu hinzukommenden Grundstücksteil ergibt sich kein Sicherungszweck, der einer Vormerkung oder einem Widerspruch zugrunde liegt.

111 BayObLG DNotZ 1997, 398 = Rpfleger 1997, 102 = MittBayNot 1996, 435; DNotZ 1995, 305 = Rpfleger 1995, 151 = MittBayNot 1995, 125; DNotZ 1987, 219 (*Wirner*) = Rpfleger 1987, 13 = MittBayNot 1986, 253; OLG Frankfurt DNotZ 1993, 612 = Rpfleger 1993, 396; LG Nürnberg-Fürth MittBayNot 1981, 124; *Schöner/Stöber* Rn 636; *Röll* DNotZ 1968, 523, 533; *Wendt* Rpfleger 1983, 192, 197; *Böttcher* BWNotZ 1986, 73, 76.
112 BayObLGZ 1974, 5 = DNotZ 1974, 443 = Rpfleger 1974, 148; LG Aschaffenburg DNotZ 1971, 623; Rpfleger 1973, 299; KEHE-*Eickmann* § 5 Rn 13; *Schöner/Stöber* Rn 637; *Röll* DNotZ 1968, 523, 538; MittBayNot 1960, 187; *Böttcher* BWNotZ 1986, 73, 76; *Panz* BWNotZ 1995, 156, 158.
113 KG KGJ 50, 131; 53, 171; LG Aschaffenburg Rpfleger 1973, 299; *Böttcher* BWNotZ 1986, 73, 76.
114 BayObLG DJZ 1933, 1439; KG HRR 1936 Nr 804; LG Aschaffenburg Rpfleger 1973, 299; *Röll* DNotZ 1968, 523, 538; MittBayNot 1960, 187; *Böttcher* BWNotZ 1986, 73, 76.
115 BayObLG DNotZ 2003, 352 = Rpfleger 2003, 241.
116 *Schöner/Stöber* Rn 637; *Röll* DNotZ 1968, 523, 538; MittBayNot 1960, 187; *Böttcher* BWNotZ 1986, 73, 76.

e) Verfügungsbeeinträchtigungen. Bezieht sich die Verfügungsbeeinträchtigung auf eine Vermögens- **42** masse (zB Insolvenzverfahren, Testamentsvollstreckung, Nachlassverwaltung, Nacherbfolge) und wird der **neue Grundstücksteil** erkennbar zu dieser Vermögensmasse erworben (zB §§ 2041, 2111 Abs 1 S 1 BGB), so muss die Verfügungsbeeinträchtigung bei der Vereinigung/Bestandteilszuschreibung auch hinsichtlich der neuen Teilfläche vermerkt werden, und zwar entweder von Amts wegen (zB §§ 51, 52) oder auf Antrag (zB § 32 InsO). Verwirrung ist dann nicht zu besorgen, da sich die Verfügungsbeeinträchtigung auf das gesamte neue Grundstück erstreckt.[117] Wenn die sich auf eine Vermögensmasse beziehende **Verfügungsbeeinträchtigung dagegen nicht die hinzukommende Grundstücksteilfläche betrifft** oder die Verfügungsbeeinträchtigung sich sowieso nur auf ein Grundstück bezieht, das nunmehr eine Teilfläche des neuen Grundstücks ausmacht (zB Zwangsversteigerung, Verfügungsverbot und auf Grund einstweiliger Verfügung), so besteht bei der Frage der Verwirrungsgefahr eine Interessenkollision: Zum einen müssen die Grundstücke zwar demselben Eigentümer gehören, aber nicht derselben Vermögensmasse (vgl Rdn 34), und außerdem ist es anerkanntes Recht, dass die Neueintragung einer Verfügungsbeeinträchtigung an einem realen Grundstücksteil in Ausnahme von § 7 ohne vorherige Abschreibung zulässig ist (vgl § 7 Rdn 35–38). Zum anderen ist es doch die vordringlichste Aufgabe der Grundbuchpublizität, dass eben aus dem Grundbuch exakt ersichtlich ist, wer über welchen Grundbesitz verfügungsberechtigt ist, und daneben ist einem anhängigen Vollstreckungsverfahren als Vollstreckungsobjekt zumindest ein katastermäßiges Flurstück zu erhalten. Als Lösung dieses Interessenkonflikts bietet sich an, Verwirrungsgefahr dann anzunehmen, wenn der Vereinigung/Bestandteilszuschreibung eine Flurstücksverschmelzung vorausgeht.[118] Dies erscheint auch gerechtfertigt, da der Grund für die Nichtanwendung des § 7 bei Neueintragung einer Verfügungsbeeinträchtigung (= Eilbedürftigkeit der Eintragung) bei einer Vereinigung/ Bestandteilszuschreibung sicherlich nicht zutrifft. Bestehen bei einer Vereinigung/Bestandteilszuschreibung die **rechtsgeschäftlichen Verfügungsbeschränkungen** gemäß § 5 ErbbauRG bzw § 12 WEG an nur einem Objekt, so besteht die Besorgnis der Verwirrung. Da die Verfügungsbeschränkungen zum Inhalt des Erbbaurechts (§ 5 ErbbauRG) bzw des Sondereigentums (§ 12 WEG) gehören, ein neues einheitliches Erbbaurecht oder eine neue Eigentumswohnung nur einen gleich lautenden Inhalt haben können, muss insoweit die Verfügungsbeschränkung auf dem einen Objekt entweder aufgehoben werden oder insgesamt für das gesamte neue Objekt vereinbart werden.[119]

f) Pfandfreigabe. Steht einer Vereinigung/Bestandteilszuschreibung die Besorgnis der Verwirrung entgegen, **43** weil die katastertechnisch verschmolzenen Grundstücke in Abt III unterschiedlich belastet sind, so kann dem durch eine Pfandfreigabe (= Pfandentlassung, Entpfändung) begegnet werden.[120] Eine solche Erklärung ist idR als **Verzicht auf das Grundpfandrecht** an einem Grundstück oder Grundstücksteil anzusehen.[121] Mit der Eintragung der Pfandfreigabe **erlischt das Grundpfandrecht** an dem freigegebenen Grundstücksteil, § 1175 Abs 1 S 2 BGB (vgl § 27 Rdn 10).

g) Lastenerstreckung. Neben der Pfandfreigabe kann der Besorgnis der Verwirrung durch Lastenerstreckung **44** (= Lastenunterstellung, Pfanderstreckung, Pfandunterstellung, Nachverpfändung, unselbständige Neubelastung) begegnet werden. Sind daher bei einer Flurstücksverschmelzung die bisher selbständigen Grundstücke oder Teile von solchen für sich belastet, dann ist
– bei Vereinigung wechselseitige Lastenerstreckung
– bei Bestandteilszuschreibung Lastenerstreckung soweit die Folge des § 1131 BGB nicht eintritt (Abteilung II, Belastungen am zugeschriebenen Grundstück)

erforderlich.

aa) Zulässigkeit. Betrifft die Lastenerstreckung nur einen **unselbständigen Grundstücksteil**, so ist sie **45** immer möglich, da kein Gesamtrecht entsteht. Soll die Lastenerstreckung dagegen ein **neues selbständiges Grundstück** betreffen, so ist sie nur bei gesamtrechtsfähigen Rechten möglich: Grundpfandrechte, Reallasten, Erbbaurechte. Nicht zulässig ist daher die Lastenerstreckung bei nicht gesamtrechtsfähigen Rechten: Vorkaufsrecht (§ 7 Rdn 87), Nießbrauch (§ 7 Rdn 77), Grunddienstbarkeit (§ 7 Rdn 90), beschränkte persönliche Dienstbarkeit (§ 7 Rdn 79–81), Widerspruch, Verfügungsbeeinträchtigung, sonstige Vermerke (zB Rechtshängigkeitsvermerk). Vormerkungen stehen den Rechten oder Rechtsänderungen gleich, auf die sie sich richten.

bb) Voraussetzungen. Materiellrechtlich erfolgt die Lastenerstreckung auf ein weiteres Grundstück oder **46** einen Grundstücksteil gemäß § 873 Abs 1 BGB durch Einigung zwischen Eigentümer und Gläubiger und Ein-

---

117 *Röll* DNotZ 1968, 523, 539; *Böttcher* BWNotZ 1986, 73, 76.
118 Nach LG Aachen MittRhNotK 1983, 162 soll auch bei einer Flurstücksverschmelzung keine Verwirrungsgefahr bestehen.
119 **AA** *Waldner* in *Bauer/von Oefele* §§ 5, 6 Rn 30.
120 *Schöner/Stöber* Rn 638; *Böttcher* BWNotZ 1986, 73, 77.
121 *Böttcher* BWNotZ 1986, 73, 77.

tragung der Erstreckung im Grundbuch. **Formellrechtlich** genügt neben dem Antrag (§ 13) die Bewilligung des Eigentümers (§ 19). Der Eigentümer braucht dabei nicht die gesamten Konditionen des zu erstreckenden Rechts in der Bewilligung wiederholen. Er kann vielmehr auf die ursprüngliche, bereits vollzogene Bewilligung Bezug nehmen[122] oder sich auf die Eintragungsstelle im Grundbuch beziehen, wo das zu erstreckende Recht bereits eingetragen ist.[123]

47 **cc) Durchführung im Grundbuch.** Ist das nachträglich zu belastende Grundstück auf dem **gleichen Grundbuchblatt** gebucht (beim Vollzug eines Veränderungsnachweises ist das ggf nach Übertragung auf dieses Blatt immer der Fall), so genügt es, wenn die Lastenerstreckung bei dem Recht in der Veränderungsspalte eingetragen wird: »*Das Grundstück Nr 2 des Bestandsverzeichnisses haftet mit; eingetragen am ...*« Da Haupt- und Veränderungsspalte eine Einheit bilden, ist es nicht erforderlich, in der Veränderungsspalte den gesamten ursprünglichen Text des Haupteintrages zu wiederholen. Der angegebene Mithaftvermerk deckt vielmehr alles in der Hauptspalte eingetragene, durch ihn ist die Eintragung iS des § 873 BGB bewirkt.[124] Ist das nachträglich zu belastende Grundstück auf einem **anderen Grundbuchblatt** gebucht, so muss das Recht auf dem neuen Blatt erneut im vollständigen Wortlaut eingetragen werden. In beiden Blättern sind dann Vermerke nach § 48 Abs 1 S 2 anzubringen.

48 **dd) Dingliche Vollstreckungsunterwerfung.** Es kann die Besorgnis der Verwirrung auch dann gegeben sein, wenn durch die Lastenerstreckung zwar eine einheitliche Belastung hergestellt wird, die dingliche Unterwerfung unter die sofortige Zwangsvollstreckung nach § 800 ZPO sich aber nur auf einen Teil des durch die Vereinigung/Bestandteilszuschreibung geschaffenen Gesamtgrundstücks erstreckt.[125] Ist bei einem Grundpfandrecht die Zwangsvollstreckungsunterwerfung eingetragen, so muss sich der Eigentümer bei der **Vereinigung** und rechtsgeschäftlicher Lastenerstreckung gesondert in öffentlicher Urkunde gemäß §§ 794 Abs 1 Nr 5, 800 ZPO der sofortigen Zwangsvollstreckung auch in das nachverpfändete Grundstück unterwerfen.[126] Die Unterwerfungsklausel braucht aber nicht zusammen mit dem Eintragungsvermerk in die Veränderungsspalte eingetragen werden, da sich die Unterwerfungsklausel in der Hauptspalte nun auch auf das nachträglich mitverpfändete Grundstück bezieht.[127] Bei der **Bestandteilszuschreibung** erstreckt sich mit dem Grundpfandrecht am Hauptgrundstück ohne weiteres auch die dingliche Unterwerfung (§ 800 ZPO) auf das Bestandteilsgrundstück.[128] Die Unterwerfung muss also nicht erst gemäß § 794 Abs 1 Nr 5 ZPO in öffentlicher Urkunde erfolgen, und im Grundbuch braucht keine Unterwerfungsklausel bezüglich des nachverpfändeten Grundstücks eingetragen werden. Bei der Pfanderstreckung vom Bestandteilsgrundstück zum Hauptgrundstück ist – da § 1131 BGB nicht gilt – dagegen wie bei der Vereinigung das Hauptgrundstück der sofortigen Zwangsvollstreckung zu unterwerfen.

49 **ee) Rangverhältnisse.** Durch die Lastenerstreckung können unterschiedliche Rangverhältnisse geschaffen werden, weil die erstreckten Rechte auf den neuen Grundstücksteilen jeweils Nachrang hinter den bereits eingetragenen Rechten haben. Ob bei der Lastenerstreckung eine Rangeinheit zwischen Haupt- und Veränderungsspalte besteht, ist streitig; dies wird verneint von *Schmid*[129] und bejaht vom OLG Hamm[130] (vgl dazu ausführlich die Kommentierung zu § 45 Rdn 45–48, Rdn 59–68). Werden beispielsweise zwei Grundstücke, und zwar FlNr 100 und FlNr 200, die verschiedenartig mit Grundpfandrechten belastet sind, katastertechnisch verschmolzen und rechtlich vereinigt, die Grundpfandrechte wechselseitig ohne Rangregulierung auf das andere Grundstück erstreckt, so gilt:[131] Alle Grundpfandrechte lasten auf dem gesamten neuen Grundstück, aber das **Rangverhältnis ist verschieden**: auf dem Grundstücksteil, der der früheren FlNr 100 entspricht, lasten die bisher dort eingetragenen Rechte vorrangig, im Range danach die von der früheren FlNr 200 erstreckten Rechte; auf der Teilfläche, die der früheren FlNr 200 entspricht, ist es umgekehrt. In einem solchen Fall ist grundsätzlich **Verwirrung** im Fall der Versteigerung **zu besorgen**.[132] Eine Verwirrung wegen uneinheitlicher Rangverhältnisse ist ausnahmsweise in folgenden Fällen nicht gegeben:[133]

---

122 *Eickmann* GBVerfR, Rn 357; *Böttcher* BWNotZ 1986, 73, 77.
123 OLG Frankfurt DNotZ 1971, 667; *Böttcher* BWNotZ 1986, 73, 77.
124 *Eickmann* GBVerfR, Rn 357; *Böttcher* BWNotZ 1986, 73, 77.
125 BayObLGZ 1929, 162; *Böttcher* BWNotZ 1986, 73, 78.
126 *Eickmann* GBVerfR, Rn 357; *Röll* DNotZ 1968, 523, 538; *Böttcher* BWNotZ 1986, 73, 78.
127 RGZ 132, 112; *Böttcher* BWNotZ 1986, 73, 78.
128 BayObLGZ 1929, 162; 1954, 258; *Eickmann* GBVerfR, Rn 82; *Röll* DNotZ 1968, 523, 530; *Böttcher* BWNotZ 1986, 73, 78.
129 Rpfleger 1982, 251; 1984, 130.
130 Rpfleger 1985, 17.
131 Beispiel nach *Röll* DNotZ 1968, 523, 536.
132 BayObLG DNotZ 1994, 242 = Rpfleger 1994, 250 = MittBayNot 1994, 127; KEHE-*Eickmann* § 5 Rn 13; *Böttcher* BWNotZ 1986, 73, 78.
133 *Röll* DNotZ 1968, 523, 537 f; *Böttcher* BWNotZ 1986, 73, 78.

(1) Es handelt sich um erstrangige Rechte, die im Verhältnis zum Grundstückswert nur geringen Wert haben, zB Grundpfandrechte mit je 1000 EURO oder ein auf Lebenszeit des Berechtigten beschränktes Altenteilsrecht bei einem Lebensalter des Berechtigten von 95 Jahren und einem Grundstückswert von 100000 EURO; im Falle der Zwangsversteigerung werden diese Rechte sicherlich nicht ausfallen.

(2) Es handelt sich um Rechte für den gleichen Berechtigten, und ihnen gehen keine oder die gleichen Rechte im Rang vor, da selbst dann, wenn der Versteigerungserlös nicht für beide Rechte reichen sollte, es gleichgültig ist, wie sich der Resterlös auf beide Rechte verteilt.

(3) Es liegt nur eine vorübergehende Verwirrung der Rangverhältnisse vor, die durch einen ebenfalls vorliegenden und bereits vollzugsreifen Eintragungsantrag wieder beseitigt wird.

Grundsätzlich gilt jedoch, dass dann, wenn das nachträglich zu belastende Grundstück bereits selbst mit anderen Rechten belastet ist, unter folgenden Voraussetzungen eine **Rangregulierung** zu erfolgen hat:
- Verschmelzung von Flurstücken (oder Teilen),
- anschließende rechtliche Verbindung,
- verschiedenartige Belastung der zu verbindenden Grundstücke (oder Teilflächen von solchen).

ff) Löschungsvormerkung/Löschungsanspruch. Ist bei der **Vereinigung** zweier Grundstücke eines davon **50** mit einem vor dem 01.01.1978 eingetragenen Grundpfandrecht belastet, das auf das andere Grundstück erstreckt wird, so gilt: Das auf Grund der Pfandunterstellung nach dem 01.01.1978 eingetragene Grundpfandrecht ist Neurecht und somit mit dem gesetzlichen Löschungsanspruch nach §§ 1179 a, b BGB nF ausgestattet; an dem altbelasteten Grundstück ist das Altrecht idR mit der Löschungsvormerkung nach § 1179 BGB aF eingetragen worden. Die sich daraus ergebenden Probleme bei der Vereinigung/Bestandteilszuschreibung wurden erstmals von *Stöber* erkannt, erörtert und einer überzeugenden Lösung zugeführt.[134] Auch wenn der Löschungsanspruch und die Vormerkungswirkungen auf unterschiedlichen gesetzlichen Grundlagen beruhen (= Löschungsvormerkung nach § 1179 BGB aF und gesetzlicher Löschungsanspruch gemäß §§ 1179 a, b BGB nF), sind die Wirkungen hinsichtlich aller Bestandteile des einheitlichen Grundstücks gleich, sodass keine Besorgnis der Verwirrung besteht.[135] Ist das Altrecht dagegen nicht mit einer Löschungsvormerkung nach § 1179 BGB aF ausgestattet, so steht ihm nach Vereinigung und Nachverpfändung auch kein gesetzlicher Löschungsanspruch nach den §§ 1179 a, b BGB nF zu; auf dem damit zu vereinigenden Grundstück wird das Grundpfandrecht mit Pfandunterstellung nach dem 01.01.1978 eingetragen, ist somit Neurecht mit gesetzlichem Löschungsanspruch nach §§ 1179 a, b BGB nF. Trotzdem besteht deshalb keine Besorgnis der Verwirrung.[136] Wenn ein vom gesetzlichen Löschungsanspruch betroffenes vorrangiges Grundpfandrecht das Grundstück nach Vereinigung insgesamt belastet (bei vorausgegangener Flurstücksverschmelzung notwendig!), kann der Anspruch auf Aufhebung des vorrangig betroffenen Rechts nur durch Löschung des Eigentümergrundschuld gewordenen Grundpfandrechts am ganzen Grundstück erfüllt werden. Bleiben dagegen ausnahmsweise vorrangige Grundpfandrechte als Einzelbelastungen des vereinigten Grundstücks bestehen (möglich wenn keine Flurstücksverschmelzung vorausgeht), so steht dem Gläubiger des begünstigten Rechts ein gesetzlicher Löschungsanspruch nach §§ 1179 a, b BGB nF nur gegenüber den Einzelbelastungen auf dem nach dem 01.01.1978 nachverpfändeten Grundstücksteil zu, nicht auf dem vor dem 01.01.1978 belasteten Grundstücksteil.

Die soeben dargelegten Grundsätze gelten entsprechend, wenn bei einer **Bestandteilszuschreibung** die auf **51** dem als Bestandteil zugeschriebenen Grundstück vor dem 01.01.1978 eingetragenen Grundpfandrechte auf das Hauptgrundstück erstreckt werden. Mit Pfandunterstellung wird das Grundpfandrecht auf dem Hauptgrundstück nach dem 01.01.1978 in das Grundbuch eingetragen, sodass es ein Neurecht mit gesetzlichem Löschungsanspruch gemäß §§ 1179 a, b BGB nF ist. Verwirrung ist in keinem Fall zu besorgen, unabhängig davon ob das Altrecht mit einer Löschungsvormerkung nach § 1179 BGB aF ausgestattet ist oder nicht.[137] Bei der Bestandteilszuschreibung erstrecken sich die Grundpfandrechte des Hauptgrundstückes gemäß § 1131 BGB kraft Gesetzes auf das Bestandteilsgrundstück. Ist ein Altrecht auf dem Hauptgrundstück eingetragen, und zwar mit einer Löschungsvormerkung nach § 1179 BGB aF, so besteht für dieses Recht zugleich beim Bestandteilsgrundstück eine Löschungsvormerkung nach altem Recht; Besorgnis der Verwirrung besteht daher nicht. Ist das Altrecht auf dem Hauptgrundstück ohne Löschungsvormerkung nach § 1179 BGB aF eingetragen, so bleibt auch das nach dem 01.01.1978 auf das Bestandteilsgrundstück erstreckte Grundpfandrecht (§ 1131 BGB) Altrecht ohne gesetzlichen Löschungsanspruch gemäß §§ 1179 a, b BGB nF; auch in diesem Fall besteht keine Verwirrungsgefahr.[138]

134 *Stöber* Rpfleger 1978, 165, 168.
135 *Stöber* Rpfleger 1978, 165, 169.
136 *Stöber* Rpfleger 1978, 165, 168.
137 *Stöber* Rpfleger 1978, 165, 169.
138 *Stöber* Rpfleger 1978, 165, 169; *Böttcher* BWNotZ 1986, 73, 79.

4. Lage der zu vereinigenden Grundstücke (§ 5 Abs 2)

52   Bis zum 24.12.1993 war es grundsätzlich nicht erforderlich, dass die zu vereinigenden Grundstücke räumlich oder wirtschaftlich zusammenhangen oder dass sie in demselben Grundbuchamtsbezirk lagen (§ 5 S 2 aF); nur Baden-Württemberg (§ 30 AGBGB vom 26.11.1974, GBl 498) und Rheinland-Pfalz (§ 19 AGBGB vom 18.11.1976, GVBl 259) verlangten dies. Die Arbeiten an einer Automation des Grundbuchwesens in Form der Integration mit dem Liegenschaftskataster hatten jedoch gezeigt, dass sich Schwierigkeiten ergaben, wenn ein Grundstück in den Bezirken mehrerer Grundbuchämter oder mehrerer für die Führung des Liegenschaftskatasters zuständiger Stellen liegt. Durch das RegVBG vom 20.12.1993 (BGBl I 2182) wurde deshalb § 5 Abs 2 mit Wirkung ab 25.12.1993 eingeführt. Danach sollen die an einer Vereinigung beteiligten Grundstücke **im selben Grundbuchamts- und Katasteramtsbezirk** liegen und **unmittelbar aneinander grenzen**, dh eine gemeinsame Grenze haben (§ 5 Abs 2 S 1). Das Vorliegen dieser Voraussetzungen ist dem GBA durch die Vorlage einer **beglaubigten Karte des Katasteramts** nachzuweisen (§ 5 Abs 2 S 3). Soweit dafür auch Offenkundigkeit beim GBA zugelassen wird,[139] ist dies nicht richtig. In dem Entwurf des RegVBG vom 12.08.1993 (BT-Drucksache 12/5553 S 6) war dies zwar zunächst vorgesehen. Auf Grund der Stellungnahme des Bundesrates (BT-Drucksache 12/5553 S 179) wurde die Offenkundigkeit als Nachweismöglichkeit für § 5 Abs 2 S 1 gestrichen. Es ist daher grundsätzlich die Vorlage einer beglaubigten Karte notwendig. Für den Grundstückseigentümer ist diese Einschränkung hinnehmbar, weil sie im Allgemeinen die Nutzung der Grundstücke nicht einschränkt. Für die Vereinigung von **Eigentumswohnungen** kann § 5 Abs 2 S 1 **nicht gelten**.[140] Die Einschränkung bei der Vereinigung von Grundstücken wurde durch das RegVBG eingeführt, um Probleme bei der maschinellen Grundbuchführung mit Integration des Liegenschaftskatasters zu vermeiden. Bei der Vereinigung von Eigentumswohnungen können sich diesbezüglich keine Probleme ergeben, da die Wohnungseigentumsberechtigungen an demselben Grundstück bestehen müssen. Außerdem ist es auch bei Begründung von Wohnungseigentum möglich, dass ein Miteigentumsanteil mit zwei abgeschlossenen Wohnungen verbunden wird, die räumlich getrennt liegen. Gleiches muss dann bei der Vereinigung von Eigentumswohnungen gelten (vgl § 5 Rdn 12–16).

53   Von dem Erfordernis des § 5 Abs 2 S 1 besteht eine **Ausnahme**, wenn hierfür ein **erhebliches Bedürfnis** besteht, insbesondere wegen der Nebenanlagen (§ 5 Abs 2 S 2). Das erhebliche Bedürfnis ist glaubhaft zu machen; § 29 gilt hierfür nicht (§ 5 Abs 2 S 4). Der Gesetzgeber machte diese Ausnahmen, weil es Fälle gibt, in denen die Möglichkeit der Vereinigung auch nicht aneinander grenzender Grundstücke unverzichtbar ist. Das gilt etwa dann,[141] »wenn Stellplätze baurechtlich nachgewiesen werden müssen«. Hier würde das Vorhandensein eines Garagengrundstücks allein nicht immer genügen, weil es gesondert veräußert werden könnte. Deshalb verlangen die Baubehörden hier oft eine Vereinigung, um dann durch Verweigerung der Teilungsgenehmigung sicherstellen zu können, dass die Grundstücke verbunden bleiben. Ähnliches würde für Grundstücke gelten, auf denen Mülltonnen abgestellt werden. Ein wirtschaftliches Interesse an einer Vereinigung ist auch anzunehmen, wenn an den beteiligten Grundstücken Wohnungs- oder Teileigentum begründet werden soll. Denn hierfür ist eine vorherige Vereinigung oder Zuschreibung wegen § 1 Abs 4 WEG erforderlich. Dem Eigentümer soll die Möglichkeit einer Bildung von Wohnungs- oder Teileigentum nicht deshalb genommen werden, weil sein Grundbesitz von der Grenze des Kataster- oder Grundbuchamtsbezirks durchschnitten wird. Einer Wohnungs- oder Teileigentümergemeinschaft soll ferner die Möglichkeit verbleiben, ein Grundstück zur Erweiterung der Anlage hinzuzuerwerben. Ein erhebliches Bedürfnis für die Zulassung der Vereinigung kann bei der Bestellung eines Erbbaurechts an mehreren Grundstücken bestehen, die eine einheitliche Bahnanlage bilden.[142]

54   Ein solch erhebliches Bedürfnis ist **glaubhaft zu machen**, wobei dafür § 29 nicht gilt. Der Grundstückseigentümer kann sich deshalb aller Beweismittel bedienen (vgl § 294 ZPO), insbesondere auch der Versicherung an Eides statt.[143] Wird dem GBA das erhebliche Bedürfnis nachgewiesen, so müssen die zu vereinigenden Grundstücke nicht aneinander grenzen, auch nicht im Bezirk desselben Grundbuchamts oder Katasteramts liegen.

55   Wurde eine Vereinigung unter **Verletzung des § 5 Abs 2** eingetragen, so hat dies auf die materielle Wirksamkeit der Vereinigung keinen Einfluss. Insoweit handelt es sich nur um eine formelle Sollvorschrift. Deren Verletzung ist materiellrechtlich unschädlich.

---

139   *Demharter* § 5 Rn 8.
140   *Jennißen-Krause* § 6 WEG Rn 11 **AA** BayObLG DNotZ 2003, 352 = Rpfleger 2003, 241.
141   Vgl BT-Drucksache 12/5553 vom 12.08.1993 Seite 58; ebenso LG Marburg Rpfleger 1996, 341.
142   OLG Hamm DNotZ 2007, 530 = Rpfleger 2007, 313.
143   *Demharter* § 5 Rn 8.

5. Veränderungsnachweis

Liegt der Vereinigung eine **Flurstücksverschmelzung** zugrunde (vgl Fn 5), muss ein Veränderungsnachweis **56** des Katasteramts vorgelegt werden.[144]

6. Voreintragung

Die Eintragung einer Vereinigung erfordert die Voreintragung des **tatsächlichen Eigentümers** (§ 39 **57** Abs 1).[145]

VI. Verfahren bei der Eintragung der Vereinigung

1. Zuständiges Grundbuchamt

Es ist zu unterscheiden, ob die Grundbuchblätter der in Frage stehenden Grundstücke von demselben Grund- **58** buchamt oder von verschiedenen Grundbuchämtern geführt werden. Nur für letzteren Fall besteht eine ergänzende gesetzliche Regelung im § 5 Abs 1 S 2.

a) Führung der Grundbücher beim gleichen Grundbuchamt. Maßgebend ist nicht, in welchem Grund- **59** buchamtsbezirk die Grundstücke liegen, sondern welches Grundbuchamt die Führung der Grundbuchblätter hat. Werden die Grundbücher für die zu vereinigenden Grundstücke alle von demselben Grundbuchamt geführt, so ist die Zuständigkeit dieses Grundbuchamts ohne weiteres gegeben. Davon zu unterscheiden ist die Frage nach der Geschäftsverteilung. Gehören die Grundstücke zu den Geschäftsbereichen verschiedener Grundbuchrechtspfleger, so ist derjenige zuständig, dem nach dem Geschäftsverteilungsplan die Erledigung des Antrags auf Eintragung der Vereinigung obliegt (§ 5 GeschbehAV, § 3 BayGBGA).

b) Führung der Grundbücher bei verschiedenen Grundbuchämtern (§ 5 Abs 1 S 2). Wenn die Grund- **60** bücher über die zu vereinigenden Grundstücke von verschiedenen Grundbuchämtern geführt werden, so bedarf es einer Bestimmung des zuständigen Gerichts nach § 5 FGG, dh das **gemeinschaftliche übergeordnete Gericht** hat durch unanfechtbaren Beschluss eines der beteiligten Gerichte mit der Fortführung der Angelegenheit zu beauftragen (vgl dazu § 1 Rdn 21). Die Bestimmung des zuständigen Gerichts für die Eintragung der Vereinigung von Grundstücken, über die Grundbücher in verschiedenen Grundbuchämtern geführt werden, löst keine Bindungswirkung für die Entscheidung über die Eintragung aus, setzt aber voraus, dass nach Einschätzung des Bestimmungsgerichts überwiegende Erfolgsaussichten für den Vereinigungsantrag bestehen.[146] In dem Fall, dass das nach § 5 FGG bestimmte Grundbuchamt dem Antrag stattgibt, tritt für das betroffene Grundstück bzw für die betroffenen Grundstücke, für das oder die bisher ein anderes Grundbuchamt zuständig war, ein **Zuständigkeitswechsel** ein. Das weitere Verfahren richtet sich insoweit nach § 25 GBV. Die auf das zuständige Grundbuchamt übergehenden Grundstücke werden dort regelmäßig nicht auf einem besonders anzulegenden neuen Grundbuchblatt eingetragen, sondern auf das Blatt übertragen, auf dem das Grundstück, mit dem das neu hinzukommende Grundstück vereinigt werden soll, gebucht ist.[147]

2. Entscheidungen

Wenn die gesetzlichen Voraussetzungen für die Vereinigung von Grundstücken vorliegen, so muss dem Antrag **61** stattgegeben werden, da der Eigentümer in diesem Falle ein Recht auf Vereinigung der Grundstücke hat; es ist also **keine Ermessensentscheidung**.[148] Die Ausdrucksweise in § 5 »soll« weist nur auf den grundbuchmäßigen Charakter der Vorschrift hin, indem diese als Ordnungsvorschrift gekennzeichnet wird, welche eine materielle Nichtigkeit bei Nichtbeachtung nicht zur Folge hat. Die Entscheidung über den Antrag kann lauten auf Ablehnung oder Stattgabe. Wird der **Antrag abgelehnt**, so hat das Grundbuchamt einen Beschluss zu erlassen, der mit einer Begründung zu versehen ist, da die Entscheidung mit der Beschwerde angegriffen werden kann. Wird dem **Antrag stattgegeben**, so ist ein förmlicher Beschluss nicht erforderlich. Die Entscheidung des Grundbuchrechtspflegers kommt in der Eintragungsverfügung zum Ausdruck.

Ist mit der Vereinigung ein **Eigentumswechsel** verbunden, so hat der Grundbuchrechtspfleger den Antrag auf **62** Eintragung des neuen Eigentümers zu bescheiden und den Eigentumsübergang nach den allgemeinen Vorschriften im Grundbuch zu vollziehen, dazu also ggf für das (abzugebende) Grundstück ein besonderes Blatt anzulegen. Erst dann folgen die Entscheidung über den Vereinigungsantrag und auch, soweit es in Frage kommt, das Verfahren nach § 25 GBV.[149]

---

144 *Eickmann* GBVerfR, Rn 78; *Kollhosser* JA 1984, 558, 561.
145 *Staudinger-Gursky* § 890 Rn 25; KEHE-*Herrmann* § 39 Rn 7.
146 OLG Hamm DNotZ 2007, 530 = Rpfleger 2007, 313.
147 Über die aktenmäßige Behandlung in diesem Fall vgl *Schöner/Stöber* Rn 643.
148 *Demharter* § 5 Rn 16; *Böttcher* RpflStud 1989, 51.
149 *Schöner/Stöber* Rn 646.

3. Rechtsbehelfe

63 Bei **Stattgabe des Antrags** auf Vereinigung der Grundstücke, dh bei Eintragung in das Grundbuch, ist eine Beschwerde gegen die Entscheidung unzulässig (§ 11 Abs 5 S 1 RpflG, § 71 Abs 2 S 1). Es kann nämlich im Beschwerdeweg nur die Anweisung an das Grundbuchamt, einen Widerspruch einzutragen oder eine Löschung vorzunehmen (§ 53), verlangt werden (§ 71 Abs 2 S 2).[150]

64 Bei **Ablehnung des Antrags** auf Vereinigung der Grundstücke ist der Rechtsbehelf der Beschwerde nach § 11 Abs 1 S 1 RpflG, § 71 Abs 1 zulässig.[151] Befugt zur Einlegung der Beschwerde ist nur der Eigentümer, nicht ein Dritter, insbesondere nicht ein dinglich Berechtigter.[152] Die Beschränkung der Beschwerdebefugnis auf den Eigentümer steht im Zusammenhang mit dem alleinigen Antragsrecht des Eigentümers (Rdn 24) und ergibt sich als notwendige Folge, da im Falle der Vereinigung von Grundstücken die Belange der dinglich Berechtigten und Dritter nicht berührt werden.

4. Katastermäßiges Verfahren

65 Der rechtlichen Vereinigung können katastermäßig zwei verschiedene Verfahrensweisen zugrunde liegen. Eine katastertechnische Verschmelzung der die zu vereinigenden Grundstücke bildenden Flurstücke braucht in den Fällen des § 890 BGB nicht zu erfolgen, sie ist aber möglich, wenn die Flurstücke aneinander grenzen.

66 Es können also die rechtlich zu einem Grundstück zusammengefassten bisherigen Einzelgrundstücke **katastermäßig selbständig** bleiben, dh es handelt sich um **Flurstücke**. Dann werden die bisherigen Flurstücksnummern und -bezeichnungen weitergeführt. Bei räumlich nicht zusammenhängenden Flurstücken wird dies stets der Fall sein.

67 Bei räumlich zusammenhängenden Grundstücken kann dagegen eine Vereinigung auch in der Weise erfolgen, dass mit ihr eine Verschmelzung iS der katastermäßigen Zusammenfassung verbunden wird. Das aus der Vereinigung entstehende Grundstück stellt dann auch **katastertechnisch** nur noch **ein einheitliches Flurstück** dar und führt nur eine Flurstücksnummer und -bezeichnung.

68 Bei der Zerlegung eines Flurstücks muss normalerweise jedes daraus entstehende neue Flurstück eine eigene FlNr erhalten. Das Grundstück im Rechtssinne, zu dem die Flurstücke gehören, könnte sonst im Bestandsverzeichnis des Grundbuchs nicht gemäß § 2 Abs 2 bezeichnet werden, weil sie in dem amtlichen Verzeichnis des Katasteramtes nicht enthalten wären.[153] Gehört aber das aus der Zerlegung hervorgegangene neue Flurstück mit dem zu verschmelzenden örtlich angrenzenden Flurstück zu diesem Zeitpunkt noch verschiedenen Grundstücken im Rechtssinne an, kann die Verschmelzung der Flurstücke erst nach Bildung eines neuen Grundstücks im Rechtssinne durch die im Grundbuch vollzogene Vereinigung erfolgen, dem dann beide zu verschmelzende Flurstücke angehören.[154] Wenn ein Flurstücksteil mit einem Flurstück bzw Flurstücksteil verschmolzen werden soll, ist dieser Flurstücksteil grundsätzlich vorher katastermäßig zu verselbständigen. Kommt der katastertechnischen Verselbständigung des Flurstücksteils nur vorübergehende Bedeutung zu, weil dieser Teil zugleich mit seiner Wegtrennung vom alten Flurstück mit einem anderen Flurstück bzw Flurstücksteil verschmolzen werden soll, so kann dieser Flächenübergang katastertechnisch vereinfacht werden: der vorübergehend zu verselbständigende Flurstücksteil erhält keine eigene Flurstücksnummer, sondern nur eine auf das aufnehmende Flurstück hinweisende und zugleich seine Herkunft kennzeichnende Benennung: »Zu 11/1 (aus 10)«. Dieses **Zuflurstück** gilt für die Rechtsvorgänge nach § 890 BGB als selbständiges Grundstück, ist aber nicht als selbständiges Grundstück in das Grundbuch zu übernehmen.[155] Das Zuflurstück ist demnach wie jedes andere Flurstück durch eine in sich zurücklaufende Linie umgrenzt und damit ein abgegrenzter Teil der Erdoberfläche, der in der Katasterkarte eingezeichnet ist; er erfüllt damit – wie alle anderen Flurstücke – die Voraussetzungen eines Grundstücks im katastertechnischen Sinn, wobei es sich von anderen Flurstücken dadurch unterscheidet, dass es im Kataster keine eigene FlNr erhält.[156]

---

150 *Demharter* § 5 Rn 17; *Böttcher* RpflStud 1989, 51, 52.
151 *Demharter, Böttcher* je aaO.
152 KG KGJ 31, 342; OLG Karlsruhe OLGE 39, 222; *Staudinger-Gursky* § 890 Rn 34; *Demharter* § 5 Rn 18; *Güthe-Triebel* §§ 5, 6 Rn 14; *Böttcher* RpflStud 1989, 51, 52.
153 *Wendt* Rpfleger 1983, 192, 194; *Böttcher* RpflStud 1989, 51, 52.
154 *Wendt, Böttcher* je aaO.
155 BGH DNotZ 1954, 197; BayObLGZ 1954, 258; 1957, 354; 1974, 18, 23; OLG Neustadt Rpfleger 1963, 241 m Anm *Haegele*; OLG Frankfurt Rpfleger 1960, 127; *Staudinger-Gursky* § 890 Rn 7; KEHE-*Eickmann* § 2 Rn 6; *Demharter* § 2 Rn 30; *Schöner/Stöber* Rn 684; *Eickmann* GBVerfR, Rn 78; *Löscher* JurBüro 1960, 283; *Weber* DNotZ 1960, 229; *Böttcher* RpflStud 1989, 51, 52.
156 *Wendt* Rpfleger 1983, 192, 194; *Böttcher* RpflStud 1989, 51, 52.

5. Eintragungen im Grundbuch

a) Grundstücke bisher schon auf demselben Grundbuchblatt. Sind die zu vereinigenden Grundstücke **69** bisher schon nach § 4 auf demselben Grundbuchblatt eingetragen, so gestaltet sich das weitere Verfahren nach § 6 Abs 6c, Abs 8, § 13 Abs 1 GBV.[157] Es erfolgen Eintragungen wegen Änderungen nur in dem **Bestandsverzeichnis**. Dagegen sind in den 3 Abteilungen des Grundbuchs keine Eintragungen vorzunehmen; insbesondere wird in der 1. Abteilung die Vereinigung nicht zum Ausdruck gebracht. Hier wird davon ausgegangen, dass keine sonstigen Eintragungen in Zusammenhang mit dem Antrag auf Vereinigung oder außerhalb desselben vorliegen. Ist dies der Fall, so sind sie selbständig zu behandeln. Im Bestandsverzeichnis werden die sich auf die beteiligten Grundstücke beziehenden Eintragungen der *Spalten 1 bis 4* rot unterstrichen (§ 13 Abs 1 S 1 GBV). Das durch die Vereinigung entstandene Gesamtgrundstück wird in den Spalten 1 bis 4 unter einer neuen laufenden Nummer eingetragen. Die Eintragungen in den einzelnen Spalten ergeben sich durch Zusammenziehung der bisherigen Eintragungen. Wenn die vereinigten Grundstücke gleichzeitig auch katastertechnisch zu einem einzigen Flurstück zusammengefasst wurden, sind in den Spalten 1 bis 4 die neuen vermessungstechnischen Bezeichnungen usw nach den Angaben der Vermessungsbehörden einzutragen. In *Spalte 5* werden die bisherigen laufenden Nummern aller betroffenen Grundstücke, und zwar der bisherigen Einzelgrundstücke und des neuen Gesamtgrundstücks vermerkt (§ 6 Abs 8 GBV). In *Spalte 6* wird der Vereinigungsvermerk gesetzt (§ 6 Abs 6c GBV).

Muster **70**

1	2	3		4	5	6	7	8
Vereinigung ohne Verschmelzung								
1	...	20	Wiese	250	1, 2,	Grundstücke		
2	...	21	Bauplatz	360	3	Nr. 1 und 2 sind		
3	1,2	20	Wiese	250		vereinigt zu Nr. 3		
		21	Bauplatz	360		am 1. 10. 2008		
						Ott Reh		
Vereinigung mit Verschmelzung und ohne Zuflurstück								
1	...	10	Wiese	400	1, 2,	Grundstücke		
2	...	11	Wiese	100	3	Nr. 1 und 2 sind		
3	1, 2	10	Wiese	500		lt. VN Nr. 12 ver-		
						einigt zu Nr. 3 am		
						1. 10. 2008		
						Ott Reh		
Vereinigung mit Verschmelzung und mit Zuflurstück								
1	...	10	Wiese	400	1, 2,	Grundstück Nr. 1		
2	...	11	Wiese	100	3, 4	ist lt. VN Nr. 12		
3	1	10	Wiese	300		geteilt in Nr. 3		
4	2	11	Wiese	200		und Zuflurstück		
						Zu 11/1 (aus 10)		
						mit 100 qm; letz-		
						teres vereinigt mit		
						Nr. 2 zu Nr. 4 am		
						1. 10. 2008		
						Ott Reh		

Anmerkung: Unterstreichungen bedeuten Rötungen!

b) Grundstücke bisher auf verschiedenen Grundbuchblättern. Werden die Grundbuchblätter der zu ver- **71** einigenden Grundstücke von **verschiedenen Grundbuchblättern** geführt, so ist, nachdem das zuständige Grundbuchamt nach § 5 FGG bestimmt ist, für das weitere Verfahren § 25 GBV zu beachten. Geht die Zuständigkeit für die Führung des ganzen Blattes auf das andere Grundbuchamt über, so ist das bisherige Blatt zu schließen und dem anderen Grundbuchamt die Grundakten zu übersenden (§ 25 Abs 1 GBV). Wird von einem Grundbuchblatt nur ein einzelnes Grundstück oder nur ein Grundstücksteil mit einem anderen Grundstück vereinigt, das auf einem anderen Blatt eingetragen ist, und ist ein Zuständigkeitswechsel des Grundbuchamts veranlasst, so erfolgt bei dem bisherigen Grundbuchamt Abschreibung des Grundstücks oder Grundstücksteils vom Grundbuchblatt (§ 25 Abs 3 GBV).

---

157 Vgl dazu: *Schöner/Stöber* Rn 641; *Demharter* § 5 Rn 19.

72 Sind die zu vereinigenden Grundstücke auf **verschiedenen Grundbuchblättern** eingetragen, so sind zunächst alle Grundstücke auf ein einziges Blatt zu übertragen, und zwar ergeben sich zwei Möglichkeiten:

– Alle Grundstücke werden auf ein neu anzulegendes Blatt übertragen;
– Auf das bisherige Blatt eines beteiligten Grundstücks werden alle übrigen Grundstücke übertragen.

Auf dem Grundbuchblatt, das neu angelegt bzw weitergeführt wird, sind folgende Einträge vorzunehmen.[158] Im *Bestandsverzeichnis* müssen in Spalte 1 bis 4 sämtliche Grundstücke einzeln unter besonderen laufenden Nummern eingetragen werden. Es ist nicht zulässig, sofort das durch die Vereinigung entstehende Gesamtgrundstück zur Eintragung zu bringen (Ausnahme: Zuflurstück). Die sich auf die beteiligten Grundstücke beziehenden Eintragungen der Spalten 1 bis 4 werden rot unterstrichen (§ 13 Abs 1 S 1 GBV). Das durch die Vereinigung entstandene Gesamtgrundstück wird in den Spalten 1 bis 4 unter einer neuen laufenden Nummer eingetragen. In Spalte 5 werden die bisherigen laufenden Nummern aller betroffenen Grundstücke vermerkt (§ 6 Abs 8 GBV). In Spalte 6 wird der Vereinigungsvermerk gesetzt (§ 6 Abs 6c GBV), wobei jedoch die Besonderheit gilt, dass mit dem Vereinigungsvermerk der Übertragungsvermerk zusammengefasst wird (§ 6 Abs 6b GBV). In der *1. Abteilung* sind die in Zusammenhang mit der Übertragung auf das neue bzw nunmehrige Blatt erforderlichen Eintragungen vorzunehmen, die je nachdem verschieden laufen, ob ein Eigentumswechsel verbunden ist oder nicht (§ 9d GBV), zB »Aufgelassen am 1. Oktober 2000 und in Band 5 Blatt 114 des Grundbuchs von Stein eingetragen am 1. November 2000. Hierher übertragen am 1. Februar 2002«. In der *2. und 3. Abteilung* sind die auf dem übertragenen Grundstück lastenden Rechte einzutragen, insbesondere auch eine Mithaft. Die Eintragung kann etwa lauten:[159] »Folgende Eintragung von Band ... Blatt ... hierher übertragen am ...« oder bei noch bestehender Mithaft eines anderen Grundstücks auf dem zweiten Grundbuchblatt: »Hierher zur Mithaft übertragen am ...«. Dabei ist zu beachten, dass in Spalte 2 der Abteilung II und III nur das übertragende ursprünglich belastete Grundstück vermerkt wird, nicht das neue einheitliche Gesamtgrundstück.

73 **Muster** Band 23 Blatt 117

Wegen der jeweils vorausgehenden Teilung vgl § 7 Rdn 73.

1	2	3		4	5	6	7	8
Vereinigung ohne Verschmelzung								
1	...	12	Gartenland	600	1, 2,	Nr. 2 von Bd. 66		
2	...	11	Gartenland	100	3	Bl. 333 hierher		
3	1,2	12	Gartenland	600		übertragen und		
		11	Gartenland	100		mit Nr 1 verei-		
						nigt zu Nr. 3 am		
						1.10.2008		
						Ott Reh		
Vereinigung mit Verschmelzung und ohne Zuflurstück								
1	...	12	Gartenland	600	1, 2,	Nr. 2 von Bd. 66		
2	...	10/1	Wiese	100	3	Bl. 333 hierher		
3	1, 2	12	Gartenland	700		übertragen und lt.		
			Wiese			VN Nr 100 mit		
						Nr. 1 vereinigt zu		
						Nr. 3 am		
						1.10.2008		
						Ott Reh		
Vereinigung mit Verschmelzung und mit Zuflurstück								
1	...	12	Gartenland	600	1, 2	Zuflurstück Zu		
2	1	12	Gartenland	700		12/1 (aus 10) mit		
			Wiese			100 qm von		
						Bd. 66 Bl. 333		
						hierher übertra-		
						gen und lt. VN		
						Nr. 100 mit Nr. 1		
						vereinigt zu Nr. 2		
						am 1.10.2008		
						Ott Reh		

Anmerkung: Unterstreichungen bedeuten Rötungen!

---

158 Vgl dazu: *Schöner/Stöber* Rn 642; *Demharter* § 5 Rn 20.
159 *Demharter* § 5 Rn 20.

VII. Wirkungen der Vereinigung

1. Eintritt der Wirkungen

Die Wirkungen der Vereinigung treten erst ein, wenn die **Eintragung in das Grundbuch** erfolgt ist, nicht **74** schon vorher beim Vorliegen der Voraussetzungen oder mit der Verschmelzung der Flurstücke bei der Vermessungsbehörde.[160] Da die Eintragung rechtsbegründend ist, muss sie klar zum Ausdruck bringen, was gewollt ist, damit ersichtlich ist, ob ein Fall des § 4, § 5 oder § 6 in Frage steht. Gleichgültig ist, welcher formelle Weg gewählt wird, der einer Neuanlage des Grundbuchblattes oder der Fortführung eines der Blätter unter Übertragung der anderen Grundstücke auf dieses.

2. Formellrechtliche Wirkungen

Die grundbuchrechtliche Wirkung der Vereinigung besteht vor allem darin, dass die gesonderte **Belastung** **75** **eines der früheren Einzelgrundstücke**, die nunmehr Grundstücksteile im Rechtssinne sind, nach § 7 Abs 1 regelmäßig erst im Grundbuch eingetragen werden darf, wenn der Grundstücksteil abgeschrieben und wieder als selbständiges Grundstück gebucht, die Vereinigung also wieder aufgehoben ist.

Wurde eines der beteiligten Grundbuchblätter bisher von einem anderen Grundbuchamt geführt, so hat die **76** Vereinigung weiter die Wirkung, dass das nunmehr zuständige Grundbuchamt für alle Grundbuchakte, die sich auf das übergegangene Grundstück beziehen (zB Auflassung), ausschließlich und allein zuständig ist, obwohl es nicht in dem Bezirk des Grundbuchamts gelegen ist, da ein **Zuständigkeitswechsel** eingetreten ist. Die Zuständigkeit dauert an, bis die Vereinigung wieder aufgehoben ist.

3. Materiellrechtliche Wirkungen

Die Wirkung der Vereinigung von Grundstücken besteht darin, dass die **Zusammenfassung** der Grundstücke **77** nach § 890 Abs 1 BGB, § 5 GBO **in materiellrechtlicher Weise** erfolgt, nicht etwa nur buchmäßig wie im Falle des § 4 GBO bei der Führung eines gemeinschaftlichen Grundbuchblattes für mehrere Grundstücke.

Das Wesen und der Rechtscharakter der Vereinigung besteht darin, dass aus den bisher selbständigen Grundstücken (Grundstücksteilen) ein neues Grundstück gebildet wird, dessen Teile ihre rechtliche und tatsächliche **78** Selbständigkeit für die Zukunft verlieren und **nichtwesentliche Bestandteile des einheitlichen neuen Grundstückes** werden.[161] Es wird nicht etwa ein Grundstück Bestandteil des anderen. Dies bedeutet, dass die einzelnen vereinigten Grundstücke nach wie vor Gegenstand besonderer Rechte sein können (§ 93 BGB).

Das neue Grundstück ist als ein **einheitliches Grundstück** zu behandeln. Vereinigungen und Bestandteilszu- **79** schreibungen erfolgen nur zu dem neuen Gesamtgrundstück.[162] Ein Eigentumswechsel an einem der bisherigen Einzelgrundstücke kann im Grundbuch erst nach Abschreibung des betreffenden Grundstücks vollzogen werden.

Die **bisherigen Belastungen** der früheren Einzelgrundstücke werden durch die Vereinigung nicht berührt, dh **80** sie bleiben im bisherigen Umfang bestehen und erstrecken sich nicht auf den anderen Teil.[163] Eine *Gesamthypothek* an den bisherigen Einzelgrundstücken wird nicht zur Einzelhypothek, vielmehr finden die Vorschriften über die Gesamthypothek (§§ 1132, 1172 ff, 1181 Abs 2, 1182 BGB) nach wie vor auf sie Anwendung.[164] Die Vereinigung des *herrschenden Grundstücks* mit anderen Grundbuchgrundstücken lässt den Bestand und Umfang einer *subjektiv-dinglichen Berechtigung* unberührt. Letztere bleibt weiterhin mit dem bisher herrschenden Grundstück, das nunmehr nicht wesentlicher Bestandteil des durch die Vereinigung entstandenen Grundstücks ist, verbunden; sie führt zu keiner Ausdehnung der Berechtigung zugunsten der anderen Bestandteile des neuen Grundstücks. Die subjektiv-dingliche Berechtigung bleibt also im bisherigen Umfang bestehen, jedoch unter

---

160 KG KGJ 31, 236; *Güthe-Triebel* §§ 5, 6 Rn 18.
161 BGH Rpfleger 1978, 52; BayObLGZ 1954, 258; KGJ 31, 24; OLG Saarbrücken OLGZ 1972, 137; OLG Karlsruhe OLGE 39, 222; *Staudinger-Gursky* § 890 Rn 31; BGB-RGRK-*Augustin* § 890 Rn 8; MüKo-*Wacke* § 890 Rn 3; *Soergel-Stürner* § 890 Rn 3, 8; KEHE-*Eickmann* § 5 Rn 22; *Demharter* § 5 Rn 23; *Güthe-Triebel* §§ 5, 6 Rn 19; *Schöner/Stöber* Rn 624; *Eickmann*, GBVerfR, Rn 79; *Böttcher* RpflStud 1989, 51, 53.
162 KG OLGE 2, 407; *Güthe-Triebel* §§ 5, 6 Rn 19; *Böttcher* RpflStud 1989, 51, 53.
163 BGH NJW 2006, 1000 = DNotZ 2006, 288 = Rpfleger 2006, 150; BGH NJW 1978, 320; OLG Hamm DNotZ 2003, 355; KG HRR 1941 Nr 683; KGJ 30, 195; OLG Karlsruhe OLGE 39, 222; OLG Saarbrücken OLGZ 1972, 137; *Staudinger-Gursky* § 890 Rn 32; BGB-RGRK-*Augustin* § 890 Rn 8; MüKo-*Wacke* § 890 Rn 3, 13; *Soergel-Stürner* § 890 Rn 3; KEHE-*Eickmann* § 5 Rn 22; *Demharter* § 5 Rn 23; *Schöner/Stöber* Rn 624; *Eickmann*, GBVerfR, Rn 79; *Böttcher* RpflStud 1989, 51, 53.
164 KG KGJ 43, 125; OLG Karlsruhe OLGE 39, 223; *Staudinger-Gursky* § 890 Rn 32; BGB-RGRK-*Augustin* § 890 Rn 8; MüKo-*Wacke* § 890 Rn 13; KEHE-*Eickmann* § 5 Rn 22; *Schöner/Stöber* Rn 624; *Böttcher* RpflStud 1989, 51, 53.

Beschränkung der Ausübung für den Grundstücksteil, der früher herrschendes Grundstück war.[165] Werden jedoch herrschendes und dienendes Grundstück vereinigt, dann erlischt notwendig das subjektiv-dingliche Recht, da es zwei verschiedene, selbständige Grundstücke voraussetzt.[166] Unterliegt eines der beteiligten Grundstücke einer *Verfügungsbeeinträchtigung* (zB Testamentsvollstreckung, Nacherbfolge, Zwangsversteigerung), so wird das hinzukommende Grundstück durch die Vereinigung nicht davon betroffen.[167]

81 **Neue Belastungen** entstehen nach der Vereinigung einheitlich auf dem neuen Gesamtgrundstück, das eine Einheit bildet. Neue Rechte können zwar nach formellem Recht an dem durch die Vereinigung entstandenen Grundstück nur einheitlich begründet werden, da die Belastung eines der bisherigen Einzelgrundstücke wie jede Belastung eines Grundstücksteils grundsätzlich die Abschreibung desselben voraussetzt (§ 7 Abs 1).[168] Wird jedoch ohne Abschreibung eines der bisherigen Einzelgrundstücke gesondert belastet, so ist diese Belastung – wie auch sonst bei Verletzung des § 7 – materiell wirksam. Eine Belastung des neuen einheitlichen Grundstücks ist als Einzelbelastung des Gesamtgrundstücks, nicht als Gesamtbelastung anzusehen.[169] Eine Hypothek, die auf dem vereinigten Grundstück eingetragen wird, ist eine Einzelhypothek, keine Gesamthypothek, da sie an einem einzigen Grundstück im Rechtssinne lastet. Daher braucht bei einer Zwangshypothek, die sich auf das einheitliche vereinigte Grundstück bezieht, der Forderungsbetrag nicht etwa nach § 867 Abs 2 ZPO verteilt zu werden.[170] Da das vereinigte Grundstück eine Einheit bildet, kann es mit anderen Grundstücken zusammen mit einer Gesamthypothek belastet werden. Es wird dann das Gesamtgrundstück zur Mithaft herangezogen, nicht die Einzelgrundstücke, aus denen es sich zusammensetzt.

82 **Zwangsvollstreckung**, insbesondere die Zwangsversteigerung, in ein früheres Einzelgrundstück ist auch nach der Vereinigung möglich, und zwar als gesonderte Vollstreckung in diesen Grundstücksteil.[171] Voraussetzung der Zwangsvollstreckung in einen realen Grundstücksteil ist jedoch nicht, dass dieser zumindest ein katastermäßiges Flurstück darstellt,[172] dh der rechtlichen Vereinigung keine katastermäßige Verschmelzung zugrunde liegt. Hat das Katasteramt (Vermessungsamt) nach einer Vereinigung die betroffenen Flurstücke zu einem einheitlichen neuen Flurstück verschmolzen, muss dies nach Zuschlagserteilung rückgängig gemacht werden (Neumessung).[173] Erfolgt die Zwangsversteigerung eines realen Grundstücksteils, kann die Abschreibung nur auf Antrag des Eigentümers erfolgen; gegen seinen Willen ist dies erst nach Rechtskraft des Zuschlags in Ausführung des Grundbuchersuchens (§ 130 ZVG) möglich (= notwendige Teilung). Aus einem nach der Vereinigung eingetragenen Recht kann die Zwangsversteigerung oder Zwangsverwaltung nur bezüglich des gesamten Grundstücks erfolgen; Gleiches gilt, wenn wegen eines persönlichen Anspruchs vollstreckt wird.[174]

VIII. Wiederaufhebung der Vereinigung

1. Rechtsnatur

83 In der Grundbuchpraxis kommt häufig der Fall vor, dass mehrere Flurstücke rechtlich vereinigt und im Grundbuch unter einer laufenden Nummer des Bestandsverzeichnisses eingetragen werden (§ 890 Abs 1 BGB, § 5 GBO), sodass sie dadurch ein einheitliches Grundstück im Rechtssinne (= zusammengesetztes Grundstück) bilden. Dann unterbleibt jedoch die katastermäßige Verschmelzung der Flurstücke, sodass schließlich eines der vereinigten, aber erkennbar gebliebenen Flurstücke vom Gesamtgrundstück wieder abgeschrieben werden soll.[175] Die Vereinigung der Grundstücke kann wieder aufgehoben werden. Es kann also das vereinigte Gesamtgrundstück wieder in seine ursprünglichen Einzelgrundstücke aufgelöst werden. Eine gesetzliche Regelung dazu fehlt. Die Wiederaufhebung der Vereinigung stellt einen **Sonderfall der Teilung des Gesamtgrundstücks** dar und macht eine Abschreibung erforderlich.[176]

---

165 BGH NJW 1978, 320 = DNotZ 1978, 156 = Rpfleger 1978, 52; BayObLG DNotZ 2003, 352 = Rpfleger 2003, 241; DNotZ 1974, 443; LG Aschaffenburg MittBayNot 1970, 11; Rpfleger 1973, 299; *Staudinger-Gursky* § 890 Rn 32; BGB-RGRK-*Augustin* § 890 Rn 8; MüKo-*Wacke* § 890 Rn 13; *Soergel-Stürner* § 890 Rn 3; *Schöner/Stöber* Rn 637; *Böttcher* RpflStud 1989, 51, 53.

166 KG KGJ 51, 258; KEHE-*Eickmann* § 5 Rn 22; *Böttcher* RpflStud 1989, 51, 54; **aA** *Staudinger-Gursky* § 890 Rn 32.

167 *Böttcher* RpflStud 1989, 51, 54; LG Aachen MittRhNotK 1983, 162 für den Fall der Nacherbfolge.

168 *Staudinger-Gursky* § 890 Rn 32; *Demharter* § 5 Rn 23; *Böttcher* RpflStud 1989, 51, 54.

169 *Staudinger-Gursky* § 890 Rn 26; MüKo-*Wacke* § 890 Rn 3; *Eickmann* GBVerfR, Rn 79; *Böttcher* RpflStud 1989, 51, 54.

170 BayObLG OLGE 1, 75; *Güthe-Triebel* §§ 5, 6 Rn 19.

171 KG OLGE 12, 146 = KGJ 31, 239; OLG Karlsruhe OLGE 39, 222; *Staudinger-Gursky* § 890 Rn 26; BGB-RGRK-*Augustin* § 890 Rn 8; MüKo-*Wacke* § 890 Rn 13; *Demharter* § 5 Rn 23; *Böttcher* RpflStud 1989, 51, 54.

172 BGH NJW 2006, 1000 = DNotZ 2006, 288 = Rpfleger 2006, 150; *Böttcher* RpflStud 2007, 113.

173 *Böttcher* aaO.

174 *Steiner-Hagemann* Einl Rn 21; *Böttcher* RpflStud 1989, 51, 54.

175 Vgl dazu *Meyer-Stolte* Rpfleger 1982, 274, 275.

176 BayObLGZ 1956, 475 = DNotZ 1958, 393 m Anm *Saage* und *Weber*; BayObLGZ 1974, 237 = DNotZ 1975, 147 = Rpfleger 1974, 311; *Staudinger-Gursky* § 890 Rn 35; KEHE-*Eickmann* § 5 Rn 23; *Demharter* § 5 Rn 25; *Schöner/Stöber* Rn 649; *Meyer-Stolte* Rpfleger 1982, 274, 275.

2. Voraussetzungen

a) Eintragungsantrag (§ 13). Formellrechtlich ist ein **Antrag** erforderlich, der gemäß § 13 Abs 1 S 2 nur vom Eigentümer gestellt werden kann. Grundsätzlich ist er formlos gültig, nur wenn er die materiellrechtliche Wiederaufhebungserklärung ersetzt, bedarf es nach § 30 der Form des § 29 GBO. Von Amts wegen darf die Wiederaufhebung nicht vorgenommen werden, auch nicht, wenn die Voraussetzungen der Vereinigung irrtümlich angenommen wurden oder später weggefallen sind, so insbesondere bei nachträglich eintretender Besorgnis der Verwirrung.[177] Aus der verschiedenen Textierung, nämlich der Ausdrucksweise »wenn« in §§ 5, 6 im Gegensatz zu »solange« in § 4, wird man diese Folgerung allerdings nicht ziehen können. Vielmehr ist entscheidend, dass die Erklärung des Eigentümers in jedem Fall – bei Vereinigung wie bei Teilung bzw Wiederaufhebung der Vereinigung – maßgebend ist, da die Frage der Vereinigung von Grundstücken und deren Aufhebung vorbehaltlich gesetzlicher Schranken in seinem Belieben steht. **Von Amts wegen** hat die Abschreibung und Eintragung als selbständiges Grundstück dann zu erfolgen, wenn die Voraussetzungen des § 7 Abs 1 erfüllt sind, dh ein Grundstücksteil veräußert oder belastet werden soll (= notwendige Teilung). **84**

b) Erklärung des Eigentümers. Die Wiederaufhebung der Vereinigung setzt wie eine Teilung im eigenen Besitz (vgl § 7 Rdn 4) materiellrechtlich eine hierauf gerichtete Erklärung des Eigentümers **gegenüber dem Grundbuchamt** voraus. Auch wenn die Erklärung materiellrechtlich formlos wirksam ist, so bedarf sie doch formellrechtlich der Form des § 29 Abs 1 S 1, da es sich um eine zur Eintragung erforderliche Erklärung handelt. **85**

c) Zustimmung Dritter. Die Zustimmung Dritter, insbesondere der dinglich Berechtigten, ist **nicht erforderlich**, da ihre Rechtsstellung durch die Wiederaufhebung der Vereinigung nicht beeinträchtigt wird.[178] **86**

d) Keine Teilungsbeschränkungen. Der Wiederaufhebung der Vereinigung dürfen keine bundes- oder landesrechtliche Teilungsbeschränkungen entgegenstehen.[179] **87**

e) Katasterauszug. Grundsätzlich muss nach § 2 Abs 3 bei einer Teilung, und somit auch bei der Wiederaufhebung einer Vereinigung, ein beglaubigter Auszug aus dem amtlichen Verzeichnis (= Veränderungsnachweis mit Ausfertigungsvermerk) vorgelegt werden. **Von der Vorlage ist abzusehen**, wenn von einem zusammengesetzten Grundstück durch teilweise Wiederaufhebung der Vereinigung ein Flurstück abgeschrieben werden soll und wenn die einzelnen **Flurstücke nicht verschmolzen worden**, sondern mit selbständigen Flurstücksnummern im Grundbuch eingetragen geblieben sind[180] (vgl dazu § 7 Rdn 39). **88**

3. Verfahren

a) Zuständiges Grundbuchamt. Zuständig zur Entscheidung über die Aufhebung der Vereinigung ist das Grundbuchamt, welches das Grundbuchblatt für das Gesamtgrundstück führt. Gibt es dem Aufhebungsantrag statt, so verliert es damit die Zuständigkeit für denjenigen Teil des Grundstücks, für den nach anderen Vorschriften als § 5 keine Zuständigkeit mehr besteht. Die Durchführung des Zuständigkeitswechsels bestimmt sich nach § 25 GBV. **89**

b) Die Grundstücke bleiben auf demselben Grundbuchblatt. Die Einzelgrundstücke bleiben auf demselben Blatt eingetragen und werden nach § 4 auf einem gemeinschaftlichen Grundbuchblatt weitergeführt. Im Bestandsverzeichnis sind die Eintragungen wie bei der Teilung eines gewöhnlichen Grundstücks vorzunehmen, nämlich nach § 6 Abs 6d, § 13 Abs 2 GBV (vgl § 7 Rdn 69). Dabei kann in dem Teilungs- oder Abschreibungsvermerk auf die ursprünglichen Einzelgrundstücke durch Angabe ihrer laufenden Nummern hingewiesen werden, zB »Nr 3 in die früheren Nrn 1 und 2 geteilt und als Nr 6 und 7 neu eingetragen am ...« Die Teilungsgrundstücke müssen unter neuen laufenden Nummern eingetragen werden und dürfen nicht wieder die Nummern erhalten, die sie vor der Vereinigung führten. In den drei Abteilungen des Grundbuchs wird nichts vermerkt. **90**

c) Die Grundstücke werden auf andere Grundbuchblätter übertragen. Einzelne oder alle Teilgrundstücke können auf andere Grundbuchblätter übertragen werden. Dies muss geschehen, wenn für eines der entstehenden Einzelgrundstücke ein anderes Grundbuchamt zuständig ist. Im Bestandsverzeichnis sind die Eintragungen wie bei einer gewöhnlichen Teilung vorzunehmen, nämlich nach § 6 Abs 7, 8, § 13 Abs 2, 4 GBV (vgl § 7 Rdn 73). Der Abschreibungs- oder Teilungsvermerk kann etwa lauten: »Von Nr 5 die frühere Nr 3 übertragen nach Band 3 Blatt 40 am ...; Rest Nr 10«. Die Restgrundstücke müssen unter neuen laufenden Nummern eingetra- **91**

---

177 KEHE-*Eickmann* § 5 Rn 23; *Demharter* § 5 Rn 25.
178 *Güthe-Triebel* §§ 5, 6 Rn 23; *Hesse-Saage-Fischer* § 5 Bem II.
179 *Bengel/Simmerding* §§ 5, 6 Rn 11.
180 BayObLGZ 1960, 182 = Rpfleger 1961, 297; LG Aurich Rpfleger 1982, 274 m zust Anm *Meyer-Stolte*; KEHE-*Eickmann* § 2 Rn 12.

gen werden, nicht unter ihrer alten Nummer. Von den Belastungen sind, sofern nicht Enthaftungserklärungen vorliegen, sowohl die vor der Vereinigung auf dem Einzelgrundstück lastenden zu übertragen als auch diejenigen, die eingetragen wurden, solange das Gesamtgrundstück bestand; bei letzteren ist im Übertragungsvermerk beizufügen: »*Zur Mithaft*«.

4. Wirkungen

92 Wirksamkeit der Wiederaufhebung tritt nicht beim Vorliegen der Voraussetzungen, sondern erst mit der Eintragung im Grundbuch, der rechtsbegründende Bedeutung hat, ein. Die Wirkung der Wiederaufhebung der Vereinigung besteht darin, dass die einzelnen Teilgrundstücke wieder in jeder Hinsicht **selbständige Grundstücke** werden. Rechte, die an dem Gesamtgrundstück hafteten, bleiben an den Teilgrundstücken unverändert bestehen, sofern diese nicht freigegeben werden. Eine bisherige Einzelhypothek wird Gesamthypothek.[181] Dienstbarkeiten erlöschen nach Maßgabe der §§ 1026, 1090 BGB.

IX. Verletzung des § 5

93 Wird die Vereinigung von Grundstücken unter Verletzung des § 5 Abs 1 S 1 vorgenommen, dh fehlt es an der Voraussetzung der nicht vorliegenden Besorgnis der Verwirrung, so wird dadurch die **Wirksamkeit der Eintragung im Grundbuch nicht berührt**.[182] Es kann jedoch, wenn durch die Verwirrung Schaden entsteht, eine Staatshaftung begründet sein. Bei Verletzung des § 5 Abs 2 vgl Rdn 55.

94 Von der formellrechtlichen Besonderheit des § 5 S 1 abgesehen, sind die Voraussetzungen der Vereinigung materiellrechtlicher Art, die auf § 890 Abs 1 BGB beruhen, dh es müssen mehrere Grundstücke oder grundstücksgleiche Rechte vorhanden sein, die einem Eigentümer gehören, der seinerseits verlangt, dass die Grundstücke vereinigt werden. Fehlt eine der materiellrechtlichen Voraussetzungen, so **treten die Wirkungen der Vereinigung nicht ein**; das Grundbuch ist unrichtig.[183] Die Unrichtigkeit kann aber nur im Wege der Berichtigung (§ 22) beseitigt werden, nicht von Amts wegen. Dagegen ist die Eintragung eines Amtswiderspruchs (§ 53) zulässig.[184] Der Amtswiderspruch ist in der 2. Abteilung des Grundbuchs einzutragen und kann etwa lauten: »*Widerspruch, sich darauf gründend, dass das Grundstück Nr 2 des Bestandsverzeichnisses mit Grundstück Nr 3 vereinigt ist, von Amts wegen für den Eigentümer eingetragen am …*«.

---

181 KG KGJ 34, 296.
182 BGH NJW 2006, 1000 = DNotZ 2006, 288 = Rpfleger 2006, 150; *Böttcher* RpflStud 2007, 113; *Pawlowski-Smid*, FG, Rn 407; *Demharter* § 5 Rn 24; *Güthe-Triebel* §§ 5, 6 Rn 22.
183 *Pawlowski-Smid*, FG, Rn 407; *Demharter* § 5 Rn 24.
184 KG OLGE 12, 145; KGJ 31, 238; 49, 235; *Pawlowski-Smid*, FG, Rn 407; *Güthe-Triebel* §§ 5, 6 Rn 22, 23; *Thieme* §§ 5, 6 Bem 6.

§ 6 (Bestandteilszuschreibung)

(1) Ein Grundstück soll nur dann einem anderen Grundstück als Bestandteil zugeschrieben werden, wenn hiervon Verwirrung nicht zu besorgen ist. Werden die Grundbücher von verschiedenen Grundbuchämtern geführt, so ist für die Entscheidung über den Antrag auf Zuschreibung und, wenn dem Antrag stattgegeben wird, für die Führung des Grundbuchs über das ganze Grundstück das Grundbuchamt zuständig, das das Grundbuch über das Hauptgrundstück führt.

(2) § 5 Abs 2 findet entsprechende Anwendung.

Schrifttum

Böttcher, Grundstücksverbindungen, RpflStud 1989, 1 und 51; *ders,* Die Besorgnis der Verwirrung bei Vereinigung und Bestandteilszuschreibung, BWNotZ 1986, 73; *Beck,* Zur »verdeckten Nachverpfändung« von Grundstücken, NJW 1970, 1781; *Bleutge,* Rangvorbehalt und Bestandteilszuschreibung, Rpfleger 1974, 387; *Bünger,* Zuschreibung eines Grundstücks-miteigentumsanteils als Bestandteil eines anderen Grundstücks, NJW 1964, 583; 1965, 209; *Cammerer,* Zulässigkeit der Vereinigung und Zuschreibung eines Erbbaurechts mit einem Grundstück, BayNotZ 1922, 173; *Haegele,* Rechtsfragen aus dem Liegenschaftsrecht, Rpfleger 1971, 283, Abschnitt IV; *ders,* Einzelfragen zum Liegenschaftsrecht, Rpfleger 1975, 153, Abschnitt 10; *Kollhosser,* Das Grundbuch – Funktion, Aufbau, Inhalt, JA 1984, 558, Frage 6; *Löscher,* Zuflurstücke, JurBüro 1960, 283; *Meyer-Stolte,* Besprechung zum Beschluß des BayObLG vom 06.03.1980, Rpfleger 1980, 191; *ders,* Besprechung zum Beschluß des LG Hildesheim vom 19.12.1980; Rpfleger 1981, 107; *ders,* Besprechung zum Beschluß des LG Darmstadt vom 22.12.1981, Rpfleger 1982, 216; *Minning,* Die Vermessung aus der Sicht des Notariats, MittRhNotK 1973, 671; *Orth,* Bedeutung, Voraussetzungen und Wirkungen von Vereinigung und Zuschreibung (§ 890 BGB) nach der neuen GBO, DGWR 1937, 373; *Schäfer,* Die Vereinigung und Zuschreibung von Grundstücken nach § 890 BGB (Diss Marburg 1907); *Rendle/Schönsiegel,* Hat die Zuschreibung erweiternde Auswirkungen auf die dingliche Zwangsvollstreckungsunterwerfung und die dingliche Zwangsvollstreckungsunterwerfungsklausel?, BWNotZ 1973, 30; *Riggers,* Aktuelles Grundbuchrecht, Jur-Büro 1977, 15. Abschnitt 4; *Roellenbleg,* Kann ein Zuflurstück einem anderen Zuflurstück als Bestandteil zugeschrieben werden?, DNotZ 1971, 286; *Röll,* Flurstücksverschmelzung und subjektiv dingliche Rechte, MittBayNot 1960, 187; *ders,* Grundstücksteilungen, Vereinigungen und Bestandteilszuschreibungen im Anschluß an Vermessungen, DNotZ 1968, 523; *Schulte,* Verbindungen von Erbbaurechten und Grundstücken gem § 890 BGB, BWNotZ 1960, 137; *Staudenmaier,* Zuschreibung eines Miteigentumsanteils im Grundbuch?, NJW 1964, 2145; *Stöber,* Neuer Löschungsanspruch oder alte Löschungsvormerkung?, Rpfleger 1978, 165; *Streuer,* Nachverpfändung, Zuschreibung oder Pfanderstreckung kraft Gesetzes?, Rpfleger 1992, 181; *Weber,* Das mißverstandene »Zuflurstück«, DNotZ 1960, 229; *Wendt,* Verwirrungsgefahr bei unterschiedlicher Belastung mit Grundpfandrechten, Rpfleger 1983, 192; *H. P. Westermann,* Verdeckte Nachverpfändung von Grundstücken, NJW 1970, 1023.

Übersicht

I. Normzweck

1   Die Verbindung mehrerer Grundstücke zu einer rechtlichen Einheit kann in der Form der Vereinigung nach § 890 Abs 1 BGB iVm § 5 GBO oder als Bestandteilszuschreibung nach § 890 Abs 2 BGB iVm § 6 GBO geschehen. Ein Grundstück wird durch die Zuschreibung Bestandteil eines anderen Grundstücks. Bei der Bestandteilszuschreibung unterscheidet man das sog Hauptgrundstück und das ihm zuzuschreibende Bestandteilsgrundstück.[1] Die Bestandteilszuschreibung ist eine besondere Art der Vereinigung; sie unterscheidet sich von ihr lediglich in ihrer Wirkung durch die Besonderheit, dass sich gemäß § 1131 BGB die auf dem Hauptgrundstück bestehenden Grundpfandrechte automatisch auf das Bestandteilsgrundstück erstrecken.[2] In den beiden Fällen des § 890 BGB bilden die verbundenen Grundstücke nur noch ein Grundstück. Die **Bestandteilszuschreibung ist der Vereinigung vorzuziehen,** falls die **Grundpfandrechte am Hauptgrundstück ausgedehnt werden sollen.** Dafür sprechen drei Gründe:

– Ein Grundpfandrecht am Hauptgrundstück erstreckt sich kraft Gesetzes auf das Bestandteilsgrundstück (§ 1131 BGB). Eine rechtsgeschäftliche Pfanderstreckung ist nicht erforderlich.

– Die Pfanderstreckung auf das Bestandteilsgrundstück tritt kraft Gesetzes ein, ist also keine Eintragung beim Grundpfandrecht, sondern im Bestandsverzeichnis, sodass keine Vorlage des Briefes gemäß § 41 und keine Eintragung auf den Brief nach § 63 erforderlich sind.[3]

– Außerdem sind bei der Bestandteilszuschreibung die Grundbuchkosten niedriger, da nur eine Gebühr für die Eintragung im Bestandsverzeichnis nach § 67 Abs 1 Nr 4 KostO anfällt, während bei der Vereinigung außerdem noch eine Gebühr für die Pfanderstreckung nach § 63 KostO zu entrichten ist.[4]

Die materiellrechtliche Grundlage der Bestandteilszuschreibung ist § 890 Abs 2 BGB, der durch die formellrechtliche Vorschrift des § 6 ergänzt wird, wonach die Bestandteilszuschreibung nur dann zulässig ist, wenn hiervon **Verwirrung nicht zu besorgen** ist. Dadurch sollen Schwierigkeiten im Hinblick auf spätere Maßnahmen, insbesondere der Zwangsversteigerung, vermieden werden. Bei der Bestandteilszuschreibung handelt es sich nicht lediglich um einen buchungstechnischen, sondern daneben um einen materiellrechtlichen Vorgang, der die rechtliche Verbindung der beteiligten Grundstücke bewirkt. Nicht verwechselt werden darf dies mit der rein grundbuchtechnischen Zusammenschreibung von Grundstücken, nach § 4, die ohne materiellrechtliche Wirkungen ist.

II. Begriff der Bestandteilszuschreibung

2   Nach § 890 Abs 2 BGB können zwei Grundstücke dergestalt verbunden werden, dass eines dem anderen als Bestandteil zugeschrieben wird. Bei der Bestandteilszuschreibung entsteht aus bisher selbständigen Grundstücken ein neues einheitliches Grundstück. Zu unterscheiden sind das **Hauptgrundstück,** dessen Bestandteil das andere Grundstück werden soll, und das **Bestandteilsgrundstück,** das dem Hauptgrundstück zugeschrieben werden soll.

Die Bestandteilszuschreibung kann auf zwei Arten erfolgen: Entweder werden beide Grundstücke ohne vorausgehende katastertechnische Verschmelzung unter einer neuen Nummer im Grundbuch eingetragen (= zusammengesetztes Grundstück bestehend aus mehreren Flurstücken) oder die Flurstücke der betroffenen Grundstücke werden nach katastertechnischer Verschmelzung als ein neues Grundstück im Grundbuch eingetragen (= bestehend aus einem Flurstück).

III. Der Bestandteilszuschreibung zugängliche Rechtsobjekte

1. Grundstück und Grundstück

3   Die Bestandteilszuschreibung eines Grundstücks zu einem anderen Grundstück ist der Regelfall des § 890 Abs 2 BGB und daher ohne weiteres zulässig. Es muss sich dabei um **mehrere selbständige Grundstücke** im Rechtssinne handeln, dh um mindestens zwei Grundstücke. Gleichgültig ist, ob es sich bei den Grundstücken katastermäßig jeweils um ein oder mehrere Flurstücke handelt bzw ob die Grundstücke bisher für sich allein

---

1   KEHE-*Eickmann* § 6 Rn 2; *Eickmann* GBVerfR, Rn 80.
2   BGH DNotZ 1954, 197; KEHE-*Eickmann* § 6 Rn 1; *Demharter* § 6 Rn 1; *Hesse-Saage-Fischer* § 6 Bem 1.
3   *Demharter* § 41 Rn 3.
4   *Röll* DNotZ 1968, 523, 530.

oder auf einem gemeinschaftlichen Grundbuchblatt nach § 4 eingetragen sind. Grundstücksteile können nicht zugeschrieben werden, sie müssen vorher durch Teilung verselbständigt werden.[5] Sind mehrere Grundstücke, sei es durch Vereinigung, sei es durch Bestandteilszuschreibung, zu einer rechtlichen Einheit gebracht, so können neue Grundstücke nur dem ganzen, nicht einem einzelnen Grundstück zugeschrieben werden.[6]

Ein oder mehrere Grundstücke können immer nur einem Grundstück als Bestandteil zugeschrieben werden, nicht aber mehreren anderen Grundstücken, mögen diese auch nach § 4 gemeinschaftlich gebucht sein; die mehreren Grundstücke müssen vorher **zu einem Hauptgrundstück** verbunden werden.[7] Es ist aber auch anzunehmen, dass es unzulässig ist, dem einem grundstücksgleichen Recht bereits zugeschriebenen Grundstück ein anderes Grundstück zuzuschreiben, da die bereits durch Zuschreibung verbundene Rechtseinheit rechtlich ein Ganzes darstellt.[8] **4**

Einem **gemäß § 7 Abs 1 WEG gebuchten Grundstück** kann ein in gewöhnlichem Miteigentum stehendes Grundstück als Bestandteil zugeschrieben werden, sofern die Gemeinschaft der Miteigentümer daran aus denselben Personen mit den gleichen Miteigentumsanteilen besteht wie an dem der Bildung von Wohnungseigentum zugrunde liegenden Grundstück.[9] Zwar wird bei der Begründung von Wohnungseigentum das betroffene Grundstück in Miteigentumsanteile gegliedert, wobei für jeden Miteigentumsanteil ein besonderes Grundbuchblatt angelegt (§ 7 Abs 1 WEG) und das Grundbuchblatt des Grundstücks selbst geschlossen wird; das berührt aber nicht die Existenz des Grundstücks, es besteht vielmehr im Rechtssinne fort (vgl § 3 Abs 1b und 5, § 4 WGV, § 1 Abs 4 WEG). Mehrere in gemeinschaftlichem Eigentum stehende Grundstücke können aber nur dann verbunden werden, wenn die Art der rechtlichen Verbundenheit beider Miteigentümergemeinschaften dieselbe ist bzw wenn die Gemeinschaftsarten mit der Grundstücksverbindung gleich werden. Daher müssen die Anteile gewöhnlichen Miteigentums an dem Bestandteilsgrundstück mit der Zuschreibung notwendigerweise in Wohnungseigentumsanteile umgewandelt werden; da dies eine über die Rechtsfolgen des § 890 BGB hinausgehende Inhaltsänderung der Miteigentumsanteile an dem Bestandteilsgrundstück darstellt, setzt dies dahingehende Willenserklärungen der Miteigentümer voraus, die noch nicht in den Zuschreibungsanträgen sämtlicher Wohnungseigentümer zu sehen sind.[10] Ausreichend ist jedoch dafür, wenn die Miteigentümer erklären, dass sich die Teilungserklärung auf das Bestandteilsgrundstück erstrecken soll.[11] **5**

Einem **Erbbaugrundstück** kann ein gewöhnliches Grundstück als Bestandteil zugeschrieben werden (oder umgekehrt); vgl dazu § 5 Rdn 5. **6**

2. Grundstück und Zuflurstück

Auch Zuflurstücke können zu Grundstücken als Bestandteil zugeschrieben werden, dh sie können **Bestandteilsgrundstücke** sein.[12] Dies ergibt sich daraus, dass das Zuflurstück für die Anwendung des § 890 BGB als selbständiges Grundstück gilt.[13] Der Eintragungstext könnte etwa lauten: »*Zuflurstück Zu 12/1 (aus 10) mit 100 qm von Band 66 Blatt 333 hierher übertragen, Nr 1 als Bestandteil zugeschrieben und zusammen mit diesem lt VN Nr 100 unter Nr 2 neu vorgetragen am …*«. Streitig ist, ob auch ein Grundstück einem Zuflurstück als Bestandteil zugeschrieben werden kann, dh ob ein Zuflurstück **Hauptgrundstück** sein kann; nach richtiger Ansicht ist dies zu bejahen (vgl Rdn 11). **7**

3. Grundstück und grundstücksgleiches Recht

Bestandteilszuschreibung ist grundsätzlich möglich zwischen einem Grundstück und einem grundstücksgleichen Recht und umgekehrt; es kann also ein **Grundstück einem grundstücksgleichen Recht** zugeschrieben werden oder ein **grundstücksgleiches Recht einem Grundstück**.[14] Nicht statthaft ist jedoch die Zuschreibung eines Bergwerkeigentums als Bestandteil eines Grundstücks oder eines Grundstücks als Bestand- **8**

5 *Demharter* § 6 Rn 3; *Dittmar* BayNotV 1930, 17; *Staudinger-Gursky* § 890 Rn 37.
6 KG OLGE 2, 407; MüKo-*Wacke* § 890 Rn 14; *Schöner/Stöber* Rn 653.
7 BayObLGZ 12, 543; KG DNotZ 1941, 265 = HRR 1941 Nr 602; OLG Düsseldorf JMBl NRW 1963, 189; *Staudinger-Gursky* § 890 Rn 37; MüKo-*Wacke* § 890 Rn 14; KEHE-*Eickmann* § 6 Rn 4; *Demharter* § 6 Rn 3; *Güthe-Triebel* §§ 5, 6 Rn 3; *Hesse-Saage-Fischer* § 6 Bem 1; *Schöner/Stöber* Rn 653; *Böttcher* RpflStud 1989, 51, 55.
8 *Güthe-Triebel* §§ 5, 6 Rn 5, 20.
9 KG Rpfleger 1976, 180; OLG Oldenburg Rpfleger 1977, 22; OLG Frankfurt Rpfleger 1973, 394; LG Düsseldorf MittRhNotK 1970, 190; KEHE-*Eickmann* § 6 Rn 4; zweifelnd: *Demharter* § 6 Rn 7.
10 OLG Oldenburg Rpfleger 1977, 22; *Staudinger-Gursky* § 890 Rn 13; *Böttcher* RpflStud 1989, 51, 55.
11 OLG Frankfurt Rpfleger 1993, 396 = DNotZ 1993, 612.
12 BayObLG Rpfleger 1991, 4; *Staudinger-Gursky* § 890 Rn 7; BGB-RGRK-*Augustin* § 890 Rn 3; KEHE-*Eickmann* § 6 Rn 5; *Demharter* § 6 Rn 4; *Eickmann* GBVerfR, Rn 80; *Löscher* JurBüro 1960, 283, 285; *Böttcher* RpflStud 1989, 51, 55.
13 BGH DNotZ 1954, 197; BayObLGZ 1954, 258; 1957, 356; Rpfleger 1972, 18; OLG Frankfurt Rpfleger 1960, 127.
14 KEHE-*Eickmann* § 6 Rn 8; *Demharter* § 6 Rn 6; BGB-RGRK-*Augustin* § 890 Rn 5; MüKo-*Wacke* § 890 Rn 11, 12; *Soergel-Stürner* § 890 Rn 7; *Schulte* BWNotZ 1960, 137; *Böttcher* RpflStud 1989, 51, 56; **aA** *Staudinger-Gursky* § 890 Rn 19.

teil eines Bergwerkeigentums (§ 9 Abs 2 BundesbergG vom 13.08.1980, BGBl I 1310); die am 01.01.1982 bestehenden Bestandteilszuschreibungen bleiben hiervon unberührt, die Länder können aber Vorschriften über ihre Aufhebung erlassen (§§ 151 Abs 2 Nr 3, 154 Abs 1 BundesbergG). Ein grundstücksgleiches Recht darf nicht dem Grundstück, an dem es lastet, zugeschrieben werden,[15] so insbesondere das **Erbbaurecht nicht dem Erbbaugrundstück**.[16] Dadurch ginge das Erbbaurecht als selbständiges grundstücksgleiches Recht unter und würde nichtwesentlicher Bestandteil des Erbbaugrundstücks; dies stünde in Widerspruch zum Wesen des Erbbaurechts, das während seines Bestehens gegenüber dem Erbbaugrundstück der wirtschaftlich und rechtlich dominierende Teil ist (§ 12 ErbbauRG). Außerdem käme dies dem völligen grundbuchmäßigen Verschwinden des Erbbaurechts gleich, was schon im Hinblick auf etwa eingetragene Lasten der 3. Abteilung misslich wäre. Entgegen überwiegender Ansicht ist auch die Bestandteilszuschreibung des **Erbbaugrundstückes zum Erbbaurecht unzulässig**.[17] Überhaupt ist die Bestandteilszuschreibung eines **Erbbaurechts zu einem Grundstück (oder umgekehrt) nicht zulässig**.[18] Durch die Verbindung muss eine Rechtseinheit geschaffen werden; aber bereits die Übertragung von Grundstück (§§ 873, 925 BGB) und Erbbaurecht (§ 873 BGB, § 5 Abs 1 ErbbauRG) vollzieht sich nach unterschiedlichen Regeln.

4. Grundstück und Wohnungseigentum

9 Streitig ist, ob ein Wohnungseigentumsrecht einem Grundstück als Bestandteil zugeschrieben werden kann.[19] Wenn dies mit der Begründung abgelehnt wird, dass der mit dem Sondereigentum verbundene Miteigentumsanteil kein grundstücksgleiches Recht darstellt, so kann dem im Ergebnis nicht gefolgt werden. Da es sich beim Wohnungseigentum um ein neues dingliches Recht eigener Art[20] mit selbständiger Buchungsmöglichkeit handelt (§ 7 Abs 1 WEG), muss ebenso wie bei der Vereinigung (§ 5 Rdn 8) von der **Zulässigkeit** der Bestandteilszuschreibung eines Wohnungseigentumsrechts zu einem Grundstück ausgegangen werden.

5. Grundstück und Miteigentumsanteil

10 Die Bestandteilszuschreibung eines Miteigentumsanteils zu einem anderen Grundstück wird zum Teil dann als zulässig angesehen, wenn seine getrennte Buchung auf dem Blatt eines anderen Grundstücks zulässig ist, dh im Falle des § 3 Abs 4, 5 GBO.[21] Die **hM verneint dies** jedoch grundsätzlich,[22] und zwar zu Recht. Miteigentumsanteile sind keine Grundstücke und können grundsätzlich nicht selbständig gebucht werden. Aber auch im Falle der Buchung von Miteigentumsanteilen gemäß § 3 Abs 4, 5 hat das Gesetz die Bestandteilszuschreibung nicht erwähnt. Ein praktisches Bedürfnis ist auch nicht ersichtlich.

6. Zuflurstück und Zuflurstück

11 Ob ein Zuflurstück einem anderen Zuflurstück als Bestandteil zugeschrieben werden kann, ist **lebhaft umstritten**. Die Frage lautet: Kann ein Zuflurstück auch Hauptgrundstück sein? Eine Meinung verneint dies mit der Begründung, dass das Zuflurstück keine endgültige Flurstücksnummer aufweise, es im Bestandsverzeichnis nicht eingetragen werde und auf Grund seines vorübergehenden Charakters nicht die Voraussetzungen für ein Hauptgrundstück erfülle.[23] Ein Zuflurstück könne daher insbesondere dann nicht einem anderen Zuflurstück zugeschrieben werden, wenn beantragt sei, einen vermessungsamtlichen Veränderungsnachweis zu vollziehen, und hierbei die bei der Vermessung gebildeten mehreren Zuflurstücke zu einem Bestimmungs-

---

15 OLG Jena Rpfleger 1998, 195; *Staudinger-Gursky* § 890 Rn 19; *Güthe-Triebel* §§ 5, 6 Rn 5; *Predari* § 5 Bem 10; *Böttcher* RpflStud 1989, 51, 56.

16 Gutachten in DNotI-Report 2006, 111; *Schulte* BWNotZ 1960, 137, 140; *Böttcher* RpflStud 1989, 51, 56.

17 Gutachten in DNotI-Report 2006, 111; *MüKo-von Oefele* § 11 ErbbauVO Rn 33; *Palandt-Bassenge* § 890 Rn 2; *Staudinger-Gursky* § 890 Rn 19; aA *KEHE-Eickmann* § 6 Rn 8; *Demharter* § 6 Rn 5; *Schulte* BWNotZ 1960, 137, 142; *Kehrer* WürttNV 1954, 86; BWNotZ 1957, 61; **unentschieden:** BayObLZ 1993, 297, 300; 1999, 63.

18 *Böttcher* Erbbaurecht, Rn 550; *von Oefele-Winkler* Rn 5.179; *MüKo-von Oefele* § 11 ErbbauVO Rn 33; *Staudinger-Gursky* § 890 Rn 19; aA OLG Neustadt DNotZ 1964, 344; OLG Hamburg NJW 1974, 280.

19 **Bejahend:** BayObLG Rpfleger 1994, 108 = DNotZ 1995, 51 = MittBayNot 1994, 37 = MittRhNotK 1993, 253; KEHE-*Eickmann* § 6 Rn 10; *Demharter* § 6 Rn 5; *MüKo-Wacke* § 890 Rn 12; *Schöner/Stöber* Rn 2980; *Böttcher* RpflStud 1989, 51, 56; aA OLG Düsseldorf DNotZ 1964, 361 = MittBayNot 1963, 327 = MittRhNotK 1963, 595.

20 *Staudinger-Ring* 11. Aufl., § 1 WEG Anm 9.

21 *Bünger* NJW 1964, 583; 1965, 2095.

22 BayObLG Rpfleger 1994, 108; NJW 1958, 2116, 2118; KG KGJ 28, 68; OLG Saarbrücken OLGZ 1972, 129, 132; OLG Hamburg NJW 1965, 1765; LG Münster OFG 1940, 141; *Staudinger-Gursky* § 890 Rn 16; *MüKo-Wacke* § 890 Rn 12; *Demharter* § 6 Rn 5; *Staudenmaier* NJW 1964, 2145; *Böttcher* RpflStud 1989, 51, 56.

23 BayObLZ 1957, 354, 356 = DNotZ 1958, 388; Rpfleger 1972, 18, 19 = DNotZ 1972, 350; OLG Frankfurt Rpfleger 1976, 245 = DNotZ 1977, 243; LG Nürnberg-Fürth DNotZ 1971, 307; *Staudinger-Gursky* § 890 Rn 38; BGB-RGRK-*Augustin* § 890 Rn 3; *MüKo-Wacke* § 890 Rn 11; *Soergel-Stürner* § 890 Rn 6; *Schöner/Stöber* Rn 685; *Löscher* JurBüro 1960, 283, 285.

grundstück mit einer neuen Flurstücksnummer zusammengefasst würden. Dieser Auffassung kann nicht zugestimmt werden. Die grundbuchrechtlichen Vorschriften verlangen nirgends, dass die zu verbindenden Grundstücke oder Grundstücksteile zunächst selbständig auf dem Grundbuchblatt der Verbindung gebucht werden müssten. Entscheidend ist nicht, welche Art von Grundstücken (Grundstücksteilen) verbunden werden, sondern was als neuer Bestand eingetragen wird. Auch bei der Vereinigung von Zuflurstücken, die unstreitig zulässig ist (§ 5 Rdn 10), erhalten diese keine eigene Flurstücksnummer und werden nicht in das Bestandsverzeichnis eingetragen. Wieso bei der Bestandteilszuschreibung etwas anderes gelten soll, ist nicht ersichtlich. Da wie dort wird das Zuflurstück als selbständiges Grundstück behandelt.[24] Materiellrechtlich bestehen zwischen Flurstück und Zuflurstück keine Unterschiede, aber auch formellrechtlich besteht dann kein Unterschied, wenn die Nummer des Bestimmungsflurstücks feststeht. Ein Zuflurstück kann deshalb einem anderen Zuflurstück als Bestandteil zugeschrieben werden, dh ein **Zuflurstück kann auch Hauptgrundstück sein**, wenn Haupt- und Bestandteilszuflurstück unter einer neuen Nummer als selbständiges Flurstück eingetragen werden.[25] Der Eintragungstext könnte etwa lauten: »*Zuflurstück Zu 12/1 (aus 10) zu 100 qm von Band 61 Blatt 712 hierher übertragen; diesem das von Band 42 Blatt 314 hierher übertragene Zuflurstück Zu 12/1 (aus 20) zu 200 qm als Bestandteil zugeschrieben und beide als Flst Nr 12 neu vorgetragen am …*«.

7. Grundstücksgleiches Recht und grundstücksgleiches Recht

Ein grundstücksgleiches Recht kann einem anderen grundstücksgleichen Recht als Bestandteil zugeschrieben werden, da sie rechtlich den Grundstücken gleichgestellt sind; es gilt jedoch die Einschränkung, dass nur **Rechte gleicher Gattung** zugeschrieben werden können, zB Erbbaurecht und Erbbaurecht.[26]   **12**

8. Wohnungseigentum und Wohnungseigentum

Die Zulässigkeit der Bestandteilszuschreibung eines Wohnungseigentums zu einem anderen Wohnungseigentum wird heute allgemein zu Recht bejaht;[27] es gelten die Ausführungen bei der Vereinigung (§ 5 Rdn 12–16) entsprechend. Gewöhnliche Miteigentumsanteile (ohne Verbindung mit Sondereigentum) können jedoch Wohnungseigentum (= Miteigentumsanteil mit Sondereigentum) nicht als Bestandteil zugeschrieben werden.[28]   **13**

9. Miteigentumsanteil und Miteigentumsanteil

Da Miteigentumsanteile nicht als selbständige Grundstücke anzusehen sind, kann ein Miteigentumsanteil einem anderen Miteigentumsanteil **nicht als Bestandteil zugeschrieben** werden.[29] Daran ändert auch die selbständige Buchung der Miteigentumsanteile gemäß § 3 Abs 4, 5 nichts, da diese Vorschrift die Bestandteilszuschreibung nicht erwähnt.   **14**

IV. Materiellrechtliche Entstehungsvoraussetzungen

1. Erklärung des Eigentümers

Für eine wirksame Bestandteilszuschreibung ist neben der Grundbucheintragung materiellrechtlich eine hierauf gerichtete **Erklärung des Eigentümers gegenüber dem Grundbuchamt** erforderlich (§ 890 Abs 2 BGB).[30] Bei der Erklärung handelt es sich um eine rechtsgeschäftliche Willenserklärung, wobei es unschädlich ist, wenn die Erklärung der Eintragung nachfolgt. Abgeben kann die Erklärung nur der Eigentümer, bei Miteigentum alle Miteigentümer, nicht dagegen ein Grundpfandrechtsgläubiger.[31] Wegen der Wirkung des § 1131 BGB ist die Bestandteilszuschreibung dann eine Verfügung, wenn am Hauptgrundstück Grundpfandrechte ein-   **15**

---

24 BGH DNotZ 1954, 197; BayObLGZ 1954, 158; 1957, 356; Rpfleger 1972, 18; OLG Frankfurt Rpfleger 1960, 127.

25 LG München II MittBayNot 1967, 9; *Waldner* in Bauer/von Oefele §§ 5, 6 Rn 12; *Demharter* § 6 Rn 4; KEHE-*Eickmann* § 6 Rn 5, 6; *Eickmann*, GBVerfR, Rn 80; *Roellenbleg* DNotZ 1971, 286; *Röll* DNotZ 1968, 523, 530; *Weber* DNotZ 1960, 229, 232; *Böttcher* RpflStud 1989, 51, 56.

26 *Böttcher* Erbbaurecht, Rn 547; *Staudinger-Gursky* § 890 Rn 18; BGB-RGRK-*Augustin* § 890 Rn 5; MüKo-*Wacke* § 890 Rn 12; *Soergel-Stürner* § 890 Rn 7; KEHE-*Eickmann* § 6 Rn 7; *Demharter* § 6 Rn 6; *Schulte* BWNotZ 1960, 137; *Böttcher* RpflStud 1989, 51, 56.

27 LG Ravensburg Rpfleger 1976, 303; KEHE-*Eickmann* § 6 Rn 9; *Demharter* § 6 Rn 5; *Staudinger-Gursky* § 890 Rn 20; BGB-RGRK-*Augustin* § 890 Rn 6; *Schöner/Stöber* Rn 2980; *Röll* Rpfleger 1976, 285; *Riggers* JurBüro 1977, 15, 18; *Böttcher* RpflStud 1989, 51, 56.

28 OLG Oldenburg Rpfleger 1972, 22; LG Dortmund Rpfleger 1992, 478.

29 KEHE-*Eickmann* § 6 Rn 11; *Demharter* § 6 Rn 5; *Schöner/Stöber* Rn 653, 626; BGB-RGRK-*Augustin* § 890 Rn 5; *Böttcher* RpflStud 1989, 51, 57.

30 BayObLG Rpfleger 1996, 332; *Staudinger-Gursky* § 890 Rn 23; KEHE-*Eickmann* § 6 Rn 21; *Demharter* § 6 Rn 9; *Schöner/Stöber* Rn 652; *Böttcher* RpflStud 1989, 51, 54.

31 BayObLGZ 1976, 180 = DNotZ 1977, 242; BGB-RGRK-*Augustin* § 890 Rn 9; MüKo-*Wacke* § 890 Rn 6.

getragen sind,[32] daher sind bei der Abgabe der materiellrechtlichen Erklärung die Verfügungsbeeinträchtigungen zu beachten. Diese Erklärung ist materiellrechtlich wesentliches Erfordernis; bei deren Fehlen hat die Bestandteilszuschreibung keine Wirkungen, das Grundbuch ist unrichtig.[33] Gutgläubiger Dritterwerb wird aber nach § 892 BGB geschützt.[34] Gemäß § 53 Abs 1 S 1 kommt die Eintragung eines Amtswiderspruchs in Betracht,[35] sofern kein gutgläubiger Erwerb sich angeschlossen hat. Materiellrechtlich ist die Erklärung der Bestandteilszuschreibung **formlos** wirksam, sodass sie auch schlüssig abgegeben werden kann. Die Erklärung der Bestandteilszuschreibung muss den klaren und eindeutigen Willen des Eigentümers zum Ausdruck bringen, dass ein Grundstück (= Bestandteilsgrundstück) dem anderen Grundstück (= Hauptgrundstück) als Bestandteil zugeschrieben werden soll.

2. Zustimmung Dritter

16 **a) Dinglich Berechtigte.** Die Zustimmung dinglich Berechtigter ist zu einer Bestandteilszuschreibung **nicht erforderlich**, da deren Rechte dadurch nicht betroffen werden.[36]

17 **b) Belastungsgenehmigung für Bestandteilsgrundstück.** Soll ein Grundstück, zu dessen Belastung mit Grundpfandrechten eine behördliche Genehmigung erforderlich ist, einem mit solchen Rechten belasteten Grundstück als Bestandteil zugeschrieben werden, so bedarf es wegen der Wirkung des § 1131 BGB der **behördlichen Genehmigung**, es sei denn, dass die nämliche Belastung bereits auf dem Bestandteilsgrundstück ruht.[37] Ist die Belastung eines Grundstücks mit Grundpfandrechten unzulässig, so darf es einem mit solchen Rechten belasteten Grundstück wegen § 1131 BGB nicht als Bestandteil zugeschrieben werden.[38]

18 **c) Familien- bzw vormundschaftsgerichtliche Genehmigung.** Wird der Eigentümer durch seine Eltern oder einen Vormund/Pfleger gesetzlich vertreten, so bedarf deren materiellrechtliche Bestandteilserklärung dann der vormundschaftsgerichtlichen Genehmigung, wenn ein bereits im Eigentum des Kindes bzw Mündels stehendes Grundstück als Bestandteilsgrundstück einem anderen, mit Grundpfandrechten belasteten Grundstück zugeschrieben werden soll (§§ 1643 Abs 1, 1821 Abs 1 Nr 1 BGB).[39] Würde das Bestandteilsgrundstück selbständig neu belastet, so bedürfte es dazu unstreitig der vormundschaftsgerichtlichen Genehmigung nach § 1821 Abs 1 Nr 1 BGB. Nichts anderes kann jedoch gelten, wenn das Bestandteilsgrundstück wegen § 1131 BGB kraft Gesetzes mit einem Grundpfandrecht belastet wird. Keine vormundschaftsgerichtliche Genehmigung ist erforderlich, wenn das Bestandteilsgrundstück erst erworben wird, da dann ein belastetes Grundstück erworben wird, was keine Minderung des Vermögens darstellt[40] (sog Erwerbsmodalität). Wenn das Hauptgrundstück nicht mit Grundpfandrechten belastet ist, gesetzlich eine Hafterstreckung nach § 1131 S 1 BGB auf das Bestandteilsgrundstück sonach nicht eintritt, verändert die Bestandteilszuschreibung den Bestand des Mündel- bzw Kindesvermögens nicht; § 1821 Abs 1 Nr 1 BGB findet daher in diesem Fall keine Anwendung.

19 **d) Testamentsvollstreckung.** Dem Testamentsvollstrecker sind **unentgeltliche Verfügungen** grundsätzlich untersagt (§ 2205 S 3 BGB); der Erblasser kann ihn von dieser Einschränkung auch nicht befreien (§ 2207 S 2 BGB). Die Erklärung des Testamentsvollstreckers, ein Nachlassgrundstück einem anderen mit Grundpfandrechten belasteten Nachlassgrundstück als Bestandteil zuzuschreiben, stellt eine Verfügung gemäß § 2205 BGB dar.[41] Zum Erfordernis des Entgeltlichkeitsnachweises vgl die Erläuterungen zu § 52.

20 **e) Gütergemeinschaft.** Bei Gütergemeinschaft ist der Alleinverwalter zwar grundsätzlich verfügungsbefugt (§ 1422 BGB), er bedarf aber der Zustimmung des anderen Ehegatten zur Verfügung über ein Gesamtgutsgrundstück (§ 1424 BGB). Zur Bestandteilszuschreibungserklärung des gesamtgutsverwaltenden Ehegatten ist daher die **Zustimmung des anderen Ehegatten** erforderlich, wenn das Bestandteilsgrundstück bereits zum

---

32 *Schöner/Stöber* Rn 657.
33 *Staudinger-Gursky* § 890 Rn 23; *BGB-RGRK-Augustin* § 890 Rn 11.
34 *Staudinger-Gursky* § 890 Rn 23; *MüKo-Wacke* § 890 Rn 6.
35 *Staudinger-Gursky* § 890 Rn 28; *BGB-RGRK-Augustin* § 890 Rn 11.
36 KG KGJ 43, 125; *Staudinger-Gursky* § 890 Rn 29; *BGB-RGRK-Augustin* § 890 Rn 13; *MüKo-Wacke* § 890 Rn 9; *Soergel-Stürner* § 890 Rn 5; *KEHE-Eickmann* § 6 Rn 21; *Demharter* § 6 Rn 9; *Schöner/Stöber* Rn 655; *Böttcher* RpflStud 1989, 51, 54.
37 KG JFG 12, 340; *KEHE-Eickmann* § 6 Rn 16; *Demharter* § 6 Rn 12; *Böttcher* RpflStud 1989, 51, 54; vgl auch BayObLGZ 1960, 398.
38 KG JFG 16, 218; *Demharter* § 6 Rn 13; *Böttcher* RpflStud 1989, 51, 54.
39 *KEHE-Eickmann* § 6 Rn 19; *MüKo-Wacke* § 890 Rn 15; *Schöner/Stöber* Rn 657; *Eickmann* GBVerfR, Rn 83; *Meyer-Stolte* RpflJB 1980, 336; *Klüsener* Rpfleger 1981, 461, 474; *Böttcher* RpflStud 1989, 51, 54; *Brüggemann* FamRZ 1990, 5, 7 und 1990, 124, 128.
40 *KEHE-Eickmann* § 6 Rn 19; *Schöner/Stöber* Rn 658; *Böttcher* RpflStud 1989, 51, 54.
41 KG JFG 17, 61; *KEHE-Eickmann* § 6 Rn 18; *Schöner/Stöber* Rn 657; *Böttcher* RpflStud 1989, 51, 55.

Gesamtgut gehört und das Hauptgrundstück mit Grundpfandrechten belastet ist (§ 1131 BGB).[42] Der Erwerb eines Grundstücks ist nicht zustimmungspflichtig, da dies keine Verfügung des Erwerbers über das Grundstück ist; daran ändert sich auch nichts, wenn das erworbene Grundstück einem belasteten Gesamtgutsgrundstück als Bestandteil zugeschrieben wird mit der Folge des § 1131 BGB, weil wirtschaftlich das Gesamtgut infolge des gleichzeitigen Wertzuwachses nicht geschmälert wird.[43] Wird das Hauptgrundstück neu erworben und befindet sich das Bestandteilsgrundstück bereits im Gesamtgut, so ist die Zustimmung dann erforderlich, wenn das Hauptgrundstück mit Grundpfandrechten belastet ist.[44]

3. Grundbucheintragung

Zur rechtswirksamen Bestandteilszuschreibung ist als **Konstitutivakt** noch die Grundbucheintragung gemäß § 890 Abs 2 BGB erforderlich. **21**

V. Formellrechtliche Eintragungsvoraussetzungen

1. Eintragungsantrag (§ 13)

Für die Eintragung der Bestandteilszuschreibung ist formellrechtlich ein Eintragungsantrag erforderlich (§ 13), **22** dessen Fehlen aber auf die Wirksamkeit der vorgenommenen Eintragung keinen Einfluss hat. Von dem verfahrensrechtlichen Antrag ist die Erklärung des Eigentümers, welche die materiellrechtliche Grundlage für die Bestandteilszuschreibung bildet (§ 890 Abs 2 BGB), zu unterscheiden; letztere ist jedoch idR im Antrag enthalten.

a) Antragsberechtigung. Der Antrag auf Eintragung der Bestandteilszuschreibung kann im Hinblick auf § 13 **23** Abs 1 S 2 **nur von dem Eigentümer** gestellt werden; nur er ist unmittelbar Beteiligter.[45] Vereinzelt wird die Meinung vertreten, dass auch andere Personen, insbesondere Grundpfandrechtsgläubiger am Hauptgrundstück, antragsberechtigt sein sollen.[46] Dem kann nicht gefolgt werden, weil die dinglich Berechtigten durch die Bestandteilszuschreibung nur mittelbar beteiligt sind, insbesondere nicht ihre Begünstigung bezweckt ist,[47] sie andererseits aber auch nicht betroffen werden.

b) Form. Der Eintragungsantrag bedarf grundsätzlich **keiner Form**; nur wenn er, wie zumeist, die formelle **24** Bewilligung gemäß § 19 ersetzt, bedarf er nach § 30 der **öffentlich beurkundeten oder beglaubigten Form** (§ 29 Abs 1 S 1).[48] Da sich das Gesetz über die Beurkundungs- und Beglaubigungsbefugnis der Vermessungsbehörden vom 15.11.1937[49] nur auf die Vereinigung von Grundstücken bezieht, kann ein Zuschreibungsantrag nicht von den Vermessungsbehörden beurkundet oder beglaubigt werden.[50] Das gesetzgeberische Motiv für diese Regelung ist darin zu sehen, dass die Bestandteilszuschreibung besondere Rechtsfolgen hat (§ 1131 BGB), welche oft eine Belehrung der Beteiligten erforderlich machen würde. Dies würde über das eigentliche Tätigkeitsgebiet der Vermessungsbehörden hinausgehen.

c) Inhalt. Der Antrag muss den **Willen zur Bestandteilszuschreibung** unzweifelhaft erkennen lassen, ohne **25** dass das Wort »Bestandteilszuschreibung« ausdrücklich genannt werden muss. Im Übrigen vgl § 5 Rdn 26.

2. Eintragungsbewilligung (§ 19)

Die gemäß § 19 iVm § 890 Abs 2 BGB erforderliche Eintragungsbewilligung des Eigentümers[51] ist in seinem **26** Antrag auf Eintragung der Bestandteilszuschreibung zu sehen.[52] Dieser gemischte Antrag muss dann öffentlich beglaubigt sein (§ 30). Mitbewilligen nach § 19 müssen diejenigen, die materiellrechtlich zustimmen müssen; vgl dazu Rdn 16–20.

42 KEHE-*Eickmann* § 6 Rn 17; *Schöner/Stöber* Rn 657; *Böttcher* Rpfleger 1985, 1, 4; RpflStud 1989, 51, 55.
43 LG Aschaffenburg Rpfleger 1965, 369 m zust Anm *Haegele*; KEHE-*Eickmann* § 6 Rn 17; *Demharter* § 6 Rn 15; *Schöner/Stöber* Rn 658; *Böttcher* Rpfleger 1985, 1, 4; RpflStud 1989, 51, 55.
44 KEHE-*Eickmann* § 6 Rn 17; *Schöner/Stöber* Rn 657; *Böttcher* RpflStud 1989, 51, 55.
45 BayObLGZ 1976, 180 = DNotZ 1977, 242; BGB-RGRK-*Augustin* § 890 Rn 10; *Soergel-Stürner* § 890 Rn 9; KEHE-*Eickmann* § 6 Rn 22; *Demharter* § 6 Rn 10; *Güthe-Triebel* §§ 5, 6 Rn 6; *Hesse-Saage-Fischer* § 6 Bem II; *Schöner/Stöber* Rn 629, 654; *Böttcher* RpflStud 1989, 51, 57.
46 KG KGJ 30, 178; *Staudinger-Gursky* § 890 Rn 24.
47 KEHE-*Herrmann* § 13 Rn 59; allgemein zur Antragsberechtigung: *Böttcher* Rpfleger 1982, 52.
48 KG KGJ 30, 180; KEHE-*Eickmann* § 6 Rn 22; *Demharter* § 6 Rn 10; *Staudinger-Gursky* § 890 Rn 24; BGB-RGRK-*Augustin* § 890 Rn 10; *Schöner/Stöber* Rn 628; *Böttcher* RpflStud 1989, 51, 57.
49 RGBl I 1257.
50 KEHE-*Eickmann* § 6 Rn 22; *Demharter* § 6 Rn 10; *Schöner/Stöber* Rn 654; *Böttcher* RpflStud 1989, 51, 57.
51 BayObLG Rpfleger 1996, 332; *Demharter* § 6 Rn 10; *Böttcher* RpflStud 1989, 51, 57.
52 BayObLG, *Demharter*, *Böttcher* je aaO.

3. Keine Besorgnis der Verwirrung (§ 6 Abs 1 S 1)

27   Eine Bestandteilszuschreibung darf im Grundbuch nicht vollzogen werden, wenn dadurch Verwirrung zu besorgen ist (§ 6 Abs 1 S 1); vgl dazu die Ausführungen bei § 5 Rdn 28–51.

4. Lage der zu verbindenden Grundstücke (§ 6 Abs 2, § 5 Abs 2)

28   Vgl dazu § 5 Rdn 52–55.

5. Veränderungsnachweis

29   Liegt der Bestandteilszuschreibung eine **Flurstücksverschmelzung** zugrunde (vgl § 5 Fn 5), muss ein Veränderungsnachweis des Katasteramts vorgelegt werden.[53] Wird dies versäumt, so berührt dies jedoch die Wirksamkeit der Bestandteilszuschreibung nicht.[54]

6. Voreintragung

30   Die Eintragung einer Bestandteilszuschreibung erfordert die Voreintragung des **tatsächlichen Eigentümers** (§ 39 Abs 1).[55]

VI. Verfahren bei der Eintragung der Bestandteilszuschreibung

1. Zuständiges Grundbuchamt

31   Es ist wie bei der Vereinigung von Grundstücken zu unterscheiden, ob die Grundbuchführung für die durch Bestandteilszuschreibung zu verbindenden Grundstücke bei demselben Grundbuchamt liegt oder ob sie verschiedene Grundbuchämter haben. Nur für letzteren Fall besteht eine ergänzende gesetzliche Regelung in § 6 Abs 1 S 2.

32   **a) Führung der Grundbücher beim gleichen Grundbuchamt.** Hat die Führung der Grundbücher über die zu verbindenden Grundstücke dasselbe Grundbuchamt, so gilt das in § 5 Rdn 59 Ausgeführte.[56]

33   **b) Führung der Grundbücher bei verschiedenen Grundbuchämtern (§ 6 Abs 1 S 2).** Wenn die Führung der Grundbücher bei verschiedenen Grundbuchämtern liegt, so gilt die besondere Regelung des § 6 Abs 1 S 2. Danach ist für die Entscheidung über den Antrag auf Bestandteilszuschreibung und, wenn dem Antrag stattgegeben wird, für die Führung des Grundbuchs über das ganze Grundstück das Grundbuchamt zuständig, welches das **Grundbuch über das Hauptgrundstück** führt. Hauptgrundstück ist dasjenige Grundstück, dem ein anderes oder mehrere andere als Bestandteil zugeschrieben werden. Es entscheidet also nicht die Größe oder wirtschaftliche Bedeutung des einen oder anderen Grundstücks, sondern maßgebend ist allein, welchem Grundstück ein anderes zugeschrieben wird. Normalerweise wird allerdings das kleinere Grundstück oder der Grundstücksteil dem größeren zugeschrieben. Es ist darauf hinzuweisen, dass die Textierung des § 6 GBO nicht exakt ist, wenn vom Hauptgrundstück gesprochen wird, wie ein Vergleich mit der sorgfältig gewählten Fassung des § 890 Abs 2 BGB zeigt, da an letzterer Stelle richtig unterschieden wird zwischen dem Grundstück, dem zugeschrieben wird, und dem anderen Grundstück, das zugeschrieben wird, wobei offen bleibt, welches das größere usw ist. Es erfolgt in diesem Falle keine Bestimmung des zuständigen Grundbuchamts nach § 5 FGG wie bei § 5.[57]

2. Entscheidungen

34   Beim Vorliegen der Voraussetzungen für die Bestandteilszuschreibung muss dem Antrag stattgegeben werden; obgleich § 6 als Sollvorschrift ausgestaltet ist, liegt **keine Ermessensentscheidung** vor.[58] Die Entscheidung über den Antrag kann lauten auf Ablehnung oder Stattgabe. Bei der **Ablehnung** muss eine Begründung des Beschlusses erfolgen, da die Entscheidung mit der Erinnerung (Beschwerde) angegriffen werden kann. Bei der **Stattgabe** bedarf es keines förmlichen Beschlusses, wenn das Grundbuchamt schon bisher für alle beteiligten Grundstücke das Grundbuch geführt hat; es genügt eine entsprechende Eintragungsverfügung. Wird das Grundbuch für das Bestandteilsgrundstück von einem anderen Grundbuchamt geführt, so hat das Grundbuchamt des Hauptgrundstücks zunächst einen Beschluss über die Zuschreibung zu fassen. Nötigenfalls sind zu die-

---

53   *Schöner/Stöber* Rn 686; *Böttcher* RpflStud 1989, 51, 57.
54   LG Kiel SchlHA 1982, 44; *Böttcher* RpflStud 1989, 51, 57.
55   *Staudinger-Gursky* § 890 Rn 25; *Schöner/Stöber* Rn 659; *Böttcher* RpflStud 1989, 51, 57.
56   Über die aktenmäßige Behandlung in diesem Fall vgl *Schöner/Stöber* Rn 661.
57   Über die aktenmäßige Behandlung in diesem Fall vgl *Schöner/Stöber* Rn 662, 643.
58   *Demharter* § 6 Rn 18.

sem Zweck von dem anderen Grundbuchamt die Grundbuchakten zu erholen. Mit dem Zuschreibungsbeschluss tritt für das von dem anderen Grundbuchamt geführte Grundstück eine Zuständigkeitswechsel ein, der sich nach § 25 GBV abwickelt. Über die Besonderheit, dass mit der Bestandteilszuschreibung ein Eigentumswechsel verbunden ist, der vor der Durchführung des Verfahrens nach § 25 GBV grundbuchmäßig zu vollziehen ist, vgl § 5 Rdn 62.

3. Rechtsbehelfe

Bei **Stattgabe des Antrags** auf Bestandteilszuschreibung der Grundstücke ist eine Beschwerde gegen die Eintragung im Grundbuch unzulässig (§ 11 Abs 5 S 1 RpflG, § 71 Abs 2 S 1). In Betracht kommt nur die beschränkte Beschwerde nach § 71 Abs 2 S 2 mit dem Ziel der Eintragung eines Amtswiderspruchs.[59] **35**

Bei **Ablehnung des Antrags** auf Bestandteilszuschreibung ist der Rechtsbehelf der Beschwerde nach § 11 Abs 1 S 1 RpflG, § 71 Abs 1 zulässig. Strittig ist die Frage der Beschwerdeberechtigung. Nach einer Meinung ist neben dem Eigentümer jeder sonstige Beteiligte, insbesondere der Berechtigte eines Grundpfandrechts am Hauptgrundstück, beschwerdeberechtigt.[60] Diese Auffassung ist abzulehnen, da durch die Bestandteilszuschreibung außer dem Eigentümer und den Grundpfandrechtsgläubigern niemand betroffen oder begünstigt wird. Eine zweite Auffassung hält idR nur den Eigentümer für beschwerdebefugt, nicht auch einen dinglich Berechtigten; letzterem wird ausnahmsweise dann eine Beschwerdebefugnis zuerkannt, und zwar mit Rücksicht auf § 1131 BGB, wenn die Bestandteilszuschreibung erkennbar den Zweck verfolgt, den Eintritt des Bestandteilsgrundstücks zugunsten des bezeichneten Grundpfandberechtigten herbeizuführen.[61] Dieser Meinung kann man zumindest dann nicht folgen, wenn man mit der hM ein Beschwerderecht nur dem Antragsberechtigten gemäß § 13 Abs 1 S 2 zubilligt.[62] Für die Bestandteilszuschreibung ist nämlich nur der Eigentümer antragsberechtigt (vgl Rdn 23). Eine dritte Auffassung besagt daher zu Recht, dass nur der Eigentümer beschwerdeberechtigt ist.[63] Diese Beschränkung auf den Eigentümer steht dann im Einklang mit seinem alleinigen Antragsrecht und ergibt sich daraus als notwendige Folge, da im Falle der Bestandteilszuschreibung die Grundpfandrechtsgläubiger am Hauptgrundstück höchstens mittelbar beteiligt sind. **36**

4. Katastermäßiges Verfahren

Über die katastermäßigen Veränderungen bei den Grundstücken vgl § 5 Rdn 65–68. **37**

5. Eintragungen im Grundbuch

a) Grundstücke bisher schon auf demselben Grundbuchblatt. Das Verfahren der Bestandteilszuschreibung vollzieht sich in gleicher Weise wie bei der Vereinigung; vgl daher § 5 Rdn 69. Ergänzend zu den Eintragungen in der 3. Abteilung ist hervorzuheben, dass die Rechtsfolgen, die sich aus § 1131 BGB ergeben, insbesondere auch die eintretenden Rangänderungen, in der 3. Abteilung nicht zum Ausdruck gebracht werden, auch an keiner anderen Stelle im Grundbuch. Sie ergeben sich allein aus dem Zuschreibungsvermerk im Bestandsverzeichnis. Auch eine Ergänzung der Spalte 2 bei den auf dem Hauptgrundstück bisher eingetragenen Grundpfandrechten durch Einsetzung der laufenden Nummer des zugeschriebenen Grundstücks unterbleibt. **38**

---

59 *Demharter* § 6 Rn 19; *Böttcher* RpflStud 1989, 51, 58.
60 *Staudinger-Gursky* § 890 Rn 46; *Josef* BayNotZ 1920, 364.
61 KG KGJ 30, 178.
62 BayObLGZ 1969, 288; KG KGJ 45, 204; OLG Hamm JMBl NRW 1962, 284; OLG Frankfurt OLGZ 1970, 283; *Schöner/Stöber* Rn 489; *Demharter* § 71 Rn 63.
63 *Demharter* § 6 Rn 20; *Böttcher* RpflStud 1989, 51, 58.

39 Muster

1	2	3		4	5	6		7	8

Bestandteilszuschreibung ohne Verschmelzung

1	2	3		4	5	6	7	8
1	…	20		Wiese	250	1, 2,	Nr. 2 der Nr. 1 als	
2	…	21		Bauplatz	360	3	Bestandteil zuge-	
3	1,2	20		Wiese	250		schrieben und zu-	
		21		Bauplatz	360		sammen mit dieser	
							als Nr. 3 neu vor-	
							getragen am	
							1. 10. 2008	
							Ott Reh	

Bestandteilszuschreibung mit Verschmelzung und ohne Zuflurstück

1	2	3	4	5	6	7	8
1	…	10	Wiese	400	1, 2,	Nr. 2 der Nr. 1 lt.	
2	…	11	Wiese	100	3	VN Nr. 12 als Be-	
3	1, 2	10	Wiese	500		standteil zuge-	
						schrieben und zu-	
						sammen mit dieser	
						als Nr. 3 neu vor-	
						getragen am	
						1. 10. 2008	
						Ott Reh	

Bestandteilszuschreibung mit Verschmelzung und mit Zuflurstück

1	2	3	4	5	6	7	8
1	…	10	Wiese	400	1, 2,	Grundstück Nr. 1	
2	…	11	Wiese	100	3, 4	ist lt. VN Nr. 12	
3	1	10	Wiese	300		geteilt in Nr. 3	
4	2	11	Wiese	200		und Zuflurstück	
						Zu 11/1 (aus 10)	
						mit 100 qm; letz-	
						teres der Nr. 2 als	
						Bestandteil zuge-	
						schrieben und zu-	
						sammen mit dieser	
						als Nr. 4 neu vor-	
						getragen am	
						1. 10. 2008	
						Ott Reh	

Anmerkung: Unterstreichungen bedeuten Rötungen!

40 b) Grundstücke bisher auf verschiedenen Grundbuchblättern. Auch wenn die betroffenen Grundstücke auf verschiedenen Grundbuchblättern eingetragen sind, vollzieht sich das Verfahren der Bestandteilszuschreibung wie bei der Vereinigung; vgl dazu § 5 Rdn 71, 72.

Muster Band 23 Blatt 117   41

Wegen der jeweils vorausgehenden Teilung vgl § 7 Rdn 73.

1	2	3	4	5	6	7	8
Bestandteilszuschreibung ohne Verschmelzung							
1	...	12	Gartenland	600	1, 2,	Nr. 2 von Bd. 66		
2	...	11	Gartenland	100	3	Bl. 333 hierher		
3	1,2	12	Gartenland	600		übertragen, der		
		11	Gartenland	100		Nr 1 als Bestand-		
						teil zugeschrieben		
						und zusammen mit		
						dieser als Nr. 3		
						neu vorgetragen		
						am 1. 10. 2008		
						Ott Reh		
Bestandteilszuschreibung mit Verschmelzung und ohne Zuflurstück							
1	...	12	Gartenland	600	1, 2,	Nr. 2 von Bd. 66		
2	...	10/1	Wiese	100	3	Bl. 333 hierher		
3	1, 2	10	Gartenland	700		übertragen, der		
			Wiese			Nr 1 lt. VN Nr. 100		
						als Bestandteil zu-		
						geschrieben und		
						zusammen mit die-		
						ser als Nr. 3 neu		
						vorgetragen am		
						1. 10. 2008		
						Ott Reh		
Bestandteilszuschreibung mit Verschmelzung und mit Zuflurstück							
1	...	12	Gartenland	600	1, 2	Zuflurstück Zu		
2	1	12	Gartenland	700		12/1 (aus 10) mit		
			Wiese			100 qm von		
						Bd. 66 Bl. 333		
						hierher übertra-		
						gen, Nr. 1 als Be-		
						standteil zuge-		
						schrieben und zu-		
						sammen mit dieser		
						lt. VN Nr. 100 un-		
						ter Nr. 2 neu vor-		
						getragen am		
						1. 10. 2008		
						Ott Reh		

Anmerkung: Unterstreichungen bedeuten Rötungen!

VII. Wirkungen der Bestandteilszuschreibung

1. Eintritt der Wirkungen

Die Wirkungen der Bestandteilszuschreibung treten erst ein, wenn die **Eintragung in das Grundbuch** erfolgt   42
ist, nicht schon vorher beim Vorliegen der Voraussetzungen oder mit der Verschmelzung der Flurstücke. Die
Eintragung in das Grundbuch ist somit rechtsbegründend.

2. Formellrechtliche Wirkungen

Die grundbuchrechtliche Wirkung der Bestandteilszuschreibung besteht darin, dass die gesonderte **Belastung**   43
eines der früheren Einzelgrundstücke, die nunmehr Grundstücksteile im Rechtssinne sind, nach § 7 Abs 1
erst im Grundbuch vollzogen werden darf, wenn der Grundstücksteil wieder abgeschrieben und als selbständiges Grundstück gebucht ist.[64]

---

64 *Demharter* § 6 Rn 25.

44 Wurde eines der beteiligten Grundbuchblätter bisher von einem anderen Grundbuchamt geführt, so hat die Bestandteilszuschreibung außerdem die Wirkung, dass das nunmehr zuständige Grundbuchamt für alle Grundbuchverfahren, die sich auf das übergegangene Grundstück beziehen, ausschließlich und allein zuständig ist, obwohl es nicht in dem Bezirk des Grundbuchamtes belegen ist, da ein **Zuständigkeitswechsel** eingetreten ist. Erst wenn die Bestandteilszuschreibung aufgehoben wird, ändert sich auch die Zuständigkeit wieder.

3. Materiellrechtliche Wirkungen

45 Die Wirkung der Zuschreibung eines oder mehrerer Bestandteilsgrundstücke zu einem Hauptgrundstück besteht darin, dass die **Zusammenfassung** der Grundstücke nach § 890 Abs 2 BGB, § 6 GBO **in materiellrechtlicher Weise** erfolgt. Im Gegensatz dazu steht die lediglich buchmäßige Zusammenschreibung von Grundstücken gemäß § 4, die ihre rechtliche Selbständigkeit nicht berührt.

46 Durch die Bestandteilszuschreibung entsteht ein **neues, einheitliches Grundstück**, die Bestandteilsgrundstücke gehen im Hauptgrundstück durch Einverleibung auf.[65] Wird das Hauptgrundstück oder das zugeschriebene Grundstück für sich getrennt veräußert, so kann der Eigentumsübergang im Grundbuch erst eingetragen werden, wenn die Grundstücke wieder getrennt wurden.

47 Das **Bestandteilsgrundstück** wird **nichtwesentlicher Bestandteil des neuen, einheitlichen Grundstücks**, ohne dass eine katastermäßige Verschmelzung vorausgehen müsste.[66] Dadurch unterscheidet sich die Rechtslage von der bei vereinigten Grundstücken, die nichtwesentliche Bestandteile des neu gebildeten Grundstücks sind. Da es sich um einen nichtwesentlichen Bestandteil handelt, kann das Bestandteilsgrundstück Gegenstand besonderer Rechte sein.

48 **Grundpfandrechte auf dem Hauptgrundstück** erstrecken sich kraft Gesetzes[67] auch auf das Bestandteilsgrundstück, und zwar mit der Maßgabe, dass die Rechte, mit denen letzteres bereits belastet ist, jenen Rechten im Rang vorgehen (§§ 1131, 1192, 1199 BGB). Eine Einigung über die Erstreckung und deren Eintragung in das Grundbuch ist nicht erforderlich.[68] Es liegt daher eine sog verdeckte Nachverpfändung vor.[69] Die Erstreckung erfolgt auch dann, wenn das Grundpfandrecht am Hauptgrundstück zu Unrecht gelöscht ist.[70] Die Wirkung des § 1131 BGB tritt ebenfalls dann ein, wenn einem Erbbaurecht ein Grundstück zugeschrieben wird.[71] Ein Grundpfandrecht auf dem Hauptgrundstück wird durch die gesetzliche Erstreckung auf das Bestandteilsgrundstück nicht zu einem Gesamtrecht gemäß § 1132 BGB, da ihm nach der Bestandteilszuschreibung nur ein Grundstück, zusammengesetzt aus dem Haupt- und Bestandteilsgrundstück haftet.[72] Nach § 1131 S 2 BGB haben die kraft Gesetzes erstreckten Rechte auf dem Bestandteilsgrundstück Nachrang hinter den bereits darauf lastenden Rechten; untereinander haben sie denselben Rang wie am Hauptgrundstück.[73] Dies gilt auch dann, wenn die Grundpfandrechte auf dem Hauptgrundstück zeitlich vor den Rechten am Bestandteilsgrundstück eingetragen waren.[74] Am Hauptgrundstück haben die vor der Bestandteilszuschreibung bestehenden und nachher eingetragenen Rechte den sich nach § 879 BGB aus der Reihen- bzw Zeitfolge ergebenden Rang.[75] Am Bestandteilsgrundstück haben die vor der Bestandteilszuschreibung eingetragenen Rechte Vorrang vor den nach § 1131 S 1 BGB erstreckten Rechten; danach folgen im Rang die nach der Zuschreibung eingetragenen Rechte.[76]

49 Strittig wird die Frage behandelt, ob sich der Eigentümer eines mit einem vollstreckbaren Grundpfandrecht belasteten Grundstücks zusätzlich der Zwangsvollstreckung bezüglich des Bestandteilsgrundstücks unterwerfen muss oder sich die ursprüngliche **Zwangsvollstreckungsunterwerfung (§ 800 ZPO)** entsprechend § 1131 BGB auch auf das Bestandteilsgrundstück erstreckt. Eine Mindermeinung kommt zu dem Ergebnis, dass sich die Zwangsvollstreckungsunterwerfung nebst Klausel bei einer Bestandteilszuschreibung nicht auf das Bestand-

---

65 *Beck* NJW 1970, 1781; *Schöner/Stöber* Rn 652; *Böttcher* RpflStud 1989, 51, 59.
66 KG HRR 1932 Nr 270; JFG 22, 284; MüKo-*Wacke* § 890 Rn 4, 15; KEHE-*Eickmann* § 6 Rn 25; *Demharter* § 6 Rn 22; *Schöner/Stöber* Rn 652; *Eickmann*, GBVerfR, Rn 82; *Beck* NJW 1970, 1781; *Böttcher* RpflStud 1989, 51, 59.
67 RGZ 68, 82; MüKo-*Eickmann* § 1131 Rn 3; *Böttcher* RpflStud 1989, 51, 59.
68 *Planck-Strecker* § 1131 Anm 4 a; *Böttcher* RpflStud 1989, 51, 59.
69 *Beck* NJW 1970, 1781; *Staudinger-Gursky* § 890 Rn 40; *Böttcher* RpflStud 1989, 51, 59.
70 *Böttcher* RpflStud 1989, 51, 59.
71 OLG Hamm DNotZ 1974, 94 = NJW 1974, 280; MüKo-*Eickmann* § 1131 Rn 4; KEHE-*Eickmann* § 6 Rn 26; *Böttcher* RpflStud 1989, 51, 59.
72 KG OLGE 11, 332; *Staudinger-Gursky* § 890 Rn 42; BGB-RGRK-*Augustin* § 890 Rn 15; *Demharter* § 6 Rn 23; *Beck* NJW 1970, 1781, 1782; *Böttcher* RpflStud 1989, 51, 59.
73 BayObLG Rpfleger 1995, 151, 152 = DNotZ 1995, 305 = MittBayNot 1995, 125; BGB-RGRK-*Mattern* § 1131 Rn 4; MüKo-*Eickmann* § 1131 Rn 14.
74 KG OLGE 39, 221; JFG 22, 284; OLG Dresden OLGE 26, 190; *Planck-Strecker* § 1131 Anm 4 a.
75 MüKo-*Eickmann* § 1131 Rn 15; *Böttcher* RpflStud 1989, 51, 59.
76 MüKo-*Eickmann* § 1131 Rn 16; *Böttcher* RpflStud 1989, 51, 59.

teilsgrundstück erstrecke, vielmehr müsse sich der Grundstückseigentümer hinsichtlich des zugeschriebenen Grundstücksteils besonders der Zwangsvollstreckung unterwerfen.[77] Begründet wird dies damit, dass der Wortlaut des § 1131 BGB nur das materielle Recht des Gläubigers erweitere, die Zwangsvollstreckungsunterwerfung dem Gläubiger aber ein prozessuales Nebenrecht gewähre; eine entsprechende Vorschrift, die prozessual den Gleichstand mit dem materiellen Recht bringt, fehle in der ZPO. Dieser Ansicht kann nicht gefolgt werden. Durch die Bestandteilszuschreibung tritt nämlich die gesetzliche Folge ein, dass der jeweilige Eigentümer des Bestandteils der sofortigen Zwangsvollstreckung aus den Grundpfandrechten des Hauptgrundstücks unterworfen ist, soweit an diesem die dingliche Vollstreckungsunterwerfung im Grundbuch eingetragen ist. Aus § 1131 BGB ist nicht nur die Erstreckung des Grundpfandrechts zu entnehmen, sondern auch die Erstreckung damit verbundener prozessualer Wirkungen, insbesondere der Zwangsvollstreckungsunterwerfung nebst Klausel. Der auf der Unterwerfung unter die sofortige Zwangsvollstreckung beruhende Vollstreckungsanspruch besteht jeweils in Ansehung des Grundstücks in dem Umfang, in welchem dasselbe materiell für den Grundpfandrechtsanspruch haftet. Mit der hM ist daher davon auszugehen, dass mit den Grundpfandrechten am Hauptgrundstück auch die entsprechenden Vollstreckungsunterwerfungen (§ 800 ZPO) das Bestandteilsgrundstück gemäß § 1131 BGB ergreifen.[78]

Offen ist die Frage, ob sich im Falle einer Bestandteilszuschreibung ein am Hauptgrundstück eingetragener **Rangvorbehalt** auf Grund des § 1131 BGB automatisch auf das Bestandteilsgrundstück erstreckt. Eine Mindermeinung verneint dies,[79] weil andernfalls kraft Gesetzes eine Änderung des Inhalts des mit dem Vorbehalt belasteten Grundpfandrechts zu dessen Nachteil einträte, was aber nur unter Mitwirkung des Gläubigers möglich sei. Außerdem handle es sich beim Rangvorbehalt um ein dem Grundstückeigentümer zustehendes Recht, während es bei der Ausdehnung des Grundpfandrechts auf das Bestandteilsgrundstück um das Recht eines Gläubigers gehe und nur für das letztere in § 1131 BGB eine besondere Bestimmung getroffen sei. Dieser Auffassung kann nicht zugestimmt werden. Der Rangvorbehalt hat zwei Funktionen: Er ist sowohl ein Stück vorbehaltenes Eigentum, wie auch eine Beschränkung des Gläubigerrechts in Bezug auf das Grundpfandrecht, bei dem er eingetragen ist.[80] Die vorgenannte Beschränkungswirkung gehört zum Inhalt des betroffenen Rechts,[81] da das vom Rangvorbehalt betroffene Recht so vereinbart ist, dass der Eigentümer ein anderes Recht unter Ausnutzung des Vorbehalts bestellen und das Vorbehaltsrecht damit einen Rangverlust erleiden kann. Wenn aber der Rangvorbehalt zum Inhalt des von ihm betroffenen Rechts gehört, erfasst eine Pfandausdehnung nach § 1131 BGB notwendig den Rangvorbehalt. Das Bestandteilsgrundstück kann von einem Grundpfandrecht gemäß § 1131 BGB nur so erfasst werden, wie es auf dem Hauptgrundstück besteht. Die Mindermeinung würde bei Ausübung des Rangvorbehalts zu unterschiedlichen Belastungsverhältnissen an einem einheitlichen Grundstück führen, was rechtlich nicht möglich ist. Mit der hM ist deshalb davon auszugehen, dass der Rangvorbehalt im Fall der Bestandteilszuschreibung zusammen mit dem Grundpfandrecht, das er belastet, von § 1131 BGB erfasst und auf das Bestandteilsgrundstück ausgedehnt wird.[82]

50

Andere dingliche Rechte als Grundpfandrechte am Hauptgrundstück werden nicht gemäß § 1131 BGB auf das Bestandteilsgrundstück ausgedehnt, sondern belasten trotz der Bestandteilszuschreibung nur das Hauptgrundstück.[83] Streit herrscht lediglich bei dem Verwertungsrecht **Reallast**. Eine Mindermeinung wendet § 1131 BGB auch bei der Reallast an, weil gemäß § 1107 BGB auf die einzelnen Leistungen die für die Hypothekenzinsen geltenden Vorschriften entsprechende Anwendung finden.[84] Die hM lehnt eine Einbeziehung der Reallast in § 1131 BGB zu Recht ab,[85] weil die Grundlage der Haftung für die Einzelleistungen keine andere sein kann als für das Stammrecht selbst. Zwar ist die Reallast vor allem Verwertungsrecht, steht somit den Grundpfandrechten nahe, doch würde eine unterschiedliche Behandlung von Stammrecht und Einzelleistungen in der Zwangsversteigerung zu erheblichen Verwicklungen führen. Wenn § 1107 BGB ausdrücklich nur die Einzelleistungen dem Hypothekenrecht unterstellt, kann dies angesichts des klaren Gesetzeswortlautes nicht auch für das Stammrecht gelten; eine Analogie ist somit nicht zulässig. Sollen andere dingliche Rechte als

51

---

77 *Rendle-Schönsiegel* BWNotZ 1973, 30.

78 BayObLGZ 1954, 258; 1929, 162; *Staudinger-Gursky* § 890 Rn 43; BGB-RGRK-*Mattern* § 1131 Rn 3; MüKo-*Eickmann* § 1131 Rn 6; KEHE-*Eickmann* § 6 Rn 26; *Demharter* § 6 Rn 23; *Schöner/Stöber* Rn 652; *Eickmann* GBVerfR, Rn 82; *Röll* DNotZ 1968, 523, 530; *Beck* NJW 1970, 1781, 1782; *Böttcher* RpflStud 1989, 51, 59.

79 BGB-RGRK-*Augustin* § 890 Rn 16; *Haegele* Rpfleger 1971, 283, 286; 1975, 153, 158.

80 KG KGJ 1940, 237; *Jansen* AcP 152, 508; MüKo-*Eickmann* § 1131 Rn 7.

81 *Ripfel* BWNotZ 1962, 37; *Bleutge* Rpfleger 1974, 387, 388.

82 MüKo-*Eickmann* § 1131 Rn 7; KEHE-*Eickmann* § 6 Rn 26; *Demharter* § 6 Rn 23; *Schöner/Stöber* Rn 652; *Bleutge* Rpfleger 1974, 387; *Böttcher* RpflStud 1989, 51, 60.

83 KG JW 1936, 2750; *Staudinger-Gursky* § 890 Rn 41; BGB-RGRK-*Mattern* § 1131 Rn 2; MüKo-*Eickmann* § 1131 Rn 8; *Schöner/Stöber* Rn 652; *Böttcher* RpflStud 1989, 51, 60.

84 MüKo-*Joost* § 1107 Rn 16; *Dietzel* MittBayNot 1956, 1.

85 OLG Königsberg OLGE 11, 332; *Staudinger-Gursky* § 890 Rn 41; *Staudinger-Amann* § 1107 Rn 7; BGB-RGRK-*Rothe* § 1107 Rn 4; BGB-RGRK-*Mattern* § 1131 Rn 2; MüKo-*Eickmann* § 1131 Rn 9; *Palandt-Bassenge* § 1107 Rn 4; KEHE-*Eickmann* § 6 Rn 26; *Schöner/Stöber* Rn 652; *Böttcher* RpflStud 1989, 51, 60.

Grundpfandrechte am Hauptgrundstück auf das Bestandteilsgrundstück erstreckt werden, so ist dazu eine besondere Einigung und Eintragung erforderlich.

52 Mit Ausnahme von § 1131 BGB bleiben die übrigen Belastungen am Haupt- und Bestandteilsgrundstück in dem bisherigen Umfang bestehen.[86] **Beschränkte dingliche Rechte am Bestandteilsgrundstück** erstrecken sich nicht auf das Hauptgrundstück, denn ersteres wird nicht zum wesentlichen Bestandteil des letzteren.[87] Vor allem Grundpfandrechte am Bestandteilsgrundstück erstrecken sich nicht auf das Hauptgrundstück.[88] Eine Erstreckung dieser Rechte kann nur rechtsgeschäftlich erfolgen.[89] Geschieht dies, so entsteht keine Gesamtbelastung, auch bleibt das bisherige Rangverhältnis ohne besonderen Rangvermerk erhalten.[90] Eine Vollstreckungsunterwerfung (§ 800 ZPO) wird durch die rechtsgeschäftliche Belastungserstreckung nicht ausgedehnt, sodass dann, wenn ein auf dem Bestandteilsgrundstück lastendes und mit der dinglichen Vollstreckungsklausel ausgestattetes Grundpfandrecht durch Rechtsgeschäft auf das Hauptgrundstück ausgedehnt wird, dieses ausdrücklich der sofortigen Zwangsvollstreckung unterworfen werden muss.[91]

53 Bestand vor der Bestandteilszuschreibung ein **Gesamtrecht an dem Haupt- und Bestandteilsgrundstück**, so wird dieses – anders als bei der Vereinigung (§ 5 Rdn 80) – dadurch zu einem Einzelrecht, weil die beiden Haftungsobjekte des bisherigen Gesamtrechts nunmehr ein einheitliches Grundstück bilden.[92] Die unterschiedliche Behandlung zur Vereinigung rechtfertigt sich aus § 1131 BGB, wonach sich ein Grundpfandrecht am Hauptgrundstück kraft Gesetzes auf das Bestandteilsgrundstück erstrecken würde.

54 Wird beim Bestehen eines **subjektiv-dinglichen Rechts** dem herrschenden Grundstück ein weiteres als Bestandteil zugeschrieben, so bleibt der Bestand und Umfang der subjektiv-dinglichen Berechtigung davon unberührt; letztere bleibt weiterhin mit dem bisher herrschenden Grundstück verbunden. Die Bestandteilszuschreibung führt zu keiner Ausdehnung der Berechtigung zugunsten des Bestandteilsgrundstücks. Die subjektiv-dingliche Berechtigung bleibt also im bisherigen Umfang bestehen, jedoch unter Beschränkung der Ausübung für den Grundstücksteil, der früher herrschendes Grundstück war.[93] Wird das herrschende Grundstück dem dienenden oder das dienende dem herrschenden als Bestandteil zugeschrieben, dann erlischt notwendig das subjektiv-dingliche Recht, da es zwei verschiedene, selbständige Grundstücke voraussetzt.[94]

55 Unterliegt eines der beteiligten Grundstücke einer **Verfügungsbeeinträchtigung** (zB Testamentsvollstreckung, Nacherbfolge, Zwangsversteigerung), so wird das hinzukommende Grundstück durch die Bestandteilszuschreibung nicht davon betroffen.

56 **Neue Belastungen** ergreifen das neu gebildete einheitliche Grundstück;[95] soll eines der früheren Grundstücke belastet werden, so ist nach § 7 zu verfahren. Wird jedoch ohne Abschreibung eines der bisherigen Einzelgrundstücke gesondert belastet, so ist diese Belastung materiellrechtlich wirksam. Eine Belastung des neuen einheitlichen Grundstücks ist als Einzelbelastung, nicht als Gesamtrecht anzusehen. Bei einer Zwangshypothek auf dem neu gebildeten Grundstück ist daher keine Forderungsverteilung nach § 867 Abs 2 ZPO erforderlich.

57 Gläubiger von Rechten, die nach der Bestandteilszuschreibung eingetragen wurden, und persönliche Gläubiger können nur bezüglich des gesamten neuen Grundstücks die **Zwangsvollstreckung**, insbesondere die Zwangsversteigerung, betreiben.[96] Aus den vor der Zuschreibung eingetragenen Grundpfandrechten am Hauptgrundstück kann die Zwangsvollstreckung in das gesamte neu gebildete Grundstück betrieben werden, da gemäß § 1131 BGB eine Pfanderstreckung kraft Gesetzes auf das Bestandteilsgrundstück erfolgt, die auch die Vollstreckungsunterwerfung (§ 800 ZPO) erfasst. Nach der vollstreckungsrechtlichen Literatur kann der Gläubiger sogar, falls sich aus der Zwangsversteigerung des gesamten Grundstücks für ihn Nachteile ergäben (zB wegen der Rangverhältnisse), zunächst die Zwangsvollstreckung auf das bisherige Hauptgrundstück beschränken und

---

86 KG HRR 1932 Nr 270; JW 1936, 2750; *Demharter* § 6 Rn 24; *MüKo-Wacke* § 890 Rn 4; *Eickmann* GBVerfR, Rn 82; *Böttcher* RpflStud 1989, 51, 60.
87 KG JW 1936, 2750; OLG Schleswig MDR 1955, 48; BGB-RGRK-*Mattern* § 1131 Rn 2; *MüKo-Wacke* § 890 Rn 15; KEHE-*Eickmann* § 6 Rn 26; *Demharter* § 6 Rn 24; *Böttcher* RpflStud 1989, 51, 60.
88 OLG Schleswig MDR 1955, 48; BGB-RGRK-*Mattern* § 1131 Rn 2; *Schöner/Stöber* Rn 652; *Böttcher* RpflStud 1989, 51, 60.
89 MüKo-*Eickmann* § 1131 Rn 5; *Böttcher* RpflStud 1989, 51, 60.
90 KG JFG 22, 284; KEHE-*Eickmann* § 6 Rn 27; *Demharter* § 6 Rn 24; *Böttcher* RpflStud 1989, 51, 60.
91 BayObLGZ 1929, 166; KEHE-*Eickmann* § 6 Rn 27; *Demharter* § 6 Rn 24; *Böttcher* RpflStud 1989, 51, 60.
92 KG KGJ 30, 178; *Staudinger-Gursky* § 890 Rn 42; BGB-RGRK-*Augustin* § 890 Rn 15; KEHE-*Eickmann* § 6 Rn 26; *Böttcher* RpflStud 1989, 51, 60.
93 KG JFG 13, 314; *Staudinger-Gursky* § 890 Rn 41; BGB-RGRK-*Augustin* § 890 Rn 18; *Demharter* § 6 Rn 24.
94 KG KGJ 51, 258, 261; BGB-RGRK-*Augustin* § 890 Rn 18; *Soergel-Stürner* § 890 Rn 10; *Böttcher* RpflStud 1989, 51, 60; **aA** *Staudinger-Gursky* § 890 Rn 41.
95 KEHE-*Eickmann* § 6 Rn 28; *Demharter* § 6 Rn 25; *MüKo-Wacke* § 890 Rn 4; *Eickmann* GBVerfR, Rn 82; *Schöner/Stöber* Rn 652; *Böttcher* RpflStud 1989, 51, 61.
96 *Steiner-Hagemann* Einl Rn 21; *Böttcher* RpflStud 1989, 51, 61.

damit die Trennung des Bestandteilsgrundstücks herbeiführen.[97] Bleibt das Bestandteilsgrundstück mit Grundpfandrechten besonders belastet, so behält es trotz der Bestandteilszuschreibung seine rechtliche Selbständigkeit insoweit, als die Gläubiger dieser Rechte allein in das Bestandteilsgrundstück vollstrecken können.[98] Voraussetzung der Zwangsvollstreckung in das frühere Haupt- oder Bestandteilsgrundstück ist jedoch immer, dass es zumindest ein katastermäßiges Flurstück darstellt,[99] dh der Bestandteilszuschreibung keine katastermäßige Verschmelzung zugrunde liegt. Im Falle der Zwangsversteigerung können die Flurstücke dann gesondert ausgeboten werden (§ 63 Abs 1 ZVG), die an ihnen bestehenden Belastungs- und Rangverhältnisse sind klar.[100] Wird jedoch aus Anlass der Bestandteilszuschreibung eine katastermäßige Verschmelzung vorgenommen, dh sind die einzelnen Flurstücke nicht mehr existent, so ist eine Zwangsversteigerung nicht durchführbar.[101] Das Grundbuchamt muss daher vor der Eintragung der Zuschreibung eine rechtsgeschäftliche Pfanderstreckung und Rangregulierung verlangen, sodass einheitliche Belastungs- und Rangverhältnisse entstehen. Hat das Katasteramt (Vermessungsamt) nach einer Bestandteilszuschreibung die betroffenen Flurstücke zu einem einheitlichen neuen Flurstück verschmolzen, muss dies rückgängig gemacht werden (Neuvermessung).[102] Erfolgt die Zwangsversteigerung eines realen Grundstücksteils, kann die Abschreibung nur auf Antrag des Eigentümers erfolgen, gegen seinen Willen ist dies erst nach Rechtskraft des Zuschlagsbeschlusses in Ausführung des Grundbuchersuchers (§ 130 ZVG) möglich (= notwendige Teilung).

VIII. Wiederaufhebung der Bestandteilszuschreibung

Insoweit gelten die gleichen Ausführungen wie bei der Vereinigung. Zur **Rechtsnatur** vgl § 5 Rdn 83, zu den **58** **Voraussetzungen** vgl § 5 Rdn 84–88, zum **Verfahren** vgl § 5 Rdn 89–91 und zu den **Wirkungen** vgl § 5 Rdn 92.

IX. Verletzung des § 6

Wird die Bestandteilszuschreibung von Grundstücken unter Verletzung des § 6 Abs 1 S 1 vorgenommen, dh **59** fehlt es an der Voraussetzung der nicht vorliegenden Besorgnis der Verwirrung, so wird dadurch die **Wirksamkeit der Eintragung im Grundbuch nicht berührt**; insoweit handelt es sich nur um eine Vorschrift des formellen Rechts.

Der Mangel materiellrechtlicher Voraussetzungen, insbesondere der Erklärung des Eigentümers gegenüber dem **60** Grundbuchamt, macht die Bestandteilszuschreibung unwirksam und lässt die **materiellen Wirkungen nicht eintreten**, vor allem nicht die Wirkungen des § 1131 BGB. Das Grundbuch wird unrichtig. Die Unrichtigkeit kann grundsätzlich nicht von Amts wegen, sondern nur im Wege des § 22 beseitigt werden. Inhaltlich unzulässig ist ausnahmsweise die Bestandteilszuschreibung eines Grundstücks zu mehreren Hauptgrundstücken (§ 53 Abs 1 S 2).[103] Die Eintragung eines Amtswiderspruchs nach § 53 Abs 1 S 1 kommt in Betracht beim unrichtigen Grundbuch. Der in der 2. Abteilung des Grundbuchs einzutragende Amtswiderspruch kann etwa lauten: »*Widerspruch, sich darauf gründend, dass das Grundstück Nr 3 des Bestandsverzeichnisses dem Grundstück Nr 2 als Bestandteil zugeschrieben und nicht mit ihm vereinigt wurde; von Amts wegen für den Eigentümer eingetragen am …«.* Waren an dem Hauptgrundstück zur Zeit der Bestandteilszuschreibung Grundpfandrechte eingetragen, so ist es zweckmäßig, auch bei ihnen in Spalte 5 bis 7 der 3. Abteilung einen Widerspruch etwa folgenden Inhalts einzutragen: »*Widerspruch gegen die infolge der Zuschreibung des Grundstücks Nr 3 des Bestandsverzeichnisses zu dem Grundstück Nr 2 erfolgte Erstreckung der Hypothek auf das Grundstück Nr 3; von Amts wegen für den Eigentümer eingetragen am …«.*

---

97 *Steiner-Hagemann*, *Böttcher* je aaO; ebenso *Staudinger-Gursky* § 890 Rn 44.
98 *Steiner-Hagemann* Einl Rn 21; BGB-RGRK-*Mattern* § 1131 Rn 5; *Böttcher* RpflStud 1989, 51, 61
99 *Steiner-Hagemann* Einl Rn 22; *Böttcher* RpflStud 1989, 51, 61.
100 MüKo-*Eickmann* § 1131 Rn 17; *Böttcher* RpflStud 1989, 51, 61.
101 MüKo-*Eickmann* § 1131 Rn 18; *Böttcher* RpflStud 1989, 51, 61.
102 *Steiner-Hagemann* Einl Rn 22; *Böttcher* RpflStud 1989, 51, 61.
103 KG HRR 1941 Nr 602; *Demharter* § 6 Rn 26.

§ 6a (Gesamterbbaurecht)

(1) Dem Antrag auf Eintragung eines Erbbaurechts an mehreren Grundstücken oder Erbbaurechten soll unbeschadet des Satzes 2 nur entsprochen werden, wenn hinsichtlich der zu belastenden Grundstücke die Voraussetzungen des § 5 Abs 2 Satz 1 vorliegen. Von diesen Erfordernissen soll nur abgewichen werden, wenn die zu belastenden Grundstücke nahe beieinander liegen und entweder das Erbbaurecht in Wohnungs- oder Teilerbbaurechte aufgeteilt werden soll oder Gegenstand des Erbbaurechts ein einheitliches Bauwerk oder ein Bauwerk mit dazugehörenden Nebenanlagen auf den zu belastenden Grundstücken ist; § 5 Abs 2 Satz 3 findet entsprechende Anwendung. Im übrigen sind die Voraussetzungen des Satzes 2 glaubhaft zu machen; § 29 gilt hierfür nicht.

(2) Dem Antrag auf Eintragung eines Erbbaurechts soll nicht entsprochen werden, wenn das Erbbaurecht sowohl an einem Grundstück als auch an einem anderen Erbbaurecht bestellt werden soll.

Schrifttum

Böttcher, Zulässigkeit und Probleme von Gesamtrechten an Grundstücken, MittBayNot 1993, 129; *Demharter,* Zur Begründung von Wohnungserbbaurechten an einem Gesamterbbaurecht, DNotZ 1986, 457; *Erman,* Untererbbaurecht, AcP 126, 214; *Habel,* Rechtliche und wirtschaftliche Fragen zum Untererbbaurecht, MittBayNot 1998, 315; *Kehrer,* Das Erbbaurecht als Gesamtbelastung mehrerer Grundstücke, BWNotZ 1956, 33; *Lutter,* Gesamterbbaurecht und Erbbaurechtsteilung, DNotZ 1960, 80; *Riedel,* Gesamterbbaurecht und Erbbaurechtsteilung, DNotZ 1969, 375.

I. Normzweck

1 § 6a regelt die Eintragung eines Gesamterbbaurechts im Grundbuch. Auch ohne gesetzliche Regelung war es vor Einfügung der Norm in die GBO durch das RegVBG vom 20.12.1993 (BGBl I 2182) nahezu unbestrittene Rechtsansicht,[1] dass ein Gesamterbbaurecht materiell entstehen kann (vgl Rdn 2 ff). § 6a stellt nun für die Eintragung weitere formelle Voraussetzungen auf. Gesetzesmotiv für diese Einschränkung war die Absicht, die **Automatisierung des Grundbuchs von zusätzlichen Erschwerungen freizuhalten**, die Arbeiten zu einer Automation des Grundbuchrechts hatten gezeigt, dass die Eintragung von Gesamtrechten im Hinblick auf die Integration zwischen Grundbuch und Liegenschaftskataster Probleme aufwirft, sofern die zu belastenden Grundstücke in den Bezirken verschiedener Grundbuchämter oder verschiedener Katasterämter liegen.[2]

II. Materielle Entstehungsvoraussetzungen

1. Teilung des belastenden Grundstücks

2 Ein Eigentümer, dessen Grundstück mit einem Erbbaurecht belastet ist, kann unabhängig davon eine Grundstücksteilung vornehmen (vgl § 903 BGB). Dies kann dazu führen, dass das im Erbbaurecht errichtete Gebäude danach teilweise auf verschiedenen Grundstücken steht. Gegen die Annahme von Einzelerbbaurechten auf den neuen Grundstücken spricht der notwendige Inhalt eines Erbbaurechtes: Es darf keine unzulässige Gebäudeteilung eintreten (§ 1 Abs 3 ErbbauRG) und es muss auf jedem Grundstück die Befugnis zur Bauwerkserrichtung (§ 1 Abs 1 ErbbauRG) oder zum Gebrauch als Nutzungsfläche (§ 1 Abs 2 ErbbauRG) bestehen. Dieser Widerspruch zwischen freier Teilbarkeit des Grundstücks und beschränkter Teilbarkeit des Erbbaurechts ist nur mit der Anerkennung eines Gesamterbbaurechts zu lösen.[3]

---

1 BGHZ 65, 345 = NJW 1976, 519 = DNotZ 1976, 369 = Rpfleger 1976, 126; KG KGJ 51, 228; BayObLGZ 1982, 210, 215) = Rpfleger 1982, 339; BayObLGZ 1984, 105 = DNotZ 1985, 375 = Rpfleger 1984, 313; OLG Hamm Rpfleger 1960, 403; NJW 1963, 1112; DNotZ 1974, 94; OLG Köln Rpfleger 1961, 18; *Böttcher* MittBayNot 1993, 129, 132 mwN.

2 BT-Drs 12/5553 vom 12.08.1993 Seite 59.

3 KG KGJ 51, 228.

2. Rechtsgeschäftliche Bestellung an mehreren Grundstücken

Da ein Gesamterbbaurecht als gesetzliche Folge der Grundstücksteilung entsteht, ist es nur konsequent, es auch **3** durch anfängliche, rechtsgeschäftliche Bestellung an mehreren Grundstücken entstehen zu lassen.[4] Dazu bedarf es der dinglichen Einigung zwischen allen Grundstückseigentümern und dem Erbbauberechtigten und der Grundbucheintragung bei allen Grundstücken (§ 873 Abs 1 BGB). Für das einheitliche Gesamterbbaurecht ist dann nur ein Erbbaugrundbuch anzulegen (§ 14 ErbbauRG). Mit der Zulassung eines rechtsgeschäftlichen Gesamterbbaurechts ist der Praxis geholfen. Ein großes einheitliches Gebäude (zB Kaufhaus, Fabrik) kann damit auf mehreren Grundstücken verschiedener Eigentümer auf Grund eines Erbbaurechts errichtet werden. Einzelerbbaurechte würden regelmäßig an § 1 Abs 3 ErbbauRG scheitern. Eine Verbindung der Grundstücke (§ 890 BGB) ist wegen der verschiedenen Eigentümer nicht möglich (§§ 5, 6).

3. Pfanderstreckung eines Einzelerbbaurechts

Ein Gesamterbbaurecht kann auch in der Weise bestellt werden, dass ein an einem Grundstück bereits beste- **4** hendes Einzelerbbaurecht auf ein weiteres Grundstück erstreckt wird.[5] Dies kann zB Bedeutung erlangen, wenn zunächst auf einem Grundstück eine Fabrik errichtet wurde auf Grund eines Erbbaurechts, und sodann auf dem Nachbargrundstück Lagerplätze errichtet werden sollen. Eine derartige Bildung eines Gesamterbbaurechts durch Erstreckung bedeutet eine Änderung des Inhalts des bestehenden Erbaurechts (§ 877 BGB). Sie bedarf daher der Einigung des Grundstückseigentümers und des Erbbauberechtigten (§ 873 Abs 1 BGB), die auch dem Grundbuchamt nachzuweisen ist (§ 20 GBO). Eine Zustimmung der dinglichen Berechtigten am ursprünglichen und neuen Erbbaugrundstück ist nicht erforderlich, weil sich deren Rechtsstellung nicht verschlechtert. Die nachträgliche Erstreckung des Erbbaurechts auf ein weiteres Grundstück ist aber nur möglich, wenn dem Erbbauberechtigten eingeräumt wird, auf der neubelasteten Fläche ein Bauwerk zu haben (§ 1 Abs 1 ErbbauRG) oder als Nebenland zu nutzen, bei dem das auf dem ursprünglichen Grundstück stehende oder zu errichtende Bauwerk weiterhin wirtschaftlich als die Hauptsache anzusehen ist (§ 1 Abs 2 ErbbauRG). Nach wirksamer Erstreckung des Erbbaurechts auf ein neues Grundstück, belasten alle dinglichen Rechte am ursprünglichen Einzelbaurecht automatisch kraft Gesetzes das neue Gesamterbbaurecht.[6]

III. Formelle Eintragungsvoraussetzungen

1. Gesamterbbaurecht an mehreren Grundstücken

a) Grundsatz (§ 6a Abs 1 S 1). Auf Grund der Verweisung auf § 5 Abs 2 S 1 darf ein Gesamterbbaurecht nur **5** eingetragen werden, wenn die betroffenen Grundstücke
– im selben Grundbuchamtsbezirk und
– im selben Katasteramtsbezirk liegen und
– unmittelbar aneinander grenzen.

Dies gilt nicht nur für die rechtsgeschäftliche Bestellung eines Gesamterbbaurechtes an mehreren Grundstücken (vgl Rdn 3), sondern auch bei der Pfanderstreckung eines Einzelerbbaurechts auf ein weiteres Grundstück[7] (vgl Rdn 4). Keine Anwendung findet § 6a Abs 1 S 1, § 5 Abs 2 S 1 bei der Entstehung eines Gesamterbbaurechts durch Teilung des belasteten Grundstücks (vgl Rdn 2). Das Gesamterbbaurecht ist in diesem Fall nur zwingende gesetzliche Folge der Grundstücksteilung, während § 6a auf die rechtsgeschäftliche Bestellung eines Gesamterbbaurechts ausgerichtet ist.

§ 6a Abs 1 S 1 verweist nur auf Satz 1 von § 5 Abs 2, dh nur auf die Voraussetzungen für die Eintragung. Danach **6** müssen ua die zu belastenden Grundstücke unmittelbar aneinander grenzen. Nach § 5 Abs 2 S 3 ist die Lage der Grundstücke zueinander durch Vorlage einer von der Katasterbehörde beglaubigten Karte nachzuweisen. Nur ist auf diesen Satz 3 des § 5 Abs 2 in § 6a Abs 1 S 1 nicht ausdrücklich verwiesen worden. Dies dürfte aber nur ein Versehen des Gesetzgebers ein, wie sich aus den Gesetzesmaterialien ergibt, wonach auch § 5 Abs 2 S 3 Anwendung finden sollte.[8] Zum Nachweis, dass die mit einem Gesamterbbaurecht zu belastenden Grundstücke unmittelbar aneinander grenzen, muss deshalb eine von der Katasterbehörde beglaubigte Karte vorgelegt werden.

b) Ausnahme (§ 6a Abs 1 S 2, 3). Von den Erfordernissen des § 6a Abs 1 S 1, § 5 Abs 2 S 1 soll nur abgewi- **7** chen werden, wenn
– die zu belastenden Grundstücke nahe beieinander liegen und
– Gegenstand des Erbbaurechts ein einheitliches Bauwerk oder ein Bauwerk mit dazugehörenden Nebenanlagen auf den zu belastenden Grundstücken ist oder das Erbbaurecht in Wohnungs- oder Teilerbbaurechte aufgeteilt werden soll (§ 6a Abs 1 S 2, 1. Hs).

---

4 BGHZ 65, 345 = NJW 1976, 519 = DNotZ 1976, 369 = Rpfleger 1976, 126.
5 BayObLG Rpfleger 1984, 313 = DNotZ 1985, 375.
6 OLG Hamm NJW 1963, 1112; 1974, 280.
7 *Demharter* § 6a Rn 3.
8 BT-Drs 12/5553 vom 12.08.1993 Seite 59.

8   Bei der Ausnahme ist die Lage der Grundstücke zueinander durch die Vorlage einer von der Vermessungsbehörde beglaubigten Karte nachzuweisen (§ 6a Abs 1 S 2, 2. Hs, § 5 Abs 2 S 3); Offenkundigkeit ist nicht ausreichend[9] (vgl § 5 Rdn 52). Im Übrigen sind die Voraussetzungen der Ausnahme glaubhaft zu machen; § 29 gilt hierfür nicht, § 6a Abs 1 S 3 (vgl § 5 Rdn 54). Das gesetzgeberische Motiv für die Ausnahmeregelung in § 6a Abs 1 S 2, 3 besteht darin, dass durch diese Regelung unter Umständen wirtschaftlich sinnvolle Gestaltungen behindert sein könnten, zB bei mehreren Grundstücken, auf denen aufgrund eines Erbbaurechts eine Fabrikanlage oder ein Golfplatz errichtet werden soll.[10] Liegt die Ausnahme von § 6a Abs 1 S 2 vor, brauchen die betroffenen Grundstücke nicht im Bezirk desselben Grundbuchamts und Katasteramts zu liegen. Wann eine örtliche Nähe vorliegt, kann nach Auffassung des *BayObLG*[11] nur nach den Umständen des Einzelfalls beurteilt werden, insbesondere nach den tatsächlichen örtlichen Gegebenheiten und dem Zweck, der mit der Bestellung des Gesamterbbaurechts in wirtschaftlicher Hinsicht verfolgt wird. Umstände, die dabei eine Rolle spielen können, sind einerseits die Entfernung der Grundstücke in Luftlinie, andererseits aber auch die Verbindungen zwischen den einzelnen Grundstücken, sei es durch öffentliche Verkehrswege oder Leitungen. Ein wirtschaftliches Bedürfnis kann aber nicht schon dann verneint werden, wenn die Grundstücke durch größere Flächen als nur Erschließungswege getrennt sind. Damit würde der Gesetzeszweck zu sehr eingeschränkt. Abzustellen ist vielmehr darauf, ob die Grundstücke nach der Verkehrsanschauung trotz einer gewissen räumlichen Entfernung im Hinblick auf ihre wirtschaftliche Nutzung als zusammengehörend angesehen werden können. Das Vorliegen der weiteren Eintragungsvoraussetzungen des § 6a Abs 1 S 2, 1. Hs dass Gegenstand des Erbbaurechts ein einheitliches Bauwerk oder ein Bauwerk mit dazugehörigen Nebenanlagen ist, glaubhaft zu machen, wobei die Voraussetzungen des § 29 nicht erfüllt sein müssen (§ 6a Abs 1 S 3). Glaubhaft müssen Tatsachen sein und nicht die Rechtsbehauptung. Ob Gegenstand des Erbbaurechts ein einheitliches Bauwerk oder ein Bauwerk mit dazugehörigen Nebenanlagen ist, beurteilt sich auf Grund einer wirtschaftlichen Betrachtungsweise; das erfordert, dass die tatsächlichen Gegebenheiten in einer Weise dargelegt werden, die eine entsprechende Beurteilung ermöglicht.

2. Gesamterbbaurecht an mehreren Erbbaurechten (§ 6a Abs 1)

9   In diesem Fall eines sog Gesamtuntererbbaurechts gelten die gleichen Ausführungen wie bei der Bestellung eines gewöhnlichen Gesamterbbaurechtes an mehreren Grundstücken; vgl deshalb Rdn 5–8.

10   Beim Untererbbaurecht handelt es sich um eine Belastung eines Erbbaurechts mit einem Erbbaurecht. Die Zulässigkeit dieser Konstruktion war lange Zeit umstritten. Der BGH hat das Untererbbaurecht ausdrücklich für zulässig anerkannt,[12] dem folgt die inzwischen hM.[13] Im neu eingeführten § 6a geht der Gesetzgeber ganz selbstverständlich von einem Untererbbaurecht aus. Damit ist der frühere Streit endgültig beendet. Das Untererbbaurecht hat zB praktische Bedeutung, wenn dem Erbbauberechtigten eine Bebauungsbefugnis für mehrere Bauwerke zusteht und er diese teilweise (zB für ein Bauwerk) weitergeben will.[14] Da ein Untererbbaurecht eine Belastung des Erbbaurechts ist, wird es in Abt II des Erbbaugrundbuchs eingetragen und muss dort erste Rangstelle haben (§ 10 ErbbauRG). Danach ist auch für das Untererbbaurecht ein eigenes Erbbaugrundbuch anzulegen. Kommt es beim Obererbbaurecht zum Heimfall (§ 2 Nr 4 ErbbauRG), zB wegen Nichtzahlung zweier Jahresbeiträge des Erbbauzinses (§ 9 Abs 4 ErbbauRG), erlischt das Untererbbaurecht daran (§ 33 ErbbauRG) und damit alle auf ihm lastenden Grundstücksrechte. Deshalb ist die Beleihungsfähigkeit eines Untererbbaurechts stark eingeschränkt.[15]

3. Gesamterbbaurecht an Grundstück und Erbbaurecht (§ 6a Abs 2)

11   Nach § 6a Abs 2 soll ein Gesamterbbaurecht an einem Grundstück und einem Erbbaurecht **nicht eingetragen** werden. Insoweit würde es sich weder um ein gewöhnliches Gesamterbbaurecht noch um ein Gesamtuntererbbaurecht handeln. Das gesetzgeberische Motiv für die Ablehnung einer solchen Eintragung besteht in den möglichen Schwierigkeiten bei der Automation des Grundbuchs.[16]

IV. Verletzung von § 6a

12   Ein Verstoß gegen § 6a bei der Begründung von einem Gesamterbbaurecht ist materiellrechtlich **unbeachtlich**, da es sich insoweit nur um eine formelle Verfahrensvorschrift handelt.[17]

---

9   **AA** *Demharter* § 6a Rn 5.
10   BT-Drs 12/5553 vom 12.08.1993 Seite 59.
11   BayObLG ZfIR 2004, 196 = ZNotP 2004, 200.
12   BGHZ 62, 179 = NJW 1974, 1137.
13   OLG Stuttgart NJW 1975, 786; LG Traunstein Rpfleger 1987, 242; *Böttcher* Erbbaurecht, Rn 49 ff.
14   *Von Oefele-Winkler* Erbbaurecht, Rn 3.16.
15   *Habel* MittBayNot 1998, 315.
16   BT-Drs 12/5553 vom 12.08.1993 Seite 59.
17   *Böttcher* Erbbaurecht, Rn 46; *Demharter* § 6a Rn 7.

§ 7 (Belastung eines Grundstücksteils)

(1) Soll ein Grundstücksteil mit einem Recht belastet werden, so ist er von dem Grundstück abzuschreiben und als selbständiges Grundstück einzutragen.

(2) Ist das Recht eine Dienstbarkeit oder eine Reallast, so kann die Abschreibung unterbleiben, wenn hiervon Verwirrung nicht zu besorgen ist. Jedoch sind auch in diesem Falle die Vorschriften des § 2 Abs 3 über die Vorlegung einer Karte entsprechend anzuwenden.

Schrifttum

Böhmer, Zur bestimmten Bezeichnung einer noch nicht vermessenen Grundstücksteilfläche, MittBayNot 1998, 329; *Böttcher,* Grundstücksteilung, Rpfleger 1989, 133; *ders,* Besprechung zum Beschluß des BGH vom 16.02.1984, Rpfleger 1984, 227, 229; *Eckert/Höfinghoff,* Wegfall der Teilungsgenehmigung und notarielle Praxis, NotBZ 2004, 405; *Fassbender-Dammertz,* Zur Genehmigungsbedürftigkeit der Teilung eines landwirtschaftlichen Grundstücks, DNotZ 1967, 742; *Geißel,* Der Teilflächenverkauf, MittRhNotK 1997, 333; *Grziwotz,* BauGB-Teilungsgenehmigung und Grundbuchverfahren, ZNotP 1999, 221; *ders,* Änderungen des BauGB und Vertragsgestaltung, DNotZ 1997, 916; *ders,* Neuerungen des EAG Bau, städtebauliche Verträge und Grundstücksverkehr, DNotZ 2004, 674; *Groschupf,* Beschränkungen im Grundstücksverkehr nach der Novelle zum Baugesetzbuch, NJW 1998, 418; *Groth/Schmitz,* Wegfall der Teilungsgenehmigung für Grundstücke, Grundeigentum 1998, 22; *Haegele,* Rechtsfragen zur Veräußerung eines Grundstücksteils, Rpfleger 1973, 272; *Heller,* Grundstücksteilung nach Änderung des BauGB – Auswirkungen auf die Vertragsgestaltung, MittBayNot 1998, 225; *Hellstab,* Die Bodenverkehrsgenehmigung nach dem Änderungsgesetz 1979 zum BBauG, Rpfleger 1979, 443; *Henseler,* Die Teilung eines Erbbaurechts, AcP 161, 44; *Hettinger,* Die Rechtslage der Grundstückslasten bei Grundstücksteilung, Diss Würzburg, 1988; *Kanzleiter,* Die ungenaue Bezeichnung des veräußerten Grundstücks im Veräußerungsvertrag, MittBayNot 2002, 13; *ders,* Ausreichende Bezeichnung der noch nicht vermessenen Teilfläche in einem Grundstückskaufvertrag, NJW 2000, 1919; *Kollhosser,* Das Grundbuch – Funktion, Aufbau, Inhalt, JA 1984, 558, 714; *Lutter,* Gesamterbbaurecht und Erbbaurechtsteilung, DNotZ 1960, 80; *Mayer,* Die lastenfreie Abschreibung einer Teilfläche von Forstrechten, MittBayNot 1993, 333; *Nieder,* Die Änderung des Wohnungseigentums und seiner Elemente, BWNotZ 1984, 49; *Opitz,* § 1026 BGB: Selten Ausweg, nie Schleichweg!, Rpfleger 2000, 367; *Panz,* Die Auswirkungen von Änderungen im Grundstücksbestand auf Vorkaufsrechte und Analog – Vereinbarungen zu §§ 502, 513 BGB, BWNotZ 1995, 156; *Röll,* Grundstücksteilungen, Vereinigungen und Bestandsteilzuschreibungen im Anschluß an Vermessungen, DNotZ 1968, 523; *ders,* Dienstbarkeiten und Sondernutzungsrechte nach § 15 Abs 1 WEG, Rpfleger 1978, 352; *ders,* Veräußerung und Zuerwerb von Teilflächen bei Eigentumswohnanlagen, Rpfleger 1990, 277; *Sandweg,* Anspruch und Belastungsgegenstand bei der Auflassungsvormerkung, BWNotZ 1994, 5; *Sauren,* Problematik der variablen Eigentumswohnungen (1984); *Schmidt-Eichstaedt/Reitzig,* Teilungsgenehmigung und Grundbuchsperre, NJW 1999, 385; *Schmittat,* Die Teilungsgenehmigung nach Bundesbaugesetz und Landesbauordnung, MittRhNotK 1986, 209; *Schrödter,* Zur Bindungswirkung der Teilungsgenehmigung, DVBL 1982, 323; *Stadler,* Neuregelung des Rechts der Teilungsgenehmigung im Baugesetzbuch, ZfIR 1998, 177; *Steiner,* Die privatrechtsgestaltende Wirkung der bauplanungsrechtlichen Teilungsgenehmigung, Rpfleger 1981, 469; *Streuer,* Nachverpfändung, Zuschreibung oder Pfandstreckung kraft Gesetzes, Rpfleger 1992, 181; *von Campe/Wulffhorst,* Entbehrlichkeit von Negativattesten bei Grundstücksteilungen nach §§ 19, 20 BauGB, NotBZ 1998, 98; *Voß/Steinkemper,* Der Verkauf von Teilflächen nach dem Wegfall der Teilungsgenehmigung, ZfIR 2004, 797; *Watoro,* Das Positivzeugnis des § 8 Abs 3 ThürBO 2004, NotBZ 2004, 416; *Wirner,* Zur Bezeichnung noch zu vermessender Teilflächen im Hinblick auf den Bestimmtheitsgrundsatz im Grundbuchrecht, MittBayNot 1981, 221; *Wudy,* Unschädlichkeitszeugnisse in den neuen Bundesländern, NotBZ 1998, 132; *Zimmermann,* Belastung von Wohnungseigentum mit Dienstbarkeiten, Rpfleger 1981, 333.

I. Allgemeines

1. Bedeutung der Vorschrift

1 Während § 890 BGB mit §§ 5, 6 GBO die Verbindung von Grundstücken behandelt, fehlt eine entsprechende materiellrechtlicher Regelung für die Teilung. Die Frage, ob und wann Teilungen zulässig sind, ist jedoch materiellrechtlicher Art. Grundbuchrechtlich von Bedeutung ist aber, inwieweit eine selbständige Buchung zu erfolgen hat; § 7 regelt nur einen Teil der in Frage kommenden Möglichkeiten.

2. Zulässigkeit der Teilung

2 Zulässigkeit der Teilung bedeutet Teilungsmöglichkeit. Zu unterscheiden ist dann bei den möglichen Fällen, inwieweit eine Notwendigkeit zur Teilung besteht; zu diesem Punkt ist § 7 von Bedeutung. Eine ausdrückliche gesetzliche Regelung für die Zulässigkeit der Teilung besteht nicht. Es ist daher von § 903 BGB auszugehen, wonach der Eigentümer einer Sache, soweit nicht das Gesetz oder Rechte Dritter entgegenstehen, mit der Sache nach Belieben verfahren und andere von jeder Einwirkung ausschließen kann. Zu den Sachen gehören auch Grundstücke, in gewissem Umfange grundstücksgleiche Rechte.[1] In der Verfügungsberechtigung[2] liegt die Möglichkeit der Teilung eines Grundstücks und, soweit Gleichstellung besteht, eines grundstücksgleichen Rechts wie eines Erbbaurechts. Zu unterscheiden sind die »**notwendige Teilung = Teilung von Amts wegen**« bei Veräußerung oder Belastung eines Grundstücksteils und die »**Teilung im eigenen Besitz = Teilung auf Antrag**«. Dass die Teilung zum Zwecke der Belastung eines realen Teiles zulässig ist, ergibt sich daraus, dass die einzelnen Flächenabschnitte eines Grundstücks nicht wesentliche Bestandteile desselben sind und daher Gegenstand besonderer Rechte sein können.

---

1 KG NJW 1969, 470; OLG Hamm NJW 1974, 865; *Staudinger-Gursky* § 890 Rn 49; KEHE-*Eickmann* § 7 Rn 1; *Röll* DNotZ 1968, 523, 526; *Böttcher* Rpfleger 1989, 133, 134.
2 Zum Begriff vgl *Böttcher* Rpfleger 1983, 49.

3. Begriff der Teilung

Eine Grundstücksteilung im Rechtssinne liegt vor:[3]   **3**
- wenn ein aus einem Flurstück bestehendes Grundstück derart geteilt wird, dass mehrere Grundstücke entstehen, die aus je einem Flurstück gebildet werden;
- wenn von einem Grundstück ein Zuflurstück abgetrennt wird;
- wenn aus einem aus mehreren Flurstücken zusammengesetzten Grundstück (§ 6 Abs 4 und 5 GBV) ein oder mehrere Flurstücke abgeschrieben werden.

Durch die Teilung entstehen also grundsätzlich mindestens zwei (oder auch mehrere) neue, selbständige Grundstücke (Ausnahme: Zuflurstück). Keine Teilung im Rechtssinn, sondern lediglich eine katastertechnische Zerlegung liegt vor, wenn das ein Grundstück bildende Flurstück in zwei Flurstücke geteilt wird, die jedoch beide nach wie vor ein einziges Grundstück im Rechtssinn ergeben; die **Zerlegung (= katastertechnischer Begriff)** ist zwar das Gegenstück zur **Teilung (= Rechtsbegriff)**, beide Begriffe müssen sich jedoch keineswegs immer decken, auch ist die eine nicht stets von der Vornahme der anderen abhängig.[4]

II. Materielle Wirksamkeitsvoraussetzungen

1. Teilungserklärung

Materiellrechtlich bedarf es zu einer wirksamen Teilung eines Grundstücks einer darauf gerichteten Erklärung   **4**
des Eigentümers **gegenüber dem Grundbuchamt**.[5] Bei einer Teilung im eigenen Besitz wird die materiellrechtliche Teilungserklärung des Eigentümers idR durch den formellrechtlichen Eintragungsantrag (§ 13) ersetzt.[6] Ist eine Teilung aus Anlass der Veräußerung oder Belastung eines Grundstücksteils notwendig, so erfolgt diese ohne besonderen Antrag von Amts wegen (§ 7 Abs 1). Die trotzdem erforderliche materiellrechtliche Teilungserklärung des Eigentümers liegt in diesem Fall idR in der materiellrechtlichen Einigungserklärung des Eigentümers zur Veräußerung (§ 20, §§ 873, 925 BGB) bzw in der formellrechtlichen Belastungsbewilligung (§ 19).[7] Eine notwendige Teilung von Amts wegen scheidet daher aus, wenn ein Grundstücksteil mit einer Zwangshypothek belastet werden soll oder wenn der Eigentümer die Belastung bewilligt, aber ausdrücklich erklärt, dass er die Teilung seines Grundstücks nicht gestattet.[8]

Dinglich Berechtigte am Grundstück müssen einer Teilung nicht zustimmen, weil sie dadurch nicht beein-   **5**
trächtigt werden.[9] Steht das Eigentum an einem Grundstück mehreren Personen in Bruchteilsgemeinschaft zu und sind einer oder mehrere Miteigentumsanteile davon isoliert belastet, so hindert dies weder die reale Teilung des Grundstücks noch die ganze oder teilweise Übertragung eines Miteigentumsanteils an einen anderen Miteigentümer; in einem solchen Fall kann die Belastung nur noch Teile von Miteigentumsanteilen oder vom Alleineigentum erfassen, sodass sich zweifelsfrei aus dem Grundbuch ergeben muss, welcher Miteigentumsanteil in welchem Umfang von der Belastung betroffen wird.[10] Soll Wohnungseigentum an zwei Doppelhaushälften durch Realteilung des Grundstücks jeweils in Alleineigentum übergeführt werden, so sollen nach der Realteilung die jeweiligen Belastungen der einzelnen Miteigentumsanteile an dem neu entstandenen Grundstück zunächst jeweils auf das gesamte Grundstück erstreckt werden müssen.[11] Diese Ansicht ist abzulehnen.[12] Eine Verpflichtung, eine gleichmäßige Belastungssituation herzustellen, ergibt sich aus § 1114 BGB für den Zuerwerb von Miteigentumsanteilen gerade nicht. Bei späterer Vereinigung belasteter und unbelasteter Anteile in der Hand eine Miteigentümers oder Dritten ist nur der fiktiv fortbestehende Anteil belastet (vgl Rdn 49). Die Grundbuchsituation mag ein wenig unübersichtlich sein, verboten ist die jedenfalls nicht.[13]

Die gesetzlichen Vertreter eines Grundstückseigentümers (Eltern, Vormund, Betreuer, Pfleger) bedürfen zu   **6**
einer Teilung des Grundstücks **keiner familien- bzw vormundschaftsgerichtlichen Genehmigung**, da keine Verfügung über das Grundstück im Rechtssinne vorliegt.[14]

---

3 KEHE-*Eickmann* § 7 Rn 2; *Eickmann* GBVerfR, Rn 71; *Röll* DNotZ 1968, 523, 526; *Böttcher* Rpfleger 1989, 133; *Geißel* MittRhNotK 1997, 33,
4 *Eickmann*, *Böttcher* je aaO; *Schöner/Stöber* Rn 668.
5 *Geißel* MittRhNotK 1997, 333, 334; *Böttcher* Rpfleger 1989, 133, 134; *Schmittat* MittRhNotK 1986, 209, 210; *Demharter* § 7 Rn 3.
6 *Geißel* MittRhNotK 1997, 333, 334; *Böttcher* Rpfleger 1989, 133, 134.
7 *Geißel* MittRhNotK 1997, 333, 334; *Böttcher* aaO; *Schöner/Stöber* Rn 671.
8 *Böttcher* aaO.
9 KG NJW 1969, 470; *Demharter* § 7 Rn 3; KEHE-*Eickmann* § 7 Rn 33; *Staudinger-Gursky* § 890 Rn 49; *Schöner/Stöber* Rn 671; *Geißel* MittRhNotK 1997, 333, 334; *Röll* DNotZ 1968, 523, 526.
10 BayObLG DNotZ 1997, 391.
11 OLG Frankfurt/M DNotZ 2000, 778 = ZflR 2000, 285.
12 Ebenso *Röll* DNotZ 2000, 749; *Vollmer* ZflR 2000, 286.
13 Ausführlich zum grundbuchlichen Vollzug *Volmer* ZflR 2000, 286.
14 *Böttcher-Spanl* RpflJB 1990, 193, 202; *Eickmann* GBVerfR, Rn 201.

2. Grundbucheintragung

7 Materiellrechtlich bedarf es zu einer wirksamen Teilung eines Grundstücks auch der Eintragung im Grundbuch.[15]

3. Genehmigungen

8 **a) Allgemeines. aa) Allgemeine Schranken.** Aus Art 14 Abs 2 GG folgt, dass eine Rechtsausübung nach Belieben nicht immer rechtmäßig ist. Diese Vorschrift ist unmittelbar geltendes Recht, wie sich aus Art 1 Abs 3 GG ergibt. Das Eigentum ist sozialgebunden; auch daraus folgen Einschränkungen der Freiheit zur Teilung.

9 **bb) Besondere Schranken.** Neben den allgemeinen Beschränkungen, die im Einzelfall nur hin und wieder Bedeutung haben, stehen die Schranken rechtlicher und tatsächlicher Art, die unmittelbaren praktischen Wert haben. Zu den **rechtlichen Beschränkungen** zählen die gesetzlichen Einschränkungen der Verfügungsberechtigung durch Einführung staatlicher Genehmigung bei Veräußerung, durch Verbote der Belastung, Teilung etc **Tatsächliche Beschränkungen** bedürfen der gesetzlichen Grundlage. Insofern ist der Ausdruck missverständlich. Gemeint sind Beschränkungen, welche aus öffentlichem oder privatem Interesse die Handhabung des Eigentümers begrenzen. In Frage kommen zB Beschränkungen, die aus Gründen der Siedlung oder des Bauens erfolgen, insbesondere auch Landesrecht nach Art 111 EGBGB.

10 **cc) § 903 BGB und dessen Begrenzung.** Nach § 903 BGB findet die Handhabung des Eigentümers ihre Grenzen im Gesetz und in Rechten Dritter. Bei den **Gesetzen** kann es sich um bundes- oder landesrechtliche Gesetze, um solche öffentlich-rechtlicher oder privatrechtlicher Art handeln. **Rechte Dritter** sind hauptsächlich dingliche Rechte. Schuldverhältnisse gehören nicht hierher,[16] wenn sich nicht besondere Beziehungen zur Sache ergeben, wie bei Miete und Pacht.

11 **b) Einzelne Teilungsbeschränkungen.** Zu beachten ist, dass der Kreis der Beschränkungen, die sich ergeben, verschieden ist, je nachdem ob ein Eigentumswechsel mit der Teilung verbunden ist oder nicht. Kommt ein Eigentumswechsel in Betracht, so sind auch bestehende Veräußerungsbeschränkungen öffentlich-rechtlicher Art zu beachten. Es ist also zu unterscheiden zwischen den eigentlichen **Teilungsbeschränkungen im engeren Sinne**, die in jedem Falle zur Anwendung kommen, weil eine Teilung der in Frage stehenden Art vorliegt, und **sonstigen allgemeinen Beschränkungen**, die im gegebenen Falle anzuwenden sind, wenn zusätzlich besondere Voraussetzungen erfüllt sind, wie zB Veräußerung.

12 **aa) Landesrechtliche Vorschriften.** Hier ist zunächst auf Art 119 Ziff 2 EGBGB hinzuweisen, wonach die Teilung eines Grundstücks oder die getrennte Veräußerung von Grundstücken, die bisher zusammen bewirtschaftet worden sind, untersagt oder beschränkt werden kann. Dieser Vorbehalt, der nur noch geringen praktischen Wert hat, hat materiellrechtliche Bedeutung. Für das formelle Grundbuchrecht kommen die Vorbehalte der GBO, insbesondere § 136 in Frage. Landesrechtliche Teilungsgenehmigungen bestehen und sind dem GBA zum Vollzug der Teilung nachzuweisen:
- **allgemein** nach den Landesbauordnungen von Niedersachsen und Nordrhein-Westfalen (§ 94 NbauO, § 8 BauO NRW) sowie für
- **Waldgrundstücke** in Baden-Württemberg, Hessen, Mecklenburg-Vorpommern, Schleswig-Holstein und Thüringen (§ 24 LWaldG BW, § 15 ForstG Hessen, § 27 LWaldG MV, § 18 LWaldG SH, § 16 ThürWaldG).

13 **bb) Bundesrechtliche Vorschriften. (1) Flurbereinigungsgesetz.** Im Rahmen der Flurbereinigung bedarf die Teilung von Waldgrundstücken, die in gemeinschaftlichem Eigentum stehen, der Zustimmung der Forstaufsichtsbehörde (§ 85 Nr 9 FlurbG).

14 **(2) Grundstücksverkehrsgesetz.** Es befasst sich ausschließlich mit land- und forstwirtschaftlichen Grundstücken. Für die Teilung als solche bestehen keine besonderen Vorschriften. Aber die Teilveräußerung eines land- oder forstwirtschaftlichen Grundstücks bedarf der Genehmigung (§ 2 Abs 1 GrdstVG).

15 **(3) Baugesetzbuch.**

- Umlegung

Grundstücke, die in ein Umlegungsverfahren einbezogen sind, dürfen von der Bekanntmachung des Umlegungsbeschlusses an bis zur Bekanntmachung des Umlegungsplanes im Umlegungsgebiet nur mit schriftlicher Genehmigung der Umlegungsbehörde geteilt werden (§ 51 Abs 1 Nr 1 BauGB).

---

15 *Demharter* § 7 Rn 3; *Böttcher* Rpfleger 1989, 133, 134; *Geißel* MittRhNotK 1997, 333, 334.
16 RGZ 55, 165.

– Enteignung 16

Bei Grundstücken, für die ein Enteignungsverfahren eingeleitet ist, bedarf die Teilung gemäß § 109 Abs 1 BauGB der Genehmigung der Enteignungsbehörde.

– Sanierung 17

Im förmlich festgelegten Sanierungsgebiet und im städtebaulichen Entwicklungsbereich bedarf eine Grundstücksteilung zu ihrer Wirksamkeit der schriftlichen Genehmigung der Gemeinde (§ 144 Abs 2 Nr 5, § 169 Abs 1 Nr 3 BauGB).

– Bauleitplanung 18

Liegt ein zu teilendes Grundstück im Bereich eines rechtsverbindlichen Bebauungsplanes, so dürfen durch die Teilung keine Verhältnisse entstehen, die den Festsetzungen des Bebauungsplanes zuwiderlaufen (§ 19 Abs 2 BauGB). Das Grundbuchamt hat aber eine Grundstücksteilung zu vollziehen, ohne zu ermitteln, ob durch die Teilung baurechtswidrige Situationen entstehen.[17] Denn das GBA kann eine Eintragung nur dann ablehnen, wenn ihm bekannt ist, dass das Grundbuch durch die Eintragung unrichtig würde. Eine baurechtswidrige Teilung macht aber das Grundbuch nicht unrichtig, da die Teilung gleichwohl wirksam ist. Die Regelung in § 19 Abs 2 BauGB ist kein gesetzliches Verbot im Sinne von § 134 BGB. Das Verbot ist allein durch die Bauaufsichtsbehörden durchzusetzen. Selbst wenn dem GBA positiv bekannt ist, dass die Teilung baurechtswidrige Zustände schafft, kann es den Grundbuchvollzug nicht ablehnen.[18] Die Baubehörden sind auch nicht zur Erteilung eines Negativattestes verpflichtet, dass die Teilung nicht gegen Baurecht verstößt. Auch dem GBA gegenüber ist keinerlei Nachweis der Genehmigungsfreiheit erforderlich, da sie sich aus dem Gesetz ergibt.[19]

4. Verstoß

Wenn die Teilungserklärung des Eigentümers oder eine öffentlich-rechtliche Genehmigung fehlen oder ungül- 19 tig sind, wird das **Grundbuch** durch den Vollzug der Teilung **unrichtig**.[20] Die durch eine solche fehlerhafte Teilung neu eingetragenen Grundstücke sind dann nicht entstanden; die ursprüngliche Bodenfläche als selbständiges Grundstück hat sich rechtlich nicht geändert. Da diese Fehlbuchung aber nicht nur Tatsachen, sondern Grundstücksrechte betrifft, und man sich Eigentum an einem Grundstück nicht anders vorstellen kann als in Beziehung auf eine bestimmte Bodenfläche, gehört die Eintragung der Bodenfläche als selbständiges Grundstück zu dem Teil des Grundbuchinhaltes, den der öffentliche Glaube des Grundbuchs deckt.[21] Zugunsten eines gutgläubigen Dritten wird daher fingiert, dass die unrichtig gebuchten Grundstücke bestehen, sodass daran Rechte gutgläubig erworben werden können (§ 892 BGB). Durch die Eintragung von dinglichen Rechten (zB Grundschulden) an einzelnen der neu gebildeten Grundstücke kann das Grundbuch kraft guten Glaubens des Begünstigten (§ 892 BGB) hinsichtlich der Teilung insgesamt richtig werden.[22] Eine zunächst unwirksame Teilung kommt dann wirksam zustande, wenn die ursprünglich fehlende Teilungserklärung durch den Eigentümer nachgeholt oder die fehlende Teilungsgenehmigung nachträglich erteilt wird.[23]

III. Formelle Eintragungsvoraussetzungen

1. Antrags- oder Amtsverfahren

Die Teilung eines Grundstücks kann erfolgen im Antrags- oder Amtsverfahren. Letzteres ist die Regel. Man 20 spricht dabei von einer notwendigen Teilung, die erforderlich ist, wenn ein realer Grundstücksteil veräußert oder belastet werden soll (§ 7 Abs 1); die Teilung wird in diesen Fällen von Amts wegen vollzogen. Dagegen erfordert eine Teilung im eigenen Besitz einen entsprechenden formellrechtlichen Antrag des Eigentümers (§ 13).

a) Antragsverfahren (= Teilung im eigenen Besitz). Eine Teilung im eigenen Besitz erfordert formell- 21 rechtlich einen darauf gerichteten **Antrag**, der gemäß § 13 Abs 1 S 2 nur vom Eigentümer gestellt werden

---

17 LG Meiningen NotBZ 2006, 145; LG Darmstadt Rpfleger 2005, 82; LG Münster Rpfleger 2005, 138; LG Traunstein Rpfleger 2005, 187; *Hügel-Kral* § 7 Rn 19; *Demharter* § 7 Rn 7; KEHE-*Eickmann* § 7 Rn 30; *Maaß* in *Bauer/von Oefele* § 7 Rn 47; *Grziwotz* DNotZ 2004, 674, 681; *Eckert/Höfinghoff* NotBZ 2004, 405, 410; *Dümig* Rpfleger 2004, 461.
18 Gutachten in DNotI-Report 2004, 173, 174; **aA** *Demharter* § 7 Rn 7.
19 *Hügel-Kral* § 7 Rn 19; Gutachten in DNotI-Report 2004, 173, 175.
20 BayObLG DNotZ 1996, 32 = Rpfleger 1995, 495 = MittBayNot 1995, 291; *Böttcher* Rpfleger 1989, 133, 134.
21 RGZ 73, 125, 127; BayObLG DNotZ 1996, 32 = Rpfleger 1995, 495 = MittBayNot 1995, 291; MittBayNot 1981, 126; OLG Hamm OLGZ 1978, 304; OLG Frankfurt Rpfleger 1985, 229; *Schmittat* MittRhNotK 1986, 209, 218; *Hoffmann* MittBayNot 1988, 129, 130; *Böttcher* Rpfleger 1989, 133, 134.
22 BayObLG DNotZ 1996, 32 = Rpfleger 1995, 495 = MittBayNot 1995, 291.
23 *Böttcher* Rpfleger 1989, 133, 134.

kann.[24] Wenn er – wie üblich – die daneben erforderliche **Bewilligung** (§ 19) ersetzt, bedarf er nach § 30 der Form des § 29.[25] Der Antrag muss den Teilungswillen klar zum Ausdruck bringen. Dem ist bereits dann Genüge getan, wenn ein Auszug aus dem Veränderungsnachweis vorgelegt wird mit der Klausel: »Der Vollzug des VN wird beantragt«.[26] Nach Maßgabe des Gesetzes über die Beurkundungs- und Beglaubigungsbefugnis der Vermessungsbehörden vom 15.11.1937 (RGBl I 1257) sind zur Beurkundung des Antrags auch die Vorstände der Vermessungsbehörden sowie die von ihnen beauftragten Beamten zuständig; diese Vorschriften gelten als landesrechtliche Bestimmungen weiter und sind durch das BeurkG unberührt geblieben (§ 61 Abs 1 Nr 6 BeurkG).

22 **b) Amtsverfahren (= Veräußerung/Belastung eines Grundstücksteils).** § 7 Abs 1 regelt den Fall, dass dann, wenn ein Grundstücksteil mit einem Recht belastet werden soll, dieser abgeschrieben und als selbständiges Grundstück im Grundbuch eingetragen werden soll. Aber auch bei der Übertragung des Eigentums an einem Grundstücksteil ist dieser Teil abzuschreiben, dh das ursprüngliche Grundstück ist zu teilen; an ein- und demselben Grundstück kann Volleigentum mehrerer nicht nebeneinander bestehen.[27] Soll also ein Grundstück veräußert oder belastet werden, so ist eine Teilung notwendig, die von Amts wegen erfolgt.[28]

23 **aa) Veräußerung eines realen Grundstücksteils. Materiellrechtlich** waren die Voraussetzungen für die Auflassung eines realen Grundstücksteils lange Zeit unklar, vor allem für eine Verurteilung zur Auflassung (§ 894 ZPO). In seiner früheren Rspr hat der BGH den Standpunkt vertreten, dass die Auflassung materiellrechtlich erst dann möglich und zulässig ist, wenn der geschuldete Grundstücksteil bereits grundbuchmäßig abgeteilt, dh verselbständigt war.[29] Davon ist der BGH[30] mit seinem Urteil vom 16.03.1984 abgewichen und hat die Verurteilung zur Auflassung eines realen Grundstücksteils vor grundbuchlich vollzogener Teilung jedenfalls dann für möglich angesehen, wenn bereits ein Veränderungsnachweis vorliegt; für eine rechtsgeschäftliche Auflassung wurden sogar noch geringere Anforderungen gestellt: hinreichende **Bestimmbarkeit** genügt. Inzwischen gelten für die rechtsgeschäftliche und zwangsweise (§ 894 ZPO) Auflassung eines realen Grundstücksteils wieder dieselben Voraussetzungen, denn mit Urteil vom 24.04.1987 hat der BGH[31] auch eine Klage auf Abgabe der Auflassungserklärung für zulässig erachtet, wenn die grundbuchlich noch nicht abgeschriebene und katastermäßig noch nicht abgetrennte Teilfläche hinreichend bestimmt ist. Materiellrechtlich genügt es somit für die Auflassung, dass der reale Teil eines Grundstücks so beschrieben ist, dass nach diesem Beschrieb jedermann die Umgrenzung des aufgelassenen Teils so bestimmen kann, dass ein anderer nicht vertretbar zu einem anderen Ergebnis zu kommen vermag.[32] Dabei ist es grundsätzlich nötig, die Umgrenzungen nach Norden, Süden, Osten und Westen darzulegen, zB durch eine mit der Auflassungsurkunde durch Schnur und Siegel verbundene amtliche oder nichtamtliche Karte.[33] Orientierungshilfen in der Natur wie Bäume, Zäune, Gräben, Wasserläufe, Wege[34] oder Pflöcke.[35]

24 **Formellrechtlich,** dh im Grundbuchverfahren ist der **Vollzug der Auflassung** eines realen Grundstücksteils immer erst **nach durchgeführter amtlicher Vermessung** zulässig. Die Möglichkeit, sich über den Eigentumsübergang wegen eines realen Grundstücksteils materiellrechtlich wirksam zu einigen, birgt somit den Fall in sich, in dem § 20, also das formelle Verfahren, mehr verlangt als das materielle Recht.[36] Die §§ 20, 28 verlangen nämlich verfahrensmäßig das amtlich geprüfte Vermessungsergebnis (= Veränderungsnachweis). Die §§ 873, 925 BGB verlangen dagegen materiellrechtlich lediglich die eindeutig bestimmte Bezeichnung des aufgelassenen Teils. Zwar spricht § 28 nur von der Eintragungsbewilligung, er gilt aber analog für jedes Verfahrenselement, also auch für den Nachweis nach § 20.[37] Der Grundbuchvollzug einer materiellrechtlich wirksamen Auflassung eines hinreichend bestimmten Grundstücksteils scheitert aber nicht nur an den §§ 20, 28, sondern auch an dem Fehlen einer inhaltlich ausreichenden Eintragungsbewilligung (§§ 19, 28). Inzwischen hat sich nämlich die Auffassung durchgesetzt, dass § 20 an dem Grundsatz des § 19 nichts ändert, sondern ihn nur ergänzt, dh im

---

24 *Geißel* MittRhNotK 1997, 333, 334; *Böttcher* Rpfleger 1989, 133, 134; *Schöner/Stöber* Rn 669; *Schmittat* MittRhNotK 1986, 209, 211.
25 BayObLGZ 1956, 475; KG NJW 1969, 470; OLG Hamm NJW 1974, 865; *Geißel* MittRhNotK 1997, 333, 334; *Böttcher* Rpfleger 1989, 133, 134.
26 *Böttcher* Rpfleger 1989, 133, 134; *Röll* DNotZ 1968, 523, 527.
27 *Geißel* MittRhNotK 1997, 333, 334; *Böttcher* Rpfleger 1989, 133, 134.
28 *Pawlowski-Smid,* FG, Rn 402; *Geißel* MittRhNotK 1997, 333, 334; *Böttcher* Rpfleger 1989, 133, 134.
29 BGHZ 37, 233, 242; WM 1975, 1306; 1977, 197; 1978, 192; 1979, 861; 1981, 1081; Rpfleger 1982, 153.
30 BGHZ 90, 323 = Rpfleger 1984, 310.
31 BGH DNotZ 1988, 109 = Rpfleger 1987, 452.
32 *Böttcher* Rpfleger 1989, 133, 134.
33 BGHZ 59, 15 = DNotZ 1972, 533.
34 BGH NJW 1969, 132.
35 OLG München DNotZ 1971, 544.
36 *Böttcher* Rpfleger 1989, 133, 135.
37 *Böttcher* Rpfleger 1989, 133, 135.

Falle der Vorlage der materiellen Auflassung (§ 20) ist daneben weiterhin die verfahrensrechtliche Eintragungsbewilligung (§ 19) erforderlich[38] (§ 20 Rdn 5).

Unabhängig von der Frage, ob die Auflassungserklärung des Veräußerers auch die Eintragungsbewilligung beinhaltet[39] oder letztere vielmehr stets daneben vorliegen muss[40] (§ 20 Rdn 6), auf alle Fälle ist für die **Eintragungsbewilligung** § 28 zu beachten. In seiner früheren Rspr hat daher auch der BGH[41] den Standpunkt vertreten, dass eine Klage auf Bewilligung der Eintragung der Auflassung eines Grundstücksteils nur zulässig sei, wenn der geschuldete Teil bereits abgetrennt und als selbständiges Grundstück im GB eingetragen sei. Inzwischen hat der BGH[42] seine Ansicht jedoch insoweit geändert, als bereits die Vorlage eines Veränderungsnachweises genügt, auf den im Urteil Bezug genommen werden kann; keinesfalls ausreichend ist allerdings nur die hinreichende Bestimmtheit des Grundstücksteils für die Klage auf Bewilligung der Eintragung der Auflassung (§§ 19, 28), auch wenn dies materiellrechtlich für eine Klage auf Abgabe der Auflassungserklärung genügt (§§ 873, 925 BGB). **25**

Zum Grundbuchvollzug der materiellrechtlich wirksamen Auflassung einer noch nicht vermessenen realen Grundstücksfläche müssen daher sowohl bei dem Nachweis gemäß § 20 als auch bei der Eintragungsbewilligung (§ 19) die erforderlichen **Angaben nach § 28 nachgeholt werden**. Zum Teil wird die Meinung vertreten, dass dies der Erwerber allein könne.[43] Dies wird jedoch der rechtlichen, streng verfahrensrechtlichen Auffassung von § 19 und § 20 nicht gerecht. Für die Eintragung des Eigentumswechsels sind verfahrensmäßig die Bewilligung nach § 19 und der Nachweis gemäß § 20 nötig. Die Eintragungsbewilligung kann nur vom Betroffenen, also vom Veräußerer, abgegeben und auch nur von ihm hinsichtlich der Angaben nach § 28 ergänzt werden.[44] Es ist lediglich denkbar, dass eine Eintragungsbewilligung ohne die Angaben des § 28 eine Vollmacht oder eine Ermächtigung an den Erwerber oder an den Notar enthält, die Bewilligung durch die nötigen Angaben des § 28 zu ergänzen.[45] Aber auch die materiell wirksame Auflassung muss nach Vermessung formell um die Angaben des § 28 ergänzt werden (vgl Rdn 24), was nur Veräußerer und Erwerber gemeinsam können.[46] Ist der Notar zur Ergänzung der Bewilligung nach § 19 und des Nachweises gemäß § 20 bevollmächtigt, kann er diese Vollmacht in notarieller Eigenurkunde ausführen.[47] Damit eine Klage auf Abgabe der materiellen Auflassungserklärung hinsichtlich einer noch nicht in einem amtlich geprüften Veränderungsnachweis ausgewiesenen realen Grundstücksteilfläche auch bezüglich der Abgabe der formellen Eintragungsbewilligung zulässig wird, ist sie auf Abgabe der Auflassungserklärung, Abgabe der dieser Erklärung entsprechenden Bewilligung gemäß § 19 und Abgabe der Bevollmächtigung oder Ermächtigung zur Ergänzung der Auflassung (§ 20) und der Bewilligung (§ 19) iS des § 28 zu richten.[48] Damit wird der Widerspruch aufgelöst, der sonst darin liegt, dass etwas nicht eingeklagt werden kann, was materiellrechtlich besteht. Die Erklärungen von Veräußerer und Erwerber ergänzen die Auflassung (§ 20) und die Bewilligung (§ 19) um die nach § 28 erforderlichen Angaben. Ob der aufgelassene Grundstücksteil mit dem Messungsergebnis dann wirklich identisch ist, ist eine Frage der Tatsachenfeststellung. Die Identität zwischen dem in der Urkunde aufgelassenen Teilstück und dem vermessenen Grundstück muss das Grundbuchamt prüfen.[49] Liegt nämlich keine Identität vor, müssen die Beteiligten eine neue Auflassung hinsichtlich des vermessenen Grundstücks erklären.[50] Fehlende Identität kann es geben bei Abweichungen einerseits in Bezug auf Lage und Zuschnitt, andererseits im Hinblick auf die Größe. Weicht das vermessene Grundstück hinsichtlich Lage und Zuschnitt von den vertraglichen Angaben ab, ist keine Identität anzunehmen.[51] Geringfügige Differenzen zwischen dem Beschrieb und der tatsächlichen Grenzziehung sind hinzunehmen und auch grundbuchrechtlich unbedenklich.[52] Entscheidend ist vielmehr, dass nach objektiver Auslegung der Urkunde von einer Identität des Messungsergebnisses mit der Festlegung der Teilfläche im Ver- **26**

---

38 BayObLG Rpfleger 1994, 344; OLG Köln Rpfleger 1992, 299; *Demharter* § 20 Rn 2; *Eickmann* GBVerfR, Rn 120; *Behmer* Rpfleger 1984, 306; *Weser* MittBayNot 1993, 265; *Böttcher* Rpfleger 1989, 133, 135.

39 *Demharter* § 20 Rn 2.

40 *Böttcher* Rpfleger 1990, 486, 493.

41 BGHZ 37, 233, 242; WM 1975, 1306; 1977, 197; 1978, 192; 1979, 861; 1981, 1081; Rpfleger 1982, 153.

42 BGHZ 90, 323 = Rpfleger 1984, 310; Rpfleger 1986, 210; DNotZ 1988, 109.

43 BayObLG NJW 1966, 600; OLG Hamm DNotZ 1958, 644; *Schöner/Stöber* Rn 3328 (anders Rn 888); *Demharter* § 20 Rn 32.

44 LG Bielefeld Rpfleger 1989, 364; *Schöner/Stöber* Rn 888 (anders Rn 3328); *Geißel* MittRhNotK 1997, 333, 341; *Böttcher* Rpfleger 1989, 133, 135.

45 BayObLG DNotZ 1974, 222; LG Bielefeld Rpfleger 1989, 364; *Böttcher* Rpfleger 1989, 133, 135.

46 **AA** *Schöner/Stöber* Rn 888.

47 *Schöner/Stöber* Rn 889, 3328; *Böttcher* Rpfleger 1989, 133, 135.

48 *Böttcher* Rpfleger 1989, 133, 135.

49 *Schöner/Stöber* Rn 893; *Demharter* § 20 Rn 32; *aA* LG Saarbrücken MittRhNotK 1997, 364.

50 *Geißel* MittRhNotK 1997, 333, 341; *Schöner/Stöber* Rn 893.

51 BGH DNotZ 1968, 22; 1971, 95; 1981, 235; NJW 1995, 957; BayObLG DNotZ 1989, 373; OLG Hamm Rpfleger 1985, 288; LG Wuppertal MittRhNotK 1984, 167; LG Köln MittRhNotK 1971, 153; *Geißel* MittRhNotK 1997, 333, 336.

52 BGH MittRhNotK 1995, 23; BayObLG DNotZ 1989, 373; OLG Hamm MittBayNot 1985, 197.

trag auszugehen ist.[53] Dies richtet sich in erster Linie nach der Grenzziehung und nicht nach den Größenangaben. Stimmen Lage und Zuschnitt der vermessenen Teilfläche mit den Angaben im Vertrag überein, weicht aber die Größe des Grundstücks von der in der Urkunde angenommenen Fläche ab, so ist im Regelfall die Grenzziehung allein maßgebend, da davon ausgegangen wird, dass die Quadratmeterangabe nicht der Identifizierung der Teilfläche dient, wenn diese durch Bezugnahme auf einen Lageplan beschrieben ist.[54] Schwieriger zu beantworten ist demgegenüber die Frage, von welcher Größenabweichung des vermessenen Grundstücks zur Angabe in der Auflassung an von keiner Identität mehr ausgegangen werden kann. Identität wird noch bejaht bei 116 qm zu vereinbarten 105 qm,[55] 60 qm zu vereinbarten 90 qm,[56] nicht dagegen bei 48 qm zu vereinbarten 16 qm.[57] Zur Vermeidung dieser Schwierigkeiten kann nur empfohlen werden, **zunächst nur den schuldrechtlichen Kaufvertrag** über eine unvermessenen Grundstücksteilfläche zu beurkunden, **danach die Vermessung** vornehmen zulassen und **anschließend die sachenrechtliche Auflassung** entsprechend den Festlegungen des Veränderungsnachweises zu erklären[58] (§ 20 Rdn 13).

27 **bb) Belastung eines realen Grundstücksteils.** Das Verhältnis von § 5 und § 7 erscheint als Gegensatz, ist es aber nicht. § 7 Abs 1 verlangt die Abschreibung eines gesondert zu belastenden Grundstücksteils, um das Grundbuch übersichtlich zu erhalten. Allerdings kann die verschiedene Belastung der Grundstücksteile, die § 7 verhindern will, auf dem Wege der Vereinigung (§ 5) herbeigeführt werden, nachdem die verschiedenen Belastungen der zu verbindenden Grundstücke die Verbindung nur dann ausschließen, wenn Verwirrung zu besorgen ist. Die andersartige Behandlung des § 5 ist aber dadurch gerechtfertigt, dass sich hier die Belastung auf einen Teil bezieht, der auch buchmäßig früher selbständig war und dessen Abgrenzung trotz der Vereinigung im Grundbuch auch weiterhin deutlich erkennbar bleibt.[59]

28 Soll ein Grundstücksteil mit einem Recht belastet werden, so hat normalerweise die Abschreibung zwecks selbständiger Buchung zu erfolgen (§ 7 Abs 1). Es muss die Belastung eines **realen Grundstücksteils** beabsichtigt sein. Es muss sich also um einen Teil eines Grundstücks im Rechtssinn handeln, nicht eines Grundstücks im katastertechnischen Sinn, eines Flurstücks.[60] Es ist daher zu beachten, dass ein Grundstück aus einem oder mehreren Flurstücken bestehen kann. § 7 hat lediglich die vertikale Teilung eines Grundstücks im Auge. Horizontale Teilung ist nach dem Recht des BGB unzulässig. Daher kann auch ein Gebäude für sich allein nicht belastet werden. Ausnahmen bestehen für das Wohnungseigentum nach dem WEG.

29 Soll ein realer Grundstücksteil mit einem Recht belastet werden, so ist er von dem Grundstück abzuschreiben und als selbständiges Grundstück einzutragen (§ 7 Abs 1). Als Belastung eines Grundstücksteils mit einem **Recht** kommen nur solche Rechte in Frage, mit denen nach den gesetzlichen Vorschriften ein Grundstück belastet werden kann: Grunddienstbarkeit (§§ 1018 ff BGB), Nießbrauch (§§ 1030 ff BGB), beschränkt persönliche Dienstbarkeit (§§ 1090 ff BGB), Vorkaufsrecht (§§ 1094 ff BGB), Reallast (§§ 1105 ff BGB), Grundpfandrechte (§§ 1113 ff BGB) und Erbbaurechte (ErbbauRG).

30 Auch die **Einräumung des Vorrangs** oder eine **Inhaltsänderung** unter Beschränkung auf einen Grundstücksteil fällt unter § 7.[61]

31 Gleichgültig ist, ob die Belastung auf Grund einer freiwillig erteilten **Eintragungsbewilligung** oder eines **Ersuchens einer Behörde** oder im Wege der **Zwangsvollstreckung** eingetragen werden soll.[62]

32 Dem Falle der Belastung eines Grundstücksteils steht der Fall der **Löschung eines Rechts** an einem Grundstücksteil gleich, da auch in diesem Falle ein Grundstücksteil belastet bleibt.[63]

33 § 7 Abs 2 gestattet für **Dienstbarkeiten** (= Nießbrauch, Grunddienstbarkeit, beschränkte persönliche Dienstbarkeit) und Reallasten eine Ausnahme, weil diese Rechte am Rechtsverkehr nicht in dem Maße teilnehmen wie andere dingliche Rechte und deshalb das Bedürfnis für eine so scharfe Trennung wie in § 7 Abs 1 nicht gegeben ist.[64] Eine Teilung kann in diesen Fällen unterbleiben, wenn Verwirrung nicht zu besorgen ist (§ 7 Abs 2 S 1), dh der zu belastende Teil eindeutig bestimmt werden kann und sich im Fall der Zwangsversteige-

53 BGH DNotZ 1971, 95; OLG Hamm MittBayNot 1985, 197.
54 BGH MittRhNotK 1995, 23; DNotZ 1968, 22; 1981, 235; LG Wuppertal MittRhNotK 1984, 167; LG Köln MittRhNotK 1991, 153.
55 LG Wuppertal MittRhNotK 184, 167.
56 LG Köln MittRhNotK 1951, 153.
57 OLG Hamm Rpfleger 1985, 288.
58 *Schöner/Stöber* Rn 885, OLG Düsseldorf MittRhNotK 1980, 95; *Geißel* MittRhNotK 1997, 333, 341 f.
59 Ebenso: KEHE-*Eickmann* § 7 Rn 3.
60 *Demharter* § 7 Rn 17.
61 KG OLGE 14, 85; *Güthe-Triebel* § 7 Rn 11; KEHE-*Eickmann* § 7 Rn 5.
62 BayObLGZ 24, 124; *Demharter* § 7 Rn 24.
63 RGZ 101, 120; KG KGJ 23, 149; KEHE-*Eickmann* § 7 Rn 5; *Demharter* § 7 Rn 26.
64 *Böttcher* Rpfleger 1989, 133, 135.

rung keine Probleme ergeben.[65] Besteht die Gefahr der Verwirrung, so gilt auch für die Dienstbarkeiten und Reallasten der Grundsatz des § 7 Abs 1, wonach eine Teilung erforderlich ist. Weitere Voraussetzung für das Unterlassen einer Teilung ist die grundsätzliche Vorlage einer von der Katasterbehörde gefertigten Karte (§ 7 Abs 2 S 2). Dies gilt nur dann nicht, wenn der zu belastende Grundstücksteil bereits aus einem Flurstück besteht.[66] Die Belastung eines realen Grundstücksteils mit einer Dienstbarkeit ist somit dann ohne grundbuchrechtliche Teilung möglich, wenn das Grundstück im Rechtssinne aus

– einem Flurstück besteht und eine Karte vorgelegt wird,
– mehreren Flurstücken besteht und die Dienstbarkeit sich auf ein oder einige Flurstücke davon erstreckt (ohne Karte),
– mehreren Flurstücken besteht, die Dienstbarkeit sich auf einen oder mehrere Teile eines oder mehrerer Flurstücke erstreckt und eine Karte vorgelegt wird.

Bei der Belastung eines Grundstücksteils mit einer **Reallast** erlangt das Tatbestandsmerkmal *Besorgung der Verwirrung* eine bedeutendere Rolle. Zum einen dürfte das gesetzgeberische Motiv für die Ausnahmeregelung des § 7 Abs 2 (= geringe Teilnahme der Rechte am Rechtsverkehr) bei der Reallast nicht zutreffen, und zum anderen – und das ist das entscheidende Argument – besteht bei der Reallast die Möglichkeit der Zwangsvollstreckung in das Grundstück (§§ 1107, 1147 BGB). Das Erfordernis, dass keine Verwirrungsgefahr besteht, ist daher bei der Reallast streng zu prüfen.[67] Da die Zwangsversteigerung in einen realen Grundstücksteil immer nur dann möglich ist, wenn er zumindest ein ganzes Flurstück darstellt,[68] ist bei der Belastung eines Grundstücksteils mit einer Reallast dann Verwirrung zu besorgen, wenn das Grundstück im Rechtssinne aus **34**

– einem Flurstück besteht,
– mehreren Flurstücken besteht und die Reallast sich auf einen oder mehrere Teile eines oder mehrerer Flurstücke erstreckt,

selbst wenn die Karte vorgelegt wird. Verwirrung ist lediglich dann nicht zu besorgen, wenn das Grundstück im Rechtssinne aus mehreren Flurstücken besteht und die Reallast sich auf ein oder einige Flurstücke davon erstreckt; in diesem Fall bedarf es aber auch keiner Karte.

Vormerkungen, Widersprüche und Verfügungsbeeinträchtigungen können auch ohne vorherige grundbuchmäßige Verselbständigung und Abschreibung des betreffenden Grundstücksteiles eingetragen werden.[69] Die Gründe dafür sind darin zu sehen, dass solche Rechte bzw Vermerke keine *Rechte* iS des § 7 sind, es sich jedenfalls nicht um endgültige Belastungen handelt, zum anderen ihre Eintragung meist sehr schnell erfolgen muss, wenn sie ihren Sicherungszweck erfüllen sollen, was durch das Erfordernis einer vorherigen Teilung (§ 2 Abs 3) nicht immer erreicht werden könnte, zumal wenn eine Mitwirkung der Katasterbehörde notwendig wäre.[70] Erforderlich für die Eintragung ist, die betroffene Grundstücksteilfläche so genau zu bezeichnen, dass sich ihre Lage und Größe in einer dem Verkehrsbedürfnis entsprechenden zweifelsfreien Weise ergibt, dh ein Zweifel am Umfang des Rechts ausgeschlossen ist.[71] Was hierzu erforderlich und genügend ist, richtet sich nach den Umständen des Einzelfalles. Ist eine **Grundstücksteilfläche bereits amtlich wegvermessen**, so bietet es sich an, den entsprechenden Veränderungsnachweis des Vermessungsamts vorzulegen und in der notariellen Urkunde auf ihn Bezug zu nehmen; denn der Veränderungsnachweis enthält die genaue und jeden Zweifel ausschließende Beschreibung des Grundstücksteils.[72] Ist ein **Grundstücksteil bereits vermessen und abgemarkt, ein Veränderungsnachweis des Vermessungsamtes aber nicht erstellt**, so hat die Erklärung, der betroffene Grundstücksteil sei bereits *herausgemessen* worden, die Bedeutung, dass hiermit auf den in der Natur mit entsprechenden Grenzzeichen abgesteckten Grenzverlauf verwiesen wird; dies ist eine noch ausreichende Bestimmung der Teilfläche.[73] **35**

---

65 *Böttcher* Rpfleger 1989, 133, 135.
66 *Böttcher* Rpfleger 1989, 133, 135.
67 *Kehe-Eickmann* § 7 Rn 7; *Böttcher* Rpfleger 1989, 133, 135.
68 *Steiner-Hagemann* ZVG, Einl Rn 22.
69 BGH NJW 1972, 2270 = DNotZ 1973, 96; RG HRR 1934 Nr 1222; RG DR 1941, 2169; KG KGJ 29, 135; JW 1937, 110; BayObLGZ 1956, 408 = Rpfleger 1957, 48; 1959, 332 = Rpfleger 1960, 400; 1973, 309, 312; MittBayNot 1981, 243, 244; 1982, 132; 1983, 119; KEHE-*Eickmann* § 7 Rn 8; *Böttcher* Rpfleger 1989, 133, 136; *Geißel* Mitt-RhNotK 1997, 333, 339.
70 *Kehe-Eickmann* § 7 Rn 8; *Eickmann* GBVerfR Rn 72; *Böttcher* Rpfleger 1989, 133, 136.
71 BGH DNotZ 1989, 503; 1989, 41; 1987, 741; 1969, 486; 1969, 286; KG KGJ 29, 135; BayObLGZ 1956, 408 = Rpfleger 1957, 48; 1959, 332 = Rpfleger 1960, 400; 1973, 309 = Rpfleger 1974, 65; Rpfleger 1981, 232 = DNotZ 1981, 560; Rpfleger 1982, 335; MittBayNot 1983, 119; KEHE-*Eickmann* § 7 Rn 8; *Schöner/Stöber* Rn 1503; *Wirner* MittBay-Not 1981, 221; *Böttcher* Rpfleger 1989, 133, 136; *Geißel* MittRhNotK 1997, 333, 339.
72 BayObLG MittBayNot 1969, 185; Rpfleger 1982, 335; LG Würzburg MittBayNot 1963, 39; *Böttcher* Rpfleger 1989, 133, 136.
73 BayObLG Rpfleger 1982, 335; *Böttcher* Rpfleger 1989, 133, 136.

36 Ist die betroffene **Grundstücksteilfläche noch nicht vermessen**, so ist festzuhalten.[74] Die Beschreibung der Teilfläche kann – ohne Plan – durch geometrische Begriffe und/oder durch Bezugnahme auf Merkmale in der Natur (zB Bäume, Hecken, Zäune, Pfähle, Pflöcke oder Gräben)[75] allein durch den Urkundentext erfolgen; nicht erforderlich ist die Angabe der Teilfläche in Quadratmetern.[76]

37 Der dem Bestimmtheitsgrundsatz entsprechende Nachweis kann aber auch durch die Verweisung auf einen Plan geführt werden.[77] Soweit die Einzeichnung der Teilflächen auf Auszügen von Flurkarten oder deren Kopien erfolgt, genügt dies dem Erfordernis der Bestimmtheit, und zwar auch ohne Angabe von Himmelsrichtungen. Wird die Grundstücksteilfläche auf Bebauungsplänen gekennzeichnet, so entspricht dies grundsätzlich dem Bestimmtheitsgrundsatz,[78] notwendig ist jedoch, dass die alten Grundstücksgrenzen und die Flurstücksnummern zu erkennen sind. Soweit auf bloße Skizzen verwiesen wird, ist es erforderlich, die Grenzen des Stammgrundstückes wenigstens so darzustellen, dass die Skizze, würde sie auf eine Flurkarte oder einen Bebauungsplan übertragen werden, eingeordnet werden kann.

38 Empfehlenswert ist die Kennzeichnung der Teilfläche sowohl im Urkundentext als auch durch Verweisung auf einen Plan. Dabei ist es durchaus möglich, dass die Bezeichnung im Urkundentext (zB ungefähre Grundstücksform, vorläufige Parzellennummern) allein nicht ausreichend ist, aber in Verbindung mit dem Plan eine genügende Bestimmung der Teilfläche ermöglicht. Stellt die mit einer notariellen Urkunde verbundene Lageplanskizze die betroffene Grundstücksteilfläche nicht bestimmt genug dar, kann nicht zum Zweck der Klarstellung ohne eine entsprechende erneute Bezugnahmeerklärung in der Form des § 29 eine veränderte neue Skizze vorgelegt werden.[79] Eine nachträglich eingereichte Lageplanskizze kann nicht als eine zulässige Klarstellung der mit der Urkunde verbundenen Skizze angesehen werden; die Karte soll den betroffenen Grundstücksteil verdeutlichen, auf sie muss aber in der notariellen Urkunde Bezug genommen werden (§ 9 Abs 1 S 3 BeurkG), eine bloße Verbindung der Karte mit der notariellen Urkunde, selbst in der Form des § 44 S 2 BeurkG, würde dagegen hierfür nicht ausreichen.[80] Zum Geländebestimmungsrecht einer Vertragspartei oder eines Dritten vgl Rdn 62.

2. Nachweis gemäß § 2 Abs 3

39 Auf Grund § 2 Abs 3 muss bei einer Teilung grundsätzlich ein beglaubigter Auszug aus dem amtlichen Verzeichnis (= **Veränderungsnachweis mit Ausfertigungsvermerk**) vorgelegt werden. Die Beibringung des Nachweises erübrigt sich aber, wenn der abzuschreibende Teil katastertechnisch ein selbständiges Grundstück, also ein Flurstück ist (§ 2 Abs 4). Dies ist insbesondere dann der Fall, wenn das zu teilende Grundstück durch eine mit einer katastertechnischen Verschmelzung nicht verbundene Vereinigung (§ 5) oder Bestandteilszuschreibung (§ 6) entstanden ist und im Wege der Teilung diese Verbindung wieder aufgehoben werden soll.

3. Voreintragung

40 Im Hinblick auf § 39 Abs 1 muss der Eigentümer des zu teilenden Grundstücks als solcher eingetragen sein.[81]

4. Genehmigungen

41 Vgl dazu Rdn 8 ff.

IV. Belastung eines ideellen Anteils am Grundstück

1. Gesamthandseigentum

42 § 7 betrifft nicht die Belastung eines Anteils eines Gesamteigentümers an einer Gesamthandsgemeinschaft. Diese Anteile **können nicht gesondert belastet werden**, weil kein trennbarer Anteil am einzelnen Gegenstand besteht.[82] Es ist hinzuweisen auf § 719 BGB für die BGB-Gesellschaft, auf § 105 HGB für die OHG, auf § 161

---

74 Vgl *Kanzleiter* MittBayNot 2002, 13; NJW 2000, 1919; *von Campe* DNotZ 2000, 109; *Böhmer* MittBayNot 1998, 329; *Geißel* MittRhNotK 1997, 333, 339; *Wirner* MittBayNot 1981, 221; *Böttcher* Rpfleger 1989, 133, 136.
75 BGH NJW 1982, 1039 = Rpfleger 1982, 16; BayObLG Rpfleger 1982, 335.
76 RG DNotZ 1934, 867; BayObLGZ 1956, 408 = Rpfleger 1957, 48; Rpfleger 1981, 232 = DNotZ 1981, 560.
77 BGHZ 59, 11 = NJW 1972, 1283 = DNotZ 1972, 533 = Rpfleger 1972, 250; BGH NJW 1972, 2270 = DNotZ 1973, 96 = Rpfleger 1972, 437; NJW 1981, 1781; BayObLG Rpfleger 1981, 232 = DNotZ 1981, 560; Rpfleger 1982, 17; DNotZ 1985, 44; MittBayNot 1983, 119; KG JW 1937, 110.
78 BayObLGZ 1973, 313; DNotZ 1985, 44 = MittBayNot 1983, 119 mwN.
79 BayObLG Rpfleger 1982, 14; 1982, 17.
80 BGH NJW 1997, 312; BGHZ 74, 346, 351 = Rpfleger 1979, 253; BGH NJW 1981, 1781, 1782 = Rpfleger 1981, 286.
81 *Staudinger-Gursky* § 890 Rn 50; *Böttcher* Rpfleger 1989, 133, 137.
82 RGZ 117, 267; KEHE-*Eickmann* § 7 Rn 11; *Eickmann* GBVerfR Rn 73.

Abs 2 HGB für die KG, auf § 1419 BGB für die Gütergemeinschaft, auf § 1487 Abs 1 BGB für die fortgesetzte Gütergemeinschaft, auf § 2033 Abs 2 BGB für die Erbengemeinschaft.

2. Bruchteilseigentum

Der ideelle Anteil eines Miteigentümers an einer Bruchteilsgemeinschaft **kann belastet werden mit** **43**
– einem Nießbrauch (§ 1066 Abs 1 BGB),
– einem Vorkaufsrecht (§ 1095 BGB),
– einer Reallast (§ 1106 BGB),
– einem Grundpfandrecht (§§ 1114, 1192, 1199 BGB),
– einer Vormerkung, soweit die endgültige Eintragung zulässig ist (zB Auflassungsvormerkung).

Dagegen können ein Erbbaurecht, eine Grunddienstbarkeit (§§ 1018 ff BGB) und eine beschränkt persönliche **44** Dienstbarkeit (§§ 1090 ff BGB) grundsätzlich nicht an einem Bruchteil bestellt und eingetragen werden.[83] Soweit hiernach eine Eintragung unzulässig ist, kann auch für solche Rechte keine Vormerkung an einem Bruchteil erfolgen.[84] Soweit die **Belastung eines ideellen Anteils unzulässig** ist, ist eine derartige Eintragung inhaltlich unzulässig nach § 53 Abs 1 S 2 und materiell unwirksam.[85] Dagegen bleibt ein zulässigerweise an einem ideellen Anteil begründetes Recht unverändert auf diesem lasten, auch wenn der Anteil später wegfällt.[86]

Auf die Belastung von Bruchteilen, dh von ideellen Anteilen eines Grundstücks oder grundstücksgleichen **45** Rechts ist die **Anwendung des § 7 ausgeschlossen**, da kein besonderes Blatt angelegt wird. Wenn eine Belastung von Bruchteilen zulässig ist, ist die Belastung einzutragen, ohne dass eine Abschreibung erfolgt.

Wohnungseigentum besteht aus einem ideellen Miteigentumsanteil an einem Grundstück, verbunden mit dem **46** Sondereigentum an einem konkreten Teil des Bauwerks; rechtlich betrachtet, steht dabei der ideelle Miteigentumsbruchteil am Grundstück im Vordergrund. Obwohl die Belastung eines ideellen Bruchteils mit einer Dienstbarkeit grundsätzlich ausgeschlossen ist (vgl Rdn 44), bejaht die hM die Zulässigkeit der **Belastung eines Wohnungseigentums mit einer Grunddienstbarkeit und beschränkten persönlichen Dienstbarkeit** zumindest dann, wenn sich deren Ausübung auf den Gebrauch des Sondereigentums und die damit zwangsläufig verbundene Benutzung des Gemeinschaftseigentums beschränkt, wie zB beim Wohnungsrecht, Wohnungsbesetzungsrecht und Dauerwohn- oder Dauernutzungsrecht.[87] Dem ist zuzustimmen, da das Wohnungseigentum – wirtschaftlich gesehen – dem Volleigentum stärker angenähert ist als dem Miteigentum, und durch das Wohnungseigentum die tatsächliche Herrschaftsgewalt über einen realen Teil eines Gebäudes gewährt wird. Eine Grunddienstbarkeit kann auch zugunsten des jeweiligen Eigentümers einer anderen Wohnung bestellt werden.[88] Nach richtiger Auffassung kann ein einzelnes Wohnungseigentum (Teileigentum) auch dann mit einer Dienstbarkeit belastet werden, wenn damit die Ausübung eines Rechts ausgeschlossen wird, das sich aus dem belasteten WE (TE) ergibt,[89] so zB der Ausschluss des Anspruchs auf Schadensersatz bei Bergschäden[90] oder der Ausschluss des Nutzungsrechts am gemeinschaftlichen Garten.[91] Weiterhin wird die Ansicht vertreten, dass Dienstbarkeiten, deren Ausübung Sondernutzungsrechte betreffen, zugunsten eines Miteigentümers an einzelnen Wohnungseinheiten zulässig sind.[92] Das Gesetz sieht die Möglichkeit der Belastung eines einzelnen ideellen Miteigentumsanteils mit einer Dienstbarkeit nicht vor, da es grundsätzlich nicht vorstellbar ist, wie eine Dienstbarkeit mit der Beschränkung auf einen ideellen Miteigentumsanteil ausgeübt werden soll. Davon ist eine Ausnahme zulässig, wenn sich die Ausübung der Dienstbarkeit auf das einzelne zu dem Miteigentumsanteil

83 BGHZ 36, 189 = NJW 1962, 634; *Zimmermann* Rpfleger 1981, 333; *Meyer-Stolte* Rpfleger 1981, 472, 473.
84 BayObLGZ 18, 161.
85 RGZ 88, 21; KG KGJ 23, 230; BayObLGZ 1991, 142 = Rpfleger 1991, 299; *Demharter* § 7 Rn 20.
86 BayObLG Rpfleger 1971, 316; KG OLGE 40, 58; *Demharter* § 7 Rn 20.
87 BGH NJW 1989, 2391 = DNotZ 1990, 493 = MittBayNot 1989, 272; BayObLG DNotZ 1990, 496 = MittBayNot 1990, 110; BayObLGZ 1979, 444, 446 = DNotZ 1980, 540 = Rpfleger 1980, 150; MittBayNot 1981, 189 = MittRhNotK 1981, 189; BayObLGZ 1976, 218, 221 = DNotZ 1977, 303; BayObLGZ 1974, 396, 398 = NJW 1975, 59 = Rpfleger 1975, 22; BayObLGZ 1957, 102 = NJW 1957, 1840; KG DNotZ 1968, 750; OLGZ 1976, 257, 258 = MDR 1977, 405 = DNotZ 1976, 601 = Rpfleger 1976, 180; OLG Hamm Rpfleger 1980, 468; OLG Karlsruhe Rpfleger 1975, 356; *Schöner/Stöber* Rn 2952; *Kehe-Eickmann* § 7 Rn 10; BGB-RGRK-*Augustin* § 3 WEG Rn 14; *Weitnauer* DNotZ 1951, 493; *Meyer-Stolte* Rpfleger 1981, 472, 473; *Zimmermann* Rpfleger 1981, 333; *Röll* Rpfleger 1978, 352.
88 BGH NJW 1989, 2391 = DNotZ 1990, 493 = MittBayNot 1989, 272; BayObLGZ 1979, 444 = DNotZ 1980, 540; BayObLGZ 1976, 218, 221 = DNotZ 1977, 303; OLG Hamm Rpfleger 1980, 469, 470; OLG Zweibrücken MittBayNot 1993, 86; BGB-RGRK-*Augustin* § 3 WEG Rn 14.
89 BGB-RGRK-*Augustin* § 3 WEG Rn 16.
90 OLG Hamm OLGZ 1981, 53 = Rpfleger 1980, 468; LG Bochum Rpfleger 1982, 372.
91 OLG Hamm Rpfleger 1980, 469.
92 BGH NJW 1989, 2391 = DNotZ 1990, 493 = MittBayNot 1989, 272; *Amann* DNotZ 1990, 498 f; *Röll* Rpfleger 1978, 352; die Bestellung für außerhalb der Wohnungseigentümergemeinschaft stehende Dritte wird allgemein zu Recht abgelehnt (vgl *Zimmermann* Rpfleger 1981, 333, 336).

gehörende Sondereigentum beziehen kann, dh also, dass am Sondereigentum die Existenz eines gesonderten Rechts vorstellbar sein muss, ohne dass zwangsläufig die übrigen Eigentumswohnungen und das gemeinschaftliche Eigentum berührt würden; in den übrigen Fällen bleibt die Belastung des Grundstücks als Ganzes, das in der Gesamtheit aller WE- und TE-Grundbuchblätter als gebucht anzusehen ist.[93] Beim Bergschädenminderwertverzicht ist eine Beeinträchtigung des einzelnen Sondereigentums (zB Bergbauschäden am Innenputz) und damit die Ausübung der Dienstbarkeit durch Geltendmachung des Schadensersatzverzichts denkbar, und zwar ohne Berührung der Rechte der übrigen Wohnungseigentümer, sodass die Belastung des einzelnen WE (TE) in diesem Fall zulässig ist. Dagegen ist nach überwiegender Ansicht eine Belastung mit einer Dienstbarkeit, die die Ausübung eines sich aus dem Wohnungseigentum ergebenden Rechts zum Mitgebrauch des gemeinschaftlichen Eigentums (zB Garten) ausschließt, abzulehnen; damit würden zwangsläufig die Rechte der Eigentümergemeinschaft als Ganzes berührt, indem die begründete Dienstbarkeit gegenüber den nicht mitwirkenden Sondereigentümern gelten würde; ein einzelner Wohnungseigentümer kann aber nicht Rechte am gemeinschaftlichen Eigentum mit Wirkung gegen alle übrigen Wohnungseigentümer ausschließen. Gleichfalls soll die Belastung einzelner Wohnungseinheiten mit Dienstbarkeiten, deren Ausübung Sondernutzungsrechte betreffen, unzulässig sein, weil Gegenstand eines Sondernutzungsrechts das gemeinschaftliche Eigentum ist,[94] das der Verfügungsberechtigung[95] aller Wohnungseigentümer unterliegt. Dem wird in neuerer Zeit zu Recht widersprochen.[96] Die aus dem Sondereigentum fließenden Befugnisse können vielmehr Gegenstand einer Belastung des Wohnungseigentums mit einer Grunddienstbarkeit sein, und zwar auch dann, wenn das Objekt der Ausübungsberechtigung zum Gemeinschaftseigentum gehört. Es ist dann keine Belastung des gemeinschaftlichen Eigentums durch Eintragung einer Dienstbarkeit auf allen Wohnungseinheiten erforderlich. Das Wohnungseigentum kann deshalb mit einer Grunddienstbarkeit in der Weise belastet werden, dass ein im Gemeinschaftseigentum stehendes Fenster ständig geschlossen zu halten ist;[97] insoweit handelt es sich um eine Dienstbarkeit nach § 1018 2. Alt BGB, die das faktische Sondernutzungsrecht des Wohnungseigentümers betrifft. Gleiches muss aber auch bei einem vereinbarten (§ 15 Abs 1 WEG) Sondernutzungsrecht gelten. Solange die Befugnisse aus einer Dienstbarkeit weder sachlich noch zeitlich über die Befugnisse aus dem Sondernutzungsrecht hinausreichen, brauchen die übrigen Eigentümer bei der Bestellung einer solchen Dienstbarkeit nicht mitwirken.[98] Für die Belastung einer Eigentumswohnung mit einer Dienstbarkeit kommt es daher darauf an, wessen Befugnisse die Ausübung der Dienstbarkeit berührt. Sind es nur Befugnisse, die mit einem bestimmten Sondereigentum verbunden sind, so genügt die Eintragung am betroffenen Wohnungseigentum.[99] Da ein Sondernutzungsrecht wesentlicher Inhalt des Sondereigentums ist, kann eine Dienstbarkeit, deren Ausübung nur das Sondernutzungsrecht berührt, als Dienstbarkeit am Wohnungseigentum eingetragen werden.

47 Eine besondere Belastung des ideellen Bruchteils eines Miteigentümers sieht **§ 1010 Abs 1 BGB** vor. Regeln die Miteigentümer die Verwaltung und Benutzung des Grundstücks[100] oder den Ausschluss der Aufhebung der Gemeinschaft,[101] so ist die entsprechende Eintragung im Grundbuch als Belastung jedes Anteils zugunsten der übrigen Miteigentümer aufzufassen.

3. Alleineigentum

48 Grundsätzlich **ausgeschlossen** ist die Belastung eines Bruchteils des Eigentums eines Alleineigentümers, ebenso die Belastung eines Bruchteils des Anteils eines Miteigentümers oder die Sonderbelastung des von einem Miteigentümer hinzuerworbenen Anteils;[102] letzteres auch dann, wenn Eigentumsumschreibung und dingliche Belastung zugleich beantragt werden.[103] Soweit eine solche Belastung unzulässig ist, ist eine derartige Eintragung inhaltlich unzulässig gemäß § 53 Abs 1 S 2 und materiell unwirksam.[104]

---

93 Allgemein: *Zimmermann* Rpfleger 1981, 333; für Dienstbarkeiten mit Sondernutzungsrechten als Inhalt: BayObLG Rpfleger 1975, 22 = NJW 1975, 59; OLG Karlsruhe Rpfleger 1975, 356; KG Rpfleger 1976, 180, 181.

94 BayObLG MittRhNotK 1997, 398; DNotZ 1990, 496 = MittBayNot 1990, 110; BayObLGZ 1974, 396 = Rpfleger 1975, 22; OLG Karlsruhe Rpfleger 1975, 356; KG OLGZ 1976, 257, 259 = DNotZ 1976, 601; OLG Düsseldorf Rpfleger 1986, 376 = DNotZ 1988, 31; OLG Hamburg Rpfleger 1976, 215; *Zimmermann* Rpfleger 1981, 333, 336.

95 Zum Begriff vgl *Böttcher* Rpfleger 1983, 49.

96 *Amann* DNotZ 1990, 498 f; *Röll* Rpfleger 1978, 352; vgl auch BGH DNotZ 1990, 493; BayObLG DNotI-Report 1997, 214 und 244; Rpfleger 1985, 486.

97 BGH aaO.

98 *Amann* DNotZ 1990, 498, 501.

99 So bereits *Röll* Rpfleger 1978, 352.

100 BayObLG Rpfleger 1973, 246; OLG Hamm Rpfleger 1973, 167; OLG Köln OLGZ 1970, 276.

101 BayObLG Rpfleger 1976, 304.

102 BGH Rpfleger 1968, 114; RGZ 88, 26; OLG Zweibrücken Rpfleger 1990, 15; BayObLG ZNotP 2005, 66; MittBayNot 1996, 108; BayObLGZ 18, 161; 30, 342; OLG Colmar OLGE 20, 407; KG OLGE 10, 416; JW 1936, 3479; OLG Düsseldorf MittBayNot 1976, 137; KEHE-*Eickmann* § 7 Rn 11; *Demharter* § 7 Rn 19; *Eickmann* GBVerfR, Rn 73.

103 OLG Zweibrücken Rpfleger 1990, 15.

104 RGZ 88, 21; BayObLGZ 1991, 142 = Rpfleger 1991, 299; *Demharter* § 7 Rn 20.

Von diesem Grundsatz sind folgende **Ausnahmen** anerkannt:

– Ist das Alleineigentum durch **Hinzuerwerb eines Miteigentumsanteils** durch den früheren Miteigentümer entstanden, so kann eine Hypothek auf diesen früheren Miteigentumsanteil erstreckt werden.[105] Der Eigentümer eines Grundstücks kann einen von ihm hinzu erworbenen ideellen Bruchteil des Grundstücks rechtsgeschäftlich dann mit einer Auflassungsvormerkung belasten, wenn der restliche, ihm bereits zustehende Miteigentumsanteil ebenfalls mit einer Vormerkung belastet ist.[106]   **49**

– Eine Besonderheit gilt auch für die Zwangsversteigerung: die **Sicherungshypothek nach § 128 ZVG** ist bei Versteigerung eines Bruchteils eines Grundstücks nur auf diesem Bruchteil einzutragen, auch wenn der Ersteher Alleineigentümer ist.[107]   **50**

– Erwirbt ein Bruchteilseigentümer den Restbruchteil als **Vorerbe** hinzu, so kann er den ihm schon vor dem Vorerbfall gehörenden ideellen Grundstücksanteil gesondert mit einem Grundpfandrecht belasten.[108]   **51**

– Ein **Nießbrauch** kann auch an Bruchteilen bestellt werden, die nicht im Anteil eines Miteigentümers stehen.[109]   **52**

– Für den Gläubiger eines **Vermögensübergebers** (§ 419 BGB) kann auf einem übergebenen Bruchteil eine Zwangshypothek eingetragen werden, auch wenn der Vermögensübernehmer nunmehr Alleineigentümer ist.[110]   **53**

– Ist der Erwerb eines früheren Bruchteils des jetzigen Alleineigentümers wirksam angefochten (**§ 7 AnfG**), so kann auf dem Bruchteil eine Zwangshypothek eingetragen werden.[111]   **54**

– Durch Buchung nach **§ 3 Abs 4 und 5 GBO** erfahren die Anteile eine Verselbständigung, die es gestattet, jeden von mehreren (noch) demselben Eigentümer gehörenden Anteilen getrennt mit Grundpfandrechten zu belasten oder von diesen freizugeben; § 1114 BGB ist insoweit als durch § 3 Abs 4 und 5 GBO ergänzt anzusehen.[112] Bei Eintragung einer Dienstbarkeit auf einem Grundstück, für das kein Grundbuchblatt geführt wird, vielmehr die Miteigentumsanteile selbständig auf den Blättern der Miteigentümer gebucht sind, ist bei jeder Eintragung die Buchung des Rechts auch auf den Grundbuchblättern aller anderen Miteigentumsanteile zu vermerken[113] (vgl § 3 Abs 9).   **55**

V. Belastung eines Grundstücks mit Ausübungsbeschränkung auf einen realen Grundstücksteil

Unabwendbar ist § 7, wenn die Belastung das ganze Grundstück ergreift und nur die Ausübung des Rechts auf einen Grundstücksteil beschränkt sein soll.[114] Eine Belastung in dieser Form ist möglich beim Nießbrauch,[115] Vorkaufsrecht,[116] Erbbaurecht,[117] Wohnungsrecht nach § 1093 BGB,[118] Dauerwohnrecht nach §§ 31 ff WEG,[119] bei der Grunddienstbarkeit[120] und der beschränkten persönlichen Dienstbarkeit.[121] Hypotheken-, Grund- und Rentenschulden sowie Reallasten können nicht in der bezeichneten Weise auf eine Teilfläche beschränkt werden.[122] Dagegen können Vormerkungen für beschränkte dingliche Rechte am ganzen Grundstück mit Ausübungsbeschränkung auf einen realen Grundstücksteil eingetragen werden, soweit dies beim vorzumerkenden Recht selbst möglich ist.[123] Auch eine Eigentumsvormerkung kann in der Weise bestellt wer-   **56**

105 RGZ 68, 51; BayObLG MittBayNot 1996, 108; Rpfleger 1971, 316; KG KGJ 36, 237; KEHE-*Eickmann* § 7 Rn 13; *Demharter* § 7 Rn 19.
106 BayObLG ZNotP 2005, 66; **AA** OLG Düsseldorf MittBayNot 1976, 137.
107 RGZ 94, 154; KG JFG 10, 232; KEHE-*Eickmann* § 7 Rn 14; *Demharter* § 7 Rn 19.
108 BayObLGZ 1968, 151 = Rpfleger 1968, 221; KEHE-*Eickmann* § 7 Rn 16; *Demharter* § 7 Rn 19.
109 BayObLGZ 30, 342; KG JFG 13, 447; KEHE-*Eickmann* § 7 Rn 12; *Demharter* § 7 Rn 19.
110 OLG Jena JW 1935, 3647; KEHE-*Eickmann* § 7 Rn 17; *Demharter* § 7 Rn 19.
111 KG HRR 1931 Nr 1709; KEHE-*Eickmann* § 7 Rn 15; *Demharter* § 7 Rn 19.
112 OLG Düsseldorf Rpfleger 1970, 394; LG Nürnberg-Fürth Rpfleger 1971, 223 m zust Anm *Meyer-Stolte*; AG München MittBayNot 1972, 237; KEHE-*Eickmann* § 7 Rn 19.
113 BayObLG Rpfleger 1991, 299.
114 KG KGJ 35, 258; 50, 132; OLG Bremen NJW 1965, 2403; KEHE-*Eickmann* § 7 Rn 6, 20; *Böttcher* Rpfleger 1989, 133, 136.
115 LG Tübingen BWNotZ 1981, 140.
116 BayObLG ZfIR 1997, 603 = FGPrax 1997, 169 = Rpfleger 1997, 473; OLG Dresden OLGE 4, 76.
117 BayObLGZ 1957, 221; KG OLGE 14, 85; OLG Frankfurt DNotZ 1967, 690; OLG Hamm Rpfleger 1972, 171.
118 *Böttcher* Rpfleger 1989, 133, 136.
119 *Bengel/Simmerding* § 7 Rn 4.
120 BGH Rpfleger 1969, 128; 1982, 16; BayObLG Rpfleger 1982, 143; KG OLGE 8, 301; KGJ 50, 132.
121 BGH ZfIR 2002, 545; BayObLGZ 1954, 289; OLG Hamm Rpfleger 1981, 178; LG Kassel NJW 1964, 932; LG Lübeck SchlHA 1963, 146.
122 KG KGJ 35, 258; 50, 132; *Böttcher* Rpfleger 1989, 133, 136.
123 *Böttcher* Rpfleger 1989, 133, 136.

den.[124] Eine Grunddienstbarkeit mit Ausübungsbeschränkung auf einen Teil des Grundstücks ist auch dann zulässig, wenn sie eine Art der Nutzung gestattet, die den Grundstückseigentümer von jeglicher Mitbenutzung ausschließt.[125]

57 Die Verlegung, Nutzung und Unterhaltung von Versorgungsleitungen (Gas, Strom, Wasser, Telefon), die Errichtung und Instandhaltung von Netzstationen und Gleisanlagen, Wege- bzw Fahrtrechte sowie Bauverbote bzw -beschränkungen werden häufig durch Dienstbarkeiten dinglich gesichert und zwar in der Weise, dass das gesamte Grundstück belastet, die Ausübung aber auf den real betroffenen Grundstücksteil beschränkt wird (§ 1023 Abs 1 BGB). Ist im Zeitpunkt der Bestellung der Dienstbarkeit, auf den es ankommt,[126] die örtliche Lage der **Ausübungsbeschränkung in der Natur bereits feststellbar**, zB durch Verlegung der Ferngasleitung oder Errichtung der Netzstation, so gehört die Ausübungsbeschränkung zum Inhalt der Dienstbarkeit, sie muss rechtsgeschäftlich festgelegt und im Grundbuch verlautbart werden.[127] Dies dürfte unstreitig sein, weil es dem Willen des Grundstückseigentümers und des Dienstbarkeitsberechtigten entsprechen wird, die tatsächlich vorhandene Ausübungsstelle dinglich zu sichern.

58 Ist mangels natürlicher Anhaltspunkte der **reale Grundstücksteil, auf den sich die Ausübung erstrecken soll, tatsächlich noch nicht feststellbar** (zB der Fahrtweg ist noch nicht angelegt, die Gleisanlage noch nicht verlegt), so steht es im Belieben der Beteiligten, ob sie die Bestimmung der Ausübungsstelle rechtsgeschäftlich zum Inhalt der Dienstbarkeit machen oder der tatsächlichen Ausübung überlassen.[128] § 1023 Abs 1 S 1 BGB beinhaltet einen Anspruch auf Verlegung der Ausübungsstelle, wenn die Dienstbarkeit bereits im Grundbuch eingetragen ist. Satz 2 dieser Vorschrift besagt, dass dieser Anspruch auch dann besteht, wenn die Ausübungsbeschränkung rechtsgeschäftlich festgelegt wurde. Daraus folgt, dass Satz 2 die tatsächliche Ausübung als Grundsatz ansieht. Das Gesetz selbst geht also von einem Wahlrecht zwischen rechtsgeschäftlicher und tatsächlicher Ausübung aus, und zwar ohne Einschränkung. Es nimmt somit die Ungewissheit über die örtliche Lage der Ausübungsstelle – in Ausnahme von dem im Sachenrecht sonst geltenden Bestimmtheitsgrundsatz – bewusst in Kauf.

59 Für das **Grundbuchverfahren** ist zunächst eine Unterscheidung dahingehend zu treffen, ob die Ausübungsstelle der Dienstbarkeit rechtsgeschäftlich festgelegt ist oder der tatsächlichen Ausübung überlassen bleibt.[129] Ist die **Ausübungsstelle rechtsgeschäftlicher Inhalt der Dienstbarkeit**, muss diese in den Eintragungsunterlagen eindeutig bezeichnet sein;[130] dies folgt aus dem Bestimmtheitsgrundsatz und ist unstreitig. Die Beschreibung der Ausübungsstelle in der Eintragungsbewilligung kann verbal erfolgen, wobei auf Orientierungshilfen, zB Anhaltspunkte in der Natur (Bäume, Hecken, Zäune, Pfähle, Gräben usw) zurückgegriffen werden kann,[131] denn zum einen sind die dem Grundstück gegenständlich anhaftenden Merkmale für jedermann ersichtlich, sodass der Grundsatz der Publizität gewahrt ist, und zum anderen müssen die zur Konkretisierung gewählten Anhaltspunkte nicht unveränderlich sein. Besser ist es jedoch, die Ausübungsstelle mit Hilfe einer Karte (Skizze, Plan usw) zu kennzeichnen, wobei zwei Punkte zu beachten sind: Zunächst muss in der Bewilligung ausdrücklich auf die beigefügte Karte Bezug genommen werden, da nur dann diese Bestandteil der öffentlich beglaubigten Urkunde (§ 29 Abs 1 S 1) wird; es genügt somit nicht, wenn die Karte mit der Bewilligung nur über Schnur und Siegel verbunden ist und auf der Skizze sich ein Vermerk »Anlage zur notariellen Urkunde« befindet.[132] Und zweitens müssen – was auf den ersten Blick wie selbstverständlich erscheint – die in Bezug genommenen Unterlagen in Verbindung mit der Bewilligung dem Grundbuchamt vorgelegt werden. Dass dies zuweilen doch nicht so unproblematisch ist, beweist eine Entscheidung des BayObLG, in der zu Recht klargestellt wurde, dass sich die Vorlagepflicht auch auf Unterlagen erstreckt, die sich in den Akten einer Behörde befinden (zB Baugesuch);[133] in diesem Fall wäre sonst der Publizitätsgrundsatz des Sachenrechts verletzt, da dann weder aus dem Grundbuch oder der Eintragungsbewilligung noch aus den in Bezug genommenen und sich bei den Grundakten befindlichen Unterlagen die Ausübungsstelle ersichtlich wäre. Wird zur Bezeichnung der Ausübungsstelle in der im Eintragungsvermerk in Bezug genommenen Eintragungsbewilligung auf einen dieser nicht beigefüg-

124 BGH Rpfleger 1972, 437; BayObLG Rpfleger 1999, 485; 1957, 48; KEHE-*Eickmann* § 10 GBV Rn 9; *Böttcher* Rpfleger 1989, 133, 136.
125 BGH MittBayNot 1993, 78.
126 BGH WM 1971, 1186, 1188; Rpfleger 1982, 16.
127 OLG Oldenburg Rpfleger 1979, 199; *Böttcher* Rpfleger 1984, 229; 1989, 133, 136; **aA** *Dümig* DNotZ 2002, 725, 729.
128 BGH DNotZ 2002, 721 = ZfIR 2002, 545; Rpfleger 1984, 227; MittBayNot 1993, 78, 79; BayObLG Rpfleger 1983, 143; OLG Bremen NJW 1965, 2403; LG Kassel NJW 1964, 932, LG Hof NJW 1963, 1111; *Böttcher* Rpfleger 1984, 229; 1989, 133, 136.
129 BayObLG MittBayNot 1992, 399; *Böttcher* Rpfleger 1989, 133, 137.
130 BGH DNotZ 1985, 37 = Rpfleger 1984, 227; Rpfleger 1981, 286; BayObLG Rpfleger 1984, 12; OLG Hamm OLGZ 1967, 457; 1981, 270; *Schöner/Stöber* Rn 1119; KEHE-*Eickmann* § 7 GBV Rn 20; *Meyer-Stolte* Rpfleger 1981, 472, 473; *Böttcher* Rpfleger 1984, 229, 230; 1989, 133, 137.
131 BGH Rpfleger 1969, 128; 1982, 16; *Böttcher* Rpfleger 1984, 229, 230; 1989, 133, 137.
132 BGH Rpfleger 1981, 286 für die Beglaubigung; BGH Rpfleger 1979, 253 für die Beurkundung.
133 BayObLG Rpfleger 1984, 12.

ten Plan verwiesen, so liegt eine inhaltlich unzulässige Eintragung vor.[134] Gehört die örtliche Lage der Ausübungsbeschränkung zum Rechtsinhalt der Dienstbarkeit, weil sie in der Natur bereits fixiert ist, so haben die
Eintragungsunterlagen grundsätzlich auch in diesem Fall eine eindeutige Bezeichnung zu enthalten.[135] Der entscheidende Unterschied zur Beschreibung der noch nicht feststellbaren Ausübungsstelle liegt darin, dass auf
einen schon vorhandenen Zustand verwiesen werden kann. Es genügt also bereits die Bezeichnung *wie bisher*,[136]
weil die Ausübungsstelle nicht genauer und bestimmter festgelegt werden kann als durch den Hinweis auf eine
vorhandene Anlage. Der Bestimmtheitsgrundsatz ist ebenfalls dann gewahrt, wenn die existierende Ausübungsstelle schlagwortartig beschrieben wird, zB *Wegrecht* oder *Durchfahrtrecht*.[137] Erst recht muss dies gelten bei
Bezeichnungen wie »den 2 m breiten Weg, der zum Feldweg nach B führt«,[138] oder »Grundstücksstreifen von
8,0 m Breite«[139] (argumentum a maiori ad minus). Die Bestimmung »als Grundstücksbereich für die Kanalverle-
gung gilt die derzeit gewählte Trasse« ist eine rechtsgeschäftliche Festlegung der Ausübungsstelle auf die bereits
verlegte Anlage; damit ist die Ausübungsstelle *bestimmt genug* bezeichnet[140]

Ergibt die Eintragungsbewilligung, dass die **örtliche Lage der Ausübungsbeschränkung der tatsächlichen**   60
Ausübung überlassen bleibt, dann bedarf die Ausübungsstelle keiner Festlegung in den Eintragungsunterlagen.[141] Mehr als ausreichend sind deshalb Beschreibungen wie »Fahrt- und Gehrechte auf einem 3 m breiten
Streifen«,[142] »innerhalb einer Entfernung von 5 m beiderseits der Ferngasleitung«,[143] oder »zwei in ihrem Verlauf
noch festzulegende Wege in einer Breite bis zu 5 m«.[144] Eine Angabe der Wegbreite in Metern ist nicht
nötig.[145]

Bei der **Verlegung der Ausübungsstelle** ist zu unterscheiden: War die örtliche Lage der Ausübungsstelle bei   61
Dienstbarkeitsbestellung in der Natur bereits festgelegt und deshalb notwendigerweise rechtsgeschäftlicher
Inhalt der Dienstbarkeit oder wurde sie – ohne in der Natur schon vorhanden zu sein – durch Vereinbarung der
Beteiligten zum rechtsgeschäftlichen Inhalt des Rechts gemacht, so ist jede Verlegung der Ausübungsstelle als
eintragungsbedürftige Inhaltsänderung zu charakterisieren.[146] War jedoch die Festlegung der in der Natur noch
nicht feststellbaren Ausübungsstelle zulässigerweise der tatsächlichen Ausübung überlassen worden, so stellt sich
eine spätere Verlegung lediglich als eine neue Regelung der Ausübung dar, die nicht eintragungsfähig ist,[147]
wenn die örtliche Lage der Ausübungsbeschränkung bei der Dienstbarkeitsbestellung nicht zum Rechtsinhalt
gehörte, kann auch eine spätere Verlegung keine Inhaltsänderung sein.

Es ist zulässig, dass im schuldrechtlichen Vertrag die abschließende Bestimmung eines örtlich noch nicht festste-   62
henden Grundstücksteils (= **Geländebestimmungsrecht**) einer Vertragspartei oder einem Dritten überlassen
wird (§§ 315, 317 BGB).[148] Konsequenterweise wird es dann auch zugelassen, dass für diesen Anspruch eine
Auflassungsvormerkung auch schon vor Festlegung der betroffenen Fläche eingetragen wird: »*Auflassungsvormerkung bezüglich einer noch von X zu bestimmenden Teilfläche für Z …*«.[149] Wird der Grundstücksteil nur mit dem Flächenmaß bezeichnet ohne Geländebestimmungsrecht, so ist mangels Bestimmbarkeit des Leistungsgegenstandes
kein wirksamer schuldrechtlicher Anspruch entstanden,[150] sodass auch keine Auflassungsvormerkung eintragbar
ist.[151] Die Auflassungsvormerkung mit Geländebestimmungsrecht lastet auf dem gesamten Grundstück; lediglich

134 BayObLG MittBayNot 1991, 255.
135 *Böttcher* Rpfleger 1984, 229, 230; 1989, 133, 137.
136 BGH Rpfleger 1982, 16.
137 OLG Hamm JMBl NRW 1961, 275; OLGZ 1967, 457.
138 BGH Rpfleger 1969, 128.
139 OLG Celle NdsRpfl 1982, 198; OLG Oldenburg Rpfleger 1979, 199.
140 BayObLG MittBayNot 1992, 399.
141 BGH ZfIR 2002, 545; DNotZ 1985, 37 = Rpfleger 1984, 227 und 1981, 286; KG Rpfleger 1973, 300; OLG Bremen
     NJW 1965, 2403; *Schöner/Stöber* Rn 1119; *Böttcher* Rpfleger 1984, 229, 230; 1989, 133, 137.
142 LG Hof NJW 1963, 1111.
143 LG Kassel NJW 1964, 932.
144 LG Aachen MittRhNotK 1981, 110.
145 OLG Stuttgart Rpfleger 1991, 198.
146 BGH ZfIR 2006, 209 = Rpfleger 2006, 67; *Böttcher* Rpfleger 1989, 133, 137; BGH Rpfleger 1976, 126 für die Verle-
     gung einer bereits vorhandenen Gleisanlage.
147 *Böttcher* Rpfleger 1984, 229; 1989, 133, 137.
148 BGH DNotZ 1973, 609; Rpfleger 1969, 44 = DNotZ 1969, 286; RGZ 165, 163; BayObLG DNotZ 1985, 44 =
     MittBayNot 1983, 119; *von Campe* DNotZ 2000, 109; *Müller* DNotZ 1966, 77, 84; *Geißel* DNotZ 1997, 333, 335,
     339 f.
149 BGH MittBayNot 1981, 233, 234; BayObLG Rpfleger 1974, 65 = DNotZ 1974, 174; MittBayNot 1983, 119; KEHE-
     Eickmann § 7 Rn 8; *Schöner/Stöber* Rn 1504; *Stumpp* Rpfleger 1973, 389; *Riggers* JurBüro 1974, 174; **aA** *Sandweg*
     BWNotZ 1994, 5, 14 f.
150 BGH Rpfleger 1969, 44 = DNotZ 1969, 286; BayObLG Rpfleger 1974, 65 = DNotZ 1974, 174.
151 KEHE-*Eickmann* § 7 Rn 8; wenn die Eintragung einer Auflassungsvormerkung für einen wertmäßig entsprechenden
     Miteigentumsanteil für zulässig gehalten wird (LG Wiesbaden Rpfleger 1972, 307 m Zust Anm *Haegele*), so ist dies
     abzulehnen, da ein Miteigentumsanteil gegenüber einem realen Grundstücksteil ein aliud ist.

das Geländebestimmungsrecht bezieht sich auf einen realen Grundstücksteil. Vergleichbar ist dies mit einer Auflassungsvormerkung am ganzen Grundstück mit Ausübungsbeschränkung auf einen realen Grundstücksteil. Ein Kaufvertrag über eine noch zu vermessende Teilfläche ist unwirksam, wenn zur Bestimmung von Größe und Grenzen des verkauften Grundstücksteils auf eine nicht maßstabsgerechte Skizze verwiesen wird, diese aber keine eindeutige Festlegung zulässt, und auch keinem Beteiligten ein Bestimmungsrecht nach § 315 BGB eingeräumt ist.[152]

VI. Entscheidung

63 Das Grundbuchamt kann zu dem Ergebnis kommen, dass Abschreibung erfolgt oder nicht. Bejahendenfalls bedarf es keines besonderen Beschlusses; es genügt eine **Eintragungsverfügung**. Verneinendenfalls ist ein gestellter Antrag des Eigentümers abzulehnen, zweckmäßigerweise durch **Beschluss**, der eine Begründung enthält. Wenn die Voraussetzungen des § 7 Abs 1 vorliegen, muss die Abschreibung erfolgen. Die Entscheidung steht nicht im Ermessen des Grundbuchamts. Bei § 7 Abs 2 steht die Entscheidung, ob von einer Abschreibung abgesehen wird, im Ermessen des Grundbuchamts; das Gesetz spricht ausdrücklich von *kann*. Es handelt sich um ein pflichtmäßiges Ermessen. Wenn nach § 7 Abs 2 nicht von einer Abschreibung abgesehen wird, wird die Abschreibung nach der Regel des § 7 Abs 1 vorgenommen.

VII. Rechtsbehelfe

64 Im Falle des **§ 7 Abs 1** steht dem Eigentümer gegen die Nichtvornahme der Teilung die Beschwerde zu (§ 71 Abs 1 GBO). Die Löschung einer unter Verletzung des § 7 Abs 1 eingetragenen Belastung kann aber nicht verlangt werden.[153] Die Beschwerdebefugnis auch demjenigen zuzuerkennen, zu dessen Gunsten die Belastung eingetragen ist, besteht keine ausreichende Veranlassung. Es wird in sein Recht nicht unmittelbar eingegriffen. Bei § 7 Abs 2 kann der Eigentümer Beschwerde einlegen, wenn er auf Grund dieser Vorschrift haben will, dass von einer Teilung Abstand genommen wird. Er kann auch nach erfolgter Teilung den Rechtsbehelf einlegen; denn die Teilung ist keine Eintragung iS des § 71 Abs 2 S 1 GBO. Der Berechtigte der Dienstbarkeit oder der Reallast ist nicht beschwerdeberechtigt. Gegen die **Eintragung der Grundstücksteilung** im Grundbuch ist grundsätzlich eine unbeschränkte Beschwerde gemäß § 71 Abs 2 S 1 nicht zulässig, denn die Eintragung steht unter dem öffentlichen Glauben des Grundbuchs (vgl Rdn 19). Dagegen ist somit nur die beschränkte Beschwerde mit dem Ziel zulässig, gegen die Eintragung einen Amtswiderspruch einzutragen (§ 71 Abs 2 S 2 iVm § 53 Abs 1 S 1).[154]

VIII. Verfahren

1. Allgemeines

65 Nicht erforderlich ist, dass für die abzuschreibende Fläche ein neues Grundbuchblatt eröffnet wird. Wenn auch § 7 Abs 1 sagt, dass ein Grundstücksteil von dem Grundstück abzuschreiben und als selbständiges Grundstück einzutragen ist, so ist dies missverständlich, da nicht in jedem Falle die Abschreibung durch Übertragung auf ein anderes Grundbuchblatt zu geschehen hat. Wenn nämlich die Voraussetzungen des § 4 vorliegen, so kann für die abzuschreibende Fläche und das Restgrundstück das bisherige Blatt als gemeinschaftliches Grundbuchblatt geführt werden. Ebenso wenig ist es unter allen Umständen notwendig, dass die abzuschreibende Fläche als selbständiges Grundstück eingetragen wird. Dies muss geschehen, wenn nur diese Fläche allein belastet wird. Im Übrigen aber steht nichts im Wege, die abgeschriebene Fläche mit einem anderen Grundstück zu vereinigen (§ 5) oder sie ihm als Bestandteil zuzuschreiben (§ 6).

2. Eintragungen

66 Das eigentliche Abschreibungsverfahren gestaltet sich verschieden, je nachdem ob der abzuschreibende Teil neben dem Restgrundstück auf demselben Grundbuchblatt verbleibt oder auf ein anderes Blatt übertragen wird.

67 **a) Beibehaltung des Grundbuchblatts.** Im **Bestandsverzeichnis** (§ 6 Abs 6 und 8, § 13 Abs 2 GBV) werden die sich auf das zu teilende Grundstück beziehenden Eintragungen in den Spalten 1 und 4 rot unterstrichen; dies gilt nicht für die Spalten 5 und 6 (§ 13 Abs 2 S 2 GBV). Die bisherigen Grundstücksteile und jetzt selbständigen Grundstücke werden in den Spalten 1 und 4 unter neuen laufenden Nummern eingetragen; in Spalte 2 ist hierbei auf die bisherige laufende Nummer des Grundstücks zu verweisen (§ 13 Abs 2 S 1 GBV). In Spalte 5 werden die laufende Nummer des ursprünglichen Grundstücks und die laufenden Nummern der

---

152 BGH DNotZ 2000, 121; ablehnend *Kanzleiter* NJW 2000, 1919; *von Campe* DNotZ 2000, 109.
153 BayObLGZ 10, 305.
154 BayObLG DNotZ 1996, 32 = Rpfleger 1995, 495 = MittBayNot 1995, 291.

neuen Grundstücke vermerkt (§ 6 Abs 8 GBV). In Spalte 6 wird der eigentliche Teilungsvermerk eingeschrieben (§ 6 Abs 6d GBV). In diesem Falle der Abschreibung, also beim Verbleiben aller Teilgrundstücke auf demselben Blatt, wird demnach in der Spalte 8, die der Abschreibung dient, nichts eingetragen. Es handelt sich auch um keine eigentliche Abschreibung, als vielmehr um eine Teilung. Es entsteht ein gemeinschaftliches Grundbuchblatt iS des § 4.

In der **1., 2. und 3. Abteilung** werden grundsätzlich keine Eintragungen vorgenommen. In der 2. und 3. Abteilung wird jedoch das dingliche Recht, auf das sich die Abschreibung bezieht, eingetragen; ein Hinweis auf die Nummer des belasteten Grundstücks ist erforderlich.   **68**

Muster   **69**

1	2	3		4	5	6	7	8
Teilung ohne Zerlegung								
1	...	20	Wiese	250	1, 2,	Grundstück Nr 1		
	1	21	Bauplatz	360	3	ist geteilt in Nr 2		
2	1	20	Wiese	250		und 3 am		
3	1	21	Bauplatz	360		1.10.2008		
						Ott Reh		
Teilung mit Zerlegung								
1	...	10	Wiese	500	1, 2,	Grundstück Nr. 1		
2	1	10	Wiese	400	3	ist lt. VN Nr. 12		
3	1	10/1	Wiese	100		geteilt in Nr. 2		
						und 3 am		
						1.10.2008		
						Ott Reh		

Anmerkung: Unterstreichungen bedeuten Rötungen!

b) Übertragung auf anderes Grundbuchblatt. aa) Eintragungen auf dem bisherigen Blatt. Im **Bestandsverzeichnis** (§ 6 Abs 7 und 8, § 13 Abs 4 GBV) des alten Blattes sind in den Spalten 1 bis 4 die Eintragungen, die sich auf das ursprüngliche Grundstück beziehen, rot zu unterstreichen (§ 13 Abs 4 S 1 mit Abs 2 S 1 GBV). In den Spalten 5 und 6 erfolgen keine Rötungen. Das auf dem Blatt verbleibende Restgrundstück wird in den Spalten 1 bis 4 unter einer neuen laufenden Nummer eingetragen; es dürfen nicht etwa nur die Bestandsangaben der ursprünglichen Eintragung berichtigt oder dort nur die abgeschriebenen Parzellen gerötet werden. In Spalte 2 ist auf die bisherige laufende Nummer des Grundstücks zu verweisen (§ 13 Abs 4 S 1 mit Abs 2 S 1 GBV). Erfolgt die Abschreibung auf Grund vorheriger Vermessung, so ist zunächst das Ergebnis derselben im Bestandsverzeichnis zu vermerken. In Spalte 2 ist auf die bisherige laufende Nummer des Grundstücks zu verweisen (§ 13 Abs 4 S 1 mit Abs 2 S 1 GBV). In Spalte 5 werden die laufende Nummer des ursprünglichen Grundstücks und die laufenden Nummern der neuen Grundstücke vermerkt (§ 6 Abs 8 GBV). In Spalte 6 wird der eigentliche Teilungsvermerk eingeschrieben (§ 6 Abs 6d GBV). In Spalte 7 werden entweder die laufende Nummer des abzuschreibenden Grundstücks (ohne Zuflurstück) oder die laufenden Nummern des ursprünglichen Grundstücks und des Restgrundstücks vermerkt (§ 6 Abs 8 GBV). In Spalte 8 wird der eigentliche Abschreibungsvermerk eingeschrieben (§ 6 Abs 8 GBV).   **70**

In der **1. Abteilung** erfolgt keine Eintragung, die mit der Abschreibung in Zusammenhang steht.   **71**

In der **2. und 3. Abteilung** wird bei den Lasten und Rechten, die auf dem ursprünglichen Grundstück haften, in der Veränderungsspalte (Spalte 4, 5 der 2. Abteilung, Spalte 5 bis 7 der 3. Abteilung) bei weiterer Mithaftung vermerkt: »*Zur Mithaft übertragen nach Band ... Blatt ... des Grundbuchs ... am ...*«. Dieser Vermerk hat aber zur Voraussetzung, dass auf dem alten Blatt noch Grundstücke verbleiben, an denen das Recht mitbelastungsweise eingetragen ist. Ist dies nicht der Fall, wird zB das Restgrundstück freigegeben, so wird die Übertragung der Belastung auf das jetzige Blatt des abgeschriebenen Grundstücksteils auf dem alten Blatt nicht vermerkt. Die Übertragung kommt dann allein durch den Übertragungsvermerk in Spalte 8 des Bestandsverzeichnisses zum Ausdruck.   **72**

73 **Muster:** Band 66 Blatt 333

1	2	3		4	5	6	7	8
Teilung ohne Zerlegung								
1	...	10	Wiese	500	1, 2,	Grundstück Nr. 1	3	Übertragun-
	1	11	Gartenland	100	3	ist geteilt in Nr. 2		gen nach
2	1	10	Wiese	500		und 3 am		Bd. 23 Bl. 117
3		11	Gartenland	100		1. 10. 2008		am 1. 10. 2008
						Ott Reh		Ott Reh
Teilung mit Zerlegung und ohne Zuflurstück								
1	...	10	Wiese	500	1, 2,	Grundstück Nr 1	3	Übertragun-
2	1	10	Wiese	400	3	ist lt. VN Nr. 100		gen nach
3	1	10/1	Wiese	100		geteilt in Nr. 2		Bd. 23 Bl. 117
						und 3 am		am 1. 10. 2008
						1. 10. 2008		Ott Reh
						Ott Reh		
Teilung mit Zerlegung und mit Zuflurstück								
1	...	10	Wiese	500			1, 2	Zuflurstück
2	1	10		400				Zu 12/1
								(aus 10) mit
								100 qm nach
								Teilung von
								Nr. 1 übertra-
								gen nach
								Bd. 23 Bl. 117;
								Rest lt. VN
								Nr. 100 =
								Nr. 2; einge-
								tragen am
								1. 10. 2008
								Ott Reh

Anmerkung: Unterstreichungen bedeuten Rötungen!

Wegen der jeweiligen nachfolgenden Vereinigung/Bestandteilszuschreibung vgl § 5 Rdn 73 und § 6 Rdn 41.

74 **bb) Eintragungen auf dem neuen Blatt.** Auf dem neuen Blatt wird das bisherige Grundstück als selbständiges Grundstück im Bestandsverzeichnis unter einer neuen laufenden Nummer eingetragen, und zwar in den Spalten 1 bis 6. Erst dann ist eine etwaige Vereinigung (§ 5) oder Zuschreibung (§ 6) vorzunehmen. In der 1. Abteilung wird die Übertragung vermerkt, wobei zu unterscheiden ist, ob mit der Übertragung ein Eigentumswechsel verbunden ist oder nicht. In der 2. und 3. Abteilung werden die etwa übertragenen Belastungen eingetragen. Nach den übertragenen Rechten ist gegebenenfalls die Belastung, die zur Abschreibung Anlass gegeben hat, einzutragen.

IX. Wirkungen

1. Allgemeines

75 Wenn der abgeteilte Grundstücksteil nicht sofort mit einem selbständigen anderen Grundstück rechtlich verbunden wird, entstehen aus einem Grundstück **mehrere Grundstücke** im Rechtssinn. Die Teilung ist daher nicht nur ein formellrechtlicher Akt.

2. Grundpfandrechte

76 Sie bestehen an den neuen Grundstücken als **Gesamtrechte** gemäß § 1132 BGB fort.[155]

---

155 KG KGJ 34, 296; KEHE-*Eickmann* § 7 Rn 35; *Demharter* § 7 Rn 13; *Eickmann* GBVerfR, Rn 76; *Geißel* MittRhNotK 1997, 333, 342; *Böttcher* MittBayNot 1993, 129, 130 mwN.

3. Nießbrauchrechte

Sie sind nicht gesamtrechtsfähig und bestehen daher als **Einzelrechte** an den neuzubildenden Grundstücken **77** fort.[156]

4. Erbbaurecht

Die Teilungsbefugnis des Grundstückseigentümers ergibt sich aus § 903 BGB und wird durch die Belastung mit **78** einem Erbbaurecht nicht eingeschränkt. Er kann daher die neuen Grundstücksgrenzen nach seinem Belieben ziehen, was dazu führen kann, dass das im Erbbaurecht errichtete Gebäude nunmehr teilweise auf verschiedenen Grundstücken steht. Gegen die Annahme von Einzelerbbaurechten auf den neuen Grundstücken spricht der notwendige Inhalt eines Erbbaurechts: Es darf keine unzulässige Gebäudeteilung entstehen (§ 1 Abs 3 ErbbauRG) und es muss auf jedem Grundstück die Befugnis zur Bauwerkserrichtung (§ 1 Abs 1 ErbbauRG) oder zum Gebrauch als Nutzungsfläche (§ 1 Abs 2 ErbbauRG) bestehen. Dieser Widerspruch zwischen freier Teilbarkeit des Grundstücks und beschränkter Teilbarkeit des Erbbaurechts ist nur mit der Anerkennung eines **Gesamterbbaurechts** zu lösen.[157] Steht nach der Grundstücksteilung objektiv fest, dass ein Grundstück vom Erbbaurecht überhaupt nicht mehr betroffen ist, erlischt es daran analog §§ 1090 Abs 2, 1026 BGB.[158]

5. Beschränkte persönliche Dienstbarkeit

a) Die Ausübung erstreckt sich auf das ganze Grundstück. Es wird die Auffassung[159] vertreten, dass in **79** diesem Fall eine **Gesamtdienstbarkeit** entsteht, wenn folgende Voraussetzungen erfüllt sind:
– Notwendigkeit der gemeinsamen Ausübung,
– Einheitlichkeit der tatsächlichen Ausübung.

Ersteres bedeutet, dass die Ausübung der durch die Dienstbarkeit gesicherten Rechtsposition auf einem Grundstück ohne gleichzeitige Ausübung auf den Grundstücken praktisch nicht möglich ist, zB bei Geh- und Fahrtrechten, Wasser- und Stromleitungsrechten über mehrere Grundstücke. Die zweite Voraussetzung hat vor allem Ausschlusscharakter, dh eine Gesamtdienstbarkeit lehnt diese Auffassung ab, wenn auf den verschiedenen Grundstücken eine unterschiedliche Ausübung erfolgen soll, zB auf dem einen Grundstück ein Gehrecht und auf dem anderen Grundstück ein Stromleitungsrecht: in diesem Fall werden nur Einzeldienstbarkeiten zugelassen.

Begründet wird diese Ansicht damit, dass durch die Vermeidung von vielen Einzeldienstbarkeiten die Über- **80** sichtlichkeit des Grundbuchs gewahrt wird, ein praktisches Bedürfnis im Hinblick auf § 63 Abs 2 KostO besteht und außerdem § 1026 BGB auch eine nachträgliche Gesamtdienstbarkeit kennt. Keiner dieser Gründe überzeugt. Eine mögliche Unübersichtlichkeit des Grundbuchs kann keine materiellrechtliche Gesamtdienstbarkeit rechtfertigen. Solche formale Erwägungen sind nicht in der Lage, im Gesetz nicht genannte Sachenrechte zu begründen. Die Eintragung von vielen gleich lautenden Einzeldienstbarkeiten auf einem Grundbuchblatt kann durch eine sog Sammelbuchung in einem Eintragungstext zusammengefasst werden.[160] Auch die Zulassung einer Gesamtdienstbarkeit aus Kostenersparnisgründen (§ 63 Abs 2 KostO) muss abgelehnt werden. Kostenrecht ist Folgerecht und nicht umgekehrt. Wenn das materielle Recht nur Einzeldienstbarkeiten kennt, dann kann durch die Hintertür des Kostenrechts nicht eine Gesamtdienstbarkeit eingeführt werden. Fehl geht auch das Argument, dass aus § 1026 BGB bei einer Grundstücksteilung das nachträgliche Entstehen einer Gesamtdienstbarkeit folgt. Diese Vorschrift besagt nur, dass bei einer Teilung des belasteten Grundstücks die Dienstbarkeit an den Grundstücksteilen kraft Gesetzes erlischt, die außerhalb des Bereichs der Ausübung liegen. Damit hat der Gesetzgeber[161] bewusst in Kauf genommen, dass sich das Haftungsobjekt für die Dienstbarkeit verringert. Die Nutzungsbefugnisse des Dienstbarkeitsberechtigten werden aber nicht geschmälert, denn die Dienstbarkeit besteht an den Einzelgrundstücken im bisherigen Umfang fort: die Annahme einer Gesamtdienstbarkeit ist dafür nicht notwendig.

---

156 KG KGJ 43, 347; HRR 1934, 521; LG Verden NdsRpfl 1965, 252; LG Düsseldorf MittRhNotK 1973, 658; *Eickmann* GBVerfR, Rn 76; *Hampel* Rpfleger 1962, 126; *Geißel* MittRhNotK 1997, 333, 342; *Böttcher* MittBayNot 1993, 129, 132 mwN.

157 BGHZ 65, 345 = NJW 1976, 519 = DNotZ 1976, 369 = Rpfleger 1976, 126; KG KGJ 51, 228; BayObLGZ 1982, 210, 215 = Rpfleger 1982, 339; BayObLGZ 1984, 105 = DNotZ 1985, 375 = Rpfleger 1984, 313; OLG Hamm Rpfleger 1960, 403; NJW 1963, 1112; DNotZ 1974, 94; OLG Köln Rpfleger 1961, 18; *Geißel* MittRhNotK 1997, 333, 344; *Böttcher* MittBayNot 1993, 129, 132 mwN.

158 *Geißel* MittRhNotK 1997, 333, 344; *Böttcher* MittBayNot 1993, 129, 132.

159 BayObLGZ 1989, 446 = DNotZ 1991, 254 = Rpfleger 1990, 111 = MittBayNot 1990, 41 = MittRhNotK 1990, 130; BayObLGZ 1955, 170, 174; KG JW 1937, 2606 = HRR 1937, 1406; OLG Zweibrücken ZfIR 1998, 210; OLG Jena KGJ 44, 358; OLG Frankfurt NJW 1969, 469; LG Münster MDR 1956, 678; LG Hildesheim NJW 1960, 49; LG Braunschweig NdsRpfl 1963, 229 = BWNotZ 1964, 206.

160 *Meikel-Böttcher* § 44 Rdn 52 ff.

161 Motive III S 488 f; Protokolle III S 317.

81 Die Zulassung einer Gesamtdienstbarkeit ist daher abzulehnen. Es gibt nur **Einzeldienstbarkeiten**.[162] Dafür sprechen folgende Gesichtspunkte: Das Gesetz kennt keine Gesamtdienstbarkeit. Dies allein rechtfertigt sicherlich noch nicht die Ablehnung einer Gesamtdienstbarkeit, aber es ist doch ein nicht zu unterschätzendes Indiz dafür. Denkbar wäre eine Analogie zur Gesamthypothek (§ 1132 BGB). Dies muss jedoch abgelehnt werden, weil die Dienstbarkeiten keine Verwertungsrechte sind (wie Hypothek und Reallast), sondern Nutzungsrechte. Verwertungsrechte dienen der Realisierung des Vermögenswertes des Grundstücks durch Zwangsvollstreckung (§ 1147 BGB). Nutzungsrechte dagegen zielen auf eine tatsächliche Inanspruchnahme des belasteten Grundstücks, und aus ihnen kann daher nicht die Zwangsvollstreckung in das belastete Grundstück betrieben werden. Bei Dienstbarkeiten kommt eine Gesamtbelastung im haftungsrechtlichen Sinn (§ 1132 BGB) nicht in Betracht. Die Leistung, die jedes Grundstück zu bringen hat, ist individuell. Es ist nicht denkbar, dass jedes der belasteten Grundstücke den ganzen Nutzen erbringt. Jedes Grundstück lässt nur die sich aus seiner Beschaffenheit und aus den sich auf ihm befindlichen Einrichtungen ergebenden Nutzungsmöglichkeiten zu. Wenn ein Geh- oder Fahrtrecht über die Grundstücke 1 und 2 führt, so wird die Ausübung des Rechts auf Grundstück 1 auch dann nicht zu einer Benutzung des Grundstücks 2, weil eine sinnvolle Ausübung nur über beide Grundstücke möglich ist. Die Nutzung jedes belasteten Grundstücks ist und bleibt eine Individualnutzung der einzelnen Grundstücke.

82 **b) Die Ausübung ist auf einen Teil des Grundstücks beschränkt.** Ist die Ausübung der Dienstbarkeit auf einen bestimmten realen Teil des bisherigen Grundstücks beschränkt, so werden bei einer Grundstücksteilung die **von der Dienstbarkeit nicht betroffenen Grundstücksteile von der Belastung frei** (§§ 1026, 1090 Abs 2 BGB). Die Dienstbarkeit erlischt in diesem Fall auf dem von ihr nicht betroffenen Grundstücksteil kraft Gesetzes mit dem Vollzug der Grundstücksteilung; in diesem Fall darf die Dienstbarkeit auf das neue Blatt keinesfalls mitübertragen werden, weil dadurch das GB unrichtig würde; vielmehr ist das Grundbuch zugleich mit der Abschreibung dadurch zu berichtigen, dass die Dienstbarkeit gemäß § 46 Abs 2 auf das neue Grundbuchblatt nicht mit übertragen wird.[163] Die Voraussetzungen des § 1026 BGB sind dem Grundbuchamt in der Form des § 29 Abs 1 darzutun.[164]

6. Dauerwohn- und Dauernutzungsrecht

83 Wird ein mit einem Dauerwohnrecht belastetes Grundstück geteilt, so kann es sich ergeben, dass die neue Grenze durch die Wohnung läuft. Nach § 32 Abs 1 WEG soll die Wohnung aber in sich abgeschlossen sein. Durch die Grundstücksteilung entsteht damit zumindest ein ordnungswidriger Zustand (vergleichbar einem Verstoß gegen § 1 Abs 3 ErbbauRG beim Erbbaurecht nach Grundstücksteilung). Deshalb ist es auch beim Dauerwohnrecht anerkannt, dass eine Grundstücksteilung zum **Gesamtdauerwohnrecht** führt.[165] § 1026 BGB ist auf das Dauerwohnrecht entsprechend anwendbar[166] (vgl Rdn 82).

7. Reallast

84 **a) Subjektiv-persönliche Reallast.** Die Teilung des belasteten Grundstücks führt bezüglich des dinglichen Rechts zum Entstehen einer subjektiv-persönlichen **Gesamtreallast** (§ 1108 Abs 2 BGB).[167]

85 **b) Subjektiv-dingliche Reallast. aa) Dienendes Grundstück.** Die Teilung des dienenden Grundstücks hat das Entstehen einer subjektiv-dinglichen **Gesamtreallast** zur Folge (§ 1108 Abs 2 BGB).[168]

86 **bb) Herrschendes Grundstück.** Wird das herrschende Grundstück geteilt, so besteht die Reallast für die Eigentümer der einzelnen Teile fort (§ 1109 Abs 1 S 1 BGB). Ist die Leistung teilbar (§ 420 BGB; zB bei einer Geldrentenreallast), so steht die Reallast den Eigentümern nach dem Verhältnis der Größe der Grundstücksteile

162 LG Dortmund Rpfleger 1963, 197; *Hettinger* Die Rechtslage der Grundstückslasten bei Grundstücksteilung, 1988, S 75 ff; *KEHE-Eickmann* § 48 Rn 3; *Demharter* § 48 Rn 6; *Wolff-Raiser* Sachenrecht, § 106 I 2; *Hampel* Rpfleger 1962, 126; *Haegele* Rpfleger 1969, 167; *Lutter* DNotZ 1960, 85; *Riedel* DNotZ 1960, 375; *Böttcher* MittBayNot 1993, 129, 134 f.
163 BayObLGZ 1954, 286, 294; 1971, 13; Rpfleger 1983, 143; KG KGJ 24, 118, 120; NJW 1969, 470; *KEHE-Eickmann* § 7 Rn 35; *Demharter* § 7 Rn 13; *Eickmann* GBVerfR, Rn 76.
164 *Opitz* Rpfleger 2000, 367; *Geißel* MittRhNotK 1997, 333, 343; BayObLG Rpfleger 1983, 143.
165 BayObLG MittBayNot 1995, 458; BGB-RGRK-*Augustin* § 31 WEG Rn 5; *Soergel-Stürner* § 31 WEG Rn 3; *KEHE-Eickmann* § 48 Rn 3; *Schöner/Stöber* Rn 3003; *Geißel* MittRhNotK 1997, 333, 344; *Böttcher* MittBayNot 1993, 129, 133 mwN.
166 BayObLG MittBayNot 1995, 458; *Geißel* MittRhNotK 1997, 333, 344.
167 KG JW 1923, 1038; LG Regensburg Rpfleger 1988, 406; *Staudinger-Amann* § 1108 Rn 9; *Soergel-Stürner* § 1108 Rn 2; *Palandt-Bassenge* § 1108 Rn 3; *KEHE-Eickmann* § 48 Rn 3; *Eickmann* GBVerfR, Rn 76; *Geißel* MittRhNotK 1997, 333, 343; *Böttcher* MittBayNot 1993, 129, 131 mwN.
168 Vgl vorherige Fn.

zu (§ 1109 Abs 1 S 2, 1 Hs BGB). Bei nicht teilbarer Leistung (zB Reallast auf Instandhaltung einer Anlage) gilt § 432 BGB, sodass jeder Berechtigte die Leistung an alle fordern und der Verpflichtete sie nur an alle gemeinschaftlich erbringen kann (§ 1109 Abs 1 S 2, 2. Hs BGB). Die Regel des § 1109 Abs 1 BGB gilt nicht, wenn der Berechtigte bestimmt, dass die Reallast nur mit einem der Teile verbunden sein soll (§ 1109 Abs 2 S 1 BGB). Die Bestimmung des Berechtigten ist dem Grundbuchamt gegenüber zu erklären und bedarf der Eintragung im Grundbuch (§ 1109 Abs 2 S 2 BGB). Veräußert der Berechtigte einen Teil des Grundstücks, ohne eine solche Bestimmung zu treffen, so bleibt nach § 1109 Abs 2 S 3 BGB die Reallast allein mit dem Teil verbunden, den er selbst behält. In dem Fall, dass die Reallast nur einem der Grundstücksteile zum Vorteil gereicht, bleibt sie nach § 1109 Abs 3 BGB nur mit diesem Teil verbunden.

8. Vorkaufsrecht

a) Subjektiv-persönliches Vorkaufsrecht. Durch die Teilung des belasteten Grundstücks entsteht kein   **87** Gesamtvorkaufsrecht, sondern jeweils nur **Einzelrechte** auf den neuen Grundstücken.[169]

b) Subjektiv-dingliches Vorkaufsrecht. aa) Dienendes Grundstück. Die Teilung des dienenden Grund-   **88** stücks hat das Entstehen mehrerer subjektiv-dinglicher **Einzelvorkaufsrechte** zur Folge.[170]

bb) Herrschendes Grundstück. Wird das herrschende Grundstück geteilt, so besteht das Vorkaufsrecht für   **89** die Eigentümer der einzelnen Teile des Grundstücks fort (§§ 1098 Abs 1 S 1, 472 BGB; vgl die entsprechenden Regelungen bei der Grunddienstbarkeit und der subjektiv-dinglichen Reallast: § 1025 S 1, 1. Hs; § 1109 Abs 1 S 1 BGB); dagegen sind die Vorschriften, nach denen im Falle der Teilung des herrschenden Grundstücks eine Grunddienstbarkeit (§ 1025 S 2 BGB) und eine subjektiv-dingliche Reallast (§ 1109 Abs 2 S 3, Abs 3 BGB) kraft Gesetzes erlöschen, auf das subjektiv-dingliche Vorkaufsrecht nicht entsprechend anwendbar.[171] Insofern handelt es sich um Ausnahmevorschriften, die einer analogen Anwendung nicht zugänglich sind. Die Eigentümer der nach der Teilung berechtigten Grundstücke bilden wegen §§ 1098 Abs 1 S 1, 472 BGB eine Rechtsgemeinschaft der in § 472 BGB beschriebenen Art, dh das Vorkaufsrecht kann nur von allen Berechtigten gemeinschaftlich ausgeübt werden.[172]

9. Grunddienstbarkeit

a) Dienendes Grundstück. aa) Die Ausübung erstreckt sich auf das ganze Grundstück. Nach richti-   **90** ger Auffassung entstehen bei der Teilung des dienenden Grundstücks mehrere **Einzeldienstbarkeiten**[173] (str; vgl Rdn 79–81).

bb) Die Ausübung ist auf einen Teil des Grundstücks beschränkt. Die von der Grunddienstbarkeit nicht   **91** betroffenen Grundstücksteile werden bei der Teilung des dienenden Grundstücks frei (**§ 1026 BGB**; vgl dazu Rdn 82).

b) Herrschendes Grundstück. Wird das herrschende Grundstück geteilt, so besteht die Grunddienstbarkeit   **92** für die Eigentümer der einzelnen Grundstücksteile fort (§ 1025 S 1, 1. Hs BGB). Die Grunddienstbarkeit wird dadurch nicht in mehrere selbständige Rechte zerlegt, sondern bleibt als ein einheitliches Recht bestehen, das den Eigentümern im Sinne einer Gesamtberechtigung analog §§ 428, 432 BGB zusteht.[174] Soweit die Grunddienstbarkeit neu gebildeten Teilgrundstücken nicht zum Vorteil gereicht, erlischt sie dort kraft Gesetzes mit der Teilung (§ 1025 S 2 BGB). Die Teilung des herrschenden Grundstücks kann (aber nicht muss!) das Grundbuchamt auf dem Blatt des belasteten Grundstücks vermerken; für eine Verpflichtung dazu fehlt die Rechtsgrundlage.[175] Die Eintragung der Dienstbarkeit auf dem Grundbuchblatt des dienenden Grundstücks wirkt auch dann zugunsten der Eigentümer der getrennten Teile fort, wenn sich die Teilung nicht aus den das dienende Grundstück betreffenden Grundbucheintragungen ergibt.[176]

---

169 BayObLGZ 1951, 618 = DNotZ 1953, 263 m Anm *Weber*; BayObLGZ 1958, 196, 204; 1974, 365 = DNotZ 1975, 607 = Rpfleger 1975, 23; KG JW 1938, 2702 = DNotZ 1939, 99; BGB-RGRK-*Rothe* § 1094 Rn 7; *Soergel-Stürner* § 1094 Rn 4; *Palandt-Bassenge* § 1094 Rn 2; KEHE-*Eickmann* § 48 Rn 3; *Schöner/Stöber* Rn 1400; *Eickmann* GBVerfR, Rn 76; *Tröster* Rpfleger 1961, 404; *Bratfisch-Haegele* Rpfleger 1961, 40; *Hampel* Rpfleger 1962, 126; *Böhringer* BWNotZ 1988, 97, 101; *Panz* BWNotZ 1995, 156, 157; *Geißel* MittRhNotK 1997, 333, 344; *Böttcher* MittBayNot 1993, 129, 131 mwN.

170 Vgl vorherige Fn.

171 BayObLGZ 1973, 21 = Rpfleger 1973, 133; RGZ 73, 316, 320; *Geißel* MittRhNotK 1997, 333, 344.

172 *Panz* BWNotZ 1995, 156, 157.

173 Ausführlich dazu *Böttcher* MittBayNot 1993, 129; **AA** BayObLG DNotZ 1991, 254; OLG Zweibrücken ZfIR 1998, 210.

174 BayObLG Rpfleger 1983, 434.

175 BayObLG DNotZ 1996, 24 = MittBayNot 1995, 286.

176 BGH Rpfleger 2008, 295.

10. Öffentlich-rechtliche Nutzungsrechte

93 Das mit einem Grundstück verbundene öffentlich-rechtliche Nutzungsrecht, zB ein Gemeinderecht und reale Bierschenkgerechtigkeit, setzt sich im Falle der Teilung des Grundstücks nur an dem Grundstücksteil fort, der die wesentliche Grundlage für die Ausübung des Nutzungsrechts bildet. Ist das Nutzungsrecht im Bestandsverzeichnis des Grundbuchs vermerkt, bedarf es keiner ausdrücklichen Erklärung der Beteiligten, welchem Grundstücksteil in Zukunft das Nutzungsrecht zustehen soll.[177]

11. Gebäude

94 Wird ein Grundstück in der Weise geteilt, dass ein aufstehendes Gebäude von der Grenze der beiden neu gebildeten Grundstücke durchschnitten wird, und gelangen danach diese Grundstücke in das Eigentum verschiedener Personen, so wird das Eigentum an dem Gebäude als Ganzem jedenfalls dann, wenn sich der nach Umfang, Lage und wirtschaftlicher Bedeutung eindeutig maßgebende Teil auf einem der Grundstücke befindet, mit dem Eigentum an diesem Grundstück verbunden.[178] Wenn allerdings der Teilung des Grundstücks zwei voneinander unabhängige Gebäudeteile entsprechen (zB sich jede Wohneinheit eines Zweifamilienhauses nur auf einem der neuen Grundstücke befindet), so führt die in § 94 Abs 1, § 905 BGB vorgesehene Bindung des Eigentums am Gebäude an das Eigentum am Grundstück grundsätzlich zu einer vertikalen Aufspaltung des Eigentums am Gebäude entlang der gemeinsamen Grundstücksgrenze. Ragt in diesem Fall ein Teil eines Gebäudes in das Nachbargrundstück hinein, so bleibt dieser Teil mit dem Eigentum an dem Gebäude, dessen wesentlicher Bestandteil er ist, verbunden.[179]

12. Eigentumsvormerkung

95 Ist bei einer Eigentumsvormerkung die Ausübung des Übereignungsanspruches des Käufers auf eine Teilfläche des Grundstücks beschränkt und wird dieses Grundstück dann geteilt, so erlischt die Eigentumsvormerkung an dem neuen Grundstück, auf das sich der Übereignungsanspruch nicht bezogen hat (entsprechend dem Rechtsgedanken des § 1026 BGB); bleibt die Eigentumsvormerkung nach der Teilung trotzdem auf diesem Grundstück eingetragen, so ist das Grundbuch insoweit unrichtig.[180] Zur formellen Löschung der materiell erloschenen Eigentumsvormerkung ist grundsätzlich die Bewilligung des Vormerkungsberechtigten erforderlich (§ 19). Die Bewilligung ist aber dann entbehrlich, wenn feststeht, dass sich der Ausübungsbereich des durch die Eigentumsvormerkung gesicherten Übereignungsanspruchs nicht auf das neue abgeteilte Grundstück bezog; der Nachweis, dass das neue abgeteilte Grundstück von der Eigentumsvormerkung nicht betroffen ist, kann durch eine mit Unterschrift und Dienstsiegel versehene Bescheinigung des Vermessungsamtes geführt werden.[181]

X. Teilung in Sonderfällen

1. Erbbaurecht

96 **a) Zulässigkeit.** Die Teilung eines Erbbaurechts wird von der hM zugelassen.[182] Das Erbbaurecht ist aber nicht generell teilbar. **Die Teilbarkeit eines Erbbaurechts** ist vielmehr nur dann gegeben, wenn der Rechtsinhalt des Erbbaurechts teilbar ist.[183] Sind die Baulichkeiten bereits errichtet oder deren Zahl und Lage nach der Erbbaurechtsbestellung bindend und zweifelsfrei bestimmt, so ist eine Teilung des Erbbaurechts nur möglich, wenn der Erbbauberechtigte mehrere Bauwerke auf dem belasteten Grundstück hat oder haben darf und wenn nach der Teilung auf jedem neuen Grundstück ein selbständiges Bauwerk besteht, dh eine Teilung des Erbbaurechts ist nicht möglich, wenn nur ein Gebäude errichtet ist oder werden darf (§ 1 Abs 1 ErbbauRG), die neue Grenze durch ein Gebäude verläuft (§ 1 Abs 3 ErbbauRG) oder wenn sich nicht auf jedem neuen Teilgrundstück ein Bauwerk befindet oder die Befugnis zu dessen Bebauung besteht.[184] Ist die Lage und Anzahl der Gebäude noch nicht genau bestimmt, so darf eine Erbbaurechtsteilung nur erfolgen, wenn sichergestellt ist, dass künftig kein Grenzüberbau erfolgt und zu jedem Teilerbbaurecht eine bestimmte Bebauungsbefugnis gehört.[185]

---

177 LG Nürnberg-Fürth MittBayNot 1988, 139.
178 BGH ZfIR 2004, 104 = Rpfleger 2004, 155; BGHZ 64, 333.
179 BGH Rpfleger 1988, 245.
180 BayObLGZ 1973, 297; MittBayNot 1986, 253; DNotZ 1999, 1009.
181 BayObLG DNotZ 1999, 1009 = Rpfleger 1999, 485.
182 BGH DNotZ 1974, 441; BayObLG NJW 1960, 1155; OLG Neustadt Rpfleger 1961, 152; *Böttcher* Erbbaurecht, Rn 525.
183 OLG Hamm DNotZ 1961, 524; 1974, 97; MDR 1984, 402; KG KGJ 51, 228, 230; *Böttcher* Erbbaurecht, Rn 526.
184 MüKo-*von Oefele* § 1 ErbbauRG Rn 43, 44; *Eickmann* § 7 Rn 23; *Schöner/Stöber* Rn 1849; *Böttcher* Erbbaurecht, Rn 527; *Lutter* DNotZ 1960, 80, 87; *Weber* MittBayNot 1965, 567; *Haegele* Rpfleger 1957, 279, 283.
185 MüKo-*von Oefele* § 1 ErbbauVO Rn 46; *Böttcher* Erbbaurecht, Rn 528.

b) Voraussetzungen. aa) Materiellrechtlich. Jede Teilung eines Erbbaurechts bedeutet rechtlich eine Auf- **97** hebung des bisherigen Erbbaurechts iS von § 875 BGB und anschließender Belastung der Grundstücksteile mit den neu entstehenden Teilerbbaurechten. Erforderlich ist daher die **Teilungserklärung des Erbbauberechtigten** gemäß § 875 BGB; insoweit handelt es sich um eine einseitige, empfangsbedürftige Willenserklärung.[186]

Voraussetzung jeder Teilung eines Erbbaurechts ist die entsprechende **Teilung des Erbbaugrundstücks.**[187] **98** Das Erbbaurecht ist für das betroffene Grundstück eine Belastung und kann daher nicht an einem realen Teil des Grundstücks eingetragen werden (§ 7 Abs 1). Die Teilung des Grundstücks kann nur durch den Grundstückseigentümer erfolgen; insoweit bedarf es zur Erbbaurechtsteilung immer der Mitwirkung des Grundstückseigentümers.[188]

Aus dem gleichen Grund bedarf die Teilung der **Zustimmung des Grundstückseigentümers** (§ 26 Erb- **99** bauRG).[189] Falls im Erbbaurechtsvertrag nichts Gegenteiliges vereinbart ist, hat der Erbbauberechtigte aber keinen Anspruch auf die Zustimmungserklärung des Grundstückseigentümers, da von Gesetzes wegen dem Eigentümer keine Verschlechterung seiner Rechtsstellung (Zahlung des Erbbauzinses, Eintritt der Heimfallvoraussetzungen betreffen nun zwei Personen) zugemutet werden kann.[190] Ebenso ist eine Bindung an die Zustimmung des Eigentümers gemäß § 5 ErbbauRG nicht möglich.[191] Nicht verwechselt werden darf die Teilung des Erbbaurechts in mehrere selbständige Erbbaurechte mit der Umwandlung in Wohnungs- (Teil-)Erbbaurechte; im letzteren Fall ist die Zustimmung des Grundstückseigentümers nicht erforderlich.[192] Hat der Erbbauberechtigte einen Anspruch gegen den Grundstückseigentümer auf Zustimmung zur Erbbaurechtsteilung und wird dieser nicht freiwillig erfüllt, so kann die Zustimmung nicht gemäß § 7 ErbbauRG ersetzt werden, sondern über § 894 ZPO.[193] Hat der Grundstückseigentümer seine Teilungserklärung bezüglich seines Grundstücks gegenüber dem Grundbuchamt abgegeben (vgl Rdn 98), so liegt darin konkludent auch seine Zustimmung zur Erbbaurechtsteilung nach § 26 EbbauVO.[194]

Eine Mindermeinung besagt, dass für die Teilung des Erbbaurechts die **Zustimmung der am Erbbaurecht** **100** **dinglich Berechtigten** nicht erforderlich sei.[195] Zur Begründung wird angeführt, dass ein Erbbaurecht hinsichtlich seiner Belastungen wie ein Grundstück zu behandeln sei (§ 11 ErbbauRG), und bei der Teilung eines Grundstücks ist die Zustimmung der dinglichen Berechtigten unstreitig nicht erforderlich. Dem ist zu widersprechen. Mit der hM muss zur Erbbaurechtsteilung die Zustimmung der am Erbbaurecht dinglich Berechtigten verlangt werden.[196] Dies ergibt sich schon daraus, dass die Teilungserklärung des Erbbauberechtigten eine teilweise Aufhebung des alten Erbbaurechts darstellt, § 875 BGB (vgl Rdn 97). Der Wert der Summe der Einzelerbbaurechte kann außerdem geringer sein, als der eines einzigen Erbbaurechts. Gemäß § 876 BGB ist daher von der Zustimmungspflicht der am Erbbaurecht dinglich Berechtigten auszugehen.

Ganz vereinzelt wird sogar die **Zustimmung der am belasteten Grundstück dinglich Berechtigten** zur **101** Erbbaurechtsteilung verlangt.[197] Dies kann nicht richtig sein. Wenn dies bei einer gewöhnlichen Teilung eines Grundstücks nicht verlangt wird, so kann dies erst recht nicht bei zur Erbbaurechtsteilung notwendigen Grundstücksteilung erforderlich sein. Einer Mitwirkung der am belasteten Grundstück eingetragenen Berechtigten bedarf es daher zur Erbbaurechtsteilung nicht.[198]

Eine Meinung hält zur Teilung des Erbbaurechts eine sog **Enthaftungserklärung** des Erbbauberechtigten für **102** erforderlich, wonach jedes Teilgrundstück von dem darauf nicht mehr entfallenden Teil des Erbbaurechts frei-

---

186 *Staudinger-Ring* § 11 ErbbauVO Rn 16; KEHE-*Eickmann* § 7 Rn 23; *Schöner/Stöber* Rn 1851; *Böttcher* Erbbaurecht, Rn 530; *Lutter* DNotZ 1960, 80, 91.

187 BayObLGZ 1961, 32; KG KGJ 51, 228; OLG Hamm Rpfleger 1955, 232; OLG Neustadt Rpfleger 1961, 152; *Staudinger-Ring* § 11 ErbbauVO Rn 16; MüKo-*von Oefele* § 1 ErbbauVO Rn 43; KEHE-*Eickmann* § 7 Rn 23; *Schöner/Stöber* Rn 1853; *Böttcher* Erbbaurecht, Rn 531; *Huber* NJW 1952, 690; *Rohloff* Rpfleger 1954, 83; *Oberst* MittBayNot 1956, 206; *Lutter* DNotZ 1960, 80, 81.

188 *Böttcher* Erbbaurecht, Rn 532; *Lutter* DNotZ 1960, 80, 81.

189 BGH NJW 1974, 498 = DNotZ 1974, 441 = Rpfleger 1974, 147; OLG Neustadt DNotZ 1960, 385; KEHE-*Eickmann* § 7 Rn 23; *Schöner/Stöber* Rn 1851; *Böttcher* Erbbaurecht, Rn 524; *Weimar* BlBGW 1981, 87.

190 OLG Hamm MDR 1984, 402; *Schöner/Stöber* Rn 1853; *Böttcher* Erbbaurecht, Rn 535.

191 OLG Celle Rpfleger 1981, 22; KEHE-*Eickmann* § 7 Rn 23; *Schöner/Stöber* Rn 1850.

192 BayObLG Rpfleger 1978, 375.

193 *Böttcher* Erbbaurecht, Rn 536.

194 *Böttcher* Erbbaurecht, Rn 537.

195 *Lutter* DNotZ 1960, 80, 92; *Huber* NJW 1952, 687.

196 BGH NJW 1974, 498 = DNotZ 1974, 441 = Rpfleger 1974, 147; KG KGJ 51, 228; KEHE-*Eickmann* § 7 Rn 23; *Böttcher* Erbbaurecht, Rn 539.

197 *Ingenstau-Hustedt* § 11 ErbbauVO Rn 93.

198 BGB-RGRK-*Räfle* § 11 ErbbauVO Rn 17; *Schöner/Stöber* Rn 1851; KEHE-*Eickmann* § 7 Rn 23; *Böttcher* Erbbaurecht, Rn 541; *Muttray* Rpfleger 1955, 217.

gestellt wird.[199] Dem kann nicht gefolgt werden. Die Teilung des Erbbaurechts ist die teilweise Aufhebung des Rechts, dh die Beschränkung des Erbbaurechts auf den Umfang jedes einzelnen Grundstücks. Dies ist aber die teilweise Enthaftung der anderen Grundstücke derart, dass das Erbbaurecht von Grundstück 1 nicht mehr auf die Grundstücke 2, 3 etc übergreift und umgekehrt; die Enthaftungserklärung ist somit in der Teilungserklärung enthalten, sodass eine zusätzliche Enthaftungserklärung überflüssig ist.[200]

103 Für die Teilung des Grundstücks bedarf es keiner **Teilungsgenehmigung** gemäß § 19 BauGB.[201]

104 Zur Wirksamkeit der Erbbaurechtsteilung bedarf es noch der **Eintragung im Erbbau- und Grundstücksgrundbuch**. Jedes neue Erbbaurecht erhält ein eigenes Erbbaugrundbuch.[202] Nach erfolgter Erbbaurechtsteilung entstehen für den Berechtigten mehrere selbständige Erbbaurechte, für die jeweils die Vereinbarungen des ursprünglichen Erbbaurechtsvertrags gelten.[203]

105 **bb) Formellrechtlich.** Da eine Erbbaurechtsteilung immer zunächst eine Grundstücksteilung voraussetzt, hat das GBA folgendes zu prüfen:

(1) Grundstücksteilung
– Antrag des Grundstückseigentümers in Schriftform (§§ 13, 30).
– Bewilligung des Grundstückseigentümers in öffentlich beglaubigter Form (§§ 19, 29).
– Veränderungsnachweis des Vermessungsamtes, wenn neue Flurstücke gebildet werden (§ 2 Abs 3, 4).
– Voreintragung des betroffenen Grundstückseigentümers (§ 39 Abs 1).

(2) Erbbaurechtsteilung
– Schriftlicher Antrag (§§ 13, 30) und öffentlich beglaubigte Bewilligung (§§ 19, 29) des Erbbauberechtigten. Von Amts wegen erfolgt die Erbbaurechtsteilung im Falle der Übertragung oder Belastung eines Teils des Erbbaurechts (§ 7 Abs 1).
– Zustimmung des Grundstückseigentümers in öffentlich beglaubigter Form (§ 26 ErbbauRG; §§ 19, 29).
– Zustimmung der am Erbbaurecht dinglich Berechtigten in öffentlich beglaubigter Form (§ 876 S 1 BGB; §§ 19, 29).
– Voreintragung des teilenden Erbbauberechtigten (§ 39 Abs 1).

2. Wohnungseigentum

106 **a) Unterteilung von Eigentumswohnungen. aa) Zulässigkeit.** Bei größeren Eigentumswohnungen ergibt sich zuweilen der Wunsch nach Unterteilung, auch um eine bessere Verkäuflichkeit zu erreichen. Entgegen früheren Bedenken, die sich daraus ergaben, weil das Alleineigentum an einem Grundstück auch nicht ideell aufteilbar ist, entspricht die Zulässigkeit der Unterteilung einer Eigentumswohnung heute allgemeiner Meinung.[204] Es handelt sich dabei um die **Aufteilung des Sondereigentums an den Räumen und des Miteigentumsanteils am Grundstück** (= gemischt real-ideelle Aufteilung). Diese Art der Teilung ist möglich mit und ohne gleichzeitiger Teilveräußerung eines neu entstandenen Wohnungseigentums.

107 **bb) Materielle Voraussetzungen.** Erforderlich ist zunächst die **ideelle Unterteilung des Miteigentumsanteils** durch eine einseitige, formlose Erklärung des teilenden Eigentümers gegenüber dem GBA entsprechend § 8 WEG. Zugleich müssen alle bisher **im Sondereigentum stehenden Räume den neuen Miteigentumsanteilen zugeordnet werden**.[205] Es ist daher nicht zulässig, dass ein im bisherigen Sondereigentum stehender Raum nach der Unterteilung ohne Verbindung zu einem Miteigentumsanteil bleibt. Sollte ein sog *isoliertes Sondereigentum* vorhanden sein, dürfte das GBA die Unterteilung nicht vollziehen. Wurde aber zB ein Nebenraum (Keller, Abstellraum) von den Beteiligten nicht einem Miteigentumsanteil zugeordnet und hat das GBA die Unterteilung trotzdem vollzogen, ist diese unwirksam und die bisherige Aufteilung bleibt bestehen.[206] *Bestritten* ist, ob das GB dann inhaltlich unzulässige Eintragungen enthält, die einem gutgläubigen Erwerb nicht

---

199 LG Kassel BB 1953, 158; BGB-RGRK-*Räfle* § 11 ErbbauVO Rn 17; *Soergel-Stürner* § 11 ErbbauVO Rn 4; *Haegele* Rpfleger 1967, 283, 284.
200 OLG Neustadt NJW 1960, 1157 = DNotZ 1960, 385 = Rpfleger 1961, 152; *Schöner/Stöber* Rn 1852; *Böttcher* Erbbaurecht, Rn 543; *Palandt-Bassenge* § 11 ErbbauVO Rn 4; KEHE-*Eickmann* § 7 Rn 23; *Lutter* DNotZ 1960, 80, 91; *Weber* MittRhNotK 1965, 569.
201 *Böttcher* Erbbaurecht, Rn 544.
202 *Böttcher* Erbbaurecht, Rn 545.
203 BayObLGZ 1957, 217 = DNotZ 1958, 409; *Schöner/Stöber* Rn 1854; *Böttcher* Erbbaurecht, Rn 529.
204 BGHZ 49, 250; 73, 150; BayObLG Rpfleger 1977, 140; OLG Köln Rpfleger 1982, 374; OLG Braunschweig MDR 1977, 1023; *Röll* DNotZ 1993, 158.
205 BGHZ 49, 250; LG Frankfurt Rpfleger 1989, 281; *Bärmann* Wohnungseigentum, Rn 122; *Röll* Rpfleger 1976, 283; *Nieder* BWNotZ 1984, 49.
206 BayObLG MittBayNot 1996, 104; DNotZ 1988, 316; *Schöner/Stöber* Rn 2976 a; *Röll* DNotZ 1993, 158, 161.

zugänglich sind gemäß § 892 BGB[207] oder ob – zu Recht – das GB unrichtig wird und mit dem gutgläubigen Erwerb nur einer einzigen Eigentumswohnung Heilung auch an allen Stellen des Aufteilungsplans eintritt;[208] das Sondereigentum an einem vergessenen Raum ist ein durchaus mögliches Rechtsinstitut und damit keine inhaltlich unzulässige Eintragung. Die gleichen Grundsätze gelten nach hM auch für den Fall, wenn der Eingangsflur der bisherigen größeren Wohnung nach der Unterteilung der einzige Zugang zu den neuen kleineren Wohnungen ist und nicht unter Mitwirkung aller Wohnungseigentümer in Gemeinschaftseigentum (§ 5 Abs 2 WEG) umgewandelt wurde.[209]

Da das Wohnungseigentum mit allen beschränkten dinglichen Rechten belastet werden kann, stellt sich die **108** Frage, ob diese **dinglich Berechtigten** einer Unterteilung der Eigentumswohnung **zustimmen** müssen. Dies ist zu bejahen bei dinglichen Rechten, die zum Besitz der zu unterteilenden Wohnung berechtigten (zB Wohnrecht nach § 1093 BGB, Dauerwohnrecht gemäß § 31 WEG), weil sie durch die Umgestaltung beeinträchtigt würden. Andere Belastungen bestehen an sämtlichen neuen Wohnungen fort, zum Teil als Gesamtrechte (Grundpfandrechte, Reallasten) und zum Teil als Einzelrechte (Vorkaufsrechte, Nießbrauchrechte, Dienstbarkeiten), sodass insoweit keine Zustimmungen erforderlich sind.[210]

Ist als Inhalt des zu unterteilenden Wohnungseigentums die allgemeine **Zustimmungspflicht des Verwalters** **109** für eine Veräußerung **gemäß § 12 WEG** vereinbart, so bedarf es für die Unterteilung der Eigentumswohnung nicht der Zustimmung des Verwalters.[211] Ob eine Zustimmungspflicht nach § 12 WEG auch für die Unterteilung einer Eigentumswohnung ohne Veräußerung vereinbart werden kann, ist umstritten. Soweit dies bejaht wird,[212] kann dem nicht gefolgt werden, denn eine Erweiterung der Zustimmungspflicht ist nur bei den Fällen möglich, die rechtlich und wirtschaftlich einer Veräußerung gleichstehen; bei der Unterteilung einer Eigentumswohnung ist dies nicht der Fall.[213]

Für die Unterteilung als solches, dh ohne anschließende Veräußerung, ist die **Zustimmung der anderen** **110** **Wohnungseigentümer** nicht erforderlich; denn solange ein Wohnungseigentümer sein Recht nur aufteilt und alle Teile in seiner Hand behält, wird die Rechtsstellung der übrigen Wohnungseigentümer nur formal insofern berührt, als die Unterteilung die Zahl der Wohnungseigentumsrechte erhöht. Dies ist auch für die Stimmrechtsverhältnisse ohne Bedeutung, wenn sich das Stimmrecht nach dem gesetzlichen Kopfteilprinzip[214] (§ 25 Abs 2 S 1 WEG) oder abweichend davon nach der Größe der Miteigentumsanteile bestimmt.[215] Aber selbst, wenn abweichend vom § 25 Abs 2 S 1 WEG in der Gemeinschaftsordnung vereinbart wurde, dass auf jede Eigentumswohnung eine Stimme entfällt (= Objektprinzip), gilt nichts anderes. Da sich aus der Summe der durch Teilung entstandenen Rechte nicht mehr Befugnisse ergeben können, als aus dem ungeteilten Wohnungseigentumsrecht selbst, kann der teilende Wohnungseigentümer auch im Falle des vereinbarten Objektprinzips keine zusätzliche Stimme erwerben; die bisherige Stimme wird in Bruchteile aufgespalten.[216]

Die **Eintragung der Unterteilung im GB** geschieht wie folgt: **111**
– Für den verbleibenden Miteigentumsanteil kann das bisherige Wohnungsgrundbuch fortgeführt werden.[217] Ein Muster dafür befindet sich in der WGV Anlage 1 Bestandsverzeichnis Nr 2 Spalten 1 bis 4, 7 und 8!
– Für die neu gebildeten Wohnungseigentumsrechte sind gesonderte Grundbuchblätter anzulegen.[218]
– Bei dem Restwohnungseigentum und den übrigen Wohnungseinheiten ist der Beschränkungsvermerk gemäß § 7 Abs 1 S 2 WEG einzutragen.

Muster:[219]

»Der hier eingetragene Miteigentumsanteil ist auch beschränkt durch die Eintragung eines Miteigentumsanteils verbunden mit Sondereigentum in Band ... Blatt ...; eingetragen am ...«

---

207 BayObLG ZflR 1998, 359; MittBayNot 1996, 104; DNotZ 1988, 316; *Demharter* § 3 Anhang Rn 53.
208 *Schöner/Stöber* Rn 2976 a; *Rapp* MittBayNot 1996, 344, 347; *Böttcher* ZflR 1997, 321, 323; *Röll* MittBayNot 1988, 22; DNotZ 1993, 158, 162 f; vgl auch BGH DNotZ 1990, 377.
209 BayObLG DNotZ 1988, 316; OLG Köln Rpfleger 1984, 268; OLG Hamm DNotZ 1987, 225; **aA** mit beachtlichen Gründen *Röll* DNotZ 1993, 158 f: der zunächst im Sondereigentum stehende Eingangsflur fällt durch die Unterteilung in das Gemeinschaftseigentum zurück.
210 *Demharter* § 3 Anhang Rn 54; *Röll* DNotZ 1993, 158; *Streuer* Rpfleger 1992, 184.
211 *Bärmann* Wohnungseigentum, Rn 122; *Böttcher* Rpfleger 1985, 1, 7.
212 BGHZ 49, 250.
213 *Böttcher* Rpfleger 1985, 1, 7; *Palandt-Bassenge* § 12 WEG Rn 2; BGB-RGRK-*Augustin* § 12 WEG Rn 3; *Weitnauer-Lüke* § 12 WEG Rn 3.
214 OLG Stuttgart WM 2004, 734.
215 BGHZ 49, 250; KG Rpfleger 1978, 24.
216 BGH DNotZ 2005, 218; OLG Hamm RNotZ 2002, 575; KG ZflR 1999, 457; OLG Düsseldorf OLGZ 1990, 152.
217 BayObLG Rpfleger 1988, 102; 1988, 256.
218 LG Lübeck Rpfleger 1988, 102.
219 Nach *Schöner/Stöber* Rn 2976.

112 **cc) Formelle Voraussetzungen.**
- Schriftlicher **Antrag** des teilenden Wohnungseigentümers (§§ 13, 30).
- **Bewilligung** des teilenden Wohnungseigentümers in öffentlich beglaubigter Form (§§ 19, 29).
- Gemäß § 7 Abs 4 WEG müssen eine **Abgeschlossenheitsbescheinigung** und ein **Aufteilungsplan** vorgelegt werden.[220] Eine der neuen Eigentumswohnungen kann die bisherige Aufteilungsnummer erhalten,[221] die anderen müssen neue bekommen.

113 **b) Veränderung der Miteigentumsanteile. aa) Zulässigkeit.** Als Quotenberichtigung oder ideelle Teilung wird der Vorgang bezeichnet, wenn beim Wohnungseigentum nur die Miteigentumsanteile verändert werden, und zwar ohne Veränderung des jeweils dazugehörenden Sondereigentums. Die Verschiebung (Zu- und Abschreibung) von Miteigentumsanteilen ist unbestritten zulässig, und zwar unabhängig davon, ob sich die Miteigentumsanteile in der Hand eines Wohnungseigentümers oder mehrerer befinden.[222] Die Größe der Miteigentumsanteile ist von entscheidender Bedeutung, insbesondere dann, wenn sich die anteilige Pflicht der Wohnungseigentümer zur Kosten- und Lastentragung danach bestimmt (§ 16 Abs 2 WEG). Die Festlegung der Höhe der Miteigentumsanteile unterliegt grundsätzlich der freien Vereinbarung durch die Wohnungseigentümer, sodass idR auch kein Anspruch auf Änderung der Miteigentumsquoten besteht.[223] Letzteres ist nur ausnahmsweise der Fall, wenn durch eine unrichtige Bemessung der Miteigentumsanteile eine grob unbillige Aufteilung der Lasten und Kosten anzunehmen ist und das Festhalten an dem bisherigen Verteilungsschlüssel gegen Treu und Glauben (§ 242 BGB) verstoßen würde.[224]

114 **bb) Materielle Voraussetzungen.** Die Quotenänderung ist eine Inhaltsänderung der beteiligten Wohnungseigentumsrechte (§ 877 BGB), sodass erforderlich sind:[225]
- **Einigung** der unmittelbar beteiligten Wohnungseigentümer (§ 873 BGB); befinden sich die betroffenen Wohnungseigentumsrechte in einer Hand, so genügt die einseitige Erklärung gegenüber dem GBA (entsprechend § 8 WEG).
- **Auflassung** des zu übertragenden Miteigentumsanteils (§§ 873, 925 BGB).

115 Ist der **zu verkleinernde Miteigentumsanteil selbständig mit Rechten belastet**, müssen deren Inhaber der Quotenänderung zustimmen, soweit sie beeinträchtigt werden können; darüber herrscht Einigkeit.[226] Unterschiedlich fällt allerdings die Begründung für dieses Ergebnis aus. Soweit die Quotenänderung in erster Linie zu Recht als Inhaltsänderung angesehen wird, folgt die Zustimmungspflicht bereits aus den §§ 877, 876 BGB.[227] Wird der Vorgang vorrangig als Eigentumsverschiebung behandelt, liegt in der Zustimmungserklärung eine Aufhebungserklärung nach § 875 BGB.[228] Als Begründung kann auch vorgetragen werden, dass mit der Abspaltung eines Bruchteils von einem Miteigentumsteil ein Erlöschen der Belastungen daran kraft Gesetzes eintrete, weil ein isolierter Bruchteil eines Miteigentumsanteils an einem in Wohnungseigentum aufgeteilten Grundstück nicht belastbar ist; deshalb müssen die dinglich Berechtigten am verkleinernden Miteigentumsanteil der Quotenänderung zustimmen.[229] Die Zustimmung der dinglich Berechtigten am abgebenden Wohnungseigentum ist natürlich nur dann erforderlich, wenn sie durch die Quotenberichtigung beeinträchtigt werden können. Dies ist sicherlich der Fall bei den Grundpfandrechten, Reallasten, Vorkaufsrechten und Eigentumsvormerkungen. Dagegen wird ein Wohnungsrecht am Wohnungseigentum durch die Verkleinerung des Miteigentumsanteils nicht beeinträchtigt, sodass die Zustimmung des Wohnungsberechtigten entbehrlich ist.[230]

116 Ist zum Inhalt des abgebenden Wohnungseigentums eine Veräußerungsbeschränkung nach § 12 WEG vereinbart, so bedarf es auch für die Quotenänderung der **Zustimmung des Verwalters**.[231] Der Schutzzweck des § 12 WEG umfasst nicht nur die Totalveräußerung des Wohnungseigentums, sondern auch ideelle Anteile daran. Die Eigentümergemeinschaft kann ein Interesse an der Größe der Miteigentumsanteile haben, wenn sich die Kostentragungspflicht danach bestimmt und ein Wohnungseigentümer bereits bisher keine Zahlungen leistet.

220 Schöner/Stöber Rn 2975; Nieder BWNotZ 1984, 49; Röll MittBayNot 1979, 218.
221 LG Lübeck Rpfleger 1988, 102
222 BGH Rpfleger 1976, 352; BayObLG Rpfleger 1993, 444; 1959, 277; OLG Celle Rpfleger 1974, 267; Bärmann Wohnungseigentum, Rn 114.
223 BayObLG ZNotP 1999, 41; DWE 1985, 60.
224 BGH Rpfleger 1976, 352; Bärmann Wohnungseigentum, Rn 115.
225 BGH NJW 1976, 1976; BayObLG Rpfleger 1993, 444; NJW 1958, 2116.
226 BayObLG Rpfleger 1993, 444; 1984, 268; 1959, 277; Bärmann Wohnungseigentum, Rn 115.
227 BayObLG Rpfleger 1993, 444; NJW 1958, 2116, 2118.
228 Streblow MittRhNotK 1987, 141, 151; Schmidt MittBayNot 1985, 237, 244.
229 Streuer Rpfleger 1992, 181, 183.
230 Streuer aaO.
231 Böttcher Rpfleger 1985, 1, 6; Schöner/Stöber Rn 2971.

Inhaber von Rechten, die das gesamte Grundstück belasten, müssen einer Quotenänderung nicht **117** zustimmen, da sie dadurch nicht beeinträchtigt werden.[232]

Auch die übrigen **an der Quotenänderung nicht beteiligten Wohnungseigentümer** müssen nicht zustim- **118** men, da ihre Wohnungseigentumsrechte keine Veränderung dadurch erfahren.[233]

Zur Wirksamkeit der Quotenänderung bedarf es letztendlich der **Eintragung in den beteiligten Wohnungs-** **119** **grundbüchern** (§§ 877, 873 BGB). Bei den nicht betroffenen Grundbuchblättern ist keine Eintragung veranlasst.

cc) Formelle Voraussetzungen. **120**

– Schriftlicher **Antrag** des betroffenen oder begünstigten Wohnungseigentümers (§§ 13, 30).
– **Eintragungsbewilligung** des betroffenen Wohnungseigentümers in öffentlich beglaubigter Form (§§ 19, 29).
– **Auflassung** des Miteigentumsanteils in notariell beurkundeter Form (§§ 20, 29).
– **Zustimmung der Inhaber von dinglichen Rechten am betroffenen Miteigentumsanteil** in öffentlich beglaubter Form (§§ 877, 876 BGB; § 29 GBO), soweit sie beeinträchtigt werden. In der Zustimmung liegt idR auch die Bewilligung der Pfandentlassung des weggehenden Miteigentumsanteils (§§ 19, 29), sodass eine gesonderte Erklärung dafür nicht notwendig ist.[234]
– Ist eine Veräußerungsbeschränkung gem § 12 WEG vereinbart, sind die **Zustimmung des Verwalters** in öffentlich beglaubigter Form (§ 29) und seine Eigenschaft als Verwalter nach §§ 26 Abs 4, 24 Abs 6 WEG nachzuweisen.
– Ist das **gewinnende Wohnungseigentum mit dinglichen Rechten belastet**, herrscht Einigkeit darüber, dass nach der Quotenänderung diese Belastungen einheitlich auf dem neuen vergrößerten Miteigentumsanteil ruhen müssen. Völlige Uneinigkeit besteht jedoch über die Wege, um dieses Ziel zu erreichen. Eine Meinung verlangt eine Bestandteilszuschreibung (§ 890 Abs 2 BGB, § 6 GBO) für den Fall, dass das gewinnende Wohnungseigentum mit Grundpfandrechten belastet ist, weil die Pfanderstreckung auf den neuen Miteigentumsanteil dann kraft Gesetzes erfolge (§ 1131 BGB); bei anderen dinglichen Rechten bedürfe es einer rechtsgeschäftlichen Nachverpfändung.[235] Diese Ansicht muss abgelehnt werden, weil Miteigentumsanteile weder einer Bestandteilszuschreibung noch einer Vereinigung zugänglich sind. Der ohne Sondereigentum übertragene Miteigentumsanteil geht ipso iure in den übernehmenden Miteigentumsanteil auf; sie bilden zusammen einen neuen einheitlichen Miteigentumsanteil. Dies muss so sein, weil der übertragende Miteigentumsanteil ohne Sondereigentum kein verfahrensrechtlich selbständig buchungsfähiger Gegenstand ist. Mit der Erkenntnis der Unzulässigkeit der Bestandteilszuschreibung ist aber noch nicht die Frage beantwortet, wie einheitliche Belastungsverhältnisse auf dem neuen Miteigentumsanteil hergestellt werden können. Überwiegend wird dafür eine rechtsgeschäftliche Nachverpfändung des neu hinzugekommenen Miteigentumsanteils verlangt.[236] Die Pfandunterstellung seitens der Wohnungseigentümer, deren Miteigentumsanteil sich vergrößert, müsste aber nicht ausdrücklich erklärt werden, sondern liegt idR stillschweigend in der Einigung über die Quotenänderung.[237] Da es aber unbestritten ist, dass eine Quotenänderung zulässig ist, dies ua eine Inhaltsänderung beim gewinnenden Wohnungseigentum darstellt und der übertragende Miteigentumsanteil (ohne Sondereigentum) kein rechtlich selbständiges oder belastungsfähiges oder buchungsfähiges Rechtsobjekt ist, erscheint es nur konsequent, von einer *gegenständlichen Pfanderstreckung durch Inhaltsänderung* auszugehen, die kraft Gesetzes eintritt.[238]

c) Veränderung des Sondereigentums. aa) Zulässigkeit. Die Veräußerung von Sondereigentum ohne **121** Miteigentumsanteil ist grundsätzlich unzulässig (§ 6 Abs 1 WEG). Unter einschränkender Auslegung dieser Norm ergibt sich, dass dies nur bei der Veräußerung an Fremde, dh Nichtwohnungseigentümer gilt. Innerhalb der Eigentümergemeinschaft ist dagegen die Veräußerung von Sondereigentum ohne Miteigentum zulässig.[239]

---

232 BayObLG Rpfleger 1993, 444; *Schöner/Stöber* Rn 2971.
233 BGH DNotZ 1976, 741; BayObLG Rpfleger 1993, 444; *Bärmann* Wohnungseigentum, Rn 115.
234 LG Bremen Rpfleger 1985, 106; *Schöner/Stöber* Rn 2971; *Streuer* Rpfleger 1992, 181, 183 Fn 29; **aA** *Meyer-Stolte* Rpfleger 1985, 107.
235 LG Bochum Rpfleger 1990, 291; *Palandt-Bassenge* § 6 WEG Rn 2; *Streblow* MittRhNotK 1987, 141, 151; *Schmidt* MittBayNot 1985, 237, 244 f.
236 BayObLG Rpfleger 1993, 444; NJW 1958, 2116, 2118; OLG Hamm Rpfleger 1986, 375; *Schöner/Stöber* Rn 2971; *Mottau* Rpfleger 1990, 455; *Nieder* BWNotZ 1984, 49, 51.
237 BayObLG Rpfleger 1993, 444, 445 aE.
238 LG Lüneburg RNotZ 2005, 364; LG Wiesbaden Rpfleger 2004, 350; *Böttcher* BWNotZ 1996, 80, 85; *Streuer* Rpfleger 1992, 181, 183 f.
239 BayObLG DNotZ 1984, 381; OLG Celle DNotZ 1975, 41; *Bärmann* Wohnungseigentum, Rn 116; *Schöner/Stöber* Rn 2968; *Nieder* BWNotZ 1984, 49, 50.

Aus der Praxis beispielhaft zu nennen sind die Fälle der Veräußerung von Sondereigentumsrechten an Garagen oder der Kellertausch, aber auch ein vollständiger Austausch der Räume eines Wohnungseigentums mit einem anderen.

122   **bb) Materielle Voraussetzungen.** Da das Wohnungseigentum aus den zwei Komponenten Miteigentumsanteil am gemeinschaftlichen Eigentum und Sondereigentum an den Räumen besteht, bedeutet eine Veränderung des Sondereigentums nach überwiegender Ansicht eine Inhaltsänderung der unmittelbar beteiligten Wohnungseigentumsrechte. Da dies zum einen als Aufhebung und Neubegründung von Sondereigentum anzusehen ist und zum andern eine Eigentumsübertragung des Gegenstands des Sondereigentums darstellt, bedarf es dafür einer dinglichen **Einigung der beteiligten Wohnungseigentümer in Auflassungsform** (§§ 877, 873, 925 BGB, § 4 Abs 1 und 2 WEG), dh sie muss bei gleichzeitiger Anwesenheit vor einem Notar erklärt werden.[240]

123   Soweit das **verlierende Wohnungseigentum mit dinglichen Einzelrechten belastet** ist, besteht Einigkeit darüber, dass deren Inhaber der Verschiebung des Sondereigentums zustimmen müssen. Unterschiedlich ist lediglich die Begründung dafür. Zum Teil wird eine Aufgabeerklärung nach § 875 BGB angenommen.[241] Systemgerechter ist es aber, von einer Zustimmung gemäß §§ 877, 876 BGB auszugehen, da die Veränderung des Sondereigentums in erster Linie eine Inhaltsänderung der beteiligten Wohnungseigentumsrechte ist.[242] Diese Zustimmung der dinglich Berechtigten ist ihr Einverständnis mit dem Erlöschen ihrer Rechte am weggehenden Sondereigentum, das kraft Gesetzes eintritt.[243]

124   **Inhaber von Rechten, die das gesamte Grundstück belasten**, müssen der Verschiebung von Sondereigentum nicht zustimmen, da sie dadurch nicht beeinträchtigt werden.

125   Ebenso ist die Zustimmung der **übrigen Wohnungseigentümer und ihrer dinglich gesicherten Gläubiger** zur Verschiebung des Sondereigentums nicht erforderlich; sie erleiden dadurch keinen Nachteil.[244]

126   Ist beim verlierenden Wohnungseigentum nur eine allgemeine Veräußerungsbeschränkung nach § 12 WEG vereinbart, so bedarf es für die Verschiebung des Sondereigentums **nicht der Zustimmung des Verwalters**.[245] Die Erweiterung der Zustimmungspflicht nach § 12 WEG auf die Veräußerung von Sondereigentum ist nicht möglich.[246]

127   Für die Wirksamkeit der Verschiebung von Sondereigentum als Inhaltsänderung der beteiligten Wohnungseigentumsrechte ist letztendlich die **Eintragung in deren Grundbüchern** erforderlich (§§ 877, 873 BGB). Die Eintragung erfolgt in den Spalten 5 und 6 des Bestandsverzeichnisses (§ 3 Abs 5 WGV), wobei auf die Eintragungsbewilligung Bezug genommen werden kann (§ 7 Abs 3 WEG).

Beispiel (nach WGV Anlage 1):
»Der Gegenstand des Sondereigentums ist bezüglich eines Raumes geändert. Unter Bezugnahme auf die Eintragungsbewilligung vom … eingetragen am …«

128   **cc) Formelle Voraussetzungen.**
–   Schriftlicher **Antrag** des abgebenden oder aufnehmenden Wohnungseigentümers (§§ 13, 30).
–   **Bewilligung** des betroffenen Wohnungseigentümers in öffentlich beglaubigter Form (§§ 19, 29). Beim Tausch von Räumen (zB Keller) müssen beide Wohnungseigentümer bewilligen.
–   Dingliche **Einigung** (§ 4 Abs 1 und 2 WEG, §§ 877, 873, 925 BGB) in notariell beurkundeter Form gemäß §§ 20, 29.[247]
–   Zustimmung der **Inhaber von dinglichen Rechten am abgegebenen Wohnungseigentum** in öffentlich beglaubigter Form (§§ 877, 876 BGB; § 29 GBO). In der Zustimmung liegt idR auch die Bewilligung der Pfandentlassung des weggehenden Raumes (§§ 19, 29), sodass eine gesonderte Erklärung dafür nicht notwendig ist.[248]

---

240   BayObLG DNotZ 1999, 210; NJW 1958, 2116, 2117; OLG Celle Rpfleger 1974, 267, 268; *Schöner/Stöber* Rn 2968, 2969; *Bärmann*, Wohnungseigentum, Rn 116; *Nieder* BWNotZ 1984, 49, 50; *Streuer* Rpfleger 1992, 181.

241   *Schmidt* MittBayNot 1985, 237, 244; MüKo-*Röll* § 3 WEG Rn 15.

242   BayObLG DNotZ 1999, 210; Rpfleger 1984, 268, 269; *Schöner/Stöber* Rn 2968; *Streuer* Rpfleger 1992, 181, 182; *Nieder* BWNotZ 1984, 49, 50.

243   *Streuer* Rpfleger 1992, 181, 182.

244   BayObLG DNotZ 1999, 210; Rpfleger 1984, 268; *Bärmann* Wohnungseigentum, Rn 116; *Nieder* BWNotZ 1984, 49, 50.

245   OLG Celle Rpfleger 1974, 267; *Böttcher* Rpfleger 1985, 1, 6; *Röll* Rpfleger 1976, 283, 285; *Nieder* BWNotZ 1984, 49, 50; **aA** LG Stuttgart BWNotZ 1974, 18.

246   *Böttcher* Rpfleger 1985, 17.

247   *Schöner/Stöber* Rn 2842; *Bärmann-Pick-Merle* § 4 WEG Rn 6.

248   LG Bremen Rpfleger 1985, 106; *Schöner/Stöber* Rn 2968, 2971; *Streuer* Rpfleger 1992, 181, 183 Fn 29; **aA** *Meyer-Stolte* Rpfleger 1985, 107.

– Ist das **aufnehmende Wohnungseigentum mit dinglichen Rechten belastet**, besteht Einigkeit dahingehend, dass nach der Verschiebung des Sondereigentums diese Belastungen auch auf den neu hinzugekommenen Raum ruhen müssen. Eine Meinung verlangt daher grundsätzlich eine rechtsgeschäftliche Nachverpfändung; nur wenn das übernehmende Wohnungseigentum lediglich mit Grundpfandrechten belastet ist, soll eine Bestandteilszuschreibung des Raumes genügen (§ 890 Abs 2 BGB, § 6 GBO), weil dann kraft Gesetzes die Pfanderstreckung eintrete gemäß § 1131 BGB.[249] Diese Ansicht muss abgelehnt werden. Eine Bestandteilszuschreibung scheidet schon aus dem Grund aus, weil der zuzuschreibende Bestandteil selbständig buchungs- und belastungsfähig sein müsste, was beim Sondereigentum allein nicht möglich ist (§ 6 Abs 1 WEG); außerdem würde sie bei Rechten in Abt II des aufnehmenden Wohnungseigentums nichts nützen, da § 1131 BGB dafür nicht gilt. Aber auch eine rechtsgeschäftliche Nachverpfändung ist ausgeschlossen, weil dies ebenfalls einen selbständigen belastbaren Gegenstand voraussetzt. Zu folgen ist daher der Ansicht, wonach sich die Belastungen am übernehmenden Wohnungseigentum kraft Gesetzes auf den hinzukommenden Raum erstrecken.[250] Dies ergibt sich zwingend aus § 6 Abs 2 WEG: Die Belastungen des gewinnenden Wohnungseigentums ergreifen ihren Gegenstand in seinem jeweiligen Bestand. Da der Belastungsgegenstand durch die Verschiebung des Sondereigentums inhaltlich geändert wird, braucht die Belastung nicht rechtsgeschäftlich erstreckt werden. Mit der Grundbucheintragung wird das übergehende Sondereigentum Bestandteil des aufnehmenden Sondereigentums und teilt dessen rechtliches Schicksal.
– Wird ein Sondereigentumsraum von einer abgeschlossenen Wohnung in eine andere verschoben, müssen eine **berichtigte Abgeschlossenheitsbescheinigung und ein neuer Aufteilungsplan** gemäß § 7 Abs 4 WEG vorgelegt werden.[251] Dies ist jedoch dann nicht erforderlich, wenn Räume verschoben werden, die außerhalb einer geschlossenen Wohnung liegen, zB Garage, Keller.[252]

d) Aufteilung der Berechtigung am Wohnungseigentum. Darunter ist die **Aufteilung der Wohnungseigentumsberechtigung in mehrere ideelle, nach Quoten abgegrenzte Teilrechte** zu verstehen. Das Wohnungseigentum ist echtes Eigentum, und zwar eine Mischung von Alleineigentum an einer Wohnung und Bruchteilseigentum am Grundstück.[253] Da nach allgemeinem bürgerlichem Recht sowohl das Alleineigentum als auch das gewöhnliche Miteigentum ideell teilbar sind, kann auch das aus Alleineigentum und Miteigentum zusammengesetzte Wohnungseigentum in mehrere ideelle, nach Quoten abgegrenzte Teilrechte aufgespalten werden, was insbesondere für Eheleute (je zu 1/2) von Bedeutung ist, wenn sie von einem Alleineigentümer eine Eigentumswohnung erwerben.[254] Die Teilung der Wohnungseigentumsberechtigung als solche bedarf nicht der Zustimmung der anderen Wohnungseigentümer.[255] Da es eine Aufteilung der Eigentumsberechtigung sowohl beim Alleineigentum wie beim Miteigentum nur bei gleichzeitiger Teilveräußerung gibt, eine *Vorratsteilung* in der Hand des alten Eigentümers also nicht möglich ist, setzt die Teilung der Wohnungseigentumsberechtigung stets die Übertragung eines Bruchteils an eine andere Person voraus.

129

e) Veräußerung einer Grundstücksteilfläche. aa) Materielle Voraussetzungen. Da das Wohnungseigentumsgrundstück, von dem ein realer Teil veräußert werden soll, in ideelle Miteigentumsanteile jeweils verbunden mit Sondereigentum aufgeteilt ist, **stellt sich die Frage, ob nicht zunächst alle Sondereigentumsrechte nach § 4 WEG aufgehoben werden müssen.** Dies wird zum Teil bejaht,[256] zum Teil verneint.[257] Richtigerweise ist jedoch, wie von *Röll*[258] vorgeschlagen, eine differenzierte Betrachtungsweise angebracht:

130

Wird eine unbebaute oder zwar bebaute, aber nicht mit Sondereigentum verbundene Teilfläche veräußert, erlöschen mit der Grundbucheintragung des Erwerbers ipso iure alle Rechtsbeziehungen aus der Wohnungseigentümergemeinschaft. Eine gesonderte Aufhebung des Sondereigentums ist nicht erforderlich.

Steht aber auf der veräußerten Grundstücksteilfläche ein Gebäude, an dem Sondereigentum begründet ist, so bedarf es der Aufhebung der Sondereigentumsrechte durch die betroffenen Wohnungseigentümer durch gleichzeitige Erklärung vor einem Notar (§ 4 WEG, §§ 873, 925 BGB).

Zur Veräußerung einer Grundstücksteilfläche ist die **Zustimmung von den dinglich Berechtigten** erforderlich, deren Recht nicht am ganzen Grundstück oder als Gesamtrecht auf allen Wohnungseigentumsberechtigten

131

249 *Streblow* MittRhNotK 1987, 141, 152 f; *Schmidt* MittBayNot 1985, 237, 244 f; *Nieder* BWNotZ 1984, 49, 50 f.
250 *Streuer* Rpfleger 1992, 181, 182; *Schöner/Stöber* Rn 2970 aE; LG Düsseldorf MittRhNotK 1986, 78.
251 BayObLG DNotZ 1999, 210; *Nieder* BWNotZ 1984, 49, 50; *Tasche* DNotZ 1972, 710, 716.
252 OLG Celle DNotZ 1975, 42, 44; *Nieder* BWNotZ 1984, 49, 50; *Röll* MittBayNot 1979, 218 f.
253 BGHZ 49, 250, 251 = Rpfleger 1968, 114 = DNotZ 1968, 417 = NJW 1968, 499.
254 BGH aaO; OLG Neustadt NJW 1960, 295.
255 KEHE-*Eickmann* § 7 Rn 26.
256 OLG Frankfurt Rpfleger 1990, 292; OLG Saarbrücken Rpfleger 1988, 479.
257 LG Ravensburg Rpfleger 1990, 291.
258 Rpfleger 1990, 277; **aA** *Geißel* MittRhNotK 1997, 333, 345; *Herrmann* DNotZ 1991, 607, 609.

lastet; gemeint sind also die Einzelbelastungen auf den Eigentumswohnungen.[259] Erfolgt eine Aufhebung der Sondereigentumsrechte, ergibt sich dies aus § 9 Abs 2 WEG; §§ 877, 876 BGB;[260] ansonsten aus der Überlegung, dass sich der Belastungsgegenstand verringert, nämlich das im Gemeinschaftseigentum stehende Grundstück, woran jeder Wohnungseigentümer einen ideellen Miteigentumsanteil hat.

132   Hinsichtlich der betroffenen Grundstücksteilfläche bedarf es dann der **Auflassung durch alle Miteigentümer** an den Erwerber durch gleichzeitige Erklärung vor einem Notar (§§ 873, 925 BGB).

133   Für die wirksame Grundstücksteilung bedarf es einer darauf gerichteten **Erklärung der Miteigentümer gegenüber dem GBA**. Diese liegt idR konkludent in der Auflassungserklärung der Miteigentümer.[261]

134   Für die Veräußerung der Grundstücksteilfläche bedarf es letztendlich der **Grundbucheintragung**. Soweit keine Aufhebung des Sondereigentums erforderlich ist, dh bei Veräußerung eines außerhalb des Gebäudes liegenden realen Teils des Grundstücks, muss in allen Wohnungsgrundblättern im Bestandsverzeichnis die jeweilige Eigentumswohnung mit dem unveränderten Miteigentumsanteil an dem verbleibenden Restgrundstück unter einer neuen Nummer vorgetragen werden; das veräußerte Teilstück ist in den Spalten 7 und 8 abzuschreiben und auf einem anderen Grundbuchblatt einzutragen.[262] Musste das Sondereigentum vertraglich aufgehoben werden, hat das GBA von Amts wegen die Wohnungsgrundbücher zu schließen und ein Grundstücksgrundbuch anzulegen (§ 9 Abs 1 und 3 WEG). Nach Teilung des Grundstücks und Abschreibung des betroffenen Teils, sind das Grundstücksgrundbuch wieder zu schließen und erneut Wohnungsgrundbücher anzulegen.

135   **bb) Formelle Voraussetzungen**.

– Für den Vollzug der evtl erforderlichen Aufhebung des Sondereigentums bedarf es eines **schriftlichen Antrags** der betroffenen Wohnungseigentümer (§§ 13, 30). Diese können auch die Eintragung der Auflassung beantragen; aber der Erwerber der Grundstücksteilfläche als Begünstigter ebenfalls. Nicht beantragt werden muss die Teilung des Grundstücks, weil diese bei der Veräußerung einer Grundstücksteilfläche von Amts wegen geschieht entsprechend § 7 Abs 1.[263]
– Sowohl für eine evtl erforderliche Aufhebung des Sondereigentums als auch den Eigentumswechsel an der Grundstücksteilfläche ist die **Bewilligung** der betroffenen Wohnungseigentümer in öffentlich beglaubigter Form vorzulegen (§§ 19, 29).
– Außerdem ist die evtl erforderliche dingliche **Einigung** über die Aufhebung des Sondereigentums und die Auflassung der Grundstücksteilfläche in notariell beurkundeter Form vorzulegen (§§ 20, 29).
– Der **Zustimmung der Berechtigten von Einzelbelastungen** an den Eigentumswohnungen bedarf es in öffentlich beglaubigter Form (§§ 19, 29).
– Soweit die abzuschreibende Grundstücksteilfläche nicht bereits ein selbständiges Flurstück ist, muss auch ein **Veränderungsnachweis des Vermessungsamtes** vorgelegt werden (§ 2 Abs 3 und 4).

XI. Verletzung des § 7

136   Sowohl Abs 1 als auch Abs 2 des § 7 enthalten nur **Ordnungsvorschriften**.[264] Der Grundbuchrechtspfleger ist zur Einhaltung der Vorschriften verpflichtet und es kann bei Nichtbeachtung eine Staatshaftung entstehen.

137   Die Eintragung der Belastung eines realen Grundstücksteils (§ 7 Abs 1) ist daher auch gültig, wenn die Abschreibung unterblieben ist, vorausgesetzt, dass sich aus der Eintragungsformel deutlich ergibt, welcher Teil des Grundstücks belastet ist.[265] Die Abschreibung kann von Amts wegen jederzeit nachgeholt werden, selbstverständlich unter Mitübertragung der inzwischen eingetragenen Belastungen usw. Wird das Versehen später entdeckt, so ist der Grundbuchrechtspfleger sogar zur nachträglichen Vornahme der Abschreibung verpflichtet. Es kann davon auch auf Verlangen oder Antrag Beteiligter nicht abgesehen werden.

138   Auch bei Verstoß gegen § 7 Abs 2 ist eine Belastung materiellrechtlich wirksam. Wenn der Grundbuchrechtspfleger zu Unrecht die Voraussetzungen des § 7 Abs 2 angenommen hat, so muss er von Amts wegen die Abschreibung vornehmen.[266] Ist die Abschreibung unterblieben, weil Verwirrung nicht zu befürchten war und tritt diese Besorgnis später ein, so wird zum Teil angenommen, dass der Grundbuchrechtspfleger nicht berechtigt sei, die Abschreibung nachträglich vorzunehmen, da das Gesetz den Ausdruck *wenn* im Gegensatz zu *solange*

---

259 OLG Zweibrücken Rpfleger 1986, 93; *Schöner/Stöber* Rn 2982, 2996.
260 OLG Frankfurt Rpfleger 1990, 292.
261 *Böttcher* Rpfleger 1989, 133, 134.
262 *Schöner/Stöber* Rn 2982; *Nieder* BWNotZ 1984, 49.
263 *Böttcher* Rpfleger 1989, 133, 134.
264 *Demharter* § 7 Rn 34.
265 RGZ 101, 120; KG OLGE 14, 85, 86; *Demharter* § 7 Rn 34.
266 *Demharter* § 7 Rn 34.

in § 4 gebrauche; es wird die nachträgliche Abschreibung nur auf Antrag des Eigentümers zugelassen.[267] Diese Meinung kann nicht gebilligt werden. Die Ausdrucksweise des § 7 ist nicht so exakt, als dass diese Folgerungen gezogen werden könnten. So ist unbestritten, dass § 7 Abs 1 als Sollvorschrift aufzufassen ist, obwohl der Gesetzestext das Wort *ist* gebraucht. Die Entstehungsgeschichte der Vorschrift gibt auch keinen Anhaltspunkt für eine unterschiedliche Auslegung. Es fehlt auch eine verständliche Begründung hierfür. Daher ist auch in diesem Fall die nachträgliche Abschreibung zuzulassen. Es besteht kein Grund, weshalb dann, wenn nachträglich die Verwirrung eintritt, die Abschreibung nicht vorgenommen werden soll. Es wäre unzweckmäßig, hier die spätere Abschreibung vom Antrag des Eigentümers abhängig zu machen. § 7 ist jederzeit anzuwenden, wenn seine Voraussetzungen vorliegen, sodass von einer »nachträglichen« Anwendung ohnehin nicht gesprochen werden kann.

---

267 *Güthe-Triebel* § 7 Rn 22.

§ 8 (weggefallen)

§ 9 (Subjektiv-dingliche Rechte)

(1) Rechte, die dem jeweiligen Eigentümer eines Grundstücks zustehen, sind auf Antrag auch auf dem Blatt dieses Grundstücks zu vermerken. Antragsberechtigt ist der Eigentümer des Grundstücks sowie jeder, dessen Zustimmung nach § 876 Satz 2 des Bürgerlichen Gesetzbuchs zur Aufhebung des Rechts erforderlich ist.

(2) Der Vermerk ist von Amts wegen zu berichtigen, wenn das Recht geändert oder aufgehoben wird.

(3) Die Eintragung des Vermerks (Absatz 1) ist auf dem Blatt des belasteten Grundstücks von Amts wegen ersichtlich zu machen.

Schrifttum

Bessell, Besprechung zum Beschluß des OLG Bremen vom 09.04.1964, DNotZ 1965, 297; *ders,* Die Grundbucheintragung des Verzichts auf Überbaurente, DNotZ 1968, 617; *Böck,* Besprechung zum Beschluß des BayObLG vom 13.02.1976, Mitt-BayNot 1976, 63; *Glaser,* Gemeindenutzungsrechte in Bayern, MittBayNot 1988, 113; *Ludwig,* Überbaurente und Parteivereinbarung, DNotZ 1984, 541; *Reimann,* Die selbständigen Fischereirechte nach dem Bayer. Fischereigesetz, MittBayNot 1971, 4.

I. Normzweck

1 Nach § 96 BGB gelten Rechte, die mit dem Eigentum an einem Grundstück verbunden sind, also dem jeweiligen Eigentümer eines Grundstücks zustehen, als Bestandteile dieses Grundstücks. Man spricht von subjektiv-dinglichen Rechten. Das Gesetz behandelt sie, obwohl sie nicht wirkliche Bestandteile (Sachteile) des Grundstücks sind, als solche, um auf sie die für Bestandteile geltenden Vorschriften anzuwenden.[1] Die **subjektiv-dinglichen Rechte** werden daher von den Rechten, mit denen das herrschende Grundstück selbst belastet ist, ergriffen;[2] auf dem herrschenden Grundstück lastende Hypotheken erstrecken sich gemäß § 1120 BGB auf die subjektiv-dinglichen Rechte am dienenden Grundstück.

2 An der grundbuchmäßigen Verlautbarung dieser Rechtslage hat der Eigentümer ein Interesse, weil diese Rechte mit als **Kreditunterlage** dienen.[3] Zur Aufhebung oder Änderung des Inhalts oder des Ranges eines subjektiv-dinglichen Rechts ist die Zustimmung derjenigen erforderlich, denen ein dingliches Recht an dem herrschenden Grundstück zusteht, es sei denn, dass deren Rechte durch die Aufhebung oder die Änderung des subjektiv-dinglichen Rechts nicht berührt werden, §§ 876 S 2, 877, 880 BGB. Gemäß § 9 ist es gestattet, dass subjektiv-dingliche Rechte auch auf dem Blatt des herrschenden Grundstücks vermerkt werden. Dieser Vermerk soll nicht nur die Rechte, die zu einem Grundstück als Bestandteil gehören, sofort ersehen lassen, sondern auch der Sicherung der am herrschenden Grundstück dinglich Berechtigten dienen; denn der nach mate-

---

1 BGB-RGRK-*Kregel* § 96 Rn 10.
2 RGZ 83, 198, 200; KEHE-*Eickmann* § 9 Rn 1.
3 *Demharter* § 9 Rn 1; *Eickmann* aaO.

riellem Recht erforderlichen Zustimmung dieser Berechtigten zur Aufhebung des subjektiv-dinglichen Rechts bedarf es grundbuchrechtlich nach § 21 nur dann, wenn der Vermerk des § 9 auf dem Blatt des herrschenden Grundstücks eingetragen ist. Es muss daher auch diesen Berechtigten eine Möglichkeit gegeben werden, durch den Vermerk der subjektiv-dinglichen Rechte auf dem Blatt des herrschenden Grundstücks sich für ihr Recht verstärkten Schutz zu verschaffen.

II. Voraussetzungen des Vermerks

1. Die betroffenen Rechte

a) Subjektiv-dingliche Rechte nach Bundesrecht. Grunddienstbarkeiten (§ 1018 BGB) sind notwendigerweise subjektiv-dinglich.[4] Der Eigentümer des dienenden Grundstücks wird in einzelnen Beziehungen in der Benutzung des Grundstücks oder in der Ausübung seiner Rechte zugunsten des jeweiligen Eigentümers des herrschenden Grundstücks beschränkt (Baubeschränkungen, Wegerechte, Immissionsverbote etc).[5]   **3**

Vorkaufsrechte, wenn sie zugunsten des jeweiligen Eigentümers eines anderen Grundstücks bestellt werden (§ 1094 Abs 2 BGB).[6]   **4**

Reallasten, wenn sie zugunsten des jeweiligen Eigentümers eines anderen Grundstücks bestellt werden (§ 1105 Abs 2 BGB).   **5**

Erbbauzins gemäß § 9 Abs 2 S 2 ErbbauRG.[7]   **6**

Überbau- und Notwegrente, soweit ihre Höhe vertraglich festgelegt ist (§ 913 Abs 1, § 917 Abs 2 BGB); diese Rechte ähneln einer für den jeweiligen Grundstückseigentümer bestellten Reallast (vgl Rdn 25).   **7**

b) Subjektiv-dingliche Rechte nach Landesrecht. Die landesrechtlichen subjektiv-dinglichen Rechte beruhen auf gesetzlichen Vorbehalten, insbesondere des EGBGB.   **8**

Fischereirechte, soweit sie nach Landesrecht (Art 69 EGBGB) nicht dem Eigentümer des Gewässers zustehen, sondern im Einzelfall mit dem Eigentum an einem anderen Grundstück verbunden sind (vgl zB Art 10 BayFischereiG vom 15.08.1908, BayBS IV 453; §§ 8–11 iVm §§ 19 Abs 2, 22 preuß FischereiG vom 11.05.1916).[8]   **9**

Kellerrechte nach Art 553 Code Civil sind nach Art 181, 184 EGBGB als Rechte an fremden Grundstücken aufrechterhalten worden und fallen unter § 96 BGB.[9]   **10**

Wasserrechte ergeben sich aus dem Landesprivatrecht, zB ein im Jahre 1864 verliehendes Staurecht, das einen wesentlichen Bestandteil eines Mühlengrundstücks bildet[10] und Wasserbezugs- bzw Wasserkraftrechte.[11]   **11**

Forstrechte und Weiderechte sind Nutzungsrechte, bei denen die Berechtigung mit dem Eigentum an bestimmten Grundstücken oder Anwesen verbunden ist.[12]   **12**

c) Keine Vereinbarung über Erweiterung. Es ist nicht möglich, den Kreis der subjektiv-dinglichen Rechte durch rechtsgeschäftliche Vereinbarungen zu erweitern,[13] da dies dem numerus clausus der Sachenrechte widersprechen würde. Denkbar ist jedoch eine Rechtslage, die im Ergebnis einem subjektiv-dinglichen Recht gleichkommt, und zwar bei subjektiv-persönlichen Rechten unter Zuhilfenahme von aufschiebenden und auflösenden Bedingungen sowie der Rechtsfigur des Vertrags zugunsten Dritter;[14] daraus folgt jedoch nicht, dass diese Rechtsfiguren rechtlich wie subjektiv-dingliche Rechte behandelt werden.[15]   **13**

d) Keine Anwendung des § 9. aa) Subjektiv-persönliche Rechte. Die Anwendung des § 9 ist ausgeschlossen bei Rechten an Grundstücken, die notwendig subjektiv-persönliche Rechte sind, dh stets einer bestimmten Person zustehen müssen, wie das Erbbaurecht, der Nießbrauch, die beschränkte persönliche   **14**

---

4 BGH NJW 1970, 1371, 1372; RGZ 93, 71, 73.
5 *Bengel / Simmerding* § 9 Rn 2.
6 RGZ 104, 316, 318.
7 BayOLGZ 1961, 30 ff.
8 KGJ 34 A 218; BayObLG BayNotV 1931, 335; BGB-RGRK-*Kregel* § 96 Rn 6; zur grundbuchmäßigen Behandlung von Fischereirechten in Bayern vgl Verordnung vom 07.10.1982 (BayGVBl 897).
9 RGZ 56, 258, 260; BGB-RGRK-*Kregel* aaO.
10 LG Hildesheim NdsRpfl 1965, 275.
11 BayObLGZ 8, 132; *Wein* BayNotZ 1914, 161.
12 BayObLGZ 22, 270.
13 KEHE-*Eickmann* § 9 Rn 3.
14 *Eickmann* aaO.
15 BGHZ 37, 147 = 1962, 1344; RGZ 128, 246; KG JFG 9, 207.

Dienstbarkeit, die Hypothek, die Grund- und Rentenschuld.[16] Ein für den *Berechtigten und seine Rechtsnachfolger* bestelltes dingliches Vorkaufsrecht ist kein subjektiv-dingliches, sondern ein subjektiv-persönliches.[17]

15   **bb) Objektiv-persönliche Rechte.** Auch für objektiv-persönliche Rechte, dh nicht an einem Grundstück lastende Rechte, gilt § 9 grundsätzlich nicht (zB Realgewerbeberechtigungen und Fischereigerechtigkeiten).[18] Soweit diese Rechte aber kraft Landesrechts subjektiv-dinglich (radiziert) sind, kann ihre Vermerkung auf dem Blatt des berechtigten Grundstücks landesrechtlich zugelassen werden (§ 117).[19] Der Vermerk ist im Grundbuch des berechtigten Grundstücks weder zur Begründung noch zur Übertragung einer radizierten Realgewerbeberechtigung erforderlich.[20]

16   **cc) Vormerkung.** Kein subjektiv-dingliches Recht ist eine Vormerkung, die zugunsten des jeweiligen Eigentümers eines anderen Grundstücks eingetragen ist[21] oder zur Sicherung eines Anspruchs auf Einräumung oder Aufhebung eines subjektiv-dinglichen Rechts eingetragen ist.[22]

17   **dd) Rechte aus öffentlich-rechtlichen Verhältnissen.** § 9 kommt nicht zur Anwendung bei Rechten, die auf einem öffentlich-rechtlichen Verhältnis beruhen.[23] Dazu gehören:

18   Die alten **Apothekenprivilegien** sind mit dem Eigentum am Grundstück verbundene Rechte, die unter § 96 BGB fallen;[24] sie galten gemäß Art 74 EGBGB weiter und bestehen auch unter dem System der persönlichen Betriebserlaubnis nach dem ApothG fort, da § 27 Abs 1 ApothG für die Berechtigten dieser Rechte die Betriebserlaubnis fingiert.[25]

19   Die **Gemeindenutzungsrechte** in Bayern können privat- und öffentlich-rechtlicher Natur sein. Diese Rechte sind privatrechtlicher Natur, wenn sie auf einem Privatrechtstitel beruhen und die Nutzungsberechtigung unabhängig von dem Verhältnis gewähren, in dem der Berechtigte zur Gemeinde steht.[26] Sie sind dagegen öffentlich-rechtlicher Art, wenn sich das Recht auf Teilnahme an den Gemeindenutzungsrechten auf den Gemeindeverband, auf die öffentlich-rechtlichen Beziehungen der Nutzungsberechtigten zur Gemeinde beruhen.[27] Bei Fehlen sicherer Anhaltspunkte für die privatrechtliche Natur wird regelmäßig das Gemeinderecht öffentlich-rechtlicher Natur sein.[28] Bei der Beantragung der Eintragung im Grundbuch ist der privatrechtliche Charakter des Gemeindenutzungsrechts nachzuweisen, da das Grundbuch nur über zweifelsfrei private Rechte und Belastungen Auskunft gibt.[29] In Bayern wurden im Grundbuchanlegungsverfahren Gemeinderechte, die im Grundsteuerkataster bei einem berechtigten Anwesen vorgetragen waren, ohne nähere Untersuchung ihrer privat- oder öffentlich-rechtlicher Natur im Titel des Grundbuchblattes vermerkt.[30] Solange die öffentlich-rechtliche Natur nicht klar erwiesen ist, können diese Rechte weiterhin eingetragen bleiben.[31] Der Grundbuchrechtspfleger ist nicht verpflichtet, die bereits eingetragenen Gemeinderechte ohne besonderen Nachweis daraufhin zu prüfen, ob sie wirklich privatrechtlicher Natur oder verneinendenfalls von Amts wegen zu löschen sind.[32] Werden Gemeindenutzungsrechte nach Art 70 BayGO von der Gemeinde abgelöst und sämtliche Gemeindegrundstücke, die Gegenstand der Nutzungsrechte waren, zwecks Entschädigung der Nutzungsberechtigten veräußert, so tritt aus diesem Sachverhalt die öffentlich-rechtliche Natur der Nutzungsrechte klar zutage; die im Bestandsverzeichnis vermerkten Gemeinderechte sind dann jedenfalls auf Anregung der Eigentümer gemäß § 53 Abs 1 S 2 von Amts wegen zu löschen.[33]

---

16 KGJ 28, 322; DNotZ 1932, 110.
17 BGHZ 37, 147 = NJW 1962, 1344; *Demharter* § 9 Rn 2.
18 KEHE-*Eickmann* § 9 Rn 5; *Demharter* § 9 Rn 4.
19 RG JW 1909, 475.
20 KGJ 34, 218.
21 RGZ 128, 246; KG JFG 9, 207; *Demharter* § 9 Rn 2.
22 KGJ 25, 142.
23 BayObLGZ 12, 194; 1960, 455; KEHE-*Eickmann* § 9 Rn 4; *Demharter* § 9 Rn 4.
24 KGJ 33 A 216; BayObLGZ 9, 318; RGRK-*Kregel* § 96 Rn 7.
25 *Staudinger-Dilcher* § 96 Rn 4.
26 *Bengel-Simmerding* § 9 Rn 3.
27 BayObLGZ 12, 194.
28 BayObLG MittBayNot 1961, 10; *Bengel/Simmerding* § 9 Rn 3.
29 BayObLGZ 1960, 447.
30 *Demharter* § 9 Rn 7.
31 BayObLGZ 1960, 447; 1964 210; l970, 45; *Demharter* § 9 Rn 7; *Bengel/Simmerding* § 9 Rn 3.
32 *Bengel/Simmerding* aaO.
33 BayObLG Rpfleger 1970, 168; BayVBl 1990, 26 = MittBayNot 1990, 33.

Die früher noch wichtige **Abdeckereigerechtigkeit**[34] wurde durch § 12 des TierkörperverwertungsG vom 01.02.1939 (RGBl I 187) aufgehoben.[35]

20

Umstritten ist, ob das **Jagdrecht** ein Recht iS des § 96 BGB ist.[36] Für das Grundbuchverfahren ist dieser Streit jedoch ohne Bedeutung, da die Jagdrechte öffentliches Recht (§ 1 BJagdG, Art 69 EGBGB) und daher für das Grundbuch bezüglich einer Neubegründung unbeachtlich geworden sind.[37]

21

2. Eintragung auf dem dienenden Grundstück

Subjektiv-dingliche Rechte können auf dem Blatt des herrschenden Grundstücks nur dann vermerkt werden, wenn sie auf dem Blatt des dienenden Grundstücks eingetragen sind oder gleichzeitig mit dem Vermerk eingetragen werden.[38] Es muß sich um eine Eintragung handeln; es genügt nicht, dass das Recht nur vorgemerkt ist.[39]

22

Dies gilt auch für Grunddienstbarkeiten, die infolge Art 187 EGBGB in weitem Umfang außerhalb des Grundbuchs vorhanden sind (= **altrechtliche Grunddienstbarkeiten**) oder die an buchungsfreien Grundstücken außerhalb des Grundbuchs begründet worden sind. Altrechtliche Grunddienstbarkeiten, die nach Landesrecht nicht eingetragen sein müssen, dürfen auf dem Blatt des herrschenden Grundstücks erst vermerkt werden, wenn sie auf dem Blatt des dienenden Grundstücks eingetragen sind.[40]

23

Mangelt einem subjektiv-dinglichen Recht die Eintragungsfähigkeit, so ist für einen Vermerk auf dem Blatt des herrschenden Grundstücks kein Raum.[41] Dies trifft zu bei den im privaten Nachbarrecht geregelten gesetzlichen Beschränkungen, wie der gesetzlichen Pflicht zur **Duldung eines Überbaus (§ 912 Abs 1 BGB) oder des Notweges (§ 917 Abs 1 BGB)**, die nicht eintragungsfähig ist.[42] Als Grunddienstbarkeit können aber die vom Gesetz nach Umfang oder Inhalt abweichenden oder zur Beseitigung von Zweifeln klarstellenden Vereinbarungen über den Überbau oder Notweg eingetragen werden.[43]

24

Auch die **Überbau- und Notwegrenten** sind nicht eintragungsfähig.[44] Sie ruhen auf dem rentenpflichtigen Grundstück als gesetzliche Last[45] ohne Eintragung mit Rang vor allen – auch älteren – Rechten (§ 914 Abs 1 und 2, § 917 Abs 2 BGB).[46] Die **vertragliche Festlegung der Höhe und Inhaltsänderung** über diese Renten wirken gegen Dritte jedoch nur bei Eintragung in das Grundbuch (§ 914 Abs 2 S 2 BGB). Die Eintragung erfolgt auf dem Blatt des rentenpflichtigen Grundstücks in Abt II, während auf dem Blatt des rentenberechtigten Grundstücks nur der Vermerk gemäß § 9 GBO eingetragen werden kann.[47] Der **Verzicht** auf diese Renten ist gemäß § 914 Abs 2 S 2 BGB in das Grundbuch einzutragen; die Eintragung ist nach dieser Vorschrift Wirksamkeitserfordernis für den Verzicht. Die Eintragung hat nach hM im Grundbuch des rentenpflichtigen Grundstücks zu erfolgen; die Überbaurente ist als Reallast sui generis anzusehen, sodass ein Verzicht dort einzutragen ist, wo die Überbaurente einzutragen wäre, hätte sie der Gesetzgeber für positiv eintragungsfähig erklärt, dh also in Abt II des rentenpflichtigen Grundstücks,[48] und zwar in den Spalten 1 bis 3; der Verzicht auf eine Überbaurente kann im Grundbuch auch dann eingetragen werden, wenn im Grundbuch eine auf Duldung des Überbaus gerichtete Grunddienstbarkeit eingetragen werden soll.[49] Ein Vermerk über den Verzicht nach § 9 GBO im Grundbuch des rentenberechtigten Grundstücks ist entgegen hM nicht zulässig, da es nicht richtig wäre, den Vermerk über den Verzicht auf ein Recht einzutragen, welches nicht besteht und selbst zur Zeit seines Bestehens nicht einmal eintragungsfähig war.[50]

25

---

34 RGZ 67, 221, 226; 83, 198, 200; BGB- RGRK-*Kregel* § 96 Rn 7.

35 *Staudinger-Dilcher* § 96 Rn 4.

36 Zum Streit vgl *Staudinger-Dilcher* § 96 Rn 6.

37 KEHE-*Herrmann* Einl P Rn 6.

38 BGH DNotZ 1964, 434; BayObLG Rpfleger 1979, 420, 421; KGJ 40, 130; KEHE-*Eickmann* § 9 Rn 6; *Demharter* § 9 Rn 5; *Bengel/Simmerding* § 9 Rn 4.

39 KGJ 40, 130.

40 BayObLG Rpfleger 1979, 381; *Demharter* § 9 Rn 5.

41 *Demharter* je aaO.

42 KEHE-*Keller* Einl D Rn 7.

43 BGHZ 15, 216; BGH LM § 912 Nr 9; BGH DNotZ 1977, 366; OLG Düsseldorf Rpfleger 1978, 16.

44 KEHE-*Keller* Einl D Rn 8.

45 KG Rpfleger 1968, 53.

46 KEHE-*Keller* Einl D Rn 8.

47 KEHE-*Keller* Einl D Rn 9.

48 BGH NJW 1983, 112; BayObLG Rpfleger 1976, 180 = DNotZ 1977, 111; KG JFG 4, 387; OLGZ 1967, 328, 330 = Rpfleger 1968, 52; OLG Bremen Rpfleger 1965, 55 = DNotZ 1965, 295; OLG Düsseldorf Rpfleger 1978, 16; KEHE-*Keller* Einl D Rn 9; **AA** *Bessell* DNotZ 1965, 297; 1968, 617; *Böck* MittBayNot 1976, 63.

49 LG Wuppertal MittRhNotK 1997, 146.

50 BayObLG Rpfleger 1998, 468 = ZflR 1998, 503; *Schöner/Stöber* Rn 1168; KEHE-*Eickmann* § 9 Rn 6; *Demharter* § 9 Rn 5; *Böck* MittBayNot 1976, 64. **AA** KG OLGZ 1967, 328 = Rpfleger 1968, 52; LG Düsseldorf Rpfleger 1990, 288 = MittRhNotK 1991, 18; OLG Bremen Rpfleger 1965, 55, 56; *Bayer* in *Bauer/von Oefele* § 9 Rn 9; BGB-RGRK-*Augustin* § 914 Rn 4.

26 **Ausnahmen** gelten für subjektiv dingliche Rechte, die nach früherem Recht nur auf dem Blatt des berechtigten Grundstücks vermerkt waren, auf diesem aber zu Unrecht erlöscht sind,[51] sowie für objektiv-persönliche Rechte, die nach Landesrecht auf dem Blatt des herrschenden Grundstücks vermerkt werden können[52] (vgl Rdn 15).

27 Eine weitere Ausnahme gilt in Bayern für das **Fischereirecht** zugunsten des jeweiligen Eigentümers eines Grundstücks (Rdn 9); dieses ist selbst dann auf dem Blatt des herrschenden Grundstücks zu vermerken, wenn für das Gewässer ein Blatt nicht angelegt, die Eintragung des Rechts auf dem Blatt des belasteten Grundstücks also nicht möglich ist (§ 6 Abs 3 S 2 Verordnung über die grundbuchmäßige Behandlung von Fischereirechten vom 07.10.1982, BayGVBl 892).[53]

3. Antrag (§ 9 Abs 1)

28 Die Eintragung des Vermerks auf dem Blatt des herrschenden Grundstücks erfolgt nur auf **Antrag** (§ 9 Abs 1 S 1). Dieser bedarf der im § 29 vorgeschriebenen Form nicht, da er keine zur Eintragung erforderliche Erklärung ersetzt.

29 **Antragsberechtigt** ist zunächst der Eigentümer des herrschenden Grundstücks (§ 9 Abs 1 S 2). Gehört das Grundstück mehreren Miteigentümern oder Gesamthändern, so ist jeder von ihnen antragsberechtigt. Der Widerspruch eines von mehreren Antragsberechtigten schließt das Antragsrecht des anderen nicht aus. Der Eigentümer des dienenden Grundstücks ist nicht antragsberechtigt.

30 **Antragsberechtigt** ist daneben jeder, dessen Zustimmung nach § 876 S 2 BGB zur Aufhebung des Rechts erforderlich ist (§ 9 Abs 1 S 2), also jeder Dritte, dem ein Recht an dem herrschenden Grundstück zusteht, vorausgesetzt, daß dieses Recht durch die Aufhebung des zu vermerkenden Rechts berührt würde. Die Zubilligung eines Antragsrechts an diese dinglichen Berechtigten geschieht in Abweichung von § 13 Abs 1 S 2, wonach nur unmittelbar Begünstigte antragsberechtigt sind,[54] da die dinglich Berechtigten durch die Eintragung des Vermerks nur mittelbar begünstigt werden.[55] Zur Aufhebung eines subjektiv-dinglichen Rechts am dienenden Grundstück ist nach § 876 S 2 BGB die Zustimmung der Berechtigten eines Grundpfandrechtes[56] oder einer Reallast am herrschenden Grundstück erforderlich; (Ausnahme: subjektiv-dingliches Vorkaufsrecht am dienenden Grundstück); bei Vorkaufsrechten und den Nutzungsrechten (Nießbrauch, Grunddienstbarkeit, beschränkt persönliche Dienstbarkeit usw) auf dem herrschenden Grundstück ist die Beeinträchtigung von Fall zu Fall zu beurteilen (vgl im Einzelnen § 21 Rdn 9–15). Darüber, ob die Voraussetzungen vorliegen, insbesondere, ob das Recht des Dritten berührt wird, entscheidet das Ermessen des Grundbuchrechtspflegers. Er kann die erforderlichen Nachweise verlangen. Der Antrag eines der in § 876 S 2 BGB genannten Beteiligten genügt; der Zustimmung des Grundstückseigentümers bedarf es nicht, wenn ein solcher Berechtigter den Antrag stellt.[57]

III. Verfahren

1. Eintragung auf dem Blatt des herrschenden Grundstücks (§ 9 Abs 1 S 1)

31 Der Vermerk auf dem Blatt des herrschenden Grundstücks erfolgt in den Spalten 1, 3 bis 6 des Bestandsverzeichnisses, § 7 GBV (vgl die Erläuterung dort).[58] Steht das subjektiv-dingliche Recht den jeweiligen Eigentümern mehrerer Grundstücke zu, so ist der Vermerk auf den Blättern aller Grundstücke einzutragen. Die Eintragung des Vermerks ist, wenn das Grundbuch für das belastete Grundstück von einem anderen Grundbuchamt oder einer anderen Abteilung desselben Grundbuchamts geführt wird, diesem mitzuteilen (§ 41 Abs 1 GBV).

2. Hinweis auf dem Blatt des belasteten Grundstücks (§ 9 Abs 3)

32 Die Eintragung des Vermerks am herrschenden Grundstück ist auf dem Blatt des belasteten Grundstücks ersichtlich zu machen (§ 9 Abs 3). Dieser Hinweis soll dafür sorgen, dass § 9 Abs 2, § 21 vom Grundbuchamt nicht übersehen werden.[59] Der Grundbuchrechtspfleger ersieht aus dem Hinweis, wenn er die Aufhebung des subjektiv-dinglichen Rechts auf dem Blatt des belasteten Grundstücks einzutragen hat, dass nach § 21 die Mitbewilligung der an dem herrschenden Grundstück dinglich Berechtigten erforderlich ist. Ferner gibt der Hin-

---

51 KGJ 43, 121; *Bengel-Simmerding* § 9 Rn 4.
52 *Demharter* § 9 Rn 4, 6.
53 *Demharter* aaO.
54 *Böttcher* Rpfleger 1982, 52.
55 **AA** *Streuer* Rpfleger 1987, 342, 343.
56 Vgl auch BayObLG DNotZ 1995, 305 = Rpfleger 1995, 151 = MittBayNot 1995, 125.
57 BayObLGZ 4, 250.
58 Ausführlich: *Demharter* § 9 Rn 9.
59 BGH DNotZ 1964, 434.

weis Veranlassung, bei der Eintragung einer Änderung oder der Aufhebung des subjektiv-dinglichen Rechts die durch § 9 Abs 2 vorgeschriebene Berichtigung des Vermerks vorzunehmen.

Werden die Grundbücher für das belastete und für das herrschende Grundstück von verschiedenen Grund- **33** buchämtern oder von verschiedenen Abteilungen desselben Grundbuchamts geführt, so hat, um die Eintragung des Hinweises zu veranlassen, das Grundbuchamt des herrschenden Grundstücks dem Grundbuchamt des belasteten Grundstücks von der Eintragung des nach § 9 Abs 1 erfolgten Vermerks Nachricht zu geben (§ 41 Abs 1 GBV).

Die Eintragung des Hinweises erfolgt von Amts wegen. Sie setzt die Eintragung des Vermerks auf dem Blatt des **34** herrschenden Grundstücks voraus und damit das Eingetragensein des subjektiv-dinglichen Rechts auf dem Blatt des belasteten Grundstücks.

Die Eintragung des Hinweises erfolgt in Spalte 5 (Veränderungsspalte) der 2. Abteilung, wobei in Spalte 4 auf **35** die laufende Nummer des subjektiv-dinglichen Rechts zu verweisen ist (§ 10 Abs 5b, Abs 7 GBV). Der Hinweis wird in der Veränderungsspalte auch dann eingetragen, wenn er gleichzeitig mit dem betroffenen Recht selbst in das Grundbuch eingetragen wird. Der Vermerk lautet etwa: *»Das Recht ist auf dem Blatt des herrschenden Grundstücks vermerkt«*. Wird das subjektiv-dingliche Recht im Grundbuch des belasteten Grundstücks gelöscht, so ist auch der Hinweis rot zu unterstreichen (§ 17 Abs 2 S 2 GBV). Wird nach Eintragung einer Veränderung des subjektiv-dinglichen Rechts der Vermerk auf dem Blatt des herrschenden Grundstücks berichtigt, so erfolgt bei dem Hinweis auf dem Blatt des belasteten Grundstücks keinerlei Eintragung.

3. Aufhebung und Änderung (§ 9 Abs 2)

Um zu verhüten, dass jemand durch eine dem materiellen Recht nicht mehr entsprechende Eintragung **36** getäuscht wird, ist der Vermerk auf dem Blatt des herrschenden Grundstücks von Amts wegen[60] zu berichtigen, wenn das Recht geändert oder (ganz oder teilweise) aufgehoben wird (§ 9 Abs 2). Um die **Berichtigung des Vermerks** auch dann sicherzustellen, wenn die Grundbücher für das belastete und für das herrschende Grundstück von verschiedenen Grundbuchämtern oder verschiedenen Abteilungen desselben Grundbuchamts geführt werden, hat gemäß § 41 Abs 2 GBV, wenn der Vermerk nach § 9 eingetragen ist, das Grundbuchamt, welches das Grundbuchblatt des belasteten Grundstücks führt, von jeder Änderung oder der Aufhebung des Rechts dem Grundbuchamt des herrschenden Grundstücks Nachricht zu geben. Die Mitteilung hat von Amts wegen zu erfolgen.

Bei der **Änderung** des subjektiv-dinglichen Rechts muss es sich um eine solche handeln, die den Inhalt des **37** Rechts betrifft, also nicht Rangänderung, Belastung, Vormerkung, Widerspruch, Verfügungsbeeinträchtigung usw. Als Änderung ist auch die Aufhebung des Rechts an einem Teil des belasteten Grundstücks anzusehen.[61] Die Berichtigung des Vermerks erfolgt in der Form einer selbständigen Eintragung im Bestandsverzeichnis unter einer neuen laufenden Nummer und zwar in den Spalten 1 bis 6, wobei in Spalte 2 auf die bisherige laufende Nummer der Eintragung hinzuweisen ist; der frühere Vermerk ist, soweit er durch den Veränderungsvermerk gegenstandslos wird, rot zu unterstreichen; ferner ist bei der bisherigen Eintragung in Spalte 1 auf die laufende Nummer des Veränderungsvermerks hinzuweisen (§§ 7, 14 Abs 1 GBV). Die Löschung einer Veränderung ist selbst als Veränderung anzusehen und daher in Spalte 3 und 4 einzutragen. Wird das belastete Grundstück auf ein anderes Blatt übertragen, so liegt zwar keine Rechtsänderung vor. Es ist aber zweckmäßig, den Vermerk durch Angabe der neuen Grundbuchstelle des belasteten Grundstücks zu berichtigen.

Die **Aufhebung** des subjektiv-dinglichen Rechts ist in den Spalten 7 und 8 des Bestandsverzeichnisses zu ver- **38** merken. Der Vermerk kann etwa lauten: *»Das Wegerecht ist auf dem Blatte des belasteten Grundstücks gelöscht«*; der bisherige Vermerk, sowie etwaige Veränderungsvermerke sind rot zu unterstreichen (§§ 7, 14 Abs 2 GBV). Die Abschreibung des Vermerks in den Spalten 7 und 8 kommt nicht nur in Betracht, wenn das Recht auf dem Blatt des belasteten Grundstücks gelöscht, sondern auch, wenn der Vermerk mit dem herrschenden Grundstück auf ein anderes Grundbuchblatt übertragen wird. In diesem Fall lautet der Abschreibungsvermerk etwa: *»Vermerk über das Wegerecht bei Abschreibung des Grundstücks Nr … übertragen nach Band … Blatt … am …«*. Auf dem bisherigen Blatt sind der Vermerk sowie etwaige Veränderungseintragungen zu röten.

Wird das **herrschende Grundstück geteilt** und erfolgt Übertragung eines oder mehrerer der entstandenen **39** Teile auf andere Blätter, so ist der Vermerk mit jedem der Teile auf das entsprechende Blatt mitzuübertragen.

---

60 KGJ 23, 226; JFG 10, 199.
61 *Demharter* § 9 Rn 12.

4. Wohnungseigentum

40   Die Begründung von Wohnungseigentum (Teileigentum) hindert nicht, dass zugunsten des jeweiligen Eigentümers des ganzen Grundstücks, dh zugunsten aller Miteigentümer, subjektiv-dingliche Rechte bestehen bleiben oder neu begründet werden.[62] Wenn das Blatt des herrschenden Grundstücks gemäß § 7 Abs 1 S 3 WEG geschlossen wird, so treten an seine Stelle alle Wohnungsgrundbücher. Betreffen daher Eintragungen nicht nur einen Miteigentumsanteil, sondern alle Miteigentumsanteile oder das Grundstück als solches, so ist der Vermerk nach § 3 Abs 7 WGV in den Spalten 1, 3 und 4 des Bestandsverzeichnisses sämtlicher Wohnungs- bzw Teileigentumsgrundbücher einzutragen und hierauf in dem in Spalte 6 einzutragenden Vermerk hinzuweisen.[63] Ist nur ein Wohnungseigentum selbst *herrschendes Grundstück*, so ist der Vermerk nur bei dem einzelnen berechtigten (herrschenden) Wohnungseigentum einzutragen.[64]

IV. Wirkung des Vermerks

41   Der Vermerk ist für die Entstehung, Inhaltsänderung, nähere Ausgestaltung oder Aufhebung des subjektiv-dinglichen Rechts selbst ohne Bedeutung; denn diese Rechtsvorgänge hängen allein von der Eintragung auf dem Blatt des belasteten Grundstücks ab. Der Vermerk auf dem Blatt des herrschenden Grundstücks hat also nur **Verlautbarungscharakter**.[65] Auf die Rechtsänderung ist es auch ohne Einfluss, ob der Vermerk richtiggestellt wird (§ 9 Abs 2). Aus diesen Gründen erstreckt sich der öffentliche Glaube des Grundbuchs nicht auf den Vermerk. *Inhalt des Grundbuchs* iS des § 892 BGB sind allein die Eintragungen auf dem Blatt des belasteten Grundstücks; nur der Inhalt dieses Blattes ist für die in Frage kommenden Rechtsvorgänge, auch für die Vermutung des § 891 BGB, maßgeblich.[66] Besteht ein Widerspruch zwischen dem Inhalt des Vermerks und der Eintragung auf dem Blatt des belasteten Grundstücks, so ist allein letzteres maßgebend.[67]

42   Der Vermerk auf dem Blatt des herrschenden Grundstücks bewirkt nur, dass die Eintragung einer Änderung oder Aufhebung des Rechts auf dem Blatt des belasteten Grundstücks nicht ohne **Mitbewilligung** derjenigen erfolgen darf, deren Zustimmung nach § 876 S 2 BGB und §§ 877, 880 Abs 3 BGB erforderlich ist (§ 21). Dies ist insbesondere zu beachten im Falle der Teilung des herrschenden oder des belasteten Grundstücks und der hierdurch veranlassten teilweisen Löschung des Rechts (§§ 1025, 1106, 1090 Abs 2, § 1108 Abs 2 BGB).[68]

V. Verletzung des § 9

43   Gegen die Zurückweisung des Antrags auf Eintragung des Vermerks (§ 9 Abs 1) steht die Beschwerde (Erinnerung) dem Antragsteller sowie jedem anderen Antragsberechtigten zu. Ist die Eintragung des Vermerks trotz begründeten Antrags versehentlich unterblieben, so kann und muss sie nachgeholt werden, solange das subjektiv-dingliche Recht auf dem Blatt des belasteten Grundstücks eingetragen ist. Ist das Recht wegen Fehlens des Vermerks ohne die Zustimmung der in § 876 S 2 BGB bezeichneten dinglich Berechtigten geändert oder aufgehoben worden, so kann, wenn ein gutgläubiger Erwerb inzwischen stattgefunden hat, eine Schadensersatzpflicht wegen Amtspflichtverletzung begründet sein. Dasselbe gilt bei Unterlassung der Berichtigung des Vermerks nach § 9 Abs 2. Die versehentliche Unterlassung des Hinweises nach § 9 Abs 3 kann, wenn sie eine Verletzung des § 21 und damit eine Schädigung eines dinglich Berechtigten zur Folge hat, ebenfalls eine Ersatzpflicht wegen Amtspflichtverletzung begründen.

---

62   KEHE-*Eickmann* § 9 Rn 10.
63   *Demharter* § 9 Rn 9.
64   KEHE-*Eickmann* § 9 Rn 10.
65   *Staudinger-Gursky* § 873 Rn 257.
66   BayObLGZ 1969, 284, 291; Rpfleger 1979, 420, 421; KG JFG 10, 199, 204; *Bengel/Simmerding* § 9 Rn 5; *Demharter* § 9 Rn 14; KEHE-*Eickmann* § 9 Rn 11.
67   BayObLGZ 9, 299.
68   *Bengel/Simmerding* § 9 Rn 5.

§ 10 (Aufbewahrung von Urkunden)

(1) Urkunden, auf die eine Eintragung sich gründet oder Bezug nimmt, hat das Grundbuchamt aufzubewahren. Eine solche Urkunde darf nur herausgegeben werden, wenn statt der Urkunde eine beglaubigte Abschrift bei dem Grundbuchamt bleibt.

(2) Das Bundesministerium der Justiz wird ermächtigt, durch Rechtsverordnung, die der Zustimmung des Bundesrates bedarf, zu bestimmen, daß statt einer beglaubigten Abschrift der Urkunde eine Verweisung auf die anderen Akten genügt, wenn eine der in Absatz 1 bezeichneten Urkunden in anderen Akten des das Grundbuch führenden Amtsgerichts enthalten ist.

Übersicht

I. Allgemeines

1. Inhalt der Vorschrift

§ 10 regelt die Behandlung von Urkunden durch das GBA, die ihm von den Beteiligten übergeben wurden und bestimmt, inwieweit diese Urkunden durch beglaubigte Abschriften oder durch Hinweise auf andere Grundakten ersetzt werden dürfen. **1**

Die Befugnis zu den in Abs 2 bezeichneten Anordnungen ist auf den Bundesminister der Justiz übergegangen (Art 129 Abs 1 GG); Gebrauch gemacht wurde davon bisher nur durch § 24 Abs 3 GBV.

2. Normzweck

Pflicht und Umfang zur Aufbewahrung von Urkunden ergeben sich für das GBA aus dem Wesen und der **2**
Zweckbestimmung der Grundbuchführung: **Urkundliche Sammlung der Rechtsvorgänge an Immobilien zum dauernden Nachweis.**[1]

Die Bedeutung der Aufbewahrungspflicht für die in § 10 bezeichneten Urkunden ergibt sich aus folgenden Erwägungen:

(a) Die Aufbewahrung derjenigen Urkunden, auf die sich eine Eintragung gründet, ist deshalb notwendig, damit der jederzeite Nachweis gesichert ist, dass bei der Vornahme einer Eintragung deren gesetzliche Voraussetzungen erfüllt waren.

(b) Eine Urkunde, auf die eine Eintragung Bezug nimmt, ist aufzubewahren, da diese einen wesentlichen Bestandteil der Eintragung und damit gewissermaßen einen Teil des GB selbst bildet.

---

1 *Löscher* § 14.

3. Rechtsverhältnis zwischen Einreicher und GBA

3 Streit herrscht bezüglich der Frage welcher Art das durch die Einreichung von Urkunden zwischen dem GBA und dem Einreicher entstehende Rechtsverhältnis ist. Zum Teil wird die Auffassung vertreten, dass es sich hierbei um einen bürgerlichrechtlichen Verwahrungsvertrag handelt.[2] Dieser Ansicht wird zu Recht widersprochen; nach richtiger Meinung besteht ein **öffentlich-rechtliches Verwahrungsverhältnis.**[3] Die heute herrschende *Subjekts- oder Zuordnungs-Theorie* erklärt Rechtsverhältnisse dann als öffentlich-rechtlich, wenn sie sich aus einer Norm ergeben, die nicht jedermann verpflichten oder berechtigen kann, sondern notwendig nur ein Subjekt, das Träger hoheitlicher Gewalt ist.[4] Das GBA, das zur Aufbewahrung und, falls öffentliche Interessen nicht entgegenstehen, zur Rückgabe der Urkunde in unversehrtem Zustand verpflichtet ist, tritt unzweifelhaft als Träger hoheitlicher Gewalt in Erscheinung; aus der Vorschrift des § 10 kann nicht jede Privatperson verpflichtet werden, sondern nur das GBA. Unstreitig ist, dass eine Urkunde, die versehentlich einem Nichtberechtigten ausgehändigt worden ist, durch Zwangsmaßnahmen gemäß § 33 FGG vom GBA zurückgefordert werden kann; beim Vorliegen eines bürgerlichrechtlichen Verwahrungsvertrags wäre Ordnungsstrafgewalt des Grundbuchamts jedoch undenkbar.

II. Gegenstand der Aufbewahrungspflicht

1. Übersicht

4 Gegenstand der Aufbewahrungspflicht sind
– Urkunden, auf die eine Eintragung sich gründet (§ 10 Abs 1 S 1);
– Urkunden auf die eine Eintragung Bezug nimmt (§ 10 Abs 1 S 1);

5 Andere Urkunden werden nicht von der Aufbewahrungspflicht des § 10 umfasst. Zu erwähnen sind:
– Urkunden über Einigungserklärungen gemäß § 873 BGB, soweit nicht einer der Fälle des § 20 gegeben ist, sowie Urkunden über sonstige materiell-rechtliche Erklärungen;
– Hypotheken-, Grundschuld- und Rentenschuldbriefe, die nach den §§ 41, 42 zur Vornahme einer Eintragung vorgelegt werden; sie sind stets zurückzugeben.[5] Unbrauchbar gemachte Briefe sind jedoch bei den Grundakten aufzubewahren (§ 53 Abs 2 GBV);
– Satzungen einer Kreditanstalt auf die nach § 1115 Abs 2 BGB wegen der Nebenleistungen Bezug genommen wird; ihre Aufbewahrung wird durch die öffentliche Bekanntmachung, die eine Voraussetzung der Zulässigkeit der Bezugnahme ist, ersetzt.

2. Urkunden, auf die eine Eintragung sich gründet

6 Das sind die Urkunden, die das formelle Grundbuchrecht für eine Eintragung fordert, also nicht Urkunden, die nur materiellrechtliche Erklärungen enthalten (Ausnahme: § 20!)

7 **a) Erklärungsurkunden.** Eintragungsanträge (§ 13), Eintragungsbewilligungen (§ 19), Einigungen, soweit sie nachzuweisen sind (§ 20), Abtretungserklärungen (§ 26), Zustimmungserklärungen (§ 27), behördliche Bescheinigungen (§ 7 Abs 4 Nr 2, § 9 Abs 1 Nr 2, § 32 Abs 2 Nr 2 WEG, § 120 Abs 3 S 1 LAG). Hierher gehören auch Schriftstücke, die zwar keine Erklärung enthalten, mit einer Erklärungsurkunde aber in eine derartige Verbindung gebracht sind, dass sie als Teil der Urkunde erscheinen:[6] Aufteilungspläne nach § 7 Abs 4 Nr 1, § 32 Abs 2 Nr 1 WEG und Karten, die den Grundstücksteil bezeichnen, auf den sich die Ausübung einer Dienstbarkeit beschränken soll (§ 1023 S 2 BGB).[7]

8 **b) Ersatzurkunden.** Urteile nach den §§ 894, 895 ZPO, vollstreckbare Titel aller Art samt den notwendigen Zustellungsnachweisen, Pfändungs- und Überweisungsbeschlüsse, Arrestbefehle und einstweilige Verfügungen. Hierher gehören auch die Zeugnisse des Nachlassgerichts (§§ 36, 37), behördliche Ersuchen (§ 38) sowie Urkunden, durch die die Unrichtigkeit des Grundbuchs nachgewiesen wird (§ 22), zB löschungsfähige Quittungen, Eheverträge, Sterbeurkunden, Erbscheine, Testamente und Erbverträge (§ 35 Abs 1).

9 **c) Legitimationsurkunden.** Vollmachten, Bestallungen, Zeugnisse des Registergerichts (§§ 32, 33), Testamentsvollstreckerzeugnisse (35 Abs 2), standesamtliche Urkunden.

---

2 KGJ 25, 322; 39, 163; 43, 271; 44, 170; *Güthe-Triebel* § 13 Rn 39.
3 RG JW 1934, 2842 (für die Einreichung von Urkunden im Zwangsversteigerungsverfahren); KEHE-*Eickmann* § 10 Rn 2; *Eickmann* GBVerfR, Rn 189; *Munzig* MittBayNot 2002, 191, 193; *Ertl* DNotZ 1967, 339, 350; *Böttcher* Rpfleger 1982, 175; *Hieber* DNotZ 1956, 172, 177.
4 *Böttcher* Rpfleger 1983, 49, 53 mwN.
5 *Demharter* § 10 Rn 11.
6 KEHE-*Eickmann* § 10 Rn 4; *Demharter* § 10 Rn 4; *Bengel/Simmerding* § 10 Rn 1.
7 KG OLGE 8, 301.

d) Amtsurkunden. Beglaubigter Auszug aus dem Liegenschaftskataster (Veränderungsnachweis) und die **10** beglaubigte Karte (Flurkarte) gemäß § 2 Abs 3, § 7 Abs 2, in denen der abzuschreibende Grundstücksteil verzeichnet ist.

3. Urkunden, auf die eine Eintragung Bezug nimmt

Solche Urkunden werden regelmäßig zugleich Urkunden sein, auf welche die Eintragung sich gründet. Ihre **11** Aufbewahrung ist notwendig, weil sie einen Bestandteil der Eintragung und damit das GB bilden. Es kommt insbesondere in Betracht die Eintragungsbewilligung (§§ 874, 877, 885 Abs 2, 1115 BGB, § 49 GBO) oder auch einstweilige Verfügungen (§ 885 Abs 2, 899 Abs 2 BGB).

4. Urkunden über Rechtsgeschäfte, die einer Eintragungsbewilligung zugrunde liegen

Hierher gehören Urkunden über die schuldrechtlichen Grundgeschäfte, aus denen sich die Verpflichtung zur **12** Abgabe der Eintragungsbewilligung ergibt, zB Kaufverträge, Tauschverträge, Schenkungen, Hypothekendarlehensverträge, Schuldurkunden, der einer Grundschuldbestellung zugrunde liegende Darlehens- oder sonstige Vertrag sowie einschlägige Bestimmungen in Testamenten und Erbverträgen. Diese Urkunden konnten früher auf Grund § 10 Abs 3 dem GBA zur Aufbewahrung übergeben werden. Diese Vorschrift wurde durch Gesetz vom 06.06.1995 (BGBl I 778: Art 5 Abs 2) aufgehoben.

III. Voraussetzungen der Aufbewahrungspflicht

1. Vorlagenpflicht

Wie der Gesetzeswortlaut des § 10 ergibt, müssen die Urkunden, auf die eine Eintragung sich gründet oder **13** Bezug nimmt, dem GBA vorgelegt werden, damit die Eintragung erfolgen kann; dagegen ist die Vorlage der Urkunden über Rechtsgeschäfte, die einer Eintragungsbewilligung zugrunde liegen, entbehrlich.

2. Form der Urkunde

Die in § 10 Abs 1 S 1 erwähnten Urkunden kommen für die Aufbewahrung nur insoweit in Betracht, als sie in **14** der im § 29 vorgeschriebenen Form errichtet sind.

3. Amtsverfahren

Die in § 10 Abs 1 S 1 genannten Urkunden werden stets von Amts wegen aufbewahrt. **15**

4. Aufbewahrungspflicht

a) Bei Eintragung. Voraussetzung der Aufbewahrungspflicht ist in allen Fällen, dass eine Eintragung erfolgt. **16**

b) Vor Antragstellung. Ist ein Eintragungsantrag noch nicht gestellt, so besteht **keine Aufbewahrungs-** **17** **pflicht.**[8] Das Grundbuchamt ist außerhalb eines Eintragungsverfahrens nicht verpflichtet, Schriftstücke irgendwelcher Art zu den Grundakten zu nehmen, so zB den Nachweis eines Wechsels in der Person des Verwalters von Wohnungseigentum;[9] berechtigt ist es aber dazu.[10]

Ebenso wenig besteht eine Verpflichtung des GBA zur Aufbewahrung von Urkunden, auf die sich möglicherweise künftige Eintragungen gründen können oder sollen. Werden solche Urkunden ohne gleichzeitige Stellung eines Eintragungsantrags zum Zwecke späterer Eintragung eingereicht, so wird das GBA zweckmäßig dem Einreichenden eine Frist zur Stellung eines Eintragungsantrags setzen und nach deren erfolglosen Ablauf die Urkunde zurückgeben.[11] Die Urkunden sind an denjenigen zurückzugeben, der sie eingereicht hat, und zwar auch dann, wenn durch ihre Einreichung beim GBA die Unwiderruflichkeit der darin enthaltenen Erklärungen eingetreten ist.[12]

c) Während des Eintragungsverfahrens. Eine Mindermeinung (früher hM) verpflichtet das GBA, dem **18** Einreicher seine Urkunden vor Abschluss des Eintragungsverfahrens jederzeit auf Verlangen zurückzugeben.[13] Begründet wird dies mit dem Herausgabeanspruch des § 695 BGB, der von den Vertretern eines bürgerlich-

---

8   KG aaO; BayObLGZ aaO; KEHE-*Eickmann* § 10 Rn 8; *Löscher* § 14; *Ertl* DNotZ 1967, 339, 351.
9   BayObLGZ 1975, 264 = DNotZ 1975, 162 = Rpfleger 1975, 360.
10 BayObLG MittBayNot 1989, 209, 210; *Munzig* MittBayNot 2002, 191, 193.
11 KEHE-*Eickmann* § 10 Rn 8; *Demharter* § 10 Rn 13; *Löscher* § 14.
12 KG JFG 8, 226.
13 KGJ 44, 170; *Demharter* § 10 Rn 19; *Löscher* § 14.

rechtlichen Verwahrungsvertrags direkt und von den Vertretern eines öffentlich-rechtlichen Verwahrungsver-
hältnisses analog angewendet wird. Nach heute richtiger Ansicht besteht für das GBA erst dann eine Pflicht zur
Rückgabe, wenn kein öffentliches Interesse mehr an einer weiteren Verwendung der Urkunde besteht; solange
das Grundbuchverfahren noch nicht beendet ist, besteht somit **kein Recht auf Rückgabe der Urkunden**.[14]
Wer freiwillig dem GBA eine Urkunde zur Verwendung im Grundbuchverfahren vorlegt, hat den Vorrang
öffentlicher Interessen selbst anerkannt und kann sich auf seine privaten Rechte während des Verfahrens nicht
berufen. Wird nach § 18 dem Antragsteller eine Frist zur Behebung eines Hindernisses gesetzt, so sind die den
Antrag enthaltenden Urkunden und ihre Beilagen dem Antragsteller vorläufig nur insoweit zurückzugeben, als
er die Urkunden zur Behebung des Hindernisses benötigt; die zur Aufbewahrung bei den Grundakten
bestimmten Abschriften sind zurückzuhalten.[15]

19   **d) Bei Zurückweisung des Antrags.** Auch in diesem Fall herrscht Uneinigkeit. Eine Meinung besagt, dass
die Urkunden ohne Zurückbehaltung einer beglaubigten Abschrift an den Einreicher zurückzugeben sind.[16]
Richtigerweise muss sich das Rücknahmerecht des Einreichers dem **öffentlichen Interesse an einer sachlich
richtigen Beschwerdeentscheidung** unterordnen.[17] Legt nämlich bei mehreren Antragsberechtigten (§ 13
Abs 1 Satz 2) einer Beschwerde ein, der mit dem Einreicher und nunmehrigen Besitzer der Urkunde nicht
identisch ist, so läuft er Gefahr, dass sein Rechtsbehelf aus formellen Gründen zurückgewiesen werden muss,
wenn es ihm nicht gelingt, die Urkunde wieder beizubringen. Im Falle der Zurückweisung des Antrags sind
daher die Urkunden zu verwahren, falls ein Rechtsmittel bereits angekündigt oder erhoben ist. Ansonsten sollte
mindestens eine beglaubigte Abschrift zu den Grundakten gefertigt werden.[18]

20   Der **Antrag selbst** muss grundsätzlich zurückbehalten werden, da es andernfalls für die Entscheidung des GBA
an einer erkennbaren Grundlage fehlen würde. Seine Rückgabe lässt sich jedoch nicht vermeiden, wenn er, wie
es häufig der Fall ist, mit der Eintragungsbewilligung in einer Urkunde verbunden ist, und letztere zurückgegeben werden kann, da kein öffentliches Interesse entgegensteht. Dann muss die bei den Grundakten verbleibende zurückweisende Entscheidung ergeben, um welchen Antrag es sich gehandelt hat, soweit nicht Fotokopien zu den Akten gefertigt werden, was dringend zu empfehlen ist.

21   **e) Bei Zurücknahme des Antrags.** Wird der Eintragungsantrag zurückgenommen, so sind die zu seiner
Begründung eingereichten Urkunden, auch wenn sie durch die Einreichung beim GBA unwiderruflich geworden sind, dem Antragsteller zurückzugeben.[19] Wenn behauptet wird, dass die Rückgabepflicht das GBA nicht
hindert, die Urkunden als Unterlage für den von einem anderen Beteiligten gestellten Eintragungsantrag zu
verwenden,[20] so muss dem widersprochen werden, weil dies eine unzulässige Beschaffung von Eintragungsunterlagen darstellen würde[21] (vgl ausführlich § 19 Rdn 158).

IV. Verfahren

1. Ort der Aufbewahrung

22   Die aufzubewahrenden Urkunden bzw die beglaubigten Abschriften sind bei dem Grundbuchamt, in dessen
Grundbuch die Eintragung erfolgt, zu den **Grundakten** zu nehmen, und zwar die Unterlagen der Eintragung
eines Erbbaurechts zu den Grundakten des Erbbaugrundbuchs (§ 24 Abs 1 GBV). Betrifft eine Urkunde Eintragungen auf Blättern, die von verschiedenen Abteilungen desselben GBA geführt werden, so ist sie zu den
Grundakten eines der beteiligten Blätter zu nehmen; in den Grundakten der anderen Blätter ist auf diese
Grundakten zu verweisen (§ 24 Abs 2 GBV). Wenn auf Grund einer Urkunde in den Grundbüchern verschiedener Grundbuchämter Eintragungen vorgenommen werden, so ist die Urkunde, wenn die Eintragungen auf
sie Bezug nehmen, bei einem der beteiligten Grundbuchämter aufzubewahren. Zu den Grundakten der übrigen Grundbuchämter sind beglaubigte Abschriften zu nehmen; denn die in Bezug genommene Eintragungsbewilligung bildet einen Bestandteil der Eintragung und muss daher bei der Einsicht des GB an Ort und Stelle zur
Verfügung stehen. Bei den Urkunden, auf die eine Eintragung sich gründet, genügt ein dem § 24 Abs 2 GBV
entsprechendes Verfahren.

---

14 KEHE-*Eickmann* § 10 Rn 9; *Eickmann* GBVerfR, Rn 189; *Ertl* DNotZ 1967, 339, 351; *Böttcher* Rpfleger 1982, 175;
Munzig MittBayNot 2002, 191, 193.
15 *Bengel/Simmerding* § 10 Rn 4.
16 KGJ 39, 163; *Demharter* § 10 Rn 14; *Bengel/Simmerding* § 10 Rn 4; *Löscher* § 14.
17 KEHE-*Eickmann* § 10 Rn 10; *Ertl* DNotZ 1967, 406, 409. **AA** *Streuer* Rpfleger 1987, 342, 343.
18 *Staudenmaier* BWNotZ 1988, 70, 71.
19 KGJ 44, 171; JFG 8, 227; *Demharter* § 10 Rn 14; *Bengel/Simmerding* § 10 Rn 4; *Eickmann* GBVerfR, Rn 189; *Löscher* § 14;
Ertl DNotZ 1967, 339, 351.
20 KG aaO; *Löscher* aaO (Fn 22).
21 BGHZ 84, 202; *Eickmann* aaO; *Ertl* aaO (Fn 22); **aA** *Maaß* in *Bauer/von Oefele* § 10 Rn 18.

2. Art der Aufbewahrung

Die nach § 10 aufzubewahrenden Urkunden und die an ihre Stelle tretenden beglaubigten Abschriften werden zu den Grundakten genommen, dh in diese eingeheftet. Was die Form der aufzubewahrenden Urkunden betrifft, ist bei den Urkunden des § 10 Abs 1 die Form erforderlich, in der sie als Grundlage für die Eintragung geeignet sind, also die Form, in der sie eingereicht werden (je nachdem Urschriften, Ausfertigungen oder beglaubigte Abschriften). **23**

V. Verweisung auf Akten

Auf Grund der Ermächtigung des § 10 Abs 2 ist eine Sondervorschrift für die Verweisung auf andere Akten in § 24 Abs 3 GBV getroffen worden; danach genügt die Verweisung auf andere Akten, wenn eine Urkunde iS des § 10 Abs 1 in anderen der Vernichtung nicht unterliegenden Akten (zB Nachlassakten) des Amtsgerichts enthalten ist, welches das Grundbuch führt (siehe die Erläuterungen bei § 24 Abs 3 GBV). **24**

VI. Herausgabe von Urkunden

1. Allgemeines

Durch die Einreichung einer Urkunde beim GBA wird ein öffentlich-rechtlicher Verwahrungsvertrag begründet (Rdn 3). Wer eine Urkunde eingereicht hat, hat gegen den Staat einen **Anspruch auf Rückgabe (§ 695 BGB analog), soweit öffentliche Interessen nicht entgegenstehen;** während eines Eintragungsverfahrens (Rdn 18) und bei Zurückweisung des Antrags im Falle der Rechtsmitteleinlegung bzw Ankündigung (Rdn 19) stehen öffentliche Interessen einem ordnungsgemäßen Grundbuchverfahren entgegen, sodass in diesen Fällen kein Rückgabeanspruch besteht. **25**

2. Zuständigkeit

Über Anträge auf Rückgabe von Urkunden entscheidet der **Urkundsbeamte** der Geschäftsstelle (§ 12c Abs 1 Nr 4 GBO), und zwar der des mittleren Justizdienstes. **26**

3. Empfangsperson

Die Rückgabe der Urkunde erfolgt regelmäßig an den, **der sie eingereicht hat,**[22] und zwar auch dann, wenn der Eintragungsantrag von anderer Seite gestellt worden ist. Sind Urkunden im Namen eines anderen eingereicht worden, so sind sie gleichfalls an den Einreichenden zurückzugeben. Abweichende Bestimmungen sind zulässig, und zwar formlos; sie können auch nachträglich geändert werden. Handelt bei der Bestimmung der Einreichende im Namen eines anderen, so hat er eine Vollmacht vorzulegen, die einer besonderen Form gleichfalls nicht bedarf.[23] Eine Vollmacht zur Stellung eines Eintragungsantrags reicht jedoch nicht aus. Bestehen Zweifel über die Person, an die eine Urkunde auszuhändigen ist, so ist Rückfrage geboten.[24] Ist eine Urkunde versehentlich an eine falsche Person ausgehändigt worden, so ist die Urkunde von Amts wegen zurückzufordern; die Rückgabe kann durch Zwangsmaßnahmen gemäß § 33 FGG erzwungen werden;[25] dasselbe gilt für den Fall, dass eine Urkunde trotz Erinnerung (Beschwerde) eines anderen Verfahrensbeteiligten bereits zurückgegeben worden ist.[26] **27**

4. Urkunden, auf die eine Eintragung sich gründet oder Bezug nimmt (§ 10 Abs 1 S 1)

Solche Urkunden dürfen nur herausgegeben werden, wenn anstelle der Urkunde eine **beglaubigte Abschrift bei den Grundakten aufbewahrt wird** (§ 10 Abs 1 S 2). Die beglaubigte Abschrift braucht nicht den ganzen Inhalt der Urkunde wiederzugeben; es genügt auch eine Abschrift derjenigen Teile der Urkunde auf welche die Eintragung sich gründet bzw Bezug nimmt, also ein Auszug aus einer Urkunde. Ist zB eine Auflassung im unmittelbaren Anschluss an den ihr zugrunde liegenden Kaufvertrag beurkundet, so genügt ein auf die Auflassung beschränkter Auszug aus der Urkunde, vorausgesetzt, dass Fassung und Aufbau der Urkunde die Herstellung eines auf die Abschrift einzelner Teile beschränkten Auszugs gestatten, der alle grundbuchrechtlichen wesentlichen Teile enthält und für sich allein verständlich ist. **28**

---

22 *Löscher* § 14; *Demharter* § 10 Rn 19; *Bengel/Simmerding* § 10 Rn 6.
23 KGJ 44, 173.
24 RG DNotV 1932, 716.
25 *Demharter* § 10 Rn 14.
26 KEHE-*Eickmann* § 10 Rn 11.

29   Die **Herstellung der beglaubigten Abschrift** ist Sache des Grundbuchamts; die Beteiligten sind zu ihrer Einreichung nicht verpflichtet.[27] Die Beteiligten können aber eine einfache Abschrift einreichen, die sodann vom GBA beglaubigt wird. Notare, welche die von ihnen aufgenommenen Urkunden dem GBA zum Vollzug vorlegen, reichen regelmäßig die nötige Zahl von beglaubigten Abschriften oder Auszügen mit ein.

30   Nach § 19 Abs 2, § 146 ZVG sind der dem Vollstreckungsgericht nach Eintragung des **Zwangsversteige-rungs- bzw Zwangsverwaltungsvermerks** zu erteilenden beglaubigten Abschrift des Grundbuchblatts die Urkunden, auf die im GB Bezug genommen ist, oder beglaubigte Abschriften dieser Urkunden beizufügen. Grundsätzlich hat das GBA dem Vollstreckungsgericht nicht die Urkunden selbst, sondern beglaubigte Abschriften zu übersenden.

31   Lässt sich in sonstigen Fällen die Hinausgabe von Urkunden, auf die eine Eintragung sich gründet oder Bezug nimmt, nicht vermeiden, zB wenn sie in einem Strafverfahren als Beweismittel benötigt werden, so sind beglaubigte Abschriften der Urkunden bei den Grundakten zurückzubehalten.

VII. Rechtsbehelfe

32   Lehnt der Urkundsbeamte der Geschäftsstelle die Herausgabe einer Urkunde ab, so ist, wenn dieser auf Verlangen seine Entscheidung nicht abändert, zunächst der **Grundbuchrichter** anzurufen (§ 12c Abs 1 Nr 4, Abs 4); gegen seine Entscheidung ist die **Beschwerde** nach §§ 71 ff zulässig.

VIII. Verletzung des § 10

33   § 10 ist nur eine **Ordnungsvorschrift**, sodass es auf eine Eintragung keinen Einfluss hat, wenn eine Urkunde, auch im Fall der Bezugnahme, ohne Zurückbehaltung einer beglaubigten Abschrift herausgegeben wird.[28]

34   Ist in einer Eintragung auf eine Bewilligung Bezug genommen, so ist für den Inhalt des Grundbuches die **beim GBA verwahrte Urkunde maßgebend**; deckt sie sich nicht mit der beim Notar verwahrten Urkunde, so ist das Grundbuch unrichtig. Die bei den Grundakten befindliche beglaubigte Abschrift darf in diesem Fall nicht etwa kurzerhand berichtigt werden, vielmehr sind Urkunden und Grundbuch gleichermaßen zu berichtigen, so, als sei der Eintragungsvermerk selbst fehlerhaft.[29] Ein Amtswiderspruch gemäß § 53 Abs 1 S 1 kommt nicht in Betracht, da die Eintragung nicht unter Verletzung gesetzlicher Vorschriften vorgenommen wurde. Ein Gesetzesverstoß des Grundbuchamts liegt nur dann vor, wenn eine anzuwendende Rechtsnorm nicht angewendet oder eine nicht anwendbare Norm angewendet worden ist.[30]

---

27   *Demharter* § 10 Rn 19.
28   *Löscher* § 14; *Demharter* § 10 Rn 21.
29   KG JFG 15, 85.
30   *Eickmann* GBVerfR, Rn 400.

§ 10a (Aufbewahrung auf Datenträgern; Nachweis der Übereinstimmung)

(1) Die nach § 10 oder nach sonstigen bundesrechtlichen Vorschriften vom Grundbuchamt aufzubewahrenden Urkunden und geschlossenen Grundbücher können als Wiedergabe auf einem Bildträger oder auf anderen Datenträgern aufbewahrt werden, wenn sichergestellt ist, daß die Wiedergabe oder die Daten innerhalb angemessener Zeit lesbar gemacht werden können. Die Landesjustizverwaltungen bestimmen durch allgemeine Verwaltungsanordnung Zeitpunkt und Umfang dieser Art der Aufbewahrung und die Einzelheiten der Durchführung.

(2) Bei der Herstellung der Bild- oder Datenträger ist ein schriftlicher Nachweis anzufertigen, daß die Wiedergabe mit der Urkunde übereinstimmt. Die Originale der Urkunden sind den dafür zuständigen Stellen zu übergeben und von diesen aufzubewahren. Weist die Urkunde farbliche Eintragungen auf, so ist in dem schriftlichen Nachweis anzugeben, daß das Original farbliche Eintragungen aufweist, die in der Wiedergabe nicht farblich erkennbar sind.

(3) Durch Rechtsverordnung des Bundesministeriums der Justiz mit Zustimmung des Bundesrates kann vorgesehen werden, daß für die Führung des Grundbuchs nicht mehr benötigte, bei den Grundakten befindliche Schriftstücke ausgesondert werden können. Welche Schriftstücke dies sind und unter welchen Voraussetzungen sie ausgesondert werden können, ist in der Rechtsverordnung nach Satz 1 zu bestimmen.

I. Allgemeines

§ 10a wurde durch das Registerverfahrenbeschleunigungsgesetz vom 20.12.1993[1] in die GBO eingefügt. Die **1** Vorschrift hat den Zweck, auch für die Führung der Grundakten **moderne Archivierungsmethoden** zuzulassen. Dies liegt insbesondere deshalb nahe, weil für das Grundbuch selbst in §§ 126 ff nunmehr die maschinelle Führung als automatisierte Datei zugelassen ist. Vorbild waren die damals geltenden Pioniervorschriften für die Aufbewahrung von Aktenbestandteilen in anderer Form als in Papier wie § 299a ZPO und vor allem § 8a HGB (letzterer in der damals geltenden Fassung des Bilanzrichtliniengesetzes vom 19.12.1985[2]).

Die Vorschrift enthält Regelungen über die Aufbewahrung der Grundakten und der geschlossenen Grundbü **2** cher auf **Bildträgern** oder **anderen Datenträgern** sowie Regelungen über die **Aussonderung** der Grundakten und hat den Zweck, vor allem den Raumbedarf bei den Grundbuchämtern zu verringern (einem Ziel, dem auch § 24a GBV dient). Daneben kann aber auch – je nach Wahl der Speicherungsart – unter Umständen ein rascherer Zugriff auf den Inhalt der Grundakten möglich sein.

Anders als die damals bestehenden Regeln für die aktenersetzende technische Speicherung geht § 10a Abs 1 **3** und 2 aber davon aus, dass die Originale nicht ausgesondert, dh vernichtet werden; sie müssen vielmehr an anderer Stelle aufbewahrt werden (vgl Rdn 35, 36).

Grundlage der seit der Zulassung der maschinellen Grundbuchführung (vgl §§ 126–134) unveränderten Rege **4** lung ist die Tatsache, dass sämtliche für eine Eintragung maßgeblichen Anträge und Dokumente bisher weiterhin **in Papierform eingereicht** werden müssen. Anträge und beigefügte Dokumente können dem Grundbuchamt bislang noch nicht elektronisch vorgelegt werden. Erst eine **elektronische Antragseinreichung**, wie sie im Gesetz über elektronische Handelsregister und Genossenschaftsregister sowie das Unternehmensregister – EHUG vom 10.11.2006[3] seit 01.01.2007 für das Handelsregister weitgehend obligatorisch vorgeschrieben ist (vgl § 12 HGB), führt in der Praxis zu einer Ausweitung der elektronischen Speicherung, ohne dass Papierunterlagen auf technischem Weg auf Bild- oder Datenträger übertragen werden müssen. Für eine manuelle

---

1 BGBl I 2182.
2 BGBl I S 2355.
3 BGBl I S 2553.

Überführung der umfangreichen Grundaktenbestände in elektronische Speichermedien fehlen auf absehbare Zeit die personellen und organisatorischen Möglichkeiten[4]

Die fortschreitende Entwicklung des **elektronischen Rechtsverkehrs** wie sie beispielsweise im Justizkommunikationsgesetz vom 22.03.2005[5] oder für den Bereich des Handelsregisters im EHUG in Gang gekommen ist, ist insoweit abzuwarten. Erste gesetzgeberische Schritte sollen kurzfristig mit der elektronischen Grundschuldbestellung und der elektronischen Auflassungsvormerkung unternommen werden. Es liegt auf der Hand, dass sich dadurch in weiterer Zukunft auch Auswirkungen auf die Archivierung bei den Grundbuchämtern ergeben können (vgl Vor § 126 Rdn 34).

II. Art der Speicherung

5 § 10a Abs 1 lässt die Speicherung auf einem **Bildträger** oder auf **anderen Datenträgern** zu. Er folgt damit der moderneren Regelung in § 8a HGB idF vom 19.12.1985, in dem ebenfalls bereits die Wiedergabe auf Bildträgern oder anderen Datenträgern zugelassen ist. § 299a ZPO (eingefügt bereits durch die Vereinfachungsnovelle vom 03.12.1976[6]) kannte seinerzeit nur die Wiedergabe auf Bildträgern. Inzwischen ist auch gem § 299a ZPO die Speicherung auf anderen Datenträgern fakultativ zulässig.

6 Das Registerverfahrensbeschleunigungsgesetz hat sich von Anfang an für die Speicherung auf Bild- oder sonstigen Datenträgern entschieden, wie sie zwischenzeitlich auch in § 55a Abs 5 BGB für die Unterlagen zum Vereinsregister vorgesehen ist.

1. Bildträger

7 Dabei handelt es sich um die Wiedergabe des Schriftstücks in analoger Form auf einem geeigneten Medium. Das bedeutet, dass der Inhalt des Schriftstücks (sehr stark verkleinert) wiedergabefähig gemacht wird.

Gemeint ist damit die **Mikroverfilmung**, bei der eine stark verkleinerte Wiedergabe des Schriftstücks entweder auf einem Rollfilm, auf einem Planfilm (sog *Mikrofiche*) oder auf einem sog *Mikrofilmjacket* (Träger = Mikrofilmtasche zum Einschieben von Rollfilmstreifen) festgehalten wird. Die Aufnahme erfolgt im Wege der Fototechnik. Das auf dem Mikrofilm gespeicherte Schriftstück kann nur durch geeignete Wiedergabegeräte sichtbar gemacht werden.

8 Je nach verwendeter Mikrofilmart sind unterschiedliche Suchmethoden denkbar. Mikrofiche können zB wie Karteikarten sortiert und abgelegt werden; das gleiche gilt für Jackets. Bei Rollfilmen muss die Position des Schriftstücks auf dem Mikrofilm in geeigneten Verzeichnissen, die auch mit Hilfe der automatisierten Datenverarbeitung geführt werden können, festgehalten werden.

9 Die Wiedergabe erfolgt in Lesegeräten, bei denen das verkleinerte Bild der einzelnen Seite auf einem Bildschirm in lesbarer Größe sichtbar gemacht wird. Möglich ist auch die Herstellung von Papierkopien in Normalgröße oder die Herstellung weiterer Mikrofilmkopien.

2. Anderer Datenträger

10 Die Speicherung auf **anderen Datenträgern** kann nach dem derzeitigen Stand der Technik in folgender Form erfolgen:

11 Speicherung von **Zeichen** auf einer Magnetplatte oder einem sonstigen geeigneten Datenträger (zB Diskette, Magnetband, CD, DVD, zu Storagesystemen verbundene Festplatten) mit Hilfe eines geeigneten Codes;

12 Speicherung als **Bild** oder **Grafik** in Form von sog Pixeln (Bildpunkte) auf einem dafür geeigneten Datenträger. Bei dieser Speicherungsform werden nicht einzelne Zeichen, sondern die Farbwerte (Grauwerte) der wiederzugebenden Dokumentenseite in Form von einzelnen digitalen Punkten abgespeichert; bei der Wiedergabe wird dann aus diesen Bildpunkten das Erscheinungsbild des Schriftstücks zusammengesetzt.

13 Bei beiden Speicherungsformen (zeichenweise Speicherung; Bildspeicherung) erfolgt die Erfassung durch sog Scannen, dh durch Einlesen in Datenerfassungsgeräten, die ähnlich wie ein Kopierer arbeiten; das Original wird dabei punktweise mit Hilfe von Photozellen abgetastet.

14 Bei der zeichenweisen Speicherung erfolgt zusätzlich durch ein sog Schrifterkennungsprogramm (OCR-Programm = Optical-Character-Recognition-Programm) die Interpretation der aufgenommenen Farbwerte und ihre programmgesteuerte Umsetzung in Zeichen; abgespeichert werden dann auf dem Datenträger nur die Zeichen.

---

4 *Hügel-Wilsch* § 10a Rn 11.
5 BGBl I S 837.
6 BGBl I S 3281.

Beide Speicherungsarten auf anderen Datenträgern unterscheiden sich von der Erfassung und Wiedergabe als 15
Bildträger dadurch, dass beim Bildträger (Mikrofilm) die Urgestalt des Schriftstücks – wenn auch in extrem ver-
kleinerter Form – erhalten bleibt und zur Wiedergabe lediglich eine Vergrößerung notwendig ist. Bei der Speicherung auf Datenträger erfolgt keine analoge Speicherung des Schriftstücks, sondern eine Umsetzung in digitale Zeichen; auch bei der Speicherung als Grafik werden die Farbwerte (Pixel) als einzelne digitale Zeichen in
einem bestimmten Code abgelegt.

Die Lesbarmachung erfolgt bei der Speicherung auf anderen Datenträgern stets durch Umwandlung der gespei- 16
cherten digitalen Zeichenwerte und Sichtbarmachung auf einem Bildschirm. Diese Sichtbarmachung könnte
auch über Datenleitungen bei Stellen außerhalb des Grundbuchamts erfolgen; das automatisierte Abrufverfahren gemäß § 133 ist aber auf das Grundbuch selbst beschränkt.

Hergestellt werden können vor allem auch Ausdrucke; möglich ist aber auch die Anfertigung von Kopien auf
Datenträgern, ja sogar die Datenausgabe auf Mikrofilm.

3. Lesbarmachung

Die Wiedergabe oder die Daten müssen innerhalb angemessener Zeit lesbar gemacht werden können. Es 17
besteht kein Anspruch auf eine sofortige Vorlage bei der Einsicht nach § 12 Abs 1 S 2. Maßgebend ist vielmehr
hier die von der Landesjustizverwaltung gewählte Organisationsform. Allerdings muss die Vorlage so erfolgen,
dass die Interessen des Einsichtnehmenden noch gewahrt werden und er in vernünftiger Zeit die begehrte Auskunft erhält.

III. Allgemeine Verwaltungsanordnung der Landesjustizverwaltungen

1. Allgemeines

Einzelheiten zu Zeitpunkt und Umfang der Speicherung, insbesondere zur Wahl der Speicherungs- und Wie- 18
dergabeart, bestimmt die **Landesjustizverwaltung** durch **allgemeine Verwaltungsanordnung**.

In dieser Verwaltungsanordnung können auch Regelungen über den Ort der Aufbewahrung der Originale
getroffen werden (vgl Rdn 35). Die Vorschrift geht davon aus, dass idR der Aufbewahrungsort der Originale
außerhalb des Grundbuchamts liegt. Dies ergibt sich auch aus § 12b Abs 3.

Nur dadurch kann nämlich der mit § 10a verfolgte Hauptzweck erreicht werden, die **Raumnot** bei den 19
Grundbuchämtern zu lindern. Denkbar ist etwa, dass für mehrere Grundbuchämter eine Aufbewahrungsstelle
für die gespeicherten Grundakten nach § 10a eingerichtet wird oder dass die Grundakten an die Archivbehörden abgegeben werden. Vorstellbar ist allerdings auch, dass das Grundbuchamt als Außenstelle Aufbewahrungs-
räume unterhält.

Bei der Herstellung der Bild- oder Datenträger gemäß Abs 2 S 1 und 3 muss ein **schriftlicher Nachweis** 20
angefertigt werden, in dem bestätigt wird, dass die Wiedergabe mit der Urkunde übereinstimmt. Bei farblichen
Eintragungen auf einer Urkunde muss in dem schriftlichen Nachweis angegeben werden, dass diese im Original farbigen Stellen in der Wiedergabe nicht farblich erkennbar sind. Diese Vorschrift geht – noch – davon aus,
dass sowohl beim Mikrofilm wie beim sonstigen Datenträger nur eine Wiedergabe in Grauwerten möglich ist.
Diese Vorschrift entspricht in etwa den Regelungen beim maschinell geführten Grundbuch, bei dem ausdrücklich bestimmt ist, dass Rötungen schwarz dargestellt werden können (vgl § 91 S 2 GBV).

Bei der Speicherung von geschlossenen Grundbüchern in Papierform muss in dem Nachweis bestätigt werden, 21
dass Rötungen schwarz wiedergegeben sind; bei der Speicherung geschlossener maschineller Grundbücher
bedarf es dieser Bestätigung wegen § 91 S 2 GBV nicht.

Die technische Entwicklung auf dem Gebiet der Datenverarbeitung lässt es mittlerweile zu, auch Farbwerte zu 22
speichern und auf geeigneten Ausgabegeräten sichtbar zu machen. Wird eine derartige Speicherungsart
gewählt, so bedarf es der Angabe nach § 10a Abs 2 S 3 nicht.

2. Mustergrundsätze der Landesjustizverwaltungen

Die von der Justizministerkonferenz eingesetzte Bund-Länder-Kommission für Datenverarbeitung und Ratio- 23
nalisierung in der Justiz hat am 29.10.1990 *Grundsätze für die Mikroverfilmung von Schriftgut in der Rechtspflege und
Justizverwaltung* beschlossen und den Landesjustizverwaltungen empfohlen, bei der Einführung der Mikroverfilmung diese Grundsätze anzuwenden.

Die noch fortgeltenden Grundsätze sind im Anhang zu § 10a abgedruckt.

Mit Beschluss vom 14.10.1992 stellte die Bund-Länder-Kommission fest, dass neben der Mikroverfilmung auch 24
die Speicherung auf optischen Speichermedien (gemeint sind die *anderen Datenträger* iS von § 10a Abs 1) in
Betracht kommen kann. Mustergrundsätze sind hierfür bis jetzt noch nicht entwickelt worden.

25   **Nicht** vorgesehen ist im Grundbuch die **Einreichung der Urkunden in Form von Datenträgern.** § 10a geht vielmehr davon aus, dass derzeit noch alle Unterlagen dem Grundbuchamt in Papierform eingereicht werden und dann vom Grundbuchamt in die vorgesehene Form umgesetzt werden (wegen möglicher künftiger Entwicklungen s Rdn 4).

IV. Art des Schriftgutes

1. Grundakten

26   Die Urkunden, die nach § 10 aufzubewahren sind, sind nach § 24 GBV zu den Grundakten zu nehmen. Das gleiche gilt für die sonstigen vom Grundbuchamt aufzubewahrenden Urkunden (zB nach § 873 Abs 2, § 876 Abs 3 BGB und verschiedenen Vorschriften auf dem Gebiet der früheren DDR). Unter § 10a fallen schließlich auch alle sonstigen Schriftstücke, die beim Grundbuchamt anfallen und das Grundstück betreffen (zB Verfügungen, Beschlüsse, Kostenrechnungen, Zustellungsurkunden, Rechtsbehelfs- und Rechtsmittelentscheidungen).[7]

27   Die **Organisation der Grundakten** beruht darauf, dass für jedes Grundbuchblatt eine eigene Grundakte geführt wird.

28   Auch beim maschinell geführten Grundbuch sind gemäß § 73 GBV die Grundakten unverändert zu führen.

29   Diese Führung der Grundakten erfolgt nach der Natur der Sache zunächst in Papierform. Zur Verringerung des Raumbedarfs oder auch zur Anpassung der Organisationsform für die Aufbewahrung der Grundakten etwa an die Organisationsform des maschinell geführten Grundbuchs sieht § 10a jedoch die Möglichkeit der anderweitigen Speicherung vor.

2. Geschlossene Grundbücher

30   Auch **geschlossene Grundbücher** können als Wiedergabe auf einem Bildträger oder auf anderen Datenträgern aufbewahrt werden. Darunter fallen sowohl die Grundbücher in Papierform als auch die gemäß § 72 Abs 1 GBV geschlossenen maschinell geführten Grundbuchblätter.

31   § 72 Abs 2 GBV bestimmt für das geschlossene maschinell geführte Grundbuchblatt erläuternd, dass es weiterhin wiedergabefähig oder lesbar bleiben soll. Auch für diese geschlossenen Grundbücher ist § 10a anzuwenden. Allerdings ist hier von vornherein eine vorherige Datenerfassung – eine Speicherung auf anderen Datenträgern möglich, da diese Grundbuchblätter bereits in maschineller Form vorhanden sind.

32   Zulässig ist jedoch die Speicherung des geschlossenen maschinellen Grundbuchs auf einem anderen Datenspeicher als dem für die Grundbucheintragungen gemäß § 129 Abs 1 S 1 iVm § 62 GBV bestimmten. Es kann zB eine Auslagerung auf einen anderen Datenträger erfolgen, bei dem der Zugriff nicht so rasch als beim maschinell geführten Grundbuch möglich ist.

33   Den Hauptfall der Aufbewahrung von geschlossenen Grundbüchern nach § 10a dürften allerdings geschlossene Grundbücher in Papierform bilden, da hier die Raumersparnis im Vordergrund stehen dürfte. Die gespeicherte Form tritt dabei vollständig an die Stelle des bisherigen Grundbuchs in Papierform. Das bedeutet, dass auch die nach den Aufbewahrungsbestimmungen der Landesjustizverwaltungen vorgesehene Abgabe an die staatlichen Archive in dieser Form erfolgen könnte (siehe aber Rdn 38).

34   Die Frage, ob geschlossene Grundbuchblätter noch Grundbuch im Rechtssinne sind, kann im Zusammenhang mit der technischen Regelung in § 10a dahin gestellt bleiben; sie ist vor allem für die Zuständigkeit bei der Einsichtsgewährung von Bedeutung, wenn die geschlossenen Grundbücher an das Staatsarchiv abgegeben wurden.[8]

V. Behandlung der Originale

1. Grundakten

35   Im Gegensatz etwa zu den Regelungen im § 299a ZPO und im bis 31.12.2006 geltenden § 8a Abs 3 HGB sind trotz Erfassung als Bildträger oder auf sonstigen Datenträgern die **Originale** der zu den Grundakten genommenen Urkunden weiterhin **aufzubewahren**; sie dürfen **nicht** vernichtet werden. Werden dem Grundbuchamt Ausfertigungen oder Abschriften von Urkunden eingereicht, so stellen diese iS von § 10a Abs 2 S 2 das Original dar.

36   Wer zuständige Stelle für die Aufbewahrung des Originals ist, bestimmt sich nach den Anordnungen der Landesjustizverwaltung, die auch in der Verwaltungsanordnung nach Abs 1 S 2 getroffen werden können. In Betracht kommen kann hier zB eine gemeinsame Aktenverwahrungsstelle auf Landesebene.

---

7   *Bauer/von Oefele-Maaß* § 10a Rn 2.
8   *Wolfsteiner* Rpfleger 1993, 273.

2. Geschlossene Grundbücher

§ 10a Abs 2 S 2 geht lediglich davon aus, dass die Originale der *Urkunden* den dafür zuständigen Stellen zu **37** übergeben und von diesen aufzubewahren sind.

Nach den bestehenden Verwaltungsanordnungen der Landesjustizverwaltungen (Aufbewahrungsbestimmungen) **38** kommt aber auch eine Vernichtung geschlossener Grundbücher nicht in Betracht. Die Originale des geschlossenen Grundbuchs in Papierform sind idR vielmehr den dafür zuständigen Stellen der staatlichen Archivverwaltung zu übergeben, so dass im Ergebnis auch für die geschlossenen Grundbücher die gleiche Situation wie bei den Urkunden besteht (vgl auch Rdn 35, 36).

VI. Einsichten, Abschriften

Die Einsicht hat grundsätzlich in den lesbar gemachten Bild- oder Datenträger zu erfolgen. Hierfür genügt es, **39** dass die Lesbarmachung in angemessener Zeit erfolgt (siehe Rdn 17).

Nur ausnahmsweise besteht gemäß § 12b Abs 3 ein Anspruch auf **Einsicht** in das **Original**. **40**

Das berechtigte Interesse an der Einsicht in das Original muss **zusätzlich** zu dem berechtigten Interesse gemäß **41** § 12 Abs 1 S 2 dargelegt werden. Dieses besondere Interesse kann zB dann gegeben sein, wenn das Original farbliche Eintragungen aufweist, die in der Wiedergabe nicht farblich erkennbar sind und wenn es hierauf ankommt (zB farbliche Kennzeichnung über die Ausübung einer Dienstbarkeit).

Zuständig für die Gewährung der Einsicht in das Original ist gemäß § 12c Abs 5 die Leitung der Aufbewahr- **42** rungsstelle oder ein von ihr hierzu ermächtigter Bediensteter, wenn die Originale nicht beim Grundbuchamt aufbewahrt werden.

Für die Erteilung von **Abschriften** gilt das Gleiche. Grundsätzlich muss sich der Antragsteller mit Abschriften **43** (Rückvergrößerungen, Ausdrucke) aus den Bild- oder Datenträgern zufriedengeben. Soweit Abschriften von Originalen verlangt werden, müssen die Voraussetzungen für die Einsicht vorliegen.

VII. Aussonderung

Einen anderen Weg als die Verfilmung oder Speicherung beschreitet Abs 3. **44**

Die Vorschrift des Abs 3 steht im Zusammenhang mit den Regelungen in Abs 1 und Abs 2. Unabhängig von der Möglichkeit der raumsparenden Speicherung nach Abs 1 kann vorgesehen werden, dass Schriftstücke, die für die Führung des Grundbuchs nicht mehr benötigt werden, aus den Grundakten **ausgesondert** werden. Diese Ermächtigung erfasst derzeit allerdings nicht die Aussonderung geschlossener Grundbücher; im Interesse der Landesjustizverwaltungen soll diese Beschränkung kurzfristig aufgegeben werden.

Gemeint ist die **endgültige Aussonderung** mit anschließender **Vernichtung**. Damit wird das Raumproblem, **45** das gemäß Abs 1 und 2 nur aus dem Grundbuchamt an andere Stellen verlagert wird, endgültig gelöst.

Nähere Einzelheiten, insbesondere die Definition der *für die Führung des Grundbuchs nicht mehr benötigten Schrift-* **46** *stücke* muss die Rechtsverordnung des Bundesjustizministeriums enthalten. Denkbar ist etwa, dass Urkunden über bereits gelöschte Eintragungen oder über Eintragungen, deren Löschung bereits einen bestimmten Zeitraum zurückliegt, ausgesondert werden können.

Eine derartige Rechtsverordnung wurde jedoch bisher nicht erlassen.

Anhang zu § 10a

Grundsätze **47**

für die Mikroverfilmung von Schriftgut in der Rechtspflege und Justizverwaltung

(Die von der Justizministerkonferenz eingesetzte Bund-Länder-Kommission für Datenverarbeitung und Rationalisierung in der Justiz hat mit Beschluss vom 29.10.1990 den Landesjustizverwaltungen die Anwendung empfohlen).

Vom Abdruck der Anlagen bzw Muster zu den Grundsätzen wurde abgesehen.

Zu Nr 16 der Grundsätze wird angemerkt, dass bei der Vernichtung § 10a Abs 2 S 2 zu beachten ist.

1. Anwendung

Mikrofilmaufnahmen unter Einsatz von Durchlauf- oder Schrittschaltkameras als Ersatz oder zur Sicherung von aufbewahrungspflichtigem Schriftgut sind nach den folgenden Grundsätzen herzustellen.

Die Landesjustizverwaltung bestimmt
- die Justizbehörden, deren Schriftgut verfilmt werden soll;
- das zu verfilmende Schriftgut (Verfahrensbereiche);
- den Zeitpunkt der Verfilmung.

2. Umfang der Verfilmung

Das für die Verfilmung bestimmte Schriftgut ist vollständig (Vorder- und Rückseiten) einschließlich etwaiger Anlagen zu verfilmen; die Aktenumschläge werden mitverfilmt.

3. Aufbewahrung von Schriftgut im Original

Aus technischen Gründen nicht zur Verfilmung geeignete Schriftstücke sind im Original aufzubewahren und durch einen Vordruck (Muster 5), der mitzuverfilmen ist, nachzuweisen.

Aktenteile, deren Beweiswert nur im Original gesichert ist, werden verfilmt und weiterhin im Original aufbewahrt; durch Verfilmung eines Vordrucks (Muster 6) ist hierauf hinzuweisen. In dem Vermerk über die Weglegung der Akten sind die im Original aufzubewahrenden Aktenteile mit der Blattnummer zu bezeichnen; im Übrigen erfolgt die Kennzeichnung der im Original aufzubewahrenden Aktenteile in anderer geeigneter Weise (zB durch Stempelaufdruck »Im Original aufzubewahren«).

4. Nachweis über den Verbleib des Schriftgutes

Das zur Verfilmung bestimmte Schriftgut ist vor Abgabe an die Filmstelle in einem Nachweis (Muster 13) zu erfassen.

5. Beschaffenheit und Bearbeitung des Films

Für die Verfilmung ist panchromatisch sensibilisierter Sicherheitsdokumentenfilm (Rollfilm oder Mikroplanfilm) zu verwenden. Der Film muss so beschaffen sein und technisch bearbeitet werden, dass er für die Dauer der Aufbewahrungsfrist eine vollständige und genaue Wiedergabe des verfilmten Schriftguts gewährleistet.

Bei der Verwendung von Mikroplanfilm gelten die Grundsätze unter Berücksichtigung der Besonderheiten dieses Verfahrens entsprechend.

Der Einsatz anderer Aufzeichnungsträger als Mikrofilm oder Mikroplanfilm (zB Bildplatte, optische Speicherplatte, Digital Paper) bedarf der Zustimmung der Landesjustizverwaltung.

6. Vorspann

Im Vorspann des Films ist ein Vordruck (Muster 1) zu verfilmen, der mindestens die Bezeichnung des Gerichts oder der Justizbehörde sowie das Jahr der Verfilmung und die Nummer des Films enthält.

Wird die Verfilmung einer bereits auf einem anderen Film teilweise aufgezeichneten Schriftguteinheit fortgesetzt, ist zusätzlich durch Verfilmung eines Vordrucks (Muster 8) auf die Fortsetzung und auf die Nummer des fortgesetzten Films zu verweisen.

7. Aufnahmefolge

Vor jeder Schriftguteinheit (zB Akte) ist ein Vordruck (Muster 2) mit der Bezeichnung des Schriftguts (zB Aktenzeichen) und der Aufbewahrungsstelle zu verfilmen. Das Ende jeder Schriftguteinheit ist ebenfalls durch Verfilmung eines Vordrucks (Muster 3) kenntlich zu machen.

Die Reihenfolge des Schriftguts muss dem Ordnungsprinzip der Originalakten entsprechen. Bei der Verfilmung von Rückseiten muss auf dem Film erkennbar sein, zu welcher Vorderseite sie gehören.

8. Filmschnitt, Jacketierung

Zwischen Vorspann und Nachspann darf kein Filmschnitt erfolgen. Beim Zerschneiden des Rollfilms für Zwecke der Aufbewahrung in Mikrofilmtaschen (Jackets) ist sicherzustellen, dass die Aufnahmen vollständig sind.

9. Berichtigungen während der Aufnahme

Fehler, die während der Aufnahme festgestellt werden, sind sofort zu berichtigen und durch einen Vordruck (Muster 4 a), der mitzuverfilmen ist, zu kennzeichnen.

Aufnahmen vor und nach dem Fehler sind zu wiederholen, wenn es zum Verständnis des Zusammenhangs erforderlich ist. Hierauf ist in einem mit zu verfilmenden Vordruck (Muster 4 b) hinzuweisen.

Engel

10. Filmwechsel

Wird die Verfilmung einer Schriftguteinheit auf weiteren Filmen fortgesetzt, so ist dies durch einen Vordruck (Muster 7), in dem die Nummer des Folgefilms zu bezeichnen ist, zum Ausdruck zu bringen.

11. Filmnachweis

Der Film ist zu numerieren. Die Numerierung der Filme ist mit einer Bezeichnung des aufgenommenen Schriftguts in einem Mikrofilmtagebuch (Muster 11) zu vermerken. Das Mikrofilmtagebuch kann auch in Karteiform oder als elektronische Datei, die jahrgangsweise auszudrucken ist, geführt werden.

In dem Eintrag im Mikrofilmtagebuch ist auch auf etwaige Beschädigungen, insbesondere Filmrisse, hinzuweisen.

12. Nachspann mit Aufnahmebescheinigung

Im Nachspann des Films ist im Anschluss an das zuletzt verfilmte Schriftstück eine Bescheinigung (Muster 9) aufzunehmen. Die Bescheinigung muss die Nummer des Films sowie eine von der Bedienungskraft unterschriebene Erklärung enthalten, dass das von ihr zur Verfilmung übernommene Schriftgut unverändert in der festgelegten Reihenfolge (Nummer 7) vollständig aufgenommen worden ist.

Bei Wechsel der Kamerabedienung ist diese Erklärung (Muster 9) von der Bedienungskraft zu unterschreiben und an betreffender Stelle zu verfilmen.

13. Technische Filmprüfung

Zur Sicherung des erforderlichen Haltbarkeitsstandards (Nr 5) ist monatlich ein mit Probeaufnahmen versehenes Filmteilstück auf Thiosulfatrestgehalt zu prüfen oder prüfen zu lassen. Über das Ergebnis der Prüfung ist ein Nachweis zu führen.

14. Prüfung des Films und Prüfungsniederschrift

Der Film ist nach der Entwicklung unverzüglich auf Vollständigkeit und Lesbarkeit zu überprüfen.

Über die Filmprüfung ist eine Niederschrift (Muster 12) anzufertigen.

Die Niederschrift muss enthalten:
- Filmnummer;
- Tag der Filmprüfung;
- Anzahl und Bezeichnung der beanstandeten und fehlenden Aufnahmen, die erneut zu verfilmen sind;
- Nummer des Films, auf dem die Berichtigung aufgenommen wurde, soweit die Berichtigungsaufnahmen nicht den Filmbildern zugeordnet werden können;
- Anzahl und Bezeichnung der nicht verfilmbaren Schriftstücke;
- Bescheinigung über die Übereinstimmung von Mikrofilm und Urschrift mit Unterschrift des Filmprüfers.

Sind nachträglich Vermerke veranlasst, die nach den gesetzlichen Vorschriften auf der Urschrift aufzubringen sind, so sind diese unter Hinweis auf die betreffenden Filmbilder im Anschluss an die Prüfungsniederschrift zu vermerken.

15. Berichtigungsverfilmung

Soweit Schriftstücke fehlerhaft aufgenommen worden sind, sind sie erneut zu verfilmen. Fehlende Aufnahmen sind nachzuholen. Der Berichtigungsverfilmung ist ein Vordruck (Muster 10) voranzustellen. Die Prüfungsniederschrift über den beanstandeten Film ist mitzuverfilmen. In der Prüfungsniederschrift über den beanstandeten Film ist ein Verweis auf den die Berichtigung enthaltenden Film anzubringen, soweit die Berichtigungsaufnahmen nicht den Filmbildern zugeordnet werden können.

16. Nicht verfilmbare Schriftstücke

Ergibt die Prüfung des Films, dass Schriftstücke sich nicht lesbar verfilmen lassen oder aus sonstigen Gründen nicht zum Verfilmen geeignet sind, sind diese in der Prüfungsniederschrift zu vermerken. Die Schriftstücke sind in diesem Fall im Original aufzubewahren.

17. Nachträgliche Ergänzung

Bei nachträglicher Ergänzung einer bereits verfilmten Schriftguteinheit sind die Schriftstücke alsbald nach Beendigung der Sachbehandlung zu verfilmen. Der Verfilmung ist ein Vordruck (Muster 14) voranzustellen.

Die nachträglich gefertigten Filmbilder sind dem über die Schriftguteinheit erstellten Mikrofilm zuzuordnen; andernfalls sind in dem Mikrofilmtagebuch gegenseitig verweisende Vermerke anzubringen.

18. Lagerung des entwickelten Films

Der Film ist so zu lagern, dass Haltbarkeit und Lesbarkeit nicht beeinträchtigt werden (vgl DIN 19070 Teil 3).

19. Vernichtung des verfilmten Schriftguts

Eine Vernichtung des Schriftguts ist erst zulässig, wenn der Film inhaltlich überprüft (Nr 14 Satz 1) und nicht mehr zu beanstanden ist.

Hiervon auszunehmen sind die im Original aufzubewahrenden Aktenteile (Nrn 3 und 16). Die für den maßgeblichen Zeitraum durchgeführte technische Filmprüfung (Nr 13 Satz 1) darf ferner keine Hinweise auf mangelnde Haltbarkeit des Films ergeben haben.

Die Vorschriften über die Abgabe von Schriftgut an die Archive bleiben unberührt.

20. Aufbewahrung des Films, des Mikrotagebuchs und der Prüfungsniederschrift

Die Dauer der Aufbewahrung, die Aussonderung, die Abgabe und Archivierung des Films, der an die Stelle des vernichteten Schriftguts tritt, richten sich, soweit im Einzelfall nichts anderes bestimmt wird, nach den für das aufbewahrungspflichtige Schriftgut geltenden Regelungen. Gelten für Akten und Aktenteile (zB Urteile, Beschlüsse usw) unterschiedliche Aufbewahrungsfristen, so richtet sich die Dauer der Aufbewahrung des Films nach der jeweils längsten Aufbewahrungsfrist.

Das Mikrofilmtagebuch (Nr 11) und die Prüfungsniederschrift (Nr 14) sind fünf Jahre länger als der zugehörige Mikrofilm aufzubewahren.

21. Einsichtnahme, Rückvergrößerung

Die Einsichtnahme in den Film richtet sich nach den Vorschriften über die Einsichtnahme in das betreffende Schriftgut; hierfür sind Lesegeräte bereitzustellen. Rückvergrößerungen vom Mikrofilm werden nach den Vorschriften über die Erteilung von Abschriften erstellt.

§ 11 (Mitwirkung eines gesetzlich ausgeschlossenen Grundbuchbeamten)

Eine Eintragung in das Grundbuch ist nicht aus dem Grunde unwirksam, weil derjenige, der sie bewirkt hat, von der Mitwirkung kraft Gesetzes ausgeschlossen ist.

Schrifttum

Habscheid, Ausschluss und Ablehnung des Richters und des Rechtspflegers in der Freiwilligen Gerichtsbarkeit, Rpfleger 1964, 200; *Keidel,* Die Ablehnung von Gerichtspersonen in der freiwilligen Gerichtsbarkeit, Rpfleger 1969, 181; *Marx,* Zur Ablehnung eines Rechtspflegers wegen Besorgnis der Befangenheit, Rpfleger 1999, 518; *Teplitzky,* Richterablehnung wegen Befangenheit, JuS 1969, 318; *ders,* Auswirkungen der neuen Verfassungsrechtsprechung auf Streitfragen der Richterablehnung wegen Befangenheit, MDR 1970, 106.

I. Normzweck

Die Vorschrift regelt die Folgen der Mitwirkung eines kraft Gesetzes ausgeschlossenen Grundbuchbeamten bei **1** einer Eintragung. Eine derartige Eintragung wird trotz erfolgter Gesetzesverletzung für wirksam erklärt, weil die **Sicherheit des Grundbuchverkehrs** und die Belange der Beteiligten es erfordern, dass ungültige Grundbucheintragungen möglichst vermieden werden.

§ 11 ersetzt, soweit der Grundbuchrichter und der Rechtspfleger in Frage kommen, **den § 7 FGG**, geht über **2** diesen jedoch noch hinaus, indem er denselben Grundsatz auch für die anderen bei einer Eintragung mitwirkenden Grundbuchbeamten aufstellt. Die Folgen der Mitwirkung eines ausgeschlossenen Grundbuchbeamten bei einer anderen Handlung als der Vornahme einer Eintragung sind nicht in § 11 geregelt, sondern in § 7 FGG. Die Fragen im Zusammenhang mit einer Ablehnung des Grundbuchbeamten sind ebenfalls nicht in § 11 angesprochen, sondern finden ihre Regelung in dem § 6 Abs 2, § 7 FGG und §§ 42–48 ZPO.

II. Grundbuchbeamter

Grundbuchbeamte im Sinne dieser Vorschrift sind der **Grundbuchrichter** (§§ 5, 6, 11 RpflG), der **Rechts-** **3** **pfleger** (§ 3 Nr 1 Buchst h RpflG), der **Urkundsbeamte** der Geschäftsstelle (§ 12c GBO), der 2. Geschäftsstellenbeamte (§ 44 Abs 1 S 3 GBO), der vom Behördenvorstand ermächtigte Justizangestellte (§ 44 Abs 1 S 2 und 3, § 56 Abs 2 GBO) und der Präsentatsbeamte (§ 13 Abs 3 GBO).

Für die Mitglieder der **Beschwerdeinstanzen** finden, da sie nicht zu den Grundbuchbeamten gehören, nach **4** § 81 Abs 2 die Vorschriften der §§ 41 ff ZPO über die Ausschließung und Ablehnung der Gerichtspersonen entsprechende Anwendung.[1] Die Entscheidung des Beschwerdegerichts ist also nicht deshalb unwirksam, weil ein ausgeschlossener Richter bei ihr mitgewirkt hat. Sie kann aber, wenn es sich um eine Entscheidung des LG handelt, mit der weiteren Beschwerde angefochten werden. Hat daher das Beschwerdegericht in einer Entscheidung, bei der ein ausgeschlossener Richter mitgewirkt hat, eine Eintragung angeordnet, so ist die Eintragung wirksam.

III. Ausschließung

1. Grundbuchrichter, Rechtspfleger, Urkundsbeamter

In welchen Fällen der Grundbuchrichter kraft Gesetzes ausgeschlossen ist, bestimmt **§ 6 Abs 1 FGG**; entspre- **5** chendes gilt für den Rechtspfleger (§ 10 RpflG) und den Urkundsbeamten der Geschäftsstelle (sei er Beamter im staatsrechtlichen Sinne oder Angestellter), soweit ihm nach § 12c Abs 1 und 2 GBO Grundbuchgeschäfte zur selbständigen Wahrnehmung zugewiesen sind (§ 12c Abs 3 GBO).

---

1 KEHE-*Eickmann* § 11 Rn 1; *Demharter* § 11 Rn 8; *Keidel* Rpfleger 1969, 181.

6   Ein Grundbuchrichter, Rechtspfleger und Urkundsbeamter ist von der Ausübung seines Amtes kraft Gesetzes ausgeschlossen »in Sachen in denen er selbst beteiligt ist oder in denen er zu einem Beteiligten in dem Verhältnis eines Mitberechtigten oder Mitverpflichteten steht« (**§ 6 Abs 1 Ziff 1 FGG**). Der Begriff der Beteiligung kann sich auf das materielle Recht oder auf das formelle Recht beziehen. Je nachdem unterscheidet man zwischen materieller und formeller Beteiligung. Beteiligter im materiellen Sinn ist jede Person, deren Rechte und Pflichten durch die Regelung der Angelegenheit, also durch die zu erwartende oder bereits erlassene gerichtliche Entscheidung unmittelbar betroffen werden oder betroffen werden können, ohne Rücksicht darauf, ob sie im Verfahren aufgetreten ist; als Beteiligter im formellen Sinn ist jede Person anzusehen, die zur Wahrnehmung sachlicher Interessen am Verfahren teilnimmt oder zu ihm, auch eventuell zu Unrecht, zugezogen worden ist.[2] Diese Grundsätze können auf das Grundbuchverfahren übertragen werden: Beteiligter im Antragsverfahren ist jeder, dem nach § 13 Abs 1 S 2 ein Antragsrecht zusteht, ohne Rücksicht darauf, ob er es im Einzelfall ausgeübt hat oder nicht; in die Amtsverfahren muss als Beteiligter mit einbezogen werden, wer durch das Verfahren in seiner materiellen Rechtsstellung betroffen werden könnte.[3] Der Grundbuchbeamte ist daher insbesondere als materiell Beteiligter anzusehen, wenn er Grundstückseigentümer ist, weiter wenn die Tätigkeit zugunsten des Grundbuchbeamten erfolgen soll oder durch die Tätigkeit ein eingetragenes Recht des Grundbuchbeamten betroffen wird. Mitberechtigter oder Mitverpflichteter ist, wer neben einem in der Sache selbst als Beteiligter auftreten und auftreten zu können, neben einem Beteiligten von dem Verfahren unmittelbar betroffen wird; dies kommt in Betracht, wenn der Grundbuchbeamte einer Gesellschaft des BGB, einer OHG, KG oder einem nicht rechtsfähigen Verein angehört und diese oder jener materiell oder verfahrensrechtlich beteiligt ist. Dagegen besteht keine Mitbeteiligung, wenn es sich um eine juristische Person handelt, wie Aktiengesellschaft, Gesellschaft mit beschränkter Haftung, Genossenschaft, eingetragener Verein oder Gemeinde.[4] Das Verhältnis als Beteiligter, Mitberechtigter oder Mitverpflichteter muss zu der Zeit, in welcher der Grundbuchbeamte tätig werden soll, noch bestehen.[5]

7   Ein Grundbuchrichter, Rechtspfleger und Urkundsbeamter ist von der Ausübung seines Amtes kraft Gesetzes ausgeschlossen »in Sachen seines Ehegatten, auch wenn die Ehe nicht mehr besteht« (**§ 6 Abs 1 Ziff 2 FGG**). Eine Ehe besteht nicht mehr, wenn sie durch Scheidung (§§ 1564 ff BGB), Tod des Ehegatten oder Wiederverheiratung nach Todeserklärung (§ 38 Abs 2 EheG) aufgelöst wurde. Eine anfechtbare Ehe, die auf Grund einer Anfechtungsklage rechtskräftig (§ 29 EheG) für aufgehoben erklärt wurde, ist in den Wirkungen der einer geschiedenen Ehe gleich (§§ 28 ff, 37 Abs 1 EheG). Dagegen entfällt der Ausschließungsgrund bei Nichtigkeit der Ehe, wenn die Nichtigkeitserklärung durch Urteil erfolgt ist (§§ 16 ff, 23 EheG), weil dann die Ehe mit rückwirkender Kraft als nicht geschlossen angesehen wird.[6] Ein Verlöbnis bildet keinen Ausschließungsgrund.

8   Weiterhin ist ein Grundbuchrichter, Rechtspfleger und Urkundsbeamter von der Ausübung seines Amtes kraft Gesetzes ausgeschlossen »in Sachen einer Person, mit der er in gerade Linie oder im 2. Grade der Seitenlinie verwandt oder verschwägert ist« (**§ 6 Abs 1 Ziff 3 FGG**). Verwandtschaft in gerader Linie besteht nach § 1589 S 1 BGB zwischen Personen, die voneinander abstammen. Ein nichteheliches Kind und sein Vater sind seit 01.07.1970 ebenfalls in gerader Linie verwandt.[7] Verwandtschaft in gerader Linie wird auch begründet durch die Annahme als Kind zwischen dem Annehmenden einerseits und dem Angenommenen und dessen Abkömmlingen andererseits (§§ 1754–1756, 1764, 1767, 1770–1772 BGB). Verwandte in der Seitenlinie sind Personen, die von derselben dritten Person abstammen (§ 1589 S 2 BGB). Der Grad der Verwandtschaft bestimmt sich nach der Zahl der sie vermittelnden Geburten (§ 1589 S 2 BGB). Einen Ausschließungsgrund bildet nur die Verwandtschaft im zweiten Grad (abweichend von § 41 Ziff 3 ZPO), also die Eigenschaft als Geschwister.[8] Schwägerschaft besteht zwischen einem Ehegatten und den Verwandten des anderen Ehegatten (§ 1590 Abs 1 S 1 BGB). Sie dauert fort, auch wenn die Ehe, durch die sie begründet ist, durch Tod, Scheidung, Aufhebung oder Wiederverheiratung nach Todeserklärung des früheren Ehegatten aufgelöst ist (§ 1590 Abs 2 BGB).

9   Letztlich ist ein Grundbuchrichter, Rechtspfleger und Urkundsbeamter von der Ausübung seines Amtes kraft Gesetzes ausgeschlossen »in Sachen, in denen er als Vertreter eines Beteiligten bestellt oder als gesetzlicher Vertreter eines solchen aufzutreten berechtigt ist« (**§ 6 Abs 1 Ziff 4 FGG**). Es kommt nur auf das Recht zur Vertretung, nicht auf die tatsächliche Ausübung der Vertretungsmacht an.[9] Der Ausschließungsgrund dauert solange an, als dieses Vertretungsverhältnis dauert; er endet mit Ende der Vertretungsbefugnis. Kein Ausschlie-

---

2   *Keidel-Zimmermann* § 6 Rn 18; *Habscheid* § 12 I 1 a; Rpfleger 1964, 200.
3   KEHE-*Eickmann* § 1 Rn 29; *Eickmann* GBVerfR, Rn 14.
4   *Keidel-Zimmermann* § 6 Rn 23; *Habscheid* § 12 I 1 a; Rpfleger 1964, 200.
5   *Keidel-Zimmermann* § 6 Rn 24; *Habscheid* § 12 I 1 a.
6   *Keidel-Zimmermann* § 6 Rn 25.
7   *Keidel-Zimmermann* § 6 Rn 27.
8   *Keidel-Zimmermann* § 6 Rn 30.
9   *Keidel-Zimmermann* § 6 Rn 36.

Böttcher

ßungsgrund ist es daher, dass der Grundbuchbeamte früher gesetzlicher Vertreter eines Beteiligten war. Darüber, wer gesetzlicher Vertreter ist, entscheidet das materielle Recht; gesetzliche Vertreter sind die verheirateten Eltern eines Kindes (§§ 1626 ff BGB), die nicht mit dem Vater verheiratete Mutter eines Kindes (§ 1626a Abs 2 BGB), der Vormund (§ 1793 BGB), der Pfleger (§§ 1909 ff BGB), der Beistand nur im Falle des § 1690 BGB; der Vorstand und der Liquidator eines eingetragenen Vereins (§§ 26, 48 BGB), einer AG (§§ 71, 210 AktG) einer Genossenschaft (§§ 9, 83 GenG) usw, ferner vertretungsberechtigte Organe einer Körperschaft des öffentlichen Rechts, zB des Bundes, eines Landes, einer Gemeinde, einer der anerkannten Kirchen usw. Nicht ausgeschlossen ist dagegen der Grundbuchbeamte, wenn er nur einer juristischen Person als Mitglied angehört.

Das FGG, und damit auch die GBO, hat aus der Regelung des Zivilprozesses (§ 41 ZPO) den Ausschluss wegen Vernehmung als Zeugen oder Sachverständigen im selben Verfahren (**§ 41 Ziff 5 ZPO**) und wegen Mitwirkung bei der angefochtenen Entscheidung (**§ 41 Ziff 6 ZPO**) nicht übernommen. Gegen die Nichtanwendung dieser beiden Ausschließungsgründe sprechen aber im Hinblick auf Art 97 Abs 1 iVm Art 101 Abs 1 GG erhebliche verfassungsrechtliche Bedenken. Es geht nicht an, dass jemand Zeuge oder Sachverständiger und Entscheidungsorgan in einer Person sein kann; daneben widerspricht es einer unparteilichen Rechtskontrolle, wenn ein Richter, dessen Entscheidung angefochten wird, bei dem Rechtsmittelverfahren selbst mitwirken darf. § 41 Ziff 5 und 6 ZPO sind daher auch im Verfahren der freiwilligen Gerichtsbarkeit entsprechend anzuwenden,[10] und somit auch im Grundbuchverfahren.   **10**

Die Ausschließung des Grundbeamten von der Ausübung seines Amts bedeutet den bestimmten Befehl sich **jeder weiteren Amtshandlung zu enthalten**.[11] Enthält sich der Grundbuchbeamte wegen Vorhandenseins von Ausschließungsgründen der Amtsausübung, so tritt an seine Stelle sein Stellvertreter.[12] Bestehen Zweifel über das Vorliegen eines Ausschließungsgrundes, so hat das Gericht (beim Rechtspfleger: § 10 S 2 mit § 28 RpflG; beim Richter: § 45 ZPO) in entsprechender Anwendung des § 48 Abs 1, 2. Hs ZPO zu entscheiden.   **11**

2. Andere Grundbuchbeamte

Für alle sonstigen Grundbuchbeamten außer dem Grundbuchrichter, Rechtspfleger und Urkundsbeamten fehlt eine bundesrechtliche Vorschrift. Es gilt daher das jeweilige **Landesrecht** (§ 200 FGG); schweigt dieses, so dürfte § 6 Abs 1 FGG sinngemäß anzuwenden sein.[13] Hinzuweisen ist für Bayern auf Art 8 AGGBO, für die ehemals preußischen Gebiete auf Art 2 prFGG; nach beiden Vorschriften wird § 6 FGG entsprechend angewendet.   **12**

3. Handlungen eines ausgeschlossenen Grundbuchbeamten

Es ist zu unterscheiden zwischen Eintragungen und anderen grundbuchamtlichen Tätigkeiten.   **13**

a) Eintragungen. Sie sind nach § 11 nicht deswegen unwirksam, weil sie von einem Grundbuchbeamten bewirkt worden sind, der von der Mitwirkung bei der Eintragung kraft Gesetzes ausgeschlossen war. Eine Eintragung ist **voll wirksam** und führt insbesondere auch die beabsichtigte Rechtsänderung herbei. Die Eintragung ist jedermann gegenüber wirksam, ohne Rücksicht auf seinen guten Glauben bezüglich der Ausschließung; auch das Grundbuchamt selbst hat die Eintragung als wirksam zu behandeln.[14] Das Grundbuch wird durch eine solche Eintragung nicht unrichtig; es besteht weder ein Berichtigungsanspruch, noch ist für das Verfahren nach § 53 Raum. § 11 ersetzt, was die Eintragungstätigkeit anlangt, die Vorschrift des § 7 FGG, reicht aber insofern über diese hinaus, als er für alle an dem Zustandekommen der Eintragung unmittelbar beteiligten Grundbuchbeamten gilt.[15]   **14**

Nimmt ein Grundbuchbeamter, obwohl ihm bekannt ist, dass er kraft Gesetzes ausgeschlossen ist, weitere Amtshandlungen vor, so kann er dienstrechtlich zur Verantwortung gezogen werden. Eine **Beschwerde** gegen eine Eintragung, an der ein ausgeschlossener Grundbuchbeamter mitgewirkt hat, ist **ausgeschlossen**. Nach § 71 Abs 2 S 1 ist die Beschwerde gegen eine Eintragung unzulässig. Solche vorschriftswidrigen Eintragungen sind somit jedem Angriff seitens der Beteiligten entzogen.   **15**

b) Sonstige Amtshandlungen. Bei sonstigen grundbuchamtlichen Verrichtungen gilt § 11 nicht. So zB der Erlass einer Zwischenverfügung, eines Zurückweisungsbeschlusses, der Erteilung und weiteren Behandlung von Briefen, der Gestattung der Grundbucheinsicht, dem Erlass eines Feststellungsbeschlusses nach den §§ 87 Buchst c, 108. In   **16**

---

10 *Keidel-Zimmermann* § 6 Rn 15; *Bumiller-Winkler* § 6 Rn 12; *Bassenge-Herbst-Roth* § 6 Rn 7; *Habscheid* § 12 I 2; JR 1958, 361, 363; FamRZ 1964, 83; Rpfleger 1964, 200.
11 *Keidel-Zimmermann* § 6 Rn 10.
12 *Keidel-Zimmermann* § 6 Rn 73.
13 *Demharter* § 11 Rn 3.
14 KGJ 20, 188.
15 *Demharter* § 11 Rn 4.

diesen Fällen gilt **§ 7 FGG**, soweit es sich um Handlungen des Richters, des Rechtspflegers (§ 10 RpflG) der des Urkundsbeamten im Rahmen des § 12c Abs 1 und 2 GBO handelt (§ 12c Abs 3 GBO). Für alle sonstigen Grundbuchbeamten richten sich die Wirkungen der Handlungen eines kraft Gesetzes ausgeschlossenen Beamten nach **Landesrecht** (§ 200 FGG); schweigt dieses, so ist § 7 FGG entsprechend anwendbar.[16]

17 Nach § 7 FGG sind die Handlungen des ausgeschlossenen Grundbuchbeamten nicht kraft Gesetzes unwirksam, dh sie sind zunächst **wirksam**, haben aber keinen Anspruch auf Anerkennung für alle Zukunft.[17] Eine Amtshandlung, welche eine Verfügung iS des § 19 FGG darstellt, ist trotz § 7 FGG eine Gesetzesverletzung und begründet die **Beschwerde** und die **weitere Beschwerde**, auch beim Rechtspfleger nach § 11 Abs 1 RpflG.[18]

18 Ist der Beschwerdeweg ausgeschlossen, weil die Entscheidung bereits in formelle Rechtskraft erwuchs, so muss entsprechend § 579 Nr 2 ZPO eine **Wiederaufnahme des Verfahrens** möglich sein, da es mit dem Rechtsstaatsgedanken nicht vereinbar ist, dass eine mit einem so schweren Mangel versehene Entscheidung aufrecht erhalten bleibt.[19]

IV. Ablehnung

1. Selbstablehnung

19 Selbstablehnung eines Grundbuchbeamten ist nach § 6 Abs 2 S 1 FGG wegen Befangenheit möglich. **Befangenheit** liegt vor, wenn der Grundbuchbeamte wegen seiner in einer einzelnen Angelegenheit bestehenden Beziehungen zu den Beteiligten oder einem der Beteiligten oder einem Verfahrensbevollmächtigten oder zum Verfahrensgegenstand gerade in der betreffenden Sache nicht unvoreingenommen seines Amtes walten kann, während Umstände, die nicht gerade in der zu entscheidenden Einzelsache verwurzelt sind, sondern ganz unabhängig von ihr allgemeine Bedeutung haben, keine Befangenheit begründen.[20] Ein Grundbuchbeamter ist aber nicht nur befangen, wenn er selbst an seiner Fähigkeit zur unparteiischen Behandlung der Sache zweifelt, sondern auch dann, wenn ein Beteiligter von seinem Standpunkt aus bei besonnener und vernünftiger Würdigung Grund haben kann, daran zu zweifeln.[21] Eine Entscheidung über das Vorliegen eines Ablehnungsgrundes bedarf stets einer eingehenden Würdigung des Einzelfalles.[22] § 6 Abs 2 S 1 FGG, der nur vom Richter spricht, gilt entsprechend für den Rechtspfleger (§ 10 RpflG) sowie für den Urkundsbeamten der Geschäftsstelle, soweit ihm nach § 12c Abs 1 und 2 GBO Grundbuchgeschäfte zur selbständigen Erledigung übertragen sind (§ 12c Abs 3 GBO).

20 Streitig ist, wie im Falle der Selbstablehnung zu verfahren ist. Nach einer Minderansicht hat sich der Grundbuchbeamte in einem solchen Fall ohne weiteres der Amtsausübung zu enthalten; das Wort »kann« in § 6 Abs 2 S 1 FGG soll die Selbstablehnung des Grundbuchbeamten nicht in sein Ermessen stellen, sondern es soll ihn nur von der sonst bestehenden Pflicht, tätig zu werden, freistellen.[23] Dem ist zu widersprechen. Darüber, ob der vom Grundbuchbeamten angezeigte Sachverhalt die Besorgnis seiner Befangenheit begründet, ist **entsprechend § 48 Abs 1 ZPO** (iVm § 45 Abs 1 ZPO) zu befinden.[24] Das verfassungsrechtliche Gebot des gesetzlichen Richters bzw Rechtspflegers in Art 101 Abs 1 S 2 GG fordert, dass sich dieser Rechtspfleger (Richter) von vornherein so eindeutig wir möglich auf Grund genereller Vorschriften, nämlich nach der Zuständigkeitsregelung der Verfahrensgesetze und nach dem jeweiligen Geschäftsverteilungsplan des zuständigen Gerichts, bestimmt.

21 Ein Grundbuchbeamter, der von einem Verhältnis Kenntnis hat, das ihn befangen erscheinen lässt, hat die **Amtspflicht, dies anzuzeigen**. Der Rechtspfleger richtet seine Anzeige an den Amtsrichter des Gerichts, bei dem er tätig ist und der nach der Geschäftsverteilung das betreffende Rechtsgebiet, auf das sich die Hauptsache erstreckt, zu bearbeiten hat (§§ 10, 28 RpflG). Handelt es sich um die Selbstablehnung eines Richters am Amts-

---

16 *Demharter* § 11 Rn 5.
17 *Keidel-Zimmermann* § 7 Rn 34.
18 *Keidel-Zimmermann* § 7 Rn 36.
19 *Habscheid* Rpfleger 1964, 200, 203.
20 BVerfGE 2, 295, 297; 11, 1, 3; BGH DNotZ 1962, 612; BVerwG MDR 1970, 442; *Keidel-Zimmermann* § 6 Rn 40; KEHE-*Eickmann* § 11 Rn 3; *Keidel* Rpfleger 1969, 181, 182.
21 BVerfGE 20, 1, 9, 26 = NJW 1966, 923; BayObLGZ, 1974, 134, 135; KG OLGZ 1967, 215; OLG Koblenz NJW 1967, 2213; OLG Frankfurt Rpfleger 1978, 100; OLG Köln OLGZ 1968, 465, 466; *Keidel-Zimmermann* § 6 Rn 40; KEHE-*Eickmann* § 11 Rn 3; *Habscheid* § 12 III; *Bärmann* § 7 II 1 b; III 2; *Baur* § 8 III; *Keidel* Rpfleger 1969, 181, 182; *Habscheid* Rpfleger 1964, 200, 201.
22 *Keidel-Zimmermann* § 6 Rn 40; *Keidel* Rpfleger 1969, 181, 182.
23 *Habscheid* § 12 III 2; *Pikart-Henn* 61; *Bärmann* § 7 II; *Baur* § 8 III; JZ 1967, 65; *Zimmermann* NJW 1967, 631.
24 BGHZ 46, 195; BayObLGZ 1969, 7 = Rpfleger 1969, 209; 1970, 85; 1979, 295 = Rpfleger 1979, 423; OLG Stuttgart Rpfleger 1969, 430; OLG Braunschweig Rpfleger 1970, 167; OLG Frankfurt OLGZ 1980, 110; *Zöller-Vollkommer* § 48 Rn 1; *Arnold/Meyer-Stolte/Hansens* § 10 Rn 25; *Jansen* § 6 Rn 15; *Keidel-Zimmermann* § 6 Rn 71; KEHE-*Eickmann* § 11 Rn 4; *Demharter* § 11 Rn 6; *Keidel* Rpfleger 1969, 181, 182.

gericht, so entscheidet hierüber ein anderer Richter des Amtsgerichts (§ 48 mit § 45 Abs 2 ZPO, §§ 72, 100 GVG).[25] Der Urkundsbeamte der Geschäftsstelle hat seine Anzeige grundsätzlich wie der Rechtspfleger an den Amtsrichter zu richten; wegen der doch wesentlich geringeren Bedeutung der ihm zugewiesenen Geschäfte kann allerdings auf dem Dienst-(Verwaltungs-)wege der Eintritt eines Stellvertreters verfügt werden.[26]

2. Ablehnung durch Beteiligte

Der Grundbuchbeamte kann auch von den Beteiligten abgelehnt werden, denn § 6 Abs 2 S 2 FGG, der dies ausschließt, ist vom BVerfG mit Beschluss vom 08.02.1967[27] für verfassungswidrig und daher nichtig erklärt worden. Diese Entscheidung hat nach § 31 Abs 2 S 1, § 95 Abs 3 BVerfGG Gesetzeskraft. Die sich daraus ergebende Gesetzeslücke ist in **entsprechender Anwendung der §§ 42–48 ZPO** zu schließen.[28] Die Ablehnungsregeln ergreifen neben dem Richter auch den Rechtspfleger (§ 10 RpflG) und den Urkundsbeamten im Rahmen seines selbständigen Wirkungskreises (§ 12c Abs 3 GBO). **22**

Der Grundbuchbeamte kann sowohl in den Fällen, in denen er von der Ausübung seines Amtes **kraft Gesetzes ausgeschlossen** ist (Rdn 5 ff), als auch wegen **Besorgnis der Befangenheit** (Rdn 19) abgelehnt werden (§ 42 Abs 1 ZPO). **23**

Ablehnungsberechtigt ist jeder am Verfahren Beteiligte (§ 42 Abs 3 ZPO), das ist jeder, der formell am Verfahren teilnimmt.[29] Dem Verfahrensbevollmächtigten als solchem steht kein Ablehnungsrecht zu.[30] Der Beteiligte hat einen Anspruch darauf, die Namen der zur Mitwirkung an der Entscheidung berufenen Grundbuchbeamten zu erfahren.[31] **24**

Für das **Ablehnungsgesuch** gilt § 44 Abs 1 ZPO entsprechend. Es kann zu Protokoll der Geschäftsstelle des Gerichts, dem der Rechtspfleger (Richter) angehört, erklärt, es kann aber auch schriftlich eingereicht oder in einer etwaigen mündlichen Verhandlung angebracht werden.[32] Unstreitig ist heute,[33] dass in entsprechender Anwendung des § 43 ZPO ein Ablehnungsgesuch unzulässig ist, wenn der Beteiligte während des schriftlichen Verfahrens von einem Ablehnungsgrund erfährt, die Person des Grundbuchbeamten kennt und sich in Kenntnis dieser Umstände in sachliche Verhandlungen einlässt oder Verfahrensfragen erörtert.[34] **25**

Die **Zuständigkeit** zur Entscheidung über die Ablehnung des Grundbuchrichters ergibt sich aus § 45 Abs 2 ZPO; danach hat grundsätzlich ein anderer Richter des Amtsgerichts über das Ablehnungsgesuch zu entscheiden; nur wenn der Grundbuchrichter das Ablehnungsgesuch für begründet hält, so genügt ein Aktenvermerk und Abgabe der Akten an den Stellvertreter. Für die Ablehnung des Rechtspflegers ergibt sich die Zuständigkeit des Richters aus §§ 10 S 2, 28 RpflG. Der abgelehnte Rechtspfleger ist nicht durch die Dienstaufsicht zu ersetzen, sondern im formellen Ablehnungsverfahren durch den Richter. Hierdurch sollen Einflüsse, die die Selbständigkeit des Rechtspflegers beeinträchtigen könnten, ausgeschaltet und die Stellung des Rechtspflegers gegenüber dem Rechtsuchenden gefestigt werden.[35] Wird der Grundbuchrichter von den Beteiligten abgelehnt und erweist sich das Ablehnungsgesuch als missbräuchlich, etwa weil es nur der Verfahrensverzögerung dient, so kann es der Richter selbst als unzulässig verwerfen;[36] Gleiches gilt für den Grundbuchrechtspfleger. **26**

Im **Ablehnungsverfahren** hat sich der Grundbuchbeamte über den Ablehnungsgrund dienstlich zu äußern (§ 44 Abs 3 ZPO). Dem Gesuchsteller ist sodann rechtliches Gehör zu gewähren (Art 103 Abs 1 GG).[37] Der Zurückweisungsbeschluss ist dem Gesuchsteller (§ 16 Abs 2 S 1 FGG), der stattgebende Beschluss den am Verfahren Beteiligten (§ 16 Abs 2 S 2 FGG) bekannt zu machen. **27**

---

25 *Keidel-Zimmermann* § 6 Rn 71; *Keidel* Rpfleger 1969, 181, 183.
26 KEHE-*Eickmann* § 11 Rn 4; *Keidel* Rpfleger 1969, 181, 185.
27 BVerfGE 21, 139 = NJW 1967, 1123 = Rpfleger 1967, 210.
28 BGHZ 46, 195; BayObLGZ 1967, 474 = NJW 1968, 802; 1971, 358 = Rpfleger 1972, 131; 1974, 131; 1974, 446; OLG Düsseldorf OLGZ 1967, 387; OLG Stuttgart Rpfleger 1969, 430; OLG Braunschweig Rpfleger 1970, 167; *Demharter* § 11 Rn 6; KEHE-*Eickmann* § 11 Rn 5; *Keidel-Zimmermann* § 6 Rn 56; *Bärmann* § 7 III 2; *Habscheid* § 12 II; *Keidel* Rpfleger 1969, 181.
29 *Keidel-Zimmermann* § 6 Rn 57; *Keidel* Rpfleger 1969, 181, 183.
30 BayObLGZ 1974, 446 = NJW 1975, 699 = Rpfleger 1975, 93.
31 BayObLGZ 1977, 238 = Rpfleger 1978, 17.
32 *Keidel-Zimmermann* § 6 Rn 58; *Keidel* Rpfleger 1969, 181, 183.
33 **AA** noch *Keidel* Rpfleger 1969, 181, 183 (inzwischen aufgegeben).
34 BayObLGZ 1974, 131, 134; OLG Köln OLGZ 1974, 421; OLG Stuttgart Rpfleger 1975, 93; *Jansen* § 6 Rn 17; *Keidel-Zimmermann* § 6 Rn 61; *Zöller-Vollkommer* § 43 Rn 2; *Habscheid* § 12 II 3.
35 *Arnold/Meyer-Stolte/Hansens* § 10 Rn 17.
36 BVerfGE 11, 1, 3; RGZ 40, 402; BGH NJW 1974, 55; OLG Braunschweig NJW 1976, 2024, 2025; OLG Zweibrücken MDR 1980, 1025, 1026; OLG Koblenz Rpfleger 1985, 368.
37 *Keidel-Zimmermann* § 6 Rn 60; *Keidel* Rpfleger 1969, 181, 184.

28 Für die **Anfechtung** des Beschlusses gilt § 46 Abs 2 ZPO entsprechend. Gegen den Beschluss, durch den die Ablehnung eines **Rechtspflegers** vom Richter für unbegründet oder unzulässig erklärt wird, ist die sofortige Beschwerde zum LG gegeben;[38] gegen den zurückweisenden Beschluss des LG ist sofortige weitere Beschwerde als Rechtsbeschwerde zum OLG (KG) statthaft.[39] Gegen den Beschluss des LG, durch den die Ablehnung eines **Richters** für unbegründet oder unzulässig erklärt wird, findet die sofortige Beschwerde als Tatsachenbeschwerde zum OLG (KG);[40] gegen den zurückweisenden Beschluss des OLG (KG) ist kein Rechtsmittel gegeben.[41] Frist und Form des Rechtsmittels richten sich nach den Vorschriften des FGG (§§ 21, 22).[42] Der Beschluss, durch den die Ablehnung für begründet erklärt wird, ist unanfechtbar (§ 46 Abs 2, 1. Hs ZPO), auch wenn er auf Beschwerde ergeht. Wurde dem Grundbuchrichter die Kompetenz zugebilligt, Ablehnungsgesuche wegen Rechtsmissbrauchs selbst als unzulässig zu verwerfen (vgl Rdn 26), so folgt hieraus, dass seine Entscheidung beschwerdefähig ist und gemäß § 46 Abs 2 ZPO der sofortigen Beschwerde unterliegt, über die das LG als Beschwerdegericht zu befinden hat.[43] Hat er Grundbuchrechtspfleger ein offensichtlich rechtsmissbräuchliches Ablehnungsgesuch selbst als unzulässig verworfen, so ist diese Entscheidung mit er Erinnerung anfechtbar, über die der Richter des § 28 RpflG sachlich entscheidet, dagegen ist in entsprechender Anwendung des § 11 Abs 3 RpflG die Erst-Beschwerde an das LG zulässig.

3. Handlungen eines Grundbuchbeamten, gegen den Ablehnungsgründe bestehen

29 Bis über die Selbstablehnung oder den Ablehnungsantrag entschieden ist, gilt **§ 47 ZPO entsprechend**, dh der Grundbuchbeamte darf nur solche Handlungen vornehmen, die keinen Aufschub gestatten.[44] Diese Handlungen bleiben auch dann voll wirksam, wenn das Ablehnungsgesuch rechtskräftig für begründet erklärt wird.[45]

30 Hat der Grundbuchbeamte trotz des Ablehnungsgesuchs über den Rahmen des § 47 ZPO hinausgehende Entscheidungen getroffen, dh Handlungen vorgenommen, die Aufschub geduldet hätten, so sind diese Maßnahmen **§ 7 FGG entsprechend** zunächst wirksam.[46] Sie sind jedoch – sofern überhaupt eine Anfechtungsmöglichkeit besteht (vgl § 71) – wegen Verstoßes gegen § 47 ZPO anfechtbar.[47]

31 **Nach rechtskräftiger Ablehnung** eines Grundbuchbeamten gilt für die Wirksamkeit seiner trotzdem erfolgten Maßnahmen ebenfalls § 7 FGG entsprechend.[48] Sie sind zwar wirksam, aber wegen des Verfahrensfehlers mit dem zulässigen Rechtsmittel (Rechtsbehelf) anfechtbar.[49]

Eine Entscheidung des Gerichts kann aber nicht mit der Begründung angefochten werden, dass der mitwirkende Grundbuchbeamte wegen Besorgnis der Befangenheit zur Selbstablehnung verpflichtet gewesen sei und dass er von dem Sachverhalt, der eine solche Ablehnung gerechtfertigt hätte, keine Anzeige gemacht habe.[50]

---

38 OLG Braunschweig Rpfleger 1970, 167; OLG Köln FamRZ 1968, 331; *Zöller-Vollkommer* § 49 Rn 5; *Arnold/Meyer-Stolte/Hansens* § 10 Rn 19; *Keidel-Zimmermann* § 6 Rn 68; *Keidel* Rpfleger 1969, 181, 184.

39 BayObLGZ 1971, 358 = Rpfleger 1972, 131; *Demharter* § 11 Rn 6.

40 *Keidel-Zimmermann* § 6 Rn 68; *Keidel* Rpfleger 1969, 181, 184.

41 BGH NJW 1966, 2062.

42 BayObLGZ 1967, 474; 1971, 358; OLG Köln FamRZ 1968, 331; *Arnold/Meyer-Stolte/Hansens* § 10 Rn 20; *Keidel-Zimmermann* § 6 Rn 68; *Habscheid* § 12 II 3; *Keidel* Rpfleger 1969, 181, 184.

43 KG MDR 1983, 60; OLG Koblenz Rpfleger 1985, 368; *Engel* Rpfleger 1981, 81, 85. **AA** OLG Köln MDR 1979, 850, wonach das LG als erstes Gericht entscheidet.

44 *KEHE-Eickmann* § 11 Rn 7; *Keidel* Rpfleger 1969, 181, 185.

45 *Eickmann* aaO; *Keidel* Rpfleger 1969, 181, 185.

46 *Eickmann* aaO; *Keidel-Zimmermann* § 6 Rn 72; *Keidel* Rpfleger 1969, 181, 183, 185.

47 BayObLGZ 1969, 7 = Rpfleger 1969, 209; *KEHE-Eickmann* § 11 Rn 7; *Jansen* § 6 Rn 25; *Keidel* Rpfleger 1969, 181, 185.

48 *Eickmann* aaO; *Jansen* § 7 Rn 7; *Keidel-Zimmermann* § 7 Rn 72; *Habscheid* § 13 IV 1.

49 *Eickmann* aaO.

50 BGH ZZP 1967, 302; BayObLGZ 1970, 5 = Rpfleger 1970, 136; KG OLGZ 1967, 215; *KEHE-Eickmann* § 11 Rn 7; *Keidel-Zimmermann* § 6 Rn 71.

§ 12 (Grundbucheinsicht, Abschriften)

(1) Die Einsicht des Grundbuchs ist jedem gestattet, der ein berechtigtes Interesse darlegt. Das Gleiche gilt von Urkunden, auf die im Grundbuch zur Ergänzung einer Eintragung Bezug genommen ist, sowie von den noch nicht erledigten Eintragungsanträgen.

(2) Soweit die Einsicht des Grundbuchs, der im Absatz 1 bezeichneten Urkunden und der noch nicht erledigten Eintragungsanträge gestattet ist, kann eine Abschrift gefordert werden; die Abschrift ist auf Verlangen zu beglaubigen.

(3) Das Bundesministerium der Justiz kann durch Rechtsverordnung mit Zustimmung des Bundesrates bestimmen, dass
1. über die Absätze 1 und 2 hinaus die Einsicht in sonstige sich auf das Grundbuch beziehende Dokumente gestattet ist und Abschriften hiervon gefordert werden können;
2. bei Behörden von der Darlegung des berechtigten Interesses abgesehen werden kann, ebenso bei solchen Personen, bei denen es auf Grund ihres Amtes oder ihrer Tätigkeit gerechtfertigt ist.

Schrifttum

Böhringer, Grundbucheinsicht – quo vadis?, Rpfleger 2001, 331; *ders*, Informationelles Selbstbestimmungsrecht kontra Publizitätsprinzip bei § 12 GBO, Rpfleger 1987, 181; *ders*, Der Einfluss des informationellen Selbstbestimmungsrechts auf das Grundbuchverfahrensrecht, Rpfleger 1989, 309; *ders*, Aktuelle Streitfragen des Grundbuchrechts, BWNotZ 1985, 102 (Abschnitt V); *ders*, Besprechung zum Beschluss des LG Ellwangen vom 22.02.1984, Rpfleger 1984, 181 = BWNotZ 1984, 124; *Eickmann*, Besprechung zum Beschluss des OLG Hamm vom 18.12.1985, DNotZ 1986, 499; *ders*, Besprechung zum Beschluss des OLG Hamm vom 14.05.1988, DNotZ 1989, 378; *Feuerpeil*, Einheitlicher Behördenbegriff im Grundbuch?, Rpfleger 1990, 450; *Flik*, Zur Frage der Einsichtnahme in das Grundbuch und in die Grundakten, BWNotZ 1985, 54; *Franz*, Ist das Interesse am Grundstückskauf ein berechtigtes Interesse zur Einsicht in das Grundbuch?, NJW 1999, 406; *Frohn*, Akten- und Registereinsicht, RpflJB 1982, 343; *Grziwotz*, Grundbucheinsicht, allgemeines Persönlichkeitsrecht und rechtliches Gehör, MittBayNot 1995, 97; *Kollhosser*, Das Grundbuch – Funktion, Aufbau, JA 1984, 558, 714; *Lüke*, Registereinsicht und Datenschutz, NJW 1983, 1407; *Lüke-Dutt*, Loseblattgrundbuch und Datenschutz, Rpfleger 1984, 253; *Melchers*, Das Recht auf Grundbucheinsicht, Rpfleger 1993, 309; *Nieder*, Entwicklungstendenzen und Probleme des Grundbuchverfahrensrechts, NJW 1984, 329, Abschn VIII; *Pardey*, Informationelles Selbstbestimmungsrecht und Akteneinsicht, NJW 1989, 1647; *Pfeilschiffer*, Grundbucheinsichtsrecht und Gutglaubensschutz für Mieter und Mietinteressenten, WuM 1986, 372; *Schreiner*, Das Recht auf Einsicht in das Grundbuch, Rpfleger 1980, 51; *Wolfsteiner*, Grundbuch im Rechtssinn, Rpfleger 1993, 273.

I. Normzweck

Nach dem **materiellen Publizitätsprinzip** genießt das Grundbuch öffentlichen Glauben, dh ihm sind Vermutungs- und Gutglaubensschutzwirkungen zu eigen (§§ 891–893 BGB). Eine notwendige Folge des materiellen Publizitätsprinzips ist das **formelle Publizitätsprinzip**, denn wenn der Inhalt des Grundbuchs als richtig gelten soll, muss die Möglichkeit gegeben sein, den Grundbuchinhalt kennen zu lernen. Die Bedeutung des § 12 besteht nun darin, dass in Durchführung des formellen Publizitätsprinzips die Möglichkeit eingeräumt wird, das Grundbuch einzusehen und sich dadurch Gewissheit über die den materiellen Rechtsvorgang beeinflussenden Eintragungen zu verschaffen.[1] Da auch diejenigen Urkunden, auf die im Grundbuch Bezug genommen ist, einen Bestandteil der Eintragungen bilden, muss sich das Recht auf Einsicht auch auf sie erstrecken. **1**

---

1 KEHE-*Eickmann* § 12 Rn 1; *Melchers* Rpfleger 1993, 309; *Grziwotz* MittBayNot 1995, 97.

Die Offenlegung auch der unerledigten Eintragungsanträge hat ihren Grund in der Vorschrift des § 17.[2] Das materielle Publizitätsprinzip findet seine Rechtfertigung somit im formellen Publizitätsprinzip: ohne Einsichtsrecht kein öffentlicher Glaube und kein öffentlicher Glaube ohne Möglichkeit der Einsichtnahme.[3]

2 Nicht zu verkennen ist jedoch die Gefahr des Einsichtsrechts für die **Individualsphäre des Eigentümers**, wenn die Grundbuchpraxis zu leichtfertig damit verfährt. Das Grundbuch und die Grundakten (§ 46 GBV) enthalten eine Fülle von Informationen aus dem persönlichen und wirtschaftlichen Bereich des Eigentümers, wie zB schuldrechtliche Vereinbarungen über Zahlungsverpflichtungen und deren Modalitäten; an der Geheimhaltung dieser Fakten hat der Grundstückseigentümer verständlicherweise ein großes Interesse.[4] Die Grundbuchämter sollten daher nicht zu sorglos mit dem Einsichtsrecht umgehen, sondern sehr genau die Darlegung des berechtigten Interesses überprüfen.

Das Publizitätsprinzip des Grundbuchs steht mit dem Geheimhaltungsinteresse der im Grundbuch eingetragenen Berechtigten in Konkurrenz. Das aus Art 2 Abs 1 iVm Art 1 Abs 1 GG abgeleitete Persönlichkeitsrecht umfasst nach der Rspr des BVerfG[5] (= Volkszählungsurteil) auch die aus dem Gedanken der Selbstbestimmung folgende Befugnis des einzelnen, grundsätzlich selbst zu entscheiden, wann und innerhalb welcher Grenzen persönliche Lebenssachverhalte offenbart werden (= **informationelles Selbstbestimmungsrecht**). Freie Entfaltung der Persönlichkeit setzt den Schutz des einzelnen gegen unbegrenzte Weitergabe seiner persönlichen Daten voraus. Das Grundrecht auf informationelle Selbstbestimmung gewährleistet insoweit die Befugnis des Einzelnen, grundsätzlich selbst über die Preisgabe und Verwendung seiner persönlichen Daten zu bestimmen. Die Gefährdung der Privatsphäre des Einzelnen ergibt sich nicht daraus, dass überhaupt Informationen über ihn gesammelt werden; sie liegt vielmehr darin, dass er die Verfügung darüber verliert, an wen und zu welchen Zwecken solche Informationen vermittelt werden.[6] Das Grundrecht auf informationelle Selbstbestimmung ist jedoch nicht schrankenlos gewährleistet. Der Einzelne hat nicht im Sinne eines absoluten, uneingeschränkten Herrschaft über seine Daten. Wegen der Gemeinschaftsbezogenheit der Person muss er vielmehr Einschränkungen seines Rechts auf informationelle Selbstbestimmung im überwiegenden Allgemeininteresse hinnehmen.[7] Diese Beschränkungen bedürfen allerdings einer verfassungsgemäßen gesetzlichen Grundlage, aus der sich die Voraussetzungen und der Umfang der Beschränkungen klar und für den Bürger erkennbar ergeben und die damit dem rechtsstaatlichen Gebot der Normklarheit entspricht.[8] Eine solche Beschränkung stellt § 12 dar,[9] der verfassungsrechtlich nicht zu beanstanden ist.[10] Dabei ist es unbeachtlich, dass die Gewährleistung der Grundbucheinsicht von dem nicht näher definierten Begriff des *berechtigten Interesses* abhängt. Die Ausfüllung unbestimmter Rechtsbegriffe ist nämlich herkömmliche und anerkannte Aufgabe der Rechtsanwendungsorgane.[11] Die derzeitige Regelung der Grundeinsicht in § 12 stellt einen Mittelweg zwischen der Beschränkung der Einsicht auf ein rechtliches Interesse und dem unbeschränkten Einsichtsrecht dar. Bei § 12 handelt es sich um eine Norm, die das informationelle Selbstbestimmungsrecht des einzelnen einerseits und das Allgemeininteresse an einem funktionierenden Grundbuch andererseits zu einem ausgewogenen Ausgleich bringt.[12] Die Auslegung des § 12 kann deshalb nur in der Weise erfolgen, dass die Interessen des einzelnen Betroffenen an der Geheimhaltung seiner Angelegenheiten mit den Informationsbedürfnissen des Grundstücksverkehrs sachgerecht abgewogen werden.[13] Danach darf normzweckgemäß nur dem Grundbucheinsicht gewährt werden, dessen berechtigtes Interesse sich im Hinblick auf das materielle Publizitätsprinzip (§§ 891–893 BGB) auf eine unmittelbare rechtliche Handlungsabsicht gründet.[14]

3 Ohne Beachtung des informationellen Selbstbestimmungsrechts wird zum Teil die Meinung vertreten, § 12 diene nicht dem Schutz des Betroffenen vor beliebiger Offenlegung seiner persönlichen oder wirtschaftlichen Verhältnisse, sondern vielmehr dem Schutz des Grundbuchamtes vor missbräuchlicher Inanspruchnahme seiner

---

2 *Demharter* § 12 Rn 1.
3 *Schreiner* Rpfleger 1980, 51; *Melchers* Rpfleger 1993, 309; *Grziwotz* MittBayNot 1995, 97.
4 KEHE-*Eickmann* § 12 Rn 1; *Grziwotz* MittBayNot 1995, 97; *Melchers* Rpfleger 1993, 309, 311; *Böhringer* Rpfleger 1989, 309; 1987, 181; 1984, 181; BWNotz 1985, 102, 106; *Schreiner* Rpfleger 1980, 51; **aA** OLG Hamm DNotZ 1986, 497; 1989, 376; BVerwG BWNotz 1981, 23; VGH Mannheim BWNotz 1981, 22.
5 BVerfGE 65, 1 = NJW 1984, 419.
6 *Grziwotz* MittBayNot 1995, 97, 98.
7 BVerfGE 65, 1, 43; ebenso *Grziwotz* MittBayNot 1995, 97, 99; *Melchers* Rpfleger 1993, 309, 311; *Böhringer* Rpfleger 1989, 309; 1987, 181, 182.
8 BVerfG NJW 1984, 419, 422; 1977, 1723.
9 *Böhringer* Rpfleger 1987, 181, 182.
10 BVerfGE 64, 229 = NJW 1983, 2811.
11 *Böhringer* Rpfleger 1987, 181, 182.
12 *Grziwotz* MittBayNot 1995, 97, 102.
13 *Böhringer* Rpfleger 1987, 181, 183.
14 *Melchers* Rpfleger 1993, 309, 311.

Tätigkeit; die Zielrichtung des § 12 gehe gerade auf Publizität und nicht auf irgendeinen **Geheimnisschutz**.[15] Dem muss widersprochen werden. Ein solches Verständnis von § 12 würde den Einsichtsbegehren Tür und Tor öffnen. Das Grundbuch würde zu einem öffentlichen Register. Das vom BVerfG[16] anerkannte informationelle Selbstbestimmungsrecht verbietet eine solche Betrachtungsweise. Sie widerspricht auch dem Sinn und Zweck der Grundbucheinsicht, wonach das formelle Publizitätsprinzip des § 12 nur eine Folge des materiellen Publizitätsprinzips ist (§§ 891–893 BGB). Die Geheimhaltungsbelange des Eigentümers haben daher sehr wohl Bedeutung im Rahmen des § 12.[17]

II. Einsicht in das Grundbuch

1. Voraussetzungen

Die Voraussetzungen der Grundbucheinsicht bestimmen sich nach § 12 Abs 1. Erforderlich ist die Darlegung eines berechtigten Interesses.   **4**

a) Berechtigtes Interesse. Der Begriff des berechtigten Interesses ist gesetzlich nicht definiert. Er bedarf   **5** daher der Auslegung. In welchen Grenzen ein Interesse als *berechtigt* anzusehen ist, ergeben die Entstehungsgeschichte des § 12, die Gesetzessystematik und der Normzweck dieser Vorschrift. Dem Vorbild der PreußGBO folgend verlangten der I. und II. Entwurf einer GBO für das Deutsche Reich für die Gewährung der Grundbucheinsicht die Darlegung eines *rechtlichen Interesses*.[18] Danach wäre bereits eine Beziehung zu einem bestehenden Rechtsverhältnis, eine Beeinflussung der privat- oder öffentlich-rechtlichen Situation des Betroffenen vorausgesetzt worden.[19] Die ursprünglich vorgesehene Regelung wurde in den Kommissionsverhandlungen aufgegeben, weil sie dem Normzweck widersprach, dh der Notwendigkeit, das Grundbuch auch für denjenigen offen zu legen, der ein Recht am Grundstück erst zu erwerben beabsichtigt und bei diesem Erwerb dem materiellen Publizitätsprinzip (§§ 891–893 BGB) unterworfen ist.[20] Das Erfordernis eines *rechtlichen Interesses* wie die frühere Regelung des § 19 Abs 1 PreußGBO hätte das formelle Publizitätsprinzip in der Praxis nahezu hinfällig gemacht.[21] Der Gesetzgeber hatte auch die Möglichkeit, die Grundbucheinsicht auf jedes beliebige Interesse zu erstrecken, ähnlich dem Handelsregister, dem Genossenschaftsregister, dem Vereins- und dem Güterrechtsregister, die jedermann zur Einsicht offen stehen. Diese Regelung hätte jedoch dem Schutz der Individualsphäre des Betroffenen nicht Rechnung getragen, da dem Grundstückseigentümer ein verständliches Geheimhaltungsinteresse an seinen persönlichen und wirtschaftlichen Verhältnissen zusteht. Der Gesetzgeber entschied sich daher für den Mittelweg zwischen § 299 ZPO (= rechtliches Interesse) und § 9 Abs 1 HGB (= jedes Interesse),[22] die Gewährung der Grundbucheinsicht wurde von der Darlegung eines *berechtigten Interesses* abhängig gemacht. Ein zur Grundbucheinsicht erforderliches *berechtigtes Interesse* liegt gemäß üblicher Formulierung dann vor, wenn ein entsprechender Antrag **nach Überzeugung des Entscheidungsorgans ein verständiges, durch die Sachlage gerechtfertigtes Interesse** verfolgt.[23] Nicht nur die Rechtslage, sondern bereits die Sachlage begründen demnach ein berechtigtes Interesse iS des § 12.[24] Das Interesse kann somit rechtlicher, wirtschaftlicher oder bloß tatsächlicher Natur sein.[25] Es muss bei verständiger Würdigung des Einzelfalles und nach dem gewöhnlichen Verlauf der Dinge die Einsichtnahme als Bestimmungsgrund für Entscheidungen als berechtigt erscheinen lassen und darf der amtlichen Förderung nicht unwürdig sein.[26] Soll das Interesse berechtigt sein, so muss es darin bestehen, dass der Einsichtnehmende durch die Grundbucheinsicht Erkenntnisse sammelt, die geeignet sind oder doch sein können, auf seine Entschließungen einzuwirken.[27] Bei der Beurteilung des berechtigten Interesses sollte auf Grund der historischen Entstehungsgeschichte jedoch nie die

---

15 BVerwG BWNotZ 1981, 23; VGH Mannheim BWNotZ 1981, 22; OLG Hamm DNotZ 1986, 497 = Rpfleger 1986, 128; DNotZ 1989, 376 = Rpfleger 1988, 473; *Demharter* § 12 Rn 6.

16 BVerfGE 65, 1 = NJW 1984, 419.

17 BayObLG DNotZ 1999, 739 = Rpfleger 1999, 216; *Eickmann* DNotZ 1986, 499; 1989, 378; *Böhringer* Rpfleger 1987, 181, 183; *Melchers* Rpfleger 1993, 309, 312; *Grziwotz* MittBayNot 1995, 97, 101.

18 BayObLG Rpfleger 1975, 361; *Böhringer* Rpfleger 1987, 181, 183; *Melchers* Rpfleger 1993, 309.

19 KEHE-*Eickmann* § 12 Rn 3; *Böhringer* Rpfleger 1987, 181, 183; *Melchers* Rpfleger 1993, 309.

20 BayObLG Rpfleger 1975, 361; *Böhringer* Rpfleger 1984, 181; 1987, 181, 183; *Melchers* Rpfleger 1993, 309.

21 KG KGJ 20 A 173; *Güthe-Triebel* § 12 Rn 4; *Böhringer* Rpfleger 1984, 181; 1987, 181, 183; *Melchers* Rpfleger 1993, 309.

22 *Schreiner* Rpfleger 1980, 51; *Böhringer* Rpfleger 1987, 181, 183; *Melchers* Rpfleger 1993, 309.

23 BayObLG MittBayNot 1993, 210; BWNotZ 1991, 144; JurBüro 1984, 1081; Rpfleger 1975, 361; KG KGJ 20, 176; OLG Hamm DNotZ 1989, 376 = Rpfleger 1988, 473; NJW 1971, 839 = Rpfleger 1971, 107; OLG München HRR 1937 Nr 739; OLG Stuttgart Rpfleger 1970, 92; KEHE-*Eickmann* § 12 Rn 3; *Demharter* § 12 Rn 7; *Schöner/Stöber* Rn 525; *Habscheid*, FG, § 39 II 1; *Schreiner* Rpfleger 1980, 51; *Frohn* RpflJB 1982, 343, 364; *Kollhosser* JA 1984, 558, 563; *Lüke* NJW 1983, 1407; *Nieder* NJW 1984, 329, 336; *Böhringer* Rpfleger 1987, 181, 183; 1984, 181, 182; BWNotZ 1985, 102, 106.

24 BayObLG Rpfleger 1975, 361; *Grziwotz* MittBayNot 1995, 97, 102.

25 BayObLG JurBüro 1984, 1081; NJW 1993, 1142; LG Kempten NJW 1989, 2825; *Grziwotz* MittBayNot 1995, 97, 102.

26 *Jansen-von König* § 34 Rn 3.

27 *Frohn* RpflJB 1982, 343, 365.

Verklammerung zwischen formellem und materiellem Publizitätsprinzip vergessen werden (vgl Rdn 1). Deshalb hat auch nur derjenige ein berechtigtes Interesse an einer GB-Einsicht, der im Anschluss daran im Vertrauen auf die Grundbucheintragung ein **konkretes rechtliches Handeln beabsichtigt.**[28]

6 Auch **öffentliche Interessen** können nach hM ein Recht auf Grundbucheinsicht begründen; jedoch muss derjenige, der die Grundbucheinsicht verlangt, darlegen, dass er befugt ist, das öffentliche Interesse wahrzunehmen.[29] Für öffentliche Behörden, die das Grundbuch zu hoheitlichen Zwecken einsehen wollen, kommt der Weg der Amtshilfe nach Art 35 GG in Frage.[30] In Betracht zu ziehen sind die Fälle, in denen Privatpersonen, privatrechtlich organisierte Träger der Wohlfahrtspflege oder kirchliche Behörden öffentliche Interessen wahrnehmen. Es muss sich dabei um Umstände handeln, die über die Privatsphäre hinausgehen und die Allgemeinheit berühren. Begründet wird die Grundbucheinsicht aufgrund öffentlicher Interessen zum Teil mit dem Argument, dass geringste private, wirtschaftliche oder sonstige Interessen ausreichend sind, dies aber erst recht für häufig bedeutsamere öffentliche Interessen gelten muss.[31] Zum Teil wird auch angeführt, dass eine Verweisung auf die Justizverwaltung (§ 35 GeschBehAV; § 37 BayGBGA) sowohl für die Durchsetzung des Einsichtsrechts als auch für den Schutz des Eigentümers ineffektiv sei.[32] Wichtig ist, bei der Entscheidung über die Grundbucheinsicht aufgrund öffentlicher Interessen eine Abwägung zwischen den öffentlichen Informations- und den privaten Geheimhaltungsinteressen vorzunehmen; dabei sind der Zweck der Einsicht, die Person des Betroffenen und seine Stellung in der Öffentlichkeit zu beachten.[33] Besondere Aufmerksamkeit ist der Befugnis zur Wahrnehmung von öffentlichen Interessen zu widmen. Da es zum Wesen der repräsentativen Demokratie gehört, dass der einzelne Bürger keine unmittelbare Befugnis hat, die Interessen der Öffentlichkeit im eigenen Namen zu vertreten, muss er sich vielmehr zunächst an die vom Gesetz vorgesehenen Aufsichts- und Kontrollinstanzen wenden, und erst bei der Erfolglosigkeit dieser Instanzen kann der einzelne Bürger selbst die öffentlichen Interessen wahrnehmen.[34] Die Anerkennung von öffentlichen Interessen als Grundlage für die Grundbucheinsicht wird von *Melchers* mit beachtlichen Argumenten abgelehnt.[35] Der Entwurf einer GBO von 1889 ging nämlich noch davon aus, dass das berechtigte Interesse auf Grundbucheinsicht als ein rein privatrechtliches zu verstehen sei.[36] Die gesetzgeberische Entscheidung, inwieweit eine grundsätzlich nicht auszuschließende Berücksichtigung öffentlichen Interesses stattfinden soll, sollte kompetenzgemäß der damaligen Landesgesetzgebung überlassen werden, weil diese Entscheidung nicht dem Privatrecht angehört.[37] *Melchers* muss zugestanden werden, dass es eine gesetzgeberische Grundlage für eine Grundbucheinsicht aus öffentlichem Interesse nicht gibt (mit Ausnahme des § 43 GBV, der nur für Behörden und Notare gilt). Deshalb aber insoweit generell die Grundbucheinsicht abzulehnen, erscheint aus heutiger Sicht des öffentlichen Rechts und der Stellung des Staatsbürgers nicht gerechtfertigt. Vielmehr ist in diesem Falle der Eigentümer anzuhören, um die für die Gewährung der Einsicht erforderliche Abwägung des öffentlichen Interesses von seinem Individualinteresse vornehmen zu können.[38]

7 Die **Grundbucheinsicht ist zu verweigern,** wenn sie lediglich aus Neugier oder zu unlauteren bzw unbefugten Zwecken erfolgen soll, also wenn nur irgendein bloßes beliebiges Interesse vorliegt.[39] Das berechtigte Interesse an der Einsicht von Grundbuch und Grundakten kann nicht mit persönlichen Motiven, etwa dem gedeihlichen Zusammenleben innerhalb einer Familie, begründet werden[40] Gleiches gilt, wenn zwar ein berechtigtes Interesse gegeben ist, der Antragsteller aber seine Erkenntnisse auch unschwer auf andere Weise

28 So insbesondere OLG Düsseldorf Rpfleger 1997, 258 = FGPrax 1997, 90; LG Offenburg Rpfleger 1996, 342; *Melchers* Rpfleger 1993, 309, 311; ebenso KEHE-*Eickmann* § 12 Rn 1, 3; *Schreiner* Rpfleger 1980, 51, 52.

29 OLG Düsseldorf Rpfleger 1992, 18; OLG Hamm Rpfleger 1989, 376 = Rpfleger 1988, 473 = NJW 1988, 2482; Rpfleger 1971, 107 = NJW 1971, 899; LG Mosbach Rpfleger 1990, 60 = NJW-RR 1990, 212; LG Frankfurt Rpfleger 1978, 316; LG Freiburg BWNotZ 1982, 65; KEHE-*Eickmann* § 12 Rn 3; *Demharter* § 12 Rn 10; *Bengel/Simmerding* § 12 Rn 1; *Güthe-Triebel* § 12 Rn 6; *Schöner/Stöber* Rn 525; *Brehm,* FG, Rn 690; *Habscheid,* FG, § 39 II 1; *Schreiner* Rpfleger 1980, 51, 52; *Kollhosser* JA 1984, 558, 564; *Frohn* RpflJB 1982, 343, 366, 372; *Nieder* NJW 1984, 329, 336; *Böhringer* Rpfleger 1987, 181, 184; 1984, 181, 182; BWNotZ 1985, 102, 106.

30 KG KGJ 45, 198, 203; KEHE-*Eickmann* § 12 Rn 3; *Schreiner* Rpfleger 1980, 51, 52; *Frohn* RpflJB 1982, 343, 366, 372.

31 OLG Hamm Rpfleger 1988, 473; 1971, 107; *Frohn* RpflJB 1982, 343, 366, 373.

32 *Schreiner* Rpfleger 1980, 51, 52.

33 *Schreiner* aaO.

34 *Frohn* RpflJB 1982, 343, 373; *Böhringer* BWNotZ 1985, 102, 106.

35 Rpfleger 1993, 309, 312 f; ebenso *Maaß* in *Bauer/von Oefele* § 12 Rn 21.

36 Amtliche Ausgabe des Entwurfs nebst Motiven, 1889, S 46.

37 So *Melchers* Rpfleger 1993, 309, 312.

38 OLG Hamm Rpfleger 1988, 473 = DNotZ 1989, 376; OLG Düsseldorf Rpfleger 1992, 18.

39 KG Rpfleger 2004, 346; OLG Hamm Rpfleger 1986, 128 = DNotZ 1986, 497 (*Eickmann*); Rpfleger 1988, 473 = DNotZ 1989, 376 (*Eickmann*); OLG Stuttgart Rpfleger 1970, 92; DJ 1983, 80; LG Heilbronn Rpfleger 1982, 414; *Demharter* § 12 Rn 12; *Bengel/Simmerding* § 12 Rn 1; *Schöner/Stöber* Rn 525; *Lüke* NJW 1983, 407; *Nieder* NJW 1984, 329, 336; *Böhringer* Rpfleger 1987, 181, 184; 1984, 181, 182, BWNotZ 1985, 102, 106.

40 BayObLG Rpfleger 1998, 338.

erlangen kann.[41] Ein unbefugter Zweck liegt zB dann vor, wenn sie verlangt wird, um eine Anzeige bei der Steuerbehörde zu erstatten oder um durch Bekanntmachung der Belastungen des Grundstücks den Eigentümer kreditunwürdig zu machen. Die Grundbucheinsicht ist auch zu versagen, wenn sich jemand zB über die Vermögensverhältnisse seines künftigen Schwiegervaters unterrichten will, da dies nur ein auf persönlicher Neugier beruhendes unbefugtes Eindringen in die Vermögensverhältnisse eines Dritten darstellt. Soll durch eine Einsicht in die Grundakten einer Vielzahl von Grundstücken der Verdacht erhärtet werden, bei der Vergabe eines Erbbaurechts übervorteilt worden zu sein, begründet dies nicht das erforderliche berechtigte Interesse für eine Einsicht.[42] Ein an sich berechtigtes Interesse kann durch besondere Umstände ausgeschlossen werden zB wenn es durch schikanöse Belästigung des Grundbuchamtes missbraucht wird.[43] Soweit das Vorliegen eines berechtigten Interesses für die Grundbucheinsicht schon dann bejaht wird, wenn eine Verfolgung unbefugter Zwecke oder bloßer Neugier ausgeschlossen erscheint,[44] muss dies abgelehnt werden.[45] Diese negative Abgrenzung ist viel zu weitgehend und macht das Grundbuch öffentlich. Für einen versierten Antragsteller ist es ein leichtes, den Verdacht bloßer Neugier auszuräumen. Im Hinblick auf den Zweck der Grundbucheinsicht (= Bezug zum materiellen Publizitätsprinzip, vgl Rdn 1) ist eine solch ausfernde Auslegung es berechtigten Interesses nicht gerechtfertigt.

Zusammenfassend ergibt sich, dass mehr als ein bloßes Interesse vorliegen muss, da ein berechtigtes Interesse **8** verlangt wird; ein berechtigtes Interesse ist aber nicht mit rechtlichem Interesse identisch, sondern geht weiter. Wann ein berechtigtes Interesse vorliegt, richtet sich nach dem **Einzelfall**, wobei das Interesse des Eigentümers und sonstiger Berechtigter am Schutz persönlicher und wirtschaftlicher Geheimnisse mit den Informationsbedürfnissen des Grundstücksverkehrs sachgerecht abzuwägen ist. Ein berechtigtes Interesse zur Grundbucheinsicht kann nur bei demjenigen bejaht werden, der als Grundlage der Grundbucheintragung ein **rechtliches Handeln beabsichtigt.**

b) Darlegungspflicht. Das berechtigte Interesse an der Grundbucheinsicht ist vom Antragsteller darzulegen. **9** Darlegen ist das Vorbringen von Tatsachen in der Weise, dass **das Grundbuchamt den überzeugenden Anhalt für die Richtigkeit der Darstellung des Antragstellers erlangt.**[46] Demgemäß genügt einerseits grundsätzlich nicht die bloße Behauptung des Interesses; sie kann aber in Ausnahmefällen mit Rücksicht auf die Person des Antragstellers ausreichen, wenn er dem Grundbuchamt als besonders vertrauenswürdig bekannt ist. Andererseits wird auch nicht – wie in § 34 FGG – die Glaubhaftmachung der das berechtigte Interesse begründenden Tatsachen durch Versicherung an Eides Statt gefordert. Das Interesse muss vielmehr durch Angabe dieser Tatsachen begründet werden und es darf kein Grund zu dem Verdacht bestehen, dass die gemachten Angaben der Wahrheit nicht entsprechen. Der konkrete Tatsachenvortrag muss also über die bloße Behauptung eines berechtigten Interesses hinausgehen; insbesondere muss auszuschließen sein, dass die erbetene Einsicht zu missbräuchlichen Zwecken geschieht.[47] IdR brauchen die Tatsachen nicht urkundlich belegt zu werden. Nur dort, wo begründete Bedenken verbleiben, kann Nachweis oder Glaubhaftmachung, etwa durch Vorlage von Urkunden, verlangt werden.[48] So genügt zB das bloße Behaupten des Bestehens einer Forderung gegen den Grundstückseigentümer regelmäßig nicht; zum Beleg dieser Forderung kann die Vorlage der zugrunde liegenden Unterlagen verlangt werden.[49] Bringt der Antragsteller die Zustimmung des Eigentümers zur Grundbucheinsicht bei, so ist eine weitere Darlegung seines Interesses nicht erforderlich. Es braucht weder behauptet noch dargelegt zu werden, weil beim Eigentümer das berechtigte Interesse zu bejahen ist.[50] Die bloße Behauptung »ich stehe mit dem Eigentümer in Geschäftsverbindung« ist eine inhaltslose Leerformel und rechtfertigt kein Einsichtsbegehren.[51] Auch der bloße Hinweis des Antragstellers auf die Tatsache einer Kreditgewährung genügt dem Darlegungserfordernis nicht.[52] Ein Einsichtsrecht ist ebenfalls zu verneinen, wenn ein Makler lediglich

---

41 *Frohn* RpflJB 1982, 343, 373; **aA** KG Rpfleger 2004, 346; *Böhringer* Rpfleger 1987, 181, 184.
42 BayObLG DNotZ 1999, 739 = Rpfleger 1999, 216.
43 *Böhringer* Rpfleger 1987, 181, 184.
44 OLG Hamm Rpfleger 1988, 473; 1986, 128; OLG Stuttgart Rpfleger 1983, 272; *Demharter* § 12 Rn 7.
45 LG Offenburg Rpfleger 1996, 342; *Eickmann* DNotZ 1989, 378; 1986, 499; *Melchers* Rpfleger 1993, 309, 312.
46 KG Rpfleger 2004, 346; BayObLG BWNotZ 1991, 144; JurBüro 1984, 1081; Rpfleger 1983, 272; BayObLGZ 17, 226; 28, 309; OLG Jena OLGE 25, 368; *Demharter* § 12 Rn 13; KEHE-*Eickmann* § 12 Rn 4; *Schöner/Stöber* Rn 526; *Habscheid*, FG, § 39 II 1; *Schreiner* Rpfleger 1980, 51, 52; *Frohn* RpflJB 1982, 343, 373; *Melchers* Rpfleger 1993, 309, 314; *Böhringer* Rpfleger 1987, 181, 184
47 LG Heilbronn Rpfleger 1982, 414; *Kollhosser* JA 1984, 558, 564; *Melchers* Rpfleger 1993, 309, 314, *Böhringer* Rpfleger 1987, 181, 184.
48 BayObLG BWNotZ 1991, 144; JurBüro 1984, 1081; Rpfleger 1983, 272; *Demharter* § 12 Rn 13; KEHE-*Eickmann* § 12 Rn 4; *Schöner/Stöber* Rn 526; *Habscheid*, FG, § 39 II 1; *Schreiner* Rpfleger 1980, 51, 52; *Frohn* RpflJB 1982, 343, 373; *Melchers* Rpfleger 1993, 309, 314; *Böhringer* Rpfleger 1987, 181, 184 f.
49 BayObLGZ 28, 309; *Melchers* Rpfleger 1993, 309, 314; *Böhringer* Rpfleger 1987, 181, 185.
50 *Demharter* § 12 Rn 13; *Schreiner* Rpfleger 1980, 51, 53; *Frohn* RpflJB 1982, 343, 372.
51 *Böhringer* Rpfleger 1987, 181, 185.
52 LG Stuttgart BWNotZ 1981, 174; *Melchers* Rpfleger 1993, 309, 314.

behauptet, er sei vom bisherigen Eigentümer beauftragt worden, Kaufinteressenten nachzuweisen.[53] Das Grundbuchamt ist gehalten, die Darlegung eines berechtigten Interesses an einer begehrten Grundbucheinsicht in jedem Einzelfall genau nachzuprüfen, um Einsichtnahmen zu verhindern, durch die das schutzwürdige Interesse Eingetragener daran verletzt werden könnte, Unbefugten keinen Einblick in ihre Rechts- und Vermögensverhältnisse zu gewähren.[54]

10   **Beauftragte inländischer öffentlicher Behörden, Notare** und **Rechtsanwälte, die im nachgewiesenen Auftrag eines Notars handeln,** sind zur Einsicht des Grundbuchs ohne Darlegung eines berechtigten Interesses befugt (§ 43 GBV). Hinzuweisen ist auch auf die AVRJM vom 29.06.1937, DJust 1029 Nr 227 = BayBSVJu III, 96 (in Bayern aufgehoben durch JMBek v 01.12.1978, JMBl 213), wonach **Bauschutzvereine** und die von ihnen beauftragten Personen befugt sind, das Grundbuch einzusehen, ohne dass es der Darlegung eines berechtigten Interesses bedarf, wenn das Bundeswirtschaftsministerium bescheinigt, dass ein berechtigtes Interesse des Vereins an der Einsicht des Grundbuchs allgemein anzuerkennen ist. Das berechtigte Interesse wird in diesen Sonderfällen vermutet, muss aber vorliegen.[55] Die Entscheidung hierüber haben die Behörde, der Notar und der Rechtsanwalt in eigener Verantwortung zu treffen; das Grundbuchamt ist idR nicht zur Nachprüfung berechtigt und verpflichtet. Dies heißt jedoch nicht, dass das Grundbuchamt unberechtigten Anträgen ungeprüft stattgeben muss. Ist ihm beispielsweise bekannt, dass ein Rechtsanwalt für einen Makler die Grundbücher nur einsieht, um diesem Tipps für Verkaufsverhandlungen zu geben, so kann die Einsicht mangels Vorliegen eines berechtigten Interesses verweigert werden.[56] Auch in den Fällen des § 43 GBV kann somit im Einzelfall Darlegung, Glaubhaftmachung oder gar Nachweis des berechtigten Interesses verlangt werden.[57] Der Notar ist bei der Grundbucheinsicht nicht verpflichtet, die Grundakten einzusehen, um zu überprüfen, ob sich dort noch unerledigte Eintragungsanträge befinden.[58] Die Befreiung von der Darlegung des berechtigten Interesses gilt auch für öffentlich bestellte Vermessungsingenieure und dinglich Berechtigte, soweit Gegenstand der Einsicht das betreffende Grundstück ist (§ 43 Abs 2 GBV).

11   **c) Datenschutz.** Bei den Grundbuchämtern ist zum Teil die Tendenz festzustellen, für die Grundbucheinsicht aufgrund des Datenschutzes strengere Anforderungen zu stellen als dies der bisherigen Praxis entsprach. Dies ist nicht gerechtfertigt. Gemäß **§ 1 Abs 3 BDSG** vom 14.01.2003 (BGBl I 66) gehen Rechtsvorschriften des Bundes, soweit sie auf personenbezogene Daten anzuwenden sind, den Vorschriften des BDSG vor; Gleiches gilt gemäß **Art 31 GG** gegenüber den landesrechtlichen Datenschutzregelungen. Nach hM verdrängt § 12 als lex specialis das BDSG sowie die Datenschutzregelungen der Länder.[59] Lediglich bei der Auslegung des unbestimmten Rechtsbegriffs *berechtigtes Interesse* könnten die datenschutzrechtlichen Grundgedanken in Betracht zu ziehen sein; dies hängt davon ab, ob das Grundbuch als *Datei* anzusehen ist. Eine Datei ist eine gleichartig aufgebaute Sammlung von Daten, die nach bestimmten Merkmalen erfasst und geordnet, nach anderen bestimmten Merkmalen umgeordnet und ausgewertet werden kann, ungeachtet der dabei angewendeten Verfahren.

12   Das **Grundbuch im festen Band** ist eine gleichartig aufgebaute Sammlung von Daten, die nach bestimmten Merkmalen erfasst und geordnet ist (Grundbuchbezirke § 2 Abs 1, durchnummerierte Grundbuchbände- und -blätter §§ 2, 3 Abs 1 S 1 GBV). Es fehlt jedoch das Merkmal der Umordnungsmöglichkeit. Das feste Grundbuchband muss dauerhaft eingebunden sein (§ 8 Abs 1 GeschBehAV), ein Nachheften ist unzulässig (§ 8 Abs 5c GeschBehAV; § 15 Abs 2 BayGBGA) und es ist ausgeschlossen, eine Umordnung zB nach Namen oder Rechten vorzunehmen, ohne ein neues Grundbuch anzulegen. Das Grundbuch im festen Band erfüllt daher nicht die Voraussetzungen des Dateibegriffs, weshalb keine restriktive Auslegung beim Begriff des *berechtigten Interesses* aufgrund der Datenschutzgesetze möglich ist.[60]

13   Ob die Voraussetzungen des Dateibegriffs beim **Loseblattgrundbuch** erfüllt sind, ist streitig.[61] Das Kriterium des *gleichartigen Aufbaus* kann nicht angezweifelt werden, obwohl die einzelnen Einlegebogen trotz gleichartiger

---

53   BayObLG Rpfleger 1983, 272.

54   BayObLG BWNotZ 1991, 144; JurBüro 1984, 1081; Rpfleger 1983, 272; *Demharter* § 12 Rn 14; *Melchers* Rpfleger 1993, 309, 314.

55   BayObLGZ 1952, 82, 86; LG Bonn Rpfleger 1993, 333; KEHE-*Eickmann* § 43 GBV Rn 2; *Demharter* § 12 Rn 15; *Schreiner* Rpfleger 1980, 51, 53; *Frohn* RpflJB 1982, 343, 364.

56   *Frohn* RpflJB 1982, 343, 364.

57   LG Bonn Rpfleger 1993, 333; *Schöner/Stöber* Rn 527; *Schreiner* Rpfleger 1980, 51, 53.

58   OLG Köln DNotZ 1989, 454.

59   BayObLG Rpfleger 1992, 513 = MittRhNotK 1992, 188; OLG Düsseldorf DNotZ 1988, 170; *Maaß* in *Bauer/von Oefele* § 12 Rn 5, 6; *Demharter* § 12 Rn 3; KEHE-*Eickmann* § 12 Rn 1; *Schöner/Stöber* Rn 524 Fn 1; *Brehm*, FG, Rn 691; *Holzer-Kramer* 2. Teil Rn 150; *Grziwotz* MittBayNot 1995, 97; *Melchers* Rpfleger 1993, 309, 310; *Lüke* NJW 1983, 1407; *Lüke-Dutt* Rpfleger 1984, 253; *Böhringer* BWNotZ 1985, 102, 107; Rpfleger 1987, 181, 182; 1989, 309, 310.

60   *Melchers* Rpfleger 1993, 309, 310; *Lüke* NJW 1983, 1407; *Franz* NJW 1999, 406, 407; *Böhringer* Rpfleger 1987, 181, 182; BWNotZ 1985, 102, 107; *Schöner/Stöber* Rn 524 Fn 1; MüKo-*Wacke* Vorbem 13b zu § 873.

61   **Bejahend:** *Nieder* NJW 1984, 329, 336; **Verneinend:** *Lüke-Dutt* Rpfleger 1984, 253, 254.

Struktur der äußeren Form nach nicht ganz gleich sind, da Gleichartigkeit weniger ist als Gleichheit.[62] Die Daten sind auch nach bestimmten Merkmalen erfasst und geordnet (Grundbuchbezirke § 2 Abs 1, Grundbuch- bände und –blätter §§ 2, 3 Abs 1 S 1 GBV). Zweifelhaft ist jedoch, ob das Merkmal des *Umordnens* beim Lose- blattgrundbuch erfüllt ist. Voraussetzung dafür ist, dass die Daten durch bloße Veränderung der Reihenfolge der Datenträger nach einem anderen Ordnungsmerkmal geordnet werden können. Eine Umordnung und Auswer- tung des Loseblattgrundbuchs zB nach Beruf und Alter der Eigentümer in Karteiform ist rein tatsächlich mög- lich, auch wenn dies rechtlich nicht zulässig ist (§ 2 GBV). Das Loseblattgrundbuch erfüllt daher den gesetzli- chen Dateibegriff. Trotzdem ist in diesem Fall, aber auch beim **maschinell geführten GB**, eine restriktive Handhabung der Grundbucheinsicht mit Rücksicht auf den Datenschutz abzulehnen.[63] Dies würde dem Sinn und Zweck des § 12 widersprechen, der darin liegt, dem materiellen Publizitätsprinzip (= öffentlicher Glaube des Grundbuchs §§ 891–893 BGB) mit der Durchführung des formellen Publizitätsprinzips (= Recht auf Grundbucheinsicht) seine Rechtfertigung zu geben. Wenn der Inhalt es Grundbuchs als richtig gelten soll, muss die Möglichkeit gegeben sein, den Grundbuchinhalt kennen zu lernen. Das seit dem In-Kraft-Treten des BGB und der GBO bewährte und fein aufeinander abgestimmte System zwischen materiellem und formellem Publizitätsprinzip kann nicht im Wege der Auslegung des Begriffs des *berechtigten Interesses* aufgrund der Daten- schutzgedanken gestört werden.

d) Einzelfälle. Abgeordneter: Damit die umfangreiche Tätigkeit der öffentlichen Hand im Grundstücksver- kehr, die oftmals bereits Subventionscharaker hat, einer Kontrolle unterzogen werden kann, wird zuweilen das Einsichtsrecht des Abgeordneten bejaht.[64] Dem kann nicht zugestimmt werden, da nur das Parlament als sol- ches, nicht aber der einzelne Abgeordnete Kontrollfunktionen gegenüber der Exekutive hat.[65]   **14**

Aktionär: Wenn er seine Mitgliedschaft überzeugend darlegt, hat er ein Einsichtsrecht, um seine Aktionärs- rechte in der Hauptversammlung wirksam ausüben zu können.[66] Gleiches gilt für den Gesellschafter einer **GmbH** oder das Mitglied eines **Vereins**.[67]   **15**

Auskunfteien: Ihnen ist insoweit ein Recht auf Einsicht zuzugestehen, als auch ihre Auftraggeber ein solches Recht haben. Ein eigenes Recht, im Allgemeinen Interesse ihres Geschäftsbetriebs die Grundbücher einzuse- hen, steht ihnen nicht zu. Sie haben das berechtigte Interesse ihres Auftraggebers darzulegen und den Auftrag nachzuweisen.[68]   **16**

Banken: Die Darlegung eines berechtigten Interesses an der Grundbucheinsicht ist grundsätzlich erforderlich, auch bei einer Großbank,[69] nur wenn sie Behördeneigenschaft haben, genießen sie die Vergünstigung es § 43 GBV.[70] Für die Darlegung eines berechtigten Interesses soll es genügen, wenn eine Erklärung vorgelegt wird, nach der die Bank berechtigt ist, jederzeit auf Anforderung eine Grundschuld zu ihren Gunsten eintragen zu lassen (sog Positivverklärung) oder aber in der sich der Grundstückseigentümer verpflichtet, keine Eintragungen zugunsten Dritter vornehmen zu lassen (sog Negativverklärung).[71] Diese Auffassung geht jedoch zu weit. Die Bank muss vielmehr noch das Bestehen einer Forderung darlegen, denn dies ist Voraussetzung ihrer Rechte.[72] Einer Bank, die dem Eigentümer einen Kredit gewährt hat, steht ein Einsichtsrecht zur Aufklärung der fort- dauernden Kreditwürdigkeit des Schuldners zu[73] (vgl auch Rdn 31).   **17**

Bauhandwerker: Das Einsichtsrecht ist dann zu bejahen, wenn der Werkvertrag bereits abgeschlossen ist; dies ist erforderlich, um sich über die Sicherungsaussichten gemäß § 648 BGB zu informieren. Dagegen ist das Ein- sichtsrecht vor Vertragsabschluss abzulehnen,[74] da eine Sicherungshypothek ohne zugrunde liegender Forde- rung, die erst mit Vertragsabschluss entsteht, nicht eingetragen werden kann.   **18**

---

62 *Lüke-Dutt* Rpfleger 1984, 253, 254 mwN.
63 *Demharter* § 12 Rn 3; *Maaß* in *Bauer/von Oefele* § 12 Rn 5, 6; *Melchers* Rpfleger 1993, 309, 310; *Böhringer* Rpfleger 1987, 181, 182; BWNotZ 1985, 102, 107; *Franz* NJW 1999, 406, 407; *Lüke-Dutt* Rpfleger 1984, 253, 254; *Schöner/Stöber* Rn 524 Fn 1.
64 *Schreiner* Rpfleger 1980, 51, 52 Fn 17.
65 KEHE-*Eickmann* § 12 Rn 6; *Habscheid,* FG, § 39 II 1; *Frohn* RpflJB 1982, 343, 373 Fn 11; *Böhringer* Rpfleger 1987, 181, 186; BWNotZ 1985, 102, 106.
66 LG Kempten NJW 1989, 2825; *Melchers* Rpfleger 1993, 309, 315.
67 *Melchers* Rpfleger 1993, 309, 315.
68 KEHE-*Eickmann* § 12 Rn 6; *Güthe-Triebel* § 12 Rn 6; *Demharter* § 12 Rn 12; *Schöner/Stöber* Rn 525; *Habscheid,* FG, § 39 II 1; *Schreiner* Rpfleger 1980, 51, 53; *Böhringer* Rpfleger 1987, 181, 186.
69 LG Offenburg Rpfleger 1996, 342; LG Stuttgart BWNotZ 1981, 174; *Schöner/Stöber* Rn 526; *Böhringer* Rpfleger 1987, 181, 187; BWNotZ 1985, 102, 106.
70 Zum Begriff der öffentlichen Behörde vgl *Feuerpeil* Rpfleger 1990, 450.
71 LG Berlin Rpfleger 1981, 481 = ZiP 1982, 53; *Böhringer* Rpfleger 1987, 181, 187.
72 KEHE-*Eickmann* § 12 Rn 6.
73 BayObLG Rpfleger 1975, 361; **aA** LG Offenburg Rpfleger 1996, 342.
74 KEHE-*Eickmann* § 12 Rn 6; **aA** *Schöner/Stöber* Rn 525; *Böhringer* Rpfleger 1987, 181, 188; *Schreiner* Rpfleger 1980, 51, 52 Fn 9 (Grundbucheinsicht vor Vertragsabschluss, wenn es sich um größere Aufträge handelt).

19 Bauschutzvereine: Sie sind von der Darlegung eines berechtigten Interesses befreit, wenn das Bundeswirtschaftsministerium bescheinigt, dass ein berechtigtes Interesse des Vereins an der Einsicht des Grundbuchs allgemein anzuerkennen ist.[75]

20 Behörden: Unter einer öffentlichen Behörde ist ein in den allgemeinen Behördenorganismus eingefügtes Organ der Staatsverwaltung zu verstehen, das berufen ist, unter öffentlicher Autorität nach eigenem Ermessen für unmittelbare und mittelbare Zwecke des Staates tätig zu werden; gleichgültig ist, ob das Organ unmittelbar vom Staat oder ob es von einer dem Staat untergeordneten öffentlichen Körperschaft zunächst für deren Angelegenheiten bestellt ist, sofern diese Angelegenheiten zugleich in den Bereich der Staatszwecke fallen.[76] Es kommen also nicht nur Bundes- oder Landesbehörden, sondern auch Gemeinde- und andere Kommunalbehörden, auch Kirchenbehörden, Militärbehörden, Finanzbehörden usw in Betracht. Behörden, die das Grundbuch zu hoheitlichen Zwecken einsehen wollen (zB im Rahmen eines straf- oder steuerrechtlichen Ermittlungsverfahrens), also nicht am Grundstücksverkehr teilnehmen und auch nicht die Interessen Beteiligter vertreten, sind auf den Weg der Amtshilfe gemäß Art 35 GG verwiesen.[77] Inländische öffentliche Behörden, die das Grundbuch nicht zu hoheitlichen Zwecken einsehen wollen, sind von der Darlegung des berechtigten Interesses befreit (§ 43 Abs 1 GBV), was nach § 12 grundsätzlich Voraussetzung wäre. Weiß das GBA jedoch sicher, dass ausnahmsweise ein berechtigtes Interesse einer Behörde nicht vorliegt, muss es die Grundbucheinsicht verweigern.[78]

21 Berechtigte dinglicher Art: Bei ihnen ist immer vom Vorliegen eines berechtigten Interesses auszugehen; einer Darlegung bedarf es daher nicht (§ 43 Abs 2 GBV). Ob eine Eintragung im Grundbuch vorliegt oder nicht, zB beim Pfandgläubiger einer Briefhypothek, ist unerheblich; es muss nur ein dingliches Recht am Grundstück oder an einem Grundstücksrecht gegeben sein.

22 Berechtigte schuldrechtlicher Art: Besteht ein Anspruch auf Übertragung des Eigentums oder Einräumung eines sonstigen Rechts, so ist ein berechtigtes Interesse gegeben, unabhängig davon, ob zur Sicherung des Rechts eine Vormerkung eingetragen ist oder nicht. Allerdings bedürfen diese schuldrechtlichen Vereinbarungen der Darlegung.[79]

23 Betrugsverdacht beim Kauf eines Grundstücks begründet kein berechtigtes Interesse auf Einsicht in die Grundbücher der Nachbargrundstücke.[80]

24 Bevollmächtigte: Sie haben die Vollmacht vorzulegen und das berechtigte Interesse des Vertretenen darzulegen. Besteht der begründete Verdacht, dass die Vertretungsmacht missbraucht wird, so kann die Grundbucheinsicht verweigert werden.[81]

25 Bietungsinteressent: Während eines Zwangsversteigerungsverfahrens ist ein berechtigtes Interesse zur Grundbucheinsicht zu verneinen. Der Gesetzgeber hat dem Bietungsinteressenten durch § 42 ZVG die Möglichkeit eingeräumt, Mitteilungen des Grundbuchamts beim Vollstreckungsgericht einzusehen; gemäß § 19 Abs 2, 3 ZVG müssen sich in den Zwangsversteigerungsakten eine beglaubigte Abschrift des Grundbuchblatts, der Urkunden, auf welche im Grundbuch Bezug genommen wird, und die Mitteilungen über nach der Eintragung des Zwangsversteigerungsvermerks erfolgten Eintragungen befinden. Die Vorschrift des § 42 ZVG wäre insoweit überflüssig gewesen, wenn den Bietungsinteressenten bereits gemäß § 12 die Grundbucheinsicht zu gestatten wäre.

26 Bürgerinitiativen (Bürger) haben grundsätzlich kein berechtigtes Interesse zur Grundbucheinsicht.[82] Sie haben nicht die Befugnis, die Interessen der Allgemeinheit selbst wahrzunehmen und durchzusetzen, insbesondere steht ihnen keine Kontrollfunktion zu.[83] Da auch ein Abgeordneter kein Einsichtsrecht hat (vgl Rdn 14), gilt dies erst recht für Bürgerinitiativen und Bürger.

27 Darlehungsgeber: Vgl *Gläubiger.*

28 Ehegatte: Ein im gesetzlichen Güterstand der Zugewinngemeinschaft lebender Ehegatte hat aufgrund des in § 1365 BGB zum Ausdruck kommenden Gesichtspunktes der Sicherung der wirtschaftlichen Grundlage der Familie ein Einsichtsrecht.[84] Besteht der Güterstand der Gütergemeinschaft (Ehevertrag bei fehlendem Grund-

75 AVRJM vom 29.06.1937, DJust 1029 Nr 227 = BayBSVJu III 96; in Bayern aufgehoben durch JMBek vom 01.12.1978, JMBl 213.
76 RG JW 1925, 361; KG KGJ 40, 217; 53, 203; vgl auch *Feuerpleil* Rpfleger 1990, 450.
77 BayObLGZ 1967, 351; KEHE-*Eickmann* § 12 Rn 6; *Habscheid*, FG, § 39 II 1; *Schreiner* Rpfleger 1980, 51, 53.
78 LG Bonn Rpfleger 1993, 333; *Demharter* § 12 Rn 15; *Schöner/Stöber* Rn 527.
79 LG Berlin Rpfleger 1981, 481; KEHE-*Eickmann* § 12 Rn 6; *Schöner/Stöber* Rn 525; *Frohn* RpflJB 1982, 343, 371.
80 BayObLG MittBayNot 1991, 171.
81 KG JW 1936, 2342; KEHE-*Eickmann* § 12 Rn 6.
82 *Böhringer* Rpfleger 1987, 181, 186.
83 OLG Hamm OLGZ 1981, 232 = NJW 1971, 899 = Rpfleger 1971, 107; LG Frankfurt Rpfleger 1978, 316.
84 *Nieder* NJW 1984, 329, 336; *Böhringer* Rpfleger 1987, 181, 190.

bucheintrag!), so rechtfertigt sich die Grundbucheinsicht bereits aus der Eigentümerstellung (vgl Rdn 29), während beim Güterstand der Gütertrennung ein Einsichtsrecht aufgrund der Ehegattenstellung verneint werden muss.

Eigentümer: Er hat immer ein berechtigtes Interesse, ausgenommen bei offensichtlicher Schikane.[85]   **29**

Erbrecht: Vgl *künftige Ansprüche* und *Pflichtteilsberechtigte*.   **30**

Gläubiger: Sie sind immer zur Einsicht in das Grundbuch berechtigt; ob sie bereits einen Vollstreckungstitel   **31** erwirkt haben, ist dabei gleichgültig.[86] Die Behauptung der Unsicherheit des Schuldners oder der Notwendigkeit eines künftigen zwangsweisen Zugriffs in das Grundstück ist zur Begründung des Interesses nicht erforderlich. Wer zB einen Personalkredit in Anspruch nimmt, muss die damit behauptete Kreditwürdigkeit durch seinen Geschäftspartner redlicherweise prüfen lassen. Nicht gefolgt werden kann jedoch der Ansicht, die ein berechtigtes Interesse erst bei einer Forderung über 750 EURO (§ 866 Abs 3 ZPO) für gegeben ansieht.[87] Diese Wertgrenze hat nur Bedeutung bei der Eintragung einer Zwangssicherungshypothek. Ein Gläubiger kann aber auch die anderen Möglichkeiten der Immobiliarvollstreckung, wie Zwangsversteigerung und Zwangsverwaltung, wählen. In diesen Verfahren ist es jedoch für einen Gläubiger mit einer Forderung von 200 EURO von entscheidender Bedeutung zu wissen, ob das Grundstück mit Rechten in Rangklasse des § 10 Abs 1 Ziff 4 ZVG so hoch belastet ist, dass seine persönliche Forderung keine Aussicht auf Befriedigung hat.[88] Nicht nur einem Gläubiger des Eigentümers ist die Grundbucheinsicht zu gestatten, sondern auch einem Gläubiger eines dinglich Berechtigten; für ihn ist es zB von entscheidender Bedeutung für die Pfändung einer Grundschuld, welche Belastungen vorgehen, dh ob überhaupt eine Erfolgsaussicht besteht, wer Drittschuldner ist usw.[89] Auch ein Scheck- und Wechselgläubiger hat ein Recht zur Grundbucheinsicht, wenn der Scheck oder Wechsel vorgelegt wird.[90] Die Gläubiger eines Grundstückserwerbers, für den bereits eine Eigentumsvormerkung eingetragen ist, können das Grundbuch des Veräußerers einsehen (vgl § 1287 BGB, § 847 ZPO).[91]

Journalist: Vgl *Presse*.   **32**

Käufer bzw Kaufinteressenten: Der Käufer hat ein berechtigtes Interesse zur Grundbucheinsicht, und zwar   **33** auch dann, wenn noch keine Auflassungsvormerkung für ihn eingetragen ist.[92] Der Kaufinteressent muss darlegen, dass er bereits in Kaufverhandlungen eingetreten ist und nicht erst durch die Grundbucheinsicht den Namen des Grundstückeigentümers erfahren will.[93]

Kreditinstitute privatrechtlicher Art: Für sie gilt die Erleichterung des § 43 Abs 1 GBV nicht, dh sie sind   **34** von der Darlegung des berechtigten Interesses nicht befreit. Der Gesetzestext sieht die Besserstellung ausdrücklich nur für öffentliche Behörden vor.

Kreditinstitute öffentlich-rechtlicher Art: Bis in die Mitte des Jahres 1983 war es hM, dass Kreditinstitute   **35** öffentlich-rechtlicher Art (zB Sparkassen) gemäß § 43 Abs 1 GBV von der Darlegung des berechtigten Interesses befreit seien; eine verfassungswidrige Ungleichbehandlung gegenüber Kreditinstituten privatrechtlicher Art wurde verneint, weil die Gefahr mißbräuchlicher Einsichtnahme bei Privatbanken größer sei als bei öffentlichrechtlich organisierten Kreditinstituten.[94] Nur *Schmid* vertrat die Auffassung, dass § 43 Abs 1 GBV eine willkürliche Schlechterstellung von Privatbanken gegenüber öffentlich-rechtlichen Kreditinstituten ohne sachlich vertretbaren Grund beinhalte, sodass eine solche Auslegung des § 43 Abs 1 GBV mit Art 3 Abs 1 GG nicht vereinbar sei.[95] Dieser Ansicht folgte das BVerfG, als es entschied, dass die Bevorzugung der Sparkassen bei der Grundbucheinsicht gegenüber privaten Banken nicht mit dem Gleichheitssatz des Art 3 Abs 1 GG vereinbar ist.[96] Den Ausführungen *Schmids* und der Entscheidung des BVerfG ist zuzustimmen. Art 3 Abs 1 GG ist dann

---

85 *Schreiner* Rpfleger 1980, 51, 53; *Frohn* RpflJB 1982, 343, 370.
86 BayObLG Rpfleger 1975, 361; KG KGJ 20, 173, 175; KEHE-*Eickmann* § 12 Rn 9; *Demharter* § 12 Rn 9; *Schöner/Stöber* Rn 525; *Habscheid*, FG, § 39 II 1; *Grziwotz* MittBayNot 1995, 97, 102; *Melchers* Rpfleger 1993, 309, 316; *Böhringer* Rpfleger 1987, 181, 187; BWNotZ 1985, 102, 106; *Frohn* RpflJB 1982, 343, 372; *Kollhosser* JA 1984, 558, 563; *Lüke* NJW 1983, 1047; *Nieder* NJW 1984, 329, 336; einschränkend *Schreiner* Rpfleger 1980, 51, 52.
87 BayObLG Rpfleger 1975, 361; *Nieder* NJW 1984, 329, 336.
88 Ebenso: KEHE-*Eickmann* § 12 Rn 6; *Böhringer* Rpfleger 1987, 181, 187; BWNotZ 1985, 102, 106.
89 *Grziwotz* MittBayNot 1995, 97, 102; *Böhringer* Rpfleger 1987, 181, 187.
90 KG KGJ 20 A 173; *Lüke* NJW 1983, 1408; *Böhringer* Rpfleger 1987, 181, 188.
91 *Böhringer* Rpfleger 1987, 181, 188.
92 KEHE-*Eickmann* § 12 Rn 6.
93 BayObLG BWNotZ 1991, 144; Rpfleger 1984, 351; OLG Rostock DtZ 1995, 103; LG Stuttgart BWNotZ 1982, 94; KEHE-*Eickmann* § 12 Rn 6; *Habscheid*, FG, § 39 II 1; *Grziwotz* MittBayNot 1995, 97, 102; *Melchers* Rpfleger 1993, 309, 316; *Nieder* NJW 1984, 329, 336; *Böhringer* Rpfleger 1987, 181, 188; BWNotZ 1985, 102, 106; **aA** *Franz* NJW 1999, 406.
94 BayObLG Rpfleger 1979, 424; *Schreiner* Rpfleger 1980, 51, 53 Fn 22.
95 *Schmid* Rpfleger 1980, 290.
96 BVerfG Rpfleger 1983, 388 m Anm *Schmid*.

verletzt, wenn eine Gruppe von Normadressaten im Vergleich zu anderen anders behandelt wird, obwohl zwischen beiden Gruppen keine Unterschiede von solcher Art und solchem Gewicht bestehen, dass sie eine ungleiche Behandlung rechtfertigen könnten.[97] Bei verfassungskonformer Auslegung des § 43 Abs 1 GBV sind somit öffentlich-rechtliche Kreditinstitute nicht von der Darlegung des berechtigten Interesses bei der Grundbucheinsicht befreit. Weder Wortlaut noch Sinn und Zweck des § 43 Abs 1 GBV zwingen dazu, die öffentlich-rechtlichen Kreditinstitute unter den Begriff der *Behörde* fallen zu lassen.[98]

36 **Kreditverhandlungen:** Ein berechtigtes Interesse ist dem einzuräumen, der mit dem Eigentümer oder einem eingetragenen Berechtigten über die Gewährung eines Kredits verhandelt. Wenn er die Kreditverhandlungen darlegt, kann er sich durch die Grundbucheinsicht über den Umfang zu gewährender Sicherheiten vergewissern.[99] Legt eine Bank die Kopie eines vom Eigentümer unterzeichneten Antrags auf Eröffnung eines Girokontos vor und erklärt sie weiter, dass sie in Kreditverhandlungen stehe, so hat sie ein Einsichtsrecht.[100] Der bloße Hinweis auf die Tatsache von Kreditverhandlungen genügt jedoch idR nicht dem Darlegungserfordernis[101] (vgl Rdn 9).

37 **Künftige Ansprüche:** Im Grundsatz ist festzuhalten, dass künftige Sicherungsbedürfnisse, Erwartungen und Entwicklungen nicht ein Recht auf Grundbucheinsicht begründen; die bloße Möglichkeit, später einmal Rechte an einem Grundstück oder dieses zu erwerben, genügt nicht, da das Grundbuch sonst öffentlich wird.[102] In Ausnahme davon können künftige Ansprüche aber Grundlage des Einsichtsrechts sein, wenn der Berechtigte schon vor ihrem Bestehen wirtschaftlich disponieren muss, dh wenn zur Feststellung des Umfangs und zur Sicherung dieser Rechte bereits jetzt die Grundbucheinsicht erforderlich ist.[103] Anzuerkennen ist daher ein berechtigtes Interesse des durch einen Erbvertrag Bedachten, dem auf den Tod des Vertragspartners ein Recht zur Übernahme eines landwirtschaftlichen Anwesens eingeräumt ist, so wie es zur Zeit des Erbfalls im Grundbuch eingetragen ist, und zwar schon vor dem Erbfall.[104] Ansonsten hat der Vertragserbe zu Lebzeiten des Erblassers kein Einsichtsrecht.[105] Auch der mutmaßliche Erbe eines noch Lebenden hat kein berechtigtes Interesse für die Grundbucheinsicht.[106] Wer jedoch auf sein Erbrecht gegen die Abfindung durch Grundstücke verzichten will, hat wegen dieser Abfindungsleistungen des Erblassers ein berechtigtes Interesse an der Einsicht in dessen Grundbuch.[107]

38 **Lieferant:** Das Einsichtsrecht wird zum Teil dann bejaht, wenn es sich um größere Warenlieferungen mit nicht ganz unerheblichem Wert handelt.[108] Begründet wird dies damit, dass dann ein berechtigtes Interesse anzuerkennen ist, wenn der Antragsteller vernünftigerweise damit rechnen muss, dass die ordnungsgemäße Wahrnehmung bereits übersehbarer, wenn auch nur tatsächlicher Interessen in Zukunft zum Erwerb von Rechten am Grundstück durch ihn, nötigenfalls im Wege der Zwangsvollstreckung, werde führen können. Diese Auffassung ist nicht ganz unbedenklich. Die bloße Möglichkeit, später einmal Rechte an einem Grundstück zu erwerben, kann nicht genügen, da das Grundbuch sonst öffentlich wird. Künftige Erwartungen und Entwicklungen können im Grundsatz nicht die Grundbucheinsicht rechtfertigen. Nur wenn aufgrund von Tatsachen die hinreichende Wahrscheinlichkeit besteht, dass Grundstücksrechte in Anspruch genommen werden, besteht ein Anspruch auf Einsicht.[109] Ein berechtigtes Interesse ist bei Warenlieferungen dann zu bejahen, wenn der Lieferant gleichzeitig Warenkreditgeber ist.[110]

39 **Mahnbescheid:** Das berechtigte Interesse ist dargelegt, wenn der Antragsteller die Erwirkung eines Mahnbescheids nachweist.[111]

---

97 BVerfGE 55, 72, 78; 58, 369, 373; 59, 52, 59; 60, 123, 133.
98 Zum Behördenbegriff vgl *Feuerpeil* Rpfleger 1990, 450.
99 BayObLG Rpfleger 1975, 361; KG KGJ 20 A 173; OLG Jena OLGE 25, 368; KEHE-*Eickmann* § 12 Rn 6; *Schöner/Stöber* Rn 525; *Holzer-Kramer* 2. Teil Rn 157; *Kollhosser* JA 1984, 558, 563; *Frohn* RpflJB 1982, 343, 372; *Nieder* NJW 1984, 329, 336; *Böhringer* Rpfleger 1987, 181, 187.
100 LG Heilbronn Rpfleger 1982, 414; *Melchers* Rpfleger 1993, 309, 314; *Böhringer* Rpfleger 1987, 181, 187.
101 LG Stuttgart BWNotZ 1981, 174; *Melchers* Rpfleger 1993, 309, 314; **aA** AG Berlin-Schöneberg WM 1976, 1179.
102 *Schreiner* Rpfleger 1980, 51, 52; *Böhringer* Rpfleger 1987, 181, 184; 1984, 181, 182; *Schöner/Stöber* Rn 525.
103 OLG Stuttgart Rpfleger 1983, 272 = Justiz 1983, 80; KEHE-*Eickmann* § 12 Rn 6; *Schreiner* Rpfleger 1980, 51, 52; *Böhringer* Rpfleger 1987, 181, 184; BWNotZ 1985, 102, 106.
104 OLG Stuttgart Rpfleger 1970, 92 = Justiz 1970, 92; *Schöner/Stöber* Rn 525; *Böhringer* Rpfleger 1987, 181, 190; 1984, 181, 182; BWNotZ 1985, 102, 106.
105 *Böhringer* Rpfleger 1987, 181, 190.
106 KG RJA 1, 1; OLG München HRR 1937 Nr 739; *Böhringer* Rpfleger 1987, 181, 190.
107 *Böhringer* Rpfleger 1987, 181, 190.
108 KG KGJ 20 A 173; OLGE 1, 180; 5, 199; 10, 28.
109 *Schreiner* Rpfleger 1980, 51, 52.
110 KEHE-*Eickmann* § 12 Rn 6; *Böhringer* Rpfleger 1987, 181, 188.
111 LG München II BayNotZ 1914, 350; KEHE-*Eickmann* § 12 Rn 6.

Böttcher

Makler: Sie haben grundsätzlich kein eigenes Einsichtsrecht.[112] Eine Ausnahme besteht dann, wenn ein Makler **40** Einsicht verlangt, um sich über das Entstehen und die Höhe seiner Ansprüche gegen den Auftraggeber (Provision) oder um einem möglichen Erwerber Klarheit zu verschaffen;[113] erforderlich ist dazu die Vorlage eines schriftlichen Maklervertrags oder der Vortrag der näheren Umstände über das Zustandekommen und den Inhalt des behaupteten Maklervertrags.[114] Will ein Makler das Grundbuch als Vertreter für seinen Auftraggeber einsehen, so ist dessen berechtigtes Interesse darzulegen und der Auftrag nachzuweisen.[115] Dem Nachweismakler, der eine Provisionsvereinbarung nur mit dem Kaufinteressenten getroffen hat, steht über die Auskunft des Grundbuchamtes hinaus, dass der Grundstückserwerber auf der vom Makler vorgelegten Nachweisliste nicht aufgeführt ist, kein weiteres Einsichtsrecht zu.[116]

Mieter bzw Mietinteressent: Sie können ein berechtigtes Interesse zur Grundbucheinsicht haben.[117] Sowohl **41** für die Entschließung über eine Anmietung als auch für weitere Dispositionen nach der Anmietung – etwa hinsichtlich finanzieller Aufwendungen für Schönheitsreparaturen, Anschaffung eingepasster Einbaumöbel, von Teppichboden – kann die Kenntnis vom Grundbuchinhalt von Bedeutung sein. Das gilt einmal für die Frage, ob der Vermieter mit dem Grundstückseigentümer identisch ist, zum anderen auch im Hinblick auf den Belastungszustand des Grundstücks und daraus für den Mieter resultierende Risiken. Der Mietinteressent muss darlegen, dass er bereits in Verhandlungen mit dem Vermieter eingetreten ist. Begründet der Vermieter ein Mieterhöhungsverlangen mit gestiegenen Kapitalkosten, so ist der Mieter zur Grundbucheinsicht berechtigt.[118] Gleiches gilt, wenn der Vermieter Eigenbedarf geltend macht.[119]

Nachbarn: Sie haben grundsätzlich kein berechtigtes Interesse zur Grundbucheinsicht. Ausnahmen können **42** sich ergeben bei Pflichten aus dem Nachbarrecht (zB Einhaltung von Grenzabständen, Zurückschneiden von Pflanzungen an der Grenze), im Falle des Überbaus oder des Notwegrechtes und bei Bauvorhaben.[120]

Notare: Sie sind durch § 43 Abs 2 GBV den öffentlichen Behörden gleichgestellt, sodass es einer Darlegung des **43** berechtigten Interesses nicht bedarf. Der Grund dafür ist darin zu sehen, dass Notare idR nur dann in das Grundbuch einsehen, wenn sie mit der konkreten Regelung der Rechtsbeziehungen von Beteiligten, insbesondere mit der Beurkundung eines Rechtsgeschäfts, befasst sind.

Personalkredit: Vgl *Gläubiger.* **44**

Pflichtteilsberechtigte: Ihnen steht grundsätzlich kein Einsichtsrecht zu.[121] Die zukünftigen Ansprüche eines **45** Pflichtteilsberechtigten gegen den Erben (§§ 2303, 2305, 2307, 2325 BGB) oder einen Beschenkten (§ 2329 BGB) begründen vor dem Erbfall kein Recht zur Grundbucheinsicht, da der Anspruch auf den Pflichtteil erst mit dem Erbfall entsteht (§ 2317 BGB). Würde bei solchen künftigen Erwartungen jeweils eine Grundbucheinsicht bejaht werden, so wäre das Grundbuch öffentlich, was den Interessen des Grundstückseigentümers nicht gerecht wird. Ein berechtigtes Interesse an der Grundbucheinsicht steht in der Regel dem Pflichtteilsberechtigten zu, wenn nach dem Tode des im Grundbuch eingetragenen Erblassers seine erbrechtlichen Ansprüche prüfen will; das gilt auch, wenn inzwischen der Erbe als Rechtsnachfolger eingetragen ist.[122] Zur Darlegung des berechtigten Interesses genügt in einem solchen Falle der Hinweis auf die Stellung als gesetzlicher Erbe; einer schlüssigen Darlegung der etwa geltend zu machenden Pflichtteilsansprüche oder konkreter, von der Grundbucheinsicht abhängender Entschließungen bedarf es nicht.

---

112 BayObLG Rpfleger 1983, 272; OLG Karlsruhe Rpfleger 1996, 334; LG Ellwangen BWNotZ 1983, 41; KEHE-*Eickmann* § 12 Rn 6; *Habscheid*, FG, § 39 II 1; *Schöner/Stöber* Rn 525; *Melchers* Rpfleger 1993, 309, 316; *Böhringer* Rpfleger 1987, 181, 188; BWNotZ 1985, 102, 106.
113 OLG Stuttgart Rpfleger 1983, 272; OLG Karlsruhe Justiz 1964, 43, 44; OLG Karlsruhe Rpfleger 1996, 334; LG Köln Rpfleger 1998, 70; *Schöner/Stöber* Rn 525; KEHE-*Eickmann* § 12 Rn 6; *Böhringer* Rpfleger 1987, 181, 188; BWNotZ 1985, 102, 106; kritisch LG Ellwangen BWNotZ 1983, 41; *Melchers* Rpfleger 1993, 309, 316; aA *Maaß* in *Bauer/von Oefele* § 12 Rn 43.
114 BayObLG Rpfleger 1983, 272; *Böhringer* Rpfleger 1987, 181, 188; BWNotZ 1985, 102, 106.
115 *Schreiner* Rpfleger 1980, 51, 53; *Böhringer* Rpfleger 1987, 181, 188 f; BWNotZ 1985, 102, 106.
116 OLG Karlsruhe Rpfleger 1996, 334.
117 BayObLG MittBayNot 1993, 210; OLG Hamm Rpfleger 1986, 128 = DNotZ 1986, 497 (*Eickmann*) OLG Düsseldorf Rpfleger 1987, 199 = MittRhNotK 1987, 104; LG Mannheim Rpfleger 1992, 246; *Pfeilschiffer* WuM 1986, 327; *Böhringer* Rpfleger 1987, 181, 189; aA *Maaß* in *Bauer/von Oefele* § 12 Rn 44.
118 AG München WuM 1982, 218.
119 LG Mannheim Rpfleger 1992, 246.
120 *Böhringer* Rpfleger 1987, 181, 186 f.
121 BayObLG Rpfleger 1998, 338; OLG Düsseldorf FGPrax 1997, 90 = Rpfleger 1997, 258; *Melchers* Rpfleger 1993, 309, 316; *Böhringer* Rpfleger 1987, 181, 190; 1984, 181 = BWNotZ 1984, 124; BWNotZ 1985, 102, 106; *Flik* BWNotZ 1985, 54; *Schöner/Stöber* Rn 525; aA LG Ellwangen Rpfleger 1984, 181 = BWNotZ 1984, 124.
122 KG Rpfleger 2004, 346.

46   Presse: Nach der Rspr[123] kann die verfassungsrechtlich geschützte Funktion der Presse bei Abwägung des öffentlichen Informationsinteresses mit dem privaten Geheimhaltungsinteresse des Betroffenen unter Beachtung des Verhältnismäßigkeitsgrundsatzes die Grundbucheinsicht der Presse rechtfertigen. Auch wenn öffentliche Interessen eine Grundbucheinsicht rechtfertigen können (vgl Rdn 6), steht der Presse aber grundsätzlich kein berechtigtes Interesse an der Grundbucheinsicht zu.[124] Das allgemeine Informationsinteresse ist nicht rechtsbezogen und genügt deshalb nicht für eine Grundbucheinsicht (vgl Rdn 5, 8). Das aus Art 2 Abs 1 iVm Art 1 Abs 1 GG folgende, zum allgemeinen Persönlichkeitsrecht gehörende informationelle Selbstbestimmungsrecht des Grundstückseigentümers wird durch § 12 GBO zwar eingeschränkt, aber nicht vollständig verdrängt. Es ist bei der Auslegung des Begriffs des berechtigten Interesses grundsätzlich einzubeziehen, ob das Geheimhaltungsinteresse des im Grundbuch Eingetragenen unter Berücksichtigung der Funktion des Grundbuchs zurückzutreten hat, wenn ein berechtigtes Informationsinteresse geltend gemacht wird. Diese Abwägung hat auch stattzufinden, soweit der Presse auf Grund der Wahrnehmung öffentlicher Interessen unter Beachtung des Grundrechts der Pressefreiheit (Art 5 Abs 1 S 2 GG) ein Recht auf Grundbucheinsicht zustehen kann. Jedoch ist es angezeigt und verfassungsrechtlich geboten, bei der erforderlichen Abwägung, welchem der tangierten Grundrechte der Pressefreiheit einerseits und des allgemeinen Persönlichkeitsrechts (informationellen Selbstbestimmungsrechts) des Grundstückseigentümers andererseits unter Berücksichtigung des Grundsatzes der Verhältnismäßigkeit der Vorrang einzuräumen ist, den beabsichtigten Verwertungszweck der Daten einzubeziehen. Dabei kann es darauf ankommen, ob Fragen, die die Öffentlichkeit wesentlich angehen, ernsthaft und sachbezogen erörtert oder lediglich private Angelegenheiten, die nur die Neugier befriedigen, ausgebreitet werden sollen. Bei der Abwägung zwischen der Pressefreiheit und anderen verfassungsrechtlich geschützten Rechtsgütern kann somit berücksichtigt werden, ob die Presse im konkreten Fall eine Angelegenheit von öffentlichem Interesse ernsthaft und sachbezogen erörtern und damit den Informationsanspruch des Publikums erfüllen und zur Bildung der öffentlichen Meinung beitragen will oder ob sie lediglich das Bedürfnis einer mehr oder minder breiten Leserschicht nach oberflächlicher Unterhaltung befriedigen will. Der Schutz der Privatsphäre vor öffentlicher Kenntnisnahme kann jedoch entfallen oder zurücktreten, wenn der Betroffene durch sein eigenes in der Öffentlichkeit gezeigtes Verhalten Veranlassung zur weiteren Erörterung in den Medien gegeben hat und er als eine absolute oder relative Person der Zeitgeschichte im Bereich des öffentlichen Lebens eine besonders hervorragende Stellung einnimmt.[125] Die Presse kann jedoch unter Berufung auf die Pressefreiheit kein das informationelle Selbstbestimmungsrecht des eingetragenen Eigentümers überwiegendes Interesse an der Grundbucheinsicht geltend machen, wenn es lediglich um unterhaltende Berichterstattung und Befriedigung der Neugier der Öffentlichkeit etwa dahin geht, etwas über die finanzielle Gesamtsituation des Betroffenen und seiner Familie zu erfahren.[126]

47   Realkredit: Vgl *Berechtigter dinglicher Art.*

48   Rechtsanwälte: Sie sind von der Darlegung des berechtigten Interesses entsprechend der Regelung für öffentliche Behörden nur befreit, wenn sie das Grundbuch im nachgewiesenen Auftrag eines Notars einsehen wollen (§ 43 Abs 2 GBV). Als Nachweis des Auftrags wird die anwaltschaftliche Versicherung zugelassen.[127] Dem muss widersprochen werden, da § 43 Abs 2 GBV ausdrücklich einen *nachgewiesenen Auftrag* verlangt; der Auftrag ist somit durch Vorlage einer Vollmacht nachzuweisen.[128] In allen sonstigen Fällen, in denen ein Rechtsanwalt als Vertreter einer Partei oder in eigener Sache tätig wird, ist entweder das berechtigte Interesse des Vertretenen darzulegen und die Vollmacht vorzulegen oder das eigene berechtigte Interesse nachzuweisen.[129]

49   Rotes Kreuz: Für die Grundbucheinsicht ist das berechtigte Interesse darzulegen; das DRK und seine Landesverbände sind keine öffentlichen Behörden gemäß § 43 Abs 1 GBV.[130]

50   Schadensersatz: Ein Geschädigter hat ein berechtigtes Interesse an der Grundbucheinsicht, als er damit schadensersatzrechtliche Zugriffsmöglichkeiten gegen den Schädiger überprüfen will.[131]

---

123   BVerfG NJW 2001, 503 = ZflR 2000, 901 = Rpfleger 2001, 15; OLG Düsseldorf Rpfleger 1992, 18; OLG Hamm Rpfleger 1988, 473 = DNotZ 1989, 376; LG Mosbach Rpfleger 1990, 60 = NJW-RR 1990, 212; LG Frankfurt Rpfleger 1978, 316.

124   KG ZflR 2001, 935 = FG Prax 2001, 223 = Rpfleger 2001, 539; AG Meiningen ZflR 1997, 698; *Maaß* in *Bauer/von Oefele* § 12 Rn 21; *KEHE-Eickmann* § 12 Rn 6; *Grziwotz* MittBayNot 1995, 97, 102; *Melchers* Rpfleger 1993, 309, 313; *Böhringer* Rpfleger 1987, 181, 189; BWNotZ 1985, 102, 106; *Kollhosser* JA 1984, 558, 564; *Frohn* RpflJB 1982, 343, 366; *Schreiner* Rpfleger 1980, 51, 52.

125   BVerfG NJW 2000, 1021.

126   KG ZflR 2001, 935 = FGPrax 2001, 223 = Rpfleger 2001, 539.

127   *Demharter* § 12 Rn 15; *Schreiner* Rpfleger 1980, 51, 53.

128   KEHE-*Eickmann* § 43 GBV Rn 4; *Böhringer* Rpfleger 1987, 181, 189.

129   BayObLG Rpfleger 1984, 351; KEHE-*Eickmann* § 12 Rn 6; *Schöner/Stöber* Rn 527 Fn 30; *Böhringer* Rpfleger 1987, 181, 189; BWNotZ 1985, 102, 106.

130   KEHE-*Eickmann* § 12 Rn 6.

131   OLG Zweibrücken NJW 1989, 531; *Melchers* Rpfleger 1993, 309, 316.

Sparkassen: Am 15.06.1983 entschied das BVerfG, dass bei verfassungskonformer Auslegung des § 43 Abs 1   **51**
GBV die Sparkassen nicht von der Darlegung des berechtigten Interesses befreit sind, weil es mit Art 3 Abs 1
GG nicht vereinbar ist, Sparkassen bei der Grundbucheinsicht gegenüber privaten Banken zu bevorzugen.[132]
Diese Entscheidung steht im Widerspruch zu der bis dahin hM in Rspr und Literatur[133] (vgl Rdn 35), ist aber
im Ergebnis zu begrüßen.

Unterhaltsberechtigter: Für eine Grundbucheinsicht muss er konkrete Tatsachen seiner Unterhaltsbedürftig-   **52**
keit darlegen; die Behauptung eines abstrakten Unterhaltsanspruchs genügt nicht.[134] Die einzige Tochter einer
über 90-jährigen im Pflegeheim lebenden Mutter hat aber im Hinblick auf deren naheliegende Unterhaltsansprüche ein berechtigtes Interesse an der Einsicht in das Grundbuch der Mutter.[135]

Untersuchungsausschüsse: Sie haben idR das Recht, das Grundbuchamt um Amtshilfe zu ersuchen (Art 35   **53**
GG).[136]

Verkäufer: Nach Eintragung des neuen Eigentümers haben sie ein Einsichtsrecht, wenn die mit dem Verkauf   **54**
zusammenhängenden Rechtsverhältnisse noch nicht vollständig abgewickelt sind.[137]

Versicherungen: Berechtigt ist das Interesse desjenigen, der ein Gebäude oder andere mit dem Grundstück   **55**
zusammenhängende Gegenstände versichert hat. Soweit das Versicherungsunternehmen eine öffentlich-rechtliche Behörde ist, gilt § 43 Abs 1 GBV.

Verwandte: Sie haben allein aufgrund ihrer Verwandtstellung kein Einsichtsrecht.[138] Die Sicherung der wirt-   **56**
schaftlichen Grundlage der Großfamilie (Sippe) findet im Gesetz nicht den Ausdruck wie bei der Ehe in § 1365
BGB (vgl Rdn 28). Einem Verwandten kann daher nur dann die Grundbucheinsicht gewährt werden, wenn
zusätzliche Umstände dies rechtfertigen, zZt bei Vorliegen eines Unterhaltstitels eines Kindes gegen den Vater,
der Grundstückseigentümer ist.

Vollstreckungstitel: Sie gewähren stets ein Einsichtsrecht ins Grundbuch.[139]   **57**

Wohnungseigentümer: Jedes Mitglied einer Wohnungseigentümergemeinschaft soll grundsätzlich ein   **58**
berechtigtes Interesse daran haben, die übrigen Mitglieder betreffenden grundbuchlichen Vorgänge einzusehen.[140] Dem ist zu widersprechen. Allein aus dem Bestehen einer Wohnungseigentümergemeinschaft folgt kein
berechtigtes Interesse für eine Grundbucheinsicht.[141] Bestehen allerdings Rückstände bei der Zahlung der
Hausumlagen an die Eigentümergemeinschaft oder sonstigen Verpflichtungen, hat der Verwalter ein Einsichtsrecht.[142]

Zessionar: Bei der Abtretung eines Rechts außerhalb des Grundbuchs steht dem Zessionar ein Einsichtsrecht   **59**
zu.[143] Zur Darlegung des berechtigten Interesses ist grundsätzlich die Abtretungserklärung vorzulegen; nur
wenn der Antragsteller dem Grundbuchamt als besonders vertrauenswürdig bekannt ist, kann die bloße
Behauptung der Abtretung genügen.[144]

Zwangsversteigerung: Vgl *Bietungsinteressent*.   **60**

2. Einsicht im Verwaltungsweg

Das berechtigte Interesse braucht nicht immer ein rechtliches, wirtschaftliches, tatsächliches oder öffentliches zu   **61**
sein. Es können auch **sonstige Interessen** in Betracht kommen. Zu erwähnen sind wissenschaftliche Interessen
(zB Forschung über die Häufigkeit bestimmter Sicherungsformen) oder historische Interessen (zB Anfertigung

---

132 BVerfG Rpfleger 1983, 388 m Anm *Schmid*; ebenso: LG Heilbronn BWNotZ 1981, 144; KEHE-*Eickmann* § 12 Rn 6;
   Schöner/Stöber Rn 527; *Schmid* Rpfleger 1980, 290; *Böhringer* Rpfleger 1987, 181, 187, BWNotZ 1985, 102, 106.
133 BGH NJW 1963, 1630; BayObLG Rpfleger 1979, 424; *Frohn* RpflJB 1982, 343, 371 Fn 112; *Schreiner* Rpfleger 1980,
   51, 53 Fn 22.
134 *Böhringer* Rpfleger 1987, 181, 190.
135 LG Stuttgart Rpfleger 1998, 339.
136 KEHE-*Eickmann* § 12 Rn 6; *Habscheid*, FG, § 39 II 1; *Böhringer* Rpfleger 1987, 181, 186.
137 KEHE-*Eickmann* § 12 Rn 6.
138 *Kehe-Eickmann* § 12 Rn 6; *Holzer-Kramer* 2. Teil Rn 161; *Böhringer* Rpfleger 1987, 181, 190; BWNotZ 1985, 102, 106;
   aA *Nieder* NJW 1984, 329, 336 für die Eltern und Kinder des Grundstückseigentümers.
139 OLG Zweibrücken NJW 1989, 531; *Nieder* NJW 1984, 329, 336.
140 OLG Düsseldorf Rpfleger 1987, 199 = MittRhNotK 1987, 104; *Demharter* § 12 Rn 9.
141 *Kehe-Eickmann* § 12 Rn 6; *Maaß* in *Bauer/von Oefele* § 12 Rn 54; *Schöner/Stöber* Rn 525 Fn 19; *Melchers* Rpfleger 1993,
   309, 312; *Böhringer* Rpfleger 1987, 181, 190 gewährt ein Einsichtsrecht, sobald der Wirtschaftsplan für ein Kalenderjahr
   aufzustellen ist.
142 KEHE-*Eickmann* § 12 Rn 6.
143 LG Berlin Rpfleger 1981, 482; KEHE-*Eickmann* § 12 Rn 6.
144 **AA** LG Berlin Rpfleger 1981, 482; *Böhringer* Rpfleger 1987, 181, 188.

einer Stadtchronik). Auch kann die Grundbucheinsicht für volkswirtschaftliche oder Zwecke der volkskundlichen Forschung gestattet werden. Auch künstlerische Interessen sind anzuerkennen. Ferner kommen in Betracht familiäre oder persönliche Interessen, zB die Bearbeitung einer Familiengeschichte, die Sippenforschung, die Ermittlung von Urkunden zum Nachweis der Abstammung.

62 Unabhängig von der in § 12 geregelten Offenlegung des Grundbuchs, die einen erzwingbaren Anspruch auf Einsicht gewährt, besteht in den vorgenannten Fällen die Möglichkeit der Gestattung der Grundbucheinsicht durch die **Landesjustizverwaltungen** im Verwaltungswege. Nach § 35 GeschBehAV, § 37 BayGBGA sind Anträge von Privatpersonen, ihnen im Verwaltungsweg die Einsicht in einzelne, bestimmt bezeichnete Grundbücher oder Grundakten zu gestatten, dem zuständigen Präsidenten des Landgerichts oder Amtsgerichts zur Entscheidung vorzulegen. Die Verfahren nach § 12 GBO und § 35 GeschBehAV, § 37 BayGBGA sind nicht nebeneinander möglich. Je nach dem für die Einsicht maßgebenden Zweck ist zu unterscheiden: Wird die Einsicht aufgrund des formellen Publizitätsprinzips wegen rechtlicher, wirtschaftlicher, tatsächlicher oder öffentlicher Interessen verlangt, so gilt § 12 GBO; soll die Grundbucheinsicht wegen sonstiger allgemeiner, nicht auf den konkreten Einzelfall bezogener Interessen gestattet werden, so handelt es sich um ein verwaltungsrechtliches Ersuchen nach § 35 GeschBehAV, § 37 BayGBGA.[145]

63 Auf die im Verwaltungsweg zu gewährende Grundbucheinsicht besteht **kein Rechtsanspruch.**[146] In diesen Fällen geht es weder um den öffentlichen Glauben des Grundbuchs, noch gebietet das Verfassungsrecht (zB Art 5 Abs 3 GG: Freiheit von Forschung und Lehre) eine andere Beurteilung, da grundrechtliche Gewährleistungen kein Recht auf Kenntnis oder gar Verbreitung privater Geheimnisse geben.[147]

64 Gegen die Versagung der Grundbucheinsicht im Verwaltungsweg ist nur die **Dienstaufsichtsbeschwerde** gegeben; die Grundbuchbeschwerde gemäß §§ 71 ff ist unzulässig.[148]

65 Die Entscheidung über die Grundbucheinsicht liegt **im Ermessen** des Landgerichtspräsidenten, wobei auch Zweckmäßigkeitsgesichtspunkte Berücksichtigung finden können.[149] Die Erlaubnis kann jederzeit widerrufen, auch von Bedingungen und Einschränkungen abhängig gemacht werden. Dem Antrag kann stattgegeben werden, wenn dargelegt wird, dass dadurch unterstützungswürdige Zwecke gefördert, die Belange der Grundstückseigentümer oder der sonstigen Beteiligten nicht beeinträchtigt werden, und wenn sichergestellt ist, dass die entnommenen Nachrichten nicht missbraucht werden; auch darf der Geschäftsgang des Grundbuchamts nicht ungebührlich belastet werden.[150]

3. Umfang der Einsicht

66 Wird ein berechtigtes Interesse dargelegt, so können sowohl das Grundbuch und Urkunden, auf die zur Ergänzung einer Eintragung Bezug genommen wird, als auch unerledigte Eintragungsanträge gemäß § 12 Abs 1 eingesehen werden. § 46 Abs 1 GBV gestattet darüber hinaus unter den gleichen Voraussetzungen Einblick in die Grundakten, soweit es sich nicht um die in § 12 genannten Urkunden handelt.

67 **a) Grundbuch und ergänzende Urkunden.** Das Einsichtsrecht bezieht sich zunächst natürlich auf das Grundbuch als solches (§ 12 Abs 1 S 1) und sodann auf die Urkunden, auf die im Grundbuch zur Ergänzung einer Eintragung Bezug genommen ist (§ 12 Abs 1 S 2); bei letzteren wird insbesondere auf §§ 874, 885 Abs 2, § 1115 Abs 1, 2 BGB, § 49 GBO hingewiesen. Unter dem Grundbuch werden die Grundbuchblätter zu verstehen sein; aber auch die Grundbuchbände können in Frage kommen, etwa bei wissenschaftlichen Forschungen. Umstritten ist nun, ob im Einzelfall eine Beschränkung auf einzelne Abteilungen des Grundbuchs zulässig ist. Die überwiegende Meinung bejaht dies.[151] Begründet wird dies damit, dass das berechtigte Interesse nicht nur für die Frage, ob die Grundbucheinsicht zu gestatten ist, sondern auch für die Frage, inwieweit die Einsicht gewährt werden darf, entscheidend sei. Der Umfang des Interesses sei daher zugleich der Maßstab für den Umfang des Rechts auf Einsicht. Die Grundbucheinsicht könne sich daher auch auf einzelne Abteilungen des Grundbuchblattes oder auf nur eine Eintragung beziehen. Dieser Auffassung kann in solcher Allgemeinheit nicht gefolgt werden. Sie könnte ihren Ursprung darin haben, dass die Grundbuchpraxis bei der Darlegung des berechtigten Interesses keine besonderen Maßstäbe ansetzt, und dann ihr schlechtes Gewissen dadurch zu beruhigen sucht, den Umfang des Einsichtsrechts so gering wie möglich zu halten, zum Teil in unzulässiger Weise. Da das Gesetz ausdrücklich von der Einsicht ins *Grundbuch* spricht, und nicht nur von einzelnen Abtei-

145 KEHE-*Eickmann* § 12 Rn 2.
146 KEHE-*Eickmann* § 12 Rn 5; *Böhringer* Rpfleger 1987, 181, 184; *Schreiner* Rpfleger 1980, 51, 52.
147 *Schreiner* Rpfleger 1980, 51, 52 Fn 19.
148 *Schreiner* Rpfleger 1980, 51, 52; *Kollhosser* JA 1984, 558, 564.
149 *Schreiner* Rpfleger 1980, 51, 52; *Kollhosser* JA 1984, 558, 564.
150 KEHE-*Eickmann* § 12 Rn 5.
151 BayObLG MittBayNot 1993, 210; *Schöner/Stöber* Rn 529; *Melchers* Rpfleger 1993, 309, 314 f; *Schreiner* Rpfleger 1980, 51, 53; *Habscheid*, FG, § 39 II 1.

lungen, ist daher als Grundsatz festzuhalten, dass das **Grundbuch in seiner Einheit Gegenstand der Einsicht** ist. Eine Beschränkung der Einsicht auf Teile des Grundbuchs ist nur zulässig, wenn ausnahmsweise dem dargelegten Interesse *eindeutig* mit der Einsicht in einzelne Teile des Grundbuchs Genüge getan werden kann.[152] Will zB ein Grundstücksmakler feststellen, ob ein von ihm vermittelter Kaufvertrag zur Eigentumseintragung geführt hat, so kann ihm eine Grundbuchabschrift ohne Abt II und III erteilt werden.[153] Grundsätzlich ist jedoch unter dem Grundbuch das gesamte Grundbuchblatt zu verstehen. Die Grundbuchämter sollten daher bei der Darlegung des berechtigten Interesses idR das Grundbuch in seiner Einheit als Gegenstand der Einsicht vorlegen. Bei der Einsicht in fest gebundene Grundbücher ist der Band als solcher zur Verfügung zu stellen, in dem das betroffene Blatt enthalten ist. Für die Einsicht in das Loseblatt-Grundbuch ist der Band geschlossen, dh ohne Öffnen der Verschraubung, bereitzustellen (vgl § 36 BayGBGA).

Auch **geschlossene Grundbuchblätter** sind weiterhin Grundbuch im Rechtssinn und unterliegen gemäß § 12 der Einsicht.[154] Dies ergibt sich daraus, dass auch ein geschlossenes Grundbuch bei der Frage des gutgläubigen Erwerbs (§ 892 BGB) von Bedeutung sein kann, zB wenn bei der Umschreibung von Grundbüchern Rechte versehentlich nicht mit übernommen wurden, dh formell gelöscht wurden (§ 46 Abs 2), aber materiell dadurch nicht erloschen sind (vgl § 875 BGB). Beim Vorliegen eines berechtigten Interesses sind daher auch geschlossene Grundbücher zur Einsicht vorzulegen. Die Beteiligten können nicht an Staatsarchive oder sonstige Behörden (zB Archiv von Barby, Zentrales Grundbucharchiv Hohenschönhausen) verwiesen werden. Das Grundbuchamt hat die Einsicht zu gewähren.

68

b) Noch nicht erledigte Eintragungsanträge. Das Einsichtsrecht erstreckt sich auch auf noch nicht erledigte Eintragungsanträge, was von besonderer Bedeutung im Hinblick auf § 17 sein kann.[155] Ein Grundstücksgeschäft kann mit der Frage stehen und fallen, ob vorgehende unerledigte Anträge dem Grundbuchamt vorliegen.[156] Unproblematisch ist das Einsichtsrecht dann, wenn sich die unerledigten Eintragunsanträge bereits bei den Grundakten befinden. Schwierigkeiten treten aber bei **größeren Grundbuchämtern** auf, wenn die Eintragungsanträge erst von der zentral eingerichteten Einlaufstelle zu den einzelnen Geschäftsstellen und damit zu den Grundakten gelangen müssen. Bei der Grundbucheinsicht kann es daher vorkommen, dass nicht sämtliche, das Grundstück betreffende, unerledigte Eintragunsanträge in den Grundakten einliegen. Bei der Menge der täglich eingehenden Eintragungsanträge ist es nicht möglich, den gesamten Einlauf dahingehend durchzusehen, ob er ein bestimmtes Grundstück betreffende Anträge enthält. In solchen Fällen kann das Grundbuchamt grundsätzlich auch nicht als verpflichtet angesehen werden, bei Einsichtsersuchen Nachforschungen über den Eingang unerledigter Anträge anzustellen.[157] Der Grundbuchbeamte kann daher dem Antragsteller nicht verbindlich erklären, ob in Bezug auf ein bestimmtes Grundstück weitere, noch nicht bei den Grundakten befindliche Anträge vorliegen oder nicht. Die Einsicht in noch nicht erledigte Eintragungsanträge wird daher auf solche zu beschränken sein, die sich bereits bei den Grundakten befinden.[158] Zur Vermeidung von Haftungsfällen ist eine Aufklärung des Antragstellers zu empfehlen, wenn nicht eindeutig kein Interesse an der Kenntnis noch nicht erledigter Anträge besteht.[159]

69

c) Grundakten. Der sonstige Inhalt der Grundakten unterliegt nach § 46 Abs 1 GBV ebenfalls der Einsicht, soweit nicht bereits § 12 Abs 1 GBO einschlägig ist. Ein berechtigtes Interesse an der Grundbucheinsicht beschränkt sich nicht auf das Grundbuch, den dort gebuchten Grundbesitz und die dort wiedergegebenen Eigentumsverhältnisse, sondern kann sich beim Fehlen eines unmittelbaren Bezugs zu den aus dem Grundbuch ersichtlichen Eigentums- und anderen Rechtsverhältnissen auch auf den sonstigen Inhalt der Grundakten beziehen, wenn ein verständiges und durch die Sachlage gerechtfertigtes Interesse an der Kenntnisnahme weiterer aus den Grundakten ersichtlicher Umstände besteht.[160] Nicht zu den Grundakten gehört das **Handblatt**, wenn es auch bei denselben verwahrt wird. Daher bezieht sich § 46 GBV nicht auf das Handblatt. Dies ist allerdings ohne praktische Bedeutung, da das Handblatt mit dem Grundbuch wörtlich übereinstimmen muss. Eine Notwendigkeit zur Einsichtnahme des Handblatts besteht daher nicht. Das Handblatt mit den Grundakten vorzulegen, erscheint unbedenklich. Der Einsichtnehmende darf sich aber dann, wenn er sichergehen will, auf die Einsicht das Handblatts anstelle des Grundbuchs nicht beschränken. Ein etwa daraus entstehender Schaden trifft

70

---

152 LG Mannheim Rpfleger 1992, 246, 247; KEHE-*Eickmann* § 12 Rn 7; *Böhringer* Rpfleger 1987, 181, 185; 1989, 309, 310.
153 OLG Stuttgart Rpfleger 1983, 272.
154 *Wolfsteiner* Rpfleger 1993, 273; *Demharter* § 12 Rn 17; *Böhringer* Rpfleger 1987, 181, 185; DtZ 1991, 272; **aA** KEHE-*Eickmann* § 12 Rn 7.
155 KG DNotV 1933, 372, *Schöner/Stöber* Rn 524.
156 *Schreiner* Rpfleger 1980, 51, 53.
157 *Schreiner* aaO; **aA** *Maaß* in *Bauer/von Oefele* § 12 Rn 61.
158 KEHE-*Eickmann* § 12 Rn 7; *Frohn* RpflJB 1982, 343, 371 Fn 111, **aA** *Schöner/Stöber* Rn 524.
159 *Schreiner* Rpfleger 1980, 51, 53.
160 OLG Stuttgart BWNotZ 1998, 145.

ihn allein, er kann aus einer etwaigen Unvollständigkeit oder Unrichtigkeit des Handblatts keine Schadenersatzansprüche gegen den Staat herleiten. Wenn allerdings vom Grundbuchbeamten nur das Handblatt zur Einsicht vorgelegt und die Einsicht des Grundbuchs versagt wird, obwohl darum gebeten wird, so wäre ein solches Verhalten geeignet, eine Haftung zu begründen, wenn das Handblatt mit dem Grundbuch nicht übereinstimmt.

71 Während bei der Einsicht ins Grundbuch der Grundsatz gilt, dass das Grundbuch in seiner Gesamtheit vorzulegen ist, lässt der Wortlaut des § 46 Abs 1 GBV für die Grundakten den Gegenschluss zu. Das Einsichtsrecht wird ausdrücklich für *Urkunden* gewährt, die sich in den Grundakten befinden und nicht unter § 12 Abs 1 S 2 GBO fallen. Es ist deshalb nicht gerechtfertigt, die vollständigen Grundakten auszuhändigen mit der Bitte, sich die benötigten Urkunden selbst herauszusuchen.[161] Das Grundbuchamt hat vielmehr zu prüfen, welches Interesse der Antragsteller verfolgt und danach seine Entscheidung über den Umfang des Einsichtsrechts auszurichten. Als Grundsatz ist somit für das Einsichtsrecht in die Grundakten festzuhalten, dass **nur bestimmte Urkunden aus den Grundakten** vorgelegt werden, für die ein berechtigtes Interesse besteht. Was das berechtigte Interesse zur Grundbucheinsicht dargelegt, so folgt daraus nicht unbedingt das Einsichtsrecht in die Grundakten; die nötige Information kann aber auch nur in den Grundakten zu finden sein, sodass in diesen Fällen kein Recht auf Grundbucheinsicht, sondern nur auf Grundakteneinsicht besteht.[162]

4. Ausübung der Einsicht

72 **a) Bevollmächtigung.** Das Recht auf Grundbucheinsicht kann persönlich oder durch einen Bevollmächtigten ausgeübt werden.[163] Maßgebend ist dabei das berechtigte Interesse des Vertretenen. Die Vollmacht ist schriftlich einzureichen (§ 13 Abs 5 S 1 FGG).[164] Die Gestattung der Grundbucheinsicht durch einen Bevollmächtigten kann aus einem in dessen Person liegenden Grunde, zB wegen persönlicher Unzuverlässigkeit, abgelehnt werden; dies gilt insbesondere dann, wenn im Einzelfall der begründete Verdacht besteht, dass der Vertreter nicht das berechtigte Interesse des Vollmachtgebers, sondern das eigene unberechtigte Interesse oder das Interesse Dritter wahrnehmen werde; bloße Zweifel an der Zuverlässigkeit des Bevollmächtigten genügen jedoch nicht.[165] Gewisse Personen oder Personengruppen, zB Auskunfteien, allgemein von der Grundbucheinsicht für andere auszuschließen, ist das Grundbuchamt aber nicht berechtigt.[166] Das GBA hat den Mangel der Vollmacht nicht zu berücksichtigen, wenn als Bevollmächtigter ein Rechtsanwalt oder Notar auftritt (§ 13 Abs 5 S 4 FGG).

73 **b) Ort und Zeit der Einsicht.** Die Einsicht des Grundbuchs und der Grundakten hat in den Diensträumen des Grundbuchamts während der Dienststunden zu geschehen (§ 2 GeschBehAV). Eine etwaige Beschränkung des Verkehrs auf gewisse Geschäftsstunden gilt für die Grundbucheinsicht nicht (§ 2 Abs 2d GeschBehAV). Das Grundbuch, die Grundakten und die lose bei den Grundakten befindlichen Urkunden dürfen nur in Abwesenheit eines Grundbuchbeamten eingesehen werden (§ 12 Abs 5, § 16 GeschBehAV, § 6 Abs 1 S 2, § 18 BayGBGA). Es ist bei der Ausführung der Grundbucheinsicht darauf zu achten, dass das Einsichtsrecht nicht missbraucht wird. Zur Einsicht in das maschinell geführte GB vgl §§ 132, 133.

74 **c) Selbstanfertigung von Abschriften.** Der zur Einsicht Berechtigte kann bei der Einsicht Aufzeichnungen machen,[167] von den Grundbucheintragungen und den Urkunden, die er einsehen darf, selbst Abschriften nehmen (Fotokopien herstellen) oder solche durch eine eigene Schreibkraft fertigen lassen; dies ist aber nur insoweit zuzulassen, als dadurch der Dienstbetrieb des Grundbuchamts nicht gestört wird.[168]

75 **d) Versendung von Grundbuch bzw Grundakten.** Eine Versendung des Grundbuchs zwecks Einsichtnahme ist ausgeschlossen; das Grundbuch darf von der Amtsstelle nicht entfernt werden (§ 13 GeschBehAV, § 6 Abs 2 BayGBGA).[169] Auch ein Notar hat keinen Rechtsanspruch darauf, dass ihm die Einsicht der Grundakten durch deren Versendung an das Amtsgericht seines Amtssitzes vermittelt wird; über einen solchen Antrag ist daher im Justizverwaltungsweg zu entscheiden. Eine Versendung von Grundakten ist ausnahmsweise an Gerichte und an Behörden zulässig (§ 17 GeschBehAV, § 19 BayGBGA). Eine Ausnahme vom Grundsatz der

---

161 *Schreiner* aaO.
162 *Schreiner* Rpfleger 1980, 51, 54.
163 KG KGJ 22, 122; JW 1936, 2342; KEHE-*Eickmann* § 12 Rn 8; *Demharter* § 12 Rn 19; *Schöner/Stöber* Rn 530; *Schreiner* Rpfleger 1980, 51, 54; *Melchers* Rpfleger 1993, 309, 314.
164 KEHE-*Eickmann* § 12 Rn 8; *Demharter* § 12 Rn 19.
165 KEHE-*Eickmann*, *Demharter* aaO.
166 KG KGJ 7, 97.
167 KG KGJ 44, 48.
168 KG JW 1933, 1262 = DNotZ 1933, 371; KEHE-*Eickmann* § 12 Rn 9; *Demharter* § 12 Rn 21; *Frohn* RpflJB 1982, 343, 376.
169 OLG Köln Rpfleger 1983, 325.

Nichtherausgabe des Grundbuchs muss dann gelten, wenn das Grundbuch in einem Strafverfahren Bedeutung erlangt; so, wenn zB in ihm eine Fälschung begangen worden ist. Hier muss das Grundbuch auf Ersuchen des zur Anordnung der Beschlagnahme zuständigen Richters ausgeliefert werden. Das Grundbuchamt wird die Weisung des Landgerichtspräsidenten einholen. Zweckmäßig wird auch in einem solchen Fall das Grundbuch nicht verschickt, sondern im Interesse der Sicherheit des Buchs und seiner raschen Rückkunft von einem Beamten des Grundbuchamts an die Gerichtsstelle gebracht und wieder zurückgeschafft.

III. Erteilung von Abschriften

Soweit die Einsicht ins Grundbuch, in die eine Eintragung ergänzenden Urkunden, in unerledigte Eintragungs-   **76**
anträge (§ 12 Abs 1 GBO) und in die Grundakten (§ 46 Abs 1 GBV) gestattet ist, **kann der zur Einsicht Berechtigte eine Abschrift fordern** (§ 12 Abs 2 GBO, § 46 Abs 3 GBV).[170] Die Erteilung einer Abschrift kann neben oder anstatt der Einsicht verlangt werden; der Berechtigte hat die freie Wahl zwischen dem Recht auf Einsicht und dem Recht auf Erteilung einer Abschrift. Das Grundbuchamt ist nicht berechtigt, dem Antragsteller eine andere Art der Ausübung des Rechts auf Offenlegung des Grundbuchs oder der Grundakten als die Beantragte vorzuschreiben. Eine Abschrift kann nur gefordert werden, soweit ein Recht auf Einsicht besteht. Der Umfang der Abschrift wird also durch den Umfang des berechtigten Interesses des Antragstellers bestimmt. Auch öffentliche Behörden, Notare und von solchen beauftragte Rechtsanwälte können, soweit sie zur Einsicht befugt sind, eine Abschrift verlangen (§ 43 Abs 1 GBV). Abschriften von Grundaktenbestandteilen müssen dort enthaltene farbliche Markierungen wiedergeben.[171]

Eine **einfache Abschrift** ist zu erteilen, wenn nicht ausdrücklich eine beglaubigte Abschrift verlangt wird. Für   **77**
die Form ist § 44 Abs 3 GBV maßgebend. Hiernach ist auf der Abschrift der Tag anzugeben, an dem sie gefertigt ist; der Vermerk wird jedoch nicht unterzeichnet. Auch ein Siegel oder Stempel des Amtsgerichts wird nicht anzubringen sein. Eine einfache Abschrift darf nicht auf einen Teil des Grundbuchblatts beschränkt werden. Einfache Abschriften können nachträglich beglaubigt werden. Auch die nachträglichen Ergänzungen oder Bestätigungen einer früher gefertigten einfachen Abschrift sind zulässig (§ 44 Abs 2 GBV). Bei der Ergänzung werden die seit der Fertigung der Abschrift oder seit der letzten Ergänzung auf dem Grundbuchblatt neu eingetragenen Vermerke nachgetragen. Bei der Bestätigung wird auf die frühere Abschrift der Vermerk gesetzt, dass seit der Abschrift oder seit ihrer letzten Ergänzung weitere Eintragungen auf dem Grundbuchblatt nicht vorgenommen worden sind. Von gelöschten Eintragungen wird, wenn nicht ihre Aufnahme oder die Aufnahme einzelner von ihnen im vollen Wortlaut beantragt ist, lediglich die laufende Nummer der Eintragung mit dem Vermerk *Gelöscht* in die Abschrift aufgenommen (§ 44 Abs 4 GBV). Im Übrigen muss die Abschrift den Inhalt des Grundbuchblattes vollständig und wörtlich wiedergeben.

Der Antrag auf Erteilung einer **beglaubigten Abschrift** oder nachträgliche Beglaubigung einer einfachen   **78**
Abschrift kann jederzeit gestellt werden (§ 12 Abs 2 GBO, §§ 44 Abs 1, 46 Abs 3 GBV). Für die Abschrift selbst gelten die Vorschriften wie über die einfache Abschrift gemäß § 44 Abs 2 und 4 GBV. Bei der Beglaubigung von Abschriften des Grundbuchs, der eine Eintragung ergänzenden Urkunden und der noch nicht erledigten Eintragungsanträge (§ 12 Abs 1 GBO) gilt: zuständig zur Beglaubigung der Abschriften ist der Urkundsbeamte der Geschäftsstelle (§ 12c Abs 2 Nr 1 GBO); die Form der Beglaubigung richtet sich nach Landesrecht, das früher in § 4 Abs 3 AVOGBO vorgeschriebene Erfordernis der zweiten Unterschrift beim Beglaubigungsvermerk ist durch Verordnung vom 21.03.1974 (BGBl I 771) beseitigt worden; es genügt nunmehr, wenn der Beglaubigungsvermerk vom Urkundsbeamten unterzeichnet wird. Bei der Beglaubigung der Abschriften von Urkunden, die nicht unter § 12 Abs 1 GBO fallen, also zum sonstigen Inhalt des Grundakten gehören (§ 46 Abs 1 GBV), gilt entgegen dem früheren § 4 Abs 2a AVOGBO dasselbe.[172] Zulässig nach § 45 Abs 1 GBV ist die Erteilung einer beglaubigten Abschrift eines Teils des Grundbuchblatts, einer auszugsweisen Abschrift oder Teilabschriften. Im Falle der Erteilung einer beglaubigten Teilabschrift sind in die Abschrift die Eintragungen aufzunehmen, welche den Gegenstand betreffen, auf den sich die Abschrift beziehen soll (§ 45 Abs 2 GBV), zB die Eintragungen des Bestandverzeichnisses oder einer einzelnen Abteilung oder die Eintragungen, die ein bestimmtes Recht betreffen. Die Eintragungen müssen vollständig und ungekürzt abgeschrieben werden. Nicht zulässig ist die Erteilung eines abgekürzten Auszugs aus dem Inhalt des Grundbuchs (§ 45 Abs 3 S 2 GBV).

IV. Erteilung von Auskünften

Verpflichtet zur Erteilung von Auskünften aus dem Grundbuch oder den Grundakten ist das Grundbuchamt   **79**
nur in den Fällen, in denen eine solche Pflicht in einer besonderen gesetzlichen Vorschrift niedergelegt ist (§ 45 **Abs 3 S 1 GBV;** s Erläuterungen dort).

---

170 OLG Frankfurt/M Rpfleger 1997, 205.
171 OLG Saarbrücken DNotZ 2007, 228.
172 *Demharter* § 12 Rn 26.

V. Verfahren

1. Zuständigkeit

80 Über die Gestattung der Einsicht des Grundbuchs und der Grundakten sowie über die Erteilung von Abschriften und Auskünften entscheidet der **Urkundsbeamte der Geschäftsstelle** (§ 12c Abs 1 Nr 1, 2 GBO). Er entscheidet hierüber selbständig kraft eigenen Rechts. Wenn sich das Grundbuch oder die Grundakten bei einem anderen Gericht oder einer anderen Behörde befinden, ist dieses Gericht oder diese Behörde nicht befugt, die Einsicht zu gestatten; an der Zuständigkeit zur Entscheidung über die Gestattung der Einsicht wird durch die Versendung des Grundbuchs und der Grundakten nichts geändert. Hat der Richter über die Grundbucheinsicht entschieden, ist das von ihm wahrgenommene Urkundsbeamtengeschäft dennoch wirksam.[173]

2. Rechtliches Gehör

81 Ob vor der Entscheidung über die Grundbucheinsicht dem Grundstückseigentümer rechtliches Gehör zu gewähren ist, ist **umstritten**. Eine Meinung[174] verneint dies, da die Entscheidung, ob ein berechtigtes Interesse dargelegt ist, nicht von der Kenntnis des Grundbuchamts über etwa gegenteilige Interessen der im Grundbuch Eingetragenen abhängen solle. Dieser Auffassung muss widersprochen werden. Ihr liegt der unzutreffende gedankliche Ansatz zugrunde, dass das rechtliche Gehör ein verfahrensrechtliches Mittel zur Gewinnung von Entscheidungsgrundlagen sei. Das rechtliche Gehör ist eine Auswirkung des Schutzes der Menschenwürde (Art 1 GG); der Mensch soll nicht zu einem bloßen Objekt gerichtlicher Verfahren denaturiert werden.[175] Der Grundstückseigentümer hat ein schutzwürdiges Interesse daran, dass seine persönlichen und finanziellen Verhältnisse nicht der Allgemeinheit dargelegt werden. Um eine gerichtliche Prüfung aber überhaupt zu ermöglichen, muss der Eigentümer erst von dem Einsichtsersuchen erfahren. Wollte man daher das rechtliche Gehör verweigern, so würde man in verfassungswidriger Weise (Art 103 Abs 1 GG) denjenigen vom Verfahren ausschließen, um dessen Belange es eigentlich geht.[176] Vor der Entscheidung über die Grundbucheinsicht ist daher – jedenfalls in nicht ganz eindeutigen Fällen – dem Eigentümer rechtliches Gehör zu gewähren.[177] Da das Einsichtsverfahren im pflichtgemäßen Ermessen des Grundbuchamts liegt, hat es dem Betroffenen einen vorliegenden Antrag zur Kenntnisnahme und eventuellen Stellungnahme innerhalb einer Frist hinauszugeben. Sodann ist über den Antrag zu entscheiden. Eine etwaige Mehrbelastung des Grundbuchamts ist im Interesse eines ordnungsgemäßen und verfassungsrechtlich einwandfreien Verfahrens hinzunehmen. Auch das BayObLG[178] argumentiert: »Nicht zu beanstanden ist, dass dem Eigentümer Gelegenheit gegeben wird, sich zum Einsichtsbegehren zu äußern. Das ist auch durchaus sinnvoll. Denn es ist möglich, dass der Eigentümer sein Einverständnis mit der begehrten Grundbucheinsicht erklärt; dann wäre das Grundbuchamt der Entscheidung enthoben, ob und inwieweit ein berechtigtes Interesse an der begehrten Grundbucheinsicht besteht«.

3. Rechtsanspruch auf Entscheidung

82 Das Recht auf Grundbucheinsicht und Abschriftserteilung stellt einen selbständigen, mit der Grundbuchbeschwerde verfolgbaren, öffentlich-rechtlichen Anspruch dar. Die Entscheidung wird idR mündlich ergehen, jedoch ist Schriftform in zweifelhaften Fällen, zumal bei Verweigerung der Einsicht, dringend anzuraten.[179] Soweit ein berechtigtes Interesse darzulegen ist, entscheidet der zuständige Grundbuchbeamte nach freiem Ermessen darüber, ob ausreichende Darlegung erfolgt ist. Findet er Grund zu Bedenken, so ist er berechtigt, die Beibringung weiterer Belege zu verlangen; in diesem Fall kann auch Glaubhaftmachung gefordert werden. Wo keine Darlegung eines berechtigten Interesses notwendig ist (§ 43 GBV), entfällt die entsprechende Prüfung.

4. Rechtsbehelfe

83 Wenn der Urkundsbeamte einen Antrag auf Gestattung der Einsicht oder auf Erteilung von Abschriften **ablehnt**, so ist der Richter anzurufen (§ 12c Abs 4 GBO).[180] Die Grundbeschwerde nach den §§ 71 ff GBO fin-

---

173 LG Bonn Rpfleger 1993, 333.
174 BVerfG NJW 2001, 503 = ZfIR 2000, 901 = Rpfleger 2001, 15; BGHZ 80, 126 = NJW 1981, 1563 = DNotZ 1982, 240 = Rpfleger 1981, 287, OLG Braunschweig OLGE 29, 392; OLG Stuttgart BWNotZ 1957, 197; OLG Karlsruhe Rpfleger 1996, 334.
175 *Eickmann* Rpfleger 1982, 449 mwN.
176 *Eickmann* aaO.
177 OLG Düsseldorf Rpfleger 1992, 18; OLG Hamm Rpfleger 1988, 473 = DNotZ 1989, 376; OLG Karlsruhe Rpfleger 1981, 178; LG Mosbach Rpfleger 1990, 60; *Maaß* in *Bauer/von Oefele* § 12 Rn 79; *Güthe-Triebel* § 12 Rn 28; KEHE-*Eickmann* § 12 Rn 12; *Habscheid*, FG, § 39 II 1; *Weirich*, Grundstücksrecht, Rn 482; *Frohn* RpflJB 1980, 51, 54; *Schreiner* Rpfleger 1980, 51, 54, *Böhringer* Rpfleger 1989, 309, 310; 1987, 181, 186.
178 MittBayNot 1993, 210, 211.
179 KEHE-*Eickmann* § 12 Rn 10.
180 *Demharter* § 12c Rn 11; *Hügel-Wilsch* § 12 Rn 79; **AA** *Rellermeyer* wegen der Aufhebung von § 4 Abs 2 Nr 3 RPflG.

Böttcher

det erst gegen die Entscheidung des Richters statt.[181] Die ablehnende Entscheidung ist auch dann anfechtbar, wenn sie nur mündlich ergangen ist; sie sollte jedoch dann jedenfalls durch einen Aktenvermerk festgehalten werden. Neben der Beschwerde ist die Dienstaufsichtsbeschwerde nicht gegeben (nur bei Einsicht im Verwaltungsweg). Beschwerde nach §§ 71 ff ist nicht nur zulässig, wenn die aus § 12 sich unmittelbar ergebende Offenlegungspflicht vom Grundbuchamt verletzt wird, sondern auch in den Fällen, in denen das Verlangen auf Einsicht oder Erteilung von Abschriften auf den §§ 43 ff GBV beruht, insbesondere also, wenn die Einsichtsbefugnis einer öffentlichen Behörde in Frage steht. Das Rechtsmittel der weiteren Beschwerde, das nur auf eine Gesetzesverletzung gestützt werden kann, ist ausgeschlossen, wenn die Ablehnung aus dem tatsächlichen Grunde der mangelnden Darlegung eines berechtigten Interesses erfolgt ist, und nur dann zulässig, wenn ein Rechtsirrtum zur Versagung der Einsicht oder der Erteilung der Abschrift geführt hat.[182] Beschwerdeberechtigt ist nur der Antragsteller. Der Grundstückseigentümer kann nicht wegen Verweigerung der Einsicht einem Dritten gegenüber Beschwerde einlegen.

Umstritten ist, ob gegen die **Gestattung** der Einsicht oder die Erteilung von Abschriften dem Grundstückseigentümer ein Beschwerderecht zusteht. Konsequent wird dies von denjenigen verneint, die auch dem Grundstückseigentümer das rechtliche Gehör nicht gewähren wollen (vgl Rdn 81). Begründet wird dies damit, dass die Grundbucheinsicht ja nur bei der Darlegung des berechtigten Interesses gewährt werden darf und das Grundbuchamt diese Voraussetzungen prüfen muss.[183] Dieser Ansicht kann nicht gefolgt werden. Sie stellt den Eigentümer bei der Offenlegung seines Grundbesitzes und der damit zusammenhängenden persönlichen und finanziellen Verhältnisse rechtlos. Das *berechtigte Interesse* ist ein gerichtlich nachprüfbarer Rechtsbegriff. Ob es zu Recht oder zu Unrecht bejaht wurde, muss einer gerichtlichen Kontrolle zugänglich sein; zumal nur der Urkundsbeamte entscheidet. Außerdem besteht die Gefahr, dass in Zweifelsfällen zu Gunsten des Antragstellers entschieden wird, um sich nicht dessen Anfechtung auszusetzen. Eine Anfechtungsmöglichkeit zu verneinen, nur weil das Grundbuchamt die Voraussetzungen des Einsichtsrechts prüfe, ist wenig überzeugend: Bei jeder gerichtlichen Entscheidung prüft das Justizorgan die Voraussetzungen seiner Entscheidung; niemand versagt allein aus diesem Grund ein Rechtsmittel. Richtig kann daher nur die Meinung sein, die dem Grundstückseigentümer gegen die Gestattung der Grundbucheinsicht solange ein Anfechtungsrecht zugesteht, als die Einsicht noch nicht vollzogen ist.[184] Da das BVerfG in seinem Volkszählungsurteil[185] ein grundrechtsähnliches Recht auf informationelle Selbstbestimmung entwickelt hat, kann nicht mehr gesagt werden, der Grundstückseigentümer werde durch Gewährung von Grundbucheinsicht an einen Dritten nicht in einer rechtlich geschützten Position beeinträchtigt.[186] Aus dem Recht auf informationelle Selbstbestimmung lässt sich daher auch das Beschwerderecht des Eigentümer gegen Entscheidungen über die Gewährung von Grundbucheinsicht ableiten.[187] Wenn die Einsicht schon erfolgt ist, nützt die Beschwerdemöglichkeit nichts mehr, da das Beschwerdegericht das Rechtsmittel als unzulässig zurückweisen wird; zu Entscheidungen, die keinen praktischen Nutzen mehr haben, ist es nicht berufen. Obwohl die Beschwerde des Grundstückseigentümers keine aufschiebende Wirkung hat (§ 76 Abs 3), sollte das Grundbuchamt daher in besonders eiligen Fällen die Einsicht gewähren; dem Betroffenen bleibt die Möglichkeit gemäß § 76 Abs 1 eine einstweilige Anordnung zu erwirken. Auch wenn die Einsicht zu Unrecht erfolgte, so ist sie nicht mehr rückgängig zu machen; möglich ist ein Schadensersatzanspruch gemäß § 839 BGB, Art 34 GG und eventuell eine Bestrafung gemäß § 203 StGB.

Gegen die **Verweigerung einer Auskunft**, die das Grundbuchamt aufgrund gesetzlicher Vorschriften zu erteilen hat, ist die Sachbeschwerde nach den §§ 71 ff zulässig; ansonsten ist gegen die Verweigerung einer Auskunft nur die Dienstaufsichtsbeschwerde möglich.[188]

84

85

VI. Ergänzungsrecht

Ergänzungsrecht zu § 12 besteht aufgrund des § 12 Abs 3 und § 142. Aufgrund der Ermächtigungsnorm des § 12 Abs 3 ist die Regelung des § 43 GBV getroffen worden; von der Ermächtigungsnorm des § 142 ist bisher durch § 46 GBV Gebrauch gemacht worden. § 12 Abs 3 Nr 1 sieht die Möglichkeit einer Rechtsverordnung vor, mit der der Umfang der Einsicht auf weitere beim GBA vorliegende Dokumente (auch elektronische Informatio-

86

---

181 BayObLGZ 1952, 85.
182 BayObLGZ 10, 30.
183 BGHZ 80, 126 = NJW 1981, 1563 = DNotZ 1982, 240 = Rpfleger 1981, 287; OLG Stuttgart Rpfleger 1992, 247; BWNotZ 1957, 197; OLG Karlsruhe Rpfleger 1996, 334; *Schöner/Stöber* Rn 528; *Demharter* § 12 Rn 32; *Kollhosser* JA 1984, 558, 564; *Grziwotz* MittBayNot 1995, 97, 102 f.
184 BayObLG Rpfleger 1975, 361 (vgl aber BayObLG JurBüro 1983, 1383); *Maaß* in *Bauer/von Oefele* § 12 Rn 80; KEHE-*Eickmann* § 12 Rn 12; *Habscheid* FG, § 39 II 1; *Frohn* RpflJB 1982, 343, 375 Fn 126 a; *Schreiner* Rpfleger 1980, 51, 54, *Weirich* Grundstücksrecht, Rn 482; *Böhringer* BWNotZ 1985, 102, 107; Rpfleger 1987, 181, 186.
185 BVerfGE 65, 1.
186 BayObLG MittBayNot 1993, 210, 211.
187 *Böhringer* Rpfleger 1987, 181, 186; **aA** OLG Stuttgart Rpfleger 1992, 247.
188 BayObLGZ 1967, 352; KG KGJ 21, 273; 23, 213.

nen) erstreckt werden kann, die nicht bereits in § 12 Abs 1 S 2 benannt und auch nicht in den Grundakten enthalten sind (zB Handblatt). Nach § 12 Abs 3 Nr 2 kann das BMJ durch Rechtsverordnung mit Zustimmung des Bundesrates bestimmen, dass bei Behörden von der Darlegung des berechtigten Interesses abgesehen werden kann, ebenso bei solchen Personen, bei denen es auf Grund ihres Amtes oder ihrer Tätigkeit gerechtfertigt ist. Dazu gehören Notare, Vermessungsingenieure, die dinglich Berechtigten und die in § 86a GBV benannten Versorgungsunternehmen. Die §§ 131 bis 133 regeln ergänzend die Einsicht in das maschinell geführte GB und die Erteilung von Ausdrucken daraus. § 134 enthält eine Ermächtigung des BJM zur näheren Regelung.

§ 12a (Verzeichnisse des Grundbuchamts)

(1) Die Grundbuchämter dürfen auch ein Verzeichnis der Eigentümer und der Grundstücke sowie mit Genehmigung der Landesjustizverwaltung weitere, für die Führung des Grundbuchs erforderliche Verzeichnisse einrichten und, auch in maschineller Form, führen. Eine Verpflichtung, diese Verzeichnisse auf dem neuesten Stand zu halten, besteht nicht; eine Haftung bei nicht richtiger Auskunft besteht nicht. Aus öffentlich zugänglich gemachten Verzeichnissen dieser Art sind Auskünfte zu erteilen, soweit ein solches Verzeichnis der Auffindung der Grundbuchblätter dient, zur Einsicht in das Grundbuch oder für den Antrag auf Erteilung von Abschriften erforderlich ist und die Voraussetzungen für die Einsicht in das Grundbuch gegeben sind. Unter den Voraussetzungen des § 12 kann Auskunft aus Verzeichnissen nach Satz 1 auch gewährt werden, wenn damit die Einsicht in das Grundbuch entbehrlich wird. Inländischen Gerichten, Behörden und Notaren kann auch die Einsicht in den entsprechenden Teil des Verzeichnisses gewährt werden. Ein Anspruch auf Erteilung von Abschriften aus dem Verzeichnis besteht nicht. Für maschinell geführte Verzeichnisse gelten § 126 Abs 2 und § 133 entsprechend.

(2) Als Verzeichnis im Sinne des Absatzes 1 kann mit Genehmigung der Landesjustizverwaltung auch das Liegenschaftskataster verwendet werden.

I. Allgemeines

Die Vorschrift wurde durch das Registerverfahrenbeschleunigungsgesetz vom 20.12.1993[1] eingefügt. Sie regelt **1** die Führung von Verzeichnissen, die für die Grundbuchführung notwendig sind.

Ausdrücklich erwähnt sind das **Verzeichnis der Eigentümer** und das **Verzeichnis der Grundstücke**. Das **2** Eigentümerverzeichnis konnte bereits bisher aufgrund von Verwaltungsvorschriften (§ 21 Abs 8 AktO) geführt werden. In einzelnen Ländern konnte – jedenfalls früher – über das sog Sachverzeichnis, dessen Vorläufer zB in Bayern das Sachregister als amtliches Verzeichnis der Grundstücke war, die Nummer des Grundbuchs anhand der Flurstücksbezeichnung ermittelt werden.

Durch die Neuregelung und die Aufnahme in die Grundbuchordnung werden die Verzeichnisse auf eine **3** **rechtliche Grundlage** gestellt; geregelt wird insbesondere auch die **Auskunfterteilung** hieraus.

II. Arten der Verzeichnisse

Ausdrücklich nennt § 12a Abs 1 das **Eigentümer- und das Grundstücksverzeichnis**. Daneben sind **weitere**, **4** für die Führung des Grundbuchs erforderliche Verzeichnisse zulässig. Die Berechtigung zur Führung des Eigentümer- und des Grundstücksverzeichnisses ergibt sich unmittelbar aus § 12a Abs 1 S 1. Für die weiteren Verzeichnisse ist dagegen die Genehmigung der Landesjustizverwaltung notwendig.

1. Verzeichnis der Eigentümer

Das Verzeichnis der Eigentümer dient dem Auffinden des Grundbuchblattes, und zwar für das Grundbuchamt **5** selbst, wenn zB die Anträge gemäß § 28 nicht die Grundbuchblattnummer, sondern andere Hinweise auf das Grundbuch enthalten. Außerdem dient es dem Auffinden des Grundbuchblatts, wenn den gemäß § 12 einsichtnehmenden Personen die Grundbuchblattnummer nicht bekannt ist. Die Grundbücher sind gemäß § 2 Abs 1 nach Bezirken (Grundbuchbezirke) eingerichtet; innerhalb der Grundbuchbezirke sind sie nummeriert (Grundbuchblatt), vgl § 3 Abs 1 iVm § 3 Abs 1 GBV. Die zutreffende Grundbuchstelle kann nur derjenige auffinden, der sie kennt. Ist die Grundbuchstelle (Grundbuchblattnummer) nicht bekannt, müssen Möglichkeiten für ihre Auffindung zur Verfügung gestellt werden. Die Suche unter dem Namen des Eigentümers ist (neben der Suche unter der Grundstücksbezeichnung) die praktikabelste Möglichkeit zum Auffinden der zutreffenden Grundbuchstelle.

---

1 BGBl I 2182.

6   Das Eigentümerverzeichnis enthält in **alphabetischer Ordnung** Grundstückseigentümer und die Nummern der zugehörigen Grundbuchblätter. Welche Einzelangaben enthalten sein müssen oder können, ist nicht geregelt. Notwendig und zulässig sind alle Informationen, die den Eigentümer eindeutig identifizieren. Dazu gehört der Familienname und der Vorname des Eigentümers. Zur weiteren Präzisierung bei der Suche können aber auch zusätzliche Informationen mitgeführt werden, zB der Geburtsname, das Geburtsdatum und die Anschrift.

7   Das Verzeichnis der Eigentümer kann über alle Grundbuchblätter des **Grundbuchamtsbezirks** einheitlich geführt werden und braucht nicht – wie dies früher aus Praktikabilitätsgründen häufig der Fall war – auf die Grundbuchbezirke beschränkt zu bleiben. Dies ergibt sich aus Abs 1 S 1, wonach die **Grundbuchämter** das Verzeichnis führen.

8   Neben den Eigentümern muss das Verzeichnis der Eigentümer, um seinen Zweck zu erfüllen, auch die Wohnungseigentümer und die Berechtigten grundstücksgleicher Rechte, soweit für diese eigene Grundbuchblätter geführt werden (zB Erbbaurechte), umfassen.

2. Verzeichnis der Grundstücke

9   Auch das **Grundstücksverzeichnis** dient dem Auffinden des Grundbuchblatts. Die Art und Weise, wie die Grundstücke im Grundstücksverzeichnis aufgeführt werden, richtet sich nach § 2 Abs 2 iVm § 6 Abs 3a GBV danach, wie sie im amtlichen Verzeichnis gemäß § 2 Abs 2 (Liegenschaftskataster) benannt sind. Maßgebend ist somit der vermessungstechnische Bezirk (Gemarkung, ggf Flur) und die vermessungstechnische Bezeichnung des Grundstücks nach der Katasterkarte, dh die **Flurstücksnummer.**

10   Herangezogen werden kann als Suchbegriff aber auch die **Lagebezeichnung** gemäß § 6 Abs 3a Nr 4 GBV, insbesondere die Straße und Hausnummer.

3. Weitere für die Führung des Grundbuchs erforderliche Verzeichnisse

11   Weitere Verzeichnisse können eingerichtet werden, wenn sie für die Grundbuchführung erforderlich sind. Dazu können zB ein Verzeichnis der **Vormerkungsberechtigten** aus Auflassungsvormerkungen[2] und ein Verzeichnis der **unerledigten Anträge** (»Markentabelle«) gehören.

12   Die Einführung solcher weiterer Verzeichnisse kann vor allem im Interesse von Personen oder Stellen liegen, die häufig das Grundbuch einsehen. Andererseits kann ihre Führung aber zu einer zusätzlichen Arbeitsbelastung des Grundbuchamts führen. Aus diesem Grund, aber auch wegen der Einheitlichkeit in einem Land, ist hierfür die **Genehmigung der Landesjustizverwaltung** erforderlich, die durch Verwaltungsanordnung erteilt wird.

13   Beim maschinell geführten Grundbuch haben sich die Landesjustizverwaltungen darauf verständigt, ein Verzeichnis der unerledigten Eintragungsanträge zu führen (§ 126 Rdn 71).

14   Weitere Verzeichnisse, insbesondere etwa ein Verzeichnis der Berechtigten (außer den Eigentümern) sollen nicht geführt werden (vgl Leitlinien, Anhang zu den Vorbemerkungen zu §§ 126 bis 134, Nr 4.2.1; § 126 Rdn 69 ff).

In diesem Zusammenhang stellt sich auch die Frage, ob eine Auswertung der Grundbucheintragungen über den eigentlich Zweck des Grundbuchs hinaus zulässig ist (s hierzu § 126 Rdn 51).

III. Form der Führung

15   Über die Form, in der die Verzeichnisse zu führen sind, trifft § 12a – ausgenommen die maschinelle Führung – keine Regelungen.

16   Die Verzeichnisse können deshalb in **Papierform** (als Buch, als Kartei), aber auch als **Bildträger** (Mikrofilm) geführt werden. Sie dürfen aber auch – wie Abs 1 S 1 ausdrücklich festlegt – in **maschineller Form**, dh mit Hilfe der automatisierten Datenverarbeitung geführt werden.

17   Diese maschinelle Führung ist auch dann schon zulässig, wenn das Grundbuch selbst noch in Papierform geführt wird. Allerdings gelten dann die Bestimmungen des § 126 Abs 2 und des § 133 entsprechend.

18   Da § 133 ausdrücklich für anwendbar erklärt ist, kann auch bei Grundbuchführung in Papierform für die Verzeichnisse das automatisierte Abrufverfahren eingerichtet werden (s Rdn 31).

---

2 *Bauer/von Oefele-Maaß* § 12a GBO Rn 5.

IV. Keine Verpflichtung zur Aktualisierung

Die Verzeichnisse nach § 12a haben **Hilfscharakter**; sie nehmen deshalb an den Rechtswirkungen des Grund- 19
buchs nicht teil. Folgerichtig bestimmt Abs 1 S 2, dass eine Verpflichtung, diese Verzeichnisse auf dem neuesten
Stand zu halten, nicht besteht. Auch angesichts der Geschäftsbelastung wäre es nicht vertretbar, die Grundbuchämter zu verpflichten, solche Verzeichnisse immer aktuell zu halten, wenn dies auch meist geschehen wird.

Abs 1 S 2, 2. Hs fügt erläuternd hinzu, dass dann natürlich auch eine Haftung bei unrichtiger Auskunft nicht 20
besteht; dadurch wird klargestellt, dass es sich um eine zusätzliche Leistung des Grundbuchamts handelt, für die
eine Haftung nicht übernommen werden kann; anders wohl bei vorsätzlicher falscher Führung.[3]

Wird zB ein Grundbuchblatt nicht aufgefunden, weil der Eigentümer nicht oder nicht richtig im Verzeichnis
der Eigentümer eingetragen ist, so treffen die Folgen den Einsichtnehmenden. Gleichwohl sind die Grundbuchämter gehalten, nach Möglichkeit für die vollständige und richtige Führung der Verzeichnisse zu sorgen;
sie benötigen diese Verzeichnisse auch selbst für die sachgerechte Bearbeitung von Eintragungsanträgen.

V. Auskunft

1. Öffentliche Zugänglichkeit

§ 12a Abs 1 S 3 unterscheidet zwischen internen und öffentlich zugänglich gemachten Verzeichnissen. Ein Aus- 21
kunftsanspruch kommt nur in Betracht, wenn die Verzeichnisse öffentlich zugänglich gemacht werden. Werden
sie nur für den Dienstbetrieb genutzt, müssen Auskünfte nicht gewährt werden. Bei einem nicht öffentlich
zugänglich gemachten Verzeichnis kann ein Auskunftsanspruch auch nicht darauf gestützt werden, dass damit
die Einsicht in das Grundbuch entbehrlich würde.[4] Sobald jedoch der Zugang geöffnet wird, muss auch, sofern
die weiteren Voraussetzungen vorliegen, Auskunft gewährt werden.

Die öffentliche Zugänglichmachung kann durch faktisches Handeln des Grundbuchamts oder – im Fall der 22
weiteren Verzeichnisse – durch Anordnung der Landesjustizverwaltung erfolgen. Vorstellbar ist, dass ein Verzeichnis nur für Behörden geöffnet wird *(behördenöffentlich)*. Dann ist es noch nicht öffentlich zugänglich.

Ein öffentlich zugängliches Verzeichnis kann auch wieder geschlossen werden. Dies kann angezeigt sein, wenn 23
sich zB herausstellt, dass der Zugang so rege genutzt wird, dass der Dienstbetrieb gestört wird. Zugänglichmachung und Schließung können nur für ein Verzeichnis allgemein, nicht für bestimmte Eintragungen erfolgen.

Öffentlich zugänglich gemachte Verzeichnisse werden stets das Eigentümerverzeichnis und das Grundstücksver- 24
zeichnis sein, die für das Auffinden des Grundbuchblatts, zur darauffolgenden Einsicht in das Grundbuch oder
für den Antrag auf Erteilung von Abschriften erforderlich sind.

2. Auskunft und Abschriften aus den Verzeichnissen

Gewährt werden kann die **Auskunft** aus dem Verzeichnis; ein Anspruch auf **Einsicht** in die Verzeichnisse 25
besteht nicht.[5] Voraussetzung ist – bei den Verzeichnissen, die dem Auffinden des Grundbuchblatts dienen –,
dass sie für die Grundbucheinsicht oder für den Antrag auf Erteilung von Abschriften erforderlich ist und dass
auch die Voraussetzungen für die Einsicht in das Grundbuch gemäß § 12 gegeben sind.

Wird als weiteres Verzeichnis ein Verzeichnis der unerledigten Eintragungsanträge (vgl Rdn 11, 13) geführt, so
genügt auch das berechtigte Interesse in die Einsicht unerledigter Eintragungsanträge gemäß § 12 Abs 1 S 2, 2. Hs.

Liegen die Voraussetzungen des § 12 vor, so kann zur Erleichterung des Grundbuchbetriebs auch lediglich aus 26
dem Verzeichnis Auskunft gewährt werden, wenn damit das Einsichtsinteresse (zB Feststellung des Eigentümers
eines Grundstücks) befriedigt ist. Allerdings muss sich der Antragsteller damit einverstanden erklären; er trägt
auch das Risiko, dass die Eintragungen in das Verzeichnis nicht richtig sind.

Das Grundbuchamt kann **Abschriften** aus den Verzeichnissen erteilen; ein Anspruch hierauf besteht jedoch 27
nicht (§ 12a Abs 1 S 6).

Ist bei maschinell geführten Verzeichnissen das automatisierte Abrufverfahren gemäß § 133 eingerichtet, so darf 28
der angeschlossene Benutzer in entsprechender Anwendung von § 80 GBV iVm § 126 Abs 2 S 1 auch **Abdrucke** der abgerufenen Eintragungen fertigen.

---

3 *Bauer/von Oefele-Maaß* § 12a GBO Rn 8.
4 KG VIZ 1997, 486 = FGPrax 1997, 87.
5 KG VIZ 1997, 486 = FGPrax 1997, 87.

3. Einsicht in die Verzeichnisse

29   Inländischen Gerichten, Behörden und Notaren kann die unmittelbare **Einsicht** in die Verzeichnisse gewährt werden. Diese Einsicht ist insoweit beschränkt, als nur der entsprechende Teil des Verzeichnisses eingesehen werden darf, der für den verfolgten Zweck (idR Feststellung des Grundbuchblatts) benötigt wird.

30   Werden die Verzeichnisse maschinell geführt, so kann deren Einsicht beim Grundbuchamt durch unmittelbaren Aufruf am Bildschirm unter Beachtung von § 79 Abs 1 S 2 GBV gewährt werden. Notaren ist grundsätzlich Einsicht zu gewähren, wenn sie dies beantragen; ein Ermessensspielraum des Grundbuchamts besteht insoweit nicht.[6]

4. Automatisiertes Abrufverfahren

31   Auskunft aus bzw Einsicht in die Verzeichnisse kann bei maschinell geführten Verzeichnissen gemäß Abs 1 S 7 auch im Wege des automatisierten Abrufverfahrens gemäß § 133 erfolgen.

32   Für die Zulassung zum automatisierten Abrufverfahren, den Kreis der hierfür Antragsberechtigten, die notwendige Protokollierung und die unterschiedlichen Auskünfte beim eingeschränkten Abrufverfahren gelten gemäß § 126 Abs 2 S 1 die gleichen Regelungen wie beim automatisierten Abrufverfahren aus dem Grundbuch selbst. Insoweit wird auf die Erläuterungen zu § 133 und §§ 80 ff GBV verwiesen.

5. Kosten

33   Die **Auskunft** aus den Verzeichnissen und die **Einsicht** in ein Verzeichnis sind – ebenso wie die Einsicht in das Grundbuch – gebührenfrei. Für Ausdrucke aus einem maschinell geführten Verzeichnis, das der Auffindung der Grundbuchblätter dient, werden 10 Euro erhoben; Schreibauslagen fallen daneben nicht an (§ 73 Abs 6 KostO).

34   Ist für maschinell geführte Verzeichnisse das automatisierte Abrufverfahren gemäß § 133 eingeführt, so wird für jeden einzelnen Abruf gemäß der Verordnung über Grundbuchabrufverfahrengebühren (GBAbVfV) vom 30.11.1994, BGBl I, 3585, eine Gebühr von 2,50 Euro erhoben (die GBAbVfV ist abgedruckt bei § 85 GBV Rdn 39).

VI. Liegenschaftskataster als Verzeichnis

35   Das amtliche Verzeichnis der Grundstücke (Liegenschaftskataster, § 2 Abs 2) kann entsprechend seiner Aufgabenstellung und seinem daraus sich ergebenden Inhalt als **Eigentümerverzeichnis** und als **Grundstücksverzeichnis** verwendet werden (§ 12a Abs 2).

36   Das Liegenschaftskataster besteht in allen Ländern aus dem Buchwerk und dem Kartenwerk. Gemeint ist hier das Buchwerk, in dem alle auf die vermessungstechnische Bezeichnung (Flurstücksnummer) bezüglichen Angaben sowie – nachrichtlich – die Eigentümer eingetragen sind.

37   Die **Form**, in der das Liegenschaftskataster verwendet wird, kann sehr unterschiedlich sein. Es können zB dem Grundbuchamt Abschriften des Liegenschaftskatasters überlassen werden, die regelmäßig aktualisiert werden. Praktiziert wird auch die Überlassung von Bildträgern (Mikrofilmen) mit dem Inhalt des Liegenschaftskatasters.

38   Da auch beim Papiergrundbuch die maschinelle Führung der Verzeichnisse zulässig ist, kann auch das Liegenschaftskataster in maschineller Form als Verzeichnis iS des Abs 1 geführt werden. Allerdings gilt dann § 126 Abs 2.

39   Die Form, in der das maschinell geführte Liegenschaftskataster als Verzeichnis gemäß Abs 1 verwendet wird, kann ebenfalls – entsprechend den praktischen Bedürfnissen und den Vereinbarungen zwischen Grundbuchamt und den für die Führung des Liegenschaftskatasters zuständigen Stellen – unterschiedlich sein. Möglich ist zB die Führung einer Kopie des in maschineller Form geführten Liegenschaftskatasters (Buchwerk) auf Datenverarbeitungsanlagen des Grundbuchamts, die der Führung des Grundbuchs in Papierform (vgl § 64 Abs 2 S 2 GBV) oder als technischer Zwischenrechner (Server) für das maschinell geführte Grundbuch dienen. (Diese Form der Verwendung des Liegenschaftskatasters als Verzeichnis ist zB in Sachsen, in Bayern und in Thüringen üblich).

Möglich und zulässig ist aber auch eine direkte datentechnische Leitungsverbindung zwischen der Datenverarbeitungsanlage des Liegenschaftskatasters und dem Grundbuchamt.

40   Wird das automatisierte Abrufverfahren für das maschinell geführte Liegenschaftskataster als Verzeichnis gemäß § 12a zugelassen, so gelten hierfür die Bestimmungen des § 133 und der §§ 80 ff GBV; sie gehen insoweit etwaigen einschlägigen katasterrechtlichen Bestimmungen vor.

41   Verwendet werden kann das Liegenschaftskataster als Verzeichnis gemäß § 12a Abs 1 auch für die vereinfachte Abwicklung der **Mitteilungen nach § 55 Abs 3** in der Weise, dass das Grundbuchamt diese Mitteilungen in das Liegenschaftskataster unmittelbar eingibt; die Mitteilung in Papierform entfällt dann.

---

6   LG Berlin, Rpfleger 1997, 212.

§ 12b (Einsicht in außerhalb des Grundbuchamtes verwahrte Grundbücher und Grundakten)

(1) Soweit in dem in Artikel 3 des Einigungsvertrages vom 31. August 1990 genannten Gebiet frühere Grundbücher von anderen als den grundbuchführenden Stellen aufbewahrt werden, gilt § 12 entsprechend.

(2) Absatz 1 gilt außer in den Fällen des § 10a entsprechend für Grundakten, die bei den dort bezeichneten Stellen aufbewahrt werden.

(3) Für Grundakten, die gemäß § 10a durch eine andere Stelle als das Grundbuchamt aufbewahrt werden, gilt § 12 mit der Maßgabe, daß abweichend von § 12 auch dargelegt werden muß, daß ein berechtigtes Interesse an der Einsicht in das Original der Akten besteht.

I. Normzweck

§ 12b wurde durch das RegVBG vom 20.12.1993 (BGBl I 2182) eingefügt. Im Beitrittsgebiet werden Grundbücher und Grundakten oft von anderen Stellen als den Grundbuchämtern aufbewahrt. Bei wem und unter welchen Voraussetzungen Einsicht in diese genommen und Abschriften hieraus begehrt werden können, regelte **bisher § 125**, der aus Gründen der Übersichtlichkeit als § 12b neu eingestellt wurde. § 12b Abs 1 und 2 entsprechen inhaltlich dem früheren § 125 Abs 1 S 1 und Abs 2. § 12b Abs 3 regelt die Einsicht in Grundakten, deren Inhalt sich zwar mikroverfilmt beim Grundbuchamt befindet, während die Originale nicht vom Grundbuchamt aufbewahrt werden.   **1**

II. Einsicht im Beitrittsgebiet

Seit dem 01.01.1995 sind auch auf dem Gebiet der ehemaligen DDR für die Grundbuchführung nur die Grundbuchämter zuständig (§ 144 Abs 1 Nr 1). Vielfach werden jedoch die Grundbücher und Grundakten noch von anderen Stellen aufbewahrt, zB von einem Staatsarchiv oder den Grundbucharchiven in Barby oder Berlin-Hohenschönhausen. Für die Einsicht in diese **nicht bei den Grundbuchämtern befindlichen Grundbücher und Grundakten** gilt § 12 entsprechend (§ 12b Abs 1 und 2). Über die Gewährung der Einsicht und die Erteilung von Abschriften entscheidet der Leiter der aufbewahrenden Stelle oder ein von ihm hierzu ermächtigter Bediensteter (§ 12c Abs 5 S 1). Gegen die Entscheidung ist die Beschwerde nach §§ 71 ff gegeben (§ 12c Abs 5 S 2). Örtlich zuständig ist das Landgericht, in dessen Bezirk die Stelle ihren Sitz hat (§ 12c Abs 5 S 3).   **2**

III. Einsichtigkeit in die Originale von mikroverfilmten Grundakten

§ 12b Abs 3 regelt die Einsicht in die Originale mikroverfilmter Grundakten. Die Originale der Urkunden sind den dafür zuständigen Stellen (zB Archiv) zu übergeben und von diesen aufzubewahren (§ 10a Abs 2 S 2). Der Grundbucheinsicht unterliegen in diesem Fall grundsätzlich nur die Bild- oder sonstigen Datenträger, wobei sichergestellt sein muss, dass die Wiedergabe oder die Daten innerhalb angemessener Zeit lesbar werden können (§ 10a Abs 1). Dabei muss jedoch berücksichtigt werden, dass der Antragsteller in Einzelfällen sich nicht mit der Einsicht des Datenträgers begnügen, sondern das archivierte Original einsehen will, etwa um dieses auf die Vollständigkeit oder Echtheit prüfen zu können. Für solche Fälle ermöglicht § 12b Abs 3 die Einsichtnahme in das Original. Ein Beispiel sind etwa Akten mit farblichen Eintragungen, die in der Wiedergabe nicht sichtbar sind (vgl § 10a Abs 2 S 3).   **3**

Für eine solche Einsichtnahme in die Originale der Grundakten stellt § 12b Abs 3 strengere Anforderungen auf als bei der Einsicht in den Datenträger selbst. Der Antragsteller muss außer den allgemeinen Anforderungen auch dartun, dass er ein **berechtigtes Interesse gerade an der Einsicht in die Originale** der Akten hat. Hierdurch soll die Einsicht in die mikroverfilmten oder auf andere Datenträger aufgenommenen Originale auf das im Interesse des Rechtsverkehrs notwendige Maß beschränkt werden. Geschähe dies nicht, müsste befürchtet werden, dass die auf umfängliche Einsichtnahmen nicht eingerichteten Archivstellen überfordert und die Möglichkeiten der Vereinfachung durch Mikroverfilmung nicht genutzt werden könnten.   **4**

Über die Gewährung der Einsicht in die Originale und die Erteilung von Abschriften aus den Originalen der Grundakten entscheidet der Leiter der aufbewahrenden Stelle oder ein von ihm hierzu ermächtigter Bediensteter (§ 12c Abs 5 S 1). Gegen die Entscheidung ist die Beschwerde nach §§ 71 ff gegeben (§ 12c Abs 5 S 2). Örtlich zuständig ist das Landgericht, in dessen Bezirk die Stelle ihren Sitz hat (§ 12c Abs 5 S 3).   **5**

§ 12c (Urkundsbeamter der Geschäftsstelle)

(1) Der Urkundsbeamte der Geschäftsstelle entscheidet über:

1. die Gestattung der Einsicht in das Grundbuch oder die in § 12 bezeichneten Akten und Anträge sowie die Erteilung von Abschriften hieraus, soweit nicht Einsicht zu wissenschaftlichen oder Forschungszwecken begehrt wird;
2. die Erteilung von Auskünften nach § 12a oder die Gewährung der Einsicht in ein dort bezeichnetes Verzeichnis;
3. die Erteilung von Auskünften in den sonstigen gesetzlich vorgesehenen Fällen;
4. die Anträge auf Rückgabe von Urkunden und die Versendung von Grundakten an inländische Gerichte oder Behörden.

(2) Der Urkundsbeamte der Geschäftsstelle ist ferner zuständig für

1. die Beglaubigung von Abschriften (Absatz 1 Nr 1), auch soweit ihm die Entscheidung nicht zusteht; jedoch kann statt des Urkundsbeamten ein von der Leitung des Amtsgerichts ermächtigter Justizangestellter die Beglaubigung vornehmen;
2. die Verfügungen und Eintragungen zur Erhaltung der Übereinstimmung zwischen dem Grundbuch und dem amtlichen Verzeichnis nach § 2 Abs 2 oder einem sonstigen, hiermit in Verbindung stehenden Verzeichnis, mit Ausnahme der Verfügungen und Eintragungen, die zugleich eine Berichtigung rechtlicher Art oder eine Berichtigung eines Irrtums über das Eigentum betreffen;
3. die Entscheidung über Ersuchen des Gerichts um Eintragung oder Löschung des Vermerks über die Eröffnung des Insolvenzverfahrens und über die Verfügungsbeschränkungen nach der Insolvenzordnung oder des Vermerks über die Einleitung eines Zwangsversteigerungs- und Zwangsverwaltungsverfahrens;
4. die Berichtigung der Eintragung des Namens, des Berufs oder des Wohnortes natürlicher Personen im Grundbuch;
5. die Anfertigung der Nachweise nach § 10a Abs 2.

(3) Die Vorschriften der §§ 6, 7 des Gesetzes über die Angelegenheiten der freiwilligen Gerichtsbarkeit sind auf den Urkundsbeamten der Geschäftsstelle entsprechend anzuwenden.

(4) Wird die Änderung einer Entscheidung des Urkundsbeamten der Geschäftsstelle verlangt, so entscheidet, wenn dieser dem Verlangen nicht entspricht, der Grundbuchrichter. Die Beschwerde findet erst gegen seine Entscheidung statt.

(5) In den Fällen des § 12b entscheidet über die Gewährung von Einsicht oder die Erteilung von Abschriften die Leitung der Stelle oder ein von ihr hierzu ermächtigter Bediensteter. Gegen die Entscheidung ist die Beschwerde nach dem Vierten Abschnitt gegeben. Örtlich zuständig ist das Gericht, in dessen Bezirk die Stelle ihren Sitz hat.

I. Normzweck

1 Der durch das RegVBG im Zuge der Rechtsbereinigung eingefügte § 12c regelt anstelle der Zuständigkeitsregeln in § 4 der Verordnung zur Ausführung der Grundbuchordnung vom 08.08.1935 (RGBl I 117; BGBl III 315-11-2) die funktionelle Zuständigkeit des Urkundsbeamten der Geschäftsstelle, und zwar in **Abs 1** für die Gestattung der Einsicht, der Erteilung von Abschriften und Auskünften sowie die Rückgabe von Urkunden und in **Abs 2** für die Beglaubigung und Eintragung in das Grundbuch.

Abs 3 verweist auf gesetzliche Ausschließungsgründe nach dem FGG.

Abs 4 eröffnet den Rechtsbehelfsweg, während sich **Abs 5** mit den Besonderheiten beschäftigt, die für das Rechtsbehelfsverfahren gelten, wenn Grundbücher und Akten nicht vom Grundbuchamt aufbewahrt werden.

§ 12c wird durch § 44 Abs 1 ergänzt. In § 56 Abs 2 findet sich eine weitere Zuständigkeitsregelung hinsichtlich des Urkundsbeamten der Geschäftsstelle.

II. Entscheidungen des Urkundsbeamten der Geschäftsstelle

Der Urkundsbeamte der Geschäftsstelle entscheidet gemäß Abs 1 über folgende Anträge, und zwar entscheidet   **2**
er insoweit selbständig und weisungsfrei, weil es sich um Geschäfte handelt, die früher den Richtern zugewiesen waren, § 1 GVG ist entsprechend anzuwenden.[1]

1. Einsichtnahmen

Der Urkundsbeamte der Geschäftsstelle entscheidet über die Anträge auf Einsichtnahme in das Grundbuch und   **3**
die Grundakten gemäß § 12. Wird die Einsicht zu wissenschaftlichen Zwecken oder Forschungszwecken begehrt, ist die Entscheidung über diese Anträge die Justizverwaltung berufen, § 35 GeschäftsbehandlungsAV bzw § 37 BayGBGA.

2. Erteilung von Abschriften

Er entscheidet auch über die Anträge auf Erteilung von Abschriften aus dem Grundbuch oder den Grundakten   **4**
gemäß § 12.

3. Erteilung von Auskünften

Der Urkundsbeamte entscheidet über die Erteilung von **Auskünften** nach § 12a **aus** den **Verzeichnissen** des   **5**
Grundbuchamtes (Eigentümerverzeichnis, Straßenverzeichnis, Grundstücksverzeichnis, vergleichendes Nummernverzeichnis uä) und über die **Einsichtnahme in die Verzeichnisse** des Grundbuchamtes (vgl dazu die Erl zu § 12a). Wegen der möglichen Unvollständigkeit oder der nicht zeitnahen Dokumentation der Verzeichnisse sollten die Antragsteller über den Haftungsausschluss des § 12a Abs 1 S 2 informiert werden.

Er entscheidet auch über die Erteilung von Auskünften in den sonstigen gesetzlich vorgesehenen Fällen (§ 45 Abs 3 GBV, s die Erl dort).

4. Rückgabe von Urkunden

Der Urkundsbeamte entscheidet über die Rückgabe von Urkunden. Dabei sind folgende Fälle zu unterscheiden: **6**
- Ist eine Urkunde eingereicht worden, aber **kein Eintragungsantrag** gestellt worden, besteht keine Pflicht zur Aufbewahrung.[2] Die Urkunde kann zurückgegeben werden, wenn der Einreicher trotz Aufforderung – ggf unter Fristsetzung – keinen Eintragungsantrag stellt.[3]
- Ist das **Eintragungsverfahren** noch **nicht abgeschlossen**, besteht kein Recht auf Rückgabe[4] (s dazu § 10 Rdn 18).
- Ist aufgrund der Urkunde eine **Eintragung** erfolgt, kann die Rückgabe nur erfolgen, wenn eine beglaubigte Abschrift in den Grundakten verbleibt (vgl dazu die Erl zu § 10 Rdn 16).
- Ist die Urkunde wegen der **Zurücknahme** des Eintragungsantrags nicht mehr Grundlage einer Eintragung geworden, kann die Rückgabe der Urkunde erfolgen[5] (s dazu die Erl zu § 10 Rdn 21). War der Eintragungsantrag in der Urkunde enthalten, empfiehlt sich die Fertigung einer beglaubigten Abschrift der Urkunde für die Grundakte, weil die Rücknahme sonst nicht nachvollziehbar wäre.

---

1 RG RGZ 110, 315; *Demharter* § 12c Rn 8.
2 KG OLGE 23, 318; BayObLGZ 1957, 233; § 10 Rn 17; *Demharter* § 10 Rn 13; KEHE-*Eickmann* § 10 Rn 8; *Löscher* § 14; *Ertl* DNot Z 1967, 339, 351.
3 § 10 Rn 17; KEHE-*Eickmann* § 10 Rn 8.
4 KEHE-*Eickmann* § 10 Rn 9; *Eickmann* Grundbuchverfahrensrecht, 5. Kap § 3 VI 3.1 b; *Ertl* DNotZ 1967, 339; *Böttcher* Rpfleger 1982, 175.
5 KGJ 44, 171; KG JFG 8, 227; *Demharter* § 10 Rn 14; *Bengel/Simmerding* § 10 Rn 4; *Eickmann* Grundbuchverfahrensrecht 5. Kap § 3 VI 3.1 b; *Löscher* § 14; *Ertl* DNotZ 1967, 339, 351.

- Erfolgte die **Zurückweisung** des Eintragungsantrags, kann eine Rückgabe der Urkunde nur erfolgen, wenn eine Erinnerung (Beschwerde) nicht erhoben bzw avisiert ist.[6] Wurde kein Rechtsbehelf eingelegt oder angekündigt, ist eine beglaubigte Abschrift zu den Grundakten zu nehmen.[7]
- Bei **versehentlicher Einreichung** von Urkunden kann die Urkunde an den Berechtigen herausgegeben werden, sofern der Irrtum zweifelsfrei erkennbar ist.

5. Versendung von Grundakten

7 Der Urkundsbeamte der Geschäftsstelle entscheidet über die Versendung von Grundakten **an inländische Gerichte oder Behörden**. Rechtsgrundlage für die entsprechenden Ersuchen ist die Amtshilfe nach Art 35 Abs 1 GG. § 17 GeschäftsbehandlungsAV bzw § 19 BayGBGA regeln nähere Einzelheiten, insbesondere für die Art der Versendung. Anwendbar sind diese Regelungen lediglich für die Grundakten, die sich beim Grundbuchamt befinden. In den Fällen des § 12b ist Abs 5 einschlägig.

Wie in allen anderen Fällen der Übersendung von Akten ist auch hier eine sorgfältige Abwägung der Interessen der Beteiligten an der Geheimhaltung der sich aus den Akten ergebenden Daten, insbesondere soweit persönliche Verhältnisse betroffen sind, mit dem Interesse des ersuchenden Gerichts oder der ersuchenden Behörde an der Aktenübersendung erforderlich. Es sind dabei das **informationelle Selbstbestimmungsrecht**[8] **und die datenschutzrechtlichen Vorschriften** zu beachten. Sofern sich nicht aus der Natur des Verfahrens mit dem anderen Gericht (zB Zwangsversteigerungsverfahren, Strafverfahren uä) bereits der Grund für die Aktenanforderung ergibt und somit auch bei fehlendem Einverständnis der Beteiligten die Aktenübersendung erforderlich und zulässig ist, sollten die Ersuchen grundsätzlich einen Hinweis enthalten, dass die Beteiligten (Eigentümer und ggf Gläubiger und sonstige Beteiligte) mit der Aktenübersendung einverstanden sind. In Zweifelsfällen wird es sich empfehlen, den Beteiligten rechtliches Gehör zu gewähren und weiterführende, die Entscheidung tragende Gesichtspunkte in der Akte zu vermerken. Die Aktenübersendung erstreckt sich **nicht auf Beiakten**. Über entsprechende **Ersuchen ausländischer Gerichte und Behörden** entscheidet wie bisher die Justizverwaltung, § 17 GeschäftsbehandlungsAV bzw § 19 BayGBGA.

III. Grundbuchgeschäfte des Urkundsbeamten der Geschäftsstelle gemäß Abs 2

1. Beglaubigung von Abschriften

8 Der Urkundsbeamte der Geschäftsstelle ist für die Beglaubigung von Abschriften gemäß **Abs 1 Nr 1** zuständig (anstelle des früheren § 4 AVOGBO), und zwar auch soweit ihm die Entscheidung nicht zusteht, weil die inhaltliche Tätigkeit dieselbe ist.[9] Zur Beglaubigung kann gemäß Abs 2 Nr 1 auch ein von der Leitung des Amtsgerichts ein Justizangestellter ermächtigt werden, § 153 Abs 5 GVG entsprechend. Die Beteiligten sind nicht zur Einreichung einer beglaubigten Abschrift verpflichtet.[10] Allerdings genügt eine vom Notar hergestellte beglaubigte Abschrift. Für die Beglaubigung der Abschrift gelten die §§ 39, 42 BeurkG entsprechend (vgl dazu die Erl zu § 29 Rdn 290). Die Verbindung einer beglaubigten Abschrift, die aus mehreren Blättern besteht, mit **Schnur und Siegel** sieht das Bundesrecht nicht vor.[11] Die Verbindung mehrerer Blätter durch **Klammerheftung** ist zwar ständige Praxis bei den Grundbuchämtern, diese Verfahrensweise kann jedoch – insbesondere bei besonders vielen Blättern – die Beweiskraft der beglaubigten Abschrift einschränken (§ 419 ZPO). Wird von einem Beteiligten oder Notar ein formgültiger Nachweis gefordert, ist die beglaubigte Abschrift entsprechend § 44 BeurkG mit Schnur und Siegel zu verbinden.[12] Im Einzelfall ist eine auszugsweise beglaubigte Abschrift hinreichend, es ist dabei jedoch sicherzustellen, dass alle wesentlichen Teile enthalten sind. Vgl auch die Erl zu §§ 44 und 45 GBV.

2. Erhaltung der Übereinstimmung

9 **a) Zuständigkeit des Urkundsbeamten.** Der Urkundsbeamte der Geschäftsstelle ist zuständig für die Verfügungen und Eintragungen zur Erhaltung der Übereinstimmung zwischen dem Grundbuch und dem amtlichen Verzeichnis gemäß § 2 Abs 2, es sei denn, dass unter den Voraussetzungen des § 127 die Daten maschinell aus dem Liegenschaftskataster übernommen werden. Vgl dazu auch § 86 Abs 1 GBV. Der Urkundsbeamte der Geschäftsstelle ist grundsätzlich an den Veränderungsnachweis (Fortführungsmitteilung) des Katasteramtes

---

6 § 10 Rn 19; *Kehe-Eickmann* § 10 Rn 10; *Ertl* DNotZ 1967, 406, 409; **aA** KGJ 39, 163; OLG Frankfurt NJW-RR 1995, 785; *Streuer* Rpfleger 1987, 342, 343; *Bengel/Simmerding* § 10 Rn 4; *Demharter* § 10 Rn 14; *Löscher* § 14.
7 § 10 Rn 19; *Staudenmaier* BWNotZ 1988, 70, 71.
8 BVerfGE 27, 344; NJW 70, 55 ff.
9 BT-Drucks 12/5553 S 64.
10 § 10 Rn 29; *Demharter* § 10 Rn 19.
11 BayObLGZ 1982, 31 = Rpfleger 1982, 172 mit krit Anm d Schriftl.
12 § 29 Rdn 290.

gebunden, denn beim Veränderungsnachweis handelt es sich um einen Verwaltungsakt.[13] Der Veränderungsnachweis ist kein behördliches Ersuchen iSd § 38 iVm § 29 Abs 3.[14] S dazu auch die Erl zu § 2 Rdn 13, 16, 18, 20 und 24.

b) Zuständigkeit des Rechtspflegers. Für in Abs 2 Nr 2 ausgenommene Verfügungen und Eintragungen, **10** die zugleich eine Berichtigung rechtlicher Art oder eine Berichtigung eines Irrtums hinsichtlich des Eigentums betreffen, ist der Rechtspfleger zuständig, § 3 Nr 1 lit h RpflG. S dazu auch die Erl zu § 2 Rdn 25 ff. Die Entscheidung des Rechtspflegers kann von der Katasterbehörde angefochten werden.[15] Zweifelhaft ist, ob die Beschwerdeberechtigung auch bei rein tatsächlichen Berichtigungen gegeben ist.[16]

3. Vermerke bezüglich eines Insolvenzverfahrens

a) Arten der Vermerke. Das Insolvenzgericht hat gem den §§ 32, 33 InsO in fast allen Insolvenzverfahrensar **11** ten um die Eintragung der Eröffnung im Grundbuch zu ersuchen. Keine Anwendung finden die §§ 32, 33 InsO nur bei der Anordnung der uneingeschränkten Eigenverwaltung, § 270 Abs 3 S 3 InsO. Im Übrigen gelten sie kraft gesetzlicher Verweisung entsprechend
– bei vorläufigen Verfügungsbeschränkungen im Eröffnungsverfahren (§ 23 Abs 3, § 21 Abs 2 Nr 2 InsO) und bei deren Aufhebung (§ 25 Abs 1 InsO),
– nach rechtskräftiger Aufhebung des Eröffnungsbeschlusses (§ 34 Abs 3 S 2, § 200 Abs 2 S 2 InsO),
– bei der Anordnung eines Zustimmungsvorbehalts im Rahmen der Eigenverwaltung (§ 277 Abs 3 S 3 InsO),
– bei allen Arten der Einstellung des Verfahrens (§ 215 Abs 1 S 3, § 200 Abs 2 S 2 InsO),
– bei allen Arten der Aufhebung des Verfahrens (§ 200 Abs 2 S 2, § 258 Abs 3 S 3 InsO),
– bei der Überwachung eines Insolvenzplans, der einen Zustimmungsvorbehalt enthält (§ 267 Abs 3 S 2 InsO) und bei deren Aufhebung (§ 268 Abs 2 S 2 InsO).

Über den Gesetzeswortlaut der Insolvenzordnung hinaus hat das Insolvenzgericht um Eintragung zu ersuchen
– bei der Aufhebung der Fremdverwaltung unter nachträglicher Anordnung der uneingeschränkten Eigenverwaltung (§ 271 InsO, durch Löschung des Eröffnungsvermerks),
– bei der Aufhebung der Fremdverwaltung unter nachträglicher Anordnung der Eigenverwaltung mit Zustimmungsvorbehalt (§§ 271, 277 Abs 3 InsO, durch Ergänzung des Eröffnungsvermerks um einen Hinweis auf den Zustimmungsvorbehalt),
– bei der Aufhebung der Eigenverwaltung (§ 272 InsO, duch Eintragung des Eröffnungsvermerks,
– bei der Anordnung der Nachtragsverteilung nach bekannt gemachter Beendigung des Verfahrens (§ 203 Abs 1 Nr 3, Abs 2, § 211 Abs 3 InsO, durch erneute Eintragung des Eröffnungsvermerks oder eines besonders gefassten Textes) sowie bei deren Aufhebung (durch Löschung des Vermerks).

b) Eigentumsrechte am Grundstück. Insolvenzvermerke sind stets bei Eigentumsrechten an Grundstücken, **12** die zur Insolvenzmasse gehören, im Grundbuch einzutragen. Dies gilt auch für Wohnungs- und Teileigentum sowie für grundstücksgleiche Rechte wie Erbbaurecht, selbständiges Gebäudeeigentum im Beitrittsgebiet, Bergwerkseigentum oder Fischereirechte nach Landesrecht oder Stockwerkseigentum aus der Zeit vor 1900.

Unter Aufgabe der Auffassung in der Vorauflage: Auch bei der Mitberechtigung eines Schuldners ist ein Insolvenzvermerk zu buchen, und zwar nicht nur beim Miteigentum zu einem Bruchteil, sondern auch, wenn das Grundstück dem Schuldner in Gesamthandsgemeinschaft mit anderen, etwa in Gesellschaft bürgerlichen Rechts[17] oder in Erbengemeinschaft[18] gehört. Eine solche Beteiligung steht in diesem Zusammenhang einem Recht an einem Grundstück gleich. Soweit die Beteiligung mit vermögensrechtlichen Befugnissen des Schuldners verbunden ist, geht das Recht zu ihrer Ausübung mit der Verfahrenseröffnung auf den Insolvenzverwalter über.[19] Ohne die Eintragung des Insolvenzvermerks könnte der Schuldner durch seine Mitwirkung an Verfügungen über das Recht am Grundstück unkontrolliert den Wert des zur gehörenden Abfindungs- oder Ausei-

---

13 BayObLG Rpfleger 1982, 19; OLG Oldenburg Rpfleger 1992, 387.
14 OLG Düsseldorf Rpfleger 1988, 140.
15 OLG Hamm Rpfleger 1985, 396 mit zust Anm *Tröster*; *Demharter* § 2 Rn 24.
16 *Demharter* § 2 Rn 24; **aA** OLG Düsseldorf Rpfleger 1988, 140.
17 OLG Zweibrücken NZI 2001, 431 = Rpfleger 2001, 406; LG Hamburg ZIP 1986, 1590 und 1592; LG Neubrandenburg NZI 2001, 325; LG Berlin ZInsO 2004, 557 = Rpfleger 2004, 564; *Otto* EWiR 1986, 1221; *Undritz* EWiR 2004, 73; *Raebel* in: FS Kreft 2004, 483, 488; FK-*Schmerbach* § 32 Rn 3; HK-*Kirchhof* § 32 Rn 7; MüKoInsO-*Schmahl* §§ 32, 33 Rn 19; *Uhlenbruck* § 32 Rn 5, 6.
18 OLG Dresden ZInsO 2005, 1220; LG Dessau ZInsO 2001, 626; LG Duisburg NZI 2006, 534 = Rpfleger 2006, 465; *Raebel* in: FS Kreft 2004, 483, 496; HK-*Kirchhof* § 32 Rn 5; MüKoInsO-*Schmahl* §§ 32, 33 Rn 19.
19 BGH NJW 1981, 822 = Rpfleger 1981, 101; *Wörbelauer* DNnotZ 1961, 471, 477; *Raebel* Festschrift für *Kreft* 2004, 483, 487; MüKoInsO-*Schmahl* §§ 32, 33 Rn 19.

nandersetzungsguthabens beeinflussen.[20] Der Insolvenzvermerk ist deshalb immer dann notwendig, wenn infolge der Verfügungsbeschränkung des Schuldners zugleich die Verfügungsfreiheit der Gesamthandsgemeinschaft beschränkt ist.[21]

Ist der Schuldner persönlich haftender Gesellschafter einer Personenhandelsgesellschaft (OHG, KG) handelt es sich dabei ebenfalls um eine insolvenzbefangene Mitberechtigung. Sieht der Gesellschaftsvertrag für den Fall der Insolvenzeröffnung gegen den Gesellschafter die Auflösung der Gesellschaft vor (§ 131 Abs 3 S 2, § 161 Abs 2 HGB) und erlangt damit der Insolvenzverwalter das Recht, bei der Vertretung der Gesellschaft mitzuwirken (§ 146 Abs 1, 3, § 117 HGB), so ist diese Einschränkung jedenfalls dann auf dem Grundbuchblatt eines gesellschaftseigenen Grundstücks zu vermerken, wenn die Auflösung noch nicht in das Handelsregister eingetragen ist.[22]

13 **c) Zuständigkeit.** Für die Entscheidungen über **Ersuchen (§ 38) des Insolvenzgerichts** um Eintragung oder Löschung des Vermerks über die **Eröffnung des Insolvenzverfahrens** (§ 32 InsO) und über die **Verfügungsbeschränkungen** (§§ 21 und 23 Abs 1 InsO) nach der Insolvenzordnung ist der Urkundsbeamte der Geschäftsstelle funktionell zuständig, **Abs 2 Nr 3**. Die Zuständigkeit ist auf Ersuchen beschränkt, sie gilt nicht für Anträge des Insolvenzverwalters gemäß § 32 Abs 2 S 2 InsO.

Für die Entscheidung über **Anträge des Insolvenzverwalters** ist der **Rechtspfleger** zuständig.

Der Rechtspfleger ist auch zuständig für die Entscheidungen über **Ersuchen ausländischer Gerichte**.[23] Ersuchen oder sonstige Anträge auf Eintragung oder Löschung eines Grundbuchvermerks im Zusammenhang mit einem ausländischen Insolvenzverfahren sind ausschließlich an das zuständige deutsche Insolvenzgericht zu richten (Art 102 § 6 EGInsO, § 346 Abs 1 InsO). Das Grundbuchamt wird in diesem Zusammenhang nur auf Ersuchen dieses Gerichts tätig.

14 **d) Prüfungsrecht des Grundbuchamtes.** Der Urkundsbeamte hat die **Form** zu prüfen, dh ob das Ersuchen vom zuständigen Richter oder Rechtspfleger eigenhändig unterschrieben ist und zum Nachweis der Zuständigkeit des Ersuchenden mit dem Dienstsiegel versehen ist, § 29 Abs 3. Eine von der Geschäftsstelle erteilte Ausfertigung reicht nicht aus.[24] Überdies hat er zu prüfen, ob die nicht durch das Ersuchen ersetzten **Eintragungsvoraussetzungen** vorliegen.[25] Das **Prioritätsprinzip** gilt auch hier (§§ 17, 45).[26] Bereits früher gestellte Anträge sind daher vorrangig zu erledigen. Ist dies wegen eines behebbaren Eintragungshindernis nicht sofort möglich, so ist nach § 18 Abs 2 zu verfahren und anschließend umgehend der Insolvenzvermerk einzutragen. Weiter gehört zu den Eintragungsvoraussetzungen auch die **Voreintragung des Betroffenen** (§ 39). Das Gebot der Voreintragung des Betroffenen gilt wegen des Sicherungszwecks des Ersuchens jedoch nur eingeschränkt.[27] Anstelle der Voreintragung ist maßgebend, dass sich aus dem Grundbuch die materiellrechtliche Zugehörigkeit des eingetragenen Vermögensgegenstands zur Insolvenzmasse ergibt oder dass diese Zugehörigkeit aus anderen Gründen nach Einschätzung des Insolvenzgerichts feststeht.[28] Insoweit muss das Ersuchen des Insolvenzgerichts entsprechend begründet sein. Bedeutsam ist dies vor allem bei der **Nachlassinsolvenz**. Dort kommt es für die Eintragung des Insolvenzvermerks nicht auf die Voreintragung des Erben (als verfahrensrechtlicher Träger der Schuldnerrolle) an, es reicht vielmehr die noch bestehende Eintragung des Erblassers aus.[29] Gleichartige Situationen[30] können eintreten
– bei der **Gesamtgutinsolvenz** einer fortgesetzten Gütergemeinschaft (§ 332 InsO);
– bei der **Gesamtrechtsnachfolge**, wenn das Insolvenzverfahren über ein Vermögen eröffnet wird, das inzwischen – vom Insolvenzgericht unbemerkt – auf einen anderen Rechtsträger übergegangen ist;
– bei der Insolvenz einer **Gesellschaft bürgerlichen Rechts**. Unerheblich ist zunächst, ob die Gesellschaft

---

20 *Wörbelauer* DNotZ 1961, 471, 474; *Bergmann* in: FS Kirchhof 2003, 15, 21 0 ZInsO 2004, 225, 227; *Undritz* EWiR 2004, 73.
21 OLG München NJW-RR 2005, 1609 = Rpfleger 2005, 530; LG Duisburg NZI 2006, 534 = Rpfleger 2006 465; *Raebel* in: FS Kreft 2004, 483, 486; HK-*Kirchhof* § 32 Rn 7; MüKoInsO-*Schmahl* §§ 32, 33 Rn 19; **aA** *Meikel–Böttcher*, Anhang §§ 19, 20 Rdn 46 und § 22 Rdn 27; OLG Dresden NZI 2002, 687 = Rpfleger 2003, 96; OLG Rostock NZI 2003, 648 = Rpfleger 2004, 94; LG Leipzig Rpfleger 2000, 111; LG Neuruppin ZInsO 2002, 145; *Keller* Rpfleger 2000, 201; *Kübler/Prütting/Holzer* § 32 (09/03) Rn 2a; *Jaeger/Schilken* § 32 Rn 8, 25.
22 *Raebel* in: FS Kreft 2004, 483, 489; MüKoInsO-*Schmahl* §§ 32, 33 Rn 20.
23 MüKoInsO-*Schmahl* §§ 32, 33 Rn 55.
24 *Jaeger/Weber* KO § 113 Rn 1; *Kübler/Prütting/Holzer* § 32 Rn 13; MüKoInsO-*Schmahl* §§ 32, 33 Rn 24.
25 *Keller* Rpfleger 2000, 201.
26 OLG Zweibrücken Rpfleger 1997, 428; *Eickmann* Rpfleger 1972, 77, 79; MüKoInsO-*Schmahl* §§ 32, 33 Rn 53.
27 OLG Düsseldorf NJW-RR 1998, 1267; vgl auch OLG Karlsruhe OLGRspr. 11, 321, 323 f; LG Köln KTS 1965, 177, 178f; MüKoInsO-*Schmahl* §§ 32, 33 Rn 54.
28 MüKoInsO-*Schmahl* §§ 32, 33 Rn 54.
29 OLG Düsseldorf NJW-RR 1998, 1267; *Holzer* EWiR 1998, 609; MüKoInsO-*Schmahl* §§ 32, 33 Rn 13.
30 MüKoInsO-*Schmahl* §§ 32, 33 Rn 13.

im Grundbuch unter dem im Insolvenzverfahren geführten firmenähnlichen Namen erscheint.[31] Es reicht aus, dass sie mangels eigener Grundbuchfähigkeit[32] als Rechtsverhältnis der gemeinschaftlich berechtigten Gesellschafter eingetragen ist (§ 47).[33] Ob in der Eintragung als Berechtigte andere Gesellschafter genannt sind, als bei Erlass der gerichtlichen Verfügungsbeschränkung vorhanden oder im Beschluss des Insolvenzgerichts genannt sind, ist ebenfalls unerheblich.[34] Die Gesellschaft hat die Fähigkeit, unbeeinflusst vom Wechsel der Gesellschafter Schuldner im Insolvenzverfahren zu sein (§ 11 Abs 2 S 1 InsO), und besitzt, soweit sie am Rechtsverkehr teilnimmt, unabhängig vom jeweiligen Gesellschafterbestand die Rechtsfähigkeit als eigenständiger Vermögensträger.[35] Andererseits fehlt derzeit ein öffentliches Register, aus dem die Gesellschafter ersichtlich sind. Infolge dieser Rechtslage hat der Sicherungszweck des Insolvenzvermerks auch hier Vorrang vor dem Gebot der Voreintragung des Betroffenen. Die Regeln über die lückenlose Verlautbarung sämtlicher Anteilsübertragungen[36] im Grundbuch ist nicht anwendbar. Die fehlende Registerpublizität bei gleichzeitiger Rechts- und Insolvenzfähigkeit der Gesellschaft darf nicht dazu führen, dass die Sicherstellung des materiellrechtlichen Gesellschaftsvermögens in der Insolvenz verhindert oder erschwert wird. Deshalb ist der Insolvenzvermerk ohne vorherige Berichtigung des Gesellschafterbestandes im Grundbuch einzutragen.

– Bei einer noch auf den früheren Hypothekengläubiger eingetragenen **Eigentümergrundschuld**[37] einschließlich einer nach § 88 InsO unwirksamen Zwangshypothek[38] oder bei **Treugut des Schuldners** aufgrund eines Treuhänderverhältnisses ist auf ausdrückliches Ersuchen des Insolvenzgerichts ebenfalls der Insolvenzvermerk zu buchen.

Dem Urkundsbeamten steht **kein Prüfungsrecht** hinsichtlich der **Notwendigkeit und Zweckmäßigkeit** **15** der Eintragung zu. Hierüber befindet allein das ersuchende Gericht.[39] Etwas anderes gilt nur, wenn dem Grundbuchamt das Fehlen einer Voraussetzung bekannt ist.[40] Sollen **Insolvenzvermerke in Abt II oder III** eingetragen werden, muss dass Ersuchen die betreffende Blattstelle ausweisen, denn dem Urkundsbeamten der Geschäftsstelle ist es nicht möglich, Berechtigte in Abt II und III zu ermitteln. Betrifft die angestrebte Eintragung ein **Briefgrundpfandrecht**, so kann der Urkundsbeamte abweichend von den §§ 41, 42 nicht die Vorlage des Briefes verlangen.[41] Allerdings hat das Grundbuchamt bei Briefgrundpfandrechten von Amts wegen[42] dafür zu sorgen, dass unverzüglich auch auf dem Brief ein entsprechender Insolvenzvermerk angebracht wird (§ 57 Abs 1 S 1; §§ 62, 70; § 1140 BGB). Der Sicherungszweck gebietet die Eintragung des Insolvenzvermerks gerade dann, wenn der Brief vom Schuldner noch zu erlangen ist und deshalb die Möglichkeit einer Verfügung außerhalb des Grundbuchs besteht. Für die Eintragung eines **Insolvenzvermerks aufgrund ausländischen Rechts** gilt folgendes: Die gesamte Prüfung der kollisions- und insolvenzrechtlichen Fragen, insbesondere der rechtlichen Einordnung (Qualifikation) und Anerkennungsfähigkeit des ausländischen Verfahrens sowie seiner Auswirkungen auf die Verfügungsbefugnis des Schuldners obliegt dem Insolvenzgericht. Seine rechtliche Beurteilung ist für das Grundbuchamt bindend. Diese Regelung soll das Grundbuchamt entlasten und einander widersprechende Entscheidungen verschiedener Gerichte über die Anerkennung des selben ausländischen Verfahrens vermeiden.[43] Für Form und Inhalt des Eintragungsersuchens des Insolvenzgerichts an das Grundbuchamt sowie für seinen Vollzug gelten die allgemeinen Regeln, sofern sich nicht aus der ausschließlichen Zuständigkeit des Insolvenzgerichts für die Beurteilung der kollisions- und insolvenzrechtlichen Fragen

---

31 MüKoInsO-*Schmahl* §§ 32, 33 Rn 14.

32 BayObLGZ 2002, 330 = NJW 2003, 70 = Rpfleger 2003, 78; BayObLG NJW-RR 2005, 43 = Rpfleger 2005; 19; OLG Celle NJW 2006, 2194; LG Aachen NZG 2003, 721 = Rpfleger 2003, 496; LG Berlin Rpfleger 2004, 283.

33 BGH NJW 2004, 3632 = Rpfleger 2004, 718; BGH NJW 2006, 2191 = Rpfleger 2006, 478; BGH NJW 2006, 3716 = Rpfleger 2007, 23; OLG Stuttgart ZIP 2007, 419, 421; *Raebel* in: FS Kreft 2004, 483, 494; HK-*Kirchhof* § 32 Rn 6; *Kübler/Prütting/Holzer* InsO § 32 (09/03) Rn 2a; MüKoInsO-*Schmahl* §§ 32, 33 Rn 14.

34 OLG Stuttgart ZIP 2007, 419, 421; HK-*Kirchhof* § 32 Rn 6; MüKoInsO-*Schmahl* §§ 32, 33 Rn 14; *Uhlenbruck* InsO § 32 Rn 6; *Wellkamp* KTS 2000, 331, 337.

35 BGHZ 146, 341, 345 = NJW 2001, 1056; BGH NJW 2002, 1207 = NZI 2002, 278; BGH NJW 2004, 3632, 3634 = Rpfleger 2004, 718; MüKoInsO-*Schmahl* §§ 32, 33 Rn 24.

36 OLG München ZIP 2006, 1997 = Rpfleger 2006, 538.

37 OLG Köln NJW 1961, 368; BayObLGZ 2000. 176 = NZI 2000. 427 = Rpfleger 2000, 448 (dazu *Hintzen* EWiR 2000, 887; HK-*Kirchhof* § 32 Rn 10; MüKoInsO-*Schmahl* §§ 32, 33 Rn 15.

38 BayObLGZ 2000, 176 = NZI 2000, 427 = Rpfleger 2000, 448; OLG Düsseldorf NZI 2004, 94.

39 MüKoInsO-*Schmahl* §§ 32, 33 Rn 54; *Jaeger/Weber* KO § 113 Rn 5.

40 BGHZ 19, 355, 357 = NJW 1956, 463; KG JFG 7, 397, 399; BayObLGZ 1952, 157, 158; BayObLGZ 1955, 314, 318; OLG Köln DNotZ 1958, 487; OLG Hamm OLGZ 1978, 304, 307; BayObLGZ 1970, 182, 184; BayObLGZ 1985, 372, 374; OLG Frankfurt Rpfleger 1993, 486; KG FGPrax 2003, 56 = Rpfleger 2003, 204; OLG Frankfurt FGPrax 2003, 197.

41 OLG Hamburg OLGRspr 3, 194; *Jaeger/Weber* KO § 113 Rn 3; HK-*Kirchhof* § 32 Rn 8; MüKoInsO-*Schmahl* §§ 32, 33 Rn 23; vgl auch OLG Düsseldorf NJW-RR 1998, 1267.

42 KG OLGRspr. 3, 194, 196; BayObLG ZIP 1981, 41; HK-*Kirchhof* § 32 Rn 13; MüKoInsO-*Schmahl* §§ 32, 33 Rn 56; *Uhlenbruck* InsO § 32 Rn 1.

43 Begr. RegE IIRNG 2003 zu Art. 102 § 6 EGInsO und § 346, BT-Dr. 15/16, S 16, 22; MüKoInsO-*Schmahl* §§ 32, 33 Rn 36.

Nowak

etwas anderes ergibt (Art 102 § 6 Abs 2 EGInsO, § 346 Abs 1 InsO). **Im Eintragungsersuchen** hat das Insolvenzgericht das einzutragende Verfahrensereignis und die Einschränkung der Verfügungsbefugnis des Schuldners möglichst klar und genau zu bezeichnen (§ 346 Abs 1 InsO); dabei sollte auch angegeben werden, nach welchem ausländischen Recht sich das Insolvenzverfahren richtet. Auch diese Feststellungen sind für das Grundbuchamt bindend.[44] In Verfahren aus dem Anwendungsbereich der EuInsVO ist für die Frage, ob und mit welchem Inhalt eine Eintragung in das Grundbuch erfolgt, das Recht des Eröffnungsstaates maßgeblich (Art 22 Abs 2 S 2 EuInsVO, Art 102 § 6 Abs 1 EGInsO).[45] Gegen die Entscheidung des deutschen Insolvenzgerichts über den Antrag des ausländischen Verwalters oder das Ersuchen des ausländischen Insolvenzgerichts findet die sofortige Beschwerde statt (Art 102 § 7 EGInsO, § 346 Abs 2 S 2 InsO, §§ 567, 569 ZPO, § 4 InsO). Sie steht jedem Antragsteller zu und kann auch darauf gestützt werden, dass das deutsche Insolvenzgericht die rechtliche Wirkung der ausländischen Verfügungsbeschränkung nach Art oder Inhalt im Ersuchen an das Grundbuchamt unzutreffend umgesetzt habe. Eine Beschwerde gem § 71 kann wegen der Zwischenschaltung des Insolvenzgerichts nur von diesem, nicht aber von dem ursprünglichen Antragsteller eingelegt werden.[46] Wird im Beschwerdeverfahren ein bereits **vollzogenes Ersuchen rechtkräftig aufgehoben**, so ist der zu Unrecht eingetragene Vermerk auf Ersuchen des deutschen Insolvenzgerichts nach § 53 Abs 1 S 2 zu löschen. Nach dem Zweck des Art 102 § 6 EGInsO und des § 346 InsO ist in den Fällen mit Auslandsberührung auch jede Löschung eines Insolvenzvermerks im Grundbuch ausschließlich auf Ersuchen des zuständigen deutschen Insolvenzgerichts zulässig. Dem ausländischen Gericht oder Verwalter steht insoweit ein Antragsrecht nur beim Insolvenzgericht, nicht aber unmittelbar beim Grundbuchamt zu (Art 102 § 6 Abs 1 S 3 EGInsO, § 346 Abs 2 S 3 InsO). Ebenso unzulässig ist der Löschungsantrag eines Betroffenen.

4. Vermerke bezüglich Zwangsversteigerungs- und Zwangsverwaltungsverfahren

16 Der Urkundsbeamte der Geschäftsstelle ist zuständig für die Entscheidung über die Eintragung des Vermerks über die Einleitung eines Zwangsversteigerungs- und Zwangsverwaltungsverfahrens. Hingegen ist für die Löschung dieser Vermerke der Rechtspfleger zuständig.

5. Berichtigungen

17 Der Urkundsbeamte der Geschäftsstelle ist zuständig für die Berichtigung des Namens, des Berufs oder des Wohnortes natürlicher Personen im Grundbuch, Abs 2 Nr 4. Nicht hingegen wird im Gesetzestext das Geburtsdatum natürlicher Personen erwähnt. Dies mag wohl darauf zurückzuführen sein, dass bei der Neufassung des § 15 GBV durch die VO vom 21.03.1974 (BGBl I 771) eine Änderung der Zuständigkeitsregeln in der Verordnung zur Ausführung der Grundbuchordnung vom 08.08.1935 (RGBl I 117; BGBl III 315-11-2) unterblieben ist und auch bei der Schaffung des § 12c durch das RegVBG nicht berücksichtigt wurde. Mithin sprechen gute Gründe für die Zuständigkeit des Urkundsbeamten auch für die Berichtigung des Geburtsdatums,[47] zumal in der Regel offensichtliche Unrichtigkeiten wie die Verwechslung des Geburtsdatums mit dem Eintragungsdatum uä vorliegen. Vorsicht kann geboten sein bei Namensgleichheit innerhalb einer Familie.

6. Nachweise nach § 10a Abs 2

18 Der Urkundsbeamte der Geschäftsstelle ist gemäß Abs 2 Nr 5 zuständig für die Fertigung des schriftlichen Nachweises gemäß § 10a Abs 2. Der Nachweis muss die Übereinstimmung der Wiedergabe der Urkunde auf dem Datenträger mit der Originalurkunde in Papierform bestätigen. S dazu die Erl zu § 10a.

IV. Ausschließung und Ablehnung

19 Die §§ 6 und 7 FGG über die Ausschließung des Richters und die Handlungen eines unzuständigen oder ausgeschlossenen Richters gelten gemäß Abs 3 für den Urkundsbeamten der Geschäftsstelle entsprechend. Soweit dem Urkundsbeamten Geschäfte zur selbständigen Wahrnehmung übertragen sind (Abs 1 und 2), ist er unter den Voraussetzungen des § 6 FGG ausgeschlossen.

20 Er kann in entsprechender Anwendung der §§ 42 ff ZPO wegen der Besorgnis der Befangenheit abgelehnt werden oder sich selbst ablehnen. Vgl dazu die Erl zu § 11.

---

44 MüKoInsO-*Schmahl* §§ 32, 33 Rn 49.

45 Begr. RegE IIRNG 2003 zu Art. 102 § 6 EGInsO und § 346, BT-Dr. 15/16, S 16, 22; MüKoInsO-*Schmahl* §§ 32, 33 Rn 50.

46 HK-*Stephan* Art. 102 § 7 EGInsO Rn 3; MüKoInsO-*Schmahl* §§ 32, 33 Rn 51; aA *Kübler/Prütting/Kemper* § 346 (11/04) Rn 17, Art. 102 § 7 EGInsO Rn 6.

47 KEHE-*Eickmann* § 12c Rn 13; **aA** *Demharter* § 12c Rn 6.

V. Anfechtung der Entscheidungen des Urkundsbeamten

1. Entscheidungen

Gemäß **Abs 4** ist gegen die Entscheidungen des Urkundsbeamten des Geschäftsstelle der Rechtsbehelf der **21** Erinnerung gegeben, sofern der Urkundsbeamte – ggf nach Gewährung des rechtlichen Gehörs – nicht abhilft. Die Erinnerung ist nicht an eine Frist gebunden. Sie kann schriftlich oder zur Niederschrift des Grundbuchamtes eingelegt werden. § 4 Abs 2 Nr 3 RpflG ist durch das 1. Justizmodernisierungsgesetz[48] aufgehoben worden. Der Rechtspfleger ist deshalb im Rahmen seiner Zuständigkeit nach § 3 RPflG befügt, über Anträge zu entscheiden, die auf Änderung einer Entscheidung des Urkundsbeamten der Geschäftsstelle gerichtet sind.[49] Dass § 12c Abs 4 redaktionell nicht angepasst wurde, muss als Versehen des Gesetzgebers angesehen werden.[50] Für diese Sichtweise spricht überdies die Regierungsbegründung zu der Einführung des § 12c[51] als die Absätze 3 und 4 aus den bisherigen Regelungen des § 4 Abs 4a und b AVOGBO übernommen wurden: »Die ausdrückliche Erwähnung der richterlichen Zuständigkeit ist in Absatz 4 abweichend von den Ausführungen der Vorbemerkung beibehalten, weil insoweit die Richterzuständigkeit nach § 4 Abs 2 Nr 3 des Rechtspflegergesetzes unberührt geblieben ist.« Nachdem § 4 Abs 2 Nr 3 RPflG nunmehr aufgehoben ist, ist nunmehr der Rechtspfleger für die Entscheidungen über Erinnerungen gegen Entscheidungen des Urkundsbeamten der Geschäftsstelle zuständig.[52] Gegen die Entscheidung des Richters ist die Beschwerde gemäß §§ 71 ff gegeben. Wegen den Entscheidungen im Einsichtsverfahren s § 12 Rdn 83 ff.

2. Eintragungen

Vgl dazu die Erl zu § 71 Rdn 16. **22**

---

48 Erstes Gesetz zur Modernisierung der Justiz vom 24.08.2004 (BGBl. I 2198).
49 *Kellermeyer* Rpfleger 2004, 593.
50 **AA** KEHE-*Eickmann* § 12c Rn 16.
51 BT-Drucks 12/5553 zu Art. 1 Nr 11 RegVBG (Seite 64).
52 *Kellermeyer* Rpfleger 2004, 593; **AA** *Meikel-Böttcher* § 12 Rdn 83.

§ 13 (Antrag, Zuständigkeit zur Entgegennahme)

(1) Eine Eintragung soll, soweit nicht das Gesetz etwas anderes vorschreibt, nur auf Antrag erfolgen. Antragsberechtigt ist jeder, dessen Recht von der Eintragung betroffen wird oder zu dessen Gunsten die Eintragung erfolgen soll.

(2) Der genaue Zeitpunkt, in dem ein Antrag beim Grundbuchamt eingeht, soll auf dem Antrag vermerkt werden. Der Antrag ist beim Grundbuchamt eingegangen, wenn er einer zur Entgegennahme zuständigen Person vorgelegt ist. Wird er zur Niederschrift einer solchen Person gestellt, so ist er mit Abschluß der Niederschrift eingegangen.

(3) Für die Entgegennahme eines auf eine Eintragung gerichteten Antrags oder Ersuchens und die Beurkundung des Zeitpunkts, in welchem der Antrag oder das Ersuchen beim Grundbuchamt eingeht, sind nur die für die Führung des Grundbuchs über das betroffene Grundstück zuständige Person und der von der Leitung des Amtsgerichts für das ganze Grundbuchamt oder einzelne Abteilungen zuständige Beamte (Angestellte) der Geschäftsstelle zuständig. Bezieht sich der Antrag oder das Ersuchen auf mehrere Grundstücke in verschiedenen Geschäftsbereichen desselben Grundbuchamts, so ist jeder zuständig, der nach Satz 1 in Betracht kommt.

Schrifttum

Böhringer, Prinzipien des § 878 und Antragsberechtigung des nachmaligen Gemeinschuldners, BWNotZ 1979, 141; *Böttcher*, Zur Antragsberechtigung in Grundbuchsachen, Rpfleger 1982, 2; *ders*, Keine Antragsberechtigung der nur mittelbar Beteiligten im Grundbuchverfahren, RpflStud 2004, 180; *ders*, Form des Nachweises der Antragsberechtigung im Grundbuchverfahren, RpflStud 2000, 154; *Ertl*, Antrag, Bewilligung und Einigung im Grundstücks- und Grundbuchrecht, Rpfleger 1980, 41; *ders*, Verzicht auf das Antragsrecht nach § 13 Abs 2 GBO − ein neuer Weg zum Schutz des Grundstücksverkäufers?, DNotZ 1975, 644; *Haegele*, Gibt es unwiderrufliche Eintragungsanträge?, Rpfleger 1957, 293; *Hieber*, § 140 BGB und das Grundbuchamt, DNotZ 1954, 303; *Nieder*, Entwicklungstendenzen und Probleme des Grundbuchverfahrensrechts, NJW 1984, 329; *Rademacher*, Die Bedeutung des Antrags und der Bewilligung im Grundbuchverfahren, MittRhNotK 1983, 81; *Stöber*, Grundbucheintragung der Erben nach Pfändung des Erbanteils, Rpfleger 1976, 197; *Wulf*, Zur Auslegung von Grundbucherklärungen, MittRhNotK 1996, 41.

I. Normzweck

Nach § 13 Abs 1 S 1 soll eine Eintragung idR nur auf Antrag vollzogen werden. Die gesetzgeberische Motivation für diesen Antragsgrundsatz soll darin bestehen, dass der Erwerb und Verlust dinglicher Rechte im freien Belieben der Beteiligten stehe, sodass ihnen deshalb die Eintragung nicht aufgedrängt werden dürfe, sondern von den Beteiligten selbst begehrt werden müsse.[1] Diese Begründung überzeugt nicht. Nach geltendem Recht kann nämlich ohne weiteres ein Grundstücksrecht für einen Berechtigten eingetragen werden, und zwar ohne seine Mitwirkung; ausreichend sind ein schriftlicher Antrag (§§ 13, 30) und eine notariell beglaubigte Bewilligung (§§ 19, 29) des Betroffenen. Der Schutz des Begünstigten vor einem ungewollten Rechtserwerb findet sich in § 873 Abs 1 BGB; auf § 13 braucht dafür nicht abgestellt zu werden. Ohne Einigung zwischen dem Betroffenen und dem Begünstigten entsteht kein Grundstücksrecht. Der Normzweck des Antragsgrundsatzes in § 13 besteht daher vielmehr darin, dass zum Ausdruck gebracht wird, nunmehr könne auf Grund einer Eintragungsbewilligung (§ 19) ein Eintragungsverfahren durchgeführt werden.[2] Die entscheidende Grundlage für ein Eintragungsverfahren ist die einseitige Bewilligung des Betroffenen. Sie wird häufig nicht direkt an das GBA gerichtet, sondern dem Begünstigten ausgehändigt oder vom Notar für ihn entgegengenommen. Gelangt die Bewilligung zum GBA, so muss feststehen, dass auf ihrer Grundlage eine Eintragung vorgenommen werden soll. Dies ergibt sich dann aus der Antragstellung. **1**

II. Antragsgrundsatz

Der Antragsgrundsatz des § 13 Abs 1 S 1 ist im Grundbuchverfahren die **Regel**, das Amtsverfahren die Ausnahme. Nur auf Antrag vollzogen werden alle Eintragungen im angelegten Grundbuch, soweit sie sich nach dem 2. Abschnitt der GBO richten und auf Rechtsverhältnisse beziehen; dabei kann es sich um rechtsbegründende oder berichtigende Eintragungen handeln, aber auch um Löschungen.[3] **2**

Nicht unter den Antragsgrundsatz fallen die Berichtigung von **3**
– **Schreibversehen** (vgl § 22 Rdn 84);
– **Angaben tatsächlicher Art**, zB die Eigenschaftsangaben eines Grundstücks (vgl § 22 Rdn 85);
– der **Bezeichnung des Berechtigten**, zB nach Heirat (vgl § 22 Rdn 86).

Bei allen Fällen erfolgt die Berichtigung von Amts wegen.[4]

Der Antragsgrundsatz gilt auch nicht für das **Grundbuchanlegungsverfahren** nach §§ 116 ff, da es sich insoweit nicht um Eintragungen iS des 2. Abschnittes der GBO handelt.[5] **4**

Das **Amtsverfahren** gilt nur dort, wo es speziell **vorgeschrieben** ist, wie im Berichtigungszwangsverfahren (§ 82a) und in diesen Fällen der Eintragung eines Widerspruchs und der Löschung von Amts wegen (§ 53 Abs 1), sowie ferner dort, wo das GBA allgemein verpflichtet ist, Unrichtigkeiten des GB zu beseitigen; ein Beispiel hierfür ist die fehlende Übereinstimmung zwischen GB und amtlichem Grundstücksverzeichnis (Liegenschaftskataster, Steuerbücher, Sachregister, vgl § 2 Abs 2) hinsichtlich Bezeichnung und Beschreibung des Grundstücks.[6] Ist dagegen das GB bezüglich der Eintragung eines Rechtes unrichtig, darf das GBA von Amts wegen nur eine Anregung zur Abgabe von Erklärungen oder Stellung von Anträgen geben und auf die Rechtsfolgen der fortdauernden Unrichtigkeit hinweisen. Erfährt das GBA, dass das GB durch Abtretung eines Briefrechts ohne Eintragung unrichtig geworden ist, scheidet eine Amtstätigkeit aus. Wird eine Urkunde ohne Antragstellung eingereicht, hat das GBA zu prüfen, ob es eine Maßnahme zu treffen hat. Etwaige Zweifel hat es aufzuklären und auf die Abgabe der in Betracht kommenden Erklärungen hinzuwirken.[7] Auch sonst können Ermittlungen durch Einholung von Auskünften bei den Beteiligten oder einer zuständigen Stelle geboten sein.[8] § 29 begrenzt jedoch die Ermittlungspflicht des Grundbuchamtes. Die Beibringung der dort vorgeschriebenen Nachweise bleibt den Beteiligten überlassen.[9] Der GBBeamte ist nicht verpflichtet, die Grundakten daraufhin zu überprüfen, ob sich aus ihnen Bedenken gegen die beantragte Eintragung ergeben.[10] **5**

Eintragungen von Amts wegen, für die § 17 nicht gilt, sind entweder selbständige Eintragungen oder solche Eintragungen bzw Vermerke, die anlässlich einer anderen Eintragung und in Verbindung mit ihr vorgenommen werden. Gesetzliche Bestimmungen über Eintragungen von Amts wegen finden sich in der GBO, ihren Nebenvorschriften und sonstigen Gesetzen. **6**

---

1 KEHE-*Herrmann* § 13 Rn 1; *Demharter* § 13 Rn 1; *Rademacher* MittRhNotK 1983, 81.
2 Ebenso *Eickmann* GBVerfR, Rn 89.
3 KEHE-*Herrmann* § 13 Rn 1; *Demharter* § 13 Rn 3; *Rademacher* MittRhNotK 1983, 81, 82.
4 *Eickmann* GBVerfR, Rn 92; KEHE-*Herrmann* § 13 Rn 3; *Demharter* § 13 Rn 3; *Rademacher* MittRhNotK 1983, 81, 82.
5 KEHE-*Herrmann* § 13 Rn 3; *Demharter* § 13 Rn 3.
6 KG JFG 8, 243; KGJ 34, 295.
7 RG RGZ 85, 409; DNotZ 1942, 425 = DR 1942, 1413.
8 KG OLGE 5, 5.
9 KG OLGE 6, 103; 8, 321.
10 OLG Düsseldorf Rpfleger 1966, 261.

7 Beispiele für **selbständige Eintragungen** von Amts wegen sind:

Nach GBO und Nebenvorschriften:
- Berichtigung von Amts wegen nach § 82a;
- Eintragung und Löschung einer Vormerkung oder eines Widerspruchs nach § 18 Abs 2;
- Eintragung eines Widerspruchs und Vornahme einer Löschung nach § 53;
- Löschung einer Vormerkung oder eines Widerspruchs bei Rücknahme oder Zurückweisung einer Beschwerde nach § 76 Abs 2;
- Eintragung eines Widerspruchs gegen Löschung eines lebenslänglichen Rechts nach § 23 Abs 1, § 24;
- Führung und Aufhebung eines gemeinschaftlichen GBBlattes;
- Mitübertragung eingetragener Rechte auf ein neues GBBlatt nach § 46 Abs 2;
- Anlegung und Aufhebung eines gemeinsamen GBBlattes gemäß § 4;
- Anlegung eines GBBlattes für ein nicht eingetragenes buchungspflichtiges Grundstück nach §§ 116 ff;
- Löschung einer gegenstandslosen Eintragung nach §§ 84 ff;
- Eintragungen im Rangklarstellungsverfahren gemäß §§ 91, 102 Abs 2, 111, 113;
- Umschreibung eines unübersichtlichen GBBlattes nach §§ 23, 28 GBV.

Nach sonstigen Vorschriften:
- Anlegung eines besonderen Blattes für ein Erbbaurecht nach § 14 ErbbauRG;
- Anlegung eines besonderen Blattes für ein sonstiges grundstücksgleiches Recht oder Wohnungseigentum;
- Eintragung und Löschung des Umstellungsschutzvermerks nach § 4 Abs 1, § 5 Abs 1, 2, § 36 GBMG;
- Löschung von Umstellungsgrundschulden nach § 15 S 2 GBMG;
- Löschung von Abgeltungshypotheken nach § 24 GBMG;
- Eintragung des Umlegungsvermerks nach § 54 Abs 1 S 2 BBauG;
- Eintragung des Sanierungsvermerks nach § 5 Abs 4 und des Entwicklungsvermerks nach § 53 Abs 5 StädtebauförderungsG.

8 Beispiele für Eintragungen von Amts wegen **anlässlich anderer Eintragungen** (nach GBO);
- Abschreibung eines Grundstückteils, der mit einem Recht belastet werden soll, nach § 7 Abs 1;
- Berichtigung des Vermerks über ein subjektiv-dingliches Recht (§ 9 Abs 1 S 1) im Falle einer Änderung oder Aufhebung des vermerkten Rechts nach § 9 Abs 2 sowie Hinweis auf diesen Vermerk auf dem Blatt des belasteten Grundstücks nach § 9 Abs 3;
- Rangvermerke nach § 45;
- Vermerke über die Mitbelastung und deren fortgesetzte Berichtigung sowie über das Erlöschen der Mitbelastung nach § 48;
- Eintragung des Nacherbenrechts bei Eintragung des Vorerben nach § 51;
- Eintragung des Testamentvollstreckungsvermerks bei Eintragung des Erben nach § 52;
- Vermerk über die Erteilung eines neuen Briefes nach § 68 Abs 3.

9 Bezüglich der **sonstigen Tätigkeiten** des GBA ist Handeln des GBA von Amts wegen in folgenden Fällen vorgesehen:
- Bei Erteilung des Hypotheken-, Grund- oder Rentenschuldbriefes nach § 56 (dazu jedoch § 57 Abs 3; §§ 63, 65, 66, 67, 70 Abs 1);
- bei Bekanntmachung der Eintragung nach § 55 S 1;
- im Berichtigungszwangsverfahren nach §§ 82, 82a;
- im Verfahren zur Löschung gegenstandsloser Eintragungen gemäß §§ 84 ff.

10 Wird in den Amtsverfahren ein Antrag gestellt, hat er nur die Bedeutung einer **Anregung**.[11] Das Grundbuchamt muss von Amts wegen ermitteln; es gilt § 12 FGG.

III. Bedeutung des Antrags

1. Vorrangswirkung

11 Mittelbar wirkt der Zeitpunkt des Antragseingangs auf den **Rang** eines Rechtes ein (§§ 17, 45), weil die Anträge in der Reihenfolge ihres Eingangs zu erledigen sind und die frühere Eintragung den Rang vor der späteren erhält.[12] Für das materielle Entstehen eines Rangverhältnisses kommt es aber auf die Grundbucheintragung oder die Eintragungszeit an (vgl § 45 Rdn 39 ff und 211 ff).

---

11 *Demharter* § 13 Rn 6; KEHE-*Herrmann* § 13 Rn 5.
12 *Eickmann* GBVerfR, Rn 90; KEHE-*Herrmann* § 13 Rn 18; *Demharter* § 13 Rn 14; *Holzer-Kramer* 4. Teil Rn 19.

2. Formelle Wirkung

Das Grundbuchamt ist **an den Umfang des Antrags gebunden**, denn der Antragsteller legt mit seinem **12** Antrag den Verfahrensgegenstand fest; es darf inhaltlich weder hinter dem Umfang zurückbleiben noch über ihn hinausgehen.[13]

Der Antragsgrundsatz bindet das GBA also sachlich an den Umfang des Antrags *(ne ultra petita)*, aber **nicht an** **13** **Wortfassungsvorschläge**.[14] Die Eintragung muss nur das Gewollte klar zum Ausdruck bringen. Da Eintragungen der Auslegung zugänglich sind, hat das GBA in eigener Verantwortung den Wortlaut so zu wählen, dass Zweifel möglichst ausgeschlossen werden. Das GBA bestimmt auch nach seinem (an das Gesetz gebundenen) Ermessen, was in die Eintragung selbst aufzunehmen, und was durch Bezugnahme einzutragen ist.[15] Die Gegenmeinung[16] verkennt, dass die Eintragung ein Hoheitsakt ist, und dass der Antragsteller in das Hoheitsrecht des GBA nicht eingreifen kann. Der Antrag kann nur den Anstoß zur Eintragungstätigkeit geben und den sachlichen Umfang der Eintragung bestimmen, mehr nicht. Ebenso wie der Grundbuchrechtspfleger nicht an Fassungsvorschläge der Beteiligten gebunden ist, muss er auch Formulierungsbeispiele der Justizverwaltung (sog Textbausteine) nicht beachten. Der Rechtspfleger ist nur dem Gesetz unterworfen (§ 9 RPflG).

Der Antragsgrundsatz schließt für seinen Geltungsbereich eine Tätigkeit von Amts wegen aus. Eintragungen **14** von Amts wegen kann das GBA daher grundsätzlich nicht vornehmen; eigene Ermittlungen im Eintragungsverfahren sind ihm grundsätzlich verwehrt.[17] Bei tatsächlich begründeten Zweifeln an der Geschäftsfähigkeit ist das GBA jedoch zur Aufklärung von Amts wegen verpflichtet und ist an die Beurteilung der Geschäftsfähigkeit durch den Notar nicht gebunden[18] (vgl Einl F Rdn 93 und Einl H Rdn 62). Das GBA kann im Übrigen dem Antragsteller nur durch Zwischenverfügung auferlegen, die erforderlichen Unterlagen beizubringen; die Beibringung aber ist Sache des Antragstellers[19] (= **grundbuchrechtlicher Beibringungsgrundsatz**; vgl ausführlich dazu Einl F Rdn 90 ff). Er genügt dieser Obliegenheit, soweit es auf Unterlagen aus den Akten desselben Amtsgerichts ankommt, durch Bezugnahme hierauf.[20] Ist ausländisches Recht anwendbar, muss sich das GBA hierüber selbst informieren, notfalls durch Einholung von Gutachten.[21]

3. Materielle Wirkung

a) Verfügungsbeeinträchtigungen[22]. Zur Verfügung über Grundstücke und Grundstücksrechte bedarf es **15** idR eines Willensmoments (zB Einigung nach § 873 Abs 1 BGB, Aufgabeerklärung nach § 875 Abs 1 BGB, Bewilligung nach § 885 Abs 1) und der Grundbucheintragung. Nach allgemeiner Meinung muss die Verfügungsbefugnis des Verfügenden bis zur Vollendung des Rechtserwerbs vorliegen, also idR bis zur Grundbucheintragung. Wurde der Antrag (§ 13) auf Eintragung der Verfügung beim GBA gestellt, haben die Beteiligten keinen Einfluss mehr auf die Dauer des Eintragungsverfahrens. In der Phase **zwischen Antragstellung und Grundbucheintragung** können gegen den Verfügenden Verfügungsbeeinträchtigungen entstehen, die seine Verfügungsbefugnis beeinflussen, so zB

– Verfügungsentziehungen[23] (zB Insolvenz),
– Verfügungsbeschränkungen[24] (zB § 1365 BGB),
– Verfügungsverbote[25] (zB Zwangsversteigerung).

---

13 *Holzer-Kramer* 4. Teil Rn 15; *Rademacher* MittRhNotK 1983, 81; *Demharter* § 13 Rn 4; KEHE-*Herrmann* § 13 Rn 6.
14 Ausführlich: *Böttcher* Rpfleger 1980, 81; ebenso: BGH BGHZ 47, 41 = Rpfleger 1967, 111 = DNotZ 1967, 753; RGZ 50, 145, 153; BayObLG BayObLGZ 1956, 186, 203; 1960, 231, 238 = Rpfleger 1961, 400 = DNotZ 1960, 596; KG Rpfleger 1966, 303 (*Haegele*); OLG Frankfurt Rpfleger 1978, 312; OLG Schleswig Rpfleger 1965, 165; LG Dortmund Rpfleger 1965, 175 = NJW 1965, 1233; LG München DNotZ 1973, 617; *Demharter* § 13 Rn 4; KEHE-*Herrmann* § 13 Rn 6; *Holzer-Kramer* 4. Teil Rn 16; *Eickmann* GBVerfR, Rn 316; *Rademacher* MittRhNotK 1983, 81; *Wulf* MittRhNotK 1996, 41, 45.
15 BayObLGZ 1956, 203 = DNotZ 1956, 547; BayObLGZ 1960, 228 = DNotZ 1960, 599.
16 OLG Düsseldorf Rpfleger 1963, 287; OLG Schleswig Rpfleger 1964, 82 (*Haegele*); = DNotZ 1964, 498 (*Hamelbeck*); LG Bayreuth NJW 1962, 2162 = Rpfleger 1963, 289; LG Braunschweig NdsRpfl 1963, 255; LG Köln Rpfleger 1963, 289.
17 BGH BGHZ 30, 258 = DNotZ 1959, 542 = Rpfleger 1960, 122; BGHZ 35, 139 = Rpfleger 1961, 233; BayObLG BayObLGZ 1959, 447 = NJW 1960, 281; BayObLGZ 1969, 281 = Rpfleger 1970, 22; BayObLGZ 1971, 257 = Rpfleger 1971, 429; KG Rpfleger 1968, 224; OLG Hamm Rpfleger 1958, 15; OLG Stuttgart Rpfleger 1974, 66; *Demharter* § 13 Rn 5; KEHE-*Herrmann* § 13 Rn 8; *Rademacher* MittRhNotK 1983, 81.
18 BayObLGZ 1974, 336 = DNotZ 1975, 555 = Rpfleger 1974, 396.
19 BayObLGZ 1959, 446; 1967, 17; 1969, 145; 1971, 257; *Demharter* § 13 Rn 5; KEHE-*Herrmann* § 13 Rn 7; *Rademacher* MittRhNotK 1983, 81.
20 KG JFG 23, 299; OLG München JFG 20, 373.
21 KG JFG 20, 178; KEHE-*Herrmann* § 13 Rn 7.
22 Zum Begriff vgl *Böttcher* Rpfleger 1983, 49.
23 Ausführlich dazu: *Böttcher* Rpfleger 1983, 187.
24 Ausführlich dazu: *Böttcher* Rpfleger 1984, 377.
25 Ausführlich dazu: *Böttcher* Rpfleger 1985, 381.

Alle diese Verfügungsbeeinträchtigungen hindern einen Grundbuchvollzug gemäß **§ 878 BGB** dann nicht, wenn vor ihrem Wirksamwerden
- das Willensmoment (zB Einigung, Aufgabeerklärung) bindend (§ 873 Abs 2, § 875 Abs 2 BGB) und
- der Antrag (§ 13) beim GBA gestellt wurde.

Zur Anwendung des § 878 BGB im Grundbuchverfahren vgl ausführlich die Kommentierung im Anhang zu §§ 19, 20.

16   **b) Gutgläubiger Erwerb.** Für den gutgläubigen Erwerb eines Grundstücks oder Grundstücksrechtes vom Nichtberechtigten ist natürlich in erster Linie Gutgläubigkeit beim Erwerber Voraussetzung. Für den Zeitpunkt der Gutgläubigkeit des Erwerbers kommt es idR nicht auf die Grundbucheintragung, sondern auf die Antragstellung beim GBA an (**§ 892 Abs 2 BGB**). Zu der strittigen Frage, ob das GBA einen Rechtserwerb, der sich nur noch über § 892 BGB vollenden kann, eintragen muss, vgl ausführlich die Kommentierung in Einl H Rdn 72 ff.

IV. Rechtsnatur des Antrags

17   Der Antrag ist das an das Grundbuchamt gerichtete Begehren, eine Eintragung vorzunehmen.[26] Aus der bloßen Einreichung der Eintragungsbewilligung (§ 19) kann ein solches Begehren nicht entnommen werden.[27] Der Antrag hat nur die Aufgabe, ein Eintragungsverfahren auszulösen; er ist deshalb **vergleichbar mit der Klageerhebung im Zivilprozess**. Die verfahrensrechtliche Begründung des Antrags liefert die Bewilligung gemäß § 19.[28]

18   Der Antrag ist nach allgemeiner Auffassung eine reine **Verfahrenserklärung**, die zu den sog Erwirkungshandlungen gehört[29] (vgl Einl B Rdn 20). Er ist keine rechtsgeschäftliche Willenserklärung und keine Verfügung iS des BGB. Daraus folgt, dass für den Antrag in erster Linie das Verfahrensrecht gilt und eine unmittelbare Anwendung des bürgerlichen Rechts ausscheidet. Eine **Anfechtung** des Antrags wegen Willensmängel ist daher zB nicht möglich.[30] Das **Verbot des Selbstkontrahierens** (§ 181 BGB) findet beim Antrag keine Anwendung;[31] bei mehreren Anträgen liegen keine entgegengesetzten Erklärungen vor, sondern sog Parallelerklärungen gegenüber dem GBA.

19   Soweit für den Antragsteller Rechts- und Geschäftsfähigkeit verlangt werden,[32] ist dies inkonsequent. Es widerspricht der verfahrensrechtlichen Natur des Antrags. Rechts- und Geschäftsfähigkeit kann unmittelbar nur für rechtsgeschäftliche Willenserklärungen verlangt werden; der Antrag gehört jedoch nicht dazu. Beim Antragsteller müssen vielmehr **Beteiligten- und Verfahrenfähigkeit** vorliegen[33] (vgl ausführlich dazu Einl F Rdn 41 ff und Rdn 63 ff). Die Vorschriften über die Rechts- und Geschäftsfähigkeit sind auf den Antragsteller höchstens analog anwendbar. Entsprechend § 130 Abs 2 BGB ist es unschädlich, wenn der Antragsteller nach dem Wirksamwerden des Antrags stirbt oder geschäftsunfähig bzw in seiner Geschäftsfähigkeit beschränkt wird.[34] Für die Fähigkeit zur Antragstellung kommt es also auf die Beteiligten- und Verfahrensfähigkeit iS des Verfahrensrechts an, die wiederum an die Regeln des bürgerlichen Rechts über die Rechts- und Geschäftsfähigkeit anknüpfen. Geschäftsunfähige können deshalb als Verfahrensunfähige Anträge nicht selbst, sondern nur durch ihre gesetzlichen Vertreter stellen; bei beschränkt Geschäftsfähigen bedarf es ebenfalls deren Mitwirkung.[35]

20   Aus der verfahrensrechtlichen Natur des Antrags und der Charakterisierung des § 13 als Ordnungsvorschrift folgt die Beantwortung der Frage nach der Wirksamkeit einer Verfügung über ein Grundstück oder Grundstücksrecht, wenn sie **ohne Antrag** oder auf Grund eines **unwirksamen Antrags** oder bei **fehlender Antragsberechtigung** erfolgt ist. All dies ist unschädlich,[36] wenn nur die materiellen Voraussetzungen für die

---

26   OLG Düsseldorf NJW 1956, 877; *Eickmann* GBVerfR, Rn 93; *Demharter* § 13 Rn 7; KEHE-*Herrmann* § 13 Rn 20; *Wulf* MittRhNotK 1996, 41, 42.
27   KG KGJ 44, 174, 176.
28   RGZ 54, 378, 384; KEHE-*Herrmann* § 13 Rn 20; *Eickmann* GBVerfR, Rn 93.
29   BayObLG ZfIR 1999, 119; RGZ 54, 378, 384; KG HRR 1928 Nr 587; OLG Düsseldorf NJW 1956, 877; OLG Hamm Rpfleger 1992, 474; DNotZ 1975, 696; *Güthe-Triebel* § 13 Rn 11; *Demharter* § 13 Rn 7; KEHE-*Herrmann* § 13 Rn 20; *Schöner/Stöber* Rn 86; *Eickmann* GBVerfR, Rn 93; *Habscheid* FG, § 41 II 1; *Nieder* NJW 1984, 329, 330; *Ertl* Rpfleger 1980, 41, 42; *Rademacher* MittRhNotK 1983, 81, 84; *Wulf* MittRhNotK 1996, 41, 42.
30   *Demharter* § 13 Rn 7; KEHE-*Herrmann* § 13 Rn 20; *Eickmann* GBVerfR, Rn 93; *Nieder* NJW 1984, 329, 330.
31   *Bengel/Simmerding* § 13 Rn 4.
32   *Demharter* § 13 Rn 7; *Rademacher* MittRhNotK 1983, 81, 84; *Holzer-Kramer* 4. Teil Rn 50.
33   *Eickmann* GBVerfR, Rn 94; KEHE-*Herrmann* § 13 Rn 23; *Demharter* § 13 Rn 53; *Weirich* Grundstücksrecht, Rn 327; *Ertl* Rpfleger 1980, 41, 42.
34   KG KGJ 44, 174; *Demharter* § 13 Rn 7; KEHE-*Herrmann* § 13 Rn 22; *Rademacher* MittRhNotK 1983, 81, 84.
35   RGZ 145, 286; BGHZ 35, 4 = NJW 1961, 1397.
36   BGHZ 141, 347 = NJW 1999, 2369; BayObLG ZfIR 2004, 643; BayObLGZ 1988, 127; *Schöner/Stöber* Rn 85; *Demharter* § 13 Rn 8; KEHE-*Herrmann* § 13 Rn 19; *Ertl* Rpfleger 1980, 41, 42.

Verfügung vorliegen, dh idR das Willensmoment (= Einigung, Aufgabeerklärung, Bewilligung) und die Grundbucheintragung (§§ 873, 875, 885 BGB).

V. Inhalt des Antrags

1. Notwendiger Inhalt

a) Eintragungsbegehren. Der Antrag muss das Begehren enthalten, dass ein Eintragungsverfahren eingeleitet **21** werde. Dieses muss im Interesse der Sicherheit des Grundbuchverkehrs eindeutig erkennbar sein. Bestimmte Ausdrucksweisen, wie etwa das Wort *beantragen* sind jedoch nicht notwendig. Es muss nur der auf die Vornahme einer Eintragung gerichtete Wille unzweifelhaft zum Ausdruck kommen.[37] Der Antrag muss auf alsbaldige Eintragung gerichtet sein; er darf nicht nur rein vorsorglich oder als später möglich gestellt werden, sodass der Antrag auf Löschung einer etwaigen Eigentümergrundschuld, deren Entstehungszeitpunkt ungewiss ist, unzulässig ist.[38] Der Antragsteller würde einen Rang erhalten (§§ 17, 45), der ihm noch nicht zusteht. In der Eintragungsbewilligung (§ 19) liegt grundsätzlich nicht auch der Eintragungsantrag nach § 13.[39] Die Bewilligung ist nämlich nur die verfahrensrechtliche Begründung für den Antrag. Wenn sich der Betroffene mit einem Rechtsverlust einverstanden erklärt und ihn deshalb bewilligt, so gibt er damit noch nicht zu erkennen, dass dieser Rechtsverlust sofort (!) vollzogen werden darf. Wenn der Betroffene die Bewilligung persönlich (nicht durch den Notar vertreten auf Grund vermuteter Vollmacht gemäß § 15) beim GBA einreicht, kann ein Eintragungsbegehren konkludent in Betracht kommen.[40] Kein Antrag des Begünstigten liegt vor, wenn er Bewilligung und Antrag des Betroffenen beim GBA einreicht.[41] Bei Löschung eines Grundpfandrechts liegt in der Zustimmung des Grundstückseigentümers gemäß § 27 S 1 idR nicht der Eintragungsantrag des Eigentümers nach § 13.[42]

Der Antrag ist analog § 133 BGB **auslegungsfähig**,[43] wobei zur Auslegung aber nur die für das Eintragungsverfah- **22** ren in Betracht kommenden Erkenntnisquellen, grundsätzlich also nur die vorgelegten Urkunden, herangezogen werden können.[44] Bei der Auslegung ist der wirkliche Wille, nicht der buchstäbliche Ausdruck maßgebend.[45] Das Wort *Antrag* oder *beantragen* braucht nicht verwendet zu werden.[46] Ausdrücke wie *bitten*, *ersuchen* und dergleichen genügen. Wird eine Eintragung beantragt, die eine andere voraussetzt, ist der Antrag so auszulegen, dass er sich auf Vornahme aller erforderlichen Eintragungen richtet, zB Eintragung der Pfändung einer Hypothek vor deren Löschung auf Antrag des Pfandgläubigers, dem sie zur Einziehung überwiesen worden war.[47] Ist nach § 39 Voreintragung erforderlich, so ist anzunehmen, dass der Antrag auch auf die Voreintragung zielt.[48] Mit der nachträglichen Briefbildung ist zugleich beantragt, die Aufhebung des Briefausschlusses einzutragen.[49] Im Zweifel ist anzunehmen, dass der Antragsteller die zulässige Eintragung will.[50] Ist das Eintragungsbegehren auch durch Auslegung nicht zu ermitteln, dh liegt kein Antrag vor, ist dies dem Beteiligten mitzuteilen. Eine Zurückweisung des Antrags iS von § 18 scheidet aus, wo nach Auffassung des GBA gar kein Antrag vorliegt.

b) Antragsteller. Der Antrag muss die Person des Antragstellers erkennen lassen, damit seine Antragsberechti- **23** gung geprüft werden kann (§ 13 Abs 1 S 2).[51] Wird ein ordnungsgemäßer Antrag von einem Unbeteiligten dem GBA vorgelegt, so kann die Bearbeitung nur dann abgelehnt werden, wenn erkennbar ist, dass die Vorlage gegen oder ohne Willen des Antragstellers erfolgt ist.[52]

---

37 *Eickmann* GBVerfR, Rn 95; DEM*harter* § 13 Rn 16; KEHE-*Herrmann* § 13 Rn 27.
38 OLG Frankfurt Rpfleger 1956, 193; OLG Hamm JMBlNRW 1956, 80; *Eickmann* GBVerfR, Rn 95; KEHE-*Herrmann* § 13 Rn 27.
39 *Eickmann* GBVerfR, Rn 95; *Demharter* § 13 Rn 16; KEHE-*Herrmann* § 13 Rn 27; *Wulf* MittRhNotK 1996, 41, 45.
40 KEHE-*Herrmann* § 13 Rn 27.
41 RG Recht 11 Nr 2461; KEHE-*Herrmann* § 13 Rn 27; *Wulf* MittRhNotK 1996, 41, 45.
42 OLG Saarbrücken MittRhNotK 1996, 57.
43 BayObLG BayObLGZ 1952, 24; Rpfleger 1979, 106; 1967, 11; OLG Karlsruhe DNotZ 1958, 257; OLG Bremen NJW 1965, 2403; OLG Hamm Rpfleger 1992, 474; OLG Saarbrücken MittRhNotK 1996, 57, 58; *Demharter* § 13 Rn 15; KEHE-*Herrmann* § 13 Rn 35; *Pawlowski-Smid* FG, Rn 442, 446.
44 BGH BGHZ 59, 240; OLG Bremen NJW 1965, 2403; KEHE-*Herrmann* § 13 Rn 35.
45 BayObLG BayObLGE 13, 727; 19, 239; BayObLGZ 1952, 24; 1976, 297; DNotZ 1979, 428 = Rpfleger 1979, 106; DNotZ 1980, 100 = Rpfleger 1979, 424; OLG Bremen NJW 1965, 2403; OLG Frankfurt Rpfleger 1956, 193; OLG Hamm Rpfleger 1957, 117; OLG Karlsruhe DNotZ 1958, 257 (*Westermann*); OLG Saarbrücken MittRhNotK 1996, 57, 58; KEHE-*Herrmann* § 13 Rn 35.
46 KEHE-*Herrmann* § 13 Rn 27; *Rademacher* MittRhNotK 1983, 81, 83.
47 BayObLGE 19, 22; KEHE-*Herrmann* § 13 Rn 35.
48 BayObLG DNotZ 1979, 428 = Rpfleger 1979, 106; *Demharter* § 13 Rn 16; KEHE-*Herrmann* § 13 Rn 35.
49 KG KGJ 28, 151.
50 BayObLG BayObLGZ 1976, 298 = Rpfleger 1977, 60; Rpfleger 1982, 141; KG JW 1924, 2047; *Demharter* § 13 Rn 16; KEHE-*Herrmann* § 13 Rn 27, 35.
51 *Eickmann* GBVerfR, Rn 95; *Demharter* § 13 Rn 17; KEHE-*Herrmann* § 13 Rn 26.
52 KG KGJ 28, 256; KEHE-*Herrmann* § 13 Rn 26.

24   **c) Eintragungsinhalt.** Der Antrag muss den Inhalt der begehrten Eintragung erkennen lassen.[53] Es genügt also nicht die Erklärung »Ich beantrage die Eintragung«. Zur Vermeidung überflüssiger Wiederholungen ist es jedoch zulässig, dass im Antrag wegen des näheren Inhalts auf die Bewilligung (§ 19) Bezug genommen wird.[54] Unerheblich ist dabei, ob die in Bezug genommene Bewilligung in derselben oder einer separaten Urkunde enthalten ist.[55] In den notariellen Urkunden werden häufig erst die materiellen rechtsgeschäftlichen Erklärungen abgegeben und im Anschluss daran wird der formelle Antrag erklärt (ebenso die Bewilligung); in diesen Fällen ist es zulässig, wenn für den Antragsinhalt auf den obigen rechtsgeschäftlichen Inhalt Bezug genommen wird.[56] Enthält eine Urkunde schuldrechtliche, dingliche und formelle Erklärungen, kann es aber nicht dem GBA überlassen werden, festzulegen, was zum Inhalt des Grundbuchs gemacht wird.[57] Dies ist Aufgabe der Beteiligten und sie können sich dem auch nicht mit der Erklärung entledigen, dass alles dinglich sein soll, was gesetzlich zulässig ist.[58] Der nicht näher spezifizierte Antrag eine Eintragung vorzunehmen, soweit dies eintragungsfähig und -pflichtig ist, ist nicht bestimmt genug und damit unzulässig.[59]

25   Bestritten ist, ob beim Antrag eine **Umdeutung** analog § 140 BGB möglich ist (vgl ausführlich dazu Einl G). Soweit dies abgelehnt wird,[60] ist dem mit der überwiegenden Meinung[61] zu widersprechen. Insbesondere wird die Möglichkeit, die unwirksame Begründung von Sondereigentum in die Bestellung von Sondernutzungsrechten umzudeuten, vielfach bejaht.[62] Durch die Umdeutung wird wie bei der Auslegung der in Wahrheit gewollte Inhalt einer Erklärung ermittelt. Allerdings ist die Umdeutung des Eintragungsantrags wegen der Besonderheiten des Grundbuchverfahrens nur dann möglich und geboten, wenn für das GBA keine unklaren Verhältnisse bestehen, die Umdeutung vielmehr auf Grund der vorliegenden Urkunden ohne zusätzliche Beweiserhebung vorgenommen werden kann.[63]

26   Wird der Antrag statt auf eine Bewilligung auf eine andere Urkunde gestützt, so muss er die Angaben nach § 28 enthalten und mit der Urkunde übereinstimmen.[64] Das gilt bei Berichtigung auf den Namen des Erben aufgrund Erbscheins und bei Zwangseintragungen aufgrund Vollstreckungstitels. Jedoch kann der Antrag auf Eintragung einer Zwangshypothek auf einen geringeren Betrag lauten, als der Titel ausweist.[65]

27   Antrag und Bewilligung müssen sich decken.[66] Das gilt bei Grundpfandrechten für die Höhe des Kapitals,[67] Verzinslichkeit oder Unverzinslichkeit,[68] Rangbestimmungen[69] und Belastungsgegenstand[70] (Einzel- oder Gesamthypothek). Auf die Bewilligung einer Vormerkung kann nicht der Antrag auf Eintragung des Rechtes selbst gestützt werden.[71] Anders ist es nur, wenn die Bewilligung ihrem Wortlaut oder Sinne nach zulässt, dass der Antrag im Umfang hinter ihr zurückbleibt.[72] Bei der Bewilligung mehrerer Eintragungen kann der Antrag auf einzelne von ihnen beschränkt werden, wenn kein untrennbarer Zusammenhang zwischen ihnen besteht.[73]

---

53   *Wulf* MittRhNotK 1996, 41, 45; KEHE-*Herrmann* § 13 Rn 30; *Rademacher* MittRhNotK 1983, 81, 82.
54   OLG Karlsruhe OLGE 4, 82; OLG Köln Rpfleger 1981, 354; *Demharter* § 13 Rn 18; *Güthe-Triebel* § 13 Rn 24; *Wulf* MittRhNotK 1996, 41, 45; *Rademacher* MittRhNotK 1983, 81, 82 f.
55   *Rademacher* MittRhNotK 1983, 81, 82.
56   *Rademacher* aaO.
57   OLG Hamm DNotZ 1967, 635; JMBlNRW 1957, 92; KEHE-*Herrmann* § 13 Rn 30; *Wulf* MittRhNotK 1996, 41, 45; *Rademacher* MittRhNotK 1983, 81, 83.
58   BGH NJW 1956, 1196; BayObLG DNotZ 1969, 492; NJW 1967, 1373; OLG Frankfurt Rpfleger 1973, 23; 1977, 101; *Schöner/Stöber* Rn 105; *Wulf* MittRhNotK 1996, 41, 45.
59   BayObLGZ 1969, 97 = NJW 1969, 1964 = DNotZ 1969, 492 = Rpfleger 1969, 241; OLG Frankfurt Rpfleger 1977, 101; OLG Hamm DNotZ 1967, 635; KEHE-*Herrmann* § 13 Rn 27; *Wulf* MittRhNotK 1996, 41, 45.
60   KEHE-*Herrmann* § 13 Rn 36.
61   BayObLGZ 1953, 333, 335; 1983, 118, 123 = DNotZ 1983, 754 = MittRhNotK 1983, 151; OLG Bremen OLGZ 1987, 10, 11; KG DNotZ 1968, 95, 96; OLG Köln MittRhNotK 1996, 61; *Holzer-Kramer* 4. Teil Rn 34.
62   BayObLG MDR 1981, 145; OLG Köln MittRhNotK 1996, 61; LG Regensburg MittBayNot 1990, 43 m zust Besprechung von *Böhringer* MittBayNot 1990, 12.
63   BayObLGZ 1953, 333, 335; 1983, 118, 123; KG OLGZ 1967, 324 = NJW 1967, 2358 = DNotZ 1968, 95 = Rpfleger 1968, 50 (*Riedel*); OLG Düsseldorf DNotZ 1977, 305; OLG Köln MittRhNotK 1996, 61.
64   KG OLGE 6, 407; KEHE-*Herrmann* § 13 Rn 30, 34; *Demharter* § 13 Rn 18; *Eickmann* GBVerfR, Rn 95.
65   RGZ 71, 315; KG KGJ 50, 154; KEHE-*Herrmann* § 13 Rn 34; *Demharter* § 13 Rn 20.
66   BayObLG MittBayNot 1996, 36 = MittRhNotK 1996, 54; Rpfleger 1978, 447; BayObLGZ 1976, 188; 1991, 97, 102; 1992, 138 = Rpfleger 1993, 15; KG KGJ 46, 176, 179; OLG München JFG 22, 33; OLG Düsseldorf DNotZ 1950, 41; OLG Hamm Rpfleger 1988, 404; *Demharter* § 13 Rn 19; KEHE-*Herrmann* § 13 Rn 31; *Eickmann* GBVerfR, Rn 97.
67   *Eickmann* GBVerfR, Rn 97 Beispiel 17 c.
68   KG OLGE 5, 292.
69   KG OLGE 1, 456.
70   *Eickmann* GBVerfR, Rn 97 Beispiel 17 b.
71   RGZ 60, 392.
72   BayObLG MittBayNot 1996, 36 = MittRhNotK 1996, 54; BayObLGZ 1948–51, 508, 515; 1955, 48, 53; 1991, 102 = Rpfleger 1991, 303; LG Köln DNotZ 1955, 398; *Demharter* § 13 Rn 19; KEHE-*Herrmann* § 13 Rn 31.
73   BayObLGZ 1948–51, 508, 516; *Demharter* § 13 Rn 19; *Eickmann* GBVerfR, Rn 97 Beispiel 17 d.

Abweichungen in der Bezeichnung des Berechtigten schaden nicht, wenn Bewilligung und Antrag dieselbe Person meinen oder die eine der Gesamtrechtsnachfolger der anderen ist. Auf die Bewilligung zugunsten des Erblassers kann der Antrag auf Eintragung des Erben daher gestützt werden;[74] die Erbfolge ist nachzuweisen. Auch der Einzelkaufmann kann auf Antrag eingetragen werden, wenn die Bewilligung auf seine Firma lautet und die Inhaberschaft durch Handelsregisterauszug nachgewiesen wird.[75]

2. Erlaubter Inhalt

Der Antrag kann über die oben genannten Einzelheiten und über den Inhalt der Bewilligung hinaus noch folgendes enthalten:[76] Koppelung mehrerer Eintragungen (§ 16 Abs 2); Rangbestimmungen (§ 45 Abs 3); Bestimmungen über die Person des Briefempfängers abweichend von § 60 Abs 2; Anträge auf Erteilung von Briefen gemäß §§ 63, 65, 67. **28**

3. Gemischter Antrag

Ein reiner Antrag liegt vor, wenn er nur die Antragserklärung enthält. Dagegen handelt es sich um einen sog **29** gemischten Antrag, wenn in der Antragserklärung auch konkludent noch eine andere zur Eintragung erforderliche Erklärung enthalten ist, zB Bewilligung (§ 19) oder Zustimmung (§ 27).[77] Beim gemischten Antrag handelt es sich eigentlich um zwei Erklärungen: die Antragserklärung, die ausdrücklich abgegeben wurde, und eine sonstige zur Eintragung erforderliche Erklärung (zB Bewilligung), die stillschweigend darin enthalten ist. Die Unterscheidung zwischen reinem und gemischtem Antrag hat vor allem für die Form Bedeutung (vgl § 30).

VI. Form des Antrags

Der **reine Antrag** bedarf **nicht der Form des § 29**.[78] Er muss aber – arg § 13 Abs 2 S 1 – in einem Schrift- **30** stück enthalten sein, das jedoch nicht vom Antragsteller unterschrieben sein muss, wenn sich nur aus den Umständen eindeutig ergibt, wer Antragsteller ist.[79] Telegrafische, fernschriftliche und schriftliche Antragstellung sind in diesem Rahmen zulässig. Bei mündlicher Antragstellung ist die Aufnahme einer Niederschrift des GBA erforderlich (vgl § 13 Abs 2 S 3).[80] Das Fehlen von Orts- und Zeitangabe schadet nicht.[81]

Der »gemischte Antrag«, der eine Bewilligung oder eine sonst erforderliche Erklärung (wie die Zustimmung **31** des Eigentümers nach § 27) ersetzt, bedarf nach § 30 der **Form des § 29.**

VII. Antragsberechtigung

1. Allgemeines

Die Antragsberechtigung ist die rechtliche Fähigkeit, ein Eintragungsverfahren in Gang zu setzen.[82] Das Recht, **32** eine Eintragung zu beantragen, setzt eine besondere Beziehung des Berechtigten zu der Eintragung voraus, die § 13 Abs 1 S 2 dahin definiert, dass
– jeder, dessen Recht von der Eintragung **betroffen** wird, und
– jeder, **zu dessen Gunsten** die Eintragung erfolgen soll,

das Antragsrecht hat. Antragsberechtigt sind also der **Betroffene**, auch *Passivbeteiligte* oder *verlierender Teil*, und der **Begünstigte**, auch *Aktivbeteiligter* oder *gewinnender Teil* genannt. Die Antragsberechtigung des Betroffenen folgt aus seiner noch bestehenden Rechtsposition, die er verändern oder aufgeben will; die des Begünstigten fließt aus seiner anwartschaftlichen Stellung auf die Rechtsänderung oder den Rechtserwerb.

Die Antragsberechtigung kann weder ausgeschlossen noch eingeschränkt, noch erweitert und auch nicht auf **33** Dritte übertragen werden.[83] **Schuldrechtliche Vereinbarungen** diesbezüglich sind zwar möglich,[84] aber für das GBA unbeachtlich, da die Beteiligten kein eigenes Verfahrensrecht schaffen können.[85]

---

74 BayObLGE 33, 301; BayObLGZ 1976, 180, 188; BayObLG Rpfleger 1978, 447; KG JFG 7, 325; *Demharter* § 13 Rn 19; KEHE-*Herrmann* § 13 Rn 32.
75 KG HRR 1930 Nr 737; *Demharter* § 13 Rn 19; KEHE-*Herrmann* § 13 Rn 32.
76 *Demharter* § 13 Rn 21, 22; KEHE-*Herrmann* § 13 Rn 33; *Rademacher* MittRhNotK 1983, 81, 83.
77 *Eickmann* GBVerfR, Rn 96.
78 RGZ 54, 394; BayObLG DNotZ 1956, 209.
79 KG OLGE 7, 193; *Rademacher* MittRhNotK 1983, 81, 82.
80 KG Recht 1911 Nr 2460; BayObLG DNotZ 1978, 241 = Rpfleger 1977, 135; KG KGJ 44, 174.
81 *Holzer-Kramer* 4. Teil Rn 79.
82 *Eickmann* GBVerfR, Rn 100; KEHE-*Herrmann* § 13 Rn 54.
83 *Ertl* DNotZ 1975, 644, 650; Rpfleger 1980, 41, 42; KEHE-*Herrmann* § 13 Rn 54.
84 BGH LM Nr 3 zu § 925 BGB; OLG Hamm Rpfleger 1975, 250 = DNotZ 1975, 688.
85 *Ertl* Rpfleger 1980, 41, 42; KEHE-*Herrmann* § 13 Rn 62.

2. Rechtliche Betrachtungsweise

34 Als unmittelbar Beteiligter ist antragsberechtigt, wessen formale, **abstrakte Rechtsposition** von Eintragung berührt wird.[86] Ein bloßer wirtschaftlicher Vor- oder Nachteil begründet ein Antragsrecht ebenso wenig wie eine schuldrechtliche Verpflichtung oder ein rechtliches oder berechtigtes Interesse.[87] Andererseits ist ein rechtliches oder wirtschaftliches Interesse nicht erforderlich.[88] Deshalb sind bei rechtsändernden Eintragungen die Parteien, zwischen denen die Änderung stattfindet, nämlich der *Berechtigte* und der *andere Teil* iS des § 873 Abs 1 BGB, ferner der *Berechtigte* nach § 875 BGB und bei berichtigenden Eintragungen diejenigen antragsberechtigt, deren Buchposition durch die Eintragung unmittelbar verbessert oder verschlechtert wird. Veräußert der Grundstückseigentümer seine Immobilie weit über Wert, so ist er trotzdem der Betroffene iS von § 13 Abs 1 S 2.[89] Bei der Veräußerung einer Eigentumswohnung ist der gemäß § 12 WEG zustimmungspflichtige Verwalter nicht antragsberechtigt.[90] Bei manchen Rechtsgeschäften lässt sich abstrakt-rechtlich nicht beurteilen, wer davon betroffen oder begünstigt ist, zB bei der Umwandlung einer Hypothek in eine Grundschuld; in diesen Fällen sind beide Teile als betroffen anzusehen.[91]

3. Unmittelbarkeit

35 Entstehungsgeschichte, Sinn und Zweck des § 13 Abs 1 S 2 sowie Gründe des materiellen Rechts sprechen dafür, dass die besondere Beziehung des Antragsberechtigten zu der Eintragung unmittelbar sein muss.[92] Das gilt für den Passiv- wie für den Aktivbeteiligten. Im Gegensatz zum Aktivbeteiligten *(zu dessen Gunsten die Eintragung erfolgen soll)* ergibt sich dies für den Passivbeteiligten nicht schon aus dem Wortlaut des § 13 Abs 1 S 2, weil die GBO in anderen Vorschriften (zB §§ 17, 19, 39, 55) mit einem *Betroffenen* auch den mittelbar Betroffenen meint. Für § 13 Abs 1 S 2 ist vielmehr einerseits die Notwendigkeit der klaren Abgrenzung der Antragsberechtigung ohne umfängliche Ermittlungen des GBA, und zum anderen der Gedanke ausschlaggebend, dass die Gewährung des Antragsrechts zugunsten nur mittelbar Beteiligter diese in die Lage setzen würde, über den Kopf des unmittelbar Beteiligten hinweg Eintragungen zu erwirken, die die unmittelbar Beteiligten nicht wünschen. Dass zB § 19 auch den nur mittelbar Betroffenen einschließt, beruht auf dem völlig anderen Normzweck dieser Vorschrift. Niemand, auch kein nur mittelbar Betroffener (zB derjenige, dessen Zustimmung zu einer Rechtsänderung nach materiellem Recht erforderlich ist – etwa nach §§ 876, 880 Abs 2 S 2, 1180 Abs 2 S 1 BGB; 26 ErbbauRG) soll ohne seine dem GBA gegenüber erklärte Gestattung (Bewilligung) in seiner Buchposition beeinträchtigt werden können. Dieser Schutzzweck trifft auf § 13 Abs 1 S 2 nicht zu, da der mittelbar Beteiligte nichts dadurch verliert, dass er keinen Antrag stellen kann. Ferner indiziert auch § 14, dass nach § 13 Abs 1 S 2 nur der unmittelbar Beteiligte antragsberechtigt ist; denn § 14 regelt als Spezialvorschrift gegenüber § 13 Abs 1 S 2 das Antragsrecht eines mittelbar Beteiligten ausdrücklich, was nicht nötig wäre, wenn es sich bereits aus § 13 Abs 1 S 2 ergäbe. Auch § 9 Abs 1 S 2, der allerdings keine *Eintragung*, sondern nur einen Vermerk betrifft, und § 8 Abs 2 GBMG gewähren dem nur mittelbar Beteiligten ausnahmsweise ein Antragsrecht und sprechen für die hier vertretene und mit der herrschenden Meinung übereinstimmende Ansicht. Unmittelbar beteiligt iS von § 13 Abs 1 S 2 ist nur derjenige, der hinsichtlich der betreffenden Eintragung **zur Zeit ihrer Vornahme** einen Verlust erleidet oder einen Vorteil erfährt.[93]

36 Der **Berechtigte einer Eigentumsvormerkung** ist als nur mittelbar Beteiligter nicht antragsberechtigt für Löschung eines Rechtes an seiner gekauften Immobilie[94] antragsberechtigt sind insoweit nur der Grundstückseigentümer als unmittelbar Begünstigter und der Berechtigte des zu löschenden Rechts als unmittelbar Betroffener. Ist zugunsten einer Eigentumswohnung ein Sondernutzungsrecht (zB an einem Kfz – Stellplatz) im Wohnungsgrundbuch eingetragen, so ist der Berechtigte einer Eigentumsvormerkung an der Wohnung als nur mittelbar Beteiligter nicht antragsberechtigt für Veränderungen beim Sondernutzungsrecht (zB ausdrückliche Eintragung des Sondernutzungsrechts im Wohnungsgrundbuch anstelle einer nur mittelbaren Eintragung durch Bezugnahme auf die Eintragungsbewilligung).[95] Der Berechtigte einer Eigentumsvormerkung an der Eigen-

---

86 *Güthe-Triebel* § 13 Rn 40; KEHE-*Herrmann* § 13 Rn 56; *Demharter* § 13 Rn 43; *Eickmann* GBVerfR, Rn 100; *Rademacher* MittRhNotK 1983, 81, 84.

87 BayOblGZ 1969, 284 = Rpfleger 1970, 26; OLG Dresden OLGE 4, 78; KG KGJ 52, 163; KEHE-*Herrmann* § 13 Rn 56; *Demharter* § 13 Rn 43; *Eickmann* GBVerfR, Rn 100.

88 OLG Düsseldorf DNotZ 1971, 724.

89 *Eickmann* GBVerfR, Rn 100.

90 OLG Frankfurt Rpfleger 1988, 184.

91 KEHE-*Herrmann* § 13 Rn 56; *Rademacher* MittRhNotK 1983, 81, 84.

92 Ausführlich *Böttcher* Rpfleger 1982, 52; ebenso BayOblG BayNotV 1933, 174; KG KGJ 31, 347; 47, 207; OLGE 4, 187; OLG Oldenburg NJW 1965, 1768 = DNotZ 1966, 42; LG Dortmund MDR 1960, 320; *Güthe-Triebel* § 13 Rn 42; *Demharter* § 13 Rn 42, 44; *Pawlowski-Smid* FG, Rn 415; *Eickmann* GBVerfR, Rn 101; *Rademacher* MittRhNotK 1983, 81, 84; *Mümmler* JurBüro 1983, 12, 93; kritisch: KEHE-*Herrmann* § 13 Rn 58.

93 *Böttcher* Rpfleger 1982, 52, 55.

94 OLG Düsseldorf Rpfleger 2007, 69 = RNotZ 2006, 613.

95 OLG Zweibrücken RNotZ 2007, 280.

tumswohnung kann auch keinen Antrag auf Eintragung der Umwandlung von Gemeinschaftseigentum (zB an einer Remise) in das Sondereigentum seiner gekauften Wohnung stellen.[96] Als unmittelbar Betroffener ist er nicht antragsberechtigt. Die Vormerkung wird durch die beantragte Eintragung nicht unmittelbar betroffen. Durch die Umwandlung des Gemeinschaftseigentums an der Remise in das Sondereigentum der Wohnung wird die Rechtsstellung des Vormerkungsberechtigten nicht unmittelbar verschlechtert. Denn die Vormerkung bleibt inhaltsgleich bestehen. Die Änderung des Belastungsgegenstandes wirkt auf sie nur mittelbar. Auf ein mögliches Anwartschaftsrecht des Käufers kommt es nicht an. Der Vormerkungsberechtigte ist auch nicht deshalb betroffen iSv § 13 Abs 1 S 2, weil für die Eintragung gem. §§ 877, 876 BGB, § 19 GBO seine Bewilligung erforderlich ist. Dies beruht darauf, dass eine Änderung der Teilungserklärung, zu deren Vornahme die eingetragenen Wohnungseigentümer weiterhin befugt sind, auch der Zustimmung der nur mittelbar betroffenen Vormerkungsberechtigten bedarf, um die erforderliche Einheitlichkeit der Teilungserklärung zu gewährleisten. Der nur mittelbar Betroffene ist auch in dem Fall nicht antragsberechtigt, in dem die Eintragung gem. § 19 nicht ohne seine Bewilligung erfolgen darf.[97] Von dem Zustimmungserfordernis kann nicht auf die Antragsberechtigung geschlossen werden. § 19 und § 13 Abs 1 S 2 dienen unterschiedlichen Zwecken. § 19 schließt den nur mittelbar Betroffenen ein, um zu gewährleisten, dass eine nach dem materiellen Sachenrecht gebotene Zustimmung vorliegt. Die Antragsberechtigung ist Ausfluss der materiellrechtlichen Verfügungsberechtigung des Betroffenen und der Anwartschaft des unmittelbar Begünstigten. Der nur mittelbar Betroffene kann die Rechtsänderung durch ein Versagen seiner Zustimmung nur verhindern und nicht herbeiführen. Die Ausdehnung der Antragsberechtigung auf mittelbar Beteiligte würde es diesen ermöglichen, eine Eintragung im Grundbuch herbeizuführen, welche die unmittelbar Beteiligten, denen nach dem materiellen Recht die Herrschaft über ihre Rechtsbeziehungen zusteht, nicht (mehr) wollen. So könnte zB ein nach §§ 876, 877 BGB zustimmungspflichtiger Grundpfandrechtsgläubiger mit seinem Antrag die Eintragung einer inhaltlichen Änderung der Teilungserklärung bewirken, obwohl die unmittelbar betroffenen Eigentümer ihren Antrag beim Grundbuchamt zurückgenommen haben. Die Eintragung soll auch nicht iSv § 13 Abs 1 S 2 zu Gunsten des Vormerkungsberechtigten erfolgen. Sie bezweckt nicht die unmittelbare Begünstigung des Vormerkungsberechtigten, auch wenn die Eigentumswohnung durch die Eintragung gewinnt. Die Frage, zu wessen Gunsten eine Eintragung erfolgen soll, ist abstrakt nach dem Inhalt der beantragten Eintragung zu beantworten. Mittelbare Vorteile oder das Interesse an der Erfüllung schuldrechlicher Ansprüche sind nicht zu berücksichtigen. Das folgt aus der Notwendigkeit, die Antragsberechtigung klar abzugrenzen, sowie aus der Übereinstimmung zwischen Antragsberechtigung und materieller Rechtsherrschaft. Nach dem Inhalt der beantragten Eintragung sollen allein die eingetragenen Eigentümer begünstigt werden. Der Zweck der Eintragung einer Änderung der Teilungserklärung besteht nur darin, den Inhalt der Wohnungseigentumsrechte zu ändern. Die Rechtsstellung des Vormerkungsberechtigten beeinflusst sie nur mittelbar, insoweit als diesen ein schuldrechtlicher Anspruch auf Einräumung der Wohnungseigentumsrechte zusteht. Dem Vormerkungsberechtigten steht damit auch nicht als Begünstigtem ein Antragsrecht zu.

4. Antragsmacht

a) Allgemeines. Die Antragsberechtigung im Grundbuchverfahren ist Ausfluss der materiellrechtlichen Verfügungsberechtigung des Betroffenen und der Anwartschaft des Begünstigten. Ebenso wie die Verfügungsberechtigung sinnvollerweise in Verfügungsmacht und Verfügungsbefugnis unterteilt wird,[98] ist bei der Antragsberechtigung zwischen Antragsmacht und Antragsbefugnis zu differenzieren. IdR fallen beide Begriffe zusammen. Unterliegt der Betroffene jedoch einer Verfügungsentziehung (zB Insolvenz, Testamentsvollstreckung, Nachlassverwaltung), so steht ihm zwar weiterhin die Verfügungsmacht und damit die Antragsmacht zu, aber ihm fehlen sowohl die Verfügungsbefugnis als auch die Antragsbefugnis.[99] Die Antragsmacht ist die verfahrensrechtliche Position, kraft deren dem durch die Eintragung Betroffenen oder Begünstigten gestattet wird, ein Eintragungsverfahren in Gang zu setzen. Die Antragsbefugnis ist dagegen die rechtliche Fähigkeit, von denen aus der Antragsmacht fließenden verfahrensrechtlichen Befugnissen Gebrauch machen zu können. **37**

b) Betroffener. Die Antragsberechtigung des Betroffenen ergibt sich aus seiner allgemeinen Verfügungsberechtigung, dh aus seiner noch bestehenden Rechtsposition. Betroffener ist der, der durch die Eintragung einen Verlust erleidet. Hierbei kommt es nicht auf wirtschaftliche Nachteile, sondern darauf an, ob vom Standpunkt des abstrakten Rechtsbegriffes aus ein Verlust eingetreten ist (vgl Rdn 34). Obwohl der Wortlaut des § 13 Abs 1 S 2 eher gegen das Erfordernis der Unmittelbarkeit spricht, ist es ganz hM, dass nur der unmittelbar Betroffene ein Antragsrecht hat (vgl Rdn 35). Für den Begriff des Betroffenen nach § 13 Abs 1 S 2 sind somit zwei Voraussetzungen entscheidend: die **Verschlechterung der dinglichen Rechtsstellung** und die **Unmittelbarkeit des Betroffenseins.** **38**

---

96   KG DNotZ 2004, 149; vgl dazu *Böttcher* RpflStud 2004, 180.
97   *Böttcher* Rpfleger 1982, 52, 54; **aA** *Schöner-Stöber* Rn 88.
98   *Eickmann* GBVerfR, Rn 128, 129; *Böttcher* Rpfleger 1983, 49.
99   *Demharter* § 13 Rn 49.

39 Wird eine **rechtsändernde Eintragung** beantragt, so stellt sich die Frage, ob sich das Betroffensein nach dem materiellen Recht oder aus der formellen Buchposition (wie zB bei der Bewilligung gemäß § 19) beurteilt. Wer ist beispielsweise als Betroffener antragsberechtigt für die Löschung einer im GB eingetragenen Fremdhypothek, wenn dem GBA eine sog löschungsfähige Quittung vorliegt (vgl dazu § 27 Rdn 48 ff), aus der ersichtlich ist, dass durch Rückzahlung der gesicherten Forderung eine Eigentümergrundschuld entstanden ist (§ 1163 Abs 1 S 2, § 1177 BGB)? Von der Löschung formell betroffen ist die noch im GB eingetragene Gläubigerin der Hypothek; materiell betroffen ist dagegen der Grundstückseigentümer als Inhaber der verdeckten Eigentümergrundschuld. Nach richtiger Ansicht beurteilt sich die Frage der Betroffenheit iS des § 13 Abs 1 S 2 bei rechtsändernden Eintragungen nach der **materiellen Rechtslage**, dh antragsberechtigt ist nur der wahre Betroffene.[100] Im genannten Beispielsfall ist als Betroffener nur antragsberechtigt der Berechtigte der Eigentümergrundschuld und nicht der noch im GB stehende Fremdhypothekar.

40 Wird dagegen eine **berichtigende Eintragung** beantragt, so bestimmt sich die Frage des Betroffenseins grundsätzlich nach der **formellen Buchposition**[101] (vgl § 22 Rdn 88). Ist beispielsweise aus einer im GB eingetragenen Fremdhypothek durch Rückzahlung der gesicherten Forderung eine Eigentümergrundschuld entstanden (§ 1163 Abs 1 S 2, § 1177 BGB), und soll dies berichtigend im GB eingetragen werden, ist der noch formell ausgewiesene Hypothekengläubiger als Betroffener antragsberechtigt.

41 **c) Begünstigter.** Die Antragsberechtigung des Begünstigten beruht auf der anwartschaftsähnlichen Stellung dessen, der ein Recht erlangen soll. Nach dem Wortlaut des § 13 Abs 1 S 2 ist Begünstigter der, »zu dessen Gunsten die Eintragung erfolgen soll«. Ebenso wie beim Betroffenen ist dies unter abstraktrechtlichen Gesichtspunkten zu beurteilen (vgl Rdn 34). Entscheidend für den Begriff des Begünstigten ist – im Unterschied zum Betroffenen – der Zweck der Eintragung, also ein subjektives Element.[102] Die Beziehung des Begünstigten zu der Eintragung muss – wiederum wie beim Betroffenen – eine unmittelbare sein, dh zur Zeit der Vornahme (§ 44: mit der letzten Unterschrift) muss eine Verbesserung der Rechtsstelle eintreten (vgl Rdn 35). Für die rechtliche Beurteilung des Begünstigten nach § 13 Abs 1 S 2 sind somit drei Komponenten zu beachten: die **Verbesserung der dinglichen** Rechtsstellung, der **Zweck der Eintragung** und die **Unmittelbarkeit der Begünstigung**.

42 Wird eine **rechtsändernde Eintragung** beantragt, so kann sich die Frage der Begünstigung nur nach dem **materiellen Recht** beantworten, denn sie muss sich immer unmittelbar aus der Eintragung ergeben.[103]

43 Bei **GBBerichtigungen** ist als Aktivbeteiligter jeder antragsberechtigt, der einen **Anspruch aus § 894 BGB** hat, also auch ein Rechtsinhaber, dessen Recht nicht selbst Gegenstand der Berichtigung ist, aber durch die Berichtigung (zB Löschung einer vorrangigen Eintragung) eine Verbesserung (zB im Range) erfährt. Die Unmittelbarkeit beruht hier auf § 894 BGB (vgl ausführlich § 22 Rdn 88).

44 **d) Einzelfälle.** Bei der **Veräußerung eines Grundstücks**, einer Eigentumswohnung usw sind der Veräußerer als unmittelbar Betroffener und Erwerber als unmittelbar Begünstigter antragsberechtigt.[104] Dagegen hat bei der Veräußerung einer Eigentumswohnung der gemäß § 12 WEG zustimmungspflichtige Verwalter kein Antragsrecht.[105] Gleiches gilt für einen in Gütergemeinschaft lebenden Ehegatten, wenn dem anderen Ehegatten ein Grundstück zu Alleineigentum aufgelassen worden ist.[106] Auch die Gläubiger, die ein Recht an der veräußerten Immobilie haben (zB Vorkaufsrecht, Grundschuld usw), können keinen Antrag auf Vollzug der Auflassung stellen.[107]

45 Soll ein Grundstück, eine Eigentumswohnung belastet werden (= **Begründung eines Grundstücksrechtes**), zB mit einer Grundschuld oder einer Reallast, so sind der Grundstückseigentümer als unmittelbar Betroffener und der künftige Berechtigte des Rechts als unmittelbar Begünstigte antragsberechtigt.[108] Andere Gläubiger, die

---

100 *Pawlowski-Smid* FG, Rn 424–429; ebenso KG Rpfleger 1975, 136; KGJ 45, 206; *Demharter* § 13 Rn 46; KEHE-*Herrmann* § 13 Rn 59, 60.

101 *Demharter* § 13 Rn 46; KEHE-*Herrmann* § 13 Rn 59, 60; *Pawlowski-Smid* FG, Rn 426.

102 Dies folgt sowohl aus dem Wortlaut (»zu dessen Gunsten die Eintragung erfolgen soll«) als auch aus der Entstehungsgeschichte des § 13 GBO (Motive zum Entwurf einer GBO, Amtl Ausgabe, 1899, Seite 53: »Die Antragsberechtigung ist auf diejenigen Personen zu beschränken, deren Begünstigung die Eintragung unmittelbar bezweckt«); dies ist hM, so insbesondere: *Eickmann* GBVerfR, Rn 101; *Demharter* § 13 Rn 47; LG Dortmund MDR 1960, 320; *Rademacher* MittRhNotK 1983, 81, 84; *Böttcher* Rpfleger 1982, 52, 55.

103 *Pawlowski-Smid* FG, Rn 424.

104 *Demharter* § 13 Rn 46; KEHE-*Herrmann* § 13 Rn 60, 61.

105 OLG Frankfurt Rpfleger 1988, 184 = NJW-RR 1988, 139; *Demharter* § 13 Rn 43; *Wilke* in *Bauer/von Oefele* § 13 Rn 43.

106 BayObLGZ 1954, 145; *Demharter* § 13 Rn 47.

107 KEHE-*Herrmann* § 13 Rn 60.

108 KEHE-*Herrmann* § 13 Rn 60, 61; *Demharter* § 13 Rn 46.

Böttcher

bereits ein Recht am Grundstück haben (zB vorrangige Hypothek), sind nicht antragsberechtigt.[109] Für Eintragungen, die im Zwangswege erfolgen (auf Grund vollstreckbaren Titels, Arrestbefehls, einstweiliger Verfügung), zB Zwangshypothek oder Arresthypothek oder Vormerkung, ist der künftige Gläubiger als unmittelbar Begünstigter antragsberechtigt; aber auch der Grundstückseigentümer als unmittelbar Betroffener,[110] wobei er jedoch wohl nie diesen Antrag stellen wird. Hat der Grundstückseigentümer für sich eine Grundschuld bestellt und für diese eine Abtretungsurkunde erteilt, so besitzt der als Abtretungsempfänger Bezeichnete kein eigenes Antragsrecht auf Eintragung der Eigentümergrundschuld sowie auf Eintragung der Abtretung bis zur Eintragung der Grundschuld.[111] Bei der Eintragung der Eigentümergrundschuld ist der Grundstückseigentümer als der einzige unmittelbar Betroffene und Begünstigte antragsberechtigt. Ein evtl für den Abtretungsempfänger über § 873 Abs 2 BGB entstandenes Anwartschaftsrecht begründet für ihn kein Antragsrecht. Tritt der künftige Erwerber eines Grundstücks mit der für ihn im GB eingetragenen Eigentumsvormerkung hinter ein Grundpfandrecht zurück, das er aufgrund einer sog Vorwegbeleihungsvollmacht für den Eigentümer bewilligt, steht ihm hinsichtlich des Grundpfandrechts kein eigenes Antragsrecht zu.[112] Ein aufgrund der Eigentumsvormerkung evtl erlangtes Anwartschaftsrecht für den künftigen Grundstückseigentümer begründet für ihn kein Antragsrecht. Dieses steht bei einer Grundschuldeintragung nur dem Grundstückseigentümer als unmittelbar Betroffenen und künftigen Grundschuldgläubiger als unmittelbar Begünstigten zu.

Soll die **Abtretung eines Grundstücksrechtes** eingetragen werden, so sind der Zedent als unmittelbar Betroffener und der Zessionar als unmittelbar Begünstigter antragsberechtigt.[113] Dagegen steht dem Grundstückseigentümer kein Antragsrecht zu,[114] auch wenn ihm zB der Zedent lieber war als Berechtigter an seinem Grundstück; sein Betroffensein ist nicht rechtlicher Natur. Bei der Abtretung einer Eigentümergrundschuld sind der Grundstückseigentümer als unmittelbar Betroffener und der Zessionar als unmittelbar Begünstigter antragsberechtigt. Sind im Rang nach der Eigentümergrundschuld noch Rechte eingetragen, so müssen deren Berechtigte nach Abtretung damit rechnen, dass aus der entstandenen Fremdgrundschuld die Zwangsversteigerung des Grundstücks betrieben wird – was bisher nicht möglich war (§ 1197 Abs 1 BGB) –, ihre Rechte dadurch erlöschen (§§ 91, 52, 44 ZVG) und die Berechtigten bei zu geringem Erlös leer ausgehen. Die nachrangigen Berechtigten sind somit zwar betroffen, dies aber nur wirtschaftlich; eine rechtliche Beeinträchtigung liegt nicht vor, sodass sie auch nicht antragsberechtigt sind.[115] **46**

Soll die **Aufhebung eines Grundstücksrechtes** eingetragen werden, sind der Berechtigte als unmittelbar Betroffener und der Grundstückseigentümer als unmittelbar Begünstigter antragsberechtigt.[116] Dem Berechtigten aus einer Eigentumsvormerkung steht das Antragsrecht noch nicht zu.[117] Soweit nachrangige Rechte eingetragen sind, verbessert sich durch die Löschung des vorrangigen Rechts deren Rang. Trotzdem sind die Berechtigten der nachrangigen Rechte als Begünstigte nicht antragsberechtigt, weil sich diese Verbesserung nur mittelbar aus § 879 BGB ergibt und außerdem die Löschung nicht zu diesem Zweck vorgenommen wird.[118] Ist das aufzuhebende Recht mit dem Recht eines Dritten belastet (zB Pfandrecht, Nießbrauch), so ist dieser nicht antragsberechtigt als Betroffener, weil sich seine Rechtsstellung nur mittelbar verschlechtert.[119] **47**

Bei der **Rangänderung von Grundstücksrechten** sind der zurücktretende Berechtigte als unmittelbar Betroffener und der vortretende Berechtigte als unmittelbar Begünstigter antragsberechtigt. Beim **Rangvortritt eines Grundpfandrechtes** soll auch der Grundstückseigentümer als Begünstigter antragsberechtigt sein, weil sich sein künftiges Eigentümerrecht (zB § 1163 Abs 1 S 2 BGB) im Rang verbessere.[120] Dies ist abzulehnen, denn insoweit liegt gerade der typische Fall einer mittelbaren Begünstigung vor. Außerdem verfolgt die Eintragung der Rangänderung nicht den Zweck, dem Eigentümer eine bessere Stellung zu verschaffen. Beim Rangvortritt eines Grundpfandrechtes ist daher der Grundstückseigentümer nicht als Begünstigter antragsbe- **48**

109 *Pawlowski-Smid* FG, Rn 416, 418.
110 **AA** *Wilke* in *Bauer/von Oefele* § 13 Rn 42; *KEHE-Herrmann* § 13 Rn 64.
111 OLG Celle Rpfleger 1989, 499; *Demharter* § 13 Rn 47.
112 OLG Rostock Rpfleger 1995, 15 m abl Anm *Suppliet.*
113 *KEHE-Herrmann* § 13 Rn 60, 61.
114 OLG Rostock OLGE 9, 329; *Eickmann* GBVerfR, Rn 102 Beispiel 20 a; *KEHE-Herrmann* § 13 Rn 60.
115 *Pawlowski-Smid* FG, Rn 417.
116 *Demharter* § 13 Rn 47; *KEHE-Herrmann* § 13 Rn 60, 61.
117 OLG Frankfurt/M Rpfleger 1997, 63 = FGPrax 1996, 208.
118 *Eickmann* GBVerfR, Rn 102 Beispiel 20 b; *Pawlowski-Smid* FG, Rn 427, 428; *Demharter* § 13 Rn 47; *KEHE-Herrmann* § 13 Rn 61; *Rademacher* MittRhNotK 1983, 81, 84.
119 *Demharter* § 13 Rn 46; *KEHE-Herrmann* § 13 Rn 60.
120 OLG Dresden JW 1935, 3577; OLG München JFG 15, 362; KG Rpfleger 1965, 14; OLG Oldenburg Rpfleger 1966, 266; LG Hannover Rpfleger 1977, 310; *Demharter* § 13 Rn 47; *KEHE-Herrmann* § 13 Rn 61; *Staudinger-Kutter* § 880 Rn 21; *Palandt-Bassenge* § 880 Rn 3; *MüKo-Wacke* § 880 Rn 9.

rechtigt.[121] Beim **Rangrücktritt eines Grundpfandrechts** stellt sich ebenfalls die Frage nach der Antragsberechtigung des Grundstückseigentümers als Betroffenen. Die Argumentation ist ähnlich: Das Antragsrecht wird bejaht, weil sich der Rang des künftigen Eigentümerrechts verschlechtere.[122] Dies muss auch abgelehnt werden, weil es sich insoweit wiederum nur um ein mittelbares Betroffensein handelt.[123]

49 Bei der **Verteilung eines Gesamtgrundpfandrechtes** ist der Gläubiger als unmittelbar Betroffener antragsberechtigt. Da sich die Belastung auf den einzelnen Grundstücken verringert, ist der Grundstückseigentümer als unmittelbar Begünstigter antragsberechtigt.[124] Bei der Gesamtbelastung haftete zuvor jedes Grundstück für den vollen Kapitalbetrag (§ 1132 BGB).

50 Soll eine **Inhaltsänderung bei einem Grundstücksrecht** eingetragen werden, so ist zu unterscheiden: Wird dadurch die Belastung des Grundstücks inhaltlich verstärkt (zB Befristung wird aufgehoben), so sind der Grundstückseigentümer als unmittelbar Betroffener und der Berechtigte als unmittelbar Begünstigter antragsberechtigt. Erfährt dagegen das Grundstücksrecht eine inhaltliche Abschwächung (zB eine Befristung wird vereinbart), so sind der Grundstückseigentümer als unmittelbar Begünstigter und der Berechtigte des Rechts als unmittelbar Betroffener antragsberechtigt. Lässt sich bei einer Inhaltsänderung nicht exakt klären, wer davon rechtlich betroffen und begünstigt ist (zB Änderung des Zahlungsortes bei einer Grundschuld), so sind beide Beteiligten antragsberechtigt, und zwar auch ohne ihre rechtliche Charakterisierung.

51 Für die Eintragung der **Pfändung eines Grundstücksrechts** (zB Grundschuld) sind der Pfändungsgläubiger als unmittelbar Begünstigter und der Inhaber des gepfändeten Rechtes als unmittelbar Betroffener antragsberechtigt, nicht aber der Grundstückseigentümer.[125] Bei der Pfändung oder Verpfändung des Auflassungsanspruchs oder der Auflassungsanwartschaft kann der Pfandgläubiger anstelle des Erwerbers die Eintragung auf dessen Namen beantragen.[126]

52 Bei der Eintragung des **Treuhänder-Sperrvermerks** (§§ 70 ff VAG) ist der Eigentümer als Betroffener antragsberechtigt.[127]

53 Bei der **berichtigenden Löschung eines Grundstücksrechts** (zB Hypothek, auch Vormerkung), sind der eingetragene Berechtigte als Betroffener und der Grundstückseigentümer als Begünstigter antragsberechtigt; aber auch vorhandene Berechtigte von nachrangigen Rechten sind als Begünstigte antragsberechtigt, weil ihnen der Berichtigungsanspruch aus § 894 BGB zusteht.[128]

5. Antragsbefugnis

54 Die Antragsbefugnis ist die rechtliche Fähigkeit, von den aus der Antragsmacht fließenden verfahrensrechtlichen Befugnissen Gebrauch machen zu können. Beim Betroffenen ist sie Ausfluss seiner materiellen Verfügungsbefugnis und beim Begünstigten seiner Anwartschaft.[129] Die Antragsbefugnis steht grundsätzlich dem Inhaber der Antragsmacht zu. Dies muss aber nicht so sein. Unterliegt die in Frage kommende Person zB einer **Verfügungsentziehung** (= Insolvenz, Testamentsvollstreckung, Nachlassverwaltung), so steht ihr zwar weiterhin die Antragsmacht zu (ebenso die Verfügungsmacht), aber nicht mehr die Antragsbefugnis (ebenso die Verfügungsbefugnis).[130] Antragsbefugt sind dann grundsätzlich der Insolvenzverwalter, Testamentsvollstrecker oder Nachlassverwalter.

121 Ausführlich *Böttcher* Rpfleger 1982, 52; ebenso *Wilke* in Bauer/von Oefele § 13 Rn 41; *Eickmann* GBVerfR, Rn 102 Beispiel 20 c; *Pawlowski-Smid* FG, Rn 420, 421; *Güthe-Triebel* § 13 Rn 40, 49; *Haegele* Rpfleger 1965, 15; 1966, 266; 1969, 268; 1977, 310; *Scheyhing* SchlHA 1963, 147; LG Bochum DNotZ 1953, 314; LG Dortmund MDR 1960, 320.
122 BayObLGZ 13, 443; OLG Dresden JW 1935, 3577; OLG München JFG 15, 362; OLG Schleswig SchlHA 1963, 147; KG Rpfleger 1965, 14; LG Hannover Rpfleger 1977, 310; *Demharter* § 13 Rn 46; KEHE-*Herrmann* § 13 Rn 60; *Palandt-Bassenge* § 880 Rn 3.
123 Ausführlich *Böttcher* Rpfleger 1982, 52; ebenso *Wilke* in Bauer/von Oefele § 13 Rn 42; *Eickmann* GBVerfR, Rn 102 Beispiel 20 d; *Pawlowski-Smid* FG, Rn 420, 421; *Güthe-Triebel* § 13 Rn 40, 49; *Scheyhing* SchlHA 1963, 147; *Bock* BWNotZ 1961, 126; LG Bochum DNotZ 1953, 314.
124 AA KEHE-*Herrmann* § 13 Rn 60; *Tropf* BWNotZ 1965, 116.
125 BayObLG BayNotV 1933, 174; KEHE-*Herrmann* § 13 Rn 60.
126 BayObLG JFG 9, 234; OLG München BayJMBl 1953, 1; KEHE-*Herrmann* § 13 Rn 61; **aA** *Stöber* Forderungspfändung, Rn 2045.
127 BayObLGZ 1964, 349 = DNotZ 1965, 684 = NJW 1965, 538; LG Koblenz DNotZ 1971, 97 = Rpfleger 1971, 22 m Anm von *Haegele*; KEHE-*Herrmann* § 13 Rn 60.
128 BayObLG BWNotZ 1988, 165 = MittRhNotK 1989, 52; RGZ 163, 63; KG KGJ 47, 207; 52, 164; *Demharter* § 13 Rn 47; KEHE-*Herrmann* § 13 Rn 59–61; *Pawlowski-Smid* FG, Rn 428; *Rademacher* MittRhNotK 1983, 81, 84.
129 *Demharter* § 13 Rn 49.
130 *Demharter* aaO.

Mit der **Insolvenzeröffnung** verliert der Insolvenzschuldner die Verfügungsbefugnis und damit auch die 55
Antragsbefugnis; letztere wird vom Insolvenzverwalter wahrgenommen.[131] Die Eröffnung des Insolvenzverfahrens gegen einen in Luxemburg ansässigen Insolvenzschuldner durch das zuständige luxemburgische Gericht erfasst auch das Vermögen des Insolvenzschuldners im deutschen Inland. Der luxemburgische Insolvenzverwalter ist befugt, die Eintragung eines Insolvenzvermerks im (deutschen) Grundbuch zu beantragen. Für die Eintragung genügt die Vorlage des Eröffnungsbeschlusses, sofern dieser von der deutschen Botschaft in Luxemburg legalisiert worden ist.[132]

Bei bestehender **Testamentsvollstreckung** ist den Erben die Verfügungsbefugnis entzogen (§ 2211 BGB) und 56
damit auch die Antragsbefugnis.[133] Deshalb soll auch nur der Testamentsvollstrecker berechtigt sein, die Eintragung der Erben zu beantragen.[134] Dem ist zu widersprechen. Zwar kann natürlich der Testamentsvollstrecker die Berichtigung des Grundbuchs beantragen (§ 2205 BGB); aber dadurch wird das Antragsrecht des Erben nicht ausgeschlossen. Dies wäre nur dann der Fall, wenn es sich bei der beantragten Eintragung um eine Verfügung über einen Nachlassgegenstand handeln würde (§ 2211 BGB). Dies ist aber nicht der Fall. Der Erbe beantragt lediglich die Grundbuchberichtigung zu seinen Gunsten, und dazu ist er trotz bestehender Testamentsvollstreckung berechtigt.[135] Der Erwerber eines Erbanteils kann seine Eintragung als neues Mitglied der Erbengemeinschaft auch ohne Mitwirkung des Testamentsvollstreckers beantragen.[136]

Steht ein Grundstück im Eigentum von Eheleuten in **Gütergemeinschaft** mit alleiniger Verwaltung des 57
Gesamtguts durch einen Ehegatten und soll eine darauf lastende Hypothek gelöscht werden, so ist neben dem Gläubiger als unmittelbar Betroffenen nur der Gesamtverwalter als Begünstigter antragsberechtigt.[137]

Wurde im Rahmen der Pfändung eines Übereignungsanspruchs oder einer Auflassungsanwartschaft ein 58
Sequester bestellt (§ 848 ZPO), so kann er die Eintragung der kraft Gesetzes entstandenen Sicherungshypothek beantragen.[138]

Hat ein Gläubiger die **Pfändung eines Miterbenanteils** bewirkt und möchte er das Pfandrecht im GB vermerken lassen, obwohl die Erbengemeinschaft noch nicht voreingetragen ist (§ 39 Abs 1), so kann er das 59
Antragsrecht seines Pfändungsschuldners ausüben und die Berichtigung des Grundbuchs durch Eintragung der Erbengemeinschaft beantragen (vgl ausführlich § 22 Rdn 91).

6. Mehrheit von Antragsberechtigten

Die Antragsrechte des Passiv- und Aktivbeteiligten bestehen **unabhängig** voneinander. Sind **mehrere** Aktiv- 60
oder Passivbeteiligte vorhanden, kann jeder den Antrag allein stellen.[139] Der Miteigentümer kann die Löschung einer Hypothek allein und der Miterbe die Eintragung der Erbengemeinschaft allein beantragen (vgl § 2039 BGB). Dass in diesen beiden Fällen eine Zustimmung der anderen Miteigentümer bzw der übrigen Miterben (§ 27 S 1, § 22 Abs 2) erforderlich ist, für die die Form des § 29 gilt, ändert nichts an dem alleinigen Antragsrecht.[140]

Den **Widerspruch** eines Antragsberechtigten gegen den Antrag eines anderen hat das GBA nicht zu beachten; 61
der Widersprechende ist auf den Prozessweg zu verweisen.[141] Von mehreren miteinander nicht vereinbarten Anträgen muss das GBA zuerst den früheren Antrag bescheiden; gehen sie gleichzeitig ein, sind alle zurückzuweisen.[142]

Für das Antragsrecht von **Eheleuten** gelten beim gesetzlichen Güterstand der Zugewinngemeinschaft und bei 62
der Gütertrennung die allgemeinen Grundsätze, da diese Güterstände keine gemeinschaftliche Rechtszuständigkeit der Eheleute bewirken. Bei Gütergemeinschaft und fortgesetzter Gütergemeinschaft ist jeder an der Gemeinschaft Beteiligte als Mitinhaber des Rechts allein antragsberechtigt (vgl § 1455 BGB); auf das Verwaltungs- oder Verfügungsrecht kommt es nicht an (vgl auch Rdn 57).

---

131 *Holzer-Kramer* 4. Teil Rn 28.
132 OLG Zweibrücken Rpfleger 1990, 87.
133 *Demharter* § 13 Rn 49.
134 KG KGJ 51, 216; OLG München JFG 20, 373; *Wilke* in *Bauer/von Oefele* § 13 Rn 44; *Demharter* § 13 Rn 50; KEHE-*Herrmann* § 13 Rn 63.
135 LG Stuttgart Rpfleger 1998, 243; *Schneider* MittRhNotK 2000, 283; *Bertsch* Rpfleger 1968, 178.
136 LG Essen Rpfleger 1960, 57 m Anm *Haegele*; *Demharter* § 13 Rn 50; KEHE-*Herrmann* § 13 Rn 63.
137 BayObLG HRR 1934 Nr 1053; *Demharter* § 13 Rn 50; KEHE-*Herrmann* § 13 Rn 63.
138 BayObLG Rpfleger 1994, 162; *Demharter* § 13 Rn 50.
139 KG OLGE 41, 155; *Demharter* § 13 Rn 45; KEHE-*Herrmann* § 13 Rn 62; *Eickmann* GBVerfR, Rn 100; *Rademacher* MittRhNotK 1983, 81, 85.
140 **AA** KG KGJ 20, 209, das allerdings Bewilligung und Antrag verwechselt.
141 KG OLGE 43, 65; KEHE-*Herrmann* § 13 Rn 65.
142 *Güthe-Triebel* § 13 Rn 45; *Thieme* § 13 Bem 9.

63   Ist eine **BGB-Gesellschaft** Betroffene oder Begünstigte iS von § 13 Abs 1 S 2, so muss der Antrag grundsätzlich von allen Gesellschaftern gestellt werden (§§ 709, 714 BGB). Ein Antragsrecht einzelner Gesellschafter besteht nicht.[143]

7. Nachweis der Antragsberechtigung

64   Im Regelfall ergibt sich die Antragsberechtigung des Betroffenen aus seiner bereits bestehenden Grundbucheintragung. Problematisch ist dies dann, wenn der durch die beabsichtigte Eintragung Betroffenen sein Recht außerhalb dem Grundbuch erworben hat, zB durch Erbfolge, somit noch nicht im Grundbuch voreingetragen ist. Dann muss er seine Antragsberechtigung erst nachweisen. Die **Antragsberechtigung des Betroffenen bei konstitutiven Grundbucheintragungen** bestimmt sich nach der materiellen Rechtslage. Für diesen Fall muss der Nachweis der Antragsberechtigung in grundbuchmäßiger Form gefordert werden.[144] Eintragungsbegründenden Erklärungen und Tatsachen, wozu auch die Antragsberechtigung gehört, bedürfe nämlich nach § 29 Abs 1 grundsätzlich der notariellen beglaubigten oder beurkundeten Form. Stirbt zB der Veräußerer, nachdem die Auflassung und Bewilligung erklärt sind, so rechtfertigen dennoch diese alte Auflassung und Bewilligung weiterhin die Eigentumsumschreibung. Dass ein solcher Eigentumswechsel von einem angeblichen Erben des Veräußerers auf Grund seines Sachvortrags zur Erbenstellung beantragt werden können soll, und zwar ohne grundbuchmäßigen Nachweis seines Erbrechts, ist nicht gerechtfertigt. Der antragstellende Betroffene und angebliche Erbe des Veräußerers muss vielmehr seine Rechtsstellung nach § 35 nachweisen. Anders ist dies beim Nachweis der **Antragsberechtigung des Begünstigten bei konstitutiven Grundbucheintragungen,** die mittels schlüssigen Sachvortrags nachgewiesen werden kann. Für seine Grundbucheintragung muss der Begünstigte nämlich sowieso seine Rechtsstellung nachweisen (zB durch Erbschein), wenn er in der Urkunde noch nicht namentlich genannt ist, sondern als Rechtsnachfolger des dort aufgeführten Begünstigten auftritt. Auch bei der **Grundbuchberichtigung** genügt zum Nachweis der Antragsberechtigung der schlüssige Sachvortrag (vgl § 22 Rdn 88).

8. Zeitpunkt des Vorliegens

65   Die Antragsberechtigung muss bis zur **Vollendung der Eintragung** (Unterschrift) vorliegen.[145] Lag sie zunächst vor, aber fällt sie vor der Grundbucheintragung weg, ist der Antrag grundsätzlich wegen der fehlenden Antragsberechtigung zurückzuweisen.[146] Zu den Rechtsfolgen einer Verfügungsbeeinträchtigung nach der Antragstellung durch den Betroffenen vgl Anhang zu §§ 19, 20.

VIII. Wirksamwerden des Antrags

1. Eingang beim Grundbuchamt

66   Der Antrag wird wirksam, wenn er beim GBA eingeht.[147] Eingegangen ist er, wenn er einer zuständigen Person
– zur Entgegennahme vorgelegt wird (§ 13 Abs 2 S 2) oder
– gegenüber gestellt und eine Niederschrift darüber errichtet wurde (§ 13 Abs 2 S 3).

Bevor der Antrag wirksam wird, kann er widerrufen werden. Der Widerruf muss vor oder zumindest gleichzeitig mit dem Wirksamwerden des Antrages erfolgen.[148] Davon zu unterscheiden ist die Rücknahme des Antrags, die erst möglich ist, wenn der Antrag bereits wirksam geworden ist.

67   a) **Vorlage.** Der Antrag ist beim GBA eingegangen, wenn er einer zur Entgegennahme zuständigen Person vorgelegt ist (**§ 13 Abs 2 S 2**). Entscheidend ist der Zeitpunkt der **Besitzerlangung** (§ 19 Abs 2b GeschbehAV). Zur Bestimmung dieses Zeitpunktes ist regelmäßig auf denjenigen der Vorlegung, mithin der Inbesitznahme des Antrags durch die zur Entgegennahme zuständige Person abzustellen. Dabei bedeutet Inbesitznahme hingegen nicht das tatsächliche In-Händen-Halten des Antrags etwa durch die Urkundsbeamtin, maßgeblich ist vielmehr, wann ein ungehinderter Zugriff diesseits auf die Antragschrift möglich war.[149] Andernfalls wären mehrere Anträge, die sich in ein und demselben Stapel befinden, nur deshalb zu unterschiedlichen Zeitpunkten eingegangen, weil der eine oben und der andere unten liegt. Eine ungehinderte Inbesitznahme hinsichtlich

---

143   *Eickmann* Rpfleger 1985, 85, 87; *Böttcher* Fallbearbeitung im Grundbuchrecht, S 68.
144   Ausführlich dazu: *Böttcher* RpflStud 2000, 154; ebenso *Wahl* in Lambert-Lang/Tropf/Frenz, Handbuch der Grundstückspraxis, Teil 1 Rn 129; OLG Frankfurt/M FGPrax 1997, 11; KG JW 1936, 1543; **aA** BGHZ 141, 347 = DNotZ 1999, 734 = FGPrax 1999, 169 = Rpfleger 1999, 437 = ZfIR 1999, 553; OLG Jena FGPrax 1999, 87; *Demharter* § 13 Rn 55; *KEHE-Herrmann* § 13 Rn 67.
145   *Demharter* § 13 Rn 54; *KEHE-Herrmann* § 13 Rn 68; *Rademacher* MittRhNotK 1983, 81, 84.
146   OLG München JFG 23, 330; *Demharter* § 13 Rn 54; *KEHE-Herrmann* § 13 Rn 68.
147   *Eickmann* GBVerfR, Rn 109.
148   KEHE-*Herrmann* § 13 Rn 37.
149   LG Halle Rpfleger 2006, 69.

zweier Anträge ist bereits zu dem Zeitpunkt gegeben, zu dem beide Antragsteller zeitgleich die Räume des GBA, in denen sich die zuständige Urkundsbeamtin aufhält, betreten. Vor dem Hintergrund der Gewährleistung materieller Ranggerechtigkeit kommt es deshalb nicht darauf an, welcher von zwei Antragstellern sich als durchsetzungsfähiger erweist und den Anderen durch sein Auftreten in den Hintergrund drängt. Nicht dem Lauteren kommt der bessere und dem Leiseren der schlechtere Rang zu. Vielmehr sind beide Anträge, befinden sie sich auch noch in den Händen der abgabebereiten Personen, zeitgleich eingegangen. Allein dies gewährt die von § 879 BGB vorausgesetzte Ranggerechtigkeit. Nicht maßgebend ist zB der Zeitpunkt, in dem der Beamte eine ihm verschlossen vorgelegte Sendung öffnet oder von dem Inhalt der Urkunde Kenntnis nimmt oder den Eingangsvermerk anbringt (§ 19 Abs 2b GeschbehAV). Gleiches gilt für den Einwurf in den Briefkasten des Amtsgerichts oder den Eingang bei der zentralen Einlaufstelle des Amtsgerichts bzw des Grundbuchamtes oder die Vorlage bei einem unzuständigen Beamten oder die Aushändigung an einen Gerichtsboten, der den Antrag bei der Post abholt; all dies führt nicht zum Wirksamwerden des Antrags.[150] Wird deshalb ein Antrag am letzten Tag einer Frist in den Nachtbriefkasten des GBA geworfen und wird er dem zuständigen Beamten am nächsten Tag, dh nach Fristablauf, vorgelegt, ist die Frist nicht gewahrt.[151] Antrag oder Ersuchen sollen grundsätzlich in den Diensträumen des GBA entgegengenommen werden (§ 19 Abs 2b S 4 GeschbehAV). Der zuständige Beamte soll die Entgegennahme außerhalb der Diensträume ablehnen. Diese Bestimmung dient ebenfalls der Überschaubarkeit der zeitlichen Reihenfolge, in der die Anträge eingehen: denn in jedem Fall ist der Antrag in dem Augenblick *eingegangen*, in dem er in den Besitz des zuständigen Beamten gelangt, auch wenn dies außerhalb des GBA geschieht. Die Entgegennahme außerhalb der Amtsräume ist zwar ordnungswidrig, hindert aber den Eingang nicht; dasselbe gilt für die Entgegennahme außerhalb der Geschäftsstunden.

b) Niederschrift. Wird der Antrag zur Niederschrift einer zuständigen Person gestellt, so ist er mit Abschluss **68** der Niederschrift eingegangen (**§ 13 Abs 2 S 3**). Anträge zur Niederschrift des Grundbuchamtes sind nach der Änderung des § 29 durch § 57 Abs 1 BeurkG nur noch dann möglich, wenn es sich um **reine Anträge** handelt, dh sie dürfen keine anderen zur Eintragung erforderlichen Erklärungen (zB Bewilligung) stillschweigend enthalten. Die Niederschrift ist abgeschlossen, wenn der zuständige Beamte unterzeichnet hat[152] (vgl § 19 Abs 3 GeschbehAV, § 21 Abs 3 BayGBGA). Hat ein unzuständiger Beamter die Niederschrift aufgenommen, so wird der Antrag erst wirksam, wenn er einem zuständigen Beamten vorgelegt wird (§ 13 Abs 2 S 2).[153]

2. Eingangsvermerk

Wegen seiner materiell-rechtlichen und formell-rechtlichen Bedeutung (vgl Rdn 11–16) muss der Eingangs- **69** zeitpunkt auf dem Antrag genau vermerkt werden (**§ 13 Abs 2 S 1**). Der Begriff des Eingehens ist in § 13 Abs 2 S 2 und S 3 definiert. Eintragungsanträgen stehen Ersuchen nach § 38 gleich. Wann die Urkunden, die dem Antrag zugrunde liegen (zB die Bewilligung), beim GBA eingehen, ist unerheblich.

Nach der Entgegennahme ist der Antrag mit dem **Eingangsvermerk** zu versehen und vor seiner sachlichen **70** Behandlung an den Registrator weiterzugeben (§ 20 Abs 1 GeschbehAV), damit dieser feststellen kann, ob weitere dasselbe Grundstück (oder Grundstücksrecht) betreffende Anträge vorliegen.

Der Eingangsvermerk ist eine **öffentliche Urkunde** iS des § 418 ZPO, die den Eingangszeitpunkt bezeugt. **71** Der Gegenbeweis ist zulässig und im Prozesswege zu erbringen.[154]

Der Vermerk soll in der **oberen rechten Ecke** der ersten Seite des Schriftstücks, das den Antrag enthält, ange- **72** bracht werden. Die Anzahl der Beilagen ist hierbei anzugeben (§ 19 Abs 2c GeschbehAV). Auf den Beilagen selbst wird der Vermerk nicht angebracht; ebenso nicht auf reine Anschreiben, die keinen Antrag enthalten.

Der Eingangsvermerk soll nach § 19 Abs 2a S 2 GeschbehAV **73**
– den Eingang des Antrags mit **genauer Zeitangabe** nach Tag, Stunde, Minute bezeugen und
– vom GBBeamten mit vollem Nachnamen **unterschrieben** werden.

Ein Eintragungsvermerk ist nach § 19 Abs 3 S 2 GeschbehAV auch dann erforderlich, wenn der Antrag zu **Pro-** **74** **tokoll** eines zur Entgegennahme zuständigen Beamten gestellt wird; er muss den Zeitpunkt des Abschlusses der Niederschrift durch die Unterschrift des Beamten angeben. Ist dagegen der protokollierende Beamte selbst nicht zur Entgegennahme zuständig, so gilt für den Antrag dasselbe wie für einen sonstigen Antrag, der dem GBA vorgelegt wird.

---

150 *Eickmann* GBVerfR, Rn 109; *Demharter* § 13 Rn 23; KEHE–*Herrmann* § 13 Rn 37; *Rademacher* MittRhNotK 1983, 81, 83.
151 OLG Düsseldorf Rpfleger 1993, 488; *Demharter* § 13 Rn 23.
152 *Eickmann* GBVerfR, Rn 109; KEHE–*Herrmann* § 13 Rn 42; *Demharter* § 13 Rn 30.
153 *Demharter* § 13 Rn 29; KEHE–*Herrmann* § 13 Rn 42.
154 *Eickmann* GBVerfR, Rn 110; KEHE–*Herrmann* § 13 Rn 45.

75 Sind **mehrere GBÄmter** für einen Antrag zuständig, so ist der Eingang von jedem von ihnen getrennt zu vermerken. Für jedes beteiligte GBA gelten jeweils nur der Zeitpunkt des Eingangs bei ihm und der von ihm darüber aufgenommene Vermerk.

76 Bei gleichzeitiger Vorlage **mehrerer Anträge** erhält jeder den gleichen Eintragungsvermerk (§ 19 Abs 2b GeschbehAV). Für die Frage der Gleichzeitigkeit gelten die allgemeinen Grundsätze zur Feststellung des Eingangszeitpunktes.[155]

77 Fehler des Eingangsvermerks, zB hinsichtlich der Zeitangabe, können nachträglich **berichtigt** werden, auch wenn sich dadurch die Reihenfolge mehrerer Anträge (§ 17) ändert. In diesem Falle ist die Berichtigung aber nur bis zur Eintragung, im Übrigen auch noch danach zulässig.[156]

78 Wird ein Schriftstück, das den Eingangsvermerk trägt, **herausgegeben**, so ist der Eingangsvermerk auf die zurückbehaltene beglaubigte Abschrift (§ 10 Abs 1 S 2) beglaubigt mit zu übertragen (§ 19 Abs 5 GeschgehAV).

3. Zuständigkeit

79 Die zeitliche **Reihenfolge** der Antragseingänge muss stets überschaubar sein. Deshalb ist der Kreis der Beamten, die für die Entgegennahme und Aufnahme einer Niederschrift zuständig sind, eng zu ziehen.

80 Zuständig sind nach § 1 Abs 3 S 1
  – der **Rechtspfleger** (§ 3 Nr 1 lit h RPflG) oder Richter (§ 8 Abs 1 RPflG), der nach dem Geschäftsverteilungsplan die Aufgabe hat, die Eintragungen auf dem Blatt des betroffenen Grundstücks vorzunehmen, sowie
  – der **Beamte** (sog Registrator oder Einlaufbeamter), den der Behördenvorstand für das GBA oder einzelne seiner Abteilungen zur Entgegennahme von Anträgen bestellt hat; es können auch mehrere solcher Beamten bestellt werden.

81 Den Genannten stehen ihre **geschäftsplanmäßigen Vertreter** gleich, aber nur, wenn der Vertretungsfall gegeben ist;[157] ansonsten ist der Antrag noch nicht eingegangen. Rechtspfleger und Richter sowie Registrator sind nebeneinander zuständig; im Übrigen aber sind die Zuständigkeiten ausschließlich. Es kann also kein Richter oder Rechtspfleger desselben Amtsgerichts den zuständigen Grundbuchbeamten vertreten, wenn er nicht der geschäftsplanmäßige Vertreter ist. § 1 Abs 3 S 1 ist lex specialis gegenüber § 22d GVG.[158] Geht ein Antrag bei einem Unzuständigen ein, so hat er ihn unverzüglich an einen Zuständigen weiterzuleiten. Dasselbe gilt für Eintragungsanträge, die in einem sonstigen gerichtlichen Verfahren gestellt oder mit einem nicht das Grundbuch betreffenden Gesuch verbunden werden (§ 19 Abs 6 GeschbehAV).

82 Betrifft der Eintragungsantrag **mehrere Grundstücke** im Bezirk desselben GBA, für die jeweils verschiedene Beamte zuständig sind, so ist nach § 1 Abs 3 S 2 jeder von ihnen für alle diese Grundstücke zuständig. Die geschäftsmäßige Behandlung solcher Anträge regelt § 20 Abs 2 GeschbehAV. Sind dagegen verschiedene GBÄmter zuständig, so ist der Eingang des Antrages bei einem von ihnen lediglich für das dort geführte GB wirksam; die Wirksamkeit für alle erfordert also auch den Eingang bei allen GBÄmtern.

83 Für **Baden-Württemberg**, das staatliche GBÄmter hat, bestehen besondere Bestimmungen[159] (vgl § 1 Rdn 6 ff). Dort sind GBBeamte der Notar im Landesdienst (§ 17 Abs 1 LFGG) und der Notarvertreter (§ 29 Abs 1 LFGG). In Baden (ehem badisches Rechtsgebiet) werden auch Rechtspfleger, die dem Notar im Landesdienst zugewiesen sind, zu GBBeamten bestellt (§ 29 Abs 1 S 2 LFGG). In Vertretung des GBBeamten ist der Ratschreiber für die Entgegennahme von Anträgen und den Eingangsvermerk zuständig (§§ 31 ff LFGG).

84 Geht beim GBA ein Antrag oder Ersuchen ein, für das ein **anderes GBA** zuständig ist, so soll das Schriftstück nach § 8 Abs 2 AktO an das zuständige GBA weitergeleitet werden; die Beteiligten sind hiervon zu benachrichtigen. Der Antrag oder das Ersuchen kann aber auch wegen Unzuständigkeit zurückgewiesen werden (§ 21 Abs 1 GeschbehAV). Die Rücknahme bedarf in diesem Fall nicht der Form des § 31. Nach § 18 kann eine Frist zur Rücknahme nicht gesetzt werden.

---

155 Vgl LG Hamburg MDR 1973, 138.
156 *Güthe-Triebel* § 13 Rn 26.
157 *Eickmann* GBVerfR, Rn 109.
158 KEHE-*Herrmann* § 13 Rn 38.
159 BadWürtt Ausführungsgesetz zum Bürgerlichen Gesetzbuch vom 26.11.1974 (GBl 498); Landesgesetz über die freiwillige Gerichtsbarkeit (LFGG) vom 12.02.1975 (GBl 116); VO des Justizministeriums zur Ausführung des LFGG im Bereich des Grundbuchwesens (GBVO) vom 21.04.1975 (GBl 398); Erste und Zweite Verwaltungsvorschrift zur Ausführung des LFGG vom 5. und 26.05.1975, Justiz 1975, 201 und 209; AV über Grundstücksangelegenheiten des Landes (Zuständigkeit, Vertretung vor den Notariaten und Grundbuchämtern, Bezeichnung des Landes bei der Eintragung staatlicher Grundstücke im Grundbuch) vom 20.04.1982, Justiz 1982, 182.

Ist das **GBA neben einem anderen zuständig**, so hat es zunächst Antrag oder Ersuchen, für die es selbst **85** zuständig ist, zu erledigen und dann das Schriftstück möglichst zusammen mit einer Abschrift seiner eigenen Entscheidung, dem anderen GBA zu übermitteln. Hierauf ist der Antragsteller hinzuweisen, wenn sich nicht schon aus dem Schriftstück oder sonstigen Anhaltspunkten ersehen lässt, dass Antrag oder Ersuchen bereits bei jedem beteiligten GBA gesondert gestellt worden ist (vgl dazu § 21 Abs 2 GeschbehAV).

Zuständig für den **Eingangsvermerk** ist der GBBeamte, der für die Entgegennahme des Antrags zuständig ist. **86** Sind hierfür mehrere Beamte zuständig, so ist der Eingangsvermerk von demjenigen anzubringen, dem der Antrag zuerst vorgelegt wurde (§ 19 Abs 2a S 1 GeschbehAV).

IX. Vertretung bei der Antragstellung

Verfahrensfähige Personen können und verfahrensunfähige müssen sich bei der Antragstellung vertreten las- **87** sen.[160] Es ist somit zu unterscheiden zwischen gewillkürter und gesetzlicher Vertretung. Bei **gewillkürter Vertretung** ist dem GBA eine Vollmacht vorzulegen. Diese bedarf grundsätzlich nicht der Form des § 29, wenn sie sich nur auf einen reinen Antrag bezieht (§ 30). Sie ist schriftlich einzureichen (§ 13 Abs 5 S 1 FGG).[161] Die Vollmacht zur Stellung eines sog gemischten Antrags bedarf stets der Form des § 29 (vgl § 30). Der **gesetzliche Vertreter**, dessen Vertretungsmacht unmittelbar auf dem Gesetz beruht (wie bei den Eltern), muss seine Vertretungsmacht nachweisen (zB durch Bestallungsurkunde, Handels- oder Vereinsregisterauszug).[162] Das GBA hat den Mangel der Vollmacht nicht zu berücksichtigen, wenn als Bevollmächtigter ein Rechtsanwalt oder Notar auftritt (§ 13 Abs 5 S 4 FGG).

X. Rücknahme des Antrags

1. Allgemeines

Die Rücknahme des Antrags ist möglich bis zur **Vollendung der Eintragung**, dh bis zur letzten der beiden **88** Unterschriften (vgl § 44).[163] Ohne Bedeutung ist dabei, wenn das GBA bereits eine Eintragungsverfügung erlassen hat[164] oder die dingliche Einigung bereits bindend (§ 873 Abs 2 BGB)[165] oder die Bewilligung unwiderruflich geworden ist.[166] Die Antragsrücknahme ist wie die Stellung eines Antrags eine **einseitige Verfahrenshandlung**.[167]

2. Berechtigung

Jeder Antragsteller ist berechtigt, *seinen* Antrag zurückzunehmen, den er selbst oder sein Vertreter gestellt hat; **89** Anträge anderer Beteiligter kann er nicht zurücknehmen, auch wenn sie in derselben Urkunde gestellt wurden, sodass das GBA darüber zu entscheiden hat.[168] Hat das berechtigte Kreditinstitut auf die Grundschuldbestellungsurkunde nach der notariell beglaubigten Unterschrift des betroffenen Eigentümers einen formlosen Eintragungsantrag gesetzt, so kann der Eigentümer nur seinen eigenen Antrag zurücknehmen. Der Antrag des Gläubigers bleibt hiervon unberührt; über ihn ist zu entscheiden.[169]

Verstirbt der Antragsteller vor der Eintragung, so können seine Erben den Antrag zurücknehmen, wozu ein **90** Mehrheitsbeschluss ausreicht, weil die Rücknahme eine Verwaltungsmaßnahme ist.[170] Nehmen die Erben den Antrag nicht zurück, so ist er als Antrag des Erblassers (arg § 130 Abs 2 BGB) zu bescheiden.

Ein **Insolvenzverwalter** kann den Antrag des Insolvenzschuldners zurücknehmen.[171] **91**

---

160 KEHE-*Herrmann* § 13 Rn 62; *Demharter* § 13 Rn 53; *Eickmann* GBVerfR, Rn 104.
161 *Holzer-Kramer* 4. Teil Rn 52.
162 *Güthe-Triebel* § 13 Rn 19.
163 OLG Celle Rpfleger 1989, 499; OLG Düsseldorf NJW 1956, 877; *Demharter* § 13 Rn 36; KEHE-*Herrmann* § 13 Rn 48; *Eickmann* GBVerfR, Rn 111; *Rademacher* MittRhNotK 1983, 81, 85.
164 BayObLGZ 1954, 146; *Demharter* § 13 Rn 36; KEHE-*Herrmann* § 13 Rn 46; *Eickmann* GBVerfR, Rn 111; *Rademacher* MittRhNotK 1983, 81, 85.
165 BayObLGZ 1972, 204, 215; *Schöner/Stöber* Rn 93; *Ertl* Rpfleger 1980, 41, 42.
166 *Schöner/Stöber* Rn 93; *Ertl* Rpfleger 1980, 41, 42.
167 *Nieder* NJW 1984, 329, 330; *Rademacher* MittRhNotK 1983, 81, 85; *Schöner/Stöber* Rn 93.
168 KG KGJ 24, 95; OLG Schleswig SchlHA 1959, 197; *Demharter* § 13 Rn 37; KEHE-*Herrmann* § 13 Rn 47, 53; *Eickmann* GBVerfR, Rn 112; *Rademacher* MittRhNotK 1983, 81, 85.
169 LG Hannover Rpfleger 1985, 146.
170 OLG Düsseldorf NJW 1956, 877; KEHE-*Herrmann* § 13 Rn 47; *Eickmann* GBVerfR, Rn 112.
171 *Demharter* § 13 Rn 38; KEHE-*Herrmann* § 13 Rn 48; *Wörbelauer* DNotZ 1965, 531; *Eickmann* GBVerfR, Rn 113.

3. Vertretung

92   Bei verfahrensunfähigen Personen muss die Antragsrücknahme durch den gesetzlichen Vertreter erfolgen (vgl Rdn 87). Möglich ist aber auch eine rechtsgeschäftliche Vertretung bei der Rücknahme des Antrags;[172] dazu muss dem GBA die Vollmacht in der Form des § 29 vorgelegt werden. Eine Vollmacht zur Antragstellung ermächtigt idR nicht auch zur Antragsrücknahme; dafür bedarf es einer gesonderten Vollmacht.[173]

4. Form

93   Die Antragsrücknahme (und die Vollmacht dazu[174]) und der Widerruf einer Antragsvollmacht bedürfen der Form des § 29 Abs 1 S 1 und Abs 3; dies gilt nicht, sofern der Antrag auf Grundbuchberichtigung gerichtet ist (§ 31; vgl die Kommentierung dort).

5. Wirkung

94   Mit der wirksamen Rücknahme ist der Antrag erledigt; das GBA darf nicht weiter tätig werden, dh die zunächst beantragte Eintragung hat zu unterbleiben,[175] es sei denn, es liegen noch weitere Anträge vor. Keinen Einfluss hat die Antragsrücknahme auf eine eingetretene Bindung an die dingliche Einigung (§ 873 Abs 2 BGB) oder die Aufgabeerklärung (§ 875 Abs 2 BGB).[176]

95   Hinsichtlich der Wirksamkeit der **Eintragungsbewilligung** (§ 19) bei Antragsrücknahme ist zu unterscheiden:
– Wurde die Bewilligung zunächst nur (!) wirksam durch Vorlage beim GBA, so verliert sie mit Antragsrücknahme ihre Wirksamkeit. Die verbrauchte und zurückgegebene Bewilligung wird jedoch wieder wirksam, wenn die Voraussetzungen für ihr Wirksamwerden erneut eintreten, zB durch Vorlage beim GBA.[177]
– Wurde die Bewilligung wirksam durch Aushändigung vom Betroffenen an den Begünstigten und (!) durch Vorlage beim GBA, aber nach Antragsrücknahme an den Antragsteller zurückgegeben, so bleibt sie trotzdem wirksam, weil nur der Wirksamkeitstatbestand »Vorlage beim GBA« beseitigt wurde, nicht aber die »Aushändigung«.[178]
– Wurde die Bewilligung nur (!) durch Vorlage beim GBA wirksam, aber danach der Antrag zurückgenommen, so verliert die Bewilligung dadurch ihre Wirksamkeit. Wurde die unwirksame Bewilligung noch nicht vom GBA zurückgegeben, so kann sie trotzdem nicht Grundlage für einen späteren Antrag sein.[179]

6. Anfechtung

96   Da die Antragsrücknahme eine reine Verfahrenshandlung ist, kann sie **nicht** angefochten werden. Ein zurückgenommener Antrag kann jedoch jederzeit wiederholt werden; insoweit liegt dann ein neuer Antrag vor.[180]

7. Verzicht

97   Auch ein sog *unwiderruflicher* Antrag kann zurückgenommen werden. Ein Verzicht auf die Rücknahme ist **verfahrensrechtlich wirkungslos** und kann allenfalls eine schuldrechtliche Verpflichtung begründen, die Rücknahme zu unterlassen.[181]

8. Teilweise Rücknahme

98   Der Antrag kann teilweise zurückgenommen werden, wenn im gleichen Umfang die Eintragungsbewilligung (§ 19) und, soweit ein Fall des § 20 vorliegt, die dingliche Einigung eingeschränkt werden.[182] Einem Eintra-

---

172 *Demharter* § 13 Rn 38; KEHE-*Herrmann* § 13 Rn 48; *Schöner/Stöber* Rn 93; *Eickmann* GBVerfR, Rn 113; *Rademacher* MittRhNotK 1983, 81, 85.
173 *Eickmann* GBVerfR, Rn 113; KEHE-*Herrmann* § 13 Rn 48.
174 BayObLG DNotZ 1999, 508.
175 *Eickmann* GBVerfR, Rn 111; *Rademacher* MittRhNotK 1983, 81, 85.
176 *Demharter* § 13 Rn 39; KEHE-*Herrmann* § 13 Rn 52; *Rademacher* MittRhNotK 1983, 81, 85.
177 BGH Rpfleger 1982, 414; *Demharter* § 19 Rn 114.
178 KEHE-*Munzig* § 19 Rn 178.
179 BGH Rpfleger 1982, 414; OLG Hamm Rpfleger 1989, 148; *Eickmann* GBVerfR, Rn 189.
180 KG HRR 1928 Nr 587; *Demharter* § 13 Rn 41; KEHE-*Herrmann* § 13 Rn 52; *Eickmann* GBVerfR, Rn 111; *Holzer-Kramer* 4. Teil Rn 14; *Nieder* NJW 198, 329, 330; *Rademacher* MittRhNotK 1983, 81, 85.
181 BayObLGZ 1972, 215; 1985, 158 = Rpfleger 1985, 356; OLG Düsseldorf NJW 1954, 1041; 1956, 877; *Demharter* § 13 Rn 39; KEHE-*Herrmann* § 13 Rn 50; *Eickmann* GBVerfR, Rn 111; *Schöner/Stöber* Rn 93; *Haegele* Rpfleger 1957, 293; *Ertl* Rpfleger 1980, 41, 42; *Rademacher* MittRhNotK 1983, 81, 85; *Wörbelauer* DNotZ 1965, 529.
182 BayObLG MittBayNot 1996, 36 = MittRhNotK 1996, 54; MittBayNot 1992, 45 = Rpfleger 1991, 303; BayObLGZ 1955, 48, 53; OLG München JFG 22, 30, 33; KEHE-*Herrmann* § 13 Rn 51; *Demharter* § 13 Rn 40; *Rademacher* MittRhNotK 1983, 81, 85.

gungsantrag darf nämlich nur dann entsprochen werden, wenn er sich mit der Bewilligungserklärung deckt. Das ist nur dann der Fall, wenn der Eintragungsantrag weder über die Bewilligung hinausgeht noch hinter ihr zurückbleibt. Die Erklärung des Betroffenen, dass der Eintragungsantrag teilweise zurückgenommen werde, ist idR dahin auszulegen, dass damit auch die Eintragungsbewilligung entsprechend eingeschränkt wird.[183] Ein Antrag kann zugleich die stillschweigend erklärte, zum Vollzug der beantragten Eintragung erforderliche Bewilligung enthalten (vgl § 30); der Antrag *ersetzt* dann die Bewilligung. Im umgekehrten Fall der teilweisen Antragsrücknahme und der entsprechenden Einschränkung der Bewilligung kann nichts anderes gelten.

XI. Verwirkung

Das Antragsrecht kann im Grundbuchverfahren **nicht** verwirkt werden.[184] Der Eintragungsantrag kann deshalb **99** eine Bewilligung zur Grundlage haben, die vor 60 Jahren[185] oder 26 Jahren[186] oder 25 Jahren[187] oder 14 Jahren[188] wirksam geworden ist. Der Verwirkung kann nur der Anspruch auf den Rechtserwerb unterliegen; den aber hat das GBA nicht zu prüfen. Würde man das Antragsrecht der Verwirkung unterwerfen, so wäre dem GBA eine Prüfung zugewiesen, zu der es angesichts des Grundsatzes der Beweismittelbeschränkung nicht in der Lage wäre.

XII. Verzicht

Der Verzicht auf das Antragsrecht für ein Grundbuchgeschäft ist für das GBA **ohne Bedeutung**.[189] Dies mag **100** zwar schuldrechtlich zulässig sein, aber ein dagegen verstoßender Antrag ist wirksam und muss vollzogen werden. Ein Verzicht ist mit dem verfahrensrechtlichen Charakter des Antrags nicht vereinbar.

Bestritten ist die Zulässigkeit folgender **unwiderruflichen verdrängenden Vollmacht für den Notar**: »*Der* **101** *Notar wird angewiesen, den Umschreibungsantrag erst zu stellen, wenn ihm der Verkäufer die Zahlung des Gesamtkaufpreises schriftlich bestätigt hat. Insoweit verzichten die Beteiligten auf ihr eigenes Antragsrecht gegenüber dem GBA*«. In einer solchen Vereinbarung sieht das OLG Hamm[190] keinen Verzicht auf das Antragsrecht selbst, sondern nur auf seine Ausübung durch die Beteiligten. Allein der Notar solle das Antragsrecht ausüben können, sodass ein in Widerspruch dazu von einer Vertragspartei selbst gestellter Antrag wirkungslos sei. Dieser Auffassung widerspricht das OLG Karlsruhe,[191] und zwar mit Recht. Das Antragsrecht ist Verfahrensrecht und damit der Beteiligtendisposition entzogen. Es würde dem streng formalisierten Grundbuchverfahren widersprechen, wenn es ins Belieben der Beteiligten gestellt wäre, zu bestimmen, wer wann und unter welchen Bedingungen antragsberechtigt wäre. Ein Verzicht eines Antragsberechtigten auf Ausübung seines Antragsrechts in eigener Person in der Weise, dass nur der Notar für ihn einen wirksamen Antrag stellen kann, ist für das GBA ebenso unbeachtlich wie der reine Verzicht (vgl Rdn 100).

---

183 BayObLG MittBayNot 1996, 36 = MittRhNotK 1996, 54; OLG München JFG 22, 30, 33.
184 BGHZ 48, 351; BayObLG DNotZ 1994, 182 = MittBayNot 1993, 371 = MittRhNotK 1993, 255; OLG Hamm Rpfleger 1973, 305 = DNotZ 1973, 615 = MittBayNot 1973, 210; OLG Frankfurt DNotZ 1954, 194; *Demharter* § 13 Rn 56; KEHE-*Herrmann* § 13 Rn 24, 68; *Schöner/Stöber* Rn 88; *Holzer-Kramer* 4. Teil Rn 14.
185 BGHZ 48, 351.
186 OLG Hamm Rpfleger 1973, 305 = DNotZ 1973, 615 = MittBayNot 1973, 210.
187 BayObLG DNotZ 1994, 182 = MittBayNot 1993, 371 = MittRhNotK 1993, 255.
188 OLG Frankfurt DNotZ 1954, 194.
189 OLG Karlsruhe BWNotZ 1994, 69; LG Magdeburg Rpfleger 1996, 244; LG Frankfurt Rpfleger 1992, 58 = MittRhNotK 1992, 116; *Demharter* § 13 Rn 57; KEHE-*Herrmann* § 13 Rn 62; *Schöner/Stöber* Rn 88, 183; *Ertl* DNotZ 1975, 644; Rpfleger 1980, 41, 42; *Nieder* NJW 1984, 329, 330; *Rademacher* MittRhNotK 1983, 81, 85 f.
190 OLGZ 1975, 294 = DNotZ 1975, 686 = Rpfleger 1975, 294; ebenso *Möller* MittRhNotK 1990, 33, 36 f.
191 BWNotZ 1994, 69; ebenso LG Frankfurt Rpfleger 1992, 58; *Wilke* in *Bauer/von Oefele* § 13 Rn 59; LG Magdeburg Rpfleger 1996, 244; *Demharter* § 13 Rn 57; KEHE-*Herrmann* § 13 Rn 54, 62; *Ertl* DNotZ 1975, 644; Rpfleger 1980, 41, 43; *Herrmann* MittBayNot 1975, 173; *Nieder* NJW 1984, 329, 330; *Rademacher* MittRhNotK 1983, 81, 86.

§ 14 (Antragsrecht aufgrund eines vollstreckbaren Titels)

Die Berichtigung des Grundbuches durch Eintragung eines Berechtigten darf auch von demjenigen beantragt werden, welcher aufgrund eines gegen den Berechtigten vollstreckbaren Titels eine Eintragung in das Grundbuch verlangen kann, sofern die Zulässigkeit dieser Eintragung von der vorgängigen Berichtigung des Grundbuchs abhängt.

Schrifttum

Meyer-Stolte, Anmerkung zum Beschluß des LG Berlin vom 08.01.1974, Rpfleger 1974, 234 f; *Stöber*, Grundbucheintragung der Erben nach Pfändung des Erbanteils, Rpfleger 1976, 197.

I. Normzweck

1 Die Vorschrift soll den Schuldner daran hindern, durch Untätigkeit die Zwangsvollstreckung zu **vereiteln**, und ähnelt darin § 792 ZPO. Sie ist wegen § 39 (Voreintragungsgrundsatz) notwendig.[1] Indem § 14 dem Gläubiger das Antragsrecht gibt, erspart er es ihm, gegen den Schuldner auf Stellung des GBBerichtigungsantrags zu klagen und das Urteil nach § 894 ZPO zu vollstrecken.

2 § 14 **erweitert** den Kreis der Antragsberechtigten über § 13 hinaus, indem er dem Gläubiger als nur mittelbar Begünstigtem das Antragsrecht gibt.[2] Inhaltlich ist dessen Antragsrecht mit dem des Schuldners identisch. Dem Gläubiger ist es vom Gesetz gleichsam *überwiesen*, woraus folgt, dass der Gläubiger aus § 14 nicht mehr und nicht weniger herleiten kann als der Schuldner aus § 13.

II. Antragsrecht

1. Voraussetzungen

3 Voraussetzungen für die Zulässigkeit eines Antrages gemäß § 14 sind:

(a) Antragsabhängigkeit der Eintragung,

(b) vollstreckbarer Titel,

(c) Recht des Antragstellers auf Eintragung aufgrund des Titels,

(d) Unrichtigkeit des GB bezüglich des Vollstreckungsobjektes und seiner Zuordnung zum Vermögen des Schuldners,

(e) Abhängigkeit der Eintragung aufgrund des Titels von der Voreintragung des Schuldners (§ 39 GBO).

Die Voraussetzungen im Einzelnen:

4 **a) Antragsabhängigkeit der Eintragung.** Diese Voraussetzung ist in § 14 nicht erwähnt. Sie bedeutet, dass die Voreintragung des Schuldners von dessen **Antrag** nach § 13 abhängig ist und nicht auf gerichtliches oder behördliches **Ersuchen** hin zu geschehen hat. Daher kann der Gläubiger nicht nach § 14 GBO beantragen, den Ersteher gemäß § 130 ZVG als Eigentümer einzutragen.[3] Dasselbe gilt für die Eintragung des Gläubigers einer zunächst nach §§ 126, 128 ZVG für einen unbekannten Berechtigten eingetragenen Hypothek wegen des Ersu-

---

1   *Demharter* § 14 Rn 1; KEHE-*Herrmann* § 14 Rn 1.

2   *Demharter*, KEHE-*Herrmann* je aaO.

3   LG Hamburg ZBlFG 2, 723.

chensverfahrens nach §§ 135 ff ZVG.[4] Da der Schuldner diese Eintragungen nicht beantragen kann, kann es auch sein Gläubiger nicht. Anders ist es, wenn nicht die Voreintragung, sondern die davon abhängige weitere Eintragung nur auf Ersuchen erfolgen kann; in diesem Fall hat der Gläubiger das Recht aus § 14.[5]

b) Vollstreckbarer Titel. Ohne vollstreckbaren Titel hat der Gläubiger kein Antragsrecht aus § 14. Vorläufige 5 Vollstreckbarkeit genügt.

Hat der **Erbe** des noch als Eigentümer eingetragenen Erblassers dem Gläubiger die Eintragung eines dinglichen 6 Rechtes bewilligt, so kann der Gläubiger aus der Bewilligung kein Antragsrecht für die Voreintragung des Erben herleiten und muss auf Stellung des Antrages klagen.[6]

Ist die vom Gläubiger begehrte Eintragung nicht rechtsbegründend, sondern **berichtigender** Natur, so besteht 7 das Antragsrecht nach § 14 nur, wenn der Anspruch aus § 895 BGB tituliert ist; andernfalls muss der Gläubiger den Schuldner entweder auf Antragstellung zur Herbeiführung der Voreintragung oder aus § 895 BGB verklagen, sodass entweder der Antrag nach § 894 ZPO mit Rechtskraft des Urteils als vom Schuldner gestellt gilt oder der Gläubiger selbst nach § 14 den Antrag stellen kann. Allein das Vorhandensein des Anspruchs aus § 895 BGB begründet noch kein Antragsrecht aus § 14.[7]

Der titulierte Anspruch muss dem **Antragstellen** zustehen. Ferner muss der Titel gegen den nicht eingetrage- 8 nen materiell berechtigten Schuldner gerichtet sein. Dieser kann sein Recht auch schon vor Anlegung des GB erworben haben.[8]

Für das Antragsrecht aus § 14 genügt es nicht, wenn der Titel des Gläubigers **gegen einen von mehreren** 9 materiell Berechtigten, die nicht eingetragen sind, ergangen ist.[9] Deshalb kann der Pfändungsgläubiger eines Erbanteils die für die Eintragung der Pfändung im GB gemäß § 39 erforderliche Voreintragung der Erbenge- meinschaft nicht nach § 14 beantragen.[10] Zum Antragsrecht nach § 13 vgl § 22 Rdn 91.

Da der Antrag nach § 14 **keine Vollstreckungsmaßnahme** ist, sondern die Vollstreckung nur vorbereitet, 10 brauchen die Zustellung des Titels und die Erteilung der Vollstreckungsklausel nicht nachgewiesen zu wer- den.[11] Die Umschreibung der Klausel für oder gegen den Rechtsnachfolger des Gläubigers oder Schuldners ist entbehrlich.[12] Nachgewiesen werden müssen aber die Voraussetzungen der Klauselerteilung und der Klausel- umschreibung im Falle der Rechtsnachfolge.[13] Insbesondere muss also der Gläubiger den Eintritt der Fälligkeit (§ 751 Abs 1 ZPO), die Sicherheitsleistung (§ 751 Abs 2 ZPO) oder das Angebot einer Zug um Zug zu bewir- kenden Gegenleistung (§§ 756, 765 ZPO) nachweisen.[14] Die Nachweise bedürfen der Form des § 29.[15]

Als **Titel** nach § 14 kommen alle bundesrechtlichen und landesrechtlichen Titel, die gesetzlich vorgesehen sind, 11 insbesondere diejenigen der ZPO (§§ 704, 794, 801) in Betracht.

c) Recht auf Eintragung. Der titulierte **Anspruch** muss das **Recht** auf **eine Eintragung** begründen.[16] Die 12 Eintragung aufgrund eines Pfändungs- und Überweisungsbeschlusses beruht mittelbar – was genügt – auch auf einem Titel.[17]

Der Titel kann auf **Eintragung** (auch Löschung) oder **Zahlung** lauten (vgl auch unten Rdn 17). 13

Die **Ausübung** des Rechtes aus dem Titel ist nicht Voraussetzung für das Antragsrecht aus § 14.[18] Deshalb kann 14 von dem Antragsteller keine Erklärung hierüber verlangt werden.

Die **Eintragung**, die der Gläubiger verlangen kann, kann sich auf Grundstücksrechte und Rechte an solchen 15 beziehen, ferner auch auf Rechte an Beteiligungen an Vermögen, zu denen Grundstücke oder Grundstücks- rechte gehören (zB Pfandrecht am Erbteil). Gegenstand der Eintragung können die Begründung, die Ände-

---

4 *Demharter* § 14 Rn 2; KEHE-*Herrmann* § 14 Rn 2.
5 BayObLGE 7, 407; KG OLGE 8, 152; KGJ 27, 101; KEHE-*Herrmann* § 14 Rn 10.
6 *Demharter* § 14 Rn 7.
7 Anders offenbar KEHE-*Herrmann* § 14 Rn 1 unter Hinweis auf KG KGJ 31, 346.
8 BayObLGE 7, 407.
9 *Stöber* Rpfleger 1976, 199; KEHE-*Herrmann* § 14 Rn 6; *Demharter* § 14 Rn 8; KG KGJ 37, 279; OLG Zweibrücken Rpfleger 1976, 214; **aA** *Wilke* in *Bauer/von Oefele* § 14 Rn 13.
10 *Stöber* Rpfleger 1976, 199; OLG Zweibrücken Rpfleger 1976, 214; *Demharter* § 14 Rn 8; KEHE-*Herrmann* § 14 Rn 6.
11 KEHE-*Herrmann* § 14 Rn 7; *Demharter* § 14 Rn 9.
12 KG Rpfleger 1975, 133; KEHE-*Herrmann* § 14 Rn 7; *Demharter* § 14 Rn 8.
13 KEHE-*Herrmann* § 14 Rn 7.
14 *Demharter* § 14 Rn 9; KEHE-*Herrmann* § 14 Rn 7.
15 *Demharter* § 14 Rn 9; **aA** KEHE-*Herrmann* § 14 Rn 8.
16 KEHE-*Herrmann* § 14 Rn 9; *Demharter* § 14 Rn 12.
17 KG JFG 14, 329; *Demharter* § 14 Rn 12; KEHE-*Herrmann* § 14 Rn 10.
18 KEHE-*Herrmann* aaO.

rung, die Aufhebung (Löschung) sowie die Pfändung von Rechten sein. Vormerkungen, Widersprüche und Verfügungsbeschränkungen aufgrund einstweiliger Verfügung (§§ 935 ff ZPO) gehören auch dazu. Ob die Eintragung rechtsbegründender oder berichtigender Natur ist, ist gleich.[19] Der titulierte Anspruch kann sich auch auf die Eintragung einer nicht oder auf Berichtigung einer unrichtig eingetragenen Verfügungsbeschränkung (zB Nacherbenvermerk) richten.

16 Die Eintragung kann nicht mit derjenigen berichtigenden Eintragung identisch sein, für die § 14 dem Gläubiger das Antragsrecht bewährt;[20] § 14 gibt das Antragsrecht für eine Eintragung, die **Voraussetzung** einer **weiteren** Eintragung ist.

17 Ein auf **Zahlung** lautender **Titel** genügt für § 14, weil er dem Gläubiger das Recht gibt, die Eintragung einer Zwangshypothek (§ 866 ZPO) oder einer Arresthypothek (§ 932 ZPO) zu verlangen; ferner auch deshalb, weil aufgrund eines Zahlungstitels die Eintragung eines Zwangsversteigerungs- oder Zwangsverwaltungsvermerks (§§ 19 Abs 1, 146 Abs 1 ZVG) erfolgt, nachdem das Vollstreckungsgericht die betreffende Maßnahme angeordnet hat; unerheblich ist es, dass die Eintragung nicht auf Antrag des Gläubigers, sondern auf Ersuchen des Vollstreckungsgerichts vorgenommen wird.[21] Die Eintragung der genannten Vermerke kommt dann in Frage, wenn eine Zwangshypothek nicht eingetragen werden kann, weil für die Forderung bereits eine Hypothek besteht[22] oder ihr Betrag EUR 750,- nicht übersteigt (§ 866 Abs 3 ZPO).

18 Das Antragsrecht aus § 14 besteht nicht, wenn die **Eintragung** deren Voraussetzung die Berichtigung ist, aus Rechtsgründen **nicht zulässig** ist,[23] wie zB die Eintragung einer Zwangs- oder Arresthypothek nach Eröffnung des Insolvenzverfahrens über das Vermögen des Schuldners und Berechtigten (§ 89 InsO), auch wenn der Antrag vor Insolvenzeröffnung beim GBA eingegangen ist. Auch die einstweilige Einstellung der Zwangsvollstreckung nach § 775 Ziff 2 ZPO hindert den Antrag nach § 14 GBO. Der Grund für den Fortfall des Antragsrechts in diesen Fällen liegt darin, dass der Antrag aus § 14 die Zwangsvollstreckung vorbereiten soll und mit der Unmöglichkeit der Vollstreckung seinen Sinn verliert.

19 **d) Unrichtigkeit des GB.** Das Buch muss iS des § 894 BGB **unrichtig** sein, also inhaltlich mit der materiellen Rechtslage bezüglich des Eigentums, eines beschränkten dinglichen Rechts, einer Vormerkung oder eines Rechtes an einem Grundstücksrecht nicht übereinstimmen. Die Unrichtigkeit muss in allen Fällen in der Nichteintragung des Berechtigten bestehen.[24] Unrichtigkeiten bezüglich des Inhalts oder Ranges eines Rechts begründen kein Antragsrecht nach § 14. Eine Berichtigung durch Löschung eines Rechts kann nach § 14 nicht beantragt werden.

20 **Berechtigter** iS des § 14 ist nur der Inhaber eines dinglichen Vollrechts. Anwartschaftsrecht und schuldrechtlicher Anspruch auf Einräumung eines dinglichen Rechts genügen nicht.[25]

21 Aus welchem **Grund** der Berechtigte nicht eingetragen ist, ist ohne Bedeutung.[26] **Drei Fallgruppen** kommen in Betracht:
(1) ein Recht ist außerhalb des Grundbuchs entstanden;
(2) ein Recht ist im Grundbuch zu Unrecht gelöscht worden;
(3) ein Buchberechtigter ist anstelle des wahren Berechtigten im Grundbuch eingetragen.

22 Zur **Fallgruppe 1** gehören zB die Bestellung eines Nießbrauchs oder eines Pfandrechts an einer Briefhypothek durch schriftliche Erklärung und Briefübergabe (§§ 1069, 1080, 1274, 1291 mit § 1154 BGB), die Bestellung einer Hypothek für eine Forderung, an der ein Nießbrauch besteht, sodass sich der Nießbrauch kraft Gesetzes auf die Hypothek erstreckt (§§ 1069 Abs 1, 1153 Abs 2 BGB), die Bestellung einer Hypothek für eine gepfändete Forderung, wodurch das Pfändungspfandrecht kraft Gesetzes auch die Hypothek ergreift;[27] ferner die Entstehung einer Sicherungshypothek oder eines Nießbrauches an einem Grundstück in den Fällen der §§ 1287 S 2 BGB, 848 Abs 2 ZPO, 1075 Abs 1 BGB, wenn der Anspruch auf Übereignung des Grundstücks einem Pfandrecht, Pfändungspfandrecht oder Nießbrauch unterlag und diese Rechte sich im Augenblick der Erfüllung des Anspruchs durch Übereignung des Grundstücks in eine Hypothek oder einen Nießbrauch am Grundstück außerhalb des Grundbuches verwandeln.

---

19 *Demharter* § 14 Rn 10; KEHE-*Herrmann* § 14 Rn 9.
20 KEHE-*Herrmann* aaO.
21 KG KGJ 27, 101; KEHE-*Herrmann* § 14 Rn 10; *Demharter* § 14 Rn 12.
22 KG KGJ 44, 285; OLGE 26, 409; 29, 247; MüKo-*Eickmann* § 1113 Rn 71; **aA** RGZ 163, 121; KG JW 1938, 2847.
23 KEHE-*Herrmann* § 14 Rn 10.
24 KEHE-*Herrmann* § 14 Rn 5.
25 KEHE-*Herrmann* aaO.
26 *Demharter* § 14 Rn 3 ff; KEHE-*Herrmann* § 14 Rn 3.
27 KG JFG 4, 413; *Demharter* § 14 Rn 4.

Zur **Fallgruppe 2** ist die Löschung eines Rechtes zu rechnen, wenn keine Löschungsbewilligung oder die   **23**
Löschungsbewilligung eines Nichtberechtigten vorgelegen hat, sodass das Recht materiell fortbesteht.

Zur **Fallgruppe 3** zählen insbesondere die Fälle, in denen sich der Rechtsübergang außerhalb des GB vollzieht,   **24**
nämlich: Erbfolge oder sonstige, zB gesellschaftsrechtliche Universalsukzession (Verschmelzung, Umwandlung);
Erwerb durch Zuschlag in der Zwangsversteigerung oder durch Eintritt der Gütergemeinschaft; Übergang
einer Briefhypothek außerhalb des GB gemäß § 1154 BGB sowie Erwerb einer Hypothek kraft Gesetzes durch
den Eigentümer (§§ 1143, 1163, 1168, 1171, 1173, 1175, 1177, 1182 BGB, §§ 868, 932 Abs 2 ZPO), den persönlichen Schuldner (§§ 1164, 1174, 426 Abs 2 BGB) oder einen Dritten (§§ 268 Abs 3 S 1, 774 Abs 1 S 1,
1150 BGB). Weiter gehören hierzu die Fälle, in denen jemand als Berechtigter eingetragen worden ist, ohne das
Recht erworben zu haben, weil die zum Erwerb erforderliche Einigung fehlt oder wegen Geschäftsunfähigkeit,
Scheingeschäfts, fehlender Vollmacht oder aus anderen Rechtsgründen nichtig ist, oder weil das GBA irrtümlich eine falsche Person als Berechtigten eingetragen hat. Es zählen auch die Fälle dazu, in denen ein Rechtserwerb nachträglich wieder entfallen ist, zB infolge Eintritts einer auflösenden Bedingung oder eines Endtermins
oder infolge Anfechtung wegen Irrtums, arglistiger Täuschung oder Drohung. Ist das Gemeinschaftsverhältnis
entgegen § 47 nicht oder nicht richtig eingetragen, so ist auch das eine Unrichtigkeit in diesem Sinne, auch
wenn der Person nach die richtigen Berechtigten eingetragen sind.[28]

Keine Unrichtigkeit liegt vor, wenn der Rechtserwerb wegen Gläubigerbenachteiligung nach §§ 129 ff InsO   **25**
oder aufgrund des Anfechtungsgesetzes angefochten wurde.[29] Denn die Anfechtung beseitigt nicht den Rechtserwerb des eingetragenen Berechtigten, sondern eröffnet lediglich die Möglichkeit der Zwangsvollstreckung
gegen ihn.[30]

e) Abhängigkeit der Eintragung von der Voreintragung. Schließlich muss die Eintragung, die aufgrund   **26**
des vollstreckbaren Titels verlangt werden kann, von der **Voreintragung** des Schuldners **abhängen** (§ 39
Abs 1).[31] Deshalb entfällt das Antragsrecht aus § 14, wenn ein Ausnahmefall des § 39 Abs 2 oder des § 40 vorliegt, ferner in den Fällen der §§ 17, 146 ZVG, wonach Zwangsversteigerungs- und Zwangsverwaltungsvermerk ohne Voreintragung des Eigentümers eingetragen werden können, wenn er der Erbe des Bucheigentü-
mers ist.[32]

f) Sonderfall der Vor- und Nacherbfolge. Der **Nacherbe** ist berechtigt, nach Eintritt des Erbfalls die Ein-   **27**
tragung des Vorerben zu beantragen und damit zugleich die Eintragung des Nacherbenvermerks von Amts
wegen (§ 51) herbeizuführen.[33] Dieses Antragsrecht ist aber nicht aus § 14,[34] sondern aus **§ 13** abzuleiten. Der
Nacherbe hat ein Anwartschaftsrecht, sodass die Eintragung des Vorerben bereits eine sein *Recht* betreffende ist,
andererseits aber auch zu seinen Gunsten erfolgt, weil der Vorerbe nicht ohne den Nacherbenvermerk eingetragen werden darf, beide Eintragungen also eine Einheit bilden. Hieran scheitert, abgesehen von dem zwingenden Erfordernis eines Titels, die Anwendung des § 14, wonach die vom Gläubiger begehrte Eintragung nicht
mit der Voreintragung identisch sein darf (vgl oben Rdn 16).

2. Inhalt

Der Gläubiger kann nach § 14 nur eine **Berichtigung** des Buches, also eine deklaratorische Eintragung, bean-   **28**
tragen. Hat der Schuldner ein dingliches Recht nicht erworben, insbesondere weil ein Rechtserwerb von der
fehlenden Eintragung abhängig ist, so kann der Gläubiger sie nicht beantragen, da sie konstitutiv sein würde.
Hat A dem B ein Grundstück aufgelassen, und hat das GBA irrtümlich C als Eigentümer eingetragen, so kann
nur ein Gläubiger des A, der noch Eigentümer ist, aber nicht ein Gläubiger des B, der noch nicht Eigentümer
ist, aus § 14 den Antrag auf Berichtigung auf Namen des A stellen.

Wenn zur Eintragung des Berechtigten die **Anlegung** eines neuen GBBlattes erforderlich ist, so kann der   **29**
Gläubiger auch diese beantragen.

Der Antrag auf GBBerichtigung gemäß § 14 kann **getrennt** und **unabhängig** von dem weiteren Antrag auf   **30**
Eintragung gestellt werden.

Die Eintragung eines **Widerspruchs** kann nach § 14 nicht beantragt werden, sondern nur die GBBerichtigung   **31**
selbst.

---

28 RGZ 54, 86; *Demharter* § 14 Rn 6.
29 RGZ 58, 107; 71, 178; 91, 369; BGB-RGRK-*Augustin* § 894 Rn 11.
30 RGZ 50, 524; 56, 142; BayObLG 24, 124.
31 *Demharter* § 14 Rn 13.
32 KEHE-*Herrmann* § 14 Rn 11; *Steiner-Hagemann* § 17 Rn 39.
33 KG KGJ 31, 346; KEHE-*Herrmann* § 14 Rn 1; *Meyer-Stolte* Rpfleger 1974, 235; **aA** LG Berlin Rpfleger 1974, 234.
34 So KEHE-*Herrmann* § 14 Rn 1.

III. Weitere Voraussetzungen der Eintragung

32 Der nach § 14 antragsberechtigte Gläubiger muss dem GBA die Unrichtigkeit des GB und das Recht seines Schuldners, des *Berechtigten*, ebenso nachweisen wie der Schuldner, wenn er selbst den Antrag stellte. Der Gläubiger muss also entweder den **Unrichtigkeitsnachweis** führen oder eine **Berichtigungsbewilligung** vorlegen.

Im Einzelnen gilt Folgendes:

1. Berichtigung durch Eintragung eines Eigentümers oder Erbbauberechtigten

33 Beantragt der Gläubiger, seinen Schuldner als Eigentümer oder Erbbauberechtigten einzutragen, so ist dessen Zustimmung entbehrlich (§ 22 Abs 2).[35] Den Unrichtigkeitsnachweis aber muss der Antragsteller führen.

2. Sonstige Berichtigungen

34 In den übrigen Fällen der Unrichtigkeit ist entweder die Berichtigungsbewilligung des Betroffenen, ggf auch eine erforderliche Zustimmung eines Dritten oder eine notwendige vormundschaftsgerichtliche Genehmigung, vorzulegen, oder es müssen die Urkunden beigebracht werden, die die Unrichtigkeit des GB belegen, wie Erbschein, Ehevertrag, Urteil, Quittung, Gesellschaftsvertrag, Handelsregisterauszug ua in der Form des § 29.[36]

35 **a) Vorlage von Urkunden.** Gibt der Besitzer eine erforderliche **Urkunde** nicht freiwillig heraus oder erteilt der Zuständige eine Urkunde nicht freiwillig, so hat der Gläubiger verschiedene Möglichkeiten, Herausgabe oder Erteilung der Urkunde zu erzwingen.[37]

aa) Gegenüber Behörden, Beamten und Notaren können **Erteilungsansprüche** insbesondere aufgrund der §§ 792, 896 ZPO, §§ 34, 85 FGG, §§ 2264, 1563 BGB, § 9 HGB, sowie landesrechtlicher Vorschriften wie Art 3 BayAGZPO bestehen. Die Erteilung eines Erbscheins kann der gemäß § 14 Antragsberechtigte allein zum Zwecke der GBBerichtigung verlangen, obwohl diese nur eine die Zwangsvollstreckung vorbereitende Maßnahme ist.

bb) Gegenüber Privatpersonen kommen **Herausgabeansprüche**, zB gemäß §§ 810, 811 BGB, in Betracht, die der Antragsteller einklagen kann, und zwar, soweit er selbst einen Anspruch hat, aus eigenem Recht, und soweit der Anspruch seinem Schuldner zusteht, aufgrund Pfändung und Überweisung des Anspruches. Der Schuldner ist stets zur Herausgabe verpflichtet.

36 **b) Berichtigungsbewilligung.** Wird die Berichtigung des GB nicht durch Fehlen eines urkundlichen Nachweises, sondern durch die **Nichterteilung** einer **Berichtigungsbewilligung** seitens des Buchberechtigten gehindert, so kann der Gläubiger, wenn sein Titel auf Zahlung lautet, den GBBerichtigungsanspruch des Schuldners der Ausübung nach pfänden,[38] sich überweisen lassen (§ 857 ZPO) und dann die Berichtigungsbewilligung von dem Buchberechtigten einklagen. Mit Rechtskraft des Urteils gilt sie als erteilt (§ 894 ZPO). Lautet der Titel auf Abgabe einer Willenserklärung wie zB Erteilung einer Eintragungsbewilligung, so ist § 886 ZPO entsprechend anzuwenden. Auch hier wird dem Gläubiger der Berichtigungsanspruch der Ausübung nach überwiesen, und der Gläubiger muss ihn sodann einklagen.[39] Dagegen kann der Gläubiger nicht gegen den eingetragenen Buchberechtigten auf Feststellung klagen, dass nicht dieser, sondern der Schuldner der Berechtigte sei. Denn zwischen dem Gläubiger und dem Buchberechtigten bestehen keine Rechtsbeziehungen, sodass ein materiell-rechtlicher Anspruch des Gläubigers auf Feststellung gegen den Buchberechtigten fehlt. Aus § 14 lässt er sich nicht herleiten, da es sich um eine reine Verfahrensnorm handelt. Das rechtliche Interesse iS des § 256 ZPO ist zwar zu bejahen, genügt aber nicht. Es ist nur Prozessvoraussetzung, aber nicht Anspruchsgrundlage.

37 **c) Vorlage des Hypothekenbriefes.** Ist die Vorlage des **Hypotheken-, Grund- oder Rentenschuldbriefes** erforderlich (vgl § 41 Abs 1 S 2, § 42 S 1), so kann der Gläubiger den Brief, wenn ihn der Schuldner im Besitz hat, entweder aufgrund Pfändung der Hypothek, Grundschuld oder Rentenschuld gemäß § 830 Abs 1 S 1, 2 ZPO oder gemäß § 897 Abs 2 ZPO durch den Gerichtsvollzieher wegnehmen lassen. Ist der Brief im Besitze eines Dritten, muss der Gläubiger den Vorlegungsanspruch seines Schuldners aus § 896 BGB pfänden, ihn sich überweisen lassen und dann gegen den Besitzer geltend mchen oder nach § 897 Abs 2 ZPO vorgehen.[40] Ist der Brief verloren gegangen, so muss er durch Anschlussurteil für kraftlos erklärt und die Erteilung eines neuen Briefes beantragt werden. Die Einleitung des Aufgebotsverfahrens und das Ausschlussurteil kann

---

35 KG OLGE 1, 479, 480; 5, 298.
36 KEHE-*Herrmann* § 14 Rn 13; *Demharter* § 14 Rn 15.
37 *Demharter* § 14 Rn 15 ff.
38 KG KGJ 47, 176; *Demharter* § 14 Rn 17.
39 *Demharter* aaO.
40 *Demharter* § 14 Rn 18.

der Gläubiger gemäß §§ 792, 896, 1004 Abs 2 ZPO beantragen.[41] Eine Ausfertigung eines bereits ergangenen Ausschlussurteils kann er gemäß §§ 792, 896 ZPO verlangen. Den Antrag auf Erteilung eines neuen Briefes gemäß § 41 Abs 2 S 1 kann der Gläubiger gemäß § 14 GBO stellen.

Was für den Hypothekenbrief gilt, gilt auch für die in **§ 43** genannten **Urkunden** nämlich Inhaberschuldver- **38** schreibung. Wechsel und sonstiges indossables Papier.

IV. Art und Weise der Antragstellung

Da der Antrag nach § 14 keine zur Eintragung erforderliche Erklärung ersetzen kann, ist er als reiner Antrag **39** **formfrei** (§ 30).

Den Antrag kann auch ein **Vertreter** stellen. Seine Vollmacht ist formfrei. **40**

V. Rechtscharakter der GBBerichtigung

Die nach § 14 beantragte Berichtigung des GB ist eine **grundbuchrechtliche Angelegenheit**, keine Zwangs- **41** vollstreckungsmaßnahme. Die auf die Berichtigung folgende Eintragung aufgrund des Titels, zB die Eintragung einer Zwangshypothek, hat dagegen einen doppelten Charakter, nämlich den einer Vollstreckungshandlung und einer Handlung der freiwilligen Gerichtsbarkeit. Der GBBeamte wird aber auch hierbei nicht als Vollstreckungsbeamter tätig. Deshalb richtet sich das Verfahren, insbesondere die Zulässigkeit der Beschwerde, vom Zeitpunkt der Antragstellung an nach der GBO, nicht nach der ZPO.[42]

VI. Verhältnis zu anderen prozessualen Mitteln

Hat der Gläubiger seinerseits **auch** einen **GBBerichtigungsanspruch** gegen den nicht eingetragenen **42** **Schuldner**, so kann er vom Schuldner gemäß § 895 BGB verlangen, dass dieser die Eintragung seiner eigenen Berichtigung beantragt. Den Anspruch aus § 895 BGB kann der Gläubiger einklagen und vollstrecken. Er muss nicht nach § 14 vorgehen, auch wenn er für seinen eigenen Berichtigungsanspruch einen Titel hat. Denn der Weg über § 14 ist für den Gläubiger uU beschwerlicher, weil er als Antragsteller die sonstigen Eintragungsvoraussetzungen nachzuweisen hat, während im Falle einer Klage aus § 895 BGB der beklagte Schuldner hierfür zu sorgen hat. Deshalb fehlt für die Klage das Rechtsschutzinteresse nicht.

Hat der Gläubiger keinen Berichtigungsanspruch, sondern einen **Anspruch auf Zahlung** so kann er ebenfalls **43** mit dem Antrag klagen, dass der Schuldner verurteilt werden möge, sich eintragen zu lassen.[43] Wer eine Zahlung schuldet, ist in aller Regel aus dem betreffenden Schuldverhältnis heraus auch verpflichtet, Vollstreckungshindernisse wie die fehlende Voreintragung zu beseitigen. Ist der Zahlungsanspruch tituliert, so muss auch in diesen Fällen der Gläubiger nicht nach § 14 vorgehen, und zwar aus denselben Gründen wie im Falle eines Berichtigungsanspruches.

VII. Entsprechende Anwendung

Hängt die Erledigung des Ersuchens einer **Behörde** nach § 38 von einer Voreintragung ab, so ist § 14 entspre- **44** chend anzuwenden.[44] Die Behörde kann in diesem Falle ohne Vorlage eines vollstreckbaren Titels das GBA um Eintragung des Berechtigten ersuchen, sobald die zugrunde liegende Verfügung gegen den Berechtigten wirksam geworden ist.

VIII. Verletzungsfolgen

Der GBBeamte muss die Vorschrift beachten. Der Gläubiger kann die Beachtung durch Einlegung der **45** **Beschwerde** erzwingen, wenn ein Antrag aufgrund des § 14 zu Unrecht zurückgewiesen wird. Entsteht aus der Verletzung des § 14 ein **Schaden**, zB infolge Verzögerung von Zwangsvollstreckungsmaßnahmen, kann dies zur Amtshaftung führen.

---

41 *Demharter* aaO.
42 RGZ 48, 243.
43 OLG Düsseldorf JW 1933, 2779.
44 KG JFG 16, 44 = JW 1937, 2603 = DNotZ 1938, 118.

§ 15 (Antragsrecht des Notars)

Ist die zu einer Eintragung erforderliche Erklärung von einem Notar beurkundet oder beglaubigt, so gilt dieser als ermächtigt, im Namen eines Antragsberechtigten die Eintragung zu beantragen.

Schrifttum

Bauch, zum Notarantrag in Grundbuchsachen, Rpfleger 1982, 475; *Ertl,* Antrag, Bewilligung und Eintragung im Grundstücks- und Grundbuchrecht, Rpfleger 1980, 41; *Grein,* Vollzugstätigkeiten des Notars, RNotZ 2004, 115; *Haegele,* Zum Antragsrecht des Notars in Grundbuchsachen, Rpfleger 1974, 417; *Hieber,* Fragen zur Antragsbefugnis des Notars nach § 15 GBO, DNotZ 1956, 172; *Klawikowski,* Anträge im Grundbuchverfahren, Rpfleger 2005, 13; *Lappe,* Im Zweifel namens aller Antragsberechtigten?, Rpfleger 1984, 386; *Reithmann,* Muss der Notar die Vollzugsnachrichten des Grundbuchamtes überprüfen?, NotBZ 2004, 100; *Safferling,* Antragstellung des bevollmächtigten Notars nach dem Tod eines Beteiligten, Rpfleger 1971, 294; *Spiess,* Das Recht des Notars zur teilweisen Stellung und Rücknahme von Anträgen und zur Verbindung mehrerer Anträge ohne ausdrückliche Ermächtigung in der Urkunde, MittRhNotK 1972, 359; *Weber,* Die Verantwortung des Notars für die Überwachung der richtigen Erledigung der Grundbuchanträge, DNotZ 1964, 393.

I. Normzweck

1 Den Eintragungsantrag können der Betroffene oder Begünstigte nicht nur selbst stellen, sondern sie können sich dabei natürlich auch vertreten lassen. Als Vertreter kann jeder Notar handeln, wenn ihm rechtsgeschäftlich eine Vollmacht erteilt wird; dies ist kein Fall des § 15. Ein Notar kann aber auch auf Grund gesetzlich vermuteter Vollmacht den Eintragungsantrag stellen, wenn er eine zur Eintragung erforderliche Erklärung beurkundet oder beglaubigt hat (§ 15). Die Vorschrift soll den Rechtsverkehr erleichtern, indem sie den Nachweis der Vollmacht des Notars erspart.[1] § 15 begründet die **Vermutung einer Vollmacht des Notars**, und zwar aufgrund des Gedankens, dass der Notar durch seine Dienstleistung in einem besonderen Verhältnis zu den Beteiligten steht, sich nicht ohne Auftrag in die Angelegenheiten anderer einmischt und die Beteiligten idR die Besorgung der ganzen Angelegenheit durch den Notar wünschen.[2] Die Vorschrift ist weit auszulegen.[3] Ihre Wortfassung (»gilt«) ist unglücklich, weil sie auf Fiktion statt auf Vermutung deutet, auch liegt keine »Ermächtigung« vor, da der Notar im fremden Namen handelt.[4] Er hat kein eigenes Antragsrecht, sondern übt nur ein fremdes aus. § 15 erweitert nicht (wie § 14) den Kreis der Antragsberechtigten.[5]

2 § 15 begründet **keine Amtspflicht**, Anträge zu stellen.[6] Sind jedoch Willenserklärungen beurkundet worden, die beim Grundbuchamt einzureichen sind, so soll der Notar dies veranlassen, sobald die Urkunde eingereicht werden kann, es sei denn, dass alle Beteiligten gemeinsam etwas anderes verlangen (§ 53 BeurkG). Bei der Beurkundung eines Vertrags darf der Notar von der Vorlage nicht bereits dann absehen, wenn ein Beteiligter unter Behauptung

---

1 KEHE-*Herrmann* § 15 Rn 2; *Demharter* § 15 Rn 1; *Schöner/Stöber* Rn 175; *Haegele* Rpfleger 1974, 417.
2 BGH BGHZ 29, 372 = NJW 1959, 883 = DNotZ 1959, 312 = MDR 1959, 477 = Rpfleger 1959, 219 (*Haegele*); BayObLG BayOBLGZ 1955, 160 = DNotZ 1956, 213; BayObLGZ 1985, 157 = Rpfleger 1985, 356; KG KGJ 44, 172; KEHE-*Herrmann* § 15 Rn 1; *Demharter* § 15 Rn 2; *Schöner/Stöber* Rn 175; *Haegele* Rpfleger 1974, 417; *Hieber* DNotZ 1956, 172; vgl auch § 24 Abs 1 BNotO.
3 BGH BGHZ 29, 372 = DNotZ 1959, 312 = Rpfleger 1959, 219; BayObLG BayOBLGZ 1955, 160 = DNotZ 1956, 213; KEHE-*Herrmann* § 15 Rn 3.
4 Vgl *Lappe* Rpfleger 1984, 386.
5 OLG Braunschweig NJW 1961, 1362 = DNotZ 1961, 414 (*Hieber*) = Rpfleger 1961, 173; *Demharter* § 15 Rn 1.
6 *Grein* RNotZ 2004, 115, 119; RG JW 1937, 2121 = DNotZ 1937, 757; KG OLGE 25, 371.

der Unwirksamkeit dem widerspricht, es sei denn, die Unwirksamkeit ist offensichtlich.[7] Der Notar verweigert aber eine Vollzugstätigkeit dann nicht ohne ausreichenden Grund, wenn sie von der für ihn nicht problemlos zu klärenden Beurteilung der zwischen den Beteiligten streitigen Frage abhängt, ob einer von ihnen wirksam vom Vertrag zurückgetreten ist.[8] Wurde die Abgabe einer einseitigen Erklärung durch mehrere Personen beurkundet, so ist der Notar von der Vorlagepflicht bereits befreit, wenn eine Person dies verlangt.[9]

II. Voraussetzungen

1. Notar

§ 15 gilt nur für den Notar, nicht den Rechtsanwalt, Gerichtspersonen ua.[10] Beim Anwaltsnotar kommt es **3** darauf an, ob er als Notar gehandelt hat (vgl § 24 Abs 2 S 1 BNotO).[11] § 15 gilt nur für Notare in der Bundesrepublik Deutschland. Auf ausländische Notare ist § 15 nicht anzuwenden, selbst wenn ihre Urkunden § 29 genügen.[12] Dem Notar stehen der Notariatsverweser (§§ 56 ff BNotO) und der Notarvertreter (§§ 39 ff BNotO) gleich.[13] Die Vertretungsmacht endet mit Erlöschen des Amtes,[14] auch hinsichtlich davor aufgenommener Urkunden.[15] Die vermutete Vollmacht geht auf den Amtsnachfolger über.[16] Die Antragstellung durch einen vorläufig amtsenthobenen Notar ist wirksam (§ 55 Abs 2 S 2 BNotO); dasselbe gilt, wenn sich der Notar nach § 44 Abs 1 S 2 BNotO der Amtsausübung enthalten soll.[17] § 15 begründet die Vermutung einer Bevollmächtigung lediglich des tätig gewordenen Notars, nicht auch des mit diesem in Bürogemeinschaft verbundenen weiteren Notars.[18]

Stellt der Notar einen Antrag gemäß § 15, gilt für die **Form** das Gleiche wie bei einem Beteiligtenantrag. **4** Schriftform ist ausreichend (vgl § 30). Insbesondere kann die Beifügung des Dienstsiegels auf dem Antragsschreiben nicht verlangt werden.[19] Mit der Beurkundung oder Beglaubigung der Erklärung der Parteien wird die Vollmachtserteilung an den Notar vermutet. Eines besonderen Nachweises der Amtsinhaberschaft bedarf es nicht.

2. Eine zur Eintragung erforderliche Erklärung

a) Erforderliche Erklärung. Der Begriff »erforderliche Erklärung« ist für § 15 derselbe wie für § 29. Er **5** bezeichnet die **unmittelbaren Eintragungsgrundlagen** wie die Eintragungsbewilligung nach § 19, die Berichtigungsbewilligung nach § 22, die Auflassung nach § 20, die Zustimmungserklärungen des Eigentümers nach § 22 Abs 2 oder § 27, die Abtretungserklärung nach § 26 und die Unterwerfungserklärung nach §§ 794 Abs 1 Ziff 5, 800 ZPO.[20] Der Notar muss sie selbst beurkundet oder beglaubigt haben.[21] Die Beurkundung oder Beglaubigung nur einer von mehreren erforderlichen Erklärungen genügt.[22] Von mehreren tätig gewordenen Notaren hat jeder die Vollmacht aus § 15.[23] Stellen mehrere Notare Anträge für denselben Beteiligten, sind sie nur bei Übereinstimmung wirksam.[24]

b) Nicht in Betracht kommende Erklärungen. Der reine Eintragungsantrag ist keine »erforderliche Erklä- **6** rung« (vgl § 30).[25] Auch das zugrunde liegende Verpflichtungsgeschäft (zB der Grundstückskaufvertrag trotz

7 OLG Köln OLGZ 1990, 397; *Demharter* § 15 Rn 4.
8 OLG Frankfurt DNotZ 1992, 389.
9 *Demharter* § 15 Rn 4.
10 *Demharter* § 15 Rn 5.
11 KEHE-*Herrmann* § 15 Rn 4.
12 KEHE-*Herrmann* § 15 Rn 4; *Demharter* § 15 Rn 5; *Haegele* Rpfleger 1974, 417.
13 BayObLGZ 1962, 18 = DNotZ 1962, 314; KEHE-*Herrmann* § 15 Rn 5; *Schöner/Stöber* Rn 174; *Haegele* Rpfleger 1974, 417.
14 RGZ 93, 71; KEHE-*Herrmann* § 15 Rn 5; *Demharter* § 15 Rn 5.
15 OLG Köln OLGE 2, 244.
16 BayObLG BayObLGZ 1962, 18 = DNotZ 1962, 314; BayObLGZ 1961, 27 = DNotZ 1961, 317; BayObLGZ 1969, 91 = DNotZ 1969, 541 = Rpfleger 1969, 243; KEHE-*Herrmann* § 15 Rn 5; *Demharter* § 15 Rn 5; *Schöner/Stöber* Rn 174.
17 KEHE-*Herrmann* § 15 Rn 6; *Demharter* § 15 Rn 5; *Schöner/Stöber* Rn 174; *Haegele* Rpfleger 1974, 417.
18 BayObLG NJW-RR 1989, 1495; *Demharter* § 15 Rn 5.
19 *Gross* BWNotZ 1984, 163, 165; *Schöner/Stöber* Rn 174.
20 KEHE-*Herrmann* § 15 Rn 7; *Demharter* § 15 Rn 7; *Schöner/Stöber* Rn 178; *Eickmann* GBVerfR, Rn 106; *Haegele* Rpfleger 1974, 417, 418.
21 KEHE-*Herrmann* § 15 Rn 10.
22 *Demharter* § 15 Rn 6; KEHE-*Herrmann* § 15 Rn 11.
23 KEHE-*Herrmann* § 15 Rn 11.
24 KEHE-*Herrmann* § 15 Rn 11; **aA** *Wilke* in Bauer/von Oefele § 15 Rn 17.
25 *Grein* RNotZ 2004, 115, 119; *Schöner/Stöber* Rn 178; KEHE-*Herrmann* § 15 Rn 9; *Demharter* § 15 Rn 8; *Eickmann* GBVerfR, Rn 106; *Haegele* Rpfleger 1974, 417, 418.

§ 925a BGB) fällt nicht darunter, soweit nicht die Urkunde Eintragungsbewilligungen enthält.[26] Nur mittelbar erforderliche Erklärungen wie Vollmachten, Genehmigungserklärungen, Testamente, Erbscheinanträge oder Anträge auf Erteilung eines Zeugnisses nach §§ 36, 37[27] und die Beglaubigung von Urkundsabschriften[28] scheiden ebenfalls aus, weil die von § 15 vorausgesetzte »Nähe des Notars« zu dem Geschäft fehlt. Keine zur Eintragung erforderliche Erklärung ist die dingliche Einigung (§ 873 Abs 1 BGB) im Falle des § 19 (zB Bestellung eines dinglichen Rechts), da in diesem Fall nur auf Grund einer Bewilligung eingetragen wird.[29] Beantragt ein Notar, ein im GB eingetragenes Recht wegen Gegenstandslosigkeit (§ 84) zu löschen, kann er sich nicht auf § 15 berufen; Gleiches gilt bei einer Grundbuchberichtigung auf Grund eines Unrichtigkeitsnachweises, der nicht vom Notar beurkundet oder beglaubigt wurde.[30]

3. Beurkundung oder Beglaubigung

7 Voraussetzung der Antragsermächtigung des Notars ist sein Tätigwerden als Urkundsperson, dh er muss eine zur Eintragung erforderliche Erklärung beurkundet oder die Unterschrift darunter beglaubigt haben. Nicht ausreichend ist es daher, wenn der Notar lediglich einen Rat erteilt oder den Entwurf einer Urkunde gefertigt hat.[31] Ist eine Beurkundung oder Beglaubigung unwirksam (zB nach §§ 6, 7, 13 BeurkG), besteht auch keine Antragsermächtigung des Notars gemäß § 15.[32] Dafür spricht zum einen der Gesetzeswortlaut (»Ist ... beurkundet oder beglaubigt«) und zum anderen der unterstellte Parteiwille, der sicherlich nicht auf die Bevollmächtigung eines Notars gerichtet ist, der eine unwirksame Beurkundung oder Beglaubigung vorgenommen hat. Auch ist es nicht gerechtfertigt, bei einer Vollmachtsvermutung die vertretenen Beteiligten für die Kosten einer evtl Zurückweisung heranzuziehen, die sich aus dem Formmangel ergibt.

4. Erkennbarkeit von dem Gebrauchmachen des Antragsrechts nach § 15

8 Hat der Notar eine zur Eintragung erforderliche Erklärung beurkundet oder beglaubigt, muss er nicht automatisch einen Eintragungsantrag gemäß § 15 stellen; er kann auch als Bote nur die Urkunde vorlegen, in der Anträge der Beteiligten selbst gestellt sind. Deshalb muss der Notar klar zu erkennen geben, ob er von dem Antragsrecht nach § 15 Gebrauch macht oder nur als Bote auftritt.[33]

9 Bei folgenden Formulierungen ist von einer **Antragstellung** durch den Notar auszugehen:[34]
– »gemäß § 15 GBO beantrage ich«,
– »gemäß § 15 GBO lege ich vor«,
– »ich beantrage«.

Gleiches gilt bei folgenden Klauseln:
– »gemäß § 15 GBO zum Vollzug«;[35]
– »gemäß § 15 GBO den gestellten Anträgen stattzugeben«.[36]

10 Dagegen ist der Notar nur **Bote**, wenn er eine Urkunde wie folgt vorlegt:[37]
– »ich lege vor zum Vollzug«;
– »ich lege vor zur weiteren Veranlassung«;
– »ich lege vor, mit der Bitte den gestellten Anträgen zu entsprechen«.

Dasselbe gilt, wenn der Notar eine Urkunde dem GBA ohne eigene Erklärung vorlegt.[38] Liegt nur eine Botentätigkeit des Notars vor, ist er am Verfahren nicht beteiligt. Er erhält keine Zwischenverfügung oder Zurück-

---

26 *Schöner/Stöber* Rn 179; *KEHE-Herrmann* § 15 Rn 8; *Demharter* § 15 Rn 8; *Eickmann* GBVerfR, Rn 106; *Haegele* Rpfleger 1974, 417, 418.

27 *KEHE-Herrmann* § 15 Rn 9; *Demharter* § 15 Rn 8; *Schöner/Stöber* Rn 179; *Haegele* Rpfleger 1974, 417, 418.

28 OLG München JFG 20, 128; *Schöner/Stöber* Rn 177; *KEHE-Herrmann* § 15 Rn 10; *Demharter* § 15 Rn 6.

29 *Eickmann* GBVerfR, Rn 106.

30 BayObLG NJW-RR 1989, 1495.

31 *Schöner/Stöber* Rn 177; *KEHE-Herrmann* § 15 Rn 10; *Demharter* § 15 Rn 6.

32 *Eickmann* GBVerfR, Rn 106.

33 BayObLGZ 1952, 252; OLG Bremen Rpfleger 1987, 494; *Schöner/Stöber* Rn 181; *KEHE-Herrmann* § 15 Rn 24; *Demharter* § 15 Rn 13; *Eickmann* GBVerfR, Rn 107; *Holzer-Kramer* 4. Teil Rn 69; *Haegele* Rpfleger 1974, 417, 418.

34 *Holzer-Kramer* 4. Teil Rn 71.

35 *Schöner/Stöber* Rn 181; *KEHE-Herrmann* § 15 Rn 24; *Demharter* § 15 Rn 13; *Eickmann* GBVerfR, Rn 107; **aA** OLG München DNotZ 1943, 261 m abl Anm *Luther*.

36 KG Rpfleger 1991, 305; *Demharter* § 15 Rn 13.

37 BGH DNotZ 1964, 435; BayObLGE 11, 335; 12, 339; OLG München JFG 15, 123; 22, 30; KG JW 1937, 114; *Schöner/Stöber* Rn 181; *KEHE-Herrmann* § 15 Rn 24; *Demharter* § 15 Rn 13; *Eickmann* GBVerfR, Rn 107; *Grein* RNotZ 2004, 115, 119.

38 BayObLGZ 1952, 271, 272.

weisung.[39] Ebenso ist keine Antragsrücknahme gemäß § 24 Abs 3 BNotO möglich. Bei den genannten Formulierungen kann von einer Botentätigkeit des Notars nur ausgegangen werden, wenn in der vorgelegten Urkunde selbst Anträge der Beteiligten enthalten sind. Hat der Notar dagegen eine Urkunde »mit der Bitte um Vollzug« vorgelegt und enthält diese selbst keinen Antrag eines Beteiligten, so muss von einer Antragstellung des Notars ausgegangen werden, und zwar auf Grund gesetzlich vermuteter Vollmacht gemäß § 15 bei Beurkundungs- oder Beglaubigungstätigkeit oder sonst auf Grund rechtsgeschäftlich erteilte Vollmacht.[40] Der Notar wird nämlich sicherlich keine Urkunde vorlegen, die nicht vollzogen werden soll. Hat ein Notar eine Urkunde mit Eintragungsanträgen der Beteiligten zunächst nur als Bote vorgelegt, so kann er nachträglich diese Anträge gemäß § 15 wiederholen, wovon insbesondere auszugehen ist, wenn er auf Beanstandungen des Grundbuchamtes Ausführungen macht (zB Erinnerung gegen eine Zwischenverfügung einlegt).[41]

Der Notar muss bei Antragstellung nach § 15 auf **Klarheit** und **Vollzugsfähigkeit** des Antrags achten. Trotzdem muss bei einer durch Fehlformulierung des Notars veranlassten, auch dem GBA vorwerfbaren Fehlverfügung nicht unbedingt der Notar haften.[42] Bei Nichtübereinstimmung einer Ausfertigung mit der Urschrift infolge Versehens eines Angestellten kann sich der Notar nicht nach § 831 Abs 1 S 1 BGB entlasten.[43]   **11**

III. Rechtsfolgen

1. Vermutung der Ermächtigung

a) Gesetzliche Vermutung. Der Notar »gilt« als ermächtigt, den Eigentumsantrag zu stellen. Da diese   **12** Bevollmächtigung auf dem mutmaßlichen Willen beruht, liegt keine gesetzliche Fiktion vor, sondern eine gesetzliche Vermutung.[44] Die Vertretungsbefugnis des Notars nach § 15 ist daher weder vom Auftrag noch vom Einverständnis des oder der Antragsberechtigten abhängig.[45] Der Notar muss die Urkunden, die die Vermutung begründen, dem GBA vorlegen. Seine amtliche Versicherung über deren Aufnahme genügt nicht. Das GBA hat ohne besondere Veranlassung nicht zu prüfen, ob Umstände vorliegen, die die Vermutung widerlegen.

b) Widerlegbare Vermutung. Die Vermutung ist nach allgemeiner Meinung widerlegbar.[46] Der Gegenbe-   **13** weis kann sich ua bereits aus dem Inhalt der Urkunde selbst oder aus anderen Eintragungsunterlagen ergeben.[47] Im Interesse der im Grundbuchrecht gebotenen Klarheit muss es sich für die Ermächtigung des Notars um eindeutig ausschließende, nach außen sichtbar gewordene Umstände, zB Erklärungen der Beteiligten handeln.[48] Auch durch das Verhalten des Notars kann die Vermutung widerlegt werden.[49] Nicht widerlegt wird sie dadurch, dass in der vom Notar aufgenommen und eingereichten Urkunde gleich lautende Anträge der Beteiligten enthalten sind.[50] oder dem GBA bereits vorliegen.[51] Die Vermutung des § 15 hängt nach dem eindeutigen Gesetzeswortlaut nur von der Antragsberechtigung ab. Diese hat nicht zur Voraussetzung, dass der von der Eintragung Betroffene oder Begünstigte an den Rechtsgeschäften mitgewirkt hat, die der Eintragung zugrunde liegen (§ 13 Abs 1 S 2). Dass bei der Bewilligung einer Grundschuldeintragung durch den Grundstückseigentümer der Grundschuldgläubiger keine Erklärung in der notariellen Urkunde abgibt, lässt die Antragsbefugnis des Notars unberührt. Dieser Umstand ist daher auch nicht geeignet, deren gesetzliche Vermutung zu widerle-

---

39 *Holzer-Kramer* 4. Teil Rn 73.
40 **AA** LG Traunstein Rpfleger 1988, 524.
41 RG JW 1929, 740; BayObLGZ 1948–1951, 511; 1952, 272; 1960, 235; 1962, 186; 1964, 171; 1967, 409; 1975, 4; BayObLG DNotZ 1987, 39; *Schöner/Stöber* Rn 181; KEHE-*Herrmann* § 15 Rn 25; *Demharter* § 15 Rn 14.
42 Vgl *Weber* DNotZ 1964, 437; *Winkler* ZZP 1988, 218.
43 BGH DNotZ 1964, 434.
44 KEHE-*Herrmann* § 15 Rn 12; *Lappe* Rpfleger 1984, 386, 387.
45 BayObLG Rpfleger 1985, 356 = MittBayNot 1985, 150 = MittRhNotK 1985, 205; Rpfleger 1984, 96 = DNotZ 1984, 643 = MittBayNot 1983, 232; OLG Hamm DNotZ 1952, 86 (*Luther*) = Rpfleger 1955, 256; OLG Düsseldorf JurBüro 1979, 884; LG Landau Rpfleger 1982, 338; *Schöner/Stöber* Rn 174; KEHE-*Herrmann* § 15 Rn 12; *Demharter* § 15 Rn 3.
46 BGHZ 29, 372 = NJW 1959, 883 = DNotZ 1959, 312 = Rpfleger 1959, 219 (*Haegele*); BayObLG MittBayNot 1993, 365, 367; Rpfleger 1987, 14 = DNotZ 1987, 217 = MittBayNot 1986, 276; Rpfleger 1985, 356 = MittBayNot 1985, 150 = MittRhNotK 1985, 205; Rpfleger 1984, 96 = DNotZ 1984, 643 = MittBayNot 1983, 232; KG KGJ 44, 170; KEHE-*Herrmann* § 15 Rn 13; *Demharter* § 15 Rn 3; *Schöner/Stöber* Rn 174; *Eickmann* GBVerfR, Rn 105. **AA** *Lappe* Rpfleger 1984, 386.
47 BayObLG MittBayNot 1993, 365, 367; Rpfleger 1985, 356 = MittBayNot 1985, 150 = MittRhNotK 1985, 205; Rpfleger 1984, 96 = DNotZ 1984, 643 = MittBayNot 1983, 232; KEHE-*Herrmann* § 15 Rn 13; *Demharter* § 15 Rn 3; *Schöner/Stöber* Rn 174.
48 BayObLG MittBayNot 1993, 365, 367; Rpfleger 1985, 356 = MittBayNot 1985, 150 = MitRhNotK 1985, 205; Rpfleger 1984, 96 = DNotZ 1984, 643 = MittBayNot 1983, 232; OLG Düsseldorf JurBüro 1974, 1017, 1019; OLG Karlsruhe BWNotZ 1977, 124, 125; KEHE-*Herrmann* § 15 Rn 13; *Demharter* § 15 Rn 3; *Schöner/Stöber* Rn 174.
49 OLG Hamburg MDR 1954, 493; KEHE-*Herrmann* § 15 Rn 13.
50 BayObLGE 31, 443; BayObLGZ 1952, 272; KG KGJ 44, 173; Rpfleger 1971, 313.
51 KEHE-*Herrmann* § 15 Rn 20.

gen.[52] Solange der Wille eines Beteiligten auf Bevollmächtigung des Notars unterstellt werden kann, ist eine ausdrückliche Beauftragung nicht Voraussetzung der Vertretungsbefugnis des Notars. Das Fehlen eines ausdrücklichen Auftrags ist darum für sich allein auch nicht geeignet, der Vermutung des § 15 den Boden zu entziehen.[53] Schließlich steht der Vermutung des § 15 nicht entgegen, wenn bei der Eintragung bzw. Löschung einer Grundschuld der Eigentümer bzw. Gläubiger in der notariellen Urkunde erklärt, dass er die Kosten übernimmt bzw. keine Kosten übernimmt.[54] Die erklärte Kostenregelung stellt nur klar, dass im Innenverhältnis der Beteiligten die Kosten des Vollzugs den Eigentümer treffen.

14   Die in § 15 geregelte Antragsermächtigung des Notars ist keine gesetzliche Fiktion, sondern eine widerlegbare Vermutung. Dies hat zur Folge, dass die Antragsteller dem Notar gänzlich die ihm gesetzlich eingeräumte Antragsermächtigung entziehen können, so dass der den Antrag einreichende Notar nicht als Vertreter, sondern lediglich als Bote der Antragsteller auftritt. Soweit die Meinung vertreten wird, eine **Einschränkung der dem Notar durch § 15 eingeräumten Vollmacht** sei nicht möglich,[55] vermag dies nicht zu überzeugen. Die dem Notar in § 15 gesetzlich eingeräumte Antragsermächtigung muss nicht in vollem Umfang unangetastet bleiben. Die in § 15 fingierte Bevollmächtigung des beurkundenden Notars ist nicht zwingend und unwiderruflich, vielmehr können die Antragsteller die gesetzlich vermutete Bevollmächtigung des Notars widerrufen und dem Notar die Aufgabe eines Boten ihres Antrags übertragen. Da eine solche Umgestaltung des § 15 zulässig ist, muss das Grundbuchamt in jedem Falle, in dem ein Antrag auf Eintragung in das Grundbuch durch einen Notar eingereicht wird, prüfen, in welcher Rechtsstellung der Notar tätig geworden ist, ob er als Bevollmächtigter der Antragsteller auftritt oder nur deren Bote ist. Wenn die Parteien durch ihre Erklärung eindeutig erkennen lassen, in welchem Umfang der Notar für sie handeln darf oder in welcher Weise er sie tätig werden darf, kann sich das Grundbuchamt darauf einstellen und die Rechtssicherheit ist gewährleistet. Die Einschränkbarkeit der gesetzlich vermuteten Vollmacht des Notars wird auch nicht durch den Rechtsgedanken der §§ 81, 83 ZPO ausgeschlossen. Zwar bestimmt § 83 Abs 1 ZPO, dass der gesetzliche Umfang der Prozessvollmacht nur in begrenztem Umfang eingeschränkt werden darf. Diese verminderte Einschränkbarkeit der Prozessvollmacht besteht jedoch gem § 83 Abs 2 ZPO nur in den Rechtsgebieten, in denen eine Vertretung durch Anwälte geboten ist. Da jedoch das Grundbuchrecht eine Vertretung der Antragsteller durch einen Notar lediglich zulässt und ermöglicht, nicht aber gebietet, ist die Rechtsstellung eines Notars allenfalls derjenigen eines Bevollmächtigten in einem Parteiprozess vergleichbar. Nach dem Rechtsgedanken des § 83 Abs 2 ZPO ist somit die Vollmacht des Notars einschränkbar.[56]

15   **c) Widerruf.** Die vermutete Vollmacht ist unbestritten widerruflich.[57] Uneinigkeit herrscht allerdings über die zeitliche Zulässigkeit. Der Widerruf soll bis zur antragsmäßigen Eintragung möglich sein.[58] Im Gegensatz dazu wird zu Recht ein Widerruf nur bis zum Eingang des Antrags beim Grundbuchamt zugelassen; danach gibt es nur noch die Antragsrücknahme (§ 31).[59] Die Bevollmächtigung eines Notariatsangestellten ist für sich allein nicht als Widerruf der Vollmacht des Notars anzusehen, auch wenn sie Einschränkungen enthält.[60]

16   **d) Form der Entkräftung.** Sowohl die Widerlegung der Vermutung gemäß § 15 als auch deren Widerruf bedürfen auf Grund des Rechtsgedankens von § 31 der notariell beurkundeten oder beglaubigten Form gemäß § 29.[61]

2. Im Namen eines Antragsberechtigten

17   **a) Notar als Vertreter.** Der Antrag muss im Namen eines Antragsberechtigten gestellt werden. Der Notar hat weder ein eigenes Antragsrecht noch ein eigenes Beschwerderecht; er kann daher sowohl den Eintragungsan-

---

52   BayObLG Rpfleger 1985, 356 = MittBayNot 1985, 150 = MittRhNotK 1985, 205.
53   BayObLG aaO.
54   BayObLG Rpfleger 1987, 14 = DNotZ 1987, 217 = MittBayNot 1986, 276; Rpfleger 1985, 356 = MittBayNot 1985, 150 = MittRhNotK 1985, 205; *Demharter* § 15 Rn 3.
55   OLG Brandenburg RNotZ 2008, 224; OLG Jena Rpfleger 2002, 516; OLG Düsseldorf DNotZ 2001, 704 = FGPrax 2001, 11 = Rpfleger 2001, 124; LG Koblenz Rpfleger 1996, 449; LG Bielefeld Rpfleger 2002, 142.
56   LG Saarbrücken DNotZ 2001, 213; *Demharter* § 15 Rn 3; *Wilke* in *Bauer/von Oefele* § 15 Rn 16, 28; *Raebel* ZNotP 1998, 131.
57   BayObLG Rpfleger 1985, 356 = MittBayNot 1985, 150 = MittRhNotK 1985, 205; Rpfleger 1984, 96 = DNotZ 1984, 643 = MittBayNot 1983, 232; *Schöner/Stöber* Rn 174; KEHE-*Herrmann* § 15 Rn 14; *Demharter* § 15 Rn 3; *Eickmann* GBVerfR, Rn 105.
58   BayObLG Rpfleger 1985, 356 = MittBayNot 1985, 150 = MittRhNotK 1985, 205; Rpfleger 1984, 96 = DNotZ 1984, 643 = MittBayNot 1983, 232; *Eickmann* GBVerfR, Rn 105.
59   *Demharter* § 15 Rn 3; *Schöner/Stöber* Rn 174.
60   OLG Hamm DNotZ 1954, 203; KEHE-*Herrmann* § 15 Rn 14.
61   KEHE-*Herrmann* § 15 Rn 15; *Eickmann* GBVerfR, Rn 105.

trag nur für einen Antragsberechtigten stellen als auch eine Erinnerung nur in seinem Namen einlegen.[62] Bei der Antragstellung des Notars gemäß § 15 liegt somit kein Notarantrag vor, sondern ein Antrag eines Beteiligten, vertreten durch den Notar.

b) Antragsberechtigter. Die Wirksamkeit des vom Notar gestellten Antrags hängt, da der Notar als Bevollmächtigter handelt, von der Antragsberechtigung des Beteiligten nach § 13 Abs 1 S 2 oder § 14 ab.[63] Diese fehlt, wenn dem Beteiligten die Antragstellung durch einstweilige Verfügung verboten ist.[64] Auch dem Umfang nach hängt die Vollmacht vom Antragsrecht des Vertretenen ab. Der Notar kann aber auch dann für einen Antragsberechtigten handeln, wenn er nicht gerade dessen, sondern die notwendige Erklärung einer anderen Person beurkundet oder beglaubigt hat.[65] Der Notar kann also die Eintragung der Hypothek für den Gläubiger beantragen, wenn er die Bewilligung des Eigentümers beglaubigt hat. Hat der Notar eine Erklärung eines Vertreters ohne Vertretungsmacht beurkundet oder beglaubigt, so begründet dies nicht die Vollmachtsvermutung des Notars.[66] Die Antragsberechtigung des Vertretenen muss grundsätzlich bis zur Grundbucheintragung vorliegen; fällt sie davor weg, besteht insoweit auch keine Vollmachtsvermutung für den Notar gemäß § 15. Mit Eröffnung des Insolvenzverfahrens über das Vermögen des Vollmachtgebers erlischt sowohl eine dem Notar rechtsgeschäftlich erteilte Vollmacht (§ 168 BGB, § 117 InsO) als auch die gesetzlich vermutete Vollmacht des Notars.[67] In Ausnahme davon führen Tod oder Geschäftsunfähigkeit des Antragsberechtigten nicht zum Erlöschen der vermuteten Vollmacht für den Notar;[68] insoweit kann nichts anderes gelten wie bei einer rechtsgeschäftlich erteilten Vollmacht (vgl § 130 Abs 2; §§ 168, 672, 675 BGB).

c) Angabe des Vertretenen. In der Praxis ergibt sich häufig der Fall, dass ein Notar den Antrag gemäß § 15 stellt, aber **ohne Angabe** der von ihm Vertretenen, und **nach der Grundbucheintragung** geklärt werden muss (zB wegen der Kostenhaftung), wer die tatsächlichen Antragsteller waren. Nach allgemeiner Meinung gilt in diesem Fall zu Recht der Grundsatz, dass der Antrag im Zweifel **im Namen aller Antragsberechtigten** gestellt anzusehen ist, und zwar auch dann, wenn der Notar nicht Erklärungen aller Antragsberechtigten beurkundet oder beglaubigt hat.[69]

Die Regel »im Zweifel im Namen aller Antragsberechtigten« kann der Notar ausschließen, wenn er in seinem Antrag angibt, wen er dabei vertritt. Beantragt zB ein Notar unter Überreichung einer von ihm beurkundeten Grundpfandrechtsbestellungsurkunde und unter Berufung auf § 15 »**den gestellten Antrag stattzugeben**«, so ist davon auszugehen, dass der Notar diesen Antrag nur für den Antragsberechtigten stellt, der in der Urkunde den Antrag gestellt hat (= Grundstückseigentümer).[70] Mit dem Hinweis »**den gestellten Anträgen stattzugeben**« wird vom Notar nicht lediglich auf den Inhalt der überreichten Grundschuldbestellungsurkunde verwiesen, sondern auch auf die Person desjenigen Bezug genommen, der in der Urkunde den Antrag gestellt hat. Wäre der Notar in diesem Fall nur als Bote tätig geworden und hätte er lediglich die Grundschuldbestellungsurkunde dem GBA überreicht, so wäre auch nur der, der nach der Urkunde den Antrag gestellt hat, Antragsteller. Es ändert sich deshalb insoweit nichts, wenn sich der Notar unter Berufung auf § 15 den Antrag desjenigen, der nach der Urkunde Antragsteller ist, zu eigen macht. Antragsteller und damit Kostenschuldner ist in diesem Fall nur der Grundstückseigentümer und nicht der Grundpfandrechtsgläubiger.

Stellt der Notar gemäß § 15 »**namens der Beteiligten**« den Antrag, ein Grundpfandrecht einzutragen, so ist neben dem Grundstückseigentümer, der als Betroffener die Bewilligung abgab, auch der Gläubiger Antragstel-

18

19

20

21

---

62 BayObLG MittBayNot 1993, 365, 367; 1993, 150, 151; 1993, 82; NJW-RR 1989, 1495, 1496; KG KGJ 35; 199; *Demharter* § 15 Rn 9; KEHE-*Herrmann* § 15 Rn 16; *Schöner/Stöber* Rn 176; *Eickmann* GBVerfR, Rn 105.

63 KEHE-*Herrmann* § 15 Rn 17; *Demharter* § 15 Rn 10; *Schöner/Stöber* Rn 176.

64 BayObLG BayRpflZ 1923, 232; *Demharter* § 15 Rn 10; KEHE-*Herrmann* § 15 Rn 17; *Eickmann* GBVerfR, Rn 105.

65 BayObLG Rpfleger 1984, 96; RG HRR 1929, Nr 760; KG KGJ 21, 96; 22, 295; KEHE-*Herrmann* § 15 Rn 18; *Demharter* § 15 Rn 10; *Eickmann* GBVerfR, Rn 107; *Grein* RNotZ 2004, 115, 119.

66 OLG Hamm Rpfleger 1986, 367; *Demharter* § 15 Rn 10; KEHE-*Herrmann* § 15 Rn 17; *Schöner/Stöber* Rn 176.

67 BayObLG Rpfleger 2004, 36 = FGPrax 2003, 289 m Anm v *Amann* MittBayNot 2004, 165 und *Suppliet* NotBZ 2004, 159; *Demharter* § 15 Rn 10.

68 *Demharter* § 15 Rn 10; **aA** OLG Celle Rpfleger 1980, 389; *Schöner/Stöber* Rn 176; KEHE-*Herrmann* § 15 Rn 17; vgl auch LG Aschaffenburg Rpfleger 1971, 319; *Safferling* Rpfleger 1971, 294.

69 RGZ 111, 361; OLG Hamburg MDR 1954, 493; KG KGJ 38, 196; Rpfleger 1991, 305; BGH NJW 1985, 3070, 3071 aE; BayObLG MittBayNot 1993, 82 und 150; NJW-RR 1989, 1495; MittBayNot 1986, 253; 1986, 276 = Rpfleger 1987, 14 = DNotZ 1987, 217; Rpfleger 1985, 356 = MittBayNot 1985, 150 = MittRhNotK 1985, 205; Rpfleger 1984, 96 = DNotZ 1984, 643 = MittBayNot 1983, 232; BayObLGZ 1972, 204, 215; OLG Zweibrücken Rpfleger 1989, 17; 1984, 265; OLG Bremen Rpfleger 1987, 494; LG Landau Rpfleger 1982, 338; *Schöner/Stöber* Rn 182; KEHE-*Herrmann* § 15 Rn 19; *Demharter* § 15 Rn 11; *Eickmann* GBVerfR, Rn 107.

70 KG Rpfleger 1991, 305; OLG Hamburg MDR 1954, 492; OLG Zweibrücken Rpfleger 1989, 17; LG Tübingen BWNotZ 1995, 172; *Demharter* § 15 Rn 11; *Schöner/Stöber* Rn 182.

ler und damit Kostenschuldner.[71] Die Formulierung »namens der Beteiligten« schließt den Gläubiger nur dann als Antragsteller zweifelsfrei aus, dass damit allein die formell an der Beurkundung Beteiligten iS von § 6 Abs 2 BeurkG gemeint sind; zu diesen gehört der Gläubiger nicht. Ohne einen solchen Hinweis steht für einen unbefangenen Betrachter nicht mit der für den Grundbuchverkehr erforderlichen Klarheit fest, dass der Gläubiger von der Antragstellung ausgeschlossen sein soll. Ein unbefangener Betrachter kann nämlich den insoweit mehrdeutigen Begriff des Beteiligten sowohl auf materiell an der Beurkundung beteiligten Personen als auch auf die materiell und/oder formell Beteiligten des Eintragungsverfahrens beziehen. Zu den materiell Beteiligten des Eintragungsverfahrens zählt auch der Grundpfandrechtsgläubiger, da er durch die Eintragung begünstigt wird.

22 Enthält eine Grundpfandrechtsbestellungsurkunde nur einen Antrag des Grundstückseigentümers und beantragt der Notar auf Grund § 15 die Eintragung »**gemäß Inhalt der Urkunde**«, so soll damit die Vermutung widerlegt sein, auch im Namen der anderen Antragsberechtigten, nämlich der Grundpfandrechtsgläubigerin, handeln zu wollen.[72] Dem ist zu widersprechen. Aus der Formulierung lässt sich nicht schließen, der Notar stelle Antrag nur namens derjenigen Antragsberechtigten, die bereits in der Urkunde Eintragungen beantragt hätten. Vielmehr wird dadurch nur für den Inhalt des Antrags auf die Urkunde Bezug genommen. In diesem Fall vertritt der Notar somit den Grundstückseigentümer als Betroffenen und den Grundpfandrechtsgläubiger als Begünstigten.[73]

23 Die Auslegungsregel »im Zweifel im Namen aller Antragsberechtigten« gilt dann nicht, wenn sich aus den **Umständen** ergibt, dass der Antrag für bestimmte Antragsberechtigte nicht gestellt werden soll. Diese Umstände können sich aus der Urkunde selbst oder anderen Eintragungsgrundlagen ergeben; ferner ist in die Beurteilung die **Interessenlage der Beteiligten** einzubeziehen.[74] Solche Umstände, die die Vertre- tung eines Antragsberechtigten durch den Notar ausschließen, sind aber selten. Verschiedentlich wird angenommen, der Notar handle, wenn er eine Urkunde beim GBA einreiche, die nur Anträge bestimmter Antragsberechtigter (zB des Grundstückseigentümers) enthalte, immer nur namens dieser, nicht aber anderer Berechtigter.[75] Dies ist sicherlich unrichtig.[76] Diese Mindermeinung dreht die Auslegungsregel der hM (vgl Rdn 19) »im Zweifel im Namen aller Antragsberechtigten« einfach um, was nicht gerechtfertigt ist. Die Eintragung eines Grundpfandrechtes zB wird natürlich wegen § 19 immer nur vom Grundstückseigentümer bewilligt und damit auch beantragt. Der Grundpfandrechtsgläubiger hat jedoch auch ein erhebliches Interesse daran, vom Notar bei der Antragstellung vertreten zu werden. Denn nur so ist er sicher, dass die dingliche Sicherung auf Grund seines Antrags erfolgt und der Grundstückseigentümer dies nicht durch Antragsrücknahme verhindert.

24 Wenn im Grundstückskaufvertrag nur der Käufer die Eintragung einer **Eigentumsvormerkung** beantragt und der Notar den Vertrag mit einem Anschreiben vorlegt, in dem er gemäß § 15 beantragt, die Eigentumsvormerkung einzutragen, so sollen die Umstände ergeben, dass er den Antrag nur im Namen des Käufers stellen will.[77] Dem wird zu Recht widersprochen.[78] Aus den Umständen ergibt sich ein Ausschluss des Verkäufers nicht. Der Notar hätte dafür auf den Antrag des Käufers verweisen müssen (vgl Rdn 20). Auch aus der Interessenlage lässt sich nicht folgern, dass der Antrag für den Verkäufer nicht gestellt werden könnte. Die Bewilligung der Eigentumsvormerkung beim Grundbuchamt samt Eintragungsantrag ist im Gegenteil zum Teil Voraussetzung der Fälligkeit des Grundstückskaufpreises. Soweit nur die Vertretung des Käufers angenommen wird, soll damit vor allem der Verkäufer als Kostenschuldner ausgeschlossen werden. Bei der Schaffung von § 15 hat der Gesetzgeber aber sicherlich nicht auf Kostenfolgen abgestellt.

25 Stellt der Notar gemäß § 15 den Antrag, ein **Grundpfandrecht** einzutragen, so ist grundsätzlich auch der Gläubiger Antragsteller und damit Kostenschuldner, sofern nicht klar erkennbar ist, dass für ihn kein Antrag gestellt wurde. Das Interesse des Gläubigers an der eigenen Antragstellung entfällt nicht, wenn der Grundstückseigentümer in der Urkunde gegenüber dem GBA auf einseitige Rücknahme seines Antrags verzichtet.[79]

---

71 BayObLGZ 1985, 155 = Rpfleger 1985, 356 = MittBayNot 1985, 150 = MittRhNotK 1985, 205; *Demharter* § 15 Rn 12.

72 OLG Zweibrücken Rpfleger 1989, 17 = MittBayNot 1989, 92; OLG Bremen Rpfleger 1987, 494; *KEHE-Herrmann* § 15 Rn 19; *Schöner/Stöber* Rn 182.

73 RG HRR 1932 Nr 1468; BayObLG Rpfleger 1985, 356 = MittBayNot 1985, 150 = MittRhNotK 1985, 205; MittBayNot 1993, 365, 367; *Demharter* § 15 Rn 12.

74 BayObLG MittBayNot 1993, 365; Rpfleger 1987, 14 = DNotZ 1987, 217 = MittBayNot 1987, 217; Rpfleger 1985, 356 = MittBayNot 1985, 150 = MittRhNotK 1985, 205; KG Rpfleger 1991, 305; KGJ 24, 91; 44, 170; OLG Hamburg MDR 1954, 492; OLG Bremen Rpfleger 1987, 494; OLG Schleswig DNotZ 1988, 787; *KEHE-Herrmann* § 15 Rn 19; *Demharter* § 15 Rn 11.

75 KG JVBl 1941, 61; OLG Hamburg MDR 1954, 492; LG Bayreuth Rpfleger 1980, 475.

76 Ebenso *Meyer-Stolte* Rpfleger 1980, 475; *Schöner/Stöber* Rn 182 Fn 22; BayObLG Rpfleger 1987, 14 = DNotZ 1987, 217 = MittBayNot 1986, 276; LG Landau Rpfleger 1982, 338.

77 OLG Schleswig DNotZ 1988, 787; OLG Düsseldorf DNotZ 1977, 696 = Rpfleger 1977, 266; *KEHE-Herrmann* § 15 Rn 19.

78 BayObLG MittBayNot 1993, 365; OLG Köln JurBüro 1981, 1553; *Meyer-Stolte* Rpfleger 1980, 475, 476.

79 BayObLG Rpfleger 1985, 356 = MittBayNot 1985, 150 = MittRhNotK 1985, 205.

Dieser Verzicht ist verfahrensrechtlich nämlich unbeachtlich (vgl § 13 Rdn 97). Der Grundpfandrechtsgläubiger ist auch wirtschaftlich an der Eintragung seines Rechts interessiert, dh an seiner dinglichen Sicherung. Es liegt darum in seinem Interesse, dass der Antrag auch in seinem Namen gestellt wird. Nur dann kann er sicher sein, dass die Anträge ohne seine Mitwirkung nicht zurückgenommen werden.

Stellt ein Notar gemäß § 15 den Antrag auf Vollzug einer Auflassung oder Eintragung eines Grundpfandrechtes und hat der Käufer bzw Grundpfandrechtsbesteller (= Grundstückseigentümer) in der Urkunde die **Kosten-übernahme** erklärt, so werden trotzdem der Verkäufer bzw Grundpfandrechtsgläubiger vom Notar bei der Antragstellung vertreten.[80] Die Kostenübernahme stellt nur klar, dass im Innenverhältnis den Käufer bzw Grundpfandrechtsbesteller die Kosten des Vollzugs treffen sollen. Bei verständiger Betrachtung ist dem Verkäu-fer bzw Grundpfandrechtsgläubiger aber daran gelegen, dass die Eintragung vollzogen wird. Nur wenn alle Antragsberechtigten Eintragungsantrag stellen, kann jeder von ihnen sicher sein, mit der Eintragung die erstrebte dingliche Rechtsänderung zu erreichen. Es liegt deshalb im Interesse des Verkäufers bzw Grundpfand-rechtsgläubigers, dass der Antrag auch in ihrem Namen gestellt werde. Unter diesen Umständen kann aus der Kostenübernahme durch den Käufer bzw Grundpfandrechtsbesteller nicht zuverlässig geschlossen werden, der Verkäufer bzw Grundpfandrechtsgläubiger habe zur Vermeidung des Kostenrisikos am Grundbuchverfahren nicht mitwirken wollen. **26**

Umstritten ist die Frage, ob beim Vollzug von Löschungsbewilligungen und Pfandfreigaben die vom Gläubiger abgegebene Erklärung »**Kosten übernehmen wir nicht**«, seine Vertretung bei der Antragstellung durch den Notar gemäß § 15 ausschließt. Soweit dies bejaht wird,[81] muss dies abgelehnt werden.[82] Eine Auslegung der Klausel, ausgehend von dessen Wortlaut und Sinn, wie er sich für einen unbegangenen Betrachter als nächstlie-gende Bedeutung der Erklärung ergibt, führt nicht mit hinreichender Klarheit zu einem Vertretungsausschluss des Gläubigers. Vielmehr stellt dieser Satz in erster Linie klar, dass der Grundpfandrechtsgläubiger im Innenver-hältnis zum Eigentümer keine Kosten für die Löschung des Grundpfandrechts zu übernehmen bereit ist. **27**

Auch wenn einzelne Umstände (zB Kostenübernahme durch den Eigentümer bei der Bestellung eines Grund-pfandrechtes) die Vertretung durch den Notar nicht einschränken, kann sich ein anderes Ergebnis herausstellen, wenn **mehrere Umstände** dies rechtfertigen. Stellt zB ein Notar einen Antrag auf Löschung eines Grund-pfandrechtes gemäß § 15, wobei er den Antrag (§ 13) und die Zustimmung (§ 27) des Eigentümers beglaubigt hat (§§ 30, 29), dann vertritt er nur den Eigentümer als Betroffenen und nicht den Grundpfandrechtsgläubiger, wenn der Eigentümer die Kosten übernommen hat und der Grundpfandrechtsgläubiger seine Löschungsbewil-ligung von einem anderen Notar hat beglaubigen lassen, worin er auch auf die Eintragungsnachricht verzichtet hat.[83] **28**

Die Notwendigkeit der Auslegung der Antragstellung durch den Notar gemäß § 15 hat die Rspr nahezu immer erst nach erfolgter Grundbucheintragung ergeben, insbesondere dann, wenn es um die Kostenhaftung ging. Für diese Situation ist die Auslegungsregel »im Zweifel im Namen aller Antragsberechtigter« (vgl Rdn 19) auch gerechtfertigt. Diese vielfältige und immer wiederkehrende Beschäftigung der Gerichte könnte entfallen, wenn im Antragsverfahren, dh **vor der Grundbucheintragung**, der **Notar ausdrücklich angeben** würde, **für wen er als Vertreter auftritt**. Dies ist nicht nur »wünschenswert«[84] oder »empfehlenswert«,[85] sondern **zwin-gend erforderlich**.[86] Es kann nicht angehen, dass erst die Kosteninstanzen entscheiden müssen, was im Grund-buchverfahren offen geblieben ist, nämlich die Frage, wer Antragsteller ist. Nicht nur das Gebot der Tatbe-standsbestimmtheit für öffentliche Gebühren verlangt eindeutige Antragsteller,[87] sondern ganz allgemein der formelle Bestimmtheitsgrundsatz (vgl Einl D Rdn 11). Nicht gefolgt werden kann daher einer weitgehenden Praxis und der hM, die beim Fehlen einer ausdrücklichen Angabe der Vertretenen durch den Notar dies nicht beanstandet, sondern bereits im Eintragungsverfahren die Auslegungsregel »im Zweifel im namen aller Antrags-berechtigten« anwendet (vgl Rdn 19). Dies ist nicht gerechtfertigt. Im Eintragungsverfahren sind Zweifel aus-zuräumen; das Grundbuchrecht verlangt klare und eindeutige Erklärungen. Allein die Tatsache, dass sich die Gerichte immer wieder mit Beschwerden von Grundpfandrechtsgläubigern wegen ihrer Kostenhaftung **29**

---

80 BayObLG BayObLGZ 1976, 258 = DNotZ 1977, 692; Rpfleger 1984, 96, 97 = DNotZ 1984, 643 = MittBayNot 1983, 232; Rpfleger 1985, 356, 357 = MittBayNot 1985, 150 = MittRhNotK 1985, 205; OLG Zweibrücken Rpfleger 1984, 265; OLG Karlsruhe BWNotZ 1977, 124; OLG Köln Rpfleger 1986, 411 = MittRhNotK 1986, 148; OLG Düs-seldorf Rpfleger 1986, 368; **aA** OLG Düsseldorf DNotZ 1977, 696 = Rpfleger 1977, 266.

81 OLG Bremen Rpfleger 1987, 494; *Pöschl* BWNotZ 1987, 120.

82 BayObLG Rpfleger 1987, 14 = DNotZ 1987, 217 = MittBayNot 1986, 276; LG Mannheim BWNotZ 1987, 119.

83 OLG Bremen Rpfleger 1987, 494.

84 KG Rpfleger 1991, 305.

85 *Schöner/Stöber* Rn 182.

86 BayObLG MittBayNot 1993, 82; NJW-RR 1989, 1495; BayObLGZ 1952, 272; LG Tübingen BWNotZ 1995, 172; *Demharter* § 15 Rn 11; KEHE-*Herrmann* § 15 Rn 19; *Lappe* Rpfleger 1984, 386; 1985, 357; *Grein* RNotZ 2004, 115, 119.

87 So LG Tübingen BWNotZ 1995, 172, 173.

beschäftigen müssen, zeigt doch, dass die Beteiligten teilweise andere Vorstellungen haben als das Grundbuchamt bei der Anwendung der Auslegungsregel »im Zweifel im Namen aller Antragsberechtigten«. Nach der Grundbucheintragung muss eine Auslegung erfolgen, um zu einem Ergebnis zu kommen; vor der Grundbucheintragung sind eindeutige Erklärungen zu verlangen. Im Grundstücksrecht ist es häufig so, dass das formelle Grundbuchverfahren mehr verlangt als nach materiellem Recht notwendig ist. Fehlt zB in der Eintragungsbewilligung für ein Rangvorbehalt zugunsten eines verzinslichen Grundpfandrechtes die Angabe des Zinsbeginns, so ist der Erlass einer Zwischenverfügung geboten; bei bereits eingetragenen Rangvorbehalten zugunsten eines verzinslichen Grundpfandrechts, die keine Angaben zum Zeitpunkt des Zinsbeginns erhalten, gilt hinsichtlich des Zinsbeginns der Zeitpunkt der Eintragung des Grundpfandrechts[88] (vgl § 45 Rdn 177). Auch ist beispielsweise die Auflassung eines noch nicht vermessenen Grundstücksteils bei seiner Bestimmbarkeit materiell möglich; das formelle Recht verlangt aber mehr, dh der Grundbuchvollzug ist erst nach durchgeführter amtlicher Vermessung möglich (vgl § 7 Rdn 23, 24). Ebenso ist zB bei der Abtretung eines verzinslichen Grundpfandrechtes die Angabe erforderlich, ob und bejahendenfalls, in welchem Umfang und ab wann die Zinsen mitabgetreten werden, da ansonsten eine Zwischenverfügung veranlasst ist, erfolgt die Eintragung der Abtretung ohne diese Angaben, so ist idR davon auszugehen, dass rückständige Zinsen nicht, künftig fällig werdende Zinsen dagegen mitübergehen (vgl § 26 Rdn 48, 49). Es ist also jeweils zu unterscheiden zwischen dem formellen und materiellen Bestimmtheitsgrundsatz (vgl Einl D Rdn 10, 11). Dies muss auch gelten bei der Frage der Vertretung durch den Antrag im Rahmen seiner Antragstellung gemäß § 15: Gibt er nicht an, wen er vertritt, muss dies mittels **Zwischenverfügung** (§ 18 Abs 1) beanstandet werden;[89] erfolgt die Grundbucheintragung ohne diese Angabe, vertritt der Notar im Zweifel alle Antragsberechtigten (vgl Rdn 19).

3. Verhältnis von Notarantrag und Beteiligtenantrag

30 § 15 eröffnet die Möglichkeit, dass der Notar und die Beteiligten selbst identische Anträge stellen.[90] Da der Notar den Antrag stets im Namen der Beteiligten stellt, liegen in keinem Falle verschiedene, nebeneinader bestehende Anträge vor, wie die Rechtsprechung überwiegend[91] und das Schrifttum teilweise[92] annehmen. Deshalb bleibt bei Rücknahme durch einen Beteiligten auch kein »Notarantrag«, der in Wirklichkeit »Beteiligtenantrag« ist, übrig. Stellt der mit der Durchführung beauftragte Notar unter Vorlage einer Urkunde, die ausformulierte Anträge der Beteiligten enthält, die Anträge gemäß § 15 selbst, so ist idR davon auszugehen, dass die Ausformulierung in der Urkunde vorsorglich für den Fall erfolgt ist, dass der Notar nicht tätig werde; den **Antrag stellt in diesem Falle allein der Notar für die Beteiligten**.[93] Ist ausnahmsweise anzunehmen, die Beteiligten hätten die Anträge selbst stellen wollen, so werden ihre unmittelbar gestellten Anträge durch die im ihrem Namen vom Notar gestellten Anträge verdrängt, der damit das Verfahren selbst in die Hand nimmt.[94] Dasselbe gilt auch, wenn der Notar nach Antragstellung durch die Beteiligten selbst dieselben Anträge seinerseits stellt.[95] Die Berechtigung dazu folgt aus § 15, wonach der Notar nicht nur einzelne, sondern alle von den Beteiligten direkt gestellten Anträge von der Erledigung ausnehmen kann, indem er erklärt, dass sie als dem GBA nicht zugegangen gelten sollten.[96] Wenn aber die Beteiligten selbst dem GBA eine Urkunde vorlegen, die eine Auflassung, den Umschreibungsantrag und die Bewilligung einer Auflassungsvormerkung enthält, und dabei erkennen lassen, dass sie die Eigentumsumschreibung wünschen, so ist der Umschreibungsantrag auch dann wirksam gestellt, wenn der Notar den Antrag auf Eintragung der Vormerkung auf die Urkunde gesetzt hatte.[97] Hier ist die Vermutung des § 15 insoweit widerlegt, als es sich um die Einschränkung der Anträge handelt. Dagegen ist von einer die direkten Anträge der Beteiligten verdrängenden Antragswiederho-

---

88 BGH DNotZ 1996, 84 = Rpfleger 1995, 343 = MittBayNot 1995, 122 = MittRhNotK 1995, 312 = FGPrax 1995, 21.
89 Ebenso *Lappe* Rpfleger 1985, 357, 358; **aA** *Wilke* in Bauer/von Oefele § 15 Rn 14.
90 BayObLG JFG 9, 201; BayObLGZ 1952, 272; 1988, 310 = Rpfleger 1989, 147; KG KGJ 44, 172; Rpfleger 1971, 313; *Demharter* § 15 Rn 13; *KEHE-Herrmann* § 15 Rn 20, 22; *Schöner/Stöber* Rn 183; *Rademacher* MittRhNotK 1983, 81, 87.
91 BGHZ 71, 349 = DNotZ 1978, 696 = Rpfleger 1978, 365 = NJW 1978, 1915; BayObLG DNotZ 1989, 364 = MittBayNot 1988, 233; DNotZ 1989, 366, 367 = Rpfleger 1989, 147; BayObLGZ 1955, 48 = DNotZ 1956, 206; OLG Frankfurt Rpfleger 1958, 221 (*Haegele*); 1973, 403; OLG Schleswig SchlHA 1959, 197; OLG Hamm JMBl NRW 1961, 273; Rpfleger 1988, 404.
92 *Demharter* § 31 Rn 9; *Bauch* Rpfleger 1982, 457; *Nieder* NJW 1984, 329.
93 OLG Braunschweig DNotZ 1961, 413 (*Hieber*) = NJW 1961, 1362; OLG Köln OLGZ 1990, 18 = Rpfleger 1990, 159; LG Oldenburg Rpfleger 1982, 172; AG Memmingen MittBayNot 1984, 261; *Wilke* in Bauer/von Oefele § 15 Rn 25; *KEHE-Herrmann* § 15 Rn 21, 22; *Schöner/Stöber* Rn 183; *Eickmann* GBVerfR, Rn 105; *Hieber* DNotZ 1956, 172; *Rademacher* MittRhNotK 1983, 81, 87; *Ertl* Rpfleger 1980, 41, 43; *Meyer-Stolte* Rpfleger 1980, 476; *Klawikowski* Rpfleger 2005, 13; *Grein* RNotZ 2004, 115, 121.
94 Vgl OLG Braunschweig DNotZ 1961, 413 = NJW 1961, 1362; *KEHE-Herrmann* § 15 Rn 22; *Hieber* DNotZ 1956, 172.
95 *KEHE-Herrmann* § 15 Rn 23; *Eickmann* GBVerfR, Rn 105.
96 KG JW 1937, 44; Rpfleger 1971, 312; BayObLG DNotZ 1978, 242.
97 BayObLG DNotZ 1978, 240 = Rpfleger 1977, 134.

lung auszugehen, wenn der Notar auf Beanstandungen des GBA Ausführungen macht und dabei den Antrag erneut stellt.[98]

4. Inhalt der Ermächtigung

Die Vollmacht ist beschränkt auf **reine Eintragungsanträge**.[99] Der Notar kann nur die Eintragung beantragen, für die die von ihm beurkundete oder beglaubigte Erklärung eine Voraussetzung ist. Auf die zur Eintragung erforderlichen Erklärungen (Eintragungsbewilligung, Zustimmungserklärung des Eigentümers nach § 22 Abs 2 oder § 27) bezieht sich die Vermutung aus § 15 nicht.[100] Diese Erklärungen kann der Notar aufgrund § 15 nicht abgeben, ändern oder ergänzen.[101] Das Gemeinschaftsverhältnis kann er nicht gemäß § 47 für die Beteiligten bestimmen[102] und nicht das Grundstück nach § 28 bezeichnen.[103] Eintragungen, die die begehrte Eintragung vorbereiten und ermöglichen sollen (zB Berichtigung, vgl § 39), kann der Notar nicht nach § 15 beantragen.[104] Dasselbe gilt für den Antrag auf Aushändigung des Hypothekenbriefes.[105] Den Antrag auf Brieferteilung kann der Notar dagegen aufgrund § 15 stellen.[106] Überhaupt kann er Unvollständigkeiten durch Ergänzung beseitigen und Klarstellungen vornehmen, soweit die vorstehend aufgezeigten Grenzen eingehalten werden.[107] Eine fehlende Sitzangabe einer Handelsgesellschaft kann der Notar durch Bescheinigung nach § 20 Abs 1 BNotO ersetzen.[108] Er kann klarstellend beantragen, ein zugunsten einer Firma bewilligtes Recht auf den Namen des Alleininhabers einzutragen, wenn er einen entsprechenden Handelsregisterauszug vorlegt.[109]

Der vom Notar gestellte **Antrag muss sich inhaltlich mit der Eintragungsgrundlage decken**.[110] Das ist nicht der Fall, wenn ein Grundstück aufgelassen und – nach Abtrennung einer Teilfläche – der Antrag auf Eintragung des Auflassungsempfängers als Eigentümer des Restgrundstücks gestellt wird.[111] Die Beurkundung der Auflassung ist keine Grundlage für den Antrag auf Eintragung einer Auflassungsvormerkung.[112] Die Bewilligung einer verzinslichen Hypothek deckt sich nicht mit dem Antrag auf Eintragung einer unverzinslichen Hypothek, die Bewilligung einer Buchhypothek nicht mit dem Antrag auf Eintragung einer Briefhypothek. Wird bewilligt, Eigentümer in Gesellschaft bürgerlichen Rechts einzutragen, kann nicht die Eintragung in Bruchteilsgemeinschaft beantragt werden.[113] § 15 berechtigt den Notar nicht zum selbständigen Antrag auf Bestandteilszuschreibung.[114] Enthält eine Bewilligung keine Rangbestimmung unter mehreren Rechten, so kann der Notar sie entgegen der hM[115] treffen; denn er kann unbestritten das Rangverhältnis durch die Reihenfolge der Einreichung von sich aus bestimmen, was auf dasselbe hinausläuft[116] (vgl § 45 Rdn 84).

Der Notar kann nicht den **Antrag** auf einzelne von mehreren bewilligten Eintragungen **beschränken**, wenn sie nicht nach den Erklärungen der Beteiligten oder nach Sachlage voneinander unabhängig sind.[117] Unabhängig sind die Anträge auf Eigentumsumschreibung und auf Eintragung einer Auflassungsvormerkung.[118] Zur

31

32

33

98 BayObLGE 31, 442.
99 KG OLGE 2, 224; KEHE-*Herrmann* § 15 Rn 26; *Demharter* § 15 Rn 15; *Schöner/Stöber* Rn 184.
100 BayObLG DNotZ 1980, 483 = Rpfleger 1980, 20; OLG Köln Rpfleger 1970, 286; *Schöner/Stöber* Rn 184; *Demharter* § 15 Rn 15; KEHE-*Herrmann* § 15 Rn 26; *Eickmann* GBVerfR, Rn 108.
101 BayObLG BayObLGZ 1955, 155 = DNotZ 1956, 213; BayObLGZ 1973, 220 = Rpfleger 1973, 404; Rpfleger 1980, 19, 434; OLG Düsseldorf DNotZ 1950, 41; OLG München JFG 22, 30; *Schöner/Stöber* Rn 185.
102 BayObLG DNotZ 1980, 481 = Rpfleger 1980, 19; OLG Köln Rpfleger 1970, 286; *Demharter* § 15 Rn 15; KEHE-*Herrmann* § 15 Rn 28; *Schöner/Stöber* Rn 184; *Eickmann* GBVerfR, Rn 108; *Mümmler* JurBüro 1983, 1292.
103 KG OLGE 2, 225; KEHE-*Herrmann* § 15 Rn 26.
104 KG OLGE 8, 211 = KGJ 26, 245; KEHE-*Herrmann* § 15 Rn 27; *Demharter* § 15 Rn 16.
105 RG HRR 1932 Nr 627; KG KGJ 30, 275; *Demharter* § 15 Rn 15; *Schöner/Stöber* Rn 184; *Eickmann* GBVerfR, Rn 108.
106 OLG Düsseldorf Rpfleger 1974, 224; KEHE-*Herrmann* § 15 Rn 27.
107 *Schöner/Stöber* Rn 184; KEHE-*Herrmann* § 15 Rn 31; *Demharter* § 15 Rn 16.
108 LG Oldenburg Rpfleger 1982, 175.
109 KG HRR 1930 Nr 737.
110 KG OLGE 2, 154; 5, 199; OLG Düsseldorf DNotZ 1950, 41; OLG München JFG 22, 30; OLG Hamm Rpfleger 1986, 367; *Demharter* § 15 Rn 16; KEHE-*Herrmann* § 15 Rn 27; *Schöner/Stöber* Rn 184.
111 BayObLG DNotZ 1978, 240 = Rpfleger 1978, 447.
112 BayObLG JFG 8, 210; BayObLGZ 1979, 13 = Rpfleger 1979, 134; KEHE-*Herrmann* § 15 Rn 27; *Demharter* § 15 Rn 16; *Schöner/Stöber* Rn 184; **aA** *Hieber* DNotZ 1954, 67.
113 KG KGJ 22, 294; OLGE 5, 292; 7, 189; 9, 455; 24, 388; OLG Hamm JR 1949, 226.
114 *Demharter* § 15 Rn 16; KEHE-*Herrmann* § 15 Rn 27.
115 KG Rpfleger 2000, 453 = FGPrax 2000, 180; KGJ 26, 83 = OLGE 7, 334; OLG Hamm DNotZ 1950, 40; MittRhNotK 1995, 274, 275; OLG Schleswig SchlHA 1960, 208; OLG Frankfurt OLGZ 1991, 416 = Rpfleger 1991, 362 = BWNotZ 1992, 60; *Demharter* § 15 Rn 15; *Schöner/Stöber* Rn 184.
116 *Staudinger-Kutter* § 879 Rn 39; *Eickmann* GBVerfR, Rn 108; KEHE-*Herrmann* § 15 Rn 28.
117 BayObLG BayObLGZ 1975, 1 = DNotZ 1976, 103 = Rpfleger 1975, 94; KG JW 1937, 477 = DNotZ 1937, 53; OLGE 21, 346; DNotZ 1971, 418 = Rpfleger 1971, 313; OLG Hamm JR 1949, 226; OLG Köln Rpfleger 1990, 159; *Demharter* § 15 Rn 15; KEHE-*Herrmann* § 15 Rn 30.
118 KG DNotZ 1971, 418 = Rpfleger 1971, 313.

Verbindung mehrerer Eintragungen nach § 16 Abs 2 ist der Notar befugt, wenn nicht Erklärungen der Beteiligten entgegenstehen.[119] Eine von den Beteiligten vorgenommene Verbindung kann er nur aufgrund besonderer Vollmacht, nicht nach § 15, aufheben.[120]

5. Bekanntmachung

34 Hat der **Notar** den Antrag gemäß § 15 gestellt, so hat das GBA nur ihm die Entscheidung (Eintragung, Zurückweisung, Zwischenverfügung) mitzuteilen.[121] Die Mitteilung nur an den vertretenen Beteiligten ist unwirksam.[122] Das gilt auch, wenn den Antrag außer dem Notar auch der Beteiligte selbst gestellt hat,[123] selbst wenn der Notar den Antrag später stellt.[124] Die Pflicht zur ausschließlichen Mitteilung der Eintragungsnachricht an den gem § 15 antragstellenden Notar soll auch dann gelten, wenn dieser ausdrücklich um die unmittelbare Übersendung an die Beteiligten durch das Grundbuchamt bittet und insoweit von § 15 keinen Gebrauch macht,[125] oder wenn er nach der dem Eintragungsantrag zu Grunde liegenden Urkunde nicht zur Entgegennahme der für den Eigentümer bestimmten Eintragungsnachricht bevollmächtigt sein soll.[126] Dem muss widersprochen werden, denn die Empfangsvollmacht des Notars ist in gleicher Weise widerruflich wie die ihm gesetzlich eingeräumte Antragsmächtigung. Es ist nicht einsehbar, weshalb sich die Prüfung des Grundbuchamts nicht darauf erstrecken soll, ob die Antragsberechtigten die Vollmacht des Notars für den Empfang der Benachrichtigungserklärungen ausgeschlossen haben. Die Rechtssicherheit gebietet es lediglich, dass ein solcher Ausschluss der Empfangsvollmacht ausdrücklich und unmissverständlich erklärt worden ist. Der Wirksamkeit des Widerrufs der Empfangsvollmacht des Notars für die Benachrichtigungserklärungen des Grundbuchamts kann auch nicht entgegengehalten werden, dass in einigen gesetzlichen Vorschriften (vgl § 50 Abs 1 HGB, § 126 Abs 2 S 1 HGB, § 82 Abs 1 AktG) die Beschränkung einer Vollmacht im Außenverhältnis für unwirksam erklärt worden ist. Denn diese Regelungen verlautbaren kein allgemein gültiges gesetzliches Prinzip, sie beinhalten vielmehr Ausnahmeregelungen, deren Rechtsgedanke nicht auf die Stellung des Notars übertragen werden kann. Denn auch eine Außenvollmacht ist grundsätzlich einschränkbar bzw widerrufbar. Der Schutz außenstehender Dritter wird dadurch gewährleistet, dass die Vollmacht dem Dritten gegenüber solange in Kraft bleibt, bis ihm das Erlöschen der Vollmacht mitgeteilt wird (vgl § 170 BGB). Dieser Vertrauensschutz für das Grundbuchamt wird dadurch gewährleistet, dass das Grundbuchamt im Hinblick auf § 15 solange davon ausgehen darf, dass der antragstellende Notar auch Empfangsvollmacht für die Benachrichtigung hat, bis ihm die Erklärung über den Widerruf dieser Empfangsvollmacht zugegangen ist (§ 130 Abs 1 BGB). Die Verpflichtung des Grundbuchamts, die Beteiligten unmittelbar von dem Eintragungsvollzug zu benachrichtigen, besteht somit auch dann, wenn zwar der Notar zuvor den Antrag als Vertreter der Beteiligten gem § 15 gestellt hat, seine Empfangsvollmacht für die Benachrichtigung von den Beteiligten aber ausdrücklich widerrufen worden ist.[127] Hat der Notar nur als Bote gehandelt, so muss das Grundbuchamt gem § 55 sowohl den Antragstellern und den übrigen dort genannten Beteiligten als auch dem Notar eine Eintragungsnachricht zukommen lassen.[128]

6. Rechtsmittel

35 § 15 gibt dem Notar auch das Recht, gegen eine Zwischenverfügung und Zurückweisung Erinnerung, Beschwerde und weitere Beschwerde einzulegen, und zwar im Namen eines Antragsberechtigten, nicht im

---

119 KEHE-*Herrmann* § 15 Rn 29; *Demharter* § 15 Rn 15; *Schöner/Stöber* Rn 184; *Eickmann* GBVerfR, Rn 108.
120 OLG Hamm MittRhNotK 1996, 330; LG Aschaffenburg Rpfleger 1971, 319; KEHE-*Herrmann* § 15 Rn 29.
121 RGZ 110, 361; BGHZ 28, 109 = DNotZ 1958, 557 = NJW 1958, 532; BayObLGZ 1988, 307 = DNotZ 1989, 366 = Rpfleger 1988, 147; KG DNotZ 1933, 372; OLG Düsseldorf Rpfleger 1984, 311; OLG Zweibrücken DNotZ 1969, 358 (*Schmidt*) = Rpfleger 1968, 154 (*Haegele*); *Demharter* § 15 Rn 19; KEHE-*Herrmann* § 15 Rn 38; *Schöner/Stöber* Rn 186, 187; **aA** LG Schwerin NotBZ 2003, 401 m zust Anm *Biermann-Ratjen*; *Raebel* ZNotP 1998, 131.
122 KG KGJ 38, 194, 200; OLG München JFG 18, 20; OLG Düsseldorf Rpfleger 1984, 311; *Schöner/Stöber* Rn 186; *Demharter* § 15 Rn 19; KEHE-*Herrmann* § 15 Rn 38.
123 BayObLGZ 1988, 307 = Rpfleger 1989, 147 = DNotZ 1989, 366; KG KGJ 38, 200; *Schöner/Stöber* Rn 186, 187; KEHE-*Herrmann* § 15 Rn 38; *Demharter* § 15 Rn 19.
124 BayObLGZ 1988, 307 = Rpfleger 1989, 147 = DNotZ 1989, 366; KG KGJ 38, 194, 200; *Schöner/Stöber* Rn 187; KEHE-*Herrmann* § 15 Rn 38; **aA** *Bauch* MittBayNot 1983, 155.
125 OLG Jena Rpfleger 2002, 516; OLG Köln Rpfleger 2001, 123; LG Koblenz Rpfleger 1996, 449.
126 OLG Brandenburg RNotZ 2008, 224; OLG Frankfurt NotBZ 2005, 366; OLG Düsseldorf DNotZ 2001, 704 = FGPrax 2001, 11 = Rpfleger 2001, 124; LG Bielefeld Rpfleger 2002, 142; ebenso *Demharter* § 15 Rn 3.
127 LG Schwerin NotBZ 2003, 401 m zust Anm *Biermann-Ratjen*; LG Potsdam NotBZ 2002, 386; LG Saarbrücken RNotZ 2001, 213; *Wilke* in *Bauer/von Oefele* § 15 Rn 28; *Ganter* in *Zugehör-Ganter-Hertel*, Notarhaftung, Rn 1519; *Raebel* ZNotP 1998, 131.
128 *Demharter* § 15 Rn 19.

eigenen Namen.[129] Der vom Notar vertretene Beschwerdeführer braucht nicht mit dem Antragsteller, für den der Notar gehandelt hat, identisch zu sein.[130]

Voraussetzung des Beschwerderechts ist nicht, dass der Notar selbst einen Antrag gestellt hat, sondern nur, dass **36** er auch zur Antragstellung aufgrund der gesetzlichen Vermutung des § 15 berechtigt war.[131] Die Beschwerdevollmacht gründet sich auf dieselben Voraussetzungen wie die Antragsvollmacht, aber nicht auf die Antragstellung. In der Einlegung eines Rechtsmittels oder Rechtsbehelfs kann im Übrigen auch eine Antragstellung erblickt werden.[132]

Der Notar braucht nach hM den Beschwerdeführer, für den er handelt, nicht zu nennen; das Rechtsmittel gilt **37** dann als im Namen aller dazu Berechtigten eingelegt, wenn sich nicht ein bestimmter Beschwerdeberechtigter aus den Umständen ergibt[133] (vgl aber auch Rdn 29).

7. Rücknahme

Hat **nur der Notar einen Antrag gemäß § 15 gestellt** oder gilt nur sein Antrag als gestellt (vgl Rdn 30), so **38** kann er diesen gemäß § 24 Abs 3 S 1 BNotO zurücknehmen; dafür sind weder ein Vollmachtsnachweis noch die Mitwirkung eines Antragsberechtigten erforderlich.[134] Für die Form genügen nach § 24 Abs 3 S 2 BNotO Unterschrift und Siegel (Prägesiegel oder Farbdruckstempel) des Notars, wobei es unerheblich ist, ob es sich um eine gänzliche oder teilweise Rücknahme handelt.[135] Dem Notar ist es grundsätzlich auch möglich, einzelne von mehreren Anträgen zurückzunehmen, es sei denn, es liegt ein (ausdrücklicher oder stillschweigender) Vorbehalt der gemeinsamen Sachbehandlung gemäß § 16 Abs 2 vor; dann bedarf er einer gesonderten Vollmacht in der Form des § 29.[136] Trotz Vorbehalt nach § 16 Abs 2 kann der Notar ausnahmsweise ohne besondere Vollmacht einen Antrag zurücknehmen, wenn durch die Eintragung das Grundbuch dauerhaft unrichtig würde; in diesem Fall kann das Einverständnis der Beteiligten vermutet werden.[137] Natürlich kann auch jeder Antragsberechtigte den für ihn vom Notar nach § 15 gestellten Antrag in der Form des § 31 zurücknehmen; erledigt ist das Antragsverfahren aber erst, wenn ihn alle, für die er gestellt war (vgl Rdn 19), zurückgenommen haben.[138] Gegen den ausdrücklichen Willen eines von mehreren Antragsberechtigten kann der Notar auch nicht mittels der Beschwerde nach § 15 BNotO gezwungen werden, den von ihm für alle Antragsberechtigten gestellten Antrag zurückzunehmen.[139]

Hat ein **Beteiligter selbst einen Antrag gestellt** und behält dieser auch Geltung im Verfahren (vgl Rdn 30), so **39** bedarf ein Notar für die Rücknahme eine gesonderte Vollmacht, die in entsprechender Anwendung des § 31 S 1 in der Form des § 29 Abs 1 S 1 nachzuweisen ist.[140] Die Rücknahmeerklärung des Notars muss in entsprechender Anwendung des § 24 Abs 3 S 2 BNotO mit seiner Unterschrift und seinem Amtssiegel versehen sein.[141]

Soweit die hier abgelehnte Ansicht vertreten wird, dass zwei Anträge vorliegen, wenn ein **Beteiligter** in der **40** notariellen Urkunde die Eintragung beantragt **und** dann der **Notar** in dessen Namen die Urkunde gemäß § 15 vorlegt (vgl Rdn 30), hat dies zur Folge, dass die Rücknahme des Antrags durch den Notar das Verfahren nicht beendet, weil noch der Beteiligtenantrag vorliegt. Soweit in diesem Fall alle Beteiligten ihre Anträge zurücknehmen, bedarf es keiner Rücknahme durch den Notar mehr, weil ein Vollmachtswiderruf seitens der Beteiligten anzunehmen ist.[142]

---

129 BayObLGE 13, 444; 21, 296; 31, 442; NJW-RR 1989, 1495; KG OLGE 10, 444; KGJ 35, 199; NJW 1959, 1086; *Schöner/Stöber* Rn 189; *KEHE-Herrmann* § 15 Rn 39; *Demharter* § 15 Rn 20.
130 BayObLGE 34, 121; *Schöner/Stöber* Rn 189; *KEHE-Herrmann* § 15 Rn 39; *Demharter* § 15 Rn 20.
131 **AA** *Wilke in Bauer/von Oefele* § 15 Rn 30; BayObLG JFG 9, 199; KG OLGE 14, 136.
132 *Schöner/Stöber* Rn 189.
133 BGH NJW 1985, 3070; BGHZ 107, 269; BayOLGZ 1953, 185; 1967, 409; OLG Hamm JMBl NRW 1988, 173; *Schöner/Stöber* Rn 189; *Demharter* § 15 Rn 20; *KEHE-Herrmann* § 15 Rn 39.
134 LG Oldenburg, Rpfleger 1982, 172; *Demharter* § 31 Rn 7; *KEHE-Herrmann* § 31 Rn 8; *Schöner/Stöber* Rn 190.
135 BayObLGZ 1955, 53 = DNotZ 1956, 206; OLG München JFG 22, 33; *Demharter* § 31 Rn 7; *KEHE-Herrmann* § 31 Rn 7; *Schöner/Stöber* Rn 190; *Bertzel* DNotZ 1951, 455.
136 BayObLG JFG 9, 201; BayObLGZ 1955, 53 = DNotZ 1956, 206; BayObLGZ 1975, 1 = Rpfleger 1975, 94; OLG München DNotZ 1941, 31; OLG Hamm OLGZ 1988, 260 = Rpfleger 1988, 404; LG Hamburg Rpfleger 1987, 103; LG Oldenburg Rpfleger 1981, 439; *Schöner/Stöber* Rn 190; *KEHE-Herrmann* § 15 Rn 32.
137 *KEHE-Herrmann* § 15 Rn 32; *Schöner/Stöber* Rn 190; *Meyer-Stolte* Rpfleger 1981, 440; **aA** LG Oldenburg Rpfleger 1981, 439.
138 *Demharter* § 15 Rn 17; *Schöner/Stöber* Rn 192.
139 OLG Köln FGPrax 2001, 128; KG FGPrax 2000, 250; OLG Schleswig FGPrax 1999, 192; LG Neuruppin NotBZ 2003, 39.
140 BayObLG DNotZ 1989, 364; BayObLGZ 1975, 3 = Rpfleger 1975, 94; BayObLGZ 1955, 53; OLG Hamm JMBl NRW 1961, 273; OLG Schleswig SchlHA 1959, 197; OLG Braunschweig DNotZ 1961, 413; OLG Frankfurt Rpfleger 1958, 221; 1973, 403; *Schöner/Stöber* Rn 191; *Demharter* § 31 Rn 8; *KEHE-Herrmann* § 31 Rn 9–12.
141 BGHZ 71, 352 = Rpfleger 1978, 365; *Demharter* § 31 Rn 8.
142 *Schöner/Stöber* Rn 193.

8. Entgegennahme von Erklärungen

41 Eine Vollmacht zur Entgegennahme von Genehmigungserklärungen rechtsgeschäftlicher oder behördlicher Natur (zB vormundschaftsgerichtliche Genehmigung) lässt sich aus § 15, der nur verfahrensrechtlichen Charakter hat, auch bei extensiver Auslegung nicht entnehmen,[143] da es sich hierbei um die Herbeiführung der materiell-rechtlichen Wirksamkeit des Geschäfts, aber nicht um das Eintragungsverfahren handelt. Dennoch ist idR von einer dem Notar stillschweigend oder konkludent erteilten besonderen Vollmacht dieses Inhalts auszugehen.

9. Urkundenrückgabe

42 Eingereichte Urkunden sind grundsätzlich an den **Einreicher**, nicht an den Antragsteller als solchen, zurückzugeben.[144] Für die Erteilung und Aushändigung neu gebildeter Hypotheken- und Grundschuldbriefe gilt § 60.

10. Kostenrecht

43 Stellt der **Notar** einen Eintragungsantrag gemäß § 15, wird er damit **nicht zum »Veranlasser«** iS von § 2 Nr 1 KostO; Kostenschuldner sind vielmehr nur die von ihm vertretenen Beteiligten[145] (vgl dazu Rdn 19–28). Hat jedoch kein Beteiligter das Handeln des Notars veranlasst, sind ihm als vollmachtlosen Vertreter die Verfahrenskosten aufzuerlegen.[146] Dies ist zB der Fall, wenn der Notar den Vollzug einer Auflassung gemäß § 15 beantragt hat, obwohl er nur den Kaufvertrag und die Eintragung einer Eigentumsvormerkung beurkundet hat.[147]

IV. Rechtsgeschäftlich erteilte Vollmacht

44 Der Notar kann über § 15 hinaus rechtsgeschäftlich zur Antragstellung, Abgabe und Entgegennahme von Erklärungen, Beantragung behördlicher Genehmigungen und Erledigung sonstiger Geschäfte bevollmächtigt werden.[148] Solche Vollmacht bedarf der **Form des § 29**.[149] Der Notar kann sie selbst beurkunden, weil sie nicht seinem, sondern des Vollmachtgebers Interesse dient.[150] Für die Auslegung derartiger Vollmachten sind zunächst Wille und Vorstellung des Vollmachtgebers, nicht des Notars maßgebend.[151] Die Vollmacht zum Urkundsvollzug wirkt über den Tod des Vollmachtgebers hinaus, auch ohne ausdrückliche Bestimmung.[152] Aufgrund einer solchen Vollmacht kann der Notar abweichend von § 16 Abs 2 den getrennten Vollzug von Anträgen beantragen.[153] Außerdem kann die Vollmacht auch das Recht umfassen, das Rangverhältnis mehrerer auf Grund der vom Notar errichteten Urkunden einzutragenden Rechte zu bestimmen (§ 45 Abs 3).[154] Ebenso kann der Notar auf Grund einer solchen Vollmacht Rechtsmittel einlegen[155] und den Antrag zurücknehmen.[156]

45 Stellt ein Notar einen Eintragungsantrag oder legt er ein Rechtsmittel ein, obwohl die **Voraussetzungen des § 15 nicht vorliegen**, so bedarf er grundsätzlich dafür einer rechtsgeschäftlichen Vollmacht,[157] für die Schriftform ausreichend ist (§ 13 Abs 5 S 1 FGG). Das GBA hat die nicht vorgelegte Vollmacht jedoch nicht zu beanstanden (§ 13 Abs 5 S 4 FGG).

---

143 **AA** BGHZ 29, 371 = NJW 1959, 883 = DNotZ 1959, 312 = Rpfleger 1959, 219 (*Haegele*); BayObLGZ 1955, 160 = DNotZ 1956, 213; KEHE-*Herrmann* § 15 Rn 34.
144 KG KGJ 38, 196; 44, 173; *Schöner/Stöber* Rn 196; KEHE-*Herrmann* § 15 Rn 33; *Demharter* § 15 Rn 18.
145 BayObLG Rpfleger 1984, 96; OLG Hamm DNotZ 1952, 86; KG JVBl 1941, 61; *Demharter* § 15 Rn 22; KEHE-*Herrmann* § 15 Rn 41; *Schöner/Stöber* Rn 195.
146 OLG Köln Rpfleger 1982, 98.
147 BayObLG JurBüro 1993, 224; *Demharter* § 15 Rn 22.
148 *Dieterle* BWNotZ 1991, 172; KEHE-*Herrmann* § 15 Rn 35; *Schöner/Stöber* Rn 185.
149 KEHE-*Herrmann* § 15 Rn 36; *Schöner/Stöber* Rn 185.
150 BGHZ 78, 36 = NJW 1981, 125 = DNotZ 1981, 118 = Rpfleger 1980, 465; RGZ 121, 34; KEHE-*Herrmann* § 15 Rn 36; *Schöner/Stöber* Rn 185.
151 BGH BB 1961, 428.
152 LG Aschaffenburg Rpfleger 1971, 370; KEHE-*Herrmann* § 15 Rn 37.
153 LG Aschaffenburg aaO.
154 BayObLG Rpfleger 1993, 13 = MittBayNot 1992, 391.
155 KEHE-*Herrmann* § 15 Rn 40.
156 KEHE-*Herrmann* § 31 Rn 8.
157 OLG Hamm Rpfleger 1986, 367; *Schöner/Stöber* Rn 189; *Demharter* § 15 Rn 21; KEHE-*Herrmann* § 15 Rn 40.

§ 16 (Anträge unter Vorbehalt)

(1) Einem Eintragungsantrag, dessen Erledigung an einen Vorbehalt geknüpft wird, soll nicht statt-gegeben werden.

(2) Werden mehrere Eintragungen beantragt, so kann von dem Antragsteller bestimmt werden, daß die eine Eintragung nicht ohne die andere erfolgen soll.

I. Normzweck, Anwendungsbereich

Der Grundsatz des § 16 Abs 1 soll das GBA von der Prüfung solcher Umstände entlasten, die weder aus den vorgelegten Unterlagen zu entnehmen noch sonst offenkundig sind.[1] Er entspricht dem Prinzip, dass Prozesshandlungen **unbedingt** und **bestimmt** sein müssen.[2] Die Ausnahme des § 16 Abs 2, die die Durchführung von Zug um Zug zu erfüllenden Vereinbarungen verfahrensrechtlich ermöglichen soll, bleibt im Rahmen des Zwecks des § 16 Abs 1, weil die Erfüllung des Vorbehalts aus § 16 Abs 2 sich für das GBA aus seinem eigenen Verfahren ergibt. **1**

Auf das Ersuchen nach § 38[3] und die Eintragungsbewilligung[4] ist § 16 **entsprechend** anzuwenden. **2**

II. Die Regel des § 16 Abs 1

1. Eintragungsantrag

Die Vorschrift betrifft nur **Eintragungsanträge** iS des § 13 und deren Erledigung.[5] Hierzu gehören auch Erteilung und Aushändigung des Hypotheken- oder Grundschuldbriefes und die Eintragungsnachricht.[6] Auch sie dürfen nicht an einen Vorbehalt geknüpft werden. **3**

2. Vorbehalt

a) Bedingtheit des Rechts – kein Vorbehalt des Antrags. Ein Vorbehalt ist grundsätzlich unzulässig. Bezieht sich der Vorbehalt jedoch **nicht** auf den **Antrag** selbst, sondern handelt es sich um eine Bedingung oder Befristung des einzutragenden Rechts, so steht § 16 Abs 1 **nicht** entgegen.[7] Ob nach materiellem Recht bei dem betreffenden Rechtsgeschäft Bedingung oder Befristung zulässig ist, ist eine andere Frage. Grundsätzlich können dingliche Rechte bedingt oder befristet bestellt und übertragen werden. Bei der Auflassung von Grundstück oder Wohnungseigentum (§ 925 Abs 2 BGB), der Übertragung eines Erbbaurechts (§ 11 Abs 1 S 2 ErbbauRG) sowie bei Einräumung und Aufhebung von Sondereigentum (§ 4 Abs 2 S 2 WEG) sind Bedingung und Befristung unzulässig. Ferner sind die auflösende Bedingung bei Bestellung eines Erbbaurechte (§ 1 Abs 4 ErbbauRG) und die bedingte Bestellung eines Dauerwohn- oder Dauernutzungsrechts (§ 33 Abs 1 S 2 WEG) ausgeschlossen. **4**

---

1 OLG Hamm Rpfleger 1992, 474 = MittRhNotK 1992, 149; *Demharter* § 16 Rn 1; KEHE-*Herrmann* § 16 Rn 1.
2 KEHE-*Herrmann* § 16 Rn 1.
3 KEHE-*Herrmann* § 16 Rn 2.
4 BayObLGZ 1985, 332 = Rpfleger 1986, 48; OLG Hamm Rpfleger 1992, 474; OLG Frankfurt MittRhNotK 1996, 53, 54; *Demharter* § 16 Rn 15; KEHE-*Herrmann* § 16 Rn 2, 23.
5 *Demharter* § 16 Rn 2; KEHE-*Herrmann* § 16 Rn 3.
6 KEHE-*Herrmann* § 16 Rn 5.
7 *Rademacher* MittRhNotK 1983, 81, 83; KEHE-*Herrmann* § 16 Rn 4, 23; RG JW 1934, 282.

5 **b) Begriff des Vorbehalts.** Ein unzulässiger Vorbehalt iS des § 16 Abs 1 ist die Bestimmung, dass die Erledigung des Antrags von solchen Umständen abhängen soll, die **nicht** zu den **gesetzlichen Voraussetzungen** der Eintragung gehören, auch keine reinen **Rechtsbedingungen** sind und vom GBA weder aus seinen Grundakten noch aus sonstigen Registerakten (zB Handelsregister, Vereinsregister) zu **entnehmen** sind; ferner ein Zusatz, der zweifeln lässt, ob die Eintragung überhaupt gewollt wird.[8]

6 **c) Unzulässige Vorbehalte.** Demnach sind unzulässige Vorbehalte **Bedingungen** und **Befristungen** im Rechtssinne.[9] Ein Antrag, der nach der Erklärung des Antragstellers erst nach Ablauf einer bestimmten Frist erledigt werden soll, ist deshalb nach § 16 Abs 1 unzulässig. Es ist nicht möglich, auf diese Weise vorzeitig einen gewünschten Rang zu wahren (§ 17). Unzulässig ist ferner der Antrag, eine Hypothek erst nach Valutierung einzutragen oder eine Hypothek nur zu löschen, wenn das Grundstück nicht innerhalb einer bestimmten Frist neu belastet wird. Der Antrag, das Recht an einer bestimmten, bei Eingang nicht offenen Rangstelle einzutragen, ist nicht zuzulassen; dagegen ist ein Antrag auf Eintragung an rangbereiter Stelle unbedenklich.[10] Nicht zulässig ist der Antrag auf Löschung einer Hypothek, wenn der Antragsteller sich vorbehält, statt der Löschung die Abtretung oder die Umschreibung der Hypothek auf sich selbst zu beantragen. Der Antrag, dem Gläubiger den Hypothekenbrief erst nach Löschung aller vorrangigen Posten auszuhändigen,[11] ist ebenfalls an einen unzulässigen Vorbehalt geknüpft. Lautet der Antrag dahin, die in einer Urkunde enthaltenen Bestimmungen insoweit einzutragen, als sie eintragungsfähig sind, ist er idR zurückzuweisen,[12] weil er nicht eine Rechtsbedingung enthält, sondern unbestimmt ist. Das gilt nur dann nicht, wenn er als Antrag auf Eintragung aller Bestimmungen aus der Urkunde aufzufassen ist, der auf die vom GBA für zulässig erachteten beschränkt sein soll, falls es einzelne von ihnen für nicht eintragungsfähig hält.[13]

7 **d) Zulässige Vorbehalte. aa) Rechtsbedingungen.** Zulässig ist es dagegen, den Eintragungsantrag an **Rechtsbedingungen** zu knüpfen, also an solche Voraussetzungen, deren Vorliegen das GBA ohnehin von Amts wegen zu prüfen hat.[14] Der Eintragungsantrag kann deshalb von der Voreintragung des betroffenen Berechtigten (§ 39) oder dem Vorliegen von Erklärungen Dritter, die zur Eintragung erforderlich sind (zB Zustimmung), oder von behördlichen Genehmigungen abhängig gemacht werden. Der Vorbehalt, den Antrag zurückzunehmen, ist ebenfalls zulässig. Unschädlich sind ferner solche Vorbehalte, die etwas nach dem Gesetz Selbstverständliches zum Inhalt haben, zB dass die zur Eintragung beantragte Hypothek jederzeit abtretbar ist, oder dass ein Brief gebildet wird.

8 **bb) Vom GBA feststellbare Umstände.** Kein unzulässiger Vorbehalt liegt ferner dann vor, wenn das GBA **ohne weiteres** anhand seiner Akten, aufgrund eigener Verfügungen oder objektiv unbezweifelbare Umstände (zB Eintritt eines Datums, das bei Antragseingang bereits vergangen ist) **feststellen** kann, dass die Bedingung oder ein Anfangszeitpunkt, an den der Antrag geknüpft war, eingetreten ist. Der Antrag ist dann als vorbehaltlos anzusehen.[15] Wenn also die Eintragung einer Hypothek an einer bestimmten Rangstelle beantragt wird, oder wenn die Eintragung einer Hypothek zur Sicherung des Anspruchs gegen einen Dritten davon abhängen soll, dass der Dritte als Eigentümer eines bei Antragseingang gebuchten Grundstücks eingetragen wird, so ist dem Antrag stattzugeben, sofern der GBBeamte sich durch einen Blick in das GB davon überzeugt, dass die betreffende Voraussetzung erfüllt ist. Dementsprechend ist allgemein anerkannt, dass der Antrag auf Löschung der Eigentumsvormerkung für den Grundstückserwerber unter der Voraussetzung gestellt werden kann, dass Zwischeneintragungen nicht erfolgt sind und unerledigte Zwischenanträge nicht vorliegen.[16] Denn das GBA soll, wenn ihm ein Löschungsantrag dieses Inhalts vorgelegt wird, lediglich prüfen, ob überhaupt Zwischenanträge vorliegen oder Zwischeneintragungen vorgenommen worden sind. Diese Vorbehaltstatsachen können ohne weiteres festgestellt werden. Ein Antrag auf Löschung einer Eigentumsvormerkung »bei vertragsgerechter Eigentumsumschreibung ohne entgegenstehende Zwischenrechte« kann dahin auszulegen sein, dass nur solche

---

8 OLG Hamm Rpfleger 1992, 474 = MittRhNotK 1992, 149; KG JW 1938, 2227 = HRR 1938 Nr 1124; *Demharter* § 16 Rn 3; KEHE-*Herrmann* § 16 Rn 6; *Rademacher* MittRhNotK 1983, 81, 84.
9 KG OLGE 12, 189; JW 1938, 2227 = HRR 1938 Nr 1124; *Demharter* § 16 Rn 3; KEHE-*Herrmann* § 16 Rn 7; *Rademacher* MittRhNotK 1983, 81, 83; *Nieder* NJW 1984, 329.
10 KG OLGE 8, 200; BayObLGE 9, 164; 12, 372.
11 LG Tilsit ZBlFG 1, 221.
12 BayObLGZ 1969, 100 = NJW 1969, 1964 = DNotZ 1969, 492 = Rpfleger 1969, 241; OLG Frankfurt Rpfleger 1977, 101; OLG Hamm DNotZ 1967, 635; KEHE-*Herrmann* § 16 Rn 9.
13 KG OLGE 26, 185; KGJ 1, 461, 463; KEHE-*Herrmann* § 16 Rn 9; *Demharter* § 16 Rn 9.
14 KG OLGE 26, 185; KEHE-*Herrmann* § 16 Rn 8.
15 BayObLGE 12, 372; MittBayNot 1972, 228; OLG Frankfurt MittRhNotK 1996, 53, 54; KEHE-*Herrmann* § 16 Rn 8; *Demharter* § 16 Rn 3.
16 OLG Hamm Rpfleger 1992, 474 = MittRhNotK 1992, 149; OLG Düsseldorf MittRhNotK 1965, 16, 20 = DNotZ 1965, 751; LG Kiel SchlHA 1966, 169; *Demharter* § 16 Rn 3; KEHE-*Herrmann* § 16 Rn 10; *Nieder* NJW 1984, 329, 330; *Wulf* MittRhNotK 1996, 41, 46.

Zwischeneintragungen einer Löschung entgegenstehen sollen, die ohne Mitwirkung des Erwerbers getroffene Verfügungen über das Grundstück betreffen; dann liegt kein unzulässiger Vorbehalt iS von § 16 Abs 1 vor.[17] Zulässig ist es ferner, den Antrag auf Eintragung einer Hypothek davon abhängig zu machen, dass der Gläubiger im Handelsregister desselben Amtsgerichts eingetragen ist. Unbedenklich ist auch die Stellung eines Antrages in der Weise, dass dem Antrag als **Hilfsantrag** nur entsprochen werden soll, wenn einem in erster Linie gestellten Antrag (Hauptantrag) nicht stattgegeben wird.[18] Denn Eintritt wie Ausfall dieser Bedingung sind für das GBA aus seiner eigenen Entscheidung über den Hauptantrag zu entnehmen.

3. Entscheidung des GBA

Grundsätzlich hat das GBA den Antrag ohne sachliche Prüfung **zurückzuweisen**, wenn ein unzulässiger Vorbehalt vorliegt. Es kann aber dem Antragsteller auch durch Zwischenverfügung nach § 18 Gelegenheit geben, den Vorbehalt fallen zu lassen, wenn ohne ihn der Antrag nicht zu beanstanden wäre.[19] Eine Zwischenverfügung mit dem Ziel, dem Antragsteller Gelegenheit zur Verschaffung seines Verfügungsrechts[20] oder der erforderlichen Eintragungsunterlagen[21] zu geben, scheidet jedoch aus. Die **Aussetzung** des Verfahrens ist schlechthin ausgeschlossen.[22] Im Hinblick auf § 17 sind solche Verfahrensweisen unstatthaft, weil andere Antragsteller dadurch ungerechtfertigte Nachteile, zB in Bezug auf den Rang, erleiden würden.

4. Verletzungsfolgen

§ 16 Abs 1 ist eine **Ordnungsvorschrift**. Das GBA hat sie zu beachten. Verstößt es hiergegen, so ist die Eintragung nicht deshalb unwirksam. Es kann jedoch eine zum Schadensersatz verpflichtete Amtspflichtverletzung vorliegen. Ob die Eintragung materiell-rechtlich wirksam ist, ist eine nicht nach § 16, sondern den materiell-rechtlichen Bestimmungen zu beantwortende Frage.

III. Die Ausnahme des § 16 Abs 2

1. Mehrheit von Anträgen

§ 16 Abs 2 setzt voraus, dass **mehrere** Eintragungen bei **demselben** GBA beantragt werden.[23] Sind Anträge bei verschiedenen GBÄmtern gestellt worden, ist für sie ein Vorbehalt nach § 16 Abs 2 unwirksam. Es darf in einem solchen Fall auch nicht aus einem sachlichen Zusammenhang nach dem zugrunde liegenden Rechtsgeschäft auf einen Vorbehalt nach § 16 Abs 2 geschlossen werden. Unerheblich ist, ob die Anträge nur von einer oder von verschiedenen Personen gestellt werden, ob sie gleichzeitig oder nacheinander eingegangen sind und ob sie dasselbe GBBlatt oder mehrere GBBlätter betreffen, wenn diese nur bei demselben GBA geführt werden. Belanglos ist, ob die Anträge auf Eintragung einer Rechtsänderung oder einer Berichtigung zielen. Sie müssen nur sämtlich noch unerledigt sein, aber dem GBA bereits vorliegen, damit eine Verbindung zwischen ihnen hergestellt werden kann. Deshalb ist eine Abhängigkeit gemäß § 16 Abs 2 nicht gegeben, wenn zur Zeit der Erklärung des Vorbehalts nur ein Eintragungsantrag vorliegt und der andere erst noch gestellt werden soll.[24] Eine Mehrheit von Anträgen ist nicht gegeben, wenn die einzelnen einzutragenden Bestimmungen nur die nähere Ausgestaltung des Rechts betreffen, wie die Regelungen über Nebenleistungen, Verzinsung, Tilgung und Kündigung bei einer Hypothek. Vielmehr handelt es sich um einen einzigen Antrag, der einheitlich zu erledigen ist.[25] Wird dagegen in einer Urkunde die Eintragung der Hypothek und der Unterwerfung des jeweiligen Eigentümers unter die sofortige Zwangsvollstreckung gemäß § 800 ZPO beantragt, so liegen zwei Anträge vor, da die Hypthek auch ohne Unterwerfung eingetragen und die Eintragung der Unterwerfung nachgeholt werden kann.[26]

9

10

11

17 OLG Hamm Rpfleger 1992, 474 = MittRhNotK 1992, 149; *Demharter* § 16 Rn 3; *Wulf* MittRhNotK 1996, 41, 46.
18 BayObLG MittBayNot 1972, 228.
19 KG JFG 19, 135, 137; OLG Hamm Rpfleger 1992, 474 = MittRhNotK 1992, 149; *Demharter* § 16 Rn 5; KEHE-*Herrmann* § 16 Rn 11; **aA** KG JW 1931, 1100.
20 KG JW 1938, 2227 = HRR 1938 Nr 1124; KEHE-*Herrmann* § 16 Rn 11.
21 KG KGJ 31, 254; KEHE-*Herrmann* § 16 Rn 11.
22 KG HRR 1930 Nr 1505; JW 1932, 2890.
23 BayObLGE 10, 329; KG KGJ 44, 201; KEHE-*Herrmann* § 16 Rn 13; *Demharter* § 16 Rn 8.
24 OLG Frankfurt Rpfleger 1976, 401.
25 KG OLGE 5, 292; 10, 418; KGJ 39, 257; JW 1938, 2227 = HRR 1938 Nr 1124; OLG Hamm Rpfleger 1956, 343; KEHE-*Herrmann* § 16 Rn 14; *Demharter* § 16 Rn 9.
26 BayObLG OLGE 8, 149; BayObLGE 2, 576; KG OLGE 10, 86; OLG Colmar OLGE 13, 197; KEHE-*Herrmann* § 16 Rn 14; *Demharter* § 16 Rn 9.

2. Bestimmung des Antragstellers, Widerruf

12 Die Bestimmung, dass die eine Eintragung nicht ohne die andere erfolgen soll, kann nur der **Antragsteller** treffen. Das GBA darf nicht von Amts wegen die Verknüpfung vornehmen. Wer die Eintragung nur bewilligt hat, kann die Bestimmung nicht treffen, auch wenn er ein Antragsrecht hat, es aber nicht ausübt.[27] Wenn die – grundsätzlich vorbehaltlose[28] – Bewilligung den ausdrücklichen oder stillschweigenden Vorbehalt in sich birgt, dass eine Eintragung nicht ohne eine andere vorgenommen werden soll,[29] so muss, wenn der Vorbehalt zum Tragen kommen soll, der Antrag ihn aufgreifen, was auch durch Bezugnahme auf die Bewilligung möglich ist.[30] Haben **mehrere** Personen dieselben Anträge gestellt, so hat jede von ihnen unabhängig von den anderen das Recht zu einer Bestimmung nach § 16 Abs 2.[31] Dies kann jedoch nicht gelten, wenn die Antragsteller verschiedene Anträge gestellt haben, denn sonst könnte der eine Antragsteller einen eintragungsreifen Antrag eines anderen Antragstellers zu Fall bringen.[32] Die Bestimmung eines Antragstellers wird durch eine gegenteilige Erklärung eines anderen Antragstellers nicht berührt, auch wenn dieser das Antragsrecht für alle verbundenen Anträge besitzt.[33] Auch **nachträglich** kann die Bestimmung getroffen werden,[34] solange der eine (abhängige) Antrag noch nicht erledigt ist, und zwar auch noch in der Beschwerdeinstanz. Der Notar, der die Eintragungsbewilligung beurkundet hat, ist zu der Bestimmung nach § 16 Abs 2 berechtigt.[35] Der **Widerruf** der Bestimmung ist zulässig, solange die Anträge noch anhängig sind. Haben mehrere Antragsteller die Bestimmung getroffen, ist der Widerruf nur wirksam, wenn ihn alle erklären. An eine Form ist der Widerruf, anders als die Zurücknahme des Antrags (§ 31), nicht gebunden.

3. Inhalt des Vorbehalts

13 Inhaltlich kann der Vorbehalt so ausgestaltet sein, dass von mehreren Anträgen keiner ohne alle anderen erledigt werden soll. Er kann aber auch dahin lauten, dass zwar die eine Eintragung nicht ohne die andere, diese aber auch allein vorgenommen werden kann.[36]

4. Form des Vorbehalts

14 Der Vorbehalt ist **formfrei**, auch wenn er nachträglich angebracht wird.[37] Er braucht **nicht** einmal **ausdrücklich** erklärt zu werden; es genügt, dass er sich aus den **Umständen** ergibt und als **stillschweigend** gewollt anzusehen ist. Ob dies der Fall ist, ist eine Auslegungsfrage.[38]

15 **a) Stillschweigender Vorbehalt.** Eine **stillschweigende Bestimmung** iS des § 16 Abs 2 ist anzunehmen, wenn die Anträge in einem solchen rechtlichen oder wirtschaftlichen **Zusammenhang** stehen, dass ihr gemeinsamer Vollzug als von den Parteien gewollt angesehen werden muss.[39] Ein derartiger Zusammenhang liegt insbesondere dann vor, wenn mit der Eintragung des Eigentumswechsels gleichzeitig Eintragungen zugunsten des Veräußerers beantragt werden, wie zB eine Restkaufgeldhypothek, eine Leibrente oder ein Nießbrauch.[40] Allerdings kann die Verknüpfung des Antrags auf Eigentumsumschreibung mit dem Antrag auf Eintragung eines Nießbrauchs für den Veräußerer mit dessen Tod entfallen.[41] Die Verknüpfung ist nicht als entfallen anzusehen, wenn der Veräußerer, für den mit Eigentumsumschreibung eine Leibrente eingetragen wer-

---

27 *Güthe-Triebel* § 16 Rn 15; *Hesse-Saage-Fischer* § 16 Bem II 2.
28 KG KGJ 44, 197.
29 KG KGJ 44, 197; HRR 1937, 466.
30 KEHE-*Herrmann* § 16 Rn 25; **aA** *Streuer* Rpfleger 1987, 344.
31 OLG Frankfurt Rpfleger 1976, 401; KEHE-*Herrmann* § 16 Rn 19; *Demharter* § 16 Rn 10; *Rademacher* MittRhNotK 1983, 81, 84.
32 *Streuer* Rpfleger 1987, 344.
33 KG DNotZ 1937, 834 = HRR 1937 Nr 1405; OLG Hamm DNotZ 1973, 615 = Rpfleger 1973, 305; KEHE-*Herrmann* § 16 Rn 19.
34 OLG Frankfurt Rpfleger 1976, 401; KEHE-*Herrmann* § 16 Rn 15; *Demharter* § 16 Rn 10.
35 BayObLGE 10, 329; *Demharter* § 16 Rn 10.
36 KG JW 1937, 2121 = DNotZ 1937, 834; KGJ 35, 198; KEHE-*Herrmann* § 16 Rn 15.
37 BayObLGZ 1975, 1 = DNotZ 1975, 103 = Rpfleger 1975, 94; OLG Frankfurt Rpfleger 1980, 108; 1976, 401; KEHE-*Herrmann* § 16 Rn 16; *Rademacher* MittRhNotK 1983, 81, 84.
38 OLG Hamm Rpfleger 1988, 404; KG OLGE 1, 203; 2, 226.
39 BayObLG Rpfleger 1981, 283; BayObLGZ 1975, 1 = DNotZ 1975, 103 = Rpfleger 1975, 94; KG KGJ 35, 195, 198; OLG Zweibrücken NJW-RR 1999, 1174; OLG Frankfurt Rpfleger 1980, 108; OLG Hamm Rpfleger 1988, 404; DNotZ 1973, 615 = Rpfleger 1973, 305; *Demharter* § 16 Rn 11; KEHE-*Herrmann* § 16 Rn 17; *Wulf* MittRhNotK 1996, 41, 46; *Nieder* NJW 1984, 329.
40 BayObLG DNotZ 1977, 367 = Rpfleger 1976, 302; BayObLGZ 1975, 1 = DNotZ 1975, 103 = Rpfleger 1975, 94; KG OLGE 2, 489, 490; 8, 302; JFG 1, 335, 337; OLG Frankfurt Rpfleger 1980, 108; OLG Hamm DNotZ 1973, 615 = Rpfleger 1973, 305; LG Oldenburg Rpfleger 1981, 439 (*Meyer-Stolte*); *Demharter* § 16 Rn 11; KEHE-*Herrmann* § 16 Rn 17; *Rademacher* MittRhNotK 1983, 81, 84; *Wulf* MittRhNotK 1996, 41, 46.
41 OLG Hamm DNotZ 1973, 615 = Rpfleger 1973, 305.

den sollte, vor der Eintragung stirbt, und eine Löschungserleichterung nach § 23 Abs 2 nicht vorgesehen ist.[42] Hier muss wegen der Möglichkeit von Rückständen der Antrag auf Eintragung der Leibrente zurückgenommen werden, wenn der Antrag auf Eigentumsumschreibung Erfolg haben soll.[43] Wird aufgrund eines Tauschvertrages die Eintragung der Auflassung der beiden Tauschgrundstücke beantragt, so ist auch hier eine Verknüpfung iS des § 16 Abs 2 anzunehmen. Hierin liegt keine nach § 925 Abs 2 BGB unzulässige Bedingung.[44] Die Auflassung eines Teils des verkauften Grundstücks kann nicht für sich allein eingetragen werden, wenn für den gesamten Grundbesitz ein einheitlicher Kaufpreis vereinbart ist und zu seiner Sicherung an dem gesamten Grundstück eine Hypothek bestellt worden ist.[45] Der gegenteiligen Auffassung des Kammergerichts,[46] nach der die Kaufpreishypothek dann an dem aufgelassenen Teilgrundstück einzutragen sei, wenn der Verkäufer den Käufer zur Auflassung des Grundbesitzes auch in Teilen bevollmächtigt hat, ist nicht zu folgen, weil hierin eine Abweichung von den gestellten Anträgen liegt. Ein Zusammenhang gemäß § 16 Abs 2 ist ferner anzunehmen zwischen den Anträgen auf Eintragung der Auflassung und auf Löschung der Belastungen, zu deren Beseitigung sich der Verkäufer im Kaufvertrag verpflichtet hat; dies gilt auch dann, wenn der Löschungsantrag später als die Auflassung vorgelegt wird. Wird beantragt, ein Teilgrundstück lastenfrei abzuschreiben und auf den Namen eines anderen Eigentümers auf ein neues Blatt vorzutragen, so enthält dieser Antrag auch den Antrag auf Teillöschung gemäß § 46 Abs 2 durch Nichtübertragung; beide Anträge dürfen nur gemeinsam erledigt werden, da ein Zusammenhang gemäß § 16 Abs 2 anzunehmen ist.[47] Dieser liegt auch vor, wenn die Eintragung mehrerer Auflassungen aufgrund eines einheitlichen Teilungsvertrages beantragt wird.[48] Die Anträge des Eigentümers, die Abtretung und Umwandlung einer in seiner Hand zur Eigentümergrundschuld gewordenen Hypothek in eine neue Hypothek einzutragen, sind ebenfalls als miteinander verknüpft zu betrachten.[49] Beantragt der Gläubiger die Eintragung der Umwandlung, liegt keine Abhängigkeit vor.[50]

b) Kein stillschweigender Vorbehalt. Allein daraus, dass Anträge **gleichzeitig** gestellt werden, oder aus der Zusammenfassung von Anträgen oder Bewilligungen in einer Urkunde kann noch **nicht** eine stillschweigende Bestimmung nach § 16 Abs 2 entnommen werden.[51] Sind mehrere Eintragungen bewilligt worden, hat das GBA zu prüfen, ob zwischen ihnen ein **innerer Zusammenhang** besteht, oder ob sie nach dem Willen der Beteiligten voneinander unabhängig sein sollen.[52] Wird die Eintragung eines Eigentumsüberganges und einer Kaufpreishypothek bewilligt, aber der Antrag auf den Eigentumsübergang beschränkt, so schließt das die Annahme eines stillschweigenden Vorbehalts aus.[53] Wird aber von einem Antragsteller lediglich die Erledigung eines von mehreren in der Urkunde enthaltenen Anträgen begehrt, so muss das GBA prüfen, ob nicht ein anderer Antragsteller sich die gleichzeitige Erledigung aller Anträge vorbehalten hat.[54] Bei dem Antrag auf Eintragung einer Gesamthypothek kann das GBA, wenn bezüglich eines der Grundstücke ein Hindernis besteht, die Hypothek an den übrigen, notfalls als Einzelhypothek an einem Grundstück eintragen; § 16 Abs 2 kommt nicht in Betracht. Irgendein Abhängigkeitsverhältnis liegt auch nicht vor, wenn in einem Übergabevertrag Regelungen über Grundpfandrechte fehlen, die auf dem Anwesen lasten. Das GBA darf deshalb den Vollzug der Übertragung nicht wegen § 16 Abs 2 ablehnen.[55]

16

5. Entscheidung des GBA

a) Allgemeines. Liegt nach Überzeugung des GBA eine Verknüpfung mehrerer Anträge gemäß § 16 Abs 2 vor, so hat es die Anträge (und Bewilligungen) als **verfahrensrechtliche Einheit** zu behandeln.[56] Es muss die Anträge gleichzeitig prüfen und, soweit dazu Anlass besteht, beanstanden.[57] Steht einer beantragten Eintragung ein **Hindernis** entgegen, so dürfen **auch die anderen**, an sich zulässigen Eintragungen **nicht** erfolgen, bis das

17

---

42 LG Oldenburg Rpfleger 1981, 439 (*Meyer-Stolte*).
43 *Meyer-Stolte* Rpfleger 1981, 440.
44 KG KGJ 44, 401; JFG 1, 335; *Wulf* MittRhNotK 1996, 41, 46.
45 BayObLGE 18, 286; KEHE-*Herrmann* § 16 Rn 17; *Wulf* MittRhNotK 1996, 41, 47.
46 JFG 1, 442.
47 KG JFG 3, 417, 418.
48 OLG München JFG 21, 102, 105; *Demharter* § 16 Rn 11; KEHE-*Herrmann* § 16 Rn 17; *Wulf* MittRhNotK 1996, 41, 47.
49 KG KGJ 39, 246, 249; 41, 231, 239; *Wulf* MittRhNotK 1996, 41, 46.
50 KG KGJ 41, 231, 239.
51 OLG Hamm MittRhNotK 1996, 330; KG KGJ 35, 196, 198; BayObLGZ 1973, 311; KEHE-*Herrmann* § 16 Rn 17; *Demharter* § 16 Rn 11; *Wulf* MittRhNotK 1996, 41, 46.
52 BayObLGZ 1948–51, 508.
53 KG OLGE 8, 302; 7, 189.
54 KG DNotZ 1937, 834 = HRR 1937 Nr 1405; OLG Hamm DNotZ 1973, 615 = Rpfleger 1973, 305; *Demharter* § 16 Rn 13.
55 LG Nürnberg-Fürth Rpfleger 1959, 55.
56 KG JFG 13, 113; KEHE-*Herrmann* § 16 Rn 20.
57 *Demharter* § 16 Rn 12; KEHE-*Herrmann* § 16 Rn 20.

Hindernis beseitigt ist. Hierzu hat das GBA dem Antragsteller durch Zwischenverfügung gemäß § 18 Gelegenheit zu geben. In diesem Falle findet § 18 Abs 2 nicht nur auf den Antrag Anwendung, bei dem das Hindernis besteht, sondern auch auf die anderen.[58] Die Zwischenverfügung kann dahin lauten, den mangelhaften Antrag zurückzunehmen, zu ändern oder den Vorbehalt fallen zu lassen.[59] Ist den an sich vollziehbaren Anträgen unter Verstoß gegen § 16 Abs 2 aber bereits stattgegeben worden, so ist eine solche Zwischenverfügung nicht mehr zulässig.[60] Der mangelhafte Antrag kann jetzt nur noch abgewiesen werden.[61] Löst das GBA die verfahrensrechtliche Einheit mehrerer verbundener Anträge entgegen § 16 Abs 2 auf, indem es einem Antrag stattgibt und den anderen abweist, so ist hiergegen **keine Beschwerde** gegeben; jedoch kann die Niederschlagung der Gebühren für die Zurückweisung in Betracht kommen.[62] Ist einer von mehreren verbundenen Anträgen unheilbar unzulässig, so sind alle zurückzuweisen, und zwar die an sich zulässigen unter Hinweis auf § 16 Abs 2. Dasselbe gilt, wenn der Antrag auf die Eintragung nur einzelner Bestimmungen beschränkt wird.[63] Das GBA hat in keinem Falle das Recht, die Erledigung eines Antrages von der Vorlage und dem Vollzug weiterer Anträge abhängig zu machen.[64] Werden zwei Grundbucheintragungen beantragt, von denen die eine nicht ohne die andere erfolgen soll (§ 16 Abs 2), so steht dem Antragsteller, der wegen der Zurückweisung eines der Eintragungsanträge beschwerdebefugt ist, auch wegen der Zurückweisung des anderen Antrages ein Beschwerderecht zu, selbst wenn er bei isolierter Antragstellung insoweit nicht beschwerdeberechtigt gewesen wäre.[65]

18   **b) Einzelfälle.** Sind **alle** Eintragungen **untereinander** abhängig gemäß § 16 Abs 2, so dürfen sie nur **zugleich** erfolgen. Ist dagegen nur **die eine** von der **anderen**, diese aber **nicht** von der ersten abhängig, so kann die nicht abhängige Eintragung ohne Rücksicht auf die Erledigung der abhängigen vorgenommen werden. Sind mehrere Anträge zu verschiedenen Zeiten gestellt worden, so sind sie bei gegenseitiger Abhängigkeit unter Beachtung der §§ 17, 45 zusammen zu vollziehen. Ist **nur** die **früher** beantragte Eintragung von der **später** beantragten abhängig, so ist mit Rücksicht auf § 17 ebenfalls gleichzeitiger Vollzug geboten. Wenn dagegen **nur** die **später** beantragte Eintragung von der **früher** beantragten abhängig ist, so braucht der spätere Antrag nicht zusammen mit dem früheren erledigt zu werden.[66] Erhält der früher gestellte Antrag erst durch die später beantragte Eintragung seine Begründung, so gilt § 17 nicht zu seinen Gunsten.[67]

19   **c) Keine Verbindung gemäß § 16 Abs 2.** Ist ein Vorbehalt iS des § 16 Abs 2 **weder ausdrücklich** noch **stillschweigend** gemacht worden, hat das GBA mehrere Anträge, auch wenn sie in derselben Urkunde enthalten sind, **unabhängig** voneinander zu erledigen.[68] Legt ein Antragsteller dem GBA eine mehrere Anträge enthaltende Urkunde vor, und erklärt er dazu, dass einer davon nicht erledigt werden soll, so gilt dieser Antrag als nicht eingegangen. Dasselbe gilt, wenn von mehreren Anträgen einer ausdrücklich gestellt, die anderen aber mit Stillschweigen übergangen werden und damit ihr Fortfall ausgedrückt wird.[69]

6. Verletzungsfolgen, Rechtsmittel

20   § 16 Abs 2 ist eine **Ordnungsvorschrift.** Eine dagegen verstoßende Eintragung ist wirksam und macht das GB nicht unrichtig.[70] Hierin kann aber eine zum Schadensersatz verpflichtende Amtspflichtverletzung liegen.

21   Die Eintragung kann **nicht** mit der Beschwerde **angefochten** werden (§ 71 Abs 2).[71] Weist das GBA die Anträge zurück, ist hiergegen die Beschwerde gegeben.

58 *Henle-Schmidt* § 16 Bem 8.
59 BGH Rpfleger 1978, 365; KG JFG 1, 439, 441; *Demharter* § 16 Rn 12; KEHE-*Herrmann* § 16 Rn 20.
60 KG JFG 13, 111.
61 KG JW 1935, 3560.
62 BayObLGZ 1979, 81 = Rpfleger 1979, 210.
63 KG OLGE 5, 292; 10, 418.
64 LG Aschaffenburg Rpfleger 1971, 319; KEHE-*Herrmann* § 16 Rn 20.
65 OLG Hamm Rpfleger 1996, 504.
66 *Güthe-Triebel* § 17 Rn 25.
67 LG Bamberg MittBayNot 1964, 383 = DNotZ 1965, 427.
68 KG KGJ 35, 195.
69 OLG Hamm DNotZ 1973, 615 = Rpfleger 1973, 305.
70 KG KGJ 44, 201, 202; *Demharter* § 16 Rn 14; KEHE-*Herrmann* § 16 Rn 22.
71 KG OLGE 2, 490.

§ 17 (Behandlung mehrerer Anträge)

Werden mehrere Eintragungen beantragt, durch die dasselbe Recht betroffen wird, so darf die später beantragte Eintragung nicht vor der Erledigung des früher gestellten Antrags erfolgen.

Schrifttum

Baum, Zwangsversteigerungsvermerk und unerledigte Eintragungsanträge, Rpfleger 1990, 141; *Beer,* Die relative Unwirksamkeit (1975); *Bestelmeyer,* »Herrschende Meinungen« im Bereich des Nacherbenrechts, Rpfleger 1994, 189; *ders,* Löschung einer Zwangshypothek infolge Eröffnung der Gesamtvollstreckung?, DtZ 1997, 274; *ders,* Gutgläubiger Erwerb und Erledigungsreihenfolge des § 17 GBO, Rpfleger 1997, 424; *Bock,* Die Auswirkung der Konkurseröffnung und des Veräußerungsverbots nach § 106 I 3 KO auf den Grundbuchverkehr (Diss Bonn, 1980); *Böhringer,* Prinzipien des § 878 BGB und Antragsberechtigung des nachmaligen Gemeinschuldners, BWNotZ 1979, 141; *ders,* Beschränkungen der Beteiligten eines Grundstücksveräußerungsvertrags, Rpfleger 1990, 337; *Böttcher,* Beeinträchtigungen der Verfügungsbefugnis, Rpfleger 1983, 49; *ders,* Verfügungsentziehungen, Rpfleger 1983, 187; *ders,* Verfügungsverbote, Rpfleger 1985, 381; *ders,* Die Prüfungspflicht des Grundbuchgerichts, Rpfleger 1990, 486; *ders,* Schutz vor ungerechtfertigten Verfügungsgeschäften im Grundstücksrecht – durch ein gerichtliches Erwerbsverbot?, BWNotZ 1993, 25; *Cammerer,* Zum Rangverhältnis nach der Reihenfolge der Eintragungen, BayZ 1930, 203; *Dettmar,* Materielle und formelle Funktion des Rangs im Grundstückssachenrecht (Diss Marburg, 1977); *Eickmann,* Konkurseröffnung und Grundbuch, Rpfleger 1972, 77; *ders,* Das allgemeine Veräußerungsverbot nach § 106 KO und sein Einfluß auf das Grundbuch-, Vollstreckungs- und Zwangsversteigerungsverfahren, KTS 1974, 202; *Ertl,* Antrag, Bewilligung und Einigung im Grundstücks- und Grundbuchrecht, Rpfleger 1980, 41; *ders,* Muß das Grundbuchamt den gutgläubigen Erwerb aus der Konkursmasse verhindern?, MittBayNot 1975, 204; *Foerste,* Grenzen der Durchsetzung von Verfügungsbeschränkung und Erwerbsverbot im Grundstücksrecht, Grundbuchsperre und gutgläubiger Erwerb (1986); *Friedrich,* Zur Frage, ob Bereicherungsansprüche auf Rangänderung gegeben sind, wenn Grundstücksrechte in unrichtiger Reihenfolge eingetragen werden, DNotZ 1932, 756; *Güthe,* Inwieweit ist die Eintragung im Grundbuche für den Rang der dinglichen Rechte maßgebend?, JW 1912, 609; *Habscheid,* Richterliches Erwerbsverbot und Grundbuchrecht, FS Schiedermair (1976), 245; *Hagemann,* Die Aufgaben des Grundbuchamts nach Anordnung der Zwangsversteigerung, Rpfleger 1984, 397; 1985, 341; *Hoche,* Bereicherungsanspruch bei fehlerhafter Rangeintragung im Grundbuch, JuS 1962, 60; *Hubernagel,* Das Erwerbsverbot als Verfügungsverbot, Gruchot 73, 36; *Husstein,* Welche Verfügungsbeschränkungen gehören ins BGB? (Diss Erlangen, 1949); *Kohler,* Das Verfügungsverbot gemäß § 938 Abs 2 ZPO im Liegenschaftsrecht (1984); *Knoke,* Zur Lehre vom relativen Veräußerungsverbot, FGabe Güterbock (1910), 401; *Lenenbach,* Guter Glaube des Grundbuchamts als ungeschriebene Voraussetzung des Gutglaubenserwerbs?, NJW 1999, 923; *Ludwig,* Vor- und Nacherbschaft im Grundstücksrecht (1996); *Meyer-Stolte,* Eintragungen zwischen Zuschlag und Eigentumsberichtigung, Rpfleger 1983, 240; *Müller,* Die Bedeutung des § 878 BGB für die Abwicklung des Grundstückskaufvertrages im Konkurs des Verkäufers, JZ 1980, 554; *Münzel,* Gerichtliche Erwerbsverbote durch einstweilige Verfügung, DNotV 1928, 282; *von Nordenflycht,* Zur Frage, ob Bereicherungsansprüche auf Rangänderung gegeben sind, wenn Grundstücksrechte in unrichtiger Reihenfolge eingetragen werden, DNotZ 1934, 397; *Ostermann,* Das Erwerbsverbot (Diss Coburg 1930); *Raape,* Das gesetzliche Veräußerungsverbot des BGB (1908); *Rahn,* § 878 BGB aus grundbuchrechtlicher Sicht, BWNotZ 1967, 269; *ders,* Hat § 892 Abs 2 BGB Bedeutung für das Grundbuchverfahren?, Justiz 1966, 258; *Riggers,* Rangprobleme bei der Einreichung von Grundbuchanträgen: Theorie und Praxis, JurBüro 1977, 189; *Schönfeld,* Verfügungsbeschränkungen und öffentlicher Glaube des Grundbuchs, JZ 1959, 140; *Spiritus,* Die gleichzeitige Vorlage mehrerer Anträge beim Grundbuchamt, DNotZ 1977, 343; *Tröster,* Die grundbuchliche Behandlung des Ersuchens nach § 19 ZVG bei Vorliegen unerledigter Eintragungsanträge, Rpfleger 1985, 337; *Weng,* Erwerbsverbot im Sachenrecht (Diss Tübingen, 1976).

I. Allgemeines

1. Normzweck und Norminhalt

1 § 17 bestimmt die **Reihenfolge der Erledigung mehrerer Anträge,** die sich auf dasselbe Recht beziehen. Die Vorschrift stellt dabei den Grundsatz auf, dass die später beantragte Eintragung nicht vor der Erledigung des früher gestellten Antrags erfolgen darf. Die Zeitfolge der Erledigung mehrerer Anträge ist in zweifacher Hinsicht von erheblicher Bedeutung:

2 **a)** Das **Rangverhältnis** zwischen mehreren Rechten richtet sich nach der Reihenfolge, in der die Rechte im Grundbuch eingetragen sind (§ 879 Abs 1, 2 BGB). Die zeitliche Aufeinanderfolge der Eintragungsanträge hat somit keinen materiellrechtlichen Einfluss auf die Rangordnung.[1] Jedoch haben die Eintragungen nach dem Grundsatz *prior tempore potior iure* die grundbuchmäßige Reihenfolge zu erhalten, welche der Zeitfolge der Anträge entspricht.[2] Um die Gewähr dafür zu bieten, dass das Grundbuch die Rangordnung materiell richtig wiedergibt, ist in § 45 vorgeschrieben, dass sich die Reihenfolge der Grundbucheintragungen nach der Eingangsfolge der gestellten Anträge bestimmt. Diese Regel wird durch § 17 konsequenterweise dahingehend ergänzt, dass die Zeitfolge der Anträge nicht nur für die grundbuchmäßige Darstellung des Rangverhältnisses, sondern auch für die Reihenfolge der Erledigung der Eintragungsanträge maßgebend ist. Dies ist vor allem von Bedeutung, wenn dem Vollzug des früher gestellten Antrags ein Hindernis entgegensteht. Dem Prioritätsgrundsatz ist somit umfassend Rechnung getragen worden: § 17 bestimmt, in welcher Reihenfolge die gestellten Anträge zu erledigen sind, § 45 regelt, wie die Zeitfolge der Anträge im Grundbuch verlautbart wird und § 879 BGB bestimmt den Rang der Rechte nach dem fertig gestellten Grundbuchinhalt.

3 **b)** Auch wenn kein Rangverhältnis zwischen den beantragten Eintragungen besteht, kann die Zeitfolge der Erledigung der Anträge eine nicht unerhebliche Rolle spielen. Insbesondere kann die grundbuchamtliche Entscheidung über den früher gestellten Antrag die **Begründung des später gestellten Antrags** aufheben oder zu dessen Begründung beitragen.[3] Ebenso besteht die Möglichkeit, dass der Vollzug der später beantragten Eintragung die **Zulässigkeit der früher beantragten Eintragung** ausschließt. In diesen Fällen soll § 17 sicherstellen, dass die Zulässigkeit der später beantragten Eintragung und damit die Entscheidung über den sie betreffenden Antrag von der Entscheidung über den früher gestellten Antrag abhängig ist.[4]

2. Entstehungsgeschichte

4 Im Entw I § 49 Abs 1 war zunächst vorgesehen, dass der früher gestellte Antrag *vor* dem später gestellten Antrag erledigt werden muss (hierzu vgl Rdn 32). Des weiteren war beabsichtigt, die Erledigungsreihenfolge für alle Fälle zu regeln, bei denen sich mehrere Eintragungsanträge auf dasselbe *Grundstück* beziehen. Dieses Vorhaben wurde zurecht aufgegeben, da die Erledigungsreihenfolge keine materiellrechtliche Bedeutung hat, wenn die Anträge zwar dasselbe Grundstück, aber nicht dasselbe *Recht* betreffen. Die jetzige Fassung des § 17 entspricht dem Entw II § 16 und ist durch die GBOÄndVO vom 05.08.1935 (RGBl I, 1065) nicht geändert worden. Durch die Verordnung über die vorrangige Bearbeitung investiver Grundbuchsachen (GBVorV) vom 3.10.1994 (BGBl I, 2796) wurde der Regelungsgehalt des § 17 nicht berührt (§ 1 Abs 2 GBVorV).

---

1 Mot 89; Mot BGB III, 190 ff; Prot BGB III, 91.
2 D 37.
3 Mot 87, 88.
4 D 37.

II. Die Voraussetzungen des § 17

§ 17 ist nur anwendbar, wenn dem Grundbuchamt mehrere zu verschiedenen Zeiten gestellte Anträge vorliegen **5**
und die beantragten Eintragungen dasselbe Recht betreffen.

1. Mehrere zu verschiedenen Zeiten gestellte Eintragungsanträge

a) Mehrere Eintragungsanträge. § 17 setzt voraus, dass dem Grundbuchamt mehrere unerledigte Eintra- **6**
gungsanträge zur Entscheidung vorliegen. Dabei steht das Ersuchen einer Behörde (§ 38) einem Antrag gleich.[5]
Dagegen ist § 17 nicht auf Eintragungen anwendbar, die **von Amts wegen** zu bewirken sind; hier hat ein evtl
gestellter »Antrag« nur die Bedeutung einer Anregung.[6] Des weiteren bezieht sich § 17 nur auf *Anträge*. Für die
Erledigungsreihenfolge der Anträge ist es daher unerheblich, zu welchem Zeitpunkt die Eintragungsbewilligungen bzw die sie ersetzenden Urkunden (zB ein Vollstreckungstitel) beim Grundbuchamt eingehen.[7] Ebenso
wenig spielt es eine Rolle, ob dem Vollzug des früher gestellten Antrags ein Eintragungshindernis (§ 18) entgegensteht[8] und ob die Anträge von demselben oder von verschiedenen Beteiligten herrühren. Mehrere Anträge
liegen auch dann vor, wenn ein Antragsteller in ein und demselben Antragsschreiben den Vollzug von mehreren
Eintragungen begehrt. In diesem Fall handelt es sich nicht um *einen* Antrag, sondern um *mehrere gleichzeitig
gestellte* Anträge.[9] Da es jedoch am Erfordernis der verschiedenzeitigen Antragstellung fehlt, ist § 17 auf diese
Fallgestaltung nicht anwendbar (hierzu vgl Rdn 8 ff). Soll nur eine Eintragung mit *mehreren Einzelbestimmungen*
erfolgen (zB eine Hypothek mit Zins- und Zahlungsbestimmungen), so liegt ohnehin nur ein einziger und
damit einheitlich zu erledigender Antrag vor.[10]

b) Zu verschiedenen Zeiten gestellte Eintragungsanträge. aa) Aus dem Wortlaut des § 17 (»später bean- **7**
tragte Eintragung«/»früher gestellter Antrag«) ergibt sich, dass die Vorschrift nur anwendbar ist, wenn die zur
Entscheidung vorliegenden Eintragungsanträge zu verschiedenen Zeiten beim Grundbuchamt eingegangen
sind. Ob diese Voraussetzung erfüllt ist, ist aus den auf den Anträgen angebrachten Eingangsvermerken zu ersehen (vgl § 13 Abs 2, §§ 19 GBOGeschO, 418 ZPO, Nr 3.1.1.1 BayGBGA). Die Datierung der Anträge hat keinen Einfluss auf den Zeitpunkt der Antragstellung.[11] Auch ist ohne Bedeutung, zu welchem Zeitpunkt die
Anträge ihre Vollzugsreife erlangen.[12] Ein unbegründeter Antrag, der trotz des Vorliegens eines absoluten
Zurückweisungsgrundes entgegen § 18 nicht zurückgewiesen wurde (zB ein Antrag auf Eintragung einer
Zwangshypothek, wenn die Zustellung des Titels noch nicht erfolgt ist), gilt erst in dem Zeitpunkt als iS des
§ 17 eingegangen, in dem der Mangel (im Beispielsfall das Fehlen einer Zwangsvollstreckungsvoraussetzung)
nachträglich behoben wird.[13] Ein bereits **zurückgewiesener Antrag** lebt mit seinen ursprünglichen Wirkungen wieder auf, wenn der Zurückweisungsbeschluss vom Grundbuchamt (§ 75) oder vom Beschwerdegericht
(§§ 77, 80 Abs 3) aufgehoben wird. Er ist daher mit seinem ursprünglichen Eingangszeitpunkt als unerledigt iS
des § 17 anzusehen.[14] Der Rang von nach diesem Zeitpunkt beantragten, aber inzwischen im Grundbuch ein-

---

5 RG HRR 1940 Nr 516.

6 KEHE-*Herrmann* Rn 5 und § 13 Rn 5; *Hügel-Zeiser* Rn 3; *Demharter* Rn 2; *Staudinger-Gursky* § 892 Rn 176; *Foerste* 44,
   105; *Eickmann*, GBVerfR, Rn 160, 403. Zum problematischen Verhältnis zwischen Eintragungsantrag und Amtswiderspruch bzw einer Anordnung des Beschwerdegerichts nach § 76 vgl Rdn 13 und Fn 28 (zum Amtswiderspruch) sowie
   Fn 15 (zur Anordnung nach § 76).

7 Auch die Datierung dieser Urkunden ist nicht maßgeblich: KG KGJ 25 A, 163; RJA 4, 259.

8 RG HRR 1940 Nr 516; *Hügel-Zeiser* Rn 1; unrichtig (und überholt) LG Straßburg ElsLothrZ 1926, 173. Nicht zutreffend ist die Annahme von *Demharter* (Rn 2) und KEHE-*Herrmann* (Rn 4), wonach keine mehreren Anträge iS des § 17
   vorliegen sollen, wenn der früher gestellte Antrag wegen Wegfalls der Antragsbefugnis unzulässig geworden ist. Denn
   dieser Aspekt ist nur für die Frage bedeutsam, *in welcher Weise* (durch Zurückweisung) über diesen unzulässigen Antrag
   zu entscheiden ist.

9 *Güthe-Triebel* § 45 Rn 3; nicht zutreffend daher KEHE-*Herrmann* Rn 6.

10 KG KGJ 39 A, 256, 257.

11 *Güthe-Triebel* Rn 6.

12 Mot 90.

13 KG JFG 14, 444, 446/447; 23, 143, 146. Zur Wahrung der Arrestvollziehungsfrist des § 929 Abs 2 ZPO vgl BGH
    Rpfleger 2001, 294 (*Alff*).

14 BGH BGHZ 45, 186, 191 = DNotZ 1966, 673; OLG Hamm Rpfleger 1970, 343 = OLGZ 1970, 438 = DNotZ 1970,
    661; BayObLG Rpfleger 1983, 101 (*Meyer-Stolte*).

getragenen Rechten kann dadurch aber nicht mehr beeinträchtigt werden.[15] War die Beschwerde aufgrund neuen Vorbringens erfolgreich (§ 74), so scheidet eine Rückbeziehung der Antragswirkungen auf den Zeitpunkt der ursprünglichen Antragstellung aus. In diesem Fall hat die Einlegung der Beschwerde die Bedeutung eines neuen Antrags, welcher im Zeitpunkt der Beschwerdeeinlegung oder (falls die Beschwerde beim Beschwerdegericht eingelegt wurde) mit dem Eingang des Beschwerdeantrags beim Grundbuchamt als gestellt anzusehen ist.[16] Der von § 17 geforderte verschiedenzeitliche Antragseingang kann auch vorliegen, wenn mehrere gemeinsam vorgelegte **Anträge mit römischen Ziffern** gekennzeichnet werden. Es bestehen nämlich keine Bedenken gegen die Zulässigkeit eines Verfahrens, das auf einem zeitlich gestaffelten Ablieferungswillen des Überbringers und einer entsprechenden zeitlichen Staffelung des Annahmewillens des Grundbuchbeamten beruht.[17] Es ist daher nicht zu beanstanden, wenn der Grundbuchbeamte die mit römischen Zahlen gekennzeichneten Anträge mit zeitlich verschiedenen Eingangsvermerken (üblicherweise in Minutenabständen) versieht.

8 **bb)** Auf **gleichzeitig gestellte Eintragungsanträge** ist § 17 nicht anwendbar. Diese sind vielmehr gleichzeitig zu erledigen. Die Art ihrer Erledigung hängt allerdings davon ab, ob die beantragten Eintragungen miteinander vereinbar sind oder nicht.

9 **(1)** Sind die **Anträge miteinander vereinbar,** so sind beide beantragten Eintragungen vorzunehmen. Sofern zwischen den Eintragungen ein Rangverhältnis in Betracht kommt (zB bei der Eintragung mehrerer Grundpfandrechte), ist im Grundbuch zu vermerken, dass die Eintragungen gleichen Rang haben (§ 45 Abs 1 HS 2). Wird einer der Anträge durch Zwischenverfügung beanstandet, so kann der andere Antrag erst vollzogen werden, nachdem der beanstandete Antrag durch die Eintragung eines Schutzvermerks erledigt wurde (§ 18 Abs 2 S 1 analog).[18] Dies gilt natürlich nicht, wenn nach § 16 Abs 2 bestimmt ist, dass die Anträge nur gemeinsam vollzogen werden dürfen. In diesem Fall kann auch der (für sich betrachtet) vollzugsreife Antrag nicht durch Eintragung erledigt werden. Vielmehr sind *beide* Anträge durch Zwischenverfügung zu beanstanden. Das endgültige Schicksal beider Anträge hängt demnach davon ab, ob das in der Zwischenverfügung bezeichnete Eintragungshindernis beseitigt wird. Im Zwischenverfügungsstadium kommt die Eintragung eines Schutzvermerks nach § 18 Abs 2 somit nur in Betracht, wenn noch ein dritter (vollzugsreifer) Eintragungsantrag beim Grundbuchamt eingeht. In diesem Fall sind die beiden nach § 16 Abs 2 verbundenen Anträge durch die Eintragung eines Schutzvermerks zu sichern. Muss einer der gleichzeitig gestellten Anträge zurückgewiesen werden, so steht dem Vollzug des anderen Antrags nichts im Wege. Ist allerdings eine Bestimmung iS des § 16 Abs 2 getroffen worden, so muss auch er vollzugsreife Antrag zurückgewiesen werden, sofern die Antragsverbindung nicht aufgehoben wird.

---

15 RG RGZ 135, 378, 385; BGH aaO (Fn 14); BayObLG Rpfleger 1983, 101 *(Meyer-Stolte)*. Dies gilt aufgrund der Geltung des § 17 auch dann, wenn der nach der Zurückweisung des ersten Antrags eingegangene zweite Antrag noch nicht vollzogen wurde und das Beschwerdegericht erst *nach* Eingang des zweiten Antrags zugunsten des ersten Antragstellers eine einstweilige Anordnung iS des § 76 erlässt (ebenso OLG Schlewig OLGR 2004, 461 = FGPrax 2004, 264 für den Fall, dass nachträglich ein Beteiligtenantrag oder ein Ersuchen des Prozessgerichts auf Eintragung eines durch einstweilige Verfügung erwirkten Widerspruchs eingeht). Die von *Meikel-Streck* § 76 Rdn 12, *Bauer/von Oefele-Wilke* Rn 22, *Bauer/von Oefele-Budde* § 76 Rn 8 und *Alff* Rpfleger 2001, 295 vertretene Gegenansicht verkennt, dass der zurückgewiesene erste Antrag bereits iS des § 17 erledigt ist (vgl Rdn 27, Fn 59), der nach Maßgabe des § 17 entstandene Anspruch des zweiten Antragstellers auf Vorvollzug seines Antrags nicht mehr beseitigt werden kann und ein gutgläubiger Erwerb des zweiten Antragstellers mangels eingetretener Rechtsänderung aufgrund des ersten (zurückgewiesenen!) Antrags überhaupt nicht in Frage steht (so aber *Bauer/von Oefele-Budde* aaO, der im Weiteren übersieht, dass es sich beim Vollzug einer Anordnung nach § 76 nicht um eine Eintragungstätigkeit des Grundbuchamts »von Amts wegen« handelt, weil die Eintragung nicht durch eine [fehlende] gesetzliche Norm, sondern durch die Anordnung des Beschwerdegerichts veranlasst ist). Der durch die Zurückweisung seines Antrags beeinträchtigte erste Antragsteller ist im Fall des Erfolgs seiner Beschwerde somit auf Amtshaftungsansprüche verwiesen.

16 BGH BGHZ 27, 310, 317 = NJW 1958, 1090 = Rpfleger 1958, 218 *(Riggers);* BGH NJW 1997, 2751 = Rpfleger 1998, 16 = MDR 1997, 1014; KG JFG 17, 57, 59 = HRR 1938 Nr 318; KGJ 52, 120 = OLGE 41, 38; OLG Braunschweig JFG 10, 219, 220.

17 *Staudinger-Kutter* § 879 Rn 40–42; *MüKo-Wacke* § 879 Rn 10; *Hügel-Zeiser* Rn 4; *Bauer/von Oefele-Wilke* Rn 10 Fn 10; *Spiritus* DNotZ 1977, 343; **aA** zu Unrecht OLG Koblenz DNotZ 1976, 549, das in einem solchen Fall immer von einer gleichzeitigen Antragstellung ausgeht. Die Tatsache, dass auch der hier vertretenen Auffassung natürlich auch der Notar den Zeitpunkt des Antragseingangs in der geschilderten Weise »manipulieren« kann, lässt jedoch nicht den Schluss zu, dass dem Notar im Rahmen der in § 15 normierten Ermächtigung auch allgemein die Befugnis zur Erklärung einer Rangbestimmung iS des § 45 Abs 3 zukommt (KG KGJ 26 A, 83 = OLGE 7, 334; KG Rpfleger 2000, 453 = FGPrax 2000, 180 = MittBayNot 2001, 79; OLG Colmar OLGE 25, 372; OLG Hamm DNotZ 1950, 40; OLG Hamm FGPrax 1995, 171; SchlHOLG SchlHA 1960, 208; OLG Koblenz DNotZ 1976, 549; OLG Frankfurt Rpfleger 1991, 362; LG Saarbrücken Rpfleger 2000, 109; *MüKo-Wacke,* § 879 Rn 29 (anders aber in Rn 10 Fn 35); *Demharter* § 15 Rn 15; *Bauer/von Oefele-Wilke* § 15 Rn 27; *Güthe-Triebel* § 15 Rn 15; **aA** *Staudinger-Kutter* § 879 Rn 39; *KEHE-Herrmann* § 15 Rn 28; *KEHE-Eickmann* § 45 Rn 19; *Meyer-Stolte* Rpfleger 1991, 363; offen gelassen von BayObLG BayObLGZ 1992, 139 = Rpfleger 1993, 13, 15).

18 *Güthe-Triebel* Rn 6 und § 18 Rn 44.

(2) Sind die **Anträge miteinander unvereinbar** (zB Anträge auf Löschung und Abtretung derselben Hypo-   **10**
thek), so sind sie (auch im Interesse späterer Antragsteller) beide zurückzuweisen,[19] sofern die Beteiligten den
Widerspruch aufgrund einer ergehenden Zwischenverfügung des Grundbuchamts nicht beseitigen.[20] Wird der
eine Antrag (zB auf Eintragung einer Hypothek) durch den anderen Antrag (zB ein Ersuchen um Eintragung
des Insolvenzvermerks) lediglich *beeinträchtigt*, so ist aufgrund des im Einzelfall vorliegenden Eintragungshindernisses zu entscheiden, ob der beeinträchtigte Antrag zurückzuweisen oder durch Zwischenverfügung zu beanstanden ist (vgl Rdn 22).[21]

2. Mehrere Eintragungen, durch die dasselbe Recht betroffen wird

a) Mehrere Eintragungen. aa) Die Art der beantragten Eintragungen ist unerheblich. Sie können daher   **11**
nicht nur rechtsändernden und endgültigen, sondern auch berichtigenden und vorläufigen Charakter haben.
§ 17 ist somit auch auf die Eintragung von Verfügungsbeschränkungen, Vormerkungen und Widersprüchen[22]
anwendbar (wegen Verfügungsbeschränkungen vgl aber auch Rdn 22). Des weiteren ist gleichgültig, auf welche
Eintragungsgrundlagen (Bewilligung, Vollstreckungstitel usw) sich die gestellten Anträge stützen.[23] Stets erforderlich ist jedoch, dass *mehrere* Eintragungen beantragt sind. Diese Voraussetzung ist zB nicht erfüllt, wenn
Eigentümer und Gläubiger die Eintragung derselben Hypothek beantragen. In diesem Fall werden beide
Anträge durch *eine* Eintragung erledigt. § 17 ist daher nicht anwendbar.

bb) Entgegen einer bisher nicht in Frage gestellten Ansicht[24] ist § 17 (ebenso wie § 45) auch auf die Eintragung   **12**
von Rechten anzuwenden, die *außerhalb des Grundbuchs entstanden* sind und deren Eintragung eine Grundbuchberichtigung darstellt. Die Tatsache, dass sich der Rang solcher Rechte (zB der Sicherungshypothek nach § 848
Abs 2 S 2 ZPO oder von Nießbrauchs- und Pfandrechten an einer Briefhypothek) nach dem Zeitpunkt ihrer
Entstehung richtet,[25] vermag die Anwendbarkeit des § 17 nicht auszuschließen. Ob das materiellrechtlich entstehende Rangverhältnis richtig im Grundbuch verlautbart werden kann, ist keine Frage der Geltung oder
Nichtgeltung des § 17, sondern richtet sich danach, ob dem Grundbuchamt der Entstehungszeitpunkt des
außerhalb des Grundbuchs entstandenen Rechts zum Zweck der Grundbuchberichtigung nachgewiesen ist
(§ 22). Auch wenn ein solcher Unrichtigkeitsnachweis erfolgt, sind die gestellten Anträge in der durch § 17 vorgeschriebenen Reihenfolge zu erledigen, wobei der im Grundbuch einzutragende Rangvermerk jedoch nicht
auf § 45, sondern (infolge geführten Unrichtigkeitsnachweises) auf § 22 beruht. Da § 17 in allen Fällen anwendbar ist, bei denen ein Rangverhältnis zwischen den beantragten Eintragungen besteht, wäre es ordnungswidrig,
den Vorrang des außerhalb des Grundbuchs entstandenen Rechts entgegen der Antragsreihenfolge (und ohne
Rangvermerk) durch die Manipulation der räumlichen oder zeitlichen Aufeinanderfolge der Grundbucheintragungen zum Ausdruck zu bringen. Lässt sich der Entstehungszeitpunkt des außerhalb des Grundbuchs entstandenen Rechts nicht aus den vorgelegten Eintragungsunterlagen entnehmen, so hat die Erledigung der Anträge
und die grundbuchmäßige Verlautbarung des Rangs nach den §§ 17 und 45 zu erfolgen, ohne dass dabei Rücksicht auf ein evtl materiellrechtlich abweichendes Rangverhältnis zu nehmen ist.[26] Entspricht das nach Maßgabe
des § 45 im Grundbuch verlautbarte Rangverhältnis nicht der materiellen Rechtslage, so wird das Grundbuch
unrichtig. Der nicht im Grundbuch ausgewiesene materiellrechtliche Vorrang des außerhalb des Grundbuchs
entstandenen Rechts kann daher durch gutgläubigen Erwerb verloren gehen.

cc) Auch Anträge auf Wiedereintragung von im Grundbuch *gelöschten, materiellrechtlich aber nicht erloschenen*   **13**
Rechten werden von § 17 erfasst. Wurde zB die Hypothek Nr 1 gelöscht und gehen dann nacheinander
Anträge auf Eintragung einer Grundschuld und Wiedereintragung der nicht erloschenen Hypothek Nr 1 ein,
so muss der Antrag auf Eintragung der Grundschuld zuerst erledigt werden. Ob der Hypothekengläubiger seine
trotz der Löschung der Hypothek nach absolut hM weiter bestehende[27] erste Rangstelle durch gutgläubigen

---

19 LG Halle Rpfleger 2006, 69 (das allerdings übersehen hat, dass bei der gleichzeitigen Eintragung eines Eigentumsüber-
    gangs und einer nicht vom Erwerber bewilligten Auflassungsvormerkung überhaupt keine Fallgestaltung vorliegt, bei
    welcher die beiden Anträge miteinander unvereinbar sind); *Güthe-Triebel* Rn 6 und Vorbem zu § 13 Rn 103; *Predari* § 13
    Anm 8; *Demharter* Rn 3; *KEHE-Herrmann* Rn 10.
20 *Hügel-Zeiser* Rn 6; *Bauer/von Oefele-Wilke* Rn 29.
21 *Hügel-Zeiser* Rn 6; *KEHE-Herrmann* Rn 10.
22 OLG Schleswig OLGR 2004, 461 = FGPrax 2004, 264 = NotBZ 2004, 320.
23 LG Darmstadt HessRspr 1908, 125.
24 OLG Bremen NJW 1954, 1689; BayObLG BayObLGZ 1992, 139 = Rpfleger 1993, 13, 15; *KEHE-Herrmann* Rn 4,
    11.
25 KG KGJ 35 A, 297, 300 = OLGE 15, 11.
26 KG aaO (Fn 25); *Demharter* § 45 Rn 24; *Güthe-Triebel* § 45 Rn 4; widersprüchlich die Voraufl (6.) in § 45 Rn 8 gegen-
    über § 17 Rn 5; vgl auch *KEHE-Eickmann* § 45 Rn 13 gegenüber *KEHE-Herrmann* § 17 Rn 4, 11.
27 **AA** mit beachtlichen Gründen *Dettmar* 227 ff, der der Löschung eines materiellrechtlich weiter bestehenden Rechts im
    Hinblick auf den Rang formale Rechtskraft zuerkennt: Der Rang gehe mit der Löschung des Rechts verloren und
    könne bei Wiedereintragung des Rechts nur nach § 879 BGB (dh im Rang nach allen Zwischeneintragungen!) neu ent-
    stehen. Mit dieser (ausführlich begründeten) Lösung vermeidet *Dettmar* das Entstehen von relativen Rangverhältnissen.

Erwerb des Grundschuldgläubigers verliert, ist unerheblich. Allerdings muss das Grundbuchamt wegen der sich aus Rdn 6 ergebenden Nichtanwendbarkeit des § 17 auf von Amts wegen vorzunehmende Eintragungen prüfen, ob es (zulässigerweise!)[28] gegen die evtl verfahrensrechtlich zu Unrecht erfolgte Löschung der Hypothek Nr 1 noch *vor* Erledigung der gestellten Anträge einen Amtswiderspruch (§ 53 Abs 1 S 1) einzutragen hat. Dies ändert aber nichts daran, dass der Antrag auf Eintragung der Grundschuld vor dem Antrag auf Wiedereintragung des gelöschten Rechts zu erledigen ist.

14   b) Das Betroffensein desselben Rechts. aa) Dasselbe Recht. § 17 findet nur Anwendung, wenn sich die beantragten Eintragungen auf dasselbe Recht beziehen. Unter *»Recht«* iS des § 17 sind das Eigentum, Grundstücksrechte und Rechte an Grundstücksrechten zu verstehen. Dabei sind Teilrechte iS des § 1152 BGB auch dann als selbständige Rechte zu behandeln, wenn eine Teilbriefbildung nicht erfolgt ist. Eintragungen, die sich auf verschiedene Teile eines vormals einheitlichen Rechts beziehen, betreffen daher nicht dasselbe Recht.[29] Das Gleiche gilt zB im Verhältnis zwischen der Eigentumsübertragung und der Abtretung (Verpfändung, Pfändung) eines Grundstücksrechts (zB einer Hypothek) sowie zwischen der Neueintragung eines Grundstücksrechts und der Löschung eines anderen Grundstücksrechts. In all diesen Fällen beziehen sich die beantragten Eintragungen von vornherein auf *verschiedene* Rechte. Hiervon gut zu unterscheiden sind die Fallgestaltungen, bei denen die beantragten Eintragungen zwar dasselbe Recht zum Gegenstand haben, es aber am Betroffensein des Rechts mangelt (hierzu vgl Rdn 15 ff). Beiden Fallgruppen ist aber gemeinsam, dass die gestellten Anträge infolge Nichtgeltung des § 17 in beliebiger Reihenfolge erledigt werden können.

15   bb) Das Betroffensein des Rechts. (1) Der Begriff des Betroffenseins. In vielen Fällen ist dasselbe Recht iS des § 17 betroffen, weil die beantragten Eintragungen in einem Rangverhältnis zueinander stehen. Damit ist der Anwendungsbereich des § 17 aber keineswegs erschöpft. Aus dem Normzweck der Vorschrift (vgl Rdn 3) ergibt sich vielmehr, dass die Reihenfolge der Erledigung der gestellten Anträge auch für die Zulässigkeit oder Unzulässigkeit einer der beantragten Eintragungen von Bedeutung sein kann. § 17 hat somit alle denkbaren Fallgestaltungen im Auge, bei denen die Zeitfolge der Erledigung der Anträge geeignet ist, einen materiellrechtlichen (und damit auch verfahrensrechtlichen) Einfluss auszuüben.[30] Das bedeutet umgekehrt, dass § 17 nicht anwendbar ist, wenn dem Grundbuchamt zwar mehrere Anträge vorliegen, die Reihenfolge der Erledigung der Anträge aber deshalb gleichgültig ist, weil sich die genannten Rang- bzw Zulässigkeitsfragen nicht stellen. Hieraus folgt zugleich, wie der Begriff des Betroffenseins iS des § 17 inhaltlich zu definieren ist. Für ein Betroffensein iS des § 17 reicht es demnach nicht aus, dass sich die beantragten Eintragungen lediglich auf dasselbe Recht beziehen. Vielmehr ist erforderlich, dass die beantragten Eintragungen in einem Rangverhältnis zueinander stehen oder dass die eine Eintragung geeignet ist, die andere Eintragung in ihrer Zulässigkeit zu beeinflussen. Im Anwendungsbereich des § 17 ist der Begriff des Betroffenseins somit enger als in § 13. Dies zeigt sich vor allem an dem Verhältnis zwischen der Neueintragung eines dinglichen Rechts und der *rangneutralen*[31] Inhaltsänderung eines bereits bestehenden Grundstücksrechts (zB einer Hypothek). Obwohl in beiden Fällen das Eigentum iS des § 13 betroffen ist, kann von einem Betroffensein iS des § 17 nicht die Rede sein.[32] Anders ist die Rechtslage hingegen, wenn die Inhaltsänderung den Umfang des geänderten Rechts (zB durch eine Zinserhöhung) vergrößert bzw die Befugnisse des Rechtsinhabers (zB durch Vereinbarung eines zusätzlichen Kündigungsrechts) erweitert oder der Inhalt der Belastung verstärkt und die Haftung des Grundstücks verschärft wird. Wie das sich auf eine mögliche Beeinträchtigung der im Rang gleich- und nachstehenden Rechte gründende materiellrechtliche Zustimmungserfordernis[33] der §§ 877, 876 BGB zeigt, können im Weg der Inhaltsänderung erfolgende Erweiterungen eines Rechts durchaus in einem Rangverhältnis zu anderen

---

28   BayObLG BayObLGZ 1994, 71 = Rpfleger 1994, 453 = MittBayNot 1994, 324; LG Colmar ElsLothrNotZ 1911, 247; *Staudinger-Gursky* § 892 Rn 176; *Eickmann* GBVerfR, Rn 160; *Güthe-Triebel* § 53 Rn 22, 24; *Hügel-Zeiser* Rn 3; *Demharter* § 53 Rn 39; *Meikel-Streck* § 53 Rdn 87; *Bauer/von Oefele-Wilke* Rn 9; **aA** MüKo-*Wacke* § 892 Rn 70; *Kretzschmar* Gruchot 49, 5; *Reuter* MittBayNot 1994, 115, 116; *Foerste* 104–113.

29   *Güthe-Triebel* Rn 11; *Hüge-Zeiser* Rn 8; *Demharter* Rn 4; KEHE-*Herrmann* Rn 12. Aus diesem Grund besteht (entgegen *Bauer/von Oefele-Wilke* Rn 4) auch kein Bedürfnis, die Vorschrift des § 17 auf das Brieferteilungsverfahren nach den §§ 61 ff entsprechend anzuwenden.

30   OLG Dresden JFG 2, 445, 447.

31   Rangneutral ist zB die Umwandlung der Grundpfandrechtsform (Buch-/Briefrecht) bzw des Grundpfandrechtstyps (Hypothek/Grundschuld, Verkehrs-/Sicherungshypothek) oder die Änderung der Zinsbestimmungen ohne Erhöhung der Gesamtbelastung (KG KGJ 52, 197); wegen weiterer Beispiele vgl *Staudinger-Gursky* § 877 Rn 28 aE und MüKo-*Wacke* § 877 Rn 4, 5, 9.

32   Ebenso *Güthe-Triebel* Rn 12; KEHE-*Herrmann* Rn 12 und *Demharter* Rn 5, die ihre Auffassung von der Nichtanwendbarkeit des § 17 aber zu Unrecht nicht auf rangneutrale Inhaltsänderungen beschränken. Wie hier *Hügel-Zeiser* Rn 8 und *Bauer/von Oefele-Wilke* Rn 14.

33   Vgl hierzu BayObLG BayObLGZ 1959, 520, 528 = NJW 1959, 1155 = DNotZ 1960, 540.

Grundstücksrechten stehen.[34] Hieraus folgt, dass § 17 auch die Reihenfolge der Erledigung von Anträgen vorschreibt, die einerseits die Neueintragung eines Rechts und andererseits eine rangfähige Inhaltsänderung (Erweiterung) eines bereits bestehenden Rechts zum Gegenstand haben. Das Gleiche gilt, wenn die Eintragung von rangfähigen Inhaltsänderungen (Erweiterungen) mehrerer bereits bestehender dinglicher Rechte beantragt wird.

(2) Die einzelnen Fälle des Betroffenseins. Fall 1: Die eine Eintragung schließt die Zulässigkeit der anderen Eintragung aus. Der Inhalt der zu verschiedenen Zeiten gestellten Anträge kann dazu führen, dass **16** der eine Antrag nicht mehr vollzogen werden kann, nachdem der andere Antrag durch Eintragung erledigt wurde (vgl Rdn 3). Diese mögliche Kollision wird von § 17 in der Weise gelöst, dass dem früher gestellten Antrag der Vorrang bei der Erledigungsreihenfolge eingeräumt wird.

Die früher beantragte Eintragung führt vor allem zur **Unzulässigkeit der später beantragten Eintragung,** **17** wenn der erste Antrag den Wechsel der Rechtsinhaberschaft zum Gegenstand hat. So ist die später beantragte Eintragung zB unzulässig, wenn nacheinander Anträge auf Eintragung der Abtretung und Verpfändung derselben Buchhypothek gestellt werden. In diesem Fall kann die Verpfändung nicht mehr eingetragen werden, weil der bisherige Rechtsinhaber seine Verfügungs- und Bewilligungsberechtigung bereits mit der Eintragung der Abtretung verloren hat. Des weiteren kann ein später gestellter Antrag auf Eintragung einer Zwangshypothek gegen den bisherigen Eigentümer nicht mehr vollzogen werden, wenn der früher gestellte Antrag die Auflassung des Grundstücks zum Gegenstand hat. Die Eintragung der Zwangshypothek scheitert hier an dem Umstand, dass der Vollstreckungsschuldner nach der Eintragung des Eigentumsübergangs nicht mehr Rechtsinhaber ist.[35] Die früher beantragte Eintragung kann auch dazu führen, dass die Zulässigkeit der später beantragten Eintragung nicht schlechthin ausgeschlossen, sondern lediglich an weitere Voraussetzungen geknüpft wird. Dies ist zB der Fall, wenn zuerst die Eintragung der Verpfändung und später die Löschung derselben Buchhypothek beantragt wird. Hier darf die Hypothek nach hM nur gelöscht werden, wenn der inzwischen aufgrund des früher gestellten Antrags im Grundbuch eingetragene Pfandrechtsgläubiger der Löschung zustimmt (zur Kritik an dieser Auffassung vgl Rdn 34–39). Da es sich bei dieser fehlenden Zustimmung um ein behebbares Eintragungshindernis handelt, kommt in diesem Fall allerdings keine Zurückweisung des später gestellten Löschungsantrags in Betracht.

§ 17 ist auch anwendbar, wenn die entgegen der Zeitfolge der Anträge erfolgende Vornahme der später bean- **18** tragten Eintragung zur **Unzulässigkeit der früher beantragten Eintragung** führen würde. Eine zuerst beantragte Zwangshypothek gegen den bisherigen Grundstückseigentümer muss daher *vor* einem später beantragten rechtsgeschäftlichen Eigentumswechsel im Grundbuch eingetragen werden.[36] Etwas anderes gilt natürlich, wenn der Eigentumswechsel bereits kraft Gesetzes (zB durch Zuschlagserteilung im Zwangsversteigerungsverfahren) erfolgt ist. Denn in diesem Fall würde die Eintragung der Zwangshypothek das Grundbuch unrichtig machen.[37]

Eine Besonderheit gilt, wenn einer der gestellten Anträge die Berichtigung des Grundbuchs zum Gegenstand **19** hat. Wird zB beantragt, die zu Unrecht auf den Namen des A eingetragene Buchhypothek auf den Namen des wahren Rechtsinhabers B umzuschreiben, so wird die Zulässigkeit der später beantragten (vom Nichtberechtigten A bewilligten) Eintragung der Abtretung der Hypothek nicht etwa deshalb ausgeschlossen, weil die berichtigende Eintragung bereits erfolgt ist, sondern weil sich der Antrag auf Eintragung der Abtretung infolge des geführten Unrichtigkeitsnachweises (§ 22) bereits *von vornherein als unbegründet* erweist. Der Antrag auf Eintragung der Abtretung wäre daher wegen fehlender Verfügungs(Bewilligungs)berechtigung des Zedenten auch dann zu beanstanden, wenn er *vor* dem Berichtigungsantrag beim Grundbuchamt eingegangen wäre.[38] Es liegt somit kein Fall vor, bei dem die Zulässigkeit einer der beantragten Eintragungen durch die andere *Eintragung* ausgeschlossen ist. Demnach ist § 17 auf diese Fallgestaltungen nicht anwendbar.[39] Wegen der bei Verfügungsbeschränkungen und Erwerbsverboten bestehenden Besonderheiten vgl Rdn 22, 40.

Fall 2: Die früher beantragte Eintragung macht die später beantragte Eintragung erst zulässig. Die- **20** ser Fall des Betroffenseins ist zB gegeben, wenn der Erwerber eines Grundstücks bereits Rechte bestellt (bean-

---

34 RG RGZ 132, 106 = JFG 8, 42; KG JFG 11, 234; BayObLG aaO (Fn 33); OLG Frankfurt Rpfleger 1978, 312; LG Hamburg Rpfleger 1960, 170 = DNotZ 1961, 93 (LS).

35 RG RGZ 28, 349, 350; OLG Dresden OLGE 6, 261; JFG 2, 445, 447.

36 RG RGZ 28, 349, 350 (für die durch eine gegen den bisherigen Eigentümer ergangene einstweilige Verfügung angeordnete Eintragung einer Vormerkung).

37 Die Eintragung der Zwangshypothek ist in diesem Fall daher schlechterdings unzulässig (OLG Jena Rpfleger 2001, 343).

38 Dass für den Zessionar die Möglichkeit eines gutgläubigen Erwerbs besteht, ändert daran nichts. Unrichtig daher *Bauer/von Oefele-Wilke* Rn 12.

39 OLG Dresden OLGE 4, 182; KG KGJ 25 A, 163, 165; Rpfleger 1962, 177, 178 = DNotZ 1962, 400 (für Erwerbsverbot); *Güthe-Triebel* Rn 13.

tragt), bevor die früher beantragte Eigentumsumschreibung erfolgt ist oder wenn die Eintragung einer Belastung an einer Wohnungseigentumseinheit beantragt wird, bevor der früher gestellte Antrag auf Eintragung der Bildung des Wohnungseigentums erledigt wurde.[40] Ebenso wird die vom Zessionar bewilligte und beantragte Eintragung der Verpfändung einer Buchhypothek erst zulässig, wenn der früher gestellte Antrag auf Vollzug der Abtretung der Hypothek (an den Zessionar) durch Eintragung erledigt ist. Bei solchen Fallgestaltungen kann die einzig sinnvolle Reihenfolge bei der Behandlung der Anträge nur darin bestehen, den früher gestellten Eintragungsantrag *vor* dem späteren Antrag zu erledigen (vgl Rdn 3).

21 **Fall 3: Die früher beantragte Eintragung steht in einem Rangverhältnis zu der später beantragten Eintragung.** In den weitaus meisten Fällen (zB bei Anträgen auf Eintragung mehrerer Grundpfandrechte) besteht das Betroffensein iS des § 17 darin, dass die beantragten Eintragungen (nur) in einem Rangverhältnis zueinander stehen. Hier ist die in § 17 geregelte Reihenfolge der Erledigung der Anträge vor allem von Bedeutung, wenn dem Vollzug des früher gestellten Antrags ein Hindernis entgegensteht (vgl Rdn 2).

III. Die Folgen der Anwendbarkeit des § 17

1. Die Reihenfolge der Erledigung der Eintragungsanträge

22 Sind alle Voraussetzungen für die Anwendbarkeit des § 17 erfüllt, »so darf die später beantragte Eintragung nicht vor der Erledigung des früher gestellten Antrags erfolgen«. Im Fall der Kettenauflassung kann der Letzterwerber seine unmittelbare Eintragung als Eigentümer daher nur beantragen, wenn keine früher gestellten Eintragungsanträge der Zwischenerwerber vorliegen.[41] Anderenfalls müssen die Anträge der Zwischenerwerber zuerst erledigt werden.[42] Dieses Beispiel macht deutlich, dass § 17 verbindlich vorschreibt, in welcher Reihenfolge die gestellten Eintragungsanträge zu erledigen sind. Dagegen lässt sich aus § 17 nicht ableiten, *wie* die Eintragungsanträge erledigt werden müssen. Welche der drei Entscheidungsmöglichkeiten (Eintragung, Zwischenverfügung oder Zurückweisung) vom Grundbuchamt zu wählen ist, hängt vielmehr alleine davon ab, ob bzw inwieweit die materiellen und verfahrensrechtlichen Voraussetzungen für den Vollzug der beantragten Eintragungen gegeben sind. Aus diesem Grund ist es im Fall des Eintritts einer **absoluten Verfügungsbeschränkung** im Anwendungsbereich des § 892 BGB und dort vor allem bei der Untersuchung der Streitfrage, ob das Grundbuchamt zu einem erkanntermaßen nur noch aufgrund guten Glaubens möglichen Rechtserwerb verhelfen darf,[43] *nicht* zulässig, aus der Erledigungsreihenfolge des § 17 den Schluss zu ziehen, dass ein auf Rechtsänderung gerichteter und vor dem (hier als Beispiel gewählten) Ersuchen des Insolvenzgerichts auf Eintragung des Insolvenzvermerks beim Grundbuchamt eingegangener Antrag *durch Eintragung* (und nicht auf andere Weise) erledigt werden muss.[44] Hinzu kommt, dass § 17 auf die vorliegende Fallgestaltung ohnehin keine Anwendung fin-

---

40 OLG Düsseldorf MittBayNot 1985, 199.
41 KG KGJ 47, 159.
42 RG RGZ 60, 392, 394; KG OLGE 43, 177; OLG München JFG 22, 139, 140.
43 **Verneinend die hM:** RG RGZ 71, 38 = LZ 1909, 938 = RJA 10, 140; KG RGZ 27 A, 97 = OLGE 8, 107 = ZBlFG 05, 66; KGJ 28 A, 92; HRR 1934 Nr 1095; NJW 1973, 56 = Rpfleger 1973, 21 = OLGZ 1973, 76 = DNotZ 1973, 301; BayObLG BayObLGZ 1994, 71 = Rpfleger 1994, 453 = MittBayNot 1994, 324; BayObLG Rpfleger 2000, 573; OLG Frankfurt Rpfleger 1991, 361 (für Nacherbfolge); OLG München JFG 16, 144; OLG Düsseldorf MittBayNot 1975, 224; OLG Karlsruhe NJW-RR 1998, 445 = Rpfleger 1998, 68; OLG Dresden NotBZ 1999, 261; OLG Hamburg FGPrax 1999, 6; OLG Hamm FGPrax 2004, 266; OLG Schleswig OLGR 2004, 461 = FGPrax 2004, 264; *Palandt-Bassenge* § 892 Rn 1; *BGB-RGRK-Augustin* § 892 Rn 125; *Güthe-Triebel* Vorbem 70, 75 zu § 13 und § 19 Rn 33, 37; *Meikel-Streck* § 53 Rdn 94; *Hügel-Zeiser* Rn 17, 18; *Hügel-Wilsch*, Insolvenzrecht und Grundbuchverfahren, Rn 76; *Demharter* § 13 Rn 12 und § 19 Rn 59; *KEHE-Munzig* § 19 Rn 95–99; *Bauer/von Oefele-Kössinger* § 19 Rn 233 ff, 251; *Bauer/von Oefele-Bauer*, § 38 Rn 37; *Schöller* DJZ 1902, 165; *Herold* SächsArch 01, 481; *Schönfeld* JZ 1959, 140; *Bestelmeyer* Rpfleger 1997, 424; *Bock* S 61–66; **aA** *Meikel-Böttcher* Einl H Rdn 72 ff; *Hügel-Hügel*, Verfügungsbeeinträchtigungen, Rn 14; *KEHE-Herrmann* § 17 Rn 7; *Bauer/von Oefele-Wilke* Rn 9 und § 13 Rn 102; *Bauer/von Oefele-Kohler* AT VIII Rn 23, 53, 54; *Eickmann* Rpfleger 1972, 77; *Ertl* MittBayNot 1975, 204; Rpfleger 1980, 41, 44; *Böttcher* Rpfleger 1983, 187, 190/191; 1990, 486, 491/492; *Böhringer* BWNotZ 1985, 102; Rpfleger 1990, 337/338, 344; *Lenenbach* NJW 1999, 923; *Rieger* BWNotZ 2001, 86; *Kesseler* ZNotP 2004, 338; *MüKo-Wacke* § 892 Rn 70; *Schöner/Stöber* Rn 352; *Habscheid* ZZP 1977, 199; *Kretzschmar* Gruchot 49, 1; *Eickmann*, GBVerfR, Rn 155 ff; *Staudinger-Gursky* § 892 Rn 176, 201; *Foerste* 76–104 (mit reichhaltigen Belegen). Eine **Ausnahme** gilt allerdings, soweit der von der Verfügung Begünstigte bereits eine Vormerkung im Hinblick auf die betreffende Rechtsänderung gutgläubig erworben hat. Denn der gutgläubige Erwerb der Vormerkung ebnet auch verfahrensrechtlich den Weg zu einem gutgläubigen Erwerb des durch Vormerkung gesicherten Rechts (OLG Karlsruhe NJW-RR 1998, 445 = Rpfleger 1998, 68; OLG Dresden NotBZ 1999, 261; OLG Schleswig OLGR 2004, 461 = FGPrax 2004, 264 = NotBZ 2004, 320; LG Erfurt NotBZ 2000, 387; *Demharter* § 13 Rn 12; *Mülbert* AcP 197, 336, 347 ff; **aA** (gegen diese Ausnahme) *Schöner/Stöber* Rn 352a).
44 So aber LG Mainz ZBlFG 06, 425; LG Koblenz Rpfleger 1997, 158, 159; *MüKo-Wacke* § 892 Rn 70; *KEHE-Herrmann* § 17 Rn 7; *Rademacher* MittRhNotK 1983, 90; *Böttcher* Rpfleger 1983, 187, 190/191; *Böhringer* Rpfleger 1990, 337, 344; *Habscheid*, FGG, § 41 III 1 und ZZP 1977, 200; *Eickmann* Rpfleger 1972, 77; *Eickmann* GBVerfR, Rn 158, 339; wie hier *Demharter* Rn 8; *Bauer/von Oefele-Bauer* § 38 Rn 37; *Bestelmeyer* Rpfleger 1997, 424; *Foerste* 36, 37, 81.

det, weil die Unzulässigkeit der früher beantragten Eintragung nicht aus der *Eintragung* des Insolvenzvermerks und der damit verbundenen Zerstörung des guten Glaubens des Erwerbers folgt, sondern auf der Tatsache beruht, dass die Voraussetzungen für die Eintragung der früher beantragten Rechtsänderung im Fall der Nichtanwendbarkeit des § 878 BGB mangels Verfügungs- und Bewilligungsbefugnis des verfügenden Beteiligten objektiv *bereits von vorneherein* nicht vorgelegen haben. Dieser Fall hat mit § 17 nichts zu tun (hierzu vgl bereits Rdn 19).[45] Im Gegensatz dazu ist § 17 auf Fallgestaltungen anwendbar, bei denen die Erledigungsreihenfolge von Anträgen in Frage steht, welche (einerseits) auf die Eintragung einer Rechtsänderung und (andererseits) auf die Eintragung einer **relativen Verfügungsbeschränkung** gerichtet sind.[46] Da der Eintritt einer relativen Verfügungsbeschränkung nicht zu einem Verlust der Verfügungsbefugnis und damit auch nicht zu einer Beeinträchtigung der Antrags- und Bewilligungsbefugnis des Betroffenen führt (die bis zur nach § 888 Abs 2 BGB erfolgenden Geltendmachung der relativen Unwirksamkeit bestehende schwebende Wirksamkeit der verbotswidrigen Verfügung ist ohne Verfügungsbefugnis begrifflich nicht denkbar!),[47] geht es in diesen Fällen nämlich nicht darum, ob der auf eine Rechtsänderung gerichtete Eintragungsantrag *überhaupt* vollzogen werden kann, sondern ausschließlich um die Frage, ob die wegen der fortbestehenden Verfügungsbefugnis des Betroffenen *in jedem Fall zulässige*[48] Eintragung der Rechtsänderung zu einem voll wirksamen (§ 892 BGB) oder lediglich schwebenden wirksamen (= relativ unwirksamen) Erwerb durch den von der Rechtsänderung Begünstigten führt (§ 888 Abs 2 BGB). Ist der früher gestellte Antrag auf Eintragung einer verbotswidrigen Verfügung nicht vollzugsreif, so ist es nicht zulässig, ihn durch die »vorrangige« Eintragung eines Schutzvermerks iS des § 18 Abs 2 zu erledigen, um anschließend die später zur Eintragung beantragte relative Verfügungsbeschränkung eintragen zu können. Da die durch die Eintragung des Verfügungsverbots herbeigeführte Bösgläubigkeit des Erwerbers (§ 892 Abs 1 S 2 Alt 1 BGB!) nicht mehr rückwirkend beseitigt werden kann, würde die Eintragung eines Schutzvermerks iS des § 18 Abs 2 nämlich nichts daran ändern können, dass der von der Verfügung Begünstigte allenfalls ein relativ unwirksames Recht erwirbt.[49] Damit kann die Vorschrift des § 18 Abs 2 ihren Zweck, dem früheren Antragsteller zu *garantieren,* dass der Erfolg seines Antrags *in keiner Weise* von der später

---

45 Ebenso KG Rpfleger 1962, 177, 178 = DNotZ 1962, 400 (für Erwerbsverbot). Dass § 17 nicht anwendbar ist, wird vor allem deutlich, wenn man die Fallgestaltung dahingehend abwandelt, dass der Grundbuchrechtspfleger zwar Kenntnis von der erfolgten Insolvenzeröffnung hat, ein Ersuchen des Insolvenzgerichts auf Eintragung des Insolvenzvermerks aber noch nicht beim Grundbuchamt eingegangen ist. Da in diesem Fall nur *ein* Antrag (auf Eintragung der Rechtsänderung) vorliegt, wird – bei gleicher Rechtslage! – niemand auf den Gedanken kommen, § 17 anwenden zu wollen (*Bestelmeyer,* Rpfleger 1997, 424, 425). Demzufolge räumen mittlerweile auch die Vertreter der Gegenansicht ein, aus § 17 nichts für ihre Auffassung herleiten zu können (vgl zB *Bauer/von Oefele-Wilke* Rn 9 Fn 7; *Meikel-Böttcher* Einl H Rdn 75; KEHE-*Herrmann* Rn 19). Wie hier *Hügel-Zeiser* Rn 17.

46 KG JW 1932, 2441 (*Arnheim*); *Demharter* § 17 Rn 4 und § 45 Rn 18; KEHE-*Herrmann* § 17 Rn 7; KEHE-*Eickmann* § 45 Rn 10; *Steiner-Hagemann,* ZVG, § 19 Rn 13; *Steiner-Teufel,* ZVG, § 23 Rn 29; *Stöber,* ZVG, § 19 Rn 4.1; *Hagemann* Rpfleger 1984, 397, 399; 1985, 341; *Tröster* Rpfleger 1985, 337–339; *Böttcher* Rpfleger 1983, 49, 54–56; 1985, 381, 386; *v. Schweinitz* DNotZ 1990, 749, 750; **aA** *Drischler,* ZVG, § 19 Anm 2; *Mohrbutter* Anm zu LG Freiburg KTS 1975, 135; *Jung* MittRhNotK 1966, 262.

47 RG RGZ 71, 38, 40 = LZ 1909, 938 = RJA 10, 140; RGZ 105, 72, 76; BGH BGHZ 19, 355, 359; *Eickmann* KTS 1974, 202, 204; *Eickmann,* GBVerfR, Rn 167; *Ruhwedel* JuS 1980, 161, 166; *Denck* JuS 1981, 9, 13; *Gerhardt,* FS Flume (1978), 527, 532 ff; *Böttcher* Rpfleger 1985, 382, 383, 385/386; *Bock* S 80–93; *Baxhmann* Rpfleger 2001, 101, 111; **aA** BayObLG BayObLGZ 1954, 97 = NJW 1954, 1120 = DNotZ 1954, 394; OLG Köln KTS 1971, 51, 52; hierzu vgl auch *Raape,* Das gesetzliche Veräußerungsverbot des BGB (1908), 50, welcher zutreffend darauf hinweist, dass eine relative Verfügungsbeschränkung »keine Beschränkung im Recht des Veräußerers, sondern im Recht des Erwerbers« bewirkt.

48 **Für die generelle Zulässigkeit der Eintragung der Rechtsänderung:** KG JW 1932, 2441 (*Arnheim*); *Staudinger-Gursky* § 888 Rn 67; *Meikel-Böttcher* § 888 Rn 90 und Einl H Rdn 75; *Hügel-Hügel,* Verfügungsbeeinträchtigungen, Rn 24; *Bauer/von Oefele-Kohler* AT VIII Rn 53, 54; *Steiner-Hagemann,* ZVG, § 19 Rn 13; *Steiner-Teufel,* ZVG, § 23 Rn 29; *Stöber,* ZVG, § 19 Rn 4.1–3; *Eickmann,* GBVerfR, Rn 168–170 und KTS 1974, 202, 206 ff (mit eindrucksvollen Beispielen); *Ripfel* NJW 1958, 692, 694; *Gerhardt,* FS Flume (1978), 527, 529; *Hagemann* Rpfleger 1984, 397, 399; 1985, 341; *Tröster* Rpfleger 1985, 337–339; *Baum* Rpfleger 1990, 141, 143; *v. Schweinitz* DNotZ 1990, 749, 750; *Bahxmann* Pfleger 2001, 101, 111; *Bock* S 99–103; *Foerste* 61–65 mwN; vgl auch *Predari* LZ 1907, 459 und *Knoke* FGabe Güterbock (1910), 410; **aA (nur gleichzeitige Eintragung von Rechtsänderung und Verfügungsbeschränkung zulässig):** KG KGJ 25 A, 117 = RJA 3, 151; KGJ 44, 174, 179; HRR 1934 Nr 1095; JFG 18, 205, 207 = JW 1938, 3122 = HRR 1938 Nr 1545 = DFG 1938, 238; BayObLG BayObLGZ 1954, 97 = NJW 1954, 1120 = DNotZ 1954, 394; BayObLG Rpfleger 1960, 157, 159; BayObLG Rpfleger 2000, 573 (unter Außerachtlassung des Unterschieds zwischen absoluter und relativer Verfügungsbeschränkung); LG Frankenthal Rpfleger 1981, 438; LG München II MittBayNot 1976, 178; BGB-RGRK-*Augustin* § 892 Rn 23; *Hügel-Zeiser* Rn 21 ff; KEHE-*Munzig* § 19 Rn 113; *Demharter* § 22 Rn 52 und § 38 Rn 36; *Güthe-Triebel* Vorbem 70, 79, 83, 84 zu § 13, sowie **(Zurückweisung des Antrags auf Eintragung der Rechtsänderung)** *Drischler* RpflJB 1967, 275, 295.

49 *Meikel-Böttcher* § 18 Rdn 142; *Steiner-Hagemann,* ZVG, § 19 Rn 13; *Stöber,* ZVG, § 19 Rn 4.5 c; *Hagemann* Rpfleger 1984, 397, 399; 1985, 341, 342; *Tröster* Rpfleger 1985, 337, 339; *Foerste* 44 Fn 38.

beantragten Eintragung beeinträchtigt wird,[50] nicht erfüllen. Sie findet daher im vorliegenden Fall keine Anwendung.[51] Da somit die Eintragung eines Schutzvermerks iS des § 18 Abs 2 ausscheidet und der bloße Erlass der im Hinblick auf den früher gestellten Antrag ergehenden Zwischenverfügung den Antrag nicht iS des § 17 erledigt (vgl Rdn 25), kann die einzige nach § 17 zulässige und der Neutralitätspflicht des Grundbuchamts entsprechende verfahrensrechtliche Behandlung der Anträge nur darin bestehen, die Eintragung der relativen Verfügungsbeschränkung bis zur *endgültigen* Entscheidung über den früher gestellten Antrag zurückzustellen.[52] Werden die dem Vollzug des früher gestellten Antrags entgegenstehenden Eintragungshindernisse beseitigt, so ist die früher beantragte Eintragung unter Beachtung des § 17 *zeitlich vor* der relativen Verfügungsbeschränkung im Grundbuch zu vollziehen, weil die gleichzeitige Eintragung von Rechtsänderung und Verfügungsbeschränkung (wenn auch mit »Rang«vermerk zugunsten der verbotswidrigen Verfügung) nichts an der Zerstörung des guten Glaubens des Erwerbers zu ändern vermag (§ 892 Abs 1 S 2 Alt 1 BGB).[53] Der Auffassung, wonach die relative Verfügungsbeschränkung ohne Rücksicht auf bereits vorliegende Anträge einfach einzutragen ist,[54] kann somit nicht gefolgt werden.

2. Die Erledigung des früher gestellten Eintragungsantrags

23 Die von § 17 geforderte Erledigung des früher gestellten Antrags kann auf vierfache Weise erfolgen:[55]

24 **a) Durch den Vollzug der beantragten Eintragung.** Der Antrag ist erst mit vollendeter und wirksamer Grundbucheintragung iS des § 17 erledigt. Insbesondere muss die Eintragung ordnungsgemäß unterschrieben sein (§ 44 S 2). Durch den Erlass der Eintragungsverfügung ist der Antrag noch nicht iS des § 17 erledigt.

25 **b) Durch die Eintragung einer Vormerkung oder eines Widerspruchs nach § 18 Abs 2.** Sofern der später gestellte Eintragungsantrag vollzugsreif ist, muss der mit einem behebbaren Eintragungshindernis behaftete früher gestellte Antrag von Amts wegen durch die Eintragung einer Vormerkung oder eines Widerspruchs gesichert werden. Durch diese Eintragung ist der früher gestellte Antrag iS des § 17 erledigt (§ 18 Abs 2 S 1 HS 2). Die Zwischenverfügung als solche erledigt den Antrag nicht. Macht die früher beantragte Eintragung die später beantragte Eintragung erst zulässig, so kommt eine Erledigung des früher gestellten Antrags durch Eintragung eines Schutzvermerks nach § 18 Abs 2 nicht in Betracht. Denn § 18 Abs 2 ist nur anwendbar, wenn dem später gestellten Antrag *durch Eintragung* stattgegeben werden kann. Die Eintragung eines Schutzvermerks zugunsten des früher gestellten Antrags ist aber möglich, wenn nach dem später gestellten (nicht vollzugsreifen) Antrag noch ein dritter (vollzugsreifer) Antrag beim Grundbuchamt eingeht. In diesem Fall ist auch der später gestellte (zweite) Antrag durch die Eintragung eines Schutzvermerks nach § 18 Abs 2 zu sichern.[56]

26 Durch die vom Beschwerdegericht angeordnete Eintragung einer Vormerkung oder eines Widerspruchs (§§ 76 Abs 1, 80 Abs 3) wird der früher gestellte Antrag nicht iS des § 17 erledigt.[57] Richtet sich die eingelegte Beschwerde gegen eine Zwischenverfügung, so muss bei Eingang eines weiteren vollzugsreifen Antrags ohnehin nach § 18 Abs 2 verfahren werden. Wurde ein Zurückweisungsbeschluss angefochten, so ist der Antrag bereits iS des § 17 erledigt (vgl Rdn 27).

27 **c) Durch die Zurückweisung des Eintragungsantrags.** Der Antrag ist erst dann iS des § 17 erledigt, wenn der Zurückweisungsbeschluss ordnungsgemäß bekannt gemacht wurde (§ 16 Abs 1 FGG). Der bloße Ablauf der durch Zwischenverfügung gesetzten Frist erledigt den Antrag nicht.[58] Wird gegen einen Zurückweisungsbe-

---

50 KB zu § 17; *Hahn-Mugdan* (Mat) V, 216; **aA** *Tröster* Rpfleger 1985, 337, 339 unter fehlerhafter Berufung auf *Güthe-Triebel* § 18 Rn 46, wo ausdrücklich betont wird, dass durch § 18 Abs 2 ein »Schutz gegen die Vereitelung oder Beeinträchtigung des ersten Antrags durch die Erledigung späterer Anträge« geschaffen wird.

51 *Meikel-Böttcher* § 18 Rdn 142; *Dassler-Muth*, ZVG, § 19 Rn 10; *Baum* Rpfleger 1990, 141, 145 ff. Ebenso im Ergebnis *Steiner-Hagemann*, ZVG, § 19 Rn 13; *Hagemann* Rpfleger 1984, 397, 399; 1985, 341, der aber nicht bereits die Anwendbarkeit des § 18 Abs 2 verneint, sondern eine *Ausnahme* von § 18 Abs 2 annimmt.

52 *Steiner-Hagemann*, ZVG, § 19 Rn 13; *Meikel-Böttcher* § 18 Rdn 142; *Bauer/von Oefele-Bauer* § 38 Rn 38; *Baum* Rpfleger 1990, 141, 145 ff; *Hagemann* Rpfleger 1984, 397, 399; 1985, 341; *Foerste* 44 Fn 38; **aA** *Stöber*, ZVG, § 19 Rn 4; *Tröster* Rpfleger 1985, 337, 339.

53 Inkonsequent *Hagemann* (*Steiner-Hagemann*, ZVG, § 19 Rn 13 sowie Rpfleger 1984, 397, 399, 3 b, aa), soweit dieser eine gleichzeitige Eintragung von Rechtsänderung und Zwangsversteigerungsvermerk (mit Wirksamkeitsvermerk zugunsten der Rechtsänderung) empfiehlt. Wie hier: *Stöber*, ZVG, § 19 Rn 4.4.; *Baum* Rpfleger 1990, 141, 146/147; *Foerste* 44 Fn 38.

54 *Meikel-Roth* § 38 Rdn 81; *Drischler*, ZVG, § 19 Anm 2; *Mohrbutter* Anm zu LG Freiburg KTS 1975, 135; zur Ablehnung dieser Ansicht vgl *Meikel-Böttcher* § 18 Rdn 142; *Steiner-Hagemann*, ZVG, § 19 Rn 13; *Stöber*, ZVG, § 19 Rn 4.2; *Hagemann* Rpfleger 1984, 397, 399 und *Tröster* Rpfleger 1985, 337, 338 je mwN.

55 RG RGZ 60, 392, 394; KG OLGE 43, 177; OLG München JFG 22, 139, 140.

56 *Güthe-Triebel* Rn 20.

57 *Güthe-Triebel* Rn 18.

58 RG RGZ 60, 392, 396.

schluss Beschwerde eingelegt, so ändert dies an der Tatsache der Erledigung des Antrags nichts.[59] Über den Einfluss eines Beschwerdeverfahrens auf den Zeitpunkt der Antragstellung vgl Rdn 7.

d) Durch die Zurücknahme des Eintragungsantrags. Durch wirksame Zurücknahme (§ 31) seitens aller **28** Antragsteller ist der Antrag iS des § 17 erledigt. Dass der zurückgenommene Antrag jederzeit wieder neu gestellt werden kann, ändert daran nichts.

3. Die Erledigung des später gestellten Eintragungsantrags

a) Das Verfahren vor der Erledigung des früher gestellten Eintragungsantrags. § 17 schreibt vor, dass **29** die später beantragte Eintragung nicht vor der Erledigung des früher gestellten Eintragungsantrags erfolgen darf. Die Vorschrift verbietet somit lediglich, dass über den später gestellten Antrag *durch Eintragung* entschieden wird. Dagegen ist es bereits vor der Erledigung des früher gestellten Antrags zulässig, den später gestellten Antrag durch Zwischenverfügung oder Zurückweisung zu verbescheiden.

aa) Die durch Zwischenverfügung erfolgende Beanstandung des später gestellten Eintragungsantrags. Sofern der später beantragten Eintragung ein Hindernis entgegensteht, kann Zwischenverfügung erlas- **30** sen werden, ohne dass vorher eine Erledigung des früher gestellten Eintragungsantrags erfolgen muss. Schließt die früher beantragte Eintragung die Zulässigkeit der später beantragten Eintragung aus (vgl Rdn 17), so ist mit der Zwischenverfügung zu verlangen, dass der spätere Antragsteller den früher gestellten Eintragungsantrag beseitigt. Macht die früher beantragte Eintragung die später beantragte Eintragung erst zulässig (vgl Rdn 20), so ist dem späteren Antragsteller die Herbeiführung der früher beantragten Eintragung aufzugeben.

bb) Die Zurückweisung des später gestellten Eintragungsantrags. Die Zurückweisung des später **31** gestellten Antrags ist grundsätzlich bereits vor der Erledigung des früher gestellten Eintragungsantrags zulässig. Dies gilt jedoch nicht, wenn die Anträge unter einem Vorbehalt iS des § 16 Abs 2 stehen.[60] Denn in diesem Fall kann die Erledigung der Anträge nur in der Vornahme beider Eintragungen oder in der Zurückweisung beider Anträge bestehen.[61] Des weiteren ist die Zurückweisung des später gestellten Eintragungsantrags unstatthaft, wenn die früher beantragte Eintragung auf die Zulässigkeit der später beantragten Eintragung von Einfluss ist und die Zulässigkeit der späteren Eintragung *alleine* von der Entscheidung über den früher gestellten Eintragungsantrag abhängt. Denn in diesem Fall ist eine sachgerechte Entscheidung über den späteren Antrag erst nach der endgültigen Entscheidung über den früher gestellten Antrag möglich.[62] Schließt zB die früher beantragte Eintragung die Zulässigkeit der später beantragten Eintragung aus (vgl Rdn 17), so ist die Zurückweisung des späteren Antrags erst zulässig, nachdem der früher gestellte Antrag durch Eintragung erledigt wurde. Da die spätere Eintragung im Fall der Zurücknahme oder Zurückweisung des früher gestellten Antrags erfolgen könnte, ist eine Zurückweisung des später gestellten Antrags zu einem früheren Zeitpunkt ausgeschlossen. Macht die früher beantragte Eintragung die später beantragte Eintragung hingegen erst zulässig (vgl Rdn 20), so darf die Zurückweisung des späteren Antrags erst erfolgen, nachdem der früher gestellte Antrag durch Zurückweisung oder Zurücknahme erledigt worden ist. Der Vornahme der später beantragten Eintragung stünde nämlich nichts im Wege, sofern dem früher gestellten Antrag durch Eintragung stattgegeben wird.

b) Das Verfahren nach der Erledigung des früher gestellten Eintragungsantrags. aa) Der Einfluss der Erledigung des früheren Antrags auf den Zeitpunkt und den Inhalt der über den später gestellten Antrag zu treffenden Entscheidung. § 17 verbietet dem Grundbuchamt, die später beantragte Eintragung **32** vor der Erledigung des früher gestellten Antrags zu vollziehen. Dies bedeutet aber nicht, dass die später beantragte Eintragung in jedem von § 17 erfassten Fall erst *nach* der Erledigung des früher gestellten Antrags erfolgen darf.[63] Sofern zwischen den beantragten Eintragungen lediglich ein Rangverhältnis iS des § 879 BGB besteht, ist es vielmehr ohne weiteres zulässig, beide Anträge *gleichzeitig* zu erledigen.[64] Es muss nur dafür Sorge getragen werden, dass das nach der Antragsreihenfolge gerechtfertigte Rangverhältnis richtig im Grundbuch verlautbart wird (§ 45). Im Übrigen darf die später beantragte Eintragung natürlich nur erfolgen, wenn ihre Zulässigkeit nicht durch die Art der Erledigung des früher gestellten Antrags ausgeschlossen oder beeinträchtigt wird. So kommt zB eine Vornahme der später beantragten Eintragung nicht in Betracht, wenn der früher gestellte

---

59 BGH BGHZ 45, 186, 191 = DNotZ 1966, 673; OLG Colmar OLGE 4, 496; OLG Darmstadt HessRspr 1912, 335; OLG Hamm OLGZ 1970, 438 = DNotZ 1970, 661 = Rpfleger 1970, 343; BayObLG BWNotZ 1982, 90, 91; BayObLG Rpfleger 1983, 101 *(Meyer-Stolte)*.

60 D 38.

61 *Güthe-Triebel* Rn 22.

62 KG JFG 2, 448, 450; 14, 444, 447; OLG Düsseldorf MittBayNot 1985, 199; nicht richtig daher insoweit D 38; hierzu vgl *Güthe-Triebel* Rn 22.

63 Ebenso nunmehr KEHE-*Herrmann* Rn 26 (anders noch die 4. Aufl aaO).

64 *Güthe-Triebel* Rn 24.

Antrag zurückgewiesen (zurückgenommen) wurde und eine Fallgestaltung vorliegt, bei der die früher beantragte Eintragung die später beantragte Eintragung erst zulässig macht (vgl Rdn 20). Das Gleiche gilt, wenn die früher beantragte Eintragung die Zulässigkeit der später beantragten Eintragung ausschließt und der früher gestellte Antrag durch Eintragung erledigt wird (vgl Rdn 17).

bb) Die Erledigung des später gestellten Antrags im Fall der nach § 18 Abs 2 erfolgenden Sicherung
33 **des früheren Antrags.** (1) Besonderheiten ergeben sich, wenn der früher gestellte Antrag durch die Eintragung einer Vormerkung oder eines Widerspruchs nach § 18 Abs 2 erledigt wurde. Hier kann die später beantragte Eintragung nicht nur vorgenommen werden, wenn die Eintragungen in einem Rangverhältnis zueinander stehen, sondern auch dann, wenn die früher beantragte Eintragung die Zulässigkeit der später beantragten Eintragung ausschließt und dem später gestellten Antrag keine sonstigen Eintragungshindernisse entgegenstehen. Im letztgenannten Fall kann die später beantragte Eintragung allerdings nur bestehen bleiben, wenn der früher gestellte Antrag durch Zurückweisung oder Zurücknahme (endgültig) erledigt wird. Wird der früher gestellte Antrag hingegen durch Eintragung (endgültig) erledigt, so ist die später beantragte Eintragung von Amts wegen wieder zu löschen.[65]

34 (2) Selbst wenn der früher gestellte Antrag durch die Eintragung eines Schutzvermerks nach § 18 Abs 2 gesichert werden könnte, kann dem später gestellten Antrag nach absolut herrschender Meinung[66] nicht durch Eintragung stattgegeben werden, wenn er die **Löschung des betroffenen Rechts** zum Gegenstand hat (so zB, wenn die an sich nach § 18 Abs 2 vormerkungsfähige Abtretung und die Löschung desselben Grundpfandrechts beantragt ist). Diese Auffassung begegnet schwersten Bedenken, da sie von der unzutreffenden Annahme ausgeht, dass die Löschung des betroffenen Rechts zugleich die Löschung des Schutzvermerks bewirkt und dass der »vorläufige« Charakter der Löschung nach geltendem Recht nicht im Grundbuch verlautbart werden kann.[67] Es besteht nämlich ohne weiteres die Möglichkeit, den Löschungsvermerk inhaltlich so zu fassen, dass er den sich aus dem Schutzvermerk nach § 18 Abs 2 ergebenden Vorbehalt zum Ausdruck bringt. Außerdem bestehen keine Bedenken dagegen, das betroffene Recht (samt Schutzvermerk) trotz des eingetragenen Löschungsvermerks *nicht zu röten*. Dies ist auch im Hinblick auf § 17 Abs 2 S 1, 2 GBV für zulässig zu erachten, weil das betroffene Recht durch die grundbuchmäßige Löschung materiellrechtlich nicht mit absoluter Wirkung erlischt und daher die Eintragung nicht »*ganz gelöscht*« wird. Bei diesem Verfahren ergeben sich insbesondere keine Rangprobleme. Muss der eingetragene Löschungsvermerk von Amts wegen beseitigt (= gerötet) werden, weil dem früher gestellten und nach § 18 Abs 2 gesicherten Antrag letztendlich durch Eintragung stattgegeben wird, so behält das betroffene Recht seine mangels Rötung noch bestehende ursprüngliche räumliche und zeitliche Stellung im Verhältnis zu anderen Grundstücksrechten. Ein ungerechtfertigter Rangverlust kann daher nicht eintreten. Wird der früher gestellte Antrag zurückgewiesen oder zurückgenommen, so ist die Rötung des Rechts (samt Schutzvermerk) nachzuholen und der Schutzvermerk durch ausdrückliche Eintragung zu löschen. Außerdem ist der im Löschungsvermerk verlautbarte Vorbehalt zu röten.[68]

35 Die vorstehend geschilderte Problematik hat die Rechtsprechung[69] vor allem anlässlich der Löschung von Rechten beschäftigt, bei denen **Nacherbenvermerke**, rechtsgeschäftlich bestellte **Vormerkungen** (zB auf Übertragung des Rechts), **Widersprüche oder relative Verfügungsbeschränkungen** (zB ein Pfandrecht oder ein Zwangsversteigerungsvermerk) eingetragen waren. In Konsequenz der in Rdn 34 kritisierten Ansicht haben die Gerichte eine Löschung des betroffenen Rechts immer nur unter der Voraussetzung für möglich gehalten, dass der jeweils Geschützte der Löschung zustimmt und die Eintragung der Löschung bewilligt. Diese Auffassung lässt sich angesichts der hier vorgeschlagenen und auf die genannten Fälle entsprechend anwendbaren grundbuchtechnischen Lösung in Übereinstimmung mit einem nicht unerheblichen Teil des (überwiegend

---

65 Vgl KG HRR 1931 Nr 125. Dies beruht aber nicht darauf, dass die später beantragte Eintragung »entgegen § 17 vollzogen« wurde (so aber *Bauer/von Oefele-Wilke* Rn 17), sondern liegt darin begründet, dass die später beantragte Eintragung von vornherein unter dem Vorbehalt des endgültigen Schicksals des durch Amtsvormerkung gesicherten schwebenden früheren Antrags stand. Da die Eintragung der Amtsvormerkung den früher gestellten Antrag i.S. des § 17 erledigt (§ 18 Abs 2 S 1 HS 2), kann die der Vormerkung nachfolgende Eintragung aufgrund des späteren Antrags somit keinen Verstoß gegen § 17 darstellen.

66 *Güthe-Triebel* Rn 24; KEHE-*Herrmann* Rn 28; *Demharter* Rn 10; *Bauer/von Oefele-Wilke* Rn 21; *Hesse-Saage-Fischer* Anm II 2; Voraufl (6.) Rn 11; diese Auffassung beruht auf der in Fn 67 bezeichneten Rechtsprechung und muss daher als absolut herrschend bezeichnet werden.

67 So vor allem RG RGZ 65, 214; 70, 332; 102, 332; KG KGJ 22 A, 315; 23 A, 242; 30 A, 261; 35 A, 305; 41, 176; 43, 263; JFG 9, 218 = HRR 1932 Nr 617; JFG 15, 187; OLG München JFG 21, 81; OLG Düsseldorf Rpfleger 1957, 413 *(Haegele)*; BayObLG BayObLGZ 1959, 50 = NJW 1959, 1780 = Rpfleger 1960, 157; BayObLGZ 1954, 97 = DNotZ 1954, 394 = NJW 1954, 1120; HansOLG Hamburg Rpfleger 2004, 617.

68 Wegen weiterer denkbarer grundbuchtechnischer Lösungsmöglichkeiten vgl *Biermann* § 888 Anm 2 a.

69 Vgl Fn 67.

älteren) Schrifttums nicht mehr aufrechterhalten.[70] Das Gleiche gilt für die Auffassung, die einer unbedingt bewilligten Löschung die Grundbucheintragung verweigert, wenn das materiellrechtliche *Erlöschen* des Rechts von einer aufschiebenden oder auflösenden **Bedingung** abhängig ist. In diesen Fällen geht es nämlich nicht um die (angebliche) Unzulässigkeit einer *»vorläufigen«* oder *»bedingten«* Löschung, sondern um die nach materiellem Recht zulässige und daher notwendigerweise auch im Grundbuch verlautbarungsfähige *unbedingte Eintragung des in materiellrechtlicher Hinsicht beschränkten (dh nicht absolut wirkenden) Erlöschens* des betroffenen Rechts.[71]

(3) Im Fall des von einer **Bedingung** abhängigen Erlöschens des betroffenen Rechts muss die Tatsache des Bedingtseins ausdrücklich in den Löschungsvermerk aufgenommen werden. Zur näheren Bezeichnung des Inhalts der Bedingung kann auf die Löschungsbewilligung Bezug genommen werden (§ 874 BGB). Der Löschungsvermerk ist etwa wie folgt zu formulieren: *»Bedingtes Erlöschen gemäß Bewilligung vom ... eingetragen am ...«*. Entsprechend der in Rdn 34 dargestellten Lösung wird das betroffene Recht trotz Löschungsvermerk nicht gerötet. Die nachträgliche rechtsgeschäftliche Aufhebung oder der erfolgende Eintritt bzw Ausfall der Bedingung ist auf Antrag im Grundbuch einzutragen (Rechtsänderung bzw Grundbuchberichtigung). Beim Eintritt einer aufschiebenden Bedingung oder beim Ausfall einer auflösenden Bedingung ist die Rötung des (nunmehr endgültig) erloschenen Rechts nachzuholen. Im umgekehrten Fall (Ausfall der aufschiebenden Bedingung oder Eintritt der auflösenden Bedingung) behält das nicht gerötete Recht seine für das Rangverhältnis zu anderen Rechten bedeutsame grundbuchmäßige räumliche und zeitliche Stellung. Der eingetragene Löschungsvermerk ist in diesem Fall im Zuge der Anbringung des für den Eintritt oder den Ausfall der Bedingung maßgeblichen Eintragungsvermerks zu röten. | **36**

(4) Ein Grundpfandrecht, bei dem ein **Nacherbenvermerk** (eine **Vormerkung**, ein **Widerspruch** oder eine **relative Verfügungsbeschränkung**) eingetragen ist, kann ebenfalls nach Maßgabe der in Rdn 34 dargestellten Grundsätze ohne Zustimmung des Geschützten gelöscht werden. Eine evtl später erfolgende Zustimmung des Geschützten ist auf Antrag im Grundbuch zu vermerken, weil sie materiellrechtlich zum absoluten Erlöschen des zunächst nur unter dem Vorbehalt des Rechts des Geschützten gelöschten Rechts führt (Grundbuchberichtigung). Der Vermerk könnte im Fall der Nacherbfolge etwa wie folgt lauten: *»Die Nacherben haben der Löschung des Rechts zugestimmt«* oder *»Die Löschung ist gegenüber den Nacherben wirksam«*. Nach der Eintragung dieses Vermerks ist das Recht samt Nacherbenvermerk zu röten. Des weiteren hat die Rötung des im Löschungsvermerk verlautbaren Vorbehalts zu erfolgen. Tritt die Nacherbfolge ein, ohne dass die Nacherben der Löschung zwischenzeitlich zugestimmt haben, so ist das Grundpfandrecht aufgrund eines (notwendigen) Grundbuchberichtigungsantrags auf die Nacherben umzuschreiben. Der seinerzeit eingetragene Löschungsvermerk ist zu röten. Entsprechendes gilt, wenn der Widerspruchsberechtigte seinen Grundbuchberichtigungsanspruch (§ 894 BGB) durchsetzt, wenn der Vormerkungsberechtigte bzw Verbotsgeschützte die relative Unwirksamkeit der zu seinen Lasten eingetragenen Rechtsänderung geltend macht (§ 888 Abs 2 BGB) oder wenn sich im Anwendungsbereich des § 18 Abs 2 herausstellt, dass der durch den Schutzvermerk gesicherte (erste) Antrag mit der Folge des Hinfälligwerdens der aufgrund des zweiten Antrags erfolgten Löschung endgültig zum Zuge kommt. | **37**

(5) Hat eine nach den vorstehenden Grundsätzen mögliche Löschung ein **Briefgrundpfandrecht** zum Gegenstand, so ist zu prüfen, ob eine **Unbrauchbarmachung des Briefs** zu erfolgen hat (§ 69). Dies ist in folgerichtiger Fortführung der hier vertretenen Auffassung zu verneinen. Der im Grundbuch eingetragene und je nach Fallgestaltung formulierte Löschungsvermerk ist vielmehr auf den Brief zu übertragen (§ 62).[72] Anschließend ist der eingereichte Brief nach Maßgabe der in § 60 Rdn 89–95 beschriebenen Aushändigungskriterien an den empfangsberechtigten Beteiligten zurückzugeben.[73] Für die zu einem späteren Zeitpunkt erfolgende Eintragung des Weiterbestehens oder endgültigen (= absolut wirkenden) Erlöschens des Rechts ist | **38**

---

70 MüKo-*Grunsky* § 2113 Rn 18; *Biermann* § 888 Anm 2 a; *Kretzschmar* § 892 Anm III 5; *Wolff-Raiser* § 48 Fn 27 und § 39 IV; *Bestelmeyer* Rpfleger 1994, 189, 191–193; *Bestelmeyer* DtZ 1997, 274; *Bestelmeyer* Rpfleger 2005, 80; *Damrau* FamRZ 1984, 849 Fn 92; *Maenner* LZ 1925, 13; *Reichel* JherJb 46, 121; *Herold* SächsArch 06, 481; ZBlFG 08, 213, 345; *Josef* BayNotV 1929, 373; *Grützmann* KrVJSchr 45, 262; *Ludwig,* Vor- und Nacherbschaft im Grundstücksrecht (1996), 73, 74; *Raape,* Das gesetzliche Veräußerungsverbot des BGB (1908), 62; *Sekler,* Die Lehre von der Vormerkung nach dem neuen Reichsrecht (1904), 131; *Schilde,* Die Unrichtigkeit des Grundbuchs nach neuem deutschen Reichsrecht (Diss Leipzig, 1899), 45; vgl auch *Heck,* SR, § 120, 10.

71 *v. Thur* AT II 2, 284 Fn 89; *Bestelmeyer* Rpfleger 1994, 189, 192; *Bestelmeyer* DtZ 1997, 274; OLG Frankfurt Rpfleger 1993, 331 (für den Fall der auflösend bedingten Abtretung einer Grundschuld; für den Fall der Löschung kann dann aber konsequenterweise nichts anderes gelten); **aA** OLG Oldenburg SJZ 1947, 436; *Palandt-Bassenge* § 875 Rn 4; MüKo-*Wacke* § 875 Rn 8 und § 876 Rn 13; *Meikel-Böhringer* § 46 Rdn 12; *Böhringer* BWNotZ 1988, 84; *Staudinger-Gursky* § 875 Rn 28 (welcher aber konstatiert, dass die hier vertretene Auffassung »beachtliche Argumente« für sich in Anspruch nehmen kann).

72 *Bestelmeyer* Rpfleger 1994, 189, 192. Wird der früher gestellte Antrag nach Maßgabe des § 18 Abs 2 erledigt, so muss natürlich auch der eingetragene Schutzvermerk in den Brief übernommen werden.

73 Wurde der früher gestellte Antrag nach § 18 Abs 2 gesichert, so hat der Brief allerdings bis zur endgültigen Erledigung des Antrags beim Grundbuchamt zu verbleiben.

die erneute Vorlegung des Briefs erforderlich (§§ 41, 62). Im Fall des endgültigen Erlöschens des Rechts ist der Brief unbrauchbar zu machen (§ 69).

39 (6) Die vorstehend skizzierten Lösungsmöglichkeiten zeigen, dass die sich mit der Anerkennung einer in ihren materiellrechtlichen Wirkungen beschränkten Löschung ergebenden grundbuchtechnischen Probleme keineswegs unlösbar sind. Für die Zulässigkeit der genannten Löschungsform spricht entscheidend, dass die genannten Rechtsgeschäfte nach materiellem Recht zulässig sind (Verfügung des Vorerben ohne Zustimmung des Nacherben; relativ unwirksame Verfügungen beim Bestehen von Vormerkungen oder Verfügungsbeschränkungen; bedingte Aufgabeerklärung iS des § 875 BGB). Da zu einem wie auch immer materiellrechtlich ausgestalteten Erlöschen eines Rechts aber in jedem Fall eine Grundbucheintragung erforderlich ist (§ 875 BGB), lässt sich aus dieser materiellrechtlichen Zulässigkeit der genannten Rechtsgeschäfte nur der *zwingende* Schluss ableiten, dass auch die grundbuchmäßige Verlautbarung dieser Rechtsänderungen zulässig und möglich sein muss. Denn eine Verweigerung der grundbuchmäßigen Löschung würde wegen des Erfordernisses der Grundbucheintragung (§ 875 BGB) im Ergebnis zu einem Verbot dieser (materiellrechtlich erlaubten!) Rechtsgeschäfte führen. Dieser Widerspruch verdeutlicht anschaulich, dass die Verweigerung der Grundbucheintragung in den genannten Fällen nicht mit dem materiellen und dem formellen Grundstücksrecht in Einklang zu bringen ist.

IV. Die Ausnahmen von § 17

1. Die Abgrenzung zwischen Ausnahmefällen und der Nichtanwendbarkeit der Vorschrift

40 Die Einordnung einer Fallgestaltung als Ausnahme von § 17 setzt begrifflich voraus, dass die ihr zugrunde liegende Antragskonstellation vom Regelungsbereich der Vorschrift erfasst wird. Ist dies nicht der Fall, so handelt es sich nicht um eine Ausnahme von § 17, sondern die Vorschrift ist bereits von vorneherein nicht anwendbar. So kann das Vorliegen einer Ausnahme von § 17 zB nicht bejaht werden, wenn die später beantragte Eintragung erst die Zulässigkeit der früher beantragten Eintragung bewirkt (zum umgekehrten Fall vgl Rdn 20). Fälle dieser Art werden vom Zweckgedanken und damit vom Anwendungsbereich des § 17 nicht erfasst, da die beantragten Eintragungen nicht in einem Rangverhältnis zueinander stehen und die Zulässigkeit der später beantragten Eintragung auch nicht von der Entscheidung über den früher gestellten Antrag abhängig ist (vgl Rdn 3, 15). Der später gestellte Antrag ist daher zuerst zu erledigen[74] (so kann zB ein vorliegender Antrag auf Eintragung eines Erwerbsverbots selbst dann *gleichzeitig* mit der Eintragung des verbotswidrigen Erwerbs erledigt werden, wenn er bereits *vor* dem Antrag auf Eintragung des verbotswidrigen Erwerbs beim Grundbuchamt eingegangen war).[75] Ist der später gestellte Antrag mit weiteren Anträgen iS des § 16 Abs 2 verbunden, so sind sämtliche später beantragten Eintragungen vor der Erledigung des früher gestellten Antrags vorzunehmen.[76]

2. Die einzelnen Ausnahmefälle

41 a) **Die abweichende Bestimmung durch den Antragsteller.** Der Antragsteller kann nachträglich bestimmen, dass sein früher gestellter Antrag entgegen der durch § 17 vorgeschriebenen Reihenfolge erst nach dem später gestellten Antrag erledigt werden soll. Eine solche Bestimmung ist formbedürftig, da sie eine teilweise Zurücknahme des früher gestellten Eintragungsantrags enthält (§§ 31, 29). Das Gleiche gilt, wenn der frühere Antragsteller bestimmt, dass sein Antrag gleichzeitig mit dem später gestellten Antrag erledigt werden soll. In diesem Fall hängt das weitere grundbuchamtliche Verfahren davon ab, ob die beantragten Eintragungen miteinander vereinbar sind oder nicht (vgl Rdn 8–10). Festzuhalten bleibt allerdings, dass die (zB auch durch einen Vorbehalt iS des § 16 Abs 2 gebotene) gleichzeitige Erledigung von zu verschiedenen Zeiten gestellten Anträgen nicht unbedingt eine Ausnahme von § 17 darstellen muss (vgl Rdn 32).

42 b) **Der Fall des § 130 Abs 3 ZVG.** Wenn der Ersteher die Eintragung eines Rechts an dem versteigerten Grundstück bewilligt, bevor er als Eigentümer im Grundbuch eingetragen worden ist, so darf die Eintragung dieses Rechts nach § 130 Abs 3 ZVG nicht vor der Erledigung des Ersuchens des Vollstreckungsgerichts erfolgen. Des Weiteren ist § 130 Abs 3 ZVG (entsprechend) anzuwenden, wenn der Ersteher vor seiner Eintragung als Eigentümer die Auflassung des ersteigerten Grundstücks erklärt, die Löschung eines mit dem Eigentum an dem versteigerten Grundstück verbundenen subjektiv-dinglichen Rechts bewilligt[77] oder wenn Anträge Dritter

---

74 KG RJA 11, 230, 233 (zu § 18 Abs 2); JFG 7, 335, 342 = HRR 1930 Nr 2024; *Baum*, Rpfleger 1990, 141, 142/143.

75 Zur Möglichkeit und zum Erfordernis der Voreintragung des verbotswidrigen Erwerbs vgl § 60 Rdn 86 und die Nachweise in § 60 Fn 215.

76 KG JFG 7, 335, 342 = HRR 1930 Nr 2024.

77 KG JFG 10, 199, 203 ff = HRR 1933 Nr 192 = DNotV 1933, 436; § 130 Abs 3 ZVG ist nach KG aaO im Übrigen auch dann anwendbar, wenn das subjektiv-dingliche Recht *nicht* nach § 9 auf dem Blatt des versteigerten Grundstücks vermerkt ist (arg § 876 S 2 BGB iVm § 128 Abs 3 S 1 ZVG); zu undifferenziert daher KEHE-*Herrmann* § 38 Rn 56, *Demharter* § 38 Rn 42 und *Meikel-Roth* § 38 Rdn 85.

vorliegen, die auf zwangsweise Eintragungen (zB einer Zwangshypothek) gegen den noch nicht als Eigentümer eingetragenen Ersteher gerichtet sind.[78] Die vor dem Ersuchen des Vollstreckungsgerichts beim Grundbuchamt eingehenden Anträge sind in diesen Fällen mit dem Eingangsvermerk zu versehen, bis zum Eingang des Ersuchens zurückzuhalten und erst nach der Erledigung des Ersuchens zu behandeln.[79] Nicht zulässig ist es hingegen, die vor Eingang des Ersuchens gestellten Anträge zurückzuweisen, weil der Ersteher noch nicht als Eigentümer im Grundbuch eingetragen ist.[80] Eine Ausnahme gilt nur, wenn der Antragsteller auf einer sofortigen Entscheidung über seinen Antrag besteht.[81] Vor der Erledigung des Ersuchens ist die Beanstandung der früher gestellten Anträge durch eine Zwischenverfügung nur unter der Voraussetzung statthaft, dass Eintragungshindernisse bestehen, die nicht auf dem Mangel der fehlenden Eigentümereintragung des Erstehers beruhen.[82] Sobald das Ersuchen des Vollstreckungsgerichts erledigt ist, sind die bereits vor dem Eingang des Ersuchens gestellten Anträge in der nach § 17 vorgeschriebenen Reihenfolge zu verbescheiden. Hat das Grundbuchamt gegen § 130 Abs 3 ZVG verstoßen, so hat dies auf die Wirksamkeit der vor dem Eingang des Ersuchens beantragten Eintragungen keinen Einfluss.[83] Ob die Nichtbeachtung des § 130 Abs 3 ZVG das Grundbuch im Hinblick auf das materielle Entstehen des ordnungswidrig eingetragenen Rechts iS des § 894 BGB unrichtig macht, hängt davon ab, ob die vom Grundbuchamt als Ersteher behandelte Person das Eigentum an dem versteigerten Grundstück auch tatsächlich erworben hat.[84]

Zu beachten ist, dass das Vorliegen einer Ausnahme von § 17 im Anwendungsbereich des § 130 Abs 3 ZVG nur **43** insoweit bejaht werden kann, als das Ersuchen des Vollstreckungsgerichts die Eintragung von Sicherungshypotheken und Vormerkungen oder die Löschung von Rechten zum Gegenstand hat (§§ 128, 130a Abs 2 iVm § 130 Abs 1, 2 ZVG). Soweit lediglich die Eintragung des Erstehers als Eigentümer in Frage steht, liegt wegen § 39 eine Fallgestaltung vor, bei der die später beantragte Eintragung (des Eigentumsübergangs auf den Ersteher) die früher beantragte Eintragung (zB eines vom Ersteher bewilligten Rechts) erst zulässig macht. § 17 ist daher in diesem Fall von vorneherein nicht anwendbar (vgl Rdn 40).

V. Besonderheiten in den neuen Bundesländern

Wegen der in den **neuen Bundesländern** bestehenden Besonderheiten im Zusammenhang mit der Anwen- **44** dung des § 17 (insbesondere zu dessen Suspendierung bei Bodenreformland) wird auf die Vorauflage (Rn B 1–84) verwiesen.

VI. Die Verletzung des § 17

§ 17 ist nur eine **Ordnungsvorschrift**.[85] Ein Gesetzesverstoß macht das Grundbuch daher nicht unrichtig.[86] **45** Die in ordnungswidriger Reihenfolge eingetragenen Rechte erhalten vielmehr den in § 879 BGB bestimmten Rang (sog *formale Rechtskraft* der Eintragung).[87] Ein Grundbuchberichtigungsanspruch nach § 894 BGB kann

78 BayObLG BayObLGZ 18, 260 = OLGE 36, 246; LG Lahn-Gießen Rpfleger 1979, 352 *(Schiffhauer); Meikel-Roth,* § 38 Rdn 85; *Meyer-Stolte* Rpfleger 1983, 240, 242; *Kretzschmar* ZBlFG 07, 648.

79 BayObLG aaO (Fn 78); LG Lahn-Gießen Rpfleger 1979, 352 *(Schiffhauer);* LG Gera MittBayNot 2003, 130 *(Stöber); Meikel-Roth* § 38 Rdn 85; *Baum* Rpfleger 1990, 141, 148; *Meyer-Stolte* Rpfleger 1983, 240, 241 (welcher aber zu Unrecht eine vor dem Eingang des Ersuchens vollzogene Eintragung von vom Ersteher bewilligten Rechten für zulässig hält, wenn der Ersteher mit dem bisherigen Eigentümer identisch ist); hierzu vgl auch *Jaeckel* Gruchot 50, 189; *Eickhoff* DJZ 1904, 984; *Linkelmann* DJZ 1904, 1178; *Kretzschmar* ZBlFG 07, 648.

80 RG RGZ 62, 140, 144; KG JFG 10, 199, 208 = HRR 1933 Nr 192 = DNotV 1933, 436; BayObLG aaO (Fn 78); LG Lahn-Gießen Rpfleger 1979, 352 *(Schiffhauer);* LG Gera MittBayNot 2003, 130 *(Stöber); Meikel-Roth* § 38 Rdn 85; *Hügel-Zeiser* Rn 13; *Meyer-Stolte* Rpfleger 1983, 240, 241; **aA** (überholt) BayObLG BayObLGZ 4, 608, 611 = OLGE 8, 10/9, 382; OLG Colmar ElsLothrNotZ 1925, 235.

81 KG aaO (Fn 80).

82 RG RGZ 62, 140, 144; BayObLG aaO (Fn 78); KG aaO (Fn 80); *KEHE-Herrmann* § 38 Rn 56; *Demharter* § 38 Rn 41; *Meyer-Stolte* Rpfleger 1983, 240, 241.

83 KG KGJ 34 A, 282, 287; OLG Karlsruhe OLGE 27, 218.

84 *Güthe-Triebel* § 38 Rn 15; *Meyer-Stolte* Rpfleger 1983, 240, 241; *Baum* Rpfleger 1990, 141, 148. Zu den in diesem Zusammenhang entstehenden Rechtsfragen vgl auch *Hornung* Rpfleger 1980, 249, 252 und *Stöber* MittBayNot 2003, 131 (auch zur Problematik des gutgläubigen Rangerwerbs).

85 BGH BGHZ 45, 186, 191 = DNotZ 1966, 673.

86 Mot 89; RG HRR 1932 Nr 1658; KG KGJ 34 A, 289; DNotV 1932, 666; OLGE 43, 177; OLG Dresden OLGE 6, 261; OLG Hamburg OLGE 45, 86; OLG Stuttgart WürttZ 56, 109; OLG Colmar ElsLothrZ 38, 302; BayObLG Rpfleger 1982, 14 (LS); BayObLG Rpfleger 1995, 16; OLG Frankfurt FGPrax 1995, 17; LG Kassel Rpfleger 2004, 624. Insbesondere schützt eine Vormerkung auch gegen vorher beantragte widersprechende Verfügungen, die unter Verstoß gegen § 17 erst nach der Eintragung der Vormerkung eingetragen wurden (RG RGZ 113, 403, 407; BGH Rpfleger 1995, 290 – auch zu Art 233 §7 Abs 1 EGBGB –).

87 RG RGZ 57, 277, 280; OLG Düsseldorf JR 1950, 686; OLG Frankfurt FGPrax 1995, 17.

mangels Grundbuchunrichtigkeit somit nicht entstehen.[88] Aus dem gleichen Grund kommt auch die Eintragung eines Amtswiderspruchs nicht in Betracht.[89] Da § 879 BGB den Rechtsgrund für den tatsächlich erlangten Rang darstellt, steht dem durch das gesetzwidrige Verhalten des Grundbuchamts benachteiligten dinglichen Gläubiger auch kein Bereicherungsanspruch gegen den Begünstigten zu.[90] Sofern keine schuldrechtlichen Ansprüche auf Rangänderung (§ 880 BGB) gegeben sind, verbleibt dem rangmäßig Benachteiligten somit nur ein Schadensersatzanspruch gegen den Staat.[91]

46   Bei einem Verstoß gegen § 17 kann eine Grundbuchunrichtigkeit allenfalls aus *materiellrechtlichen* Gründen in Betracht kommen. So kann das Grundbuch zB unrichtig sein, wenn das durch die Buchlage verlautbarte Rangverhältnis eines eingetragenen Rechts einer dinglichen Rangvereinbarung der Beteiligten widerspricht.[92] Denn hier besteht die Möglichkeit, dass das betreffende Recht entsprechend § 139 BGB evtl überhaupt nicht entstanden ist. Dies gilt allerdings nicht, wenn (wie wohl idR) angenommen werden kann, dass die Beteiligten es auch ohne den vereinbarten Rang bestellt haben würden.[93] In diesem Fall erlangt das entstandene Recht den gesetzlichen Rang iS des § 879 BGB. Sofern keine hiervon abweichenden unrichtigen Rangvermerke eingetragen wurden, ist das Grundbuch sowohl im Hinblick auf den materiellen Bestand des Rechts als auch in rangrechtlicher Hinsicht somit nicht unrichtig, sondern richtig.[94]

47   Macht die ordnungswidrige Vornahme der später beantragten Eintragung die früher beantragte Eintragung unzulässig oder knüpft sie deren Zulässigkeit an weitere Voraussetzungen, so kann und darf der früher gestellte Antrag nicht mehr vollzogen werden.[95] Hat beispielsweise der Eigentümer A für B eine Grundschuld bestellt und anschließend das Grundstück an C aufgelassen, so kann die früher beantragte Eintragung der Grundschuld mangels Bewilligungsberechtigung des A nicht mehr erfolgen, sofern der später gestellte Antrag auf Eintragung der Auflassung zuerst vollzogen wurde. Wird die Grundschuld dennoch eingetragen, so ist das Grundbuch wegen der fehlenden Verfügungsbefugnis des A unrichtig. In diesem Fall ist ein Amtswiderspruch einzutragen.

---

88   RG RGZ 57, 277, 280 ff; 73, 173, 175; 113, 403, 407.

89   KG KGJ 34 A, 289; BayObLG BayObLGZ 16, 126; BayObLG Rpfleger 1995, 16; OLG Frankfurt FGPrax 1995, 17.

90   RG RGZ 57, 277, 282 ff; BGH BGHZ 21, 98 mwN = NJW 1956, 1314 = JZ 1956, 655 = DNotZ 1956, 480 = BB 1956, 674 = LM Nr 1 zu § 879 BGB = Betrieb 1956, 711; NJW 1958, 1532; *Staudinger-Kutter* § 879 Rn 47; BGB-RGRK-*Augustin* § 879 Rn 30; *Palandt-Bassenge* § 879 Rn 10; *MüKo-Wacke* § 879 Rn 34; *Hoche* JuS 1962, 60; *von Nordenflycht* DNotZ 1934, 397; *Baur* § 17 B I 2; *Wolff-Raiser* § 41 Fn 13; *Dettmar* 260–281 mit reichhaltigen Nachweisen; **aA** *Westermann* JZ 1956, 656; *Röwer* und *Lent* NJW 1957, 177; *Baumann* JR 1957, 415; *Berg* AcP 160, 506; *Thürmann* JuS 1976, 382; *Friedrich* DNotZ 1932, 756; *Erman-Lorenz* § 879 Rn 22; *Soergel-Stürner* § 879 Rn 12; *Stadler* AcP 189, 427; *Baur-Stürner* § 17 B I 2; *Westermann* § 81 II 3.

91   RG HRR 1936 Nr 257; OLG Köln Rpfleger 1980, 222; BayObLG Rpfleger 1995, 16; BayObLG Rpfleger 1998, 34.

92   OLG Frankfurt FGPrax 1995, 17.

93   Hierzu vgl *Staudinger-Kutter* § 879 Rn 67 ff. Besser ein schlechterrangiges Recht als überhaupt kein Recht!

94   Dass diese Problematik nicht leicht zu durchschauen ist, zeigt der Beschluss des OLG Brandenburg (Rpfleger 2002, 138), in dessen Begründung anerkannte rangrechtliche Grundsätze – bei einigermaßen richtigem Ergebnis – wild durcheinander geworfen werden. Auch das OLG München (Rpfleger 2006, 68) geht fehl, wenn es in diesen Fällen undifferenziert von einer Unrichtigkeit des Grundbuchs ausgeht (hierzu vgl *Bestelmeyer* Rpfleger 2006, 318) und diese These auch noch auf den Anwendungsbereich des § 18 Abs 2 erstreckt (OLG München Rpfleger 2007, 314; hierzu vgl *Zeiser* FGPrax 2007, 158 und *Bestelmeyer* Rpfleger 2007, 463).

95   OLG Hamm MittBayNot 1995, 47, 48.

§ 18 (Eintragungshindernisse; Zurückweisung oder Zwischenverfügung)

(1) Steht einer beantragten Eintragung ein Hindernis entgegen, so hat das Grundbuchamt entweder den Antrag unter Angabe der Gründe zurückzuweisen oder dem Antragsteller eine angemessene Frist zur Hebung des Hindernisses zu bestimmen. Im letzteren Fall ist der Antrag nach dem Ablauf der Frist zurückzuweisen, wenn nicht inzwischen die Behebung des Hindernisses nachgewiesen ist.

(2) Wird vor der Erledigung des Antrags eine andere Eintragung beantragt, durch die dasselbe Recht betroffen wird, so ist zugunsten des früher gestellten Antrags von Amts wegen eine Vormerkung oder ein Widerspruch einzutragen; die Eintragung gilt im Sinne des § 17 als Erledigung dieses Antrags. Die Vormerkung oder der Widerspruch wird von Amts wegen gelöscht, wenn der früher gestellte Antrag zurückgewiesen wird.

Schrifttum

Alff, Zur Aufhebung von Zurückweisungsbeschlüssen und deren Auswirkungen im Grundbuchverfahren, RpflStud 1993, 43; *ders,* Bindung an rechtwidrige Eintragungsanweisung des Beschwerdegerichts?, Rpfleger 1999, 373; *Baum,* Zwangsversteigerungsvermerk und unerledigte Eintragungsanträge, Rpfleger 1990, 141; *Blomeyer,* Die Beschwerde gegen die Zwischenverfügung, DNotZ 1971, 329; *Böhringer,* Besprechung zum Beschluß des LG Ellwangen vom 22.12.1981, BWNotZ 1982, 67, 68; *Böttcher,* Zurückweisung und Zwischenverfügung im Grundbuchverfahren, MittBayNot 1987, 9 und 65; *ders,* Amtsvormerkung und Amtswiderspruch nach § 18 Abs 2 GBO, RpflStud 1990, 167; *ders,* Schutz vor ungerechtfertigten Verfügungsgeschäften im Grundstücksrecht – durch ein gerichtliches Erwerbsverbot?, BWNotZ 1993, 25; *Budde,* Die Beschwerde im Grundbuchrecht, Rpfleger 1999, 513; *Du Chesne,* Die Prüfungspflicht des Grundbuchrichters, DNotZ 1914, 722; *Demharter,* Weitere Beschwerde zur Verhinderung einer Grundbucheintragung, MittBayNot 1997, 270; *Eckhardt,* Zweckentfremdung von Zwischenverfügungen, BWNotZ 1984, 109; *Eickmann,* Die Gewinnung der Entscheidungsgrundlagen im Grundbuchverfahren, Rpfleger 1979, 169; *Habscheid,* Die Entscheidung des Grundbuchamts nach § 18 GBO, NJW 1967, 225; *Haegele,* Einzelfragen zum Liegenschaftsrecht, Rpfleger 1975, 153 (Abschnitt 13); *Hähnlein,* Der Vorbescheid im Erkenntnisverfahren der freiwilligen Gerichtsbarkeit, 1990; *Hagemann,* Das Verfahren des Grundbuchamts bei vollstreckungs- und grundbuchrechtlichen Eintragungshindernissen, RpflStud 1979, 64; *ders,* Die Aufgaben des Grundbuchamts nach Anordnung der Zwangsversteigerung, Rpfleger 1984, 397 und 1985, 341; *Heckschen/Wagner,* Zur Anforderung von Kostenvorschüssen durch die Grundbuchämter, NotBZ 2001, 83; *Heydrich,* Das einstweilige Erwerbsverbot an Grundstücken in der Praxis, MDR 1997, 796; *Hoche,* Zwischenverfügung und Rangschutzvermerk bei Anträgen auf Eintragung einer Zwangshypothek, DNotZ 1957, 3; *Jansen,* Die Beschwerde gegen die Zwischenverfügung, DNotZ 1971, 531; *Kahlfeld,* Vorbescheid in Grundbuchsachen, BWNotZ 1998, 60; *Kleist,* Durchgriffserinnerung und Beschwerde bei Zurückweisung eines Eintragungsantrages bzw. Zwischenverfügung gemäß § 18 GBO, MittRhNotK 1985, 133; *Kohlhosser,* Grundprobleme des Grundbuchverfahrens, JA 1984, 714; *Köther,* Der Umfang der Prüfungspflicht im Grundbuchrecht (Diss. Würzburg, 1981); *Kramer,* Die Beschwerde im Grundbuchrecht nach dem 3. Gesetz zur Änderung des Rechtspflegergesetzes, ZfIR 1999, 565; *Kretschmar,* Kann die sich aus den Grundakten ergebende Unrichtigkeit des Grundbuchs ein Eintragungshindernis bilden?, Gruchot 49, 1; *Meyer-Stolte,* Die Zwischenverfügung des Rechtspflegers, RpflJB 1979, 309; *ders,* Besprechung zum Beschluß des BGH vom 27.02.1980, Rpfleger 1980, 273; *ders,* Besprechung zum Beschluß des BayObLG vom 10.11.1982, Rpfleger 1983, 101, 102; *Oberneck,* Über das Prüfungsrecht und Prüfungspflicht des Grundbuchrichters, SeuffBl 1907, 409; *Rahn,* Die grundbuchrechtliche Behandlung von Eintragungshindernissen beim Antrag auf Eintragung einer Zwangshypothek, Justiz 1962, 58; *Rellermeyer,* Beschwerde und Abhilfe im Grundbuchrecht, ZfIR 1999, 801; *Riedl,* Prüfungsrecht und Prüfungspflicht im Grundbuchwesen (Diss Köln, 1962); *Riedel,* Prüfungsrecht und -pflicht des Grundbuchbeamten, BlGBW 1966, 221; *Rieger,* Die §§ 17, 18 Abs 2 Grundbuchordnung – deren Bedeutung, Wirkungen und Voraussetzungen, BWNotZ 2001, 79; *Riggers,* Die Entwertung der Zwischenverfügung nach § 18 GBO, Rpfleger 1957, 181; *Schiffhauer,* Besprechung zum Beschluß des LG Lahn-Gießen vom 24.01.1979, Rpfleger 1979, 352, 353; *Schmidt,* Inhaltskontrolle und Grundbuchverfahrensrecht, MittBayNot 1978, 89 = MittRhNotK 1978, 91; *Schmitz,* Überprüfung allgemeiner Geschäftsbedingungen durch das Grundbuchamt, MittBayNot 1982, 57; *von Schuckmann,* Der Vorbescheid in der Freiwilligen Gerichtsbarkeit, Publikationen der Fachhochschule für Verwaltung und Rechtspflege Berlin, Freiwillige Gerichtsbarkeit Nr 35, S 43; *Tröster,* Die grundbuchliche Behandlung des Ersuchers nach § 19 ZVG bei Vorliegen unerledigter Eintragungsanträge, Rpfleger 1985, 337; *Vassel,* Das Grundbucheintragungsverfahren und die materielle Richtigkeit des Grundbuchs (Diss Marburg, 1970); *Weimar,* Vormerkung und Amtsvormerkung (§ 883 BGB, § 18 GBO), MDR 1974, 552.

Übersicht

I. Normzweck

1 Stellt der Grundbuchrechtspfleger bei der Prüfung der Eintragungsvoraussetzungen fest, dass sie alle vorliegen, so verfügt er die Grundbucheintragung. Was aber geschieht mit **Eintragungsanträgen, deren Vollzug ein Hindernis entgegensteht?** Diese Frage regelt § 18. Nach dem Gesetzeswortlaut hat der Grundbuchrechtspfleger entweder die Zurückweisung zu beschließen oder eine Frist zur Behebung des Hindernisses zu bestimmen (= Zwischenverfügung). Im letzteren Fall muss dann Zurückweisung erfolgen, wenn nach Ablauf der Frist das Hindernis noch nicht beseitigt ist. Andere Möglichkeiten für den Grundbuchrechtspfleger sind aus § 18 grundsätzlich nicht ersichtlich. Insbesondere ist er im Antragsverfahren zur Anstellung von Ermittlungen weder berechtigt noch verpflichtet.[1] Die Zwischenverfügung nach § 18 Abs 1 würde, da der Antrag, zu dessen Gunsten sie erlassen wird, durch ihre Erlassung nicht endgültig erledigt ist, infolge des in § 17 ausgesprochenen Grundsatzes, dass mehrere Anträge in der Reihenfolge ihres Eingangs zu behandeln seien, eine Sperre des Grundbuchs zur Folge haben, die zB bei der Monatsfrist des § 1139 BGB von Nachteil wäre. Deshalb ermöglicht § 18 Abs 2 die Vornahme weiterer Eintragungen, auch ehe der erste Antrag seine endgültige Erledigung gefunden hat.

II. Ergebnis der Beweiswürdigung

2 Auch im Grundbuchverfahren gibt es eine Beweisaufnahme und Beweiswürdigung (vgl Einl F Rdn 87 ff). Am Ende der Beweiswürdigung steht eine Erkenntnis des Rechtspflegers, die wie folgt aussehen kann:[2]
 – Der Rechtspfleger ist von der Richtigkeit der behaupteten Tatsachen überzeugt, dh es liegen die Voraussetzungen der begehrten Entscheidung vor; dem Eintragungsantrag muss durch Grundbucheintragung entsprochen werden;

---

1 BGHZ 30, 258; BayObLGZ 1971, 275; KG KGJ 52, 166; KEHE-*Herrmann* § 18 Rn 1; *Demharter* § 18 Rn 1.
2 *Eickmann* GBVerfR, Rn 290; *Meyer-Stolte* RpflJB 1979, 309.

- Erkennt der Rechtspfleger behebbare Mängel, so muss er den Antragsteller zur Beseitigung der Mängel auffordern, dh eine Zwischenverfügung erlassen;
- Ist der Rechtspfleger davon überzeugt, dass nicht alle Eintragungsvoraussetzungen vorliegen und die Mängel auch nicht mit den erforderlichen Rechtswirkungen beseitigt werden können, so muss er den Antrag zurückweisen.

1. Antrag

Es muss ein Antrag auf Eintragung vorliegen. Ein Ersuchen einer Behörde nach § 38 steht dem Antrag gleich. **3**
Dagegen findet § 18 **keine Anwendung auf Verfahren von Amts wegen**, da ein Antrag vorausgesetzt wird.[3]
So gilt § 18 im Berichtigungszwangsverfahren nach §§ 82 ff nicht. Es kann daher in einem solchen Verfahren die Beschaffung der zur Berichtigung des Grundbuchs notwendigen Unterlagen nicht durch eine Zwischenverfügung nach § 18 Abs 1 aufgegeben werden.[4] Gleichgültig ist, ob der Antrag beim Grundbuchamt eingereicht oder zu dessen Niederschrift erklärt wird. Im letzteren Fall darf die Antragsaufnahme nicht deshalb abgelehnt werden, weil der Eintragung ein Hindernis entgegensteht. Über die Erklärung ist vielmehr eine Niederschrift aufzunehmen und erst dann nach § 18 zu verfahren.[5] Die Beteiligten sind jedoch vorher darüber aufzuklären, welche Hindernisse dem Vollzug der beantragten Eintragung entgegenstehen. Wird trotzdem auf Antragsaufnahme bestanden, so ist in der Niederschrift bzw außerhalb derselben als Aktenvermerk festzustellen, dass die Aufklärung erfolgt ist. Dies kann wegen § 16 KostO und der daraus sich ergebenden Haftungsmöglichkeiten bedeutsam sein. Der Antrag muss ordnungsgemäß beim Grundbuchamt eingegangen sein; dies ist der Fall, wenn er einem zur Entgegennahme zuständigen Beamten vorgelegt ist, dh in dessen Besitz kommt (§ 13 Abs 2 S 2).

2. Eintragung

Es muss der Antrag auf eine Eintragung gerichtet sein. Auf andere Anträge wird § 18 grundsätzlich nicht angewendet. Es kommen hier zB in Betracht Anträge auf Erteilung eines neuen Hypothekenbriefes nach § 67 oder auf Ergänzung eines Briefes nach § 57 Abs 2. Für solche Anträge bestehen keine besonderen Vorschriften. Steht aber ihrem Vollzug ein Hindernis entgegen, so wird man das Grundbuchamt für befugt halten dürfen, entweder den Antrag zurückzuweisen oder dem Antragsteller zur Behebung des Hindernisses eine Frist zu setzen. § 18 Abs 1 ist entsprechend anzuwenden, nicht aber § 18 Abs 2.[6] **4**

3. Hindernis

Nur wenn der beantragten Eintragung ein Hindernis entgegensteht, ist § 18 anwendbar. Liegt kein Eintragungshindernis vor, so ist für die Anwendung des § 18 kein Raum.[7] Soweit ein Antrag nach § 13 nicht auf Unzulässiges oder mit dem Zweck der Grundbucheintragung Unvereinbares seinem Inhalt nach geht, muss er vollständig erledigt werden.[8] Der **Begriff des »Hindernisses« ist gesetzlich nicht definiert**, sodass die Rechtsprechung versucht hat, die Lücke zu schließen.[9] **5**

a) Art des Hindernisses. Welcher Art das Hindernis ist, ist belanglos. Es ist insbesondere unerheblich, ob der Grund im formellen oder im materiellen Recht liegt, ob eine Bestimmung zwingenden Rechts oder ein bloße Ordnungsvorschrift entgegensteht.[10] Jedoch kommen nur solche Ordnungsvorschriften in Betracht, die in einer Beziehung zum Grundbuchrecht stehen, nicht etwa handelsrechtliche Ordnungsvorschriften.[11] In Frage kommen vor allem Mängel der Zuständigkeit, der Eintragungsfähigkeit, des Antrags, der Bewilligung und der sie ersetzenden Urkunde und Nachweise, ferner das Nichteingetragensein des Betroffenen nach § 39, die Nichtvorlage des Briefs nach § 41, das Fehlen einer vorgeschriebenen behördlichen Genehmigung usw. Kein Hindernis liegt vor, wenn ein Antragsteller lediglich einen gesetzlich nicht statthaften Vorschlag für die Fassung eines Eintragungsvermerks macht, da der Grundbuchrechtspfleger nicht daran gebunden ist.[12] **6**

---

3 KG JFG 13, 127; *KEHE-Herrmann* § 18 Rn 2.
4 BayObLG JFG 23, 70.
5 *KEHE-Herrmann* § 18 Rn 3.
6 *KEHE-Herrmann* § 18 Rn 5; *Güthe-Triebel* § 18 Rn 5; *Hesse-Saage-Fischer* § 18 Bem II 1.
7 OLG Dresden OLGE 4, 182.
8 LG Bayreuth NJW 1962, 2162.
9 *KEHE-Herrmann* § 18 Rn 6; *Köther* S 116.
10 KG OLGE 18, 199, 200; *Güthe-Triebel* § 18 Rn 17; *KEHE-Herrmann* § 18 Rn 7; *Demharter* § 18 Rn 2; *Köther* S 116; *Habscheid* NJW 1967, 225, 228; *Kleist* MittRhNotK 1985, 133, 135.
11 OLG Oldenburg Rpfleger 1974, 264; *KEHE-Herrmann* § 18 Rn 7.
12 BayObLG Rpfleger 1975, 363; *KEHE-Herrmann* § 18 Rn 7; *Böttcher* Rpfleger 1980, 81 mwN.

7 **b) Teilhindernis.** Betrifft das Hindernis nur einen Teil oder einen von mehreren verbundenen Anträgen, so ist mit dem ganzen Antrag bzw allen Anträgen nach § 18 zu verfahren, wenn ein teilweiser Vollzug unzulässig ist.[13] Wenn ein Teilvollzug möglich ist, kommt es darauf an, was der Wille der Beteiligten ist; bei Antragstellung ist dies erforderlichenfalls durch Rückfrage und Zwischenverfügung nach § 18 zu klären. Es ist also durchaus denkbar, dass bei mehreren Anträgen oder bei einem einheitlichen, aber nur teilweise vollziehbaren Antrag die Beteiligten Wert darauf legen, dass Klarstellung erfolgt und dass sie die beschränkte Eintragung wollen. In diesem Fall kann der Grundbuchrechtspfleger einen Antrag, wenn nur teilweise Abweisungsgründe vorliegen, zum Teil zurückweisen (zB hinsichtlich der Eintragungskosten bei einer Zwangshypothek, § 867 Abs 1 S 3 ZPO). Ist dies nicht von dem Antragsteller gewollt, so ist einheitlich abzuweisen, falls der Weg des § 18 über eine Zwischenverfügung keine Lösung bringt.

8 **c) Maßgebender Zeitpunkt.** Maßgebender Zeitpunkt ist nicht der Zeitpunkt, in dem der Antrag beim Grundbuchamt eingeht, sondern der Zeitpunkt der **Erledigung des Antrags**.[14] Der Grundbuchrechtspfleger hat daher sowohl wenn der Antrag ursprünglich begründet war, aber nachträglich Tatsachen eingetreten sind, die jetzt die Eintragung als unzulässig erscheinen lassen, wie auch umgekehrt, wenn der beantragten Eintragung ursprünglich ein Hindernis entgegenstand, aber nachträglich Tatsachen eingetreten sind, die dieses Hindernis beheben, diese Tatsachen zu berücksichtigen.[15] Demnach kann der Grundbuchrechtspfleger nachträglich auftauchende Hindernisse oder den nachträglichen Wegfall von Hindernissen solange berücksichtigen, als er seine Entscheidung ändern kann. Hat der Grundbuchrechtspfleger den Antrag zurückgewiesen oder eine Zwischenverfügung erlassen, so kann er seine Entscheidung jedenfalls solange ändern, als sie noch nicht bekannt gemacht worden ist.[16] Nach diesem Zeitpunkt ist er zur Änderung nur berechtigt, wenn entweder ein neuer Antrag gestellt oder Erinnerung (Beschwerde) eingelegt wird.[17] Hat der Grundbuchrechtspfleger mit der Eintragung ins Grundbuch begonnen, so ist er zur Änderung nur solange befugt, als sie nicht gemäß § 44 S 2 unterzeichnet ist. Nach der Unterzeichnung der Eintragung, dh nach Vollendung der Eintragung iS des § 44, steht nur der Weg des § 53 und der der Grundbuchberichtigung nach § 22 offen.

9 **d) Zulässigkeit des verwertbaren Materials.** Die Prüfung des Grundbuchrechtspflegers nach einem Eintragungshindernis findet ihre Grenzen in der Zulässigkeit des verwertbaren Materials.[18] In erster Linie darf er die vorgelegten sowie die im Antrag in Bezug genommenen **Eintragungsunterlagen** berücksichtigen, da sie den Antrag begründen.[19] Ein Hinderungsgrund ist selbstverständlich auch dann zu beachten, wenn er sich aus dem **Grundbuch** unmittelbar ergibt. Der Grundbuchrechtspfleger darf daneben Urkunden und Tatsachen berücksichtigen, die ihm aus den **Grundakten** bekannt geworden sind und der Eintragung im Wege stehen, und zwar auch gegen oder ohne Willen des Antragstellers.[20] Das Grundbuchamt ist jedoch nicht nur an die vorgelegten Eintragungsunterlagen, dem Grundbuchinhalt und dem Inhalt der Grundakten gebunden. Es darf auch eine **anderweitig amtlich erlangte Kenntnis** von Tatsachen berücksichtigen, welche der beantragten Eintragung entgegensteht.[21] Dies ergibt sich aus der Pflicht des Grundbuchamts, das Grundbuch richtig zu halten; denn nur in den seltensten Fällen wird sich zB das Fehlen bzw die Unwirksamkeit der Einigung aus den Eintragungsunterlagen oder gar dem Grundbuch bzw den Grundakten selbst ergeben.[22] Bezüglich letzterem besteht aber keine Nachforschungspflicht für den Grundbuchrechtspfleger.[23] Er darf vor allem nicht selbst zB in anderen Grundbuchblättern oder in Grundakten nach Eintragungshindernissen forschen.[24] Zweifelhaft ist dabei, ob der Grundbuchrechtspfleger auch Tatsachen berücksichtigen darf, die er entgegen dem Ermittlungsverbot gewonnen hat und die mit Sicherheit ergeben, dass das Grundbuch unrichtig wird. Zum Teil wird dies verneint, weil im Grundbuchverfahren der Beibringungsgrundsatz gilt (dh, die Beteiligten sind allein für die Verwirklichung und Sicherung ihrer Rechte verantwortlich); eine Verwertung soll daher zu einer unzulässigen Umgehung des Ermittlungsverbotes führen.[25] Dem kann nicht gefolgt werden. Wenn urkundlich belegt ist, sei es

13 KEHE-*Herrmann* § 18 Rn 8; *Güthe-Triebel* § 18 Rn 6.
14 BayObLGZ 1948–1951, 365; KG KGJ 37, 289; *Güthe-Triebel* § 18 Rn 7; *Hesse-Saage-Fischer* § 18 Bem I 1; KEHE-*Herrmann* § 18 Rn 15; *Demharter* § 18 Rn 4.
15 *Güthe-Triebel* § 18 Rn 8, 9; KEHE-*Herrmann* § 18 Rn 15.
16 *Demharter* § 18 Rn 4; KEHE-*Herrmann* § 18 Rn 15.
17 KG JW 1937, 478; *Hesse-Saage-Fischer* § 18 Bem II 2 a; KEHE-*Herrmann* § 18 Rn 15; **aA** *Güthe-Triebel* § 18 Rn 26.
18 *Köther* 98.
19 BayObLG Rpfleger 1970, 23; OLG Hamm Rpfleger 1973, 137; KEHE-*Herrmann* § 18 Rn 10; *Köther* 98.
20 BayObLGZ 1954, 292; KEHE-*Herrmann* § 18 Rn 10.
21 BayObLGZ 1959, 447; DNotZ 1967, 429 = Rpfleger 1967, 14; KEHE-*Herrmann* § 18 Rn 9; *Köther* 99.
22 *Köther* 101.
23 *Köther* 104.
24 OLG Hamm DNotZ 1972, 98; OLG Düsseldorf Rpfleger 1966, 261; *Kleist* MittRhNotK 1985, 133, 136 mwN.
25 KG Rpfleger 1968, 224; *Köther* 104, 105.

auch unter Verstoß gegen den Beibringungsgrundsatz, dass eine beantragte Eintragung das Grundbuch unrichtig machen würde, so verlangt das Legalitätsprinzip, die Eintragung abzulehnen.[26]

e) Grenzen der Nachforschungspflicht. Sind alle Eintragungsunterlagen erbracht und ergeben sich Zweifel an deren Wirksamkeit, so ist fraglich, wieweit diesen im Rahmen des Prüfungsrechts nachgegangen werden kann. Wo liegen die Grenzen der Nachforschungspflicht? Wann liegt ein ausreichendes Überzeugungsdefizit an der Wirksamkeit der Eintragungsunterlagen vor, um eine Zwischenverfügung nach § 18 erlassen zu können? **10**

Bloße **subjektive Zweifel, Vermutungen oder Bedenken** des Grundbuchrechtspflegers auf Grund des zu würdigenden Sachverhalts reichen nicht aus, um die Überzeugung an die in Urkundenform beigebrachten Unterlagen zu erschüttern.[27] Es ist nicht mit der Aufgabe des Grundbuchamtes vereinbar, jeder fern liegenden Möglichkeit für die Annahme eines Eintragungshindernisses nachzugehen; dies würde die Bearbeitung ungebührlich verzögern und den Grundbuchverkehr lahm legen.[28] Kein Hindernis stellt daher die rein theoretische Möglichkeit dar, dass der Eintragungsantrag mit der Rechtslage nicht in Einklang steht, wofür keine konkreten praktischen Tatsachen erkennbar sind, zB wenn bei einer Auflassung zweifelhaft ist, ob mit der Verfügung die Aushöhlung eines gemeinschaftlichen Testaments erfolgt.[29] Sind deshalb die subjektiven Zweifel, Vermutungen oder Bedenken nicht durch Tatsachen untermauert, so kann der Grundbuchrechtspfleger nicht die volle Überzeugung gewinnen, dass er die Eintragung ablehnen darf, dh es ist weder eine Zwischenverfügung noch eine Zurückweisung nach § 18 gerechtfertigt. **11**

Bei der Überprüfung der Eintragungsvoraussetzungen auf Hindernisse hat sich der Grundbuchrechtspfleger an das Regelmäßige des Lebens und die vom Gesetz aufgestellten Vermutungen und Beweisregeln zu halten, wenn nicht im Einzelfall besondere Umstände für das Gegenteil sprechen.[30] Sobald also ein **allgemein anerkannter Erfahrungssatz** für das Fehlen eines Eintragungshindernisses spricht, besteht keine Nachforschungspflicht. So ist zB vom Vorliegen der Geschäftsfähigkeit der Beteiligten oder dem Nichtbestehen von Verfügungsbeeinträchtigungen auszugehen (ausführlich dazu Einl F Rdn 93). **12**

Liegen aber **auf Grund konkreter Tatsachen oder Tatsachenbehauptungen begründete Zweifel** am Bestehen der Eintragungsvoraussetzungen vor, so ist diesen Zweifeln nachzugehen.[31] Konkret sind die Anhaltspunkte, wenn sich die Zweifel an der Vollständigkeit oder der Richtigkeit der Eintragungsunterlagen aufdrängen, wenn sich Bedenken aus bestimmten Tatsachen ergeben, die zu greifbaren Zweifeln führen. Die sich ergebenden Zweifel müssen begründet sein, dh sie müssen die Überzeugung des Rechtspflegers von dem Vorliegen der Eintragungsvoraussetzungen ausschließen oder erheblich in Zweifel ziehen.[32] Die Tatsachen, aus denen sich die Zweifel ergeben, müssen stets geeignet sein, begründete Zweifel an der Fortdauer der Rechtsgültigkeit der vorgebrachten Eintragungsunterlagen zu begründen.[33] Die Tatsachen selbst müssen feststehen;[34] Zweifel in tatsächlicher Hinsicht können vom Grundbuchamt, das auf die Möglichkeiten des § 18 beschränkt ist, nicht aufgeklärt werden.[35] Gewinnt der Grundbuchrechtspfleger auf Grund tatsächlicher Anhaltspunkte die Überzeugung, dass durch eine Eintragung das Grundbuch unrichtig werden könnte, und hat es auf Grund ebensolcher Anhaltspunkte begründete Zweifel an der Wirksamkeit der Eintragungsunterlagen, so muss er zur Beseitigung seiner Bedenken hinwirken.[36] Strittig ist die Frage, wann aus materiellrechtlichen Gründen ein Eintragungshindernis vorliegt. Eine Meinung bejaht dies nur dann, wenn durch die Eintragung das Grundbuch ohne den geringsten Zweifel unrichtig würde und es ferner nach Lage der Sache ausgeschlossen erscheint, dass die zur Rechtsentstehung notwendigen, aber noch fehlenden sachenrechtlichen Erklärungen der Eintragung nachfolgen können.[37] Nach richtiger Meinung liegt aber auch bei begründeten Zweifeln hinsichtlich der materiellen Richtigkeit des Grundbuchs ein Eintragungshindernis vor, welches zum Erlass einer Zwischenverfügung ver- **13**

---

26 BayObLG Rpfleger 1973, 429.
27 BGHZ 35, 135 = Rpfleger 1961, 223, 234; KG DNotZ 1972, 173; BayObLG Rpfleger 1971, 430; *Schmitz* MittBayNot 1982, 59; *Eickmann* Rpfleger 1979, 169, 170; *Riedel* Rpfleger 1969, 228, 231; *Kleist* MittRhNotK 1985, 133, 135.
28 *Köther* 113.
29 KG DNotZ 1972, 172; OLG Stuttgart DNotZ 1960, 600.
30 OLG Stuttgart DNotZ 1960, 600; *Eickmann* Rpfleger 1979, 169, 170; *Kleist* MittRhNotK 1985, 133, 135.
31 BGHZ 35, 135, 139 = Rpfleger 1961, 233, 235; OLG Frankfurt Rpfleger 1977, 103; OLG Stuttgart DNotZ 1960, 600; OLG Hamm Rpfleger 1974, 40; *Köther* 114; *Riedel* Rpfleger 1969, 231; *Kleist* MittRhNotK 1985, 133, 136.
32 *Köther* 114, 115.
33 *Köther* 115.
34 BayObLGZ 1967, 18.
35 OLG Hamm DNotZ 1972, 98; KEHE-*Herrmann* § 18 Rn 12.
36 BGHZ 35, 135, 139 = Rpfleger 1961, 233, 235 (»zur Beanstandung verpflichtet«); BayObLG Rpfleger 1983, 17 (»das GBA ist gehalten«); MittBayNot 1981, 25 (»hat auf Beseitigung hinzuwirken«); KEHE-*Herrmann* § 18 Rn 10; *Schmitz* MittBayNot 1982, 57, 59; *Kleist* MittRhNotK 1985, 133, 136.
37 LG Wuppertal NJW 1960, 1814 = DNotZ 1960, 479 m Anm *Hieber* = Rpfleger 1961, 199 m Anm *Haegele*; KEHE-*Herrmann* § 18 Rn 12; *Schöner/Stöber* Rn 209.

pflichtet.[38] Dies ergibt sich aus dem Legalitätsprinzip, wonach der Grundbuchrechtspfleger das Grundbuch nicht wissentlich unrichtig machen darf. Begründete Zweifel liegen zB vor, wenn der Vollmachtgeber den wirksamen Widerruf der von ihm erteilten Vollmacht behauptet oder ein Gutachten die Geschäftsfähigkeit des Veräußerers bei der Auflassung verneint (vgl dazu ausführlich Einl F Rdn 94).

14 Hingegen müssen für den Fall, dass eine Eintragung mit Sicherheit mangels einer materiellrechtlichen Voraussetzung zur dauernden Unrichtigkeit des Grundbuchs führt, die **Tatsachen zur Überzeugung des Grundbuchrechtspflegers feststehen**, um den Eintragungsantrag zurückzuweisen.[39] Daher ist es unzulässig, ein von in Gütergemeinschaft lebenden Eheleuten erworbenes Grundstück auf diese als Miteigentümer nach Bruchteilen umzuschreiben[40] oder einen in Gütergemeinschaft lebenden Ehegatten als Alleineigentümer einzutragen, ohne dass die Vorbehaltsguteigenschaft nachgewiesen ist.[41]

15 **f) Formelle Unklarheiten.** Enthält der Eintragungsantrag oder eine Eintragungsgrundlage formelle Unklarheiten, so ist ein Hindernis gemäß § 18 gegeben und durch Zwischenverfügung auf Klarstellung hinzuwirken.[42] Keinesfalls ist in diesem Fall eine sofortige Zurückweisung zulässig, da der Grundbuchrechtspfleger die Pflicht hat, durch sachgemäße Belehrung darauf hinzuwirken, dass Zweifel geklärt und unvollständige Erklärungen ergänzt werden.

16 **g) Sonderfälle gemäß § 130 Abs 3 ZVG, § 79 Abs 1 FlurbG.** Ein Hindernis gemäß § 18 liegt nur dann vor, wenn dieses von den Beteiligten beseitigt werden kann.[43] Der Ersteher eines Grundstücks im Zwangsversteigerungsverfahren ist berechtigt, schon vor seiner Eintragung Eintragungsanträge, zB bezüglich einer Hypothekenbestellung, Auflassung usw, an das Grundbuchamt einzureichen, damit dieses sie durch Eintragung erledigt, sobald dies gesetzlich zulässig ist, also erst nach Vollzug des Ersuchens des Vollstreckungsgerichts (§ 130 Abs 1 ZVG). Hier darf die noch nicht vollzogene Berichtigung des Grundbuchs gegenüber einer vom Ersteher beantragten Eintragung nicht als Hindernis gemäß § 18 angesehen werden. Dasselbe gilt für Anträge Dritter auf Zwangseintragungen gegen den Ersteher. Der Grundbuchrechtspfleger darf solche Anträge weder zurückweisen noch darf er eine Zwischenverfügung erlassen (**§ 130 Abs 3 ZVG**), weil ein Hindernis vorliegt, das der Antragsteller ohne Mitwirkung des Versteigerungsgerichts gar nicht beheben kann.[44] Die Anträge werden vom Grundbuchamt entgegengenommen und bei den Akten behalten, um in unmittelbarem Anschluss an die Grundbuchberichtigung und im Rang nach den Sicherungshypotheken nach § 128 ZVG erledigt zu werden. Das Grundbuchamt hat dafür zu sorgen, zB durch einen Vermerk im Handblatt oder auf dem Deckel der Grundakten, dass solche Anträge nicht übersehen werden.

17 Mit der Anordnung der vorzeitigen Ausführung des Flurbereinigungsplans ist zu dem in ihr bestimmten Zeitpunkt der im Plan vorgesehene neue Rechtszustand an die Stelle des bisherigen getreten (§ 63 Abs 1 iVm § 61 S 2 FlurbG). Damit sind die alten Grundstücke untergegangen; an ihre Stelle ist im Wege der Surrogation das Ersatzgrundstück getreten (§ 68 Abs 1 S 1 FlurbG). Nach **§ 79 Abs 1 FlurbG** ist das Grundbuch auf Ersuchen der Flurbereinigungsbehörde entsprechend den neuen Verhältnissen zu berichtigen. Eine Verfügung über die bisherigen Einlagegrundstücke kann vor der Grundbuchberichtigung auf den neuen Rechtszustand nicht eingetragen werden, denn hierdurch würde das Grundbuchamt eine Eintragung vornehmen, von der es mit Sicherheit weiß, dass sie unrichtig ist.[45] Nun wird die Meinung vertreten, dass mit der Zwischenverfügung aufgegeben werden kann, einen Antrag nach § 82 FlurbG zu stellen.[46] Gemäß dieser Vorschrift hat der Teilnehmer am Flurbereinigungsverfahren die Möglichkeit, bei der Flurbereinigungsbehörde zu beantragen, dass diese das Grundbuchamt um die vorzeitige Teilberichtigung ersucht. Diese Auffassung muss abgelehnt werden, da sie zu einer Zweckentfremdung der Zwischenverfügung führt.[47] Die fehlende vorherige Berichtigung des Grund-

---

38 BGH Rpfleger 1961, 233, 235; BayObLG MittBayNot 1981, 25; AG Schwabach Rpfleger 1983, 429 = MittRhNotK 1984, 63, 64; *Schmitz* MittBayNot 1982, 57, 59; *Riedel* BlGBW 1966, 221, 224; *Kleist* MittRhNotK 1985, 133, 136.

39 BayObLG Rpfleger 1969, 48 (»zur sicheren Überzeugung«); MittBayNot 1980, 188; NJW 1980, 2818 (»zur Überzeugung feststeht«); KG DNotZ 1972, 173, 176 (»Gewissheit bei Vormerkung«); OLG Hamm MittRhNotK 1983, 152, 153 (»Tatsachen zur Überzeugung feststehen«); LG Wuppertal NJW 1960, 1814 = DNotZ 1960, 479 = Rpfleger 1961, 199 (»ohne Zweifel unrichtig«); *Schöner/Stöber* Rn 209; *Kleist* MittRhNotK 1985, 133, 136.

40 RGZ 155, 344.

41 KG JFG 15, 192.

42 RG DR 1942, 1412; KEHE-*Herrmann* § 18 Rn 14; *Demharter* § 18 Rn 2.

43 *Eckhardt* BWNotZ 1984, 109.

44 RGZ 62, 140; BayObLGZ 18, 260; LG Gera RNotZ 2002, 511 = MittBayNot 2003, 310; LG Lahn-Gießen Rpfleger 1979, 352 m zust Anm *Schiffhauer*; LG Heilbronn MittBayNot 1982, 134; LG Darmstadt MDR 1987, 332; *Güthe-Triebel* § 18 Rn 20; KEHE-*Herrmann* § 38 Rn 58; *Eckhardt* BWNotZ 1984, 109, 110; *Kleist* MittRhNotK 1985, 133, 134.

45 BayObLGZ 1982, 455 = Rpfleger 1983, 145 = MittBayNot 1983, 64; DNotZ 1986, 146; Rpfleger 1986, 129; **aA** *Haiduk* MittBayNot 1983, 66; *Tönnies* MittRhNotK 1987, 93, 99.

46 BayObLGZ 1982, 455 = MittBayNot 1983, 64 = Rpfleger 1983, 145.

47 *Eckhardt* BWNotZ 1984, 109; kritisch auch *Tönnies* MittRhNotK 1987, 93, 99.

buchs auf den neuen Grundstücksbestand ist kein Hindernis iS von § 18, weil dies ausschließlich in der Sphäre der Flurbereinigungsbehörde und des Grundbuchamts liegt, die Verfahrensbeteiligten selbst aber das Hindernis nicht beseitigen können. Haben die Beteiligten nämlich entsprechend der Zwischenverfügung den Antrag nach § 82 FlurbG gestellt und ihn sowie dessen Zugang bei der Flurbereinigungsbehörde dem Grundbuchamt nachgewiesen, so müsste damit das Hindernis beseitigt sein und die beantragte Grundbucheintragung sofort erfolgen können. Genau das kann indessen nicht geschehen, weil das Hindernis mit dem angegebenen Weg noch nicht beseitigt ist. Nach richtiger Ansicht hat deshalb das Grundbuchamt die Anträge entgegenzunehmen und bei den Akten zu behalten, um im unmittelbaren Anschluss an den Vollzug des Ersuchers der Flurbereinigungsbehörde erledigt zu werden.

III. Behandlung fehlerhafter Eintragungsanträge

Steht der beantragten Eintragung ein Hindernis entgegen, sind also die Voraussetzungen des § 18 Abs 1 erfüllt, **18** so kann der Grundbuchrechtspfleger entweder den Antrag ablehnen oder eine angemessene Frist zur Behebung des Hindernisses bestimmen.

1. Unzulässige Wege der Erledigung

a) Beanstandung ohne Fristsetzung. Unzulässig ist die Beanstandung eines Eintragungshindernisses ohne **19** Fristsetzung zur Behebung des Hindernisses;[48] dies ergibt sich eindeutig aus dem Wortlaut des § 18 Abs 1. § 72 BayDA, der ein solches Verfahren gestattete, ist seit 1935 nicht mehr anwendbar.[49] In der Grundbuchpraxis kommen solche Verfahrensweisen gleichwohl vor, sie sind jedoch aus Haftungsgründen unbedingt zu unterlassen.[50] Wird ein Antrag von dem Antragsteller mit dem Bemerken eingereicht, dass gewisse, von ihm selbst bemerkte Hindernisse binnen einer von ihm angegebenen Frist beseitigt werden würden, so hat der Grundbuchrechtspfleger eine Zwischenverfügung zu erlassen,[51] und zwar mit kurzer Frist (vgl Rdn 85). Nicht ausreichend ist eine Verfügung des Grundbuchrechtspflegers, womit er lediglich die Wiedervorlage nach Ablauf der vom Antragsteller selbst gesetzten Frist anordnet.

b) Aussetzung des Verfahrens. Eine Aussetzung des Verfahrens, um dem Antragsteller Gelegenheit zur **20** Beschaffung weiterer Unterlagen zu geben, ist der GBO fremd und daher unzulässig.[52] Dies darf auch nicht mit Zustimmung des Antragstellers oder sämtlicher Beteiligter erfolgen.[53] Der Grundbuchrechtspfleger darf jedoch die Entscheidung über den Eintragungsantrag, der ausdrücklich mit der Maßgabe gestellt ist, dass über ihn erst nach Ablauf einer bestimmten Frist entschieden werden soll, bis zum Ablauf dieser Frist zurückstellen.[54] Hier handelt es sich um keine Aussetzung im eigentlichen Sinne, sondern um eine **Angabe des frühesten Zeitpunkts der Entscheidung seitens des Antragstellers**, der den Antrag ebenso gut auch später hätte einreichen können, nämlich zu dem von ihm angegebenen Zeitpunkt, ihn aber aus irgendwelchen Gründen schon früher einreicht, etwa mit Rücksicht auf eine Auslandsreise. Es bestehen deshalb keine Bedenken, in einem solchen Fall die Entscheidung zurückzustellen. Festzuhalten ist jedoch, dass ein solcher Antrag erst mit Ablauf der Frist als gestellt gilt. Unzulässig ist in jedem Fall das **Liegenlassen eines unerledigten Antrags**, wenn die Nachbringung fehlender Unterlagen angekündigt wird,[55] das durch die Antragstellung die Rechtswirkung der Rangwahrung eingetreten ist. Ebenso kennt das Grundbuchverfahren kein **Ruhen des Verfahrens** (ähnlich § 251 ZPO);[56] ein entsprechender Antrag der Beteiligten ist daher unzulässig.

c) Tätigkeit von Amts wegen. Liegt dem Grundbuchrechtspfleger ein fehlerhafter Antrag zur Eintragung **21** vor, so braucht und darf er die fehlenden Unterlagen nicht von Amts wegen zu beschaffen;[57] es gilt vielmehr der grundbuchrechtliche Beibringungsgrundsatz (vgl Einl F Rdn 90), wonach der Antragsteller den Beweisstoff

---

48 RGZ 60, 395; BayObLGZ 1995, 279 = FGPrax 1995, 221; BayObLG FGPrax 1996, 15 m zust Anm *Keller* FGPrax 1996, 85; OLG Hamm Rpfleger 1975, 134; OLG Frankfurt MittRhNotK 1981, 64; KEHE-*Herrmann* § 18 Rn 48; *Demharter* § 18 Rn 1; *Kleist* MittRhNotK 1985, 133, 134; **aA** *Schöner/Stöber* Rn 445.

49 *Güthe-Triebel* § 18 Rn 11; *Hesse-Saage-Fischer* § 18 Bem I; KEHE-*Herrmann* § 18 Rn 48; *Kleist* MittRhNotK 1985, 133, 134.

50 RG JW 1905, 334; KEHE-*Herrmann* § 18 Rn 48; *Kleist* MittRhNotK 1985, 133, 134.

51 KGJ 31 A 250; *Schöner/Stöber* Rn 436.

52 BayObLGZ 1978, 15; OLG Frankfurt MDR 1990, 557; KG DNotZ 1930, 494; OLG Dresden JFG 3; 301; LG Stuttgart BWNotZ 1982, 90, 93; *Güthe-Triebel* § 18 Rn 11; *Thieme* § 18 Bem 4; *Demharter* § 18 Rn 1; KEHE-*Herrmann* § 18 Rn 47; *Kleist* MittRhNotK 1985, 133, 134; *Meyer-Stolte* RpflJB 1979, 309, 315; *Schöner/Stöber* Rn 446.

53 KG JW 1932, 2890; *Güthe-Triebel* § 18 Rn 11; KEHE-*Herrmann* § 18 Rn 47.

54 KG KGJ 34, 312; KEHE-*Herrmann* § 18 Rn 47.

55 KEHE-*Herrmann* § 18 Rn 47; *Meyer-Stolte* RpflJB 1979, 309, 315; *Kleist* MittRhNotK 1985, 133, 134.

56 *Meyer-Stolte* RpflJB 1979, 309, 315.

57 KG OLGE 43, 173; DNotV 1930, 492; KEHE-*Herrmann* § 18 Rn 50.

selbst herbeizuschaffen hat. Wenn das BayObLG[58] teilweise eine andere Auffassung vertritt, nämlich die Ermittlungspflicht des Grundbuchamts im Rahmen des § 18 annimmt, um selbst Zweifel aufzuklären, so kann dem nicht gefolgt werden. Für ein solches Recht oder gar eine solche Pflicht fehlt die gesetzliche Grundlage. § 18 dient gerade dazu, bei Mängeln von Anträgen eine grundbuchgemäße Sachbehandlung sicherzustellen, und geht davon aus, dass im Bereich des Antragsgrundsatzes amtliche Ermittlungen ausgeschlossen sind. Für das frühere Land Württemberg ist auf § 70 GBVO hinzuweisen, wonach das Grundbuchamt den Antragsteller bei der Beseitigung vorliegender Hindernisse beraten und unterstützen soll, ohne jedoch von Amts wegen tätig zu werden. Diese Vorschrift belehrenden Charakters kann als gültig angesehen werden, vor ihrer Anwendung ist jedoch abzuraten, da zum einen eine erhebliche Haftungsgefahr besteht und zum anderen die Zwischenverfügung gerade diesen Zweck erfüllt.[59]

22 **d) Verweisung auf den Prozessweg.** Eine Verweisung des Antragstellers auf den Prozessweg ist ausgeschlossen; das Grundbuchamt muss selbst eine Entscheidung über den Antrag treffen und kann sich dieser Entscheidung auch bei zweifelhaften oder bei Vorfragen nicht dadurch entziehen, dass es von den Beteiligten die Vorlage einer Entscheidung des Prozessgerichts verlangt.[60] Dies darf auch nicht im Wege der Ablehnung des Antrags ohne sachliche Entscheidung geschehen. Anders liegt der Fall, wenn die Vornahme einer Eintragung von der rechtskräftigen Feststellung eines bestimmten Rechtsverhältnisses durch das Prozessgericht abhängt; hier kann dem Antragsteller durch Zwischenverfügung die Beschaffung der rechtskräftigen Entscheidung aufgegeben werden.[61] Eine gesetzliche Ausnahme enthält § 106 im Verfahren zur Klarstellung der Rangverhältnisse. Wenn auch keine Verweisung auf den Prozessweg zulässig ist, so ist dadurch nicht ausgeschlossen, dass die Beteiligten selbst den Prozessweg wählen, um zu einem materiell richtigen Endergebnis zu kommen.[62] Lehnt nämlich das Grundbuchamt eine Eintragung nicht ab, weil ausreichende Gründe fehlen, so ist damit unter den Beteiligten nicht immer klargestellt, dass die Eintragung zu Recht erfolgt ist und deshalb die gewünschte Wirkung hat, die damit verbunden sein soll. Die weitere Austragung von Streitpunkten im Prozessweg bleibt den Beteiligten offen. Sie können einen Rechtsstreit anhängig machen und, wo ein Bedürfnis besteht, im Wege der einstweiligen Verfügung eine etwa nötige Zwischenregelung herbeiführen.[63]

23 **e) Unverbindliche Meinungsäußerungen.** In der Grundbuchpraxis häufig anzufinden sind unverbindliche Meinungsäußerungen des Grundbuchrechtspflegers anstelle einer Zwischenverfügung. Diese Verfahrensweise ist ordnungswidrig und unzulässig;[64] sie führt dazu, dass das Grundbuchamt über einen Antrag nicht entschieden hat. Sie ist wie passives Verhalten, Untätigwerden zu behandeln und kann durch Dienstaufsichtsbeschwerde[65] oder gar Amtshaftungsansprüche auslösen.[66] Wenn auch der Rechtspfleger gemäß § 9 RpflG sachliche Unabhängigkeit genießt, so besagt dies nicht, dass er keinerlei Weisungen des Dienstvorgesetzten unterworfen ist. Nach § 26 DRiG hat der Vorgesetzte das Recht, die ordnungswidrige Ausführung eines Amtsgeschäftes dem Richter vorzuhalten und ihn zu ordnungsgemäßer und unverzögerter Erledigung der Amtsgeschäfte zu ermahnen. Gleiches gilt für den Rechtspfleger.[67] Der Dienstvorgesetzte, nicht der Grundbuchrichter des § 28 RpflG, kann daher dienstordnungsrechtlich gegen den Grundbuchrechtspfleger vorgehen, wenn letzterer durch unverbindliche Meinungsäußerungen anstelle einer Entscheidung gemäß § 18 das Verfahren verzögert.

24 Gibt der Grundbuchrechtspfleger durch schriftliche Mitteilung anheim, **einen Antrag zurückzunehmen** oder einen **anderen Antrag zu stellen**, so kann ein solches Schreiben nicht als Zwischenverfügung iS des § 18 angesehen werden; es handelt sich vielmehr um eine unverbindliche Meinungsäußerung des Grundbuchrechtspflegers, die nicht anfechtbar ist.[68] Es liegt überhaupt keine Entscheidung gemäß § 18 vor. Wesentliches Merkmal einer Zwischenverfügung ist der Hinweis auf ein behebbares Hindernis. Bei einer Empfehlung zur Antragsrücknahme will der Grundbuchrechtspfleger dem vorliegenden Antrag gerade nicht zum Erfolg verhel-

---

58 BayObLGZ 1956, 218 = NJW 1956, 1800 = Rpfleger 1957, 22 = DNotZ 1956, 596 m abl Anm *Schweyer*.
59 KEHE-*Herrmann* § 18 Rn 50; *Schmied* BWNotV 1950, 65.
60 BayObLGZ 16, 93; KG KGJ 41, 188; OLG Dresden JFG 3, 301; KEHE-*Herrmann* § 18 Rn 51; *Thieme* § 18 Bem 4.
61 KG DNotV 1930, 494; KEHE-*Herrmann* § 18 Rn 51.
62 KEHE-*Herrmann* § 18 Rn 51.
63 OLG Stuttgart NJW 1960, 1109 = DNotZ 1960, 335; KEHE-*Herrmann* § 18 Rn 51.
64 BGH Rpfleger 1980, 273; OLG Frankfurt Rpfleger 1997, 105; 1976, 306; OLG Hamm Rpfleger 1975, 134; *Meyer-Stolte* Rpfleger 1980, 274; **aA** *Schöner/Stöber* Rn 445.
65 *Meyer-Stolte* RpflJB 1979, 309, 316; Rpfleger 1980, 274.
66 *Lindacher* DRiZ 1965, 198; FamRZ 1973, 433.
67 *Meyer-Stolte* RpflJB 1979, 309, 316.
68 BGH NJW 1980, 2521 = DNotZ 1980, 741 = Rpfleger 1980, 273 m Anm *Meyer-Stolte*; BayObLG Rpfleger 1979, 210; KG HRR 1931 Nr 608; HRR 1935 Nr 1525 = JFG 13, 112; OLGZ 1971, 450, 451; OLG Naumburg FGPrax 2000, 3; OLG Hamm Rpfleger 1970, 356; 1971, 15; 1975, 134; 1979, 167; OLG Frankfurt Rpfleger 1974, 194; 1975, 59; 1978, 306; LG Mönchengladbach Rpfleger 2002, 201; KEHE-*Herrmann* § 18 Rn 50; *Schöner/Stöber* Rn 473; *Habscheid* § 41 II 4; *Meyer-Stolte* RpflJB 1979, 309, 316; *Kleist* MittRhNotK 1985, 133, 134; **aA** OLG Oldenburg Rpfleger 1975, 361.

fen, sondern im Gegenteil darauf hinwirken, dass der Antrag fallen gelassen werde. Eine solche Verfahrensweise ist in der GBO nicht vorgesehen; sie ist daher unzulässig und hat zu unterbleiben.

Eine Zwischenverfügung mit der **Empfehlung einer Antragsrücknahme ist ausnahmsweise dann zuläs-** 25 **sig**, wenn von mehreren Eintragungsanträgen, die nach der Bestimmung des Antragstellers nur einheitlich erledigt werden sollen (§ 16 Abs 2), einem Antrag ein nicht behebbarer Mangel anhaftet.[69] In diesem Fall zieht die Fehlerhaftigkeit eines der verbundenen Einzelanträge die Mangelhaftigkeit der gesamten aus der Verbindung entstandenen Antragseinheit nach sich. Das der Antragseinheit entgegenstehende Eintragungshindernis kann dadurch beseitigt werden, dass der beanstandete Einzelantrag zurückgenommen und so die Verknüpfung dieses Antrags mit dem rechtlichen Schicksal der übrigen Anträge aufgehoben wird. Die wirksame Rücknahme des beanstandeten Antrags ist deshalb Voraussetzung für die Eintragungsfähigkeit des restlichen Antragsverbundes. Eine Beanstandung der gesamten Antragseinheit mit der Empfehlung der Rücknahme des fehlerhaften Einzelantrags zielt mithin auf die Behebung eines Eintragungshindernisses innerhalb einer gesetzten Frist ab und erfüllt die Merkmale einer Zwischenverfügung. Löst der Grundbuchrechtspfleger die verfahrensrechtliche Einheit mehrerer verbundener Eintragungsanträge unter Verstoß gegen § 16 Abs 2 selbst dadurch auf, dass er einem der Anträge durch Vornahme der beantragten Eintragung stattgibt und den anderen, mit einem nicht behebbaren Mangel behafteten Antrag abweist, so kann diese Entscheidung nicht mit Erfolg im Beschwerdeweg angegriffen werden.[70] Denn der Grundsatz, dass bei verbundenen Anträgen eine Zwischenverfügung zwecks Zurücknahme des unvollziehbaren Antrags erlassen werden darf, hat seinen Grund darin, dass sonst auch der an sich einwandfreie Antrag zurückgewiesen werden müsste; dieser Grund ist aber entfallen, wenn der letztere Antrag vom Grundbuchamt vollzogen ist (vgl Rdn 78).

f) Vorbescheid. Der Vorbescheid wurde in der Freiwilligen Gerichtsbarkeit zwar von der Rechtsprechung 26 entwickelt,[71] ist aber bis heute umstritten[72] und nur im Erbscheinsverfahren mit Einschränkungen anerkannt.[73] Der Vorbescheid ist eine Ankündigung des Gerichts an die Beteiligten, dass eine näherbezeichnete Entscheidung erlassen werde, wenn binnen bestimmter Frist keine Beschwerde eingelegt werde.[74] Der Erlass eines Vorbescheids ist nach Ansicht des BGH[75] jedoch nur **in Ausnahmefällen** vertretbar und entspricht einem dringenden Bedürfnis, um beträchtlichen Schaden zu vermeiden, der bei einer unrichtigen Entscheidung mit Publizitätswirkung eintreten kann.

Ein typisches Beispiel ist das **Erbscheinsverfahren** mit seiner Teilung in Anordnung der Erbscheinserteilung 27 durch den Richter/Rechtspfleger und der Erteilung des Erbscheins durch den Urkundsbeamten. Die Anordnung der Erbscheinserteilung wird denjenigen, denen ihr angebliches Erbrecht nicht oder nicht voll zuerkannt wird, bekannt gemacht mit dem Anheimgeben, binnen einer bestimmten Frist Beschwerde/Erinnerung einzulegen; der Erbschein wird erst erteilt, wenn kein Rechtsmittel eingelegt wurde oder darüber rechtskräftig entschieden wurde.[76] Zwischen der Anordnung, es solle ein bestimmter Erbschein erteilt werden, und der Ankündigung, einen Erbschein bestimmten Inhalts erlassen zu wollen (= Vorbescheid) besteht kein wesensmäßiger Unterschied, da beide die »Erteilung des Erbscheins« (§ 2353 BGB) nur vorbereiten.[77] Da aber gegen die bloße Anordnung der Erbscheinserteilung die Beschwerde/Erinnerung zulässig ist, muss folgerichtig auch ein beschwerdefähiger Vorbescheid anerkannt werden.

Auch das **Registerverfahren** unterteilt sich in die Eintragungsverfügung durch den Richter/Rechtspfleger 28 und die Eintragung selbst durch den Urkundsbeamten. Gegen die Eintragungsverfügung ist zwar grundsätzlich keine Beschwerde/Erinnerung zulässig, aber jedenfalls dann ist dies statthaft, wenn die Verfügung den Beteiligten bekannt gemacht wurde zu dem Zweck, wegen zweifelhafter Rechtsfragen und zur Vermeidung unzulässiger Eintragungen die Nachprüfung der Rechtsansicht des Registergerichts im Beschwerdeweg zu ermöglichen.[78] Wenn man jedoch Anordnung der Erbscheinserteilung und einen darauf gerichteten Vorbescheid als

69 BGHZ 71, 349 = Rpfleger 1978, 365; BayObLGZ 1979, 81 = Rpfleger 1979, 210; KG JFG 1, 439, 441; 13, 112; OLG Hamm Rpfleger 1975, 134; OLG Frankfurt MittRhNotK 1981, 64; *KEHE-Herrmann* § 18 Rn 36, 50; *Demharter* § 18 Rn 27; *Schöner/Stöber* Rn 444; *Habscheid* § 41 II 4; *Meyer-Stolte* Rpfleger 1980, 274; RpflJB 1979, 309, 311; *Kleist* MittRhNotK 1985, 133, 134.
70 BayObLG Rpfleger 1979, 210.
71 RGZ 137, 222.
72 Vgl *Hähnlein* Der Vorbescheid im Erkenntnisverfahren der freiwilligen Gerichtsbarkeit, 1990; KG NJW 1955, 1072.
73 BGHZ 20, 255 = NJW 1956, 987 = DNotZ 1956, 545 m zust Anm *von Schack* = Rpfleger 1956, 234 m zust Anm *Haegele*; AG Schwabach Rpfleger 1983, 153; vgl *Pentz* MDR 1990, 586.
74 *von Schuckmann* S 49.
75 BGHZ 20, 255.
76 RGZ 137, 222, 226; BayObLG JFG 13, 354; KG NJW 1955, 1073; BGHZ 20, 255; OLG München DFG 1937, 20; *von Schuckmann* S 53.
77 BGHZ 20, 255, 258; *Firsching* NJW 1955, 1542; *von Schuckmann* S 53.
78 OLG Stuttgart OLGZ 1970, 419 = Rpfleger 1970, 283; Rpfleger 1975, 97; LG Freiburg BWNotZ 1980, 61, 63; LG Bremen Rpfleger 1992, 98; *von Schuckmann* S 56.

wesengleich ansieht, so gilt dies auch für die registergerichtliche Eintragungsverfügung und einen entsprechenden Vorbescheid. Da nach § 15 Abs 1 HGB dem Handelsregister immerhin die sog negative Publizitätswirkung beigelegt ist, muss auch im Registerverfahren ein beschwerdefähiger Vorbescheid anerkannt werden.[79]

29   Das **Grundbuchverfahren** gliedert sich ebenfalls auf in die Eintragungsverfügung durch den Rechtspfleger und den Vollzug der Eintragung durch den Urkundsbeamten. Trotzdem wird die Zulässigkeit eines beschwerdefähigen Vorbescheids im Grundbuchverfahren überwiegend abgelehnt.[80] Begründet wird dies damit, dass der Vorbescheid keine das Verfahren in gesetzlich vorgesehener Weise abschließende, sondern nur eine diesen Abschluss bedingt in Aussicht stellende Willensäußerung sei. Nach richtiger Ansicht ist jedoch auch im Grundbuchverfahren die Zulässigkeit eines Vorbescheides zu bejahen.[81] Die Eintragungsverfügung in Grundbuchsachen entspricht derjenigen im Registerverfahren und der Anordnung der Erteilung des Erbscheins. Die Entscheidung selbst ist die Eintragung im Grundbuch bzw im Register und die Erteilung des Erbscheins. Die Anordnung der Erbscheinserteilung ist mit der Beschwerde anfechtbar; ebenso die Eintragungsverfügung des Registergerichts bei Bekanntgabe an die Beteiligten. Nach hM soll die Eintragungsverfügung im Grundbuchverfahren nicht anfechtbar sein, und zwar unabhängig davon, ob eine Bekanntmachung erfolgt oder nicht.[82] Wenn aber die Rechtsprechung bereits im Registerrecht die Beschwerde gegen die bekannt gemachte Eintragungsverfügung zulässt, so ist wegen der weiterreichenden Publizitätswirkung im Grundbuchrecht erst recht eine Beschwerdemöglichkeit gegen eine bekannt gemachte Eintragungsverfügung anzunehmen.[83] Besteht kein wesensmäßig entscheidender Unterschied zwischen einem Vorbescheid im Erbscheinsverfahren und der Anordnung der Erbscheinserteilung bzw einem Vorbescheid im Registerrecht und der registerrechtlichen Eintragungsverfügung, und entspricht die Anordnung der Erbscheinserteilung bzw die registerrechtliche Eintragungsverfügung der Eintragungsverfügung im Grundbuchverfahren, so muss auch im Grundbuchverfahren der Vorbescheid zulässig sein. Denn der öffentliche Glaube des Grundbuches ist weitergehender als der des Handelsregisters. Während das Grundbuch sowohl positiv fingiert, dass ein Recht dem Eingetragenen mit eingetragenem Inhalt und Rang zusteht, als auch negativ, dass nicht eingetragene oder unrichtig gelöschte Rechte und Verfügungsbeeinträchtigungen nicht bestehen, der Inhalt des Grundbuchs also vollständig ist (§ 892 Abs 1 BGB), fehlt dem Handelsregister die positive Funktion (§ 15 Abs 1 HGB). Der Vorbescheid im Grundbuchverfahren ist jedoch nur in besonderen Ausnahmefällen zu rechtfertigen, wenn die Sach- oder Rechtslage ihn dringend erforderlich machen, um möglichen Schaden durch Vollzug der Endentscheidung (= Grundbucheintragung) zu vermeiden. Die Grenze zwischen einem danach zulässigen und unzulässigen Vorbescheid ist sicher fließend. Ein beschwerdefähiger Vorbescheid des Grundbuchamtes ist ausnahmsweise für den Fall zulässig, dass es sich um die von Amts wegen vorzunehmende Löschung eines inhaltlich unzulässigen Rechtes handelt.[84] Zu denken ist aber auch an die Nichtübernahme einer Grunddienstbarkeit, wenn der abzuschreibende Grundstücksteil infolge Teilung von der Belastung frei wird (§ 1026 BGB).[85] In Betracht kommt auch das Grundbuchberichtigungsverfahren auf Grund einer Verfügung von Todes wegen, da durch den Vollzug der beantragten Entscheidung ein Rechtsschein erzeugt wird, der im Fall der Unrichtigkeit erheblichen Schaden verursachen kann, wenn gutgläubiger Erwerb sich anschließt.[86]

2. Zurückweisung oder Zwischenverfügung

30   Steht einer beantragten Eintragung ein Hindernis entgegen, so sieht § 18 Abs 1 S 1 als Reaktion des Grundbuchrechtspflegers darauf die Möglichkeit des Erlasses einer Zurückweisung oder einer Zwischenverfügung vor. Einigkeit herrscht im Schrifttum und in der Rechtsprechung, dass bei gewissen Mängeln zwingend eine Zurückweisung zu erfolgen hat: Zuständigkeitsmängel (Rdn 33), fehlende Antragsberechtigung (Rdn 34, 35), unwirksame oder noch nicht erteilte Bewilligung des unmittelbar Betroffenen (Rdn 36), unwirksame oder noch nicht erklärte Auflassung (Rdn 37), fehlende Grundbuchunrichtigkeit bei einem Berichtigungsantrag (Rdn 38, 39), inhaltlich nicht vollziehbares Recht oder Rechtsgeschäft (Rdn 40), Eintragung einer Vormer-

---

79   *von Schuckmann* S 57; **aA** *Hähnlein* § 8 II.

80   BGH DNotZ 1980, 743; BayObLG DNotZ 1995, 72; BayObLGZ 1993, 52 = DNotZ 1993, 599 = MittBayNot 1993, 285; BayObLGZ 1977, 268, 270 = DNotZ 1978, 159; OLG Karlsruhe Rpfleger 1993, 192; OLG Stuttgart Justiz 1990, 299; OLG Zweibrücken FGPrax 1997, 127; KG JFG 12, 268, 270; NJW 1955, 1072; OLG Hamm JMBl NRW 1961, 275; Rpfleger 1975, 134; OLG Frankfurt Rpfleger 1978, 306, 307; *Demharter* § 71 Rn 18; *Pawlowski-Smid*, FG, Rn 515; *Brehm*, FG, § 17 II 5.

81   OLG Saarbrücken OLGZ 1972, 129; LG Koblenz Rpfleger 1997, 158; LG Freiburg BWNotZ 1980, 61; LG Memmingen Rpfleger 1990, 251 m zust Anm *Minkus*; *Hähnlein* § 8 I; *von Schuckmann* S 57 ff; *Eickmann*, GBVerfR, Rn 414; *Deubner* § 8, 1c Fn 11 (S 83, 84); *Kahlfeld* BWNotZ 1998, 60; *Firsching* NJW 1955, 1540; wohl auch *Weirich* Rn 430.

82   KG HRR 1928 Nr 1875; *Demharter* § 71 Rn 20; *Pawlowski-Smid*, FG, Rn 505; *Brehm*, FG, § 32 V 1.

83   OLG Saarbrücken OLGZ 1972, 129, 130; LG Lübeck NJW-RR 1995, 1420; LG Freiburg BWNotZ 1980, 61, 63; *von Schuckmann* S 60.

84   LG Freiburg aaO.

85   *von Schuckmann* S 61.

86   *von Schuckmann* S 62.

kung oder eines Widerspruchs ausgeschlossen (Rdn 41) und Vollstreckungsmängel (Rdn 42–47). Wie aber ist in all den übrigen Fällen zu entscheiden, wenn andere Eintragungshindernisse vorliegen? Dieser wohl zu den wichtigsten Fragen des gesamten Grundbuchverfahrensrecht zählende Komplex ist **heftig umstritten**. Es stehen sich zwei Ansichten gegenüber.

Eine Auffassung besagt:[87] § 18 Abs 1 sage nicht, in welchen Fällen der Antrag sofort zurückzuweisen und wann eine Zwischenverfügung zu erlassen ist. Es sei daher dem Grundbuchamt die Wahl zwischen beiden Möglichkeiten gelassen. Das **Wahlrecht zwischen Ablehnung und Zwischenverfügung** komme in den Fällen in Betracht, in denen nicht eine Zurückweisung des Antrags erfolgen muss. Es dürfe jedoch nicht willkürlich oder nach Belieben ausgeübt werden. Die Wahl des im Einzelfall angebrachten Weges sei in das pflichtgemäße Ermessen des Grundbuchrechtspfleger gestellt. Es komme bei der Entscheidung stets auf die Lage des einzelnen Falles an. Der Grundbuchrechtspfleger habe hierbei auch die Belange des Antragstellers, insbesondere sein Interesse an der Wahrung des Vorrangs seines Antrags vor anderen Eintragungsanträgen zu berücksichtigen und unnötige Härten zu vermeiden. Anderseits müsse er auch das Interesse späterer Antragsteller daran, dass die Feststellung des endgültigen Ranges nicht längere Zeit im Ungewissen bleibt, ferner den Zweck der Grundbucheinrichtung, nämlich die Schaffung klarer Rechtsverhältnisse, und das Interesse der Allgemeinheit an der Zuverlässigkeit der Grundbucheinsicht im Auge behalten. Diese sich gegenüber stehenden Interessen seien nach verständigem Ermessen gegeneinander abzuwägen. Ob eine Zwischenverfügung erlassen wird oder Zurückweisung des Antrags erfolgt, entscheide sich nach der mehr oder minder leichten Behebbarkeit des Hindernisses. Es könne jedoch nicht gesagt werden, dass leichte Behebbarkeit des Mangels ausnahmslos in allen Fällen zum Erlass einer Zwischenverfügung führen müsse. Überwiegende andere Interessen könnten auch in einem solchen Fall die sofortige Zurückweisung rechtfertigen. Ist das Hindernis leicht zu beseitigen und die Beseitigung wahrscheinlich und in angemessener Frist zu erwarten, so sei der Erlass einer Zwischenverfügung nicht nur zulässig, sondern auch nach der Absicht des Gesetzes geboten, selbst wenn der Mangel leicht hätte vermieden werden können.

Die Gegenansicht besagt:[88] Der Grundbuchrechtspfleger habe kein Wahlrecht zwischen Zurückweisung und Zwischenverfügung. Ein Ermessen des Grundbuchamtes sei nicht gegeben. **In allen Fällen, in denen eine Zurückweisung nicht zwingend geboten ist, müsse eine Zwischenverfügung erlassen werden.**

Dieser Meinung ist zuzustimmen. Eine Ermessensentscheidung gibt es nur im Bereich der Verwaltung. Der Grundbuchrechtspfleger trifft aber seine Entscheidung im Rahmen der Rechtsprechung, iS eines Rechtspflegeaktes, dem ein Ermessen fremd ist. Im Übrigen ist das Ermessen grundsätzlich nur hinsichtlich seines Missbrauches nachprüfbar. Eine Pflicht zum Erlass einer Zwischenverfügung ist auch aus der mit der Antragstellung erworbenen unentziehbaren Rechtsposition zu folgern. Mit der Antragstellung erwirbt der Erwerber ein Anwartschaftsrecht, eine dingliche Rechtsposition, die dem Eigentumsschutz des Art 14 GG unterstellt ist. In diese darf grundsätzlich nicht eingegriffen werden. Nur wenn ein dingliches und höherrangiges öffentliches Interesse es erfordert, darf dieser günstige Rechtszustand ausnahmsweise durch eine Zurückweisung beendet werden. Das öffentliche Interesse an der Grundbuchklarheit und der schnellen Abwicklung des Grundbuchverfahrens können dies nicht rechtfertigen. Das Grundbuchamt als Rechtspflegeorgan der Freiwilligen Gerichtsbarkeit muss dem Antragsteller den absoluten Schutz der Zwischenverfügung gewähren und ihn möglichst lange in der durch die Antragstellung erworbenen Rechtsposition belassen. Auch die geforderte Abwägung zwischen den Interessen des Antragstellers und solchen der Allgemeinheit findet nicht statt. Das Grundbuchverfahren dient der Durchsetzung privater Vermögensinteressen, ein öffentliches Interesse, das eine bestimmte Verfahrensgestaltung verlangen würde, besteht nicht. Das Interesse der Allgemeinheit setzt vielmehr erst dann ein, wenn das Verfahren bis zur Eintragungsentscheidung gediehen ist. Die vorzunehmende Eintragung muss dann bestimmten Regeln gehorchen, die den Zweck der Grundbucheinrichtung, nämlich die Publizitätswirkung, gewährleisten. Auch die Begrenzung der Pflicht zur Zwischenverfügung auf leichte und behebbare Mängel ist nicht geeignet, Klarheit hinsichtlich der Handhabung des § 18 zu schaffen. Was ein leichter Mangel ist, wird sehr unterschiedlich definiert und kann nicht als allgemeiner Maßstab für eine einheitliche Verfahrensweise dienen. Begriffe dieser Art machen die Berechenbarkeit und Voraussehbarkeit der grundbuchamtlichen Entscheidung unmöglich. Es liegt im Interesse der Allgemeinheit, dass die Entscheidung voraussehbaren Regeln gehorcht. Durch die Möglichkeit der Fristsetzung einerseits und die Eintragung einer Vormerkung oder eines Widerspruchs bei nachfolgenden Anträgen andererseits, hat das Grundbuchamt genügend Möglichkeiten, den

31

32

---

87 RGZ 126, 107, 109; BayObLG FGPrax 1997, 89 = ZfIR 1997, 235; BayObLGZ 12, 372, 375; 28, 752; 1956, 122, 127; 1979, 81; Rpfleger 1984, 406; OLG Hamm DNotZ 1966, 744; 1970, 661, 663; OLG Karlsruhe JFG 4, 404, 405; OLG Colmar OLGE 14, 139; OLG Celle DNotZ 1954, 32; OLG Düsseldorf Rpfleger 1986, 297; LG Heilbronn BWNotZ 1980, 168; LG Tübingen BWNotZ 1979, 41; *Demharter* § 18 Rn 20–24.

88 KEHE-*Herrmann* § 18 Rn 43–46; *Habscheid* § 41 II 4 und NJW 1967, 225; *Eickmann* GBVerfR, Rn 292; *Pawlowski-Smid*, FG, Rn 518; *Kuntze* JR 1990, 306, 307; *Köther* 118 ff; *Kleist* MittRhNotK 1985, 133, 139; *Hagemann* RpflStud 1979, 64, 67; *Ertl* Rpfleger 1980, 41, 45; *Schöner/Stöber* Rn 428–433; *Böttcher* MittBayNot 1987, 9; *Brehm*, FG, § 32 V 2a und 3b.

Grundsatz der Grundbuchklarheit aufrechtzuerhalten. Zudem hat das moderne Prozessrecht eine erweiterte Aufklärungs- und Mitwirkungspflicht des Gerichts entwickelt. Als Teil der Freiwilligen Gerichtsbarkeit nimmt das Grundbuchamt an dieser Pflicht teil; zwar obliegt ihm keine Amtstätigkeit zur Beseitigung von Antragsmängeln, doch sieht die GBO die Zwischenverfügung als Instrument der Aufklärung vor.

IV. Zurückweisung

1. Zwingende Fälle

33 a) **Zuständigkeitsmängel.** Der Antrag ist sofort zurückzuweisen bei Unzuständigkeit des Grundbuchamtes.[89] Wird der Antrag an ein örtlich unzuständiges Grundbuchamt gerichtet, so kann dieses den Antrag unter Erteilung einer Abgabenachricht an das zuständige Grundbuchamt weiterleiten (§ 21 Abs 1 S 1 GeschBehAV, § 23 Abs 1 BayGBGA); Antragswirkungen entstehen in diesem Fall jedoch nicht beim unzuständigen Grundbuchamt. Diese treten erst mit dem Eingang beim zuständigen Grundbuchamt ein. Enthält ein beim zuständigen Grundbuchamt eingegangenes Schriftstück Anträge oder Ersuchen, für deren Erledigung neben dem angegangenen Grundbuchamt auch noch ein anderes Grundbuchamt oder mehrere andere Grundbuchämter zuständig sind, so erledigt zunächst das angegangene Grundbuchamt die in seine Zuständigkeit fallenden Anträge und Ersuchen (§ 21 Abs 2a S 2 GeschBehAV, § 23 Abs 2 S 2 und Abs 3 BayGBGA). Die anderen Grundbuchämter verfahren entsprechend (§ 21 Abs 2a S 3 GeschBehAV). Sofern das Schriftstück nicht ergibt oder nicht sonst bekannt ist, dass die Anträge oder Ersuchen bereits bei jedem beteiligten Grundbuchamt gesondert gestellt sind oder werden, ist der Antragsteller darauf hinzuweisen, dass das Grundbuchamt in der bezeichneten Weise verfahren werde (§ 21 Abs 2b GeschBehAV, § 23 Abs 1 S 2 und Abs 2 S 3 und Abs 4 BayGBGA).

34 b) **Fehlende Antragsberechtigung.** Der wirksame Antrag wahrt nicht nur materielle Anwartschaften, sondern bewirkt auch den Rang einzutragender Rechte. Ist der Antrag als solcher mit einem Mangel behaftet, so können diese Wirkungen nicht eintreten, auf ihn darf eine Eintragung dann nicht gestützt werden. Eine Zwischenverfügung scheidet aus, weil das Fehlen eines Antrags oder dessen Mängel **nicht mit rückwirkender Kraft heilbar** sind.[90]

35 Fehlt dem Antragsteller die **Antragsberechtigung** (§ 13 Abs 1 S 2), so ist der Antrag zurückzuweisen.[91] Eine Zwischenverfügung kann nicht helfen, weil diesem Antrag keinesfalls stattgegeben werden kann. Dies ist zB der Fall, wenn der Grundstückseigentümer die Eintragung der Abtretung einer Fremdhypothek beantragt.[92] Aber auch dann, wenn der Grundstückseigentümer die Eintragung einer Rangänderung zwischen dinglichen Rechten beantragt, muss der Antrag zurückgewiesen werden.[93] Eine Zwischenverfügung ist dagegen möglich, wenn konkrete Zweifel bestehen, ob der Antrag rechtswirksam gestellt ist, zB weil er möglicherweise in einem Zustand vorübergehender Störung der Geistestätigkeit abgegeben wurde.[94]

36 c) **Unwirksame oder noch nicht erklärte Bewilligung des unmittelbar Betroffenen.** Der Erlass einer Zwischenverfügung ist ausgeschlossen, wenn der Mangel nicht mit rückwirkender Kraft geheilt werden kann.[95] Durch den Erlass einer Zwischenverfügung sollen dem Antragsteller der Rang und die sonstigen Rechtswirkungen, die sich nach dem Eingang des Antrags richten (§ 879 BGB iVm §§ 17, 45; § 878, § 892 Abs 2 BGB) und die bei sofortiger Zurückweisung verloren gingen, erhalten bleiben. Dies ist nur gerechtfertigt, wenn der Mangel des Antrags mit rückwirkender Kraft geheilt werden kann. Denn andernfalls könnte der Antragsteller einen ihm nicht gebührenden Rechtsvorteil erlangen. Mit einer Zwischenverfügung kann deshalb nicht aufgegeben werden, eine noch nicht geklärte Bewilligung des unmittelbar Betroffenen beizubringen; in diesem Fall kommt nur eine Zurückweisung in Betracht.[96] Eine erst später erklärte Bewilligung kann nämlich nicht zurückwirken. Zu denken ist an die noch nicht erklärte Eintragungsbewilligung des Grundstückseigentümers bei der Beantragung einer Grundschuldeintragung oder an die noch nicht erklärte Löschungsbewilligung des

---

89 *Schöner/Stöber* Rn 437; *Meyer-Stolte* RpflJB 1979, 309, 323; *Riggers* Rpfleger 1957, 181, 182; *Habscheid* NJW 1967, 225, 230; *Kleist* MittRhNotK 1985, 133, 137; *Böttcher* MittBayNot 1987, 9, 10.

90 *Eickmann* GBVerfR, Rn 295; *Böttcher* MittBayNot 1987, 9, 10; **aA** *Schöner/Stöber* Rn 434.

91 KEHE-*Herrmann* § 18 Rn 17; *Demharter* § 18 Rn 5; *Eickmann,* GBVerfR, Rn 295; *Meyer-Stolte* RpflJB 1979, 309, 323; *Kleist* MittRhNotK 1985, 133, 137; *Böttcher* Rpfleger 1982, 52, 56; *Böttcher* MittBayNot 1987, 9, 10; **aA** *Schöner/Stöber* Rn 442.

92 KG JFG 14, 44 = JW 1937, 892; *Böttcher* MittBayNot 1987, 9, 10.

93 Ausführlich dazu: *Böttcher* Rpfleger 1982, 52.

94 OLG München JFG 17, 187 = DNotZ 1938, 535, *Böttcher* MittBayNot 1987, 9, 10.

95 BGHZ 27, 313; BayObLG MittBayNot 1995, 44, 45; 1995, 296, 297; NJW-RR 1991, 465; Rpfleger 1984, 406; BayObLGZ 1980, 306; OLG Frankfurt Rpfleger 1990, 292; *Demharter* § 18 Rn 8; KEHE-*Herrmann* § 18 Rn 16.

96 BayObLGZ 1988, 229, 231 = DNotZ 1989, 361 = MittBayNot 1988, 208; JurBüro 1989, 1273; MittBayNot 1989, 312; 1990, 37; 1990, 307; 1995, 42; 1995, 296; OLG Zweibrücken OLGZ 1991, 153, 154; *Demharter* § 18 Rn 12; KEHE-*Herrmann* § 18 Rn 16.

Grundschuldberechtigten bei der Beantragung einer Grundschuldlöschung. Dabei macht es keinen Unterschied, ob die Eintragungsbewilligung eine Rechtsänderung oder eine Grundbuchberichtigung herbeiführen soll.[97] Die Zurückweisung kommt allerdings nur dann in Betracht, wenn das GBA definitiv weiß, dass der unmittelbar Betroffene seine Bewilligung noch nicht erklärt. Fehlt bei der Antragstellung die Bewilligung des unmittelbar Betroffenen und ist dem GBA nicht bekannt, ob die bereits erklärte Bewilligung nur vergessen wurde vorzulegen oder noch gar nicht erklärt wurde, dann kommt keine Zurückweisung in Betracht (vgl Rdn 84). Ist die vorgelegte Bewilligung des unmittelbar Betroffenen unwirksam (zB unter auflösender Bedingung erklärt), muss der Antrag zurückgewiesen werden, weil der Mangel nicht mit rückwirkender Kraft geheilt werden kann. Fehlt die Eintragungsbewilligung des mittelbar Betroffenen (zB des Grundstückseigentümers bei einer Grundschuldlöschung, § 27), kann keine Zurückweisung erlassen werden (vgl Rdn 85).

d) Unwirksame oder noch nicht erklärte Auflassung. Eine Zurückweisung hat zwingend zu erfolgen, **37** wenn die endgültige Unwirksamkeit der Auflassung feststeht.[98] Dies ist der Fall, wenn die Auflassung nicht bei gleichzeitiger Anwesenheit beider Vertragsteile erklärt wurde (§ 925 Abs 1 S 1 BGB) oder der Notar bei der Erklärung der Auflassung nicht dauernd anwesend war (§ 925 Abs 1 S 1 und 2 BGB) oder die Auflassung in einem außergerichtlichen Vergleich erklärt wurde (§ 925 Abs 1 S 3 BGB) oder die Auflassung unter einer Bedingung bzw Zeitbestimmung erfolgt ist (§ 925 Abs 2 BGB). Der Antrag ist in solchen Fällen zurückzuweisen, da die mit der Auflassung angestrebte Rechtsänderung unerreichbar ist bzw die Auflassung ordnungsgemäß wiederholt werden muss. Gleiches gilt, wenn das GBA definitiv weiß, dass die Auflassung überhaupt noch nicht erklärt worden ist oder wenn eine nicht ausreichende Auflassung erneut erklärt werden müsste[99] (zB beim Abweichen der Identitätserklärung von der Auflassung). Inhalt einer Zwischenverfügung kann es nämlich nicht sein, auf den Abschluss eines Rechtsgeschäfts hinzuwirken, das Grundlage der einzutragenden Rechtsänderung sein soll, weil sonst die beantragte Eintragung einen ihr nicht gebührenden Rang erhielte. Eine Zwischenverfügung ist nur gerechtfertigt, wenn der Mangel mit rückwirkender Kraft geheilt werden kann; dies ist bei einer unwirksamen oder noch nicht erklärten Auflassung nicht der Fall. Fehlt bei der Antragstellung auf einen Eigentumswechsel aber die Auflassung und ist für das GBA nicht ersichtlich, ob die bereits erklärte Auflassung nur vergessen wurde vorzulegen oder noch gar nicht erklärt wurde, dann kommt keine Zurückweisung in Betracht (vgl Rdn 87).

e) Fehlende Grundbuchunrichtigkeit bei einem Berichtigungsantrag. Wenn bei einem Berichtigungs- **38** antrag das Grundbuch (noch) nicht unrichtig ist, muss der Antrag zurückgewiesen werden.[100] Würde die begehrte Eintragung vorgenommen, so hätte sie nicht die angestrebte Richtigkeit des Grundbuches, sondern gerade dessen Unrichtigkeit zur Folge. Eine solche Eintragung verbietet das Legalitätsprinzip. Dies ist zB bei Anträgen auf Berichtigung des Grundbuches durch Vermerk von Verpfändungen oder Pfändungen der Fall, wenn die gerichtliche Pfändung eines Erbteiles vermerkt werden soll, bevor der Pfändungsbeschluss dem Drittschuldner zugestellt wurde[101] oder die Pfändung eines Briefgrundpfandrechts vermerkt werden soll, bevor der Pfändungsgläubiger in den Besitz des Briefes gelangt.[102] Eine Zwischenverfügung muss dagegen erlassen werden, wenn die Grundbuchunrichtigkeit schlüssig behauptet wird (zB Zustellung, Briefbesitz) und das Gegenteil nicht bekannt ist, jedoch versehentlich der Nachweis der Eintragungsvoraussetzungen (zB Zustellungsurkunde, Brief) nicht mitvorgelegt wird.[103] Erst wenn zuverlässig feststeht, dass keine Grundbuchunrichtigkeit vorliegt (zB keine Zustellung erfolgt ist, der Pfändungsgläubiger keinen Besitz am Brief erlangt hat), ist die Zwischenverfügung aufzuheben und der Antrag zurückzuweisen.[104]

Sonderfall: Pfändet ein Gläubiger den Anspruch des Schuldners auf Übertragung des Eigentums an einem **39** Grundstück, erlangt er gemäß § 848 Abs 2 S 2 ZPO mit dem Übergang des Eigentums auf den Schuldner eine **Sicherungshypothek** für seine Forderung. Wenn die Auflassung bereits erklärt ist und der Erwerber den Eintragungsantrag gestellt hat oder eine Auflassungsvormerkung eingetragen ist, die Eigentumsumschreibung im

---

97 BayObLG MittBayNot 1995, 42.
98 *Eickmann* GBVerfR, Rn 301; *Pawlowski-Smid*, FG, Rn 525; *Meyer-Stolte* RpflJB 1979, 309, 323; *Böttcher* MittBayNot 1987, 9, 13.
99 BayObLG FGPrax 2001, 13; NJW-RR 1991, 465; DNotZ 1986, 237; 1989, 373; Rpfleger 1986, 176; OLG Hamm MittRhNotK 1996, 225; OLG Frankfurt NJW-RR 1990, 1042 = Rpfleger 1990, 292; LG Bielefeld Rpfleger 1989, 364; *Demharter* § 18 Rn 32; *KEHE-Herrmann* § 18 Rn 16, 27.
100 BayObLG MittBayNot 1981, 23, 25; *KEHE-Herrmann* § 18 Rn 28; *Demharter* § 18 Rn 11; *Eickmann* GBVerfR, Rn 301; *Meyer-Stolte* RpflJB 1979, 309, 323; *Kleist* MittRhNotK 1985, 133, 138; *Riggers* Rpfleger 1957, 181, 182; *Münzberg* Rpfleger 1985, 306, 307; *Böttcher* MittBayNot 1987, 9, 12.
101 KG DR 1944, 124; *KEHE-Herrmann* § 18 Rn 28; *Demharter* § 18 Rn 11; *Böttcher* MittBayNot 1987, 9, 12.
102 KG JFG 14, 445; *KEHE-Herrmann* § 18 Rn 28; *Demharter* § 18 Rn 11; *Eickmann,* GBVerfR, Rn 301 Beispiel 53; *Meyer-Stolte* RpflJB 1979, 309, 323; *Kleist* MittRhNotK 1985, 133, 138; *Böttcher* MittBayNot 1987, 9, 12.
103 KG DR 1944, 124; *KEHE-Herrmann* § 18 Rn 28; *Demharter* § 18 Rn 11; *Meyer-Stolte* RpflJB 1979, 309, 324; *Böttcher* MittBayNot 1987, 9, 12.
104 *Meyer-Stolte* RpflJB 1979, 309, 315; *Böttcher* MittBayNot 1987, 9, 12.

Grundbuch aber noch nicht erfolgt ist, kann der Gläubiger nach hM das Anwartschaftsrecht des Schuldners pfänden; auch diese Pfändung hat zur Folge, dass der Gläubiger kraft Gesetzes entsprechend § 848 Abs 2 S 2 iVm § 857 Abs 1 ZPO mit der Eintragung des Schuldners als Eigentümer eine Sicherungshypothek erlangt.[105] Was hat mit einem Antrag des Pfändungsgläubigers auf Eintragung der Sicherungshypothek zu geschehen, wenn ein Antrag auf Umschreibung des Eigentums noch nicht oder nicht mehr gestellt ist? Für das Entstehen und die Eintragung der Sicherungshypothek fehlt eine Voraussetzung, solange der Eigentumsumschreibungsantrag noch nicht gestellt ist. Ein »Liegenlassen«[106] ist nicht zulässig (vgl Rdn 20); dies könnte, falls noch andere Anträge eingehen, zur Amtshaftung im Hinblick auf § 17 führen, weil der Grundbuchrechtspfleger den Antrag übersehen kann, wenn er unbefristet in den Akten liegt. Der Grundbuchrechtspfleger muss vielmehr nach § 18 Abs 1 verfahren. Für eine sofortige Zurückweisung spricht der Umstand, dass die Eintragung der Sicherungshypothek gemäß § 848 Abs 2 S 2 ZPO Grundbuchberichtigung ist und nach obigen Grundsätzen (Rdn 38) ein Berichtigungsantrag sofort zurückzuweisen ist, wenn das Grundbuch noch nicht unrichtig ist. *Münzberg*[107] ist jedoch zuzustimmen, dass dann ausnahmsweise eine Zwischenverfügung erlassen werden kann, wenn
– die Entstehung eines Rechts ohne Grundbucheintragung zu erwarten ist,
– für das sämtliche materiellen bzw vollstreckungsrechtlichen Voraussetzungen vorliegen,
– das grundbuchmäßig nur noch von der Stellung eines weiteren zulässigen Antrags abhängt und für das
– ein schutzwürdiges Interesse besteht, möglichst bald im Grundbuch verlautbart zu werden.

Letzteres schutzwürdiges Interesse ist gegeben, da gegenüber der noch nicht eingetragenen Sicherungshypothek § 892 BGB gilt, sodass die kraft Gesetzes entstandene Hypothek späteren rechtsgeschäftlichen Erwerbern bei gutem Glauben nicht entgegenstehen würde. Da der Antrag auf Eintragung des Pfändungsschuldners als Eigentümer sowohl von diesem als auch vom Pfändungsgläubiger gestellt werden kann,[108] ist letzterem mit Zwischenverfügung eine Frist dafür zu stellen, bevor sein Antrag zurückgewiesen wird.

40 **f) Inhaltlich nicht vollziehbares Recht oder Rechtsgeschäft.** Ein zwingendes Gebot zur Antragszurückweisung liegt vor, wenn der gestellte Eintragungsantrag inhaltlich nicht vollziehbar ist. Dies ist der Fall, wenn die Eintragung eines **nicht eintragungsfähigen Rechtes** begehrt wird, zB Miet- oder Pachtrecht.[109] Wenn die Eintragung eines Rechtes beantragt wird, das nach dem numerus clausus der Sachenrechte nicht eintragungsfähig ist, ist eine Zwischenverfügung sinnlos; das begehrte Recht ist und bleibt uneintragbar. Ist der Gesamtinhalt eines beantragten Rechts unzulässig, zB beim Antrag auf Eintragung einer Dienstbarkeit zur Sicherung von Leistungsansprüchen, so liegt auch in diesem Fall ein im geschlossenen Kreis der Sachenrechte nicht aufgeführtes Recht vor, eben keine Dienstbarkeit iS des BGB; es hat eine Zurückweisung zu erfolgen.[110] Nicht zugestimmt kann daher der hM, die in diesem Fall ein eintragungsfähiges Recht mit einem unzulässigen Inhalt annimmt.[111] Der Meinungsunterschied ist jedoch rein verbaler Art, da auch die hM eine Zurückweisung fordert. Da eine Zwischenverfügung nicht darauf gerichtet sein kann, das zur Eintragung **beantragte dingliche Recht inhaltlich zu ändern oder durch ein anderes Recht zu ersetzen,** muss in diesen Fällen eine Zurückweisung geschehen.[112] Würden die Beteiligten auf eine Zwischenverfügung hin das beantragte Recht in ein eintragungsfähiges Recht umgestalten, so würde nicht mehr der alte, sondern ein neuer Antrag vorliegen. In einem solchen Fall ist von der ratio legis her kein Raum für eine Zwischenverfügung. Beispiele: Eintragung eines Wohnungsrechts ist als Grunddienstbarkeit statt als beschränkte persönliche Dienstbarkeit beantragt;[113] Nießbrauch ist beantragt, eingetragen werden könnte nur eine beschränkte persönliche Dienstbarkeit;[114] Belastung von Wohnungseigentum ist beantragt, vorhanden ist jedoch nur gewöhnliches Mieteigentum oder Allein-

105 BGHZ 45, 186; 49, 197; 83, 395; OLG Hamm Rpfleger 1975, 128; OLG Düsseldorf Rpfleger 1981, 199; *Zöller-Stöber* § 848 Rn 12; *Stöber*, Forderungspfändung, Rn 2054 ff; **aA** bei Auflassung und Vormerkung: *Eickmann* Rpfleger 1981, 200; *Flume* AcP 161, 387; *Reinicke-Tiedtke* NJW 1982, 2281; *Münzberg*, FS Schiedermair (1976), S 439, 455 f.
106 So wohl LG Düsseldorf Rpfleger 1985, 305.
107 Rpfleger 1985, 306, 307.
108 LG Essen NJW 1955, 1401; *Stöber*, Forderungspfändung, Rn 2067; *Münzberg* Rpfleger 1985, 306, 308; *Böttcher* MittBayNot 1987, 9, 12.
109 RGZ 54, 233; OLG Hamm DNotZ 2001, 216; OLG München HRR 1936 Nr 271; BayObLGZ 1970, 163 = DNotZ 1970, 602 = Rpfleger 1970, 346; OLG Celle DNotZ 1954, 32; LG Münster JMBl NRW 1953, 199; LG Wuppertal MittRhNotK 1997, 146; KEHE-*Herrmann* § 18 Rn 6; *Eickmann* GBVerfR, Rn 297; *Schöner/Stöber* Rn 438; *Kleist* MittRhNotK 1985, 133, 137; *Meyer-Stolte* RpflJB 1979, 309, 324; *Böttcher* MittBayNot 1987, 9, 12 f.
110 *Eickmann* GBVerfR, Rn 297; *Böttcher* MittBayNot 1987, 9, 13.
111 KEHE-*Herrmann* § 18 Rn 20; *Demharter* § 18 Rn 6; *Kleist* MittRhNotK 1985, 133, 138.
112 RGZ 106, 80; BayObLG MittRhNotK 1997, 398; Rpfleger 1981, 397 = DNotZ 1982, 438; Rpfleger 1970, 346, 348; Rpfleger 1985, 488 aE; OLG Zweibrücken ZfIR 1997, 300 = FGPrax 1997, 133; OLG Hamm Rpfleger 1983, 395; OLG München HRR 1936 Nr 271; KEHE-*Herrmann* § 18 Rn 20; *Demharter* § 18 Rn 6; *Meyer-Stolte* RpflJB 1979, 309, 324; *Kleist* MittRhNotK 1985, 133, 138; *Böttcher* MittBayNot 1987, 9, 13; **aA** *Schöner/Stöber* Rn 439.
113 OLG München HRR 1936 Nr 271; **aA** *Schöner/Stöber* Rn 439.
114 BayObLG DNotZ 1982, 438 = Rpfleger 1981, 397; *Böttcher* MittBayNot 1987, 9, 13; **aA** *Schöner/Stöber* Rn 439.

eigentum, es sei denn der Antrag auf Eintragung des Wohnungseigentums wurde zuvor gestellt.[115] Wird die Eintragung eines an sich eintragungsfähigen Rechtes beantragt, ist dabei aber die Eintragung von **Neben- oder Teilbestimmung** unzulässig (zB Hypothekenklauseln), so entspricht es allgemeiner Meinung, dass in diesen Fällen ausnahmsweise eine Zwischenverfügung erlassen werden kann.[116]

g) Eintragung einer Vormerkung oder eines Widerspruchs ausgeschlossen. Eine Zurückweisung des **41** Antrags muss erfolgen, wenn die Eintragung einer Vormerkung oder eines Widerspruchs zugunsten des gestellten Antrags ausgeschlossen ist (§ 18 Abs 2).[117] Dies ist der Fall, wenn der Umfang des einzutragenden Rechts nicht zweifelsfrei feststeht, zB bei dem Antrag auf Eintragung einer verzinslichen Hypothek ohne Angabe eines Zinssatzes.[118] Ist der Zinssatz in unzulässiger Weise bestimmt, zB 2 % Zinsen über Bundesbankdiskont, so soll jedoch eine Zwischenverfügung zulässig sein, da der Zins nur für die kurze Dauer der Zwischenverfügung in Betracht kommt und er außerdem ziemlich genau geschätzt werden kann.[119] Richtig ist wohl auch in diesem Fall eine Zurückweisung zu erlassen, da bei der Eintragung einer Vormerkung nach § 18 Abs 2 eine Ungewissheit entsteht, die dem Bestimmtheitsgrundsatz widerspricht[120] (vgl Rdn 130).

h) Vollstreckungsmängel. Wenn die begehrte Eintragung eine Vollstreckungsmaßnahme darstellt, müssen **42** bei Antragstellung die Voraussetzungen der Zwangsvollstreckung bereits erfüllt sein. Die **Eintragung einer Zwangshypothek** zB ist zum einen ein Akt der Zwangsvollstreckung, zum anderen ein Akt der freiwilligen Gerichtsbarkeit. Das Grundbuchamt, das in erster Linie ein Organ der freiwilligen Gerichtsbarkeit ist, übt in diesem Fall eine Doppelfunktion aus. Es wird nämlich auch als Organ der Zwangsvollstreckung tätig. Der Grundbuchrechtspfleger hat daher sowohl die Voraussetzungen der Zwangsvollstreckung als auch die grundbuchrechtlichen Eintragungsvoraussetzungen zu prüfen.[121]

Bei der Eintragung einer Zwangshypothek sind somit die Vollstreckungsvoraussetzungen festzustellen. **Voll-** **43** **streckungsmängel** können insbesondere sein:[122]
– Fehlen oder Mängel von Vollstreckungstitel, Klausel und Zustellung;
– Nichterreichung der Mindestsumme von 750,01 EURO (§ 866 Abs 3 ZPO);
– Fehlen der von § 867 Abs 2 ZPO vorgeschriebenen Verteilung;
– Nichteintritt eines bestimmten Kalendertages nach § 751 Abs 1 ZPO;
– Nichterbringung einer angeordneten Sicherheitsleistung gemäß § 751 Abs 2 ZPO, sofern nicht § 720a ZPO zutrifft;
– Wochenfrist gemäß § 798 ZPO ist noch nicht abgelaufen;
– Gegen den Eigentümer läuft ein Insolvenzverfahren (§ 89 InsO).

Beim Fehlen von vollstreckungsrechtlichen Voraussetzungen ist nach fast einhelliger Meinung der **Erlass einer** **44** **Zwischenverfügung gemäß § 18 ausgeschlossen, der Antrag ist zurückzuweisen.**[123] § 18 bezieht sich nur auf grundbuchrechtliche Hindernisse und nicht auf vollstreckungsrechtliche Mängel. Der Erlass einer Zwischenverfügung hätte bei Eingang eines weiteren fehlerfreien Antrags zwingend die Eintragung einer Vormerkung gemäß § 18 Abs 2 zugunsten des mangelhaften Antrages auf Eintragung einer Zwangshypothek zur Folge. Auf diese Weise würde dem Gläubiger ein Rang gesichert, auf den er keinen Anspruch hat, weil zur Zeit der Antragstellung die Vollstreckungsvoraussetzungen nicht vorlagen. Beim Fehlen von Vollstreckungsvoraussetzungen ist jede Zwangsvollstreckungshandlung unzulässig. An dieser hM ist festzuhalten, auch wenn man annimmt, dass eine gesetzwidrig eingetragene Zwangshypothek durch den nachträglichen Eintritt der fehlenden Vollstre-

---

115 OLG Hamm Rpfleger 1983, 395 = DNotZ 1984, 108; OLG Düsseldorf MittBayNot 1985, 199 = MittRhNotK 1985, 239; *Böttcher* MittBayNot 1987, 9, 13.

116 KEHE-*Herrmann* § 18 Rn 20; *Demharter* § 18 Rn 6; *Eickmann* GBVerfR, Rn 297; *Schöner/Stöber* Rn 1388; *Böttcher* MittBayNot 1987, 9, 13; *Kleist* MittRhNotK 1985, 133, 138 mwN.

117 *Demharter* § 18 Rn 7; KEHE-*Herrmann* § 18 Rn 21; *Hesse-Saage-Fischer* § 18 Bem II 3 b; *Böttcher* MittBayNot 1987, 9, 14.

118 KG RJA 12, 65 ff; KEHE-*Herrmann* § 18 Rn 21; *Demharter* § 18 Rn 7; *Böttcher* MittBayNot 1987, 9, 14.

119 OLG Karlsruhe JFG 4, 404; KEHE-*Herrmann* § 18 Rn 21.

120 *Demharter* § 18 Rn 7; *Böttcher* MittBayNot 1987, 9, 14.

121 RGZ 85, 166; BGHZ 27, 310, 313 = NJW 1958, 1090 = DNotZ 1958, 480 = Rpfleger 1958, 216; *Hagemann* RpflStud 1979, 64; *Meyer-Stolte* RpflJB 1979, 309, 324; *Böttcher* MittBayNot 1987, 9, 14.

122 Vgl dazu: *Eickmann* GBVerfR, Rn 298, 299; *Hagemann* RpflStud 1979, 64; *Meyer-Stolte* RpflJB 1979, 309, 324; *Böttcher* MittBayNot 1987, 9, 14.

123 RGZ 85, 166; BGHZ 27, 313 = NJW 1958, 1090 = DNotZ 1958, 480 = Rpfleger 1958, 216; BayObLGZ 24, 11; 1956, 218 = NJW 1956, 1800 = DNotZ 1956, 596 = Rpfleger 1957, 22; KG Jur-Rdsch 1926 Nr 2048; JFG 17, 57, 58; OLG Düsseldorf Rpfleger 1990, 60; OLG Frankfurt Rpfleger 1954, 443; KEHE-*Herrmann* § 18 Rn 23; *Demharter* § 18 Rn 9; *Güthe-Triebel* § 18 Rn 14; *Schöner/Stöber* Rn 443, 2194; *Eickmann* GBVerfR, Rn 299; *Hagemann* RpflStud 1979, 64; *Riggers* Rpfleger 1957, 182; *Hoche* DNotZ 1957, 3; *Rahn* Justiz 1962, 58; *Meyer-Stolte* RpflJB 1979, 309, 325; Rpfleger 1983, 102; *Kleist* MittRhNotK 1985, 133, 137; *Böhringer* BWNotZ 1982, 69; *Böttcher* MittBayNot 1987, 9, 14; **aA** KG OLGE 42, 40.

ckungsvoraussetzung rückwirkend vom Zeitpunkt ihrer Eintragung an entsteht, die zunächst vorliegende Grundbuchunrichtigkeit also entfällt.[124]

45 Streitig ist, ob eine Zwischenverfügung ausnahmsweise zulässig ist, wenn vorgebracht wird, eine **Voraussetzung der Zwangsvollstreckung liege vor, dies aber nicht nachgewiesen ist.** Wenn dies zum Teil bejaht wird,[125] kann dem nicht zugestimmt werden. Für das Grundbuchamt ist es nicht erkennbar, ob eine Vollstreckungsvoraussetzung grundsätzlich nicht vorliegt oder zwar gegeben ist, nur nicht nachgewiesen ist. In allen Fällen, in denen nicht eindeutig bekannt ist, dass die Vollstreckungsvoraussetzungen nicht nur nicht nachgewiesen sind, sondern tatsächlich fehlen, müsste somit vorsorglich eine Zwischenverfügung erlassen werden. Da dies bei der Mehrzahl der Fälle zutreffen würde, würde die Ausnahme zur Regel. Das kann nicht richtig sein. Die Zulässigkeit einer Zwischenverfügung ist daher grundsätzlich zu verneinen und nur dann ausnahmsweise zuzulassen, wenn der Sachverhalt dem Grundbuchrechtspfleger *zweifelsfrei* bekannt ist.[126] Im letzteren Fall würden die vollstreckungsrechtlichen Voraussetzungen vorliegen, nur der grundbuchrechtliche Nachweis fehlt. Jedenfalls besteht keine Pflicht für das Grundbuchamt, insoweit von Amts wegen Ermittlungen anzustellen.[127] Es gilt nämlich im Zwangsvollstreckungsverfahren der Grundsatz, dass die Parteien die zur Begründung ihres Antrags erforderlichen Tatsachen beizubringen und zu belegen haben.

46 Es gibt zahlreiche Vollstreckungsmängel, die ohne große Schwierigkeit und sehr kurzfristig vom Gläubiger behoben werden könne. Dabei ist zB an den Nachweis der Zustellung, der Umschreibung der Vollstreckungsklausel, an die Verteilung einer Forderung auf mehrere Grundstücke zu denken. Die Ansicht, dass der Antrag bei solchen Mängeln sofort zurückzuweisen ist,[128] kann nicht richtig sein. Überwiegende Meinung ist es daher zu Recht, dass die fehlenden Vollstreckungsvoraussetzungen Anlass zu einer **Aufklärungsverfügung nach § 139 ZPO** sind.[129] Da das Grundbuchamt als Vollstreckungsorgan tätig wird, hat es die gleiche Aufklärungsmöglichkeit, ja sogar Aufklärungspflicht bei der Prüfung des Antrags nach vollstreckungsrechtlichen Gesichtspunkten wie jedes andere Vollstreckungsorgan. Aus § 139 ZPO ergibt sich die Verpflichtung für den Grundbuchrechtspfleger, den Gläubiger auf den Mangel hinzuweisen und ihm Gelegenheit zu geben, den Mangel zu beheben. Bei der Handhabung ist jedoch größte Vorsicht geboten. Die Aufklärungsverfügung gemäß § 139 ZPO ist nämlich keine Zwischenverfügung nach § 18. Insbesondere richtet sich der Rang des fehlerhaften Antrags nicht nach dessen Eingang beim Grundbuchamt, sondern nach dem Eingang der Unterlagen, die das vollstreckungsrechtliche Hindernis beseitigen. Deshalb ist die Eintragung eines Rangschutzvermerks gemäß § 18 Abs 2 unzulässig, da die Zwangsvollstreckung erst mit dem Zeitpunkt der Nachholung der fehlenden Voraussetzung zulässig ist und infolgedessen ein Rangschutzvermerk der Hypothek einen Rang sichern und bei späterer Eintragung der Hypothek verschaffen würde, auf den ein Anspruch nicht besteht. Daher ist der Gläubiger auf jeden Fall darauf hinzuweisen, dass ein Rang für den mangelhaften Antrag nicht gewahrt wird. Wenn nach dem Erlass einer Aufklärungsverfügung ein weiterer mangelfreier Eintragungsantrag eingeht, so muss nach einer Ansicht der erste mangelhafte Antrag zurückgewiesen werden.[130] Da sich der Rang des mangelhaften Antrags aber nach dem Eingang der das Eintragungshindernis behebenden Urkunden richtet, ist diese Meinung inkonsequent. Nach § 17 darf die später beantragte Eintragung zwar nicht vor der Erledigung des früher gestellten Antrages erfolgen, wobei unter Erledigung die Eintragung, Zurückweisung oder Eintragung einer Vormerkung gemäß § 18 Abs 2 zu verstehen ist. Im vorliegenden Fall ist der mit Vollstreckungsmängeln behaftete Antrag unvollständig, er ist erst als eingegangen iS von § 13 anzusehen, wenn die Behebung des Vollstreckungshindernisses nachgewiesen wird, wobei es auf den Zeitpunkt des Nachweises gegenüber dem Grundbuchamt ankommt. Der Grundbuchrechtspfleger hat daher den unvollständigen Vollstreckungsantrag in der Schwebe zu lassen und den mangelfreien Antrag durch Grundbucheintragung zu erledigen.[131]

47 Liegen bei einem Antrag auf Eintragung einer Zwangshypothek **nur grundbuchrechtliche Hindernisse** vor, die nicht zur Zurückweisung zwingen, so hat das Grundbuchamt eine Zwischenverfügung gemäß § 18 zu erlassen. Treffen sowohl **vollstreckungsrechtliche als auch grundbuchrechtliche Eintragungshindernisse** zusammen, muss die vollstreckungsrechtliche Beurteilung im Vordergrund stehen. Da eine Rangsicherung

---

124 Vgl dazu: BayObLGZ 1975, 398 = Rpfleger 1976, 66.

125 KG OLGE 7, 376; LG Ellwangen BWNotZ 1982, 67; *Demharter* § 18 Rn 9; *Rahn* Justiz 1962, 58; *Cammerer* BayNotV 1925, 317.

126 KEHE-*Herrmann* § 18 Rn 25; *Eickmann*, GBVerfR, Rn 299; *Hoche* DNotZ 1957, 3, 6; *Kleist* MittRhNotK 1985, 133, 137; *Hagemann* RpflStud 1979, 64, 66; *Böttcher* MittBayNot 1987, 9, 14 f.

127 KEHE-*Herrmann* § 18 Rn 26; *Hagemann* RpflStud 1979, 64, 66; *Schweyer* DNotZ 1956, 599; *Böttcher* MittBayNot 1987, 9, 15; **aA** BayObLG NJW 1956, 1800 = DNotZ 1956, 597 = Rpfleger 1957, 22.

128 OLG Düsseldorf Rpfleger 1990, 60; OLG Stuttgart Justiz 1961, 332; *Thieme* § 18 Anm 3; *Riggers* Rpfleger 1958, 218.

129 BGHZ 27, 310; LG Mainz Rpfleger 1991, 302; KEHE-*Herrmann* § 18 Rn 25; *Schöner/Stöber* Rn 443; *Eickmann* GBVerfR, Rn 299; *Hagemann* RpflStud 1979, 64, 65; *Hoche* DNotZ 1957, 3, 5; *Honisch* NJW 1958, 1527; *Kleist* MittRhNotK 1985, 133, 137; *Meyer-Stolte* RpflJB 1979, 309, 325 Fn 78; Rpfleger 1983, 102; *Böhringer* BWNotZ 1982, 69; *Böttcher* MittBayNot 1987, 9, 15.

130 BGHZ 27, 310; *Kleist* MittRhNotK 1985, 133, 137; *Meyer-Stolte* Rpfleger 1983, 102; *Habscheid* NJW 1967, 225, 229.

131 KEHE-*Herrmann* § 18 Rn 26; *Hagemann* RpflStud 1979, 64, 66; *Böttcher* MittBayNot 1987, 9, 15.

wegen des unvollständigen Vollstreckungsantrags nicht erfolgen darf, muss entweder eine Zurückweisung nach § 18 erfolgen oder eine Aufklärungsverfügung gemäß § 139 ZPO erlassen werden.[132] Sobald im letzteren Fall das Vorliegen aller Vollstreckungsvoraussetzungen nachgewiesen wird und der Eintragung nur noch grundbuchrechtliche Hindernisse entgegenstehen, muss zu diesem Zeitpunkt eine rangwahrende Zwischenverfügung gemäß § 18 erlassen werden.[133]

2. Verstoß gegen die Zurückweisungspflicht

Hat das Grundbuchamt zu Unrecht einen Antrag nicht zurückgewiesen, sondern nur beanstandet, so gilt er erst **48** in dem Zeitpunkt als iS des § 17 eingegangen, in dem der Mangel behoben wird.[134] Wenn der Grundbuchrechtspfleger in unzulässiger Weise eine Zwischenverfügung erlassen und eine Vormerkung nach § 18 Abs 2 eingetragen hat, so darf dem vorgemerkten Recht nicht der sich aus dem Rang der Vormerkung ergebende Rang verschafft werden; vielmehr muss einem zeitlich später eingegangenen, mangelfreien Antrag der Vorrang verschafft werden.

3. Inhalt

Das Grundbuchamt wird idR dem Eintragungsantrag einheitlich stattgeben oder eine einheitliche Zurückwei- **49** sung erlassen. Es muss aber nicht immer so verfahren. Es ist auch eine **teilweise Zurückweisung** möglich, während im Übrigen eine Eintragung in das Grundbuch erfolgt. Hierbei wird aber vorausgesetzt, dass der oder die Antragsteller bei einer teilweisen Verbescheidung eine Eintragung gewollt haben (zB Eintragung Zwangshypothek und Zurückweisung der beantragten Eintragungskosten, § 867 Abs 1 S 3 ZPO). War nur eine Gesamteintragung gewollt, so kann das Grundbuchamt nicht eine teilweise Zurückweisung vornehmen.

Die Zurückweisung hat durch **schriftlichen Beschluss** zu geschehen. Die Bezeichnung des Beschlusses als **50** Verfügung ist unschädlich. Der Zurückweisungsbeschluss zerfällt in Rubrum, Tenor und Entscheidungsgründe. Der Unterschrift des Grundbuchrechtspflegers ist das Wort »Rechtspfleger« beizufügen (§ 12 RpflG).

Das **Rubrum** lautet: »*In der Grundbuchsache Gemarkung ... Band ... Blatt ... wegen Eintragung ... ergeht folgender* **51** *Beschluss:*«

Der **Tenor** soll kurz und knapp, aber vollständig sein. Teile der Begründung dürfen nicht in den Tenor vorge- **52** zogen werden. Der Tenor lautet: »*Der Antrag wird zurückgewiesen.*« Ein Ausspruch über die Kostentragungspflicht gegenüber der Staatskasse, also hinsichtlich der Gerichtskosten, ist entbehrlich, da sich bereits aus der KostO ergibt, ob und in welcher Höhe solche zu erheben sind und wie sie zu tragen hat.[135] Ein trotzdem aufgenommener Ausspruch hat nur die Bedeutung einer nicht bindenden Anweisung an den Kostenbeamten.[136] Davon zu unterscheiden ist die Entscheidung über die Erstattung von außergerichtlichen Kosten der Beteiligten. Eine solche Entscheidung kann nach § 13a FGG ergehen, wenn mindestens zwei Beteiligte vorhanden sind, die unterschiedliche Entscheidungen angestrebt haben.[137] Formulierung: »*Der Antragsteller hat die dem Beteiligten ... entstandenen Kosten zu erstatten.*« Hat zB ein Gläubiger die Eintragung einer Hypothek beantragt, der Konkursverwalter dem aber erfolgreich widersprochen, so wäre es unbillig, den Konkursgläubigern die dem Konkursverwalter entstandenen Kosten anzulasten.

Die **Entscheidungsgründe** zerfallen in Sachverhaltsdarstellung und Rechtsausführungen. Die Sachverhalts- **53** darstellung muss so knapp wie möglich sein, muss aber alle entscheidungserheblichen Tatsachen enthalten. Die Entscheidung muss für einen Leser, der den Fall nicht kennt, aus sich heraus verständlich sein.[138] Die Rechtsausführungen sind nicht im Gutachtens-, sondern im sog Entscheidungsstil abzufassen. Liegen neben den die Zurückweisung herbeiführenden Hindernissen weitere Hindernisse vor, so sind sie sämtlich zu bezeichnen, um die Gefahr erneuter Zurückweisung zu beseitigen.[139] Der Zurückweisungsbeschluss muss stets auch dazu Ausführungen enthalten, weshalb keine Zwischenverfügung erlassen wurde.

---

132 *Hagemann* RpflStud 1979, 64, 67; *Böttcher* MittBayNot 1987, 9, 15.
133 *Hagemann, Böttcher* je aaO.
134 KG JFG 14, 445; 23, 146; *KEHE-Herrmann* § 18 Rn 29; *Demharter* § 18 Rn 8.
135 BGH Rpfleger 1954, 511; BayObLGZ 1948–1951, 314; 1952, 78; 1955, 276; 1958, 31; 1963, 80; 1968, 199; OLG München JFG 15, 174; OLG Hamm JMBl NRW 1955, 34; Rpfleger 1958, 87; *KEHE-Herrmann* § 18 Rn 32; *Demharter* § 18 Rn 15; *Eickmann,* GBVerfR, Rn 302; *Keidel* Rpfleger 1954, 176; *Meyer-Stolte* RpflJB 1979, 309, 325.
136 OLG München JFG 16, 173; *KEHE-Herrmann* § 18 Rn 32; *Demharter* § 18 Rn 15.
137 *Eickmann* GBVerfR, Rn 302.
138 *Eickmann-Gurowski* S 5, 6.
139 RGZ 84, 274; *KEHE-Herrmann* § 18 Rn 30; *Demharter* § 18 Rn 13; *Eickmann* GBVerfR, Rn 302; *Schöner/Stöber* Rn 466; *Meyer-Stolte* RpflJB 1979, 309, 325.

54   Muster

Amtsgericht Regensburg   Regensburg, den ....

I. In der Grundbuchsache Gemarkung .... Band ....
Blatt .... wegen Eintragung ....
ergeht folgender

Beschluss:

Der Antrag wird zurückgewiesen.

Gründe:

Sachverhaltsdarstellung

Rechtsausführungen

Eine Zwischenverfügung konnte nicht ergehen, weil ....

II. Verfügung
    1. Ausfertigung des Zurückweisungsbeschlusses formlos an Antragsteller und
       folgende materiell Beteiligte: ....
    2. Vorlage an Kostenbeamten
    3. Weglegen

Rechtspfleger

4. Bekanntmachung

55   Der Beschluss wird erst mit der Bekanntmachung an die Beteiligten oder die ersuchende Behörde wirksam (§ 16 Abs 1 FGG). Er kann nicht mehr abgesandt werden, wenn das Hindernis vor Wirksamwerden der Bekanntmachung beseitigt worden ist. Da mit der Bekanntmachung des Zurückweisungsbeschlusses grundsätzlich keine Frist zu laufen beginnt, erfolgt sie gemäß § 16 Abs 2 S 2 FGG formlos, dh idR durch **einfachen Brief**. Um die Wirksamkeit der Zurückweisung feststellen zu können, kann jedoch ein Einschreibebrief oder Empfangsbekenntnis zweckmäßig sein.[140] Förmliche Zustellung ist nach § 16 Abs 2 S 1 FGG ausnahmsweise nur dort erforderlich, wo ein befristeter Rechtsbehelf gegeben ist, zB §§ 89, 105 Abs 2, 110 GBO, §§ 2, 4 Abs 4, 14 Abs 2 GBMaßnG. Der Zurückweisungsbeschluss ist dem Antragsteller auch dann mitzuteilen, wenn er auf die Bekanntmachung der Eintragung verzichtet hat. Wurde der Antrag durch den Notar gestellt, so muss die Bekanntmachung an ihn erfolgen. Nach überwiegender Ansicht erfolgt die Mitteilung nur an den oder die Antragsteller, nicht an alle Antragsberechtigten.[141] Nach richtiger Ansicht ist der Zurückweisungsbeschluss auch denjenigen antragsberechtigten Personen (§ 13 Abs 2 S 2) mitzuteilen, die tatsächlich keinen Eintragungsantrag gestellt haben[142] (vgl Einl F Rdn 123). Dies ergibt sich daraus, dass alle antragsberechtigten Personen **materiell Beteiligte** sind, unabhängig davon, ob sie ihr Antragsrecht auch wirklich ausgeübt haben (Einl F Rdn 25). Zum anderen sind diese Personen auch beschwerdeberechtigt, sodass ihnen der Zurückweisungsbeschluss zugehen muss, damit sie sich schlüssig werden können, ob sie von ihrem Beschwerderecht Gebrauch machen.

5. Wirkungen

56   **a) Materiellrechtlich.**   Eine materielle Wirkung äußert die Zurückweisung des Antrags nicht.[143] Die **materiellen Rechtsverhältnisse** werden durch sie **nicht beeinflusst**. Durch die Zurückweisung des Eintragungsantrags wird insbesondere die rechtsgeschäftliche Bindung eines Erklärenden, die nach den materiell-rechtlichen Vorschriften eingetreten ist (zB §§ 873 Abs 2, 875 Abs 2 BGB), nicht berührt.[144] Ist zB eine Verzichtserklärung auf eine Reallast von den Erben des Berechtigten abgegeben und erfolgt die Zurückweisung wegen nicht genügenden Nachweises des Erbrechts, so bleibt die Unwiderruflichkeit der Verzichtserklärung bestehen und der Eigentümer den mit der publica fides des Grundbuchs infolge des Fortbestehens der Eintragung verbundenen Gefahren ausgesetzt.[145]

---

140   *Schöner/Stöber* Rn 467; *Meyer-Stolte* RpflJB 1979, 309, 325; *Böttcher* MittBayNot 1987, 9, 15.
141   KEHE-*Herrmann* § 18 Rn 31; *Demharter* § 18 Rn 14; *Schöner/Stöber* Rn 467; *Güthe-Triebel* § 18 Rn 22.
142   KEHE-*Eickmann* § 1 Rn 36; *Eickmann* GBVerfR, Rn 28; *Böttcher* MittBayNot 1987, 9, 15.
143   KG JFG 9, 398; KEHE-*Herrmann* § 18 Rn 92; *Demharter* § 18 Rn 16.
144   KEHE-*Herrmann* § 18 Rn 92; *Demharter* § 18 Rn 16; *Schöner/Stöber* Rn 468.
145   *Güthe-Triebel* § 18 Rn 25.

Nach Zurückweisung eines Antrags ist kein Rechtserwerb gemäß **§ 878 BGB** mehr möglich, weil die Voraus- 57
setzung »Antrag vor Verfügungsbeeinträchtigung« entfallen ist.[146] Daran ändert auch eine eingelegte
Beschwerde nichts, wenn diese erfolglos geblieben ist.[147] Wird der Zurückweisungsbeschluss wegen ursprünglicher Fehlerhaftigkeit aufgehoben, lebt der Antrag mit seinen Wirkungen, zu denen auch die in § 878 BGB
geregelte Vorverlagerung der Verfügungsbefugnis gehört, wieder auf.[148] Die Wirkungen des § 878 BGB bleiben
aber nur dann erhalten, wenn der alte Antrag unter Berücksichtigung der durch eine etwaige Zwischeneintragung entstandenen neuen Rechtslage noch vollziehbar ist.[149] Wird der Zurückweisungsbeschluss wegen neuem
Sachvortrag nach § 74 aufgehoben (zB zunächst fehlende UB wird im Rechtsmittelverfahren vorgelegt), so lebt
der alte Antrag erst ab Vorlage der fehlenden Unterlage beim GBA wieder auf und ist deshalb erst in diesem
Zeitpunkt gestellt iS von § 878 BGB.[150]

Nach **§ 892 Abs 2 BGB** muss ein Erwerber nur bis zur Antragstellung beim GBA gutgläubig sein. Mit Zurück- 58
weisung eines Antrags erlischt diese schützende Wirkung.[151] Wird der Zurückweisungsbeschluss wegen
ursprünglicher Fehlerhaftigkeit aufgehoben, kommt die Schutzwirkung des § 892 Abs 2 BGB wieder voll zur
Entfaltung, dh Gutgläubigkeit bis zur ursprünglichen Antragstellung genügt.[152] Wird der Zurückweisungsbeschluss wegen neuem Sachvortrag im Beschwerdeverfahren nach § 74 aufgehoben, dann lebt zwar der
ursprüngliche Antrag wieder auf, aber erst mit ex-nunc Wirkung vom Zeitpunkt der Mängelbeseitigung an.[153]

Der künftige Erwerber eines Grundstücks hat eine **Eigentumsanwartschaft**, wenn die Auflassung an ihn 59
notariell beurkundet ist und er den Eigentumsantrag an den GBA gestellt hat.[154] Diese Anwartschaft ist rechtsgeschäftlich verpfändbar (§ 1274 BGB) und gerichtlich pfändbar (§ 857 ZPO). Mit der Eigentumsumschreibung
verwandelt sich das Pfandrecht am Anwartschaftsrecht in eine Sicherungshypothek am Grundstück (§ 1287 S 2
BGB, § 848 Abs 2 ZPO). Wird der Eintragungsantrag des Erwerbers zurückgewiesen, dann entfällt damit sein
Anwartschaftsrecht und das Pfandrecht daran.[155] Wird der Zurückweisungsbeschluss wegen ursprünglicher Fehlerhaftigkeit aufgehoben, so lebt der Eintragungsantrag und damit das vorläufig untergegangene Anwartschafts-
und Pfändungspfandrecht rückwirkend wieder auf; einer erneuten Pfändung bedarf es daher nicht, um die
Sicherungshypothek eintragen zu können.[156] Wird der Zurückweisungsbeschluss wegen neuem Sachvortrag
nach § 74 aufgehoben, lebt der Antrag nur mit beschränkter Rückwirkung ab dem Zeitpunkt der Mängelbeseitigung wieder auf, sodass eine neue Pfändung des Anwartschaftsrechtes erfolgen muss.[157]

Die **Vollziehung eines Arrestes oder einer einstweiligen Verfügung** ist unzulässig, wenn seit der Verkün- 60
dung oder der Zustellung der gerichtlichen Entscheidung an den Gläubiger ein Monat verstrichen ist (§ 929
Abs 2 ZPO). Als Vollziehung gilt die Antragstellung beim AG auf Eintragung einer Arresthypothek oder
einer Vormerkung (§ 932 Abs 3 iVm § 936 ZPO). Wird der rechtzeitige Antrag zurückgewiesen, entfällt damit die
Einhaltung der gewahrten Vollziehungsfrist.[158] Bei der Aufhebung des Zurückweisungsbeschlusses auf Grund
ursprünglicher Fehlerhaftigkeit, wirkt für die Einhaltung der Vollziehungsfrist die Aufhebungsentscheidung auf
den ursprünglichen Zeitpunkt der Antragstellung zurück.[159] Wird der Zurückweisungsbeschluss wegen neuem
Sachvortrag nach § 74 aufgehoben, ist die Vollziehungsfrist des § 929 Abs 2 ZPO gewahrt, wenn der zur Aufhebung führende ergänzende Sachvortrag innerhalb der Monatsfrist beim Beschwerdegericht eingeht; der erst
nach Fristablauf beim GBA erfolgenden Eingang ist unschädlich.[160]

b) Formellrechtlich. Mit der Zurückweisung, dh schon mit der Erlassung der Entscheidung und nicht erst 61
mit ihrer Bekanntmachung an den Antragsteller und die materiell Beteiligten, ist der Eintragungsantrag **erledigt iS des § 17**;[161] dies gilt unabhängig davon, ob die Zurückweisung zu Recht oder zu Unrecht erfolgte. An

---

146 *Alff* RpflStud 1993, 43, 47.
147 *Staudinger-Gursky* § 878 Rn 46.
148 KG DNotZ 1930, 361; 1934, 284, 285; *Staudinger-Gursky* § 878 Rn 44; *Alff* RpflStud 1993, 43, 48.
149 *Ertl* Rpfleger 1980, 41, 33; *Alff* RpflStud 1993, 43, 48.
150 BGH ZIR 1997, 544; KG DNotZ 1934, 284, 285; *KEHE-Herrmann* § 13 Rn 13; *Ertl* Rpfleger 1980, 43; *Alff* RpflStud
     1993, 43, 51.
151 *Alff* RpflStud 1993, 43, 47.
152 *Alff* RpflStud 1993, 43, 49.
153 *Alff* RpflStud 1993, 43, 53; **aA** *Lutter* AcP 164, 122, 171: ex tunc.
154 BGHZ 45, 186.
155 BGH Rpfleger 1975, 432; *Alff* RpflStud 1993, 43, 47.
156 *Ertl* Rpfleger 1980, 49; *Alff* RpflStud 1993, 43, 49; **aA** *Münzberg*, FS für Schiedermaier, S 442 Fn 13: neue Pfändung
     erforderlich.
157 *Alff* RpflStud 1993, 43, 52.
158 *Alff* RpflStud 1993, 43, 47.
159 *Alff* RpflStud 1993, 43, 50.
160 *Alff* RpflStud 1993, 43, 52.
161 BayObLG Rpfleger 1983, 101; *KEHE-Herrmann* § 18 Rn 93; *Demharter* § 18 Rn 17; *Alff* RpflStud 1993, 43, 46; *Schö-
     ner/Stöber* Rn 468; *Kleist* MittRhNotK 1985, 133, 134.

der Tatsache der Erledigung ändert sich auch dadurch nichts, dass gegen die Zurückweisung alsbald Beschwerde eingelegt wird.[162] Wird allerdings der den Eintragungsantrag zurückweisende Beschluss im Rechtsmittelverfahren aufgehoben, so ist dieser Antrag wieder als unerledigt anzusehen mit der Folge, dass dessen Wirkungen wieder aufleben.[163] Später beantragte Eintragungen, die dasselbe Recht betreffen, können nach einem Zurückweisungsbeschluss ohne weiteres vorgenommen werden.[164] Dies wird zum Teil als positive Bedeutung der Antragszurückweisung bezeichnet.[165]

62   Erfolgt eine Änderung des Zurückweisungsbeschlusses durch das Grundbuchamt oder durch das Beschwerdegericht, so wird die Eintragung auf Grund des ursprünglich gestellten Antrags vorgenommen. Nach dem Zeitpunkt des Eingangs des ursprünglichen Antrags bemessen sich daher der der Eintragung zukommende **Rang** sowie die sonstigen mit der Stellung eines Eintragungsantrags verbundenen Wirkungen.[166] Der Vorrang verbleibt ihm jedoch nur hinsichtlich der noch nicht erledigten, später eingegangenen Eintragungsanträge. Soweit diese dagegen durch Eintragung erledigt sind, ist der Vorrang endgültig verloren; die Eintragung hat daher an nächst offener Rangliste zu erfolgen. Die zwischen der Zurückweisung und ihrer Aufhebung vorgenommenen sonstigen Eintragungen bleiben unberührt.[167] Nicht ausgeschlossen ist, dass der Antrag durch die inzwischen erfolgten Eintragungen seine Begründetheit verloren hat. Für den Antragsteller hat die Zurückweisung des Antrags die Bedeutung, dass die für ihn durch den Eingang des Antrags beim Grundbuchamt gewahrte Vorzugsstellung (§§ 17, 45) verloren geht. Wird die Erinnerung (Beschwerde) auf neue Tatsachen gestützt (§ 74), so richtet sich die Ranganwartschaft nach dem Eingang des Vorbringens der neuen Tatsachen beim GBA.[168] Wird der Antrag nach Zurückweisung wiederholt, so liegt ein neuer Antrag vor. Der Rang der beantragten Eintragung richtet sich dann nach dem neuen Antrag.[169] Ist allerdings der neue Antrag ebenso begründet wie der frühere, so kann der Grundbuchrechtspfleger in dem neuen Antrag die Anregung erblicken, die den ursprünglichen Antrag zurückweisende Entscheidung aufzuheben und die Eintragung auf Grund des früheren Antrags vorzunehmen. Dann ist dieser vor einem zwischen demselben dasselbe Recht betreffenden weiteren (etwa 3.) Antrag zu erledigen, der zwischen den Anträgen (nämlich den 1. und 2. Antrag) eingegangen ist.[170]

63   In formeller Beziehung enthält der Zurückweisungsbeschluss nicht eine Feststellung der Unzulässigkeit der Eintragung, durch die das Grundbuchamt sich selbst bindet, sondern er ist eine Verweigerung einer tatsächlichen Maßnahme, der Eintragung in das Grundbuch. Die Zurückweisung erzeugt daher **keine Rechtskraft**, weder eine formelle noch eine materielle (vgl Einl F Rdn 132 und 137). Deshalb kann der abgewiesene Antrag jederzeit erneuert werden und die Eintragung erfolgen, auch wenn der Antragsteller keine neuen Unterlagen beschafft, sondern nur in der Lage ist, die in dem Zurückweisungsbeschluss niedergelegte Rechtsauffassung zu widerlegen.[171]

64   Ist die Zurückweisung des Antrags durch Bekanntmachung an den Antragsteller und die materiell Beteiligten wirksam geworden, so ist das Grundbuchamt nach § 18 Abs 1, 2. Hs FGG zu einer **Änderung seiner Entscheidung** nur auf Antrag, nämlich auf erneute Anregung oder bei Beschwerdeeinlegung, befugt, wobei der neue Antrag oder die Beschwerde auch von einem anderen Antragsberechtigten als dem ursprünglichen Antragsteller ausgehen kann. Dagegen ist der Grundbuchrechtspfleger nicht berechtigt, von Amts wegen seine Entscheidung zu ändern.[172] Ist Beschwerde eingelegt, so ist das Grundbuchamt zur Änderung solange berechtigt, als das Beschwerdegericht noch nicht entschieden hat.[173] Ändert das Grundbuchamt seine Ansicht, so ist der Antragsteller darauf hinzuweisen.[174] An die Entscheidung des Beschwerdegerichts ist der Grundbuchrechts-

---

162 BGHZ 45, 186, 191; BayObLG BWNotZ 1982, 90, 91; Rpfleger 1983, 101; *Demharter* § 17 Rn 11.
163 BGH, BayObLG je aaO.
164 KEHE-*Herrmann* § 18 Rn 94; *Demharter* § 18 Rn 17; *Kleist* MittRhNotK 1985, 133, 134.
165 *Güthe-Triebel* § 18 Rn 27.
166 BGHZ 45, 191 = DNotZ 1966, 673, 676; BayObLG Rpfleger 1983, 101; KEHE-*Herrmann* § 18 Rn 95; *Demharter* § 18 Rn 17; *Alff* RpflStud 1993, 43, 47; *Schöner/Stöber* Rn 468; *Kleist* MittRhNotK 1985, 133, 134; *Ertl* Rpfleger 1980, 41, 43.
167 BGH, BayObLG je aaO; RGZ 135, 378, 385; KG KGJ 52, 122; KEHE-*Herrmann* § 18 Rn 95; *Demharter* § 18 Rn 17; *Alff* RpflStud 1993, 43, 48; *Güthe-Triebel* § 18 Rn 26; *Hesse-Saage-Fischer* § 18 Bem II 2 a; *Schöner/Stöber* Rn 468; *Kleist* MittRhNotK 1985, 133, 134.
168 BGHZ 27, 317 = Rpfleger 1958, 218; KG KGJ 52, 122; KEHE-*Herrmann* § 18 Rn 96; *Demharter* § 18 Rn 17; *Alff* RpflStud 1993, 43, 51; *Schöner/Stöber* Rn 468.
169 KG JFG 9, 398; KEHE-*Herrmann* § 18 Rn 95; *Demharter* § 18 Rn 17; *Thieme* § 18 Bem 5; *Hesse-Saage-Fischer* § 18 Bem II 2 a; *Güthe-Triebel* § 18 Rn 27; *Schöner/Stöber* Rn 468.
170 *Güthe-Triebel* § 18 Rn 27.
171 BayObLGZ 28, 476; KG KGJ 39, 44; OLG Colmar OLGE 4, 198; *Demharter* § 18 Rn 18; KEHE-*Herrmann* § 18 Rn 97, 98; *Güthe-Triebel* § 18 Rn 26; *Hesse-Saage-Fischer* § 18 Bem II 2 a; *Thieme* § 18 Bem 5.
172 KG JW 1937, 478 = DNotZ 1937, 271; KEHE-*Herrmann* § 18 Rn 97; *Demharter* § 18 Rn 18; *Hesse-Saage-Fischer* § 18 Bem II 2 a; *Predari* § 18 Bem 4; *Thieme* § 18 Bem 5; **aA** *Schöner/Stöber* Rn 468; *Güthe-Triebel* § 18 Rn 26.
173 KEHE-*Herrmann* § 18 Rn 97; *Demharter* § 18 Rn 18; *Hesse-Saage-Fischer* § 18 Bem II 2 a; *Thieme* § 18 Bem 5.
174 KG JW 1937, 478; KEHE-*Herrmann* § 18 Rn 97.

pfleger für den gestellten Antrag gebunden.[175] Ein neuer selbständiger Antrag ist jederzeit zulässig; über ihn ist ohne Bindung an das frühere Verfahren zu entscheiden.[176] Ausnahmsweise ist eine Änderung nach § 18 Abs 2 FGG unzulässig, wenn und soweit die Zurückweisung nur mit der sofortigen Beschwerde angegriffen werden kann.[177]

Sind **mehrere Anträge** nach § 16 Abs 2 miteinander verbunden, so sind, wenn nur bei einem einzelnen   **65** Antrag die Zurückweisung gerechtfertigt ist, sämtliche Anträge zurückzuweisen, und zwar der mangelhafte als unzulässig, die übrigen im Hinblick auf den Vorbehalt des § 16 Abs 2.

6. Rechtsbehelfe

In Grundbuchsachen trifft der **Rechtspfleger** alle erstinstanzlichen Entscheidungen, nachdem das RpflG von   **66** 1970 ihm die Grundbuchsachen in vollem Umfang übertragen hat (§ 3 Nr 1h RpflG). Gegen seinen Zurückweisungsbeschluss ist grundsätzlich die **Beschwerde** statthaft (§ 71 Abs 1). Sie kann durch Schriftsatz oder durch Erklärung zur Niederschrift der Geschäftsstelle eingelegt werden (§ 73 Abs 2). Die Beschwerde wird nicht dadurch ausgeschlossen, dass der Antragsteller eine auf denselben Grund gestützte Zwischenverfügung nicht angefochten hatte oder ein gegen die Zwischenverfügung eingelegter Rechtsbehelf erfolglos geblieben ist.[178] Die Beschwerde kann damit begründet werden, dass ein Eintragungshindernis nicht gegeben ist und eine Zurückweisung deshalb nicht hätte erfolgen dürfen. Der Rechtsbehelf kann aber auch darauf gestützt werden, dass der Grundbuchrechtspfleger von der nach § 18 gegebenen Möglichkeit, eine Zwischenverfügung zu erlassen, keinen Gebrauch gemacht hat.[179]

Einer Beschwerde kann der **Rechtspfleger** abhelfen, wenn er sie für zulässig und begründet hält (§ 75). Dies   **67** bedeutet allerdings nicht, dass die **Abhilfe** im Ermessen oder gar im Belieben des Rechtspflegers steht. Vielmehr trifft ihn eine Amtspflicht, die Beschwerde darauf zu prüfen, ob sie begründet ist; in diesem Fall muss er ihr abhelfen.[180]

Auf Grund des am 01.10.1998 in Kraft getretenen Dritten Gesetzes zur Änderung des Rechtspflegergesetzes   **68** vom 06.08.1998 (BGBl I 2030) findet in Grundbuchsachen gegen einen Zurückweisungsbeschluss des Rechtspflegers gem § 18 die Beschwerde nach § 71 Abs 1 statt. Der Rechtspfleger kann der Beschwerde gem § 75 abhelfen. Geschieht dies nicht, entscheidet über die Beschwerde das Landgericht als Beschwerdegericht. Soweit dem Grundbuchrichter die Abhilfebefugnis zugesprochen wird,[181] ist dies abzulehnen. Vor der Änderung des § 11 RpflG bezog sich die in § 75 vorgesehene Abhilfebefugnis des Grundbuchamts nur auf die Abhilfe durch den Grundbuchrichter. Dies hatte seinen Grund darin, dass § 75 auf die Beschwerde abstellt und bis dahin gegen die Entscheidung des Rechtspflegers nicht die Beschwerde, sondern die Erinnerung gem § 11 RpflG aF zulässig war. Die Abhilfebefugnis des Rechtspflegers ergab sich ausschließlich aus dieser Bestimmung. Nunmehr ist gegen die Entscheidung des Rechtspflegers unmittelbar die Beschwerde gegeben; damit kommt auch die Abhilfebefugnis des Grundbuchamt gem § 75 nur dem Rechtspfleger zu, der, wenn er entscheidet, das Grundbuchamt ist. **Für eine Abhilfeentscheidung des Grundbuchrichters fehlt es an einer Rechtsgrundlage.**[182]

Ausnahmsweise ist eine **sofortige Beschwerde** nach FGG-Vorschriften gegeben bei Verfahren zur Löschung   **69** gegenstandsloser Eintragungen (§§ 85, 89), das Verfahren zur Klarstellung der Rangverhältnisse (§§ 105 Abs 2, 110) und zur Umstellung von Reichsmarkhypotheken (§§ 2, 4 Abs 4 GBMaßnG vom 20.12.1963). Die Frist beträgt zwei Wochen. Bei dieser befristeten Beschwerde besteht **kein Abhilferecht**.

Beschwerden, denen der Rechtspfleger nicht abhilft oder nicht abhelfen kann, legt er dem **Landgericht** vor.   **70** Über die Beschwerde entscheidet das Landgericht, in dessen Bezirk das Grundbuchamt seinen Sitz hat (§ 72). Die Beschwerde kann auf neue Tatsachen und Beweise gestützt werden (§ 74). Das Landgericht tritt bei der Entscheidung über die Beschwerde an die Stelle des Grundbuchamts. Es hat daher das gesamte Rechts- und Sachverhältnis nachzuprüfen.[183] Hält das Beschwerdegericht die Beschwerde gegen die Zurückweisung für unzulässig oder unbegründet, so ist sie als unzulässig zu verwerfen bzw als unbegründet zurückzuweisen.

---

175 *Demharter* § 18 Rn 18; *KEHE-Herrmann* § 18 Rn 98.
176 KG KGJ 44, 303; *KEHE-Herrmann* § 18 Rn 98.
177 *Demharter* § 18 Rn 18.
178 *Demharter* § 18 Rn 54; *Kleist* MittRhNotK 1985, 133, 143; *Böttcher* MittBayNot 1987, 9, 16.
179 BayObLG Rpfleger 1979, 210; *Kleist* MittRhNotK 1985, 133, 143; *Böttcher* MittBayNot 1987, 9, 16.
180 OLG München Rpfleger 1981, 412; OLG Frankfurt Rpfleger 1979, 388; *Kleist* MittRhNotK 1985, 133, 139; *Böttcher* MittBayNot 1987, 16.
181 LG Meiningen ZflR 1999, 326; *Kramer* ZflR 1999, 565.
182 BayObLGZ 1999, 248 = DNotZ 2000, 63 = Rpfleger 1999, 526 = ZflR 1999, 953; OLG Jena Rpfleger 2001, 73; 2000, 210; *Budde* in Rpfleger 1999, 513 und *Bauer/von Oefele* § 75 Rn 1; *Demharter* § 75 Rn 5; *Schöner/Stöber* Rn 500; *Rellermeyer* ZflR 1999, 801.
183 *Kleist* MittRhNotK 1985, 133, 140; *Böttcher* MittBayNot 1987, 9, 16.

Erweist sich die Beschwerde als begründet, dann hat das Beschwerdegericht die angefochtene Entscheidung aufzuheben und je nach Sachlage entweder eine Zwischenverfügung zu erlassen oder das Grundbuchamt zur Vornahme der beantragten Eintragung anzuweisen.[184]

71   Gegen die Entscheidung des LG ist die **unbefristete weitere Beschwerde an das Oberlandesgericht** gegeben (§§ 78, 79 Abs 1). Sie kann beim Grundbuchamt, Landgericht oder beim Oberlandesgericht durch Erklärung zur Niederschrift oder durch Einreichung einer Beschwerdeschrift eingelegt werden.[185] Das Grundbuchamt und das Landgericht sind in diesem Fall jedoch nicht befugt, der weiteren Beschwerde abzuhelfen (§ 80 Abs 2). Die weitere Beschwerde ist begründet, wenn die Entscheidung auf einer Verletzung des Gesetzes beruht (§ 78), dh nur die rechtliche Würdigung ist nachprüfbar. Im Rahmen des § 79 Abs 2 entscheidet anstelle des OLG der BGH über die weitere Beschwerde.

72   Die **Beschwerde** gegen die Zurückweisung eines Eintragungsantrags hat keine **aufschiebbare Wirkung**.[186] Daher beeinflusst die Einlegung der Beschwerde den Grundbuchverkehr nicht; es tritt keine Sperre des Grundbuchs ein. Der Rechtspfleger kann keine Maßnahmen gemäß § 76 treffen.[187] Wird die Beschwerde dem Landgericht vorgelegt, so ist die einzige Möglichkeit, der Gefahr eines Rangverlustes zu begegnen, der Erlass einer einstweiligen Anordnung gemäß § 76 durch das Gericht.

V. Zwischenverfügung

73   Eine Zwischenverfügung ist die dem Antragsteller gegenüber erfolgte Bestimmung einer angemessenen Frist zum Zwecke der Beseitigung eines Eintragungshindernisses.[188] Unzulässig ist es, die Zwischenverfügung in der Form einer aufschiebend bedingten Zurückweisung auszusprechen, dh den Antrag mit der Maßgabe zurückzuweisen, dass die Wirkung der Zurückweisung nicht eintreten soll, wenn innerhalb einer bestimmten Frist eine gewisse Bedingung erfüllt wird.[189] Die Zwischenverfügung ist auch gegenüber den Eintragungsersuchen von Behörden zulässig.[190] Auch das Beschwerdegericht kann eine Zwischenverfügung erlassen; zu erledigen ist sie gegenüber dem Grundbuchamt.[191] Liegt kein zwingender Grund für die sofortige Zurückweisung des Antrages vor, so hat der Grundbuchrechtspfleger eine Zwischenverfügung zu erlassen.

1. Einzelfälle

74   Eine Zwischenverfügung ist geboten zur **Klarstellung des Antrages**, wenn er und seine Unterlagen Unklarheiten oder Widersprüche enthalten.[192] Unklarheit besteht, wenn das Grundgeschäft noch offen gelegt werden muss, zB zum Nachweis der Entgeltlichkeit der Verfügung eines befreiten Vorerben oder eines Testamentvollstreckers.[193] Dagegen liegt kein Grund zur Zwischenverfügung vor, wenn bei einer Übergabe des Anwesens sich ergibt, dass auf dem übergebenen Anwesen Grundpfandrechte aus früherer Zeit eingetragen sind, deren Schicksal im Vertrag nicht näher geregelt ist.[194]

75   Zulässig ist eine Zwischenverfügung zur **Einschränkung des Antrags**, zB hinsichtlich nicht eintragungsfähiger Nebenbestimmungen wie unzulässigen Hypothekenklauseln.[195] Wird fälschlicherweise eine Grundbuchberichtigung beantragt, wo nur ein Antrag auf Eintragung einer Rechtsänderung möglich ist, scheidet eine Zwischenverfügung aus, weil der Übergang vom Berichtigungsantrag zum Rechtsänderungsantrag keine Einschränkung darstellt.[196] Mit einer Zwischenverfügung kann dagegen anheim gestellt werden, den im Eintragungsantrag enthaltenen Zusatz fallen zu lassen, den Verzicht auf die Überbaurente im Grundbuch des rentenberechtigten Grundstücks einzutragen.[197] Wird die Eintragung der Abtretung einer Eigentümerbuchgrundschuld mit den Zinsen ab Eintragung der Grundschuld beantragt, so konnte nach bisher hM mit einer Zwischenverfügung eine Einschränkung dahingehend verlangt werden, dass die Zinsen nur ab Eintragung der Abtretung übergehen.[198]

---

184   *Kleist* MittRhNotK 1985, 133, 143; *Böttcher* MittBayNot 1987, 9, 16.
185   *Kleist* MittRhNotK 1985, 133, 140; *Böttcher* MittBayNot 1987, 9, 16.
186   *Kleist* MittRhNotK 1985, 133, 144; *Böttcher* MittBayNot 1987, 9, 16.
187   *Demharter* § 76 Rn 1.
188   KG DR 1943, 705; *Güthe-Triebel* § 18 Rn 28; *Böttcher* MittBayNot 1987, 65.
189   RG JW 1905, 433; KG OLGE 10, 426; *Güthe-Triebel* § 18 Rn 38; *Böttcher* MittBayNot 1987, 65.
190   KG KGJ 52, 155; *Böttcher* MittBayNot 1987, 65.
191   KG JR 1927 Nr 389; *Böttcher* MittBayNot 1987, 65.
192   KG HRR 1935 Nr 866; BayObLGZ 1956, 122; KEHE-*Herrmann* § 18 Rn 34; *Demharter* § 18 Rn 26; *Schöner/Stöber* Rn 444; *Meyer-Stolte* RpflJB 1979, 309, 310; *Böttcher* MittBayNot 1987, 65.
193   KG JFG 7, 284; *Demharter* § 18 Rn 26; *Böttcher* MittBayNot 1987, 65.
194   LG Nürnberg-Fürth Rpfleger 1959, 55; *Böttcher* MittBayNot 1987, 65.
195   BayObLGZ 1970, 163, 168; Rpfleger 1976, 180 und 181; KG KGJ 44, 268; 46, 176, 179; KEHE-*Herrmann* § 18 Rn 35; *Demharter* § 18 Rn 27; *Schöner/Stöber* Rn 444; *Habscheid* § 41 II 4; *Meyer-Stolte* RpflJB 1979, 309, 310; *Böttcher* MittBayNot 1987, 65.
196   KG HRR 1930 Nr 887; KEHE-*Herrmann* § 18 Rn 35; *Demharter* § 18 Rn 27; *Böttcher* MittBayNot 1987, 65.
197   BayObLG Rpfleger 1976, 180; *Böttcher* MittBayNot 1987, 65.
198   BayObLG Rpfleger 1976, 181; inzwischen aufgegeben in Rpfleger 1987, 364.

Eine Zwischenverfügung kommt in Betracht bei einem **Verstoß gegen** § 16. Als Einschränkung des Antrags **76** kann verlangt werden, dass der Vorbehalt beseitigt wird (§ 16 Abs 1).[199] Sind mehrere Anträge nach § 16 Abs 2 verbunden, so ist eine Zwischenverfügung möglich zur Rücknahme eines unzulässigen Antrags, um den übrigen Anträgen stattgeben zu können (vgl Rdn 25).

Ein **fehlender Vertretungsnachweis** kann mit einer Zwischenverfügung beanstandet werden.[200] Dies gilt für **77** den Nachweis der handelsrechtlichen Vertretungsbefugnis, des ehelichen Güterrechts und einer bereits ausgestellten rechtsgeschäftlichen Vollmacht. Bestehen Anhaltspunkte für den Widerruf einer Vollmacht, so hat das Grundbuchamt das Fortbestehen der Vollmacht zu prüfen; erst wenn begründete Zweifel bleiben, die nicht zerstreut werden können, ist die Grundbucheintragung gänzlich abzulehnen.[201] Gleichgültig ist, zu welcher grundbuchrechtlichen Erklärung die Vertretungsberechtigung nachzuweisen ist: Antrag (§ 13), Bewilligung (§ 19), Auflassung oder dingliche Einigung (§ 20). Ein fehlender Nachweis kann immer mit Zwischenverfügung beanstandet werden. Im Verfahrensrecht kann allgemein die Handlung eines vollmachtlosen Vertreters nachträglich und mit Rückwirkung genehmigt werden.[202]

Die Eintragung einer Zwangshypothek ist zum einen ein Akt der Zwangsvollstreckung, zum anderen ein Akt **78** der freiwilligen Gerichtsbarkeit. Das Grundbuchamt hat sowohl die Voraussetzungen der Zwangsvollstreckung als auch die grundbuchrechtlichen Eintragungsvoraussetzungen zu prüfen. Liegen **bei einer Zwangseintragung nur grundbuchrechtliche Hindernisse** vor, während die Voraussetzungen der Zwangsvollstreckung gegeben sind, so ist eine Zwischenverfügung unbedenklich zulässig, soweit nicht zwingende Zurückweisungsgründe vorliegen.[203] Dies kommt in Betracht, wenn die vorgeschriebene Bezeichnung des Grundstücks fehlt (§ 28), die Form des § 29 nicht gewahrt ist, die Voreintragung des Schuldners noch aussteht (§ 39) oder das Gemeinschaftsverhältnis nicht angegeben ist (§ 47).

Ist die für das Grundbuchverfahren erforderliche **Form des § 29 nicht gewahrt**, so kann dieses Hindernis mit **79** der Zwischenverfügung beanstandet werden.[204] Sind mehrere Bogen einer Ausfertigung nicht mit Schnur und Siegel, sondern durch Klebestreifen miteinander verbunden, so ist die Urkunde nicht in der vorgesehenen Form des § 415 ZPO aufgenommen; insoweit ist eine Zwischenverfügung veranlasst.[205] Wird zum Nachweis von Eintragungsvoraussetzungen eine notarielle Urkunde vorgelegt, aus der sich ihre Unwirksamkeit durch einen Beurkundungsmangel ergibt, so verlangt eine Meinung die Antragszurückweisung und eine neue Beurkundung mit anschließender neuer Antragstellung.[206] Dem kann nicht gefolgt werden, wenn die notarielle Beurkundung nur grundbuchverfahrensrechtliche Eintragungsvoraussetzungen nach § 29 ist, wie zB bei der **Auflassung**. Letztere bedarf materiellrechtlich zu ihrer Wirksamkeit nicht der notariellen Beurkundung, wie sich aus § 925 BGB ergibt. Formellrechtlich ist dies jedoch erforderlich für den Nachweis der gleichzeitigen Anwesenheit vor einem Notar. Wenn die in § 925 BGB vorgeschriebene Form eingehalten, jedoch die Form des § 29 nicht gewahrt ist, liegt ein Mangel der dinglichen Einigung nicht vor, sondern es ist lediglich ein Beweismangel gegeben, der geheilt werden kann; eine Zwischenverfügung ist somit zulässig.[207] Ist ein **Antrag** ausnahmsweise formbedürftig (vgl § 30) und ist diese Form nicht gewahrt, kann dies mit einer Zwischenverfügung beanstandet werden.[208] Gleiches gilt, wenn eine **Bewilligung** oder sonstige zur Eintragung erforderliche Erklärung nicht mindestens notariell beglaubigt ist (§ 29 Abs 1 S 1).

Eine Zwischenverfügung ist zur **Sicherung des Kostenvorschusses** veranlasst.[209] Nach einer Meinung kann **80** sofort nach Eingang des Eintragungsantrags eine Zwischenverfügung erlassen werden, wenn ein Vorschuss nach § 8 Abs 2 KostO verlangt werden kann.[210] Dem ist zu widersprechen. Nach richtiger Ansicht ist wie folgt zu

---

199 KG HRR 1940 Nr 1077; KG KGJ 19, 135; OLG Hamm Rpfleger 1975, 134; *KEHE-Herrmann* § 18 Rn 36; *Demharter* § 18 Rn 27; *Schöner/Stöber* Rn 444; *Meyer-Stolte* RpflJB 1979, 309, 311; *Böttcher* MittBayNot 1987, 65.

200 OLG Braunschweig OLGE 1965, 351 = NJW 1966, 58; *Geissler* BWNotZ 1991, 48, 49; *KEHE-Herrmann* § 18 Rn 40; *Schöner/Stöber* Rn 444; *Meyer-Stolte* RpflJB 1979, 309, 311; *Habscheid* NJW 1967, 225, 227 und 230; *Böttcher* MittBayNot 1987, 65, 66.

201 OLG Frankfurt Rpfleger 1977, 102; *Böttcher* MittBayNot 1987, 65, 66.

202 *Eickmann* GBVerfR, Rn 295; *Böttcher* MittBayNot 1987, 9, 11.

203 BGHZ 27, 313; RGZ 85, 163, 167; BayObLGZ 24, 11; *KEHE-Herrmann* § 18 Rn 25; *Demharter* § 18 Rn 9; *Güthe-Triebel* § 18 Rn 14; *Predari* § 18 Bem 3; *Kleist* MittRhNotK 1985, 133, 137; *Meyer-Stolte* RpflJB 1979, 309, 311 und 325; *Hagemann* RpflStud 1979, 64, 66; *Böttcher* MittBayNot 1987, 65, 66.

204 *Böttcher* MittBayNot 1987, 65, 66.

205 OLG Schleswig DNotZ 1972, 556; *Schöner/Stöber* Rn 444; *Meyer-Stolte* RpflJB 1979, 309, 311; *Böttcher* MittBayNot 1987, 65, 66.

206 OLG Celle DNotZ 1954, 32; *KEHE-Herrmann* § 18 Rn 27; *Meyer-Stolte* RpflJB 1979, 309, 324.

207 *Eickmann* GBVerfR, Rn 301; *Keidel* DNotZ 1954, 34, 37; *Böttcher* MittBayNot 1987, 65, 66.

208 *Meyer-Stolte* RpflJB 1979, 309, 323; *Böttcher* MittBayNot 1987, 9, 11.

209 KG JFG 17, 322; 18, 26; LG Düsseldorf Rpfleger 1986, 175 m Anm *Meyer-Stolte*; *Böttcher* MittBayNot 1987, 65, 66.

210 KG JFG 15, 314; *KEHE-Herrmann* § 18 Rn 37.

verfahren:[211] Der Grundbuchrechtspfleger ordnet nur an, dass ein Vorschuss zu leisten ist; der Kostenbeamte errechnet seine Höhe und fordert ihn an (§§ 22 Abs 3, 31 KostVfg). Erst bei Nichtzahlung erlässt der Grundbuchrechtspfleger eine Zwischenverfügung wegen des Kostenvorschusses. Für letztere Meinung spricht, dass § 8 Abs 2 KostO das Gericht nicht in jedem Fall dazu verpflichtet, zunächst die Zahlung oder Sicherstellung des Kostenvorschusses zu veranlassen und abzuwarten. Durch Art 11 des Registerverfahrensbeschleunigungsgesetzes vom 20.12.1993 wurde § 8 Abs 2 S 1 KostO um den Zusatz ergänzt, dass Vorschüsse in Grundbuchsachen nur dann anzufordern sind, wenn dies zur Sicherung des Eingangs der Kosten angebracht erscheint (BGBl 1993, 2182 f). Die Abhängigmachung der Grundbucheintragung von einer Vorschusszahlung erfordert im Interesse der Verfahrensbeschleunigung deshalb konkrete Anhaltspunkte für die Gefährdung des Kosteneingangs. Sie ist deshalb insbesondere dann gerechtfertigt, wenn dem Gericht Tatsachen bekannt sind, die gegen die Zahlungsfähigkeit oder Zahlungswilligkeit des Kostenschuldners sprechen. Dieser Fall dürfte etwa dann gegeben sein, wenn der Antrag auf Eintragung eine Grundschuld durch den Notar nicht auch – wie üblich – im Namen des zukünftigen Gläubigers gestellt wird und es sich bei den einzigen verbleibenden Kostenschuldner um den Eigentümer eines Grundstücks handelt, über das bereits das Zwangsversteigerungsverfahren eröffnet worden ist. Hierdurch wird dem Grundbuchrechtspfleger ein Ermessen eingeräumt, dessen Grenzen gesetzlich nicht festgelegt sind.[212] Eine Zwischenverfügung, in der die Nichtzahlung eines Kostenvorschusses als Eintragungshindernis bezeichnet wird, ist unvollständig, wenn aus ihr die Höhe des zu zahlenden Kostenvorschusses nicht ersichtlich ist; dass dem Kostenschuldner die Kostennachricht mitgeteilt wurde (§§ 22, 31 KostVfg), beseitigt die Unvollständigkeit der Zwischenverfügung nicht.[213] Die Zwischenverfügung muss auch dann, wenn sie gemäß § 15 dem Notar zugestellt wird, die Höhe des Vorschusses angeben.[214] In Grundbuchsachen ist die Zwischenverfügung, mit der eine Eintragung von der Zahlung eines Kostenvorschusses abhängig gemacht wird, zu begründen.[215] Ist die Eintragung in das Grundbuch durch Zwischenverfügung von der Zahlung eines Kostenvorschusses abhängig gemacht, so ist das Hindernis nicht erst zur Zeit des Eingangs der Zahlungsanzeige beim Grundbuchamt, sondern schon durch die Einzahlung des geforderten Betrags bei der Gerichtskasse beseitigt.[216] Wenn alle Antragsberechtigten (oder für sie der Notar gemäß § 15) Vollzugsantrag gestellt haben, verletzt der Grundbuchrechtspfleger seine Amtspflicht, wenn er nicht vor Zurückweisung des Eintragungsantrags sämtlichen Kostenschuldnern Gelegenheit zur Zahlung des fehlenden Kostenvorschusses gibt.[217] Zwar ist für den Bereich der freiwilligen Gerichtsbarkeit grundsätzlich davon auszugehen, dass die Zurückweisung eines Antrags wegen Nichtzahlung des Kostenvorschusses nicht gerechtfertigt ist, da sich aus § 8 Abs 2 S 1 KostO lediglich ergibt, dass das beantragte Geschäft solange unterbleibt, dass also das Verfahren ruht, als der Vorschuss nicht bezahlt ist. Die Zurückweisung eines Antrags wegen Nichtzahlung eines nach § 8 Abs 2 KostO angeordneten Vorschusses ist ausnahmsweise dann gerechtfertigt, wenn sich auf Grund gesetzlicher Vorschriften ein Ruhen des Verfahrens verbietet; dies ist im Grundbucheintragungsantrag im Hinblick auf die §§ 17, 18 der Fall.[218] Nach § 8 Abs 2 KostO kann die Vornahme des Geschäfts nur davon abhängig gemacht werden, dass der Vorschuss gezahlt oder sichergestellt wird. Die Vorschrift gibt dagegen keine Rechtsgrundlage, den Beteiligten aufzugeben, ihren Mitwirkungspflichten bei der Ermittlung des Geschäftswerts nachzukommen.[219]

81 Unstreitig muss eine Zwischenverfügung erlassen werden bei **Nichtvorliegen des Grundpfandrechtsbriefs**, wo dieser zur Vornahme einer Eintragung erforderlich ist (§§ 41, 42).[220]

82 Bei **Fehlen einer behördlichen Genehmigung** ist eine Zwischenverfügung zu erlassen.[221] Zu nennen sind beispielhaft die vormundschaftsgerichtliche Genehmigung (§§ 1812, 1821, 1822 BGB),[222] die öffentlich-rechtli-

---

211   *Heckschen/Wagner* NotBZ 2001, 83; OLG Hamm DNotZ 2000, 651 = FGPrax 2000, 128; LG München II MittBayNot 1999, 185; *Demharter* § 18 Rn 28; *Schöner/Stöber* Rn 444; *Habscheid* NJW 1967, 225, 227 und 230; *Böttcher* MittBayNot 1987, 65, 66.

212   KG Rpfleger 1982, 174; *Böttcher* MittBayNot 1987, 65, 66.

213   OLG München HRR 1938 Nr 1292; LG Köln RpflJB 1961, 59; KEHE-*Herrmann* § 18 Rn 37; *Demharter* § 18 Rn 28; *Schöner/Stöber* Rn 444; *Meyer-Stolte* RpflJB 1979, 309, 311; *Böttcher* MittBayNot 1987, 65, 66.

214   OLG München JFG 18, 21 KEHE-*Herrmann* § 18 Rn 37; *Demharter* § 18 Rn 28; *Schöner/Stöber* Rn 444; *Böttcher* MittBayNot 1987, 65, 66.

215   LG München II MittBayNot 1999, 185; *Heckschen/Wagner* NotBZ 2001, 83, 85.

216   OLG München JFG 20, 206; *Böttcher* MittBayNot 1987, 65, 66.

217   BGH DNotZ 1982, 238; *Schöner/Stöber* Rn 444; *Böttcher* MittBayNot 1987, 65, 66.

218   OLG Hamm DNotZ 2000, 651 = FGPrax 2000, 128; BayObLG Rpfleger 1971, 404; KG JFG 15, 314; LG Frankenthal Rpfleger 1984, 312; LG Köln MittRhNotK 1985, 216; LG Düsseldorf Rpfleger 1986, 175 m Anm *Meyer-Stolte*; *Böttcher* MittBayNot 1987, 65, 67.

219   OLG Hamm aaO.

220   OLG Karlsruhe JFG 7, 243; KEHE-*Herrmann* § 18 Rn 40; *Meyer-Stolte* RpflJB 1979, 309, 311; *Habscheid* NJW 1967, 225, 227; *Schöner/Stöber* Rn 444; *Böttcher* MittBayNot 1987, 65, 67.

221   BayObLG Rpfleger 1977, 101; KEHE-*Herrmann* § 18 Rn 41; *Habscheid* NJW 1967, 225, 229 und 230; *Huhn* RpflStud 1979, 25, 32; *Böttcher* MittBayNot 1987, 65, 67.

222   OLG Saarbrücken SaarlRuStZ 1950, 95; KEHE-*Herrmann* § 18 Rn 41; *Böttcher* MittBayNot 1987, 65, 67; kritisch *Pawlowski-Smid*, FG, Rn 530.

chen Genehmigungen nach dem BauGB (§§ 19, 24, 51), GrStVG (§ 2) und die Unbedenklichkeitsbescheinigung nach § 22 GrunderwerbssteuerG.[223]

Problematisch ist die **bewusste Einreichung eines unvollständigen Antrags.** Eine Meinung besagt,[224] wenn **83** der Antrag in Kenntnis des Mangels lediglich zu dem Zweck gestellt werde, mit ihm einen besseren Rang zu wahren, so sei er zurückzuweisen. Dasselbe gelte auch, wenn diese unlautere Rangwahrungsabsicht zwar nicht besteht, dem Antragsteller aber der Mangel bekannt ist und er auch nicht mit einer abweichenden Rechtsanschauung des Grundbuchrechtspfleger rechnet. Da aber aus rechtsstaatlichen Gründen grundsätzlich von einer Pflicht zum Erlass einer Zwischenverfügung ausgegangen werden muss, ist es auch hinzunehmen, dass bewusst unvollständige Eintragungsanträge eingereicht werden; der Grundbuchrechtspfleger muss einer solchen Verfahrensweise mit einer Zwischenverfügung einschließlich einer straffen Fristsetzung begegnen.[225] Wäre die erste Meinung richtig, dann müsste die Mehrzahl der von Notaren gestellten Anträge, die unvollständig sind, zurückgewiesen werden; denn dem Notar wird die Unvollständigkeit meist bewusst sein. Die Rangwahrung aber ist die gesetzliche Folge, die jeder gestellte Antrag auslöst. Sie wird immer mit beabsichtigt sein. Die Zurückweisung ist weder ein Instrument zur Verfahrensbeschleunigung noch eine Sanktion für unsachgemäßes Betreiben des Verfahrens. Deshalb ist auch die Auffassung abzulehnen, wonach eine Zurückweisung gerechtfertigt sei, wenn ein Antrag in Kenntnis bestehender Eintragungshindernisse gestellt wird.

Fehlt bei einer beantragten Eintragung die **Bewilligung des unmittelbar Betroffenen** (zB ein künftiger **84** Grundschuldgläubiger beantragt die Eintragung seines Rechts; es fehlt allerdings die Bewilligung des Grundstückseigentümers) und ist für das GBA nicht ersichtlich, ob die Bewilligung noch gar nicht abgegeben oder aber bereits erklärt und nur nicht vorgelegt wurde, so ist eine Zwischenverfügung zu erlassen, da es durchaus möglich ist, dass bereits bei Antragseingang eine wirksame Bewilligung existierte.[226] Wird daraufhin eine wirksame Bewilligung eingereicht und liegen keine Folgeanträge vor, ist es gleichgültig, wann die Bewilligung wirksam wurde; die Eintragung kann erfolgen.[227] Liegt zwar ein Folgeantrag vor, aber ergibt sich aus der nachgereichten Bewilligung, dass sie bereits vor dem Antragseingang wirksam geworden war,[228] so geht der Folgeantrag nach gemäß § 17.[229] Ist die nachträglich vorgelegte Bewilligung erst nach dem Antragseingang wirksam geworden, dann gehen die bis zum Wirksamwerden gestellten Folgeanträge vor.[230] Darauf ist in der Zwischenverfügung hinzuweisen.[231]

Liegt die Bewilligung des unmittelbar Betroffenen vor, kann durch Zwischenverfügung aufgegeben werden, die **85** **fehlende Bewilligung des mittelbar Betroffenen** beizubringen.[232] Mittelbar Betroffene sind alle diejenigen Personen, deren Zustimmungen materiell zu dem einzutragenden Rechtsgeschäft erforderlich sind. Beispielhaft zu nennen ist die Zustimmungserklärung des Eigentümers bei Rangrücktritt eines Grundpfandrechts (§ 880 Abs 2 S 2 BGB) oder bei Löschung eines Fremdgrundpfandrechtes (§ 1183 BGB; vgl auch § 27).

Wird dem GBA zwar eine **Bewilligung (§ 19) vorgelegt, deren Wirksamkeit aber noch nicht feststeht** **86** (zB reicht der begünstigte künftige Grundschuldgläubiger nur eine beglaubigte Abschrift der Eintragungsbewilligung vom betroffenen Grundstückseigentümer ein), so ist eine Zwischenverfügung veranlasst.[233] Es besteht nämlich die Möglichkeit, dass bereits im Zeitpunkt der Antragstellung eine wirksame Bewilligung existierte. Eine Bewilligung kann auf zweifache Weise wirksam werden:[234] Zum einen mit der Aushändigung der Urschrift oder einer Ausfertigung (nicht beglaubigte Abschrift!) vom Betroffenen an den Begünstigten; dem gleichgestellt wird der Fall, dass dem Begünstigten ein Anspruch auf Erteilung einer Ausfertigung zusteht (§ 51 BeurkG). Zum anderen wird die Bewilligung wirksam mit ihrer Vorlage beim GBA, wenn dies mit dem Willen

---

223 BFH MittBayNot 2006, 364; BayObLG FGPrax 1995, 95 = MittBayNot 1995, 288; RGZ 126, 107; OLG Düsseldorf Rpfleger 1986, 297; *KEHE-Herrmann* § 18 Rn 40; *Schöner/Stöber* Rn 444; *Haegele* Rpfleger 1971, 294; *Pawlowski-Smid,* FG, Rn 529; *Geissler* BWNotZ 1991, 48, 49; *Meyer-Stolte* RpflJB 1979, 309, 311; *Habscheid* NJW 1967, 225, 227 und 230; *Böttcher* MittBayNot 1987, 65, 67; **aA** KG OLGE 41, 23.

224 KG JFG 4, 303; KGJ 50, 136; OLG Dresden JFG 5, 357; *KEHE-Herrmann* § 18 Rn 42; *Güthe-Triebel* § 18 Rn 20; *Predari* § 18 Bem 3; *Ripfel* DNotZ 1936, 673.

225 BayObLG MittBayNot 2002, 290; RGZ 126, 107; OLG Düsseldorf Rpfleger 1986, 297; *Demharter* § 18 Rn 23; *Schöner/Stöber* Rn 436; *Eickmann* GBVerfR, Rn 292; *Kleist* MittRhNotK 1985, 133, 139; *Huhn* RpflStud 1979, 25, 32; *Habscheid* NJW 1967, 225; *Fumian* BayNotV 1925, 437; *Böttcher* MittBayNot 1987, 65, 67.

226 *Geissler* BWNotZ 1991, 48, 50 f (Beispiel 4); *Pawlowski-Smid,* FG, Rn 525.

227 *Geissler* BWNotZ 1991, 48, 51.

228 Zum Wirksamwerden einer Bewilligung vgl ausführlich *Geissler* BWNotZ 1991, 48 f.

229 *Geissler* BWNotZ 1991, 48, 51.

230 *Geissler* aaO.

231 Ein Formulierungsvorschlag befindet sich bei *Geissler* aaO.

232 BayObLG DNotZ 1997, 324 m zust Anm *Wulf* = Rpfleger 1997, 154 = MittBayNot 1997, 37; BayObLGZ 1990, 6, 8; OLG Hamm FGPrax 2002, 146 = Rpfleger 2002, 353; *Demharter* § 18 Rn 12; *KEHE-Herrmann* § 18 Rn 41; *Habscheid* NJW 1967, 225, 231; *Böttcher* MittBayNot 1987, 65, 67.

233 *Geissler* BWNotZ 1991, 48, 50 (Beispiel 3).

234 Vgl Fn 224.

des Bewilligenden geschieht; dies ist dann zu bejahen, wenn der Bewilligende selbst oder für ihn der Notar die Bewilligung in Urschrift, Ausfertigung oder beglaubigter Abschrift oder der Begünstigte die Bewilligung in Urschrift oder Ausfertigung (nicht beglaubigte Abschrift!) einreicht. Wird auf Grund der Zwischenverfügung die Wirksamkeit der Bewilligung nachgewiesen und liegen keine Folgeanträge vor, ist es gleichgültig, wann die Bewilligung wirksam wurde; die Eintragung kann erfolgen.[235] Liegt zwar ein Folgeantrag vor, aber wird nachgewiesen, dass die Bewilligung vor dessen Eingang wirksam wurde, so geht der Folgeantrag nach gemäß § 17.[236] Ist die ursprünglich vorgelegte Bewilligung erst nach dem Eingang eines Folgeantrags wirksam geworden, dann geht der Folgeantrag vor.[237] Darauf ist in der Zwischenverfügung hinzuweisen.[238]

87   Wird ein Eigentumswechsel beantragt, so ist beim **Fehlen der Auflassung** eine Zwischenverfügung zu erlassen und die Vorlage der Auflassung zu verlangen,[239] es sei denn, dem GBA ist definitiv bekannt, dass überhaupt noch keine Auflassung erklärt wurde (vgl dann Rdn 37). Wird auf Grund der Zwischenverfügung eine wirksame Auflassung vorgelegt, kann der Eigentumswechsel auch dann vollzogen werden, wenn die Auflassung erst nach der Antragstellung erklärt wurde, aber keine Folgeanträge vorliegen. Gleiches gilt, wenn zwar ein Folgeantrag vorliegt, aber die vorgelegte Auflassung vor dessen Eingang erklärt wurde. Ergibt sich aus der nachträglich eingereichten Auflassung jedoch, dass sie nach dem Eingang eines Folgeantrags vereinbart wurde, dann geht der Folgeantrag vor. Darauf ist in der Zwischenverfügung hinzuweisen.

88   Auch bei **inhaltlichen Mängeln** der Eintragungsbewilligung (§ 19), der Einigung (§ 20) oder der sonstigen Eintragungsunterlagen ist eine Zwischenverfügung zu erlassen, zB wenn das Grundstück nicht nach § 28 S 1 bezeichnet ist[240] oder die Angabe des Gemeinschaftsverhältnisses gemäß § 47 fehlt oder wenn sich Eintragungsantrag und Eintragungsbewilligung nicht decken.

89   Bei einem **Mangel der Verfügungs- oder Bewilligungsmacht**[241] ist grundsätzlich eine Zwischenverfügung zu erlassen. Dies ist der Fall, wenn jemand eine Eintragung bewilligt (§ 19) oder eine Einigung erklärt (§ 20), der nicht Rechtsinhaber ist. Hierher gehören die Konstellationen, dass ein Nicht-Rechtsinhaber Erklärungen abgibt[242] oder der Eigentümer zwischen Auflassung und Grundbucheintragung sein Eigentum verliert[243] oder dass ein nicht allein verfügungsberechtigter Gesamthändler auftritt (zB bei Miterben,[244] Gesellschafter,[245] Ehegatten in Gütergemeinschaft[246]). Mit einer Zwischenverfügung kann der Nachweis einer Einwilligung (§ 185 Abs 1 BGB) oder Genehmigung (§ 185 Abs 2, 1. Alt, § 184 Abs 1 BGB) verlangt werden, da in diesen Fällen eine Heilung ex tunc eintritt.[247] Hat aber jemand eine Erklärung als Nichtberechtigter, dh ohne Verfügungs- oder Bewilligungsmacht, abgegeben, und ist weder eine Einwilligung noch eine Genehmigung gegeben usw zu erwarten, sondern lediglich ein Wirksamwerden durch Rechtserwerb (§ 185 Abs 2 2. Alt BGB), so wird die Erklärung nicht rückwirkend wirksam, sondern erst mit dem Rechtserwerb, dh ex nunc; in einem solchen Fall muss eine Zurückweisung erlassen werden.[248] **Beispiel:**[249] *»Der Eigentümer hat sein Grundstück an den Erwerber aufgelassen. Der Kaufpreis ist ausweislich der vorliegenden Unterlagen noch nicht zur Zahlung fällig (= keine stillschweigende Einwilligung des Eigentümers zu Verfügungen des Erwerbers vor dessen Grundbucheintragung).*[250] *Vor seiner Eintragung als Eigentümer bewilligt der Erwerber für einen Dritten eine Grundschuld. Der bisherige Grundstückseigentümer teilt dem Grundbuchamt mit, dass er in die Verfügung des Erwerbers nicht eingewilligt hat und diese auch nicht genehmige«.* Die Grundschuld kann erst eingetragen werden, wenn der Erwerber das Eigentum erlangt hat; vor diesem Zeitpunkt kann die Grundschuld für den Dritten nicht entstehen (§ 185 Abs 2, 2. Alt BGB). Eine Zwischenverfügung würde ihr somit einen Rang versprechen, der ihr gar nicht zusteht und den sie materiellrechtlich auch nicht erlangen kann. Der Antrag auf Eintragung der Grundschuld ist daher zurückzuweisen.

---

235 *Geissler* BWNotZ 1991, 48, 50.
236 *Geissler* aaO.
237 *Geissler* aaO.
238 Ein Formulierungsvorschlag befindet sich bei *Geissler* aaO.
239 *Pawlowski-Smid,* FG, Rn 525; *Schöner/Stöber* Rn 439 ff, 442a.
240 KG OLGE 30, 409; OLG Dresden OLGE 6, 489, OLG Hamm NJW 1966, 2411; *Böttcher* MittBayNot 1987, 65, 67.
241 Zum Begriff vgl *Böttcher* Rpfleger 1983, 49, 50.
242 BayObLGZ 1956, 172; *Böttcher* MittBayNot 1987, 65, 67.
243 BayObLG MittBayNot 1967, 7; *Böttcher* MittBayNot 1987, 65, 67.
244 BGHZ 19, 138; *Böttcher* MittBayNot 1987, 65, 67.
245 RGZ 149, 23; *Böttcher* MittBayNot 1987, 65, 67.
246 BayObLGZ 1957, 370; *Böttcher* MittBayNot 1987, 65, 67.
247 *Eickmann* GBVerfR, Rn 132; *Böttcher* MittBayNot 1987, 65, 67.
248 BayObLG DNotZ 1981, 573; MittRhNotK 1983, 214; KG OLGE 43, 179 = JFG 1, 301; KGJ 39, 166; JFG 14, 444, 446; OLG München JFG 21, 105; 23, 145; *Demharter* § 18 Rn 10; *Eickmann* GBVerfR, Rn 296; *Meyer-Stolte* RpflJB 1979, 309, 324; *Kleist* MittRhNotK 1985, 133, 138; *Riggers* Rpfleger 1957, 181, 182; *Böttcher* MittBayNot 1987, 9, 12.
249 Nach *Eickmann* GBVerfR, Rn 296 Beispiel 52.
250 BayObLGZ 1970, 254 = Rpfleger 1970, 431.

Nach neuerer Terminologie werden die **Verfügungsbeeinträchtigungen** in Verfügungsentziehungen, Verfü- **90**
gungsbeschränkungen und Verfügungsverbote unterteilt.[251] Beeinträchtigungen der Verfügungs- oder Bewilligungsbefugnis können ihre Ursache also haben in einer Verfügungsentziehung (= Insolvenzeröffnung, Nachlassverwaltung, Testamentsvollstreckung), einer Verfügungsbeeinträchtigung (= § 1365 BGB, §§ 1423–1425
BGB, § 5 ErbbauRG, §§ 12, 35 WEG) oder einem Verfügungsverbot (= gerichtliche Pfändung § 829 Abs 1
S 2 ZPO, einstweilige Verfügung § 938 Abs 2 ZPO, Zwangsversteigerung § 23 Abs 1 S 1 ZVG). Bei bestehender *Verfügungsentziehung* muss der Grundbuchrechtspfleger grundsätzlich eine Zwischenverfügung erlassen und
die Zustimmung des Vermögensverwalters (= Insolvenzverwalter, Nachlassverwalter, Testamentsvollstrecker)
anfordern, und zwar unabhängig davon, ob die Verfügungsentziehung bereits im Grundbuch vermerkt ist oder
nicht; ausnahmsweise kann im Falle des § 878 BGB oder § 892 BGB sogleich eine Eintragung erfolgen bzw
kann sofort eine Zurückweisung erlassen werden, wenn weder § 878 BGB noch § 892 BGB Anwendung finden
und auch keine Zustimmung des Vermögensverwalters vorliegt bzw zu erwarten ist.[252] Besteht eine *Verfügungsbeschränkung*, so hat der Grundbuchrechtspfleger auch in diesem Fall grundsätzlich eine Zwischenverfügung zu
erlassen und die Zustimmung des durch die VB Geschützten zu verlangen; ausnahmsweise kann im Falle des
§ 878 BGB sogleich eine Eintragung erfolgen oder es kann sofort eine Zurückweisung erlassen werden, wenn
§ 878 BGB keine Anwendung findet und auch keine Zustimmung des durch die VB Geschützten vorliegt bzw
zu erwarten ist.[253] Bei einem bestehenden *Verfügungsverbot* kann der Grundbuchrechtspfleger keine Zwischenverfügung erlassen, sondern die beantragten Eintragungen sind grundsätzlich zu vollziehen, und dies unabhängig davon, ob das Verfügungsverbot bereits im Grundbuch vermerkt ist oder nicht.[254] In Ausnahme davon muss
dann eine Zwischenverfügung erlassen werden, und zwar unter Anforderung der Zustimmung des Verbotsgeschützten, wenn
– bei der Löschung von Rechten[255]
– das VV bereits im Grundbuch eingetragen ist und es ebenfalls mitgelöscht wird
– das VV noch nicht im Grundbuch vermerkt ist und auch § 878 BGB keine Anwendung findet
– bei der Begründung eines Erbbaurechts[256]
– das VV bereits im Grundbuch eingetragen ist
– das VV noch nicht im Grundbuch vermerkt ist und weder § 878 BGB noch § 892 BGB Anwendung finden.

Als **Verfügungsentziehung** sind die Insolvenzeröffnung, die Testamentsvollstreckung und die Nachlassverwal- **91**
tung zu nennen.[257] Hat der Grundbuchrechtspfleger von einer Verfügungsentziehung Kenntnis erlangt, ohne
dass diese im Grundbuch eingetragen ist, so muss er einen davon betroffenen Antrag auf Eintragung einer
rechtsändernden rechtsgeschäftlichen Verfügung zurückweisen, wenn § 878 BGB keine Anwendung findet und
gutgläubiger Erwerb nach § 892 BGB ausgeschlossen (zB bei eingetragenem Insolvenzvermerk) und auch keine
Einwilligung bzw Genehmigung des Verwalters vorliegt bzw zu erwarten ist.[258] Ist die Verfügungsentziehung
bereits im Grundbuch eingetragen oder wegen früheren Eingangs vorher einzutragen, und zwar ordnungsgemäß nach den §§ 17, 45, so muss ein davon betroffener Antrag zurückgewiesen werden, wenn keine Einwilligung bzw Genehmigung des Verwalters vorliegt bzw zu erwarten ist.[259]

Als **Verfügungsbeschränkung** sind § 1365 BGB, §§ 1423–1425 BGB, § 5 ErbbauRG und §§ 12, 35 WEG zu **92**
nennen.[260] Besteht eine solche Verfügungsbeschränkungen, so muss der Grundbuchrechtspfleger einen davon
betroffenen Antrag auf Eintragung einer rechtsändernden rechtsgeschäftlichen Verfügung dann zurückweisen,
wenn § 878 BGB keine Anwendung findet und keine Einwilligung bzw Genehmigung des durch die Verfügungsbeschränkung Geschützten vorliegt bzw zu erwarten ist.[261]

Als **Verfügungsverbote** sind zu nennen: Bei der gerichtlichen Pfändung § 829 Abs 1 S 2 ZPO, im Wege der **93**
einstweiligen Verfügung § 938 Abs 2 ZPO, bei der Zwangsversteigerung bzw Zwangsverwaltung § 23 Abs 1
S 1 ZVG.[262] Besteht ein solches Verfügungsverbot, so muss der Grundbuchrechtspfleger einen davon betroffenen Antrag auf Eintragung einer rechtsgeschäftlichen Verfügung grundsätzlich vollziehen; weder die Zwischenverfügung noch eine Zurückweisung kann erlassen werden, und dies unabhängig davon, ob das Verfü-

---

251 *Böttcher* Rpfleger 1983, 49.
252 Ausführlich dazu *Böttcher* Rpfleger 1983, 187, 189 ff.
253 Ausführlich dazu *Böttcher* Rpfleger 1984, 377, 385.
254 Ausführlich dazu *Böttcher* Rpfleger 1985, 381, 385 f.
255 *Böttcher* Rpfleger 1985, 381, 387.
256 *Böttcher* Rpfleger 1985, 381, 388.
257 *Böttcher* Rpfleger 1983, 187.
258 *Böttcher* Rpfleger 1983, 187, 191.
259 *Böttcher* Rpfleger 1983, 187, 192.
260 *Böttcher* Rpfleger 1984, 377; 1985, 1.
261 *Böttcher* Rpfleger 1984, 377, 384.
262 *Böttcher* Rpfleger 1985, 381.

gungsverbot bereits im Grundbuch vermerkt ist oder nicht.[263] In Ausnahme davon muss bei der Löschung von Rechten und der Begründung eines Erbbaurechts dann eine Zurückweisung erfolgen, wenn

– das Verfügungsverbot nicht im Grundbuch vermerkt ist und § 878 BGB keine Anwendung findet und gutgläubiger Erwerb nach § 829 BGB ausgeschlossen ist und keine Einwilligung bzw Genehmigung des Verbotsgeschützten vorliegt bzw zu erwarten ist[264]

– das Verfügungsverbot bereits im Grundbuch vermerkt oder wegen früheren Eingangs vorher einzutragen ist (§ 17) und keine Einwilligung bzw Genehmigung des Verbotsgeschützten vorliegt bzw zu erwarten ist.[265] Nur wenn bei der Löschung eines Rechts das Verfügungsverbot im Grundbuch bestehen bleibt, darf keine Zwischenverfügung und auch keine Zurückweisung erlassen werden.[266]

94   Das GBA hat grundsätzlich keine Nachforschungen darüber anzustellen, ob ein Beteiligter im Grundbuchverfahren rechtsfähig ist (vgl Einl F Rdn 41). Wenn sich jedoch **begründete Zweifel an der Rechtsfähigkeit** eines Beteiligten ergeben, hat das GBA durch Zwischenverfügung aufzugeben, die Rechtsfähigkeit nachzuweisen.[267] Da es sich bei der Prüfung der Rechtsfähigkeit um eine andere Eintragungsvoraussetzung iS von § 29 Abs 1 S 2 handelt, ist der Nachweis durch öffentliche Urkunden zu führen.[268] Begründete Zweifel an der Rechtsfähigkeit eines im GB eingetragenen Beteiligten können nicht durch die gesetzliche Vermutung des § 891 Abs 1 BGB ausgeräumt werden, da sie sich nicht auf die Rechtsfähigkeit erstreckt.[269]

95   Das GBA hat grundsätzlich keine Nachforschungspflicht hinsichtlich der Geschäftsfähigkeit von Beteiligten im Grundbuchverfahren (vgl Einl F Rdn 93). Bei ernsthaften, auf Tatsachen beruhenden **Zweifeln an der Geschäftsfähigkeit** eines Erklärenden hat das GBA jedoch durch Zwischenverfügung aufzugeben, die Zweifel so weit zu zerstreuen, dass wieder vom Grundsatz der Geschäftsfähigkeit ausgegangen werden kann.[270]

96   Nach § 39 Abs 1 soll eine Eintragung nur erfolgen, wenn die Person, deren Recht durch sie betroffen wird, als der Berechtigte eingetragen ist. Die **Voreintragung des Betroffenen** kann zum Gegenstand einer Zwischenverfügung gemacht werden.[271]

97   Ist das Verpflichtungsgeschäft (zB Kaufvertrag) für eine Verfügung (zB Eigentumswechsel) unwirksam (zB wegen Formnichtigkeit, §§ 311b Abs 1, 125 BGB), so stellt sich die Frage, wie der Veräußerer vor dem ungerechtfertigten Verfügungsgeschäft geschützt werden kann. Aus dem Gesetzeswortlaut des § 938 Abs 1 ZPO ergibt sich, dass das Gericht jede Anordnung zur Erreichung des Verfügungszwecks treffen kann; Abs 2 enthält eine beispielhafte Aufzählung möglicher Anordnungen (Sequestration, Untersagung der Veräußerung, Belastung oder Verpfändung eines Grundstücks). Zur Sicherung des Kondiktionsanspruchs des Veräußerers gemäß § 812 Abs 1 S 1, 1. Alt BGB käme nur ein **Erwerbsverbot** gegen den Auflassungsempfänger in Betracht, das seinen Eigentumserwerb, die Heilung des Kaufvertrags (§ 311b Abs 1 S 2 BGB) und damit das Erlöschen des Bereicherungsanspruchs verhindern würde. Dadurch hätte der Veräußerer genügend Zeit gewonnen, um im ordentlichen Zivilprozess auf Rückgabe seiner Auflassungserklärung (§ 20 GBO; §§ 873 Abs 1, 925 BGB) und Eintragungsbewilligung (§ 19 GBO) zu klagen. Ein Verfügungsgrund dürfte stets vorliegen, denn es droht ja die Grundbucheintragung des Auflassungsempfängers und somit die Konvaleszenz des Kaufvertrages nach § 311b Abs 1 S 2 BGB, wodurch der Kondiktionsanspruch des Veräußerers entfallen würde. Vor der Grundbucheintragung des Käufers besteht gegen ihn ein Kondiktionsanspruch des Verkäufers auf Herausgabe »der Rechte aus der Auflassung« gemäß § 812 Abs 1 S 1, 1. Alt BGB wegen Formnichtigkeit des Kaufvertrages (§§ 311b Abs 1 S 1, 125 BGB). Genauer gesagt, ist der Auflassungsempfänger ungerechtfertigt bereichert um eine Rechtsstellung, die es ihm ermöglicht, die Grundbucheintragung seines Eigentumserwerbs zu beantragen. Der ursprünglich unwirksame Kaufvertrag (§§ 311b Abs 1 S 1, 125 BGB) wird mit der Eintragung des Eigentumsübergangs auf den Erwerber wirksam gemäß § 311b Abs 1 S 2 BGB. Das Bestehen des Kondiktionsanspruchs vor der Grundbucheintragung hindert diese Konvaleszens des Grundgeschäfts nicht. Dadurch ist eine Leistungskondiktion des Veräußerers gegen den Erwerber, die auf die Unwirksamkeit des Verpflichtungsgeschäfts gestützt ist (§ 812 Abs 1 S 1, 1. Alt BGB), ausgeschlossen. Vor der Grundbucheintragung des Erwerbers können die Rechte aus der Auflassung also kondiziert werden, nach dessen Grundbucheintragung aber nicht das an Stelle dieser Vermögensposition getretene Eigentum des Erwerbers. Daraus folgert die hM zu Recht die Notwendigkeit eines gerichtlichen Erwerbsverbots im Wege der einstweiligen Verfügung bei einem ungerechtfertigten

263 *Böttcher* Rpfleger 1985, 381, 386.
264 *Böttcher* Rpfleger 1985, 381, 387 und 388.
265 *Böttcher* aaO.
266 *Böttcher* Rpfleger 1985, 381, 387.
267 OLG Frankfurt/M Rpfleger 1997, 105.
268 OLG Hamm FGPrax 1995,
269 BayObLGZ 1916, 161; KG HRR 1929 Nr 1996; OLG Hamm FGPrax 1995, 5; OLG Frankfurt/M Rpfleger 1997, 105.
270 BayObLG Rpfleger 1992, 152; MittBayNot 1991, 256; BayObLGZ 1989, 111; NJW-RR 1990, 721.
271 BayObLG DNotZ 2003, 49 = Rpfleger 2003, 25; MittBayNot 1990, 249 = MittRhNotK 1990, 134.

Eigentumserwerb, der eine Konvaleszenz nach § 311b Abs 1 S 2 BGB zur Folge hätte.[272] Ein einstweiliges **Erwerbsverbot** als Sicherungsmaßnahme zur Verhinderung der Heilung eines nichtigen Kaufvertrags nach § 313 Satz 2 BGB kommt nicht in Betracht, wenn die Parteien die Formnichtigkeit einvernehmlich herbeiführten. Einem Verfügungsanspruch auf Kondiktion der Auflassungserklärung steht dann § 814 BGB entgegen.[273]

Gemäß § 938 Abs 2 ZPO soll dem Erwerber (Verfügungsgegner) eine »Handlung geboten oder verboten« werden. Daraus wird vielfach gefolgert, dass der Inhalt der einstweiligen Verfügung dahingehend zu lauten hat, dass dem **Erwerber geboten wird, den Eintragungsantrag zurückzunehmen, oder verboten wird, den Eintragungsantrag zu stellen.**[274] Vom strikten Wortlaut einer solchen einstweiligen Verfügung ausgehend, ist zu sagen, dass eine solche Anordnung nichts nützt. Der Eintragungsantrag (§ 13) ist unbestritten eine reine Verfahrenserklärung, dh keine rechtsgeschäftliche Willenserklärung oder Verfügung. Eine Grundbucheintragung ist daher auch dann wirksam, wenn sie ohne Antrag erfolgt. Der entgegen einem Erwerbsverbot gestellte oder aufrechterhaltene Antrag nach § 13 ändert nichts an der Wirksamkeit der Grundbucheintragung. Durch bloße Gebote und Verbote hinsichtlich dem Eintragungsantrag kann der Verfügende, der schuldrechtlich dazu verpflichtet ist, keinen ausreichenden Schutz erhalten. Wahrscheinlich im Bewusstsein der Schwäche von Erwerbsverboten hinsichtlich der Antragstellung nach § 13 finden sich zuweilen auch Formulierungen wie:[275] »Der Antragsgegnerin wird zugunsten der Antragstellerin verboten, das Grundstück ... zu erwerben«. Damit wird zumindest nicht der Fehler begangen, dass lediglich eine verfahrensrechtliche Erklärung verboten bzw deren Rücknahme geboten wird. Das **Verbot ein Grundstück zu erwerben**, soll offensichtlich die materiellrechtliche Seite der Verfügung beeinflussen. Das Erwerbsverbot soll die »Erwerbsfähigkeit« des Verfügungsempfängers einschränken. Was hat es mit dieser sog Erwerbstätigkeit auf sich? Das Gesetz kennt diesen Begriff nicht. Diese Konstruktion ist abzulehnen! Wenn auf Seiten des Erwerbers eine Erwerbstätigkeit nötig wäre, so müsste dies vom Gesetz angeordnet werden. Das Gesetz gibt aber keinen Anhalt, dass es eine Erwerbsfähigkeit voraussetzt. Der Begriff ist dem Sachenrecht fremd. Es fehlt jeder gesetzliche Bezugspunkt, dass eine Erwerbsfähigkeit eine materiellrechtliche Voraussetzung für eine Rechtsänderung sei. Es bleibt also dabei, was die Kritiker eines gerichtlichen Erwerbsverbots schon immer eingewandt haben: Eine »Erwerbsfähigkeit« ist unserer Rechtsordnung unbekannt und daher abzulehnen.[276] Bei einem Erwerber müssen materiellrechtlich Rechtsfähigkeit (§ 1 BGB) und Geschäftsfähigkeit (§§ 104 ff BGB) und formellrechtlich im Grundbuchverfahren Beteiligtenfähigkeit und Verfahrensfähigkeit vorliegen. Mit diesen Begriffen kommt man aus. Eine sog Erwerbsfähigkeit ist nicht nötig. Nachdem der Begriff der Erwerbsfähigkeit doch allenthalben Kopfzerbrechen bereitet, wird vereinzelt behauptet, dass ein Erwerbsverbot die gemäß § 873 Abs 2 BGB eingetretene Bindung an die dingliche Einigung außer Kraft setzt.[277] Nicht nur, dass diese Auslegung sehr gewagt ist, sie bringt auch nichts für den Veräußerer. Für den Eigentumserwerb des Käufers kommt es nur auf eine wirksame Auflassung und die entsprechende Grundbucheintragung an (§§ 873 Abs 1, 925 BGB); ob die Auflassung bindend ist gemäß § 873 Abs 2 BGB, spielt dabei keine Rolle. Dies bedeutet, dass der Käufer Grundstückseigentümer wird mit seiner Grundbucheintragung, und zwar auch dann, wenn zuvor die Bindung an die Auflassung durch ein gerichtliches Erwerbsverbot außer Kraft gesetzt wurde.

Der Schutz des Verfügenden bei fehlendem oder nichtigem Verpflichtungsgeschäft verlangt für ein Grundbuchverfahren, das zur Eintragung des Erwerbers führt, ein materielles Eintragungshindernis. Es würde nichts nützen, wenn durch das Erwerbsverbot lediglich eine formellrechtliche Eintragungsvoraussetzung (zB Antrag nach § 13 oder Bewilligung gemäß § 19) beseitigt würde. Eine Grundbucheintragung des Erwerbers trotz eines solchen Erwerbsverbots würde ihm Eigentum am Grundstück verschaffen, da das Fehlen von verfahrensrechtlichen Erklärungen keinen Einfluss auf den materiellen Rechtserwerb hat. Hat der Erwerber eine Rechtsstellung durch Leistung des Verfügenden ungerechtfertigt, dh ohne oder auf Grund nichtigem Verpflichtungsgeschäfts, erlangt, so kann der Verfügende verlangen, dass der Erwerber diese Rechtsstellung herausgibt (§ 812 Abs 1 S 1, 1. Alt BGB). Die Leistung des Verfügenden besteht in der Abgabe der materiellrechtlichen Einigungserklärung (§ 873 Abs 1 BGB; § 20 GBO) und der formellrechtlichen Eintragungsbewilligung (§ 19). Dadurch hat der Erwerber eine Rechtsstellung erlangt, die es ihm ermöglicht, durch Stellung eines formlosen Eintragungsantrags (§§ 13, 30) seinen endgültigen Rechtserwerb herbeizuführen. Das dafür geltende Grundbuchverfahren

98

99

---

272 RGZ 117, 287; 120, 118; BGH NJW 1983, 565; KG JFG 18, 192; Rpfleger 1962, 177; MDR 1977, 500; BayObLG FGPrax 1997, 235; Rpfleger 1978, 306; BWNotZ 1982, 90; OLG Hamm Rpfleger 1970, 343; OLG München OLGZ 1969, 196; FamRZ 1969, 151; OLG Stuttgart BWNotZ 1982, 90; LG Tübingen BWNotZ 1984, 39; *Böttcher* BWNotZ 1993, 25, 27 mwN; **aA** MüKo-*Wacke* § 888 Rn 24; *Flume*, BGB-AT II, § 17 Abschn 6e; *Medicus*, BGB-AT, Rn 556.

273 OLG Köln NotBZ 2001, 270.

274 RGZ 117, 287, 290; 120, 118, 120; BayObLGZ 22, 164; BGH NJW 1983, 565; OLG München OLGZ 1969, 196, 198; *Heydrich* MDR 1997, 796.

275 BayObLG FGPrax 1997, 89; OLG München FamRZ 1969, 151, 152.

276 *Westermann-Eickmann* § 83 VI 4; *Flume*, BGB-AT II, § 17 Abschn 6c; *Medicus*, BGB-AT, Rn 556.

277 RGZ 120, 118, 120; KG Rpfleger 1962, 177, 178; *Soergel-Stürner* § 873 Rn 30, § 878 Rn 10; KEHE-*Herrmann* § 18 Rn 19.

unterscheidet zwischen zwei Eintragungen: Auf der einen Seite die Auflassung eines Grundstücks und die Bestellung, Inhaltsänderung, Übertragung eines Erbbaurechts, bei denen gemäß § 20 die materielle dingliche Einigung vorgelegt werden muss; auf der anderen Seite alle sonstigen Verfügungsgeschäfte, bei denen lediglich die formelle Eintragungsbewilligung nach § 19 erforderlich ist. Im Falle der Auflassung eines Grundstücks und der Bestellung, Inhaltsänderung, Übertragung eines Erbbaurechts (§ 20) ist Eintragungsgrundlage die dingliche Einigung gemäß Abs 873 Abs 1 BGB). Gab der Verfügende seine Einigungserklärung ohne wirksames Verpflichtungsgeschäft ab, so ist der Erwerber zur Herausgabe verpflichtet (§ 812 Abs 1 S 1, 1. Alt BGB). Das RG[278] bezeichnet dies als »Kondiktion der Auflassungserklärung« oder »Verzicht auf die Rechte aus der Auflassung« oder »Aufhebung der Auflassung«. Dies trifft die Sache. Der Erwerber muss auf die aus dem bindenden Verfügungsgeschäft für ihn begründeten Rechte verzichten. Dies geschieht durch Vertrag mit dem Verfügenden, der zur Aufhebung der dinglichen Einigung führen muss. Gibt der Erwerber seine Erklärung nicht freiwillig ab, wovon im Normalfall auszugehen ist, kann sie gemäß § 894 ZPO durch ein rechtskräftiges Urteil ersetzt werden.[279] Sollte ausnahmsweise der Erwerber doch einsichtig und daher zum Abschluss des Aufhebungsvertrags bereit sein, so bedarf dieser Vertrag materiell-rechtlich – ebenso wie die dingliche Einigung – nicht der notariellen Beurkundung, sollte aber zum Nachweis gegenüber dem Grundbuchamt der Form des § 29 Abs 1 genügen. In der modernen Grundbuchliteratur ist es unbestritten, dass im Fall des § 20 neben der materiell-rechtlichen dinglichen Einigung auch die verfahrensrechtliche Eintragungsbewilligung nach § 19 erforderlich ist. Deren Beseitigung ist für den Schutz des Verfügenden zwar nicht notwendig, weil sie lediglich eine verfahrensrechtliche Erklärung ohne Einfluss auf das materielle Recht darstellt, aber zur Klarstellung, dass eine Eintragung unterbleiben soll, ist es zumindest empfehlenswert, auch den »Verzicht auf die Rechte aus der Eintragungsbewilligung« zu verlangen. Alle sonstigen Verfügungsgeschäfte, die nicht unter § 20 fallen, werden auf Grund einer verfahrensrechtlichen Eintragungsbewilligung des Betroffenen im Grundbuch vollzogen (§ 19). Daher geht der Kondiktionsanspruch des Verfügenden gemäß § 812 Abs 1 S 1 1. Alt BGB auf »Herausgabe der Eintragungsbewilligung«. Was ist darunter zu verstehen? Die Bewilligung wird wirksam, wenn der Bewilligende dem Begünstigten die Urschrift oder eine Ausfertigung davon aushändigt (beglaubigte Abschrift reicht nicht); der Bereicherungsanspruch geht daher in diesem Fall auf Rückgabe der Bewilligung vom Erwerber an den Bewilligenden, wodurch diese ihre Wirksamkeit verliert. Ist eine Ausfertigung der Bewilligung dagegen bereits beim Grundbuchamt eingereicht seitens des Erwerbers, so ist sie während des Eintragungsverfahrens unwiderruflich. Um den Kondiktionsanspruch zu erfüllen, muss der Erwerber daher seinen Eintragungsantrag zurücknehmen (§ 31), dann kann er auch die eingereichte Bewilligung zurückfordern und dem Bewilligenden zurückgeben. Diese Verfahrensweisen können sich als sehr umständlich erweisen, insbesondere im Bereich der Zwangsvollstreckung gemäß § 894 ZPO (Antragsrücknahme, Rückforderung der Bewilligung). Ausreichend muss es daher sein, wenn der Erwerber den gegen ihn gerichteten Bereicherungsanspruch durch Abgabe einer Erklärung erfüllt, die bewirkt, dass die Eintragungsbewilligung ihre Wirksamkeit verliert. Ein solcher »Verzicht auf die Rechte aus der Eintragungsbewilligung« bedarf – ebenso wie die Bewilligung selbst – zumindest der notariellen Beglaubigung (§ 29 Abs 1 S 1). Die Vollstreckung erfolgt gemäß § 894 ZPO. Dieses Verfahren ist praktikabler und verletzt weder die Rechte der Beteiligten noch elementare Grundsätze des Grundbuchverfahrens. Insbesondere ist die Unwiderruflichkeit der Bewilligung nicht verletzt, da dadurch nur deren Beseitigung allein durch den Bewilligenden verhindert werden soll. Ein »Verzicht auf die Rechte aus der Eintragungsbewilligung« allein seitens des Erwerbers reicht aber zum Schutz des Verfügenden nicht aus. Würde ein Erwerberverbot nur diesen Inhalt haben und erfolgte danach trotzdem die Grundbucheintragung des Erwerbers, so wäre sein Rechtserwerb voll wirksam. Die Bewilligung gemäß § 19 ist eben nur eine verfahrensrechtliche Erklärung ohne Einfluss auf die materielle Rechtslage. Dies bedeutet, dass auch in dem Fall des § 19, dh wenn das Grundbuchamt nur auf Grund einer formellen Bewilligung einträgt, eine Aufhebung der materiellrechtlichen, dinglichen Einigung (§ 873 Abs 1 BGB) erfolgen muss, um den Verfügenden ausreichend zu schützen. Der Kondiktionsanspruch des Verfügenden ist daher immer auf Verzicht des Erwerbers auf die Rechte aus der dinglichen Einigung (§ 873 Abs 1 BGB) und Eintragungsbewilligung (§ 19) gerichtet. Der Erwerber muss zwei Erklärungen abgeben: eine materielle Willenserklärung auf Aufhebung der dinglichen Einigung und eine formelle Verfahrenserklärung auf Verzicht der Rechte aus der Bewilligung. Geschieht dies nicht freiwillig, muss auf Abgabe der Erklärung geklagt werden. Mit der Rechtskraft des Urteils gelten die Erklärungen als formgerecht abgegeben (§ 894 ZPO). So ein Verfahren in der Hauptsache dauert jedoch für den Verfügenden zu lange. Er würde Gefahr laufen, dass der Erwerber während des Verfahrens im Grundbuch eingetragen wird; damit hätte er sein Recht endgültig verloren. Um dies zu verhindern, muss der Verfügende eine einstweilige Verfügung erwirken (§ 935 ZPO). Als möglichen Inhalt nennt § 938 ZPO nur ein Verfügungsverbot; die dortige Aufzählung ist jedoch nicht erschöpfend. Wenn zur Erreichung des Zweckes der einstweiligen Verfügung ein Erwerbsverbot erforderlich ist, so muss dieses nach § 938 Abs 1 ZPO ebenfalls zulässig sein.[280] Einstweilige Verfügungen, die zur Abgabe einer Erklärung verurteilen, sind aber unzulässig, dh die Rechtsfolge des Urteils in der Hauptsache

278 RGZ 108, 329, 334 ff.
279 RGZ 108, 329, 336; 111, 98.
280 RGZ 117, 287, 292; 120, 118, 119.

darf nicht vorweggenommen werden. Als Inhalt des Erwerbsverbots kann somit nicht die Aufgabeerklärung hinsichtlich der dinglichen Einigung und die Verzichtserklärung bezüglich der Bewilligung ausgesprochen werden. Vielmehr ist die »**Suspendierung, dh vorläufige Aussetzung der Wirksamkeit der dinglichen Einigung und der Eintragungsbewilligung**« mittels einstweiliger Verfügung anzuordnen. Dadurch wird die Rechtsfolge des Urteils in der Hauptsache nicht vorweggenommen und der Kondiktionsanspruch des Verfügenden ist gesichert. Ein Erwerbsverbot ist somit nicht das Gegenstück zum Verfügungsverbot (§§ 135, 136 BGB), sondern ein selbständiges Institut, das sich auf § 938 ZPO gründet und die Erklärungen, die das Verfügungsgeschäft konstituieren und die Eintragung des Erwerbers rechtfertigen, vorläufig aussetzt. Diese Suspendierung in der einstweiligen Verfügung könnte etwa folgenden Wortlaut haben: »*Die Wirksamkeit der in der Urkunde Nr … des Notars … am … von den Parteien erklärte Auflassung und vom Antragsteller erklärten Eintragungsbewilligung hinsichtlich dem Grundstück FlNr … Gemarkung … Band … Blatt … (Amtsgericht …) wird vorläufig ausgesetzt, bis über den Anspruch des Antragstellers auf Rückgewähr dieser Erklärungen rechtskräftig entschieden ist.*«

Wird der Erwerber entgegen einem **Erwerbsverbot mit Verbotswirkung** in das Grundbuch eingetragen, so **100** ist sein Erwerb analog §§ 136, 135 Abs 1 BGB dem Verfügenden gegenüber **relativ unwirksam**.[281] Wenig konsequent wird die Frage der Anwendbarkeit des **§ 878 BGB** beantwortet. Sie wird nämlich überwiegend verneint,[282] und zwar mit der Begründung, dass sich diese Norm nur auf Beschränkungen des Verfügenden beziehe, nicht auf solche gegenüber dem Erwerber, und außerdem die Bindung an die dingliche Einigung gemäß § 873 Abs 2 BGB vorläufig ausgesetzt sei durch das Erwerbsverbot. Dies ist inkonsequent! Wenn einerseits das Erwerbsverbot in Analogie zum Verfügungsverbot gemäß §§ 136, 135 BGB zugelassen wird und ihm auch dessen Wirkung auferlegt wird (§§ 136, 135 Abs 1 BGB), so kann andererseits für Erwerbsverbote § 878 BGB nicht ausgeschlossen werden; für Verfügungsverbote gilt § 878 BGB unstrittig. Dies bedeutet, dass ein Erwerbsverbot den Verfügenden nur schützen kann, wenn es durch Zustellung an den Erwerber wirksam wurde, bevor letzterer den Eintragungsantrag gestellt hat. Ansonsten findet der Rechtserwerb analog § 878 BGB statt.[283] Bei einem bestehenden Verfügungsverbot kann ein Dritter gemäß §§ 136, 135 Abs 2, **§ 893 BGB** gutgläubig ein davon betroffenes Grundstück oder Grundstücksrecht vom Verfügenden erwerben. In analoger Anwendung dieser Vorschriften muss dies grundsätzlich auch für den Erwerber bei bestehendem Erwerbsverbot möglich sein. Tatsächlich wird allerdings ein gutgläubiger Erwerb des Grundstücks ausscheiden, denn die einstweilige Verfügung, die das Erwerbsverbot ausspricht, wird erst mit Zustellung an den Erwerber im Parteibetrieb (§§ 936, 922 Abs 2 ZPO) wirksam und iS der §§ 936, 929 Abs 2 ZPO vollzogen.[284] Dies bedeutet, dass mit dem Wirksamwerden des Erwerbsverbots der Erwerber im Normalfall auch bösgläubig wird und damit ein gutgläubiger Erwerb analog §§ 136, 135 Abs 2, 892 BGB idR ausscheidet. Wenn zumindest konsequenterweise bei einer verbotswidrigen Grundbucheintragung des Erwerbers von dem relativ unwirksamen Rechtserwerb ausgegangen wird analog §§ 136, 135 Abs 1 BGB, so löst es dann Erstaunen aus, wenn namhafte Autoren[285] die Ansicht vertreten, dass eine absolute Grundbuchunrichtigkeit gemäß § 894 BGB entsteht und deshalb ein Widerspruch nach § 899 BGB eingetragen werden kann. Dies kann wohl nicht richtig sein. Entweder ist der Rechtserwerb nur relativ unwirksam, dann gelten die §§ 894, 899 BGB nicht; oder wenn letztere Vorschriften gelten sollen, muss ein absolut unwirksamer Rechtserwerb vorliegen. Nur ersteres ist erfüllt. Durch die Eintragung des Erwerbers wird das Grundbuch nicht unrichtig iS des § 894 BGB, sodass auch die Eintragung eines Widerspruchs nach § 899 BGB ausscheidet. Es ist in sich widersprüchlich, einerseits von der lediglich relativen Wirkung des Erwerbsverbots auszugehen, aber dann andererseits die §§ 894, 899 BGB anzuwenden. Nach einem auf Grund des Erwerbsverbots relativ unwirksamen Rechtserwerb muss der Verfügende durch die Geltendmachung dieser relativen Unwirksamkeit selbst dafür sorgen, dass der ursprüngliche Grundbuchinhalt analog § 888 Abs 2 BGB wieder hergestellt wird.[286] Häufig wird die **Eintragungsfähigkeit** generell verneint.[287] Im Grundsatz ist dies auch richtig, weil es für die Eintragung des Erwerbsverbots an der notwendigen Voreintragung des Erwerbers als Betroffenen fehlt (§ 39 Abs 1). Dieses grundbuchrechtliche Hindernis ist jedoch dann beseitigt, wenn für den Erwerber eine Eigentumsvormerkung eingetragen ist; dann kann das Erwerbsverbot eingetragen werden.[288] Dafür besteht auch ein Bedürfnis, wenn man einen gutgläubigen Erwerb durch den vom Erwerbsverbot Betroffenen analog §§ 136, 135 Abs 2, 892 BGB für möglich hält. Wird der Erwerber entgegen dem Verbot im Grundbuch eingetragen, so liegt relative Unwirksamkeit vor (§ 136, 135 Abs 1 BGB analog)

---

281 RGZ 117, 287, 291; 120, 118, 120; KG JFG 1, 383; OLG München OLGZ 1969, 198; OLG Hamm OLGZ 1970, 441; *Heydrich* MDR 1997, 796.
282 RGZ 120, 118, 120; BayObLG FGPrax 1997, 89; KG JFG 1, 379, 382 und 383, 385; Rpfleger 1962, 177, 178; *Heydrich* MDR 1997, 796.
283 MüKo-*Wacke* § 878 Rn 25; *Westermann-Eickmann* § 83 VI 4.
284 RGZ 51, 129, 130; KG Rpfleger 1962, 177 = DNotZ 1962, 400; BayObLG Rpfleger 1978, 306; OLG München OLGZ 1969, 196.
285 KEHE-*Herrmann* § 18 Rn 19; *Demharter* § 19 Rn 97; *Palandt-Bassenge* § 888 Rn 11.
286 *Meikel-Bestelmeyer* § 60 Rn 84; BGB-RGRK-*Augustin* § 888 Rn 24.
287 KG JFG 18, 192; JW 1983, 2984; Rpfleger 1962, 177, 178; OLG München FamRZ 1969, 151, 152.
288 LG Tübingen BWNotZ 1984, 39.

und das Grundbuch ist unrichtig iS des § 888 Abs 2 BGB analog. Zur Vermeidung eines gutgläubigen Dritter-werbs gemäß § 892 BGB ist daher die Eintragung des Erwerbsverbots nach Voreintragung des Erwerbers zuläs-sig.[289] Der Antrag auf Eintragung des Erwerbsverbots (§ 13) oder das gerichtliche Ersuchen dazu (§ 941 ZPO) kann bereits vor dem Antrag auf Eintragung des Erwerbers beim Grundbuchamt eingehen. Für diesen Fall ist § 17 nicht anwendbar, da die später beantragte Eintragung erst die Zulässigkeit der früher beantragten Eintra-gung bewirkt. Der vorliegende Antrag auf Eintragung des Erwerbsverbots kann wegen § 39 Abs 1 GBO erst nach der Eintragung des verbotsgeschützten Erwerbs erledigt werden, selbst wenn er bereits vor dem Antrag auf Eintragung des verbotswidrigen Erwerbs beim Grundbuchamt eingegangen ist. Im Verhältnis des Antrags auf Eintragung des Erwerbsverbots zu evtl nach der Eintragung des Erwerbers gestellten Anträgen gilt aber die Erledigungsreihenfolge des § 17. Nach hM bildet ein Erwerbsverbot, das dem Grundbuchamt bekannt wird (ohne dass es eingetragen sein muss), ein **Eintragungshindernis**, und zwar auch dann, wenn es erst nach der Antragstellung für die Eintragung des Erwerbers erlassen wurde; das Hindernis soll demnächst nicht zu beseiti-gen sein, sodass nur eine Zurückweisung in Betracht kommen soll gemäß § 18 Abs 1.[290] Beim Erwerbsverbot ist aber eine Zurückweisung nicht gerechtfertigt. Durch die einstweilige Verfügung würden sonst endgültige Tatsachen geschaffen. Der Erledigungsrang gemäß § 17 ginge verloren. Dadurch könnte, wenn die einstweilige Verfügung später wieder aufgehoben wird, ein irreparabler Schaden entstehen. Außerdem darf nach richtiger Ansicht eine Zurückweisung nur ausnahmsweise ergehen, wenn ein zwingender Zurückweisungsgrund vor-liegt, der mit rückwirkender Kraft nicht heilbar ist. Dies ist beim Erwerbsverbot sicherlich nicht der Fall, da es ja wieder wegfallen kann im Hauptsacheverfahren. Vernünftiger ist deshalb die Auffassung, die bei einem Erwerbsverbot eine Zwischenverfügung gemäß § 18 Abs 1 erlässt und damit den Nachweis verlangt, dass das Erwerbsverbot wieder aufgehoben wurde; bei Folgeanträgen sei eine Amtsvormerkung nach § 18 Abs 2 einzu-tragen.[291] Richtungsweisend ist *Bestelmeyer*.[292] Völlig konsequent und zu Recht vertritt er die Auffassung, dass das Erwerbsverbot kein Eintragungshindernis darstellt und der Erwerber ohne weiteres im Grundbuch eingetra-gen werden kann! Wenn ein Erwerbsverbot eben nur die Antragstellung oder den Rechtserwerb »verbietet«, werden dadurch gerade keine Eintragungsvoraussetzungen beseitigt. Der trotz des Erwerbsverbots eingetragene Rechtserwerb ist analog §§ 136, 135 Abs 1 BGB relativ unwirksam. Erwächst aber eine Verfügung in relative Unwirksamkeit, dann ist es ein Grundsatz unseres Grundbuchverfahrensrechts, dass trotzdem eine Grundbuch-eintragung zu erfolgen hat. Dies ist unbestritten bei Verfügungen, die gegen eine Vormerkung verstoßen (§ 883 Abs 2 BGB), und wird von der überwiegenden und richtigen Auffassung auch vertreten bei Verfügungen, die entgegen einem Verfügungsverbot eingetragen werden sollen (§ 136, 135 Abs 1 BGB). Die Besonderheit der relativen Unwirksamkeit besteht darin, dass die entsprechende Verfügung gegenüber allen Personen voll wirk-sam ist, nur dem Verbotsgeschützten gegenüber unwirksam; eine solche Situation rechtfertigt aber kein grund-buchrechtliches Eintragungshindernis. Wird durch ein Erwerbsverbot lediglich die Antragstellung oder der Rechtserwerb »verboten«, dann ändert sich damit nichts an der materiellen Rechtsfähigkeit und materiellen Geschäftsfähigkeit bzw formellen Beteiligtenfähigkeit und formellen Verfahrensfähigkeit des Rechtserwerbers. Ein solches Erwerbsverbot kann daher die Grundbucheintragung des Erwerbers nicht verhindern.

101 Wird der Erwerber entgegen einem **Erwerbsverbot mit Suspendierungswirkung** in das Grundbuch einge-tragen, so ist dieser Rechtserwerb sicherlich unwirksam; es fehlt ja die vorläufig ausgesetzte dingliche Einigung gemäß § 873 Abs 1 BGB. Beim völligen Fehlen dieses Willenselements liegt idR eine absolute Unwirksamkeit vor. Durch die Suspendierung der Wirksamkeit der dinglichen Einigung mit dem Erwerbsverbot auf Grund einer einstweiligen Verfügung wird jedoch ein Schwebezustand geschaffen, der die Verfügung oder maW den Erwerb zwar während der Schwebezeit unwirksam macht, aber mit Beendigung des Schwebezustandes durch eine Entscheidung in der Hauptsache sich diese Unwirksamkeit oder in volle Wirksamkeit wandelt. Es liegt der Sonderfall vor, dass zwar eine dingliche Einigung erfolgt ist, deren Wirksamkeit aber vorläufig ausgesetzt wird mittels dem Erwerbsverbot. Daher ist es gerechtfertigt, bei einem suspensionswidrigen Grundbucheintragung des Erwerbers von der **schwebenden Unwirksamkeit** auszugehen. Eine Grundbucheintragung des Erwerbers entgegen einem Erwerbsverbot mit Suspendierungswirkung macht das **Grundbuch unrichtig**. Der Verfü-gende hat einen Berichtigungsanspruch gemäß § 894 BGB gegen den Erwerber. Da ersterem aber Rechtsver-luste drohen durch gutgläubigen Dritterwerb auf Grund des unrichtigen Grundbuchs, wird er einen Wider-spruch gemäß § 899 BGB eintragen lassen wollen, was auch zulässig ist. Nur wird der eingetragene Erwerber die Eintragung des Widerspruchs gegen sich selbst nicht bewilligen; es ist also dafür eine einstweilige Verfügung erforderlich. Muss nun der Verfügende ein neues gerichtliches Verfügungsverfahren einleiten? Nein, denn der Widerspruch gemäß § 899 BGB kann bereits vor der Eintragung des Erwerbers beantragt und zugleich mit die-sem eingetragen werden.[293] Der Verfügende braucht also vernünftigerweise nur eine einstweilige Verfügung

---

289 RGZ 117, 287, 294.
290 RGZ 117, 287, 291; 120, 118, 120; KG Rpfleger 1962, 177; MDR 1977, 500; OLG München FamRZ 1969, 151, 152; OLG Hamm Rpfleger 1970, 343; *Heydrich* MDR 1997, 796.
291 BayObLG FGPrax 1997, 89 = ZfIR 1997, 235; *Schöner/Stöber* Rn 442.
292 *Meikel-Bestelmeyer* § 60 Rdn 84.
293 *Staudinger-Gursky* § 899 Rn 39.

beantragen, und zwar zum einen für das Erwerbsverbot und zum anderen – rein vorsorglich für den Fall suspensionswidriger Eintragung des Erwerbers – die Eintragung eines Widerspruchs. Ist der Erwerber entgegen dem Erwerbsverbot auf Grund einstweiliger Verfügung im Grundbuch eingetragen worden und ergeht danach ein rechtskräftiges **Urteil in der Hauptsache**, in dem er zur Aufhebung der dinglichen Einigung verurteilt wurde (§ 894 ZPO), so verwandelt sich die zunächst schwebende Unwirksamkeit in eine endgültige; dem ehemals Verfügenden steht weiterhin der Berichtigungsanspruch aus § 894 BGB zu. Wird die das Erwerbsverbot aussprechende einstweilige Verfügung im Hauptverfahren durch eine vorläufig vollstreckbare Entscheidung aufgehoben, so ist eine zunächst suspensionswidrige Grundbucheintragung des Erwerbers als von Anfang an richtig, dh die Aufhebung des Erwerbsverbots wirkt »ex tunc«; ein gemäß § 899 BGB eingetragener Widerspruch ist nach § 25 zu löschen. Das Erwerbsverbot entfällt also, wenn die einstweilige Verfügung durch Verkündung eines vorläufig vollstreckbaren Urteils aufgehoben wird; nicht erst mit Rechtskraft des Aufhebungsurteils.[294] Während bei einem Erwerbsverbot, das nur die Antragstellung oder den Rechtserwerb verbietet, dessen Eintragungsfähigkeit ab der Grundbucheintragung des Erwerbers zu bejahen ist, um einen gutgläubigen Dritterwerb zu vermeiden, kann ein Erwerbsverbot mit Suspendierungswirkung **nicht im Grundbuch eingetragen** werden. Das Gesetz lässt dies nicht zu und zur Vermeidung des gutgläubigen Dritterwerbs kann in diesem Fall ein Widerspruch gemäß § 899 BGB eingetragen werden. Werden durch das Erwerbsverbot die dingliche Einigung (§ 873 Abs 1 BGB) und die Eintragungsbewilligung (§ 19) vorläufig außer Kraft gesetzt, so kann das Grundbuchamt, nachdem es davon Kenntnis erlangt hat, natürlich keine Eintragung mehr vornehmen. Es liegt somit ein **Eintragungshindernis** gemäß § 18 Abs 1 GBO vor. Die das Erwerbsverbot aussprechende einstweilige Verfügung hat jedoch nur vorläufigen Charakter. Sie kann jederzeit wieder aufgehoben werden, insbesondere dann, wenn im Hauptverfahren festgestellt wird, dass der Verfügungsanspruch nicht besteht. Das Eintragungshindernis ist daher behebbar, sodass eine Zurückweisung ausscheidet. Das Grundbuchamt hat vielmehr eine **Zwischenverfügung** zu erlassen und damit eine angemessene Frist für den Nachweis zu setzen, dass das Erwerbsverbot wieder aufgehoben wird. Geht hinsichtlich des zu erwerbenden Rechts ein weiterer Eintragungsantrag ein, so ist gemäß § 18 Abs 2 GBO für den Erwerber eine Amtsvormerkung einzutragen und danach der Zweitantrag zu vollziehen. Wird im Hauptsacheverfahren die das Erwerbsverbot aussprechende einstweilige Verfügung aufgehoben, so ist die Amtsvormerkung in das endgültige Recht umzuschreiben und dann zu röten. Wird dagegen die einstweilige Verfügung durch ein rechtskräftiges Urteil in der Hauptsache insoweit bestätigt, als der Erwerber zur Aufhebung der dinglichen Einigung und zum Verzicht auf die Rechte aus der Eintragungsbewilligung verurteilt wird (§ 894 ZPO), so ist der Antrag auf Eintragung des Rechtserwerbs zurückzuweisen und die Amtsvormerkung von Amts wegen zu löschen und zu röten.

2. Inhalt

a) Mängeldarstellung. Die Zwischenverfügung ist im Grundbuchverfahren das Instrument, mit dem das Gericht seiner Hinweis- und Belehrungspflicht nachkommt.[295] Sie muss daher die Angabe des Hindernisses enthalten, das der Eintragung entgegensteht, wenn mehrere Hindernisse vorliegen, so sind sie **alle** anzugeben; eine stufenweise Beanstandung ist unzulässig, da sie die Interessen des Antragstellers ohne zwingende Notwendigkeit schädigt und für das Grundbuchamt lediglich eine Verzögerung bedeutet.[296] Deshalb hat der Grundbuchrechtspfleger den Eintragungsantrag schon bei der ersten Würdigung sorgfältig nach allen Richtungen auf seine Vollständigkeit zu prüfen. Ergibt sich nach Erlass der Zwischenverfügung trotzdem ein weiterer bisher nicht gerügter Mangel, so ist eine weitere Zwischenverfügung zu erlassen.[297]

102

b) Behebungsmöglichkeiten. Die Zwischenverfügung hat **alle** Möglichkeiten anzugeben, durch die nach Auffassung des Grundbuchrechtspflegers die bestehenden Eintragungshindernisse wirksam beseitigt werden können; bestehen in Bezug auf ein Hindernis mehrere Möglichkeiten, so sind sie alle aufzuzeigen.[298] Ansonsten ist eine Zwischenverfügung als fehlerhaft und für die weitere Sachbehandlung ungeeignet anzusehen. Der Inhalt der Zwischenverfügung muss so gefasst sein, dass sie dem Antragsteller eine sachgerechte Entscheidung

103

---

294 OLG München OLGZ 1969, 196.
295 *Eickmann* GBVerfR, Rn 306; *Meyer-Stolte* RpflJB 1979, 309, 312; *Habscheid* NJW 1967, 225, 226.
296 RGZ 84, 274; BayObLG FGPrax 1995, 95 = MittBayNot 1995, 288; MittRhNotK 1990, 134 = MittBayNot 1990, 249; BayObLGZ 1970, 165 = Rpfleger 1970, 346; KG JW 1935, 3042; KGJ 44, 291; *Güthe-Triebel* § 18 Rn 30; *Hesse-Saage-Fischer* § 18 Bem II 2 b; *Demharter* § 18 Rn 30; *Eickmann* GBVerfR, Rn 306; *KEHE-Herrmann* § 18 Rn 53; *Schöner/Stöber* Rn 450; *Meyer-Stolte* RpflJB 1979, 309, 311; *Kleist* MittRhNotK 1985, 133, 135.
297 *KEHE-Herrmann* § 18 Rn 53; *Kleist* MittRhNotK 1985, 133, 135.
298 OLG Jena NotBZ 2002, 458; OLG Naumburg FGPrax 2002, 241; BayObLGZ 1970, 165 = Rpfleger 1970, 346; DNotZ 1987, 367; MittBayNot 1981, 25; Rpfleger 1983, 12; KG JW 1935, 3043; KGJ 44, 291; 50, 229; 52, 208; OLG Frankfurt/M Rpfleger 1994, 204; OLG Hamm JMBl NRW 1963, 180; Rpfleger 1970, 396; 1973, 168; 1984, 98, 100; OLG Frankfurt Rpfleger 1977, 103; *KEHE-Herrmann* § 18 Rn 54; *Güthe-Triebel* § 18 Rn 30; *Hesse-Saage-Fischer* § 18 Bem II 2 b; *Demharter* § 18 Rn 31; *Eickmann* GBVerfR, Rn 306; *Schöner/Stöber* Rn 451; *Meyer-Stolte* RpflJB 1979, 309, 312; *Kleist* MittRhNotK 1985, 133, 136.

über die weitere Wahrnehmung seiner Rechte ermöglicht,[299] so zB der Nachweis der Entgeltlichkeit oder die Zustimmung der Nacherben bei einer Verfügung durch den Vorerben. Da der Antragsteller die Wahl hat, welche Behebungsmöglichkeiten er ergreifen will, muss der Grundbuchrechtspfleger diese in einer allgemeinen verständlichen und auch für den Laien nachvollziehbaren Art darstellen. Der Rechtspfleger ist verpflichtet, seine Zwischenverfügung zu **begründen**; der Hinweis auf eine andere Entscheidung des Grundbuchamts und auf die in jener Sache ergangene Beschwerdeentscheidung, die einen »ähnlich« gelagerten Fall betreffen soll, die dem Antrag stellenden Notar aber gar nicht bekannt sind, reicht zur Begründung einer Zwischenverfügung nicht aus.[300] Erwägt das Grundbuchamt nur die rechtlichen Möglichkeiten, die »eventuell« zur Beseitigung eines Eintragungshindernisses führen können, bezeichnet es also diese nicht ausdrücklich, so liegt keine wirksame Zwischenverfügung vor.[301] Nicht notwendig ist die Angabe, auf welche Weise fehlende Unterlagen zu beschaffen sind.

104 **c) Fristsetzung. Wesentlicher Bestandteil** einer jeden Zwischenverfügung ist die Aufforderung, die angegebenen Mängel innerhalb einer bestimmten Frist zu beseitigen.[302] Die Fristsetzung dient der gebotenen Beschleunigung des Grundbuchverfahrens und der baldigen Beseitigung eines durch die Antragstellung eingetretenen Schwebezustandes, also der Klarstellung der Rechtsverhältnisse.

105 Die **Frist muss genau bestimmt sein**.[303] Es muss also entweder ein bestimmter Kalendertag als ihr Endpunkt angegeben oder es müssen ihre Dauer und der Anfangszeitpunkt bezeichnet werden (zB entweder »am 30.11.2008« oder »1 Monat ab Zustellung der Zwischenverfügung«).

106 Die **Frist muss angemessen sein**, dh, sie muss ausreichen, die aufgezeigten Hindernisse innerhalb ihres Laufes zu beseitigen, wobei grundsätzlich ein objektiver Maßstab anzulegen ist.[304] Für den Regelfall werden 4 bis 6 Wochen genügen.[305] Werden mehrere Behebungsmöglichkeiten aufgezeigt, so muss die Frist so gemessen sein, dass auch die langwierigste Behebungsmöglichkeit noch ergriffen und durchgeführt werden kann.

107 **Ohne Fristsetzung** kann das Grundbuchamt nicht die Behebung eines Mangels verlangen. Fehlt die Fristsetzung, so ist die Zwischenverfügung schon aus diesem Grunde aufzuheben.[306] Die Zurückweisung des Antrags ist nicht möglich, da mangels Fristsetzung kein Fristablauf eintritt und der Zurückweisungszeitpunkt somit willkürlich wäre.[307] Deshalb ist die zuweilen in der Praxis beobachtete Handhabung abzulehnen, wonach zunächst formlos die Mängelbeseitigung angeregt, dh eine »Zwischenverfügung« ohne Fristsetzung hinausgegeben wird.[308] Ist die Fristsetzung vergessen worden, so kann sie im Erinnerungs- bzw. Beschwerdeverfahren vom Rechtspfleger ebenso wie vom Richter nachgeholt werden, und zwar auch dann, wenn der Antragsteller nur die Annahme eines Eintragungshindernisses beanstandet hat.[309]

108 Eine **Verkürzung der Frist** ist zulässig, wenn sich ergibt, dass das Hindernis in kürzerer Zeit behoben werden kann, als ursprünglich angenommen.[310]

109 Die **Verlängerung der Frist** ist auf Antrag zulässig, wenn sie sich als zu kurz erweist und regelmäßig auch geboten, wenn Aussicht auf Beseitigung des Mangels besteht.[311] Die Verlängerung der Frist kann nicht nur der ursprüngliche Antragsteller, sondern auch ein späterer Antragsteller verlangen, dessen Antrag von der zuerst

---

299 BayObLG ZfIR 1997, 343.
300 LG Aachen MittRhNotK 1978, 111; *Kleist* MittRhNotK 1985, 133, 136.
301 OLG Frankfurt DNotZ 1974, 434 = Rpfleger 1974, 183; KEHE-*Herrmann* § 18 Rn 54; *Meyer-Stolte* RpflJB 1979, 309, 312; *Kleist* MittRhNotK 1985, 133, 136.
302 BayObLG Rpfleger 1996, 191 = FGPrax 1996, 15 m zust Anm *Keller* FGPrax 1996, 85; KG JFG 7, 398; 8, 342; HRR 1940 Nr 1077; OLG Hamm JMBl NRW 1963, 180; NJW 1967, 2365; OLG Frankfurt Rpfleger 1977, 102; MittRhNotK 1981, 64; *Demharter* § 18 Rn 33; *Eickmann* GBVerfR, Rn 306; *Meyer-Stolte* RpflJB 1979, 309, 312; *Kleist* MittRhNotK 1985, 133, 136.
303 KG OLGE 35, 10, KEHE-*Herrmann* § 18 Rn 55; *Meyer-Stolte* RpflJB 1979, 309, 312; *Kleist* MittRhNotK 1985, 133, 136.
304 KG JW 1926, 1588; HRR 1940 Nr 1077; KEHE-*Herrmann* § 18 Rn 57; *Demharter* § 18 Rn 33; *Eickmann* GBVerfR, Rn 306; *Meyer-Stolte* RpflJB 1979, 309, 312; *Kleist* MittRhNotK 1985, 133, 136.
305 OLG Frankfurt FGPrax 1997, 84.
306 BayObLG Rpfleger 1996, 191 = FGPrax 1996, 15; KG JR 1926 Nr 1386; JFG 7, 397, 398; 8, 340, 342; OLG Hamm NJW 1967, 2365; Rpfleger 1975, 137; OLG Frankfurt MittRhNotK 1981, 65; KEHE-*Herrmann* § 18 Rn 56; *Demharter* § 18 Rn 33; *Güthe-Triebel* § 18 Rn 28; *Hesse-Saage-Fischer* § 18 Bem II 2 b; *Kleist* MittRhNotK 1985, 133, 136.
307 KG HRR 1940 Nr 1077; KEHE-*Herrmann* § 18 Rn 56; *Demharter* § 18 Rn 33; *Meyer-Stolte* RpflJB 1979, 309, 313.
308 *Meyer-Stolte* RpflJB 1979, 309, 314.
309 OLG Hamm NJW 1967, 2365 = DNotZ 1968, 310; KEHE-*Herrmann* § 18 Rn 56; *Demharter* § 18 Rn 33; *Meyer-Stolte* RpflJB 1979, 309, 313; *Kleist* MittRhNotK 1985, 133, 141.
310 KEHE-*Herrmann* § 18 Rn 58; *Demharter* § 18 Rn 34; *Kleist* MittRhNotK 1985, 133, 136.
311 BFH MittBayNot 2006, 364; KG JW 1926, 1588; OLGE 10, 426; KEHE-*Herrmann* § 18 Rn 58; *Demharter* § 18 Rn 34; *Eickmann* GBVerfR, Rn 306; *Kleist* MittRhNotK 1985, 133, 136; *Meyer-Stolte* RpflJB 1979, 309, 313.

beantragten Eintragung abhängig ist.[312] Die Fristverlängerung wird nur aus triftigem Grund gewährt, insbesondere wenn die ursprüngliche Frist sich als zu kurz erwiesen hat, weil sie zu knapp bemessen war, oder wenn veränderte Umstände eingetreten sind oder wenn das Grundbuchamt infolge eines Wechsels der Rechtsauffassung oder des Gesetzes Anlass hierzu sieht, etwa weil nunmehr weitere und andere Unterlagen beschafft werden müssen. Das GBA ist dann nicht zur Fristverlängerung verpflichtet, wenn wegen des Vorliegens miteinander konkurrierender Anträge zu besorgen ist, dass die übersichtliche Erledigung der Grundbuchgeschäfte gefährdet wird.[313] Ist der Antrag endgültig zurückgewiesen, so kann keine Nachfrist mehr gewährt werden; darüber herrscht Einigkeit.[314] Streitig ist, ob die Verlängerung auch noch nach Fristablauf möglich ist.[315] Die Frage ist zu bejahen, da auch eine Mängelbeseitigung nach Fristablauf noch möglich ist, wenn der Antrag noch nicht zurückgewiesen worden ist. Eine Ablehnung der Fristverlängerung mit anschließender Zurückweisung wäre eine Art Sanktion für unsachgemäßes Betreiben des Verfahrens, was aber nicht Sinn der Zurückweisung ist.

Das **Ende der gesetzten Frist** ist in dem Geschäftskalender vorzumerken. Um sicherzustellen, dass der **110** Grundbuchrechtspfleger, wenn ein anderer dasselbe Grundstück betreffende Antrag eingeht, das Vorliegen des früheren Antrags nicht übersieht, sondern die in § 18 Abs 2 S 1 zur Sicherung des Ranges des früheren Antrags erforderlichen Maßnahmen von Amts wegen trifft, empfiehlt es sich, den Antrag nicht in die Grundakten einzuheften, sondern vorne vor dem Handblatt in das Aktenstück einzulegen. Zweckmäßig ist auch ein augenfälliger Bleistiftvermerk auf dem Deckel der Grundakten oder im Handblatt.

d) Zurückweisungsandrohung. Vereinzelt wird die Ansicht vertreten, dass die Androhung der Zurückwei- **111** sung für den Fall der Nichtbeseitigung des Eintragungshindernisses zum notwendigen Inhalt einer Zwischenverfügung gehöre.[316] Dem kann nicht zugestimmt werden. Nach § 18 Abs 1 ist die Zurückweisung des Antrags eine gesetzliche Folge des fruchtlosen Fristablaufes. Daher gehört eine Zurückweisungsandrohung **nicht zum notwendigen Inhalt** einer Zwischenverfügung. Sie **empfiehlt sich jedoch**, damit den Beteiligten die Notwendigkeit einer ernsthaften und schnellen Beseitigung der Hindernisse nachdrücklich vor Augen geführt wird.[317] Dies gilt vor allem, wenn sich die Zwischenverfügung an Rechtslaien und solche Personen wendet, von denen man nicht unbedingt die Kenntnis des Gesetzeswortlauts erwarten muss.

e) Muster. **112**

Amtsgericht Regensburg   Regensburg, den ....
I. In der Grundbuchsache Gemarkung .... Band ....
   Blatt .... wegen Eintragung ....
   ergeht folgende

Zwischenverfügung:

1. Dem Vollzug des Antrags des .... vom ....
   stehen folgende Hindernisse entgegen:
2. Dem Antragsteller wird aufgegeben ....
3. Zur Behebung der Hindernisse wird eine Frist bestimmt bis
   zum ....
4. Sollten die Hindernisse nach Fristablauf nicht behoben sein, muss der Antrag
   zurückgewiesen werden.

II. Verfügung
1. Zustellung einer Ausfertigung an
   a) Notar .... gemäß § 212 a ZPO
   b) Antragsteller und folgende materiell Beteiligte .... durch
      die Post
2. Wiedervorlage nach Fristablauf oder bei Eingang

Rechtspfleger

---

312 KG OLGE 42, 159 = JFG 1, 305; *Demharter* § 18 Rn 34.
313 OLG Frankfurt/M. FGPrax 1997, 84.
314 KG KGJ 51, 276; *Güthe-Triebel* § 18 Rn 38; KEHE-*Herrmann* § 18 Rn 58; *Demharter* § 18 Rn 34.
315 **Bejahend:** KG JW 1926, 1588; KGJ 20, 275; KEHE-*Herrmann* § 18 Rn 58; *Demharter* § 18 Rn 34; *Güthe-Triebel* § 18 Rn 38, 39; *Hesse-Saage-Fischer* § 18 Bem II 2 b; *Thieme* § 18 Bem 6; *Kleist* MittRhNotK 1985, 133, 136; *Meyer-Stolte* RpflJB 1979, 309, 313; **verneinend:** RGZ 60, 393; *Eickmann* GBVerfR, Rn 306; *Fumian* BayNotV 1925, 444.
316 OLG Frankfurt JurBüro 1980, 1565.
317 *Eickmann* GBVerfR, Rn 306; *Meyer-Stolte* RpflJB 1979, 309, 314.

113   **f) Unterschrift**. Eine vom Rechtspfleger nicht unterschriebene Zwischenverfügung stellt keine wirksame gerichtliche Entscheidung dar; dies gilt auch für eine **maschinell erstellte Zwischenverfügung**.[318] Nur die zum Zwecke der Bekanntmachung der Zwischenverfügung versandten Abschriften und Ausfertigungen müssen bei maschineller Erstellung nicht unterschrieben sein (§ 42 S 1 GBV). Wird jedoch die auf eine nicht unterschriebene Zwischenverfügung Bezug nehmende Nichtabhilfeentscheidung des Rechtspflegers von diesem unterschrieben, dann ist damit von einer wirksamen Zwischenverfügung auszugehen, auch wenn in diesem Zeitpunkt die zur Behebung des Eintragungshindernisses gesetzte Frist bereits abgelaufen ist.[319]

3. Bekanntmachung

114   Die Zwischenverfügung ergeht **schriftlich**. Wenn sie als solche nicht bezeichnet wird, so ist dies unschädlich. Umgekehrt macht die Bezeichnung als Zwischenverfügung eine Anordnung des Grundbuchrechtspflegers, die keine Zwischenverfügung ist, nicht zu einer solchen. Für die Zwischenverfügung gelten die allgemeinen Vorschriften des FGG, wonach die Verfügung mit der Bekanntmachung wirksam wird und dann angefochten werden kann. Da die Fristsetzung zwingend ist, setzt die Bekanntmachung stets eine Frist in Lauf. Deshalb ist eine **förmliche Zustellung** nach den Vorschriften der ZPO erforderlich (§ 16 Abs 2 FGG).[320] Die teilweise geübte Praxis, ohne Zustellungsnachweis die Zwischenverfügung bekannt zu geben, ist zu beanstanden. Eine Meinung besagt nun, dass die Zwischenverfügung nur dem wirklichen **Antragsteller** bekannt zu machen ist.[321] Dem kann nicht zugestimmt werden. Da jeder materiell Beteiligte, unabhängig von einer konkreten Antragstellung, die Möglichkeit hat, durch Erfüllung der Zwischenverfügung das Verfahren zum erfolgreichen Abschluss zu bringen, ist diese auch **allen sonstigen materiell Beteiligten** zuzustellen[322] (vgl Einl F Rdn 25). Zum anderen sind diese Personen auch beschwerdeberechtigt, sodass ihnen die Zwischenverfügung zugehen muss, damit sie sich schlüssig werden können, ob sie von ihrem Beschwerderecht Gebrauch machen (vgl auch Einl F Rdn 123). Hat der **Notar** für alle Antragsberechtigten gemäß § 15 oder in ausdrücklicher Vollmacht den Antrag gestellt, so muss ihm die Zwischenverfügung zugestellt werden; die Bekanntmachung an die Beteiligten selbst setzt die Frist hier nicht in Lauf, und zwar selbst dann nicht, wenn die Beteiligten neben dem Notar den Eintragungsantrag gestellt haben.[323] Hat der Notar nicht für alle antragsberechtigten Personen (= materiell Beteiligte § 13 Abs 1 S 2) den Eintragungsantrag gestellt, so ist diesen Beteiligten die Zwischenverfügung selbst zuzustellen.

4. Wirkungen

115   **a) Allgemein**. Die Zwischenverfügung **erhält alle materiellrechtlichen und verfahrensrechtlichen Wirkungen des Antrags**.[324] Das gilt für § 878 BGB bei inzwischen eintretender Verfügungsbeeinträchtigung ebenso wie für § 892 Abs 2 BGB bei gutgläubigem Erwerb, vor allem aber für das Rangverhältnis, das sich nach den §§ 17, 45 in der Reihenfolge der Eintragungen gemäß Antragseingang niederschlägt (§ 879 BGB).

116   Durch den Erlass einer Zwischenverfügung tritt **keine Selbstbindung des Grundbuchrechtspflegers** ein.[325] Dies hat zur Folge.[326] Kommt der Grundbuchrechtspfleger vor dem Ablauf der Frist zu der Überzeugung, dass die Bedenken unbegründet sind, so kann er die Zwischenverfügung aufheben und die **Eintragung vornehmen**, und zwar von Amts wegen oder auf Antrag; das Vorliegen neuer Tatsachen ist dazu nicht erforderlich. Will zB ein Ehegatte das in seinem Alleineigentum stehende Grundstück, das sein einziges Vermögensstück darstellt, mit einem Grundpfandrecht belasten und wird mit der Zwischenverfügung die Ehegattenzustimmung

---

318   OLG Zweibrücken DNotZ 2004, 151 = Rpfleger 2004, 38; BayObLGZ 1995, 363 = FGPrax 1996, 32 = DNotZ 1996, 99 = Rpfleger 1996, 148; *Demharter* § 18 Rn 35; FGPrax 1995, 94; *Keller* FGPrax 1996, 85, 87.

319   OLG Zweibrücken aaO; BayObLG aaO; OLG Zweibrücken NJW-RR 1994, 209; FGPrax 1995, 93.

320   OLG Hamm DNotZ 1950, 42; KEHE-*Herrmann* § 18 Rn 59; *Demharter* § 18 Rn 35; *Eickmann* GBVerfR, Rn 306; *Schöner/Stöber* Rn 454; *Kleist* MittRhNotK 1985, 133, 136; *Meyer-Stolte* RpflJB 1979, 309, 317; *Böttcher* MittBayNot 1987, 65, 68.

321   BayObLGZ 1972, 399 = Rpfleger 1973, 97; KEHE-*Herrmann* § 18 Rn 59; *Demharter* § 18 Rn 35; *Schöner/Stöber* Rn 454; *Meyer-Stolte* RpflJB 1979, 309, 317; *Kleist* MittRhNotK 1985, 133, 136.

322   KEHE-*Eickmann* § 1 Rn 34, 36; *Eickmann*, GBVerfR, Rn 25, 28, 306; Rpfleger 1982, 449, 456; *Böttcher* MittBayNot 1987, 65, 68.

323   KG KGJ 38, 197; LG Köln MittBayNot 1960, 69 = MittRhNotK 1959, 250; LG Aachen MittRhNotK 1978, 111, 112; KEHE-*Herrmann* § 18 Rn 59; *Demharter* § 18 Rn 35; *Schöner/Stöber* Rn 454; *Meyer-Stolte* RpflJB 1979, 309, 317; *Kleist* MittRhNotK 1985, 133, 136; *Böttcher* MittBayNot 1987, 65, 68.

324   RGZ 110, 206; KEHE-*Herrmann* § 18 Rn 60; *Demharter* § 18 Rn 36; *Eickmann*, GBVerfR, Rn 307; *Schöner/Stöber* Rn 456; *Meyer-Stolte* RpflJB 1979, 309, 318; *Kleist* MittRhNotK 1985, 133, 136.

325   KEHE-*Herrmann* § 18 Rn 61; *Demharter* § 18 Rn 36; *Schöner/Stöber* Rn 456; *Kleist* MittRhNotK 1985, 133, 136; *Meyer-Stolte* RpflJB 1979, 309, 314.

326   *Güthe-Triebel* § 18 Rn 35; *Hesse-Saage-Fischer* § 18 Bem II 2 b; KEHE-*Herrmann* § 18 Rn 61; *Demharter* § 18 Rn 36; *Eickmann* GBVerfR, Rn 308, 309; *Schöner/Stöber* Rn 456; *Kleist* MittRhNotK 1985, 133, 136; *Meyer-Stolte* RpflJB 1979, 309, 314.

nach § 1365 BGB verlangt, so hat von Amts wegen die Aufhebung der Zwischenverfügung und die Eintragung des Grundpfandrechts zu erfolgen, wenn der Antragsteller ein rechtskräftiges Scheidungsurteil und eine notarielle Urkunde über den Ausschluss des Zugewinnausgleichs vorlegt.[327] In dem gleichen Umfang kann der Grundbuchrechtspfleger die ursprüngliche Zwischenverfügung aufheben und durch eine **neue Zwischenverfügung** ersetzen. Es kann auch die Zwischenverfügung aufgehoben und der **Eintragungsantrag zurückgewiesen** werden, und zwar nicht nur auf Antrag, sondern auch von Amts wegen; dies ist allerdings nur möglich beim Eintritt neuer, bei Erlass der Zwischenverfügung nicht gewürdigter Tatsachen, insbesondere wenn sich herausstellt, dass das Hindernis überhaupt nicht beseitigt werden kann. Hat der Grundbuchrechtspfleger zB den Antrag auf Eintragung der Pfändung einer Briefhypothek beanstandet, weil der Hypothekenbrief nicht vorgelegt worden ist, so ist die Zwischenverfügung aufzuheben und der Antrag zurückzuweisen, wenn – etwa durch Eingang eines Abtretungsantrags – feststeht, dass der Pfändungsgläubiger an dem Brief keinen Besitz erlangt haben kann und deshalb die Pfändungswirkung nicht eingetreten ist.[328]

b) Rangwahrung durch Vormerkung und Widerspruch (§ 18 Abs 2 S 1). Wird vor Erledigung eines **117** Antrags, dessen Eintragung ein Hindernis entgegensteht, das durch Zwischenverfügung beanstandet wurde, eine weitere Eintragung beantragt, durch die das gleiche Recht betroffen wird, so müsste mit seiner Verbescheidung bis zur endgültigen Erledigung des Erstantrags zugewartet werden. Das ist dem zweiten Antragsteller nicht zuzumuten, weil er damit in nicht zu rechtfertigender Art und Weise vom ersten Antragsteller abhängig wäre. Neben der Zwischenverfügung ist daher zur Rangsicherung des beanstandeten Antrags nach § 18 Abs 3 S 1 ein Schutzvermerk einzutragen, eine Vormerkung oder ein Widerspruch. Die Grundbuchpraxis macht vor diesem gesetzlich vorgeschriebenen Weg nur ungern und zögernd Gebrauch, weil die Mühe der vorläufigen Eintragung und späteren Löschung oder Umschreibung gescheut wird.[329] Für den zweiten Antrag hat dies eine Verzögerung der Entscheidung zur Folge, die Dienstaufsichtsmaßnahmen auslösen kann. Insbesondere drohen aber Amtshaftungsansprüche, wie folgendes Beispiel zeigt:[330] *Der zweite Antrag betrifft eine Zwangssicherungshypothek; während des »Liegenlassens« wird das Insolvenzverfahren über das Vermögen des Eigentümers eröffnet. Nach § 89 InsO darf die Zwangshypothek nicht mehr eingetragen werden, wenn man der hM folgt und § 878 in diesem Fall keine Anwendung findet.*[331]

aa) Voraussetzungen. (1) Eintragungshindernis beim Antrag. Einer beantragten Eintragung oder einem **118** Eintragungsersuchen muss ein Hindernis entgegenstehen, das eine sofortige Zurückweisung des Eintragungsantrags nicht rechtfertigt. Häufig wird ein Fall des § 18 Abs 1 vorliegen, unter Umständen sogar eine Zwischenverfügung erlassen sein; es ist jedoch keine Voraussetzung des § 18 Abs 2, dass eine Zwischenverfügung nach § 18 Abs 1 bereits ergangen ist.[332] Dagegen kommt § 18 Abs 2 nicht zur Anwendung, wenn der 1. Antrag begründet ist und vor dessen Erledigung ein ihm widersprechender 2. Antrag eingeht. Wenn daher zB ein begründeter Antrag auf Löschung einer Hypothek gestellt ist und vor dessen Erledigung die Eintragung einer Pfändung dieser Hypothek beantragt wird, so ist nach § 17 zuerst der Antrag auf Löschung zu vollziehen und dann der Antrag auf Eintragung der Pfändung zurückzuweisen. Unzulässig wäre die Eintragung einer Vormerkung zugunsten des Löschungsantrags und Eintragung der Pfändung.[333] Ist die Beseitigung des Hindernisses in dem Zeitpunkt, in dem die später beantragte Eintragung erfolgen soll, nachgeholt, so ist für die Anwendung des § 18 Abs 2 ebenfalls kein Raum. Der 1. Antrag ist dann durch Eintragung zu vollziehen, der 2. je nach Sachlage durch Eintragung, Zwischenverfügung oder Zurückweisung zu erledigen.

(2) Nichterledigung des Antrags. Eine Zwischenverfügung nach § 18 Abs 1 steht der Erledigung nicht **119** gleich, ebenso wenig der ergebnislose Ablauf der durch die Zwischenverfügung bestimmten Frist.[334] Ist der 1. Antrag durch Zwischenverfügung verbeschieden worden, so ist es für die Notwendigkeit und Wirksamkeit der Vormerkung bzw des Widerspruchs nach § 18 Abs 2 gleichgültig, ob die Zwischenverfügung berechtigt war oder ob der Antrag richtigerweise hätte zurückgewiesen werden müssen.[335] Ist der 1. Antrag zurückgewiesen, so ändert der Umstand, dass gegen die Zurückweisung die Beschwerde zulässig ist, an der Tatsache der Erledigung nichts. Wird Beschwerde eingelegt, so findet die Vorschrift des § 18 Abs 2 nur dann Anwendung, wenn entweder der Grundbuchrechtspfleger insofern abhilft, als er eine Zwischenverfügung erlässt, oder wenn das Beschwerdegericht unter Aufhebung des abweisenden Beschlusses die Sache an das Grundbuchamt zur neuerli-

---

327 Beispiel in Fortführung von *Eickmann* GBVerfR, Rn 309 Beispiel 54.
328 Beispiel von *Meyer-Stolte* RpflJB 1979, 309, 315.
329 *Meyer-Stolte* RpflJB 1979, 309, 318; *Böttcher* RpflStud 1990, 167.
330 *Meyer-Stolte* RpflJB 1979, 309, 319; *Böttcher* RpflStud 1990, 167.
331 BGHZ 9, 250; RGZ 84, 265, 280; KG OLGE 15, 232; DNotZ 1962, 400; **aA** MüKo-*Wacke* § 878 Rn 1; *Wacke* ZZP 82 (1969), 377.
332 KEHE-*Herrmann* § 18 Rn 71; *Demharter* § 18 Rn 39; *Böttcher* RpflStud 1990, 167; **aA** *Schöner/Stöber* Rn 459.
333 OLG Dresden OLGE 4, 182; *Güthe-Triebel* § 18 Rn 40; *Böttcher* RpflStud 1990, 167, 168.
334 RGZ 60, 393; *Böttcher* RpflStud 1990, 167, 168.
335 KG HRR 1932 Nr 1773; 1933 Nr 139; *Güthe-Triebel* § 18 Rn 46; *Böttcher* RpflStud 1990, 167, 168.

chen Prüfung und Entscheidung zurückweist. Doch ist für die Anwendung des § 18 Abs 2 dann kein Raum mehr, wenn der 2. Antrag bereits durch Eintragung erledigt ist.[336]

120 **(3) Eingang eines Antrags.** Es muss eine 2. Eintragung beantragt sein, bzw ein Ersuchen um Eintragung eingehen. Wenn das Gesetz sagt: »*Wird … eine andere Eintragung beantragt*«, so ist diese Ausdrucksweise ungenau und unrichtig. Nach dem Zweck der Vorschrift erfolgt die Eintragung einer Vormerkung bzw eines Widerspruchs nicht schon dann, wenn eine 2. Eintragung beantragt wird, sondern erst dann, wenn die beantragte Eintragung wirklich erfolgen soll. **Der 2. Antrag muss also eintragungsreif sein.**[337] Wird daher der 2. Antrag zurückgewiesen, so kommt § 18 Abs 2 nicht zur Anwendung. Wird eine Zwischenverfügung bezüglich des 2. Antrags erlassen, so ist die Eintragung einer Vormerkung oder eines Widerspruchs zugunsten des 1. Antrags nur dann geboten, wenn das dem 2. Antrag entgegenstehende Hindernis behoben wird, ehe der 1. Antrag erledigt ist.[338] § 18 Abs 2 findet auch dann Anwendung, wenn dem 1. Antrag ein Hindernis entgegensteht und der 2. Antrag zwar an sich begründet ist, aber durch die Vornahme der mit dem 1. Antrag begehrten Eintragung seine Begründung verlieren würde[339] (= **existenzielle Konkurrenz**). Wird zB auf Grund einer Auflassung die Eintragung des neuen Eigentümers und demnächst auf Grund der Bewilligung des Veräußerers die Eintragung einer Hypothek beantragt, so ist, wenn der Eintragung des Erwerbers ein Hindernis entgegensteht, der Eigentumsübergang vorzumerken und die Hypothek unter Vorbehalt einzutragen. Dagegen fällt unter § 18 Abs 2 nicht der Fall, dass der 2. Antrag durch die mit dem 1. Antrag begehrte Eintragung erst seine Begründung enthält. Der 2. Antrag ist hier unbegründet, solange der 1. Antrag nicht vollzogen ist; die Anwendung des § 18 Abs 2 setzt aber einen eintragungsreifen 2. Antrag voraus.[340]

121 Die gesetzliche Fassung »*vor der Erledigung des Antrags*« ist zu eng. Gemeint ist der **Eingang des 2. Antrags nach dem 1. Antrag** beim Grundbuchamt, wie aus § 18 Abs 1, 2 mit § 17 zu folgern ist.[341] Wenn von dem »*früher gestellten Antrag*« in § 18 Abs 2 die Rede ist, so ist auch dies erweiternd dahin zu verstehen, dass auch **gleichzeitig eingehende Anträge** in Frage kommen können, wenn zwischen den beantragten Eintragungen ein Rangverhältnis besteht.[342] Die Verfahrenserleichterung, die § 18 Abs 2 im Interesse eines späteren Antrags zulässt, muss erst recht einem gleichzeitigen Antrag zugute kommen. Zu einer unterschiedlichen Behandlung besteht kein Anlass. Gleichgültig ist, ob der andere dasselbe Recht betreffende Antrag vor Beginn, während oder nach Ablauf der dem früheren Antrag gesetzten Frist eingeht.[343]

122 Die 2. Eintragung soll unabhängig von der 1. Eintragung erfolgen; dies wird als selbstverständlich vorausgesetzt.[344] Besonderheiten sind bei **§ 16 Abs 2** zu beachten. Eintragungen, die zueinander im Verhältnis des § 16 Abs 2 stehen, also voneinander abhängig sind, können gegenseitig nicht nach § 18 Abs 2 behandelt werden. Wohl aber können die beiden Eintragungsanträge, die iS des § 16 Abs 2 voneinander abhängig sind, zu einem 3. Eintragungsantrag im Verhältnis des § 18 Abs 2 stehen. Steht im Falle des § 16 Abs 2 der einen der beiden beantragten Eintragungen ein Hindernis entgegen und ist zu dessen Behebung eine Frist bestimmt, so ist, wenn ein weiterer dasselbe Recht betreffender Antrag gestellt wird, zugunsten der beiden Anträge nach § 18 Abs 2 zu verfahren.

123 **(4) Betroffensein des selben Rechts.** Durch die beiden Anträge muss dasselbe Recht betroffen werden. Wenn behauptet wird, der Begriff des Betroffensein in § 18 Abs 2 sei der gleiche wie in § 17,[345] so kann dem nicht ganz zugestimmt werden. Betroffensein gemäß § 17 besteht, wenn[346]
– zwischen den beantragten Rechten ein materielles Rangverhältnis iS der §§ 879 ff BGB gegeben ist, *oder*
– die eine beantragte Eintragung ihrer Art nach geeignet ist, die andere Eintragung rechtlich zu beeinflussen, *oder*
– die früher beantragte Eintragung erst die Zulässigkeit der später beantragten herbeiführt.

Bei der dritten Alternative findet § 18 Abs 2 gerade keine Anwendung, weil diese Vorschrift einen eintragungsreifen 2. Antrag voraussetzt (vgl Rdn 120 aE). Entgegen dem Gesetzeswortlaut ist § 17 dann nicht zu beachten,

---

336 OLG Colmar OLGE 4, 496; *Böttcher* RpflStud 1990, 167, 168.
337 RG DR 1944, 124; *Güthe-Triebel* § 18 Rn 42; *Hesse-Saage-Fischer* § 18 Bem III 1 c; *Böttcher* RpflStud 1990, 167, 168.
338 KEHE-*Herrmann* § 18 Rn 73; *Böttcher* RpflStud 1990, 167, 168.
339 *Güthe-Triebel* § 18 Rn 42; *Böttcher* RpflStud 1990, 167, 168.
340 KG JFG 7, 335; *Böttcher* RpflStud 1990, 167, 168.
341 *Hesse-Saage-Fischer* § 18 Bem III 1 d; *Böttcher* RpflStud 1990, 167, 168.
342 BGH WM 1958, 326; *Güthe-Triebel* § 18 Rn 44; *Hesse-Saage-Fischer* § 18 Bem III 1 d; KEHE-*Herrmann* § 18 Rn 74; *Demharter* § 18 Rn 39; *Böttcher* RpflStud 1990, 167, 168.
343 *Güthe-Triebel* § 18 Rn 44; *Böttcher* RpflStud 1990, 167, 168.
344 *Güthe-Triebel* § 18 Rn 43; *Böttcher* RpflStud 1990, 167, 168.
345 So *Demharter* § 18 Rn 39; KEHE-*Herrmann* § 18 Rn 72; *Rieger* BWNotZ 2001, 79, 83.
346 *Böttcher* Rpfleger 1983, 49, 55.

wenn die früher beantragte Eintragung erst nach Vornahme der später beantragten Eintragung zulässig wird;[347] ebenso bedarf es der Anwendung des § 18 Abs 2 nicht. Betrifft zB der 2. Antrag die Eintragung einer Auflassung und der 1. Antrag die Eintragung einer Hypothek auf Grund der Bewilligung des Erwerbers oder die Eintragung einer Zwangshypothek auf Grund eines gegen diesen gerichteten Schuldtitels, so ist der spätere Antrag ohne weiteres vor dem früheren zu erledigen.

Durch die beiden Anträge wird dasselbe Recht betroffen, wenn zwischen ihnen eine **Konkurrenz** besteht. Das ist nur dann der Fall, wenn für beide Anträge dieselbe Person Betroffener iS des § 19 ist.[348] Keine Anwendung findet § 18 Abs 2 daher dann, wenn der 1. Antrag die Abtretung einer Hypothek und der 2. Antrag die Löschung einer anderen Hypothek an demselben Grundstück begehrt, da der 2. Antrag sofort vollzogen werden kann. Gleiches gilt bei Abtretung eines Rechtes und dessen Rangvortritt vor ein anderes Recht, da beim 2. Vorgang nur das zurücktretende Recht betroffen ist. **124**

Die beiden Eintragungen müssen in einem Rangverhältnis zueinander stehen oder einander ausschließen, dh die Konkurrenz kann sein eine **Rangkonkurrenz** oder eine **existenzielle Konkurrenz**.[349] **125**

Rangkonkurrenz: Die Anträge betreffen die Eintragung zweier verschiedener Hypotheken an demselben Grundstück. Der 1. Antrag hat die Eintragung einer Grundschuld und der 2. Antrag die Eintragung einer Reallast an demselben Grundstück zum Gegenstand.

Existenzielle Konkurrenz: Der 1. Antrag ist auf Löschung eines Rechts und der 2. Antrag auf Verpfändung dieses Rechts gerichtet. Der 1. Antrag ist auf die Eintragung einer Auflassung und der 2. Antrag auf die Eintragung eines Rechts an dem aufgelassenen Grundstück auf Grund Bewilligung des Veräußerers oder auf Eintragung einer Zwangshypothek auf Grund eines Titels gegen den bisherigen Eigentümer gerichtet.

bb) Eintragung. (1) Vormerkung oder Widerspruch. Eine Vormerkung oder ein Widerspruch ist vom Amts wegen einzutragen, wenn die gesetzlichen Voraussetzungen des § 18 Abs 2 vorliegen. Die Eintragung des Schutzvermerks erfolgt ohne Prüfung seiner Zweckmäßigkeit und steht nicht im freien Ermessen des Grundbuchamtes. Das Gesetz stellt keine verschiedenen Voraussetzungen für die Eintragung der Vormerkung oder des Widerspruchs auf. Nach hM wird eine **Vormerkung** eingetragen, wenn die beantragte Eintragung eine **Rechtsänderung**, ein **Widerspruch**, wenn sie eine **Grundbuchberichtigung** bezweckt.[350] Die Vormerkung iS des § 18 Abs 2 ist am Platze zur Sicherung von Rechten, zu deren Dinglichkeit es – abgesehen von den Hindernissen – nur noch an der Eintragung fehlt, der Widerspruch zur Sicherung von Rechten, die ohne Eintragung dinglich sind. Zu sichern ist nicht ein schuldrechtlicher Anspruch, sondern das sich aus dem dinglichen Rechtsakte ergebende Recht des Antragstellers auf Eintragung. Der Sicherungszweck wird nicht dadurch beeinträchtigt, dass die Eintragung in einer falschen Abteilung des Grundbuchblattes erfolgt oder dass der Grundbuchrechtspfleger irrtümlich die Voraussetzungen des Widerspruchs anstatt der der Vormerkung für gegeben erachtet. Eine falsche Bezeichnung schadet also nicht, wenn sich nur aus dem Inhalt der Eintragung ergibt, zur Sicherung welcher Art von Rechten sie dienen soll, und der Sicherungszweck durch sie erreicht wird.[351] **126**

(2) Rechtsnatur. Die Vormerkung und der Widerspruch nach § 18 Abs 2 sind lediglich **verfahrensrechtliche Schutzvermerke**, die dem früher gestellten Antrag seinen Vorrang sichern sollen, aber keine materielle Bedeutung haben. § 883 Abs 2, § 888, § 899 BGB und § 106 InsO sind auf sie daher nicht anwendbar. Sie unterscheiden sich von der Vormerkung und dem Widerspruch nach §§ 883, 899 BGB vor allem in folgender Hinsicht: Die Vormerkung nach § 883 BGB dient zur Sicherung eines privatrechtlichen persönlichen Anspruchs des Vormerkungsberechtigten gegen den Inhaber des betroffenen dinglichen Rechts auf Einräumung eines dinglichen Rechts; ebenso dient der Widerspruch nach § 899 BGB zur Sicherung des privatrechtlichen persönlichen Anspruchs auf Grundbuchberichtigung gegen die im § 894 BGB bezeichneten Personen. Dagegen bezwecken die Vormerkung und der Widerspruch des § 18 Abs 2 die Sicherung des aus der Eintragungsbewilligung oder den an ihre Stelle tretenden Urkunden (Schuldtitel, Urteil usw) oder aus dem Nachweis der Unrichtigkeit des Grundbuchs sich ergebenden **öffentlich-rechtlichen Anspruchs des Antragstellers auf Eintragung**, insbesondere den Schutz seiner durch die Stellung des Antrags geschaffenen Rechtsstellung **127**

347 *Schöner/Stöber* Rn 460.
348 *Böttcher* RpflStud 1990, 167, 169.
349 *Güthe-Triebel* § 18 Rn 45; *Hesse-Saage-Fischer* § 18 Bem III 1 b; *Eickmann-Gurowski* Fall 4, Abschnitt F 2; *Böttcher* RpflStud 1990, 167, 169.
350 RGZ 55, 340; OLG Karlsruhe JFG 6, 270; *Güthe-Triebel* § 18 Rn 46; KEHE-*Herrmann* § 18 Rn 76; *Demharter* § 18 Rn 38; *Eickmann* GBVerfR, Rn 310; *Böttcher* RpflStud 1990, 167, 169; *Schöner/Stöber* Rn 461; *Meyer-Stolte* RpflJB 1979, 309, 319.
351 Vgl Fn 303.

gegen die sich aus den §§ 17, 45 ergebenden Rangnachteile.[352] Die Vormerkung nach § 18 Abs 2 hat aber mit der nach § 883 BGB die Aufgabe der Rangwahrung gemeinsam; auch sie stellt eine vorläufige Eintragung dar, sodass auch hier der Grundsatz gilt, dass nur vorgemerkt werden kann, was eintragungsfähig ist. Für den Widerspruch nach § 18 Abs 2 gilt dies entsprechend; es muss sich auch hier um eintragungsfähige Rechte handeln, die gesichert werden sollen. Da dieser Widerspruch mit dem Amtswiderspruch des § 53 nicht identisch, ihm auch nicht gleichzusetzen ist, weil die Voraussetzungen viel geringer und mehr formaler Natur sind, darf die Eintragung des Widerspruchs nicht von den Voraussetzungen des § 53 abhängig gemacht werden oder eine Verquickung beider Widerspruchsarten erfolgen. Die Vormerkung gem § 18 Abs 2 ist eine Maßnahme zum Schutz des Antragstellers. Deshalb ist es ihm auch möglich, auf die rangwahrende Wirkung der Vormerkung zu verzichten. Dies geschieht durch **Rücknahme des früher gestellten Eintragungsantrags**, was allerdings der notariell beglaubigen Form bedarf (§§ 31, 29). Dadurch ist dem Grundbuchamt nachgewiesen, dass der durch die Vormerkung gesicherte öffentlich-rechtliche Anspruch des Antragstellers auf vorrangige Eintragung gar nicht mehr besteht und die Vormerkung insoweit wegen ihrer auch im Rahmen des § 18 Abs 2 die stehenden strengen Akzessorietät nicht mehr besteht.

128   **(3) Von Amts wegen.**   Die Vorschriften über die auf Antrag einzutragenden Vormerkungen und Widersprüche finden auf die Vormerkung und den Widerspruch nach § 18 Abs 2 keine Anwendung. Die Eintragung erfolgt von Amts wegen. Es gilt auch nicht der Grundsatz, dass die Eintragung einer Vormerkung oder eines Widerspruchs nur zugunsten eines Anspruchs auf Rechtsänderung oder auf Grundbuchberichtigung erfolgen darf. Deshalb kann die Vormerkung nach § 18 Abs 2 zugunsten des Antrags auf Eintragung des Eigentumswechsels auf Grund Auflassung auch dann eingetragen werden, wenn der zugrunde liegende Kaufvertrag nicht der Form des §§ 311 Abs 1 BGB genügt.[353] Aus dem gleichen Grund kann auch zugunsten einer Zwangshypothek, wenn ihrer endgültigen Eintragung ein grundbuchrechtliches Hindernis entgegensteht, eine Vormerkung eingetragen werden, obwohl hier kein persönlicher Anspruch auf Eintragung der Hypothek besteht.[354] Ebenso kann eine Vormerkung oder ein Widerspruch auch zugunsten eines Antrags eingetragen werden, der selbst eine Vormerkung oder einen Widerspruch zum Gegenstand hat.[355]

129   Der Schutzvermerk muss nach den vorliegenden Unterlagen so formuliert werden können, dass er den Voraussetzungen des Grundbuchs inhaltlich entspricht. Jedoch brauchen **die dem formellen Recht angehörenden Vorschriften** über die auf Antrag zu bewirkenden Eintragungen **nicht vorzuliegen**, weil er vielleicht gerade auf ihr Fehlen die Zwischenverfügung gründet; insbesondere § 39, wonach derjenige, gegen den die Vormerkung oder der Widerspruch sich richtet, als Berechtigter eingetragen sein muss, braucht nicht erfüllt zu sein, dann § 28 (= Bezeichnung des Grundstücks), § 47 (= Angabe des Gemeinschaftsverhältnisses) und § 41 (= Vorlage des Briefes) finden ebenfalls keine Anwendung.[356]

130   Die **Eintragung** einer Vormerkung bzw eines Widerspruchs ist dagegen **ausgeschlossen**, wenn der Umfang des einzutragenden Rechts nach Haupt- oder Nebensache nicht zweifelsfrei feststeht, da eine solche Vormerkung dem allgemeinen Bestimmtheitsgrundsatz widersprechen würde[357] (vgl Rdn 41). Dasselbe gilt, wenn die Vormerkung mit einem materiellrechtlich unzulässigen Inhalt eingetragen werden müsste, wenn zB die Eintragung einer beschränkt persönlichen Dienstbarkeit zugunsten einer bestimmten Person und deren Erben beantragt ist oder wenn bei einer Höchstbetragshypothek ein Zinssatz eingetragen werden soll oder die Angabe des Berechtigten fehlt. Soll ein Mindest- und Höchsthaftungsumfang eingetragen werden (zB beim sog Gleitzins), fehlt aber die Angabe des Höchstumfangs, so kann die Vormerkung nur die umfangmäßig bestimmte Rangposition freihalten.[358] Eine Ausnahme besteht nur dann, wenn lediglich nicht eintragungsfähige Nebenbestimmungen eines sonst eintragungsfähigen Rechts in Frage stehen (vgl Rdn 40 aE). In den Fällen, in denen eine Vormerkung unzulässig ist, ist auch keine Zwischenverfügung zu erlassen (vgl Rdn 41). Ist dies aber geschehen,

352   RGZ 55, 340; 110, 207; BayObLGZ 21, 187; 30, 438; KG OLGE 42, 157; JFG 23, 146; 29, 143; *Güthe-Triebel* § 18 Rn 46; *Hesse-Saage-Fischer* § 18 Bem III 2; *Predari* § 18 Bem 8; *Thieme* § 18 Bem 7; *KEHE-Herrmann* § 18 Rn 77; *Demharter* § 18 Rn 37; *Eickmann* GBVerfR, Rn 310; *Böttcher* RpflStud 1990, 167, 169; *Schöner/Stöber* Rn 461; *Meyer-Stolte* RpflJB 1979, 309, 319.

353   RGZ 55, 340; *Güthe-Triebel* § 18 Rn 46; *KEHE-Herrmann* § 18 Rn 77; *Demharter* § 18 Rn 37; *Böttcher* RpflStud 1990, 167, 169; *Schöner/Stöber* Rn 461.

354   *Güthe-Triebel* § 18 Rn 46; *Hesse-Saage-Fischer* § 18 Bem III 2; *Predari* § 18 Bem 3; *Thieme* § 18 Bem 7; *Böttcher* RpflStud 1990, 167, 169.

355   *KEHE-Herrmann* § 18 Rn 77; *Demharter* § 18 Rn 37; *Böttcher* RpflStud 1990, 167, 169; *Güthe-Triebel* § 18 Rn 46; *Predari* § 18 Bem 10.

356   *Güthe-Triebel* § 18 Rn 46; *Hesse-Saage-Fischer* § 18 Bem III 2; *Predari* § 40 Bem 3 c; *KEHE-Herrmann* § 18 Rn 75; *Demharter* § 18 Rn 40; *Eickmann* GBVerfR, Rn 313; *Böttcher* RpflStud 1990, 167, 170; *Schöner/Stöber* Rn 461; *Meyer-Stolte* RpflJB 1979, 309, 320.

357   *Güthe-Triebel* § 18 Rn 46; *Hesse-Saage-Fischer* § 18 Bem III 2; *Böttcher* RpflStud 1990, 167, 170.

358   *Eickmann* GBVerfR, Rn 313; *Böttcher* RpflStud 1990, 167, 170.

so ist, wenn ein 2. dasselbe Recht betreffende Antrag durch Eintragung erledigt werden soll, der 1. Antrag unter Aufhebung der Zwischenverfügung endgültig zurückzuweisen.

(4) Ort. Die Vormerkung wird nicht zur Sicherung der Entstehung des Rechts eingetragen, sondern zur   **131** Sicherung seiner Eintragung. Für die Eintragung der Vormerkung und des Widerspruchs gelten die allgemeinen Vorschriften der §§ 12, 19 GBV (Muster Anlage 2a Abt III Nr 4). In welche Abteilung des Grundbuchs die Vormerkung oder der Widerspruch eingetragen wird, bemisst sich nach den allgemeinen Vorschriften, richtet sich also nach dem Recht, das durch die Vormerkung gesichert werden soll oder auf das sich der Widerspruch bezieht. Bezieht sich der abzusichernde Antrag auf eine Eintragung im Bestandsverzeichnis oder Abteilung I, so gehört der Schutzvermerk **ganzspaltig** in die Hauptspalte der Abteilung II.[359] Wenn der Antrag auf Einräumung eines dinglichen Rechts in Abteilung II oder III gerichtet ist, so ist der Schutzvermerk **halbspaltig** in der Hauptspalte einzutragen; geht der Antrag auf eine Veränderung eines eingetragenen Rechts, so kommt die Vormerkung in die Veränderungsspalte; neben dem Schutzvermerk – also in der zunächst freien zweiten Spaltenhälfte – wird dann das endgültige Recht vermerkt.[360] Betrifft der Antrag, zu dessen Gunsten die Vormerkung bzw der Widerspruch einzutragen ist, selbst eine halbspaltig einzutragende Vormerkung oder einen Widerspruch (§ 19 GBV), so ist der Schutzvermerk **viertelspaltig** einzutragen.[361]

(5) Wortlaut. Bei der Konkurrenz der Anträge kann es sich um eine Rangkonkurrenz (= Sicherung des Vor-   **132** rangs vom 1. Antrag gegenüber dem 2. Antrag) oder eine existenzielle Konkurrenz (= Vollzug des 1. Antrags würde den Vollzug des 2. Antrags ausschließen) handeln. In beiden Fällen ist für den Wortlaut des Schutzvermerks zu beachten:

– In den Eintragungstext ist der gesamte **Inhalt des beantragten Rechts**, aufzunehmen, wobei auch Bezugnahme auf die Bewilligung (§ 874 BGB) zulässig ist.[362]

– Stets muss ein Hindernis darauf eingetragen werden, dass die Eintragung auf **§ 18 Abs 2** beruht.[363]

– Grundsätzlich muss auch der **Berechtigte** des Schutzvermerks angegeben werden. Eine Ausnahme besteht nur dann, wenn der Schutzvermerk auf eine Änderung eines bereits eingetragenen Rechtes gerichtet ist, da der Berechtigte somit feststeht. In diesem Fall ist der Schutzvermerk ohne Angabe des Berechtigten keine inhaltlich unzulässige Eintragung.[364]

– Die Vormerkung hat den Sinn, den Vorrang des beanstandeten Antrags erkennbar zu machen. Mit grundbuchmäßigen Mitteln ist deshalb auch der **Rang** der Vormerkung zum Ausdruck zu bringen. Werden die Vormerkung und die Eintragung aus dem zweiten Antrag in derselben Abteilung in der Hauptspalte eingetragen, so ergibt sich der Rang aus der Reihenfolge (§ 879 BGB). Stehen die Eintragungen in verschiedenen Abteilungen, so muss entweder die Vormerkung unter einem früheren Datum eingetragen werden, oder bei beiden Eintragungen ist ein Rangvermerk anzubringen (§ 45 Abs 2, § 18 GBV).

Beispiele für Rangkonkurrenz   **133**

– Abt III Sp 4 (halbspaltig): Vormerkung zur Sicherung der Eintragung einer mit 10 % verzinslichen Grundschuld zu Zehntausend Euro zugunsten des gemäß § 18 Abs 2 GBO eingetragen unter Bezugnahme auf die Eintragungsbewilligung vom am Fortführung des Beispiels: Rdn 152 und 157 jeweils am Ende.

– Abt III Sp 4 (halbspaltig): Widerspruch gegen die Löschung der Hypothek Nr 4 zugunsten des Antrags des auf Wiedereintragung dieser Hypothek unter Bezugnahme auf das Urteil des Amtsgerichts vom Gemäß § 18 Abs 2 GBO eingetragen am

Bei der **existenziellen Konkurrenz** würde der Vollzug des Erstantrags den Vollzug des Zweitantrags ausschlie-   **134** ßen. Beispiele: Der Erstantrag geht auf Löschung eines dinglichen Rechts und der Zweitantrag auf Eintragung der Pfändung dieses Rechts; der Erstantrag beinhaltet die Auflassung und der Zweitantrag die Eintragung einer Zwangshypothek gegen den Veräußerer. Solange der Vollzug des Erstantrags wegen eines Hindernisses nicht möglich ist, kann die Eintragung des 2. Antrags nicht verweigert werden. Würde der 1. Antrag allerdings sofort vollzogen, so müsste der 2. Antrag jeweils zurückgewiesen werden. Wenn dem 1. Antrag aber noch ein Hindernis entgegensteht, muss der 2. Antrag zunächst vollzogen werden. Diese zweite Eintragung steht jedoch unter dem Vorbehalt einer späteren Löschung, wenn die Zwischenverfügung hinsichtlich des 1. Antrags erfüllt wird; dieser Vorbehalt ist im Grundbuch kenntlich zu machen.[365] Da der Vorbehalt und die ihn bestimmenden Kriterien sich allein aus der Zwischenverfügung ergeben, ist es veranlasst, auf sie im Eintragungstext Bezug zu nehmen.[366]

---

359 *Meyer-Stolte* RpflJB 1979, 309, 320; *Böttcher* RpflStud 1990, 167, 170.

360 *Eickmann* GBVerfR, Rn 310; *Böttcher* RpflStud 1990, 167, 170; *Schöner/Stöber* Rn 462; *Meyer-Stolte* RpflJB 1979, 309, 319.

361 *Schöner/Stöber* Rn 462; *Böttcher* RpflStud 1990, 167, 170.

362 *Güthe-Triebel* § 18 Rn 46; *Meyer-Stolte* RpflJB 1979, 309, 320; *Böttcher* RpflStud 1990, 167, 170.

363 *Meyer-Stolte* RpflJB 1979, 309, 320; *Böttcher* RpflStud 1990, 167, 170.

364 *Böttcher* RpflStud 1990, 167, 170.

365 RGZ 110, 207; BayObLGZ 30, 440; *Eickmann* GBVerfR, Rn 311; *Böttcher* RpflStud 1990, 167, 171.

366 *Böttcher* RpflStud 1990, 167, 171.

135 Beispiele für existenzielle Konkurrenz
- Abt III Sp 7 (halbspaltig):
  Vormerkung zur Sicherung der Eintragung der Abtretung des Rechts an .... Gemäß § 18 Abs 2 GBO eingetragen am ....
- Abt III Sp 7 (ganzspaltig):
  Gepfändet wegen einer Forderung von 10000,- EUR für .... Eingetragen unter dem sich aus der Vormerkung vom .... und der Zwischenverfügung vom .... ergebenden Vorbehalt gemäß Pfändungs- und Überweisungsbeschluss des AG .... vom .... am ....
  Fortführung des Beispiels: Rdn 152, 155 und 157, 158 jeweils am Ende.

136 (6) Prüfungsschema zu § 18 Abs 2[367].

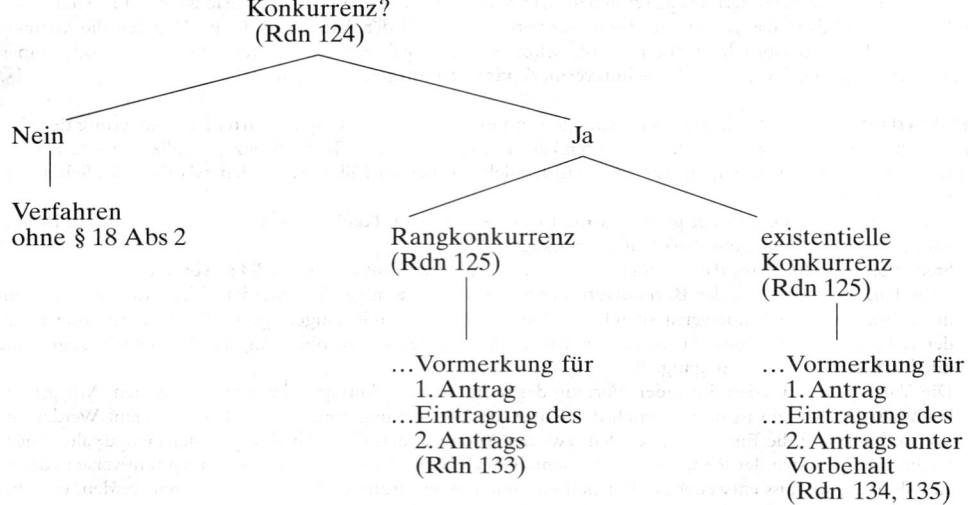

137 cc) Wirkungen. (1) Erledigung des Antrags. Die Eintragung des Schutzvermerks bewirkt keine Sperre des Grundbuchs, es liegt keine Verfügungsbeeinträchtigung vor. Die Eintragung der Vormerkung bzw des Widerspruchs gilt vielmehr als Erledigung des 1. Antrags iS des § 17, was § 18 Abs 2 S 1, 2 Hs ausdrücklich ausspricht. Nach Eintragung des Schutzvermerks werden daher weitere Eintragungen in das Grundbuch möglich. Die später beantragte Eintragung ist also vorzunehmen, und zwar in derselben Abteilung unter nächstfolgender Nummer, in einer anderen Abteilung mit späterem Datum oder Rangvermerken gemäß § 45 Abs 2.

138 (2) Rangwahrung für den 1. Antrag. Vormerkung und Widerspruch sichern den Vorrang der zuerst beantragten Eintragung vor der später beantragten; sie wahren ihn trotz § 184 Abs 2 BGB auch dann, wenn eine zu dem früheren Antrag notwendige Genehmigung erst nach der später beantragten Eintragung erteilt wird.[368] Der Schutzvermerk sichert den Vorrang aber nur für den Fall, dass der 1. Antrag durch Eintragung erledigt wird.

139 (3) Schwebezustand für den 1. Antrag. Auch nach Eintragung des Schutzvermerks für den früheren Antrag bleibt die Entscheidung über ihn in der Schwebe.[369] Aus der vorläufigen Natur der Vormerkung und des Widerspruchs ergibt sich, dass, soweit eine Eintragung zu dem Rechtserwerb erforderlich ist, dieser durch die Eintragung des Schutzvermerks noch nicht eintritt. Über den 1. Antrag ist endgültig so zu entscheiden, als ob die Vormerkung oder der Widerspruch nicht eingetragen wären.[370] Dies gilt insbesondere bei Verfügungsbeeinträchtigungen, die vor der abschließenden Eintragung des 1. Antrags eintreten. Wird nach Eintragung der Vormerkung das Insolvenzverfahren über das Vermögen des Betroffenen eröffnet, so ist dies nach § 878 BGB unerheblich, wenn in Gemäßheit der §§ 873 Abs 2, 875 Abs 2 BGB Bindung eingetreten war; die Vormerkung als solche spielt dabei keine Rolle. Dagegen ist der frühere Antrag auf Eintragung einer Zwangshypothek im Hin-

---

367 *Böttcher* RpflStud 1990, 167, 171.
368 OLG Karlsruhe JFG 6, 272; KEHE-*Herrmann* § 18 Rn 80; *Demharter* § 18 Rn 42; *Böttcher* RpflStud 1990, 167, 171.
369 *Demharter* § 18 Rn 43; *Böttcher* RpflStud 1990, 167, 171; KEHE-*Herrmann* § 18 Rn 81.
370 KEHE-*Herrmann* aaO; *Demharter* § 18 Rn 44; *Böttcher* RpflStud 1990, 167, 171.

blick auf § 89 InsO zurückzuweisen, auch wenn dieser Antrag durch einen Schutzvermerk geschützt ist,[371] es sei denn, man wendet entgegen der hM[372] auch auf diesen Fall § 878 BGB an.[373]

(4) Vollzug des Antrags. Der 2. Antrag ist nach Eintragung der Vormerkung bzw des Widerspruchs, jedoch **140** im unmittelbaren Anschluss an diese zu vollziehen. Dabei ist § 45 zu beachten. Insbesondere ist, wenn beide Eintragungen in verschiedenen Abteilungen am gleichen Tag vorgenommen werden, im Grundbuch zu vermerken, dass die später beantragte Eintragung der Vormerkung bzw dem Widerspruch im Rang nachgeht. Bei der existenziellen Konkurrenz (vgl Rdn 134) bleibt die endgültige Entscheidung über den späteren Antrag in der Schwebe.[374] Der 2. Antrag ist abhängig von der abschließenden Behandlung des früher gestellten, durch Schutzvermerk gesicherten Antrags, da die spätere Eintragung nur unter dem sich aus dem Schutzvermerk ergebenden Vorbehalt erfolgt ist.

1. Sonderfall: Trotz Eintragung einer Vormerkung bzw eines Widerspruchs für den 1. Antrag kann dem 2. **141** Antrag nach hM nicht durch Eintragung stattgegeben werden, wenn mit ihm die **Löschung des betroffenen Rechts** beantragt wird, denn es soll keine vorläufige Löschung geben. Die Löschung des Rechts auf Grund des 2. Antrags soll in einem solchen Fall überhaupt unterbleiben, bis der 1. Antrag endgültig erledigt ist.[375] Beispiel: der 1. Antrag geht auf Eintragung der Abtretung eines Grundpfandrechts und der 2. Antrag auf Löschung dieses Grundpfandrechts (vgl dagegen § 17 Rdn 34 ff).

2. Sonderfall: Strittig ist die Verfahrensweise, wenn bei der Entscheidung des Grundbuchamts über das **Ersu-** **142** **chen um Eintragung einer Verfügungsbeeinträchtigung** bereits ein Antrag vorliegt, der zeitlich früher eingegangen ist, dem aber noch ein Hindernis entgegensteht. Nach einer Meinung sei die Verfügungsbeeinträchtigung ohne Rücksichtnahme auf bereits vorliegende zeitlich früher eingegangene Anträge einzutragen.[376] Diese Meinung ist klar abzulehnen, weil sie einen Verstoß gegen § 17 beinhaltet; außerdem verkürzt sie die Bedeutung der Eintragungsrangfolge auf das Vorhandensein einer nur materiellen Befriedigungsreihenfolge. Für einen möglichen gutgläubigen Erwerb ist jedoch die »Wirksamkeitsreihenfolge«[377] oder maW das »Eintragungs-vorrangsverhältnis«[378] von dinglichem Recht und Verfügungsbeeinträchtigung sehr bedeutend. Richtigerweise ist § 17 für die Eintragungsreihenfolge von Verfügungsbeeinträchtigungen uneingeschränkt anwendbar.[379] Nach einer *zweiten Ansicht* ist beim Zusammentreffen eines Ersuchens auf Eintragung einer Verfügungsbeeinträchtigung mit einem bereits früher gestellten Antrag sowohl § 17 als auch § 18 Abs 2 zu beachten: nach der ranggerechten Eintragung des Schutzvermerks für den 1. Antrag gemäß § 18 Abs 2 ist die Verfügungsbeeinträchtigung zu vermerken.[380] Auch dieser Ansicht kann nicht gefolgt werden, obwohl der Gesetzeswortlaut auf ihrer Seite steht. Denn während der Schutzvermerk nach § 18 Abs 2 üblicherweise die Interessen vorhergehender Anträge, die das gleiche Recht betreffen, wahrt, ist dies bei der Verlautbarung der Verfügungsbeeinträchtigung gerade nicht der Fall, weil die früheren Antragsteller endgültig die Möglichkeit gutgläubigen Erwerbs verlieren; damit würde sich die Rechtsposition der früheren Antragsteller verschlechtern. Das Ergebnis ist das gleiche, wie wenn unter Verstoß gegen § 17 ohne Rücksicht auf vorgehende Anträge die Verfügungsbeeinträchtigung vermerkt wird; diese Verfahrensweise ist aber gesetzeswidrig, wie bereits gezeigt wurde. Zugestimmt wird daher der *dritten Meinung*, wonach zwar bei der Eintragungsreihenfolge § 17 zu beachten ist, die Eintragung der Verfügungsbeeinträchtigung bis zur endgültigen Erledigung des 1. Antrag zurückgestellt wird, dh § 18 Abs 2 findet keine Anwendung.[381] Nur diese Verfahrensweise wahrt die schutzwürdigen Interessen aller Beteiligten in gleichem Maße. Durch die Eintragung der Verfügungsbeeinträchtigung würde objektive Bösgläubigkeit eintreten, die nicht rückwirkend wieder beseitigt werden kann.

(5) Öffentlicher Glaube. Der öffentliche Glaube des Grundbuchs (§ 892 BGB) erstreckt sich auch auf die **143** Vormerkung und den Widerspruch nach § 18 Abs 2. Wer daher das Eigentum am Grundstück nach der Eintragung der Vormerkung bzw des Widerspruchs erwirbt, muss diese gegen sich gelten lassen, auch wenn er im

---

371   KG KGJ 39, 173; *Güthe-Triebel* § 18 Rn 47; *Hesse-Saage-Fischer* § 18 Bem III 4; KEHE–*Herrmann* § 18 Rn 81; *Demharter* § 18 Rn 44; *Böttcher* RpflStud 1990, 167, 171.

372   BGHZ 9, 250; RGZ 84, 265, 280; KG OLGE 15, 232; DNotZ 1962, 400.

373   MüKo–*Wacke* § 878 Rn 1; *Wacke* ZZP 82 (1969), 377.

374   RGZ 110, 207; KEHE–*Herrmann* § 18 Rn 82; *Demharter* § 18 Rn 43; *Böttcher* RpflStud 1990, 167, 171.

375   RGZ 65, 214; 70, 332; 102, 332; BayObLGZ 1954, 97; 1959, 50; KG JFG 9, 218; OLG München JFG 21, 81; OLG Düsseldorf Rpfleger 1957, 413; *Güthe-Triebel* § 17 Rn 24; *Demharter* § 17 Rn 10; KEHE–*Herrmann* § 17 Rn 28; *Hesse-Saage-Fischer* § 17 Anm II 2; *Schöner/Stöber* Rn 461; *Haegele* Rpfleger 1975, 153, 158.

376   KG JFG 18, 206 (für den Konkursvermerk); *Drischler* § 19 Anm 2 (für den Zwangsversteigerungsvermerk).

377   KEHE–*Eickmann* § 45 Rn 8.

378   *Tröster* Rpfleger 1985, 337, 338.

379   *Böttcher* Rpfleger 1983, 49, 55 mwN.

380   RG HRR 1940 Nr 516; *Tröster* Rpfleger 1985, 337; *v Lübtow* JW 1931, 3415.

381   *Steiner-Hagemann* § 19 Rn 13; *Dassler-Muth* § 19 Rn 10; *Eickmann* GBVerfR, Rn 310; *Baum* Rpfleger 1990, 141; *Böttcher* RpflStud 1990, 167, 172; *Rieger* BWNotZ 2001, 79, 86 f; *Hagemann* Rpfleger 1984, 397, 399; 1985, 341.

Übrigen als redlicher Erwerber erscheint; gegenüber bereits beantragten Eintragungen versagt der gute Glaube.[382]

144 **dd) Rechtsbehelfe.** Die Eintragung eines Schutzvermerks kann, mit der **Beschwerde** angegriffen werden; § 71 Abs 2 steht dem nicht entgegen, da sich an die Eintragung kein gutgläubiger Erwerb anschließen kann.[383] Es kann jedoch nur geprüft werden, ob der gesicherte Antrag früher als der durch Eintragung erledigte beim Grundbuchamt eingegangen ist, nicht dagegen, ob er bei richtiger Beurteilung ohne Zwischenverfügung hätte abgelehnt werden müssen.[384]

5. Fortgang des Verfahrens

145 **a) Rechtsbehelfe gegen die Zwischenverfügung.** Gegen die vom Rechtspfleger erlassene Zwischenverfügung ist der Rechtsbehelf der **Beschwerde** zulässig (§ 71). Sie kann durch Schriftsatz oder durch Erklärung zur Niederschrift der Geschäftsstelle eingelegt werden (§ 73 Abs 2). Der Rechtsbehelf ist zulässig, solange der Rechtspfleger noch nicht endgültig über den Eintragungsantrag entschieden hat, auch wenn die in der Zwischenverfügung gesetzte Frist bereits abgelaufen ist.[385] Der Rechtsbehelf ist wegen Erledigung der Hauptsache unzulässig, wenn das angenommene Vollzugshindernis beseitigt wird.[386] Beschwerdeberechtigt ist jeder materiell Beteiligte, der durch die Zwischenverfügung beschwert ist, nicht nur der tatsächliche Antragsteller.[387] Deshalb ist die Zwischenverfügung auch nicht nur dem Antragsteller, sondern jedem materiell Beteiligten bekannt zu machen (vgl Rdn 114). Der Notar kann Beschwerde nur im Namen eines Beteiligten einlegen. Wenn er eine zur Eintragung erforderliche Erklärung beurkundet oder beglaubigt und den Eintragungsantrag nach § 15 gestellt hat, braucht er jedoch keine Vollmacht vorzulegen.[388] Die Beschwerde kann nur mit dem Ziel einer Fristverlängerung oder der Aufhebung der Zwischenverfügung wegen Nichtbestehens eines Eintragungshindernisses eingelegt werden; da die Zwischenverfügung nicht als wesentlichen Entscheidungsbestandteil die Zusage der Eintragung im Falle der Beseitigung des Hindernisses enthält, ist eine Anfechtung der Zwischenverfügung nicht mit dem Antrag der sofortigen Zurückweisung des Eintragungsantrages möglich.[389] Die Beschwerde kann auch auf die Anfechtung einzelner Beanstandungen beschränkt werden.

146 Der unbefristeten Beschwerde kann der Rechtspfleger abhelfen, wenn er sie für zulässig und begründet hält (§ 75). Dies bedeutet allerdings nicht, dass die **Abhilfe** im Ermessen oder gar im Belieben des Rechtspflegers steht. Vielmehr trifft ihn eine Amtspflicht, die Beschwerde darauf zu prüfen, ob sie begründet ist; in diesem Fall muss er ihr abhelfen.[390]

147 Dem **Grundbuchrichter** steht **keine Abhilfebefugnis** zu (vgl Rdn 68).

148 Hilft der Rechtspfleger der Beschwerde nicht ab, so **legt er sie** dem Landgericht vor. Über die Beschwerde entscheidet das Landgericht, in dessen Bezirk das Grundbuchamt seinen Sitz hat (§ 72). Die Beschwerde kann auf neue Tatsachen und Beweise gestützt werden (§ 74). Bei der Beschwerde gegen die Zwischenverfügung ist das Beschwerdegericht nur im Rahmen der Anfechtung durch den Beschwerdeführer zur Entscheidung berufen, dh es ist auf die Nachprüfung der geltend gemachten Bedenken und Eintragungshindernisse beschränkt.[391] Gelangt das Beschwerdegericht zu der Auffassung, dass die Zwischenverfügung aus keinem der in ihr genannten Gründe gerechtfertigt ist, so muss es sie aufheben, selbst wenn dem Antrag andere, bisher nicht erörterte Hindernisse entgegenstehen. Das Beschwerdegericht darf jedoch in den Gründen seiner Entscheidung – aller-

---

382 RGZ 62, 377; BayObLGZ 21, 184.

383 KG JFG 7, 329; OLGE 7, 376; *Güthe-Triebel* § 71 Rn 9; *Thieme* § 18 Bem 7; KEHE-*Herrmann* § 18 Rn 84; *Demharter* § 18 Rn 56.

384 KG HRR 1932 Nr 1773; KG HRR 1933 Nr 139; KEHE-*Herrmann* § 18 Rn 84; *Demharter* § 18 Rn 56.

385 KG OLGE 1, 199; OLG Colmar OLGE 14, 139; OLG Jena OLGE 1, 200; KEHE-*Herrmann* § 18 Rn 63; *Demharter* § 18 Rn 55; *Meyer-Stolte* RpflJB 1979, 309, 318; *Kleist* MittRhNotK 1985, 133, 141; *Böttcher* MittBayNot 1987, 65, 68.

386 BayObLG Rpfleger 1982, 275; *Böttcher* MittBayNot 1987, 65, 68.

387 BayObLG Rpfleger 1979, 210; KG DR 1943, 705; KEHE-*Herrmann* § 18 Rn 65; *Demharter* § 71 Rn 63; *Kleist* MittRhNotK 1985, 133, 140; *Meyer-Stolte* RpflJB 1979, 309, 317; *Furtner* DNotZ 1961, 453 ff; *Böttcher* MittBayNot 1987, 65, 68.

388 OLG Hamm MittRhNotK 1984, 241; *Kleist* MittRhNotK 1985, 133, 140 (hat der Notar nur als Bote gehandelt, so kann er die Erinnerung/Beschwerde nur auf Grund besonderer Vollmacht einlegen).

389 BayObLGZ 1980, 37, 40; KG DR 1943, 705; OLG Frankfurt OLGZ 1970, 283, 284; KEHE-*Herrmann* § 18 Rn 66; *Meyer-Stolte* RpflJB 1979, 309, 318; *Kleist* MittRhNotK 1985, 133, 141; *Böttcher* MittBayNot 1987, 65, 68.

390 OLG Frankfurt Rpfleger 1979, 388; OLG München Rpfleger 1981, 412; *Kleist* MittRhNotK 1985, 133, 139; *Böttcher* MittBayNot 1987, 65, 69.

391 BayObLG MittBayNot 1993, 214; BayObLGZ 1970, 47; 1971, 308 = DNotZ 1972, 233; 1972, 28 = DNotZ 1972, 343; Rpfleger 1972, 368 = DNotZ 1973, 307; Rpfleger 1980, 63; MittBayNot 1981, 188; DNotZ 1983, 752; OLG Frankfurt Rpfleger 1979, 315; KEHE-*Herrmann* § 18 Rn 67; *Jansen* DNotZ 1971, 531; *Kleist* MittRhNotK 1985, 133, 141; *Böttcher* MittBayNot 1987, 65, 69; **aA** *Blomeyer* DNotZ 1971, 329.

dings ohne Bindungswirkung – auf die seiner Ansicht nach bestehenden anderen Bedenken und Eintragungshindernisse hinweisen.[392] Wenn nach Auffassung des Beschwerdegerichts der gestellte Eintragungsantrag ohne Zwischenverfügung sofort hätte zurückgewiesen werden müssen, so kann es sie wegen des Verbots der reformatio in peius nicht aufheben und den Antrag abweisen; auch darf es das GBA nicht anweisen, den Antrag zurückzuweisen. Geschieht dies trotzdem, so ist diese Anweisung auf die weitere Beschwerde des dadurch beschwerten Antragstellers aufzuheben.[393]

Aus § 76 ergibt sich, dass die Beschwerde grundsätzlich **keine aufschiebende Wirkung** hat.[394] Die Einlegung der Beschwerde hindert nach Ablauf der gesetzten Frist nicht die endgültige Zurückweisung des Antrags durch das Grundbuchamt.[395] Mit der Aufhebung der Zurückweisung durch das Beschwerdegericht leben zwar die alten Wirkungen des Antrags wieder auf, jedoch nur gegenüber den späteren Anträgen, die zwischenzeitlich noch nicht eingetragen worden sind (vgl Rdn 64). Wegen dieser Problematik des Rangverlustes sollte der Eintragungsantrag bei Einlegung der Beschwerde nach Fristablauf nicht zurückgewiesen werden, sondern die Frist wird bis zur Entscheidung des Landgerichts stillschweigend verlängert. Dauerhaften Schutz vor einer Antragszurückweisung und einem eventuellen Rangverlust bietet eine **einstweilige Anordnung des Beschwerdegerichts gemäß § 76.** Nicht gefolgt werden kann der Auffassung, dass bei Beschwerden gegen Zwischenverfügungen Maßnahmen nach § 76 entbehrlich seien, da die von Amts wegen vorzunehmenden Eintragungen nach § 18 Abs 2 den notwendigen Schutz gewähren.[396] Mit der Zurückweisung entfällt nämlich die rangwahrende Wirkung von Vormerkung und Widerspruch, denn dieser Schutzvermerk ist von Amts wegen zu löschen, sobald der Zurückweisungsbeschluss dem Antragsteller bekannt gemacht worden ist.[397] Das Beschwerdegericht wird von seiner Befugnis nach § 76 Gebrauch machen, wenn es zwar der Beschwerde nicht sofort stattgeben kann, aber einen Erfolg derselben für wahrscheinlich hält und eine einstweilige Anordnung eines Schadens für erforderlich erachtet. Dabei kommt neben Vormerkung und Widerspruch jede Maßnahme in Betracht, welche verhüten kann, dass der Beschwerdeführer trotz begründeter Beschwerde um seinen Erfolg gebracht wird, zB ein »Verbot den Eintragungsantrag zurückzuweisen«.[398]

Gegen die Entscheidung des LG ist die **unbefristete weitere Beschwerde** an das OLG gemäß §§ 78 gegeben. **150** Sie kann beim GBA, LG oder OLG durch Erklärung zur Niederschrift oder durch Einreichung einer Beschwerdeschrift eingelegt werden. Das GBA und das LG sind in diesem Fall jedoch nicht befugt, der weiteren Beschwerde abzuhelfen (§ 80 Abs 2). Da die weitere Beschwerde ebenfalls keine aufschiebende Wirkung hat, kann das Grundbuchamt vor der Entscheidung des OLG den Eintragungsantrag aus den in der Zwischenverfügung angeführten Gründen endgültig zurückweisen; die weitere Beschwerde gegen den Beschluss des LG bleibt trotzdem statthaft.[399] Wird im Beschwerdeverfahren eine Zwischenverfügung des Grundbuchamtes aufgehoben, die aufgrund eines Eintragungsantrages ergangen war, so steht dem von der begehrten Eintragung Betroffenen ein Recht zur weiteren Beschwerde gegen die Entscheidung des Beschwerdegerichts jedenfalls dann nicht zu, wenn das Grundbuchamt nicht zugleich angewiesen ist, die Eintragung vorzunehmen.[400] Die weitere Beschwerde ist begründet, wenn die Zwischenverfügung auf einer Verletzung des Gesetzes beruht (§ 78). Im Rahmen des §§ 79 Abs 2 entscheidet anstelle des OLG der BGH über die weitere Beschwerde.

b) Erfüllung der Zwischenverfügung. aa) Allgemein. Wird das Hindernis behoben, so ist die **Eintra- 151 gung** vorzunehmen. Dies kann selbstverständlich auch schon vor Fristablauf erfolgen. Ergibt sich nach Beseitigung des beanstandeten Mangels ein weiteres Hindernis, so kann eine weitere Zwischenverfügung erlassen werden. Wird das Hindernis zwar erst nach Ablauf der Frist, aber noch vor der Verbescheidung des Antrags behoben, so hat gleichfalls die Eintragung zu erfolgen. Die Zurückweisung wäre unzulässig, denn die Fristsetzung wahrt das Vorrecht auf Eintragung nicht bloß bis zum Ablauf der Frist, sondern bis zur endgültigen Abweisung des Antrags. Dies gilt selbst dann, wenn inzwischen ein anderer dasselbe Recht betreffender Eintragungsantrag eingeht und das Grundbuchamt es versäumt, den früheren Antrag nach dem Fristablauf zurückzu-

392 BayObLG DNotZ 1982, 438, 440; OLG Hamm Rpfleger 2002, 353; KG DNotZ 1972, 176, 177; *Riedel* Rpfleger 1969, 149, 154; *Meyer-Stolte* RpflJB 1979, 309, 318; *Kleist* MittRhNotK 1985, 133, 141; *Böttcher* MittBayNot 1987, 65, 69.
393 BayObLG DNotZ 1983, 752, 753; 1982, 438, 440; KG DNotZ 1993, 607; KEHE-*Herrmann* § 18 Rn 68; *Kleist* MittRhNotK 1985, 133, 141; *Böttcher* MittBayNot 1987, 65, 69.
394 *Böttcher* MittBayNot 1987, 65, 69.
395 KG KGJ 51, 276; *Güthe-Triebel* § 18 Rn 33; KEHE-*Herrmann* § 18 Rn 69; *Böttcher* MittBayNot 1987, 65, 69.
396 KEHE-*Kuntze* § 76 Rn 3; *Riedel* Rpfleger 1969, 149, 155.
397 Ebenso: *Kleist* MittRhNotK 1985, 133, 142; *Böttcher* MittBayNot 1987, 65, 69.
398 *Demharter* § 76 Rn 4; *Kleist* MittRhNotK 1985, 133, 142.
399 BGH NJW 1983, 2262; BayObLG NJW 1974, 954; Rpfleger 1970, 22; BayObLGZ 1978, 335, 337; MittBayNot 1992, 331; MittBayNot 1992, 391; OLG Frankfurt Rpfleger 1977, 103; *Kleist* MittRhNotK 1985, 133, 142; *Böttcher* MittBayNot 1987, 65, 69.
400 BGH NJW 1998, 3347 = Rpfleger 1998, 420; BayObLG MittBayNot 1998, 260; *Demharter* MittBayNot 1997, 270; **aA** OLG Brandenburg MittBayNot 1997, 293.

weisen, und zwar unabhängig davon, ob es nach § 18 Abs 2 verfahren oder den späteren Antrag gesetzwidrig nicht beachtet hat. Selbst wenn das Hindernis erst beseitigt wird, nachdem zwar die Zurückweisung verfügt, den Beteiligten aber noch nicht bekannt gemacht worden ist, ist die Beseitigung des Mangels noch zu berücksichtigen und die zurückweisende Verfügung wieder aufzuheben.[401]

152 **bb) Fall des § 18 Abs 2. (1) Früher beantragte Eintragung.** Wird das Eintragungshindernis hinsichtlich des 1. Antrag behoben, so erfolgt deren endgültige Eintragung ohne weiteres. Sie erhält den Rang der Vormerkung bzw des Widerspruchs. Eine Zustimmung des späteren Antragstellers nach § 888 BGB oder nach § 22 Abs 2 GBO ist in keinem Fall erforderlich.[402] Ein anderes als das vorgemerkte Recht kann nicht an dessen Stelle eingetragen werden. Unzulässig ist auch die Umschreibung der Vormerkung nach § 18 Abs 2 in eine solche nach § 895 ZPO.[403] Die Eintragung ist rechtlich eine **Umschreibung der Vormerkung bzw des Widerspruchs in die endgültige Eintragung.** Unzulässig ist es, die zur Eintragung des Rechts erforderlichen Angaben durch Bezugnahme auf den Schutzvermerk zu ersetzen. Durch die endgültige Eintragung werden die Vormerkung und der Widerspruch gegenstandslos; sie verlieren ihre Wirkung auch dann, wenn die endgültige Eintragung den Rang der Vormerkung bzw des Widerspruchs nicht erhalten kann.[404] Nachdem der Schutzvermerk in die endgültige Eintragung nur umschrieben wird, erfolgt keine Löschung, sondern nur Röten (§ 19 Abs 2 GBV).

Beispiel im Anschluss an Rdn 133:
Abt III Sp 4 (halbspaltig neben der Vormerkung):
Umgeschrieben in eine Grundschuld zu Zehntausend Euro für ...; 10 % Zinsen; unter Bezugnahme auf die Eintragungsbewilligung vom ... eingetragen am ...

Beispiel im Anschluss an Rdn 135:
Abt III Sp 7 (halbspaltig neben der Vormerkung):
Abgetreten nebst den Zinsen seit ... an ...; eingetragen am ...
Die Vormerkung vom ... ist zu röten!

153 **(2) Später beantragte Eintragung.** Das Schicksal der später beantragten Eintragung kann sich verschieden gestalten, je nachdem, ob eine Rangkonkurrenz (vgl Rdn 125) oder eine existenzielle Konkurrenz (vgl Rdn 134) vorliegt.

154 Besteht zwischen der ersten und der zweiten Eintragung ein Rangverhältnis **(= Rangkonkurrenz)**, so ist dieses durch den Ort oder das Datum des Schutzvermerks oder aber durch den Rangvermerk gesichert und wird dann endgültig; zB bei zwei Grundpfandrechten erhält das früher beantragte nunmehr festen Vorrang vor dem später beantragten, was sich aus der Reihenfolge in der Hauptspalte ergibt. Für das zweite Recht ist eine **weitere Eintragung nicht erforderlich.**[405]

155 Schließen sich dagegen die beiden Eintragungen gegenseitig aus **(= existenzielle Konkurrenz)**, zB wenn der 1. Antrag die Auflassung und der 2. Antrag die Eintragung einer Zwangssicherungshypothek gegen den Veräußerer zum Gegenstand hat, so gilt: Die Eintragung des später beantragten Rechts steht von vornherein unter dem Vorbehalt späterer Löschung, falls die Zwischenverfügung erfüllt wird. Dieser Vorbehalt ist bei der Eintragung kenntlich gemacht worden. Soweit die später beantragte Eintragung durch den früheren Antrag ausgeschlossen ist, also nicht mehr hätte vollzogen werden dürfen, wenn dem früheren Antrag sogleich stattgegeben worden wäre, ist der **spätere Antrag zurückzuweisen**; sobald die Zurückweisung durch Bekanntmachung an die Beteiligten wirksam geworden ist, muss die **2. Eintragung von Amts wegen gelöscht werden.**[406] Die Zustimmung des aus der 2. Eintragung Berechtigten oder von Dritten ist nicht erforderlich, da die Eintragung nur unter dem sich aus der Vormerkung ergebenden Vorbehalt erfolgt ist. War die Zwischenverfügung wegen Fehlens einer Genehmigung erlassen worden, so muss eine später beantragte Zwangs- oder Arresthypothek dem früheren Antrag auf Eigentumsumschreibung auch dann weichen, wenn § 184 Abs 2 BGB an sich zu einem anderen Ergebnis führen würde[407] (vgl Rdn 138). Ist die Löschung von Amts wegen unterblieben, so muss sie nachgeholt werden, es sei denn, dass inzwischen auf Grund der späteren Eintragung ein gutgläubiger

401   KG OLGE 18, 199.
402   RGZ 62, 373; 110, 207; BayObLGZ 21, 184; 30, 488; KG KGJ 53, 109; *Böttcher* RpflStud 1990, 167, 172.
403   *Güthe-Triebel* § 18 Rn 51; *Böttcher* RpflStud 1990, 167, 172.
404   KG OLGE 25, 388; *Böttcher* RpflStud 1990, 167, 172.
405   KEHE-*Herrmann* § 18 Rn 88; *Demharter* § 18 Rn 50; *Böttcher* RpflStud 1990, 167, 172; *Meyer-Stolte* RpflJB 1979, 309, 321.
406   RGZ 55, 340; 62, 373; 110, 207; BayObLGZ 30, 438; OLG Dresden JFG 2, 445; OLG Frankfurt/M Rpfleger 1998, 421; OLG Karlsruhe JFG 6, 270; KG JFG 23, 146; KGJ 53, 109; OLGE 42, 157; *Güthe-Triebel* § 18 Rn 51; *Hesse-Saage-Fischer* § 18 Anm III 4; KEHE-*Herrmann* § 18 Rn 89; *Demharter* § 18 Rn 52; *Eickmann* GBVerfR, Rn 311; *Böttcher* RpflStud 1990, 167, 172; *Schöner/Stöber* Rn 464; *Meyer-Stolte* RpflJB 1979, 309, 322.
407   OLG Karlsruhe JFG 6, 270; *Böttcher* RpflStud 1990, 167, 172.

Rechtserwerb stattgefunden hat,[408] was freilich nur denkbar ist, wenn der Vorbehalt im Buch nicht kenntlich gemacht war. Eine Ausnahme von der Pflicht zur Amtslöschung besteht hinsichtlich eines gegen den Veräußerer gerichteten Zwangsversteigerungs- und Zwangsverwaltungsvermerks, der nach Eintragung der Vormerkung zur Sicherung eines auf Eigentumsumschreibung gerichteten Antrags eingetragen wurde (zu dieser Problematik vgl Rdn 142); dieser darf nicht gelöscht werden, weil das Grundbuchamt dem Ersuchen des Vollstreckungsgerichts auch dann stattgeben muss, wenn der Schuldner nicht mehr als Eigentümer eingetragen ist.[409] In den Löschungsvermerk sind die Worte »von Amts wegen« gelöscht aufzunehmen.[410]

Beispiel im Anschluss an Rdn 135:
Abt III Sp 10:
Pfändungsvermerk vom … von Amts wegen gelöscht am …
Der Pfändungsvermerk vom … ist zu röten!

c) Zwischenverfügung wird nicht erfüllt. aa) Allgemein. Nach Ablauf der Frist ist der **Antrag zurück-** 156 **zuweisen**, wenn nicht inzwischen die Behebung des Hindernisses nachgewiesen oder eine **Rücknahme** erklärt worden ist (§ 18 Abs 1 S 2). Dies gilt jedoch nur dann, wenn der Grundbuchrechtspfleger auch jetzt noch der Anschauung ist, dass ein Hindernis für die Eintragung vorliegt; denn die Setzung der Frist bindet den Grundbuchrechtspfleger nicht für seine weitere Entschließung. Diese setzt erneute vollständige Prüfung des Antrags voraus; der Grundbuchrechtspfleger kann daher frühere Bedenken fallen lassen und neue erheben. Im letzteren Fall kann er entweder den Antrag zurückweisen oder abermals eine Zwischenverfügung erlassen, wobei aber zu beachten ist, dass durch das Zusammentreffen der beiden Fristen keine ungebührlich lange Verzögerung der Erledigung des Antrags eintreten darf.[411] Durch die Einlegung der Beschwerde gegen die Zwischenverfügung ist der Grundbuchrechtspfleger nach Fristablauf nicht gehindert, den Eintragungsantrag zurückzuweisen; doch wird es sich empfehlen, die Entscheidung des Beschwerdegerichts abzuwarten, was einer stillschweigenden Fristveränderung gleichkommt (vgl Rdn 149). Eine unangemessen kurze Frist ist nicht wirkungslos.[412] Eine solche Fristsetzung hat Gültigkeit. Es würde eine Unsicherheit bedeuten, wenn man annehmen wollte, dass die an die Fristversäumung geknüpften Folgen nicht eintreten würden. Es besteht ja die Möglichkeit, eine Nachfrist zu beantragen oder einen Rechtsbehelf einzulegen. Der Rechtsschutz des Betroffenen ist daher gegeben; er braucht nur von den Möglichkeiten Gebrauch zu machen.

bb) Fall des § 18 Abs 2. (1) Früher beantragte Eintragung. Wird der erste **Antrag zurückgewiesen**, 157 weil nach Fristablauf die Hindernisse nicht beseitigt sind und Fristverlängerung nicht beantragt wurde, oder wird der erste **Antrag zurückgenommen**,[413] weil die Mängel nicht behebbar sind, so bedarf es des Schutzvermerks nicht mehr; **Vormerkung bzw Widerspruch sind von Amts wegen zu löschen** (§ 18 Abs 2 S 2). Jedoch wird der Zurückweisungsbeschluss erst mit der Bekanntmachung an die Beteiligten wirksam und wird gegenstandslos, wenn das Hindernis vorher beseitigt wird.[414] Wird der Zurückweisungsbeschluss im Beschwerdeverfahren aufgehoben und ist die Vormerkung bereits gelöscht, so erhält die Eintragung ihren Rang erst nach der später beantragten Eintragung. Wird die Amtslöschung des Schutzvermerks zunächst versäumt, so ist sie jederzeit nachholbar.[415] Dies gilt selbst dann, wenn der durch den Schutzvermerk gesicherte frühere Antrag auf Beschwerde hin für begründet erklärt worden ist;[416] darin liegt nur scheinbar eine Benachteiligung des Antragstellers, denn hätte das Grundbuchamt seinen Antrag von Anfang an zurückgewiesen, anstatt ihn durch Zwischenverfügung zu verbescheiden, so wäre er ja auch vor nachfolgenden Anträgen nicht geschützt. Ein nach § 18 Abs 2 eingetragener Schutzvermerk wird bei Zurückweisung des durch ihn gesicherten Eintragungsantrags auch dann hinfällig, wenn das Grundbuchamt die vorgeschriebene Amtslöschung versäumt, verliert also eine rangsichernde Wirkung im Verhältnis zu später gestellten Eintragungsanträgen und zu den auf Grund dieser Anträge vorgenommenen Eintragungen. Derjenige, zu dessen Gunsten die frühere Eintragung hätte erfolgen sollen, dh der Begünstigte, ist gegen die Löschung des Schutzvermerks nicht beschwerdeberechtigt, wenn der

---

408 RGZ 110, 207; KG OLGE 42, 157; OLG Dresden JFG 2, 445; OLG Karlsruhe JFG 6, 270; *Güthe-Triebel* § 18 Rn 51; *Böttcher* RpflStud 1990, 167, 172.
409 KG OLGE 43, 179 = JFG 1, 310, 312; *Güthe-Triebel* § 18 Rn 51; KEHE-*Herrmann* § 18 Rn 90; *Demharter* § 18 Rn 51; *Böttcher* RpflStud 1990, 167, 172.
410 *Güthe-Triebel* § 18 Rn 52.
411 *Güthe-Triebel* § 18 Rn 38.
412 OLG Hamm JMBl NRW 1961, 274.
413 KG DNotZ 1973, 33 = Rpfleger 1972, 174; *Demharter* § 18 Rn 52; *Eickmann* GBVerfR, Rn 311; *Böttcher* RpflStud 1990, 167, 173; KEHE-*Herrmann* § 18 Rn 91; *Güthe-Triebel* § 18 Rn 49; *Hesse-Saage-Fischer* § 18 Bem III 5.
414 OLG München Rpfleger 2007, 314; OLG Dresden OLGE 1, 482; *Böttcher* RpflStud 1990, 167, 173.
415 KG JFG 23, 147; KEHE-*Herrmann* § 18 Rn 91; *Demharter* § 18 Rn 47; *Böttcher* RpflStud 1990, 167, 173.
416 KG OLGE 42, 159 = JFG 1, 305; DNotZ 1942, 195 = JFG 23, 143; *Güthe-Triebel* § 18 Rn 49; *Hesse-Saage-Fischer* § 18 Bem III 5; *Thieme* § 18 Bem 7; KEHE-*Herrmann* § 18 Rn 91; *Demharter* § 18 Rn 48; *Eickmann* GBVerfR, Rn 311; *Böttcher* RpflStud 1990, 167, 173; *Meyer-Stolte* RpflJB 1979, 309, 321.

Eintragungsantrag nicht von ihm gestellt worden war.[417] Bei Löschung der später beantragten Eintragung wird ebenfalls die Amtslöschung des Schutzvermerks vorgenommen, denn auch hier werden Vormerkung und Widerspruch gegenstandslos, weil ihre Aufgabe, nämlich Wahrung des Rangs gegenüber später beantragten Eintragungen entfällt.[418] Geschieht die Amtslöschung versehentlich, so muss der Schutzvermerk neu eingetragen werden, weil in einem solchen Fall der Anspruch auf endgültige Verbescheidung des Antrags noch besteht und damit das Gebot des § 18 Abs 2 weitergilt.[419] In den Löschungsvermerk sind die Worte aufzunehmen: *»Von Amts wegen gelöscht«*.

Beispiel im Anschluss an Rdn 133, 135:
Abt III Sp 10:
Vormerkung gemäß § 18 Abs 2 GBO vom ... von Amts wegen gelöscht am ...
Die Vormerkung vom ... ist zu röten!

158 **(2) Später beantragte Eintragung.** Bestand zwischen der 1. und 2. Eintragung lediglich eine **Rangkonkurrenz** (vgl Rdn 125), so hat die Zurückweisung des 1. Antrags (§ 18 Abs 2 S 2) mit anschließender Amtslöschung des Schutzvermerks (§ 8 Abs 2 S 2) nur die Auswirkung, dass die zweite Eintragung im Rang vorrückt; eine zusätzliche Grundbucheintragung hinsichtlich der 2. Eintragung ist nicht erforderlich. Anders ist dies dagegen, wenn zwischen der 1. und 2. Eintragung eine **existenzielle Konkurrenz** (vgl Rdn 134) bestand: Die später beantragte Eintragung wird vorbehaltlos wirksam. Bei ihr ist der Vorbehalt zu röten, da er gegenstandslos ist. Enthält die spätere Eintragung einen Rangvermerk gegenüber der Amtsvormerkung, so ist dieser ebenfalls von Amts wegen zu röten.[420] Das vorbehaltlose Wirksamwerden der späteren Eintragung wird dadurch beseitigt, dass die Zurückweisung des früheren Antrags auf Beschwerde aufgehoben wird.[421] Dies gilt auch, wenn der Schutzvermerk entgegen § 18 Abs 2 S 2 noch eingetragen ist; denn da dieser einen noch nicht endgültig beschiedenen Eintragungsantrag zur Voraussetzung hat, ist er mit der Zurückweisung des 1. Antrags auch dann gegenstandslos geworden, wenn die vorgeschriebene Amtslöschung versehentlich unterblieben ist.[422]

Beispiel im Anschluss an Rdn 135:
Abt III Sp 7:
Im Pfändungsvermerk vom ... sind die Worte *»unter dem sich aus der Vormerkung vom ... und der Zwischenverfügung vom ... ergebenden Vorbehalt«* zu röten.

VI. Verletzung des § 18

1. Verletzung des § 18 Abs 1

159 Nach § 18 Abs 1 bestehen zwei Möglichkeiten auf einen fehlerhaften Eintragungsantrag zu reagieren: Zwischenverfügung oder Zurückweisung. Bei einer **Zurückweisung** kann die Beschwerde dagegen darauf gestützt werden, dass der Grundbuchrechtspfleger eine Zwischenverfügung hätte erlassen müssen.[423] Eine Anfechtung der **Zwischenverfügung** mit dem Antrag der sofortigen Zurückweisung des Eintragungsantrags ist aber nicht möglich, da die Zwischenverfügung als wesentlichen Entscheidungsbestandteil nicht die Zusage der Eintragung im Falle der Beseitigung des Hindernisses enthält.[424]

2. Verletzung des § 18 Abs 2

160 Die Vorschrift des § 18 Abs 2 ist zwingendes Recht. Wird bei der Vornahme der später beantragten Eintragung die Eintragung der Vormerkung oder des Widerspruchs zugunsten der zuerst beantragten Eintragung unterlassen, so hat der 1. Antragsteller kein Beschwerderecht, da die 2. Eintragung bereits den Vorrang erhalten hat, der ihr durch eine nachträgliche Eintragung des Schutzvermerks nicht mehr genommen werden kann; auch die Nachholung von Amts wegen ist aus diesem Grunde unzulässig, vielmehr bleibt in diesem Falle nur der **Schadensersatzanspruch** gegen den Staat.[425] Durch einen Verstoß gegen § 18 Abs 2 wird das Grundbuch nicht unrichtig.[426]

417 KG DNotZ 1973, 33 = Rpfleger 1972, 174; KEHE-*Herrmann* § 18 Rn 91; *Eickmann* GBVerfR, Rn 311; *Böttcher* RpflStud 1990, 167, 173.
418 *Güthe-Triebel* § 18 Rn 50; *Hesse-Saage-Fischer* § 18 Bem III 5; *Böttcher* RpflStud 1990, 167, 173.
419 *Eickmann* GBVerfR, Rn 311; *Böttcher* RpflStud 1990, 167, 173.
420 *Meyer-Stolte* RpflJB 1979, 309, 321.
421 KEHE-*Herrmann* § 18 Rn 91; *Demharter* § 18 Rn 48; *Böttcher* RpflStud 1990, 167, 173.
422 KG JFG 23, 147; *Demharter* § 18 Rn 48; *Böttcher* RpflStud 1990, 167, 173.
423 BayObLG Rpfleger 1979, 210; *Kleist* MittRhNotK 1985, 133, 143.
424 BayObLGZ 1980, 37, 40; OLG Frankfurt OLGZ 1970, 283, 284; KEHE-*Herrmann* § 18 Rn 66.
425 KG OLGE 3, 305; 7, 379; OLG Dresden OLGE 6, 261; *Güthe-Triebel* § 18 Rn 48; KEHE-*Herrmann* § 18 Rn 83; *Demharter* § 18 Rn 45.
426 OLG München Rpfleger 2007, 314; LG Kassel Rpfleger 2004, 624; BayObLG ZfIR 1999, 38 = MittBayNot 1999, 73.

§ 19 (Eintragungsbewilligung)

Eine Eintragung erfolgt, wenn derjenige sie bewilligt, dessen Recht von ihr betroffen wird.

Schrifttum

Behmer, Die Eintragungsbewilligung in den Fällen des § 20 GBO, Rpfleger 1984, 306; *Bintz,* Die Eintragungserfordernisse zur Verpfändung von Buchgrundschulden, Rpfleger 2005, 11; *Böhringer,* Analoge Anwendung des § 878 BGB bei Wegfall der Verfügungsmacht der Verwalter kraft Amtes, BWNotZ 1984, 137; *Böttcher,* Die Bewilligungsmacht im Grundbuchverfahren, ZflR 2002, 693; *ders,* Beeinträchtigungen der Verfügungsbefugnis, Rpfleger 1983, 49; *ders,* Verfügungsentziehungen, Rpfleger 1983, 187; *ders,* Verfügungsbeschränkungen, Rpfleger 1984, 377 und 1985, 1; *ders,* Verfügungsverbote, Rpfleger 1985, 381; *ders,* Vormundschaftsgerichtliche Genehmigungen im Grundstücksrecht, Rpfleger 1987, 485; *ders,* Die Prüfungspflicht des Grundbuchgerichts, Rpfleger 1990, 486; *Demharter,* Schiedsspruch mit vereinbartem Wortlaut und Grundbucheintragung, ZflR 1998, 445; *Ertl,* Rechtsnatur und Bedeutung der Eintragungsbewilligung, DNotZ 1964, 260; *ders,* Wirksamkeit und Widerruf der Eintragungsbewilligung, DNotZ 1967, 339; *ders,* Praktische Fälle zum Widerruf der Eintragungsbewilligung, DNotZ 1967, 406; *ders,* Antrag, Bewilligung und Einigung im Grundstücks – und Grundbuchrecht, Rpfleger 1980, 41; *ders,* Ist § 130 BGB auf die Eintragungsbewilligung anwendbar?, Rpfleger 1982, 407; *ders,* Verdeckte Nachverpfändung und Pfandfreigabe von Grundstücken, DNotZ 1990, 684; *Geißler,* Bewilligungsmängel im Grundbuchverfahrensrecht, BWNotZ 1991, 48; *Grolle,* Die Eintragungsbewilligung – Ihre rechtsgeschäftliche Entwicklung nach preußischem Recht und Reichsgrundbuchrecht, Diss. Münster 1989; *Jung,* Tod des Berechtigten vor Eintragung im Grundbuch, Rpfleger 1996, 94; *Kanzleiter,* Der Zugang beurkundeter Willenserklärungen, DNotZ 1996, 931; *Kesseler,* Das Verhältnis der Eintragungsbewilligung zur Einigung, ZNotP 2005, 176; *Rademacher,* Die Bedeutung des Antrags und der Bewilligung im Grundbuchverfahren, MittRhNotK 1983, 81 und 105; *Schneider,* Zur Grundbucheintragung von Regelungen der Wohnungseigentümer, ZflR 2002, 108; *Venjakob,* Das Legalitätsprinzip im Grundbuchverfahren, 1996; *Wolfsteiner,* Bewilligungsprinzip, Beweislast und Beweisführung im Grundbuchverfahren, DNotZ 1987, 67; *Wulf,* Zur Auslegung von Grundbucherklärungen, MittRhNotK 1996, 41.

Übersicht

I. Bedeutung des formellen Konsensprinzips

1. Materielles Konsensprinzip

1 **§ 873 BGB** ist das **Grundgesetz des materiellen Grundstücksrechts.** Danach bedarf die Verfügung über Grundstücke oder Grundstücksrechte der **Einigung der beteiligten Parteien** und der Grundbucheintragung. Diese Einigung ist ein dinglicher Vertrag, für den die §§ 104 bis 185 BGB unmittelbar gelten und der abstrakt zum schuldrechtlichen Vertrag ist. Die Einigung bedarf grundsätzlich keiner Form, dh ist auch mündlich möglich; nur die Auflassung bedarf ausnahmsweise der Form des § 925 Abs 1 BGB (= gleichzeitige Erklärung vor einem Notar). Bedingungen und Befristungen sind idR zulässig; ausgeschlossen sind sie bei der Auflassung (§ 925 Abs 2 BGB), Begründung von Wohnungseigentum (§ 4 Abs 2 WEG) und bei der Bestellung eines Erbbaurechts (§ 1 Abs 4 ErbbauRG: zumindest auflösende Bedingung). Die Einigung ist grundsätzlich bis zur Grundbucheintragung einseitig frei widerruflich; nur unter den Voraussetzungen des § 873 Abs 2 BGB besteht Bindung. Den Einigungsgrundsatz des § 873 Abs 1 BGB nennt man das »materielle Konsensprinzip«.

2 Vereinzelt genügt zur Verfügung über Grundstücke oder Grundstücksrechte als Willensmoment eine **einseitige materielle Willenserklärung,** so zB bei der Begründung von Wohnungseigentum durch Teilung (§ 8 WEG), bei der Verbindung von Grundstücken durch Vereinigung oder Bestandteilszuschreibung (§ 890 BGB), bei der Bestellung einer Eigentümergrundschuld (§ 1196 BGB), beim Verzicht auf ein Grundpfandrecht (§ 1168 BGB) und bei der Aufhebung von Grundstücksrechten (§ 875 BGB). Handelt es sich im letzteren Fall um Grundpfandrechte, so bedarf es dazu auch der Zustimmung des Grundstückseigentümers (§ 1183 BGB); im Ergebnis ist damit auch wieder der Einigungsgrundsatz erfüllt.[1] Für die Bestellung einer Vormerkung an einem Grundstück bedarf es der materiellen Bewilligung des Eigentümers (§ 885 BGB). Hierbei handelt es sich allerdings um eine materielle Willenserklärung, die trotz der bedauerlichen Wortidentität nicht zu verwechseln ist mit der für die Grundbucheintragung nötigen formellen Bewilligung des § 19 GBO.[2] Diese materiellen einseitigen Willenserklärungen bedürfen keiner Form, dh sind auch mündlich möglich, und sind bis zur Grundbucheintragung grundsätzlich frei widerruflich; nur in den Ausnahmefällen des § 875 Abs 2 BGB besteht Bindung.

3 Auf Grund des materiellen Konsensprinzips hätte es nahe gelegen, wenn der Gesetzgeber für die zur Rechtsänderung notwendige Grundbucheintragung das **Prinzip des materiellen Richtigkeitsnachweises** eingeführt hätte, so wie das in den Grundbuchsystemen süddeutscher Länder überwiegend vorgeschrieben war. Dieses Prinzip, dass sich an einer weitgehenden Übereinstimmung zwischen Grundbuchinhalt und materieller Rechtslage orientiert, wurde jedoch abgelehnt. Es soll einen hohen Verfahrensaufwand erfordern, erhebliche Zeit in Anspruch nehmen, umfangreiches und hoch qualifiziertes Personal erfordern und im Übrigen sehr teuer sein.[3] Deshalb entschied sich der Gesetzgeber in § 19 GBO für das sog formelle Konsensprinzip.

2. Formelles Konsensprinzip

4 **§ 19 GBO** ist das **Grundgesetz des formellen Grundstücksrechts.** Danach ist die wichtigste Voraussetzung für eine Grundbucheintragung die **Bewilligung des Betroffenen.** Hierbei handelt es sich um eine **einseitige formelle Erklärung,** die formbedürftig ist, nämlich entweder notariell beglaubigt oder beurkundet sein muss (§ 29 GBO). Die Bewilligung bedarf es zwar für eine Grundbucheintragung, aber sie ersetzt nicht die zur Rechtsänderung notwendige materielle Einigung des § 873 BGB. Fehlt letztere, so tritt trotz Vorliegen der formellen Bewilligung keine materielle Rechtsänderung ein.[4] Für eine Grundbucheintragung muss daher dem Grundbuchamt grundsätzlich nicht die materielle Einigung der Beteiligten vorgelegt werden. Dies ist nur in den Ausnahmefällen des § 20 GBO erforderlich, dh beim Eigentumswechsel an Grundstücken und bei der Begründung, Übertragung und Inhaltsänderung des Erbbaurechts.

5 Das Erfordernis der einseitigen Bewilligung des Betroffenen für eine Grundbucheintragung wird regelmäßig als sog **formelles Konsensprinzip** bezeichnet. Dies ist jedoch sehr missverständlich.[5] Für die Grundbucheintragung muss

---

1 *Eickmann* GBVerfR, Rn 115.
2 KEHE-*Munzig* § 19 Rn 5.
3 So ausführlich *Wolfsteiner* DNotZ 1987, 67 f.
4 *Eickmann* GBVerfR, Rn 117.
5 *Wahl* in *Lambert-Lang/Tropf/Frenz* Grundstückspraxis, Teil 1 Rn 159; *Kössinger* in *Bauer/von Oefele* § 19 Rn 28; *Wolfsteiner* DNotZ 1987, 67.

nämlich gerade kein Konsens, dh keine Einigung, dem Grundbuchamt nachgewiesen werden. Es genügt vielmehr die **einseitige Zustimmung**, dh die Bewilligung, des von der Grundbucheintragung Betroffenen.

Dass § 19 GBO für eine Grundbucheintragung nur die einseitige formelle Bewilligung des davon Betroffenen verlangt, beruht auf dem Gedanken, dass dieser wohl erst dann die Bewilligung abgeben wird, wenn er sich mit dem von der Grundbucheintragung Begünstigten auch materiell geeinigt hat.[6] Eine formelle **Erklärung des Begünstigten** für eine Grundbucheintragung ist daher grundsätzlich **nicht notwendig**. Erfolgt eine Grundbucheintragung ohne sein Einverständnis, so erwirbt er zwar eine Grundbuchposition, aber kein materielles Recht.   **6**

Der **Normzweck des § 19 GBO** liegt also darin, das **Grundbuchverfahren** zu vereinfachen und zu erleichtern, damit auch zu beschleunigen und weniger personal- und kostenintensiv auszugestalten.[7] Ob sich diese richtigen Wunschvorstellungen des Gesetzgebers auch in der Praxis erfüllt haben, mag zumindest angezweifelt werden. Eine Grundbucheintragung soll zunächst natürlich möglichst **schnell** erfolgen. Wenn *Kössinger*[8] behauptet, dass sich das formelle Konsensprinzip insoweit gerade bei der Bewältigung der wiedervereinigungsbedingten Probleme bewährt hat, mag das verwundern. Die Zeitdauer für die notwendigen Grundbucheintragungen war und ist – regional natürlich unterschiedlich – unerträglich lang. Dies vermochte und vermag das formelle Konsensprinzip des § 19 GBO auch nicht zu verhindern. Vielmehr ist festzustellen, dass die Verfahren, in denen das Grundbuchamt ausnahmsweise die materielle dingliche Einigung zu prüfen hat (§ 20 GBO), zB bei der Eintragung eines Eigentumswechsels an Grundstücken, keine längere Zeit in Anspruch nehmen als die Verfahren, in denen nur auf Grund einer formellen Bewilligung eingetragen wird, zB die Eintragung einer Grundschuld. Mit § 19 GBO das Grundbuchverfahren möglichst **einfach** auszugestalten, scheint auch nicht restlos geglückt zu sein. Die Unterscheidung zwischen dem materiellen (§ 873 BGB) und dem formellen (§ 19 GBO) Grundstücksrechts bereitet der Praxis immer wieder ganz erhebliche rechtliche Verständnisschwierigkeiten. Diese Differenzierung hat das Grundbuchverfahren nicht vereinfacht, sondern verkompliziert. Auch die Instanzengerichte kommen damit nicht immer klar. Dies zeigte sich ua bei der Löschung eines Sondernutzungsrechtes. Nach der Auffassung des OLG Düsseldorf[9] bedarf es dafür neben der Bewilligung des unmittelbar betroffenen Sondernutzungsberechtigten auch der formellen Bewilligungen alle anderen Wohnungseigentümer, weil sie materiell an der schuldrechtlichen Aufhebungsvereinbarung beteiligt sind. Der BGH[10] hob diese Entscheidung zu Recht auf, weil die anderen Wohnungseigentümer zwar materiell an der Aufhebungsvereinbarung mitwirken müssen, aber formell als Begünstigte nicht am Grundbuchverfahren beteiligt sind. In der Praxis kann auch nicht festgestellt werden, dass die Grundbuchämter bei dem Vollzug eines Eigentumswechsels an Grundstücken aufgrund der vorzulegenden materiellen Einigung (§ 20 GBO) vor größere Schwierigkeiten gestellt werden als bei der Eintragung einer Grundschuld aufgrund einer formellen Bewilligung (§ 19 GBO). Soweit das Grundbuchverfahren auf Grund des formellen Konsensprinzips als besonders **kostengünstig** dargestellt wird, mag das als solches richtig sein; ein durchschlagendes Argument für dieses Prinzip ist dies jedoch nicht. Kostenrecht ist immer Folgerecht, und die Höhe der Kosten richtet sich nicht primär nach der Verfahrensart, sondern bestimmt der Gesetzgeber. Auch ein Grundbuchverfahren nach dem Prinzip des materiellen Richtigkeitsnachweises könnte der Gesetzgeber kostengünstig gestalten. Erfolgt eine Grundbucheintragung nur aufgrund einer formellen einseitigen Bewilligung des davon Betroffenen, so besteht natürlich die Gefahr der Grundbuchunrichtigkeit, die dann eintritt, wenn die nicht vom Grundbuchamt zu prüfende dingliche Einigung fehlt oder unwirksam ist. Dies wird aus Verfahrensgründen hingenommen. Der **Rechtsverkehr** sei nämlich nicht zu sehr an der Übereinstimmung des Grundbuchs mit der materiellen Rechtslage interessiert, wie *Wolfsteiner*[11] meint, sondern daran, dass er **sich auf dem Grundbuchinhalt verlassen kann**, dh dass sich an ein unrichtiges Grundbuch ein gutgläubiger Erwerb anschließen kann (§ 892 BGB). Es wird ja in der Tat vermutet, dass das Grundbuch richtig ist, selbst wenn es unrichtig ist (§ 891 BGB). Auch dieser Gedanke zur Untermauerung des formellen Konsensprinzips ist vom Ansatz her richtig, wird jedoch leider unterlaufen, weil vielfach die Meinung vertreten wird, dass das Grundbuchamt aufgrund § 892 gerade nicht eingetragen darf, sondern einen darauf gestützten Antrag zurückweisen muss (vgl dazu ausführlich Einl H Rdn 72 ff).   **7**

3. Unterschied zwischen materiellem Willenselement und formeller Bewilligung

Jede Rechtsänderung an Grundstücken oder Grundstücksrechten bedarf eines Willenselements, idR eine Einigung zwischen den Parteien (vgl Rdn 1), ausnahmsweise nur eine einseitige Willenserklärung (vgl Rdn 2), und der Grundbucheintragung (§ 873 BGB). Damit das Grundbuchamt eine Grundbucheintragung vornimmt, muss ihm idR eine Bewilligung des davon Betroffenen vorgelegt werden (§ 19 GBO).   **8**

---

6 *Wahl* in *Lambert-Lang/Tropf/Frenz* Grundstückspraxis, Teil 1 Rn 159; *Rademacher* MittRhNotK 1983, 105.
7 Ausführlich dazu *Wolfsteiner* DNotZ 1987, 67; *Kössinger* in *Bauer/von Oefele* § 19 Rn 5, 6; *Schöner/Stöber* Rn 35; KEHE-*Munzig* § 19 Rn 6.
8 *Kössinger* in *Bauer/von Oefele* § 19 Rn 5, 6.
9 Rpfleger 1996, 65 = FGPrax 1995, 187.
10 ZfIR 2000, 884.
11 DNotZ 1987, 67, 68.

9   Das **Willenselement** des § 873 BGB gehört dem materiellen Grundstücksrecht an. Ohne dessen Vorliegen kommt es zu keiner Änderung der Rechtslage. Daran ändert sich auch nichts, wenn für die Grundbucheintragung die formelle Bewilligung vorgelegen hat. Letztere vermag nämlich nicht die materielle Einigung zu ersetzen. Die materielle Einigung kann der Grundbucheintragung auch nachgehen (vgl § 879 Abs 2 BGB). Für eine Grundbucheintragung muss sie dem Grundbuchamt idR nicht nachgewiesen werden (Ausnahme: § 20 GBO).

10 Die **Bewilligung** des § 19 GBO gehört dem formellen Grundstücksrechts an. Ohne deren Vorliegen darf das Grundbuchamt keine Eintragung vornehmen. Geschieht dies trotzdem, muss dies nicht zu einer Grundbuchunrichtigkeit führen. Liegt nämlich die vom Grundbuchamt nicht zu prüfende dingliche materielle Einigung vor, so wird das Grundbuch durch die Eintragung richtig, selbst wenn die formelle Bewilligung gefehlt hat. Bei der Bewilligung handelt es sich um eine reine Verfahrenserklärung, mit der der Betroffene nur gestattet, eine Grundbucheintragung vorzunehmen. Sie soll ausdrücklich und unzweifelhaft erklärt werden, kann jedoch auch durch Auslegung ermittelt werden. Wird dem Grundbuchamt die materielle dingliche Einigung vorgelegt, zu liegt darin idR auch die formelle Bewilligung, soweit nichts Gegenteiliges erklärt wird.

11 Das materielle Willenselement und die formelle Bewilligung können auch gemeinsam **in einer Urkunde** erklärt werden. Trotzdem handelt es sich dann um zwei streng voneinander zu trennenden Erklärungen: die nach dem BGB zu beurteilende materielle Einigung und die nach der GBO zu beurteilende formelle Bewilligung. Beides kann jedoch auch in **getrennten Urkunden** erklärt werden. Letzteres kommt in der notariellen Praxis auch häufiger vor, zB dann, wenn der Grundstückseigentümer beim Verkauf seines Grundstücks zuerst nur die materielle Auflassung erklärt und erst später Zug um Zug gegen Bezahlung des Kaufpreises die formelle Bewilligung abgibt.[12]

4. Arten der Bewilligung

12 Nahezu für jede Grundbucheintragung bedarf es der Bewilligung des davon Betroffenen. Der Inhalt der Bewilligungen kann jedoch ganz verschieden sein. Eines ist jedoch allen Bewilligungen gemeinsam, nämlich die Erlaubnis zur Grundbucheintragung von dem davon Betroffenen. Die Eintragungsbewilligung tritt den folgenden Unterarten auf:[13]

   – Eine **Änderungsbewilligung** hat die Herbeiführung einer konstitutiven Grundbucheintragung zum Inhalt, die in einer Rechtsbegründung, Inhaltsänderung oder Rechtsübertragung bestehen kann;
   – Eine **Löschungsbewilligung** ist auf die Löschung eines Grundstücksrechts gerichtet;
   – Eine **Berichtigungsbewilligung** hat die Berichtigung des Grundbuchs zum Ziel, also die Wiedergewinnung der Übereinstimmung des Grundbuchinhalts mit der materiellen Rechtslage; insoweit handelt es sich um eine deklaratorische Grundbucheintragung.

Unter den Begriff der Bewilligung fallen auch die für eine Grundbucheintragung notwendigen **Zustimmungen von mittelbar Betroffenen**, zB die Zustimmung des Grundstückseigentümers für die Löschung eines Grundpfandrechtes (§ 27 GBO).

5. Legalitätsprinzip

13 Das Grundbuchamt hat die Gesetzmäßigkeit jeder Eintragung und Löschung zu prüfen und, auch gegen den Willen der Beteiligten, alle im Einzelfall einschlägigen gesetzlichen Vorschriften materiell- und verfahrensrechtlicher, privat- und öffentlich-rechtlicher Art zu beachten, auch bloße Ordnungsvorschriften, deren Verletzung eine Grundbucheintragung nicht unwirksam und das Grundbuch nicht unrichtig machen würde.[14] Dies ist der **Grundsatz der Gesetzmäßigkeit**, das Legalitätsprinzip (ausführlich dazu **Einl H Rdn 29–31**). Dieses Prinzip hat in der GBO keine ausdrückliche Erwähnung gefunden. Dies aber nicht deshalb, weil es nicht beachtet werden soll, sondern weil man es als selbstverständlich angesehen hat. Schon in den Motiven zur GBO wird nämlich ausgeführt:[15] »*Die Prüfungspflicht des Grundbuchamtes braucht nicht hervorgehoben zu werden; denn sie ergibt sich daraus, dass dem Grundbuchamt die Anordnung der Eintragung übertragen ist.*«

14 **a) Formelles Legalitätsprinzip.** Gem. § 19 ist grundsätzlich für eine Grundbucheintragung nur die einseitige formelle Bewilligung des Betroffenen erforderlich; die zugrunde liegende materielle Einigung muss idR nicht nachgewiesen werden (= formelles Konsensprinzip). In seiner formellen Ausprägung fordert das Legalitätsprinzip nun aber natürlich die **Prüfung der Bewilligung**.[16] Diese Prüfung beschränkt sich jedoch nicht nur auf das tatsächliche Vorhandensein der Bewilligung. Zu prüfen sind insbesondere die Bewilligungsberechtigung, bestehend aus Bewilligungsmacht und Bewilligungsbefugnis, evtl ordnungsgemäße Vertretung, evtl zulässiges

---

12 KEHE-*Munzig* § 19 Rn 12.
13 *Eickmann* GBVerfR, Rn 118.
14 KEHE-*Dümig* Einl C Rn 10.
15 Entwurf einer Grundbuchordnung, Amtliche Ausgabe. 1889, S 86.
16 OLG Celle DNotZ 2006, 297, 298.

Anteilsverhältnis mehrerer Berechtigter und grundbuchgemäße Form. Das materielle Recht ist insoweit zu prüfen, als es um die Eintragungsfähigkeit der beantragten Grundbucheintragung geht. Formelles Konsensprinzip und formelles Legalitätsprinzip (ausführlich **Einl H Rdn 32, 33, 89**) sind aufeinander abgestimmt, ergänzen sich gegenseitig und bilden eine prüfungsrechtliche Einheit. Beide Prinzipien stehen gleichberechtigt nebeneinander.

b) Materielles Legalitätsprinzip. Dieses Prinzip verlangt die Prüfung des materiellen Begründungstatbestan- **15** des. Im Rahmen des § 19, dh bei der Eintragung aufgrund einer einseitigen formellen Bewilligung des Betroffenen, findet es idR keine Beachtung. Aus dem Legalitätsgrundsatz folgt jedoch auch die **Pflicht zur Wahrung der Richtigkeit des Grundbuchs**, dh das Grundbuchamt darf das Grundbuch nicht unrichtig machen (vgl Einl H Rdn 30, 64). Das BayObLG[17] bezeichnet die Pflicht zur Wahrung der Grundbuchrichtigkeit sogar als **oberste Pflicht des Grundbuchamtes.**

Einigkeit herrscht deshalb insoweit, dass das Grundbuchamt auch in einem Verfahren gem § 19 eine Eintra- **16** gung ablehnen muss, wenn es **sichere Kenntnis** davon hat, dass sie mangels einer materielle Voraussetzung zu einer **dauernden Grundbuchunrichtigkeit** führen würde (ausführlich dazu **Einl H Rdn 66, 69**).

Umstritten ist die Frage, wie das Grundbuchamt zu verfahren hat, wenn durch Tatsachen oder Tatsachenbe- **17** hauptungen **begründete Zweifel** am wirksamen Vorliegen der materiellen Voraussetzungen bestehen, dh **an einer eintretenden Grundbuchrichtigkeit** (vgl ausführlich dazu **Einl H Rdn 70, 39–44**). Soweit dazu die Meinung vertreten wird, dass in diesem Fall trotzdem eine Grundbucheintragung zu vollziehen ist, weil das formelle Konsensprinzip Vorrang vor dem materiellen Legalitätsprinzip habe, ist dies abzulehnen. Das BayObLG[18] führte dazu überzeugend aus: »*Das Verfahrensrecht hat im Verhältnis zum materiellen Rechts grundsätzlich nur dienende Funktion, und im Bereich des Grundbuchrechts muss die Verlautbarung der wirklichen Rechtslage oberstes Ziel auch des formellen Grundbuchrechts sein. Auch wenn dieses Ziel nicht immer erreicht wird, muss es doch angestrebt und darf nicht ohne zwingenden Grund aufgegeben werden.*« Das formelle Konsensprinzip ist eben nur eine formalisierte Beweisregel, und zwar des Inhalts, dass das Grundbuchamt vom Vorliegen der materiellen dinglichen Einigung ausgehen kann, wenn der durch die Grundbucheintragung Betroffenen sie mittels Bewilligung behauptet. Die Abgrenzung zwischen dem formellen Konsensprinzip und dem materiellen Legalitätsprinzip hat daher wie folgt zu geschehen: Soweit das Grundbuchamt keinerlei Anhaltspunkte dafür hat, dass die materiellen Voraussetzungen für die Grundbucheintragung fehlen oder mangelhaft sind (= und das wird in der weit überwiegende Zahl aller Verfahren sein), steuert das formelle Konsensprinzip das Verfahren, d.h. die materiellen Voraussetzungen sind zu unterstellen und die Grundbucheintragung hat zu erfolgen. Jeder durch Tatsachen begründete Zweifel an der Wirksamkeit der materiellen Voraussetzungen, dh an einer eintretenden Grundbuchrichtigkeit, zwingt aber im Verfahren nach § 19 zu einer genaueren Prüfung mit Hilfe einer Zwischenverfügung. Dies stellt auch keinen Verfall des Bewilligungsprinzips dar, wie *Wolfsteiner*[19] meint, sondern eine verfahrens- und interessengerechte Abwägung zwischen dem formellen Konsensprinzip und dem materiellen Legalitätsprinzip.

Einigkeit herrscht wieder insoweit, als **bloße Vermutungen**, dass die beantragte Grundbucheintragung zu **18** einer **dauernden Grundbuchunrichtigkeit** führen könnte, keine Beanstandung durch das Grundbuchamt rechtfertigt (vgl ausführlich **Einl H Rdn 71**).

Entgegen der hM ist eine Grundbucheintragung aber dann abzulehnen, wenn trotz des Vorliegens der formel- **19** len Eintragungsbewilligung es zu einer **vorübergehenden Grundbuchunrichtigkeit** kommt, und zwar aufgrund der sicheren Kenntnis des Grundbuchamtes vom Nichtvorliegen einer materiellen Voraussetzung (vgl ausführlich **Einl H Rdn 68**).

Das einer Rechtsänderung zugrunde liegende **schuldrechtliche Rechtsgeschäft** ist vom Grundbuchamt im **20** Verfahren gem. § 19, aber auch sonst, grundsätzlich nicht zu prüfen (vgl ausführlich **Einl H Rdn 95–100**).

II. Anwendungsbereich

1. Allgemeines

Im Grundbuchverfahren darf grundsätzlich in das Grundbuch nur dann etwas eingetragen werden, wenn die **21** Bewilligung iS des § 19 gegeben ist. Sie ist nur ausnahmsweise entbehrlich (Rdn 23–25), kann auch ersetzt (Rdn 26) oder erzwungen (Rdn 27, 28) werden.

---

17 MittBayNot 1993, 363, 365.
18 MittBayNot 1993, 363, 365.
19 DNotZ 1987, 67, 70.

2. Bereich des § 20 GBO

22 In den Fällen des **Eigentumswechsels an einem Grundstück** und der **Begründung, Inhaltsänderung und Übertragung eines Erbbaurechtes** bedarf es neben der formellen Bewilligung des § 19 auch der Vorlage der materiellen Einigung (§ 20). In diesen Fällen reicht also die formelle Eintragungsbewilligung für die Grundbucheintragung allein nicht aus. Auf Grund der besonderen Bedeutung der genannten Rechtsgeschäfte ist dem Grundbuchamt ausnahmsweise **auch die materielle dingliche Einigung nachzuweisen** (vgl ausführlich dazu § 20 Rdn 5–8).

3. Entbehrlichkeit der Bewilligung

23 a) Bei der **Löschung, Inhalts- oder Rangänderung eines subjektiv-dinglichen Rechts** am dienenden Grundstück bedarf es der Bewilligung der davon betroffenen Berechtigten am herrschenden Grundstück dann nicht, wenn das subjektiv-dingliche Recht nicht am herrschenden Grundstück vermerkt ist (§ 21).

24 b) Bei der Eintragung eines **Widerspruchs gegen eine Buchhypothek wegen unterbliebener Darlehensauszahlung** bedarf es keiner Bewilligung des Gläubigers (§ 1139 BGB). Es genügt insoweit ein Antrag des Grundstückseigentümers, der die Erklärung beinhalten muss, dass das Darlehen nicht ausbezahlt wurde. Deshalb handelt es sich dabei um einen gemischten Antrag, der notariell beglaubigt sein muss vor (§ 30, § 29 Abs 1 Satz 1).[20]

25 c) Bei den **Grundbucheintragungen**, die das Grundbuchamt **von Amts wegen** vornehmen muss (zB § 18 Abs 2, § 53, § 76), bedarf es natürlich auch keiner Bewilligung gem § 19.

4. Ersetzte Bewilligung

26 Die formelle Bewilligung des § 19 wird ersetzt durch:
- Nachweis der Grundbuchunrichtigkeit (§ 22 Abs 1; § 23 Abs 2; § 24; § 27 S 2);
- aufhebende vollstreckbare Entscheidung bei der Löschung einer aufgrund einstweiliger Verfügung oder vorläufig vollstreckbaren Urteils eingetragenen Vormerkung oder Widerspruch (§ 25);
- Abtretung- oder Belastungserklärung des Briefgrundpfandrechtsgläubigers (§ 26);
- vollstreckbare Ausfertigung eines Vollstreckungstitels bei einer Zwangshypothek (§§ 866, 867 ZPO);
- Arrestbefehl bei der Eintragung einer Arresthypothek (§§ 922, 932 ZPO);
- einstweilige Verfügung bei der Eintragung einer Vormerkung, eines Widerspruchs, eines Verfügungsverbots oder eines Erwerbsverbots (§ 938 ZPO; §§ 885, 899 BGB);
- Pfändungsbeschluss bei der Eintragung eines Pfändungspfandrechts (zB §§ 830, 857 ZPO);
- Ersuchen einer Behörde gem. § 38;
- Ausschlussurteil nach § 927 BGB;
- gesetzliches Aneignungsrecht des Staates nach § 928 Abs 2 BGB, wenn er sich als Eigentümer im Grundbuch eintragen lässt;
- rechtskräftig für vollstreckbar erklärter Schiedsspruch, auch in der Form eines Schiedsspruchs mit vereinbartem Wortlaut (§ 1060 ZPO);
- Unschädlichkeitszeugnis nach Art 120 EGBGB iVm den landesrechtlichen Bestimmungen (vgl dazu § 27 Rdn 97–103).

5. Erzwungene Bewilligung

27 a) **§ 895 ZPO.** Eine **vorläufig vollstreckbare Verurteilung zur Abgabe einer Willenserklärung**, auf Grund deren eine Grundbucheintragung erfolgen soll, gilt alles Bewilligung einer Vormerkung oder eines Widerspruchs.

28 b) **§ 894 ZPO.** Weigert sich der Betroffene eine Bewilligung abzugeben, obwohl er dazu verpflichtet ist, kann der Berechtigte Klage auf Abgabe der entsprechenden Erklärung erheben. Mit **rechtskräftiger Verurteilung zur Abgabe der Bewilligung** gilt diese als abgegeben. Beim Verkauf einer unvermessenen Teilfläche kann eine Verurteilung zur Abgabe der Eintragungsbewilligung erst erfolgen, wenn die Teilfläche bereits abgeschrieben ist oder wenigstens ein Veränderungsnachweis vorliegt; zuvor kann der Verkäufer nur zur Auflassung und Vornahme der erforderlichen Abschreibung verurteilt werden.[21] Für eine Grundbucheintragung muss dem Grundbuchamt eine Ausfertigung des Urteils vorgelegt werden, eine Vollstreckungsklausel und der Zustellungsnachweis sind in der Regel nicht erforderlich.[22] Ausnahmsweise ist eine vollstreckbare Ausfertigung erfor-

---

20 *Demharter* § 30 Rn 4; MüKo-*Eickmann* § 1139 BGB Rn 5; **aA** *Palandt-Bassenge* § 1139 Rn 1.
21 BGH NJW 1988, 415; BGHZ 90, 323; LG Rostock NotBZ 2005, 228.
22 *Eickmann* GBVerfR, Rn 212.

derlich, wenn die Abgabe der Bewilligung von einer Gegenleistung abhängig gemacht ist (§ 894 Abs 1 S 2 ZPO). Das Vorliegen der Voraussetzungen der Klauselerteilung hat das Grundbuchamt nicht zu prüfen,[23] wohl aber die Wirksamkeit der Klausel.[24] Wurde eine Grundbucheintragung aufgrund einer Bewilligung vorgenommen, so bedarf eine Inhaltsänderung einer erneuten Bewilligung.[25] Das rechtskräftige Urteil ersetzt die Bewilligung des Betroffenen in der notwendigen Form; andere, für die Grundbucheintragung notwendigen Erklärungen, werden nicht ersetzt.[26] Hat beispielsweise der Grundstückseigentümer einen Grundpfandrechtsgläubiger zur Abgabe einer Löschungsbewilligung verklagt, so ersetzt das darauf ergangene rechtskräftige Urteil nicht die für die Löschung notwendige Zustimmung des Grundstückseigentümers (§ 27). In der Klageerhebung des Grundstückseigentümers kann zwar seine materielle (§ 1183 BGB) und formelle (§ 27) Zustimmung gesehen werden, aber für die formelle Zustimmung genügt nicht die Schriftform wie bei der materiellen Zustimmung; vielmehr bedarf die formelle Zustimmung des § 27 noch der notariellen Beglaubigung (§ 29 Abs 1 S 1 GBO).[27] Durch das rechtskräftige Urteil zu Abgabe der Bewilligung nicht ersetzt werden auch eventuell erforderliche behördliche Genehmigungen.[28] Gleiches muss gelten, wenn für den Grundbuchvollzug eine familien- oder vormundschaftsgerichtliche Genehmigung erforderlich ist.[29] Ansonsten läge eine Grenzüberschreitung zwischen streitiger und freiwilliger Gerichtsbarkeit vor und eventuell auch ein Verstoß gegen die sonst stets zu beachtende örtliche, sachliche und sogar funktionelle Zuständigkeit (vgl Einl I Rdn 173).

III. Rechtsnatur der Bewilligung

Die Grundbuchordnung regelt zur Bewilligung nichts, außer ihrem Erfordernis. So ist es nicht verwunderlich, **29** dass bereits die Rechtsnatur der Bewilligung lange Zeit umstritten war. Zum Teil wurde die Bewilligung, wie es dem ersten Entwurf zum BGB und zur GBO entsprochen hatte,[30] für eine materielle Willenserklärung des bürgerlichen Rechts gehalten, so dass alle damit zusammenhängende Fragen unmittelbar nach dem BGB beantwortet wurden.[31] Diese Auffassung stimmte nie mit dem geltenden Recht überein, weil diese Vorschläge nicht Gesetz wurden. Die jetzige Stellung der Bewilligung in der GBO weicht von den ehemaligen Gedanken entscheidend ab.[32] Lange Zeit wurde deshalb die Ansicht von der materiell-verfahrensrechtlichen Doppelnatur der Bewilligung vertreten; danach war die Bewilligung eine verfahrensrechtliche Willenserklärung, die auf die Gestattung und Rechtfertigung der Grundbucheintragung gerichtet war und eine materiellrechtliche Verfügung enthielt.[33] Diese Meinung beachtete nicht die notwendige Trennung zwischen dem materiellen und formellen Grundstücksrecht. Zu Recht hat sich daher die Meinung durchgesetzt, dass die Bewilligung des § 19 eine reine **Verfahrenserklärung** ist, deren Inhalt die Erlaubnis an das Grundbuchamt darstellt, eine Grundbucheintragung vorzunehmen.[34] Für die Abgrenzung von materiellrechtlicher Willenserklärung und formeller Verfahrenserklärung kommt es entscheidend darauf an, wo Voraussetzungen und Wirkungen einer Erklärung geregelt sind und ob der Hauptzweck und ihre Hauptwirkungen verfahrensrechtlicher Art sind. Die gesetzliche Regelung der Bewilligung befindet sich nur im Verfahrensrecht (§§ 19, 28, 29) und nicht im materiellen Recht. Die Hauptwirkung der formellen Bewilligung besteht darin, das dem Grundbuchamt für eine Grundbucheintragung in der Regel nicht die materielle dingliche Einigung nachgewiesen werden muss; dies ist eine reine verfahrensrechtliche Wirkung. Soweit die formelle Bewilligung in BGB genannt ist, handelt es sich um bloße Nebenwirkungen und Rechtsreflexe. Die verfahrensrechtliche Natur der Eintragungsbewilligung wird deshalb nicht dadurch berührt, dass ihre Aushändigung die Bindung an die sachenrechtliche Einigung zur Folge hat

---

23 BayObLG Rpfleger 1983, 480; *Demharter* § 19 Rn 9.
24 OLG Hamm Rpfleger 1987, 509; *Kössinger* in *Bauer/von Oefele* § 19 Rn 21; *Demharter* § 19 Rn 9.
25 BayObLG Rpfleger 1999, 270.
26 KEHE-*Munzig* § 19 Rn 207; *Eickmann* GBVerfR, Rn 212.
27 *Eickmann* GBVerfR, Rn 213.
28 KEHE-*Munzig* § 19 Rn 207; *Eickmann* GBVerfR, Rn 212.
29 *Eickmann* GBVerfR, Rn 213; *Stein-Jonas-Brehm* § 894 Rn 24; *Schilken* in MüKo/ZPO § 894 Rn 13; **aA** BayObLGZ 1953, 111, 115 f; *Zöller-Stöber* § 894 Rn 7; *Musielak-Lackmann* § 894 Rn 11; KEHE-*Munzig* § 19 Rn 207; *Wagenitz* in MüKo/BGB § 1821 Rn 14.
30 Vgl *Güthe-Triebel* § 19 Rn 2–5.
31 RGZ 54, 378; 129, 8; 141, 377; KG JR 1951, 761.
32 *Eickmann* GBVerfR, Rn 122.
33 *Güthe-Triebel* § 19 Rn 7 ff; *Wolff-Raiser*, Sachenrecht, 11. Auflage, 1964, § 33; auch noch BayObLGZ 1974, 34.
34 *Staudinger-Seufert,* 11. Auflage, § 873 Rn 55a; *Hesse-Saage-Fischer* § 13 Anm II; *Hieber* DNotZ 1956, 174; *Ertl* DNotZ 1964, 260 ff; 1976, 379 ff; 1967, 406 ff; *Eickmann* GBVerfR, Rn 121–126; *Westermann-Eickmann* Sachenrecht, § 69 II 2; KEHE-*Munzig* § 19 Rn 14–26; *Kössinger* in *Bauer/von Oefele* § 19 Rn 29–33; *Demharter* § 19 Rn 12, 13; *Wahl* in *Lambert-Lang/Tropf/Frenz* Grundstückspraxis, Teil 1 Rn 160; *Schöner/Stöber* Rn 98; *Palandt-Bassenge* § 873 Rn 9; *Rademacher* MittRhNotK 1983, 105, 106 f; *Geißler* BWNotZ 1991, 48; *Rahn* BWNotZ 1967, 272; *Reithmann* DNotZ 1985, 540, 547; *Huhn* RpflStud 1978, 30, 32; BayObLG Rpfleger 1993, 189, 190; BWNotZ 1989, 15; OLG Frankfurt Rpfleger 1996, 151; OLG Düsseldorf Rpfleger 1981, 177, 178; OLG Hamm Rpfleger 1989, 148, 149; OLG Hamburg FGPrax 1999, 6; OLG Naumburg FGPrax 1998, 1; in diese Richtung auch BGHZ 84, 202 = DNotZ 1983, 309 = Rpfleger 1982, 414.

(§ 873 Abs 2, § 875 Abs 2 BGB). Gleiches gilt für die Möglichkeit, bei der Grundbucheintragung auf die Eintragungsbewilligung Bezug zunehmen (§ 874, § 885 Abs 2, § 1115 Abs 1 BGB, § 7 Abs 3 WEG, § 14 Abs 1 ErbbauRG).

30   Zwischen den **materiellen Willenserklärungen** als Tatbestand einer Verfügung und der **formellen Bewilligung** bestehen entscheidende **Wesensunterschiede**. Bei den notwendigen materiellen Erklärungen kann sich handeln um die Einigungserklärung (§ 873 Abs 1, § 877, § 880 Abs 2 S 1 BGB; § 4 Abs 1 WEG), um die einseitige Erklärung des Berechtigten (§ 875, § 885, § 890, § 1168, § 1196 BGB; § 8 WEG) und um Zustimmungserklärungen (§ 876, § 880 Abs 2 S 2, § 1183 BGB; § 26 ErbbauRG). Nur das Vorliegen der jeweiligen materiellen Erklärungen und der Grundbucheintragung führt eine Änderung der dingliche Rechtslage herbei; die formelle Bewilligung hat darauf keinen unmittelbaren Einfluss. Fehlt eine materielle Erklärung oder ist sie unwirksam, so tritt keine dingliche Rechtsänderung ein, und zwar auch dann, wenn die Bewilligung und die Grundbucheintragung vorliegen. Die formelle Bewilligung verändert somit nur die Grundbuchposition des Bewilligenden, und das ist ein rein verfahrensrechtliches Ergebnis. Sie kann keine Verfügung sein, weil sie keine unmittelbare Änderung der Rechtslage zur Folge hat, und das ist ja gerade das Wesensmerkmal einer Verfügung. Im Gegensatz dazu ändert sich die materielle Rechtslage, wenn die materiellen Erklärungen und die Grundbucheintragung vorliegen, aber die formelle Bewilligung fehlt oder unwirksam ist. Auch die Willensrichtungen zwischen materieller Willenserklärung und formeller Bewilligung sind unterschiedlich: Die materiellen Willenserklärungen sind darauf ausgerichtet, die dingliche Rechtslage zu ändern und werden in der Regel dem Vertragspartner gegenüber abgegeben. Währenddessen richtet sich die formelle Bewilligung an das Grundbuchamt und gestattet nur die Grundbucheintragung.

31   Die **Bewilligung** ist auf Grund ihrer verfahrensrechtliche Natur eine **abstrakte Erklärung**, dh sie ist unabhängig vom schuldrechtlichen Grundgeschäft und dinglichen Erfüllungsgeschäft, und zwar auch dann, wenn sie in derselben Urkunde enthalten ist.[35] Die Wirksamkeit des schuldrechtlichen oder sachenrechtlichen Rechtsgeschäftes kann auch nicht zur Bedingung der formellen Bewilligung gemacht werden, da letztere bedingungsfeindlich ist.

32   Aufgrund der verfahrensrechtlichen Natur der Bewilligung sind alle mit ihr zusammenhängenden Fragen zunächst mittels der **Grundbuchordnung** zu beantworten, sodann nach den allgemeinen Grundsätzen der **freiwilligen Gerichtsbarkeit** und letztendlich aufgrund des **allgemeinen Verfahrensrechts**.[36] Ist die Beantwortung einer Frage mit diesen Regeln immer noch nicht möglich, erst dann ist eine analoge Anwendung des **materiellen Rechts** zulässig.[37]

IV. Bewilligungsberechtigung

1. Begriffe

33   Nicht jedermann ist berechtigt, eine Grundbucheintragung zu bewilligen. Die **Bewilligungsberechtigung** steht nach § 19 nur dem sog **Betroffenen** zu. Das ist derjenige, dessen grundbuchmäßiges Recht rechtlich im Zeitpunkt der Grundbucheintragung beeinträchtigt werden kann oder beeinträchtigt werden wird. Die formelle Bewilligungsberechtigung fließt aus der materiellen Verfügungsberechtigung[38] (vgl ausführlich dazu Anhang §§ 19, 20 Rdn 2–8). So wie die Verfügungsberechtigung in Verfügungsmacht und Verfügungsbefugnis zerfällt, ist bei der Bewilligungsberechtigung zwischen Bewilligungsmacht und Bewilligungsbefugnis zu unterscheiden.[39] Die **Bewilligungsmacht** ist eine grundbuchmäßige Stellung, kraft deren dem Buchberechtigten gestattet wird, diese Grundbuchposition zu verändern oder aufzugeben. Dem Inhaber der Bewilligungsmacht (= Eigentümer, Gläubiger eines dinglichen Rechts) wird grundsätzlich auch die Bewilligungsbefugnis zustehen. Jedoch kann durch gesetzliche oder gerichtliche Anordnung die Bewilligungsbefugnis beeinträchtigt werden (zB Insolvenzeröffnung, Testamentsvollstreckung, Nachlassverwaltung, § 1365 BGB, § 12 WEG, § 12 ErbbauRG, Anordnung der Zwangsversteigerung). Die **Bewilligungsbefugnis** ist die rechtliche Fähigkeit, von den aus der Bewilligungsmacht fließenden formellrechtlichen Befugnissen Gebrauch machen zu können (vgl ausführlich dazu den Anhang zu §§ 19, 20).

---

35   *Demharter* § 19 Rn 18.
36   *Eickmann* GBVerfR, Rn 127; KEHE-*Munzig* § 19 Rn 27; *Kössinger* in *Bauer/ von Oefele* § 19 Rn 34; *Demharter* § 19 Rn 13.
37   *Kössinger* in *Bauer/von Oefele* § 19 Rn 35; KEHE-*Munzig* § 19 Rn 27; *Demharter* § 19 Rn 13; *Eickmann* GBVerfR, Rn 127.
38   BayObLG Rpfleger 1987, 110, 111; *Eickmann* GBVerfR, Rn 128, 129; *Böttcher* Rpfleger 1983, 49, 50.
39   *Kössinger* in *Bauer/von Oefele* § 19 Rn 135; KEHE-*Munzig* § 19 Rn 55; *Eickmann* GBVerfR, Rn 128, 129; *Böttcher* Rpfleger 1983, 49, 50.

2. Bewilligungsmacht

Betroffener iS des § 19 ist jeder, dessen grundbuchmäßiges Recht durch die vorzunehmende Eintragung nicht **34** nur wirtschaftlich, sondern rechtlich beeinträchtigt wird oder zumindest rechtlich nachteilig berührt werden kann.[40] Im Gegensatz zum Antragsrecht nach § 13, bei dem nur die unmittelbar Beteiligten einen Antrag stellen können, muss die Bewilligung des § 19 von den unmittelbar und mittelbar Betroffenen abgegeben werden.[41]

a) Unmittelbar Betroffene. Ob die Bewilligungsmacht der unmittelbar Betroffenen den Buchberechtigten[42] **35** oder den wahren Berechtigten[43] zusteht, war lange Zeit umstritten.[44] Heute herrscht im Ergebnis im Wesentlichen Übereinstimmung:[45] Betroffenen iS des § 19 ist jeder, dessen **grundbuchmäßiges Recht** durch die vorzunehmende Eintragung nicht nur wirtschaftlich, sondern rechtlich **beeinträchtigt wird** oder zumindest rechtlich nachteilig berührt werden kann; ob dies der Fall ist, muss unabhängig von etwaigen Veränderungen des materiellen Sachenrechts, erst recht unabhängig von schuldrechtlichen Erwägungen und wirtschaftlichen Nachteilen, aber auch unabhängig von den Folgen der gestatteten Grundbucheintragung beurteilt werden.[46] Diese verfahrensrechtliche Betrachtung vereinfacht insoweit auch das Grundbuchverfahren, indem sie für das Grundbuchamt das Buchrecht wie das Vollrecht behandelt und dem Buchberechtigten grundsätzlich als den wahren Berechtigten ansieht.

Ob sich die **Buchposition verschlechtert** oder verschlechtern kann, wenn die bewilligte Grundbucheintra- **36** gung vorgenommen wird, ist nur **rechtlich** und nur nach der abstrakten Buchposition vor der Eintragung im Vergleich zur Buchposition nach der Eintragung zu beurteilen. Tatsächliche oder wirtschaftliche Überlegungen haben völlig außer Betracht zu bleiben.[47] Auch ein noch so günstiger – vielleicht weit überhöhter – Kaufpreis ändert beim Veräußerer nichts an seiner Stellung als Betroffener.

Der betroffene Buchberechtigte ist zu unterscheiden vom **begünstigten Buchberechtigten**. Letzterer muss **37** keine Bewilligung für die Grundbucheintragung abgeben.[48]

Die Bewilligungsmacht des Bewilligenden hat das Grundbuchamt von Amts wegen zu prüfen. Es hat dabei von **38** der Grundbuchposition auszugehen. Dann kommt ihm jedoch **§ 891 BGB** zur Hilfe, der auch für das Grundbuchverfahren gilt (vgl Einl H Rdn 54). Danach gilt die Vermutung, dass dem Eingetragenen das Recht zusteht. **Vermutet** wird also sowohl der objektive Bestand des fraglichen Rechts **als auch die subjektive Berechtigung des Eingetragenen**. Weder ein eingetragener Widerspruch noch bloße Vermutungen hinsichtlich einer Grundbuchunrichtigkeit widerlegen diese Vermutung (vgl Einl H Rdn 56, 57). Gewinnt das Grundbuchamt allerdings sichere Kenntnis von der Grundbuchunrichtigkeit, so hat es sich über die Vermutung des § 891 BGB hinwegzusetzen, und die Bewilligung des wahren Berechtigten zu verlangen[49] (vgl Einl H Rdn 59). Bei begründeten Zweifeln an der Richtigkeit des Grundbuchs hat das Grundbuchamt auf Grund seiner Pflicht, das Grundbuch so weit als möglich mit der Wirklichkeit in Übereinstimmung zu halten, durch den Erlass einer Zwischenverfügung auf die Behebung dieser Zweifeln hinzuwirken[50] (vgl Einl H Rdn 58). Zur Vermutung des § 891 BGB bei **Briefgrundpfandrechten** vgl Einl H Rdn 55.

Zur Bewilligungsberechtigung des Betroffenen bei einer **Grundbuchberichtigung** vgl § 22 Rdn 102–105. **39**

b) Mittelbar Betroffene. Das Recht zur Antragstellung nach § 13 haben nur die unmittelbar Beteiligten (§ 13 **40** Rdn 35). Für eine Grundbucheintragung genügt jedoch nicht die Bewilligung des unmittelbar Betroffenen, sondern dafür sind auch die Bewilligungen der mittelbar Betroffenen erforderlich.[51] Niemand braucht nämlich eine Grundbucheintragung zu dulden, durch die seine Buchposition auch nur möglicherweise beeinträchtigt wird, denn das wäre uU ein unstatthafter Eingriff in eine bereits bestehende und damit absolut wirkende dingliche Rechtsposition. Eine Beeinträchtigung liegt immer schon dann vor, wenn die **Buchposition durch die**

---

40 BGH DNotZ 2001, 381 = FGPrax 2001, 7 = Rpfleger 2001, 69 = ZflR 2000, 884; BGHZ 66, 341, 345; BGHZ 91, 343, 346; BayObLG DNotZ 1996, 297, 301; OLG Hamm Rpfleger 1997, 376, 377.
41 *Kössinger* in *Bauer/von Oefele* § 19 Rn 253 ff; *Demharter* § 19 Rn 52 ff; *Eickmann* GBVerfR, Rn 136 ff.
42 *Wahl* in *Lambert-Lang/Tropf/Frenz* Grundstückspraxis, Teil 1 Rn 157; *Eickmann* GBVerfR, Rn 130.
43 *Demharter* § 19 Rn 46.
44 Vgl dazu KEHE-*Munzig*, 5. Aufl, § 19 Rn 47, 49–52.
45 *Kössinger* in *Bauer/von Oefele* § 19 Rn 136–148; KEHE-*Munzig* § 19 Rn 52 ff; *Demharter* § 19 Rn 46–48.
46 BGH DNotZ 2001, 381 = FGPrax 2001, 7 = Rpfleger 2001, 69 = ZflR 2000, 884; BGHZ 66, 341, 345; BGHZ 91, 343, 346; BayObLG DNotZ 1996, 297, 301; OLG Hamm Rpfleger 1997, 376, 377; *Wahl* in *Lambert-Lang/Tropf/Frenz* Grundstückspraxis, Teil 1 Rn 158; *Eickmann* GBVerfR, Rn 130.
47 KEHE-*Munzig* § 19 Rn 45; *Eickmann* GBVerfR, Rn 130.
48 KEHE-*Munzig* § 19 Rn 46.
49 BGH NotBZ 2006, 205 m zust Anm *Böttcher*; OLG München DNotZ 2006, 695 = Rpfleger 2006, 393.
50 BayObLG Rpfleger 1983, 17.
51 *Kössinger* in *Bauer/von Oefele* § 19 Rn 252, 253; KEHE-*Munzig* § 19 Rn 47; *Demharter* § 19 Rn 52; *Eickmann* GBVerfR, Rn 136.

Grundbucheintragung eventuell eine ungünstigere Gestaltung erfährt.[52] Wer mittelbar in seiner Buchposition betroffen ist, ist somit auch bewilligungspflichtig, dh pflichtig in dem Sinne, dass er zwar zur Abgabe der Bewilligung nicht verpflichtet ist, aber nur mit seiner Bewilligung die Voraussetzungen des § 19 erfüllt sind. Bei der Prüfung, ob eine Grundbuchposition abstrakt verschlechtert wird, ist in die Ermittlung, wer bewilligen muss, auch der Kreis derer einzubeziehen, die verfahrensmäßig **möglicherweise betroffen** sind, dh in ihrer Grundbuchposition verfahrensmäßig abstrakt beeinträchtigt werden können.[53] Dies begründet sich daraus, weil das Grundbuchamt grundsätzlich den materiellrechtlichen Tatbestand nicht zu prüfen hat. Dann muss es aber das Einverständnis, dh die Bewilligung, aller verlangen, die von der Grundbucheintragung möglicherweise betroffen werden könnten. Niemand darf ohne sein Zutun eine Rechtsposition verlieren.[54] Ist der Antragsteller der Meinung, dass entgegen der Ansicht des Grundbuchamts jemand durch eine Grundbucheintragung nicht betroffen wird und deshalb seine Bewilligung nicht erforderlich ist, so trägt er dafür die Feststellungslast, dh er muss dies in grundbuchmäßiger Form nachweisen.[55]

41 Durch die beantragte Grundbucheintragung muss sich die **Buchposition verschlechtern**, dh sie muss einen rechtlichen Nachteil erleiden.[56] Dies bedeutet, dass nicht jede Auswirkung auf die Buchposition die Notwendigkeit einer Bewilligung hervorruft. Wird die Buchposition nur ausschließlich **verbessert** oder bleibt sie rechtlich **neutral**, so bedarf es keiner Bewilligung.[57]

42 Die Verschlechterung der Buchposition ist nur **nach rechtlichen Gesichtspunkten** zu bemessen. Sonstige Gesichtspunkte, insbesondere **persönlicher, tatsächlicher oder wirtschaftlicher Art** müssen unberücksichtigt bleiben.[58] Deshalb bewirken Veränderungen im Beschrieb, in der Personenbezeichnung, in der Grundbuchstelle (Band, Blatt usw), die alle Veränderungen tatsächlicher Art sind, kein Betroffensein des Eigentümers; sie werden von Amts wegen eingetragen (vgl § 22 Rdn 85, 86).

43 **Vorrangige Gläubiger** werden durch die **Eintragung von nachrangigen Rechten** rechtlich nicht betroffen, ebenso wenig wie bei **Änderungen von nachrangigen Rechten**.[59] Wenn dadurch die Vollstreckung erschwert oder überhaupt die Möglichkeit eröffnet wird, dass es aus einem nachrangigen Recht zur Zwangsversteigerung und Zwangsverwaltung kommt, so handelt es sich dabei um wirtschaftliche Überlegungen. Dazu gehören auch die Erschwerungen in der Vollstreckung, die durch die Bestellung eines nachrangigen Nießbrauchs entstehen können, so dass es zu dessen Eintragung keinesfalls der Bewilligung der vorrangigen Gläubiger bedarf.

44 Änderungen in der Person des Grundstückseigentümers oder des Inhabers eines Grundstücksrechtes haben keinen rechtlichen Nachteil für die **dinglichen Gläubiger** am Grundstück oder Grundstücksrecht. Deren Bewilligungen sind deshalb nicht notwendig für den **Eigentumswechsel an einem Grundstück** oder die **Übertragung eines Grundstücksrechtes**.[60] Ein Wechsel im Recht (Eigentümer, dinglich Berechtigter) bewirkt grundsätzlich für niemand, außer den bisherigen Rechtsinhaber, eine schlechtere Grundbuchposition, auch dann nicht, wenn der nunmehrige Inhaber schlechtere persönliche oder wirtschaftliche Eigenschaften haben sollte. Dies alles sind wirtschaftliche Überlegungen und spielen deshalb bei der Frage des Betroffenseins keine Rolle. Ebenso ist es rechtlich unerheblich für die Gläubiger, wenn an Stelle eines Alleineigentümers eine große Anzahl von Miteigentümern treten soll; dies mag zwar die Vollstreckung erschweren, hat aber keine Auswirkungen auf die abstrakt rechtliche Position der Gläubiger.

45 Der Bewilligung der **dinglichen Gläubiger** an Grundstücken bedarf es nicht bei der **Vereinigung** (§ 5 Rdn 21), **Bestandteilszuschreibung** (§ 6 Rdn 16) und **Teilung** (§ 7 Rdn 5). Ergeben sich für sie Nachteile, so sind sie höchstens wirtschaftlicher oder tatsächlicher Art und spielen damit keine Rolle. Zu den Sonderfällen der Teilung eines Erbbaurechts oder beim Wohnungseigentum vgl § 7 Rdn 96 ff.

46 **Lässt sich nicht mit Sicherheit feststellen**, wer durch eine beantragte Grundbucheintragung in seiner **Buchposition betroffen oder begünstigt** wird, bedarf es der Bewilligungen beider.[61]

52 *Demharter* § 19 Rn 49.
53 RGZ 119, 316; BayObLGZ 1981, 158; *Demharter* § 19 Rn 50.
54 *Kössinger* in *Bauer/von Oefele* § 19 Rn 130.
55 *Kössinger* in *Bauer/von Oefele* § 19 Rn 129.
56 *Kössinger* in *Bauer/von Oefele* § 19 Rn 122.
57 *Kössinger* in *Bauer/von Oefele* § 19 Rn 123.
58 BGHZ 66, 341, 345 = Rpfleger 1976, 206; BGHZ 91, 343, 346 = Rpfleger 1984, 408 BayObLGZ 1981, 156, 158; 1985, 141, 143 = Rpfleger 1985, 355; *Eickmann* GBVerfR, Rn 139; *Kössinger* in *Bauer/von Oefele* § 19 Rn 127.
59 *Eickmann* GBVerfR, Rn 139; *Kössinger* in *Bauer/von Oefele* § 19 Rn 126.
60 *Eickmann* GBVerfR, Rn 139; *Kössinger* in *Bauer/von Oefele* § 19 Rn 127.
61 BayObLG Rpfleger 1981, 354; *Kössinger* in *Bauer/von Oefele* § 19 Rn 131; *Demharter* § 19 Rn 51.

Mittelbar betroffen und damit bewilligungspflichtig iSv § 19 sind **diejenigen, deren Zustimmung nach** 47 **materiellem Recht zur Rechtsänderungen notwendig** ist.[62] Dieses mittelbare Betroffensein hat seine Wurzel im materiellen Recht. Trotzdem sind diese Beteiligten auf verfahrensmäßig bewilligungspflichtig. Dies lässt sich nur rechtfertigen, wenn diese mittelbar Betroffenen ebenfalls eine Buchposition haben, die durch die bewilligte Eintragung beeinträchtigt wird oder werden kann. Dies ist der Fall. Denn der Grundbuchposition ist immanent, dass das mögliche Recht, das sie repräsentiert, mag es auch materiell nicht oder noch nicht bestehen, nur geändert oder aufgehoben werden kann, wenn der genannte Personenkreis zustimmt. Mag sich dies auch aus dem materiellen Recht herleiten, es beeinflusst doch auch die Buchposition, und daher haben diese Bestimmungen auch eine verfahrensrechtliche Bedeutung. Darunter fallen folgende Konstellationen:

Der **Aufhebung eines Grundpfandrechtes** muss der Grundstückseigentümer materiellrechtlich zustimmen 48 (§ 1183 BGB) und daher muss er die Löschung als mittelbar Betroffener mitbewilligen (§ 27).

Soll ein **belastetes Grundstücksrecht aufgehoben oder inhaltlich geändert werden oder im Rang** 49 **zurücktreten**, so bedarf es dazu materiellrechtlich der Zustimmung des Gläubigers am Grundstücksrecht (§ 876 S 1, § 877, § 880 Abs 3 BGB) und damit seiner Bewilligung als mittelbar Betroffener zur Löschung (§ 19).

– Bei der **Aufhebung, Inhaltsänderung oder dem Rangrücktritt eines subjektiv-dinglichen Rechtes** 50 bedarf es materiellrechtlich der Zustimmung der davon betroffenen Gläubiger am herrschenden Grundstück (§ 876 S 2, § 877, § 880 Abs 3 BGB); deren formellrechtliche Bewilligung zur Löschung usw des subjektiv-dinglichen Rechtes ist allerdings nur dann notwendig, wenn ein Herrschvermerk (§ 9) im Grundbuchblatt des herrschenden Grundstücks eingetragen ist (§ 21).

– Beim **Rangrücktritt eines Grundpfandrechtes** bedarf es materiellrechtlich der Zustimmung des Grund- 51 stückseigentümers (§ 880 Abs 2 S 2 BGB) und damit formellrechtlich dessen Bewilligung als mittelbar Betroffenen (§ 19).

– Für die **Forderungsauswechslung bei einer Hypothek** ist materiellrechtlich die Zustimmung des bishe- 52 rigen Hypothekengläubigers notwendig, wenn ihm die neue Forderung nicht zusteht (§ 1180 Abs 2 S 1 BGB); für die entsprechende Grundbucheintragung bedarf es daher seiner Bewilligung als mittelbar Betroffenen (§ 19).

– Zur **Aufhebung eines Erbbaurechts** bedarf es materiellrechtlich der Zustimmung des Grundstückseigen- 53 tümers (§ 26 ErbbauRG) und deshalb auch seiner formellen Bewilligung als mittelbar Betroffenen zur Löschung (§ 19).

Ist ein Grundstück oder ein grundstücksgleiches Recht belastet und wird die **Belastung im Umfang erwei-** 54 **tert** (zB Ersetzung einer bedingten Nebenleistung durch eine unbedingte) oder ihr **Inhalt verstärkt** und dadurch die Haftung des Grundstücks verschärft (zB nachträgliche Eintragung der Barzahlungsklausel), und zwar im Gleichrang mit dem Hauptrecht, so bedarf es dafür materiellrechtlich der **Zustimmung der gleich – und nachrangigen Gläubiger** und damit deren formellen Bewilligung als mittelbar Betroffene.[63] Für diese Personen handelt es sich nämlich um einen Rangrücktritt iSv § 880 BGB, der ohne ihr Einverständnis nicht möglich ist.[64] Unerheblich ist dabei, ob sich die neue Eintragung dabei als Inhaltsänderung des betroffenen Rechts darstellt (zB bei der Erhöhung von Zinsen oder sonstigen Nebenleistungen)[65] oder als ergänzende Neubestellung (zB bei der Erhöhung des Kapitalbetrages von Grundpfandrechten).[66]

In folgenden gesetzlich normierten **Ausnahmefällen** ist die Bewilligung von mittelbar Betroffenen nicht not- 55 wendig:[67]

– Erhöhung (auch rückwirkende) des Zinssatzes bis zu 5 % bei Grundpfandrechten bedarf keiner Zustimmung gleich- und nachrangiger Gläubiger (§ 1119 Abs 1 BGB); dies gilt nicht für sonstige Nebenleistungen.[68]

– Änderung von Zahlungszeitpunkt oder Zahlungsort bei Grundpfandrechten und anderen dinglichen Rechten[69] bedarf keiner Zustimmung gleich- und nachrangiger Gläubiger (§ 1119 Abs 2 BGB).

– Umwandlungen von Grundpfandrechten aller Art bedürfen keiner Zustimmung der gleich- und nachrangigen Gläubiger (§§ 1186, 1198, 1203 BGB); ist das umgewandelte Recht allerdings belastet (zB mit einem Nießbrauch oder Pfandrecht), so bedarf es der Bewilligung dieser Berechtigter (§§ 877, 876 BGB).

---

62 BGH MittBayNot 1994, 129, 130; *Eickmann* GBVerfR, Rn 136; KEHE-*Munzig* § 19 Rn 47; *Demharter* § 19 Rn 53; *Wahl* in Lambert-Lang/Tropf/Frenz Grundstückspraxis, Teil 1 Rn 157.
63 BayObLGZ 1959, 529 = DNotZ 1960, 540; *Kössinger* in Bauer/von Oefele § 19 Rn 255; KEHE-*Munzig* § 19 Rn 56; *Demharter* § 19 Rn 55; *Eickmann* GBVerfR, Rn 136.
64 *Kössinger* in Bauer/von Oefele § 19 Rn 256.
65 RGZ 132, 106, 109; BGH NJW 1986, 315; BayObLGZ 1959, 520, 526; OLG Frankfurt/M Rpfleger 1978, 312, 313.
66 RGZ 143, 424, 426; OLG Hamm OLGZ 1992, 11, 12.
67 KEHE-*Munzig* § 19 Rn 48; *Demharter* § 19 Rn 55; *Eickmann* GBVerfR, Rn 139.
68 *Palandt-Bassenge* § 1119 Rn 1.
69 *Staudinger-Wolfsteiner* § 1119 Rn 18.

– Bei der Forderungs – und Hypothekenteilung (dies gilt auch für Grundschulden) lässt § 1151 BGB eine Rangänderung ohne Zustimmung des Eigentümers zu.

56 **c) Mehrere Betroffene.** Werden durch eine Grundbucheintragung die Buchpositionen mehrerer, sei es auch nur mittelbar, betroffen, sind die **Bewilligungen aller** zu Eintragung nötig. Die mehreren Bewilligungen müssen aber nicht gemeinsam oder gleichzeitig erklärt werden.[70] Es genügt, wenn die einzelnen Bewilligungen unabhängig voneinander erklärt, dh als Verfahrenshandlungen, vorgenommen werden. Die Bewilligungen aller Betroffenen müssen sich aber decken, also inhaltsgleich sein. Ob das der Fall ist, ist nach den verfahrensrechtlichen Grundsätzen zu beurteilen, soweit danach zulässig, also auch durch Auslegung oder Umdeutung. Decken sich die mehreren Bewilligungen inhaltlich nicht, so gestatten sie jedenfalls die Eintragung insoweit, als sie sich decken; die darüber hinausgehenden Bewilligungen einzelner sind unschädlich, es sei denn, dass ausnahmsweise das Grundbuchamt konkrete Anhaltspunkte dafür hat, dass die weitergehend Bewilligenden ein weniger nicht bewilligen wollten, was kaum je der Fall sein wird. Bewilligt also der Gläubiger eines Grundpfandrechtes die Löschung des ganzen Rechts, kann der Grundstückseigentümer auch nur eine Teillöschung bewilligen; umgekehrt gestattet die Bewilligung des Grundstückseigentümers zur Löschung des ganzen Grundpfandrechtes auch die Eintragung einer Teillöschungsbewilligung des Gläubigers. Ist eine **Erbengemeinschaft** die Betroffene, so bedarf es der Bewilligung aller Miterben (vgl § 2040 Abs 1 BGB). Soweit eine **Gesamtgläubigerschaft gem § 428 BGB** bewilligen muss, genügt die Bewilligung eines einzelnen Gläubigers ohne Mitwirkung der anderen.[71] Steht das von einer beantragten Grundbucheintragung betroffene Recht einer **Bruchteilsgemeinschaft** zu, so müssen alle Miteigentümer bewilligen. Wird nur der ideelle Anteil eines Miteigentümer betroffen, so genügt natürlich dessen Bewilligung. Haben mehrere Beteiligte ein Grundstück zu Miteigentum gekauft und ist zur Sicherung des Eigentumsverschaffungsanspruchs eine entsprechende Vormerkung im Grundbuch eingetragen, ist zB ein Rangrücktritt mit der Auflassungsvormerkung hinter eine Grundschuld nur insgesamt mit der Bewilligung aller Berechtigten möglich; da der gesicherte Anspruch auf eine unteilbare Leistung gerichtet ist und diese nur an alle Berechtigten gemeinsam erfolgen kann, kommt der Rangrücktritt eines einzelnen Berechtigten mit einer Vormerkung zur Sicherung des Anspruchs auf Übertragung seines Miteigentumsanteils nicht in Betracht.[72] Eine Grunddienstbarkeit kann nach Aufteilung des herrschenden Grundstücks in Wohnungseigentum auf Grund einer Bewilligung eines einzelnen Wohnungseigentümers nicht hinsichtlich des ihm zustehenden Wohnungseigentumsrechts gelöscht werden.[73]

57 **d) Maßgeblicher Zeitpunkt.** Bewilligen muss derjenige, der im Zeitpunkt der **Grundbucheintragung** Inhaber des betroffenen Rechts ist. Maßgebend ist also nicht der Zeitpunkt der Abgabe der Bewilligung und auch nicht der der Vorlage der Bewilligung beim Grundbuchamt, sondern der Zeitpunkt der Eintragung im Grundbuch, da erst hiermit die Rechtsänderung vollendet ist.[74] Bewilligt der Erwerber eines Grundstücks die Eintragung einer Grundschuld zur Kaufpreisfinanzierung, und zwar nach der notariell beurkundeten Auflassung an ihn, aber vor seiner Grundbucheintragung als Eigentümer, so ist er im Zeitpunkt der Bewilligungsabgabe noch nicht bewilligungsberechtigt; wird vor der Grundbucheintragung der Grundschuld allerdings die Auflassung vollzogen, dh der Bewilligende als Eigentümer eingetragen, so ist er im Zeitpunkt der Grundschuldeintragung, auf den es ankommt, dann auch der Betroffene.[75] Soll ein Grundstücksrecht im Grundbuch eingetragen werden und zeitgleich daran eine belastende Eintragung (zB ein Rangvorbehalt, eine Löschungsvormerkung, ein Nießbrauch), so wird im Zeitpunkt der Grundbucheintragung nur der Grundstückseigentümer davon betroffen, da das Grundstücksrecht bereits mit der durch die gleichzeitige Eintragung bewirkten Einschränkung entsteht.[76] Eine Bewilligung des früheren Eigentümers des zu belastenden Grundstücks kann nicht Grundlage der Eintragung eines Grundstücksrechtes sein, wenn dieser zwischenzeitlich das Eigentum übertragen hat, also nicht mehr bewilligungsberechtigt ist.[77] § 878 BGB gilt für diesen Fall nicht. Denn die Vorschrift setzt sowohl nach ihrem Wortlaut als auch nach ihrem Sinn und Zweck voraus, dass der Berechtigte Inhaber des Rechts bleibt und in seiner Verfügung über das Recht, dass ihm nach wie vor zusteht, beschränkt wird; nach einem Eigentumswechsel ist der Bewilligende jedoch nicht der Rechtsinhaber.[78]

58 **e) Tod und Beschränkung der Geschäftsfähigkeit.** Verstirbt der Betroffene nach der Abgabe seiner Bewilligung oder wird er geschäftsunfähig bzw. in seiner Geschäftsfähigkeit beschränkt, so hat dies **keinen Einfluss**

70 *Demharter* § 19 Rn 44; KEHE-*Munzig* § 19 Rn 60.
71 BayObLG Rpfleger 1996, 21; KG JW 1937, 3158; *Demharter* § 19 Rn 57.
72 BayObLG ZfIR 1998, 703 = Rpfleger 1999, 21.
73 BayObLG Rpfleger 1983, 434.
74 BGH NJW 1963, 36 = DNotZ 1963, 433; BayObLG Rpfleger 1980, 476; BayObLGZ 1954, 97, 99 = DNotZ 1954, 395; OLG Frankfurt Rpfleger 1980, 63; *Demharter* § 19 Rn 44; *Kössinger* in *Bauer/von Oefele* § 19 Rn 133.
75 KEHE-*Munzig* § 19 Rn 63.
76 *Kössinger* in *Bauer/von Oefele* § 19 Rn 133.
77 BayObLG Rpfleger 1980, 476; OLG Frankfurt Rpfleger 1980, 63.
78 BayObLG NJW 1961, 783; MittBayNot 1975, 228; OLG Frankfurt Rpfleger 1980, 63.

auf die Wirksamkeit seiner Bewilligung; dies ergibt sich aus der analogen Anwendung des § 130 Abs 2 BGB.[79] Selbst wenn zwischenzeitlich die Erben im Grundbuch eingetragen sind, kann von Ihnen keine neue Bewilligung verlangt werden, da die Bewilligung des Erblassers vorliegt und ausreicht.[80] Dasselbe gilt für sonstige Fälle der Gesamtrechtsnachfolge (zB Erbteilsübertragung, Gütergemeinschaft).[81] Der Gesamtrechtsnachfolger muss sich die bereits wirksam erklärte Bewilligung seines Vorgängers zurechnen lassen; eine weitere Bewilligung von ihm ist nicht notwendig. Der Miterbe oder rechtsgeschäftliche Erwerber von einem bewilligenden Grundstückseigentümer oder Rechtsinhaber ist nicht Gesamtrechtsnachfolge desjenigen, der zuvor als Betroffener die Bewilligung abgegeben hat. Die Bewilligung des Erblassers oder vorherigen Grundstückseigentümers bzw Rechtsinhabers ermöglicht in diesem Fall keine Grundbucheintragung.[82]

f) Fehlen der Bewilligungsmacht. Bewilligt jemand im eigenen Namen eine Grundbucheintragung, **59** obwohl er nicht, nicht allein oder nicht mehr die dazu erforderliche Bewilligungsmacht hat, so handelt er als **Nichtberechtigter.** Folgende Fälle sind denkbar:[83]

– Einigt sich der Eigentümer eines Grundstücks oder Inhaber eines Grundstücksrechts mit einem Dritten über eine Veränderung (zB Übereignung des Grundstücks, Abtretung einer Grundschuld), und bewilligt der Dritte als **Auflassungsempfänger oder Zessionar vor seiner eigenen Grundbucheintragung** bereits eine weitere Grundbucheintragung (zB Bestellung oder Löschung einer Grundschuld), so ist er noch nicht bewilligungsberechtigt und handelt ohne Bewilligungsmacht.[84]

– Bewilligt der **Veräußerer eines Grundstücks** vor der Grundbucheintragung des Erwerbers die Bestellung eines Rechtes am Grundstück und soll dieses erst **nach Vollzug der Auflassung durch Grundbucheintragung des Erwerbers** im Grundbuch eingetragen werden, so ist der ehemalige Grundstückseigentümer nicht mehr bewilligungsberechtigt, dh ihm fehlt die Bewilligungsmacht und er handelt als Nichtberechtigter.[85]

– Bewilligt ein **Mitglied einer Gesamthandsgemeinschaft allein** eine Grundbucheintragung (zB ein Miterbe, ein Gesellschafter einer Gesellschaft bürgerlichen Rechtes, ein Ehegatte in Gütergemeinschaft), so fehlt ihm dazu die alleinige Bewilligungsmacht und handelt insoweit als Nichtberechtigter.

Fehlt dem Bewilligenden ganz oder teilweise die formelle Bewilligungsmacht, die aus der materiellen Verfü- **60** gungsmacht fließt, so kann eine Grundbucheintragung nur in den Fällen des § 185 BGB oder § 892 BGB erfolgen. Bemerkenswert ist insoweit, dass die grundbuchrechtliche Literatur die **Möglichkeit des gutgläubigen Erwerbs** in diesem Fall überhaupt nicht erörtert.[86] Nicht nur beim Fehlen der Bewilligungsbefugnis stellt sich dieses Problem, sondern natürlich auch und insbesondere beim Fehlen der Bewilligungs – bzw Verfügungsmacht.[87] Nicht richtig ist es daher, wenn behauptet wird, dass die Verfügung eines Nichtberechtigten ohne Einwilligung des Berechtigten gemäß § 185 BGB unwirksam ist;[88] im Falle des gutgläubigen Erwerbs nach § 892 BGB ist die Verfügung nämlich wirksam. Ob eine Grundbucheintragung auf Grund der Bewilligung eines Nichtberechtigten, dem die Bewilligungsmacht fehlt, unter den Voraussetzungen des § 892 BGB vollzogen werden darf, ist eine ganz andere Frage, die höchst umstritten, aber zu bejahen ist (vgl dazu ausführlich **Einl H Rdn 72–82**).

§ 185 BGB gilt in den Fällen, die die Bewilligungsmacht betreffen, nicht unmittelbar, weil die Bewilligung **61** keine Verfügung, sondern eine Verfahrenserklärung ist. Die Vorschrift ist aber auf die Bewilligung **analog** anzuwenden.[89] Es entspricht nämlich einem allgemeinen Grundsatz des Verfahrensrechts, dass die fehlende Sachbefugnis und Prozessführungsbefugnis im Laufe des Verfahrens heilbar sind.

Hat der **Bewilligungsberechtigte** der Abgabe einer Bewilligung durch einen Nichtberechtigten vorher zuge- **62** stimmt, dh **eingewilligt** (§ 185 Abs 1 BGB analog), so ist diese Bewilligung von Anfang an wirksam, da der

---

79 OLG Celle DNotZ 2006, 923, 925 = NotBZ 2007, 217; DNotI-Report 1997, 65; *Schöner/Stöber* Rn 107a, b; *Demharter* § 19 Rn 22, 23; *Kössinger in Bauer/von Oefele* § 19 Rn 134; KEHE-*Munzig* § 19 Rn 61; *Eickmann* GBVerfR, Rn 135.
80 BGHZ 48, 351, 356 = DNotZ 1968, 414 = Rpfleger 1968, 49; BayObLGZ 1973, 139, 141 = Rpfleger 1973, 296; *Schöner/Stöber* Rn 107b; *Demharter* § 19 Rn 23.
81 BayObLGZ 1986, 493, 495 = DNotZ 1987, 365, 366; *Schöner/Stöber* Rn 107c, d; *Kössinger in Bauer/von Oefele* § 19 Rn 134.
82 BayObLG Rpfleger 1998, 334; BayObLGZ 1999, 104; *Schöner/Stöber* Rn 107b.
83 Vgl *Kössinger in Bauer/von Oefele* § 19 Rn 293; *Demharter* § 19 Rn 72.
84 Vgl BGH Rpfleger 1989, 146.
85 Vgl OLG Köln Rpfleger 1980, 222.
86 Vgl *Kössinger in Bauer/von Oefele* § 19 Rn 293–301; KEHE-*Munzig* § 19 Rn 64–67; *Demharter* § 19 Rn 72, 73; *Eickmann* GBVerfR, Rn 132, 133.
87 Vgl nur OLG Karlsruhe FGPrax 1998, 3 = Rpfleger 1998, 68.
88 So aber *Demharter* § 19 Rn 72.
89 OLG Naumburg FGPrax 1998, 1; OLG Köln DNotZ 1980, 628; OLG Düsseldorf NJW 1963, 162; BayObLG Rpfleger 1970, 432; *Demharter* § 19 Rn 73; *Eickmann* GBVerfR, Rn 132.

Bewilligende mit Bewilligungsmacht seine Erklärung abgibt.[90] Während die materielle Einwilligungserklärung des § 185 Abs 1 BGB formlos erklärt werden kann, bedarf die formelle Einwilligungserklärung des Bewilligungsberechtigten entsprechend § 185 Abs 1 BGB mindestens der **notariell beglaubigten Form** (§ 29 Abs 1 Satz 1).[91] Die Verfügungs- bzw Bewilligungsermächtigung begründet nach § 185 Abs 1 BGB die aus dem Recht des Ermächtigenden abgeleitete Zuständigkeit des Ermächtigten, über ein subjektives Recht des Ermächtigenden im eigenen Namen zu verfügen. Diese Verfügungs- bzw Bewilligungsmacht kann der Ermächtigenden beliebig begrenzen. Hat der Veräußerer eines Grundstücks dem Erwerber nur gestattet, im Rahmen der Finanzierung des Kaufpreises noch vor der Umschreibung des Eigentums das Grundstück im eigenen Namen mit Grundpfandrechten zu belasten, dann ist die Bewilligung des Erwerbers für eine Grundschuld dadurch nicht abgedeckt, wenn die Grundschuld zur Sicherung aller bestehenden und künftigen Ansprüche aus seiner Geschäftsverbindung mit der Gläubigerbank dient.[92]

63 Die **Einwilligung** des Berechtigten analog § 185 Abs 1 BGB muss nicht ausdrücklich erklärt werden, sondern kann auch **konkludent** vorliegen. Ob dies der Fall ist, muss mittels Auslegung ermittelt werden.[93] Einigt sich der Inhaber eines Buchgrundpfandrechtes über seine Abtretung mit den Zessionar und bewilligt er die Eintragung dieser Abtretung im Grundbuch in der Form des § 29, so liegt darin idR seine Einwilligung entsprechend § 185 Abs 1 BGB zu weiteren Verfügungen des Zessionars ohne dessen Zwischeneintragung; auf Grund der vorgelegten Bewilligung des noch im Grundbuch eingetragenen Berechtigten kann der nicht im Grundbuch einzutragende Zessionar die Löschung,[94] die Abtretung[95] und den Rangrücktritt[96] des Grundpfandrechtes bewilligen, und zwar als Nichtberechtigter mit konkludenter Einwilligung des Berechtigten. Letztere Erklärung liegt idR in der **formgerechten Abtretungsbewilligung des noch im Grundbuch eingetragenen Berechtigten des Grundpfandrechtes**.[97]

64 Bei Vormerkungen, insbesondere **Eigentumsvormerkungen**, muss grundsätzlich der Schuldner des durch die Vormerkung gesicherten Anspruchs derjenige sein, dessen Recht, insbesondere dessen Eigentum, bei Vormerkungseintragung betroffen ist.[98] Deshalb kann der Erwerber, dem die Auflassung erklärt ist, auf Grund der in dieser Auflassung möglicherweise liegenden Bewilligungsermächtigung keine Vormerkung, insbesondere keine Eigentumsvormerkung für einen Dritten bewilligen, weil der Auflassungsempfänger jedenfalls nicht schuldrechtliche Verpflichtungen für den Veräußerer begründen kann, der die Auflassung erklärt hat.[99]

65 **In der Auflassung des Grundstückseigentümers an den Käufer** liegt nicht ohne weiteres die **konkludente Einwilligung** gem § 185 Abs 1 BGB zur Bewilligung der **Belastung des Grundstücks durch den noch nicht im Grundbuch eingetragenen Erwerber**.[100] Dies soll ausnahmsweise nur dann gelten, wenn kein irgendwie geartetes Interesse des alten Eigentümers denkbar sei, dass die Verweigerung einer solchen Zustimmung als nicht völlig unberechtigt erscheinen ließe. Eine Einwilligung könne deshalb nur dann unterstellt werden, wenn die Kaufpreisforderung des Veräußerers ausgeglichen oder dinglich mit dem Rang vor der neuen Belastung abgesichert werde.[101] Dies dürfte praktisch fast nie der Fall sein, so dass idR keine konkludente Einwilligung des Veräußerers in Belastungen durch den Erwerber vor seiner Grundbucheintragung angenommen werden kann.[102] Mit solchen Auslegungsanforderungen wird das Grundbuchverfahren ohne Not belastet; schon gar nicht sollte das schuldrechtliche Geschäft mit einbezogen werden müssen. Für die Praxis dürfte diese Frage sowieso an Bedeutung verloren haben, da unbeschränkt für im Grundbuch vollziehbar erklärte Auflassungen die Ausnahme sind. Meist wird – zur Sicherung des Veräußerers – die Auflassung oder die Bewilligungsabgabe ausgesetzt und/oder es werden für das Grundbuchamt nur Ausfertigungen erteilt, in denen die Auflassung nicht enthalten ist, bis bestimmte Voraussetzungen, meist die Kaufpreiszahlung, eingetreten sind. Sind diese Voraussetzung aber eingetreten, besteht meist kein praktisches Bedürfnis mehr, dass der Erwerber als Nichtberechtigter mit Einwilligung des Berechtigten bewilligt. In der erklärten und dem Grundbuchamt zur Eintragung vorgelegten Auflassung liegt die konkludente Einwilligung zu Bewilligungen des Auflassungsemp-

90 BGH Rpfleger 1981, 146; OLG Köln Rpfleger 1980, 222; *Eickmann* GBVerfR, Rn 132; KEHE-*Munzig* § 19 Rn 79; *Kössinger* in *Bauer/von Oefele* § 19 Rn 294.

91 *Kössinger* in *Bauer/von Oefele* § 19 Rn 294.

92 BGH Rpfleger 1989, 146.

93 *Kössinger* in *Bauer/von Oefele* § 19 Rn 297; *Streuer* Rpfleger 1998, 314.

94 LG Detmold Rpfleger 2001, 299.

95 *Demharter* § 19 Rn 73.

96 *Kössinger* in *Bauer/von Oefele* § 19 Rn 299.

97 RGZ 54, 362, 369; OLG Düsseldorf DNotZ 1996, 559, 561 = FGPrax 1996, 46; LG Detmold Rpfleger 2001, 299; *Kössinger* in *Bauer/von Oefele* § 19 Rn 299; *Demharter* § 19 Rn 73.

98 BGH DNotZ 1997, 720; BayObLG NJW 1983, 1567, 1568; OLG Hamm NJW 1965, 230.

99 *Eickmann* GBVerfR, Rn 133; *Demharter* § 20 Rn 42.

100 OLG Frankfurt NotBZ 2007, 26.

101 BayObLGZ 1970, 257; BayObLG Rpfleger 1973, 97; KG DNotZ 1971, 418; KEHE-*Munzig* § 19 Rn 81; *Eickmann* GBVerfR, Rn 133.

102 *Kössinger* in *Bauer/von Oefele* § 19 Rn 295–298; *Rademacher* MittRhNotK 1983, 105, 109.

fängers idR nur dann, wenn die Auflassung an den Erwerber und Bewilligenden eingetragen werden wird und dann auch tatsächlich erfolgt. Im Ergebnis spielt danach die Frage, ob und inwieweit der Auflassungsempfänger zu Bewilligungen ermächtigt ist, für das Grundbuchverfahren keine erhebliche Rolle, weil die Bewilligungsmacht erst dann zu beurteilen ist, wenn der bewilligende Auflassungsempfänger als Eigentümer eingetragen ist. Nur so gewinnt man die für das Grundbuchverfahren gewünschte Sicherheit. Die Regel ist in der Praxis auch nicht mehr die, dass der Veräußerer mit der Auflassung zu erkennen gibt, dass er keines Schutzes aus dem Grundgeschäft bedarf, weil dies trotz der Erklärung der Auflassung erfahrungsgemäß doch irgendwie eingeschränkt ist, sei es auch nur durch Weisungen an den Urkundsnotar. Nach der Grundbucheintragung des Erwerbers kommen Fragen der Bewilligungsermächtigung nicht mehr vor, weil der Auflassungsempfänger dann insoweit nicht mehr Nichtberechtigter ist. Er erklärt sich über Eigenes, nämlich über seine Ansprüche und Rechte.

Die Bewilligung vom Nichtinhaber der Bewilligungsmacht wird wirksam, wenn der Bewilligungsberechtigte **66** nachträglich zustimmt, dh **genehmigt** (§ 185 Abs 2 Fall 1 BGB analog), und zwar rückwirkend, dh ex tunc (§ 184 Abs 1 BGB).[103] Der Genehmigende muss bei der Abgabe seiner Erklärung bewilligungsberechtigt sein.[104] Die Genehmigung muss dem Grundbuchamt **in notariell beglaubigter Form** vorgelegt werden (§ 29 Abs 1 S 1 GBO).

Die Bewilligung eines **Nichtberechtigten** wird auch dann wirksam, wenn er das **betroffene Recht später** **67** **erwirbt** (§ 185 Abs 2 Fall 2 BGB analog), zB der bewilligende Grundstückskäufer als Eigentümer im Grundbuch eingetragen wird,[105] und zwar ohne Rückwirkung, dh ex nunc. Die Vorschrift ist entsprechend anwendbar, wenn ein Nichtberechtigter, der in die Bewilligung eines Nichtberechtigten eingewilligt hat, nunmehr Rechtsinhaber wird,[106] oder wenn der Vorerbe die Bewilligung abgegeben hat und die Nacherbfolge später dann wegfällt.[107] Gleiches muss gelten, wenn dem Bewilligenden die Bewilligungsmacht nicht allein zustand, sondern er die Bewilligung nur als Mitberechtigter im eigenen Namen und vorbehaltlich der Genehmigung für den Mitberechtigten abgegeben hat, und der Bewilligte später Alleineigentümer geworden ist.[108] Entscheidend kann nicht sein, ob der Bewilligende als Vertreter ohne Vertretungsmacht oder als Nichtberechtigter gehandelt hat.[109]

Die Bewilligung eines Nichtberechtigten wird nachträglich ohne Rückwirkung auch dann wirksam, wenn der **68** **Berechtigte den Nichtberechtigter beerbt und unbeschränkt haftet** (§ 185 Abs 2 Fall 3 BGB analog),[110] zB wenn der Vorerbe als Nichtberechtigter die Bewilligung abgegeben hat und dann vom Nacherben beerbt wird.[111]

g) Begründung von dinglichen Rechten. Soll ein **dingliches Recht an einem Grundstück, einer** **69** **Eigentumswohnung oder einem Erbbaurecht** eingetragen werden (zB Grundschuld, Reallast, Vorkaufsrecht usw), so bedarf es dazu der Eintragungsbewilligung des Eigentümers bzw Erbbauberechtigten; nicht notwendig sind die Bewilligungen des künftigen Rechtsinhabers als Begünstigten und die der vorrangigen Gläubiger.[112] Bei der Eintragung eines dinglichen Rechts nur an einem ideellen Miteigentumsanteil bedarf es lediglich der Bewilligung des Miteigentümers.[113] Wird ein Grundstück einer **Grundschuld oder Hypothek nachverpfändet**, so ist dazu nur die Eintragungsbewilligung des Grundstückseigentümers erforderlich, nicht die des Gläubigers des nachverpfändeten Rechts oder vor-, gleich- oder nachrangiger Gläubiger[114] (zu den Rangfragen vgl ausführlich § 45 Rdn 46–48, 64–68). Zur **Belastung eines Erbbaurechts** mit einem Grundpfandrecht oder eine Reallast bedarf es idR noch der Zustimmung des Grundstückseigentümers (§ 5 Abs 2 ErbbauRG).[115]

Soll ein **Recht** (zB Nießbrauch, Pfandrecht) **an einem Grundstücksrecht** (zB Hypothek, Grundschuld, **70** Reallast, Auflassungsvormerkung usw) eingetragen werden, so bedarf es dazu der Bewilligung des bereits eingetragenen Rechtsinhabers, nicht der des künftigen Rechtsinhabers als Begünstigten und der übrigen dinglichen

---

103 OLG Naumburg FGPrax 1998, 1, 3; *Kössinger* in *Bauer/von Oefele* § 19 Rn 300; KEHE-*Munzig* § 19 Rn 80; *Demharter* § 19 Rn 72; *Eickmann* GBVerfR, Rn 132.
104 BGH NJW 1989, 2049; *Kössinger* in *Bauer/von Oefele* § 19 Rn 300.
105 OLG Naumburg FGPrax 1998, 1, 3; *Kössinger* in *Bauer/von Oefele* § 19 Rn 300; *Demharter* § 19 Rn 72; *Eickmann* GBVerfR, Rn 132.
106 BGH LM BGB § 185 Nr 7; *Kössinger* in *Bauer/von Oefele* § 19 Rn 301.
107 RGZ 149, 19, 22; *Kössinger* in *Bauer/von Oefele* § 19 Rn 301.
108 *Kössinger* in *Bauer/von Oefele* § 19 Rn 300; **aA** OLG Frankfurt Rpfleger 1997, 60.
109 Vgl dazu auch BGH Rpfleger 1989, 146.
110 *Eickmann* GBVerfR, Rn 132.
111 OLG München DNotZ 1971, 544.
112 KEHE-*Munzig* § 19 Rn 72.
113 BayObLG Rpfleger 1981, 352.
114 OLG Frankfurt DNotZ 1990, 741; *Ertl* DNotZ 1990, 684.
115 Vgl ausführlich dazu *Böttcher* Praktische Fragen des Erbbaurechts, Rn 242–248.

Gläubiger am Grundstück.[116] Wegen der **Belastung eines Briefgrundpfandrechtes** vgl die Kommentierung zu § 26.

71 Bei der Eintragung einer **Vormerkung am Grundstück** (zB Eigentumsvormerkung, Grundschuldvormerkung usw) bedarf es grundsätzlich der Eintragungsbewilligung des Grundstückseigentümers, nicht der des Vormerkungsberechtigten als Begünstigten. Soll dagegen eine **Vormerkung an einem Grundstücksrecht** eingetragen werden (zB Vormerkung zur Sicherung des Rückgewähranspruchs auf Abtretung einer Fremdgrundschuld an den Grundstückseigentümer), so ist dafür nur die Bewilligung des Rechtsinhabers erforderlich, nicht die des Grundstückseigentümers oder anderer dinglicher Berechtigter am Grundstück;[117] gleiches gilt für die Eintragung einer Vormerkung zur Sicherung eines abgetretenen Anspruchs auf Rückgewähr einer Grundschuld.[118] Wird die Rückgewährvormerkung gleichzeitig mit der Grundschuld eingetragen, bedarf es für beide Eintragungen nur der Bewilligung des Grundstückseigentümers.[119] Für die Eintragung einer **Löschungsvormerkung** gegen ein künftiges Eigentümerrecht (§ 1179 BGB) zu Gunsten eines nachrangigen Gläubigers bedarf es der Eintragungsbewilligung des Grundstückseigentümers, weil sie sich gegen das künftige Eigentümerrecht richtet; keine Bewilligungen sind erforderlich vom Gläubiger des betroffenen Rechts, Gläubiger des begünstigten Rechts und anderer dinglicher Gläubiger am Grundstück.[120]

72 **h) Übertragung von dinglichen Rechten.** Von der **Übertragung des Eigentums einem Grundstück oder einer Eigentumswohnung** bzw der **Übertragung eines Erbbaurechtes** sind betroffen der veräußernde Eigentümer bzw der übertragende Erbbauberechtigte; von ihnen bedarf es deshalb der Eintragungsbewilligung (vgl im übrigen § 20). Nicht notwendig ist die Bewilligung der dinglichen Berechtigten am Grundstück, an der Eigentumswohnung, am Erbbaurecht.[121] Zur Übertragung des Eigentums an einer Eigentumswohnung bedarf es idR noch der Zustimmung des Verwalters (§ 12 WEG).[122] Für die Übertragung eines Erbbaurechts ist idR auch die Zustimmung des Grundstückseigentümers notwendig (§ 5 Abs 1 ErbbauRG).[123]

73 Zur **Übertragung von beschränkten dinglichen Rechten** (zB Grundschuld, Hypothek, Reallast, Vorkaufsrecht usw) bedarf es der Bewilligung des bisherigen Rechtsinhabers als Betroffenen. Keine Bewilligung ist notwendig von dem künftigen Rechtsinhaber als Begünstigten, dem Grundstückseigentümer und den dinglich Berechtigten oder Vormerkungsberechtigten am übertragenen Grundstücksrecht (zB Nießbraucher, Pfandgläubiger).[124] Wegen der **Übertragung eines Briefgrundpfandrechtes** vgl die Kommentierung zu § 26.

74 **Steht das zu übertragende Grundstücksrecht mehreren gemeinsam zu** (zB Bruchteils- oder Gesamthandsgemeinschaft, Gesamtgläubigerschaft nach § 428 BGB) und erfolgt die **Abtretung an einen von ihnen**, so sind davon nur die betroffen, die ihr Rechte verlieren, nicht der begünstigte Erwerber, und zwar selbst dann, wenn alle materiell nur gemeinsam verfügungsberechtigt sind.[125] Es bedarf daher nur der Bewilligungen der verlierenden Berechtigten und nicht des Erwerbenden.

75 **i) Inhaltsänderung von dinglichen Rechten.** Insoweit handelt es sich um eine Veränderung eines Rechtes, die nicht in einer Änderung der Art des Rechtes besteht und nicht als Begründung, Übertragung, Belastung, Rangänderung und Aufhebung des Rechtes anzusehen ist.[126] Ob für die Grundbucheintragung einer Inhaltsänderung die **Bewilligung des Rechtsinhabers oder des Grundstückseigentümers oder beider** erforderlich ist, kann nicht allgemein beantwortet werden, sondern kommt auf den Einzelfall an. Lässt sich nicht mit Sicherheit feststellen, wer durch eine beantragte Grundbucheintragung betroffen oder begünstigt wird, bedarf es der Bewilligungen beider (vgl Rdn 46).

76 Soll ein **belastetes Grundstücksrecht** (zB gepfändete Grundschuld) inhaltlich geändert werden, so bedarf es dazu materiellrechtlich grundsätzlich der Zustimmung des Gläubigers am Grundstücksrecht (§§ 877, 876 S 1 BGB) und damit seiner Bewilligung als mittelbar Betroffener (§ 19). Bei der Inhaltsänderung eines **subjektivdinglichen Rechtes** (zB Grunddienstbarkeit) bedarf es grundsätzlich materiellrechtlich der Zustimmung der davon betroffenen Gläubiger am herrschenden Grundstück (§§ 877, 876 S 2 BGB); deren formellrechtliche Bewilligung zur Inhaltsänderung des subjektiv – dinglichen Rechtes ist allerdings nur dann notwendig, wenn

---

116 KEHE-*Munzig* § 19 Rn 72.
117 BayObLG Rpfleger 1983, 267; OLG Celle DNotZ 1957, 664; OLG Düsseldorf NJW 1957, 1282; OLG Frankfurt NJW 1957, 1283; OLG Hamm Rpfleger 1957, 379; 1990, 157; KG OLGZ 1976, 44, 46; *Schöner/Stöber* Rn 2345.
118 OLG Hamm Rpfleger 1990, 157.
119 BGH DNotZ 1976, 490 = Rpfleger 1976, 206.
120 *Eickmann* GBVerfR, Rn 131 Beispiel 23 c.
121 KEHE-*Munzig* § 19 Rn 74a.
122 Vgl ausführlich dazu *Böttcher* Rpfleger 1985, 1, 5 f.
123 Vgl ausführlich dazu *Böttcher* Praktische Fragen des Erbbaurechts, Rn 237–241, 271–285.
124 KEHE-*Munzig* § 19 Rn 74b aa.
125 KEHE-*Munzig* § 19 Rn 74b cc.
126 KEHE-*Munzig* § 19 Rn 76.

Böttcher

ein Herrschvermerk (§ 9) im Grundbuchblatt des herrschenden Grundstücks eingetragen ist (§ 21). Aus dem Schutzzweck des § 877 BGB wird jedoch allgemeinen gefolgert, dass die Inhaltsänderung nicht der Zustimmung des Mitberechtigten bedarf, wenn sie für diesen keinerlei rechtliche Nachteile mit sich bringen kann.[127]

Selbstverständlich gilt der Grundsatz, das durch eine Inhaltsänderung eines Rechtes die gleich- und nachrangigen Rechte nicht benachteiligt werden dürfen.[128] Für eine solche erweiternde Inhaltsänderung eines Rechtes bedarf es daher materiellrechtlich der Zustimmung und formellrechtliche der Bewilligung der **gleich- und nachrangigen Gläubiger**, wenn die Inhaltsänderung im Gleichrang mit dem Hauptrecht eingetragen werden soll[129] (vgl auch Rdn 54). **77**

Von der nachträglichen Festsetzung des Höchstbetrages des **Wertersatzes gem § 882 BGB** wird nur der Gläubiger betroffen, und nicht der Grundstückseigentümer.[130] **78**

Die nachträgliche **Vereinbarkeit oder der Ausschluss der Übertragbarkeit** eines Grundstücksrechtes betreffen sowohl den Rechtsinhaber als auch dem Grundstückseigentümer.[131] **79**

Auch die nachträgliche **Befristung oder Bedingung** eines Grundstücksrechts bzw deren Aufhebung stellen eine Inhaltsänderung dar.[132] Wird ein zunächst unbefristetes oder unbedingtes Grundstücksrecht nachträglich befristet oder mit einer auflösenden Bedingung versehen, so bedarf es für diese Eintragung der Bewilligung des betroffenen Rechtsinhabers als Betroffenen und nicht der des Grundstückseigentümers als Begünstigten. Soll dagegen bei einem befristeten oder auflösend bedingten Grundstücksrechts nachträglich die Befristung oder Bedingung beseitigt werden, so muss dies der Grundstückseigentümer zur Eintragung bewilligen und nicht der Rechtsinhaber als Begünstigten. Die Änderung einer Bedingung bedarf idR sowohl der Bewilligung des Grundstückseigentümers als auch des Rechtsinhabers.[133] Die Verkürzung einer Frist bei einem Grundstücksrecht verlangt die Eintragungsbewilligung des betroffenen Rechtsinhabers und nicht die des Grundstückseigentümers; die Verlängerung einer Frist bedarf umgekehrt der Bewilligung des Grundstückseigentümers und nicht der des Rechtsinhabers.[134] **80**

Die Ausdehnung eines für einen Verkaufsfall bestellten **Vorkaufsrechts** auf mehrere oder alle Verkaufsfälle (§ 1097 BGB) stellt eine Inhaltsänderung dar.[135] Für die Grundbucheintragung bedarf es der Bewilligung des Grundstückseigentümers als Betroffenen, nicht der des Vorkaufsberechtigten als Begünstigten. Die Inhaber gleich- oder nachrangiger Rechte müssen als mittelbar Betroffener ebenfalls bewilligen. **81**

Um Inhaltsänderungen handelt es sich auch bei einer Beschränkung des **Nießbrauchs** durch Ausschluss einzelner Nutzungen (§ 1030 Abs 2 BGB)[136] oder wenn dem Nießbraucher mit dinglicher Wirkung die Aufwendungen für außergewöhnliche Instandsetzung auferlegt werden sollen;[137] in diesen Fällen bedarf es zu den Grundbucheintragungen der Bewilligung des betroffenen Nießbrauches, nicht der des Grundstückseigentümers. Ebenso ist eine Inhaltsänderung notwendig, wenn das mit einem Nießbrauch verbundene gesetzliche Schuldverhältnis zwischen dem Eigentümer und dem Nießbraucher mit Wirkung gegenüber dem Rechtsnachfolger des Eigentümers geändert werden soll.[138] Die Befreiung des Nießbrauchers von seinen gesetzlichen Pflichten gegenüber dem Eigentümer kann nur mittels Bewilligung des Grundstückseigentümers im Grundbuch eingetragen werden; der begünstigte Nießbraucher muss nicht bewilligen. **82**

Bei einer **Dienstbarkeit** kann die Erweiterung der Befugnisse (zB Ergänzung eines Geh- und Fahrtrechtes um ein Überdachungsrecht) im Wege der Inhaltsänderung vereinbart werden.[139] Dies bedarf zur Grundbucheintragung der Bewilligung des Grundstückseigentümers als Betroffenen, nicht des Dienstbarkeitsberechtigten als Begünstigten. Die Verlegung des bereits durch Grundbucheintragung konkretisierten Ausübungsbereichs einer Grunddienstbarkeit stellt ebenfalls eine Inhaltsänderung dar;[140] die Grundbucheintragung muss sowohl vom Grundstückseigentümer als auch vom Dienstbarkeitsberechtigten bewilligt werden. **83**

---

127 BGHZ 73, 145, 149; 91, 343, 346; BayObLG Rpfleger 1989, 503; NJW 1984, 257, 261; 1978, 157, 161; 1960, 1155, 1156; *Kössinger* in *Bauer/von Oefele* § 19 Rn 259.
128 *Staudinger-Gursky* § 877 Rn 72 mwN.
129 *Staudinger-Gursky* aaO.
130 KEHE-*Munzig* § 19 Rn 78d; *Staudinger-Kutter* § 882 Rn 4.
131 BGHZ 19, 355, 359; OLG Hamm NJW 1968, 1289; KEHE-*Munzig* § 19 Rn 77d.
132 *Staudinger-Gursky* § 877 Rn 30, 39.
133 KEHE-*Munzig* § 19 Rn 77g.
134 **AA** KEHE-*Munzig* § 19 Rn 77b.
135 *Staudinger-Gursky* § 877 Rn 33.
136 *Staudinger-Gursky* § 877 Rn 41.
137 Vgl BayObLG DNotZ 1986, 151; *Staudinger-Gursky* § 877 Rn 16.
138 *Amann* DNotZ 1989, 531, 559; *Staudinger-Gursky* § 877 Rn 16.
139 *Staudinger-Gursky* § 877 Rn 32; **aA** BayObLG Rpfleger 1967, 11.
140 BGH Rpfleger 1984, 227 mit ausführlicher Anmerkung von *Böttcher*; *Staudinger-Gursky* § 877 Rn 16.

84   Bei einer **Reallast** kann im Wege der Inhaltsänderung vereinbart werden, dass die bisher zu erbringenden Naturalleistungen durch Geldzahlungen ersetzt werden.[141] Für diese Grundbucheintragung bedarf es der Bewilligungen des Grundstückseigentümers und des Reallastberechtigten.

85   Bei **Grundpfandrechten** kann mittels einer Inhaltsänderung die Leistungszeit und der Leistungsort gewechselt werden.[142] Diese Grundbucheintragung muss sowohl der Grundstückseigentümer als auch der Gläubiger bewilligen.[143] Der Zustimmung gleich- und nachrangiger Gläubiger bedarf es nicht (§ 1119 Abs 2 BGB; vgl auch Rdn 55). Die Änderung einer Kündigungsabrede[144] muss ebenfalls vom Grundstückseigentümer und Gläubiger bewilligt werden.[145] Soll dagegen nur das Kündigungsrecht des Eigentümers ganz oder teilweise ausgeschlossen werden, bedarf dies auch lediglich der Bewilligung des Grundstückseigentümers und nicht des Grundpfandrechtsgläubigers.[146] Die Umwandlung einer Hypothek in eine Grundschuld oder umgekehrt ist sowohl vom Grundstückseigentümer als auch vom Gläubiger zu bewilligen;[147] gleiches gilt für die Umwandlung eines Buchrechtes in ein Briefrecht oder umgekehrt[148] bzw einer Verkehrshypothek in eine Sicherungshypothek und umgekehrt.[149] Die Zustimmung der gleich- und nachrangigen Gläubiger dazu ist nicht erforderlich (§§ 1186, 1198 BGB; vgl auch Rdn 55). Die Eintragung der Forderungsauswechslung bei einer Hypothek (§ 1180 BGB) bedarf der Eintragungsbewilligungen von Grundstückseigentümer und Hypothekengläubiger.[150] Die Erhöhung des Kapitalbetrages von Grundpfandrechten ist keine Inhaltsänderung, sondern als teilweise Neubestellung zu bewerten.[151] Dafür bedarf es der Eintragungsbewilligung des Grundstückseigentümers als Betroffenen, nicht der des Grundpfandrechtsgläubigers als Begünstigten. Gleich- und nachrangige Gläubiger müssen dann zustimmen, wenn die Erhöhung des Kapitalbetrages im Gleichrang zum ursprünglichen Recht stehen soll.[152] Unabhängig von der Frage, ob die Erhöhung von Zinsen oder sonstigen Nebenleistungen auch als Teilneubestellung oder als Inhaltsänderung anzusehen ist[153] (vgl Rdn 54), bedarf es für deren Eintragung der Eintragungsbewilligung des Grundstückseigentümers, aber nicht der des Gläubigers[154] (zur Rangfrage vgl ausführlich § 45 Rdn 44, 45, 60–63). Gleich- und nachrangige Gläubiger müssen dieser Zinserhöhung nur zustimmen, wenn die erhöhten Zinsen 5 % übersteigen und die zusätzlichen Zinsen am Rang des Hauptrechts teilnehmen sollen[155] (§ 1119 Abs 1 BGB; vgl auch Rdn 55).

86   Inhaltsänderungen beim **Erbbaurecht** können zB sein: Änderung der Bebauungsbefugnis, Aufhebung des Heimfallanspruchs, Änderung der Versicherungspflicht, Verkürzung oder Verlängerung der Erbbauzeit usw. Ob im Einzelfall nur der Erbbauberechtigte oder nur der Grundstückseigentümer oder beide bewilligen müssen, braucht nicht abschließend beurteilt zu werden, da für die Grundbucheintragung die materielle Einigung zwischen dem Grundstückseigentümer und der Erbbauberechtigte dem Grundbuchamt vorgelegt werden muss (§ 20) und deshalb auch immer beide formell bewilligt haben. Die Zustimmung eines dinglich Berechtigten am Erbbaurecht bedarf es, wenn sie durch die Inhaltsänderung beeinträchtigt werden (§ 11 Abs 1 S 1 ErbbauRG; §§ 877, 876 S 1 BGB), zB bei der Verkürzung der Laufzeit des Erbbaurechts.[156] Die im Rang zum Erbbaurecht nachstehenden dinglichen Berechtigten am Grundstück müssen zustimmen, wenn der Inhalt des Erbbaurechts erweitert wird, zB bei Verlängerungen der Laufzeit des Erbbaurechts.[157]

87   Im **Wohnungseigentumsrecht** gehören einstimmigen **Vereinbarungen** aller Wohnungseigentümer zum Inhalt des jeweiligen Sondereigentums und wirken nur dann gegen Sonderrechtsnachfolger, wenn sie in den Wohnungsgrundbüchern eingetragen sind, sei es auch nur durch Bezugnahme auf die Bewilligungen (§ 5 Abs 4, § 10 Abs 3, § 7 Abs 3 WEG). Die gesamte ursprüngliche Gemeinschaftsordnung gehört deshalb zum Inhalt aller Wohnungseigentumseinheiten. Sollen nun nachträglich Vereinbarungen in die Wohnungsgrundbücher eingetragen werden, so handelt es sich dabei materiellrechtlich um Inhaltsänderungen des jeweiligen Sondereigentums (§ 877 BGB). Einstimmige Vereinbarungen sind nötig für gesetzesändernde Regelungen (zB

---

141 *Staudinger-Gursky* § 877 Rn 34.
142 *Staudinger-Gursky* § 877 Rn 14.
143 *Demharter* § 19 Rn 51; *Kössinger* in *Bauer/von Oefele* § 19 Rn 131.
144 Vgl dazu BGHZ 1, 294, 305.
145 *Eickmann* GBVerfR, Rn 131 Beispiel 23 e; *Kössinger* in *Bauer/von Oefele* § 19 Rn 131; *Demharter* § 19 Rn 51.
146 *Eickmann* aaO.
147 *Kössinger* in *Bauer/von Oefele* § 19 Rn 131 *Demharter* § 19 Rn 51; *Eickmann* GBVerfR, Rn 131 Beispiel 23 d.
148 BayObLG DNotZ 1988, 111 = Rpfleger 1987, 363; *Kössinger* in *Bauer/von Oefele* § 19 Rn 132; *Demharter* § 19 Rn 50.
149 KEHE-*Munzig* § 19 Rn 77 f.
150 KEHE-*Munzig* aaO.
151 BayObLGZ 1959, 527; OLG Hamm OLGZ 1992, 11; *Staudinger-Gursky* § 877 Rn 27; BGB-RGRK-*Augustin* § 877 Rn 19.
152 *Staudinger-Gursky* § 877 Rn 27.
153 Vgl dazu *Staudinger-Gursky* § 877 Rn 28.
154 KEHE-*Munzig* § 19 Rn 78a.
155 *Staudinger-Gursky* § 877 Rn 28; RGZ 132, 106, 110.
156 *Böttcher* Praktische Fragen des Erbbaurechts, Rn 518, 523.
157 *Böttcher* Praktische Fragen des Erbbaurechts, Rn 519, 523.

Böttcher

Beseitigung der Voraussetzungen für eine Beschlussfähigkeit in Abänderung von § 25 Abs 3 WEG usw); gleiches gilt für vereinbarungsändernde Regelungen. Solche gesetzes- oder vereinbarungsändernde Regelungen bedürfen materiellrechtlich einstimmige Vereinbarungen aller Wohnungseigentümer (§ 10 Abs 2 WEG); Mehrheitsbeschlüsse diesbezüglich sind nichtig.[158] Zur Grundbucheintragung einer Vereinbarung oder deren Abänderung oder Aufhebung bedarf es der Bewilligungen aller Wohnungseigentümer;[159] der Nachweis der Eintragungsbewilligungen der Wohnungseigentümer oder der Bevollmächtigung des Verwalters kann dem Grundbuchamt gegenüber nicht durch eine Niederschrift über eine Versammlung der Wohnungseigentümer in der in § 26 Abs 3 WEG bestimmten Form geführt werden.[160] Vereinbarungen anderer Art, die keine Begründung, Übertragung, Inhaltsänderung oder Aufhebung eines Sondernutzungsrechts zum Inhalt haben, bedürfen zu ihrer Grundbucheintragung nicht der Zustimmung der Gläubiger von Grundpfandrechten und Reallasten (§ 5 Abs 4 Satz 2 WEG). Dazu gehören beispielsweise die Einführung einer Veräußerungsbeschränkung nach § 12 WEG, Zweckänderungen nach § 13 WEG und Gebrauchsregelungen gemäß § 15 Abs 1 WEG.[161] Die Auswirkungen solcher Vereinbarungen auf Grundpfandrechte und Reallasten soll sich erst im Zeitpunkt der Vollstreckung beurteilen lassen, aber noch nicht zum Zeitpunkt des Abschlusses der Vereinbarung.[162] Inhaber von Vorkaufsrechten, Grunddienstbarkeiten, beschränkten persönlichen Dienstbarkeiten, Nießbrauchsrechten, Dauerwohn- und Dauernutzungsrechten müssen der Grundbucheintragung von Vereinbarungen zustimmen, sofern sie dadurch einen rechtlichen Nachteil erfahren (§ 5 Abs 4 Satz 2 WEG); dies gilt auch für Berechtigte von Eigentumsvormerkungen.[163] Ihre Zustimmungspflicht ist nur dann ausgeschlossen, wenn sicher ist, dass keine Beeinträchtigung erfolgen kann.[164] Es muss jede rechtliche Beeinträchtigung ausgeschlossen sein.[165] Die gleichen Grundsätze gelten für einstimmige Vereinbarungen, mit denen Regelungen des Gebrauchs und der Verwaltung getroffen werden, wenn sie über die Ordnungsgemäßheit hinausgehen (§ 15, § 21 Abs 3, § 22 Abs 1 WEG), zB Verbot der Haustierhaltung oder des Musizierens. Wurden solche Angelegenheiten allerdings nur mit Mehrheit beschlossen (= Pseudovereinbarungen, Zitterbeschluss, vereinbarungsersetzender Beschluss), so soll ein solcher Beschluss nicht nichtig sein, sondern wirksam, wenn auch anfechtbar.[166] Für die nicht zulässigen Mehrheitsbeschlüsse gilt nach hM – wie für zulässige **Mehrheitsbeschlüsse** – § 10 Abs 4 Satz 1 WEG, dh sie sind nicht eintragungsfähig.[167]

Die erstmalige Festlegung von Räumen als Teileigentum oder Wohnungseigentum bedeutet eine Zweckbestimmung mit Vereinbarungscharakter. Durch die Eintragungen in den Wohnungsgrundbüchern gehört diese dann zum jeweiligen Inhalt der Sondereigentumseinheiten (§ 5 Abs 4, § 10 Abs 3, § 7 Abs 3 WEG). Die **Umwandlung von Wohnungs- in Teileigentum und umgekehrt** ist daher eine Inhaltsänderung, die der schuldrechtlichen Vereinbarung (§ 5 Abs 4 S 1, § 10 Abs 2 WEG) aller Wohnungs- bzw Teileigentümer bedarf.[168] Außerdem ist materiellrechtlich die Zustimmung der dinglich Berechtigten (mit Ausnahme der Gläubiger von Hypotheken, Grundschulden und Reallasten, § 5 Abs 4 Satz 2 WEG) an den Wohnungseigentumsbzw Teileigentumseinheiten erforderlich (§§ 877, 876 Satz 1 BGB).[169] Formellrechtlich bedarf die Eintragung der Umwandlung von Wohnungseigentum in Teileigentum oder umgekehrt der Bewilligung aller Wohnungseigentümer und deren dinglichen Gläubiger[170] (mit Ausnahme der Gläubiger von Hypotheken, Grundschulden und Reallasten, § 5 Abs 4 Satz 2 WEG). Als Inhalt aller Sondereigentumsrechte kann vereinbart werden, dass der umwandelnde Wohnungs- bzw Teileigentümer nicht der Zustimmung der übrigen Wohnungs- bzw Teileigentümer und deren dinglich Berechtigten benötigt.[171]

Die **nachträgliche Begründung** eines schuldrechtlichen **Sondernutzungsrechtes** zB an einer Gartenfläche, einer ebenerdigen Terrasse, einem Kfz-Stellplatz zu ebener Erde usw ist eine gesetzesändernde Regelung (Abweichung von § 13 Abs 2 WEG) und bedarf deshalb der formlosen schuldrechtlichen Vereinbarung aller

88

89

---

158 BGH DNotZ 2000, 854 m Anm *Rapp* = ZfIR 2000, 877 m Anm *Lüke; Buck* WE 1998, 90; *Wenzel* ZWE 2000, 2.
159 Vgl ausführlich dazu *Schneider* ZfIR 2002, 108.
160 BayObLG Rpfleger 1979, 108 mwN.
161 *Saumweber* MittBayNot 2007, 357, 358; *Böhringer* Rpfleger 2007, 353, 355.
162 Vgl *Köhler* NotBZ 2007, 113, 115; *Saumweber* MittBayNot 2007, 357, 358.
163 *Saumweber* MittBayNot 2007, 357, 358; *Böhringer* Rpfleger 2007, 353, 355.
164 LG Aachen Rpfleger 1986, 258.
165 BGHZ 91, 343.
166 BGHZ 129, 329; BayObLG NJW-RR 1993, 85; OLG Köln NJW 1995, 202; **aA** zu Recht *Volmer* ZfIR 2000, 931; *Hauger* WE 1993, 231; *Weitnauer* WE 1995, 163; *Weitnauer-Lüke* § 10 WEG Rn 50.
167 BGH MittBayNot 1995, 32; BayObLG DNotZ 1990, 381; OLG Düsseldorf WE 1995, 184; *Schneider* ZfIR 2002, 108; vgl aber auch *Meikel-Morvilius* Einl C Rdn 178; *Böttcher* ZfIR 1997, 321, 326 für nicht zulässige Mehrheitsbeschlüsse.
168 Ausführlich dazu *Hügel* ZWE 2008, 120.
169 BayObLG Rpfleger 1991, 500; 1989, 325.
170 BayObLG DNotZ 1992, 714.
171 BayObLG ZfIR 2001, 297; Rpfleger 1991, 500; 1989, 325.

Wohnungseigentümer (§ 10 Abs 2 WEG).[172] Damit dieses schuldrechtlichen Sondernutzungsrechtes auch gegen Sonderrechtsnachfolger der nicht begünstigten Wohnungseigentümer wirkt, bedarf es der Grundbucheintragung (§ 10 Abs 3 WEG), was eine Inhaltsänderung aller Sondereigentumseinheiten darstellt (§ 5 Abs 4 WEG). Der Mitgebrauch der betroffenen Fläche, die im Gemeinschaftseigentum aller Wohnungseigentümer steht (§ 1 Abs 5 WEG), ist den nicht begünstigten Wohnungseigentümer danach verwehrt. Diese sachenrechtliche Inhaltsänderung bedarf für ihre Wirksamkeit der formlosen dinglichen Einigung aller Wohnungseigentümer (§§ 877, 873 BGB).[173] Für die Grundbucheintragung ist deshalb formellrechtlich die notariell beglaubigte Eintragungsbewilligung aller Wohnungseigentümer erforderlich (§§ 19, 29 GBO). Bei der Begründung eines Sondernutzungsrechtes handelt es sich um eine gesetzesändernde Regelung, weil damit einem Wohnungseigentümer das alleinige Nutzungsrecht am Gemeinschaftseigentum zugewiesen und der Mitgebrauch der anderen Wohnungseigentümer daran entgegen § 13 Abs 2 WEG ausgeschlossen wird. Dafür ist deshalb grundsätzlich die Zustimmung der Berechtigten von Hypotheken, Grundschulden, Rentenschulden und Reallasten an den Eigentumswohnungen notwendig (§ 5 Abs 4 S 2 WEG). Die Zustimmung eines Berechtigten ist ausnahmsweise auf Grund des nicht abdingbaren § 5 Abs 4 S 3 WEG nicht erforderlich, wenn durch die Vereinbarung gleichzeitig das zu seinen Gunsten belastete Wohnungseigentum mit einem Sondernutzungsrecht verbunden wird. Dies kann nämlich bedeuten, das keine Schmälerung des Wertes der Eigentumswohnung und damit auch keine Beeinträchtigung des Gläubigers eintritt. Wird beispielsweise ein Sondernutzungsrecht am Stellplatz 1 für den Eigentümer der Wohnung 1 bestellt, muss der Gläubiger einer Hypothek, Grundschuld, Rentenschuld oder Reallast an der Wohnung 2 ausnahmsweise dann nicht zustimmen, wenn für die Eigentumswohnung 2 gleichzeitig ein Sondernutzungsrecht am Stellplatz 2 begründet wird. Der Wertverlust für die Wohnung 2 durch den Ausschluss des Mitgebrauchs an der Fläche des Stellplatzes 1 wird kompensiert durch die gleichzeitige Begründung des Sondernutzungsrechtes am Stellplatz 2. § 5 Abs 4 S 3 WEG verlangt für die Zustimmungsfreiheit aber nicht die gleiche Qualität der wechselseitig begründeten Sondernutzungsrechte, also keine gleichartigen und gleichwertigen Sondernutzungsrechte, was für das Grundbuchamt in seinem formellen Eintragungsverfahren auch schwer zu prüfen wäre. Die Zustimmungsfreiheit des § 5 Abs 4 S 3 WEG setzt aber ein gleichzeitig vereinbartes Sondernutzungsrecht voraus. Dies bedeutet, dass die Sondernutzungsrechte gleichzeitig im Grundbuch eingetragen werden, nicht das die Erklärungen dafür zur gleichen Zeit abgegeben wurden. Der gleichzeitige Vollzug im Grundbuch kann durch einen Vorbehalt der gemeinsamen Sachbehandlung nach § 16 Abs 2 sichergestellt werden. Wie *Hügel*[174] zu Recht feststellt, fordert § 5 Abs 4 S 3 WEG Umgehungsstrategien für die Zustimmungsfreiheit geradezu heraus. Denkbar wäre beispielsweise die gleichzeitige Einräumung eines Sondernutzungsrechtes am Klingelknopf der gemeinsamen Klingelanlage oder einem Rosenbeet gegen ein Sondernutzungsrecht an einem Kfz-Stellplatz. Trotz der Gefahr dieses Missbrauchs, bei dem ein Wegfall des Zustimmungserfordernisses zu denkbaren Nachteilen für die Inhaber von Grundpfandrechten am Wohnungseigentum führen kann, hält der Gesetzgeber derartige Beeinträchtigungen bei einer Abwägung dieser wohl eher seltenen Beeinträchtigung mit dem öffentlichen Interesse an einem praktikablen Verfahren für hinnehmbar.[175] Wenn sich ein Grundpfandrechtsgläubiger gegen die Benachteiligung aufgrund seiner nicht benötigten Zustimmung schützen will, könnte er für sich beispielsweise eine den Wohnungseigentümer nicht sehr beeinträchtigende beschränkte persönliche Dienstbarkeit bestellen lassen (zB jährlich einmaliges Betretungsrecht zur Kontrolle der Eigentumswohnung); als Dienstbarkeitsberechtigte ist seine Zustimmung dann für die Begründung eines Sondernutzungsrechts erforderlich (§ 5 Abs 4 S 2 WEG). Inhaber von Vorkaufsrechten, Grunddienstbarkeiten, beschränkten persönlichen Dienstbarkeiten, Nießbrauchsrechten, Dauerwohn- und Dauernutzungsrechten müssen der Grundbucheintragung von Vereinbarungen zustimmen, sofern sie dadurch einen rechtlichen Nachteil erfahren (§ 5 Abs 4 S 2 WEG); dies gilt auch für Berechtigte von Eigentumsvormerkungen.

90 Die **Übertragung** eines schuldrechtlichen **Sondernutzungsrechtes,** was nur an einen anderen Wohnungseigentümer und nicht an einen Dritten möglich ist**,** bedarf lediglich eines formlosen Vertrages zwischen dem bisherigen und künftigen Inhaber (§ 398 BGB).[176] Damit dies auch gegenüber einem Sonderrechtsnachfolger des nicht begünstigten Wohnungseigentümer wirkt, bedarf dies der Grundbucheintragung (§ 10 Abs 3 WEG). Dadurch wird der Inhalt der beiden beteiligten Sondereigentumseinheiten geändert (§ 5 Abs 4 WEG). Materiellrechtlich bedarf es für diese Inhaltsänderung der formlosen Einigung zwischen dem abgebenden und dem erwerbenden Wohnungseigentümer (§§ 877, 873 BGB). Für die Grundbucheintragung ist die notariell beglaubigte Bewilligung des abtretenden Wohnungseigentümers nötig (§§ 19, 29 GBO). Außerdem bedarf es materiellrechtlich der formlosen Zustimmung (§§ 877, 876 BGB) und formellrechtlich der notariell beglaubigten

---

172 BGH DNotZ 2000, 854 m Anm *Rapp* = ZflR 2000, 877 m Anm *Lüke;* BayObLG DWE 1990, 114; OLG Braunschweig WuM 1990, 171; OLG Düsseldorf WE 1996, 68; OLG Köln MittRhNotK 1997, 132; *Drasdo* DWE 2000, 93, 94.
173 *Ott* ZWE 2001, 12, 16.
174 *Hügel* in Hügel-Elzer, Das neue WEG-Recht, § 1 Rn 19–23; ebenso *Saumweber* MittBayNot 2007, 357, 359.
175 BT-Drucks 16/887 vom 09.03.2006, S 16.
176 *Ott* ZWE 2001, 12, 17; *Weitnauer* Rpfleger 1976, 341, 342.

Bewilligung (§§ 19, 29 GBO) der dinglich Berechtigten am abgebenden Wohnungseigentum[177] (§ 5 Abs 4 S 2 WEG). Der Mitwirkung der übrigen Wohnungseigentümer bedarf es nicht, da sich der Inhalt ihres jeweiligen Sondereigentums nicht ändert.

Für die **Inhaltsänderung** eines schuldrechtlichen **Sondernutzungsrechtes** (zB Verlegung eines Kfz-Stellplat- **91** zes, Bebauung eines Kfz-Stellplatzes mit einem Carport) bedarf es einer formlosen schuldrechtlichen Vereinbarung aller Wohnungseigentümer (§ 10 Abs 2 WEG).[178] Damit diese auch gegen einen Sonderrechtsnachfolger wirkt, bedarf die Inhaltsänderung auch einer Grundbucheintragung in allen Wohnungsgrundbüchern (§ 10 Abs 3 WEG). Ob damit auch jeweils eine materielle Inhaltsänderung iSv § 877 BGB der einzelnen Sondereigentumseinheiten verbunden ist, hängt vom Einzelfall ab. Bei der Verlegung eines Kfz-Stellplatzes ist dies sicherlich zu bejahen, da eine neue Fläche des Gemeinschaftseigentums betroffen wird; deshalb bedarf es in diesem Fall der formlosen sachenrechtlichen Einigung aller Wohnungseigentümer (§§ 877, 873 BGB) und der Zustimmung ihrer dinglichen Gläubiger (§§ 877, 876 BGB, § 5 Abs 4 S 2 WEG).[179] Im Falle der Nutzungserweiterung eines Sondernutzungsrechtes durch Einräumung der Bebauungsmöglichkeit eines Kfz-Stellplatzes mit einem Carport oder einer Garage liegt eine Inhaltsänderung des Sondereigentums derjenigen Wohnungseigentümer, die vom Mitgebrauch der Stellfläche bereits ausgeschlossen sind (und folglich auch des Haftungsgegenstandes der eingetragenen dinglichen Belastungen) nicht vor.[180] Denn alle Wohnungseigentümer mit Ausnahme des jeweiligen Nutzungsberechtigten wurden schon durch die Eintragung der ursprünglichen Gebrauchsregelung von der Benutzung der Kfz-Stellfläche ausgeschlossen. Auf den Inhalt ihres Sondereigentums wirkt die Neuregelung folglich ebensowenig aus wie auf die Rechtsstellung ihrer Gläubiger, die nach diesem Ausschluss an den Miteigentumsanteilen dingliche Rechte erworben haben. Nachteile tatsächlicher Art, die etwa durch die geplante Bebauung der Kfz-Stellplätze oder eine übermäßige Nutzung eintreten können, müssen außer Betracht bleiben. Auch auf eine möglicherweise damit verbundene wirtschaftliche Belastung (Unterhaltungslast) kommt es für die Anwendung der §§ 877, 873, 876 BGB nicht an. Unabhängig von der Frage, ob die Inhaltsänderung eines Sondernutzungsrechtes auch eine materielle Inhaltsänderung iSv § 877 BGB darstellt, liegt auf alle Fälle eine formelle Inhaltsänderung der jeweiligen Sondereigentumseinheiten vor (§ 5 Abs 4 WEG), wenn die entsprechende Grundbucheintragung erfolgt, was zur Wirkung gegenüber Sonderrechtsnachfolgern nötig ist (§ 10 Abs 3 WEG). Dazu bedarf es formellrechtlich der Eintragungsbewilligung aller Wohnungseigentümer in notariell beglaubigter Form (§§ 19, 29 GBO) und der Zustimmungen der dinglichen Gläubiger (§ 5 Abs 4 S 2 WEG).

Das schuldrechtliche **Sondernutzungsrecht** kann nicht durch einseitigen Verzicht, sondern nur im Wege **92** eines »actus contrarius« zu seiner Begründung durch eine formlose Vereinbarung aller Wohnungseigentümer nach § 10 Abs 2 WEG **aufgehoben** werden.[181] Nicht notwendig sind dafür weder die Löschung seiner evtl Eintragung im Grundbuch noch die Zustimmung der dinglich Berechtigten am verlierenden Wohnungseigentum. Davon zu trennen ist der Vorgang der formellen Löschung eines Sondernutzungsrechtes im Grundbuch, was zur Beseitigung der Wirkung des § 10 Abs 3 WEG führt. Dies bedeutet, dass der Sonderrechtsnachfolger eines durch die schuldrechtliche Vereinbarung von seinem Mitgebrauchsrecht ausgeschlossenen Wohnungseigentümers das schuldrechtliche Sondernutzungsrecht nicht gegen sich gelten zu lassen braucht. Die formelle Löschung des Sondernutzungsrechtes führt auch zu einer formellen Inhaltsänderung der einzelnen Sondereigentumseinheiten, da das bisher eingetragenen Sondernutzungsrecht zum Inhalt des jeweiligen Sondereigentums gehörte (§ 5 Abs 4, § 10 Abs 3 WEG). Die Löschung bewilligen müssen aber nur die formell Betroffenen gem § 19 GBO. Dies sind der bisher begünstigte Eigentümer (und seine dinglich Berechtigten), denn er kann dem Sonderrechtsnachfolger eines anderen Wohnungseigentümers seine Berechtigung nicht mehr gem § 10 Abs 3 WEG entgegenhalten; die übrigen Miteigentümer sind dagegen von Aufhebung des Sondernutzungsrechtes rechtlich nicht betroffen.[182] Materiellrechtlich bedarf die Löschung eines Sondernutzungsrechtes im Grundbuch nicht der sachenrechtlichen Einigung aller Wohnungseigentümer (§§ 877, 873 BGB) und der Zustimmung deren dinglichen Gläubiger (§§ 877, 876 BGB), weil deren dingliche Rechtsstellung nicht nachteilig beeinflusst wird.[183] Der Wegfall der dinglichen Wirkung des Sondernutzungsrechtes führt bei Ihnen noch nicht einmal zu einem Zuwachs an Nutzungsmöglichkeiten und den damit verbundenen Instandhaltungs- bzw Verkehrssicherungspflichten, solange die schuldrechtlich vereinbarte Nutzungsbeschränkung nicht einvernehmlich aufgehoben wird.

---

177 *Ott* aaO.
178 BayObLG FGPrax 2001, 145.
179 BayObLG aaO.
180 OLG Hamm ZflR, 1997, 290.
181 BGH ZflR 2000, 884; OLG Hamm MittRhNotK 1997, 135; OLG Düsseldorf FGPrax 1995, 187; *Böttcher* ZflR 1987, 321, 322; BWNotZ 1996, 80, 92.
182 BGH aaO; *Böttcher* BWNotZ 1996, 80, 92.
183 BGH aaO.

93 **j) Rangverhältnis von dinglichen Rechten.** Vgl zur Bewilligung eines einzutragenden **Rangverhältnisses** § 45 Rdn 85–96, einer **Rangänderung** § 45 Rdn 129, der Eintragung und Ausnutzung eines **Rangvorbehalts** § 45 Rdn 187, 189, 193.

94 **k) Löschung von dinglichen Rechten.** Zur Löschung von **beschränkten dinglichen Rechten** bedarf es der Löschungsbewilligung des Rechtsinhabers als unmittelbar Betroffenen, und soweit das zu löschende Recht wiederum belastet ist, auch der Bewilligung dieses Gläubigers als mittelbar Betroffenen (§ 876 S 1 BGB, § 19); nicht notwendig sind die Bewilligungen des Grundstückseigentümers als Begünstigten und der sonstigen Berechtigten am Grundstück.[184]

95 Ist bei einem **Nießbrauch** die Ausübung abgetreten, verpfändet oder gepfändet, so ist zu seiner Löschung trotzdem nur die Löschungsbewilligung des Inhabers des Nießbrauchs erforderlich.[185] Bei einem gepfändeten Nießbrauch bedarf es auch noch der Bewilligung des Pfändungsgläubigers.[186]

96 Bei der Löschung eines **Erbbaurechts** ist zu unterscheiden, ob nach Fristablauf eine berichtigende Löschung erfolgen oder das Erbbaurecht konstitutiv gelöscht werden soll. Zur berichtigenden Löschung eines Erbbaurechts vgl §§ **23, 24 Rdn 70–79**. Soll das Erbbaurecht konstitutiv vor Fristablauf gelöscht werden, so bedarf es dazu der Löschungsbewilligung des Erbbauberechtigten als unmittelbar Betroffenen, der Mitbewilligung des Grundstückseigentümers (§ 26 ErbbauRG, § 19), der dinglich Berechtigten am Erbbaurecht (§ 876 S 1 BGB, § 19) und der dinglich Berechtigten am herrschenden Grundstück, wenn das Erbbaurecht mit subjektiv-dinglichen Rechten belastet ist und den Rechten am herrschenden Grundstück eine Beeinträchtigung droht und im Bestandsverzeichnis des Grundbuchs des herrschenden Grundstücks ein sog Herrschvermerk (§ 21) eingetragen ist (§§ 876 S 2 BGB, § 19).[187] Die Gläubiger von Nutzungsrechten (Nießbrauch, Grunddienstbarkeit, beschränkte persönliche Dienstbarkeit) und Verwertungsrechten (Grundschuld, Hypothek) am Erbbaurecht müssen ausnahmsweise dann der Löschung nicht zustimmen, wenn neben der Aufhebung des Erbbaurechts der Erbbauberechtigte gleichzeitig das Grundstück erwirbt und diese Rechte mit dem bisherigen Rang am Grundstück eingetragen werden oder bereits eingetragen sind.[188] Dies gilt nicht für eine Auflassungsvormerkung.[189] Mit der Aufhebung des Erbbaurechts würde das Recht, auf dessen Übertragung der durch Vormerkung gesicherte Anspruch gerichtet ist, und damit zugleich der Anspruch und die Vormerkung selbst untergehen. In diesem Rechtsverhältnis liegt in jedem Fall eine rechtliche Beeinträchtigung. Ein wirtschaftlicher oder auch rechtlicher Vergleich zwischen dem Erbbaurecht und dem Eigentum am Grundstück, das mit dem aufgehobenen Erbbaurecht belastet war, ist insoweit nicht zulässig. Das Erbbaurecht ist zwar ein grundstücksgleiches Recht, rechtlich aber doch etwas anderes als das Eigentum am Grundstück; wer ein Anspruch auf Übertragung des Erbbaurechts hat, wird nicht in jedem Fall damit einverstanden sein, dass ohne seine Mitwirkung an Stelle dieses Anspruchs ein Anspruch auf Übereignung des Grundstücks tritt.

97 Zur Löschung einer **Vormerkung** oder eines **Widerspruchs** bedarf es der Löschungsbewilligung des Vormerkungs- bzw Widerspruchsberechtigten als Betroffenen, nicht die des Grundstückseigentümers als Begünstigten oder sonstiger Berechtigter am Grundstück;[190] vgl ausführlich dazu **§ 25 Rdn 62–66, 53–57**.

98 Zur Löschung von **subjektiv-dinglichen Rechten** (zB Grunddienstbarkeit, subjektiv-dingliches Vorkaufsrecht, subjektiv-dingliche Reallast, Erbbauzins) bedarf es der Löschungsbewilligung des Rechtsinhabers, dh des Eigentümers des herrschenden Grundstücks, als unmittelbar Betroffenen. Sind vom herrschenden Grundstück Teilflächen abgeschrieben und veräußert worden, so kann das Grundbuchamt die namentliche Ermittlung der Eigentümer dieser Teilflächen nicht dem Antragsteller aufbürden, sondern hat sie als materiell Beteiligte des Eintragungsverfahrens vielmehr selbst festzustellen.[191] Außerdem kann es der Bewilligung von den Personen bedürfen, die ein Recht am herrschenden Grundstück haben (§ 876 Satz 2 BGB, § 19); vgl dazu ausführlich die **Kommentierung von § 21.**

99 Soll ein **Grundpfandrecht** ganz oder teilweise (wozu nicht nur die Kapitalherabsetzung sondern auch die Zinssenkung gehört, vgl § 27 Rdn 8) gelöscht werden (vgl ausführlich dazu **§ 27 Rdn 15–110**), bedarf es der Löschungsbewilligung des Gläubigers als unmittelbar Betroffenen (§ 19) und des Eigentümers als mittelbar Betroffenen (§ 27); die Zustimmung der übrigen Berechtigten am Grundstück ist nicht erforderlich. Ist das zu löschende Grundpfandrecht selbst belastet (zB mit einem Pfandrecht, Nießbrauch), so müssen auch diese Gläu-

---

184 KEHE-*Munzig* § 19 Rn 73c.
185 OLG Frankfurt NJW 1961, 1928; *Strutz* Rpfleger 1968, 145.
186 BGHZ 62, 133 = Rpfleger 1974, 186.
187 *Böttcher* Praktische Fragen des Erbbaurechts, Rn 571.
188 BayObLG Rpfleger 1987, 156; LG Bayreuth MittBayNot 1997, 39; LG Krefeld Rpfleger 1998, 284; LG Köln RNotZ 2001, 391; *Kössinger* in *Bauer/von Oefele* § 19 Rn 260.
189 BayObLG und *Kössinger* jeweils aaO.
190 KEHE-*Munzig* § 19 Rn 73 f und g.
191 BayObLG Rpfleger 1997, 15.

biger als mittelbar Betroffene der Löschung zustimmen (§ 876 S 1 BGB, § 19). Von der Löschung eines Grund-
pfandrechtes zu trennen ist die **Pfandfreigabe** eines Grundstücks oder Grundstücksteils aus der Mithaft eines
Gesamtgrundpfandrechtes; vgl dazu allgemein **§ 27 Rdn 10** und speziell für Briefgrundpfandrechte **Einl H
Rdn 55**.

Zur Löschung von **zeitlich beschränkten Rechten** (zB auf Lebenszeit, bestimmtes Lebensalter, bestimmten   **100**
Zeitpunkt, bestimmtes Ereignis) vgl ausführlich die **Kommentierung zu §§ 23, 24**.

Soll ein **Recht an einem Grundstücksrecht** (zB Pfandrecht, Nießbrauch) gelöscht werden, so muß dies der   **101**
Rechtsinhaber (zB Pfandgläubiger, Nießbrauchsberechtigter) als Betroffener bewilligen, nicht der Inhaber des
belasteten Rechts oder der Grundstückseigentümer.

l) Unterwerfung unter die Zwangsvollstreckung (§ 800 ZPO). Der Eigentümer eines Grundstücks kann   **102**
sich als Besteller eines Grundpfandrechtes wegen des dinglichen Anspruchs auf Zahlung aus dem Grundstück
(§ 1147 BGB) in einer notariellen Urkunde der sofortigen Zwangsvollstreckung unterwerfen (§ 794 Abs 1
Nr 5 ZPO). Dies wirkt auch ohne Grundbucheintragung gegen ihn. Erfolgt die Unterwerfung in der Weise,
dass die Zwangsvollstreckung aus der Urkunde **gegen den jeweiligen Eigentümer** des Grundstücks zulässig
sein sollen, so bedarf dies der Grundbucheintragung, um dann auch Wirkung gegen den jeweiligen Eigentümer
zu entfalten (§ 800 Abs 1 S 2 ZPO). Die Vollstreckungsunterwerfung ist eine rein verfahrensrechtliche einseitige
Erklärung,[192] die den Inhalt des Grundpfandrechts nicht beeinflusst, so das auch die nachträgliche Unterwerfung des Grundstückseigentümers unter die sofortige Zwangsvollstreckung aus einem Grundpfandrechts keine
Inhaltsänderung iSv § 877 BGB darstellt.[193]

Der Eigentümer kann sich auch nur wegen eines **Teilbetrags** des dinglichen Anspruchs der sofortigen   **103**
Zwangsvollstreckung unterwerfen, wofür keine Teilung des Rechts erforderlich ist.[194] Auch wegen eines
»zuletzt zu zahlenden Teilbetrags« des Grundpfandrechts ist die Unterwerfung und deren Grundbucheintragung
zulässig.[195] Wird dann die Zwangsversteigerung aus dem Teil des Grundpfandrechtes betrieben, mit dem sich
der Eigentümer der Zwangsvollstreckung unterworfen hat, so führt dies trotzdem zum Erlöschen des gesamten
Grundpfandrechtes mit der Zuschlagserteilung. Deshalb erfolgt die Unterwerfung unter die Zwangsvollstreckung auch zum Teil nur wegen eines letztrangigen Teilbetrags, was zulässig ist, allerdings nur mit Teilung des
Grundpfandrechtes.[196] Wird in diesem Fall die Zwangsversteigerung aus den letztrangigen Teilbetrag des
Grundpfandrechtes betrieben, so bleibt der rangmäßig vorgehende Teil auch nach der Zuschlagserteilung am
Grundstück bestehen.

Zur Unterwerfung ist derjenige berechtigt, der zum Zeitpunkt der Grundbucheintragung der **Grundstücksei-**   **104**
gentümer ist oder für ihn die Verfügungsbefugnis ausübt (zB der Insolvenzverwalter, Testamentsvollstrecker).[197] Es ist deshalb unschädlich, wenn der Erklärende zum Zeitpunkt der Abgabe der Unterwerfungserklärung noch nicht Grundstückseigentümer ist.[198]

Die Vollstreckungsunterwerfung kann auch von einem gesetzlichen oder bevollmächtigten **Vertreter** des   **105**
Grundstückseigentümers erfolgen.[199] Zur Erteilung einer vollstreckbaren Ausfertigung gegen den Vertretenen
bedarf es des Nachweises der Bevollmächtigung durch eine öffentliche oder öffentlich beglaubigte Urkunde.
Auch ein vollmachtloser Vertreter kann die Unterwerfungserklärung abgeben.[200] Der Vertretene muss dies dann
in notarieller beglaubigter Form genehmigen;[201] vorher darf keine vollstreckbare Ausfertigung erteilt werden.[202]
Wird die Zwangsvollstreckungsunterwerfung in einer Grundschuldurkunde von einem Vertreter (z.B. Käufer)

---

192 BGH ZIP 2005, 846; ZfIR 2004, 808; DNotZ 1981, 738; 1985, 474; BGHZ 108, 372; BayObLGZ 1970, 258 =
     DNotZ 1971, 48 = Rpfleger 1970, 443; DNotZ 1987, 176; *Schöner/Stöber* Rn 2037.
193 *Staudinger-Gursky* § 877 Rn 19; *MüKo-Wacke* § 877 Rn 5; *Palandt-Bassenge* § 877 Rn 3.
194 BGHZ 108, 372 = DNotZ 1990, 586; BayObLGZ 1985, 141 = DNotZ 1985, 476 = Rpfleger 1985, 355; OLG
     Hamm DNotZ 1988, 233 = NJW 1987, 1090 = Rpfleger 1987, 59; *Schöner/Stöber* Rn 2044.
195 BGH DNotZ 2007, 675; BGHZ 108, 372 = DNotZ 1990, 586 m abl Anm *Wolfsteiner* = NJW 1990, 258 = Rpfleger
     1990, 16; OLG Hamm DNotZ 1988, 233 = NJW 1987, 1090 = Rpfleger 1987, 59; *Schöner/Stöber* Rn 2044.
196 OLG Hamm DNotZ 1984, 489; 1988, 233; OLG Köln MittRhNotK 1985, 105; *Schöner/Stöber* Rn 2044; *Wolfsteiner*
     DNotZ 1988, 234.
197 KEHE-*Munzig* § 19 Rn 80b.
198 BGHZ 108, 372, 376; BayObLG DNotZ 1987, 216; KG DNotZ 1988, 238; OLG Saarbrücken DNotZ 1977, 624 =
     Rpfleger 1977, 373; *Schöner/Stöber* Rn 2049.
199 Vgl ausführlich dazu *Böttcher* BWNotZ 2007, 109; BGH Rpfleger 2007, 37 = ZNotP 2007, 75; BayObLG Rpfleger
     1965, 17; *Schöner/Stöber* Rn 2039; *Stöber* Rpfleger 1994, 393.
200 RGZ 146, 308; LG Berlin MittRhNotK 1973, 359; LG Essen Rpfleger 1973, 324; LG Bonn Rpfleger 1990, 374;
     Schöner/Stöber Rn 2039.
201 RGZ 146, 308, 313; LG Köln DNotZ 1935, 193; *Stöber* Rpfleger 1994, 393, 395.
202 BayObLGZ 1964, 75 = DNotZ 1964, 573 = Rpfleger 1965, 17; OLG Zweibrücken MittRhNotK 1970, 137; *Schöner/
     Stöber* Rn 2039.

des Nocheigentümers erklärt, so ist vom Notar die Vollmachtsurkunde der Grundschuldurkunde gemäß § 12 BeurkG beizufügen; für den Beginn der Zwangsvollstreckung ist beides zusammen dem Grundstückseigentümer (= Vollstreckungsschuldner) nach § 750 Abs 1 ZPO zuzustellen.[203] Mit Grundbucheintragung und damit Eigentumserwerb des Käufers kommt es dann hinsichtlich der Grundschuld zu einer Rechtsnachfolge auf der Schuldnerseite, so dass eine Titelumschreibung nach § 727 ZPO erforderlich ist, wofür Gebühren nach § 133 KostO anfallen. Deshalb ist es sinnvoll, wenn sich neben dem Verkäufer auch der Käufer im Hinblick auf seine künftige Eigentümerstellung der sofortigen Zwangsvollstreckung aus der Grundschuld unterwirft; dadurch wird die Notwendigkeit der späteren Umschreibung der Vollstreckungsklausel auf den Käufer nach § 727 ZPO vermieden.[204] Die Vollstreckbarkeit dieser »antizipierten« Unterwerfungserklärung des Käufers als künftiger Eigentümer hängt aber noch von seinem Eigentumserwerb ab, ist also insoweit aufschiebend bedingt. Grundsätzlich wäre für die Erteilung der dinglichen Vollstreckungsklausel gegen den Käufer daher gemäß § 726 ZPO der Nachweis des Bedingungseintritts (= sein Eigentumserwerb) erforderlich. In der Praxis verzichtet der künftige Eigentümer jedoch üblicherweise auf diesen Nachweis, so dass die vollstreckbare Ausfertigung der Grundschuldurkunde wegen des künftigen dinglichen Anspruchs gegen den neuen Eigentümer sofort erteilt werden kann.[205] Dann erübrigen sich für die Erteilung einer vollstreckbaren Ausfertigung die Nachweise gemäß § 726 ZPO, § 727 ZPO und die Zustellung einer Vollmacht gemäß § 750 ZPO.[206]

106   Wird die Zwangsvollstreckungsunterwerfung im Rahmen einer Grundschuldbestellung von einem **Nichtberechtigten** im eigenen Namen erklärt (zB von dem noch nicht im Grundbuch eingetragenen Grundstückskäufer), so genügt für die Grundschuldeintragung allein zwar die Genehmigung des Berechtigten, aber für die Eintragung der Unterwerfungserklärung soll diese vom Berechtigten zu wiederholen sein; § 185 BGB sei nicht anzuwenden, da die Unterwerfungserklärung keine Verfügung sei, sondern eine reine Verfahrenserklärung.[207] Dies ist inkonsequent, weil § 185 BGB analog auch auf die Bewilligung angewendet wird, die ebenfalls keine Verfügung, sondern eine Verfahrenshandlung ist. Es ist kein Grund ersichtlich, warum § 185 Abs 1 BGB auf die Unterwerfungserklärung nicht analog angewendet werden soll, zumal der praktische Unterschied zum Handeln als Vertreter ohne Vertretungsmacht gering ist.[208] Es ist aber auch kein Grund ersichtlich, warum nicht auch § 185 Abs 2 BGB auf die Unterwerfungserklärung angewendet werden soll.[209] Genehmigt der Berechtigte, ist der Unterschied zur Vertretung ohne Vertretungsmacht so gut wie ohne Belang, die Genehmigung muss also zulässig sein. In dem in der Praxis häufigsten Fall der Bestellung eines Grundpfandrechts durch den Grundstückserwerber, der sich gem § 800 ZPO unterwirft, genügt also nicht nur die Einwilligung des eingetragenen Eigentümers, wenn die Eintragung der Unterwerfung noch zur Zeit seines Eingetragenseins geschehen soll, sondern auch die Genehmigung des eingetragenen Eigentümers. Es genügt unzweifelhaft, wenn der bei der Unterwerfungserklärung noch nicht Eingetragene im Zeitpunkt der Eintragung des Vermerks nach § 800 ZPO als Eigentümer eingetragen ist. Das wäre aber eigentlich der Fall des § 185 Abs 2 Fall 2 BGB, wenn die Bewilligung für die Eintragung der Unterwerfung dem Grundbuchamt vorgelegt wird zu einer Zeit, zu der der Bewilligende noch Nichteigentümer des unterworfenen Grundstücks ist, aber bei Eintragung sein wird. In den anderen Fällen des § 185 Abs 2 BGB muss das aber ebenso gelten.

107   Die Grundbucheintragung der Unterwerfungserklärung bedarf der **Bewilligung** des Grundstückseigentümers in mindestens notariell beglaubigter Form (§§ 19, 29).[210] Die Unterwerfungserklärung selbst muss natürlich in einer notariellen Urkunde erklärt werden (§ 794 Abs 1 Nr 5 ZPO). In der Praxis werden die Eintragungsbewilligung und die Unterwerfungserklärung idR gemeinsam in einer notariellen Urkunde erklärt. Es genügt aber eben auch, die Unterwerfungserklärung in einer notariellen Urkunde zu erklären und die Eintragungsbewilligung dafür getrennt davon nur in notariell beglaubigter Form abzugeben.[211] Im letzteren Fall muss dem Grundbuchamt die Eintragungsbewilligung in Verbindung mit der darauf Bezug genommenen Unterwerfungserklärung vorgelegt werden.[212] Die Bewilligung des Grundpfandrechtsgläubigers, der Inhaber nachrangiger oder am Grundpfandrecht lastender Rechte bedarf es nicht, da die Unterwerfungserklärung keine Inhaltsänderung des Grundpfandrechtes darstellt.[213] Dies gilt auch, wenn die Unterwerfungserklärung nachträglich in notariell beur-

203   BGH Rpfleger 2007, 37 = ZNotP 2007, 75 = ZfIR 2007, 110.
204   KG DNotZ 1988, 238 = Rpfleger 1988, 30; OLG Naumburg NotBZ 2001, 114; OLG Saarbrücken DNotZ 1977, 624, 626; LG Cottbus NotBZ 2007, 224; LG Erfurt NotBZ 2003, 478; *Zimmer* NotBZ 2006, 302, 305; *Bolkart* MittBayNot 2007, 338; Gutachten in DNotI-Report 2006, 1.
205   OLG Naumburg NotBZ 2001, 114; *Zimmer* NotBZ 2006, 302,.305; Gutachten in DNotI-Report 2006, 1.
206   LG Cottbus NotBZ 2007, 224; LG Erfurt NotBZ 2003, 478; *Bolkart* MittBayNot 2007, 338.
207   BayObLGZ 1970, 2 54, 258 = NJW 1971, 514 (vgl aber auch BayObLG Rpfleger 1992, 99); OLG Frankfurt Rpfleger 1972, 140; *Werner* DNotZ 1969, 713.
208   OLG Köln Rpfleger 1980, 222 = DNotZ 1980, 628; Rpfleger 1991, 13; MüKo-*Thiele* § 185 BGB Rn 17.
209   MüKo-*Wolfsteiner* § 794 ZPO Rn 175.
210   *Schöner/Stöber* Rn 2037, 2049.
211   BayObLG DNotZ 1974, 376 = Rpfleger 1974, 159; *Schöner/Stöber* Rn 2049.
212   BayObLGZ 1973, 213; 1974, 30; MittRhNotK 1985, 124; *Schöner/Stöber* Rn 2049; **aA** KEHE-*Munzig* § 19 Rn 80d.
213   BayObLG MittBayNot 1985, 122; KEHE-*Munzig* § 19 Rn 70e; *Schöner/Stöber* Rn 2049; *Demharter* § 19 Rn 49.

kundeter Form erklärt wird.[214] Eine zuvor nur in notariell beglaubigter Form erklärte Grundschuldbestellung muss nicht in notarieller beurkundeter Form nachgeholt werden.[215] Soll die Unterwerfung nur hinsichtlich eines rangmäßig nicht näher bestimmten Teilbetrages eingetragen werden, so bedarf es dafür auch keiner Bewilligung des Grundpfandrechtsgläubigers.[216] Geschieht dies aber hinsichtlich eines letztrangigen Teilbetrages, so muss auch der Inhaber des Grundpfandrechtes die Eintragung der Unterwerfungserklärung bewilligen.[217]

3. Bewilligungsbefugnis
Vgl dazu **Anhang zu §§ 19, 20.**

108

V. Inhalt der Bewilligung
1. Bestimmtheitsgrundsatz

Zweck der Bewilligung ist es, für eine Grundbucheintragung eine klare Grundlage zu schaffen.[218] Sie muss daher **bestimmt** oder wenigstens **bestimmbar** sein, aber weder eindeutig, noch gar ausdrücklich.[219] Auf die Bewilligung wird bei den Grundbucheintragungen häufig Bezug genommen (§ 874 BGB, § 44 Abs 2), wodurch deren Inhalt selbst zum Inhalt des Grundbuchs wird. Für die Bewilligung, dh sowohl für die Frage ihres Vorliegens überhaupt als auch für ihren Inhalt, muss Klarheit und Unzweideutigkeit in dem Sinne gefordert werden, dass mindestens Bestimmbarkeit gegeben ist, wie wenn eine ausdrückliche, eindeutige Erklärung vorläge und damit das Bewilligungsverfahren eine sichere und unmissverständliche, zweifelsfrei Grundlage erhält, die für jedermann offenbar ist.[220] Diese Bestimmtheitsanforderungen für die Bewilligung ergeben sich aus dem im Gesetz nicht ausdrücklich genannten, aber doch allgemein anerkannten sachenrechtlichen Bestimmtheitsgrundsatz.[221] Der Grundbuchinhalt, somit auch der in Bezug genommene Bewilligung, muss für den Einsehenden hinreichend klar und eindeutig über die Rechtsverhältnisse Aufschluss geben.

109

2. Auslegung

Nach den Auslegungsgrundsätzen im Grundbuchverfahren (ausführlich dazu Einl G) ist die verfahrensrechtliche Bewilligung der Auslegung dahingehend zugänglich, ob überhaupt eine Bewilligung erklärt worden ist und, bejahendenfalls, welchen Inhalt sie hat; dies allerdings nur dann, wenn die Bewilligung keinen eindeutigen Inhalt hat und mit den dem Grundbuchamt zur Verfügung stehenden Mitteln zu einem den Anforderungen des Grundbuchs an Klarheit und Bestimmtheit entsprechenden Ergebnis führt.[222] Bei Eindeutigkeit der Bewilligungserklärung scheidet eine Auslegung somit aus, denn was eindeutig ist, kann nicht mehr ausgelegt werden.[223] Ist zB der jeweilige Inhaber einer Grunddienstbarkeit in der Eintragungsbewilligung mit der falschen Flurnummer des herrschenden Grundstücks bezeichnet (Flst 111 anstelle 11), so scheidet eine Auslegung aus.[224] Das Grundbuchamt ist bei einer inhaltlich nicht eindeutigen Eintragungsbewilligung nicht nur zur Auslegung berechtigt, sondern sogar verpflichtet.[225] Die Auslegungsregeln der §§ 133, 157 BGB sind analog anzuwenden, jedoch mit den Besonderheiten, die sich aus dem Bestimmtheitsgrundsatz und dem Erfordernis von urkundlichen Eintragungsunterlagen ergeben.[226] Bei der Auslegung ist auf den Wortlaut und den Sinn der Erklärung abzustellen, wie er sich für einen unbefangenen Betrachter als nächstliegende Bedeutung der Erklärung ergibt; das Nächstliegende ist maßgebend, solange keine gegenteiligen Anhaltspunkte ersichtlich sind, dh es bedarf keiner besonderen Hervorhebung des Nächstliegenden durch einen besonderen Ausdruck, vielmehr bedarf es nur dann einer besonderen Klarstellung, wenn im Einzelfall nicht das Nächstliegende, sondern etwas

110

---

214 *Schöner/Stöber* Rn 2049.
215 BGHZ 73, 157 = DNotZ 1979, 342 = NJW 1979, 928 = Rpfleger 1979, 132; OLG Frankfurt Rpfleger 1978, 294; *Schöner/Stöber* Rn 2037.
216 BayObLG Rpfleger 1985, 355 = MittRhNotK 1985, 124; *Schöner/Stöber* Rn 2049.
217 OLG Hamm DNotZ 1984, 489, 491 = Rpfleger 1984, 60; OLG Köln JurBüro 1984, 1422; *Kössinger* in *Bauer/von Oefele* § 19 Rn 132; *Demharter* § 19 Rn 50.
218 *Kössinger* in *Bauer/von Oefele* § 19 Rn 79.
219 *Kössinger* aaO.
220 BGH DNotZ 1957, 200, 202; 1966, 487; 1996, 93, 94; BayObLG DNotZ 1954, 98, 101; 1980, 94, 97.
221 *Kössinger* in *Bauer/von Oefele* § 19 Rn 80.
222 BGHZ 32, 63; BayObLGZ 1984, 13; 1990, 55 = Rpfleger 1990, 363; OLG Frankfurt Rpfleger 1993, 331; *Demharter* § 19 Rn 28; *Wulf* MittRhNotK 1996, 41, 43.
223 BayObLGZ 1990, 51, 51; OLG Zweibrücken DNotZ 1997, 325, 326; *Kössinger* in *Bauer/von Oefele* § 19 Rn 84; *Demharter* § 19 Rn 28; *Wulf* MittRhNotK 1996, 41, 44.
224 BGH DNotZ 1994, 230 = Rpfleger 1994, 157; BayObLG MittRhNotK 1996, 55.
225 OLG Zweibrücken DNotZ 1997, 325; *Demharter* § 19 Rn 28; *Kössinger* in *Bauer/von Oefele* § 19 Rn 85.
226 BayObLGZ 1969, 100; 1984, 124; OLG Hamm NJW 1966, 2411; OLG Bremen NJW 1965, 2403; KG DNotZ 1958, 203; OLG Frankfurt Rpfleger 1956, 123; *Demharter* § 19 Rn 28; *Kössinger* in *Bauer/von Oefele* § 19 Rn 84; *Wulf* MittRhNotK 1996, 41, 44.

anderes gelten soll.[227] Auf die Auslegung der Bewilligung soll nur zurückgegriffen werden können, wenn sie zu einem zweifelsfreien und eindeutigen Ergebnis führe.[228] Dem kann nicht zugestimmt werden, denn die Auslegung kommt unabhängig davon in Betracht, zu welchem Ergebnis sie führt.[229] Bei der Auslegung kommt es nicht auf den Willen des Bewilligenden an, sondern darauf, was jeder gegenwärtige und zukünftige Betrachter als objektiven Inhalt der Bewilligung ansehen muss.[230] Nicht entscheidend ist auch der Wille des Notars oder desjenigen, der die Urkunde entworfen hat; die Erläuterungen des Notars oder sonstigen Entwurfsverfassers können aber verwertet werden, wenn sie dem ermittelten Willen der Beteiligten nicht widersprechen.[231] Der Notar kann den Willen der Beteiligten auch nicht nachträglich klarstellen. Bleibt eine Eintragungsbewilligung auch nach ihrer Auslegung unklar, dann muss sie von den Personen, die sie abgegeben haben, in der Form des § 29 Abs 1 ergänzt werden.[232] Der durch eine Auslegung ermittelte Erklärungsinhalt einer Bewilligung muss im Wortlaut der dem Grundbuchamt vorliegenden Erklärung zumindest irgendeinen, wenn auch unvollständigen Ausdruck gefunden haben.[233] Außerhalb der Bewilligung liegende Umstände dürfen zur Auslegung nur insoweit herangezogen werden, als sie für jedermann ohne weiteres erkennbar sind.[234] In der Eintragungsbewilligung kann deshalb zB hinsichtlich der einzutragenden Rechte, ihres Inhalts und ihres Rangs auf ein anderes Grundbuchblatt Bezug genommen werden.[235] Ansonsten bleibt dem Grundbuchamt eine über den Urkundeninhalt hinausgehende Ermittlung verwerten.[236] Während ein Prozessgericht den wirklichen Willen der Beteiligten (§ 133 BGB) mittels einer förmlichen Beweiserhebung ermitteln kann, ist das Grundbuchamt grundsätzlich an den beurkundeten Wortlaut gebunden und kann außerhalb der Bewilligung liegende Umstände nicht berücksichtigen, wenn sie nicht offenkundig und durch präsente Beweismittel nachgewiesen sind.[237]

3. Notwendiger Inhalt

111 **a) Gestattung der Eintragung.** Die Bewilligung ist die Ermächtigung an das Grundbuchamt, eine bestimmte, inhaltlich genau bezeichnete Eintragung vorzunehmen.[238] Diese Gestattung einer Grundbucheintragung muss klar und eindeutig zum Ausdruck gebracht werden, was am besten durch die Verwendung des Wortes »bewilligt« oder »bewilligen« zum Ausdruck gebracht wird.[239] Ein bestimmter Wortlaut ist jedoch nicht erforderlich, nötig ist nur eine Erklärung des Betroffenen, die seinen Willen erkennen lässt, dass eine bestimmte Grundbucheintragung vorgenommen werden darf.[240] Ausreichend sind deshalb auch folgende Bezeichnungen des Betroffenen:[241] »bitten«, »verlangen«, »mit der Eintragung einverstanden sein«, »das Grundbuchamt wird ermächtigt« und »zustimmen«. Im ausdrücklichen Eintragungsantrag (§ 13) des Betroffenen liegt stillschweigend auch seine Eintragungsbewilligung, denn es ist kaum vorstellbar, dass jemand etwas beantragt, was er nicht zugleich bewilligt;[242] es handelt sich dann um einen sog gemischten Antrag, der formbedürftig ist (§§ 30, 29). Die Bewilligung muss deshalb nicht ausdrücklich erklärt werden. Durch Schweigen oder schlüssiges Verhalten kann eine Bewilligung idR aber auch nicht erklärt werden.[243] Wird in einem Schiedsspruch mit vereinbartem Wortlaut eine Eintragungsbewilligung aufgenommen, kann der Schiedsspruch nur dann Grundlage einer

227 BGH DNotZ 1970, 567; 1973, 20, 22; 1973, 367, 370; BGHZ 92, 355; 113, 378; RGZ 136, 232; BayObLG Rpfleger 1997, 360; DNotZ 1976, 744; 1978, 238; 1980, 100, 101; 1980, 230, 331; 1982, 254, 255; 1984, 562; Rpfleger 1987, 156; 1993, 189; OLG Düsseldorf Rpfleger 1988, 357; OLG Frankfurt Rpfleger 1978, 213; *Demharter* § 19 Rn 28; *Kössinger* in *Bauer/von Oefele* § 19 Rn 86; *Wulf* MittRhNotK 196, 41, 44.

228 BGHZ 129, 4 = Rpfleger 1995, 343; *Kössinger* in *Bauer/von Oefele* § 19 Rn 85; *Demharter* § 19 Rn 28.

229 *Wulf* MittRhNotK 1996, 41, 44.

230 BGHZ 59, 205, 209 = NJW 1972, 1464; BayObLG DNotZ 1974, 442; MittRhNotK 1991, 82; OLG Hamm Rpfleger 1985, 288; 1985, 289; *Kössinger* in *Bauer/von Oefele* § 19 Rn 86; *Demharter* § 19 Rn 28.

231 *KEHE-Munzig* § 19 Rn 30.

232 OLG Frankfurt Rpfleger 1979, 418.

233 *Kössinger* in *Bauer/von Oefele* § 19 Rn 87.

234 BGH Rpfleger 1984, 227; BGHZ 92, 355; 113, 378; BayObLG DNotZ 1989, 568; 1996, 96, 97; OLG Schleswig Rpfleger 1991, 17; *Demharter* § 19 Rn 28; *Kössinger* in *Bauer/von Oefele* § 19 Rn 87.

235 BayObLG Rpfleger 1984, 145.

236 BayObLGZ 1973, 246, 249 = Rpfleger 1973, 49; *Kössinger* in *Bauer/von Oefele* § 19 Rn 88.

237 BayObLGZ 1974, 112, 115 = Rpfleger 1974, 222, 223; OLG Frankfurt Rpfleger 1991, 361, 362; *Kössinger* in *Bauer/von Oefele* § 19 Rn 89.

238 *Eickmann* GBVerfR, Rn 173.

239 *Kössinger* in *Bauer/von Oefele* § 19 Rn 55.

240 BayObLG Rpfleger 1985, 288; 1984, 145; 1975, 26; *Eickmann* GBVerfR, Rn 173; *Kössinger* in *Bauer/von Oefele* § 19 Rn 55; *Wulf* MittRhNotK 1996, 41, 44.

241 *Kössinger* in *Bauer/von Oefele* § 19 Rn 55; *KEHE-Munzig* § 19 Rn 31; *Demharter* § 19 Rn 27; *Wulf* MittRhNotK 1996, 41, 44.

242 OLG Frankfurt Rpfleger 1980, 63; *Kössinger* in *Bauer/von Oefele* § 19 Rn 37, 55; *KEHE-Munzig* § 19 Rn 31; *Demharter* § 19 Rn 27; *Schöner/Stöber* Rn 103; *Wulf* MittRhNotK 1996, 41, 45.

243 BGH DNotZ 1966, 487; BayObLGZ 1961, 103; 1952, 24; OLG Frankfurt Rpfleger 1956, 123; OLG Köln Rpfleger 1970, 286; OLG Bremen NJW 1965, 2403; *Kössinger* in *Bauer/von Oefele* § 19 Rn 89.

Grundbucheintragung sein, wenn er rechtskräftig für vollstreckbar erklärt ist, weil nur dann die in § 29 Abs 1 S 2 vorgeschriebene Form der öffentlichen Urkunde genutzt wird.[244]

b) Person des Bewilligenden. Die Bewilligung muss sich über die Person desjenigen erklären, der die **112** Bewilligungserklärung als Verfahrenshandlung abgibt. Der Zweck ist, das sich das Grundbuchamt über die Bewilligungsberechtigung informieren und sie auch prüfen kann.[245] Es genügend alle Angaben, die für den Informations- und Prüfungszweck ausreichen. Das Grundbuchamt muss von der vom Notar festgehaltenen Identitäten ausgehen, auch wenn die notarielle Urkunde (Beglaubigung) hierüber gar keine Feststellung enthält. Nur wenn das Grundbuchamt weis oder konkrete Anhaltspunkte hat, dass die Identität nicht vorliegt, kann eine Beanstandung erfolgen.[246] Ergibt sich die Personenidentität zwischen Bewilligenden und Betroffenen nicht aus der Erklärung selbst, so ist dieser Nachweis durch öffentliche Urkunden zu führen, zB durch Heiratsurkunde oder Feststellung des Notars in der Urkunde oder dem Beglaubigungsvermerk.[247] Bewilligen muss auf jeden Fall jeder Betroffene. Liegen daneben auch noch die Bewilligungen anderer Personen vor, die nicht Betroffene sind (zB »die Beteiligten bewilligen und beantragen ...«), so ist dies zwar nicht korrekt, aber unschädlich;[248] besser wäre es, zu formulieren: »der Veräußerer bewilligt und der Erwerber (oder beide) beantragt ...« Bei Vertretung soll es nötig sein, dass dies in der Erklärung selbst gesagt wird.[249] Eine Feststellung des Notars darüber im Beglaubigungsvermerk (also wohl auch in einer beurkundeten Niederschrift oder zusätzlich zu einer solchen, falls die Erklärung des Beteiligten selbst fehlt) soll weder zulässig, noch ausreichend sein.[250] Dem kann in dieser Allgemeinheit nicht gefolgt werden. Zwar ist die Beglaubigung der Unterschrift nur ein Zeugnis der Urkundsperson darüber, dass die Unterschrift echt ist, nicht auch darüber, in wessen Namen die Erklärung abgegeben ist. Aber der Umstand, dass jemand als Vertreter auftritt, gehört nur im weiteren Sinn zu den nach § 29 umfassten Eintragungsunterlagen. Nach verfahrensmäßigen Grundsätzen kann also das Grundbuchamt davon ausgehen, dass die Vertretungsfeststellung des Notars zutrifft, wenn sie im Beglaubigungsvermerk, in einer zusätzlichen Bescheinigung, falls denkbar, auch in einer notariellen Niederschrift, in einem Teil der Niederschrift, der nicht Erklärungsinhalt der Beteiligten ist, oder in einer Zusatzbescheinigung zu einer solchen Niederschrift, festgehalten ist, es sei denn, dass konkrete Anhaltspunkte nach verfahrensmäßigen Grundsätzen eine andere Beurteilung rechtfertigen, was kaum jemals der Fall sein wird.

c) Art und Inhalt der Eintragung. Die Bewilligung muss als Verfahrenserklärung Art und Inhalt der gewollten **113** Grundbucheintragung so zum Ausdruck bringen, dass damit die Grundbucheintragung ohne weiteres möglich ist. Der Inhalt der Bewilligung wird idR durch Bezugnahme auf sie zum Grundbuchinhalt (§ 874 BGB). Es genügt also nicht eine formularisierte Erklärung, dass die Eintragung im Grundbuch »bewilligt« werde.[251] Ein einzutragendes Recht muss in der Bewilligung nach seiner Art und seinem Inhalt genau bezeichnet sein, damit das Grundbuchamt prüfen kann, ob es sich um ein **eintragungsfähiges Recht** mit einem **eintragungsfähigen Inhalt** handelt[252] (vgl ausführlich dazu **Einl C**).

Die Bewilligung muss bei rechtsändernden Eintragungen den **materiellen Rechtsvorgang** bezeichnen, der im **114** Grundbuch eingetragen werden soll, weil dieser idR auch verlautbart wird (zB Auflassung, Abtretung, Inhaltsänderung, Rangänderung usw).[253] Nicht ausreichend ist daher lediglich die Formulierung »Umschreibung« an Stelle von »Auflassung« oder »Abtretung«.[254] Bei einer berichtigenden Eintragung muss die vorgelegte Berichtigungsbewilligung den zur Grundbuchunrichtigkeit führenden Vorgang bezeichnen.[255] Nur bei einer Löschungsbewilligung muss ausnahmsweise nicht der Rechtsgrund für die Löschung angegeben werden (zB Aufhebung nach § 875 BGB oder gesetzliches Erlöschen), weil dieser auch nicht im Grundbuch vermerkt wird, sondern nur die Tatsache der Löschung als solches.[256] Selbstverständlich muss der materiellrechtliche Tatbestand in den Fällen des § 19 nur angegeben werden, aber aufgrund des formellen Konsensprinzips keinesfalls nachgewiesen werden.[257]

---

244 *Demharter* ZflR 1998, 445.
245 *Eickmann* GBVerfR, Rn 173; *Demharter* § 19 Rn 35.
246 OLG Celle DNotZ 2006, 297.
247 OLG Hamm DNotZ 1965, 46; KEHE-*Munzig* § 19 Rn 35a.
248 KEHE-*Munzig* § 19 Rn 35b; *Wulf* MittRhNotK 1996, 41, 45.
249 KEHE-*Munzig* § 19 Rn 35c.
250 *Rademacher* MittRhNotK 1983, 105, 106.
251 KEHE-*Munzig* § 19 Rn 38.
252 *Eickmann* GBVerfR, Rn 173–175; *Kössinger* in *Bauer/von Oefele* § 19 Rn 63–65.
253 *Kössinger* in *Bauer/von Oefele* § 19 Rn 63; KEHE-*Munzig* § 19 Rn 36; *Demharter* § 19 Rn 37; *Rademacher* MittRhNotK 1983, 105, 106.
254 *Demharter* § 19 Rn 37.
255 BayObLG DNotZ 1991, 598; KEHE-*Munzig* § 19 Rn 36; *Demharter* § 19 Rn 37; *Rademacher* MittRhNotK 1983, 105, 106.
256 BayObLGZ 1952, 321, 322; 1961, 103, 107; *Kössinger* in *Bauer/von Oefele* § 19 Rn 63; KEHE-*Munzig* § 19 Rn 36; *Demharter* § 19 Rn 37; *Rademacher* MittRhNotK 1983, 105, 106.
257 *Kössinger* in *Bauer/von Oefele* § 19 Rn 63; KEHE-*Munzig* § 19 Rn 37; *Rademacher* MittRhNotK 1983, 105, 106.

115 Die Bewilligung muss erkennen lassen, was **sachenrechtlicher Inhalt** ist oder nur **schuldrechtliche Bedeutung** hat; dies kann nicht dem Grundbuchamt überlassen werden, sondern ist Aufgabe des Bewilligenden. Zu unbestimmt und daher nicht eintragungsfähig sind deshalb Formulierungen in der Bewilligung wie »soweit eintragungsfähig« oder »soweit dinglich möglich« oder »soweit gesetzlich zulässig«.[258] Die in diesem Zusammenhang empfohlene »salvatorische Klausel«[259] wird im Grundbuchverfahren allenfalls dann etwas bringen, wenn die Eintragung geschehen ist, damit nicht ein nichteintragungsfähiger Inhalt möglicherweise den übrigen Inhalt der Eintragung ergreift; bei der Bewilligung wird eine Teilunwirksamkeitsklausel nicht von der Pflicht entbinden, Art und Inhalt der durch die Bewilligung gestatteten Eintragung anzugeben.

116 Die Bewilligung kann auch auf **als Anlage beigefügte Urkundenbestandteile** (Texte, Zeichnungen, Abbildungen) verweisen (§ 9 Abs 1 S 2 und 3 iVm § 13 Abs 1 S 1 BeurkG).[260] Ist die Bewilligung nicht in einer notariellen Urkunde enthalten, sondern in einer Erklärung, die sonst § 29 entspricht, vor allem in einer solchen, bei denen nur die Unterschriften der Bewilligenden notariell beglaubigt sind, so ist es verfahrensrechtlich dennoch zulässig, dieser Erklärung Anlagen beizufügen (vor allem Pläne), wenn in der Erklärung selbst dies irgendwie zum Ausdruck kommt, wenn auch der Ausdruck »verweisen« nicht nötig ist; es muss nur zum Ausdruck kommen, dass der Bewilligende das Beigefügte in seine Bewilligung mit einbeziehen will. Es genügt aber nicht, solche verfahrensmäßigen Anlagen mit der Bewilligung einfach zu verbinden oder ihr sonst beizufügen oder den Verweis auf die Anlagen auf dieser selbst, anstatt in der eigentlichen Bewilligungserklärung zum Ausdruck zu bringen.[261] Zulässig ist auch eine Bezugnahme auf den Inhalt eines anderen Grundbuchs[262] (zB auf ein Erbbaugrundbuch bei der Belastung des Grundstücks mit Rechten, die bereits auf dem Erbbaurecht lasten[263]), einer anderen öffentlichen oder öffentlich beglaubigt Urkunde, wenn diese entweder bereits bei den Grundakten evtl auch anderer Blattstellen liegt oder bei der Bewilligung eingereicht wird,[264] sowie auf Satzungen einer Kreditanstalt iSd § 1115 Abs 2 BGB[265] und geltende gesetzliche Vorschriften.[266] Unzulässig ist dagegen die Bezugnahme auf nicht mehr geltendes Recht[267] oder auf nicht allgemein bekannte[268] oder nur örtlich geltende Vorschriften[269] und auf die »jeweilige Satzung«.[270] Stets muss beim verfahrensmäßigen Verweisen oder Bezugnehmen Klarheit nach den Grundbuchverfahrensgrundsätzen herrschen, dh die Verweisungsunterlagen müssen daher im Zeitpunkt der Grundbucheintragung dem Grundbuchamt vorliegen oder offenkundig sein;[271] dies ist bei Verweisungen auf Eintragungen oder Unterlagen bei einem anderen Gericht nicht der Fall, sodass dann diese Unterlagen in der Form des § 29 beigebracht werden müssen (beglaubigter Grundbuchauszug, beglaubigte Abschrift aus den Grundakten).[272]

117 **Formulierungsvorschläge** in der Bewilligung sind in der Praxis zuweilen vorzufinden. Während früher zum Teil die Auffassung vertreten wurde, dass das Grundbuchamt den vorgeschlagenen Eintragungstexten entsprechen müsse,[273] ist es heute absolut hM, dass das Grundbuchamt der Fassung der Eintragungstexte in sachlicher Unabhängigkeit festlegt.[274] Dies folgt aus § 9 RpflG. Danach ist der Rechtspfleger bei seinen Entscheidungen nur dem Gesetz unterworfen und genießt damit die Vorzüge der Entscheidungsfreiheit, trägt aber auch die Pflicht der Selbstverantwortung. Die Formulierung der Grundbucheintragung muss daher auf der unmittelbaren Anordnung des Grundbuchrechtspflegers beruhen.

---

258 BGH DNotZ 1967, 635; BGHZ 21, 34 = NJW 1956, 1196; BayObLGZ 1969, 97 = DNotZ 1969, 492 = Rpfleger 1969, 241; BayObLGZ 1967, 54 = NJW 1967, 1373; OLG Frankfurt Rpfleger 1973, 23; 1977, 101; *Schöner/Stöber* Rn 105; *Kössinger* in *Bauer/von Oefele* § 19 Rn 81; KEHE-*Munzig* § 19 Rn 38; *Demharter* § 19 Rn 34; *Eickmann* GBVerfR, Rn 175; *Wulf* MittRhNotK 1996, 41, 45; *Rademacher* MittRhNotK 1983, 105, 106.
259 *Rademacher* MittRhNotK 1983, 105, 106.
260 *Kössinger* in *Bauer/von Oefele* § 19 Rn 82; *Wulf* MittRhNotK 1996, 41, 45.
261 BGH DNotZ 1982, 228.
262 OLG Frankfurt Rpfleger 1971, 65; *Demharter* § 19 Rn 34; KEHE-*Munzig* § 19 Rn 39; *Wulf* MittRhNotK 1996, 41, 45.
263 BayObLG Rpfleger 1984, 145; *Demharter* § 19 Rn 34.
264 BayObLG Rpfleger 1987, 451; OLG Frankfurt Rpfleger 1956, 194; 1971, 66; *Schöner/Stöber* Rn 104; *Demharter* § 19 Rn 34; KEHE-*Munzig* § 19 Rn 39; *Wulf* MittRhNotK 1996, 41, 45.
265 KGJ 47, 206; *Demharter* § 19 Rn 34; KEHE-*Munzig* § 19 Rn 39; *Wulf* MittRhNotK 1996, 41, 45.
266 KG JFG 4, 378; KEHE-*Munzig* § 19 Rn 39; *Wulf* MittRhNotK 1996, 41, 45.
267 *Schöner/Stöber* Rn 104; *Demharter* § 19 Rn 34; KEHE-*Munzig* § 19 Rn 39.
268 KGJ 53, 207; *Schöner/Stöber* Rn 104; *Demharter* § 19 Rn 34; KEHE-*Munzig* § 19 Rn 39.
269 KGJ 46, 212; *Demharter* § 19 Rn 34; KEHE-*Munzig* § 19 Rn 39.
270 KG JFG 5, 344; KEHE-*Munzig* § 19 Rn 39.
271 BGH DNotZ 1995, 35; OLG Köln Rpfleger 1984, 407; *Demharter* § 19 Rn 34; KEHE-*Munzig* § 19 Rn 39; *Schöner/Stöber* Rn 104; *Wulf* MittRhNotK 1996, 41, 45.
272 *Wulf* MittRhNotK 1996, 41, 45.
273 OLG Düsseldorf Rpfleger 1963, 287; OLG Schleswig Rpfleger 1964, 82.
274 BGHZ 47, 41 = Rpfleger 1967, 111 = DNotZ 1967, 753; RGZ 50, 153; KG Rpfleger 1966, 305; BayObLG Rpfleger 1988, 309; 1975, 362; BayObLGZ 1956, 1 86, 203; 1960, 231, 238; *Wulf* MittRhNotK 1996, 41, 45; *Böttcher* Rpfleger 1980, 81.

d) Person des Begünstigten. Die Person desjenigen, zu dessen Gunsten eine Eintragung erfolgen soll, muss **118** in der Bewilligung so bezeichnet werden, wie sie im Grundbuch einzutragen ist, dh entsprechend den Angaben des § 15 GBV[275] (vgl die ausführliche Kommentierung dort).

e) Bezeichnung des Grundstücks. Das von der beantragten Grundbucheintragung betroffene Grundstück **119** oder Grundstücksrecht muss entsprechend § 28 bezeichnet werden[276] (vgl die ausführliche Kommentierung dort).

4. Fakultativer Inhalt

a) Bedingung und Befristung. Als Verfahrenserklärung verträgt die Bewilligung grundsätzlich keine Bedin- **120** gungen, Befristungen oder sonstigen Vorbehalte; zulässig sind sie nur, soweit sie bei der Grundbucheintragung offenkundig oder nach den Grundbuchverfahrensgrundsätzen ermittelbar und erledigt sind und deren Erledigung formgerecht (§ 29) nachgewiesen ist, dh der Eintritt der aufschiebenden oder der Ausfall der auflösenden Bedingung oder der Eintritt des Anfangstermins in notariell beglaubigter oder beurkundeter Form.[277] Eine Notarbestätigung zum Nachweis des Eintritt einer Bedingung ist nicht ausreichend.[278] Zulässig sind reine Rechtsbedingungen, dh gesetzliche Wirksamkeitserfordernisse wie zB die noch fehlende Genehmigung des Vertretenen, familien- oder vormundschaftsgerichtliche Genehmigung.[279] Gleiches gilt für verfahrensinterne Bedingungen wie die Staffelung von Haupt- und Hilfsanträgen. Es kann also bewilligt werden einen neuen Eigentümer einzutragen oder hilfsweise zu seinen Gunsten eine Vormerkung.[280] Ebenso kann die Eintragung eines Altenteils bewilligt werden und hilfsweise, für den Fall das das Grundbuchamt die Eintragung aus Rechtsgründen ablehnt, ein reines Wohnungsrecht.[281] Zulässigerweise bedingte oder befristete Rechte oder Rechtsgeschäfte können zur Eintragung bewilligt werden, wenn die Eintragung gestattet werden soll und das materielle Recht die Bedingung oder Befristung erlaubt.[282] Die Bewilligung ist hier unbedingt und unbefristet, nur eben gerichtet auf Eintragung eines mit einer zulässigen Bedingung oder Befristung ausgestatteten dinglichen Rechts oder Rechtsgeschäfts. Grundsätzlich können materiellrechtlich dingliche Rechte und sachenrechtliche Rechtsgeschäfte unter einer Bedingung oder Befristung stehen. Das Gesetz verbietet dies ausnahmsweise nur bei der Auflassung (§ 925 Abs 2 BGB), für die Bestellung und Übertragung eines Erbbaurechts (§ 1 Abs 4, § 11 Abs 1 S 2 ErbbauRG), für die Einräumung und Aufhebung von Sondereigentum (§ 4 Abs 2 S 2 WEG) sowie für die Bestellung eines Dauerwohnrechts (§ 33 Abs 1 WEG). Zulässig ist deshalb beispielsweise die unbedingte Bewilligung für die Eintragung einer auflösend bedingten Abtretung einer Eigentümergrundschuld.[283]

b) Vollzugsvorbehalt bei mehreren Bewilligungen gem § 16 Abs 2. Obwohl § 16 Abs 2 nur von mehre- **121** ren Anträgen spricht, gilt die Vorschrift auch bei mehreren Bewilligungen[284] (vgl § 16 Rdn 3), dh sie können unter den Grundsatz der gemeinsamen Sachbehandlung gestellt werden (vgl ausführlich **§ 16 Rdn 11–21**).

c) Rangbestimmung gem § 45 Abs 3. In den Bewilligungen für einzutragende Grundstücksrechte kann der **122** Grundstückseigentümer auch Rangverhältnisse abweichend von der zeitlichen Antragsreihenfolge festlegen[285] (vgl ausführlich **§ 45 Rdn 85–100**).

d) Gemeinschaftsverhältnis bei mehreren Berechtigten gem § 47. Soll ein Recht für mehrere gemein- **123** schaftlich eingetragen werden, so muss die Bewilligung entweder die Anteile der Berechtigten im Bruchteile angeben oder das für die Gemeinschaft maßgebende Rechtsverhältnis bezeichnen[286] (§ 47; vgl die Kommentierung dort).

275 *Kössinger* in *Bauer/von Oefele* § 19 Rn 66; KEHE-*Munzig* § 19 Rn 40; *Demharter* § 19 Rn 35.
276 *Kössinger* in *Bauer/von Oefele* § 19 Rn 77; KEHE-*Munzig* § 19 Rn 41; *Demharter* § 19 Rn 36.
277 BayObLG Rpfleger 1983, 480; OLG Frankfurt Rpfleger 1975, 177; 1980, 291; 1996, 151; *Demharter* § 19 Rn 31; KEHE-*Munzig* § 19 Rn 32; *Kössinger* in *Bauer/von Oefele* § 19 Rn 56; *Eickmann* GBVerfR, Rn 173.
278 OLG Frankfurt Rpfleger 1996, 151.
279 *Kössinger* in *Bauer/von Oefele* § 19 Rn 57; KEHE-*Munzig* § 19 Rn 32; *Eickmann* GBVerfR, Rn 173.
280 *Wahl* in *Lambert-Lang/Tropf/Frenz* Grundstückspraxis, Teil 1, Rn 162.
281 *Kössinger* in *Bauer/von Oefele* § 19 Rn 57.
282 RG JW 1934, 282; *Kössinger* in *Bauer/von Oefele* § 19 Rn 5 8; KEHE-*Munzig* § 19 Rn 33; *Demharter* § 19 Rn 32; *Eickmann* GBVerfR, Rn 173.
283 OLG Frankfurt Rpfleger 1993, 331.
284 *Kössinger* in *Bauer/von Oefele* § 19 Rn 56, 78; KEHE-*Munzig* § 19 Rn 32; *Demharter* § 19 Rn 31; *Eickmann* GBVerfR, Rn 173.
285 *Kössinger* in *Bauer/von Oefele* § 19 Rn 78; KEHE-*Munzig* § 19 Rn 28.
286 *Demharter* § 19 Rn 35; KEHE-*Munzig* § 19 Rn 40b.

5. Übereinstimmung der Bewilligung mit

124 **a) Antrag.** Die Bewilligung muss sich grundsätzlich mit dem Eintragungsantrag decken. Sie darf idR wieder über ihn hinausgehen noch hinter ihm zurückbleiben; andernfalls kann die beantragte Eintragung nicht vorgenommen werden.[287] Dies folgt aus dem Erfordernis, dass im Eintragungsverfahren § 13 und § 19 gleichberechtigt nebeneinander stehen. In der Bewilligung kann jedoch ausdrücklich oder stillschweigend vorgesehen werden, dass der Antrag hinter der Bewilligung zurückbleibt, also ein teilweiser oder getrennter Vollzug erfolgen darf.[288] Für das Grundbuchamt gibt es keine allgemeine Regel darüber, wann die Bewilligung getrennten Vollzug zulässt oder nicht; im Zweifel wird von den in einer Erklärung abgegebenen Bewilligungen anzunehmen sein, dass sie einen weniger weitgehenden oder getrennten Vollzugsantrag nicht zulassen, es sei denn, dass sie miteinander nichts zu tun haben. Sie haben ohne konkrete Anhaltspunkte für ein Abweichen von diesen Erfahrungssatz jedenfalls dann miteinander zu tun, so dass sie getrennten Vollzug nicht erlauben, wenn das wirtschaftliche Interesse eines Beteiligten an einem einheitlichen Vollzug klar ist (tauschweise Rechtsvorgänge; Rechtsvorgänge als Gegenleistung, wie Auflassung und Rückübertragungsvormerkung, Auflassung und Kaufpreissicherungsgrundpfandrecht, Auflassung und Nießbrauch für den Auflassenden oder Dienstbarkeiten für ihn). Geht der Inhalt des Antrags weiter als der Inhalt der Bewilligung, so muss das Grundbuchamt prüfen, ob der Antrag aufgeteilt und soweit vollzogen werden kann, wie er sich mit der Bewilligung deckt; der Restantrag, der nicht bewilligt wurde, müsste dann beanstandet werden.[289] Ergibt die Prüfung, dass ein Teilvollzug nicht möglich ist, muss der gesamte Antrag nach § 18 behandelt werden. Decken sich Eintragungsantrag und Eintragungsbewilligung, wie es der Normalfall ist, dann enthält die teilweise Rücknahme des Antrags idR auch die entsprechende Einschränkung der Eintragungsbewilligung.[290]

125 **b) Materieller Erklärung.** Soweit behauptet wird, dass sich die formelle Bewilligung nach § 19 und die zugrunde liegende materielle Erklärung (zB dingliche Einigung nach § 873 BGB, Aufgabeerklärung gem § 875 BGB usw) nicht notwendigerweise decken müssen,[291] ist dies nicht nur missverständlich, sondern auch gefährlich. Natürlich müssen formelle Bewilligung und materielle Erklärung kongruent sein, denn sonst kommt es zur Grundbuchunrichtigkeit. Davon zu trennen ist jedoch die richtige Feststellung, das das Grundbuchamt im Verfahren nach § 19 grundsätzlich nicht den materiellen Rechtsvorgang zu prüfen hat. Ist ihm jedoch bekannt, dass die materielle Erklärung von der formellen Bewilligung abweicht, so muss es dies zur Vermeidung einer Grundbuchunrichtigkeit beanstanden.

6. Inhaltskontrolle

126 Vgl dazu ausführlich **Einl H Rdn 22–113**.

VI. Wirksamkeit der Bewilligung

1. Allgemeines

127 Die materiellen Erklärungen des Sachenrechts (zB Einigung nach § 873 Abs 1 BGB, Aufgabeerklärung gem § 875 Abs 1 BGB) sind grundsätzlich frei widerruflich, wenn nicht ausnahmsweise die Voraussetzungen für den Bindungseintritt nach §§ 873 Abs 2, 875 Abs 2 BGB vorliegen. Auch der formelle Eintragungsantrag des § 13 kann bis zu Grundbucheintragung jederzeit frei widerrufen und nicht unwiderruflich gestellt werden (§ 13 Rdn 88, 100). Wann allerdings die formelle Bewilligung des § 19 wirksam und unwiderruflich wird, ist im Gesetz nicht geregelt und war damit lange Zeit **umstritten**. Die damit zusammenhängenden Fragen beurteilen sich nach der Rechtsnatur der Bewilligung, deren Aufgabe es ist, das Grundbuchverfahren und die Grundbucheintragung auf eine sichere verfahrensrechtliche Grundlage zustellen. Einigkeit herrscht zumindest noch soweit, dass das Wirksamwerden und die Widerruflichkeit der Parteivereinbarung entzogen ist.[292] Es nützt also nichts, wenn der Betroffene die Bewilligung »unwiderruflich« abgibt oder die Vertragsparteien die Bewilligung als unwiderruflich vereinbaren.

---

287 BayObLG DNotZ 1997, 321; BayObLGZ 1991, 97, 102; *Kössinger* in *Bauer/von Oefele* § 19 Rn 59; *KEHE-Munzig* § 19 Rn 42; *Rademacher* MittRhNotK 1983, 105, 106.

288 OLG Hamm Rpfleger 1998, 511; BayObLG DNotZ 1956, 209; LG München I NotBZ 2001, 308; LG Berlin Rpfleger 2001, 409; LG Köln DNotZ 1955, 398; *Kössinger* in *Bauer/von Oefele* § 19 Rn 61; *KEHE-Munzig* § 19 Rn 42; *Rademacher* MittRhNotK 1983, 105, 106.

289 *Kössinger* in *Bauer/von Oefele* § 19 Rn 60.

290 BayObLG DNotZ 1997, 321.

291 *KEHE-Munzig* § 19 Rn 43.

292 BGH DNotZ 1967, 370; OLG München DNotZ 1966, 283; *Kössinger* in *Bauer/von Oefele* § 19 Rn 113, 114; *Schöner/Stöber* Rn 107; *Rademacher* MittRhNotK 1983, 105, 109; *Ertl* DNotZ 1967, 358.

Böttcher

Die **früher vertretene Meinung**, die in der Bewilligung eine rechtsgeschäftliche, empfangsbedürftige Willens- **128** erklärung des BGB erblickte (vgl Rdn 29), beantwortete die Frage wie folgt:[293] Gem § 130 BGB wird die Bewilligung wirksam, wenn sie mit dem Willen des Erklärenden einem Empfangsberechtigten (Grundbuchamt oder Begünstigten) in Urschrift, Ausfertigung oder beglaubigter Abschrift zugeht. Bis dahin kann die Bewilligung jederzeit widerrufen werden. Dieser Widerruf ist aber weder im Grundbuch eintragungsfähig noch muss er aktenkundig gemacht werden. Mit dem Wirksamwerden der Bewilligung wird sie stets zugleich unwiderruflich. Ungeachtet dieser Unwiderruflichkeit können die Eintragungsanträge zurückgenommen werden. Geschieht dies mit allen Anträgen oder werden sie insgesamt zurückgewiesen, wird dem Bewilligenden seine Bewilligung zurückgegeben. In diesem Fall hat das Grundbuchamt zwar das Recht, keineswegs aber die Pflicht, eine beglaubigte Abschrift der Bewilligung bei den Grundakten zurückzubehalten und sie später zur Grundlage einer Eintragung zu machen.

Die **heute als hM anerkannte** *Ertl*'sche Lehre von der rein verfahrensrechtliche Natur der Bewilligung (vgl **129** Rdn 29) beurteilt die Frage ihres Wirksamwerdens und ihrer Widerruflichkeit nicht aufgrund der unmittelbaren oder analogen Anwendung des § 130 Abs 1 S 1 BGB, sondern richtigerweise allein anhand der Kriterien, die im Verfahrensrecht allgemein für das Wirksamwerden und den Widerruf von Verfahrenshandlungen entwickelt worden sind.[294]

2. Wirksamwerden

Die Bewilligung wird wirksam durch[295] **130**
– Vorlage beim Grundbuchamt mit Willen des Bewilligenden oder
– Aushändigung vom Bewilligenden an den Begünstigten oder einen Dritten oder
– Vorliegen von Voraussetzungen, die einer solchen Aushändigung gleichstehen.

Ausreichend für das Wirksamwerden ist das Vorliegen einer dieser drei Tatbestände.

a) Vorlage beim Grundbuchamt. Die Bewilligung des § 19 wird nicht bereits mit ihrer Ausstellung wirk- **131** sam, sondern erst dann, wenn die Urkunde **mit dem Willen des Bewilligenden** dem Grundbuchamt zugeht.[296] Das das Grundbuchamt der richtige Adressat für den Zugang ist, ergibt sich daraus, dass die Eintragungsbewilligung den Zweck verfolgt, eine Grundbucheintragung herbeizuführen, die dem Grundbuchamt obliegt.[297] Die Vorlage der Bewilligung beim Grundbuchamt führt ausnahmsweise dann nicht zu ihrem Wirksamwerden, wenn die Zurücknahme dem Grundbuchamt vor der Bewilligung oder gleichzeitig mit ihr zugeht.[298] Entscheidend für das Wirksamwerden der Bewilligung ist, dass die Vorlage mit dem Willen des Bewilligenden erfolgt. Der Umstand allein, dass sich eine Bewilligung einer Grundbuchamt befindet, sagt deshalb noch nichts über ihr Wirksamwerden aus.[299] Damit das Grundbuchamt eine Bewilligung für sein Eintragungsverfahren verwenden kann, muss davon ausgegangen werden, dass die Vorlage mit dem Einverständnis des Bewilligenden erfolgt ist.

Reicht der **Bewilligende, selbst oder durch seinen Bevollmächtigten** (idR der beurkundende oder **132** beglaubigende **Notar**, dessen Vollmacht zur Antragstellung nach § 15 vermutet wird) die Bewilligungsurkunde beim Grundbuchamt ein, so ergibt sich der Wille des Bewilligenden dafür, dass seine Bewilligung Grundlage eines Eintragungsverfahrens sein soll, bereits aus der Vorlage. In diesem Fall kann die Bewilligung vorgelegt werden in Urschrift, Ausfertigung oder beglaubigter Abschrift.[300]

Wird die Bewilligung vom **Begünstigten oder einem Dritten** selbst oder durch einen von ihnen Bevoll- **133** mächtigten (zB Notar) beim Grundbuchamt eingereicht, muss nachgewiesen werden, dass dies mit dem Willen des Bewilligenden geschehen ist. Dies erfolgt bei Beurkundung der Bewilligung durch die Vorlage einer Urschrift oder Ausfertigung der Niederschrift (§§ 8, 47 BeurkG) und bei Beglaubigung der Bewilligung mittels

293 *Güthe-Triebel* § 19 Rn 7 ff; *Hesse-Saage-Fischer* § 19 Anm II, V; *BGB-RGRK-Augustin* § 873 Rn 7d; KG JFG 8, 226; KGJ 43, 149; BayObLGZ 1952, 40; 1954, 100; 1975, 264; 1975, 404; OLG Frankfurt DNotZ 1970, 162.
294 *Ertl* DNotZ 1967, 339 und 406; Rpfleger 1982, 407; BGHZ 84, 202 = NJW 1982, 2817 = DNotZ 1983, 309 = Rpfleger 1982, 414; BayObLG DNotZ 1994, 182; OLG Saarbrücken MittBayNot 1993, 398; OLG Frankfurt NJW-RR 1995, 785; OLG Hamm Rpfleger 1989, 148; OLG Düsseldorf Rpfleger 1981, 177; *Demharter* § 19 Rn 21; *Schöner/Stöber* Rn 107; *Eickmann* GBVerfR, Rn 183, 184; *Rademacher* MittRhNotK 1983, 105, 109; *Reithmann* DNotZ 1984, 124; *Nieder* NJW 1984, 32 9, 331.
295 *Eickmann* GBVerfR, Rn 185; *Demharter* § 19 Rn 21, 25, 26; *Schöner/Stöber* Rn 107.
296 OLG Naumburg FGPrax 1998, 1, 2; *Ertl* DNotZ 1967, 339, 348 f; *Eickmann* GBVerfR, Rn 185; *Schöner/Stöber* Rn 107; *Kössinger* in *Bauer/von Oefele* § 19 Rn 98; *Demharter* § 19 Rn 21; *Rademacher* MittRhNotK 1983, 105, 109 f.
297 BayObLG Rpfleger 1976, 66; DNotZ 1952, 169; *Demharter* § 19 Rn 25.
298 LG Oldenburg Rpfleger 1983, 102; KEHE-*Munzig* § 19 Rn 173; *Kössinger* in *Bauer/von Oefele* § 19 Rn 110.
299 *Kössinger* in *Bauer/von Oefele* § 19 Rn 98.
300 *Ertl* DNotZ 1967, 339, 348 f; *Eickmann* GBVerfR, Rn 185; *Schöner/Stöber* Rn 107; *Demharter* § 19 Rn 21; *Kössinger* in *Bauer/von Oefele* § 19 Rn 99; *Rademacher* MittRhNotK 1983, 105, 109 f; *Geißler* BWNotZ 1991, 48 f.

Vorlage der Urschrift der Vermerkurkunde (§ 39 BeurkG), aber nicht durch die Vorlage einer beglaubigten Abschrift.[301] Dies ergibt sich daraus, dass von notariellen Urkunden Ausfertigungen nur dem erteilt werden, der einen Anspruch darauf hat. Das ist dann der Fall, wenn die betreffende Person entweder selbst oder durch Vertreter in der Urkunde Erklärungen abgegeben hat oder Rechtsnachfolger einer solchen Person ist (§ 51 Abs 1 Nr 1 BeurkG) und wenn das Recht auf Ausfertigung nicht nach § 51 Abs 2 BeurkG ausgeschlossen ist, oder wenn ihr ein Recht auf Ausfertigung durch die Personen eingeräumt wurde, welche in der Urkunde Erklärungen abgegeben haben (§ 51 Abs 2 BeurkG). Wurde bei einer Bewilligung nur die Unterschrift des Bewilligenden notariell beglaubigt, so spricht der Besitz der Originalurkunde dafür, dass der Besitzer darüber verfügen darf.[302] Die beglaubigte Abschrift einer Urkunde wird dagegen jedem erteilt, der einen berechtigtes Interesse glaubhaft macht, und zwar auch gegen den Willen des Erklärenden.[303] Weiß das Grundbuchamt, dass sich der Begünstigte oder ein sonstiger Dritter, der das Original oder eine Ausfertigung der Bewilligungserklärung in Händen hat und vorlegt, ohne Willen des Bewilligenden im Besitz befindet, etwa weil die Urkunden dem Bewilligenden abhanden gekommen sind, muss es dem nachgehen und kann nicht von einer wirksamen Bewilligung ausgehen.[304]

134   **b) Aushändigung.** Wirksam wird die Bewilligung auch (also neben einem Eingang beim Grundbuchamt), wenn sie vom Bewilligenden oder seinem Vertreter dem **Begünstigten** ausgehändigt wird.[305] Die Aushändigung setzt voraus, dass der Bewilligende einem anderen den unmittelbaren Besitz an der Urkunde überträgt (§ 854 BGB)[306]

135   Bestritten ist die Frage, ob auch eine Aushändigung an einen sonstigen **Dritten** für das Wirksamwerden genügt. Verneint wird dies von *Demharter*.[307] Die hM[308] lässt dies jedoch zu Recht genügen. Da der Bewilligende mit jeder Aushändigung der Bewilligung erklärt und dokumentiert, dass er mit dem Gebrauchmachen seiner Verfahrenshandlung einverstanden ist, ist es gleichgültig, wem er es die Verfahrensunterlage aushändigt, wenn er es nur willentlich tut. Die Aushändigung dient allein dem verfahrensrechtlichen Zweck, dem neuen Besitzer der Urkunde die Vorlage in seinem Eintragungsverfahren zu ermöglichen. Da dieser Zweck ebenso erreicht wird, wenn die Urkunde nicht dem Begünstigten, sondern einer anderen Person ausgehändigt wird, ist der Kreis der Empfangsberechtigten nicht vorbestimmt; vielmehr bestimmt der Bewilligende den Empfangsberechtigten.[309] Bei der Veräußerung eines Grundstücks könnte der Gläubiger einer nicht zu übernehmenden Grundschuld nach der Grundbucheintragung des Käufers die Löschungsbewilligung nach der Auffassung von *Demharter*[310] nur an den Veräußerer als Begünstigten ausgehändigt werden; der Käufer wäre bis zur Durchführung der Löschung der Gefahr eines Widerrufs ausgesetzt. Die hM[311] kommt zu dem richtigen Ergebnis, dass der Grundschuldgläubiger seine Löschungsbewilligung nicht nur dem begünstigten Verkäufer, sondern auch dem Grundstückskäufer vor seiner Grundbucheintragung ausgehändigt werden kann; dadurch ist letzterer gegen einen Widerruf gesichert und kann nach seiner Grundbucheintragung als neuer Eigentümer die Löschung der Grundschuld unter Vorlage der Löschungsbewilligung des Gläubigers beantragen.[312]

136   Damit die Bewilligung durch Aushändigung an den Begünstigten oder einen Dritten wirksam wird, ist es notwendig, dass der Bewilligende die **Urschrift** oder **Ausfertigung** der notariell beurkundeten Erklärung (§§ 8, 47 BeurkG) oder die Urschrift der notariell beglaubigten Bewilligung (§ 39 BeurkG) aushändigt.[313] Wer im Besitz einer Ausfertigung oder der Urschrift der Bewilligung ist, ist verfahrensmäßig legitimiert, das Grundbuchverfahren zu gestatten, ebenso wie der Bevollmächtigte, der im Besitz der Urschrift oder Ausfertigung der Vollmacht ist, zum Gebrauchmachen von der Vollmacht legitimiert ist.

---

301 *Ertl* DNotZ 1967, 339, 348 f; *Eickmann* GBVerfR, Rn 185; *Schöner/Stöber* Rn 107; *Demharter* § 19 Rn 26c, 113; *Kössinger* in *Bauer/von Oefele* § 19 Rn 100, 118; *Rademacher* MittRhNotK 1983, 105, 109; *Geißler* BWNotZ 1991, 48 f.
302 *Kössinger* in *Bauer/von Oefele* § 19 Rn 101.
303 BayObLGZ 1954, 310 = DNotZ 1955, 433; *Rademacher* MittRhNotK 1983, 105, 110; *Kössinger* in *Bauer/von Oefele* § 19 Rn 102.
304 KEHE-*Munzig* § 19 Rn 176.
305 OLG Naumburg FGPrax 1998, 1, 2; *Ertl* DNotZ 1967, 339, 353 f; *Eickmann* GBVerfR, Rn 186; *Schöner/Stöber* Rn 107; *Demharter* § 19 Rn 21; *Kössinger* in *Bauer/von Oefele* § 19 Rn 111; *Rademacher* MittRhNotK 1983, 105, 110; *Geißler* BWNotZ 1991, 48, 49.
306 KEHE-*Munzig* § 19 Rn 174.
307 *Demharter* § 19 Rn 26b.
308 *Ertl* DNotZ 1967, 339, 353 f; *Rademacher* MittRhNotK 1983, 105, 110; *Schöner/Stöber* Rn 107; *Eickmann* GBVerfR, Rn 186; *Kössinger* in *Bauer/von Oefele* § 19 Rn 111.
309 *Rademacher* MittRhNotK 1983, 105, 110.
310 *Demharter* § 19 Rn 26b.
311 OLG Naumburg FGPrax 1998, 1,2; *Ertl* DNotZ 1967, 339, 353 f.
312 KEHE-*Munzig* § 19 Rn 174.
313 *Ertl* DNotZ 1967, 339, 353 f; BGHZ 46, 398 = DNotZ 1967, 370 = Rpfleger 1967, 142; *Eickmann* GBVerfR, Rn 186; *Schöner/Stöber* Rn 107; KEHE-*Munzig* § 19 Rn 175; *Kössinger* in *Bauer/von Oefele* § 19 Rn 111; *Rademacher* MittRhNotK 1983, 105, 110; *Geißler* BWNotZ 1991, 48, 49.

Bestritten ist, ob die Aushändigung einer **beglaubigten Abschrift** genügt. Bejaht wird dies von *Demharter*.[314] **137**
Die hM[315] lehnt dies jedoch zu Recht ab. Hat der Begünstigte nämlich nur eine beglaubigte Abschrift der
Bewilligungsurkunde, dann kann er ohne Mitwirkung des Bewilligenden keine Grundbucheintragung herbeiführen. Dafür braucht er die Urschrift oder Ausfertigung der Bewilligung, weshalb er auf deren Aushändigung
bestehen muss. Mit der Aushändigung der Bewilligung gibt der Bewilligende dem Empfänger gegenüber zu
erkennen, dass dieser berechtigt sein soll, die Urkunde dem Grundbuchamt zur Eintragung vorzulegen. Dieses
verfahrensrechtliche Einverständnis verkörpert jedoch nur die Urschrift eine Ausfertigung der Bewilligung;
eine beglaubigte Abschrift genügt nicht.

Bei der Aushändigung der Bewilligung kann **Stellvertretung** stattfinden. Das Gleiche gilt für die Empfang- **138**
nahme der Bewilligung. Bevollmächtigter kann ein und dieselbe Person auf beiden Seiten sein, ohne dass dabei
§ 181 BGB zu beachten ist, weil in der Bevollmächtigung ein und derselben Person die Befreiung vom Verbot
des § 181 BGB liegt. Bevollmächtigter, auch für beide Seiten, kann der Notar sein, der die Bewilligung beurkundet oder die Unterschriften beglaubigt hat, aber auch jeder andere Notar. Ebensowenig wie die Bewilli-
gungsvollmacht in § 15 enthalten ist, ist auch diese Vollmacht sowohl auf der abgebenden als auch auf der emp-
fangenden Seite von § 15 nicht umfasst. Es ist daher auf beiden Seiten eine spezielle Vollmacht nötig.[316] Von
den Vollmachten bei einer notariell beurkundeten, nicht nur hinsichtlich der Unterschriften beglaubigten,
Bewilligung kann erst ab Erteilung einer Ausfertigung Gebrauch gemacht werden, sonst sofort, auch vor
Beglaubigung, da die Urschrift hier sofort zur Verfügung steht.[317] Nachzuweisen sind dem Grundbuchamt diese
Vollmachten weder hinsichtlich der Seite des Bevollmächtigenden noch hinsichtlich der Seite des Empfängers,
weil sich der Empfänger gegenüber dem Grundbuchamt durch den Besitz der Originalbewilligung oder einer
Ausfertigung der Bewilligung legitimiert.

c) Der Aushändigung gleichstehende Tatbestände. Für das Grundbuchamt ist es nicht erkennbar, ob der- **139**
jenige, der die Bewilligung eingereicht hat, sie vom Bewilligenden ausgehändigt erhalten hat oder auf andere
Weise in den Besitz der Urkunde gelangt ist. Deshalb müssen bestimmte Tatbestände der Aushändigung der
Bewilligung vom Bewilligenden an den Begünstigten oder einen Dritten gleichgestellt werden.[318] Es geht dabei
um die Fälle, in denen der Notar die Urschrift oder Ausfertigung der Bewilligung dem Begünstigten oder
einem Dritten nach den Vorschriften des Beurkundungsrechts entweder bereits erteilt hat oder erteilen muss,
ohne dass der Bewilligende dies verhindern kann, dh um Tatbestände mit einem unwiderruflichen, originären
gesetzlichen **Anspruch des Begünstigten oder eines Dritten auf die Urschrift oder Ausfertigung** einer
Urkunde.[319]

Alle Personen, die in einer notariell beurkundeten Niederschrift eine Erklärung im eigenen Namen abgegeben **140**
haben oder in dessen Namen eine Erklärung abgegeben worden ist, haben nach § 51 Abs 1 BeurkG einen
unwiderruflichen, gesetzlichen und damit vom Bewilligenden nicht einseitig entziehbaren Anspruch auch eine
Ausfertigung dieser notariell beurkundeten Niederschrift, sofern sie nicht – was nach § 51 Abs 2 BeurkG
möglich ist – auf eine Ausfertigung ganz oder teilweise, ständig oder zeitweise verzichten.[320] Voraussetzung ist
also, das auch der Begünstigte der Bewilligung oder ein Dritter an der **Beurkundung der Bewilligung** selbst
oder durch einen Vertreter beteiligt war. Dem Erfordernis der Abgabe einer Erklärung in einer notariellen Niederschrift ist Genüge getan durch die Beteiligung an der Niederschrift, da dann jedenfalls offenkundig eine
konkludente beurkundete Erklärung abgegeben ist. Der gesetzliche und nicht einseitig entziehbare Anspruch
des am Beurkundungsvorgang beteiligten Begünstigten oder Dritten auf eine Ausfertigung ist der Aushändigung der Bewilligung gleichzustellen. Dies bedeutet, das die Bewilligung mit dem Entstehen des Ausfertigungsanspruchs, dh regelmäßig mit dem Abschluss der Beurkundung, wirksam wird; die vorherige Herstellung und
Erteilung der Ausfertigung ist dazu nicht erforderlich.[321] Bewilligt also der Verkäufer in einem nach § 311b
Abs 1 BGB beurkundeten Kaufvertrag für den Käufer eine Eigentumsvormerkung, so ist diese Bewilligung,
auch wenn der Käufer die Annahme der Bewilligung nicht ausdrücklich erklärt, mit dem Abschluss der Beur-

314 *Demharter* § 19 Rn 26c.
315 *Ertl* DNotZ 1967, 339, 353 f; Rpfleger 1980, 41, 47; BayObLG DNotZ 1994, 182; *Eickmann* GBVerfR, Rn 186; *Schö-
     ner/Stöber* Rn 107 Fn 38; *Kössinger* in *Bauer/von Oefele* § 19 Rn 111; *Rademacher* MittRhNotK 1983, 105, 110; *Geißler*
     BWNotZ 1991, 48, 49.
316 BGH DNotZ 1963, 433, 435; OLG München DNotZ 1966, 283, 285; *Eickmann* GBVerfR, Rn 186; KEHE-*Munzig*
     § 19 Rn 177; *Rademacher* MittRhNotK 1983, 105, 110; *Geißler* BWNotZ 1991, 48, 49.
317 BGHZ 46, 398; KEHE-*Munzig* § 19 Rn 177.
318 *Ertl* DNotZ 1967, 339, 357 f; *Eickmann* GBVerfR, Rn 187, 188; KEHE-*Munzig* § 19 Rn 179.
319 *Ertl* aaO; BGH DNotZ 1963, 433; BGHZ 46, 398 = DNotZ 1967, 370; OLG Naumburg FGPrax 1998, 1, 2; KEHE-
     Munzig § 19 Rn 179; *Schöner/Stöber* Rn 107; *Eickmann* GBVerfR, Rn 187, 188.
320 *Rademacher* MittRhNotK 1983, 105, 110.
321 *Ertl* DNotZ 1967, 339, 357 f; *Rademacher* MittRhNotK 1983, 105, 111; *Eickmann* GBVerfR, Rn 188; BayObLG
     DNotZ 1994, 182; BayObLGZ 1954, 141; OLG München DNotZ 1966, 283; OLG Frankfurt DNotZ 1970, 163;
     OLG Hamm Rpfleger 1989, 148; *Demharter* § 19 Rn 24; KEHE-*Munzig* § 19 Rn 179; *Schöner/Stöber* Rn 107.

kundung wirksam.[322] Der Käufer hat als Beteiligter an der Beurkundung einen originären, gesetzlichen, unentziehbaren, unwiderruflichen Anspruch auf eine Ausfertigung der notariellen Urkunde, in der die Bewilligung enthalten ist. Das Gleiche gilt, wenn die Beurkundung durch Angebot und Annahme geschieht, mit Abschluss der Beurkundung der Annahme.

141   Ist die Bewilligung in einer **notariell beurkundeten Niederschrift** enthalten besteht in den Fällen der § 45 Abs 1, § 8 BeurkG ausnahmsweise ein gesetzliche Anspruch auf Aushändigung der notariellen **Urschrift**, was der Aushändigung ebenfalls gleichsteht.[323]

142   Für die Urschrift und Ausfertigung von **Urkunden, die nach dem Konsulargesetz errichtet** worden sind, gilt dasselbe in den Fällen der § 16 Abs 2, § 17 KonsularG.[324]

143   Ist die Bewilligung in einer nur hinsichtlich der Unterschriften **notariell beglaubigten Erklärung** enthalten, dann ist von einem der Aushändigung gleichstehenden Tatbestand nur auszugehen, wenn die **Urschrift** der Bewilligung, von der es ja keine Ausfertigung gibt, kraft Gesetzes ausgehändigt werden muss, und zwar zu Gunsten desjenigen, an den danach diese Aushändigung geschehen muss (§ 45 Abs 2, § 39 BeurkG), was sich nach dem Eigentum richtet.[325] In diesen Fällen genügt es für die Verwirklichung des Tatbestandes, der der Aushändigung gleichsteht, dass die Erklärung sich bei dem Notar befindet, vor dem die Unterschriften vollzogen oder anerkannt worden sind, ohne dass es auf den Beglaubigungsvermerk ankommt.

144   Auf den Anspruch auf Erteilung der Urschrift oder einer Ausfertigung kann der Begünstigte oder einen sonstiger Urkundsbeteiligter verzichten, und zwar ganz oder teilweise, ständig oder zeitweise, bei der Beurkundung oder nachträglich.[326] Liegt ein solcher **Verzicht** vor, so verhindert er das Wirksamwerden der Bewilligung.[327] Von einem Verzicht kann allerdings nicht schon dann ausgegangen werden, wenn in der notariellen Urkunde im Verteilungsschlüssel der Anspruchsberechtigte nicht enthalten ist. Es ist vielmehr ein eindeutiger Verzicht nötig. Das Grundbuchamt darf von einem solchen Verzicht nur ausgehen, wenn es davon weiß.

145   Wenn der **Bewilligende dem Notar lediglich ermächtigt und anweist**, dem Begünstigten oder einen Dritten, die selbst an der Beurkundung nicht teilgenommen haben, eine **Ausfertigung zu erteilen**, so ist dies kein der Aushändigung gleichstehenden Tatbestand und führt nicht zum Wirksamwerden der Bewilligung.[328] Dies ergibt sich daraus, dass der Ausfertigungsanspruch von dem freien Willensentschluss des Bewilligenden abhängig und bis zu Erteilung der Ausfertigung jederzeit einseitig widerrufbar ist. Wird deshalb der Notar in einer Grundschuldurkunde, die auch die Eintragungsbewilligung enthält, von dem Grundstückseigentümer angewiesen, den Grundschuldgläubiger, der an der Beurkundung nicht beteiligt war, sofort eine Ausfertigung zu erteilen, so wird die Bewilligung dadurch weder wirksam noch unwiderruflich.[329]

146   Bewilligt der Grundstückseigentümer die Eintragung eines Grundpfandrechts mit **Zwangsvollstreckungsunterwerfung** nach § 800 ZPO, ohne dass an der notariell beurkundeten Niederschrift hierüber der Begünstigte oder sonst ein Dritter so beteiligt ist, dass er in ihr Erklärungen abgibt, so ist mit dem Abschluss der Beurkundung die Bewilligung nicht wirksam, auch dann nicht, wenn darin dem Begünstigten (Gläubiger) das Recht auf Erteilung einer Ausfertigung zugestanden ist; auch die dingliche Zwangsvollstreckungsunterwerfung ändert daran nichts.[330]

147   Soweit die vorgenannten Tatbestände der Aushändigung der Bewilligung gleichstehen, genügt in diesen Fällen auch die Vorlage einer **beglaubigten Abschrift** an das Grundbuchamt.[331]

148   d) **Geschäftsunfähigkeit, Tod usw des Bewilligenden.** Ist die Bewilligung wirksam geworden, so bleibt sie dies auch analog § 130 Abs 2 BGB, wenn der Bewilligende danach geschäftsunfähig oder in seiner Geschäftsfähigkeit beschränkt wird oder verstirbt (vgl Rdn 58). Treten diese Umstände aber vor dem Zugang oder der Aushändigung der Bewilligung ein, dann ist die Bewilligung trotzdem wirksam, wenn der Aussteller vorher

---

322 BayObLG DNotZ 1994, 182; OLG Naumburg FGPrax 1998, 1, 2; unrichtig daher LG Oldenburg Rpfleger 1983, 102.
323 *Ertl* DNotZ 1967, 339, 357 f; KEHE-*Munzig* § 19 Rn 179; *Eickmann* GBVerfR, Rn 188.
324 Je aaO *Ertl, Munzig, Eickmann.*
325 Je aaO *Ertl, Munzig, Eickmann.*
326 *Röll* DNotZ 1970, 146; KEHE-*Munzig* § 19 Rn 179.
327 KEHE-*Munzig* § 19 Rn 179.
328 BGHZ 46, 398 = Rpfleger 1967, 142; *Rademacher* MittRhNotK 1983, 105, 111; KEHE-*Munzig* § 19 Rn 180; *Kössinger* in *Bauer/von Oefele* § 19 Rn 111.
329 *Rademacher* MittRhNotK 1983, 105, 111.
330 BGHZ 46, 398; BayObLGZ 1954, 141; OLG Hamm DNotZ 1988, 241; OLG Hamburg DNotZ 1987, 356; OLG Celle DNotZ 1974, 376; OLG Frankfurt DNotZ 1970, 163; OLG München DNotZ 1966, 283; KEHE-*Munzig* § 19 Rn 180.
331 BayObLG DNotZ 1994, 182; *Demharter* § 19 Rn 24; *Kössinger* in *Bauer/von Oefele* § 19 Rn 102.

alles Erforderliche getan hat, um das Wirksamwerden der Erklärung herbeizuführen.[332] Dies ist dann der Fall, wenn der Aussteller die Bewilligung nicht nur abgefasst, sondern auch an den Adressaten abgesandt hat. Es genügt aber auch, wenn er die Bewilligung in anderer Weise derart in den Rechtsverkehr gebracht hat, dass er mit ihrem Zugehen bei diesem rechnen konnte.[333] Soweit daher der Erblasser in einer notariellen Urkunde die Bewilligung abgegeben und dem Notar zur Weiterleitung an das Grundbuchamt bevollmächtigt hat, hat er die Bewilligung derart in den Rechtsverkehr gebracht, dass er mit ihrem Zugehen beim Grundbuchamt rechnen konnte. In diesem Fall ist die vom Erblasser abgegebene Bewilligung wirksam und eine Genehmigung durch den Erben unter Vorlage eines Erbscheins ist nicht erforderlich.[334]

3. Rücknahme

a) Allgemeines. Materielle Willenserklärungen können widerrufen werden; sie werden dadurch unwirksam und für immer beseitigt (vgl § 130 Abs 1 S 2 BGB). Bei der formellen Bewilligung des § 19 handelt es sich jedoch nicht um eine materielle Willenserklärung, sondern um eine reine Verfahrenserklärung (vgl Rdn 29), auf die die allgemeinen **Regeln in Bezug auf den Widerruf nicht anwendbar** sind.[335] Bei der verfahrensrechtlichen Bewilligung stellt sich die Frage ihrer Rücknahme, was aber etwas völlig anderes ist als der Widerruf einer materiellen Willenserklärung und deshalb streng davon zu trennen ist.[336] Die Rücknahme einer Bewilligung bedeutet nur, dass sie zunächst unwirksam wird und nicht mehr Grundlage eines Eintragungsverfahrens sein kann. Sie kann jedoch durchaus wieder wirksam werden und in einem neuen Eintragungsverfahren als Grundlage dienen.[337] Die Bewilligung kann ihre Wirksamkeit nicht nur durch ihre Rücknahme verlieren, sondern auch durch Maßnahmen des Grundbuchamts, etwa durch die Zurückweisung des Eintragungsantrags.[338] **149**

Ist eine Bewilligung wirksam geworden, so kann sie der Bewilligende nicht mehr allein und einseitig zurücknehmen. Dies ist vielmehr nur möglich, solange die Bewilligung noch nicht wirksam geworden ist.[339] Das Wirksamwerden und die fehlende Rücknahmemöglichkeit sind also im Zeitpunkt und in den Voraussetzungen gleich.[340] Die einseitige Rücknahme der Bewilligung nach ihrem Wirksamwerden durch den Bewilligenden allein ist deshalb nicht möglich und vom Grundbuchamt nicht zu beachten.[341] Daher kann auch eine Bewilligung, die bereits vor Jahrzehnten wirksam geworden ist, noch eine Grundbucheintragung rechtfertigen.[342] **150**

Die **Bewilligung** kann dadurch **unwirksam** werden, indem vor der Grundbucheintragung **ihre Wirksamkeitsvoraussetzungen beseitigt** werden.[343] Dem Bewilligenden bleibt es unbenommen, die Wirksamkeit der Bewilligung dadurch zu beseitigen, dass er sich alle ausgehändigten Urschriften und Ausfertigungen zurückgeben lässt, dass er bewirkt, dass auf alle die Aushändigung ersetzenden gesetzlichen Ausfertigungsansprüche und Ansprüche auf Urschriften verzichtet wird, dass er veranlasst, dass alle Anträge zurückgenommen werden. Dies gilt auch dann, wenn der Bewilligende der alleinige Antragsteller gewesen ist; er nimmt dann jedoch nicht seine Bewilligung zurück, sondern seinen Antrag. Auf die Rückgabe aller ausgehändigten Urschriften und Ausfertigungen und auf den Verzicht auf die Tatbestände, die die Aushändigung ersetzen oder auf die Rücknahme anderer Eintragungsanträge hat der Bewilligende verfahrensrechtlichen jedoch keinen Anspruch. **151**

Ist die verfahrensrechtliche **Bewilligung unwirksam geworden**, so kann sie ohne neue Erklärung **wieder wirksam werden**, wenn die Voraussetzungen für ihr Wirksamwerden später erneut eintreten.[344] Eine Urkunde, die die unwirksam gewordene Bewilligung enthält, kann mit dem Willen des Bewilligenden später erneut den Grundbuchamt vorgelegt und damit wieder wirksam werden.[345] **152**

b) Rücknahmemöglichkeit nach Aushändigung der Bewilligung. Ist die Bewilligung des Betroffenen wirksam geworden durch ihre Aushändigung an den Begünstigten oder einen Dritten, so kann sie der **Bewilligende nicht mehr einseitig zurücknehmen**.[346] Mit der Bewilligung hat der Betroffene sein Einverständnis **153**

---

332 *Demharter* § 19 Rn 22; *Kössinger* in *Bauer/von Oefele* § 19 Rn 97; DNotI-Report 1997, 65, 66 f.
333 RGZ 170, 380; OLG Köln NJW 1950, 702; *Demharter* § 19 Rn 22.
334 DNotI – Report 1997, 65, 67.
335 *Kössinger* in *Bauer/von Oefele* § 19 Rn 103; **aA** *Demharter* § 19 Rn 21.
336 *Eickmann* GBVerfR, Rn 184; *Kössinger* in *Bauer/von Oefele* § 19 Rn 103.
337 *Eickmann* GBVerfR, Rn 184; *Ertl* Rpfleger 1982, 407, 409.
338 *Eickmann* GBVerfR, Rn 184.
339 *Kössinger* in *Bauer/von Oefele* § 19 Rn 110.
340 OLG Frankfurt NJW – RR 1995, 785; *Demharter* § 19 Rn 112.
341 BayObLG JFG 2, 339; OLG Jena Rpfleger 2001, 298; OLG Frankfurt NJW-RR 1995, 785; *Demharter* § 19 Rn 112.
342 BayObLG DNotZ 1994, 182; *Demharter* § 19 Rn 112.
343 OLG Hamm Rpfleger 1989, 148; *Eickmann* GBVerfR, Rn 184.
344 *Eickmann* GBVerfR, Rn 184; *Ertl* Rpfleger 1982, 407.
345 *Eickmann* GBVerfR, Rn 184.
346 *Kössinger* in *Bauer/von Oefele* § 19 Rn 111; *Eickmann* GBVerfR, Rn 189, 190 Beispiel 36 f; *Schöner/Stöber* Rn 107; *Rademacher* MittRhNotK 1983, 105, 110; *Geißler* BWNotZ 1991 48, 49.

für eine Grundbucheintragung erklärt, und wer die Urschrift oder Ausfertigung dieser Erklärung besitzt, kann sie den Grundbuchamt zum Vollzug vorlegen. Ist die Bewilligung in Urschrift oder Ausfertigung im Besitz des Begünstigten oder eines Dritten, kann sie deshalb nicht einseitig vom Bewilligenden zurückgenommen werden. Nur durch die **freiwillige oder gerichtlich erzwungene Rückgabe der Bewilligungsurkunde** vom Begünstigten an den Bewilligenden oder seinen Vertreter verliert die Bewilligungserklärung ihre Wirksamkeit, sofern sie nicht auf Grund der Vorlage beim Grundbuchamt oder wegen des Bestehens eines gesetzlichen Ausfertigungsanspruchs wirksam bleibt.[347]

154 c) **Rücknahmemöglichkeit nach Entstehen eines Anspruchs auf Urschrift/Ausfertigung.** Ist die Bewilligung wirksam geworden mit dem Entstehen eines Anspruchs des Begünstigten auf Erteilung einer Urschrift oder Ausfertigung der Bewilligungsurkunde, so kann sie der **Bewilligende nicht einseitig zurücknehmen**, solange dieser Anspruch besteht.[348] Eine Grundbucheintragung kann der Bewilligende nur dadurch verhindern, dass er – sofern ihm ein darauf gerichteter Anspruch zusteht – auf Unterlassung der Erteilung einer Urschrift oder Ausfertigung der Urkunde bzw auf Herausgabe einer bereits erteilten Urschrift oder Ausfertigung klagt.[349]

155 d) **Rücknahmemöglichkeit nach Grundbuchvorlage.** Ist die Bewilligung durch Vorlage beim Grundbuchamt wirksam geworden, so kann sie **während der Dauer des Eintragungsverfahrens nicht zurückgenommen werden**.[350] Der Einreicher hat in dieser Zeitspanne keinen Anspruch auf Rückgabe der Bewilligung.

156 Die **Bewilligung kann nur zurückgenommen werden**, dh vom Grundbuchamt zurückverlangt werden, **wenn das Eintragungsverfahren beendet ist**.[351] Letzteres ist dann der Fall, wenn **alle Anträge zurückgenommen oder zurückgewiesen** wurden. Hat nur der Bewilligende selbst den Eintragungsantrag gestellt, so muss er auch nur diesen zurücknehmen und kann dann auch die Bewilligung zurücknehmen, da das Eintragungsverfahren beendet ist;[352] Gleiches gilt, wenn nur der von ihm gestellte Antrag zurückgewiesen wird. Haben außer dem Bewilligenden noch andere Beteiligte einen Eintragungsantrag gestellt, so müssen außer ihm auch die anderen ihre Anträge zurücknehmen um das Eintragungsverfahren insgesamt zu beenden; letzteres ist auch dann der Fall, wenn alle Eintragungsanträge zurückgewiesen werden. Dann ist das Eintragungsverfahren wieder vollständig beendet und die Bewilligung kann zurückgenommen werden.[353] Endet das Eintragungsverfahren somit ohne Grundbucheintragung, weil sämtliche Anträge zurückgenommen oder zurückgewiesen werden, so wird die Bewilligung damit unwirksam und ist dem Einreicher zurückzugeben; die **Unwirksamkeit der Bewilligung** tritt aber unabhängig davon ein, ob und wann die Rückgabe erfolgt.[354]

157 Hat nicht nur der Bewilligende einen Antrag gestellt, sondern auch noch andere Antragsberechtigte, zu bewirkt die Rücknahme des Antrags seitens des Bewilligenden nicht das Ende des Grundbucheintragungsverfahrens, weil ja noch die anderen Anträge vorliegen. In diesem Fall, dh wenn **nach der Antragsrücknahme seitens des Bewilligenden noch andere Anträge vorhanden sind**, kann der Bewilligende seine Bewilligung nicht zurücknehmen, weil sie vorgelegt wurde und dass Eintragungsverfahren noch nicht beendet ist.[355] Dadurch kann der Begünstigte (zB der Gläubiger einer einzutragenden Grundschuld) durch die Stellung eines eigenen Antrags (selbst oder vertreten durch den Notar) das Eintragungsverfahren in der Hand halten, weil der betroffene Bewilligende (zB der Grundstückseigentümer) nur seinen eigenen Antrag zurücknehmen kann, aber damit das Eintragungsverfahren noch nicht beendet ist und die **Bewilligung des Betroffenen nicht zurückgenommen werden kann**.[356]

158 Ist eine **Bewilligung unwirksam geworden**, weil alle Eintragungsanträge zurückgenommen oder zurückgewiesen wurden, so **kann sie grundsätzlich nicht mehr für ein späteres Eintragungsverfahren verwen-**

---

347 *Rademacher* MittRhNotK 1983, 105, 110; *Geißler* BWNotZ 1991, 48, 49; *Eickmann* GBVerfR, Rn 189; *Schöner/Stöber* Rn 107.

348 BayObLG DNotZ 1994, 182; *Eickmann* GBVerfR, Rn 189; *Geißler* BWNotZ 1991, 48, 49; *Rademacher* MittRhNotK 1983, 105, 111.

349 *Eickmann* GBVerfR, Rn 189; *Rademacher* MittRhNotK 1983, 105, 111.

350 OLG Jena Rpfleger 2001, 298; *Ertl* DNotZ 1967, 351; *Rademacher* MittRhNotK 1983, 105, 110; *Geißler* BWNotZ 1991, 48, 49; *Eickmann* GBVerfR, Rn 189.

351 *Demharter* § 19 Rn 114d; *Kössinger* in *Bauer/von Oefele* § 19 Rn 106, 109; *Schöner/Stöber* Rn 107; *Eickmann* GBVerfR, Rn 190 Beispiel 36 a; *Rademacher* MittRhNotK 1983, 105, 110; *Geißler* BWNotZ 1991, 48, 49.

352 *Kössinger* in *Bauer/von Oefele* § 19 Rn 106.

353 *Kössinger* in *Bauer/von Oefele* § 19 Rn 109; *Demharter* § 19 Rn 114d.

354 BGHZ 84, 202 = Rpfleger 1982, 414; OLG Hamm Rpfleger 1989, 148; *Demharter* § 19 Rn 114d; *Kössinger* in *Bauer/von Oefele* § 19 Rn 106, 109; *Schöner/Stöber* Rn 107; *Eickmann* GBVerfR, Rn 190 Beispiel 36 a; *Rademacher* MittRhNotK 1983, 105, 110; *Geißler* BWNotZ 1991, 48, 49.

355 OLG Jena Rpfleger 2001, 298; *Kössinger* in *Bauer/von Oefele* § 19 Rn 117; *KEHE-Munzig* § 19 Rn 174; *Eickmann* GBVerfR, Rn 190 Beispiel 36 e; *Rademacher* MittRhNotK 1983, 105, 110.

356 *Rademacher* MittRhNotK 1983, 105, 110.

det werden, und zwar selbst dann nicht, wenn sie beim Grundbuchamt verblieben ist.[357] Hat also beispielsweise nur der Grundstückseigentümer als Betroffener die Eintragung einer Grundschuld beantragt unter Vorlage seiner notariell beglaubigten Bewilligung, so kann nach seiner Antragsrücknahme der Grundschuldgläubiger nicht mit dem Hinweis auf die in den Grundakten gebliebene Bewilligung die Grundbucheintragung herbeiführen. Denn eine Eintragungsbewilligung, die beim Grundbuchamt eingereicht wird, um einem bestimmten Eintragungsantrag zum Erfolg zu verhelfen, kann jedenfalls nach Zurücknahme dieses Antrags selbst dann, wenn die Bewilligung beim Grundbuchamt verblieben ist, nicht zugunsten eines anderen Antragstellers wirken, der erst nachträglich, nämlich nach der infolge der Antragsrücknahme eingetretenen Beendigung des früheren Verfahrens, ein neues Verfahren einleitet. Dies widerspräche dem Grundsatz, dass Verfahrenshandlungen nicht schlechthin gestaltend wirken, sondern nur die Grundlage für eine Entscheidung abgeben; unterbleibt eine Entscheidung, so ist die Wirkung der Verfahrenshandlungen beendet. Eine unwirksame Bewilligung hat das Grundbuchamt unverzüglich dem Einreicher zurückzugeben.[358] Eine erneute Verwendung der Bewilligung gegen den Willen des Bewilligenden darf nicht erfolgen, da dies eine unzulässige Beschaffung von Eintragungsunterlagen wäre.[359]

Eine auf Grund Zurücknahme oder Zurückweisung aller Eintragungsanträge **unwirksame Bewilligung kann jedoch wieder wirksam und damit Grundlage eines neuen Verfahrens werden**, wenn die Tatbestände für das Wirksamwerden einer Bewilligung wieder eintreten.[360] Es kommt nicht darauf an, ob das Grundbuchamt in diesem Fall dem Bewilligenden die Bewilligung zurückgibt oder nicht und ob das Grundbuchamt eine beglaubigte Abschrift zurückbehält oder nicht. In einem neuerlichen Eintragungsverfahren darf die Bewilligung nur dann zur Eintragungsgrundlage gemacht werden, wenn ein Tatbestand für ihr Wirksamwerden neuerlich eingetreten ist, also nicht allein deshalb, weil die Bewilligung nicht zurückgegeben worden und eine beglaubigte Abschrift davon beim Grundbuchamt zurückgehalten worden ist. Reicht der betroffene Bewilligende eine früher unwirksam gewordene Bewilligung erneut beim Grundbuchamt ein (ob in Ausfertigung oder beglaubigter Abschrift ist unerheblich), so ist diese Vorlage damit von seinem Willen umfasst, die Bewilligung wird wieder wirksam und kann damit eine Grundbucheintragung rechtfertigen.[361] Will der Begünstigte nach Rücknahme des allein vom betroffenen Bewilligenden ausgehenden einzigen Antrags die Bewilligung zur erneuten Eintragungsgrundlage machen, so muss er sie in Ausfertigung oder Urschrift vorliegen oder muss sich auch auf ein Tatbestand stützen (nachgewiesen nach den Verfahrensgrundsätzen des Grundbuchverfahrens), der der Aushändigung gleichsteht.[362] Der Bewilligende kann also, wenn er der einzige Antragsteller ist, die Bewilligung als Verfahrensgrundlage für dieses Eintragungsverfahren aufgrund seines Antrags beseitigen, er kann aber nicht verhindern, dass andere, die im Besitz der Urschrift oder einer Ausfertigung der Bewilligung sind oder einen Tatbestand zur Seite haben, der die Aushändigung ersetzt, die Bewilligung aufgrund eigenen Antrags zur Verfahrensgrundlage bereits gemacht haben (dann bewirkt die Rücknahme des Antrags durch den Bewilligenden nichts) oder erneut machen. Insofern ist die Bewilligung nicht mehr rücknehmbar. Will der Bewilligende auch in diesen Fällen die Rücknahme seiner Bewilligung erreichen, muss er ein Gebrauchmachen im Grundbuchverfahren (auch in einem neuen) verhindern. Grundbuchverfahrensmäßig hat er dazu keine Möglichkeit. Ob der Bewilligende die aufgrund dieser Rechtslage benötige Antragsrücknahme anderer und Rückgabe aller Urschriften und Ausfertigungen der Bewilligung sowie den Verzicht auf gesetzliche Ansprüche auf Urschriften oder Ausfertigungen verlangen kann, ist nicht eine Frage des Verfahrensrecht, sondern des materiellen Rechts. Eine eingetretene Bindung an die sachenrechtliche, materiellrechtliche Erklärung, vor allem an die Einigung, hat mit der formellen Bewilligung nichts zu tun und besagt nichts darüber, ob sie zurückgenommen werden kann oder nicht. Hat der Bewilligende einen materiellen Anspruch darauf, das von seiner wirksam gewordenen Bewilligung keinen Gebrauch gemacht wird, muss er den Begünstigten nach materiellem Recht durch Klage auf Rückgabe der Urschriften und Ausfertigungen, Rücknahme des gestellten Antrags und Verzicht auf die gesetzlichen Ansprüche auf Urschriften und Ausfertigungen geltend machen. Als vorläufiger Rechtsschutz dient ein Erwerbsverbot mittels einstweiliger Verfügung.

Wurde **aufgrund der Bewilligung eine Grundbucheintragung vorgenommen**, so hat sie ihren Zweck erfüllt und ist damit verbraucht; eine Rücknahme kommt dann nicht mehr in Betracht.[363] Die Bewilligung kann nicht mehr Grundlage für eine erneute Eintragung sein, selbst dann nicht, wenn die ursprüngliche

159

160

---

357 BGH DNotZ 1983, 309 = Rpfleger 1982, 414 = NJW 1982, 2817 = BGHZ 84, 202; *Kössinger* in *Bauer/von Oefele* § 19 Rn 108; *Schöner/Stöber* Rn 107; *Eickmann* GBVerfR, Rn 189, 190 Beispiel 36 b; *Ertl* Rpfleger 1982, 407; *Rademacher* MittRhNotK 1983, 105, 110.

358 KEHE-*Munzig* § 19 Rn 176.

359 *Eickmann* GBVerfR, Rn 189; KEHE-*Munzig* § 19 Rn 172.

360 OLG Frankfurt NJW–RR 1995, 785; *Demharter* § 19 Rn 114d; *Kössinger* in *Bauer/von Oefele* § 19 Rn 106; *Schöner/Stöber* Rn 107; *Rademacher* MittRhNotK 1983, 105, 110; *Geißler* BWNotZ 1991, 48, 49.

361 *Schöner/Stöber* Rn 107; *Demharter* § 19 Rn 114d.

362 *Schöner/Stöber, Demharter* je aaO.

363 BayObLG NJW–RR 1997, 1511; *Demharter* § 19 Rn 114c; *Kössinger* in *Bauer/von Oefele* § 19 Rn 105; *Geißler* BWNotZ 1991, 48, 49.

Grundbucheintragung zu Recht oder zu Unrecht gelöscht wird.[364] Zur Wiederherstellung der gelöschten Eintragung bedarf es einer neuen Bewilligung (§ 19) oder eines Unrichtigkeitsnachweises (§ 22).[365]

4. Nichtigkeit und Anfechtbarkeit

161 Die Bewilligung ist eine Verfahrenserklärung. Sie kann deshalb **nicht nichtig sein** (zB als Scheingeschäft, wegen Verstoßes gegen ein gesetzliches Verbot oder gegen die guten Sitten oder gegen Treu und Glauben) **oder angefochten werden** nach den allgemeinen Vorschriften des BGB (zB wegen Irrtums, Drohung oder Täuschung).[366] In diesen Fällen kommt nur eine Rücknahme der Bewilligung in Betracht. Liegen die Voraussetzungen dafür nicht vor, bleibt nur die Klage und einstweilige Verfügung, deren Anspruchsgrundlagen sich nach dem materiellen Recht richten.

VII. Bewilligung durch den Vertreter

162 Vgl dazu ausführlich **Einl I.**

VIII. Beteiligtenfähigkeit des Begünstigten

163 Die Bewilligung abgeben muss der Betroffene. Zur wirksamen Abgabe dieser Verfahrenserklärung muss der Bewilligende verfahrensfähig sein, was sich entsprechend der Prozessfähigkeit im Zivilprozess beurteilt (§ 52 ZPO analog). Diese Verfahrensfähigkeit des Bewilligenden muss das Grundbuchamt stets von Amts wegen prüfen (vgl ausführlich dazu Einl F Rdn 63 ff). Vom Begünstigten ist für eine Grundbucheintragung idR keine Erklärung notwendig, so das das Grundbuchamt auch seine Verfahrensfähigkeit nicht zu prüfen braucht. Der Begünstigte (zB Gläubiger einer einzutragenden Grundschuld, Zessionar einer Hypothek) muss jedoch beteiligtenfähig sein, dh analog § 50 ZPO rechtsfähig (vgl Einl F Rdn 41). Das Grundbuchamt darf jedoch grundsätzlich keine Nachforschungen über die Beteiligtenfähigkeit, dh **Rechtsfähigkeit**, des Begünstigten anstellen; es genügt daher, wenn der Begünstigte beteiligtenfähig sein kann und die in der Bewilligung zu seiner Bezeichnung gemachten Angaben der Wirklichkeit entsprechen können.[367] Weiß das Grundbuchamt allerdings mit Sicherheit, dass der Begünstigte nicht mehr existiert (zB weil die natürliche Person verstorben ist, die juristische Personen voll beendet ist, dh auch als Liquidationsgesellschaft nicht mehr besteht), so muss es die Eintragung ablehnen;[368] Gleiches gilt, wenn das Grundbuchamt aufgrund konkreter Anhaltspunkte berechtigte Zweifel an der Richtigkeit der in der Bewilligung gemachten Angaben hat.[369] Das Grundbuchamt darf also grundsätzlich nicht den Nachweis verlangen, dass der gewinnende Teil noch lebt, dass er verheiratet und ledig ist, dass er erzeugt oder geboren ist, dass er in einem bestimmten Güterstand lebt, dass eine juristische Personen oder Personengesellschaft existiert und rechtsfähig ist, dass der Begünstigte überhaupt die Fähigkeit hat, Beteiligter zu sein, also rechtsfähig ist. In den Fällen des § 19 genügt es also, dass die **Beteiligtenfähigkeit abstrakt denkbar ist**, und zwar beurteilt nach dem Inhalt der Bewilligung. Stirbt der in der Eintragungsbewilligung bezeichnete Begünstigte (zB einer Reallast), so ist das Recht zugunsten des Erben einzutragen, ohne dass es einer Ergänzung der Bewilligung bedarf, wenn dies unter Nachweis des Erbrechts (§ 35) beantragt wird.[370] Zu der Frage, welche natürlichen und juristischen Personen überhaupt beteiligtenfähig sind, vgl ausführlich **Einl F Rdn 42 ff.**

164 Auch die Frage, ob der Begünstigte erwerben will, hat das Grundbuchamt nicht zu prüfen.[371] Im Falle des § 19 kommt es eben nur auf die Erklärung und den Willen des Betroffenen an, der **Erwerbswille des Begünstigten spielt keine Rolle**. Es kann deshalb durchaus vorkommen, dass für den Begünstigten eine Eintragung erfolgt, obwohl er davon gar nichts weiß oder diese auch nicht will. Dies ist aber die Rechtsfolge des formellen Konsensprinzips des § 19. Liegt einer Grundbucheintragung tatsächlich kein Erwerbswille des Begünstigten zugrunde und erklärt er sich auch nachträglich nicht damit einverstanden (vgl § 879 Abs 2 BGB), so ist das Grundbuch auf Dauer unrichtig. Hat das Grundbuchamt daher davon Kenntnis, darf es die Grundbucheintragung nicht vornehmen.[372] Zu der Frage, welche Auswirkungen ein **Erwerbsverbot** im Grundbuchverfahren hat, vgl ausführlich **§ 18 Rdn 97–101.**

---

364 *Demharter* § 19 Rn 114c.
365 BayObLG MittBayNot 1995, 42; *Demharter* § 19 Rn 114c.
366 OLG Jena Rpfleger 2001, 298; *Kössinger* in *Bauer/von Oefele* § 19 Rn 103; *Demharter* § 19 Rn 115; KEHE-*Munzig* § 19 Rn 182; *Eickmann* GBVerfR, Rn 101.
367 KG JFG 7, 276; OLG Düsseldorf NJW 1952, 32; *Demharter* § 19 Rn 96; *Kössinger* in *Bauer/von Oefele* § 19 Rn 68.
368 OLG Frankfurt Rpfleger 1997, 107; *Kössinger* in *Bauer/von Oefele* § 19 Rn 68, 74; *Demharter* § 19 Rn 96.
369 KEHE-*Munzig* § 19 Rn 209.
370 LG Düsseldorf Rpfleger 1997, 14.
371 *Demharter* § 19 Rn 95; KEHE-*Munzig* § 19 Rn 211; *Kössinger* in *Bauer/von Oefele* § 19 Rn 72.
372 KEHE-*Munzig* § 19 Rn 211.

IX. Öffentlich-rechtliche Verfügungsbeschränkungen und Vorkaufsrechte

Vgl dazu ausführlich **Einl J.**   165

X. Verletzung des § 19

§ 19, der für eine Grundbucheintragung nur die formelle Bewilligung des davon Betroffenen verlangt, ist eine   166
verfahrensrechtliche Ordnungsvorschrift. Erfolgt daher eine Grundbucheintragung, ohne dass überhaupt eine
Bewilligung vorliegt, so ist die Eintragung trotzdem wirksam und das **Grundbuch richtig**, wenn die materiellrechtlichen Erklärungen (zB dingliche Einigung nach § 873 BGB, Aufgabeerklärung gem § 875 BGB, materielle Bewilligung nach § 885 BGB) vorhanden sind; die Verletzung der formellen Vorschrift des § 19 hat somit
keine materiellrechtlichen Folgen.[373] Eine Grundbucheintragung ohne Bewilligung erfolgt damit zwar unter
Verletzung gesetzlicher Vorschriften (vgl § 53 Abs 1 S 1), ist aber **materiellrechtlich unschädlich**. Daraus
folgt, dass die Grundbucheintragung auch wirksam ist, wenn eine irgendwie fehlerhafte, unwirksame, inhaltlich
nicht genügende oder nicht formgerechte Bewilligung gegeben ist. Die Rechtsänderung tritt jedoch nur ein,
wenn deren materiellrechtliche Voraussetzungen vorliegen oder nachträglich eintreten oder gutgläubiger
Erwerb nachfolgt. Dies gilt auch dann, wenn die Bewilligungsmacht oder die Bewilligungsbefugnis fehlen.

Fehlt außer der formellen Bewilligung auch die rechtswirksame materielle Einigung oder einseitige Erklärung,   167
so tritt durch die Grundbucheintragung die Rechtsänderung nicht ein, das **Grundbuch wird unrichtig** und
der Berichtigungsanspruch nach den §§ 894, 899 BGB ist gegeben. Beruht dies auf einer Verletzung des § 19,
so ist zur Verhütung des Erwerbs aufgrund des öffentlichen Glaubens des Grundbuchs nach § 53 ein Widerspruch von Amts wegen einzutragen.[374] Beim **Fehlen der materiellrechtlichen Voraussetzungen** wird das
Grundbuch auch dann unrichtig, wenn die **formelle Bewilligung des Betroffenen für die Grundbucheintragung vorliegt.**[375]

---

373 BayObLGZ 2000, 179; *Demharter* § 19 Rn 17; KEHE-*Munzig* § 19 Rn 2; *Kössinger* in *Bauer/von Oefele* § 19 Rn 304;
     Schöner/Stöber Rn 96; *Eickmann* GBVerfR, Rn 117; *Rademacher* MittRhNotK 1983, 105.
374 *Kössinger* in *Bauer/von Oefele* § 19 Rn 306.
375 *Kössinger* in *Bauer/von Oefele* § 19 Rn 305; *Eickmann* GBVerfR, Rn 117; *Rademacher* MittRhNotK 1983, 105.

§ 20 (Nachweis der Einigung)

Im Falle der Auflassung eines Grundstücks sowie im Falle der Bestellung, Änderung des Inhalts oder der Übertragung eines Erbbaurechts darf die Eintragung nur erfolgen, wenn die erforderliche Einigung des Berechtigten und des anderen Teils erklärt ist.

Schrifttum

Amann, Eigentumserwerb unabhängig vom ausländischen Güterrecht?, MittBayNot 1986, 222; *ders,* Notarielle und gerichtliche Verfahren zur Durchsetzung des Eigentumsverschaffungsanspruchs des Immobilienkäufers, MittBayNot 2001, 150; *Ascher,* Die Pfändung des Anwartschaftsrechts aus bedingter Übereignung, NJW 1955, 46; *Bassenge,* Der Eintritt der Bindung an die Auflassung, Rpfleger 1977, 8; *Bauknecht,* Die Pfändung des Anwartschaftsrechts aus bedingter Übereignung, NJW 1955, 451; *Beck,* Zur verdeckten Nachverpfändung von Grundstücken, NJW 1970, 1781; *Behmer,* Die Eintragungsbewilligung in den Fällen des § 20 GBO, Rpfleger 1984, 306; *Beutien,* Zur Voreintragung bei Kettenauflassung, Rpfleger 1962, 370; *Bindseil,* Konsularisches Beurkundungswesen, DNotZ 1993, 5; *Birk,* Ausländische Vermächtnisse im deutschen Sachenrecht, ZEV 1995, 283; *Blomeyer,* Die Umformung des Eigentumsverschaffungsanspruchs durch Verpfändung – Zur Systematik der §§ 1281, 1282 und ihrer Bedeutung für das Grundbuchverfahren, Rpfleger 1970, 228; *Böhringer,* Erwerb und Veräußerung von Grundbesitz durch eingetragene Lebenspartner, Rpfleger 2002, 299; *ders,* »Überholende« Rechtsvorgänge zwischen Auflassung und Grundbucheintragung, RpflJB 1994, 223; *ders,* Klarstellungsvermerk zum Eintragungsvermerk bei wiederholter Auflassung, NotBZ 2004, 13; *Böttcher,* Praktische Fragen des Erbbaurechts, 5. Aufl, 2005; *ders,* Verfügungsbeschränkungen, Rpfleger 1984, 377 und 1985, 1; *Brambring,* Mitbeurkundung der Auflassung beim Grundstückskaufvertrag?, FS Hagen, 1999, S 251; *ders,* Zur Anerkennung der ausländischen Beurkundung bei Geltung des deutschen Rechts, NJW 1975, 1255; *Buchholz,* Abstraktionsprinzip und Immobiliarrecht. Zur Geschichte der Auflassung und der Grundschuld (1978); *Deimann,* Die Bedeutung eines ausländischen Güterstandes im Grundbuchverfahren, BWNotZ 1979, 3; *Demharter,* Schiedsspruch mit vereinbartem Wortlaut und Grundbucheintragung, ZflR 1998, 445; *Döbereiner,* Rechtsgeschäfte über inländische Grundstücke mit Auslandsberührung, ZNotP 2001, 465; *Dörfelt,* Die Gesellschaft des bürgerlichen Rechts als Instrument zur Erleichterung des Grundstücksverkehrs, DB 1979, 1153; *Eickmann,* Die Gesellschaft bürgerlichen Rechts im Grundbuchverfahren, Rpfleger 1985, 85; *Ertl,* Sind die Abtretung und Verpfändung des Auflassungsanspruchs und die Verpflichtungsgeschäfte dazu noch formfrei?, DNotZ 1976, 68; *ders,* Probleme und Gefahren bei der Abtretung des Auflassungsanspruchs, DNotZ 1977, 81; *ders,* Antrag, Bewilligung und Einigung im Grundstücks- und Grundbuchrecht, Rpfleger 1980, 41; *ders,* Form der Auflassung eines Grundstücks – Aufgaben des Notars, MittBayNot 1992, 102; *Fuchs-Wissemann,* Form der Auflassung nach § 925 Abs.1 Sätze 1 u. 2 BGB und der Einigung nach den §§ 20, 29 Abs.1 GBO, Rpfleger 1977, 9 und 1978, 431; *Geimer,* Konsularisches Notariat, DNotZ 1978, 3; *Gotzler,* Notwendiger Zusammenhang zwischen Einigung und Eintragung im Grundbuch, NJW 1973, 2014; *Geißel,* Der Teilflächenverkauf, MittRhNotK 1997, 333; *Grauel,* Verlängerung der Laufzeit eines Erbbaurechts und Aufhebung eines Erbbaurechts, ZNotP 1998, 456; *Haegele,* Streitfragen und Probleme des Erbbaurechts, Rpfleger 1967, 279; *ders,* Muster eines Erbbaurechtsvertrags mit Erläuterungen, BWNotZ 1972, 21 und 45; *ders,* Rechtsfragen bei Veräußerung eines Grundstücksteils, Rpfleger 1973, 272; *Habersack,* Das Anwartschaftsrecht des Auflassungsempfängers – gesicherter Bestand des Zivilrechts oder überflüssiges Konstrukt der Wissenschaft?, JuS 2000, 1145; *Hager,* Die Anwartschaft des Auflassungsempfängers, JuS 1991, 1; *Heinz,* Beurkundung von Erklärungen zur Auflassung deutscher Grundstücke durch im Ausland bestellter Notare, ZNotP 2001, 460; *Hintzen,* Pfändung des Eigentumsverschaffungsanspruchs und des Anwartschaftsrechts aus der Auflassung, Rpfleger 1989, 439; *Hoche,* Verpfändung und Pfändung des Anspruchs des Grundstückskäufers, NJW 1955, 161; *Huhn,* Zur Abtretung und Verpfändung des Auflassungsanspruchs, Rpfleger 1974, 2; *ders,* Form und Nachweis der Auflassung, Rpfleger 1977, 199; *Joswig,* Grundstücksverwechslung im notariellen Kaufvertrag, ZflR 2002, 101; *Kanzleiter,* Der Schutz des Grundstücksverkäufers vor vollständiger Zahlung des Kaufpreises, DNotZ 1996, 242; *ders,* Die ungenaue Bezeichnung des veräußerten Grundstücks im Veräußerungsvertrag, MittBayNot 2002, 13; *Keim,* Die notarielle Vorlagesperre – Begründung einer Vorleistungspflicht oder Sicherungsinstrument im Rahmen der Zug-um-Zug-Abwicklung?, MittBayNot 2003, 21; *Kesseler,* Das Verhältnis der Eintragungsbewilligung zur Einigung, ZNotP 2005, 176; *Köbl,* Die Bedeutung der Form im heutigen Recht, DNotZ 1983, 207; *ders,* Falsa demonstratio non nocet?, Verstoß gegen den Formzwang, DNotZ 1983, 598; *König,* Verlängerungsmöglichkeiten im Erbbaurecht, MittRhNotK 1989, 261; *Kuchinke,* Zur Rechtsstellung des Auflassungsempfängers als Kreditunterlage und Haftungsobjekt, JZ 1964, 145; *Lange,* Übertragung, Verpfändung und Pfändung des Anwartschaftsrechts im Immobiliarsachenrecht, Diss Köln 1978; *Lehmann,* Zur Aufhebung eines Anwartschaftsrechts an einem Grundstück, DNotZ 1987, 142; *Löwisch/Friedrich,* Das Anwartschaftsrecht des Auflassungsempfängers und die Sicherung des Eigentümers bei rechtsgrundloser Auflassung, JZ 1972, 302; *Lohr,* Das Anwartschaftsrecht aus Auflassung unter besonderer Berücksichtigung der Vormerkung, Diss Köln 1966; *Ludwig,* Die Verpfändung des Auflassungsanspruchs, DNotZ 1992, 339; *Marotzke,* Das Anwartschaftsrecht – ein Beispiel sinnvoller Rechtsfortbildung?, 1977; *Medicus,* Das Anwartschaftsrecht des Auflassungsempfängers, DNotZ 1990, 275; *Meyer-Stolte,* Eigentumsübertragung bei Zugewinnausgleich, Rpfleger 1976, 6; *Münzberg,* Abschied von der Pfändung des Auflassungsanwartschaft?, FS Schiedermair, 1976, S 439 ff; *Pajunk,* Die Beurkundung als materielles Formerfordernis der Auflassung, 2002; *Panz,* Gütergemeinschaft und Auflassung: Über den Inhalt der Einigung im Sachenrecht, BWNotZ 1979, 86; *Pfister,* In welchem Zeitpunkt muss der die Verfügung eines Nichtberechtigten Genehmigende Verfügungsmacht haben?, JZ 1969, 623; *Pikalo,* § 137 BGB in der Praxis des Rechtslebens, DNotZ 1972, 644; *Rahn,* Die Problematik der Verurteilung zur Auflassung Zug um Zug gegen Zahlung des Kaufpreises, BWNotZ 1966, 266; *Rehle,* Grundstückserwerb durch Ehegatten, DNotZ 1979, 196; *Reinicke/Tiedtke,* Das Anwartschaftsrecht des Auflassungsempfängers und die Formbedürftigkeit eines Grundstückskaufvertrages, NJW 1982, 2281; *Reithmann,* Geschäftsfähigkeit und Verfügungsbefugnis nach deutschem internen Recht und Kollisionsrecht, DNotZ 1967, 232; *ders,* Anspruchsverpfändung als Zwischensicherung bei der Kaufpreisfinanzierung, DNotZ 1983, 716; *Riedel,* Erklärung der Auflassung vor einem ausländischen Notar, DNotZ 1955, 521; *Schmeinck,* Beurkundungsrechtliche Fragen bei Beteiligung von Personengesellschaften am Grundstücksverkehr, MittRhNotK 1982, 97; *K Schmidt,* Ehegatten – Miteigentum oder »Eigenheim – Gesellschaft«? – Rechtszuordnungsprobleme bei gemeinschaftlichem Grundeigentum, AcP 182 (1982), 481; *ders,* Auflassung an nichteingetragene KG, JuS 1984, 392; *ders,* Zur Vermögenszuordnung der Gesamthands – BGB – Gesellschaft, JZ 1985, 909; *S Schmidt,* Umwandlungen im Bereich der Personalgesellschaften, insbesondere die Verschmelzung oder Realteilung solcher Gesellschaften, BWNotZ 1977, 116; *W Schmidt,* Zur Unwirksamkeit von Auflassungen in Prozessvergleichen der Familiengerichte bei der Verwendung der rechtsge-schäftlichen Bedingung: »Für den Fall der rechtskräftigen Scheidung der Ehe«, SchlHA 1980, 81; *Schneider,* Kettenauflassung und Anwartschaft, MDR 1994, 1057; *Schöner,* Auflösend bedingte Anspruchsverpfändung als Zwischensicherung zur Kauf-preisfinanzierung – ein riskanter Weg, DNotZ 1985, 598; *Schulte,* Was kann Inhalt eines Erbbaurechtes sein?, BWNotZ 1961, 315; *Sieveking,* Gesellschafterwechsel zwischen Auflassung und Eintragung, MDR 1979, 373; *Stahl-Sura,* Formen der Bestellung eines Erbbaurechts, DNotZ 1981, 604; *Staudenmaier,* Grundstücksbezeichnung in notariellen Urkunden, BWNotZ 1964, 4; *ders,* Teilübertragung von Geschäftsanteilen und Erbteilen, DNotZ 1966, 724; *Stöber,* Unrichtige Bezeich-nung des Grundstücks in der notariellen Praxis, MittBayNot 1973, 3; *ders,* Verpfändung des Eigentumsübertragungsanspruchs und Grundbucheintragung, DNotZ 1985, 587; *Streuer,* Auflassung und Einwilligung zur Weiterveräußerung – eine Frage der Auslegung?, Rpfleger 1998, 314; *Strober,* Probleme der unrichtigen Bezeichnung des Grundstücks in der notariellen Praxis, MittBayNot 1973, 3; *Tetenberg,* Die Anwartschaft des Auflassungsempfängers, 2006; *Tiedtke,* Universalsukzession und Güter-gemeinschaft, FamRZ 1976, 510; *ders,* Grundstückserwerb von Ehegatten in Gütergemeinschaft, FamRZ 1979, 370; *Wacke,* Der Schutzzweck des Beurkundungszwanges bei Grundstückskaufverträgen, JZ 1971, 684; *Walchshöfer,* Die Erklärung der Auflassung in einem gerichtlichen Vergleich, NJW 1973, 1103; *Walter,* Der gebundene Miteigentümer – Beschränkbarkeit der Verfügung über einen Miteigentumsanteil?, DNotZ 1975, 518; *Wenz,* Die Gesellschaft bürgerlichen Rechts im Grund-stücksverkehr, MittRhNotK 1996, 377; *Weser,* Die Erklärung der Auflassung unter Aussetzung der Bewilligung der Eigen-tumsumschreibung, MittBayNot 1993, 253; *G Winkler,* Einseitige Erklärungen des Käufers in der Angebotsurkunde des Ver-käufers, DNotZ 1971, 354; *ders,* Verfügungen des bedingten Grundstückseigentümers, MittBayNot 1978, 1; *K Winkler,* Beurkundung im Ausland bei Geltung deutschen Rechts, NJW 1972, 981; *Wirner,* Zur Bezeichnung noch zu vermessender Teilflächen im Hinblick auf den Bestimmtheitsgrundsatz im Grundbuchrecht, MittBayNot 1981, 221; *Wolfsteiner,* Bewilli-gungsprinzip, Beweislast und Beweisführung im Grundbuchverfahren, DNotZ 1987, 67; *Wufka,* Rechtseinheit zwischen Kausalgeschäft und Einigung bei Erbbaurechtsbestellung, DNotZ 1985, 651; *ders,* Einzelne Problembereiche des Erbbau-rechts, MittBayNot 1989, 13.

Übersicht

I. Allgemeines

1. Materielles Konsensprinzip

1   Vgl dazu: Einl D Rdn 6.

2. Normzweck

2   Der oberste Grundsatz des Grundbuchverfahrensrechts besagt, dass für eine Grundbucheintragung grundsätzlich nur die einseitige und formelle Bewilligung des davon Betroffenen erforderlich und das jeweilige zugrunde liegende materielle Rechtsgeschäft nicht nachzuweisen ist (§ 19). Für den Eigentumswechsel an Grundstücken und der Bestellung, Übertragung und Inhaltsänderung eines Erbbaurechts macht § 20 davon eine Ausnahme: In diesen Fällen muss dem Grundbuchamt neben der formellen Bewilligung des § 19 auch die materielle Einigung des § 873 BGB nachgewiesen werden. Auch die zusätzliche verfahrensmäßige Komponente des § 20 dient dem Zweck des Grundbuchverfahrens. Auch hier soll das Verfahren einfach, schnell, aber doch sicher gestaltet werden. Zwar kann die Sicherheit in Verfahrensordnungen nachrangig sein, in bestimmten Fällen ergibt sich aber ein Handlungsbedarf für den Gesetzgeber dahin, der Sicherheit mehr, wenn auch nicht die alleinige Bedeutung zuzumessen. Motiv für den Gesetzgeber war auch ursprünglich nur, die Einhaltung des § 925 BGB zu sichern und zu schützen und öffentlich – rechtlichen Zwecken, vor allem Steuerzwecken, zum Durchbruch zu verhelfen.[1] Heute ist der Normzweck des § 20 erweitert. Er geht in erster Linie dahin, die **Übereinstimmung zwischen dem Grundbuchinhalt und den materiellen Rechtsverhältnissen** herbeizuführen und bloße Buchberechtigungen zu verhindern.[2] Diesem grundsätzlich Interesse wird beim Grundstückseigentum und dem Erbbaurecht besondere Bedeutung beigemessen wegen der mit diesen Instituten verbundenen weittragenden privat – und öffentlich-rechtlichen Folgen. Eine Grundbuchunrichtigkeit in diesen Fällen hätte weit größere Bedeutung als etwa bei der Frage, wer Inhaber einer Dienstbarkeit ist, die nur auf Grund der formellen Bewilligung des Betroffenen eingetragen wird. An das Eigentum knüpft die Rechtsordnung beispielsweise umfangreiche Pflichten (zB Verkehrssicherung, Haftung für Steuern und Abgaben, Störerhaftung).[3]

3   § 20 gewährleistet iVm §§ 925, 925a BGB die Einhaltung des rechtspolitisch unerlässlichen § 311b Abs 1 BGB. Existierte § 20 nicht, könnte etwa auf Grund materiell formloser, verfahrensmäßig notariell beglaubigter Eintragungsbewilligung ein Wechsel des Eigentümers eingetragen werden, bei dem dann möglicherweise die Auflassung und deren heilende Wirkung nach § 311b Abs 1 S 2 BGB fehlen; dies wäre Quelle vieler Streitigkeiten, die gerade vermieden werden sollen. § 20 ist vom Normzweck her die zwingend gebotene **Ergänzung der §§ 311b Abs 1, 925, 925a BGB**. Dieser Normzweck rechtfertigt es, die mit den zusätzliche Erfordernissen des § 20 verbundenen Verluste an Einfachheit und Schnelligkeit des Verfahrens in Kauf zu nehmen.

---

1 *Wolfsteiner* DNotZ 1987, 74.
2 *Demharter* § 20 Rn 2; *Kössinger* in *Bauer/von Oefele* § 20 Rn 13.
3 *Kössinger* in *Bauer/von Oefele* § 20 Rn 8.

3. Verfahrensvorschrift

§ 20 ändert aber nichts daran, dass über die Eintragung im Grundbuch das Grundbuchverfahrensrechts entscheidet. § 20 ist vielmehr geradezu eine Verkörperung des Grundsatzes, dass eine Eintragung im Grundbuch nur unter Beachtung der Vorschriften der hier maßgebenden Verfahrensordnung, der Grundbuchordnung, erfolgen darf. Im Grundbuchverfahren darf in den Fällen des § 20 in das Grundbuch nur dann eingetragen werden, wenn die Bewilligung des § 19 und der Nachweis der Einigung des § 20 gegeben sind. Eine Eintragung ohne Nachweis der Einigung ist unter Verletzung gesetzlicher Vorschriften vorgenommen worden (§ 53 Abs 1 Satz 1). Ob die Eintragung durch diesen Verfahrensfehler in ihrer materiellen Wirksamkeit berührt wird oder nicht, ist dadurch nicht beantwortet, sondern richtet sich nach den §§ 873, 925 BGB. Bei einer materiell wirksamen, wenn auch formell nicht nachgewiesenen Einigung, wird die materielle Rechtsänderung herbeigeführt, obwohl dies wegen § 20 verfahrensmäßig fehlerhaft ist. § 20 sieht keine Verfahrenserklärung vor. Die Norm setzt nur zusätzliche Nachweiserfordernisse. Das Beibringen eines Nachweises ist keine Verfahrenserklärung. Dies ist zum Verständnis der Vorschrift des § 20 unerlässlich. Es gibt durchaus Fälle, in denen der Nachweis, den § 20 verlangt, geführt ist, der Nachweis aber nicht dem entspricht, was in der Tat materiell erfolgt ist (zB die Erklärung der Auflassung durch einen unerkannt Geisteskranken). Umgekehrt sind Fälle denkbar, in denen dem materiellen Einigungserfordernis, insbesondere dem § 925 BGB, Genüge getan ist, nicht aber dem formellen Nachweiserfordernis des § 20; dies ist etwa gegeben, wenn die materiellen Erklärungen nicht § 28 oder § 29 entsprechen; § 20 und § 925 BGB decken sich nicht. Die in § 20 angesprochene Einigung ist eine vertragliche Vereinbarung, die dem materiellen Recht angehört. Auch wenn ihr Nachweis in der Verfahrensvorschrift des § 20 verlangt wird, ist sie trotzdem keine Verfahrenserklärung. Dies würde sonst unnötig einen Doppeltatbestand schaffen, der Schwierigkeiten bringen würde, die die verfahrensrechtliche Lösung gerade vermeidet. Zutreffend und systemgerecht ist es daher, die von § 20 angesprochenen Einigungen, ebenso wie die sonstigen Einigungen (§ 873 BGB), nur dem materiellen Recht zuzuordnen. Eine Grundbucherklärung liegt in diesen sachenrechtlichen Einigungen nicht, weil **§ 20 keine Verfahrenserklärung vorsieht, sondern lediglich eine Verfahrensvoraussetzung**, einen Nachweis verlangt.[4] Dieser verfahrensmäßige Nachweis nach § 20 bestimmt allerdings die Voraussetzungen, unter denen die materielle Einigung im Grundbuchverfahren anerkannt wird; dadurch wird aber der Nachweis selbst noch nicht zu einer Grundbucherklärung. Es trifft zwar zu, dass § 20 andere Anforderungen stellt, als etwa § 925 BGB, und dass deshalb uU eine materiell wirksame Auflassung im Grundbuchverfahren nicht verwendet werden kann, etwa wenn die Auflassung vor dem Notar von beiden Vertragsteilen erklärt wurde, aber mangels Beurkundung diese Erklärungen nicht nachgewiesen werden können. Dies betrifft aber nur den Nachweis der Einigung iSv § 20, der dann nur nicht gebracht werden kann, nicht aber eine Grundbucherklärung. Im Verfahrensrecht der Grundbuchordnung geht es als Verfahrenserklärungen grundsätzlich den Antrag des § 13 und die Bewilligung des § 19, jedenfalls aber keine Verfahrenserklärung nach § 20, die in der materiellen Einigung als Doppeltatbestand enthalten wäre.

4. Notwendigkeit der Bewilligung des § 19

a) Verhältnis von § 20 zu § 19. Die ältere Rechtsprechung vertrat die Auffassung, dass in den Fällen des § 20 dem Grundbuchamt nur die materielle dingliche Einigung nachzuweisen sei und nicht die formelle Bewilligung des von der Grundbucheintragung Betroffenen nach § 19, also es wurde angenommen, § 20 ersetzt § 19 (in Worten: die materielle Einigung ersetzt die formelle Bewilligung).[5] Diese Auffassung hatte ihren Ursprung in der These von der rechtsgeschäftlichen Natur der Eintragungsbewilligung. Schon aus diesem Grund kann dieser Meinung heute keine Bedeutung mehr beigemessen werden, da die Bewilligung des § 19 nach heute unstrittiger Meinung eine reine Verfahrenserklärung ist (vgl § 19 Rdn 29 f). Deshalb ist es heute zu Recht hM,[6] dass in den Fällen des Eigentumswechsels an einem Grundstück und der Bestellung, Übertragung und Inhaltsänderung eines Erbbaurechts dem Grundbuchamt **sowohl die formelle Bewilligung des § 19 als auch die materielle Einigung des § 20 nachzuweisen** sind. Diese Auffassung findet sich auch in zwei Entscheidungen des BGH: In einem Beschluss wird dargelegt, dass »die dingliche Einigung und die gleichzeitig erklärte Eintragungsbewilligung« Art, Inhalt und Umfang des Erbbaurecht festlegen müssten[7] (vgl auch § 14 Abs 1 ErbbauRG). In einem Urteil wird die Fälligkeit des Anspruchs auf Erteilung einer Eintragungsbewilligung geprüft und im Anschluss daran die Begründetheit der Klage auf Erklärung der Auflassung.[8] Auch das BayObLG führt in einer Entscheidung aus, es sei aner-

---

4 *Staudinger-Pfeifer* § 925 Rn 6–8, 101; *Kössinger* in *Bauer/von Oefele* § 20 Rn 2–5; *Ertl* Rpfleger 1980, 41, 49.
5 RGZ 54, 383; 62, 378; 141, 374, 376; KG JFG 15, 158; OLG München JFG 15, 286; BayObLGZ 1948/51, 437; neuerdings vertritt diese Meinung wieder mit ausführlicher Begründung *Kesseler* ZNotP 2005, 176.
6 OLG Stuttgart DNotZ 2008, 456; OLG Köln MittRhNotK 1997, 325, 327; 1997, 328, 329; *Behmer* Rpfleger 1984, 306; *Weser* MittBayNot 1993, 253; *Demharter* § 20 Rn 2; *KEHE-Munzig* § 20 Rn 5–10; *Kössinger* in *Bauer/von Oefele* § 20 Rn 1, 14; *Hesse-Saage-Fischer* § 20 Anm I; *Güthe-Triebel* § 20 Rn 50; *Schöner/Stöber* Rn 97; *Eickmann* GBVerfR, Rn 120; *Staudinger-Gursky* § 873 Rn 257; *Wieling* Sachenrecht, § 19 II 3; *Tetenberg*, Die Anwartschaft des Auflassungsempfängers, 2006, S 24 ff.
7 BGH Rpfleger 1973, 355.
8 BGH Rpfleger 1982, 153.

kannt, dass »regelmäßig« eine Auflassung die Eintragungsbewilligung enthalte.[9] Die Rechtsprechung ist nur verständlich, wenn das Verhältnis von § 20 und § 19 so zu verstehen ist, dass neben der immer notwendigen formellen Bewilligung des § 19 in den Fällen des § 20 daneben, dh zusätzlich die materielle Einigung nachzuweisen ist. Aus der allein sachgerechten, rein verfahrensmäßigen Einordnung der Bewilligung ergibt sich, dass die Frage, ob neben der Einigung in den Fällen des § 20 noch die Eintragungsbewilligung erforderlich ist, schon im Ansatz falsch gestellt ist. Da es an Verfahrenserklärungen grundsätzlich nur den Eintragungsantrag des § 13 und die Eintragungsbewilligung des § 19 gibt, sind diese Verfahrenshandlungen im Grundbuchverfahren stets nötig, ob sie entbehrlich sind, stellt sich gar nicht. Ob neben der Einigung eine Bewilligung nötig ist, kann gar nicht das Problem sein, weil die Einigung keine Grundbucherklärung ist, sondern nur ein sachenrechtlicher Vertrag, der allerdings nachzuweisen ist. Der dingliche Vertrag, die Einigung, kann die Eintragungsbewilligung niemals ersetzen. Die Eintragungsbewilligung kann allenfalls in den sachenrechtlichen Erklärungen enthalten (dh konkludent erklärt) sein. Das ändert aber nichts daran, dass die Bewilligung als Verfahrenshandlungen auf jeden Fall erforderlich ist und nicht etwa durch eine sachenrechtliche Erklärung ersetzt wird. Es liegen immer zwei Erklärungstatbestände vor. Im Grundbuchverfahrensrecht bestimmt § 19 grundsätzlich somit, dass eine Eintragung im Grundbuch nur vorgenommen werden darf, wenn der in seinem Recht Betroffene sie bewilligt (formelles Konsensprinzip). An diesem Grundsatz des § 19 ändert § 20 nichts, er ergänzt ihn nur. § 20 ist ebenso ein Zusatz zu § 19, wie § 925 BGB ein Zusatz zu § 873 BGB ist. Zur Eintragung des Erwerbers als Eigentümer und der Bestellung, Übertragung und Inhaltsänderung eines Erbbaurechts genügt die formelle Bewilligung des Betroffenen nicht, sondern es bedarf noch des Nachweises der materiellen Einigung des Berechtigten und des anderen Teils. § 20 verdrängt damit weder § 19, noch ersetzt er ihn.

6 **b) Erklärung der Bewilligung.** Bei der Erklärung der formellen Bewilligung in den Fällen des § 20 ist die hM sehr großzügig: Die materielle Einigung enthalte regelmäßig die formelle Eintragungsbewilligung, sofern nicht ein gegenteiliger Wille ausdrücklich erklärt oder den Umständen nach deutlich erkennbar sei.[10] Es hat sich nahezu schon eingebürgert, von einem gemischt – rechtlichen Doppeltatbestand zu sprechen, nämlich einer Mischung von materielle Einigung einerseits und formeller Bewilligung andererseits. Dem kann nicht gefolgt werden (vgl auch Einl H Rdn 90). Es widerspricht der Logik, einen Doppeltatbestand zu schaffen, ihn dann aber stets anzunehmen. Es muss daher beim Gegenteil bleiben. **Die materielle Einigung enthält die Bewilligung nicht, auch nicht regelmäßig.**[11] Die Bewilligung muss stets daneben vorliegen. Es kann sich ergeben, dass ein Doppeltatbestand vorliegt, das muss sich aber mit verfahrensrechtlichen Mitteln ohne weiteres feststellen lassen. Das führt auch nicht zur Förmelei, die neben einer einwandfrei erklärten Einigung eine formalisierte Bewilligung verlangt, sondern nur zur klaren Durchführung des Grundsatzes. Die Praxis wird dadurch jedenfalls nicht belastet, weil es ihr unbenommen, ja zu empfehlen ist, dem Grundbuchamt verfahrensrechtliche Erleichterung zu bieten, indem – wie praktisch meist, ohne dass man das als Formalienbelästigung empfunden hätte – die Bewilligung ausdrücklich erklärt oder ausdrücklich nicht erklärt wird. Kann das Grundbuchamt nur eine reine materielle Einigung als ihm nachgewiesen feststellen, so muss es, um das Verfahren zur Eintragung dieser Einigung im Grundbuch in Gang bringen zu können, eine Bewilligung verlangen. Das ist kein sinnloses Doppelverlangen auf Vorliegen einer wörtlichen Einigung und einer wörtlichen Bewilligung, sondern das durchaus sinnvolle Stellen des Grundbuchverfahrens auf eine sichere Grundlage. Dass dient zur Sicherheit für die Beteiligten, aber auch zur Sicherheit des Grundbuchamtes, dem man sonst vorwerfen könnte, es habe ein Verfahren in Gang gebracht, das die Beteiligten, die sich zunächst nur dinglich einigen wollten, nicht gewünscht haben. Der Grundbuchverkehr und die Praxis werden durch diese Meinung nicht unnötig belastet. Es ist ja durchaus üblich, die Bewilligung ausdrücklich zu erklären. Das Grundbuchamt darf sich also mit einer bloßen Einigung nicht begnügen und in ihr nicht eo ipso auch die Bewilligung sehen; es muss in der Einigung ohne weiteres – also nach den verfahrensrechtlichen Grundsätzen der Ermittlung einer konkludenten Erklärung – die Bewilligung als neben der materiellen Erklärung zusätzlich vorhandenen formellen Erklärung auffinden können. Es ist falsch, zu sagen, in der Rechtswirklichkeit seien keine Fälle denkbar, in denen die Beteiligten zwar die materielle Einigung wollten, aber nicht wollten, dass durch die formelle Bewilligung die entsprechende Eintragung im Grundbuch herbeigeführt werde. Träfe dies zu, läge zwar auch noch ein Doppeltatbestand vor, aber es wäre ein Spiel mit Worten, weil dieser Doppeltatbestand dann eben der Natur der Sache nach stets gegeben wäre. Dem ist aber im Rechtsleben nicht so. Es sind sehr wohl Fälle denkbar, in denen die Beteiligten sich dinglich, etwa auch bindend (§ 873 Abs 2 BGB), zu einigen beabsichtigen, aber noch keine Veranlassung und Erlaubnis zum Tätigwerden des Grundbuchamtes geben wollen, wie es ja die Bewilligung tut. Hierher gehören vor allem sowohl die Fälle, in denen die Parteien sich zunächst nur sachenrechtlich binden

9 BayObLG Rpfleger 1975, 27 = DNotZ 1975, 685.
10 BayObLG Rpfleger 1975, 27 = DNotZ 1975, 685; OLG Köln Rpfleger 1992, 153 = DNotZ 1992, 371; MittRhNotK 1997, 325, 327; 1997, 328, 329; *Demharter* § 20 Rn 2; *Staudinger-Gursky* § 873 Rn 257; *Schöner/Stöber* Rn 97; *Behmer* Rpfleger 1984, 306; *Ertl* Rpfleger 1980, 41, 49.
11 *Wulf* MittRhNotK 1996, 41, 44; *Meikel/Lichtenberger* 8.Auflage, § 19 Rn 18–27, § 20 Rn 47–52; *Meikel/Böttcher* Einl H Rdn 90; in diese Richtung auch: *Kössinger* in *Bauer/von Oefele* § 19 Rn 42–44, § 20 Rn 15–17.

wollen, sowie diejenigen praktischen Fälle, in denen der Umstand, dass die Bewilligung später abzugeben ist, der Sicherung einer Partei, etwa des verlierenden Teils (meist Verkäufer), hinsichtlich der zu bewirkenden Gegenleistung dient; dies ist zulässig.

Folgende **Formulierung** ist denkbar:[12]

7

»Die Vertragsteile sind sich über den Eigentumsübergang auf den Käufer einig. Die Eintragungsbewilligung des Verkäufers wird heute ausdrücklich noch nicht abgegeben. Der amtierende Notar wird von den Vertragsteilen bevollmächtigt, die Eigentumsumschreibung namens des Verkäufers in das Grundbuch zu bewilligen. Für das Innenverhältnis gilt: Von dieser Ermächtigung darf der Notar nur Gebrauch machen, wenn … (etwa der Kaufpreis samt etwaiger Zinsen bezahlt ist und/ oder Kosten, auch wegen für Rechnung des Käufers bestellte Grundpfandrechte, und/oder Grunderwerbsteuer bezahlt oder sonstige Pflichten erfüllt sind).«

Es sollte ausdrücklich klargestellt werden, dass diese Einschränkungen nur in Innenverhältnis wirken sollen; unrichtig wäre es daher, zu sagen, dass von der Vollmacht nur unter bestimmten Voraussetzungen Gebrauch gemacht werden »kann«, statt »darf«, weil dann das Grundbuchamt den Nachweis dafür in der Form des § 29 verlangen muss, dass die Voraussetzungen für das Gebrauchmachenkönnen vorliegen.

Gibt der Notar auf Grund seiner Durchführungsvollmacht auf sich selbst die Eintragungsbewilligung für den Veräußerer ab, dann kann trotz § 6 Abs 1 Nr 1 BeurkG eine wirksame öffentliche Urkunde vorliegen, die zum Nachweis nach § 29 ausreicht, und zwar ohne dass die Unterschrift des Notars durch einen anderen Notar beglaubigt wird (= **Eigenurkunde**).[13] Eine öffentliche Urkunde liegt nach § 415 ZPO nämlich dann vor, wenn sie von einer mit öffentlichem Glauben versehenen Person innerhalb des ihr zugewiesenen Geschäftskreises in der vorgeschriebenen Form aufgenommen ist. Mit öffentlichem Glauben versehene Personen sind solche Urkundspersonen, die durch staatliche Ermächtigung bestellt sind; zu ihnen gehört der Notar.[14] Die Urkunde muss auch in der vorgeschriebenen Form aufgenommen werden. Insoweit wird die Meinung vertreten, dass für notarielle Eigenurkunden keine grundlegende gesetzliche Form vorgeschrieben sei, deshalb Unterschrift und Dienstsiegel des Notars entsprechend § 24 Abs 3 BNotO als allgemeiner Formvorschrift für sonstige notarielle Tätigkeiten genügen.[15] Richtigerweise wird aber die Ansicht vertreten, dass es sich bei der Eigenurkunde um ein »einfaches Zeugnis« handelt, für das nach § 39 BeurkG an Stelle einer Niederschrift eine Urkunde genügt, die das Zeugnis, die Unterschrift und das Präge – oder Farbdrucksiegel des Notars enthalten muss und Ort und Zeit der Ausstellung angeben soll.[16] Der Notar kann die Eigenurkunde nur innerhalb des ihm zugewiesenen Geschäftskreises errichten. Voraussetzung ist dafür stets ein Auftrag durch mindestens einen Beteiligten, der in der Bevollmächtigung des Notars liegt. Nach § 24 Abs 1 BNotO gehört zu dem Amt des Notars auch die sonstige, dh über Beurkundungen und Beglaubigungen sowie die weiteren in den §§ 20 ff BeurkG aufgeführten Aufgaben hinausgehende Betreuung der Beteiligten auf dem Gebiet der vorsorgenden Rechtspflege.[17] Gegenstand der vorsorgenden Rechtspflege ist die Erleichterung und Sicherung des Privatrechtsverkehrs; damit ist die Zuständigkeit des Notars bestimmt.[18] Notarielle Eigenurkunden sind daher insbesondere zulässig nach vorausgegangener Beurkundung – und Beglaubigungstätigkeit, um eine von den Beteiligten bereits abgegebene Erklärung zu ergänzen oder um sie den grundbuchrechtlichen Erfordernissen anzupassen.[19] Dies ist aber nicht notwendige Voraussetzung für eine notarielle Eigenurkunde. Auch ohne vorausgegangene Beurkundung oder Beglaubigung einer zur Grundbucheintragung erforderlichen Erklärung kann der Notar eine Eigenurkunde auf Grund seiner Durchführungsvollmacht im Rahmen seiner Betreuungstätigkeit errichten.[20]

8

Nach der hier vertretenen Meinung bedeutet dies für die **Prüfungstätigkeit des Grundbuchamtes**: Der Eigentumswechsel und die Bestellung, Übertragung oder Inhaltsänderung eines Erbbaurechts kann nur vollzogen werden, wenn die Urkunde sowohl die materielle Einigung (§ 20) als auch die formelle Bewilligung (§ 19) ausdrücklich enthält. Wurde nur die materielle Einigung erklärt und die formelle Bewilligung ausdrücklich nicht abgegeben, darf die Urkunde vom Grundbuchamt nicht vollzogen werden; gleiches muss nach der hier vertretenen Meinung auch gelten, wenn zwar die materielle Einigung ausdrücklich erklärt, aber zu der formel-

9

---

12 Vgl *Weser* MittBayNot 1993, 253, 262; *Grziwotz* Grundbuch- und Grundstücksrecht, Rn 807; *Kersten/Bühling/Basty* Formularbuch und Praxis der Freiwilligen Gerichtsbarkeit, § 36 Rn 80 M; BayObLG ZfIR 2001, 328 = FGPrax 2001, 13; OLG Frankfurt/M MittBayNot 2001, 225.

13 BGH DNotZ 1981, 252; BayObLG DNotZ 1983, 434; Rpfleger 1988, 60; OLG Frankfurt/M MittBayNot 2001, 225; *Behmer* Rpfleger 1984, 306; *Weser* MittBayNot 1993, 253, 261; *Reithmann* MittBayNot 2001, 226.

14 BGH DNotZ 1981, 118, 119; OLG Frankfurt/M MittBayNot 2001, 225.

15 BGHZ 78, 36 = Rpfleger 1980, 465; OLG Frankfurt/M MittBayNot 2001, 225, 226.

16 *Reithmann* MittBayNot 2001, 226, 227.

17 OLG Frankfurt/M MittBayNot 2001, 225.

18 *Reithmann* MittBayNot 2001, 226, 227.

19 BGH DNotZ 1981, 118, 119; BayObLG Rpfleger 1988, 60; 1982, 416; OLG Düsseldorf Rpfleger 1989, 58.

20 OLG Frankfurt/M MittBayNot 2001, 225; *Reithmann* MittBayNot 2001, 226, 227.

len Bewilligung nichts gesagt wurde und der Betroffene auch keinen Eintragungsantrag gestellt hat, worin konkludent seine Bewilligung liegen würde (vgl § 19 Rdn 111).

10 **c) Sicherungsmittel für den Veräußerer.** Es ist regelmäßig erforderlich, bei der Beurkundung eines Kaufvertrages über ein Grundstück den Verkäufer durch eine entsprechende Vertragsgestaltung davor zu schützen, dass er das Eigentum an dem Grundstück verliert, ohne dass sichergestellt ist, das er als Gegenleistung den Kaufpreis erhält. Die Wirksamkeit der Auflassung von der Zahlung des Kaufpreises abhängig zu machen, scheitert an deren Bedingungsfeindlichkeit (§ 925 Abs 2 BGB). Anders als bei beweglichen Sachen ist bei Grundstücken eine Abwicklung des Kaufvertrages in der Weise, dass der Eigentumswechsel Zug um Zug gegen Zahlung erfolgt, ausgeschlossen, weil der Übergang des Eigentums bei Immobilien erst durch eine Handlung des Grundbuchamtes, die Umschreibung des Eigentums im Grundbuch bewirkt wird (§ 873 BGB) und diese Handlung nicht in den Austausch von Leistung und Gegenleistung zwischen den Vertragsparteien eingebunden werden kann. Aufgabe der Vertragsgestaltung ist es deshalb, unter Einschaltung des Notars eine der Zug-um-Zug-Leistung entsprechende Absicherung beider Seiten gegen das Risiko zu erreichen, die eigene Leistungen zu erbringen, ohne die versprochene Gegenleistung erlangen zu können.[21] Zur Erreichung dieses Ziels werden verschiedene Wege in Betracht gezogen:

11 **aa) Schuldrechtlicher Weg.** Zum Teil arbeitet die Praxis noch mit einem Verzicht des Käufers, selbst die Eigentumsumschreibung zu beantragen oder mit einer das eigene Antragsrecht verdrängenden Vollmacht auf den Notar. Soweit dies zugelassen wird,[22] ist dem mit der hM[23] zu widersprechen (vgl auch § 13 Rdn 33). Der **Antragsverzicht** hat nämlich nur schuldrechtliche Wirkung und ist deshalb vom Grundbuchamt nicht zu beachten. Vor diesem Weg kann deshalb nur abgeraten werden.

12 **bb) Beurkundungsrechtlicher Weg[24].** In diesem Fall wird zur Sicherung des Veräußerers, sein Eigentum am Grundstück nicht vor der Kaufpreiszahlung zu verlieren, die **materielle Auflassung und die formelle Bewilligung bereits im notariell beurkundeten Kaufvertrag** erklärt. **Zusätzlich erteilen die Beteiligten dem Notar eine Weisung**, die Eintragung des Eigentumswechsels erst zu beantragen, wenn ihm die Zahlung des Kaufpreises nachgewiesen ist (oder der Kaufpreis auf ein Notaranderkonto zur Auszahlung hinterlegt ist) und ohne Käufer und dem Grundbuchamt keine Ausfertigung oder beglaubigte Abschrift der Urkunde zu erteilen, die auch die materielle Auflassung und die formelle Bewilligung enthält. Der Käufer kann dann nicht vorzeitig und vertragswidrig seine Eintragung als Eigentümer beantragen (§§ 20, 29). Diese weit verbreitete Praxis ist beurkundungsrechtlich nicht zu beanstanden. Die Verpflichtung des Notars zur unverzüglichen Einreichung einer Urkunde beim Grundbuchamt zum Vollzug gilt nach § 53 BeurkG nicht, wenn alle Beteiligten gemeinsam etwas anderes verlangen. Außerdem können die Beteiligten gemeinsam in der Niederschrift bestimmen, dass ihnen eine Ausfertigung oder eine beglaubigte Abschrift erst nach Kaufpreiszahlung und dem Grundbuchamt zur Eintragung der Eigentumsvormerkung nur eine auszugsweise Ausfertigung oder beglaubigte Abschrift (§§ 42 Abs 3, 49 Abs 5 BeurkG) erteilt werden darf (§ 51 Abs 2, 3 BeurkG). Das OLG Köln,[25] *Brambring*[26] und *Wolf*[27] als Befürworter dieser Praxis stellen zu Recht als Vorteile heraus, dass die Beteiligten damit an die Auflassung gebunden sind (§ 873 Abs 2, 1. Alt BGB), die Beteiligten nur einmal zum Notar müssen und deshalb auch nur eine Beurkundungsgebühr anfällt. Die Nachteile und Gefahren dieser Praxis sollten jedoch nicht übersehen werden.[28] Die Erteilung einer vollständigen Ausfertigung oder beglaubigte Abschrift einschließlich materielle Auflassung und formeller Bewilligung vor der Kaufpreiszahlung auf Grund eines Büroversehens beim Notar kann nicht ausgeschlossen werden; ein daraufhin erfolgter Eigentumswechsel im Grundbuch wäre wirksam. Gleiches gilt, wenn das Grundbuchamt versehentlich auf Grund einer nur aus-

---

21 OLG Köln MittRhNotK 1997, 325 und 328; KG DNotZ 1987, 577.
22 So noch OLG Hamm DNotZ 1975, 686 = Rpfleger 1975, 250.
23 So jetzt OLG Hamm FGPrax 1998, 154; BayObLG DNotZ 1978, 230; OLG Karlsruhe BWNotZ 1994, 69; LG Frankfurt/M Rpfleger 1992, 58; LG Magdeburg Rpfleger 1996, 244; *Kössinger* in Bauer/von Oefele § 20 Rn 28, 40; *Schöner/Stöber* Rn 88; *Reithmann* in Reithmann/Albrecht Handbuch der notariellen Vertragsgestaltung, Rn 306; *Albrecht* in Reithmann/Albrecht Handbuch der notariellen Vertragsgestaltung, Rn 509; *Basty* in Kersten/Bühling Formularbuch und Praxis der Freiwilligen Gerichtsbarkeit, § 36 Rn 74; *Grziwotz* Grundbuch- und Grundstücksrecht, Rn 88; *Brambring* in Beck'sches Notar – Handbuch A I Rn 182 und FS Hagen, 1999, S 251, 269 f; *Herrmann* MittBayNot 1975, 173; *Ertl* DNotZ 1975, 644, 648; *Weser* MittBayNot 1993, 253.
24 Vgl dazu: *Keim* MittBayNot 2003, 21; *Reithmann* in Reithmann/Albrecht Handbuch der notariellen Vertragsgestaltung, Rn 300–303; *Albrecht* in Reithmann/Albrecht Handbuch der notariellen Vertragsgestaltung, Rn 506–509; *Basty* in Kersten/Bühling Formularbuch und Praxis der Freiwilligen Gerichtsbarkeit, § 36 Rn 77, 78; *Grziwotz* Grundbuch- und Grundstücksrecht, Rn 809–812.
25 MittRhNotK 1997, 325 und 328.
26 In Beck'sches Notar-Handbuch A I Rn 180–183 und FS Hagen, 1999, S 251 ff.
27 In *Lambert-Lang/Tropf/Frenz* Grundstückspraxis, Teil 2, Rn 388–396.
28 Ebenso *Albrecht* in Reithmann/Albrecht Handbuch der notariellen Vertragsgestaltung, Rn 508; *Kössinger* in Bauer/von Oefele § 20 Rn 39.

zugsweise Ausfertigung oder beglaubigte Abschriften ohne materielle Auflassung und formeller Bewilligung den Käufer als neuen Eigentümer im Grundbuch einträgt.

cc) Materiell–rechtlicher Weg[29]. Um den Eigentumsverlust des Verkäufers vor der Kaufpreiszahlung an ihn **13** zu verhindern, wird häufig in der Niederschrift über den Kaufvertrag die Auflassung noch nicht erklärt und auch die Bewilligung dazu noch nicht abgegeben (= **getrennte Beurkundung von Kaufvertrag und Auflassung/Bewilligung**). Die Vertragsteile verpflichten sich aber, die Auflassung zu erklären, wenn der Kaufpreis gezahlt ist. Unter dieser Bedingung verpflichtet sich auch der Verkäufer, die Eintragungsbewilligung abzugeben. Wenn sich die Beteiligten das nochmalige Erscheinen vor dem Notar ersparen wollen, können sie für die Erklärung der Auflassung einer Person des beiderseitigen Vertrauens Vollmacht dazu erteilen (unter Befreiung von den Beschränkungen des § 181 BGB). *Kanzleiter*,[30] *Wolfsteiner*[31] und *Recker*[32] führen als Vertreter dieser Auffassung zu Recht an, dass dies der **sicherste Weg für den Verkäufer** ist.[33] Nur wenn die materielle Auflassung noch nicht in der Kaufvertragsurkunde erklärt ist, führt eine Grundbucheintragung des Käufers auf Grund eines Büroversehens des Notars oder eines Fehlers des Grundbuchamtes nicht zum Eigentumsverlust des Verkäufers. Das Grundbuch wäre vielmehr unrichtig und der Verkäufer könnte die Grundbuchberichtigung verlangen (§ 894 BGB). Dies entspricht auch der Rechtsauffassung des BGH,[34] wenn er feststellt, dass eine notarielle Belehrung der Beteiligten sachlich richtig sei, die den materielle – rechtlichen Weg wählt, um jede Komplikation in der Vertragsabwicklung von vornherein auszuschließen. Beim Verkauf von noch nicht vermessenen Teilflächen eines Grundstücks ist die Trennung von Kaufvertrag einerseits und Messungsanerkennung und Auflassung andererseits in aller Regel erforderlich.[35] Zwar wäre die materielle Auflassung bei genügender Bestimmbarkeit des Grundstücksteils auch schon möglich,[36] doch sollte grundsätzlich erst der Veränderungsnachweis des Katasteramtes abgewartet und danach die Auflassung erklärt werden. Häufig wird gegen die getrennte Beurkundung von Kaufvertrag und Auflassung eingewandt, dass dies eine unrichtige Sachbehandlung iSv § 16 Abs 1 KostO darstelle, weil zusätzliche Kosten anfallen.[37] Die hM[38] widerspricht dem jedoch zu Recht, da es dem Notar überlassen bleiben muss, welchen Weg er als den sichersten ansieht. Und dies ist unzweifelhaft der der getrennten Beurkundung von Kaufvertrag und Auflassung. Einen entscheidenden Nachteil zeigt dieser materiell – rechtlichen Weg dann, wenn sich der Verkäufer weigert, nach Kaufpreiszahlung die Auflassung zu erklären. Der Käufer muss dann den zeitraubenden Klageweg beschreiten.[39] Um dem Verkäufer und dem Käufer den nochmaligen Weg zum Notar zu ersparen, muss eine Vollmachtslösung angestrebt werden. Auch dem den Kaufvertrag beurkundeten Notar kann Vollmacht erteilt werden.[40] Dies ist jedoch unpraktikabel, weil der bevollmächtigte Notar die Auflassung von einem anderen Notar beurkunden lassen müsste; eine eigene Urkunde ist insoweit nicht zulässig (§ 6 Abs 1 Nr 1 BeurkG; vgl Einl I Rdn 119). Auch von der systematischen Bevollmächtigung von Angestellten des Notars ist aus beurkundungs – und haftungsrechtlichen Gründen abzuraten.[41] Nach § 17 Abs 2a BeurkG hat der Notar das Beurkundungsverfahren grundsätzlich so zu gestalten, dass ein Beteiligter nicht durch Erteilung einer Vollmacht von einem Beurkundungsverfahren ausgeschlossen wird. Nach den Richtlinienempfehlungen der Bundesnotarkammer[42] ist die systematische Beurkundung mit Mitar-

---

29 Vgl dazu: *Reithmann* in *Reithmann/Albrecht* Handbuch der notariellen Vertragsgestaltung, Rn 308–316; *Albrecht* in *Reithmann/Albrecht* Handbuch der notariellen Vertragsgestaltung, Rn 501–505; *Basty* in *Kersten/Bühling* Formularbuch und Praxis der Freiwilligen Gerichtsbarkeit, § 36 Rn 75, 76; *Grziwotz* Grundbuch- und Grundstücksrecht, Rn 804, 805.
30 DNotZ 1996, 242.
31 Rpfleger 1990, 505.
32 MittRhNotK 1997, 329.
33 Ebenso *Kössinger* in *Bauer/von Oefele* § 20 Rn 33.
34 MittRhNotK 1997, 322.
35 *Albrecht* in *Reithmann/Albrecht* Handbuch der notariellen Vertragsgestaltung, Rn 501; *Brambring* in Beck'sches Notar-Handbuch A I Rn 181 aE; *Kössinger* in *Bauer/von Oefele* § 20 Rn 35.
36 BGH DNotZ 1988, 109.
37 OLG Köln MittRhNotK 1987, 328; OLG Frankfurt/M DNotZ 1990, 672; OLG Düsseldorf DNotZ 1996, 324; 1990, 674; 1981, 74.
38 BayObLG MittBayNot 2000, 575 = NotBZ 2000, 381; OLG Hamm FGPrax 1998, 154; OLG Düsseldorf MittRhNotK 2000, 261 (für die Veräußerung einer Grundstücksteilfläche); *Kanzleiter* DNotZ 1996, 242; *Albrecht* in *Reithmann/Albrecht* Handbuch der notariellen Vertragsgestaltung, Rn 501; *Basty* in *Kersten/Bühling* Formularbuch und Praxis der Freiwilligen Gerichtsbarkeit, § 36 Rn 75; *Brambring* in Beck'sches Notar-Handbuch A I Rn 180; *Grziwotz* Grundbuch- und Grundstücksrecht, Rn 804.
39 *Brambring* in Beck'sches Notar-Handbuch A I Rn 180 und FS Hagen 1999, S 251, 267 f; *Kössinger* in *Bauer/von Oefele* § 20 Rn 37.
40 *Reithmann* in *Reithmann/Albrecht* Handbuch der notariellen Vertragsgestaltung, Rn 309; *Albrecht* in *Reithmann/Albrecht* Handbuch der notariellen Vertragsgestaltung, Rn 502; **aA** *Brambring* in Beck'sches Notar-Handbuch A I Rn 181.
41 *Reithmann* in *Reithmann/Albrecht* Handbuch der notariellen Vertragsgestaltung, Rn 310; *Albrecht* in *Reithmann/Albrecht* Handbuch der notariellen Vertragsgestaltung, Rn 503; *Brambring* in Beck'sches Notar – Handbuch A I Rn 181; *Kössinger* in *Bauer/von Oefele* § 20 Rn 37.
42 DNotZ 1999, 258.

beitern des Notars als Vertreter unzulässig, es sei denn, es handelt sich nur um Vollzugsgeschäfte; dazu gehört die Auflassung (vgl Einl I Rdn 120–122). Handelt ein Notarangestellter, so ist dies in keinem Fall eine Amtstätigkeit, sondern er ist selbstständig verantwortlich und kann sich eventuell schadensersatzpflichtig machen.[43] Jedenfalls ist der Notar nicht verpflichtet, bei Streit über die vollständige Zahlung des Kaufpreises, den bevollmächtigten Mitarbeiter anzuweisen, von der Vollmacht in bestimmter Weise Gebrauch zu machen.[44] Die Auflassungsvollmacht kann auch dem Käufer erteilt werden. In diesem Fall sind jedoch vertragliche Sicherungen unverzichtbar, um auszuschließen, dass der Käufer vor Kaufpreiszahlung davon Gebrauch macht und als Eigentümer im Grundbuch eingetragen wird.[45] Bei getrennter Beurkundung von Kaufvertrag und Auflassung sollte deshalb auf die persönliche und gleichzeitige Anwesenheit von Veräußerer und Erwerber zu Erklärung der Auflassung bestanden werden.[46]

14   **dd) Grundbuchverfahrensrechtlicher Weg**[47]. Diese Möglichkeit zum Schutz des Verkäufers vor Verlust des Grundstücks ohne den Kaufpreis zu erhalten, beruht auf der Erkenntnis, dass für die Eintragung eines Eigentumswechsels im Grundbuch neben der materiellen Auflassung (§ 20) auch die formelle Bewilligung des Verkäufers (§ 19) nötig ist (vgl Rdn 5). **In der Auflassungsurkunde wird** eine ausdrückliche Bestimmung aufgenommen, nach der die **Bewilligung der Eigentumsumschreibung noch nicht erklärt** wird. Dem Notar wird Vollmacht erteilt, die Eigentumsumschreibung namens des Verkäufers zu bewilligen, sobald ihm die Kaufpreiszahlung nachgewiesen ist. Durch Eigenurkunde, die der Form des § 29 genügt, kann der Notar die Bewilligung erklären (vgl Rdn 8). Diese Auffassung, die vor allem von *Ertl*,[48] *Weser*[49] und *Kössinger*[50] vertreten wird, wird zu Recht als »**Ei des Kolumbus**«[51] und »**genial einfach**«[52] bezeichnet. Im Gegensatz zur getrennten Beurkundung von Kaufvertrag und Auflassung ist in diesem Fall keine neue Beurkundung nötig. Die Eintragungsbewilligung bedarf nämlich nur der notariell beglaubigten Form (§ 29 Abs 1 S 1), die auch der bevollmächtigte Notar in einer Eigenurkunde erklären kann.[53] Würde das Grundbuchamt den Käufer auf Grund der Auflassungsurkunde ohne die formelle Bewilligung des Verkäufers als neuen Eigentümer eintragen, so wäre dies eine Verletzung des § 19 und könnte einen Schadensersatzanspruch des Verkäufers gegen den Staat nach Art 34 GG iVm § 839 BGB begründen;[54] der Eigentumswechsel auf den Käufer wäre jedoch wirksam, weil eine Verletzung von § 19 keine materiellen Folgen hat. Der gut gemeinte Rat, von dem grundbuchverfahrensrechtlichen Weg in der Praxis noch keinen Gebrauch zumachen,[55] weil die Notwendigkeit der formellen Bewilligung des § 19 für den Vollzug eines Eigentumswechsels noch nicht höchstrichterlich bestätigt sei, kann keine Geltung mehr haben. Der BGH,[56] das BayObLG[57] und das OLG Frankfurt/M[58] gehen ganz selbstverständlich davon aus, dass ein Eigentumswechsel nur im Grundbuch vollzogen werden darf, wenn ihn auch der Verkäufer bewilligt hat (vgl Rdn 5). Dieses Verfahren ist in der Praxis in allen Fällen, in denen ein Sicherheitsbedürfnis der Beteiligten besteht, zu empfehlen. Ein solches Sicherheitsbedürfnis wird bei der entgeltlichen Grundstücksveräußerung, vor allem also beim Kauf, stets bestehen. Es kann auch bei der Erbbaurechtsbestellung bestehen, etwa wenn der Besteller wegen der Zahlung eines einmaligen Entgelts, dass neben dem Erbbauzins zu entrichten ist, sichergestellt sein will, oder wenn der Besteller sichergestellt sein will wegen der Inanspruchnahme als Zweitschuldner für die Grunderwerbsteuer und ähnliche Fällen. Dieses Verfahren tritt in seinem Sicherheitswert praktisch gleichwertig neben das Verfahren, nur das schuldrechtliche Geschäft zu vereinbaren und zu beur-

---

43 OLG Frankfurt/M MittBayNot 2000, 466; *Reithmann* in *Reithmann/Albrecht* Handbuch der notariellen Vertragsgestaltung, Rn 310; *Albrecht* in *Reithmann/Albrecht* Handbuch der notariellen Vertragsgestaltung, Rn 503.

44 OLG Frankfurt/M aaO.

45 *Brambring* in Beck'sches Notar-Handbuch A I Rn 179; *Reithmann* in *Reithmann/Albrecht* Handbuch der notariellen Vertragsgestaltung, Rn 311; *Albrecht* in *Reithmann/Albrecht* Handbuch der notariellen Vertragsgestaltung, Rn 504.

46 So *Brambring* in FS *Hagen*, 1999, S 252, 268.

47 Vgl dazu: *Reithmann* in *Reithmann/Albrecht* Handbuch der notariellen Vertragsgestaltung, Rn 304–307; *Albrecht* in *Reithmann/Albrecht* Handbuch der notariellen Vertragsgestaltung, Rn 510; *Basty* in *Kersten/Bühling* Formularbuch und Praxis der Freiwilligen Gerichtsbarkeit, § 36 Rn 79–82; *Grziwotz* Grundbuch- und Grundstücksrecht, Rn 806, 807.

48 DNotZ 1975, 644; MittBayNot 1992, 102.

49 MittBayNot 1991, 253.

50 In *Bauer/von Oefele* § 20 Rn 29, 41–46.

51 *Brambring* in FS *Hagen*, 1999, S 251, 270.

52 *Brambring* in Beck'sches Notar-Handbuch A I Rn 181.

53 OLG Frankfurt/M MittBayNot 2001, 225; *Kössinger* in *Bauer/von Oefele* § 20 Rn 41.

54 *Albrecht* in *Reithmann/Albrecht* Handbuch der notariellen Vertragsgestaltung, Rn 510.

55 So *Basty* in *Kersten/Bühling* Formularbuch und Praxis der Freiwilligen Gerichtsbarkeit, § 36 Rn 82; *Albrecht* in *Reithmann/Albrecht* Handbuch der notariellen Vertragsgestaltung, Rn 510; *Grziwotz* Grundbuch- und Grundstücksrecht, Rn 806; *Brambring* in Beck'sches Notar-Handbuch A I Rn 181 und FS *Hagen* 1999, S 251, 271; *Wolf* in *Lambert-Lang/Tropf/Frenz* Grundstückspraxis, Teil 2, Rn 393.

56 Rpfleger 1973, 355; 1982, 153.

57 ZfIR 2001, 328 = FGPrax 2001, 13; DNotZ 1995, 56, 57 = Rpfleger 1994, 344, 345; DNotZ 1975, 685 = Rpfleger 1975, 97.

58 MittBayNot 2001, 225.

kunden, den dinglichen Vertrag aber erst nach Erfüllung derjenigen Voraussetzungen zu erklären, für die ein Sicherheitsbedürfnis besteht. Die Erteilung von Ausfertigungen und Abschriften der Urkunde, die die Auflassung nicht enthalten, solange, bis die gewünschten Voraussetzungen eingetreten sind, ist aufwändig, belastet das Grundbuchamt mit mehrfachen Vorlagen und ist überdies in der Wirkung in Bezug auf durch die Auflassung entstehenden Anwartschafts- oder wenigstens Vermögensrechte zweifelhafter als die Auflassung, für die keine Eintragungsbewilligung abgegeben wird. Wenn für den Vollzug der Auflassung im Grundbuch ein verfahrensmäßiger Tatbestand vorbehalten ist, wie es die Zurückhaltung der Eintragungsbewilligung darstellt, entsteht für den Erwerber sicherlich auf jeden Fall einmal weniger, als wenn er eine Auflassung erklärt erhält, an die er nur wegen Vorenthaltung der Urkunden, in denen sie enthalten ist, nicht gelangen kann. Das Verfahren der Zurückhaltung der Eintragungsbewilligung ist auch sicherer; das Grundbuchamt ersieht es aus der Urkunde, während es aus der – durch ein Büroversehen erteilten – Urkunden mit Auflassung und Eintragungsbewilligung allenfalls die Anweisung an den Notar ersehen kann, von der es nicht weiß, ob sie nun zu Recht beachtet oder nicht beachtet worden ist. Für den Notar ist das Verfahren der zurückgestellten Bewilligung auf jeden Fall sicher, da es vor versehentlich erteilten Ausfertigungen oder beglaubigte Abschriften mit Auflassung schützt. Die Gefahr, dass der Notar aus Versehen eine Eigenurkunde erstellt, ist geringer. Das Verfahren nur wegen der mit der nachträglich erklärten Bewilligung verbundenen zusätzlichen Kosten als unrichtige Sachbehandlung iSv § 16 Abs 1 KostO zu bezeichnen,[59] ist nicht gerechtfertigt.

II. Notwendigkeit der materiellen Einigung

1. Übergang des Eigentums an einem Grundstück

a) Rechtsgeschäft. Zur rechtsgeschäftlichen Übertragung des Eigentums an einem Grundstück bedarf es **15** grundsätzlich der materiellen Einigung (= Auflassung) und der Eintragung im Grundbuch (§§ 873, 925 BGB). Dies gilt auch für eine reale Grundstücksteilfläche, eines Einlage- oder Ersatzgrundstücks im Flurbereinigungs- oder Umlegungsverfahren und eines öffentlichen Grundstücks, weil das Bundesrecht dafür keine Ausnahme vorsieht.[60] Bei buchungsfreien Grundstücken ist zu unterscheiden:[61] Eine Auflassung ist nötig, wenn es auf eine buchungspflichtige Person übergehen soll (vgl § 3 Abs 2), die landesrechtlich nicht vom Eintragungszwang befreit ist (vgl Art 127 EGBGB); es wird dann ein Grundbuchblatt angelegt.[62] Besteht für die Übereignung eine vom BGB abweichende landesrechtliche Regelung und bleibt das buchungsfreien Grundstücken auch nach der Übereignung buchungsfrei, bedarf es keiner Auflassung.

b) Hoheitsakt. Vollzieht sich der Eigentumswechsel an einem Grundstück kraft Hoheitsaktes, dh ohne Auf- **16** lassung, so wird dadurch das Grundbuch unrichtig (§ 894 BGB).[63]

aa) Mit **Verkündung des Zuschlags in einem Zwangsversteigerungsverfahren** wird der Meistbietende **17** Eigentümer des Grundstücks (§§ 89, 90 Abs 1 ZVG). Seine daraufhin erfolgende Eintragung im Grundbuch (§ 130 ZVG) ist dann nur noch Grundbuchberichtigung. Eine Auflassung ist dagegen nötig bei einer sog freiwilligen Versteigerung.[64]

bb) Nach der Unanfechtbarkeit eines Flurbereinigungsplans erlässt die Flurbereinigungsbehörde die **Ausfüh-** **18** **rungsanordnung des Flurbereinigungsplans** und bestimmt darin den Zeitpunkt, in dem der neue Rechtszustand an die Stelle des bisherigen treten soll (§§ 58, 61, 79 FlurbG). In diesem Moment gehen die Einlagegrundstücke rechtlich unter und es kommt zu einem Rechtsübergang hinsichtlich der Ersatzgrundstücke außerhalb des Grundbuchs.[65] Bei einer freiwilligen Flurbereinigung durch einen Ringtausch verschiedener Grundstückseigentümer bedarf es jedoch einer Auflassung.[66]

cc) Mit der **Bekanntmachung eines Umlegungsplans** wird der bisherige Rechtszustand durch den im **19** Umlegungsplans vorgesehenen neuen Rechtszustand ersetzt (§§ 71, 72 BauGB); eine Auflassung ist für diese Rechtsänderung nicht nötig.[67]

---

59 So OLG Köln MittRhNotK 1997, 328.
60 *Staudinger-Pfeifer* § 925 Rn 15; BGH NJW 1969, 1437.
61 *Staudinger-Pfeifer* § 925 Rn 15, 16.
62 BayObLG Rpfleger 1980, 390.
63 *Staudinger-Pfeifer* § 925 Rn 14b; *Kössinger* in *Bauer/von Oefele* § 20 Rn 153.
64 *Staudinger-Pfeifer* § 925 Rn 31; KEHE-*Munzig* § 20 Rn 39a.
65 *Kössinger* in *Bauer/von Oefele* § 20 Rn 157.
66 *Staudinger-Pfeifer* § 925 Rn 31; KEHE-*Munzig* § 20 Rn 39b.
67 *Kössinger* in *Bauer/von Oefele* § 20 Rn 158; KEHE-*Munzig* § 20 Rn 39e; *Staudinger-Pfeifer* § 925 Rn 31.

20 **dd)** Mit **Bekanntmachung eines Grenzregelungsbeschlusses** tritt der vorgesehene neue Rechtszustand an die Stelle des bisherigen, und zwar ohne Auflassung (§§ 82, 83 BauGB).[68]

21 **ee)** Ein **Urteil im Grenzscheidungsverfahren** nach § 920 BGB hat konstitutive Wirkung und bedarf keines rechtsgeschäftlichen Vollzugs.[69]

22 **ff)** Bei einer **Enteignung nach dem BauGB** wird der bisherige Rechtszustand durch den neuen mit dem in der Ausführungsanordnung festgesetzten Tag ersetzt (§§ 112, 117 Abs 5 BauGB); die Rechtsänderung tritt ohne Auflassung ein, das Grundbuch wird unrichtig und muss berichtigt werden.[70] Eine Auflassung ist dagegen nötig bei freiwilliger Grundabtretung zur Abwendung der Enteignung,[71] auch wenn die Kaufpreisfestsetzung unterblieben[72] oder dem Verwaltungsschätzverfahren vorbehalten worden ist.[73]

23 **c) Originärer Eigentumserwerb.** In diesen Fällen kommt es nicht zur Übertragung des Grundstückseigentums, so dass dafür auch keine rechtsgeschäftliche Auflassung notwendig ist:[74]
– Buchersitzung gem § 900 BGB;
– Aneignung auf Grund Ausschlussurteils im Aufgebotsverfahren gem § 927 BGB;[75]
– Aneignung eines herrenlosen Grundstücks nach § 928 BGB;[76]
– Eigentumserwerb an Grundstücken nach Anlandungen,[77] Trockenlegung in einem Flussbett,[78] neu entstandenen Meeresinseln.[79]

24 Die Form der Auflassung ist dagegen einzuhalten, wenn das Recht auf originären Eigentumserwerb übertragen werden soll, zB die Übertragung des Aneignungsrechtes nach §§ 927, 928 BGB.[80]

2. Erbbaurecht

25 **a)** Eine **materielle Einigung iSv 873 BGB** ist beim Erbbaurecht **erforderlich** für die
– **Bestellung** (§ 873 BGB: einigen müssen sich der Grundstückseigentümer und der künftige Erbbauberechtigte);[81]
– **Belastung** mit Rechten (§ 11 Abs 1 S 1 ErbbauRG, § 873 BGB: einigen müssen sich der Erbbauberechtigte und der künftige Gläubiger);[82]
– **Übertragung** (§ 11 Abs 1 S 1 ErbbauRG, § 873 BGB: einigen müssen sich der bisherige und der künftige Erbbauberechtigte);[83]
– **Inhaltsänderung** (§ 11 Abs 1 S 1 ErbbauRG, §§ 877, 873 BGB: einigen müssen sich der Grundstückseigentümer und der Erbbauberechtigte).[84]

26 **b) Keine materielle Einigung** iSv § 873 BGB ist erforderlich bei der Teilung,[85] Vereinigung bzw Bestandteilszuschreibung[86] und Aufhebung[87] eines Erbbaurechtes. Dies alles sind einseitige materielle Rechtsgeschäfte, die der Erbbauberechtigte vorzunehmen hat (§ 903, § 890, § 875 BGB).

---

68 Vgl *Waibel* Rpfleger 1976, 347; *Kössinger* in *Bauer/von Oefele* § 20 Rn 159; KEHE-*Munzig* § 20 Rn 39 f; *Staudinger-Pfeifer* § 925 Rn 31.
69 *Kössinger* in *Bauer/von Oefele* § 20 Rn 156; *Staudinger-Pfeifer* § 925 Rn 31.
70 Vgl dazu BayObLG Rpfleger 1972, 26; KG Rpfleger 1967, 115; OLG Hamm NJW 1966, 1132; LG Regensburg Rpfleger 1978, 448; *Kössinger* in *Bauer/von Oefele* § 20 Rn 155.
71 BayObLG DNotZ 1990, 734.
72 BGH NJW 1967, 31.
73 *Staudinger-Pfeifer* § 925 Rn 31; KEHE-*Munzig* § 20 Rn 39c.
74 *Staudinger-Pfeifer* § 925 Rn 33; *Kössinger* in *Bauer/von Oefele* § 20 Rn 112.
75 Vgl dazu *Staudinger-Pfeifer* § 927 Rn 22 ff.
76 Vgl dazu *Staudinger-Pfeifer* § 928 Rn 20 ff.
77 RGZ 71, 63, 67; OLG Schleswig NJW 1994, 949.
78 RG JW 1915, 799, 800.
79 RGZ 137, 263, 268.
80 KEHE-*Munzig* § 20 Rn 38; *Staudinger-Pfeifer* § 925 Rn 33.
81 *Böttcher* Praktische Fragen des Erbbaurechts, Rn 304.
82 *Böttcher* Praktische Fragen des Erbbaurechts, Rn 475.
83 *Böttcher* Praktische Fragen des Erbbaurechts, Rn 500.
84 *Böttcher* Praktische Fragen des Erbbaurechts, Rn 517.
85 Vgl dazu *Böttcher* Praktische Fragen des Erbbaurechts, Rn 524 ff.
86 Vgl dazu *Böttcher* Praktische Fragen des Erbbaurechts, Rn 547 ff.
87 Vgl dazu *Böttcher* Praktische Fragen des Erbbaurechts, Rn 565 ff.

3. Wohnungserbbaurecht

Das Wohnungserbbaurecht ist zwar eine besondere Art des Erbbaurechts, aber auch eine besondere Art des **27**
Wohnungseigentum, auf die die Vorschriften über das Wohnungseigentum (§ 30 Abs 3 S 2 WEG) und damit
§ 4 Abs 2 WEG, § 925 BGB Anwendung finden. Dies bedeutet, dass für die Begründung und Aufhebung, aber
auch für die Übertragung des Wohnungserbbaurechtes eine materielle Einigung erforderlich ist.[88]

4. Miteigentum nach Bruchteilen

Eine materielle Einigung iSv § 873 BGB ist in folgenden Fällen erforderlich:[89] **28**
- Übertragung eines Miteigentumsanteils von einem Bruchteilseigentümer an einen anderen oder an einen
  Dritten;[90]
- Änderung der Miteigentumsanteile unter den gleichen Miteigentümern;[91]
- Übertragung von Bruchteilseigentum auf eine Gesamthandsgemeinschaft (zB Gesellschaft bürgerlichen
  Rechts), auch wenn die Bruchteilseigentümer und Gesamthänder die gleichen Personen sind;[92]
- Übertragung eines Bruchteils von einem Alleineigentümer an einen Dritten, wodurch eine Bruchteilsge-
  meinschaft entsteht.[93]

5. Wohnungs- und Teileigentum

a) Eine **materielle Einigung** ist in folgenden Fällen **erforderlich:** **29**
- **Vertragliche Begründung von Wohnungseigentum** durch die Einräumung von Sondereigentum (§§ 3,
  4 WEG);
- **Veräußerung des Wohnungseigentums** (§ 873 BGB);
- **Belastung des Wohnungseigentums** (§ 873 BGB);
- Die **Umwandlung von Wohnungseigentum in Teileigentum (und umgekehrt)** ist eine Inhaltsände-
  rung der Sondereigentumseinheiten, da die erstmalige Festlegung von Räumen als Wohnungseigentum oder
  Teileigentum eine Zweckbestimmung mit Vereinbarungscharakter bedeutet (§ 5 Abs 4 WEG). Dazu bedarf
  es daher der Einigung aller Wohnungs- bzw Teileigentümer.[94]
- Für die **Umwandlung von Gemeinschaftseigentum in Sondereigentum (und umgekehrt)** ist die
  Einigung aller Wohnungseigentümer in der Form der Auflassung erforderlich, weil es sich insoweit um Ein-
  räumung oder Aufhebung von Sondereigentum handelt (§ 4 WEG).[95]
- Für die **Veränderung (= Vergrößerung oder Verkleinerung) der Miteigentumsanteile** zwischen den
  Wohnungseigentümern (= Quotenänderung) bedarf es deren Einigung, weil es zum Eigentumswechsel an
  Anteilen der Miteigentumsanteile kommt (§ 873 BGB).[96]
- Innerhalb der Wohnungseigentümergemeinschaft ist die **Veräußerung von Sondereigentum** ohne Mitei-
  gentum zulässig.[97] Da dies zum einen als Aufhebung und Neubegründung von Sondereigentum anzusehen
  ist und zum anderen eine Eigentumsübertragung des Gegenstands des Sondereigentums darstellt, bedarf es
  dafür einer Einigung der beteiligten Wohnungseigentümer in Auflassungsform (§ 4 WEG, §§ 873, 925
  BGB).[98]
- Für die **Veräußerung und den Zuerwerb einer Grundstücksteilfläche** bedarf es ua der Auflassung von
  allen bzw an alle Wohnungseigentümer (§§ 873, 925 BGB).[99]
- Für die **nachträgliche Begründung oder Inhaltsänderung eines Sondernutzungsrechtes** (= schuldrechtliches Gebrauchsrecht zugunsten eines Wohnungseigentümers am Gemeinschaftseigentum) bedarf es
  nur der formlosen schuldrechtlichen Vereinbarung zwischen allen Wohnungseigentümern (§ 10 Abs 2
  WEG). Damit dies auch Wirkung gegenüber einem Sonderrechtsnachfolger hat, bedarf es noch der Grundbucheintragung (§ 10 Abs 3 WEG), was eine Inhaltsänderung aller Sondereigentumseinheiten bedeutet (§ 5
  Abs 4 S 1 WEG). Dafür ist die materielle Einigung aller Wohnungseigentümer erforderlich (§§ 877, 873
  BGB).[100] Die **Übertragung eines Sondernutzungsrechtes** an einen anderen Wohnungseigentümer

---

88 *Staudinger-Pfeifer* § 925 Rn 21.
89 Vgl *Staudinger-Pfeifer* § 925 Rn 17; *KEHE-Munzig* § 20 Rn 23.
90 RGZ 52, 174, 177; *Kössinger* in *Bauer/von Oefele* § 20 Rn 88.
91 RGZ 56, 96, 101; 76, 409, 413; BayObLGZ 1958, 263, 269; *Kössinger* in *Bauer/von Oefele* § 20 Rn 86.
92 RGZ 56, 96, 101; 65, 227, 233; *Kössinger* in *Bauer/von Oefele* § 20 Rn 89.
93 *Kössinger* in *Bauer/von Oefele* § 20 Rn 88.
94 Ausführlich dazu *Hügel* ZWE 2008, 120.
95 BayObLG MittRhNotK 1987, 360; MittBayNot 1994, 41.
96 BGH DNotZ 1976, 741; BayObLG DNotZ 1959, 40.
97 BayObLG DNotZ 1984, 381.
98 BayObLG DNotZ 1999, 210; OLG Celle Rpfleger 1974, 267.
99 BayObLG Rpfleger 1976, 3 OLG Oldenburg Rpfleger 1977, 22; OLG Frankfurt/M DNotZ 1974, 94.
100 BGHZ 73, 145; BayObLG FGPrax 2001, 145; vgl auch OLG Hamm ZfIR 1997, 290.

geschieht mittels formlosen, schuldrechtlichen Vertrags zwischen dem bisherigen und künftigen Inhaber. Die für die Wirkung gegenüber einem Sonderrechtsnachfolger wiederum nötige Grundbucheintragung (§ 10 Abs 3) bedeutet eine Inhaltsänderung bei den beteiligten Sondereigentumseinheiten (§ 5 Abs 4 WEG) und bedarf deshalb der Einigung zwischen den beiden Wohnungseigentümern (§§ 877, 873 BGB).

30 **b) Keiner materiellen Einigung** nach § 873 BGB bedarf es in folgenden Fällen:
- **Begründung von Wohnungseigentum durch Teilung (§ 8 WEG)**; dies geschieht mittels einseitiger Willenserklärung des aufteilenden Grundstückseigentümers gegenüber dem Grundbuchamt.
- **Unterteilung von Wohnungseigentum**; dazu bedarf es ebenfalls der einseitigen Willenserklärung des teilenden Eigentümers gegenüber dem Grundbuchamt (§ 8 WEG analog).[101]
- **Vereinigung zweier Eigentumswohnungen** bzw der **Bestandteilszuschreibung** einer Eigentumswohnung zu einer anderen; in diesen Fällen bedarf es auch nur der einseitigen Erklärung des Wohnungseigentümers gegenüber dem Grundbuchamt (§ 890 BGB).
- **Aufhebung eines Sondernutzungsrechtes**; dafür ist nur eine formlose schuldrechtlichen Vereinbarung aller Wohnungseigentümer nötig (§ 10 Abs 2 WEG). Die Löschung im Grundbuch, dh die Beseitigung der Wirkung des § 10 Abs 3 WEG, ist keine materielle Inhaltsänderung und bedarf daher nicht der sachenrechtlichen Einigung aller Wohnungseigentümer nach §§ 877, 873 BGB.[102]

6. Erbrecht

31 **a)** Eine **materielle Einigung gem § 873 BGB** ist in folgenden Fällen **erforderlich**:
- Auseinandersetzung der Erbengemeinschaft gem §§ 2042 ff BGB durch Übertragung von Grundbesitz auf einen oder mehrere Miterben bzw dritte Personen,[103] während die Wiederherstellung der Erbengemeinschaft durch Aufhebung der Auseinandersetzung nicht mehr möglich ist.[104]
- Übertragung eines erbengemeinschaftlichen Grundstücks auf eine Bruchteilsgemeinschaft, auch wenn letztere aus demselben Personen besteht wie die Erbengemeinschaft.[105]
- Übertragung eines erbengemeinschaftlichen Grundstücks auf eine andere Gesamthandsgemeinschaft (zB Gesellschaft bürgerlichen Rechts), auch wenn letztere aus demselben Personen besteht wie der Erbengemeinschaft.[106]
- Übereignung eines Grundstücks aus dem Nachlass in Erfüllung eines Vermächtnisses gem §§ 2150, 2174 BGB.[107] Dies gilt auch, wenn der Vermächtnisnehmer Testamentsvollstrecker, Miterbe oder Nacherbe ist.[108]
- Übereignung eines Grundstückes in Vollzug eines Erbschaftsverkaufes nach § 2374 BGB.[109]
- Übereignung eines Grundstückes in Erfüllung einer Teilungsanordnung gem §§ 2048, 2049 BGB.[110]
- Übereignung eines Nachlassgrundstücks, dass der Testamentsvollstreckung unterliegt, an den Testamentsvollstrecker persönlich, an einen Miterben oder einen Dritten.[111]

32 **b) Keine materielle Einigung** nach § 873 BGB ist in folgenden Fällen erforderlich:
- Übergang des Grundstückseigentums kraft Erbfolge vom Erblasser auf den oder die Erben (§ 1922 BGB), und zwar unabhängig davon, ob auf Grund gesetzlicher Erbfolge oder auf Grund einer Verfügung von Todes wegen[112] (vgl dazu § 22 Rdn 37, 96, 131).
- Übergang des Grundstückseigentums vom Vorerben auf den oder die Nacherben (§§ 2100 ff BGB);[113] vgl dazu § 22 Rdn 37, 96, 131.

---

101 BGHZ 49, 250; *Rapp* MittBayNot 1996, 344, 345.
102 BGH ZfIR 2000, 884 = DNotZ 2001, 381 = FGPrax 2001, 7 = Rpfleger 2001, 69.
103 RGZ 57, 432, 434; KEHE-*Munzig* § 20 Rn 26; *Staudinger-Pfeifer* § 925 Rn 24; *Kössinger* in *Bauer/von Oefele* § 20 Rn 100.
104 KG DNotZ 1952, 84; OLG Düsseldorf Rpfleger 1952, 343.
105 RGZ 105, 246, 251; *Staudinger-Pfeifer* § 925 Rn 24; KEHE-*Munzig* § 20 Rn 26; *Kössinger* in *Bauer/von Oefele* § 20 Rn 85.
106 BayObLG Rpfleger 1958, 345; OLG Hamm DNotZ 1958, 416; *Staudinger-Pfeifer* § 925 Rn 24; *Kössinger* in *Bauer/von Oefele* § 20 Rn 90; KEHE-*Munzig* § 20 Rn 26.
107 BayObLGE 7, 349, 350; OLG Dresden OLGE 39, 218; *Kössinger* in *Bauer/von Oefele* § 20 Rn 97; KEHE-*Munzig* § 20 Rn 26; *Staudinger-Pfeifer* § 925 Rn 24.
108 *Kössinger* in *Bauer/von Oefele* § 20 Rn 98.
109 *Kössinger* in *Bauer/von Oefele* § 20 Rn 101; KEHE-*Munzig* § 20 Rn 26; *Staudinger-Pfeifer* § 925 Rn 24.
110 RGZ 141, 284; OLG Neustadt MDR 1960, 497; *Kössinger* in *Bauer/von Oefele* § 20 Rn 99; KEHE-*Munzig* § 20 Rn 26; *Staudinger-Pfeifer* § 925 Rn 24.
111 RGZ 61, 139, 143; BayObLGE 7, 349; KEHE-*Munzig* § 20 Rn 26; *Staudinger-Pfeifer* § 925 Rn 24.
112 *Kössinger* in *Bauer/von Oefele* § 20 Rn 113.
113 *Staudinger-Pfeifer* § 925 Rn 24.

– Übertragung (§ 2033 BGB) eines oder aller Erbanteile auf einen Miterben oder Dritten, gleichgültig ob gleichzeitig oder sukzessiv nach und nach, auch wenn der Nachlass nur aus einem Grundstück besteht[114] (vgl dazu § 22 Rdn 38, 132).
– Übertragung aller Erbanteile auf eine Gesellschaft bürgerlichen Rechts, die aus demselben Personen besteht wie der Erbengemeinschaft, auch wenn der Nachlass nur aus Grundstücken besteht.[115]
– Übertragung eines Bruchteils an einen Erbanteil.[116]
– Übertragung eines Grundstücks als nahezu einziger Nachlassgegenstand, wenn sie als der Anteilsübertragung ausgelegt werden kann.[117]
– Erfüllung eines Vorausvermächtnisses an den durch Nacherbfolge beschränken Alleinerben.[118]
– Ausscheiden eines Miterben aus der Erbengemeinschaft, wenn Grundbesitz zum Nachlass gehört; dies führt zur Anwachsung bei den restlichen Miterben[119] (vgl dazu § 22 Rdn 38, 132).

7. Güterrecht

a) Eine **materielle Einigung iSv § 873 BGB ist erforderlich** in folgenden Fällen:　　　　　　　　　**33**
– Auseinandersetzung des Gesamtguts der Gütergemeinschaft (§§ 1471 ff BGB) oder der fortgesetzten Gütergemeinschaft, auch wenn ein Ehegatte einen gesetzlichen Anspruch darauf hat.[120]
– Erfüllung einer ehevertraglichen Erklärung eines Grundstücks zum Vorbehaltsgut, dh zum Alleineigentum eines Ehegatten, dass bisher zum Gesamtgut beider Ehegatten gehörte.[121]
– Erfüllung der Aufhebung der Vorbehaltsguteigenschaft eines Grundstücks durch Einbringung in das Gesamtgut.[122]

b) Keine materielle Einigung ist in folgenden Fällen nötig:　　　　　　　　　　　　　　　　**34**
– Begründung von Gütergemeinschaft durch Ehevertrag (§ 1416 Abs 2 BGB), wenn ein Ehegatte bereits Alleineigentümer eines Grundstücks war.[123] Der andere Ehegatte wird damit automatisch Miteigentümer, das Grundbuch unrichtig und muss berichtigt werden (vgl dazu § 22 Rdn 36, 130).
– Erwerb eines Grundstücks durch einen in Gütergemeinschaft lebenden Ehegatten (§ 1416 Abs 1 Satz 2 BGB), welches dann in das Gesamtgut fällt.[124]
– Ausscheiden eines Abkömmlings aus fortgesetzter Gütergemeinschaft, da sein Anteil den übrigen anwächst (§§ 1490, 1491 BGB).[125]

8. Gesellschaft bürgerlichen Rechts

a) Eine **materielle Einigung iSv § 873 BGB ist erforderlich** in folgenden Fällen:　　　　　　**35**
– **Einbringung eines Grundstücks in die GbR** durch einen oder mehrere Gesellschafter[126] oder durch eine Gesamthandsgemeinschaft (zB Erbengemeinschaft)[127] oder Bruchteilsgemeinschaft, und zwar auch dann, wenn diese personenidentisch mit der GbR ist,[128] oder durch eine juristische Person.
– **Übertragung eines Grundstücks von der GbR** an einen Dritten oder einen Gesellschafter[129] oder mehrere in Bruchteilsgemeinschaft[130] oder eine andere Gesamthandsgemeinschaft, und zwar unabhängig davon, ob sie aus den gleichen oder anderen Personen besteht die GbR[131] (vgl § 22 Rdn 40).

114 RGZ 88, 116, 117; BayObLGZ 1959, 56; Rpfleger 1984, 463; *Kössinger* in *Bauer/von Oefele* § 20 Rn 114; KEHE-*Munzig* § 20 Rn 27; *Staudinger-Pfeifer* § 925 Rn 24.
115 KG DR 1944, 455; *Kössinger* in *Bauer/von Oefele* § 20 Rn 114; KEHE-*Munzig* § 20 Rn 27; *Staudinger-Pfeifer* § 925 Rn 24.
116 BGH NJW 1963, 1610; OLG Köln Rpfleger 1974, 109; *Staudinger-Pfeifer* § 925 Rn 24; KEHE-*Munzig* § 20 Rn 27; *Kössinger* in *Bauer/von Oefele* § 20 Rn 114.
117 BGH FamRZ 1965, 267; *Staudinger-Pfeifer* § 925 Rn 24; KEHE-*Munzig* § 20 Rn 27.
118 KG OLGE 30, 202; *Kössinger* in *Bauer/von Oefele* § 20 Rn 98; KEHE-*Munzig* § 20 Rn 27; *Staudinger-Pfeifer* § 925 Rn 24.
119 BGH NJW 1998, 1557; KG OLGZ 1965, 244, 247; *Kössinger* in *Bauer/von Oefele* § 20 Rn 116.
120 RGZ 20, 256; BayObLG JW 1926, 992; *Staudinger-Pfeifer* § 925 Rn 23; KEHE-*Munzig* § 20 Rn 24.
121 BayObLGE 6, 295; KG JFG 15, 194; *Kössinger* in *Bauer/von Oefele* § 20 Rn 94; *Staudinger-Pfeifer* § 925 Rn 23; KEHE-*Munzig* § 20 Rn 24.
122 BGH NJW 1952, 1330; *Staudinger-Pfeifer* § 925 Rn 23; *Kössinger* in *Bauer/von Oefele* § 20 Rn 94; KEHE-*Munzig* § 20 Rn 24; **aA** MüKo-*Kanzleiter* § 925 Rn 10; *Staudinger-Thiele* (1994) § 1416 Rn 33.
123 *Kössinger* in *Bauer/von Oefele* § 20 Rn 117; KEHE-*Munzig* § 20 Rn 25.
124 *Staudinger-Pfeifer* § 925 Rn 23.
125 *Kössinger* in *Bauer/von Oefele* § 20 Rn 118; KEHE-*Munzig* § 20 Rn 25; *Staudinger-Pfeifer* § 925 Rn 23.
126 RGZ 65, 227, 233; *Staudinger-Pfeifer* § 925 Rn 25a; KEHE-*Munzig* § 20 Rn 21.
127 RGZ 136, 402, 406; OLG Hamm DNotZ 1958, 416; *Staudinger-Pfeifer* § 925 Rn 25a; KEHE-*Munzig* § 20 Rn 21.
128 RGZ 56, 96, 101; *Kössinger* in *Bauer/von Oefele* § 20 Rn 89.
129 *Kössinger* in *Bauer/von Oefele* § 20 Rn 95; KEHE-*Munzig* § 20 Rn 21; *Staudinger-Pfeifer* § 925 Rn 25a.
130 RGZ 65, 233; 57, 432; 89, 57; *Staudinger-Pfeifer* § 925 Rn 25a; *Kössinger* in *Bauer/von Oefele* § 20 Rn 85; KEHE-*Munzig* § 20 Rn 21.
131 RGZ 155, 86; BayObLGZ 1950, 430; OLG Hamm DNotZ 1983, 750; *Kössinger* in *Bauer/von Oefele* § 20 Rn 91; KEHE-*Munzig* § 20 Rn 27; *Staudinger-Pfeifer* § 925 Rn 25a.

– **Aufteilung von Grundbesitz** einer GbR auf andere Gesellschaften bürgerlichen Rechts in der Weise, dass jeder Gesellschaft Grundbesitz zugewiesen wird.[132]

36   **b) Keiner materielle Einigung** gem § 873 BGB bedarf es in folgenden Fällen:
– **Eintritt eines Gesellschafters** in die GbR, die bereits Grundbesitz hat.[133]
– **Ausscheiden eines Gesellschafters** aus der GbR, die Grundbesitz hat.[134]
– **Übertragung von Gesellschaftsanteilen** an Dritte oder andere Gesellschafter.[135]
– **Identitätswahrender Rechtsformwechsel**, dh wenn die GbR unter Wahrung ihrer Identität lediglich ihre Rechtsform verändert, zB bei der Umwandlung einer GbR in eine OHG oder KG.[136]

9. Personenhandelsgesellschaften (OHG, KG)

37   **a)** Eine **materielle Einigung iSv § 873 BGB ist erforderlich** in folgenden Fällen:
– **Einbringung eines Grundstücks in die OHG/KG** von einem Gesellschafter[137] oder einer Bruchteilsgemeinschaft[138] oder einer anderen Gesamthand (zB Erbengemeinschaft), auch wenn sie aus denselben Personen bestehen wie die OHG/KG.[139] Gleiches gilt bei der Einbringung eines Grundstücks von der GmbH in eine GmbH & Co. KG, auch wenn die GmbH einziger Komplementär ist.[140]
– **Übertragung eines Grundstücks von der OHG/KG** auf einen Dritten oder einen Gesellschafter, unabhängig davon, ob er in der Gesellschaft bleibt oder ausscheidet,[141] oder auf eine Bruchteilsgemeinschaft[142] oder eine GbR, GmbH oder andere OHG/KG, auch wenn sie ganz oder teilweise aus den gleichen Gesellschaftern bestehen.[143]
– **Aufnahme eines Gesellschafters in ein einzelkaufmännisches Unternehmen,** wodurch eine OHG/KG entsteht, wenn ein Betriebsgrundstück Eigentum des Einzelkaufmanns ist.[144]

38   **b) Keine materielle Einigung iSv § 873 BGB** ist in folgenden Fällen nötig:
– **Ausscheiden eines Gesellschafters,** wenn die OHG/KG Grundbesitz hat; in diesem Fall wächst das Gesellschaftsvermögen den Restgesellschaftern automatisch an (§§ 161 Abs 2, 105 Abs 3 HGB, § 738 BGB).[145] Das Grundbuch wird jedoch dadurch nicht unrichtig, weil die Gesellschaft nur mit ihrer Firma eingetragen ist und nicht deren Gesellschafter. Gleiches gilt beim Ausscheiden eines Gesellschafters aus einer zweigliedrigen OHG/KG oder dem Ausscheiden aller Gesellschafter bis auf einen; der allein übrig gebliebene Gesellschafter wird automatisch Alleineigentümer des Grundbesitzes.[146]
– **Eintritt eines Gesellschafters,** wenn die OHG/KG Grundbesitz hat; entsprechend dem Rechtsgedanken des § 738 BGB kommt es bei dem Gesellschaftsvermögen der bisherigen Gesellschafter zur Abwachsung und der neue Gesellschafter wird automatisch damit auch Grundstückseigentümer.[147]
– **Übertragung von einzelnen oder allen Gesellschaftsanteilen** der OHG/KG auf Dritte oder Gesellschafter oder andere Gesellschaften.[148]
– **Übernahme des Unternehmens mit dem Betriebsgrundstück durch einen Gesellschafter** bei Auflösung der OHG/KG ohne Liquidation durch Vereinbarung unter Lebenden oder mit dem Erben des verstorbenen Gesellschafters[149] (vgl dazu § 22 Rdn 46).

---

132 BayObLGZ 1980, 199 = Rpfleger 1981, 58; *Kössinger* in *Bauer/von Oefele* § 20 Rn 93; KEHE-*Munzig* § 20 Rn 21; *Staudinger-Pfeifer* § 925 Rn 25a.

133 *Staudinger-Pfeifer* § 925 Rn 25b; *Kössinger* in *Bauer/von Oefele* § 20 Rn 121; KEHE-*Munzig* § 20 Rn 22.

134 *Staudinger-Pfeifer* § 925 Rn 25b; *Kössinger* in *Bauer/von Oefele* § 20 Rn 119, 120, 145; KEHE-*Munzig* § 20 Rn 22.

135 *Kössinger* in *Bauer/von Oefele* § 20 Rn 92; KEHE-*Munzig* § 20 Rn 22; *Demharter* § 20 Rn 8; *Staudinger-Pfeifer* § 925 Rn 25b.

136 LG München Rpfleger 2007, 392 und 2001, 489; *Kössinger* in *Bauer/von Oefele* § 20 Rn 134–136; KEHE-*Munzig* § 20 Rn 22; *Staudinger-Pfeifer* § 925 Rn 25b.

137 RGZ 65, 227, 233; *Staudinger-Pfeifer* § 925 Rn 26a; KEHE-*Munzig* § 20 Rn 28.

138 RGZ 56, 96, 101; *Kössinger* in *Bauer/von Oefele* § 20 Rn 89; *Staudinger-Pfeifer* § 925 Rn 26a; KEHE-*Munzig* § 20 Rn 28.

139 OLG Hamm DNotZ 1958, 416; KG JFG 21, 168; OLG München JFG 18, 120; *Staudinger-Pfeifer* § 925 Rn 26a; KEHE-*Munzig* § 20 Rn 28.

140 *Staudinger-Pfeifer* § 925 Rn 27a.

141 RGZ 65, 227, 233; 76, 409, 413; *Staudinger-Pfeifer* § 925 Rn 26a; *Kössinger* in *Bauer/von Oefele* § 20 Rn 95; KEHE-*Munzig* § 20 Rn 28.

142 RGZ 65, 227, 233; *Kössinger* in *Bauer/von Oefele* § 20 Rn 85; KEHE-*Munzig* § 20 Rn 28; *Staudinger-Pfeifer* § 925 Rn 26a.

143 RGZ 74, 6, 9; 136, 402, 406; *Kössinger* in *Bauer/von Oefele* § 20 Rn 91; *Staudinger-Pfeifer* § 925 Rn 26a.

144 KG OLGE 13, 23, 24; LG Dortmund NJW 1969, 137; *Staudinger-Pfeifer* § 925 Rn 26a.

145 RGZ 68, 410, 413; *Staudinger-Pfeifer* § 925 Rn 26b; *Kössinger* in *Bauer/von Oefele* § 20 Rn 119; KEHE-*Munzig* § 20 Rn 29.

146 RGZ 136, 96, 99; *Kössinger* in *Bauer/von Oefele* § 20 Rn 120, 145; *Staudinger-Pfeifer* § 925 Rn 26b.

147 KG OLGE 13, 23, 24; *Staudinger-Pfeifer* § 925 Rn 26b; *Kössinger* in *Bauer/von Oefele* § 20 Rn 121; KEHE-*Munzig* § 20 Rn 29.

148 BGHZ 13, 179, 186; 44, 229, 231; 71, 296, 299; KEHE-*Munzig* § 20 Rn 29; *Staudinger-Pfeifer* § 925 Rn 26c.

149 RGZ 65, 227, 240; 68, 410, 416; *Staudinger-Pfeifer* § 925 Rn 26b; KEHE-*Munzig* § 20 Rn 29; *Kössinger* in *Bauer/von Oefele* § 20 Rn 120, 145.

– **Identitätswahrender Rechtsformwechsel**, dh wenn die OHG/KG unter Wahrung ihrer Identität lediglich die Rechtsform verändert, zB bei dem Übergang von einer Gründungs-OHG/KG zu einer OHG/KG (vgl Einl F Rdn 52), von einer OHG in eine KG,[150] von einer OHG/KG in eine GbR (und umgekehrt), gleich ob durch Beschluss oder wegen Zurückgehens auf ein Kleingewerbe[151] (vgl dazu Einl F Rdn 51, 52 und § 22 Rdn 86, 134).
– **Umwandlung einer OHG/KG nach dem UmwG** (vgl dazu Rdn 40).

10. Kapitalgesellschaften (GmbH, AG, KGaA)

a) Eine **materielle Einigung iSv § 873 BGB ist erforderlich** in folgenden Fällen: **39**
– **Einbringung eines Grundstücks in die Kapitalgesellschaft** von einem Gesellschafter oder einer Bruchteilsgemeinschaft oder einer Gesamthandsgemeinschaft (zB GbR, OHG, KG), auch wenn an den Gesellschaften die gleichen Gesellschafter beteiligt sind.[152]
– **Übertragung eines Grundstücks von der Kapitalgesellschaft** auf einen Dritten, einen Gesellschafter (auch wenn er der einzige ist), eine andere Kapitalgesellschaft, Personengesellschaft oder einen Einzelkaufmann.[153]

b) **Keine materielle Einigung iSv § 873 ist** in folgenden Fällen erforderlich: **40**
– **Übergang eines Grundstücks von der Vor-GmbH/Vor-AG auf die GmbH/AG**[154] (vgl dazu Einl F Rdn 53–58).
– **Eintritt und Ausscheiden von Gesellschaftern oder Aktionären.**[155]
– **Übertragung von Gesellschaftsanteilen oder Aktien.**[156]
– **Verschmelzung** nach den §§ 2–122 UmwG,[157] **Spaltung** nach den §§ 123–173 UmwG[158] und **Vermögensübertragung** gemäß §§ 174–189 UmwG (vgl dazu § 22 Rdn 47, 97, 134).[159]
– **Identitätswahrender Rechtsformwechsel** nach den §§ 190–304 UmwG[160] (vgl dazu § 22 Rdn 86).

11. Genossenschaften

Es gelten die Ausführungen zu den Kapitalgesellschaften; vgl deshalb Rdn 40. **41**

12. Vereine, Stiftungen

a) Eine **materielle Einigung iSv § 873 BGB ist erforderlich** in folgenden Fällen: **42**
– **Einbringung eines Grundstücks in den Verein bzw die Stiftung.**[161]
– **Übertragung eines Grundstücks von dem Verein bzw der Stiftung** auf einen Dritten, ein Vereins- bzw Stiftungsmitglied,[162] eine Kapitalgesellschaft, Personengesellschaft, Genossenschaft oder anderen Verein bzw Stiftung.
– **Übertragung eines Grundstücks aus dem Vereins – oder Stiftungsvermögen auf Grund Liquidation an den Anfallberechtigten** gemäß §§ 45 Abs 1, 88 BGB.[163]

b) **Keine materielle Einigung iSv § 873 BGB** ist in folgenden Fällen nötig: **43**
– **Übergang eines Grundstücks von dem nicht rechtsfähigen Verein an den eingetragenen Verein**, wenn der Verein Rechtsfähigkeit erlangt und mit dem früheren nicht rechtsfähigen Verein identisch ist[164] (vgl dazu Einl F Rdn 49 und § 22 Rdn 49).

---

150 RGZ 55, 126, 128; *Staudinger-Pfeifer* § 925 Rn 26b; *KEHE-Munzig* § 20 Rn 29.
151 RGZ 155, 75, 86; BayObLGZ 1950, 426, 430; OLG Hamm DNotZ 1984, 769; *Staudinger-Pfeifer* § 925 Rn 26b; *KEHE-Munzig* § 20 Rn 29; *Kössinger* in *Bauer/von Oefele* § 20 Rn 134–136.
152 RGZ 56, 96; 84, 112; OLG Celle Rpfleger 1954, 108; *Kössinger* in *Bauer/von Oefele* § 20 Rn 96; *Staudinger-Pfeifer* § 925 Rn 27a.
153 *Staudinger-Pfeifer* § 925 Rn 27a; *KEHE-Munzig* § 20 Rn 30.
154 *Kössinger* in *Bauer/von Oefele* § 20 Rn 137–141.
155 *Staudinger-Pfeifer* § 925 Rn 27b; *KEHE-Munzig* § 20 Rn 31.
156 *Staudinger-Pfeifer* § 925 Rn 27b.
157 *Kössinger* in *Bauer/von Oefele* § 20 Rn 143, 144.
158 *Kössinger* in *Bauer/von Oefele* § 20 Rn 123–131.
159 *Staudinger-Pfeifer* § 925 Rn 27b; *KEHE-Munzig* § 20 Rn 31.
160 *KEHE-Munzig* § 20 Rn 31; *Kössinger* in *Bauer/von Oefele* § 20 Rn 132.
161 *Staudinger-Pfeifer* § 925 Rn 29a; *KEHE-Munzig* § 20 Rn 33.
162 KG OLGE 5, 378; *Staudinger-Pfeifer* § 925 Rn 29a; *KEHE-Munzig* § 20 Rn 33.
163 *Kössinger* in *Bauer/von Oefele* § 20 Rn 103; *KEHE-Munzig* § 20 Rn 33; *Staudinger-Pfeifer* § 925 Rn 29a.
164 RGZ 85, 256, 260; BGHZ 17, 385, 387; *Kössinger* in *Bauer/von Oefele* § 20 Rn 142; *KEHE-Munzig* § 20 Rn 34; *Staudinger-Pfeifer* § 925 Rn 29b.

- **Anfall von Vereins – oder Stiftungsvermögen an den Fiskus** gemäß §§ 46, 88 BGB[165] (vgl dazu § 22 Rdn 49).
- **Formwechselnde Umwandlung** von rechtsfähigen Vereinen (§ 191 Abs 1 Nr 4 UmwG), also sowohl von eingetragenen Idealvereinen (§ 21 BGB) als auch von wirtschaftlichen Vereinen (§ 22 BGB);[166] vgl dazu § 22 Rdn 49, 86.
- **Verschmelzung und Spaltung** nach § 3 Abs 1 Nr 4, Abs 2 Nr 1, § 124 Abs 1 UmwG;[167] vgl dazu § 22 Rdn 49, 47, 134.

13. Juristische Personen des öffentlichen Rechts

44 **a)** Eine **materielle Einigung iSv § 873 BG ist erforderlich** in folgenden Fällen:
- **Übertragung eines Grundstücks von einer juristischen Person des öffentlichen Rechts auf eine andere**, sofern der Eigentumsübergang nicht durch das Gesetz angeordnet oder gedeckt wird,[168] zB von einem Schulverband auf eine politische Gemeinde.[169]
- **Übertragung bei Kirchen**[170] (vgl dazu § 22 Rdn 51).

45 **b)** **Keiner materiellen Einigung iSv § 873 BGB** bedarf es in folgenden Fällen:
- **Formwechselnde Umwandlung** einer Körperschaft oder Anstalt des öffentlichen Rechts in eine GmbH gem §§ 301–304 UmwG;[171] vgl dazu § 22 Rdn 50, 86.
- **Ausgliederung** aus dem Vermögen von Gebietskörperschaften oder **Zusammenschlüssen** von Gebietskörperschaften gemäß §§ 168–173 UmwG;[172] vgl dazu § 22 Rdn 50.
- **Übergang von einer fiskalischen Stelle auf eine andere**;[173] sie sind keine selbstständigen Rechtspersönlichkeiten, sondern verkörpern insgesamt den Staat.
- **Änderung von Gebietskörperschaften**[174] (vgl dazu § 22 Rdn 35).

14. Grenzfeststellungen

46 **a)** Zum **Grenzregelungsbeschluss** nach § 82 BauGB vgl Rdn 20.

47 **b)** Zum **Grenzscheidungsurteil** nach § 920 BGB vgl Rdn 21.

48 **c)** Eine **Einigung über die Grenzfeststellung** bedarf wie üblich eines schuldrechtlichen Vertrages in der Form des § 311b Abs 1 BGB, der sachenrechtlichen Auflassung und der Grundbucheintragung (§§ 873, 925 BGB), wenn auch nur ein Nachbar davon ausgeht, dass er eine ihm gehörende Fläche dem anderen übereignet.[175]

49 **d)** Die **Einigung zweier Nachbarn im Abmarkungsprotokoll** des Vermessungsamtes **über die rechtlich maßgebliche Grenze** im Verlauf der bisherigen Besitzgrenze hat keinen Eigentumswechsel zur Folge, bedarf also keiner Auflassung und nicht der Form des § 311b Abs 1 BGB; sie hat die Bedeutung eines Grenzefeststellungsvertrages mit konstitutiver Wirkung für den Grenzverlauf.[176]

III. Anwendungsbereich des § 20

1. Auflassung

50 Für die **rechtsgeschäftliche Übereignung eines Grundstücks** bedarf es materiellrechtlich der Einigung zwischen dem Veräußerer und Erwerber bei gleichzeitiger Anwesenheit vor einer zuständigen Stelle (idR dem Notar) und der Grundbucheintragung (§§ 873, 925 BGB). Diese sachenrechtliche Einigung ist dem Grundbuchamt vorzulegen (§ 20). Gleiches gilt für die Übereignung einer **realen Grundstücksteilfläche** oder eines **ideellen Miteigentumsanteils**.[177]

---

165 BayObLGZ 1994, 33 = Rpfleger 1994, 410; OLG Hamm OLGZ 1966, 109; *Kössinger* in *Bauer/von Oefele* § 20 Rn 146; *KEHE-Munzig* § 20 Rn 34; *Staudinger-Pfeifer* § 925 Rn 29b.

166 *Staudinger-Pfeifer* § 925 Rn 29b.

167 *Staudinger-Pfeifer* aaO.

168 *Kössinger* in *Bauer/von Oefele* § 20 Rn 104; *KEHE-Munzig* § 20 Rn 35; *Staudinger-Pfeifer* § 925 Rn 30a.

169 KG KGJ 31, 306; *Staudinger-Pfeifer* § 925 Rn 30a; *KEHE-Munzig* § 20 Rn 35.

170 *Kössinger* in *Bauer/von Oefele* § 20 Rn 105; *KEHE-Munzig* § 20 Rn 35; *Staudinger-Pfeifer* § 925 Rn 30a.

171 *KEHE-Munzig* § 20 Rn 36; *Staudinger-Pfeifer* § 925 Rn 30b.

172 *Staudinger-Pfeifer* § 925 Rn 30b.

173 RGZ 59, 404; LG Freiburg BWNotZ 1982, 66; *Kössinger* in *Bauer/von Oefele* § 20 Rn 160; *Staudinger-Pfeifer* § 925 Rn 30b; *KEHE-Munzig* § 20 Rn 36c.

174 *Staudinger-Pfeifer* § 925 Rn 31a (9); *Kössinger* in *Bauer/von Oefele* § 20 Rn 161.

175 *KEHE-Munzig* § 20 Rn 40b; *Staudinger-Roth* § 920 Rn 22.

176 OLG Nürnberg DNotZ 1966, 33; OLG Celle NJW 1958, 632; *KEHE-Munzig* § 20 Rn 40a; *Staudinger-Pfeifer* § 925 Rn 32a.

177 RGZ 76, 413; *Staudinger-Pfeifer* § 925 Rn 101b (1).

2. Erbbaurecht

Für die **Bestellung, Inhaltsänderung und Übertragung** eines Erbbaurechtes bedarf es materiellrechtlich   **51**
einer Einigung gemäß § 11 Abs 1 ErbbauRG, § 873 BGB, die jedoch nicht in der Form des § 925 BGB erklärt
werden muss. In all diesen Fällen muss diese Einigung dem Grundbuchamt für die Eintragung vorgelegt werden
(§ 20). Kein Fall des § 20, sondern des § 19 liegt vor bei der Aufhebung eines Erbbaurechtes (vgl dazu § 19
Rdn 96).

Die ErbbauVO ist am 22.11.1919 in Kraft getreten (RGBl S 72, ber S 122; unbenannt in ErbbauRG m.W.   **52**
zum 30.11.2007; BGBl. 2007 2614). Für diese bis zum 22.11.1919 begründeten **alten Erbbaurechte** gelten
die §§ 1012–1017 BGB. Danach ist für die Übertragung und Inhaltsänderung nach wie vor eine Einigung in
der Form des § 925 BGB vorgeschrieben, die dann auch dem Grundbuchamt vorzulegen ist (§ 20; vgl §§ 35, 38
ErbauRG).[178]

3. Sonstige grundstücksgleiche Rechte

Die Rechte nach Art 63 (**Erbpacht einschließlich Bündner- und Häuslerrechte**) und Art 68 EGBGB   **53**
(**Abbaurechte** an nicht bergrechtlichen Mineralien, wie zB Steine, Ton, Schiefer) werden hinsichtlich der
Anwendbarkeit des § 20 dem Erbbaurecht gleichgestellt (§ 137). Bei der Bestellung, Inhaltsänderung und Über-
tragung solcher Rechte ist daher dem Grundbuchamt die Einigung nachzuweisen.[179]

Soweit das **Landesrecht** für bestimmte Rechte die Beachtung des § 925 BGB verlangt, findet auch § 20   **54**
Anwendung[180] (vgl zB § 136 GBO, Art 40 Abs 4 BayAGGVG für das Bergwerkseigentum). Dazu gehören
Bergwerksrechte (Art 67 EGBGB),[181] Jagd- und Fischereirechte (Art 69 EGBGB),[182] Nutzungsrechte iSv
Art 196 EGBG (zB Kellerrechte),[183] Zwangsrechte, Bannrechte und Realgewerbeberechtigungen iSv Art 74
EGBGB.[184]

4. Wohnungseigentum (Teileigentum)

a) Übertragung. Wohnungseigentum besteht aus einem Miteigentumsanteil am Gemeinschaftseigentum und   **55**
dem Sondereigentum an den Räumen (§ 1 Abs 2 WEG). Auf Grund der Unselbstständigkeit des Sondereigentums wird der Miteigentumsanteil übertragen, wenn eine Eigentumswohnung veräußert werden soll; das Sondereigentum geht dann automatisch mit über (§ 6 WEG). Dafür bedarf es materiellrechtlich der Auflassung
zwischen dem Veräußerer und Erwerber bei gleichzeitiger Anwesenheit vor einem Notar (§§ 873, 925 BGB).
Zur Eintragung des Eigentumswechsels im Grundbuch muss die Auflassung vorgelegt werden gemäß § 20.[185]

b) Veränderung der Miteigentumsanteile. Diese sog Quotenänderung bedarf eines Eigentumswechsels   **56**
hinsichtlich des (der) verschiedenen Miteigentumsanteils(en).[186] Dafür ist deshalb eine Auflassung gemäß
§§ 873, 925 BGB bei gleichzeitiger Anwesenheit vor dem Notar nötig, die dann auch dem Grundbuchamt vorzulegen ist (§ 20).[187]

c) Veränderung des Sondereigentums. Die Veräußerung von Sondereigentum ohne Miteigentumsanteil ist   **57**
grundsätzlich unzulässig (§ 6 Abs 1 WEG). Unter einschränkender Auslegung dieser Norm ergibt sich, dass dies
nur bei der Veräußerung an Fremde, dh Nichtwohnungseigentümer gilt. Innerhalb der Eigentümergemeinschaft ist dagegen die Veräußerung von Sondereigentum ohne Miteigentum zulässig.[188] Da dies zum einen als
Aufhebung und Neubegründung von Sondereigentum anzusehen ist und zum anderen eine Eigentumsübertragung des Gegenstands des Sondereigentums darstellt, bedarf es dafür einer dinglichen Einigung der beteiligten
Wohnungseigentümer in Auflassungsform, dh sie muss bei gleichzeitiger Anwesenheit vor einem Notar erklärt
werden (§§ 873, 925 BGB, § 4 WEG); für die Grundbucheintragung muss die Einigung dann dem Grundbuchamt vorgelegt werden (§ 20).[189]

---

178 KEHE-*Munzig* § 20 Rn 17, 18; *Kössinger* in *Bauer/von Oefele* § 20 Rn 59.
179 *Kössinger* in *Bauer/von Oefele* § 20 Rn 68; KEHE-*Munzig* § 20 Rn 18.
180 *Kössinger* in *Bauer/von Oefele* § 20 Rn 69.
181 KEHE-*Munzig* § 20 Rn 18.
182 *Kössinger* in *Bauer/von Oefele* § 20 Rn 69.
183 BayObLGZ 1969, 284, 291.
184 *Kössinger* in *Bauer/von Oefele* § 20 Rn 69.
185 *Staudinger-Pfeifer* § 925 Rn 101b (3); *Kössinger* in *Bauer/von Oefele* § 20 Rn 64.
186 *Streblow* MittRhNotK 1987, 141, 150; *Schmidt* MittBayNot 1985, 237, 244.
187 BayObLG Rpfleger 1993, 444, 445.
188 BayObLG DNotZ 1984, 381; OLG Celle DNotZ 1975, 41.
189 BayObLG DNotZ 1999, 210; OLG Celle Rpfleger 1974, 267.

58 **d) Vertragliche Begründung von Wohnungseigentum nach § 3 WEG.** Diese Art der Begründung von Wohnungseigentum geschieht mittels Einräumung von Sondereigentum (§ 2 WEG). Dazu bedarf es der Einigung der beteiligten Eigentümer und diese der für die Auflassung vorgeschriebenen Form (§ 4 Abs 1, 2 WEG). Es handelt sich jedoch um keine echte Auflassung im Sinne von § 873 BGB. Deshalb soll § 20 hier keine Anwendung finden.[190] Dem muss widersprochen werden. Der Normenzweck des § 20 spricht für eine analoge Anwendung des § 20 in diesem Fall.[191] Nach richtiger Ansicht ist § 20 das verfahrensmäßige Gegenstück zu § 925 BGB. Die Folge ist, dass § 20 überall zu beachten ist, wo § 925 BGB gilt. Der Normzweck des § 20 ist ja vornehmlich die Sicherstellung des Schutzes von § 925 BGB. Bei Wohnungseigentum kommt es daher für die Anwendung des § 20 darauf an, ob materiell § 925 BGB einzuhalten ist. Greift § 4 WEG ein, gilt § 20, vor allem bei der Einräumung von Sondereigentum, wie dies vertraglich erfolgt bei der Begründung nach § 3 WEG.

59 **e) Umwandlung von Gemeinschaftseigentum in Sondereigentum (und umgekehrt).** Erforderlich ist dafür die Einigung aller Wohnungseigentümer in der Form der Auflassung (§ 4 Abs 1 und 2 WEG, § 925 BGB), weil es sich insoweit um die Einräumung oder Aufhebung von Sondereigentum handelt.[192] Nach richtiger Ansicht ist diese Einigung dann auch dem Grundbuchamt gemäß § 20 vorzulegen.[193]

60 **f) Begründung von Wohnungseigentum nach § 8 WEG.** Dies geschieht mittels einseitiger Teilungserklärung des aufteilenden Grundstückseigentümers gegenüber dem Grundbuchamt. Materiell bedarf diese Teilungserklärung keiner besonderen Form, formellrechtlich muss sie mindestens notariell beglaubigt sein (§ 29). Dies ist kein Fall des § 20, sondern Eintragungsgrundlage dafür ist die formelle Bewilligung des § 19.[194]

61 **g) Änderungen der Gemeinschaftsordnung.** Dafür bedarf es keiner Einigung in der Form des § 925 BGB und deshalb auch keines Nachweises gemäß § 20. Dieser Fall gehört vielmehr zum Anwendungsbereich des § 19[195] (vgl deshalb dort Rdn 87 ff).

IV. Form der Einigung

1. In den Fällen des § 925 BGB

62 Gemäß § 925 BGB muss die Einigung bei gleichzeitiger Anwesenheit vor einer zuständigen Stelle (zB Notar) erklärt werden. Es ist allerdings unscharf, bei § 925 BGB von einer Form der Einigung zu sprechen. Das BGB kennt nur die Schriftform, die Form der notariellen Beurkundung und die Form der öffentlichen Beglaubigung (§§ 126–129 BGB). § 925 BGB schreibt aber weder Schriftform, noch notarielle Beurkundung, noch öffentlichen Beglaubigung vor. Die Bestimmung spricht lediglich von einer Erklärung beider Teile vor einer zuständigen Stelle. Nach dem Sprachgebrauch des BGB ist das keine Form. Es ist jedoch gerechtfertigt, alle Vorschriften über die Form und solche, die sich mit der Form befassen, auf die Auflassung entsprechend anzuwenden. Eine Pflicht, die erklärte Auflassung schriftlich niederzulegen, notariell zu beurkunden oder die Unterschriften der Beteiligten öffentlich zu beglaubigen, normiert § 925 BGB jedoch nicht; eine solche Pflicht kann auch nicht durch die entsprechende Anwendung der Formvorschriften oder der Vorschriften, die sich mit der Form befassen, statuiert werden. Von der Sache her ist es daher richtiger, statt von der Form der Einigung von der **Art der Einigung** zusprechen (analog § 130 Abs 2 AktG: »Art der Abstimmung«).

63 **a) Materielle Form. aa) Erklärung.** Die Erklärung der Auflassung ist eine Wirksamkeitsvoraussetzung. Strittig ist dabei allerdings, ob die Erklärung mündlich zu erfolgen hat.[196] § 925 BGB schreibt dies zumindest nicht vor. Auch keine Notwendigkeit ist dafür zu erkennen, zumal § 925 Abs 1 Satz 3 BGB für den Vergleich anderes zulässt. Wahrscheinlich beruht die geforderte Mündlichkeit auf einem Missverständnis aus der Erkenntnis, dass § 925 BGB keine Form vorschreibt, so das nur Mündlichkeit übrig zu bleiben scheint. Die Parallele zu § 13 EheG zeigt, dass Mündlichkeit gerade nicht verlangt werden kann. Jede Art der Erklärungsabgabe genügt,

---

190 OLG Zweibrücken OLGZ 1982, 263; BGB-RGRK-*Augustin* § 4 WEG Rn 4.
191 *Staudinger-Rapp* § 4 WEG Rn 4; *Staudinger-Pfeifer* § 925 Rn 101b (4); *Schöner/Stöber* Rn 2842; *Pick* in *Bärmann/Pick/ Merle* § 4 Rn 6; *Kössinger* in *Bauer/von Oefele* § 20 Rn 66; KEHE-*Munzig* § 20 Rn 14.
192 BayObLG MittRhNotK 1994, 360; MittBayNot 1994, 41; 1988, 236; 1974, 15.
193 *Staudinger-Rapp* § 4 WEG Rn 4; *Staudinger-Pfeifer* § 925 Rn 101b (4); *Schöner/Stöber* Rn 2842; *Pick* in *Bärmann/Pick/ Merle* § 4 Rn 6; *Kössinger* in *Bauer/von Oefele* § 20 Rn 66; **aA** OLG Zweibrücken OLGZ 1982, 263.
194 *Kössinger* in *Bauer/von Oefele* § 20 Rn 65; KEHE-*Munzig* § 20 Rn 106; *Staudinger-Pfeifer* § 925 Rn 101b (4).
195 *Kössinger* in *Bauer/von Oefele* § 20 Rn 67; KEHE-*Munzig* § 20 Rn 108.
196 **Bejahend**: BayObLG FGPrax 2001, 13 = MDR 2001, 501 = ZflR 2001, 328 = MittBayNot 2001, 202; BayObLGZ 12, 833; *Demharter* § 20 Rn 14; BGB-RGRK-*Augustin* § 925 Rn 71; *Palandt-Bassenge* § 925 Rn 3; **verneinend**: OLG Rostock DNotZ 2007, 220 = NotBZ 2006, 367 = MittBayNot 2006, 415; *Staudinger-Pfeifer* § 925 Rn 86; MüKo-*Kanzleiter* § 925 BGB Rn 18; KEHE-*Munzig* § 20 Rn 94; *Kanzleiter* MittBayNot 2001, 203; *Reithmann* DNotZ 2001, 563.

auch durch Zeichen. Die die Mündlichkeit fordernde Meinung würde zu dem merkwürdigen Ergebnis führen, dass Stumme, obwohl das Beurkundungsgesetz für sie besondere Möglichkeiten vorsieht, ihre Erklärungen zu beurkunden, die Auflassung weder erklären noch entgegennehmen könnten. Dies kann nicht richtig sein. Da § 13 EheG in diesem Punkt identisch mit § 925 BGB ist, käme man zu dem grotesken Ergebnis, dass ein Stummer keine Ehe eingehen könnte. Das Erfordernis der Mündlichkeit ist bei der Auflassung somit nicht zu halten. § 925 BGB verlangt, das die Auflassung »erklärt«, nicht das sie »mündlich« erklärt werden muss. Der Vorschlag, dass sie »mündlich und gleichzeitig« vor der zuständigen Stelle erklärt werden muss,[197] ist nicht in das BGB aufgenommen worden. Zur Wahrung der Auflassungsform genügt es daher, wenn auch ohne ein verständlich gesprochenes Wort die Auflassungserklärungen für die anwesenden Vertragspartner zu keinem Zweifel am Einverständnis mit den gesamten Inhalt der Auflassung Anlass geben, dh es genügt zB Kopfnicken, Unterlassen eines Widerspruchs gegen die Erklärungen des anderen Teiles, Unterzeichnung der Urkunde im Anschluss an deren Verlesung. Auch wenn von der die Mündlichkeit fordernde Meinung behauptet wird, dass bloßes Stillschweigen nicht genügend soll, ist dies in dieser Form nicht richtig. Bloßes Schweigen ist grundsätzlich überhaupt keine Erklärung. Das Schweigen kann aber konkludent die Abgabe einer Willenserklärung bedeuten. Lässt man, wie sachlich richtig ist, die Erklärung der Auflassung nicht nur mündlich zu, sondern auf jede andere Art, die für die Abgabe einer Willenserklärung möglich ist, so kann die Erklärung der Auflassung auch in einem **konkludenten Verhalten** gefunden werden, wenn dies ermittelbar ist.

bb) Gleichzeitige Anwesenheit. Die Auflassung muss bei gleichzeitiger Anwesenheit von Veräußerer und **64** Erwerber vor der zuständigen Stelle erklärt werden. Der Ausdruck »Erklärung der Auflassung« umfasst, wie sich aus § 925 Abs S 1 BGB ergibt, sowohl die Einigungserklärung des Veräußerers als auch die Einigungserklärung des Erwerbers. Es muss nicht besonders der Ausdruck gebracht werden, dass der Erwerber die Auflassung »entgegennehme«. Veräußerer, Erwerber und Notar müssen sich nicht im gleichen Raum befinden, aber sich sehen und hören können.[198] Das Erfordernis der gleichzeitigen Anwesenheit der Vertragsparteien ist ein materiellrechtliches Erfordernis, so das ein Verstoß dagegen die Nichtigkeit der Auflassung zur Folge hat.[199] Die von § 925 BGB verlangte, gleichzeitige Anwesenheit beider Vertragteile erfordert nicht, dass die Beteiligten persönlichen anwesend sein müssen. Dies ergibt sich durch einen Vergleich zwischen § 925 BGB und § 2274 BGB iVm § 2276 BGB. § 2276 BGB schreibt gleichzeitige Anwesenheit vor, trotzdem hat der Gesetzgeber noch § 2274 BGB erlassen, der zusätzlich persönlichen Abschluss vorschreibt, was überflüssig gewesen wäre, wenn schon § 2276 BGB in dem Erfordernis der gleichzeitigen Anwesenheit beider Teile auch den persönlichen Abschluss enthalten hätte. Die Wirksamkeit einer Auflassungserklärung durch einen Bevollmächtigten, Unterbevollmächtigten, vollmachtlosen Vertreter oder Nichtberechtigten ist deshalb nicht ausgeschlossen.[200] Das Erfordernis der gleichzeitigen Anwesenheit und einer wirksamen Vertretung ist nicht erfüllt, wenn der Vertreter des Auflassungsempfängers im Namen einer erst noch zu benennenden Person handelt.[201] Dagegen hat die Rspr in folgenden Fällen die gleichzeitige Anwesenheit bejaht: Ein Gesamthänder hat im eigenen Namen ein gemeinschaftliches Grundstück an einen anderen Gesamthänder zu dessen Alleineigentum aufgelassen; in der Entgegennahme der Auflassung liegt auch seine Zustimmung zur Veräußerung.[202] Miterben haben in Unkenntnis des Umstands, dass zur Erbengemeinschaft weitere Miterben gehören, ein Nachlassgrundstück veräußert; die nichtbeteiligten Miterben haben die Veräußerung danach genehmigt.[203] In den genannten Fällen hat der bzw haben die nicht allein veräußerungsberechtigte(n) Gesamthänder für sich und zugleich als vollmachtloser Vertreter für die anderen gehandelt, die anschließend die Veräußerung genehmigt haben.[204] Stehen auf der Veräußerer- oder Erwerberseite mehrere Personen, so verlangt die gleichzeitig Anwesenheit nicht, dass alle Personen auf der einen Seite ihre Erklärungen gleichzeitig abgeben. So genügt es deshalb zB, wenn Miterben in mehreren Urkunden die Auflassung eines Nachlassgrundstückes nacheinander erklären, aber jeweils bei gleichzeitiger Anwesenheit des Erwerbers und dessen Entgegennahme.[205]

Von dem Erfordernis der gleichzeitigen Anwesenheit beider Teile vor der zuständigen Stelle gibt es **Ausnahmen**:

Eine Ausnahme ist auf Grund landesrechtlicher Vorschriften im Rahmen des **Art 143 Abs 2 EGBGB** gege- **65** ben, wenn eine Grundstück durch einen Notar versteigert worden ist und die Auflassung noch in dem Versteigerungstermin stattfindet. Die Ausnahme gilt daher nicht, wenn sich der Versteigerer die Erteilung des Zuschlags für einen anderen Zeitpunkt vorbehält. Nach der Aufhebung des Art 143 Abs 1 EGBGB durch das

---

197 Prot II Bd 3 S 176, 177.
198 RGZ 61, 95; *Staudinger-Pfeifer* § 925 Rn 85a.
199 BGHZ 29, 10; *Demharter* § 20 Rn 20.
200 BGHZ 19, 138; 29, 370; BayObLG Rpfleger 1984, 11; BayObLGZ 1953, 35; *Demharter* § 20 Rn 20; *Kössinger* in *Bauer/von Oefele* § 20 Rn 192; KEHE-*Munzig* § 20 Rn 97; *Staudinger-Pfeifer* § 925 Rn 83a.
201 AG Hamburg DNotZ 1971, 51; *Staudinger-Pfeifer* § 925 Rn 83a; MüKo-*Kanzleiter* § 925 BGB Rn 16.
202 BayObLGZ 1957, 370 = Rpfleger 1958, 354; *Staudinger-Pfeifer* § 925 Rn 83b.
203 BGHZ 19, 138.
204 *Staudinger-Pfeifer* § 925 Rn 83b.
205 KG OLGE 9, 342, 343; BayObLGZ 1957, 370; *Staudinger-Pfeifer* § 925 Rn 83b; KEHE-*Munzig* § 20 Rn 98e.

Beurkundungsgesetz seit 01.01.1970 hat die Ausnahme geringe Bedeutung. Auch bei denen noch verbliebenen Fällen des Art 143 Abs 2 EGBGB wird es sich empfehlen, § 925 BGB einzuhalten, zumal dies ohne ihn wohl stets unschwer möglich sein wird.

66 Bei buchungsfreien Grundstücken, die auch nach der Eigentumsübertragung nicht gebucht werden müssen, ergeben sich ebenfalls Ausnahmen nach **Art 127 EGBGB**.

67 Ein Beschluss des Familiengerichts nach **§ 1383 BGB** auf Übertragung des Eigentums an einem Grundstück hat die Wirkung eines gerichtlichen Urteils (vgl § 894 ZPO), ersetzt also die Auflassungserklärung des einen Teils, nicht aber die Entgegennahme der Auflassung durch den anderen Teil;[206] diese muss vor dem Notar erfolgen, allerdings ohne Beachtung der gleichzeitigen Anwesenheit des Übertragenden.

68 Von dem Erfordernis der gleichzeitigen Anwesenheit beider Teile vor der zuständigen Stelle ist eine weitere Ausnahme der Fall der rechtskräftigen Verurteilung des einen oder anderen Teiles zur Abgabe oder Entgegennahme der Einigung **(§ 894 ZPO)**. Durch das rechtskräftige Urteil wird nur die Erklärung des Verurteilten ersetzt, und nicht die des Vertragspartners.[207] Der im Prozess obsiegende Teil muss daher mit dem Urteil seine Auflassungserklärung gem § 925 BGB vor einer zuständigen Stelle abgeben, da vom Gesetz nur fingiert wird, dass der Verurteilte erschienen ist; eine erneute Abgabe der bereits durch das Urteil ersetzenden und damit existenten Auflassungserklärung findet nicht statt.[208] Wenn der Kläger seinerseits seine Erklärung vor dem Notar abgibt, muss daher eine mit Rechtskraftvermerk versehene Ausfertigung des Urteils bei der Abgabe der Erklärung vorliegen; eine nachträgliche Vorlage eines schon vorhandenen Urteils ersetzt die Vorlage nicht.[209] Im Falle der Verurteilung Zug um Zug gegen eine Leistung (zB Kaufpreiszahlung) gilt die Erklärung erst mit Erteilung einer vollstreckbaren Ausfertigung als abgegeben (§ 894 Abs 1 Satz 2 ZPO), dh bei der Erklärung der Auflassung durch den Kläger muss die vollstreckbare Ausfertigung bereits erteilt sein; bei späterer Erteilung ist die Auflassung unwirksam.[210] Behördliche Genehmigungen werden durch das Urteil nicht ersetzt, wozu keine ausdrückliche Feststellung im Urteil nötig ist.[211] Dem GBA muss nur eine beglaubigte Abschrift des Urteils und der Urkunde vorgelegt werden.[212]

69 **cc) Zuständige Stelle.** Die Erklärung vor einem zuständigen Amtsträger ist eine materielle Wirksamkeitsvoraussetzung, dh bei der Nichtbeachtung ist die Auflassung unwirksam.[213] Bei dem zuständigen Amtsträger muss **Entgegennahmebereitschaft** vorhanden sein, so dass bloße Anwesenheit oder sogar die Ablehnung der Entgegennahme nicht ausreichen.[214] Die zuständige Stelle soll die Auflassung nur entgegennehmen, wenn die nach § 311b Abs 1 BGB erforderliche Urkunde über das schuldrechtliche Grundgeschäft vorgelegt oder gleichzeitig errichtet wird (§ 925a BGB); ein Verstoß gegen diese Ordnungsvorschrift hat jedoch keine Auswirkungen auf die Wirksamkeit der Auflassung.[215]

70 Zuständige Stelle für die Entgegennahme der Auflassung ist im gesamten Bundesgebiet jeder **deutsche Notar** (§ 925 Abs 1 Satz 2 BGB), der ja auch für die Beurkundung des zugrunde liegenden, schuldrechtlichen Verpflichtungsgeschäft zuständig ist (§ 311b Abs 1 BGB). Die Zuständigkeit des Notars ist unabhängig davon, ob das betroffene Grundstück in seinem Amtsbereich (§ 10a BNotO) oder Amtsbezirk (§ 11 BNotO) liegt oder nicht.[216] Die Auflassung ist auch dann wirksam, wenn sie der Notar außerhalb des Bundeslandes, in dem er bestellt ist (§ 2 BeurkG), entgegengenommen hat.[217] Gleiches gilt auch bei der Abgabe der Auflassung vor einem nach dem LFGG in Baden-Württemberg bestellten Notar oder Bezirksnotar (§ 64 BeurkG) oder einem amtlich bestellten Vertreter eines Notars (§ 41 BNotO) oder Notariatsverweser (§ 58 Abs 2 BNotO).[218]

---

206 *Meyer-Stolte* Rpfleger 1976, 7; *Staudinger-Pfeifer* § 925 Rn 84b; *Kössinger* in *Bauer/von Oefele* § 20 Rn 193; KEHE-*Munzig* § 20 Rn 98b.

207 RGZ 76, 409, 411; BayObLGZ 1983, 181, 185; *Kössinger* in *Bauer/von Oefele* § 20 Rn 193; *Demharter* § 20 Rn 24; *Staudinger-Pfeifer* § 925 Rn 84.

208 BayObLG FGPrax 2005, 178 = Rpfleger 2005, 49 = NotBZ 2005, 216 = ZNotP 2005, 277 m Anm *Tiedtke.*

209 RGZ 76, 409, 411 BayObLGZ 1983, 181 = DNotZ 1984, 628 = Rpfleger 1983, 390; *Kössinger* in *Bauer/von Oefele* § 20 Rn 193; *Demharter* § 20 Rn 24; **aA** offenbar *Staudinger-Pfeifer* § 925 Rn 84; kritisch zu dem Erfordernis, das rechtskräftige Urteil vorzulegen auch *Meyer-Stolte* Rpfleger 1983, 391.

210 RG HRR 1928 Nr 215; *Staudinger-Pfeifer* § 925 Rn 84; *Kössinger* in *Bauer/von Oefele* § 20 Rn 24; *Rahn* BWNotZ 1966, 266; 1966, 317.

211 BGHZ 82, 292, 297 = NJW 1982, 881 = Rpfleger 1982, 95; *Kössinger* in *Bauer/von Oefele* § 20 Rn 193; **aA** für eine familiengerichtliche Genehmigung BayObLGZ 1953, 114; *Demharter* § 20 Rn 24.

212 Gutachten in DNotI-Report 2007, 49.

213 *Staudinger-Pfeifer* § 925 Rn 75.

214 RGZ 106, 198; 132, 409; *Staudinger-Pfeifer* § 925 Rn 75; *Demharter* § 20 Rn 19; KEHE-*Munzig* § 20 Rn 96e; *Kössinger* in *Bauer/von Oefele* § 20 Rn 194.

215 *Demharter* § 20 Rn 19; *Staudinger-Pfeifer* § 925 Rn 75.

216 *Kössinger* in *Bauer/von Oefele* § 20 Rn 195; *Demharter* § 20 Rn 15.

217 *Kössinger* in *Bauer/von Oefele* § 20 Rn 205; KEHE-*Munzig* § 20 Rn 96a; *Staudinger-Pfeifer* § 925 Rn 8.

218 *Staudinger-Pfeifer* § 925 Rn 80.

Unwirksam ist die Auflassung allerdings dann, wenn sie ein deutscher Notar im Ausland entgegennimmt, denn dafür sind nur die deutschen Konsulate zuständig.[219] Nach dem klaren Gesetzeswortlaut des § 925 Abs 1 Satz 2 BGB ist für die Wirksamkeit der Auflassung **keine notarielle Beurkundung** nötig, sondern eben nur die Abgabe bei gleichzeitiger Anwesenheit vor einem Notar.[220] Nicht zuständig für die Entgegennahme der Auflassung sind ausländische Notare.[221] Dies ergibt sich bereits aus der Entstehungsgeschichte des § 925 Abs 1 S 2 BGB. Ursprünglich war nämlich nur das Grundbuchamt zur Entgegennahme der Auflassung zuständig, und dieses konnte natürlich nur eine inländische Behörde sein. Aber auch der Sinn und Zweck der Vorschrift sprechen für dieses Ergebnis. § 925 BGB soll einwandfreie und unzweideutige und vor allem eintragungsfähige Unterlagen als Grundlage für die Grundbucheintragung schaffen. Diese Funktionen können jedoch nur vor einem deutschen Notar erfüllt werden, denn nur dieser verfügt über die erforderlichen Rechtskenntnisse und bietet die Gewähr, dass Fehler möglichst vermieden werden. Normadressat des zu beachtenden § 925a BGB kann auch nur einen inländischer Notar sein, da der deutsche Gesetzgeber einen ausländischen Notar keine Prüfungspflichten auferlegen kann. Den mit § 925 BGB verfolgten Schutz der Beteiligten durch Ausübung einer Warn-, Schutz- und Beratungsfunktion kann ein ausländischer Notar mangels ausreichender Kenntnisse des deutschen Rechts idR nicht wahrnehmen. Bei einer Auslandsbeurkundung wäre die Unterrichtung der zuständigen Behörden auch gefährdet, da ein ausländischer Notar nicht den vom deutschen Gesetzgeber auferlegten Anzeigepflichten unterliegt (vgl § 18 GrEStG, § 195 BauGB).

Die Auflassung kann auch in einem **gerichtlichen Vergleich** erklärt werden (§ 925 Abs 1 S 3 BGB). Die **71** Gerichte im Sinne dieser Vorschrift sind unstrittig alle Instanzen von Gerichten der Bundesrepublik Deutschland der streitigen und freiwilligen Gerichtsbarkeit, die in gerichtlicher Funktion in Verfahren tätig werden, in denen sich mehrere Beteiligte im Streit gegenüberstehen;[222] dazu gehören auch Vollstreckungs-,[223] Insolvenz-[224] und Landwirtschaftsgerichte,[225] Nachlassgerichte in Verfahren nach §§ 86 ff FGG,[226] aber auch Strafgerichte in Privatklage- und Adhäsionsverfahren.[227] Nicht zuständig sollen allerdings Verwaltungs-, Sozial- und Finanzgerichte seien.[228] Dem ist zu widersprechen. Aus dem Gesetz ist eine solche unterschiedliche Behandlung nicht zu entnehmen. Alle Gerichtszweige sind vielmehr gleichwertig und gleichrangig. Die Auflassung muss auch nicht unmittelbar mit dem Streitgegenstand des Verfahrens in Zusammenhang stehen, vielmehr darf ein Vergleich über den Rahmen des Streitfalles hinausgehen. Deshalb kann die Auflassung auch in einem Vergleich vor dem Verwaltungs-, Sozial- und Finanzgericht erklärt werden.[229] Ein Vergleich iSv § 779 BGB ist nicht erforderlich. Er muss nur in einem anhängigen gerichtlichen Verfahren abgeschlossen werden und dieses ganz oder teilweise beenden. Das Verfahren braucht nicht den Auflassungsanspruch zum Gegenstand haben; es genügt, wenn die Auflassung mit der Beendigung des Verfahrens zusammenhängt und nicht nur gelegentlich beigefügt wird.[230] Wie sich aus der Fassung des § 925 Abs 1 S 3 BGB ergibt, stellt Satz 3 des § 925 BGB eine Ausnahme von Satz 1 des § 925 BGB dar. Die Auflassung »in einem gerichtlichen Vergleich« bedeutet, dass die Auflassung unter Wahrung der prozessrechtlichen Form (§§ 159 ff ZPO) protokolliert werden muss, nicht, dass das Gericht die Erklärungen der Beteiligten entgegennimmt. In diesem Fall ist also zur Wirksamkeit der Einigung nötig,

219 KEHE-*Munzig* § 20 Rn 96a; *Staudinger-Pfeifer* § 925 Rn 80b.

220 RGZ 99, 67; 132, 408; BGH BGHZ 22, 312; NJW 1992, 1101; 1994, 2768; BayObLG FGPrax 2001, 57; MittBay-Not 1994, 39; 1998, 339; *Staudinger-Pfeifer* § 925 Rn 76; *Kössinger* in *Bauer/von Oefele* § 20 Rn 205; *Demharter* § 20 Rn 27.

221 Ausführlich dazu: *Döbereiner* ZNotP 2001, 465; ebenso: BayObLG DNotZ 1978, 58, 62; KG Rpfleger 1986, 428; OLG Köln Rpfleger 1972, 134; LG Ellwangen MittRhNotK 2000, 252; *Staudinger-Pfeifer* (1995) § 925 Rn 80; *Palandt-Bassenge* § 925 Rn 2; MüKo-*Kanzleiter* § 925 BGB Rn 13; BGB-RGRK-*Augustin* § 925 Rn 69; *Demharter* § 20 Rn 15; *Kössinger* in *Bauer/von Oefele* § 20 Rn 197; *Schöner/Stöber* Rn 3337; *Westermann-Eickmann* Sachenrecht, § 76 II 1; *Bausback* DNotZ 1996, 254; *Blumenwitz* DNotZ 1968, 712, 736; *Winkler* NJW 1972, 981, 985; *Riedel* DNotZ 1955, 521; *Weber* NJW 1955, 1784; *Kuntze* Betrieb 1975, 193, 195; **aA** ausführlich: *Heinz* ZNotP 2001, 460; ebenso: *Staudinger-Winkler von Mohrenfels* Art 11 EGBGB Rn 315; *Spellenberg* FS *Schütze*, 2000, S 887, 897; *Mann* NJW 1955, 1177.

222 Vgl nur BGB-RGRK-*Augustin* § 925 Rn 70; *Staudinger-Pfeifer* § 925 Rn 82a mwN.

223 *Demharter* § 20 Rn 16; *Kössinger* in *Bauer/von Oefele* § 20 Rn 199; KEHE-*Munzig* § 20 Rn 96b; *Staudinger-Pfeifer* § 925 Rn 82a.

224 KEHE-*Munzig* § 20 Rn 96b.

225 BGH Rpfleger 1999, 483; BGHZ 14, 387; *Staudinger-Pfeifer* § 925 Rn 82a; *Kössinger* in *Bauer/von Oefele* § 20 Rn 199; *Demharter* § 20 Rn 16; KEHE-*Munzig* § 20 Rn 96b.

226 *Staudinger-Pfeifer* § 925 Rn 81d; KEHE-*Munzig* § 20 Rn 96b; *Zimmermann* Rpfleger 1970, 189, 195.

227 OLG Stuttgart NJW 1964, 110; *Staudinger-Pfeifer* § 925 Rn 82a; *Kössinger* in *Bauer/von Oefele* § 20 Rn 199; KEHE-*Munzig* § 20 Rn 96b.

228 BayVGH BayVBl 1972, 664; *Staudinger-Pfeifer* § 925 Rn 82a; MüKo-*Kanzleiter* § 925 BGB Rn 14; *Demharter* § 20 Rn 16.

229 BVerwG NJW 1995, 2179 = Rpfleger 1995, 497; KEHE-*Munzig* § 20 Rn 96b; *Kössinger* in *Bauer/von Oefele* § 20 Rn 200; *Soergel-Stürner* § 925 Rn 20; *Walchshöfer* NJW 1973, 1103.

230 OLG Neustadt DNotZ 1951, 465; *Staudinger-Pfeifer* § 925 Rn 82b; *Demharter* § 20 Rn 16; *Kössinger* in *Bauer/von Oefele* § 20 Rn 200; *Hesse* DR 1940, 1035; **aA** *Keidel* DNotZ 1952, 104.

dass die Auflassung in der prozessrechtlichen Form erklärt wird, nicht vor einer zuständigen Stelle[231] (formell vgl Rdn 81). Bei der Vertretung einer Partei im gerichtlichen Verfahren ist der Nachweis der Vollmacht des Prozessbevollmächtigten kein materielles Erfordernis für die Wirksamkeit der Auflassung[232] (formell vgl Rdn 82). Ein Vergleich in Form eines Schiedsspruchs mit vereinbartem Wortlaut (§ 1053 ZPO) kann keine Auflassung enthalten, weil das Schiedsgericht weder zur Entgegennahme von Auflassungserklärungen für zuständig erklärt ist, noch es sich bei einem Schiedsspruch mit vereinbartem Wortlaut um einen gerichtlichen Vergleich handelt.[233] In einem Beschlussvergleich nach § 278 Abs 6 ZPO kann keine Auflassung erklärt werden, da es hier an der zwingenden gleichzeitigen Anwesenheit der Beteiligten mangelt.[234]

72 Eine Auflassung kann auch in einem **rechtskräftig bestätigten Insolvenzplan** erklärt werden (§ 925 Abs 1 Satz 3 BGB). Voraussetzung hierfür ist somit die Aufnahme der Erklärungen in den gestaltenden Teil des Plans (§ 221 InsO), die gerichtliche Bestätigung des Insolvenzplans durch das Insolvenzgericht (§§ 248, 252 InsO) und die Rechtskraft der Bestätigung (vgl § 253 InsO).[235] Nicht ersetzt durch den Insolvenzplan wird die noch nötige Grundbucheintragung des Erwerbers.[236]

73 In **Baden-Württemberg** ist der **Ratsschreiber** zuständig für die Entgegennahme der Auflassung, wenn es sich um die Erfüllung eines von ihm beurkundeten Vertrages handelt (§ 61 Abs 4 BeurkG, § 32 Abs 3 LFGG vom 12.02.1975 (GVBl 116).[237]

74 Die **Konsularbeamten** sind zuständig für die Entgegennahme der Auflassung im **Ausland** hinsichtlich in Deutschland belegenen Grundbesitz (§ 12 Nr 1, §§ 19, 24 KonsularG vom 11.09.1974, BGBl I 2317).[238]

75 Die früher bestehende **Möglichkeit**, die Auflassung auch **vor dem Grundbuchamt** zu erklären, ist seit dem 01.01.1970 durch § 57 Abs 3 Nr 3 BeurkG **beseitigt** worden.[239]

76 **b) Formelle Form. aa) Notarielle Beurkundung.** § 20 verlangt im Falle der Grundstücksauflassung den Nachweis der materiellen Einigungserklärung (§§ 873, 925 BGB). Die formelle Form des Nachweises regelt § 29. Nach dessen Satz 1 müssen die zur Eintragung erforderlichen Erklärungen durch öffentliche oder öffentlich beglaubigte Urkunden nachgewiesen werden. Dazu gehören nach materiellem Recht jedenfalls die Erklärung der Einigung bei gleichzeitiger Anwesenheit beider Teile vor dem Notar als einer zur Entgegennahme der Auflassung zuständigen Stelle. Dass für die Auflassung dieser Nachweis jedenfalls nicht durch eine lediglich öffentlich beglaubigte Urkunde erbracht werden kann, entspricht allgemeiner Meinung.[240] Denn durch eine Beglaubigung wird mit öffentlichem Glauben nur bekräftigt, dass die Unterschriften von den Personen stammen, die sie in Gegenwart des Notars vollzogen oder anerkannt haben (§ 40 BeurkG). Nicht bewiesen wird damit, dass die Erklärungen gem § 925 BGB bei gleichzeitiger Anwesenheit beider Vertragsteile vor dem Notar abgegeben worden sind. Demnach kann nach hM der Nachweis **nur durch eine öffentliche Urkunde nach § 29 Abs 1 S 2** erbracht werden.[241] Nach einer Mindermeinung kann der Nachweis der Einigung in der Form des § 29 auch durch eine notarielle Urkunde nach §§ 36, 37 BeurkG geführt werden, wenn in dieser bestätigt wird, dass die Beteiligten die Auflassung bei gleichzeitiger Anwesenheit erklärt haben und der Aussteller der Bescheinigung die Auflassungserklärungen entgegengenommen hat.[242] Zu folgen ist jedoch der hM. Das materielle Geschäft der Auflassung bedarf nach § 925 Abs 1 BGB nicht der notariellen Beurkundung. Die Wirksamkeit des materiellen Geschäfts erlaubt jedoch nicht zwingend den Schluss, dass das formelle Recht keine anderen und strengeren Voraussetzungen zur Rechtsverwirklichung aufstellen dürfe. Die Regelung des § 29 will den Gefahren begegnen, die aus einer unrichtigen Eintragung im Hinblick auf den öffentlichen Glau-

---

231 RG HRR 1929 Nr 542; BGH BGHZ 14, 309; NJW 1999, 2806 = Rpfleger 1999, 483; OLG Neustadt DNotZ 1951, 465; *Demharter* § 20 Rn 16; *Kössinger* in *Bauer/von Oefele* § 20 Rn 201; *Staudinger-Pfeifer* § 925 Rn 82c; *Keidel* DNotZ 1952, 103.

232 *Staudinger-Pfeifer* § 925 Rn 82d; *Kössinger* in *Bauer/von Oefele* § 20 Rn 201.

233 *Demharter* ZflR 1998, 445.

234 OLG Düsseldorf DNotZ 2007, 46 = Rpfleger 2007, 25 = ZflR 2007, 190 m krit Anm *Dümig; Zöller-Stöber* § 794 Rn 12; *Deimann* RpflStud 2003, 38.

235 *Kössinger* in *Bauer/von Oefele* § 20 Rn 203; *Demharter* § 20 Rn 16.

236 *Kössinger* in *Bauer/von Oefele* § 20 Rn 204.

237 *Kraiß* BWNotZ 1975, 114; *Staudinger-Pfeifer* § 925 Rn 81b; *Demharter* § 20 Rn 18; KEHE-*Munzig* § 20 Rn 96e; *Kössinger* in *Bauer/von Oefele* § 20 Rn 198.

238 *Bindseil* DNotZ 1993, 5; *Geimer* DNotZ 1978, 3; *Staudinger-Pfeifer* § 925 Rn 81a; *Demharter* § 20 Rn 17; KEHE-*Munzig* § 20 Rn 96d; *Kössinger* in *Bauer/von Oefele* § 20 Rn 196.

239 *Demharter* § 20 Rn 15; *Kössinger* in *Bauer/von Oefele* § 20 Rn 199; *Staudinger-Pfeifer* § 925 Rn 81e.

240 BayObLG Rpfleger 2001, 228 = FGPrax 2001, 57; KG DNotZ 1934, 283; OLG Celle DNotZ 1979, 308.

241 BayObLG aaO; OLG Köln RNotZ 2007, 483, 487 = NotBZ 2007, 333; KG HRR 1934 Nr 652; *Kössinger* in *Bauer/von Oefele* § 20 Rn 206; KEHE-*Munzig* § 20 Rn 95; *Demharter* § 20 Rn 27; *Schöner/Stöber* Rn 3324; *Staudinger-Pfeifer* § 925 Rn 76b; *Hukn* Rpfleger 1977, 199.

242 OLG Celle MDR 1948, 258; LG Oldenburg Rpfleger 1980, 224; BGB-RGRK-*Augustin* § 925 Rn 72; *Fuchs-Wissemann* Rpfleger 1977, 9; 1978, 431.

ben des Grundbuchs erwachsen. Dem Grundbuchamt sind eigene Ermittlungen verwehrt; weil Grundbucheintragungen auf einer möglichst sicheren Grundlage stehen sollen, schreibt § 29 den Nachweis in besonderer Form vor. Auch in anderen Fällen, etwa dem der Erteilung einer Vollmacht (§ 167 BGB), sind die Anforderungen des materiellen Rechts geringer als die des formellen Rechts. Mit Rücksicht auf den Zweck des Grundbuchs, über Rechtsverhältnisse an Grundstücken zuverlässig Auskunft zugeben, ist dies hinzunehmen, auch wenn im Einzelfall die Möglichkeit, eine formgerechte Erklärung abzugeben, erschwert, unzumutbar oder gar unmöglich sein sollte und die Beteiligten deshalb zur Durchsetzung ihres materiellen Rechts im äußersten Falle auf ein Streitverfahren angewiesen sind. Das Beurkundungsrecht schreibt für die Auflassung nach den Regeln der §§ 8 ff BeurkG vor. Der Notar darf sich also nicht von vornherein darauf beschränken, eine Urkunde nach §§ 36, 37 BeurkG zu errichten. Damit würden die für die Aufnahme von Willenserklärungen zwingenden Vorschriften der §§ 8 ff BeurkG umgangen.

Die gleichzeitiger Anwesenheit beider Teile, die materiell nach § 925 BGB gegeben sein muss, braucht **77** dem Grundbuchamt nicht nach §§ 20, 29 in der Weise nachgewiesen zu werden, dass die Urkunde dem Umstand der gleichzeitigen Anwesenheit enthält.[243] Es ist davon auszugehen, dass, wenn die Urkunde nichts anderes enthält und das Grundbuchamt nichts anderes positiv weis, die »normale« Beurkundungsform eingehalten ist. Andernfalls hätte der Notar seine Mitwirkung an der Auflassung und deren Beurkundung ablehnen müssen.

Der Nachweis der §§ 20, 29 kann auch dadurch geführt werden, dass die Erklärung der Auflassung in einer **78** **Anlage** zur notariellen Urkunde gem § 9 BeurkG beurkundet ist.[244]

Verstößt die notarielle Niederschrift gegen zwingende Bestimmungen des Beurkundungsrechts (zB fehlende **79** Unterschrift eines Beteiligten gem § 13 BeurkG), so führt dies zwar zur **Unwirksamkeit der Beurkundung**, aber nicht zur Unwirksamkeit der materiellen Auflassung.[245] Da die Form des § 29 Abs 1 Satz 2 aber dann nicht gewahrt ist, kann die Auflassung nicht vom Grundbuchamt vollzogen werden; eine Heilung kann dann nur in Form einer erneuten, dann formgerechten Beurkundung erfolgen.[246]

Bei der **Verurteilung eines Beteiligten zur Abgabe der Einigungserklärung gem § 894 ZPO** (vgl **80** Rdn 68) muss dem Grundbuchamt eine mit dem Rechtskraftzeugnis versehene Urteilsausfertigung vorgelegt werden.[247] Dies genügt dem Nachweiserfordernis des § 20. Nicht notwendig ist eine vollstreckbare Ausfertigung des Urteils und der Nachweis, dass das Urteil zugestellt worden ist. Lautet das Urteil auf Verurteilung zur Abgabe der Einigungserklärung Zug um Zug gegen eine Gegenleistung, so muss ausnahmsweise eine vollstreckbare Urteilsausfertigung vorgelegt werden, weil nach § 894 Abs 1 S 2 ZPO die Einigungserklärung in diesem Fall erst mit der Erteilung einer vollstreckbaren Ausfertigung als abgegeben gilt. In diesem Falle ist nicht vom Grundbuchamt, sondern im Klauselerteilungsverfahren zu prüfen, ob die Gegenleistung erbracht ist.[248] Die Klagepartei muss seine Auflassungserklärung unter Vorlage des Urteils notariell beurkunden lassen (§ 29); die Abgabe der Erklärung in Schriftform mit Unterschriftsbeglaubigung genügt nicht.[249] Ist der Veräußerer zur Abgabe seiner Auflassungserklärung hinsichtlich einer noch nicht vermessenen Grundstücksteilfläche verurteilt worden, so ist für den grundbuchamtlichen Vollzug der Veränderungsnachweis des Vermessungsamtes nötig.[250]

bb) Gerichtlicher Vergleich (vgl Rdn 71). Durch die Aufnahme der Einigungserklärungen in ein nach den **81** Vorschriften der Zivilprozessordnung errichtetes Protokoll über einen Vergleich wird die **notarielle Beurkundung ersetzt** (§ 127a BGB). Dies gilt auch, wenn in dem Protokoll unterblieben ist zu vermerken, dass die Erklärungen vorgelesen und genehmigt worden sind.[251]

---

243 Vgl LG München I MittBayNot 1989, 31; *Staudinger-Pfeifer* § 925 Rn 83a.
244 OLG München DNotZ 1940, 289; LG Ingolstadt Rpfleger 1992, 289; *Staudinger-Pfeifer* § 925 Rn 86c; *Schöner/Stöber* Rn 3325.
245 OLG Rostock DNotZ 2007, 220 = NotBZ 2006, 367 = MittBayNot 2006, 415.
246 BayObLG BayObLGZ 2001, 15 = Rpfleger 2001 228 = FGPrax 2000 157; MittBayNot 1998, 339; 1994, 39 = Rpfleger 1994, 162; *Huhn* Rpfleger 1977, 199; *Ertl* MittBayNot 1992, 102; *Lischka* NotBZ 1999, 8; *Kössinger* in *Bauer/von Oefele* § 20 Rn 205; KEHE-*Munzig* § 20 Rn 95; *Demharter* § 20 Rn 27; *Schöner/Stöber* Rn 3324; *Staudinger-Pfeifer* § 925 Rn 76b, 80 b; *Erman-Hagen-Lorenz* § 925 Rn 25.
247 *Staudinger-Pfeifer* § 925 Rn 84a.
248 BayObLG Rpfleger 1983, 480; *Staudinger-Pfeifer* § 925 Rn 84a; *Demharter* § 20 Rn 24.
249 OLG Celle DNotZ 1979, 308; KG HRR 1936 Nr 137; *Demharter* § 20 Rn 24; *Kössinger* in *Bauer/von Oefele* § 20 Rn 193.
250 BGH NJW 1986, 2820; 1988, 415; BGHZ 90, 323; *Staudinger-Pfeifer* § 925 Rn 84a.
251 BGH NJW 1999, 2806 = Rpfleger 1991, 483; *Demharter* § 20 Rn 16.

82   Bestritten ist die Frage, ob für den Vollzug im Grundbuch die **Vollmacht eines Prozessbevollmächtigten** dem Grundbuchamt vorzulegen ist.[252] Dies ist zumindest für den Fall zu bejahen, dass ein Rechtsanwalt als Prozessbevollmächtigter aufgetreten ist, was ja der Normalfall ist. Seine Vollmacht wird nämlich nicht vom Prozessgericht von Amts wegen geprüft (§ 88 Abs 2 ZPO).

83   **cc) Insolvenzplan** (vgl Rdn 72). Ist die Auflassung darin erklärt worden, muss dem Grundbuchamt die Bestätigung und die Rechtskraft des Insolvenzplans in der Form des § 29 nachgewiesen werden.[253]

2. Erbbaurecht

84   **a) Materielle Form.** Für die Begründung, Übertragung und Inhaltsänderung eines Erbbaurechtes bedarf es jeweils der sachenrechtlichen Einigung gem § 11 Abs 1 S 1 ErbbauRG, § 877, § 873 BGB. Da § 925 BGB keine Anwendung findet (vgl § 11 Abs S 1 ErbbauRG), ist die **Einigung formlos** wirksam, muss daher insbesondere nicht bei gleichzeitiger Anwesenheit vor einem Notar erklärt werden.[254]

85   **b) Formelle Form.** Für die Grundbucheintragung muss die dem Grundbuchamt vorzulegende materielle Einigung (§ 20) der Form des § 29 Abs 1 Satz 1 genügen; dies bedeutet, es reicht die **notarielle Beglaubigung** der Unterschriften aus.[255] Notarielle Beurkundung der Einigung ist formellrechtlich nicht nötig, da die Tatsache der gleichzeitigen Erklärung vor einem Notar nicht erforderlich ist, weil § 925 BGB nicht gilt (§ 11 Abs 1 S 1 ErbbauRG), und damit nicht dem Grundbuchamt gem § 29 Abs 1 Satz 2 nachgewiesen werden muss. In der Praxis werden jedoch häufig die sachenrechtlichen Einigung und die schuldrechtliche Verpflichtung dazu in einem einheitlichen Vertragswerk geregelt. Die schuldrechtliche Verpflichtung zur Begründung, Übertragung und Inhaltsänderung eines Erbbaurechtes bedarf jedoch der notariellen Beurkundung (§ 11 Abs 2 ErbbauRG, § 311b Abs 1 BGB).[256] Auf Grund der Geschäftseinheit beider Verträge in einer Urkunde soll diese insgesamt der notariellen Beurkundung bedürfen, so dass das Grundbuchamt einen nur notariell beglaubigten Vertrag nicht vollziehen dürfen soll.[257] Dem kann nicht zugestimmt werden. Die schuldrechtliche Verpflichtung muss zwar notariell beurkundet werden, aber die sachenrechtlichen Einigung ist materiell formlos möglich und bedarf nur für die Grundbucheintragung formell der notariellen Beglaubigung. Auf Grund des Abstraktionsprinzips hat der Formmangel des schuldrechtlichen Grundgeschäfts (der im Übrigen durch die Grundbucheintragung geheilt wird, § 311b Abs 1 S 2 BGB) keine Auswirkungen auf das sachenrechtliche Erfüllungsgeschäft. Eine nur notariell beglaubigte sachenrechtliche Einigung muss nach ihrer Vorlage beim Grundbuchamt (§ 20) im Grundbuch vollzogen werden.[258] Von einer dem Abstraktionsprinzip widersprechenden Geschäftseinheit von schuldrechtlichem und sachenrechtlichem Vertrag kann trotz der Abfassung in einer Urkunde nicht ausgegangen werden.

V. Wirksamwerden und Wirksambleiben der Einigung

1. Bindung an die Einigung

86   Die Einigung des § 873 Abs 1 BGB wird wirksam mit ihrer Erklärung (= Abgabe und Entgegennahme). Der einseitige Widerruf der Einigung ist möglich, solange sie noch nicht bindend geworden ist. Eine Bindung an die Einigung tritt ein in den Fällen des **§ 873 Abs 2 BGB** (vgl dazu ausführlich Anhang §§ 19, 20 Rdn 81–88). Die Einigung hinsichtlich einer Grundstücksübertragung, der Begründung, Übertragung und Inhaltsänderung eines Erbbaurechts wird damit auf Grund folgender Tatbestände bindend, dh unwiderruflich:
- notarielle Beurkundung der materiellen Einigung (§ 873 Abs 2, 1. Alt BGB);
- Einreichung der materiellen Einigung beim Grundbuchamt (§ 873 Abs 2, 3. Alt BGB);
- Aushändigung der notariell beglaubigten oder beurkundeten formellen Bewilligung vom Betroffenen an den Begünstigten (§ 873 Abs 2, 4. Alt BGB).

---

252   **Verneinend**: OLG Saarbrücken OLGZ 1969, 210; OLG Frankfurt Rpfleger 1980, 291; *Demharter* § 20 Rn 16; *Kössinger* in *Bauer/von Oefele* § 20 Rn 201; *Walchshöfer* NJW 1973, 1103, 1107; **bejahend**: *Staudinger-Pfeifer* § 925 Rn 82d; *MüKo-Kanzleiter* § 925 BGB Rn 14; *Palandt-Bassenge* § 925 Rn 7; *Schöner/Stöber* Rn 3338 Fn 72.

253   *Kössinger* in *Bauer/von Oefele* § 20 Rn 203; *Demharter* § 20 Rn 16.

254   *Böttcher* Praktische Fragen des Erbbaurechts, Rn 304, 500, 517; *Demharter* § 20 Rn 30 und § 8 Anhang Rn 30.

255   BayObLGZ 1959, 528 = DNotZ 1960, 540; KG Rpfleger 1979, 208; *Böttcher* Praktische Fragen des Erbbaurechts, Rn 305, 412, 428; *Demharter* § 8 Anhang Rn 30.

256   *Böttcher* Praktische Fragen des Erbbaurechts, Rn 303 (für die Begründung), 498 (für die Übertragung), 513, 514 (für die Inhaltsänderung).

257   *Wufka* DNotZ 1985, 651; *Limmer* in *Lambert-Lang/Tropf/Frenz* Grundstückspraxis, Teil 10 Rn 129, 130; *Grundmann* in *Schreiber* Immobilienrecht, 10 Kap Rn 6; *von Oefele-Winkler* Handbuch des Erbbaurechts, Rn 5.15.

258   OLG Oldenburg DNotZ 1985, 651; RGRK-*Räfle* ErbbauVO, § 11 Rn 42; *Böttcher* Praktische Fragen des Erbbaurechts, Rn 305; *Demharter* § 20 Rn 30.

Zum Teil wird die Auffassung vertreten, dass § 873 Abs 2 BGB nur die Tatbestände für den Bindungseintritt an   **87**
eine formlose Einigung des § 873 Abs 1 BGB regelt, aber nicht den Bindungseintritt für die gem § 925 BGB
formbedürftige **Auflassung eines Grundstücks**; in diesem Falle soll die Unwiderruflichkeit sofort mit der
wirksamen Abgabe der Auflassungserklärungen in der Form des § 925 BGB, dh bei gleichzeitiger Anwesenheit
vor einem Notar, eintreten, auch wenn keine Bindungsvoraussetzungen des § 873 Abs 2 BGB vorliegen, insbesondere keine oder eine unwirksame notarielle Beurkundung.[259] Dem wird zu Recht widersprochen.[260] Es ist
kein Grund ersichtlich (insbesondere gibt es den vergleichbaren Fall des Bindungseintritts gem § 873 Abs 2, 2.
Alt BGB durch den Abgabe der Auflassung gegenüber dem Grundbuchamt nicht mehr), wieso für die Einigung über den Eigentumswechsel an einem Grundstück etwas anderes gelten sollte hinsichtlich der Unwiderruflichkeit als bei der Begründung oder Übertragung eines Erbbaurechtes (den anderen Fällen des § 20). An die
Auflassung sind die Beteiligten daher nur gebunden, wenn sie notariell beurkundet oder beim Grundbuchamt
eingereicht wurde (§ 873 Abs 2, 1. oder 3. Alt BGB).

2. Anfechtung

Die beiden Willenserklärungen der materiellen Einigung des § 873 BGB sind anfechtbar nach den §§ 119, 123   **88**
BGB.[261] Die Anfechtbarkeit allein berührt jedoch die Wirksamkeit der Einigung nicht.[262] Mit der wirksamen
Anfechtung entfällt jedoch die Einigung rückwirkend (§ 142 BGB).[263] Erfolgte die Grundbucheintragung
bereits vor der wirksamen Anfechtung, so ist trotzdem eine Rechtsänderung nicht eingetreten. Die materielle
Einigung muss dazu wiederholt werden (vgl § 879 Abs 2 BGB). Ist dies geschehen, kann die Grundbucheintra-
gung dahingehend berichtigt werden, dass sie erst zu jenem Zeitpunkt wirksam vorgenommen worden ist.[264]

3. Änderung

Vor der Grundbucheintragung ist eine Änderung der materiellen Einigung des § 873 BGB einvernehmlich   **89**
möglich, bedarf jedoch im Falle der Auflassung der Form des § 925 BGB.[265] Nach dem Vollzug der Einigung
durch Grundbucheintragung ist eine Änderung nicht mehr möglich.[266]

4. Aufhebung

Vor der Grundbucheintragung ist die einvernehmliche Aufhebung der materiellen Einigung jederzeit formlos   **90**
möglich, und zwar auch dann, wenn bereits ein Anwartschaftsrecht entstanden ist.[267] Ist dies dem Grundbuchamt bekannt, darf es keine Eintragung mehr vornehmen. Nach der Grundbucheintragung ist die Aufhebung
der materiellen Einigung nicht mehr möglich.[268]

5. Veränderungen zwischen Einigung und Grundbucheintragung

a) Anderweitige Einigung. Die sachenrechtlichen Einigung des § 873 Abs 1 BGB über ein Grundstück oder   **91**
ein Erbbaurecht führt, auch wenn sie bindend gem § 873 Abs 2 BGB ist, nicht zu einer Verfügungsbeeinträchtigung des Eigentümers oder Erbbauberechtigten. Eine vom Eigentümer oder Erbbauberechtigten mit einem
Dritten erklärte Einigung ist deshalb wirksam und daher vom Grundbuchamt zu vollziehen, auch wenn diesem
die erste Einigung bekannt oder bereits eine Vormerkung für den Ersterwerber eingetragen ist.[269] Durch die
zweite Einigung verliert aber auch die erste Einigung nicht ihre Wirksamkeit; es kommt vielmehr darauf an,
welche Einigung zuerst beim Grundbuchamt zum Vollzug vorgelegt wird und zur Rechtsänderung führt.[270]

259 BayObLGZ 1957, 229 = Rpfleger 1957, 231; BGB-RGRK-*Augustin* § 925 Rn 28; *Soergel-Stürner* § 925 Rn 42.
260 *Staudinger-Pfeifer* (1995) § 925 Rn 111; MüKo-*Kanzleiter* § 925 BGB Rn 29; *Palandt-Bassenge* § 925 Rn 28; *Baur-Stürner*
     Sachenrecht, § 22 Rn 11; *Medicus* DNotZ 1990, 279; *Bassenge* Rpfleger 1977, 8.
261 *Staudinger-Pfeifer* § 925 Rn 113b.
262 *Staudinger-Pfeifer* § 925 Rn 112b (2).
263 *Kössinger* in *Bauer/von Oefele* § 20 Rn 217.
264 BayObLG Rpfleger 2002, 303; 1979, 123; *Böhringer* NotBZ 2004, 13.
265 KEHE-*Munzig* § 20 Rn 99; *Staudinger-Pfeifer* § 925 Rn 87.
266 *Staudinger-Pfeifer* § 925 Rn 88.
267 RGZ 95, 392; BGH MittRhNotK 1993, 310; BayObLGZ 1954, 147; *Staudinger-Pfeifer* § 925 Rn 89; MüKo-*Kanzleiter*
     § 925 BGB Rn 30; *Kössinger* in *Bauer/von Oefele* § 20 Rn 218; KEHE-*Munzig* § 20 Rn 99; **aA** *Lehmann* DNotZ 1987,
     142, 147 f.
268 *Staudinger-Pfeifer* § 925 Rn 90; KEHE-*Munzig* § 20 Rn 99.
269 RGZ 55, 340; BGHZ 45, 186; 49, 117; BayObLG Rpfleger 1983, 249; *Staudinger-Pfeifer* § 925 Rn 112b (3); BGB-
     RGRK-*Augustin* § 925 Rn 27.
270 *Staudinger-Pfeifer* § 925 Rn 112b (3).

92 **b) Verlust der Geschäftsfähigkeit.** Verliert einer der sich einigenden Parteien die Geschäftsfähigkeit nach der Erklärung der Einigung, so hat dies gem § 130 Abs 2 BGB keinen Einfluss auf die Wirksamkeit der Einigung.[271]

93 **c) Tod eines Beteiligten.** Verstirbt einer der Beteiligten nach Erklärung der Einigung, so bleibt diese trotzdem wirksam und muss nicht unter Beteiligung der Erben wiederholt werden;[272] die bisherige Einigung rechtfertigt weiterhin eine Grundbucheintragung.

94 Beim **Tod des die Einigungserklärung abgebenden Teiles** bedarf es für den Grundbuchvollzug auch nicht der Zustimmung der Erben oder Erbeserben.[273] Dies gilt auch dann, wenn der Erberbe das Grundstück nach dessen Veräußerung an einen Dritten von diesen zurückerworben hatte.[274] Bei einer Auflassung des Erblassers ist zur Grundbuchumschreibung auch die Zustimmung desjenigen entbehrlich, der teils durch Erbgang (§ 1922 BGB), teils durch Erbteilserwerb (§ 2033 BGB) Eigentümer geworden und als solcher im Grundbuch eingetragen ist.[275] Und die vom Erblasser abgegebene Einigungserklärung vollziehen zu können, bedarf es auch nicht der vorherigen Eintragung der Erben (§ 40). Den erforderlichen Eintragungsantrag nach § 13 kann der Erwerber als Begünstigter oder ein Miterbe als Betroffener stellen (zum Nachweis der Antragsberechtigung vgl § 13 Rdn 64). Ob dem Grundbuchamt die Einigung bereits vor dem Tod des Erklärenden eingereicht worden ist oder nicht, ist ohne Bedeutung. Eine Auflassung des Erblassers oder der Erbengemeinschaft nach ihm genügt zur Eigentumsumschreibung aber dann nicht, wenn ein Miterbe im Weg der Erbauseinandersetzung Alleineigentümer des Grundstücks geworden ist.[276] Eine Bindung an die Einigung eines Rechtsvorgängers tritt auch dann nicht ein, wenn die Kette der Gesamtrechtsnachfolge durch einen Erwerb aufgrund Rechtsgeschäfts unterbrochen ist.[277] Hat eine Erbengemeinschaft die Einigung erklärt, bedarf es zum Grundbuchvollzug nicht der Zustimmung eines Erbteilserwerbers, da letzterer im Wege der Rechtsnachfolge an Stelle des verfügenden Miterben in die Gesamthandsgemeinschaft eintritt.[278]

95 **Stirbt der Empfänger der Einigungserklärung** vor seiner Grundbucheintragung, so darf er nicht mehr Grundbuch eingetragen werden, wenn das Grundbuchamt dies weiß (vgl Einl F Rdn 47). Zur Eintragung der Erben ist weder eine neue Einigung noch eine neue Bewilligung notwendig, vielmehr genügt der Erbennachweis (§ 35) und der formlose Eintragungsantrag eines Erben.[279] Wird der Verstorbene in Unkenntnis seines Todes in das Grundbuch eingetragen, so ist diese Eintragung zwar ordnungswidrig, aber keinesfalls materiell unwirksam oder inhaltlich unzulässig, vielmehr liegt nur eine unrichtige Bezeichnung des Berechtigten vor (vgl Einl F Rdn 47). Die Grundbucheintragung kann dann auf Antrag eines Miterben unter Vorlage des Erbnachweises richtig gestellt werden. Überträgt bei einer erwerbenden Erbengemeinschaft ein Miterbe seinen Erbenanteil an einem Dritten, so lässt das die Identität der Gesamthand unberührt. Der Erbteilserwerber hat keine neue Auflassung zu erklären oder die bisherige Auflassung zu genehmigen. Unter Nachweis des Übertragungsvertrags gem § 2033 BGB werden die aktuellen Mitglieder der Erbengemeinschaft im Grundbuch eingetragen.[280]

96 **d) Änderug des Güterstandes.** Ist der die Einigungserklärung abgebende Teil Alleineigentümer des Grundstücks oder Alleininhaber des Erbbaurechts gewesen und vereinbart er danach Gütergemeinschaft (wodurch das Grundstück oder Erbbaurecht Gesamtgut wird, § 1416 BGB) mit gemeinschaftlicher Verwaltung des Gesamtguts, so bedarf es für die Grundbucheintragung des Erwerbers trotzdem nicht der Mitwirkung des anderen Ehegatten; die Gesamthand »Gütergemeinschaft« erwirbt das Vermögen im Wege der Universalsukzession im bisherigen Umfang (vgl Anhang §§ 19, 20 Rdn 110). Wurde allerdings Alleinverwaltung des Gesamtgutes durch den sich einigenden Ehepartner vereinbart, so bedarf es für den Grundbuchvollzug der Einigung grundsätzlich noch der Zustimmung des anderen Ehepartners wegen § 1424 BGB, es sei denn, dass das vor der Begründung der Gütergemeinschaft die Einigung bindend (§ 873 Abs 2 BGB) und der Antrag beim Grundbuchamt gestellt wurde (§ 878 BGB; vgl Anhang §§ 19, 20 Rdn 116).

97 Hat der **Empfänger der Einigungserklärung** danach den Güterstand der Gütergemeinschaft vereinbart, bleibt die zunächst ordnungsgemäß an den Ehegatten als Erwerber erklärte Einigung materiell wirksam. Wenn das Grundbuchamt davon Kenntnis erlangt, darf es den Empfänger nicht allein im Grundbuch eintragen. Viel-

---

271 OLG Celle DNotZ 2006, 923; *KEHE-Munzig* § 20 Rn 51; *Staudinger-Pfeifer* § 925 Rn 112b (1).
272 BGHZ 32, 369; *Staudinger-Pfeifer* § 925 Rn 112b (1).
273 BGHZ 48, 356; BayObLGZ 1990, 306 = Rpfleger 1991, 58; *Kössinger* in *Bauer/von Oefele* § 20 Rn 49; *Demharter* § 20 Rn 44; *KEHE-Munzig* § 20 Rn 55.
274 BayObLGZ 1973, 139 = Rpfleger 1973, 296; *Demharter* § 20 Rn 44.
275 OLG Zweibrücken MittBayNot 1975, 177; *Demharter* § 20 Rn 44.
276 BayObLG Rpfleger 1998, 334; BayObLGZ 1956, 180; *Demharter* § 20 Rn 44.
277 BayObLGZ 1990, 110; *Demharter* § 20 Rn 44.
278 BayObLG DNotZ 1987, 365 = Rpfleger 1987, 110; *Demharter* § 20 Rn 44.
279 *Kössinger* in *Bauer/von Oefele* § 20 Rn 102.
280 *Böhringer* RpflJB 1994, 223, 225.

mehr sind beide Ehegatten in Gütergemeinschaft einzutragen, und zwar ohne Wiederholung, Änderung oder Berichtigung der Einigung, wenn dies von beiden beantragt wird oder von einem unter Vorlage des Ehevertrages; der Empfänger der Einigungserklärung kann nur dann allein im Grundbuch eingetragen werden, wenn dem Grundbuchamt die gleichzeitige oder nachträgliche ehevertragliche Erklärung des Erwerbs zum Vorbehaltsgut des erwerbenden Ehegatten nachgewiesen wird.[281] Einer Mitwirkung des Veräußerers bedarf es nicht.[282] Haben die Ehegatten in Gütergemeinschaft die Einigung entgegengenommen und danach einen anderen Güterstand vereinbart, bleibt zwar die Einigung wirksam, kann aber vom Grundbuchamt nicht vollzogen werden, wenn es davon Kenntnis erlangt. Ohne erneute Mitwirkung des die Einigung erklärenden Teils können die Ehegatten ein anderes Gemeinschaftsverhältnis vereinbaren und durch entsprechende Antragstellung im Grundbuch vollziehen lassen.[283]

e) Gesellschafterwechsel bei Personengesellschaften. Erfolgte die **Abgabe der Einigungserklärung** von einer Personengesellschaft (GbR, OHG, KG) und scheidet danach ein Gesellschafter aus, bleibt die Einigung wirksam und muss nicht wiederholt werden.[284] Die Vermögensposition des ausscheidenden Gesellschafters wächst den übrigen Gesellschaftern kraft Gesetzes an (§ 738 BGB). Für den Fall, dass in die Personengesellschaft ein neuer Gesellschafter eintritt nach Abgabe der Einigungserklärung vgl § 22 Rdn 42. **98**

Ist eine Personengesellschaft **Empfänger der Einigungserklärung** gewesen und scheidet danach ein Gesellschafter aus, bleibt die Einigung wirksam und die Vermögensposition des ausscheidenden Gesellschafters wächst den übrigen Gesellschaftern an (§ 738 BGB). Für den Vollzug der Einigung im Grundbuch ohne Eintragung des ausgeschiedenen Gesellschafters bedarf es dessen Zustimmung in notariell beglaubigter Form (entsprechend §§ 19, 29 GBO). Für den Fall, dass nach Entgegennahme der Einigungserklärung durch eine Personengesellschaft ein neuer Gesellschafter eintritt vgl § 22 Rdn 42. Scheidet ein Gesellschafter dadurch aus, dass er seinen Anteil auf einen neu eintretenden Gesellschafter überträgt, so erfordert auch dies keine neue Auflassung, da der Eintretende die Vermögensposition erlangt, die der Ausscheidende hatte.[285] Für den Vollzug der Einigung im Grundbuch einschließlich dem Eingetretenen bedarf es jedoch seiner notariell beglaubigten Zustimmung entsprechend § 22 Abs 2. **99**

f) Flurbereinigungs- und Umlegungsverfahren. Tritt nach Erklärung der Auflassung im Zuge einer Flurbereinigung oder einer Umlegung nach §§ 45 ff BauGB an die Stelle des aufgelassenen Einlagegrundstücks ein Ersatzgrundstück, so bedarf es für den Grundbuchvollzug weder einer neuen Auflassung oder nachträglichen Bewilligung noch einer Berichtigung der Bezeichnung des aufgelassenen Grundstücks; das Ersatzgrundstück tritt jeweils kraft Gesetzes an die Stelle des Einlagegrundstücks.[286] Die Auflassung kann jedoch noch nicht im Grundbuch vollzogen werden, solange das Grundbuch nach Anordnung der Ausführung des Flurbereinigungsplans (des Umlegungsbeschlusses) noch nicht berichtigt ist.[287] Wurde ein Grundstück aufgelassen, nachdem der neue Rechtszustand bereits eingetreten war, dh nach dem in der Ausführungsanordnung festgesetzten Zeitpunkt oder nach Bekanntmachung des unanfechtbaren Umlegungsplans, so ist die Auflassung dahin auszulegen, dass sie sich auf das Ersatzgrundstück bezieht, so das eine Berichtigung der Bezeichnung des aufgelassenen Grundstücks auch hier nicht erforderlich ist.[288] **100**

VI. Bedingung und Befristung

1. Auflassung

Die Auflassung eines Grundstücks, die unter einer Bedingung oder einer Zeitbestimmung erfolgt, ist **unwirksam** (§ 925 Abs 2 BGB). Dies ist im Interesse der Rechtssicherheit des Grundstücksverkehrs angeordnet, damit das Grundbuch möglichst keinen falschen Grundstückseigentümer ausweist und der Eigentumsübergang nicht von einem künftigen Ereignisses oder Termin abhängig gemacht werden kann.[289] Aus dem gleichen Grund darf Sondereigentum nicht unter einer Bedingung oder Zeitbestimmung eingeräumt oder aufgehoben werden (§ 4 **101**

---

281 BayObLG Rpfleger 1982, 18.
282 *Böhringer* RpflJB 1994, 223, 226.
283 OLG Köln Rpfleger 1980, 16; *Böhringer* RpflJB 1994, 223, 226.
284 *Sieveking* MDR 1979, 373; *Jaschke* Rpfleger 1988, 14; *Schmitz-Valkenberg* Rpfleger 1987, 300; *Böhringer* RpflJB 1994, 223, 226; **aA** LG Aachen Rpfleger 1987, 104; *Voormann* Rpfleger 1987, 410.
285 *Böhringer* RpflJB 1994, 223, 226 f.
286 BayObLGZ 1969, 263, 273; 1972, 242; 1985, 372, 376 = DNotZ 1986, 354 = Rpfleger 1986, 129; *Kössinger* in *Bauer/von Oefele* § 20 Rn 106, 107; *Demharter* § 20 Rn 34; *Staudinger-Pfeifer* § 925 Rn 61.
287 BayObLGZ 1982, 458 = Rpfleger 1983, 145; OLG Zweibrücken DNotZ 2003, 279; *Demharter* § 20 Rn 34; *Staudinger-Pfeifer* § 925 Rn 61.
288 BayObLGZ 1972, 242 = Rpfleger 1972, 366; BayObLGZ 1980, 108 = Rpfleger 1980, 293; BayObLGZ 1985, 372, 376; *Kössinger* in *Bauer/von Oefele* § 20 Rn 107, 108; *Demharter* § 20 Rn 34.
289 *Staudinger-Pfeifer* § 925 Rn 91.

Abs 2 Satz 2 WEG). Unzulässig ist sowohl eine aufschiebende als auch auflösende Bedingung bzw sowohl ein Anfangstermin als auch einen Endtermin. Jede rechtsgeschäftliche Bedingung oder Zeitbestimmung iSv §§ 158, 163 BGB führt zur Unwirksamkeit der gesamten Auflassung und nicht nur der Nebenabrede über die Bedingung oder Befristung.[290] Die unwirksame Auflassung ist auch nicht heilbar, dh bleibt unwirksam, wenn die aufschiebende Bedingung eintritt oder die auflösende Bedingung ausfällt oder der Anfangstermin bzw Endtermin erreicht ist. Ist auf Grund einer bedingten oder befristeten Auflassung ein neuer Eigentümer im Grundbuch eingetragen worden, so ist damit das Grundbuch unrichtig geworden.

102 Folgende **Einzelfälle** führen wegen § 925 Abs 2 BGB zu einer unwirksamen Auflassung:

a) Die Wirksamkeit der sachenrechtlichen Auflassung ist abhängig von der Wirksamkeit oder dem Bestehenbleiben des schuldrechtlichen Grundgeschäfts.[291] Behält sich jedoch der Verkäufer in einem Kaufvertrag mit Auflassung für bestimmte Fälle vor, vom Vertrag zurückzutreten, so erstreckt sich der Rücktrittsvorbehalt im Zweifel nur auf das Verpflichtungsgeschäft, so dass keine bedingte Auflassung vorliegt.[292]

b) In einem gerichtlichen Vergleich wurde eine Auflassung unter einem Widerrufvorbehalt erklärt.[293]

c) Die Parteien eines Scheidungsrechtsstreits haben in einem gerichtlichen Vergleich die Auflassung eines Grundstücks erklärt »für den Fall der Scheidung«; dies führt zur Unwirksamkeit der Auflassung selbst dann, wenn das Urteil in dem gleichen Termin noch verkündet und wegen beiderseitigen Rechtsmittelverzichts rechtskräftig geworden ist.[294]

d) Die Wirksamkeit der sachenrechtlichen Auflassung wird abhängig gemacht vom künftigen Abschluss der Ehe oder eines Ehevertrages.[295] Deshalb ist auch eine Auflassung eines Grundstücks zum künftigen Gesamtgut durch Verlobte unwirksam, wenn sie gleichzeitig durch Ehevertrag das Grundstücks zum ehelichen Gesamtgut erklärt haben;[296] die Wirksamkeit der Auflassung ist auch in diesem Fall von der künftigen Eheschließung abhängig.

e) Auflassung unter dem Anfangstermin, dass das Eigentum erst mit dem Tod des Veräußerers auf den Erwerber übergehen soll.[297]

103 Ist das der Auflassung zugrunde liegende **schuldrechtliche Verpflichtungsgeschäft bedingt oder befristet** vereinbart worden, führt dies auf Grund des Abstraktionsprinzips grundsätzlich nicht zu einer unwirksamen, weil bedingten oder befristeten Auflassung.[298] Nur wenn die Beteiligten das schuldrechtliche Verpflichtungsgeschäft und die sachenrechtlichen Auflassung zu einer Einheit iSv § 139 BGB zusammengefasst haben, wäre dies der Fall; allein durch die Aufnahme von Kaufvertrag und Auflassung in einer Urkunde liegt aber noch keine Geschäftseinheit vor.[299]

104 **Rechtsbedingungen** sind keine rechtsgeschäftlichen Bedingungen iSv § 158 BGB, sondern gesetzliche Wirksamkeitsvoraussetzungen eines Rechtsgeschäfts. Sie sind bei einer Auflassung **zulässig** und machen diese nicht unwirksam.[300] Deshalb ist eine Auflassung wirksam, wenn sie an eine in Gründung befindliche juristische Person unter der Rechtsbedingungen erfolgt, das diese entsteht.[301] Gleiches gilt für die weitere Auflassung eines Grundstücks durch den noch nicht eingetragenen Erwerber unter der Rechtsbedingung seiner Zwischeneintragung (§ 185 Abs 2 BGB)[302] oder der Auflassung eines Wohnungseigentums unter der Rechtsbedingung, dass es durch die Eintragung im Grundbuch entsteht.[303] Wirksam ist deshalb auch eine Auflassung vorbehaltlich einer noch ausstehenden Genehmigung einer Behörde[304] oder des Familien- bzw Vormundschaftsgerichts[305] oder der

---

290 *Staudinger-Pfeifer* § 925 Rn 93.
291 OLG Celle DNotZ 1974, 731; *Staudinger-Pfeifer* § 925 Rn 94a; KEHE-*Munzig* § 20 Rn 92; *Demharter* § 20 Rn 36.
292 OLG Oldenburg Rpfleger 1993, 330; *Demharter* § 20 Rn 36.
293 BGH NJW 1988, 415; BGHZ 88, 364; OLG Celle DNotZ 1957, 660; *Kössinger in Bauer/von Oefele* § 20 Rn 201; KEHE-*Munzig* § 20 Rn 92; *Demharter* § 20 Rn 16; *Staudinger-Pfeifer* § 925 Rn 94a; *Walchshöfer* NJW 1973, 1103; **aA** BVerwG der NJW 1995, 2179 = Rpfleger 1995, 497.
294 BayObLGZ 1972, 257 = Rpfleger 1972, 400; LG Aachen Rpfleger 1979, 61; *Staudinger-Pfeifer* § 925 Rn 94a; *Demharter* § 20 Rn 36; KEHE-*Munzig* § 20 Rn 92; *Blomeyer* Rpfleger 1972, 385; *Meyer-Stolte* Rpfleger 1981, 472.
295 BayObLG OLGE 14, 7; 42, 161; *Staudinger-Pfeifer* § 925 Rn 94a; KEHE-*Munzig* § 20 Rn 92.
296 *Staudinger-Pfeifer* § 925 Rn 97a; MüKo-*Kanzleiter* § 925 BGB Rn 25; **aA** BGH NJW 1953, 1330.
297 KG OLGE 41, 157; *Staudinger-Pfeifer* § 925 Rn 94b.
298 BGH NJW 1976, 237; OLG Oldenburg Rpfleger 1993, 330; *Staudinger-Pfeifer* § 925 Rn 95; *Hagen* DNotZ 1984, 267, 287.
299 BGHZ 112, 378; *Staudinger-Pfeifer* § 925 Rn 95.
300 *Staudinger-Pfeifer* § 925 Rn 97; KEHE-*Munzig* § 20 Rn 93; *Demharter* § 20 Rn 36.
301 BGHZ 45, 339; *Staudinger-Pfeifer* § 925 Rn 97a.
302 RG JW 1930, 132; *Staudinger-Pfeifer* § 925 Rn 97a.
303 AG München MittBayNot 1989, 93; *Staudinger-Pfeifer* § 925 Rn 97a.
304 KG HRR 1938 Nr 1526.
305 OLG Celle DNotZ 1957, 660; *Demharter* § 20 Rn 36; KEHE-*Munzig* § 20 Rn 93; *Staudinger-Pfeifer* § 925 Rn 97a.

nachträglichen Genehmigung des vollmachtlos Vertretenen[306] oder des Berechtigten nach § 185 Abs 2 BGB.[307] Wird eine Rechtsbedingung aber durch den Parteiwillen zur rechtsgeschäftlichen Bedingung erhoben, führt dies zur Unwirksamkeit der Auflassung;[308] dies ist zB der Fall, wenn die Auflassung von einer erforderlichen behördlichen Genehmigung innerhalb einer bestimmten Frist abhängig gemacht wird.[309]

Keine Bedingungen iSv § 925 Abs 2 BGB stellen sog **Vollzugsvorbehalte** dar, mit denen die Beteiligten den **105** Grundbuchvollzug von einer Voraussetzung abhängig machen, aber nicht die sachenrechtlichen Einigung.[310] Insbesondere fallen darunter Weisungen an den Notar,[311] zB zur Stellung oder Rücknahme des Eintragungsantrags, Vorlage oder Zurücknahme der dinglichen Einigung bzw formellen Bewilligung. Die Anweisung an den Notar, den Antrag auf Eintragung des Eigentumswechsels nicht vor einem bestimmten Zeitpunkt zustellen, ist keine Befristung der Auflassung.[312] Die Vertragsparteien können auch untereinander Vereinbarungen für den Grundbuchvollzug treffen (zB Verzicht auf die Antragstellung), die jedoch nur schuldrechtliche Wirkung haben und deshalb für das Grundbuchamt unbeachtlich sind;[313] die Wirksamkeit der Auflassung beeinflussen sie auch nicht. Keine für die Auflassung schädliche Bedingung ist auch die Erklärung eines Vorbehalts gem § 16 Abs 2 an das Grundbuchamt, wonach eine Grundbucheintragung nicht ohne eine bestimmte andere Eintragung erfolgen soll, zB der Vollzug der Auflassung an den Käufer nicht ohne gleichzeitige Eintragung einer Kaufpreisgrundschuld für den Verkäufer.[314]

2. Bestellung eines Erbbaurechts

Das Verbot der Bedingung und Befristung des § 925 Abs 2 BGB gilt bei der Bestellung eines Erbbaurechtes nicht **106** (§ 11 ErbbauRG). Deshalb kann ein Erbbaurechts unter einer **aufschiebende Bedingung** gestellt werden, zB für den Fall der Heirat des Erbbauberechtigte.[315] Aufschiebende Bedingungen sind sowohl bei der sachenrechtlichen Einigung als auch für das Erbbaurecht selbst **zulässig**. Handelt es sich um eine aufschiebende Bedingung für die Einigung, so muss die Bedingung bei Eintragung des Erbbaurechts eingetreten sein. Handelt es sich um eine aufschiebende Bedingung für das Erbbaurecht, so muss die aufschiebende Bedingung im Grundbuch eingetragen werden; tritt die aufschiebende Bedingung nicht ein, entsteht das Erbbaurecht nie.[316] Es ist also zwischen aufschiebend bedingter Einigung und aufschiebend bedingtem Erbbaurecht zu unterscheiden.

Dagegen ist eine **auflösende Bedingung** beim Erbbaurecht **unzulässig** (§ 1 Abs 4 S 1 ErbbauRG), zB für den **107** Fall der Scheidung des Erbbauberechtigten, Nichtzahlung des Erbbauzinses usw. Dadurch soll der Bestand des Erbbaurechts als grundstücksgleiches Recht für die gesamte Laufzeit gesichert werden; ansonsten wäre dem Erbbaurecht die Beleihbarkeit genommen. Eine gegen § 1 Abs 4 S 1 ErbbauRG verstoßende Erbbaurechtsbestellung ist nichtig und von Amts wegen nach § 53 Abs 1 S 2 zu löschen.[317] Das Verbot der auflösende Bedingung umfasst aber nicht die sachenrechtlichen Einigung. Die Bedingung ist nur als Inhalt des Erbbaurechts unzulässig. Die auflösend bedingte Einigung über die Bestellung eines Erbbaurechts ist materiell zulässig, die auflösende Bedingung muss nur im Zeitpunkt der Eintragung des Erbbaurechts ausgefallen sein, weil sonst das Erbbaurecht einen unzulässigen Inhalt haben könnte; die Einigung als solche ist hier nicht bedingungsfeindlich. Die Bestellung eines Erbbaurechts durch einen nicht befreiten Vorerben ohne Zustimmung des Nacherben ist analog § 1 Abs 4 S 1 ErbbauRG nichtig, da sie auflösend bedingt ist durch den Eintritt des Nacherbfall (vgl § 2113 BGB).[318] Gleiches gilt für die Bestellung eines Erbbaurechts durch einen Grundstückseigentümer, der einem Verfügungsverbot (zB auf Grund der Beschlagnahme in einem Zwangsversteigerungsverfahren, § 23 ZVG) unterliegt.[319]

---

306 KEHE-*Munzig* § 20 Rn 93; *Staudinger-Pfeifer* § 925 Rn 97a.
307 BGH NJW 1952, 1330.
308 BayObLGZ 1972, 258 = Rpfleger 1972, 400; *Kössinger* in *Bauer/von Oefele* § 20 Rn 180; KEHE-*Munzig* § 20 Rn 93; *Demharter* § 20 Rn 36; *Staudinger-Pfeifer* § 925 Rn 97b.
309 RG Recht 1924 Nr 345; *Staudinger-Pfeifer* § 925 Rn 97b.
310 *Staudinger-Pfeifer* § 925 Rn 98; *Kössinger* in *Bauer/von Oefele* § 20 Rn 183; *Demharter* § 20 Rn 36.
311 Vgl dazu ausführlich KEHE-*Munzig* § 19 Rn 213 ff.
312 BGH NJW 1953, 1301; *Staudinger-Pfeifer* § 925 Rn 99b.
313 OLG Düsseldorf NJW 1954, 1041; LG Hannover DNotZ 1972, 187; LG München I DNotZ 1950, 33; *Staudinger-Pfeifer* § 925 Rn 99c; *Demharter* § 20 Rn 36.
314 BayObLGZ 1975, 1 = DNotZ 1976, 103; OLG Hamm Rpfleger 1973, 305; *Kössinger* in *Bauer/von Oefele* § 20 Rn 183; KEHE-*Munzig* § 20 Rn 93; *Staudinger-Pfeifer* § 925 Rn 99a.
315 *Böttcher* Praktische Fragen des Erbbaurechts, Rn 85.
316 *Ingenstau-Hustedt* ErbbauVO, § 1 Rn 101; *Linde-Richter* Erbbaurecht und Erbbauzins, Rn 88; *Böttcher* Praktische Fragen des Erbbaurechts, Rn 71.
317 *Böttcher* Praktische Fragen des Erbbaurechts, Rn 85; *Ingenstau-Hustedt* ErbbauVO, 106; *von Oefele-Winkler* Handbuch des Erbbaurechts, Rn 2. 154.
318 BGHZ 52, 269 = NJW 1969, 2043; *Böttcher* Praktische Fragen des Erbbaurechts, Rn 87; *Ingenstau-Hustedt* ErbbauVO, § 1 Rn 109, 110.
319 Ausführlich dazu *Böttcher* Praktische Fragen des Erbbaurechts, Rn 88.

108 Ein **Anfangszeitpunkt** kann bei einem Erbbaurechts vereinbart werden. Er darf jedoch nicht vor der Grundbucheintragung liegen, da das Erbbaurecht erst damit entsteht (§ 873 BGB).[320] Ein solcher Zeitpunkt vor der Grundbucheintragung kann aber schuldrechtlich für die Berechnung des Endtermins beim Erbbaurecht vereinbart werden.[321] Auch ein **Endzeitpunkt** kann bei einem Erbbaurecht vereinbart werden, muss es aber nicht. Denkbar ist daher auch ein »ewiges Erbbaurecht«.[322] Der Endzeitpunkt muss entweder exakt bestimmt (zB bis zum 31.12.2080) oder zumindest bestimmbar sein (zB 99 Jahre Zeit Grundbucheintragung). Zulässig ist auch eine zeitliche Begrenzung des Erbbaurechts in der Weise, dass zunächst ein bestimmter Zeitraum als Laufzeit vereinbart wird, der sich in automatisch um eine vorher festgelegte Zahl von Jahren verlängert, wenn nicht einen Vertragsteil dieser Verlängerung widerspricht.[323] Bei der Abhängigmachung des Erbbaurechts vom Tod des Eigentümers, Erbbauberechtigten oder Untergang des Bauwerks usw hängt das Fristende von einem bestimmten Ereignis ab, dessen Eintritt zwar sicher ist (= Unterschied zur auflösenden Bedingung), wobei aber der Endzeitpunkt völlig ungewiss ist (= Unterschied zur Befristung). Solche Vereinbarungen sind als Befristung mit ungewissem Endtermin entsprechend § 1 Abs 4 S 1 ErbbauRG unzulässig.[324]

3. Übertragung eines Erbbaurechts

109 Sie darf **weder bedingt noch befristet** sein (§ 11 Abs 1 S 2 ErbbauRG). Insoweit erfolgt eine Gleichbehandlung zum Eigentumswechsel bei Grundstücken gem § 925 Abs 2 BGB (vgl deshalb Rdn 101 ff). Eine Verletzung dieses Verbots führt zur Unwirksamkeit der Erbbaurechtsübertragung und Grundbuchunrichtigkeit. Unzulässig ist nicht nur eine auflösende Bedingung, wie bei der Bestellung eines Erbbaurechts (§ 1 Abs 4 ErbbauRG), sondern auch eine aufschiebende und jede Art der Befristung (Anfangstermin, Endtermin).[325] Das Bedingungs- und Befristungsverbot bezieht sich jedoch nur auf das dingliche Erfüllungsgeschäft und nicht auf das schuldrechtliche Verpflichtungsgeschäft.[326] Deshalb kann ein schuldrechtlicher Rückübertragungsanspruch aufschiebend bedingt vereinbart werden für den Fall der Nichtzahlung des Kaufpreises, der auch durch eine Vormerkung gesichert werden kann.[327]

4. Inhaltsänderung beim Erbbaurecht

110 Änderungen des Inhalts eines Erbbaurechts sind **weder bedingungs- noch befristungsfeindlich**. Auch hier ist wieder zwischen Bedingungen und Befristungen der Einigung, die unbeschränkt zulässig sind, und solchen der Inhaltsänderung zu unterscheiden. Ist die Einigung bedingt oder befristet, muss die auflösende Bedingung bei der Grundbucheintragung ausgefallen oder die aufschiebende Bedingung bei der Grundbucheintragung bereits eingetreten sein. Davon zu unterscheiden ist eine Inhaltsänderung, die erst ab einem bestimmten Zeitpunkt oder nach einer bestimmten Frist in Kraft tritt oder später wieder wegfällt; dies ist beim Erbbaurecht zulässig und eintragungsfähig. Die Verlängerung des Erbbaurechts stellt zwar eine Inhaltsänderung dar, ist aber in Bezug auf Bedingungen und Befristungen wie eine neue Bestellung zu behandeln (vgl deshalb dazu Rdn 106 f).

VII. Inhalt der Einigung

1. Einigungserklärungen

111 Die Einigung des § 20 GBO, § 873 BGB erfordert **zwei wirksame und übereinstimmende Willenserklärung** zwischen dem
- Veräußerer und Erwerber des Grundstücks bei seiner Übereignung,
- Grundstückseigentümer und künftigen Erbbauberechtigten bei der Bestellung eines Erbbaurechts,
- bisherigen und künftigen Erbbauberechtigte bei der Übertragung eines Erbbaurechts,
- Erbbauberechtigten und Grundstückseigentümer bei der Inhaltsänderung eines Erbbaurechts.

---

320 BGH DNotZ 1974, 90 = Rpfleger 1973, 355; *Böttcher* Praktische Fragen des Erbbaurechts, Rn 96.
321 BayObLGZ 1991, 97 = Rpfleger 1991, 303; OLG Zweibrücken MittBayNot 1994, 542; *Böttcher* Praktische Fragen des Erbbaurechts, Rn 97.
322 LG Deggendorf MittBayNot 1987, 254; *von Oefele-Winkler* Handbuch des Erbbaurechts, Rn 2. 146; *Ingenstau-Hustedt* ErbbauVO, § 1 Rn 113; *Böttcher* Praktische Fragen des Erbbaurechts, Rn 98.
323 BGH NJW 1969, 2043, 2046; *Ingenstau-Hustedt* ErbbauVO, § 1 Rn 114; *Böttcher* Praktische Fragen des Erbbaurechts, Rn 99.
324 BGHZ 52, 269; OLG Celle Rpfleger 1964, 213; *Ingenstau-Hustedt* ErbbauVO, § 1 Rn 115; *Böttcher* Praktische Fragen des Erbbaurechts, Rn 100.
325 *Ingenstau-Hustedt* ErbbauVO, § 11 Rn 62, 63; *von Oefele-Winkler* Handbuch des Erbbaurechts, Rn 5. 91; *Böttcher* Praktische Fragen des Erbbaurechts, Rn 503.
326 RGRK-*Räfle* ErbbauVO, § 11 Rn 25; *Böttcher* Praktische Fragen des Erbbaurechts, Rn 505.
327 *Ingenstau-Hustedt* ErbbauVO, § 11 Rn 62; *von Oefele-Winkler* Handbuch des Erbbaurechts, Rn 5. 92; *Böttcher* Praktische Fragen des Erbbaurechts, Rn 505.

Aus den Willenserklärungen muss sich der Wille der Beteiligten auf Übereignung eines Grundstücks, Bestellung, Übertragung oder Inhaltsänderung eines Erbbaurechts ergeben.

Die Einigung des § 873 BGB als **materieller dinglicher Vertrag ist auslegungsfähig**.[328] Der Gebrauch **112** bestimmter Worte wie zB »Einigung« oder »Auflassung« ist zwar wünschenswert, aber nicht zwingend notwendig. Es genügen alle Erklärungen, in denen der übereinstimmende Wille der Beteiligten deutlich und zweifelsfrei zum Ausdruck kommt.[329] Zur Auslegung sind nicht nur die in der notariellen Urkunde aufgenommenen Erklärungen maßgebend, sondern auch anderweitige nicht beurkundete Erklärungen heranzuziehen.[330] Entscheidend kommt es auf dem Willen und die Vorstellungen der Erklärenden an[331] und nicht auf die des Notars. Bei Meinungsverschiedenheiten zwischen den Beteiligten und dem Notar ist allein die Ansicht der Beteiligten maßgebend.[332] Zur Frage, ob die Einigungserklärungen mündlich erklärt werden müssen vgl Rdn 63.

Die **Einigung im Grundbuchverfahren** nach § 20 sollte zwar ausdrücklich erklärt werden, muss es aber auch **113** nicht. Selbst das Grundbuchamt kann die Einigung auslegen, doch sind dabei durch den Bestimmtheitsgrundsatz und durch das Erfordernis urkundlich belegter Eintragungsunterlagen (§ 29) Grenzen gesetzt. Während das Prozessgericht bei der Auslegung einer Einigung alle Umstände zu berücksichtigen hat und durch Beweiserhebung aufklären darf, ist dem Grundbuchamt eine über den Urkundeninhalt hinausgehende Ermittlung verwehrt.[333] Die Auslegungsbefugnis des Grundbuchamts ist gegenüber dem Recht und der Pflicht des Prozessgerichts, den wirklichen Willen zu erforschen (§ 133 BGB), dahin eingeschränkt, dass die Erklärung in ihrem beurkundeten Wortlaut ein maßgebliches Gewicht behält und – selbst nahe liegenden – Zweifeln am Erklärungsinhalt bereits dann nicht nachgegangen werden kann, wenn zur Behebung solcher Zweifel nicht offenkundige Umstände außerhalb der Eintragungsunterlagen zu berücksichtigen wären.[334] Die Einigungserklärungen müssen bestimmt oder zumindest bestimmbar sein. Eindeutigkeit kann auch für die Einigungserklärungen nicht verlangt werden, weil sie nach grundbuchverfahrensmäßigen Grundsätzen auslegungsfähig sind. Die Einigungserklärungen müssen daher klar und unzweideutig nur in dem Sinne sein, dass **Bestimmbarkeit durch grundbuchverfahrensmäßige Auslegung** vorliegt. Grundsätzlich muss dabei die Auslegung zu einem Ergebnis führen, wie wenn ausdrückliche, eindeutige Erklärungen vorlägen. Im Grundbuchverfahren kommt es bei der Auslegung der Einigung nicht auf den Willen der Vertragsparteien an, sondern darauf, was jeder gegenwärtige und zukünftige Betrachter als objektiven Inhalt der Erklärungen ansieht.[335] Unzweifelhaft kann von einer Einigung ausgegangen werden, wenn der Veräußerer erklärt, dass er das Eigentum auf dem Erwerber überträgt und dieser die Erklärung annimmt oder wenn beide Teile erklären, sie seien darüber einig, dass das Eigentum übergehen soll.[336] Eine Einigung liegt aber auch dann vor, wenn es in einer Urkunde lautet, dass einzelne Grundstücke einer Erbengemeinschaft bestimmten Erben zu Alleineigentum zugeteilt werden.[337] Nach hM soll eine Auflassung auch in der Form erklärt werden können, dass der Veräußerer die Umschreibung des Eigentums bewilligt und der Erwerber diese beantragt.[338] Daran wird zu Recht Kritik geübt, weil in der formellen Bewilligung des Betroffenen (§ 19) nicht ohne weiteres auch seine materielle Einigungserklärung (§ 873 BGB) gesehen werden kann[339] Von keiner Einigung kann das Grundbuchamt allerdings trotz Auslegungsmöglichkeit ausgehen, wenn der im Grundbuch als Eigentümer Eingetragene die Grundbuchberichtigung zugunsten des wirklichen Eigentümers bewilligt (§ 19) und dieser der Berichtigung zustimmt (§ 22 Abs 2), weil beide das Grundbuch als unrichtig ansehen und sich nicht über einen rechtsgeschäftlichen Eigentumsübergang einig sind.[340] Ebenfalls genügt die bloße Feststellung der Eigentumsverhältnisse nicht für das Vorliegen einer Auflassung.[341]

328 RGZ 152, 189, 192; BayObLGZ 1974, 112, 115 = DNotZ 1974, 441; *Staudinger-Pfeifer* § 925 Rn 37.
329 RGZ 54, 378, 382; 129, 124; BGHZ 60, 46, 52 = NJW 1973, 325; *Staudinger-Pfeifer* § 925 Rn 37.
330 *Staudinger-Pfeifer* § 925 Rn 37.
331 BGH DNotZ 1966, 172.
332 BGH DNotZ 1961, 396; *Staudinger-Pfeifer* § 925 Rn 37.
333 BayObLG DNotZ 1995, 56 = Rpfleger 1994, 344; BayObLGZ 1974, 112, 115 = Rpfleger 1974, 222; KG DNotZ 1958, 203; OLGZ 1965, 244; OLG Köln Rpfleger 1960, 56; OLG Frankfurt/M Rpfleger 1961, 155; *Staudinger-Pfeifer* § 925 Rn 38.
334 BayObLG aaO.
335 *Staudinger-Pfeifer* § 925 Rn 38.
336 *Staudinger-Pfeifer* § 925 Rn 41.
337 BayObLGZ 32, 477; *Staudinger-Pfeifer* § 925 Rn 41.
338 RGZ 54, 378, 382; BGH NJW 1973, 325; KG HRR 1936 Nr 137; BayObLG Rpfleger 1984, 266; DNotZ 1975, 686; 1978, 238; *Staudinger-Pfeifer* § 925 Rn 41; *Kössinger* in *Bauer/von Oefele* § 20 Rn 208; *Demharter* § 20 Rn 31.
339 *Eickmann* GBVerfR, Rn 150 Beispiel 25 f.
340 BayObLGZ 12, 833; 22, 272; OLG Frankfurt Rpfleger 1973, 394; KEHE-*Munzig* § 20 Rn 73; *Staudinger-Pfeifer* § 925 Rn 42.
341 OLG Frankfurt Rpfleger 1973, 394; *Staudinger-Pfeifer* § 925 Rn 42; **aA** OLG Köln Rpfleger 1980, 16.

2. Gegenstand der Einigung

114   Gegenstand der Einigung kann ein Grundstück im Rechtssinne, ein realer Grundstücksteil, ein ideeller Miteigentumsanteil, ein Wohnungseigentum und das Erbbaurecht sein. Für die **materielle Wirksamkeit der Einigung** ist es nötig, dass die Beteiligten den Gegenstand ihrer Einigung hinreichend bestimmt haben.[342] Dazu ist es nicht notwendig, wenn auch wünschenswert, dass das Grundstück in Übereinstimmung mit dem Grundbuch (§ 28), ein Grundstücksteil in Übereinstimmung mit der Flurkarte oder einem Veränderungsnachweis oder als Zuflurstück, ein Miteigentumsanteil mit der Größe des Bruchteils (§ 47), das Wohnungseigentum mit dem Wohnungsgrundbuch (§ 7 WEG) bezeichnet wird.[343]

115   Für die **formellrechtliche Verwendbarkeit der Einigung** im Grundbuchverfahren muss der Gegenstand der Einigung gem § 28 bezeichnet werden, obwohl diese Vorschrift nach ihrem Wortlaut nur für die Eintragungsbewilligung gilt. § 28 ist aber eine Verfahrensvorschrift, die für das ganze Grundbuchverfahren anzuwenden ist. Materiellrechtlich ist für die Wirksamkeit der Einigung die Vorschrift des § 28 ohne Belang.

116   Zur formellrechtlichen Beschreibung des **Grundstücks bei seiner Übereignung oder Belastung mit einem Erbbaurecht** vgl die Kommentierung zu § 28.

117   Für den Fall der **Veräußerung eines realen Grundstücksteils** vgl § 7 Rdn 23–26, der **Belastung eines realen Grundstücksteils mit einem Erbbaurecht** vgl § 7 Rdn 27–38.

118   Zur **Übereignung eines ideellen Miteigentumsanteils an einem Grundstück oder Erbbaurecht** vgl die Kommentierung zu § 28.

119   Zur **Übereignung eines Wohnungs- oder Teileigentums** vgl die Kommentierung zu §§ 2, 3 WGV.

120   Zur **Übertragung und Inhaltsänderung eines Erbbaurechts** vgl die Kommentierung zu §§ 55, 56 GBV.

121   Bei einer **Falschbezeichnung des Einigungsgegenstandes** ist zu unterscheiden: Die bewusste Falschbezeichnung des Objektes durch alle Beteiligte (zB Auflassung des ganzen Grundstücks obwohl übereinstimmend nur eine Teilfläche veräußert werden sollte) führt zur Unwirksamkeit der Einigung; eine daraufhin erfolgte Eintragung im Grundbuch macht dieses unrichtig.[344] Bei einer unbewussten Falschbezeichnung des Einigungsgegenstandes ist die Einigung materiell wirksam hinsichtlich des Objektes, auf das sich der übereinstimmende Wille der Beteiligten erstreckte (falsa demonstratio non nocet), während für den durch die Erklärungen äußerlich umschriebenen Gegenstand nur scheinbar eine Einigung vorliegt, es insoweit aber in Wirklichkeit daran fehlt.[345] Ist auf Grund einer solchen versehentlichen Falschbezeichnung des Grundstücks der Erwerber als Eigentümer des irrtümlich bezeichneten, von den Vertragsteilen aber nicht gemeinten Grundstücks eingetragen worden, so tritt kein Eigentumswechsel ein; der neue eingetragene Eigentümer ist nur Bucheigentümer.[346] Ebenso tritt natürlich bei dem von den Vertragsteilen tatsächlich gemeinten, aber nicht bezeichneten Grundstück kein Eigentumsübergang ein. In solchen Fällen können grundsätzlich auf Antrag die richtigen Eintragungen unter Beseitigung der unrichtigen vorgenommen werden, wenn durch Urteil oder durch eine berichtigende Nachtragserklärung von sämtlichen Beteiligten der wahre Wille der Beteiligten festgestellt worden ist.[347] Zu beachten ist aber, das in diesen Fällen die unrichtige Bezeichnung und der wahre Wille der Beteiligten nach grundbuchverfahrensmäßigen Grundsätzen festgestellt werden müssen. Dazu müssen in den berichtigenden Nachtragserklärungen, die der Form des § 29 bedürfen, die Umstände erklärt sein, die die Unrichtigkeit des Grundbuchs und den wahren Willen der Beteiligten nachweisen. Eine erneute Auflassung ist dazu nicht nötig; es genügt eine sog Identitätserklärung beider Vertragsteile in der Form des § 29.[348] Dem Formerfordernis des § 29 würde auch eine sog Eigenurkunde des Notars genügen, wenn dieser die darin aufzunehmende Berichtigungserklärung mit ausdrücklicher Vollmacht der Beteiligten in deren Namen abgibt. Nicht ausreichend ist eine notarielle Erklärung einer bevollmächtigten Angestellten des Notars.[349] Außer den Beteiligten der Auflassung kann nur der beurkundende Notars selbst etwas über den wirklichen Willen der Vertragsparteien feststellen, deren Vertragserklärungen er zuvor entgegengenommen und beurkundet hat.

---

342   RGZ 78, 376; OLG Hamm DNotZ 1958, 644; *Staudinger-Pfeifer* § 925 Rn 60.
343   BayObLGZ 1962, 362, 371 = Rpfleger 1963, 243; *Staudinger-Pfeifer* § 925 Rn 60.
344   BGHZ 74, 116 = DNotZ 1979, 403; *Staudinger-Pfeifer* § 925 Rn 65, 118 a.
345   RGZ 46, 225, 227; BGH ZflR 2002, 160; Rpfleger 2002, 255 = ZflR 2002, 485; DNotZ 1966, 172, 173; OLG Nürnberg DNotZ 1966, 542, 544; OLG Hamm NJW-RR 1992, 152, 153; MüKo-*Kanzleiter* § 925 BGB Rn 22, 28; *Staudinger-Pfeifer* § 925 Rn 68; BGB-RGRK-*Augustin* § 925 Rn 43, 44; *Palandt-Bassenge* § 925 Rn 12; *Hagen* DNotZ 1984, 267, 283; *Köbl* DNotZ 1983, 598, 601; *Joswig* ZflR 2002, 101.
346   RGZ 60, 338; *Staudinger-Pfeifer* § 925 Rn 118d.
347   *Staudinger-Pfeifer* § 925 Rn 118d.
348   BGH ZflR 2002, 160; *Joswig* ZflR 2002, 101, 108.
349   OLG Schleswig ZflR 1997, 695.

Enthält eine Einigung nicht die ordnungsgemäße Bezeichnung des betroffenen Objektes nach § 28, so ist eine **122** **Nachholung** möglich. Bestritten ist nur die Art und Weise. Vielfach wird behauptet, dass dies der Begünstigte allein in der Form des § 29 kann.[350] Dem muss widersprochen werden, denn der Gegenstand der Einigung muss auch in der Bewilligung des § 19 genannt sein und die kann nur der Betroffene abgeben. Soweit es als ausreichend angesehen wird, dass die Nachholung durch den Betroffenen allein genügt,[351] kann dem auch nicht zugestimmt werden. Bei den hier in Frage stehenden Fällen muss sich der Gegenstand der Einigung (§ 20) aus dieser selbst ergeben. Der Inhalt der Einigung kann jedoch nur durch eine erneute Einigung, wiederum in der Form des § 29, ergänzt werden.[352] Die Nachholung kann auch durch den Notar erfolgen, wenn er von dem Beteiligten hierzu bevollmächtigt worden ist; die daraufhin errichtete Eigenurkunde des Notars, versehen mit Unterschrift und Dienstsiegel, genügt den Anforderungen des § 29.[353]

3. Gemeinschaftsverhältnis mehrerer Begünstigter

Einigt sich der Betroffene mit mehreren Begünstigten, so ist die Angabe des Anteils – oder Gemeinschaftsver- **123** hältnisses der Begünstigten erforderlich (**§ 47**).[354] Die Angabe mehrerer Anteils – oder Gemeinschaftsverhältnisses in alternativer Weise macht die Einigung unwirksam.[355] Die Einigung muss die Art des Gemeinschaftsverhältnisses und bei einer Miteigentümergemeinschaft nach §§ 741 ff BGB auch die Größe der Anteile erkennen lassen.[356] Entspricht die Einigung nicht den Anforderungen des § 47, so bedarf sie grundsätzlich der Ergänzung. Zur Frage, ob die Angabe des Gemeinschaftsverhältnisses im schuldrechtlichen Vertrag genügt, wenn die sachenrechtliche Einigung dazu schweigt, vgl § 47 Rdn 260.

Wurde ein Grundstück an einen Ehegatten allein aufgelassen, der im Güterstand der **Gütergemeinschaft** lebt, **124** so dass das Grundstück in das Gesamtgut fällt, dann darf der alleinerwerbende Ehegatte allein die Eintragung beider Ehegatten in Gütergemeinschaft beantragen[357] (vgl ausführlich dazu § 47 Rdn 69, 266). Wurde die Auflassung an die in Gütergemeinschaft lebenden Ehegatten zum Miteigentum nach §§ 741 ff BGB erklärt, so können sie allein, dh ohne Mitwirkung des Veräußerers, die Eintragung in Gütergemeinschaft beantragen[358] (vgl ausführlich dazu § 47 Rdn 69). Ist an Ehegatten in Gütergemeinschaft aufgelassen worden, die nicht besteht, so können sie ohne Mitwirkung des Veräußerers ihre Eintragung als Miteigentümer gem §§ 741 ff BGB zu gleichen Anteilen beantragen[359] (vgl ausführlich dazu § 47 Rdn 266). Erfolgte die Auflassung an die Eheleute in Gütergemeinschaft, die allerdings danach aufgehoben wurde, so können sie sich allein über den Erwerb zum Miteigentum einigen.[360] Die hM gewinnt dies alles durch Auslegung oder Umdeutung der Einigungserklärungen. Daran ist jedenfalls zu begrüßen, dass in diesen, praktisch bedeutsamen Fällen, die Auflassung nicht unwirksam ist, sondern ohne Mitwirkung des verlierenden Teils angepasst werden kann. Richtiger dürfte es sein, den Umstand, wie sich das Anteils – oder Gemeinschaftsverhältnis darstellt und ob überhaupt an einen oder mehrere aufgelassen ist, nicht generell zum Inhalt der Einigung zu machen. Nur in Ausnahmefällen, die kaum je vorkommen, wird dies dem Willen der Beteiligten entsprechen. Gewöhnlich ist es dem Veräußerer gleich, ob er an einen allein, an mehrere und, wenn es mehrere sind, zu welchem Verhältnis, Eigentum überträgt. Wenn also das Grundbuchamt nichts anderes weiß, oder es nichts anderes nach den Grundsätzen des Verfahrensrechts ermitteln kann, ist die einseitige Berichtigung des Verhältnisses nach § 47 durch den gewinnenden Teil zuzulassen, jedenfalls in der Art des § 925 BGB und der Form des § 29. Dies schon deshalb, weil grundsätzlich in der erklärte Auflassung die Einwilligung des Auflassenden zur weiteren Auflassung liegt. Wenn der Auflassungsempfänger schon an Dritte auflassen kann, muss er in gleicher Art auch das Verhältnis nach § 47 berichtigen oder ändern können. In der Einigung liegt regelmäßig die stillschweigende Ermächtigung durch den Veräußerer (§ 185 Abs 1 BGB), dass die mehreren Erwerber ohne seine Mitwirkung die Angaben über das Gemeinschaftsverhältnis ändern.[361] Für die Praxis ist daher anzuraten, jedenfalls die gleiche Form wie bei der Auflassung einzuhalten; dann muss eine Änderung des Verhältnisses nach § 47 auf jeden Fall ohne Mitwirkung des Veräußerers möglich sein.

---

350 BGHZ 90, 328 = Rpfleger 1984, 310; KG HRR 1930 Nr 1507; OLG Hamm DNotZ 1958, 644; BayObLG Rpfleger 1967, 177; 1974, 222; OLG Köln Rpfleger 1992, 153; *Demharter* § 20 Rn 32.
351 KEHE-*Munzig* § 20 Rn 84.
352 So mit Recht auch *Kössinger* in *Bauer/von Oefele* § 20 Rn 171–174.
353 BayObLG Rpfleger 1982, 416.
354 BayObLGZ 1975, 209.
355 OLG Zweibrücken MittRhNotK 1980, 89.
356 OLG Zweibrücken DNotZ 1965, 614.
357 KEHE-*Munzig* § 20 Rn 79; *Kössinger* in *Bauer/von Oefele* § 20 Rn 169; *Staudinger-Pfeifer* § 925 Rn 57.
358 BGHZ 82, 346 = Rpfleger 1982, 135; *Staudinger-Pfeifer* § 925 Rn 57; *Demharter* § 20 Rn 33; *Kössinger* in *Bauer/von Oefele* § 20 Rn 169; KEHE-*Munzig* § 20 Rn 80; Gutachten in DNotI-Report 2007, 91.
359 BayObLG Rpfleger 1983, 346; *Staudinger-Pfeifer* § 925 Rn 56; *Demharter* § 20 Rn 33; KEHE-*Munzig* § 20 Rn 81; *Kössinger* in *Bauer/von Oefele* § 20 Rn 169.
360 OLG Köln Rpfleger 1980, 16.
361 OLG Köln Rpfleger 1980, 16; *Demharter* § 20 Rn 33.

125 Wird an Mehrere nach §§ 741 ff BGB aufgelassen, hat sich die Einigung auch auf die **Größe aller Miteigentumsanteile** zu beziehen. Die Anteile müssen in der Summe denkbar sein. Eine mangelnde Quotenangabe kann in eine Auflassung zu gleichen Anteilen umgedeutet oder ausgelegt werden, obwohl § 742 BGB im Grundbuchverfahren grundsätzlich nicht gilt.[362]

126 Die Rechtsfolgen einer **Einigung ohne Angabe des Gemeinschaftsverhältnisses** mehrerer Begünstigter sind umstritten (vgl ausführlich dazu § 47 Rdn 263, 266). Nach richtiger Ansicht ist eine Wiederholung der Auflassung nicht nötig; vielmehr liegt in der Auflassung ohne Angabe des Gemeinschaftsverhältnisses die stillschweigende Einwilligung des Veräußerers zu einer dem Gemeinschaftsverhältnis entsprechenden Änderung durch den Erwerber (§ 185 Abs 1 BGB), und zwar in der Form des § 29.[363]

VIII. Verfügungsberechtigung

1. Verfügungsmacht

127 Die materiellrechtliche Verfügungsmacht steht grundsätzlich dem Inhaber des materiellen Sachenrechts zu (= Grundstückseigentümer, Erbbauberechtigter). Die Verfügungsmacht hat nichts mit der Geschäftsfähigkeit zu tun. Die Geschäftsfähigkeit ist eine Personeneigenschaft, die Verfügungsmacht regelt das Verhältnis einer Person zu dem Gegenstand, über den sie verfügen will. Die Verfügungsmacht muss nicht fehlen, wenn der Verfügende nicht oder noch nicht im Grundbuch eingetragen ist, insbesondere ist auch die Einigung durch einen Nichteigentümer wirksam.[364] Es ist also nicht zwangsläufig nötig, dass der Berechtigte zur Zeit der Erklärung (Beurkundung) der Einigung im Grundbuch eingetragen ist. Ob das Grundbuchamt auf Grund einer so nachgewiesenen Einigung eintragen darf, richtet sich nur nach dem Grundbuchverfahrensrecht, nachdem es grundsätzlich auf den Zeitpunkt der Grundbucheintragung ankommt. Gegenüber der reinen materiellen Rechtslage weist das Grundbuchverfahrensrecht aber doch, obwohl § 20 nur eine Verfahrensvoraussetzung, nicht aber eine Verfahrenserklärung regelt, folgende Besonderheiten auf: Verfahrensmäßig ist der nach § 20 nötige Nachweis erbracht, wenn die Einigung von demjenigen verlierenden Teil ausgeht, der im Grundbuch als Rechtsinhaber eingetragen ist. Dabei ist es unschädlich, ob der Erklärende, der verlierende Teil, der im Grundbuch eingetragen ist, weiß, dass er nicht der wahre Berechtigte ist oder nicht.[365] Auch für das Grundbuchamt gilt **§ 891 BGB**.[366] Weiß das Grundbuchamt, dass der eingetragene Nichtberechtigte nicht der wahre Inhaber des Rechts ist, oder hat es in diese Richtung konkrete Zweifel auf Grund bestimmter Anhaltspunkte, so ist im Falle positiver Kenntnis der Nachweis nach § 20 nicht erbracht und eine Eintragung kann nicht erfolgen; im Falle von Zweifeln gilt das nur, wenn das Grundbuchamt, was es tun muss, den Zweifel nachgegangen ist und dieses Nachgehen zu dem Ergebnis geführt hat, dass Buchinhaber und wahrer Inhaber nicht identisch sind. Dieses Ergebnis, mit der Folge, dass die Eintragung nicht erfolgen darf, kann nur erzielt werden, wenn mit den Mitteln des Grundbuchverfahrensrechts die Vermutung des § 891 BGB als widerlegt gilt; es genügt nicht, dass die Zweifel an der Vermutung sich nicht haben ausräumen lassen.[367] Ein Erwerb des eingetragenen Buchberechtigten auf Grund des öffentlichen Glaubens des Grundbuchs (= gutgläubiger Erwerb) muss, um die Vermutung des § 891 BGB zu widerlegen, mit den Beweismitteln des Grundbuchverfahrens ausgeschlossen werden können.[368] Das Grundbuchamt kann die Vermutung des § 891 BGB nicht dadurch als widerlegt ansehen, dass es selbst im jetzigen Verfahren den Inhalt der Grundakten, soweit er frühere Verfahren betrifft, eine andere Deutung gibt.[369] Betroffener im Sinne des § 20 und somit verfügungsberechtigt ist stets der Inhaber des Eigentums oder Erbbaurechts, dessen Inhalt verändert oder das übertragen werden soll oder des Grundstücks, an dem ein Erbbaurecht bestellt werden soll. Das Grundbuchamt und der Notar müssen den eingetragenen Nichtberechtigten als wahren Rechtsinhaber behandeln, da auch für sie die Vermutung des § 891 BGB gilt. Kennen Sie allerdings die Grundbuchunrichtigkeit, ist eine Rechtsänderung nur in den Fällen des § 185 BGB und § 892 BGB möglich.[370]

128 Muss nach den vorgenannten Grundsätzen das Grundbuchamt davon ausgehen, dass Buchberechtigter und wahrer Berechtigte nicht identisch sind, muss es untersuchen, ob er ein Fall des **§ 185 BGB** vorliegt. Die Einigung durch einen Nichtberechtigten, gleich ob er eingetragen ist oder nicht, ist von Anfang an wirksam, wenn der wahre Berechtigte vorher zugestimmt, dh eingewilligt, hat (§ 185 Abs 1 BGB). Die Einwilligung bedarf im Grundbuchverfahren der Form des § 29 und der Einwilligende muss als Berechtigter im Grundbuch eingetra-

---

362 BayObLG DNotZ 1978, 238; KEHE-*Munzig* § 20 Rn 76.
363 KG OLGE 34, 192; OLG Dresden Recht 1900 Nr 408; LG Lüneburg Rpfleger 1994, 206; *Schöner/Stöber* Rn 3312; *Demharter* § 20 Rn 33.
364 KG OLGE 4, 32; *Güthe-Triebel* § 20 Rn 45.
365 KEHE-*Munzig* § 20 Rn 50.
366 *Kössinger* in *Bauer/von Oefele* § 20 Rn 184.
367 BGH NJW 1980, 1048.
368 KG NJW 1973, 56.
369 BayObLG Rpfleger 1982, 467.
370 KEHE-*Munzig* § 20 Rn 50.

gen sein (vgl § 39 Rdn 13). Eines Nachweises des Zugangs der Einwilligung bedarf es nicht. Wer von der Einwilligung Gebrauch macht, macht sie sich zu eigenen, sodass es keines Zugangsnachweises bedarf. Die Einigung durch einen Nichtberechtigten wird dann wirksam, wenn der Berechtigte nachträglich zustimmt, dh genehmigt (§ 185 Abs 2, 1. Alt BGB); der Genehmigende muss als Berechtigter im Grundbuch eingetragen sein (vgl § 39 Rdn 13). Wird die Einigung deshalb wirksam, weil der nicht berechtigt Verfügende nachträglich das Recht erwirbt (§ 185 Abs 2, 2. Alt BGB), so muss der Erwerbende als Berechtigter eingetragen sein (vgl § 39 Rdn 14). Wird die Einigung des Nichtberechtigten dadurch wirksam, dass der Berechtigte ihn beerbt und für die Nachlassverbindlichkeiten unbeschränkt haftet, so kann die Eintragung auf Grund der Einigung ebenfalls nur erfolgen, wenn der Berechtigte eingetragen ist oder der Fall des § 40 vorliegt.

Die **Einwilligung des Berechtigten nach § 185 Abs 1 BGB** muss nicht ausdrücklich erfolgen, sondern kann auch **konkludent** erklärt werden. In der Praxis spielt dies vor allem eine Rolle bei den sog **Kettenauflassungen.** Die Weiterveräußerung eines Grundstücks des Veräußerers (A) durch den Auflassungsempfänger (B) an den Zweiterwerber (C) ist eine Verfügung über fremdes Eigentum, dh B verfügt als Nichtberechtigter. Die Grundbucheintragung des Zweiterwerbers C ist möglich mit der Einwilligung des A. Diese muss nicht ausdrücklich erklärt sein. Denn die Erstauflassung einschließlich der Bewilligung des A enthalten die Einwilligung des als Eigentümer eingetragenen Veräußerers A zur Weiterveräußerung seines Grundstücks durch den Auflassungsempfänger B (§ 185 Abs 1 BGB) und zur formellen Bewilligung der Eigentumsumschreibung an Dritte (analog § 185 Abs 1 BGB), wenn sich aus den Erklärungen des A nichts Gegenteiliges ergibt.[371] Wer als eingetragener (§ 39 Abs 1) Veräußerer mit der Auflassung und Bewilligung (§§ 873, 925 BGB, §§ 19, 29 GBO) alles seinerseits materiell – und formellrechtlich zur Übertragung des Eigentums Erforderliche getan hat, muss sich so behandeln lassen, wie wenn er dem Auflassungsempfänger die Veräußerungsermächtigung erteilt hätte, sofern er seinen nach der Verkehrsauffassung so verstandenen Erklärungen nicht unmissverständlich entgegengetreten ist.[372] In diesem Fall der Kettenauflassungen liegen somit mehrere wirksame Auflassung bezüglich desselben Grundstücks nebeneinander vor. Ein wirksamer Eigentumsübergang durch Eintragung des Letzterwerbers auch ohne die Zwischeneintragung der vorherigen Erwerber setzt denknotwendigen und auch tatsächlich eine ununterbrochene Kette von Auflassungen voraus.[373] Die Auflassung des Verkäufers enthält dann keine konkludente Einwilligung an den Käufer, das Grundstück ohne Zwischeneintragung an einen Dritten zu übertragen, wenn der Erwerb des Dritten einer vertraglichen Zweckbestimmung zuwiderliefe,[374] wie zB dann, wenn die Gefahr besteht, dass die vom Auflassungsempfänger dem Veräußerer bewilligte Kaufpreishypothek oder Rückauflassungsvormerkung nicht oder nicht mit dem richtigen Rang eingetragen wird.[375] § 39 Abs 1 ist im Falle der Kettenauflassung dadurch erfüllt, dass der Erstveräußerer (A) als der wirklich Berechtigte betroffen und eingetragen ist und eingewilligt hat[376] (vgl § 39 Rdn 13). **129**

Fehlt dem Verfügenden die materielle Verfügungsmacht (und damit die formelle Bewilligungsmacht), so ist ein Rechtserwerb trotzdem möglich nach § 892 BGB, dh auf Grund **gutgläubigen Erwerbs.** Beim Vorliegenden der Voraussetzungen dafür muss das Grundbuchamt nach der hier vertretenen Meinung eintragen (vgl ausführlich dazu § 19 Rdn 60 und Einl H Rdn 72 – 82). **130**

2. Verfügungsbefugnis

Vgl dazu **Anhang zu §§ 19, 20.** **131**

IX. Zustimmung Dritter

Ob sonstige Betroffene dem Vollzug einer Einigung zustimmen müssen, richtet sich nicht nach § 20, sondern nach § 19, mithin danach, ob sie durch die Auflassung des Grundstücks oder durch die Bestellung, Änderung des Inhalts oder Übertragung eines Erbbaurechts iSv § 19 betroffen sind. Dies hat mit § 20 nichts zu tun. § 20 betrifft nur, als Verfahrensvoraussetzung, die Nachweis der Einigung des gewinnenden und verlierenden Teils. **132**

Deshalb bedarf es bei der **Auflassung** eines Grundstücks nur des Nachweises der Einigung zwischen dem gewinnenden und verlierenden Teil, nicht der Zustimmung derjenigen, die Rechte an dem Grundstück haben, weil sie in § 20 nicht erwähnt und nach § 19 von dem Wechsel im Recht nicht betroffen sind. Ist schuldrechtlich die Beseitigung der Belastungen des Grundstücks vereinbart, so ist dies dennoch nicht dahin zu verstehen, **133**

---

371   RGZ 129, 150, 153; BGH NJW 1997, 936; NJW-RR 1993, 1178, 1180; BGHZ 106, 108, 112 = NJW 1989, 1093; OLG Frankfurt NotBZ 2007, 26; BayObLG NJW-RR 1991, 465; MittBayNot 1987, 252; OLG Hamm MittBayNot 2001, 394; KG FGPrax 1995, 178; *Staudinger-Pfeifer* § 925 Rn 126, 135; *Demharter* § 20 Rn 42.
372   *Staudinger-Pfeifer* § 925 Rn 135.
373   OLG Hamm MittBayNot 2001, 394.
374   BGH NJW 1997, 936 = Rpfleger 1997, 207; OLG Hamm MittBayNot 2001, 394; *Demharter* § 20 Rn 42; **aA** *Streuer* Rpfleger 1998, 314.
375   KG JFG 2, 316; OLG Düsseldorf OLGZ 1980, 343.
376   KG OLGE 26, 193; *Beuthien* Rpfleger 1962, 370;

dass die Einigung oder die entsprechende Bewilligung an einen entsprechenden Vorbehalt nach § 16 Abs 2 gebunden wäre.[377] Das Grundbuchamt darf bei vertragswidrigem Bestehenbleiben einer Eigentumsvormerkung die Eigentumsumschreibung auf eine Person, die nicht Vormerkungsberechtigte ist, nicht mit der Begründung ablehnen, dass die Eintragung dem vorgemerkten Anspruch entgegensteht.[378]

134   Zur **Übertragung des Erbbaurechts** ist die Zustimmung des Grundstückseigentümers erforderlich, wenn diese Verfügungsbeschränkung des § 5 Abs 1 ErbbauRG vereinbart ist. Materiellrechtlich ist die Zustimmung formlos möglich und kann dem bisherigen oder neuen Erbbauberechtigte gegenüber erklärt werden (§ 182 BGB). Dem Grundbuchamt muss die Zustimmung des Grundstückseigentümers in notariell beglaubigter Form nach § 29 vorgelegt werden (vgl § 15 ErbbauRG). Da das Grundbuchamt in diesem Fall die materielle Wirksamkeit der Übertragung des Erbbaurechts prüfen muss (§ 20), ist auch der Zugang der Zustimmung an den bisherigen oder künftigen Erbbauberechtigte nachzuweisen.[379]

135   Der **Inhaltsänderung eines Erbbaurechts** müssen die dinglich Berechtigten am Erbbaurechts zustimmen (§ 11 Abs 1 S 1 ErbbauRG; §§ 877, 876 Satz 1 BGB), aber nur dann, wenn sich deren Rechtsstellung verschlechtert (zB bei der Verkürzung der Laufzeit des Erbbaurechts).[380] Ansonsten, zB bei der Verlängerung des Erbbaurechts, ist nach dem Sinn und Zweck von § 876 S 1 BGB ihre Zustimmung entbehrlich. Gegenüber dem Grundbuchamt ist eine solche Zustimmung in notariell beglaubigter Form vorzulegen (§ 29). Die Einräumung eines Vorrechts für den Erbbauberechtigte nach § 2 Nr 6 ErbbauRG oder eine Verpflichtung des Grundstückseigentümers, das Grundstück an den jeweiligen Erbbauberechtigte zu verkaufen (§ 2 Nr 7 ErbbauRG), beeinträchtigt die Rechtsstellung der dinglich Berechtigten am Erbbaurechts nicht. Die Begründung eines Heimfallanspruchs im Wege der Inhaltsänderung des Erbbaurechts nach § 2 Nr 4 ErbbauRG beeinträchtigt wegen § 33 ErbbauRG die Gläubiger von Grundpfandrechten und Reallasten am Erbbaurechts nicht, wohl aber die Berechtigten von Rechten in Abt II des Grundbuchs. Bei einer Minderung der Verpflichtungen des Erbbauberechtigte, das Bauwerk zu errichten, instand zu setzen, zu versichern oder wieder aufzubauen, nicht abzureißen usw, wird man von einem Betroffensein der dinglich Berechtigten am Erbbaurecht ausgehen müssen, da diese zwar insoweit keine unmittelbaren Ansprüche haben, die Qualität des Erbbaurechts aber dadurch vermindert wird. Entsprechendes gilt bei Einschränkungen in der Verwendung des Bauwerks nach § 2 Nr 1 ErbbauRG. Die Einführung von Veräußerung – und Belastungsbeschränkungen betrifft alle Berechtigten am Erbbaurecht, nicht nur Grundpfandrechtsgläubiger. Der Inhaltsänderung eines Erbbaurechts müssen auch die im Rang mit dem Erbbaurecht gleich- oder nachstehenden dinglich Berechtigten am Grundstück zustimmen, wenn der Inhalt des Erbbaurechts erweitert wird, zB bei der Verlängerung der Laufzeit des Erbbaurechts.[381]

X. Vertretung bei der Einigung

136   Vgl dazu ausführlich **Einl I.**

XI. Öffentlich-rechtliche Verfügungsbeschränkungen und Vorkausfrechte

137   Vgl dazu **ausführlich Einl J.**

XII. Rechtsfähigkeit der Beteiligten

138   Die an der Einigung nach § 873 BGB, § 20 GBO beteiligten Personen müssen fähig sein, Träger von Rechten und Pflichten zu sein; dies sind vor allem rechtsfähige Personen, können aber auch nicht rechtsfähige Personen sein (vgl ausführlich dazu Einl F Rdn 41–62). Das Grundbuchamt muss diese Fähigkeit von Amts wegen prüfen. Dies bedeutet aber nicht, dass es sich von jeder natürlichen Person eine Geburtsurkunde oder von jeder juristischen Personen des Privatrechts einen Handelsregisterauszug vorlegen lassen kann, sondern besagt nur, dass es bei konkreten Zweifeln berechtigt ist, sich die Fähigkeit, Träger von Rechten und Pflichten zu sein, nachweisen lassen kann; ansonsten genügt es, wenn dies bei dem sich einigenden Rechtssubjekt diese Fähigkeit möglich ist und dem Grundbuchamt keine entgegenstehenden Tatsachen bekannt sind.

139   Eine **Einigung iSv § 20 zugunsten eines Dritten** analog § 328 BGB (zB eine Einigung zwischen A und B in der Weise, dass C ohne seine Mitwirkung durch Eintragung im Grundbuch das dingliche Recht erwirbt) ist

---

377   *Schöner/Stöber* Rn 3348.
378   OLG Hamm Rpfleger 1993, 281; LG Flensburg MittBayNot 1999, 382; LG Frankenthal Rpfleger 1984, 407; *Schöner/Stöber* Rn 1524.
379   *Böttcher* Praktische Fragen des Erbbaurechts, Rn 509; **aA** *von Oefele-Winkler* Handbuch des Erbbaurechts, Rn 5. 95.
380   *Böttcher* Praktische Fragen des Erbbaurechts, Rn 518; *Ingenstau-Hustedt* ErbbauVO, § 11 Rn 54.
381   *Böttcher* Praktische Fragen des Erbbaurechts, Rn 519.

nach hM zu Recht nicht möglich.[382] Der Erwerb des Grundstückseigentums oder eines Erbbaurechts löst für den Erwerber gesetzliche Pflichten aus, ist also kein ausschließlich vorteilhaftes Geschäft. Die Einigung zugunsten eines Dritten hätte damit immer auch Elemente eines ja grundsätzlich unzulässigen Vertrages zu Lasten Dritter. Bei der Veräußerung eines Grundstücks von A an B oder einen von B benannten Dritten kann die Auflassung unter Beachtung des § 925 wirksam nur entweder von A an B und dann von B an C oder unmittelbar von A an C erfolgen.[383]

XIII. Prüfung der Einigung durch das Grundbuchamt

Umstritten ist die Frage, welches Prüfungsrecht das Grundbuchamt hinsichtlich der ihm vorgelegten materiellen Einigung hat. Dazu wird die Meinung vertreten, dass das Grundbuchamt nur die verfahrensrechtliche Verwendbarkeit der ihm vorgelegten Einigungserklärungen prüfen darf, nicht aber die materielle Wirksamkeit der Einigung.[384] Die Richtigkeit dieser Auffassung hat *Rühl* umfassend und überzeugend widerlegt[385] (vgl auch Einl H Rdn 91). Richtig ist zunächst, dass der Wortlaut des § 20 nicht ausdrücklich eine **wirksame Einigung** verlangt. Jedoch ergibt sich dieses Erfordernis eindeutig aus den Quellen zur Grundbuchordnung. Dies folgt bereits aus der Bemerkung zu § 21 des Entwurfs. Danach sollte in den Fällen des heutigen § 20 eine »Eintragung nur auf Grund der (gültig erfolgten) Einigung vorgenommen werden dürfen«.[386] Auch in der den Beratungsstand vom 14.12.1895 wiedergegebenen Fassung war noch die Formulierung gewählt, die Eintragung dürfe nur erfolgen, »wenn die Einigung des Berechtigten und des anderen Theiles nachgewiesen wird«.[387] Erstmals in dem vom Reichsjustizamt aufgestellten Entwurf einer Grundbuchordnung taucht die Formulierung auf, die erforderliche Einigung müsse »erklärt« sein.[388] Es findet sich jedoch kein Hinweis auf eine mit dieser Änderung des Wortlautes bezweckten inhaltlichen Änderung.[389] Insbesondere in der Denkschrift zur Grundbuchordnung heißt es wieder, die Eintragung dürfe nur auf Grund der nachgewiesenen Einigung erfolgen.[390] Allerdings soll auch nach der Denkschrift § 20 die Beobachtung der im Falle der Auflassung oder Bestellung, Übertragung und Änderung eines Erbbaurechts erforderliche Form sicherstellen. Hieraus kann jedoch nicht der Schluss gezogen werden, § 20 entspreche im Prinzip dem § 19 und sollte nur zusätzlich die Einhaltung der nach materiellem Recht erforderlichen Formvorschriften gewährleisten. Das Ergebnis der Beratungen ging vielmehr dahin, die Eintragung nur auf Grund einer nachgewiesenen wirksame Einigung zu gestatten.[391] Zur Wirksamkeit der Einigung gehört nun aber auch die Einhaltung der materiellen Formvorschriften; eine nicht der Form des § 925 Abs 1 BGB entsprechende Auflassung ist unwirksam. Die Einhaltung der materiellen Form wird also bereits dadurch sichergestellt, dass sie Wirksamkeitserfordernis der Einigung ist. Dementsprechend stellt die Denkschrift selbst darauf ab, dass die Sicherstellung der erforderlichen Form eben durch die nachgewiesenen Einigung erfolge.[392] Denn wenn eine wirksame Einigung vorliegt, sind auch die materiellen Formvorschriften erfüllt.[393] Die Notwendigkeit der Prüfung einer materiell wirksamen Einigung im Falle des § 20 durch das Grundbuchamt ergibt sich auch aus dem Zusammenspiel des materiellen Konsensprinzips und materiellen Legalitätsprinzips. Das materielle Konsensprinzip verlangt für die Übereignung von Grundstücken und Bestellung, Übertragung und Inhaltsänderung eines Erbbaurechts die Einigung des § 873 BGB, die gem § 20 dem Grundbuchamt vorzulegen ist (vgl Einl H Rdn 24, 28). Das materielle Legalitätsprinzip fordert das Grundbuchamt auf, eine Grundbucheintragung nur dann vorzunehmen wenn die Wirksamkeit der dinglichen Einigung feststeht (vgl Einl H Rdn 34). Beide Prinzipien stehen gleichberechtigt nebeneinander (vgl Einl H Rdn 37).

140

Würde sich aus dem Fehlen oder der Unwirksamkeit der dinglichen Einigung eine **vorübergehende oder dauernde Grundbuchunrichtigkeit** ergeben, so darf das Grundbuchamt keine Eintragung vornehmen (vgl Einl H Rdn 65, Einl H Rdn 67).

141

382 RGZ 66, 97, 99; 98, 279, 282; 124, 217, 221; BGH NJW 1993, 2617; NJW-RR 1986, 848, 849; MDR 1965, 564; BGHZ 41, 95, 96; BayObLG ZNotP 2002, 475; BayObLGZ 1958, 164, 168; OLG Düsseldorf MittRhNotK 1990, 52; *Staudinger-Pfeifer* § 925 Rn 52; BGB-RGRK-*Augustin* § 873 Rn 57; KEHE-*Munzig* § 20 Rn 58; **aA** *Wieling* Sachenrecht, § 1 III 2 d; ohne Auflassung: MüKo-*Wacke* § 873 Rn 28; *Baur-Stürner* Sachenrecht, § 5 II 2.
383 *Staudinger-Pfeifer* § 925 Rn 52.
384 KEHE-*Munzig* § 20 Rn 3; *Demharter* § 20 Rn 38; *Wufka* DNotZ 1985, 651, 662; *Wolfsteiner* DNotZ 1987, 67, 72 f.
385 *Rühl* Materiell – rechtliche Prüfungspflichten im Eintragungsverfahren nach der Grundbuchordnung, 1990, Kap I; ebenso *Krüger* ZNotP 2006, 202, 204; *Böttcher* Rpfleger 1990, 486, 493.
386 Bemerkungen zu § 21, bei *Jacobs/Schubert* S 531.
387 Vgl bei *Jacobs/Schubert* S 509.
388 Vgl bei *Jacobs/Schubert* S 579.
389 *Rühl* Materiell-rechtliche Prüfungspflichten im Eintragungsverfahren nach der Grundbuchordnung, 1990, S 43.
390 Vgl bei *Hahn/Mugdan* V S 159.
391 Bemerkungen zu § 21, 7. Sitzung der Kommission vom 14.12.1895, bei *Jacobs/Schubert* S 531.
392 Denkschrift bei *Hahn/Mugdan* V S 159.
393 *Rühl* Materiell-rechtliche Prüfungspflichten im Eintragungsverfahren nach der Grundbuchordnung, 1990, S 44.

142 Dass der dinglichen Einigung zugrunde liegende **schuldrechtliche Verpflichtungsgeschäft** darf das Grundbuchamt wegen dem Abstraktionsprinzip grundsätzlich nicht prüfen (vgl ausführlich dazu Einl H Rdn 95–100).

XIV. Einigung und Grundbucheintragung

143 Damit es in den Fällen des § 20 zu einer materiellen Rechtsänderung kommt, sind eine **wirksame dingliche Einigung und die damit übereinstimmende Grundbucheintragung** nötig (§ 873 Abs 1 BGB). Beide Tatbestände müssen zusammen vorliegen.

144 Die **Grundbucheintragung allein** (ohne wirksamer Einigung) verändert die materielle Rechtslage nicht, aber zumindest die formelle Grundbuchlage, an die sich wiederum die Vermutung des § 891 BGB anknüpft und die Grundlage für einen gutgläubigen Erwerb nach § 892 BGB sein kann (das Grundbuch ist ja unrichtig).

145 Die **dingliche Einigung allein** (ohne Grundbucheintragung) verändert die materielle Rechtslage hinsichtlich einem Grundstück oder Erbbaurecht ebenfalls nicht, auch wenn sie schon eine gewisse Rechtsposition darstellt.

146 **Für die materielle Rechtänderung ist eine bestimmte Reihenfolge von dinglicher Einigung und Grundbucheintragung nicht nötig**; insoweit spielt es keine Rolle, ob die Einigung der Eintragung vorausgeht oder ihr nachfolgt (vgl § 879 Abs 2 BGB).[394] Folgt die Grundbucheintragung der Einigung, so tritt die Rechtsänderung mit der Grundbucheintragung ein. Wird die Einigung nach der Grundbucheintragung wirksam erklärt, kommt es zur Rechtsänderung erst mit der Einigung ohne neue Grundbucheintragung und das zunächst unrichtige Grundbuch wird richtig.[395] Weil die Einigung der Beteiligten nicht Teil der Grundbucheintragung, sondern neben dieser ein weiteres Element des Verfügungstatbestandes ist, nimmt die in der ersten Abteilung Spalte 4 einzutragende Grundlage der Eintragung, also bei der rechtsgeschäftlichen Übertragung von Eigentum der Tag der Auflassung, nicht am öffentlichen Glauben des Grundbuchs teil. Es handelt sich lediglich um einen informativen Hinweis, dessen Aufnahme ins Grundbuch auf der Ordnungsvorschrift von § 9 Buchst d GBV beruht.[396] Aus dem Inhalt der Eintragung über den Erwerbsgrund lassen sich deshalb keine Schlüsse auf die inhaltliche Zulässigkeit oder Unzulässigkeit der Eintragung des Eigentümers in Spalte 2 ziehen. Der eingetragene Berechtigte gilt nach § 891 BGB als gegenwärtiger Rechtsinhaber, ohne dass es auf den Zeitpunkt des Rechtserwerb ankommt. Ein **Klarstellungsvermerk** in Spalte 4 der ersten Abteilung kann dann eingetragen werden, wenn der Eigentumswechsel auf einer anderen als der im Grundbuch bereits vermerkten Auflassung beruht;[397] die Unwirksamkeit oder das Fehlen der ersten Auflassung muss in diesem Fall aber feststehen. Der Klarstellungsvermerk beinhaltet dann aber als Erwerbsgrund nur die zweite Auflassung. Dagegen kommt ein Klarstellungsvermerk im Grundbuch nicht in Betracht, wenn er lediglich dazu dient, wegen Zweifeln an einer rechtswirksamen Auflassung alternativ den Erwerb des Eigentums auf der Grundlage einer vorsorglich wiederholten zweiten Auflassung zusätzlich im Grundbuch zu verlautbaren.[398]

147 **Im formellen Grundbuchverfahren des § 20 muss dem Grundbuchamt die wirksame dingliche Einigung vor der Grundbucheintragung nachgewiesen werden**, dh formell sollte die Einigung immer vor der Grundbucheintragung liegen obwohl das materiell nicht nötig ist.[399] Dadurch soll eine auch nur vorübergehende Grundbuchunrichtigkeit vermieden werden. Trotz der Verletzung dieser formellen Reihenfolge kann die materiell Rechtsänderung noch eintreten, wenn die dingliche Einigung nachfolgt.

148 **Dingliche Einigung und Grundbucheintragung müssen inhaltlich übereinstimmen.** Bei der Divergenz vgl § 22 Rdn 9–15.

XV. Verfügungen über die Erwerberposition

1. Erwerbsanspruch und Anwartschaftsrecht

149 Nach der Begründung der schuldrechtlichen Verpflichtung zur Übertragung der Immobilie sind für die **Entwicklung der Rechtsposition des Erwerbers** vorliegende Stufen zu unterscheiden:[400]
- Auflassung
- Auflassung und Bewilligung
- Auflassung, Bewilligung und Antrag des Veräußerers
- Auflassung, Bewilligung und Antrag des Erwerbers

---

394 BGH NJW 1973, 613; 1952, 622; *Staudinger-Pfeifer* § 925 Rn 108; *Palandt-Bassenge* § 873 Rn 2; *Kössinger* in *Bauer/von Oefele* § 20 Rn 230; *KEHE-Munzig* § 20 Rn 3.
395 BGH NJW 2000, 805, 807; BayObLG Rpfleger 2002, 303; *Staudinger-Pfeifer* § 925 Rn 108.
396 BGHZ 7, 64, 68; *Böhringer* NotBZ 2004, 13.
397 BayObLG MittBayNot 1979, 74, 75.
398 BayObLG Rpfleger 2002, 303.
399 *Kössinger* in *Bauer/von Oefele* § 20 Rn 165, 230; *KEHE-Munzig* § 20 Rn 3; *Staudinger-Pfeifer* § 925 Rn 108.
400 Vgl *Staudinger-Pfeifer* § 925 Rn 120; *Kössinger* in *Bauer/von Oefele* § 20 Rn 77.

– Auflassung, Bewilligung und Vormerkung
– Auflassung, Bewilligung, Antrag des Erwerbers und Vormerkung.

Das Vorliegen aller dieser Tatbestände lässt den **schuldrechtlichen Anspruch auf Übertragung der Immo- 150 bilie** unberührt, dh er kann auch danach noch abgetreten, verpfändet und gepfändet werden.

Trotzdem hat die hM das Rechtsinstitut des **Anwartschaftsrechtes** entwickelt, dass zumindest ab der Stufe 4 **151** (= Auflassung, Bewilligung und Antrag des Erwerbers) vorliegen soll.[401] Zweck dieser Konstruktion ist es, eine Grundlage dafür zu schaffen, dass der Auflassungsempfänger über die Rechtsposition bereits vor der Eigentumsumschreibung verfügen kann, insbesondere seine Gläubiger in diese Rechtsposition hineinpfänden können. Zur Wirksamkeit der Pfändung des Anwartschaftsrechtes bedarf es nur der Zustellung an den Auflassungsempfänger (= Grundstückskäufer) nach § 857 Abs 2 ZPO, während bei der Pfändung des Übereignungsanspruches die Zustellung an den Grundstücksverkäufer als Drittschuldner gem § 829 ZPO nötig ist. Auch wenn gegen diese Konstruktion des Anwartschaftsrechtes vielfach berechtigte Kritik vorgetragen wurde,[402] wird sich die Praxis auf die hM einstellen müssen. Ein Anwartschaftsrecht soll dann vorliegen, wenn von einem mehraktigen Entstehungstatbestand eines Rechts schon so viele Erfordernisse erfüllt sind, dass von einer gesicherten Rechtsposition des Erwerbers gesprochen werden kann, die der andere an der Entstehung des Rechtsbeteiligten nicht mehr einseitig zu zerstören vermag.

Die **Auflassung allein (ohne Antrag nach § 13 und ohne Bewilligung nach § 19)** verstärkt die Erwerbs- **152** aussicht des Auflassungsempfängers, begründet jedoch noch **keine gesicherte Rechtsposition im Sinne eines Anwartschaftsrechtes**.[403] Nach der notariellen Beurkundung der Auflassung sind die Beteiligten daran gebunden, dh sie kann nicht mehr einseitig widerrufen werden (§ 873 Abs 2, 1. Alt BGB). Mit Vorlage der notariell beurkundeten Auflassung beim Grundbuchamt kann der Erwerber seine Grundbucheintragung trotzdem nicht erfolgreich beantragen, weil die formelle Eintragungsbewilligung des Veräußerers nach § 19 fehlt.[404] Die Auflassung beschränkt den Veräußerer auch weder in seiner Verfügungsmacht[405] noch schützt sie den Erwerber vor einem Verlust der Verfügungsbefugnis auf Seiten des Veräußerers,[406] dh § 878 BGB findet mangels Antragstellung noch keine Anwendung in diesem Verfahrensstadium. Der Veräußerer kann die Erfüllung des schuldrechtlichen Übereignungsanspruchs noch dadurch vereiteln bzw beeinträchtigen, dass er das Grundstück anderweitig auflässt oder mit dinglichen Rechten belastet und den Eintragungsantrag dafür stellt.[407] Die Auflassung bewirkt auch keine Sperre gegenüber Eintragungen, die mit ihr in Widerspruch stehen.[408] Auch Zwangsvollstreckungsmaßnahmen Dritter können den Rechtserwerb des Auflassungsempfängers gefährden.[409] Die sich aus der alleinigen Auflassung ergebende vermögensrechtliche Position kann vom Auflassungsempfänger weder übertragen bzw verpfändet werden, noch ist die als solche pfändbar.[410]

Aus den gleichen Gründen liegt noch **kein Anwartschaftsrecht** des Erwerbers vor, wenn die **notariell beur- 153 kundete Auflassung und die formgerechte formelle Bewilligung des Veräußerers nach §§ 19, 29** vorhanden sind.[411] Zwar kann der Erwerber mittels seiner Antragstellung beim Grundbuchamt unter Vorlage der Auflassung und der Bewilligung seine Grundbucheintragung bewirken, jedoch besteht auch hier nicht der Schutz des § 878 BGB für ihn und der Veräußerer kann seinen Rechtserwerb durch eine vorherige anderweitige Auflassung oder Belastung verhindern oder beeinträchtigen.

401 BGHZ 45, 186 = JZ 1966, 796 m Anm *Kuchinke;* BGHZ 49, 197; BGHZ 83, 395 = DNotZ 1982, 619 m Anm *Ludwig;* BGH Rpfleger 1975, 432 = DNotZ 1976, 96; BGHZ 89, 41 = Rpfleger 1982, 271; BGHZ 106, 108 = Rpfleger 1989, 192; BGHZ 114, 161, 166; BGH NJW-RR 1992, 1178, 1180; OLG Hamm NJW 1975, 879; OLG Düsseldorf Rpfleger 1981, 199; *Staudinger-Pfeifer* § 925 Rn 120 ff; BGB-RGRK-*Augustin* § 925 Rn 84; MüKo-*Kanzleiter* § 925 BGB Rn 34; *Palandt-Bassenge* § 925 Rn Firma 20; *Jauernig* § 925 Rn 18; *Baur-Stürner* Sachenrecht, § 3 Rn 46; *Westermann/H P Westermann* Sachenrecht, § 5 III 4; *Hager* JuS 1991, 1; *Haus* JA 1998, 846.
402 OLG Celle NJW 1958, 870; MüKo-*Wacke* § 873 Rn 43; *Kössinger* in *Bauer/von Oefele* § 20 Rn 78; *Westermann-Eickmann* Sachenrecht, § 75 I 6; *Wilhelm* Sachenrecht, Rn 509, 1225 ff; *E Wolf* Sachenrecht, § 7 C; *Medicus* DNotZ 1990, 275; *Habersack* JuS 2000, 1145; *Eichenhofer* AcP 185 (1985) 162; *Kupisch* JZ 1976, 417; *Dieckmann* FS Schiedermair, 1976, S 93; *Löwisch/Friedrich* JZ 1972, 302; *Kuchinke* JZ 1964, 145 und 1966, 797; *Hieber* DNotZ 1959, 350.
403 BGHZ 106, 108, 111; *Staudinger-Pfeifer* § 925 Rn 133; aA BayObLGZ 1972, 242; *Hoche* NJW 1955, 652; *Reinicke-Tiedtke* NJW 1982, 2281.
404 *Staudinger-Pfeifer* § 925 Rn 134.
405 RGZ 55, 340, 341; 113, 403, 407; BGHZ 45, 186, 190; 49, 197, 200; BayObLG Rpfleger 1983, 249.
406 *Medicus* DNotZ 1990, 275, 279.
407 OLG Celle NJW 1958, 870; *Hieber* DNotZ 1959, 350.
408 RGZ 55, 340, 341; 81, 64, 67.
409 *Erman-Hagen-Lorenz* § 925 Rn 51.
410 BGHZ 106, 108 = NJW 1989, 1093; OLG Jena Rpfleger 1996, 100; *Erman-Hagen-Lorenz* § 925 Rn 53; *Palandt-Bassenge* § 925 Rn 24; *Medicus* DNotZ 1990, 275, 276; aA MüKo-*Kanzleiter* § 925 BGB Rn 32.
411 *Staudinger-Pfeifer* § 925 Rn 134.

154 Stellt der Veräußerer den Eintragungsantrag unter Vorlage der notariell beurkundeten Auflassung und der formellen Bewilligung, so liegt auch in diesem Fall noch **kein Anwartschaftsrecht** vor.[412] Nach richtiger, wenn auch nicht unbestrittener Meinung, ist der Auflassungsempfänger zwar vor Verfügungsbeeinträchtigungen gegen den Veräußerer (zB Insolvenz) nach § 878 BGB geschützt (vgl Anhang §§ 19, 20 Rdn 80). Jedoch kann der Veräußerer den von ihm gestellten Antrag jederzeit nach § 31 zurücknehmen und somit den Rechtserwerb des Auflassungsempfängers verhindern.

155 Stellt der Erwerber den Eintragungsantrag unter Vorlage der notariell beurkundeten Auflassung und der formellen Bewilligung, so liegt nach hM ein Anwartschaftsrecht vor, weil der Veräußerer diesem von ihm nicht gestellten Antrag auch nicht zurücknehmen kann.[413] Dem ist zu widersprechen.[414] Eine Vereitelung des Erwerbs des Käufers ist auf Grund einer anderweitigen Verfügung des Veräußerers dann möglich, wenn das Grundbuchamt diese nach der Antragstellung durch den Veräußerer unter Verletzung des § 17 vorab vollzieht. Außerdem würde das Anwartschaftsrecht erlöschen, wenn das Grundbuchamt den Eintragungsantrag des Erwerbers zurückweist. Eine von der Verfahrensweise des Grundbuchamts abhängige Rechtsposition kann deshalb nicht als gesichertes Anwartschaftsrecht bezeichnet werden.

156 Liegt nur eine notariell beurkundete Auflassung vor und ist für den Käufer eine Eigentumsvormerkung eingetragen, dh es fehlen noch der Eintragungsantrag in (§ 13) und die Eintragungsbewilligung (§ 19), dann soll ein Anwartschaftsrecht nach hM gegeben sein.[415] Dies wird zu Recht abgelehnt.[416] Richtig ist zunächst, dass alle vormerkungswidrigen Verfügungen des Veräußerers dem Käufer gegenüber (= Vormerkungsberechtigten) relativ unwirksam sind (§ 883 Abs 2 BGB). Dagegen fehlt der Rechtsposition des Auflassungsempfängers mangels Antragstellung in diesem Verfahrensstadium der Schutz des § 878 BGB. Außerdem erfolgt eine unnötige Vermengung von Schuld – und Sachenrecht. Das Anwartschaftsrecht, als »wesensgleiches Minus zum Eigentum«, dh eine sachenrechtliche Berechtigung, würde vom schuldrechtlichen Anspruch (Akzessorietät der Vormerkung) abhängen. Da die Wirkungen der Vormerkung auch dann eintreten, wenn die Auflassung noch gar nicht erklärt ist, wäre es nur konsequent, für das Vorliegen eines Anwartschaftsrechtes auf die Auflassung gänzlich zu verzichten und nur eine Eigentumsvormerkung genügen zulassen; dies wäre aber mit der Systematik des BGB unvereinbar. Für den Schutz des Auflassungsempfängers genügt die Verdinglichung seines Erwerbsanspruchs mittels der Vormerkung, so dass die Sicherheitenverdoppelung mittels eines Anwartschaftsrechtes nutzlos und überflüssig ist.

157 Soweit ein Anwartschaftsrecht dann angenommen wird, wenn **sowohl eine Eigentumsvormerkung für den Käufer eingetragen ist als auch bereits die Auflassung, Bewilligung des Veräußerers und Antrag des Erwerbers vorliegen**,[417] muss auch dies abgelehnt werden.[418] Dadurch würden nur aus den zwei Anwartschaftsrechten der hM ein einziges »abstrakt-akzessorisches Anwartschaftsrecht«. Da das Anwartschaftsrecht sowohl auf Grund eines Erwerberantrages (vgl Rdn 155) als auch auf Grund einer Eigentumsvormerkung (vgl Rdn 156) abzulehnen ist, gilt für die Kombination nichts anderes. Dies würde nur zu einem einzigen anspruchsabhängigen Recht führen, dass abzulehnen ist.

2. Übertragung

158 Hat der Grundstückseigentümer sein Grundstück verkauft, kann der Käufer seinen daraus resultierenden **schuldrechtlichen Übereignungsanspruch** an einen Dritten formlos und ohne Zustimmung des oder Anzeige an den Grundstückseigentümers abtreten (§ 398 BGB).[419] Die Möglichkeit der Abtretung besteht auch

---

412 BGHZ 45, 186, 190; 83, 395, 398; *Staudinger-Pfeifer* § 925 Rn 136; *Palandt-Bassenge* § 925 Rn 25.

413 BGHZ 45, 186, 190; 83, 395, 399; 106, 108, 111; MüKo-*Kanzleiter* § 925 BGB Rn 34; *Palandt-Bassenge* § 925 Rn 25; *Baur-Stürner* Sachenrecht, § 19 B I; *Schwab-Prütting* § 29 VI 1 b.

414 Ebenso OLG Celle NJW 1998, 870; *Westermann-Eickmann* Sachenrecht, § 75 I 6; *Wilhelm* Sachenrecht, Rn 509, 1225 ff; MüKo-*Wacke* § 873 Rn 43; *Medicus* Bürgerliches Recht, RdN 469; *Habersack* JuS 2000, 1145, 1146; *Kuchinke* JZ 1966, 797; *Hieber* DNotZ 1959, 350; *Löwisch-Friedrich* JZ 1972, 302; *Dieckmann* FS Schiedermair, 1976, S 93 ff.

415 BGHZ 83, 395, 399 = DNotZ 1982, 619; BGHZ 106, 108 = Rpfleger 1989, 192; BGH NJW-RR 1992, 1178, 1180; OLG Hamm NJW 1975, 879; OLG Düsseldorf Rpfleger 1981, 109; LG Düsseldorf Rpfleger 1985, 305; *Palandt-Bassenge* § 925 Rn 25; BGB-RGRK-*Augustin* § 925 Rn 84a; MüKo-*Kanzleiter* § 925 BGB Rn 34; *Baur-Stürner* Sachenrecht, § 19 B I 2 bb; M *Wolf* Sachenrecht, Rn 344; *Brettermann* MittRhNotK 1969, 687.

416 *Staudinger-Pfeifer* § 925 Rn 140; MüKo-*Wacke* § 873 Rn 43; AK-BGB/L *von Schweinitz* § 925 Rn 65 ff; *Jauernig-Jauernig* § 873 Rn 20; *Westermann-Eickmann* Sachenrecht, § 75 I 6; *Wilhelm* Sachenrecht, Rn 1231; *Medicus* Bürgerliches Recht, Rn 469a; *Habersack* JuS 2000, 1145, 1147; *Reinicke-Tiedtke* NJW 1982, 2285; *Eickmann* Rpfleger 1981, 200 f; *Münzberg* FS Schiedermair, S 455 f; *ders* Rpfleger 1985, 306; *Dieckmann* FS Schiedermair, S 93 ff; *Vollkommer* Rpfleger 1969, 409, 414; 1972, 18; *Böttcher* Rpfleger 1988, 252, 254; *Hintzen* Rpfleger 1989, 439, 441.

417 So *Medicus* DNotZ 1990, 275, 283.

418 Ebenso *Staudinger-Pfeifer* § 925 Rn 141.

419 BGHZ 89, 41, 45 = DNotZ 1984, 319, 321; BayObLGZ 1976, 190 = DNotZ 1977, 107; KEHE-*Munzig* § 20 Rn 110; *Kössinger* in *Bauer/von Oefele* § 20 Rn 73; *Staudinger-Pfeifer* § 925 Rn 127b; *Habersack* JuS 2000, 1145, 1148.

noch nach erfolgter Auflassung des Grundstücks an den Erwerber,[420] da die Erfüllung des Anspruchs (= Eigentumserwerb) noch nicht eingetreten ist. Die Verpflichtung zur Abtretung des Übereignungsanspruch bedarf nicht der Form des § 311b Abs 1 BGB, und zwar unabhängig davon, ob bereits eine Eigentumsvormerkung eingetragen ist oder nicht.[421] Ist noch keine Vormerkung im Grundbuch eingetragen, kann auch die Abtretung nicht eingetragen werden.[422] War der Übereignungsanspruch des Käufers bereits durch eine Eigentumsvormerkung gesichert, so ist mit der Abtretung des schuldrechtlichen Übereignungsanspruchs auch die akzessorische Vormerkung auf den Zessionar übergegangen kraft Gesetzes nach § 401 BGB, und zwar außerhalb dem Grundbuch, so dass dieses damit unrichtig wurde.[423] Der Übergang der Vormerkung kann berichtigend im Grundbuch vermerkt werden, und zwar auf Grund Berichtigungsbewilligung des Vormerkungsberechtigten in notariell beglaubigter Form (§§ 19, 29) oder unter Nachweis der Abtretung als Unrichtigkeitsnachweis gem § 22 in der Form des § 29.[424] Für die Grundbucheintragung des Zessionars ohne Zwischeneintragung des Zedenten (= Käufers) bedarf es des Eintragungsantrags nach § 13 vom Grundstückseigentümer als Betroffenen oder Zessionar als Begünstigten, zweier Auflassungen (§ 20) vom Grundstückseigentümer an den Käufer und von diesem an den Zessionar (= Kettenauflassung, vgl Rdn 129) oder der Auflassung vom Grundstückseigentümer an den Zessionar oder der Auflassung vom Zedenten (= Käufer) an den Zessionar mit Zustimmung des Grundstückseigentümers, der Bewilligung (§ 19) des Grundstückseigentümers auf Eintragung des Käufers und dessen Bewilligung auf Eintragung des Zessionars oder der Bewilligung des Grundstückseigentümers zugunsten des Zessionars oder der Bewilligung des Zedenten (= Käufers) zugunsten des Zessionars mit Zustimmung des Grundstückseigentümers.[425] Damit der Erstkäufer als Eigentümer im Grundbuch eingetragen wird, muss dieser oder der Grundstückseigentümer den Antrag (§ 13) dafür stellen und die Auflassung (§ 20) vom Grundstückseigentümer an den Erstkäufer und die Bewilligung (§ 19) des Grundstückseigentümers vorlegen. Das Grundbuchamt muss diesen Antrag sogar dann vollziehen, wenn ihm die Abtretung des schuldrechtlichen Übereignungsanspruchs vom Käufer an den Zessionar bekannt ist, sogar dann, wenn die Eigentumsvormerkung auf den Zessionar umgeschrieben ist.[426]

Die Übertragung des **Anwartschaftsrechts** bedarf der Form des § 925 BGB, also der Einigung über diese Übertragung zwischen dem Käufer und dem Zessionar bei gleichzeitiger Anwesenheit vor dem Notar, die weder bedingt noch befristet sein darf.[427] Eine Zustimmung des Grundstückseigentümers ist nicht erforderlich und auch keine Anzeige an ihn,[428] ebenso keine Grundbucheintragung bei einer für den Käufer bereits eingetragenen Eigentumsvormerkung.[429] Aber nicht nur die Eintragungsbedürftigkeit ist abzulehnen, sondern sogar die Eintragungsfähigkeit der Übertragung des Anwartschaftsrechtes.[430] Letzteres hat nämlich unterschiedliche Entstehungsvoraussetzungen zur Vormerkung und teilt nicht deren rechtliches Schicksal (Vormerkung erlischt mit dem Erlöschen des Übereignungsanspruchs, nicht aber das Anwartschaftsrecht). Nach der Übertragung des Anwartschaftsrechtes kann der Übertragende – anders als bei der Abtretung des schuldrechtlichen Übereignungsanspruches – nicht mehr als Grundstückseigentümer im Grundbuch eingetragen werden, wenn das Grundbuchamt davon Kenntnis hat; denn der Erwerber des Anwartschaftsrechtes ist in die volle dingliche Rechtsstellung des Übertragenden eingetreten.[431] Weiß das Grundbuchamt nichts von der Übertragung des Anwartschaftsrechtes und trägt es deshalb den Käufer (= Übertragenden des Anwartschaftsrechtes) als Eigentümer ein, so wird das Grundbuch unrichtig, weil keine wirksame Auflassung zwischen dem Grundstückseigentümer und dem Käufer mehr vorliegt.[432] Mit der Grundbucheintragung des Erwerbers des Anwartschaftsrechtes als neuen Eigentümer erstarkt das Anwartschaftsrecht zum Vollrecht, und zwar unmittelbar in der Person des Erwerbers, mithin ohne Durchgangserwerb des Übertragenden des Anwartschaftsrechtes.[433] Nötig sind dafür der Eintragungsantrag vom Grundstückseigentümer als Betroffenen oder Erwerber des Anwartschaftsrechtes als

159

---

420 *Habersack* JuS 2000, 1145, 1148.

421 BGH Rpfleger 1984, 143; KEHE-*Munzig* § 20 Rn 110; *Kössinger* in *Bauer/von Oefele* § 20 Rn 73.

422 *Kössinger* aaO.

423 BayObLGZ 1971, 307, 310 = Rpfleger 1972, 16; *Staudinger-Pfeifer* § 925 Rn 127b; *Kössinger* in *Bauer/von Oefele* § 20 Rn 74; *Habersack* JuS 2000, 1145, 1148.

424 KEHE-*Munzig* § 20 Rn 111; *Kössinger* in *Bauer/von Oefele* § 20 Rn 74; *Staudinger-Pfeifer* § 925 Rn 127b.

425 KEHE-*Munzig* § 20 Rn 113.

426 *Staudinger-Pfeifer* § 925 Rn 127c; KEHE-*Munzig* § 20 Rn 112.

427 BGHZ 49, 197, 202; 83, 395, 399; BGH NJW-RR 1993, 1178, 1180; BayObLG NJW-RR 1988, 330; MüKo-*Kanzleiter* § 925 BGB Rn 36; *Staudinger-Pfeifer* § 925 Rn 129; KEHE-*Munzig* § 20 Rn 126; *Habersack* JuS 2000, 1145, 1148.

428 BGHZ 49, 197, 205; 83, 395; *Staudinger-Pfeifer* § 925 Rn 129; *Palandt-Bassenge* § 925 Rn 26; *Hager* JuS 1991, 4.

429 BGHZ 49, 197, 202; *Palandt-Bassenge* § 925 Rn 26; *Staudinger-Pfeifer* § 925 Rn 129; KEHE-*Munzig* § 20 Rn 126; *Habersack* JuS 2000, 1145, 1148.

430 *Kössinger* in *Bauer/von Oefele* § 20 Rn 222; *Staudinger-Pfeifer* § 925 Rn 129; *Hager* JuS 1991, 4; **aA** *Hoche* NJW 1955, 932.

431 *Kössinger* in *Bauer/von Oefele* § 20 Rn 219; KEHE-*Munzig* § 20 Rn 127; *Staudinger-Pfeifer* § 925 Rn 129; *Reinicke-Tiedtke* NJW 1982, 2281, 2284.

432 KEHE-*Munzig* § 20 Rn 127; *Staudinger-Pfeifer* § 925 Rn 129.

433 BGHZ 49, 197, 205; MüKo-*Kanzleiter* § 925 BGB Rn 36; *Habersack* JuS 2000, 1145, 1148.

Begünstigten (§ 13) und die Auflassung vom Grundstückseigentümer an den Käufer und dessen Übertragung seines Anwartschaftsrechtes an den Zessionar (§ 20) und die Bewilligung des Grundstückseigentümers (§ 19).[434]

160 Aus dem Vergleich zwischen der Abtretung des schuldrechtlichen Übereignungsanspruchs und der Übertragung des Anwartschaftsrechtes ergibt sich **keine Notwendigkeit der Figur des Anwartschaftsrechtes**.[435] Der Zessionar des schuldrechtlichen Übereignungsanspruchs kann auch Grundstückseigentümer werden ohne Zwischeneintragung des Zedenten mittels der sog Konstruktion der Kettenauflassung (vgl Rdn 129).

3. Verpfändung

161 **a) Schuldrechtlicher Übereignungsanspruch**[436]. Im Zusammenhang mit einer Grundstücksveräußerung kommt die Verpfändung des schuldrechtlichen Übereignungsanspruches des Käufers vor allem dann in Betracht, wenn der Grundstückserwerber eine Kreditsicherheit benötigt und die Eintragung einer Finanzierungsgrundschuld vor Eigentumsumschreibung nicht möglich ist (zB mangels Mitwirkung des Veräußerers oder noch fehlender Belastbarkeit einer nicht vermessenen Grundstückteilfläche).[437] **Materiellrechtlich** bedarf die Verpfändung des Eigentumsverschaffungsanspruchs des Käufers gegen den Grundstückseigentümers nur einen formlosen Vertrag zwischen dem Käufer und dem Pfändungsgläubiger und einer formlosen Anzeige durch den Käufer an den Grundstückseigentümer(§§ 1274 Abs 1, 398, § 1280 BGB), aber keiner Grundbucheintragung und keiner Zustimmung des Grundstückseigentümers.[438]

162 Ist für den Käufer (= Verpfänder) noch keine Eigentumsvormerkung eingetragen, kann auch die Verpfändung des schuldrechtlichen Übereignungsanspruches nicht **im Grundbuch vermerkt** werden.[439] Im Wege der Grundbuchberichtigung kann ein Verpfändungsvermerk allerdings bei einer bereits im Grundbuch stehenden Eigentumsvormerkung eingetragen werden, wozu der Verpfänder oder der Pfändungsgläubiger den Antrag stellen müssen (§ 13) und außerdem entweder die Berichtigungsbewilligung die Verpfänders (§ 19) in der Form des § 29 (ohne Nachweis der Anzeige nach § 1280 BGB[440]) oder der Unrichtigkeitsnachweis (= Vertrag über die Verpfändung und Anzeige an der Grundstückseigentümer) in grundbuchmäßiger Form (§§ 22, 29) vorgelegt werden müssen.[441]

163 Auch nach der Verpfändung des Übereignungsanspruches bleibt der Käufer dessen Inhaber. Die Verpfändung bewirkt allerdings, dass zur Erfüllung des Anspruchs durch die Auflassung des Grundstücks die Mitwirkung des Pfandgläubigers nötig ist, es sei denn, die Anwendung der §§ 1281 ff BGB sind ausgeschlossen worden. Vor Fälligkeit der gesicherten Forderung, dh **vor Pfandreife** (vgl § 1228 Abs 2 BGB) kann der **Grundstücksverkäufer mit Erfüllungswirkung nur noch an den Grundstückskäufer (= Pfändungsschuldner) und den Pfändungsgläubiger gemeinschaftlich leisten** (§ 1281 Satz 1 BGB). Jeder von beiden kann verlangen, dass an sie gemeinschaftlich geleistet wird (§ 1281 Satz 2 BGB). Die Auflassung ist zwar darauf gerichtet, dass das Eigentum auf den Käufer übergehen soll, aber gemeinsame Auflassungsempfänger sind der Käufer und der Pfändungsgläubiger. Letzterer braucht dabei zu ihr nicht, es genügt vielmehr, dass er seine Einwilligung oder Genehmigung zu ihr erklärt.[442] Der Zustimmung des Pfändungsgläubigers bedarf es nicht, wenn im Zeitpunkt der Verpfändung die Auflassung bereits erklärt war.[443] Ist der Käufer nicht bereit, bei der Auflassung mitzuwirken, wozu der nach § 1285 BGB verpflichtet ist, so bestellt auf Antrag des Pfändungsgläubigers das Gericht der freiwilligen Gerichtsbarkeit gem. § 165 FGG einen Verwahrer; dieser handelt dann bei der Auflassung an Stelle des Käufers.[444] Nach Fälligkeit der gesicherten Forderung, dh **nach Pfandreife**, ist der Pfändungsgläubiger allein zur Einziehung des Übereignungsanspruches berechtigt und der **Verkäufer kann nur noch an den Pfändungsgläubiger leisten** (§ 1282 Abs 1 Satz 1 BGB). Der Pfändungsgläubiger kann also allein die Auflassung an den Käufer verlangen. Als gesetzlicher Vertreter des Käufers ist er allein Empfänger der Auflassung.[445] Der Pfändungsgläubiger muss sich mit dem Veräußerer darüber einig, dass das Eigentum an dem

---

434 KEHE-*Munzig* § 20 Rn 128.
435 Ebenso *Habersack* JuS 2000, 1145, 1148 f; *Kössinger* in *Bauer/von Oefele* § 20 Rn 222.
436 Vgl dazu DNotI-Report 2002, 177.
437 *Kössinger* in *Bauer/von Oefele* § 20 Rn 238.
438 BayObLGZ 1967, 295, 297 = Rpfleger 1968, 18; BayObLGZ 1976, 190 = DNotZ 1977, 107 = Rpfleger 1976, 359; *Ertl* DNotZ 1977, 81; KEHE-*Munzig* § 20 Rn 116; *Kössinger* in *Bauer/von Oefele* § 20 Rn 236, 237; *Staudinger-Pfeifer* § 925 Rn 127b.
439 BayObLGZ 1967, 295, 297; *Kössinger* in *Bauer/von Oefele* § 20 Rn 240; KEHE-*Munzig* § 20 Rn 117; *Staudinger-Pfeifer* § 925 Rn 127b.
440 BayObLGZ 1967, 295, 297 = NJW 1968, 705 = Rpfleger 1968, 18; BayObLGZ 1976, 190, 191 = Rpfleger 1976, 359.
441 KEHE-*Munzig* § 20 Rn 117; *Kössinger* in *Bauer/von Oefele* § 20 Rn 240.
442 *Erman-Küchenhoff-Michalski* § 1281 Rn 2.
443 BayObLG Rpfleger 1976, 421.
444 *Erman-Küchenhoff-Michalski* § 1281 Rn 2.
445 *Erman-Küchenhoff-Michalski* § 1282 Rn 2.

Grundstück auf dem Käufer übergehen soll. Möglich ist es aber auch, dass der Käufer mit Einwilligung oder Genehmigung des Pfändungsgläubigers die Auflassung entgegennimmt.

Leistet der Verkäufer gem §§ 1281, 1282 BGB, so erwirbt der **Käufer mit seiner Grundbucheintragung das** **164** **Eigentum am Grundstück.** Im gleichen Zeitpunkt verwandelt sich das Pfandrecht an dem durch Erfüllung erloschenen Übereignungsanspruch kraft Gesetzes im Wege der dinglichen Surrogation in eine **Sicherungshy-** **pothek am Grundstück**, und zwar ohne dass es dafür einer Grundbucheintragung bedarf (§ 1287 Satz 2 BGB). Letztere ist dann nur noch eine Grundbuchberichtigung. Sie erfolgt auf Grund eines Antrags des Käufers (= neuen Eigentümers) oder Pfändungsgläubigers (= Inhabers der Sicherungshypothek). War die Verpfändung bei der Eigentumsvormerkung bereits vermerkt, bedarf es keiner weiteren Erklärungen oder Nachweise, da sich die Grundbuchunrichtigkeit aus dem Grundbuch selbst ergibt.[446] Ist die Tatsache der Verpfändung nicht aus dem Grundbuch ersichtlich, so bedarf es für die Eintragung der Sicherungshypothek entweder der Berichtigungsbewilligung des neuen Eigentümers (= Käufers) nach § 19 in der Form des § 29 oder eines Unrichtigkeitsnachweises gem §§ 22, 29 (= Nachweises des Vertrages über die Verpfändung zwischen dem Käufer und dem Pfändungsgläubiger und der Anzeige an den Grundstückseigentümer).[447] Zum Rang der Sicherungshypothek vgl § 45 Rdn 38.

Leistet der Grundstücksverkäufer unter Verstoß gegen die §§ 1281, 1282 BGB, dann entsteht für den Pfän- **165** dungsgläubiger keine Sicherungshypothek nach § 1287 S 2 BGB, aber ihm gegenüber gilt der Übereignungsanspruch als fortbestehend.[448] Höchst umstritten ist die Frage, ob der Käufer trotzdem Eigentümer des Grundstücks geworden ist. Diese wird bejaht, weil das »kann nur« in § 1281 BGB sich nur auf die schuldrechtliche Erfüllungswirkung und nicht auf die dingliche Seite beziehe.[449] Dagegen wird zu Recht, weil dem Sinngehalt und Schutzgedanken des § 1281 BGB besser entsprechend, die Meinung vertreten, das die **Übereignung relativ, dh** **dem Pfändungsgläubiger gegenüber, unwirksam** ist.[450] Der Pfändungsgläubiger kann vom Verkäufer die Nachholung der gemeinschaftlichen Leistung iSv §§ 1281, 1282 BGB verlangen, dh der Verkäufer muss die Leistung wiederholen, um sie wirksam werden zu lassen; danach kommt es zum Eingreifen des § 1287 BGB.[451]

Ist die Verpfändung bei einer Eigentumsvormerkung für den Käufer eingetragen, dh das Grundbuchamt hat **166** davon Kenntnis, dann können den Eintragungsantrag für die Eigentumsumschreibung der Veräußerer als Betroffener und der Käufer als Begünstigter stellen (§ 13); der Pfändungsgläubiger kann sich dem Antrag des Käufers anschließen, um so zu verhindern, dass dieser durch eine Antragsrücknahme die Eintragung verhindert.[452] Außerdem soll für die Eigentumsumschreibung die formelle Bewilligung des Pfändungsgläubigers nach § 19 jedenfalls dann erforderlich sein, wenn für ihn nicht gleichzeitig die Sicherungshypothek gem § 1287 BGB eingetragen wird; dies soll unabhängig davon gelten, ob die Verpfändung vor oder nach der Auflassung erfolgte, und auch dann, wenn die Mitwirkung des Pfändungsgläubigers nach § 1284 BGB abbedungen ist oder die Verpfändung an die auflösende Bedingung der Entstehung einer vertraglichen Grundschuld für den Pfändungsgläubiger geknüpft ist und Eigentumsübergang und Grundschuld gleichzeitig eingetragen werden.[453] Dem wird zu Recht widersprochen.[454] Wird der Käufer nämlich als neuer Eigentümer im Grundbuch eingetragen ohne Beteiligung des Pfändungsgläubigers nach §§ 1281, 1282 BGB, so bleiben der Übereignungsanspruch, die Eigentumsvormerkung und das Pfandrecht daran fortbestehen. Der Eigentumswechsel ist dem Pfändungsgläubiger gegenüber relativ unwirksam (§ 883 Abs 2 BGB). Die Wirkungen der Eigentumsvormerkung treten auch nach Ansicht des BayObLG zugunsten des Pfändungsgläubigers ein.[455] Relative Unwirksamkeit einer Grundbucheintragung ist aber kein Eintragungshindernis, das das Grundbuchamt beachten müsste. Deshalb hat das Grundbuchamt den **Eigentums-** **wechsel auf den Käufer** zu vollziehen auf Grund einer Auflassung zwischen dem Verkäufer und Käufer (§ 20), und zwar **ohne formelle Bewilligung des Pfändungsgläubigers** nach § 19.

Zur **Löschung der Eigentumsvormerkung samt Verpfändungsvermerk** vgl § 22 Rdn 63. **167**

b) Anwartschaftsrecht. Die Verpfändung des Anwartschaftsrechtes richtet sich gem § 1274 Abs 1 S 1 BGB nach **168** den für seine Übertragung geltenden Vorschriften, erfordert also eine **Einigung zwischen dem Käufer und den**

---

446 BayObLGZ 1967, 297; *KEHE-Munzig* § 20 Rn 120; *Schöner* DNotZ 1985, 598, 604; *Blomeyer* Rpfleger 1970, 232; *Vollkommer* Rpfleger 1969, 410.

447 *KEHE-Munzig* § 20 Rn 120.

448 BayObLG NJW 1968, 705; *Palandt-Bassenge* § 1281 Rn 5; *Blomeyer* Rpfleger 1970, 228.

449 *Staudinger-Pfeifer* § 925 Rn 127e; *Palandt-Bassenge* § 925 Rn 5; *MüKo-Damrau* § 1281 Rn 5; *Schöner/Stöber* Rn 1565, 1566; *Weidemann* NJW 1968, 1334; *Blomeyer* Rpfleger 1970, 228; *Stöber* DNotZ 1985, 587.

450 BayObLG NJW 1968, 705; *Soergel-Mühl* § 1281 Rn 2; *Vollkommer* Rpfleger 1969, 409; *Ludwig* DNotZ 1992, 339.

451 *Erman-Küchenhoff-Michalski* § 1281 Rn 3.

452 *Schöner/Stöber* Rn 1590; *Kössinger* in *Bauer/von Oefele* § 20 Rn 224.

453 BayObLG DNotI – Report 1995, 129; BayObLGZ 1967, 295; BayObLGZ 1985, 332 = DNotZ 1986, 345 = Rpfleger 1986, 48; BayObLGZ 1987, 59 = DNotZ 1987, 625 = Rpfleger 1987, 299 und 495; *Kössinger* in *Bauer/von Oefele* § 20 Rn 244–247; *Ludwig* DNotZ 1992, 339; Rpfleger 1987, 495.

454 *Stöber* DNotZ 1985, 587; *Staudinger-Pfeifer* § 925 Rn 127e; *Schöner/Stöber* Rn 1576, 1576 a.

455 BayObLGZ 1995, 171, 174; 1990, 318.

Pfändungsgläubiger bei gleichzeitiger Anwesenheit vor einem Notar (§ 925 Abs 1 BGB).[456] Nicht nötig für die Wirksamkeit der Verpfändung sind dagegen deren Grundbucheintragung, die Zustimmung des Grundstückseigentümers (= Verkäufers) und die Anzeige an letzteren entsprechend § 1280 BGB.[457] Die vor der Verpfändung wirksam erklärte Auflassung verliert ihre Wirksamkeit nicht durch die nachfolgende Verpfändung.[458]

169 Ist für den schuldrechtlichen Übereignungsanspruch eine Eigentumsvormerkung für den Käufer im Grundbuch eingetragen, so kann trotzdem die **Verpfändung des Anwartschaftsrechtes nicht im Grundbuch eingetragen werden**[459] (im Gegensatz zur Eintragung der Verpfändung des schuldrechtlichen Übereignungsanspruches, vgl Rdn 162). Das Anwartschaftsrecht hat nämlich unterschiedliche Entstehungsvoraussetzungen zur Vormerkung und teilt nicht deren rechtliches Schicksal (Vormerkung erlischt mit dem Erlöschen des Übereignungsanspruchs, nicht aber das Anwartschaftsrecht).

170 Der bereits vor dem Wirksamwerden der Verpfändung erklärten Auflassung muss der Pfändungsgläubiger nicht zustimmen (§§ 1281, 1282 BGB).[460] Die **Grundbucheintragung des Eigentumswechsels** erfolgt auf Grund der Antragstellung durch den Veräußerer als Betroffenen oder Käufer als Begünstigten (§ 13); der Pfändungsgläubiger kann sich dem Antrag des Käufers anschließen, um so zu verhindern, dass dieser durch eine Antragsrücknahme die Eintragung verhindert.[461] Vorgelegt werden müssen außerdem die notariell beurkundete Auflassung vom Verkäufer an dem Käufer (§ 20) und die formelle Bewilligung des Veräußerers (§ 19). Zum Teil wird die Meinung vertreten, dass der Eigentumswechsel nur vollzogen werden kann, wenn auch die Zustimmung des Pfändungsgläubigers in der Form des § 29 vorliegt oder gleichzeitig die Sicherungshypothek für den Pfändungsgläubiger eingetragen wird.[462] Dem wird zu Recht widersprochen.[463] Die Auflassung ist nämlich wirksam auch ohne Mitwirkung des Pfändungsgläubigers. Die durch den Vollzug des Eigentumswechsels kraft Gesetzes entstehende Sicherungshypothek führt zwar zur Grundbuchunrichtigkeit, wenn sie nicht eingetragen ist, aber nicht hinsichtlich des Eigentums; diese mit der Grundbucheintragung des neuen Eigentümers entstehende Grundbuchunrichtigkeit hat das Grundbuchamt nicht beim Eigentumswechsel zu beanstanden.

171 Mit der Grundbucheintragung des Käufers als neuen Eigentümer entsteht **für den Pfändungsgläubiger eine Sicherungshypothek** kraft Gesetzes analog § 1287 BGB.[464] Deren Eintragung ist dann eine Grundbuchberichtigung, die der Pfändungsgläubiger als Begünstigter oder der neuer Eigentümer als Betroffener beantragen kann (§ 13). Außerdem bedarf es entweder der Berichtigungsbewilligung des neuen Eigentümers (= Käufers) nach § 19 in der Form des § 29 oder eines Unrichtigkeitsnachweises gem §§ 22, 29 (= Nachweises des Vertrages über die Verpfändung zwischen dem Käufer und dem Pfändungsgläubiger).[465] Zum Rang der Sicherungshypothek vgl § 45 Rdn 38.

172 Aus dem Vergleich der Verpfändung des schuldrechtlichen Übereignungsanspruch und des Anwartschaftsrechtes ergibt sich **keine Notwendigkeit, dem Auflassungsempfänger einen Anwartschaftsrecht zuzusprechen**.[466] Die Rechtsstellung des Pfändungsgläubigers des schuldrechtlichen Übereignungsanspruches ist nicht schlechter als die des Pfändungsgläubigers des Anwartschaftsrechtes.

4. Pfändung

173 **a) Schuldrechtlicher Übereignungsanspruch.** Dieser ist übertragbar und damit der Pfändung unterworfen (§ 851 Abs 1 ZPO). Ein Gläubiger kann den Eigentumsverschaffungsanspruch eines Käufers aus § 433 Abs 1 Satz 1 BGB pfänden lassen. Die Pfändung wird wirksam mit der **Zustellung an den Drittschuldner, das ist der Verkäufer** (§ 829 Abs 3 ZPO).[467] Der Gläubiger erlangt ein Pfandrecht am schuldnerischen Eigentumsverschaffungsanspruch des Käufers. Damit entsteht ein **Verfügungsverbot iSv §§ 136, 135 BGB gegen den Käufer** zugunsten des Gläubigers (§ 829 Abs 1 S 2 ZPO). Danach sind Verfügungen des Käufers über den Übereignungsanspruch dem Pfandgläubiger gegenüber relativ unwirksam (§§ 135 Abs 1 BGB). Der Verkäufer (= Drittschuldner) unterliegt jedoch keinerlei Beschränkungen, dh er kann weiterhin zum Nachteil des Pfän-

---

456 BGHZ 49, 197, 202; 106, 108, 111; MüKo-*Kanzleiter* § 925 BGB Rn 370; *Kössinger* in *Bauer/von Oefele* § 20 Rn 223; *Hager* JuS 1991, 5; **kritisch** *Staudinger-Pfeifer* § 925 Rn 130; *Köbl* DNotZ 1983, 207, 214.

457 *Staudinger-Pfeifer* § 925 Rn 130; *Kössinger* in *Bauer/von Oefele* § 20 Rn 223.

458 *Kössinger* in *Bauer/von Oefele* § 20 Rn 224.

459 *Staudinger-Pfeifer* § 925 Rn 130; **aA** *Schöner/Stöber* Rn 1594; *Demharter* § 26 Anhang Rn 53.

460 *Kössinger* in *Bauer/von Oefele* § 20 Rn 224.

461 *Kössinger* in *Bauer/von Oefele* § 20 Rn 224; *Schöner/Stöber* Rn 1590.

462 KEHE-*Munzig* § 20 Rn 118; vgl auch BayObLG Rpfleger 1993, 13.

463 *Kössinger* in *Bauer/von Oefele* § 20 Rn 224, 225; *Schöner/Stöber* Rn 1590.

464 BGHZ 49, 197, 205; *Staudinger-Pfeifer* § 925 Rn 130; *Kössinger* in *Bauer/von Oefele* § 20 Rn 224; *Hager* JuS 1991, 5; *Habersack* JuS 2000, 1145, 1149.

465 KEHE-*Munzig* § 20 Rn 120; *Kössinger* in *Bauer/von Oefele* § 20 Rn 225.

466 Ebenso *Habersack* JuS 2000, 1145, 1149.

467 *Böttcher* ZwV in GB, Rn 426; *Kössinger* in *Bauer/von Oefele* § 20 Rn 248.

dungsgläubigers über sein Grundstück verfügen (zB Veräußerung, Belastung).[468] Anders ist dies nur, wenn für den Übereignungsanspruch bereits eine Eigentumsvormerkung eingetragen ist. Diese ist nicht selbständig pfändbar, sondern wird als unselbstständiges Nebenrecht von der Pfändung des Übereignungsanspruchs miterfasst.[469] Dann sind Verfügungen des Verkäufers über das Grundstück dem Pfändungsgläubiger gegenüber relativ unwirksam (§ 883 Abs 2 BGB).

Ein **Pfändungsvermerk** kann nicht **im Grundbuch** eingetragen werden, wenn eine Eigentumsvormerkung **174** weder im Grundbuch steht noch im Rahmen der Kaufvertragsurkunde bewilligt wurde (vgl § 885 BGB). Ist allerdings bereits eine Eigentumsvormerkung für den Käufer eingetragen, kann auf Grund formlosen Antrags des Pfändungsgläubigers (§§ 13, 30) unter Vorlage des Pfändungsbeschlusses samt Zustellungsurkunde an den Verkäufer die Pfändung berichtigend (§ 22) im Grundbuch vermerkt werden.[470] Dies ist allerdings dann ausgeschlossen, wenn schon bei Erlass des Pfändungsbeschlusses im Grundbuch eingetragen war, dass der Käufer die Rechte aus der Eigentumsvormerkung an einen Dritten abgetreten hat.[471] Ist zwar keine Eigentumsvormerkung im Grundbuch eingetragen, aber vom Verkäufer in der Kaufvertragsurkunde bewilligt (§ 19), so kann der Pfändungsgläubiger die Eintragung der Eigentumsvormerkung als Begünstigter beantragen (§§ 13, 30);[472] die Urkunde einschließlich der Bewilligung kann er vom Notar verlangen (§ 792 ZPO). Sodann kann auch wieder die Pfändung im Grundbuch vermerkt werden.[473]

Das Vollstreckungsgericht muss im Pfändungsbeschlusses die Anordnung erlassen, dass das Grundstück an einen **175** zu bestellenden Sequester herauszugeben sei (§ 848 Abs 1 ZPO). Der **Verkäufer hat die Auflassung** nicht mehr an dem Käufer, sondern **an den Sequester zu erklären** (§ 848 Abs 2 Satz 1 ZPO).[474] Macht dies der Verkäufer nicht freiwillig, so muss ihn der Pfändungsgläubiger auf Abgabe der Auflassungserklärung verklagen; der Sequester selbst ist dazu nicht berechtigt.[475] Einen diesbezügliches Urteil ersetzt dann die Auflassungserklärung des Verkäufers (§ 894 ZPO). Der Sequester muss die Auflassung für den Käufer vor einem Notar entgegennehmen (§ 925 Abs 1 BGB). Ist die Pfändung bei einer Eigentumsvormerkung für den Käufer eingetragen, dh das Grundbuchamt hat davon Kenntnis, dann können den Eintragungsantrag für die Eigentumsumschreibung der Veräußerer als Betroffener und der Sequester für den Käufer als Begünstigter stellen (§ 13); der Pfändungsgläubiger kann sich dem Antrag des Sequesters anschließen, um so zu verhindern, dass dieser durch eine Antragsrücknahme die Eintragung verhindert.[476] Außerdem soll für die Eigentumsumschreibung die formelle Bewilligung des Pfändungsgläubigers nach § 19 jedenfalls dann erforderlich sein, wenn für ihn nicht gleichzeitig die Sicherungshypothek gem § 848 ZPO eingetragen wird.[477] Dem wird zu Recht widersprochen.[478] Der Eigentumswechsel ist dem Pfändungsgläubiger gegenüber relativ unwirksam (§ 883 Abs 2 BGB). Die Wirkungen der Eigentumsvormerkung treten auch nach Ansicht des BayObLG zugunsten des Pfändungsgläubigers ein.[479] Relative Unwirksamkeit einer Grundbucheintragung ist aber kein Eintragungshindernis, das das Grundbuchamt beachten müsste. Deshalb hat das Grundbuchamt den **Eigentumswechsel auf den Käufer** zu vollziehen auf Grund einer Auflassung zwischen dem Verkäufer und Käufer (§ 20), und zwar **ohne formelle Bewilligung des Pfändungsgläubigers** nach § 19. Zur Löschung der Eigentumsvormerkung samt Pfändungsvermerk vgl § 22 Rdn 64.

Mit der Eintragung des Käufers als Eigentümer entsteht **kraft Gesetzes für den Pfändungsgläubiger eine** **176** **Sicherungshypothek** am Grundstück (§ 848 Abs 2 Satz 2 ZPO). Ihre Eintragung ist daher Grundbuchberichtigung.[480] Der Sequester kann den Eintragungsantrag dafür stellen (§§ 13, 30). Dieses Antragsrecht steht nach hM auch dem Pfändungsgläubiger zu.[481] Die Eintragungsbewilligung kann der Sequester abgeben (§ 848 Abs 2 Satz 3 ZPO). Zum Rang der Sicherungshypothek vgl § 45 Rdn 38.

b) Anwartschaftsrecht. Es wird im Wege der **Rechtspfändung nach § 857 Abs 1 ZPO** gepfändet. Der **177** Gläubiger muss einen Pfändungsbeschluss hinsichtlich des Anwartschaftsrechtes erwirken. Die Pfändung wird

---

468 *Böttcher* ZwV im GB, Rn 427.
469 *Böttcher* ZwV im GB, Rn 428.
470 BayObLG ZIR 1997, 40, 41; Rpfleger 1985, 58; NJW 1976, 1995; *Böttcher* ZwV im GB, Rn 431; *Kössinger* in *Bauer/ von Oefele* § 20 Rn 250.
471 OLG Frankfurt/M Rpfleger 1997, 152.
472 *Münzberg* Rpfleger 1985, 306.
473 *Böttcher* ZwV im GB, Rn 432.
474 *Kössinger* in *Bauer/von Oefele* § 20 Rn 249; *Böttcher* ZwV im GB, Rn 435.
475 *Stöber* Forderungspfändung, Rn 2944.
476 *Schöner/Stöber* Rn 1590; *Kössinger* in *Bauer/von Oefele* § 20 Rn 224; *Hintzen* Rpfleger 1989, 439; **aA** *Stöber* Forderungspfändung, Rn 2045.
477 BayObLG DNotI–Report 1995, 129; BayObLGZ 1967, 295; BayObLGZ 1985, 332 = DNotZ 1986, 345 = Rpfleger 1986, 48; BayObLGZ 1987, 59 = DNotZ 1987, 625 = Rpfleger 1987, 299 und 495 für den Fall der Verpfändung.
478 *Stöber* DNotZ 1985, 587; *Staudinger-Pfeifer* § 925 Rn 127e; *Schöner/Stöber* 1597, 1576, 1576 a.
479 BayObLGZ 1995, 171, 174; 1990, 318.
480 *Böttcher* ZwV im GB, Rn 436.
481 *Münzberg* Rpfleger 1985, 306, 307; *Hintzen* Rpfleger 1989, 439; *Böttcher* ZwV im GB, Rn 436.

mit der Zustellung an den Schuldner (= Käufer) wirksam (§ 857 Abs 2 ZPO); einer Zustellung an den Grundstücksveräußerer bedarf es nicht, da dieser nicht als Drittschuldner anzusehen ist.[482] Einer Sequesterbestellung bedarf es nicht.

178 Der Gläubiger erlangt ein Pfandrecht am Anwartschaftsrecht des Käufers. Damit entsteht ein **Verfügungsverbot iSv §§ 136, 135 BGB gegen den Käufer** zugunsten des Gläubigers (§ 829 Abs 1 S 2 ZPO). Danach sind Verfügungen des Käufers über das Anwartschaftsrecht dem Pfandgläubiger gegenüber relativ unwirksam (§§ 135 Abs 1 BGB). Der Verkäufer (= Drittschuldner) unterliegt jedoch keinerlei Beschränkungen, dh er kann weiterhin zum Nachteil des Pfändungsgläubigers über sein Grundstück verfügen (zB Veräußerung, Belastung).[483]

179 Ist für den schuldrechtlichen Übereignungsanspruch eine Eigentumsvormerkung für den Käufer im Grundbuch eingetragen, so kann trotzdem die **Pfändung des Anwartschaftsrechtes nicht im Grundbuch eingetragen werden**[484] (im Gegensatz zur Eintragung der Pfändung des schuldrechtlichen Übereignungsanspruches, vgl Rdn 174). Das Anwartschaftsrecht hat nämlich unterschiedliche Entstehungsvoraussetzungen zur Vormerkung und teilt nicht deren rechtliches Schicksal (Vormerkung erlischt mit dem Erlöschen des Übereignungsanspruchs, nicht aber das Anwartschaftsrecht).

180 Die **Grundbucheintragung des Eigentumswechsels** erfolgt auf Grund der Antragstellung durch den Veräußerer als Betroffenen oder Käufer als Begünstigten (§ 13); der Pfändungsgläubiger kann sich dem Antrag des Käufers anschließen, um so zu verhindern, dass dieser durch eine Antragsrücknahme die Eintragung verhindert.[485] Vorgelegt werden müssen außerdem die notariell beurkundete Auflassung vom Verkäufer an dem Käufer (§ 20) und die formelle Bewilligung des Veräußerers (§ 19). Zum Teil wird die Meinung vertreten, dass der Eigentumswechsel nur vollzogen werden kann, wenn auch die Zustimmung des Pfändungsgläubigers in der Form des § 29 vorliegt oder gleichzeitig die Sicherungshypothek für den Pfändungsgläubiger eingetragen wird.[486] Dem wird zu Recht widersprochen.[487] Die Auflassung ist nämlich wirksam auch ohne Mitwirkung des Pfändungsgläubigers. Die durch den Vollzug des Eigentumswechsels kraft Gesetzes entstehende Sicherungshypothek führt zwar zur Grundbuchrichtigkeit, wenn sie nicht eingetragen ist, aber nicht hinsichtlich des Eigentums; diese mit der Grundbucheintragung des neuen Eigentümers entstehende Grundbuchunrichtigkeit hat das Grundbuchamt nicht beim Eigentumswechsel zu beanstanden.

181 Mit der Grundbucheintragung des Käufers als neuen Eigentümer entsteht **für den Pfändungsgläubiger eine Sicherungshypothek** kraft Gesetzes analog § 848 ZPO.[488] Deren Eintragung ist dann eine Grundbuchberichtigung, die der Pfändungsgläubiger als Begünstigter oder der neue Eigentümer als Betroffener beantragen kann (§ 13). Außerdem bedarf es entweder der Berichtigungsbewilligung des neuen Eigentümers (= Käufers) nach § 19 in der Form des § 29 oder eines Unrichtigkeitsnachweises gem §§ 22, 29 (= Nachweises der Pfändung und der Zustellung an den Käufer).[489] Zum Rang der Sicherungshypothek vgl § 45 Rdn 38.

182 Auch beim Vergleich der Pfändung des schuldrechtlichen Übereignungsanspruchs oder des Anwartschaftsrechtes ergeben sich aus der Sicht der Gläubiger keine nennenswerte Vorteile bei der Pfändung des Anwartschaftsrechtes.[490] Deshalb besteht auch bei der Pfändung **kein Grund für die Konstruktion des Anwartschaftsrechtes.**

XVI. Verletzung des § 20

183 § 20 ist nur eine **Ordnungsvorschrift**, so das seine Verletzung (= Eintragung eines neuen Eigentümers ohne dass die materiell wirksame Auflassung dem Grundbuchamt vorgelegen hat) keine materiellen Auswirkungen hat.[491] Wird allerdings vom Grundbuchamt unter Verletzung des § 20 eine Einigung vollzogen, die unwirksam ist, so tritt keine materielle Rechtsänderung ein und das Grundbuch wird unrichtig. Nimmt das Grundbuchamt in den Fällen des § 20 eine Grundbucheintragung vor, obwohl eine materielle Einigung noch völlig fehlt und auch deshalb nicht vorgelegt werden konnte, führt die Verletzung der Norm ebenfalls zur Grundbuchunrichtigkeit. In diesen Fällen der Grundbuchunrichtigkeit führt eine nachfolgende Einigung (vgl § 879 Abs 2 BGB) wiederum zur Richtigkeit des Grundbuchs.

---

482 BGHZ 49, 197, 203; *Staudinger-Pfeifer* § 925 Rn 131; MüKo-*Kanzleiter* § 925 BGB Rn 37; *Palandt-Bassenge* § 925 Rn 27; *Kössinger* in *Bauer/von Oefele* § 20 Rn 226; *Böttcher* ZwV im GB, Rn 450; **aA** LG Wuppertal NJW 1963, 1255; *Hoche* NJW 1950, 933.

483 *Böttcher* ZwV im GB, Rn 451, 427.

484 *Staudinger-Pfeifer* § 925 Rn 131; **aA** *Schöner/Stöber* Rn 1594; *Demharter* § 26 Anhang Rn 53.

485 *Kössinger* in *Bauer/von Oefele* § 20 Rn 224; *Schöner/Stöber* Rn 1590.

486 KEHE-*Munzig* § 20 Rn 133; vgl auch BayObLG Rpfleger 1993, 13.

487 *Kössinger* in *Bauer/von Oefele* § 20 Rn 224, 225; *Schöner/Stöber* Rn 1590.

488 BGHZ 49, 197, 206; MüKo-*Kanzleiter* § 925 BGB Rn 37; *Staudinger-Pfeifer* § 925 Rn 131; *Kössinger* in *Bauer/von Oefele* § 20 Rn 227; *Böttcher* ZwV im GB, Rn 454.

489 *Böttcher* ZwV im GB, Rn 455.

490 *Habersack* JuS 2000, 1145, 1149; *Medicus* DNotZ 1990, 275, 283; MüKo-*Wacke* § 873 Rn 43.

491 *Kössinger* in *Bauer/von Oefele* § 20 Rn 228; *Demharter* § 20 Rn 3.

Anhang zu den §§ 19, 20 (Privatrechtliche Verfügungsbeeinträchtigungen)[1]

Schrifttum

Altmeppen, Disponibilität des Rechtsscheins, 1993; *Bachmann,* Auswirkungen der Sicherungsmaßnahmen nach § 21 InsO auf das Grundbuchverfahren, Rpfleger 2001, 105; *Beer,* Die relative Unwirksamkeit, 1975; *Bock,* Die Auswirkung der Konkurseröffnung und des Veräußerungsverbots nach § 106 I 3 KO auf den Grundbuchverkehr, 1980; *Böhringer,* Prinzipien des § 878 und Antragsberechtigung des nochmaligen Gemeinschuldners, BWNotZ 1979, 141; *ders,* Analoge Anwendung des § 878 bei Wegfall der Verfügungsmacht der Verwalter kraft Amtes, BWNotZ 1984, 137; *Böttcher,* Beeinträchtigungen der Verfügungsbefugnis, Rpfleger 1983, 49; *ders,* Verfügungsentziehungen, Rpfleger 1983, 187; *ders,* Verfügungsbeschränkungen, Rpfleger 1984, 377; *ders,* Verfügungsverbote, Rpfleger 1985, 381; *Bülow,* Grundfragen der Verfügungsverbote, JuS 1994, 1; *Däubler,* Der »Berechtigte« in § 878 BGB, JZ 1963, 588; *Demharter,* Guter Glaube und Glaubhaftmachung, Rpfleger 1991, 41; *Denck,* Die Relativität im Privatrecht, JuS 1981, 9; *ders,* Die Relativität im Sachenrecht, JuS 1981, 861; *Deppert,* Der gutgläubige Erwerb der Vormerkung, 1970; *Derleder,* Zur Bedeutung der Aushändigungsabrede nach § 1117 Abs 2 BGB bei der Übertragung der Briefgrundpfandrechte, DNotZ 1971, 272; *Eickmann,* Konkurseröffnung und Grundbuch, Rpfleger 1972, 77; *ders,* Das allgemeine Veräußerungsverbot nach § 106 KO und seine Auswirkungen auf das Grundbuch-, Vollstreckungs- und Zwangsversteigerungsverfahren, KTS 1974, 202; *Eickmann,* Die Verfügungsbeschränkung des § 21 Abs 2 Nr 2 InsO und der Immobiliarrechtsverkehr, FS Uhlenbruck, 2000, S 149; *Ertl,* Muss das Grundbuchamt den gutgläubigen Erwerb aus der Konkursmasse verhindern?, MittBayNot 1975, 204; *Fahland,* Das Verfügungsverbot nach §§ 135, 136 BGB in der Zwangsvollstreckung und seine Beziehung zu den anderen Pfändungsfolgen, 1976; *Foerste,* Grenzen der Durchsetzung von Verfügungsbeschränkungen und Erwerbsverboten im Grundstücksrecht, 1986; *Gerhardt,* Verfügungsbeschränkungen in der Eröffnungsphase und nach Verfahrenseröffnung, Kölner Schrift zur InsO, 2. Auflage, S 193; *Gursky,* Nachträglicher guter Glaube, JR 1986, 225; *Haegele,* Konkurseröffnung und Grundstückskauf, KTS 1968, 157; *Hager,* Verkehrsschutz durch redlichen Erwerb, 1990; *Heil,* Erwerberschutz bei Grundstücksveräußerung durch Testamentsvollstrecker, RNotZ 2001, 269; *Helwich,* Verfügungsbeschränkungen des Grundstückseigentümers auf Grund des neuen Insolvenzrechts, RpflStud 2001, 79; *Jungk,* Eigentumserwerb des durch ein relatives Veräußerungsverbot geschützten Gläubigers durch Erklärung des Schuldners nach dessen Verfügung zugunsten eines Bösgläubigen, JA 1991, 18; *Keller,* Insolvenzvermerk im Grundbuch bei der Gesellschaft bürgerlichen Rechts, Rpfleger 2000, 201; *ders,* Probleme der Rechtsfähigkeit und Grundbuchfähigkeit der Gesellschaft bürgerlichen Rechts unter Berücksichtigung insolvenzrechtlicher Verfügungsbeeinträchtigungen, NotBZ 2001, 397; *ders,* Berührungspunkte zwischen Insolvenzrecht und Grundbuch – Der Einfluss der Insolvenzeröffnung auf das Grundbuchverfahren, RpflStud 2002, 1; *Kesseler,* Einseitige Eintragungsanträge des späteren Insolvenzschuldners im Grundbuchverfahren – Verfahrensfestigkeit, Rücknahmerecht des Insolvenzverwalters oder Unwirksamkeit?, ZflR 2006, 117; *ders,,* Verfügungen über Grundstücke im vereinfachten Insolvenzverfahren, MittBayNot 2007, 22; *Kohler,* Das Verfügungsverbot gemäß § 938 Abs 2 ZPO im Liegenschaftsrecht, 1984; *ders,* Das Verfügungsverbot lebt, JZ 1983, 586; *Koller,* Der gutgläubige Erwerb bei der Übertragung von Miteigentumsanteilen, JZ 1972, 646; *Liessem,* Guter Glaube beim Grundstückserwerb von einem durch seinen Güterstand verfügungsbeschränkten Ehegatten?, NJW 1989, 497; *Ludwig,* Die gutgläubig erworbene Vormerkung und der anschließende Erwerb des vorgemerkten Rechtes, DNotZ 1987, 403; *Lüke,* Der gutgläubige Erwerb einer Grunddienstbarkeit, JuS 1988, 524; *Lutter,* Die Grenzen des so genannten Gutglaubensschutzes im Grundbuch, AcP 164 (1964), 122; *Mehrtens,* Das gesetzliche Veräußerungsverbot, 1974; *Michalski,* Die Funktion des Grundbuchs in System öffentlich-rechtlicher Beschränkungen, MittBayNot 1988, 204; *Müller,* Die Bedeutung des § 878 BGB für die Abwicklung des Grundstückskaufvertrages im Konkurs des Verkäufers, JZ 1980, 554; *Peister,* In welchem Zeitpunkt muss der die Verfügung eines Nichtberechtigten Genehmigende verfügungsbefugt haben?, JZ 1969, 623; *Prinz,* Der gutgläubige Vormerkungserwerb und seine rechtlichen Wirkungen, 1988; *Rahn,* § 878 BGB aus grundbuchrechtlicher Sicht, BWNotZ, 1967, 269; *ders,* Hat § 892 Abs 2 BGB Bedeutung für das Grundbuchverfahren?, Justiz 1966, 258; *Ruhwedel,* Grundlagen und Rechtswirkungen so genannter relativer Verfügungsverbote JuS 1980, 161; *Schilling,* Die Herbeiführung der Bindungswirkung durch Entgegennahme der Grundschuldbestellungsurkunde durch den Notar, ZNotP 2000, 229; *Schmenger,* Testamentsvollstreckung im Grundbuchverkehr, BWNotZ 2004, 97; *Schönfeld,* Verfügungsbeschränkungen und öffentlicher Glaube des Grundbuchs, JZ 1959, 140; *Scholtz,* § 878 BGB in der Verkäuferinsolvenz, ZIP 1999, 1693; *Tiedtke,* Gutgläubiger Erwerb im bürgerlichen Recht, im Handels- und Wertpapierrecht sowie in der Zwangsvollstreckung, 1985; *Unrau,* Gutglaubensschutz bei der Ablösung von Grundpfandrechten, 1993; *Venjakob,* Der Eintragungsantrag des Veräußerers und § 878, Rpfleger 1991, 284; *Wandrey,* Veräußerungs- und Erwerbsverbote im Grundbuch, GrundE 1940, 5; *Weber,* Die Verfügungsbeschränkungen und ihre Wirkungen im Grundbuchverkehr, DNotV 1907, 241; *Weimar,* Das relative Veräußerungsverbot, MDR 1961, 568; *Weimar,* Relatives Veräußerungsverbot, MDR 1969, 202; *Westermann,* Die Grundlagen des Gutglaubensschutzes, JuS 1963, 1; *Wiegand,* Der öffentliche Glaube des Grundbuchs, JuS 1975, 205; *Wieling,* Jus ad rem durch einstweilige Verfügung?, JZ 1982, 839; *Wittkowski,* Die Lehre vom Verkehrsgeschäft, 1991; *Wunner,* Gutglaubensschutz und Rechtsnatur der Vormerkung, NJW 1969, 113; *Zunft,* Tritt bei § 7 KO relative oder absolute Unwirksamkeit ein?, NJW 1956, 735.

Übersicht

---

[1] Dieses Kapitel stellt eine aktualisierte und überarbeitete Fassung meiner Beiträge in Rpfleger 1983, 49; 1983, 187; 1984, 377; 1985, 381 dar.

I. Allgemeines

1. Problemstellung

Unsere Rechtsordnung geht von dem Grundsatz aus, dass über alle vermögenswerten Rechtspositionen **1** (Sachen, Forderungen, Rechte – §§ 90, 398, 413 BGB) der jeweilige Berechtigte jederzeit frei und ungehindert verfügen kann. Ausnahmen bestehen dort, wo das Gesetz ein Rechtsobjekt für nicht verfügungsfähig erklärt (Vorkaufsrecht § 473 BGB, Nießbrauch § 1059 BGB, beschränkte persönliche Dienstbarkeit § 1092 BGB), sodass insoweit res extra commercium vorliegen. Aber auch das Rechtssubjekt, dh der Träger der Rechtsposition, kann in seiner Verfügungsfreiheit beeinträchtigt werden; dies lässt zwar die Verkehrsfähigkeit des Rechtsobjekts unberührt, hindert jedoch den Rechtsträger personell, darüber zu verfügen.[2] In diesen Problemkreis fallen die »**Verfügungsbeeinträchtigungen**«.

2. Verfügungs- und Bewilligungsberechtigung

Die Änderung des rechtlichen Status von Rechtsobjekten vollzieht sich in zwei streng zu trennenden Schritten: **2** durch Verpflichtungsgeschäfte werden Leistungspflichten begründet, und die darauf folgenden Verfügungen sind auf deren Erfüllung gerichtet. Dieses Grundprinzip unserer Rechtsordnung dient der Rechtssicherheit und Rechtsklarheit, weil sich nach dem **Abstraktionsprinzip** Mängel bei der »causa« nicht auf die bereits eingetretene Rechtsänderung auswirken. Eine bestehende Rechtslage kann daher nur durch eine Verfügung unmittelbar geändert werden.[3]

Unter einer **Verfügung** ist ein Rechtsgeschäft zu verstehen, durch das der Verfügende auf ein Recht unmittel- **3** bar einwirkt, es also entweder auf einen Dritten überträgt oder mit einem Recht belastet (= Begründung eines neuen Rechts) oder das Recht aufhebt oder es sonstwie in seinem Inhalt verändert.[4]

Die Fähigkeit, über einen bestimmten Gegenstand eine wirksame Verfügung zu treffen, hat grundsätzlich nur **4** derjenige, dem die **Verfügungsberechtigung** zusteht. Was im Einzelnen unter dem Begriff der »Verfügungsberechtigung« zu verstehen ist, wird uneinheitlich behandelt; zum einen wurde damit die Verfügungsmacht und zum anderen die Verfügungsbefugnis bezeichnet. Es ist erstaunlich, dass ein so zentraler Begriff unseres Rechtssystems so undifferenziert gehandhabt wurde und wird. Dabei ist die Differenzierung für unser Rechtssystem von entscheidender Bedeutung: Berechtigter iS von § 878 BGB ist grundsätzlich der Inhaber der Verfügungsmacht, dh beim Fehlen derselben findet die Norm idR keine Anwendung.[5] Die Bedeutung des § 878 BGB liegt nun darin, dass die Erklärung des Inhabers der Verfügungsmacht unter bestimmten Voraussetzungen (= Bindung der Erklärung und Antragstellung vor Verfügungsbeeinträchtigung) selbst dann wirksam bleibt, wenn die Verfügungsbefugnis wegfällt. Diese zentrale Vorschrift des Grundstücksrechts zeigt also bereits, wie wichtig es ist, genau zwischen Verfügungsmacht und Verfügungsbefugnis zu unterscheiden. Es ist ein Verdienst von *Eickmann*, der in den angeführten Begriffswirrwarr Klarheit gebracht hat.[6] Der Oberbegriff Verfügungsberechtigung zerfällt in die Komponenten »Verfügungsmacht« (= Rechtsinhaberschaft) und »Verfügungsbefugnis«. Wer materiellrechtlich über eine Rechtsposition verfügen will, muss Verfügungsmacht und Verfügungsbefugnis besitzen.

---

2 *Böttcher* Rpfleger 1983, 49.
3 *Böttcher* aaO.
4 BGH BGHZ 1, 294, 304; RG RGZ 90, 395, 399; 106, 109, 111; BayObLG BayObLGZ 3, 143; *Böttcher* Rpfleger 1983, 49.
5 *Staudinger-Gursky* § 878 Rn 55, 56; *Böttcher* Rpfleger 1983, 49, 50.
6 *Eickmann* GBVerfR, Rn 128, 129; *Westermann-Eickmann* Immobiliarsachenrecht, § 75 I 4; dem folgend *Hügel* in *Hügel*, GBO, Verfügungsbeeinträchtigungen, Rn 1; *Kohler* in *Bauer/von Oefele* AT VIII Rn 4; kritisch dazu *Klüsener* RpflStud 1990, 33, 38.

5 – Die **Verfügungsmacht** ist eine dingliche Rechtsstellung, kraft deren dem Rechtsinhaber Herrschaftsmacht über ein Rechtsobjekt gewährt wird.[7]

IdR steht dem Rechtsinhaber auch die Verfügungsbefugnis zu. Ausnahmsweise kann sie aber ein Dritter innehaben (Insolvenzverwalter, Testamentsvollstrecker, Nachlassverwalter), sodass Verfügungsmacht und Verfügungsbefugnis auseinander fallen können.

6 – Die **Verfügungsbefugnis** ist die rechtliche Fähigkeit, von den aus der Verfügungsmacht fließenden materiellrechtlichen Befugnissen Gebrauch machen zu können.[8]

Mit der materiellrechtlichen Verfügungsberechtigung korrespondiert die formellrechtliche Bewilligungsberechtigung nach § 19, die demjenigen die Möglichkeit gibt, eine Grundbucheintragung zu gestatten, dessen buchmäßiges Recht im Zeitpunkt der Eintragung rechtlich beeinträchtigt werden kann oder wird. Wer eine Grundbucheintragung bewilligen will, muss Bewilligungsmacht und Bewilligungsbefugnis besitzen; dies sind die verfahrensrechtlichen Parallelbegriffe zur Verfügungsmacht und Verfügungsbefugnis.[9]

7 – Die **Bewilligungsmacht** ist eine grundbuchmäßige Stellung, kraft deren dem Buchberechtigten gestattet wird, diese Grundbuchposition zu verändern oder aufzugeben.[10]

Dem Inhaber der Bewilligungsmacht (= Eigentümer, Gläubiger eines dinglichen Rechts) wird grundsätzlich auch die Bewilligungsbefugnis zustehen. Jedoch kann durch gesetzliche oder gerichtliche Anordnungen die Bewilligungsbefugnis beeinträchtigt werden (Insolvenzeröffnung, Beschlagnahme in der Zwangsversteigerung).

8 – Die **Bewilligungsbefugnis** ist die rechtliche Fähigkeit, von den aus der Bewilligungsmacht fließenden formellrechtlichen Befugnissen Gebrauch machen zu können.[11]

3. Begriff der Verfügungsbeeinträchtigungen

9 Die Aufteilung der Verfügungsberechtigung in die zwei Komponenten Verfügungsmacht und Verfügungsbefugnis macht das Wesen der Verfügungsbeeinträchtigungen erst fassbar und verständlich. Grundsätzlich ist nur der verfügungsbefugt, der in der Ausübung seiner Verfügungsmacht nicht behindert ist. Eine solche Behinderung kann in einer Verfügungsbeeinträchtigung liegen, die also nur für die Komponente »Verfügungsbefugnis« von Bedeutung ist.

10 Verfügungsbeeinträchtigungen sind **Behinderungen der Verfügungsbefugnis;** dh die Befugnis, über ein Grundstück, ein Recht an einem Grundstück oder ein Recht an einem solchen Grundstücksrecht zu verfügen, kann allgemein (= Entziehung der Verfügungsbefugnis) oder in bestimmten Beziehungen (= Beschränkung der Verfügungsbefugnis) behindert werden. Einen Sonderfall stellen die Verfügungsverbote dar, die zwar die Verfügungsbefugnis als solche unberührt lassen, aber eben verbieten, davon Gebrauch zu machen.

11 Das Vorliegen einer Verfügungsbeeinträchtigung lässt sich idR aus dem Gesetzeswortlaut erkennen; auch wenn unterschiedliche Begriffe verwendet werden, so ist doch eine einheitliche Tendenz festzustellen. Die Differenzierung im Gesetz ist auf die verschiedenen Arten von Verfügungsbeeinträchtigungen zurückzuführen; zum Teil ist die Rede vom Verlust der Verfügungsbefugnis (§ 80 Abs 1 InsO, § 1984 Abs 1 S 1 BGB, § 2211 Abs 1 BGB) oder direkt von Veräußerungsverboten bzw Verfügungsbeschränkungen (§ 23 Abs 1 S 1 ZVG, § 21 Abs 2 Nr 2 InsO, §§ 135–137 BGB), und zum Teil wird gesagt, dass nur mit Zustimmung (§ 5 ErbbauRG, §§ 12, 35 WEG, § 21 Abs 2 Nr 2 InsO) oder Einwilligung (§ 1365 Abs 1 S 1, § 1423 Abs 1 S 1, § 1424 Abs 1 S 1, § 1425 Abs 1 S 1 BGB) verfügt werden darf. Das Gesetz zeigt also eine Behinderung der Verfügungsbefugnis jeweils genau auf, sodass in all diesen Fällen – aber auch nur in diesen – von einer Verfügungsbeeinträchtigung gesprochen werden kann.

4. Wirkungsverwandte Rechtsfiguren und Abgrenzungsfragen

12 **a) Grundsatz des § 137 BGB.** Nach § 137 S 1 BGB kann die Verfügungsbefugnis über ein veräußerliches Recht nicht durch Rechtsgeschäft beschränkt oder ausgeschlossen werden, dh rechtsgeschäftliche **Verfügungs-beeinträchtigungen mit dinglicher Wirkung** sind grundsätzlich **nicht möglich.** Die Vorschrift will eine Trennung von Verfügungsmacht und Verfügungsbefugnis verhindern; bezweckt wird damit eine gewisse Sicherheit des Rechtsverkehrs, da jedermann, der mit dem Inhaber der Verfügungsmacht Rechtsgeschäfte abschließt, gemäß § 137 S 1 BGB darauf vertrauen kann, dass diesem grundsätzlich auch die Verfügungsbefugnis zusteht.[12] Die Parteien können nach § 137 S 2 BGB nur mit schuldrechtlicher Wirkung die Verfügungsbefugnis

---

7 *Böttcher* Rpfleger 1983, 49, 50.
8 *Böttcher* aaO.
9 BayObLG Rpfleger 1987, 110, 111; *Eickmann* GBVerfR, Rn 128, 129; *Böttcher* Rpfleger 1983, 49, 50.
10 *Böttcher* Rpfleger 1983, 49, 50.
11 *Böttcher* aaO.
12 *Däubler* NJW 1968, 1117, 1120; *Böttcher* Rpfleger 1983, 49, 50.

einschränken; eine dagegen verstoßende Verfügung ist somit voll wirksam und spiegelt die wahre Rechtslage wider.[13] Es ist nicht verwunderlich, dass sich die Rechtspraxis gegen diese Einengung der Privatautonomie zur Wehr setzt und sich Gedanken macht, wie – wirtschaftlich gesehen – die gleichen Wirkungen erzielt werden können, die Verfügungsbeeinträchtigungen im Allgemeinen zur Folge haben.

b) Ausschluss der Verfügbarkeit. Da also § 137 S 1 BGB den subjektbezogenen Weg der rechtsgeschäftlichen Einschränkung der Verfügungsbefugnis nicht zulässt, scheint es am nahe liegendsten, an den objektbezogenen Weg des Ausschlusses der Verfügbarkeit eines Gegenstandes zu denken; eine Begrenzung der Rechtsausübung im Wege des Entzugs der Verfügungsbefugnis unterscheidet sich im Ergebnis nämlich nicht von einem vertraglichen Ausschluss der Verfügbarkeit eines Rechtes.[14] Gesetzlich geregelt ist der Ausschluss der Abtretbarkeit einer **Forderung** (§ 399 BGB), was sich bei **akzessorischen Rechten** wie der Hypothek oder der Vormerkung oder dem Pfandrecht mittelbar auch auf diese auswirkt (§ 1153 Abs 2, § 1250 Abs 1 S 2 BGB). Eine Mindermeinung geht davon aus, dass diese Abrede bereits ein Verfügungsverbot darstellt, sodass eine entgegenstehende Verfügung des Gläubigers gemäß § 135 BGB nur relativ, gerade dem Schuldner gegenüber unwirksam sei, im Verhältnis zu Dritten dagegen müsse sie als wirksam angesehen werden.[15] Diese Auffassung begegnet erheblichen Bedenken. Die Abrede, dass über die Forderung nicht verfügt werden soll, bedeutet nicht nur ein Verbot der Vornahme eines Rechtsgeschäfts, sondern lässt ein unveräußerliches Recht entstehen bzw verwandelt es, wenn die Abrede später getroffen wird, nachträglich in ein solches, dh der Forderung wird durch den Willen der Parteien, dem das Gesetz Rechnung trägt, die Verkehrsfähigkeit entzogen. Insoweit handelt es sich um eine Veränderung des Rechtsinhalts, und eine dagegen verstoßende Verfügung ist gegenüber jedem Dritten unwirksam.[16] Der Ausschluss der Abtretbarkeit einer Forderung kann bei den akzessorischen Rechten im GB eingetragen werden.[17]

Grundsätzlich wäre nun auch daran zu denken, **bei anderen Rechten** (zB Grundschuld, Reallast) einen rechtsgeschäftlichen Ausschluss der Verfügbarkeit zuzulassen und dieser Vereinbarung durch die Grundbucheintragung dingliche Wirkung zu verleihen. Von der hM wird dieser Gedankengang gebilligt, was zum Teil mit § 413 BGB, der die entsprechende Anwendung des § 399 BGB auf die Übertragung sonstiger Rechte anordnet, und zum Teil mit der Vertragsfreiheit begründet wird.[18] Dem kann nicht gefolgt werden. Gegen diese Auffassung sprechen zwei wesentliche Prinzipien unserer Rechtsordnung:[19] Zum einen verbietet der Numerus clausus der Sachenrechte jede Änderung des im Gesetz angeordneten oder vorausgesetzten Inhalts dinglicher Rechte, und zum anderen erklärt das BGB alle Vermögensrechte zu veräußerlichen Rechten, falls nicht ausdrücklich die Verkehrsfähigkeit ausgeschlossen ist, wie zB beim Nießbrauch (§ 1059 S 1 BGB); nur der Gesetzgeber und nicht Privatpersonen sind in der Lage, frei verfügbare Vermögenspositionen mit Wirkung gegen Dritte in nicht verfügbare Vermögenspositionen umzuwandeln; der Grundsatz der Privatautonomie wird hierbei im Interesse eines ungehinderten Güterverkehrs und der Rechtssicherheit zurückgedrängt.

c) Bedingung und Befristung. Streit herrscht über den Rechtscharakter von Bedingung und Befristung. Auf Grund des Wortlautes von § 161 Abs 1 S 1 BGB (»jede Verfügung ist … insoweit unwirksam«) nimmt eine Meinung ein Verfügungsverbot an.[20] Dies kann nicht richtig sein, denn von der Bedingung oder Befristung hängt die Wirksamkeit des bedingten oder befristeten Rechtsgeschäfts selbst ab, was aber bei Verfügungsbeeinträchtigungen nicht der Fall ist. Zu Recht deutet daher die Gegenansicht die Bedingung und Befristung als **absolut wirkende Begrenzung des Rechts;**[21] betroffen wird also das Recht als solches und nicht die Verfügungsbefugnis des Rechtssubjekts.

Ähnliche Wirkungen wie eine Verfügungsbeeinträchtigung können erzielt werden durch die Grundbucheintragung eines auflösend bedingten Rechtes mit dem Inhalt, dass das Recht vom Erwerber wieder an den Abtre-

13

14

15

16

---

13 *Ruhwedel* JuS 1980, 161, 162; *Böttcher* Rpfleger 1983, 49, 50.
14 *Schlosser* NJW 1970, 681, 682; *Böttcher* Rpfleger 1983, 49, 50.
15 RGZ 148, 105, 110; *Scholz* NJW 1960, 1837; *Denck* JuS 1981, 9, 12; *Beer* S 180 ff.
16 BGHZ 19, 355, 359; 40, 156, 160; 56, 173, 176; 56, 228, 230; 70, 299, 303; RGZ 136, 395, 399; OLG Hamburg MDR 1962, 405; OLG Hamm DNotZ 1988, 631, 634; *Ruhwedel* JuS 1980, 161, 162; *Huber* NJW 1968, 1905; *Furtner* NJW 1966, 182, 186; BGB-RGRK-*Weber* § 399 Rn 13; *Böttcher* Rpfleger 1983, 49, 51.
17 OLG Köln RNotZ 2004, 263; BayObLG DNotZ 1999, 736.
18 OLG München JFG 16, 291, 295; OLG Stuttgart OLGZ 1965, 96; OLG Hamm NJW 1968, 1289; OLG Köln DNotZ 1970, 419, 422; *Baur-Stürner*, Sachenrecht, § 4 IV.
19 *Raebel* in *Lambert-Lang/Tropf/Frenz* Teil 5 Rn 88–93; *Böttcher* Rpfleger 1983, 49, 51; *Ruhwedel* JuS 1980, 161, 162; *Däubler* NJW 1968, 1117, 1121.
20 KGJ 52, 128; BGB-RGRK-*Augustin* § 878 Rn 24, § 892 Rn 101.
21 RGZ 76, 91; 106, 113; KGJ 49, 189; *Böttcher* Rpfleger 1983, 49, 51.

tenden zurückfällt oder erlischt, wenn der Erwerber darüber verfügt.[22] Auch wenn dadurch die Möglichkeit zur Verfügung mit dinglicher Wirkung begrenzt bzw ausgeschlossen werden kann, ist darin kein Verstoß gegen § 137 S 1 BGB zu sehen, da es sich beim **auflösend bedingten Rechtsübergang** um eine vom Gesetz ausdrücklich zugelassene Möglichkeit der Rechtsbegrenzung handelt, während § 137 S 1 BGB im Gegensatz dazu nur den rechtsgeschäftlichen Ausschluss der Verfügungsbefugnis verhindern will.

17   **d) Verpfändung.** Eine weitere, und zwar sehr gebräuchliche Möglichkeit, auf juristischen »Umwegen« zu den Wirkungen einer Verfügungsbeeinträchtigung zu gelangen, ist in der Grundbucheintragung einer Verpfändung eines übertragbaren Rechtes zu sehen.[23] Nach § 1276 BGB kann ein verpfändetes Recht nur mit Zustimmung des Pfandgläubigers durch Rechtsgeschäft aufgehoben oder in einer das **Pfandrecht** beeinträchtigenden Weise geändert werden. Die Verpfändung lässt daher eine veränderte Rechtslage entstehen, und zwar dergestalt, dass nunmehr das verpfändete Recht von seinem Inhaber nicht mehr für sich ausgeübt werden kann, solange das Pfandrecht besteht. Eine Verfügung ohne Zustimmung des Pfandgläubigers wäre diesem gegenüber relativ unwirksam.[24]

18   Neben der Möglichkeit der rechtsgeschäftlichen Verpfändung (§ 1274 BGB) kann ein Pfandrecht auch entstehen kraft Gesetzes (zB §§ 233, 1287 BGB) oder auf Grund gerichtlicher Pfändung (§§ 829, 830, 848, 857, 859 ZPO). Beim Pfandrecht handelt es sich jedoch keineswegs um eine Verfügungsbeeinträchtigung, sondern um ein **dingliches Recht.**[25] Ebenso wie ein Pfandrecht an einer beweglichen Sache aus dem Eigentumsrecht abgespaltene Befugnisse enthält, hat ein Pfandrecht an einem Recht aus diesem die ausgegliederte Verwertungsbefugnis zum Inhalt.[25] Auch hier erweist sich die Unterscheidung von Verfügungsmacht und Verfügungsbefugnis terminologisch als sehr nützlich.

19   Die Verfügungsbeeinträchtigungen unterscheiden sich von dinglichen Rechten an fremden Gegenständen, wie dem Pfandrecht, dadurch, dass der davon Betroffene gehindert ist, seine Verfügungsmacht (= Rechtsinhaberschaft), die ihm an sich unbegrenzt zusteht, auszuüben, weil seine Verfügungsbefugnis beeinträchtigt ist; durch das Bestehen eines dinglichen Rechts, hier des Pfandrechts, an fremden Gegenständen ist die **Verfügungsmacht** des Betroffenen daran entsprechend vermindert, trotzdem steht ihm aber über ein so vermindertes Recht die volle Verfügungsbefugnis zu. Während also das Pfandrecht bei der Komponente Verfügungsmacht von Bedeutung ist, spielt eine Verfügungsbeeinträchtigung nur für die Verfügungsbefugnis eine Rolle.

20   Vom Pfandrecht zu unterscheiden ist die gerichtliche **Pfändung** (§ 829 ZPO), die sich als Entstehungstatbestand des Pfandrechts darstellt. Zivilrechtlich enthält die Pfändung ein **Verfügungsverbot** gemäß §§ 136, 135, 888 Abs 2 BGB.

21   **e) Vormerkung.** Das Eigentum an einem Grundstück kann wegen § 925 Abs 2 BGB nicht auflösend bedingt übertragen werden. Jedoch kann vereinbart werden, dass dem Veräußerer ein Rücktrittsrecht zusteht, dh er ist gemäß § 137 S 2 BGB schuldrechtlich berechtigt, die Rückübertragung des Grundbesitzes zu verlangen, wenn der Erwerber ohne Zustimmung darüber verfügt. Ein dadurch **bedingter Rückauflassungsanspruch** kann durch Eintragung einer Vormerkung nach § 883 Abs 1 S 2 BGB dinglich abgesichert werden.[27] Darin ist auch keine unzulässige Umgehung von § 137 S 1 BGB zu sehen, da es sich um eine rechtliche Gestaltungsmöglichkeit handelt, die das Gesetz zur Verfügung stellt, um dem Erwerber einer Sache eine wirksame Weiterverfügung über sie zu verwehren. Weder der Wortlaut noch der Sinn und Zweck des § 137 S 1 BGB sind verletzt. Vereinbart wurde nämlich weder ein Anspruch auf Unterlassung einer Verfügung, der nicht vormerkungsfähig wäre, noch wurde die Verfügung über den Grundbesitz untersagt; ein Rücktrittsrecht vom Übereignungsvertrag setzt bereits begrifflich voraus, dass über das Grundstück verfügt werden kann.

---

22   BayObLG NJW 1978, 700, 701; OLG Düsseldorf OLGZ 1984, 90, 91; *Palandt-Heinrichs* § 137 Rn 3; *Bülow* JuS 1994, 1, 5; *Timm* JZ 1989, 13; *Kohler* DNotZ 1989, 339; *Furtner* NJW 1966, 184; *Schlosser* NJW 1970, 682; *Haegele* Rpfleger 1969, 266, 271; *Pikalo* DNotZ 1972, 644, 651; *Böttcher* Rpfleger 1983, 49, 51; **aA** *Flume* Allgem Teil des Bürgerlichen Rechts, Band II, § 17 Nr 7.

23   OLG Düsseldorf RNotZ 2004, 230; RGZ 83, 434; 90, 232; BayObLGZ 1959, 50, 56 = Rpfleger 1960, 157; MüKo-*Wacke* § 892 Rn 65; nicht richtig ist die Aussage des LG Hamburg (Rpfleger 1982, 142), dass die Verpfändung zu einer Verfügungsbeschränkung führt.

24   BGH NJW 1967, 200, 201; BayObLGZ 1959, 50, 57; 1967, 295; *Staudinger-Gursky* § 892 Rn 227; *Böttcher* Rpfleger 1983, 49, 51.

25   RGZ 90, 232, 237; BGB-RGRK-*Augustin* § 878 Rn 25; *Böttcher* Rpfleger 1983, 49, 51.

26   *Böttcher* aaO.

27   BGH FGPrax 1997, 46 = Rpfleger 1997, 208 = MittRhNotK 1997, 82; BayObLGZ 1977, 268, 273 = NJW 1978, 700, 701; BayObLG DNotZ 1978, 287, 294 = DNotZ 1979, 27; BayObLG DNotZ 1989, 370, 373; OLG Zweibrücken OLGZ 1981, 167; OLG Düsseldorf OLGZ 1984, 90; OLG Köln MittRhNotK 1995, 100; OLG Hamm DNotZ 1978, 356; *Staudinger-Gursky* § 883 Rn 180; *Merrem* JR 1993, 53, 57; *Kohler* DNotZ 1989, 339, 343; *Pikalo* DNotZ 1972, 644, 651; *Furtner* NJW 1966, 182, 184; *Schlosser* NJW 1970, 681, 682; *Böttcher* Rpfleger 1983, 49, 51; **aA** *Timm* JZ 1989, 13, 21.

Die Vormerkung ist **keine Verfügungsbeeinträchtigung**,[28] auch wenn § 883 Abs 2 BGB der Wirkung nach   **22**
darauf schließen lässt. Sie richtet sich jedoch nicht gegen die Verfügungsbefugnis, sondern soll die Verwirklichung des schuldrechtlichen Anspruchs sichern und den Rang wahren. Weiterhin spricht gegen die Annahme einer Verfügungsbeeinträchtigung die Tatsache, dass eine Vormerkung nur schuldrechtliche Ansprüche sichern kann, aber eine Verfügungsbeeinträchtigung auch für dingliche Rechte in Frage kommt. Außerdem erklärt § 888 Abs 2 BGB den Verwirklichungsanspruch des Vormerkungsberechtigten für entsprechend anwendbar auf Veräußerungsverbote, sodass die Vormerkung nicht selbst ein solches sein kann.

f) Rechtshängigkeit. Strittig ist die Frage, ob die Rechtshängigkeit eines Zivilprozesses (§ 261 ZPO) eine   **23**
Verfügungsbeeinträchtigung darstellt. Grundsätzlich hat die Veräußerung eines im Streit befangenen Grundstücks keinen Einfluss auf den Fortgang des Zivilprozesses (§§ 265, 266 ZPO); ein rechtskräftiges Urteil wirkt nach § 325 Abs 1 ZPO aber auch für und gegen die Personen, die nach Eintritt der Rechtshängigkeit Rechtsnachfolger einer Partei geworden sind. In Ausnahme davon wirkt das zwischen den Prozessparteien ergangene Urteil nicht gegen einen gutgläubigen Erwerber des Grundstücks (§ 325 Abs 2 ZPO). Eine Meinung besagt, dass die Rechtshängigkeit als Verfügungsbeeinträchtigung anzusehen sei.[29] Dem muss widersprochen werden. Die Rechtshängigkeit stellt rechtlich **keine Verfügungsbeeinträchtigung** dar, wie sich eindeutig aus § 265 Abs 1 ZPO ergibt, auch wenn – wirtschaftlich gesehen – dies die Folge sein kann. Daran ändert auch nichts der Umstand, dass ein Rechtshängigkeitsvermerk praeter legem im Grundbuch eingetragen werden kann, da dies nur dem Schutz gegen § 325 Abs 2 ZPO, § 892 Abs 1 S 2 BGB dient.[30] Zu Lasten eines Grundstücks kann ein Rechtshängigkeitsvermerk dann nicht eingetragen werden, wenn mit der zugrunde liegenden Klage nur ein Anspruch auf Übereignung geltend gemacht wird.[31]

5. Arten von Verfügungsbeeinträchtigungen

a) Herkömmliche Einteilungen. In unserem Rechtssystem sind eine Vielzahl von Verfügungsbeeinträchti-   **24**
gungen zu finden, die verschiedene Rechtscharaktere haben, unterschiedliche Zwecke verfolgen und nach dem Entstehungstatbestand differenzierbar sind; demzufolge wird auch von der Literatur und Judikatur eine Einteilung dahingehend vorgenommen. Am häufigsten ist die **Unterscheidung zwischen absoluten und relativen Verfügungsbeeinträchtigungen**,[32] wobei erstere im öffentlichen Interesse oder aus Gründen des Gemeinwohls verhängt werden und daher gegen jedermann wirken und letztere nur den Schutz bestimmter Personen bezwecken, sodass sie ihre Wirkung auch nur diesen gegenüber entfalten. Diese auf dem Zweck und dem damit zusammenhängenden Rechtscharakter beruhende Differenzierung ist jedoch abzulehnen, da die Grenze zwischen relativen und absoluten Verfügungsbeeinträchtigungen flüssig ist und somit **untauglich** für die Rechtspraxis.[33] Die Konkurseröffnung (§ 6 KO) wurde zB als absolute[34] und relative[35] Verfügungsbeeinträchtigung beschrieben, was keine einheitliche Handhabung zur Folge haben kann. Aber auch die vom Gesetz vorgenommene Unterscheidung nach dem Entstehungsgrund (§§ 135–137 BGB), dh ein Abstellen auf gesetzliche, gerichtliche oder behördliche und rechtsgeschäftliche Verfügungsbeeinträchtigungen, ist praktisch ohne Bedeutung, da zum einen eine einheitliche Behandlung nicht besteht und zum anderen auch hier die Grenzen fließend sind: So wird zB die Testamentsvollstreckung (§ 2211 BGB) als rechtsgeschäftliche[36] und gesetzliche[37] Verfügungsbeeinträchtigung abgehandelt, aber auch die Abgrenzung zwischen gesetzlichen und behördlichen oder gerichtlichen Verfügungsbeeinträchtigungen ist vielfach unklar und streitig.[38] Wenn die Praxis und Lehre einerseits Einteilungen treffen, die wenig dienlich und praktikabel sind, so lassen sie sie andererseits dort vermissen, wo sie notwendig wären. Erstaunlicherweise wird nämlich zwischen privatrechtlichen und öffentlichrechtlichen Verfügungsbeeinträchtigungen nicht unterschieden,[39] obwohl diese Differenzierung unsere gesamte Rechtsordnung bestimmt (§ 13 GVG). Gerade in letzter Zeit wurde zB die Eintragungsfähigkeit der öffentlichrechtlichen

---

28 RGZ 113, 403, 408; *Staudinger-Gursky* § 883 Rn 190; BGB-RGRK-*Augustin* § 883 Rn 88; *Böttcher* Rpfleger 1983, 49, 53; **aA** *Knöpfle* JuS 1981, 157, 158.
29 BGB-RGRK-*Augustin* § 878 Rn 19; *Güthe-Triebel* Vorbem 81 zu § 13.
30 OLG Schleswig Rpfleger 1994, 455; OLG Zweibrücken Rpfleger 1989, 276; OLG Stuttgart OLGZ 1979, 300, 302; NJW 1960, 1109; OLG München NJW 1966, 1030; *Staudinger-Gursky* § 892 Rn 247; *Böttcher* Rpfleger 1983, 49, 52.
31 OLG Stuttgart Rpfleger 1997, 15; OLG Braunschweig MDR 1992, 74; *Schöner/Stöber* Rn 1653.
32 BGB-RGRK-*Augustin* § 878 Rn 21; *Demharter* § 22 Rn 52, 53.
33 *Böttcher* Rpfleger 1983, 49, 52; *Sieveking* DNotZ 1988, 785, 786; *Hügel* in *Hügel*, GBO, Verfügungsbeeinträchtigungen, Rn 7; kritisch dazu *Raebel* in *Lambert-Lang/Tropf/Frenz* Teil 5 Rn 151.
34 RGZ 157, 295; *Böttcher* Rpfleger 1983, 187.
35 OLG OLGE 14, 72, 73; *Haegele* RpflJB 1972, 273, 289; *Beer* S 175 f.
36 BGB-RGRK-*Augustin* § 878 Rn 23.
37 *Haegele* RpflJB 1972, 273, 289.
38 *Güthe-Triebel* Vorbem zu § 13 Rn 69.
39 Anders erfreulicherweise *Kohler* in *Bauer/von Oefele* AT VIII.

Verfügungsbeeinträchtigungen wieder zur Diskussion gestellt,[40] die sich von der bei privatrechtlichen Verfügungsbeeinträchtigungen wesentlich unterscheidet.

25 **b) Öffentlich-rechtliche Verfügungsbeeinträchtigungen.** Der Oberbegriff der Verfügungsbeeinträchtigungen lässt sich zunächst einmal in solche öffentlich-rechtlicher Art und solche privatrechtlicher Art aufgliedern. Diese Aufteilung ist schon deshalb erforderlich, weil sich die öffentlich-rechtlichen Genehmigungen als staatliche Hoheitsakte nicht mit den privatrechtlichen Genehmigungen der §§ 182 ff BGB vergleichen lassen; erstere werden nämlich nicht zum Bestandteil des genehmigten Rechtsgeschäfts, sondern treten vom öffentlichen Recht aus an das in sich geschlossene private Rechtsgeschäft heran.[41] Die Unterscheidung von öffentlichem und privatem Recht ist wissenschaftlich immer noch nicht abschließend geklärt, obwohl sie von großer Bedeutung ist, wie auch das vorliegende Problem zeigt. Zu Recht erklärt daher die heute herrschende »Subjekts- oder Zuordnungs-Theorie« Rechtsverhältnisse dann als öffentlich-rechtlich, wenn sie sich aus einer Norm ergeben, die nicht jedermann verpflichten oder berechtigen kann, sondern notwendig nur ein Subjekt, das Träger hoheitlicher Gewalt ist; Privatrecht liegt vor bei Rechtssätzen, die für alle Rechtspersonen gelten oder Tatbestände verwirklichen, die von jedermann ebenso verwirklicht werden könnten.[42] Demzufolge sind die folgenden Verfügungsbeeinträchtigungen öffentlich-rechtlicher Natur.

26 Diese Randnummern entfallen.

27 **aa) Verfügungsbeeinträchtigungen nach BauGB[43].** **(1) § 51 Abs 1.** Für Grundstücke, die im **Umlegungsgebiet** liegen, besteht eine Verfügungsbeschränkung bezüglich **Teilung** und jeder **sonstigen Verfügung** über das Grundstück oder Rechte am Grundstück gemäß § 51 Abs 1 BauGB. Die Verfügungen bedürfen behördlicher Genehmigung, ohne die sie unwirksam sind. Der Umlegungsvermerk wird gemäß § 54 Abs 1 S 2 BauGB in das GB eingetragen. Die Eintragung ist deklaratorisch, nicht konstitutiv. Die Nichteintragung führt nicht dazu, dass die Verfügung einem Gutgläubigen gegenüber ohne die behördliche Genehmigung wirksam wäre. § 892 Abs 1 S 2 BGB findet hierauf keine Anwendung, auch § 878 BGB nicht. Ohne die behördliche Genehmigung ist das GB gesperrt.

28 **(2) § 144.** Nach § 144 BauGB bedürfen bei Grundstücken, die im **Sanierungsgebiet** liegen, Veräußerung und Belastung, Bestellung und Veräußerung eines Erbbaurechts sowie die Teilung des Grundstücks der behördlichen Genehmigung, ohne die absolute Unwirksamkeit besteht. Eine entsprechende Regelung besteht nach § 169 Abs 1 Nr 3 BauGB für Grundstücke im städtebaulichen **Entwicklungsbereich.** Ein **Sanierungsvermerk** ist gemäß § 143 Abs 2 BauGB in das GB einzutragen; er hat deklaratorische Wirkung, und seine Nichteintragung beseitigt auch einem Gutgläubigen gegenüber nicht die Genehmigungspflicht und den Schwebezustand, der im Fehlen der Genehmigung besteht. Dasselbe gilt für den **Entwicklungsvermerk** gemäß § 165 Abs 9 BauGB, sofern die Gemeinde Genehmigungspflichten nach § 144 BauGB beschlossen hat. Ohne die Genehmigung besteht eine Sperre des GB. § 878 BGB ist nicht anwendbar.

29 **bb) Verfügungsbeeinträchtigungen nach GrdstVG[44].** Nach § 2 Abs 1 GrVG bedarf die **Veräußerung** der in § 1 Abs 2 und Abs 3 GrVG genannten Grundstücke behördlicher Genehmigung, ohne die Unwirksamkeit besteht. Der Veräußerung steht die Veräußerung eines Miteigentumsanteils gleich (Abs 2 Ziff 1). Dasselbe gilt für die Veräußerung eines Erbteils an einen Dritten (Nicht-Miterben), wenn der Nachlass im Wesentlichen aus einem land- oder forstwirtschaftlichen Betrieb besteht (Abs 2 Ziff 2), und für die Bestellung eines **Nießbrauchs** (Abs 2 Ziff 3). Diese unmittelbar auf dem Gesetz beruhenden Verfügungsbeschränkungen gelten ohne Eintragung im GB und sind auch **nicht eintragungsfähig.** Das Fehlen der erforderlichen Genehmigung sperrt das GB.

30 **cc) Verfügungsbeeinträchtigungen nach FlurbG[45].** Hat der Eigentümer eines Grundstücks, das von einem Flurbereinigungsverfahren betroffen ist, eine **Abfindung** in Geld erhalten, mit der er einverstanden war, so besteht ein Verbot gegen ihn, das Grundstück zu **veräußern** oder zu **belasten** (§§ 51, 53 FlurberG). Auf Ersuchen der Flurbereinigungsbehörde ist dieses Verbot in das GB einzutragen. Die Eintragung wirkt **deklaratorisch,** nicht konstitutiv. Das Verfügungsverbot besteht nur zugunsten der Gemeinschaft der Teilnehmer am Flurbereinigungsverfahren, hat mithin keine absolute, sondern lediglich **relative Wirkung** (§§ 52 Abs 3 FlurberG, 136 BGB). Es bewirkt daher, wenn eingetragen, keine Sperre des GB. Bis zur Eintragung ist das GB wegen der Möglichkeit gutgläubigen Erwerbs (mit der Folge, dass der Erwerber die Zahlung der Abfindung

---

40 Vgl dazu *Meikel-Böhringer* Einl A Rdn 51 ff; *Meikel-Böttcher* Einl B Rdn 14.
41 *Haegele* Die Beschränkungen im Grundstücksverkehr, Einl § 1 I Fn 1; *Böttcher* Rpfleger 1983, 49, 53.
42 *Böttcher* Rpfleger 1983, 49, 53.
43 Ausführlich dazu: *Schöner/Stöber* Rn 3814 ff.
44 Ausführlich dazu: *Schöner/Stöber* Rn 3924 ff.
45 Ausführlich dazu: *Schöner/Stöber* Rn 4030 ff.

gegen sich nicht gelten zu lassen braucht) gesperrt, sofern dem GBA das Verfügungsverbot, also die Tatsache der Abfindungszahlung, bekannt ist.

dd) Verfügungsbeeinträchtigungen nach BVersG und RVO[46]. Die Verfügungsbeschränkungen der §§ 75 **31** BVersG und 610 Abs 2 RVO dienen der Sicherung der bestimmungsgemäßen Verwendung einer Kapitalabfindung, liegen damit im öffentlichen Interesse und wirken gegen **jedermann** von ihrer **konstitutiven Eintragung** an (ex nunc). Diese Verfügungsbeschränkungen sind **zeitlich begrenzt**. Die Dauer beträgt höchstens 5 Jahre. Sie bedarf der Eintragung in das GB. Ein Berechtigter ist in der Eintragung nicht anzugeben. Die Eintragung erfolgt auf Ersuchen der Behörde (§ 38) ohne Zustimmung des Eigentümers, nicht von Amts wegen. Die Verfügungsbeschränkung kann zu Lasten eines mit der Kapitalabfindung erworbenen oder wirtschaftlich gestärkten Grundstücks eingetragen werden. Steht dem Abfindungsberechtigten und seinem Ehegatten das Eigentum zu Bruchteilen zu, so kann die Verfügungsbeschränkung nur zu Lasten des Miteigentumsanteils des Abfindungsberechtigten eingetragen werden.

Diese Verfügungsbeschränkungen bewirken eine Sperre des GB, solange nicht die **Genehmigung** der Behörde **32** in der Form des § 29 nachgewiesen ist. Sie wirken auch gegenüber Maßnahmen der Zwangsvollstreckung und der Arrestvollziehung. Wird ohne Vorliegen der Genehmigung eine gegen das Verbot verstoßende Verfügung, insbesondere ein nicht genehmigter Eigentumswechsel, in das GB eingetragen, so ist dieses unrichtig. Ein Amtswiderspruch (§ 53) ist einzutragen. Eine nachträglich erteilte Genehmigung heilt den Mangel.

ee) Verfügungsbeeinträchtigungen nach VAG. Nach § 72 Abs 1 VAG ist der **Deckungsstock** inländischer **33** Versicherungsunternehmen so sicherzustellen, dass **Verfügungen** darüber nur mit Zustimmung des gemäß §§ 70, 71 VAG bestellten Treuhänders möglich sind. Bei ausländischen Versicherungsunternehmen tritt das Bundesaufsichtsamt an die Stelle des Treuhänders (§ 110 Abs 2 VAG). Diese Verfügungsbeschränkungen sind gemäß Rundschreiben des Reichsaufsichtsamtes für Privatversicherung vom 30.05.1933 (Veröffentlichungen 1933, 182) in das GB einzutragen, soweit zum Deckungsstock inländische Grundstücke, Buchhypotheken, Grund- oder Rentenschulden gehören. Da das Rundschreiben auf gesetzlicher Ermächtigung beruht, sind die Verfügungsbeschränkungen als gesetzliche, nicht behördliche anzusehen. Ihre Eintragung ist als gesetzlich vorgeschrieben zu betrachten.[47]

Die Verfügungsbeschränkung entsteht mit **Zuführung** des betreffenden Gegenstandes **zum Deckungsstock,** **34** nicht erst mit Eintragung. Diese ist stets **deklaratorisch** und erfolgt auf Antrag und Bewilligung des Eigentümers, der dem Versicherungsunternehmen ein zum Deckungsstock gehöriges Recht bestellt oder Eigentum übertragt, und zwar zugleich mit der Eintragung des betreffenden Rechtserwerbs.[48] Antragsberechtigt sind auch das Versicherungsunternehmen und der Treuhänder. Auch kann das Bundesaufsichtsamt um Eintragung ersuchen. Wird die Eintragung nachträglich vorgenommen, so muss die Zugehörigkeit zum Deckungsstock in der Form des § 29 nachgewiesen werden,[49] wozu aber eine entsprechende Geständniserklärung des Versicherungsunternehmens genügt.

Wird der **Nachweis** der Zugehörigkeit zum Deckungsstock auf andere Weise geführt, so bedarf es zur Eintra- **35** gung der Verfügungsbeschränkung keiner Bewilligung des Versicherungsunternehmens (als Eigentümer des Grundstücks oder Hypothekengläubiger). Der Sperrvermerk beschränkt sich dem Wortlaut nach darauf, dass nicht ohne Zustimmung des Treuhänders verfügt werden darf. Der Name des Treuhänders braucht nicht genannt zu werden.[50] Durch bloße Bezugnahme auf eine Eintragungsbewilligung kann die Eintragung nicht bewirkt werden.[51]

Die Verfügungsbeschränkungen aus §§ 72 Abs 1, 110 Abs 1 VAG haben **absolute Wirkung,** da sie eine **36** Schmälerung des Deckungsstocks verhindern sollen, die nicht vom Kontrollorgan (Treuhänder bei inländischen, Bundesaufsichtsamt bei ausländischen Versicherern) gebilligt worden ist. Die Regelung dient zwar der wirtschaftlichen Sicherung der Versicherten wegen deren künftiger Ansprüche gegen den Versicherer; damit ist aber nicht zu begründen, dass die Verfügungsbeschränkung nur relativ wirke.[52] Denn nicht konkrete Ansprüche bestimmter Personen oder eines auch nur annähernd bestimmbaren Personenkreises werden geschützt, sondern die generelle Leistungsfähigkeit, also das Vermögen des Versicherers im Interesse der gegenwärtigen und zukünftigen Versicherten, und zwar in ihrem wirtschaftlichen, nicht rechtlichen Interesse, erhalten werden. Die

---

46 Ausführlich dazu: *Wolber* Rpfleger 1978, 433 und 1982, 210.
47 KG JW 1934, 1126, 1367; LG Hamburg JW 1934, 3153.
48 LG Koblenz DNotZ 1971, 97 = Rpfleger 1971, 22.
49 BayObLGZ 1964, 394 = NJW 1965, 538 = DNotZ 1965, 684.
50 LG Berlin JW 1934, 626.
51 LG Bonn MittRhNotK 1978, 41.
52 *Raebel* in *Lambert-Lang/Tropf/Frenz* Teil 5 Rn 344; *Sieg* VersR 1990, 469; *Blomeyer* FS Hirsch (1968), 25, 37 ff; **aA** KG JW 1934, 1126, 1367; JFG 11, 321; *Schöner/Stöber* Rn 4065.

Annahme relativer Unwirksamkeit ist indessen nur im Hinblick auf den Schutz von Rechten bestimmter Personen in einem konkreten Verfahren gerechtfertigt, aber nicht dann, wenn es sich um die dauernde Vermögenserhaltung eines Rechtsträgers im Interesse eines unbestimmten Personenkreises handelt. Auch der Umstand, dass gemäß § 73 Abs 3 VAG eine GB-Eintragung, die von der Beschränkung betroffen ist, nur gegen Nachweis der Genehmigung zulässig ist (GB-Sperre ohne Genehmigung), spricht gegen die Annahme lediglich relativer Unwirksamkeit. Vor Eintragung der Verfügungsbeschränkung ist ein **gutgläubiger Erwerber** nach § 892 Abs 1 S 2 BGB geschützt. Auch § 878 BGB ist anwendbar, wenn die Zuführung zum Deckungsstock nach bindend gewordener Einigung und Antragstellung stattfindet.

37 Das GBA kann den **Nachweis** der **Zustimmung** des Treuhänders nur dann verlangen, wenn ihm die Zugehörigkeit des Gegenstandes der Verfügung zum Deckungsstock positiv bekannt oder die Beschränkung eingetragen ist. Einen Negativnachweis bei jeglicher Verfügung eines Versicherungsunternehmens kann das GBA dagegen nicht fordern.

38 Eine Eintragung **ohne** die erforderliche **Genehmigung** macht das GB unrichtig, sodass gemäß § 53 ein Amtswiderspruch einzutragen ist.

39 **ff) Verfügungsbeeinträchtigungen nach InvestmentG.** Kapitalanlagegesellschaften dürfen nur mit Zustimmung der von ihr beauftragten Depotbank die zu ihrem Immobilien-Sondervermögen gehörende Grundstücke, Erbbaurechte und Eigentumswohnungen veräußern oder belasten (§ 27 Abs 1 Nr 3, § 76 InvestmentG). Solange die Verfügungsbeeinträchtigung nicht im Grundbuch eingetragen ist, bleibt gutgläubiger Erwerb nach § 892 BGB möglich.

40 **gg) Verfügungsbeeinträchtigungen nach StPO. (1) §§ 290 Abs 1, 443 Abs 1.** Die gerichtlich angeordnete **Vermögensbeschlagnahme** führt mit der Bekanntmachung im Bundesanzeiger zum Verlust des Verfügungsrechtes des Angeklagten (§§ 290 Abs 1, 443 Abs 3 StPO). Infolgedessen sind seine Verfügungen anfänglich unwirksam gegenüber jedermann. Die Beschlagnahme bewirkt eine Sperre des GB. Die Verfügungsbeschränkung entsteht außerhalb des GB; eine **Eintragung** ist mangels entsprechender Vorschrift **nicht zulässig.**[53] »Mit der Warn- und Schutzfunktion« des GB ist sie nicht zu rechtfertigen, da auch der nicht Gewarnte (vor Eintragung) nicht gutgläubig erwirbt.

41 **(2) § 111c Abs 2.** Die **Beschlagnahme von Einzelgegenständen** wird mit Eintragung im GB wirksam, soweit das Eigentum an einem Grundstück oder ein Grundstücksrecht betroffen ist. § 111c Abs 5 legt der Beschlagnahme nur die Wirkung eines **relativen** Veräußerungsverbotes nach § 136 BGB,[54] wie im Falle der Zwangsversteigerungsvermerks, bei. Deshalb entsteht keine GB-Sperre wie bei der Vermögensbeschlagnahme. Gutglaubensschutz kommt nicht in Betracht, weil die Beschränkung vor Eintragung nicht wirksam ist. Deshalb ist auch § 878 BGB nicht anwendbar.

42 **hh) Verfügungsbeeinträchtigungen nach StGB. (1) Verfall nach § 73e Abs 1 S 1.** Der Verfall des aus einer strafbaren Handlung erlangten Vorteils bewirkt, wenn die Anordnung rechtskräftig geworden ist, nicht den Verlust des Verfügungsrechtes, sondern des **Rechtes selbst,** das auf den Staat **übergeht** (§ 73e Abs 1 S 1 StGB). Vor Eintritt der Rechtskraft jedoch wirkt die Anordnung gemäß § 73e Abs 2 StGB wie ein **Veräußerungsverbot** nach § 136 BGB. Die Wirkung ist daher **relativ;** eine GB-Sperre besteht nach der Eintragung der Verfallanordnung nicht. Der Gutgläubige ist geschützt. Die Eintragung der Anordnung wirkt deklaratorisch, nicht konstitutiv.

43 **(2) Einziehung nach § 74 Abs 1.** Die Einziehung der producta et instrumenta sceleris gemäß § 74 Abs 1 StGB wirkt gemäß § 74e Abs 3 StGB vor Rechtskraft ebenfalls wie ein **Veräußerungsverbot** nach § 136 BGB. Dasselbe gilt für die Fälle der §§ 92b, 101 a, 109 k StGB. Es besteht keine Sperre des GB. Der Gutgläubige ist geschützt. Die Eintragung ist auch hier **deklaratorisch.**

44 **c) Privatrechtliche Verfügungsbeeinträchtigungen.** Die privatrechtlichen Verfügungsbeeinträchtigungen lassen sich einteilen in Verfügungsentziehungen, Verfügungsbeschränkungen und Verfügungsverbote.[55]

45 **aa) Verfügungsentziehungen.** Sie haben zur Folge, dass die Verfügungsbefugnis dem Inhaber der Verfügungsmacht völlig entzogen wird und auf einen Dritten übergeht (Insolvenzverwalter, Nachlassverwalter, Testamentsvoll-

---

53 KG Recht 1905, 1817; *Staudinger-Gursky* Vorbem zu § 873 Rn 81.

54 *Staudinger-Gursky* Vorbem zu § 873 Rn 82.

55 *Böttcher* Rpfleger 1983, 49, 53; dem folgend *Hügel* in *Hügel*, GBO, Verfügungsbeeinträchtigungen, Rn 3; *Nieder* in Würzburger Notarhandbuch Teil 2 Rn 80; *Kohler* in *Bauer/von Oefele* AT VIII (allerdings ohne die Urheberschaft des Verfassers zu nennen); *Kössinger* in *Bauer/von Oefele* § 19 Rn 177; *Keller* Grundstücke in Vollstreckung und Insolvenz, Rn 86.

Böttcher

strecker); es handelt sich daher um eine Trennung von Verfügungsmacht und Verfügungsbefugnis, sodass erstere weiterhin dem Rechtsinhaber zusteht und letztere einem Verwalter des Vermögens. Zu nennen sind:[56]
– **Insolvenzeröffnung** (§ 80 InsO);
– **Nachlassverwaltung** (§ 1984 BGB);
– **Testamentsvollstreckung** (§§ 2211, 2205 BGB).

Die **Insolvenzeröffnung über das Vermögen eines BGB-Gesellschafters** hat nach § 728 Abs 2 BGB die **46** Auflösung der Gesellschaft zur Folge. Dies führt zur Auseinandersetzung nach den allgemeinen Regeln des Gesellschaftsrechts, und zwar außerhalb des Insolvenzverfahrens (§ 84 Abs 1 InsO). Im Rahmen der danach vorzunehmenden Auseinandersetzung werden die Rechte des betroffenen Gesellschafters jedoch nicht mehr von diesem selbst, sondern vom Insolvenzverwalter wahrgenommen. Des Weiteren wird die Meinung vertreten, dass die Insolvenzeröffnung über das Vermögen eines Gesellschafters mit einer Verfügungsentziehung gegen die Gesellschaft selbst verbunden ist.[57] Dem kann nicht zugestimmt werden. Die Insolvenzeröffnung entzieht dem Gesellschafter die Befugnis, über sein gesamtes zur Insolvenzmasse gehörendes Vermögen zu verfügen (§ 80 InsO). Diese Verfügungsentziehung umfasst lediglich den zum Schuldnervermögen gehörenden Gesellschaftsanteil. Der insolvente Gesellschafter ist also nicht mehr befugt, zusammen mit den übrigen Gesellschaftern die Gesellschaft zu vertreten und über das Gesellschaftsvermögen zu verfügen. Dieser Ausschluss von der Vertretungsbefugnis ist zwar Folge der Insolvenzeröffnung über das Vermögen des Gesellschafters, er stellt aber **keine Verfügungsentziehung gegenüber der Gesellschaft** dar.[58] Verfügt der insolvente Gesellschafter weiter mit den übrigen Gesellschaftern über das Gesellschaftsvermögen, ist er insoweit Vertreter ohne Vertretungsmacht iSv § 177 BGB. Die Rechtswirksamkeit einer Verfügung über das Gesellschaftsvermögen ohne Mitwirkung des Insolvenzverwalters bestimmt sich damit nach den Vorschriften der §§ 177 ff BGB, nicht nach den Vorschriften über die Verfügungen Nichtberechtigter nach den §§ 81, 91 InsO oder §§ 185, 878 und 892 BGB.

Im **Insolvenzantragsverfahren** wurde die Möglichkeit eines Verfügungsverbots geschaffen (**§ 21 Abs 2 Nr 2, 1. Alt InsO**). Der im Gesetz gebrauchte Begriff ist jedoch sehr missverständlich. Hierbei handelt es sich nämlich gerade nicht um ein Verfügungsverbot, wie es im herkömmlichen Sinne verstanden wird. Anders als das Verfügungsverbot nach § 106 KO, welches unter die §§ 136, 135 BGB fiel,[59] führt das Verfügungsverbot nach § 21 InsO nicht nur zur relativen, sondern zur absoluten Unwirksamkeit der Schuldnerverfügung (§ 24 Abs 1, § 81 Abs 1 S 1 InsO) und fällt damit nicht unter die §§ 136, 135 BGB.[60] Die Verfügungsbefugnis des künftigen Insolvenzschuldners geht auf den vorläufigen Insolvenzverwalter über (§ 22 Abs 1 InsO), sodass entgegen dem gesetzlichen Terminus »Verfügungsverbot« eine **»Verfügungsentziehung«** vorliegt.[61] Die Anordnung der Verfügungsentziehung nach § 21 Abs 2 Nr 2, 1. Alt InsO setzt zwingend die gleichzeitige Anordnung der vorläufigen Insolvenzverwaltung, also die Bestellung eines vorläufigen Insolvenzverwalters voraus (§ 21 Abs 2 Nr 1 InsO). Während des Eröffnungsverfahrens muss nämlich ein Verfügungsbefugter vorhanden sein; der Schuldner kann es nicht mehr sein, da ihm die Verfügungsbefugnis entzogen wurde.[62]

bb) Verfügungsbeschränkungen. Die zweite Art der privatrechtlichen Verfügungsbeeinträchtigungen sind **48** die Verfügungsbeschränkungen. Sie haben keinen Entzug der Verfügungsbefugnis zur Folge, sondern belassen dem Inhaber der Verfügungsmacht grundsätzlich auch die Verfügungsbefugnis, schränken diese jedoch insoweit ein, als für bestimmte Verfügungen die »Zustimmung« oder »Einwilligung« eines Dritten verlangt wird. Eine völlige Trennung von Verfügungsmacht und Verfügungsbefugnis liegt in diesem Fall nicht vor. Die Beschränkung der Verfügungsbefugnis kann vertraglich erfolgen:
– § 5 ErbbauRG
– § 12 WEG
– § 35 WEG
oder gesetzlich geregelt sein:
– § 1365 BGB
– §§ 1423–1425 BGB
oder durch das (Insolvenz-)Gericht angeordnet werden:
– § 21 Abs 2 Nr 1[63] und Nr 2, 2. Alt InsO.

---

56 *Böttcher* aaO.
57 OLG Zweibrücken Rpfleger 2001, 406 = FGPrax 2001, 177.
58 OLG Rostock Rpfleger 2004, 94; OLG Dresden RNotZ 2003, 124 = NotBZ 2003, 159; LG Neuruppin ZfIR 2002, 943; *Keller* NotBZ 2001, 397; **aA** LG Duisburg Rpfleger 2006, 465 mwN.
59 *Steder* ZiP 1996, 1072 mwN.
60 Begr zu § 92 RegE (BR-Drucks 1/92 S 135, 136), abgedruckt in *Uhlenbruck* Das neue Insolvenzrecht, S 395; MüKo-*Haarmeyer* § 21 InsO Rn 55; *Nerlich-Römermann-Mönning* § 21 InsO Rn 50; *Bachmann* Rpfleger 2001, 105, 106; *Bork* Einführung in das neue Insolvenzrecht, Rn 106; **aA** *Smid* WM 1995, 787.
61 Ebenso *Bachmann* Rpfleger 2001, 105.
62 *Nerlich-Römermann-Mönning* § 21 InsO Rn 53–55, § 22 Rn 39; *Kübler-Prütting-Pape* § 23 InsO Rn 1.
63 Vgl OLG Frankfurt NotBZ 2007, 26.

49 **cc) Verfügungsverbote.** Einen Sonderfall der Verfügungsbeeinträchtigungen stellen die sog. Verfügungsverbote dar. Das Gesetz verwendet zwar nur den Ausdruck »Veräußerungsverbote« (§ 23 Abs 1 S 1 ZVG, §§ 135–137 BGB), aber richtiger ist es, von »Verfügungsverboten« zu sprechen (so auch § 21 Abs 2 Nr 2 InsO), da nicht nur die Veräußerung eines Gegenstandes, sondern auch seine Verpfändung oder sonstige Belastung Inhalt eines solchen Verbots sein kann (§ 938 Abs 2 ZPO).[64] Darunter fallen:[65]

– Verfügungsverbot auf Grund Beschlagnahme bei der Zwangsversteigerung bzw Zwangsverwaltung (§§ 19, 23, 146 ZVG)
– Verfügungsverbote auf Grund einstweiliger Verfügung (§§ 935, 938 ZPO)
– Verfügungsverbot auf Grund gerichtlicher Pfändung (§§ 829, 857 ZPO)
– Verfügungsverbot auf Grund gerichtlicher Anordnung im Insolvenzeröffnungsverfahren (§ 21 Abs 1 InsO).

6. Entstehen der Verfügungsbeeinträchtigungen

50 Nach der Systematik des Gesetzes (§§ 135–137 BGB) muss man für den Entstehungstatbestand der Verfügungsbeeinträchtigungen eine Unterscheidung dahingehend treffen, ob sie auf einer gesetzlichen Norm, gerichtlichen Anordnung oder rechtsgeschäftlichen Vereinbarung beruhen.[66]

51 **a) Gerichtliche Anordnung.** Die Verfügungsbeeinträchtigungen, die auf einer gerichtlichen Anordnung beruhen, fallen unter **§ 136 BGB**. Zu ihrer Entstehung bedürfen sie nicht der Eintragung im Grundbuch, denn § 873 BGB bezieht sich nur auf Rechte an Grundstücken und Rechte an Grundstücksrechten. Eine Eintragung zum Ausschluss des guten Glaubens (§ 892 Abs 1 S 2 BGB) ist lediglich Grundbuchberichtigung (§ 22 GBO). Zu nennen sind: Verfügungsbeeinträchtigungen im Insolvenzeröffnungsverfahren (§ 21 Abs 1 InsO iVm §§ 136, 135 BGB; § 21 Abs 2 Nr 2 iVm Nr 1 InsO), Beschlagnahme in der Zwangsversteigerung bzw Zwangsverwaltung (§§ 20, 23, 146 ZVG), Verfügungsverbote auf Grund einstweiliger Verfügung (§ 937 Abs 1, § 938 Abs 2 ZPO) und die gerichtliche Pfändung (§§ 828, 829 ZPO).

52 **b) Rechtsgeschäftliche Vereinbarung.** Zur Begründung der in Ausnahme von § 137 S 1 BGB möglichen rechtsgeschäftlichen Verfügungsbeschränkungen nach § 5 ErbbauRG, §§ 12, 35 WEG sind die Erfordernisse zu erfüllen, die für eine Inhaltsänderung notwendig sind (§§ 877, 873 BGB), da sich die Verfügungsbeschränkungen als Inhalt des Erbbaurechts, Sondereigentums und Dauerwohnrechts darstellen. Voraussetzung für das Entstehen der Verfügungsbeschränkung nach § 5 ErbbauRG ist die **Einigung** der Vertragspartner und die **Eintragung im Grundbuch**; die Verfügungsbeschränkung des § 12 WEG wird durch gemeinschaftliche Vereinbarung der Eigentümer oder Teilungserklärung und Eintragung im Grundbuch begründet; die Verfügungsbeschränkung des § 35 WEG wird wiederum durch Einigung der Vertragsteile und Grundbucheintragung begründet.

53 **c) Gesetzliche Regelung.** Unklar ist zuweilen der Entstehungstatbestand der Verfügsbeeinträchtigungen bei der Testamentsvollstreckung (§§ 2211, 2205 BGB) und im ehelichen Güterrecht (§§ 1365, 1423–1425 BGB). Da die Testamentsvollstreckung in einer letztwilligen Verfügung (§ 2197 Abs 1 BGB), die Gütergemeinschaft in einem Ehevertrag (§ 1415 BGB) und die Zugewinngemeinschaft im Vertrag der Eheschließung ihren Ursprung haben, ist in diesen Fällen manchmal die Rede von daraus hervorgehenden rechtsgeschäftlichen Verfügungsbeeinträchtigungen.[67] Dem kann nicht zugestimmt werden; es stimmt zwar, dass die zugrunde liegenden Rechtsverhältnisse durch Rechtsgeschäfte geschaffen werden, aber die Beeinträchtigung der Verfügungsbefugnis beruht dann auf Gesetz.[68] Während bei den rechtsgeschäftlichen Verfügungsbeeinträchtigungen (§ 5 ErbbauRG, §§ 12, 35 WEG) diese selbst Gegenstand des Rechtsgeschäfts sind, ist dies bei den in Frage stehenden Verfügungsbeeinträchtigungen nicht der Fall, sondern sie sind nur die gesetzliche Folge der Eheschließung, des Ehevertrags und des Testaments. Ähnlich ist die Situation bei der Insolvenzeröffnung und Nachlassverwaltung: zwar ordnet das Gericht diese Verfahren an, sodass man der Meinung sein könnte, die daraus hervorgehenden Verfügungsbeeinträchtigungen beruhen auf gerichtlicher Anordnung; dem ist aber entgegenzuhalten, dass diese Behinderungen der Verfügungsbefugnis nur die Folge dieser Verfahren sind, dh sie entstehen kraft Gesetzes.[69]

---

64 *Böttcher* Rpfleger 1983, 49, 53; BGB-RGRK-*Krüger-Nieland-Zöller* § 135 Rn 2; *Bülow* JuS 1994, 1, 2; *Giesen* Jura 1990, 169, 170.
65 *Böttcher* aaO; *Staudinger-Gursky* § 892 Rn 226; *Bülow* JuS 1994, 1, 3; *Giesen* Jura 1990, 169, 171; *Ruhwedel* JuS 1980, 161, 165.
66 *Böttcher* Rpfleger 1983, 49, 54.
67 BGB-RGRK-*Augustin* § 878 Rn 23, § 892 Rn 100; *Furtner* NJW 1966, 182.
68 *Böttcher* Rpfleger 1983, 49, 54; *Güthe-Triebel* Vorbem zu § 13 Rn 66.
69 *Böttcher* aaO.

7. Eintragungsfähigkeit der Verfügungsbeeinträchtigungen

Eintragungsfähig sind alle privatrechtlichen Verfügungsbeeinträchtigungen, deren Eintragung entweder im **54** Gesetz ausdrücklich vorgeschrieben oder zugelassen ist oder deren Eintragungsfähigkeit sich auch ohne ausdrückliche Vorschriften daraus ergibt, dass das Gesetz an die Eintragung oder Nichteintragung eine Rechtswirkung knüpft.[70]

Vom **Gesetz** vorgeschrieben oder zugelassen ist die Eintragung bei folgenden Verfügungsbeeinträchtigungen: **55** Insolvenzeröffnung (§ 32 InsO), Verfügungsentziehung und Verfügungsbeschränkung im Insolvenzeröffnungsverfahren (§ 21 Abs 2 Nr 2, § 23 Abs 3, § 32 InsO),[71] Testmentsvollstreckung (§ 52 GBO), Zwangsversteigerung bzw Zwangsverwaltung (§§ 19, 146 ZVG), Verfügungsverbote auf Grund einstweiliger Verfügung (§ 941 ZPO). Die Eintragung eines Insolvenzvermerks in das Grundbuch, bei welchem der Schuldner als Miteigentümer in Gesellschaft bürgerlichen Rechts eingetragen ist, ist dann nicht zulässig, wenn das Insolvenzverfahren nicht über das Vermögen der Gesellschaft, sondern nur über das des Mitgesellschafters eröffnet worden ist;[72] Gleiches gilt für die Verfügungsbeeinträchtigungen des § 21 Abs 2 Nr 2 InsO im Eröffnungsverfahren zur Insolvenz.[73] Vorgeschrieben, da sogar konstitutiv, ist die Eintragung bei den vertraglich geregelten Verfügungsbeschränkungen (§ 5 ErbbauRG, §§ 12, 35 WEG) gemäß §§ 877, 873 BGB.

Gesetzlich nicht geregelt ist die Eintragungsfähigkeit der **Nachlassverwaltung**, des **Verfügungsverbots im** **56** **Insolvenzeröffnungsverfahren** (§ 21 Abs 1 InsO, §§ 136, 135 BGB) und der gerichtlichen **Pfändung**. Da aber das Gesetz an deren Nichteintragung die Möglichkeit des gutgläubigen Erwerbs knüpft (Nachlassverwaltung: § 1984 Abs 1 S 2 BGB, § 81 InsO; § 892 BGB; gerichtliche Pfändung: §§ 136, 135 Abs 2, § 892 BGB), muss auch von deren Eintragungsfähigkeit ausgegangen werden.[74] Die Eintragung dieser Verfügungsbeeinträchtigungen zerstört gemäß § 892 Abs 1 S 2 BGB den gutgläubigen rechtsgeschäftlichen Dritterwerb.

Nicht eintragungsfähig sind die gesetzlich geregelten Verfügungsbeschränkungen des ehelichen Güterrechts **57** (§§ 1365, 1423–1425 BGB), da dies weder im Gesetz vorgesehen ist noch an deren Nichteintragung sich ein gutgläubiger Erwerb anschließen kann; § 892 BGB ist in diesem Falle nicht anwendbar.[75]

8. Bedeutung der Verfügungsbeeinträchtigungen für das Grundbuchverfahren

Im Verfahren nach § 20 GBO hat der Grundbuchrechtspfleger von Amts wegen die **Verfügungsbefugnis** zu **58** prüfen und beim Verfahren gemäß § 19 GBO den verfahrensrechtlichen Parallelbegriff der Bewilligungsbefugnis.[76] Bei der Auflassung eines Grundstücks und im Fall der Bestellung, Inhaltsänderung oder Übertragung eines Erbbaurechts (§ 20 GBO) ergibt sich dies daraus, dass der Grundbuchrechtspfleger die materielle Einigung der Vertragsteile überprüfen muss. Zwar steht die Verfügungsmacht idR dem wahren Eigentümer oder Erbbauberechtigten zu, aber er muss nicht nur Rechtsinhaber sein, sondern auch verfügungsbefugt. Im Verfahren nach § 19 GBO ist man sich zwar einig, dass die **Bewilligungsbefugnis** geprüft werden muss, jedoch wird dies auf Grund der verschiedenen Ansichten über die Rechtsnatur der Bewilligung unterschiedlich begründet. Nach der früher hM ist die Bewilligung eine materielle Verfügung und kann daher nur vom Inhaber der Verfügungsbefugnis abgegeben werden.[77] Die heute hM[78] sieht zu Recht in der Bewilligung eine reine Verfahrenshandlung, was jedoch nicht ausschließt, dass auf die Regeln des materiellen Rechts über die Verfügungsbefugnis zurückgegriffen wird; die Bewilligungsbefugnis stellt sich nämlich als verfahrensrechtliches Gegenstück zur materiellen Verfügungsbefugnis dar.

Die Verfügungs- bzw Bewilligungsbefugnis muss grundsätzlich bis zur Vollendung des Rechtserwerbs vorlie- **59** gen, dh also idR **bis zur Eintragung**.[79] Maßgebend ist daher nicht der Zeitpunkt der Abgabe oder Grund-

---

70 *Böttcher* Rpfleger 1983, 49, 54; *Eickmann* GBVerfR, Rn 174; *Hügel* in *Hügel*, GBO, Verfügungsbeeinträchtigungen, Rn 8.
71 *Bachmann* Rpfleger 2001, 105, 108 f.
72 OLG Rostock Rpfleger 2004, 94; OLG Dresden RNotZ 2003, 124 = NotBZ 2003, 159; LG Neuruppin ZfIR 2002, 943; LG Leipzig Rpfleger 2000, 111; *Bauer* in *Bauer/von Oefele* § 38 Rn 70; *Keller* Rpfleger 2000, 201; **aA** LG Duisburg Rpfleger 2006, 465; LG Neubrandenburg NZI 2001, 325.
73 LG Frankenthal Rpfleger 2002, 72.
74 *Böhringer* BWNotZ 2002, 49, 52; *Bachmann* Rpfleger 2001, 105, 109; *Staudinger-Gursky* § 892 Rn 229; *Böttcher* Rpfleger 1983, 49, 54.
75 *Staudinger-Gursky* § 892 Rn 248, 249; *Eickmann* GBVerfR, Rn 164; *Böttcher* Rpfleger 1983, 49, 54.
76 BGHZ 35, 139 = Rpfleger 1961, 234; BayObLGZ 1969, 145 = Rpfleger 1969, 301; OLG Frankfurt NotBZ 2007, 26; *Eickmann* GBVerfR, Rn 87; *Böttcher* Rpfleger 1983, 49, 56.
77 Vgl noch BGHZ 30, 255; BayObLGZ 1954, 98.
78 BayObLG Rpfleger 1993, 189; OLG Hamm Rpfleger 1989, 148; OLG Düsseldorf Rpfleger 1981, 177; *Demharter* § 19 Rn 13; *Ertl* DNotZ 1964, 260; 1967, 339, 406; *Böttcher* Rpfleger 1983, 49, 56.
79 BGH NJW 1963, 36 = DNotZ 1963, 433; BayObLGZ 1954, 97, 99; Rpfleger 1980, 476; OLG Frankfurt NotBZ 2007, 26; Rpfleger 1980, 63; OLG Hamm DNotZ 1954, 209; *Böttcher* Rpfleger 1983, 49, 56.

buchvorlage der Bewilligung bzw Einigung, sondern der Zeitpunkt der Vollendung des Rechtserwerbs. Dies wird in den meisten Fällen der Grundbucheintrag sein, aber möglich ist auch ein Rechtserwerb außerhalb des Grundbuchs, zB bei Abtretung einer Briefhypothek; in diesem Fall ist die Übertragung mit Briefübergabe und Abtretungserklärung vollendet (§§ 398, 1154 Abs 1 S 1, 1. Hs BGB).

II. Verfügungsentziehungen

1. Materielle Rechtslage

60   **a) Begriff und Arten.** Die Wohl einschneidendste Maßnahme in den Vermögensbereich einer Person stellt eine Verfügungsentziehung [= VE] dar, die den völligen Verlust der Verfügungsbefugnis bedeutet. Durch die Anordnung einer Verfügungsentziehung im Insolvenzeröffnungsverfahren (vgl Rdn 47), die Insolvenzeröffnung [= IE], Anordnung der Nachlassverwaltung [= NV] oder Testamentsvollstreckung [= TV] wird dem (künftigen) Insolvenzschuldner bzw Erben die Befugnis, über die (künftige) Insolvenzmasse bzw den Nachlass zu verfügen, entzogen und dem (vorläufigen) Insolvenzverwalter, Nachlassverwalter oder Testamentsvollstrecker übertragen (§ 21 Abs 2 Nr 1 und 2, 1. Alt iVm § 22 Abs 1 Satz 1 InsO, § 80 InsO; § 1984 Abs 1 S 1, § 1985 Abs 1; § 2211 Abs 1, § 2205 S 2 BGB). Die Verfügungsmacht (Eigentümer- und Gläubigerrechte) bleibt jedoch unberührt, sodass Verfügungsbefugnis und Verfügungsmacht verschiedenen Personen zustehen. Im Verbraucherinsolvenzverfahren (§§ 311 ff InsO) ist der Treuhänder auch berechtigt, mit Grundpfandrechten belastete Grundstücke freihändig zu veräußern;[80] § 313 Abs 3 InsO untersagt dem Treuhänder lediglich die Einleitung der Zwangsversteigerung.

61   **b) Zeitpunkt des Wirksamwerdens.** Sowohl für § 878 BGB als auch für § 892 BGB ist der Zeitpunkt des Wirksamwerdens der VE sehr bedeutsam. Die IE wird wirksam mit dem im Beschluss genannten Zeitpunkt (§ 27 Abs 2 Nr 3 InsO; ist keine Zeit angegeben, gilt 12.00 Uhr mittags, § 27 Abs 3 InsO) und nicht etwa mit Zustellung oder Rechtskraft desselben.[81] Gleiches gilt für die VE im Insolvenzeröffnungsverfahren nach § 21 Abs 2 Nr 2, 1. Alt iVm Nr 1 InsO auf Grund der analogen Anwendung des § 27 InsO.[82] Die Anordnung der NV wird mit der Bekanntmachung an den oder die Erben wirksam (§ 16 FGG); für eine frühere Wirksamkeit wie bei der IE besteht hier keine zwingende Notwendigkeit.[83] Bei der TV erwirbt der Erbe die Verfügungsbefugnis überhaupt nicht, da die Entziehung schon mit dem Erbfall und nicht erst mit der Amtsannahme durch den Testamentsvollstrecker wirksam wird,[84] sonst könnte der Erbe durch Verfügungen den Erblasserwillen leicht vereiteln.

62   **c) Wirkungen. aa) Grundsatz der absoluten Unwirksamkeit.** Damit die (künftige) Insolvenzmasse bzw der Nachlass nicht durch Rechtshandlungen des (künftigen) Insolvenzschuldners bzw Erben beeinträchtigt wird, sind die nach dem Wirksamwerden der VE – ohne Einwilligung des Vermögensverwalters (§ 185 Abs 1 BGB) – vorgenommenen Verfügungen grundsätzlich **unwirksam.** Für die (VE im Insolvenzeröffnungsverfahren) IE ergibt sich dies aus (§ 24 Abs 1) § 81 Abs 1 S 1 InsO; diese Vorschrift wird durch § 91 Abs 1 InsO insoweit ergänzt, als danach allgemein der Rechtserwerb an Massegegenständen nach IE ausgeschlossen ist. Während sich bei der NV die Unwirksamkeit aus der entsprechenden Anwendung des § 81 Abs 1 InsO ergibt (§ 1984 Abs 1 S 2 BGB), ist diese Rechtsfolge bei der TV zwar nicht direkt aus dem Gesetzeswortlaut zu entnehmen, wird aber trotzdem zu Recht angenommen.[85]

63   Bei der **Verfügungsentziehung des § 21 Abs 2 Nr 2, 1. Alt InsO** fällt auf, dass § 24 Abs 1 InsO zwar auf § 81 InsO verweist, nicht jedoch auf § 91 InsO. Der Systemzusammenhang zwischen § 81 und § 91 InsO wird so gesehen, wie der zwischen § 7 und § 15 KO:[86] Liegt bei dem für das Immobiliarrecht typischen mehraktigen Verfügungstatbestand die Einigung vor, die Grundbucheintragung jedoch nach Insolvenzeröffnung, so sei § 91 InsO (früher: § 15 KO) anzuwenden; liegt bereits die Einigung nach Insolvenzeröffnung, so sei dies ein Fall von § 81 InsO (früher: § 7 KO). Dies kann jedoch für das Insolvenzrecht nicht mehr gelten, wie sich insbesondere bei der Verfügungsentziehung im Insolvenzeröffnungsverfahren zeigt.[87] Wären zB die sachenrechtliche Einigung für eine

80   *Kesseler* MittBayNot 2007, 22; *Alff* Rpfleger 2000, 37; **aA** LG Hamburg Rpfleger 2000, 37; LG Kiel Rpfleger 2004, 730; *Hintzen* ZInsO 2004, 714; *Vallender* MittRhNotK 2000, 31.
81   BGH ZIP 1996, 1909; 1995, 40; NJW 1982, 2074; *Böttcher* Rpfleger 1983, 187.
82   *Gerhardt* Kölner Schrift zur InsO, S 193, 208 f; MüKo-*Haarmeyer* § 21 InsO Rn 37, 56; *Nerlich-Römermann-Mönning* § 24 Rn 14–16.
83   BayObLGZ 1966, 75, 76; BGB-RGRK-*Johannsen* § 1984 Rn 1; *Staudinger-Marotzke* (1995) § 1984 Rn 2, 3; *Soergel-Stein* § 1984 Rn 2; *Böttcher* Rpfleger 1983, 187.
84   BGHZ 25, 275, 282; BGB-RGRK-*Kregel* § 2211 Rn 1; *Soergel-Damrau* § 2211 Rn 2; *Lange-Kuchinke* § 29 V 4; *Böttcher* Rpfleger 1983, 187.
85   *Schlüter* Erbrecht, Rn 856; *Brox* Erbrecht, Rn 397; *Böttcher* Rpfleger 1983, 187.
86   *Kübler-Prütting-Lüke* § 91 InsO Rn 2.
87   *Eickmann* FS für Uhlenbruck, 2000, S 149 ff.

Buchgrundschuldbestellung davor abgegeben worden und die Grundbucheintragung danach erfolgt, so läge nach der hergebrachten Systematik kein Fall des § 81 InsO vor und § 91 InsO wäre mangels Verweisung in § 24 InsO nicht anwendbar mit der Folge, dass die Grundschuldbestellung wirksam wäre. Dieses Ergebnis kann nicht richtig sein. Die Problematik liegt darin, dass in § 7 KO eine nach Insolvenzeröffnung vorgenommene »Rechtshandlung« mit der Unwirksamkeitsfolge belegt war, während § 81 InsO im gleichen Zusammenhang von einer »Verfügung« des Schuldners spricht.[88] Verfügung im Sinne von § 81 InsO ist nicht nur die sachenrechtliche Einigung des § 873 BGB, sondern der gesamte, aus Einigung und Grundbucheintragung zusammengesetzte Vorgang; der Verfügungstatbestand ist erst mit der Eintragung vollendet. Nach ganz allgemeiner Auffassung muss jedoch die Verfügungsbefugnis bis zum Abschluss der Verfügung, dh bis zur Vollendung des Rechtserwerbs, andauern. Dies führt im vorgenannten Beispiel dazu, dass ein Fall des § 81 InsO vorliegt und die Bestellung der Grundschuld deshalb grundsätzlich unwirksam ist. Der vor Insolvenzeröffnung eingeleitete Verfügungstatbestand, der in die Zeit nach Eröffnung hineinreicht, ist eine Verfügung im Sinne des § 81 InsO. § 91 InsO beschränkt sich dann im immobiliarrechtlichen Bereich auf die Fälle, in denen – zusätzlich zu dem wirksam abgeschlossenen Verfügungstatbestand – weitere Erwerbs- oder Berechtigungselemente eintreten, die nicht ihrerseits den Charakter einer Schuldnerverfügung tragen (zB nachfolgende Grundschuldvalutierung).[89]

Da unsere Rechtsordnung **verschiedene Formen der Unwirksamkeit** kennt, stellt sich die Frage nach der **64** hier vorliegenden Art. Am schwerwiegendsten wirkt sich die »Nichtigkeit« eines Rechtsgeschäftes aus, wobei letzteres in jeder Hinsicht unwirksam ist und dauernd unwirksam bleibt. Weniger einschneidende Folgen hat die »schwebende Unwirksamkeit«: das betroffene Rechtsgeschäft ist zwar zunächst unwirksam, weil es noch an einem außerhalb des eigentlichen Rechtsgeschäftes liegenden Wirksamkeitserfordernis fehlt, kann jedoch nachträglich wirksam werden, wenn das noch ausstehende Wirksamkeitserfordernis nachgeholt wird (zB Genehmigung); ist eine solche Heilung nicht mehr möglich, verwandelt sich die schwebende Unwirksamkeit in eine »endgültige Unwirksamkeit«. Zu nennen bleibt noch das Institut der »relativen Unwirksamkeit«, wonach ein Rechtsgeschäft nur einer bestimmten Person bzw Personengruppe gegenüber unwirksam, im Übrigen aber als wirksam anzusehen ist.

Während es früher auf Grund des Wortlautes des § 7 KO streitig war, ob eine nach Verfahrenseröffnung erfolgte **65** Verfügung nur den Gläubigern gegenüber relativ unwirksam oder absolut unwirksam gegenüber jedermann war,[90] ist es nun auf Grund des Wortlautes des (§ 24) § 81 InsO unbestrittene Rechtsmeinung, dass zumindest **personenbezogen** von einer **absoluten Unwirksamkeit** auszugehen ist, dh jedermann, und nicht nur die Insolvenz- bzw Nachlassgläubiger, kann sich darauf berufen.[91] Diese Rechtsfolge tritt unmittelbar ein, dh ohne dass es einer gerichtlichen Feststellung oder eines rechtsgeschäftlichen Gestaltungsaktes bedürfte.

Zum Teil wird die Meinung vertreten, dass § 81 InsO aufgrund seines Normzwecks im Wege der teleologi- **66** schen Reduktion auf solche Geschäfte zu reduzieren sei, die dem Bestand der Masse und der Befriedigung der Gläubiger abträglich sind, dh die absolute Unwirksamkeit solle dann nicht eintreten, wenn ausnahmsweise die Verwertung des restlichen Vermögens zur Befriedigung der Gläubiger ausreicht.[92] Dies ist auf Grund des eindeutigen Wortlauts von § 81 InsO abzulehnen und wäre auch mit der Stellung des Insolvenzverwalters und mit den Kompetenzen des Gläubigerausschusses nicht vereinbar.[93]

Die personenbezogene absolute **Unwirksamkeit** kann jedoch in entsprechender Anwendung des § 185 Abs 2 **67** BGB **geheilt** werden. Dies kann geschehen durch eine Genehmigung des Verwalters mit ex-tunc-Wirkung (§ 185 Abs 2, 1. Alt BGB); wird das Verfahren aufgehoben oder eingestellt oder wird der Gegenstand der Verfügung vom Verwalter freigegeben, so heißt dies die Verfügung entsprechend § 185 Abs 2, 2. Alt BGB mit ex-nunc-Wirkung.[94]

bb) Möglichkeiten des Wirksamwerdens. Die absolute Unwirksamkeit der Verfügungen erleidet eine **68** Reihe von Ausnahmen, dh es bestehen mehrere Möglichkeiten des Wirksamwerdens.

---

88 Vgl dazu *von Olshausen* »Verfügung« statt »Rechtshandlung in § 81 InsO, ZIP 1998, 1093.
89 *Eickmann* FS für Uhlenbruck, 2000, S 149 ff.
90 Ausführlich dazu *Jaeger-Henckel*, KO, § 7 Rn 14.
91 **Allgemein:** *Demharter* § 22 Rn 53; **für die IE:** RGZ 71, 38, 39; 157, 294, 295; *Staudinger-Gursky* § 892 Rn 225; BGB-RGRK-*Krüger-Nieland-Zöller* § 135 Rn 9; *Kübler-Prütting-Lüke* § 81 Rn 14; *MüKo-Ott* InsO, § 81 Rn 13; *Eickmann* in HK-InsO § 81 Rn 8; *Helwich* RpflStud 2001, 79, 80; *Bülow* JuS 1994, 1, 2; *Ruhwedel* JuS 1980, 161, 164; **für die NV:** BGHZ 46, 221, 229; RGZ 83, 189; *Lange-Kuchinke* § 51 II 4 e Fn 84; *Soergel-Stein* § 1984 Rn 4; **für die TV:** BGHZ 19, 355, 359; RGZ 87, 432, 434; OLG Karlsruhe Rpfleger 2005, 598; *Lange-Kuchinke* § 29 II 1a Fn 27; BGB-RGRK-*Kregel* § 2211 Rn 3; *Soergel-Damrau* § 2211 Rn 3.
92 *Kübler-Prütting-Lüke* § 81 Rn 15; *Nerlich-Römermann-Wittkowski* § 81 Rn 12.
93 *MüKo-Ott* InsO, § 81 Rn 16.
94 *Eickmann* in HK-InsO § 81 Rn 9; *Kübler-Prütting-Lüke* § 81 Rn 17 f; *MüKo-Ott* InsO, § 81 Rn 17, 18; *Böttcher* Rpfleger 1983, 187, 188.

69 **(1) § 185 BGB.** Wirksamkeit kann eintreten gemäß § 185 BGB.[95] Voraussetzung dafür ist die Verfügung eines »Nichtberechtigten«. Darunter fällt neben dem Nichtrechtsinhaber auch der Rechtsinhaber, dem die Verfügungsbefugnis entzogen wurde.[96] Ist somit der (künftige) Insolvenzschuldner oder Erbe Nichtberechtigter iS des § 185 BGB, so ist der (vorläufige) Insolvenzverwalter, Nachlassverwalter oder Testamentsvollstrecker der dazugehörige »Berechtigte«.[97] Die mit **Einwilligung** des Vermögensverwalters erfolgte Verfügung ist wirksam, dh es kommt hier überhaupt nicht zur Unwirksamkeit, sondern die Verfügung ist von Anfang an wirksam, § 185 Abs 1 BGB. Liegt keine Einwilligung vor, so ist die Verfügung nicht generell unwirksam, sondern kann geheilt werden durch die **Genehmigung** des Verwalters, und zwar ex tunc (§ 185 Abs 2 S 1 Alt 1 BGB). Durch den **Wegfall der VE** (Verfahrensbeendigung, Freigabe des betroffenen Gegenstandes durch den Verwalter zB nach § 2217 Abs 1 S 2 BGB) werden Verfügungen des (künftigen) Insolvenzschuldners bzw Erben ebenfalls geheilt, und zwar mit Jetztwirkung (ex nunc); dies steht dem Erwerb des Gegenstandes durch den Verfügenden gleich (§ 185 Abs 2 S 1 Alt 2 BGB).[98]

70 **(2) § 878 BGB.** Diese Norm macht von der Unwirksamkeit eine weitere Ausnahme für den rechtsgeschäftlichen Erwerb im Bereich des Grundstücksrechts. Im Insolvenzverfahren ist sie nach § 91 Abs 2 InsO anwendbar, bei der NV gilt sie ebenfalls, auch ohne ausdrückliche gesetzliche Verweisung.[99] Während ein solcher Rechtserwerb bei der IE und NV noch denkbar ist, dürfte die Anwendung des § 878 BGB bei der TV ausscheiden. Der Erbe erlangt nämlich die Verfügungsbefugnis überhaupt nicht, da die TV bereits mit dem Erbfall beginnt, sodass die Voraussetzungen der § 878 BGB – Bindung der Einigung bzw Aufhebungserklärung und Antragstellung beim Grundbuchamt vor Wirksamwerden der VE – schwerlich gegeben sein können.[100] Bei der VE des § 21 Abs 2 Nr 2, 1. Alt InsO im Insolvenzeröffnungsverfahren wird in § 24 Abs 1 InsO zwar auf § 81 InsO verwiesen, nicht aber auf § 91 Abs 2 InsO und damit auf § 878 BGB; trotzdem wird allgemein die Anwendbarkeit des § 878 BGB bejaht.[101]

71 Nach § 878 BGB kann eine Verfügungsbeeinträchtigung dann einen Rechtserwerb nicht mehr beeinflussen, wenn vor ihrem Wirksamwerden die **dingliche Einigung** (§§ 873 Abs 1, 877 BGB) bindend (§ 873 Abs 2 BGB) und der **Eintragungsantrag** (§ 13 GBO) beim GBA gestellt wurde. Die Vorschrift gilt unmittelbar auch bei der Aufhebung von Grundstücksrechten (§ 875 BGB) und kraft Verweisung bei den Verfügungen gemäß §§ 880 Abs 2, 1109 Abs 2, 1116 Abs 2, 1132 Abs 2, 1154 Abs 3, 1168 Abs 2, 1180 Abs 1, 1188 Abs 1 und § 1196 Abs 2 BGB. Entsprechend anwendbar ist § 878 BGB für die Bewilligung einer Vormerkung[102] und wohl auch bei der Eintragung einer Vormerkung aufgrund einstweiliger Verfügung.[103] Gleiches gilt für die Bestellung eines Widerspruchs nach § 899 BGB.[104] Eine analoge Anwendung von § 878 BGB ist auch gerechtfertigt bei der Vereinigung oder Zuschreibung von Grundstücken nach § 890 BGB,[105] Teilung eines Grundstücks[106] und der Teilungserklärung gemäß § 8 WEG.[107] Wird eine Verfügungserklärung durch ein rechtskräftiges Urteil nach § 894 ZPO ersetzt, liegt trotzdem ein rechtsgeschäftlicher Vorgang vor, sodass § 878 BGB gilt;[108] entsprechendes gilt für die durch § 895 ZPO fingierte Vormerkungsbewilligung.[109] Ob § 878 BGB auch auf Verfügungen im Wege der Zwangsvollstreckung (zB Eintragung einer Zwangshypothek) Anwendung findet, ist umstritten,[110] aber angesichts der identischen Schutzbedürftigkeit der Vorgänge wohl zu bejahen.

---

95 **Für die IE:** MüKo-Ott § 81 InsO Rn 17; *Kirchhoff* in HK-InsO § 24 Rn 10; *Kuhn-Uhlenbruck* § 7 Rn 8; **für die NV:** *Soergel-Stein* § 1984 Rn 4; **für die TV:** LG Oldenburg Rpfleger 1981, 197; *Soergel-Damrau* § 2211 Rn 7.

96 *Böttcher* Rpfleger 1983, 187, 188.

97 BGB-RGRK-*Steffen* § 185 Rn 3; *Böttcher* Rpfleger 1983, 187, 188.

98 RGZ 149, 19, 22; MüKo-Ott § 81 InsO Rn 18; *Eickmann* in HK-InsO § 81 Rn 9; *Böttcher* Rpfleger 1983, 187, 188.

99 *Eickmann* GBVerfR, Rn 146; *Böttcher* Rpfleger 1983, 187, 188.

100 *Böttcher* Rpfleger 1983, 187, 188.

101 *Eickmann* FS für Uhlenbruck, 2000, S 149, 152; MüKo-*Haarmeyer* § 24 InsO Rn 12; *Kirchhoff* in HK-InsO § 23 Rn 11, § 24 Rn 11; *Bachmann* Rpfleger 2001, 105, 109.

102 BGH ZfIR 2005, 424; BGHZ 138, 179; 131, 189; 60, 46; 28, 182, 185; *Soergel-Stürner* § 878 Rn 2.

103 MüKo-*Wacke* § 878 Rn 18.

104 *Soergel-Stürner* § 878 Rn 2.

105 *Staudinger-Gursky* § 878 Rn 9; *Palandt-Bassenge* § 878 Rn 5; **aA** *Schöner/Stöber* Rn 113.

106 *Staudinger-Gursky* aaO.

107 LG Leipzig NotBZ 2000, 342; *Kössinger* in *Bauer/von Oefele* § 19 Rn 165; *Staudinger-Gursky* § 878 Rn 9; *Soergel-Stürner* § 878 Rn 2; *Palandt-Bassenge* § 878 Rn 4; **aA** *Schöner/Stöber* Rn 113; *Demharter* § 13 Rn 9.

108 *Staudinger-Gursky* § 878 Rn 15; BGB-RGRK-*Augustin* § 878 Rn 7.

109 *Staudinger-Gursky* § 885 Rn 21.

110 **Verneinend:** RGZ 84, 265, 280; BGHZ 9, 250, 252; KG DNotZ 1962, 400; *Staudinger-Gursky* § 878 Rn 12, 13; BGB-RGRK-*Augustin* § 878 Rn 6; *Soergel-Stürner* § 878 Rn 3; *Palandt-Bassenge* § 878 Rn 4; **bejahend:** *Wacke* in ZZP 82 (1969) 377 ff und MüKo § 878 Rn 18; *Eickmann* GBVerfR, Rn 147; *Schwab-Prütting* § 16 V 1; *Böhringer* BWNotZ 1985, 102, 103.

§ 878 BGB setzt eine **von dem Berechtigten abgegebene Erklärung** voraus. Damit ist der Inhaber des Grundstücksrechts gemeint, das das Verfügungsobjekt bildet.[111] Der Zeitpunkt, in dem der Verfügende Berechtigter sein muss, ist derjenige, in dem die Verfügungsbeeinträchtigung eintritt.[112] Verfügt dagegen ein Nichtberechtigter über ein Grundstück oder Grundstücksrecht und wird dann eine Verfügungsbeeinträchtigung gegen ihn wirksam, so ist und bleibt seine Erklärung unwirksam; § 878 BGB hilft in diesem Fall nicht.[113] Bei einer Verfügungsentziehung (Insolvenz, Nachlassverwaltung, Testamentsvollstreckung) ist der jeweilige Vermögensverwalter (Insolvenzverwalter, Nachlassverwalter, Testamentsvollstrecker) der Berechtigte. Verfügt er deshalb über ein der Vermögensverwaltung unterliegendes Grundstück (zB Auflassung) in bindender Form (§ 873 Abs 2 BGB) und wird der Eintragungsantrag dazu beim GBA gestellt, dann schadet eine danach gegen ihn oder den Rechtsinhaber wirksam werdende Verfügungsbeeinträchtigung (zB Verfügungsverbot aufgrund einstweiliger Verfügung oder Anordnung der Zwangsversteigerung (§ 938 ZPO, § 23 ZVG) entsprechend § 878 BGB nicht.[114] Endet die Amtsstellung des Insolvenzverwalters, Nachlassverwalters oder Testamentsvollstreckers nach seiner bindenden Verfügung und Antragstellung beim GBA, so soll § 878 BGB nicht anwendbar sein, weil der Verlust der Verfügungsbefugnis dem Verlust der Verfügungsmacht gleichzustellen sei.[115] Dem ist zu widersprechen, weil sonst der Grundstücksverkehr mit einem Vermögensverwalter nicht zumutbar und damit praktisch lahm gelegt wäre.[116] Verfügt ein Nichtberechtigter mit Einwilligung des Berechtigten (§ 185 Abs 1 BGB), so ist § 878 BGB entsprechend anwendbar, wenn gegen den einwilligenden Berechtigten[117] oder den verfügenden Nichtberechtigten[118] eine Verfügungsbeeinträchtigung wirksam nach bindender Erklärung (§ 873 Abs 2, § 875 Abs 2 BGB) und Antragstellung beim GBA (§ 13 GBO). Gleiches gilt, wenn der Berechtigte die Verfügung des Nichtberechtigten genehmigt (§ 185 Abs 2, § 184 Abs 1 BGB) und sich die Verfügungsbeeinträchtigung gegen den verfügenden Nichtberechtigten richtet.

72

(3) § 892 BGB. Das GB ist unrichtig iS von § 894 BGB, § 22 GBO, wenn eine bestehende und eintragungsfähige Verfügungsbeeinträchtigung nicht eingetragen ist.[119] Die Wirksamkeit einer Verfügung tritt trotz einer bestehenden VE dann ein, wenn jemand vom Insolvenzschuldner bzw Erben ein Grundstück oder Grundstücksrecht im guten Glauben erwirbt (§ 892 BGB).[120] Bei dem IE ergibt sich dies aus (§ 24 Abs 1) § 81 Abs 1 S 2, § 91 Abs 2 InsO, bei der NV verweist § 1984 Abs 1 S 2 BGB auf § 81 Abs 1 S 2 InsO und somit auch auf § 892 BGB; bei der TV wird ebenfalls auf die entsprechende Anwendung von § 892 hingewiesen (§ 2211 Abs 2 BGB). Während beim (vorläufigen) Insolvenzverfahren und der NV durchaus ein **gutgläubiger Erwerb** denkbar ist, dürfte dies bei der TV doch ausgeschlossen sein.[121] Ist nämlich der Erbe im Grundbuch eingetragen, so muss auch die TV eingetragen sein (§ 52 GBO), sodass § 892 Abs 1 S 2 BGB einen gutgläubigen Erwerb ausschließt. Das Gleiche gilt, wenn der Erbe seine notwendige Voreintragung (§ 39 GBO) und zugleich die Eintragung einer Verfügung beantragt, da mit der Voreintragung des Erben eben auch die TV von Amts wegen gebucht werden muss. Aber selbst dann, wenn die Voreintragung des Erben und damit auch die Eintragung der TV nach § 40 GBO unterbleibt, wird ein gutgläubiger Erwerb idR nicht möglich sein: da der Erbe noch nicht im Grundbuch eingetragen ist, wird sich ein vernünftiger Erwerber dessen Recht zumindest durch einen Erbschein nachweisen lassen; da der Erbschein aber die VE bezeugt (§ 2364 BGB), ist der Erwerber nicht mehr gutgläubig und wird somit nicht geschützt.

73

cc) Ergebnis. Bei bestehender Verfügungsentziehung (§ 21 Abs 2 Nr 2, 1. Alt iVm Nr 1 InsO, IE, NV, TV) führen Verfügungen des durch sie Betroffenen (Insolvenzschuldner bzw Erben) grundsätzlich zur personenbezogen absoluten und sachbezogen beschränkten Unwirksamkeit. Ausnahmsweise erwächst eine solche Verfügung sogleich in volle Wirksamkeit im Fall des:
– § 185 Abs 1 BGB (Einwilligung des Verwalters)

74

---

111 BGHZ 49, 197, 207; RGZ 135, 378, 382; *Staudinger-Gursky* § 878 Rn 56.

112 *Staudinger-Gursky* aaO.

113 RGZ 89, 152, 156; 135, 378, 382; *Staudinger-Gursky* § 878 Rn 55.

114 *Staudinger-Gursky* § 878 Rn 57; MüKo-*Wacke* § 878 Rn 13.

115 OLG Köln MittRhNotK 1981, 139; OLG Celle NJW 1953, 945; KG OLGE 26, 4, 5; LG Osnabrück KTS 1972, 202, BGB-RGRK-*Augustin* § 873 Rn 91; *Soergel-Stürner* § 878 Rn 7; *Demharter* § 19 Rn 62.

116 OLG Brandenburg ViZ 1995, 365; LG Neubrandenburg MDR 1995, 491; MüKo-*Wacke* § 878 Rn 13; *Palandt-Bassenge* § 878 Rn 11; *Schöner/Stöber* Rn 124; *Heil* RNotZ 2001, 269; *Böhringer* BWNotZ 1984, 137; 1985, 102, 103.

117 KG DNotZ 1934, 284; MüKo-*Wacke* § 878 Rn 14; *Soergel-Stürner* § 878 Rn 7a; *Palandt-Bassenge* § 878 Rn 6.

118 *Soergel-Stürner* § 878 Rn 7; MüKo-*Wacke* § 878 Rn 14; *Palandt-Bassenge* § 878 Rn 6; *Schwab-Prütting* § 16 V 1; *Eickmann* GBVerfR, Rn 154; *Däubler* JZ 1963, 588; *Hoche* NJW 1955, 653; **aA** RGZ 135, 378, 381; BayObLGZ 1960, 456, 461; *Schönfeld* JZ 1959, 140, 144.

119 BayObLGZ 1994, 29, 31; RGZ 90, 232, 235; KG OLGE 40, 54, 55; *Staudinger-Gursky* § 894 Rn 40 mwN.

120 **Allgemein:** *Staudinger-Gursky* § 892 Rn 204; *Hügel* in *Hügel*, GBO, Verfügungsbeeinträchtigungen, Rn 13; *Böttcher* Rpfleger 1987, 187, 188; **für die IE:** *Jaeger-Henckel* § 7 Rn 49 ff und § 15 Rn 112 ff; **für die NV:** BGB-RGRK-*Johannsen* § 1984 Rn 10 ff; *Soergel-Stein* § 1984 Rn 4; **für die TV:** *Soergel-Damrau* § 2211 Rn 8 ff.

121 *Eickmann* GBVerfR, Rn 394; *Böttcher* Rpfleger 1983, 187, 188.

- § 878 BGB (Bindung der Einigung bzw Aufhebungserklärung und Antragstellung beim GBA vor Wirksamwerden der VE)
- § 892 BGB (Gutgläubiger Erwerb).

Die sachbezogen beschränkte Unwirksamkeit verwandelt sich in volle Wirksamkeit im Falle des
- § 185 Abs 2 BGB (Genehmigung des Verwalters; Wegfall der VE).

75 **d) Zeitpunkt der Beendigung.** Für den durch die VE Betroffenen ist der Zeitpunkt der Beendigung des jeweiligen Verfahrens besonders bedeutsam, weil er dadurch wieder die volle Verfügungsbefugnis über sein Vermögen erlangt. Das Insolvenzverfahren kann durch Einstellung (mangels Masse, § 207 Abs 1 InsO; auf Antrag des Insolvenzschuldners nach Zustimmung aller Insolvenzgläubiger, §§ 213 ff InsO) oder Aufhebung (nach Schlussverteilung, § 200 Abs 1 InsO, nach rechtskräftiger Bestätigung des Insolvenzplans, § 258 Abs 1 InsO und nach Rechtskraft des Beschlusses, der dem Insolvenzschuldner die Möglichkeit der Restschuldbefreiung einräumt, § 289 Abs 2 S 2, § 291 Abs 1 InsO) beendigt werden. Die NV endet kraft Gesetzes mit der Eröffnung der Nachlassinsolvenz (§ 1988 Abs 1 BGB), wodurch ein Erbe jedoch die Verfügungsbefugnis nicht wiedererlangt, da sie vom Nachlassverwalter auf den Insolvenzverwalter übergeht, im Übrigen endet die NV mit der Aufhebung durch das Nachlassgericht, was die Wiedererlangung der Verfügungsbefugnis zur Folge hat.[122] Die TV als solche findet ihr Ende durch den Eintritt der vom Erblasser bestimmten Bedingung oder des angeordneten Endtermins und darüber hinaus mit der Erfüllung ihrer Aufgaben;[123] letzteres zeitlich zu fixieren ist jedoch außerordentlich schwierig, da es keiner förmlichen Aufhebung bedarf.

2. Folgerungen für das Grundbuchverfahren

76 Erlangt der Grundbuchrechtspfleger vor Unterschriftleistung (§ 44 GBO) unter eine rechtsändernde rechtsgeschäftliche Eintragung, dh vor Vollendung des Rechtserwerbs, Kenntnis von einer VE, so hat er **von Amts wegen zu prüfen,** ob trotz Mangels der Bewilligungs- (§ 19 GBO) bzw Verfügungsbefugnis (§ 20 GBO) die Eintragung erfolgen kann.[124] Für *Eintragungen berichtigender Art* ist eine VE ohne Bedeutung,[125] weil in diesem Fall die Bewilligungs-(Verfügungs-)befugnis nicht bei der Eintragung vorliegen muss; eine vor KE wirksam gewordene Abtretung einer Briefhypothek kann daher ohne weiteres als Berichtigung im Grundbuch vermerkt werden. Für das Grundbuchverfahren sind zwei Verfahrensabschnitte zu unterscheiden: entweder die VE ist bereits im Grundbuch vermerkt, oder der Grundbuchrechtspfleger hat auf sonstige Weise vom Existieren einer VE Kenntnis erlangt. Diese Unterscheidung ist von besonderer Bedeutung – wie sich noch zeigen wird –, wenn es um die Frage des gutgläubigen Erwerbs geht.

77 **a) Kenntnis von der Verfügungsentziehung. aa) Grundsatz der Nichteintragung.** Hat der Grundbuchrechtspfleger von einer VE erfahren, ohne dass diese im Grundbuch eingetragen ist, so darf er Eintragungen auf Grund rechtsändernder rechtsgeschäftlicher Verfügungen des (künftigen) Insolvenzschuldners bzw Erben nach Wirksamwerden der VE nicht mehr vornehmen, soweit sie Vermögensgegenstände betreffen, die zur Insolvenzmasse bzw zum Nachlass gehören.[126] Dies folgt daraus, dass die Bewilligungs-(Verfügungs-)befugnis bis zur Vollendung des Rechtserwerbs, dh der Eintragung, vorliegen muss, dem Insolvenzschuldner bzw Erben diese aber entzogen wurde. Die entsprechende materiell-rechtliche Verfügung ist absolut unwirksam, sodass eine trotzdem erfolgte Eintragung das Grundbuch unrichtig machen und damit gegen das Legalitätsprinzip verstoßen würde. Der Grundsatz der Nichteintragung erleidet jedoch eine Reihe von Ausnahmen:

78 **bb) § 185 BGB.** Im Verfahren nach § 20 GBO kann ein bestehender Mangel der Verfügungsbefugnis bis zur Eintragung gemäß § 185 BGB geheilt werden. Das formelle Konsensprinzip (§ 19 GBO) verlangt jedoch die Prüfung der Bewilligungsbefugnis, die in § 185 BGB nicht ausdrücklich genannt ist. Für die früher hM ist dies jedoch kein Problem, da sie in der Bewilligung eine Verfügung erblickt[127] und somit § 185 BGB ohne weiteres auf die Bewilligungsbefugnis anwendet.[128] Aber auch für die Vertreter der verfahrensrechtlichen Lösung[129] wird

---

122 *Böttcher* Rpfleger 1983, 187, 189.
123 RGZ 81, 166; BGHZ 41, 23; BayObLGZ 1953, 357; *Lange-Kuchinke* § 29 VIII 3.
124 *Staudinger-Gursky* Vorbem zu § 873 Rn 53; *Böttcher* Rpfleger 1983, 187, 189.
125 BGB-RGRK-*Augustin* § 878 Rn 30; *Güthe-Triebel* Vorbem zu § 13 Rn 75; *Böttcher* Rpfleger 1983, 187, 189.
126 **Allgemein:** *Raebel* in *Lambert-Lang/Tropf/Frenz* Teil 5 Rn 300; *Staudinger-Gursky* Vorbem zu § 873 Rn 55; *Demharter* § 22 Rn 53; *Böttcher* Rpfleger 1983, 187, 189; **für die IE:** BGB-RGRK-*Augustin* § 878 Rn 27; *Güthe-Triebel* Vorbem zu § 13 Rn 75; *Bachmann* Rpfleger 2001, 105, 110 f; *Drischler* RpflJB 1967, 275, 294; **für die NV:** BGB-RGRK-*Johannsen* § 1984 Rn 5; **für die TV:** *Güthe-Triebel* Vorbem zu § 13 Rn 77.
127 RGZ 141, 377; BayObLGZ 1954, 100.
128 OLG Düsseldorf NJW 1963, 162; OLG München HRR 1941, 2; BayObLGZ 1970, 254, 256.
129 BayObLG Rpfleger 1993, 189; OLG Hamm Rpfleger 1989, 148; OLG Düsseldorf Rpfleger 1981, 177; *Demharter* § 19 Rn 13; *Ertl* DNotZ 1964, 260; 1967, 339, 406; *Böttcher* Rpfleger 1983, 49, 56.

der Mangel der Bewilligungsbefugnis durch § 185 BGB geheilt, und zwar in **analoger Anwendung**.[130] Der Grundbuchrechtspfleger muss daher trotz bestehender VE einem Eintragungsantrag stattgeben, der auf eine rechtsändernde rechtsgeschäftliche Verfügung gerichtet ist, wenn die Einwilligung (§ 185 Abs 1 BGB) oder Genehmigung (§ 185 Abs 2 S 1 Alt 1 BGB) des Vermögensverwalters in der Form des § 29 GBO nachgewiesen wird. Gleiches gilt, wenn vor Entscheidung über den Eintragungsantrag das Insolvenzverfahren, die NV oder TV beendet oder der betroffene Gegenstand vom Verwalter freigegeben wird, da der Insolvenzschuldner bzw Erbe in diesem Fall die Bewilligungs-(Verfügungs-)befugnis wiedererlangt (§ 185 Abs 2 S 1 Alt 2 BGB).

cc) § 878 BGB. Auf Grund dieser Norm ist trotz einer VE ein Rechtserwerb möglich. § 878 BGB ist auch im **79** Grundbuchverfahren zu beachten, was für § 20 GBO selbstverständlich ist, da in diesem Fall die materielle Verfügungsbefugnis geprüft werden muss;[131] für die Bewilligungsbefugnis (§ 19 GBO) kann nichts anderes gelten, da dies nur der verfahrensrechtliche Parallelbegriff ist.[132] Sind die Voraussetzungen für eine Anwendung des § 878 BGB gegeben, so besteht die Bewilligungs-(Verfügungs-)befugnis bis zur Eintragung fort, und der Grundbuchrechtspfleger hat den Eintragungsantrag zu vollziehen; mit der Eintragung im Grundbuch tritt die Rechtsänderung ein, und zwar auf der Grundlage des § 878 BGB.[133] Voraussetzungen des § 878 BGB sind, dass vor Wirksamwerden der VE die Bindung der Einigung bzw Aufhebungserklärung (§ 873 Abs 2, § 875 Abs 2 BGB) erfolgt ist und der Antrag (§ 13 GBO) auf Eintragung beim Grundbuchamt gestellt worden ist.

(1) Antragstellung beim GBA. Die Antragstellung iS von § 878 BGB verlangt, dass dieser Antrag beim **80** zuständigen Grundbuchamt (§ 1 GBO) gestellt wurde.[134] Er muss zur Grundbucheintragung führen, wobei es unschädlich ist, wenn dies erst auf Grund einer Zwischenverfügung (§ 18 Abs 1) geschieht[135] oder dem Antrag wegen des Fehlens sonstiger verfahrensrechtlicher Voraussetzungen (zB keine notarielle Beglaubigung beim gemischten Antrag, §§ 30, 29) nicht hätte stattgegeben werden dürfen.[136] Wurde der Antrag zurückgenommen oder zurückgewiesen, findet § 878 BGB keine Anwendung mehr; daran ändert im letzteren Fall auch eine erfolglose Beschwerde nichts.[137] Dagegen lebt ein Antrag mit Wirkung des § 878 BGB wieder auf, wenn seine Zurückweisung auf die Beschwerde hin aufgehoben wird,[138] es sei denn die Aufhebung beruht auf neuen Tatsachen.[139] Antragsberechtigt sind gemäß § 13 Abs 1 S 2 der von einer Eintragung unmittelbar Betroffene und Begünstigte. Wird der Eintragungsantrag nur vom Verfügenden gestellt, gegen den eine Verfügungsbeeinträchtigung wirksam wurde, soll § 878 BGB mangels Antragsbefugnis keine Anwendung finden, weil diese bis zur Grundbucheintragung vorliegen müsse.[140] Dem muss widersprochen werden. § 878 BGB heilt nicht nur die fehlende materielle Verfügungsbefugnis des Verfügenden, sondern erst recht eine fehlende formelle Antrags- und Bewilligungsbefugnis. Ein materiell zulässiger Rechtserwerb darf nicht durch die Hintertür des Verfahrensrechts verhindert werden. Für die Anwendung des § 878 BGB genügt daher ein Antrag entweder vom Erwerber oder Verfügenden.[141]

(2) Eintritt der Bindung. Die Bindung an die Einigung tritt mit **notarieller Beurkundung der dingli-** **81** **chen Einigung** ein (§ 873 Abs 2 Alt 1 BGB); nicht ausreichend sind somit Beglaubigung, privatschriftliche Erklärungen, Beurkundung der Bewilligung (§ 19) oder nur einer Einigungserklärung oder des schuldrechtlichen Teils.[142] Ersetzt werden kann die notarielle Beurkundung durch einen gerichtlichen Vergleich (§ 127a

---

130 OLG Köln DNotZ 1980, 628; *Eickmann* GBVerfR, Rn 144; BGB-RGRK-*Steffen* § 185 Rn 4; *Böttcher* Rpfleger 1983, 187, 189.
131 *Böttcher* Rpfleger 1983, 187, 189.
132 BayObLG Rpfleger 1987, 110, 111; *Staudinger-Gursky* § 878 Rn 11; *Demharter* § 13 Rn 9, § 19 Rn 61; *Böttcher* Rpfleger 1983, 187, 189.
133 KG Rpfleger 1975, 89; *Staudinger-Gursky* § 878 Rn 68; BGB-RGRK-*Augustin* § 878 Rn 29; *Jaeger-Henckel* § 15 Rn 100; *Demharter* § 13 Rn 9–11; *Eickmann* GBVerfR, Rn 145; *Bachmann* Rpfleger 2001, 105, 110 f; *Haegele* RpflJB 1972, 273, 291; *Böttcher* Rpfleger 1983, 187, 189.
134 *Staudinger-Gursky* § 878 Rn 42.
135 OLG Celle OLGE 17, 352, 353; RG DNotZ 1930, 631; *Demharter* § 13 Rn 10; *Staudinger-Gursky* § 878 Rn 43; *Schöner/Stöber* Rn 118; *Böttcher* Rpfleger 1983, 187, 189.
136 *Staudinger-Gursky* § 878 Rn 44; BGB-RGRK-*Augustin* § 878 Rn 37; MüKo-*Wacke* § 878 Rn 7.
137 BayObLGE 11, 397, 400; *Staudinger-Gursky* § 878 Rn 47; MüKo-*Wacke* § 878 Rn 7.
138 KG DNotZ 1930, 361; 1934, 384, 285; *Demharter* § 13 Rn 10; *Güthe-Triebel* § 18 Rn 26; *Staudinger-Gursky* § 878 Rn 45; *Soergel-Stürner* § 878 Rn 5 Fn 21; MüKo-*Wacke* § 878 Rn 7; *Ertl* Rpfleger 1980, 41, 43; *Böhringer* BWNotZ 1979, 143; *Böttcher* Rpfleger 1983, 187, 189; *Scholtz* ZIP 1999, 1693.
139 BGHZ 136, 87 = NJW 1997, 2751 = ZIR 1997, 544; *Scholtz* ZIP 1999, 1693.
140 *Kesseler* ZfIR 2006, 117; *Staudinger-Pfeifer* § 925 Rn 136; *Demharter* § 13 Rn 9, 54; *Venjakob* Rpfleger 1991, 284; *Böhringer* BWNotZ 1979, 141; 1985, 102, 104.
141 KG Rpfleger 1975, 89; *Staudinger-Gursky* § 878 Rn 49–51; MüKo-*Wacke* § 878 Rn 8; *Soergel-Stürner* § 878 Rn 5; *Palandt-Bassenge* § 878 Rn 16; *Baur-Stürner* Sachenrecht, § 19 B III 3 Fn 3; *Eickmann* GBVerfR, Rn 148; *Schöner/Stöber* Rn 120; *Scholtz* ZIP 1999, 1693, 1696 f; *Scherer* ZIP 2002, 341; *Helwich* RpflStud 2001, 79, 81; *Raebel* in *Lambert-Lang/Tropf/Frenz* Teil 5 Rn 273; *Schmitz* JuS 1990, 1008, 1010.
142 *Böttcher* Rpfleger 1983, 187, 190; *Staudinger-Gursky* (1995) § 873 Rn 148.

BGB) und einen nach der ZPO protokollierten Schiedsvergleich[143] und durch eine Klageerhebung auf Abgabe der Einigungserklärung mit dem darauf folgenden rechtskräftigen Urteil (§ 894 ZPO); eine Ausnahme liegt bei der Verurteilung zur Abgabe einer Auflassungserklärung vor, da nach § 925 Abs 1 BGB gleichzeitige Anwesenheit erforderlich ist, sodass der Kläger seine Erklärung unter Vorlage des rechtskräftigen Urteils beurkunden lassen muss, um die Bindung herbeizuführen.[144] Auch wenn die Auflassung für die materielle Wirksamkeit keiner notariellen Beurkundung bedarf (vgl § 925 Abs 1 BGB), ist für den Eintritt deren Bindung nach § 873 Abs 2 Alt 1 BGB die Beurkundung erforderlich, eine unterschiedliche Behandlung zu sonstigen dinglichen Einigungen ist nicht gerechtfertigt.[145]

82 Die zweite Möglichkeit, Bindung eintreten zu lassen – durch **Abgabe der Einigung vor dem GBA (§ 873 Abs 2 Alt 2 BGB)** –, hat an praktischer Bedeutung verloren, da die Auflassung (§ 925 BGB) nicht mehr vor dem GBA erklärt werden kann (vgl § 56 Abs 4 BeurkG). Bei Rechtsänderungen auf Grund einer gewöhnlichen Einigung gemäß § 873 Abs 1 BGB, bedarf die Erklärungsabgabe vor dem GBA keiner Protokollierung, um die Bindungswirkung hervorzurufen; sie kann auch mündlich erfolgen.[146]

83 Der Eintritt der Bindung durch **Einreichung der Einigung beim Grundbuchamt (§ 873 Abs 2 Alt 3 BGB)** dürfte sehr selten sein, da idR die Vorlage der Bewilligung genügt (formelles Konsensprinzip, § 19 GBO), die die Voraussetzung nicht erfüllt. Wird ausnahmsweise die Einigung eingereicht für einen Eigentumswechsel oder eine Erbbaurechtsbestellung (§ 20 GBO), dürfte bereits Bindung nach § 873 Abs 2 Alt 1 BGB eingetreten sein (= notarielle Beurkundung). Auf keinen Fall wäre für den Bindungseintritt durch Einreichung der Einigungserklärungen beim GBA eine bestimmte Form zu beachten (zB § 29 GBO); es würden also auch privatrechtliche Erklärungen genügen.[147]

84 § 873 Abs 2 Alt 4 BGB lässt Bindung dann eintreten, wenn der **Berechtigte dem anderen Teil eine wirksame Bewilligung ausgehändigt** hat, und zwar im Urschrift oder Ausfertigung (beglaubigte Abschrift genügt nicht[148]); nicht ersetzt wird die Aushändigung durch die bloße Anweisung des Berechtigten an den Notar, dem anderen Teil die Bewilligung zu übergeben, vielmehr muss nach Erstellung einer Ausfertigung noch entweder die Übergabe selbst oder die Ermächtigung des anderen Teils hinzukommen, dass der Notar zur Entgegennahme berechtigt ist.[149] Vor Erstellung einer Ausfertigung genügen die vom Verfügenden an den Notar erteilte Weisung und die vom Erwerber abgegebene Bevollmächtigung des Notars nicht, um den Tatbestand des § 873 Abs 2 Alt 4 BGB bejahen zu können, weil die Weisung dann widerruflich bleibt.[150] Die auszuhändigende Bewilligung muss den Vorschriften der GBO entsprechen, dh zumindest öffentlich beglaubigt sein (§ 29 Abs 1 S 1 GBO) und die Angaben des § 28 GBO enthalten.[151] Die zulässige Bevollmächtigung bei der Aushändigung und/oder Empfangnahme zB des Notars muss grundsätzlich ausdrücklich erfolgen;[152] die gesetzliche Antragsermächtigung des Notars gemäß § 15 GBO erstreckt sich nicht darauf.[153] Für den Bindungseintritt ist nicht unbedingt die körperliche Aushändigung der Bewilligung erforderlich, es genügt vielmehr auch, wenn der Begünstigte einen unwiderruflichen, originären und dem Einfluss des Bewilligenden entzogenen gesetzlichen Anspruch auf eine Ausfertigung der Bewilligungsurkunde hat (§ 51 Abs 1 BeurkG), so zB wenn die Bewilligung in einem notariellen Vertrag der Parteien (zB Einigung nach § 873 Abs 1 BGB) mit enthalten

---

143 *Stein-Jonas-Schlosser* § 1044a Rn 6; *Staudinger-Gursky* § 873 Rn 156; *Rosenberg-Schwab-Gottwald* ZPR, § 175 II 3 b.

144 *Böttcher* Rpfleger 1983, 187, 190; *Eickmann* GBVerfR, Rn 150 Beispiel 25 c.

145 *Staudinger-Pfeifer* § 925 Rn 111; *MüKo-Kanzleiter* § 925 Rn 29; *Palandt-Bassenge* § 925 Rn 22; *Medicus* DNotZ 1990, 275, 279; *Bassenge* Rpfleger 1977, 8; **aA** BayObLGZ 1957, 229, 231; *Staudinger-Gursky* § 873 Rn 157; BGB-RGRK-*Augustin* § 925 Rn 28; *Soergel-Stürner* § 925 Rn 42.

146 *Staudinger-Gursky* § 873 Rn 158; BGB-RGRK-*Augustin* § 873 Rn 125; *MüKo-Wacke* § 873 Rn 41; **aA** *Soergel-Stürner* § 873 Rn 32.

147 *Staudinger-Gursky* § 873 Rn 160; BGB-RGRK-*Augustin* § 873 Rn 127; *Soergel-Stürner* § 873 Rn 33; *Palandt-Bassenge* § 873 Rn 17.

148 OLG Frankfurt/M DNotZ 1970, 162; *Staudinger-Gursky* § 873 Rn 164; *Eickmann* GBVerfR, Rn 150 Beispiel 25 l; *Rademacher* MittRhNotK 1983, 81, 89; *Böttcher* Rpfleger 1983, 187, 190.

149 BGHZ 46, 398, 400 = Rpfleger 1967, 142; *Staudinger-Gursky* § 873 Rn 167; *Soergel-Stürner* § 873 Rn 34; *Palandt-Bassenge* § 873 Rn 18; *Eickmann* GBVerfR, Rn 150 Beispiele 25 h und k; *Ertl* DNotZ 1967, 562; *Wörbelauer* DNotZ 1967, 372; *Böttcher* Rpfleger 1983, 187, 190.

150 BGHZ 46, 398 = NJW 1967, 771 m zust Anm *Wörbelauer* DNotZ 1967, 372; OLG Frankfurt/M DNotZ 1970, 162; *Staudinger-Gursky* § 873 Rn 166; *Palandt-Bassenge* § 873 Rn 18; *Becker-Berke* DNotZ 1959, 516, 627; **aA** RG DNotZ 1939, 331, 333; OLG Bremen DNotZ 1956, 215, 216; OLG München DNotZ 1966, 283, 285; LG Wuppertal MittRhNotK 1961, 264.

151 *Staudinger-Gursky* § 873 Rn 164; BGB-RGRK-*Augustin* § 873 Rn 128.

152 Vgl BGH NJW 1967, 771; OLG München DNotZ 1966, 283, 285 m Anm *Ertl*; *Eickmann* GBVerfR, Rn 150 Beispiel 25i und k; der BGH hat in NJW 1963, 36, 37 = DNotZ 1963, 433, 435 eine stillschweigende Bevollmächtigung angenommen, weil der Empfänger bei der Beurkundung zugegen war.

153 RG JR 1925 Nr 1759

---

ist.[154] Nicht ausreichend für den Bindungseintritt ist dagegen die bloße Einreichung der Bewilligung beim GBA vom Betroffenen.[155]

Für die Aufhebung eines Grundstücksrechtes bedarf es keiner Einigung des Berechtigten mit dem Grundstückseigentümer. Es genügt vielmehr die **Aufgabeerklärung** des Inhabers des Grundstücksrechtes (§ 875 Abs 1 BGB). Diese einseitige, materielle Willenserklärung wird bindend durch **Abgabe gegenüber dem GBA** (§ 875 Abs 2 Alt 1 BGB; entsprechend § 873 Abs 2 Alt 2 BGB; vgl deshalb Rdn 82) oder **Aushändigung der Löschungsbewilligung** (§ 19 GBO) in notariell beglaubigter Form (§ 29 Abs 1 S 1 GBO) vom Berechtigten des Rechts an den Begünstigten (§ 875 Abs 2 Alt 2 BGB; entsprechend § 873 Abs 2 Alt 4 BGB; vgl deshalb Rdn 84). Die Einreichung der formellen Löschungsbewilligung (§ 19 GBO) beim GBA führt nicht zum Bindungseintritt nach der 2. Alt des § 875 Abs 2 BGB, aber nach dessen 1. Alt, weil darin idR auch die materielle Aufgabeerklärung enthalten ist.[156] **85**

Bei der Begründung einer **Vormerkung** auf Grund einer materiellen Bewilligung nach § 885 BGB findet § 878 BGB entsprechend Anwendung.[157] Deren Bindungseintritt ist analog § 875 Abs 2 BGB zu behandeln, dh es bedarf der Abgabe der materiellen und formlosen Bewilligung (§ 885 BGB) gegenüber dem GBA oder der Aushändigung der formellen und formbedürftigen Bewilligung (§§ 19, 29 GBO) vom Bewilligenden an den Begünstigten. Gleiches gilt für den **Widerspruch** nach § 899 BGB.[158] **86**

Die **Begründung von Wohnungseigentum** nach § 8 WEG, eine **Grundstücksteilung** und die **Vereinigung bzw Bestandteilszuschreibung von Grundstücken** (§ 890 BGB) bedürfen materiell jeweils einer einseitigen, formlosen Willenserklärung. Auch für diese Verfügungen gilt § 878 BGB, wobei der Bindungseintritt der Erklärung nur durch Abgabe gegenüber dem GBA erfolgen kann (entsprechend § 875 Abs 2 Alt 1 BGB).[159] **87**

§ 878 BGB will die Beteiligten nach bindender Einigung (Aufhebungserklärung) und Antragstellung schützen vor einer danach, aber vor Grundbucheintragung wirksam werdenden Verfügungsbeeinträchtigung. Dies ist auch gerechtfertigt, weil die Parteien dann alles ihrerseits Erforderliche für die Herbeiführung der Verfügungswirkung getan haben. § 878 BGB findet deshalb grundsätzlich keine Anwendung, wenn beim Wirksamwerden einer Verfügungsbeeinträchtigung noch ein **materiellrechtliches Erfordernis des Verfügungsgeschäfts fehlt**,[160] zB die Genehmigung eines Dritten (nach § 177, § 876 BGB, § 12 WEG, § 5 ErbbauRG) oder einer Behörde bzw eines Gerichts (nach § 2 GrdstVG, § 1821 BGB). Nach der ratio des § 878 BGB muss es für die Anwendung des § 878 aber genügen, wenn eine behördliche oder gerichtliche Genehmigung zum Zeitpunkt des Wirksamwerdens einer Verfügungsbeeinträchtigung bereits beantragt, aber noch nicht erteilt ist.[161] Bei der Bestellung von Briefgrundpfandrechten ist zu unterscheiden zwischen der Rechtsentstehung als Eigentümergrundschuld (§ 1163 Abs 2, § 1177 BGB) durch Einigung und Grundbucheintragung (§ 873 Abs 1 BGB) und dem Rechtsübergang auf den Gläubiger durch Briefübergabe (§ 1117 Abs 1 BGB). Wird zwischen der Rechtsentstehung und dem Rechtsübergang das Insolvenzverfahren eröffnet, kann der Rechtsübergang des Grundpfandrechtes auf den Gläubiger nicht gemäß § 91 Abs 2 InsO iVm § 878 BGB wirksam werden.[162] Wird jedoch die Briefübergabe durch eine Vereinbarung nach § 1117 Abs 2 BGB ersetzt, ist § 878 BGB in diesem Fall anwendbar, weil Rechtsentstehung und Rechtsübergang zusammenfallen.[163] **88**

(3) Beweisverfahren. Für das Grundbuchamt ist die Anwendung des § 878 BGB insbesondere ein Beweisproblem. Grundsätzlich muss derjenige die Voraussetzungen nachweisen, der sich darauf beruft, dh wer aus § 878 BGB Rechte herleiten will, trägt die Feststellungslast dafür, sodass die Eintragung unterbleiben muss, wenn der Beweis nicht gelingt.[164] Für § 878 BGB sind folgende Kriterien entscheidend: Zeitpunkt des Wirksamwerdens der VE, der Antragstellung beim Grundbuchamt und des Eintritts der Bindung. **89**

154 Vgl BayObLG DNotZ 1994, 182 = MittBayNot 1993, 371 = MittRhNotK 1993, 255; OLG Frankfurt/M DNotZ 1970, 162; *Staudinger-Gursky* § 873 Rn 165; *Ertl* DNotZ 1967, 339, 360 Fn 77.
155 BGH Rpfleger 1975, 21; KG JR 1925 Nr 1759; HRR 1930, 975; OLG Düsseldorf NJW 1956, 878; BGB-RGRK-*Augustin* § 873 Rn 131; *Soergel-Stürner* § 873 Rn 34; *Demharter* § 19 Rn 111; *Eickmann* GBVerfR, Rn 150 Beispiel 25 f; **aA** *Staudinger-Gursky* § 873 Rn 168.
156 *Staudinger-Gursky* § 875 Rn 58.
157 *Staudinger-Gursky* § 878 Rn 35; MüKo-*Wacke* § 878 Rn 9, 16; *Eickmann* GBVerfR, Rn 153.
158 *Staudinger-Gursky* § 878 Rn 36.
159 *Staudinger-Gursky* § 878 Rn 37.
160 OLG Frankfurt NotBZ 2007, 26; OLG Hamm JMBl NRW 1948, 242, 244; 1951, 93; *Staudinger-Gursky* § 878 Rn 38, 39; *Palandt-Bassenge* § 878 Rn 15; *Schöner/Stöber* Rn 119.
161 OLG Köln NJW 1955, 80; MüKo-*Wacke* § 878 Rn 12; *Soergel-Stürner* § 878 Rn 5; *Eickmann* GBVerfR, Rn 151; *Knöchlein* DNotZ 1959, 3, 17; *Dieckmann* FS Schiedermair, 1976, S 93, 99 f.
162 KG NJW 1975, 878; *Staudinger-Gursky* § 878 Rn 38; BGB-RGRK-*Augustin* § 878 Rn 36; MüKo-*Eickmann* § 1117 Rn 11.
163 MüKo-*Eickmann* § 1117 Rn 29.
164 *Böttcher* Rpfleger 1983, 187, 190; *Staudinger-Gursky* § 878 Rn 75; *Eickmann* GBVerfR, Rn 149.

90 Durch den Eröffnungsbeschluss bei der IE, die Zustellungsurkunde bei der NV und die Sterbeurkunde bei der TV lässt sich das **Wirksamwerden der VE** leicht feststellen.

91 Keine Schwierigkeiten ergeben sich auch beim Nachweis des Zeitpunkts der **Antragstellung beim Grundbuchamt**; der Eingangsstempel (§ 13 Abs 2 S 1 GBO) gibt Tag, Stunde und Minute an.

92 Um so komplizierter ist der Beweis des Eintritts der Bindung, wobei die Tatsache als solche und der Zeitpunkt nachzuweisen sind. Die **Bindung der Einigung** durch *notarielle Beurkundung, gerichtlichen Vergleich oder ein rechtskräftiges Urteil* (**§ 873 Abs 2 Alt 1**, § 127a BGB, § 894 ZPO) tritt ein mit Abschluss des Beurkundungsvorgangs bzw der Vergleichs-Protokollierung oder Rechtskraft des Urteils (nicht bei der Auflassung!). Die Tatsache der Bindung wird durch Vorlage der Urkunde, des Vergleichs oder der Urteilsausfertigung mit Rechtskraftvermerk geführt. Während der genaue Zeitpunkt des Rechtskrafteintritts keine Beweisschwierigkeiten bereitet, ist dies für den Abschluss der Beurkundung oder des Vergleichs doch recht problematisch; wenn allerdings die zweite Voraussetzung des § 878 BGB erfüllt ist – Antragstellung vor Wirksamwerden der VE – und die bindende Einigung mit vorgelegt wird, so kommt es auf den genauen Zeitpunkt nicht an, da dieser somit auch vor Wirksamwerden der VE liegen muss; nur wenn die Einigung nach Antragstellung erfolgt, muss der genaue Zeitpunkt des Eintritts der Bindung gemäß § 29 GBO nachgewiesen werden.[165]

93 Unproblematisch ist der Nachweis der **Bindung nach § 873 Abs 2 Alt 3 BGB**: wird die *Einigung beim Grundbuchamt eingereicht*, so sind damit die Tatsache und der Zeitpunkt (Eingangsstempel) der Bindung nachgewiesen. Nicht gefolgt werden kann der Meinung, die es als Nachweis genügen lässt, wenn der Begünstigte selbst einen Antrag (§ 13 GBO) und die mit ihm übereinstimmende Bewilligung des Betroffenen (§ 19 GBO) einreicht;[166] demnach könnte Bindung auch dann eintreten, wenn nur der Notar im Rahmen des § 15 GBO die Bewilligung einreicht, was jedoch § 873 Abs 2 Alt 4 BGB gerade vermeiden will.[167]

94 Der Nachweis der **Bindung durch Aushändigung der Bewilligung (§ 873 Abs 2 Alt 4, § 875 Abs 2 Alt 2 BGB)** ist durch die in § 29 GBO aufgeführten Möglichkeiten nahezu nicht zu führen. Der Grundbuchrechtspfleger kann deshalb im Rahmen der freien Beweiswürdigung Erfahrungssätze gelten lassen: Wenn derjenige, zu dessen Gunsten die Bewilligung ausgestellt ist, diese vorlegt, so kann und muss der Grundbuchrechtspfleger davon ausgehen, dass er sie auf die vorgeschriebene Art und Weise erhalten hat, entweder vom Betroffenen selbst oder von dem dazu ermächtigten Notar.[168] Der genaue Zeitpunkt der Aushändigung ist in diesem Fall nicht wichtig; wenn die Antragstellung mit gleichzeitiger Vorlage der Bewilligung vor Wirksamwerden der VE geschah, dann erfolgte auch die Aushändigung und damit die Bindung notwendigerweise rechtzeitig. Legt der Notar die Bewilligung vor, so kann der angeführte Erfahrungssatz nur gelten, wenn er sie »für den Begünstigten« vorlegt, dh er muss nachweisen, dass ihn dieser zur Entgegennahme bevollmächtigt hat.[169] Tritt somit der Notar für beide Teile gleichzeitig auf, so kommt es zur Bindung, sobald die Beurkundung oder Beglaubigung abgeschlossen ist, wobei sich der genaue Zeitpunkt aus der Urkunde oder dem Beglaubigungsvermerk ergibt.

95 **dd) § 892 BGB.** Liegen weder die Voraussetzungen des § 185 BGB noch des § 878 BGB vor, so nennt das materielle Recht nur noch die Möglichkeit des gutgläubigen Erwerbs nach § 892 BGB für einen Rechtserwerb trotz bestehender VE. Vgl dazu Einl H Rdn 72–82!

96 **ee) Ergebnis**[170]. Hat der Grundbuchrechtspfleger von einer Verfügungsentziehung Kenntnis erlangt, ohne dass diese im Grundbuch eingetragen ist, so darf er einen davon betroffenen Antrag auf Eintragung einer rechtsändernden rechtsgeschäftlichen Verfügung grundsätzlich nicht vollziehen; nur bei folgenden Ausnahmesituationen muss er dem Antrag stattgeben:
– Einwilligung bzw Genehmigung des Verwalters oder zwischenzeitlicher Wegfall der Verfügungsentziehung (§ 185 BGB),
– Bindung der Einigung bzw Aufhebungserklärung und Antragstellung vor Wirksamwerden der Verfügungsentziehung (§ 878 BGB),
– gutgläubiger Erwerb (§ 892 BGB).

97 **ff) Insolvenzeröffnung gegen den Grundstückserwerber.** Erwirbt der Insolvenzschuldner nach Insolvenzeröffnung ein Grundstück, so gehört dies nach § 35 InsO zur Insolvenzmasse. Insoweit handelt es sich um einen sog Neuerwerb, der aber dem Insolvenzschuldner jederzeit möglich ist, da die Insolvenzeröffnung keine

---

165 *Böttcher* Rpfleger 1983, 187, 190; *Eickmann* GBVerfR, Rn 150 Beispiel 25 d.
166 *Rademacher* MittRhNotK 1983, 81, 88.
167 *Böttcher* Rpfleger 1983, 187, 190; *Eickmann* GBVerfR, Rn 150 Beispiel 25 f; *Staudinger-Gursky* § 873 Rn 163.
168 *Böttcher* Rpfleger 1983, 187, 190; *Eickmann* GBVerfR, Rn 249 Beispiel 49 und Rn 150 Beispiel 25 g.
169 *Böttcher* Rpfleger 1983, 187, 190; *Eickmann* GBVerfR, Rn 150 Beispiel 25 i; **aA** BGH NJW 1963, 36, der in einem Ausnahmefall eine stillschweigende Bevollmächtigung annahm.
170 *Böttcher* Rpfleger 1983, 187, 191.

Erwerbsbeschränkung für ihn beinhaltet. Ab dem Eigentumserwerb unterliegt der Insolvenzschuldner aber hinsichtlich dem erworbenen Grundstück der Verfügungsentziehung des § 80 Abs 1 InsO. Mit Vollzug der Eigentumsumschreibung ohne gleichzeitige Eintragung des Insolvenzvermerks würde daher das Grundbuch unrichtig. Nach den Grundsätzen des Legalitätsprinzips darf das Grundbuchamt aber keine Eintragung vornehmen, von der es positiv weiß, dass durch sie das Grundbuch unrichtig würde. **Der Vollzug der Eigentumsumschreibung kann damit nur unter gleichzeitiger Eintragung des Insolvenzvermerks erfolgen.** Die Eintragung des Vermerks (§ 32 Abs 1 Nr 1 InsO) erfolgt aber nicht von Amts wegen, sondern nur auf Ersuchen des Insolvenzgerichts oder auf Antrag des Insolvenzverwalters nach § 32 Abs 2 InsO. Dies muss das Grundbuchamt mittels Zwischenverfügung verlangen.[171]

b) Verfügungsentziehung im Grundbuch eingetragen. aa) Grundsatz der Nichteintragung. Die **98** Frage nach der Wirkung des Eingetragenseins einer VE stellt sich dann, wenn das Ersuchen oder der Antrag auf Eintragung der VE vor einem anderen Eintragungsantrag gestellt wurde und somit die VE auch vor dessen Verbescheidung einzutragen ist (§ 17 GBO) oder wenn die VE eben schon im Grundbuch vermerkt ist. Die Meinungen dazu sind konträr. Eine Auffassung besagt kurz und einfach:[172] »Der Vermerk über die Verfügungsentziehung sperrt das Grundbuch!« Die Gegenansicht wird von *Eickmann* mit Engagement vertreten, wie die folgenden Zeilen für den Fall des Konkursvermerks zeigen:[173] »Es gibt kaum ein unpräziseres und verwirrenderes Schlagwort als das von der Grundbuchsperre des Konkursvermerks; in meiner langjährigen Lehrtätigkeit habe ich nichts kennen gelernt, was auch nur annähernd ähnliche Verheerungen in den Gehirnen des juristischen Nachwuchses hervorzurufen in der Lage war, wie dieses ebenso nebulose wie banale Schlagwort; es gibt keine Grundbuchsperre des Konkursvermerks!« Bei der Beurteilung dieser gegensätzlichen Meinungen ist zunächst davon auszugehen, dass die VE den Verlust der Bewilligungs-(Verfügungs-)befugnis bedeutet und somit grundsätzlich einem Eintragungsantrag nicht stattgegeben werden darf, da die Bewilligungs-(Verfügungs-)befugnis bis zur Eintragung vorliegen muss. Nur in den Fällen des § 185, § 878 und § 892 BGB könnte ausnahmsweise eine Eintragung erfolgen.[174]

bb) § 892 BGB. Ein Rechtserwerb auf Grund dieser Norm scheidet von vornherein aus, wenn die VE im **99** Grundbuch eingetragen ist, dadurch wird nämlich ein potentieller Erwerber bösgläubig (§ 892 Abs 1 S 2 BGB), sodass **kein gutgläubiger Erwerb mehr möglich ist.** § 892 Abs 2 BGB, der den für den Gutglaubensschutz maßgebenden Zeitpunkt vorverlegt, gilt nicht für den Fall, dass die VE im Grundbuch eingetragen ist.[175] Ursache dafür, dass in das Grundbuch nichts mehr eingetragen werden darf, ist jedoch nicht der Vermerk der VE, sondern das Legalitätsprinzip, das dem Grundbuchrechtspfleger verbietet, das Grundbuch wissentlich unrichtig werden zu lassen. Der Insolvenz-, Testamentsvollstreckervermerk und das Eingetragensein der Nachlassverwaltung stellen keine auf das Grundbuchverfahren einwirkende Eintragungen dar, sondern bezwecken nur die Verhinderung des gutgläubigen Erwerbs, dh sie sind ein bloßer Hinweis mit Wirkung gegen potentielle Erwerber. Festzuhalten bleibt daher: Ist die VE bereits eingetragen oder wegen früheren Eingangs vorher einzutragen (§ 17 GBO), so ist ein gutgläubiger Erwerb nach § 892 BGB ausgeschlossen.

cc) § 878 BGB. Dass das Schlagwort von der »Grundbuchsperre« zumindest im Rahmen des § 878 BGB verfehlt ist, mag folgendes Beispiel zeigen:[176] **100**

1.6. Bindung der Einigung und Bewilligung einer Buchgrundschuld

2.6. Antrag auf Eintragung der Buchgrundschuld

3.6. Insolvenzeröffnung

4.6. Ersuchen auf Eintragung des Insolvenzvermerks

5.6. Eintragung des Insolvenzvermerks

Der Grundbuchrechtspfleger muss von Amts wegen die Bewilligungsbefugnis prüfen, die der Insolvenzschuldner/Gemeinschuldner durch IE verloren hat (§ 80 Abs 1 InsO). Die Bewilligung wurde zwar vor IE abgegeben, was jedoch ohne Bedeutung ist, denn die Bewilligungsbefugnis muss grundsätzlich bis zur Eintragung vorliegen. Nach § 91 InsO kann der Gläubiger die Grundschuld erwerben, wenn § 878 BGB eingreift. Da dessen

171 *Keller* RpflStud 2002, 1, 3 f.
172 **Allgemein:** MüKo-*Wacke* § 892 Rn 67; *Güthe-Triebel* Vorbem zu § 13 Rn 72; **für die IE:** RGZ 71, 38; BGB-RGRK-*Augustin* § 878 Rn 27; *Drischler* RPflJB 1967, 275, 294; **für die NV:** *Meikel-Imhof-Riedel* Grundbuchrecht, 6. Auflage, Vorbem zu § 13 Rn 138; **für die TV:** LG Oldenburg Rpfleger 1981, 197.
173 *Eickmann* GBVerfR, 1. Auflage, 5. Kap § 3 III 3.3d bb.
174 *Kohler* in *Bauer/von Oefele* AT VIII Rn 25.
175 *Böttcher* Rpfleger 1983, 187, 191; *Palandt-Bassenge* § 892 Rn 27.
176 *Böttcher* Rpfleger 1983, 187, 191.

Voraussetzungen – Bindung an die dingliche Einigung und wirksame Antragstellung vor IE – vorliegen, muss der Grundbuchrechtspfleger eintragen, obwohl der Insolvenzvermerk bereits im Grundbuch steht.

101 Dieses Beispiel hat gezeigt, dass dem Erwerber, der sich auf § 878 BGB stützt, das Eingetragensein der VE nicht schadet. Einzige Aufgabe des Insolvenz-, Testamentsvollstreckervermerks etc ist es, den gutgläubigen Erwerb zu verhindern (§ 892 Abs 1 S 2 BGB). Wenn es – wie bei § 878 BGB – auf den guten oder bösen Glauben gar nicht ankommt, ist der Vermerk ohne jede Bedeutung.[177] Jedoch ist zu obigem Beispiel zu bemerken, dass der Insolvenzvermerk unter Verstoß gegen die §§ 17, 45 GBO eingetragen wurde. Ein Rechtserwerb nach § 878 BGB scheidet aus, wenn die VE bereits im Grundbuch eingetragen ist und der Grundbuchrechtspfleger entsprechend den §§ 17, 45 GBO gehandelt hat. Denn Voraussetzung für die Anwendung des § 878 BGB ist es, dass der Eintragungsantrag vor IE, Erbfall, Bekanntmachung der NV gestellt wurde; steht die VE aber bereits im Grundbuch und ist der Grundbuchrechtspfleger nach den §§ 17, 45 GBO verfahren, so muss das Ersuchen auf Eintragung der VE vor dem Eintragungsantrag eingegangen sein; somit muss auch die VE vor dem Eingang des Eintragungsantrags wirksam geworden sein, sodass § 878 BGB keine Anwendung mehr finden kann. Nur wenn der Grundbuchrechtspfleger – was hoffentlich nicht vorkommt – entgegen den §§ 17, 45 GBO, dh unrichtigerweise, die VE vor einem früher gestellten Antrag eingetragen hat, ist ein Rechtserwerb nach § 878 BGB möglich.

102 **dd) § 185 BGB.** Ohne Bedeutung ist das Eingetragensein der VE auch für § 185 BGB. Ein bestehender Mangel der Bewilligungs-(Verfügungs-)befugnis kann somit durch Zustimmung des Verwalters geheilt werden; fällt vor Entscheidung über den Eintragungsantrag die VE weg, so kann die Eintragung ebenfalls erfolgen.[178]

103 **ee) Ergebnis.** Ist die Verfügungsentziehung bereits im Grundbuch eingetragen oder wegen früheren Eingangs vorher einzutragen, und zwar ordnungsgemäß nach den §§ 17, 45 GBO, so ist das Grundbuch auf Grund des Legalitätsprinzips für rechtsändernde rechtsgeschäftliche Verfügungen des (künftigen) Insolvenzschuldners bzw Erben grundsätzlich gesperrt. Eine Eintragung kann nur noch erfolgen, wenn die Einwilligung bzw Genehmigung des Verwalters nachgewiesen wird oder die Verfügungsentziehung zwischenzeitlich weggefallen ist (§ 185 BGB).

III. Verfügungsbeschränkungen

1. Materielle Rechtslage

104 **a) Begriff.** Wollte man bei den Verfügungsbeeinträchtigungen eine Reihenfolge bezüglich deren Wirkungen aufstellen, so müsste die wie folgt aussehen: Verfügungsentziehungen – Verfügungsbeschränkungen – Verfügungsverbote. In allen drei Fällen bleibt zwar die Verfügungsmacht unberührt, aber die Verfügungsbefugnis wird davon betroffen. Während die Verfügungsentziehungen den völligen Verlust der Verfügungsbefugnis zur Folge haben und die Verfügungsverbote die Verfügungsbefugnis im Grundsatz unberührt lassen, nehmen die Verfügungsbeschränkungen insofern eine Mittelstellung ein, da sie nur in bestimmten Beziehungen die Verfügungsbefugnis beschränken. Bei den VBen wird die Verfügungsbefugnis durch das Erfordernis der Zustimmung Dritter zu einer Verfügung eingeschränkt.[179] Da das Gesetz die Wirksamkeit eines Rechtsgeschäfts vielfach von der Zustimmung eines Dritten abhängig macht, jedoch nicht in jedem dieser Fälle eine VB vorliegt, ist folgende Unterscheidung zu beachten:[180] Die Zustimmung ist notwendig wegen der **Unzuständigkeit des Handelnden,** zB bei Fehlen der Vertretungsmacht (§ 177 BGB) oder der Verfügungsmacht (§ 185 BGB). Bei einer zweiten Fallgruppe beruht das Zustimmungserfordernis nicht auf einem Mangel in der Rechtszuständigkeit, sondern es handelt sich um eine **Zuständigkeit zur Aufsicht,** zB bei den §§ 107 ff, §§ 1643 ff und §§ 1819 ff BGB.[181]

105 Während es sich bei den genannten beiden Anwendungsbereichen für die Zustimmung zweifelsfrei um keine VBen handelt, weil die Verfügungsbefugnis überhaupt nicht berührt wird, ist die Frage bei der dritten Fallgruppe, die die Zustimmung auf Grund der **Mitzuständigkeit eines Dritten** vorsieht, schon nicht mehr so einfach zu beantworten. Unsere Rechtsordnung räumt einem Dritten idR dann eine Mitzuständigkeit ein, wenn er von dem Geschäft des Handelnden mitbetroffen wird. Das Betroffensein kann rechtlicher Natur sein, zB ist zur Aufhebung einer mit einem Nießbrauch belasteten Hypothek die Zustimmung des Nießbrauchsberechtigten erforderlich (§ 876 S 1 BGB); weitere Beispiele finden sich zB den §§ 880 Abs 2 S 2, 1071, 1183, 1255 Abs 2 S 1, 1276 BGB. Das Zustimmungserfordernis ist jedoch in diesen Fällen nicht Ausfluss einer Beschränkung der Verfügungsbefugnis, sondern die Rechtsinhaberschaft (= Verfügungsmacht) ist eingeschränkt durch Rechte Dritter; insofern ist terminologisch nicht von VBen auszugehen, weil die erforderlichen Zustimmungen ihre Ursache in einer verminderten Verfügungsmacht des Handelnden haben und Dritten Schutz vor

---

177 *Böttcher* Rpfleger 1983, 187, 192; *Staudinger-Gursky* § 878 Rn 54; *Eickmann* GBVerfR, Rn 152.
178 *Böttcher* Rpfleger 1983, 187, 192.
179 *Böttcher* Rpfleger 1984, 377; *Ruhwedel* JuS 1980, 161, 163.
180 *Böttcher* aaO.
181 OLG Celle DNotZ 2006, 923 = NotBZ 2007, 467.

Rechtsverlusten gewähren. Die Mitzuständigkeit eines Dritten kann aber ihren Grund auch darin haben, dass er von dem Geschäft des Handelnden vor allem in seinen wirtschaftlichen oder privaten Interessen beeinträchtigt wird, aber rechtlich nichts verliert, was ihm sowieso nicht zusteht oder wozu er nicht bereits sein Einverständnis erklärt hat. In den Fällen des § 1365 BGB (Sicherung der wirtschaftlichen Grundlage der Familie), der §§ 1423–1425 BGB (Bewahrung der wirtschaftlichen Grundlage der Gütergemeinschaft), des § 5 ErbbauRG (Schutz vor ungeliebten Erbbauberechtigten und überhöhter Belastung des Erbbaurechts) und des § 12 WEG (Schutz vor Eindringen unliebsamer Wohnungseigentümer in die Gemeinschaft) ist der Handelnde entweder alleiniger Rechtsinhaber, dh ihm steht die Verfügungsmacht ungemindert zu (§ 1365 BGB, § 5 ErbbauRG, § 12 WEG), oder er ist berechtigt, über die Rechtsinhaberschaft grundsätzlich allein zu verfügen (§ 1422 BGB). Lediglich die Verfügungsbefugnis, die der Handelnde grundsätzlich auch uneingeschränkt in seiner einzelnen Person vereinigt, wird zu bestimmten Verfügungen in der Weise eingeschränkt, dass die Zustimmung eines Dritten erforderlich ist; hierbei handelt es sich dann um Verfügungsbeschränkungen.[182]

b) Arten. Bei den VBen kann die Einschränkung der Verfügungsbefugnis gesetzlich geregelt oder vertraglich vereinbart oder gerichtlich angeordnet worden sein. Dementsprechend ist zwischen gesetzlichen und rechtsgeschäftlichen VBen zu unterscheiden. **106**

aa) Gesetzliche Verfügungsbeschränkungen. (1) § 1365 BGB. Im gesetzlichen Güterstand der Zugewinngemeinschaft bleiben die Vermögen der Ehegatten völlig getrennt (§ 1363 Abs 2 S 1 BGB). Daraus folgt, dass sowohl die Frau als auch der Mann allein die Verfügungsmacht und die Verfügungsbefugnis über ihr jeweiliges Vermögen haben. Jeder Ehegatte kann somit grundsätzlich ohne Mitwirkung des anderen Ehegatten Verfügungsgeschäfte über sein Vermögen abschließen. In Ausnahme von diesem Grundsatz besteht insoweit eine VB, als jeder Ehegatte über sein »Vermögen im ganzen« nur mit Zustimmung des anderen Ehegatten verfügen kann (§ 1365 Abs 1 S 2 BGB).[183] **107**

(2) §§ 1423–1425 BGB. Bei bestehender Gütergemeinschaft kann jeder Ehegatte grundsätzlich nur über das Sondergut (§ 1417 BGB) und das Vorbehaltsgut (§ 1418 BGB) ohne Mitwirkung des anderen frei verfügen. Beim **Gesamtgut** (§ 1416 BGB) sind die Ehegatten gesamthänderisch gebundene Miteigentümer. Hierbei ist zu unterscheiden, ob das Gesamtgut durch einen Ehegatten (§§ 1422 ff BGB) oder durch beide Ehegatten gemeinschaftlich (§§ 1450 ff BGB) verwaltet wird. **108**

Ist **ein Ehegatte der alleinige Verwalter,** so steht zwar beiden Eheleuten noch die Verfügungsmacht über das Gesamtgut gemeinsam zu, aber die Verfügungsbefugnis übt der Gesamtgutsverwalter grundsätzlich allein, im eigenen Namen und kraft eigenen Rechtes aus. Seine Verfügungsbefugnis ist umfassend, nur zu bestimmten Rechtsgeschäften bedarf er der Zustimmung des nichtverwaltenden Ehegatten, so für Verfügungen über das Gesamtgut im ganzen (§ 1423 BGB), über Gesamtgutsgrundstücke (§ 1424 S 1, 1. Hs BGB) und bei Schenkungen aus dem Gesamtgut (§ 1425 Abs 1 S 1, 2. Hs BGB) bzw aus dem Sonder- oder Vorbehaltsgut (§ 1425 Abs 1 S 2 BGB). In diesen Fällen unterliegt der Gesamtgutsverwalter somit gesetzlichen VBen; im gleichen Umfang, wie dem Gesamtgutsverwalter die Verfügungsbefugnis zusteht, ist der andere Ehegatte von der Verfügung ausgeschlossen.[184] **109**

Bei **gemeinschaftlicher Verwaltung** müssen die Ehegatten grundsätzlich gemeinsam für die Gesamthand Verfügungen abschließen, dh die Gesamthand muss handeln. Ist bei der Einzelverwaltung nur in Ausnahmefällen (§§ 1423–1425 BGB) gemeinsames Handeln erforderlich, so ist dies bei der Gesamtverwaltung der Grundsatz. Deshalb wird behauptet, dass bei gemeinschaftlicher Verwaltung eine generelle VB gegeben ist.[185] Dem ist nicht zuzustimmen. Sowohl Verfügungsmacht als auch Verfügungsbefugnis stehen beiden Ehegatten gemeinsam zu. Es liegt aber deshalb keine VB im originären Sinn vor, da die Einschränkung der Verfügungsbefugnis nur die zwangsläufige Folge der Einschränkung der Verfügungsmacht ist. Die Verfügungsbefugnis ist die rechtliche Fähigkeit, von den aus der Verfügungsmacht fließenden materiellrechtlichen Befugnissen Gebrauch machen zu können. Wenn aber bereits die Verfügungsmacht gesamthänderisch gebunden ist, so muss dies die davon abhängige Verfügungsbefugnis natürlich auch sein. Als VBen sind aber nur solche Behinderungen der Verfügungsbefugnis anzusehen, die diese primär betreffen und nicht notwendige sekundäre Folge der Beschränkung der Verfügungsmacht darstellen. Das Erfordernis des gemeinsamen Handelns bei gemeinschaftlicher Verwaltung stellt sich somit nicht als VB dar, sondern als Beschränkung der Verfügungsmacht.[186] Hat ein Alleineigentümer sein Grundstück aufgelassen und danach Gütergemeinschaft vereinbart, wodurch das Grundstück Gesamtgut wird (§ 1416 BGB), so bedarf es für die Grundbucheintragung des Erwerbers trotzdem nicht der Mitwirkung des **110**

---

182 *Böttcher* Rpfleger 1984, 377, 378.
183 *Böttcher* aaO; *Staudinger-Gursky* Vorbem zu § 873 Rn 58; OLG München Rpfleger 2007, 259 = DNotZ 2007, 381; OLG Hamm MittBayNot 2006, 41; OLG Schleswig MittBayNot 2006, 38; OLG Zweibrücken Rpfleger 2004, 38.
184 *Soergel-Stürner* § 878 Rn 4; *Palandt-Bassenge* § 878 Rn 9; *MüKo-Wacke* § 878 Rn 21; **aA** *Staudinger-Gursky* § 878 Rn 27.
185 *Demharter* § 19 Rn 64; *Eickmann* GBVerfR, Rn 142.
186 *Staudinger-Gursky* § 878 Rn 27; *Böttcher* Rpfleger 1984, 377, 378.

anderen Ehegatten; die Gesamthand »Gütergemeinschaft« erwirbt das Vermögen im Wege der Universalsukzession im bisherigen Umfang.[187]

111 **bb) Rechtsgeschäftliche Verfügungsbeschränkungen. (1) § 5 ErbbauRG.** Vom Grundsatz des § 137 S 1 BGB, dass rechtsgeschäftliche VBen nicht mit dinglicher Wirkung ausgestattet werden können, gibt es beim Erbbaurecht durch § 5 ErbbauRG eine Ausnahme. Danach kann vereinbart werden, dass der Erbbauberechtigte zur Veräußerung des Erbbaurechts und zur Belastung dieses Rechts mit einem Grundpfandrecht oder einer Reallast sowie zu der Erweiterung einer solchen Belastung der Zustimmung des Grundstückseigentümers bedarf.

112 **(2) §§ 12, 35 WEG.** Weitere Ausnahmen von § 137 S 1 BGB finden sich beim Wohnungseigentum in § 12 Abs 1 WEG und beim Dauerwohnrecht in § 35 WEG: VBen können in der Weise vereinbart werden, dass zur Veräußerung des Wohnungseigentums bzw Dauerwohnrechts die Zustimmung der anderen Wohnungseigentümer bzw des Eigentümers oder eines Dritten (meist des Verwalters) notwendig ist.

113 **cc) Gerichtlich angeordnete Verfügungsbeschränkungen.** Nach § 21 Abs 2 Nr 2, 2. Alt InsO kann das Insolvenzgericht im **Insolvenzeröffnungsverfahren** auch anordnen, dass Verfügungen des Schuldners nur mit Zustimmung des vorläufigen Insolvenzverwalters wirksam sind. Daraus folgt aber bereits, dass immer auch gleichzeitig ein vorläufiger Verwalter nach § 21 Abs 2 Nr 1 InsO bestellt werden muss, da dieser Träger der Zustimmungskompetenz ist.[188] Ein solcher Zustimmungsvorbehalt kann sich sowohl auf einzelne als auch auf alle Verfügungen des Schuldners beziehen.[189] Insoweit handelt es sich aber um keine Verfügungsentziehung (wie bei § 21 Abs 2 Nr 2, 1. Alt InsO), da die Verfügungsbefugnis nicht in vollem Umfang auf den vorläufigen Insolvenzverwalter übergeht, sondern der Schuldner bleibt verfügungsbefugt, bedarf jedoch der Zustimmung des Verwalters zu bestimmten oder allen Verfügungen, sodass insoweit eine Verfügungsbeschränkung vorliegt.[190] Damit kann das Insolvenzgericht eine Sicherungsmaßnahme verhängen, die unterhalb der Verfügungsentziehung des § 21 Abs 2 Nr 2, 1. Alt InsO liegt. Dies kann insbesondere in den Fällen von Nutzen sein, in denen ein Unternehmen unter der bisherigen Leitung zunächst weitergeführt werden soll; mit einer Verfügungsentziehung wäre nämlich jeglichem Handeln des Schuldners die Grundlage entzogen.[191] Die VB wird wirksam mit dem im Beschluss genannten Zeitpunkt (§ 27 Abs 2 Nr 3 InsO analog); ist keine Zeit angegeben, gilt 12.00 Uhr mittags (§ 27 Abs 3 InsO analog).[192]

114 **c) Rechtsnatur.** Zumindest im Falle des § 1365 BGB ist die Rechtsnatur nicht abschließend geklärt. Diese Problematik gilt aber auch bei den übrigen VBen, da die gesetzliche Systematik da wie dort die gleiche ist. Um so erstaunlicher ist es daher bereits, dass sich dieser Meinungsstreit nur bei der Vorschrift des § 1365 BGB entfachte. Eine Ansicht bejaht bei § 1365 BGB eine »Begrenzung des rechtlichen Könnens«, dh eine Beschränkung der Verfügungsmacht.[193] Im Ergebnis ist diese Ansicht abzulehnen. Es wird nicht die Verfügungsmacht angetastet, sondern § 1365 BGB stellt nur fest, dass eine dagegen verstoßende Verfügung sich außerhalb der dem Rechtssubjekt zukommenden Verfügungsbefugnis bewegt hat. Auch eine Beschränkung der Verfügungsbefugnis kann nach dem allgemeinen Grundsatz »violenti non fit iniuria« durch Zustimmung geheilt werden. Eine Beschränkung der Verfügungsmacht liegt vor, wenn eine Rechtsinhaberschaft nicht einem allein zusteht, also nicht frei von einem Rechtsinhaber über ein Recht verfügt werden kann, so zB bei gesamthänderischer Bindung oder Bruchteilsberechtigung. Bei der Zugewinngemeinschaft ist jedoch jeder Ehegatte der alleinige Rechtsinhaber seines Vermögens, dh die Verfügungsmacht steht jedem uneingeschränkt allein zu; nur bei der Verfügung über das Vermögen im ganzen ist die Verfügungsbefugnis eingeschränkt. Die hM charakterisiert § 1365 BGB somit zu Recht als VB,[194] wobei die Beschränkung der Verfügungsbefugnis in der Notwendigkeit der Zustimmung des anderen Ehegatten besteht. Was aber bei § 1365 BGB gilt, muss auch bei den §§ 1423–

187 *Staudinger-Gursky* § 878 Rn 18; MüKo-*Kanzleiter* § 1416 Rn 7; *Baur-Stürner* Sachenrecht, § 19 B III 2 c; *Gernhuber/ Coester-Waltjen* § 38 III 2; *Tiedtke* FamRZ 1976, 510, 511 ff; *Böhringer* BWNotZ 1983, 133; **aA** BayObLG Rpfleger 1976, 348.

188 MüKo-*Haarmeyer* § 21 InsO Rn 69; *Kirchhoff* in HK-InsO § 21 Rn 13.

189 *Nerlich-Römermann-Mönning* § 21 InsO Rn 67–70; MüKo-*Haarmeyer* § 21 InsO Rn 65; *Kirchhoff* in HK-InsO § 21 Rn 13.

190 *Bachmann* Rpfleger 2001, 105, 106 f.

191 MüKo-*Haarmeyer* § 21 InsO Rn 69.

192 BGH ZIP 1996, 1909; 1995, 40; MüKo-*Haarmeyer* § 21 InsO Rn 37, 56; *Nerlich-Römermann-Mönning* § 24 InsO Rn 14–16.

193 *Medicus* BGB-AT, Rn 670.

194 BGHZ 40, 219; BayObLG FamRZ 1965, 311; NJW 1967, 1614; 1975, 833; KG NJW 1973, 428, 429; OLG Hamm Rpfleger 1959, 349; 1960, 225; OLG Hamburg NJW 1970, 952; BGB-RGRK-*Finke* § 1365 Rn 1; *Eickmann* Rpfleger 1979, 169, 175; *Böttcher* Rpfleger 1984, 377, 379.

1425 BGB,[195] § 5 ErbbauRG[196] und den §§ 12, 35 WEG[197] und § 21 Abs 2 Nr 2, 2. Alt iVm Nr 1 InsO[198] gelten; in allen Fällen handelt es sich um VBen.

d) Wirkungen. aa) Wirksamkeit von Anfang an. (1) Einwilligung. Verstößt eine Verfügung gegen eine **115** bestehende VB, so ist sie trotzdem von Anfang an wirksam, wenn die Einwilligung des durch die VB Geschützten vorliegt (§ 1365 Abs 1 BGB; §§ 1423–1425 BGB; § 6 Abs 1 ErbbauRG; § 12 Abs 3 S 1 WEG; §§ 35, 12 Abs 3 S 1 WEG; § 21 Abs 2 Nr 2, 2. Alt iVm Nr 1 InsO). Die Einwilligung kann alternativ an den Geschäftspartner oder den durch die VB Betroffenen erklärt werden (§ 182 Abs 1 BGB) und bedarf keiner bestimmten Form, auch wenn das zustimmungsbedürftige Rechtsgeschäft selbst formgebunden ist (§ 182 Abs 2 BGB). Der Widerruf der Einwilligung ist bis zur Vornahme des einwilligungsbedürftigen Rechtsgeschäfts grundsätzlich zulässig (§ 183 S 1 BGB).[199] In analoger Anwendung der §§ 170 ff BGB genießen jedoch redliche Geschäftspartner Vertrauensschutz, dh wurde zB die Einwilligung dem Dritten gegenüber erklärt, sie aber dem Betroffenen gegenüber widerrufen, so bleibt sie trotz des Widerrufs wirksam.[200] Die Einwilligung kann auch dann noch wirksam erteilt werden, wenn sie zuvor bereits einmal verweigert wurde; der Einwilligende präjudiziert sich durch eine Verweigerung der Einwilligung nicht. Damit eine VB nicht ihrem Zweck zuwider rechtsmissbräuchlich verwendet werden kann, hat der Gesetzgeber Wege zur Verfügung gestellt, um die Einwilligung zu ersetzen bzw gerichtlich zu erzwingen. Bei der Zugewinngemeinschaft (§ 1365 BGB) und der Gütergemeinschaft mit Ausnahme der Schenkungen (§ 1426 BGB) kann das Vormundschaftsgericht auf Antrag die Einwilligung ersetzen, wenn dies zur ordnungsgemäßen Verwaltung erforderlich ist und der einwilligungspflichtige Ehegatte sie ohne ausreichenden Grund verweigert oder durch Krankheit oder Abwesenheit an der Abgabe verhindert und mit dem Aufschub Gefahr verbunden ist. Das Gericht kann den Antrag nicht nur aus Sachgründen ablehnen, sondern auch, weil die Verfügung nach seiner Meinung keiner Einwilligung bedarf (Negativattest). Bei der VB des § 5 ErbbauRG kann die Einwilligung des Grundstückseigentümers auf Antrag des Erbbauberechtigten durch das Amtsgericht ersetzt werden, wenn sie ohne ausreichenden Grund verweigert wird (§ 7 Abs 3 S 1 ErbbauRG). Es handelt sich um ein FGG-Verfahren, sodass eine Klage nach ZPO-Vorschriften ausgeschlossen ist,[201] es sei denn der Eigentümer ist schuldrechtlich zur Einwilligung verpflichtet.[202] Nach dem Wirksamwerden (§ 53 FGG) des die Einwilligung ersetzenden Gerichtsbeschlusses hat dieser die gleiche Wirkung wie die von dem durch die VB Geschützten abgegebene Einwilligung. Bei den VBen nach § 12 WEG und § 35 WEG kann die Einwilligung zwar nicht ersetzt werden, aber sie ist gerichtlich erzwingbar, wenn sie ohne wichtigen Grund versagt wird (§ 12 Abs 2 S 1 WEG). Der Anspruch auf Erteilung der Einwilligung ist, soweit er sich gegen andere Wohnungseigentümer bzw den Eigentümer oder den Verwalter richtet, nach § 43 WEG erzwingbar. Der Anspruchsgegner wird zur Abgabe der Einwilligung verpflichtet, wobei die Vollstreckung nach § 45 Abs 3 WEG, § 894 ZPO erfolgt.[203] Gegen sonstige Dritte ist der Anspruch im Prozess vor den ordentlichen Gerichten im Klageweg geltend zu machen.[204]

(2) § 878 BGB. Auf Grund dieser Norm erwächst ein Rechtsgeschäft trotz bestehender Verfügungsbeeinträch- **116** tigung in volle Wirksamkeit, wenn die Bindung an die dingliche Einigung bzw Aufhebungserklärung (§ 873 Abs 2, § 875 Abs 2 BGB) und die Antragstellung beim Grundbuchamt (§ 13 GBO) vor Wirksamwerden der Verfügungsbeeinträchtigung erfolgen. Zweifelhaft ist, ob § 878 BGB auch in den Fällen einer durch eheliches Güterrecht herbeigeführten VB (§§ 1365, 1424 BGB) Anwendung findet. Da alle außerhalb des Grundbuchs entstehenden VBen unter § 878 BGB fallen,[205] muss dies grundsätzlich auch für die sich der bei der Zugewinngemeinschaft aus § 1365 BGB ergebende VB[206] und die bei der Gütergemeinschaft in Bezug auf Gesamtgutsgrundstücke bestehende VB nach § 1424 BGB[207] gelten. Zweck der VBen kann es nicht sein, in Positionen Dritter einzugreifen, die diese bereits durch frühere Akte eines Ehegatten erreichten. Bei **§ 1365 BGB** hat

195 *Eickmann* GBVerfR, Rn 142.
196 KEHE-*Munzig* § 19 Rn 91.
197 *Böttcher* Rpfleger 1984, 377, 379.
198 *Bachmann* Rpfleger 2001, 105.
199 Im Grundstücksrecht ist ein Widerruf nach Eintritt der Bindung gemäß § 873 Abs 2, § 875 Abs 2 BGB und Antragstellung beim GBA wirkungslos (§ 878 BGB).
200 *Böttcher* Rpfleger 1984, 377, 379.
201 BGHZ 33, 76; BayObLGZ 1960, 467, 470; OLG Köln Rpfleger 1969, 300; *Böttcher* Rpfleger 1984, 377, 379.
202 BGHZ 48, 296.
203 BayObLGZ 1977, 40 = Rpfleger 1977, 173; BGB-RGRK-*Augustin* § 12 WEG Rn 16; *Böttcher* Rpfleger 1984, 377, 379.
204 *Furtner* NJW 1966, 182, 189; *Böttcher* Rpfleger 1984, 377, 379.
205 RGZ 113, 409; BayObLGE 21, 300; *Böttcher* Rpfleger 1984, 377, 379; *Palandt-Bassenge* § 878 Rn 10; *Soergel-Stürner* § 878 Rn 4.
206 BGB-RGRK-*Augustin* § 878 Rn 17.
207 BGB-RGRK-*Augustin* § 878 Rn 23; *Palandt-Bassenge* § 878 Rn 9; *Soergel-Stürner* § 878 Rn 4; MüKo-*Wacke* § 878 Rn 21; *Böttcher* Rpfleger 1984, 377, 379; **aA** *Staudinger-Gursky* § 878 Rn 27.

§ 878 BGB keine große Bedeutung.[208] Für die Anwendung von § 1365 BGB ist nämlich nach heute herrschender subjektiver Einzeltheorie die Kenntnis des Erwerbers erforderlich, dass das Grundstück das wesentliche Vermögen ausmacht.[209] Diese Kenntnis muss bei Abschluss des Verpflichtungsgeschäfts vorliegen, ansonsten entfällt die Zustimmungspflicht für das Erfüllungsgeschäft.[210] Hat sich zB ein Alleineigentümer bindend geeinigt über die Eigentumsübertragung seines Grundstücks und wurde der Antrag beim GBA gestellt, würde eine nachfolgende Heirat des Veräußerers nur dann die Anwendung des § 1365 BGB und folgend § 878 BGB hervorrufen, wenn der Erwerber bereits beim Abschluss des Kaufvertrags wusste, dass das Grundstück das wesentliche Vermögen des Veräußerers darstellte; dies dürfte selten der Fall sein. Wurde die Auflassung (§ 873 Abs 2 BGB) und der Eintragungsantrag gestellt (§ 13 GBO), bevor durch Ehevertrag der Güterstand der Gütergemeinschaft mit Alleinverwaltung eines Ehegatten vereinbart wurde, kann sich der Eigentumsübergang trotz **§ 1424 BGB** wirksam vollziehen gemäß § 878 BGB. Zweifelhaft könnte auch die Anwendung des § 878 BGB bei den VBen des § 5 ErbbauRG und der §§ 12, 35 WEG sein, da diese Norm grundsätzlich nicht für die durch Eintragung entstehenden VBen gilt.[211] § 878 BGB ist jedoch entsprechend anzuwenden, da der einseitige Widerruf einer einmal erteilten Einwilligung bis zur Vornahme der Eintragung einer Rechtsänderung im Grundbuch gemäß § 183 BGB möglich ist,[212] was im Grundbuchverfahren zu einer unerträglichen Unsicherheit führen würde. Ist deshalb die Einigung bindend geworden und der Eintragungsantrag beim Grundbuchamt eingegangen, so bleibt beim Widerruf der Einwilligung der Wiedereintritt der VB auf die Einigung gemäß § 878 BGB ohne Einfluss.[213] Aus diesem Grund gilt § 878 BGB nicht nur bei den gesetzlich geregelten VBen des ehelichen Güterrechts (§§ 1365, 1424 BGB), sondern auch bei den vertraglich vereinbarten VBen des **§ 5 ErbbauRG** und der **§§ 12, 35 WEG**.[214] Die in der Teilungserklärung begründete VB gemäß § 12 WEG wird, auch wenn sie in die bereits angelegten Wohnungsgrundbücher eingetragen ist, erst mit der rechtlichen Invollzugsetzung der Wohnungseigentümergemeinschaft, also der Eigentumseintragung des ersten Wohnungseigentumserwerbers, wirksam; dies führt zur Anwendung des § 878 BGB auf die zu diesem Zeitpunkt dem GBA bereits vorliegenden Eigentumsumschreibungsanträge anderer Wohnungseigentumserwerber.[215] Die Zustimmungsbefugnis gemäß § 5 ErbbauRG steht dem jeweiligen Grundstückseigentümer zu. Bei einem Eigentumswechsel vor Eingang eines Umschreibungsantrags beim GBA wird die vom Rechtsvorgänger erteilte Zustimmung wirkungslos. Wenn allerdings die Einigung des Erbbauberechtigten und des Erwerbers bindend geworden (§ 873 Abs 2 BGB) und der Eintragungsantrag beim GBA vor Eintritt des Eigentumswechsels eingegangen ist (§ 13 GBO), bindet die Zustimmungserklärung des bisherigen Eigentümers auch seinen Rechtsnachfolger (§ 878 BGB).[216] Bei der VB des **§ 21 Abs 2 Nr 2, 2. Alt iVm Nr 1 InsO** im Insolvenzeröffnungsverfahren wird in § 24 Abs 1 InsO zwar auf § 81 InsO verwiesen, nicht aber auf § 91 Abs 2 InsO und damit auf § 878 BGB; trotzdem wird allgemein die Anwendbarkeit des § 878 BGB bejaht.[217]

117 **(3) Gutgläubiger Erwerb?** Bei der VB des **§ 21 Abs 2 Nr 2, 2. Alt iVm Nr 1 InsO** im Insolvenzeröffnungsverfahren muss diese Frage zweifelsfrei bejaht werden, da § 24 Abs 1 InsO auf § 81 InsO verweist und dieser wiederum auf § 892 BGB.[218] Gutgläubiger Erwerb vom künftigen Insolvenzschuldner ist möglich, solange dem Erwerber der Zustimmungsvorbehalt für den vorläufigen Insolvenzverwalter nicht bekannt und dieser auch nicht im Grundbuch eingetragen ist.

118 Verneint werden muss die Frage des gutgläubigen Erwerbs nach § 892 BGB bei den rechtsgeschäftlichen VBen nach **§ 5 ErbbauRG, §§ 12, 35 WEG**.[219] Sie entstehen erst mit der Eintragung im Grundbuch, sodass ein gutgläubiger Erwerb nicht möglich ist. Auf den öffentlichen Glauben des Grundbuchs und seine Unkenntnis bezüglich der VB kann sich ein Dritter nicht berufen, weil ja die VB aus dem Grundbuch ersichtlich ist. Eine ohne Beachtung der eingetragenen VB trotzdem vollzogene dingliche Einigung macht das Grundbuch unrichtig und gewährt einen Berichtigungsanspruch. Wurde allerdings die VB versehentlich im GB gelöscht, kann ein gutgläubiger Erwerb nach § 892 Abs 1 S 1 stattfinden.[220]

---

208 *Staudinger-Gursky* § 878 Rn 27.
209 *Staudinger-Thiele* § 1365 Rn 19 ff mwN.
210 BGHZ 106, 253; BayObLGZ 1967, 87; *Tiedtke* FamRZ 1975, 55, 68 f; 1976, 320, 323.
211 *Staudinger-Gursky* § 878 Rn 29; BGB-RGRK-*Augustin* § 878 Rn 16.
212 **AA** *Raebel* in *Lambert-Lang/Tropf/Frenz* Teil 5 Rn 87.
213 BGH DNotZ 1963, 433 = NJW 1963, 36; **aA** *Raebel* in *Lambert-Lang/Tropf/Frenz* Teil 5 Rn 266.
214 *Böttcher* Rpfleger 1984, 377, 379; MüKo-*Wacke* § 878 Rn 21; *Soergel-Stürner* § 878 Rn 4; *Palandt-Bassenge* § 878 Rn 9.
215 OLG Hamm Rpfleger 1994, 460 = MittRhNotK 1995, 148.
216 OLG Köln MittRhNotK 1996, 275; OLG Düsseldorf Rpfleger 1996, 340 = FGPrax 1996, 125.
217 *Bachmann* Rpfleger 2001, 105; *Eickmann* FS für Uhlenbruck, 2000, S 149, 152; MüKo-*Haarmeyer* § 24 InsO Rn 12; *Kirchhoff* in HK-InsO § 24 Rn 11.
218 *Bachmann* Rpfleger 2001, 105, 107.
219 **Für § 5 ErbbauRG:** *Böttcher* Rpfleger 1984, 377, 380; **für §§ 12, 35 WEG:** *Böttcher* Rpfleger 1984, 377, 380; BGB-RGRK-*Augustin* § 12 Rn 25; *Soergel-Stürner* § 12 Rn 12; *Pick* in B/P/M § 12 Rn 46.
220 *Raebel* in *Lambert-Lang/Tropf/Frenz* Teil 5 Rn 73; *Staudinger-Gursky* § 892 Rn 245.

Die gesetzlich geregelte VB des **§ 1365 BGB,** die nicht im Grundbuch eintragbar ist,[221] dient nicht nur einer   **119**
bestimmten Person, dem anderen Ehegatten, sondern dem Schutz und der Erhaltung der für eine Ehegemeinschaft notwendigen Vermögenssubstanz. Der Verkehrsschutz muss daher dem Bestreben, die Familie zu sichern,
weichen. Die VB des § 1365 BGB wirkt absolut, dh gegenüber jedermann, und stellt kein relatives Verfügungsverbot iS von § 135 BGB dar, auf das die Vorschriften über den gutgläubigen Erwerb entsprechende Anwendung finden könnten. § 892 Abs 1 S 2 BGB gilt deshalb nicht, wenn ein Ehegatte über ein Grundstück verfügt, das sein
ganzes Vermögen bildet, dh der gute Glaube des Dritten an die Verfügungsbefugnis eines Ehegatten wird nicht
geschützt.[222] Auf Grund der subjektiven Theorie wird der Erwerber aber teilweise dadurch geschützt, dass ihm die
VB nur dann entgegengehalten werden kann, wenn er weiß, dass es sich um das ganze oder nahezu das ganze Vermögen handelt, oder zumindest die Verhältnisse kennt, aus denen sich dies ergibt.[223] Völlig belanglos ist ein guter
Glaube des Erwerbers daran, dass sein Vertragsgegner unverheiratet sei, dass er nicht im Güterstand der Zugewinngemeinschaft lebe oder dass der andere Ehegatte mit dem Geschäft einverstanden sei; im Rechtsverkehr ist
im Zweifel vom gesetzlichen Güterstand auszugehen.[224] Ein gutgläubiger Erwerb ist jedoch nach einem wegen
§ 1365 Abs 1 S 2 BGB nicht wirksam gewordenen Rechtserwerb möglich.[225]

Besteht **Gütergemeinschaft** mit **Verwaltung des Gesamtguts durch beide Ehegatten,** so gilt: Ein gut-   **120**
gläubiger Dritter kann von einem noch allein im Grundbuch eingetragenen Ehegatten ein Gesamtgutsgrundstück zu Eigentum gemäß § 892 BGB erwerben.[226] Der Dritte kann sich auf den öffentlichen Glauben des
Grundbuchs verlassen, wenn der Ehegatte als alleiniger Berechtigter eingetragen ist, ihm aber in Wirklichkeit
die alleinige Verfügungsmacht (keine VB!) fehlt. Dies gilt auch dann, wenn im Güterrechtsregister bereits die
Gütergemeinschaft eingetragen ist, weil das objektbezogene Grundbuch (§ 892 BGB) dem personenbezogenen
Güterrechtsregister (§ 1412 BGB) vorgeht.[227] Ist die Gütergemeinschaft im Grundbuch eingetragen, behauptet
ein Ehegatte aber, Alleineigentümer oder Alleinverwalter zu sein, so ist ein gutgläubiger Erwerb eines Dritten
nicht nach § 892 BGB möglich, da der Grundbuchstand mit der materiellen Rechtslage in Einklang steht.
Nicht geschützt wird auch der auf Rechts- oder Tatsachenunkenntnis beruhende gute Glaube eines Dritten,
dass ein Rechtsgeschäft ohne Mitwirkung des anderen Ehegatten für das Gesamtgut wirksam sei, wenn ihm die
Tatsache der bestehenden Gütergemeinschaft mit gemeinschaftlicher Gesamtgutsverwaltung bekannt war und
das Grundbuch die Gütergemeinschaft auswies.[228]

Ist durch Ehevertrag die **Verwaltung des Gesamtguts durch einen Ehegatten** bestimmt, so ist festzuhalten: **121**
Einigkeit besteht noch insoweit, dass ein gutgläubiger Erwerb gemäß § 892 BGB dann möglich ist, wenn der
Nichtverwalter über ein Grundstück verfügt, das noch allein auf seinen Namen im Grundbuch eingetragen
ist.[229] Dem ist zuzustimmen, da dem Nichtverwalter die alleinige Verfügungsmacht fehlt (keine VB!) und die
VBen der §§ 1423–1425 BGB für ihn nicht gelten; auch hier scheitert der Erwerb nicht an der Eintragung der
Gütergemeinschaft im Güterrechtsregister, da § 892 BGB in diesem Fall die Anwendung des § 1412 BGB aus-
schließt.[230] Verfügt dagegen der Gesamtgutsverwalter über ein Grundstück, das das Grundbuch unrichtig als
sein Alleineigentum ausweist, so herrscht Streit darüber, ob ein gutgläubiger Erwerb möglich ist. Die hM[231]
bejaht dies zu Unrecht. Voraussetzung für jeden gutgläubigen Erwerb ist es, dass ein Nichtberechtigter handelt.
Es stimmt zwar, dass auch bei Gütergemeinschaft mit Alleinverwaltung die Verfügungsmacht weiterhin beiden
Ehegatten gemeinsam zusteht, aber durch die Vereinbarung der Alleinverwaltung wurde eben der Gesamtgutsverwalter ermächtigt, die Verfügungsmacht allein auszuüben, dh er ist nicht mehr Nichtberechtigter. Grundsätzlich steht ihm auch die alleinige Verfügungsbefugnis zu, aber in § 1424 BGB ist eine Ausnahme davon für
das Grundstücksrecht geregelt, und diese Beschränkung der Verfügungsbefugnis kann der Rechtsschein ebenso
wie bei § 1365 BGB nicht ersetzen. Nach richtiger Ansicht ist daher in diesem Fall kein gutgläubiger Erwerb

---

221 *Böttcher* Rpfleger 1983, 49, 54; *Staudinger-Gursky* § 892 Rn 248.
222 BGHZ 40, 219; OLG Hamm NJW 1960, 436; *Staudinger-Gursky* § 892 Rn 248; BGB-RGRK-*Augustin* § 892 Rn 102;
      BGB-RGRK-*Finke* § 1365 Rn 13; MüKo-*Wacke* § 892 Rn 66; *Böttcher* Rpfleger 1984, 377, 380; kritisch dazu *Raebel* in
      Lambert-Lang/Tropf/Frenz Teil 5 Rn 160, 161.
223 BGHZ 43, 174, 177 = Rpfleger 1965, 107; BGHZ 64, 246, 247 = Rpfleger 1975, 297; BayObLG FamRZ 1967, 337;
      1975, 211; *Böttcher* Rpfleger 1984, 377, 380; *Staudinger-Gursky* § 892 Rn 248.
224 BGHZ 10, 266; *Staudinger-Gursky* § 892 Rn 248; *Böttcher* Rpfleger 1984, 377, 380; kritisch *Liessem* NJW 1989, 497, 502.
225 OLG Zweibrücken FamRZ 1986, 997, 998; OLG Köln OLGZ 1969, 171; *Staudinger-Gursky* § 892 Rn 248; *Gernhuber/
      Coester-Waltjen* § 35 I 8
226 KG NJW 1973, 428, 429 f; *Staudinger-Gursky* § 892 Rn 249; BGB-RGRK-*Augustin* § 892 Rn 102; BGB-RGRK-*Finke*
      § 1422 Rn 24, § 1450 Rn 19; MüKo-*Kanzleiter* § 1422 Rn 22; *Palandt-Diederichsen* § 1422 Rn 5; *Liessem* NJW 1989,
      497, 499; *Lüke* JuS 1988, 466; *Böttcher* Rpfleger 1984, 377, 380; **aA** *Gernhuber/Coester-Waltjen* § 38 VII 11, VIII 1.
227 *Staudinger-Gursky* § 892 Rn 249; BGB-RGRK-*Finke* § 1412 Rn 24, § 1450 Rn 19; MüKo-*Kanzleiter* § 1422 Rn 23,
      § 1412 Rn 10; *Lüke* JuS 1988, 464, 466; *Böttcher* Rpfleger 1984, 377, 380.
228 BGB-RGRK-*Augustin* § 892 Rn 102; *Böttcher* Rpfleger 1984, 377, 380.
229 BGB-RGRK-*Finke* § 1422 Rn 24; MüKo-*Kanzleiter* § 1422 Rn 23; *Böttcher* Rpfleger 1984, 377, 380.
230 BGB-RGRK-*Finke* § 1412 Rn 24; MüKo-*Kanzleiter* § 1412 Rn 23; *Böttcher* Rpfleger 1984, 377, 380.
231 *Staudinger-Gursky* § 892 Rn 249; BGB-RGRK-*Augustin* § 892 Rn 102; BGB-RGRK-*Finke* § 1422 Rn 24; MüKo-
      Wacke § 892 Rn 66; MüKo-*Kanzleiter* § 1422 Rn 23; *Reithmann* DNotZ 1961, 18.

möglich.[232] Gleiches gilt dann, wenn ein Grundstück im Grundbuch bereits für die Gütergemeinschaft eingetragen ist, der Nichtverwalter aber als Gesamtgutsverwalter auftritt; § 892 BGB ist nicht erfüllt, da das Grundbuch die wahre Rechtslage wiedergibt; gutgläubiger Erwerb ist somit nicht möglich. Bei allen bisher angeführten Fällen des gutgläubigen Erwerbs wurde primär das Fehlen der Verfügungsmacht durch § 892 BGB ausgeglichen. Wenn zugleich die mangelnde Verfügungsbefugnis geheilt wurde, so geschah dies nur sekundär, da bei den aufgezeigten Fallgestaltungen die Verfügungsbefugnis als Fähigkeit, von der Verfügungsmacht Gebrauch machen zu können, deren rechtliches Schicksal teilt. Es handelt sich also nie um einen gutgläubigen Erwerb trotz bestehender VB, sondern auf Grund fehlender Verfügungsmacht. Die Frage, ob ein gutgläubiger Erwerb trotz der VBen der §§ 1423–1425 BGB möglich ist, stellt sich erst dann, wenn im Grundbuch bereits die Gütergemeinschaft eingetragen ist, der Alleinverwalter die Verfügung vornimmt und der Vertragsgegner annimmt, dass das vom Verwalter vorgenommene Geschäft nicht der Zustimmung des anderen Ehegatten nach § 1424 BGB bedarf. Ebenso wie bei § 1365 BGB ist auch in diesem Fall kein gutgläubiger Erwerb gemäß § 892 BGB möglich, da das Grundbuch weder unrichtig ist noch ein relatives Verfügungsverbot nach § 135 BGB vorliegt. Der gute Glaube wird daher nicht geschützt, ohne Rücksicht darauf, ob er auf rechtlicher oder tatsächlicher Unkenntnis beruht.[233]

122 **bb) Nichtigkeit bzw schwebende Unwirksamkeit.** Kann ein Rechtsgeschäft wegen einer VB nicht von Anfang an in volle Wirksamkeit erwachsen, weil weder die Einwilligung des durch die VB Geschützten vorliegt noch die Voraussetzungen des § 878 BGB erfüllt sind, so ist bezüglich der sich daraus ergebenden Folgen zwischen einseitigen Rechtsgeschäften und Verträgen zu unterscheiden: erstere sind nichtig und letztere schwebend unwirksam. Bei den VBen spielen die **einseitigen Rechtsgeschäfte** keine große praktische Rolle. Im Rahmen des § 1424 BGB ist an die Bestellung einer Eigentümergrundschuld (§ 1196 BGB) und bei der VB des § 5 ErbbauRG an die nachträgliche Unterwerfung unter die sofortige Zwangsvollstreckung (§ 800 ZPO) zu denken. Bei den VBen der §§ 12, 35 WEG ist ein einseitiges Rechtsgeschäft überhaupt nicht denkbar, da nur die Veräußerung zustimmungsbedürftig ist. Bei der VB des § 21 Abs 2 Nr 2, 2. Alt InsO ist zB an die Bestellung einer Vormerkung (§ 885 BGB) und Begründung von Wohnungseigentum nach § 8 WEG zu denken. Die Rechtsfolge der **Nichtigkeit** ergibt sich bei der VB des § 1365 BGB aus § 1367 BGB, bei den VBen der §§ 1423–1425 BGB aus den § 1427 Abs 1, § 1367 BGB. Nicht direkt geregelt ist dieser Fall bei § 5 ErbbauRG und § 21 Abs 2 Nr 2, 2. Alt InsO, jedoch muss in analoger Anwendung von § 111, § 1367, § 1427 Abs 1, § 1831 BGB hier das gleiche gelten. Die Nichtigkeit besteht von Anfang an ipso iure, nicht erst auf Klage und Urteil hin, und ist ohne jede Möglichkeit einer Heilung (zB Genehmigung, gerichtliche Ersetzung) oder des Konvaleszierens (zB durch Wegfall der VB).[234] Der Grund dieser Regelung liegt im Schutz vor einer ungewissen Rechtslage. War daher ein Dritter, der der Zustimmungsbedürftigkeit eines ihm gegenüber vorgenommenen einseitigen Rechtsgeschäfts kannte, mit der Vornahme ohne die erforderliche Einwilligung einverstanden, so bedarf er keines besonderen Schutzes, sodass in analoger Anwendung des § 180 BGB die Vorschriften über Verträge zum Zuge kommen.[235] Durch eine weitere teleologische Reduktion sind einseitige Erklärungen ferner nachträglich genehmigungsfähig, wenn sie erst mit der Eintragung im Grundbuch eine Rechtsänderung bewirken, zB die Begründung einer Eigentümergrundschuld. Die Möglichkeit, den Zustand der schwebenden Unwirksamkeit gemäß § 18 GBO zu beenden, geht insoweit der Regelung des § 1367 BGB vor.[236] Beim Vorliegen der Einwilligung kann ein an sich wirksames einseitiges Rechtsgeschäft trotzdem unwirksam werden, und zwar durch unverzügliche (§ 121 Abs 1 BGB!) Zurückweisung des Erklärungsgegners, wenn ihm die Einwilligung bzw der ersetzende Gerichtsbeschluss nicht in schriftlicher Form vorgelegt wird oder vorher vom Einwilligenden selbst mitgeteilt wurde (§ 182 Abs 3, § 111 S 2 und 3 BGB). Dies gewährt einen Schutz vor behaupteter, aber nicht nachgewiesener Einwilligung.[237]

123 Bei **Verträgen** ergibt sich als Folge des Fehlens der Einwilligung bzw des Nichterfülltseins von § 878 BGB eine **schwebende Unwirksamkeit.** Eine Verfügung ist aber nicht nur im Innenverhältnis der Vertragspartner und des durch die VB Geschützten unwirksam, sondern für die Rechtsöffentlichkeit schlechthin, dh absolut.[238] Während der Zeit der schwebenden Unwirksamkeit sind die Parteien an ihre Erklärungen gebunden, und es ist ihre Pflicht, sich um die erforderliche Genehmigung des Zustimmungsberechtigten zu bemühen.

---

232 *Gernhuber/Coester-Waltjen* § 38 VII 11; *Mikat* FS für Felgenträger, 1969, S 349 ff; *Böttcher* Rpfleger 1984, 377, 380.

233 *Böttcher* Rpfleger 1984, 377, 381.

234 BGB-RGRK-*Finke* § 1367 Rn 4; *Böttcher* Rpfleger 1984, 377, 381.

235 BGB-RGRK-*Finke* § 1367 Rn 6; *Böttcher* Rpfleger 1984, 377, 381.

236 *Böttcher* Rpfleger 1984, 377, 381.

237 BGB-RGRK-*Finke* § 1367 Rn 5; *Böttcher* Rpfleger 1984, 377, 381.

238 **§ 1365 BGB:** MüKo-KOCH § 1365 Rn 4; **§§ 1423–1425 BGB:** BGB-RGRK-*Finke* § 1427 Rn 2; MüKo-*Kanzleiter* § 1427 Rn 1; **§ 5 ErbbauRG:** *Furtner* NJW 1966, 182, 187; **§§ 12, 35 WEG:** BayObLG Rpfleger 1983, 350; BGB-RGRK-*Augustin* § 12 Rn 11; *Soergel-Stürner* § 12 Rn 12; **§ 21 Abs 2 Nr 2, 2. Alt InsO:** *Bachmann* Rpfleger 2001, 105, 107.

cc) Volles Wirksamwerden. (1) Genehmigung. Bei Verträgen verwandelt sich die auf Grund einer VB 　**124**
entstandene schwebende Unwirksamkeit durch Genehmigung die durch die VB Geschützten in volle Wirksamkeit (§ 1366 Abs 1 BGB; §§ 1427 Abs 1, 1366 Abs 1 BGB; § 6 Abs 1 ErbbauRG; § 12 Abs 3 S 1 WEG;
§§ 35, 12 Abs 3 S 1 WEG; § 185 Abs 2, 1. Alt BGB). Die Genehmigung kann sowohl dem Geschäftsgegner als
auch dem durch die VB Betroffenen gegenüber erklärt werden (§ 182 Abs 1 BGB). Sie ist an keine Form
gebunden und kann auch durch schlüssiges Verhalten erklärt werden, wenn der Genehmigende sich der schwebenden Unwirksamkeit des Vertrags bewusst war oder jedenfalls damit rechnete und für diesen Fall den Willen
zu dessen Genehmigung hatte.[239] Anders als die vor dem Abschluss des Vertrags erklärte Einwilligung ist die
Genehmigung unwiderruflich, da nur § 183 BGB, nicht aber § 184 BGB eine Widerrufsmöglichkeit vorsieht.[240] Durch die Erteilung der Genehmigung wird der Vertrag von Anfang an wirksam, dh die Genehmigung
wirkt auf den Zeitpunkt der Vornahme des Rechtsgeschäfts zurück (§ 184 Abs 1 BGB). Dies gilt ohne Zweifel
für die güterrechtlichen VBen der §§ 1365, 1423–1425 BGB und dei VB des § 21 Abs 2 Nr 2, 2. Alt InsO, wird
aber bei den vertraglich vereinbarten VBen des § 5 ErbbauRG und der §§ 12, 35 WEG unter Hinweis auf den
Wortlaut »solange nicht« in § 6 Abs 1 ErbbauRG, § 12 Abs 3 S 1 WEG bestritten.[241] Nach richtiger Ansicht
wirkt auch bei den rechtsgeschäftlichen VBen die Genehmigung zurück (§ 184 Abs 1 BGB).[242] Der angeführte
Wortlaut ist nicht ausschlaggebend, da vor Zustimmung freilich keine Wirksamkeit eintritt, was aber umgekehrt
nicht ausschließt, dass bei Genehmigung die Wirksamkeit ex tunc eintritt. Ebenso wie die Einwilligung kann
auch die Genehmigung unter bestimmten Voraussetzungen gerichtlich ersetzt bzw erzwungen werden (§ 1365
Abs 2 BGB; § 1426 BGB; § 7 Abs 3 ErbbauRG; § 12 Abs 2 S 1 WEG); hierbei gelten die gleichen Ausführungen wie bei der Einwilligung (Rdn 115).

Da eine unbefristete schwebende Unwirksamkeit im Rechtsverkehr zu einer unerträglichen Ungewissheit füh- 　**125**
ren würde, sieht das Gesetz für die güterrechtlichen VBen in § 1366 Abs 3 BGB, der gemäß § 1427 Abs 1 BGB
auch für Gütergemeinschaft mit alleiniger Gesamtgutsverwaltung gilt, vor, dass jeder Geschäftspartner den kon-
trahierenden Ehegatten auffordern kann, die Genehmigung des anderen Ehegatten zu beschaffen. Die **Aufforderung** ist eine einseitige geschäftsähnliche Handlung,[243] die nur an den vertragsschließenden Ehegatten, nicht
an den anderen, gerichtet werden kann. Nach deren Zugang kann die Genehmigung – in Abweichung von
§ 182 Abs 1 BGB – nur noch dem Dritten gegenüber erklärt werden (§ 1366 Abs 3 S 1, 1. Hs BGB). Eine
schon vorher dem Ehegatten erklärte Genehmigung oder Verweigerung der Genehmigung wird unwirksam
(§ 1366 Abs 3 S 1, 2. Hs BGB), sodass die Aufforderung in diesem Fall einen bereits beendeten Schwebezustand
wiederherstellt. Da das Gesetz nur von der Genehmigung spricht, gilt dies nicht für den Fall der Einwilligung,
die trotz nachträglicher Aufforderung wirksam bleibt; das gilt auch für die vom Vormundschaftsgericht ersetzte
Einwilligung.[244] Die Genehmigung kann nach der Aufforderung nur innerhalb einer Ausschlussfrist von zwei
Wochen erklärt werden (§ 1366 Abs 3 S 2, 1. Hs BGB). Die Frist kann durch den Dritten einseitig verlängert
werden, da sie allein seinen Interessen dient.[245] Dagegen setzt eine Verkürzung das Einverständnis des vertragsschließenden Ehegatten voraus, nicht des genehmigenden Ehegatten, da dieser kein Recht auf den Fortbestand
der Genehmigungsfähigkeit des Vertrags hat.[246] Mit der Aufforderung nach § 1366 Abs 3 BGB ist idR kein Verzicht auf das Recht zum Widerruf gemäß § 1366 Abs 2 BGB verbunden, weil sonst der Dritte bis zum Ablauf
der Frist einseitig gebunden wäre was sicherlich nicht seinem Willen entspricht.[247] Wird die Genehmigung
nach Aufforderung durch das Vormundschaftsgericht ersetzt (§§ 1365 Abs 2, 1426 BGB), so ist der Beschluss
des Gerichts nur dann wirksam, wenn er innerhalb von zwei Wochen nach dem Empfang der Aufforderung
vom vertragsschließenden Ehegatten dem Dritten mitgeteilt wird (§ 1366 Abs 3 S 3, 1. Hs BGB); einem Akt
der freiwilligen Gerichtsbarkeit wird somit ein Akt des Privatrechts als Wirksamkeitsvoraussetzung hinzugefügt.
Angesichts des Beschwerderechts (sofortige Beschwerde: § 20 Abs 1, § 53 Abs 1, § 60 Abs 1 Nr 6 FGG) kann
die zweiwöchige Frist nur eingehalten werden, wenn das Vormundschaftsgericht von der sich aus § 53 Abs 2
FGG ergebenden Möglichkeit Gebrauch macht, die sofortige Wirksamkeit seines Beschlusses anzuordnen, um
einer Gefahr zu begegnen. Die Möglichkeit einer Aufforderung zur Beendigung des Schwebezustandes bei
Verträgen hat das Gesetz nur bei den güterrechtlichen VBen aus § 1365, §§ 1423–1425 BGB gemäß § 1366
Abs 3 BGB vorgesehen. Für die rechtsgeschäftlichen VBen aus § 5 ErbbauRG, §§ 12, 35 WEG ist diesbezüglich
nichts aus dem Gesetzestext zu entnehmen. Erfolgt weder Genehmigung noch Ablehnung, so muss aus Grün-

---

239　BGHZ 47, 341, 351; *Böttcher* Rpfleger 1984, 377, 381.
240　RGZ 139, 123; BGHZ 3, 179, 187; *Böttcher* Rpfleger 1984, 377, 381.
241　*Weitnauer* DNotZ 1951, 492.
242　**Für § 5 ErbbauRG:** *Ingenstau-Hustedt* § 6 Rn 15; **für §§ 12, 35 WEG:** BGB-RGRK-*Augustin* § 12 Rn 11; *Soergel-
　　Stürner* § 12 Rn 12.
243　*Böttcher* Rpfleger 1984, 377, 381.
244　BGB-RGRK-*Finke* § 1366 Rn 12; *Böttcher* Rpfleger 1984, 377, 381.
245　*Böttcher* Rpfleger 1984, 377, 381; aA BGB-RGRK-*Finke* § 1366 Rn 15 (Vertrag erforderlich).
246　*Böttcher* aaO.
247　*Böttcher* Rpfleger 1984, 377, 382; **aA** BGB-RGRK-*Finke* § 1366 Rn 13 (Verzicht auf eine alsbaldige Ausübung des
　　Widerrufsrechts).

den der Rechtssicherheit dem Vertragsgegner auch in diesen Fällen die Möglichkeit eingeräumt werden, den durch die VB Betroffenen aufzufordern, die Genehmigung herbeizubringen (§ 1366 Abs 3 BGB analog).[248] Um eine möglichst große Rechtseinheit bei den VBen herzustellen, empfiehlt sich auch die 2-Wochen-Frist des § 1366 Abs 3 BGB mit in die Analogie aufzunehmen,[249] die dann natürlich in diesem Fall ebenfalls einseitig vom Vertragsgegner verlängert bzw vertraglich verkürzt werden kann.

126 **(2) Wegfall der VB einschließlich des Schutzzwecks.** Schwebend unwirksame Verträge konvaleszieren, dh werden ex nunc voll wirksam, wenn während des Schwebezustandes die VB einschließlich ihres Schutzzwecks entfällt. Äußerst selten dürfte dies bei den rechtsgeschäftlichen VBen aus **§ 5 ErbbauRG, §§ 12, 35 WEG** sein; denkbar ist eine vertragliche Aufhebung der VB oder der Fristablauf während des schwebenden Unwirksamkeit bei der befristeten VBen. Bei der VB des **§ 21 Abs 2 Nr 2, 2. Alt iVm Nr 1 InsO** im Insolvenzeröffnungsverfahren können schwebend unwirksame Verfügungen dadurch wirksam werden, dass die VB einschließlich ihres Schutzzweckes wegfällt, wenn also der Zustimmungsvorbehalt gem § 25 InsO wieder aufgehoben wird.[250] Endet die **Gütergemeinschaft** durch Auflösung der Ehe, Ehevertrag oder Tod eines Ehegatten, so entfallen zwar die VBen der §§ 1423–1425 BGB, aber nicht deren Schutzzweck, denn die Gesamthandsgemeinschaft der Ehegatten bzw des überlebenden Ehegatten und der Erben des anderen Ehegatten dauert bis zum Ende der Auseinandersetzung fort. Konvaleszenz kann somit nicht mit Beendigung der Gütergemeinschaft, sondern erst mit Abschluss der Auseinandersetzung eintreten.[251] Fällt die VB des **§ 1365 BGB** mit Beendigung der gesetzlichen Güterstandes (rechtskräftige Scheidung, Tod) weg, so kann der schwebend unwirksame Vertrag nur dann konvaleszieren, wenn auch der nunmehrige Schutzzweck – Sicherung der Zugewinnausgleichsforderung – dadurch nicht beeinträchtigt wird. Dies ist dann der Fall, wenn bei genereller und abstrakter Betrachtungsweise der Zugewinnausgleich bei unwirksamem Vertrag kein anderes Ergebnis liefert als bei einem wirksamen.[252] Volle Wirksamkeit tritt somit ein, wenn der gesetzliche Güterstand ohne Zugewinnausgleich endet: Ausschluss des Zugewinnausgleichs, Erlass der Ausgleichsforderung, Sicherheitsleistung oder abschließende Fixierung der Ausgleichsforderung.[253] Stirbt der genehmigungsberechtigte Ehegatte, so wird der schwebend unwirksame Vertrag ex nunc wirksam, da § 1365 BGB nicht den Schutz der Erben bezweckt.[254] Beim Tod des vertragsschließenden Ehegatten tritt dagegen keine Konvaleszenz ein, weil der andere Ehegatte weiterhin schutzbedürftig gemäß § 1365 BGB ist;[255] dies gilt auch, wenn der überlebende Ehegatte der Alleinerbe ist und für die Nachlassverbindlichkeiten unbeschränkt haftet, da § 185 Abs 2 S 1 BGB wegen des besonderen Schutzzwecks der VB nicht anzuwenden ist.[256] Zu voller Wirksamkeit kann es auch dann nicht kommen, wenn der gesetzliche Güterstand durch rechtskräftige Scheidung oder erfolgreiche Klage auf vorzeitigen Zugewinnausgleich beendet wird, da eine Schmälerung der Ausgleichsforderung niemals auszuschließen ist.[257]

127 **dd) Endgültige Unwirksamkeit. (1) Widerruf des Vertragspartners.** Nach den allgemeinen Grundsätzen ist ein Widerruf nach Zugang der Willenserklärung nur dann möglich, wenn dies gesetzlich ausdrücklich zugelassen ist (vgl § 130 Abs 1 BGB). Da bei den rechtsgeschäftlichen VBen aus **§ 5 ErbbauRG, §§ 12, 35 WEG** und der gerichtlichen VB des **§ 21 Abs 2 Nr 2, 2. Alt iVm Nr 1 InsO** eine solche Möglichkeit nicht aus dem Gesetz zu entnehmen ist, sind die Parteien während des Schwebezustandes gegenseitig gebunden und können nicht durch einseitigen Widerruf die endgültige Unwirksamkeit herbeiführen.[258]

128 Im Gegensatz dazu sieht das Gesetz bei den gesetzlich geregelten VBen aus **§ 1365, §§ 1423–1425 BGB** eine Widerrufsmöglichkeit durch den Dritten vor (§ 1366 Abs 2, § 1427 Abs 2 BGB), nicht durch den vertragsschließenden Ehegatten. Der Widerruf ist eine einseitige, empfangsbedürftige Willenserklärung, die keiner

248 **Für § 5 ErbbauRG:** MüKo-*von Oefele* § 6 Rn 7; *Böttcher* Rpfleger 1984, 377, 382; **für § 12 WEG:** BGB-RGRK-*Augustin* § 12 Rn 15; *Soergel-Stürner* § 12 Rn 12; *Böttcher* Rpfleger 1984, 377, 382.

249 *Böttcher* Rpfleger 1984, 377, 382.

250 *Bachmann* Rpfleger 2001, 105, 107.

251 BGB-RGRK-*Finke* § 1427 Rn 5; *Böttcher* Rpfleger 1984, 377, 382; dies gilt auch, wenn der Gesamtgutsverwalter Alleinerbe wird, da § 185 Abs 2 S 1, 3. Alt BGB nicht gilt.

252 *Reinicke* NJW 1972, 1876; *Böttcher* Rpfleger 1984, 377, 382.

253 *Böttcher* Rpfleger 1984, 377, 382.

254 BGH NJW 1982, 1099 = Rpfleger 1982, 144; BGB-RGRK-*Finke* § 1366 Rn 11; *Palandt-Diederichsen* § 1366 Rn 3; *Bärmann* AcP 157, 145, 165; *Dittmann* DNotZ 1963, 707, 709; *Böttcher* Rpfleger 1984, 377, 382; **aA** *Künzl* FamRZ 1988, 452 (Konvaleszenz nur bei erbrechtlicher Lösung).

255 BGB-RGRK-*Finke* § 1366 Rn 20; *Böttcher* Rpfleger 1984, 377, 382.

256 OLG Karlsruhe FamRZ 1978, 505; *Künzl* FamRZ 1988, 452; *Reinicke* NJW 1972, 1786, 1788 Fn 11; *Dittmann* DNotZ 1963, 707, 712; *Tiedtke* JZ 1984, 1021; *Böttcher* Rpfleger 1984, 377, 382; **aA** BGB-RGRK-*Finke* § 1366 Rn 21.

257 BGH NJW 1978, 1381 = Rpfleger 1978, 207; BayObLG FamRZ 1981, 46; OLG Karlsruhe FamRZ 1976, 695; BGB-RGRK-*Finke* § 1366 Rn 17–19; *Böttcher* Rpfleger 1984, 377, 382; **aA** BayObLGZ 1972, 144 = NJW 1972, 1470; OLG Saarbrücken OLGZ 1967, 1; OLG Hamm FamRZ 1972, 297.

258 RGZ 64, 149, 154; *Böttcher* Rpfleger 1984, 377, 382 mwN.

Form bedarf; Erklärungsgegner ist nur der vertragsschließende Ehegatte, nicht auch der andere.[259] Möglich ist der Widerruf bis zur Genehmigung, dh der Vertrag muss noch nicht genehmigungsfähig sein, der Schwebezustand darf noch nicht beendet sein (§ 1366 Abs 2 S 1, § 1427 Abs 2 S 1 BGB).[260] Das Widerrufsrecht besteht nur, wenn der Dritte beim Abschluss des Vertrags nicht gewusst hat, dass sein Vertragsgegner verheiratet ist bzw in Gütergemeinschaft lebt, oder, selbst wenn er dies gewusst hat, infolge einer wahrheitswidrigen Behauptung seines Vertragsgegners an die Einwilligung des anderen Ehegatten geglaubt hat (§ 1366 Abs 2 S 2, § 1427 Abs 2 S 2 BGB).[261] Nach erfolgtem Widerruf ist die schwebende Unwirksamkeit des Vertrags beendet, er ist nunmehr endgültig unwirksam.[262]

(2) Verweigerung der Genehmigung. Gemäß § 1366 Abs 4 BGB, der nach § 1427 Abs 1 BGB auch für die **129** Gütergemeinschaft mit Alleinverwaltung des Gesamtguts gilt, wird ein schwebend unwirksamer Vertrag durch die Verweigerung der Genehmigung endgültig unwirksam. Eine wirksame Verweigerung setzt voraus, dass der Erklärende Kenntnis von der Tatsache des Vertragsabschlusses vom wesentlichen Inhalt und von der Art des Rechtsgeschäfts hat.[263] Der Gesetzeswortlaut ist jedoch insofern zu weit, als das Vormundschaftsgericht die Genehmigung ersetzen kann (§ 1365 Abs 2, § 1426 BGB). Daher wird ein Vertrag erst dann endgültig unwirksam, wenn die Genehmigung und die gerichtliche Ersetzung verweigert worden sind.[264] Dies gilt auch ohne gesetzliche Fixierung für die vertraglich geregelten VBen aus § 5 ErbbauRG, §§ 12, 35 WEG.[265] Wird das Gericht nicht angegangen, so dauert der Schwebezustand fort. Die Verweigerung der Genehmigung ist wie ihr Gegenstück, die Erteilung, eine einseitige, empfangsbedürftige, nicht an eine Form gebundene Willenserklärung, die sowohl dem Vertragsgegner als auch dem durch die VB Betroffenen gegenüber erklärt werden kann und unwiderruflich ist.[266] In den Fällen des § 1366 Abs 3 S 2, 2. Hs und S 3, 2. Hs BGB (= Aufforderung zur Genehmigung) gilt die Genehmigung als verweigert, wenn innerhalb der Zweiwochenfrist dem Dritten weder eine Genehmigungserklärung des Ehegatten noch ein Ersetzungsbeschluss des Vormundschaftsgerichts zugegangen ist. Während bei der Gütergemeinschaft dies kraft gesetzlicher Verweisung (§ 1427 Abs 1 BGB) ebenfalls gilt, bedarf es bei den rechtsgeschäftlichen VBen aus § 5 ErbbauRG, §§ 12, 35 WEG eines Analogieschlusses, um zum gleichen Ergebnis zu kommen.[267] Ein einmal endgültig unwirksamer Vertrag kann auch nicht nachträglich dadurch wirksam werden, dass die VB einschließlich ihres Schutzzwecks entfällt oder nach Ablauf der zweiwöchigen Frist die Genehmigung bzw deren Ersetzung erfolgt; der Schwebezustand ist und bleibt beendet, sodass in solchen Fällen nur noch ein Neuabschluss möglich ist.[268] Bei der VB des § 21 Abs 2 Nr 2, 2. Alt iVm Nr 1 InsO im Insolvenzeröffnungsverfahren werden schwebend unwirksame Verfügungen des künftigen Insolvenzschuldners mit der Verweigerung der Zustimmung durch den vorläufigen Insolvenzverwalter endgültig unwirksam.[269]

ee) Regel. Bei bestehender Verfügungsbeschränkung führen einseitige Rechtsgeschäfte des davon Betroffenen **130** grundsätzlich zur Nichtigkeit und Verträge zur schwebenden Unwirksamkeit. Ausnahmsweise erwachsen solche Verfügungen sogleich in volle Wirksamkeit im Falle
– der Einwilligung des durch die VB Geschützten
– des § 878 BGB

Die schwebende Unwirksamkeit eines Vertrages verwandelt sich in
– volle Wirksamkeit durch
– Genehmigung des durch die VB Geschützten
– Wegfall der VB einschließlich ihres Schutzzwecks
– endgültige Unwirksamkeit
– beim Widerruf des Vertragsgegners (nur bei § 1365, §§ 1423–1425 BGB)
– bei der Verweigerung der Genehmigung.

---

259 BGB-RGRK-*Finke* § 1366 Rn 4, § 1427 Rn 3; *Böttcher* Rpfleger 1984, 377, 382.
260 BGB-RGRK-*Finke* § 1366 Rn 5; *Böttcher* Rpfleger 1984, 377, 382.
261 BGB-RGRK-*Finke* § 1366 Rn 6–8, § 1427 Rn 3; *Böttcher* Rpfleger 1984, 377, 382.
262 BGB-RGRK-*Finke* § 1366 Rn 10; *Böttcher* Rpfleger 1984, 377, 383.
263 BGH Rpfleger 1982, 144; *Böttcher* Rpfleger 1984, 377, 383.
264 BayObLG FamRZ 1972, 643; BGB-RGRK-*Finke* § 1366 Rn 24, § 1427 Rn 2; *Böttcher* Rpfleger 1984, 377, 383.
265 **Für § 5 ErbbauRG:** MüKo-*von Oefele* § 6 Rn 7; **für §§ 12, 35 WEG:** BGB-RGRK-*Augustin* § 12 Rn 19.
266 RGZ 139, 127; BGHZ 13, 179, 197; *Böttcher* Rpfleger 1984, 377, 383.
267 BGH Rpfleger 1982, 144; BGB-RGRK-*Augustin* § 12 Rn 15; *Böttcher* Rpfleger 1984, 377, 383.
268 BGB-RGRK-*Finke* § 1366 Rn 29; *Böttcher* Rpfleger 1984, 377, 383.
269 *Bachmann* Rpfleger 2001, 105, 107.

2. Folgerungen für das Grundbuchverfahren

131 **a) Prüfungspflicht.** Der Grundbuchrechtspfleger darf eine rechtsändernde Eintragung nur vollziehen, wenn die Bewilligungs- bzw Verfügungsbefugnis bis zur Vollendung des Rechtserwerbs vorliegen. Dies ist jeweils von Amts wegen zu prüfen. Der Rechtspfleger muss aber erst einmal vom Bestehen einer VB Kenntnis erlangen, um sie beachten zu können.

132 **aa) Rechtsgeschäftliche VBen.** Keine Schwierigkeiten bereitet dies bei den vertraglich vereinbarten VBen aus § 5 ErbbauRG, §§ 12, 35 WEG, da diese für ihre Entstehung der Eintragung im Grundbuch bedürfen. Sie sind also aus dem Grundbuch ersichtlich. Zu prüfen bleibt, ob die VB zulässig vereinbart wurde und die anstehende Verfügung darunter fällt.[270]

133 **bb) Gesetzliche VBen. (1) §§ 1423–1425 BGB.** Bei den nicht eintragungsfähigen VBen der §§ 1423–1425 BGB ist die Situation schon etwas schwieriger für den Grundbuchrechtspfleger. Sie sind nicht aus dem Grundbuch ersichtlich. IdR ist jedoch die Gütergemeinschaft eingetragen (§ 47 GBO); dann spricht die Vermutung dafür, dass sie noch besteht und das betroffene Recht zum Gesamtgut gehört.[271] Ob Alleinverwaltung vorliegt und damit die für das Grundbuchverfahren wichtige VB des § 1424 BGB gilt, ist entweder aus den Grundakten oder aus den vom Notar vorgelegten Unterlagen ersichtlich. Ist als Eigentümer eines Gesamtgutsgrundstücks nur der Mann oder die Frau eingetragen, so wird der Grundbuchrechtspfleger von der VB des § 1424 BGB üblicherweise nur dann erfahren, wenn der Notar die Gütergemeinschaft mit Alleinverwaltung in seinen vorgelegten Urkunden mitteilt, wozu er verpflichtet ist. Ansonsten ist der Grundbuchrechtspfleger zur Nachprüfung von Amts wegen nur verpflichtet, wenn konkrete Anhaltspunkte für das Vorliegen der VBen der §§ 1423–1425 BGB erkennbar sind.[272]

134 **(2) § 1365 BGB.** Im Grundbuch ist weder die VB des § 1365 BGB noch der gesetzliche Güterstand eingetragen. Trotzdem obliegt dem Grundbuchrechtspfleger nach dem Legalitätsprinzip die Pflicht, das Grundbuch nicht unrichtig zu machen. In der Frühzeit des GleichberG entwickelte sich daher ein Meinungsstreit über die Nachforschungspflicht des Grundbuchrechtspflegers im Rahmen des § 1365 BGB.[273] Heute ist es absolut hM, dass dem Rechtspfleger nur dann eine Prüfungspflicht obliegt, wenn konkrete Anhaltspunkte für das Vorliegen der Voraussetzungen des § 1365 BGB gegeben sind oder Zweifel an der Wirksamkeit einer Verfügung nicht nur allgemeiner Natur, sondern im Einzelfall besonders nahe liegend sind. Dies ergibt sich daraus, dass die VB eine Ausnahme von der freien Verfügungsbefugnis des Ehegatten darstellt (§ 1364 BGB), dh im Regelfall davon ausgegangen werden kann, dass ein Rechtsgeschäft über ein Grundstück auch bei den im gesetzlichen Güterstand lebenden Eheleuten nicht eine Verfügung über das Vermögen im ganzen darstellt. Der Grundbuchrechtspfleger kann demnach einer vom Notar beurkundeten Erklärung eines über ein Grundstück oder Grundstücksrecht verfügenden Beteiligten, er sei nicht verheiratet, lebe nicht in Zugewinngemeinschaft oder habe noch weiteres Vermögen, ohne weiteres Glauben schenken. Bei seiner Prüfung hat der Rechtspfleger aber nicht nur den Inhalt des Grundbuchs, die mit dem Eintragungsantrag vorgelegten und darin in Bezug genommenen Urkunden, die in dem Antrag angeführten und die bei dem Grundbuchamt offenkundigen Tatsachen und Rechtsverhältnisse zugrunde zu legen, sondern kann auch anderweitig bekannt gewordenes oder auf Lebenserfahrung beruhendes Material berücksichtigen.[274]

135 **cc) Gerichtliche VBen.** Die VB des § 21 Abs 2 Nr 2, 2. Alt iVm Nr 1 InsO ist vom GBA natürlich zu beachten, wenn sie im GB eingetragen ist (vgl § 23 Abs 3, § 32 InsO), aber auch dann wenn es auf sonstige Weise davon Kenntnis erlangt.[275]

136 **b) Prüfungsverfahren. aa) Grundsatz der Nichteintragung.** Grundsätzlich ist bei einem Verstoß gegen eine VB ein einseitiges Rechtsgeschäft nichtig und ein Vertrag schwebend unwirksam. Würde trotzdem eine beantragte Eintragung vollzogen, so würde sich eine Grundbuchunrichtigkeit ergeben. Auf Grund des Legalitätsprinzips ist es dem Grundbuchrechtspfleger aber untersagt, das Grundbuch wissentlich unrichtig zu machen. Dem Eintragungsantrag kann somit nicht stattgegeben werden, dh bei einer bestehenden VB führt das Legalitätsprinzip grundsätzlich zu einer Grundbuchsperre.[276]

---

270 *Böttcher* Rpfleger 1984, 377, 383.

271 BayObLGE 24, 19; *Böttcher* Rpfleger 1984, 377, 383.

272 *Böttcher* Rpfleger 1984, 377, 383.

273 Vgl dazu: *Meyer-Stolte* FamRZ 1959, 228, 233; RpflJB 1960, 141, 155.

274 BGHZ 35, 135 = Rpfleger 1961, 233 = FamRZ 1961, 202; BGHZ 43, 74 = Rpfleger 1965, 107; BGHZ 64, 246, 250; BayObLGZ 1967, 87 = Rpfleger 1967, 213; DNotZ 1978, 611; Rpfleger 1982, 62; OLG Zweibrücken Rpfleger 1989, 96; KG FamRZ 1973, 307; OLG Hamburg MDR 1968, 497; OLG Bremen NJW 1960, 825; OLG Celle NJW 1960, 437; OLG Hamm NJW 1960, 436; LG Wuppertal Rpfleger 1996, 405; LG Hannover Rpfleger 1992, 386; LG Lüneburg Rpfleger 1990, 410; LG Landshut MittBayNot 1988, 184; BGB-RGRK-*Finke* § 1365 Rn 51–53; *Böttcher* Rpfleger 1984, 377, 383.

275 *Bachmann* Rpfleger 2001, 105, 109 f.

276 *Böttcher* Rpfleger 1984, 377, 384; *Bachmann* Rpfleger 2001, 105, 109 f.

bb) § 878 BGB. In Ausnahme von dem Grundsatz der Nichteintragung kann eine Eintragung trotz einer VB im Grundbuch vollzogen werden, wenn die Voraussetzungen des § 878 BGB erfüllt sind. Ein solcher Fall liegt zB vor, wenn jemand ein in seinem Alleineigentum stehendes Grundstück notariell aufgelassen hat (= Eintritt der Bindung § 873 Abs 2, 1. Alt BGB) und der Antrag auf Eigentumsumschreibung gestellt wurde (§ 13 GBO), dann der Veräußerer jedoch Gütergemeinschaft mit seiner Alleinverwaltung vereinbarte. Die bei Vollzug der Auflassung nun bestehende VB des § 1424 BGB bleibt auf Grund der Vorschrift des § 878 BGB außer Betracht, dh die Eintragung kann erfolgen.

137

cc) Zustimmung. Eine weitere Ausnahme erfährt der Grundsatz der Nichteintragung, wenn die Zustimmung des durch die VB Geschützten vorliegt. Sie muss durch öffentliche oder öffentlich beglaubigte Urkunden nachgewiesen werden, weil es sich um die zu einer Eintragung erforderliche Erklärung handelt (§ 29 Abs 1 S 1 GBO). In § 15 ErbbauRG ist sogar ausdrücklich geregelt, dass in den Fällen des § 5 ErbbauRG die Eintragung erst erfolgen kann, wenn dem Grundbuchamt die Zustimmung nachgewiesen ist. Diese Vorschrift ist unnötig, denn die Bewilligungs- bzw Verfügungsbefugnis muss stets von Amts wegen geprüft werden. Wird die Zustimmung durch gerichtlichen Beschluss ersetzt, so ist der rechtskräftige Beschluss vorzulegen. Bei der VB des § 12 WEG gelten einige Besonderheiten: Hat der Verwalter zugestimmt, so erfolgt der Nachweis seiner Eigenschaft durch Vorlage einer Niederschrift über den Bestellungsbeschluss, bei der die Unterschriften der in § 24 Abs 6 WEG bezeichneten Personen öffentlich beglaubigt sein müssen (§ 26 Abs 4 WEG);[277] nicht notwendig ist der Nachweis, dass die Unterzeichner der Niederschrift die genannten Positionen innehaben, und nicht ausreichend für die Verwaltereigenschaft ist die alleinige Vorlage des Verwaltervertrages.[278] Unschädlich ist es, wenn der Verwalter nach Abgabe der Zustimmungserklärung sein Amt verloren hat.[279] Die Zustimmung der Wohnungseigentümerversammlung wird dadurch nachgewiesen, dass das Protokoll über die Beschlussfassung vorgelegt wird, bei dem die Unterschriften der in § 24 Abs 6 WEG bezeichneten Personen öffentlich beglaubigt sein müssen.[280]

138

Stellt das materiellrechtliche Rechtsgeschäft einen **Vertrag** dar, so kann die Zustimmung in Form der Einwilligung oder Genehmigung vorgelegt werden. Nachzuweisen ist somit das Wirksamwerden der Zustimmung, dh die Erteilung der Zustimmung und deren Zugang an den richtigen Adressaten.[281] Zu letzterem genügt die Zustimmung in derselben Urkunde oder die Einreichung der Zustimmungserklärung durch den Betroffenen oder den Vertragsgegner. Liegt dagegen materiellrechtlich eine **einseitige Erklärung** vor, so kann die Zustimmung grundsätzlich nur in der Form der Einwilligung nachgewiesen werden. Eine Zwischenverfügung kann deshalb lediglich die Nachreichung einer bereits vorher erteilten und nur versehentlich nicht eingereichten Einwilligung verlangen. Als ausreichend ist auch anzusehen, wenn die Aufnahme von Bewilligung und Zustimmung in einer Urkunde oder gleichzeitige Einreichung von Bewilligung und Zustimmung erfolgen.[282] Eine Besonderheit besteht dann, wenn die zustimmungsbedürftige Erklärung nur dem Grundbuchamt gegenüber abgegeben werden kann (zB § 1196 BGB); in diesem Fall kann die Zustimmung auch innerhalb laufender Zwischenverfügungsfrist erteilt und nachgewiesen werden.

139

dd) Wegfall der VB einschließlich ihres Schutzzwecks. Ein schwebend unwirksamer Vertrag konvalesziert, wenn die VB einschließlich ihres Schutzzwecks entfällt. In einem solchen Fall kann der Grundbuchrechtspfleger dann die Eintragung vollziehen. Als Beispiel ist zu nennen, dass der Ehemann das in seinem Alleineigentum stehende Grundstück, das sein ganzes Vermögen darstellt, mit einer Hypothek belasten will; auf Grund der Zwischenverfügung, mit der die Ehegattenzustimmung nach § 1365 BGB verlangt wurde, legt der Ehemann ein rechtskräftiges Scheidungsurteil und eine notarielle Urkunde, in der der Zugewinnausgleich ausgeschlossen wurde, vor; die Zwischenverfügung ist nun nicht mehr gerechtfertigt, da das Eintragungshindernis weggefallen ist; sie ist daher von Amts wegen aufzuheben, und die Hypothek ist einzutragen.

140

ee) Gutgläubiger Erwerb? Bei den VBen aus §§ 12, 35 WEG, § 5 ErbbauRG und § 1365 BGB ist materiellrechtlich kein gutgläubiger Erwerb möglich, sodass sich die Frage, ob der Grundbuchrechtspfleger einen gutgläubigen Erwerb vollziehen darf, in diesen Fällen gar nicht stellt. Die Problematik des gutgläubigen Erwerbs stellt sich bei den VBen nur im Falle der Gütergemeinschaft mit Alleinverwaltung: Verfügt der Alleinverwalter über ein Gesamtgutsgrundstück, das das Grundbuch noch unrichtig als sein Alleineigentum ausweist, so bejaht die hM trotz § 1424 BGB die Möglichkeit des gutgläubigen Erwerbs,[283] versagt jedoch dem Grundbuchrechts-

141

277 *Böttcher* aaO.
278 LG Köln MittRhNotK 1984, 121; LG Wuppertal MittRhNotK 1985, 11; LG Aachen MittRhNotK 1985, 13; LG Lübeck Rpfleger 1991, 309; *Böttcher* Rpfleger 1984, 377, 384.
279 LG Mannheim BWNotZ 1979, 215.
280 BayObLGZ 1961, 392 = Rpfleger 1962, 107; BGB–RGRK-*Augustin* § 12 Rn 24.
281 *Böttcher* Rpfleger 1984, 377, 384; **aA** LG München II MittBayNot 1984, 32.
282 KG OLGE 5, 404.
283 Vgl Rdn 121.

pfleger bei dessen positiver Kenntnis der materiellen Rechtslage, die Eintragung zu vollziehen.[284] In beiden Punkten muss der hM widersprochen werden. Zum einen ist die Zulässigkeit des gutgläubigen Erwerbs bei § 1424 BGB ebenso wie bei § 1365 BGB abzulehnen,[285] und zum anderen ist der Grundbuchrechtspfleger nicht berechtigt, einen materiell gerechtfertigten gutgläubigen Erwerb zu verhindern.[286] Bei der VB des § 21 Abs 2 Nr 2, 2. Alt iVm Nr 1 InsO im Insolvenzeröffnungsverfahren ist ein gutgläubiger Erwerb möglich (§ 24 Abs 1, § 81 Abs 1 InsO, § 892 BGB); zur Frage, ob das GBA in diesem Fall eintragen darf, vgl Einl H Rdn 72–82.

142 **ff) Regel.** Besteht eine Verfügungsbeschränkung, so ist das Grundbuch für einen davon betroffenen Antrag auf Eintragung einer rechtsändernden rechtsgeschäftlichen Verfügung auf Grund des Legalitätsprinzips grundsätzlich gesperrt. Eine Eintragung kann nur dann erfolgen, wenn
- die Einwilligung bzw Genehmigung des durch die VB Geschützten nachgewiesen wird
- Bindung der Einigung bzw Aufhebungserkärung und Antragstellung vor Wirksamwerden der VB erfolgten (§ 878 BGB)
- zwischenzeitlich die VB einschließlich ihres Schutzzwecks weggefallen ist
- § 892 BGB vorliegt (nur bei § 21 Abs 2 Nr 2, 2. Alt; § 24 Abs 1; § 81 Abs 1 InsO).

IV. Verfügungsverbote

1. Materielle Rechtslage

143 **a) Arten.** Als dritte und sehr bedeutende Art von Verfügungsbeeinträchtigungen sind die Verfügungsverbote zu nennen, die alle unter § 136 BGB fallen.[287]

Im Falle der **gerichtlichen Pfändung** von Forderungen und anderen Vermögensrechten entsteht neben dem Pfandrecht (= beschränktes dingliches Verwertungsrecht, dh Minderung der Verfügungsmacht) und der öffentlich-rechtlichen Verstrickung (= staatliche Sicherstellung des Vollstreckungsobjekts und Begründung eines Gewahrsamsverhältnisses) als dritte Folge ein Verfügungsverbot für den Schuldner (§ 829 Abs 1 S 2 ZPO). Da bei der gerichtlichen Pfändung von körperlichen Sachen idR der Besitz des Gerichtsvollziehers schon eine Verfügung des Schuldners verhindert, sah der Gesetzgeber von einer ausdrücklichen Fixierung eines VVs in diesem Fall ab; trotzdem ist es absolut hM, dass entsprechend § 829 Abs 1 S 2 ZPO auch hinsichtlich gepfändeter körperlicher Sachen ein VV besteht.[288]

144 Eine **einstweilige Verfügung** kann gemäß § 938 Abs 2 ZPO ein VV zum Inhalt haben, wodurch die rechtliche Beeinträchtigung von Grundstückseigentum und Rechten daran durch Veräußerung, Belastung oder Verpfändung verhindert werden soll. Bei mehreren richterlichen Verfügungsverboten gilt, dass das jüngere VV gegenüber dem älteren relativ unwirksam ist.[289]

145 Der Beschluss, mit dem die **Zwangsversteigerung bzw Zwangsverwaltung** angeordnet wird, gilt zugunsten des Gläubigers als Beschlagnahme des Grundstücks (§ 20 Abs 1, § 146 Abs 1 ZVG); sie hat die Wirkung eines VVs für den Schuldner (§ 23 Abs 1 S 1 ZVG), und zwar unabhängig davon, ob der Gläubiger das Verfahren wegen eines dinglichen oder persönlichen Anspruchs betreibt.[290]

146 Neben der in § 21 Abs 2 Nr 2 iVm Nr 1 InsO erwähnten Verfügungsentziehung und Verfügungsbeschränkung kann das Insolvenzgericht während des **Insolvenzeröffnungsverfahrens** im Rahmen der Generalklausel des § 21 Abs 1 InsO auch ein Verfügungsverbot verhängen.[291] Dieses fällt unter die §§ 135, 136 BGB und hat keinen Verlust der Verfügungsbefugnis zur Folge, die allein beim Schuldner verbleibt.[292] Ein solches Verfügungsverbot kommt deshalb vor allem dann in Betracht, wenn die Verfügungsbefugnis nicht auf den vorläufigen Insolvenzverwalter übertragen werden soll.[293] Es ist insbesondere auch dann denkbar, wenn es sich nur auf einzelne Gegenstände und nicht auf das gesamte Schuldnervermögen beziehen soll.[294] Folge eines solchen Verfügungsverbotes ist auch die Verhinderung von zusätzlichen Masseschulden, denn auf den vorläufigen Insolvenzverwalter ohne Verfügungsbefugnis trifft § 55 Abs 2 InsO nicht zu.[295]

---

284 Vgl Einl H Rdn 73.
285 Vgl Rdn 121.
286 Vgl Einl H Rdn 74.
287 *Böttcher* Rpfleger 1985, 381; *Bülow* JuS 1994, 1, 3; *Giesen* Jura 1990, 169, 171; *Ruhwedel* JuS 1980, 161, 165.
288 *Böttcher* Rpfleger 1985, 381 mwN.
289 BGH ZfIR 2007, 811; *Kohler* JZ 1983, 586, 589; *Raebel* in *Lambert/Tropf/Frenz* Teil 5 Rn 185; aA *Wieling* JZ 1982, 839, 842.
290 *Steiner-Teufel* § 20 Rn 3, § 23 Rn 2.
291 *Nerlich-Römermann-Mönning* § 21 InsO Rn 61; *Bachmann* Rpfleger 2001, 105, 107.
292 *Gerhardt* Kölner Schriften zur Insolvenzordnung, S 193, 200 f (Rn 16); *Bachmann* Rpfleger 2001, 105, 107.
293 *Bachmann* Rpfleger 2001, 105, 107.
294 *Gerhardt* Kölner Schriften zur Insolvenzordnung, S 193, 200 (Rn 16).
295 *Bachmann* Rpfleger 2001, 105, 107.

b) Rechtsnatur. In der Literatur und Judikatur herrscht Uneinigkeit über die Rechtsnatur eines VVs. Eine **147** Meinung vertritt den Standpunkt, dass ein VV den Verlust der Verfügungsbefugnis zur Folge habe.[296] Die Gegenansicht kommt genau zum entgegengesetzten Ergebnis, nämlich dass das VV keinen Einfluss auf die Verfügungsbefugnis habe, dh der bisherige Eigentümer oder Rechtsinhaber behält die Verfügungsbefugnis über das Rechtsobjekt.[297] Geht man von den möglichen Arten der Verfügungsbeeinträchtigungen aus, so ist festzuhalten, dass die Verfügungsbefugnis entweder entzogen (= VE) bzw beschränkt (= VB) wird oder unberührt bleibt. Bei einer VE, die den völligen Verlust der Verfügungsbefugnis bewirkt, tritt an die Stelle des gehinderten Rechtsträgers ein Dritter, zB der Insolvenzverwalter oder Testamentsvollstrecker. Da bei den VVen die Verfügungsbefugnis auf kein anderes Rechtssubjekt übergeht, kann der ersten Meinung, die den Verlust der Verfügungsbefugnis annimmt, nicht gefolgt werden, da die betroffenen Gegenstände sonst res extra commercium darstellen würden – dies würde dem erklärten Willen des Gesetzgebers zuwiderlaufen, der die Gegenstände nicht dem Rechtsverkehr entziehen wollte.[298] Auch dem Zwangsverwalter steht anders als dem Insolvenzverwalter kein Verfügungsrecht über das Schuldnervermögen zu;[299] Gleiches gilt für den Zwangsverwalter. Aber auch von einer VB kann nicht die Rede sein, denn der Gesetzgeber hat die Wirksamkeit einer gegen ein VV verstoßenden Verfügung nicht von der Zustimmung des Verbotsgeschützten abhängig gemacht, was für eine VB aber gerade charakteristisch ist. Ein VV hat somit keinen Verlust der Verfügungsbefugnis zur Folge, sondern belässt dem davon Betroffenen diese in vollem Umfang; seine dingliche Rechtsstellung bleibt unberührt. Das VV ist also die schwächste Form einer Verfügungsbeeinträchtigung. Am schwerwiegendsten wirkt sich eine VE aus, die den Verlust der Verfügungsbefugnis nach sich zieht; auf der nächsttieferen Stufe folgt die VB, die die Verfügungsbefugnis nur insoweit einschränkt, als für bestimmte Verfügungen die Zustimmung eines Dritten erforderlich ist; das VV ist schließlich die mildeste Ausprägung einer Verfügungsbeeinträchtigung, da es die Verfügungsbefugnis rechtlich nicht schmälert, nur deren Ausübung verbietet.[300] Ein Verfügungsverbot bewirkt keine Beschränkung im Recht des davon Betroffenen, dh seine Verfügungsbefugnis als solche bleibt unberührt, nur deren Ausübung ist verboten.

c) Wirksamwerden. Für das Entstehen eines VV bedarf es **keiner Grundbucheintragung**. Erfolgt sie nach **148** dem Wirksamwerden, handelt es sich um eine Grundbuchberichtigung.

Ein VV auf Grund **einstweiliger Verfügung** (§ 938 Abs 2 ZPO) wird mit der Zustellung an den Antragsgeg- **149** ner wirksam; diese muss innerhalb der Vollziehungsfrist der §§ 929 Abs 2, 936 ZPO erfolgt sein.[301]

Das allgemeine VV im **Insolvenzeröffnungsverfahren** (§ 21 Abs 1 InsO) wird nicht erst mit der Zustellung, son- **150** dern bereits mit dem Erlass des Beschlusses wirksam, wenn das Gericht das VV nach Tag und Stunde datiert hat (§ 27 Abs 2 Nr 3 InsO analog);[302] ist keine Zeit angegeben, gilt 12.00 Uhr mittags (§ 27 Abs 3 InsO analog).[303]

Das VV auf Grund der Anordnung eines **Zwangsversteigerungs- bzw Zwangsverwaltungsverfahrens** (§ 23 **151** Abs 1 S 1 ZVG) wird wirksam mit der Zustellung des Anordnungsbeschlusses an den Schuldner (§ 22 Abs 1 S 1 ZVG) oder dem Eingang des Ersuchens um Eintragung des Versteigerungs- bzw Verwaltungsvermerks beim GBA (§ 22 Abs 1 S 2 ZVG) oder der Inbesitznahme des Grundstücks durch den Zwangsverwalter (§ 151 Abs 1 ZVG); der frühere Zeitpunkt ist maßgebend (§ 13 Abs 4 S 1 ZVG). Ein VV auf Grund der Beschlagnahme für einen Beitrittsgläubiger (§ 27 ZVG) wird nur wirksam mit der Zustellung an den Schuldner.[304]

Ein VV auf Grund **gerichtlicher Pfändung** (§ 829 Abs 1 S 2 ZPO) von Forderungen oder anderen Vermö- **152** gensrechten wird idR wirksam mit Zustellung des Pfändungsbeschlusses an den Drittschuldner (§ 829 Abs 3 ZPO), die Zustellung an den Schuldner ist in diesem Fall keine Wirksamkeitsvoraussetzung.[305] Ist kein Drittschuldner vorhanden, werden die Pfändung und damit das VV wirksam mit der Zustellung des Beschlusses an den Schuldner (§ 857 Abs 2 ZPO).

d) Wirkungen. Nimmt der Betroffene trotz VV ein Rechtsgeschäft vor und stellt sich dann die Frage nach der **153** Wirkung dieser verbotswidrigen Verfügung, so ist zu lesen, dass die Verfügung im Verhältnis zu den verbotsgeschützten Personen als unwirksam, im Übrigen aber als wirksam anzusehen ist (§§ 136, 135 BGB). Was jedoch

---

296 OLG Köln KTS 1971, 51, 52.
297 BGH Rpfleger 1980, 426; RGZ 71, 38, 40; BayObLG DNotZ 1997, 391, 393; *Böttcher* Rpfleger 1985, 381, 382; *Hügel* in *Hügel*, GBO, Verfügungsbeeinträchtigungen, Rn 19; *Eickmann* GBVerfR, Rn 167; *Staudinger-Gursky* Vorbem zu §§ 873 ff Rn 53.
298 Mot I, 1899, S 469.
299 *Böttcher* § 152 ZVG Rn 21.
300 BGH NJW 1988, 1912, 1914; *Böttcher* Rpfleger 1985, 377, 382.
301 RGZ 51, 129, 132; 135, 378, 384; *Staudinger-Gursky* § 888 Rn 66; *Kohler* S 24 mwN.
302 BGH ZIP 1995, 40; *Staudinger-Gursky* § 878 Rn 31.
303 BGH ZIP 1996, 1909; *Nerlich-Römermann-Mönning* § 24 InsO Rn 14–16.
304 BGH Rpfleger 1988, 543 = NJW-RR 1988, 1274.
305 *Brox/Walker* Zwangsvollstreckungsrecht, Rn 611.

im Einzelnen unter dieser »relativen Unwirksamkeit« zu verstehen ist, wird idR nicht erörtert. Das Gesetz bedient sich dieser Denkfigur hauptsächlich in solchen Fällen, in denen dem Inhaber der Verfügungsmacht die Verfügung über sein Recht im Interesse eines anderen verboten wird, dem dadurch die Möglichkeit des künftigen Erwerbs offen gehalten werden soll.[306]

154 **aa) Schwebende Wirksamkeit.** Bereits die verbale Betrachtung des Begriffs »relative Unwirksamkeit« führt zu Missverständnissen, denn man könnte geneigt sein zu sagen, dass eine gegen ein VV verstoßende Verfügung grundsätzlich unwirksam ist. Genau das Gegenteil ist jedoch der Fall: Eine Verfügung, die gegen ein VV verstößt, ist zunächst wirksam![307] Dies bedeutet, dass der bisherige Rechtsinhaber den Gegenstand wirksam übertragen kann und dass der Erwerber Eigentümer oder Rechtsinhaber wird. Da ein VV nach richtiger Meinung keinen Einfluss auf die Verfügungsbefugnis hat, so ist es nur verständlich, dass zunächst die Wirksamkeit der verbotenen Verfügung eintritt. Diese Wirksamkeit ist jedoch als »schwebende Wirksamkeit« zu bezeichnen, weil der Erwerber seine Rechtsstellung auf Grund der Geltendmachung der relativen Unwirksamkeit durch den Verbotsgeschützten ohne weiteres wieder verlieren kann; erst mit Beendigung des Schwebezustandes steht fest, ob der Erwerber endgültig oder nie Eigentümer bzw Rechtsinhaber wird. Dieser Schwebezustand wird zum Teil auch aufgefasst als »auflösend bedingte Wirksamkeit«[308] und »aufschiebend bedingte Unwirksamkeit«,[309] was jedoch nicht mehr als eine Begriffsspielerei darstellt. In der Tat stehen die VVe in ihrer praktischen Bedeutung einem unbefristeten Anfechtungsrecht der geschützten Personen nahe,[310] sodass der von *Medicus*[311] geprägte Begriff der »schwebenden Wirksamkeit« am treffendsten erscheint.[312] Durch das VV wurde dem Betroffenen lediglich verboten, eine Verfügung vorzunehmen, ohne dass damit auch seine dingliche Rechtsstellung beeinträchtigt wurde; handelt er dem VV zuwider, so kann auch nicht sofort eine endgültige Unwirksamkeit eintreten, da zum einen alle materiell-rechtlichen Voraussetzungen (Verfügungsmacht und Verfügungsbefugnis) vorliegen und zum anderen der Verbotsgeschützte uU gar kein Interesse daran hat, dass Unwirksamkeit eintritt. Eine gegen ein Verfügungsverbot verstoßende Verfügung erwächst zunächst grundsätzlich in »schwebende Wirksamkeit«, dh das Verfügungsverbot bewirkt eine Beschränkung im Recht des Erwerbers.[313]

155 **bb) Volle Wirksamkeit. (1)** Muss also bei einer gegen ein VV verstoßenden Verfügung im Grundsatz immer von der »schwebenden Wirksamkeit« ausgegangen werden, so gibt es doch einige Ausnahmefälle, bei denen sogar **von Anfang an** »*volle Wirksamkeit*« eintritt, dh die Wirksamkeit kann auch durch Geltendmachung des Verbotsgeschützten nicht mehr beseitigt werden.

– Einwilligung

156 Der Rechtsinhaber, der einem VV unterliegt, gilt als Nichtberechtigter iS von § 185 BGB.[314] Daher kann der Verbotsgeschützte als der dazugehörige Berechtigte im Wege der Einwilligung auf die Geltendmachung der relativen Unwirksamkeit verzichten (§ 185 Abs 1 BGB).[315] Liegt eine solche Einwilligung des Verbotsgeschützten vor, so führt dies von Anfang an zur »vollen Wirksamkeit« der Verfügung trotz bestehendem VV, dh es kommt überhaupt nicht zur »schwebenden Wirksamkeit«.

– § 878 BGB

157 Wird ein Berechtigter in seiner Verfügungsbefugnis beeinträchtigt, so kann unter den Voraussetzungen des § 878 BGB trotzdem von der Wirksamkeit der davor abgegebenen Erklärung ausgegangen werden. Vergleicht man den Wortlaut des § 878 BGB, so könnte man sagen, dass § 878 BGB für die VVe keine Anwendung findet, weil sie keine Beschränkung der Verfügungsbefugnis zur Folge haben und eine dagegen verstoßende Verfügung ja sowieso zunächst wirksam bleibt. Trotzdem muss § 878 BGB auch für die VVe gelten.[316] Sind seine Voraussetzungen gegeben, so tritt von Anfang an »volle Wirksamkeit« ein, die auch durch Geltendmachung eines VVs nicht beseitigt werden kann. Obwohl der durch das VV Betroffene die Verfügungsbefugnis nicht verliert, so ist er doch iS des § 878 BGB in seiner Verfügungsbefugnis beeinträchtigt, da er grundsätzlich nur mit »schweben-

---

306 *Böttcher* Rpfleger 1985, 381, 382.
307 BGHZ 19, 355, 359; *Böttcher* Rpfleger 1985, 381, 382; *Eickmann* GBVerfR, Rn 166; *Ennecerus-Nipperdey* § 202 III; *Staudinger-Gursky* § 878 Rn 30; *Ruhwedel* JuS 1980, 161, 166; *Giesen* Jura 1990, 169, 172; *Blomeyer* FS für E. Hirsch, 1968, S 25 ff; *Paulus* FS für Nipperdey, 1965, S 912.
308 *Planck-Strecker* BGB, 5. Aufl § 883 Anm 3a für den gleich gelagerten Fall bei einer Vormerkung.
309 *E. Wolf* Sachenrecht, 2. Aufl § 13 A II h.
310 *Ruhwedel* JuS 1980, 161, 166.
311 BGB-AT, Rn 492 für den Fall eines auflösend bedingten Rechtsgeschäfts.
312 Zustimmend *Kohler* in *Bauer/von Oefele* AT VIII Rn 44.
313 *Böttcher* Rpfleger 1985, 381, 383; *Eickmann* GBVerfR, Rn 167; *Raape* Das gesetzliche Veräußerungsverbot des BGB, 1908, S 50.
314 *Böttcher* Rpfleger 1985, 381, 383; RGZ 154, 355, 367.
315 OLG Frankfurt Rpfleger 1979, 205; *Böttcher* Rpfleger 1985, 381, 383.
316 BGH Rpfleger 1988, 543; RGZ 113, 409; *Staudinger-Gursky* § 878 Rn 30; BGB-RGRK-*Augustin* § 878 Rn 20; *Böttcher* Rpfleger 1985, 381, 383; *Bachmann* Rpfleger 2001, 105, 107; *Klüsener* RpflStud 1990, 33, 40.

der Wirksamkeit« (= Möglichkeit der relativen Unwirksamkeit) verfügen kann. Liegen daher die Bindung der Einigung bzw Aufhebungserklärung (§ 873 Abs 2, § 875 Abs 2 BGB) und die Antragstellung beim Grundbuchamt (§ 13 GBO) zeitlich vor dem Wirksamwerden des VVs, so tritt mit der Eintragung im Grundbuch die »volle Wirksamkeit« ein. Zu beachten ist hierbei vor allem, dass das Eingetragensein des VVs im Grundbuch keinen Einfluss auf den Rechtserwerb gemäß § 878 BGB hat, da die Aufgabe dieses Vermerks lediglich darin besteht, einen gutgläubigen Erwerb nach § 135 Abs 2, § 892 Abs 1 S 2 BGB zu verhindern – ein Sachverhalt, der mit § 878 BGB nichts zu tun hat.[317]

– Gutgläubiger Erwerb

Soweit der Erwerber nichts vom VV weiß, dh er gutgläubig ist, muss er genauso geschützt werden, als wenn er   **158**
vom Nichtinhaber die Verfügungsmacht erwirbt; daher sind nach § 135 Abs 2 BGB die Vorschriften über den gutgläubigen Erwerb entsprechend anwendbar, beim Erwerb von Grundstücken und Rechten daran insbesondere die §§ 892, 893, 1138, 1155 BGB.[318] Das bedeutet: Ist der Erwerber in Bezug auf das Nichtbestehen des VVs gutgläubig, erwirbt er den Gegenstand der Verfügung auch mit Wirkung gegenüber dem durch das VV Geschützten, dh es tritt »volle Wirksamkeit« ein, die auch nicht durch Geltendmachung des VVs durch den Geschützten beseitigt werden kann.[319] Voraussetzung für die entsprechende Anwendung der Gutglaubensvorschriften ist, dass sich der gute Glaube auf das Nichtbestehen des VVs bezieht;[320] bei Grundstücken steht es der Kenntnis des Erwerbers gleich, wenn das VV aus dem Grundbuch ersichtlich ist (§ 892 Abs 1 S 2 BGB). Im Zwangsversteigerungsverfahren ist zu beachten, dass die Kenntnis des Versteigerungsantrags der den gutgläubigen Erwerb ausschließenden Kenntnis des VVs gleichsteht (§ 23 Abs 2 S 1 ZVG); dies gilt nicht, wenn der Antrag rechtskräftig zurückgewiesen wird, wohl aber, wenn er auf eine Zwischenverfügung hin ergänzt wird oder er nach Anfechtung einer Zurückweisung letztlich zur Anordnung des Verfahrens führt.[321] Die für einen gutgläubigen Erwerb notwendige Grundbuchunrichtigkeit liegt vor, wenn ein bestehendes VV noch nicht im GB eingetragen ist.[322]

(2) Liegt keine Einwilligung (§ 185 Abs 1 BGB) und kein gutgläubiger Erwerb (§ 892 BGB) vor, findet § 878   **159**
BGB auch keine Anwendung, so erwächst eine gegen ein VV verstoßende Verfügung in »schwebende Wirksamkeit«. In einigen Ausnahmefällen kann sich diese **»schwebende Wirksamkeit« in »volle Wirksamkeit« umwandeln**.

– Genehmigung

Da die Geltendmachung der relativen Unwirksamkeit durch den Verbotsgeschützten allein in seinen privaten   **160**
Interessen liegt, kann er nach erfolgter Verfügung diese genehmigen und damit die »schwebende Wirksamkeit« in »volle Wirksamkeit« umwandeln (§ 185 Abs 2 S 1, 1. Alt BGB); die Wirkung tritt ex tunc, dh mit Rückwirkung, ein.[323] Nicht gefolgt werden kann der Meinung, die bei einer Genehmigung lediglich einen Verzicht auf die Geltendmachung der Unwirksamkeit ohne rückwirkende Kraft (= ex nunc) annimmt, dh § 185 BGB nicht anwendet.[324] Denn insoweit ist eine unterschiedliche Behandlung zwischen einer VE, für die § 185 BGB unstreitig gilt (Rdn 69), und einem VV durch nichts zu rechtfertigen; in beiden Fällen ist der durch die Verfügungsbeeinträchtigung Betroffene als Nichtberechtigter iS von § 185 BGB anzusehen.

– Wegfall des Verfügungsverbots

Das VV wirkt nicht nur subjektiv, dh personenbezogen, relativ, sondern ist auch objektiv begrenzt; es reicht   **161**
nämlich nur soweit wie das mit ihm geschützte Interesse des Begünstigten.[325] Dies zeigt sich vor allem darin, dass mit dem Wegfall des VVs der Betroffene wieder mit »voller Wirksamkeit« verfügen kann. Bereits getätigte verbotswidrige Verfügungen werden ex nunc voll wirksam (§ 185 Abs 2 S 1, 2. Alt BGB entsprechend).[326] Ein Wegfall des VVs kommt in Betracht, wenn zB der Antrag auf Zwangsversteigerung zurückgenommen oder allgemein die geschützten Interessen nicht mehr existieren.

---

317 *Böttcher* Rpfleger 1985, 381, 383.
318 *Steiner-Teufel* § 23 Rn 13; *Wieling* JZ 1982, 839, 841 Fn 40; *Stöber* Rpfleger 1976, 197, 198; *Böttcher* Rpfleger 1985, 381, 383; *Bachmann* Rpfleger 2001, 105, 107.
319 *Böttcher* Rpfleger 1985, 381, 383.
320 RGZ 90, 355, 367; *Staudinger-Kohler* (1996) § 135 Rn 60; BGB-RGRK-*Krüger-Nieland-Zöller* § 135 Rn 21; *Bülow* JuS 1994, 1, 6; *Böttcher* Rpfleger 1985, 381, 383.
321 *Steiner-Teufel* § 23 Rn 26; *Böttcher* Rpfleger 1985, 381, 383.
322 RGZ 90, 232, 235; BayObLGZ 1994, 29, 31; KG JW 1928, 2466, 2467; *Staudinger-Gursky* § 894 Rn 43; BGB-RGRK-*Augustin* § 894 Rn 7, 23; *Soergel-Stürner* § 894 Rn 10; **aA** *Kohler* S 83 ff.
323 RGZ 154, 355, 367; OLG Frankfurt Rpfleger 1979, 205; *Bachmann* Rpfleger 2001, 105, 107; *Böttcher* Rpfleger 1985, 381, 383.
324 *Ruhwedel* JuS 1980, 161, 166 Fn 39.
325 Mot I 1899 S 212; BGB Warn 1966 Nr 128; OLG Hamburg MDR 1958, 432; *Ruhwedel* JuS 1980, 161, 166; *Böttcher* Rpfleger 1985, 381, 384.
326 RGZ 95, 207, 209; *Steiner-Teufel* § 23 Rn 7; *Böttcher* Rpfleger 1985, 381, 384; *Bachmann* Rpfleger 2001, 105, 107.

162 cc) **Geltendmachung der relativen Unwirksamkeit. Beispiel:** V hat sich in einem Kaufvertrag mit K verpflichtet, diesem das Eigentum an einem Grundstück zu übertragen. Als der Käufer K erfährt, dass der Verkäufer V das Grundstück anschließend auch an den Dritten D verkauft hat, sieht er seinen kaufvertraglichen Erfüllungsanspruch gefährdet und erwirkt deshalb durch einstweilige Verfügung ein Verfügungsverbot gegen V, womit diesem untersagt wird, das Grundstück an D zu übereignen; das VV wird im Grundbuch eingetragen. Entgegen dem VV lässt der Verkäufer V das Grundstück an den Dritten D auf; die Auflassung wird im Grundbuch vollzogen.

163 Nach den bisherigen Ausführungen hat D das Eigentum am Grundstück trotz des VVs wirksam erworben. Da jedoch weder eine Zustimmung des Verbotsgeschützten K oder ein gutgläubiger Erwerb (VV ist im GB eingetragen!) vorliegen noch die Voraussetzungen des § 878 BGB erfüllt sind, kann K seine Rechte aus dem VV geltend machen, solange dieses besteht. Als Grundsatz ist daher festzuhalten, dass der **Verbotsgeschützte sich auf die »relative Unwirksamkeit« berufen muss,** ansonsten hat die verbotswidrige Verfügung weiterhin uneingeschränkten Bestand.[327] Verbotsgeschützte sind bei der gerichtlichen Pfändung die Pfändungsgläubiger, bei dem VV auf Grund einstweiliger Verfügung der Antragsteller, im Zwangsversteigerungsverfahren der betreibenden Gläubiger und beim VV nach § 21 Abs 1 InsO nicht alle Insolvenzgläubiger, sondern der Insolvenzverwalter.[328] Eine bestimmte Form ist für die Geltendmachung nicht vorgesehen.[329]

164 Beruft sich ein Verbotsgeschützter auf seine Rechte aus dem VV, so zeigt sich, dass das Verfügungsgeschäft nicht mit »voller Wirksamkeit« abgeschlossen wurde: Es ist dem Verbotsgeschützten gegenüber insoweit *»relativ unwirksam« (§ 135 Abs 1 BGB).*[330] Der durch die relative Unwirksamkeit Geschützte hat gegenüber dem Verfügenden weiterhin seinen Erfüllungsanspruch;[331] daneben hat er einen Anspruch gegen den Erwerber auf Mitwirkung zu seiner Grundbucheintragung (§ 888 Abs 2 und 1 BGB).[332] Daraus folgt jedoch umgekehrt, dass die relative Unwirksamkeit dem Geschützten keinen Erfüllungsanspruch gegen den jetzigen Eigentümer oder Rechtsinhaber gewährt.[333] Auf den Beispielsfall (Rdn 162) bezogen bedeutet dies: K hat gegen V weiterhin seinen Anspruch auf Übertragung des Eigentums am Grundstück (§ 433 Abs 1 S 1 BGB) und außerdem einen Anspruch gegen D auf Zustimmung zu seiner Eintragung als Eigentümer (§ 888 Abs 2 und 1 BGB).

165 Über die **dogmatische Einordnung** der »relativen Unwirksamkeit« in das System der Unwirksamkeitsgründe herrscht Uneinigkeit. Es existieren verschiedene Denkmodelle:[334] Nach der von *Planck* entwickelten **»Theorie der Eigentumsspaltung«** ist der Verfügende im Verhältnis zum Verbotsgeschützten Eigentümer geblieben, allen anderen Personen gegenüber ist jedoch der erwerbende Dritte Eigentümer.[335] Zum Eingangsbeispiel: Grundsätzlich hat V sein Eigentum am Grundstück verloren und D ist Eigentümer desselben geworden. Nur dem K gegenüber ist die Übereignung »relativ unwirksam«; allen anderen gegenüber besteht volle Wirksamkeit. Danach kann V, weil er im Verhältnis zu K Eigentümer geblieben ist, sein (!) Grundstück dem K übereignen und mit Zustimmung des D die Eigentumsumschreibung auf K herbeiführen. Diese Auffassung, die den klaren Gesetzeswortlaut auf ihrer Seite hat (§ 135 Abs 1 S 1 BGB), führt zum einen zu einem systemwidrigen »relativen Eigentum« und macht zum anderen eine Nutzungszuordnung auf Grund des aufgespaltenen Eigentums unmöglich. Diese systematischen Probleme bestehen bei der von *Raape* begründeten **»Lehre von der Gegenwirkung«** nicht, wonach das verbotswidrig übertragene Recht zwar für alle auf den Erwerber übergeht, aber der Verfügende erhält dafür die Befugnis, zwecks Erfüllung seiner Verpflichtung gegenüber dem Verbotsgeschützten diesem das Rechtsobjekt durch eine neue Verfügung, die der zugunsten des Erwerbers vorgeht, zu verschaffen.[336] Für mein Beispiel bedeutet dies, dass D für alle das Eigentum am Grundstück erworben hat – auch gegenüber dem K –; allerdings steht V die Befugnis zu, das Grundstück des D (!) an K zu übereignen und mit Zustimmung des D die Eigentumsumschreibung auf K durchzuführen. Zum gleichen Ergebnis kommt die von *Beer* entwickelte **»Theorie vom Absicherungsrecht«;** danach wird der Erwerber Eigentümer mit Wirkung gegenüber jedermann, jedoch belastet mit einem Absicherungsrecht des Verbotsgeschützten, das den Ver-

---

327 *Kohler* in *Bauer/von Oefele* AT VIII Rn 46; *Böttcher* Rpfleger 1985, 381, 384; *Giesen* Jura 1990, 169, 172; *Eickmann* GBVerfR, Rn 166; *Ruhwedel* JuS 1980, 161, 166; *Mertens* Das gesetzliche Veräußerungsverbot, 1974, S 30; *Paulus* FS Nipperdey, 1965, S 913; *Raape* Das gesetzliche Veräußerungsverbot des BGB, 1908, S 41.
328 *Böttcher* aaO.
329 *Ruhwedel* JuS 1980, 161, 166.
330 BGHZ 58, 25 = Rpfleger 1972, 90; RGZ 84, 265, 279; 86, 255, 258; 90, 335, 340; 106, 136, 140; 135, 378, 384; 145, 328, 332; *Steiner-Teufel* § 23 Rn 4, 8; *Eickmann* GBVerfR, Rn 166; *Ruhwedel* JuS 1980, 161, 166; *Böttcher* Rpfleger 1985, 381, 384.
331 *Böttcher* Rpfleger 1985, 381, 384.
332 *Böttcher* Rpfleger 1985, 381, 384.
333 *Böttcher* aaO.
334 Vgl dazu: *Böttcher* Rpfleger 1985, 381, 384; *Bülow* JuS 1994, 1, 7.
335 *Planck* BGB, 2. Aufl, 1898, § 135 Rn 2; *MüKo-Wacke* § 883 Rn 46; *Wolff-Raiser* Sachenrecht, § 48 III 1, § 88 IV; *von Tuhr*, Der Allgemeine Teil des Deutschen Bürgerlichen Rechts, Band 2, 1. Halbband, S 330.
336 *Raape* Das gesetzliche Veräußerungsverbot des BGB, 1908, § 49 ff; *Mehrtens* Das gesetzliche Veräußerungsverbot, 1974, S 22 ff; *Flume* Allgemeiner Teil des Bürgerlichen Rechts, 2. Band, Das Rechtsgeschäft, § 17, 6.

fügenden berechtigt, fremdes Eigentum wirksam an den Verbotsgeschützten zu übertragen.[337] Zum Beispiel: D hat das Eigentum auch gegenüber K erworben, allerdings belastet mit einem Absicherungsrecht für K. Auf Grund dieses Absicherungsrechts ist V berechtigt, das Grundstück des D (!) an K zu übereignen und mit der Zustimmung des D die Grundbucheintragung des K herbeizuführen. Von den drei Meinungen ist die system-widrige »Theorie der Eigentumsspaltung« abzulehnen, und ob es der Konstruktion vom »Absicherungsrecht« bedarf, erscheint mir auch sehr zweifelhaft. Der Vorzug dürfte der von *Raape* begründeten »Lehre von der Gegenwirkung« zu geben sein, die dogmatisch nicht zu beanstanden ist. Allerdings ist diesem theoretischen Streit über die materiellrechtliche Grundlage der dem Verfügenden innewohnenden Rechtszuständigkeit keine große Bedeutung beizumessen. Festzuhalten bleibt, dass nach allen drei Theorien der Verfügende diejenige Rechtszuständigkeit besitzt, um in Erfüllung seiner Verbindlichkeit dem Verbotsgeschützten das geschuldete Rechtsobjekt zu verschaffen und dem Erwerber sein Recht dadurch wieder zu entziehen.

Die Geltendmachung der relativen Unwirksamkeit und die damit sich anschließende Korrektur zugunsten des Verbotsgeschützten ist, je nach der Art des VVs und der verbotswidrigen Verfügung, unterschiedlich: Ist ein **Grundstück entgegen einem VV übereignet worden** und besteht ein durch das VV geschützter schuld-rechtlicher Erfüllungsanspruch (vgl Rdn 162), so muss der Verbotsgeschützte K gegen seinen Vertragspartner V den Anspruch auf Übereignung (§ 433 Abs 1 S 1 BGB) und gegen den zwischenzeitlichen Eigentümer D den in § 888 Abs 2 und 1 BGB geregelten Anspruch auf Zustimmung zur Grundbuchkorrektur geltend machen, notfalls mit Hilfe einer Klage und darauf folgendem Urteil (§ 894 ZPO).[338] Besteht kein durch das VV geschützter schuldrechtlicher Erfüllungsanspruch, so braucht der Verbotsgeschützte nur den Anspruch auf Zustimmung zur Wiedereintragung des Verfügenden gemäß § 888 Abs 2 und 1 BGB geltend machen.[339] Ist ein **Grundstück entgegen einem VV belastet worden**, so hat der Verbotsgeschützte einen Anspruch darauf, dass der Gläubiger die Löschung des Rechts bewilligt oder – falls es sich um ein Grundpfandrecht handelt – auf dieses Recht verzichtet (§ 888 Abs 2 und 1 BGB).[340] Zusammenfassend gilt: Macht der Verbotsgeschützte seine Rechte aus einem Verfügungsverbot geltend, so verwandelt sich die »schwebende Wirksamkeit« einer Verfü-gung in »relative Unwirksamkeit« mit der Folge, dass der Verbotsgeschützte einen Anspruch gegen den zwi-schenzeitlichen Eigentümer oder Rechtsinhaber auf Korrektur des Grundbuchs hat (§ 888 Abs 2 und 1 BGB); besteht daneben ein durch das VV geschützter Erfüllungsanspruch, so besitzt der Verfügende soviel Rechtszu-ständigkeit, um dem Verbotsgeschützten das geschuldete Rechtsobjekt zu verschaffen und es damit dem bishe-rigen Erwerber wieder zu entziehen.

166

dd) Regel. Bei bestehendem Verfügungsverbot führen Verfügungen des davon Betroffenen zunächst grund-sätzlich zur »schwebenden Wirksamkeit« (= Beschränkung im Recht des Erwerbers). Ausnahmsweise erwach-sen solche Verfügungen sogleich in »volle Wirksamkeit« im Falle
– der Einwilligung des Verbotsgeschützten
– des § 878 BGB
– des gutgläubigen Erwerbs.
Die »schwebende Wirksamkeit« verwandelt sich in
– »volle Wirksamkeit« durch
– Genehmigung des Verbotsgeschützten
– Wegfall des Verfügungsverbots
– »relative Unwirksamkeit« durch Geltendmachung des Verbotsgeschützten.

167

2. Folgerungen für das Grundbuchverfahren

a) Das Verfügungsverbot ist dem Grundbuchrechtspfleger bekannt, aber noch nicht im Grundbuch eingetragen. Wie der Grundbuchrechtspfleger in diesem Fall zu verfahren hat, gehört heute noch zu den ungelösten und heftig umstrittenen Fragen des Grundbuchverfahrens. Vielfach wird die Meinung vertreten, dass das GBA in diesem Fall nur dann noch eine Eintragung vornehmen darf, wenn der Verbotsgeschützte zustimmt (§ 185 BGB) oder § 878 BGB erfüllt ist oder zumindest gleichzeitig das VV eingetragen wird (zur Verhinderung des gutgläubigen Erwerbs nach § 892 BGB).[341] Damit verstößt diese Ansicht eindeutig gegen § 17 GBO, der für alle Verfügungsbeeinträchtigungen uneingeschränkt gilt. Durch die Verletzung des formellen

168

337 *Beer* Die relative Unwirksamkeit, 1975, S 132 ff; *Kohler* in *Bauer/von Oefele* AT VIII Rn 44.
338 *Böttcher* Rpfleger 1985, 381, 385; *Ruhwedel* JuS 1980, 161, 166 ff.
339 *Böttcher* aaO; *Eickmann* KTS 1974, 202, 214.
340 LG Frankenthal Rpfleger 1981, 438; *Eickmann* KTS 1974, 202, 215; *Böttcher* Rpfleger 1985, 381, 385.
341 BayObLG ZflR 2003, 776 = Rpfleger 2003, 573 = MittBayNot 2004, 41 m abl Anm *Heinemann*; BayObLGZ 1954, 97 = NJW 1954, 1120 = DNotZ 1954, 394; KG NJW 1973, 56, 58 = DNotZ 1973, 301, 304; OLG Düsseldorf Mitt-BayNot 1975, 224; OLG München JFG 16, 301, 304; LG Frankenthal Rpfleger 1981, 438; LG München II MittBay-Not 1976, 178; BGB-RGRK-*Augustin* § 888 Rn 23; *Palandt-Bassenge* § 888 Rn 10; *Demharter* § 19 Rn 59, § 22 Rn 52; *Klüsener* RpflStud 1990, 33, 39 f.

Rechts verhindert sie womöglich einen materiellen Rechtserwerb, da ein gutgläubiger Erwerb sodann nicht mehr möglich ist (§ 892 Abs 1 S 2 BGB). Diese Meinung ergreift somit Partei für den Verbotsgeschützten und lässt die Interessen des Erwerbenden außer acht. Die Frage, woher sie dieses Recht nimmt, bleibt allerdings ohne Antwort. Aufgabe des Grundbuchverfahrensrechts ist die Durchsetzung des materiellen Grundstücksrechts und nicht dessen Vereitelung. Daneben führt diese Ansicht zur Begründung immer an, dass der durch das VV Betroffene die Verfügungsbefugnis verloren hat. Dem ist entgegenzuhalten, dass dies zum einen nicht stimmt (vgl Rdn 147), und zum anderen, unterstellt man die Richtigkeit dieser Behauptung, wäre es mehr als inkonsequent, wenn die verbotswidrige Verfügung bei gleichzeitigem Eintrag des VV vollzogen würde, weil sich dadurch an der Verfügungsbefugnis überhaupt nichts ändert. Im Gegenteil: Wenn diese Meinung vom Verlust der Verfügungsbefugnis ausgeht und mit dem gleichzeitigen Vermerk des VVs einen gutgläubigen Erwerb ausschließt, würde mit dem Vollzug der verbotswidrigen Verfügung das Grundbuch unrichtig werden – ein glatter Verstoß gegen das Legalitätsprinzip, wonach der Grundbuchrechtspfleger das Grundbuch nicht wissentlich unrichtig machen darf. Diese Ansicht ist daher abzulehnen. Aber selbst dann, wenn die Voraussetzungen des § 878 BGB erfüllt sein sollten, braucht der Grundbuchrechtspfleger für das Eintragungsverfahren nicht auf § 878 BGB zurückzugreifen. Seine Anwendung ist doch nur erforderlich, wenn das Grundbuch durch eine Eintragung infolge Fehlens der Bewilligungs-(Verfügungs-)befugnis unrichtig wird. Das VV hat aber keine Schmälerung der Bewilligungs-(Verfügungs-)befugnis zur Folge, eine dagegen verstoßende Verfügung erwächst grundsätzlich in »schwebende Wirksamkeit«, sodass das Grundbuch auch nicht unrichtig wird. Einer Anwendung des § 878 BGB bedarf es daher nicht. Somit kommt man zwangsläufig zu dem Ergebnis, dass der Grundbuchrechtspfleger eine **Eintragung** auch dann immer **vornehmen** muss, wenn ihm ein VV bekannt ist.[342] Das Legalitätsprinzip verlangt, dass das Grundbuch nicht wissentlich unrichtig gemacht werden darf, was umgekehrt bedeutet, dass eine Eintragung erfolgen muss, die das Grundbuch richtig werden lässt, wenn alle Verfahrensvoraussetzungen erfüllt sind. Dass das Grundbuch nicht unrichtig wird, dürfte außer Zweifel stehen, da die Verfügung zunächst in »schwebende Wirksamkeit« erwächst (Rdn 154). Aber auch alle Verfahrensvoraussetzungen sind gegeben, da insbesondere das VV die Bewilligungs-(Verfügungs-)befugnis nicht beeinträchtigt (Rdn 147). Für die Richtigkeit dieser Auffassung spricht daneben der Sinn des § 772 ZPO, wonach bei bestehendem VV lediglich die Überweisung und Veräußerung des davon betroffenen Gegenstandes im Wege der Zwangsvollstreckung untersagt ist, die Pfändung und Eintragung einer Zwangshypothek ist jedoch zugelassen.[343] Nun wäre es nicht verständlich, wenn der durch das VV Betroffene rechtsgeschäftlich kein Grundpfandrecht selbständig bestellen, der Gläubiger allerdings ohne weiteres eine Zwangshypothek erwerben könnte.

169 **b) Das Verfügungsverbot ist im Grundbuch eingetragen.** Ist ein VV bereits im Grundbuch vermerkt oder wegen des früheren Eingangs vor einem zweiten Antrag einzutragen (§ 17 GBO), so hat es unbestritten **keine Grundbuchsperre** zur Folge;[344] lediglich die Begründungen dazu differieren. Festzuhalten bleibt zunächst, dass nicht der Vermerk über das VV das Grundbuch sperren würde, sondern das Legalitätsprinzip; der Versteigerungsvermerk etc macht zwar einen potentiellen Erwerber bösgläubig, verhindert aber keine Eintragung. Die Ursache für die Nichtannahme einer Grundbuchsperre ist darin zu sehen, dass ein VV – Gleiches gilt, wenn das VV dem Grundbuchrechtspfleger nur bekannt ist, ohne eingetragen zu sein – die Bewilligungs-(-Verfügungs-)befugnis des Betroffenen unbeschadet belässt und eine dagegen verstoßende Verfügung in »schwebende Wirksamkeit« erwächst.[345] Die überwiegende Ansicht nimmt als Grund an, dass der Verbotsgeschützte sein Recht nicht mehr auf Grund gutgläubigen Erwerbs eines Dritten verlieren kann. Wieso ein gutgläubiger Erwerb allerdings unbedingt verhindert werden soll, dh ein gutgläubiger Erwerb ein makelhafter Erwerb sein soll, vermag diese Meinung nicht zu erklären.

170 **c) Sonderfall: Löschung der vom VV betroffenen Rechte.** Nach absolut hM gelten die oben angeführten Grundsätze für das Grundbuchverfahren bei der Löschung vom VV betroffener Rechte nicht, dh der Grundbuchrechtspfleger soll eine dem VV widersprechende Aufhebung eines Grundstücksrechts nicht eintragen dür-

---

342 *Hügel* in *Hügel*, GBO, Verfügungsbeeinträchtigungen, Rn 24; *Bachmann* Rpfleger 2001, 105, 111; *Raebel* in *Lambert-Lang/Tropf/Frenz* Teil 5 Rn 187, 188; *Böttcher* Rpfleger 1985, 381, 385 f; *Kohler* S 108 ff; *Staudinger-Gursky* § 888 Rn 81; *MüKo-Wacke* § 888 Rn 21; *Eickmann* GBVerfR, Rn 168–170; *Steiner-Teufel* § 23 Rn 29; *Bock* S 99–103; *von Schweinitz* DNotZ 1990, 749, 750; *Kohler* in *Bauer/von Oefele* AT VIII Rn 66; *Schmitz* JuS 1995, 245, 247; *Habscheid* ZZP 90 (1977), 200 f.

343 LG Frankenthal Rpfleger 1981, 438.

344 BGH ZfIR 2007, 811, 813; KG KGJ 44, 174, 179; OLG Stuttgart BWNotZ 1985, 127; LG Frankenthal Rpfleger 1981, 438; LG München II MittBayNot 1976, 178; *Hügel* in *Hügel*, GBO, Verfügungsbeeinträchtigungen, Rn 24; *Raebel* in *Lambert-Lang/Tropf/Frenz* Teil 5 Rn 186; *Staudinger-Gursky* § 888 Rn 81; BGB-RGRK-*Augustin* § 892 Rn 109; *MüKo-Wacke* § 892 Rn 67; *Soergel-Stürner* § 892 Rn 17; *Palandt-Bassenge* § 888 Rn 10; *Demharter* § 22 Rn 52; *Eickmann* GBVerfR, Rn 168–170; *Steiner-Hagemann* § 19 Rn 19; *Bock* S 96; *Volhard* DNotZ 1987, 523, 537 f; *Kohler* in *Bauer/von Oefele* AT VIII Rn 53, 54; *Schmitz* JuS 1995, 245, 247; *Klüsener* RpflStud 1990, 33, 39 f; *Böttcher* Rpfleger 1985, 381, 386; *Bachmann* Rpfleger 2001, 105, 110.

345 Ebenso *Bock* S 93–96.

fen, da der durch die Löschung entstehende Schaden irreparabel sei.[346] Dieser Auffassung ist im Grundsatz zuzustimmen, jedoch müssen einige Differenzierungen erfolgen. Festzuhalten bleibt zunächst: Steht dem durch das VV Betroffenen ein dingliches Recht an einem Grundstück zu und wird dies auf seine Bewilligung hin gelöscht, so ist dieses Recht zwar formellrechtlich gelöscht, aber – nach Geltendmachung der relativen Unwirksamkeit durch den Verbotsgeschützten – materiellrechtlich nicht erloschen. Auch wenn dieses Recht im Wege der Grundbuchberichtigung wieder eingetragen wird, so kann es uU einen schlechteren Rang erhalten, wenn zwischenzeitlich für einen gutgläubigen Dritten ein neues Recht mit dieser Rangstelle begründet wurde. Aber auch wenn das VV im Grundbuch vermerkt ist, ändert dies nichts, da durch die Löschung auch dieser Vermerk wirkungslos wird (§ 17 Abs 2 GBV). Insoweit rechtfertigt also die »schwebende Wirksamkeit« der Verfügung grundsätzlich nicht ihre Eintragung; Löschungen bedürfen vielmehr idR des Nachweises in der Form des § 29 GBO, dass sie gegenüber dem Verbotsgeschützten »voll wirksam« sind. Dies gilt jedoch nicht in allen Fällen. Vielmehr ist zu differenzieren:

aa) Das Verfügungsverbot ist im Grundbuch eingetragen. Hinsichtlich der entscheidenden Frage, ob ein irreparabler Rangverlust entstehen kann und deshalb »volle Wirksamkeit« der Verfügung verlangt werden muss, hat eine weitere Unterscheidung in der Richtung zu erfolgen, ob mit der Löschung des betroffenen dinglichen Rechts auch das VV gelöscht wird oder nicht.[347]   **171**

(1) Das VV wird ebenfalls gelöscht. Wird zB ein gepfändetes Eigentümerrecht oder bei Bestehen eines VVs nach § 21 Abs 1 InsO ein Grundpfandrecht des Schuldners an einem fremden Grundstück gelöscht, so werden zugleich sämtliche zu diesen Rechten gehörenden Eintragungen, dh auch die VVe gerötet; die VVe sind als nicht mehr existent zu behandeln (§ 17 Abs 2 GBV). Ein gutgläubiger Dritter kann die freigewordene Rangstelle erwerben, wodurch dem durch das VV Geschützten ein irreparabler Schaden entstehen würde. In diesem Fall muss daher eine »**volle Wirksamkeit**« der Löschung nachgewiesen werden. Dies kann in erster Linie durch die **Zustimmung des Verbotsgeschützten** erfolgen,[348] was in der Praxis zum Teil aber nicht durchführbar sein wird, weil dem Grundbuchrechtspfleger zB selten alle künftigen Insolvenzgläubiger bekannt sein dürften, die im Falle des VVs nach § 21 Abs 1 InsO zustimmen müssten.[349] Denkbar ist dies jedoch bei einem auf einer einstweiligen Verfügung beruhenden VV, da der Verbotsgeschützte in diesem Fall genau bekannt ist (ebenso bei der gerichtlichen Pfändung). Von der »vollen Wirksamkeit« der Löschung kann der Grundbuchrechtspfleger auch ausgehen, wenn feststeht, dass das VV – trotz Eingetragensein im Grundbuch – zwischenzeitlich in Wegfall gekommen ist, dh bei Vollzug der Löschungserklärung materiellrechtlich nicht mehr besteht. »Volle Wirksamkeit« durch gutgläubigen Erwerb (§ 892 BGB) scheidet bereits begrifflich aus, da eine Löschung eben keinen Erwerb darstellt. Aber auch gemäß § 878 BGB kann keine »volle Wirksamkeit« eintreten, weil das VV bereits unter Beachtung des § 17 GBO eingetragen ist, da darin das VV vor Antragstellung auf Löschung wirksam geworden sein muss.[350]   **172**

(2) Das VV bleibt im Grundbuch bestehen. Wird zB bei Bestehen eines VVs nach § 21 Abs 1 InsO eine Eigentümergrundschuld auf Bewilligung des Schuldners hin gelöscht, kann dadurch kein irreparabler Rangverlust für die zukünftigen Insolvenzgläubiger entstehen. Zwar verstößt diese Löschung gegen das VV, und es liegt daher nur eine »**schwebende Wirksamkeit**« vor; da aber das VV in Abteilung II des Grundbuchs vermerkt bleibt, kann auch nach Löschung die »relative Unwirksamkeit« geltend gemacht werden, und ein gutgläubiger Erwerb des Vorrangs durch einen neuen Grundpfandrechtsgläubiger ist somit ausgeschlossen.[351]   **173**

(3) Ergebnis. Ist ein VV bereits im Grundbuch eingetragen oder wegen früheren Eingangs vorher einzutragen (§ 17 GBO), so kann die Löschung eines davon betroffenen beschränkten dinglichen Rechts,   **174**
– soweit das VV ebenfalls gelöscht wird, nur erfolgen, wenn die Zustimmung des Verbotsgeschützten nachgewiesen wird oder das VV zwischenzeitlich weggefallen ist (»volle Wirksamkeit«)
– soweit das VV im Grundbuch bestehen bleibt, genauso erfolgen, als wenn kein VV bestehen würde (»schwebende Wirksamkeit«).

bb) Das Verfügungsverbot ist dem Grundbuchrechtspfleger bekannt, aber noch nicht im Grundbuch eingetragen. In diesem Fall stellt sich die Frage gar nicht, ob das VV mit der Löschung des dinglichen Rechtes ebenfalls gelöscht wird oder nicht. Vielmehr ist stets davon auszugehen, dass ein gutgläubiger Dritter   **175**

---

346 *Demharter* § 22 Rn 52; *Güthe-Triebel* Vorbem zu § 13 Rn 71, 83, 84; *Hesse-Saage-Fischer* § 19 Anm III 1 a; *Eickmann* KTS 1974, 202, 210; *Raebel* in *Lambert-Lang/Tropf/Frenz* Teil 5 Rn 186; *Kohler* in *Bauer/von Oefele* AT VIII Rn 55; RGZ 102, 332.
347 *Böttcher* Rpfleger 1985, 381, 386; *Bock* S 97.
348 *Böttcher* Rpfleger 1985, 381, 387; *Staudinger-Gursky* § 892 Rn 238.
349 *Eickmann* KTS 1974, 202, 211 Fn 44.
350 *Böttcher* Rpfleger 1985, 381, 387.
351 *Böttcher* aaO; *Bock* S 97.

nach Löschung des vom VV betroffenen Rechtes die freigewordene Rangstelle erwerben kann, wodurch für den Verbotsgeschützten ein irreparabler Rangverlust entstehen kann. Um dem vorzubeugen, bedürfen Löschungen bei nicht eingetragenem VV stets des Nachweises, dass sie »voll wirksam« sind. Dem ist Genüge getan, wenn die **Zustimmung des Verbotsgeschützten** in der Form des § 29 GBO vorliegt.[352] Die Löschung ist daneben dann möglich, wenn dem Grundbuchrechtspfleger nachgewiesen wird, dass die Aufhebung dieses Rechts gemäß **§ 878 BGB** wirksam erklärt worden ist.[353] Beide Voraussetzungen des § 878 BGB, nämlich bindende Aufhebungserklärung des Berechtigten (§ 875 Abs 2 GBO) und wirksame Antragstellung beim Grundbuchamt (§ 13 GBO) müssen nebeneinander vorliegen, und zwar bevor das VV wirksam geworden ist. Ein gutgläubiger Erwerb (§ 892 BGB) durch den Vollzug der Löschung ist begrifflich ausgeschlossen.

176 **d) Sonderfall: Begründung eines Erbbaurechts bei bestehendem VV.** Der Eigentümer E eines Grundstücks bestellt für einen Dritten D ein Erbbaurecht obwohl gegen ihn ein VV besteht. Nach den bisherigen Ausführungen (vgl Rdn 168, 169) müsste der Grundbuchrechtspfleger diesen Eintragungsantrag ohne weiteres vollziehen, weil die Erbbaurechtsbestellung »schwebend wirksam« ist, dh das Grundbuch wird richtig. Gemäß § 1 Abs 4 ErbbauRG darf ein Erbbaurecht nicht unter einer auflösenden Bedingung vereinbart werden, weil im Interesse der Beleihungsfähigkeit des Erbbaurechts verhindert werden soll, dass dieses vor Ablauf der vertraglich festgelegten Laufzeit unvorhersehbar wegfällt. Bei einem VV besteht nun die Situationsgleichheit, dass der Verbotsgeschützte durch Geltendmachung seiner Rechte, dh der relativen Unwirksamkeit der Erbbaurechtsbestellung, das Erbbaurecht plötzlich zum Erlöschen bringen kann. Da der Unsicherheitsfaktor, der in der Möglichkeit der Geltendmachung der Rechte aus dem VV liegt, den gesetzgeberischen Intentionen genauso widerspricht wie ein auflösend bedingtes Erbbaurecht, ist **§ 1 Abs 4 ErbbauRG** auf die Bestellung eines Erbbaurechts trotz bestehendem VV **analog** anzuwenden.[354] Eine »schwebend wirksame« Erbbaurechtsbestellung kann daher nicht im Grundbuch vollzogen werden, vielmehr ist eine Eintragung nur dann zulässig, wenn von einer »voll wirksamen« Begründung des Erbbaurechts ausgegangen werden kann.

177 **aa) Das Verfügungsverbot ist im Grundbuch eingetragen.** Vorweg ist festzuhalten, dass das eingetragene VV dem § 10 ErbbauRG nicht entgegensteht, wonach das Erbbaurecht ausschließlich erste Rangstelle erhalten muss, weil zwischen einem dinglichen Grundstücksrecht und einem VV kein materielles Rangverhältnis iS von § 879 BGB besteht.[355] Die zur Eintragung des Erbbaurechts notwendige »volle Wirksamkeit« kann grundsätzlich eintreten durch Zustimmung des Verbotsgeschützten, gutgläubigen Erwerb, zwischenzeitlichen Wegfall des VVs oder unter den Voraussetzungen des § 878 BGB (Rdn 155–161). Wenn jedoch das VV bereits im Grundbuch eingetragen ist, scheidet ein gutgläubiger Erwerb aus (§ 892 Abs 1 S 2 BGB). Ein Eintritt der »vollen Wirksamkeit« gemäß § 878 BGB kommt ebenfalls nicht in Betracht, wenn das VV bereits eingetragen ist, und dies unter Beachtung des § 17 GBO. Denn Voraussetzung für die Anwendung des § 878 BGB ist es, dass der Antrag auf Eintragung des Erbbaurechts vor Wirksamwerden des VVs gestellt wurde; steht das VV aber bereits im Grundbuch und ist dabei gemäß § 17 GBO verfahren worden, so muss der Antrag auf Eintragung des VVs vor dem Antrag auf Eintragung des Erbbaurechts eingegangen sein; somit muss auch das VV vor dem Eingang des Eintragungsantrags für das Erbbaurecht wirksam geworden sein, sodass § 878 BGB keine Anwendung mehr finden kann. »Volle Wirksamkeit« der Erbbaurechtsbestellung kann somit nur eintreten, wenn die durch das VV Geschützten ihre **Zustimmung** dazu erklären oder das VV – trotz Eingetragenseins im Grundbuch – materiellrechtlich zwischenzeitlich weggefallen ist, dh bei Eintragung des Erbbaurechts nicht mehr besteht.[356]

178 **bb) Das Verfügungsverbot ist dem Grundbuchrechtspfleger bekannt, aber noch nicht im Grundbuch eingetragen.** Der Grundbuchrechtspfleger, der ein Erbbaurecht eintragen will, hat erfahren, dass gegen den Grundstückseigentümer ein VV besteht, ohne dass dieses bereits im Grundbuch vermerkt ist. Wegen der analogen Anwendung des § 1 Abs 4 ErbbauRG darf er die Erbbaurechtsbestellung nur vollziehen, wenn diese »voll wirksam« ist; »schwebende Wirksamkeit« reicht dagegen nicht aus. Von »voller Wirksamkeit« der Begründung des Erbbaurechts kann ausgegangen werden, wenn die **Zustimmung des Verbotsgeschützten** vorgelegt wird oder die Voraussetzungen des **§ 878 BGB** erfüllt sind. Als dritte Möglichkeit ist noch der gutgläubige Erwerb nach **§ 892 BGB** trotz bestehendem VV zu nennen. In der neueren Literatur zum Grundbuchverfahrensrecht wird es kaum noch bestritten, dass der Grundbuchrechtspfleger trotz Kenntnis einer Verfügungsentziehung eine rechtsändernde, rechtsgeschäftliche Eintragung, die sich auf § 892 stützt, vollziehen muss, wenn alle formellen und materiellen Voraussetzungen – mit Ausnahme derjenigen, die ihren Ursprung in der VE selbst haben und die mit der Eintragung geheilt werden – erfüllt sind;[357] für ein VV kann nichts anderes gelten.

---

352 *Böttcher* aaO; vgl dazu LG Hamburg Rpfleger 2006, 10 m abl Anm *Bestelmeyer* Rpfleger 2006, 121.
353 RGZ 102, 332, 338.
354 *Böttcher* Rpfleger 1985, 381, 387; *Hügel* in *Hügel*, GBO, Verfügungsbeeinträchtigungen, Rn 25; *Kohler* in *Bauer/von Oefele* AT VIII Rn 56; *Staudinger-Gursky* § 892 Rn 238; *Eickmann* GBVerfR, Rn 171.
355 *Böttcher* aaO.
356 *Böttcher* Rpfleger 1985, 381, 388.
357 Vgl Einl H Rdn 72 ff.

Dabei muss vor allem die Gutgläubigkeit des Erbbauberechtigten vorliegen, von der das Gesetz als Regel ausgeht; nur wenn durch Tatsachen begründete Zweifel an der Gutgläubigkeit bestehen oder der Beweis der Bösgläubigkeit geführt wird, darf der Grundbuchrechtspfleger die Eintragung verweigern.

§ 21 (Wegfall der Bewilligung mittelbar Betroffener)

Steht ein Recht, das durch die Eintragung betroffen wird, dem jeweiligen Eigentümer eines Grundstücks zu, so bedarf es der Bewilligung der Personen, deren Zustimmung nach § 876 Satz 2 des Bürgerlichen Gesetzbuchs zur Aufhebung des Rechts erforderlich ist, nur dann, wenn das Recht auf dem Blatt des Grundstücks vermerkt ist.

Schrifttum

Jung, Bedeutung der Vormerkung im Rahmen des § 876 S 2 BGB iVm § 21 GBO, Rpfleger 2000, 372.

I. Normzweck

1 Nach § 19 darf eine Eintragung nur auf Grund einer Bewilligung des Betroffenen erfolgen. Das ist derjenige, dessen grundbuchmäßiges Recht rechtlich im Zeitpunkt der Grundbucheintragung beeinträchtigt werden kann oder wird, dh der unmittelbar Betroffene.[1] Im Gegensatz zum Betroffensein beim Antragsrecht[2] müssen **am Bewilligungsakt auch diejenigen mitwirken, deren Rechtsstellung nur mittelbar beeinträchtigt werden kann oder wird**[3]; dies sind zB diejenigen, deren Zustimmung zur Rechtsänderung nach materiellem Recht notwendig ist (§ 876, § 880 Abs 2 S 2, § 1180 Abs 2, § 1183 BGB).

2 Zur Aufhebung eines subjektiv-dinglichen Rechtes am dienenden Grundstück ist materiellrechtlich neben der Erklärung des Berechtigten, dass er das Recht aufgebe, und der Löschung des Rechts im Grundbuch (§ 875 Abs 1 BGB) auch die **Zustimmung des Berechtigten eines am herrschenden Grundstücks lastenden Rechts** erforderlich, es sei denn, dass dessen Recht durch die Aufhebung nicht berührt wird (§ 876 S 2 BGB). Dementsprechend wäre formellrechtlich nach § 19 grundsätzlich die Bewilligung des Berechtigten des subjektiv-dinglichen Rechtes als unmittelbar Betroffenen und die Mitbewilligung des Inhabers eines am herrschenden Grundstücks lastenden Rechtes als mittelbar Betroffenen notwendig.

3 § 21 enthält nun **zur Erleichterung des Grundbuchverfahrens eine Ausnahme** vom Bewilligungsgrundsatz des § 19, indem er die sonst erforderliche Mitbewilligung des mittelbar Betroffenen fortfallen lässt, wenn ein subjektiv-dingliches Recht durch eine Eintragung betroffen wird und es am herrschenden Grundstück nicht nach § 9 vermerkt ist. Diese Vorschrift ist verfassungsrechtlich nicht unbedenklich, da sie eine Grundbuchunrichtigkeit in Kauf nimmt und die Aufhebung eines subjektiv-dinglichen Rechtes ohne Zustimmung der mittelbar davon Betroffenen zulässt. Ein Verstoß gegen Art 14 GG kann höchstens deshalb verneint werden, weil der Berechtigte eines Rechtes am herrschenden Grundstück ein eigenes Antragsrecht hat, das ihm die Eintragung des Herrschvermerkes ermöglicht (§ 9 Abs 1).[4]

II. Allgemeine Voraussetzungen

1. Subjektiv-dingliches Recht am dienenden Grundstück

4 Die Eintragung muss sich auf ein subjektiv-dingliches Recht beziehen, dh ein Recht, das dem jeweiligen Eigentümer eines anderen Grundstücks zusteht (siehe dazu § 9 Rdn 3 ff).

---

1 KEHE-*Munzig* § 19 Rn 51; *Eickmann* GBVerfR, Rn 128.
2 *Böttcher* Rpfleger 1982, 52.
3 KEHE-*Munzig* § 19 Rn 56; *Eickmann* GBVerfR, Rn 136.
4 Zur Rechtfertigung von § 21 vgl auch *Staudinger-Gursky* § 876 Rn 25; *Kössinger* in *Bauer/von Oefele* § 21 Rn 18, 19.

2. Betroffensein des subjektiv-dinglichen Rechts am dienenden Grundstück

Das subjektiv-dingliche Recht muss durch die Eintragung betroffen werden, dh **rechtlich abstrakt gesehen** 5
eine Einbuße erleiden. Wird das Recht von der Eintragung überhaupt nicht berührt oder gewinnt es durch
sie nur, so finden weder der Grundsatz des § 19 noch die Ausnahme des § 21 Anwendung. Ob die Eintragung
zum Zwecke der Rechtsänderung oder der Grundbuchberichtigung erfolgen soll, ist gleichgültig. Soweit
jedoch die Grundbuchberichtigung nicht auf Grund einer Bewilligung, sondern auf Grund des Nachweises der
Unrichtigkeit des Grundbuchs erfolgt, ist eine Zustimmung Dritter nicht erforderlich, sodass auch § 19 bzw
§ 21 keine Anwendung finden.[5]

Es kommen nicht nur die Fälle des § 876 S 2 BGB, nämlich die Aufhebung eines Rechts, sondern **alle Fälle** 6
in Betracht, in denen § 876 S 2 BGB sonst Anwendung findet:
– Aufhebung § 876 S 2 BGB
– Inhaltsänderung § 877 BGB
– Rangänderung § 880 Abs 3 BGB
– Teilung des herrschenden Grundstücks, wenn das subjektiv-dingliche Recht eine Reallast ist und eine
  Bestimmung getroffen wird, dass die Reallast nur mit einem dieser Teile verbunden sein soll (§ 1109 Abs 2
  BGB).

Bei § 1116 Abs 2, §§ 1132, 1168, 1180 BGB ist zwar § 876 BGB auch für anwendbar erklärt; da aber die 7
Anwendung des § 876 S 2 BGB **nach der Natur der Sache ausgeschlossen** ist, entfällt auch die Anwendung
des § 21.

3. Recht eines Dritten am herrschenden Grundstück

Das herrschende Grundstück muss mit dem Recht eines Dritten belastet sein (zB mit einem Grundpfandrecht, 8
Reallast). Gleichgültig ist, ob das Recht des Dritten oder das subjektiv-dingliche Recht zeitlich früher entstanden ist. Dass das Recht des Dritten eingetragen ist, ist nicht erforderlich, wenn freilich der Grundbuchrechtspfleger von dessen Bestehen keine Kenntnis hat, so kommt die Bewilligung für ihn nicht weiter in Frage.[6]

III. Grundsatz der Bewilligung des nach § 876 S 2 BGB mittelbar Betroffenen (§ 19)

Das Recht des Dritten am herrschenden Grundstück muss durch die beabsichtigte Grundbucheintragung iS des 9
§ 876 S 2 BGB betroffen, also **rechtlich beeinträchtigt** werden.[7] Wird das Recht des Dritten durch die Eintragung nicht berührt[8] oder kann es durch diese nur gewinnen, so ist die Bewilligung des Dritten nach § 19
entbehrlich und § 21 findet keine Anwendung.

Beeinträchtigt werden hiernach **Verwertungsrechte,** dh Grundpfandrechte und Reallasten, denen das herr- 10
schende Grundstück zusammen mit dem aufzugebenden subjektiv-dinglichen Recht für eine Leistung haftet;
für die Grundpfandrechte ergibt sich dies allgemein direkt aus dem Gesetz (§§ 1120, 96 BGB) und für die Reallasten in entsprechender Anwendung dieser Vorschriften; für die Grundpfandrechte auf dem herrschenden
Grundstück gegenüber subjektiv-dinglichen Reallasten auf dem dienenden Grundstück ist dies aus § 1126 BGB
zu folgern.[9] Eine Ausnahme besteht nur hinsichtlich eines subjektiv-dinglichen Vorkaufsrechts am dienenden
Grundstück, weil dieses für die Verwertungsrechte am herrschenden Grundstück keinen realen Haftungswert
hat.[10] Die Aufhebung eines Geh- und Fahrtrechtes am dienenden Grundstück beeinträchtigt die Stellung der
Grundpfandrechtsgläubiger am herrschenden Grundstück dann nicht, wenn dies im Zusammenhang mit der
Bestandteilszuschreibung des dienenden Grundstücks zum herrschenden Grundstück erfolgt.[11] Die zugeschrie-
bene Fläche darf nach wie vor vom Eigentümer des herrschenden Grundstücks begangen und befahren werden.
Dieses Recht besteht aufgrund des Eigentums.

Bei den **Nutzungsrechten** (zB Grunddienstbarkeit, Nießbrauch) auf dem herrschenden Grundstück ist die 11
Beeinträchtigung von Fall zu Fall zu beurteilen.[12] Regelmäßig werden diese Rechte nicht beeinträchtigt, es sei
denn, das subjektiv-dingliche Recht bringe für den Berechtigten des Erwerbs- bzw Nutzungsrechts zugleich

---

5 *Demharter* § 21 Rn 2.
6 *Güthe-Triebel* § 21 Bem 8.
7 BGH WarnRspr 1969 Nr 182; BayObLG DNotZ 1995, 305; BayObLGZ 1959, 520, 529; 1991, 313, 317; KEHE-*Munzig* § 21 Rn 8; *Demharter* § 21 Rn 4; *Staudinger-Gursky* § 876 Rn 20; RGRK-*Augustin* § 876 Rn 15; MüKo-*Wacke* § 876 Rn 5.
8 KEHE-*Munzig* § 19 Rn 59 ff.
9 RGZ 83, 200; KEHE-*Munzig* § 21 Rn 9; *Demharter* § 21 Rn 4; *Staudinger-Gursky* § 876 Rn 21; *Soergel-Stürner* § 876 Rn 6; MüKo-*Wacke* § 876 Rn 5; *Palandt-Bassenge* § 876 Rn 3.
10 *Staudinger-Gursky* § 876 Rn 21; KEHE-*Eickmann* § 9 Rn 7.
11 BayObLG DNotZ 1995, 305 = MittBayNot 1995, 125 = Rpfleger 1995, 151.
12 *Staudinger-Gursky* § 876 Rn 23; KEHE-*Munzig* § 21 Rn 10; *Demharter* § 21 Rn 4.

Vorteile für dessen Nutzung mit sich.[13] Entscheidend ist, ob die Fortdauer des subjektiv-dinglichen Rechts für die Verwirklichung, dh Ausübung und Durchführung, des Rechtes des Dritten am herrschenden Grundstück selbst, nicht des an seine Stelle tretenden Ersatzanspruchs, von Einfluss ist.[14] Dabei hat die entfernte Beeinträchtigungsmöglichkeit außer Betracht zu bleiben, dass das Recht des Drittberechtigten im Falle der Zwangsversteigerung des herrschenden Grundstücks sich in einen Anspruch auf den Versteigerungserlös umwandelt und dass dann für die Höhe dieses Anspruchs das Fortbestehen des subjektiv-dinglichen Rechts von Bedeutung sein kann; denn die Beeinträchtigung des Rechts des Dritten am herrschenden Grundstück muss möglich sein, wenn und solange es als solches besteht.[15]

12 **Übersicht** zur Zustimmungspflicht nach § 876 S 2 BGB, entspr *Eickmann*:[16]

Aufzuhebendes subj-dingl Recht am dienenden Grdst	Recht am herrschenden Grdst	Zust nach § 876 S 2 BGB Antrag nach § 9 Abs 1 S 2 Bew nach § 19 (Ausnahme: § 21!)
Subj-dingl Reallast; Erbbauzins; Überbau- und Notwegrente, soweit die Höhe vertragl festgelegt ist	Grundpfandrecht Reallast	Ja, wegen Bestandteilshaftung (§§ 96, 1120, 1126 BGB)
	Vorkaufsrecht	Ja, weil es sich auf Rechte iS des § 96 BGB erstreckt
	Dienstbarkeiten	Nein (ja nur bei tatsächlichem Einfluss auf Ausübung)
	Nießbrauch	Ja, weil ein Anspruch auf die Einzelleistungen als Rechtsfrüchte besteht
Grunddienstbarkeit	Grundpfandrecht Reallast	Ja, wegen Bestandteilshaftung (§§ 96, 1120, 1126 BGB)
	Vorkaufsrecht	Ja, weil es sich auf Rechte iS des § 96 BGB erstreckt
	Dienstbarkeiten	Nein (ja nur bei tatsächlichem Einfluss auf Ausübung)
	Nießbrauch	Ja, weil mein Anspruch auf die Gebrauchsvorteile besteht
Subj-dingl Vorkaufsrecht	Grundpfandrecht Reallast Vorkaufsrecht	Nein, weil kein realer Haftungswert Ja, weil durch die Möglichkeiten des doppelten Vorkaufs eine Rechtserweiterung eintritt
	Dienstbarkeiten Nießbrauch	Nein, da ohne Bedeutung für Ausübung Nein, weil nicht vom Recht erfasst

13 Ist das herrschende Grundstück mit einer **Vormerkung** belastet, bedarf es zur Aufhebung eines subjektiv-dinglichen Rechts materiellrechtlich der Zustimmung des Vormerkungsberechtigten nach § 876 S 2 BGB;[17] da ein Grundstücksbestandteil berührt wird.

14 Möglich ist auch der Fall, dass das **Recht des Dritten am herrschenden Grundstück selbst wieder belastet** ist, zB mit einem Nießbrauch oder Pfandrecht. Bei diesen Konstellationen ist keine Zustimmung gemäß § 876 S 2 BGB erforderlich, da insofern keine Beeinträchtigung für den Nießbrauch bzw das Pfandrecht am Recht des Dritten vorliegt, wenn das subjektiv-dingliche Recht aufgehoben wird.[18]

15 Als **Grundsatz** ist somit festzuhalten, dass der Berechtigte eines Rechts am herrschenden Grundstück bei der Aufhebung eines subjektiv-dinglichen Rechtes am dienenden Grundstück nur dann gemäß § 876 S 2 BGB materiellrechtlich zustimmen bzw formellrechtlich nach § 19 mitbewilligen muss, wenn sein Recht durch die beabsichtigte Grundbucheintragung beeinträchtigt wird. Der Grundsatz der Mitbewilligung gemäß § 19 wird nun durch § 21 eingeschränkt.

IV. Einschränkung des Grundsatzes: Vermerk am herrschenden Grundstück (§ 21)

16 Der soeben dargestellte Grundsatz der Mitbewilligung nach § 19 gilt nur dann, wenn das **subjektiv-dingliche Recht am herrschenden Grundstück gemäß § 9 vermerkt ist** (§ 21). Zu der Bewilligung des unmittelbar Betroffenen muss dann die Bewilligung der an dem herrschenden Grundstück dinglich Berechtigten hinzutreten.[19]

---

13 MüKo-*Wacke* § 876 Rn 5.
14 BGB-RGRK-*Augustin* § 876 Rn 15; KEHE-*Munzig* § 21 Rn 10.
15 MüKo-*Wacke* § 876 Rn 5; BGB-RGRK-*Augustin* § 876 Rn 15.
16 KEHE-*Eickmann* § 9 Rn 7.
17 *Jung* Rpfleger 2000, 372.
18 *Güthe-Triebel* § 21 Rn 8; **aA** *Kössinger* in *Bauer/von Oefele* § 21 Rn 10; *Staudinger-Gursky* § 876 Rn 18.
19 *Eickmann-Gurowski* Fall 7, Abschnitt 3 und IV.

Die Bewilligung des mittelbar Betroffenen kann nach Maßgabe der Landesgesetzgebung durch ein **Unschäd-** **17** **lichkeitszeugnis** ersetzt werden (Art 120 Abs 2 Nr 2 EGBGB); in Bayern ist maßgebend Art 15 UnschädlichkeitsG vom 15.06.1898 (BayBS III 124).[20]

Soweit die Bewilligung des mittelbar Betroffenen erforderlich ist, ist es gleichgültig, ob sie der Erklärung der **18** Beteiligten über die Aufhebung oder Änderung des Rechts vorangeht oder nachfolgt. Geht das Recht des Dritten vor der Eintragung der Rechtsänderung in andere Hände über, so darf die Eintragung bewirkt werden, auch wenn der **Rechtsnachfolger** keine neue Bewilligung erteilt.[21]

Wenn im Falle der **Zwangsversteigerung** des herrschenden Grundstücks der Ersteher vor seiner Eintragung **19** als Eigentümer die Löschung eines mit dem Eigentum an dem versteigerten Grundstück verbunden subjektivdinglichen Rechts bewilligt hat, so darf die Löschung des Rechts erst nach Vollzug des Eintragungsersuches des Versteigerungsgerichts erfolgen.[22]

V. Ausnahme vom Grundsatz: Fehlender Vermerk am herrschenden Grundstück

Vom Grundsatz der Mitbewilligung des mittelbar Betroffenen gemäß § 19 wird dann eine Ausnahme zugelas- **20** sen, wenn das **subjektiv-dingliche Recht auf dem Blatt des herrschenden Grundstücks nicht nach § 9 vermerkt** ist (Umkehrschluss aus § 21); dann ist die Bewilligung des mittelbar Betroffenen entbehrlich. Ist die Eintragung des Vermerks unterblieben, so bedarf es der Bewilligung des Dritten selbst dann nicht, wenn der Grundbuchrechtspfleger von dem Recht des Dritten Kenntnis hat. Dies gilt auch für eine Eigentumsvormerkung am herrschenden Grundstück.[23]

VI. Wirkungen

1. Verfahrensvorschrift – Grundbuchunrichtigkeit

§ 21 ist eine **verfahrensrechtliche Ausnahmevorschrift** zur Erleichterung des Grundbuchverfahrens, die sich **21** bloß auf die rein formelle Zulässigkeit der Eintragung bezieht, keinesfalls aber die im § 876 S 2 BGB aufgestellte materielle Voraussetzung der Rechtsänderung beseitigt, somit also eine Unrichtigkeit des Grundbuchs in Kauf nimmt.[24] Dies ergibt sich schon aus der Unterscheidung im Gesetzeswortlaut zwischen der »Bewilligung« und der trotzdem »erforderlichen Zustimmung nach § 876 S 2 BGB«.

Fehlt die materielle Zustimmung des »Drittberechtigten« oder ist sie nichtig oder durch Anfechtung nichtig **22** geworden, so ist die Löschung schlechthin unwirksam und das **Grundbuch unrichtig**.[25] Das gelöschte Recht bleibt bestehen trotz Aufgabeerklärung und Löschung.

Den **Grundbuchberichtigungsanspruch** aus § 894 BGB hat unstreitig der Berechtigte des Rechts am herr- **23** schenden Grundstück.[26] Strittig ist, ob dem Inhaber des gelöschten Rechts am dienenden Grundstück auch der Anspruch auf Wiedereintragung des zu Unrecht gelöschten Rechts zusteht.[27] Nach richtiger Meinung wird man dies bejahen müssen, weil man sonst dem Aufgebenden die Möglichkeit nehmen würde, von sich aus die Folgen seiner unwirksamen Verfügung rückgängig zu machen und sich so vor etwaigen Ersatzansprüchen zu schützen.

2. Berichtigung von Amts wegen

Ist der Vermerk am herrschenden Grundstück eingetragen, so ist er von Amts wegen zu berichtigen, wenn das **24** Recht geändert oder aufgehoben wird (§ 9 Abs 2).

---

20 *Röll* MittBayNot 1968, 353; zu den landesrechtlichen Bestimmungen vgl *Palandt-Bassenge* Art 120 EGBGB.
21 OLG Hamm MittRhNotK 1995, 24; *Staudinger-Gursky* § 876 Rn 34; *BGB-RGRK-Augustin* § 876 Rn 22; *Soergel-Stürner* § 876 Rn 7.
22 KG JFG 10, 199, 200; *KEHE-Munzig* § 21 Rn 12.
23 **AA** *Jung* Rpfleger 2000, 372.
24 BayObLGZ 1974, 217 = DNotZ 1975, 34; *KEHE-Munzig* § 21 Rn 13; *Demharter* § 21, Rn 3; *MüKo-Wacke* § 876 Rn 5; *Staudinger-Gursky* § 876 Rn 25.
25 BayObLGZ 1998, 156 = Rpfleger 1998, 468; *Staudinger-Gursky* § 876 Rn 46; *BGB-RGRK-Augustin* § 876 Rn 11; *MüKo-Wacke* § 876 Rn 13; *KEHE-Munzig* § 21 Rn 13; *Demharter* § 21 Rn 3; **aA** *Soergel-Stürner* § 876 Rn 6; *Wolff-Raiser* § 39 IV (Unrichtigkeit nur gegenüber dem Dritten).
26 Statt vieler: *Staudinger-Gursky* § 876 Rn 46; *KEHE-Munzig* § 21 Rn 13.
27 **Bejahend:** *Staudinger-Gursky* § 876 Rn 46; *BGB-RGRK-Augustin* § 876 Rn 11; *MüKo-Wacke* § 876 Rn 13; *Palandt-Bassenge* § 876 Rn 1; **verneinend:** *Heck* § 120; *Wolff-Raiser* § 39 IV; *Baur-Stürner* § 19 D II 3; *Wieling* § 20 I 5a bb.

VII. Verletzung des § 21

25   Die Vorschrift ist eine reine **Ordnungsvorschrift,** dessen Beachtung zu den Amtspflichten des Grundbuchrechtspflegers gehört.[28] Die Nichtbeachtung (= keine Bewilligung bei Vermerk am herrschenden Grundstück; Bewilligung ohne Vermerk am herrschenden Grundstück) hat weder die Nichtigkeit der Eintragung noch die Unrichtigkeit des Grundbuchs zur Folge.

---

28   KEHE-*Munzig* § 21 Rn 14.

§ 22 (Berichtigung des Grundbuchs)

(1) Zur Berichtigung des Grundbuchs bedarf es der Bewilligung nach § 19 nicht, wenn die Unrichtigkeit nachgewiesen wird. Dies gilt insbesondere für die Eintragung oder Löschung einer Verfügungsbeschränkung.

(2) Die Berichtigung des Grundbuchs durch Eintragung eines Eigentümers oder eines Erbbauberechtigten darf, sofern nicht der Fall des § 14 vorliegt oder die Unrichtigkeit nachgewiesen wird, nur mit Zustimmung des Eigentümers oder des Erbbauberechtigten erfolgen.

Schrifttum

Beck, Zur »verdeckten Nachverpfändung« von Grundstücken, NJW 1970, 1781; *Bertsch,* Antragsrecht des Erben auf Grundbuchberichtigung bei Testamentsvollstreckung, Rpfleger 1968, 178; *Bock,* Die Auswirkung der Konkurseröffnung und des Veräußerungsverbots nach § 106 I 3 KO auf den Grundbuchverkehr (Diss Bonn, 1980); *Böhringer,* Die Grundbuchsperre des § 22 GrEStG und ihre Ausnahmen, Rpfleger 2000, 99; *ders,* Klarstellungsvermerk zum Eintragungsvermerk bei wiederholter Auflassung, NotBZ 2004, 13; *ders,* Löschung eines Rechts wegen anfänglicher Nichtexistenz des Berechtigten, NotBZ 2007, 189; *ders,* Grundbuchberichtigung bei Umwandlungen nach dem Umwandlungsgesetz, Rpfleger 2001, 59; *ders,* »Überholende« Rechtsvorgänge zwischen Auflassung und Grundbucheintragung, RpflJB 1994, 223; *ders,* Vermeintlich bestehendes Fischereirecht eine inhaltlich unzulässige Grundbucheintragung?, BWNotZ 1984, 153; *Böttcher,* Vormundschaftsgerichtliche Genehmigungen im Grundstücksrecht, Rpfleger 1987, 485; *ders,* Zwangshypothek und Insolvenzeröffnung, NotBZ 2007, 86; *ders,* Grundbuchberichtigung beim Ausscheiden aus einer Erbengemeinschaft oder GbR, Rpfleger 2007, 437; *ders,* Die Berichtigung des Grundbuchs, RpflStud 1991, 33; *Bühler,* Kann ein Miterbe formlos aus einer Erbengemeinschaft ausscheiden BWNotZ 1987, 73; *Canaris,* Die Verdinglichung obligatorischer Rechte, FS Flume (1978) 371; *Damrau,* Testamentsvollstreckervermerk bei Gesellschaftsanteilen, BWNotZ 1990, 69; *Deimann,* Abtretung des schuldrechtlichen Eigentumsverschaffungsanspruchs vor Eintragung einer Auflassungsvormerkung, Rpfleger 2001, 583; *Demelius,* Berichtigungsklage und Löschungsklage, AcP 157, 361; *Dulckeit,* Die Verdinglichung obligatorischer Rechte (1951); *Dümig.,* Die Beseitigung einer Eintragung zugunsten eines nicht existierenden Berechtigten, ZfIR 2005, 240; *Eickmann,* Widerspruch und Grundbuchberichtigung bei Nichtigkeit nach §§ 1365, 1366 BGB, Rpfleger 1981, 213; *ders,* Die Versteigerung eines Erbanteils durch den Gerichtsvollzieher, DGVZ 1984, 65; *ders,* Die Gesellschaft bürgerlichen Rechts im Grundbuchverfahren, Rpfleger 1985, 85; *Ertl,* Alte und neue Probleme der Gemeinschaftsregelungen des WEG, DNotZ 1979, 267; *ders,* Löschung und Teillöschung einer unbefristeten Vormerkung für ein befristetes Verkaufsangebot, MittBayNot 1989, 297; *ders,* Muß zur Grundbuchberichtigung nach dem Tod eines BGB-Gesellschafters dem Grundbuchamt der Gesellschaftsvertrag vorgelegt werden? MittBayNot 1992, 11; *Felix,* Zum neuen Steuermonstrum des § 1 Abs 2a GrEStG, ZiP 1997, 10; *Fischer,* Altrechtliche Dienstbarkeiten, ein Zopf zum Abschneiden?, MittBayNot 1973, 7; *ders,* Die altrechtlichen Dienstbarkeiten in Bayern, AgarR 1975, 132; *Foog,* Der Bestandsnachweis alter Wegerechte in Bayern, RdL 1961, 145; *Furtner,* Verhältnis der grundbuchrechtlichen Rechtsbehelfe zur Klage aus dem sachenrechtlichen Anspruch, DNotZ 1963, 196; *Gärtner,* Verschmelzung von Kapitalgesellschaften und Grundstücksfragen, DB 2000, 409; *Gursky,* Zum maßgeblichen Zeitpunkt für den Verlust einer Grunddienstbarkeit durch gutgläubigen Erwerb nach § 3 Baden-Württembergischem Ausführungsgesetz zum BGB, BWNotZ 1986, 58; *Haegele,* Rechtsfragen aus dem Liegenschaftsrecht, Rpfleger 1971, 283 Abschn V; *ders,* Tod des Berechtigten im Grundbuchrecht, RpflJB 1976, 305; *Hagena,* Berichtigung des Grundbuchs durch Eintragung eines Verstorbenen?, Rpfleger 1975, 389; *Helper,* Keine Grundbuchberichtigung ohne Unbedenklichkeitsbescheinigung?, NJW 1973, 1485; *Hetz,* Löschung von Reichsmark- und Goldmarkhypotheken, deren Inhaber verstorben sind, Rpfleger 1964, 136; *Holzer,* Die Richtigstellung des Grundbuchs, 2005; *Hornung,* Löschung der nach Zuschlagserteilung »unwirksam« eingetragenen Rechte, Rpfleger 1980, 249; *Hörer,* Testamentsvollstreckervermerk bei Gesellschaftsanteilen, BWNotZ 1990, 16; *Jansen,* Zulässigkeit der Beschwerde gegen die Zurückweisung eines Grundbuchberichtigungsanspruchs, NJW 1965, 619; *Kamlah,* Altrechtliche Dienstbarkeiten, ein Zopf zum Abschneiden?, MittBayNot 1972, 221; *Keller,* Die Umsetzung der Rückschlagsperre des § 88 InsO im Grundbuchverfahren, ZiP 2000, 1324; *ders,* Insolvenzvermerk im Grundbuch bei der Gesellschaft bürgerlichen Rechts, Rpfleger 2000, 201; *ders,* Berührungspunkte zwischen Insolvenzrecht und Grundbuch, RpflStud 2002, 1; *ders,* Der Nachweis der Tatbestandsvoraussetzungen des § 88 InsO im Grundbuchverfahren, ZfIR 2006, 499; *Köbler,* Der Grundbuchberichtigungsanspruch, JuS 1982, 181; *Köstler,* Der Antrag auf Löschung einer Grundbucheintragung in der Beschwerde, JR 1987, 402; *Laiblin-Böhringer,* Genügt zur Einbuchung eines Fischereirechts lediglich die Vorlage eines Ausschlußurteils?, BWNotZ 1985, 153; *Lindemeier,* Die Belastung des Gesamthandsanteils im Grundbuch des zum Gesamthandsvermögen gehörenden Grundstücks, DNotZ 1999, 876; *Lwowski,* Verdeckte Nachverpfändung bei einer Eigentümerbriefgrundschuld, DNotZ 1979, 328; *Mai,* Die Veräußerung der streitbefangenen Sache und die Eintragung eines Rechtshängigkeitsvermerks im Grundbuch, BWNotZ 2003, 108; *Maier,* Die Richtigstellung versehentlich fehlerhafter Grundbucheinträge, WürttNV 1951, 85; *Mayer,* Die lastenfreie Abschreibung einer Teilfläche von Forstrechten, MittBayNot 1993, 333; *Medicus,* Das Anwartschaftsrecht des Auflassungsempfängers, DNotZ 1990, 275; *Mende,* Zur Frage der Übertragbarkeit und Pfändbarkeit des Berichtigungsanspruchs, Jher Jahrb 70, 151; *Meyer,* Das Pfandrecht an Gesellschaftsanteilen einer Grundstücks-GbR in der Insolvenz des Gesellschafters, ZfIR 2004, 763; *Mühl,* Treu und Glauben im Sachenrecht, NJW 1956, 1657; *von Olshausen,* Der genarrte Vorkaufsberechtigte – Begriffsjuristisches vom V. Zivilsenat des BGH, NJW 2000, 2872; *ders,* Die Beerbung des Vorkaufsverpflichteten durch den Vorkaufsberechtigten, NotBZ 2000, 205; *Opitz,* § 1026 BGB: Selten Ausweg, nie Schleichweg!, Rpfleger 2000, 367; *Otte,* Die Beschwerde gegen die Zurückweisung eines Berichtigungsantrags nach § 22 GBO, NJW 1964, 634; *Pohle,* Der materiellrechtliche und prozessuale Verzicht auf den Grundbuchberichtigungsanspruch, JZ 1956, 63; *Promberger,* Notarielle »Bescheinigungen« über Registereintragungen, Rpfleger 1977, 355; *Rahn,* Die »Dinglichkeit« des Heimfallanspruchs und der sonstigen zum Inhalt des Erbbaurechts bestimmten Verpflichtungen des Erbbauberechtigten, BWNotZ 1961, 53; *Riedel,* Über den Beweis altrechtlicher Grunddienstbarkeiten, RdL 1952, 32; *Ritzinger,* Wesen und Bedeutung von Vereinbarungen zwischen Wohnungseigentümern, BWNotZ 1981, 153; *Schilling,* Auflassungsvormer-

kung bei formnichtigen Grundstückskaufvertrag, DNotZ 1958, 573; *Schneider,* Zur Antragsbefugnis und zu den Eintragungsunterlagen im Grundbuchberichtigungsverfahren bei angeordneter Testamentsvollstreckung, MittRhNotK 2000, 283; *Schu-*
macher, Altrechtliche Anteile im Grundbuch, BWNotZ 1988, 143; *Seufert,* Die Auflassungsvormerkung bei formnichtigen
Kaufvertrag, JR 1959, 169; *Staudenmaier,* Auflösend bedingte Erbteilsübertragung und Grundbuchberichtigung, BWNotZ
1959, 191; *Stöber,* Grundbucheintragung der Erben nach Pfändung eines Miterbenanteils, Rpfleger 1976, 197; *Tamm,* Zur
Frage des Bestehenbleibens einer Grunddienstbarkeit bei Versteigerung eines Miteigentumsanteils am dienenden Grundstück, BWNotZ 1965, 20; *Taupitz,* Rechtsprobleme der teilweisen Unrichtigkeit des Grundbuchs, WM 1983, 1150; *Wacke,*
»Vom Pech, eine gute Erbschaft zu machen« oder Die Ausschaltung des Zufalls als Maxime der Gerechtigkeit, DNotZ 2001,
302; *Weber,* Grundbuchberichtigungen ohne Unbedenklichkeitsbescheinigung, NJW 1973, 2015 und 1981, 1940; *Weimar,*
Der dingliche und schuldrechtliche Berichtigungsanspruch, MDR 1959, 631; *Weiß,* Beschränkte Erinnerung gegen Eintra-
gungen im Grundbuch, DnotZ 1985, 524; *Weitnauer,* Verdingliche Schuldverhältnisse, FS Larenz (1983) 705; *Wenz,* Die
Gesellschaft bürgerlichen Rechts im Grundstücksverkehr, MittRhNotR 1996, 377; *Westermann,* Verdeckte Nachverpfändung
von Grundstücken, NJW 1970, 1023; *Winkler,* Verfügungen des bedingten Grundstückseigentümers, MittBayNot 1978, 1;
Wolff, Zulässigkeit der beschränkten Erinnerung gegen Eintragungen im Grundbuch, Rpfleger 1984, 385; *Zimmermann,*
Rechtsnachfolge bei der Personengesellschaft und ihr Nachweis gegenüber dem Grundbuchamt, BWNotZ 1995, 73.

Übersicht

Böttcher

I. Normzweck

Stimmt der Grundbuchinhalt mit der materiellen Rechtslage nicht überein, so liegt eine Grundbuchunrichtigkeit vor. Dies bedeutet für den wahren Berechtigten infolge des öffentlichen Glaubens des Grundbuchs eine Gefahr. Um dieser Gefahr zu entgegnen, hat der Berechtigte folgende Möglichkeiten[1] :
- materiellrechtlicher Berichtigungsanspruch (§ 894 BGB);
- Eintragung eines Widerspruchs (§ 899 BGB);
- formellrechtliche Grundbuchberichtigung (§ 22);
- Anregung der Eintragung eines Amtswiderspruchs (§ 53).

In § 22 werden die formellrechtlichen Voraussetzungen für Eintragungen zwecks Grundbuchberichtigung bestimmt. Auch für diese Eintragungen gilt das formelle Konsensprinzip, sie erfolgen auf Grund der Bewilligung desjenigen, dessen Recht von der Eintragung betroffen wird nämlich der **Berichtigungsbewilligung** (§ 19). Um jedoch den Rechtsverkehr nicht zu sehr zu erschweren, insbesondere wenn der ursprüngliche richtige Inhalt des Grundbuchs durch Rechtsänderungen, die sich außerhalb des Grundbuchs vollziehen, nachträglich unrichtig wird, lässt § 22 Abs 1 eine Berichtigung des Grundbuchs ohne Bewilligung des Betroffenen auch dann zu, wenn die **Unrichtigkeit des Grundbuchs nachgewiesen** wird.[2] Ausnahmen von § 22 Abs 1 sind geregelt in §§ 22 Abs 2, 23, 24, 25, 26 und 27.

II. Grundbuchunrichtigkeit

1. Begriff

Wann das Grundbuch unrichtig ist, lässt sich § 894 BGB entnehmen. Danach versteht man unter einer Grundbuchunrichtigkeit das **Auseinanderfallen von Grundbuchinhalt und materieller Rechtslage**; diese Divergenz kann sich auf ein Recht am Grundstück (= Eigentum oder beschränkt dingliches Recht), auf ein Recht an einem solchen Recht (= Pfandrecht oder Nießbrauch) oder auf eine Verfügungsbeeinträchtigung beziehen, wie sich aus § 894 BGB ergibt.[3] Die Unrichtigkeit des Grundbuchs bezieht sich grundsätzlich nur auf die dingliche Rechtslage; sie kommt daher nicht in Betracht bei Angaben rein tatsächlicher Art, bei inhaltlich unzulässigen Eintragungen, bei Schreibversehen und anderen offensichtlichen Versehen und bei bloßer Berichtigung der Bezeichnung eines Berechtigten.[4] Zu beachten ist, dass das zunächst unrichtige Grundbuch durch gutgläubigen Erwerb (§ 892 BGB) oder, wenn ein Recht an einem fremden Grundstück zu Unrecht gelöscht wurde, infolge Verjährung (§ 901 BGB) richtig werden kann.[5] Wenn lediglich das schuldrechtliche Kausalgeschäft fehlt, die Grundbucheintragung jedoch auf einem wirksamen dinglichen Erfüllungsgeschäft beruht, liegt keine Grundbuchunrichtigkeit vor; in diesen Fällen ist kein Berichtigungsanspruch aus § 894 BGB gegeben, sondern nur ein schuldrechtlicher Anspruch auf Änderung der dinglichen Rechtslage (aus § 812 BGB wegen ungerechtfertigter Bereicherung).[6]

Das Grundbuch ist unrichtig, wenn sein Inhalt in Ansehung eines **dinglichen Rechts** an einem Grundstück oder an einem Grundstücksrecht mit der wirklichen (materiellen) Rechtslage nicht in Einklang steht, dem wahren Berechtigten daher ein Anspruch nach § 894 BGB zusteht.[7] Ein dingliches Recht entsteht durch Einigung des Berechtigten und des anderen Teils über den Eintritt der Rechtsänderung und durch Eintragung der Rechtsänderung in das Grundbuch (§ 873 Abs 1 BGB); wenn eine entsprechende Einigung vorliegt, es aber an einer diesbezüglichen Eintragung fehlt, ist ein dingliches Recht nicht entstanden und das Grundbuch deshalb auch nicht unrichtig.[8]

Steht das Grundbuch bezüglich einer eintragungsfähigen **Verfügungsbeeinträchtigung**[9] iS des § 892 Abs 1 BGB mit der materiellen Rechtslage nicht im Einklang, ist das Grundbuch unrichtig, wie § 894 BGB ausdrücklich bestimmt.[10] In Frage kommen die Verfügungsentziehungen (= Insolvenzeröffnung, Nachlassverwaltung, Testamentsvollstreckung), die Verfügungsbeschränkungen der §§ 12, 35 WEG und § 5 ErbbauRG, die Verfügungsverbote (= § 23 ZVG; §§ 935, 938 ZPO; §§ 829, 857 ZPO) sowie die Anordnung der Nacherbfolge als Verfügungsbeeinträchtigung sui generis.

1 KEHE-*Dümig* § 22 Rn 2.
2 *Demharter* § 22 Rn 1; *Bengel/Simmerding* § 22 Rn 2.
3 BGHZ 60, 46, 50; RGZ 51, 417, 420; 54, 85, 86; BayObLGZ 1959, 223, 226; 1971, 307, 310; KEHE-*Munzig* § 22 Rn 7; *Demharter* § 22 Rn 4; *Baur-Stürner* Sachenrecht, § 18 A II; *Böttcher* RpflStud 1991, 33; MüKo-*Wacke* § 894 Rn 4.
4 *Güthe-Triebel* § 22 Rn 3; *Weimar* MDR 1959, 631.
5 *Demharter* § 22 Rn 4.
6 *Böttcher* RpflStud 1991, 33.
7 *Demharter* § 22 Rn 4.
8 BayObLG Rpfleger 1980, 476; KG JW 1935, 712; MüKo-*Wacke* § 894 Rn 7.
9 Vgl dazu *Böttcher* Rpfleger 1983, 49, 54.
10 *Demharter* § 22 Rn 4; *Baur-Stürner* Sachenrecht, § 18 A II.

5 Das Grundbuch ist unrichtig, wenn es bezüglich einer **Vormerkung** (§ 883 BGB) mit der materiellen Rechtslage nicht in Einklang steht; auch wenn die Vormerkung kein dingliches Recht darstellt, so ist sie doch ein Sicherungsmittel des materiellen Sachenrechts mit eine Reihe von dinglichen Wirkungen (zB Rangwirkung § 883 Abs 3 BGB), weshalb auch § 22 Anwendung findet.[11] Die Eintragung eines Widerspruchs ist in diesem Fall nur zulässig, als die Vormerkung einen Rechtserwerb auf Grund des öffentlichen Glaubens des Grundbuchs ermöglicht.[12] Nicht um eine Grundbuchunrichtigkeit, sondern um eine inhaltlich unzulässige Eintragung einer Vormerkung (§ 53 Abs 1 S 2) handelt es sich, wenn sie für einen nicht vormerkungsfähigen Anspruch oder für einen künftigen, aber mangels der erforderlichen festen Rechtsgrundlage nicht vormerkbaren Anspruch bestellt ist oder wenn dem Eintragungsvermerk ein wesentliches Erfordernis fehlt; die Vormerkung ist von Amts wegen zu löschen.[13]

6 Das Grundbuch ist unrichtig, wenn es bezüglich eines **Widerspruchs** (§ 899 BGB) mit der materiellen Rechtslage nicht in Einklang steht, sodass § 22 in diesem Fall Anwendung findet.[14] Auch der Widerspruch ist ein Sicherungsmittel eigener Art, er stellt eine Beschränkung iS des § 894 BGB dar. Der Buchberechtigte des vom Widerspruch betroffenen Rechts ist beeinträchtigt, weil bei Eintragungen im Anschluss an einen Widerspruch sehr gewissenhaft zu prüfen ist, ob die Vermutungswirkung des § 891 BGB noch gilt; das Grundbuchamt ist dann uU daran gehindert, entgegenstehende Verfügungen zu vollziehen. Keine Grundbuchunrichtigkeit, sondern eine inhaltlich unzulässige Eintragung eines Widerspruchs (§ 53 Abs 1 S 2) liegt vor, wenn dem Eintragungsvermerk ein wesentliches Erfordernis fehlt oder der Widerspruch seinen Zweck der Verhinderung eines gutgläubigen Erwerbs nicht erfüllen kann; der Widerspruch ist von Amts wegen zu löschen zB wenn der Widerspruch sich gegen eine Verfügungsbeeinträchtigung oder gegen eine auf Grund einstweiliger Verfügung eingetragene Vormerkung richtet, weil sie keinem gutgläubigen Erwerb zugänglich sind.[15]

7 Im Immobiliarsachenrecht gibt es Schuldverhältnisse, die mit dinglichen Rechten verknüpft werden.[16] Bei diesen Rechten müssen die »dinglichen« und die **»verdinglichten« Rechtsbeziehungen** wegen ihrer unterschiedlichen Wirkungen rechtlich getrennt behandelt werden.[17] Gesetzliche Schuldverhältnisse im Grundstücksrecht bestehen zwischen dem Eigentümer des belasteten Grundstücks und dem Inhaber eines beschränkt dinglichen Rechts (zB bei Dienstbarkeiten: §§ 1020–1023 BGB; bei Reallast: § 1108 BGB; bei Hypothek: §§ 1133–1135 BGB);[18] Abänderungen dieses gesetzlichen Inhalts können zum Zwecke ihrer Verdinglichung im Grundbuch eingetragen werden.[19] Vertragliche Schuldverhältnisse im Sachenrecht können durch Eintragung als »Inhalt des Sondereigentums« (§ 10 Abs 3 WEG), »Inhalt des Erbbaurechts« (§ 2 ErbbauRG), »Inhalt des Dauerwohnrechts« (§ 33 Abs 4 WEG) und »Belastung des Miteigentumsanteils« (§ 1010 Abs 1 BGB) verdinglichte Wirkung erhalten.[20] Diese verdinglichten Regelungen werden durch die Grundbucheintragung keine dinglichen Rechte.[21] Die Verdinglichungswirkung besteht darin, dass ein Rechtsnachfolger in das mit dem dinglichen Recht verknüpfte Schuldverhältnis allein mit dem Rechtserwerb eintritt, selbst wenn er es nicht kennt; ein verdinglichtes Rechtsverhältnis wirkt somit nur für und gegen den Rechtsnachfolger, während ein dingliches Recht absolut gegen jeden Dritten wirkt.[22] Ob für diese verdinglichten Rechtsbeziehungen auch die materiellen Vorschriften des Grundstücksrechts (§§ 873 ff BGB) und die formellen Normen der GBO Anwendung finden, insbesondere § 894 BGB und § 22 GBO, ist noch ungeklärt und umstritten.[23] Mit *Ertl* haben sich nach dem »Grundsatz der Trennung von Schuld- und Sachenrecht« die Entstehung, Änderung und Aufhebung von Regelungen über das Schuldverhältnis nach dem Schuldrecht zu richten; die Verdinglichung der wirksam getroffenen schuldrechtlichen Regelungen erfolgt nach dem Sachenrecht durch Grundbucheintragung.[24] Wenn danach die eingetragene Rechtslage mit der wirklichen materiellen Rechtslage nicht übereinstimmt, so ist § 22 analog anzuwenden, selbst wenn keine Unrichtigkeit gemäß § 894 BGB vorliegt.[25] Das Prinzip der Trennung

---

11 RGZ 163, 62, 63; BayObLGZ 1959, 223, 226; 1969, 258, 260; Rpfleger 1972, 16; 1980, 278; DNotZ 1988, 157; DNotZ 1989, 363; OLG Frankfurt MittRhNotK 1993, 288; KG Rpfleger 1969, 49; *Demharter* § 22 Rn 4; *Baur-Stürner* Sachenrecht, § 18 A II; *Böttcher* RpflStud 1991, 33; MüKo-*Wacke* § 894 Rn 10; *Staudinger-Gursky* § 894 Rn 41.
12 BGHZ 25, 16 = Rpfleger 1958, 310; KG NJW 1977, 1694.
13 KEHE-*Dümig* § 22 Rn 55.
14 BGHZ 25, 16; 51, 50; RGZ 132, 424; KG DNotZ 1981, 394; RGRK-*Augustin* § 894 Rn 10; MüKo-*Wacke* § 894 Rn 10; *Demharter* § 22 Rn 4; *Baur-Stürner* Sachenrecht, § 18 A II, *Eickmann* GBVerfR, Rn 373; *Böttcher* RpflStud 1991, 33; *Staudinger-Gursky* § 894 Rn 41.
15 *Eickmann* GBVerfR, Rn 373; *Böttcher* RpflStud 1991, 33.
16 Vgl dazu *Staudinger-Ertl* BGB, 12. Aufl. Vorbem 42 ff zu § 873.
17 KEHE-*Dümig* § 22 Rn 50.
18 *Staudinger-Ertl* BGB, 12. Aufl. Vorbem 42 zu § 873.
19 *Staudinger-Ertl* BGB, 12. Aufl. Vorbem 43 zu § 873.
20 *Staudinger-Ertl* BGB, 12. Aufl. Vorbem 42, 43 zu § 873.
21 KEHE-*Dümig* § 22 Rn 51 mwN.
22 *Staudinger-Ertl* BGB, 12. Aufl. Vorbem 44 zu § 873 mwN.
23 Vgl *Staudinger-Ertl* BGB, 12. Aufl. Vorbem 42 ff zu § 873.
24 *Staudinger-Ertl* BGB, 12. Aufl. Vorbem 44 zu § 873.
25 KEHE-*Dümig* § 22 Rn 53.

von Schuld- und Sachenrecht schließt nur die unmittelbare Anwendbarkeit der Normen des Grundstücksrechts aus, nicht aber die Analogie aus begründetem Anlass.

2. Arten

Die Unrichtigkeit des Grundbuchs kann eine **ursprüngliche** oder **nachträgliche** sein, je nachdem, ob das **8** Recht von Anfang an unrichtig eingetragen wurde oder ob es nachträglich eine außerhalb des Grundbuchs wirksam gewordene Veränderung erfahren hat. Bei von Anfang an unrichtigen Eintragungen spricht man von einer Unrichtigkeit im engeren Sinne, bei Eintragungen, die nachträglich außerhalb des Grundbuchs unrichtig geworden sind, von Unvollständigkeit.[26] § 22 gilt grundsätzlich für beide Arten der Unrichtigkeit, ist jedoch ausnahmsweise nicht anwendbar, wenn das Grundbuchamt die ihm bekannte Rechtslage unrichtig beurteilt hat.[27] § 53 ist im Gegensatz zu § 22 nur auf die ursprüngliche Unrichtigkeit anzuwenden.[28]

3. Ursachen

a) Unrichtigkeit bei Grundbucheintragung (= ursprüngliche Unrichtigkeit). aa) Divergenz von Willenselement und Grundbucheintragung. Die inhaltliche Übereinstimmung von Willenselement (= dingli- **9** che Einigung, Aufhebungserklärung usw) und Grundbucheintragung ist ein Erfordernis für den Eintritt der dinglichen Rechtsänderung.[29] Diese Voraussetzung liegt nicht vor, wenn die gewollte Rechtsänderung nicht eingetragen wird oder wenn der Inhalt der Eintragung nicht dem Willenselement entspricht; in diesen Fällen tritt materiell keine Rechtsänderung ein, das Grundbuch wird mit der Eintragung unrichtig (zum Unrichtigkeitsnachweis vgl Rdn 119).

Sind die Grundbucheintragung und das Willenselement inhaltlich völlig verschieden, so ist materiell- **10** rechtlich keine Rechtsänderung möglich; die dem Willenselement entsprechende Rechtsänderung kann nicht eintreten, weil sie nicht eingetragen ist, und die eingetragene Rechtsänderung nicht, weil sie nicht gewollt ist. Das Grundbuch ist daher in vollem Umfang unrichtig.[30] Beispiele: Gewollt ist ein Wohnungsrecht nach § 1093 BGB, eingetragen wurde ein Dauerwohnrecht nach § 31 WEG. Gewollt ist eine beschränkte persönliche Dienstbarkeit, eingetragen wurde eine Grunddienstbarkeit.

Stimmen die Grundbucheintragung und das Willenselement hinsichtlich des Berechtigten nicht **11** **überein,** so ist das Grundbuch wegen Eintragung des falschen Berechtigten völlig unrichtig.[31] Beispiele: Gewollt ist ein Altenteil für beide übergebende Ehegatten, eingetragen wurde es für das übernehmende Ehepaar; gewollt ist eine Reallast für die Mutter, eingetragen wurde sie für die gleichnamige Tochter. Dies gilt nicht nur, wenn der Berechtigte im Eintragungstext namentlich bezeichnet wird (zB Robert Zander anstelle Manfred Schober), sondern auch dann, wenn dies durch die Angabe einer Parzellennummer erfolgt (zB Berechtigter von Flst 343 statt 348). Eine unterschiedliche Behandlung wäre durch nichts zu rechtfertigen. Eine Richtigstellung des Eintragungsvermerks aufgrund von Angaben in der Eintragungsbewilligung und im Katasterkartenwerk und der tatsächlichen Verhältnisse kommt nicht in Betracht; das GB muss berichtigt werden.[32]

Stimmen die Grundbucheintragung und das Willenselement hinsichtlich des Grundstückes nicht **12** **überein,** so ist das Grundbuch wegen des falschen Belastungsobjekts völlig unrichtig.[33] Will zB K das Eigentum am Grundstück FlNr 100 von V erwerben, wird jedoch versehentlich im Kaufvertrag und in der Auflassung das Grundstück FlNr 200 genannt und letzteres auch im Grundbuch vollzogen, so gilt:[34] Kaufvertrag und Auflassung sind wirksam, und zwar mit dem beiderseits gewollten Inhalt (= FlNr 100) und nicht mit dem fehlerhaft erklärten Inhalt (= FlNr 200), denn es lag ja eine Willensübereinstimmung zwischen den Beteiligten vor (falsa demonstratio non nocet); mit der Eintragung des K als Eigentümer von FlNr 200 wurde das Grundbuch

---

26 *Demharter* § 22 Rn 6; *Böttcher* RpflStud 1991, 33; *Bengel/Simmerding* § 22 Rn 4; *Staudinger-Gursky* § 894 Rn 24.
27 RGZ 55, 404; BayObLGZ 28, 202; *Demharter* § 22 Rn 6.
28 KG OLGZ 1965, 69 = DNotZ 1965, 683 = Rpfleger 1965, 232; OLG Stuttgart DNotZ 1961, 94 = Rpfleger 1960, 388.
29 BGH NJW 1952, 622; RGZ 106, 113; *Böttcher* RpflStud 1991, 33.
30 RGZ 70, 356; 106, 113; 108, 146; 123, 170; 139, 129; RGRK-*Augustin* § 873 Rn 102; *Demharter* § 22 Rn 7; *Böttcher* RpflStud 1991, 33.
31 RG DNotV 1932, 721, 722; KG KGJ 39, 178; *Demharter* § 22 Rn 7; *Böttcher* RpflStud 1991, 33, 34.
32 BGH BGHZ 123, 297 = NJW 1994, 3197 = Rpfleger 1994, 157 = DNotZ 1994, 230 = MittBayNot 1994, 35; BayObLG MittBayNot 1992, 333; DNotZ 1997, 335 = MittRhNotK 1996, 55; OLG Zweibrücken NJW-RR 1989, 1100; *Demharter* § 22 Rn 26 und Rpfleger 1987, 497; *Böttcher* RpflStud 1991, 33, 34. **AA** OLG Düsseldorf Rpfleger 1987, 496 = DNotZ 1988, 122 mit dem Hinweis, dass der wahre Berechtigte aus der in Bezug genommenen Eintragungsbewilligung (§ 874 BGB) erkennbar ist, der Berechtigte muss jedoch immer direkt aus dem Grundbuchtext ersichtlich sein.
33 KEHE-*Dümig* § 22 Rn 27.
34 BGH NJW 1983, 1610; RGZ 133, 279, 281; OLG Nürnberg DNotZ 1966, 542; LG Köln MittRhNotK 1988, 256; *Böttcher* RpflStud 1991, 33, 34; RGRK-*Augustin* § 873 Rn 104; *Taupitz* WM 1983, 1150.

unrichtig, denn Eigentümer von FlNr 200 ist er nicht geworden, weil die Einigung sich nicht darauf bezog, und Eigentümer von FlNr 100 ist er nicht geworden, weil dies nicht eingetragen worden ist. Werden dienendes und herrschendes Grundstück eines subjektiv-dinglichen Rechts (zB Grunddienstbarkeit) verwechselt, so liegt eine wirksame Einigung über die Bestellung am »richtigen« Grundstück vor; die Eintragung beim »falschen« Grundstück ist unrichtig.[35] Das Recht entsteht erst mit der Eintragung auf dem »richtigen« Grundstück.

13   Da Grundbucheintragung und Willensmoment grundsätzlich übereinstimmen müssen, würde an sich jede Abweichung voneinander bei der strikten Anwendung des Grundsatzes dazu führen, dass überhaupt keine Rechtsänderung eintritt. Dies erscheint aber zu rigoros, denn erstens soll durch die Eintragung der Rang gewahrt bleiben, und zweitens liegt es den Beteiligten auch daran, dass überhaupt ein Recht entsteht, weil in der Konsequenz oft nur ein geringer Unterschied besteht (zB Briefhypothek zu Buchhypothek). Daher wurden folgende Ausnahmen entwickelt:

14   **Geht die Grundbucheintragung über das Willenselement hinaus,** so ist die Rechtsänderung mit dem gewollten Inhalt materiellrechtlich wirksam eingetreten, bezüglich des darüber hinausgehenden Teiles der Eintragung ist das Grundbuch unrichtig.[36] Wurde zB statt der gewollten Grundschuld von 50000,- EURO ein Kapitalbetrag von 150000,- EURO eingetragen, so ist materiellrechtlich die Grundschuld nur in Höhe von 50000,- EURO entstanden, in Höhe von 100000,- EURO ist das Grundbuch unrichtig. Wurde zB bei einer Grundschuld von 44000,- EURO eine Löschungserklärung über 14000,- EURO abgegeben, im Grundbuch aber eine Löschung über die gesamten 44000,- EURO vorgenommen, so ist das Recht materiellrechtlich nur in Höhe von 14000,- EURO erloschen, im Übrigen ist es zwar formellrechtlich gelöscht, aber materiellrechtlich nicht erloschen; das Grundbuch ist hinsichtlich der Löschung von 30000,- EURO unrichtig. Haben sich die Parteien über die Bestellung einer Briefhypothek geeinigt, wird dann aber versehentlich eine Buchhypothek eingetragen, so entsteht eine Briefhypothek als das Minus gegenüber dem eingetragenen Recht.[37] Die Hypothek ist vorläufig eine Eigentümergrundschuld (§ 1163 Abs 2; § 1177 Abs 1 BGB), es sei denn, es liegt eine Aushändigungsabrede gemäß § 1117 Abs 2 BGB vor.[38] Hat zB das Grundbuchamt bei der Bestellung eines bedingten oder befristeten Rechts die Eintragung ohne den erforderlichen Vermerk über die Bedingung oder Befristung vorgenommen, so ist ein bedingtes bzw befristetes Recht entstanden, da nur insoweit die erforderliche Einigung vorliegt und die Eintragung weitergehend ein unbeschränktes Recht enthält; hinsichtlich der fehlenden Bedingung bzw Befristung ist das Grundbuch teilunrichtig.[39] Weitere Beispiele: Gewollt ist eine Reallast am Grundstück A, eingetragen ist das Recht an den Grundstücken A und B; materiellrechtlich nur an A entstanden, Reallast am Grundstück B ist unrichtig. Gewollt ist eine Sicherungshypothek, eingetragen ist eine Verkehrshypothek; materiellrechtlich ist die mindere Sicherungshypothek entstanden, hinsichtlich dem weiteren Inhalt des Vollrechts der Verkehrshypothek ist das Grundbuch unrichtig.[40]

15   **Bleibt die Grundbucheintragung hinter dem Willenselement zurück,** so ist nach § 139 BGB darüber zu entscheiden, ob die mit einem zu geringen Inhalt eingetragene Rechtsänderung wirksam geworden ist oder nicht; idR ist davon auszugehen, dass das Willenselement über die volle Rechtsänderung auch den Willen über die teilweise Rechtsänderung umfasst, sodass sich zumindest insoweit die dingliche Rechtslage materiellrechtlich geändert hat; für den darüber hinausgehenden Teil ist das Grundbuch nicht unrichtig. Vielmehr ist nur die dem vollen Willenselement entsprechende Grundbucheintragung noch nicht erfolgt und muss noch durchgeführt werden.[41] Ist die Eintragung einer Verkehrshypothek gewollt, versehentlich aber eine Sicherungshypothek (§ 1184 BGB) eingetragen worden, so ist die Sicherungshypothek als das mindere Recht (§ 1185 BGB) gegenüber dem gewollten Vollrecht der gewöhnlichen Verkehrshypothek (§§ 1113, 1138, 1141, 1156 BGB) wirksam begründet, denn die Beteiligten waren für alle Fälle über den jeder Hypothek eigenen Inhalt nach § 1113 Abs 1 BGB einig.[42] Haben sich die Parteien über eine Buchhypothek geeinigt, aber hat das GBA eine Briefhypothek eingetragen, so entsteht eine Briefhypothek,[43] wobei die Ausschlussklausel nach § 1116 Abs 2 BGB in eine Aushändigungsabrede gemäß § 1117 Abs 2 BGB umzudeuten ist. Ist ein unbedingtes (unbefristetes) Recht

---

35 BayObLG Rpfleger 2005, 21 = MittBayNot 2005, 41.

36 BGH DNotZ 1966, 172; BGB-RGRK-*Augustin* § 873 Rn 102; *Güthe-Triebel* § 22 Rn 3; *Demharter* § 22 Rn 7; *Böttcher* RpflStud 1991, 33, 34.

37 MüKo-*Eickmann* § 1116 Rn 28; *Wilhelm* Sachenrecht, Rn 780.

38 BayObLG Rpfleger 1987, 363; BGB-RGRK-*Räfle* § 1117 Rn 16.

39 RGZ 106, 113; BGH NJW 1990, 112, 114; BayObLG MittBayNot 1998, 256; LG Bielefeld Rpfleger 1999, 22; OLG Karlsruhe, DNotZ 1968, 432, 434; LG Mannheim BWNotZ 1984, 22; *Demharter* § 22 Rn 7; *Böttcher* RpflStud 1991, 33, 34; BGB-RGRK-*Augustin* § 873 Rn 103.

40 *Güthe-Triebel* Vorbem 87 zum 1. Abschnitt; *Heck* § 98, 3; *O. v. Gierke* II § 163 Fn 3; *Böttcher* RpflStud 1991, 33, 34; **aA** MüKo-*Eickmann* § 1184 Rn 16.

41 RGZ 53, 375; 108, 149; 123, 171; BayObLG DNotZ 1988, 167, 168; *Demharter* § 22 Rn 7; BGB-RGRK-*Augustin* § 873 Rn 102; *Güthe-Triebel* § 22 Rn 3.

42 RGZ 123, 169; BGB-RGRK-*Augustin* § 873 Rn 103; *Palandt-Bassenge* § 1184 Rn 6; MüKo-*Eickmann* § 1184 Rn 16; *Demharter* § 22 Rn 7; *Böttcher* RpflStud 1991, 33, 34.

43 MüKo-*Eickmann* § 1116 Rn 30; *Wilhelm* Sachenrecht, Rn 780.

gewollt, aber ein bedingtes (befristetes) Recht eingetragen worden, dann ist das eingetragene bedingte (befristete) Recht wirksam entstanden, wenn anzunehmen ist, dass sich die Beteiligten auf jeden Fall darüber einig waren; hinsichtlich der nicht gewollten Bedingung (Befristung) ist zu beachten, dass der noch nicht vollzogene Antrag auf Eintragung eines unbedingten (unbefristeten) Rechts noch bearbeitet werden muss.[44] Weitere Beispiele: Gewollt ist eine Grundschuld zu 100000,- EURO, eingetragen ist eine Grundschuld zu 90000,- EURO. Gewollt ist ein Verfügungsverbot, eingetragen ist ein Belastungsverbot. Gewollt ist eine Löschung iHv 80000,- EURO, eingetragen ist eine Löschung iHv 50000,- EURO. Gewollt ist eine Reallast an den Grundstücken A und B, eingetragen ist das Recht nur am Grundstück A.

bb) Fehlen, Wegfall oder fehlerhaftes Vorliegen von materiellrechtlichen Voraussetzungen. Die **16** Unrichtigkeit des Grundbuchs kann bei **rechtsändernden Eintragungen** ihren Grund darin haben, dass das zur Rechtsänderung erforderliche Willenselement (zB Einigung §§ 873, 877 BGB; einseitige Erklärung § 1196 BGB) völlig fehlt, nachträglich zB wegen Anfechtung wegfällt (§§ 119 ff BGB)[45] oder unwirksam ist wegen nicht vorliegender Rechtsfähigkeit (§ 1 BGB), Geschäftsunfähigkeit (§§ 104 ff BGB), mangelnder Verfügungsberechtigung (zB Insolvenz, geheimen Vorbehalt (§ 116 BGB), Scheingeschäft (§ 117 BGB), nicht ernst gemeinten Erklärungen (§ 118 BGB), Formmangel (§ 125 BGB), Verstoß gegen ein Verbotsgesetz (§ 134 BGB), Verstoß gegen die guten Sitten und Wucher (§ 138 BGB), fehlender Vertretungsmacht (§§ 164 ff BGB) oder nicht zulässigen Insichgeschäft (§ 181 BGB).[46] Bei der wegen § 19 möglichen Eintragung eines Rechtes für einen nicht existierenden Berechtigten fehlt es an der dinglichen Einigung nach § 873 BGB, so dass das GB unrichtig ist[47] (vgl Rdn 117 aE, 120). Wenn die dingliche Einigung der Grundbucheintragung nachfolgt, so bedarf es außer der Wirksamkeit und Übereinstimmung von Eintragung und Einigung weder einer Neueintragung noch eines zusätzlichen Erfordernisses zum Eintritt der dinglichen Rechtsänderung; eventuell empfiehlt sich ein Klarstellungsvermerk in Abt I Spalte 4 auf die neue formelle Eintragungsgrundlage.[48] Des Weiteren wird das Grundbuch unrichtig, wenn die materiellrechtlich erforderliche Zustimmung Dritter fehlt, zB bei der Inhaltsänderung dinglicher Rechte (§§ 877, 876 BGB), beim Rangrücktritt eines Grundpfandrechts (§ 880 Abs 2 S 2 BGB), bei fehlender Verfügungsmacht (§ 185 BGB) oder Verfügungsbefugnis (§ 1365 BGB, § 1424 BGB, § 5 ErbbauRG, § 12 WEG,[49] § 35 WEG), fehlender Genehmigung des Vormundschaftsgerichts (§§ 1643, 1812, 1821 BGB) oder Fehlen einer gesetzlich vorgeschriebenen behördlichen Genehmigung (zB nach BauGB, GrStVG usw). Zu einer Vereinigung, Bestandteilszuschreibung und Teilung im eigenen Besitz ist die materiellrechtliche Erklärung des Eigentümers erforderlich; ohne deren wirksames Vorliegen wird das Grundbuch unrichtig. Weitere materiellrechtliche Voraussetzungen sind bei Grundpfandrechten für die Entstehung eines Briefrechts die Briefaushändigung oder die Aushändigungsabrede (§ 1117 BGB), für die Hypothek die Entstehung der Forderung (§ 1163 BGB) und beim Wohnungseigentum für das Entstehen von Sondereigentum die Herstellung des Raumes, ansonsten liegt jeweils Grundbuchunrichtigkeit vor. Wird ein dingliches Recht bei gemeinschaftlicher Berechtigung ohne Angabe des Gemeinschaftsverhältnisses und der Bruchteile entgegen § 47 eingetragen, so ist das Grundbuch unrichtig.[50]

Fehlt bei einer **Löschung** die Aufgabeerklärung oder ist sie im Zeitpunkt der Grundbucheintragung nicht **17** wirksam, so macht die Löschung das Grundbuch unrichtig; das zu Unrecht gelöschte Recht bleibt außerhalb des Grundbuchs bestehen.[51] Dies ist der Fall, wenn ein Recht vom Grundbuchamt irrtümlich nicht auf das neue Grundbuchblatt übertragen wurde,[52] dem Aufgebenden die Verfügungsberechtigung fehlte,[53] die Aufgabeerklärung nichtig oder wirksam angefochten worden ist,[54] die Löschung trotz Fehlens einer erforderlichen behördlichen Genehmigung[55] oder trotz Nichteintritts einer der Aufgabeerklärung hinzugefügten Bedingung[56] oder trotz einer Aufgabeerklärung, die gegen den Willen des Berechtigten dem Grundbuchamt oder einem Begünstigten zugegangen und deshalb nicht wirksam geworden ist,[57] erfolgt ist. Fehlte dem Aufgebenden die Geschäftsfähigkeit und liegt auch keine Zustimmung des gesetzlichen Vertreters vor, so macht eine Löschung

---

44 RGZ 106, 113.
45 Vgl dazu LG Ravensburg BWNotZ 1989, 68.
46 RGZ 69, 263, 266 (Einigungserklärung durch vollmachtlosen Vertreter); 79, 165 (Auflassung nur zum Schein); 88, 83, 89 (Verfügender nicht rechtsfähig): 89, 367, 371 (Einigung scheitert an § 181 BGB).
47 KG FGPrax 1997, 212; OLG Frankfurt ZfIR 2005, 254; *Böhringer* NotBZ 2007, 189; *Dümig* ZfIR 2005, 240.
48 Ausführlich dazu BayObLG FGPrax 2002, 99.
49 OLG Hamm ZfIR 2001, 843 = Rpfleger 2001, 405 = FGPrax 2001, 98.
50 RGZ 54, 85; BayObLGZ 10, 355, 357; KG OLGE 18, 208; OLG Celle OLGE 14, 185; OLG Hamm DNotZ 1965, 408; *MüKo-Wacke* § 894 Rn 8; *Demharter* § 22 Rn 9; *Bengel/Simmerding* § 22 Rn 6.
51 RGZ 73, 174; 82, 22; BayObLG MittBayNot 1995, 42; *Böttcher* RpflStud 1991, 33, 35.
52 KG KGJ 46, 212; *Böttcher* RpflStud 1991, 33, 35.
53 RGZ 82, 22; LG Duisburg Rpfleger 1984, 97; *Böttcher* RpflStud 1991, 33, 35.
54 RGZ 88, 286; *Böttcher* RpflStud 1991, 33, 35.
55 OLG Hamm OLGZ 1980, 267; *Böttcher* RpflStud 1991, 33, 35.
56 BGHZ 60, 46; *Böttcher* RpflStud 1991, 33, 35.
57 KG KGJ 48, 187; *Böttcher* RpflStud 1991, 33, 35.

im Grundbuch dieses unrichtig.[58] Wird ein mit einer Grunddienstbarkeit belastetes Grundstück mit anderen Grundstücken vereinigt (§ 890 Abs 1 BGB), so erstreckt sich die bestehende Belastung nicht auf die anderen Teile des neuen Grundstücks. Wird bei der Anlegung des Loseblattgrundbuchs die Beschränkung der Belastung auf die dem früheren Grundstück entsprechende Teilfläche nicht übernommen, so wird das Grundbuch unrichtig; an die Veräußerung der herrschenden Grundstücke kann sich ein gutgläubiger Erwerb in Ansehung der Grunddienstbarkeit anschließen.[59] Neben der Aufgabeerklärung und Löschung (§ 875 BGB) verlangt das Gesetz zur wirksamen Aufhebung eines dinglichen Rechts als weiteres Erfordernis die Zustimmung Dritter zur Aufhebung eines belasteten Rechts (§ 876 BGB) und die Zustimmung des Grundstückseigentümers zur Aufhebung eines Grundpfandrechts (§ 1183 BGB) oder Erbbaurechts (§ 26 ErbbauRG); fehlt eine solche Zustimmung oder ist sie nicht wirksam, so macht eine trotzdem erfolgte Löschung das Grundbuch unrichtig.[60]

18 Im Falle der **berichtigenden Eintragung** ist eine ursprüngliche Unrichtigkeit gegeben, wenn das Grundbuch vor der Eintragung gar nicht unrichtig war, sondern richtig.[61] Durch die angebliche Berichtigung wird das Grundbuch erst unrichtig. Dies ist möglich, weil für eine Grundbuchberichtigung die Berichtigungsbewilligung und die schlüssige Behauptung der Unrichtigkeit genügen. Wird zB auf Grund einer Berichtigungsbewilligung des eingetragenen wahren Grundstückseigentümers (§ 19) und der Zustimmung des angeblichen Eigentümers (§ 22 Abs 2) letzterer im Grundbuch eingetragen, so liegt eine Grundbuchunrichtigkeit vor; die Berichtigungsbewilligung einerseits und die Zustimmung andererseits können auch nicht als Auflassung ausgelegt werden.[62] Hat dagegen zB der wahre Reallastberechtigte eine Berichtigungsbewilligung zur Eintragung eines anderen Berechtigten erteilt, und dies selbst für den Fall, dass er der wahre Berechtigte ist, so ist das Grundbuch vor und nach der Grundbucheintragung richtig, da sich beide Beteiligte über die Abtretung der Reallast einig waren.[63] Des Weiteren entsteht im Falle der berichtigenden Eintragung eine neue Grundbuchunrichtigkeit, wenn die Eintragung auf Grund eines fehlerhaften Unrichtigkeitsnachweises erfolgt (zB falsche Erben im Erbschein, falscher Ersteher im Zuschlagsbeschluss usw). Zum Unrichtigkeitsnachweis vgl Rdn 121.

19 Bei **Verfügungsbeeinträchtigungen** liegt eine ursprüngliche Grundbuchunrichtigkeit vor, wenn die Verfügungsbeeinträchtigung im Grundbuch vermerkt wurde, materiellrechtlich aber nie entstanden ist.[64] Beispiele: Testamentsvollstreckung wurde im Grundbuch eingetragen, die entsprechende letztwillige Verfügung ist aber unwirksam; die Pfändung eines Erbanteils wird im Grundbuch vermerkt, obwohl die Zustellung an die Miterben unwirksam ist. Wurde eine Verfügungsbeeinträchtigung im Grundbuch gelöscht, obwohl sie materiellrechtlich noch bestand, so ist das Grundbuch dadurch unrichtig geworden.[65] Beispiel: Der Insolvenzvermerk wurde gelöscht, obwohl das Insolvenzverfahren noch läuft.

20 Aus der eigentümlichen Rechtsnatur der **Vormerkung** als einem Sicherungsmittel besonderer Art ergeben sich auch im Hinblick auf die Möglichkeiten der ursprünglichen Grundbuchunrichtigkeit Besonderheiten. Das Grundbuch wird daher unrichtig, wenn die in § 885 BGB genannte Bewilligung, völlig fehlt, nachträglich zB durch Anfechtung wegfällt oder bei Eintragung unwirksam ist (zB Abgabe durch einen Nichtberechtigten).[66] Fehlt die zur Eintragung einer Vormerkung erforderliche Genehmigung des Vormundschaftsgerichts, so wird das Grundbuch unrichtig.[67] Gleiches gilt, wenn der gesicherte schuldrechtliche Anspruch nicht oder nicht mehr besteht, wobei auch kein Eigentümerrecht entsteht.[68] Die Nichtigkeit des Anspruchs kann zB eintreten durch Anfechtung oder weil die zum Grundgeschäft erforderliche behördliche Genehmigung unanfechtbar versagt worden ist.[69] Wird die nach § 19 BauGB erforderliche Teilungsgenehmigung rechtskräftig versagt, so betrifft dies das schuldrechtliche Geschäft nicht unmittelbar; der Eigentumsverschaffungsanspruch entfällt nicht wegen Unmöglichkeit seiner Erfüllung, wenn die Grundstücksteilung unter veränderten Umständen noch genehmigt werden kann.[70] Die bloße Löschung einer Vormerkung im Grundbuch, ohne dass entweder der gesicherte Anspruch erloschen ist oder eine konstitutive Aufhebungserklärung des Vormerkungsgläubigers vorliegt, lässt das Recht aus der Vormerkung (Vormerkungslage) außerhalb des Grundbuchs fortbestehen und

---

58 RGZ 73, 175; *Böttcher* RpflStud 1991, 33, 35.
59 OLG Hamm DNotZ 2003, 355.
60 *Böttcher* RpflStud 1991, 33, 35.
61 *Demharter* § 22 Rn 11.
62 BayObLGZ 1976, 193; OLG Frankfurt Rpfleger 1973, 394.
63 KEHE-*Dümig* § 22 Rn 40.
64 KEHE-*Dümig* § 22 Rn 78 (b).
65 *Demharter* § 22 Rn 10.
66 *Eickmann* GBVerfR, Rn 372.
67 OLG Oldenburg DNotZ 1971, 844.
68 BGH NJW 1981, 36; RGZ 163, 63; KG KGJ 52, 164; BayObLGZ 1959, 223; DNotZ 1988, 158; OLG Frankfurt MittRhNotK 1993, 288; *Demharter* § 22 Rn 10; *Eickmann* GBVerfR, Rn 372; *Ebel* NJW 1982, 724; kritisch *Wacke* NJW 1981, 1577.
69 BayObLGZ 1959, 233.
70 BayObLG Rpfleger 1987, 450.

macht daher das Grundbuch unrichtig.[71] In solchen Fällen muss das Grundbuch durch Wiedereintragung der Vormerkung möglichst mit dem alten Rang und einem Hinweis auf diesen Rang berichtigt werden.[72] Gleiches gilt, wenn die Löschung auf Grund einer bedingten Aufgabeerklärung ohne Eintritt der Bedingung erfolgte, zB die Löschungserklärung hinsichtlich der Auflassungsvormerkung durch den Käufer ist unter der Bedingung gleichzeitiger Löschung aller Zwischenrechte abgegeben, die Vormerkung aber trotz des Bestehenbleibens von Zwischenrechten gelöscht worden.[73] Der Grundstückseigentümer kann dem Hypothekengläubiger vor Fälligkeit der gesicherten Forderung ein Ankaufsrecht nicht unter der Bedingung einräumen, dass die Forderung in vollem Umfang zur Zahlung fällig geworden ist. Eine solche Regelung ist wegen Verstoßes gegen § 1149 BGB nichtig und eine dafür eingetragene Vormerkung kann nicht entstehen.[74]

Die Eintragung eines **Widerspruchs** macht das Grundbuch unrichtig, wenn die materiellrechtliche Bewilli- **21** gungserklärung fehlt oder unwirksam ist (§ 899 BGB) oder wenn die Eintragung, gegen die sich der Widerspruch richtet, nicht unrichtig ist.[75] Eine weitere Grundbuchunrichtigkeit ist denkbar, wenn ein Widerspruch zu Unrecht gelöscht wird, zB weil die Aufgabeerklärung fehlt oder unwirksam ist.[76] In diesem Fall bleibt der Widerspruch materiell außerhalb des Grundbuchs bestehen und muss im Wege der Grundbuchberichtigung wieder eingetragen werden.

b) Unrichtigkeit durch Rechtsakte außerhalb des Grundbuchs (= nachträgliche Unrichtigkeit). aa) Entstehung. Eine Begründung von dinglichen Rechten außerhalb des Grundbuchs ist bei den Pfandrechten **22** denkbar; für das Grundstücksrecht sind die Grundpfandrechte und Rechtspfandrechte bedeutungsvoll. Die **Grundpfandrechte** entstehen in erster Linie durch die rechtsgeschäftliche Verpfändung eben des Grundbesitzes (= Hypothek, Grundschuld, Rentenschuld), wobei für deren Entstehung die Grundbucheintragung erforderlich ist (§ 873 Abs 1 BGB). Kraft Gesetzes, und somit außerhalb des Grundbuchs, entstehen aber die Sicherungshypotheken gemäß § 1287 S 2 BGB und § 848 Abs 2 S 2 ZPO bei der Verpfändung und Pfändung des Auflassungsanspruchs; insoweit liegt dann jeweils eine Grundbuchunrichtigkeit vor.

Die für das Grundbuchverfahren wichtigen **Rechtspfandrechte** können entstehen auf Grund rechtsgeschäftli- **23** cher Verpfändung (§§ 1273 ff BGB) oder gerichtlicher Pfändung (§§ 857 ff ZPO). **Rechtsgeschäftlich verpfändet** werden können nur solche Rechte, die auch übertragbar sind (§ 1274 BGB). Nicht übertragbar, und somit auch nicht verpfändbar, sind der Nießbrauch (§ 1059 S 1 BGB), die beschränkte persönliche Dienstbarkeit einschließlich des Wohnungsrechts (§ 1092 Abs 1 S 1 BGB), der Anteil am Gesamtgut bei der Gütergemeinschaft (§ 1419 Abs 1 BGB) und die subjektiv-dinglichen Rechte, wie Grunddienstbarkeit, subjektiv-dingliches Vorkaufsrecht, subjektiv-dingliche Reallast und Erbbauzins (vgl dazu § 26 Rdn 27). Das subjektivpersönliche Vorkaufsrecht ist grundsätzlich nicht übertragbar (§ 473 S 1, § 1098 Abs 1 S 1 BGB) und nicht verpfändbar (§ 1274 Abs 2 BGB); eine Ausnahme besteht nur dann, wenn die Übertragbarkeit vereinbart und im Grundbuch eingetragen wurde, sodass auch eine Verpfändung möglich ist;[77] sowohl für die Übertragung als auch für die Verpfändung ist jedoch die Grundbucheintragung gemäß § 873 Abs 1 BGB erforderlich, sodass insoweit keine Grundbuchunrichtigkeit eintreten kann. Gleiches gilt für folgende übertrag- und verpfändbare Rechte: subjektiv-persönliche Reallast, Buchhypothek, Buchgrundschuld, Dauerwohnungs- und Dauernutzungsrecht. Dagegen sind außerhalb des Grundbuchs übertrag- und verpfändbar mit der Folge der Grundbuchunrichtigkeit: Briefhypothek- und grundschuld;[78] die Verpfändung setzt voraus, dass die Verpfändungserklärung schriftlich erfolgt, die Annahme erklärt und die Übergabe des Briefs vorgenommen wird (§ 1274 Abs 1, § 1154 Abs 1 BGB); für die Grundbuchberichtigung gilt dann § 26. Das Recht auf die Nacherbschaft kann zwischen dem Erbfall und dem Anfall der Nacherbschaft übertragen und verpfändet werden nach §§ 2100, 2108 BGB;[79] wenn nach § 51 der Nacherbenvermerk in das Grundbuch eingetragen ist, kann auch die Verpfändung des Nacherbenrechts berichtigend vermerkt werden. Ebenso ist die Verpfändung eines Erbteils zulässig und kann im Wege der Berichtigung im Grundbuch eingetragen werden (§ 1274 Abs 1, § 2033 Abs 1 BGB).[80] Verfügungen über Anteile an der BGB-Gesellschaft, OHG und KG sind dann zulässig, wenn der Gesellschaftsvertrag sie

---

71 RGZ 128, 186; 132, 432; BGHZ 60, 46 = DNotZ 1973, 367; BayObLGZ 1961, 63, 68; LG Konstanz MittRhNotK 1984, 81; *Demharter* § 22 Rn 10; *RGRK-Augustin* § 894 Rn 10.
72 BayObLGZ 1961, 63 = Rpfleger 1962, 406, 408.
73 BGHZ 60, 46 = DNotZ 1973, 367.
74 BayObLG DNotZ 1993, 386 = MittBayNot 1992, 395 = Rpfleger 1993, 58; vgl auch BayObLG ZiR 1997, 32 = MittBayNot 1997, 100 = DNotZ 1997, 727 m krit Anm *Eickmann*.
75 *Demharter* § 22 Rn 10; *Eickmann* GBVerfR, Rn 373.
76 BGHZ 51, 50; *Demharter* § 22 Rn 10; *Eickmann* GBVerfR, Rn 373; *Soergel-Stürner* § 899 Rn 12; *Planck-Strecker* § 899 Anm 7; *MüKo-Wacke* § 899 Rn 31; *Güthe-Triebel* § 22 Rn 7; **aA** KG HRR 1931 Nr 674; *RGRK-Augustin* § 899 Rn 19; *Staudinger-Gursky* § 899 Rn 75 mwN.
77 BGHZ 37, 147, 153.
78 KEHE-*Keller* Einl R Rn 21 und Einl S Rn 13.
79 MüKo-*Wacke* § 894 Rn 9; *Lange-Kuchinke* § 26 VII 3.
80 RGZ 90, 232; BayObLGZ 1959, 50; kritisch dazu *Lindemeier* DNotZ 1999, 876.

gestattet oder alle Gesellschafter zustimmen, weil § 719 BGB, der auch für die OHG und KG gilt, kein zwingendes Recht ist; durch Vertrag eines Gesellschafters kann er dann diesem seinen Gesellschaftsanteil verpfänden;[81] strittig ist die zu verneinende Frage, ob die Verpfändung eines Anteils an der nicht rechtsfähigen BGB-Gesellschaft als Grundbuchberichtigung eintragungsfähig ist.[82] Für rechtsfähige Außen – BGB – Gesellschaften entfällt die Möglichkeit der Eintragung der Verpfändung, weil nicht die einzelnen Gesellschafter, sondern die Gesellschaft das im GB eingetragene Rechtssubjekt ist, und zwar auch dann, wenn die Grundbucheintragung die Gesellschafter ebenfalls nennt (vgl § 10 GBV Rdn 34). Der schuldrechtliche Eigentumsverschaffungsanspruch wird verpfändet durch einen formlosen Vertrag zwischen dem Käufer und Pfandrechtsgläubiger ohne Grundbucheintragung und ohne Zustimmung des Verkäufers, aber mit formloser Anzeige der Verpfändung an den Verkäufer (§§ 1273 Abs 2, 1205, 1280 BGB);[83] der Verpfändungsvermerk kann bei einer Vormerkung im Wege der Grundbuchberichtigung eingetragen werden (§ 20 Rdn 174).[84] Das Anwartschaftsrecht bei der Auflassung kann verpfändet werden in Auflassungsform durch Einigung zwischen dem Erwerber und Pfandrechtsgläubiger, ohne Grundbucheintragung, ohne Zustimmung des bisherigen Eigentümers und ohne Anzeige an letzteren;[85] strittig ist, ob ein Verpfändungsvermerk bei einer eingetragenen Auflassungsvormerkung im Wege der Grundbuchberichtigung vermerkt werden kann (vgl § 20 Rdn 179).[86]

24 Möglich ist auch eine Grundbuchunrichtigkeit durch das Entstehen von **Rechtspfandrechten,** auf Grund **gerichtlicher Pfändung** (zum Unrichtigkeitsnachweis vgl Rdn 122). Ausgeschlossen ist dies aber bei den unpfändbaren Rechten (§ 857 Abs 1, § 851 Abs 1 ZPO) wie der Grunddienstbarkeit,[87] der subjektiv-dinglichen Reallast,[88] dem subjektiv-dinglichen Vorkaufsrecht[89] und den noch nicht fälligen Leistungen beim Erbbauzins[90] (vgl § 26 Rdn 27). Gleichfalls scheidet eine Grundbuchunrichtigkeit aus, wenn die gerichtliche Pfändung erst mit der Eintragung im Grundbuch wirksam wird, wie zB bei der Buchhypothek (§ 830 Abs 2 S 3 ZPO), der Buchgrundschuld und der subjektiv-persönlichen Reallast (§ 857 Abs 6, § 830 Abs 3 S 2 ZPO). Dagegen wird die Pfändung einer Briefhypothek (§ 830 ZPO) oder Briefgrundschuld (§ 857 Abs 6, § 830 ZPO) mit der Briefübergabe wirksam, sodass außerhalb des Grundbuchs ein Pfandrecht entsteht. Auch in folgenden Fällen liegt eine Grundbuchunrichtigkeit vor: Die Pfändung des schuldrechtlichen Eigentumsverschaffungsanspruchs erfolgt durch gerichtlichen Pfändungsbeschluss und Zustellung an den Käufer und den Verkäufer als Drittschuldner (§§ 846, 848, 828 ff, 829 ZPO), wobei der Pfändungsvermerk bei einer eingetragenen Auflassungsvormerkung berichtigend vermerkt werden kann.[91] Die Pfändung eines wirksamen Anwartschaftsrechtes des Auflassungsempfängers[92] setzt den gerichtlichen Pfändungsbeschluss die Zustellung an den Auflassungsempfänger voraus, jedoch keine Zustellung an den Grundstückseigentümer (§ 857 Abs 2 ZPO);[93] strittig ist die Frage, ob der Pfändungsvermerk im Wege der Grundbuchberichtigung bei einer Auflassungsvormerkung eingetragen werden kann.[94] Gemäß § 857 Abs 1, § 829 Abs 3 ZPO wird die gerichtliche Pfändung des subjektiv-persönlichen Vorkaufsrechts[95] und des Rechts des Nacherben auf Anfall der Erbschaft[96] mit der Zustellung an den Drittschuldner wirksam, also außerhalb des Grundbuchs. Auch der Nießbrauch und die beschränkte persönliche Dienstbarkeit (Wohnungsrecht) sind der Pfändung nach § 857 Abs 3 ZPO unterworfen (vgl § 26 Rdn 27); wirksam wird die Pfändung mit der Zustellung an den Drittschuldner (§ 857 Abs 1, § 829 Abs 3 ZPO), wobei dies im Wege der Grundbuchberichtigung bei den Rechten vermerkt werden kann.[97] § 859 Abs 1 ZPO erlaubt die Pfändung eines Anteils einer BGB-Gesellschaft, OHG (§ 105 Abs 2 HGB) und KG (§ 161 Abs 2, § 105 Abs 2 HGB); die Pfändung erfolgt gemäß §§ 857, 829 ZPO und wird wirksam mit der Zustellung an die Dritt-

---

81 *Staudinger-Riedel-Wiegand* § 1274 Rn 52, 53.
82 **Bejahend:** OLG Düsseldorf RNotZ 2004, 230; *Kohler* in *Bauer/von Oefele* § 22 Rn 72; LG Hamburg Rpfleger 1982, 142; **verneinend:** *Eickmann* Rpfleger 1985, 85, 92; *Rupp-Fleischmann* Rpfleger 1984, 223, 227; *Lindemaier* DNotZ 1999, 876; *Keller* Rpfleger 2000, 201, 205.
83 *Schöner/Stöber* Rn 1559.
84 *Schöner/Stöber* Rn 1571, 1586.
85 *Schöner/Stöber* Rn 1589.
86 Vgl dazu *Schöner/Stöber* Rn 1594.
87 *Böttcher* ZwV im GB, Rn 464; *Stöber* Forderungspfändung, Rn 1637.
88 *Böttcher* ZwV im GB, Rn 509; *Stöber* Forderungspfändung, Rn 1735.
89 *Böttcher* ZwV im GB, Rn 490; *Stöber* Forderungspfändung, Rn 1782.
90 *Böttcher* ZwV im GB, Rn 523; *Stöber* Forderungspfändung, Rn 1531.
91 *Böttcher* ZwV im GB, Rn 431; *Stöber* Forderungspfändung, Rn 2034 ff.
92 Vgl dazu: *Böttcher* ZwV im GB, Rn 443 ff.
93 *Böttcher* ZwV im GB, Rn 450; *Stöber* Forderungspfändung, Rn 2054 ff.
94 Vgl dazu: *Böttcher* ZwV im GB, Rn 452, 453.
95 *Böttcher* ZwV im GB, Rn 493; *Stöber* Forderungspfändung, Rn 1782.
96 *Stöber* Forderungspfändung, Rn 1652 ff.
97 **Nießbrauch:** *Böttcher* ZwV im GB, Rn 472 ff; *Stöber* Forderungspfändung, Rn 1714; **beschränkte persönliche Dienstbarkeit:** *Böttcher* ZwV im GB, Rn 485; *Stöber* Forderungspfändung, Rn 1520, 1524.

schuldner (= die übrigen Gesellschafter);[98] ob die Pfändung eines Anteils an der nicht rechtsfähigen BGB-Gesellschaft berichtigend im Grundbuch eingetragen werden kann, ist umstritten,[99] muss mit der hM aber wohl verneint werden; für rechtsfähige Außen − BGB −Gesellschaften entfällt die Möglichkeit der Eintragung der Pfändung, weil nicht die einzelnen Gesellschafter, sondern die Gesellschaft das im GB eingetragene Rechtssubjekt ist, und zwar auch dann, wenn die Grundbucheintragung die Gesellschafter ebenfalls nennt (vgl § 10 GBV Rdn 34); bei der OHG und KG stellt sich diese Frage nicht, da die einzelnen Gesellschafter nicht eingetragen werden. Zulässig gemäß § 859 Abs 2 ZPO ist die gerichtliche Pfändung eines Erbanteils; Wirksamkeit tritt mit Zustellung an die Drittschuldner (= Miterben) ein (§ 857 Abs 1, § 829 Abs 3 ZPO),[100] wobei die Pfändung im Wege der Grundbuchberichtigung eingetragen werden kann.[101] Der Anteil eines Ehegatten am Gesamtgut der Gütergemeinschaft ist unpfändbar (§ 860 Abs 1 S 1 ZPO); die Pfändung ist ausgeschlossen, weil der Anteil nicht übertragen werden kann (§ 1419 BGB). Nach Beendigung der Gütergemeinschaft aber vor Auseinandersetzung des Gesamtguts ist der Anteil des Ehegatten der Pfändung unterworfen (§ 860 Abs 2 ZPO); wirksam wird die Pfändung mit der Zustellung an den Drittschuldner (= Ehegatte), § 857 Abs 1, § 829 Abs 3 ZPO. Die Pfändung kann berichtigend im Grundbuch vermerkt werden.[102]

Beim Nießbrauch ist der Grundstücksnießbrauch (§§ 1030 ff BGB) und der **Rechtsnießbrauch** (§§ 1064 ff **25** BGB) zu unterscheiden. Da der Grundstücksnießbrauch erst mit der Grundbucheintragung entsteht (§ 873 Abs 1 BGB), scheidet insoweit eine Grundbuchunrichtigkeit aus. Denkbar ist dies jedoch beim Rechtsnießbrauch, der nur an solchen Rechten bestellt werden kann, die auch übertragbar sind, § 1069 BGB (zum Unrichtigkeitsnachweis vgl Rdn 123). Nicht übertragbar, und somit nicht mit einem Nießbrauch belastbar, sind der Nießbrauch selbst (§ 1059 S 1 BGB),[103] die beschränkte persönliche Dienstbarkeit einschließlich dem Wohnungsrecht (§ 1092 Abs 1 S 1 BGB),[104] der Anteil am Gesamtgut bei der Gütergemeinschaft (§ 1419 Abs 1 BGB) und die subjektiv-dinglichen Rechte,[105] wie Grunddienstbarkeit, subjektiv-dingliches Vorkaufsrecht, subjektiv-dingliche Reallast und Erbbauzins. Das subjektiv-persönliche Vorkaufsrecht ist grundsätzlich nicht übertragbar (§ 473 S 1, § 1098 Abs 1 S 1 BGB); eine Ausnahme besteht nur dann, wenn die Übertragbarkeit vereinbart und im Grundbuch eingetragen wurde; aber auch in diesem Fall kommt ein Nießbrauch mangels Nutzbarkeit nicht in Betracht.[106] Übertragbar und mit einem Nießbrauch belastbar sind folgende Rechte: subjektiv-persönliche Reallast,[107] Buchhypothek, Buchgrundschuld, Dauerwohnungs- und Dauernutzungsrecht;[108] gleichwohl scheidet eine Grundbuchunrichtigkeit aus, weil für die Nießbrauchsbestellung die Grundbucheintragung erforderlich ist (§ 873 Abs 1 BGB). Dagegen sind außerhalb des Grundbuchs übertragbar und mit einem Nießbrauch belastbar mit der Folge der Grundbuchunrichtigkeit: Briefhypothek- und grundschuld (§ 1069 Abs 1, § 1192 Abs 1, § 1154 Abs 1 BGB), Ebenso ist die Nießbrauchsbestellung am Erbanteil zulässig und kann im Wege der Grundbuchberichtigung eingetragen werden (§ 1069 Abs 1, § 2033 Abs 1 BGB);[109] vgl § 10 GBV Rdn 33. Verfügungen über Anteile an der BGB-Gesellschaft, OHG und KG sind dann zulässig, wenn der Gesellschaftsvertrag sie gestattet oder alle Gesellschafter zustimmen, weil § 719 BGB, der auch für die OHG (§ 105 Abs 2 HGB) und KG (§§ 161 Abs 2, 105 Abs 2 HGB) gilt, kein zwingendes Recht ist; die Bestellung eines Nießbrauchs am Gesellschaftsanteil ist dann zulässig und kann bei der nicht rechtsfähigen BGB-Gesellschaft berichtigend im Grundbuch vermerkt werden[110] (vgl § 10 GBV Rdn 34); dies soll auch gelten, wenn sich alle Gesellschaftsanteile in der Hand eines Gesellschafters vereinigen.[111]

---

98 **BGB-Gesellschaft:** *Stöber* Forderungspfändung, Rn 1557; **OHG:** *Stöber* Forderungspfändung, Rn 1584; **KG:** *Stöber* Forderungspfändung, Rn 1595.

99 **Bejahend:** KG DNotV 1928, 575 = HRR 1927 Nr 2181; *Güthe-Triebel* S 1843; **verneinend:** OLG Düsseldorf RNotZ 2004, 230; OLG Hamm DNotZ 1987, 357 = Rpfleger 1987, 196; OLG Dresden SeuffA 64 Nr 119; OLG Zweibrücken Rpfleger 1982, 413; LG Hamburg Rpfleger 1982, 142; LG Stuttgart BWNotZ 1985, 162; AG Ahrensberg JurBüro 1964, 844 = SchlHA 1964, 197; *Kohler* in *Bauer/von Oefele* § 22 Rn 76; *Zöller-Stöber* § 859 Rn 4; *Schöner/Stöber* Rn 1674; *Stöber* Forderungspfändung, Rn 1558; *Eickmann* Rpfleger 1985, 85, 89; *Keller* Rpfleger 2000, 201, 204; *Böttcher* ZwV im GB, Rn 384, 385.

100 *Böttcher* ZwV im GB, Rn 391; *Stöber* Forderungspfändung, Rn 1670, 1671.

101 BayObLGZ 1959, 50 = Rpfleger 1960, 157; OLG Frankfurt Rpfleger 1979, 205; *Stöber* Forderungspfändung Rn 1682 ff; *Böttcher* ZwV im GB, Rn 403 ff.

102 *Böttcher* ZwV im GB, Rn 420; *Stöber* Forderungspfändung, Rn 1642.

103 *Staudinger-Frank* § 1069 Rn 25.

104 *Staudinger-Frank* § 1069 Rn 29.

105 *Staudinger-Frank* § 1069 Rn 28, 31.

106 *Staudinger-Frank* § 1069 Rn 31.

107 KEHE-*Herrmann* Einl M Rn 5.

108 *Staudinger-Frank* § 1069 Rn 29.

109 *Staudinger-Frank* § 1089 Rn 30; KEHE-*Herrmann* Einl M Rn 5; kritisch dazu *Lindemeier* DNotZ 1999, 876.

110 OLG Hamm DNotZ 1977, 377 = Rpfleger 1977, 136; LG Hamburg Rpfleger 2005, 663; KEHE-*Herrmann* Einl M Rn 2; *Eickmann* Rpfleger 1985, 85, 91; **aA** *Staudinger-Frank* Anh zu §§ 1068, 1069 Rn 73; kritisch dazu *Lindemeier* DNotZ 1999, 876.

111 LG Hamburg Rpfleger 2005, 663; **aA** OLG Düsseldorf Rpfleger 1999, 70.

26 Art 184 S 1 EGBGB stellt den Grundsatz auf, dass Rechte, mit denen ein Grundstück am 01.01.1900 (= In-Kraft-Treten des BGB) belastet war, mit ihrem früheren Inhalt und Rang bestehen bleiben; dies gilt sowohl für die eingetragenen, als auch für die nicht eingetragenen Rechte, vor allem für die **altrechtlichen Grunddienstbarkeiten**. Zur Entstehung einer Grunddienstbarkeit (Servitut) genügte nach *Gemeinem Recht* der formlose Vertrag, sodass auch eine stillschweigende Bestellung, etwa durch konkludente Handlung möglich war;[112] erworben werden konnte sie ebenfalls durch Ersitzung.[113] Nach *Badischem Landrecht* konnte eine Grunddienstbarkeit rechtsgeschäftlich durch ausdrücklich erklärte »Vergünstigung«,[114] aber auch dadurch entstehen, dass sie durch konkludente Handlung anerkannt wurde.[115] Nach *Württembergischem Landrecht* konnte eine Dienstbarkeit entstehen durch Gesetz, Richterspruch und Rechtsgeschäft, aber auch durch Ersitzung und unvordenkliche Verjährung.[116] Für die Entstehung einer Grunddienstbarkeit nach dem *Code Civil* (für ehem rheinisches Recht) war neben der Anerkennung des Eigentümers die Eintragung in das Grundbuch erforderlich.[117] Nach *Bayerischem Landrecht* konnte eine Grunddienstbarkeit begründet werden rechtsgeschäftlich unmittelbar durch Vertrag oder mittelbar durch sog »stillschweigende Bestellung« bei der Veräußerung eines Grundstücks sowie durch Ersitzung[118] und Herkommen,[119] aber auch durch unvordenkliche Verjährung.[120] Eine altrechtliche Grunddienstbarkeit bedarf zur Erhaltung ihrer Wirksamkeit gegenüber dem öffentlichen Glauben auch nicht der Eintragung, wenn sie zu der Zeit bestand, zu welcher das Grundbuch als angelegt anzusehen ist (Art 187 Abs 1 S 1 EGBGB). Für Bayern wurde das Grundbuch mit Wirkung der nachstehenden Tage als angelegt erklärt:
- Im Oberlandesgerichtsbezirk München und in den Landgerichtsbezirken Amberg, Regensburg und Weiden am 01.05.1905 (JMBek vom 06.03.1905, JMBl 562);
- Im OLG-Bezirk Augsburg und in den LG-Bezirken Bamberg, Bayreuth, Hof, Ansbach, Fürth, Nürnberg am 01.05.1909 (JMBek vom 01.04.1909, JMBl 161);
- In den LG-Bezirken Aschaffenburg, Schweinfurt, Würzburg am 01.10.1910 (JMBek vom 25.07.1910, JMBl 677).

Bis zu diesem Zeitpunkt richteten sich die Begründung und der Bestand einer Grunddienstbarkeit nach den bisherigen Gesetzen (Art 184 und Art 189 Abs 1 S 1 EGBGB). Dazu zählt auch die unvordenkliche Verjährung nach dem Bayerischen Landrecht. Dabei muss einerseits nachgewiesen werden, dass der betreffende Zustand bestanden hat und als rechtens angesehen wurde innerhalb der zurückliegenden 40 Jahre seit Grundbuchanlegung, andererseits, dass die lebende Generation auch durch Mitteilung ihrer Vorfahren weder vom Nichtbestehen dieses Zustandes oder von einer anderen Rechtsansicht hierüber noch von dem Anfang desselben eine Kunde hatte.[121] Eine Grunddienstbarkeit, die bei Anlegung des Grundbuchs bestanden hat und daher nach Art 187 Abs 1 S 1 EGBGB auch ohne Eintragung gegenüber einem gutgläubigen Erwerber wirkt, muss in das Grundbuch eingetragen werden, wenn dies von dem Eigentümer des herrschenden oder von dem des dienenden Grundstücks verlangt wird (Art 187 Abs 1 S 2 EGBGB). Für diese Eintragung sind die Vorschriften der GBO maßgebend.[122] Sie stellt eine Grundbuchberichtigung dar, weil ein außerhalb des Grundbuchs rechtswirksam entstandenes und fortbestehendes Grundstücksrecht, das im Grundbuch nicht vermerkt ist, in dieses eingetragen werden soll.[123] Eine solche Grundbuchberichtigung setzt entweder die Berichtigungsbewilligung des Eigentümers des dienenden Grundstücks und die schlüssige Behauptung der Grundbuchunrichtigkeit (§ 19) oder den urkundlichen Nachweis der Grundbuchunrichtigkeit voraus (§ 22).[124] Sie darf nur erfolgen, wenn die Grunddienstbarkeit mit dem ihr zukommenden Rang eingetragen werden kann.[125] Wenn Rechte Dritter eingetragen sind, die später als die bisher nicht eingetragene Grunddienstbarkeit entstanden sind, ist daher auch ihre Bewilligung erforderlich, weil sonst die Grunddienstbarkeit nicht mit dem ihr zukommenden Rang eingetragen werden könnte.[126] Die Berichtigungsbewilligung des Eigentümers des dienenden Grundstücks muss zum

---

112 BGHZ 42, 63 = NJW 1964 2016; MDR 1972, 37.
113 BGH Justiz 1982, 125; BayObLGZ 1959, 478, 480; 1962, 24, 32.
114 OLG Karlsruhe Justiz 1970, 349; 1983, 115; 1983, 457.
115 BGHZ 56, 374; OLG Karlsruhe Justiz 1982, 49.
116 LG Stuttgart BWNotZ 1979, 68; *Schöner/Stöber* Rn 1172.
117 BGH DNotZ 1967, 103; OLG Köln MittRhNotK 1984, 147.
118 Vgl dazu *Bengel/Simmerding* § 22 Rn 66, 67.
119 BayObLGZ 1962, 70.
120 BayObLGZ 1962, 132; Rpfleger 1982, 467; nach BayVGH AgrarR 1975, 153 und *Bengel/Simmerding* § 22 Rn 65 stellt die unvordenkliche Verjährung keinen Erwerbsgrund für ein Recht dar, sondern nur der Nachweis für das Bestehen des Rechts.
121 OLG München Rpfleger 1984, 461.
122 BayObLGZ 1953, 80, 86; 1967, 397, 401; 1969, 284, 292; 1985, 225; Rpfleger 1979, 381; 1982, 467; LG Bayreuth MittBayNot 1987, 200; *Schöner/Stöber* Rn 1173.
123 OLG Karlsruhe Rpfleger 2002, 304; BayObLGZ 1985, 225; Rpfleger 1979, 381; 1982, 467; LG Bayreuth MittBayNot 1987, 200; *Schöner/Stöber* Rn 1173.
124 LG Bayreuth MittBayNot 1987, 200; *Schöner/Stöber* Rn 1173.
125 KG KGJ 51, 252.
126 *Schöner/Stöber* Rn 1173.

Ausdruck bringen, dass die Grunddienstbarkeit unter Geltung des früheren Rechts entstanden ist.[127] Strittig ist die Frage, ob auch die Bewilligung des Berechtigten für die Eintragung der Grunddienstbarkeit erforderlich ist.[128] Dies dürfte jedoch zu bejahen sein, da er von der materiellrechtlichen Folge der Eintragung auch betroffen wird; zB richtet sich die Aufhebung der Grunddienstbarkeit nach Grundbucheintragung nicht mehr nach früherem Recht, sondern nach dem BGB (Art 189 Abs 3 EGBGB; vgl Rdn 61). Wird die Grunddienstbarkeit eingetragen, so gilt zugunsten des Berechtigten die Vermutung des § 891 BGB (zum Unrichtigkeitsnachweis vgl Rdn 124).

Soweit bei den privatrechtlichen **Verfügungsbeeinträchtigungen** die Eintragungsfähigkeit im Grundbuch **27** besteht,[129] kann eine Grundbuchunrichtigkeit eintreten, wenn sie außerhalb des Grundbuchs entstehen[130] (zum Unrichtigkeitsnachweis vgl Rdn 125). Verfügungsbeeinträchtigungen, die auf einer gerichtlichen Anordnung beruhen, bedürfen für ihre Entstehung nicht der Grundbucheintragung; ihre Eintragung ist lediglich Grundbuchberichtigung. Zu nennen sind:[131] Verfügungsverbote auf Grund einstweiliger Verfügung (§ 937 Abs 1, § 938 Abs 2 ZPO) und die gerichtliche Pfändung (§§ 828, 829, 857 ff ZPO) zB des Erbanteils,[132] des Nacherbenanwartschaftsrechts[133] oder der durch eine Hypothek gesicherte Forderung.[134] Kraft Gesetzes entstehen folgende Verfügungsbeeinträchtigungen, und zwar mit der Folge der Grundbuchunrichtigkeit:[135] Bei der Insolvenzeröffnung (§ 80 Abs 1 InsO), Testamentsvollstreckung (§§ 2211, 2205 BGB), Nachlassverwaltung (§ 1984 BGB), Zwangsversteigerung bzw Zwangsverwaltung (§§ 23, 146 ZVG) und Nacherbfolge (§ 2113 BGB). Wird gegen eine im GB eingetragene BGB-Gesellschaft das Insolvenzverfahren eröffnet, wird ein Insolvenzvermerk eingetragen; nicht möglich ist dies dagegen, wenn das Insolvenzverfahren nur gegen einen im GB eingetragenen BGB-Gesellschafter eröffnet wird, weil das Grundstück zum Gesellschaftsvermögen gehört und nicht zum Privatvermögen des Gesellschafters.[136] Nicht eintragungsfähig sind die Verfügungsbeschränkungen des ehelichen Güterrechts (§ 1365, §§ 1423–1425 BGB), sodass insofern keine Grundbuchunrichtigkeit eintreten kann; Gleiches gilt auch für die rechtsgeschäftlichen Verfügungsbeschränkungen der § 5 ErbbauRG, §§ 12, 35 WEG, die erst mit der Grundbucheintragung entstehen. Die Testamentsvollstreckung über einen in Abt I des Grundbuchs eingetragenen Anteil an einer BGB-Gesellschaft ist nicht eintragungsfähig.[137] Bei den öffentlichrechtlichen Verfügungsbeeinträchtigungen scheidet in der Regel eine Grundbuchunrichtigkeit aus, weil die hM ihre Eintragungsfähigkeit verneint.[138] Um nichteintragungsfähige öffentlichrechtliche Verfügungsbeeinträchtigungen handelt es sich beim GrdstVG (§ 2), BauGB (§§ 19, 24 ff, 80 ff), bei juristischen Personen nach dem Gemeinde-, Kirchen- und Stiftungsrecht[139] oder auf Grund Außenwirtschafts- und Devisenrechts.[140] Keine Grundbuchunrichtigkeit kann eintreten, wenn die öffentlichrechtliche Verfügungsbeeinträchtigung nicht nur eintragungsfähig, sondern eintragungspflichtig ist, dh die Eintragung im Grundbuch konstitutiv wirkt:[141] Veräußerungs- und Belastungsverbot nach § 75 BVersG und § 610 Abs 2 RVO. Ausnahmsweise kann bei den öffentlichrechtlichen Verfügungsbeeinträchtigungen dann eine Grundbuchunrichtigkeit entstehen, wenn diese außerhalb des Grundbuchs wirksam werden und eintragungsfähig sind:[142] Sperrvermerk nach §§ 70 ff VersAufsG[143] § 110 Abs 2 VersAufsG, Verbote nach §§ 52, 53 FlurbG, Beschlagnahme eines Grundstücks oder Rechts (§ 111e Abs 2 StPO), Vermögensbeschlagnahme (§§ 292, 443 StPO).

bb) Übergang. Grundbuchunrichtigkeit tritt ein, wenn das **Eigentum** am Grundbesitz durch einen Hoheits- **28** akt oder kraft Gesetzes auf ein anderes Rechtssubjekt übergeht, eine Auflassung ist dann nicht erforderlich. Beispielhaft sind zu nennen:

(a) Zuschlag in der Zwangsversteigerung (§ 90 ZVG);

(b) Umlegungsplan nach den § 72 BauGB;

---

127 OLG München RNotZ 2007, 487.
128 **Verneinend:** *Staudinger-Dittmann* Art 187 EGBGB Rn 5; **bejahend:** *Schöner/Stöber* Rn 1173.
129 Ausführlich dazu: *Böttcher* Rpfleger 1983, 49, 54.
130 *Staudinger-Gursky* § 894 Rn 43.
131 *Böttcher* Rpfleger 1983, 49, 54.
132 RGZ 84, 396; 90, 235.
133 RGZ 83, 434, 438; KG OLGE 40, 125.
134 KG JFG 4, 417; HRR 1931 Nr 1048.
135 *Böttcher* Rpfleger 1983, 49, 54.
136 OLG Rostock Rpfleger 2004, 94; LG Leipzig Rpfleger 2000, 111; *Bauer* in *Bauer/von Oefele* § 38 Rn 70; *Keller* Rpfleger 2000, 201; NotBZ 2001, 397, 404; **aA** LG Dessau ZinsO 2001, 626; *Schöner/Stöber* Rn 1635 a.
137 LG Hamburg Rpfleger 1979, 26; *Damrau* BWNotZ 1990, 69; **aA** *Hörer* BWNotZ 1990, 16.
138 Vgl dazu: KEHE-*Dümig* Einl A Rn 10 und KEHE-*Keller* Einl J Rn 1 ff.
139 Vgl dazu: KEHE-*Munzig* § 20 Rn 179 ff.
140 Vgl dazu: KEHE-*Munzig, 5. Aufl,* § 20 Rn 210 ff.
141 KEHE-*Keller* Einl J Rn 20.
142 KEHE-*Keller* Einl J Rn 17–19.
143 OLG Frankfurt Rpfleger 1972, 104; LG Bielefeld Rpfleger 1993, 333.

(c) Beschluss über die vereinfachte Umlegung nach § 82 BauGB;

(d) Grenzscheidungsurteil nach § 920 BGB;[144]

(e) Flurbereinigungsplan nach §§ 61, 79 FlurbG;

(f) Übergang des Eigentums nach den Vorschriften des Straßenrechts (zB § 9 BAutobahnG);

(g) Übergang von Eigentum nach den Vorschriften des Wasserrechts (Überflutung, Anlandung);

(h) Enteignung auf Grund Enteignungsbeschluss;[145]

(i) Enteignung durch Beschluss nach §§ 47, 51 Landbeschaffungsgesetz;

(k) Übergang des Eigentums an den Grundstücken des Deutschen Reiches an die Bundesrepublik Deutschland (Art 134 GG).

29 Bei Grundpfandrechten kann eine Grundbuchunrichtigkeit entstehen, wenn **Briefrechte abgetreten** werden (zum Unrichtigkeitsnachweis vgl Rdn 127):
– Eine Briefgrundschuld wird übertragen durch Einigung (§ 873 Abs 1 BGB), wobei die Erklärung des Zedenten in schriftlicher Form vorliegen muss (§ 1192 Abs 1, § 1154 Abs 1 S 1, 1. Hs, 1. Alt BGB), und Briefübergabe (§ 1192 Abs 1, § 1154 Abs 1 S 1, 1. Hs, 2. Alt BGB);
– Eine Briefhypothek wird übertragen durch Abtretung der Forderung (§ 398 BGB), wobei die Erklärung des Zedenten in schriftlicher Form vorliegen muss (§ 1154 Abs 1 S 1, 1. Hs, 1. Alt BGB), und Briefübergabe (§ 1154 Abs 1 S 1, 1. Hs, 2. Alt BGB) und Mitlaufgebot (§ 1153 Abs 1 BGB).

30 Vielfach ist die Grundbuchunrichtigkeit bei **Grundpfandrechten** die Folge der **Gläubigerbefriedigung**[146] (zum Unrichtigkeitsnachweis vgl Rdn 128):
– Zahlt bei einer Hypothek der persönliche Schuldner den Betrag zurück, so erlischt die persönliche Forderung (§ 362 BGB), die Hypothek geht auf den Eigentümer über (§ 1163 Abs 1 S 2 BGB) und wird Eigentümergrundschuld (§ 1177 Abs 1 BGB); dies gilt unabhängig davon, ob der persönliche Schuldner auch Grundstückseigentümer ist oder nicht, und zwar auch dann, wenn zugleich eine Bürgenhaftung vorliegt.
– Befriedigt der Grundstückseigentümer, der zugleich persönlicher Schuldner ist, den Hypothekengläubiger, so entsteht eine Eigentümergrundschuld (§ 362, § 1163 Abs 1 S 2, § 1177 Abs 1 BGB), auch wenn daneben eine Bürgenhaftung vorliegt.
– Befriedigt der Eigentümer, der nicht zugleich persönlich schuldet, den Hypothekengläubiger, so geht die Forderung auf den Eigentümer über (§ 1143 Abs 1 BGB) und damit auch die Hypothek (§ 1153 Abs 1, §§ 401, 412 BGB).
– Zahlt ein Ablösungsberechtigter bei einer Hypothek, so geht die gesicherte Forderung auf ihn über (§ 268 Abs 3 S 1 BGB) und damit auch die Hypothek (§ 1153 Abs 1, §§ 401, 412 BGB).
– Zahlt ein nicht zur Ablösung Berechtigter bei einer Hypothek, so erlischt die Forderung (§ 362 BGB) und es entsteht eine Eigentümergrundschuld (§ 1163 Abs 1 S 2, § 1177 Abs 1 BGB).
– Erfolgt bei einer Grundschuld die Leistung auf die Forderung, so erlischt diese (§ 362 BGB), die Grundschuld bleibt jedoch wegen ihrer Abstraktheit unberührt.
– Wird auf die Grundschuld geleistet, so geht diese auf den Eigentümer über (die Begründung dafür ist strittig[147]).
– Zahlt ein Ablösungsberechtigter bei einer Grundschuld, so leistet er auf das dingliche Recht, und die in § 1150 BGB geregelte entsprechende Anwendung des § 268 Abs 3 BGB ergibt, dass auf den Leistenden nur die Grundschuld kraft Gesetzes übergeht, die Forderung erlischt.
– Befriedigt ein Bürge den Grundpfandrechtsgläubiger, so erwirbt er die Forderung nach § 774 Abs 1 S 1 BGB, wenn der Grundstückseigentümer zugleich persönlicher Schuldner ist. Während bei hypothekarischer Sicherung zugleich kraft Gesetzes die Hypothek mit übergeht (§ 1153 Abs 1, §§ 401, 412 BGB), ist dies bei der Grundschuld nicht der Fall; sie ist in § 401 Abs 1 BGB nicht genannt; § 1153 Abs 1 BGB gilt für die Grundschuld nicht (§ 1192 Abs 2 BGB).
– Ein Sonderfall der Grundbuchunrichtigkeit kann entstehen, wenn bei einer Hypothek der persönliche Schuldner, der nicht zugleich Eigentümer ist, zahlt und diesem gegen den Eigentümer im Innenverhältnis ein Anspruch zusteht, der darauf gerichtet ist, dass der Eigentümer an Stelle des Schuldners zahlen soll (§ 1164 BGB).
– Bei der Forderungssicherung durch eine Gesamthypothek entsteht eine Grundbuchunrichtigkeit, wenn alle Eigentümer gemeinsam zahlen (§ 1172 BGB), einer der Eigentümer zahlt (§ 1173 BGB) oder der persönliche Schuldner (§ 1174 BGB).

---

144 KEHE-*Munzig* § 20 Rn 40.
145 BayObLGZ 1971, 336 = Rpfleger 1972, 26; KG Rpfleger 1967, 115; OLG Hamm NJW 1966, 1132.
146 Ausführlich dazu: *Eickmann* RpflStud 1981, 73.
147 Vgl dazu *Baur-Stürner* Sachenrecht, § 44 VI 1.

Eine **Zwangshypothek** kann nach der **Insolvenzeröffnung** nicht eingetragen werden für einen Insolvenz-   31
gläubiger (§ 89 Abs 1 InsO); der Gläubiger muss seine titulierte Forderung zur Insolvenztabelle anmelden. § 88
InsO erklärt mit Eröffnung des Insolvenzverfahrens Sicherungen für unwirksam, die ein Insolvenzgläubiger im
letzten Monat vor dem Insolvenzantrag oder während des Eröffnungsverfahrens durch Zwangsvollstreckung
erlangt hat Als Folge der nachträglichen absoluten Unwirksamkeit nimmt eine Meinung an, dass sich eine von
der Rückschlagsperre des § 88 InsO erfasste Zwangssicherungshypothek in eine Eigentümergrundschuld ver-
wandele analog § 868 ZPO.[148] Der *BGH*[149] entschied, dass als Folge der nachträglichen absoluten Unwirksamkeit eine von der Rückschlagsperre des § 88 InsO erfasste Zwangshypothek erlischt. Seine Begründung überzeugt allerdings nicht.[150] § 88 InsO schreibt nicht das Erlöschen einer von der Rückschlagsperre betroffenen
Zwangshypothek vor. Lediglich die durch sie bewirkte Sicherung des Gläubigers wird nachträglich unwirksam.
Dies wird dadurch erreicht, dass aus dem Fremdrecht eine Eigentümergrundschuld wird. Damit verliert der
Gläubiger die durch die Zwangshypothek erlangte Sicherung seines Anspruchs an dem Grundstück. Wenn
schon in den vergleichsweise lapidaren Fällen der Aufhebung der vorläufigen Vollstreckbarkeit des zu vollstre-
ckenden Urteils oder der Anordnung der Einstellung der Zwangsvollstreckung des § 868 Abs 1 ZPO eine
Eigentümergrundschuld entsteht und auch bestehen bleibt, wenn das Urteil später doch rechtskräftig wird,
muss dies im weit schwerwiegenderen Fall der Insolvenzeröffnung mit § 88 InsO erst recht so sein. Der Aufhebung des Vollstreckungstitels im Sinne des § 868 ZPO kann die nachträgliche absolute Unwirksamkeit kraft
Gesetzes der durch eine Vollstreckungsmaßnahme erlangte Sicherung im Sinne von § 88 InsO durchaus gleichgestellt werden. Nach der Ansicht des *BGH* soll die Insolvenzmasse nicht ein begründetes Anrecht darauf
haben, eine Eigentümergrundschuld und damit eine bessere Rangstelle gegenüber anderen nachrangigen
Grundpfandrechtsgläubigern zu erhalten. Dem ist zum einen zu entgegen, dass einem nachrangigen Grundpfandrechtsgläubiger der gesetzliche Löschungsanspruch gegenüber einer vorrangigen Eigentümergrundschuld
nach § 1179a BGB zusteht, und zum anderen damit das Institut der Eigentümergrundschuld und § 868 ZPO
grundsätzlich in Frage gestellt würden. Die besseren Argumente lassen es interessengerecht erscheinen, vom
Entstehen einer Eigentümergrundschuld auszugehen, wenn eine Zwangshypothek unter die Rückschlagsperre
des § 88 InsO fällt. Bei der Umsetzung der nachträglichen absoluten Unwirksamkeit der von der Rückschlags-
sperre des § 88 InsO betroffenen Zwangshypothek im Grundbuchverfahren ist zu beachten: Das Grundbuch
wird unrichtig nach § 894 BGB und ist zu berichtigen durch Unrichtigkeitsnachweis (§ 22 GBO) oder Berichtigungsbewilligung des Zwangshypothekengläubigers (§ 19 GBO). Für den Unrichtigkeitsnachweis gilt: Der
Zeitpunkt der Eintragung der Zwangshypothek ist aus dem Grundbuch selbst ersichtlich, also offenkundig (§ 29
Abs 1 S 2 GBO). Der Zeitpunkt der Insolvenzeröffnung ist durch den Eröffnungsbeschluss festgelegt und damit
durch öffentliche Urkunde nachgewiesen gemäß § 29 Abs 1 S 2 das Insolvenzgericht ist nach § 27 Abs 2 Nr 3
InsO verpflichtet, den genauen Zeitpunkt der Insolvenzeröffnung zu beurkunden. Problematisch ist der für die
Geltung der Rückschlagsperre maßgebliche Insolvenzantrag. Dieser ist von entscheidender Bedeutung für die
Berechnung der Frist von einem Monat in der Unternehmensinsolvenz oder von drei Monaten in der Verbrau-
cherinsolvenz (§ 88, § 321 Abs 1 S 3 InsO). Wenn zwischen der Eintragung der Zwangshypothek und der
Eröffnung des Insolvenzverfahrens der für die je nach Verfahrensart geltende Zeitrahmen für die Rückschlagsperre nicht überschritten ist, ist die Zwangshypothek zwingend von dieser erfasst, da der Insolvenzantrag
zwingend vor der Insolvenzeröffnung gestellt sein muss; eines weiteren Nachweises im Grundbuchverfahren
bedarf es nicht. Problematisch ist es dann, wenn zwischen der Eintragung der Zwangshypothek und Eröffnung
des Insolvenzverfahrens mehr als ein Monat oder drei Monate im Falle des § 312 Abs 1 S 3 InsO liegen. Wie
der Zeitpunkt der Insolvenzantragstellung dem Grundbuchamt nachzuweisen ist, ist umstritten. *Volmer*[151]
geht davon aus, dass eine amtliche Bestätigung des Insolvenzgerichts als öffentliche Urkunde im Sinne
von § 29 Abs 1 S 2 anzusehen und deshalb ausreichend ist. *Keller*[152] widerspricht dem zu Recht. Das Insolvenzgericht ist zwar eine öffentliche Behörde im Sinne des § 415 Abs 1 ZPO; es ist jedoch nicht befugt, eine
Bescheinigung darüber auszustellen, wann ein Insolvenzantrag gestellt worden ist und ob dieser zur Insolvenzeröffnung geführt hat. Wurden gegen den Schuldner mehrere Insolvenzanträge gestellt, bestimmt sich der für
die Anfechtungsfristen der §§ 130 ff InsO maßgebliche Insolvenzantrag nach § 139 InsO; dies gilt auch für § 88
InsO (§ 139 Abs 1 S 1 InsO). Die Bestimmung des maßgeblichen Insolvenzantrags kann sich dann höchst
schwierig gestalten. Das Insolvenzgericht kann deshalb keinesfalls abschließend bescheinigen, aufgrund welchen
Insolvenzantrags das Insolvenzverfahren eröffnet worden ist und mittelbar welcher Gläubiger von § 88 InsO
betroffen ist. Dies muss aber auch dann gelten, wenn nur ein Insolvenzantrag gestellt wurde, weil das Insolvenzgericht nicht innerhalb der Grenzen seiner Amtsbefugnisse im Sinne von § 415 Abs 1 ZPO handeln würde. Ist
deshalb der nach § 88 oder § 312 Abs 1 S 3 InsO maßgebliche Zeitraum nicht offenkundig, scheidet eine

---

148 BayObLG Rpfleger 2000, 448; OLG Düsseldorf Rpfleger 2004, 39; *Deimann* Rpfleger 2000, 193 f und 2004, 40; *Hint-
     zen* Rpfleger 1999, 256, 258.
149 BGH DNotZ 2006, 514 = Rpfleger 2006, 253; ebenso *Eickmann* in HK-InsO § 88 Rn 11; *Zöller-Stöber* § 868 Rn 2.
150 Ebenso *Keller* ZIP 2006, 1174; *Demharter* Rpfleger 2006, 256; *Bestelmeyer* Rpfleger 2006, 388.
151 *Volmer* ZfIR 2006, 441.
152 *Keller* ZfIR 2006, 499.

Grundbuchberichtigung aufgrund Unrichtigkeitsnachweises aus. Die absolut unwirksame Zwangshypothek kann dann nur aufgrund einer Berichtigungsbewilligung des Gläubigers gelöscht werden (§§ 19, 29). Wenn er diese nicht freiwillig abgibt, muss er auf Abgabe der Berichtigungsbewilligung verklagt werden nach § 894 BGB, § 894 ZPO.

32 Bei einer **Vormerkung** wird das Grundbuch unrichtig bezüglich des Berechtigten, wenn der gesicherte Anspruch an einen Dritten abgetreten wird (§ 398 BGB), weil mit dem Anspruch auch die Vormerkung außerhalb des Grundbuchs auf den neuen Gläubiger übergeht (§ 401 BGB).[153] Zum Unrichtigkeitsnachweis vgl Rdn 129. Ist im Grundbuch bei der Vormerkung ein Ausschluss der Abtretbarkeit nicht eingetragen, genügt zur Grundbuchberichtigung bei Abtretung des gesicherten Anspruchs die Berichtigungsbewilligung des eingetragenen Vormerkungsberechtigten.[154] Eine für einen Käufer aufgrund entsprechender Bewilligung eingetragene AV entsteht dann unmittelbar für den Zessionar, wenn der Eigentumsverschaffungsanspruch nach erklärter Bewilligung aber vor Eintragung der AV für den Zedenten abgetreten wurde. Das Grundbuch ist dann (nur) hinsichtlich der Berechtigung der AV unrichtig. Die Umschreibung der Vormerkung auf den Zessionar (wahren Inhaber) ist lediglich Grundbuchberichtigung. Sie setzt den grundbuchmäßigen Nachweis einer wirksamen Anspruchsabtretung oder einer Berichtigungsbewilligung des buchbetroffenen Zedenten voraus.[155]

33 Der **Widerspruch** ist untrennbarer Bestandteil des von ihm geschützten dinglichen Rechts, teilt also dessen rechtliches Schicksal,[156] er geht insbesondere mit ihm auf den neuen Berechtigten über,[157] und zwar außerhalb des Grundbuchs. Ist zB im Grundbuch ein Widerspruch für den Eigentümer E gegen die Reallast des R eingetragen, so geht mit dem Übergang des Eigentums von E an W auch der Widerspruch außerhalb des Grundbuchs auf W über. Soll nun eine Löschung des Widerspruchs auf Grund der Bewilligung des noch eingetragenen Berechtigten E erfolgen, so hat der Grundbuchrechtspfleger den Antrag abzulehnen; die fehlende Bewilligungsberechtigung des E ergibt sich aus dem Grundbuch selbst.

34 Nach § 90 Abs 1 S 1 BSHG ist die **Überleitung** schuldrechlicher Ansprüche des Hilfeempfängers möglich; damit gehen gemäß § 401 BGB auch die zur Sicherung der schuldrechtlichen Ansprüche dienenden dinglichen Rechte auf den Sozialhilfeträger über. Aber auch dingliche Rechte selbst können übergeleitet werden.[158] Die Überleitung erfolgt außerhalb des Grundbuchs und hat zur Folge, dass dem Sozialhilfeträger nunmehr die Verfügungsberechtigung hinsichtlich der dinglichen Rechte zusteht. Ohne dessen Mitwirkung können diese Rechte daher materiellrechtlich nicht erlöschen; eine trotzdem erfolgte Löschung macht das Grundbuch unrichtig.

35 Ändern sich **Gebietskörperschaften** (zB Bund, Länder, Landkreise, Gemeinden) kraft Gesetzes oder auf Grund eines durch staatlichen Hoheitsakt genehmigten öffentlich-rechtlichen Vertrags, so geht das Vermögen des untergegangenen Rechtssubjekts (zB Grundeigentum, beschränkte dingliche Rechte) im Wege der Gesamtrechtsnachfolge auf die erweiterte oder neu entstandene Gebietskörperschaft über;[159] somit entsteht eine Grundbuchunrichtigkeit.

36 Vereinbaren die Ehegatten durch Ehevertrag **Gütergemeinschaft,** so werden das Vermögen des Mannes und das Vermögen der Frau gemeinschaftliches Vermögen beider Ehegatten. Eine Übertragung von dem Mann auf die Frau oder umgekehrt ist gemäß § 1416 Abs 2 BGB nicht erforderlich. War also bisher der Mann Eigentümer eines Grundstückes, so sind mit Abschluss des Ehevertrages Mann und Frau gemeinschaftlich Eigentümer. Zum Unrichtigkeitsnachweis vgl Rdn 130.

37 Das Grundbuch wird unrichtig durch **Erbfolge,** dh wenn das eingetragene Rechtssubjekt stirbt. Nach § 1922 BGB geht mit dem Tode einer Person deren Vermögen als Ganzes auf die Erben über. Das Erbe ist also außerhalb des Grundbuchs bereits Eigentümer oder dinglich Berechtigter geworden. Dasselbe gilt gemäß § 2139 BGB mit dem Eintritt einer Nacherbfolge im Verhältnis zwischen Vorerben und Nacherben. Zum Unrichtigkeitsnachweis bei Erbfolge vgl Rdn 96, 131.

38 Ist eine Erbengemeinschaft, die weder rechtsfähig noch parteifähig,[160] d.h. auch nicht grundbuchfähig ist, als Eigentümer eines Grundstücks im Grundbuch eingetragen, so sind alle Miterben ohne Angabe ihrer Anteile in Abteilung I vermerkt. Ist beispielsweise eine Erbengemeinschaft bestehend aus den Miterben A, B und C als Grundstückseigentümerin im Grundbuch eingetragen und besteht unter den Miterben Einvernehmen darüber,

---

153 BayObLG DNotZ 1999, 736 = ZflR 1999, 75; BayObLGZ 1962, 322, 325; 1971, 310 = Rpfleger 1972, 16; *Eickmann* GBVerfR, Rn 372.
154 BayObLG DNotZ 1999, 736.
155 *Deimann* Rpfleger 2001, 583.
156 BGH WM 1972, 384; RGZ 158, 40, 43.
157 KEHE-*Dümig* § 22 Rn 73.
158 LG Duisburg Rpfleger 1984, 97 = DNotZ 1984, 571.
159 RGZ 87, 284; BayObLGZ 6, 466; KG OLGE 16, 153; 23, 239.
160 BGH ZflR 2007, 108 m Anm *Häublein*.

dass C Alleineigentümer des Grundstücks werden soll, bestehen folgende Möglichkeiten: Die Erbengemeinschaft könnte das Grundstück in notariell beurkundeter Form an C auflassen (§§ 873, 925 BGB; §§ 20, 29), der dann durch konstitutive Grundbucheintragung Alleineigentümer würde. Das gleiche Ziel könnte dadurch erreicht werden, wenn die Miterben A und B ihre Erbanteile in notariell beurkundeter Form auf C übertragen (§§ 2033, 2371 BGB); dadurch würde C außerhalb des Grundbuchs Alleineigentümer werden und das Grundbuch würde nach Vorlage der notariellen Urkunde als Unrichtigkeitsnachweis (§§ 22 Abs 1, 29 Abs 1) berichtigt werden. Beide Alternativen setzen jedoch ein notariell beurkundetes Rechtsgeschäft voraus. Bestritten ist die Frage, ob Miterben auch formlos **aus der Erbengemeinschaft ausscheiden** können. Dies wird vielfach bejaht (insbesondere vom *BGH*), weil der Schutzzweck der Formvorschriften (= §§ 2033, 2371 BGB) nicht zutreffe, denn der bzw die verbliebenen Miterben haften dem Nachlassgläubigern gegenüber bereits gemäß §§ 2058 ff BGB und die Nachlassgläubiger und die Eigengläubiger der Erben träfen bei keine wesentlich anderen Schwierigkeiten als nach jeder Erbauseinandersetzung.[161] Der Erbanteil des ausscheidenden Miterben würde den restlichen Erben analog § 738 BGB kraft Gesetzes anwachsen. Soweit Verbindlichkeiten zum Nachlass gehören, wachsen diese entsprechend § 738 BGB ebenfalls den verbleibenden Miterben bzw dem alleinigen verbleibenden Erben an. Dies hat noch nicht das Ausscheiden des »abgeschichteten« Miterben aus der Haftung im Außenverhältnis zur Folge; hierzu bedarf es rechtsgeschäftlicher Vereinbarungen. Die Grundbucheintragung danach wäre Grundbuchberichtigung und ausreichend dafür wäre die notariell beglaubigte Vereinbarung zwischen allen Miterben als Unrichtigkeitsnachweis (§§ 22, 29 GBO). Für die notarielle Beglaubigung wird ¼ der vollen Gebühr, höchstens aber 130 Euro erhoben (§§ 141, 45 KostO); eine notarielle Beurkundung löst demgegenüber bis zum Doppelten der vollen Gebühr ohne Geltung einer Gebührenobergrenze aus (§ 36 Abs 2, §§ 38, 44 KostO). Der Meinung von der formfreien Möglichkeit des Ausscheidens aus einer Erbengemeinschaft wird jedoch zu Recht widersprochen, da die gezogene Parallele zur Gesellschaft bürgerlichen Rechts ungeeignet ist, denn das Erbrecht hat mit § 2033 BGB anders als das Schuldrecht bei der GbR eine Grundsatzentscheidung über die Formgebundenheit bei Erbteilsverfügungen getroffen.[162] Danach kann nur in notariell beurkundeter Form ein Erbanteil übertragen werden; diese Form muss dann auch gewahrt werden beim Ausscheiden aus der Erbengemeinschaft. Als Verfügungsgeschäft über den Miterbenanteil bedarf das Einvernehmen aller Erben über das Ausscheiden eines Miterben aus der Erbengemeinschaft der notariellen Beurkundung (§ 2033 Abs 1 S 1 BGB); gleiches gilt für das schuldrechtliche Verpflichtungsgeschäft dazu (§§ 2371, 2385 BGB).[163] Unabhängig von dem Streit über die Form des Ausscheidens aus einer Erbengemeinschaft führt die dingliche Abschichtung außerhalb des Grundbuchs dazu, dass der Erbanteil des ausscheidenden Miterben den verbleibenden oder dem letzten Miterben anwächst, d.h. das Grundbuch unrichtig wird. Die Grundbucheintragung des Ausscheidens eines Miterben ist daher eine Grundbuchberichtigung. Der Unrichtigkeitsnachweis (§ 22 Abs 1) besteht in dem materiellen Einvernehmen aller Erben über das Ausscheiden eines Miterben. In welcher Form er dem Grundbuchamt vorgelegt werden muss, hängt davon ab, welche materielle Form man dafür für erforderlich hält. Folgt man der Auffassung des *BGH*, wonach das Ausscheiden materiell formfrei möglich ist, genügt als formeller Unrichtigkeitsnachweis das öffentlich beglaubigte Einvernehmen aller Erben (§ 29 Abs 1 S 1).[164] Vertritt man die Gegenansicht, dh das Ausscheiden eines Miterben bedarf bereits materiell der notariellen Beurkundung, muss das Einvernehmen aller Erben als formeller Unrichtigkeitsnachweis auch in notariell beurkundeter Form beim Grundbuchamt vorgelegt werden (§ 29 Abs 1 S 1).[165] Eine Berichtigungsbewilligung (§ 19) ist dem Grundbuchamt vorzulegen von dem oder den Betroffenen in öffentlich beglaubigter Form (§ 29 Abs 1 S 1). Zu der Frage, wer dies beim Ausscheiden eines Miterben aus einer Erbengemeinschaft ist, liest man dort unterschiedliches. Von *Wesser/Saalfrank*[166] und *Böhringer*[167] wird die Meinung vertreten, dass alle Erben als Betroffene nach § 19 in öffentlich beglaubigter Form die Berichtigungsbewilligung abgeben müssen. *Dümig*[168] vertrat die Ansicht, dass nur der ausscheidende Miterbe als Betroffener die öffentlich beglaubigte Berichtigungsbewilligung nach §§ 19, 29 abgeben muss, aber die übrigen Miterben dem nach § 22 Abs 2 in öffentlich beglaubigter Form (§ 29 Abs 1 S 1 zustimmen müssen. Keine dieser Meinungen ist richtig. *Dümig*[169] hat seinen Irrtum inzwischen eingesehen und verlangt zu Recht nicht

---

161 BGH NJW 2005, 284 = Rpfleger 2005, 140 = NotBZ 2005, 306 = ZNotP 2005, 67; BGHZ 138, 8 = NJW 1998, 1557 = Rpfleger 1998, 287 = DNotZ 1999, 60 m Anm *Rieger* = ZEV 1998, 141 m Anm *Keller* = MittRhNotK 1998, 248 m Anm *Eberl – Borges* = MittBayNot 1998, 188 m Anm *Reimann*; LG Köln NJW 2003, 2993 = Rpfleger 2004, 95 = NotBZ 2004, 75; *Böhringer* BWNotZ 2006, 118, 120; *Wesser/Saalfrank* NJW 2003, 2937.

162 *Schöner/Stöber* Rn 976 a-d; *Spanke*, Das Ausscheiden einzelner Miterben aus der Erbengemeinschaft durch Abschichtung, 2002, und NotBZ 2004, 76, 77; *Eberl-Borges*, Die Erbauseinadersetzung, 2000, S 273 ff und MittRhNotK 1998, 242; *Ann*, Die Erbengemeinschaft, 2001, S 215; *Reimann* MittBayNot 1998, 190; *Keim* RNotZ 2003, 375, 386; *Keller* ZEV 1998, 281, 283 ff; *Rieger* DNotZ 1999, 64.

163 *Schöner/Stöber* Rn 976d.

164 *Wesser/Saalfrank* NJW 2003, 2937, 2940.

165 So zu Recht *Schöner/Stöber* Rn 976e.

166 NJW 2003, 2937, 2940.

167 BWNotZ 2006, 118, 121.

168 Rpfleger 2004, 96, 97.

169 In KEHE § 22 Rn 113 Fn 338.

mehr die öffentlich beglaubigte Zustimmung des oder der verbleibenden Erben nach § 22 Abs 2. Nach letztgenannter Norm darf die Berichtigung des Grundbuchs durch Eintragung eines Eigentümers auf Grund Berichtigungsbewilligung nur mit Zustimmung des Eigentümers erfolgen. Bei § 22 Abs 2 muss es sich aber um eine Berichtigung handeln, bei der jemand neu als Eigentümer einzutragen ist; dann muss dieser zustimmen. Die Vorschrift gilt dagegen nicht für den bereits als Eigentümer Eingetragenen, der kein neues oder anders geartetes Eigentum hinzu erwirbt, zB bei einer Berichtigung auf Grund Anwachsung eines Gesamthandsanteils;[170] es ist nämlich nur die Zustimmung eines nicht eingetragenen Eigentümers erforderlich. Wird im Falle des Ausscheidens eines Miterben aus einer Erbengemeinschaft das Grundbuch mittels Berichtigungsbewilligung des Betroffenen berichtigt (§ 19), bedarf es somit nicht der Zustimmung des oder der verbleibenden Erben nach § 22 Abs 2. Wer muss aber die Berichtigungsbewilligung nach § 19 abgeben? Der Betroffene ! Wer ist dies ? Alle Erben sicher nicht, da sie richtigerweise als begünstigt durch das Ausscheiden eines Miterben anzusehen sind. Und ein Begünstigter muss gerade keine Bewilligung, auch keine Berichtigungsbewilligung, abgeben. Die Meinung, die beim Ausscheiden eines Miterben aus einer Erbengemeinschaft alle Erben als Betroffene die Bewilligung abgeben lassen will, vermischt das materielle und formelle Grundstücksrecht. Materiell bedarf es für das Ausscheiden eines Miterben aus der Erbengemeinschaft unstritig das Einvernehmen aller Erben, aber formell ist für die Grundbuchberichtigung nur die Berichtigungsbewilligung des grundbuchmäßig Betroffenen (= Ausscheidender) erforderlich. Die übrigen (verbleibenden) Miterben sind die grundbuchmäßig Begünstigten und müssen keine Berichtigungsbewilligung abgeben nach § 19. Wird in einer im GB eingetragenen Erbengemeinschaft ein Erbanteil teilweise an einen Miterben übertragen, so wird das GB nicht unrichtig iSv § 894 BGB, § 22 GBO, da die Quoten der Erbanteile nicht im GB eingetragen sind.[171] Eine auflösend bedingte Erbanteilsübertragung ist zulässig und nach § 22 eintragungsfähig, aber nicht ohne, sondern nur mit gleichzeitiger Eintragung der Beschränkung des § 161 BGB, weil das Grundbuch sonst unrichtig würde.[172] Eine aufschiebend bedingte Abtretung macht das Grundbuch erst bei Bedingungseintritt unrichtig, aber die nach § 161 BGB entstandene Beschränkung ist bereits vorher eintragbar.[173]

39 Die Umwandlung des Unternehmens eines **Einzelkaufmanns** in eine Personenhandelsgesellschaft (OHG, KG), Kapitalgesellschaft (GmbH, AG) oder Genossenschaft ist ein Fall der Spaltung durch Ausgliederung (§ 152 UmwG). Der Vermögensübergang tritt ein mit dem Wirksamwerden der Ausgliederung im Register des Einzelkaufmanns (§ 131 UmwG).[174] Das GB wird dadurch hinsichtlich eines eingetragenen Einzelkaufmanns als Eigentümer oder dinglich Berechtigter unrichtig.

40 Soll ein Grundstück von einer **BGB-Gesellschaft** auf eine andere BGB-Gesellschaft übergehen, so sind dafür eine Auflassung und die Eintragung im Grundbuch erforderlich;[175] dies gilt auch dann, wenn die verschiedenen Gesellschaften personengleich sind, weil die Änderung in der gesamthänderischen Zuordnung zu einem bestimmten Gesellschaftsvermögen entscheidend ist.[176] *Übertragen dagegen die Gesellschafter ihre Anteile an der BGB-Gesellschaft auf Erwerber, die ihrerseits eine neue BGB-Gesellschaft bilden, und treten sie ihre Rechte und Pflichten an diese ab, so geht das Vermögen der Gesellschafter im Wege der Gesamtrechtsnachfolge auf die erwerbende Gesellschaft über; in einem solchen Fall bedarf es keiner Auflassung von Grundstücken, vielmehr ist das GB zu berichtigen.*[177] Auch die Übertragung aller Mitgliedschaftsrechte auf mehrere oder auf einen einzigen Erwerber ist zulässig; in diesem Fall geht das Vermögen der Gesellschaft ohne Liquidation im Wege der Gesamtrechtsnachfolge auf den oder die Erwerber über, wobei die Gesellschaft erlischt.[178]

41 **Scheidet ein Gesellschafter aus** einer mehrgliedrigen nicht rechtsfähigen BGB-Gesellschaft aus so wächst sein Anteil am Gesellschaftsvermögen kraft Gesetzes den verbleibenden Gesellschaftern an, sog »Anwachsung« (§ 738 Abs 1 S 1 BGB); in diesem Fall wird das Grundbuch unrichtig, wenn die BGB-Gesellschaft mit ihrem ursprünglichen Gesellschafterbestand eingetragen war.[179] Scheidet aus einer zweigliedrigen BGB-Gesellschaft ein Gesellschafter aus, ohne dass eine Liquidation stattfindet, so tritt in entsprechender Anwendung des Anwachsungsprinzips und des aus den §§ 1490, 1491, 2033 BGB sich ergebenden allgemeinen Rechtsgedankens

---

170 *Meikel-Böttcher* § 22 Rdn 143; *Kohler* in *Bauer/von Oefele* § 22 Rn 240; KEHE-*Dümig* § 22 Rn 113; *Demharter* § 22 Rn 55.
171 Vgl LG Düsseldorf RNotZ 2002, 233.
172 *Winkler* MittBayNot 1978, 1; *Staudenmaier* BWNotZ 1959, 191; *Böttcher* RpflStud 1991, 33, 36.
173 BayObLG Rpfleger 1994, 343 = MittBayNot 1994, 223 = MittRhNotK 1994, 152; *Böttcher* RpflStud 1991, 33, 36; *Winkler* MittBayNot 1978, 1, 4.
174 *Schöner/Stöber* Rn 995e.
175 OLG Hamm Rpfleger 1983, 432.
176 BayObLG Rpfleger 1981, 58; DNotZ 1991, 598 = MittRhNotK 1990, 78; KG Rpfleger 1987, 237.
177 OLG Hamm Rpfleger 1986, 429; BayObLG DNotZ 1991, 598 = MittRhNotK 1990, 78.
178 BGH NJW 1978, 1525; BWNotZ 1979, 149; BayObLG DNotZ 1991, 598 = MittRhNotK 1990, 78; *Schöner/Stöber* Rn 3293.
179 RGZ 136, 99; BGHZ 32, 317; 50, 309; OLG Köln ZfIR 2001, 144; OLG Hamm Rpfleger 1985, 289; MüKo-*Wacke* § 873 Rn 15; *Schöner/Stöber* Rn 982a; *Wenz* MittRhNotK 1996, 377, 383; *Eickmann* Rpfleger 1985, 85, 90.

eine Gesamtrechtsnachfolge unter Umwandlung des Gesamthands- in Alleineigentum ein;[180] auch in diesem Fall tritt eine Grundbuchunrichtigkeit ein. Hat eine BGB-Gesellschaft eine andere BGB-Gesellschaft und sonstige Personen als Gesellschafter und übertragen letztere ihre Anteile auf die Unter-BGB-Gesellschaft, so erlischt die Ober-BGB-Gesellschaft und ihr Vermögen geht im Wege der Anwachsung auf die Unter-BGB-Gesellschaft über;[181] das GB wird unrichtig.

Tritt ein zusätzlicher Gesellschafter in eine – auch im Grundbuch eingetragene – nicht rechtsfähige BGB-Gesellschaft **ein,** so erwirbt er durch den dem § 738 Abs 1 S 1 BGB umgekehrt entsprechenden Vorgang der *»Abwachsung«* automatisch, dh ohne rechtsgeschäftlichen Übertragungsakt, einen Gesamthandsanteil am Gesellschaftsvermögen; somit tritt Grundbuchunrichtigkeit ein.[182] Dies gilt auch für eine Auflassungsvormerkung, wenn nach Erklärung der Auflassung und Eintragung einer Auflassungsvormerkung zugunsten der BGB-Gesellschaft ein neuer Gesellschafter eintritt. Tritt ein zusätzlicher Gesellschafter nach einer Auflassung in die veräußernde BGB-Gesellschaft, so bedarf es keiner neuen Auflassung.[183] Aber auch wenn ein Gesellschafter nach der Auflassung in eine erwerbende BGB-Gesellschaft eintritt, bedarf es keiner neuen Auflassung, da ihm analog § 738 Abs 1 S 1 BGB die Vermögensposition aus der Auflassung anwächst;[184] der Eintritt des Gesellschafters ist dem GBA nachzuweisen durch die Beitrittsvereinbarung in öffentlich beglaubigter Form (§ 22 Abs 1, § 29 Abs 1 S 1) oder die Bewilligungen aller Altgesellschafter (§ 19) und des Neugesellschafters (§ 22 Abs 2) in der Form des § 29. **42**

Das **Ausscheiden eines BGB-Gesellschafters und der gleichzeitige Neueintritt eines anderen** kann durch einen Doppelvertrag geschehen: Dabei trifft der Ausscheidende eine entsprechende Vereinbarung mit den übrigen Gesellschaftern, der Eintretende desgleichen mit diesen eine auf seinen Eintritt gerichtete Vereinbarung. Dadurch entsteht eine doppelte Grundbuchunrichtigkeit bei einer nicht rechtsfähigen Innen – GbR, weil es sich um einen durch eine logische Sekunde getrennten Vorgang der kombinierten An- und Abwachsung handelt.[185] Ein ausscheidender Gesellschafter kann seinen Anteil auch durch Vertrag und Zustimmung der Mitgesellschafter auf einen neu eintretenden Gesellschafter übertragen, was zur Folge hat, dass der Erwerber in die Rechtsstellung des Veräußerers eintritt, somit auch die Gesamthandsberechtigung an allen Vermögensgegenständen erlangt; in Bezug auf die zum Gesellschaftsvermögen gehörenden Grundstücke und Grundstücksrechte liegt eine außerhalb des Grundbuchs eintretende Rechtsnachfolge vor, die zu einer Teilunrichtigkeit des Buches führt.[186] Beim Mitgliederwechsel einer zweigliedrigen BGB-Gesellschaft gilt das gleiche und es ist der Fortbestand der Gesellschaft anzunehmen, wenn sich Ausscheiden und Neueintritt uno actu (= Anteilsübertragung) nahtlos aneinander anschließen;[187] bei einem Zeitintervall zwischen Ausscheiden und Neueintritt wird die BGB-Gesellschaft dagegen aufgelöst, sodass der verbliebene Alleingesellschafter nach entsprechender Grundbuchberichtigung neu verfügen muss.[188] **43**

Durch den **Tod eines Gesellschafters** wird die BGB-Gesellschaft *grundsätzlich aufgelöst* (§ 727 Abs 1 BGB); der Erbe bzw die Erbengemeinschaft wird bei Schweigen des Gesellschaftsvertrags Mitglied der Liquidationsgesellschaft, wodurch das Grundbuch unrichtig wird bei einer nicht rechtsfähigen Innen – GbR.[189] Im Gesellschaftsvertrag kann jedoch für diesen Fall auch eine sog. *Fortsetzungsklausel* enthalten sein; dann scheidet der Verstorbene aus der Gesellschaft aus, sein Anteil wächst gemäß § 738 Abs 1 BGB den verbliebenen Gesellschaftern an, er fällt nicht in den Nachlass, sodass das Grundbuch in Bezug auf diese Anwachsung unrichtig wird.[190] Der Gesellschaftsvertrag kann auch eine sog *Nachfolgeklausel* beinhalten, wonach alle oder nur bestimmte Erben in **44**

180 BGH NJW 1990, 1171 = Rpfleger 1990, 158; NJW-RR 1993, 1443; BGHZ 32, 307; NJW 1966, 827; BayObLG Rpfleger 1983, 431; LG Münster Rpfleger 1992, 149; *Staudinger-Pfeifer* § 925 Rn 25; *Schöner/Stöber* Rn 982b; *Eickmann* Rpfleger 1985, 85, 90.
181 BGH BB 1990, 869; *Schöner/Stöber* Rn 982b; **aA** BayObLG DNotZ 1991, 598.
182 OLG Jena Rpfleger 2001, 125; *MüKo-Wacke* § 873 Rn 15; *Staudinger-Pfeifer* § 925 Rn 25; *Schöner/Stöber* Rn 982c; *Zimmermann* BWNotZ 1995, 73, 74; *Wenz* MittRhNotK 1996, 377, 382; *Eickmann* Rpfleger 1985, 85, 91.
183 LG Köln Rpfleger 2002, 23; LG Hannover MittBayNot 1993, 989; *Zimmermann* BWNotZ 1995, 73, 79; *Böhringer* RpflJB 1994, 223, 226. *Staudinger-Pfeifer* § 925 Rn 25; *Jaschke* Rpfleger 1988, 14, 15; *Sieveking* MDR 1979, 373; **aA** *Eickmann* Rpfleger 1985, 85, 91 (neue Auflassung).
184 BayObLG DNotZ 1992, 155 (*Jaschke*) = Rpfleger 1992, 100 (*Meyer-Stolte*); LG Hannover MittBayNot 1993, 389; *Zimmermann* BWNotZ 1995, 73, 80; *Böhringer* RpflJB 1994, 223; 226; *Staudinger-Pfeifer* § 925 Rn 25; *Schöner/Stöber* Rn 981a; *Jaschke* Rpfleger 1988, 14; *Schmitz-Valckenberg* Rpfleger 1987, 300; **aA** LG Aachen Rpfleger 1987, 104; *Voormann* Rpfleger 1987, 410.
185 *Eickmann* Rpfleger 1985, 85, 90; *Wenz* MittRhNotK 1996, 377, 383.
186 BGH NJW 1981, 1095, 1096; OLG Hamm Rpfleger 1985, 289; *Eickmann* Rpfleger 1985, 85, 90; *Zimmermann* BWNotZ 1995, 73, 75; *Wenz* MittRhNotK 1996, 377, 383; *Schöner/Stöber* Rn 982e; OLG Frankfurt FGPrax 1996, 126 = MittRhNotK 1996, 192 = Rpfleger 1996, 403.
187 *MüKo-Wacke* § 873 Rn 13.
188 *MüKo-Wacke* § 873 Rn 13.
189 *Zimmermann* BWNotZ 1995, 73, 76; *Wenz* MittRhNotK 1996, 377, 387.
190 *Eickmann* Rpfleger 1985, 85, 92; *Zimmermann* BWNotZ 1995, 73, 76; *Wenz* MittRhNotK 1996, 377, 387.

die Gesellschaft eintreten und diese entgegen § 727 Abs 1 BGB als werbende Gesellschaft fortsetzen.[191] Schließlich ist auch eine sog *Eintrittsklausel* möglich, die zunächst eine Fortsetzungsklausel beinhaltet (so) und sodann den Erben oder Dritten ein rechtsgeschäftlich auszuübendes Beitrittsrecht einräumt.[192] Zum Berichtigungsverfahren bei einer nicht rechtsfähigen Innen-GbR vgl Rdn 94 aE, 104 aE und 145 aE, 133.

45 Da die **Außen – GbR rechtsfähig** ist, wird sie auch richtigerweise als grunderwerbsfähig angesehen, dh sie kann als solches Eigentümer eines Grundstücks[193] (und auch Berechtigte eines Grundstücksrechtes[194]) sein. Daneben wird sie auch als grundbuchfähig angesehen,[195] was bedeutet, dass sie unter einem Sammelnamen ohne Nennung der Gesellschafter eingetragen werden kann. Für die Vertreter diese Ansicht, hat ein Gesellschafterwechsel bei einer GbR konsequenterweise überhaupt keine Auswirkungen auf ihre Grundbucheintragung, da ja die Gesellschafter gar nicht eingetragen sind. Für die rechtsfähige Gesellschaft selbst und ihren Namen hat ein Gesellschafterwechsel keinerlei Bedeutung. Im Grundbuch ist keine Änderung einzutragen.[196] Vielfach und zu Recht wird die Ansicht von der Grundbuchunfähigkeit der GbR vertreten (vgl Einl F Rdn 59).[197] Es sind daher die einzelnen Gesellschafter in das Grundbuch einzutragen mit dem Zusatz »als Gesellschafter bürgerlichen Rechts«. Die Auflistung der Namen aller Gesellschafter stellt dann den Namen der rechtsfähigen Gesellschaft dar. Aus diesen Erkenntnissen folgt dann aber konsequenterweise, dass ein Gesellschafterwechsel bei der GbR die Gesellschaft als solches unberührt lässt und damit das Grundbuch nicht unrichtig wird im Sinne von § 894 BGB, § 22 GBO (ebenso wie bei einem Gesellschafterwechsel bei einer OHG oder KG), sondern lediglich deren Namen nicht mehr stimmt (wie bei einer Firmenänderung einer OHG oder KG; Namensänderung eines Grundstückseigentümers auf Grund Heirat). Die Eintragung des Ausscheidens eines Gesellschafters im Grundbuch ist aus Publizitätsgründen zwar weiterhin notwendig, hierbei handelt es sich aber dann nicht um eine Grundbuchberichtigung im Sinne von § 22, sondern nur eine bloße Richtigstellung der Bezeichnung des Eigentümers der Berechtigten (= GbR).[198] Die Richtigstellung der Bezeichnung eines Grundstückseigentümers oder Berechtigten eines Grundstücksrechtes, die seine Identität unverändert lässt, erfolgt nach hM[199] von Amts wegen, so dass der Antrag eines Beteiligten nur die Bedeutung einer Anregung eines Amtsverfahrens hat. Das Grundbuchamt kann auf jede ihm genügend erscheinende Art seine Überzeugung von der Veränderung gewinnen (= Freibeweis); § 29 gilt dafür nicht. Die Veränderung in der Bezeichnung der GbR ist im Grundbuch durch einen Berichtigungsvermerk vorzunehmen. Der Praxis ist zu empfehlen, eine Änderung in der Bezeichnung einer rechtsfähigen GbR durch einen Gesellschafterwechsel im Grundbuch nur zu vermerken, wenn dies dem Grundbuchamt von der GbR, und zwar ordnungsgemäß vertreten (in der Regel durch alle Gesellschafter, §§ 714, 709 BGB), mindestens schriftlich mitgeteilt wird.

46 Ist eine **OHG oder KG** im Grundbuch eingetragen, so kann sich eine Grundbuchunrichtigkeit auf vielfältige Weise ergeben. Zur formwechselnden Umwandlung, Verschmelzung oder Spaltung einer OHG oder KG nach dem UmwG[200] vgl Rdn 47, 86. Wurde eine Personenhandelsgesellschaft aufgelöst (zB durch Ausscheiden des einzigen Komplementärs), so hat dies im Normalfall kraft Gesetzes die Liquidation zur Folge; aus der werbenden Gesellschaft wird eine Liquidationsgesellschaft (§§ 145 ff iVm § 161 Abs 2 HGB). Als andere Art der Auseinandersetzung kommt etwa die Übernahme des Gesellschaftsvermögens (Grundbesitz) ohne Liquidation mit Aktiven und Passiven durch einen Gesellschafter in Betracht; auch können die Liquidatoren vor Abschluss der Liquidation vereinbaren, die Grundstücke der Gesellschaft nicht zu verwerten, sondern als Gesellschafter des bürgerlichen Rechts weiter zu behalten; insofern tritt dann auch eine Grundbuchunrichtigkeit ein.[201] Beim Ausscheiden eines Gesellschafters aus einer Zweipersonen-Handelsgesellschaft gilt das Anwachsungsprinzip des § 738 BGB entsprechend, die Gesamthänderschaft der OHG/KG fällt weg und es bleibt nur noch ein Inhaber

---

191 *Eickmann* aaO; *Zimmermann* aaO; *Wenz* aaO.

192 *Eickmann* aaO; *Wenz* aaO; *Zimmermann* BWNotZ 1995, 73, 78.

193 BGH Rpfleger 2007, 23; BayObLGZ 2002, 330 = DNotZ 2003, 52 = NJW 2003, 70 = NotBZ 2002, 453.

194 BayObLG ZfIR 2004, 1005 = Rpfleger 2005, 19 = ZNotP 2004, 482; OLG Celle ZfIR 2006, 426 = RNotZ 2006, 287; LG Berlin Rpfleger 2004, 283.

195 OLG Stuttgart Rpfleger 2007, 258 = DNotZ 2007, 383 = RNotZ 2007, 106; KEHE-*Dümig* Einl B Rn 61 f; *Eickmann* ZfIR 2001, 433; *Wagner* ZIP 2005, 637; *Knöfel* AcP 2005, 645; *Ott* NJW 2003, 1223; *Ulmer/Steffek* NJW 2002, 330.

196 KEHE-*Dümig* § 22 Rn 87.

197 OLG Celle ZfIR 2006, 426 = RNotZ 2006, 287; II. Zivilsenat des BayObLG ZfIR 2004, 1005 = MittBayNot 2005, 143 = ZNotP 2004, 482 = NotBZ 2004, 433 = Rpfleger 2005, 19; DNotZ 2003, 52 = NJW 2003, 70 = Rpfleger 2003, 78; Rpfleger 2004, 93 = NotBZ 2003, 473 = ZNotP 2004, 25; LG Berlin Rpfleger 2004, 283; LG Aachen Rpfleger 2003, 496 = MittBayNot 2003, 498 = RNotZ 2003, 462; LG Dresden NotBZ 2002, 384; *Wilke* in Bauer/von Oefele § 13 Rn 34; *Demharter* § 19 Rn 108; *Böhringer* BWNotZ 2006, 118, 121; *Kremer* RNotZ 2004, 239; *Lautner* MittBayNot 2005, 93; VOGT Rpfleger 2003, 491; *Stöber* MDR 2001, 544; *Heil* NZG 2001, 300, 305 und NJW 2002, 2158; *Ann* MittBayNot 2001, 197; *Münch* DNotZ 2001, 535; *Nagel* NJW 2003, 1646.

198 *Lautner* MittBayNot 2006, 497, 499; *Meyer* ZfIR 2004, 763, 766 Fn 25.

199 *Meikel-Böttcher* § 22 Rdn 86; KEHE-*Dümig* § 22 Rn 15; *Demharter* § 22 Rn 22; *Soergel-Stürner* § 894 Rn 12.

200 Ausführlich: *Gerold* MittRhNotK 1997, 205; *Ittner* MittRhNotK 1997, 105; *Böhringer* BWNotZ 1995, 97.

201 BayObLGZ 1951, 426; OLG Hamm Rpfleger 1984, 95.

übrig, sodass das Grundbuch zu berichtigen ist.[202] Die Gesellschafter einer OHG/KG können alle ihre Geschäftsanteile auf einen einzigen Erwerber mit der Wirkung übertragen, dass der Erwerber als Gesamtrechtsnachfolger Inhaber der bisher zum Gesellschaftsvermögen gehörenden Rechte wird;[203] gehörten zum Gesellschaftsvermögen auch Grundstücke oder Grundstücksrechte, so liegt eine Grundbuchunrichtigkeit vor.

Eine Grundbuchunrichtigkeit kann sich ergeben aus einer vollständigen oder partiellen Gesamtrechtsnachfolge auf Grund von **Umwandlungen nach dem UmwG** vom 28.10.1994 (BGBl I 3211), zum Berichtigungsverfahren vgl Rdn 97, 134. Durch **Verschmelzung** von zwei oder mehreren Rechtsträgern nach §§ 2–122 UmwG durch Aufnahme oder Neugründung kommt es zur Gesamtrechtsnachfolge außerhalb des Grundbuchs (§ 20 Abs 1 Nr 1, § 36 UmwG), mit der konstitutiven Eintragung in das Handelsregister des Sitzes des übernehmenden bzw neuen Rechtsträgers (§ 20 UmwG) wird das GB unrichtig.[204] Die Umwandlung einer Kapitalgesellschaft in das Vermögen ihres einzigen Gesellschafters geschieht im Wege der Verschmelzung des Vermögens der Kapitalgesellschaft durch Aufnahme mit dem Vermögen des Gesellschafters (§ 120 UmwG); ist das Einzelunternehmen nicht registriert, so wird die Verschmelzung wirksam mit der Eintragung im HR der übertragenden Kapitalgesellschaft.[205] Bei einer **Spaltung** (§§ 123–173 UmwG) als Aufspaltung (§ 123 Abs 1 UmwG), Abspaltung (§ 123 Abs 2 UmwG) oder Ausgliederung (§ 123 Abs 3 UmwG) zur Aufnahme (§§ 126–134 UmwG) oder Neugründung (§§ 135–137 UmwG) tritt eine partielle Gesamtrechtsnachfolge hinsichtlich der abgespaltenen Vermögensgegenstände ein, und zwar ex lege, sodass es zB keiner Auflassung bedarf.[206] Die Spaltung wird wirksam mit der Eintragung in das Handelsregister des Sitzes des übertragenden Rechtsträgers (§ 131 Abs 1 UmwG), wodurch das GB unrichtig wird.[207] Bei der **Vermögensübertragung** zwischen Versicherungsunternehmen oder unter Beteiligung der öffentlichen Hand (§§ 174–189 UmwG) als Vollübertragung treten die gleichen Wirkungen wie bei der Verschmelzung ein (§ 176 UmwG) oder als Teilübertragung die gleichen Wirkungen wie bei der Spaltung (§ 177 UmwG).

47

Auch bei den **Genossenschaften** ist eine Auflassung entbehrlich bei formwechselnder Umwandlung (§§ 251–257 UmwG), Verschmelzung (§§ 79–98 UmwG) oder Spaltung (§§ 147, 148 UmwG);[208] vgl im Übrigen Rdn 47, 86.

48

Ist ein **Verein** oder eine **Stiftung** im Grundbuch eingetragen und fällt das Vereins- oder Stiftungsvermögen an den Fiskus (§§ 46, 88 BGB), so wird das Grundbuch unrichtig. Gleiches gilt beim Übergang eines Grundstücks vom nicht rechtsfähigen Verein (dessen Mitglieder persönlich im Grundbuch eingetragen sein müssen, vgl Einl F Rdn 49) auf den eingetragenen Verein, wenn der Verein Rechtsfähigkeit erlangt und mit dem früheren nicht rechtsfähigen Verein identisch ist.[209] Wegen der formwechselnden Umwandlung (§ 191 Abs 1 Nr 4 UmwG), Verschmelzung und Spaltung von Vereinen (§ 3 Abs 1 Nr 4, Abs 2 Nr 1, § 124 Abs 1 UmwG) vgl Rdn 47, 86.

49

Ebenso wie bei den Kapitalgesellschaften gibt es auch bei den **juristischen Personen des öffentlichen Rechts** eine[210]
– formwechselnde Umwandlung einer Körperschaft oder Anstalt des öffentlichen Rechts,
– Ausgliederung aus dem Vermögen von Gebietskörperschaften (§§ 168–173 UmwG),
– Vermögensübertragung von einer Kapitalgesellschaft auf den Bund, ein Land oder eine Gebietskörperschaft (§§ 174–177 UmwG).

50

Vgl dazu Rdn 47, 86.

Aus der Autonomie der **Kirchen** folgt grundsätzlich nicht die Befugnis, Eigentum an Grundstücken oder Grundstücksrechte ohne Beachtung der Sachenrechtsvorschriften zu übertragen. Nur ausnahmsweise durch ein kirchliches Gesetz kann Eigentum an Grundstücken wirksam von einer kirchlichen Körperschaft auf eine andere übertragen werden; das Grundbuch wird dann unrichtig.[211] Ansonsten ist für den Eigentumsübergang jeweils eine Auflassung erforderlich, zB von Mutterpfarrei auf neu gegründete Kirchengemeinde,[212] Zuweisung

51

---

202 BayObLG DNotZ 1993, 601 = Rpfleger 1993, 495 = MittBayNot 1993, 212; *Kuntze* DNotZ 1990, 172, 175.
203 BGHZ 71, 296, 299; OLG Düsseldorf Rpfleger 1979. 167.
204 *Böhringer* Rpfleger 2001, 59, 62; *Gärtner* DB 2000, 409; *Schöner/Stöber* Rn 995a; *Staudinger-Pfeifer* § 925 Rn 27.
205 *Schöner/Stöber* Rn 995a.
206 *Böhringer* Rpfleger 2001, 59, 63; LG Ellwangen BWNotZ 1996, 125 = Rpfleger 1996, 154 m Anm *Böhringer; Staudinger-Pfeifer* § 925 Rn 27; *Schöner/Stöber* Rn 995b.
207 *Böhringer* Rpfleger 2001, 59, 63; *Schöner/Stöber* Rn 995b.
208 *Staudinger-Pfeifer* § 925 Rn 28.
209 BGHZ 17, 387; RGZ 85, 256.
210 Vgl *Staudinger-Pfeifer* § 925 Rn 30.
211 OLG Hamburg Rpfleger 1982, 373.
212 OLG Düsseldorf NJW 1954, 1767. KG KGJ 41, 208; OLG Oldenburg DNotZ 1972, 492.

an eine neue Pfarrgemeinde,[213] Übertragung eines Grundstücks in das Alleineigentum einer durch Teilung einer Kirchengemeinde entstandenen Einzelgemeinden.[214]

52 Geht die durch Pfändungspfandrecht an einer Zwangssicherungshypothek gesicherte Forderung durch **Abtretung** (§ 398 BGB) oder kraft Gesetzes auf einen Dritten über, so wird die Eintragung der Pfändung im GB insoweit unrichtig, als noch der frühere Gläubiger als Pfandgläubiger verlautbart wird.[215]

53 **cc) Inhaltsänderung.** Der Inhalt eines **dinglichen Rechts** kann sich außerhalb des Grundbuchs ändern durch[216]
  – Währungsumstellung von RM-Rechten;[217]
  – Gesetzesänderung, zB Änderung der Zinsbedingungen für Hypotheken gemäß § 3 VO vom 22.12.1938 (RGBl 1905);
  – tatsächliche Veränderungen eines Flussverlaufs, die eine Änderung der daran bestehenden dinglichen Rechte (zB Fischereirechte) zur Folge haben.[218]

54 Wird bei einer **Vormerkung** der zugrunde liegende Anspruch geändert, so erstreckt sich diese Änderung auf die akzessorische Vormerkung, das Grundbuch wird teilweise unrichtig.[219] Dies ist zB der Fall, wenn ein abtretbarer Anspruch vorgemerkt ist, dessen Abtretbarkeit nachträglich ausgeschlossen wird. Ist zur Sicherung eines durch Annahme eines befristeten Kaufangebots künftig entstehenden Übereignungsanspruchs eine Auflassungsvormerkung im GB eingetragen, liegt keine Inhaltsänderung des gesicherten Anspruchs vor, wenn der Anspruch durch Annahme des Angebots entsteht; für eine Grundbuchberichtigung ist kein Raum.[220]

55 **dd) Erlöschen.** Während dingliche Rechte idR durch Aufhebungserklärung und Grundbucheintragung gemäß § 875 BGB erlöschen, gibt es auch ein nichtrechtsgeschäftliches Erlöschen eines Rechtes **kraft Gesetzes oder Staatsakt**, dh außerhalb des Grundbuchs. Beispielhaft zu nennen sind das Erlöschen von dinglichen Rechten durch lastenfreien gutgläubigen Erwerb eines Dritten (§ 892 BGB), Verjährung (§§ 901, 1028 Abs 1 S 2, 1090 Abs 2 BGB,[221] Eintritt einer auflösenden Bedingung oder Ausfall einer aufschiebenden Bedingung (§ 158 BGB), Zeitablauf (§ 163 BGB), Erlöschen auf Lebenszeit des Berechtigten bestehender Rechte durch Tod (zB §§ 1061, 1090 Abs 2 BGB beim Nießbrauch und beschränkter persönlicher Dienstbarkeit), Ausschluss im Aufgebotsverfahren (§§ 1104, 1112 BGB), Zuschlag im Zwangsversteigerungsverfahren (§§ 52 Abs 1, 92 ZVG), im Umlegungs- (§ 61 BauGB) oder Flurbereinigungsverfahren (§ 49 FlurbG), durch Unschädlichkeitszeugnis (Art 120 EGBGB).

56 Ein im Grundbuch eingetragenes **Vorkaufsrecht** erlischt, wenn es für den ersten Verkaufsfall bestellt ist und das belastete Grundstück auf andere Weise als durch Verkauf (zB Schenkung, Tausch) auf einen Sonderrechtsnachfolger gemäß § 1097 BGB übergeht[222] (zum Unrichtigkeitsnachweis vgl Rdn 135). Außerdem erlischt ein rechtsgeschäftlich bestelltes Vorkaufsrecht außerhalb dem Grundbuch durch Ausübung eines gesetzlichen Vorkaufsrechts,[223] zB gemäß § 24 BauGB und § 5 S 1 RSiedlG. Ein für den ersten Verkaufsfall bestelltes Vorkaufsrecht kann bei einem Verkauf iS des § 470 BGB nicht ausgeübt werden und wird durch einen solchen Verkauf zum Erlöschen gebracht, wodurch das GB unrichtig wird.[224]

57 Bei den im Grundbuch eingetragenen **Verfügungsbeeinträchtigungen** ist zu unterscheiden: Die rechtsgeschäftlich bestellten Verfügungsbeschränkungen der § 5 ErbbauRG, §§ 12, 35 WEG entstehen und erlöschen mit Grundbucheintragung. Dagegen erlöschen die Verfügungsentziehungen (Insolvenz, Testamentsvollstreckung, Nachlassverwaltung) außerhalb dem Grundbuch:[225] Das Insolvenzverfahren kann durch Einstellung oder Aufhebung beendet werden. Die Nachlassverwaltung endet mit der Aufhebung durch das Nachlassgericht. Die Testamentsvollstreckung als solche findet ihr Ende durch den Eintritt der vom Erblasser bestimmten Bedingung oder des angeordneten Endtermins und darüber hinaus mit der Erfüllung ihrer Aufgaben, die Verwaltungsvoll-

---

213 KG KGJ 41, 208; OLG Oldenburg DNotZ 1972, 492.
214 OLG Hamm Rpfleger 1980, 148.
215 OLG München Rpfleger 1989, 18.
216 KEHE-*Dümig* § 22 Rn 49.
217 BGHZ 16, 101 = NJW 1955, 342.
218 OLG Oldenburg AgrarR 1981, 109.
219 BGH DNotZ 1959, 399.
220 BayObLG DNotZ 1995, 311 = Rpfleger 1995, 247 = MittBayNot 1995, 126.
221 OLG Hamburg FGPrax 1996, 211.
222 OLG Zweibrücken Rpfleger 1999, 532 = FGPrax 1999, 207; OLG Stuttgart FGPrax 1997, 207; *Güthe-Triebel* § 22 Rn 12d; *Demharter* § 22 Rn 18; LG Koblenz MittRhNotK 1996, 329.
223 *Demharter* § 22 Rn 18.
224 RG JW 1925, 2128; OLG Stuttgart Rpfleger 1997, 473 = FGPrax 1997, 207 = BWNotZ 1997, 125; OLG Schleswig SchlHA 1958, 313; *Soergel-Stürner* § 1097 Rn 3.
225 *Böttcher* Rpfleger 1983, 187, 188.

streckung des § 2209 BGB erlischt dreißig Jahre nach dem Erbfall (§ 2210 BGB). Ein TV-Vermerk wird auch dann gegenstandslos, wenn der TV das seiner Verfügungsgewalt unterlegene Grundstück an einen Dritten veräußert hat.[226] Aber auch folgende Verfügungsverbote erlöschen außerhalb dem Grundbuch und führen somit zur Grundbuchunrichtigkeit: Zwangsversteigerung bzw Zwangsverwaltung (§§ 19, 23, 146 ZVG), einstweiliger Verfügung (§§ 935, 938 ZPO) und gerichtlicher Pfändung (§§ 829, 857 ZPO). Zum Unrichtigkeitsnachweis vgl Rdn 125.

Ein im Grundbuch eingetragener **Widerspruch** macht dieses nachträglich unrichtig, wenn eine Voraussetzung **58** dafür wegfällt, zB wenn die Eintragung, gegen die sich der Widerspruch richtet, nachträglich richtig wird.[227]

Auch im Bereich der **Grundpfandrechte** ist ein Erlöschen außerhalb des Grundbuchs möglich. Gehören bei **59** einer Forderungssicherung durch eine Gesamthypothek die belasteten Grundstücke verschiedenen Eigentümern, und einer der Eigentümer, der zwar persönlich haftet, aber keinen Ersatzanspruch hat, zahlt den Kapitalbetrag, so wird die Hypothek auf dem Grundstück des Zahlenden Eigentümerrecht und auf den anderen Grundstücken erlischt sie kraft Gesetzes (§ 1173 Abs 1 S 1 BGB); haftet der zahlende Eigentümer nicht persönlich, so erwirbt er nach § 1143 Abs 1 BGB die Forderung des Gläubigers gegen die übrigen Eigentümer und nach hM auch das dingliche Recht am eigenen Grundstück, während die Hypothek an den anderen Grundstücken erlischt (§ 1143 Abs 2, § 1173 Abs 1 S 1 BGB).[228] Befriedigt bei einer Forderungssicherung durch eine Gesamthypothek der persönliche Schuldner, der nicht zugleich Eigentümer eines der belasteten Grundstück ist, aber einen Ersatzanspruch gegen einen oder mehrere (nicht gegen alle!) der Eigentümer hat, den Gläubiger, so erwirbt der Zahlende am Grundstück des Ersatzpflichtigen die Hypothek, an den übrigen Grundstücken erlischt das dingliche Recht (§ 1174 Abs 1 BGB). Verzichtet der Gläubiger eines Gesamtgrundpfandrechts auf das dingliche Verwertungsrecht an einem der Grundstücke, so erlischt es an diesem Grundstück (§ 1175 Abs 1 S 2 BGB). Wird der Gläubiger durch eine auf Grund des dinglichen Anspruchs betriebenen Zwangsvollstreckung aus dem Grundstück oder aus den mithaftenden Gegenständen (§§ 1120 ff BGB) befriedigt, so geht das Grundpfandrecht nicht auf den Eigentümer über, sondern erlischt (§ 1181 Abs 1, 3 BGB); bei der Zwangsversteigerung des Grundstücks spielt die Norm keine große Rolle, da die nicht in das geringste Gebot fallenden Grundpfandrechte schon mit dem Zuschlag erlöschen (§ 91 Abs 1 ZVG). Gehören bei einem Gesamtgrundpfandrecht alle belasteten Grundstücke demselben Eigentümer und erfolgt die Befriedigung aus einem Grundstück, so erlischt das Grundpfandrecht nicht nur auf diesem Grundstück, sondern auch auf allen anderen, mithaftenden Grundstücken (§ 1181 Abs 2 BGB), Gleiches gilt, wenn die belasteten Grundstücke verschiedenen Eigentümern gehören, dem Eigentümer, aus dessen Grundstück der Gläubiger Befriedigung erlangt hat, gegen den anderen Eigentümern aber kein Ersatzanspruch zusteht.[229] Hat der Eigentümer dagegen einen Ersatzanspruch, dann gilt § 1182 BGB, wonach das Grundpfandrecht zwar an dem Grundstück, aus dem der Gläubiger befriedigt wurde, erlischt, jedoch auf dem Grundstück des Ersatzpflichtigen auf den anderen Eigentümer übergeht. Die aufgrund eines Arrestes eingetragene Höchstbetragshypothek wird unwirksam, wenn der Arrestbefehl dem Schuldner nicht innerhalb der Frist des § 929 Abs 3 S 2 ZPO zugestellt wird;[230] das GB wird dadurch unrichtig.[231]

Wird das herrschende Grundstück einer **Grunddienstbarkeit** geteilt, so erlischt diese Dienstbarkeit für alle **60** Grundstücksteile, denen sie nicht zum Vorteil gereicht (§ 1025 S 2 BGB).[232] Der Nachweis, dass eine Grunddienstbarkeit in der Form eines Wasserleitungsrechts **für das herrschende Grundstück keinerlei Vorteil mehr bietet** und damit erloschen ist, ist nicht allein durch den Anschluss des herrschenden Grundstücks an die öffentliche Wasserversorgungsanlage eines Anschluss- und Benutzungszwangs gemäß einer Wasserabgabesatzung geführt, wenn die Satzung die Möglichkeit einer Befreiung vom Anschluss- und Benutzungszwang oder eine Beschränkung der Benutzungspflicht vorsieht und derartige Ausnahmen nicht ausgeschlossen erscheinen.[233] Eine Grunddienstbarkeit erlischt bei nachträglichem dauerhaftem Fortfall des grundstücksbezogenen Vorteiles gem § 1019 S 1 BGB. Der Vorteil muss infolge grundlegender Änderung der tatsächlichen Verhältnisse oder der rechtlichen Grundlage objektiv und endgültig wegfallen.[234] Dies wurde bejaht bei einer Dienstbarkeit mit dem Inhalt, dass auf dem dienenden Grundstück ohne Zustimmung des jeweiligen Eigentümers des herrschenden Grundstücks keine Getränke vertrieben werden dürfen, wenn auf dem herrschenden Grundstück ursprünglich

226 LG Aachen Rpfleger 1986, 306.
227 KEHE-*Dümig* § 22 Rn 72.
228 MüKo-*Eickmann* § 1173 Rn 12; *Becker* Die Bewegungsvorgänge bei der Gesamthypothek, 1976, S 62, 77; *Lang* AcP 89, 251, 317; *Eickmann* RpflStud 1981, 73, 80.
229 *Eickmann* RpflStud 1981, 73, 81.
230 BayObLG Rpfleger 1993, 397.
231 RGZ 151, 155, 156; KG OLGE 44, 172; OLG Frankfurt Rpfleger 1982, 32.
232 BayObLG MittBayNot 1989, 314 = NJW-RR 1989, 1495.
233 BayObLG MittBayNot 1989, 314.
234 BGH DNotZ 1968, 28; 1980, 478; MDR 1984, 1015; OLG München MDR 1983, 934; OLG Koblenz BWNotZ 1999, 511.

eine Brauerei und dann aber ein Getränkemarkt betrieben worden ist; hier wurde der Standpunkt vertreten, dass das herrschende Grundstück durch die Brauerei entscheidend geprägt sei und wenn diese aufgegeben werde, so vermittle der Dienstbarkeitsinhalt keinen grundstücksbezogenen Vorteil iSv § 1019 Satz 1 BGB mehr.[235] Wird dagegen das **belastete Grundstück einer Grunddienstbarkeit geteilt**, so erlischt das Recht kraft Gesetzes, wenn die Ausübung auf einen bestimmten Teil beschränkt war, auf den Grundstücksteilen, welche außerhalb des Ausübungsbereichs liegen, § 1026 BGB[236] (zum Unrichtigkeitsnachweis vgl Rdn 137). Der Dienstbarkeitsberechtigte muss unmittelbar nach dem Rechtsinhalt der Dienstbarkeit oder auf Grund rechtsgeschäftlich vereinbarter Ausübungsregelung dauernd rechtlich, und nicht nur tatsächlich, an der Ausübung gehindert sein.[237] Eine Grunddienstbarkeit erlischt außer durch rechtsgeschäftliche Aufgabeerklärung und Grundbucheintragung (§ 875 BGB) auch dadurch, dass ihre **Ausübung dauernd unmöglich** wird, weil damit der dem herrschenden Grundstück gewährte Vorteil für dauernd entfällt;[238] dies ist zB der Fall bei einer Grunddienstbarkeit auf Freihalten eines Bahnüberganges von Sichtbehinderungen durch Stilllegung der Bahnstrecke und Veräußerung des Bahngeländes.[239] Ebenso wenig wie ein vorübergehender Zustand genügt ein solcher als maßgebliche Änderung nicht, der durch die subjektiven Verhältnisse des derzeitigen Berechtigten bedingt ist. Es genügt also ein in der Person des Berechtigten liegendes Ausübungshindernis nicht, es muss grundstücksbezogenen sein.[240] Als dauernde Unmöglichkeit der Ausübung wurde es nicht angesehen, wenn der Dienstbarkeitsberechtigte den Plan zur Nutzung des dienenden Grundstücks für dauernd aufgibt, etwa weil er eine in Aussicht genommene Fabrik nicht errichten will, solange nur objektiv die Möglichkeit noch gegeben ist, die mit der Grunddienstbarkeit verbundenen Vorteile zu ziehen.[241] Auch dann, wenn ein Fabrikbetrieb auf dem herrschenden Grundstück wegen Zerstörung der Betriebsgebäude eingestellt wurde, erlischt eine darauf gerichtete Grunddienstbarkeit jedenfalls solange nicht, als noch mit einem späteren Wiederaufbau gerechnet werden könne.[242] Gleiches gilt bei einer Dienstbarkeit, die ua eine Verpflichtung zum Inhalt hat, auf dem Grundstück keinen Gaststättenbetrieb zu führen, wenn das auf dem dienenden Grundstück stehende Gebäude durch Brand zerstört worden ist und das Grundstück zu einem künftigen Zeitpunkt wieder bebaut werden kann.[243] Die auf einem in Wohnungseigentum aufgeteilten Grundstück lastenden Grunddienstbarkeit erlischt nicht an dem versteigerten Grundstücksmiteigentumsanteil eines Wohnungseigentümers, wenn sie nach den Versteigerungsbedingungen nicht bestehen bleiben soll (§ 52 Abs 1, § 91 Abs 1 ZVG), sondern auf Grund der materiellrechtlichen Unmöglichkeit der Begründung und Aufhebung einer Grunddienstbarkeit an einem Miteigentumsanteil am gesamten Grundstück;[244] ist die Löschung am versteigerten Wohnungseigentum gemäß dem Ersuchen nach § 130 ZVG erfolgt, so ist die Grunddienstbarkeit auf den übrigen Wohnungsgrundbüchern als inhaltlich unzulässig von Amts wegen zu löschen (§ 53).

61 **Altrechtliche Grunddienstbarkeiten**, die bereits vor In-Kraft-Treten des BGB rechtswirksam bestanden, blieben gemäß Art 184 S 1 EGBGB mit dem sich aus den bisherigen Gesetzen ergebenden Inhalt und Rang bestehen (vgl Rdn 26). Sie bedurften zur Erhaltung ihrer Wirksamkeit gegenüber dem öffentlichen Glauben des Grundbuchs nach dessen Anlegung nicht der Eintragung (Art 187 Abs 1 S 1 EGBGB). Wird die Grunddienstbarkeit eingetragen, so ist für deren Aufhebung das BGB maßgebend (Art 189 Abs 3 EGBGB),[245] zB ist dann keine Verjährung möglich (§ 902 BGB).[246] Solange eine »altrechtliche« Grunddienstbarkeit nicht in das Grundbuch eingetragen worden ist, unterliegt sie nicht dem öffentlichen Glauben an die Richtigkeit und Vollständigkeit des Grundbuchs. Ist sie aber einmal im Grundbuch eingetragen, so nimmt sie am öffentlichen Glauben des Grundbuchs mit der Folge teil, dass ein gutgläubiger Erwerber das dienende Grundstück insoweit lastenfrei erwerben kann.[247] Ist eine Grunddienstbarkeit zu Unrecht im Grundbuch eingetragen oder zu unrecht gelöscht worden, so ist damit das Grundbuch unrichtig, der gutgläubige Erwerber wird aber

---

235 OLG München MDR 1983, 934.

236 BayObLG DNotZ 2004, 388 = Rpfleger 2004, 280; MittBayNot 1994, 318; 1991, 219; BayObLGZ 1954, 291; 1971, 1; Rpfleger 1983, 143; NJW-RR 1987, 1101; KG NJW 1969, 470; *Demharter* § 22 Rn 18.

237 BGH DNotZ 2002, 721 (*Dümig*) = ZfIR 2002, 549; BayObLG DNotZ 1984, 565; BayObLGZ 1985, 31, 34; 1954, 286, 294; KG NJW 1969, 470; *Opitz* Rpfleger 2000, 367.

238 BGH NJW-RR 1988, 1229; WPM 1966, 739; RGRK-*Rothe* § 1019 Rn 7.

239 OLG Köln Rpfleger 1980, 389.

240 BGH LM § 1019 Nr 2; OLG Zweibrücken OLGZ 1987, 27.

241 RG Recht 1924 Nr 394.

242 BGH LM § 1020 Nr 1.

243 BGH DNotZ 1980, 478.

244 KG HRR 1933 Nr592 = JW 1933, 626 = DNotZ 1934, 52; DNotZ 1975, 105 = Rpfleger 1975, 68; OLG Frankfurt Rpfleger 1979, 149; *Jäckel-Güthe* § 130 Rn 11; RGRK-*Rothe* § 1018 Rn 4; KEHE-*Herrmann* § 38 Rn 52; *Tamm* BWNotZ 1965, 20; *Schiffhauer* Rpfleger 1975, 187, 194; *Drischler* KTS 1976, 42, 46; **aA** AG Mannheim BWNotK 1970, 73, 103; *Brachvogel* JW 1933, 2011, *Dammertz* MittRhNotK 1958, 41.

245 KG KGJ 50, 182; LG Bayreuth MittBayNot 1987, 200.

246 *Staudinger-Kanzleiter-Hönle* Art 184 Rn 32.

247 BGH DNotZ 1989, 146 = Rpfleger 1988, 353.

nach § 892 BGB geschützt.[248] Wurde die altrechtliche Grunddienstbarkeit nicht im Wege der Berichtigung im Grundbuch vermerkt, so regelt sich deren Erlöschen nach dem früheren Recht (Art 189 Abs 3 EGBGB) und nach diesem kann die Grunddienstbarkeit uU durch Nichtausübung während einer gewissen Zeit erlöschen.[249] Unter Aufhebung eines Rechts iS von Art 189 Abs 3 EGBGB ist nicht nur die rechtsgeschäftliche Aufhebung, sondern auch der Untergang auf sonstige Weise, also zB durch Nichtausübung zu verstehen.[250] Die Aufhebung und das Erlöschen altrechtlicher Dienstbarkeiten nach Anlegung des Grundbuchs ist auf Grund Art 218 EGBGB in den Art 11–18 ÜbergangsG besonders geregelt worden. Nach Art 13 ÜbergangsG (seit dem 01.01.1983 ersetzt durch die inhaltsgleichen Regelungen der Art 56 Abs 3, 57 Abs 1 AGBGB, BayRS 400-1-J) erlosch eine Grunddienstbarkeit mit dem Ablauf von zehn Jahren nach der letzten Ausübung.[251] Nach Art 703 Code civil hört eine Grunddienstbarkeit schon dann auf, wenn ihre Ausübung auch nur vorübergehend unmöglich ist.[252] Dazu genügt jedoch bei einem Wegerecht, zu dessen Ausübung das Betreten eines dritten Grundstücks nötig ist, noch nicht, dass dem Berechtigten kein Recht zum Betreten dieses Grundstücks zusteht, solange das Betreten tatsächlich geduldet wird.[253] Eine nach dem Recht des Code civil entstandene Grunddienstbarkeit erlischt infolge Nichtgebrauchs während eines Zeitraums von dreißig Jahren.[254] Da altrechtliche Grunddienstbarkeiten zur Erhaltung ihrer Wirksamkeit gegenüber dem öffentlichen Glauben des Grundbuchs grundsätzlich nicht der Eintragung bedürfen (Art 187 Abs 1 S 1 EGBGB), bedeutet dies, dass diese Rechte, auch wenn sie nicht im Grundbuch eingetragen sind, trotz Veräußerung des belasteten Grundstücks an einen gutgläubigen Dritten fortbestehen, soweit nicht nach Art 187 Abs 2 EGBGB landesgesetzlich etwas anderes bestimmt ist.[255] Aber auch wenn nach landesrechtlicher Bestimmung (Art 187 Abs 2 EGBGB) zur Erhaltung der Wirksamkeit gegenüber dem öffentlichen Glauben des Grundbuchs die Grundbucheintragung vorgesehen ist,[256] tritt der Rechtsverlust nicht bereits durch die Fristversäumung (= Nichteintragung in der bestimmten Frist) ein, sondern erst bei Übertragung des Grundstücks auf einen gutgläubigen Dritten; bis dahin kann vom Eigentümer weiterhin gemäß § 894 BGB, Art 187 Abs 1 S 2 EGBGB die Eintragung der Dienstbarkeit verlangt werden.[257] Baden-Württemberg hat zB auf Grund Art 187 Abs 2 EGBGB mit § 31 Abs 1 AGBGB vom 26.11.1974 (GBl 498) bestimmt, dass nichteingetragene altrechtliche Dienstbarkeiten zur Erhaltung der Wirksamkeit gegenüber dem öffentlichen Glauben des Grundbuchs bis zum 31.12.1977 im Grundbuch eingetragen sein mussten. Da ein Erwerber das Grundbuch nur in dem Zeitpunkt für sich haben muss, in dem sich der Rechtserwerb vollendet, mussten nichteingetragene altrechtliche Dienstbarkeiten also auch durch eine bereits vor dem Stichtag des 31.12.1977 eingeleitete Veräußerung des dienenden Grundstücks nach § 892 BGB erlöschen, wenn wenigstens die Eintragung der Übereignung im Grundbuch erst nach diesem Datum erfolgte.[258]

62   Das Grundbuch wird unrichtig, wenn die einstweilige Verfügung oder das vorläufig vollstreckbare Urteil aufgehoben wird, durch welche(s) die Eintragung der **Vormerkung** angeordnet worden war; es genügt zur berichtigenden Löschung des Nachweis der Aufhebung (§ 25). Des Weiteren tritt ein Erlöschen der Vormerkung wegen Wegfall der sachenrechtlichen Grundlage ein bei der Schuldübernahme gemäß § 418 Abs 1 BGB[259] und dem Ausschluss des Vormerkungsberechtigten im Aufgebotsverfahren (§ 887 BGB). Das Grundbuch wird auch hinsichtlich der eingetragenen Vormerkung unrichtig, wenn der gesicherte Anspruch erlischt, es entsteht kein Eigentümerrecht[260] (zB durch Aufhebung des Grundstückskaufvertrags[261]). Ein durch Vormerkung gesichertes Wiederkaufsrecht erlischt mit dem Ablauf von 30 Jahren von der Vereinbarung des Wiederkaufsvorbehalts an (§ 503 S 1 BGB), es sei denn die Frist wurde gemäß § 503 S 2 BGB verkürzt oder verlängert; damit wird auch die Vormerkung gegenstandslos.[262] Die Möglichkeit, das Wiederkaufsrecht selbst von einer aufschiebenden Bedingung abhängig zu machen, ist vom Gesetzgeber nicht vorgesehen.[263] Gleiches gilt, wenn die nach § 144

---

248 BGH DNotZ 1989, 146 = Rpfleger 1988, 353; LG Bayreuth MittBayNot 1987, 200; RGRK-*Augustin* § 892 Rn 25; MüKo-*Wacke* § 892 Rn 16; *Lutter* AcP 164 (1964), 134; **aA** RGZ 62, 99; 93, 63; *Schiffhauer* Rpfleger 1975, 187 Fn 157; *Friedrich Schmidt* MittBayNot 1987, 203.
249 *Staudinger-Kanzleiter-Hönle* Art 84 Rn 32.
250 BGH WPM 1966, 739, 740; BayObLGZ 1959, 478, 489; 1967, 397, 403.
251 BayObLG Rpfleger 2004, 156; BayObLGZ 1985, 225.
252 *Staudinger-Kanzleiter-Höhnle* Art 184 Rn 23.
253 BGH DNotZ 1967, 103 = MDR 1966, 748.
254 LG Düsseldorf AgrarR 1974, 354; *Bengel/Simmerding* § 22 Rn 69.
255 BayObLG Rpfleger 1979, 381; LG Bayreuth MittBayNot 1987, 200; BGB-RGRK-*Augustin* § 892 Rn 61; MüKo-*Wacke* § 892 Rn 16; *Lutter* AcP 164 (1964), 133; *Saar-Diedrich* JA 1983, 420; *Schneble* DRiZ 1952, 42.
256 Vgl dazu *Staudinger-Dittmann* Art 187 Rn 8 ff.
257 OLG Karlsruhe Justiz 1982, 49; 1983, 306; 1983, 457; LG Baden-Baden Justiz 1982, 50.
258 *Gursky* BWNotZ 1986; 58; **aA** OLG Karlsruhe Justiz 1983, 115.
259 *Hoche* NJW 1960, 464.
260 BGH NJW 1981, 36; OLG Zweibrücken Rpfleger 2005, 597 = NotBZ 2005, 412; *Ebel* NJW 1982, 724; kritisch *Wacke* NJW 1981, 1577.
261 BayObLG DNotZ 1989, 363 = MittRhNotK 1989, 52 = BWNotZ 1988, 165.
262 OLG Düsseldorf Rpfleger 1986, 255.
263 BGHZ 47, 387 ff; OLG Düsseldorf aaO.

Abs 2 Nr 3 BauGB erforderliche Genehmigung des Grundstückskaufvertrages rechtskräftig versagt wird; hieran ändert auch die Tatsache nichts, dass dem Käufer ein Anspruch auf Anpassung des Grundstückskaufvertrages an einen genehmigungsfähigen Inhalt zustehen kann.[264] Der gesicherte Anspruch kann auch erlöschen, weil die Zustimmung zur vorgemerkten Belastung verweigert wird[265], wegen Rücktritt vom Vertrag[266] oder wegen Eintritts der auflösenden Bedingung oder Ausfall der aufschiebenden Bedingung[267] (zB: Hat der nicht befreite Vorerbe bei dem Verkauf des zur Erbschaft gehörenden Grundstücks zu seinem Schutz die Fälligkeit der Kaufpreisforderung von der Erteilung der Zustimmung des Nacherben in öffentlich beglaubigter Form abhängig gemacht, so liegt darin zugleich eine Erfüllbarkeitsbedingung, deren endgültiger Ausfall die bereits eingetragene Eigentumsvormerkung erlöschen lässt;[268] zB: Ein durch die Ausübung eines schuldrechtlichen Vorkaufsrechts aufschiebend bedingter und durch Vormerkung gesicherter Übereignungsanspruch erlischt mit dem Tod des Vorkaufsverpflichteten, wenn vorher keine wirksame Vorkaufsrechtsausübung erfolgte und der Vorkaufsberechtigte sein Alleinerbe ist[269]). Völlig unrichtig wird das Grundbuch auch mit dem Übergang des Anspruchs auf den Eigentümer, weil mit der Vereinigung von Schuld und Anspruch der Anspruch und mit ihm die Vormerkung erlischt.[270] Der gesicherte Anspruch erlischt daneben vor allem durch Erfüllung (§ 362 BGB); bei einer Löschung der Vormerkung auf Grund Unrichtigkeitsnachweises ist jedoch große Vorsicht geboten, da nie abschließend festgestellt werden kann, ob nicht noch ein Anspruch aus § 883 Abs 2 BGB besteht.[271] Wird der Anspruch unter Ausschluss des Übergangs der Vormerkung abgetreten, so erlischt die Vormerkung und das Grundbuch wird unrichtig.[272] Die Vormerkung für eine Bauhandwerkersicherungshypothek ist wegen Unrichtigkeit des Grundbuchs zu löschen, wenn die Vollziehungsfrist des § 929 ZPO nicht gewahrt worden ist.[273] Bei einer dauernden Einrede gegen den Anspruch (§ 886 BGB) tritt dagegen noch keine Grundbuchunrichtigkeit ein, sondern es besteht nur ein Anspruch auf Aufhebung der Vormerkung. Ist in einem Übergabevertrag, in dem der Übernehmer sich zur späteren Übertragung des Anwesens auf seine Kinder verpflichtet, vereinbart, dass diese Verpflichtung zu Lebzeiten von Übergeber und Übernehmer ohne Zustimmung der Kinder »abänderbar« sei, so ermöglicht dies idR keine vollständige Aufhebung der Verpflichtung ohne Mitwirkung der Berechtigten; wird in diesem Fall die Verpflichtung gleichwohl »aufgehoben«, so wird, wenn zugunsten der Berechtigten eine Vormerkung eingetragen ist, das GB dadurch nicht unrichtig.[274] Zum Unrichtigkeitsnachweis vgl Rdn 138.

63 Ein tägliches Problem der Grundbuchpraxis ist das Verfahren bei **Verpfändung des Eigentumsverschaffungsanspruchs:** *»Der Eigentümer verkauft sein Grundstück an den Erwerber. Im Kaufvertrag wird zugleich die Auflassung erklärt, die Eintragung der Rechtsänderung bewilligt, sowie die Eintragung einer Auflassungsvormerkung und deren Löschung gleichzeitig mit dem Eigentumsänderung bewilligt. Der Erwerber bestellt sodann eine Grundschuld am zu erwerbenden Grundstück für den Gläubiger, verpfändet den Eigentumsverschaffungsanspruch an den Gläubiger und bewilligt die Eintragung der kraft Gesetzes entstehenden Sicherungshypothek. Vormerkung und Verpfändungsvermerk werden eingetragen. Später wird die Eintragung des Eigentumswechsels und der Grundschuld sowie die Löschung der Auflassungsvormerkung und der Verpfändungsvermerk beantragt.«* Äußerst strittig wird die Frage behandelt, wie bei der Eintragung der Auflassung in diesem Fall zu verfahren ist:[275] an dieser Stelle bedarf dieses Problem jedoch keiner Erörterung (vgl § 20 Rdn 166). Es geht vielmehr um die Frage, ob und wie nach Vollzug der Auflassung die Auflassungsvormerkung und der Verpfändungsvermerk gelöscht werden können. **Eine Meinung** besagt:[276] Mit dem Vollzug der Auflassung ist der Eigentumsverschaffungsanspruch infolge Erfüllung erloschen (§ 362 BGB), das Grundbuch ist hinsichtlich der eingetragenen Auflassungsvormerkung unrichtig. Da jedoch bei ihr der Verpfändungsvermerk eingetragen ist, kann die Vormerkung nur gelöscht werden, wenn auch der Verpfändungsvermerk zu löschen ist. Mit dem Untergang des Pfandgegenstandes (= Eigentumsverschaffungsanspruch) ist

264 OLG Zweibrücken DNotZ 1990, 300 = Rpfleger 1989, 495.
265 LG Bochum Rpfleger 1983, 272.
266 LG Köln MittRhNotK 1989, 267.
267 OLG Zweibrücken Rpfleger 2005, 597 = NotBZ 2005, 412.
268 BGH NotBZ 2000, 379.
269 BGH DNotZ 2001, 55 = Rpfleger 2000, 209 = ZfIR 2000, 202; kritisch dazu: *Flume* JZ 2000, 1159; *Wacke* DNotZ 2001, 302; *von Olshausen* NJW 2000, 2872; NotBZ 2000, 205; *Dinstühler* MittRhNotK 2000, 427.
270 BayObLGZ 13, 175.
271 *Eickmann* GBVerfR, Rn 372.
272 KEHE-*Dümig* § 22 Rn 63.
273 OLG Köln Rpfleger 1987, 301.
274 BayObLG DNotZ 1989, 777 = MittBayNot 1989, 25 = BWNotZ 1989, 38.
275 **Einerseits:** *Schöner/Stöber* Rn 1566, 1585; *Stöber* DNotZ 1985, 587; *Schöner* DNotZ 1985, 598; *Reithmann* DNotZ 1983, 716; 1985, 605; *Weirich* DNotZ 1987, 628; *Blomeyer* Rpfleger 1970, 228; *Weidemann* NJW 1968, 1334; **andererseits:** BayObLGZ 1967, 295; Rpfleger 1976, 421 = Rpfleger 1984, 264; DNotZ 1983, 758; BayObLGZ 1983, 301 = Rpfleger 1984, 144 = DNotZ 1985, 630; BayObLGZ 1985, 332 = Rpfleger 1986, 48; = DNotZ 1986, 345; Rpfleger 1987, 299; = DNotZ 1987, 625; LG Augsburg Rpfleger 1984, 263; *Vollkommer* Rpfleger 1969, 411.
276 BayObLG BayObLGZ 1967, 295; Rpfleger 1976, 42 = Rpfleger 1984, 264; DNotZ 1983, 758; BayObLGZ 1983, 301 = Rpfleger 1984, 144 = DNotZ 1985, 630; BayObLGZ 1985, 332 = Rpfleger 1986, 48 = DNotZ 1986, 345.

auch das an ihm bestellte Pfandrecht erloschen, sodass das Grundbuch hinsichtlich dem eingetragenen Verpfändungsvermerk unrichtig ist; die Berichtigung kann nach § 22 erfolgen. Die **Gegenansicht**,[277] der zu folgen ist, führt dagegen aus, dass der Eigentumsübertragungsanspruch als geschuldete Leistung nach Verpfändung gemäß § 362 BGB nur dann erlischt, wenn an Pfandgläubiger und Gläubiger (Pfandschuldner) gemeinschaftlich (§ 1281 BGB) oder nach Pfandreife an den Pfandgläubiger allein (§ 1282 BGB) geleistet wird; dann erfolgt die Löschung der Auflassungsvormerkung und des Verpfändungsvermerks nach § 22. Der Vollzug der ohne die Mitwirkung des Pfandgläubigers zustande gekommenen Auflassung ist als beeinträchtigende Verfügung dagegen dem durch die Vormerkung gesicherten Pfandgläubiger gegenüber unwirksam (§ 883 Abs 2 BGB). Der verpfändete Auflassungsanspruch erlischt daher nicht mit der vormerkungswidrigen Eintragung der Auflassung, die ohne Mitwirkung bzw ohne Genehmigung des Pfandgläubigers erfolgt ist. Auflassungsvormerkung und Verpfändungsvermerk können in diesem Fall nicht gemäß § 22 gelöscht werden, sondern nur, wenn auch die Bewilligung des Pfandgläubigers vorliegt (§ 19). Erfolgte die Verpfändung des Übereignungsanspruchs auflösend bedingt durch die Eintragung der Grundschuld nach Eigentumswechsel, so gelten die §§ 24, 23 für die Grundbuchberichtigung trotzdem nicht, da einerseits nach dem Untergang des Pfandgegenstandes Rückstände nicht mehr gegeben sein können (vgl §§ 23, 24 Rdn 33) und andererseits das Erlöschen des Pfandrechts seine Ursache nicht im Eintritt der auflösenden Bedingung (= Eintragung der Grundschuld) hat, sondern im Untergang des Übereignungsanspruchs (vgl §§ 23, 24 Rdn 3).

Bei der **Pfändung des Eigentumsverschaffungsanspruchs** (vgl dazu § 20 Rdn 173 ff) gilt ähnliches: Die **64** Eigentumsübertragung hat durch Leistung »in Gemäßheit des § 848 Abs 2 S 1 ZPO«, somit durch Auflassung an den Sequester oder unter Mitwirkung oder Genehmigung des Sequesters zu erfolgen. In diesem Fall tritt auch Erfüllungswirkung gegenüber dem Pfändungsgläubiger ein mit der Folge, dass der Eigentumsverschaffungsanspruch, die Eigentumsvormerkung und das Pfandrecht daran erlöschen. Das Grundbuch ist dann hinsichtlich der Eigentumsvormerkung und des Pfändungsvermerks unrichtig. Liegen keine vormerkungswidrigen Eintragungen vor, können sowohl die Eigentumsvormerkung als auch der Pfändungsvermerk nach § 22 gelöscht werden.[278] Erfolgt der Eigentumswechsel ohne Beteiligung des Sequesters, tritt keine Erfüllungswirkung ein, so dass die Löschung der Eigentumsvormerkung samt Pfändungsvermerk auch der Bewilligung des Pfändungsgläubigers bedarf (§ 19).[279]

4. Heilung und Wegfall

Die Grundbuchunrichtigkeit kann auf verschiedene Weisen geheilt werden oder nachträglich wegfallen:[280] **65**

a) Nachholung der fehlenden materiellen Voraussetzungen.
Folgt die dingliche Einigung der Grund **66** bucheintragung nach, so tritt damit die Rechtsänderung ein und das Grundbuch wird richtig; außer der Wirksamkeit und Übereinstimmung von Eintragung und Einigung ist zum Eintritt der dinglichen Rechtsänderung weder eine Neueintragung noch ein sonstiges Erfordernis notwendig.[281] Erfolgte die Eintragung auf Grund einer nichtigen Auflassung und holen die bisher an der Auflassung beteiligten Personen dies durch eine wirksame Auflassung nach, so bedarf es in einem solchen Fall keiner vorherigen Grundbuchberichtigung und auch keiner inhaltsgleichen Neueintragung. Das Grundbuch wird ohne ein weiteres Eintragungserfordernis richtig. Das Grundbuch ist nicht unrichtig iSv § 894 BGB, wenn die Rechtsgrundlage falsch angegeben ist. Steht die Unwirksamkeit der ersten Auflassung fest, so kann es zweckmäßig sein, im Grundbuch auch ersichtlich zu machen, dass die Eintragung des Eigentumswechsels auf einer anderen – erneuten – Auflassung beruht.[282] Der Klarstellungsvermerk beinhaltet dann aber als Erwerbsgrund nur die zweite Auflassung. Das GBA kann den Klarstellungsvermerk von Amts wegen buchen; ein Antrag eines Beteiligten hat nur die Bedeutung einer Anregung. Ein Klarstellungsvermerk kommt aber dann nicht in Betracht, wenn er lediglich dazu dient, wegen Zweifeln an einer rechtswirksamen Auflassung alternativ den Erwerb des Eigentums auf der Grundlage einer vorsorglich wiederholten zweiten Auflassung im Grundbuch zu verlautbaren.[283] Durch die wirksame Nachholung der Aufgabeerklärung wird von diesem Zeitpunkt an (ex nunc) ein Recht materiell aufgehoben und das bis dahin unrichtige Grundbuch richtig, ohne dass es dafür eines Vermerks im Grundbuch bedarf.[284] Ein belastetes Grundstücksrecht besteht außerhalb des Grundbuchs weiter trotz Aufgabeerklärung und Löschung (§ 875 BGB), wenn die Zustimmungserklärung nach § 876 S 1 BGB fehlt; das Grundbuch wird nachträglich ohne

277 *Kohler* in *Bauer/von Oefele* § 22 Rn 142; *Stöber* DNotZ 1985, 587; *Schöner* DNotZ 1985, 598; *Reithmann* DNotZ 1985, 605; *Schöner/Stöber* Rn 1574, 1575.
278 DNotJ-Report 1995, 81.
279 *Stöber* Forderungspfändung, Rn 2048.
280 Vgl dazu: KEHE-*Dümig* § 22 Rn 21.
281 *Staudinger-Gursky* § 873 Rn 211.
282 BayObLG Rpfleger 1979, 123; *Böhringer* NotBZ 2004, 13.
283 BayObLG DNotZ 2002, 731.
284 *Staudinger-Gursky* § 894 Rn 62.

neue Aufgabeerklärung und ohne neuen Wiedereintragungs- und Löschungsakt mit der wirksamen Nachholung der Zustimmung (§ 876 S 1 BGB) richtig.[285]

67 **b) Gutgläubiger Erwerb durch einen Dritten.** Eine bestehende Grundbuchunrichtigkeit kann durch einen gutgläubigen Erwerb eines Dritten beseitigt werden (§§ 892, 893 BGB). Wurde zB ein Ersteher im Zwangsversteigerungsverfahren auf Grund eines fehlerhaften Zuschlagsbeschlusses im Grundbuch als Eigentümer eingetragen (§ 130 ZVG), so lag eine Unrichtigkeit des Buches vor. Ist das Grundstück danach rechtsgeschäftlich vom angeblichen Ersteher an einen gutgläubigen Dritten weiter übertragen, so erwirbt dieser das Eigentum daran und das Grundbuch wird richtig.[286]

68 **c) Rechtsverlust.** Eine Grundbuchunrichtigkeit entfällt dadurch, dass ein Nichteingetragener sein Recht verliert. Altrechtliche Grunddienstbarkeiten können gemäß Art 184 S 1 EGBGB außerhalb dem Grundbuch bestehen, es liegt aber eine Unrichtigkeit des Buches vor (vgl Rdn 26). Sie erlöschen jedoch zB mit dem Ablauf von zehn Jahren nach der letzten Ausübung (vgl Rdn 61) wodurch das Grundbuch wieder richtig wird.

69 **d) Rechtserwerb.** Erwirbt der unrichtig Eingetragene das Recht, so wird damit eine Grundbuchunrichtigkeit beseitigt. Wird zB jemand auf Grund einer bedingten und damit unwirksamen Auflassung (§ 925 Abs 2 BGB) als Eigentümer eingetragen, so entsteht dadurch eine Grundbuchunrichtigkeit. Beerbt der irrtümlich eingetragene Eigentümer den wahren Grundstückseigentümer allein, so wird damit das Grundbuch wieder richtig.

70 **e) Zeitablauf.** Eine Grundbuchunrichtigkeit kann durch Zeitablauf entfallen. Ist jemand im Grundbuch als Eigentümer eingetragen, ohne dass er das Eigentum erlangt hat (= Grundbuchunrichtigkeit), so erwirbt er das Eigentum, wenn die Eintragung 30 Jahre bestanden und er während dieser Zeit das Grundstück im Eigenbesitz gehabt hat (§ 900 Abs 1 BGB). Beschränkte dingliche Rechte, die zum Besitz eines Grundstücks berechtigten oder deren Ausübung wenigstens besitzrechtlich geschützt ist, sind nach § 900 Abs 2 BGB ebenso wie das Eigentum ersitzbar. Zum Besitz berechtigen zB der Nießbrauch (§ 1036 Abs 1 BGB), das Wohnungsrecht (§ 1093 Abs 1 S 2, § 1036 Abs 1 BGB) das Dauerwohn- und Dauernutzungsrecht (§ 34 Abs 2 WEG), sowie Erbbaurecht (§ 11 ErbbauRG, § 1017 Abs 2 BGB), Wohnungseigentum und Teileigentum (§ 13 WEG); besitzrechtlich geschützte Rechte sind Grunddienstbarkeiten und beschränkte persönliche Dienstbarkeiten (§ 1029, § 1090 Abs 2 BGB). Nicht eingetragene beschränkte dingliche Rechte an fremden Grundstücken – mögen sie zu Unrecht gelöscht oder kraft Gesetzes entstanden sein – erlöschen gemäß § 901 BGB mit ihrer Verjährung, da sie nicht mehr durchsetzbar sind; eine bestehende Grundbuchunrichtigkeit verwandelt sich somit in eine Richtigkeit des Buches.

5. Berichtigungsanspruch

71 **a)** Der Grundbuchberichtigungsanspruch ist ein dinglicher Anspruch der aus dem dinglichen Recht fließt. Im Einzelnen ist seine Rechtsnatur aber streitig, indem er teils als Sonderfall des § 985 BGB,[287] teils als Sonderfall des § 1004 BGB[288] angesehen wird. Da das römische Recht, aus dem die §§ 985, 1004 BGB letztlich stammen, kein Grundbuch kennt, lässt sich der Grundbuchberichtigungsanspruch am ehesten als eigenen, den §§ 985, 1004 BGB verwandter und sie ergänzender dinglicher Anspruch verstehen.[289]

72 **b) Gläubiger** des Berichtigungsanspruchs ist der Inhaber des nicht oder unrichtig eingetragenen Rechts.[290] Der Grundstückseigentümer kann daher Berichtigung verlangen, wenn ein anderer als Eigentümer eingetragen ist oder wenn ein beschränktes dingliches Recht oder eine Verfügungsbeeinträchtigung zu Unrecht eingetragen sind.[291] Dem Berechtigten einer Eigentumsvormerkung steht gegen die vormerkungswidrige Eintragung eines Eigentümers kein Grundbuchberichtigungsanspruch zu.[292] Ein nachrangiger Grundpfandrechtsgläubiger hat einen Berichtigungsanspruch in Bezug auf eine vorrangige rechtsunwirksame Eintragung.[293] Bei nach § 1365 BGB zustimmungsbedürftigen Geschäften hat der übergangene Ehegatte den Berichtigungsanspruch als Prozessstandschafter gemäß § 1368 BGB geltend zu machen.[294] Dem tatsächlichen Nutzer eines Grundstücks bzw dem

285 *Staudinger-Gursky* § 894 Rn 62.
286 BayObLG Rpfleger 1980, 108; *Schöner/Stöber* Rn 358.
287 *Wieacker* DJZ 1936, 989.
288 BGHZ 5, 76; RGZ 57, 320, 322; 135, 33, 35; MüKo-*Wacke* § 894 Rn 2.
289 *Köbler* JuS 1982, 181, 185.
290 BGH ZfIR 2000, 550; RGZ 53, 408, 410.
291 RGZ 60, 259, 264; BayObLG BWNotZ 1982, 90.
292 BayObLG Rpfleger 1987, 450 DNotZ 1988, 158.
293 BGH DNotZ 1997, 633, 635; BayObLG BWNotZ 1988, 165, 166 = DNotZ 1989, 363; BGB-RGRK-*Augustin* § 894 Rn 20.
294 BGH NJW 1984, 809; *Eickmann* Rpfleger 1981, 219.

Inhaber eines schuldrechtlichen Vorkaufsrechts steht gegen die Eintragung eines neuen Eigentümers kein Grundbuchberichtigungsanspruch zu.[295] Der Inhaber eines beschränkten dinglichen Rechts hat den Berichtigungsanspruch, wenn sein Recht nicht oder unrichtig eingetragen ist, wenn eine andere Person als Berechtigter angegeben ist.[296] Der durch eine Verfügungsentziehung oder einem Verfügungsverbot Geschützte hat den Berichtigungsanspruch, wenn die Beeinträchtigung nicht oder unrichtig eingetragen ist.[297] Auch ein fälschlich nur als Mitberechtigter gemäß §§ 741 ff BGB eingetragener Alleinberechtigter hat den Berichtigungsanspruch; desgleichen der Mitberechtigte bei unrichtiger Angabe seines Bruchteils.[298] Den mehreren Miteigentümern zustehenden Berichtigungsanspruch kann nach § 1011 BGB jeder von ihnen geltend machen;[299] entsprechend kann ein Miterbe nach § 2039 BGB den der Erbengemeinschaft zustehenden Berichtigungsanspruch auf Eintragung aller Miterben durchsetzen.[300] Der zu Unrecht Eingetragene hat selbst keinen Berichtigungsanspruch, auch dann nicht, wenn das eingetragene Recht Lasten für ihn mit sich bringt.[301] Der Nachlasspfleger kann als Vertreter nur eines Miterben und zugleich im eigenen Namen Grundbuchberichtigung verlangen.[302] Durch die wirksame Eintragung einer Grundschuld für einen anderen als den wahren Berechtigten wird der Grundstückseigentümer nicht in seinen Rechten beeinträchtigt und kann deshalb keine Berichtigung verlangen.[303] Hat das Grundbuchamt bei einem Wohnungseigentum einen Eigentumswechsel unter Verstoß gegen eine durch die Teilungserklärung begründete rechtsgeschäftliche Verfügungsbeschränkung (§ 12 WEG) eingetragen, dh ohne Zustimmung des Verwalters, so steht weder den übrigen Wohnungseigentümern noch dem Verwalter ein Grundbuchberichtigungsanspruch gem § 894 BGB zu, sondern nur dem veräußernden Wohnungseigentümer.[304]

c) Schuldner des Berichtigungsanspruchs ist jeder, dessen Bewilligung nach grundbuchrechtlichen Vorschriften (§ 19) zur Herstellung des richtigen Buchstandes erforderlich ist.[305] Ein Recht des Berichtigungsverpflichteten kann nicht betroffen sein da ihm ein solches Recht gerade nicht zusteht; gemeint ist seine Buchposition.[306] Fehlt dem von der Berichtigung Betroffenen die Verfügungsbefugnis auf Grund einer Verfügungsentziehung, so hat der Inhaber der Verfügungsbefugnis die Berichtigung zu bewilligen (Insolvenzverwalter, Testamentsvollstrecker, Nachlassverwalter).[307] Einer freiwillig erteilten Berichtigungsbewilligung muss entsprechend §§ 1821, 1812 BGB das Vormundschaftsgericht zustimmen, sofern – unterstellt, sie wäre falsch – redlicher Dritterwerb droht.[308] Wird anstelle des bisherigen Buchberechtigten ein anderer eingetragen, so ist der neu Eingetragene verpflichtet; der Anspruch gegen den bisherigen Buchberechtigten erlischt.[309] Sind mehrere an der betroffenen Buchposition mitberechtigt, so müssen sie sämtlich bewilligen.[310] Bei mehreren selbständigen Teilrechten (zB Teilhypotheken) muss jeder eingetragene Inhaber für seinen Teil die Berichtigung bewilligen.[311] **73**

d) Der **Inhalt** des Berichtigungsanspruchs richtet sich nach der Art der Unrichtigkeit: Im Falle des Bestehens eines dinglichen Rechts außerhalb des Grundbuchs ist die Eintragung des Rechts, im Falle des Nichtbestehens eines das Grundstück oder ein Recht am Grundstück belastenden eingetragenen Rechts oder einer eingetragenen Verfügungsbeeinträchtigung ist die Löschung der Belastung oder der Beeinträchtigung, im Falle unrichtiger Einschreibung eines Rechts ist die Eintragung des richtigen und vollständigen Inhalts zu bewilligen.[312] **74**

e) Erteilt der Schuldner des Berichtigungsanspruchs die Bewilligung nicht, so kann darauf geklagt werden. Die rechtskräftige Verurteilung des Verpflichteten ersetzt gemäß § 894 ZPO seine nach § 19 erforderliche Bewilligung. Zur Klage ist, wie auch sonst, ein **Rechtsschutzbedürfnis** zu fordern.[313] Inhaltlich unzulässige Eintragungen sind nach § 53 Abs 1 S 2 von Amts wegen zu löschen; für eine Klage auf Grundbuchberichtigung besteht insoweit kein Rechtsschutzbedürfnis.[314] Zum Teil wird die Ansicht vertreten, dass trotz der verfahrensrechtlichen Berichtigungsmöglichkeit auf Grund Unrichtigkeitsnachweises gemäß § 22 für eine Berichtigungs- **75**

---

295 OLG Köln Rpfleger 2002, 195.
296 MüKo-*Wacke* § 894 Rn 16.
297 KG OLGE 40, 55; BGB-RGRK-*Augustin* § 894 Rn 23; MüKo-*Wacke* § 894 Rn 17.
298 MüKo-*Wacke* § 894 Rn 18.
299 RG JW 1911, 280, RGRK-*Augustin* § 894 Rn 17; MüKo-*Wacke* § 894 Rn 18.
300 RG HRR 1930 Nr 1220.
301 OLG Rostock OLGE 26, 97; MüKo-*Wacke* § 894 Rn 20; **aA** OLG Karlsruhe DRiZ 1933 Nr 377.
302 BGH ZflR 2000, 789.
303 BGH ZflR 2000, 550.
304 OLG Hamm ZflR 2001, 843 = Rpfleger 2001, 405.
305 BGHZ 41, 30, 32 MüKo-*Wacke* § 894 Rn 21.
306 BGH NJW 1980, 228; MüKo-*Wacke* § 894 Rn 21; RGRK-*Augustin* § 894 Rn 36.
307 KG KGJ 40, 159, RGRK-*Augustin* § 894 Rn 41.
308 MüKo-*Wacke* § 894 Rn 21; *Klüsener* Rpfleger 1981, 461, 468.
309 RGZ 121, 379, 381, BGB-RGRK-*Augustin* § 894 Rn 38.
310 MüKo-*Wacke* § 894 Rn 22.
311 RGZ 141, 379, 385; BGB-RGRK-*Augustin* § 894 Rn 39.
312 BGB-RGRK-*Augustin* § 894 Rn 35; *Köbler* JuS 1982, 181, 184.
313 RGZ 135, 33, 35.
314 BGH NJW 1962, 963, BGB-RGRK-*Augustin* § 894 Rn 45; MüKo-*Wacke* § 894 Rn 3.

klage aus § 894 BGB das Rechtsschutzbedürfnis vorliegt.[315] Mit der heute hM ist das Rechtsschutzinteresse an der Berichtigungsklage jedenfalls dann zu verneinen. wenn der Erfolg des Berichtigungsweges nach § 22 evident außer Frage steht.[316] Bestehen allerdings Zweifel daran, darf der Klageweg nicht verwehrt werden.[317] Soweit die Grundbuchunrichtigkeit ein vom Gesetz vorgesehener Übergangszustand ist, zB die vorläufige Unrichtigkeit bis zur Auszahlung des Hypothekendarlehns, fehlt für eine Geltendmachung das Rechtsschutzbedürfnis.[318] Wird auf Grund eines unrechtmäßigen Vollstreckungsbescheids eine Zwangshypothek eingetragen, so fehlt dem Eigentümer nicht das Rechtsschutzbedürfnis, wenn er den Gläubiger auf Löschungsbewilligung in Anspruch nimmt statt die Grundbuchberichtigung zu betreiben.[319] Während ein rechtskräftiges Urteil aus § 894 BGB das Grundbuchamt bindet und dem Beklagten weitere Einwendungen abschneidet, ist eine Berichtigung nach § 22 auf Grund Unrichtigkeitsnachweises für die Zivilgerichtsbarkeit nicht bindend und belässt dem Buchberechtigten die Möglichkeit, seinerseits die Berichtigungsklage aus § 894 BGB zu erheben.[320]

76 **f)** Der Berichtigungsverpflichtete kann auch **Gegenrechte** geltend machen. So kann der Berichtigungsanspruch verwirkt sein nach § 242 BGB,[321] zB wenn der Kläger beim Beklagten während 20 Jahre widerspruchsloser Duldung den Eindruck erweckt hat, dass er mit einem zustimmungsbedürftigen Hofübergabevertrag einverstanden sei oder er den Kaufpreis entgegennahm, die Übereignung (unwirksam) vollzog und der Erwerber erhebliche Investitionen, vornahm; die Verwirkung bringt den Berichtigungsanspruch zum Erlöschen.[322] Grundsätzlich kann auch die Einrede des Zurückbehaltungsrecht geltend gemacht werden,[323] so zB wenn der Hypothekar wegen Unwirksamkeit des zu sichernden Darlehns die Rückzahlung des Geldes aus § 812 BGB verlangen kann (§ 273 Abs 1 BGB).[324] Wegen Verwendungen auf das Grundstück kann der Bucheigentümer entsprechend § 273 Abs 2 BGB die Berichtigung einstweilen verweigern.[325] Auch hat der Gläubiger gegenüber dem Anspruch des Eigentümers auf Aushändigung der Grundbuchberichtigungsunterlagen ein Zurückbehaltungsrecht wegen der ihm dadurch entstehenden Kosten, da § 897 BGB vorrangig vor § 1144 BGB ist.[326] Ist nach Fristsetzung mit Ablehnungsandrohung durch den Grundstücksverkäufer der Anspruch auf Erfüllung ausgeschlossen, kann der Käufer dem Anspruch auf Zustimmung der Lösung der Auflassungsvormerkung ein Zurückbehaltungsrecht wegen des gezahlten Teilkaufpreises entgegensetzen (§ 273 Abs 1 BGB).[327] Ist eine Grundschuld im GB eingetragen worden, obwohl die zu ihrer Bestellung notwendige dingliche Einigung wegen Geschäftsunfähigkeit des Grundstückseigentümers nichtig ist, so kann dem Grundbuchberichtigungsanspruch die Einrede des Zurückbehaltungsrechts wegen etwaiger Schadensersatzansprüchen des Buchberechtigten nicht entgegengehalten werden.[328] Ist der Berichtigungskläger schuldrechtlich verpflichtet, die dem Buchstand sprechende Rechtslage herbeizuführen, kann er seinerseits nicht ohne Treuwidrigkeit auf Grundbuchberichtigung klagen;[329] dem Schuldner des Berichtigungsanspruchs steht somit der dolo-petit-Einwand aus § 242 BGB zur Seite, so zB wenn der als Eigentümer Eingetragene zwar nicht durch Erbgang erwarb, aber als Vermächtnisnehmer einen Anspruch auf Übereignung gegen den Berichtigungskläger hat (§ 2174 BGB).[330] Ein materiellrechtlicher Verzicht des Berechtigten auf den Berichtigungsanspruch ist unzulässig, weil auch ein allgemeines Interesse an der Richtigkeit des Grundbuchs besteht.[331]

---

315 RG WarnRspr 1914 Nr 126; JW 1923, 750; 1925, 1796; HRR 1931 Nr 1049; KG OLGE 29, 347, 349; OLG Hamburg OLGE 18, 403, 405; OLG Stuttgart Recht 1908 Nr 316; *Wolff-Raiser* § 46 Fn 2.

316 BGH NJW 1962, 963; OLG Naumburg JW 1925, 1796, OLG Zweibrücken OLGZ 1967, 439, 441 = NJW 1967, 1809; BayObLG BayVBl 1983, 665; OLG Frankfurt NJW 1969, 1906 m krit Anm *R. Hoffmann* NJW 1970, 148; KEHE-*Munzig* § 22 Rn 1; *Staudinger-Gursky* § 894 Rn 6; BGB-RGRK-*Augustin* § 894 Rn 46; MüKo-*Wacke* § 894 Rn 3; *Furtner* DNotZ 1963, 196; *Köbler* JuS 1982, 181, 184.

317 OLG Celle KTS 1977, 47; OLG Schleswig MDR 1982, 143; BGB-RGRK-*Augustin* § 894 Rn 45; MüKo-*Wacke* § 894 Rn 3; *Hoffmann* NJW 1970, 148.

318 *Köbler* JUS 1982, 181, 184; *Heck* § 84 III 3, 4; **aA** *Staudinger-Gursky* § 894 Rn 126 mwN.

319 OLG Celle ZfIR 1997, 574.

320 MüKo-*Wacke* § 894 Rn 3.

321 BGH DNotZ 1993, 738; BB 1963, 286; BGHZ 44, 367; NJW 1974, 1651.

322 BGH NJW 1979, 1656; OGHZ 1, 279, 282 = NJW 1949, 182 = MDR 1949, 161 m Anm *Beitzke*; MüKo-*Wacke* § 894 Rn 30; BGB-RGRK-*Augustin* § 894 Rn 49; *Wieling* AcP 176 (1976), 339; *Köbler* JuS 1982, 181, 184.

323 BGH WM 1966, 1224; NJW 1985, 383; RGZ 114, 226, 268; 115, 35, 46; MüKo-*Wacke* § 894 Rn 29; BGB-RGRK-*Augustin* § 894 Rn 47.

324 RGZ 132, 81; OLG Kiel SchlHA 1935, 8.

325 BGH WM 1966, 1224, 1226; RGZ 114, 266, 268; 115, 35, 46; 141, 220, 226; 163, 62; MüKo-*Wacke* § 894 Rn 29; *Köbler* JuS 1982, 181, 184.

326 OLG Köln Rpfleger 1983, 307.

327 BGH DNotZ 1989, 760.

328 BGH DNotZ 1989, 355.

329 BGH BB 1963, 286; NJW 1974, 1651 = MDR 1974, 1007 = JR 1975, 17 m Anm *Schmidt*; RGZ 77, 106, 109; 78, 371, 377; 137, 324, 335; JW 1934, 3054 m Anm *Siebert*; BGB-RGRK-*Augustin* § 894 Rn 46; MüKo-*Wacke* § 894 Rn 30.

330 MüKo-*Wacke* § 894 Rn 30.

331 MüKo-*Wacke* § 894 Rn 28; *Pohle* JZ 1956, 53; *Köbler* JuS 1982, 181, 184; zulässig ist die schuldrechtliche Abrede der Nichtausübung des Anspruchs (BGB-RGRK-*Augustin* § 894 Rn 48).

g) Der Berichtigungsanspruch steht dem Inhaber des jeweiligen Rechts zu. Er ist **nicht selbständig abtret-** **77** **bar**.[332] Nur zusammen mit dem dinglichen Recht kann er übertragen werden und folgt diesem ipso iure nach.[333] Zulässig ist allerdings die einem Dritten erteilte Ermächtigung, den Berichtigungsanspruch im eigenen Namen geltend zu machen (= gewillkürte Prozessstandschaft).[334] Da der Ermächtigende Gläubiger des Berichtigungsanspruchs bleibt, kann er ihn weiterhin geltend machen. Dem Ermächtigten steht somit kein eigener Anspruch zu, sodass er nur die Eintragung des ermächtigenden Gläubigers, nicht seine eigene Eintragung begehren kann.[335]

h) Die **Verpfändung** des Berichtigungsanspruch ist unzulässig, da nicht abtretbare Rechte auch nicht ver- **78** pfändbar sind; § 1274 Abs 2 BGB kennt keine dem § 857 Abs 3 ZPO entsprechende Ausnahmevorschrift.[336]

i) Da der Berichtigungsanspruch nicht übertragbar ist, kann er wegen § 851 Abs 1 ZPO grundsätzlich nicht **79** gepfändet werden. **Pfändbarkeit** besteht gemäß § 857 Abs 3 ZPO nur insoweit, wie dessen Ausübung einem anderen überlassen werden kann.[337] Durch diese Pfändung nebst Überweisung zur Einziehung (§§ 857 Abs 1, 829, 835 ZPO) erlangt der Pfändungsgläubiger die Befugnis, den Anspruch im eigenen Namen und Interesse, aber als Anspruch des Schuldners geltend zu machen: vom Drittschuldner kann er die Bewilligung zur Eintragung des Berechtigten verlangen.[338] Der Pfändungsschuldner bleibt aber der eigentliche Gläubiger des Berichtigungsanspruchs; nur neben ihm hat der Pfändungsgläubiger die Berechtigung, den Anspruch geltend zu machen und die Leistung des Berichtigungsverpflichteten anzunehmen. Die Pfändung kann im Grundbuch nicht eingetragen werden, da der Berichtigungsanspruch selbst kein eintragungsfähiges Recht am Grundstück ist.[339] Mit der Pfändung entsteht ein Pfandrecht am Berichtigungsanspruch, nicht aber am zu berichtigenden dinglichen Recht.[340]

k) Der Berichtigungsanspruch **erlischt** durch Wegfall der Grundbuchunrichtigkeit.[341] Nimmt der zu Unrecht **80** Eingetragene eine Verfügung zugunsten eines gutgläubigen Erwerbers vor, die wirksam ist, so erlischt der Berichtigungsanspruch, denn die neu geschaffene Buchlage entspricht jetzt der wahren Rechtslage.[342] Außerdem bringt die Verwirkung den Berichtigungsanspruch zum Erlöschen (vgl Rdn 76).

l) Von dem dinglichen Berichtigungsanspruch ist der von der Rechtsprechung entwickelte sog **schuldrechtli-** **81** **che Berichtigungsanspruch** zu unterscheiden.[343] Ist das dingliche Geschäft wirksam, fehlt aber das Grundgeschäft oder ist es mangelhaft, oder stimmen dingliches Geschäft samt Eintragung nicht mit dem Grundgeschäft überein, so hat der Benachteiligte gegen den durch die Eintragung Begünstigten diesen schuldrechtlichen Berichtigungsanspruch (idR aus ungerechtfertigter Bereicherung §§ 812 ff BGB).[344] Da Mängel des Grundgeschäfts das Verfügungsgeschäft nicht berühren, handelt es sich bei diesem Anspruch im Gegensatz zum Berichtigungsanspruch aus § 894 BGB nicht um einen dinglicher Art. Bei Mängel beider Geschäfte (= Fehleridentität) bestehen beide Ansprüche nebeneinander.[345]

---

332 BGH WM 1972, 384, 385; RGZ 59, 289, 294; 78, 87, 90; JW 1911, 280; KG OLGE 31, 138; MüKo-*Wacke* § 894 Rn 23; *Soergel-Stürner* § 894 Rn 26; BGB-RGRK-*Augustin* § 894 Rn 26; *Köbler* JuS 1982, 181, 184; *Baur-Stürner* Sachenrecht, § 18 C IV 2.

333 BGH WM 1972, 384, 385; RGZ 46, 225, 230; 62, 322, 326; MüKo-*Wacke* § 894 Rn 23; *Baur-Stürner* Sachenrecht, § 18 C IV 2; *Köbler* JuS 1982, 181, 184.

334 BGH WM 1966, 1224, 1225; 1972, 384, 386; RGZ 53, 408, 411; 64, 165, 169; 78, 87, 90; 91, 390, 396; 112, 260, 265; JW 1911, 280; 1922, 218; 1926, 252; 1932, 1206; 1936, 3047; MüKo-*Wacke* § 894 Rn 23; BGB-RGRK-*Augustin* § 894 Rn 26; *Baur-Stürner* Sachenrecht, § 18 C IV 2; *Stöber* Rpfleger 1976, 197, 200.

335 BGH WM 1972, 384, 386; RGZ 59, 289, 294; 64, 165, 169; 78, 87, 90; 112, 260, 265; BGB-RGRK-*Augustin* § 894 Rn 26; *Soergel-Stürner* § 894 Rn 26; MüKo-*Wacke* § 894 Rn 23; *Baur-Stürner* Sachenrecht, § 18 C IV 2; *Wolff-Raiser* § 46 IV; *Köbler* JuS 1981, 181, 184; *Stöber* Rpfleger 1976, 197, 200.

336 MüKo-*Wacke* § 894 Rn 23; BGB-RGRK-*Augustin* § 894 Rn 26; *Köbler* JuS 1982, 181, 184.

337 KG KGJ 47, 174; MüKo-*Wacke* § 894 Rn 24; BGB-RGRK-*Augustin* § 894 Rn 27; *Köbler* JuS 1982, 181, 184.

338 RGZ 94, 5, 10, KG KGJ 47, 165, 176 = OLGE 31, 138; OLG Köln OLGZ 1969, 338, 340; MüKo-*Wacke* § 894 Rn 25; BGB-RGRK-*Augustin* § 894 Rn 27.

339 KG KGJ 47, 165, 179 = OLGE 31, 138, 142; MüKo-*Wacke* § 894 Rn 25; BGB-RGRK-*Augustin* § 894 Rn 27; *Soergel-Stürner* § 894 Rn 28; *Planck-Strecker* § 894 Anm III 3 b; dies gilt auch, wenn ein Widerspruch eingetragen ist (KG KGJ 47, 165, 180 = OLGE 31, 138, 143; BGB-RGRK-*Augustin* § 894 Rn 27; MüKo-*Wacke* § 894 Rn 25; **aA** OLG Dresden OLGE 2, 152; OLG Colmar OLGE 18, 198).

340 MüKo-*Wacke* § 894 Rn 25.

341 *Köbler* JuS 1982, 181, 185; **aA** *Tempel* JuS 1967, 215, 216 Fn 19 (Erlöschen durch Aushändigung der Bewilligung).

342 *Schwab-Prütting* Sachenrecht, § 20 V.

343 *Weimar* MDR 1959, 631.

344 RGZ 51, 417, 422; 112, 260, 267; 139, 353, 355; JW 1926, 2571, 2573; BGB-RGRK-*Augustin* § 894 Rn 28; MüKo-*Wacke* § 894 Rn 35.

345 RGZ 129, 307, 310.

6. Nicht unter § 22 fallende Richtigstellungen

82 **a) Relative Unwirksamkeit.** Keine Unrichtigkeit des Grundbuchs liegt vor bei einer dem Vormerkungsberechtigten oder dem Verbotsgeschützten gegenüber relativ unwirksamen Eintragung, da dieser Fall nicht nach § 894 BGB berichtigt, sondern nach **§ 888 BGB** beseitigt werden muss.[346] Der Begriff der »relativen Unwirksamkeit« ist missverständlich. Bei einer Vormerkung bzw einem Verfügungsverbot führen Verfügungen des davon Betroffenen nämlich zunächst zur »schwebenden Wirksamkeit«; ausnahmsweise erwachsen solche Verfügungen sogleich in »volle Wirksamkeit« im Fall der Einwilligung des Geschützten, des § 878 BGB und des gutgläubigen Erwerbs (§ 892 BGB); die schwebende Wirksamkeit verwandelt sich in »volle Wirksamkeit« durch Genehmigung des Geschützten oder Wegfall der Vormerkung bzw des Verfügungsverbots bzw in »relative Unwirksamkeit« durch Geltendmachung des Geschützten. Über die dogmatische Einordnung der relativen Unwirksamkeit in das System der Unwirksamkeitsgründe herrscht Uneinigkeit.[347]

83 **b) Inhaltlich unzulässige Eintragungen.** Durch inhaltlich unzulässige Eintragungen, die gemäß **§ 53 Abs 1 S 2** von Amts wegen zu löschen sind und keinen gutgläubigen Erwerb vermitteln können, wird das Grundbuch nicht unrichtig iS von § 894 BGB, sodass eine Berichtigung nach § 22 ausscheidet.[348] Eine etwaige Berichtigungsbewilligung hat nur die Bedeutung einer Anregung zur Tätigkeit von Amts wegen. Inhaltliche Unzulässigkeit einer Eintragung ist gegeben, wenn Art oder Inhalt des eingetragenen Rechts gegen materielles Recht verstoßen. Ein Verstoß des Inhalts des eingetragenen Rechts gegen materiellrechtliche Normen ist auch außerhalb der klassischen Verstöße gegen den numerus clausus des Sachenrechts zu bejahen, wenn die Unwirksamkeit der rechtsgeschäftlichen Begründung eines dinglichen Rechts darauf beruht, dass dessen Inhalt gegen materielles Recht verstößt. Die inhaltliche Unzulässigkeit ist mit der Verneinung der Eintragungsfähigkeit gleichzusetzen, dh was nicht eintragungsfähig ist, darf nicht eingetragen werden, weil solche Eintragungen als inhaltlich unzulässig von Amts wegen gelöscht werden müssen.[349] Die Eintragungsfähigkeit der bewilligten Rechtsänderung ist zu verneinen, wenn das zur Eintragung beantragte dingliche Recht nicht dem Kreis der Sachenrechte angehört oder wenn es einen gesetzlich nicht erlaubten Inhalt aufweist. Zwischen inhaltlicher Unzulässigkeit und Grundbuchunrichtigkeit ist streng zu unterscheiden. Die Grundbuchunrichtigkeit iS der § 894 BGB, § 22 GBO setzt immer die prinzipielle Möglichkeit eines gutgläubigen Erwerbs voraus; demgegenüber geht § 53 Abs 1 S 2 davon aus, dass inhaltlich Unzulässiges nicht gutgläubig erworben werden kann, sodass es auch gerechtfertigt ist, eine solche Grundbucheintragung von Amts wegen zu löschen. Demnach ist von einem aliud-Verhältnis zwischen Grundbuchunrichtigkeit und inhaltlicher Unzulässigkeit auszugehen.[350]

84 **c) Schreibversehen ua offensichtliche Versehen.** Die Richtigstellung von Eintragungen, die durch ungenaue, undeutliche Fassung, offenbare Schreibfehler oder technische Mängel beeinträchtigt sind, geschieht nicht im Rahmen des § 22, sondern sind **von Amts wegen** zu bewirken.[351] Dem Antrag eines Beteiligten kommt nur die Bedeutung einer Anregung zu. Unerhebliche Schreibversehen, die weder den Sinn ändern noch das Verständnis beeinträchtigen, können daher ohne Anwendung der §§ 22, 29 berichtigt werden. Ist bei solchen Versehen nach Lage des Einzelfalles die Möglichkeit nicht ausgeschlossen, dass im Hinblick auf die Wirkungen des öffentlichen Glaubens des Grundbuchs aus der ungenauen Eintragung für Beteiligte oder andere Personen Rechte entstanden sind, die durch die Vornahme der Berichtigung gefährdet oder verletzt würden, so darf die Berichtigung vorbehaltlich des § 53 nur unter Beachtung des § 22 erfolgen.[352] Eine angeregte Neufassung einer Grundbucheintragung dient nicht der Klarstellung, wenn eine unklare Eintragung nicht vorliegt; diese Neufassung kann daher nicht von Amts wegen, sondern nur gemäß § 22 erfolgen. So zB wenn eine am Erbbaurecht bestellte Reallast dahingehend berichtigt werden soll, dass der gesicherte Erbbauzins nicht in der jährlichen Zahlung von 5100,– EURO, sondern in der Überlassung von 70 qm Laden- und 120 qm Kellerräumen bestehe; es liegt eine Änderung des Inhalts der eingetragenen Reallast, die für den Rechtserwerb Bedeutung hat.[353]

85 **d) Angaben tatsächlicher Art.** Da nach § 894 BGB nur solche Eintragungen einer Berichtigung fähig sind, die entweder vollständig oder beschränkt, sei es negativ oder positiv, dem öffentlichen Glauben des Grundbuchs unterliegen, werden Richtigstellungen von Angaben tatsächlicher Art über das Grundstück, die dessen Identität

---

346 RGZ 132, 424; OLG Hamm Rpfleger 1993, 281 = NJW-RR 1993, 529; *Demharter* § 22 Rn 27.
347 Ausführlich dazu: *Böttcher* Rpfleger 1985, 381.
348 BayObLGZ 1973, 86; KG DR 1942, 1796 Nr 30; MüKo-*Wacke* § 894 Rn 14; *Demharter* § 22 Rn 26; *Böttcher* RpflStud 1991, 33, 38; *Güthe-Triebel* § 22 Rn 5; *Hesse-Saage-Fischer* § 22 Bem II 1 c.
349 *Böttcher* RpflStud 1991, 33, 38.
350 RG JW 1923, 750; KG DR 1942, 1796; *Böttcher* RpflStud 1991, 33, 38.
351 RGZ 53, 412; OLG Düsseldorf NJW-RR 1987, 1102; OLG Frankfurt Rpfleger 1964, 116 m Anm *Haegele*; LG Mannheim BWNotZ 1983, 18; *Güthe-Triebel* § 22 Rn 7; *Demharter* § 22 Rn 26.
352 BayObLGZ 12, 605; KG OLGE 8, 211.
353 LG Mannheim BWNotZ 1983, 18; OLG Karlsruhe BWNotZ 1986, 70.

unverändert lassen und rechtlich ohne jede Bedeutung sind, nicht von § 22 erfasst; wird die Unrichtigkeit nachgewiesen, wofür nicht die Form des § 29 verbindlich ist, erfolgt die Berichtigung **von Amts wegen**.[354] Dem Antrag eines Beteiligten kommt nur die Bedeutung einer Anregung zu. Zur Berichtigung rein tatsächlicher Angaben über ein Grundstück gehören die Angaben über Wirtschaftsart, Bebauung, Hausnummer, Straßenbezeichnung und die Beseitigung eines Gebäudes. Zur Berichtigung von der Grundstücksgröße, dh der Flächenangabe, ist noch auf folgendes hinzuweisen: Wenn von der Berichtigung die Grenze in der Örtlichkeit unberührt bleibt, ist die Berichtigung von Amts wegen zulässig; wenn allerdings dadurch der Umfang oder die Grenzen der von der Eintragung erfassten Grundstücksfläche eine Änderung erfahren können, ist § 22 anzuwenden.[355] Von Amts wegen kann auch eine Flächenänderung berichtigt werden, die durch Elementarereignisse bewirkt wurde und nicht mehr rückgängig gemacht werden kann, außer wenn geltend gemacht wird, dass eine bestimmte Fläche infolge Abspülung[356] oder infolge Trockenlegung[357] in das Eigentum eines Dritten übergegangen sei. Stellt daher ein Veränderungsnachweis des Vermessungsamts eine Grenzveränderung infolge Überflutung nach Art 7 Abs 1 BayWG dar, so ist auf die Übernahme dieser Berichtigung in das Grundbuch § 22 nicht anzuwenden; die Berichtigung kann auf Grund des Veränderungsnachweises in das GB übernommen werden.[358] Nicht um eine Berichtigung rein tatsächlicher Angaben handelt es sich im Fall einer Parzellenverwechslung, weil dann der Gegenstand des Eigentumsrechts unrichtig eingetragen ist.[359]

e) Bezeichnung des Berechtigten. Zum Verfahren, wenn der Berechtigte im Grundbuchtext nicht mit dem in der Eintragungsgrundlage übereinstimmt, vgl Rdn 11. Die Richtigstellung der Bezeichnung des Berechtigten, die seine Identität unverändert lässt, fällt nicht unter § 22; sie erfolgt **von Amts wegen**, wobei ein Nachweis in der Form des § 29 nicht erforderlich ist, vielmehr kann das Grundbuchamt auf jede ihm genügend erscheinende Art seine Überzeugung von der Veränderung gewinnen (= Freibeweis).[360] Zur Namensänderung infolge Eheschließung genügt es zB, wenn der beurkundende Notar die Namensänderung durch Einsichtnahme in den Personalausweis feststellt.[361] Der Antrag eines Beteiligten hat nur die Bedeutung einer Anregung eines Amtsverfahrens. Zu nennen sind die Änderung des Berufes, Wohnortes und Namens des Berechtigten (zB infolge Heirat, Adoption, Gesellschafterwechsel bei der rechtsfähigen, aber grundbuchunfähigen Außen-GbR);[362] auch die Firmenänderung des Einzelkaufmanns, der Personenhandels- oder Kapitalgesellschaft gehört hierher.[363] In erster Linie kommt jedoch die **formwechselnde Umwandlung** von Gesellschaften in Betracht, bei der sich nicht ihre Identität, sondern nur die Rechtsform ändert: Umwandlung einer BGB-Gesellschaft in eine OHG/KG oder umgekehrt, gleichgültig ob durch Beschluss oder wegen Zurückgehens auf ein Kleingewerbe[364] oder Handelsregistereintragung (§ 105 Abs 2 HGB);[365] Umwandlung einer OHG in eine KG oder umgekehrt unter Beibehaltung der Firma;[366] Umwandlung der in § 191 Abs 2 UmwG aufgeführten Rechtsträger (OHG, KG, GmbH, AG eG, rechtsfähige Vereine, VVaG, Körperschaften und Anstalten des öffentlichen Rechts) in eine andere vom Gesetz vorgesehene Rechtsform (§ 190 UmwG);[367] Übergang von einer fiskalischen Stelle auf eine andere, da diese Stellen keine selbständige Rechtspersönlichkeiten bilden, sondern insgesamt den Staat verkörpern;[368] Übergang von der Vor-OHG/KG auf die OHG/KG (vgl Band I Einl F Rdn 52); Übergang von der Vor-GmbH auf die GmbH (vgl Einl F Rdn 53); Umschreibung von der Firma der Hauptniederlassung auf die Firma der Zweigniederlassung, was zulässig ist, wenn die Zweigniederlassung eine von der Hauptfirma abweichende Firma führt.[369] § 22 ist jedoch anwendbar, wenn bei **mehreren Rechtsinhabern** die

86

354 BayObLGZ 1959, 162; 1969, 284, 288; MittBayNot 1988, 38 = Rpfleger 1988, 254; OLG Oldenburg Rpfleger 1992, 387; 1991, 412; *Böttcher* RpflStud 1991, 33, 38; *Demharter* § 22 Rn 22; *Pawlowski-Smid* FG, Rn 502; *Güthe-Triebel* § 22 Rn 4.
355 RGZ 73, 129; KG OLGE 7, 213; 8, 312.
356 KG OLGE 10, 428.
357 KG OLGE 6, 197.
358 BayObLG MittBayNot 1988, 38 = Rpfleger 1988, 254; OLG Oldenburg Rpfleger 1991, 412; *Demharter* § 22 Rn 24.
359 RGZ 133, 281; KG KGJ 25, 104; *Demharter* § 22 Rn 25.
360 LG München I Rpfleger 2007, 392; *Schöner/Stöber* Rn 239; *Eickmann* Rpfleger 1985, 85, 89.
361 LG Wuppertal MittBayNot 1977, 68.
362 LG Mainz NJW-RR 1999, 1032; LG Darmstadt DNotZ 1952, 198.
363 BGH DNotZ 1982, 159, 162; BayObLGZ 1948–51, 426; LG Darmstadt DNotZ 1960, 388; **aA** *Kuntze* DNotZ 1990, 172, 174.
364 BayObLG MittBayNot 1995, 325; BayObLGZ 1948–51, 426; OLG Hamburg DNotZ 1955, 148; LG München I Rpfleger 2007, 392; LG Mannheim BWNotZ 1986, 132; LG Darmstadt DNotZ 1960, 388; MüKo-*Wacke* § 894 Rn 13; *Eickmann* Rpfleger 1985, 85, 89.
365 LG München I Rpfleger 2001, 489.
366 KG JFG 1, 368, 371; MüKo-*Wacke* § 894 Rn 13.
367 *Staudinger-Gursky* § 894 Rn 31; **aA** *Schöner/Stöber* Rn 995h (Grundbuchunrichtigkeit iS von § 894 BGB bzw § 22 GBO).
368 RGZ 59, 404; LG Freiburg BWNotZ 1982, 66.
369 RGZ 62, 7; LG Konstanz Rpfleger 1992, 247 m Anm *Hintzen*; **aA** KG HRR 1937 Nr 821 = JW 1937, 1743 = JFG 15, 104; *Güthe-Triebel* § 15 GBV Anm 20; *Hesse-Saage-Fischer* § 22 Anm II 1a (Grundbuchberichtigung).

Art der Mitberechtigung (Bruchteils- oder Gesamthandsgemeinschaft) falsch angegeben ist oder im Falle der Bruchteilsberechtigung unzutreffende Beteiligungsverhältnisse eingetragen sind; das Grundbuch ist in diesen Fällen unrichtig. Letzteres soll auch gelten, wenn die Art des Gemeinschaftsverhältnisses bzw die Bruchteile überhaupt fehlen.[370] Nach richtiger Ansicht liegt jedoch keine Grundbuchunrichtigkeit vor, sondern eine Unvollständigkeit des Eingetragenen, da das Grundbuch nicht eine falsche Rechtslage widerspiegelt, sondern nur die Antwort auf eine bestimmte Frage verweigert.[371] Ein gutgläubiger Erwerb ist ausgeschlossen, da die Unvollständigkeit für jedermann erkennbar ist.[372] War das Gemeinschaftsverhältnis in den Eintragungsunterlagen angegeben, ist aber die Eintragung versehentlich unterblieben, so kann dies jederzeit nachgeholt werden, da der Antrag noch teilweise unerledigt ist. Liegt zwar eine materiellrechtliche Vereinbarung über das Gemeinschaftsverhältnis vor, die jedoch weder in den Eintragungsgrundlagen noch in das Grundbuch Eingang gefunden hat, so ist für diese Beseitigung der Unvollständigkeit des Grundbuchs § 22 zumindest analog anzuwenden.[373] Durch das Fehlen der in § 47 vorgeschriebenen Angaben wird die Aussagekraft des Grundbuchs nämlich erheblich beeinträchtigt. Wurde bei einer Eintragung für den **Fiskus** oder eine Gebietskörperschaft oder sonstigen juristischen Personen des öffentlichen Rechts durch einen Klammerzusatz gemäß § 15 Abs 2 GBV der Teil des Vermögens angegeben, dem das Grundstück oder Grundstücksrecht angehört und geht das Rechtsobjekt dann auf eine andere statio fisci über, so liegt keine Unrichtigkeit iS von § 22 vor;[374] die betroffenen Verwaltungsstellen sind rechtlich unselbständig.

III. Antrag auf Grundbuchberichtigung

1. Antragsgrundsatz

87 Bei der Grundbuchunrichtigkeit gilt der Antragsgrundsatz, dh die Grundbuchberichtigung erfolgt auf Antrag oder Ersuchen einer Behörde.[375] Eine Berichtigung von Amts wegen ist nur in den gesetzlich zulässigen Fällen möglich, nämlich nach § 9 Abs 2, § 51, § 52, § 53 Abs 1 S 2, §§ 84 ff.[376] Hat der Grundbuchrechtspfleger Anhaltspunkte dafür, dass das Grundbuch unrichtig ist, so soll er die Beteiligten zur Stellung der Berichtigungsanträge veranlassen, soweit solche erforderlich sind.[377] Bei einer Unrichtigkeit des Grundbuchs hinsichtlich der Eintragung des Eigentümers infolge eines Rechtsübergangs außerhalb des Grundbuchs geben die §§ 82, 82a die Möglichkeit, den Eintragungsantrag zu erzwingen. Der Antrag kann auch auf eine nur teilweise Berichtigung des Grundbuchs gerichtet sein. So ist es zulässig, die Berichtigung bezüglich einzelner Parzellen zu beantragen, wenn die Auflassung eines Grundstücks nichtig ist.[378] Wurde ein Grundpfandrecht fehlerhaft gelöscht, besteht die Möglichkeit zur Wiedereintragung von Amts wegen nicht.[379]

2. Antragsberechtigung

88 Die für den Regelfall des Antrags auf Vornahme einer konstitutiv wirkenden Eintragung bekannte Definitionsformel des § 13 Abs 1 S 2 ist nicht anwendbar, wenn die Berichtigung des Grundbuchs begehrt wird, da in diesem Fall die materielle Rechtsänderung bereits außerhalb des Buches eingetreten ist. Nach allgemeiner Auffassung ist § 13 Abs 1 S 2 deshalb hier so zu verstehen, dass antragsberechtigt derjenige ist, dessen Recht nicht oder nicht richtig eingetragen ist, also der unmittelbar gewinnende Teil, dem der Berichtigungsanspruch nach § 894 BGB zusteht (= Begünstigter) und derjenige, der zu Unrecht eingetragen ist, also der unmittelbar verlierende Teil als Buchberechtigter, gegen den sich der Berichtigungsanspruch nach § 894 BGB richtet (= Betroffener).[380] Bei dieser Auffassung ergibt sich das Problem, dass alle materiellrechtlichen Fragen bereits in der Antragsstation geprüft werden müssten. Um über die Einleitung eines Berichtigungsverfahrens entscheiden zu können, müsste der Inhalt dieses Verfahrens vorweggenommen werden. § 13 Abs 1 S 2 ist deshalb so anzuwenden, dass antragsberechtigt derjenige ist, der das Vorliegen einer **Unrichtigkeit zu seinen Gunsten oder zu seinen Lasten schlüssig behauptet.**[381] Ein Antragsrecht steht demjenigen nicht zu, der nur schuldrechtlich

370 RGZ 54, 85 ff; OLG Celle OLGE 14, 185; MüKo-*Wacke* § 894 Rn 8; *Planck-Strecker* § 894 Anm II 1 β
371 KEHE-*Eickmann* § 53 Rn 23c.
372 RG JW 1934, 2612; *Demharter* § 47 Rn 26; KEHE-*Eickmann* § 53 Rn 23c.
373 BayObLGZ 10, 355, 357; OLG Hamm OLGE 18, 208 ff; DNotZ 1965, 408 ff; *Demharter* § 47 Rn 26; *Güthe-Triebel* § 22 Rn 7, § 47 Rn 10.
374 KG OLGE 20, 397; MüKo-*Wacke* § 894 Rn 13.
375 *Demharter* § 22 Rn 45; *Böttcher* RpflStud 1991, 33, 38; *Schöner/Stöber* Rn 360.
376 RGZ 88, 91; BayObLGZ 12, 605; Rpfleger 1982, 467; *Demharter* § 22 Rn 45.
377 KEHE-*Dümig* § 22 Rn 116.
378 RGZ 78, 374.
379 LG Gera MittBayNot 2002, 190.
380 BGH DNotZ 1997, 633, 635; BayObLGZ 1969, 288 = Rpfleger 1970, 26; KG KGJ 52, 162; *Demharter* § 22 Rn 45; *Schöner/Stöber* Rn 360.
381 *Böttcher* RpflStud 1991, 33, 39.

zur Herbeiführung einer Eintragung verpflichtet ist.[382] Sind mehrere antragsberechtigt, kann jeder für sich allein den Antrag stellen,[383] zB bei der Eintragung der Gütergemeinschaft jeder Ehegatte allein.[384] Die Berichtigung des Grundbuchs durch Eintragung des tatsächlich Berechtigten kann auch von demjenigen beantragt werden, der auf Grund eines gegen den Berechtigten vollstreckbaren Titels eine Eintragung in das Grundbuch verlangen kann, sofern die Zulässigkeit dieser Eintragung von der vorherigen Berichtigung des Grundbuchs abhängt (§§ 14, 39), was insbesondere auf die Eintragung einer Zwangshypothek zutrifft.[385]

Da das Recht zur **Prozessstandschaft** den Grundsatz durchbricht, dass Prozessführungsbefugnis und Anspruchsinhaberschaft regelmäßig identisch sind, so durchbricht es im Grundbuchverfahrensrecht den Grundsatz des § 13 Abs 1 S 2, dass antragsberechtigt nur der Betroffene oder der Begünstigte sind: der Prozessstandschafter ist selbständig antragsberechtigt.[386] Im Falle der Grundbuchunrichtigkeit auf Grund § 1365 BGB ist daher der revozierende Ehegatte berechtigt, das Berichtigungsverfahren zu beantragen (§ 1368 BGB).[387] **89**

Unterliegt ein Recht der Verwaltung eines **Testamentsvollstreckers**, so kann die Berichtigung des Grundbuchs durch Eintragung der Erben auch von diesen, nicht nur von dem Testamentsvollstrecker beantragt werden;[388] durch den Antrag eines Erben wird nämlich keine Verfügung über den Nachlassgegenstand herbeigeführt (§§ 2205, 2211 BGB), da die Grundbuchunrichtigkeit durch Gesamtrechtsnachfolge (Erbgang) eingetreten ist. Ebenso ist anerkannt, dass ein Erbteilserwerber seine Eintragung als Rechtsnachfolger des bisherigen Mitglieds der im Grundbuch eingetragenen Erbengemeinschaft ohne Mitwirkung des Testamentsvollstreckers beantragen kann.[389] **90**

Einem Antrag auf Eintragung einer Erbteilspfändung kann das Grundbuchamt erst nach Grundbuchberichtigung durch Eintragung des Vollstreckungsschuldners und sämtlicher Miterben als Grundstückseigentümer in Erbengemeinschaft stattgeben.[390] Streitig ist, ob der **Pfändungsgläubiger** unter Nachweis der Erbfolge durch Erbschein oder Verfügung von Todes wegen in öffentlicher Urkunde nebst Eröffnungsniederschrift (§ 35 Abs 1) die Voreintragung der sämtlichen Erben als Grundstückseigentümer beantragen kann. Zum Teil wird dies verneint, weil der Pfändungsgläubiger durch die berichtigende Eigentümereintragung nicht unmittelbar begünstigt oder betroffen wird und als mittelbar Betroffener soll er auch nach § 14 nicht antragsberechtigt sein, weil sein Titel nicht gegen alle Erben vollstreckbar ist.[391] Richtig ist, dass ein Antragsrecht des Pfändungsgläubigers nach § 14 aus dem genannten Grund ausscheidet. Ihm steht jedoch gemäß § 13 Abs 1 S 2 ein eigenes Antragsrecht zu.[392] Diese Antragsberechtigung folgt daraus, dass der Pfändungsgläubiger hinsichtlich des gepfändeten Miterbenanteils in das Miterben-Gemeinschaftsverhältnis als dinglicher Mitberechtigter eingetreten ist.[393] Dadurch hat er die Befugnis erlangt, alle seinem Schuldner als Miterben zustehenden, nicht höchstpersönlichen Rechte neben diesem auszuüben; das Antragsrecht als Verfahrenshandlung ist kein höchstpersönliches Recht des Miterben und kann daher auch vom Pfändungsgläubiger ausgeübt werden. **91**

3. Form

Der Antrag ist an eine Form nicht gebunden. Dasselbe gilt für die Vollmacht zur Antragstellung. Nur wenn der Antrag des nicht eingetragenen Eigentümers oder Erbbauberechtigten auf Eintragung seines Rechtes zugleich dessen Zustimmung nach § 22 Abs 2 enthält, bedarf er der Form des § 29, wie sich aus § 30 ergibt. **92**

4. Inhalt

Der Berichtigungsantrag muss die Person des Antragstellers, den Inhalt der begehrten Eintragung und das Begehren der Eintragung enthalten. Der gestellte Antrag ist auslegungsfähig in entsprechender Anwendung des § 133 BGB.[394] Im Antrag auf Vollzug einer (irrtümlich erklärten) Auflassung kann daher ein Antrag auf Grund- **93**

---

382 KG KGJ 52, 163.
383 *Schöner/Stöber* Rn 360.
384 LG Düsseldorf Rpfleger 1977, 24.
385 *Schöner/Stöber* Rn 371.
386 *Eickmann* Rpfleger 1981, 213, 215.
387 *Eickmann* aaO.
388 *Schneider* MittRhNotK 2000, 283; *Kohler* in *Bauer/von Oefele* § 22 Rn 157; *Schöner/Stöber* Rn 3466 Fn 6; *Bertsch* Rpfleger 1968, 178; **aA** KG KGJ 51, 216; OLG München JFG 20, 273; *KEHE-Herrmann* § 13 Rn 63; *Güthe-Triebel* § 13 Vorbem 77.
389 LG Essen Rpfleger 1960, 57 m Anm *Haegele*; *KEHE-Herrmann* § 13 Rn 63.
390 KG JW 1931, 1371, 1372; OLGE 18, 219; *Stöber* Rpfleger 1976, 197, 198.
391 OLG Zweibrücken Rpfleger 1976, 214; *Rasch* JW 1935, 1136, 1137.
392 *Kohler* in *Bauer/von Oefele* § 22 Rn 157; *Demharter* § 13 Rn 48; *Stöber* Rpfleger 1976, 197; *Hahn* JurBüro 1959, 53; *Ripfel* NJW 1958, 692.
393 BayObLGZ 1959, 50 = Rpfleger 1960, 157 = NJW 1959, 1780.
394 BayObLGZ 1952, 24; Rpfleger 1979, 106; OLG Bremen NJW 1965, 2403; *KEHE-Herrmann* § 13 Rn 35.

buchberichtigung liegen;[395] im Zweifel ist immer die allein zulässige Eintragung als gewollt anzusehen.[396] Die in einem Kaufvertrag enthaltene Vollzugsvollmacht für den Notar kann auch einen von diesem gestellten Grundbuchberichtigungsantrag decken.[397] Auch ein ausdrücklich nach § 84 gestellter Löschungsantrag kann als Antrag auf Grundbuchberichtigung ausgelegt werden.[398]

IV. Berichtigungsbewilligung oder Unrichtigkeitsnachweis

1. Allgemeines

94 **a) Grundsatz: Wahlmöglichkeit.** Die GBO bietet zwei Möglichkeiten, die Berichtigung eines unrichtigen Grundbuches zu erreichen: Einmal auf Grund Berichtigungsbewilligung (§ 19), zum anderen durch Unrichtigkeitsnachweis (§ 22 Abs 1). Gegenstand der Berichtigungsbewilligung ist nicht die konstitutive Rechtsbegründung, Übertragung oder inhaltliche Neugestaltung, sondern die Eintragung einer bereits bestehenden Rechtslage. Dieser Unterschied muss aus der Bewilligung hervorgehen; ihr Inhalt hat somit die Unrichtigkeit schlüssig darzutun. Beim Unrichtigkeitsnachweis muss – mit den Beweismitteln des § 29 – nachgewiesen (also nicht nur glaubhaft gemacht) werden, dass das Grundbuch zu Lasten oder zugunsten des Antragstellers unrichtig ist. Jeder Grundbuchberichtigung liegt somit folgendes System zugrunde:[399]

Entweder: Geringerer Nachweisgrad (= Schlüssigkeit) und Bewilligung

Oder: Voller Nachweis (= Beweis, Überzeugung des Grundbuchamts) ohne Bewilligung.

Erforderlich ist also entweder die Berichtigungsbewilligung oder der Unrichtigkeitsnachweis. Der Antragsteller hat grundsätzlich die Wahl, ob er die Berichtigungsbewilligung vorlegen oder die Unrichtigkeit des Grundbuchs nachweisen will.[400] Dies gilt jedoch nicht ausnahmslos. Wenn der Unrichtigkeitsnachweis nicht geführt werden kann, muss der Weg der Berichtigungsbewilligung gewählt werden. Fehlt es ausnahmsweise an einer bewilligungsberechtigten Person (zB beim Erbfall), so kommt nur der Unrichtigkeitsnachweis in Betracht. Berichtigungsbewilligung und Unrichtigkeitsnachweis nebeneinander sind nicht nötig, dh neben dem Unrichtigkeitsnachweis ist keine Berichtigungsbewilligung nötig und umgekehrt neben der Berichtigungsbewilligung nicht noch der Unrichtigkeitsnachweis,[401] und zwar auch dann nicht, wenn die Eintragung, falls es sich um eine Rechtsänderung handeln würde, nach § 20 den Nachweis der Einigung zur Voraussetzung hätte.[402] Nach den soeben angeführten Grundsätzen kann zB eine Grundbuchunrichtigkeit auf Grund von **Änderungen im Gesellschafterbestand einer nicht rechtsfähigen Innen-BGB-Gesellschaft** (vgl Rdn 40–44) berichtigt werden entweder mit einer *Berichtigungsbewilligung* des ausscheidenden Gesellschafters bzw der bisherigen Gesellschafter bei einem Neueintritt (nebst schlüssiger Darstellung der Unrichtigkeit) oder durch einen *Unrichtigkeitsnachweis* (= Eintrittsvertrag, Austrittsvertrag, Übertragungsvertrag);[403] zu ersterem vgl Rdn 104 aE und Rdn 145 aE, zu letzterem Rdn 133.

95 **b) Ausnahme: Nur Unrichtigkeitsnachweis.** Der Grundsatz von der Wahlmöglichkeit zwischen Berichtigungsbewilligung und Unrichtigkeitsnachweis erleidet dann eine Ausnahme, wenn aus tatsächlichen Gründen eine Berichtigungsbewilligung ausscheidet und nur der Weg über den Unrichtigkeitsnachweis gangbar ist.

96 Die Berichtigung des Berechtigten von Nachlassgegenständen auf die Erben kann nur auf Grund des Nachweises der Unrichtigkeit erfolgen, da nach dem **Erbfall** eine Berichtigungsbewilligung der Erben oder des Testamentsvollstreckers ausgeschlossen ist, war doch Betroffener nur der Erblasser[404] (zum Unrichtigkeitsnachweis vgl Rdn 131).

97 Eine Grundbuchberichtigung nach einer **Umwandlung** durch Verschmelzung oder Vermögensübertragung (vgl Rdn 47) kann gemäß § 22 Abs 1 nur mit Unrichtigkeitsnachweis erfolgen. Eine Berichtigungsbewilligung

---

395 LG Nürnberg-Fürth Rpfleger 1980, 227; *Schöner/Stöber* Rn 360 Fn 9; **aA** *Meyer-Stolte* Rpfleger 1980, 228.
396 BGHZ 32, 60, 63; BayObLGZ 1974, 112, 114 = Rpfleger 1974, 222; 1974 365, 368 = Rpfleger 1975, 23; 1976: 297, 298 = Rpfleger 1977, 60; Rpfleger 1975, 26; 1979, 106; 1982, 141; MittBayNot 1980, 56; KG JW 1924, 2047; KEHE-*Herrmann* § 13 Rn 27.
397 OLG Zweibrücken DNotZ 1988, 589.
398 LG Meiningen ZflR 1999, 326.
399 *Böttcher* RpflStud 1991, 33, 39; *Eickmann* GBVerfR, Rn 364.
400 OLG Frankfurt FGPrax 1996, 8; 1996, 126; *Demharter* § 22 Rn 28; *Schöner/Stöber* Rn 360.
401 BayObLGZ 1976, 193 = Rpfleger 1976, 359; LG Köln MittRhNotK 1988, 256.
402 OLG Jena Rpfleger 2001, 125; RGZ 73, 156; KG KGJ 40, 153; *Demharter* § 22 Rn 28.
403 BayObLG DNotZ 1991, 598; OLG Frankfurt FGPrax 1996, 126; OLG Jena Rpfleger 2001, 125; *Eickmann* Rpfleger 1985, 85, 90.
404 BayObLGZ 34, 181; KG OLGE 26, 131; JW 1938, 122; LG Heidelberg BWNotZ 1975, 47, LG Nürnberg-Fürth Rpfleger 1980, 227; *Güthe-Triebel* § 22 Rn 28; *Demharter* § 22 Rn 29; *Böttcher* RpflStud 1991, 33, 39; *Schöner/Stöber* Rn 780; *Meyer-Stolte* Rpfleger 1980, 228.

scheidet aus, weil vor der Eintragung im Handelsregister noch keine Grundbuchunrichtigkeit vorliegt, nach der Eintragung des Umwandlungsbeschlusses jedoch keine bewilligungsberechtigten Organe der Gesellschaft mehr vorhanden sind.[405] Gleiches gilt, wenn sich die Umwandlung durch **Aufspaltung** vollzieht (vgl Rdn 47). Liegen dagegen eine Abspaltung oder Ausgliederung nach dem UmwG vor (vgl Rdn 47), so kommt auch eine Berichtigung auf Grund einer Berichtigungsbewilligung des übertragenden Rechtsträgers in Betracht.[406]

Ebenso setzt die berichtigende **Löschung des Testamentsvollstreckervermerks** den Nachweis der Grundbuchunrichtigkeit voraus; eine Löschung auf Grund Berichtigungsbewilligung des Testamentsvollstreckers kommt nicht in Betracht.[407] Vor Beendigung der Testamentsvollstreckung besteht keine Grundbuchunrichtigkeit, und danach ist der Testamentsvollstrecker nicht mehr verfügungs- bzw bewilligungsbefugt. **98**

c) Legalitätsgrundsatz. Ein Berichtigungsantrag ist zurückzuweisen, wenn der Grundbuchrechtspfleger **99** weiß, dass das Grundbuch durch die Eintragung unrichtig würde;[408] das Legalitätsprinzip verbietet es dem Grundbuchamt, wissentlich eine Grundbuchunrichtigkeit in Kauf zu nehmen (Einl D Rdn 15). Dies gilt unabhängig davon, ob der Grundbuchrechtspfleger aus der Berichtigungsbewilligung, dem Unrichtigkeitsnachweis oder aus anderen bekannten Umständen sein Wissen bezieht. Wenn behauptet wird, dass dieses aus dem Legalitätsgrundsatz abgeleitete Prüfungsrecht nicht gelten soll für den Fall, dass der Betroffene zur Abgabe der Berichtigungsbewilligung rechtskräftig verurteilt worden ist gemäß § 894 ZPO,[409] so ist dem zu widersprechen; die fingierte Berichtigungsbewilligung kann nämlich keine weitergehenden Wirkungen haben als die tatsächlich erteilte.[410] Ergeben sich auf Grund konkreter Anhaltspunkte berechtigte Bedenken, ob sich die Unrichtigkeit beheben lässt oder ob eine Unrichtigkeit erst eintritt, hat das Grundbuchamt durch Zwischenverfügung auf deren Beseitigung hinzuwirken.[411] Bloße Zweifel an der Richtigkeit der Angaben der Beteiligten rechtfertigen die Zurückweisung dagegen nicht.[412] Wird zB in einer notariellen Urkunde ausdrücklich erklärt, dass der Anteil eines ausscheidenden BGB-Gesellschafters bestimmten (nicht allen anderen) Gesellschaftern anwachsen solle, so kann ein darauf gerichteter Berichtigungsantrag nicht vollzogen werden; das Grundbuch würde unrichtig, da der Anteil des ausscheidenden Gesellschafters gemäß § 738 Abs 1 S 1 BGB allen übrigen Gesellschaftern anwächst.[413] § 738 BGB ist wegen seiner essentiellen Bedeutung für die Gesamthand und seiner dinglichen Wirkung zwingendes Recht, dh diese Vorschrift kann nicht abbedungen werden.[414]

d) Sondervorschriften. Für die Grundbuchberichtigung ist auf folgende Ausnahmevorschriften zu § 22 zu verweisen: **100**
- § 9 des Gesetzes über die vermögensrechtlichen Verhältnisse der Bundesautobahnen und sonstigen Bundesstraßen des Fernverkehrs vom 02.03.1951 (BGBl I 157); bei der Rückübertragung des Grundstückseigentums vom Bund auf ein Land findet § 9 Abs 1 S 3 BAutobahnG keine Anwendung;[415]
- § 8 des Gesetzes über die vermögensrechtlichen Verhältnisse der Deutschen Bundesbahn vom 02.03.1951 (BGBl I 155);
- § 8 des Gesetzes über die vermögensrechtlichen Verhältnisse der Bundeswasserstraßen vom 21.05.1951 (BGBl I 352);
- § 7 des Gesetzes über die vermögensrechtlichen Verhältnisse der Deutschen Bundespost vom 21.05.1953 (BGBl I 225);
- § 11 ReichsvermögenG vom 16.05.1961 (BGBl I 597).

2. Berichtigungsbewilligung (§ 19)

a) Rechtsnatur. Die Berichtigungsbewilligung ist eine Unterart der Bewilligung nach § 19, sodass auf sie alle **101** für die Eintragungsbewilligung des § 19 geltenden Vorschriften anzuwenden sind, soweit nicht aus dem besonderen Zweck Abweichungen geboten sind.[416] Auch sie ist Ausfluss des formellen Konsensprinzips und nicht etwa ein Beweismittel oder Beweisersatzmittel für die Grundbuchunrichtigkeit. Bei der Berichtigungsbewilli-

405 *Böhringer* Rpfleger 2001, 59, 60; *Schöner/Stöber* Rn 995a, 995 g; *Eickmann* Rpfleger 1985, 85, 89.
406 *Böhringer* Rpfleger 2001, 59, 64f; *Ittner* MittRhNotK 1997, 105, 126; **aA** *Schöner/Stöber* Rn 995 f.
407 AG Starnberg Rpfleger 1985, 57; *Kohler* in *Bauer/von Oefele* § 22 Rn 28; MüKo-*Brandner* § 2205 Rn 64; *Demharter* § 52 Rn 27; *Böttcher* RpflStud 1991, 33, 39; *Güthe-Triebel* § 52 Rn 13; **aA** KEHE-*Eickmann* § 52 Rn 16.
408 RGZ 73, 157; BayObLGZ 1954, 230; 1980, 303; Rpfleger 1986, 129 = MittBayNot 1986, 20; KG KGJ 41, 201; *Demharter* § 22 Rn 28; *Böttcher* RpflStud 1991, 33, 40; *Schöner/Stöber* Rn 361.
409 BGB-RGRK-*Augustin* § 894 Rn 53.
410 *Staudinger-Gursky* § 894 Rn 153.
411 KEHE-*Munzig*, 5. Aufl, § 22 Rn 86
412 KG KGJ 41, 201; *Demharter* § 22 Rn 28; *Böttcher* RpflStud 1991, 33, 40.
413 OLG Hamm Rpfleger 1985, 289.
414 MüKo-*Ulmer* § 738 Rn 8; BGB-RGRK-*von Gamm* § 738 Rn 1.
415 LG Bamberg Rpfleger 1983, 347.
416 *Demharter* § 22 Rn 31; *Eickmann* GBVerfR, Rn 363; *Böttcher* RpflStud 1991, 33, 40.

gung handelt es sich um eine **verfahrensrechtliche Grundbucherklärung**, ebenso wie bei der Eintragungs- oder Löschungsbewilligung. Bei der Beantwortung der Frage, ob eine Eintragungs-, Löschungs- oder Berichtigungsbewilligung vorliegt, ist auf den Inhalt der Erklärung abzustellen nicht auf die Rechtsfolge,[417] dh eine Berichtigungsbewilligung kann auch eine Eintragung herbeiführen, durch die die materielle Rechtslage geändert wird.

102 **b) Berechtigung.** Bewilligungsberechtigt ist **derjenige, dessen grundbuchmäßiges Recht von der Berichtigung formell betroffen ist.**[418] Zum Teil wird die Meinung vertreten, dass sowohl der Buchberechtigte wie der wahre Berechtigte als Betroffener bewilligungsberechtigt sein können; besteht die Berichtigung in der Löschung eines Rechts oder in der Eintragung des wahren Berechtigten, so soll der Buchberechtigte betroffen werden, während bei einer Berichtigung anderer Art dagegen der wahre Berechtigte bewilligungsberechtigt sei.[419] Dieser Ansicht kann nicht gefolgt werden, da sie in ebenso gefährlicher wie unpraktischer Weise die Unterschiede verwischt, die zwischen einer Berichtigung auf Grund Bewilligung und der Berichtigung auf Grund Unrichtigkeitsnachweises bestehen. Damit bei einer Berichtigung anderer Art das Grundbuch nicht erst unrichtig würde, muss durch das Grundbuchamt die Rechtsstellung des wahren Berechtigten sehr nachhaltig geprüft werden und könnte sich insoweit nicht mit einer schlüssigen Darlegung der Unrichtigkeit begnügen; dies würde das Vorliegen eines Unrichtigkeitsnachweises voraussetzen, wodurch die Unterscheidung in § 22 ihren Sinn verloren hätte. Nach richtiger Meinung kann das Grundbuchamt mit dem ihm zur Verfügung stehenden Mitteln schwerlich zwischen dem wahren Berechtigten und dem Buchberechtigten unterscheiden und braucht dies auch nicht.

103 Bei einer Eintragungsbewilligung muss die der materiellen Verfügungsbefugnis entsprechenden **Bewilligungsbefugnis**[420] geprüft werden,[421] dh Verfügungsbeeinträchtigungen (= Verfügungsentziehungen,[422] Verfügungsbeschränkungen,[423] Verfügungsverbote[424]) sind von Amts wegen zu beachten. Da es bei der Berichtigungsbewilligung nicht um die Veränderung der materiellen Rechtslage geht, könnte man der Ansicht sein, eine Prüfung der Bewilligungs-(Verfügungs-)befugnis sei hier nicht erforderlich. Die Motive zum 1. Entwurf einer GBO führen dazu aus[425] : »Tritt der Charakter der Bewilligung als einer Bewilligung der Grundbuchberichtigung hervor, so sind an dieselbe die gleichen Anforderungen zu stellen, wie wenn sie auf Herbeiführung der entsprechenden Rechtsänderung gerichtet wäre«. Der Grund, weshalb an die Berichtigungsbewilligung die gleichen Wirksamkeitsanforderungen zu stellen sind wie an eine Eintragungsbewilligung, liegt darin, dass beide Bewilligungen unter § 19 fallen und die jeweilige Eintragung auf Grund des formellen Konsensprinzips erfolgt. Daher muss auch dann die Bewilligungsbefugnis geprüft werden, wenn mit der Bewilligung die Berichtigung des Grundbuchs begehrt wird, dh bewilligen muss nicht der Inhaber der Bewilligungsmacht, sondern der Inhaber der Bewilligungsbefugnis.[426] Würde nämlich zB im Insolvenzfall der Schuldner seine Bewilligung nur als »Berichtigungsbewilligung« deklarieren, so könnte er jede Eintragung erreichen. Zwar würde das Grundbuch durch eine nur scheinbar berichtigende Eintragung unrichtig, sodass der Insolvenzverwalter den Anspruch aus § 894 BGB geltend machen und so die Beseitigung der Eintragung erreichen könnte. Jedoch ist zu beachten, dass wegen des Grundsatzes des guten Glaubens die auf Grund der vermeintlichen Berichtigungsbewilligung erfolgte Eintragung Grundlage einer Rechtsänderung werden kann.[427] Unterliegt daher der von einer Grundbuchberichtigung betroffene Buchberechtigte einer Verfügungsentziehung, so hat der Inhaber der Bewilligungsbefugnis (= Insolvenzverwalter, Testamentsvollstrecker, Nachlassverwalter) die Berichtigungsbewilligung abzugeben. Bedarf es zur Wirksamkeit einer Verfügung der Zustimmung eines Dritten, so ist diese auch zur Berichtigungsbewilligung erforderlich.[428]

104 Erfolgt die Berichtigung des Grundbuchs auf Grund einer Berichtigungsbewilligung des betroffenen Buchberechtigten, so ist die **Mitbewilligung aller mitbetroffenen Personen** ebenso wie bei der Eintragungsbewilligung erforderlich,[429] dh auch derer, die durch die Berichtigung nur unter Umständen (möglicherweise, vielleicht) eine Beeinträchtigung ihrer Buchposition erleiden können. Für eine Berichtigung durch Löschung einer

---

417 KEHE-*Dümig* § 22 Rn 97.
418 BayObLG DNotZ 1988, 781; Rpfleger 1980, 476; *Kohler* in *Bauer/von Oefele* § 22 Rn 16, 17; *Eickmann* GBVerfR, Rn 363; *Pawlowski-Smid* FG, Rn 426, 428; *Böttcher* RpflStud 1991, 33, 40; *Eickmann* Rpfleger 1981, 213, 217; *Schöner/Stöber* Rn 362.
419 *Demharter* § 22 Rn 32.
420 Vgl dazu *Böttcher* Rpfleger 1983, 49.
421 *Böttcher* Rpfleger 1983, 49, 56.
422 Vgl dazu *Böttcher* Rpfleger 1983, 187.
423 Vgl dazu *Böttcher* Rpfleger 1984, 377; 1985, 1.
424 Vgl dazu *Böttcher* Rpfleger 1985, 381.
425 Zu § 39 (S 74).
426 KG KGJ 40, 159; *Demharter* § 22 Rn 35; *Bock* S 27 ff.
427 *Bock* 28.
428 KG KGJ 42, 217; 51, 225; *Demharter* § 22 Rn 35.
429 *Böttcher* RpflStud 1991, 33, 40; *Böttcher* RpflStud 1991, 33, 40; *Schöner/Stöber* Rn 362.

Hypothek, Grund- oder Rentenschuld ist die Zustimmung des Eigentümers nach § 27 S 1 notwendig. Ist die für A eingetragene Hypothek mangels Einigung nicht entstanden, aber dem B verpfändet worden, so kann sie nur gelöscht werden, wenn (abgesehen von der Zustimmung des Eigentümers gemäß § 27 S 1) sowohl die Berichtigungsbewilligung des A als auch die des B vorliegen.[430] Für die Änderungen im Gesellschafterbestand einer **nicht rechtsfähigen Innen-BGB-Gesellschaft** ist festzuhalten[431] (vgl Rdn 40–44 und 94 aE): Beim *Ausscheiden* eines Gesellschafters ist die Berichtigungsbewilligung des Ausscheidenden nach § 19 erforderlich; die Bewilligung der verbleibenden Gesellschafter ist nicht notwendig, da sie begünstigt sind.[432] *Tritt ein neuer Gesellschafter* ein, so bedarf es der Berichtigungsbewilligung aller bisherigen Gesellschafter.[433] Vollzieht sich das Ausscheiden und der Neueintritt eines Gesellschafters durch einen Doppelvertrag (= ein durch eine »logische Sekunde« getrennter Vorgang der kombinierten An- und Abwachsung), so ist die Berichtigungsbewilligung des Ausscheidenden und aller bisherigen Gesellschafter erforderlich;[434] geschieht dies durch eine vertragliche *Anteilsübertragung* zwischen dem ausscheidenden und dem eintretenden Gesellschafter, so bedarf es der Berichtigungsbewilligung des ausscheidenden Gesellschafters und – da materiellrechtlich für eine Anteilsübertragung die Zustimmung der Mitgesellschafter erforderlich ist[435] – der Mitbewilligung eben dieser Mitgesellschafter.[436] Zur Zustimmung nach § 22 Abs 2 vgl Rdn 145 aE.

105 Die Berichtigungsbewilligung des Buchberechtigten reicht nicht weiter als sein **Buchrecht**. Ist dieses seit Entstehung der Unrichtigkeit **durch spätere Eintragungen beeinträchtigt**, so kann die Berichtigung nur dieses veränderte Buchrecht umfassen.[437] Ist zB eine Hypothek Nr 1 zu Unrecht gelöscht und dann eine Hypothek Nr 2 eingetragen worden, so kann die Wiedereintragung der Hypothek Nr 1, falls nur die Bewilligung des Eigentümers vorliegt, zwar vorgenommen werden, jedoch nur mit dem Rang nach der Hypothek Nr 2 erfolgen.[438]

106 **c) Inhalt.** Eine Berichtigungsbewilligung muss inhaltlich eindeutig sein und darf keine unterschiedlichen Auslegungen zulassen, und zwar auch wenn sie durch ein Urteil nach § 894 ZPO ersetzt wird.[439] Aus der Bewilligung muss erkennbar sein, dass eine Berichtigung erfolgen soll und inwiefern das Grundbuch unrichtig ist.[440] Gegenstand der Berichtigungsbewilligung ist nicht die Rechtsbegründung, Übertragung oder inhaltliche Neugestaltung, sondern die Berichtigung, also die Eintragung einer bereits bestehenden Rechtslage. Sie will nicht konstitutive Wirkung herbeiführen, sondern deklaratorische. Dieser Unterschied muss aus der Bewilligung hervorgehen; ihr Inhalt hat somit die **Unrichtigkeit schlüssig darzutun**.[441] Schlüssigkeit des Vortrags ist weniger als dessen Beweis; es ist auch weniger als Glaubhaftmachung. Schlüssig ist ein Antrag dann, wenn das tatsächliche Vorbringen, als richtig unterstellt, den Antrag rechtfertigt.[442] Die Darlegung der Schlüssigkeit ist vom Bewilligenden in die Berichtigungsbewilligung mit aufzunehmen. Der Unterschied zum Unrichtigkeitsnachweis besteht darin, dass dort die Unrichtigkeit nachgewiesen werden muss, während bei der Berichtigungsbewilligung die geringere Form der schlüssigen Behauptung genügt. Hat der Grundbuchrechtspfleger begründete Zweifel an der dargelegten Unrichtigkeit des Grundbuchs, so muss er die Berichtigung auf Grund der Bewilligung ablehnen und den Nachweis der Unrichtigkeit verlangen.[443] Zur Eigentumsberichtigung ist schlüssig darzulegen, dass das Grundbuch derzeit unrichtig und durch die bewilligte Berichtigung auch wirklich richtig wird; es ist zB anzugeben, dass das Eigentum noch dem früheren Eigentümer zusteht, weil eine erforderliche behördliche Genehmigung nicht erteilt und deshalb die Auflassung unwirksam ist.[444] Zur Wiedereintragung eines zu Unrecht gelöschten Rechts muss die Unrichtigkeit des Grundbuchs schlüssig dargetan und der Inhalt der Wiedereintragung angegeben werden, zumindest unter Bezugnahme auf den Wortlaut der gelöschten Ein-

---

430 *Demharter* § 22 Rn 34.
431 Ausführlich dazu *Eickmann* Rpfleger 1985, 85, 90; *Zimmermann* BWNotZ 1995, 73, 82; *Wenz* MittRhNotK 1995, 377, 382 f.
432 **AA** *Schöner/Stöber* Rn 892a; *Wenz* MittRhNotK 1996, 377, 383.
433 *Schöner/Stöber* Rn 982c; *Wenz* MittRhNotK 1996, 377, 383; *Zimmermann* BWNotZ 1995, 73, 82.
434 *Schöner/Stöber* Rn 892d.
435 *Staudinger-Kessler* § 719 Rn 4.
436 OLG Frankfurt Rpfleger 1996, 403, 404; *Schöner/Stöber* Rn 892e; *Zimmermann* BWNotZ 1995, 73, 82; **aA** offenbar *Eickmann* Rpfleger 1985, 85, 90 (Berichtigungsbewilligung des ausscheidenden Gesellschafters genügt).
437 KEHE-*Dümig* § 22 Rn 104.
438 *Demharter* § 22 Rn 34.
439 LG Rostock Rpfleger 2000, 496.
440 BayObLG Rpfleger 1982, 141; OLG Frankfurt Rpfleger 1972, 104; *Güthe-Triebel* § 22 Rn 31; *Demharter* § 22 Rn 31; *Eickmann* GBVerfR, Rn 363; *Böttcher* RpflStud 1991, 33, 41; *Schöner/Stöber* Rn 363; *Brehm* FG, § 32 II 7 a.
441 BayObLG DNotZ 1991, 598 = Rpfleger 1990, 198; BayObLGZ 1994, 33, 38 = Rpfleger 1994, 410, 412; OLG Frankfurt FGPrax 1996, 8; LG Ravensburg BWNotZ 1989, 68; *Demharter* § 22 Rn 31; *Schöner/Stöber* Rn 364; *Eickmann* GBVerfR, Rn 363; *Böttcher* RpflStud 1991, 33, 41.
442 *Eickmann* Rpfleger 1981, 213, 217.
443 *Eickmann* GBVerfR, Rn 363; *Böttcher* RpflStud 1991, 33, 41; OLG Jena Rpfleger 2001, 125; *Kohler* in Bauer/von Oefele § 22 Rn 12; **aA** *Demharter* FGPrax 2001, 54.
444 *Demharter* § 22 Rn 31; *Schöner/Stöber* Rn 364.

tragung.[445] Die schlüssige Darstellung der Grundbuchunrichtigkeit entfällt lediglich, wenn ein Recht gelöscht werden soll, da es im Ergebnis dahinstehen kann, ob ein noch nicht erloschenes Recht durch Löschungsbewilligung konstitutiv oder ein bereits erloschenes durch Berichtigungsbewilligung gelöscht wird.[446]

107 **d) Form.** Die Berichtigungsbewilligung bedarf der Form des **§ 29 Abs 1 S 1,** dh sie muss durch eine öffentliche oder öffentlich beglaubigte Urkunde nachgewiesen werden.[447]

108 **e) Ersetzung.** Die Berichtigungsbewilligung wird ersetzt durch ein **behördliches Ersuchen** (§ 38). Das Grundbuchamt hat zu prüfen, ob die ersuchende Behörde zur Stellung eines Ersuchers abstrakt befugt ist, ob das Ersuchen bezüglich seiner Form und seines Inhalts den gesetzlichen Vorschriften entspricht und ob die durch das Ersuchen nicht ersetzten Eintragungserfordernisse gegeben sind. Nicht zu prüfen ist dagegen, ob die Voraussetzungen, unter denen die Behörde zu dem Ersuchen befugt ist, tatsächlich vorliegen; hierfür trägt allein die ersuchende Behörde die Verantwortung. Weiß das Grundbuchamt jedoch, dass es an jenen Voraussetzungen fehlt, so hat es das Ersuchen zurückzuweisen, weil es nicht dazu mitwirken darf, das Grundbuch unrichtig zu machen.

109 Die Berichtigungsbewilligung kann **im Wege der Auslegung in einer (irrtümlichen) Auflassung** zwischen dem unrichtig eingetragenen und dem wahren Eigentümer enthalten sein, wenn ihre Erklärungen als Berichtigungsbewilligung (§ 19) und Berichtigungszustimmung (§ 22 Abs 2) anzusehen sind; dies ist dann der Fall, wenn davon ausgegangen werden kann, dass die Beteiligten bei Kenntnis der Rechtslage statt der irrtümlichen Auflassung auch die Grundbuchberichtigung gewollt hätten.[448]

110 Die Berichtigungsbewilligung wird ersetzt durch ein **rechtskräftiges gerichtliches Urteil,** durch das der Betroffene zur Abgabe der formellrechtlichen Berichtigungsbewilligung verurteilt worden ist (§ 894 ZPO).[449] Die Form des § 29 ist durch das Urteil erfüllt. Die erforderliche schlüssige Darlegung der Grundbuchunrichtigkeit ergibt sich aus den Urteilsgründen. Eine sog abgekürzte Urteilsausfertigung (= Ausfertigung ohne die Urteilsgründe) genügt daher zur Berichtigung nicht.[450]

111 **f) Prüfung.** Der Grundbuchrechtspfleger braucht, wenn eine Berichtigungsbewilligung des Betroffenen einschließlich der schlüssigen Darlegung der Grundbuchunrichtigkeit eingereicht wird, nicht zu prüfen, ob die daraus ersichtliche Grundbuchunrichtigkeit tatsächlich besteht. Er kann also neben der Berichtigungsbewilligung nicht noch den Nachweis der Unrichtigkeit verlangen.[451] Hat dagegen der Grundbuchrechtspfleger durch konkrete Tatsachen oder Tatsachenbehauptungen begründete Zweifel an der dargelegten Unrichtigkeit des Buches, so muss er die Berichtigung auf Grund der Bewilligung ablehnen und den Nachweis der Unrichtigkeit verlangen.[452] Gleiches gilt natürlich, wenn der Grundbuchrechtspfleger sicher weiß, dass die Angaben der Beteiligten unrichtig sind.[453] Bloße Vermutungen des Grundbuchrechtspflegers rechtfertigen dagegen die Ablehnung des Antrags nicht.[454]

3. Unrichtigkeitsnachweis (§ 22 Abs 1)

112 **a) Allgemeines.** Keine Berichtigungsbewilligung ist erforderlich, wenn die Unrichtigkeit des Grundbuchs durch öffentliche oder öffentlich beglaubigte Urkunde nachgewiesen wird (§§ 22 Abs 1, 29). Der Unrichtigkeitsnachweis ersetzt nur die Berichtigungsbewilligung und die Zustimmung nach § 22 Abs 2, nicht die sonstigen Voraussetzungen der Grundbuchberichtigung.[455] Art 103 GG gebietet es, dem betroffenen Buchberechtigten vor einer Grundbuchberichtigung aufgrund Unrichtigkeitsnachweises **rechtliches Gehör** zu gewähren.[456]

---

445 *Schöner/Stöber* Rn 365.
446 RGZ 73, 154; BayObLGZ 18, 19; KG OLGE 18, 111; *Schöner/Stöber* Rn 368; *Eickmann* GBVerfR, Rn 363; *Böttcher* RpflStud 1991, 33, 41.
447 *Schöner/Stöber* Rn 154.
448 KG OLGE 15, 344; LG Nürnberg-Fürth Rpfleger 1980, 227 mit insoweit wohl zust Anm *Meyer-Stolte*; KEHE-*Munzig* § 22 Rn 75.
449 OLG Frankfurt FGPrax 1996, 8.
450 *Eickmann* Rpfleger 1981, 213, 217.
451 RGZ 73, 154; BayObLG DNotZ 1934, 778; KG OLGE 18, 179; KGJ 40, 153; LG Köln MittRhNotK 1988, 256; LG Verden Rpfleger 1952, 341; *Schöner/Stöber* Rn 361; *Böttcher* RpflStud 1991, 33, 41.
452 *Eickmann* GBVerfR, Rn 363; *Böttcher* RpflStud 1991, 33, 41.
453 RGZ 73, 154; BayObLGZ 1954, 225, KG OLGE 43, 180; OLG Hamm JMBl NRW 1961, 249.
454 BayObLGZ 34, 181; KG KGJ 48, 186.
455 *Schöner/Stöber* Rn 369; *Böttcher* RpflStud 1991, 33, 41.
456 BGH ZfIR 2005, 106 = Rpfleger 2005, 135 = NotBZ 2005, 69; BayObLG Rpfleger 2005, 21 = MittBayNot 2005, 41; BayObLG DNotZ 1999, 1009 = Rpfleger 1999, 485; BayObLGZ 1994, 171, 179; OLG Zweibrücken Rpfleger 1999, 532; OLG Hamm FGPrax 1995, 14, 15; *Opitz* Rpfleger 2000, 367.

b) Inhalt. Die Berichtigung ist ohne Bewilligung des Buchbetroffenen möglich, wenn dem Grundbuchamt **113** die Unrichtigkeit des Buches nachgewiesen wird. »Nachweis« ist dabei als die im Allgemeinen Beweisrecht geltende Überzeugung des Gerichts zu erklären, die mehr ist als bloßes Glaubhaftsein, aber auch nicht mit einer absoluten Gewissheit verwechselt werden darf.[457] Nach der Formulierung des BGH[458] genügt *»ein für das praktische Verfahren brauchbarer Grad von Gewissheit, der den Zweifeln Schweigen gebietet, ohne sie völlig auszuschalten«*. Was den Nachweis der Unrichtigkeit zu erbringen geeignet ist, entscheidet das materielle Recht.[459] Nach einhelliger Ansicht gelten dafür folgende Grundsätze:[460] Der Antragsteller muss die Unrichtigkeit des Grundbuchs lückenlos nachweisen. Das Grundbuchamt hat dabei **strenge Anforderungen** zu stellen, da es ja hier gegen oder zumindest ohne den Willen des Betroffenen eine Änderung des Buchinhaltes vornehmen soll. Es genügt also weder irgendein Grad der Wahrscheinlichkeit oder gar nur Glaubhaftmachung, sondern das Grundbuchamt muss von der gegenwärtigen Grundbuchunrichtigkeit **voll und ganz überzeugt sein**. Unklarheiten oder Zweifel gehen zu Lasten des Antragstellers, dem dann nur der Weg der Klage nach § 894 BGB bleibt. Der Antragsteller hat **alle Möglichkeiten auszuräumen**, die der Richtigkeit der Eintragung entgegenstehen können, auch zB die eines gutgläubigen Erwerbs oder eines nachträglichen Rechtserwerbs durch den eingetragenen Berechtigten. **Ganz entfernte Möglichkeiten** brauchen aber nicht widerlegt zu werden, da das Grundbuchamt von dem nach der allgemeinen Lebenserfahrung Regelmäßigen ausgehen darf, sofern nicht im Einzelfall konkrete Umstände auf das Gegenteil hinweisen. Für den Nachweis der Grundbuchunrichtigkeit genügt die Vorlage einer Urkunde (zB notarielles Testament) nicht, wenn die beurkundete Erklärung nicht eindeutig ist und die Möglichkeit nicht gänzlich fern liegt, dass die Erklärung unter Berücksichtigung von für die Auslegung erheblichen, aber in der Urkunde nicht enthaltenen Umständen einen Sinn haben kann, bei dessen Zugrundelegung das GB nicht unrichtig wäre.[461] Die Unrichtigkeit kann sich aber auch aus den Eintragungen im GB selbst ergeben.[462]

Der **Antragsteller** hat den Nachweis der Unrichtigkeit zu führen, ohne Rücksicht darauf, wie sich die **114** Beweislast in einem über den Berichtigungsanspruch des § 894 BGB geführten Prozess verteilen würde.[463]

Durch Bezugnahme auf **dieselbe Urkunde**, auf Grund deren die Eintragung erfolgt ist, kann der Nachweis der **115** Unrichtigkeit nicht erbracht werden; es kann zB nicht geltend gemacht werden, dass infolge falscher Auslegung des Testaments die Kinder als Erben eingetragen worden seien, während bei richtiger Auslegung die Mutter als Vorerbin und die Kinder als Nacherben hätten eingetragen werden sollen.[464]

Wird der Nachweis durch rechtsgestaltendes **Urteil** geführt, ist das Grundbuchamt daran gebunden,[465] sofern **116** es sich nicht um ein gegen die guten Sitten verstoßendes oder zur Umgehung einer behördlichen Genehmigung erwirktes Urteil handelt,[466] was jedoch schwerlich festzustellen ist. Fraglich ist, ob ein rechtskräftiges Urteil, das den Eingetragenen zur Berichtigung verurteilt, auch gleichzeitig den Unrichtigkeitsnachweis erbringt. Nach hM erwächst die Beurteilung vorgreiflicher Rechtsverhältnisse grundsätzlich nicht in Rechtskraft.[467] Allerdings wird für das Urteil nach § 894 BGB die Auffassung vertreten, dass seine Rechtskraft auch das zu Unrecht nicht gebuchte Rechtsverhältnis erfasse.[468] Diese Meinung wird jedoch zu Recht abgelehnt, da sie zu dem kuriosen Ergebnis führen würde, dass bei einer Verbindung von Berichtigungs- und Herausgabeklage hinsichtlich derselben Rechtsfrage in einem Urteil unterschiedliche Rechtskraftwirkungen stattfänden.[469] Gerichtsurteile sind zwar Urkunden iS des § 417 ZPO, sie erbringen aber lediglich den Beweis dafür, dass die Entscheidung mit dem im Urteil festgelegten Inhalt am angegebenen Ort zu der angegebenen Zeit in Anwesenheit der angegebenen Personen verkündet worden ist. Die Beweiswirkung umfasst weder die Richtigkeit

---

457 *Eickmann* Rpfleger 1981, 213, 217; *Böttcher* RpflStud 1991, 33, 41.
458 BGHZ 53, 245, 256.
459 *Eickmann* GBVerfR, Rn 365; *Böttcher* RpflStud 1991, 33, 41.
460 BayObLGZ 1971, 336, 339; Rpfleger 1979, 381; 1980, 186; 1980, 278; 1980, 347; 1982, 141; 1982, 467; OLG Düsseldorf Rpfleger 1967, 13; OLG Hamm Rpfleger 1980, 347, OLG Köln Rpfleger 1980, 389; LG München I MittBayNot 1988, 43 m Zust Anm *Promberger*; KG Rpfleger 1973, 23; *Demharter* § 22 Rn 37; *Eickmann* GBVerfR, Rn 365; *Böttcher* RpflStud 1991, 33, 41; *Schöner/Stöber* Rn 369.
461 BayObLGZ 1986, 317.
462 BayObLG MittBayNot 1995, 42, 43; NJW-RR 1990, 722, 723.
463 BayObLGZ 1985, 225; KG OLGE 12, 181; *Güthe-Triebel* § 22 Rn 35.
464 KG OLGE 2, 258; 7, 28; OLG Celle OLGE 5, 295; *Haegele* Rpfleger 1971, 283, 287.
465 OLG Darmstadt JFG 11, 220; *Demharter* § 22 Rn 37.
466 KG JFG 18, 267.
467 RG JW 1931, 3549; BGH WM 2000, 320; LM zu § 322 ZPO Nr 2.
468 RGZ 158, 40, 43; OLG Jena ZfIR 2001, 779 = FGPrax 2001, 56; *MüKo-Wacke* § 894 Rn 34; *Palandt-Bassenge* § 894 Rn 14; *Rosenberg-Schwab-Gottwald* § 154 II 2; *Blomeyer* § 89 V 4 d.
469 *Kohler* in *Bauer/von Oefele* § 22 Rn 162; *Zöller-Vollkommer* Vorbem 36 zu § 322; *Jaeger* ZZP 60, 341; *Eickmann* Rpfleger 1981, 213, 215 Fn 20 mwN.

der Entscheidung noch die in ihren Gründen geschilderten Tatsachen. Das Berichtigungsurteil erbringt deshalb nicht den Beweis der Grundbuchunrichtigkeit.[470]

117 **c) Form.** Grundbuchrechtlich ist der Nachweis der Unrichtigkeit in der Form des § 29 zu führen.[471] Dies hat seinen Grund nicht zuletzt darin, dass verhindert werden muss, dass am Berichtigungsverfahren nicht beteiligte Personen Schaden erleiden. § 29 ist eine Regelung, die getroffen worden ist, um den Gefahren zu begegnen, die aus einer unrichtigen Eintragung im Hinblick auf den öffentlichen Glauben des Grundbuchs erwachsen. Der Unrichtigkeitsnachweis kann idR nur durch **öffentliche Urkunden (§ 29 Abs 1 S 2)** geführt werden, weil es sich dabei grundsätzlich um einen Tatsachenbeweis handelt.[472] Die Unrichtigkeit als solche ist nicht beweisfähig; sie ergibt sich auf Grund eines juristischen Urteilsaktes aus der Würdigung bestimmter, nachgewiesener tatsächlicher Vorgänge. Die Form des § 29 Abs 1 S 2 ist auch dann einzuhalten, wenn die Möglichkeit, einen formgerechten Unrichtigkeitsnachweis vorzulegen, im Einzelfall erschwert oder unzumutbar ist oder sogar unmöglich sein sollte.[473] Dann bleibt nur der Weg der Berichtigungsbewilligung, die notfalls im Prozess erzwungen werden muss (§ 894 ZPO). Ausnahmsweise entfällt die Nachweispflicht durch öffentliche Urkunden, wenn die Grundbuchunrichtigkeit offenkundig ist (§ 29 Abs 1 S 2).[474] Der Grundsatz, dass die strengen grundbuchverfahrensrechtlichen Beweisanforderungen des § 29 ausnahmsweise nicht gelten, soweit es praktisch unmöglich ist, Urkunden beizubringen, der Antragsteller also in anders nicht zu behebender Beweisnot befindet (vgl Einl F Rn 83–85, 93–110) gilt auch für den Nachweis der Unrichtigkeit im Berichtigungsverfahren nach § 22, wenn die Berichtigungsbewilligung nicht im Prozesswege erstritten werden kann, und auch sonst für die Grundbuchberichtigung kein denkbarer Weg verbleibt; ein solcher Fall ist gegeben, soweit die Unrichtigkeit des Grundbuchs wegen **Nichtexistenz des eingetragenen Grundschuldgläubigers** nachzuweisen ist.[475]

118 **d) Prüfung.** Die Vorlegung des Unrichtigkeitsnachweises ist Sache des Antragstellers. Der Grundbuchrechtspfleger hat nicht die Aufgabe, Ermittlungen über das Vorhandensein solcher Urkunden anzustellen und sie gegebenenfalls herbeizuschaffen.[476] Bei der Grundbuchberichtigung hat grundsätzlich der Antragsteller alle Möglichkeiten auszuräumen, die der beantragten Eintragung entgegenstehen würden, zB die Möglichkeit gutgläubigen Erwerbs.[477] Bei der Berichtigung des Grundbuchs auf Grund eines Unrichtigkeitsnachweises im Wege des § 22 muss der Grundbuchrechtspfleger immer im Auge behalten, dass diese Berichtigung ohne Wissen und Willen des von ihr Betroffenen erfolgt. Er hat deshalb mit doppelter Vorsicht vorzugehen und darf den Nachweis der Unrichtigkeit nur dann als erbracht ansehen, wenn eine Verletzung der Rechte des von ihr Betroffenen ausgeschlossen erscheint.[478] Doch darf er sich bei der Prüfung an die Lebenserfahrung halten und daher, wenn nicht im Einzelfall besondere Umstände auf das Gegenteil hinweisen, vom Regelmäßigen des Lebens ausgehen.[479] Aus diesen Gründen kann der Nachweis, dass das Grundbuch unrichtig geworden ist, nicht genügen, sondern es wird der Nachweis verlangt, dass das Grundbuch auch jetzt noch unrichtig ist. Denn wenn auch ursprünglich der Inhalt des Grundbuchs unrichtig war, so kann er doch nachträglich richtig geworden sein, sei es, dass zB die fehlende Einigung nachträglich erfolgte, sei es, dass auf Grund des öffentlichen Glaubens des Grundbuchs der eingetragene Berechtigte oder ein Dritter Rechte erwarb.

119 **e) Einzelfälle.** Bei der **Divergenz von Willenselement und Grundbucheintragung** (vgl Rdn 9–10) lässt sich der Unrichtigkeitsnachweis dadurch führen, dass die materiellrechtlichen Erklärungen (Einigung, Auflassung, Aufgabeerklärung) in der Form des § 29 vorgelegt werden. Weichen diese von der Grundbuchlage ab, so liegt eine Grundbuchunrichtigkeit vor. Wird zB eine materiellrechtliche Einigung der Beteiligten über die Bestellung eines Wohnungsrechts nach § 1093 BGB in der Form des § 29 nachgewiesen, während im Grundbuch ein Dauerwohnungsrecht nach § 31 WEG eingetragen ist, so kann das Berichtigungsverfahren gemäß § 22 Abs 1 durchgeführt werden.

---

470 BGH ZfIR 2002, 489; *Kohler* in *Bauer/von Oefele* § 22 Rn 162; *Güthe-Triebel* § 22 Rn 29, 34; *Eickmann* Rpfleger 1981, 213, 217.
471 BayObLGZ 1971, 336, 339; Rpfleger 1980, 186; 1980, 278; 1980, 347; 1982, 467; 1984, 463; KEHE-*Munzig* § 22 Rn 59; *Demharter* § 22 Rn 42; *Eickmann* GBVerfR, Rn 365; *Böttcher* RpflStud 1991, 33, 41; *Schöner/Stöber* Rn 369.
472 *Eickmann* GBVerfR, Rn 365; *Eickmann* Rpfleger 1981, 213, 217.
473 BayObLG Rpfleger 2003, 177 = ZfIR 2003, 158; Rpfleger 1984, 463.
474 OLG Hamburg FGPrax 1996, 211; *Eickmann* GBVerfR, Rn 365; *Böttcher* RpflStud 1991, 33, 42; *Schöner/Stöber* Rn 369.
475 KG FGPrax 1997, 212; *Böhringer* NotBZ 2007, 189.
476 BayObLGZ 8, 236; 22, 187; *Böttcher* RpflStud 1991, 33, 42.
477 KG JFG 2, 401, 406; *Böttcher* RpflStud 1991, 33, 42.
478 BayObLGZ 22, 185; *Böttcher* RpflStud 1991, 33, 42.
479 BayObLGZ 23, 50; *Böttcher* RpflStud 1991, 33, 42.

Beim **Fehlen oder Wegfall von materiellrechtlichen Voraussetzungen** (vgl Rdn 16–21) ist die Grund- **120**
buchunrichtigkeit schwer in der Form des § 29 nachweisbar.[480] Die Berichtigung des Grundbuchs bei einer
Eintragung für eine nicht existierende Person kann durchgeführt werden auf Grund eines Unrichtigkeitsnachweises nach § 22 (vgl Rdn 117 aE) oder wegen Gegenstandslosigkeit nach $ 84.[481] Beim **fehlerhaften Vorlie-
gen** ist dies nur denkbar, wenn die materiellrechtlichen Erklärungen der Form des § 29 genügen. In den Fällen
der Auflassung und der Erbbaurechtsbestellung (§ 20) ist der Nachweis möglich, wenn sich deren Unwirksamkeit aus den bei den Grundakten befindlichen Urkunden ergibt.[482] Stellt ein gerichtlicher oder behördlicher
Akt die Eintragungsgrundlage dar (zB Urteil, einstweilige Verfügung, Arrestbefehl, Pfändungsbeschluss), so
kann sich die Grundbuchunrichtigkeit daraus selbst ergeben, wenn zB Form oder Inhaltsmängel ersichtlich
sind. Durch die wirksame Anfechtung der Auflassung würde diese rückwirkend entfallen (§ 142 BGB) und das
GB unrichtig. Die notariell beglaubigte Anfechtungserklärung und deren Anerkennung stellen noch keinen
Unrichtigkeitsnachweis dar, da damit kein Anfechtungsgrund nachgewiesen ist.[483]

Im Falle der **berichtigenden Eintragung** (vgl Rdn 18) ergibt sich die entstehende Grundbuchunrichtigkeit, **121**
wenn unrichtig berichtigt worden ist (zB falscher Ersteher im Zuschlagsbeschluss), meist aus den Eintragungsunterlagen. War das Grundbuch bei der angeblichen Berichtigung gar nicht unrichtig, sondern richtig, erst
durch diese Eintragung unrichtig geworden, so muss dies nachgewiesen werden. Dabei ist zu beachten, dass sich
die Beteiligten trotz einer als »Berichtigungsbewilligung« bezeichneten Erklärung in Wirklichkeit über eine
Rechtsänderung einig gewesen sein können oder die Einigung nachträglich formlos herbeigeführt haben können, so zB wenn beide Teile übereinstimmend mit der im Grundbuch eingetragenen und ihnen durch eine
Vollzugsmitteilung bekannt gewordenen Rechtslage einverstanden sind.[484]

Entstehen **Rechtspfandrechte auf Grund gerichtlicher Pfändung** außerhalb des Grundbuchs (vgl Rd 24), **122**
so wird die Unrichtigkeit durch die Vorlage des Pfändungsbeschlusses und der Zustellungsurkunde des
Gerichtsvollziehers an den Drittschuldner (§ 829 Abs 3 ZPO) nachgewiesen. Dies gilt auch, wenn die Pfändung
auf Grund eines Arrestbefehls angeordnet worden ist (§ 928 ZPO).[485] Die Pfändung eines Briefgrundpfandrechts wird durch Vorlage des Briefes und des Pfändungsbeschlusses (§§ 830, 847 ZPO) nachgewiesen.

Entsteht eine Grundbuchunrichtigkeit durch Vereinbarung eines **Rechtsnießbrauchs** (vgl Rdn 25), so kann **123**
der Unrichtigkeitsnachweis durch die Vorlage der Nießbrauchsbestellung in der Form des § 29 geführt werden.
Soll der Nießbrauch an einem Anteil einer BGB-Gesellschaft vermerkt werden, so ist desweiteren die Zustimmung der übrigen Gesellschafter in der Form des § 29 notwendig (vgl § 719 BGB).[486]

Die Grundbucheintragung einer **altrechtlichen Grunddienstbarkeit** stellt eine Grundbuchberichtigung **124**
dar[487] (vgl Rdn 26). Die rangrichtige Eintragung altrechtlicher Dienstbarkeiten kann im Wege der Grundbuchberichtigung entweder aufgrund Berichtigungsbewilligungen des Eigentümers des dienenden Grundstücks
sowie der am dienenden Grundstück nachrangig dinglich Berechtigten oder aber aufgrund Unrichtigkeitsnachweises herbeigeführt werden.[488] Im letzteren Fall sind lediglich Entstehen und Fortbestand des Altrechts in der
Form des § 29 GBO nachzuweisen;[489] dem Eigentümer des dienenden Grundstücks sowie den daran dinglich
Berechtigten ist dabei zwar rechtliches Gehör zu gewähren, es bedarf jedoch keiner Grundbuchbewilligungen
ihrerseits.[490] Der zur **Eintragung** einer vor Anlegung des Grundbuchs entstandenen **altrechtlichen Dienstbarkeit** erforderliche Nachweis dafür, dass das Recht in der Zwischenzeit nicht erloschen ist, kann nicht durch
eine notariell beurkundete eidesstattliche Versicherung eines Zeugen geführt werden.[491] Als Unrichtigkeitsnachweis ist der Bestellungsvertrag in der Form des § 29 vorzulegen; in Betracht kommt auch ein gerichtlicher
Vergleich.[492] Dies ist dann nicht erforderlich, wenn auf eine sich bei den Akten des Grundbuchamtes befindliche Urkunde verwiesen wird.[493] Bei der Wiedereintragung einer altrechtlichen Grunddienstbarkeit, die entgegen den §§ 64, 66 bad GBAusfVO vom 13.12.1900 (GVBl 1077) aus dem alten Grundbuch nicht in das
Reichsgrundbuch übertragen wurde, kann der Unrichtigkeitsnachweis durch einen Hinweis auf den Eintra-

---

480 BayObLG MittBayNot 1995, 42, 43.
481 *Böhringer* NotBZ 2007, 189; *Dümig* ZflR 2005, 240; vgl auch KG FGPrax 1997, 212; OLG Frankfurt ZflR 2005, 254.
482 *Güthe-Triebel* § 22 Rn 35.
483 LG Ravensburg BWNotZ 1989, 68.
484 *Böttcher* RpflStud 1991, 33, 42.
485 BayObLG Rpfleger 1985, 58.
486 *Eickmann* Rpfleger 1985, 85, 91 (für die BGB-Gesellschaft).
487 OLG München RNotZ 2007, 487; OLG Karlsruhe Rpfleger 2002, 304; BayObLG DNotZ 1989, 164.
488 BayObLG DNotZ 1991, 160 = Rpfleger 1990, 351; Rpfleger 2004, 156; LG Nürnberg-Fürth MittBayNot 1992, 336.
489 BayObLG DNotZ 1992, 670; 1991, 160; OLG Karlsruhe Rpfleger 2002, 304; LG Nürnberg-Fürth MittBayNot 1992, 336.
490 LG Nürnberg-Fürth MittBayNot 1992, 336.
491 BayObLG MittBayNot 1993, 211.
492 Vgl BayObLGZ 1985, 355; LG Freiburg Rpfleger 1981, 146.
493 OLG Karlsruhe Rpfleger 2002, 304.

gungsvermerk im alten Grundbuch geführt werden.[494] Nicht genügend ist dagegen eine Flurkarte des Vermessungsamtes, die zB zeigt dass an der fraglichen Stelle tatsächlich ein Weg besteht; über die Rechtsverhältnisse an diesem Weg sagt diese Karte nämlich nichts aus.[495] Ebenso ist ein Vermerk im Beschrieb eines Grundstücks kein Unrichtigkeitsnachweis dafür, dass ein Grundstücksrecht tatsächlich einmal rechtswirksam begründet worden ist; es besteht kein Erfahrungssatz, dass bloße Angaben im Bestandsverzeichnis (sog Aktivvermerk, § 9) zwingend auf den Bestand eines dort erwähnten Rechts schließen lassen.[496] Es handelt sich hierbei um rein tatsächliche Angaben, die bei etwaiger Unrichtigkeit auf Antrag oder von Amts wegen zu berichtigen sind. Bei der berichtigenden Eintragung einer altrechtlichen Grunddienstbarkeit ist auch zu prüfen, ob dieses Recht nicht inzwischen erloschen ist (vgl Rdn 61).

125 Die Eintragung und das Erlöschen von **Verfügungsbeeinträchtigungen** (vgl Rdn 27, 57) erfolgt idR auf Ersuchen einer Behörde (§ 38), schließt aber nicht aus, dass der Betroffene unter Vorlage der maßgeblichen gerichtlichen oder behördlichen Entscheidungen die Eintragung oder Löschung des Vermerks über die Verfügungsbeeinträchtigung selbst beantragt.[497] Bei der **Testamentsvollstreckung** (vgl Rdn 98) ist zu unterscheiden zwischen der Auseinandersetzungsvollstreckung (§§ 2203–2205 BGB), der Verwaltungsvollstreckung (§ 2209 S 1, 1. Hs BGB) und der Dauervollstreckung (= Kombination von Auseinandersetzungs- und Verwaltungsvollstreckung, § 2209 S 1, 2. Hs BGB). Bei der reinen Verwaltungsvollstreckung des § 2209 S 1, 1. Hs BGB, die sich aus dem Testamentsvollstreckerzeugnis ergeben muss, ist deren Erlöschen mit Ablauf von 30 Jahren nach dem Erbfall offenkundig, wenn keine andere Frist bestimmt wurde (§ 2210 BGB); sonst – dh bei der Auseinandersetzungs- und Dauervollstreckung – kommt es auf den Ablauf dieser Frist nicht an, sondern darauf, ob der Testamentsvollstrecker alle ihm zugewiesenen Aufgaben erfüllt hat.[498] Im Falle der Dauervollstreckung bestehen die Verwaltungsrechte nach § 2205 BGB und nach § 2209 BGB selbständig und unabhängig voneinander, die Frist des § 2210 BGB gilt aber nur für das Verwaltungsrecht nach § 2209 BGB, nicht für das Verwaltungsrecht nach § 2205 BGB.[499]

126 Der **Eigentumsübergang** außerhalb dem Grundbuch geschieht häufig durch staatliche Hoheitsakte (vgl Rdn 28). Der Unrichtigkeitsnachweis wird durch deren Vorlage geführt: Zuschlagsbeschluss, Umlegungsplan, Grenzregelungsbeschluss, Flurbereinigungsplan, Enteignungsbeschluss usw.

127 Bei **Briefrechten** (vgl Rdn 29) wird die außerhalb des Grundbuchs erfolgte Abtretung oder Verpfändung (§§ 1154, 1274 Abs 1 BGB) durch die Vorlage des Briefes und der in der Form des § 29 erteilten Abtretungs- bzw Verpfändungserklärung nachgewiesen (§ 26); die Vorlage des Briefes allein genügt nicht.[500] Bei mehrfacher Abtretung bedarf es auch der Abtretungserklärungen aller Zwischengläubiger. Kommt es auf den Zeitpunkt der Briefübergabe an, zB weil inzwischen über das Vermögen des bisherigen Gläubigers das Insolvenzverfahren eröffnet worden ist, so muss auch dieser Zeitpunkt nachgewiesen werden.[501]

128 Bei den **Grundpfandrechten** ergibt sich eine Grundbuchunrichtigkeit häufig auf Grund einer **Gläubigerbefriedigung** (vgl Rdn 30). Für den Fall des **§ 1163 Abs 1 S 2 BGB**, muss die Tatsache, dass der Eigentümer den Gläubiger befriedigt hat, bewiesen werden.[502] Daraus ergibt sich der Übergang. Wesentlich ist daneben zwar auch noch, ob der Eigentümer persönlich schuldete oder nicht, denn im ersteren Falle ist das Recht nunmehr Grundschuld, im zweiten bleibt es Hypothek. Dies bedarf jedoch keines Beweises, weil es sich aus dem Grundbuch ergibt. Der vom Eigentümer verschiedene persönliche Schuldner ist stets gesondert in das Grundbuch einzutragen.[503] Hat das Eigentum am Grundstück während des Bestehens des Grundpfandrechts gewechselt, so ist auch der Leistungszeitpunkt ein beweisbedürftiger Umstand.[504] Der Nachweis der Befriedigung geschieht häufig durch eine löschungsfähige Quittung (ausführlich dazu: § 27 Rdn 48 ff). Dagegen besagt die Vorlage einer Löschungsbewilligung des eingetragenen Berechtigten nichts über die tatsächliche Tilgung aus.[505] Der Nachweis der Unrichtigkeit der Eintragung einer Zwangssicherungshypothek (Übergang der Hypothek auf den Eigentümer) ist nicht dadurch geführt, dass der Grundstückseigentümer den Vollstreckungstitel vorlegt.[506] Hat der Grundstückseigentümer den Betrag einer Hypothekenforderung hinterlegt und zugleich auf das Recht der Rücknahme des hinterlegten Betrags verzichtet, so bedarf es für die Löschung des hierdurch entstandenen

---

494 LG Freiburg Rpfleger 1981, 146.
495 BayObLG Rpfleger 1982, 467.
496 BayObLG Rpfleger 1979, 381.
497 OLG Frankfurt Rpfleger 1972, 164; LG Koblenz Rpfleger 1971, 22; KEHE-*Munzig* § 22 Rn 66.
498 LG Köln MittRhNotK 1986, 49.
499 RGZ 155, 350; *Staudinger-Reimann* § 2210 Rn 4.
500 OLG Hamm RNotZ 2006, 124.
501 KG KGJ 40, 278; *Güthe-Triebel* § 22 Rn 38.
502 *Eickmann* RpflStud 1981, 73, 81.
503 RGZ 136, 82; BGB-RGRK-*Schuster* § 1115 Rn 25; MüKo-*Eickmann* § 1115 Rn 21.
504 KG DNotZ 1954, 472; OLG Köln NJW 1961, 368; *Eickmann* RpflStud 1981, 73, 82.
505 OLG Frankfurt Rpfleger 1976, 401.
506 BayObLG Rpfleger 1980, 347.

Eigentümergrundpfandrechts des Nachweises, dass im Zeitpunkt der Hinterlegung die Forderung noch bestanden hat und ein Hinterlegungsgrund gegeben war; durch den Hinterlegungsschein wird dieser Nachweis nicht geführt.[507] Steht die Briefhypothek dem Eigentümer zu, weil dem Gläubiger der Brief nicht ausgehändigt wurde (**§ 1163 Abs 2 BGB**), so genügt die Vorlage des Briefes durch den Eigentümer nicht; es muss vielmehr auch eine Erklärung des Gläubigers in der Form des § 29 beigebracht werden, dass ihm der Brief noch nicht übergeben worden ist.[508] Für den Fall des **§ 1164 BGB** sind zu beweisen die Zahlung durch den persönlichen Schuldner (seine Verschiedenheit vom Eigentümer ergibt sich aus dem Grundbuch) sowie diejenigen Umstände, aus dessen sich der Ersatzanspruch gegenüber dem Eigentümer ergibt,[509] also zB Vereinbarung der Schuldübernahme und Genehmigungsverweigerung seitens des Gläubigers. Häufig wird es jedoch nicht möglich sein, das Bestehen eines Ersatzanspruchs im Rahmen des § 1164 BGB nachzuweisen; dann bleibt nur die Klage auf Abgabe der Berichtigungsbewilligung. Erfolgt die Befriedigung und damit der Erwerb einer Hypothek durch einen Dritten (**§ 268 Abs 1 S 1 §§ 1150, 774 Abs 1 S 1 BGB**), so ist außer der Befriedigung nachzuweisen, dass der Dritte ablösungsberechtigt oder Bürge ist. Soweit die Ablösungsberechtigung sich nicht aus dem Grundbuch ergibt, ist sie durch Urteil gegen den Gläubiger festzustellen.[510] Will der Bürge wegen Zahlung der Hypothekenforderung durch ihn die Hypothek auf sich umschreiben lassen, so hat er das Vorliegen des Bürgschaftsvertrags (§ 765 BGB) nachzuweisen, also nicht nur die vom Bürgen erteilte Bürgschaftserklärung, sondern auch die Annahmeerklärung des Gläubigers, beides in der Form des § 29.[511]

Die **Übertragung einer Vormerkung** kann im Wege der Grundbuchberichtigung eingetragen werden (vgl Rdn 32). Der Unrichtigkeitsnachweis ist gegenüber dem Grundbuchamt durch Vorlage des Abtretungsvertrags in der Form des § 29 zu führen. Eine für einen Käufer bewilligte AV kann auf entsprechenden Antrag unmittelbar auf einen Zessionar eingetragen werden, wenn dem Grundbuchamt formgerecht die Abtretung des schuldrechtlichen Eigentumsverschaffungsanspruchs an den Zessionar nachgewiesen wird; eine auf ihn lautende geänderte Bewilligung durch den betroffenen Schuldner/Eigentümer ist entbehrlich.[512] Erlangt das Grundbuchamt vor Eintragung der AV für den Käufer B Kenntnis von der wirksamen Übertragung des Anspruchs, darf es die AV nicht mehr für den Zedenten B vollziehen. Es hat vielmehr aufgrund der beiden vorliegenden Anträge auf Eintragung der AV für den Zedenten B und ihre berichtigende Umschreibung auf den Zessionar C im Wege einer zulässigen Umdeutung die AV – auch ohne ausdrückliche Antragumstellung – unmittelbar für den Letzteren einzutragen.[513] **129**

Der Nachweis des Bestehens der **Gütergemeinschaft** wird in erster Linie durch Vorlage des Ehevertrags geführt. Haben die Ehegatten den Ehevertrag noch als Verlobte geschlossen, so ist die Verehelichung durch eine Heiratsurkunde nachzuweisen. Des Weiteren genügt als Unrichtigkeitsnachweis ein Zeugnis des Registergerichts über die Eintragung im Güterrechtsregister (§ 33). In Betracht kommen daneben die Bezugnahme auf das Güterrechtsregister desselben Gerichts (§ 34) oder eine beglaubigte Abschrift oder ein Auszug aus dem Güterrechtsregisters. Möglich ist auch eine Bescheinigung des Notars, dass ihm ein gerichtliches Zeugnis mit wörtlich wiederzugebendem Inhalt vorgelegen hat oder dass das Güterrechtsregister eine bestimmte Eintragung enthält (§ 20 Abs 1 S 22 BNotO).[514] **130**

Für den Nachweis der **Erbfolge** (vgl Rdn 37, 96) enthält § 35 besondere Bestimmungen: Grundsätzlich ist der Nachweis der Erbfolge durch einen Erbschein zu führen. Gehören das Grundbuchamt und das Nachlassgericht zu demselben Amtsgericht, so genügt die Bezugnahme auf die Nachlassakten, gehören sie zu verschiedenen Gerichten, so ist dem Grundbuchamt eine Ausfertigung des Erbscheins vorzulegen; eine beglaubigte Abschrift genügt nicht.[515] Wenn sich die Erbfolge aus einer beurkundeten Verfügung von Todes wegen ergibt (notarielles Testament oder Erbvertrag), kann der Nachweis der Erbfolge auch durch Bezugnahme auf die bei demselben Amtsgericht geführten Nachlassakten, anderenfalls durch Vorlage einer beglaubigten Kopie der Verfügung von Todes wegen und des Eröffnungsprotokolls geführt werden. **131**

Soll das Grundbuch nach der rechtsgeschäftlichen **Übertragung eines Erbanteils** berichtigt werden (vgl Rdn 38), so dient als Unrichtigkeitsnachweis der Vertrag über die Erbanteilsabtretung in der Form des § 29. Bei der zwangsweisen Versteigerung eines Erbanteils durch den Gerichtsvollzieher dient als Unrichtigkeitsnachweis iS des § 22 eine Ausfertigung des Versteigerungsprotokolls, die der Gerichtsvollzieher auf Verlangen zu erteilen hat.[516] **132**

507 BayObLG Rpfleger 1980, 186.
508 KG OLGE 3, 362; 14, 132; *Güthe-Triebel* § 22 Rn 44.
509 *Eickmann* RpflStud 1981, 73, 82.
510 *Güthe-Triebel* § 22 Rn 50.
511 BayObLGZ 12, 537.
512 *Deimann* Rpfleger 2001, 583.
513 *Deimann* aaO.
514 Vgl dazu *Promberger* Rpfleger 1977, 355; 1982, 460.
515 BGH NJW 1982, 170 = DNotZ 1982, 159.
516 *Eickmann* DGVZ 1984, 65, 70.

133   Änderungen im Gesellschafterbestand einer im Grundbuch eingetragenen **nicht rechtsfähigen Innen-BGB-Gesellschaft** führen zur Grundbuchunrichtigkeit (vgl Rdn 40–44 und 94 aE). Das *Ausscheiden* eines Gesellschafters ist durch den Austrittsvertrag in der Form des § 29 nachzuweisen, ebenso der *Eintritt* eines Gesellschafters durch den Eintrittsvertrag.[517] Der Ausschluss eines Gesellschafters aus einer Gesellschaft bürgerlichen Rechts dürfte nur dann im Wege der Berichtigung im Grundbuch eingetragen werden, wenn durch öffentliche Urkunden nachgewiesen werden könnte, dass er von seiner im Gesellschaftsvertrag auf 30 Tage beschränkten Klagemöglichkeit keinen Gebrauch gemacht hat.[518] Beim Ausscheiden eines Gesellschafters und anschließenden Neueintritt eines anderen Gesellschafters durch einen Doppelvertrag sind sowohl der Austrittsvertrag als auch der Eintrittsvertrag gemäß § 29 nachzuweisen.[519] Vollzieht sich das Ausscheiden und der Neueintritt durch eine *Anteilsübertragung*, so ist der Unrichtigkeitsnachweis durch die Vorlage des Übertragungsvertrags nebst der notwendigen Zustimmung der übrigen Gesellschafter in der Form des § 29 zu führen.[520] *Im Falle des Todes eines Gesellschafters* muss dem Grundbuchamt in jedem Falle der Gesellschaftsvertrag vorgelegt werden, weil nur aus ihm entnommen werden kann, welche Rechtsfolgen mit dem Tode eingetreten sind (Auflösung gemäß § 727 Abs 1 BGB, Fortsetzungsklausel, Nachfolgeklausel, Eintrittsklausel).[521] Bestimmen sich die Rechtsfolgen des Todes eines Gesellschafters nach dem Gesetz, muss die Erbengemeinschaft anstelle des Verstorbenen bei der aufgelösten Gesellschaft eingetragen werden. Enthält dagegen der Gesellschaftsvertrag eine Fortsetzungsklausel, muss das Ausscheiden des verstorbenen Gesellschafters vermerkt werden. Bei der einfachen Nachfolgeklausel sind anstelle des verstorbenen Gesellschafters nicht die Erbengemeinschaft, sondern alle Miterben einzeln als neue Gesellschafter einzutragen, bei der qualifizierten Nachfolgeklausel gilt dies nur für die dazu bestimmten Miterben. Im Falle einer Eintrittsklausel muss zunächst nur das Ausscheiden des verstorbenen Gesellschafters vermerkt werden; erst bei der Ausübung des Eintrittsrechts ist der Eingetretene als neuer BGB-Gesellschafter einzutragen. Soll das GB berichtigt werden durch Unrichtigkeitsnachweis (§ 22 Abs 1), müssen vorgelegt werden die Sterbeurkunde, ein Erbschein oder ein notarielles Testament (Erbvertrag) nebst dem Eröffnungsprotokoll (§ 35) und der Gesellschaftsvertrag in der Form des § 29. Soll das GB nach dem Tod eines Gesellschafters auf Grund Bewilligung (§ 19) berichtigt werden, so ist diese unstrittig notwendig von den noch im GB eingetragenen Restgesellschaftern. Daneben soll die Bewilligung der Erben als Rechtsnachfolger des verstorbenen Gesellschafters notwendig sein.[522] Dies aber kann dann nicht richtig sein, wenn die Erben nicht Rechtsnachfolger in den Gesellschaftsanteil werden. Wer neben den verbliebenen Gesellschaftern die Berichtigung zu bewilligen hat, richtet sich nach der Rechtsnachfolge in den Gesellschaftsanteil. Zu deren Feststellung ist dem GBA der Gesellschaftsvertrag in der Form des § 29 vorzulegen.[523] Dies bedeutet, dass das GBA in jedem Fall den Gesellschaftsvertrag in der Form des § 29 benötigt, egal ob das GB berichtigt werden soll auf Grund Unrichtigkeitsnachweises (§ 22 Abs 1) oder Bewilligung (§ 19). Liegt der Gesellschaftsvertrag aber nur in Schriftform vor, ist auf die Form des § 29 zu verzichten, weil sonst gar keine Grundbuchberichtigung möglich wäre.[524] Bei einem nur mündlich oder nur konkludent geschlossenen Gesellschaftsvertrag kann dessen Inhalt ausnahmsweise auch ohne Vorlage des Vertrags nachgewiesen werden, dies geschieht dadurch, dass die verbliebenen Gesellschafter und die Erben des verstorbenen Gesellschafters übereinstimmende Erklärungen über den Inhalt des Gesellschaftsvertrags in der Form des § 29 vorlegen.[525] Da die Bestimmungen in Gesellschaftsverträgen erfahrungsgemäß einem häufigeren Wandel unterworfen sind, insbesondere deshalb, weil diese wegen einer Änderung in der personellen oder finanziellen Ausstattung der Gesellschaft angepasst werden müssen, kann ein unverändertes Fortbestehen eines Gesellschaftsvertrages nach mehreren Jahren nicht als ein nach der Lebenser-

---

517 *Eickmann* Rpfleger 1985, 85, 90 und 91; vgl auch OLG Brandenburg NotBZ 2003, 427.

518 OLG Stuttgart Rpfleger 1990, 252.

519 *Eickmann* Rpfleger 1985, 85, 90.

520 *Eickmann* aaO.

521 BayObLG NZG 2001, 124 = NotBZ 2001, 33; DNotZ 1998, 811; DNotZ 1992, 157 (*Jaschke*) = Rpfleger 1992, 19 (*Meyer-Stolte*) = MittBayNot 1992, 47 = MittRhNotK 1992, 23; DNotZ 1993, 394 = Rpfleger 1993, 105 = MittBayNot 1993, 363 = MittRhNotK 1992, 274; OLG Zweibrücken Rpfleger 1995, 453 m Anm *Gerken* Rpfleger 1996, 192 = FGPrax 1995, 93 (*Demharter*) = MittBayNot 1995, 210 = MittRhNotK 1996, 188; OLG Schleswig Rpfleger 1992, 149 = MittRhNotK 1992, 151 = MittBayNot 1992, 139 (*Ertl*); *Schöner/Stöber* Rn 983a; *Demharter* § 22 Rn 41; *Zimmermann* BWNotZ 1995, 73, 80; *Wenz* MittRhNotK 1996, 377, 388; *Eickmann* Rpfleger 1985, 85, 92 und 93. **AA** *Ertl* MittBayNot 1992, 11; *Egerland* NotBZ 2001, 34 f; *Schöner* DNotZ 1998, 815 f.

522 *Schöner/Stöber* Rn 983a; *Ertl* MittBayNot 1992, 11, 13.

523 BayObLG DNotZ 1992, 157 (*Jaschke*) = Rpfleger 1992, 19 (*Meyer-Stolte*) = MittBayNot 1992, 47 = MittRhNotK 1992, 23; DNotZ 1993, 394 = Rpfleger 1993, 105 = MittBayNot 1993, 363 = MittRhNotK 1992, 274; OLG Zweibrücken FGPrax 1995, 93 (*Demharter*) = Rpfleger 1995, 453 = MittBayNot 1995, 210 = MittRhNotK 1996, 188; *Zimmermann* BWNotZ 1995, 73, 81; *Wenz* MittRhNotK 1996, 377, 388.

524 BayObLG DNotZ 1992, 157 (*Jaschke*) = Rpfleger 1992, 19 (*Meyer-Stolte*) = MittBayNot 1992, 47 = MittRhNotK 1992, 23; OLG Zweibrücken FGPrax 1995, 93 (*Demharter*) = Rpfleger 1995, 453 = MittBayNot 1995, 210 = MittRhNotK 1996, 188; *Demharter* FGPrax 1995, 94; *Gerken* Rpfleger 1996, 193; *Meyer-Stolte* Rpfleger 1992, 20; *Wenz* MittRhNotK 1996, 377, 388; *Zimmermann* BWNotZ 1995, 73, 81.

525 BayObLG DNotZ 1998, 811; Rpfleger 1993, 105 = DNotZ 1993, 394 = MittBayNot 1993, 363 = MittRhNotK 1992, 274; *Zimmermann* BWNotZ 1995, 73, 81; *Wenz* MittRhNotK 1996, 377, 388.

fahrung regelmäßiger Ablauf angesehen werden; deshalb ist zB bei einem ca 3 Jahre alten Gesellschaftsvertrag noch ein formgerechter Nachweis der Nichtabänderung erforderlich.[526] Dagegen entspricht es allgemeiner Lebenserfahrung, dass die die §§ 717 S 1 und 719 Abs 1 BGB abändernde Bestimmung des Gesellschaftsvertrags (= keine Zustimmungsbedürftigkeit aller Gesellschafter zur Übertragung eines Anteils am Gesellschaftsvermögen) bei einer Publikums-KG (= kapitalistisch organisierte Gesellschaft mit einer Vielzahl von Gesellschaftern) nicht wieder aufgehoben wurde.[527]

Bei einer **Umwandlung** von Gesellschaften (vgl Rdn 46, 47) wird der Nachweis der Unrichtigkeit durch einen Handelsregisterauszug erbracht; werden Grundbuch und Handelsregister bei demselben Gericht geführt, so ist Offenkundigkeit gegeben.[528] Bei einer Umwandlung durch Verschmelzung (vgl Rdn 47) ist als Unrichtigkeitsnachweis ein beglaubigter Handelsregisterauszug der übernehmenden Gesellschaft vorzulegen.[529] Ist die übernehmende Einzelfirma nicht eintragungsfähig (vgl Rdn 47), so genügt die Vorlage des Registerblatts der übertragenden Gesellschaft.[530] Bei Umwandlungen durch Spaltung (vgl Rdn 47) ist der Unrichtigkeitsnachweis durch Vorlage eines beglaubigten Handelsregisterauszugs der übertragenden Gesellschaft und des Spaltungsplans in Ausfertigung oder beglaubigter Abschrift zu führen.[531] **134**

Ist zugunsten eines Dritten ein **Vorkaufsrecht** für den ersten Vorkaufsfall im GB eingetragen (vgl Rdn 56), so kann dessen Löschung entgegen der hM[532] nicht auf der Grundlage eines notariell beurkundeten Schenkungsvertrages wegen der damit verbundenen Missbrauchsgefahr (Umgehungsgeschäft) erfolgen; es bedarf vielmehr der Bewilligung des Vorkaufsberechtigten.[533] **135**

Erlischt eine **Gesamthypothek** auf einzelnen Grundstücken gemäß §§ 1173 Abs 1, 1174 Abs 1 BGB (vgl Rdn 59), so ist außer der Befriedigung das Nichtbestehen eines Ersatzanspruchs durch Erklärung des Eigentümers oder des persönlichen Schuldners oder durch Urteil nachzuweisen.[534] **136**

Erlischt eine **Grunddienstbarkeit** kraft Gesetzes gemäß § 1026 BGB auf Grundstücksteilen, welche außerhalb des Ausübungsbereiches liegen (vgl Rdn 60), so kann, wenn bei der Bestellung der Dienstbarkeit eine Skizze zur Kennzeichnung des Ausübungsbereichs beigeheftet war, der Nachweis der Unrichtigkeit durch einen Vergleich mit der Kartenbeilage des vorgelegten Veränderungsnachweises geführt werden.[535] Enthielten die Bestellungsurkunden keine Skizzen hinsichtlich des Ausübungsbereiches, sondern blieb die Festlegung der tatsächlichen Ausübung überlassen, genügt eine Bescheinigung des Vermessungsamtes, dass die abzuschreibenden Flächen von der Dienstbarkeit nicht betroffen sind.[536] Die Bezugnahme auf Urkunden (zB den amtlichen Veränderungsnachweis), die dem Grundbuchamt sei es auch in anderen Grundbuchakten vorliegen, ersetzt deren Vorlage, doch müssen die Urkunden als ausreichend bezeichnet sein.[537] Wird aus einem mit einer Grunddienstbarkeit belasteten Grundstück eine Teilfläche veräußert, ohne dass ein Löschungsantrag bezüglich der Grunddienstbarkeit gestellt wird, so ist der Grundstücksteil mit der Belastung abzuschreiben. Das GBA kann von den Beteiligten keinen Nachweis darüber verlangen, ob die Grunddienstbarkeit auf der veräußerten Teilfläche gemäß § 1026 BGB fortbesteht oder nicht. Eine Ausnahme von diesem Grundsatz kommt lediglich dann in Betracht, wenn zweifelsfrei feststeht, dass die Voraussetzungen des § 1026 BGB hinsichtlich des veräußerten Teilstücks gegeben sind, sodass der Fortbestand der Grunddienstbarkeit zur Unrichtigkeit des Grundbuchs führen würde.[538] Ein Teil eines mit einem Wohnungsrecht belasteten Grundstücks kann nur dann ohne das Wohnungsrecht abgeschrieben werden, wenn dem Grundbuchamt der volle Nachweis dafür erbracht ist, dass sich auf dem abgeschriebenen Grundstücksteil keine Anlagen und Einrichtungen befinden, die dem gemeinschaftlichen Gebrauch der Bewohner dienen und auf deren Mitbenützung der Berechtigte des Wohnungsrechts angewiesen ist.[539] Der Nachweis bestimmter tatsächlicher Verhältnisse kann auch durch eine Bescheinigung eines öffentlichen bestellten Vermessungsingenieurs geführt werden (§ 418 ZPO). Bei diesem **137**

526 LG Tübingen BWNotZ 1982, 168.
527 LG Tübingen BWNotZ 1986, 69.
528 *Böhringer* Rpfleger 2001, 59; *Eickmann* Rpfleger 1985, 85, 89; *Kuntze* DNotZ 1990, 172 f; **kritisch** BayObLG DNotZ 1993, 601 = Rpfleger 1993, 495 = MittBayNot 1993, 212; DNotZ 1990, 171.
529 *Böhringer* Rpfleger 2001, 59, 62; *Schöner/Stöber* Rn 995a.
530 *Schöner/Stöber* Rn 995a: *Priester* DB 1996, 413; *Lutter-Karollus* § 120 UmwG Rn 19; **aA** OLG Zweibrücken MittRhNotK 1996, 142.
531 *Böhringer* Rpfleger 2001, 59, 64; *Ittner* MittRhNotK 1997, 105, 125; *Schöner/Stöber* Rn 995 f.
532 OLG Stuttgart DNotZ 1998, 305 = Rpfleger 1997, 473; OLG Zweibrücken ZNotP 1999, 439 = Rpfleger 1999, 532; LG Tübingen BWNotZ 1997, 42.
533 LG Koblenz MittRhNotK 1996, 329.
534 KG KGJ 47, 214; OLGE 9, 316, 318.
535 BayObLG DNotZ 2004, 388 = Rpfleger 2004, 280; **AA** *Opitz* Rpfleger 2000, 367, 369.
536 LG Landshut MittBayNot 1978, 215 m Anm *Böck*; ablehnend *Opitz* Rpfleger 2000, 367, 369.
537 BayObLG Rpfleger 1987, 451; MittBayNot 1994, 318, 319.
538 LG Köln MittRhNotK 1984, 289.
539 BayObLG MittBayNot 1991, 219.

handelt es sich um eine mit öffentlichem Glauben versehene Person im Sinne des § 415 ZPO. Diese sind berechtigt, Tatbestände zu beurkunden, die durch vermessungstechnische Ermittlungen am Grund und Boden festgestellt werden können. Die Qualität als öffentliche Urkunde hat eine Bescheinigung jedoch nur dann und nur soweit, als sie innerhalb des den Vermessungsingenieuren zugewiesenen Geschäftskreises aufgenommen ist. Gegenstand vermessungstechnischer Ermittlungen kann daher die Feststellung sein, ob sich eine in ihrer Lage in der Örtlichkeit, etwa nach Öffnung des Leistungskanals, bekannte Ver- oder Entsorgungsleitung in einem bestimmten Grundstück befindet; aber nicht, auszuschließen, dass sich in dem abvermessenen Grundstücksteil Ver- oder Entsorgungsleitungen befinden, die der Nutzung des Gebäudes auf dem verbliebenen Restgrundstück dienen, in dem sich die einem Wohnungsrecht unterliegenden Räume befinden.[540]

138   Die **Löschung einer Vormerkung** im Wege der Berichtigung ist möglich, wenn der Antragsteller in einer jeden Zweifel ausschließenden Weise und in der Form des § 29 nachweist, dass jede Möglichkeit des Bestehens oder Entstehens des zu sichernden Anspruchs ausgeschlossen ist[541] (vgl Rdn 62). Bei einer Auflassungsvormerkung wird der Unrichtigkeitsnachweis durch eine rechtswirksame Auflassung und deren Vollzug im Grundbuch geführt, sofern keine Zwischeneintragungen bestehen.[542] Dem kann nicht entgegengehalten werden, dass der Antragsteller die Eintragung der Vormerkung bewilligt hatte oder dass Einwendungen des Vormerkungsberechtigten abgeschnitten werden könnten.[543] Daher kann eine Auflassungsvormerkung auf Grund des Nachweises, dass die zu einem Grundstückskauf erforderliche behördliche Genehmigung rechtskräftig versagt worden ist, auch dann gelöscht werden, wenn der buchmäßige Vormerkungsberechtigte dem Anspruch auf Abgabe einer Löschungsbewilligung die Zurückbehaltungseinrede wegen Verwendungen auf das Grundstück entgegensetzen könnte.[544] Wurde eine Bauhandwerkerforderung (§ 631 BGB), zu deren Sicherung eine Vormerkung auf Eintragung einer Bauhandwerkersicherungshypothek (§ 648 BGB) im Grundbuch vermerkt wurde, gepfändet und das Pfandrecht bei der Vormerkung eingetragen, dann stellt eine löschungsfähige Quittung des Pfandgläubigers den Unrichtigkeitsnachweis für die Löschung des Pfandrechts und der Auflassungsvormerkung dar.[545] Die Nichtwahrung der Vollziehungsfrist des § 929 ZPO bei einer auf Grund einer einstweiligen Verfügung eingetragenen Vormerkung für eine Bauhandwerkersicherungshypothek lässt sich leicht nachweisen: Der Beginn der Frist ergibt sich aus dem Eingangsstempel auf dem Eintragungsantrag (§ 939 Abs 3 ZPO) und das Datum der Zustellung der einstweiligen Verfügung ist auf der Zustellungsurkunde ersichtlich.[546] Sichert eine Vormerkung einen Rückübertragungsanspruch aus einem Wiederkaufsrecht für 20 Jahre, so kann 64 Jahre nach der Eintragung der Vormerkung deren Löschung gemäß § 22 erfolgen, wenn während dieser Zeit nicht bekannt wurde, dass der Rückübertragungsanspruch entstanden ist bzw geltend gemacht wurde.[547] Für den Unrichtigkeitsnachweis zur Berichtigung des Grundbuchs durch Löschung einer Auflassungsvormerkung genügt die Tatsache nicht, dass seit dem Zeitpunkt, bis zu dem das Angebot auf Abschluss eines Grundstückkaufvertrages angenommen werden konnte, 3 1/2 Jahre verstrichen und bisher beim Grundbuchamt keine Anhaltspunkte für die Annahme des Angebots bekannt geworden sind.[548] Wird die Löschung einer Auflassungsvormerkung auf Unrichtigkeitsnachweis beantragt, ist ein zwischen den Beteiligten des Grundbucheintragungsverfahrens ergangene rechtskräftige Urteil, mit dem die auf Feststellung der Rechtswirksamkeit des Kaufvertrags gerichtete Klage abgewiesen wurde, für das Grundbuchamt bindend. Wird die Klage aber nach den Entscheidungsgründen nur als »derzeit unbegründet« abgewiesen, so kann das Urteil nicht Grundlage für die Löschung der Vormerkung sein.[549] Eine Auflassungsvormerkung ist idR auch ohne Bewilligung des Vormerkungsberechtigten zu löschen, wenn die Aufhebung des Grundstückskaufvertrags durch notariell beurkundete oder – sofern die Auflassung noch nicht erklärt ist – notariell beglaubigte Erklärungen der Vertragsparteien nachgewiesen wird.[550] Tritt der Käufer eines Grundstücks mit Zustimmung des Verkäufers vom Kaufvertrag zurück und werden diese Erklärungen in beurkundeter Form abgegeben, ist das Erlöschen der im Grundbuch eingetragenen Auflassungsvormerkung auch dann formgerecht nachgewiesen, wenn in derselben notariellen Urkunde die Eigentumsverschaffungsansprüche aus dem Kaufvertrag an einen Dritten abgetreten und die Eintragung der Abtretung bei der Auflassungsvormerkung beantragt wird.[551] Räumt der Berechtigte einer zur Sicherung eines bedingten Auflassungsanspruchs eingetragenen Vormerkung die Tatsachen, aus denen sich ergibt, dass der

---

540 OLG Hamm FGPrax 2000, 54.
541 OLG Zweibrücken Rpfleger 2005, 597 = NotBZ 2005, 412.
542 BayObLGZ 1983, 301; KG DNotZ 1958, 255.
543 KG NJW 1969, 138.
544 BayObLGZ 1959, 223.
545 OLG Hamm Rpfleger 1985, 187.
546 Nach OLG Köln Rpfleger 1987, 301 kann die Nichtwahrung der Vollziehungsfrist in freier Beweiswürdigung festgestellt werden; dies ist jedoch, wie gezeigt, nicht notwendig.
547 LG München I MittBayNot 1988, 43 m zust Anm *Promberger*.
548 BayObLG MittBayNot 1989, 312; *Ertl* MittBayNot 1989, 297.
549 BayObLG DNotZ 1996, 30 = Rpfleger 1995, 406 = MittBayNot 1995, 290.
550 BayObLG DNotZ 1989, 363 = MittRhNotK 1989, 52 = BWNotZ 1988, 165.
551 LG Köln MittRhNotK 1989, 267.

durch die Vormerkung gesicherte Anspruch nicht besteht und auch nicht mehr entstehen kann, gegenüber dem GBA ausdrücklich ein, so ist der Nichteintritt der Bedingung offenkundig.[552]

Durch die Erhebung einer Klage über ein Recht an einem Grundstück wird die Rechtshängigkeit der Streitsache begründet (§ 261 Abs 1 ZPO). Die Erhebung der Klage erfolgte durch Zustellung eines Schriftsatzes (= Klageschrift) nach § 253 Abs 1 ZPO. Die Rechtshängigkeit schließt aber das Recht zur Veräußerung des Grundstücks nicht aus (§§ 265, 266 ZPO) und eine Veräußerung hat auch keinen Einfluss auf den Fortgang des Rechtsstreits. Das Urteil wirkt dann auch gegen alle Personen, die nach Eintritt der Rechtshängigkeit Rechtsnachfolger einer Partei geworden sind (§ 325 Abs 1 ZPO), es sei denn, es kam zu einem gutgläubigen Rechtserwerb des Rechtsnachfolgers (§ 325 Abs 2 ZPO). Zur Verhinderung eines gutgläubigen Rechtserwerbs ist es zulässig, einen sog **Rechtshängigkeitsvermerk** in das Grundbuch einzutragen.[553] Der Rechtshängigkeitsvermerk beseitigt daher die Möglichkeit, dass ein gutgläubiger Erwerber gem § 892 BGB das betreffende Recht erwirbt. Ohne diese Eintragung wäre der wahre Berechtigte, dem die Eintragung beispielsweise eines Widerspruchs nach § 899 BGB entweder nicht möglich oder nicht gelungen ist, schutzlos gegenüber Erwerber, welche während des laufenden Rechtsstreits das Grundstück erwerben, da eine Mitteilung des laufenden Rechtsstreits an alle möglichen potentiellen Erwerber praktisch undurchführbar ist. Ein Rechtshängigkeitsvermerk kann nur eingetragen werden, wenn über das Bestehen oder Nichtbestehen eines dinglichen Rechts oder über den Umfang der Berechtigung am Grundstück ein Rechtsstreit anhängig ist (zB Berichtigungsklage nach § 894 BGB), nicht aber der Geltendmachung lediglich eines schuldrechtlichen Anspruchs (zB Auflassungsanspruch, Rückgewähranspruch einer Grundschuld),[554] denn Rechtsnachfolger für die Urteilswirkung des § 325 Abs 1 ZPO kann nur der Erwerber der »in streitbefangenen Sache sein«. Streitig ist, welche Unterlagen dem Grundbuchamt vorgelegt werden müssen für die Eintragung eines Rechtshängigkeitsvermerks. Eine Ansicht verlangt dafür die notariell beglaubigte (§ 29 GBO) Bewilligung des Betroffenen oder eine einstweilige Verfügung gegen ihn (entsprechend § 899 Abs 2 BGB).[555] Würde man diese Anforderungen an die Eintragung eines Rechtshängigkeitsvermerks stellen, wäre er aber überflüssig, weil dann auch immer ein Widerspruch eingetragen werden könnte. Zwischen Widerspruch und Rechtshängigkeitsvermerk besteht aber ein grundlegender Unterschied: Während ein Widerspruch die Unrichtigkeit des Grundbuchs wegen der Unrichtigkeit der materiellen Rechtslage geltend macht und deshalb der gutgläubige Erwerb ausgeschlossen werden soll, besagt der Rechtshängigkeitsvermerk nur, dass ein Rechtsstreit bezüglich einer unmittelbaren rechtlichen Beziehung der Partei zum Grundstück anhängig ist, dessen Verlauf und Ausgang offen und auch von der wahren materiellen Rechtslage verschieden sein kann. Denn die Rechtshängigkeit kann nicht nur mit einem rechtskräftigen Urteil zugunsten der einen oder anderen Partei enden, sondern auch durch Klagerücknahme, übereinstimmende Erledigungserklärung oder Ähnliches wegfallen, durch Prozesshandlung also, die der zugrunde liegenden materiellen Rechtslage nicht entsprechen müssen. Der Rechtshängigkeitsvermerk beinhaltet damit nur den Hinweis auf eine möglicherweise eintretende Unrichtigkeit des Grundbuchs, die aber durch rein prozessuale Handlungen verhindert werden kann, während der Widerspruch die Unrichtigkeit der materiellen Rechtslage zum Inhalt hat. Der Rechtshängigkeitsvermerk ist damit ein Sicherungsmittel von wesentlich geringerem Gewicht als ein Widerspruch. Würde man die Glaubhaftmachung der wahren Rechtslage für die Eintragung des Rechtshängigkeitsvermerks verlangen, wären darüber hinaus die Anforderungen strenger als bei positiver Kenntnis des Erwerbers von der Rechtshängigkeit, die allein ohne Kenntnis einer etwaigen Unrichtigkeit des Grundbuchs zur Zerstörung des guten Glaubens des Erwerbers führt. § 325 Abs 2 ZPO wäre damit praktisch auf die Fälle positiver Kenntnis beschränkt. Die Eintragung eines Rechtshängigkeitsvermerks kann daher gem §§ 22, 29 dadurch erreicht werden, dass die Rechtshängigkeit dem Grundbuchamt durch die Vorlage der Klageschrift und der Zustellungsurkunde nachgewiesen wird.[556]

139

V. Zustimmung des einzutragenden Eigentümers/Erbbauberechtigten (§ 22 Abs 2)

Die Berichtigung des Grundbuchs durch Eintragung eines Eigentümers oder Erbbauberechtigten darf nach § 22 Abs 2 grundsätzlich nur mit deren Zustimmung vorgenommen werden.

140

---

552 OLG Frankfurt MittRhNotK 1993, 288.
553 BayObLG Rpfleger 2004, 691; OLG München Rpfleger 2000, 106; 1966, 306; OLG Stuttgart DNotZ 1980, 106; NJW 1960, 1109; OLG Schleswig DNotZ 1995, 83; OLG Zweibrücken DNotZ 1989, 580; *Schöner/Stöber* Rn 1652; *Löscher* JurBüro 1966, 267.
554 BayObLG Rpfleger 2004, 691; OLG Stuttgart Rpfleger 1997, 15; OLG Braunschweig MDR 1992, 74; *Schöner/Stöber* Rn 1653; **aA** OLG München NJW 1966, 1030.
555 OLG München NJW 1966, 1030; OLG Stuttgart NJW 1960, 1109; *Schöner/Stöber* Rn 1654; *Löscher* JurBüro 1966, 267.
556 BayObLG Rpfleger 2004, 691; OLG München Rpfleger 2000, 106; OLG Stuttgart DNotZ 1980, 106; OLG Zweibrücken DNotZ 1989, 580; OLG Schleswig DNotZ 1995, 83; *Mai* BWNotZ 2003, 108.

1. Zweck

141 § 22 wurde bei der Neufassung der GBO im Jahre 1935 unverändert gelassen. Jedoch wurden später, und zwar durch die VO vom 05.10.1942 (RGBl I 573), in Abs 2 die Worte »oder die Unrichtigkeit nachgewiesen wird« in den Gesetzestext eingefügt. Sinn und Zweck des § 22 Abs 2 sind jedoch bis heute unklar. Soweit überhaupt eine Begründung abgegeben wird, wird ausgeführt, die Vorschrift rechtfertige sich wegen der Bedeutung des einzutragenden Rechts; das Eigentum lege auch Pflichten auf, die niemand gegen seinen Willen übernehmen sollte.[557] Dies ist nicht überzeugend, denn wenn solche Pflichten aus dem (wirklichen) Eigentum fließen, so obliegen sie dem wahren Eigentümer, ob er eingetragen ist oder nicht; andererseits treffen sie den nicht, der nicht Eigentümer ist, mag er auch eingetragen sein. **§ 22 Abs 2 entbehrt daher eines vernünftigen Sinnes**; de lege lata wird er allerdings zu beachten sein.[558]

2. Anwendungsbereich

142 **a) Berichtigung.** § 22 Abs 2 kommt nur dann zur Anwendung, wenn eine Grundbuchberichtigung erfolgen soll, dh aus den dem Grundbuchamt vorgelegten Urkunden muss sich eine Unrichtigkeit des Grundbuchs iS des § 894 BGB, die durch die Eintragung des wahren Eigentümers oder Erbbauberechtigten behoben werden soll.[559]

143 **b) Neueintragung.** Es muss sich um eine Berichtigung handeln, bei der jemand neu als Eigentümer oder Erbbauberechtigter einzutragen ist; ob als Alleinberechtigter, Bruchteilsberechtigter oder Gesamthandelsberechtigter macht keinen Unterschied.[560] § 22 Abs 2 gilt dagegen nicht für den bereits als Eigentümer oder Erbbauberechtigten Eingetragenen, der kein neues oder anders geartetes Eigentum hinzu erwirbt, zB bei einer Berichtigung auf Grund Anwachsung eines Gesamthandsanteil;[561] es ist nämlich nur die Zustimmung des nicht eingetragenen Eigentümers/Erbbauberechtigten erforderlich. § 22 Abs 2 findet auch dann keine Anwendung bei dem Eingetragenen, der durch die Berichtigung von Alleineigentum in Bruchteilseigentum;[562] soweit § 22 Abs 2 überhaupt einen Sinn hat (vgl Rdn 141), dann trifft er für diesen Fall sicherlich nicht zu.

144 **c) Entsprechende Anwendung.** Nach § 118 ist die Bestimmung des § 22 Abs 2 entsprechend anzuwenden auf Erbpachtrechte sowie auf Abbaurechte an nicht bergrechtlichen Mineralien. In Bayern kommen derartige Rechte nicht vor; § 22 Abs 2 gilt hier aber sinngemäß für das **Bergwerkseigentum** (Art 40 Abs 4 AGGVG vom 23.06.1981, GVBl 188 und § 176 Abs 2 BundesbergG vom 13.08.1980, BGBl I 1310), die selbständigen **Fischereirechte** (Art 14 Abs 4 FischereiG vom 15.08.1908, BayBS IV 453) und die realen nicht radizierten **Gewerbeberechtigungen**.[563]

3. Zustimmung

145 **a) Berechtigung.** Zur Grundbuchberichtigung genügt die Berichtigungsbewilligung des von ihr buchmäßig Betroffenen nicht, sondern es wird außerdem noch die Zustimmung des einzutragenden Eigentümers/Erbbauberechtigten gefordert (§ 22 Abs 2), und zwar nach hM die Zustimmung des wahren Berechtigten.[564] Die Unterscheidung zwischen dem einzutragende Buchberechtigten und dem wahren Berechtigten kann dem Grundbuchamt idR jedoch nicht aufgelegt werden; vielmehr ist davon auszugehen, dass grundsätzlich der **einzutragende Buchberechtigte** zustimmen muss.[565] Nur wenn das Grundbuchamt auf Grund konkreter Anhaltspunkte berechtigte Zweifel hat, ob der Neueinzutragende wahrer Berechtigter ist, muss die Berechtigung des Neueinzutragenden in der Form des § 29 nachgewiesen werden.[566] Zustimmen muss also derjenige, der eingetragen werden soll. Erteilt er die Zustimmung nicht freiwillig, so kann er auf Grund des § 894 BGB auf Erteilung der Zustimmung verklagt werden. Sollen **mehrere als Eigentümer/Erbbauberechtigte** eingetragen werden, sei es zur gesamten Hand, sei es nach Bruchteilen, so müssen sie alle ihre Zustimmung erklären.[567] Die Zustimmung ist auch erforderlich, wenn ein bisheriger Bruchteilseigentümer zusammen mit ande-

---

557 *Kohler* in *Bauer/von Oefele* § 22 Rn 234; *Güthe-Triebel* § 22 Rn 2; *Schöner/Stöber* Rn 370.
558 *Eickmann* Rpfleger 1981, 213, 217.
559 KEHE-*Dümig* § 22 Rn 114.
560 *Demharter* § 22 Rn 55.
561 KG OLGE 46, 224; LG Tübingen BWNotZ 1982, 168, 170; *Demharter* § 22 Rn 55; *Böttcher* RpflStud 1991, 33, 43; **aA** *Eickmann* Rpfleger 1985, 85, 90 (für den Fall der Anwachsung auf Grund des Ausscheidens eines BGB-Gesellschafters).
562 BayObLGZ 9, 328; *Demharter* § 22 Rn 55; *Böttcher* RpflStud 1991, 33, 43.
563 *Demharter* § 22 Rn 62.
564 RGZ 73, 156; BayObLGZ 7, 46; KG OLGE 1, 479; 5, 297; 6, 197; *Demharter* § 22 Rn 56; *Güthe-Triebel* § 22 Rn 60.
565 KEHE-*Dümig* § 22 Rn 114.
566 OLG Stuttgart DNotZ 1971, 478.
567 KG KGJ 37, 278; *Demharter* § 22 Rn 56; *Schöner/Stöber* Rn 370.

ren als Gesamthandseigentümer eingetragen werden soll; ebenso umgekehrt, wenn sich Gesamthandseigentum in Bruchteilseigentum verwandelt hat. Die Zustimmung des Neueinzutragenden (§ 22 Abs 2) ist im Zusammenhang mit der Berichtigungsbewilligung (§ 19) zu sehen: aus beiden muss sich schlüssig ergeben, dass und warum das Grundbuch zur Zeit unrichtig ist und durch die verlangte Berichtigung auch wirklich richtig wird.[568] Ein **Prozessstandschafter** ist zu allen verfahrensrechtlichen Maßnahmen (Erklärungen) ermächtigt, die der Verwirklichung des geltend gemachten Anspruchs dienen; er ist also berechtigt, ein Berichtigungsverfahren zu beantragen und im Berichtigungsverfahren erteilt er die Zustimmung nach § 22 Abs 2.[569] Für Änderungen im Gesellschafterbestand einer **nicht rechtsfähigen Innen-BGB-Gesellschaft** ist festzuhalten (vgl Rdn 40–44, 94 aE, 104 aE): Beim *Ausscheiden* eines Gesellschafters ohne Neueintritt eines anderen bedarf es keiner Zustimmung der übrigen Gesellschafter, da diese bereits als Eigentümer eingetragen sind und kein andersartiges Eigentum erwerben[570] (vgl Rdn 143). *Tritt ein neuer Gesellschafter ein*, so bedarf es zur Grundbuchberichtigung neben der Berichtigungsbewilligung der bisherigen Gesellschafter (§ 19) auch der Zustimmung des Eintretenden (§ 22 Abs 2).[571] Vollzieht sich das Ausscheiden und der Neueintritt eines Gesellschafters durch einen Doppelvertrag mit den übrigen Gesellschaftern, so handelt es sich hierbei um einen durch eine »logische Sekunde« getrennten Vorgang des Ausscheidens und des Neueintritts. Geschieht dies durch eine *Anteilsübertragung* zwischen dem alten und neuen Gesellschafter, so ist neben der Berichtigungsbewilligung des Ausscheidenden (§ 19) und der Mitbewilligung aller bisherigen Gesellschafter (§ 19) auch die Zustimmung des eintretenden Gesellschafters nach § 22 Abs 2 erforderlich.[572]

b) Inhalt. Die Zustimmung muss **deutlich und erkennbar** das Gewollte zum Ausdruck bringen. Sie braucht **146** jedoch nicht ausdrücklich erklärt zu werden. Es genügt jede Willenskundgebung, die das Einverständnis mit der Eintragung unzweifelhaft erkennen lässt.[573] Die Zustimmung muss in jedem Verhalten des Einzutragenden erblickt werden, das erkennen lässt, dass er selbst die Grundbuchberichtigung anstrebt.[574] So liegt, wenn der wahre, im Grundbuch noch nicht eingetragene Eigentümer das Grundstück verkauft hat und den Vollzug dieses Kaufvertrags für sich beantragt, in diesem Antrag die stillschweigende Zustimmung zu allen grundbuchmäßigen Schritten, die der Vollzug des Kaufvertrags erfordert.[575] Ebenso ist, wenn der Ehemann auf Grund des § 1416 BGB die Eintragung der Ehefrau als Miteigentümerin beantragt und beide Ehegatten auf Benachrichtigung verzichten, die Zustimmung der Ehefrau für genügend ausgedrückt anzusehen.[576]

c) Form. Als eine zur Eintragung erforderliche Erklärung bedarf die Zustimmung der Form des **§ 29 Abs 1** **147** **S 1**; sie muss also öffentlich beurkundet oder öffentlich beglaubigt sein.[577] Wird sie durch Stellung des Berichtigungsantrags zum Ausdruck gebracht, so bedarf dieser als gemischter Antrag nach § 30 der gleichen Form.[578]

d) Ersetzung. Erfolgt die Grundbuchberichtigung, wie zB im Fall der Eintragung des Erstehers gemäß § 130 **148** ZVG, auf Grund eines **behördlichen Ersuchens**, so wird durch dieses nicht nur der Eintragungsantrag, sondern auch die nach § 22 Abs 2 sonst erforderliche Zustimmung des Eigentümers oder Erbbauberechtigten ersetzt.[579]

e) Ausnahmen. Wie sich aus dem Wortlaut des § 22 Abs 2 ergibt, bestehen Ausnahmen im Falle des § 14 und **149** bei Nachweis der Unrichtigkeit des Grundbuchs.

aa) Fall des § 14. Stellt ein nach § 14 antragsberechtigter Vollstreckungsgläubiger den Berichtigungsantrag, **150** bedarf es keiner Zustimmung des Eigentümers. Vorausgesetzt wird hier, dass gegen den nicht eingetragenen Eigentümer ein vollstreckbarer Titel vorliegt, dass auf Grund dieses Titels eine Eintragung in das Grundbuch verlangt werden kann und die Zulässigkeit dieser Eintragung von der vorgängigen Berichtigung des Grundbuchs abhängt.

bb) Unrichtigkeitsnachweis. Dieser durch die VO vom 05.10.1942 (RGBl I 573) eingefügte Ausnahmefall ist **151** sehr wichtig. Bei einer Berichtigung auf Grund Unrichtigkeitsnachweises besteht keine Notwendigkeit, auch

---

568 KEHE-*Dümig* § 22 Rn 114.
569 *Eickmann* Rpfleger 1981, 213, 215.
570 **AA** *Zimmermann* BWNotZ 1995, 73, 82; *Eickmann* Rpfleger 1985, 85, 90.
571 *Schöner/Stöber* Rn 892c; *Zimmermann* BWNotZ 1995, 73, 82; *Wenz* MittRhNotK 1996, 377, 383.
572 OLG Frankfurt Rpfleger 1996, 403, 404.
573 BayObLGZ 8, 556; 14, 423; 20, 386.
574 BayObLGZ 30, 63.
575 BayObLGZ 20, 386.
576 BayObLGZ 7, 46.
577 BayObLGZ 13, 151; KG OLGE 8, 19, 21; *Güthe-Triebel* § 22 Rn 60; *Demharter* § 22 Rn 57; *Schöner/Stöber* Rn 370.
578 BayObLGZ 13, 151, *Demharter* § 22 Rn 57.
579 *Demharter* § 22 Rn 61.

noch eine Zustimmung des Eigentümers oder Erbbauberechtigten zu verlangen, da der Nachweis in der Form des § 29 zu führen ist und eine Umgehungsgefahr in diesem Falle praktisch ausscheidet. Die Ausnahmeregelung hat zur Folge, dass der Antrag des Eigentümers (Erbbauberechtigten) nicht mehr der Form des § 29 bedarf, wenn die Berichtigung durch Unrichtigkeitsnachweis erfolgen soll. Der Berichtigungsantrag eines Erben zB ersetzt somit nicht mehr eine zur Eintragung erforderliche Erklärung, kann also formlos gestellt werden.

VI. Sonstige Eintragungsvoraussetzungen

1. Zustimmung Dritter

152 Erfolgt die Grundbuchberichtigung auf Grund einer Berichtigungsbewilligung, so ist die Mitbewilligung aller mitbetroffenen Personen erforderlich (vgl Rdn 104). Da bei einer Grundbuchberichtigung mit Hilfe eines **Unrichtigkeitsnachweises** nur die Berichtigungsbewilligung ersetzt wird, werden sonstige Zustimmungserklärungen Dritter grundsätzlich nicht entbehrlich.[580] Eine nach materiellem Recht erforderliche Zustimmung Dritter ist bei nachgewiesener Unrichtigkeit jedoch insoweit entbehrlich, als das Recht des Dritten schon in dem Zeitpunkt bestand, in dem der die Unrichtigkeit verursachende Rechtsakt sich vollzog; die Zustimmung derjenigen Personen, die erst später einen auf das von der Berichtigung betroffene Recht sich beziehenden Rechtserwerb gemacht haben, ist dagegen auch hier erforderlich.[581]

2. Briefvorlage

153 Bei Briefrechten ist nach den §§ 41, 42 grundsätzlich die Vorlegung des Briefs, bei Inhaber- und Orderhypotheken nach § 43 grundsätzlich die Vorlegung des Inhaber- oder Orderpapiers notwendig.[582] Derjenige, zu dessen Gunsten die Berichtigung erfolgen soll, hat gegen den Besitzer des Briefes einen Anspruch auf Vorlage an das Grundbuchamt (§ 896 BGB).

3. Voreintragung

154 Auch die §§ 39, 40 gelten im Falle der Berichtigung. Der von ihr Betroffene muss also regelmäßig eingetragen sein, auch wenn die Unrichtigkeit nachgewiesen ist.[583] Der materiellrechtliche Anspruch auf Voreintragung ergibt sich aus § 895 BGB.

4. Behördliche Genehmigungen

155 Soweit eine Rechtsänderung an eine behördliche Genehmigung geknüpft ist, ist diese auch für eine daraus resultierende Grundbuchberichtigung erforderlich.[584] Das Grundbuchamt hat daher zu prüfen, ob der Rechtsvorgang einer Genehmigungspflicht unterliegt. Hinsichtlich der **Unbedenklichkeitsbescheinigung** gelten folgende Grundsätze:[585] Nach § 22 GrEStG darf der Erwerber eines Grundstücks in das Grundbuch erst dann eingetragen werden, wenn eine Bescheinigung der zuständigen Finanzbehörde vorgelegt wird, dass der Eintragung steuerliche Bedenken nicht entgegenstehen. Diese Vorschrift betrifft nach ihrem Wortlaut und Sinn jede Art von Eintragung eines Eigentumswechsels an einem Grundstück, also auch nur berichtigende Eintragungen einer Eigentumsänderung. Ob nach dem einschlägigen Steuerrecht im Einzelfall eine Grunderwerbsteuer angefallen ist, muss der Prüfung und Entscheidung der Finanzbehörde vorbehalten bleiben, auch dann, wenn der Rechtsübergang außerhalb des Grundbuchs stattgefunden hat, das nunmehr mit der neuen Rechtslage in Übereinstimmung gebracht werden soll. Das Grundbuchamt darf dieser Entscheidung der Fachbehörde nicht vorgreifen. Dies bedeutet allerdings nicht, dass dem Grundbuchamt in diesen Fällen eine eigene Prüfungspflicht überhaupt nicht zukäme. Vielmehr darf das Grundbuchamt die Vorlage einer UB dann nicht verlangen, wenn ein Rechtsvorgang vorliegt, der seiner Art nach zweifelsfrei nicht unter das GrEStG fällt. Scheidet damit die Anwendung des GrEStG von vornherein aus, so fehlt es auch an einem rechtlichen Grund dafür, die Eintragung von der Beibringung einer UB abhängig zu machen; eine Ausnahme besteht dann, wenn eine Steuerpflicht auf Grund des Missbrauchstatbestandes (§ 42 AO) möglich erscheint. Danach kann durch Missbrauch

---

580 *Güthe-Triebel* § 22 Rn 53.
581 KG OLGE 18, 208; *Güthe-Triebel* § 22 Rn 53.
582 KG JFG 2, 381, 382; *Güthe-Triebel* § 22 Rn 57; *Demharter* § 22 Rn 488.
583 LG Regensburg NJW-RR 1987, 1044; *Güthe-Triebel* § 22 Rn 57; *Demharter* § 22 Rn 48; **aA** LG Erfurt NotBZ 2001, 429.
584 OLG Frankfurt MittBayNot 2006, 334; Rpfleger 1995, 346; *Schöner/Stöber* Rn 148; *Demharter* § 20 Rn 48.
585 *Böhringer* Rpfleger 2000, 99; BGHZ 7, 51; BayObLGZ 1948–51, 678; 1957, 303; MittBayNot 1979, 168; Rpfleger 1983, 103; OLG Frankfurt MittBayNot 2006, 334; Rpfleger 1995, 346; OLG Stuttgart Rpfleger 1976, 134; OLG Celle Rpfleger 1985, 187; LG Düsseldorf Rpfleger 1977, 257; LG Oldenburg Rpfleger 1984, 265; *Schöner/Stöber* Rn 148 ff; *Demharter* § 20 Rn 48–50; *Böttcher* RpflStud 1991, 33, 44; *Weber* NJW 1973, 2015; 1981, 1940; **aA** *Helsper* NJW 1973, 1485.

von Gestaltungsmöglichkeiten des Rechts das Steuergesetz nicht umgangen werden; ob diese Voraussetzungen gegeben sind, lässt sich im Grundbucheintragungsverfahren nicht klären. Die Klärung etwaiger Zweifel am Bestehen eines steuerpflichtigen Vorgangs ist der Finanzbehörde vorzubehalten; denn das Grundbuchamt ist in dem auf Antrag eines Beteiligten eingeleiteten Verfahren zu eigenen Ermittlungen weder berechtigt noch verpflichtet.

Bei den berichtigenden Eintragungen der **Erbfolge** haben die obersten Finanzbehörden im Einvernehmen mit den Landesjustizverwaltungen vielfach Ausnahmen von der Vorlagepflicht der UB vorgesehen. **156**

Bayern: § 61 GBGA idF v 11.04.1988 (JMBl 50) und Schreiben des FinMin v 29.04.1999 (MittBayNot 1999, 322);

Baden-Württemberg: AV d JuM v 10.04.1984 (Justiz 180) und Erlass des FinMin v 22.11.1996 (BB 1996, 2558);

Hessen: Erlass des FinMin v 07.08.1997 (NJW 1998, 43);

Nordrhein-Westfalen: Erlass des FinMin v 16.06.1999 (JMBl 181 = NJW 2000, 125);

Rheinland-Pfalz: Schreiben des FinMin v 20.08.1999 (MittBayNot 1999, 506);

Sachsen: Nr 52 Verwaltungsvorschrift über die Behandlung von Grundbuchsachen (JMBl 1999, 85);

Schleswig-Holstein: Schreiben des FinMin v 28.01.2000 (NJW 2000, 2803);

Thüringen: § 65 ThürGBGA (JMBl 1996, 53).

Dagegen ist die **Übertragung eines Erbanteils** der Grunderwerbssteuer unterworfen, soweit dies zu einem **157** Übergang von Eigentum an einem zum Nachlass gehörenden Grundstück führt.[586]

Beim **Wechsel im Personalbestand einer BGB-Gesellschaft** liegt ein grunderwerbsteuerpflichtiger Vor- **158** gang vor bei einer wesentlichen Veränderung im Gesellschafterbestand (§ 1 Abs 2a GrEStG). Dies zu prüfen, ist nicht Aufgabe des Grundbuchamtes. Deshalb ist entgegen früherer Ansicht[587] heute für die Grundbuchberichtigung generell eine Unbedenklichkeitsbescheinigung nötig.[588] Dies gilt auch, wenn ein Gesellschafter bei Ausscheiden der übrigen Gesellschafter das Unternehmen unter Ausschluss der Liquidation als Alleininhaber fortführt.[589]

Einen grunderwerbsteuerpflichtigen Vorgang stellt auch die **Übernahme des Handelsgeschäfts** einer KG **159** durch einen Kommanditisten dar,[590] nicht jedoch nur eine **Firmenänderung** einer Kapitalgesellschaft.[591]

Da das Grunderwerbsteuerrecht grundsätzlich nur solche Rechtsvorgänge erfasst, bei denen ein Übergang von **160** einem auf einen anderen Rechtsinhaber stattfindet, darf die Eintragung dessen, der nach § 927 BGB ein Grundstück durch **Aneignung** erworben hat, nicht gemäß § 22 GrEStG von der Vorlage der UB abhängig gemacht werden.[592] In diesem Fall erwirbt der Aneignungsberechtigte originär Eigentum an dem nach dem Ausschlussurteil herrenlosen Grundstück; § 1 Abs 1 Nr 3 GrEStG liegt nicht vor.

Bei **Kettengeschäften** (zB in der Zwangsversteigerung des Grundstückes von A gibt B das Meistgebot ab, **161** danach tritt B seine Rechte aus dem Meistgebot an C ab) kann die Eigentumseintragung von C vollzogen werden, wenn die UB zur Abtretung der Rechte aus dem Meistgebot von B auf C vorliegt (§ 1 Abs 1 Nr 7 GrEStG); die UB für die Abgabe des Meistgebots durch B (§ 1 Abs 1 Nr 4 GrEStG) kann dagegen nicht verlangt werden.[593] Eine gegenteilige Auffassung des Finanzamts ist für das Grundbuchamt nicht bindend.

Bei einer Grundbuchberichtigung aufgrund des **UmwG** vom 28.10.1994 (BGBl I 3210) ist zu unterschei- **162** den:[594] Bei Verschmelzungen, Spaltungen und Vermögensübertragungen nach dem UmwG (vgl Rdn 47) liegt ein grunderwerbsteuerbarer Vorgang vor, so dass es einer UB bedarf, nicht dagegen bei nur formwechselnder Umwandlung (vgl Rdn 86).

---

586 BFH BB 1986, 1494; BFHE 117, 270 = MittBayNot 1976, 45; *Weber* NJW 1981, 1940.
587 BFHE 117, 270 = MittBayNot 1976, 45; BayObLG Rpfleger 1983, 103; OLG Stuttgart Rpfleger 1976, 134; LG Düsseldorf Rpfleger 1977, 257 m zust Anm *Haegele*; *Weber* NJW 1973, 2015; 1981, 1940.
588 OLG Frankfurt MittBayNot 2006, 334; DNotI-Report 2005, 14; *Böhringer* Rpfleger 2000, 99, 101; *Schöner/Stöber* Rn 149; BFH BB 1986, 382 = MittBayNot 1986, 278; OLG Celle Rpfleger 1985, 187; LG Oldenburg Rpfleger 1984, 265.
589 BayObLG MittBayNot 1995, 288; *Schöner/Stöber* Rn 149.
590 BayObLG FGPrax 1995, 95; *Demharter* § 20 Rn 48.
591 OLG Frankfurt Rpfleger 1995, 346; *Schöner/Stöber* Rn 148; *Demharter* § 20 Rn 48.
592 OLG Zweibrücken Rpfleger 1987, 105 = DNotZ 1987, 233; *Demharter* § 20 Rn 48, 49; *Schöner/Stöber* Rn 1025.
593 BFH BStBl 1963 III 219; LG Lüneburg Rpfleger 1987, 105; *Schöner/Stöber* Rn 148; *Böhringer* Rpfleger 2000, 99, 102; *Kohler* in *Bauer/von Oefele* § 22 Rn 255.
594 BFHE 181, 349 = ZfIR 1997, 321; *Böhringer* Rpfleger 2000, 99, 103; Bayer Staatsministerium der Finanzen ZNotP 1999, 321; Finanzministerium Baden-Württemberg ZNotP 1998, 69.

5. Fehlen materiellrechtlicher Gegenrechte?

163 Die dem Betroffenen im Prozess gegen die Klage auf Grundbuchberichtigung zustehenden Einwendungen (vgl Rdn 76) können im Grundbuchberichtigungsverfahren vom Grundbuchamt mit den ihm zur Verfügung stehenden beschränkten Mitteln nur in ganz beschränktem Maß berücksichtigt werden und müssen daher auf Ausnahmefälle beschränkt bleiben.[595] Ein solcher Ausnahmefall soll bei der **Verwirkung** des Berichtigungsanspruchs vorliegen, weil der Zweck der Verwirkung sonst vereitelt würde, wenn im Verfahren nach § 22 der Verwirkungseinwand unberücksichtigt bleiben müsste.[596] Dem kann nicht zugestimmt werden. Im formellen Grundbuchberichtigungsverfahren ist es mit den dem Grundbuchamt zur Verfügung stehenden Mitteln nicht möglich, solche materiellrechtliche Gegenrechte zu prüfen, die eine unzulässige Rechtsausübung als Verstoß gegen den Grundsatz von Treu und Glauben verhindern sollen.[597] Außerdem kann zB die im Prozess zulässige Zurückbehaltungseinrede wegen Verwendungen auf das Grundstück[598] der Grundbuchberichtigung nicht entgegengesetzt werden.

6. Vormundschaftsgerichtliche Genehmigung

164 Bei einer Grundbuchberichtigung wird die außerhalb des Grundbuchs entstandene materielle Rechtslage nur im Grundbuch vermerkt. Die Eintragung ist nur deklaratorisch, es liegt keine Verfügung vor. Wird die **Grundbuchunrichtigkeit urkundlich nachgewiesen**, so bedarf es keiner vormundschaftsgerichtlichen Genehmigung dazu. Gleiches wird für eine **Berichtigungsbewilligung** behauptet.[599] Dem kann nicht zugestimmt werden. Denn wenn der Vormund in allen Fällen der Erteilung von Berichtigungsbewilligungen selbständig berechtigt wäre, so würde er die dem formellen Recht angehörige Berichtigungsbewilligung dazu benützen können, um ohne Zustimmung des Vormundschaftsgerichts auch über solche Vermögenswerte des Mündels zu verfügen, die das materielle Recht durch die §§ 1812, 1821, 1822 BGB gerade unter die besondere Obhut des Vormundschaftsgerichts gestellt hat. Das Vermögen des Mündels kann durch einen sich an die Berichtigungsbewilligung anschließenden gutgläubigen Erwerb eines Dritten beeinträchtigt werden. Bei dieser Möglichkeit bedarf der Vormund (Pfleger) der vormundschaftsgerichtlichen Genehmigung für die Berichtigungsbewilligung entsprechend §§ 1812, 1821, 1822 BGB (§ 1915 BGB);[600] die Eltern nur nach § 1643 BGB iVm § 1821, § 1822 Nr 1, 3, 5, 8 bis 11 BGB.

VII. Vollzug der Berichtigung im Grundbuch

165 Der Vollzug der Berichtigung im Grundbuch erfolgt in der Form einer **neuen Eintragung**. Dies kann auf verschiedene Weise erfolgen:[601]
– Löschung der Eintragung oder des unrichtigen Teils;
– Ergänzung des Inhalts, wenn er unvollständig ist;
– Eintragung des richtigen Inhalts, wenn nichts eingetragen ist;
– Löschung des unrichtigen und Eintragung des richtigen Inhalts;
– Wiedereintragung des zu Unrecht gelöschten Rechts.

166 Ist ein **Recht zu Unrecht** gelöscht worden und soll es nunmehr im Wege der Berichtigung wieder eingetragen werden, so ist nicht etwa der Löschungsvermerk zu löschen, sondern das Recht ist unter einer eigenen Nummer unter Beachtung aller an eine Neueintragung zu stellenden Anforderungen wieder einzutragen;[602] eine Bezugnahme auf die gelöschte Eintragung ist nicht statthaft. Da das zu Unrecht gelöschte Recht grundsätzlich seinen alten Rang behält, bedarf es beim Vorhandensein von Zwischenrechten auch eines Rangvermerks, der den früheren bestätigt.[603] Doch kann ein in der Zwischenzeit gutgläubig erworbenes Recht den Vorrang erworben haben, sodass die Wiedereintragung des zu Unrecht gelöschten Rechts nur im Rang hinter diesem erfolgen kann.[604] Die Wiedereintragung mit dem alten Rang ist nur dann möglich, wenn die Inhaber der Zwischenrechte dies bewilligen oder wenn nachgewiesen wird, dass ihnen der öffentliche Glaube des Grundbuchs nicht zur Seite steht. Liegen diese Voraussetzungen nur bezüglich einzelner Zwischenrechte vor, so ist anzugeben, welchem von ihnen das wieder eingetragene Recht vorgeht und welchem es nachsteht.[605]

---

595 KEHE-*Dümig* § 22 Rn 120.
596 OLG Braunschweig BWNotZ 1962, 203.
597 *Grussendorf* AcP 150, 440; *Mühl* NJW 1956, 1659.
598 RGZ 163, 62.
599 KG OLGE 26, 171; *Damrau* FamRZ 1984, 842, 850.
600 RGZ 133, 259; KG OLGE 25, 390, 392; KGJ 42, 215, 218; *Kohler* in *Bauer/von Oefele* § 22 Rn 257; *Schöner/Stöber* Rn 3727; MüKo-*Wacke* § 894 Rn 21; *Klüsener* Rpfleger 1981, 461, 468; *Meyer-Stolte* RpflJB 1980, 336, 344; *Böttcher* Rpfleger 1987, 485.
601 KEHE-*Dümig* § 22 Rn 3.
602 KEHE-*Dümig* § 22 Rn 5.
603 BayObLGZ 1961, 63, 70 = Rpfleger 1962, 406, 408.
604 BGHZ 51, 50.
605 *Güthe-Triebel* § 22 Rn 53.

VIII. Zurückweisung des Berichtigungsantrags

Wird die Berichtigung des Grundbuchs beantragt, so wendet sich der Antragsteller gegen eine bestehende Eintragung oder Löschung. Wenn dieser Antrag vom Grundbuchamt zurückgewiesen wird, ist es folgerichtig, die Anfechtbarkeit dieser Entscheidung nach § 11 RpflG und § 71 GBO zu regeln. **167**

1. Unbeschränkte Beschwerde

Die unbeschränkte Beschwerde nach § 71 Abs 1 GBO ist gegeben, wenn eine Berichtigung von **Eintragungen** **168** abgelehnt wird, **die nicht unter dem öffentlichen Glauben des Grundbuchs stehen.**[606] Es ist bedeutungslos, ob man die Beschwerde als gegen die Eintragung oder gegen die Zurückweisung des Berichtigungsantrags gerichtet ansieht. Beispielhaft zu nennen ist die Zurückweisung eines Antrags, mit dem verfolgt wurde, einen an einem Grundstück eingetragenen Eigentumsverzicht durch Löschung und Wiedereintragung des Berechtigten zu berichtigen.[607] Solche Zurückweisungen fallen nicht unter § 71 Abs 2 S 1 GBO.

Fällt eine Eintragung unter § 71 Abs 2 S 1 GBO, dh untersteht sie dem öffentlichen Glauben des Grundbuchs, **169** so ist grundsätzlich keine Beschwerde dagegen zulässig. Soll eine solche Eintragung berichtigt werden, und zwar auf Grund der **Berichtigungsbewilligung sämtlicher Betroffener,** so ist gegen die Zurückweisung des Berichtigungsantrags trotzdem die unbeschränkte Beschwerde zulässig § 71 Abs 1 GBO.[608] Da die Berichtigungsbewilligung eine Unterart der Eintragungsbewilligung ist, so ist dieser Fall ebenso zu behandeln, wie bei der Zurückweisung eines Antrags, der auf Grund einer Eintragungsbewilligung des Betroffenen auf die Eintragung einer Rechtsänderung gerichtet ist.

Unterliegt eine Eintragung dem öffentlichen Glauben des Grundbuchs und ist somit grundsätzlich unanfechtbar (§ 71 Abs 2 S 1 GBO), tritt jedoch anschließend eine nachträgliche Unrichtigkeit ein (vgl Rdn 22 ff) und lehnt das Grundbuchamt die beantragte Berichtigung ab, so ist dagegen die unbeschränkte Beschwerde gemäß § 71 Abs 1 GBO zulässig.[609] Die Beschwerde zielt nämlich nicht auf die rückwirkende Beseitigung einer Eintragung, sondern richtet sich gegen die Ablehnung des Antrags, die Grundbucheintragung ex nunc der veränderten Rechtslage anzupassen; ein inzwischen eingetretener Erwerb bliebe also unberührt. **170**

2. Beschränkte Beschwerde

Liegt bei einer Eintragung, die dem öffentlichen Glauben des Grundbuchs unterliegt, eine **ursprüngliche** **171** **Unrichtigkeit** vor (vgl Rn 9 ff) und soll diese auf Grund eines Unrichtigkeitsnachweises nach § 22 berichtigt werden, so ist gegen die Zurückweisung des Berichtigungsantrags nach hM[610] keine unbeschränkte Beschwerde gemäß § 71 Abs 1 GBO zulässig, weil sich der Antrag nicht auf die Vornahme einer neuen Eintragung, sondern auf die Beseitigung einer bestehenden Eintragung richtet; die Beschwerde gegen die Zurückweisung des Berichtigungsantrags wäre gleichzusetzen mit einer Beschwerde gegen die zu berichtigende Eintragung und ist deshalb nach § 71 Abs 2 S 1 GBO unzulässig. Dem Antragsteller bleibt nur die beschränkte Beschwerde des § 71 Abs 2 S 2 mit dem Ziel, einen Amtswiderspruch oder eine Löschung wegen inhaltlicher Unzulässigkeit gemäß § 53 zu erreichen. Im Übrigen ist er darauf verwiesen, vor dem ordentlichen Gericht gegen den Buchberechtigten gemäß § 899 BGB eine einstweilige Verfügung auf Eintragung eines Widerspruchs gegen die Richtigkeit des Grundbuchs zu erwirken und seinen Anspruch auf Grundbuchberichtigung gemäß § 894 BGB im Klageweg geltend zu machen.

IX. Verletzung des § 22

Die beiden Absätze des § 22 enthalten nur **Ordnungsvorschriften.** Ihre Nichtbeachtung als solche beeinflusst **172** daher die Wirksamkeit des Berichtigungsantrages nicht; es kommt vielmehr nur auf die materielle Rechtslage an. War nach dieser das Grundbuch unrichtig und stimmt es nach der Berichtigung mit derselben wieder überein, so ist es ohne Bedeutung, wenn die Unrichtigkeit dem Grundbuchamt nicht oder nicht genügend oder aber nicht formgerecht nachgewiesen worden ist. Steht umgekehrt das Grundbuch mit der materiellen Rechtslage in Einklang, so wird das Grundbuch durch eine Eintragung, die berichtigen will, unrichtig, auch wenn die angebliche Unrichtigkeit formell einwandfrei, zB durch eine gefälschte, aber äußerlich formgültige Urkunde

---

606 OLG Celle NJW 1955, 1234 = DNotZ 1955, 396, 398; *Weiss* DNotZ 1985, 524, 526.
607 OLG Zweibrücken OLGZ 1981, 139, 141.
608 RGZ 133, 280; KG JFG 3, 406; KGJ 39, 288; 48, 185; OLGZ 1965, 75 = Rpfleger 1965, 232; OLG Braunschweig JFG 4, 402.
609 BayObLGZ 1933, 60; 1952, 157, 159; KG JFG 1, 367; *Weiss* DNotZ 1985, 524, 526; *Köstler* JR 1987, 402.
610 RGZ 110, 70; BayObLGZ 1952, 157, 160; 1970, 182, 184; 1972, 268; KG KGJ 39, 383; 48, 186; OLGZ 1965, 70; 1969, 202; OLG Schleswig SchlHA 1958, 9; OLG Hamm OLGZ 1969, 303; OLG Frankfurt Rpfleger 1979, 418; *Jansen* NJW 1965, 619; *Weiss* DNotZ 1985, 524, 526 f; *Brehm* FG, § 33 I 4 b; **aA** *Köstler* JR 1987, 402; *Deubner* JuS 1961, 398 Fn 14; *Wolff-Raiser* § 27 Fn 6; *Lüke* Fälle zum Zivilverfahrensrecht, Bd II, 1982, S 129; *Otte* NJW 1964, 634 (unbeschränkte Erinnerung/Beschwerde).

nachgewiesen worden ist. Eine Berichtigungseintragung nach § 22 Abs 2 ist auch dann gültig, wenn die Zustimmung in nicht gehöriger Form erklärt ist oder gänzlich fehlt.

X. Währungsreform

173   Vgl dazu *Meikel-Imhof-Riedel* (6. Aufl) § 22 Rn 45 ff.

§ 23 (Löschung auf Lebenszeit beschränkter Rechte)

(1) Ein Recht, das auf die Lebenszeit des Berechtigten beschränkt ist, darf nach dessen Tod, falls Rückstände von Leistungen nicht ausgeschlossen sind, nur mit Bewilligung des Rechtsnachfolgers gelöscht werden, wenn die Löschung vor dem Ablauf eines Jahres nach dem Tod des Berechtigten erfolgen soll oder wenn der Rechtsnachfolger der Löschung bei dem Grundbuchamt widersprochen hat; der Widerspruch ist von Amts wegen in das Grundbuch einzutragen. Ist der Berechtigte für tot erklärt, so beginnt die einjährige Frist mit dem Erlaß des die Todeserklärung aussprechenden Urteils.

(2) Der im Absatz 1 vorgesehenen Bewilligung des Rechtsnachfolgers bedarf es nicht, wenn im Grundbuch eingetragen ist, daß zur Löschung des Rechtes der Nachweis des Todes des Berechtigten genügen soll.

§ 24 (Löschung zeitlich beschränkter Rechte)

Die Vorschriften des § 23 sind entsprechend anzuwenden, wenn das Recht mit der Erreichung eines bestimmten Lebensalters des Berechtigten oder mit dem Eintritt eines sonstigen bestimmten Zeitpunkts oder Ereignisses erlischt.

Schrifttum

Amann, Unwirksamkeit und Umdeutung von Löschungserleichterungen, DNotZ 1998, 6; *Balser,* Rückständige Hypothekenzinsen, NJW 1958, 698; *Böttcher,* Der Löschungserleichterungsvermerk gemäß §§ 23 Abs 2, 24 BGO, MittRhNotK 1987, 219; *ders,* Löschung zeitlich beschränkte Rechte gemäß §§ 23, 24 GBO RpflStud 1991, 104; *Deimann,* Löschung eines auf Lebenszeit des Berechtigten beschränkten Vorkaufsrechts, Rpfleger 1977, 91; *Frank,* Der unzulässige Löschungserleichterungsvermerk, MittBayNot 1997, 217; *Gantzer,* Zur Löschbarkeitsklausel gemäß §§ 23 Abs 2, 24 GBO, MittBayNot 1972, 6; *Haegele,* Einzelfragen zum Liegenschaftsrecht, Rpfleger 1975, 153 (Abschnitt 5); *Haegele,* Tod des Berechtigten im Grundbuchrecht, RpflJB 1976, 305; *Hieber,* Die Eintragungsvoraussetzungen der Löschungserleichterung nach § 23 Abs 2 GBO, DNotZ 1961, 143; *Klingenstein,* Können Erbbaurecht auf Dauerwohnrecht auf Lebenszeit der Berechtigten bestellt werden?, BWNotZ 1965, 222; *Lülsdorf,* Die Löschung von auf Lebenszeit des Berechtigten beschränkten Rechten, MittRhNotK 1994, 129; *Maaß,* Die Beendigung des Erbbaurechts, NotBZ 2002, 389; *Marshall,* Befristung eines Dauerwohnrechts auf Lebenszeit des Berechtigten, DNotZ 1962, 381; *Mikosch,* Eintragung der Löschungserleichterung nach § 23 Abs 2 GBO ohne Zustimmung des Berechtigten, DNotZ 1971, 587; *Müller,* Unvererblich und höchstpersönlich ?, DNotZ 2007, 726; *Rastätter,* Neue Entwicklungen bei der Auflassungsvormerkung: Löschungserleichterung, BWNotZ 1994, 135; *Riedel,* Zum Ausschluß von Rückständen nach §§ 23, 24 GBO, JurBüro 1979, 156; *Schöner,* Auflösend bedingte Anspruchsverpfändung als Zwischensicherung zur Kaufpreisfinanzierung – ein riskanter Weg, DNotZ 1985, 598; *Siegelmann,* Die Löschung eines auf Lebzeiten beschränkten dinglichen Rechts, DWW 1965, 10; *Stöber,* Verpfändung des Eigentumsübertragungsanspruchs und Grundbucheintragung, DNotZ 1985, 587; *Streuer,* Löschungserleichterung bei Auflassungsvormerkung und Vorkaufsrecht, Rpfleger 1986, 245; *Tiedtke,* Zur Wirksamkeit einer auf die Lebenszeit des Berechtigten beschränkten Auflassungsvormerkung bei dessen Tode, DNotZ, 1992, 539; *Wehrens,* Zum Recht der Dienstbarkeiten, DNotZ 1963, 24 (Abschnitt 4); *Wufka,* Abschied von der Löschungserleichterung bei (Rück) Auflassungsvormerkungen, MittBayNot 1996, 156.

I. Normzweck

1   Eine Grundbuchberichtigung kann grundsätzlich erfolgen auf Grund einer Berichtigungsbewilligung (§ 19) oder eines Unrichtigkeitsnachweises (§ 22). Die **§§ 23, 24 ergänzen** § 22, indem in gewissen Fällen die Grundbuchberichtigung auf Grund des Unrichtigkeitsnachweises nicht für ausreichend erklärt wird. Gemeint sind die Fälle, in denen ein Recht mit dem Ableben des Berechtigten (§ 23) oder mit dem Erreichen eines bestimmten Lebensalters des Berechtigten (§ 24 Fall 1) oder mit dem Eintritt eines sonstigen bestimmten Zeitpunkts oder Ereignisses erlischt (§ 24 Fall 2). In all diesen Fällen erlischt das Stammrecht mit dem Eintritt des Todes des Berechtigten, dem Erreichen des bestimmten Lebensalters oder dem Eintritt des anderen Ereignisses; das Grundbuch wird also durch eine Rechtsänderung außerhalb des Buches unrichtig. Der Eigentümer könnte somit gemäß §§ 22 durch Unrichtigkeitsnachweis das Recht ohne Mitwirkung des Berechtigten oder seines Rechtsnachfolgers löschen lassen. Bei **Rechten, aus denen Rückstände entstehen können,** ist es jedoch möglich, noch Einzelleistungen aus der Zeit vor dem Erlöschen des Rechts rückständig sind. Zu nennen sind beispielhaft die fällig gewordenen Mietzinsen, die der Nießbraucher vor seinem Tode noch nicht erhalten hat, oder die fälligen Hypothekenzinsen, die der Eigentümer bei einer auf die Lebenszeit des Gläubigers beschränkten Hypothek bis zu dessen Tod noch nicht gezahlt hat.[1] In einem solchen Fall ist zwar das Stammrecht erloschen, dh es können künftig keine Ansprüche mehr entstehen, der Anspruch auf die schon fällig gewordenen Einzelleistungen besteht jedoch weiter und steht dem Gläubiger bzw seinem Rechtsnachfolger zu. Die Löschung auf Grund des bloßen Unrichtigkeitsnachweises gemäß § 22 würde somit das Grundbuch hinsichtlich dieser Rückstände unrichtig werden lassen; es bestünde die Möglichkeit des gutgläubigen Erwerbs Dritter und damit die Möglichkeit des Anspruchsverlustes für den Gläubiger.[2] Für Rechte, aus denen Rückstände entstehen können, **enthält § 23 Abs 1 daher eine Löschungserschwerung** wonach eine Löschung durch Unrichtigkeitsnachweis gemäß § 22 ausgeschlossen wird. § 23 Abs 1 schützt somit vor der Gefahr, die grundbuchliche Sicherung der rückständigen Leistungen zu verlieren. Die Erben des Berechtigten können die Löschungsbewilligung verweigern, bis die ihnen noch zustehenden rückständigen Leistungen aus dem Recht erbracht worden sind. Nach den Gesetzesmaterialien ist § 23 Abs 1 ein Ausgleich zu der Löschungsmöglichkeit des § 22.[3] Von der Einschränkung des § 23 Abs 1 befreit § 23 Abs 2 wiederum, wenn der Löschungserleichterungsvermerk eingetragen ist. Die §§ 23, 24 gelten für alle Rechte iS der GBO, dh für alle im Grundbuch eingetragenen dinglichen Rechte, Vormerkungen, Widersprüche, Verfügungsbeeinträchtigungen und sonstigen Vermerke, bei denen trotz des Erlöschens des Rechtsverhältnisses für den Berechtigten ein rechtliches Interesse an der Aufrechterhaltung des Eintragungsvermerks besteht oder wegen der Möglichkeit von Rückständen bestehen kann.[4]

II. Geltungsbereich

1. Vorhandene Grundbuchunrichtigkeit

2   Voraussetzung ist der Tod des Berechtigten (§ 23 Abs 1 S 1), dem die Todeserklärung gleichsteht, wie sich aus § 23 Abs 1 S 2 ergibt, bzw das Erreichen des bestimmten Lebensalters des Berechtigten (§ 24 Fall 1) bzw der Eintritt des bestimmten Zeitpunkts oder der auflösenden Bedingung (§ 24 Fall 2). Dadurch muss eine **Grundbuchunrichtigkeit** entstanden sein, was beim Erlöschen eines Rechts außerhalb dem Grundbuch zunächst selbstverständlich erscheint. Hinzuweisen ist jedoch auf den Fall, dass beim Tode des Berechtigten eines Altenteils insofern keine Grundbuchunrichtigkeit vorliegt, als zum Inhalt des Altenteils die zulässigerweise durch eine Reallast gesicherten Grabpflegekosten gehören.[5] Eine Löschung erfordert insoweit eine Löschungsbewilligung

---

1   *Eickmann* GBVerfR, Rn 367; *Böttcher* RpflStud 1991, 104, 105.
2   *Böttcher* RpflStud 1991, 104, 105; *Lülsdorf* MittRhNotK 1994, 129, 130.
3   Denkschrift zur GBO in *Hahn/Mugdan* 5. Band, 1897, S 159.
4   *Böttcher* RpflStud 1991, 104, 105.
5   BayObLGZ 1983, 133 = DNotZ 1985, 41 = Rpfleger 1983, 308; BayObLG FGPrax 1997, 91; NJW-RR 1987, 464; *Böttcher* RpflStud 1991, 104, 105.

nach § 19, da es sich um eine rechtsändernde Eintragung handelt und nicht um eine Grundbuchberichtigung. In diesem Fall stellt sich also gar nicht die Frage, ob der Unrichtigkeitsnachweis genügt (§ 22) oder eine Berichtigungsbewilligung erforderlich ist (§ 23); daran ändert auch nichts ein – irrtümlich – eingetragener Löschungserleichterungsvermerk.

2. Erlöschensgründe

Zu beachten ist, dass die §§ 23, 24 nur dann Anwendung finden, wenn das außerhalb des Grundbuchs erloschene Recht auch tatsächlich durch den Tod des Berechtigten, das Erreichen des bestimmten Lebensalters des Berechtigten oder den Eintritt des bestimmten Zeitpunkts bzw der auflösenden Bedingung erloschen ist. Ist dagegen das **Recht durch andere Umstände erloschen,** so gilt § 22. Beim auflösend bedingten Pfandrecht am Eigentumsverschaffungsanspruch ist festzuhalten (vgl Rdn 30, 33): Die auflösende Bedingung für den Bestand des Pfandrechts ist die Eintragung einer Grundschuld. Mit der Eintragung der Auflassung erlischt der Eigentumsverschaffungsanspruch und damit auch das an ihm bestellte Pfandrecht, wenn die Eigentumsübertragung durch Leistung »in Gemäßheit der §§ 1281, 1282 BGB«, somit Auflassung unter Mitwirkung oder mit Genehmigung des Pfandgläubigers erfolgt ist.[6] Das Erlöschen des Pfandrechts hat aber seine Ursache nicht im Eintritt der auflösenden Bedingung (= Eintragung der Grundschuld), sondern im Untergang des Pfandgegenstands (= Eigentumsverschaffungsanspruch). Die Löschung des Pfandrechts richtet sich deshalb nicht nach §§ 23, 24, sondern nach § 22.[7] Eine Eigentumsübertragung an den Pfandschuldner ohne Mitwirkung des Pfandgläubigers ist aber nicht Leistung des geschuldeten verpfändeten Anspruchs (§§ 1281, 1282 BGB); für den Pfandgläubiger bestehen daher auch nach Auflassung der verpfändete Eigentumsübertragungsanspruch, die sichernde Auflassungsvormerkung und das Pfandrecht fort.[8] Vor Eintragung der Grundschuld besteht keine Grundbuchunrichtigkeit, sodass eine Löschung des Pfandrechts nur nach § 19 möglich ist. Erst wenn die auflösende Bedingung für das Erlöschen des Pfandrechts eintritt, dh die Eintragung der Grundschuld, kommt eine Löschung gemäß §§ 23, 24 in Betracht.

III. Übersicht

Als Grundsatz ist stets festzuhalten, dass eine Grundbuchberichtigung auf zwei Arten möglich ist: Berichtigungsbewilligung (§ 19) oder Unrichtigkeitsnachweis (§ 22). Eine **Grundbuchberichtigung auf Grund Unrichtigkeitsnachweises (§ 22) ist gemäß §§ 23, 24 für folgenden Ausnahmefall ausgeschlossen:**
– Löschung eines Rechts;
– Beschränkung des Rechts auf die Lebenszeit des Berechtigten (§ 23 Abs 1 S 1) oder auf ein bestimmtes Lebensalter des Berechtigten (§ 24 Fall 1) oder auf den Eintritt eines sonstigen bestimmten Zeitpunkts oder Ereignisses (§ 24 Fall 2);
– Möglichkeit von Rückständen
– Fehlender Löschungserleichterungsvermerk;
– Jahresfrist noch nicht abgelaufen oder Jahresfrist bereits abgelaufen, aber Widerspruch.

Nur wenn alle genannten Voraussetzungen vorliegen, scheidet eine Grundbuchberichtigung auf Grund eines Unrichtigkeitsnachweises aus; vielmehr ist dann stets die Berichtigungsbewilligung des Berechtigten bzw dessen Rechtsnachfolgers nötig, §§ 23, 24. Ist nur eine Voraussetzung nicht erfüllt, so bleibt es beim Grundsatz, dass auch eine Berichtigung mit Hilfe eines Unrichtigkeitsnachweises zulässig ist (§ 22), also dann, wenn
– die Grundbuchberichtigung keine Löschung betrifft, oder
– keine Beschränkung des Rechts iS von §§ 23, 24 vorliegt, oder
– keine Rückstände möglich sind, oder
– der Löschungserleichterungsvermerk ordnungsgemäß eingetragen ist, oder
– die Jahresfrist abgelaufen und kein Widerspruch eingelegt worden ist.

3

4

---

6 *Schöner/Stöber* Rn 1560, 1585; *Stöber* DNotZ 1985, 587.
7 BayObLGZ 1983, 301 = DNotZ 1985, 630 = Rpfleger 1984, 144.
8 *Schöner/Stöber* Rn 1565, 1587; *Stöber* DNotZ 1985, 587.

5   Zur Verdeutlichung folgende **schematische Übersicht:**

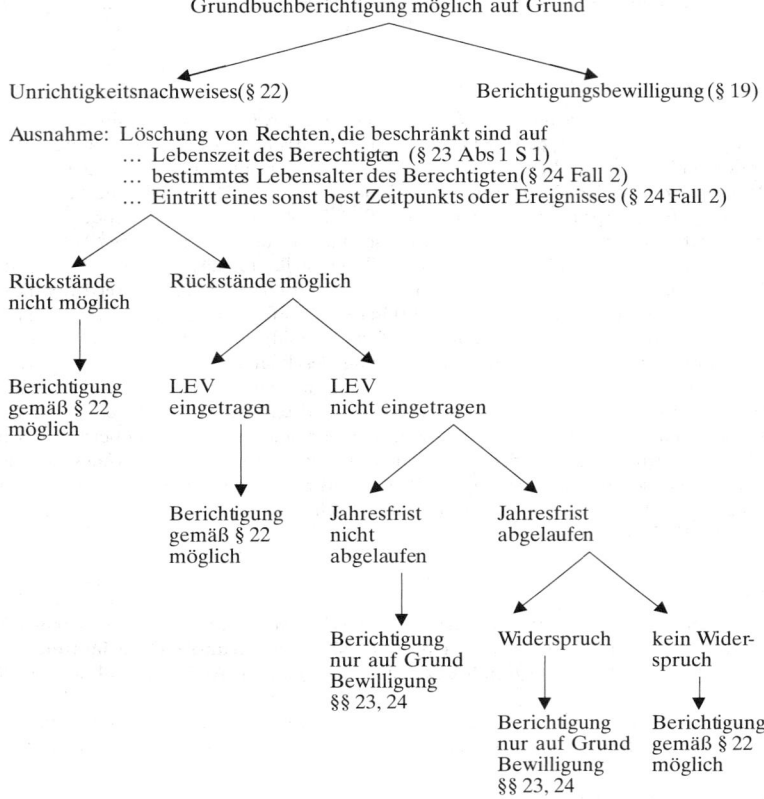

Grundbuchberichtigung möglich auf Grund

Unrichtigkeitsnachweises(§ 22)   Berichtigungsbewilligung (§ 19)

Ausnahme: Löschung von Rechten, die beschränkt sind auf
... Lebenszeit des Berechtigten (§ 23 Abs 1 S 1)
... bestimmtes Lebensalter des Berechtigten(§ 24 Fall 2)
... Eintritt eines sonst best Zeitpunkts oder Ereignisses (§ 24 Fall 2)

Rückstände   Rückstände möglich
nicht möglich

Berichtigung   LEV   LEV
gemäß § 22   eingetragen   nicht eingetragen
möglich

                  Berichtigung   Jahresfrist   Jahresfrist
                  gemäß § 22   nicht   abgelaufen
                  möglich   abgelaufen

                                   Berichtigung   Widerspruch   kein Wider-
                                   nur auf Grund   spruch
                                   Bewilligung
                                   §§ 23, 24

                                                     Berichtigung   Berichtigung
                                                     nur auf Grund   gemäß § 22
                                                     Bewilligung   möglich
                                                     §§ 23, 24

IV. Voraussetzungen einer Grundbuchberichtigung nur auf Grund Bewilligung

1. Beschränkung des Rechts auf

a) Lebenszeit des Berechtigten (§ 23 Abs 1 S 1). aa) Einzelfälle bei den natürlichen Personen.

6   Rechtsgeschäftlich auf die Lebenszeit des Berechtigten beschränkbar sind die **Grundpfandrechte** (= Hypo-thek, Grundschuld, Rentenschuld).[9] Bei der akzessorischen Hypothek ist darauf zu achten, dass das dingliche Recht selbst auf die Lebensdauer des Gläubigers beschränkt wird, und nicht die zugrundeliegende schuldrechtli-che Forderung; ist die Hypothek als solche beschränkt, entsteht beim Tode des Berechtigten keine Eigentümer-grundschuld, sondern das dingliche Recht erlischt.[10] Möglich ist auch, das Bestehen der durch die Hypothek gesicherten Forderung auf die Lebenszeit des Gläubigers zu beschränken; dann erlischt bei Eintritt des Todes des Gläubigers nur die Forderung, die Hypothek wird zur Eigentümergrundschuld (§ 1163 Abs 1 S 2 BGB),[11] sodass auch § 23 in diesem Fall nicht zur Anwendung kommt.[12]

7   Das **Rechtspfandrecht** kann vertraglich auf die Lebenszeit des Berechtigten beschränkt werden.[13] Während die Beschränkung des Pfandrechts an einem Grundstücksrecht auf die Lebensdauer des Pfandgläubigers unter § 23 Abs 1 S 1 fällt, liegt § 24 Fall 2 vor, wenn das verpfändete Recht selbst auf die Lebenszeit des Pfandgläubi-gers beschränkt ist.

9   RGZ 68, 141; *Böttcher* MittRhNotK 1987, 219, 220; *Lülsdorf* MittRhNotK 1994, 129, 132.
10   *Böttcher* MittRhNotK 1987, 219, 220; *Lülsdorf* MittRhNotK 1994, 129, 132.
11   KGJ 33, 241; *Böttcher* MittRhNotK 1987, 219, 220.
12   *Böttcher* MittRhNotK 1987, 219, 220; *Lülsdorf* MittRhNotK 1994, 129, 132; **aA** KG HRR 1931 Nr 29; *Demharter* § 23 Rn 8.
13   *Böttcher* MittRhNotK 1987, 219, 220; *Lülsdorf* MittRhNotK 1994, 129, 132.

Eine **Reallast** kann subjektiv-persönlich und subjektiv-dinglich bestellt werden (§ 1105 BGB). Eine *subjektiv-* **8** *dingliche Reallast* (Erbbauzins) kann vertraglich nicht auf die Lebenszeit des Berechtigten beschränkt werden, da dies dem Wesen des Rechts zuwiderlaufen würde.[14] Bei einer Beschränkung auf die Lebensdauer des momentanen Eigentümers eines Grundstücks handelt es sich eben nicht um ein subjektiv-dingliches, sondern um ein subjektiv-persönliches Recht. Eine *subjektiv-persönliche Reallast* ist kraft Gesetzes nicht auf die Lebenszeit des Berechtigten beschränkt und kann daher auch so bestellt werden, dass ein Teil der durch sie gesicherten Leistungen erst nach dem Tod des Berechtigten fällig wird.[15] Durch Rechtsgeschäft ist die subjektiv-persönliche Reallast dagegen auf die Lebenszeit des Berechtigten beschränkbar.[16] Dies wird idR dann der Fall sein, wenn im Rahmen eines Altenteils dem Übergeber eine subjektiv-persönliche Reallast bestellt wird, weil ein Altenteilvertrag seinem Wesen nach ein Versorgungsvertrag auf Lebenszeit ist;[17] insoweit handelt es sich dann um eine unvererbliche subjektiv-persönliche Reallast. Eine Ausnahme besteht nur dann, wenn die im Rahmen eines Altenteils bestellte Reallast neben den zu Lebzeiten des Berechtigten zu erbringenden Leistungen (Taschengeld, Kost, Heizung usw) auch die nur einmalig fällig werdenden Beerdigungskosten[18] und die Grabunterhaltspflicht[19] sichern soll; dadurch ist die subjektiv-persönliche Reallast nicht nur auf die Lebenszeit des Berechtigten bestellt, weil ein Teil der durch sie gesicherten Leistungen erst nach dem Tode des Berechtigten zu erbringen ist.[20] Eine Grundbuchberichtigung durch Löschung der Reallast hinsichtlich der Grabpflegekosten ist nicht möglich, weder auf Grund Unrichtigkeitsnachweises (§ 22) noch auf Grund Berichtigungsbewilligung (§ 23), da insoweit keine Grundbuchunrichtigkeit vorliegt; daran ändert auch der – irrtümlich – eingetragene Löschungserleichterungsvermerk nichts, vielmehr ist eine Löschungsbewilligung nach § 19 nötig.[21] Ist eine auf das Lebensende des Berechtigten begrenzte Rentenzahlungsverpflichtung durch eine Reallast gesichert, der ein darüber hinausreichender Sicherungszweck nicht beigemessen worden ist, und ist im Grundbuch der Vermerk eingetragen, dass zur Löschung der Rente der Nachweis des Todes des Berechtigten genügen soll (Löschungserleichterungsvermerk), so geht die Reallast beim Tode des Berechtigten nicht auf dessen Erben über, sondern erlischt.[22]

Ein **Vorkaufsrecht** kann subjektiv-persönlich und subjektiv-dinglich bestellt werden (§ 1094 BGB). Ein *subjek-* **9** *tiv-dingliches Vorkaufsrecht* ist weder kraft Gesetzes noch kann es vertraglich auf die Lebenszeit des Berechtigten beschränkt werden.[23] Das *subjektiv-persönliche Vorkaufsrecht* ist kraft Gesetzes auf die Lebenszeit des Berechtigten beschränkt, dh es ist nicht vererblich, erlischt also mit dem Tode des Berechtigten (§ 1098 Abs 1, § 473 BGB).[24] Die Unvererblichkeit des Vorkaufsrechts schließt aber nicht die Unvererblichkeit der durch die Ausübung entstandenen Ansprüche ein.[25] Ist das Recht allerdings auf eine bestimmte Zeit beschränkt, so ist es im Zweifel vererblich (§ 473 S 2 BGB). Die Vererblichkeit des subjektiv-persönlichen Vorkaufsrechts kann durch vertragliche Vereinbarung der Beteiligten und Grundbucheintragung bestimmt werden.[26] Letztere kann durch Bezugnahme auf die Eintragungsbewilligung (§ 19) erfolgen (§ 874 BGB).[27]

Der **Nießbrauch** erlischt kraft Gesetzes mit dem Tode des Berechtigten, er ist also unvererblich (§ 1061 BGB). **10** Eine Klausel, wonach der Nießbrauch auch nach dem Tode des Berechtigten für dessen Erben bestehen soll, ist unzulässig.[28] Dagegen ist eine Vereinbarung des Inhalts, dass der Nießbrauch schon vor dem Tode des Berechtigten, zB durch Fristablauf oder infolge des Todes eines Dritten, erlöschen soll, zulässig; in diesem Fall gilt für die Löschung § 24.[29]

---

14 *Demharter* § 23 Rn 5; *Lülsdorf* MittRhNotK 1994, 129, 132; *Böttcher* MittRhNotK 1987, 219, 220.
15 BGH DNotZ 1965, 612; OLG Köln MittRhNotK 1994, 149; BayObLG DNotZ 1989, 567; BayObLGZ 1983, 113; OLG Oldenburg DNotZ 1968, 308; *Staudinger-Amann* § 1111 Rn 7 iVm § 1105 Rn 7; *Böttcher* MittRhNotK 1987, 219, 220.
16 BayObLG DNotZ 1989, 567; OLG Köln MittRhNotK 1994, 149; *Demharter* § 23 Rn 5; *Böttcher* MittRhNotK 1987, 219, 220.
17 BayObLGZ 1983, 113; BGB-RGRK-*Rothe* § 1111 Rn 3; *Staudinger-Amann* § 1111 Rn 7 iVm § 1105 Rn 7; *Lülsdorf* MittRhNotK 1994, 129, 133.
18 Art 15 AGBGB; BayObLGZ 1970, 100, 102; KG JFG 1, 439, 442.
19 KG HRR 1933 Nr 1353; AG Naila Rpfleger 1962, 170.
20 BayObLG FGPrax 1997, 91; Rpfleger 1988, 98; BayObLGZ 1983, 113; LG Coburg Rpfleger 1983, 145; *Böttcher* MittRhNotK 1987, 219, 220.
21 BayObLG aaO; *Schöner/Stöber* Rn 376 Fn 48; *Böttcher* MittRhNotK 1987, 219, 220.
22 OLG Düsseldorf FGPrax 2002, 195 = Rpfleger 2002, 618.
23 *Lülsdorf* MittRhNotK 1994, 129, 132; *Riedel* JurBüro 1979, 155, 157; *Böttcher* MittRhNotK 1987, 219, 221.
24 OLG Zweibrücken OLGZ 1990, 11 = Rpfleger 1989, 450 = MittBayNot 1990, 112; OLG Hamm Rpfleger 1989, 148 = MittBayNot 1989, 27; *Lülsdorf* MittRhNotK 1994, 129, 139.
25 RGZ 163, 142, 154; *Böttcher* MittRhNotK 1987, 219, 221.
26 BGH WM 1963, 619; OLG Düsseldorf Rpfleger 1967, 13; *Böttcher* MittRhNotK 1987, 219, 221.
27 OLG Hamm Rpfleger 1989, 148 = MittBayNot 1989, 27.
28 OLG Hamm DNotZ 1973, 616; *Böttcher* MittRhNotK 1987, 219, 221.
29 LG München DNotZ 1954, 260; *Böttcher* MittRhNotK 1987, 219, 221.

11   Eine **Grunddienstbarkeit** kann rechtsgeschäftlich nicht auf die Lebenszeit des Berechtigten beschränkt werden, da dies dem Wesen als subjektiv-dinglichem Recht zuwiderlaufen würde.[30] Bei der Beschränkung auf die Lebensdauer des momentanen Grundstückseigentümers würde es sich nicht um ein subjektiv-dingliches Recht, sondern um ein subjektiv-persönliches Recht handeln.

12   Eine **beschränkte persönliche Dienstbarkeit** (Wohnungsrecht) ist kraft Gesetzes auf die Lebenszeit des Berechtigten beschränkt (§§ 1090, 1061 BGB), dh sie erlischt mit dem Tode des Berechtigten. Da die Lebenszeit des Berechtigten aber nur die äußerste Dauer des Rechts ist, kann rechtsgeschäftlich vereinbart werden, dass das Recht bereits mit dem Eintritt eines bestimmten Zeitpunkts oder Ereignisses erlöschen soll; dann gilt allerdings § 24.[31]

13   Umstritten ist, ob das **Dauerwohn- und Dauernutzungsrecht** (§§ 31 ff WEG) auf die Lebenszeit des Berechtigten rechtsgeschäftlich beschränkt werden kann. Bejaht wird dies mit dem Hinweis, dass § 41 Abs 1 WEG eine Befristung zulässt.[32] Da die Vererblichkeit aber gemäß § 31 Abs 1 S 1 WEG zum wesentlichen Inhalt des Dauerwohn- und Dauernutzungsrecht gehört, kann sie nach richtiger Meinung nicht ausgeschlossen werden.[33]

14   Auch beim **Erbbaurecht** kann nicht vereinbart werden, dass es mit dem Tode des Erbbauberechtigten erlischt, da zum einen die Vererblichkeit – ebenso beim Dauerwohn- und Dauernutzungsrecht – zum gesetzlichen und unabdingbaren Inhalt des Erbbaurechts gehört (§ 1 Abs 1 ErbbauRG) und zum anderen sonst ein unzulässiger ungewisser Endtermin vorliegen würde (§ 1 Abs 4 ErbbauRG).[34] Dagegen verletzt die Begründung eines Heimfallanspruchs beim Tode des Erbbauberechtigten die Vererblichkeit nicht und ist daher zulässig.[35] Auch eine Vereinbarung, dass das Erbbaurecht mit dem Tode des Grundstückseigentümers erlischt, beeinflusst die Vererblichkeit nicht; trotzdem ist eine solche Erbbaurechtsbestellung unzulässig und somit unwirksam, weil ein Verstoß gegen § 1 Abs 4 ErbbauRG vorliegt.[36]

15   Eine **Vormerkung** ist kraft Gesetzes nicht auf die Lebenszeit des Berechtigten beschränkt; dies ist jedoch durch Rechtsgeschäft möglich.[37] Davon zu unterscheiden ist die Frage, ob der durch die Vormerkung gesicherte Anspruch auf die Lebenszeit des Gläubigers beschränkt ist. Bedeutung hat diese Problematik vor allem bei der sog Rückauflassungsvormerkung erlangt.[38] Bei Übergabeverträgen und Kaufverträgen möchte der Veräußerer zum Teil sicherstellen, dass das übertragene Grundstück an ihn in bestimmten Fällen zurückfällt. Ein Rück-übertragungsanspruch wird deshalb vereinbart für die Fälle, wenn das Grundstück ohne die Zustimmung des Übertragenden veräußert oder belastet wird, wenn der Erwerber vor dem Übertragenden verstirbt, wenn der Erwerber in Vermögensverfall gerät (Insolvenz, Zwangsversteigerung) oder wenn die Pflegeverpflichtung des Übernehmers nachhaltig schlecht erfüllt wird. Dieser aufschiebend bedingte Rückübertragungsanspruch wird dann durch eine Rückauflassungsvormerkung gesichert. Ist in einem Übergabevertrag ein Rückübereintragungsanspruch vorgesehen, so sind dieser und die dafür bestellte Rückübertragungsvormerkung idR auf die Lebenszeit des Veräußerers beschränkt.[39] Dies gilt insbesondere zum einen für eine Rückforderung wegen Nicht- bzw Schlechterfüllung der durch den Übernehmer zu erfüllenden Versorgungsverpflichtungen, zum anderen für den Fall eines Vermögensverfalls des Übernehmers bzw drohender Zwangsvollstreckungsmaßnah-

---

30   *Eickmann* GBVerfR, Rn 368; *Lülsdorf* MittRhNotK 1994, 129, 132; *Riedel* JurBüro 1979, 155, 157; *Böttcher* MittRhNotK 1987, 219, 221.

31   LG Nürnberg DNotZ 1954, 262; *Wehrens* DNotZ 1963, 24; *Böttcher* MittRhNotK 1987, 219, 221.

32   BGB-RGRK-*Augustin* § 33 WEG Rn 2; *Weitnauer-Hauger* § 33 WEG Rn 3; *Pick* in B/P/M § 33 WEG Rn 61; *Lülsdorf* MittRhNotK 1994, 129, 134; *Schöner/Stöber* Rn 3002; *Diester* NJW 1963, 183; Rpfleger 1965, 216; *Marshall* DNotZ 1962, 381; *Klingenstein* BWNotZ 1965, 228; *Haegele* RpflJB 1976, 305, 313.

33   OLG Neustadt NJW 1961, 1974; *Kohler* in *Bauer/von Oefele* §§ 23, 24 Rn 12; *Demharter* § 23 Rn 5; *Riedel* JurBüro 1979, 155, 157; *Böttcher* MittRhNotK 1987, 219, 221.

34   BGHZ 52, 271; OLG Hamm NJW 1966, 1488; OLG Celle Rpfleger 1964, 213; RGRK-*Räfle* § 1 ErbbauVO Rn 65; *Demharter* § 23 Rn 5; *Palandt-Bassenge* § 1 ErbbauVO Rn 10; *Eickmann* GBVerfR, Rn 368; *Lülsdorf* MittRhNotK 1994, 129, 132; *Riedel* JurBüro 1979, 155, 157; *Haegele* Rpfleger 1971, 126; RpflJB 1976, 305, 319; *Winkler* DNotZ 1970, 651; *Böttcher* MittRhNotK 1987, 219, 221.

35   OLG Hamm NJW 1966, 1488; *Böttcher* MittRhNotK 1987, 219, 221.

36   BGHZ 52, 269, 271; OLG Celle Rpfleger 1964, 213; RGRK-*Räfle* § 1 ErbbauVO Rn 63; *Soergel-Stürner* § 1 ErbbauVO Rn 17; *Klingenstein* BWNotZ 1965, 222; *Böttcher* MittRhNotK 1987, 219, 221.

37   BGH BGHZ 117, 390 = DNotZ 1992, 569 = Rpfleger 1992, 287 = MittRhNotK 1992, 193 = MittRhNotK 1992, 187; BayObLG DNotZ 1990, 295 = Rpfleger 1990, 61 = MittBayNot 1990, 37 = MittRhNotK 1989, 266; MittRhNotK 1991, 286 = MittBayNot 1991, 259; DNotZ 1991, 894 = Rpfleger 1990, 504 = MittBayNot 1990, 307; DNotZ 1996, 20 = Rpfleger 1995, 452 = MittRhNotK 1995, 177; LG Aachen MittRhNotK 1992, 50; LG Bochum Rpfleger 1971, 314; *Demharter* § 23 Rn 5.

38   Vgl ausführlich dazu: *Wufka* MittBayNot 1996, 156; *Rastätter* BWNotZ 1994, 135; *Tiedtke* DNotZ 1992, 539; *Lülsdorf* MittRhNotK 1994, 129, 134 ff; *Streuer* Rpfleger 1986, 245.

39   BayObLG Rpfleger 1990, 61 = DNotZ 1990, 295 = MittBayNot 1990, 37 (*Ertl*) = MittRhNotK 1989, 266; LG Kleve RNotZ 2004, 266; *Kohler* in *Bauer/von Oefele* §§ 23, 24 Rn 16; *Demharter* § 23 Rn 6; *Lülsdorf* MittRhNotK 1994, 129, 135.

men.[40] Bei Kaufverträgen soll die Rückübertragungsklausel die Zahlung des Kaufpreises sicherstellen. Ein solcher Rückübertragungsanspruch ist befristet bis zur vollständigen Kaufpreiszahlung und aufschiebend bedingt durch einen Zahlungsrückstand von zB mehr als drei Kaufpreisraten.[41] Bei solchen Kaufverträgen besteht im Gegensatz zu Übergabeverträgen keine Vermutung für die Beschränkung des Rückübertragungsanspruch auf die Lebenszeit des Übertragenden.[42] Im Einzelfall ist an folgende Konstellationen zu denken:

(1) Zeitlich beschränkter Anspruch und beschränkte Vormerkung;

(2) Zeitlich unbeschränkter Anspruch und beschränkte Vormerkung;

(3) Zeitlich unbeschränkter Anspruch und unbeschränkte Vormerkung;

(4) Zeitlich beschränkter Anspruch und unbeschränkte Vormerkung.

Ist der aufschiebend bedingte **Rückübertragungsanspruch** auf die **Lebenszeit** des Gläubigers beschränkt, **16** gilt dies grundsätzlich auch für die akzessorische **Rückauflassungsvormerkung.**[43] Eine solche Fallgestaltung dürfte jedoch selten von den Beteiligten gewollt sein. Sie erscheint nur dann sachgerecht, wenn es wirklich Wille der Beteiligten ist, dass der zugrunde liegende gesicherte Anspruch mit dem Tod erlöschen soll, gleichgültig ob die aufschiebende Bedingung eingetreten ist oder nicht. Es widerspricht dem Gerechtigkeitsempfinden, dass die Vertragswidrigkeit, dh Veräußerung des Grundstücks ohne Zustimmung des Übergebers, durch den Tod des Vormerkungsberechtigen folgenlos wird.[44]

Formulierungsvorschlag:[45]

»Die Rechte aus dem vorstehenden Rückübertragungsrecht erlöschen mit dem Tod des Übertragenden, auch wenn sie zu seinen Lebzeiten ausgeübt und hierdurch entstanden sind.

Zur Sicherung dieses auf die Lebenszeit beschränkten und bedingten Rückübertragungsanspruchs bewilligen und beantragen die Beteiligten die Eintragung einer auf die Lebenszeit des Berechtigten befristete Auflassungsvormerkung für den Übertragenden.«

Ist der schuldrechtliche **Rückübereignungsanspruch nicht auf die Lebenszeit des Gläubigers 17 beschränkt,** geht bei dessen Tod grundsätzlich auch eine dafür bestellte Vormerkung auf die Erben über (§ 401 BGB).[46] In Ausnahme davon kann jedoch für den vererblichen Anspruch auch eine **Vormerkung** bestellt werden, die **auf Lebenszeit des Berechtigten beschränkt** ist. Dies wird dann angenommen, wenn bei einer Vormerkung für den vererblichen Rückübereignungsanspruch eine Löschungserleichterungsklausel nach § 23 Abs 2 bewilligt wird.[47] Dagegen werden zu Recht erhebliche Bedenken angemeldet.[48] Wenn der Rückübereignungsanspruch durch das Eintreten einer in dem Übertragungsvertrag festgelegten Bedingung und durch dessen Ausübung entsteht, er aber zu Lebzeiten des Berechtigten noch durch seine Grundbucheintragung durchgesetzt wird, so sind die Erben des Rückübereignungsanspruchs gegen eine vormerkungswidrige Verfügung auf Grund des Erlöschens der Vormerkung ungeschützt. Deshalb ist es wohl eher denkbar, dass die Beteiligten bei einem vererblichen Rückübereignungsanspruch auch eine Sicherungswirkung der Vormerkung für zu Lebzeiten des Rückauflassungsberechtigten entstandene, aber noch nicht durchgesetzte Rückübereignungsansprüche vereinbaren wollen, und zwar auch dann, wenn scheinbar widersprüchlich ein Löschungserleichterungsvermerk bewilligt worden ist. Insgesamt ist bei einem zeitlich nicht beschränkten Rückübereignungsanspruch die Bestellung einer auf die Lebenszeit des Berechtigten beschränkten Vormerkung als wenig sinnvoll abzulehnen.[49]

Formulierungsvorschlag:[50]

»Die Rechte aus dem vorstehenden Rückübertragungsrecht sind vererblich. Zur Sicherung dieses vererblichen und bedingten Rückübertragungsanspruchs bewilligen und beantragen die Beteiligten die Eintragung einer auf die Lebenszeit des Übertragenden befristeten Auflassungsvormerkung für den Übertragenden.

Der Notar hat den Übertragenden darüber belehrt, dass aufgrund der zeitlichen Beschränkung der Vormerkung eine grundbuchliche Sicherung seiner Erben in dem Fall des von ihm zu Lebzeiten ausgeübten, aber noch nicht erfüllten Rückübertragungsanspruchs nicht gewährleistet ist.«

---

40 OLG Hamm DNotZ 2007, 122 m Anm *Fembacher.*
41 *Lülsdorf* MittRhNotK 1994, 129, 136.
42 BayObLGZ 1991, 288; *Lülsdorf* MittRhNotK 1994, 129, 135.
43 BGH DNotZ 1992, 569, 570; BayObLG DNotZ 1990, 295, 296; LG Aachen MittRhNotK 1992, 50; LG Bayreuth MittBayNot 2007, 215; *Lülsdorf* MittRhNotK 1994, 129, 136; *Böttcher* MittRhNotK 1987, 219, 221.
44 *Wufka* MittBayNot 1996, 156, 158.
45 Nach *Lülsdorf* MittRhNotK 1994, 129, 137.
46 BGHZ 25, 23; LG Mönchengladbach MittRhNotK 1974, 265, 267; *Lülsdorf* MittRhNotK 1994, 129, 136.
47 BayObLG MittRhNotK 1991, 286, 287 = MittBayNot 1991, 259.
48 BGH DNotZ 1992, 569, 571; *Rastätter* BWNotZ 1994, 135, 137; *Lülsdorf* MittRhNotK 1994, 129, 135 f.
49 *Ertl* MittBayNot 1992, 195; *Lülsdorf* MittRhNotK 1994, 129, 137.
50 Nach *Lülsdorf* MittRhNotK 1994, 129, 137.

18 Ist **sowohl die Rückauflassungsvormerkung als auch der Rückübereignungsanspruch nicht auf die Lebenszeit des Inhabers beschränkt,** handelt es sich bei der Löschung der Vormerkung nach dem Tod des Berechtigten nicht um eine Grundbuchberichtigung, sondern um eine rechtsändernde Eintragung, die nur auf Grund einer Bewilligung der Erben (§ 19) erfolgen kann.[51] Es scheidet somit eine Löschung sowohl nach § 22 als auch nach § 23 Abs 1 aus.[52] Die Vormerkung ist ja gerade nicht auf die Lebenszeit des Berechtigten beschränkt, was Voraussetzung für die Anwendung des § 23 ist.

19 Ist zwar der schuldrechtliche **Rückübertragungsanspruch auf die Lebenszeit des Gläubigers beschränkt,** die **Vormerkung aber ohne Beschränkung** bestellt worden, so erlischt mit dem Tod der Anspruch und damit die akzessorische Vormerkung. § 23 ist nicht anwendbar, die Berichtigung des Grundbuchs erfolgt nach § 22 oder § 19.[53]

20 Auch ein **Widerspruch** ist rechtsgeschäftlich auf die Lebenszeit des Berechtigten beschränkbar.[54] Da der Widerspruch ein vorläufiges Sicherungsmittel ist, ist er gleichfalls dann beschränkt, wenn das zu sichernde Recht selbst auf die Lebenszeit des Berechtigten befristet ist.

21 Unter einem **Altenteil** hat man den vertragsmäßig zugesicherten oder durch letztwillige Verfügung zugewandten Inbegriff von dinglich gesicherten Nutzungen und Leistungen zum Zwecke der persönlichen Versorgung des Berechtigten zu verstehen.[55] Als miteinander zu einem Altenteil verknüpfte dingliche Rechte kommen beschränkte persönliche Dienstbarkeiten, Reallasten und auch ein Nießbrauch in Betracht. Ob ein Altenteil insgesamt auf die Lebenszeit des Berechtigten beschränkt ist, richtet sich nach den einzelnen darin enthaltenen Rechten. Eine beschränkte persönliche Dienstbarkeit ist kraft Gesetzes auf die Lebenszeit des Berechtigten beschränkt (§§ 1090, 1061 BGB); Gleiches gilt für einen Nießbrauch (§ 1061 BGB). Die kraft Gesetzes vererbliche subjektiv-persönliche Reallast gilt im Rahmen eines Altenteils als rechtsgeschäftlich auf die Lebenszeit des Berechtigten beschränkt.[56] Eine Ausnahme besteht dann, wenn ein Teil der durch die Reallast gesicherten Leistungen erst nach dem Tode zu erbringen ist (zB Grabunterhaltspflicht); dadurch ist die Reallast, und damit auch das Altenteil, nicht nur auf die Lebenszeit des Berechtigten bestellt.[57]

22 **bb) Besonderheiten bei den juristischen Personen.** Die §§ 23, 24 beziehen sich nicht nur auf natürliche Personen, sondern auch auf juristische Personen, wenn ein Recht auf die Dauer des Bestehens einer juristischen Person beschränkt ist.[58] Mit dem Erlöschen einer juristischen Person erlischt grundsätzlich auch ein für sie bestehender **Nießbrauch** (§ 1061 S 2 BGB), eine **beschränkte persönliche Dienstbarkeit** (§ 1092 Abs 2, § 1061 S 2 BGB) und ein **subjektiv-persönliches Vorkaufsrecht** (§ 1098 Abs 1, § 473 BGB). § 1059a BGB durchbricht den in § 1061 S 2 BGB niedergelegten Grundsatz des Erlöschens des Nießbrauchs mit dem Erlöschen der juristischen Person. Die in den §§ 1059 a–d BGB getroffene Regelung findet gemäß § 1092 Abs 2 BGB auf die beschränkte persönliche Dienstbarkeit und gemäß § 1098 Abs 3 BGB auf das Vorkaufsrecht Anwendung. Die Vorschrift des § 1059a BGB gilt sowohl für eine juristische Person des Privatrechts als auch eine solche des öffentlichen Rechts; nach hM findet § 1059a BGB auch bei einer OHG oder KG Anwendung[59] (vgl § 1059a Abs 2 BGB), gleichfalls bei juristischen Personen im Liquidationsstadium.

23 § 1059a Nr 1 BGB bestimmt, dass der Nießbrauch im Falle der **Gesamtrechtsnachfolge** zusammen mit dem übrigen Vermögen kraft Gesetzes auf den Erwerber übergeht, es sei denn, dass der Übergang ausdrücklich ausgeschlossen ist. Gesamtrechtsnachfolge ist möglich bei den juristischen Personen des öffentlichen Rechts, zB bei Eingemeindungen, und bei juristischen Personen des Privatrechts, so insbesondere bei den im Umwandlungsgesetz geregelten Umwandlungen von Kapitalgesellschaften auf eine Personengesellschaft, soweit es sich

---

51 *Wufka* MittBayNot 1996, 156, 157 f.

52 BGH DNotZ 1996, 453 *(Lülsdorf)* = FGPrax 1995, 225 = Rpfleger 1996, 100 = MittBayNot 1996, 26 = MittRhNotK 1996, 51 =BWNotZ 1996, 122; BayObLG DNotZ 1995, 309 = MittBayNot 1994, 539; *Staudinger-Gursky* § 886 Rn 15; *Wufka* MittBayNot 1996, 156, 157 f; *Tiedtke* DNotZ 1992, 539; *Streuer* Rpfleger 1994, 346; **aA** OLG Köln Rpfleger 1994, 345 = MittRhNotK 1994, 147 = MittBayNot 1994, 331 = BWNotZ 1994, 149; LG Aachen MittRhNotK 1995, 180; AG München MittBayNot 1992, 279; *Ertl* MittBayNot 1992, 195; *Lülsdorf* MittRhNotK 1994, 129, 134 ff; *Rastätter* BWNotZ 1994, 135, 137 f.

53 *Wufka* MittBayNot 1996, 156, 157.

54 *Böttcher* MittRhNotK 1987, 219, 221.

55 *Demharter* § 49 Rn 3 mwN.

56 BayObLG Rpfleger 1988, 98; BayObLGZ 1983, 113; BGB-RGRK-*Rothe* § 1111 Rn 3; *Staudinger-Amann* § 1111 Rn 7 iVm § 1105 Rn 7; *Böttcher* MittRhNotK 1987, 219, 221; *Lülsdorf* MittRhNotK 1994, 129, 133.

57 BayObLG FGPrax 1997, 91; Rpfleger 1988, 98; BayObLGZ 1983, 113; OLG Hamm OLGZ 1988, 181 = Rpfleger 1988, 247 = MittRhNotK 1988, 118; LG Coburg Rpfleger 1983, 145; *Böttcher* MittRhNotK 1987, 219, 221; *Lülsdorf* MittRhNotK 1994, 129, 133.

58 *Kohler* in Bauer/von Oefele §§ 23, 24 Rn 20.

59 BGHZ 50, 307, 310; OLG Düsseldorf MittBayNot 1976, 215, 216; *Staudinger-Frank* (1994) § 1059a Rn 3; *Kohler* in Bauer/von Oefele §§ 23, 24 Rn 21; KEHE-*Munzig* § 23 Rn 18.

hierbei um sog »übertragende Umwandlungen« handelt.[60] Auch der Gesamtübergang des Vermögens eines rechtsfähigen Vereins oder einer Stiftung auf den Fiskus oder einen anderen öffentlich-rechtlichen Verband gemäß den §§ 46, 88 BGB iVm Art 85 EGBGB gehört hierher.[61] Ebenso ist die Gesamtrechtsnachfolge im Fall der Geschäftsübernahme einer OHG oder KG durch Anwachsung an einen einzigen Gesellschafter hierher zu rechnen.[62] Dagegen liegt ein Übergang des gesamten Vermögens im Wege der Gesamtrechtsnachfolge nicht vor, wenn es sich um eine sog »formwechselnde Umwandlung« handelt; in diesem Fall bleibt trotz Änderung der Rechtsform die Identität der juristischen Person aufrechterhalten, ein Vermögensübergang findet nicht statt, sodass auch ein Übergang des Nießbrauchs nicht in Frage steht.[63] Das Gleiche gilt, wenn aus einer OHG oder KG eine BGB-Gesellschaft geworden ist, weil sie zB zu einem Kleinbetrieb herabgesunken ist.[64] Ebenso liegt bei der Veränderung von Gebietskörperschaften und der zu diesem Zweck angeordneten Umgestaltung nur ein Wandel im Wesen des unveränderten Rechtsinhabers vor, sodass wegen der Wahrung der Rechtsidentität der Nießbrauch bestehen bleibt.[65] Der Nießbrauch geht im Falle der Gesamtrechtsnachfolge kraft Gesetzes auf den Rechtsnachfolger über, die Eintragung im Grundbuch ist Berichtigung.

§ 1059a Nr 2 BGB lässt die **rechtsgeschäftliche Übertragung** des Nießbrauchs unter der doppelten Voraus- **24** setzung zu, dass sie aus Anlass der Übertragung des von der juristischen Person betriebenen Unternehmens bzw Unternehmensteils erfolgt und der Nießbrauch den Zwecken des übergehenden Unternehmens bzw Unternehmensteiles zu dienen geeignet ist. Zu denken ist an die Veräußerung einer OHG oder KG mit Aktiven und Passiven an einen Dritten.[66] Die Übertragung des Nießbrauchs vor der juristischen Person auf den Erwerber des Unternehmens bzw Unternehmensteils vollzieht sich nach den allgemeinen Vorschriften, beim Nießbrauch an Grundstücken im Wege der Einigung und Eintragung (§ 873 Abs 1 BGB). Die beiden Voraussetzungen des § 1059a Nr 2 BGB sind durch die sog Feststellungserklärung zu beweisen (§ 1059a Nr 2 S 2 BGB). Diese Feststellungserklärung ist keine Wirksamkeitsvoraussetzung der Übertragung, sondern lediglich ein Beweismittel dafür, dass die Voraussetzungen erfüllt sind, bindet aber Gerichte und Verwaltungsbehörden (§ 1059a Nr 2 S 3 BGB). Das Grundbuchamt hat daher nicht zu prüfen, ob die genannten Voraussetzungen vorliegen.[67]

cc) Besonderheiten bei einer Mehrheit von Berechtigten. Steht ein auf die Lebenszeit des Berechtigten **25** beschränktes Recht **mehreren zu Bruchteilen** zu, so erlischt es mit dem Tod eines Berechtigten nur bezüglich dieses Bruchteils.[68]

Steht ein auf die Lebenszeit der Berechtigten beschränktes Recht **mehreren als Gesamtberechtigte oder** **26** **Gesamthänder** zu, so bleibt es beim Tod eines Berechtigten für die übrigen bestehen.[69]

b) Beschränkung des Rechts auf ein bestimmtes Lebensalter des Berechtigten (§ 24 Fall 1). § 24 Fall **27** 1 bezieht sich auf die Löschung von Rechten, die erlöschen mit dem Eintritt eines bestimmten Lebensalters des Berechtigten, zB Erreichung der Volljährigkeit, also nicht des Zeitpunkts des Todes (Fall des § 23). Diese Beschränkung auf ein bestimmtes Lebensalter des Berechtigten ist grundsätzlich bei allen beschränkt dinglichen Rechten und entsprechend bei der Vormerkung bzw dem Widerspruch möglich. Eine Ausnahme besteht insoweit bei den subjektiv-dinglichen Rechten (Grunddienstbarkeit, subjektiv-dingliche Reallast, Erbbauzins, subjektiv-dingliches Vorkaufsrecht), deren Wesen es ja gerade entspricht, dass sie dem jeweiligen Grundstückseigentümer zustehen, und nicht nur einem bestimmten Eigentümer bis zu einem bestimmten Lebensalter. Eine weitere Ausnahme besteht beim Erbbaurecht und beim Dauerwohn- und Dauernutzungsrecht, deren Vererblichkeit zu ihrem unabdingbaren Inhalt gehört (§ 1 Abs 1 ErbbauRG; § 31 Abs 1 S 1 WEG); bei diesen Rechten ist deshalb eine Beschränkung auf die Lebenszeit des Berechtigten nicht möglich (vgl Rdn 13, 14), sodass erst recht eine Beschränkung auf eine bestimmte Lebenszeit des Berechtigten ausscheidet.

c) Beschränkung des Rechts auf den Eintritt eines sonstigen bestimmten Zeitpunkts oder Ereignis- **28** **ses (§ 24 Fall 2).** Die zeitliche Beschränkung kann auch auf einem Endtermin (§ 163 BGB) oder einer auflösenden Bedingung (§ 158 Abs 2 BGB) beruhen. Bei den beschränkten dinglichen Rechten des BGB und entsprechend bei der Vormerkung bzw dem Widerspruch ist grundsätzlich sowohl die Vereinbarung eines Endtermins als auch die einer auflösenden Bedingung möglich. Dagegen können ein Erbbaurecht sowie ein Dauer-

---

60   *Staudinger-Frank* § 1059a Rn 10.
61   *Staudinger-Frank* aaO.
62   BGHZ 50, 307.
63   *Staudinger-Frank* § 1059a Rn 12.
64   RGZ 155, 75, 86.
65   RGZ 163, 142.
66   *Staudinger-Frank* § 1059a Rn 11.
67   *Staudinger-Frank* § 1059a Rn 23.
68   RG DR 44, 774; KG JFG 13, 448.
69   BayObLG 1955, 155, 159.

wohn- und Dauernutzungsrecht lediglich durch einen Endtermin befristet, nicht aber unter einer auflösenden Bedingung bestellt werden (§ 1 Abs 4 ErbbauRG; § 33 Abs 1 S 2 WEG).

29   § 24 betrifft zunächst die Beschränkung eines Rechts auf den Eintritt eines **bestimmten Zeitpunkts,** also eines bestimmten Kalendertages, zB bis 31.12.1988.

30   § 24 betrifft sodann die Beschränkung eines Rechts auf den Eintritt eines **bestimmten Ereignisses** (= auflösende Bedingung), zB bei Verheiratung, Geburt des ersten Kindes oder Tod eines bezeichneten Dritten (nicht des Berechtigten, § 23 Abs 1 S 1). Eine solche auflösende Bedingung kann auch bei einem kraft Gesetzes auf die Lebensdauer des Berechtigten bestehenden Recht vereinbart werden, zB ein Wohnungsrecht bis zur Wiederverheiratung. Das Ereignis kann auch in allgemeinen rechtlichen, wirtschaftlichen oder tatsächlichen Verhältnissen liegen, wie zB die Übertragung, Pfändung, Verpfändung des Rechts; Erhöhung eines bestimmten Lebenshaltungskostenindexes über ein bestimmtes Maß hinaus; Anschluss des Grundstücks an öffentliche Straßen, Wasserleitung, Kanalisation.[70] Stets muss aber das Ereignis, von dem das Erlöschen des Rechtes abhängt, objektiv bestimmbar sein. Aus § 24 lässt sich nicht ableiten, dass ein Recht nur durch solche Ereignisse bedingt sein kann, deren Eintritt sich mit den dem Grundbuchamt zur Verfügung stehenden Mitteln in einer den Formvorschriften des § 29 entsprechenden Form feststellen lässt.[71] Folgender Fall eines auflösend bedingten Pfandrechts beschäftigt die Grundbuchpraxis sehr häufig.[72] Der Eigentümer verkauft sein Grundstück an den Erwerber. Im Kaufvertrag wird zugleich die Auflassung erklärt, die Eintragung der Rechtsänderung bewilligt sowie die Eintragung einer Auflassungsvormerkung und deren Löschung gleichzeitig mit der Eigentumsänderung bewilligt. Der Erwerber bestellt sodann eine Grundschuld am zu erwerbenden Grundstück, verpfändet den Eigentumsverschaffungsanspruch an den Grundschuldgläubiger, bewilligt die Eintragung der kraft Gesetzes entstehenden Sicherungshypothek und erklärt die Verpfändung für auflösend bedingt durch Eintragung der Grundschuld (vgl Rdn 3, 33).

2. Möglichkeit von Rückständen

31   **a) Allgemeines.** Nur wenn bei dem erloschenen Recht die Möglichkeit von Rückständen besteht, ist an eine Bewilligung des Berechtigten bzw des Rechtsnachfolgers zur Löschung zu denken (§§ 23, 24). Sind dagegen Rückstände ausgeschlossen, so gilt § 22 ohne Einschränkung; zur Löschung genügt dann stets der Unrichtigkeitsnachweis. Angesichts des Gesetzeswortlautes ist nicht entscheidend, ob im konkret zu entscheidenden Einzelfall Rückstände in Betracht kommen; ausschlaggebend ist vielmehr, ob nach der Art des eingetragenen Rechts als solchem die objektive Möglichkeit von Rückständen besteht. Rückstände sind zunächst dann ausgeschlossen, wenn rechtsgeschäftlich vereinbart wurde, dass mit dem Tod des Berechtigten, dem Erreichen des bestimmten Lebensalters, dem Eintritt des sonstigen bestimmten Zeitpunkts oder Ereignisses auch alle etwaigen Rückstände erlöschen.[73] Ob Rückstände sonst möglich sind, ist nach der Lage des Einzelfalles aus dem Inhalt des dinglichen Rechts zu entnehmen. Ein Rückstand liegt dann vor, wenn eine fällige Leistung nicht erbracht wird (§§ 284 ff BGB), sodass die Leistung mangels Erfüllung nicht erlischt (§§ 362 ff BGB).[74] Nicht abschließend geklärt ist, was unter den **Begriff des Rückstandes** fällt. Entscheidend dafür ist, wieweit die dingliche Sicherung reicht und was sie an Ansprüchen in Haupt- und Nebensache erfasst und absichert. Was nicht zu diesem Bereich gehört, kann auch nicht unter den Begriff des Rückstandes fallen und scheidet deshalb für die Anwendbarkeit der §§ 23, 24 aus. Da es bei den §§ 23, 24 um die Beseitigung der »Eintragung« geht, sind daher zunächst rein *schuldrechtliche Ansprüche* ausgeschlossen, die an der Verdinglichungswirkung der Grundbucheintragung nicht teilnehmen[75] (zB Schadenersatzansprüche wegen Vorenthaltung der Wohnung beim dinglichen Wohnrecht). Einigkeit herrscht auch noch insoweit, dass die *dinglichen Ansprüche,* die im Sachenrecht ihre Grundlage haben, natürlich unter die §§ 23, 24 fallen[76] (zB Anspruch auf Benutzung der Wohnung beim dinglichen Wohnungsrecht); »dinglich« ist dabei ein absolut gegen jedermann wirkendes Recht einer Person an einer Sache (zB Grundstück). Streitig ist, ob sog »*verdinglichte schuldrechtliche Ansprüche*« auch Rückstände iS der §§ 23, 24 sein können.[77] Die in das Sachenrecht verpflanzten Schuldverhältnisse lassen sich aufteilen in[78]
– gesetzliche Schuldverhältnisse zwischen dem Grundstückseigentümer und dem Berechtigten eines beschränkt dinglichen Rechts (zB Dauerwohnrecht; § 33 Abs 4 WEG: §§ 1133–1135 BGB; Reallast: § 1108 BGB; Dienstbarkeit: §§ 1020–1023 BGB; Nießbrauch: §§ 1034, 1036–1039, 1041–1047, 1049–1057 BGB);

---

70 *Böttcher* MittRhNotK 1987, 219, 222.
71 BayObLG Rpfleger 1985, 488; OLG Frankfurt/M Rpfleger 1993, 331 = DNotZ 1993, 610; *Böttcher* MittRhNotK 1987, 219, 222.
72 BayObLG Rpfleger 1984, 144; 1986, 48; *Stöber* DNotZ 1985, 587; *Schöner* DNotZ 1985, 598.
73 KGJ 44, 246; *Böttcher* MittRhNotK 1987, 219, 222; *Lülsdorf* MittRhNotK 1994, 129, 132.
74 *Riedel* JurBüro 1979, 155, 158; *Böttcher* MittRhNotK 1987, 219, 222.
75 *Riedel* JurBüro 1979, 155, 158; *Böttcher* MittRhNotK 1987, 219, 222; *Lülsdorf* MittRhNotK 1994, 129, 132.
76 *Ertl, Riedel* je aaO.
77 **Bejahend:** *Kohler* in *Bauer/von Oefele* §§ 23, 24 Rn 31; **verneinend:** *Riedel* JurBüro 1979, 155, 158.
78 Vgl dazu *Staudinger-Ertl* BGB, 12. Aufl, Vorbem 42, 43 zu § 873.

– vertragliche Schuldverhältnisse, zB zwischen dem Grundstückseigentümer und dem Erbbauberechtigten (§ 2 ErbbauRG) oder Dauerwohnberechtigten (§§ 33, 35, 36, 39, 40, 41 WEG);
– Gemeinschaftsverhältnisse zwischen mehreren Inhabern eines dinglichen Rechts, zB Bruchteilsgemeinschaft (§§ 741 ff BGB), BGB-Gesellschaft (§§ 705 ff BGB), Gütergemeinschaft (§ 1415 BGB), Erbengemeinschaft (§ 2032 BGB), Wohnungseigentümergemeinschaft (§§ 10 ff WEG iVm §§ 741 ff BGB), Gesamtgläubiger (§ 428 BGB).

Diese »verdinglichten« Rechtsbeziehungen sind von den bereits erwähnten »dinglichen« zu trennen. Der Unterschied zwischen beiden besteht darin, dass ein verdinglichtes Rechtsverhältnis nur für und gegen einen Rechtsnachfolger, nicht aber absolut gegen sonstige Dritte wirkt.[79] Die Verdinglichungswirkung besteht darin, dass der Rechtsnachfolger mit dem Rechtserwerb in das mit dem dinglichen Recht verknüpfte Schuldverhältnis eintritt, ohne dass es dazu einer rechtsgeschäftlichen Forderungsabtretung (§§ 398 ff BGB), Schuldübernahme (§§ 414 ff BGB) oder Unterwerfung unter die Gemeinschaftsordnung bedarf, selbst wenn er es nicht kennt.[80] Da die §§ 23, 24 die Löschung von Grundbucheintragungen betrifft, nicht jede Eintragung aber dinglichen Charakter hat, fallen unter den Begriff der Rückstände auch die durch Grundbucheintragung verdinglichten schuldrechtlichen Ansprüche.

b) Einzelfälle. Grundpfandrechte (Hypothek, Grundschuld, Rentenschuld) können auf die Lebenszeit des Berechtigten (§ 23 Abs 1 S 1), auf ein bestimmtes Lebensalter des Berechtigten (§ 24 Fall 1) und bis zu einem sonstigen Zeitpunkt oder Ereignis (§ 24 Fall 2) beschränkt sein. Erlischt ein Grundpfandrecht in einem solchen Fall, so besteht die Möglichkeit von Rückständen (zB Hypothekenzinsen).[81] **32**

Rechtspfandrecht können ebenfalls auf die Lebenszeit des Berechtigten (§ 23 Abs 1 S 1), auf ein bestimmtes Lebensalter des Berechtigten (§ 24 Fall 1) und bis zu einem sonstigen Zeitpunkt oder Ereignis (§ 24 Fall 2) beschränkt sein. Da rechtlich die Möglichkeit besteht, dass auch nach dem Erlöschen des Pfandrechts eine dingliche Haftung des Pfandgegenstandes fortbesteht, können Rückstände von Leistungen bei einem im Grundbuch vermerkten Rechtspfandrecht nicht ausgeschlossen werden.[82] Die Möglichkeit von Rückständen ist ausnahmsweise nur dann ausgeschlossen, wenn nicht nur das Rechtspfandrecht erlischt, sondern zugleich der Pfandgegenstand untergeht. Das bis zur Eintragung einer Grundschuld auflösend bedingte Pfandrecht am Eigentumsverschaffungsanspruch (vgl Rdn 3, 30) erlischt mit der Eintragung der Auflassung, da auch der Pfandgegenstand (= Eigentumsverschaffungsanspruch) dadurch infolge Erfüllung untergeht, dies aber nur, wenn die Eigentumsübertragung durch Leistung »in Gemäßheit der §§ 1281, 1282 BGB«, somit Auflassung unter Mitwirkung oder mit Genehmigung des Pfandgläubigers erfolgt ist. Die Grundbuchberichtigung erfolgt nicht nach den §§ 23, 24, denn nach dem Untergang des Pfandgegenstandes kann es eine dingliche Haftung eben dieses Pfandgegenstandes für Rückstände von Leistungen nicht mehr geben.[83] **33**

Reallasten können subjektiv-dinglich und subjektiv-persönlich bestellt werden. Während subjektiv-dingliche Reallasten (Erbbauzins) nur auf einen bestimmten Zeitpunkt oder ein Ereignis beschränkt sein können (§ 24 Fall 2), ist bei der subjektiv-persönlichen Reallast daneben auch eine Beschränkung auf die Lebenszeit des Berechtigten (§ 23 Abs 1 S 1) und auf ein bestimmtes Lebensalter des Berechtigten (§ 24 Fall 1) möglich. Da es bei den Reallasten denkbar ist, dass fällige Leistungen noch nicht erbracht worden sind, ist grundsätzlich die Möglichkeit von Rückständen zu bejahen.[84] Werden im Rahmen eines Altenteils die zu erbringenden Pflege- und Wartungsleistungen durch eine Reallast gesichert, können dem Berechtigten bei Versagung oder Schlechterfüllung der geschuldeten Leistungen Ersatzaufwendungen erwachsen, hinsichtlich derer er sich gemäß §§ 1107, 1147 BGB durch Vollstreckung in das Grundbuch befriedigen könnte. Hieraus folgt, dass bei einer Reallast die Möglichkeit von Rückständen besteht. **34**

Vorkaufsrechte können subjektiv-dinglich und subjektiv-persönlich bestellt werden. Während subjektiv-dingliche Vorkaufsrechte nur auf einen bestimmten Zeitpunkt oder ein Ereignis beschränkt sein können (§ 24 Fall 2), ist das subjektiv-persönliche Vorkaufsrecht daneben kraft Gesetzes (§ 1098 Abs 1, § 473 BGB) auf die Lebenszeit des Berechtigten beschränkt (§ 23 Abs 1 S 1) und kann rechtsgeschäftlich auch auf ein bestimmtes Lebensalter des Berechtigten beschränkt werden (§ 24 Fall 1). Ob bei einem Vorkaufsrecht die Möglichkeit von **35**

---

79 *Staudinger-Ertl* BGB, 12. Aufl, Vorbem 44 zu § 873.
80 BayObLG Rpfleger 1979, 216; OLG Köln DNotZ 1971, 373, 376; *Ertl* DNotZ 1979, 267, 271 ff; *Böttcher* MittRhNotK 1987, 219, 222.
81 *Eickmann* GBVerfR, Rn 369; *Lülsdorf* MittRhNotK 1994, 129, 132; *Riedel* JurBüro 1979, 155, 161; *Böttcher* MittRhNotK 1987, 219, 223.
82 BayObLG DNotZ 1996, 554 *(Ludwig)* = FGPrax 1995, 139 =MittBayNot 1995, 295; Rpfleger 1984, 144 = DNotZ 1985, 630; *Demharter* § 23 Rn 10; *Eickmann* GBVerfR, Rn 369; *Lülsdorf* MittRhNotK 1994, 129, 132; *Riedel* JurBüro 1979, 155, 161; *Böttcher* MittRhNotK 1987, 219, 223.
83 BayObLG Rpfleger 1984, 144; *Lülsdorf* MittRhNotK 1994, 129, 132.
84 LG Bremen DNotZ 1970, 109; LG Köln MittRhNotK 1982, 15; *Demharter* § 23 Rn 10; *Eickmann* GBVerfR, Rn 369; *Lülsdorf* MittRhNotK 1994, 129, 133; *Böttcher* MittRhNotK 1987, 219, 223.

Rückständen besteht, ist streitig.[85] Da das Vorkaufsrecht die Wirkung einer Vormerkung hat (§ 1098 Abs 2 BGB), gilt das dort Ausgeführte entsprechend (vgl Rdn 44).

36   Der **Nießbrauch** ist kraft Gesetzes (§ 1061 BGB) auf die Lebenszeit des Berechtigten beschränkt (§ 23 Abs 1 S 1) und kann rechtsgeschäftlich auf ein Lebensalter des Berechtigten (§ 24 Fall 1), den Eintritt eines sonstigen Zeitpunkts oder Ereignisses beschränkt werden (§ 24 Fall 2). Beim Nießbrauch besteht die Möglichkeit von Rückständen.[86] Im Fall des Grundstücksnießbrauchs können Mietzinsen, im Fall des Rechtsnießbrauchs können Hypothekenzinsen rückständig sein.

37   Bei einer **Grunddienstbarkeit** soll sich die Frage nach der Möglichkeit von Rückständen gar nicht stellen, da dieses Recht angeblich nicht unter die §§ 23, 24 fällt.[87] Diese Auffassung scheint dadurch bestätigt zu werden, dass weder in der Literatur noch in der Judikatur Ausführungen darüber zu finden sind. Eine Grunddienstbarkeit kann zwar sehr wohl befristet oder auflösend bedingt bestellt werden[88] und fällt somit unter § 24 Fall 2, die Möglichkeit von Rückständen ist jedoch idR ausgeschlossen. Eine Ausnahme besteht zB dann, wenn nach § 1021 BGB bestimmt wurde, dass der Eigentümer des belasteten Grundstücks eine auf dem Grundstück befindliche Anlage, die zur Ausübung der Grunddienstbarkeit gehört, zu unterhalten hat. Da diese Unterhaltspflicht auch dinglicher Art ist (§ 1021 Abs 2 BGB!), besteht in diesem Ausnahmefall die Möglichkeit von Rückständen; an der dinglichen Natur des Unterhaltsanspruchs ändert sich auch nichts, wenn er wegen einer Leistungsstörung in einen Geldzahlungsanspruch umgewandelt wird.[89]

38   Eine gewöhnliche **beschränkte persönliche Dienstbarkeit** ist kraft Gesetzes (§ 1090, § 1061 BGB) auf die Lebenszeit des Berechtigten beschränkt (§ 23 Abs 1 S 1) und kann rechtsgeschäftlich auf ein Lebensjahr des Berechtigten (§ 24 Fall 1), den Eintritt eines sonstigen Zeitpunkts oder Ereignisses beschränkt werden (§ 24 Fall 2). Die Möglichkeit von Rückständen ist idR ausgeschlossen.[90] Eine Ausnahme kommt dann in Betracht, dh die Möglichkeit von Rückständen besteht, wenn eine Unterhaltspflicht vereinbart wurde gemäß § 1090 Abs 2, § 1021 BGB (vgl Rdn 37).

39   Das **Wohnungsrecht** (§ 1093 BGB) ist ebenfalls kraft Gesetzes (§ 1090, § 1061 BGB) auf die Lebenszeit des Berechtigten beschränkt (§ 23 Abs 1 S 1) und kann rechtsgeschäftlich auf ein Lebensalter des Berechtigten (§ 24 Fall 1), den Eintritt eines sonstigen Zeitpunkts oder Ereignisses beschränkt werden (§ 24 Fall 2). Für das Wohnungsrecht wird die Ansicht vertreten, dass Rückstände schlechthin ausgeschlossen sind.[91] Dem kann so nicht zugestimmt werden. Es ist zwar richtig, dass beim Wohnungsrecht idR Rückstände ausgeschlossen sind, aber dies gilt nicht ausnahmslos.[92] So besteht die Möglichkeit von Rückständen, wenn eine Unterhaltspflicht zum Inhalt des Wohnungsrechts gehört, so zB die Pflicht des Bestellers zur Erhaltung der guten Bewohnbarkeit und Beheizbarkeit der Wohnräume (§§ 1093 Abs 1 S 1, 1090 Abs 2, 1021 BGB).[93] Wurde bei der Bestellung des Wohnungsrechts vereinbart, dass dann, wenn die Wohnräume nicht zur Verfügung gestellt werden, der Mietwert in bar zu entrichten ist, so können hinsichtlich der Geldleistungen Rückstände eintreten.[94] Rückstände sind auch dann nicht ausgeschlossen, wenn das auf einzelne Räume beschränkte Wohnungsrecht die Mitbenutzung von Gemeinschaftsanlagen vertraglich umfasst, deren einwandfreie Beschaffenheit die unerlässliche Voraussetzung für die ordnungsgemäße Ausübung des Wohnungsrechts ist.[95] Eine weitere Besonderheit besteht dann, wenn ein Wohnungsrecht Teil eines Altenteils oder der einzige Inhalt eines Altenteils ist, und daher die

---

85 **Bejahend:** OLG Zweibrücken OLGZ 1990, 11 = MittBayNot 1990, 112 = Rpfleger 1989, 450; OLG Hamm Rpfleger 1989, 148 = MittBayNot 1989, 27; LG Bochum NJW 1971, 289; *Schöner/Stöber* Rn 1436; *Deimann* Rpfleger 1977, 91; *Burkhardt* NJW 1971, 289; **verneinend:** *Demharter* § 23 Rn 11; *Eickmann* GBVerfR, Rn 369; *Wufra* MittBayNot 1996, 156, 157; *Lülsdorf* MittRhNotK 1994, 129, 139; *Streuer* Rpfleger 1986, 245, 247 f; *Riedel* JurBüro 1979, 156, 160; *Gepp* NJW 1971, 662.

86 *Demharter* § 23 Rn 10; *Eickmann* GBVerfR, Rn 369; *Lülsdorf* MittRhNotK 1994, 129, 133; *Riedel* JurBüro 1979, 155, 161; *Böttcher* MittRhNotK 1987, 219, 223.

87 *Riedel* JurBüro 1979, 155, 157.

88 BGB-RGRK-*Rothe* § 1018 Rn 21; *Böttcher* MittRhNotK 1987, 219, 223.

89 BayObLGZ 1979, 372; *Böttcher* MittRhNotK 1987, 219, 223.

90 *Demharter* § 23 Rn 12; *Eickmann* GBVerfR, Rn 369; *Lülsdorf* MittRhNotK 1994, 129, 133; *Haegele* RpflJB 1976, 305, 313; *Böttcher* MittRhNotK 1987, 219, 223.

91 LG Bonn NJW 1963, 819; LG Frankenthal MittBayNot 1971, 361; *Güthe-Triebel* § 23 Rn 6; *Riggers* JurBüro 1970, 645; *Haegele* RpflJB 1976, 305, 319; Rpfleger 1975, 153, 155; *Riedel* JurBüro 1979, 155, 159; *Ganzer* MittBayNot 1972, 6, 7.

92 OLG Düsseldorf RNotZ 2003, 315; OLG Hamm MittRhNotK 1996, 225; OLG Düsseldorf FGPrax 1995, 11 = Rpfleger 1995, 248 = MittRhNotK 1994, 346; *Demharter* § 23 Rn 12; *Eickmann* GBVerfR, Rn 369; *Weirich* Grundstücksrecht, Rn 370; *Lülsdorf* MittRhNotK 1994, 129, 133; *Schöner/Stöber* Rn 1268, 1269; *Böttcher* MittRhNotK 1987, 219, 223.

93 BayObLGZ 1979, 372 = Rpfleger 1980, 20; LG Braunschweig RNotZ 2002, 177; LG Düsseldorf RNotZ 2005, 119; LG Potsdam NotBZ 2005, 118; *Böttcher* MittRhNotK 1987, 219, 223.

94 OLG Hamm Rpfleger 2001, 402; LG Wuppertal MittBayNot 1977, 235.

95 OLG Düsseldorf FGPrax 1995, 11 = Rpfleger 1995, 248; LG Düsseldorf RNotZ 2005, 119.

landesgesetzlichen Bestimmungen über das Altenteil zur Anwendung kommen;[96] sehen diese vor, dass im Falle des Wegzugs des Wohnungsberechtigten eine Geldrente statt der Gewährung des Wohnungsrechts zu zahlen ist, dann besteht die Möglichkeit von Rückständen.[97]

Ein **Dauerwohn- und Dauernutzungsrecht** kann auf einen bestimmten Zeitpunkt befristet werden;[98] ein **40** solches Recht gehört dann zu § 24 Fall 2. Da es eine Dienstbarkeit besonderer Art ist, besteht grundsätzlich – wie bei den übrigen Dienstbarkeiten – keine Möglichkeit von Rückständen beim Erlöschen. Ausnahmsweise sind dann Rückstände möglich, wenn als Inhalt des Dauerwohnrechts Vereinbarungen getroffen wurden über Instandhaltung und Instandsetzung der Gebäudeteile, Tragung von Grundstückslasten (Grundsteuern, Hypothekenzinsen), Versicherung des Gebäudes und seinen Wiederaufbau im Falle der Zerstörung (§ 33 Abs 4 Ziff 2–4 WEG).

Ein **Erbbaurecht** kann auf einen bestimmten Zeitpunkt befristet werden, was in der Praxis auch üblicherweise **41** geschieht; beim Erlöschen des Erbbaurechts kommt dann § 24 Fall 2 in Betracht. Da der Grundstückseigentümer gemäß § 27 Abs 1 S 1 ErbbauRG dem Erbbauberechtigten beim Erlöschen des Erbbaurechts durch Zeitablauf eine Entschädigung für das Bauwerk zu leisten hat, besteht grundsätzlich die Möglichkeit von Rückständen.[99] Unbestritten besteht dieser Entschädigungsanspruch, wenn das Bauwerk vom Erbbauberechtigten errichtet wurde; aber auch wenn das Bauwerk bereits vor Bestellung des Erbbaurechts schon vorhanden war, besteht die Entschädigungspflicht.[100] Es besteht dann keine Möglichkeit von Rückständen, wenn die Beteiligten vertragsgemäß bei der Feststellung des Erbbaurechts oder nachher die Entschädigungspflicht ganz ausgeschlossen haben (§ 27 Abs 1 S 2 ErbbauRG). In den Fällen, in denen das Erbbaurecht zur Befriedigung der Wohnbedürfnisse minderbemittelter Bevölkerungskreise bestellt ist, kann der Entschädigungsanspruch gemäß § 27 Abs 2 ErbbauRG nicht ausgeschlossen werden.[101]

Eine **Vormerkung** kann auf die Lebensdauer des Berechtigten (§ 23 Abs 1 S 1), auf ein bestimmtes Lebensalter **42** des Berechtigten (§ 24 Fall 1) und bis zum Eintritt eines sonstigen Zeitpunkts oder Ereignisses beschränkt sein (§ 24 Fall 2). Davon zu unterscheiden ist die zeitliche Beschränkung des durch die Vormerkung gesicherten Anspruchs. Ob die Möglichkeit von Rückständen besteht, ist umstritten.

Sind **Anspruch und Vormerkung zeitlich beschränkt** oder bedingt (vgl Rdn 16), so gilt:[102] Mit dem Eintritt des Ereignisses (zB Tod) erlischt der schuldrechtliche Anspruch (zB auf Rückübertragung) und damit auch **43** die Vormerkung; Rückstände sind dann nicht möglich. § 23 Abs 1 ist nicht einschlägig; ebenso ist eine Löschungserleichterungsklausel nach § 23 Abs 2 nicht eintragungsfähig. Die Vormerkung kann gemäß § 22 auf Grund Unrichtigkeitsnachweises (zB Sterbeurkunde) gelöscht werden. Dies gilt auch dann bei einer Rückauflassungsvormerkung, wenn der Rückübereignungsanspruch zu Lebzeiten des Vormerkungsberechtigten bereits entstanden, aber noch nicht durchgesetzt ist.

Ist **nur die Vormerkung, nicht auch der gesicherte Anspruch, zeitlich beschränkt** oder bedingt (vgl **44** Rdn 17), so sollen Rückstände möglich sein.[103] Wenn der durch die Vormerkung gesicherte Anspruch bereits vor dem Tode des Berechtigten wirksam entstanden ist, der Gläubiger aber diesen Anspruch nicht mehr selbst durchsetzen konnte, bestehen möglicherweise die aus der Vormerkung gemäß § 888 Abs 1 BGB entstandenen Rechte, die als Rückstände angesehen werden. Dem widerspricht die heute hM[104] zu Recht. Mit dem Tod des Berechtigten erlischt nicht der gesicherte Anspruch, sondern lediglich die Vormerkung, insbesondere deren Wirkungen aus § 883 Abs 2, § 888 Abs 1 BGB. Damit wird eine vormerkungswidrig etwa schon vorgenommene und deshalb nach § 883 Abs 2 BGB relativ unwirksame Verfügung voll wirksam. Mit dem Tod des

---

96 Vgl dazu: *Haegele* Rpfleger 1975, 153, 155 Fn 39.
97 *Gantzer* MittBayNot 1972, 6, 7; *Haegele* Rpfleger 1975, 153, 155; *Riedel* JurBüro 1979, 155, 159; *Böttcher* MittRhNotK 1987, 219, 224.
98 BGB-RGRK-*Augustin* § 31 WEG Rn 14; *Schöner/Stöber* Rn 3002; *Böttcher* MittRhNotK 1987, 219, 224.
99 *Schöner/Stöber* Rn 1882; *Böttcher* MittRhNotK 1987, 219, 224; **aA** RGRK-*Räfle* § 27 ErbbauVO Rn 1.
100 *Böttcher* MittRhNotK 1987, 219, 224.
101 *Böttcher* MittRhNotK 1987, 219, 224.
102 BayObLG DNotZ 1990, 295 = Rpfleger 1990, 61 = MittBayNot 1990, 37 *(Ertl)* = MittRhNotK 1989, 266; LG Bayreuth MittBayNot 2007, 215; LG München II MittBayNot 2002, 397; LG Aachen MittRhNotK 1992, 50; *Demharter* § 23 Rn 11; *Eickmann* GBVerfR, Rn 369; *Wufka* MittBayNot 1996, 156, 157 f; *Lülsdorf* MittRhNotK 1994, 129, 137; *Rastätter* BWNotZ 1994, 135, 138.
103 BayObLG MittBayNot 1991, 259 = MittRhNotK 1991, 286; DNotZ 1991, 894 = Rpfleger 1990, 504 = MittBayNot 1990, 307; OLG Köln Rpfleger 1985, 290 = MittRhNotR 1985, 196; LG Bochum Rpfleger 1971, 314 *(Haegele)*; LG Köln MittRhNotK 1975, 560; LG Aachen MittRhNotK 1978, 151; 1974, 416.
104 BGHZ 117, 390 = NJW 1992, 1683 = DNotZ 1992, 569 = Rpfleger 1992, 287 = MittRhNotK 1992, 187 = MittBayNot 1992, 193 *(Ertl)*; OLG Düsseldorf MittRhNotK 1975, 485; LG Bonn NJW 1963, 819, 820; *Staudinger-Gursky* § 886 Rn 23; *Kohler* in *Bauer/von Oefele* §§ 23, 24 Rn 45; *Güthe-Triebel* § 23 Rn 6; *Eickmann* GBVerfR, Rn 369; *Streuer* Rpfleger 1986, 245; *Riedel* JurBüro 1979, 155, 159; *Wufka* MittBayNot 1996, 156; *Tiedtke* DNotZ 1992, 539; *Lülsdorf* MittRhNotK 1994, 129, 137; *Rastätter* BWNotZ 1994, 135, 136 f.

Berechtigten kann die Vormerkung keine Rückstände mehr sichern, die daraus entstehen, dass ein Rückübertragungsanspruch zu Lebzeiten des Berechtigten entstanden, jedoch noch nicht durchgesetzt ist. Das, was die Gegenansicht als Rückstand der Vormerkung ansieht, betrifft allein den schuldrechtlichen Anspruch. Ist dieser aber infolge Erlöschens der Vormerkung nicht mehr gesichert, dann ist auch die Durchsetzung des Anspruchs ungesichert. Eine Löschung der auf die Lebenszeit des Berechtigten beschränkten Vormerkung ist daher nach § 22 mit einem Todesnachweis des Berechtigten möglich. Der auf die Erben übergegangene Eigentumsverschaffungsanspruch bleibt dagegen bestehen, allerdings ungesichert. Den Erben des Berechtigten stehen gegen den vertragswidrig verfügenden Übernehmer möglicherweise ein Schadensersatzanspruch wegen Nichterfüllung zu. Die Verfügung ist jedoch absolut wirksam geworden. Der Vormerkungsberechtigte hat durch die zeitliche Beschränkung der Vormerkung auf ihren Schutz nach seinem Tod verzichtet. Rückstände iS von § 23 liegen nicht vor. Während darunter nur Rechte mit »wiederkehrenden Leistungen« zu verstehen sind, handelt es sich bei einem durch die Vormerkung gesicherten Eigentumsverschaffungsanspruch nur um einen einmalig zu erfüllenden Anspruch. § 23 verlangt außerdem Rückstände an »Leistungen«. Leistungen aus der Vormerkung sind aber nicht zu erbringen, weder vom schuldrechtlich zur Übereignung verpflichteten ursprünglichen Eigentümer noch vom späteren Dritten. Bei § 883 Abs 2 und § 888 Abs 1 BGB handelt es sich nicht um Leistungspflichten iS einer Pflicht zur Erfüllung, sondern um gesetzliche Wirkungen aus der Vormerkung. Deshalb sind Rückstände an Leistungen ausgeschlossen, sodass auch kein Löschungserleichterungsvermerk nach § 23 Abs 2 eingetragen werden kann.

45 Sind **sowohl der Anspruch als auch die Vormerkung ohne zeitliche Beschränkung** bestellt worden (vgl Rdn 18), kann es beim Tod des Berechtigten keine Rückstände geben; es kommt zur Erbfolge. Trotzdem wird die Eintragungsfähigkeit eines Löschungserleichterungsvermerks analog § 23 Abs 2 bejaht,[105] in diesem Fall könne nämlich der fortbestehende schuldrechtliche Anspruch als Rückstand der ebenfalls fortstehenden Vormerkung angesehen werden. Diese Auffassung wird zu Recht abgelehnt.[106] Bei § 23 Abs 2 geht es um Rückstände aus einem erloschenen Stammrecht. Im vorliegenden Fall ist aber nichts anderes geschehen, als dass der ursprüngliche Anspruch auf einen Rechtsnachfolger übergegangen ist. Die Annahme, es handle sich um Rückstände iS von § 23, liegt daher fern. Das GB wird durch den Tod des Berechtigten nur unrichtig hinsichtlich des Inhabers, aber nicht in Bezug auf die Vormerkung selbst. Ihre Löschung ist daher keine Grundbuchberichtigung, sondern eine rechtsändernde Eintragung, die einer Bewilligung der Erben gemäß § 19 bedarf. Die Möglichkeit der Löschung ohne diese Bewilligung wäre systemwidrig. Ein Löschungserleichterungsvermerk gemäß § 23 Abs 2 ist daher nicht eintragungsfähig.

46 Ist nur der schuldrechtliche **Anspruch zeitlich beschränkt,** aber die **Vormerkung ohne zeitliche Begrenzung** (vgl Rdn 19), so erlischt mit dem Tod des Berechtigten der Anspruch und damit auch die akzessorische Vormerkung; das GB ist unrichtig.[107] Rückstände, die auf die Erben übergehen können, sind nicht denkbar, sodass weder § 23 Abs 1 Anwendung findet noch eine Löschungserleichterungsklausel nach § 23 Abs 2 eingetragen werden kann.[108] Die Grundbuchberichtigung kann vielmehr durch Unrichtigkeitsnachweis gemäß § 22 erfolgen.

47 Ein **Widerspruch** ist in gleicher Weise beschränkt wie das durch ihn geschützte Recht. Ebenso sind beim Widerspruch Rückstände möglich, wenn auch bei dem durch ihn geschützten Recht Rückstände möglich sind.[109]

48 Ein **Altenteil** ist ein Recht besonderer Art und umfasst je nach Inhalt eine subjektiv-persönliche Reallast, eine gewöhnliche beschränkte persönliche Dienstbarkeit, ein Wohnungsrecht und uU auch einen Nießbrauch. Es kommt auf den jeweiligen genauen Inhalt des Altenteils an, ob die Möglichkeit von Rückständen besteht. IdR ist die Möglichkeit von Rückständen zu bejahen beim Altenteil, so insbesondere wenn eine Pflegeverpflichtung und ein Nutzungsrecht zum Inhalt gehören.[110] Im Übrigen ist bei einer subjektiv-persönlichen Reallast (Rdn 34) und einem Nießbrauch (Rdn 36) davon auszugehen, dass die Möglichkeit von Rückständen besteht. Bei einer gewöhnlichen beschränkten persönlichen Dienstbarkeit (Rdn 38) und einem Wohnungsrecht (Rdn 39) ist die Möglichkeit von Rückständen idR zu verneinen. Besteht daher ein Altenteil nur aus einem

---

105 OLG Köln Rpfleger 1994, 345 = MittRhNotK 1994, 147 = MittBayNot 1994, 331 = BWNotZ 1994, 149; LG Aachen MittRhNotK 1995, 180; AG München MittBayNot 1992, 279; *Ertl* MittBayNot 1992, 195; *Lülsdorf* MittRhNotK 1994, 129, 134 ff; *Rastätter* BWNotZ 1994, 135, 137 f.

106 BGH DNotZ 1996, 453 *(Lülsdorf)* = FGPrax 1995, 225 = Rpfleger 1996, 100 = MittRhNotK 1996, 26 = MittRhNotK 1996, 51 = BWNotZ 1996, 122; BayObLG DNotZ 1995, 309 = MittBayNot 1994, 539; *Staudinger-Gursky* § 886 Rn 23; *Wufka* MittBayNot 1996, 156, 157 f; *Kohler* in *Bauer/von Oefele* §§ 23, 24 Rn 47; *Tiedtke* DNotZ 1992, 539; *Streuer* Rpfleger 1994, 346.

107 *Wufka* MittBayNot 1996, 156, 157.

108 *Rastätter* BWNotZ 1994, 135, 137.

109 *Böttcher* MittRhNotK 1987, 219, 224.

110 LG Aachen Rpfleger 1961, 440; LG Bremen Rpfleger 1970, 243; LG Wuppertal MittRhNotK 1978, 42; *Güthe-Triebel* § 23 Rn 7; *Haegele* RpflJB 1976, 305, 314; *Riedel* JurBüro 1979, 156, 159; *Lülsdorf* MittRhNotK 1994, 129, 133.

Wohnungsrecht, das an sich in § 1093 BGB geregelt ist, so besteht für das Altenteil nur ausnahmsweise die Möglichkeit von Rückständen (vgl dazu Rdn 39).

3. Fehlender Löschungserleichterungsvermerk (= LEV)

a) Grundsatz. Weitere Voraussetzung für die Notwendigkeit einer Bewilligung zur Grundbuchberichtigung 49 von den gemäß den §§ 23, 24 beschränkten, außerhalb dem Grundbuch erloschenen und rückstandsfähigen Rechten ist, dass kein Löschungserleichterungsvermerk (= Löschbarkeitsklausel, Vorlöschungsklausel) im Grundbuch eingetragen ist (§ 23 Abs 2).

b) Rechtsnatur des LEV. Der LEV ist nicht materiellrechtlicher, sondern rein formellrechtlicher Natur; er 50 bedeutet keine Einschränkung des Rechts in seinem materiellen Umfang und Bestand, sondern gewährt nur eine formellrechtliche Erleichterung der Löschbarkeit für den Fall des Todes des Berechtigten, des Erreichens eines bestimmten Lebensalters, des Eintritts eines sonstigen Zeitpunkts oder Ereignisses.[111] Da der öffentliche Glaube des Grundbuchs sich nur auf Eintragungen erstreckt, die den Inhalt, Umfang, Gegenstand oder Inhaber eines Sachenrechts betreffen, nicht auf sonstige Eintragungen, wird der LEV auch nicht von ihm erfasst.[112] Durch die formelle Löschung des dinglichen Rechts allein erlöschen die Leistungsrückstände materiellrechtlich nicht, sie verlieren auch nicht ihre dingliche Sicherung, sondern lediglich das »Eingetragensein« wird beseitigt, dh dem dinglichen Recht wird die buchmäßige Grundlage entzogen.[113]

c) Voraussetzungen für die Eintragung des LEV. aa) Formellrechtliche Voraussetzungen. Wird der 51 **LEV zugleich mit dem Recht** eingetragen, so sieht eine Auffassung in Literatur und Rechtsprechung den LEV als vorweggenommene Löschungsbewilligung des Gläubigers an und verlangt daher für die Eintragung des LEV eine Bewilligung des künftigen Gläubigers.[114] Dieser Auffassung kann nicht gefolgt werden, denn eine Grundbucheintragung kann keine Bewilligung sein. Die verlangte Erklärung wäre dann eine »Bewilligung für eine Bewilligung«. Das kann nicht richtig sein. Durch den LEV wird lediglich eine dem dinglichen Recht innewohnende verfahrensrechtliche Befugnis (= Verhinderung einer Löschung auf Grund eines Unrichtigkeitsnachweises) aufgegeben. Da der Gläubiger durch die Begründung des dinglichen Rechts – wenn auch beschränkt durch den LEV – insgesamt doch nur einen rechtlichen Vorteil erlangt, ist der LEV nach richtiger Auffassung auf Grund der **Bewilligung des Grundstückseigentümers** einzutragen.[115]

Wird der **LEV nachträglich** eingetragen, so bedarf es dazu der **Bewilligung des Berechtigten** des bereits 52 eingetragenen dinglichen Rechts.[116] Dies ergibt sich daraus, da dessen Recht durch den LEV eine wenn auch nur formelle Einschränkung erleidet. Der Berechtigte des dinglichen Rechts wird daher von der nachträglichen Eintragung des LEV betroffen.

bb) Materiellrechtliche Voraussetzungen. Nach § 22 Abs 1 kann die Löschungsbewilligung durch einen 53 Unrichtigkeitsnachweis ersetzt werden. Bei Rechten, die gemäß den §§ 23, 24 beschränkt sind, geht mit deren Erlöschen zwar das Stammrecht unter, Ansprüche auf rückständige Einzelleistungen bestehen jedoch weiter. Eine Löschung auf Grund eines Unrichtigkeitsnachweises würde das Grundbuch hinsichtlich dieser Rückstände unrichtig werden lassen. Deshalb ist bei den gemäß §§ 23, 24 beschränkten Rechten, aus denen Rückstände entstehen können, die Möglichkeit der Grundbuchberichtigung durch Unrichtigkeitsnachweises (§ 22 Abs 1) durch § 23 Abs 1 wieder eingeschränkt, wonach eine Berichtigungsbewilligung verlangt wird. Von dieser Einschränkung befreit § 23 Abs 2 wiederum, wenn der LEV eingetragen ist. Die Eintragung des LEV nach § 23 Abs 2 ist somit nur notwendig und damit zulässig, wenn das betreffende Recht

111 BGHZ 66, 341, 347; BayObLGZ 1983, 113; *Böttcher* MittRhNotK 1987, 219; *Wufka* MittBayNot 1996, 156, 158; *Tiedtke* DNotZ 1992, 539, 540; *Lülsdorf* MittRhNotK 1994, 129, 130.

112 BayObLG aaO.

113 *Böttcher* MittRhNotK 1987, 219; *Wufka* MittBayNot 1996, 156, 158 f; *Tiedtke* DNotZ 1992, 539, 540 f; *Lülsdorf* MittRhNotK 1994, 129, 130.

114 KGJ 44, 242 = OLGE 29, 399; OLG Bremen DNotZ 1961, 41; OLG Neustadt Rpfleger 1961, 440; OLG Düsseldorf MittRhNotK 1970, 599; Rpfleger 1975, 364; *Güthe-Triebel* § 23 Rn 21; *Schalhorn* JurBüro 1970, 89.

115 BGHZ 66, 341 = NJW 1976, 962 = DNotZ 1976, 490 = Rpfleger 1976, 206; BayObLGZ 1965, 48 = DNotZ 1965, 406 = Rpfleger 1965, 180; KG OLGZ 1975, 313 = Rpfleger 1976, 85; LG Aachen DNotZ 1962, 94 = Rpfleger 1961, 440; LG Göttingen NdsRpfl 1962, 225; LG Köln MittRhNotK 1970, 270; LG Bad Kreuznach MittRhNotK 1970, 149; *Demharter* § 23 Rn 24; *Eickmann* GBVerfR, Rn 371; *Lülsdorf* MittRhNotK 1994, 129, 131 f; *Schöner/Stöber* Rn 376; *Hieber* DNotZ 1961, 143; *Lutter* Rpfleger 1961, 442; *Wehrens* DNotZ 1963, 24, 30; *Mikosch* DNotZ 1971, 587; *Gantzer* MittBayNot 1972, 6, 7; *Böttcher* MittRhNotK 1987, 219, 220.

116 BGH Rpfleger 1976, 206; BayObLGZ 1965, 46; 1979, 372; *Demharter* § 23 Rn 24; *Eickmann* GBVerfR, Rn 371; *Lülsdorf* MittRhNotK 1994, 129, 132; *Böttcher* MittRhNotK 1987, 219, 220.

– beschränkt ist auf die Lebenszeit des Berechtigten (§ 23 Abs 1 S 1), ein bestimmtes Lebensalter des Berechtigten (§ 24 Fall 1) oder auf den Eintritt eines sonstigen Zeitpunkts oder Ereignisses (§ 24 Fall 2) und
– die Möglichkeit von Rückständen aus diesem Recht besteht.[117]

Die Eintragung des LEV ist daher abzulehnen, wenn eine dieser Voraussetzungen fehlt, also wenn das Recht nicht gemäß den §§ 23, 24 beschränkt ist oder Rückstände ausgeschlossen sind.

54

Zu löschendes Recht	Beschränkung gemäß §§ 23, 24	Möglichkeit von Rückständen
Grundpfandrechte	Rdn 6, 27, 28	Rdn 32
Rechtspfandrechte	Rdn 7, 27, 28	Rdn 33
Reallast	Rdn 8, 27, 28	Rdn 34
Vorkaufsrecht	Rdn 9, 27, 28	Rdn 35
Nießbrauch	Rdn 10, 27, 28	Rdn 36
Grunddienstbarkeit	Rdn 11, 27, 28	Rdn 37
Beschr. pers. Dienstbarkeit	Rdn 12, 27, 28	Rdn 38
Wohnungsrecht	Rdn 12, 27, 28	Rdn 39
Dauerwohn- und Dauernutzungsrecht	Rdn 13, 27, 28	Rdn 40
Erbbaurecht	Rdn 14, 27, 28	Rdn 41
Vormerkung	Rdn 15–19, 23, 24	Rdn 42–46
Widerspruch	Rdn 20, 27, 28	Rdn 47
Altenteil	Rdn 21, 27, 28	Rdn 48

55 **d) Eintragung des LEV.** Die Eintragung des LEV erfolgt entweder bei Eintragung des dinglichen Rechts oder nachträglich. Der LEV ist **unmittelbar in das Grundbuch** einzutragen, durch eine Bezugnahme auf die Eintragungsbewilligung kann er nicht ersetzt werden.[118] Wird der LEV zugleich mit dem dinglichen Recht eingetragen, so geschieht dies direkt beim Eintragungstext in Abt II Sp 3 oder Abt III Sp 4. Wird der LEV nachträglich eingetragen, so erfolgt dies in der Veränderungsspalte Abt II Sp 5 oder Abt III Sp 7. Der LEV kann lauten: »löschbar bei Todesnachweis« (§ 23 Abs 1 S 1), »löschbar bei Vollendung des 21. Lebensjahres des Berechtigten« (§ 24 Fall 1), »löschbar nach Fristablauf« oder »löschbar bei Heiratsnachweis« (§ 24 Fall 2). Die Vermerke über die Löschungserleichterung nach § 23 Abs 2 und nach § 24 können nebeneinander eingetragen werden, zB bei Bestellung eines auflösend bedingten (= durch Wiederverheiratung, § 24 Fall 2) Wohnungsrechts, das bereits kraft Gesetzes (§§ 1090, 1061 BGB) auf die Lebenszeit des Berechtigten beschränkt ist (§ 23 Abs 1 S 1).[119] In einem solchen Fall genügt es zur Löschung, wenn einer dieser Erlöschensgründe nachgewiesen ist.[120] Ist aber bei einem Recht nur vermerkt, dass zur Löschung der Nachweis des Eintritts des Endtermins oder der auflösenden Bedingung genügen soll (§ 24), so rechtfertigt dieser LEV nicht eine Löschung auf Grund des Todesnachweises, wenn zB ein auf die Lebenszeit des Berechtigten beschränkter Nießbrauch durch den Tod des Berechtigten erlischt.[121]

56 **e) Wirkung des LEV.** Ist ein LEV zu Recht im GB eingetragen, kann ein **rückstandsfähiges Recht** beim Tod des Inhabers **auf Grund einer Sterbeurkunde** als Unrichtigkeitsnachweises gemäß § 22 **gelöscht werden.** Nicht nötig sind die Löschungsbewilligung des Erben (§ 23 Abs 1) und der Nachweis der Erbfolge (§ 35). Der Erbe muss die Löschung ohne seine Zustimmung dulden, da der Erblasser die Eintragung des LEV bewilligt hat und er als Rechtsnachfolger daran gebunden ist.[122] Der LEV hat somit den Inhalt, dass das mit dem Tod des Berechtigten erloschene Stammrecht trotz der Möglichkeit von Rückständen lediglich mit Todesnachweis im Wege der Grundbuchberichtigung aus dem GB gelöscht werden kann.[123] § 23 Abs 2 wurde in die GBO aufgenommen, um die »mit Kosten und Weiterungen« verbundene Beschaffung der Löschungsbewilli-

---

117 BGHZ 117, 390 = DNotZ 1992, 569 = Rpfleger 1992, 287; BGH DNotZ 1996, 453 = Rpfleger 1996, 100; BayObLG DNotZ 1995, 309; 1991, 894; 1990, 295; BWNotZ 1988, 21; *Streuer* Rpfleger 1986, 245; *Böttcher* MittRhNotK 1987, 219, 220.
118 BayObLG MittBayNot 1983, 233, 234; *Demharter* § 23 Rn 25; *Lülsdorf* MittRhNotK 1994, 129, 132; *Böttcher* MittRhNotK 1987, 219, 224.
119 *Böttcher* MittRhNotK 1987, 219, 224.
120 BayObLG Rpfleger 1983, 61; *Böttcher* MittRhNotK 1987, 219, 225.
121 LG München I DNotZ 1954, 260; *Böttcher* MittRhNotK 1987, 219, 225.
122 *Lülsdorf* MittRhNotK 1994, 129, 130; *Tiedtke* DNotZ 1992, 539, 540.
123 *Lülsdorf* aaO.

gung des Rechtsnachfolgers des aus dem lebzeitig beschränkten Recht Berechtigten nach § 23 Abs 1 entbehrlich zu machen.[124] Durch die Löschung auf Grund des LEV tritt aber ein materieller Verlust hinsichtlich der Rückstände nicht ein, sie verlieren lediglich ihre grundbuchliche Sicherung. Die Leistungsrückstände bestehen dann außerhalb des Grundbuchs weiter. § 23 Abs 2 nimmt also das Auseinander von materieller formeller Rechtslage im Interesse der Rechtsvereinfachung hin.[125] Ziel des LEV ist also lediglich die formellrechtliche Erleichterung der Löschbarkeit.

Es entsprach jahrzehntelanger Grundbuchpraxis, beim Eingetragensein des LEV für die Löschung keine **57** Löschungsbewilligung und keinen Erbnachweis des Rechtsnachfolgers zu verlangen, wobei nicht mehr geprüft wurde, ob ein gemäß den §§ 23, 24 beschränktes Recht vorliege und die Möglichkeit von Rückständen bestehe. Dem widersprach das BayObLG[126] zu Recht. Soll eine Grundbuchberichtigung erfolgen, so hat der Grundbuchrechtspfleger folgende Prüfung zu vollziehen:
– Grundsätzlich kann eine Grundbuchberichtigung auf Grund einer Berichtigungsbewilligung (§ 19) oder eines Unrichtigkeitsnachweises erfolgen (§ 22).
– In Ausnahme von diesem Grundsatz kommt nur eine Berichtigungsbewilligung in Betracht (§§ 23 Abs 1, 24), wenn
  – ein gemäß den §§ 23, 24 beschränktes Recht vorliegt (Tod, bestimmtes Lebensalter, sonstiger Zeitpunkt, auflösende Bedingung),
  – die Beschränkung eingetreten ist (zB der Berechtigte gestorben ist),
  – die Möglichkeit von Rückständen besteht,
  – kein LEV im Grundbuch eingetragen ist.

Diese Prüfungsreihenfolge ergibt sich zwangsläufig aus der Gesetzessystematik. Stellt sich dabei heraus, dass überhaupt kein gemäß den §§ 23, 24 beschränktes Recht vorliegt (zB Reallast für Beerdigungskosten und Grabpflegekosten) oder die Beschränkung noch nicht eingetreten ist (zB die als auflösende Bedingung vereinbarte Verheiratung des Berechtigten ist nicht gegeben), so liegt keine Grundbuchunrichtigkeit vor. Zur Löschung bedarf es dann einer Löschungsbewilligung (§ 19); auf den LEV kommt es gar nicht an, da man innerhalb der Prüfungsreihenfolge nicht bis zu diesem Punkt kommt. Besteht keine Möglichkeit von Rückständen, so liegt zwar eine Grundbuchunrichtigkeit vor, es bleibt aber beim Grundsatz, dass eine Grundbuchberichtigung sowohl auf Grund einer Berichtigungsbewilligung (§ 19) als auch auf Grund eines Unrichtigkeitsnachweises (§ 22) erfolgen kann. Auch dann kommt es auf einen LEV nicht an; ein – irrtümlich – eingetragener LEV spielt keine Rolle. Ein LEV erlangt also erst dann Bedeutung, wenn ein gemäß den §§ 23, 24 beschränktes Recht eingetragen ist, die Beschränkung eingetreten ist und die Möglichkeit von Rückständen besteht. In diesem Fall bedarf es wegen des eingetragenen LEV **keiner Bewilligung des Berechtigten bzw dessen Rechtsnachfolgers** zur Löschung des Rechts (§§ 23 Abs 2, 24); der Unrichtigkeitsnachweis genügt. Aus der Gesetzessystematik ergibt sich weiter, dass der LEV das Sperrjahr und einen etwaigen Widerspruch (§§ 23 Abs 1 S 1, 24) ausschließt. Die Notwendigkeit der Entscheidung des BayObLG[127] war eine Folge daraus, dass der LEV jahrzehntelang gedankenlos eingetragen wurde, also ohne Prüfung, ob überhaupt ein beschränktes Recht vorliegt und die Möglichkeit von Rückständen besteht (vgl Rdn 53, 54). Bei der Löschung der betroffenen Rechte kann man auf die Rechtssicherheit und Richtigkeit deshalb nicht vertrauen.[128] Ein LEV, der bei einem zeitlich unbeschränkten oder nicht rückstandsfähigen (vgl Rdn 44) Recht versehentlich eingetragen wurde, ist inhaltlich unzulässig, kann nicht gutgläubig erworben werden und ist von Amts wegen zu löschen (§ 53 Abs 1 S 2).[129] Die **Bewilligung eines unzulässigen LEV** durch den Grundstückseigentümer kann grundsätzlich **nicht** in eine Vollmacht des Berechtigten über den Tod hinaus **umgedeutet werden**.[130] Dies spricht schon deshalb nicht in Betracht, weil es an einer umdeutungsfähigen Erklärung des Rechtsinhabers fehlt. Außerdem liegt bei der Reallast ein Widerspruch darin, dass es dem Willen des Berechtigten entsprechen soll, dem Eigentümer eine Vollmacht zu erteilen, die zur Aufhebung und Löschung eines Teils der Reallast in dem Augenblick ermächtigt, in dem ein Teil des Rechts erst zum Tragen kommt und für den Rechtsnachfolger des Berechtigten Bedeutung erlangen kann.

---

124 *Hahn/Mugdan* Die gesamten Materialien zu den Reichsjustizgesetzen, 5. Band § 159f.
125 *Tiedtke* DNotZ 1992, 539, 541; *Lülsdorf* MittRhNotK 1994, 129, 130; *Wufka* MittBayNot 1996, 156, 158 f.
126 BayObLGZ 1983, 113; ebenso BayObLG NJW-RR 1987, 464; FGPrax 1997, 91; LG Saarbrücken ZfIR 2005, 470; *Böttcher* MittRhNotK 1987, 219, 225; *Lülsdorf* MittRhNotK 1994, 129, 130; *Wufka* MittBayNot 1996, 156, 161; *Demharter* § 23 Rn 26.
127 Ebenda.
128 BayObLG Rpfleger 1988, 98; *Böttcher* RpflStud 1991, 104, 113; *Lülsdorf* MittRhNotK 1994, 129, 130.
129 LG Saarbrücken ZfIR 2005, 470; *Wufka* MittBayNot 1996, 156, 161.
130 BayObLG FGPrax 1997, 91; DNotZ 1999, 508 = Rpfleger 1999, 71; **aA** *Schöner/Stöber* Rn 1544 b; *Amann* DNotZ 1998, 6; *Frank* MittBayNot 1997, 217; *Wufka* MittBayNot 1996, 156, 161.

58   **f) Löschung des LEV.** Zur Löschung des LEV ist, wenn sie nicht gleichzeitig mit der des Rechts erfolgt, **Löschungsbewilligung des Belasteten** (= Eigentümer), nicht des Berechtigten notwendig.[131] Diese Löschung erfolgt in der **Veränderungsspalte** (II Abt Sp 5 oder III Abt Sp 7), und zwar unabhängig davon, ob der LEV selbst in der Hauptspalte oder Veränderungsspalte eingetragen ist.

4. Alternative Tatbestände

59   Letzte Voraussetzung für die Notwendigkeit einer Bewilligung zur Grundbuchberichtigung ist, dass
– seit dem Erlöschen des Rechts durch Tod des Berechtigten (§ 23 Abs 1 S 1), Erreichen des bestimmten Lebensalters des Berechtigten (§ 24 Fall 1) oder Eintritt des sonstigen Zeitpunkts bzw Ereignisses ((§ 24 Fall 2) noch kein Jahr verstrichen ist oder
– wenn die Jahresfrist abgelaufen ist, ein Widerspruch des Berechtigten bzw Rechtsnachfolgers vorliegt (§§ 23 Abs 1 S 1, 24).

Ist dagegen die Jahresfrist verstrichen und liegt auch kein Widerspruch vor, so ist die Grundbuchberichtigung auf Grund eines Unrichtigkeitsnachweises möglich (§ 22).

60   **a) Jahresfrist noch nicht abgelaufen.** Ist ein gemäß den §§ 23, 24 beschränktes Recht infolge des Eintritts der Beschränkung außerhalb des Grundbuchs materiellrechtlich erloschen, besteht die Möglichkeit von Rückständen und ist kein LEV im Grundbuch eingetragen, so darf das Recht innerhalb eines Jahres nach dem Eintritt des das Erlöschen des Stammrechts herbeiführenden Ereignisses nur mit Bewilligung des Berechtigten bzw dessen Rechtsnachfolgers gelöscht werden (§§ 23 Abs 1 S 1, 24); eine Löschung auf Grund eines Unrichtigkeitsnachweises ist also innerhalb des Sperrjahres nicht zulässig (Fristberechnung nach § 187 Abs 1, § 188 Abs 2 BGB). Ist der Berechtigte für tot erklärt, so beginnt die einjährige Frist mit der Rechtskraft des Todeserklärungsbeschlusses (§ 23 Abs 1 S 2 iVm § 49 Abs 1 VerschG v 15.01.1951, BGBl I 63).

61   **b) Jahresfrist abgelaufen, aber Widerspruch. aa) Grundsatz.** Auch nach Ablauf des Sperrjahres ist eine Bewilligung des Berechtigten bzw Rechtsnachfolgers erforderlich, wenn er der Löschung gegenüber dem Grundbuchamt widersprochen hat (§§ 23 Abs 1 S 1, 24). Daraus folgt im Umkehrschluss, dass zur Löschung der Unrichtigkeitsnachweis genügt, wenn sie nach Ablauf des Sperrjahres erfolgen soll und dem Grundbuchamt kein Widerspruch vorliegt. Die **Erklärung des Widerspruchs** kann solange erfolgen, als das Recht noch nicht gelöscht ist, also auch nach Ablauf des Sperrjahres, selbst wenn bereits Antrag auf Löschung gestellt ist, denn schon die bloße Erklärung des Widerspruchs hindert die Löschung. **Berechtigt zum Widerspruch** ist der Inhaber des Rechts bzw der Rechtsnachfolger. Sind mehrere Berechtigte vorhanden, so genügt der Widerspruch eines von ihnen.[132] Rechtsnachfolger ist auch, wer das Recht oder ein Recht an diesem zu Lebzeiten des Berechtigten durch Rechtsgeschäft oder im Weg der Zwangsvollstreckung erworben hat.[133] Erklärt werden muss der Widerspruch in der **Form des § 29 Abs 1 S 1**, dh er muss öffentlich beurkundet oder öffentlich beglaubigt sein.[134] Der Rechtsnachfolger muss sich dem Grundbuchamt gegenüber nach § 35 durch Erbschein, Verfügung von Todes wegen mit Eröffnungsniederschrift ausweisen; im Übrigen gilt § 29 Abs 1. Kann er dies nicht, so muss er das Prozessgericht anrufen und eine einstweilige Verfügung erwirken. Der Widerspruch muss bei dem Grundbuchamt erhoben werden, nicht vor ihm; deshalb genügt die Einreichung beim Grundbuchamt.

62   **bb) Rechtsnatur des Widerspruchs.** Der Widerspruch gegen die Löschung ist ein **Sicherungsmittel eigener Art**,[135] der von Amts wegen in das Grundbuch eingetragen wird, jedoch seine Wirkung auch ohne diese Eintragung bereits vom Zeitpunkt des Eingangs beim Grundbuchamt an äußert. Der Widerspruch nach § 23 ist kein Widerspruch iS des § 899 BGB, denn dieser hat ein bestehendes, aber aus dem Grundbuch nicht ersichtliches Recht, also die bereits gegebene Unrichtigkeit des Grundbuchs zur Voraussetzung und dient deren Beseitigung. Der Widerspruch nach § 23 jedoch setzt die Richtigkeit des Grundbuchs hinsichtlich der Leistungsrückstände voraus und bezweckt die Aufrechterhaltung des gegebenen, mit der wirklichen Rechtslage in Einklang stehenden grundbuchmäßigen Zustands; er soll also die Unrichtigkeit verhindern. Auch mit der Vormerkung nach § 883 BGB hat dieser Widerspruch nichts zu tun, denn er sichert ein dingliches Recht, die Vormerkung dagegen einen schuldrechtlichen Anspruch. Nicht zu verwechseln ist der Widerspruch gemäß § 23 mit der Vormerkung und dem Widerspruch nach § 18 Abs 2, die einen öffentlich-rechtlichen Anspruch auf Verbescheidung des Antrags sichern. Der Widerspruch gemäß § 23 dient der Aufrechterhaltung der Grundbucheintragung als Sicherheit für mögliche Leistungsrückstände, damit deren dingliche Sicherung durch Löschung des Rechts und gutgläubigen Erwerb nicht verloren geht.

---

131 *Demharter* § 23 Rn 27; *Güthe-Triebel* § 23 Rn 24.
132 *Güthe-Triebel* § 23 Rn 13; *Predari* § 23 Bem 7; *Demharter* § 23 Rn 21; *Schöner/Stöber* Rn 1354.
133 KG JW 1938, 2830.
134 *Demharter* § 23 Rn 21; *Güthe-Triebel* § 23 Rn 15; *Schöner/Stöber* Rn 1355.
135 *Demharter* § 23 Rn 20; *Eickmann* GBVerfR, Rn 370; *Schöner/Stöber* Rn 1355.

cc) Voraussetzungen der Eintragung des Widerspruchs. Die Eintragung des Widerspruchs erfolgt **von** 63
Amts wegen (§ 23 Abs 2 S 1, 2. Hs); eines Antrags auf Eintragung bedarf es nicht. Als Voraussetzungen müssen
vorliegen:

– Eingang des Widerspruchs beim Grundbuchamt von einem von der Löschung Betroffenen;
– Evtl. Nachweis der Rechtsnachfolge gemäß § 35 oder § 29;
– Öffentliche Beurkundung oder öffentliche Beglaubigung des Widerspruchs (§ 29 Abs 1 S 1);[136]
– Das Recht, gegen dessen Löschung der Widerspruch schützen soll, darf noch nicht gelöscht sein.[137] Infolge
  seiner klaren Formulierung verdrängt § 23 als lex specialis die Regel des § 17: Der Widerspruch des § 23 verhindert die Löschung auch dann, wenn er nach dem Löschungsantrag eingegangen ist, sodass er auch entgegen der Vorschrift des § 17 vor der Löschung eingetragen werden muss.[138]
– Es muss die Möglichkeit von Rückständen bestehen (vgl Rdn 31–48). Unzulässig und nicht einzutragen ist
  der Widerspruch daher, wenn Rückstände von Leistungen ausgeschlossen sind und dann, wenn das Erlöschen aller etwaigen Rückstände bei Eintritt des Ereignisses (zB Tod des Berechtigten) vereinbart und eingetragen ist.[139]
– Es darf kein LEV im Grundbuch eingetragen sein. Ist dies der Fall, ist ein Widerspruch unzulässig und kann
  daher nicht eingetragen werden.[140]

dd) Eintragung des Widerspruchs. Der Widerspruch ist von Amts wegen in das Grundbuch einzutragen. 64
Wirksamkeitserfordernis ist die Grundbucheintragung nicht; sie soll lediglich verhindern, dass der Widerspruch
übersehen wird.[141] Der Widerspruch ist in der Abteilung einzutragen (Veränderungsspalte), in der das Recht
eingetragen ist, wobei eine Bezugnahme auf die Widerspruchserklärung nicht zulässig ist. Die §§ 12 Abs 2, 19
GBV sind auf diesen Widerspruch nicht anwendbar; seine formelle Behandlung richtet sich vielmehr nach den
§§ 10, 11 GBV.[142] Der Eintragungstext könnte lauten:[143] »*Widerspruch des XY in München gegen die Löschung. Von
Amts wegen eingetragen am . . .*«

ee) Wirkungen des Widerspruchs. Der formgerechte Widerspruch hindert von seinem Eingang beim 65
Grundbuchamt an die Löschung des dinglichen Rechts auf Grund eines Unrichtigkeitsnachweises (§ 22) und
lässt die **Löschung nur noch auf Grund einer Bewilligung** des Berechtigten bzw dessen Rechtsnachfolgers.[144] Ein Löschungsantrag ist daher auch zurückzuweisen, wenn er vor dem Widerspruch beim Grundbuchamt eingegangen ist (§ 23 verdrängt § 17!). Die Grundbucheintragung des Widerspruchs ist für die Entfaltung
seiner Wirkungen nicht erforderlich, hat aber von Amts wegen zu erfolgen (§ 23 Abs 1 S 1, 2. Hs), damit er
nicht übersehen wird. Geht ein Widerspruch beim Grundbuchamt ein, obwohl die Voraussetzungen dafür (vgl
Rdn 63) nicht vorliegen, so ist er wirkungslos, weil sein Zweck, die Löschung auf Grund Unrichtigkeitsnachweises zu verhindern, nicht erreicht werden kann.[145] Wirkungslos ist ein Widerspruch daher zB, wenn ein LEV
eingetragen ist, Rückstände ausgeschlossen sind oder die Form des § 29 nicht gewahrt ist.

ff) Löschung des Widerspruchs. Die Löschung des Widerspruchs erfolgt idR ohne weiteres mit der 66
Löschung des Rechts selbst, andernfalls ist eine Löschungsbewilligung (§ 19) erforderlich.

V. Verfahren

Kommt der Grundbuchrechtspfleger auf Grund seiner Prüfung zu dem Ergebnis, dass keine Bewilligung des 67
Berechtigten bzw dessen Rechtsnachfolgers zur Löschung erforderlich ist, dh das Grundbuch auch mit Hilfe
eines **Unrichtigkeitsnachweises** berichtigt werden kann (§ 22), so ist dem Grundbuchamt im Falle des § 23
Abs 1 S 1 der Tod des Berechtigten durch Sterbeurkunde, Erbschein, rechtskräftigen Todeserklärungsbeschluss
oder in sonstiger Weise nach § 29 nachzuweisen. Im Falle des § 24 tritt an die Stelle des Todesnachweises der
Nachweis des Endtermins oder der auflösenden Bedingung.

Kommt der Grundbuchrechtspfleger zu dem Ergebnis, dass die §§ 23 Abs 1, 24 Anwendung finden, so kann die 68
Löschung des dinglichen Rechts nur auf Grund einer **Bewilligung** des Berechtigten oder dessen Rechtsnach-

---

136 *Demharter* § 23 Rn 21; *Schöner/Stöber* Rn 1355.
137 *Demharter* § 23 Rn 22; *Hesse-Saage-Fischer* § 23 Anm III; *Schöner/Stöber* Rn 1354; **aA** LG München DNotZ 1954, 260.
138 *Demharter* § 23 Rn 23; *Eickmann* GBVerfR, Rn 370; *Güthe-Triebel* § 23 Rn 16; *Schöner/Stöber* Rn 1354.
139 *Demharter* § 23 Rn 20; *Schöner/Stöber* Rn 1354.
140 *Schöner/Stöber* Rn 1354.
141 *Demharter* § 23 Rn 22.
142 *Demharter* aaO; *Hesse-Saage-Fischer* § 23 Anm III 1.
143 Vgl dazu: *Schöner/Stöber* Rn 1353.
144 *Demharter* § 23 Rn 23; *Schöner/Stöber* Rn 1354.
145 *Hesse-Saage-Fischer* § 23 Anm III.

folgers erfolgen. Die Rechtsnachfolge kann entweder Gesamtrechtsnachfolge[146] oder Sonderrechtsnachfolge[147] sein. Es kann sich um einen einzelnen oder um mehrere Rechtsnachfolger handeln, zB Miterben.[148]

VI. Verletzung der §§ 23, 24

69 Die §§ 23, 24 sind nur **Ordnungsvorschriften,** die keinen Einfluss auf das materielle Recht haben.[149] Wenn das dingliche Recht außerhalb des Grundbuchs erloschen ist, so wird das Grundbuch unrichtig und durch die Löschung lediglich mit der materiellen Rechtslage wieder in Übereinstimmung gebracht. Wenn Rückstände geschuldet werden, so bestehen das dingliche Recht und damit auch die Haftung des Grundstücks für die Rückstände fort und bleiben auch bestehen, wenn die Löschung des Rechts zu Unrecht erfolgt ist; in diesem Fall kann die Wiedereintragung des Rechts im Wege der Grundbucheinrichtung (§ 22) verlangt werden. Ein Widerspruch gegen die Löschung von Amts wegen (§ 53 Abs 1 S 1) wäre aber nur dann einzutragen, wenn nicht nur die §§ 23, 24 verletzt wurden, sondern glaubhaft erscheint, dass das Grundbuch wirklich unrichtig geworden ist, dass also tatsächlich Rückstände bestehen.[150] Hat der Berechtigte bzw dessen Rechtsnachfolger die Löschung bewilligt, so ist hierin ein Verzicht auf die dingliche Sicherung seiner Rechte zu erblicken; eine Wiedereintragung kann in diesem Fall nicht verlangt werden. Dagegen wird der persönliche Anspruch auf die Rückstände durch die Löschung nicht berührt; er bleibt vielmehr bestehen, bis er getilgt oder verjährt ist.[151]

VII. Sonderfall: Löschung des Erbbaurechts nach Zeitablauf

1. Beschränkung des Erbbaurechts

70 Ein Erbbaurecht kann weder auf die Lebenszeit des Berechtigten (Rdn 14) oder auf ein bestimmtes Lebensalter des Berechtigten (Rdn 27) beschränkt noch unter einer auflösenden Bedingung (Rdn 28) bestellt werden. Dagegen ist die Festsetzung einer **bestimmten Zeitgrenze** beim Erbbaurecht zulässig, dh es kann eine Befristung vereinbart werden.[152] Zu prüfen ist in diesem Fall § 24 Fall 2 (»Eintritt eines bestimmten Zeitpunkts«).

2. Erlöschen des Erbbaurechts

71 Das Erbbaurecht erlischt mit dem **Ablauf der vereinbarten Dauer,** und zwar ohne dass es einer rechtsgeschäftlichen Erklärung (zB Aufhebungserklärung, Verzicht) bedarf.[153] Dadurch werden sowohl das **Grundbuch** des Grundstücks wie das des Erbbaurechts, die noch das Bestehen des Erbbaurechts ausweisen, **unrichtig.**[154]

72 Da durch das Erlöschen des Erbbaurechts der Verlust des Bauwerkseigentums für den Erbbauberechtigten kraft Gesetzes eintritt, schafft das Gesetz mit § 27 Abs 1 S 1 ErbbauRG im Wege der Surrogation einen wirtschaftlichen Ausgleich dafür durch den gesetzlichen **Entschädigungsanspruch** des Erbbauberechtigten gegen den Grundstückseigentümer (vgl dazu Rdn 41). In Höhe der Entschädigungsforderung entsteht ein dingliches Recht kraft Gesetzes am Grundstück für den Erbbauberechtigten, und zwar mit dem Rang des erloschenen Erbbaurechts (§ 28). Strittig ist, ob und wie der dingliche Entschädigungsanspruch eintragungsfähig ist. Nach älterer Ansicht liegt ein nicht eintragungsfähiges dingliches Recht eigener Art vor;[155] dies ist im Hinblick auf den öffentlichen Glauben des Grundbuchs und die Rangabstimmung in § 28 abzulehnen. Eine zweite Meinung bejaht das Vorliegen einer Sicherungshypothek, die kraft Gesetzes außerhalb des Grundbuchs entsteht und im Wege der Grundbuchberichtigung auf Antrag eingetragen werden kann;[156] dagegen spricht zum einen, dass der Wechsel von Abteilung II nach III nicht dem Surrogationsgedanken entspricht, und zum anderen, dass keineswegs immer die Höhe der Forderung nach § 27 Abs 1 ErbbauRG dinglich geregelt ist. Dem Gesetzeswortlaut und dem Surrogationscharakter entspricht vielmehr die Annahme eines **eintragungsfähigen dinglichen Rechts eigener Art.**[157] Im Wege der Grundbuchberichtigung (§ 22) ist es im Grundbuch des Grundstücks anstelle des erloschenen Erbbaurechts mit dessen Rang einzutragen, und zwar auf Antrag des Grundstückseigentümers oder des Erbbauberechtigten; erforderlich ist die Bewilligung des Grundstückseigentümers oder der Nachweis des Bestehens des dinglichen Entschädigungsanspruchs, wozu eine Bezugnahme auf

---

146 LG München DNotZ 1956, 260; LG Nürnberg DNotZ 1956, 262.
147 KG JW 1938, 2830.
148 *Güthe-Triebel* § 23 Rn 9; *Thieme* § 23 Anm 4.
149 *Güthe-Triebel* § 23 Rn 25; *Demharter* § 23 Rn 18.
150 *Predari* § 23 Bem 8; *Demharter* § 23 Rn 23.
151 LG Nürnberg-Fürth DNotZ 1954, 262; *Güthe-Triebel* § 23 Rn 25.
152 *Böttcher,* Praktische Fragen des Erbbaurechts, Rn 98.
153 RGRK-*Räfle* § 27 ErbbauVO Rn 1; MüKo-*von Oefele* § 27 ErbbauVO Rn 1.
154 *Schöner/Stöber* Rn 1859; RGRK-*Räfle* § 27 ErbbauVO Rn 1; MüKo-*von Oefele* § 27 ErbbauVO Rn 1.
155 *Planck* § 28 Anm 2; *Günther* § 28 Anm 2; *Samoje* § 28 Anm 1.
156 *Staudinger-Rapp* § 28 Rn 1; *Soergel-Stürner* § 28 Rn 1; *Glass-Scheidt* § 28 Anm 1; *Hönn* NJW 1970, 138.
157 OLG Hamm DNotZ 2007, 750; *Maaß* NotBZ 2002, 389, 392; RGRK-*Räfle* § 28 Rn 1; MüKo-*von Oefele* § 28 Rn 1; *Palandt-Bassenge* § 28 Rn 1; *Schöner/Stöber* Rn 1861.

den entsprechenden dinglichen Inhalt des Erbbaurechts genügt.[158] Für die Grundbucheintragung der Entschädigungsforderung wird die Meinung vertreten, dass sie erst dann erfolgen kann, wenn die Höhe der Entschädigungsforderung feststeht, weil der Geldbetrag im Grundbuch vermerkt werden müsse.[159] Nach richtiger Ansicht ist dies nicht notwendig, weil es vielmehr bei dem reallastähnlichen Recht genügt, wenn der Umfang der Leistung auf Grund objektiver Umstände bestimmbar ist, wobei diese Umstände auch außerhalb des Grundbuchs liegen können, sofern sie nachprüfbar und mindestens in der Eintragungsbewilligung angedeutet sind. Danach kann die Entschädigungsforderung als solche und ohne Benennung eines konkreten Geldbetrages im Grundbuch vermerkt werden.[160]

Die dinglichen Rechte, welche das Erbbaurecht selbst belasten, gehen mit dem Erlöschen des Erbbaurechts **73** unter, da ihr Haftungsobjekt mit dem Endtermin erlischt; sie gehen nicht auf das Grundstück über, da das Grundstück nicht für Belastungen des Erbbaurechts haftet.[161] Ist das Erbbaurecht mit einer Hypothek oder Grundschuld oder mit Rückständen aus Rentenschulden oder Reallasten oder einem nach den Reallastvorschriften zu behandelnden Recht belastet (zB Erbbauzins, Notweg- oder Überbaurente), so erlangt der Inhaber der genannten Rechte ein Recht am Entschädigungsanspruch (§ 29 ErbbauRG). Dieses Befriedigungsrecht ist nach hM einem **Pfandrecht an der Entschädigungsforderung** gleichzustellen, da auch hier eine Befriedigung aus einer Forderung erfolgen soll.[162] Der Rang der Befriedigungsrechte bestimmt sich nach den §§ 10 ff ZVG; die Befriedigung selbst erfolgt dagegen nicht in einem Verteilungsverfahren nach §§ 105 ff ZVG, sondern nach Maßgabe der Pfandrechtsvorschriften von §§ 1277, 1282 ff BGB. Das Pfandrecht der Realgläubiger kann, wenn der dingliche Entschädigungsanspruch des Erbbauberechtigten im Grundbuch eingetragen ist, bei diesem vermerkt werden.[163] Dies erfolgt aber nicht von Amts wegen, sondern auf Antrag eines Realgläubigers oder des Erbbauberechtigten.[164] Diese Grundbuchberichtigung (§ 22) erfolgt auf Grund Bewilligung des Erbbauberechtigten oder Nachweises des Bestehens des Pfandrechts, wozu eine Bezugnahme auf die beim Erlöschen des Erbbaurechts noch eingetragenen dinglichen Rechte der Realgläubiger genügt.[165] Ist der jeweilige Erbbauberechtigte Inhaber von subjektiv-dinglichen Rechten (zB einer Grunddienstbarkeit), so sind diese Bestandteile des Erbbaurechts (§ 96 BGB). Erlischt das Erbbaurecht, so werden die Bestandteile des Erbbaurechts Bestandteile des Grundstücks (§ 12 Abs 3 ErbbauRG), dh die subjektiv-dinglichen Rechte für den jeweiligen Erbbauberechtigten stehen nunmehr dem jeweiligen Grundstückseigentümer zu.[166]

3. Besteht die Möglichkeit von Rückständen?

Ist das auf einen bestimmten Zeitpunkt befristete Erbbaurecht durch Zeitablauf erloschen, so ist die weitere **74** **grundbuchmäßige Behandlung umstritten.** Zum Teil wird die Meinung vertreten, dass § 24 Fall 2 keine Anwendung findet, weil es sich bei dem Entschädigungsanspruch des Erbbauberechtigten gemäß § 27 Abs 1 S 2 ErbbauRG um keinen Rückstand handelt, da er erst mit dem Erlöschen des Erbbaurechts fällig wird. Deshalb könne die Löschung des Erbbaurechts aufgrund eines schriftlichen Antrags des Grundstückseigentümers oder des Erbbauberechtigten erfolgen (§§ 13, 30), da die Grundbuchunrichtigkeit offenkundig sei (§§ 22, 29).[167] Diese Auffassung ist abzulehnen. Nach richtiger Ansicht ist das Erbbaurecht ein rückstandsfähiges Recht iS von § 24 Fall 2, § 23 Abs 1 S 2, da dem Erbbauberechtigten beim Erlöschen seines Rechts grundsätzlich ein Entschädigungsanspruch gemäß § 27 Abs 1 S 1 ErbbauRG gegen den Grundstückseigentümer zusteht.[168]

Ist der Entschädigungsanspruch als dinglicher Inhalt des Erbbaurechts ausgeschlossen oder ist ein solcher Ausschluss dem Grundbuchamt in der Form des § 29 nachgewiesen (§ 27 ErbbauRG), dh sind **Rückstände iS der** **§§ 24, 23 nicht möglich,** so hat der Grundbuchrechtspfleger das Erbbaurecht auf reinen Berichtigungsantrag (§ 13) des Grundstückseigentümers oder Erbbauberechtigten zu löschen, da die Grundbuchunrichtigkeit infolge Zeitablauf feststeht (§ 22).[169] Die Berechtigten von am Erbbaurecht eingetragenen und nunmehr erloschenen **75**

---

158 *Schöner/Stöber* Rn 1861; RGRK-*Räfle* § 28 Rn 1.
159 *Ingenstau-Hustedt* § 28 Rn 7; RGRK-*Räfle* § 28 Rn 1.
160 OLG Hamm NotBZ 2007, 218; ebenso *Maaß* NotBZ 2002, 389, 395; *Böttcher*, Praktische Fragen des Erbbaurechts, Rn 597.
161 MüKo-*von Oefele* § 29 Rn 1; *Schöner/Stöber* Rn 1857.
162 *Soergel-Stürner* § 29 Rn 1; *Palandt-Bassenge* § 29 Rn 1; RGRK-*Räfle* § 29 Rn 3; MüKo-*von Oefele* § 29 Rn 2; *Schöner/Stöber* Rn 1861.
163 MüKo-*von Oefele* § 29 Rn 3; RGRK-*Räfle* § 29 Rn 4; *Schöner/Stöber* Rn 1861.
164 RGRK-*Räfle* § 29 Rn 4.
165 *Böttcher*, Praktische Fragen des Erbbaurechts, Rn 600.
166 *Böttcher* Praktische Fragen des Erbbaurechts, Rn 475; MüKo-*von Oefele* § 12 Rn 10; *von Oefele-Winkler* Rn 5. 256; **aA** LG Verden NdsRpfl 1964, 249; RGRK-*Räfle* § 12 Rn 23; *Palandt-Bassenge* § 12 Rn 5.
167 *Soergel-Stürner* § 29 Rn 1; *Ingenstau-Hustedt* § 29 Rn 9.
168 OLG Celle NJW-RR 1995, 1420; *Staudinger-Rapp* § 16 Rn 1; KEHE-*Dümig* § 24 Rn 16 ff; *Kohler* in *Bauer/von Oefele* §§ 23, 24 Rn 66; *Schöner/Stöber* Rn 1880, 1882.
169 *Schöner/Stöber* Rn 1881.

dinglichen Rechten müssen der Löschung nicht zustimmen, weil diesen mangels Entschädigungsanspruchs keine Rechte gemäß § 29 ErbbauRG zustehen.[170]

76 Ist der Entschädigungsanspruch nicht ausgeschlossen oder sein Ausschluss nicht nachgewiesen, dh die **Möglichkeit von Rückständen besteht,** dann findet § 24 Fall 2 Anwendung, und es hat eine Unterscheidung zu erfolgen, ob ein LEV gemäß § 23 Abs 2 eingetragen ist oder nicht.

4. Ist ein LEV beim Erbbaurecht eingetragen?

77 Ist im Grundbuch ein **LEV gemäß § 23 Abs 2 eingetragen,** dann kann die Löschung des Erbbaurechts auf Grund reinen Berichtigungsantrags vorgenommen werden (§§ 13, 22), dh ohne Bewilligung des Erbbauberechtigten oder etwaiger Berechtigter am Erbbaurecht.[171] Der Zustimmung der Realgläubiger am Erbbaurecht bedarf es in diesem Fall deshalb nicht, weil sie beim eingetragenen LEV von vornherein mit der sofortigen Löschung des Erbbaurechts nach Zeitablauf rechnen mussten.[172]

78 Besteht dagegen die Möglichkeit von Rückständen und ist **kein LEV gemäß § 23 Abs 2 eingetragen,** dann ist eine Grundbuchberichtigung nach § 22, dh ohne Bewilligung des Erbbauberechtigten und der Realgläubiger am Erbbaurecht, nur zulässig, wenn das Sperrjahr abgelaufen ist und kein Widerspruch vorliegt.[173] Dagegen ist zur Löschung die Bewilligung des Erbbauberechtigten in der Form des § 29 nötig, wenn die Löschung innerhalb des Sperrjahres erfolgen soll oder der Erbbauberechtigte der Löschung durch Erklärung gegenüber dem Grundbuchamt widersprochen hat (§ 24, § 23 Abs 1 S 1).[174] In diesem Fall ist gemäß § 19 auch die Zustimmung der Realgläubiger am Erbbaurecht zur Löschung erforderlich (vgl § 29 ErbbauRG), was sich aus den für das Pfandrecht anwendbaren Vorschriften der § 1287 S 2 BGB, § 848 Abs 2 ZPO ergibt; dadurch soll der Untergang oder Rangverlust dieser kraft Gesetzes entstandenen dinglichen Rechte verhindert werden.[175]

79 Das *OLG Hamm*[176] und *Maaß*[177] wenden die §§ 24, 23 nicht an, sondern berufen sich mit beachtlichen Gründen auf das Legalitätsprinzip. Eine berichtigende Löschung des Erbbaurechts auf Grund eines Antrags des Grundstückseigentümers lassen sie – auch nach einem Jahr seit dem Erlöschen – nur dann zu, wenn die Entschädigungsforderung des Erbbauberechtigten nach §§ 27, 28 ErbbauRG anstelle des erloschenen Erbbaurechts und damit im selben Rang und mit ihr zugleich ein Vermerk über das jeweilige Pfandrecht eines Realgläubigers (§ 29 ErbbauRG) eingetragen wird oder der Erbbauberechtigte und die Realgläubiger der Löschung zustimmen. Die materiellrechtlichen Rechtspositionen des Erbbauberechtigten (§§ 27, 28 ErbbauRG) und der Realgläubiger (§ 29 ErbbauRG) müssen bei dem grundbuchverfahrensrechtlichen Vollzug des Erlöschen des Erbbaurechts infolge Zeitablaufs berücksichtigt werden. Die Verlautbarung im Grundbuch dürfe deshalb nur in einer Weise erfolgen, die den Erbbauberechtigten und die Realgläubigern vor einem Verlust der ihnen nach materiellem Recht zustehenden Rechtspositionen schützt. Das Grundbuchverfahrensrecht habe gegenüber dem materiellen Recht eine dienende Funktion. Ein nach materiellem Recht entstandenes dingliches Recht am Grundstück müsse deshalb durch eine Eintragung im Grundbuch so verlautbart werden, dass es nicht wegen fehlender Eintragung durch gutgläubigen lastenfreien Erwerb nach § 892 BGB erlöschen kann. Für die Eintragung der Entschädigungsforderung (§§ 27, 28 ErbbauRG) bedarf es jedoch eines Antrags vom Grundstückseigentümer oder Erbbauberechtigten (§ 13). Das Pfandrecht eines Realgläubigers an der Entschädigungsforderung (§§ 29 ErbbauRG) kann nur auf Grund eines Antrags des Erbbauberechtigten oder Realgläubigers eingetragen werden (§ 13).

VIII. Sonderfall: Löschung von zeitlich unbeschränkten Rechten

80 In der Praxis besteht das Bedürfnis, bei Rechten, die nicht auf die Lebenszeit des Berechtigten beschränkt sind, zB bei einer Rückauflassungsvormerkung (vgl Rdn 18, Rdn 45), eine erleichterte Löschungsmöglichkeit für den Fall des Todes des Berechtigten zu schaffen, die dem in diesem Fall unzulässigen LEV entspricht. Zu denken ist dabei an eine **auf den Tod des Berechtigten aufschiebend bedingte Löschungsbewilligung.**[178] Diese wird unwiderruflich mit der Aushändigung an den Grundstückseigentümer. Zur Löschung des Rechts muss der Grundstückseigentümer gegenüber dem GBA lediglich noch den Todesnachweis des Berechtigten erbringen durch Vorlage einer Sterbeurkunde.[179]

---

170 *Schöner/Stöber* Rn 1881.
171 *Böttcher*, Praktische Fragen des Erbbaurechts, Rn 611.
172 *Schöner/Stöber* Rn 1882.
173 *Schöner/Stöber* Rn 1882.
174 *Schöner/Stöber* aaO.
175 *RGRK-Räfle* § 29 Rn 5; *Schöner/Stöber* Rn 1882; **aA** *MüKo-von Oefele* § 29 Rn 3; *Soergel-Stürner* § 29 Rn 1.
176 OLG Hamm DNotZ 2007, 750 = NotBZ 2007, 218.
177 *Maaß* NotBZ 2002, 389 und DNotZ 2007, 753.
178 *Lülsdorf* MittRhNotK 1994, 129, 131; *Mikosch* DNotZ 1971, 587, 588.
179 *Lülsdorf* aaO.

Eine weitere Möglichkeit besteht darin, dass der Berechtigte **dem Grundstückseigentümer eine unwider-** 81
rufliche Vollmacht erteilt, und zwar auf seinen Todesfall zur Abgabe der Löschungsbewilligung unter Vorlage
einer Sterbeurkunde des Berechtigten.[180] Der Widerruf der Vollmacht ist gemäß § 168 S 2 BGB durch Vertrag
auszuschließen, sodass Vollmachtgeber und Vollmachtnehmer gemeinsam mitwirken müssen.[181] Aber selbst die
unwiderrufliche Vollmacht zur Abgabe der Löschungsbewilligung kann aus wichtigem Grund widerrufen werden, wenn zB der Grundstückseigentümer die ihm obliegenden rückständigen Leistungen nicht erbringt.[182]
Damit die Vollmacht der Wirkung eines LEV entspricht, ist sie dem jeweiligen Grundstückseigentümer zu
erteilen.[183]

Formulierungsvorschlag:[184]

*»Der Übergeber – bei mehreren jeder einzelne von ihnen – bevollmächtigt – vorsorglich vertraglich – den Übernehmer und
denjenigen, der im Zeitpunkt der Abgabe der Löschungsbewilligung der Auflassungsvormerkung als Eigentümer des Grundstücks im Grundbuch eingetragen ist – bei mehreren jeden einzelnen von ihnen – und für den Fall, dass einer der vorgenannten Bevollmächtigten einen gesetzlichen Vertreter hat, den gesetzlichen Vertreter, unter Vorlage der Sterbeurkunde des betreffenden Übergebers die Löschung der zu dessen Gunsten im Grundbuch eingetragenen Auflassungsvormerkung zu bewilligen.
Die Vollmacht ist unwiderruflich.«*

---

180 *Wufka* MittBayNot 1996, 156, 159; *Lülsdorf* MittRhNotK 1994, 129, 131.
181 RGZ 62, 335; 109, 331; BGB-RGRK-*Steffen* § 168 Rn 3; *Wufka* und *Lülsdorf* je aaO.
182 BGH WM 1965, 107; 1969, 1009; DNotZ 1972, 229; OLG Celle MDR 1961, 936; BGB-RGRK-*Steffen* § 168
     Rn 3; *Lülsdorf* MittRhNotK 1994, 129, 131.
183 *Wufka* MittBayNot 1996, 156, 159 f.
184 Nach *Wufka* MittBayNot 1996, 156, 160.

§ 25 (Löschung von Vormerkungen und Widersprüchen)

Ist eine Vormerkung oder ein Widerspruch auf Grund einer einstweiligen Verfügung eingetragen, so bedarf es zur Löschung nicht der Bewilligung des Berechtigten, wenn die einstweilige Verfügung durch eine vollstreckbare Entscheidung aufgehoben ist. Diese Vorschrift ist entsprechend anzuwenden, wenn auf Grund eines vorläufig vollstreckbaren Urteils nach den Vorschriften der Zivilprozeßordnung oder auf Grund eines Bescheides nach dem Vermögensgesetz eine Vormerkung oder ein Widerspruch eingetragen ist.

Schrifttum

Böttcher, Die Vormerkung, RpflStud 2001, 161; *Deimann,* Die Vollziehung einer einstweiligen Verfügung im Grundbuch, RpflStud 1993, 77; *Effertz,* Löschung einer Vormerkung wegen Gegenstandslosigkeit; NJW 1977, 794; *Eickmann,* Widerspruch und Grundbuchberichtigung bei Nichtigkeit nach §§ 1365, 1366 BGB, Rpfleger 1981, 213; *Furtner,* Rechtliche Bedeutung von Zwangseintragungen, die unter Verletzung vollstreckungsrechtlicher Vorschriften im Grundbuch vorgenommen wurden, DNotZ 1959, 304; *ders,* Vorläufige Vollstreckbarkeit von Urteilen, auf Grund deren eine Eintragung im Grundbuch vorgenommen werden soll, JZ 1964, 19; *ders,* Sicherung eines künftigen Rechtserwerbs durch eine einstweilige Verfügung, NJW 1964, 745; *Haegele,* Zur Vormerkung nach § 883, namentlich in Sonderfällen, BWNotZ 1971, 1; *Hieber,* Löschung der Vormerkung, DNotZ 1952, 23, 96; *Hoche,* Löschung der Vormerkung, DNotZ 1952, 21; *Jansen,* Wirksamkeitsforderungnisse der Vormerkung, DNotZ 1953, 382; *Kempf,* Zur Rechtsnatur der Vormerkung, JuS 1961, 24; *Knöpfle,* Die Vormerkung, JuS 1981, 157; *Medicus,* Vormerkung, Widerspruch und Beschwerde, AcP 163, 1; *Rahn,* Besprechung zum Beschluss des BGH vom 16.01.1963, JZ 1963, 710, 711; *ders,* § 25 GBO – ein Irrtum des Gesetzgebers, BWNotZ 1968, 52; *ders,* Gutglaubensschutz und Rechtsnatur der Vormerkung, BWNotZ 1970, 25; *Schneider,* Rangfähigkeit und Rechtsnatur der Vormerkung, DNotZ 1982, 523; *Streuer,* Die Grundbucheintragung als Voraussetzung der Rechtsänderung, Rpfleger 1988, 513; *Tiedtke,* Die Auflassungsvormerkung, Jura 1981, 354; *Weimar,* Widerspruch und Amtswiderspruch, MDR 1974, 642; *Wunner,* Gutglaubensschutz und Rechtsnatur der Vormerkung, NJW 1969, 113; *Zawar,* Vorläufige Vollstreckbarkeit von Urteilen, denen eine auf Auflassung gerichtete Klage zugrunde liegt, JZ 1975, 158.

I. Normzweck

1 § 25 regelt die Löschung von Vormerkung und Widerspruch, die auf Grund einer einstweiligen Verfügung (§§ 885, 899 Abs 2 BGB) oder eines vorläufig vollstreckbaren Urteils auf Abgabe einer Willenserklärung (§§ 894, 895 S 1 ZPO) eingetragen worden sind. Wird die einstweilige Verfügung oder das vorläufig vollstreckbare Urteil durch eine vollstreckbare Entscheidung aufgehoben, so bedarf es gemäß § 25 zur Löschung »nicht der Bewilligung des Berechtigten«, dh des durch die Vormerkung Begünstigten, durch den Widerspruch Gesicherten. Die Rechtsnatur des § 25 ist unklar. Früher wurde die Meinung vertreten, dass mit dem Ergehen der aufhebenden Entscheidung die **Vormerkung oder der Widerspruch** noch nicht von selbst erlöschen, sondern so lange **fortbestehen, bis sie nach den §§ 775 Nr 1, 776 S 1 ZPO aufgehoben,** dh dinglich beseitigt werden; danach hätte die Löschung Konstitutivwirkung und dafür würde § 25 eine besondere, vereinfachende Verfahrensregelung liefern.[1] Diese Ansicht beruht auf der Entstehungsgeschichte des § 25. Diese Bestimmung war im Entwurf I zur GBO nicht enthalten. Sie hatte ihren Vorläufer in § 846 Abs 2 Entwurf I zum BGB, der wie folgt lautete: *»Das Gleiche (nämlich, dass die Eintragung im Wege der Zwangsvollstreckung oder der Vollziehung eines Arrestes oder einer einstweiligen Verfügung auf den unmittelbar an das Grundbuchamt zu richtenden Antrag des Berechtigten erfolgt) gilt in Ansehung der Löschung, wenn … die einstweilige Verfügung durch eine vollstreckbare Entscheidung aufgehoben worden ist«.* Der Gesetzgeber war damals der Meinung, § 25 könnte eine Vormerkung oder ein Widerspruch nach Aufhebung der einstweiligen Verfügung oder des vorläufig vollstreckbaren Urteils nicht einfach gelöscht werden; vielmehr müsste wegen der §§ 775 Nr 1, 776 S 1 ZPO die Aufhebung der Vormerkung oder des Widerspruchs bewirkt werden, was nur durch eine besondere Klage auf Zustimmung in die konstitutive Löschung zu erreichen wäre (§ 941 ZPO findet keine Anwendung!). Selbst der Gesetzgeber hielt diese Verfahrensweise für nicht zumutbar und unzweckmäßig: *»Vielmehr muss zur Vermeidung einer ungleichen Behandlung der Parteien die Löschung in den gedachten Fällen auf Grund derjenigen Entscheidung gefordert werden können, durch welche der Eintragung die Grundlage entzogen worden ist«.*[2] Der Glaube an die grundsätzliche Anwendbarkeit der §§ 775 Nr 1, 776 S 1 ZPO und an die Notwendigkeit, wegen dieser unliebsamen Konsequenzen der ZPO mit § 25 eine Ausnahmeregelung einzuführen, beruht auf einem **Irrtum des Gesetzgebers.**[3] Bereits in der Denkschrift zu Entwurf II GBO S 41 steht zu lesen: *»Ist zufolge einer einstweiligen Verfügung eine Vormerkung oder ein Widerspruch eingetragen, so verliert diese Eintragung ohne weiteres ihre Berechtigung, wenn die gerichtliche Anordnung, auf der sie beruht, wegfällt.«* Heute ist es einhellige Meinung, trotz der Unterschiede in der Begründung, dass mit dem Ergehen der die einstweilige Verfügung aufhebenden vollstreckbaren Entscheidung die Vormerkung oder der Widerspruch hinfällig werden, die nachfolgende Löschung im Grundbuch nur noch die außerhalb des Grundbuchs eingetretene Rechtsänderung deklariert (= Grundbuchberichtigung).[4] Während die §§ 775, 776 ZPO nur die Zwangsvollstreckung im eigentlichen Sinne betreffen (zB Abnehmen der Pfandmarke nach Ergehen der vollstreckbaren Aufhebungsentscheidung), handelt es sich bei der Eintragung in das Grundbuch auf Grund einstweiliger Verfügung oder vorläufig vollstreckbaren Urteils auf Abgabe einer Willenserklärung (§§ 941, 895 S 1 ZPO) um keine Zwangsvollstreckung, sondern um ein reguläres Grundbuchverfahren.[5] Wurde die Vormerkung oder der Widerspruch auf Grund eines vorläufig vollstreckbaren Urteils auf Abgabe einer Willenserklärung eingetragen (§ 895 S 1 ZPO), so ergibt sich die Unabwendbarkeit der §§ 775, 776 ZPO aus dem durch die DVO SchiffsRG Art 5 eingefügten § 895 S 2 ZPO: *»Die Vormerkung oder der Widerspruch erlischt, wenn das Urteil durch eine vollstreckbare Entscheidung aufgehoben wird.«*

Da unstreitig feststeht, dass die auf Grund einer einstweiligen Verfügung eingetragene Vormerkung (Widerspruch) schon dann erlischt, wenn die einstweilige Verfügung durch eine vollstreckbare Entscheidung aufgehoben wird, ihre Löschung deshalb lediglich eine Grundbuchberichtigung darstellt, stellt sich die Frage nach der gesetzlichen Grundlage des Erlöschens der Vormerkung bzw des Widerspruchs. **Nach hM liefert § 25 S 1 die materiellrechtliche Grundlage für die berichtigende Löschung;** danach stellt diese Vorschrift – ebenso wie die in § 868 Abs 1, § 932 Abs 2 ZPO getroffene Regelung – eine Ausnahme von dem in den §§ 775 Nr 1, 776 S 1 ZPO ausgesprochenen vollstreckungsrechtlichen Grundsatz dar, dass eine Vollstreckungsmaßnahme mit dem Wegfall des Vollstreckungstitels nicht ohne weiteres unwirksam wird, sondern erst besonders aufgehoben werden muss.[6] § 25 S 1 wird daher von der hM entgegen seiner Stellung in der GBO und entgegen seiner rein verfahrensrechtlichen Aussage als eine materiellrechtliche Norm verstanden, die nicht von der Löschung im Grundbuch, sondern von dem Erlöschen außerhalb des Grundbuchs handelt. Die hM interpretiert § 25 S 1 kurzerhand wie folgt: *»Ist eine Vormerkung oder ein Widerspruch auf Grund einer einstweiligen Verfügung eingetragen, so erlöschen Vormerkung oder Widerspruch, wenn die einstweilige Verfügung durch eine vollstreckbare Entscheidung aufgehoben ist.«*

Der hM, die den gesetzgeberischen Irrtum dadurch zu korrigieren versucht, indem sie § 25 S 1 in eine materiellrechtliche Norm umwandelt, kann nicht zugestimmt werden. Dagegen spricht zum einen der Gesetzeswort-

2

3

---

1 *Planck* § 886 Anm 1c mwN.

2 *Mot* 3 zu § 846 Entwurf I S 249 bei Fn 1.

3 Ausführlich dazu *Rahn* BWNotZ 1968, 52; JZ 1963, 711; ebenso *Kohler* in *Bauer/von Oefele* § 25 Rn 5.

4 Vgl Fn 6, 7, 8.

5 *Thomas-Putzo-Hüßtege* § 895 Rn 4; *Baumbach-Lauterbach-Hartmann* § 895 Rn 2; *Rahn* BWNotZ 1968, 52, 55; JZ 1963, 711; **aA** OLG Düsseldorf Rpfleger 1978, 216.

6 BGHZ 39, 21 = NJW 1963, 813 = Rpfleger 1963, 190 = JZ 1963, 710 m Anm *Rahn;* RGZ 81, 288, 290; BayObLGZ 1978, 16; Rpfleger 1980, 294; KGJ 41, 220, 223; 43, 205, 207; 46, 200, 206; LG Dortmund Rpfleger 1982, 276; *Demharter* § 25 Rn 1; *Güthe-Triebel* § 25 Anm 3 II; *Thieme* § 25 Anm 1; *Hesse-Saage-Fischer* § 25 Anm 1; BGB-RGRK-*Augustin* § 885 Rn 6; *Löscher* § 27 II 10; *Güthe* in Gruchot Beitr, 1913 Bd 57, 1 ff (50 f).

laut, der nur eine verfahrensrechtliche Aussage enthält, und zum anderen die Stellung der Norm in einem Verfahrensgesetz, der GBO. Wenn die §§ 775, 776 ZPO auf die hier in Frage stehende Konstellation keine Anwendung finden (vgl Rdn 1), so kann § 25 S 1 auch keine Ausnahme davon enthalten. Zugestanden muss der hM werden, dass sie in ihren Gedankengang den Sinn der §§ 868 Abs 1, 932 Abs 2 ZPO einbezieht. Konsequent wäre es dann gewesen, wenn das **Erlöschen der Vormerkung bzw des Widerspruchs mit der analogen Anwendung der §§ 868 Abs 1, 932 Abs 2 ZPO begründet** worden wäre, wie dies zum Teil auch geschieht.[7] Wenn auf Grund eines vollstreckbaren Schuldtitels eine Zwangshypothek oder auf Grund eines Arrestbefehls eine Arresthypothek eingetragen wurde, so hat die Aufhebung des vollstreckbaren Schuldtitels oder des Arrestbefehls durch eine vollstreckbare Entscheidung nach den genannten Vorschriften zur Folge, dass der Eigentümer des Grundstücks die Hypothek erwirbt. Das Wesen der beiden gesetzlichen Vorschriften besteht darin, dass das Gesetz die Rechte des Vollstreckungsgläubigers in Wegfall bringt. Es ist kein Grund ersichtlich, der Aufhebung einer einstweiligen Verfügung eine einstweilige Verfügung die gleiche Wirkung zu versagen.

4   Der analogen Anwendung der §§ 868 Abs 1, 932 Abs 2 ZPO bedarf es aber nicht, da andere Vorschriften näher liegen. Das SchiffsRG (1940) bestimmt in § 22, dass die auf Grund einstweiliger Verfügung eingetragene Vormerkung (Widerspruch) erlischt, wenn die einstweilige Verfügung durch eine vollstreckbare Entscheidung aufgehoben wird. Für das Grundbuchrecht kann nichts anderes gelten. Die DVO zum SchiffsRG in Art 5 hat dem § 895 ZPO einen Satz 2 angefügt, wonach die Vormerkung bzw der Widerspruch erlischt, wenn das vorläufig vollstreckbare Urteil auf Abgabe einer Willenserklärung durch vollstreckbare Entscheidung aufgehoben wird. § 25 S 2 ist daher überflüssig, da § 895 S 2 ZPO am richtigen Ort das Richtige sagt. Wenn außerdem § 895 S 2 ZPO das Erlöschen bei Aufhebung des vorläufig vollstreckbaren Urteils bestimmt, so kann bei der Aufhebung der einstweiligen Verfügung nichts anderes gelten. Ist daher eine Vormerkung oder ein Widerspruch auf Grund einstweiliger Verfügung eingetragen, so erlöschen die Vormerkung oder der Widerspruch analog § 895 S 2 ZPO, § 22 SchiffsRG, wenn die einstweilige Verfügung durch eine vollstreckbare Entscheidung aufgehoben wird.[8] **§ 25 ist daher überflüssig**, weil er nur einen Einzelfall der Grundbuchunrichtigkeit gemäß § 22 regelt; er könnte gestrichen werden.[9] § 25 war von Anfang an unnötig; seine Aufnahme in die GBO beruht auf einem Irrtum des Gesetzgebers über die Bedeutung der §§ 775, 776 ZPO (vgl Rdn 1). Da das Ergehen der vollstreckbaren aufhebenden Entscheidung ohne weiteres zum **Erlöschen von Vormerkung oder Widerspruch** führt (gemäß § 895 S 2 ZPO bzw analog § 895 S 2 ZPO, § 22 SchiffsRG), ist die Ausfertigung der aufhebenden Entscheidung eine öffentliche Urkunde, die unmittelbar einen Unrichtigkeitsnachweis iS der §§ 22, 29 liefert.

II. Rechtsnatur von Vormerkung und Widerspruch

1. Vormerkung

5   Bis in die heutige Zeit ist die Rechtsnatur der Vormerkung umstritten.[10] Die Vormerkung ist kein dingliches Recht,[11] auch kein bedingt dingliches Recht;[12] vielmehr stellt sie ein mit gewissen dinglichen Auswirkungen ausgestattetes, zwischen obligatorischem und dinglichem Recht liegendes **Sicherungsmittel eigener Art** zur Sicherung eines persönlichen Anspruchs auf dingliche Rechtsänderung dar.[13] Die Vormerkung ist vom Bestand des schuldrechtlichen Anspruchs abhängig (Akzessorietät); ob letzterer entstanden, geändert, übertragen oder erloschen ist und welchen Inhalt er hat, beurteilt sich nach dem **Schuldrecht**.[14] Nach dem **Sachenrecht** richten sich dagegen die Vormerkungsfähigkeit, Voraussetzungen und Wirkungen der Vormerkung;[15] die dingliche Seite der Vormerkung zeigt sich vor allem in der rangwahrenden Wirkung (§ 883 Abs 3 BGB), in dem Schutz des Vormerkungsberechtigten gegen anderweitige Verfügungen (§§ 883 Abs 2, 888 BGB), gegen Zwangsvollstreckungen anderer Gläubiger (§ 48 ZVG) sowie gegen eine Haftungsbeschränkung des Erben (§ 884 BGB).

---

7   MüKo-*Wacke* § 885 Rn 14 Fn 39.

8   *Staudinger-Gursky* § 885 Rn 44; Bay ObLG Rpfleger 1997, 526; OLG Hamm Rpfleger 1983, 435; *Rahn* BWNotZ 1968, 52; JZ 1963, 711.

9   Ebenso KEHE-*Dümig* § 25 Rn 14; *Kohler* in Bauer/von Oefele § 25 Rn 9.

10   Vgl dazu *Staudinger-Gursky* § 883 Rn 303 ff; BGB-RGRK-*Augustin* § 883 Rn 5–10; MüKo-*Wacke* § 883 Rn 3, 4; *Güthe-Triebel* § 25 Bem 14; *Heck* § 47 IV; *Wolff-Raiser* § 48 VII; *Baur-Stürner* Sachenrecht, § 20 VI 1; *Schwab-Prütting* § 18 VIII; § 20 VI 1; *Canaris* Festschrift für Flume, 1978, S 383; *Knöpfle* JuS 1981, 157, 158; *Schneider* DNotZ 1982, 523, 527.

11   **AA** *Heck* § 47 IV 2; *E. Wolf* § 13 A II e; *Wunner* NJW 1969, 113 ff; *Kempf* JuS 1961, 23.

12   **AA** *Kupisch* JZ 1977, 486.

13   RGZ 151, 389, 392; BGHZ 25, 16, 23 = NJW 1957, 1229; 60, 46, 49 = NJW 1973, 323; NJW 1974; 2319; BayObLGZ 1973, 309, 312 = Rpfleger 1974, 65; 1976, 15 = Rpfleger 1976, 129; Rpfleger 1980, 294; MüKo-*Wacke* § 883 Rn 3; BGB-RGRK-*Augustin* § 883 Rn 9, 10; *Schöner/Stöber* Rn 1479; *Staudinger-Gursky* § 883 Rn 303; *Baur-Stürner* Sachenrecht, § 20 VI 1; *Soergel-Stürner* § 883 Rn 2; *Westermann-Eickmann* § 83 I 2; *Schneider* DNotZ 1982, 523; *Knöpfle* JuS 1981, 157.

14   KEHE-*Erber-Faller* Einl G Rn 3.

15   KEHE-*Erber-Faller* Einl G Rn 4.

Die Vormerkung ist keine Verfügungsbeeinträchtigung,[16] auch wenn § 883 Abs 2 BGB der Wirkung nach darauf schließen lässt. Sie richtet sich jedoch nicht gegen die Verfügungsbefugnis, sondern soll die Verwirklichung des schuldrechtlichen Anspruchs sichern. Außerdem kann eine Vormerkung nur schuldrechtliche Ansprüche sichern, während eine Verfügungsbeeinträchtigung auch für dingliche Rechte in Frage kommt.

2. Widerspruch

Der Widerspruch ist seiner Rechtsnatur nach kein dingliches Recht am Grundstück oder an einem das Grund-   6
stück belastenden Recht, sondern ein **grundbuchrechtlicher Schutzvermerk** gegen ein im Grundbuch möglicherweise unrichtiges oder für ein überhaupt nicht ausgewiesenes dingliches Recht.[17] Insbesondere ist der Widerspruch auch keine Verfügungsbeeinträchtigung,[18] da er sich nicht gegen die Verfügungsbefugnis richtet. Über das vom Widerspruch betroffene Recht kann daher trotz des Widerspruchs verfügt werden; eine Grund- buchsperre liegt nicht vor. Tatsächlich wird aber die Verfügungsmöglichkeit des betroffenen Rechtsinhabers beschränkt, da potentielle Erwerber durch die mögliche Grundbuchunrichtigkeit und den Ausschluss des gut- gläubigen Erwerbs abgeschreckt werden.

3. Abgrenzung von Vormerkung und Widerspruch

Vormerkung und Widerspruch sind Sicherungsmittel sachenrechtlicher Art mit gewissen dinglichen Wirkun-   7
gen; gemeinsam haben sie eine Warnfunktion. Der Widerspruch richtet sich gegen die Richtigkeit des Grund- buchs, um den wahren Berechtigten gegen den gutgläubigen Erwerb eines bereits bestehenden, aber für ihn nicht oder unrichtig eingetragenen dinglichen Rechts zu schützen; er sichert somit gegen Verfügungen eines eingetragenen Nichtberechtigten, dh der **Widerspruch protestiert gegen die Richtigkeit des Grund- buchs**.[19] Die Vormerkung geht von der Richtigkeit des Grundbuchs aus und soll denjenigen schützen, der noch nicht Inhaber eines dinglichen Rechts ist, aber einen obligatorischen Anspruch auf dessen Erwerb hat; sie sichert gegen vertragswidrige Verfügungen des Berechtigten, dh die **Vormerkung prophezeit eine künftige Rechtsänderung im Grundbuch**.[20]

III. Eintragung von Vormerkung und Widerspruch

Die Eintragung einer Vormerkung oder eines Widerspruchs erfolgt auf Grund   8
– der Bewilligung des Betroffenen (§ 19) bzw eines rechtskräftigen Urteils auf Bewilligung der Eintragung (§ 894 ZPO);
– einer einstweiligen Verfügung (§ 885, § 899 Abs 2 BGB);
– eines vorläufig vollstreckbaren Urteils auf Abgabe einer Willenserklärung (§§ 894, 895 S 1 ZPO).

§ 25 bezieht sich nur auf solche Vormerkungen und Widersprüche, die auf einer **einstweiligen Verfügung** oder einem **vorläufig vollstreckbaren Urteil** beruhen. Dies muss sich, wenn nicht aus dem Eintragungsver- merk, so doch aus den Grundakten zweifelsfrei ergeben.[21] Dagegen ist § 25 nicht anwendbar, wenn die Eintra- gung der Vormerkung bzw des Widerspruchs aus anderen Gründen erfolgt ist,[22] zB Amtswiderspruch (§ 53 Abs 1 S 1), Widerspruch gemäß §§ 23, 24, verfahrensrechtlicher Widerspruch bzw Vormerkung (§§ 18 Abs 2, 76 Abs 1). Wird die durch einstweilige Verfügung oder vorläufig vollstreckbares Urteil erzwungene Eintragung der Vormerkung bzw des Widerspruchs gleichzeitig oder nachträglich durch eine freiwillige Bewilligung (§ 19) oder durch ein rechtskräftiges Urteil (§ 894 ZPO) bestätigt und dies auf Antrag im Grundbuch vermerkt, ist eine Löschung nach § 25 nicht zulässig.[23]

1. Einstweilige Verfügung (§ 885, § 899 Abs 2 BGB)

a) Vormerkung (§ 885 BGB). aa) Zivilrechtliche Anordnung. Der durch eine Vormerkung zu sichernde   9
Anspruch darf nicht verwechselt werden mit dem Anspruch auf Bestellung der Vormerkung. Die Bewilligung einer Vormerkung einschließlich der GB-Eintragung ist das dingliche Erfüllungsgeschäft, dem ein schuldrecht- liches Verpflichtungsgeschäft zugrunde liegen soll. Zum Teil wird die Ansicht vertreten, dass der Gläubiger eines vormerkungsfähigen Anspruchs automatisch auch einen im Wege der Klage durchsetzbaren Anspruch auf

---

16 *Böttcher* Rpfleger 1983, 49, 52; *Staudinger-Gursky* § 883 Rn 306 mwN; **aA** *Knöpfle* JuS 1981, 157, 158.
17 RGZ 117, 346, 351; 129, 185; KG HRR 1928 Nr 674; OLG Dresden JW 1926, 65; *MüKo-Wacke* § 899 Rn 22; BGB- RGRK-*Augustin* § 899 Rn 1; KEHE-*Erber-Faller* Einl H Rn 1; kritisch *Staudinger-Gursky* § 899 Rn 16.
18 BGB-RGRK-*Augustin* § 899 Rn 2; MüKo-*Wacke* § 899 Rn 22; KEHE-*Erber-Faller* Einl H Rn 1; *Baur-Stürner* Sachen- recht, § 18 B I 3.
19 MüKo-*Wacke* § 883 Rn 5; *Baur-Stürner* Sachenrecht, § 20 I 4.
20 Siehe vorherige Fn.
21 KGJ 46, 206; *Demharter* § 25 Rn 5.
22 KEHE-*Dümig* § 25 Rn 2.
23 KG JFG 2, 409; HRR 1927 Nr 1021; KGJ 20, 79; *Demharter* § 25 Rn 5.

Bewilligung einer Vormerkung hat.[24] Für diese Ansicht bietet das Gesetz keinerlei Anhaltspunkt. Ein klagbarer Anspruch auf Vormerkungsbestellung kann sich richtigerweise nur auf Grund einer besonderen Vereinbarung ergeben.[25] Eine Ausnahme davon gilt bei der Bauhandwerkersicherungshypothek, bei der der Bauunternehmer einen gesetzlichen Anspruch auf Bestellung hat (§ 648 BGB); gleiches muss für eine Vormerkung auf Eintragung der Sicherungshypothek gelten.

10 Voraussetzung einer einstweiligen Verfügung ist ein **sicherungsfähiger Anspruch**.[26] Gemäß § 883 Abs 1 S 2 BGB sind grundsätzlich auch bedingte, befristete und künftige Ansprüche vormerkungsfähig. Ist der Bedingungseintritt aber äußerst unwahrscheinlich, dh hat der bedingte Anspruch keinen gegenwärtigen Vermögenswert, dann ist eine einstweilige Verfügung nach §§ 916 Abs 2, 936 ZPO nicht zulässig.[27] Zur Sicherung eines künftigen Anspruchs soll keine einstweilige Verfügung auf Eintragung einer Vormerkung erlassen werden können (§§ 926, 936 ZPO);[28] nach richtiger Ansicht ist dies aber dann zuzulassen, wenn der Antragsteller ein schützenswertes Interesse nachweist, insbesondere wenn die Entstehung des Rechts wahrscheinlich ist.[29] Wird durch einstweilige Verfügung zur Sicherung des Anspruchs auf Einräumung einer Hypothek an mehreren Grundstücken die Eintragung einer Vormerkung angeordnet, so kann diese auf jedem Grundstück zur Sicherung des einheitlichen ungeteilten Anspruchs auf Einräumung einer Gesamthypothek eingetragen werden; §§ 932 Abs 2, 867 Abs 2 ZPO gelten nicht.[30]

11 Der Beantragung der einstweiligen Verfügung braucht eine **Aufforderung zur Abgabe einer freiwilligen Bewilligung** nicht vorauszugehen, da die Ablehnung einer solchen Aufforderung vom Gesetz nicht verlangt wird.[31] Um der nachteiligen Kostenfolge aus § 93 ZPO zu entgehen, muss der Antragsteller aber entweder die Vertragserfüllung anmahnen[32] oder zur Bewilligungsabgabe auffordern;[33] im Falle einer vorzumerkenden Bauhandwerkersicherungshypothek gemäß § 648 BGB ist beides erforderlich.[34]

12 **Zuständig** für die Anordnung der einstweiligen Verfügung ist sowohl das Gericht der Hauptsache (§§ 937, 943 ZPO) als auch das Amtsgericht, in dessen Bezirk das Grundstück liegt, auf dem die Vormerkung eingetragen werden soll (§ 942 Abs 2 ZPO). Gericht der Hauptsache ist dasjenige Gericht erster oder zweiter Instanz, bei dem der Rechtsstreit über den durch die Vormerkung zu sichernden Anspruch anhängig ist oder anhängig gemacht werden kann.

13 Der zu sichernde Anspruch ist im Verfahren auf Erlass der einstweiligen Verfügung nach §§ 920 Abs 2, 936 ZPO glaubhaft zu machen. Die **Glaubhaftmachung** (§ 294 ZPO) kann durch Sicherheitsleistung ersetzt, andererseits kann trotz Glaubhaftmachung des Anspruchs Sicherheitsleistung gefordert werden (§§ 921 Abs 2, 936 ZPO). Abweichend von den §§ 917, 920 Abs 2 ZPO braucht aber der Verfügungsgrund, die Gefährdung des zu sichernden Anspruchs, nach § 885 Abs 1 S 2 BGB nicht glaubhaft gemacht zu werden.[35]

14 Der Gesetzgeber hat die Möglichkeit der Eintragung einer Vormerkung auf Grund einer einstweiligen Verfügung wegen der Gefahr, dass der zu sichernde Anspruch vor Eintragung durch andere Eintragungen beeinträchtigt werden kann, geschaffen, sodass ein besonderes Sicherungsbedürfnis nicht Voraussetzung für den Erlass der einstweiligen Verfügung ist.[36] Es besteht daher so lange ein **Rechtsschutzbedürfnis**, als die dingliche Rechtsänderung im Grundbuch noch nicht eingetragen ist. Ausnahmsweise ist kein Rechtsschutzbedürfnis gegeben, wenn die Vormerkung oder gar die Eintragung der beanspruchten Rechtsänderung bereits bewilligt wurde.[37] Gleiches muss gelten, wenn auf Grund eines vorläufig vollstreckbaren Urteils gemäß § 895 ZPO eine Vormerkung als bewilligt gilt.[38]

---

24 BGB-RGRK-*Augustin* § 885 Rn 1; MüKo-*Wacke* § 885 Rn 3; *Wolff-Raiser* § 48 III; *Hager* JuS 1990, 429, 433.

25 *Staudinger-Gursky* § 883 Rn 25; *Palandt-Bassenge* § 885 Rn 8; *Westermann-Eickmann* § 83 II 2; *Reinicke* NJW 1964, 2373, 2381.

26 Vgl dazu *Staudinger-Gursky* § 883 Rn 26–51; BGB-RGRK-*Augustin* § 883 Rn 24–58; MüKo-*Wacke* § 883 Rn 11 ff; KEHE-*Erber-Faller* Einl G Rn 12 ff.

27 MüKo-*Wacke* § 885 Rn 5.

28 RGZ 74, 158, 159; JW 1926, 2701; BGB-RGRK-*Augustin* § 885 Rn 2; *Soergel-Stürner* § 885 Rn 4; *Palandt-Bassenge* § 885 Rn 5.

29 MüKo-*Wacke* § 885 Rn 5; *Staudinger-Gursky* § 885 Rn 26 mwN.

30 *Staudinger-Gursky* § 885 Rn 45; OLG Frankfurt Rpfleger 1995, 500; KG JFG 5, 328; MüKo-*Wacke* § 885 Rn 12.

31 MüKo-*Wacke* § 885 Rn 8.

32 OLG Köln NJW 1975, 454.

33 OLG Düsseldorf NJW 1972, 1676.

34 OLG Hamm NJW 1976, 1459, 1460; OLG Celle NJW 1977, 1731; *Joost* NJW 1975, 1172; *Staudinger-Gursky* § 885 Rn 42 mwN gegen OLG Köln NJW 1975, 454.

35 Über den gesetzgeberischen Zweck; Prot III 115; *Mugdan* III 566; BGB-RGRK-*Augustin* § 885 Rn 2; MüKo-*Wacke* § 885 Rn 7.

36 OLG Hamm MDR 1966, 236.

37 OLG Kiel SchlHA 1925, 205; MüKo-*Wacke* § 885 Rn 9.

38 Dagegen soll das Rechtsschutzinteresse vorliegen, wenn der Gläubiger die im Urteil nach § 895 ZPO bestimmte Sicherheitsleistung nicht aufbringen kann: OLG Celle MDR 1964, 333; kritisch dazu: MüKo-*Wacke* § 885 Rn 9.

Die **Vollziehung** der einstweiligen Verfügung muss binnen einer Frist von einem Monat geschehen (§§ 936,   **15**
929 Abs 2 ZPO). Diese Frist muss vom GBA von Amts wegen beachtet werden. Danach darf keine Vormerkung mehr eingetragen werden. Erging die einstweilige Verfügung durch Endurteil, beginnt die Frist mit seiner Verkündung (§§ 936, 929 Abs 2, 310 ZPO), die aus dem Verkündungsvermerk des Urkundsbeamten zu ersehen ist (§ 315 Abs 3 ZPO). Wurde die einstweilige Verfügung durch Beschluss erlassen, beginnt die Frist mit seiner Zustellung an den Antragsteller (§§ 936, 929 Abs 2, 329 Abs 3 ZPO). Dies ist mittels Bescheinigung der Geschäftsstelle nachzuweisen (§ 213a ZPO), es sei denn, aus dem Datum des Beschlusses ist ersichtlich, dass die Monatsfrist noch nicht abgelaufen ist. Als Vollziehung gilt nach §§ 936, 932 Abs 3 ZPO der Eingang des Antrags (§ 13) beim GBA,[39] nicht ausreichend ist die Antragstellung beim Amtsgericht[40] oder die rechtzeitige Parteizustellung der einstweiligen Verfügung an den Antragsgegner.[41] Das die einstweilige Verfügung erlassende Gericht kann gemäß § 941 ZPO das GBA um Eintragung der Vormerkung ersuchen. Nach hM stellt auch dieses gerichtliche Ersuchen die Vollziehung iS von § 929 Abs 2 ZPO dar.[42] Ein **Zustellungsnachweis** an den Antragsgegner ist gemäß §§ 936, 929 Abs 3 S 1 ZPO für die Eintragung der Vormerkung nicht erforderlich (Ausnahme von § 750 Abs 1 ZPO). Die Zustellung der einstweiligen Verfügung an den Antragsgegner muss jedoch nach §§ 936, 929 Abs 3 S 2 ZPO innerhalb einer Woche nach der Antragstellung beim Grundbuchamt und vor Ablauf der Vollziehungsfrist von einem Monat erfolgen. Eine einstweilige Verfügung in Beschlussform muss im Parteibetrieb zugestellt werden (§ 922 Abs 2 ZPO). Wurde ein Urteil erlassen, genügt neben dem Antrag des Gläubigers auf Eintragung der Vormerkung (vgl § 932 Abs 3 ZPO) die Zustellung von Amts wegen (§§ 317, 270 ZPO) innerhalb der Fristen. Werden diese Fristen nicht eingehalten, wird die eingetragene Vormerkung unwirksam, dh das Grundbuch unrichtig.[43] Eine Berichtigung ist möglich auf Grund eines schriftlichen Antrags vom Grundstückseigentümer oder Gläubiger (§§ 13, 30). Außerdem bedarf es dazu der öffentlich beglaubigten Berichtigungsbewilligung des Gläubigers (§§ 19, 29) oder eines formgerechten Unrichtigkeitsnachweises (§§ 22, 29), zB einer Zustellungsurkunde.

bb) Grundbuchrechtliche Eintragung. Die Eintragung der Vormerkung geschieht idR auf **Antrag** des   **16**
Gläubigers oder des Schuldners (§ 13 Abs 2), der nach § 30 keiner Form bedarf. Wenn das eine einstweilige Verfügung anordnende Gericht nach § 941 ZPO um Eintragung der Vormerkung ersucht, ersetzt nach § 38 das Ersuchen den Antrag.

Vorzulegen ist eine **Ausfertigung der einstweiligen Verfügung.** Aus ihr muss der Gläubiger, der Schuldner   **17**
sowie Art und Umfang des zu sichernden Anspruchs ersichtlich sein.[44] Da für die Eintragung der Vormerkung neben den nach der ZPO aufgestellten Erfordernissen (zB §§ 936, 928, 929 ZPO) auch die grundbuchrechtlichen Voraussetzungen erfüllt sein müssen,[45] ist das betroffene Grundstück gemäß § 28 zu bezeichnen;[46] dies gilt insbesondere, wenn mehrere wirtschaftlich selbständige Grundstücke im Rechtssinn betroffen sind. Bestehen aber Anhaltspunkte für eine wirtschaftliche Einheit der rechtlich selbständigen Grundstücke,[47] kommt eine Auslegung dahingehend in Betracht, dass mangels besonderer Angabe alle Grundstücke gemeint sind.[48]

Grundsätzlich muss nach § 39 Abs 1 der betroffene Schuldner im Grundbuch **voreingetragen** sein. Gehört das   **18**
Grundstück zum Gesamtgut von in Gütergemeinschaft lebenden Ehegatten, so genügt zwar prozessrechtlich eine einstweilige Verfügung gegen den allein verwaltenden Ehegatten (§§ 928, 740 Abs 1 ZPO), voreingetragen müssen aber beide Ehegatten sein.[49] Soll die Vormerkung auf den Anteil eines Miteigentümers eingetragen werden, so müssen nach § 47 iVm § 39 Abs 1 die Anteile der Miteigentümer im Grundbuch angegeben sein.[50] Ob die Ausnahme von der Voreintragung in § 40 für eine Eigentumsvormerkung gegen den Erben des eingetragenen Eigentümers gilt, ist streitig.[51] Die Anwendung von § 40 wird zu Recht verneint, weil diese Vorschrift

---

39 OLG Düsseldorf FGPrax 1997, 51; Rpfleger 1993, 488; KG Rpfleger 1991, 126; LG Lübeck Rpfleger 1995, 66.
40 **AA** *Gleussner* Rpfleger 1995, 294.
41 **AA** LG Frankfurt/Main Rpfleger 1993, 254 m abl Anm *Hintzen*.
42 RGZ 67, 163; MüKo-*Heinze* § 941 Rn 4; *Zöller-Vollkommer* § 941 Rn 2; **aA** *Addicks* MDR 1994, 225, 230.
43 RGZ 67, 159, 165; 81, 288, 289; 151, 155, 156; KG JW 1925, 2265; BGB-RGRK-*Augustin* § 885 Rn 5; MüKo-*Wacke* § 885 Rn 11.
44 OLG Düsseldorf Rpfleger 1978, 216; BGB-RGRK-*Augustin* § 885 Rn 3; MüKo-*Wacke* § 885 Rn 10.
45 RGZ 85, 163, 166.
46 BayObLG Rpfleger 1981, 190 m Anm *Meyer-Stolte;* OLG Düsseldorf Rpfleger 1978, 216; *Staudinger-Gursky* § 899 Rn 57.
47 Vgl dazu *Meyer-Stolte* Rpfleger 1981, 191, 192.
48 KG OLGE 43, 182; *Meyer-Stolte* aaO; **aA** OLG Düsseldorf Rpfleger 1978, 216.
49 OLG München OLGE 25, 18; *Staudinger-Gursky* § 885 Rn 55; BGB-RGRK-*Augustin* § 885 Rn 23; MüKo-*Wacke* § 885 Rn 22.
50 KGJ 29, 236; *Staudinger-Gursky* § 885 Rn 55; BGB-RGRK-*Augustin* § 885 Rn 23; MüKo-*Wacke* § 885 Rn 22.
51 **Bejahend:** RGZ 72, 274, 276; KG JFG 7, 328, 329; MüKo-*Wacke* § 885 Rn 22; KEHE-*Herrmann* § 40 Rn 20; *Demharter* § 40 Rn 17; *Schöner/Stöber* Rn 1513; **verneinend:** *Staudinger-Gursky* § 885 Rn 55; KG OLGE 10, 441; BGB-RGRK-*Augustin* § 885 Rn 23.

nur die Fälle regeln will, bei denen der im GB noch nicht eingetragene Erbe sein Recht völlig verliert, was bei der Eintragung einer Vormerkung gerade nicht der Fall ist.

19 Bei der Eintragung der Vormerkung brauchen die für das zu sichernde Recht erforderlichen **Genehmigungen** noch nicht vorliegen,[52] so zB nach BauGB,[53] § 15 des nunmehr aufgehobenen StBauFG,[54] § 2 GrdstVG,[55] § 17 RHeimstG.[56] Aber selbst dann, wenn für die bewilligte Eintragung der Vormerkung selbst eine gerichtliche oder behördliche Genehmigung erforderlich ist (zB eine vormundschaftsgerichtliche Genehmigung für die Auflassungsvormerkung[57]), kann bei einer Eintragung auf Grund einer einstweiligen Verfügung das Grundbuchamt keine Genehmigung verlangen; das Prozessgericht hat nämlich in diesem Fall zu prüfen, ob ein vormerkungsfähiger Anspruch vorliegt.[58]

20 Eine nach eröffnetem **Insolvenzverfahren** verfügte und beantragte bzw vor der Insolvenzeröffnung verfügte und danach beantragte Vormerkung darf gemäß § 89 InsO nicht mehr eingetragen werden.[59] Ob eine vor Insolvenzeröffnung verfügte und bereits beantragte Vormerkung noch eingetragen werden darf, ist streitig,[60] aber gemäß § 878 BGB wohl zu bejahen.

21 Wenn bei einem **Briefgrundpfandrecht** die Vormerkung eingetragen werden soll, so bedarf es nach den §§ 41, 42 idR der Vorlegung des Briefes.

22 Bei der **Eintragung** der Vormerkung müssen direkt in den Eintragungsvermerk aufgenommen werden: Angaben über den Berechtigten und bei mehreren das Gemeinschaftsverhältnis,[61] Art und Umfang des Anspruchs (zB auf Bestellung, Übertragung, Aufhebung, Inhalts- oder Rangänderung eines dinglichen Rechts, Übereignung des ganzen Grundstücks oder einer Teilfläche; Kapitalbetrag beim Grundpfandrecht),[62] vorläufiger Sicherungszweck, wobei das Fehlen der Bezeichnung »Vormerkung« nicht schadet.[63] Gemäß § 885 Abs 2 BGB können durch Bezugnahme auf die einstweilige Verfügung eingetragen werden:[64] nähere Bezeichnung des Umfangs des Anspruchs (zB wegen der Beschreibung der erst zu vermessenden Fläche), Zinsen und Nebenleistungen abweichend von § 1115 BGB, Unterwerfung unter die sofortige Zwangsvollstreckung abweichend von § 800 Abs 1 S 2 ZPO. Die Eintragung des Schuldgrundes ist idR nicht notwendig; nur dann, wenn bei mehreren Schuldgründen Zweifel entstehen könnten, welcher Anspruch gesichert werden soll.[65] Maßgebend für die Eintragung ist § 12 Abs 1 GBV.

23 b) Widerspruch (§ 899 Abs 2 BGB). aa) Zivilrechtliche Anordnung. Hinsichtlich der **Zuständigkeit** für die Anordnung der einstweiligen Verfügung vgl Rdn 12.

24 Die **Glaubhaftmachung** (§ 294 ZPO) der Gefährdung des zu sichernden Rechts ist zur Anordnung der einstweiligen Verfügung nach § 899 Abs 2 S 2 BGB (abweichend von den §§ 917, 920 Abs 2, 936 ZPO) nicht erforderlich, da sich die Gefährdung mit der Einrichtung des Grundbuchs infolge eines stets möglichen Erwerbs gutgläubiger Dritter von selbst ergibt. Wohl aber hat der Antragsteller die Tatbestandsvoraussetzungen für den ihm aus § 894 BGB zustehenden Grundbuchberichtigungsanspruch glaubhaft zu machen (§§ 920 Abs 2, 936 ZPO).

25 Zum Vorliegen des **Rechtsschutzbedürfnisses** vgl Rdn 14.

26 Wegen der **Vollziehung** der einstweiligen Verfügung vgl Rdn 15.

27 bb) Grundbuchrechtliche Eintragung. Die Eintragung des Widerspruchs erfolgt auf **Antrag** der Beteiligten (§ 13) oder Ersuchen des Gerichts (§ 38); vgl Rdn 16.

---

52 MüKo-*Wacke* § 885 Rn 23.
53 BayObLG MDR 1970, 233.
54 LG Hannover DNotZ 1974, 295.
55 MüKo-*Wacke* § 885 Rn 23.
56 LG Bochum Rpfleger 1983, 272.
57 Das Grundbuchamt hat zu prüfen, ob ein vormerkungsfähiger Anspruch vorliegt: *Schöner/Stöber* Rn 1508; *Klüsener* Rpfleger 1981, 461, 468.
58 MüKo-*Wacke* § 885 Rn 5.
59 BGB-RGRK-*Augustin* § 885 Rn 6; MüKo-*Wacke* § 885 Rn 13.
60 **Verneinend:** BGHZ 9, 250, 252; RGZ 84, 265, 280; KGJ 39, 167, 168; *Soergel-Stürner* § 878 Rn 2; BGB-RGRK-*Augustin* § 878 Rn 6; **bejahend:** *Kohler* in *Bauer/von Oefele* § 25 Rn 27; MüKo-*Wacke* § 878 Rn 18, § 885 Rn 13; *Westermann-Eickmann* § 83 II 4; *Schwab-Prütting* § 16 V 1; *Wacke* ZZP 82, 377.
61 KGJ 47, 210, 212; BayObLG DNotZ 1976, 603.
62 BGB-RGRK-*Augustin* § 885 Rn 19.
63 RGZ 82, 20, 23; OLG Karlsruhe NJW 1958, 1189; MüKo-*Wacke* § 885 Rn 24.
64 MüKo-*Wacke* § 885 Rn 25; BGB-RGRK-*Augustin* § 885 Rn 19, 20.
65 BGH NJW 1952, 62; RGZ 133, 267, 270; KG NJW 1972, 639; MüKo-*Wacke* § 885 Rn 25; BGB-RGRK-*Augustin* § 885 Rn 19.

Vorzulegen ist eine **Ausfertigung der einstweiligen Verfügung.** Aus ihr müssen sich das betroffene Recht   **28**
sowie das geschützte Recht, deren Inhalt und Inhaber ergeben;[66] das betroffene Grundstück ist gemäß § 28 zu
bezeichnen (vgl dazu Rdn 17).

Zur **Voreintragung** des Betroffenen gemäß § 39 Abs 1 vgl Rdn 18.   **29**

Die **Insolvenzeröffnung** über das Vermögen des Betroffenen hindert nicht die Widerspruchseintragung, da   **30**
der Insolvenzverwalter das geschützte dingliche Recht, wenn es besteht, nach § 47 InsO auch gegenüber der
Insolvenzmasse gelten lassen muss.[67]

Soll der Widerspruch bei einem **Briefgrundpfandrecht** eingetragen werden, so ist nach § 41 Abs 1 S 1, § 42   **31**
S 1 der Brief vorzulegen, sofern nicht einer der Ausnahmefälle der § 41 Abs 1 S 2, § 42 S 2 vorliegen.

Bei der **Eintragung** des Widerspruchs müssen direkt in den Eintragungsvermerk aufgenommen werden: die   **32**
Art der Eintragung als »Widerspruch«, wobei das Fehlen dieser Bezeichnung unschädlich ist, wenn ein sinnglei-
cher anderer Ausdruck verwendet wird;[68] das vom Widerspruch betroffene Recht und dessen buchmäßiger
Inhaber; der Widerspruchsberechtigte (bei mehreren alle); bei bedingten oder befristetem Widerspruch auch
diese Besonderheit. Analog § 885 Abs 2 BGB kann zur näheren Bezeichnung des Inhalts des Berichtigungsanspruch auf die einstweilige Verfügung Bezug genommen werden.[69] Für die Eintragung ist gemäß § 12 GBV
maßgebend.

Der Grundbuchrechtspfleger hat nicht nachzuprüfen, ob das Grundbuch wirklich unrichtig ist, dh die einstwei-   **33**
lige Verfügung zu Recht ergangen ist; das **Prüfungsrecht** ist darauf beschränkt, ob eine inhaltlich unzulässige
Eintragung angeordnet wurde.[70]

2. Vorläufig vollstreckbares Urteil auf Abgabe einer Willenserklärung (§§ 894, 895 S 1 ZPO)

Wurde der Schuldner zur Abgabe einer Willenserklärung verurteilt (zB materielle und formelle Bewilligung für   **34**
die Eintragung einer Vormerkung; § 885 BGB, § 19 GBO), so gilt die Willenserklärung mit der formellen
Rechtskraft des Urteils als abgegeben (§ 894 Abs 1 ZPO). Ist der Schuldner durch ein **vorläufig vollstreckbares Urteil** zur Abgabe der Willenserklärung verurteilt, auf Grund deren eine Eintragung in das Grundbuch
erfolgen soll (zB materielle Einigungserklärung und formelle Eintragungsbewilligung für eine Grundschuld;
§ 873 BGB, § 19 GBO), so gilt mit der **Verkündung** des Urteils die **Eintragung einer Vormerkung oder
eines Widerspruchs als bewilligt** (§ 895 S 1 ZPO). Aufgrund eines vorläufig vollstreckbaren Urteils, durch
das der Beklagte zur Bewilligung einer Vormerkung verurteilt worden ist, kann diese nicht in das Grundbuch
eingetragen werden; § 895 Satz 1 ZPO erfasst diesen Fall nicht.[71] Durch diese Norm tritt eine Sicherung des
Gläubigers davor ein, dass nicht seine in 1. Instanz erstrittene Rechtsstellung zwischen der 1. und 2. Instanz
durch gutgläubigen Erwerb verloren geht.[72] Wenn das Urteil irrtümlich nicht für vorläufig vollstreckbar erklärt
wird, kann eine Vormerkung bzw ein Widerspruch nur eingetragen werden, wenn eine ausdrückliche Bewilligung oder eine einstweilige Verfügung vorgelegt wird; für letztere dürfte angesichts der Möglichkeit der
Urteilsergänzung (§§ 716, 321 ZPO) das Rechtsschutzbedürfnis fehlen.[73] Eine Vormerkung ist einzutragen,
wenn die Verurteilung auf eine Rechtsänderung gerichtet ist, ein Widerspruch, wenn eine Grundbuchberichtigung in Frage steht.[74]

Die Verpflichtung zur Abgabe der Willenserklärung muss grundsätzlich durch ein **Urteil** ausgesprochen sein.   **35**
Andere Titel, wie zB Prozessvergleich oder vollstreckbare Urkunde, kommen nicht in Betracht.[75] § 895 ZPO ist
auch dann unanwendbar, wenn die Verurteilung des Schuldners durch einen Beschluss auf den Erlass einer einstweiligen Verfügung ohne mündliche Verhandlung ergangen ist.[76] Den Urteilen gleichgestellt sind dagegen
Schiedssprüche, wenn sie durch Beschluss für vollstreckbar erklärt sind und dieser Beschluss vorläufig vollstreckbar
ist (§ 1042c Abs 1 ZPO), und Auslandsurteile nach Erlass eines vorläufig vollstreckbaren Vollstreckungsurteils.[77]

---

66 MüKo-*Wacke* § 899 Rn 17.
67 BGB-RGRK-*Augustin* § 899 Rn 17, 20; MüKo-*Wacke* § 899 Rn 20.
68 MüKo-*Wacke* § 899 Rn 17; KEHE-*Erber-Faller* Einl H Rn 15.
69 BGB-RGRK-*Augustin* § 899 Rn 15; MüKo-*Wacke* § 899 Rn 17; KEHE-*Erber-Faller* Einl H Rn 16.
70 BGB-RGRK-*Augustin* § 899 Rn 21; MüKo-*Wacke* § 899 Rn 18.
71 BayObLG Rpfleger 1997, 525.
72 *Baumann-Brehm* § 28 I 1 a.
73 *Eickmann* Rpfleger 1981, 213, 216.
74 *Löscher* § 27 II 2.
75 *Zöller-Stöber* § 895 Rn 1.
76 BayObLG Rpfleger 1980, 294; *Baumbach-Lauterbach-Hartmann* § 895 Rn 2.
77 BGH BB 1961, 264.

36   Ist dem **Schuldner** gemäß § 711 S 1, § 712 Abs 1 S 1 nachgelassen, die Zwangsvollstreckung durch **Sicherheitsleistung** abzuwenden, tritt die Wirkung des § 895 S 1 ZPO nicht ein, wenn der Schuldner die Sicherheit leistet.[78] Eine bereits erfolgte Eintragung wird von der Sicherheitsleistung nicht berührt.[79]

37   Ist das Urteil nur **gegen Sicherheitsleistung vorläufig vollstreckbar,** kann sich deren Höhe außer auf die Kosten auch auf den zu schätzenden Schaden beziehen, der durch die Eintragung der Vormerkung bzw des Widerspruchs entstehen kann.[80] In diesem Fall ist die Leistung der Sicherheit Voraussetzung der Vollstreckungswirkung und damit auch der Grundbucheintragung.[81]

38   Die Eintragung erfolgt nur auf **Antrag** (§ 13) des Gläubigers, nicht auf Ersuchen des Prozessgerichts.

39   Zur Eintragung genügt die Vorlage einer **Ausfertigung des vorläufig vollstreckbaren Urteils,** eine vollstreckbare Ausfertigung des Urteils ist nicht erforderlich.[82]

40   Der **Grundbuchrechtspfleger prüft nicht,** ob das Urteil richtig ist oder ob eine Vollstreckungsabwehrklage Erfolg haben müsste.[83] Außerdem hat er nicht zu prüfen, ob der titulierte Anspruch noch besteht, auch wenn dem Schuldner eine Ersetzungsbefugnis eingeräumt ist.[84]

41   Da die Eintragung der Vormerkung bzw des Widerspruchs keine Zwangsvollstreckungsmaßnahme darstellt, ist eine Beschwerde nur nach dem Grundbuchrecht zulässig.[85]

IV. Wirkungen von Vormerkung und Widerspruch

1. Vormerkung

42   **a) Sicherungswirkung.** Der durch die Vormerkung Betroffene bleibt zur Verfügung über sein Recht befugt, denn er ist Berechtigter, weshalb die Vormerkung auch zu **keiner Sperre des Grundbuchs** führt. Die Verfügung ist jedoch demjenigen gegenüber unwirksam, zu dessen Gunsten die Vormerkung besteht (§ 888 Abs 1 BGB), dh sie ist **relativ unwirksam;** die Unwirksamkeit reicht nur insoweit, als sie den Anspruch des Vormerkungsberechtigten vereiteln oder beeinträchtigen würde (§ 883 Abs 2 S 1 BGB). Der rechtsgeschäftlichen Einwirkung wird die Verfügung im Wege der Zwangsvollstreckung, Arrestvollziehung und durch den Konkursverwalter gleichgestellt (§ 883 Abs 2 S 2 BGB).

43   **b) Rangwirkung.** Nach § 883 Abs 3 BGB bestimmt sich der Rang des Rechts, auf dessen Einräumung der Anspruch gerichtet ist, **nach der Eintragung der Vormerkung,** dh es erhält die Rangstelle, die es eingenommen hätte, wenn es an der Stelle der Vormerkung sofort eingetragen worden wäre.

44   **c) Vollwirkung.** Der **Erbe** muss den Anspruch ohne Rücksicht auf die von ihm durchgeführte **Haftungsbeschränkung** erfüllen (§ 884 BGB).

45   Bei **Insolvenz des Schuldners** kann der durch die Vormerkung geschützte Gläubiger vom Insolvenzverwalter die Erfüllung des Anspruchs verlangen (§ 106 InsO).

2. Widerspruch

46   Da der Widerspruch nicht besagt, dass das Grundbuch unrichtig ist, sondern nur, dass es unrichtig sein kann, führt er zu **keiner Grundbuchsperre,** sondern der Berechtigte kann weiterhin über sein Recht verfügen.

47   Der Widerspruch **zerstört** aber den **öffentlichen Glauben des Grundbuchs,** sodass ein gutgläubiger Erwerb durch einen Dritten nicht mehr möglich ist (§ 892 Abs 1 S 1 BGB).

V. Aufhebung der einstweiligen Verfügung oder des vorläufig vollstreckbaren Urteils

48   Die einstweilige Verfügung oder das vorläufig vollstreckbare Urteil muss durch eine vollstreckbare Entscheidung aufgehoben worden sein (§ 25).

---

78   *Baumbach-Lauterbach-Hartmann* § 895 Rn 3.
79   *Staudinger-Gursky* § 885 Rn 21, § 899 Rn 37; *Zöller-Stöber* § 895 Rn 1.
80   *Baumbach-Lauterbach-Hartmann* § 895 Rn 3; *Zawar* JZ 1975, 168; **aA** nur auf die Kosten: *Furtner* JZ 1964, 19.
81   *Zöller-Stöber* § 895 Rn 1.
82   BGH Rpfleger 1969, 425; BayObLG MDR 1953, 561; KG JW 1938, 2848.
83   KG Rpfleger 1981, 23.
84   OLG Stuttgart Justiz 1979, 298.
85   *Baumbach-Lauterbach-Hartmann* § 895 Rn 3.

1. Aufhebende Entscheidung

a) Urteil oder Beschluss. Es muss eine gerichtliche Entscheidung vorliegen, sei es ein Urteil, sei es ein **49**
Beschluss (§§ 936, 925 Abs 2, 926 Abs 2, 927, 934; § 942 Abs 3 ZPO). Ein vollstreckbarer Vergleich nach § 794
Abs 1 Ziff 5 ZPO genügt nicht.[86] Durch die Entscheidung muss die Aufhebung der einstweiligen Verfügung
oder des vorläufig vollstreckbaren Urteils erfolgt sein. Es genügt nicht, wenn die Klage wegen des Haupt-
anspruchs, den die einstweilige Verfügung sichert, abgewiesen wird; dies ermöglicht dem Schuldner nur, auf
Grund veränderter Umstände die Aufhebung der einstweiligen Verfügung nach den §§ 936, 927 ZPO zu beantragen.[87] Der Ablauf der Vollziehungsfrist des § 929 Abs 2 ZPO bei einer einstweiligen Verfügung stellt gleichfalls einen veränderten Umstand nach § 927 Abs 1 ZPO dar, der auf Antrag zur Aufhebung der einstweiligen
Verfügung führt.[88] Ebenso wenig genügt die Einstellung der Zwangsvollstreckung; sie stellt keine aufhebende
Entscheidung dar.[89] Der Aufhebung eines Urteils nach § 895 ZPO steht dagegen die Aufhebung seiner vorläufigen Vollstreckbarkeit gleich.[90] § 25 S 1 ist analog anzuwenden, wenn die einstweilige Verfügung durch Beschluss
des Prozessgerichts in entsprechender Anwendung des § 269 Abs 3 S 3 ZPO für wirkungslos erklärt wurde.[91]
Ist ein im Wege der einstweiligen Verfügung erworbenes und im Grundbuch eingetragenes Verfügungsverbot
durch ein Versäumnisurteil aufgehoben, reicht für den Antrag auf Löschung des Verfügungsverbotes in entsprechender Anwendung von § 25 Abs 1 die Vorlage des vollstreckbaren Versäumnisurteils; die Bewilligung des Verfügungsklägers ist nicht erforderlich.[92]

b) Vollstreckbarkeit. Die Entscheidung muss wirksam (= Verkündung des Urteils,[93] Zustellung des Beschlus- **50**
ses) und vollstreckbar sein, dh entweder rechtskräftig oder vorläufig vollstreckbar oder kraft gesetzlicher Bestimmung ohne weiteres vollstreckbar. Wird die einstweilige Verfügung durch ein Urteil aufgehoben, so ist dieses
von Amts wegen ohne Sicherheitsleistung für vorläufig vollstreckbar zu erklären (§ 708 Nr 6 ZPO); erfolgt die
Aufhebung durch einen Beschluss, so ist dieser stets sofort nach § 794 Abs 1 Nr 3 ZPO vollstreckbar. Wird ein
vorläufig vollstreckbares Urteil oder dessen Vollstreckbarkeitserklärung durch Urteil aufgehoben, so ist letzteres
sofort mit der Verkündung vorläufig vollstreckbar (§ 717 Abs 1 ZPO). Nötig ist Vollstreckbarkeit gegen denjenigen, der aus der Vormerkung oder dem Widerspruch berechtigt ist.

2. Aufhebung des vorläufig vollstreckbaren Urteils

Wenn das vorläufig vollstreckbare Urteil oder seine Vollstreckbarkeit durch eine vollstreckbare Entscheidung **51**
aufgehoben werden, dann erlöschen die Vormerkung und der Widerspruch (§ 895 S 2 ZPO). Da die Eintragung der Vormerkung (des Widerspruchs) keine Maßnahme der Zwangsvollstreckung im engeren Sinn ist, lässt
die bloße Einstellung der Zwangsvollstreckung die Vormerkung oder den Widerspruch unberührt.[94]

3. Aufhebung der einstweiligen Verfügung

Wenn die einstweilige Verfügung durch eine vollstreckbare Entscheidung aufgehoben wird, dann ist die für die **52**
Vormerkung bzw den Widerspruch sich daraus ergebende Folge nicht direkt aus dem Gesetz zu entnehmen.
Falsch ist sicherlich die Meinung, dass die Vormerkung oder der Widerspruch dadurch nicht erlöschen, sondern
erst nach den §§ 775 Nr 1, 776 S 1 ZPO aufgehoben werden müssen (Rdn 1). Die hM ist sich vielmehr darin
einig, dass die Vormerkung bzw der Widerspruch schon dann erlöschen, wenn die einstweilige Verfügung
durch eine vollstreckbare Entscheidung aufgehoben wird; dies gilt auch dann, wenn die Vollstreckung der Aufhebungsentscheidung durch Sicherheitsleistung abgewendet werden kann.[95] Streitig ist nur die Begründung
dieses Ergebnisses. Überwiegend wird dies aus § 25 S 1 gefolgert, wonach diese Vorschrift materiellrechtlichen
Charakter haben soll (Rdn 2). Eine andere Meinung wendet die §§ 868 Abs 1, 932 Abs 2 ZPO entsprechend
an (Rdn 3), richtig ist aber die **analoge Anwendung von § 895 S 2 ZPO, § 22 SchiffsRG** (Rdn 4).

---

86 *Demharter* § 25 Rn 6; *Schöner/Stöber* Rn 1550.
87 BGH NJW 1978, 2157, 2158; BayObLG Rpfleger 1980, 294.
88 OLG Schleswig NJW 1972, 1056; OLG Hamm NJW 1978, 830; LG Dortmund Rpfleger 1982, 276.
89 *Demharter* § 25 Rn 6.
90 *Demharter* § 25 Rn 6.
91 BayObLG FGPrax 2004, 109; BayObLGZ 1978, 16; OLG Frankfurt Rpfleger 1996, 21 = FGPrax 1995, 180.
92 OLG Düsseldorf Rpfleger 2004, 282.
93 *Demharter* § 25 Rn 10; LG Dortmund Rpfleger 1982, 276.
94 *Baumbach-Lauterbach-Hartmann* § 895 Rn 6.
95 LG Dortmund Rpfleger 1982, 276.

VI. Löschung von Vormerkung und Widerspruch nach § 25

53 Die Löschung ist nur möglich, wenn auf Grund der Vormerkung oder des Widerspruchs noch keine Umschreibung auf das endgültige Recht erfolgt ist.[96]

1. Antrag

54 Zur Löschung ist ein formloser Antrag erforderlich (§§ 13, 30). Die Antragsberechtigung bestimmt sich nach § 13 Abs 1 S 2. Antragsberechtigt ist daher nicht nur der von der Löschung Betroffene, sondern auch derjenige, zu dessen Gunsten sie erfolgt. Ein Ersuchen des Prozessgerichts um Löschung ist nicht statthaft.[97]

2. Unrichtigkeitsnachweis

55 Da die Löschung im Grundbuch **kein Akt der Zwangsvollstreckung** ist, sind die allgemeinen Voraussetzungen der Zwangsvollstreckung und die Voraussetzungen für deren Beginn (§§ 704 ff, 750 ff ZPO) nicht erforderlich und dem Grundbuch nicht nachzuweisen.[98] Vorzulegen ist eine **einfache Ausfertigung** der vollstreckbaren aufhebenden Entscheidung. Eine **Vollstreckungsklausel** ist nur in den Fällen der Rechtsnachfolge notwendig (§§ 724 ff ZPO).[99] Ist die aufhebende Entscheidung ein nicht verkündeter Beschluss, so muss wegen § 329 Abs 3 ZPO der **Zustellungsnachweis** vorgelegt werden.[100] Ist die Entscheidung ein anfechtbares, nicht für vorläufig vollstreckbar erklärtes und auch nicht ohne weiteres vollstreckbares Urteil (Beschluss), so bedarf es eines **Rechtskraftzeugnisses**.[101] Hängt die Vollstreckbarkeit der aufhebenden Entscheidung von einer **Sicherheitsleistung** ab, so ist die geleistete Sicherheit in der des § 29 nachzuweisen.[102]

3. Voreintragung

56 Der von der Löschung Betroffene muss voreingetragen sein (§ 39 Abs 1). Wenn die Vormerkung durch Abtretung des gesicherten Anspruchs oder der Widerspruch durch Abtretung des geschützten dinglichen Rechts auf einen Dritten übergegangen ist, so ist dessen Voreintragung erforderlich, sofern nicht ein Ausnahmefall des § 40 vorliegt.[103]

4. Briefvorlage

57 Nach den §§ 41, 42 muss der Brief vorgelegt werden, wenn die Vormerkung oder der Widerspruch bei einem Briefrecht eingetragen ist.

VII. Wiederherstellung der aufgehobenen einstweiligen Verfügung oder des vorläufig vollstreckbaren Urteils

1. Allgemeines

58 Wird ein vorläufig vollstreckbares Urteil auf Abgabe einer Willenserklärung erlassen, so gilt die Eintragung einer Vormerkung oder eines Widerspruchs als bewilligt (§§ 894, 895 S 1 ZPO). Wird das erstinstanzliche Urteil durch ein vollstreckbares Berufungsurteil aufgehoben, so erlöschen Vormerkung bzw Widerspruch (§ 895 S 2 ZPO). Wenn auf eine Revision hin das erstinstanzliche Urteil bestätigt wird, so **leben ursprüngliche Vormerkung und Widerspruch nicht wieder auf**, sondern bleiben erloschen.[104] Wurde eine Vormerkung bzw ein Widerspruch auf Grund einstweiliger Verfügung des Amtsgerichts eingetragen (§ 885, § 899 Abs 2 BGB), so erlöschen diese, wenn das Landgericht durch ein vollstreckbares Urteil die einstweilige Verfügung aufhebt (§ 895 S 2 ZPO, § 22 SchiffsRG analog). Wenn das Oberlandesgericht dann die ursprünglich erlassene einstweilige Verfügung bestätigt, kann die ursprüngliche Vormerkung (Widerspruch) nicht wieder zum Entstehen gebracht werden.[105]

59 Unproblematisch ist der Fall, wenn das Urteil des LG auf Abgabe einer Willenserklärung durch den BGH – nach zwischenzeitlicher Aufhebung durch das OLG – bestätigt wird: Zwar sind und bleiben Vormerkung bzw Widerspruch erloschen, aber mit Verkündung des BGH-Urteils tritt Rechtskraft und damit die Fiktionswir-

---

96 KGJ 41, 222.
97 *Demharter* § 25 Rn 9.
98 *Rahn* BWNotZ 1968, 52.
99 RGZ 81, 289.
100 KGJ 41, 222; *Demharter* § 25 Rn 10.
101 *Demharter* § 25 Rn 10.
102 BayObLG Rpfleger 2001, 407 = ZfIR 2002, 80.
103 KGJ 43, 212; 47, 177; *Demharter* § 25 Rn 11.
104 *Staudinger-Gursky* § 885 Rn 34, § 899 Rn 54; *Bruns-Peters* § 45 II.
105 LG Dortmund Rpfleger 1982, 276.

kung des § 894 ZPO ein; Vormerkung bzw Widerspruch haben keine Bedeutung mehr. Wird dagegen die einstweilige Verfügung, die die Eintragung einer Vormerkung bzw eines Widerspruchs anordnete, auf Widerspruch hin aufgehoben (= Erlöschen der Vormerkung/des Widerspruchs), sodann aber vom Berufungsgericht bestätigt, so **beginnt die Vollziehungsfrist** (§§ 936, 929 Abs 2 ZPO) mit dieser die einstweilige Verfügung bestätigenden Entscheidung **von neuem zu laufen**.[106] Der Sache nach bedeutet die Bestätigung nach Aufhebung im Widerspruchsverfahren den Erlass einer neuen einstweiligen Verfügung.[107]

2. Vormerkung bzw Widerspruch bereits gelöscht

In diesem Fall muss die einstweilige Verfügung durch Eintragung einer Vormerkung bzw eines Widerspruchs erneut vollzogen werden; eine Fortwirkung des ursprünglichen Vollzugs in der Weise, dass die ehemals eingetragene Vormerkung (Widerspruch) außerhalb des Grundbuchs fortbestünde und im Wege der Berichtigung wieder eingetragen werden könnte, kommt nicht in Betracht, dh es bedarf einer **neuen Vollziehungsmaßnahme**.[108] Den ursprünglich gestellten Eintragungsanträgen wurde durch Eintragung der Vormerkung bzw des Widerspruchs entsprochen, sie sind daher erledigt. Es bedarf eines **neuen Antrags** für den Vollzug der einstweiligen Verfügung.[109] Die Wiederherstellung der einstweiligen Verfügung bringt den nach Löschung der Vormerkung bzw des Widerspruchs verloren gegangenen Rang nicht wieder zum Entstehen; für den Rang ist vielmehr der Zeitpunkt des neuen Antrags maßgebend. Wird daher die aufgehobene einstweilige Verfügung wiederhergestellt, so muss sie, wenn die Vormerkung (der Widerspruch) bereits gelöscht sind, durch eine **erneute Eintragung von Vormerkung bzw Widerspruch** nochmals vollzogen werden.[110]

60

3. Vormerkung bzw Widerspruch noch nicht gelöscht

Wurde die einstweilige Verfügung zunächst durch Beschluss angeordnet und daraufhin die Vormerkung (der Widerspruch) im Grundbuch eingetragen, dann auf Widerspruch hin die einstweilige Verfügung aufgehoben, aber die Vormerkung (der Widerspruch) nicht im Grundbuch gelöscht, anschließend die einstweilige Verfügung wieder bestätigt, so verlangt eine Mindermeinung für den Vollzug der einstweiligen Verfügung einen neuen Antrag auf Eintragung einer Vormerkung (eines Widerspruchs) innerhalb der Monatsfrist des § 929 Abs 2 ZPO, somit die Eintragung einer weiteren Vormerkung (Widerspruch).[111] Die hM besagt jedoch zu Recht, dass eine im Anschluss an den später aufgehobenen, schließlich aber bestätigten einstweiligen Verfügung vorgenommene Vollziehungsmaßnahme nicht nach der Bestätigung im Berufungsverfahren nicht wiederholt zu werden braucht, dh es ist **kein neuer Antrag** und **keine weitere Eintragung einer Vormerkung (Widerspruch)** erforderlich, wenn die Neufassung keine inhaltliche Veränderung oder Erweiterung enthält.[112] Innerhalb der neuen Vollziehungsfrist (vgl Rdn 59) bedarf es deshalb keines neuen Eintragungsantrags, weil die ursprüngliche Vollziehung in dem Fall noch fortwirkt, wenn Vormerkung bzw Widerspruch noch eingetragen sind. Es ist zwar richtig, dass die einstweilige Verfügung der Eintragung im Grundbuch idR vorausgeht[113] und die Bestätigung nach Aufhebung im Widerspruchsverfahren den Erlass einer neuen einstweiligen Verfügung darstellt,[114] dies schließt aber nicht aus, dass die einstweilige Verfügung ausnahmsweise der Grundbucheintragung einmal nachgeht und die Vormerkung bzw der Widerspruch dann materiellrechtlich entsteht. Bei der rechtsgeschäftlichen Begründung von dinglichen Rechten ist es auch einhellige Meinung, dass es bei nachfolgender Einigung zum Eintritt der materiellrechtlichen Rechtsänderung keiner Neueintragung des Rechts bedarf.[115] Die Forderung nach der weiteren Eintragung einer Vormerkung bzw eines Widerspruchs würde vielmehr zu einer verwirrenden Doppeleintragung führen und einen kostenaufwendigen Formalismus darstellen. Empfehlenswert ist aber, in einem Klarstellungsvermerk die neue formelle Eintragungsgrundlage zu vermerken; materiell notwendig zur Begründung von Vormerkung oder Widerspruch ist dieser Vermerk jedoch nicht.[116] Maßgebend für den Rang der Vormerkung ist die Eintragung (§ 879 Abs 2 BGB) ohne Rücksicht auf den späteren Zeitpunkt der einstweiligen Verfügung, mit der sich der Rechtserwerb vollendet. Rangprobleme ergeben sich trotzdem nicht, wenn zwischen Aufhebung der einstweiligen Verfügung und deren Bestätigung keine wei-

61

---

106 KG Rpfleger 1981, 119; OLG Hamm Rpfleger 1983, 435; LG Dortmund Rpfleger 1982, 276; *Zöller-Vollkommer* § 929 Rn 7; *Baumbach-Lauterbach-Hartmann* § 929 Rn 11.

107 OLG Stuttgart MDR 1955, 48.

108 KG Rpfleger 1981, 119; LG Dortmund Rpfleger 1982, 276.

109 KG LG Dortmund je aaO.

110 KG Rpfleger 1981, 119; LG Dortmund Rpfleger 1982, 276.

111 LG Dortmund Rpfleger 1982, 276; *Staudinger-Gursky* § 885 Rn 44; *MüKo-Schilken* § 895 ZPO Rn 8; *Streuer* Rpfleger 1988, 513, 516.

112 KG JW 1926, 847; OLG Hamm Rpfleger 1983, 435; OLG Düsseldorf NJW 1950, 113; GRUR 1984, 77; *Zöller-Vollkommer* § 929 Rn 15; *Schöner/Stöber* Rn 1550.

113 KGJ 46, 200, 208; *MüKo-Wacke* § 885 Rn 4; *BGB-RGRK-Augustin* § 885 Rn 2.

114 OLG Stuttgart MDR 1955, 48.

115 BGH NJW 1973, 613; *MüKo-Wacke* § 873 Rn 50.

116 KG JFG 4, 329; KG JW 1925, 2617.

teren Eintragungen erfolgt sind. Sollte dies jedoch der Fall sein, könnten die Rangverhältnisse gemäß § 22 richtig gestellt werden.[117]

VIII. Löschung von Vormerkung und Widerspruch in anderen Fällen

1. Löschungsbewilligung (§ 19)

62 Die Löschung von Vormerkung oder Widerspruch kann auf Grund einer Löschungsbewilligung desjenigen erfolgen, dessen Recht durch die Löschung betroffen wird (§ 19). Hier gelten die allgemeinen Vorschriften, insbesondere §§ 28, 29. Erforderlich ist auch die Zustimmung desjenigen, zu dessen Gunsten der durch Vormerkung gesicherte Anspruch belastet ist (§ 876 BGB). Ist eine Vormerkung für den jeweiligen Gläubiger einer Hypothek eingetragen, so genügt die Löschungsbewilligung des gegenwärtigen Gläubigers.[118] Die Löschungsbewilligung kann durch Urteil ersetzt werden (§ 894 ZPO), insbesondere im Falle des § 886 BGB.

2. Berichtigungsbewilligung (§ 19) oder Unrichtigkeitsnachweis (§ 22)

63 Liegt ein Fall der **Grundbuchunrichtigkeit** vor, so kann die Löschung von Vormerkung oder Widerspruch durch Berichtigungsbewilligung des Betroffenen (§ 19) oder auf Grund Unrichtigkeitsnachweises (§ 22) erfolgen.[119] Beispielhaft sind zu nennen:

64   – Die **einstweilige Verfügung** wurde **nicht innerhalb der Frist** des § 929 Abs 3 ZPO **zugestellt**[120] (vgl dazu § 27 Rdn 92).

  – Die **Vormerkung** ist durch Eintragung des gesicherten Rechts **gegenstandslos** geworden.

  – Die **Vormerkung** erlischt, wenn der **schuldrechtliche Anspruch übertragen** wird und der sich aus § 401 BGB ergebende **Übergang der Vormerkung ausgeschlossen** ist.

  – Das durch die Vormerkung gesicherte **Recht vereinigt** sich **mit dem Eigentum in einer Person**.[121]

  – Die **Vormerkung** oder der **Widerspruch** sind **nicht entstanden** (zB wegen inhaltlicher Unzulässigkeit)[122] oder wieder **erloschen** (zB durch Zuschlag, Eintritt des Endtermins usw).[123] Wird die Aufhebung einer einstweiligen Verfügung gegen Sicherheitsleistung gestattet (§ 939 ZPO), so tritt nach Aufhebung die einstweilige Verfügung mit Leistung der Sicherheit außer Kraft, die Vormerkung bzw der Widerspruch werden damit hinfällig.[124]

  – Der **vorgemerkte Anspruch** oder das **durch den Widerspruch gesicherte Recht** sind **nicht entstanden** oder **wieder erloschen** (zB Eintritt einer auflösenden Bedingung, Ablauf einer Frist, Anfechtung oder Rücktritt).[125] Besteht der durch eine *Vormerkung gesicherte Anspruch auf Bestellung einer Hypothek* nicht oder erlischt er wieder, so entsteht mangels sicherbaren Anspruchs des Eigentümers gegen sich selbst nicht etwa eine »Eigentümer-Vormerkung«, sondern die Vormerkung ist auch in diesem Fall wirkungslos.[126] Die *Erfüllung* des vorgemerkten Anspruchs führt nur dann zum Erlöschen der Vormerkung, wenn auch die nach Eintragung der Vormerkung eingetragenen Rechte beseitigt sind; denn der Anspruch ist nicht auf Auflassung bzw Übertragung des Rechts schlechthin, sondern auf Auflassung oder Übertragung des nachträglich eingetragenen Rechts gerichtet.[127] Eine Auflassungsvormerkung wird auch dann unwirksam, wenn der Auflassungsanspruch durch bestandskräftige Versagung einer notwendigen *öffentlich-rechtlichen Genehmigung* für den Kaufvertrag wegfällt;[128] dies gilt nicht für eine Vormerkung auf Grund eines Kaufvertragsangebots, weil zu ihm noch keine Genehmigung erforderlich ist.[129] Solange im Falle der Eintragung eines Widerspruchs oder einer Vormerkung nach § 895 S 1 ZPO der Vollstreckungstitel nicht aufgehoben worden ist, bedarf nach hM eine Löschung des Widerspruchs bzw der Vormerkung auch dann der Bewilligung des berechtigten Gläubigers bzw seiner Erben, wenn der ausgeurteilte *Anspruch seiner Natur nach nicht vererblich* ist und der *Tod des eingetragenen Berechtigten* urkundlich nachgewiesen wird[130] (zB auf Grund eines vorläufig vollstreckbaren Urteils auf Zustimmung zur Grundbuchberichtigung wegen der Unwirksamkeit einer Verfügung nach §§ 1365, 1366

---

117 OLG Hamm Rpfleger 1983, 435, 436.
118 *Güthe-Triebel* § 25 Rn 24.
119 BayObLGZ 1969, 258, 260; Rpfleger 1980, 294; KG MDR 1969, 141.
120 RGZ 81, 289; 151, 157; OLG Köln Rpfleger 1987, 301; *Demharter* § 25 Rn 12.
121 BayObLGZ 13, 175; *Güthe-Triebel* § 25 Rn 34.
122 RGZ 48, 61; 53, 415; 55, 273.
123 RGZ 163, 63.
124 BGB-RGRK-*Augustin* § 886 Rn 15.
125 RGZ 65, 261; 77, 406; 81, 290; KG DNotZ 1981, 394; LG Bochum Rpfleger 1983, 272; *Demharter* § 25 Rn 12; BGB-RGRK-*Augustin* § 886 Rn 10.
126 BayObLG Rpfleger 1980, 294; *Staudinger-Gursky* § 886 Rn 14.
127 RGZ 129, 184; KGJ 50, 173; BayObLG DNotZ 1976, 160 = Rpfleger 1975, 395; *Schöner/Stöber* Rn 1539.
128 BGH MittBayNot 1975, 21; BayObLGZ 1959, 223 = DNotZ 1959, 543 = Rpfleger 1960, 161.
129 LG Stuttgart BWNotZ 1971, 26; *Schöner/Stöber* Rn 1541.
130 KG DNotZ 1981, 394 = Rpfleger 1981, 22; *Zöller-Stöber* § 895 Rn 2; *Baumbach-Lauterbach-Hartmann* § 895 Rn 6.

BGB wird ein Widerspruch fälschlicherweise für den nicht verfügenden Ehegatten eingetragen,[131] der danach stirbt). Begründet wird dies damit, dass der den Widerspruch rechtfertigende Titel mit dem Erbfall nicht automatisch wegfällt, sondern als prozessuale Rechtsposition den Erben des nicht verfügenden Ehegatten mit der Möglichkeit einer Erlangung der Klauselumschreibung gemäß §§ 727, 731 ZPO bleibt. Dies ist falsch. Mit dem Tod des nicht verfügenden Ehegatten erlischt sein Revokationsrecht nach § 1368 BGB, es ist unvererblich.[132] Eine Titelumschreibung nach § 727 ZPO ist nicht möglich, weil keine Rechtsnachfolge vorliegt; der revozierende Ehegatte hatte nämlich keine eigene materiell-rechtliche Position inne, sondern ihm war lediglich die Geltendmachung der Rechte des verfügenden Ehegatten gestattet,[133] sodass er auch keine Gläubigerstellung vererben konnte. Der nicht verfügende Ehegatte hatte nur den fremden Berichtigungsanspruch des verfügenden Ehegatten kraft der Ermächtigung in § 1368 BGB geltend gemacht. Stirbt daher der revozierende Ehegatte, der irrtümlich als Widerspruchsberechtigter eingetragen wurde, kann nunmehr der verfügende Ehegatte allein die Löschung des Widerspruchs bewilligen.[134]

3. Ersuchen einer Behörde (§ 38)

Wie bei der Eintragung, so kommt auch für die Löschung ein behördliches Ersuchen in Betracht, jedoch nur in den gesetzlich vorgesehenen Fällen. Das Gericht, das auf Grund einer einstweiligen Verfügung um Eintragung einer Vormerkung oder eines Widerspruchs ersucht hat (§ 941 ZPO), kann nicht auch um Löschung dieser Eintragung ersuchen.[135]   **65**

4. Von Amts wegen

Eine Löschung von Amts wegen kommt in Betracht im Falle des   **66**
- **§ 18 Abs 2,** wenn der früher gestellte Antrag zurückgewiesen wird,
- **§ 53 Abs 1 S 2,** wenn eine inhaltlich unzulässige Vormerkung (Widerspruch) eingetragen wurde,
- **§ 76,** wenn die Beschwerde zurückgenommen oder zurückgewiesen worden ist.

IX. Verletzung des § 25

§ 25 ist überflüssig, weil er nur einen Einzelfall der Grundbuchunrichtigkeit gemäß § 22 regelt (vgl Rdn 4).   **67**
Erfolgt die Löschung der Vormerkung oder des Widerspruchs zu Unrecht, so macht sie das **Grundbuch unrichtig** und gibt einen Berichtigungsanspruch nach § 894 BGB.[136]

---

131 Der Widerspruch hätte zugunsten des verfügenden Ehegatten eingetragen werden müssen: *Eickmann* Rpfleger 1981, 213, 216.
132 *Staudinger-Thiele* § 1368 Rn 48; MüKo-*Gernhuber* § 1368 Rn 25; BGB-RGRK-*Finke* § 1368 Rn 11.
133 *Staudinger-Thiele* § 1368 Rn 19; BGB-RGRK-*Finke* § 1368 Rn 12; MüKo-*Gernhuber* § 1368 Rn 3.
134 *Eickmann* Rpfleger 1981, 213, 216.
135 *Predari* § 25 Bem 6.
136 *Kohler* in *Bauer/ von Oefele* § 25 Rn 87.

§ 26 (Abtretung und Belastung von Grundpfandrechten)

(1) Soll die Übertragung einer Hypothek, Grundschuld oder Rentenschuld, über die ein Brief erteilt ist, eingetragen werden, so genügt es, wenn an Stelle der Eintragungsbewilligung die Abtretungserklärung des bisherigen Gläubigers vorgelegt wird.

(2) Diese Vorschrift ist entsprechend anzuwenden, wenn eine Belastung der Hypothek, Grundschuld oder Rentenschuld oder die Übertragung oder Belastung einer Forderung, für die ein eingetragenes Recht als Pfand haftet, eingetragen werden soll.

Schrifttum

Abel, Teilabtretung von Briefgrundschulden und vorläufigen Eigentümergrundschulden aus Briefhypotheken, NJW 1966, 2044; *Baur,* Gestufter Mitbesitz am Brief bei Teilgrundpfandrechten, NJW 1967, 22; *Balser,* Rückständige Hypothekenzinsen, NJW 1958, 698; *Böttcher,* Abtretung von Nebenleistungen bei Grundpfandrechten, Rpfleger 1984, 85; *ders,* Vormundschaftsgerichtliche Genehmigungen im Grundstücksrecht, Rpfleger 1987, 485; *Däubler,* Rechtsgeschäftlicher Ausschluss der Veräußerlichkeit von Rechten? NJW 1968, 1117; *Derleder,* Zur Bedeutung der Aushändigungsabrede nach § 1117 Abs 2 BGB bei der Übertragung von Briefgrundschulden, DNotZ 1971, 272; *Häsemeyer,* »Auslegung« einer Grundschuldabtretung »nach dem Zweck der Vorschrift«?, MDR 1975, 531; *Henseler,* Abtretung vorrangiger Grundschulden, AcP 166, 409; *Hintzen,* Pfändung und Verwertung dinglicher Vermögensrechte, JurBüro 1991, 755; *Hummel,* Mitbesitz und Besitzkonstitut bei Grundschuldteilabtretungen der Grundschuldübergabe, NJW 1965, 2376; *Kehrer,* Die teilweise Abtretung von Grundschulden und die Übergabe des Grundschuldbriefes, BWNotZ 1964, 177; *Kohler,* Bestimmtheitsgrundsatz bei außergrundbuchlicher Abtretung von Grundpfandrechten, WM 1975, 438; *Kollhosser,* Neue Probleme bei Abtretung und Verpfändung von Grundschulden, JA 1979, 232; *Lahnert,* Grundschuldteilabtretung und Briefübergabe-Ersatz, BWNotZ 1964, 15; *ders,* Eigentümergrundschuld aus einer noch teilweise valutierten Tilgungshypothek, BWNotZ 1964, 147; *Lauer,* Teilabtretung von Briefgrundpfandrechten ohne Teilbriefbildung, MDR 1983, 635; *Lichtenberger,* Abschied von der Eigentümergrundschuld, MittBayNot 1976, 109; *Mummenhoff,* Vertragliches Abtretungsverbot und Sicherungszession, JZ 1979, 425; *Neuschwander,* Die Abtretungserklärung bei der Briefgrundschuld, BWNotZ 1975, 167; *von Prittwitz und Gaffron,* Besitz und Eigentum am Grundschuldbrief bei Abtretung der Grundschuld, NJW 1957, 85; *Ripfel,* Nebenleistungen aus dem Ursprungskapital eines Grundpfandrechts, BWNotZ 1965, 313; *Rutke,* Praktische Handhabung der Teilabtretung von Briefgrundschulden ohne Teilbriefbildung, WM 1987, 93; *Spinar,* Zur Unzulässigkeit der Eintragung einer Grundschuld geringer Kapitalhöhe, MittBayNot 1970, 8; *Stöber,* Zweifelsfragen bei Pfändung von Eigentümergrundschulden und Eigentümerhypotheken, Rpfleger 1958, 251; *ders,* Die Beschränkung des § 1197 BGB bei Verpfändung und Pfändung einer Eigentümergrundschuld, Rpfleger 1958, 339; *Willke,* Abtretung von Zinsen einer Eigentümergrundschuld, WM 1980, 858.

Übersicht

I. Normzweck

Die Übertragung oder Belastung eines Briefgrundpfandrechts kann sich außerhalb des Grundbuchs vollziehen, **1** und zwar durch

- schriftliche Abtretungserklärung (§§ 1154 Abs 1; 1192 Abs 1; 1200 Abs 1 BGB)oder Belastungserklärung (§ 1069 Abs 1; § 1274 Abs 1 BGB),
- formfreie Annahme der Abtretung oder Belastung, da sie materiell nur durch Vertrag vereinbart, nicht einseitig erklärt werden kann (§ 398 S 1, § 873 Abs 1 BGB),
- Übergabe des Briefes (§§ 1154 Abs 1; 1192 Abs 1; 1200 Abs 1 BGB).

Die Übertragung oder Belastung einer Forderung, für die ein eingetragenes Recht als Pfand haftet, vollzieht sich außerhalb des Grundbuchs durch einen Vertrag (§ 398 S 1 BGB), was den Übergang des Pfandrechts kraft Gesetzes zur Folge hat (§§ 401 Abs 1; 1255 Abs 1 BGB). In den erwähnten Fällen entsteht jeweils eine Grundbuchunrichtigkeit, sodass die nachträgliche Eintragung dieser Vorgänge in das Grundbuch eine Grundbuchberichtigung darstellt. Dafür wäre entweder eine Berichtigungsbewilligung (§ 19) oder der Unrichtigkeitsnachweis (§ 22 Abs 1) erforderlich.

In **Ausnahme von § 19** verlangt § 26 nicht eine formellrechtliche Berichtigungsbewilligung, sondern lässt die **2** in § 1154 Abs 1 BGB erwähnte einseitige materiellrechtliche Erklärung des bisherigen Gläubigers bzw des Belastenden über die Abtretung oder Belastung als Eintragungsgrundlage genügen. § 26 trägt damit zum einen dem Grundgedanken des formellen Konsensprinzips Rechnung, indem er die einseitige Erklärung des von der Abtretung oder Belastung Betroffenen genügen lässt, und nimmt zum anderen Rücksicht auf die Gepflogenheiten des Rechtsverkehrs, der idR keine Unterscheidung zwischen materiellrechtlichen und formellrechtlichen Erklärungen trifft.[1]

In **Ausnahme von § 22 Abs 1** gestattet § 26 die Grundbuchberichtigung auch ohne Unrichtigkeitsnachweis; **3** dieser würde ua darin bestehen, die Annahme der Abtretung oder Belastung durch den anderen Teil und die Briefübergabe bei Briefrechten in der Form des § 29 nachzuweisen. Dies wäre aber häufig schwer und umständlich, sodass § 26 den für die Praxis schwierigen Unrichtigkeitsnachweis entbehrlich macht und das Eintragungsverfahren insoweit vereinfacht, als die einseitige materielle Abtretungs- oder Belastungserklärung als Eintragungsgrundlage genügt.[2]

II. Geltungsbereich

§ 26 betrifft folgende Fälle: **4**

- Übertragung eines Briefgrundpfandrechts (§ 26 Abs 1);
- Belastung eines Briefgrundpfandrechts (§ 26 Abs 2, 1. Hs);
- Übertragung einer Forderung, für die ein eingetragenes Recht als Pfand haftet (§ 26 Abs 2, 2. Hs, 1. Alt);
- Belastung einer Forderung, für die ein eingetragenes Recht als Pfand haftet (§ 26 Abs 2, 2. Hs, 2. Alt)

1. Übertragung eines Briefgrundpfandrechts (§ 26 Abs 1)

a) Briefrecht. § 26 gilt nur für Briefrechte (Hypothek, Grundschuld, Rentenschuld), nicht dagegen für Buchrechte.[3] Eine Buchgrundschuld wird durch Einigung und Eintragung abgetreten (§ 873 Abs 1 BGB). Bei einer Buchhypothek sind erforderlich: Abtretung der Forderung (§ 398 BGB), Grundbucheintragung (§ 1154 Abs 3, § 873 Abs 1 BGB), Mitlaufgebot (§ 1153 Abs 1 BGB). Die Abtretung eines Buchrechtes wird auf Grund einer Bewilligung des betroffenen Grundpfandrechtsgläubigers im Grundbuch eingetragen (§ 19). **5**

b) Rechtsgeschäft. Unter den Begriff der »Übertragung« fallen die rechtsgeschäftliche Abtretung, die Überweisung an Zahlungs Statt und der gesetzliche Übergang. § 26 bezieht sich aber nur auf den Fall der rechtsgeschäftlichen Abtretung, wie sich aus dem Gesetzeswortlaut ergibt (»Abtretungserklärung«).[4] **6**

Die Überweisung im Wege der ZwV erfolgt entweder an Zahlungs Statt oder zur Einziehung (§§ 835 ff ZPO). **7** Nur die **Überweisung an Zahlungs Statt** hat die Wirkung der Übertragung und ist eintragungsfähig. Die Unterweisung zur Einziehung steht der Abtretung nicht gleich und ist nicht eintragungsfähig, da hier der Pfandgläubiger nicht Inhaber des gepfändeten Rechts wird, sondern dem Grundpfandrechtsgläubiger seine Eigenschaft als Rechtsinhaber und sogar seine Verfügungsberechtigung belassen werden und Verfügungen nur gegenüber dem Verbotsgeschützten relativ unwirksam sind.[5] Bei der Überweisung einer gepfändeten Briefhypothek an Zahlungs Statt vollzieht sich der Gläubigerwechsel mit der Aushändigung des Überweisungsbe-

---

1 *Kohler* in *Bauer/von Oefele* § 26 Rn 4.
2 KGJ 51, 280; *Demharter* § 26 Rn 1; *Eickmann* GBVerfR, Rn 374; *Löscher* § 27 II 11 a.
3 *Kohler* in *Bauer/von Oefele* § 26 Rn 7.
4 *Demharter* § 26 Rn 2.
5 KG OLGE 30, 18; *Demharter* § 26 Rn 3.

schlusses (§ 837 Abs 1 S 1 ZPO). Der Gläubiger kann schon durch Vorlage dieses Beschlusses und des Briefes sowie durch Stellung eines Eintragungsantrages die Berichtigung nach § 22 erwirken. § 26 kommt hier nicht zur Anwendung.

8 Auch im Falle des **gesetzlichen Überganges** eines Briefgrundpfandrechts (zB § 268 Abs 3; §§ 412, 413, 426 Abs 2; §§ 774, 1143, 1163, 1164, 1168, 1173, 1174, 1182 BGB) erfolgt die Grundbuchberichtigung auf Grund Berichtigungsbewilligung (§ 19) oder des Nachweises der Unrichtigkeit (§ 22 Abs 1). Dagegen ist § 26 nicht anwendbar.[6] Der Übergang wird durch Vorlage des Briefes und der die Rechtsnachfolge klarstellenden öffentlichen Urkunden nachgewiesen.

9 c) **Abtretung.** Eine rechtsgeschäftliche Abtretung der Briefgrundschuld hat folgende **Voraussetzungen:** Einigung (§ 873 Abs 1 BGB), Abtretungserklärung in schriftlicher Form (§ 1192 Abs 1, § 1154 Abs 1 S 1, 1. Hs, 1. Alt BGB) oder Grundbucheintragung (§ 1192 Abs 1, § 1154 Abs 2 BGB), Briefübergabe (§ 1192 Abs 1, § 1154 Abs 1 S 1, 1. Hs, 2. Alt BGB). Bei einer Briefhypothek wird vorausgesetzt: Abtretung der Forderung (§ 398 BGB), Abtretungserklärung in schriftlicher Form (§ 1154 Abs 1 S 1, 1. Hs, 2. Alt BGB) oder Grundbucheintragung (§ 1154 Abs 2 BGB), Briefübergabe (§ 1154 Abs 1 S 1, 1. Hs, 2. Alt BGB). Mitlaufgebot (§ 1153 Abs 1 BGB). Wenn die schriftliche Form der Abtretungserklärung durch die Grundbucheintragung ersetzt wird, dann findet § 26 keine Anwendung; die Eintragung hat konstitutive Wirkung und kann nur auf Grund einer Eintragungsbewilligung (§ 19) vorgenommen werden.[7]

10 Wesentlich ist der nach außen wirkende **Gläubigerwechsel.**[8] Daher genügt nicht die Eingehung einer Verpflichtung zur Übertragung.[9] Die Abtretung zu Sicherungs- und fiduziarischen Zwecken ist zulässig, wenn der Zweck als solcher auch nicht eintragungsfähig ist.[10]

11 Der Berechtigte eines **Gesamtrechts** kann dieses nicht an dem einen Grundstück abtreten und an dem anderen für sich behalten, dh ein Gesamtrecht kann nur an allen Grundstücken abgetreten werden.[11] Dagegen ist eine Verteilung des Gesamtrechts auf einzelne Grundstücke möglich (§ 1132 Abs 2 BGB), wodurch das Gesamtrecht in selbständige Einzelrechte zerfällt.[12] Sind dagegen für eine Gesamtforderung mehrere selbständige Hypotheken zur Sicherung der einzelnen gegen jeden Gesamtschuldner gesicherten Ansprüche bestellt, so kann auch bloß der Anspruch gegen einen einzelnen der Schuldner mit der hierfür bestehenden Hypothek allein abgetreten werden.[13]

12 Unstreitig ist die **Teilabtretung** eines Briefgrundpfandrechts zulässig. Für die dabei entstehenden Teilrechte, die zweifelsfrei zu kennzeichnen sind, können abweichende Bestimmungen vereinbart werden.[14] Bei Abtretung einer Tilgungs- oder Abzahlungshypothek ist anzugeben, welche planmäßigen Tilgungsbeträge der abgetretene Teilbetrag umfasst.[15]

13 Die Abtretung kann unter einer **Bedingung oder Befristung** erfolgen.[16] Auch ins Grundbuch kann eine bedingte oder betagte Abtretung vor Eintritt der Bedingung oder Befristung eingetragen werden.[17] Die Abtretungserklärung oder die Eintragungsbewilligung, auf Grund deren das Grundbuchamt die Eintragung vornimmt, müssen jedoch unbedingt und unbefristet sein. Die auflösend bedingte Abtretung einer Grundschuld verstößt nicht gegen den Bestimmtheitsgrundsatz, wenn als auflösende Bedingung für die Abtretung die Beendigung der Kreditverhältnisse zwischen den Beteiligten und das Nichtbestehen von Ansprüchen des Zessionars gegen den Zedenten gesetzt worden ist.[18]

14 Eine **Rückübertragung** der abgetretenen Hypothek kann nicht durch Rückgabe der Abtretungserklärung und des Hypothekenbriefs oder durch einen entsprechenden Aufhebungsvertrag und Rückgabe des Hypothekenbriefs erfolgen; erforderlich ist vielmehr ein neuer Abtretungsvertrag und die Einhaltung der Formschrift des § 1154 BGB.[19]

---

6 *Demharter* § 26 Rn 4.
7 *Demharter* § 26 Rn 5.
8 RGZ 90, 275.
9 RGZ 54, 147.
10 BGH FamRZ 1965, 490; RGZ 53, 416; 148, 206; *Demharter* § 26 Rn 6.
11 RGZ 63, 75; KG OLGE 12, 289; *Demharter* § 26 Rn 6.
12 RGZ 113, 233; *Palandt-Bassenge* § 1132 Rn 11.
13 RG JW 1925, 428.
14 *Palandt-Bassenge* § 1151 Rn 1.
15 BayObLGZ 13, 419; *Schöner/Stöber* Rn 2410.
16 OLG Frankfurt Rpfleger 1993, 331; RGZ 90, 276; KGJ 49, 210; BGB-RGRK-*Mattern* § 1154 Rn 3; *Staudinger-Wolfsteiner* § 1154 Rn 9; *Demharter* § 26 Rn 6.
17 RGZ 86, 90; OLG Frankfurt Rpfleger 1993, 331; *Staudinger-Wolfsteiner* § 1154 Rn 9; *Güthe-Triebel* Vorbem 80 zu § 13.
18 OLG Frankfurt Rpfleger 1993, 331.
19 RG JW 1931, 2695; KG OLGE 35, 9; *Staudinger-Wolfsteiner* § 1154 Rn 23; *Demharter* § 26 Rn 6.

Von der Abtretung zu unterscheiden ist die **Forderungsauswechslung** bei einer Hypothek mit gleichzeitigem   **15**
Gläubigerwechsel. Während bei der Abtretung die bisherige Forderung mit der Hypothek auf den neuen Gläubiger übertragen wird, wird bei der Forderungsauswechslung mit Gläubigerwechsel das Grundpfandrecht von
dem neuen Gläubiger für seine Forderung erworben und sichert nunmehr diese andere Forderung dinglich.[20]
Auf die Forderungsauswechslung mit Gläubigerwechsel ist § 1154 BGB daher nicht anwendbar;[21] Gleiches gilt
für § 26.

Eine **Abtretung an den Eigentümer** ist zulässig.[22] Bei einer Hypothek kann eine Eintragung aber nur unter   **16**
gleichzeitiger Eintragung der Umwandlung in eine Eigentümergrundschuld erfolgen, weil der Eigentümer
keine Forderung gegen sich selbst haben kann.[23]

Eine Hypothek kann auch für eine **künftige oder bedingte Forderung** bestellt werden (§ 1113 Abs 2 BGB).   **17**
Eine solche Hypothek kann dann folgerichtig auch abgetreten werden. Die zugrunde liegende Forderung muss
aber nach Art und Gegenstand bestimmbar sein und auf einer sicheren Grundlage (zB Angebot) beruhen.[24]

Zulässig ist es, **künftig erst entstehende Grundpfandrechte** abzutreten, soweit die Förmlichkeiten der   **18**
Abtretung gewahrt werden können, zB bei einer Briefhypothek nur durch Abtretungserklärung und Vereinbarung nach § 1117 Abs 2 BGB.[25] Die Abtretung wird aber erst mit der Entstehung des Rechts als solchem wirksam; die Wirksamkeit kann nicht auf den Zeitpunkt der Abtretung zurückbezogen werden.[26]

Die hM hält es für zulässig, dass nach den §§ 399, 413 BGB die **Abtretung durch Rechtsgeschäft ausge-**   **19**
schlossen oder beschränkt, zB von der Zustimmung eines Dritten abhängig gemacht werden kann; die Eintragung dieses Ausschlusses oder der Beschränkung soll zulässig und zur Verhinderung gutgläubigen Erwerbs
geboten sein.[27] Dem kann in dieser Allgemeinheit nicht zugestimmt werden. Gesetzlich geregelt ist der Ausschluss der Abtretbarkeit einer Forderung (§ 399 BGB), was sich bei akzessorischen Rechten wie der Hypothek, dem Pfandrecht oder der Vormerkung mittelbar auch auf diese auswirkt (§ 883 Abs 1, § 1153 Abs 2,
§ 1250 Abs 1 S 2 BGB). Eine Ausdehnung dieser Regelung auf nicht akzessorische Rechte (zB die Grundschuld) ist nicht möglich.[28] Dagegen sprechen zwei wesentliche Prinzipien unserer Rechtsordnung: Zum einen
verbietet der numerus clausus der Sachenrechte jede Änderung des im Gesetz angeordneten oder vorausgesetzten Inhalts dinglicher Rechte; zum anderen erklärt das BGB alle Vermögensrechte zu veräußerlichen Rechten,
falls nicht ausdrücklich die Verkehrsfähigkeit ausgeschlossen ist, wie zB beim Nießbrauch (§ 1059 S 1 BGB).
Nur der Gesetzgeber und nicht Privatpersonen sind in der Lage, frei verfügbare Vermögenspositionen mit Wirkung gegen Dritte in nicht verfügbare Vermögenspositionen umzuwandeln; der Grundsatz der Privatautonomie wird hierbei im Interesse eines ungehinderten Güterverkehrs und der Rechtssicherheit zurückgedrängt.
Das Abhängigmachen der Abtretbarkeit von der Zustimmung eines Dritten kann nach § 137 S 2 BGB schuldrechtlich vereinbart werden. Eine dingliche Sicherung, dh eine Vereinbarung und Eintragung einer rechtsgeschäftlichen Verfügungsbeschränkung, ist dagegen nicht zulässig (§ 137 S 1 BGB). Nur in den gesetzlich
ausdrücklich zugelassenen Fällen (zB § 5 ErbbauRG, § 12 WEG) können rechtsgeschäftliche Verfügungsbeschränkungen dingliche Wirkung erlangen.[29]

2. Belastung eines Briefgrundpfandrechtes (§ 26 Abs 2, 1. Hs)

a) Briefrecht. In Betracht kommt nur die Belastung eines Briefrechts. Auf Buchrechte ist § 26 nicht anzuwen-   **20**
den; deren Belastung erfolgt materiell durch Einigung und Eintragung (§ 873 Abs 1 BGB), die Grundbucheintragung auf Grund einseitiger Bewilligung des Grundpfandrechtsgläubigers (§ 19).

b) Rechtsgeschäft. Unter § 26 fällt nur die rechtsgeschäftliche Belastung der Briefgrundpfandrechte. Die   **21**
gerichtliche Pfändung, die gleichfalls außerhalb des Grundbuchs wirksam wird (§§ 830, 857 Abs 5, § 930
Abs 1 ZPO), wird im Wege der Berichtigung nach § 22 eingetragen, wobei der Nachweis der Unrichtigkeit
durch die Vorlage des Pfändungsbeschlusses und des Briefs erbracht wird.

---

20 *Staudinger-Wolfsteiner* § 1180 Rn 14.
21 RG JW 1935, 3570; *Demharter* § 26 Rn 6.
22 RG JW 1929, 178.
23 *Palandt-Bassenge* § 1177 Rn 3.
24 RGZ 51, 43; *Westermann* JZ 1962, 302.
25 *Staudinger-Wolfsteiner* § 1154 Rn 12.
26 RG JW 1935, 2430.
27 RGZ 136, 399; OLG Hamm NJW 1989 = DNotZ 1968, 631 = Rpfleger 1968, 283; OLG Köln DNotZ 1970, 419;
    OLG München JFG 16, 291; KG JFG 16, 288, 291; JFG 40, 232; *Demharter* § 26 Rn 7; *Staudinger-Wolfsteiner* § 1154
    Rn 7; *Schöner/Stöber* Rn 2379; *Baur-Stürner* Sachenrecht, § 4 IV; BGB-RGRK-*Mattern* § 1154 Rn 1; *Kohler* in Bauer/von
    Oefele § 26 Rn 18.
28 *Medicus* BGB-AT, Rn 676; *Böttcher* Rpfleger 1983, 49, 51; *Däubler* NJW 1968, 1117, 1121; *Ruhwedel* JuS 1980, 161,
    162.
29 *Böttcher* Rpfleger 1983, 49, 50 und 53.

22 **c) Belastung.** Die rechtsgeschäftliche Belastung eines Briefgrundpfandrechts kann nur in der Bestellung eines Nießbrauchs (§ 1068 BGB) oder eines Pfandrechts (§ 1273 BGB) bestehen. Die **Nießbrauchsbestellung** und **Verpfändung** vollzieht sich nach den für die rechtsgeschäftliche Übertragung geltenden Vorschriften (§§ 1069 Abs 1, 1080; §§ 1274 Abs 1, 1291 BGB). Die rechtsgeschäftliche Belastung der Briefgrundschuld hat folgende Voraussetzungen: Einigung (§ 873 Abs 1 BGB), Belastungserklärung in schriftlicher Form (§ 1192 Abs 1, § 1154 Abs 1 S 1, 1. Hs, 1. Alt BGB) oder Grundbucheintragung (§ 1192 Abs 1, § 1154 Abs 2 BGB). Briefübergabe (§ 1192 Abs 1, § 1154 Abs 1, S 1, 1. Hs, 2. Alt BGB). Bei einer Belastung einer Briefhypothek wird vorausgesetzt: Einigung über die Nießbrauchsbestellung bzw Verpfändung der Forderung (§ 398 BGB). Belastungserklärung in schriftlicher Form (§ 1154 Abs 1 S 1, 1. Hs, 1. Alt BGB) oder Grundbucheintragung (§ 1154 Abs 2 BGB), Briefübergabe (§ 1154 Abs 1 S 1, 1. Hs, 2. Alt BGB), Mitlaufgebot (§ 1153 Abs 1 BGB). Bei der Verpfändung des Briefgrundpfandrechts bedarf es keiner Anzeige an den Drittschuldner, wie sie § 1280 BGB idR vorschreibt, da für die Begründung des Pfandrechts mehr erforderlich ist als der alleinige Vertrag wie bei der Forderungsabtretung.[30] Wenn die schriftliche Form der Belastungserklärung durch die Grundbucheintragung ersetzt wird, dann findet § 26 keine Anwendung; die Eintragung hat konstitutive Wirkung und kann nur auf Grund einer Eintragungsbewilligung (§ 19) vorgenommen werden.[31]

23 Nach hM kann die Belastung der Briefgrundpfandrechte rechtsgeschäftlich ausgeschlossen oder beschränkt, zB von der Zustimmung eines Dritten abhängig gemacht werden (§§ 399, 413, 1069 Abs 2, 1274 Abs 2 BGB); der **Ausschluss oder Beschränkung der Belastungsfähigkeit** sollen eintragungsfähig sein.[32] Dem kann so nicht zugestimmt werden. Richtig ist zunächst, dass die Abtretbarkeit einer Forderung ausgeschlossen werden kann (§ 399 BGB), sodass auch eine Belastung der Forderung mit einem Nießbrauch oder einem Pfandrecht nicht möglich ist (§ 1069 Abs 2, § 1274 Abs 2 BGB); dies wirkt sich dann auch mittelbar auf akzessorische Rechte wie die Hypothek aus (§ 1153 Abs 2 BGB). Bei nicht forderungsabhängigen Rechten (zB der Grundschuld) kann aber weder die Belastungsfähigkeit ausgeschlossen noch von einer dinglichen rechtsgeschäftlichen Verfügungsbeschränkung abhängig gemacht werden (zur Begründung vgl Rdn 19).

3. Übertragung einer Forderung, für die ein eingetragenes Recht als Pfand haftet (§ 26 Abs 2, 2. Hs, 1. Alt)

24 **a) Pfandgesicherte Forderung.** Bei einer Forderung, für die ein eingetragenes Recht als Pfand haftet, handelt es sich nicht um eine Forderung, für die eine Hypothek haftet – dies ist der Fall des 1. Absatzes –, sondern um folgende zwei Fälle:

(1) Zur Sicherung einer Forderung ist ein eingetragenes pfandfähiges dingliches Recht verpfändet oder gepfändet.

(2) Zur Sicherung einer Forderung ist eine Forderung, für die ein eingetragenes Pfandrecht an einem eingetragenen pfandfähigen dinglichen Recht haftet, verpfändet oder gepfändet.

25 **b) Übertragung.** Im Fall (1) entsteht ein Pfandrecht an dem eingetragenen dinglichen Recht, im Fall (2) wird ein Pfandrecht an dem eingetragenen Pfandrecht begründet. Unter Übertragung der pfandgesicherten Forderung iS des § 26 Abs 2 wird nur die rechtsgeschäftliche Abtretung verstanden, nicht die gerichtliche Überweisung oder der gesetzliche Übergang. Zur Abtretung genügt materiellrechtlich ein **formfreier Vertrag** (§ 398 S 1 BGB); damit geht das Pfandrecht kraft Gesetzes auf den neuen Gläubiger über (§ 401 Abs 1, § 1250 Abs 1 BGB). Die Abtretung der pfandgesicherten Forderung macht das Grundbuch daher unrichtig in Bezug auf den Berechtigten des Pfandrechts. Die Eintragung der Übertragung ist Grundbuchberichtigung. An ihr hat der neue Gläubiger wegen §§ 876, 1276 BGB ein Interesse. Sie hat aber nicht die Wirkung, dass der öffentliche Glaube des Grundbuchs sich auch auf das Bestehen der Forderung oder die Person des Forderungsberechtigten erstreckt.

---

30 *Palandt-Bassenge* § 1280 Rn 1 und § 1274 Rn 4.
31 *Demharter* § 26 Rn 9.
32 KGJ 40, 232; KG HRR 1934 Nr 557; OLG München JFG 16, 291; *Kohler in Bauer/von Oefele* § 26 Rn 25; *Demharter* § 26 Rn 10; *Palandt-Bassenge* § 1274 Rn 10.

c) Beispielsfälle. Zur Verdeutlichung der schwierigen Problematik zwei Fälle:[33]

(1)

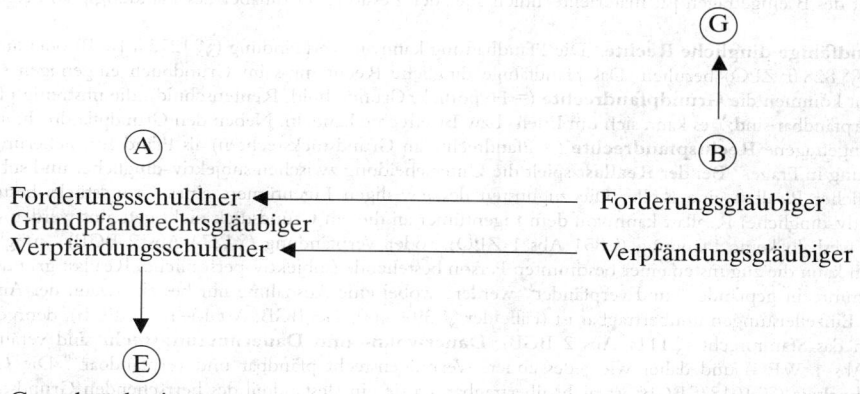

- B hat eine Forderung gegen A;
- A ist Berechtigter eines Grundpfandrechts am Grundstück des E;
- A hat zur Sicherung der Forderung B/A sein Grundpfandrecht an B verpfändet; im Grundbuch wurde das Verpfändungspfandrecht für B eingetragen;
- B tritt die Forderung B/A an G ab; G wird neuer Forderungsgläubiger (§ 398 BGB) und erwirbt das Verpfändungsrecht am Grundpfandrecht (§§ 401 Abs 1, 1250 Abs 1 BGB); das Grundbuch ist unrichtig, weil der Zedent B noch als Verpfändungsgläubiger eingetragen ist, materiellrechtlich aber der Zessionar G Inhaber des Verpfändungspfandrechts ist.

(2)

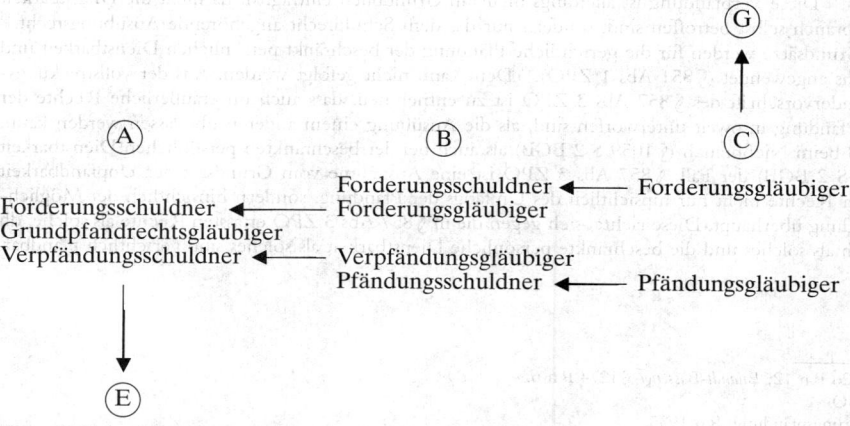

- C hat eine Forderung gegen B;
- B hat eine Forderung gegen A;
- A ist Berechtigter eines Grundpfandrechts am Grundstück des E;
- A hat zur Sicherung der Forderung B/A sein Grundpfandrecht an B verpfändet; im Grundbuch wurde das Verpfändungspfandrecht für B eingetragen;
- C hat zur Sicherung der Forderung C/B die Forderung B/A gepfändet; C hat damit Pfändungspfandrecht an der Forderung B/A und am Verpfändungspfandrecht des B an dem Grundpfandrecht für A erworben; im Grundbuch wurde das Pfändungspfandrecht für C am Verpfändungspfandrecht für B eingetragen;

---

33 Vgl dazu *Güthe-Triebel* § 26 Rn 9.

— C tritt die Forderung C/B an G ab; G wird neuer Forderungsgläubiger (§ 398 BGB) und erwirbt das Pfändungspfandrecht an der Forderung B/A und am Verpfändungspfandrecht des B (§§ 401 Abs 1, 1250 Abs 1 BGB); das Grundbuch ist unrichtig, weil der Zedent C noch als Pfändungsgläubiger am Verpfändungspfandrecht des B eingetragen ist, materiellrechtlich aber der Zessionar G Inhaber des Pfändungspfandrechts ist.

27 **d) Pfandfähige dingliche Rechte.** Die Pfandhaftung kann auf Verpfändung (§§ 1273 ff BGB) oder auf Pfändung (§§ 828 ff ZPO) beruhen. Das pfandfähige dingliche Recht muss im Grundbuch eingetragen sein. In Betracht kommen die **Grundpfandrechte** (= Hypothek, Grundschuld, Rentenschuld), die unstreitig pfändbar bzw verpfändbar sind;[34] es kann sich um Buch- bzw Briefrechte handeln. Neben den Grundpfandrechten kommen eingetragene **Rechtspfandrechte** (= Pfandrechte an Grundstücksrechten) als Pfand zur Sicherung einer Forderung in Frage.[35] Bei der **Reallast** spielt die Unterscheidung zwischen subjektiv-dinglicher und subjektiv-persönlicher Reallast eine Rolle: Die zugunsten des jeweiligen Eigentümers eines Grundstücks bestehende (subjektiv-dingliche) Reallast kann von dem Eigentümer an diesem Grundstück nicht getrennt werden (§ 1110 BGB), weshalb keine Pfändung (§ 851 Abs 1 ZPO)[36] oder Verpfändung (§ 1274 Abs 2 BGB)[37] möglich ist; dagegen kann die zugunsten einer bestimmten Person bestehende (subjektiv-persönliche) Reallast grundsätzlich im Stammrecht gepfändet[38] und verpfändet[39] werden, wobei eine Ausnahme nur besteht, wenn der Anspruch auf die Einzelleistungen unübertragbar ist (Fälle der §§ 399, 400, 413 BGB; Art 13–15 EGBGB), denn dann ist es auch das Stammrecht (§ 1111 Abs 2 BGB). **Dauerwohn- und Dauernutzungsrecht** sind veräußerlich (§ 33 Abs 1 WEG) und daher wie jedes andere Vermögensrecht pfändbar und verpfändbar.[40] Die **Grunddienstbarkeit** (§§ 1018 ff BGB) ist nicht übertragbar, da sie ein Bestandteil des herrschenden Grundstücks ist (§ 96 BGB). Ihre Ausübung kann auch nicht selbständig auf einen Dritten übertragen werden, sodass insoweit weder eine Pfändung (§ 851 Abs 1 ZPO)[41] noch eine Verpfändung (§ 1274 Abs 2 BGB)[42] möglich ist. Beim **Vorkaufsrecht** hat wiederum eine Unterscheidung zu erfolgen: Das subjektiv-dingliche Vorkaufsrecht ist selbständig und nicht übertragbar, weil es Bestandteil des herrschenden Grundstücks ist (§ 96 BGB), sodass auch eine Pfändung[43] oder Verpfändung[44] ausscheidet. Das subjektiv-persönliche Vorkaufsrecht ist mangels anderer Vereinbarung ebenfalls nicht übertragbar (§§ 473, 1098 BGB) und daher nicht pfandfähig; eine Ausnahme besteht nur dann, wenn die Übertragbarkeit vereinbart und im Grundbuch eingetragen wurde.[45] Sowohl die **beschränkte persönliche Dienstbarkeit** (§§ 1090 ff BGB; auch in der Form des Wohnungsrechts, § 1093 BGB) als auch der **Nießbrauch** sind nicht übertragbar (§ 1092 Abs 1 S 1, § 1059 S 1 BGB) und daher auch nicht verpfändbar (§ 1274 Abs 2 BGB).[46] Ist allerdings die Erlaubnis zur Überlassung der Ausübung der Dienstbarkeit oder des Nießbrauchs erteilt (§ 1092 Abs 1 S 2, § 1059 S 2 BGB), so kann das Recht auf Ausübung verpfändet werden.[47] Diese Verpfändung ist allerdings nicht im Grundbuch eintragbar, da nicht die Dienstbarkeit oder der Nießbrauch selbst betroffen sind, sondern nur das dem Schuldrecht angehörende Ausübungsrecht.[48] Die gleichen Grundsätze werden für die gerichtliche Pfändung der beschränkt persönlichen Dienstbarkeit und des Nießbrauchs angewendet (§ 851 Abs 1 ZPO).[49] Dem kann nicht gefolgt werden. Aus der vollstreckungsrechtlichen Sondervorschrift des § 857 Abs 3 ZPO ist zu entnehmen, dass auch unveräußerliche Rechte der gerichtlichen Pfändung insoweit unterworfen sind, als die Ausübung einem anderen überlassen werden kann. Dies ist sowohl beim Nießbrauch (§ 1059 S 2 BGB) als auch bei der beschränkten persönlichen Dienstbarkeit (§ 1092 Abs 1 S 2 BGB) der Fall. § 857 Abs 3 ZPO ist eine Ausnahme vom Grundsatz der Unpfändbarkeit unübertragbarer Rechte nicht nur hinsichtlich des Umfangs der Pfändung, sondern hinsichtlich der Möglichkeit einer Pfändung überhaupt. Diese richtet sich gegen die in § 857 Abs 3 ZPO erfassten Rechte als solche, dh der Nießbrauch als solches und die beschränkte persönliche Dienstbarkeit als solches sind gerichtlich pfändbar,

34 *Demharter* § 26 Rn 12; *Palandt-Bassenge* § 1274 Rn 6.
35 *Demharter* aaO.
36 *Stöber* Forderungspfändung, Rn 1935.
37 *Palandt-Bassenge* § 1274 Rn 10.
38 *Stöber* Forderungspfändung, Rn 1736; *Staudinger-Amann* § 1111 Rn 6.
39 KEHE-*Keller* Einl Q Rn 10.
40 KEHE-*Herrmann* Einl O Rn 14; *Demharter* § 26 Rn 12; *Stöber* Forderungspfändung, Rn 1525.
41 *Stöber* Forderungspfändung, Rn 1637.
42 *Palandt-Bassenge* § 1274 Rn 10.
43 *Stöber* Forderungspfändung, Rn 1782.
44 *Palandt-Bassenge* § 1274 Rn 10.
45 *Stöber* Forderungspfändung, Rn 1782.
46 **Nießbrauch:** *Staudinger-Frank* § 1059 Rn 2; **Beschränkte persönliche Dienstbarkeit:** *Staudinger-Mayer* § 1092 Rn 9.
47 *Palandt-Bassenge* § 1274 Rn 10.
48 *Staudinger-Mayer* § 1092 Rn 11.
49 KG KGJ 40, 254; 48, 212; JW 1938, 675 = JFG 16, 332, 334; OLG Frankfurt NJW 1961, 1928; *Palandt-Bassenge* § 1059 Rn 6; *Wolff-Raiser* § 118 I Fn 1; *Faber* BWNotZ 1978, 151, 154; *Strutz* Rpfleger 1968, 145.

und zwar auch dann, wenn die Überlassung der Ausübung mit dinglicher Wirkung (im Falle der Grundbucheintragung) ausgeschlossen wurde.[50]

4. Belastung einer Forderung, für die ein eingetragenes Recht als Pfand haftet (§ 26 Abs 2, 2. Hs, 2. Alt)

a) Pfandgesicherte Forderung. Vgl dazu die Ausführungen bei Rdn 24.   28

b) Belastung. Die rechtsgeschäftliche Belastung einer pfandgesicherten Forderung kann nur in der Bestellung   29 eines Nießbrauchs (§ 1068 BGB) oder eines Pfandrechts (§ 1273 BGB) bestehen. Die Belastung erfolgt materiell nach den für die Übertragung der Forderung geltenden Vorschriften (§ 1069 Abs 1, § 1274 Abs 1 BGB): formfreier Vertrag, § 398 S 1 BGB (bei der Verpfändung ist noch § 1280 BGB zu beachten). Wird die Forderung, der ein eingetragenes Recht als Pfand haftet, belastet, so ergreift die Belastung (Nießbrauch oder Pfandrecht) auch das eingetragene Pfandrecht (§§ 1069 Abs 1, 1274 Abs 1, §§ 401 Abs 1, 1250 Abs 1 BGB). Durch die Belastung der pfandgesicherten Forderung wird das Grundbuch unrichtig in Bezug auf den Berechtigten des eingetragenen Pfandrechts. An der Grundbuchberichtigung hat der neue Berechtigte wegen §§ 876, 1276 BGB ein Interesse.

c) Pfandfähige dingliche Rechte. Vgl dazu die Ausführungen bei Rdn 27.   30

III. Formrechtliche Voraussetzungen der Grundbuchberichtigung

1. Antrag

Da nach § 26 lediglich die Bewilligung durch die Abtretungs- oder Belastungserklärung ersetzt wird, gelten im   31 Übrigen die gewöhnlichen Eintragungsvoraussetzungen. Notwendig ist somit ein Eintragungsantrag (§ 13), wozu der **bisherige und der neue Gläubiger** berechtigt sind. Der Grundstückseigentümer ist zur Stellung des Antrags nicht befugt. Der Eintragungsantrag bedarf keiner besonderen Form (§ 30). In der Abtretungs- oder Belastungserklärung kann nur die Bewilligung, nicht ein Antrag des Abtretenden erblickt werden.[51]

2. Abtretungs- und Belastungserklärung

a) Verwendbarkeit im Grundbuchverfahren. Durch die einstweilige materiellrechtliche Abtretungs- oder   32 Belastungserklärung wird die **Bewilligung des bisherigen Gläubigers (§ 19) ersetzt,** also nicht die Bewilligung sonstiger Dritter. Der Erwerber einer Briefhypothek kann daher von dem bisherigen Gläubiger nicht auch eine Bewilligung verlangen, wenn die Abtretungserklärung in der ordnungsgemäßen Form ausgestellt worden ist.[52] Die Annahme der Belastungs- oder Abtretungserklärung braucht nicht nachgewiesen zu werden, und zwar auch dann nicht, wenn dem neuen Gläubiger Verpflichtungen, insbesondere Gegenleistungen, auferlegt sind.[53] Der Antragsteller kann nach seiner Wahl statt der materiellrechtlichen Abtretungs- oder Belastungserklärung die formellrechtliche Bewilligung dem Grundbuchamt vorlegen. Sie muss den Willen zur Abtretung oder Belastung zum Ausdruck bringen.

Die einseitige materiellrechtliche Abtretungs- oder Belastungserklärung genügt nur zur Eintragung der Abtre-   33 tung oder Belastung, nicht dagegen für **sonstige Eintragungen,** zB einer Inhalts- oder Rangänderung. Dafür sind die übrigen Verfahrensvoraussetzungen zu erfüllen, insbesondere die Bewilligung des Betroffenen; sie wird durch die Abtretungs- oder Belastungserklärung nicht gedeckt.[54]

Die materiellrechtliche Abtretungs- und Belastungserklärung kann nur dann als Grundlage der Eintragung die-   34 nen, wenn sie bezüglich Form und Inhalt alle **formellrechtlichen Voraussetzungen** erfüllt, die das Grundbuchverfahren an Grundbucherklärungen stellt. Ansonsten ist die Eintragung auf Grund der materiellen Erklärung abzulehnen, auch wenn materielle Wirksamkeit besteht.[55] Erfüllt die materiellrechtliche Abtretungs- oder Belastungserklärung nicht die erforderlichen verfahrensrechtlichen Voraussetzungen, so ist der neue Gläubiger darauf hinzuweisen, dass er gegen den alten Gläubiger einen sich aus § 1154 Abs 1 S 2 BGB ergebenden Anspruch auf eine dem § 29 entsprechende Erklärung hat.[56]

---

50 **Beschränkte persönliche Dienstbarkeit:** *Stöber* Forderungspfändung, Rn 1518; LG Dortmund Rpfleger 1988, 372; **Nießbrauch:** BGHZ 62, 133 = NJW 1974, 796 = DNotZ 1974, 433 = Rpfleger 1974, 186; DNotZ 1986, 23 = Rpfleger 1985, 373; KG OLGZ 1968, 295 = NJW 1968, 1882; OLG Köln NJW 1962, 1621; OLG Bremen NJW 1969, 2147; 1970, 286; LG Bonn Rpfleger 1979, 349; *Stöber* Forderungspfändung, Rn 1710; BGB-RGRK-*Rothe* § 1059 Rn 7.
51 *Schöner/Stöber* Rn 2387.
52 *Demharter* § 26 Rn 14.
53 *Güthe-Triebel* § 26 Rn 15.
54 *Demharter* § 26 Rn 14.
55 *Demharter* § 26 Rn 15.
56 OLG Frankfurt Rpfleger 1976, 183.

35   **b) Rechtsnatur.** Die in § 26 erwähnte Erklärung ist eine **einseitige, empfangsbedürftige, materiellrechtliche Abtretungs- oder Belastungserklärung** des durch die Abtretung oder Belastung materiell Betroffenen.[57] Sie ist nicht zu verwechseln mit der verfahrensrechtlichen Bewilligung nach § 19. Die Erklärung richtet sich daher nach den Vorschriften des materiellen Rechts über rechtsgeschäftliche Willenserklärungen, bedarf deshalb zu ihrer Wirksamkeit der Schriftform (§ 126 BGB), auch wenn sie in dieser Form für die Grundbuchberichtigung nach § 26 nicht verwendbar ist.[58] Trotz der materiellen Natur der Abtretungs- oder Belastungserklärung ist sie im Verfahren des § 26 eine formellrechtliche Eintragungsvoraussetzung der Grundbuchberichtigung und gehört daher zu den Grundbucherklärungen.[59]

36   **c) Form.** Die Abtretungs- oder Belastungserklärung ist zwar materiellrechtlich auch dann wirksam, wenn sie nur in gewöhnlicher Schriftform (§ 126 BGB) erteilt ist. Im Rahmen des § 26 bedarf sie jedoch der Form des **§ 29 Abs 1 S 1**, auf ihre materielle Wirksamkeit auch bei geringerer Form kommt es dabei nicht an.[60] Der Erwerber kann vom bisherigen Gläubiger verlangen, dass er die schriftliche Erklärung auf seine Kosten beglaubigen lässt.[61] Geschieht dies nicht freiwillig, so muss der neue Gläubiger eine Verurteilung des bisherigen Gläubigers herbeiführen, die nach § 894 ZPO zur Eintragung genügt. Möglich ist eine Verurteilung, »die *Erklärung in grundbuchmäßiger Form zu wiederholen*«, wodurch die gesamte Erklärung einschließlich des Beglaubigungsvermerks ersetzt wird,[62] oder eine Verurteilung, »die *am Schluss der Abtretungs- bzw Belastungserklärung vom ... befindliche Unterschrift als echt anzuerkennen*«, wodurch der Beglaubigungsvermerk ersetzt wird.[63] In beiden Fällen wird dem Formerfordernis des § 29 Abs 1 S 1 Rechnung getragen. Dagegen genügt eine Verurteilung »Erklärung beglaubigen zu lassen«, für die Eintragung nicht, da hier kein Fall des § 894 ZPO gegeben ist, sondern eine Vollstreckung nach § 888 ZPO zu geschehen hat; für sich allein ist die Verurteilung aber kein Ersatz des Beglaubigungsvermerks.[64]

37   **d) Inhalt.** Zum notwendigen Inhalt der Abtretungs- oder Belastungserklärung gehören[65]
– die Erklärung des bisherigen Gläubigers, die den Abtretungs- oder Belastungswillen zum Ausdruck bringt,
– die bestimmte Bezeichnung des Rechts (Stammrecht, Nebenleistungen) und
– die bestimmte Bezeichnung des neuen Gläubigers.

38   **aa) Erklärung.** Für die Abtretungs- oder Belastungserklärung gelten **die für die Bewilligung maßgeblichen Anforderungen.** Die Erklärung muss daher den bisherigen Gläubiger als Aussteller deutlich erkennen lassen, den Abtretungs- bzw Belastungswillen zum Ausdruck bringen und eine zweifelsfreie Bezeichnung des neuen Gläubigers und des Grundpfandrechts bzw der Forderung enthalten.[66]

39   Auf Grund der materiellrechtlichen Natur der Abtretungs- oder Belastungserklärung ist diese grundsätzlich wie jede Willenserklärung **auslegungsfähig.** Da die Erklärung im Grundbuchverfahren aber zugleich eine formbedürftige Grundbucherklärung darstellt, sind die allgemeinen Auslegungsregeln eingeschränkt.[67] Für die Auslegung nicht verwendbar sind daher der Wille des Zedenten, der in der Urkunde keinen Niederschlag gefunden hat,[68] die Ausnahmeerklärung des Zessionars[69] und grundsätzlich auch nicht der Grundpfandrechtsbrief, sofern er nicht mit der Erklärung zu einer einheitlichen Urkunde verbunden ist.[70] Die Abtretungs- oder Belastungserklärung muss aus sich selbst heraus verständlich sein. Umstände außerhalb der Urkunde sind ausnahmsweise nur dann für eine Auslegung heranzuziehen, wenn sie nach den besonderen Verhältnissen des Einzelfalls für jeden am Rechtsverkehr beteiligten Dritten ohne weiteres erkennbar und durch Verweisung in zulässiger Weise zum Inhalt der Erklärung gemacht worden sind.[71] Zulässig und genügend ist daher die Verweisung auf das Grundbuch durch deutliche und zweifelsfreie Bezeichnung des belasteten Grundstücks (§ 28) und des abgetretenen bzw belasteten Grundpfandrechts bzw Forderung.[72]

---

57 *Kohler* in *Bauer/von Oefele* § 26 Rn 34.
58 *Kohler* in *Bauer/von Oefele* § 26 Rn 35.
59 *Kohler* in *Bauer/von Oefele* aaO.
60 *Eickmann* GBVerfR, Rn 374.
61 *Schöner/Stöber* Rn 2387.
62 KG HRR 1935 Nr 1520 = JW 1935, 1185; *Demharter* § 26 Rn 15.
63 *Kohler* in *Bauer/von Oefele* § 26 Rn 58.
64 RGZ 115, 310; BayObLG HRR 1934 Nr 1356 = JW 1934, 2247; *Demharter* § 26 Rn 15; BayObLG Rpfleger 1997, 314.
65 Vgl BGH Rpfleger 1992, 99 = MittBayNot 1991, 254; DNotZ 1990, 737 = Rpfleger 1989, 449.
66 OLG Frankfurt Rpfleger 1976, 183; OLG Düsseldorf DNotZ 1981, 642, 647; LG Heilbronn Rpfleger 1975, 395 m Anm *Haegele*; LG Stuttgart DNotZ 1976, 551 = Rpfleger 1976, 246 m Anm; *Schöner/Stöber* Rn 2381.
67 BGH Rpfleger 1992, 99 = MittBayNot 1991, 254; DNotZ 1969, 539 = Rpfleger 1969, 202; DNotZ 1975, 551 = Rpfleger 1974, 351.
68 BGH Rpfleger 1992, 99 = MittBayNot 1991, 254.
69 BGH DNotZ 1975, 551, 552 = Rpfleger 1974, 351.
70 BGHZ 40, 255, 262; DNotZ 1975, 551 = Rpfleger 1974, 351.
71 *Kohler* in *Bauer/von Oefele* § 26 Rn 39.
72 *Schöner/Stöber* Rn 2382; *Haegele* Rpfleger 1975, 158; 1975, 396; 1976, 248.

Aus der Erklärung muss sich der klare **Abtretungs- oder Belastungswille** des Rechtsinhabers bzw Verfü- **40**
gungsberechtigten ergeben.[73] Als bisheriger Gläubiger gilt der eingetragene Berechtigte oder der nach § 1155
BGB ihm Gleichstehende. Ist das Recht mehrmals nacheinander abgetreten worden, so müssen sämtliche
Abtretungserklärungen beigebracht werden. Zwischenberechtigte brauchen jedoch nicht eingetragen zu werden (§ 39 Abs 2). Auch wenn der Abtretungs- oder Belastungswille genügend klar zum Ausdruck kommen
muss, ist die Bezeichnung »abtreten« oder »verpfänden« nicht erforderlich. Es können auch andere Ausdrucksweisen gewählt werden, wie »übertragen«, »überweisen«, »übereignen«, »übermitteln«, »zuweisen« oder »Abtretung des
Grundschuldbriefes«.[74] Nicht ausreichend ist dagegen die nichts sagende Formulierung »Umschreibung im Grundbuch«.[75] Klarheit muss vor allem darüber bestehen, ob das Grundpfandrecht oder die Forderung abgetreten, verpfändet oder mit einem Nießbrauch belastet wurde, da sich aus der jeweiligen Art dieses Rechtsgeschäfts ganz
unterschiedliche Rechtsfolgen ergeben.[76]

Enthält die Erklärung eine **Klausel, die die Grundbucheintragung ausschließt,** zB »die Abtretung/Belastung **41**
soll nicht in das Grundbuch eingetragen werden«, die Eintragung wird nicht bewilligt« oder »die Eintragung wird ausgeschlossen«, so ist die Abtretungs- oder Belastungserklärung keine taugliche Eintragungsgrundlage.[77] Dies folgt
daraus, dass der dem § 26 zugrunde liegende Erfahrungssatz, wonach der Abtretende oder Belastende nicht nur
den materiellen Erfolg will, sondern auch die Grundbucheintragung duldet, dann nicht gilt, wenn klar erkennbar ist, dass dieser Parteiwille nicht besteht. Soweit also die Erklärung eine Klausel enthält, die die Grundbucheintragung ausschließt, ist sie materiell wirksam und führt außerhalb des Grundbuchs bei Vorliegen der übrigen
Voraussetzungen die dingliche Rechtsänderung herbei, kann aber nach § 26 nicht als Eintragungsgrundlage verwendet werden.

Die Abtretung oder Belastung als solche kann unter einer **Bedingung** oder **Zeitbestimmung** vorgenommen **42**
werden.[78] Hinsichtlich der Abtretungs- oder Belastungserklärung ist zu unterscheiden: Eine Grundbucheintragung kann nur erfolgen, wenn der Eintritt der aufschiebenden Bedingung bzw des Anfangstermins in grundbuchmäßiger Form nachgewiesen oder eine unbedingte bzw unbefristete Erklärung vorgelegt werden.[79] Die
mit auflösender Bedingung oder Endtermin verbundene Erklärung ist für das Grundbuchverfahren völlig
unbrauchbar, da eine Grundbucheintragung nicht nachträglich in Frage gestellt werden darf.

bb) Bezeichnung des Stammrechts. Bei der **Abtretung oder Belastung eines Briefgrundpfandrechts** **43**
muss das betroffene Recht dem Bestimmungsgrundsatz entsprechend bezeichnet werden. Eine bestimmte Art
der Bezeichnung ist jedoch nicht vorgeschrieben; es genügt jede zweifelsfreie Kennzeichnung des Grundpfandrechts, die dem Bestimmtheitsgrundsatz Rechnung trägt.[80] Bestehen infolge Verwechslungsmöglichkeit oder
Widersprüchlichkeit Zweifel an der Identität des betroffenen Rechts, so hat das Grundbuchamt Beseitigung der
Zweifel zu verlangen.[81] Unstreitig ist, dass das Grundpfandrecht nach seiner *Art* (zB Hypothek oder Grundschuld, Briefrecht oder Buchrecht) und unter Angabe des eingetragenen *Nominalbetrages* zu bezeichnen ist.[82]
Weiterhin ist die »*Angabe des belasteten Grundstücks*« erforderlich;[83] dabei ist eine ausdrückliche Bezeichnung wie
im Bestandsverzeichnisses des Grundbuch nicht notwendig, es genügt vielmehr die Angabe der Eintragungsstelle nach Bezirk, Band, Blatt und lfd Nr in Abteilung III (in dessen Spalte 2 ist das Grundstück ausreichend
bezeichnet).[84] In einer vieldiskutierten Entscheidung hat der BGH[85] verlangt, dass die Abtretungserklärung
Angaben über den »Rang des Rechts« enthalten müsse. Dem kann nicht zugestimmt werden. Wenn eine sonst
genaue Bezeichnung des betroffenen Grundpfandrechts dem Bestimmtheitsgrundsatz gerecht wird, kann keine
zusätzliche Angabe der sich aus dem Grundbuch ergebenden Rangstelle verlangt werden; eine Ausnahme
besteht nur dann, wenn eine Verwechslungsgefahr besteht, zB wenn dem Zedenten auf einem Grundstück zwei

---

73 BGH Rpfleger 1992, 99 = MittBayNot 1991, 254; Rpfleger 1969, 202.
74 KG OLGE 7, 372; RGZ 135, 358, 359; *Güthe-Triebel* § 26 Rn 12.
75 KG JW 1934, 1056.
76 *Kohler* in *Bauer/von Oefele* § 26 Rn 44.
77 *Eickmann* GBVerfR, Rn 374.
78 RGZ 90, 276.
79 *Demharter* § 26 Rn 18; *Güthe-Triebel* § 26 Rn 13.
80 *Schöner/Stöber* Rn 2381.
81 LG Stuttgart DNotZ 1976, 551 = Rpfleger 1976, 246 m Anm *Haegele*; *Schöner/Stöber* Rn 2381.
82 *Kohler* in *Bauer/von Oefele* § 26 Rn 41.
83 BGH Rpfleger 1974, 351 = DNotZ 1975, 551.
84 OLG Düsseldorf DNotZ 1981, 642, 647; LG Heilbronn Rpfleger 1975, 395; LG Stuttgart Rpfleger 1976, 246; LG
    Tübingen Rpfleger 1976, 247; MüKo-*Eickmann* § 1154 Rn 7; *Demharter* § 26 Rn 17; BGB-RGRK-*Mattern* § 1154
    Rn 16; *Schöner/Stöber* Rn 2382; *Meyer-Stolte* Rpfleger 1981, 472, 474; *Nieder* NJW 1984, 329, 334.
85 BGH Rpfleger 1974, 351 = DNotZ 1975, 551.

betragsgleiche Rechte zustehen.[86] Festzuhalten bleibt, dass folgende Bezeichnung genügt: *»Abtretung/Belastung der Briefgrundschuld zu 10000 Euro für XY, eingetragen im Grundbuch für Regensburg Bd 11 Bl 15 Abt III Nr 1.«*

44 Als akzessorisches Recht ist die **Hypothek** als solche vom Bestehen und Bestand einer zugrunde liegenden persönlichen Forderung abhängig; die Forderung kann nicht ohne die Hypothek und die Hypothek nicht ohne die Forderung übertragen werden (§ 1153 BGB). Diese Vorschrift findet auch auf die Bestellung eines Nießbrauchs und eines Pfandrechts an einer Hypothekenforderung Anwendung (§§ 1069, 1274).[87] Die Pfändung einer Forderung nach § 829 ZPO ergreift ohne weiteres die eingetragene Hypothek.[88] Nur ausnahmsweise ist die isolierte Übertragung der Hypothekenforderung zulässig: bei der Höchstbetragshypothek nach § 1190 Abs 4 BGB und bei Zins- und anderen Nebenleistungsrückständen nach § 1159 BGB.[89] Eine Erklärung, dass nur die Hypothek oder nur die Forderung übertragen werden soll, ist daher idR wirkungslos, und das Grundbuchamt darf eine derartige Vereinbarung nicht vollziehen.[90] *»Abtretung der Hypothek«* ist nach dem Sprachgebrauch im Zweifel Abtretung der Forderung samt Hypothek;[91] *»Abtretung der Forderung«* ohne Erwähnung der Hypothek hat nach § 1153 Abs 1 BGB den Mitübergang der Hypothek kraft Gesetzes zur Folge. Das Grundbuchamt hat in beiden Fällen die Eintragung vorzunehmen.

45 Bei der **Abtretung oder Belastung einer pfandgesicherten Forderung** braucht diese nicht in allen ihren Einzelheiten bezeichnet zu sein, es genügt vielmehr Bestimmbarkeit, dh sie muss so bezeichnet sein, dass sie wenigstens in Verbindung mit anderen, außerhalb der Urkunde liegenden Umständen festgestellt werden kann.[92] Eine Hypothekenforderung braucht nicht nach ihren grundbuchlichen Merkmalen bestimmt zu sein. Wird die pfandgesicherte Forderung abgetreten oder belastet, so wird auch das für sie bestehende Pfandrecht mitübertragen oder belastet (§ 401 Abs 1 BGB). Eine Ausnahme besteht nur bei ausdrücklichem Ausschluss dieses Übergangs; das für die Forderung bestehende Pfandrecht erlischt dadurch (§§ 1250 Abs 2, 1273 Abs 2 BGB).

46 Betrifft die Abtretung oder Belastung nur einen **Teil des Rechts,** so ist dieser zweifelsfrei zu bezeichnen.[93] Durch die Teilung entstehen ihrem Wesen nach selbständige Grundpfandrechte.[94] Wird über das Rangverhältnis nichts bestimmt, so behalten die Teile den bisherigen gleichen Rang; eine besondere Rangeintragung im Grundbuch ist dann nicht erforderlich.[95] Soll der abgetretene oder belastete Teil nach dem Willen der Beteiligten einen bestimmten Rang gegenüber dem nicht abgetretenen bzw belasteten Rest haben, so wird eine Rangbestimmung unerlässlich, zB »*abgetreten wird der erstrangige (letztrangige) Teilbetrag von …«*.[96] In Ausnahme von § 880 Abs 2 BGB ist zur Rangänderung in diesem Fall die Zustimmung des Grundstückseigentümers nicht erforderlich (§ 1151 BGB). Zur Abtretung eines Briefrechts ist in jedem Fall, auch bei Teilabtretung, die Briefübergabe erforderlich (§ 1154 Abs 1 BGB). Bei der Teilabtretung ist die Herstellung eines Teilbriefes zum Erwerb des Briefrechtes zwar zulässig (§ 1152) und oft zweckmäßig, aber nicht rechtlich notwendig.[97] Von Amts wegen wird also ein Teilbrief nie erteilt (§ 61). Wird ein Teilbrief nicht gebildet, so gilt der über das Stammrecht gebildete Brief auch für den abgetretenen Teil.[98] Jeder Teilgläubiger muss aber den Besitz am Stammbrief erlangen. Hinsichtlich der Briefübergabe bei der Teilabtretung ist festzuhalten:

– Die Briefübergabe kann erfolgen durch Aushändigung, dh der Übertragung des unmittelbaren Alleinbesitzes, des Stammbriefes, allerdings nicht nur vorübergehend mit alsbaldiger Rücknahme;[99]

– Die Briefübergabe kann auch durch Aushändigung eines schon vorhandenen oder noch zu bildenden Teilbriefes erfolgen, wodurch der Zessionar wiederum unmittelbarer Alleinbesitzer daran wird;

– Der körperlichen Briefübergabe gleichgestellt ist die Übergabe kurzer Hand (brevi manu traditio), wenn der Zessionar den Stamm- oder Teilbrief bereits in Besitz hat (§ 1154 Abs 1 S 1, 2. Hs, § 1117 Abs 1 S 2, § 929 S 2 BGB);

---

86 LG Stuttgart Rpfleger 1976, 246; LG Tübingen Rpfleger 1976, 247; LG Heilbronn Rpfleger 1975, 395; BGB-RGRK-*Mattern* § 1154 Rn 16; MüKo-*Eickmann* § 1154 Rn 7; *Schöner/Stöber* Rn 2382; *Neuschwander-Staudenmaier* BWNotZ 1975, 167, 170; *Kohler* WM 1975, 438; *Häsemeyer* MDR 1975, 531; *Meyer-Stolte* Rpfleger 1981, 472, 474; *Nieder* NJW 1984, 329, 334.
87 *Soergel-Konzen* § 1153 Rn 6.
88 BayObLGZ 32, 16.
89 BGB-RGRK-*Mattern* § 1153 Rn 6.
90 *Kohler* in *Bauer/von Oefele* § 26 Rn 42.
91 RG JW 1938, 44; BayObLGZ 12, 684.
92 RGZ 136, 422; *Demharter* § 26 Rn 18.
93 RGZ 75, 248; BayObLGZ 13, 419; KGJ 24, 133; OLG Frankfurt Rpfleger 1976, 183.
94 RGZ 131, 91.
95 *Schöner/Stöber* Rn 2412.
96 *Kohler* in *Bauer/von Oefele* § 26 Rn 42.
97 BGB-RGRK-*Mattern* § 1154 Rn 28; *Rutke* WM 1987, 93.
98 KGJ 44, 285; *Schöner/Stöber* Rn 2431.
99 RGZ 75, 223; BGB-RGRK-*Mattern* § 1154 Rn 28.

- Die Briefübergabe kann ersetzt werden durch Begründung des mittelbaren Alleinbesitzes des Zessionars am Brief (§ 1154 Abs 1 S 1, 2. Hs, § 1117 Abs 1 S 2, § 930 BGB);[100]
- Die Briefübergabe kann auch ersetzt werden durch die Abtretung des Herausgabeanspruchs des Zedenten gegen den besitzenden Dritten (§ 1154 Abs 1 S 1, 2. Hs, § 1117 Abs 1 S 2, § 931 BGB);[101]
- Praktisch am bedeutsamsten ist der Ersatz der Briefübergabe durch die sog Aushändigungsabrede (§ 1154 Abs 1 S 1, 2. Hs, § 1117 Abs 2 BGB; zu ihr muss auch bei der Teilabtretung mindestens hinzukommen, dass der Stammbrief mit dem Willen des Zedenten zur Teilbriefbildung beim Grundbuchamt eingereicht wird;[102]
- Die Briefübergabe kann erfolgen durch Einräumung des unmittelbaren Mitbesitzes am Stammbrief seitens des Zedenten an den Zessionar (§§ 866, 870 BGB);[103]
- Die Briefübergabe kann ersetzt werden durch Begründung des mittelbaren Mitbesitzes von Zedent und Zessionar am Stammbrief unter Besitzmittlung (§ 868 BGB) durch einen gemeinsam beauftragten Verwahrer, zB Notar (§§ 930, 866, 870 BGB);[104]
- Zum Teil wird behauptet, dass die Briefübergabe durch eine Vereinbarung ungleichstufigen Mitbesitzes zwischen Zedent und Zessionar ersetzt werden kann, zB »... der Zedent verwahrt den Brief treuhänderisch zugleich für den Zessionar«.[105] Eine solche Vereinbarung ist unzulässig, weil Eigen- und Fremdbesitzwille nicht gleichzeitig nebeneinander bestehen und verwirklicht werden können.[106]
- Zur Ersetzung der körperlichen Briefübergabe wird auch die Schaffung einer Gesellschaft bürgerlichen Rechts vorgeschlagen. Dabei soll der Zedent den Eigenbesitz aufgeben, zugleich aber als Gesellschafter einer aus Zedent und Zessionar bestehendes BGB-Gesellschaft ebenso wie der Zessionar eine Besitzposition erhalten; mittelbare Eigenbesitzerin soll die BGB-Gesellschaft sein, unmittelbarer Fremdbesitzer für die BGB-Gesellschaft der Zedent.[107] Diese Konstruktion ist abzulehnen.[108] Es fehlt ein tatsächlich gemeinsam zu verfolgender Zweck; vielmehr liegt nur eine Begründung wechselseitiger Verpflichtungen zu aufeinander abgestimmten Leistungen vor, wobei aber jeder seine eigenen Zwecke verfolgt. Außerdem mangelt es an der Beschreibung einer wirklich gewollten Beitragsleistung der »Gesellschafter«. Vor allem aber wird die Besitzfähigkeit einer BGB-Gesellschaft zu Recht abgelehnt; Besitz wird nur von den Gesellschaftern ausgeübt.[109]

cc) Bezeichnung der Nebenleistungen. (1) Begriff der Nebenleistungen. Nebenleistungen eines   47
Stammrechts sind die außerhalb des Kapitals zu entrichtenden Beträge;[110] sie werden unterteilt in Zinsen und sonstige Nebenleistungen. »**Zinsen**« sind die gewinn- und umsatzunabhängige, aber laufzeitabhängige, zu entrichtende Vergütung für den Gebrauch eines Kapitals.[111] Unter den »**sonstigen Nebenleistungen**« sind die neben dem Kapital zu zahlenden Leistungen zu verstehen, die keine Zinsen sind (zB Verwaltungskostenbeiträge, Säumniszuschläge).[112] Ein rechtlicher Unterschied zwischen Zinsen und sonstigen Nebenleistungen besteht nicht, denn auch Zinsen sind Nebenleistungen, wenn auch solche besonderer Art, nämlich Gebrauchsvergütungen.[113]

(2) Abtretung oder Belastung der Nebenleistungen mit dem Stammrecht. Zweifelsfrei kann ein   48
Stammrecht mit seinen Nebenleistungen abgetreten und belastet werden. Auch wenn Nebenleistungen nur bei Existenz des Stammrechts entstehen können, dagegen nicht mehr, wenn das Stammrecht erloschen ist, so folgt daraus nicht, dass die Abtretung oder Belastung des Stammrechts notwendig auch die Nebenleistungen mit erfasst.[114] Es ist einhellige Meinung, dass die Nebenleistungen von Grundpfandrechten nicht zu den Nebenrechten iS des § 401 BGB gehören und somit die **Abtretung oder Belastung des Stammrechts nicht notwendig den Übergang oder die Mitbelastung der Nebenleistungen zur Folge hat**.[115] Enthält die Abtre-

---

100 *Rutke* WM 1987, 93 (einfaches Besitzkonstitut).
101 RGZ 69, 39; OLG Breslau OLGE 26, 134.
102 RGZ 69, 44; BGB-RGRK-*Mattern* § 1154 Rn 28.
103 RG RGZ 69, 36; JW 1928, 2782; DNotV 1931, 500.
104 BGH WM 1968, 406; RGZ 85, 439; KG JR 1927 Nr 1295; OLG Köln NJW 1957, 104; BGB-RGRK-*Mattern* § 1154 Rn 28; *Rutke* WM 1987, 93 (Drittverwahrlösung).
105 *Baur* NJW 1967, 22, 23; *Rahn* Sparkasse 1965, 328; *von Prittwitz* und *Graffron* NJW 1957, 85, 88.
106 BGHZ 85, 263 =NJW 1983, 568 = DNotZ 1983, 313 = Rpfleger 1983, 60; MüKo-*Eickmann* § 1154 Rn 20; *Palandt-Bassenge* § 1154 Rn 12; *Lahnert* BWNotZ 1964, 15; *Kehrer* BWNotZ 1964, 177; *Abel* NJW 1966, 2044, 2046; *Hummel* NJW 1965, 2376, 2379; MDR 1967, 967; *Rutke* WM 1987, 93.
107 *Abel* NJW 1966, 2046; *Lauer* MDR 1983, 635.
108 MüKo-*Eickmann* § 1154 Rn 20; *Baur* NJW 1967, 22; *Rutke* WM 1987, 93.
109 BGHZ 85, 263= NJW 1983, 1114.
110 *Böttcher* Rpfleger 1980, 81; 1984, 85.
111 *Canaris* NJW 1978, 1891, 1892.
112 *Böttcher* Rpfleger 1980, 81; 1984, 85.
113 BGHZ 47, 41 = Rpfleger 1967, 111; RGZ 160, 78; 168, 285; *Böttcher* Rpfleger 1980, 81; 1984, 85.
114 *Böttcher* Rpfleger 1984, 85, 86.
115 BGH NJW 1961, 1524; *Böttcher* Rpfleger 1984, 85, 86.

tungs- bzw Belastungserklärung keine Aussage darüber, ob, in welchem Umfang und ab wann Zinsen und sonstige Nebenleistungen mit erfasst sind, so ist dies materiellrechtlich nicht zu beanstanden.[116] Im Wege der Auslegung ist der Wille der Beteiligten zu ermitteln, wobei idR davon ausgegangen werden kann, dass rückständige Nebenleistungen nicht,[117] künftig fällig werdende Nebenleistungen dagegen mit übergehen bzw mitbelastet werden sollen.[118] Eine Sonderregelung enthält § 1289 BGB für den Fall eines rechtsgeschäftlich vereinbarten (nicht gesetzlichen!) Pfandrechts an einer Forderung, einer Hypothek (§ 1153 BGB) und Grundschuld (§ 1291 BGB): Das Pfandrecht erstreckt sich kraft Gesetzes auf die Zinsen (nicht sonstige Nebenleistungen!)

49 Formellrechtlich ist für das Grundbuchverfahren folgendes zu beachten: Der **Bestimmtheitsgrundsatz** verlangt, dass das Grundbuch die Rechtsverhältnisse in klaren und eindeutigen Eintragungen darstellt. Es ist daher heute einhellige Rechtsmeinung, dass dann, wenn das Stammrecht verzinslich ist oder sonstige Nebenleistungen zu entrichten sind, die vorgelegte Bewilligung (§ 19) oder die Abtretungs- bzw Belastungserklärung eine eindeutige Angabe darüber enthalten müssen, ob die Nebenleistungen mit abgetreten oder mitbelastet werden sollen; bejahendenfalls ist ferner anzugeben, in welchem Umfang und zu welchem Zeitpunkt die Nebenleistungen erfasst sein sollen.[119] Eine Ausnahme besteht nur bei der rechtsgeschäftlichen Verpfändung einer Forderung, Hypothek und Grundschuld (§§ 1289, 1153, 1291 BGB): Zur Eintragung der Verpfändung eines Buchrechts ist eine Angabe, ob und ab wann Zinsen mitverpfändet werden, überhaupt nicht erforderlich;[120] bei der Verpfändung eines Briefrechts ist die Angabe dann nicht notwendig, wenn der Brief und die Verpfändungserklärung vom Pfandgläubiger vorgelegt oder die Annahme der Verpfändung und eine nach §§ 1274, 1154, 1117 Abs 2 BGB getroffene Vereinbarung über das Recht des Pfandgläubigers, sich den Brief vom Grundbuchamt aushändigen zu lassen, in der Form des § 129 nachgewiesen werden.[121] Wird das Stammrecht ohne die Nebenleistungen abgetreten oder belastet, dh behält sich der bisherige Rechtsinhaber das Recht auf die Nebenleistungen vor, so empfiehlt sich folgende Formulierung: »*ohne jegliche Zinsen und sonstigen Nebenleistungen*«.[122] Aber auch dann, wenn ein Grundpfandrecht ohne weitere Angabe zu den Zinsen abgetreten wird, ist die Abtretungserklärung eindeutig und keiner Auslegung fähig, sodass mittels Zwischenverfügung nicht aufgegeben werden kann, eine Abtretungserklärung hinsichtlich der Zinsen beizubringen.[123]

50 Dem Bestimmtheitsgrundsatz entspricht es zweifelsohne, wenn eine **kalendertagmäßige Bezeichnung** des Zeitpunkts, ab dem die Nebenleistungen erfasst sein sollen, erfolgt.[124] Dies ist möglich durch die exakte Angabe des Kalendertages, wie »*seit dem 01.01.2008*«, oder durch die nähere Beschreibung eines Kalendertages, wie »*vom Tage der Errichtung der Eintragungsbewilligung an*«, »*vom Tage der Eintragung der Hypothek/Grundschuld an*«, »*vom Tage der Entstehung des Nebenleistungsanspruchs an*« oder »*vom Tage der Eintragung der Abtretung/Belastung an*«. Verwendung findet auch die Formulierung »*vom Tage der Eintragung an*«. Bei Buchgrundpfandrechten widerspricht dies dem Bestimmtheitsgrundsatz, als insoweit Mehrdeutigkeit vorliegt, als die Formulierung bedeuten kann, dass die Nebenleistungen vom Tage der Eintragung der Abtretung bzw Belastung oder vom Tage der Einrichtung des Grundpfandrechts zu entrichten sind.[125] Dagegen wird bei Briefgrundpfandrechten die Zulässigkeit einer solchen Formulierung zum Teil ebenfalls abgelehnt,[126] zum Teil für nicht beanstandungsfähig gehalten, weil die Abtretung eines Briefrechts nicht der Grundbucheintragung bedarf.[127] Erfolgt die Zession außerhalb des Grundbuchs, kommt es also zu überhaupt keiner Eintragung der Abtretung, so ist die Formulierung »*vom Tage der Eintragung an*« materiellrechtlich nicht zu beanstanden und formellrechtlich hat keine Prüfung zu erfolgen. Wird eine solche Abtretung im Wege der Grundbuchberichtigung (§ 26) eingetragen, so ist diese Formulierung ebenso wie beim Buchrecht mehrdeutig und daher abzulehnen.[128] Dies gilt erst recht, wenn die Grundbucheintragung konstitutiv wirkt, also die schriftliche Erklärung ersetzt (§ 1192 Abs 1, § 1154

---

116 OLG Frankfurt DNotZ 1994, 186 = Rpfleger 1993, 486; *Böttcher* Rpfleger 1984, 85, 88.
117 MüKo-*Eickmann* § 1159 Rn 6; *Böttcher* Rpfleger 1984, 85, 86, 88.
118 BGH NJW 1961, 1524; MüKo-*Eickmann* § 1154 Rn 31; *Böttcher* Rpfleger 1984, 85, 86, 88.
119 BayObLG Rpfleger 1997, 258; BayObLGZ 1984, 122, 123 = DNotZ 1984, 562 = Rpfleger 1984, 351; OLG Frankfurt DNotZ 1994, 186 = Rpfleger 1993, 486; OLG Düsseldorf Rpfleger 1986, 468; KG OLGE 10, 422; JFG 40, 273; 46, 240; 50, 194; 51, 294; 53, 186; OLG Hamm JMBl NRW 1957, 185; OLG Frankfurt MDR 1978, 228; LG Lübeck Rpfleger 1955, 159; *Wolff-Raiser* § 149 Fn 7; *Schöner/Stöber* Rn 2383, 2384; *Güthe-Triebel* § 26 Rn 12; MüKo-*Eickmann* § 1154 Rn 34; *Demharter* § 26 Rn 19; *Baur-Stürner* Sachenrecht, § 38 VIII 1 a; BGB-RGRK-*Mattern* § 1158 Rn 4; *Böttcher* Rpfleger 1984, 85, 88.
120 KGJ 53, 187; KG Recht 1927 Nr 2430; *Demharter* § 26 Rn 20.
121 KG JFG 11, 260 = DNotZ 1934, 780; *Demharter* aaO.
122 *Böttcher* Rpfleger 1984, 85, 88.
123 BayObLG Rpfleger 1997, 258.
124 *Böttcher* aaO.
125 OLG Oldenburg Rpfleger 1976, 181; LG Bonn MittRhNotK 1977, 149; LG Ellwangen BWNotZ 1988, 150; *Schöner/Stöber* Rn 2384; *Böttcher* Rpfleger 1984, 85, 88.
126 OLG Oldenburg, LG Bonn, LG Ellwangen je aaO.
127 LG Köln MittRhNotK 1978, 14; *Schöner/Stöber* Rn 2384.
128 *Böttcher* Rpfleger 1984, 85, 88.

Abs 2 BGB).[129] In der Praxis findet sich auch die Formulierung *»von Anfang an«*. Der Bestimmtheitsgrundsatz ist gewahrt, da der Wortlaut eindeutig auf den Anfang des Nebenleistungsanspruchs hinweist, dh die Zinsen und sonstigen Nebenleistungen sollen vom frühestmöglichen Zeitpunkt an abgetreten bzw belastet sein. Durch den Rückgriff auf die Haupteintragung und auf die in Bezug genommene Bewilligung wird der Zeitpunkt des Übergangs der Nebenleistungen klar ausgedrückt.[130] Gleiches gilt für die Klausel *»mit den Zinsen seit dem Tage des Zinsbeginns«*; damit sind alle Zinsansprüche gemeint, rückständige ebenso wie die laufenden und zukünftigen.[131]

Der Zeitpunkt, ab dem die Nebenleistungen erfasst sein sollen, kann neben der kalendertagmäßigen Bezeichnung auch durch eine **andere Beschreibung** erfolgen, die in Verbindung mit der ursprünglichen Eintragung des Stammrechts – einschließlich der durch Bezugnahme (§ 874 BGB) zum Grundbuchinhalt gewordenen Bewilligung – den Zeitpunkt der Abtretung bzw Belastung deutlich erkennen lässt.[132] Der Formulierung *»mit den rückständigen, laufenden und zukünftigen Zinsen/sonstigen Nebenleistungen«* ist eindeutig zu entnehmen, dass das Recht auf die Nebenleistungen in seiner Gesamtheit erfasst sein soll; dem Bestimmtheitsgrundsatz ist daher Genüge geleistet.[133] Gleiches gilt für folgende Klauseln:[134] *»mit allen eingetragenen Zinsen/sonstigen Nebenleistungen«*, *»mit sämtlichen eingetragenen Zinsen/sonstigen Nebenleistungen«* oder *»mit den eingetragenen Zinsen/sonstigen Nebenleistungen«*. Dagegen ist eine Umschreibung *»mit Zinsen/sonstigen Nebenleistungen«* zu unbestimmt, da nicht ersichtlich ist, in welchem Umfang und ab welchem Zeitpunkt die Abtretung bzw Belastung gelten soll.[135] Dem Bestimmtheitsgrundsatz nicht gerecht werden die Formulierungen *»nebst sämtlichen Zinsen/sonstigen Nebenleistungen«* oder *»nebst allen Zinsen/sonstigen Nebenleistungen«*, da nicht geklärt ist, welche Gesamtheit gemeint ist: sämtliche bzw alle rückständigen, laufenden und zukünftigen Nebenleistungen oder nur sämtliche bzw alle rückständigen oder sämtliche bzw alle laufenden oder sämtliche bzw alle zukünftigen Nebenleistungen.[136] Ebenso fehlt allen folgenden Beschreibungen die notwendige Bestimmtheit: *»mit den rückständigen Nebenleistungen«*, *»mit den laufenden Nebenleistungen«*, *»mit den zukünftigen Nebenleistungen«*, *»mit den rückständigen und laufenden Nebenleistungen«*, *»mit den rückständigen und zukünftigen Nebenleistungen«* oder *»mit den laufenden und zukünftigen Nebenleistungen«*. Im Rechtsverkehr besteht keine einheitliche Auffassung darüber, was unter rückständigen, laufenden oder zukünftigen Nebenleistungen zu verstehen ist, sodass diese Mehrdeutigkeit einer Eintragung entgegensteht.[137]

Die **Abtretung der rückständigen Nebenleistungen** richtet sich nach § 1159 BGB, geschieht somit auf Grund des allgemeinen Zessionsrechts gemäß §§ 398 ff BGB, und zwar auch bei gleichzeitiger Zession des Grundpfandrechts gemäß den Sachenrechtsvorschriften.[138]

Die **Abtretung der künftig fällig werdenden Nebenleistungen** einschließlich dem Grundpfandrecht richtet sich nach dem Recht der jeweiligen Grundpfandrechtsabtretung.[139]

(3) Sonderfall der Tilgungshypothek. Bei der Abtretung der Verpfändung einschließlich der durch Tilgung zur Eigentümergrundschuld gewordenen Beträge muss ersichtlich gemacht werden, welcher Teil Hypothek und welcher Eigentümergrundschuld ist.[140] Erfolgt der Nachweis, dass zum Teil eine Eigentümergrundschuld entstanden ist, so ist eine vorherige teilweise Umschreibung im Grundbuch nur dann erforderlich (§ 39), wenn der angegebene Eigentümer als solcher nicht im Grundbuch eingetragen ist.[141] Ansonsten bedarf es keiner Voreintragung, sondern der Inhaber des als Fremdrechts eingetragenen Tilgungshypothek kann mit Zustimmung des Eigentümers verfügen.[142]

51

52

53

54

---

129 *Böttcher* aaO.
130 BayObLG Rpfleger 1984, 351 = DNotZ 1984, 562; *Böttcher* Rpfleger 1984, 85, 88; *Schöner/Stöber* Rn 2384.
131 OLG Düsseldorf Rpfleger 1986, 468.
132 *Böttcher* Rpfleger 1984, 85, 89.
133 KG KGJ 46, 240; 51, 294; JFG 6, 323; JW 1932, 3276; DNotV 1929, 304; OLG Frankfurt MDR 1978, 228; BGB-RGRK-*Mattern* § 1158 Rn 4; *Demharter* § 26 Rn 19; *Schöner/Stöber* Rn 2384. *Böttcher* Rpfleger 1984, 85, 89.
134 KG JW 1932, 3276; OLG Frankfurt MDR 1978, 228; OLG Oldenburg Rpfleger 1976, 181; *Böttcher* Rpfleger 1984, 85, 89.
135 *Böttcher* Rpfleger 1984, 85, 89.
136 OLG Frankfurt DNotZ 1994, 186 = Rpfleger 1993, 486; MDR 1978, 228; BGB-RGRK-*Mattern* § 1158 Rn 4; *Böttcher* Rpfleger 1984, 85, 89; *Böhringer* Rpfleger 1988, 389, 392.
137 Ausführlich dazu: *Böttcher* Rpfleger 1984, 85, 89; für den speziellen Fall der »laufenden Zinsen«: KG DNotZ 1941, 177; OLG Frankfurt MDR 1978, 228; *Demharter* § 26 Rn 19; *Schöner/Stöber* Rn 2384.
138 MüKo-*Eickmann* § 1159 Rn 6; *Böttcher* Rpfleger 1984, 85, 86.
139 Ausführlich dazu *Böttcher* Rpfleger 1984, 85, 86.
140 KGJ 46, 233 = DNotZ 1941, 347; *Schöner/Stöber* Rn 2391.
141 *Schöner/Stöber* Rn 2447, 2535; *Eickmann* GBVerfR, Rn 226.
142 LG Wuppertal MittRhNotK 1984, 167; *Schöner/Stöber* Rn 2391.

55 **(4) Sonderfall der Eigentümergrundschuld.** Dem Inhaber einer Eigentümergrundschuld gebühren nach § 1197 Abs 2 BGB grundsätzlich keine Zinsen (Ausnahme: Zwangsverwaltung). **Streitig ist, ob der Eigentümer Zinsen aus einer Eigentümergrundschuld rückwirkend für die Zeit vor der Abtretung wirksam abtreten kann.** Eine Meinung bejaht dies zu Recht, und zwar mit folgender Begründung:[143] § 1197 Abs 2 BGB hindert nicht die Entstehung und den Bestand des Zinsrechts, sondern besagt lediglich, dass die Zinsen dem Eigentümer nicht »gebühren«. Daraus folgt nicht, dass für die Zeit der Vereinigung von Eigentum und Grundschuld in einer Person das Zinsrecht erlösche oder – falls es sich um ein nicht von Anfang an verzinsliches Grundpfandrecht handelt – gar nicht erst erstehe. Es ist daher kein Grund ersichtlich, weshalb der Eigentümer nicht in der Lage sein sollte, die Zinsen durch rückwirkende Abtretung in der Person des Fremdgläubigers realisierbar zu stellen. Die Gegenansicht verneint die Möglichkeit einer Abtretung der Zinsen aus einer Eigentümergrundschuld für die Zeit vor der Abtretung.[144] Das Ruhen des Zinsrechts gelte nur, solange ein Eigentümerrecht besteht; mit Abtretung an einen Dritten entstehe ein Fremdrecht und damit entfalle die Unverzinslichkeit kraft Gesetzes, aber nur für die Zukunft und nicht auch rückwirkend für die Zeit des Bestehens einer Eigentümergrundschuld.[145] Zulässig sind daher Formulierungen wie:[146] »mit Zinsen vom Tage der Eintragung der Eigentümergrundschuld« oder »mit Zinsen für die Zeit zwischen Eintragung und Abtretung der Eigentümergrundschuld«. Als zulässig sind ebenfalls folgende Klauseln anzusehen:[147] »mit Zinsen vom Tage der Eintragung der Abtretung an« oder »mit Zinsen seit Errichtung der Abtretungserklärung«.

56 **(5) Abtretung oder Belastung der Nebenleistungen ohne Stammrecht.** Das Recht auf Nebenleistungen kann von der Hypothekenforderung bzw der Grundschuld ganz oder teilweise dadurch getrennt werden, dass es für sich allein an einen anderen abgetreten wird oder umgekehrt dadurch, dass es bei der Abtretung des Stammrechts dem Zedenten vorbehalten wird.[148] Dadurch entstehen zwei Grundpfandrechte: ein **Kapitalgrundpfandrecht** und ein **Nebenleistungsgrundpfandrecht.** Ebenso ist eine Belastung der Nebenleistungen ohne das Stammrecht zulässig. Das Nebenleistungsrecht ist aber weiterhin vom Bestand des Stammrechts abhängig, dh dass nach Wegfall des Stammrechts auch Nebenleistungen nicht mehr zur Entstehung gelangen können.[149]

57 **Künftig fällig werdende Nebenleistungen** lassen sich aufteilen in laufende und zukünftige Nebenleistungen.[150] Unter laufenden Nebenleistungen versteht man die Zinsen und sonstigen Nebenleistungen, die zwar entstanden, aber nicht fällig sind; zukünftige Nebenleistungen umfassen die noch nicht entstandenen und damit auch noch nicht fälligen Zinsen und sonstigen Nebenleistungen.[151] § 1158 BGB bestimmt für die künftig fällig werdenden Nebenleistungen nur die Wirkung der Abtretung, nicht dagegen die dafür vorgeschriebene Form. Die Abtretung der künftig fällig werdenden Nebenleistungen erfolgt nach dem Recht der Grundpfandrechtsabtretung.[152] Da das Nebenleistungsgrundpfandrecht weiterhin vom Bestand des Kapitalgrundpfandrechts abhängig ist, ist es nicht zulässig, dass sich der Gläubiger für den Fall der vollständigen oder teilweisen Befriedigung aus dem Stammrecht die Fortzahlung der Nebenleistungen aus dem ganzen oder teilweise getilgten Teil ausbedingt.[153]

58 Um **rückständige Nebenleistungen** handelt es sich dann, wenn der Anspruch auf sie im Zeitpunkt der Abtretung bzw Belastung bereits entstanden und fällig geworden, aber noch nicht erfüllt ist.[154] Gemäß § 1159 Abs 1 S 1 BGB werden die rückständigen Nebenleistungen nach dem allgemeinen Zessionsrecht, also nach den

---

143 BayObLG Rpfleger 1987, 364 = (unter Aufgabe von BayObLG Rpfleger 1976, 181; 1979, 100); OLG Düsseldorf OLGZ 1989, 395 = DNotZ 1990, 747 = MittRhNotK 1989, 217 = Rpfleger 1989, 498; OLG Celle Rpfleger 1989, 323 m zust Anm *Hennings* Rpfleger 1989, 363 = ZIP 1989, 704 m zust Anm *Vortmann;* AG Bonn MittRhNotK 1987, 49;OLG Köln Rpfleger 1985, 9; AG Bonn MittRhNotK 1987, 49; MüKo-*Eickmann* § 1197 Rn 9; BGB-RGRK-*Joswig* § 1196 Rn 7; *Gaberdiel* Rn 5.2.3.; *Demharter* § 26 Rn 21; *Kohler* in *Bauer/von Oefele* § 26 Rn 54; *Schöner/Stöber* Rn 2362; *Lichtenberger* MittBayNot 1999; DNotZ 1979, 223; *Willke* WM 1980, 858.
144 LG Bonn Rpfleger 1985, 145; *Palandt-Bassenge* § 1197 Rn 4; *Bayer* AcP 189, 470; *Riedel* RpflStud 1978, 15, 19; *Zawar* NJW 1976, 1823, 1825; *Welker* WürttNV 1931, 45; meine Auffassung in Rpfleger 1984, 85, 89 gebe ich auf.
145 BGHZ 64, 316, 318; 67, 291, 293.
146 Meine Auffassung in Rpfleger 1984, 85, 89 halte ich nicht aufrecht.
147 *Böttcher* Rpfleger 1984, 85, 89.
148 RGZ 74, 78, 81; 86, 218, 219; KG OLGE 10, 421; 41, 177; LG Schweinfurt BayNotZ 1916, 273; MüKo-*Eickmann* § 1154 Rn 28; *Demharter* § 26 Rn 19; *Baur-Stürner* Sachenrecht, § 28 VIII 1 b; BGB-RGRK-*Mattern* § 1158 Rn 6; *Böttcher* Rpfleger 1984, 85, 86 mwN.
149 BGB-RGRK-*Mattern* § 1158 Rn 6; *Böttcher* Rpfleger 1984, 85, 86 mwN.
150 *Böttcher* Rpfleger 1984, 85, 88.
151 *Böttcher* aaO.
152 RGZ 72, 364; 74, 78; 86, 218; JW 1916, 486; KG HRR 1931 Nr 2060; MüKo-*Eickmann* § 1154 Rn 30; *Böttcher* Rpfleger 1984, 85, 88 mwN.
153 RGZ 74, 78; *Ripfel* DNotZ 1961, 670; *Böttcher* Rpfleger 1984, 85, 88.
154 RG JW 1911, 953; RGZ 91, 301; MüKo-*Eickmann* § 1154 Rn 29, § 1159 Rn 2; *Böttcher* Rpfleger 1984, 85, 87.

§§ 398 ff BGB durch einen formlosen Abtretungsvertrag übertragen.[155] Mit der Abtretung des Nebenleistungsrechts geht gemäß § 401 Abs 1 BGB das sichernde Grundpfandrecht mit über. Wenn nach Abtretung oder Belastung der rückständigen Nebenleistungen das Kapitalgrundpfandrecht durch rechtsgeschäftliche Aushebung, Befriedigung aus dem Grundstück oder Zuschlag erlischt, so lässt die hM auch das Nebenleistungsgrundpfandrecht mit erlöschen, und zwar selbst dann, wenn der Zessionar oder Belastungsgläubiger der Aufhebung nicht zugestimmt haben.[156] Diese Auffassung kann nicht richtig sein. Rückständige Nebenleistungen sind rechtlich verselbständigt, da sich mit der Fälligkeit einer Nebenleistungsrate das Recht auf sie vom Kapitalrecht löst. Es bestehen ein Nebenleistungsrückstandsgrundpfandrecht und ein Hauptsachegrundpfandrecht mit je verschiedenen Berechtigten. Nach § 875 BGB müssen beide Inhaber die Aufhebungserklärung abgeben, sollen beide Grundpfandrechte erlöschen. Allein durch den Wegfall des Kapitalgrundpfandrechts erlischt das Grundpfandrecht für die rückständigen Nebenleistungen nicht.[157] Die gegenteilige hM stellt einen Verstoß gegen Art 14 GG dar, wonach auch beschränkte dingliche Rechte als ausgegliederte Befugnisse des Eigentums nicht ohne Zutun des Berechtigten wegfallen dürfen.[158]

Dem Zessionar des **Nebenleistungsrückstandsgrundpfandrechts** versagt die hM die Möglichkeit, seine **59** Gläubigerstellung **im Grundbuch** vermerken zu lassen, weil das Grundbuch nicht über die einzelnen Nebenleistungsraten geführt wird.[159] Die Begründung der hM stimmt jedoch nur für den Fall, dass die rückständigen Nebenleistungsraten mit dem Hauptgrundpfandrecht und den künftig fällig werdenden Ansprüchen demselben Berechtigten zustehen. Da aber der Gesetzgeber von der rechtlichen Selbständigkeit des Rückstandsrechts ausgeht, gemäß § 401 BGB das sichernde Grundpfandrecht auf den Zessionar mit übergeht, und zwar außerhalb des Grundbuchs, was eine Grundbuchunrichtigkeit zur Folge hat, und außerdem ein gutgläubiger lastenfreier Erwerb des Grundstücks möglich ist (§ 891 Abs 2, § 892 BGB), muss die Verlautbarung der Abtretung der rückständigen Nebenleistungen im Grundbuch zulässig sein.[160] Im Wege der Teilgrundbuchberichtigung (§ 22) ist daher die Kundbarmachung des Bestehens eines Nebenleistungsrückstandsgrundpfandrechts durch direkte Eintragung der Abtretung (Zessionar, Umfang, Zeitpunkt) in der Veränderungsspalte des Hauptrechts als zulässig anzusehen. Um den Rechtsverlust zu verhindern, ist auch an die Möglichkeit der Eintragung eines Widerspruchs im Grundbuch auf Grund einer einstweiligen Verfügung oder Bewilligung des Zedenten zu denken.

dd) Bezeichnung des neuen Gläubigers. Der neue Gläubiger muss bestimmt bezeichnet sein, dh so, wie er **60** im Grundbuch einzutragen ist (**§ 15 GBV**); bei einer Mehrheit von Erwerbern ist das Gemeinschaftsverhältnis (§ 47) anzugeben.[161] Gläubiger kann eine natürliche oder eine juristische Person sein. Ob die betreffende Person wirklich existiert, hat das Grundbuchamt nicht zu prüfen.[162] Nur wenn der Antrag auf Eintragung von dem Vertreter einer juristischen Person gestellt wird, muss die Vertretungsbefugnis und damit die Antragsbefugnis festgestellt werden. Zur Wirksamkeit einer schriftlichen Abtretungserklärung muss in der Urkunde selbst auch die Person des Abtretungsempfängers bestimmt und zweifelsfrei bezeichnet sein.[163] Die pauschale Umschreibung »Bauherrengemeinschaft W-Straße in K, vertreten durch die Fa ...«, genügt nicht.[164] Bloße Ungenauigkeiten allerdings schaden nicht; sie können auch durch Rückgriff auf Umstände außerhalb der Urkunde behoben werden.[165] Eine **Blankoabtretung** oder **Blankoverpfändung** ohne Nennung des Erwerbers erfüllt die in den §§ 1154, 1274 BGB vorgeschriebene Schriftform nicht und ist daher nicht eintragungsfähig.[166] Nachträgliche Ausfüllung genügt nur dann, wenn dem Ausfüllenden die Ermächtigung erteilt war, über das Recht frei zu verfügen und einen Dritten als Erwerber zu bezeichnen.[167] Wird in anderen Fällen auf Grund einer Blankoabtretung die Hypothek auf einen neuen Gläubiger umgeschrieben, so ist das Grundbuch nur dann unrichtig, wenn eine Einigung zwischen dem bisherigen und dem neuen Gläubiger fehlt. Die Blankoabtretung einer

---

155 MüKo-*Eickmann* § 1154 Rn 29, § 1159 Rn 5; *Demharter* § 26 Rn 20; *Schöner/Stöber* Rn 2393; *Böttcher* Rpfleger 1984, 85, 87 mwN.

156 RGZ 74, 81; KG JFG 18, 35 = JW 1938, 2406; LG Regensburg MittBayNot 1987, 102; OLG Braunschweig OLGE 15, 338; *Demharter* § 27 Rn 20; BGB-RGRK-*Mattern* § 1158 Rn 6; *Wolff-Raiser* § 149 IV 3; *Balser* NJW 1958, 698.

157 RGZ 86, 218, 220; MüKo-*Eickmann* § 1159 Rn 11; *Böttcher* Rpfleger 1984, 85, 87; *Riedel* RpflStud 1978, 15, 20; *Ottow* JR 1956, 412.

158 BVerfG JZ 1991, 774 *(Schwabe).*

159 RGZ 88, 160; KGJ 42, 248; JFG 6, 323; BGB-RGRK-*Mattern* § 1159 Rn 3; *Demharter* § 26 Rn 20; *Güthe-Triebel* § 26 Rn 12; *Schöner/Stöber* Rn 2393; *Wolff-Raiser* § 149 Fn 3; *Oberneck* DNotV 1910, 535.

160 *Kohler* in *Bauer/von Oefele* § 26 Rn 51; MüKo-*Eickmann* § 1159 Rn 10; ausführlich dazu *Böttcher* Rpfleger 1984, 85, 87.

161 KG OLGE 10, 421, 422.

162 *Güthe-Triebel* § 26 Rn 12.

163 BGH ZfJR 1997, 219; DNotZ 1990, 737 = Rpfleger 1989, 449.

164 BGH DNotZ 1990, 737 = Rpfleger 1989, 449.

165 BGH ZfJR 1997, 219.

166 RGZ 63, 230; KG OLGE 35, 337; *Güthe-Triebel* § 26 Rn 12; *Demharter* § 26 Rn 22.

167 RGZ 81, 260.

Grundschuld gelangt im Augenblick der Ausfüllung des Gläubigernamens zur Wirksamkeit; eine Rückwirkung auf den Zeitpunkt der Übergabe des Blanketts tritt jedoch nicht ein.[168]

3. Bewilligung Dritter

61 Die Vorlage der Abtretungs- bzw Belastungserklärung ersetzt formellrechtlich lediglich die Bewilligung gemäß § 19 des bisherigen Gläubigers, nicht aber die **Bewilligung sonstiger Dritter gemäß § 19, falls sie von der Eintragung betroffen sind.** Neben der Abtretungs- bzw Belastungserklärung ist daher die Bewilligung Dritter erforderlich, wenn sie von der Eintragung betroffen werden.[169] Die Abtretung einer Tilgungshypothek bedarf daher der Zustimmung des Grundstückseigentümers, soweit durch Tilgungszahlungen eine Eigentümergrundschuld entstanden ist, die ebenfalls abgetreten wird.[170] Weiterhin ist die Zustimmung des Eigentümers erforderlich, wenn gleichzeitig mit der Abtretung eine Rangänderung, Zinsfußerhöhung oder eine dem Eigentümer nachteilige Inhaltsänderung des Rechts vorgenommen wird, oder die Zustimmung der nachstehenden Berechtigten, wenn der Zinsfuß über 5 % erhöht wird (§ 1119 Abs 1 BGB). Nicht betroffen ist der Inhaber eines als Pfand haftenden Rechts, wenn die durch das Pfandrecht gesicherte Forderung (§ 26 Abs 2) übertragen oder belastet wird.[171] Lebt der bisherige Gläubiger des Briefgrundpfandrechtes im gesetzlichen Güterstand der Zugewinngemeinschaft, so ist zur Abtretung die Zustimmung des Ehegatten dann, aber auch nur dann erforderlich, wenn das Briefgrundpfandrecht nahezu sein ganzes Vermögen darstellt und der Zessionar die Verhältnisse kennt (§ 1365 BGB). Steht das Briefgrundpfandrecht Ehegatten zu, die Gütergemeinschaft vereinbart haben, so müssen an der Abtretung beide mitwirken, wenn sie das Gesamtgut gemeinschaftlich verwalten. Haben sie die Verwaltung durch einen allein vereinbart, so ist dieser zur entgeltlichen Abtretung ohne Mitwirkung des anderen befugt; dagegen ist zu einer unentgeltlichen Abtretung durch den allein verwaltenden Ehegatten die Zustimmung des anderen erforderlich (§ 1425 BGB).

4. Voreintragung

62 Da § 26 an den übrigen Eintragungsvoraussetzungen nichts ändert, ist gemäß § 39 Abs 1 die **Voreintragung des bisherigen Berechtigten** erforderlich, soweit nicht die in § 39 Abs 2, § 40 bezeichneten Ausnahmen vorliegen.[172] Ist eine Hypothek mehrmals hintereinander abgetreten worden, ohne dass der jeweilige Zessionar in das Grundbuch eingetragen worden ist, so kann der letzte Zessionar ohne Voreintragung der vorhergehenden Zessionare eingetragen werden, wenn er sein Gläubigerrecht durch eine zusammenhängende, auf den im Grundbuch eingetragenen Gläubiger zurückführende Kette öffentlich beglaubigter Abtretungserklärungen (gerichtliche Überweisung an Zahlungs Statt; Überweisung zur Einziehung genügt nicht) oder öffentlich beglaubigter Anerkenntnisse einer kraft Gesetzes erfolgten Übertragung der Forderung bzw Grundschuld nachweist (§ 39 Abs 2).[173]

5. Briefvorlage

63 Soll die **Abtretung oder Belastung eines Briefrechts** eingetragen werden, so muss auch der Brief vorgelegt werden (§§ 41, 42).[174] Die Abtretung oder Belastung ist auf ihm zu vermerken. Die Übergabe des Briefs braucht nicht nachgewiesen zu werden. Dies gilt auch, wenn der Eintragungsantrag von dem neuen Gläubiger gestellt wird.[175] Der Nachweis ist nur erforderlich, wenn dem Grundbuchrechtspfleger bekannt ist, dass der neue Gläubiger den Brief gegen den Willen des bisherigen Inhabers erlangt hat.[176] Der Briefvorlage steht es gleich, wenn auf Grund des ergangenen Ausschlussurteils (vgl §§ 1160, 1170, 1171 BGB) die Erteilung eines neuen Briefs beantragt wird (§ 41 Abs 2).[177] Die Vorlage des Ausschlussurteils ersetzt jedoch nicht die öffentlich beglaubigte Abtretungsurkunde.[178]

168 RG JW 1930, 61; BGHZ 22, 128 = NJW 1957, 137; *Demharter* § 26 Rn 22.
169 *Güthe-Triebel* § 26 Rn 15.
170 KG DNotZ 1941, 347; LG Wuppertal MittRhNotK 1984, 167; *Schöner/Stöber* Rn 2391.
171 *Güthe-Triebel* § 26 Rn 15.
172 *Demharter* § 26 Rn 16.
173 *Schöner/Stöber* Rn 2389.
174 BayObLG Rpfleger 1987, 363; *Demharter* § 26 Rn 16.
175 KG OLGE 40, 39.
176 *Güthe-Triebel* § 26 Rn 17.
177 BayObLG Rpfleger 1987, 363; *Schöner/Stöber* Rn 2387; zu den erforderlichen Nachweisen dafür vgl BayObLG Rpfleger 1987, 493 = DNotZ 1988, 120.
178 LG Mannheim BWNotZ 1978, 92.

6. Vormundschaftsgerichtliche Genehmigung

Unbestritten ist die Notwendigkeit einer vormundschaftsgerichtlichen Genehmigung für die materiell-rechtliche Übertragung und Belastung eines Grundpfandrechts des Mündels/Pfleglings durch den Vormund/Pfleger (§ 1812, § 1915 BGB; nicht die Eltern § 1643);[179] bei der Verpfändung kommt auch § 1822 Nr 10 BGB für die Übernahme einer fremden Verbindlichkeit in Betracht. Dies gilt unabhängig davon, ob es sich um eine Hypothek oder Grundschuld, ein Fremd- oder Eigentümerrecht, ein Buch- oder Briefrecht handelt. Aber auch dann, wenn sich die Übertragung und Belastung eines Briefgrundpfandrechts außerhalb des Grundbuchs vollziehen (vgl § 398; § 1154; §§ 1069, 1080; §§ 1274, 1291 BGB), somit eine Grundbuchberichtigung vorliegt, ist die für das Entstehen einer Grundbuchunrichtigkeit notwendige vormundschaftsgerichtliche Genehmigung beim GBA einzureichen.[180] **64**

IV. Grundbucheintragung

Für die Eintragung im Grundbuch gelten keine Besonderheiten. Inhaltlich muss der Eintrag zum Ausdruck bringen, ob eine Abtretung oder Belastung vorliegt. Dies wird nach den § 10 Abs 5 und 7, § 11 Abs 6 und 8 GBV in der **Veränderungsspalte** der in Frage kommenden Abteilung eingetragen. Die Eintragung einer Teilabtretung erfolgt grundsätzlich wie jede andere Änderung in der Veränderungsspalte, jedoch ist § 17 Abs 1 und 4 GBV zu beachten: In Spalte 5 ist jedem abgetretenen Teilbetrag ein Buchstabe a, b, c usw beizufügen. Werden von einem Teilbetrag weitere Teilbeträge abgetreten, so ist der lfd Nr und dem Buchstaben noch eine römische Zahl beizusetzen. Auf Teilgrundpfandrechte, die durch teilweise Belastung entstehen, wird die Vorschrift entsprechend anzuwenden sein.[181] **65**

V. Verletzung des § 26

Die Nichtbeachtung der Ordnungsvorschrift des § 26 ist, da die in Betracht kommenden Eintragungen stets Berichtigungscharakter haben, **ohne Einfluss auf die materielle Rechtslage**.[182] Das Grundbuch ist also richtig, wenn es trotz eines Verfahrensverstoßes mit der bereits vorher außerhalb des Grundbuchs eingetretenen dinglichen Rechtsänderung übereinstimmt, und unrichtig, wenn die Eintragung trotz Ordnungsmäßigkeit des Verfahrens nicht der materiellen Rechtslage entspricht. **66**

---

179 KG OLGE 4, 422 = KGJ 24, 20; OLGE 5, 410; *Schöner/Stöber* Rn 3720, 3721; *Eickmann* GBVerfR, 5. Kap Rn 201; *Gaberdiel* Rn 5.6.3; *Damrau* FamRZ 1984, 842, 848; *Meyer-Stolte* RpflJB 1980, 336, 353; *Böttcher* Rpfleger 1987, 485, 489.

180 *Böttcher* Rpfleger 1987, 485, 489; KG KGJ 42, 215, 218; OLGE 25, 390; **zweifelnd:** *Damrau* FamRZ 1984, 842, 850.

181 *Demharter* § 26 Rn 23.

182 *Kohler* in *Bauer/von Oefele* § 26 Rn 64.

§ 27 (Löschung von Grundpfandrechten)

Eine Hypothek, eine Grundschuld oder eine Rentenschuld darf nur mit Zustimmung des Eigentümers des Grundstücks gelöscht werden. Für eine Löschung zur Berichtigung des Grundbuchs ist die Zustimmung nicht erforderlich, wenn die Unrichtigkeit nachgewiesen wird.

Schrifttum

Amann, Die zukunftsoffene Löschungszustimmung des Eigentümers, MittBayNot 2000, 80; *Bauer,* Die an eine Löschungsbewilligung bei einem Gesamtrecht zu stellenden Anforderungen, Rpfleger 1963, 43; *Bertzel,* Ein neuer Weg zur Löschung von Reichsmark- oder Goldmarkhypotheken, deren Gläubiger verstorben sind, Rpfleger 1963, 172; *Böhm,* Pfandentlassung, DNotZ 1928, 22; *Böttcher,* Besprechung zum Beschluss des LG Hof vom 08.12.1981, Rpfleger 1982, 174; *ders,* Vormundschaftsgerichtliche Genehmigungen im Grundstücksrecht, Rpfleger 1987, 485; *Demharter,* Neues zum Unschädlichkeitszeugnis, MittBayNot 2004, 17; *ders,* Das Bayerische Unschädlichkeitszeugnisgesetz, Rpfleger 2004, 406; *Eickmann,* Die Quittung des Gerichtsvollziehers im Grundbuchverfahren, DGVZ 1978, 145; *ders,* Gläubigerbefriedigung und Grundpfandrecht, RpflStud 1981, 73; *Ertl,* Verdeckte Nachverpfändung und Pfandfreigabe von Grundstücken, DNotZ 1990, 684; *Hieber,* Die Löschung von Gesamt-Grundpfandrechten, DNotZ 1961, 576; *Hoffmann,* Löschungsbewilligung und löschungsfähige Quittung, MittRhNotK 1971, 605; *Kirchmayer,* Das Bayerische Unschädlichkeitszeugnisgesetz vom 07.08.2003, Rpfleger 2004, 203; *Leikam,* Die Freigabe des Grundstücks, BWNotZ 1963, 120; *Löscher,* Die Pfandfreigabe von Grundstücken und grundstücksgleichen Rechten, JurBüro 1960, 423; *ders,* Ist die Löschung eines Grundpfandrechtes zulässig ohne dass der vorausgehende Verzicht des Gläubigers im Grundbuch eingetragen wurde?, JurBüro 1965, 849; *Lotter,* Pfandfreigabe bei vorliegender Löschungsbewilligung, MittBayNot 1985, 8; *Mausfeld,* Die grundbuchliche Behandlung der Haftentlassungserklärungen, Rpfleger 1957, 240; *Ottow,* Rechtfertigt die Vorlage einer löschungsfähigen Quittung über die Rückzahlung nur des verzinslichen Hypotheken-Kapitels den Löschungsantrag des Grundstückseigentümers? JR 1956, 412; *Panz,* Überlegungen zum Unschädlichkeitszeugnis, BWNotZ 1998, 16; *Pfaff,* Löschung einer Hypothek aufgrund löschungsfähiger Quittung oder Löschungsbewilligung, JR 1960, 214; *ders,* Löschungsfähige Quittung oder Löschungsbewilligung, BWNotZ 1968, 182; *Pöttgen,* Unschädlichkeitszeugnisse, MittRhNotK 1965, 668; *Ripfel,* Das Unschädlichkeitsverfahren in Baden-Württemberg, Justiz 1960, 105; *Röll,* Das Unschädlichkeitszeugnis in Bayern, MittBayNot 1968, 353; *Staudenmaier,* Hypothekenverzicht und Löschung, BWNotZ 1964, 152; *ders,* Zur Anteilsaufgabe an Bruchteilshypothek, BWNotZ 1965, 320; *Tröster,* Der Antrag auf lastenfreie Abschreibung im Grundbuch (§ 46 Abs 2 GBO), Rpfleger 1959, 342; *Wenckstern,* Die Löschung von Grundpfandrechten bei nicht erreichbaren Berechtigten, DNotZ 1993, 547; *Wendt-Pommerening,* Kann die grundbuchliche Eintragung des Verzichts gemäß § 1168 Abs 2 BGB unterbleiben, wenn gleichzeitig die Löschung des Grundpfandrechts beantragt wird?, Rpfleger 1963, 272; *Wittmann,* Löschung und Neueintragung der Arresthypothek bei Versäumung der Zustellungsfrist nach § 929 III ZPO, MDR 1979, 549.

I. Normzweck

1 Zur rechtsgeschäftlichen Aufhebung einer Hypothek, Grund- oder Rentenschuld ist nach den §§ 875, 1183, 1192, 1200 BGB nicht nur die Erklärung des Gläubigers, dass er das Recht aufgebe, und die Löschung des Rechts, sondern auch die **materiellrechtliche Zustimmungserklärung des Eigentümers** erforderlich, weil diesem sonst die Möglichkeit entzogen wäre, das Recht für sich selbst als Eigentümerhypothek oder Eigentümergrundschuld (§ 1177 BGB) zu erwerben. Ist dagegen das Grundpfandrecht durch einen außerhalb des Grundbuchs sich vollziehenden Rechtsakt erloschen und die Entstehung einer Eigentümerhypothek bzw

-grundschuld damit ausgeschlossen, so bedarf es zur Löschung im Grundbuch materiellrechtlich nicht der Zustimmungserklärung des Grundstückseigentümers, dh § 1183 BGB findet in diesem Fall keine Anwendung.

Für die rechtsändernde Löschung eines Fremdgrundpfandrechts bedarf es neben der Löschungsbewilligung des **2** Berechtigten (§ 19) der **formellrechtlichen Zustimmungserklärung (Mitbewilligung) des Eigentümers;** dies ergibt sich wegen der Notwendigkeit der materiellrechtlichen Zustimmung (§§ 1183, 1192, 1200 BGB) bereits aus § 19 und wird in § 27 S 1 überflüssigerweise noch konkretisiert. Beim Erlöschen eines Fremdgrundpfandrechts außerhalb des Grundbuchs kann die Berichtigung erfolgen entweder auf Grund einer Berichtigungsbewilligung des Gläubigers (§ 19) und Berichtigungszustimmung des Eigentümers (§ 27 S 1) oder auf Grund Unrichtigkeitsnachweises (§ 22) ohne Zustimmung des Grundstückseigentümers (§ 27 S 2).

Löschung eines Grundpfandrechts **3**

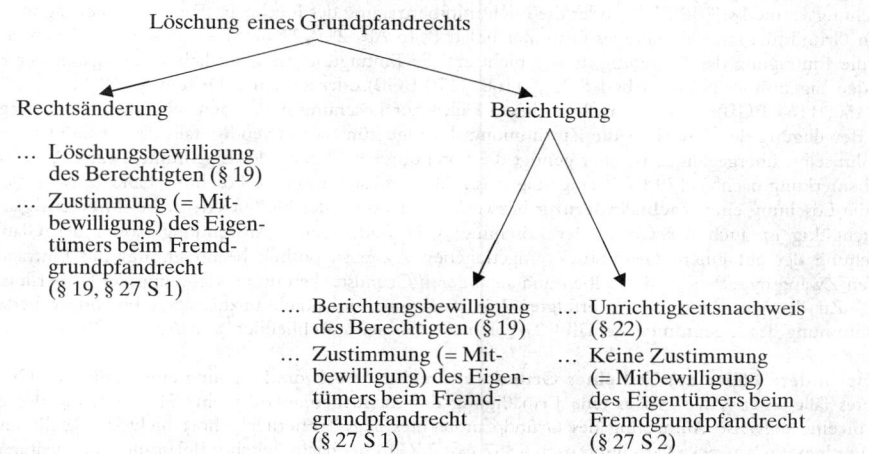

Rechtsänderung

... Löschungsbewilligung des Berechtigten (§ 19)
... Zustimmung (= Mitbewilligung) des Eigentümers beim Fremdgrundpfandrecht (§ 19, § 27 S 1)

Berichtigung

... Berichtungsbewilligung des Berechtigten (§ 19)
... Zustimmung (= Mitbewilligung) des Eigentümers beim Fremdgrundpfandrecht (§ 27 S 1)

... Unrichtigkeitsnachweis (§ 22)
... Keine Zustimmung (= Mitbewilligung) des Eigentümers beim Fremdgrundpfandrecht (§ 27 S 2)

§ 27 S 1 schreibt grundsätzlich vor, dass zur Löschung eines Fremdgrundpfandrechts stets die Zustimmung **4** (= Mitbewilligung) des Grundstückseigentümers erforderlich ist, **gleichgültig, ob die Löschung einer Rechtsänderung oder Grundbuchberichtigung dient.** § 27 S 2 lässt allerdings die Möglichkeit offen, dass bei der berichtigenden Löschung der Unrichtigkeitsnachweis geführt wird; dann ist die Zustimmung des Eigentümers nicht erforderlich. Bei der rechtsändernden Löschung trägt die den § 19 überflüssigerweise konkretisierende Vorschrift des § 27 S 1 dem Umstand Rechnung, dass jedem Fremdgrundpfandrecht latent ein Eigentümerrecht innewohnt, und der Eigentümer diese Anwartschaft nicht ohne sein Zutun verlieren darf. Für die Löschung auf Grund einer Berichtigungsbewilligung verlangt § 27 S 1 deshalb die Zustimmung des Eigentümers, weil auch dann die Anwartschaft auf den Erwerb eines Eigentümergrundpfandrechtes gefährdet ist, wenn die berichtigende Löschung nicht der materiellen Rechtslage entspricht.[1]

§ 27 ist durch § 2 der VereinfVO vom 05.10.1942 (RGBl I 573) **neu gefasst** worden.[2] Früher hatte die Bestim- **5** mung folgenden Wortlaut:

(1) Eine Hypothek, eine Grundschuld oder eine Rentenschuld darf nur mit Zustimmung des Eigentümers gelöscht werden.

(2) Ein Recht, mit dem eine Hypothek, eine Grundschuld oder eine Rentenschuld belastet ist, darf nur mit Zustimmung dessen gelöscht werden, dem die Hypothek, die Grundschuld oder die Rentenschuld zusteht. Für eine Löschung zur Berichtigung des Grundbuchs ist die Zustimmung nicht erforderlich, wenn die Unrichtigkeit nachgewiesen wird.

Der frühere § 27 Abs 2 S 1 bezog sich auf Rechte an Hypotheken, Grund- und Rentenschulden, also auf Nießbrauch und Pfandrecht an den bezeichneten Rechten. Für sie gilt nunmehr die Regel der §§ 19, 22 Abs 1.

II. Geltungsbereich

1. Grundpfandrechte

§ 27 regelt nur die Löschung von Grundpfandrechten **(= Hypothek, Grundschuld, Rentenschuld)**. Gleich- **6** gültig ist, ob eine Brief- oder Buchhypothek, eine Verkehrs- oder Sicherungshypothek, eine Einzel- oder Gesamtbelastung, eine vertragliche oder eine Zwangshypothek (§§ 867, 868 ZPO) bzw Arresthypothek (§ 932 Abs 1 und 2 ZPO) usw in Frage steht. Nicht unter § 27 fallen Belastungen von Grundpfandrechten oder andere

---

1 RGZ 72, 362, 367; *Demharter* § 27 Rn 2; BGB-RGRK-*Augustin* § 894 Rn 40.
2 Vgl. dazu: *Hesse* DFG 1943, 17.

beschränkte dingliche Rechte, wie zB die Reallast.[3] Auch die Löschung von Vormerkungen und Widersprüche gehört nicht hierher, auch wenn sie sich auf Grundpfandrechte beziehen.[4] Nicht einschlägig ist § 27 bei der Löschung von Vermerken im Grundbuch, die sich auf Grundpfandrechte beziehen, zB bei Verfügungsbeeinträchtigungen. Eine besondere Zustimmung gemäß § 1183 BGB oder § 27 S 1 ist bei der Löschung eines Eigentümerrechtes nicht erforderlich, da die eigene Erklärung des Eigentümers gemäß § 875 BGB bzw § 19 seiner Zustimmung nicht bedarf.[5]

2. Löschung

7 **a) Allgemeines.** Es muss sich um die Löschung eines Grundpfandrechts handeln, also um die Eintragung des Löschungsvermerks (§ 46 Abs 1) oder die Nichtmitübertragung des Rechts im Falle der Übertragung des belasteten Grundstücks auf ein anderes Grundbuchblatt (§ 46 Abs 2). § 27 ist daher insbesondere nicht anwendbar auf die Eintragung der Abtretung, ferner nicht auf die Eintragung des gesetzlichen Übergangs der Hypothek auf den Eigentümer (§ 1163 Abs 1 S 2, §§ 1168, 1170 BGB) oder auf einen Dritten (§ 268 Abs 1, § 774 Abs 1, §§ 1150, 1164 BGB). Doch ist auch in diesen Fällen zur Löschung neben dem Nachweis des Übergangs und der Bewilligung des Erwerbers die Zustimmung des Eigentümers notwendig, falls das Grundpfandrecht nicht auf ihn selbst übergegangen ist; hier genügt die Löschungsbewilligung des Eigentümers auch dann, wenn eine Vorbemerkung nach § 1179 BGB eingetragen ist.[6] Wenn es sich um eine Löschung handelt, ist es gleichgültig, ob die Löschung eine **Rechtsänderung** bezweckt oder ob sie der bloßen **Grundbuchberichtigung** dient.[7] Gleichgültig ist auch der Grund der Löschung; § 27 findet daher Anwendung, wenn der Gläubiger die Löschung der auf einem Grundstück eingetragenen Zwangshypothek beantragt, um die Eintragung einer neuen Zwangshypothek an demselben und an anderen Grundstücken unter Verteilung der Forderung zu erlangen.[8] Zu der von Amts wegen erfolgten Löschung einer inhaltlich unzulässigen Hypothek bedarf es der Zustimmung des Eigentümers gemäß § 27 S 1 nicht, da hier ausschließlich § 53 Abs 1 S 2 gilt.[9]

8 **b) Besondere Fälle. aa) Teil eines Grundpfandrechts.** Auch die Löschung eines Teiles des Grundpfandrechtes fällt unter § 27,[10] sei es eine Ermäßigung des Kapitalbetrags oder eine Herabsetzung des Zinsfußes, worin eine teilweise Aufhebung des Grundpfandrechtes liegt.[11] Hierher gehört nicht die Teillöschung einer Zwangshypothek zwecks Verteilung nach § 867 Abs 2 ZPO bei nachträglicher Belastung eines weiteren Grundstücks[12] (vgl Rdn 11).

9 **bb) Gesamtgrundpfandrechte.** Soll ein Gesamtgrundpfandrecht an sämtlichen Grundstücken gelöscht werden, so müssen alle Eigentümer zustimmen; sowohl § 1183 BGB[13] als auch § 27[14] finden Anwendung. Die Zustimmung des Eigentümers ist auch dann erforderlich, wenn die **Aufhebung** eines Gesamtgrundpfandrechts nur an einem Einzelgrundstück oder an einem Grundstücksteil erklärt wird.[15] Um keine Löschung iS des § 1183 BGB, § 27 GBO handelt es sich jedoch beim **Verzicht** des Gläubigers eines Gesamtgrundpfandrechts, und zwar sowohl bei Verzicht bezüglich aller Grundstücke (§ 1175 Abs 1 S 1 BGB = Eigentümergesamtrecht) als auch hinsichtlich eines einzelnen (aber nicht des letzten) Grundstücks (§ 1175 Abs 1 S 2 BGB = Erlöschen an diesem Grundstück).[16]

10 Die **Pfandfreigabe** (= Entpfändung, Pfandentlassung, Enthaftung) eines einzelnen Grundstücks oder Grundstücksteils aus der Mithaft eines Gesamtgrundpfandrechts ist idR als **Verzicht auf das Grundpfandrecht** an dem betroffenen Grundstück bzw Grundstücksteil gemäß § 1175 Abs 1 S 2 BGB anzusehen, der kraft Gesetzes

---

3   BayObLGZ 1981, 158 = MittBayNot 1981, 122; *Demharter* § 27 Rn 4.
4   RGZ 65, 260; KEHE-*Munzig* § 27 Rn 4; *Demharter* § 27 Rn 4.
5   RGZ 66, 285, 288; 73, 173, 174; *Soergel-Konzen* § 1183 Rn 2.
6   KG OLGE 14, 132; *Güthe-Triebel* § 27 Rn 10.
7   OLG München JFG 18, 204; KEHE-*Munzig* § 27 Rn 5; *Demharter* § 27 Rn 6; *Thieme* § 27 Bem 2.
8   BayObLGZ 2, 64.
9   *Demharter* § 27 Rn 5.
10 *Güthe-Triebel* § 27 Rn 4.
11 RGZ 72, 362; KG OLGE 8, 209; KEHE-*Munzig* § 27 Rn 5; *Demharter* § 27 Rn 7.
12 *Güthe-Triebel* § 27 Rn 7; **aA** OLG Colmar OLGE 6, 101; OLG Dresden OLGE 3, 442.
13 MüKo-*Eickmann* § 1183 Rn 5; BGB-RGRK-*Thumm* § 1183, Rn 7; *Palandt-Bassenge* § 1183 Rn 3; *Soergel-Konzen* § 1183 Rn 2.
14 *Demharter* § 27 Rn 17.
15 LG Augsburg MittBayNot 1979, 20; *Leikam* BWNotZ 1963, 120, 121.
16 KEHE-*Munzig* § 27 Rn 6; **aA** OLG Düsseldorf MittRhNotK 1995, 315 (*Wochner*).

insoweit das Erlöschen des Grundpfandrechts zur Folge hat.[17] Die wirksame Pfandfreigabe bedarf der Verzichtserklärung gegenüber dem Grundbuchamt oder dem Gläubiger und der Eintragung im Grundbuch (§ 1168 Abs 2 S 1 BGB). Die Eintragung des Verzichts kann durch einen ausdrücklichen Verzichtsvermerk erfolgen, und zwar in der Veränderungsspalte des betroffenen Rechts.[18] **Die Zustimmung des Eigentümers gemäß § 27 S 1 ist nicht erforderlich,** da keine selbständige Löschung im Sinne dieser Vorschrift vorliegt, sondern das Erlöschen des Grundpfandrechts ist vielmehr die gesetzliche Folge des Verzichts.[19] Ist ein Gesamtgrundpfandrecht nur noch an einem Belastungsobjekt eingetragen und wird dem Grundbuchamt zur Löschung auch an diesem letzten Belastungsobjekt eine »Pfandentlassungserklärung« vorgelegt, so ist dies grundsätzlich als Löschungsbewilligung auszulegen; zum Vollzug der Löschung ist daneben noch die Eigentümerzustimmung nach § 27 Satz 1 erforderlich.[20] Die Eintragung des Verzichts kann auch durch die bloße Löschung des Grundpfandrechts – ohne vorherige Eintragung des Verzichts – erfolgen, da die Wirkung des Verzichts und der Löschung gleich ist; weil die Eintragung des Verzichts der Zustimmung des Eigentümers nicht bedarf, kann die Löschung ebenfalls ohne Zustimmung des Eigentümers eingetragen werden.[21] Zur Löschung des Grundpfandrechts nach Eintragung des Verzichts bedarf es der Zustimmung des Eigentümers nach § 27 S 1 schon deshalb nicht, weil § 27 S 2 Anwendung findet.[22] Sind sämtliche Grundstücke auf dem gleichen Grundbuchblatt eingetragen, so ist die Löschung des Rechts an einem der belasteten Grundstücke in der Veränderungsspalte einzutragen:[23] »An Grundstück Nr ... gelöscht am ...«. In Spalte 2 ist die Nummer des betroffenen Grundstücks zu röten. Handelt es sich jedoch um ein Gesamtgrundpfandrecht, das in mehreren Grundbüchern eingetragen ist, so ist in dem Grundbuch, in dem das Grundpfandrecht erlöschen soll, in der Löschungsspalte zu vermerken: »Gelöscht am ...«; in dem Grundbuch oder in den Grundbüchern, in denen noch Mithaft besteht, ist gemäß § 48 Abs 2 von Amts wegen folgender Vermerk in der Veränderungsspalte einzutragen:[24] »Die Mithaft des im Grundbuch von ... eingetragenen Grundstücks Nr ... des Bestandsverzeichnisses Band ... Blatt ... ist erloschen. Eingetragen am ...«

Die Eintragung der **Verteilung** eines Gesamtgrundpfandrechts auf die einzelnen Grundstücke nach § 1132 **11** Abs 2 BGB ist **nicht unter § 27 einzureihen.**[25] Infolge der Verteilung erlischt zwar das Grundpfandrecht in Höhe des auf das Grundstück nicht zugeteilten Betrags, sodass das Gesamtgrundpfandrecht in Einzelgrundpfandrechte zerfällt. Aber der unmittelbare Inhalt der Eintragung ist nicht auf Löschung, sondern auf die Verteilung gerichtet; das Erlöschen ist nur die notwendige Rechtsfolge auf Verteilung.[26] § 1132 Abs 2 BGB ist entsprechend anzuwenden, wenn ein im Alleineigentum stehendes, mit einem Grundpfandrecht belastetes Grundstück auf mehrere Miteigentümer nach Bruchteilen übergeht.[27] Die Verteilung eines Gesamtgrundpfandrechtes ist nur in der Weise möglich, dass die Summe der Einzelgrundpfandrechte dem Betrag des Gesamtgrundpfandrechtes entspricht; bleibt die Summe der Einzelrechte hinter dem Gesamtbetrag zurück, gilt materiell § 1175 Abs 1 S 1 BGB und formell § 27.[28]

cc) Ausschluss unbekannter Gläubiger. Auch der Ausschluss unbekannter Gläubiger nach §§ 1170, 1171 **12** BGB **fällt nicht unter § 27;** zur Löschung ist die Zustimmung des Eigentümers nicht erforderlich.[29] Es erfolgt gemäß § 1175 Abs 2 BGB eine Gleichstellung mit dem Verzicht (vgl dazu Rdn 13).

dd) Verzicht. Der Verzicht auf ein Grundpfandrecht gemäß § 1168 BGB lässt seinen Bestand unberührt; er **13** bewirkt den Verlust der Gläubigerstellung an dem Grundpfandrecht unter Aufrechterhaltung der Gläubigerstel-

---

17 BayObLGZ 23, 47; KG JW 1934, 2243; 1937, 1553; OLG München JFG 23, 322; LG Augsburg MittBayNot 1979, 20; BGB-RGRK-*Thumm* § 1175 Rn 5; *Soergel-Konzen* § 1175 Rn 3; *MüKo-Eickmann* § 1175 Rn 5, § 1183 Rn 5; KEHE-*Munzig* § 27 Rn 6; *Schöner/Stöber* Rn 2706; *Mausfeld* Rpfleger 1957, 240; *Löscher* JurBüro 1960, 423; *Leikam* BWNotZ 1963, 120; *Lotter* MittBayNot 1985, 8.
18 *Mausfeld* Rpfleger 1957, 240, 241.
19 BGHZ 52, 93 = NJW 1969 142 m abl Anm *Wacke* NJW 1969, 185; KG HRR 1932 Nr 513; BayObLGZ 7, 433; LG Augsburg MittBayNot 1979, 20; BGB-RGRK-*Thumm* § 1175 Rn 5; *Soergel-Konzen* § 1175 Rn 3; *Demharter* § 27 Rn 8; KEHE-*Munzig* § 27 Rn 6; *Schöner/Stöber* Rn 2707; *Schmitt* BayNotZ 1916, 461; *Mausfeld* Rpfleger 1957, 240; *Lotter* MittBayNot 1985, 8.
20 LG Leipzig NotBZ 2001, 71; LG Dresden NotBZ 2000, 273; LG Wuppertal DNotI-Report 2000, 34; *Schöner/Stöber* Rn 2718 Fn 1.
21 KG HRR 1931 Nr 740; 1932 Nr 513; OLG München JFG 23, 322; LG Augsburg MittBayNot 1979, 20; *Demharter* § 27 Rn 8; *Schöner/Stöber* Rn 2707; *Mausfeld* Rpfleger 1957, 240.
22 *Mausfeld* Rpfleger 1957, 240.
23 *Schöner/Stöber* Rn 2709.
24 *Schöner/Stöber* aaO; *Mausfeld* Rpfleger 1957, 240, 241.
25 KEHE-*Munzig* § 27 Rn 6, 15; *Demharter* § 27 Rn 8.
26 RGZ 70, 91; BayObLGZ 7, 433; *Güthe-Triebel* § 27 Rn 7.
27 KG JFG 6, 348; OLG Dresden JFG 11, 237; KEHE-*Munzig* § 27 Rn 6.
28 OLG Düsseldorf MittRhNotK 1995, 315 (*Wochner*).
29 KEHE-*Munzig* § 27 Rn 6; ausführlich dazu *Wenckstern* DNotZ 1993, 547.

lung an der Forderung.[30] Das Grundpfandrecht wird zur **Eigentümergrundschuld** durch die Grundbucheintragung des Verzichts.[31] Das Grundpfandrecht erwirbt, wer zur Zeit des Wirksamwerdens des Verzichts Eigentümer ist.[32] Ein wirksamer Verzicht bedarf materiellrechtlich einer Verzichtserklärung des Gläubigers gegenüber dem GBA oder dem Eigentümer, der nach § 876 etwa erforderlichen Zustimmung des Dritten und der Eintragung im Grundbuch. Ein Verzicht durch den Vormund bedarf der Genehmigung durch das Vormundschaftsgericht (§ 1822 Nr 13 BGB).[33] Der Verzicht des Gläubigers auf das Grundpfandrecht ist zu unterscheiden von der Aufhebung des Grundpfandrechts: Letztere ist auf die völlige Beseitigung des Grundpfandrechts gerichtet, weshalb nach § 27 S 1 die Zustimmung des Eigentümers erforderlich ist; da der Verzicht nur die Aufgabe des Gläubigerrechts zum Inhalt hat, ohne dass der Bestand des Grundpfandrechts als solchen dadurch berührt wird, ist die **Zustimmung des Eigentümers gemäß § 27 S 1 nicht notwendig.**[34] Eingetragen wird der Verzicht in der Veränderungsspalte, und zwar nur der Verzicht als solcher:[35] »*Berechtigter hat auf das Recht verzichtet. Eingetragen am ...*«. Die Umschreibung auf den Eigentümer erfolgt zugleich im Wege der Grundbuchberichtigung, wenn dies beantragt wird: »*Diese Hypothek ist infolge Verzichts des Gläubigers vom ... als Grundschuld auf den ... umgeschrieben am ...*«. Für die Grundbucheintragung des Verzichts ist gemäß § 39 die **Voreintragung** des Verzichtenden erforderlich. Dies gilt auch dann, wenn der Eigentümer über das Grundpfandrecht sogleich weiter verfügt, insbesondere die Löschung des Eigentümerrechts beantragt.[36] Die Gegenansicht, die ohne Eintragung des Verzichts sofort die Löschung zulässt,[37] berücksichtigt dabei nicht, dass sich der Übergang des Grundpfandrechts auf den Eigentümer erst mit der Grundbucheintragung des Verzichts vollzieht, sodass er erst von diesem Zeitpunkt an zur weiteren Verfügung berechtigt ist.

III. Materiellrechtliche Voraussetzungen der Löschung eines Grundpfandrechts

14   Die Aufhebung eines Grundpfandrechts erfordert materiell:
– Erklärung des Berechtigten, dass er das Recht aufgebe (§ 875 BGB);
– Zustimmung des Grundstückseigentümers (§ 1183 BGB);
– Zustimmung des Berechtigten eines Nießbrauchs oder Pfandrechts, wenn das Grundpfandrecht damit belastet ist (§ 876 BGB);
– Eintragung in das Grundbuch (§ 875 BGB).

IV. Formellrechtliche Voraussetzungen der Löschung eines Grundpfandrechts

1. Antrag (§ 13)

15   Die Löschung kann sowohl von dem Eigentümer als auch von dem Gläubiger beantragt werden (§ 13 Abs 1 S 2). Wird der Löschungsantrag von dem Eigentümer gestellt und enthält er zugleich dessen Zustimmung (§ 27), so bedarf er nach § 30 der Form des § 29 Abs 1 S 1; ansonsten ist keine besondere Form erforderlich. Umgekehrt liegt aber in der Löschungszustimmung des Eigentümers gemäß § 27 nicht sein Eintragungsantrag nach § 13.[38] Legt der Notar dem GBA eine Auflassungsurkunde zum Vollzug vor, nach der der Erwerber zwar ein eingetragenes Grundpfandrecht übernimmt, der Notar aber den Versuch der lastenfreien Umschreibung unternehmen soll und nach der die Vertragsparteien die Eigentumsumschreibung »in dem Lastenzustand wie oben schuldrechtlich vereinbart« bewilligen und beantragen, so ist jedenfalls dann nächstliegende Bedeutung des Eintragungsantrags, dass die Löschung des Grundpfandrechts beantragt ist, wenn der Notar auch die Löschungsbewilligung des Grundpfandrechtsgläubigers einreicht.[39]

2. Bewilligung (§ 19) oder Unrichtigkeitsnachweis (§ 22)

16   **a) Unrichtigkeitsnachweis (§ 22).** Eine Bewilligung des Betroffenen (§ 19) bedarf es zur Löschung eines Grundpfandrechts nicht, wenn in der Form des § 29 nachgewiesen wird, dass das Grundbuch unrichtig ist

---

30 RGZ 78, 69.
31 *Soergel-Konzen* § 1168 Rn 6.
32 BGH LM Nr 2 zu § 3a LASG; *Schöner/Stöber* Rn 2715.
33 KG OLGE 8, 359; *Schöner/Stöber* Rn 2721.
34 KG OLGE 31, 252; *Güthe-Triebel* § 27 Rn 7; *Hesse-Saage-Fischer* § 27 Bem II 2; KEHE-*Munzig* § 27 Rn 6; *Demharter* § 27 Rn 8; *Schöner/Stöber* Rn 2716.
35 *Schöner/Stöber* Rn 2716; MüKo-*Eickmann* § 1168 Rn 17; *Palandt-Bassenge* § 1168 Rn 3; BGB-RGRK-*Thumm* § 1168 Rn 4; *Wendt-Pommerening* Rpfleger 1963, 272.
36 *Kohler* in *Bauer/von Oefele* § 27 Rn 13; *Palandt-Bassenge* § 1168 Rn 3; BGB-RGRK-*Thumm* § 1168 Rn 4; *Demharter* § 27 Rn 8; *Schöner/Stöber* Rn 2718; *Wendt-Pommerening* Rpfleger 1963, 272.
37 OLG Schleswig NJW 1964, 2022 = Rpfleger 1965, 177 m abl Anm *Wendt-Pommerening*; *Soergel-Konzen* § 1168 Rn 7; *Staudenmaier* BWNotZ 1964, 152; *Löscher* JurBüro 1965, 849.
38 OLG Saarbrücken MittRhNotK 1996, 57.
39 OLG Frankfurt Rpfleger 1996, 104.

(§ 22). Erfolgt also der Beweis, dass das Grundpfandrecht nicht erstanden oder außerhalb des Grundbuchs erloschen ist, kann die Löschung auf formlosen (§ 30) Antrag des Eigentümers vorgenommen werden, da in diesem Fall das Erfordernis der Eigentümerzustimmung entfällt (§ 27 S 2). Zu beachten sind die Sonderfälle

– der auf Lebenszeit des Berechtigten beschränkten Rechte nach § 23;
– der sonst zeitlich beschränkten Rechte nach § 24;
– der auf Grund einstweiliger Verfügung oder vorläufig vollstreckbaren Urteils eingetragenen Vormerkungen und Widersprüche nach § 25.

b) Bewilligung (§ 19). Zur Löschung eines Grundpfandrechts bedarf es – mit Ausnahme des Unrichtigkeits- **17** nachweises bei der Grundbuchberichtigung (§ 22) – einer Bewilligung des Betroffenen (§ 19). Besteht das Grundpfandrecht materiellrechtlich noch, so bedarf es einer **Löschungsbewilligung**, ist es dagegen nicht mehr existent, dh ist das Grundbuch in Bezug auf das Bestehen des Grundpfandrechts unrichtig, so ist eine **Berichtigungsbewilligung** nötig. Beide Formen der Bewilligung sind Unterarten der »Eintragungsbewilligung«.[40] Bezüglich der Berichtungsbewilligung vgl § 22 Rdn 101 ff. Die folgenden Ausführungen betreffen daher nur die Löschungsbewilligung.

aa) Rechtsnatur. Die Löschungsbewilligung ist ihrem Wesen nach eine Eintragungsbewilligung (§ 19).[41] Die **18** Bewilligung ist keine Verfügung, sondern eine **reine Verfahrenshandlung**;[42] ihr Inhalt ist die Erlaubnis an das Grundbuchamt, eine Löschung vorzunehmen; ihr Zweck ist die formelle Rechtfertigung der auf diese Bewilligung gestützten Löschung. Wenn vereinzelt noch behauptet wird, dass die Bewilligung eine rechtsgeschäftliche, einseitige und empfangsbedürftig Willenserklärung ist, die eine Verfügung über das Grundstücksrecht darstellt,[43] kann dem nicht zugestimmt werden. Die Löschungsbewilligung verändert nämlich nur die Buchposition des Gläubigers, nicht die materielle Rechtslage. Sind die Aufgabeerklärung des Berechtigten, die Zustimmung des Eigentümers und die Grundbucheintragung wirksam, so erlischt das Recht materiellrechtlich, auch wenn die Löschungsbewilligung fehlt oder unwirksam ist. Liegen umgekehrt die Löschungsbewilligung und die Löschung im Grundbuch vor, so erlischt das Grundpfandrecht materiellrechtlich dennoch nicht, wenn die Aufgabeerklärung des Gläubigers und/oder die Zustimmung des Eigentümers fehlen.

bb) Form. Da es sich bei der Löschungsbewilligung um eine Eintragungsbewilligung handelt, ist nach § 29 **19** **Abs 1 S 1** eine öffentliche oder öffentlich beglaubigte Urkunde erforderlich.

cc) Inhalt. Für den Inhalt der Löschungsbewilligung gelten grundsätzlich die allgemeinen Regeln, wie sie für **20** § 19 entwickelt worden sind. Erforderlich ist dabei vor allem die zweifelsfreie Bezeichnung des zu löschenden Rechts und seine Eintragungsstelle im Grundbuch. Die Löschungsbewilligung muss ausdrücklich erklärt werden, stillschweigende Erklärungen genügen nicht. Der Gebrauch der Worte »Bewilligung« oder »bewilligen« ist nicht zwingend, vielmehr genügen in der Regel Ausdrücke wie »gestatten«, »einverstanden sein« oder »zustimmen«.[44] Der der Löschung zugrunde liegende materielle Rechtsvorgang braucht in der Löschungsbewilligung nicht angegeben zu werden, gleichfalls nicht, ob es sich um eine Löschung rechtsändernder oder berichtigender Art handelt.[45] Weiß der Grundbuchrechtspfleger jedoch, dass die Löschung das Grundbuch unrichtig machen würde, darf er auf Grund einer abstrakten Löschungsbewilligung nicht löschen (Legalitätsprinzip!). Wird in der Löschungsbewilligung hinsichtlich einer Teilfläche, auf die sich die Löschung nur beziehen soll, neben der ungefähren Angabe der Größe in m² zulässigerweise auf einen noch nicht erstellten Veränderungsnachweis verwiesen, so wird die lastenfreie Abschreibung dieser Teilfläche, deren Größe vom vorläufigen Beschrieb dann wesentlich abweicht (zB um 24 %), durch die Löschungsbewilligung nicht mehr gedeckt.[46]

Nicht geklärt ist die Frage, ob bei einem **Gesamtgrundpfandrecht** alle belasteten Grundstücke in der **21** Löschungsbewilligung bezeichnet sein müssen. Es wird die Meinung vertreten, dass bei Gesamtrechten alle Mithaftstellen genau bezeichnet sein müssen, wobei die Allgemeinfassung »und allerorts im Grundbuch« nicht rei-

40 KEHE-*Munzig* § 19 Rn 7.
41 RGZ 100, 93; KGJ 38, 273; KEHE-*Munzig* § 27 Rn 18.
42 BGHZ 84, 202 = NJW 1982, 2817 = Rpfleger 1982, 414; OLG Düsseldorf Rpfleger 1981, 177; OLG Hamm Rpfleger 1989, 148; BayObLG Rpfleger 1993, 189. KEHE-*Munzig* § 19 Rn 14 ff; *Demharter* § 19 Rn 13; *Eickmann* GBVerfR, Rn 121–127; *Habscheid* § 41 II 2; *Schöner/Stöber* Rn 98; *Böttcher* Rpfleger 1982, 174, 175; *Huhn* RpflStud 1978, 30, 32; *Behmer* Rpfleger 1984, 306, 307; *Nieder* NJW 1984, 331; *Ertl* DNotZ 1964, 260; 1967, 339, 406; Rpfleger 1980, 41, 46; 1982, 407.
43 RGZ 54, 378; 129, 8; 141, 377; BayObLGZ 1952, 40; 1954, 100; *Güthe-Triebel* § 19 Rn 7 ff.
44 *Hoffmann* MittRhNotK 1971, 605, 614.
45 BayObLGZ 1952, 322; KG DNotZ 1934, 363; OLG Hamm DNotZ 1958, 547; KEHE-*Munzig* § 27 Rn 20.
46 BayObLG MittBayNot 1986, 255.

chen soll.[47] Dem kann nicht zugestimmt werden. Es ist zwar richtig, dass die alleinige Beschreibung *»allerorts im Grundbuch«* nicht ausreichend ist, daraus folgt jedoch nicht umgekehrt, dass alle Grundbuchstellen oder Grundstücke in der Löschungsbewilligung aufgeführt werden müssen. Es genügt vielmehr, wenn die Löschung des Gesamtrechts *»im GB für ... Band ... Blatt ... und allen aus dem dortigen Mitbelastungsvermerk ersichtlichen Grundstücken«* oder *»im GB für ... Band ... Blatt ... und allerorts«* bewilligt wird.[48] Durch eine solche Beschreibung wird sichergestellt, dass der Grundbuchrechtspfleger den Grundbuchvortrag, den der Antragsteller nach Gemarkung, Band und Blatt angeführt hat, auch vollständig, nämlich samt dem Mitbelastungsvermerk, liest und damit auch von allen Grundbuchstellen Kenntnis nimmt. Sind die Gesamtrechte in den Grundbüchern von A und B eingetragen und bezieht sich die Löschungsbewilligung nur auf das GB von A, so kann das Gesamtrecht im GB von B damit nicht gelöscht werden.[49] Eine für ein Gesamtgrundpfandrecht erteilte Löschungsbewilligung ist dahin auszulegen, dass sie auch einen **Teilvollzug** ermöglicht.[50]

22 Der in der Form des § 29 vom Gläubiger gestellte **Löschungsantrag ersetzt idR die Löschungsbewilligung.**[51] Wenn der Grundstückseigentümer durch eine löschungsfähige Quittung als der allein Berechtigte ausgewiesen ist, so enthält sein formgerechter (§ 29) Löschungsantrag ebenso die eigentliche Löschungsbewilligung.[52] Letztere kann auch in der formgerechten Löschungszustimmung (§§ 27, 29) des Eigentümers erblickt werden, wenn aus einem Fremdgrundpfandrecht kraft Gesetzes eine Eigentümergrundschuld entstanden ist.[53] Auch wenn in der formbedürftigen verfahrensrechtlichen Löschungsbewilligung idR die formlose materiellrechtliche Aufgabeerklärung liegt, sind beide wegen ihrer verschiedenen Rechtsnatur streng voneinander zu unterscheiden.[54] In der Löschungszustimmung des Grundstückseigentümers (§ 27) liegt nicht sein Löschungsantrag nach § 13.[55]

23 **dd) Berechtigung. (1) Eingetragener Gläubiger.** Bewilligungsberechtigt ist grundsätzlich derjenige, dessen grundbuchmäßiges Recht von der Löschung betroffen wird (§ 19), dh das Buchrecht wird wie das Vollrecht und der Buchberechtigte wie der wahre Berechtigte behandelt.[56] Entscheidend ist somit, dass die **Buchposition des eingetragenen Gläubigers betroffen** wird. Die Löschung einer Hypothek ist daher grundsätzlich vom eingetragenen Hypothekengläubiger zu bewilligen und wenn die Vermutung des § 891 BGB widerlegt ist, vom wahren Berechtigten.[57] Zur Löschung einer Hypothek, die einem Pfändungsgläubiger zur Einziehung überwiesen ist, genügt nicht eine von diesem erteilte Löschungsbewilligung, weil weder durch die Pfändung noch durch die Überweisung zur Einziehung ein Rechtsübergang der Forderung auf den Pfändungsgläubiger bewirkt wird.[58] Durch die Einigung über die Abtretung eines Buchgrundpfandrechtes (auch Zwangshypothek) wird der Zessionar noch nicht zum Betroffenen iSv § 19, weil seine Grundbucheintragung noch fehlt.[59] Steht bei einem Grundpfandrecht der Anspruch auf das Kapital und die Nebenleistungen **verschiedenen Gläubigern** zu, so kann das Grundpfandrecht einschließlich der Nebenleistungen nach hM allein auf Grund der Löschungsbewilligung des Grundpfandgläubigers gelöscht werden ohne Zustimmung des Nebenleistungsgläubigers.[60] Dieser Auffassung ist zu widersprechen, da nach § 875 BGB beide Inhaber die Aufhebungserklärung und somit auch die Löschungsbewilligung nach § 19 abgeben müssen.[61] Die gegenteilige hM stellt einen Verstoß gegen Art 14 GG dar,[62] wonach aus dem Eigentum ausgegliederte Vermögensrechte nicht ohne Zutun des Berechtigten wegfallen dürfen (vgl § 26 Rdn 58).

---

47 BayObLG FGPrax 1995, 221 = MittBayNot 1995, 462 = MittRhNotK 1995, 323; BayObLGZ 1961, 105 = DNoZ 1961, 591 = Rpfleger 1962, 20; OLG Neustadt Rpfleger 1962, 345; OLG Köln DNotZ 1976, 746 = Rpfleger 1976, 402; *Demharter* § 28 Rn 8; **aA** *Schöner/Stöber* Rn 133 und 2752; *Hieber* DNoZ 1961, 576; *Teubner* DNotZ 1976, 748.

48 *Meikel-Böhringer* Einl G Rn 69; KEHE-*Munzig* § 28 Rn 11; *Schöner/Stöber* Rn 133, 2752; *Haegele* Rpfleger 1962, 22; 1962, 347; *Hieber* DNotZ 1961, 576; *Teubner* DNotZ 1976, 748; *Bauer* Rpfleger 1963, 43.

49 LG Kassel Rpfleger 1987, 241.

50 OLG Hamm Rpfleger 1998, 511; LG Gera MittBayNot 2002, 190 m Anm *Munzig*; LG München I NotBZ 2001, 308; LG Berlin Rpfleger 2001, 409; LG Chemnitz MittRhNotK 2000, 433; *Demharter* § 13 Rn 19; **aA** *Schöner/Stöber* Rn 2724 a.

51 RGZ 88, 286; OLG München JFG 18, 204; 21, 83.

52 *Schöner/Stöber* Rn 2737.

53 OLG Düsseldorf MittRhNotK 1988, 175.

54 KEHE-*Munzig* § 27 Rn 22.

55 OLG Saarbrücken MittRhNotK 1996, 57.

56 KEHE-*Munzig* § 19 Rn 49 ff; *Böttcher* Rpfleger 1982, 175.

57 BayObLG MittBayNot 1993, 81 = MittRhNotK 1993, 32; LG Hamburg Rpfleger 2004, 348.

58 LG Düsseldorf MittRhNotK 1982, 23.

59 BayObLG Rpfleger 1998, 283.

60 RGZ 74, 81; KG JFG 18, 35; OLG Braunschweig OLGE 15, 338; LG Regensburg MittBayNot 1987, 102; BGB-RGRK-*Mattern* § 1158 Rn 6; KEHE-*Munzig* § 27 Rn 26; *Demharter* § 27 Rn 20; *Soergel-Konzen* § 1159 Rn 3; *Schöner/Stöber* Rn 2751.

61 RGZ 86, 218, 220; *Kohler* in *Bauer/von Oefele* § 27 Rn 10; MüKo-*Eickmann* § 1159 Rn 11; *Böttcher* Rpfleger 1984, 85, 87; *Riedel* RpflStud 1978, 15, 20; *Ottow* JR 1956, 412.

62 BVerfG JZ 1991, 774 (*Schwabe*).

Zur Löschung des eigenen Rechts eines **Gesamtgläubigers** (§ 428 BGB) genügt seine Löschungsbewilligung, **24**
zur Löschung des ganzen Rechts ist die aller Gesamtgläubiger erforderlich, es sei denn, dem Grundbuchrechtspfleger wird die von allen Gesamtgläubigern erteilte Ermächtigung zur Aufhebung des ganzen Rechts in der
Form des § 29 nachgewiesen.[63] Nicht gefolgt werden kann der Gegenmeinung, die zur Löschung des ganzen
Rechts die Löschungsbewilligung nur eines Gesamtgläubigers genügen lässt.[64] Zum einen ergibt sich die alleinige Verfügung- (Bewilligungs-)berechtigung eines Gesamtgläubigers zur Löschung des gesamten Rechts nicht
aus dem Gesetz, und zum anderen ist es zweifelhaft, ob das Erlöschen des Grundpfandrechts schlechthin gewollt
ist.

Bei einem für mehrere Gläubiger in **Bruchteilsgemeinschaft** eingetragenen Grundpfandrecht kann jeder **25**
Gläubiger über seinen Gemeinschaftsanteil frei verfügen (§§ 747, 413, 398, 1154 BGB). Strittig ist die Frage, ob
jeder Teilgläubiger auch ohne Mitwirkung der anderen Teilhaber seinen Anteil mit der Folge des Untergangs
aufgeben kann. Zum Teil wird dies bejaht, wobei die Löschung in der Weise erfolgen soll, dass ein dem Bruchteil entsprechender summenmäßiger Teilbetrag des Grundpfandrechts gelöscht werden soll.[65] Dem ist zu widersprechen, weil erst nach vorheriger Aufhebung der Gemeinschaft und Teilung des Rechts unter Mitwirkung
aller Teilhaber (§ 747 S 2) jeder sein durch Teilung entstandenes Recht als dessen Alleininhaber aufgeben kann.
Für die Löschung eines Bruchteilsanteils sind daher formellrechtlich die Teilungsbewilligung aller Teilhaber und
die Löschungsbewilligung für das zu löschende Recht notwendig.[66]

Ist der Grundpfandrechtsgläubiger ein Kind oder Mündel, so stellt sich die Frage nach der **vormundschafts-** **26**
gerichtlichen Genehmigung zur Löschung. Ein Fremdgrundpfandrecht für ein Mündel kann der Vormund
nur mit Genehmigung des Vormundschaftsgerichts löschen lassen (§ 1812, § 1822 Nr 13 BGB);[67] bei den Eltern
besteht keine Genehmigungsbedürftigkeit, da § 1812 BGB und § 1822 Nr 13 BGB in § 1643 BGB nicht aufgeführt sind. Zur Löschung einer vorrangigen Eigentümergrundschuld für das Mündel bedarf der Vormund
(nicht die Eltern § 1164 BGB) gemäß § 1812 BGB der vormundschaftsgerichtlichen Genehmigung;[68] dies
ergibt sich daraus, dass die Eigentümergrundschuld ein Recht darstellt, kraft dessen der Eigentümer eine Leistung verlangen kann, zB bei der Zwangsversteigerung, wenn sie im geringsten Gebot steht, oder ein etwaiger
Erlös dem Eigentümer zufällt. Entgegen der früher hM[69] ist aber auch für die Löschung einer letztrangigen
Eigentümergrundschuld des Mündels die Genehmigung des Vormundschaftsgerichts nach § 1812 BGB erforderlich[70] (nicht bei den Eltern § 1643 BGB). Im Falle der Zwangsverwaltung kann der Eigentümer aus dem
Eigentümerrecht gemäß § 1197 Abs 2 BGB Zinsen beanspruchen und bei der Zwangsversteigerung würde ein
eventueller Erlös ohne Eigentümerrecht den Berechtigten nach § 10 Abs 1 Nr 5 ZVG zufallen. Ist dem GBA
bekannt, dass eine Hypothek oder Grundschuld für das Mündel gelöscht werden soll, die nie entstanden oder
kraft Gesetzes erloschen ist (zB § 1181 BGB), so handelt es sich um eine Grundbuchberichtigung. Damit gibt
der Vormund nur eine Buchposition auf, aber keine Sicherheit für eine Forderung (§ 1822 Nr 13 BGB) oder
ein Recht auf Leistung (§ 1812 BGB); insoweit soll es zur berichtigenden Löschung nicht der vormundschaftsgerichtlichen Genehmigung bedürfen.[71] Dem ist zuzustimmen, soweit die Grundbuchunrichtigkeit urkundlich
nachgewiesen ist (§§ 22, 29). Soll die Berichtigung allerdings auf Grund des schwachen Nachweises der schlüssigen Behauptung in der Berichtigungsbewilligung des Vormunds erfolgen, dann erfordert der Schutzgedanke
der §§ 1812, 1821, 1822 BGB eine analoge Anwendung auf die Berichtungsbewilligung, sofern – unterstellt, sie
wäre falsch – redlicher Dritterwerb droht (§ 892 BGB).[72]

---

63 BayObLGZ 1975, 191 = Rpfleger 1975, 300; KEHE-*Munzig* § 27 Rn 27; *Schöner/Stöber* Rn 2734; wohl auch *Hoffmann* MittRhNotK 1971, 605, 625.
64 KG JW 1937, 3158; BGB-RGRK-*Augustin* § 875 Rn 16.
65 KG JFG 5, 362; *Hoffmann* MittRhNotK 1971, 605, 625.
66 KEHE-*Munzig* § 27 Rn 21; *Schöner/Stöber* Rn 2750; *Staudenmaier* BWNotZ 1965, 320.
67 OLG Hamm Rpfleger 1976, 309; *Damrau* FamRZ 1984, 842, 849; *Meyer-Stolte* RpflJB 1980, 339, 354; *Böttcher* Rpfleger 1987, 485.
68 BGHZ 64, 316; BayObLG Rpfleger 1985, 24 = DNotZ 1985, 161; OLG Hamm OLGZ 1977, 47 = Rpfleger 1976, 309 = DNotZ 1977, 35; LG Limburg NJW 1949, 787; LG Würzburg MittBayNot 1972, 239; *Demharter* § 27 Rn 16; *Schöner/Stöber* Rn 3722; *Meyer-Stolte* RpflJB 1980, 339, 355; *Klüsener* Rpfleger 1981, 461, 465; *Doerr* SeuffBl 71, 376 ff; *Böttcher* Rpfleger 1987, 485, 486; **zweifelnd:** KG JFG 13, 393 = JW 1936, 2745 = DNotV 1936, 735; **ablehnend:** *Damrau* FamRZ 1984, 842, 849.
69 KG JFG 13, 393 = JW 1936, 2745 = DNotZ 1936, 735; LG Limburg NJW 1949, 787; *Güthe-Triebel* S 2066; *Demharter* § 27 Rn 16; *Damrau* FamRZ 1984, 842, 849; *Hurst* MittRhNotK 1966, 383, 413; *Riggers* JurBüro 1968, 188; *Meyer-Stolte* Rpfleger 1980, 339, 355.
70 BayObLG Rpfleger 1985, 24 = DNotZ 1985, 161; LG Würzburg MittBayNot 1972, 239; *Schöner/Stöber* Rn 3722; *Eickmann* GBVerfR, Rn 201 (4.2.4 B f); *Klüsener* Rpfleger 1981, 461, 465; *Böttcher* Rpfleger 1987, 485, 487.
71 KG OLGE 26, 171; *Damrau* FamRZ 1984, 842, 850.
72 RGZ 133, 259; KG OLGE 25, 390, 393; KGJ 42, 215, 218; *Schöner/Stöber* Rn 3727; MüKo-*Wacke* § 894 Rn 21; *Klüsener* Rpfleger 1981, 461, 468; *Meyer-Stolte* RpflJB 1980, 336, 344; *Böttcher* Rpfleger 1987, 485 f.

27 **(2) Nicht eingetragener wahrer Gläubiger.** Auf Grund des formellen Konsensprinzips muss nur derjenige die Bewilligung zur Löschung abgeben, dessen Recht davon betroffen wird. Der Grundbuchrechtspfleger muss sich grundsätzlich an die Buchposition des eingetragenen Gläubigers halten,[73] da dessen grundbuchmäßiges Recht durch die Löschung verloren geht. Neben dem formellen Konsensprinzip steht jedoch gleichberechtigt das **Legalitätsprinzip**, wonach der Grundbuchrechtspfleger nicht dabei mitwirken darf, das Grundbuch wissentlich unrichtig werden zu lassen; im Regelfall steuert zwar das Konsensprinzip das Verfahren, aber jeder Anhaltspunkt für eine Grundbuchunrichtigkeit zwingt aus der Sicht des Legalitätsprinzips zu einer genaueren Prüfung.[74] Ist dem Grundbuchrechtspfleger bekannt, dass der eingetragene Gläubiger nicht der wahre Gläubiger ist, so muss er zuvor die Löschung bewilligen.[75] Dies gilt zB im Falle der Abtretung einer Briefhypothek außerhalb des Grundbuchs, ferner in den Fällen, in denen die Hypothek kraft Gesetzes auf einen anderen übergegangen ist. Der Grundbuchrechtspfleger braucht nicht zu prüfen, ob die Hypothek getilgt oder übergegangen ist und warum sie gelöscht werden soll, wenn die formgerechte Löschungsbewilligung des eingetragenen Gläubigers vorliegt.[76] Dies gilt insbesondere dann, wenn der Gläubiger eine reine Löschungsbewilligung (ohne Quittung) abgibt. Wenn aber aus der mit vorgelegten Erklärung des Gläubigers, insbesondere aus der Quittung zu ersehen ist, dass ihm die Hypothek nicht mehr zusteht (zB wegen Befriedigung), so muss zur Quittung die **Löschungsbewilligung des wahren nicht eingetragenen Gläubigers** hinzukommen. Wird zB ein Hinterlegungsschein vorgelegt, der ausweist, dass der Grundstückseigentümer den Betrag der Hypothekenforderung hinterlegt und zugleich auf das Recht der Rücknahme verzichtet hat, so ist der Nachweis der Grundbuchunrichtigkeit durch Entstehen einer Eigentümerschuld (§ 1163 Abs 1 S 2 BGB) nicht geführt, vielmehr muss noch nachgewiesen werden, dass im Zeitpunkt der Hinterlegung die Forderung noch bestanden hat und ein Hinterlegungsgrund gegeben war.[77]

28 Die Möglichkeiten des **Gläubigerwechsels beim Grundpfandrecht** außerhalb des Grundbuchs sind vielfältig; hauptsächlich kommt die Gläubigerbefriedigung in Betracht. Eine vorzügliche Darstellung dieser Problematik stammt von *Eickmann.*[78] Folgende Grundsätze sind festzuhalten:

29 – Zahlt der *Eigentümer, der zugleich persönlicher Schuldner* ist, den geschuldeten Betrag an den *Hypothekengläubiger,* so erlischt die persönliche Forderung (§ 362 BGB). Die Hypothek geht dann nach § 1163 Abs 1 S 2 BGB auf den Eigentümer über, sie wird Eigentümergrundschuld (§ 1177 Abs 1 BGB).

30 – Befriedigt der *Eigentümer, der nicht zugleich persönlicher Schuldner* ist, den *Hypothekengläubiger,* so geht die Forderung des Gläubigers auf den Eigentümer über (§ 1143 Abs 1 BGB). Damit geht auch die Hypothek auf den Eigentümer über (§ 1153 Abs 1, §§ 401, 412 BGB), bleibt aber Hypothek, weil die Forderung noch besteht.

31 – Zahlt der *persönliche Schuldner, der nicht zugleich Grundstückseigentümer* ist, den Betrag an den *Hypothekengläubiger,* so erlischt die persönliche Forderung (§ 362 BGB) und die Fremdhypothek wird zur Eigentümergrundschuld (§ 1163 Abs 1 S 2, § 1177 Abs 1 BGB).[79]

32 – Wenn beim Zusammentreffen von *Hypothek und Bürgenhaftung* der *Eigentümer, der zugleich persönlicher Schuldner* ist, den *Hypothekengläubiger* befriedigt, so erlischt sowohl die Forderung (§ 362 BGB) als auch die Bürgschaft (§ 767 Abs 1 BGB); die Hypothek wird Eigentümergrundschuld (§ 1163 Abs 1 S 2, § 1177 Abs 1 BGB).

33 – Zahlt der *Bürge* den Betrag an den *Hypothekengläubiger,* so erwirbt er die persönliche Forderung (§ 774 Abs 1 S 1 BGB) und damit auch die Hypothek (§ 1153, §§ 401, 412 BGB). Erst mit der Zahlung des Eigentümers, der zugleich persönlicher Schuldner ist, an den Bürgen tritt das Erlöschen der Forderung ein (§ 362 BGB) und es entsteht eine Eigentümergrundschuld (§ 1163 Abs 1 S 2, § 1177 Abs 1 BGB).

34 – Wenn beim Zusammentreffen von *Hypothek und Bürgenhaftung* der *persönliche Schuldner, der nicht Grundstückseigentümer* ist, den *Hypothekengläubiger* befriedigt, so erlischt sowohl die Forderung (§ 362 BGB) als auch die Bürgschaft (§ 767 Abs 1 BGB); die Hypothek wird Eigentümergrundschuld (§ 1163 Abs 1 S 2, § 1177 Abs 1 BGB).

---

73 KEHE-*Munzig* § 19 Rn 49 ff.

74 *Eickmann* GBVerfR, Rn 268–270; *Böttcher* Rpfleger 1982, 174, 175 mwN.

75 OLG Hamm DNotZ 2005, 630 = Rpfleger 2005, 252; BayObLG MittBayNot 1993, 81 = MittRhNotK 1993, 32; *Schöner/Stöber* Rn 2728; *Böttcher* Rpfleger 1982, 174, 175.

76 BayObLGZ 19, 292; OLG Frankfurt Rpfleger 1976, 401.

77 BayObLG Rpfleger 1980, 186; *Schöner/Stöber* Rn 2728.

78 RpflStud 1981, 73.

79 Zum Ausnahmefall des § 1164 BGB vgl *Eickmann* RpflStud 1981, 73, 74.

– Befriedigt beim Zusammentreffen von *Hypothek und Bürgenhaftung* der *Eigentümer, der nicht zugleich persönlicher Schuldner* ist, den *Hypothekengläubiger*, so geht die Forderung in voller Höhe auf ihn über (§ 1143 Abs 1 BGB) und die Hypothek wird dann ein Eigentümerrecht (§ 1177 Abs 2 BGB). Zum Teil wird dem Eigentümer kein Rückgriff auf den Bürgen zuerkannt;[80] nach richtiger Ansicht erwirbt er jedoch entgegen § 767 Abs 1 BGB einen Anspruch gegen den Bürgen, und zwar in Höhe der Hälfte der gesicherten Forderung.[81]   35

– Zahlt der *Bürge* den Betrag an den *Hypothekengläubiger*, so erwirbt er die gesamte Forderung gegen den persönlichen Schuldner, der nicht zugleich Eigentümer ist (§ 774 Abs 1 S 1 BGB). Nach einer Ansicht erwirbt er auch gemäß § 1153 BGB die Hypothek in voller Höhe gegen den Eigentümer.[82] Nach richtiger Ansicht erwirbt der Bürge entgegen § 1153 Abs 1 BGB nicht die gesamte Hypothek, sondern wegen §§ 769, 774 Abs 2, 426 BGB nur zur Hälfte; in Höhe der anderen Hälfte geht die Hypothek analog § 1163 Abs 1 S 2 BGB auf den Eigentümer über, wobei das Teilrecht des Bürgen analog § 1176 BGB Vorrang vor dem Teileigentümerrecht hat.[83]   36

– Zahlt ein *zur Ablösung Berechtigter* den Betrag an den *Hypothekengläubiger*, so geht die Forderung auf ihn über (§ 268 Abs 3 S 1 BGB) und damit auch die Hypothek (§ 1153 Abs 1, §§ 401, 412 BGB).   37

– Zahlt ein *nicht zur Ablösung Berechtigter* an den *Hypothekengläubiger*, so muss letzterer die Leistung annehmen, es sei denn, der Schuldner widerspricht (§ 267 Abs 2 BGB); die Folge ist das Erlöschen der Forderung (§ 362 BGB) und damit der Übergang der Hypothek auf den Eigentümer (§ 1163 Abs 1 S 2 BGB).   38

– Zahlt der *Forderungsschuldner, der zugleich Eigentümer* ist, den geschuldeten Betrag an den *Forderungsgläubiger, der zugleich Grundschuldberechtigter* ist (= Leistung auf die Forderung), so erlischt die Forderung (§ 362 BGB) und die Grundschuld bleibt unberührt.   39

– Zahlt der *Eigentümer, der zugleich Forderungsschuldner* ist, den geschuldeten Betrag an den *Grundschuldberechtigten, der zugleich Forderungsgläubiger* ist (= Leistung auf die Grundschuld), so geht die Grundschuld auf den Eigentümer über und die persönliche Forderung erlischt.[84]   40

– Befriedigt der *Forderungsschuldner, der nicht zugleich Eigentümer* ist, den *Forderungsgläubiger, der zugleich Grundschuldberechtigter* ist (= Leistung auf die Forderung), so erlischt die Forderung (§ 362 BGB) und die Grundschuld bleibt unberührt.   41

– Befriedigt der *Eigentümer, der nicht zugleich Forderungsschuldner* ist, den *Grundschuldberechtigten, der zugleich Forderungsgläubiger* ist (= Leistung auf die Grundschuld), so geht die Grundschuld auf den Eigentümer über und entsprechend § 1143 BGB auf die Forderung.[85]   42

– Zahlt ein *Bürge* den Betrag an den *Forderungsgläubiger, der zugleich Grundschuldberechtigter* ist, so erwirbt er die persönliche Forderung gegen den *Forderungsschuldner, der zugleich Eigentümer* ist (§ 774 Abs 1 S 1 BGB); die Grundschuld geht nicht auf den Bürgen über, er hat jedoch gegen den Grundschuldberechtigten einen Anspruch auf Abtretung.[86]   43

– Zahlt ein *Bürge* den Betrag an den *Forderungsgläubiger*, der zugleich *Grundschuldberechtigter* ist, so erwirbt er die gesamte Forderung gegen den *Forderungsschuldner, der nicht zugleich Eigentümer* ist (§ 774 Abs 1 S 1 BGB); nach richtiger Ansicht erlangt der Bürge auch einen Anspruch gegen den Grundschuldberechtigten auf Abtretung der Grundschuld zur Hälfte, die andere Hälfte ist an den Eigentümer zurückzugewähren (str vgl Rdn 36).   44

– Zahlt ein *zur Ablösung Berechtigter* an den *Grundschuldberechtigten, der zugleich Forderungsgläubiger* ist, so leistet er auf die Grundschuld; die Forderung erlischt und der zur Ablösung Berechtigte erwirbt die Grundschuld kraft Gesetzes (§§ 1150, 268 Abs 3 BGB).[87]   45

---

80 BGB-RGRK-*Schuster* § 1143 Rn 11; *Baur-Stürner* Sachrecht, § 38 IX 3 a; *Tiedtke* DNotZ 1993, 291; WM 1990, 1270, 1273; BB 1984, 19, 20; *Bayer-Wandt* JuS 1987, 271.
81 BGH NJW 1989, 2530; NJW-RR 1991, 682; *Wilhelm* Sachenrecht, Rn 837; BGB-RGRK-*Mattern* § 1143 Rn 19; *Palandt-Bassenge* § 1143 Rn 5; *MüKo-Eickmann* § 1143 Rn 21; *Wolff-Raiser* § 140 V 1; *Weber* JuS 1971, 553 Fn 90; *Klinkhammer-Rancke* JuS 1973, 665, 672; *Eickmann* RpflStud 1981, 73, 75.
82 Vgl Fn 66.
83 Vgl Fn 67.
84 BGH NJW 1980, 2198; *Eickmann* RpflStud 1981, 73, 78.
85 MüKo-*Eickmann* § 1191 Rn 85; *Wilhelm* Sachenrecht, Rn 924; **aA** (Abtretung der Forderung) *Palandt-Bassenge* § 1191 Rn 33; **aA** (Forderung erlischt) *Reinicke-Tiedtke* WM 1987, 485; *Gaberdiel* Rn 12.4.1.
86 BGH WPM 1967, 213, 214; *Eickmann* RpflStud 1981, 73, 78.
87 MüKo-*Eickmann* § 1150 Rn 32; *Eickmann* RpflStud 1981, 73, 78.

46 – Zahlt ein *nicht zur Ablösung Berechtigter* im Falle der *Eigensicherung bei einer Grundschuld* (= Eigentümer und Forderungsschuldner sind dieselbe Person) auf die Forderung, so erlischt diese und die Grundschuld bleibt unberührt (vgl Rdn 39); leistet er auf die Grundschuld, so geht die Grundschuld auf ihn über und die Forderung erlischt (vgl Rdn 40).

47 – Zahlt ein *nicht zur Ablösung Berechtigter* im Fall der *Drittsicherung bei einer Grundschuld* (= Eigentümer und Forderungsschuldner sind verschiedene Personen), so hat er anzugeben, für wen er seine Leistung erbringt. Leistet er für den Forderungsschuldner, so erlischt die Forderung (§ 362 BGB) und die Grundschuld bleibt unberührt (vgl Rdn 41). Zahlt er für den Eigentümer, so geht die Grundschuld auf ihn über und die Forderung erlischt (vgl Rdn 42).

48 Nach § 368 BGB hat der Gläubiger gegen Empfang der Leistung auf Verlangen ein schriftliches Empfangsbekenntnis (= **Quittung**) zu erteilen. Der Grundpfandrechtsgläubiger bestätigt in der löschungsfähigen Quittung, dass ihm das Grundpfandrecht nicht mehr zusteht, weil er das geschuldete Kapital erhalten hat.[88] Die Quittung ist bloße Beweisurkunde; sie soll die **Tatsache des Empfangs der geschuldeten Leistung** beweisen; ihre Ausstellung ist keine rechtsgeschäftliche Erklärung.[89] Häufig gibt der Gläubiger eine Erklärung dahingehend ab, »*dass er das Darlehen zurückerhalten hat*, »*keine Forderung mehr besteht*«, »*der Gläubiger befriedigt ist*«, »*die Schuld ausgeglichen ist*« oder »*die Schuld mit Scheck ausgeglichen wurde*«. Insofern liegt weder eine löschungsfähige Quittung noch eine Löschungsbewilligung vor.[90] Eine löschungsfähige Quittung ist nicht gegeben, weil die Erklärung nicht kundgibt, von wem zurückgezahlt ist. Aber auch eine Löschungsbewilligung stellt eine solche Erklärung nicht dar, weil der Gläubiger ja gerade bestätigt, dass er nicht mehr über das Grundpfandrecht verfügen kann.

49 In der Grundbuchpraxis sehr häufig ist die **Verbindung einer löschungsfähigen Quittung mit einer Löschungsbewilligung** – dies ist falsch. Denn durch die richtig erteilte Quittung wird ja gerade nachgewiesen, dass dem Gläubiger das Grundpfandrecht nicht mehr zusteht und er zur Verfügung hierüber, auch zur Abgabe einer Löschungsbewilligung, nicht mehr befugt ist.[91] Aber auch dann, wenn ein irrtümlich als löschungsfähige Quittung bezeichnetes Schriftstück vorgelegt wird (Angabe des Zahlenden fehlt!) führt diese Erklärung dazu, dass ebenfalls von einer Löschungsbewilligung nicht ausgegangen werden kann, weil zumindest feststeht, dass der eingetragene Grundpfandrechtsgläubiger nicht mehr verfügungs- und bewilligungsberechtigt ist.[92]

50 Die **Berechtigung zur Ausstellung der Quittung** hat der Grundpfandrechtsgläubiger. Steht das Recht mehreren in Bruchteilsgemeinschaft zu, so müssen alle quittieren (§ 747 S 2 BGB). Ist eine Gesamthand Inhaber des Grundpfandrechts, so müssen auch in diesem Fall grundsätzlich alle Gesamthänder quittieren, sofern sich nicht aus der Besonderheit der entsprechenden Gemeinschaft etwas anderes ergibt (zB bei alleiniger Gesamtgutsverwaltung).[93] Bei der Gesamtgläubigerschaft nach § 428 BGB genügt die Quittung von einem Gesamtgläubiger, weil die Leistung an einen Gesamtgläubiger den Schuldner bereits befreit.[94]

Für den **Inhalt der löschungsfähigen Quittung** gilt:

51 – Angegeben werden muss die *Tatsache der Zahlung*, dh dass der Gläubiger befriedigt worden ist.[95]

52 – Erforderlich ist eine Erklärung über die *Höhe der Zahlung*, dh ob die gesamte Schuld beglichen ist oder nur ein Teilbetrag, notfalls unter Aufschlüsselung nach Haupt- und Nebenforderung.[96]

53 – Die *Person des Leistenden* muss genau bezeichnet werden, weil nur dann festgestellt werden kann, wem das dingliche Recht nunmehr zusteht.[97]

---

88 KG NJW 1973, 57 = DNotZ 1973, 301; OLG München JFG 21, 81; KEHE-*Munzig* § 27 Rn 23; *Hoffmann* MittRhNotK 1971, 605, 612.

89 RGZ 108, 55; BGHZ 114, 330, 333; BayObLG DNotZ 1995, 627 = Rpfleger 1995, 410; BGB-RGRK-*Weber* § 368 Rn 8.

90 KEHE-*Munzig* § 27 Rn 23, 24; *Hoffmann* MittRhNotK 1971, 605, 619.

91 OLG Hamm DNotZ 2005, 630 = Rpfleger 2005, 252; KG Rpfleger 1973, 21; KEHE-*Munzig* § 27 Rn 24; *Schöner/Stöber* Rn 2732; *Hoffmann* MittRhNotK 1971, 605, 618; *Böttcher* Rpfleger 1982, 174, 175.

92 LG Aachen Rpfleger 1985, 489; *Böttcher* Rpfleger 1982, 174; aA *Schöner/Stöber* Rn 2732.

93 *Eickmann* RpflStud 1981, 73, 82.

94 KG Rpfleger 1965, 366; KEHE-*Munzig* § 27 Rn 27; *Demharter* § 27 Rn 21; *Schöner/Stöber* Rn 2734; *Hoffmann* MittRhNotK 1971, 605, 625; *Eickmann* RpflStud 1981, 73, 82.

95 KEHE-*Munzig* § 27 Rn 24; MüKo-*Eickmann* § 1144 Rn 18; *Eickmann* RpflStud 1981, 73, 82; *Böttcher* Rpfleger 1982, 174.

96 *Eickmann* DGVZ 1978, 145, 148.

97 RGZ 73, 174; BayObLGZ 19, 222; KGJ 40, 294; OLG München JFG 21, 83; OLG Celle DNotZ 1955, 317; OLG Köln NJW 1961, 368; Rpfleger 1964, 149; OLG Schleswig MDR 1949, 682; KEHE-*Munzig* § 27 Rn 24; *Demharter* § 27 Rn 21; MüKo-*Eickmann* § 1144 Rn 18; *Schöner/Stöber* Rn 2730; *Eickmann* RpflStud 1981, 73, 82; DGVZ 1978, 145, 149; *Böttcher* Rpfleger 1982, 174.

– Bei einer *Leistung durch den Eigentümer* ist die Angabe erforderlich, ob er nur dinglich haftete oder auch per- **54** sönlicher Schuldner war, weil davon die Rechtsnatur seines dinglichen Rechts abhängt.[98] In diesem Fall muss bei einem Eigentumswechsel zwischen Bestellung und Löschung des Grundpfandrechts die Quittung auch den Leistungszeitpunkt angeben, weil feststehen muss, ob das Recht dem alten Eigentümer ggf als nunmehriges Fremdrecht oder dem neuen Eigentümer als Eigentümerrecht zusteht.[99] Die Angabe des Namens des Eigentümers ist grundsätzlich nicht erforderlich, es genügt die Formulierung »vom Eigentümer erhalten«. Nur bei einem Eigentumswechsel ist dies erforderlich, es sei denn, das genaue Datum der Zahlung ist in die Quittung aufgenommen.[100]

– Zahlt einer von mehreren *Miteigentümern*, so ist anzugeben, ob er für Rechnung auch der anderen Miteigen- **55** tümer oder nur für sich bezahlt hat.[101] Dies ist von Bedeutung, weil die Belastung mehrerer Miteigentumsanteile als Gesamtbelastung gemäß § 1132 BGB gilt,[102] sodass die Rechtsfolgen der Tilgung nach § 1172 Abs 1, § 1173 Abs 1 BGB unterschiedlich sein können (vgl Rdn 66). Gleiches gilt bei einer Gesamthandsgemeinschaft.

– Bei einer *Grundschuld* ist die Angabe erforderlich, ob die Zahlung auf das dingliche Recht oder auf die gesi- **56** cherte schuldrechtliche Forderung geleistet worden ist, es sei denn aus der Grundschuldbestellungsurkunde ergibt sich, worauf im Zweifel die Zahlungen geleistet werden.[103] Nur bei Leistung auf die gesicherte schuldrechtliche Forderung bleibt der Grundschuldgläubiger verfügungsberechtigt[104] (vgl Rdn 39, 41).

– Bei einer *Höchstbetragshypothek* muss sich aus der Quittung ergeben, in welchem Umfang die Forderung ent- **57** standen ist, damit der Umfang des Rechtsübergangs beurteilt werden kann.[105]

– Zahlt bei einer *Gesamthypothek* einer von mehreren Eigentümern, so ist anzugeben, ob er für Rechnung **58** auch der anderen Eigentümer oder nur für sich bezahlt hat, weil die Rechtsfolgen der Tilgung nach § 1172 Abs 1, § 1173 Abs 1 BGB unterschiedlich sein können.[106]

– Ist der in der Quittung als Zahlender angegebene Eigentümer *Vorerbe*, so sollte geklärt werden, ob die Zah- **59** lung aus Nachlassmitteln oder aus eigenen Mitteln erfolgt sind; denn im ersteren Fall gehört das entstehende Eigentümerrecht zum Nachlass und unterliegt grundsätzlich den Beschränkungen der Vorerbschaft, im zweiten Fall steht es unbeschränkt dem Vorerben als freies Vermögen zu[107] (vgl Rdn 65).

Eine Eintragung im Grundbuch, die sich auf eine löschungsfähige Quittung eines Vormunds (nicht der Eltern **60** § 1643 BGB!) stützt, kann nur erfolgen, wenn eine **vormundschaftsgerichtliche Genehmigung** entweder zur Annahme des Geldes oder **zur Erteilung der löschungsfähigen Quittung** vorgelegt wird (§ 1812 BGB).[108] Ein Vormund erteilt nur dann eine löschungsfähige Quittung, wenn die Forderung bereits bezahlt wurde oder Zug um Zug gegen Übergabe der Quittung zurückgezahlt wird. Zur Annahme des Geldes bedarf der Vormund der vormundschaftsgerichtlichen Genehmigung (§ 1812 BGB); eine neuerliche Genehmigung zur Erteilung der Quittung ist in diesem Fall unnötig. Wird dagegen nicht die Annahme des Geldes selbst, sondern die Erteilung der löschungsfähigen Quittung zum Vormundschaftsgericht genehmigt, so genügt dies ebenfalls, weil in der Genehmigung zur Erteilung der löschungsfähigen Quittung auch die Genehmigung zur Annahme des Geldes liegt.[109]

Nach hM ist die löschungsfähige Quittung eine zur Eintragung erforderliche Erklärung, die im Grundbuchver- **61** fahren durch öffentliche oder öffentlich beglaubigte Urkunde nachzuweisen ist (§ 29 Abs 1 S 1).[110] Das ist nicht richtig. Die **löschungsfähige Quittung** ist **in der Form einer öffentlichen Urkunde** nachzuweisen (§ 29 Abs 1 S 2).[111] Beglaubigte Form gemäß § 29 Abs 1 S 1 genügt nur bei der Eintragungsbewilligung oder für die

---

98 KGJ 51, 285, 287; MüKo-*Eickmann* § 1144 Rn 18.
99 KG HRR 1931 Nr 1864; KG DNotZ 1954, 472; OLG Köln NJW 1961, 368; KEHE-*Munzig* § 27 Rn 24; *Demharter* § 27 Rn 21; MüKo-*Eickmann* § 1144 Rn 18; *Schöner/Stöber* Rn 2730; *Eickmann* RpflStud 1981, 73, 82; DGVZ 1978, 145, 149.
100 KG Rpfleger 1965, 366; OLG Köln NJW 1961, 368; *Hoffmann* MittRhNotK 1971, 605, 615.
101 *Palandt-Bassenge* § 1144 Rn 5; MüKo-*Eickmann* § 1144 Rn 21; *Eickmann* DGVZ 1978, 145, 149.
102 BGH NJW 1961, 1352; OLG Frankfurt DNotZ 1961, 411.
103 OLG Frankfurt ZiR 1997, 44 = FGPrax 1997, 11 = Rpfleger 1997, 103; KEHE-*Munzig* § 27 Rn 25; MüKo-*Eickmann* § 1144 Rn 18; *Eickmann* DGVZ 1978, 145, 149.
104 BGH MDR 1968, 35; KG JFG 17, 201.
105 OLG Dresden OLGE 41, 184; MüKo-*Eickmann* § 1144 Rn 18; KEHE-*Munzig* § 27 Rn 25; *Schöner/Stöber* Rn 2735.
106 *Hoffmann* MittRhNotK 1971, 605, 617, 618.
107 *Hoffmann* MittRhNotK 1971, 605, 618.
108 *Damrau* FamRZ 1984, 842, 849; *Böttcher* Rpfleger 1987, 485, 486.
109 BayObLGZ 8, 380, 383; KGJ 50, 220; 27, 169; *Damrau* FamRZ 1984, 842, 849; *Böttcher* Rpfleger 1987, 485, 486.
110 BayObLG DNotZ 1995, 627 = MittBayNot 1995, 283 = FGPrax 1995, 22 = Rpfleger 1995, 410; *Demharter* § 29 Rn 10; *Schöner/Stöber* Rn 2729; *Hoffmann* MittRhNotK 1971, 605, 621.
111 MüKo-*Eickmann* § 1144 Rn 22; *Eickmann* GBVerfR, Rn 242; *Eickmann* DGVZ 1978, 145, 147.

sonstigen zu der Eintragung erforderlichen Erklärungen. Es ist jedoch unstreitig, dass die löschungsfähige Quittung keine rechtsgeschäftlich oder verfahrensrechtlich relevante Erklärung enthält, sondern lediglich eine Beweisurkunde darstellt, die die Tatsache des Empfangs der geschuldeten Leistung beweist (vgl Rdn 49). Solche anderen Voraussetzungen der Eintragung (= Tatsachen) sind gemäß § 29 Abs 1 S 2 durch öffentliche Urkunde nachzuweisen. Dies ist auch gerechtfertigt, weil sonst das Vorliegen der sehr bedeutenden und rechtserheblichen Tatsache des Rechtsübergangs durch Befriedigung durch bloße Tatsachenbehauptung umgangen werden könnte.

Für die Löschung eines Grundpfandrechts ergeben sich nachstehende **Rechtsfolgen aus der Berechtigung eines nicht eingetragenen, aber wahren Gläubigers:**

62 – *Allgemein gilt:* Da die löschungsfähige Quittung nur die Tatsache der Zahlung beweist, muss der Grundbuchrechtspfleger von sich aus die Rechtsfolgen ermitteln, die sich daraus ergeben. Erklärungen der Beteiligten, wie »Das Recht steht somit dem A zu«, sind deshalb unbedeutend.[112] Liegt dem Grundbuchrechtspfleger eine löschungsfähige Quittung des eingetragenen Grundpfandrechtsgläubigers vor, so ist letzterer nicht mehr berechtigt, über das Grundpfandrecht zu verfügen, insbesondere die Löschung zu bewilligen, da er keine Verfügungsberechtigung mehr darüber hat.[113] Aber selbst dann, wenn dem Grundbuchrechtspfleger nur eine Erklärung vorliegt, dass das Grundpfandrechtskapital getilgt ist, nur die Angabe des Zahlenden fehlt, dann kann das Grundpfandrecht auf Grund einer Löschungsbewilligung des eingetragenen Gläubigers nicht gelöscht werden, weil das Grundpfandrecht einem Dritten zusteht und dann das Grundbuch unrichtig würde.[114] Je nach der materiellen Rechtslage ist die Löschungsbewilligung des wahren Berechtigten erforderlich. Der Grundbuchrechtspfleger muss also die Bewilligung dessen verlangen, der bezahlt hat, wenn die Löschung auf Grund einer löschungsfähigen Quittung vollzogen werden soll.[115]

63 – Ergibt die löschungsfähige Quittung den Übergang des Grundpfandrechts auf den *gegenwärtigen Eigentümer*, so ist die Löschungsbewilligung von ihm abzugeben; sie ist in dessen beglaubigtem Löschungsantrag enthalten (Rdn 22). Die Urkunde, die den Übergang des Grundpfandrechts auf den Eigentümer nachweist, ersetzt nicht die Löschungsbewilligung, sondern liefert nur den Nachweis für die Berechtigung des Eigentümers zur Abgabe der Löschungsbewilligung.[116] Neben der Löschungsbewilligung des Eigentümers ist nur die Quittung des eingetragenen Gläubigers erforderlich; dessen Löschungsbewilligung ist überflüssig.

64 – Bei einem Wechsel des Eigentümers ist entscheidend, ob die Rückzahlung durch den vorherigen oder den jetzigen Eigentümer erfolgte. Ist die Befriedigung des Grundpfandrechtsgläubigers durch den *Voreigentümer* erfolgt und ist das Grundpfandrecht dadurch auf ihn übergegangen, so ist es auch nach der Veräußerung bei ihm verblieben als Fremdrecht.[117] Zur Löschung des Rechts ist daher die Löschungsbewilligung des Voreigentümers erforderlich;[118] außerdem die Zustimmungserklärung des jetzigen Eigentümers (§ 27 S 1). Wird die Hypothekenforderung zwischen Auflassung und Eintragung des Eigentumswechsels von dem Erwerber bezahlt, so erwirbt die Eigentümergrundschuld der Veräußerer, da diese stets demjenigen zufällt, der im Zeitpunkt des Erlöschens der Forderung Eigentümer ist.[119]

65 – Hat der *Eigentümer als Vorerbe* bezahlt (= Entgeltlichkeit!), so bedarf er dann keiner Zustimmung des Nacherben zur Löschung des Grundpfandrechts, wenn er befreiter Vorerbe ist[120] oder als nicht befreiter Vorerbe aus eigenen Mitteln gezahlt hat[121] oder zwar aus Nachlassmitteln gezahlt, aber ein mit einer Löschungsvormerkung nach § 1179 BGB (bzw jetzt mit einem gesetzlichen Löschungsanspruch nach § 1179a BGB) belastetes oder letztrangiges Grundpfandrecht abgelöst hat[122] (vgl Rdn 59)!

66 – Bei Tilgung der Hypothek durch einen *Miteigentümer* des belasteten Grundstücks ist die Löschungsbewilligung aller Miteigentümer erforderlich (vgl § 1172 BGB). Eine Ausnahme gilt nur, wenn in der Form des § 29 nachgewiesen wird, dass der Miteigentümer im eigenen Namen und aus eigenen Mitteln Zahlung geleistet und dadurch die Hypothek auf seinem Miteigentumsanteil erworben hat; auf den übrigen Mitei-

---

112 *Eickmann* RpflStud 1981, 73, 82.
113 OLG Hamm DNotZ 2005, 630 = Rpfleger 2005, 252; KG NJW 1973, 56 = DNotZ 1973, 301 = Rpfleger 1973, 21; MüKo-*Eickmann* § 1144 Rn 15; BGB-RGRK-*Mattern* § 1144 Rn 13; *Schöner/Stöber* Rn 2732; *Böttcher* Rpfleger 1982, 174, 175; *Hofmann* MittRhNotK 1971, 605, 612.
114 *Böttcher* Rpfleger 1982, 174.
115 KEHE-*Munzig* § 27 Rn 26; *Hoffmann* MittRhNotK 1971, 605, 613.
116 KG JFG 3, 379.
117 RGZ 192, 30.
118 KG OLGE 3, 224; *Hoffmann* MittRhNotK 1971, 605, 615.
119 RGZ 55, 220.
120 OLG Köln JMBl NRW 1951, 160; KEHE-*Munzig* § 27 Rn 26; *Schöner/Stöber* Rn 3493.
121 KGJ 50, 210; OLG München JFG 21, 84; KEHE-*Munzig* § 27 Rn 26; *Demharter* § 27 Rn 23; *Schöner/Stöber* Rn 3493.
122 KG JFG 15, 187; OLG Saarbrücken DNotZ 1950, 66; OLG München DNotZ 1950, 328; KEHE-*Munzig* § 27 Rn 26; *Demharter* § 27 Rn 23; *Schöner/Stöber* Rn 3494.

gentumsanteilen ist die Hypothek kraft Gesetzes erloschen (§ 1173 Abs 1 BGB). Für die Löschung der Hypothek insgesamt bedarf es einer Löschungsbewilligung des zahlenden Miteigentümers und der Berechtigungsbewilligungen der nicht zahlenden Miteigentümer; letztere wird entbehrlich, wenn die Unrichtigkeit nachgewiesen wird (§ 22), so insbesondere durch die Erklärung des Zahlenden, dass er nur für sich bezahlt hat und ihm keine Ersatzansprüche gegen die übrigen Miteigentümer zustehen[123] (vgl Rdn 55). Dasselbe gilt, wenn bei ungeteilter Erbengemeinschaft ein Miterbe die Hypothek an einem Nachlassgrundstück im eigenen Namen und mit eigenen Mitteln bezahlt hat.[124]

– Bei einer *Tilgungshypothek* können sich durch die Übereignung des Grundstücks wegen der dem Voreigentümer verbleibenden Eigentümerrechte rechtliche Bedenken gegen die Löschung ergeben. Dies kann vermieden werden durch eine Abrede, dass bei Übertragung des Eigentums am Grundstück auch stets die jeweils entstandenen Eigentümergrundschulden mit zu übertragen seien, worin die nach § 185 BGB wirksame Ermächtigung des ersten Eigentümers an den zweiten usw zu erblicken ist, über die während der Dauer des Eigentums entstandene Eigentümergrundschuld bei der Übertragung des Eigentums mitzuverfügen; in diesem Fall kann der letzte Eigentümer auf Grund der Verfügungsermächtigung den gesamten getilgten Betrag löschen lassen.[125] Ansonsten lässt sich das Erfordernis der Löschungsbewilligung aller Voreigentümer vermeiden, wenn bei jeder Veräußerung die Eigentümerrechte auf den Erwerber übertragen und deren Umschreibung im Grundbuch bewilligt werden.[126] **67**

– Steht für den Grundbuchrechtspfleger fest, dass nicht der vorherige oder jetzige Grundstückseigentümer, sondern ein *Dritter* den Grundpfandrechtsgläubiger befriedigt hat, (zB persönlicher Schuldner, nicht zugleich Eigentümer ist; Bürge; zur Ablösung Berechtigter; sonstiger Dritter), so ist zunächst festzustellen, wem das Grundpfandrecht nunmehr zusteht (vgl dazu: Rdn 31, 33, 34, 36–38, 41, 43–47). Der wahre Grundpfandrechtsgläubiger muss dann die Löschungsbewilligung abgeben.[127] **68**

– Bei einer *Grundschuld* bleibt der eingetragene Gläubiger, der sich für befriedigt erklärt hat, zur Bewilligung der Löschung berechtigt, wenn die Befriedigung nicht wegen der Grundschuld, sondern wegen der durch sie gesicherten persönlichen Forderung erfolgt ist; lediglich dann, wenn ausschließlich auf die Grundschuld gezahlt wird, geht diese auf den Eigentümer über (vgl Rdn 40, 42), sodass dessen Löschungsbewilligung erforderlich ist[128] (vgl Rdn 56). **69**

Ist die Hypothekenforderung *gepfändet*, so ist, wenn sie dem Pfandgläubiger an Zahlungs statt überwiesen und von ihm eingezogen wurde, dessen Löschungsbewilligung erforderlich und genügend. Die Zustimmung des Vollstreckungsschuldners = Hypothekengläubigers ist zur Löschung nicht erforderlich.[129] Ist die Hypothekenforderung dagegen zur Einziehung überwiesen, so ist der Pfändungsgläubiger zur Erteilung der reinen Löschungsbewilligung nicht berechtigt, die von ihm erteilte löschungsfähige Quittung liefert aber den Nachweis der Unrichtigkeit des Grundbuchs, sodass die Löschung nur auf Grund der Bewilligung desjenigen erfolgen kann, auf den die Hypothek durch Zahlung übergegangen ist, idR also auf Bewilligung des Eigentümers.[130] **70**

– Auch im Falle der *Verpfändung* der Hypothekenforderung ist der Pfandgläubiger zur Einziehung und Quittungsleistung berechtigt, wenn seine Forderung fällig ist (§§ 1282, 1288 Abs 2 BGB).[131] Der Eigentümer, der nach Zahlung die Löschung der auf ihn übergegangenen Hypothek beantragt, hat neben der löschungsfähigen Quittung den Nachweis der Fälligkeit der Forderung des Pfandgläubigers zu erbringen. Mit der Einziehung der Hypothekenforderung durch den Erstpfänder erlöschen auch die nachfolgenden Pfandrechte, soweit ersterem der eingezogene Betrag gebührt. Ist die Einziehungsberechtigung des Erstpfänders nicht genügend nachgewiesen, so bedarf es zur Löschung auch der Zustimmung der nachstehenden Pfandgläubiger.[132] **71**

3. Zustimmung des Eigentümers (§ 19, § 27 S 1)

Für die Löschung eines Grundpfandrechts ist formellrechtlich neben dem Antrag des Betroffenen oder Begünstigten (§ 13) und der Bewilligung des Betroffenen (§ 19) auch die Zustimmung des Grundstückseigentümers erforderlich. Für den Fall der Löschungsbewilligung, die eine rechtsändernde Löschung bezweckt, ergibt sich **72**

---

123 *Staudinger-Wolfsteiner* § 1173 Rn 10.
124 BayObLGZ 23, 50.
125 *Staudinger-Wolfsteiner* Vorbem 23zu § 1113.
126 KEHE-*Munzig* § 27 Rn 25.
127 *Schöner/Stöber* Rn 2736.
128 KG JFG 17, 201; Rpfleger 1975, 136; *Demharter* § 27 Rn 22; *Hoffmann* MittRhNotK 1971, 605, 617.
129 KG OLGE 3, 392.
130 BayObLGZ 13, 63; 19, 22; KG OLGE 41, 169; OLG Schleswig SchlHAnz 1958, 49; LG Düsseldorf MittRhNotK 1982, 23; *Schöner/Stöber* Rn 2742.
131 KGJ 34, 310.
132 BayObLGZ 13, 63.

dies bereits aus § 19 (= Mitbewilligung des mittelbar Betroffenen) und wird in § 27 S 1 überflüssigerweise konkretisiert. Bei der Berichtigungsbewilligung, die die Löschung eines bereits erloschenen Grundpfandrechts bezweckt, ist die Zustimmung des Eigentümers in § 27 S 1 geregelt.

73   **a) Rechtsnatur.** Die Löschungszustimmung ist eine **reine Verfahrenshandlung**, die zur Gruppe der Bewirkungshandlungen gehört.[133] Sie ist keine rechtsgeschäftliche Willenserklärung,[134] sondern eine verfahrensrechtliche Grundbucherklärung. Die formellrechtliche Löschungszustimmung gemäß § 19, § 27 S 1 ist streng von der materiellrechtlichen Zustimmung des § 1183 BGB zu trennen, auch wenn beide idR in der gleichen Erklärung enthalten sind.[135] Nur die Löschungszustimmung nach § 1183 BGB ist eine einseitige empfangsbedürftige Willenserklärung, die als selbständiges Erfordernis neben der Aufhebungserklärung des Gläubigers und der Grundbucheintragung tritt (§ 875 BGB).[136]

74   **b) Form.** Die formellrechtliche Zustimmungserklärung bedarf der Form des § 29 Abs 1 S 1, sie muss daher **öffentlich beurkundet oder öffentlich beglaubigt** sein. Ist sie im Löschungsantrag enthalten, so bedarf dieser als gemischter Antrag nach § 30 der gleichen Form.[137] Dagegen bedarf die materiellrechtliche Zustimmungserklärung nach § 1183 BGB keiner Form, sie ist nur dem Grundbuchamt oder dem Gläubiger gegenüber zu erklären.[138]

75   **c) Inhalt.** Die Eigentümerzustimmung muss ausdrücklich oder durch Auslegung das Einverständnis des Eigentümers mit der Löschung des Grundpfandrechts zum Ausdruck bringen.[139] Für den Inhalt der Zustimmungserklärung des Eigentümers ist der **Gebrauch bestimmter Worte (insbesondere »Zustimmung«) nicht vorgeschrieben;** es genügt, wenn der Wille, dass das Grundpfandrecht gelöscht werden soll, in erkennbarer Weise zum Ausdruck gebracht wird.[140]

76   Die Zustimmung des Grundstückseigentümers zur Löschung des Grundpfandrechts kann, da sie nicht ausdrücklich erklärt zu werden braucht, schlüssig **im Löschungsantrag enthalten** sein, sofern nur der Antrag gemäß § 30 in der Form des § 29 Abs 1 S 1 gestellt ist.[141] Dies ergibt sich daraus, dass die Zustimmungserklärung des Eigentümers nach § 27 zwar dem Bestimmtheitsgebot wie alle Grundbucherklärungen unterliegt, dies aber eine Auslegung der abgegebenen Erklärung nicht ausschließt. Ist bereits der Erwerber eines Grundstücks als Eigentümer im Grundbuch eingetragen, kann ein die Löschung aller Belastungen betreffender Löschungsantrag im notariellen Kaufvertrag nicht im Hinblick auf eine entsprechende Freistellungsverpflichtung des Verkäufers dahin ausgelegt werden, dass der Käufer als neuer Eigentümer damit zugleich der Löschung einer erst nach dem Kaufvertrag eingetragenen Zwangssicherungshypothek zugestimmt hat.[142] Ist dagegen beim Abschluss eines Grundstückskaufvertrages ein Löschungsantrag mit beurkundet worden, der zum einen bestimmte Grundstücksbelastungen bezeichnet, sich zum anderen aber auch auf Belastungen bezieht, die in ihm nicht ausdrücklich erwähnt und nach dem Grundbuchstand bei Beurkundung noch nicht eingetragen sind, so kann dem Löschungsantrag eine Zustimmung des Verkäufers auch zur Löschung künftig erst entstehender Belastungen entnommen werden.[143]

77   Eine Zustimmung des Eigentümers zur Löschung kann auch darin erblickt werden, dass er sich bei der Veräußerung des Grundstücks dem Erwerber gegenüber zur Lastenfreistellung des Grundstücks verpflichtet (= **Freistellungspflicht**);[144] dies gilt erst, wenn die Auszahlung des Kaufpreises an den Verkäufer von der Beschaffung der Löschungsbewilligung der Grundpfandgläubiger abhängig gemacht wird.[145] Nicht gerechtfertigt ist eine solche Auslegung bei der Veräußerung einer Teilfläche des Grundstücks, da mit der Abschreibung des Kaufobjekts auf diesem und auf dem Restgrundstück eine Gesamthypothek entsteht, wobei das Schicksal der Belastung auf

---

133 BayObLG ZflR 1999, 523, 524; KEHE-*Munzig* § 27 Rn 7; *Demharter* § 27 Rn 10; *Pawlowski-Smid*, FG, Rn 488.
134 So früher *Horber*, 16. Aufl, § 27 Anm 3 A.
135 KEHE-*Munzig* § 27 Rn 7; *Pawlowski-Smid*, FG, Rn 489.
136 MüKo-*Eickmann* § 1183 Rn 6.
137 BayObLGZ 1973, 222 = Rpfleger 1973, 404; OLG München JFG 21, 83; KEHE-*Munzig* § 27 Rn 8; *Demharter* § 27 Rn 13.
138 *Staudinger-Wolfsteiner* § 1183 Rn 8.
139 BayObLG ZflR 1999, 523, 524; KEHE-*Munzig* § 27 Rn 9; *Demharter* § 27 Rn 11; *Schöner/Stöber* Rn 2757.
140 RGZ 52, 411; BayObLGZ 1973, 220 = Rpfleger 1973, 404; LG Nürnberg-Fürth MittBayNot 1978, 220; KEHE-*Munzig* § 27 Rn 9; *Demharter* § 27 Rn 11.
141 RG HRR 1931 Nr 1643; BayObLGZ 1973, 220 = NJW 1974, 282 = DNotZ 1974, 92 = Rpfleger 1973, 404; DNotZ 1980, 230; Rpfleger 1980, 347; OLG München JFG 21, 83; LG Nürnberg-Fürth MittBayNot 1978, 220; KEHE-*Munzig* § 27 Rn 9; *Demharter* § 27 Rn 11; *Schöner/Stöber* Rn 2758.
142 OLG Zweibrücken Rpfleger 1998, 422.
143 OLG Zweibrücken Rpfleger 1999, 533.
144 *Amann* MittBayNot 2000, 80.
145 BayObLGZ 1973, 220 = NJW 1974, 282 = DNotZ 1974, 92 = Rpfleger 1973, 404; Rpfleger 1981, 23; LG Nürnberg-Fürth MittBayNot 1978, 220; *Demharter* § 27 Rn 11; *Schöner/Stöber* Rn 2758.

dem Restgrundstück für den Erwerber der Teilfläche ohne Bedeutung ist und daher von der Freistellungsverpflichtung des Veräußerers auch nicht betroffen wird;[146] Gleiches gilt, wenn der Veräußerer eine Freistellungsverpflichtung ausdrücklich nur für das Vertragsobjekt übernommen hat und die Auflassungsurkunde einen Vollzugsantrag nur für die »Freistellung des Vertragsgegenstandes« enthält. Hat der Käufer im Kaufvertrag der Löschung aller von ihm nicht zu übernehmenden Belastungen zugestimmt und werden in der Zwischenzeit bis zur Eigentumsumschreibung Sicherungshypotheken eingetragen, so bedarf es nach Eigentumsumschreibung keiner erneuten Zustimmung des Käufers zu deren Löschung.[147]

Die Zustimmung kann auch allgemein erklärt werden, zB als **Zustimmung zur Löschung aller auf dem Grundstück eingetragenen Belastungen**.[148] Eine solche Zustimmung bezieht sich idR nur auf solche Grundpfandrechte, die bei Beurkundung bzw Beglaubigung der Erklärung im Grundbuch eingetragen, den Beteiligten bekannt und in der notariellen Urkunde aufgeführt sind, und nicht auf nachher eingetragene Grundpfandrechte.[149]   **78**

Die Zustimmung des Grundstückseigentümers zur Löschung von Grundpfandrechten kann auch in der Weise erklärt werden, dass **im Voraus auf die noch abzugebenden Löschungsbewilligungen der Berechtigten Bezug genommen wird**, etwa mit der Klausel »Allen etwaigen Löschungen wird zugestimmt nach Maßgabe der zu erteilenden Löschungsbewilligungen der Berechtigten«.[150] Eine solche Formulierung besagt nämlich, dass der Eigentümer mit einer etwaigen Löschung von Grundpfandrechten einverstanden ist; die dem Eigentümer gemäß § 27 obliegende Entscheidung ist daher eindeutig und ohne Einschränkung oder Bedingungen getroffen. Einer genauen Aufzählung der zu löschenden Rechte bedarf es nicht, da seine Erklärung bedeutet, dass er mit der Löschung der gesamten jeweiligen Belastungen einverstanden ist.   **79**

Die Zustimmung kann in der Form erklärt werden, dass bei Bestellung eines neuen Rechts allen Erklärungen zugestimmt wird, die erforderlich sind, um diesem den bedungenen Rang zu verschaffen.[151] Die Formulierung **»Der Eigentümer bewilligt die zur Beschaffung des bestimmten Ranges erforderlichen Erklärungen«** enthält nicht nur das Einverständnis zum Rangrücktritt, sondern auch die Zustimmung zur Löschung eines Grundpfandrechts, wenn die in Aussicht genommene Rangstelle des neuen Rechts nur durch eine Löschung des Grundpfandrechts erreicht werden kann.   **80**

Veräußert der Eigentümer eines von mehreren Grundstücken, auf denen ein **Gesamtgrundpfandrecht** lastet, und verpflichtet er sich dem Erwerber gegenüber zur Lastenfreistellung hinsichtlich der Vertragsfläche, so liegt hierin mangels weiterer Anhaltspunkte nicht die Zustimmung zur Löschung des Gesamtgrundpfandrechts auf allen Grundstücken.[152] Der Eigentümer muss in diesem Fall seine Zustimmung zur Gesamtlöschung hinreichend zum Ausdruck bringen.   **81**

d) Berechtigung. Zustimmungsberechtigter ist der wirkliche Eigentümer.[153] Für die Frage, wer wirklicher Eigentümer ist, gilt auch im Bereich des Grundbuchrechts die Vermutung des § 891 BGB.[154] Daher gilt als wirklicher Eigentümer zunächst der **eingetragene Eigentümer** (§ 891 Abs 1 BGB).[155] Ist dem Grundbuchrechtspfleger allerdings bekannt, dass der eingetragene Eigentümer nicht der **wahre Eigentümer** ist, so ist die Zustimmung des wahren Eigentümers erforderlich.[156] Nach § 39 Abs 1 ist außerdem erforderlich, dass der wahre Eigentümer vor dem Vollzug der Löschung eingetragen wird:[157] dagegen bedarf der Erbe des eingetragenen Eigentümers nicht der vorherigen Eintragung (§ 40).[158] Maßgebend für die Beurteilung der Zustimmungsberechtigung ist der Zeitpunkt der Löschung.[159] Ist das Eigentum an einem Grundstück übergegangen und sollen dann Grundpfandrechte zur Löschung gebracht werden, die schon vor dem Eigentumsübergang eingetra-   **82**

---

146 BayObLG aaO.
147 LG Köln MittRhNotK 1999, 245.
148 BayObLG Rpfleger 1981, 23; LG Mannheim MittRhNotK 1991, 210; *Schöner/Stöber* Rn 2758; *Lotter* MittBayNot 1985, 8.
149 BayObLG aaO; KEHE-*Munzig* § 27 Rn 9; *Schöner/Stöber* Rn 2760; **aA** LG Frankenthal MittBayNot 1988, 180.
150 BayObLG ZflR 1999, 523; OLG Köln Rpfleger 1981, 354 = DNotZ 1982, 260; KEHE-*Munzig* § 27 Rn 9; *Demharter* § 27 Rn 12; *Schöner/Stöber* Rn 2758; **aA** noch OLG Köln Rpfleger 1970, 286 m abl Anm *Haegele*.
151 BayObLG DNotZ 1980, 230; OLG Köln Rpfleger 1981, 354 = DNotZ 1982, 260; *Schöner/Stöber* Rn 2758; *Amann* MittBayNot 2000, 80, 81.
152 BayObLG DNotZ 1980, 481 = Rpfleger 1980, 19; KEHE-*Munzig* § 27 Rn 9; *Schöner/Stöber* Rn 2759.
153 KG OLGE 8, 188; *Güthe-Triebel* § 27 Rn 11; *Hesse-Saage-Fischer* § 27 Anm III 3; *Hoffmann* MittRhNotK 1971, 605, 623.
154 BayObLGZ 1952, 323; KG JFG 14, 386; *Demharter* § 27 Rn 15.
155 KEHE-*Munzig* § 27 Rn 10; *Demharter* § 27 Rn 15; *Hoffmann* MittRhNotK 1971, 605, 623.
156 *Demharter* § 27 Rn 15.
157 KG OLGE 3, 390; 8, 225; OLG München JFG 18, 204; KEHE-*Munzig* § 27 Rn 10; *Demharter* § 27 Rn 15.
158 KG OLGE 3, 390; *Güthe-Triebel* § 27 Rn 19.
159 KG OLGE 4, 493; 25, 380; *Demharter* § 27 Rn 15; *Hoffmann* MittRhNotK 1971, 605, 623.

gen waren, so muss daher nicht der Alteigentümer, sondern lediglich derjenige gemäß § 27 S 1 zustimmen, der im Zeitpunkt der Löschung Eigentümer ist.[160] Ist nach Einreichung des Löschungsantrags oder der Zustimmungserklärung ein **Eigentumswechsel** eingetreten, so ist die Zustimmung des neuen Eigentümers notwendig.[161] Wenn die Umschreibung des Eigentums und die Löschung des Grundpfandrechts gleichzeitig beantragt werden, so ist die Zustimmung des Grundstückserwerbers entbehrlich, es genügt die Zustimmung des Veräußerers.[162] Wurde das Grundpfandrecht gelöscht, obwohl der wirkliche Eigentümer nicht zugestimmt hat, sondern der eingetragene Nichteigentümer, so ist es materiellrechtlich nicht erloschen, weil die §§ 892, 893 BGB keine Anwendung finden.[163]

83   Sind **mehrere Grundstückseigentümer** vorhanden, so ist zu unterscheiden:
– Bei Bruchteilseigentum an dem belasteten Grundstück bedarf die Löschung eines Grundpfandrechtes der Zustimmung aller Miteigentümer.[164] Zur Aufhebung eines auf dem Bruchteil eines einzelnen Miteigentümers lastenden Grundpfandrechts bedarf es dagegen nicht der Zustimmung der übrigen Miteigentümer.[165]
– Bei Gesamthandseigentum ist die Zustimmung aller verfügungsberechtigten Gesamthänder erforderlich.[166] Gehört das belastete Grundstück zum Gesamtgut einer ehelichen Gütergemeinschaft oder einer fortgesetzten Gütergemeinschaft, so genügt die Zustimmung des das Gesamtgut verwaltenden oder des überlebenden Ehegatten.[167]
– Soll ein Gesamtgrundpfandrecht an allen Grundstücken gelöscht werden, so müssen alle Eigentümer zustimmen.[168] Wird es dagegen nur an einem oder einzelnen Grundstücken gelöscht, wobei kein Verzicht gemäß § 1175 Abs 1 S 2 BGB vorliegt, so brauchen nur die Eigentümer der in Frage kommenden Grundstücke zustimmen.[169]

84   Die materiellrechtliche Zustimmung nach § 1183 BGB ist eine Verfügung über die dingliche Anwartschaft des Eigentümers auf den Erwerb eines Grundpfandrechts.[170] Da sich jedoch die formellrechtliche Bewilligungsberechtigung, und damit auch die Zustimmungsberechtigung iS des § 27 S 1, mit der materiellrechtlichen Verfügungsberechtigung deckt,[171] sind **Verfügungsbeeinträchtigungen** auch bei der verfahrensrechtlichen Zustimmungserklärung zu beachten. Unterliegt der Grundstückseigentümer einer Verfügungsbeeinträchtigung, die sich nur auf das Grundstück bezieht (zB § 1424 BGB, Anordnung der Zwangsversteigerung), so kann die Zustimmung von ihr grundsätzlich nicht erfasst werden, weil die Löschung sich regelmäßig nicht als Verschlechterung, sondern als Verbesserung des Grundstücks auswirkt.[172] Ist der Eigentümer generell (zB Insolvenz, Testamentsvollstreckung, Nachlassverwaltung) oder speziell in Bezug auf das künftig entstehende Eigentümerrecht (zB durch einstweilige Verfügung) in seiner Verfügungsberechtigung beeinträchtigt, so kann er die Zustimmung nicht wirksam abgeben.[173] Die hM[174] nimmt zu Recht an, dass § 878 BGB auf die Zustimmungserklärung keine Anwendung findet, weil § 873 Abs 2 BGB für sie nicht gilt; materiellrechtlich wird sie mit ihrem Eingang beim Empfangsberechtigten sofort wirksam und unwiderruflich. Die formellrechtliche Zustimmungserklärung nach § 27 S 1 wird, wie die Bewilligung des § 19, wirksam entweder mit der Aushändigung an den Begünstigten bzw durch einen der Aushändigung gleichstehenden Vorgang[175] oder spätestens mit dem Eingang beim Grundbuchamt. Wurde die Zustimmungserklärung des Eigentümers vor dem In-Kraft-Treten der Verfügungsbeeinträchtigung wirksam, so kann die Löschung des Grundpfandrechts ohne Mitwirkung des Geschützten erfolgen; zB bindet die Zustimmung, die der Eigentümer vor Eröffnung des Insolvenzverfahrens dem Gläubiger erklärt hat, auch den Insolvenzverwalter.[176] Ist der Eigentümer Vorerbe, so bedarf er der Zustim-

---

160 LG Düsseldorf MittRhNotK 1984, 124.
161 KG OLGE 4, 492; 25, 380; KEHE-*Munzig* § 27 Rn 10; *Hoffmann* MittRhNotK 1971, 605, 623.
162 KG JFG 20, 8; KEHE-*Munzig* § 27 Rn 10; *Demharter* § 27 Rn 15.
163 MüKo-*Eickmann* § 1183 Rn 15.
164 KGJ 22, 140; KEHE-*Munzig* § 27 Rn 13; *Demharter* § 27 Rn 17; MüKo-*Eickmann* § 1183 Rn 3.
165 KGJ 30, 258; MüKo-*Eickmann* § 1183 Rn 3.
166 KEHE-*Munzig* § 27 Rn 13; *Demharter* § 27 Rn 17.
167 OLG München JFG 18, 204.
168 KEHE-*Munzig* § 27 Rn 13; MüKo-*Eickmann* § 1183 Rn 5; BGB-RGRK-*Thumm* § 1183 Rn 7; *Palandt-Bassenge* § 1183 Rn 3; **aA** *Staudinger-Wolfsteiner* § 1183 Rn 17.
169 *Demharter* § 27 Rn 17.
170 BayObLGZ 1973, 220 = Rpfleger 1973, 404; MüKo-*Eickmann* § 1183 Rn 7.
171 *Böttcher* Rpfleger 1983, 49, 50.
172 KG JFG 4, 420; KEHE-*Munzig* § 27 Rn 11; MüKo-*Eickmann* § 1183 Rn 10; *Planck-Strecker* § 1183 Anm 3 d.
173 KEHE-*Munzig* § 27 Rn 11; *Demharter* § 27 Rn 16; MüKo-*Eickmann* § 1183 Rn 10.
174 RGZ 52, 411, 416; BGB-RGRK-*Thumm* § 1183 Rn 3; *Palandt-Bassenge* § 878 Rn 4; *Soergel-Konzen* § 1183 Rn 4; **aA** MüKo-*Eickmann* § 1183 Rn 11.
175 Vgl dazu: KEHE-*Munzig* § 19 Rn 181 ff.
176 RGZ 52, 411; *Planck-Strecker* § 1183 Anm 3 e; *Palandt-Bassenge* § 1183 Rn 4; **aA** *Staudinger-Wolfsteiner* § 1183 Rn 12.

mung aller Nacherben (§ 2113 BGB),[177] nicht jedoch der der Ersatzerben.[178] Eine Ausnahme besteht, wenn eine befreite Vorerbschaft vorliegt[179] und die Aufhebung ein entgeltliches Geschäft darstellt,[180] bei nichtbefreiter Vorerbschaft nur bei Tilgung des Grundpfandrechts aus eigenen Mitteln des Vorerben[181] oder Löschung eines letztrangigen Grundpfandrechts.[182]

Bei einer Vertretung des Eigentümers durch den Grundpfandrechtsgläubiger oder einer Vertretung des Gläu- **85** bigers durch den Grundstückseigentümer soll nach einer Meinung **§ 181 BGB** nicht entgegenstehen, weil der Erklärende nicht auf beiden Seiten eines Rechtsgeschäfts steht, sondern selbständige Erklärungen gegenüber einem Dritten abgibt.[183] Dem kann nicht zugestimmt werden. Nach § 875 Abs 1 S 2 BGB kann der Grundpfandgläubiger sein Recht durch Erklärung gegenüber dem Grundbuchamt oder dem Grundstückseigentümer aufgeben. Gemäß § 1183 S 2 BGB kann der Eigentümer die Zustimmungserklärung gegenüber dem Grundbuchamt oder dem Grundpfandgläubiger erklären. Unzweifelhaft liegt eine Interessenkollision vor, wenn der Grundpfandrechtsgläubiger die Aufhebungserklärung selbst und die Zustimmung als Vertreter des Eigentümers abgibt bzw der Grundstückseigentümer als Vertreter des Gläubigers die Aufhebungserklärung und die Zustimmung selbst vornimmt, wobei dieselbe Person auch jeweils als Empfangsperson auftritt. Nichts anderes kann gelten, wenn die Erklärungen dem Grundbuchamt gegenüber abgegeben werden, weil § 181 BGB sonst auf diese Weise umgangen werden könnte und somit seine Bedeutung verlieren würde. Der Zweck des § 181 BGB erfordert es aber, Erklärungen des Vertreters einzubeziehen, die er nicht selbst gegenüber, sondern einem Dritten, insbesondere einer Behörde gegenüber, abgibt.[184]

Die Frage, ob der Vormund des Eigentümers zur Zustimmung der **vormundschaftsgerichtlichen Geneh-** **86** **migung** bedarf, wird zum Teil verneint, vor allem wenn das Grundpfandrecht an letzter Rangstelle steht,[185] aber von der hM zu Recht bejaht (§ 1812 BGB).[186] Die Zustimmung zur Löschung bedeutet, wenn ein Eigentümerrecht bereits entstanden ist, den Verzicht auf dieses Recht; wenn ein solches noch nicht existiert, den Verzicht auf die Anwartschaft. In jedem Fall handelt es sich um eine Vermögensposition des Mündels, die aufgegeben wird. Dies gilt auch bei einem letztrangigen Grundpfandrecht, da es sich bei einem solchen Eigentümerrecht nicht nur um eine formelle Rechtsposition handelt, ihm vielmehr ein materieller Gehalt zusteht, zB in der Zwangsversteigerung als Recht in § 10 Abs 1 Nr 4 ZVG vor den nach § 10 Abs 1 Nr 5 bis 8 ZVG zu befriedigenden Ansprüchen. Wird der Eigentümer durch seine Eltern vertreten, so ist die Zustimmung nicht genehmigungsbedürftig, denn § 1812 BGB ist in § 1643 BGB nicht erwähnt.[187] Wenn eine Hypothek oder Grundschuld am Grundstück des Mündels gelöscht werden soll, die nie entstanden oder kraft Gesetzes erloschen ist (zB § 1181 BGB), dann handelt es sich um eine Grundbuchberichtigung. Gemäß § 27 S 2 ist die Zustimmung des Eigentümers dann nicht erforderlich, wenn das Grundbuch auf Grund eines urkundlichen Unrichtigkeitsnachweises (§ 22) berichtigt werden soll; die Frage nach der vormundschaftsgerichtlichen Genehmigung gemäß § 1812 BGB stellt sich in diesem Fall nicht. Für die Löschung auf Grund einer Berichtigungsbewilligung (§ 19) verlangt § 27 S 1 aber die Zustimmung des Eigentümers (vgl Rdn 4). Nach einer Mindermeinung[188] scheidet eine Genehmigung gemäß § 1812 BGB aus, weil die verfahrensrechtliche Zustimmung des § 27 S 1 keine Verfügung iS des § 1812 BGB darstellt. Letzteres ist zwar richtig; jedoch erfordert der Schutzgedanke der §§ 1812, 1821, 1822 BGB eine entsprechende Anwendung bei dem schwachen Nachweis der schlüs-

---

177 KEHE-*Munzig* § 27 Rn 11; MüKo-*Eickmann* § 1183 Rn 14; *Demharter* § 27 Rn 16.

178 BGHZ 40, 115 = NJW 1963, 2320; RGZ 145, 319; OLG Oldenburg JR 1963, 23; KEHE-*Munzig* § 27 Rn 11; MüKo-*Eickmann* § 1183 Rn 14.

179 KEHE-*Munzig* § 27 Rn 11; *Demharter* § 27 Rn 16; MüKo-*Eickmann* § 1183 Rn 14.

180 KGJ 43, 266; OLG Hamm NJW 1969, 1492; DNotZ 1972, 96; KEHE-*Munzig* § 27 Rn 11; *Demharter* § 27 Rn 16; MüKo-*Eickmann* § 1183 Rn 14; *Haegele* Rpfleger 1969, 350.

181 KGJ 50, 210; KEHE-*Munzig* § 27 Rn 11.

182 KG JFG 15, 187; OLG München JFG 21, 81; KEHE-*Munzig* § 27 Rn 11; *Demharter* § 27 Rn 16.

183 RGZ 157, 27; BayObLGZ 1951, 456; KG OLGE 20, 420; *Güthe-Triebel* S 2052; *Demharter* § 27 Rn 18; *Planck-Strecker* § 1183 Anm 3 a; *Wolff-Raiser* § 141 Fn 4.

184 BGHZ 77, 7 = NJW 1980, 1577 = DNotZ 1981, 22 = Rpfleger 1980, 336 = JR 1980, 412 m Anm *Kuntze*; MüKo-*Eickmann* § 1183 Rn 9; *Soergel-Konzen* § 1183 Rn 3; *Palandt-Bassenge* § 1183 Rn 6; *Kohler* in Bauer/von Oefele § 27 Rn 33; KEHE-*Munzig* § 27 Rn 14; *Schöner/Stöber* Rn 2761; *Eickmann* GBVerfR, Rn 195, 196.

185 KG OLGE 26, 171; 44, 81; *Demharter* § 27 Rn 16; *Damrau* FamRZ 1984, 842, 849; *Schmitt* BayNotV 1905, 37.

186 BayObLG Rpfleger 1985, 24 = DNotZ 1985, 161; OLG Hamm OLGZ 1977, 47 = Rpfleger 1976, 309 = DNotZ 1977, 35; LG Würzburg MittBayNot 1972, 329; MüKo-*Eickmann* § 1183 Rn 12; *Kohler* in Bauer/von Oefele § 27 Rn 31; KEHE-*Munzig* § 27 Rn 12; *Eickmann* GBVerfR, 5. Kap, Rn 201 (4.2.4 A f); *Klüsener* Rpfleger 1981, 461, 468; *Meyer-Stolte* RpflJB 1980, 339, 351; *Hurst* MittRhNotK 1966, 383, 413; *Riggers* JurBüro 1968, 188; *Böttcher* Rpfleger 1987, 485, 488.

187 MüKo-*Eickmann* § 1183 Rn 13; *Böttcher* Rpfleger 1987, 485, 489.

188 KG OLGE 26, 171; *Damrau* FamRZ 1984, 842, 850; Rpfleger 1985, 26, 27.

sigen Behauptung einer Grundbuchunrichtigkeit in der Berichtigungsbewilligung, sofern – unterstellt, sie wäre falsch – radikaler Dritterwerb droht (§ 892 BGB).[189]

87 Bei einer **Höchstbetragshypothek** (auch Arresthypothek), die von einem früheren Grundstückseigentümer bestellt worden ist, muss auch der frühere Eigentümer zustimmen, da er möglicherweise gemäß § 1163 Abs 1 Inhaber einer Eigentümergrundschuld wurde;[190] eine Ausnahme besteht nur dann, wenn in der Form des § 29 nachgewiesen wird, dass diesem eine Grundschuld nicht zusteht.[191]

88 Die Löschung der **Rückstandshypothek** für Zinsen, sonstige Nebenleistungen sowie Kosten (§ 1178 BGB) bedarf nicht der Zustimmung des Eigentümers, da kein Eigentümergrundpfandrecht entstehen kann.[192]

89 **e) Ausnahmen. aa) Unrichtigkeitsnachweis (§ 27 S 2).** Gemäß § 27 S 2 ist die Zustimmung des Eigentümers zur Löschung eines Grundpfandrechts dann nicht erforderlich, wenn eine berichtigende Löschung auf Grund eines Unrichtigkeitsnachweises vorliegt.[193] Es muss in der Form des § 29 nachgewiesen werden, dass das Grundpfandrecht materiell entweder nie enstanden oder außerhalb des Grundbuchs erloschen ist. Wenn das **Grundpfandrecht materiell nicht besteht**, so steht zugleich fest, dass der Eigentümer von der Löschung weder formell noch materiell betroffen werden kann. Der Nachweis der Grundbuchunrichtigkeit kann sich aus gesetzlichen Vorschriften, dem Grundbuchinhalt und den in der Form des § 29 vorgelegten Urkunden ergeben.[194] Folgende Einzelfälle seien beispielhaft angeführt:

90 – Bei der **Reichsheimstätten-Hypothek** entsteht nach § 17 Abs 2 S 2 RHeimstG bei Tilgung der Forderung keine Eigentümergrundschuld, sondern die Hypothek erlischt. Wird daher dem Grundbuchrechtspfleger in der Form des § 29 nachgewiesen, dass die Forderung erloschen ist (zB durch eine löschungsfähige Quittung), so ist im Zusammenhang mit der gesetzlichen Regelung die Grundbuchunrichtigkeit nachgewiesen. Zur Löschung ist dann nur noch ein schriftlicher Löschungsantrag erforderlich.[195]

91 – Wird die **Verzichtserklärung** des Gläubigers einer **Gesamthypothek an einem der belasteten Grundstücke** sogleich durch die bloße **Löschung** – ohne vorherige Eintragung des Verzichts – vollzogen (vgl Rdn 10), so steht nach § 1175 Abs 1 S 2 BGB fest, dass die Hypothek an diesem Grundstück erloschen ist; für die Eintragung der Löschung bedarf es in diesem Fall gemäß § 27 S 2 nicht der Zustimmung des Eigentümers. Da die Pfandfreigabe eines einzelnen Grundstücks oder Grundstücksteils aus der Mithaft eines Gesamtgrundpfandrechts als Verzicht gemäß § 1175 Abs 1 S 2 BGB aufzufassen ist (vgl Rdn 10), gilt in diesem Fall nichts anderes.

92 – Die Vollziehung eines Arrestes in ein Grundstück erfolgt durch die Eintragung einer **Arresthypothek** (§ 932 ZPO). Dies ist vor der Zustellung des Arrestbefehls an den Schuldner zulässig (§ 929 Abs 3 S 1 ZPO). Die Zustellung muss jedoch innerhalb einer Woche ab dem Eingang des Eintragungsantrags beim Amtsgericht nachgeholt werden (§ 929 Abs 3 S 2, § 932 Abs 3 ZPO). Wird diese Frist versäumt, so ist die Vollziehung, dh die Eintragung der Arresthypothek, wirkungslos; sie ist als von vornherein nichtig zu behandeln.[196] Trotzdem wird von einer Meinung für die Löschung dieser Arresthypothek die Zustimmung des Eigentümers gemäß § 27 S 1 verlangt.[197] Dies ist falsch. Es liegt ein Fall des § 27 S 2 vor.[198] Dass die Arresthypothek durch Versäumung der Nachholungsfrist für die Zustellung nichtig ist, lässt sich leicht nachweisen: Der Beginn der Frist ergibt sich aus dem Eingangsstempel auf dem Eintragungsantrag und das Datum der Zustellung ist auf der Zustellungsurkunde ersichtlich. Ist daher die Vollziehungfrist von einem Monat (§ 929 Abs 2 ZPO) noch nicht abgelaufen, so kann der Gläubiger einen formlosen (§ 30) Antrag stellen, und zwar unter Vorlage des Arrestbefehls und des Zustellungsnachweises, die eingetragene Arresthypothek zu löschen und die gleiche Arresthypothek neu einzutragen.

---

189 RGZ 133, 259; KG OLGE 25, 390, 392; KGJ 42, 215, 218; MüKo-*Wacke* § 894 Rn 21; *Schöner/Stöber* Rn 3727; *Klüsener* Rpfleger 1981, 461, 468; *Meyer-Stolte* RpflJB 1980, 336, 344; *Böttcher* Rpfleger 1987, 485, 488.
190 OLG Frankfurt/M MittBayNot 1984, 85; *Demharter* § 27 Rn 15; *Schöner/Stöber* Rn 2754; *Soergel-Konzen* § 1190 Rn 10; MüKo-*Eickmann* § 1190 Rn 24; aA LG Hamburg Rpfleger 2004, 348 m abl Anm *Meyer-König*.
191 *Schöner/Stöber* Rn 2754.
192 MüKo-*Eickmann* § 1183 Rn 4; *Wolff-Raiser* § 149 IV 1.
193 BayObLGZ 1953, 171 = Rpfleger 1953, 449.
194 KEHE-*Munzig* § 27 Rn 15.
195 *Hoffmann* MittRhNotK 1971, 605, 624.
196 RGZ 151, 155; 156, 7; *Wittmann* MDR 1979, 549.
197 KG OLGE 44, 172 = JW 1925, 2265; *Brachvogel* JW 1925, 2265; *Begemann* JW 1926, 781.
198 *Wittmann* MDR 1979, 549.

bb) Sondervorschriften. Die Zustimmung des Eigentümers ist laut folgender Sondervorschriften entbehrlich **93** bei
– der Eintragung einer **Zinssenkung** nach § 2 Ges vom 11.05.1937 (RGBl I 579);
– der Löschung einer **Abgeltungshypothek** nach § 9 Abs 4 DVO zur VO über die Aufhebung der Gebäudeentschuldungssteuer vom 31.07.1942 (RGBl I 503).

cc) Ersetzung der Zustimmung. Die Zustimmung des Eigentümers wird ersetzt durch ein **94**

(1) rechtskräftiges Urteil, durch das der Eigentümer zur Erklärung der Zustimmung verurteilt worden ist **95** (§ 894 ZPO);

(2) Ersuchen einer Behörde (§ 38) um Löschung, vorausgesetzt, dass die Behörde zu diesem Ersuchen **96** zuständig ist und selbst um Löschung ersucht (zB § 130 ZVG). Wenn die Behörde die Löschungsbewilligung eines Dritten dem Grundbuchamt lediglich übermittelt, so bedarf es der Zustimmung des Eigentümers.[199]

(3) Unschädlichkeitszeugnis. Belastungen eines Grundstücks bleiben nach Abtrennung einer Teilfläche an **97** dieser neben der Restfläche gesamtbelastungsweise bestehen. Da der Erwerber der Teilfläche diese idR lastenfrei erwerben will und zur Vermeidung unübersichtlicher Rangverhältnisse ist es erforderlich, die vorherige Lastenfreistellung zu erreichen.[200] Zur rechtsgeschäftlichen Aufhebung eines Rechts wären die Aufgabeerklärung des dinglich Berechtigten (§ 875 BGB) und, wenn an diesem Recht wieder Dritte berechtigt sind, deren Zustimmung (§ 876 BGB) und wenn es sich um ein Grundpfandrecht handelt, die Zustimmung des Eigentümers (§ 1183 BGB) erforderlich. Dieses Verfahren bringt aber nicht nur Zinsverluste, sondern möglicherweise auch unverhältnismäßig hohe Kosten.[201] Nach Art 120 Abs 1 EGBGB sind die landesrechtlichen Vorschriften unberührt gelassen, nach denen im Falle der **Veräußerung eines Grundstücksteils dieser Teil von den Belastungen des Grundstücks befreit** wird, wenn von der zuständigen Behörde festgestellt wird, dass die **Rechtsänderung für die Berechtigten unschädlich** ist. Zweck und Wirkung des Unschädlichkeitszeugnisses ist es daher, die materiellrechtlich erforderliche Aufgabeerklärung des dinglich Berechtigten (§ 875 BGB) und die evtl erforderlichen Zustimmungen der Drittberechtigten (§§ 876, 1183 BGB) zu ersetzen, wenn die Interessen der Berechtigten keine Einbuße erleiden.[202] Zur materiell verfügenden Wirkung des Unschädlichkeitszeugnisses muss für das Grundbuchverfahren noch eine formelle Wirkung hinzukommen; aber auch zu einer solchen Anordnung ist der Landesgesetzgeber befugt, und zwar auf Grund des Vorbehalts in § 136 GBO, wonach aus der Ermächtigung des Art 120 EGBGB eine entsprechende für das Grundbuchverfahren folgt.[203] Das Unschädlichkeitszeugnis ersetzt daher auch die Bewilligung der Betroffenen zur Löschung (§ 19) und die Zustimmung des Eigentümers (§ 27 S 1); dagegen wird der Eintragungsantrag durch das Zeugnis nicht ersetzt.[204] Es besteht ein Anspruch auf Erteilung des Unschädlichkeitszeugnisses, wenn die Voraussetzungen dafür vorliegen; eine Verweigerung, weil die erforderlichen Erklärungen zur Aufhebung leicht beigebracht werden könnten, ist nicht zulässig.[205]

Nach Art 120 Abs 1 EGBGB ist das Unschädlichkeitszeugnis nur im Zusammenhang mit **Grundstücksveräuße-** **98** **rungen** anzuwenden. Darunter fallen zunächst die Eigentumsübertragungen aus jedem beliebigen Anlass.[206] Auf Grund einer am praktischen Bedürfnis ausgerichteten erweiternden Auslegung werden auch Abschreibungen von Trennflächen ohne Eigentumsänderung erfasst, soweit dabei auch geometrische Veränderungen erfolgen.[207]

Als **belastetes Objekt** kommt nach dem Gesetzeswortlaut nur eine Teilfläche eines Grundstücks im Rechts- **99** sinne in Betracht. Teilflächen sind auch einzelne nach § 890 Abs 1 BGB vereinigte Grundstücke oder einzelne nach § 890 Abs 2 BGB als Bestandteile zugeschriebene Grundstücke.[208] Dagegen genügt nicht eine nach § 4 erfolgte Zusammenschreibung.[209] Aber auch ohne ausdrückliche Aufführung in Art 120 Abs 1 EGBGB ist die Erteilung eines Unschädlichkeitszeugnisses auch bei der lastenfreien Veräußerung eines ganzen Grundstücks zulässig, wenn dieses Grundstück zusammen mit weiteren Grundstücken der Belastung unterliegt.[210] Gleiches

199 KGJ 21, 179.
200 *Staudinger-Mayer* Art 120 EGBGB Rn 8.
201 *Pöttgen* MittRhNotK 1965, 668, 669.
202 LG Regensburg Rpfleger 1988, 406; *Staudinger-Mayer* Art 120 EGBGB Rn 9.
203 *Staudinger-Mayer* Art 120 EGBGB Rn 7.
204 LG Regensburg Rpfleger 1988, 406; KEHE-*Munzig* § 27 Rn 28.
205 BayObLG MittBayNot 1933, 180; *Röll* MittBayNot 1968, 353, 355.
206 *Staudinger-Mayer* Art 120 EGBGB Rn 16.
207 BayObLGZ 2003, 202 = MittBayNot 2004, 45; *Staudinger-Promberger-Schreiber* 12. Aufl, Art 120 EGBGB Rn 13; **aA** *Staudinger-Mayer* 13. Aufl, Art 120 EGBGB Rn 17; *Röll* MittBayNot 1968, 353, 354.
208 BayObLGZ 31, 3.
209 OLG München JFG 8, 206.
210 BGHZ 18, 296 = NJW 1955, 1878 = DNotZ 1956, 36 = Rpfleger 1955, 348; BayObLGZ 1952, 95; KG JFG 17, 266; OLG München JFG 22, 233; *Staudinger-Mayer* Art 120 EGBGB Rn 12; KEHE-*Munzig* § 27 Rn 28; *Röll* MittBayNot 1968, 353, 355; *Pöttgen* MittRhNotK 1965, 668, 670.

gilt für Miteigentumsanteile,[211] Eigentumswohnungen nach WEG[212] (Umwandlung von Gemeinschaftseigentum in Sondereigentum und umgekehrt;[213] Begründung eines Sondernutzungsrechtes;[214] Änderung des Kostenverteilungsschlüssels[215]) oder Erbbaurechte.[216]

100 Hinsichtlich der **betroffenen Grundstücksbelastungen** enthält Art 120 Abs 1 EGBGB keine enumerative Aufzählung, diese finden sich vielmehr in den jeweiligen Landesgesetzen (vgl dazu Rdn 103). Es können durch Landesgesetze Unschädlichkeitszeugnisse für die Freistellung von folgenden Rechten vorgesehen werden:[217] Grundpfandrechte, Reallasten, dingliches Vorkaufsrecht, Nießbrauch, Erbbaurecht,[218] Grunddienstbarkeit (zB Wegerecht)[219] und beschränkte persönliche Dienstbarkeit.[220] Auch bei Grunddienstbarkeiten und beschränkten persönlichen Dienstbarkeiten, die auf einen bestimmten Ausübungsbereich beschränkt sind und somit bereits kraft Gesetzes (§§ 1026, 1090 BGB) auf den abgetrennten Grundstücken erlöschen, wenn diese außerhalb des Ausübungsbereichs liegen, kann der Landesgesetzgeber das Unschädlichkeitszeugnis vorsehen.[221] Gleiches gilt für Vormerkungen auf Eintragung der genannten beschränkt dinglichen Rechte, nicht dagegen für die Auflassungsvormerkung, da der Auflassungsanspruch die Trennfläche der Substanz nach erfasst.[222] Nicht freigestellt werden können auch Grundstücke von Verfügungsbeeinträchtigungen[223] und öffentlichen Grundstückslasten.[224] Umstritten ist die Frage, ob das Unschädlichkeitszeugnis nur von eingetragenen Belastungen befreien kann[225] oder sich auf nicht eingetragene beziehen kann;[226] letzteren Auffassung ist wegen der materiellrechtlichen Aufhebungswirkung des Unschädlichkeitszeugnisses zuzustimmen. Nach Vollzug der Eigentumsumschreibung im Grundbuch unter Mitübertragung der Belastung kann kein Unschädlichkeitszeugnis mehr erteilt werden, auch wenn dies vorher zulässig gewesen wäre.[227]

101 Die entscheidende Frage, wann **Unschädlichkeit** der lastenfreien Abschreibung vorliegt, insbesondere ob die Unschädlichkeit von einem Wertausgleich abhängt und worin dieser bestehen kann, hat der Landesgesetzgeber zu beantworten (vgl Rn 103).[228]

102 Dem Landesgesetzgeber (vgl Rdn 103) obliegt es auch, das **Verfahren** bei der Erteilung des Unschädlichkeitszeugnisses zu bestimmen.[229] Auf Grund Art 103 Abs 1 GG ist den Beteiligten im Verfahren rechtliches Gehör zu gewähren, und zwar unabhängig davon, ob das Gericht oder eine Verwaltungsbehörde das Unschädlichkeitszeugnis erteilt.[230]

103 Da also der Landesgesetzgeber insbesondere die betroffenen Grundstücksbelastungen (Rdn 100), die Voraussetzungen der Unschädlichkeit (Rdn 101) und das Verfahren bei der Erteilung des Unschädlichkeitszeugnisses (Rdn 102) festzulegen hat, ist auf folgende **Landesgesetze** hinzuweisen:[231]

Baden-Württemberg

§§ 22–28 AGBGB vom 26.11.1974 (BadWürttGBl 498);

Bayern[232]

Unschädlichkeitszeugnisgesetz vom 15.06.1898 (BayGVBl 301) idF vom 07.08.2003 (GVBl 512);

---

211 BayObLGZ 1965, 466 = NJW 1966, 1045 = DNotZ 1966, 609; *Staudinger-Mayer* (1997) Art 120 EGBGB Rn 13; KEHE-*Munzig* § 27 Rn 28; *Röll* MittBayNot 1968, 353, 355.

212 BayObLG Rpfleger 1988, 140 m Anm *Reinl*; LG München I MittBayNot 1967, 365; *Staudinger-Mayer* Art 120 EGBGB Rn 13; KEHE-*Munzig* § 27 Rn 28; *Röll* MittBayNot 1968, 353, 355.

213 LG München I MittBayNot 1983, 174; BayObLGZ 1991, 319.

214 BayObLGZ 1988, 1 = Rpfleger 1988, 140.

215 BayObLGZ 2003, 161 = MittBayNot 2004, 43.

216 BayObLGZ 1962, 396, 399 = Rpfleger 1963, 87; LG Lübeck SchlHAnz 1965, 216; *Staudinger-Mayer* Art 120 EGBGB Rn 13; KEHE-*Munzig* § 27 Rn 28; *Röll* MittBayNot 1968, 353, 355; *Pöttgen* MittRhNotK 1965, 668, 671.

217 *Staudinger-Mayer* Art 120 EGBGB Rn 18 ff; KEHE-*Munzig* § 27 Rn 28.

218 **AA** KEHE-*Munzig* § 27 Rn 28.

219 BayObLG MittBayNot 1981, 136; LG Hof Rpfleger 1964, 22.

220 LG Augsburg Rpfleger 1979, 338.

221 BayObLG MittBayNot 1981, 136; LG Augsburg Rpfleger 1979, 338; *Staudinger-Mayer* Art 120 EGBGB Rn 23.

222 KEHE-*Munzig* § 27 Rn 28; *Staudinger-Mayer* Art 120 EGBGB Rn 25.

223 KGJ 42, 199; KG HRR 1934 Nr 201; LG Frankfurt Rpfleger 1986, 472; KEHE-*Munzig* § 27 Rn 28.

224 *Staudinger-Mayer* Art 120 EGBGB Rn 20.

225 KGJ 31, 281; OLG München JFG 14, 317; KEHE-*Munzig* § 27 Rn 28.

226 LG Hildesheim NdsRpfl 1962, 176; *Staudinger-Mayer* Art 120 EGBGB Rn 19; *Soergel-Hartmann* Art 120 EGBGB Rn 2.

227 BayObLG Rpfleger 1978, 317; KEHE-*Munzig* § 27 Rn 28.

228 *Staudinger-Mayer* Art 120 EGBGB Rn 26.

229 Vgl dazu: *Staudinger-Mayer* Art 120 EGBGB Rn 36–48; *Kirchmayer* Rpfleger 2004, 203; *Demharter* Rpfleger 2004, 406.

230 BayVerfGH MittBayNot 1970, 140; *Staudinger-Mayer* Art 120 EGBGB Rn 40–44.

231 Ausführlich dazu: *Staudinger-Mayer* Art 120 EGBGB Rn 50 ff.

232 Vgl *Kirchmayer* Rpfleger 2004, 203; *Demharter* Rpfleger 2004, 406; BayVerfGH MittBayNot 1989, 22.

Berlin
- Art 19 AGBGB (BerlGVBl Sb I 400–1);
- Art 20 AGGBO (BerlGVBl Sb I 3212-2);
- Gesetz, betreffend den erleichterten Abverkauf kleiner Grundstücke, vom 03.03.1850 (BerlGVBl Sb I 403-1);
- Gesetz über den erleichterten Austausch einzelner Parzellen von Grundstücken, vom 27.06.1860 (BerlGVBl Sb I 403-2);
- Gesetz betreffend die Erleichterung unentgeltlicher Abtretungen einzelner Gutsteile oder Zubehörstücke zu öffentlichen Zwecken, vom 15.07.1890 (BerlGVBl Sb I 403-3);

Brandenburg
§§ 20–30 AGBGB vom 28.07.2000 (GVBl I 114);

Bremen
§ 23 AGBGB idF der Bek vom 06.12.1928 (BremGBl 355);

Hamburg
§§ 35–42 AGBGB idF vom 01.07.1958 (HambGVBl 195);

Hessen
Gesetz über Unschädlichkeitszeugnisse vom 04.11.1957 (HessGVBl 145);

Niedersachsen
Gesetz über Unschädlichkeitszeugnisse vom 04.07.1961 (NdsGVBl 159) idF vom 07.06.1990 (NdsGVBl 155);

Nordrhein-Westfalen
Gesetz über Unschädlichkeitszeugnisse vom 29.03.1966 (NWGVBl 136), geändert durch Gesetz vom 07.04.1970 (GVBl 251) und Gesetz vom 18.05.1982 (GVBl 248) iVm AV vom 21.06.1966 (JMBl 157);

Rheinland-Pfalz
Landesgesetz über Unschädlichkeitszeugnisse vom 24.03.1965 (RhPfGVBl 53), geändert durch § 26 AGBGB vom 18.11.1976 (GVBl 259);

Saarland
- Gesetz Nr 842 über Unschädlichkeitszeugnisse vom 25.01.1967 (SaarlABl 206);
- Erlass betreffend die Erteilung von Unschädlichkeitszeugnissen nach dem Gesetz Nr 842, vom 29.06.1967 (SaarlABl 541);

Sachsen
§§ 46–53 SächsJG vom 24.11.2000 (GVBl 704);

Sachsen-Anhalt
Gesetz über Unschädlichkeitszeugnisse vom 04.02.1993 (GVBl 40);

Schleswig-Holstein
§§ 14–19 AGBGB SchlH vom 26.04.1988 (SchlHGVBl 357);

Thüringen
Gesetz über Unschädlichkeitszeugnisse vom 03.01.1994 (GVBl 10).

4. Zustimmung Dritter

Die Zustimmung Dritter bzw Mitbetroffener bei der Löschung eines Grundpfandrechts ist erforderlich, wenn der **Gläubiger zur Verfügung nicht oder nicht allein befugt** ist. Dies gilt insbesondere, wenn das Grundpfandrecht mit einem Nießbrauch oder Pfandrecht belastet ist. In diesen Fällen muss die Zustimmung (= Mitbewilligung) des Nießbrauchers bzw Pfandgläubigers vorgelegt werden (§ 876 BGB, § 19 GBO). Die Löschung eines Grundpfandrechts, bei dem eine Vormerkung oder ein Widerspruch eingetragen ist, bedarf der Zustimmung dessen, zu dessen Gunsten die Vormerkung bzw der Widerspruch besteht.[233] **104**

Soweit gegen den die Löschung bewilligenden Grundpfandrechtsgläubiger eine **Verfügungsbeeinträchtigung**[234] besteht, hat folgende Unterscheidung zu erfolgen:

Liegt eine **Verfügungsentziehung** (Insolvenz, Testamentsvollstreckung, Nachlassverwaltung) vor, so ist das Grundbuch auf Grund des Legalitätsprinzips für Löschungen des Insolvenzschuldners bzw Erben grundsätzlich **105**

---

233 KG JFG 9, 218.
234 Zur Terminologie vgl *Böttcher* Rpfleger 1983, 49.

gesperrt. Die Löschung kann ausnahmsweise nur erfolgen, wenn die Zustimmung des Verwalters vorliegt (§ 185 BGB) oder Bindung der Aufhebungserklärung (§ 875 Abs 2 BGB) und Antragstellung vor Wirksamwerden der Verfügungsentziehung gegeben ist (§ 878 BGB).[235]

106 Ist der Grundpfandrechtsgläubiger einer **Verfügungsbeschränkung** (§ 1365, § 1423 BGB) unterworfen, so ist auch in diesem Fall das Grundbuch für eine Löschung durch den von der VB Betroffenen auf Grund des Legalitätsprinzips grundsätzlich gesperrt. Die Löschung kann nur in den Ausnahmefällen des § 185 BGB und § 878 BGB erfolgen.[236]

107 Unterliegt der Grundpfandrechtsgläubiger einem **Verfügungsverbot** auf Grund einer gerichtlichen Pfändung (§ 829 Abs 1 S 2 ZPO), einstweiligen Verfügung (§ 938 Abs 2 ZPO), Anordnung der Zwangsversteigerung bzw Zwangsverwaltung (§ 23 Abs 1 S 1 ZVG), so ist zu differenzieren:[237]

(1) Ist das Verfügungsverbot bereits im Grundbuch eingetragen oder wegen früheren Eingangs vorher einzutragen (§ 17), so kann die Löschung des Grundpfandrechts,
– soweit die VV ebenfalls gelöscht wird, nur erfolgen, wenn die Zustimmung des Verbotsgeschützten nachgewiesen wird oder das VV zwischenzeitlich weggefallen ist
– soweit das VV im Grundbuch bestehen bleibt, genauso erfolgen, als wenn kein VV bestehen würde.

(2) Weiß der Grundbuchrechtspfleger, dass gegen den Berechtigten des Grundpfandrechts ein Verfügungsverbot besteht, ohne dass dieses im Grundbuch eingetragen ist, so kann die Löschung nur vollzogen werden, wenn die Zustimmung des Verbotsgeschützten (§ 185 BGB) oder § 878 BGB vorliegen.

108 Ist der **Grundpfandrechtsgläubiger Vorerbe**, dh unterliegt er durch Anordnung der Nacherbfolge einer Verfügungsbeeinträchtigung sui generis, so ist zu unterscheiden, ob der Vorerbe befreit oder nicht befreit ist;[238]

(1) Da einem befreiten Vorerben nur die unentgeltliche Verfügung über Nachlassgegenstände untersagt ist (§§ 2113 Abs 2, 2136 BGB), darf der Grundbuchrechtspfleger die Löschung dann ohne Zustimmung der Nacherben vollziehen, wenn die Entgeltlichkeit nachgewiesen oder offenkundig ist.[239]

(2) Bei nichtbefreiter Vorerbschaft darf die Löschung nur dann vollzogen werden, wenn[240]
– die Zustimmung des Nacherben vorliegt;
– das Grundpfandrecht mit eigenen Mitteln des Vorerben zurückbezahlt wurde;
– das Grundpfandrecht letzte Rangstelle hat;
– die Löschung in Erfüllung einer Nachlassverbindlichkeit vorgenommen wird.

5. Voreintragung des Betroffenen

109 Erforderlich ist bei der Löschung eines Fremdgrundpfandrechts die Voreintragung des die Löschung bewilligenden **Gläubigers** und des der Löschung zustimmenden **Eigentümers** (§ 39 Abs 1), sofern nicht ein Ausnahmefall des § 39 Abs 2 oder § 40 vorliegt.[241] Ist dem Grundbuchrechtspfleger nachgewiesen, dass das Fremdgrundpfandrecht auf den Eigentümer übergegangen ist, so ist für die Löschung die Eintragung des Eigentümers als Gläubiger des Rechts nicht erforderlich, weil er stets als – künftiger – Gläubiger aller auf dem Grundstück lastenden Grundpfandrechte bereits (in Abt I) eingetragen ist.[242] Ist das Grundpfandrecht dagegen nicht auf den eingetragenen Grundstückseigentümer übergegangen, sondern auf einen Dritten (zB Bürge, Voreigentümer, Ablösungsberechtigter), so soll nach hM für die Löschung auch die Voreintragung des neuen Berechtigten erforderlich sein.[243] Da dieser übertriebene Formalismus eine Eintragung verlangt, die sogleich wieder gelöscht wird und den Beteiligten zusätzliche Kosten auferlegt, ist in diesem Fall eine restriktive Auslegung des § 39 Abs 1 vorzunehmen (vgl dazu Einl D Rdn 7); von einer Voreintragung des Dritten, der die Löschung des Grundpfandrechts bewilligt, ist daher abzusehen.[244]

---

235 Ausführlich dazu *Böttcher* Rpfleger 1983, 187, 189.
236 *Böttcher* Rpfleger 1984, 377, 384.
237 Grundlegend dazu *Böttcher* Rpfleger 1985, 381, 387.
238 KEHE-*Eickmann* § 51 Rn 21.
239 Vgl dazu KEHE-*Eickmann* § 51 Rn 22–24.
240 Vgl dazu KEHE-*Eickmann* § 51 Rn 25.
241 OLG München JFG 18, 204; KEHE-*Munzig* § 27 Rn 29; *Demharter* § 27 Rn 25.
242 BGH Rpfleger 1968, 277; KG JFG 1, 487; 8, 356; 11, 251; Rpfleger 1975, 136; OLG Köln Rpfleger 1961, 206; KEHE-*Herrmann* § 39 Rn 23.
243 KG 36, 259; *Demharter* § 39 Rn 19; KEHE-*Herrmann* § 39 Rn 25.
244 Allgemein: *Eickmann* GBVerfR, Rn 227–229; speziell: *Hoffmann* MittRhNotK 1971, 605, 626.

6. Briefvorlage

Bei Briefrechten ist nach den §§ 41, 42 grundsätzlich die Vorlegung des Briefs, bei Inhaber- und Orderhypo- **110**
theken nach § 43 die Vorlage des Inhaber- oder Orderpapiers notwendig. Die Briefvorlage erübrigt sich, wenn
der Brief durch ein Versehen des Grundbuchamts schon früher unbrauchbar gemacht worden ist.[245]

V. Vollzug der Löschung im Grundbuch

Die Löschung im Grundbuch erfolgt entweder durch Eintragung eines **Löschungsvermerks** (§ 46 Abs 1) oder **111**
durch **Nichtübertragung** (§ 46 Abs 2). Beim Löschungsvermerk wird die Löschung in Spalte 8–10 oder Abt
III vermerkt, die zu löschenden Eintragungen in Spalte 1–7 werden nicht unterstrichen. Bei Teillöschungen ist in
der Spalte 3 der Abt III der gelöschte Betrag von dem Betrag des Grundpfandrechts abzuschreiben; gerötet wird
in diesem Fall nichts.

VI. Verletzung des § 27

Da § 27 nur ein formelles Eintragungserfordernis bildet, dh eine Ordnungsvorschrift vorliegt, ist das Fehlen der **112**
verfahrensrechtlichen Zustimmungserklärung **ohne sachlichrechtliche Wirkung**.[246] Fehlt dagegen die materiellrechtliche Zustimmung des Eigentümers gemäß § 1183 BGB, so besteht das Grundpfandrecht trotz der
Löschung fort, das Grundbuch ist unrichtig.[247] Die Beseitigung der Grundbuchunrichtigkeit kann nicht durch
Löschung des Löschungsvermerks erfolgen. Vielmehr kann nur die Wiedereintragung im Wege der Grund-
buchberichtigung verlangt werden, und zwar nur dann mit dem alten Rang, soweit das Recht nicht nach § 892
BGB durch gutgläubigen Erwerb überhaupt untergegangen ist oder einem gutgläubig erworbenen Recht im
Rang weichen muss.[248] Die Verletzung des § 27 erfordert auch die Eintragung eines Amtswiderspruchs nach
§ 53, wenn das Grundbuch durch die Löschung unrichtig geworden ist, dh dass die nach dem materiellen
Recht erforderliche Zustimmung (§ 1183 BGB) fehlt.[249] Durch Zwischenverfügung (§ 18 Abs 1) kann aufgegeben werden, die fehlende Zustimmung des Grundstückseigentümers (= mittelbar Betroffener) zur Löschung
eines Grundpfandrechtes beizubringen, wenn die Bewilligung (§ 19) des Gläubigers (= unmittelbar Betroffener)
bereits vorliegt.[250]

245 KGJ 40, 265.
246 RGZ 72, 365; 78, 69; KEHE-*Munzig* § 27 Rn 31.
247 RGZ 62, 100; 73, 174; 82, 22; KEHE-*Munzig* § 27 Rn 31; *Wolff-Raiser* § 141 Fn 2.
248 *Güthe-Triebel* § 27 Rn 10; KEHE-*Munzig* § 27 Rn 31.
249 KEHE-*Munzig* § 27 Rn 31.
250 BayObLG MittBayNot 1997, 37.

§ 28 (Bezeichnung des Grundstücks und der Geldbeträge)

In der Eintragungsbewilligung oder, wenn eine solche nicht erforderlich ist, in dem Eintragungsantrag ist das Grundstück übereinstimmend mit dem Grundbuch oder durch Hinweis auf das Grundbuchblatt zu bezeichnen. Einzutragende Geldbeträge sind in inländischer Währung anzugeben; durch Rechtsverordnung des Bundesministeriums der Justiz im Einvernehmen mit dem Bundesministerium der Finanzen kann die Angabe in einer einheitlichen europäischen Währung, in der Währung eines Mitgliedstaats der Europäischen Union oder des Europäischen Wirtschaftsraums oder einer anderen Währung, gegen die währungspolitische Bedenken nicht zu erheben sind, zugelassen und, wenn gegen die Fortdauer dieser Zulassung währungspolitische Bedenken bestehen, wieder eingeschränkt werden.

Schrifttum

Bauer, Die an eine Löschungsbewilligung bei einem Gesamtrecht zu stellenden Anforderungen, Rpfleger 1963, 43; *Böhringer,* Auswirkungen des Euro auf den Grundbuchverkehr, DNotZ 1999, 692; *ders* Euro-Umstellung und Euro-Schwellenbeträge im Grundbuchrecht, BWNotZ 2003, 97; *Flick,* Ist das Grundbuchamt für die Währungsumstellung auf den Euro gerüstet? BWNotZ 1996, 163; *Haegele,* Rechtsfragen zur Veräußerung eines Grundstücksteils, Rpfleger 1973, 272; *Hieber,* Die Löschung von Gesamt-Grundpfandrechten, DNotZ 1961, 576; *von Heynitz,* Zur Euroeinführung – Ein neues deutsches Sonderrecht für Wertsicherungsvereinbarungen, MittBayNot 1998, 398; *Kluge,* Wertsicherungsklauseln in der notariellen Praxis, MittRhNotK 2000, 409; *Kopp/Schuck,* Der Euro in der notariellen Praxis 2. Aufl 2000, DNotI-Report 2001, 193: Eintragung von auf DM lautenden Grundbucherklärungen nach dem 01.01.2002 in Euro; *Müller,* Die Bezeichnung nicht vermessener Grundstücksflächen im notariellen Veräußerungsvertrag, DNotZ 1966, 77; *Reul,* Die Umstellung von Wertsicherungsklauseln auf den Verbraucherpreisindex für Deutschland auf der Basis 2000 = 100, DNotZ 2003, 92; *Schorkopf,* Die Einführung des Euro: der europäische und deutsche Rechtsrahmen, NJW 2001, 3734; *Staudenmaier,* Grundstücksbezeichnungen in notariellen Urkunden, BWNotZ, 1964, 4; *Strober,* Probleme der unrichtigen Bezeichnung eines Grundstücks in der notariellen Praxis, MittBayNot 1973, 3; *Stumpp,* Vormerkung zur Sicherung des Anspruchs auf Übertragung einer noch der Lage nach zu bestimmenden Teilfläche, Rpfleger 1973, 389; *Wirner,* Die Bezeichnung noch zu vermessender Teilflächen im Hinblick auf den Bestimmtheitsgrundsatz im Grundbuchrecht, MittBayNot 1981, 222.

I. Allgemeines

1. Inhalt der Vorschrift

§ 28 enthält **zwei, rechtlich selbständige,** Vorschriften über den Inhalt der Eintragungsbewilligung bzw. des Eintragungsantrags.[1] Sie sollen die im Grundbuchverkehr notwendige Bestimmtheit der maßgeblichen Erklärungen und der sich daran anschließenden Eintragung sichern, um Übereinstimmung der Grundbucherklärungen mit der Grundbucheintragung zu gewährleisten. Diese beiden Vorschriften hängen sachlich miteinander nicht zusammen. **1**

Satz 1 des § 28 ist eine Verfahrensvorschrift für die **Vornahme der Eintragung**.[2] Dagegen ist § 28 S 2 eine Verfahrensvorschrift auch für den Inhalt der Eintragung (mittelbar). **2**

Das **Grundbuchverfahren** verlangt zwar nicht eindeutige und auch nicht ausdrückliche Erklärungen, wohl aber bestimmte oder bestimmbare. Bestimmbar bedeutet, dass sie mit den Mitteln des Grundbuchverfahrens hinsichtlich ihrer Bedeutung so ausgelegt werden können, dass verfahrensmäßig kein vernünftiger Zweifel bleibt. Diesem Prinzip entspricht – einengend – § 28 **S 1**. **3**

Satz 1 ist eine **Einengung** des Grundsatzes, dass für das Verfahren in ihrer Bedeutung bestimmte oder bestimmbare Erklärungen verlangt werden, er schränkt nämlich sowohl die Bestimmtheit, als auch die Bestimmbarkeit dahin ein, dass das Grundstück **nur in gewisser Art bezeichnet** werden kann. **4**

§ 28 **S 2** entspricht zwar auch diesem Grundsatz, hat aber mit dem Erfordernis der Bestimmtheit oder Bestimmbarkeit der Verfahrenserklärung unmittelbar nichts zu tun, weil er in seinem von ihm angesprochenen Sonderfall ohnehin (ausnahmsweise) eindeutige Erklärungen im Verfahren verlangt, die keinen anderen Inhalt haben können, und Bestimmbarkeit allenfalls insofern zulässt, als es denkbar wäre, dass mit den Mitteln des Verfahrensrechts durch Auslegung gewonnen wird, dass die Erklärung eben eine Eintragung in einer bestimmten Währungsart will. Dieser Fall wäre allenfalls denkbar, wenn die Verfahrenserklärung einen bestimmten, einzutragenden Geldbetrag nur in Ziffern, ohne Angabe der Währung, angibt und durch Auslegung nach verfahrensmäßigen Grundsätzen gewonnen werden kann, dass Eintragung in einer zugelassenen Währung gewollt ist. Satz 2 trifft zwar auch die Verfahrenserklärungen, hat aber eigentlich, wenn auch nur mittelbar, mehr die Eintragung selbst im Auge. **5**

§ 28 ist das **verfahrensrechtliche Gegenstück** zum materiell-sachenrechtlichen **Spezialitätsprinzip.** Zwar wird verfahrensmäßig dem sachenrechtlichen Spezialitätsprinzip nicht durch die Verfahrenserklärungen, sondern durch die Eintragung im Grundbuch zum Durchbruch verholfen, mindestens § 28 S 2 beeinflusst aber auch den Inhalt der Eintragung. Satz 1 hat zwar mit dem Inhalt der **Eintragung** nichts zu tun, bereitet sie aber verfahrensmäßig vor. Die Angabe in der betreffenden Währung meint, dass in der betreffenden Währung einzutragen ist, also in deren – ganzen – Einheiten, Bruchteile von Einheiten, also etwa Bruchteile von Cent, die keine Unterverteilungen der Währung nach deren jeweiligem Recht sind, sind nicht zur Eintragung zugelassen. Ohne Änderung des Wortlauts wandelte sich der Gehalt des Begriffs »inländische Währung« durch die Einführung des Euro zum 01.01.1999 und Abschaffung der Denomination Deutsche Mark zum Ablauf des 31.12.2001. **6**

2. Normzweck

§ 28 **S 1** hat den **Zweck,** die Eintragung bei dem richtigen Grundstück sicherzustellen.[3] Diese Bestimmung will also einmal das Verfahren sichern – durch die Einengung, in gewissem Sinn durch Formalisierung, auch erleichtern –, zum anderen aber auch die Verwirklichung des materiellen Rechts gewährleisten, weil ohne Eintragung beim **richtigen** Grundstück das materielle Sachenrecht nicht entsteht. Erfolgt die Eintragung beim falschen Grundstück, decken sich Einigung und Eintragung nicht; die Folge davon wäre, dass der materielle Erfolg nicht erzielt wird. Das Dualitätsprinzip wird nur verwirklicht, wenn Einigung und Eintragung sich decken. **7**

§ 28 **S 2** normiert zunächst indirekt, dass einzutragende **Geldbeträge** in einer bestimmten Summe anzugeben sind. Dabei spielt es keine Rolle, wo die Eintragung erfolgt, sei es am Grundstück selbst oder an einem Recht an einem Grundstücksrecht (§§ 882, 1115 BGB). Satz 2 gilt also auch in den Fällen der Eintragung eines Höchstbetrages im Fall des Rechtserlöschens in der Zwangsversteigerung (§ 92 ZVG), was vor allem bei Dienstbarkeiten, Reallasten, dinglichen Vorkaufsrechten für mehrere Verkaufsfälle, Vormerkungen in Betracht kommt.[4] Er gilt auch bei § 1199 Abs 2 BGB. **8**

---

1 BGH NJW 1986, 1867 = Rpfleger 1986, 210 = WM 1986, 678.
2 BGHZ 90, 323 = NJW 1984, 1959 = Rpfleger 1984, 310 = MittBayNot 1984, 181; OLG Köln DNotZ 1992, 371 = Rpfleger 1992, 153; *Böhringer* Rpfleger 1988, 389.
3 BGHZ 90, 323 = NJW 1984, 1959 = Rpfleger 1984, 310 = MittBayNot 1984, 181; BGH DNotZ 1988, 109 = NJW 1988, 415 = Rpfleger 1987, 452; OLG Köln DNotZ 1992, 371 = NJW-RR, 1043 = Rpfleger 1992, 153; *Böhringer* Rpfleger 1988, 389.
4 *Palandt/Bassenge* § 882 Rn 1.

9 Der Normzweck des **Satzes 2** liegt darin, die Bedeutung und Aussagekraft des Grundbuchs zu wahren und die jeweilige Währung zu schützen. Ein weiterer Normzweck liegt im Ziel, die materiellen Vorschriften über Grundpfandrechte, soweit sie Fremdwährungen zulassen, mit Mitteln des Verfahrensrechtes einzuengen. Dem Klarheits- und Bestimmtheitsgebot wäre auch Genüge getan, wenn die Eintragung in irgendeiner, genau bezeichneten Währung zugelassen wäre.

II. Geltungsbereich

1. Erfasste Rechtspositionen

10 § 28 S 1 gilt gleichviel, ob sich die begehrte Eintragung auf das **Eigentum,** das **Erbbaurecht,** ein **grundstücksgleiches Recht,** ein **Recht** an einem Grundstück oder an einem grundstücksgleichen Recht, oder ein Recht an einem Grundstücksrecht bezieht. Für beschränkte, nicht grundstücksgleiche, dingliche Rechte gilt das nur insofern, als es das Grundstück und die ihm gleichstehenden Sachen betrifft. Bei Grunddienstbarkeiten u dgl ist demnach auch das herrschende Grundstück nach § 28 Satz 1 zu bezeichnen.

2. Verfahrenserklärungen

11 § 28 S 1 und S 2 gelten **nicht** für **die Eintragung** als solche, sondern nur für das dahin führende Verfahren. Für die Eintragung selbst gelten §§ 44 ff und die Bestimmungen des materiellen Rechts. Davon bleibt unberührt, dass Satz 2 **indirekt** die Eintragung dadurch normiert, dass er vorschreibt, dass einzutragende Geldbeträge in einer bestimmten Währung anzugeben sind. Wenn hier von einzutragenden Geldbeträgen die Rede ist, ergibt das den zwingenden Schluss, dass auch die Eintragung selbst nur auf eine nach § 28 S 2 zugelassene Währung lauten darf. Dabei ist es ohne Belang, ob die Geldbeträge im **Grundbuch selbst eingetragen** oder durch Bezugnahme (§ 874 BGB) Inhalt des Grundbuchs werden.[5]

12 Satz 1 gilt vor allem für die **Bewilligung** des § 19 in jeder Erscheinungsform (**Rechtsänderungs-, Berichtigungs- oder Löschungsbewilligungen**), also für die Bewilligung mittelbar Betroffener, erst recht für die Bewilligung der unmittelbar Betroffenen, für Berichtigungsbewilligungen,[6] Löschungsbewilligungen,[7] Belastungs- und Abtretungserklärungen[8] nach § 26, Urteil auf Abgabe der Bewilligung oder einer ihrer Unterarten[9] und die im Verfahrensrecht vorgesehenen Zustimmungen, für die Erklärungen, in denen schlüssig (konkludent) eine Bewilligung enthalten ist, vor allem in den Fällen des § 30,[10] § 22 Abs 2 und 27 sowie für behördliche Genehmigungen,[11] sofern sich deutlich genug ergibt, auf welchen Rechtsvorgang sich die Genehmigung bezieht, also zB durch Angabe der Urkunde über den genehmigungspflichtigen Vorgang.

13 § 28 S 1 gilt **auch für andere Erklärungen,** soweit diese eine Eintragungsbewilligung oder einen Eintragungsantrag oder eine dingliche Rechtslage beschreiben, demnach für den Spaltungsplan (§ 2 Abs 1 Nr 9 SpTrUG), bei der Bescheinigung nach § 12 Abs 1 S 2 SpTrUG, beim Investitionsvorrangbescheid (§ 4 Abs 2 S 1 InVorG), beim Vermögenszuordnungsbescheid (§ 2 Abs 2 S 1 VZOG), beim Übergabeprotokoll für die Unternehmensrückgabe (§ 4 Abs 4 Nr 4 S 3 VermG) und bei der Restitutionsanmeldung (§ 11 GVO), den Insolvenzplan nach § 228 der Insolvenzordnung und ferner auch für einstweilige Verfügungen. Postvermögen ging nach Art 3 § 2 PTNeuOG auf 3 Aktiengesellschaften über. Die bestätigte Liegenschaftserklärung muss die Anforderungen von § 28 erfüllen. Auch der Zuweisungsbescheid muss § 28 entsprechen. Der Übergabebescheid nach Art 1 § 23 ENeuOG muss die Angaben des § 28 enthalten, um grundbuchgängig zu sein. Aufteilungsplänen zur Zuordnung nach § 2 Abs 2c VZOG haben ebenfalls den Anforderungen des § 28 zu entsprechen. Zuordnungspläne nach § 2a VZOG haben § 28 zu entsprechen. Das Ergebnis der Bodensonderung ist im Grundbuch nur eintragbar, wenn der Bescheid § 28 entspricht (§ 8 Abs 3 BoSoG, § 4 Abs 1 SPV).

14 Gemäß § 126 Abs 2 UmwG ist durch ausdrückliche Verweisung § 28 im Spaltungsplan, Spaltungs- und Übernahmevertrag zu beachten.[12] Wird das Grundstück im Spaltungsplan nicht nach § 28 bezeichnet (dh weder mit der Grundbuchstelle noch mit der Flurstücksnummer), geht das Eigentum an dem Grundstück nicht außerhalb des Grundbuchs über. Das von der vertraglichen Bestimmbarkeit zu unterscheidende Bestimmtheitserfordernis des Grundbuchrechts erfordert auch bei der Abspaltung für den Eigentumsübergang die grundbuchmäßige

---

5 KEHE-*Munzig* § 28 Rn 18.
6 KGJ 34, 305; BGH Rpfleger 1986, 210 = NJW 1986, 1867 = WM 1986, 678.
7 BayObLGZ 1961, 107 = DNotZ 1961, 591.
8 KG JW 1937, 896.
9 BGH DNotZ 1988, 109 = NJW 1988, 415 = Rpfleger 1987, 452.
10 KGJ 34, 305; KG JW 1937, 896; BayOLGZ 1961, 107; *Bauer/von Oefele-Kössinger* § 28 Rn 6; *Güthe-Triebel* § 28 Rn 5; KEHE-*Munzig* § 28 Rn 3; *Demharter* § 28 Rn 3.
11 KG JW 1937, 896; VG Leipzig VIZ 1994, 562.
12 *Volmer* WM 2002, 482.

Bezeichnung.[13] Es genügt demnach in Umwandlungsurkunden nicht die sog. »All-Klausel« (nach denen alle Grundstücke des übertragenden Rechtsträgers auf den übernehmenden Rechtsträger übergehen sollen). Es erstaunt, dass der BGH die bisher als Ordnungsvorschrift angesehene Vorschrift des §28 iV mit §126 Abs. 2 UmwG nunmehr als materiellrechtliche Voraussetzung für den spaltungsbedingten Übergang von Grundstücken ansieht. Für den Notar und das Grundbuchamt stellt sich dann die Frage, ob und auf welche Weise der Eigentumswechsel nachgeholt werden kann, mit einer Auflassung oder mit einer Identitätserklärung[14] der am Umwandlungsvorgang Beteiligten.[15] Nach *Leitzen*[16] und *Link*[17] dürfte der BGH den Weg über eine Identitätserklärung mit Ausnahme der Abspaltung von Teilflächen verbaut haben (für Ausgliederungen gilt das Gleiche wie für eine Abspaltung). Wer soll aber bei Aufspaltungsvorgängen die Auflassung erklären? Ob auch beschränkte dingliche Rechte in einem Umwandlungsvorgang genau nach §28 oder unter die sog. All-Klausel fallen, ist noch nicht geklärt; bis dahin kann nur geraten werden, abzuspaltende Buch- oder Briefgrundpfandrechte und andere beschränkte dingliche Rechte an Grundstücken möglich vollständig grundbuchmäßig zu bezeichnen.[18]

Besteht **Gebäudeeigentum** auf einer Teilfläche eines Grundstücks und ist dieser Grundstücksteil als reale **15** Teilfläche nicht nach §28 bestimmt, müsste eigentlich vor einer Eintragung des Gebäudeeigentums eine Vermessung und Teilung des Grundstücks erfolgen. §10 GGV regelt in diesem Fall die Eintragung des Gebäudeeigentums und des Nutzungsrechts ohne Teilung des Grundstücks. Der Nutzer hat den Umfang des Gebäudeeigentums dem Grundbuchamt gegenüber nachzuweisen. §10 Abs 2 GGV sieht dafür erleichterte Nachweise ohne Einhaltung der Form des §29 vor. Ziel ist es nämlich, eine möglichst rasche und unkomplizierte Eintragung von Gebäudeeigentum und Nutzungsrecht und dessen Verkehrsfähigkeit zu erreichen. §10 GGV ist eine Ausnahme zu §7 Abs 1.

3. Erstreckung auf gesamtes Eintragungsverfahren

a) Eintragungsantrag. §28 bezieht sich auf das **gesamte Verfahren** und alles, was in diesem Verfahren **spe- 16 ziell** dazu verwendet werden soll, um zur Eintragung im Grundbuch zu gelangen.

Deshalb gilt §28 S 1, über seinen Wortlaut hinaus, generell auch für den **Eintragungsantrag,** den Nachweis **17** der **Einigung** gemäß §20, diejenigen Rechtsakte, die **die Eintragungsbewilligung ersetzen,** und die in §28 S 1 durch Erwähnung der Fälle angesprochen sind, in denen eine Eintragungsbewilligung nicht erforderlich ist, also etwa für das Urteil auf Abgabe einer Bewilligung, aber auch für Abtretungs- und Belastungserklärungen gemäß §26; ferner gilt die Vorschrift für Vereinigungs-, Zuschreibungs- und Teilungserklärungen (§§5, 6, 7), Erklärungen nach §§928 usw, ohne jede Ausnahme.

Für das **spezielle Grundbuchverfahren** fallen unter §28 S 1 auch behördliche Genehmigungen, Vorkaufs- **18** rechtsbescheinigungen, Urteile, Beschlüsse von Gerichten u dgl.

b) Behördliche Ersuchen. Auch im Fall des §38 ist §28 S 1 zu beachten. Viele Grundbucheintragungen **19** werden in den neuen Bundesländern aufgrund solcher Ersuchen vorgenommen, so zB Ersuchen um Eintragung der Restitutionsentscheidung (§34 Abs 2 VermG) oder der Vermögenszuordnung (§3, §2 Abs 2 VZOG, §2 WoGenVermG) sowie um Eintragung eines Zustimmungsvorbehalts (§11c VermG, §6 Abs 4 BoSoG, §13 GBBerG, §3 Abs 10 AusglLeistG iV mit §13 FlErwV) oder von Verfahrensvermerken (§8 Abs 4 GBBerG, §92 Abs 5 und §113 Abs 4 SachenRBerG) bzw von Widersprüchen (§3 Abs 1 S 2 VZOG).

c) Gerichtliche Entscheidungen zur Durchsetzung von Erklärungen und Sonstiges. Mit diesen **20** Grundsätzen lässt sich auch die **Klage auf Auflassung** einer noch nicht vermessen und auch noch nicht in einem amtlich geprüften Veränderungsnachweis ausgewiesenen realen Grundstücksteilfläche als zulässig ansehen, wenn die aufzulassende Teilfläche sachenrechtlich genügend bestimmt bezeichnet ist. Die Klage ist dann auf Abgabe der Einigungserklärung (Auflassung), Abgabe der dieser Einigung entsprechenden Bewilligung gemäß §19 und Erteilung der Bevollmächtigung oder Ermächtigung zur Ergänzung der Einigung (Auflassung) und der Bewilligung iS des §28 zu richten. Damit ist der Widerspruch aufgelöst, der sonst darin liegen würde, dass etwas nicht eingeklagt werden kann, was materiell-rechtlich besteht. Denn materiell-rechtlich ist die Verpflichtung zur Auflassung einer bestimmten Teilfläche zulässig und materiell-rechtlich unterliegt die Einigung nicht der verfahrensrechtlichen Vorschrift des §20, lediglich §20 unterfällt nach richtiger Ansicht ebenfalls §28.

---

13 BGH DNotI-Report 2008, 46 = Rpfleger 2008, 247 = DNotZ 2008, 468 m krit Anm *Limmer* = NotBZ 2008, 192 m krit Anm *Heckschen* = MittBayNot 2008, 307 m krit Anm *Weiler* = RNotZ 2008, 355 m Anm *Link*= ZNotP 2008, 163.

14 Musterformulierung bei *Heckschen* NotBZ 2008, 192.

15 *Heckschen* NotBZ 2008, 192; *Weiler* MittBayNot 2008, 310 und *Limmer* DNotZ 2008, 468 bejahen eine Identitätserklärung.

16 ZNotP 2008, 279.

17 RNotZ 2008, 358.

18 Ebenso *Link* RNotZ 2008, 358.

21 Satz 1 gilt auch für **Urteile**,[19] welche die Bewilligung ersetzen, zB die Entscheidung nach § 894 ZPO,[20] für einen gerichtlichen Vergleich, welcher die Erklärung enthält, für **einstweilige Verfügungen**,[21] für Pfändungs- und Überweisungsbeschlüsse, für Zwangsvollstreckungsmaßnahmen wie Arrestmaßnahmen und Antrag zur Eintragung einer Zwangshypothek, für löschungsfähige **Quittungen**, für zur Berichtigung des Grundbuchs nötige Urkunden.

22 Eine Klage auf Bewilligung der Eintragung des Eigentümers eines Wohnungseigentums ist bereits vor Anlegung der Wohnungsgrundbücher zulässig, sofern dem Grundbuchamt die Teilungserklärung und der Aufteilungsplan samt Abgeschlossenheitsbescheinigung vorliegt.[22]

23 Wird die Eintragung einer Vormerkung nach § 883 BGB zur Sicherung der Eigentumsverschaffungsansprüche aus einem bestimmten Vertrag bewilligt, so muss dieser, wenn die Bewilligung die Grundstücksbezeichnung nicht selbst wiederholt, die dem § 28 genügende Grundstücksbezeichnung im materiell-rechtlichen Abschnitt enthalten.

24 Daraus ergibt sich, dass § 28 S 1 nicht für **Unterlagen allgemeiner Natur** gilt, auch wenn sie im Verfahren verwendet werden, sodass das erwähnte Erfordernis der verfahrensrechtlichen **Spezialität** hier nicht eingreift. Unter dieser Voraussetzung gilt § 28 S 1 nicht für Erbscheine, öffentliche Testamente oder Erbverträge, auf eine Geldzahlung lautende Vollstreckungstitel, also insbesondere nicht für Urteile, aufgrund deren eine Zwangshypothek eingetragen werden soll u dgl.[23]

25 **d) Vollmachten, Zustimmungen, Zeugnisse, Bescheinigungen ua.** Nach den vorstehenden Grundsätzen muss es für **Vollmachten,** Einwilligungen, privatrechtliche oder behördliche Genehmigungen und vergleichbare Unterlagen genügen, wenn sie nach den verfahrensmäßigen Grundsätzen im weiteren Sinn § 28 S 1 entsprechen.[24] Ist etwa eine **Vollmacht zur Auflassung** von Grundstücken ganz allgemein oder für eine bestimmte Gemarkung erteilt (die Vollmacht zum Verkauf oder zur Veräußerung enthält konkludent idR auch die Vollmacht zur Erklärung der dinglichen Einigung), so berechtigt die Vollmacht auch dazu, die Einigung, die Eintragungsbewilligung und den Eintragungsantrag mit den Angaben des § 28 Satz 1 auszustatten. Soll die Vollmacht die Eintragungsbewilligung oder sonstige Verfahrenserklärungen berichtigen oder ergänzen, so muss sie dennoch nicht selbst Satz 1 entsprechen, sondern lediglich, nach verfahrensrechtlichen Grundsätzen bestimmt oder bestimmbar, sich auf Verfahrenserklärungen, nicht notwendig auf bestimmte Verfahrenserklärungen, beziehen.

26 Desgleichen können **Zustimmungen** (Einwilligungen, Genehmigungen) privatrechtlicher oder öffentlich-rechtlicher Natur sich auf bestimmte oder verfahrensmäßig bestimmbare Vorgänge beziehen (Verweisen), wodurch sie nach den vorgenannten Grundsätzen Satz 1 entsprechen. Dies geschieht etwa durch Bezeichnung der entsprechenden notariellen Urkunden u dgl. So genügt es, wenn die vormundschaftsgerichtliche Genehmigung eine bestimmte oder bestimmbare Urkunde bezeichnet, wenn das Vorkaufsrechtszeugnis in gleicher Weise verfährt, oder wenn die Teilungsgenehmigung nach dem BauGB oder eine sonst nötige behördliche Genehmigung ihrem Inhalt nach sich einem bestimmten oder bestimmbaren Vorgang zurechnen lässt.

27 Die vorgenannten Grundsätze darüber, dass die einzelnen **Verfahrenselemente im Grundbuchverfahren** aufeinander verweisen oder Bevollmächtigungen und Ermächtigungen dazu enthalten können, jeweils das andere Element zu ergänzen oder zu berichtigen, dürfen nicht dahin missverstanden werden, dass durch diese Grundsätze § 29 außer Kraft gesetzt werden könnte. So kann der reine, formlose Eintragungsantrag (§ 13) nicht dazu berechtigen, die fehlenden Angaben des Satz 1 im Nachweis der Einigung oder in der Eintragungsbewilligung zu ersetzen; aus dem gleichen Gedanken heraus kann der reine, formlose Eintragungsantrag des § 13 nicht selbst solche Ergänzungen und Berichtigungen enthalten; in allen diesen Fällen fehlt es an der Form des § 29.[25]

4. Bezugnahme auf verfahrensunabhängige Erklärungen

28 § 28 S 1 gilt **nicht** für die im Verfahren und zu einer Eintragung **nicht nötigen Erklärungen und Unterlagen.** Insbesondere findet die Vorschrift also keine Anwendung für die schuldrechtlichen Geschäfte, noch für die dinglichen Rechtsgeschäfte, wie Einigungen, Aufhebungen, Auflassungen u dgl. Eine (auch konkludente)

---

19 BGH DNotZ 1988, 109 = NJW 1988, 415 = Rpfleger 1987 452.
20 BGH NJW 1986, 1867 = Rpfleger 1986, 210 = WM 1986, 678.
21 OLG Düsseldorf Rpfleger 1978, 216 = DB 1978, 1452; BayObLG Rpfleger 1981, 190 m Anm *Meyer-Stolte* = JurBüro 1981, 427.
22 BGH NJW-RR 1993, 840 = Rpfleger 1993, 398 = WM 1993, 1597.
23 *Demharter* § 28 Rn 4; *Bauer/von Oefele-Kössinger* § 28 Rn 8; *Güthe-Triebel* § 28 Rn 5.
24 KEHE-*Munzig* § 28 Rn 9.
25 KGJ 34, 304; KG OLGE 40, 42; OLG München JFG 15, 284; *Schöner/Stöber* Rn 134; *Bauer/von Oefele-Kössinger* § 28 Rn 57; *Güthe-Triebel* § 28 Rn 6.

Verweisung auf Schuldrechtliches genügt aber auch hier. Auch nach der hier vertretenen Auffassung findet Satz 1 keine Anwendung auf die materiell-rechtliche Einigung, sondern lediglich auf deren Nachweis, obwohl dieser Nachweis nach der hier vertretenen Ansicht keine Grundbucherklärung ist.

Selbstverständlich kann, wenn die materiell-rechtliche Einigung der Vorschrift des § 28 S 1 entspricht, die Eintragungsbewilligung auf den Nachweis der Einigung verweisen, ebenso der entsprechende Eintragungsantrag.[26] **29** Wird andererseits ausdrücklich »sämtlicher Grundbesitz des Auflassenden, der in der politischen Gemeinde München gelegen ist«, aufgelassen, so ist die Einigung (Auflassung) materiell-rechtlich wirksam; sie kann aber im Grundbuch mangels Nachweises, der Satz 1 entspricht, nicht eingetragen werden. Eine Eintragung könnte in diesem Fall nur herbeigeführt werden, wenn man, verfahrensrechtlich ermittelbar, in der materiell-rechtlich wirksamen Einigung eine Bevollmächtigung oder Ermächtigung an einen Beteiligten oder an den Urkundsnotar auffinden kann, die fehlenden Angaben nach § 28 S 1 zu ergänzen. Der Urkundsnotar kann dann auch hier eine »Eigenurkunde« verwenden.[27]

Sonst hat der Beteiligte selbst in der Form des § 29 die fehlenden Angaben nach Satz 1 nachzuholen;[28] dies aber **30** nur dann, wenn verfahrensmäßig ermittelbar, sich Nachweis der Einigung gemäß § 20, Eintragungsbewilligung gemäß § 19 und Angaben gemäß § 28 S 1 decken, weil andernfalls, ebenso wie bei mangelnder Identität der Auflassung einer noch nicht amtlich vermessenen Teilfläche mit dem Ergebnis der amtlichen Vermessung, eine neue Auflassung erforderlich wäre, die dann § 925 BGB genügen und nach § 20 nachgewiesen werden müsste. Im vorgenannten Fall genügt also die verfahrensmäßige Ergänzung in der Form des § 29 nur dann, wenn die nach § 28 S 1 bezeichneten Grundstücke, verfahrensmäßig nachweislich, in der politischen Gemeinde München gelegen sind.

5. Vermeidung von Förmelei

Bevor eine Beanstandung des Grundbuchamts erfolgt, ist durch Auslegung der Inhalt der Eintragungsbewilli- **31** gung zu ermitteln, jedenfalls muss so festgestellt werden können, an welchem Grundstück die Eintragung erfolgen soll.[29] Ist die Auslegung nicht erfolgreich, muss das Grundbuchamt die Eintragung versagen, auch wenn die Erklärungen materiell-rechtlich wirksam sind.[30]

Die hier vertretene Auffassung, dass sich Satz 1 **auf das gesamte Verfahren** bezieht, führt auch nicht zu **32** unnötigem Formalismus, weil im Verfahren mit den diesem entsprechenden Grundsätzen in nicht formalistischer Weise ermittelt werden kann, dass (konkludent) in jedem Verfahrenselement ein anderes, als schlüssig erklärt, liegen (»enthalten« sein) kann oder die Vollmacht oder Ermächtigung zur entsprechenden Nachholung oder Ergänzung.

Ferner kann in jedem Verfahrenselement das Verweisen auf ein anderes liegen, was idR mit verfahrensmäßigen **33** Grundsätzen zu ermitteln sein wird. So genügt es, wenn beantragt wird, was in einer bestimmten Bewilligung bewilligt worden ist und umgekehrt, es genügt, wenn bewilligt wird, was – etwa nach § 20 – nachgewiesen ist usw.

Auf diese Weise kommt man zu einem sicheren Grundbuchverfahren, ohne überspannte Anforderungen stellen **34** zu müssen.[31]

6. Sonderfall Reallasten

Satz 2 gilt auch für **Reallasten,** ebenso für die Ablösungssumme gemäß § 1199 Abs 2 BGB.[32] Dies darf nicht **35** zu dem Schluss verleiten, verfahrensrechtlich werde an dem Grundsatz des § 1105 BGB, der dahin geht, dass die Höhe der Reallast-Einzelleistungen nicht genau bestimmt sein muss, sondern Bestimmbarkeit genügt, etwas geändert. Dieser Grundsatz bleibt unverändert und gilt auch für das Verfahren.[33] Nur bei der Geldrenten-Reallast ist der Geldbetrag, mag er nun im Grundbuch direkt eingetragen werden oder mit Bezugnahme (§ 874 BGB) Inhalt des Grundbuchs werden, in einer nach § 28 S 2 zugelassenen Währung anzugeben. Im Grundbuch

---

26 KGJ 24, 21.
27 BGHZ 78, 36 = DNotZ 1981, 118 = NJW 1981, 125 = Rpfleger 1980, 465; BayObLG DNotZ 1983, 434; BayObLG Rpfleger 1988, 60.
28 Ggf genügt die Erklärung eines der Beteiligten, BGH MittBayNot 1981, 233; LG Ulm MittBayNot 1971, 247.
29 OLG Hamm NJW 1966, 2411; *Böhringer* Rpfleger 1988, 389.
30 BGHZ 90, 323 = NJW 1984, 1959 = Rpfleger 1984, 310 = MittBayNot 1984, 181; BGH DNotZ 1988, 109 = NJW 1988, 415 = Rpfleger 1987, 452; BayObLG Rpfleger 1982, 141 = JurBüro 1982, 1068; BayObLG DNotZ 1983, 434 = Rpfleger 1982, 416; BayObLG DNotZ 1988, 117 = NJW-RR 1988, 330.
31 Vgl aber BGHZ 90, 323 = Rpfleger 1984, 310 = NJW 1984, 1959;BGH DNotZ 1988, 109 = NJW 1988, 415 = Rpfleger 1987, 452; BGH NJW 1986, 1867 = Rpfleger 1986, 210 = WM 1986, 678.
32 *Demharter* § 28 Rn 16.
33 Vgl *Meikel/Böhringer* § 49 Rdn 71.

selbst braucht nur die schlagwortartige Bezeichnung »Rentenrecht« eingetragen werden, auch dann, wenn es sich um eine Geldrente handelt, was aber für die Eintragung im Grundbuch und für die Angabe im Verfahren ohne Belang ist.[34] Vereinbarungen über die Wertbeständigkeit von Zahlungs- und Leistungsverpflichtungen können unter bestimmten Voraussetzungen im Rahmen einer Reallast gesichert werden, hat aber direkt nichts mit § 28 S 2 zu tun.

36 Zulässig ist verfahrensmäßig die Eintragung einer Geldrenten-Reallast in einer nach § 28 zugelassenen Währung und bestimmt ist, dass sich der Betrag der Geldrente in dieser Währung jeweils nach oben und unten nach einem bestimmten Wertmesser verändert, der auch eine – nicht nach § 28 S 2 zugelassene – fremde Währung sein kann. Da bei einer Reallast die Höhe nur bestimmbar sein muss, ist bei automatischer Anpassung die jeweilige Höhe dinglich gesichert; ist vereinbart, dass jeweils eine neue Reallast zu bestellen ist, was aber angesichts der Bestimmung des § 1105 BGB nicht nötig und nicht empfehlenswert ist, käme eine Sicherung des schuldrechtlichen Anpassungsanspruchs durch Vormerkung in Frage, evtl. auch bei Leistungsvorbehalten, die nicht dinglich sicherbar sind.[35] In gleicher Weise kann der Wertmesser bei einer Geldrenten-Reallast auch, außer einer ausländischen Währung, der Preis bestimmter Güter, wie Getreide, Kohle u dgl sein, was verfahrensmäßig nichts daran ändert, dass der Geldbetrag in einer nach § 28 S 2 zugelassenen Währung einzutragen ist.

37 Von § 28 S 2 gänzlich unberührt sind Reallasten, die von vornherein nicht auf Geld, sondern auf die Lieferung bestimmter Güter gehen, wie Nahrung, Kohle, Getreide etc. Dies deshalb, weil es sich hier nicht um Geldbeträge handelt. Das materielle Recht lässt bei der Reallast andere Leistungen als Geldbeträge zu, während bei § 1113, 1191, 1199 BGB Geldbeträge gefordert sind. Die Eintragung eines Grundpfandrechts nicht in Geld scheitert also am materiellen Recht, die Eintragung eines Grundpfandrechts nicht in einer nach § 28 S 2 zugelassenen Währung scheitert am Verfahrensrecht. Eintragung einer Reallast nicht in Geld (also von vornherein auf Lieferung anderer Gegenstände) scheitert weder am materiellen Recht, noch am Verfahrensrecht.

III. Gegenstand der Bezeichnung

1. Grundstücke, grundstücksgleiche Rechte

38 Satz 1 trifft seinem Wortlaut nach nur die **Bezeichnung des Grundstücks.** Damit ist zunächst das Grundstück, das im Eigentum übertragen oder im Eigentum inhaltlich verändert (Wohnungs- und Teileigentum) oder mit einem Recht belastet werden soll, gemeint.[36] Zur Vermeidung von irrtümlicher Zuordnung zu einem falschen Grundstück, ist bei einer Teilflächenabschreibung sowohl das abgebende wie auch das aufnehmende Grundstück zu bezeichnen, bei einer Grunddienstbarkeit sowohl das dienende wie auch das herrschende Grundstück.

39 § 28 S 1 gilt aber auch, über seinen Wortlaut hinaus, für die Bezeichnung eines **herrschenden Grundstücks** bei Grunddienstbarkeiten und subjektiv-dinglichen Vorkaufsrechten und Reallasten.

40 § 28 S 1 gilt ferner entsprechend für **grundstücksgleiche Rechte,** vor allem für das Erbbaurecht.

41 § 28 S 1 gilt entsprechend auch für **Miteigentumsanteile** gemäß §§ 741 ff BGB, für **Wohnungs- und Teileigentum** nach dem WEG, grundstückgleiches **Bergwerkseigentum,** für das in den neuen Bundesländern vorkommende **Gebäudeeigentum,** somit für alles, was als Objekt des Bestandsverzeichnisses eines Grundbuchblattes in Betracht kommt und eigenständig Gegenstand einer Berechtigung sein kann. Bei allem darf aber die Vorschrift des § 28 nicht überspannt werden, ggf. ist die Eintragungsbewilligung auszulegen. Dies gilt auch bei einem sog Anliegerweg, der einen unselbständigen Bestandteil des Grundstücks (in Bayern Anliegerwege und Anliegerbäche) bildet.[37] Eine Besonderheit gilt in den neuen Bundesländern für »ungetrennte Hofräume« (vgl Einl K Rdn 4)

42 Ist eine beurkundete Teilungserklärung nach dem WEG noch nicht im Grundbuch vollzogen, zwischenzeitlich aber Nachurkunden erstellt, so genügt in der Nachurkunde der Verweis auf die Teilungserklärung und das dort gebildete Wohnungseigentum.[38]

---

34 *Demharter* Anh zu § 44 Rn 73.
35 *Meikel/Böhringer* § 49 Rdn 71; OLG Düsseldorf, DNotZ 1989, 578 = MittRhNotK 1989, 115 = Rpfleger 1989, 231; OLG Hamm DNotI-Report 1995, 194 = FGPrax 1995, 136 = NJW-RR 1996, 268 = Rpfleger 1995, 499.
36 *Bauer/von Oefele-Kössinger* § 28 Rn 14; *Güthe-Triebel* § 28 Rn 7; dazu *Staudenmaier* BWNotZ 1964, 4; *Müller* DNotZ 1966, 77; *Strober* MittBayNot 1973, 3; *Stumpp* Rpfleger 1973, 309; *Wirner* MittBayNot 1981, 222.
37 Dazu BayObLG DNotZ 1993, 388 = Rpfleger 1993, 104.
38 Dazu auch *Bauer/von Oefele-Kössinger,* GBO, § 28 Rn 22.

2. Miteigentumsanteile

Miteigentumsanteile unterliegen grundsätzlich der Vorschrift des § 28 S 1. Es genügt jedoch dafür, dass **43** gemäß Satz 1 das Grundstück selbst bezeichnet ist. Der Miteigentumsanteil muss nicht mit der laufenden Nummer in Abteilung I des Grundbuchs bezeichnet werden; hierfür gelten dann vielmehr die allgemeinen Verfahrensgrundsätze, vor allem ist die Angabe des Namens des Miteigentümers ausreichend; auch die Größe der Anteile des Veräußerers braucht nicht unbedingt angegeben zu werden.

Der Fall der **Abveräußerung eines Miteigentumsanteils** durch den bisherigen Alleineigentümer ist, bezüg- **44** lich des Miteigentumsanteils, kein Fall des § 28 S 1; dieser trifft nur auf die Bezeichnung des Grundstücks selbst zu. Nur nach allgemeinen verfahrensmäßigen Grundsätzen muss der Nachweis der Einigung bestimmt sein oder bestimmbar erkennen lassen, was veräußert ist, was hier praktisch nur durch Angabe der Größe des veräußerten Anteils möglich ist. Entsprechendes gilt bei Abveräußerungen eines Miteigentümers **hinsichtlich ideeller Anteile an seinem Miteigentumsanteil,** wobei vor allem ersichtlich sein muss, ob sich die abveräußerten Anteile dem Prozentsatz nach auf seinen Miteigentumsanteil oder auf das ganze Grundstück beziehen.[39] Veräußern zB Ehegatten ihr Eigentum an Ehegatten je zur Hälfte, so genügt eine solche Angabe, weil im Wege der Auslegung nächstliegend ist, dass jeder Veräußerer auf jeden Erwerber die Hälfte seiner bisherigen Berechtigung überträgt.[40]

Die Rechtsprechung hat angenommen, dass bei **Verfügungen** eines Miteigentümers nach §§ 741 ff BGB über **45** »seinen« **Miteigentumsanteil** an einem nach § 28 S bezeichneten Grundstück, ohne nähere Größenangabe, der ganze Anteil gemeint ist, sodass eine Angabe der Größe dieses Anteils, die sich ja ohnehin dann aus dem Grundbuch ergibt, nicht nötig ist.[41]

Bei **Veräußerung des ganzen Grundstücks,** das mehreren Eigentümern zum Miteigentum nach §§ 741 ff **46** BGB gehört, handelt es sich grundsätzlich sowohl um eine Verfügung über alle Miteigentumsanteile, als auch über das ganze Grundstück.[42] Grundsätzlich kann eine Umdeutung in Verfügungen über nur einzelne Anteile bei einer Verfügung über das ganze Grundstück nur Platz greifen, wenn der Sache nach das **ganze Grundstück** veräußert bleibt, also nicht wenn Verfügungen einzelner Miteigentümer keinen Bestand haben, sodass der Erwerber nur Anteile, aber nicht das ganze Grundstück erhält, die Veräußerer nicht das ganze Grundstück verlieren. Wohl aber kann eine Umdeutung in Verfügungen über nur einzelne Anteile erfolgen, wenn nach wie vor das ganze Grundstück erfasst ist, obwohl die nachgewiesene Einigung nur von dem ganzen Grundstück spricht; dies kann vor allem bei güterrechtlichen Verhältnissen, auch aufgrund ausländischen Güterrechts, der Erwerber eine Rolle spielen.

3. Beschreibung einer Ausübungsfläche

Im Fall des **§ 7 Abs 2 S 2** findet § 28 S 1 keine Anwendung; es gilt hier nur § 2 Abs 3. **47**

Satz 1 gilt auch nicht für die **Beschreibung der realen Fläche,** auf die sich die **Ausübung** eines dinglichen **48** Rechts – zulässigerweise – bezieht oder nicht bezieht. Hierfür gelten die gewöhnlichen verfahrensmäßigen Grundsätze dahin, dass diese Fläche bestimmt oder bestimmbar sein muss; es genügt, dass einem Beteiligten oder einem Dritten das Bestimmungsrecht hinsichtlich der Fläche zusteht, ebenso wie bei der Eintragung einer Eigentumsvormerkung bezüglich einer noch zu vermessenden Teilfläche. In diesen Fällen der Bezeichnung einer Ausübungs- oder Vormerkungsfläche gilt insbesondere auch den verfahrensmäßigen allgemeinen Grundsätzen entsprechender Lageplan. Ein Ausschnitt aus der Flurkarte oder ein amtlicher Lageplan kann nicht verlangt werden; dies gilt auch bei der Bezeichnung von **Sondernutzungsflächen** nach dem WEG.[43]

4. Zuflurstücke

Bei **Zuschreibungs- oder Vereinigungserklärungen** findet Satz 1 auf beide in Betracht kommende Grund- **49** stücke Anwendung. Bei **Zuflurstücken** gelten die vorstehenden Bestimmungen darüber, dass der künftige Eintrag im Grundbuch maßgebend ist. Handelt es sich um eine Zuflurfläche ohne eigene Nummer, so ist Angabe des Herkunftsflurstücks, des Zielflurstücks und der Größe erforderlich, letzteres jedenfalls zur Vermeidung von Verwechslungen dann, wenn bei Herkunfts- oder Zielgrundstück mehrere Vorgänge zu bearbeiten sind.

Auch bei **Abschreibung einer Teilfläche** ist § 28 zu beachten.

---

39 *Bauer/von Oefele-Kössinger*, GBO, § 28 Rn 20.
40 So auch *Bauer/von Oefele-Kössinger*, GBO, § 28 Rn 21.
41 RGZ 146, 346.
42 Vgl KEHE-*Munzig* § 28 Rn 17.
43 BayObLGZ 1973, 309 = DNotZ 1974, 174 = Rpfleger 1974, 65; BayObLG DNotZ 1998, 386 = MittBayNot 1998, 36 = Rpfleger 1998, 107.

5. Vormerkungen, Widersprüche ua

50 Für **Vormerkungen, Widersprüche** und ähnliche Grundbucheintragungen, die einen realen Grundstücksteil betreffen, gilt das gleiche, wie für die Bezeichnung des Ausübungsbereichs von Rechten;[44] falls also der Teil keine Katasterparzelle bildet, genügt eine Beschreibung, die seine Lage und Fläche in einer dem Verkehrsbedürfnis entsprechenden Weise ersehen lässt.[45] Es genügt die Bezugnahme auf allgemein zugängliche Karten, Bezugnahme auf Orientierungspunkte in der Natur (zB Mauerwerk, bauliche Anlage), auch wenn sie beseitigt werden könnten.[46]

51 In diesen Fällen (Vormerkungen, Widersprüche etc, die keine dinglichen Rechte sind, also **nicht** bei dinglichen Rechten, die in der **Ausübung beschränkt** sind, die auch dann stets das **ganze** Grundstück belasten) ist es auch möglich, nur den betreffenden realen Grundstücksteil, ohne vermessungsmäßige und grundbuchmäßige Abschreibung und Verselbständigung, zu belasten, es ist hier aber auch möglich, das ganze Grundstück zu belasten, mit der Maßgabe, dass sich die Eintragung auf einen realen Grundstücksteil bezieht. Im Zweifel sind die Verfahrenserklärungen und/oder die Grundbucheintragung so auszulegen, dass das ganze Grundstück belastet ist, aber nur ein realer Grundstücksteil betroffen ist. Jedenfalls ist der Ausübungsbereich entsprechend den grundbuchverfahrensrechtlichen Bestimmtheits- und Auslegungsgrundsätzen in einer dem Verkehrsbedürfnis entsprechenden Weise zweifelsfrei zu bezeichnen; der Ausübungsbereich muss aber weder kataster- und grundbuchmäßig verselbständigt, noch in eine amtliche Karte eingezeichnet werden.[47]

52 Wurde von den Beteiligten das Grundstück übereinstimmend unbewusst falsch bezeichnet (Fall **falsa demonstratio**), so ist die Bezeichnung des wirklich Gewollten durch richtige Angabe der Grundstücke in der Form des § 29 nachzuholen, auch wenn die Auflassung materiell-rechtlich wirksam ist.[48]

53 Etwas anderes gilt, wenn sich die begehrte Eintragung auf ein **sonstiges Recht am Grundstück** oder an dem Grundstück gleichgestellten Sachen oder auf ein Recht an einem Grundstücksrecht bezieht, also wenn ein Grundpfandrecht abgetreten oder mit einem Pfandrecht oder einem sonstigen zulässigen Recht, wie etwa dem Nießbrauch, zu belasten ist, oder wenn solche Rechte an Grundstücksrechten zur Löschung anstehen. Für diese Fälle gilt Satz 1 nicht unmittelbar, sondern nur in Bezug auf das damit im Zusammenhang stehende Grundstück oder die ihm gleichgestellte Sache. Vor allem kann nicht die Angabe der Grundbuchabteilung und der laufenden Nummer verlangt werden, vielmehr genügt eine bestimmte oder verfahrensmäßig bestimmbare Bezeichnung; zweckmäßig ist natürlich die Angabe der Abteilung und der laufenden Nummer.[49] Bei beschränkten dinglichen Rechten dieser Art und Rechten an solchen ist es also nicht nötig, das Recht so zu bezeichnen, wie im Grundbuch steht. Erforderlich ist allerdings, dass das Grundstück, zu dem das betreffende dingliche Recht in Beziehung steht, nach Satz 1 bezeichnet wird; hinzukommen muss dann eine mit den Mitteln des Verfahrensrechtes feststellbare Beziehung des dinglichen Rechts oder Rechts an einem dinglichen Recht zu dem nach Satz 1 bezeichneten Grundstück. Bei der Abtretung einer Grundschuld muss zwar das Grundbuchblatt oder das belastete Grundstück bezeichnet werden, die Angabe der laufenden Nummer in Abteilung ist aber nur bei Verwechslungsgefahr erforderlich. Völlig ausreichend und in der Praxis üblich ist die alleinige Angabe der laufenden Nummer der Abt. III des mit Nummer bezeichneten Grundbuchs.

6. Maßgeblicher Zeitpunkt

54 Der Vorschrift des Satz 1 ist genügt, wenn die **Bezeichnung in den Arten** des Satz 1 so erfolgt, wie sie künftig im Grundbuch stehen wird. Es ist nicht nötig, dass die Bezeichnung **vor Eintragung** im Grundbuch den Erfordernissen des Satz 1 entspricht, es genügt, wenn diese Bezeichnungen im Zeitpunkt der Eintragung übereinstimmen, auch dann, wenn die Übereinstimmung erst **durch** die Eintragung herbeigeführt wird. Dies gilt vor allem für die Bezeichnung vermessener Grundstücke aufgrund grundbuchamtlich noch nicht vollzogener, amtlich geprüfter Messungsergebnisse (Veränderungsnachweise), wobei es genügt, wenn die Bezeichnung nach diesem Messungsergebnis wiederholt wird; es wird auch ein Verweisen auf dieses amtliche Messungsergebnis genügen, wenn dadurch, analog Satz 1, kein Zweifel bestehen kann.

---

44 BayObLG DNotZ 1983, 440, 443 = JurBüro 1981, 1875 = Rpfleger 1982, 17.
45 Ebenso *Demharter* § 28 Rn 15.
46 Ebenso KEHE-*Munzig* § 28 Rn 16.
47 BGH Rpfleger 1976, 126; BGH DNotZ 1982, 228; BGH DNotZ 1985, 37; BayObLGZ 1983, 253; *Wirner* MittBayNot 1981, 221.
48 BGH MittBayNot 2002, 292; *Bergermann* RNotZ 2002, 557, 566; *Hagen* DNotZ 1984, 284.
49 *Demharter* § 28 Rn 9.

IV. Art der Bezeichnung

1. Bezeichnung nach dem Grundbuch

Als erste Art der Bezeichnung stellt das Gesetz wahlweise zur Verfügung die Bezeichnung »übereinstimmend **55** mit dem Grundbuch«. Dies entspricht § 2 Abs 2. Heranzuziehen ist auch § 6 Abs 3 bis 5 GBV.

Alle danach im Grundbuch enthaltenen Angaben sind nicht nötig, um das Grundstück nach dieser Bezeich- **56** nungsart gemäß Satz 1 verfahrensmäßig zu kennzeichnen. Genügend sind – entsprechend dem Normzweck des § 28 – alle diejenigen Angaben aus dem Grundbuch, die bestimmt oder bestimmbar ergeben, welches Objekt (Grundstück) gemeint ist. Die Angabe des Grundstücksbeschriebs, zB Größe, Wirtschaftsart und Lage ist für sich allein nicht ausreichend und für die Bezeichnung iS von § 28 auch nicht erforderlich.[50] Andererseits ist die Angabe aller Kennzeichen des Grundstücks nicht erforderlich. Grundsätzlich genügt dem Satz 1 die Angabe der Gemarkung oder des sonstigen vermessungstechnischen Bezirks (Flur) und des Flurstücks. Ein Anliegerweg muss nicht eigens mitbezeichnet werden.[51] Bezeichnung in dieser Weise ist auch für abzuschreibende Grundstücksteile notwendig. In den neuen Bundesländern genügen – bis 31.12.2010 – für die »ungetrennten Hofräume« die Angaben nach der HofV.[52] Bei nicht gebuchten Grundstücken ist unter Rückgriff auf das amtliche Verzeichnis lediglich die Bezeichnung nach der ersten Alternative des § 28 S 1 möglich, solange eben die Buchung nicht nachgeholt ist.

Satz 1 ist auch entsprochen, wenn weiter gemachte Angaben nach § 2 Abs 2 und § 6 Abs 3 bis 5 GBV, die »frei- **57** willig« zusätzlich gemacht sind, falsch sind, so insbesondere dann, wenn die Größe oder besonders die Wirtschaftsart und Lage, die in den Verfahrenserklärungen enthalten sind, nicht mit dem Grundbuch übereinstimmen. Das freiwillige »Mehr« an Angaben bedeutet einerseits ein »Mehr« an Identifikationsmerkmalen, birgt andererseits natürlich auch die Gefahr einer weiteren Fehlerquelle. Die Angabe einer unrichtigen Grundstücksgröße ist grundsätzlich unschädlich, wenn das Grundstück in einer der beiden Formen des § 28 bezeichnet ist und Zweifel an der Grundstücksidentität ausgeschlossen sind.[53] Bei **Abweichungen in der Größe** können sich, nach verfahrensmäßigen Grundsätzen, jedoch auch Zweifel ergeben, ob die Verfahrenselemente sich auf dieses Objekt beziehen.

Neben dieser Bezeichnung »übereinstimmend mit dem Grundbuch« darf das Grundbuchamt nicht noch zusätz- **58** lich die Angabe des Grundbuchblattes verlangen. Es muss das Grundbuchblatt selbst ermitteln.[54] Beide Bezeichnungsalternativen des § 28 S 1 stehen nebeneinander gleichwertig zur Verfügung.[55] Andere Bezeichnungsarten hat das Grundbuchamt abzulehnen.[56] Werden beide Alternativen ausgenutzt und stimmt eine davon mit dem Grundbuch nicht überein, ist es eine Frage des Einzelfalles und der Auslegung, ob hier genügend Klarheit über die Grundstücksidentität besteht oder nicht.[57] Die Erklärungen sind dann auszulegen; dazu können alle in der Urkunde gemachten Angaben über Lage, Straße, Hausnummer, Wirtschaftsart, Größe usw herangezogen werden.

2. Bezeichnung mittels Hinweis auf das Grundbuchblatt

a) Grundbuchbezeichnung. Die **zweite,** vom Gesetz wahlweise gewährte **Bezeichnungsart** ist der **Hin- **59** weis auf das Grundbuchblatt.** Erforderlich und genügend ist in diesem Fall die Angabe des betreffenden Amtsgerichts, des Grundbuchbezirkes, die Nummer des Blattes. Die Angabe eines Grundbuchbandes ist nicht erforderlich, wenn diese Angabe, wie idR, nicht nötig ist, um das Grundbuchblatt zu ermitteln.[58] Das elektronische Grundbuch kennt ohnehin keine »Bände« mehr. Bei einem Wechsel der Grundbuchbezeichnung kann die frühere genügen; Voraussetzung ist jedoch, dass keinerlei Zweifel hinsichtlich des gemeinten Grundstücks

---

50 BayObLGZ 4, 232.
51 BayObLG DNotZ 1993, 388 = Rpfleger 1993, 104.
52 Dazu BGH DtZ 1996, 212 = Rpfleger 1996, 417; BezG Erfurt VIZ 1992, 163 = ZOV 1992, 166; BezG Erfurt DtZ 1992, 296 = NJ 1992, 552 = Rpfleger 1992, 471 = DNotZ 1992, 804 m Anm *Frenz*; *Böhringer* DtZ 1994, 100; *ders* VIZ 1994, 63; *Schmidt-Räntsch* VIZ 1992, 163; *ders* ZIP 1993, 1917; *Ufer* DtZ 1992, 272; *ders* AVN 1/92, 25; *Glantz* ZOV 1992, 124.
53 OLG Zweibrücken DNotZ 1988, 590 = Rpfleger 1988, 183; KEHE-*Munzig* § 28 Rn 11; *Demharter* § 28 Rn 12.
54 *Bauer/von Oefele-Kössinger* § 28 Rn 28; *Güthe-Triebel* § 28 Rn 8; BayObLG DNotZ 1993, 388 = MittBayNot 1992, 335 = Rpfleger 1993, 104; BayObLG DNotZ 1998, 386 = MittBayNot 1998, 36 = Rpfleger 1998, 107.
55 Ebenso *Bauer/von Kössinger* § 28 Rn 28.
56 BGHZ 90, 323 = NJW 1984, 1959 = Rpfleger 1984, 310 = MittBayNot 1984, 181; BayObLG DNotZ 1961, 591 = Rpfleger 1962, 20; BayObLG Rpfleger 1980, 147; BayObLG Rpfleger 1982, 62; OLG Hamm DNotZ 1971, 49; OLG Zweibrücken DNotZ 1988, 590 = Rpfleger 1988, 183; KEHE-*Munzig* § 28 Rn 13.
57 BayObLG MittBayNot 1980, 207 = JurBüro 1981, 108 = Rpfleger 1980, 433; BayObLG Rpfleger 1981, 147 = MittBayNot 1981, 22; KEHE-*Munzig* § 28 Rn 13.
58 *Schöner/Stöber* Rn 130.

bestehen.[59] Auch im Fall der Bezeichnung durch »Hinweis auf das Grundbuchblatt« kann nicht daneben noch die Bezeichnung »übereinstimmend mit dem Grundbuch« verlangt werden.[60]

60   Sind zwischen dem Zeitpunkt der Abgabe der Bewilligung und dem Zeitpunkt der Eintragung Veränderungen hinsichtlich des Bestandes erfolgt, etwa Flurstücke hinzugekommen oder nach einer anderen Grundbuchstelle übertragen worden, so muss im Wege der Auslegung geprüft werden, ob der Inhalt der Bewilligung hinreichend klar ist, insbesondere ob der Bewilligende den Grundbuchbestand zu einem bestimmten früheren Zeitpunkt (dem der Abgabe der Bewilligung oder sogar demjenigen der Erteilung eines Grundbuchauszuges) seiner Bewilligung zugrunde gelegt hat, ggf. ist eine Präzisierung anzufordern.[61]

61   **Irrige Bezeichnungen** sind in beiden Fällen der Bezeichnungsarten unschädlich, wenn, entsprechend dem Normzweck des Satz 1 das gemeinte Grundstück bestimmt oder bestimmbar, also verfahrensmäßig zweifellos ersichtlich ist. Dies gilt nicht für den Fall, dass die Erfordernisse des Satz 1 gänzlich außer Acht gelassen werden, weil dann überhaupt andere Mittel zur Bezeichnung des Grundstücks vorliegen, die das Gesetz idR nicht zulässt. Wesentlich ist aber immer die Beachtung des Normzwecks des Satz 1, der ja nur die Eintragung beim richtigen Grundstück im Auge hat; ist diese gewährleistet, ohne dass Satz 1 gänzlich zur Seite geschoben ist, dann kann die Eintragung weder abgelehnt, noch von der Behebung diesbezüglicher Beanstandungen abhängig gemacht werden.[62]

62   **b) Mehrere Grundstücke.** Sind bei der Wahl der Bezeichnungsart »Hinweis auf das Grundbuchblatt« auf dem genannten Grundbuchblatt **mehrere,** rechtlich selbständige, **Grundstücke** eingetragen, so sind grundsätzlich alle dort eingetragenen Grundstücke gemeint und gemäß Satz 1 bezeichnet.[63]

63   IdR ist davon auszugehen, dass alle die Grundstücke als gemeint anzusehen sind, die zur Zeit der Ausstellung der verfahrensmäßigen Elemente (Bewilligung, Antrag) oder zur Zeit der materiell-rechtlichen Einigung, die sich aus ihrem Nachweis ergibt, also idR zur Zeit der Beurkundung des Nachweises) auf dem Blatt verzeichnet waren.[64] Von diesen allgemeinen Erfahrungssätzen muss das Grundbuchamt ausgehen, es sei denn, es hat eine andere positive Kenntnis oder konkrete Anhaltspunkte. Konkrete Anhaltspunkte können sich daraus ergeben, wenn die Erklärungen von nur **einem** Grundstück sprechen, obwohl auf dem Blatt mehr vorgetragen ist, wenn von **einem** Haus gesprochen wird und ähnlichem.[65]

64   Es trifft nicht zu, dass bei Wahl der Bezeichnungsart »Hinweis auf das Grundbuchblatt« in dem Fall, dass auf dem Grundbuchblatt **mehrere rechtlich selbständige Grundstücke** eingetragen sind, dann, wenn nur einzelne von ihnen als betroffen gemeint sind, diese dann nach der anderen Bezeichnungsart »übereinstimmend mit dem Grundbuch« bezeichnet werden müssten. Es genügt vielmehr dem Verfahrensrecht, wenn diese einzelnen gemeinten Grundstücke, auf sonstige Art bezeichnet werden, insbesondere durch Angabe der laufenden Nummer, unter der sie im Bestandsverzeichnis aufgeführt sind; es genügt aber in diesen Fällen auch jede andere, verfahrensgerechte, Bezeichnung, weil ja grundsätzlich Satz 1 erfüllt ist.[66]

65   Der **Hinweis auf das Grundbuchblatt** genügt auch dann, wenn bestimmt oder bestimmbar, entgegen der Grundregel des Verfahrensrechts, nicht alle Grundstücke gemeint sind, die bei Ausstellung der Bewilligung oder bei Einigung im obigen Sinn auf dem Grundbuchblatt eingetragen sind, sondern alle diejenigen, die im Zeitpunkt der Eintragung dort vorgetragen sind. Es trifft nicht zu, dass in diesem Fall dann nur die Bezeichnungsart »Übereinstimmung mit dem Grundbuch« gewählt werden könnte.[67] Vor allem bei **Gesamtbelastungen** entspricht dies einem praktischen Bedürfnis der Kreditsicherung. Der Regelfall ist es allerdings nicht, sodass hier für das Verfahren der Nachweis durch bestimmte oder in ihrem Inhalt bestimmbare Erklärungen so deutlich zu fordern ist, wie es die Abweichung von einem allgemeinen Erfahrungssatz verlangt. Zulässig ist bei Bestellung eines Gesamtrechts, dass der Grundbesitz in dem Umfang belastet werden soll, wie er im Zeitpunkt der Grundbucheintragung vorgetragen sein wird.[68]

66   **c) Angabe beider Bezeichnungsarten.** Wählen die Beteiligten **beide Bezeichnungsarten** (übereinstimmend mit dem Grundbuch und Hinweis auf das Grundbuchblatt) und ergeben sich bei einer Bezeichnungsart

---

59 Ebenso *Demharter* § 28 Rn 14.
60 OLG Bremen Rpfleger 1975, 364.
61 Ebenso *Bauer/von Oefele-Kössinger*, § 28 Rn 29.
62 *Bauer/von Oefele-Kössinger* § 28 Rn 34; *Güthe-Triebel* § 28 Rn 9.
63 BayObLG MittBayNot 1981, 22 = Rpfleger 1981, 147 (einengend); KG OLG 43, 182; abw LG Kiel SchlHA 1989, 157; *Schöner/Stöber* Rn 132.
64 *Bauer/von Oefele-Kössinger* § 28 Rn 30; *Güthe-Triebel* § 28 Rn 9.
65 *Schöner/Stöber* Rn 132.
66 Dazu auch *Schöner/Stöber* Rn 132.
67 *KEHE-Munzig* § 28 Rn 12.
68 Ebenso *KEHE-Munzig* § 28 Rn 12.

Irrtümer oder Fehler, so gelten die allgemeinen Verfahrensgrundsätze. Hierbei können auch andere Bezeichnungsarten herangezogen werden, die Satz 1 sonst nicht zulässt.[69] Bei Anwendung der allgemeinen Verfahrensgrundsätze in solchen Fällen ist vom Normzweck des Satz 1 auszugehen, der keinesfalls überspannt werden darf. Das Grundbuchamt hat auch die Grundsätze über die Auslegung von Verfahrenserklärungen zu beachten und anzuwenden, ehe es Beanstandungen erheben kann.[70] Wird von der Bezeichnungsart (Hinweis auf das Grundbuchblatt) Gebrauch gemacht und enthalten die Erklärungen bestimmt oder bestimmbar, dass alle an der betreffenden Blattstelle vorgetragenen Grundstücke gemeint sind, so ist Satz 1 erfüllt, auch wenn bei der anderen Bezeichnungsart Fehler, vor allem in den Größenangaben, unterlaufen sind, und zwar **in diesem Fall** ohne Rücksicht auf den Umfang der Flächenabweichungen, während bei Wahl nur der Bezeichnungsart »übereinstimmend mit dem Grundbuch« Abweichungen von der Größe idR jedenfalls dann konkrete Zweifel des Grundbuchamts begründen, wenn die Abweichungen nicht nur unbedeutend sind.[71]

Unschädlich im Sinn des Satz 1 sind **unrichtige Bezeichnungen in den Verfahrenselementen** insofern, als   **67** sie mit den Bezeichnungen iS des Satz 1 nichts zu tun haben, so etwa in den Fällen, in denen die Eigentumsverhältnisse, die güterrechtlichen Verhältnisse und dergleichen unrichtig angegeben sind.

Besteht die Diskrepanz darin, dass **eine Bezeichnungsart vollständig richtig** ist, die **andere** Bezeichnungs-   **68** art aber – ganz oder teilweise – **falsch,** so ist davon auszugehen, dass dem Erfordernis des Satz 1 Genüge getan ist, es sei denn, dass das Grundbuchamt weiß oder konkrete Anhaltspunkte dafür hat, dass das Gegenteil der Fall ist. Dies wird praktisch schon deshalb kaum je vorkommen, weil in der Praxis der Eigentümer in den Verfahrenserklärungen angegeben ist und sich daraus das Erforderliche entnehmen lässt. Stimmen also Gemarkung und Flurstück-Nummer und Eigentümer überein, so ergibt sich aus der falschen Angabe der Blattstelle ohne ganz konkrete Anhaltspunkte kein Verstoß gegen Satz 1. Ist auf dem Grundbuchblatt nur ein Grundstück vorgetragen, wird der Hinweis auf das Grundbuchblatt gebracht und daneben eine falsche Bezeichnung der Gemarkung und der Flurstück-Nummer, so wird bei Übereinstimmung des Eigentümers ebenfalls idR kein Verstoß gegen Satz 1 vorliegen, wenn auch hier die Möglichkeit zu Zweifeln eher gegeben sein wird.

d) Gesamtrechte. Sind **mehrere Grundstücke durch Gesamtrechte** betroffen, so genügt die Bezeichnung   **69** eines Grundstücks in einer der zugelassenen Bezeichnungsarten. Die anderen betroffenen Grundstücke sind aus dem im Grundbuch eingetragenen Mithaftvermerk ersichtlich (§ 48). Kann die begehrte Eintragung nur einheitlich erfolgen (zB Abtretung), kann Angabe aller Grundstücke nicht verlangt werden,[72] zu beachten ist aber, dass die Abtretung eines Buchrechts erst wirksam wird mit Eintragung in das letzte Grundbuch.

Kann die begehrte Eintragung auch in einzelner Beziehung erfolgen (zB Teillöschung eines Grundpfandrechts   **70** hinsichtlich eines einzelnen Belastungsobjekts), muss bestimmt oder verfahrensmäßig bestimmbar erklärt sein, ob alle, einzelne oder mehrere Grundstücke betroffen sind. Auch hier ist dem Normzweck des § 28 entsprechend vorzugehen, also nicht förmelnd. Ist nur ein Grundstück, etwa bei einer Löschung, benannt, so kann an den anderen nicht gelöscht werden. Zulässig ist es aber, die Löschungsbewilligung als ausreichend zu erachten, wenn sie nach ihrem Inhalt ein Grundstück »mit allen aus dem Mitbelastungsvermerk ersichtlichen Grundstücken« ohne weitere Bezeichnung zulässt. Umstritten ist, ob dies auch für den Zusatz in der Bewilligung »allerorts im Grundbuch« gilt, was zu bejahen ist, weil Förmelei.[73]

Es ist zwar nicht Aufgabe des Grundbuchamtes, »allerorts« im Grundbuch nachzuforschen, zwanglos lässt sich   **71** aber im Verfahrensrecht der Begriff »allerorts« so auslegen, dass eben alle im Grundbuch vermerkten Mithaftungsstellen gemeint sind – die dann nicht weiter bezeichnet werden müssen[74] – und nicht eine Nachforschungspflicht des Grundbuchamtes verlangt wird. Es genügt also die Angabe, dass alle im Grundbuch vermerkten Mithaftungsstellen gelöscht werden sollen, im gleichen Sinn ist der Begriff »allerorts« auszulegen; er ist also zuzulassen. Die Angaben nach § 28 sind somit der Auslegung fähig. Die Bezeichnung »*im Grundbuch von X Blatt ... oder Übergangsstelle und Blatt ... Gebäudegrundbuch von X*« ist hinreichend bestimmt. Mit der gleichzeiti-

---

69 KEHE-*Munzig* § 28 Rn 13.
70 BGHZ 90, 323 = NJW 1984, 1959 = Rpfleger 1984, 310 = MittBayNot 1984, 181; BayObLGZ 1961, 103; BayObLGZ 1974, 112 = Rpfleger 1974, 222; BayObLGZ 1995, 279 = DNotZ 1997, 319 m Anm *Wulf* DNotZ 1997, 331 = FGPrax 1995, 221 = WM 1995, 1991.
71 BayObLG MittBayNot 1981, 22 = Rpfleger 1981, 147; *Bauer/von Oefele-Kössinger* § 28 Rn 27; *Güthe-Triebel* § 28 Rn 11.
72 Ebenso KG OLG 43, 181; *KEHE-Munzig* § 28 Rn 14, *Bauer/von Oefele-Kössinger,* § 28 Rn 23; *Demharter* § 28 Rn 8.
73 Ebenso *Kesseler* RNotZ 2004, 176, 189.
74 AA BayObLGZ 1995, 279 = FGPrax 1995, 221 = MittBayNot 1995, 462 = MittRhNotK 1995, 323; BayObLG DNotZ 1961, 591 m abl Anm *Hieber* DNotZ 1971, 576 = Rpfleger 1962, 20 m Anm *Haegele*; OLG Köln DNotZ 1976, 746 m abl Anm *Teubner* = Rpfleger 1976, 402; LG Kassel Rpfleger 1987, 241; *Demharter* § 28 Rn 8; *KEHE-Munzig* § 28 Rn 14. Bejahend *Böhringer* Rpfleger 1988, 389, 393; *Hieber* DNotZ 1961, 576; *Teubner* DNotZ 1976, 748; *Schöner/Stöber* Rn 133, 2752; *Meikel-Böttcher* § 27 Rdn 21. Dazu auch OLG Neustadt Rpfleger 1962, 345 m Anm *Haegele; Bauer* Rpfleger 1963, 43. Vgl auch Einl G Rdn 69.

gen Angabe des (früheren) Grundbuchblattes und des dazugehörigen Gebäudegrundbuchblattes kann die Bestimmung des zu belastenden Grundstückes zweifelsfrei erfolgen.[75] Dazu auch Einl G Rdn 69.

72   Die **Eintragung** eines **Gesamtrechts** setzt Bezeichnung nach Satz 1 im vorstehenden Sinn bei allen Belastungsobjekten voraus, wobei »getrennter Vollzug« nur möglich ist, wenn, auch verfahrensmäßig, zum Ausdruck gebracht ist, dass auch ein Einzelrecht und jeweils ein Gesamtrecht insoweit gewollt sind, wie es jeweils eingetragen wird.[76]

73   e) **Bodenordnungsverfahren.** Wird in einem Verfahren der **Flurbereinigung, Umlegung, Bodensonderung** oder Verfahren nach dem LwAnpG nach Erklärung der Auflassung das neue Grundstück zugeteilt, so ist weder eine neue Auflassung noch eine Richtigstellung der Grundstücksbezeichnung in der Bewilligung notwendig. Dies gilt aber nur, wenn anstelle des konkreten Einlagegrundstück das als Surrogat bestimmte Ersatzgrundstück aus dem Flurbereinigungsplan bzw. Umlegungsplan usw. ersichtlich ist,[77] was auf den Einzelfall ankommt, notfalls durch die zuständige Bodenordnungsbehörde bescheinigt werden kann.

3. Sonstige Arten der Bezeichnung

74   Sonstige Arten der Bezeichnung lässt das Gesetz, in Einengung der sonst geltenden Verfahrensgrundsätze der – grundsätzlich ausreichenden – Bestimmbarkeit, nicht zu. Aber auch die »Bestimmtheit« ist durch Satz 1 eingeengt. Es verstößt deshalb gegen Satz 1, wenn die Verfahrenserklärungen nur den »gesamten Grundbesitz« eines bestimmten Eigentümers benennen, ohne weitere Angaben, wenn Benennung mit der **Hausnummer** oder einer ortsüblichen Bezeichnung erfolgt, etwa einer **Hofbezeichnung** im landwirtschaftlichen Bereich, und Ähnliches. Es kann nicht als Grundsatz gelten, dass jedes Mittel einer zweifellosen oder gar nur bestimmbaren Bezeichnung genügt.[78]

75   Der Normzweck des Satz 1 ist so, dass jede Formalistik oder gar eine strenge Auslegung dem Gesetz nicht entspricht. Das Grundbuchamt kann daher den Satz 1 auch dann als erfüllt ansehen, wenn mit voller Klarheit ersichtlich ist, welches Grundstück gemeint ist. Dies gilt vor allem in den Fällen, in denen sich die Grundstücksbezeichnung geändert hat, in denen die Bezeichnung durch Bezugnahme oder Verweisen auf andere Unterlagen erfolgt, etwa durch Bezugnahme auf den dem Grundbuchamt vorgelegten Grundpfandrechtsbrief, oder auch bei Veränderungen zwischen der Zeit, in der in den Verfahrenselementen die Bezeichnung nach Satz 1 erfolgt ist, und der Eintragung, wie bei Teilungen, Ab- und Zuschreibungen. Hier gelten die gewöhnlichen Verfahrensgrundsätze.[79] Danach kann es durchaus möglich sein, dass sich Anlass zu Zweifeln ergibt, ob die zwischenzeitlichen Veränderungen noch von der Bewilligung oder vom Nachweis der Einigung im Fall des § 20 oder den sonstigen Verfahrenselementen erfasst sind; dabei sind aber die Einengungen des Satz 1 nicht zu beachten.

76   Grundsatz ist, dass bei der Anwendung des Satz 1 eine **weitestgehende Handhabung** zu erfolgen hat. Der Normzweck ist, so weit wie irgend möglich, **großzügig** zu berücksichtigen; entscheidend ist das Ziel, auf dem richtigen Grundstück einzutragen. Wenn dieses Ziel erreicht werden kann, darf Satz 1 nicht im Wege stehen. Verfahrensmäßig unzulässig ist lediglich ein völliges Beiseiteschieben der Norm.

V. Die Angabe der einzutragenden Geldbeträge in bestimmten Währungseinheiten

1. Neueintragungen in Euro und Fremdwährungen

77   a) **Anwendungsbereich.** Das materielle Recht entscheidet, wie Geldbeträge in bestimmten Summen anzugeben sind (§§ 1113, 1115, 882 BGB). Dingliche Rechte in ausländischer Währung sind mit dem BGB vereinbar. Die Verfahrensvorschrift des § 28 S 2 steht entgegen, aber der Eintragung von dinglichen Rechten in fremder Währung nicht durch Rechtsverordnung des BMJ[80] zugelassen ist. § 28 S 2 findet somit Anwendung, wenn in Übereinstimmung mit dem materiellen Recht ein Geldbetrag (direkt oder indirekt) einzutragen ist, was aus der Eintragungsbewilligung entnommen werden kann. § 28 S 2 gilt für alle in das Grundbuch einzutragende Geldbeträge, somit für Hypotheken, Grund- und Rentenschulden sowie für (Geldrenten-)Reallasten; auch für die Ablösesumme der Rentenschuld nach § 1199 Abs 2 BGB und für den Höchstbetrag des Wertersatzes (§ 882 BGB). § 28 S 2 iVm der Verordnung des BMJ betrifft Neueintragungen, § 26a GBMaßnG dagegen »Altfälle«, dh also Grundpfandrechte, Reallasten, Ablösesumme und Wertersatzbetrag, die auf eine früher geltende Währung lauten und im Grundbuch eingetragen sind, jetzt auf den Euro umgestellt werden sollen.

---

75   LG Neubrandenburg Rpfleger 1994, 161 = NJ 1994, 128.
76   OLG Düsseldorf DNotZ 1973, 613; KEHE-*Munzig* § 20 Rn 14.
77   Ebenso *Bauer/von Oefele-Kössinger* § 28 Rn 37.
78   *Bauer/von Oefele-Kössinger* § 28 Rn 34, 35; *Güthe-Triebel* § 28 Rn 10.
79   LG Köln MittRhNotK 1979, 75.
80   Vom 30.10.1997 (BGBl I, 2683)

Wertbeständige Grundpfandrechte sind heute – im Gegensatz zum früheren Recht – weder mit dem materiel- **78**
len Recht noch mit § 28 S 2 vereinbar.

An Grundstücken, die **im Land Berlin** gelegen waren, konnten früher keine Geldbeträge in der **Währung** **79**
der DDR eingetragen werden.[81]

b) Währungsangabe. Grundsätzlich sind die in das Grundbuch einzutragende Geldbeträge in inländischer **80**
Währung anzugeben, also ab 01.01.2002 in Euro (ISO-Währungscode »EUR«) und Cent. Unter den Voraussetzungen des § 28 S 2 Hs. 2 ist die Angabe einzutragender Geldbeträge in anderer als inländischer Währung
möglich, sofern die Öffnungsklausel ausgefüllt ist durch eine Rechtsverordnung, die unter Beachtung außen-,
integrations-, wirtschafts-, finanz- und währungspolitischer Kriterien erlassen und später verändert werden
kann. Der Begriff »Mitgliedstaaten der Europäischen Union« und der »Mitgliedstaaten des Europäischen Wirtschaftsraums« ist »dynamisch« hinsichtlich des jeweiligen Bestands der Mitgliedstaaten.[82] Tritt nach dem
31.12.2001 ein bisher nicht am System der einheitlichen europäischen Währung teilnehmender Staat bei, so ist
die Angabe seiner bisherigen Währung bei einer Eintragung ab dem Zeitpunkt des Beitritts nicht mehr möglich, es ist in »Euro« einzutragen. Die Bestimmungen hinsichtlich der Schweiz und den USA sind »statisch«.

Mit der Verordnung des BMJ über Grundpfandrechte in ausländischer Währung und in Euro[83] ist es zulässig **81**
geworden, daß Grundpfandrechte und Rentenreallasten auch in den Währungen der Schweizerischen Eidgenossenschaft (Schweizer Franken – CHF – mit Untereinheit Rappen bzw Centimes) und der Vereinigten Staaten von Amerika (US-Dollar – USD – mit Untereinheit Cent) in das Grundbuch eingetragen werden können.
Ferner war es bis 31.12.2001 möglich, auch in den Währungen der Mitgliedstaaten der Europäischen Union
und der Vertragsstaaten des EWR-Abkommens[84] Eintragungen vorzunehmen.[85]

Erfaßt werden sowohl die rechtsgeschäftlich begründeten Grundpfandrechte also auch die im Rahmen der **82**
Zwangsvollstreckung[86] erwirkten Hypotheken (Zwangshypothek, Arresthypothek) sowie die nach § 3 Abs 1a,
§ 34 Abs 1 S 3–6 VermG und § 349 Abs 3a[87] LAG in den neuen Bundesländern neu begründeten Grundpfand-
rechte wie auch die gesetzlich entstandenen Hypotheken nach § 1287 BGB, § 848 ZPO und § 7 Abs 3 S 2
VermG. Die Eintragung von Beträgen in Reichsmark, Rentenmark, Goldmark, Mark der DDR und Deutsche
Mark (seit 01.01.2002) ist nicht mehr möglich,[88] auch nicht bei einer Wiedereintragung eines zu Unrecht
gelöschten Rechts im Wege der Grundbuchberichtigung, möglich ist aber ein Klarstellungsvermerk, dass das
Recht bei Löschung in der früheren Währung eingetragen war.[89]

Die Angabe von Geldbeträgen in ECU (= European Currency Unit) war bis zur Einführung des Euro am **83**
01.01.1999 nicht zulässig.[90] Die auf Grund von Vorkriegsvorschriften eingetragenen Fremdwährungsrechte
bleiben bestehen.

Die Währungen der Mitgliedstaaten (Belgien, Deutschland, Finnland, Griechenland, Frankreich, Irland, Ita- **84**
lien, Luxemburg, die Niederlande, Spanien, Österreich, Portugal) der Europäischen Union, in denen der Euro
eingeführt ist, sind ab 01.01.2002 nicht mehr zulässige Zahlungsmittel und damit auch nicht mehr im Grundbuch eintragbar; die in der Zeit vom 15.11.1997 bis 31.12.2001 eingetragenen Rechte bleiben bestehen und
sind ab 01.01.2002 kraft Gesetzes auf den Euro umzulesen und umzustellen, und zwar zu den amtlich festgelegten (EG-rechtlichen) Umrechnungskursen.

Zu den Mitgliedstaaten der EU, in denen der Euro nicht eingeführt ist (»Opt-out«-Mitgliedsländer), zählen **85**
Dänemark (Dänische Krone – DKK – mit Untereinheit Öre), das Vereinigte Königreich (Pfund Sterling –
GBP – mit Untereinheit Pence; Gibraltar mit Gibraltar Pfund – GIP –), Schweden (Schwedische Krone –
SEK – mit Untereinheit Öre). In der Währung dieser Staaten können auch noch nach dem 31.12.2001 Grund-
pfandrechte und Rentenreallasten eingetragen werden. Gleiches gilt für die seit 01.01.2002 der Europäischen

---

81 LG Berlin JR 1950, 27.
82 *Bauer/von Oefele-Kössinger*, § 28 Rn 53.
83 Vom 30.10.1997 (BGBl I, 2683), in Kraft seit 15.11.1997.
84 Abkommen über den Europäischen Wirtschaftsraum (EWR-Abkommen) vom 02.05.1992, BGBl. 1993 II S 267;
    Anpassungs-Protokoll vom 17.03.1993, BGBl. II S 1294.
85 Der EuGH hat mit Urteil v. 16.03.1999 ZNotP 1999, 285 = EWiR 1999, 697 (bearb v Rode) = WM 1999, 946 =
    ZfIR 1990, 590 entschieden, dass nationale Regelungen, nach denen eine Hypothek zur Sicherung einer in der Wäh-
    rung eines anderen Mitgliedsstaats zahlbaren Forderung in inländischer Währung eingetragen werden muss, gemein-
    schaftsrechtlichen Vorschriften (Art 73b EG-Vertrag) entgegensteht.
86 LG Osnabrück Rpfleger 1968, 122.
87 Eingefügt durch Art 2 Nr 13 Buchst a) des Vermögensrechtsbereinigungsgesetzes vom 20.10.1998 (BGBl I, 3180).
88 Vgl § 53 Abs 1 S 2 GBO. Dazu LG Hamburg DNotZ 1950, 433; KG NJW 1954, 1686; Gutachten DNotI-Report
    2001, 194.
89 KEHE-*Munzig* § 28 Rn 19; *Böhringer* BWNotZ 2003, 97.
90 Dazu *Siebelt* NJW 1993, 2118; *Demharter* § 28 Rn 17.

Union beigetretenen Staaten: Bulgarien (Lew – BGN – mit Untereinheit Stotinki), Estland (Estnische Kronen – ekr – mit Untereinheit Senti), Lettland (Lats – Ls – mit Untereinheit Santims), Litauen (Litas – LTL – mit Untereinheit Centas), Malta (Maltesische Lira – Lm – mit Untereinheit Cents; seit 01.01.2008 Euro), Polen (Zloty – Zl – mit Untereinheit Groszy), Rumänien (Leu – RON – mit Untereinheit Bani), Slowakei (ehemals Slowakische Krone – Sk – mit Untereinheit Heller; ab 01.01.2009 Euro), Slowenien (ehemals Tolar – SIT – mit Untereinheit Stotin; seit 01.01.2007 Euro), Tschechien (Tschechische Krone – Kc mit Untereinheit Heller), Ungarn (Forint – Ft – mit Untereinheit Filler), Republik Zypern (ehemals Zypern-Pfund mit Untereinheit Cents; seit 01.01.2008 Euro).

Auch in einigen Nicht-EU-Ländern wird mit dem Euro bezahlt. Insgesamt nutzen cirka 40 Staaten oder Teile von Staaten den Euro oder eine vom Euro abhängige Währung. So gibt es den Euro z. B. in Monaco, Andorra, San Marino, im Vatikan, im Kosovo und in Montenegro. Offizielles Zahlungsmittel ist der Euro auch in Montenegro und im Kosovo. Gleichwohl ist § 28 S 2 Hs 1 anzuwenden.

86   **c) Grundbuchverfahren.** Für die Eintragung von dinglichen Rechte in Euro oder den genannten Fremdwährungen gilt der Grundsatz, dass der Eintragungsantrag und die Eintragungsbewilligung gleichlautend die Währungsangabe enthalten müssen (Gleichlaufprinzip), §§ 13, 19, 29 GBO. Bei Hypotheken muß der Nennbetrag der Hypothek und der gesicherten Forderung gleichlautend sein (Akzessionsprinzip). Es empfiehlt sich, die Währungsbezeichnungen nach den ISO-Währungscodes (ISO-Norm 4217) abzukürzen.[91]

2. Umstellung auf Euro bei eingetragenen Rechten

87   **a) Allgemeines.** Vom 01.01.1999 bis 31.12.2001 galt in Deutschland neben der nationalen Währungseinheit »Deutsche Mark« die »supranationale« Einheit Euro. Der Gemeinschaftsgesetzgeber bestimmte, dass die Einheiten der an der Währungsunion teilnehmenden Mitgliedsstaaten als Untereinheiten der Währung fortgelten. Deutsche Mark und Euro waren in der Übergangszeit nicht zwei nebeneinander existierende Währungen, sondern Denominationen einer einzigen Währung, der Währung Euro. Die Währungsumstellung von Euro auf DM ist aber keine Währungsreform; es wird lediglich die Bezeichnung der Währung geändert, ohne dass der »Inhalt« des Grundpfandrechts geändert wird. Demnach stellt der Euro die inländische Währung dar und trat am 01.01.1999 zu einem festen Umrechnungskurs (1,99583 DM gleich 1 Euro) an die Stelle der D-Mark. Die Umrechnung zwischen Euro und DM darf ausschließlich durch Multiplikation oder Division mit diesem Umrechnungsfaktor erfolgen; die Verwendung gerundeter oder inverser Umrechnungskurse ist unzulässig.

88   Das Gesetz zur Einführung des Euro[92] (EuroEG) enthält für den Bereich des Grundbuchwesens keine Regelungen wegen des Währungseinheiten-Dualismus. Gleichwohl waren Problemfelder[93] vorhanden, die einer gesetzlichen Regelung bedurften. Mit § 26a GBMaßnG[94] hat der deutsche Gesetzgeber dem Grundbuchverkehr Verfahrensweisen vorgegeben, die eine möglichst unbürokratische und einfache Umstellung der eingetragenen dinglichen Rechte zum Ziel hat. Damit soll eine bundeseinheitliche Verfahrensweise der Grundbuchämter sowie einheitliche Voraussetzungen hinsichtlich der Anforderungen an die für die Herbeiführung der notwendigen Eintragungen vorzulegenden Unterlagen gewährleistet werden. § 26a GBMaßnG enthält nicht nur Übergangsregel für die Zeit vom 01.01.1999 bis 31.12.2001, vielmehr auch Regelungen für die Zeit danach.

89   **b) Anwendungsbereich von § 26a GBMaßnG.** Die Regelung in § 26a GBMaßnG erfasst nicht nur eingetragene D-Mark-Rechte, sondern auch bereits im Grundbuch eingetragene Rechte in ausländischer Währung. Diese Eintragung ist aufgrund der Verordnung über Grundpfandrechte in ausländischer Währung und in Euro vom 30.10.1997[95] möglich. Allerdings gilt § 26a GBMaßnG nur für solche Rechte, bei denen zwischen der ausländischen Währung und dem Euro ein am 31.12.1998 festzustellender und von da an stets gleichbleibender Umstellungskurs vorhanden ist. Dies war damals nur der Fall bei Währungen von Mitgliedsstaaten der Europäischen Union, in denen der Euro gleichfalls an die Stelle der nationalen Währungseinheit getreten ist; es handelt sich um Belgien, Deutschland, Finnland, Frankreich, Irland, Italien, Luxemburg, Niederlande, Österreich, Portugal und Spanien. Bei den Währungen der anderen Mitgliedsstaaten der EU, der Schweizerischen Eidgenossenschaft und der Vereinigten Staaten von Amerika bestehen keine EG-rechtlich festgelegten Umrechnungssätze, die eine Wertverschlechterung ausschließen, daher ist § 26a GBMaßnG auf solche Fremdwährungen nicht anwendbar.

---

91   Einzelheiten *Rellermeyer* Rpfleger 1999, 45, 90.
92   Vom 09.06.1998 (BGBl I, 1242).
93   Dazu *Bestelmeyer* Rpfleger 1999, 368; *Böhringer* DNotZ 1999, 692.
94   Eingefügt durch Art 2 Abs 4 des Überweisungsgesetzes vom 21.07.1999 (BGBl I, 1642, 1646), in Kraft getreten am 14.08.1999.
95   BGBl I, 2683.

c) Amtswegige Euro-Umstellung. Ab 01.01.2002 bedeutet die Bezugnahme auf die Deutsche Mark im   **90** Grundbuch inhaltlich eine Bezugnahme auf Euro. Die D-Mark verlor zu diesem Zeitpunkt ihre Gültigkeit, die Euro-Umstellung trat kraft Gesetzes ein. Die Umstellung erfolgt durch eine lineare Transformation, d.h. die D-Mark-Beträge werden zu dem amtlich festgelegten Umrechnungskurs einheitlich in Euro umgerechnet. Der Euro tritt ohne Veränderung der Wertrelation lediglich »an die Stelle« der D-Mark.[96] Die Publizität des Grundbuchs wird durch die Publizität der Euro-Vorschriften ergänzt. Das Grundbuch ist nicht unrichtig geworden, weil die Einführung des Euro keinen Wechsel der Währungsidentität darstellt.[97] Die Eintragung der Euro-Umstellung ist keine Berichtigung des Grundbuchs i.S. von § 894 BGB, § 22, vielmehr erfolgt eine Richtigstellung[98] der Denomination ähnlich der Richtigstellung einer unrichtigen Angabe tatsächlicher Art.

Ein Euro ist in 100 Cent untergeteilt. Bruchteile der Untereinheit Euro-Cent können nicht in das Grundbuch   **91** eingetragen werden. Geldbeträge werden bei der Umrechnung nach den in Deutschland üblichen kaufmännischen Rundungsregeln auf den nächstliegenden Cent auf- oder abgerundet, also bei Nachkommastellen kleiner oder gleich 4 abzurunden, bei solchen, die gleich oder größer 5 sind, aufzurunden.

d) Grundbuchverfahren. Das Grundbuchamt kann von Amts wegen die Euro-Umstellung vornehmen   **92** (§ 26a Abs 1 S 2 GBMaßnG). Für das Grundbuchamt besteht aber keine Pflicht, den gesamten Grundbuchbestand durchzusuchen und eine Richtigstellung der Denomination zu veranlassen. Klargestellt ist durch § 26a Abs 1 S 2 GBMaßnG, daß bei einer anlaßbezogenen Richtigstellung der Währungsangaben diese im gesamten Grundbuchblatt bei allen dort eingetragenen dinglichen Rechten mit D-Mark-Beträgen vorzunehmen ist, also nicht nur bei dem von dem Eintragungsantrag betroffenen Recht. Damit soll erreicht werden, daß das gesamte Grundbuchblatt wieder die aktuelle Denomination enthält.

Die Euro-Umrechnung (1,95583 DM gleich 1 Euro) ist offenkundig. Ein Nachweis in der Form des § 29 ent-   **93** fällt. Ein Umstellungsantrag eines Beteiligten an das Grundbuchamt ist zulässig. Zustimmungserklärungen von Drittberechtigten (Pfandgläubiger, Nießbraucher am umzustellenden Rechte) oder von Inhabern gleich- und nachrangiger dinglicher Rechte sind grundbuchverfahrensrechtlich nicht erforderlich.

Eine Pflicht zur Briefvorlage gemäß § 41 GBO besteht nicht. Auch das Grundbuchamt hat keine Pflicht zur   **94** Anbringung eines Vermerks auf dem Brief gemäß § 62 GBO. § 26a Abs 1 S 5 GBMaßnG stellt dies ausdrücklich klar.

Bezieht sich eine Eintragungsgrundlage auf ein DM-Recht, hat sie dieses – wie auch sonst – dem Bestimmt-   **95** heitsgrundsatz entsprechend zu bezeichnen, ggf also auch mit dem DM-Betrag, was sich vor allem für die Löschungsbewilligung empfiehlt.[99]

e) Grundbucheintragung. Die Euro-Umstellung im Grundbuch unterliegt dem Verbot, den Umrechnungs-   **96** betrag quantitativ zu verändern, insbesondere darf nicht aufgerundet werden, da dadurch der Umfang des Rechts verändert würde.[100] Eine Glättung des auf zwei Nachkommastellen einzutragenden Umrechnungsbetrages auf einen vollen Euro nach unten bedeutet andererseits eine Teillöschung, dafür würden die §§ 873, 875, 876, 1183 BGB und die §§ 13, 19, 27, 29, 41 GBO gelten.

Für die Eintragung der Euro-Umstellung ist der Rechtspfleger[101] zuständig, da eine Erweiterung des § 12c   **97** Abs 2 GBO nicht erfolgt ist. Im Grundbuch ist die Euro-Umstellung in der Veränderungsspalte bei dem betroffenen Recht einzutragen mit dem Vermerk: »Umgestellt auf ... Euro«. Die bisherigen D-Mark-Beträge sind rot zu unterstreichen. Bei Grundpfandrechten ist der Euro-Umstellungsbetrag auch in Abt. III Spalte 3 einzutragen mit dem Vermerk »... DM = ... Euro«, in Spalte 6 ist lediglich der neue Euro-Betrag anzugeben. Statt der Bezeichnung »Euro« kann auch die Bezeichnung »EUR« oder das Sonderzeichen »€« verwendet werden.

f) Grundbuchumstellungskosten. Die Euro-Umstellung im Grundbuch ist nicht von den Betroffenen zu   **98** verantworten. Gläubiger und Grundstückseigentümer hatten auf die Umstellung der Währungsbezeichnung keinen Einfluss. Die Euro-Umstellung liegt ausschließlich im öffentlichen Interesse. Aus Billigkeitsgründen sieht daher § 26a Abs 2 S 3 GBMaßnG vor, dass für eine nach dem 31.12.2001 im Grundbuch von Amts wegen vorgenommene Euro-Umstellung keine Gebühren zu erheben sind. Bei einer auf Antrag erfolgten Umstellung sind 25 Euro zu erheben.

---

96 Art 3 Euro-VO II.
97 Anders die Währungsumstellung 1948 in der alten Bundesrepublik und 1990 in der ehemaligen DDR.
98 Ebenso *Demharter* § 28 Rn 23; *Hartenfels* MittRhNotK 1998, 168; *Bestelmeyer* Rpfleger 1999, 368; *Ottersbach* Rpfleger 1999, 51; *Böhringer* DNotZ 1999, 692; *ders* BWNotZ 1999, 137; *v. Campe* NotBZ 2000, 2.
99 Gutachten DNotI-Report 2001, 193.
100 Dies gilt selbst dann, wenn gleich- oder nachrangige Gläubiger zustimmen würden.
101 Ebenso *Demharter* § 28 Rn 23. Besonderheiten bestehen nach allgemeinen landesrechtlichen Vorschriften in Baden-Württemberg.

3. Wertbeständige Rechte

99   **a) Wertbeständige Alt-Grundpfandrechte.** **Wertbeständige Grundpfandrechte** oder Grundpfandrechte, die sich nicht auf Geldsummen beziehen, können und dürfen im Grundbuch nicht mehr eingetragen werden, und zwar,[102] weil dies zulassenden Gesetze und Verordnungen mit Ablauf des 31.12.1968 gemäß § 3 Abs 1 S 2 des Gesetzes über die Sammlung des Bundesrechts vom 10.07.1958 (BGBl I 1437) und § 3 Abs 1 des Gesetzes über den Abschluss der Sammlung des Bundesrechts vom 28.12.1968 (BGBl I 1451) außer Kraft getreten sind.[103] Soweit materiell-rechtlich daher Grundpfandrechte in Fremdwährungen zulässig sind, steht ihrer Eintragung Satz 2 entgegen; andere Wertmesser als Geld sind bei Grundpfandrechten materiell-rechtlich nicht zulässig, sodass sie auch nicht eingetragen werden können.

100   Im Wege der Erweiterung des numerus clausus dinglicher Sachenrechte wurde früher die Eintragung **wertbeständiger Grundpfandrechte** zugelassen (zB auf der Basis von Feingold, Roggen, Weizen usw).[104] In den Altländern wurden die gesetzlichen Vorschriften spätestens zum 31.12.1968 aufgehoben.[105]

101   **Goldmark- sowie Feingoldrechte** stehen umstellungsrechtlich den RM-Rechten gleich.[106] Grundpfandrechte, die auf »Goldmark« lauten, sind in den neuen Bundesländern im Verhältnis 2:1 auf Deutsche Mark und sodann in Euro umzustellen. Die »Goldmark« war kein gesetzliches Zahlungsmittel, sondern eine Berechnungseinheit, nämlich der Gegenwert von 1/2790 Kilogramm Feingold. Durch die Regelungen der Verordnung über wertbeständige Rechte vom 16.11.1940 in Verbindung mit dem Gesetz über die Deutsche Reichsbank vom 15.06.1939 war damit im Ergebnis die Goldmark wertmäßig der Reichsmark gleichgestellt. In den neuen Bundesländern wurde diese im Verhältnis 1:1 auf Mark der DDR und dann im Verhältnis 2:1 auf Deutsche Mark und sodann am 01.01.2002 auf Euro umgestellt. Bei wertbeständigen Rechten, die bestimmen, dass sich die Höhe der aus dem Grundstück zu zahlenden Geldsumme durch den amtlich festgestellten Preis oder festgesetzten Preis einer bestimmten Menge von Feingold bestimmt, entsprechen einem Kilogramm Feingold 2790 DM und in den neuen Ländern 1395 Deutsche Mark, § 2 Abs 1 GBBerG.

102   Im Wege der Erweiterung des numerus clausus dinglicher Sachenrechte wurde früher die Eintragung auch anderer wertbeständiger Grundpfandrechte zugelassen (zB auf der Basis von Kali, Kohle usw), bei denen sich die aus dem Grundstück zu zahlende Geldsumme nach dem Gegenwert einer bestimmten Menge Waren oder Leistungen bestimmt. In den Altländern wurden die gesetzlichen Vorschriften spätestens zum 31.12.1968 aufgehoben. Für solche Rechte ist in den neuen Bundesländern in § 3 GBBerG bestimmt, dass das Bundesministerium der Justiz durch Rechtsverordnung (§ 12 SachenR-DV) einen Mittelwert für diese Waren festgelegt. Auch bei Grundpfandrechten mit ausländischer Währungsangabe ist ein vom Bundesministerium der Justiz festzustellender Umrechnungssatz maßgeblich. Nach dem in den neuen Bundesländern geltenden § 12 S 1 Nr 1 SachenR-DV wurde der Wert für einen Dollar mit 1,70 DM festgelegt.

103   **b) Wertbeständige sonstige beschränkte dingliche Rechte.** Bei wertbeständigen Rechten in den neuen Ländern auf Roggen- oder Weizenbasis wird in § 2 Abs 2 S 1 GBBerG bestimmt, dass der Zentner Roggen mit 3,75 DM und der Zentner Weizen mit 4,75 DM zu berücksichtigen ist. Dies gilt allerdings nicht für solche Rechte, die auf einem Grundstücksüberlassungsvertrag oder einem damit in Verbindung stehenden Leibgedingsvertrag beruhen; diese unterfallen § 3 GBBerG.

104   **c) Grundbuchberichtigung.** Die Behandlung und Grundbuchberichtigung wertbeständiger oder ähnlicher Rechte ist in §§ 1–4 GBBerG und § 12 SachenR-DV geregelt. Die Änderungen haben das Grundbuch unrichtig gemacht. Grundsätzlich kann jetzt das Grundbuch gemäß § 22 berichtigt werden. IdR ergibt sich das Umstellungsverhältnis aus den genannten Rechtsvorschriften. Im Anwendungsbereich des § 2 Abs 2 S 2 und Abs 3 GBBerG in den neuen Bundesländern liegt jedoch eine **Ausnahme** von dem Regelfall vor. Eine etwaige Grundbuchberichtigung kann nur durch Bewilligung der Betroffenen (§§ 19, 22, 29) erfolgen. Antragsberechtigt ist jeder, dessen Recht von der Umstellung betroffen wird, und jeder, zu dessen Gunsten die Umstellung erfolgen soll, also der Gläubiger des Rechts und der Grundstückseigentümer. Aber auch dem nur mittelbar Beteiligten muss ausnahmsweise ein Antragsrecht zugebilligt werden, zB dem Gläubiger nach § 14. Für die Abgabe der Berichtigungsbewilligung gilt auch § 105 Abs 1 Nr 6 GBV. In dessen Anwendungsbereich entfällt die Pflicht zur Briefvorlage. Soweit nicht der genannte Ausnahmefall des § 2 Abs 2 S 2 und Abs 3 GBBerG vorliegt, kann die Grundbuchberichtigung auch amtswegig erfolgen, § 4 GBBerG. Die im Grundbuch nicht eingetragenen Änderungen nach §§ 1–3 GBBerG bedürfen zum Erhalt ihrer Wirksamkeit gegenüber dem **öffent-**

---

102   So KEHE-*Munzig* § 28 Rn 20.
103   *Demharter* § 28 Rn 28.
104   Gesetz vom 23.06.1923 (RGBl I S 407).
105   Gesetz v 28.12.1968 (BGBl I S 1451).
106   VO vom 16.11.1940 (RGBl I S 1521). Ausführlich *Bisping* ZAP-Ost, Fach 7 S 53; OLG Gera NJ 1947, 103 und NJ 1948, 20 m Anm *Nathan*; weiterführend *Bultmann* NJ 1993, 203.

lichen Glauben des Grundbuchs (§ 892 BGB) keiner Grundbucheintragung. Der Zessionar eines wertbeständigen Rechts wird demnach nicht geschützt; er kann auf das Grundbuch nicht vertrauen.

d) Weitere Abwertungsvorschriften in den neuen Bundesländern. Uraltrechte und Altrechte sind in der ehem DDR **nicht abgewertet** worden. Die eingetragenen Alt-BGB-Rechte sind noch mit nicht abgewerteten Reichsmark-Beträgen eingetragen. Auf **Reichsmark lautende Grundpfandrechte** unterfallen dem zwischen der ehem DDR und der BRD geschlossenen Vertrag vom 18.05.1990 über die Schaffung einer Währungs-, Wirtschafts- und Sozialunion. Maßgebend sind die im Kapitel II, Artikel 10 Abs 2 S 2, Abs 5 sowie Anlage I Artikel 7 § 1 Abs 1, Artikel 8 § 1 enthaltenen Vorschriften.[107] Umstellungsvorschriften enthalten auch §§ 1 ff GBBerG und § 12 SachenR-DV sowie § 26a GBMaßnG. **105**

Hiernach werden **Hypotheken im Verhältnis 2:1 von DDR-Mark auf Deutsche Mark umgestellt**, danach in Euro umgerechnet. Diese Aussage gilt zunächst für Hypotheken, die vor dem 01.07.1990 begründet wurden. Sie gilt auch für solche, die vor dem 08.05.1945 entstanden sind. Diese Althypotheken wurden am 28.06.1948 durch die Verordnung über die Währungsreform in der sowjetisch besetzten Zone Deutschlands[108] im Verhältnis 1:1 von Reichsmark auf DDR-Mark umgestellt. **106**

Althypotheken sind daher im Verhältnis 1:1 auf DDR-Mark umzustellen und sodann im Verhältnis 2:1 auf DM und alsdann in Euro umzuwandeln. Eine Ausnahme wurde jedoch für regelmäßig wiederkehrende Zahlungen gemacht, die nach dem 30.06.1990 fällig werden. Letztere werden im Verhältnis 1:1 auf DM umgestellt und sodann in Euro umgerechnet, also nicht abgewertet. **107**

Diese Vorschriften beziehen sich somit auch auf die »alten« Grundstücksrechte,[109] da diese, soweit sie Geldleistungen zum Inhalt haben, in Mark der DDR zu erfüllen waren. Daraus folgt, dass auch die vor dem In-Kraft-Treten des ZGB begründeten Hypotheken, Grundschulden und Aufbaugrundschulden sowie die ihnen zugrunde liegenden Forderungen im Verhältnis 2:1 umgestellt (abgewertet) wurden. **108**

Es kann davon ausgegangen werden, dass **Rentenschulden** und solche Reallasten, die regelmäßig zu leistende Geldschuld beinhalten, im Verhältnis 1:1 DM umgestellt, dh nicht abgewertet werden, da hier regelmäßig wiederkehrende Zahlungen an die Inhaber dieser Grundstücksrechte zu erbringen sind. Vgl auch § 2 GBBerG. **109**

Reallasten, gemäß denen Dienst- und/oder Naturalleistungen zu erbringen sind, sowie Vorkaufsrechte und Dienstbarkeiten werden durch die Währungsumstellung nicht verändert. **110**

Erbbauzinsen (vgl dazu § 9 ErbbauRG) wurden als regelmäßig wiederkehrende Zahlungsverpflichtungen ebenfalls im Verhältnis 1:1 DM umgestellt; und sind somit ebenfalls in der vereinbarten Höhe weiter zu entrichten. **111**

Grundpfandrechte bestehen kraft Gesetzes, wenn sie in GM, RM oder Mark der DDR lauten, in Deutsche Mark im Umstellungsverhältnis 2:1[110] und sodann 1 DM = 0,51 Euro. Es ist bei Grundpfandrechten nur die **Eintragung der Umstellung** im Verhältnis 2:1 DM und dann Umrechnung in Euro zulässig. **112**

4. Schweizer Goldhypotheken/Papiermark- und Talerhypotheken

Eine Ausnahme besteht für die schweizerische Goldhypothek. Diese Rechte, die weiterhin in Schweizer Franken zu tilgen sind, spielen heute praktisch keine Rolle mehr.[111] Nach wie vor gilt der Kurs von 123,45 Schweizer Franken für 100 geschuldete Reichsmark bzw der Kurs von 123,45 Schweizer Franken zu 100 geschuldete Deutsche Mark.[112] **113**

Auch **Papiermark-/Talerhypotheken**[113] haben heute keine praktische Bedeutung mehr, kommen aber immer noch in Grundbüchern vor. Soweit im Grundbuch bei Rentenreallasten Beträge mit Preußischem Taler eingetragen sind, ist 1 Preußischer Taler mit einem Wert von 30 Preußischen Silbergroschen umzurechnen, der wiederum einen Wert von 12 Preußischen Pfennigen hatte. Im Jahre 1871 wurden Preußischer Taler im Verhältnis 1 Preußischer Taler = 3 Mark umgerechnet. Durch die Aufwertungsgesetzgebung im Jahre 1924 (AufwG) wurden die Ur-Uraltrechte im Verhältnis 1:1 in Goldmark umgerechnet und anschließend auf 25 % des Goldmarkbetrages aufgewertet (besser: umgewertet). **114**

---

107 BGBl II 1990, 548.
108 WährungsVO v 21.06.1948 (ZVOBl 1948, 220, 222 Nr 18) und Umtauschanordnung v 20.07.1948 (ZVOBl 1948, 295).
109 Ausführlich *Bultmann* NJ 1993, 203; *Böhringer* BWNotZ 1993, 117.
110 Vgl dazu auch § 3 Abs 1a VermG; §§ 1 ff GBBerG, § 36a GBMaßnG. Zur Euro-Umstellung *Böhringer* ZflR 2000, 1012; *ders* Rpfleger 2000, 433.
111 *Böhringer* BWNotZ 1993, 117.
112 Zum Erlöschen der »Frankengrundschulden« im Gebiet der früheren DDR durch Überführung von Grundeigentum in Volkseigentum KG VIZ 1999, 105.
113 Ausführlich *Böhringer* in: *Eickmann* Sachenrechtsbereinigung, § 2 GBBerG Rn 11 ff.

5. Voreintragung des Umstellungsbetrags

115 Voreintragung[114] des Umstellungsbetrags ist erforderlich: bei Änderung der Zins- und Zahlungsbestimmungen des Grundpfandrechts, bei Umwandlung einer Grundschuld in eine Hypothek und bei der Forderungsauswechslung, bei Pfandunterstellung eines weiteren Grundstücks (Erfordernis des gleichförmigen Grundbucheintrags) und bei Abtretung eines Teilbetrages (weil Neueintragung eines Geldbetrags).

116 **Voreintragung kann unterbleiben:**[115]
- bei Bestandteilzuschreibung im Sinne von § 890 Abs 2 BGB (es wird kein Geldbetrag neu eingetragen, Rechtsfolge tritt kraft Gesetzes ein),
- bei Eintragung des Briefausschlusses bzw Aufhebung dieses Briefausschlusses (betroffen ist nicht der Geldbetrag),
- bei Eintragung des Rangrücktritts eines Rechts in Abteilung II hinter ein Grundpfandrecht (§ 18 GBV),
- bei Eintragung des Rangrücktritts eines Grundpfandrechts (§ 880 BGB) und der nachträglichen Eintragung des Rangvorbehalts (es geht nur um die Regelung der Befriedigungsreihenfolge, nicht um die Höhe der dinglichen Belastung),
- bei Erteilung eines neuen Briefs über das Grundpfandrecht nach Kraftloserklärung des alten Briefs,
- bei Totallöschung des Grundpfandrechts (überflüssiges und umständliches Schreibwerk).

117 **Zweifelhaft ist die Voreintragungspflicht:**[116]
- bei Pfandfreigabe (§ 1175 Abs 1 S 2 BGB),
- bei Löschung eines Teilbetrags,
- bei der Verteilung einer Gesamthypothek auf einzelne Grundstücke (§ 1132 Abs 2 BGB),
- bei Abtretung des Grundpfandrechts (so BGH[117] zur Rechtslage bei der Währungsreform 1948, wo allerdings unklar war, welches Umstellungsverhältnis für das Grundpfandrecht galt, während bei der Währungsumstellung 1990 die Rechtslage eindeutig ist und auch Art 11 § 3 des 2. VermRÄndG dies bestätigt).

118 In all diesen Fällen wird die Voreintragung des Umstellungsbetrags empfohlen.[118]

119 Die **Richtigstellung des Grundbuchs** kann **von Amts wegen** vorgenommen werden, einer Bewilligung des Gläubigers bedarf es regelmäßig nicht, soweit die Umstellung gesetzlich festgelegt ist.[119] Anträge auf Eintragung von Veränderungen bei dem dinglichen Recht sind dann in der Weise auszulegen, dass sie alle Anträge enthalten, die zur Eintragung der Veränderung im Grundbuch erforderlich sind, also auch den Antrag auf Umstellung der Währung. Es besteht nun einmal eine völlig andere Rechtslage als bei der Währungsreform 1948 in den Altländern. Zur Grundbuchberichtigung vgl auch § 4 GBBerG.

120 Die **Eintragung** der Umstellung im Grundbuch lautet: »*Abt III Sp 3: 391166 Mark der DDR = 195583 DM = 100000 EUR; Sp 6 100000 EUR; Sp 7 Umgestellt auf hunderttausend Euro*«.

121 Die Eintragung ist auf dem **Grundpfandrechtsbrief** zu vermerken.[120]

6. Währungsreform 1948

122 In den alten Bundesländern haben die Folgen der Währungsreform 1948 nur noch eine sehr untergeordnete Bedeutung. Umgestellt wurden Grundpfandrechte und Reallasten, eine Umstellungsgrundschuld nach dem Lastenausgleichsgesetz begründet und Fristen für die Eintragung der Vollumstellung im Grundbuch festgelegt. Heute spielen bei solchen Rechten höchstens noch die Abtretung, Rangänderung und Löschung eine Rolle.[121] Das Grundbuchmaßnahmengesetz erleichtert heute vor allem die Löschung solcher Altrechte, wobei die Rechtslage in den neuen Bundesländern von derjenigen in den Altländern zu unterscheiden ist. Wichtige Regelungen enthalten §§ 18, 36a GBMaßnG sowie §§ 1–4, 10 GBBerG.

---

114 Ausführlich zur Währungsreform 1948 in den Altländern *Weber* DNotZ 1955, 453; *Böhringer* NJ 1992, 289; *ders* BWNotZ 1993, 117; zur Rechtslage nach In-Kraft-Treten des GBBerG *Böhringer* DtZ 1994, 194.

115 *Böhringer* NJ 1992, 293; *ders* BWNotZ 1993, 117. Zur Euro-Umstellung *Böhringer* DNotZ 1999, 692; *ders* BWNotZ 1999, 137; *ders* ZflR 2000, 1012; *ders* Rpfleger 2000, 433.

116 *Böhringer* NJ 1992, 293.

117 DNotZ 1955, 141.

118 Jedenfalls außerhalb des Anwendungsbereichs des § 2 Abs 2 S 2 GBBerG.

119 *Böhringer* NJ 1992, 293; *Moser-Merdian/Flik-Keller* Rn 291; aA wohl KG DtZ 1993, 25 = VIZ 1992, 486 = ZIP 1992, 165 = Rpfleger 1993, 16. Offen gelassen bei BGH DtZ 1995, 131 = NJ 1995, 261 = Rpfleger 1995, 290 = VIZ 1995, 234.

120 *Böhringer* NJ 1992, 293.

121 Vgl dazu die 6. Auflage; ausführlich *Schöner/Stöber* Rn 4319 ff.

VI. Wertsicherungsvereinbarungen

Die Neubestellung wertbeständiger Grundpfandrechte ist nicht mehr möglich. Bei Rechten, deren Inhalt **123** materiell-rechtlich nur bestimmbar sein muss, kann der Inhalt auf Grund einer nach §§ 2–4 des Preisklauselgesetzes zulässigen Wertsicherungsvereinbarung gegen die Geldentwertung gesichert werden, vgl § 1105 Abs 1 S 2 BGB, § 9 Abs 2 S 2 ErbbauRG. Bei Eintragung von **Wertsicherungsvereinbarungen,** vor allem im Rahmen einer Reallast, im Grundbuch ist das Indexierungsverbot und die Legalausnahmen nach § 1 bis 4 Preisklauselgesetz zu beachten.

Bei der Eintragung von Wertsicherungsklauseln hat das Grundbuchamt – nach dem Legalitätsprinzip – von sich **124** aus zu prüfen, ob die Preisklausel zum dinglichen Inhalt der Reallast gemacht werden kann.

Im Regelfall ist die grundbuchamtliche Prüfung der Preisklausel nur bei der Eintragung wertgesicherter Real- **125** lasten, insbesondere beim Erbbauzins von Bedeutung. Bei Überlassungsverträgen ist fraglich, ob aus der Unwirksamkeit einer Wertsicherungsklausel auf die Gesamtunwirksamkeit des Vertrags, in dem sie enthalten ist, geschlossen werden kann, was in der Regel zu verneinen ist, so dass das Grundbuchamt den Grundbuchvollzug anderer Vertragsteile nur im Falle eines Vorbehalts nach § 16 Abs 2 beanstanden kann.[122]

Nicht unter das Indexierungsverbot des § 1 Abs 1 PreisklauselG fallen Spannungsklauseln und Leistungsvorbe- **126** halte, die aber meistens wegen mangelnder Bestimmbarkeit nicht eintragungsfähig sein können, evtl aber durch Vormerkung sicherbar sind.[123]

Nunmehr sind zugelassene Währungen nach § 28 Abs 2: Euro; alle Währungen der Mitgliedsstaaten der Euro- **127** päischen Union, die nicht der Europäischen Währungsunion beigetreten sind (Schweden, Dänemark, Großbritannien); US-Dollar, Schweizer Franken.

VII. Verletzungsfolgen und Zweifelsfälle

1. Allgemeines

§ 28 S 1 **und** S 2 sind **Ordnungsvorschriften** (vgl aber Rdn 16 für Umwandlungsvorgänge nach dem **128** UmwG). Dies gilt entgegen dem Wortlaut des § 28, in dem der Imperativ verwendet wird, und nicht mit dem Begriff »sollen« gearbeitet wird.[124]

Ein **Verstoß** gegen § 28, auch gegen Satz 2, macht daher grundsätzlich die Eintragung nicht unwirksam.[125] Zu **129** prüfen ist nach materiellem Recht, ob die Eintragung eine entsprechende Rechtsbegründung, Rechtsaufhebung oder Rechtsänderung bewirkt hat. Verstößt eine Eintragung gegen § 28, muss unterschieden werden: Bei einer Eintragung am falschen Grundstück wird das Grundbuch nach § 894 BGB unrichtig; eine inhaltlich unzulässige Eintragung (§ 53 Abs 1 S 2) liegt vor, wenn ein Grundpfandrecht ohne Angabe des Geldbetrages eingetragen wird; wurde eine nicht gewollter Geldbetrag eingetragen, ist das Grundbuch nach § 894 BGB unrichtig.

Erfolgt die **Eintragung beim falschen Grundstück** (Recht), ist das Grundbuch unrichtig, und zwar nicht **130** wegen Verstoßes gegen § 28, sondern wegen mangelnder Deckung zwischen Einigung und Eintragung. Ggf ist ein Amtwiderspruch nach § 53 einzutragen.

Wird bei einem Grundpfandrecht eine **nicht nach § 28 zugelassene Währung** eingetragen, ist die Eintragung **131** trotz des Verstoßes gegen Satz 2 wirksam, weil das materielle Recht sie zulässt.[126] Dagegen wäre ein Grundpfandrecht, das nicht eine bestimmte **Geld**summe (§§ 1113, 1115 BGB) zum Gegenstand hat (sog wertbeständige Hypothek), nicht möglich und daher die Eintragung inhaltlich unzulässig; dass § 28 S 2 nur eine Ordnungsvorschrift ist, spielt dabei dann keine Rolle. Wird die Eintragung eines Grundpfandrechts in ausländischer Währung beantragt, ohne dass diese hinreichend zweifelsfrei bezeichnet ist (Dollar ohne Zusatz »US-Dollar« oder »kanadischer Dollar«), so kann – unterstellt die Eintragung in diesen Währungen wäre durch Rechtsverordnung nach § 28 S 2 zugelassen – mit Zwischenverfügung Ergänzung der Eintragungsbewilligung verlangt werden.

Verstößt die Klausel **etwa nach § 2 Preisangaben- und PreisklauselG,** besteht schwebende Unwirksamkeit, **132** mit der möglichen Folge des § 53 und einer endgültigen Grundbuchunrichtigkeit, ein Verstoß gegen § 28 S 2 ist mit einer Nichtbeachtung des § 2 Preisangaben- und PreisklauselG nicht identisch.

---

122 Zur früheren Rechtslage: KEHE-*Munzig* § 28 Rn 28; *Schöner/Stöber* Rn 3273.
123 BayObLG DNotZ 1980, 94 = Rpfleger 1980, 141 = MittBayNot 1979, 233 = MDR 1980, 238; OLG Celle DNotZ 1977, 548; *Amann* MittBayNot 1979, 219.
124 *Demharter* § 28 Rn 2; *Bauer/von Oefele-Kössinger* § 28 Rn 57; *Güthe-Triebel* § 28 Rn 28; BGH NJW 1986, 1867 = Rpfleger 1986, 210 = WM 1986, 678; BGH DNotZ 1988, 109 = NJW 1988, 415 = Rpfleger 1987, 452; BayObLG NJW-RR 1990, 722; OLG Zweibrücken DNotZ 1988, 590 = Rpfleger 1988, 183.
125 BGH NJW 1986, 1867 = Rpfleger 1986, 210 = WM 1986, 678.
126 RGZ 157, 123; KG JFG 14, 271; MüKo-*Eickmann* § 1113 BGB Rn 44.

133 Entspricht eine Eintragungsgrundlage nicht § 28, hat das Grundbuchamt zunächst zu prüfen, ob eine Auslegung der Erklärung dennoch mit hinreichender Sicherheit erkennen lässt, auf welches Grundstück die Erklärung bezogen sein könnte. Bestehen trotz Auslegung noch Unklarheiten, hat das Grundbuchamt den Antrag nicht sofort zurückzuweisen, sondern Zwischenverfügung zu erlassen.[127] Die Bewilligung wäre in der Form des § 29 zu ergänzen, eine bloße Umstellung bzw. Ergänzung des Antrags genügt nicht.[128] Das Grundbuchamt hat keine Nachforschungspflichten, zB welches Grundstück gemeint sein könnte (etwa durch Adressen- oder Lagebezeichnung).[129]

2. Einzelfälle

134 Die **gemeinschaftliche Erklärung von zwei Inhabern je eines ein-Viertel-Miteigentumsanteils,** den Inhabern der beiden anderen Miteigentumsanteile zu je einem Viertel ihre Miteigentumsanteile am Grundstück zu übertragen, hat den Sinn, dass jeder der beiden Veräußerer einem jeden der beiden Erwerber die Hälfte seiner Mitberechtigung am Grundstück, also je ein Achtel-Anteil überlässt.[130]

135 Ist die **Auflassung des ganzen Grundstücks** erklärt, besitzt der Auflassende aber nur einen halben Miteigentumsanteil, kann der Erwerber nicht als Eigentümer dieser Hälfte in das Grundbuch eingetragen werden, vielmehr ist eine neue, darauf beschränkte, Auflassung notwendig.[131]

136 Die **Auflassung** eines Grundstücks ist **auslegungsfähig;** ggf kann die fehlende Bezeichnung des Auflassungsgegenstandes vom Erwerber allein im Eintragungsantrag nachgeholt werden. Das Grundbuchamt kann eine Auflassung nicht entgegen dem Wortlaut der beurkundeten Eintragungsunterlagen auslegen, solange der Wortlaut nicht offensichtlich und zwingend unrichtig oder unvollkommen ist.[132]

137 Zur **Eintragung einer Vormerkung** zur Sicherung des Anspruchs auf Auflassung eines erst noch wegzuvermessenden Trennstücks genügt eine so genaue Bezeichnung der Teilfläche, dass sich deren Größe und Lage in einer dem Verkehrsbedürfnis entsprechenden Weise zweifelsfrei ergibt. Die Vorlegung einer vermessungsamtlichen Karte und eine Flächenangabe ist dazu nicht erforderlich.[133]

138 **Verpflichtet** sich der Schuldner in einem gerichtlichen Vergleich, **ein Drittel seines Grundbesitzes** an den Gläubiger zu übertragen, so ist dieser Vergleich nicht vollstreckbar, auch nicht nach § 894 ZPO. Gegenstand und Umfang der Leistung sind nicht genügend bestimmt (genaue Bezeichnung der zu übereignenden Grundstücke).[134]

139 Bei einem **Wechsel der Grundbuchbezeichnung** kann die frühere genügen, auch dann, wenn zur Auslegung andere Bezeichnungsarten, als die des Satz 1, herangezogen werden müssen. Dies gilt insbesondere in Fällen der Flurbereinigung und Umlegung, wenn entweder das Einlagegrundstück oder das Ersatzgrundstück aufgelassen ist.[135]

140 Die Erklärung: »Ich bewillige die Löschung etwaiger Grundpfandrechte auf dem Grundstück, vorgetragen im Grundbuch des Amtsgerichts München von Schwabing Blatt 2837«, ist ausreichend, ebenso eine Erklärung, die sich auf sämtliche, einem bestimmten Grundpfandrecht vorgehende Grundpfandrechte bezieht. Der grundbuchmäßigen Bezeichnung bedarf nur das Grundstück selbst.[136] Ausreichend sind auch alle Erklärungen, die sich darauf beziehen, einem Recht eine bezeichnete Rangstelle zu verschaffen, wobei wiederum nur das Grundstück gemäß Satz 1 bezeichnet werden muss; damit sind auch erforderliche Löschungen gedeckt.

---

127 OLG Hamm DNotZ 1971, 49; OLG Düsseldorf Rpfleger 1978, 216; BayObLG Rpfleger 1981, 190 m Anm *Meyer-Stolte = JurBüro 1981, 427.*
128 Ebenso *Schöner/Stöber* Rn 134; *Bauer/von Oefele-Kössinger* § 28 Rn 57.
129 So auch *Bauer/von Oefele-Kössinger* § 28 Rn 58.
130 OLG Frankfurt Rpfleger 1978, 13.
131 OLG Frankfurt Rpfleger 1975, 174.
132 BayObLGZ 1974, 122 = DNotZ 1974, 441 = Rpfleger 1974, 222.
133 BayObLG Rpfleger 1957, 48, 50; OLG Koblenz OLGZ 1976, 380.
134 Vgl dazu auch OLG Frankfurt Rpfleger 1973, 394.
135 *Demharter* § 28 Rn 14.
136 *Güthe-Triebel* § 28 Rn 7.

§ 29 (Nachweis der Eintragungsgrundlagen)

(1) Eine Eintragung soll nur vorgenommen werden, wenn die Eintragungsbewilligung oder die sonstigen zu der Eintragung erforderlichen Erklärungen durch öffentliche oder öffentlich beglaubigte Urkunden nachgewiesen werden. Andere Voraussetzungen der Eintragung bedürfen, soweit sie nicht bei dem Grundbuchamt offenkundig sind, des Nachweises durch öffentliche Urkunden.

(2) *(aufgehoben)*

(3) Erklärungen oder Ersuchen einer Behörde, auf Grund deren eine Eintragung vorgenommen werden soll, sind zu unterschreiben und mit Siegel oder Stempel zu versehen.

Schrifttum

Arndt/Lerch/Sandkühler, BNotO, 6. Aufl 2008; *Arnold,* Die Änderungen des Beurkundungsverfahrens durch das Gesetz vom 20. Februar 1980, DNotZ 1980, 262; Beck'sches Notar-Handbuch (hrsg von *Bambring/Jerschke*), 4. Aufl. 2006; *Böhringer,* Trends und Entwicklungen bei der Prüfungskompetenz des Grundbuchamts, BWNotZ 1998, 4; *Böttcher,* Die Beweislehre im Grundbuchverfahren, MittBayNot 1986, 1; *ders,* Die Prüfungspflicht des Grundbuchgerichts, Rpfleger 1990, 486; *Brambring,* Das Gesetz zur Änderung und Ergänzung beurkundungsrechtlicher Vorschriften, DNotZ 1980, 281; *Deimann,* Der Beschlussvergleich nach § 278 Abs 6 ZPO als Nachweisurkunde im Grundbuchverfahren, RPflStud 2003, 38; *Eickmann,* Die Gewinnung der Entscheidungsgrundlagen im Grundbuchverfahren, Rpfleger 1979, 169; *Ertl,* Rechtsnatur und Bedeutung der Eintragungsbewilligung, DNotZ 1964, 260; *Eylmann/Vaasen,* BNotO und BeurkG, 2. Aufl 2004; *ders,* Antrag, Bewilligung und Einigung im Grundstücks- und Grundbuchrecht, Rpfleger 1980, 41; *Geimer,* Konsularisches Notariat, DNotZ 1978, 3; *Glahs,* Die Sachverhaltsermittlung und Beweislastverteilung im Grundbuchantragsverfahren, 1994 (Bochumer Juristische Studien 117); *Haegele,* Urkundenvorlage beim Grundbuchamt, Rpfleger 1967, 33; *Hornig,* Die Verwendung von beglaubigten Abschriften im Grundbuchverkehr, DNotZ 1971, 69; *Huhn/von Schuckmann,* BeurkG, 4. Aufl 2003; *Jansen,* FGG, 2. Aufl 1971 (darin BeurkG als band III); *Kanzleiter,* Die Dienstordnung für Notare – Auswirkungen ihrer Rechtsnatur als Verwaltungsanordnung, DNotZ 1972, 519; *ders,* Die nachträgliche Berichtigung notarieller Urkunden, DNotZ 1990, 478; *Kersten/Bühling,* Formularbuch und Praxis der Freiwilligen Gerichtsbarkeit, 22. Aufl 2008; *Kraiß,* Die Zuständigkeit des Ratschreibers nach dem LFGG, BWNotZ 1975, 114; *Kuhn,* Vollmacht und Genehmigung beim Grundstückskaufvertrag, RNotZ 2001, 305; *Nieder,* Entwicklungstendenzen und Probleme des Grundbuchverfahrensrechts, NJW 1984, 329; *Langhein,* Kollisionsrecht der Registerurkunden, Rpfleger 1996, 45; *Lerch,* BeurkG, 3. Aufl 2006; *Promberger,* Notarielle »Bescheinigungen« über Registereintragungen, Rpfleger 1977, 355 = MittBayNot 1977, 225 und Rpfleger 1982, 460; *Reithmann,* Allgemeines Urkundenrecht, 1973; *ders,* Zur Formulierung der notariellen Urkunden, DNotZ 1973, 152; *ders,* Beurkundung und andere Amtsgeschäfte des Notars, DNotZ 1974, 6; *ders,* Beurkundung, Beglaubigung, Bescheinigung durch inländische oder ausländische Notare, DNotZ 1995, 360; *Reithmann/Albrecht,* Handbuch der notariellen Vertragsgestaltung, 8. Aufl 2001; *Renner,* Zu den Anforderungen des Grundbuchverfahrensrechts an den Nachweis des Bedingungseintritts bei einer bedingten Vollmacht, MittBayNot 2008, 53; *Richter/Hammel,* Baden-württembergisches Landesgesetz über die freiwillige Gerichtsbarkeit, 4. Aufl 1995; *Ritzinger,* Das formelle Konsensprinzip als Schranke des Prüfungsrechts und der Prüfungspflicht des Grundbuchamts, BWNotZ 1981, 6; *Röll,* Der Nachweis von Beschlüssen der Wohnungseigentümerversammlung gegenüber dem Grundbuchamt, Rpfleger 1986, 4; *Römer,* Formen und Vertretungsmacht bei Privatrechtsgeschäften der öffentlichen Hand, DNotZ 1956, 359; *Schippel/Bracker,* BNotO, 8. Aufl 2006; *Walchshöfer,* Die Erklärung der Auflassung in einem Vergleich, NJW 1973, 1103; *Winkler,* BeurkG, 16. Aufl 2008; *Winkler,* Urkunden in Vermerkform, DNotZ 1971, 140; *Wolfsteiner,* Bewilligungsprinzip, Beweislast und Beweisführung im Grundbuchverfahren, DNotZ 1987, 67; *Wulf,* Zur Auslegung von Grundbucherklärungen, MittRhNotK 1996, 41; Würzburger Notarhandbuch (hrsg von *Limmer/Hertel/Frenz/Mayer,* 2005; *Zimmermann,* Rechtsnachfolge bei der Personengesellschaft und ihr Nachweis gegenüber dem Grundbuchamt, BWNotZ 1995, 73. *Zugehör/(Ganter/Hertel,* Handbuch der Notarhaftung, 2004.

Hertel

I. Allgemeines: Entstehungsgeschichte, Systematik, Zweck und Bedeutung der Vorschrift

1. Entstehungsgeschichte

1 § 29 hatte in der ursprünglichen Fassung der Bekanntmachung vom 20.05.1898 (RGBl 1898, 754, 758) als Teil der **Reichsjustizgesetze** folgenden Wortlaut:

»Eine Eintragung soll nur erfolgen, wenn die Eintragungsbewilligung oder die sonstigen zu der Eintragung erforderlichen Erklärungen vor dem Grundbuchamte zu Protokoll gegeben oder durch öffentlich beglaubigte Urkunde nachgewiesen werden. Andere Voraussetzungen der Eintragung bedürfen, soweit sie nicht bei dem Grundbuchamt offenkundig sind, des Nachweises durch öffentliche Urkunden.«

2 Durch die **Änderungsverordnung vom 05.08.1935** wurden zwei weitere Absätze eingefügt und der erste Absatz sprachlich präzisiert (wobei die Änderungen in Absatz 1 nachstehend durch Fettdruck markiert sind):[1]

»(1) Eine Eintragung soll nur **vorgenommen werden**, wenn die Eintragungsbewilligung oder die sonstigen zu der Eintragung erforderlichen Erklärungen vor dem Grundbuchamt **zur Niederschrift des Grundbuchrichters** abgegeben oder durch **öffentliche oder** öffentlich beglaubigte Urkunde nachgewiesen werden. Andere Voraussetzungen der Eintragung bedürfen, soweit sie nicht bei dem Grundbuchamt offenkundig sind, des Nachweises durch öffentliche Urkunden.

---

1 Verordnung zur Änderung des Verfahrens in Grundbuchsachen vom 5.08.1935, RGBl 1935 I 1065; vgl *Saage* JW 1935, 2769, 2771 f.

(2) Auf die Niederschrift des Grundbuchrichters sind die Vorschriften über die gerichtliche Beurkundung eines Rechtsgeschäfts anzuwenden.

(3) Erklärungen oder Ersuchen einer Behörde, auf Grund deren eine Eintragung vorgenommen werden soll, sind zu unterschreiben und mit Siegel oder Stempel zu versehen.«

Ihren jetzigen Wortlaut erhielt die Vorschrift durch § 57 Abs 7 des **Beurkundungsgesetzes** vom 28.08.1969   **3**
(BGBl 1969 I 1513) mit Wirkung zum 01.01.1970. Damals wurde die Zuständigkeit des Notars zur Vornahme von Beurkundungen grundsätzlich zu einer ausschließlichen erhoben; die frühere konkurrierende Beurkundungszuständigkeit der Gerichte nach dem Beurkundungsgesetz entfiel. In Konsequenz entfiel § 29 Abs 2 GBO und wurden in § 29 Abs 1 S 1 die Worte »vor dem Grundbuchamt zur Niederschrift des Grundbuchrichters abgegeben oder« gestrichen.

In Baden und Württemberg (sowie in Mecklenburg, soweit dort die Grundbücher noch nicht von den Amts-   **4**
gerichten geführt wurden), galt die ursprüngliche Fassung des § 29 auch nach der Änderungsverordnung von 1935 fort (Art 8 Abs 3). Doch beseitigte § 57 Abs 6 BeurkG auch hier mit Wirkung ab 1.01.1970 die Möglichkeit, Erklärungen »vor dem Grundbuchamte zu Protokoll« zu geben, so dass inhaltlich in **Baden-Württemberg** im wesentlichen dasselbe wie im übrigen Bundesgebiet galt.[2] Seit 25.12.1993 gilt § 29 (dh die allein noch geltenden Absätze 1 und 3) auch im Lande Baden-Württemberg in der im übrigen Bundesgebiet geltenden Fassung (aufgrund § 143 Abs 2 GBO idF des Registerverfahrensbeschleunigungsgesetzes – RegVBG, BGBl 1993, 2182).[3]

2. Systematik

a) Gesetzessystematik. § 29 erfordert den **förmlichen Nachweis** der Eintragungsvoraussetzungen durch   **5**
öffentliche oder öffentlich beglaubigte Urkunden. § 29 ist eine der zentralen Vorschriften der Grundbuchordnung. Er ist eine von vier Vorschriften, die als Voraussetzung jeder Eintragung zu prüfen sind:
- § 13 Antrag,
- § 19 Bewilligung des Bewilligungsberechtigten (ggf zusätzlich § 20 Einigung),
- § 29 Form der Bewilligung (und der anderen Eintragungsvoraussetzungen),
- § 39 Voreintragung des Betroffenen.

Die allgemeine Vorschrift des § 29 wird ergänzt durch die Spezialregelungen der §§ 30 bis 37:   **6**
- **§ 30** erklärt für die »reinen« **Anträge** (im Unterschied zu den »gemischten«, durch die zugleich eine zu der Eintragung erforderliche Erklärung ersetzt werden soll) und für die Vollmacht zur Stellung eines solchen »reinen« Antrags die Formvorschriften des § 29 für nicht anwendbar.
- Dagegen bedürfen die **Antragsrücknahme** und der Vollmachtswiderruf hierfür nach **§ 31** der Form des § 29 Abs 1 S 1, also des Nachweises durch öffentliche oder öffentlich beglaubigte Urkunde, soweit es sich nicht um den Antrag auf Rücknahme einer Berichtigung des Grundbuchs handelt.
- Die **§§ 32 bis 37** enthalten gesetzessystematisch **Ausnahmen** vom Grundsatz des § 29 Abs 1 S 2, nach dem alle Eintragungsunterlagen durch öffentliche Urkunden nachzuweisen sind. Für die Praxis besonders bedeutungsvoll sind die Beweiserleichterungen in § 32 iVm § 34 (Nachweis der Vertretungsberechtigung bei Handelsgesellschaften durch ein »Zeugnis des Registergerichts« – **Handelsregisterauszug** – bzw durch Bezugnahme auf das Register) und § 35 (Nachweis der Erbfolge durch Vorlage eines **Erbscheins** oder eines öffentlichen Testaments nebst Eröffnungsniederschrift).

b) Systematik der Vorschrift. **§ 29 Abs 1** unterscheidet zwischen   **7**
- den zur Eintragung erforderlichen **Erklärungen** (insbes der Eintragungsbewilligung) (Satz 1 – vgl Rdn 20 ff)
- und den **anderen Voraussetzungen** der Eintragung (Satz 2 – vgl Rdn 82 ff). »Andere Voraussetzungen der Eintragung« sind solche, die nicht in Erklärungen der Verfahrensbeteiligten[4] bestehen, also insbesondere die Verfügungs- und Vertretungsbefugnis, tatsächliche Voraussetzungen (wie Lebensalter, Tod, Scheidung, Staatsangehörigkeit, die durch Personenstandsurkunden nachzuweisen sind, aber auch ggf ein Bedingungseintritt), gerichtliche oder behördliche Entscheidungen.

Für beide gelten unterschiedliche **Nachweisanforderungen**:   **8**
- Für alle **Erklärungen** (Satz 1) kann der Nachweis entweder durch öffentliche Urkunde (bezeugende Urkunden nach § 415 ZPO – Rdn 192 ff) oder durch **öffentlich beglaubigte Urkunde** (Rdn 291 ff) geführt werden. Für eigene Erklärungen einer Behörde als Verfahrensbeteiligte gelten § 417 ZPO, § 29 Abs 3 GBO (Rdn 314 ff).

---

2 *Demharter* § 29 Rn 3.
3 *Keller*, Das Registerverfahrensbeschleunigungsgesetz und seine Änderungen zum Grundbuchverfahren, BWNotZ 1994, 73; *Strobel*, Die Registerneuerungen des Registerverfahrensbeschleunigungsgesetzes im Überblick, DStR 1994, 363.
4 *Haegele* Rpfleger 1967, 33.

– Das Vorliegen **anderer Eintragungsvoraussetzungen** (Satz 2) kann hingegen **nur durch öffentliche Urkunden** nachgewiesen werden; eine nur öffentlich beglaubigte Urkunde genügt hierfür nicht, da die (Unterschrifts-) Beglaubigung nur die Abgabe der Erklärung beweisen kann, nicht aber deren inhaltliche Richtigkeit. Dabei handelt es sich idR nicht um bezeugende Urkunden über fremde Erklärungen (§ 415 ZPO), sondern um bewirkende Urkunden, die eigene Erklärungen der Behörde (oder des Gerichts) enthalten (§ 417 ZPO – Rdn 314 ff) oder um bezeugende Urkunden über Tatsachen (§ 418 ZPO – Rdn 349 ff).

9   § 29 Abs 3 enthält eine Nachweiserleichterung für (eigene) Erklärungen und Ersuchen von Behörden, aufgrund derer eine Eintragung vorgenommen werden soll. Hier kann das Grundbuchamt davon ausgehen, dass bei **eigenen Erklärungen der Behörde** eine öffentliche Urkunde vorliegt wenn diese unterschrieben und mit dem Siegel der Behörde gesiegelt ist. Abs 3 erspart dem Grundbuchamt die ansonsten (nach der allgemeinen Regel des Abs 1) erforderliche, aber im Einzelfall schwierige Prüfung, ob die Behörde die für sie geltenden Formvorschriften beachtet hat, insbes ob etwa die Unterzeichnung durch mehr als eine Amtsperson erforderlich wäre oder ob die Person, die die Erklärung unterzeichnet hat, hierzu seitens der Behörde legitimiert ist (Rdn 322 ff).

10   Ein **Schaubild** mag die Systematik verdeutlichen:

Was ist nachzuweisen?	Wie ist es nachzuweisen?
Erklärungen der Beteiligten (§ 29 Abs 1 S 1 GBO) (Rdn 20 ff)	öffentliche Urkunde in Form einer bezeugenden Urkunde über Erklärungen (§ 415 ZPO, idR notarielle Niederschrift §§ 8 ff BeurkG) (Rdn 192 ff)
	öffentlich beglaubigte Urkunde (Unterschriftsbeglaubigung, § 129 BGB) (Rdn 291 ff)
	öffentliche Urkunde in Form einer Eigenurkunde einer Behörde (bewirkende Urkunde, § 417 ZPO, § 29 Abs 3 GBO) (Rdn 314 ff)
andere Eintragungsvoraussetzungen (§ 29 Abs 1 S 2 GBO) (Rdn 82 ff)	öffentliche Urkunde in Form einer bezeugenden Urkunde über Tatsachen (§ 418 ZPO) (Rdn 349 ff)

3. Zweck und Bedeutung des in § 29 statuierten Formprinzips

11   Mit dem **Formprinzip** bringt § 29 ein grundlegendes Prinzip des Grundbuchrechts zum Ausdruck.[5] Indem das Formprinzip für die Eintragungsunterlagen den Strengbeweis durch öffentliche Urkunden verlangt, bietet es größtmögliche Gewähr für die materielle Richtigkeit des Grundbuchs.

12   Das Formprinzip ist unverzichtbar für das grundbuchverfahrensrechtliche **Legalitätsprinzip**, dh für die Aufgabe des Grundbuchamts, Grundbuchinhalt und materielle Rechtslage in Übereinstimmung zu halten.[6] Da die allermeisten Eintragungsbewilligungen nicht nur notariell beglaubigt, sondern auch von Notaren entworfen werden, bewirkt das Formprinzip zugleich eine Vorkontrolle der Gesetzmäßigkeit und Richtigkeit schon der Eintragungsbewilligung; auch dadurch dient die Form dem Legalitätsprinzip.

Vier Grundsätze des Grundbuchverfahrens lassen sich aus dem Formprinzip ableiten:

13   **a) Beibringungsgrundsatz.** Im Grundbuchverfahren gilt für den Regelfall nicht das Amtsverfahren (Ausnahmen nach §§ 53, 84, 90: Amtsermittlungsgrundsatz), sondern das Antragsprinzip (§ 13). Dh es ist ausschließlich Sache des Antragstellers, alle erforderlichen Unterlagen für die begehrte Eintragung beizubringen. Das Antragsprinzip findet seine Ergänzung in § 29. Danach kann dem Antrag nur stattgegeben werden, wenn der Antragsteller die Eintragungsbewilligung und/oder die sonstigen zur Eintragung erforderlichen Erklärungen dem Grundbuchamt vorlegt und etwa erforderliche weitere Unterlagen für die Eintragung selbst beschafft. Diese **Beibringungspflicht des Antragstellers** verdeutlicht, dass es nicht Sache des Grundbuchamtes ist, im Amtsverfahren selbst die Eintragungsvoraussetzungen zu schaffen, die den Antrag vollzugsreif machen. Die Amtsermittlungspflicht des § 12 FGG gilt im Antragsverfahren nicht. Das Grundbuchamt ist weder berechtigt noch verpflichtet, eigene Ermittlungen anzustellen, Eintragungsunterlagen zu beschaffen oder gar Beweis zu erheben.[7]

---

5 KEHE-*Herrmann* Rn 2; *Schöner/Stöber* Rn 152.
6 *Knothe* in *Bauer/von Oefele* Rn 1.
7 BGHZ 30, 225, 258 = DNotZ 1959, 540 = NJW 1959, 1635 = Rpfleger 1960, 122; BGHZ 35, 135, 139 = NJW 1961, 1301 = Rpfleger 1961, 233 m Anm *Haegele* = WM 1961, 652; KG Rpfleger 1968, 224; BayObLGZ 1971, 252, 256; 1988, 148, 150 = MittRhNotK 1989, 15 = Rpfleger 1988, 477; BayObLGZ 1989, 111, 113 = MDR 1989, 748 = MittBayNot 1989, 307 = MittRhNotK 1989, 169 = NJW-RR 1989, 910 m Anm *Karsten Schmidt* JuS 1989, 931; BayObLGZ 2004, 118 = FGPrax 2004, 209 = NotBZ 2004, 279 = RNotZ 2004, 570 = Rpfleger 2004, 563 = ZfIR 2004, 904; *Knothe* in *Bauer/von Oefele* Rn 4; KEHE-*Ertl* Einl C 54.

Der Beibringungsgrundsatz ist allerdings dadurch modiziert,[8] dass das Grundbuchamt dem Antragsteller ggf durch eine Zwischenverfügung (§ 18 Abs 1) die Beibringung weiterer Nachweise aufzugeben hat. Kommt der Antragsteller aber trotz einer Zwischenverfügung seiner Pflicht zur Beibringung der Eintragungsunterlagen nicht nach, so ist sein Antrag zurückzuweisen (vgl Einl F Rdn 90 ff).

Der grundbuchrechtliche Beibringungsgrundsatz darf andererseits nicht überspannt werden. Der Antragsteller **14** hat dem Grundbuchamt das Vorliegen der Eintragungsvoraussetzungen, nicht hingegen das Fehlen aller denkbaren Eintragungshindernisse darzutun.[9] Es geht letztlich um die **Feststellungslast** im Grundbuchverfahren. Der Antragsteller trägt die Feststellungslast für das Vorliegen der Eintragungsvoraussetzungen, regelmäßig nicht für das Fehlen denkbarer Eintragungshindernisse.

Die Feststellungslast ist auch gemindert durch das Eingreifen von **Erfahrungssätzen** (Rdn 438 ff).
– So hat das Grundbuchamt zB vom Fortbestand der Vertretungsmacht auszugehen, wenn die Vollmachtsurkunde vorgelegt wird oder der Notar in der Urkunde bescheinigt hat, dass die Vollmachtsurkunde in Urschrift oder Ausfertigung vorgelegt wurde und zu dem Zeitpunkt, in dem der Bevollmächtigte eine Erklärung aufgrund dieser Vollmacht abgibt, diese ihm gegenüber nicht widerrufen ist (Rdn 46 ff).
– Nichts anderes gilt bei einem Verkauf eines Grundstücks durch den Testamentsvollstrecker oder den befreiten Vorerben an einen Fremden hinsichtlich der Entgeltlichkeit der Veräußerung (Rdn 438 ff),
– oder für das Fehlen der Voraussetzungen des § 1365 BGB bei Veräußerung eines Grundstücks durch einen verheirateten Ehegatten (Rdn 83 ff).[10]

b) Nachweispflicht. Die zur Eintragung erforderlichen Erklärungen und sonstigen Eintragungsvoraussetzun- **15** gen sind dem Grundbuchamt **vom Antragsteller nachzuweisen**. Er ist verpflichtet, dem Grundbuchamt die Überzeugung von der Begründetheit des Eintragungsbegehrens zu verschaffen, dh alle Eintragungsvoraussetzungen sind schlüssig zu beweisen.[11] Bloße Rückschlüsse aus Indizien, zB auf den Inhalt der dinglichen Einigung, verbieten sich.[12] Allerdings sind Grundbucherklärungen ebenso auszulegen wie auch andere Erklärungen.[13] Kommt das Grundbuchamt nach pflichtgemäßer Prüfung zu dem Ergebnis, dass der Nachweis aller erforderlichen Eintragungsvoraussetzungen nicht erbracht ist, und lehnt der Antragsteller das Begehren nach dem zusätzlich geforderten Nachweis ab, verliert er sein Recht auf ein Tätigwerden des Grundbuchamts.

c) Beweismittelbeschränkung. Alle erforderlichen Eintragungsunterlagen müssen durch **öffentliche oder** **16** **öffentlich beglaubigte Urkunden** nachgewiesen werden. Alle sonstigen in der freiwilligen Gerichtsbarkeit zugelassenen Beweismittel der ZPO, etwa Beweis durch Augenschein, Zeugen, eidesstattliche Versicherung oder Vernehmung eines Beteiligten, sind grundsätzlich unzulässig (zu Ausnahmen vgl Rdn 435 ff).[14]

Die materiellrechtliche Bedeutung des § 29 für das gesamte Grundstücks- und Grundbuchrecht erschließt sich aus dem strikten Erfordernis der strengen Form des Urkundenbeweises. Ohne Formschrift wäre das Eintragungsverfahren aufgrund Antrags und Bewilligung des Betroffenen bei einer auf die Eintragungsvoraussetzungen beschränkten Prüfungspflicht des Grundbuchamtes schlicht untauglich für die weitreichende wirtschaftliche und rechtliche Bedeutung, die der Eintragung im Grundbuch zukommt. Zweck des Strengbeweises durch Urkunden iS von § 29 ist, die Gefahr unrichtiger Eintragungen in das Grundbuch möglichst zu beseitigen und damit der Gefahr eines Rechtsverlustes aufgrund des öffentlichen Glaubens des Grundbuchs (§ 892, 893 BGB)

---

8 *Knothe* in *Bauer/von Oefele* Rn 4; *Hügel-Otto* Rn 2.
9 BayObLGZ 1989, 111, 113 = MittBayNot 1989, 307 = NJW-RR 1989, 910 = aaO (Fn 7); OLG Hamm DNotI-Report 1995, 18 = FGPrax 1995, 5 = MittBayNot 1995, 68 = MittRhNotK 1994, 350 = NJW-RR 1995, 469; *Knothe* in *Bauer/von Oefele* Rn 4; *Hügel-Otto* Rn 2; **aA** *Meikel-Böttcher* Einl F Rdn 92; danach hat der Antragsteller auch »das Fehlen aller denkbaren Eintragungshindernisse darzutun«; vgl *Böttcher* MittBayNot 1986, 1, 6.
10 *Meikel-Böttcher* Einl F Rdn 93.
11 BGHZ 35, 139 = Rpfleger 1961, 233; BayObLGZ 1981, 112; *Demharter* § 13 Rn 5; *Eickmann* Rpfleger 1979, 169, 170.
12 KG Rpfleger 1979, 209.
13 BGHZ 90, 323, 327 = MittBayNot 1984, 181 = NJW 1984, 1959 = Rpfleger 1984, 310; BayObLGZ 1974, 112, 114 f = DNotZ 1974, 441 = Rpfleger 1974, 222; BayObLG MittBayNot 1987, 140 = NJW-RR 1987, 792; DNotZ 1992, 306 = MittRhNotK 1992, 241 = NJW-RR 1992, 306; MittBayNot 1993, 17 = MittRhNotK 1992, 312 = NJW-RR 1993, 283 = Rpfleger 1993, 189; KG DNotZ 1968, 95, 96 = RPfleger 1968, 50 m Anm *Riedel*; OLG Köln Rpfleger 1981, 440; OLG München FGPrax 2006, 246 = MittBayNot 2007, 49 = RNotZ 2007, 155 = ZfIR 2007, 30 m Anm *Dümig*; OLG Zweibrücken FGPrax 1999, 173 = MittBayNot 1999, 564 = Rpfleger 1999, 533 = ZfIR 2000, 287 = ZNotP 1999, 362; *Demharter* § 19 Rn 27 ff; *Meikel-Böttcher* § 19 Rdn 110; *Schöner/stöber* Rn 172.
14 BGHZ 30, 255, 258 = Rpfleger 1960, 122; BGHZ 35, 139 = Rpfleger 1961, 233; BayObLGZ 1989, 111, 113 = MittBayNot 1989, 307 = NJW-RR 1989, 910 = aaO (Fn zu Rdn 14); BayObLGZ 2004, 118 = FGPrax 2004, 209 = NotBZ 2004, 279 = RNotZ 2004, 570 = Rpfleger 2004, 563 = ZfIR 2004, 904; OLG Frankfurt NJW-RR 1988, 225; *Stöber* GBO-Verfahren Rn 326; KEHE-*Eickmann* § 1 Rn 34; KEHE-*Herrmann* § 29 Rn 9; *Eickmann* Rpfleger 1979, 169, 172.

entgegenzuwirken[15] (vgl Einl F Rdn 102, 103). Um Grundbucheintragungen auf eine möglichst sichere Grundlage zu stellen, ist nur der Beweis durch öffentliche oder öffentlich beglaubigte Urkunden zugelassen.[16] Umgekehrt beschränkt dies auch die Zweifel, die das Grundbuchamt einer sich aus der Urkunde ergebenden Auslegung entgegenhalten kann.[17]

17 **d) Mitwirkung des Notars bei der Abfassung der Erklärungen.** Öffentliche oder öffentlich beglaubigte Urkunden nach § 29, die Erklärungen der Beteiligten enthalten, werden – von wenigen Ausnahmen abgesehen – von Notaren aufgenommen. Auch bei unterschriftsbeglaubigten Erklärungen der Beteiligten beschränkt sich die Amtstätigkeit des Notars meist nicht auf die Beglaubigung als solche, sondern die Beteiligten betrauen den Notar idR auch mit dem Entwurf der Erklärung; damit gelten auch seine Amtspflichten zur Belehrung und Vertragsgestaltung in vollem Umfang.[18] Die nahezu ausschließliche Beurkundungszuständigkeit der Notare und damit ihre Mitwirkung bei der Abfassung der erforderlichen Erklärungen der Beteiligten und Beschaffung der sonstigen Eintragungsunterlagen bietet die Gewähr nicht nur für die Erfüllung der förmlichen Voraussetzungen der beantragten Eintragung, sondern vor allem für die **materielle Richtigkeit der Eintragung.** Der Pflichtenkatalog des Notars, insbesondere seine Aufklärungs-, Belehrungs- und Formulierungspflicht nach § 17 BeurkG (vgl Rdn 256 ff), und die Verfahrensvorschriften des Beurkundungsgesetzes rechtfertigen nicht nur die Formvorschrift des § 29, sie sind darüber hinaus für das Grundbuchamt die zuverlässige Grundlage für die sich aus dem Legalitätsprinzip ergebende Pflicht, die Richtigkeit des Grundbuchs zu wahren.[19]

4. Rechtsfolge: Ordnungsvorschrift

18 Im Interesse der am Eintragungsverfahren Beteiligten ist § 29 als Soll-Vorschrift eine bloße **Ordnungsvorschrift**, dh ihre Verletzung als solche macht die Grundbucheintragung **nicht unwirksam**, wenn im Übrigen die materiell-rechtlichen Voraussetzungen für die Eintragung vorliegen.[20] Da derjenige, zu dessen Gunsten ein Recht im Grundbuch eingetragen werden soll, häufig nicht einmal formell Beteiligter des Grundbuchverfahrens ist, dürfen Verfahrensfehler nicht zu seinen Lasten gehen.

19 § 29 als Ordnungsvorschrift begründet gleichwohl die **uneingeschränkte Amtspflicht** des Grundbuchamtes, die Beachtung der Formvorschrift durch Zwischenverfügung und notfalls Zurückweisung des Antrags durchzusetzen. Das Grundbuchamt darf eine Eintragung nur vornehmen, wenn die Eintragungsvoraussetzungen formgerecht nachgewiesen sind; eine unter Verstoß dagegen vorgenommene Eintragung ist aber nicht deshalb unwirksam.

II. Die zur Eintragung erforderlichen Erklärungen, Abs 1 S 1

1. Allgemeiner Begriff

20 Nach § 29 Abs 1 S 1 sind die »zu der Eintragung erforderlichen Erklärungen« durch öffentliche oder öffentlich beglaubigte Urkunden nachzuweisen. Da § 29 Verfahrensvorschrift ist, lässt sich die Rechtsnatur und der Kreis der erforderlichen Erklärungen auch nur vom Verfahrensrecht her bestimmen: Nachzuweisen sind stets (aber auch nur) die für die beantragte Eintragung **verfahrensrechtlich erforderlichen Erklärungen**, dh diejenigen deren Vorliegen das Grundbuchamt aufgrund seiner Prüfungspflicht für die konkrete Eintragung prüfen muss.[21] Welche Erklärungen dies sind, regelt § 29 nicht; dies ergibt sich vielmehr aus dem allgemeinen Grundbuchrecht.
  – Einige erforderlichen Erklärungen sind in der GBO ausdrücklich genannt (Rdn 23 ff),
  – andere ergeben sich va daraus, dass dem Grundbuchamt für die Wirksamkeit erforderlicher Erklärungen noch weitere Erklärungen nachzuweisen sind, insbes Vollmachten oder Zustimmungserklärungen. Die Literatur spricht hier teilweise von Erklärungen, die eine grundbuchrechtliche Erklärung »**ergänzen oder begründen**«;[22] dies mag als zusammenfassende Beschreibung taugen, bleibt aber für eine Definition zu unscharf.

---

15 *Schöner/Stöber* Rn 152; *Demharter* Rn 1.
16 BayObLGZ 1988, 148 = MittRhNotK 1989, 15 = Rpfleger 1988, 477, 478; *Demharter* Rn 1; *Hügel-Otto* Rn 1.
17 OLG Hamm FGPrax 2005, 240 = JMBl NW 2005, 238 = NotBZ 264 = ZflR 2005, 822.
18 BGH DNotZ 1955, 396; DNotZ 1956, 94; DNotZ 1958, 101; BGHZ 125, 218, 226 = DNotZ 1994, 764 = NJW 1994, 1344; DNotZ 1997, 51 = NJW 1996, 1675; OLG Celle DNotZ 1955, 94; 1973, 504; OLG Düsseldorf DNotI-Report 1995, 117 = NJW-RR 1995, 1147 = OLG-Report 1995, 268; *Limmer* in *Eylmann/Vaasen* § 40 BeurkG Rn 21; *von Schuckmann/Preuß* in *Huhn/von Schuckmann* § 40 BeurkG Rn 25; *Lerch* § 40 BeurkG Rn 11; *Staudinger-Hertel* (2004) Vor §§ 127a/128 BGB Rn 83; *Winkler* § 40 BeurkG Rn 49.
19 *Baumann* MittRhNotK 1996, 1, 6, 19; *Knothe* in *Bauer/von Oefele* Rn 3; *Staudinger-Hertel* Vor §§ 127a/128 BGB Rn 17 ff.
20 BGH DNotZ 1963, 313; BayObLG MittBayNot 1985, 24 = Rpfleger 1984, 463; *Demharter* Rn 2; *Knothe* in *Bauer/von Oefele* Rn 3; KEHE-*Herrmann* Rn 3; *Schöner/Stöber* Rn 153.
21 Ebenso *Hügel-Otto* Rn 45.
22 *Demharter* Rn 10; KEHE-*Herrmann* Rn 20; *Schöner/Stöber* Rn 154.

Ob der Erklärung **zugleich eine materiellrechtliche Bedeutung** zukommt oder nicht, ist für die Begriffs- **21** bestimmung irrelevant.

– Die »Erklärung« eines Beteiligten kann ausschließlich verfahrensrechtliche Bedeutung haben, also nicht zu einer materiellen Rechtsänderung führen (Beispiel: Bewilligung der Eintragung eines Grundpfandrechts vor der nach § 873 BGB erforderlichen Einigung mit dem Gläubiger);
– sie kann als verfahrensrechtliche Erklärung durch Auslegung die materiellrechtlich erforderliche Erklärung beinhalten (Beispiel: die Zustimmung des Eigentümers zur Löschung des Grundpfandrechts beinhaltet idR die in § 875 BGB geforderte Aufgabeerklärung);
– sie kann aber auch als zunächst materiellrechtlich wirkende Erklärung für das Verfahren ausreichend sein (Beispiel: Abtretungserklärung zur Übertragung eines Briefgrundpfandrechts im Falle des § 26)
– oder sogar als rein materiellrechtliche Erklärung nachzuweisen sein (Beispiel: Einigung nach § 20 oder – ggf – die Zustimmungserklärungen nach § 1365 BGB, § 12 WEG, § 5 ErbbauRG).

»Erforderlich« können nicht nur Erklärungen der am Grundbuchverfahren Beteiligten sein, sondern auch **22** **Erklärungen Dritter** (wie die erwähnten Vollmachten oder Zustimmungserklärungen).

§ 29 Abs 1 S 1 gilt auch, soweit durch Erklärungen eine sonstige Eintragungsvoraussetzung nachgewiesen wird, **23** etwa die **Grundbuchunrichtigkeit** (§ 22). Daher genügt etwa zur Löschung einer Auflassungsvormerkung aufgrund Unrichtigkeitsnachweises auch eine nur unterschriftsbeglaubigte Erklärung der Kaufvertragsparteien über die Aufhebung des durch die Vormerkung gesicherten Kaufvertrages.[23]

Gerichtliche und behördliche Genehmigungen und Entscheidungen sind nach hM keine Erklärungen iSd **24** Abs 1 S 1, sondern »sonstige Eintragungsvoraussetzungen« iSd S 2; sie sind durch öffentliche Urkunde nachzuweisen, eine bloße Unterschriftsbeglaubigung genügt nicht.[24]

Erklärungen und Tatsachen, die die **Zurückweisung eines Antrages** rechtfertigen können (als vorstellbare **25** **Eintragungshindernisse**), bedürfen nicht der Form des § 29[25] (vgl Einl F Rdn 107 ff).
– Zunächst spricht bereits der Wortlaut des § 29 gegen eine analoge Anwendung, da hier nur die Rede von den **zur Eintragung** erforderlichen Erklärungen ist.[26] Entscheidend ist, dass die Pflicht des Grundbuchamts zur Berücksichtigung eintragungshindernder Tatsachen bereits aus dem Legalitätsprinzip folgt. Sinn und Zweck des § 29 Abs 1 würden in ihr Gegenteil verkehrt, wollte man an den Nachweis eintragungshindernder Umstände, deren Nichtbeachtung beim Vollzug des Antrags zur Unrichtigkeit des Grundbuchs führen würde, und damit zugleich an die Prüfungspflicht des Grundbuchamts förmliche Anforderungen stellen.[27] Wollte man hier anders entscheiden, so müsste man den Vollzug unrichtiger Eintragungen trotz tatsächlich beim Grundbuchamt vorliegender Anhaltspunkte aus rein formellen Gründen verlangen.
– Eine ganz andere Frage ist es, unter welchen Voraussetzungen eine Erklärung oder Tatsache dem Grundbuchamt Anlass gibt, der Angelegenheit nachzugehen. Sind durch den Hinweis eines Dritten der Eintragung entgegenstehende Tatsachen offenkundig oder aktenkundig geworden, so können sie ohne Zweifel verwendet werden.[28] Teilt zB der Betreuer mit, dass zu dem Zeitpunkt, zu dem der Eigentümer eine Eintragung im Grundbuch bewilligt oder beantragt hat, ein Verfahren auf Bestellung eines Betreuers eingeleitet war, hat das Grundbuchamt diesen Hinweis auch ohne Nachweis in der Form des § 29 zu beachten. Anders ist es bei bloß einseitigen, privatschriftlichen Erklärungen von Verfahrensbeteiligten, die den Widerruf oder die Anfechtung der Bewilligung behaupten oder die Nichtigkeit der Auflassung; sie können idR nicht dazu führen, das Eintragungsverfahren zu unterbrechen.[29] Gelangt das Grundbuchamt nach pflichtgemäßer Prüfung zu der Überzeugung, dass **berechtigte Zweifel** an der Rechtmäßigkeit der beantragten Eintragung bestehen und handelt es sich um einen Umstand, der im Eintragungsverfahren zu berücksichtigen ist, so hat es

---

23 *Demharter* Rn 12; anders wäre dies, wenn für die Aufhebung – dem Grundbuchamt erkennbar – eine Beurkundung durch Niederschrift als Wirksamkeitsvoraussetzung erforderlich war (weil der Erwerber bereits ein Anwartschaftsrecht erlangt hatte).

24 *Demharter* Rn 16; *Knothe* in *Bauer/von Oefele* Rn 51 ff.

25 BGHZ 35, 135, 139 = NJW 1961, 1301 = Rpfleger 1961, 233 m Anm *Haegele* = WM 1961, 652; BayObLGZ 1954, 286, 292 = DNotZ 1955, 594; BayObLGZ 1967, 13= DNotZ 1967, 429 = Rpfleger 1967, 145; BayObLGZ 1974, 336 = Rpfleger 1974, 396; BayObLG DNotZ 1990, 739 = NJW-RR 1989, 718; BayObLG Mitt-BayNot 1991, 256 m Anm *Amann* = Rpfleger 1992, 56; *Nieder* NJW 1984, 329; *Demharter* Rn 4, Anh zu § 13 Rn 2; *Knothe* in *Bauer/von Oefele* Rn 157; *Hügel-Otto* Rn 13, 47; *Schöner/Stöber* Rn 160; **aA** *Eickmann* Rpfleger 1979, 169, 172; *Eickmann* Grundbuchverfahrensrecht Rn 238; ferner, aber von der Mehrheitsmeinung mehr in der Begründung, als im praktischen Ergebnis abweichend: *Ertl* DNotZ 1990, 684; KEHE-*Herrmann* Rn 122.

26 BayObLGZ 1967, 13 = DNotZ 1967, 429, 431.

27 *Schöner/Stöber* Rn 160.

28 BayObLGZ 1974, 336 = Rpfleger 1974, 396; insoweit ebenso KEHE-*Herrmann* Rn 131.

29 BayObLG DNotZ 1993, 335 = MittBayNot 1991, 256 m Anm *Amann* = NJW-RR 1991, 1398 = Rpfleger 1992, 56 m Anm *Bestelmeyer* Rpfleger 1993, 279 = ZIP 1991, 1000; *Schöner/Stöber* Rn 160.

den Zweifeln nachzugehen und ggf durch eine **Zwischenverfügung** auf ihre Beseitigung hinzuwirken.[30] Bei dieser Entscheidung ist abzuwägen zwischen der Pflicht, das Grundbuch richtig zu halten, und der Pflicht, das Eintragungsverfahren zügig abzuschließen.[31]

2. Die in der GBO normierten erforderlichen Erklärungen

26 In der Grundbuchordnung selbst sind folgende zur Eintragung erforderliche Erklärungen geregelt:

a) Eintragungsbewilligung (§ 19), einschließlich der Berichtigungsbewilligung zur Grundbuchberichtigung (§ 22 Abs 1).

27 **b)** Die Einigung über den Eigentumsübergang eines Grundstücks (**Auflassung**) oder bei der Bestellung, Inhaltsänderung oder Übertragung eines Erbbaurechts (§ 20). Dem Grundstück steht gleich der Miteigentumsanteil (§§ 1008 ff BGB) sowie das Wohnungs- und Teileigentum. § 20 ist zumindest entsprechend anwendbar auf die Einräumung und Aufhebung von Sondereigentum nach §§ 3 Abs 1, 4 Abs 1 WEG.

– Nachdem § 20 ausnahmsweise das materielle Konsensprinzip vorschreibt, muss dem Grundbuchamt die Einigung so nachgewiesen werden, wie sie materiell-rechtlich erforderlich ist. Die Auflassung eines Grundstücks muss bei gleichzeitiger Anwesenheit beider Teile vor einem deutschen Notar oder einer sonst zuständigen Stelle (vor dem Gericht bei einem gerichtlichem Vergleich oder vor dem deutschen Konsularbeamten bei Beurkundung im Ausland) erklärt werden (§ 925 Abs 1 BGB). Die Auflassung kann daher nur durch eine **Niederschrift** nachgewiesen werden; eine Unterschriftsbeglaubigung oder Nachweis durch notarielle Tatsachenbescheinigung genügt nicht.[32]

– Ist die Auflassung erklärt, wurde dabei das Grundstück aber nicht mit den nach § 28 GBO erforderlichen Angaben bezeichnet, so genügt hingegen zur nachträglichen Bezeichnung (**Identitätserklärung**) auch eine öffentlich beglaubigte Urkunde oder eine notarielle Eigenurkunde – etwa für die Identitätserklärung beim Teilflächenverkauf[33] nach der Vermessung oder zur Richtigstellung einer falsa demonstratio.[34]

28 Neben dem Nachweis der Einigung nach § 20 GBO ist die **Eintragungsbewilligung** nach § 19 in der Form des § 29 erforderlich.[35] In aller Regel wird die sachlich rechtliche Einigung auch die verfahrensrechtliche Eintragungsbewilligung enthalten; sie braucht nicht ausdrücklich erklärt zu werden und kann daher auch nicht vom Grundbuchamt verlangt werden.[36] Etwas anders gilt, wenn der Veräußerer im Vertrag ausdrücklich erklärt, die Einigung enthalte nicht die Eintragungsbewilligung. Hier darf die Eintragung erst erfolgen, wenn zusätzlich zur Einigung auch noch die Bewilligung des Veräußerers in der Form des § 29 nachgewiesen wird; für die

---

30 BayObLGZ 1974, 336 = Rpfleger 1974, 396; vgl BGH DNotZ 1956, 643 m Anm *Knur; Knothe* in *Bauer/von Oefele* Rn 157.
31 insoweit ebenso die Mindermeinung: KEHE-*Herrmann* Rn 131.
32 BayObLGZ 2001, 14 = NJW 2001, 560 m Anm *Reithmann* = FGPrax 2001, 57 = MDR 2001, 559 = MittBayNot 2001, 200 m Anm *Kanzleiter* = NJW-RR 2001, 734 = NotBZ 2001, 111 = Rpfleger 2001, 228 = RpflStud 2002, 52 m Anm *Böttcher;* KG HRR 1934 Nr 652; *Demharter* § 20 Rn 27; *Knothe* in *Bauer/von Oefele* Rn 15; *Meikel-Böttcher* § 20 Rdn 76; **aA** – wonach als Nachweis eine notarielle Tatsachenbescheinigung genügt, dass die Auflassung vor dem Notar erklärt wurde: OLG Celle MDR 1948, 258; LG Oldenburg Rpfleger 1980, 224; *Fuchs-Wissemann* Rpfleger 1977, 9; 1978, 431; BGB-RGRK-*Augustin* § 925 Rn 72.
33 OLG Rostock OLGR Rostock 2005, 616.
34 BGH Rpfleger 1983, 306 = DNotZ 1983, 618; BGH DNotI-Report 2001, 142 = DNotZ 2001, 846 = MDR 2001, 1046 = NJ 2002, 90 m Anm *Maskow* = NotBZ 2001, 388 = ZfIR 2002, 160 m Anm *Joswig* ZfIR 2002, 101 = ZNotP 2001, 348, dazu *Holzer* EWiR 2001, 941.
35 OLG Stuttgart DNotI-Report 2008, 6 = MittBayNot 2008, 122 m Anm *Demharter* = OLGR Stuttgart 2008, 203; in obiter dicta auch: BayObLG DNotZ 1995, 56 = MittBayNot 1994, 319 = Rpfleger 1994, 344; OLG Frankfurt MittBayNot 2001, 225 m Anm *Reithmann;* OLG Köln DNotI-Report 1997, 129 = MDR 1997, 892 = MittRhNotK 1997, 328 m Anm *Recker* = NJW-RR 1997, 1222 = OLGR 1997, 181; in diese Richtung auch: BGH MDR 1993, 866 = NJW-RR 1993, 840 = WM 1993, 1597; BGH DNotZ 1988, 109 = MDR 1988, 40 = NJW 1988, 415 = Rpfleger 1987, 452; ebenso die ganz hM in der Literatur: *Ertl* DNotZ 1975, 644, 645; *ders* MittBayNot 1992, 102; *Behmer* Rpfleger 1984, 306; *Böttcher* ZNotP 2008, 258; *Weser* MittBayNot 1993, 253, 262; *Schöner/Stöber* Rn 97; *Demharter* § 20 Rn 2; *Kössinger* in *Bauer/von Oefele* § 20 Rn 14; KEHE-*Munzig* § 20 Rn 6; *Hertel* in *Krüger/Hertel,* Der Grundstückskauf, Rn 598; *Meikel-Böttcher* § 20 Rdn 5; **aA** *Kesseler* ZNotP 2005, 176. Die »Aussetzung der Eintragungsbewilligung« als verfahrensrechtlicher Weg, um bei erklärter Auflassung die Eigentumsumschreibung vor Kaufpreiszahlung auszuschließen, bleibt bis zu einer ausdrücklichen Entscheidung des BGH, dass neben der Auflassung verfahrensrechtlich auch die Eintragungsbewilligung erforderlich ist, mit einem gewissen Restrisiko behaftet (vgl *Brambring* Festschrift für Horst Hagen, 1999, S 251, 270; *Hertel* in *Krüger/Hertel,* Der Grundstückskauf, Rn 598; **aA** *Kanzleiter* DNotZ 1996, 242, 251), das aber durch die neuere Entscheidung des OLG Stuttgart nochmals deutlich kleiner geworden ist.
36 *Ertl* DNotZ 1975, 644, 645; *ders* MittBayNot 1992, 102; *Behmer* Rpfleger 1984, 306; *Demharter* § 20 Rn 2; *Kössinger* in *Bauer/von Oefele* § 20 Rn 14; KEHE-*Munzig* § 20 Rn 6; **aA** – Sofern der Betroffene auch seinen Eintragungsantrag gestellt hat – *Meikel-Böttcher* § 20 Rdn 57 und § 20 Rdn 6; *ders* ZNotP 2008, 258, 259.

Bewilligung genügt eine unterschriftsbeglaubigte Erklärung des Veräußerers oder eine Eigenurkunde des hierzu vom Veräußerer bevollmächtigten Notars.[37]

c) **Zustimmung des Eigentümers** oder des Erbbauberechtigten zur **Berichtigung** des Grundbuches durch Eintragung eines Eigentümers oder eines Erbbauberechtigten (§ 22 Abs 2). **29**

d) **Abtretungs- und Belastungserklärungen** (§ 26). **30**

e) **Zustimmung des Eigentümers zur Löschung von Grundpfandrechten** (§ 27). **31**

f) ebenso das **Ersuchen** einer Behörde nach § 38 zur berichtigenden Eintragung von außerhalb des Grundbuchs eingetretenen Rechtsänderungen. **32**

3. Entsprechende Geltung für gemischte Anträge, §§ 30, 31

Aufgrund ausdrücklicher gesetzlicher **Verweisungen** gilt die Formpflicht des § 29 Abs 1 S 1 entsprechend: **33**
– für den »**gemischten**« **Eintragungsantrag** sowie für die **Vollmacht** zur Stellung eines solchen, dh soweit durch den Antrag zugleich eine zu der Eintragung erforderliche Erklärung ersetzt werden soll – hingegen nicht für den »reinen« Eintragungsantrag iSd § 13 (§ 30);
– für die **Zurücknahme des Eintragungsantrags** (§ 31 S 1) sowie den **Widerruf der Antragsvollmacht** (§ 31 S 3); formfrei ist hingegen die Rücknahme eines Berichtigungsantrages (§ 31 S 2) und die Vollmacht dazu.

Ebenso gilt die Formpflicht des § 29 Abs 1 S 1 entsprechend für die abweichende Bestimmung über die **Aushändigung des Briefs** nach § 60 Abs 2 und nach dem Ermessen des Grundbuchamts für die Eigentümererklärungen nach § 58 Abs 2 (Schuldurkunde) und § 66 (gemeinschaftlicher Brief).[38] **34**

Der Antrag sowie die Vollmacht zur Antragstellung auf Erteilung eines neuen Briefs nach § 67 bedürfen nicht der Form des § 29[39] (auch nicht in den Fällen des § 26 GBMaßnG idF v. 14.07.1992). (Der Nachweis des Gläubigerrechts ist hingegen in der Form des § 29 GBO zu erbringen.)

4. Die sonstigen zur Eintragung erforderlichen Erklärungen

Eine **systematische Ordnung** der »sonstigen Erklärungen«, die durch öffentliche oder öffentlich beglaubigte Urkunden nachzuweisen sind, fällt schwer. Hierunter fallen neben den ausdrücklich vorgeschriebenen grundbuchrechtlichen Erklärungen, die im vorstehenden Abschnitt aufgelistet sind, Erklärungen, die **zusätzlich** von dritten Personen abgegeben werden müssen, um den Antrag vollziehen zu können. Eine nach materiellem Recht erforderliche Erklärung ist nicht notwendig gleichzeitig eine verfahrensrechtlich erforderliche Erklärung. **35**

Zu den »sonstigen erforderlichen Erklärungen« gehören als für die Praxis wichtigste Fallgruppen insbesondere (und sind nachstehend besonders behandelt): **36**
(a) Erteilung der **Vollmacht** als Voraussetzung für die Wirksamkeit der Eintragungsbewilligung (§ 19) (oder im Falle des § 20: der Einigung); sowie **Bestätigungserklärungen** – auch Geständniserklärungen genannt – (zB des aufgrund formlos erteilter Vollmacht Vertretenen), Genehmigungen (zB des vollmachtlos Vertretenen) und sonstige Bekundungen (zB über den Eintritt einer Bedingung) (vgl Rdn 39 ff).
(b/c) **Zustimmungserklärungen Dritter** bei einer Verfügungsbeschränkung des Bewilligenden (hier sind die Fälle gemeint, in denen dem Bewilligenden die Verfügungsbefugnis nicht entzogen, er aber in seiner Verfügungsberechtigung beschränkt ist), also insbesondere die Ehegattenzustimmung nach § 1365 BGB, Zustimmungen nach § 12 WEG, § 5 ErbbauRG) (Rdn 73, 81 ff),
(d) ausnahmsweise vom Grundbuchamt zu prüfende materiell-rechtliche Erklärungen (beim Dauerwohnrecht nach § 32 Abs 3 WEG) (Rdn 86),
(e) aber auch Wissenserklärungen, die den Nachweis der Grundbuchunrichtigkeit ermöglichen (und damit die Berichtigungsbewilligung ganz oder teilweise ersetzen), wie insbes eine löschungsfähige Quittung des Grundpfandrechtsgläubigers (Rdn 88).

Nicht zu den »sonstigen erforderlichen Erklärungen« zählen: **37**
– die Fälle **fehlender Verfügungsbefugnis** des Bewilligenden; hier ist die Eintragungsbewilligung (§ 19) vom Verfügungsberechtigten zu wiederholen;
– Erklärungen in den in §§ 22 bis 25 geregelten Fällen, in denen zur **Berichtigung des Grundbuchs** oder zur **Löschung von Rechten** die Eintragungsbewilligung ersetzt wird durch den Nachweis der Unrichtigkeit (§ 22), des Todes des Berechtigten (§§ 23, 24) bzw bei Eintragung einer Vormerkung/eines Wider-

---

37 OLG Frankfurt MittBayNot 2001, 225 m Anm *Reithmann*.
38 *Demharter* Rn 6.
39 BayObLGZ 1988, 148, 150 = MittRhNotK 1989, 15 = Rpfleger 1988, 477; OLG Hamm Rpfleger 1989, 173.

spruchs aufgrund einer einstweiligen Verfügung durch Vorlage einer vollstreckbaren Entscheidung, in der diese aufgehoben worden ist (§ 25). (Zu den »sonstigen erforderlichen Erklärungen« zählt hingegen wiederum eine zum Nachweis der Grundbuchunrichtigkeit erforderliche Erklärung wie die vorstehend erwähnte löschungsfähige Quittung).

38 **Klarstellende Erklärungen** sind formbedürftig, wenn die Klarstellung selbst erforderlich ist.[40] Das gilt nicht, wenn lediglich durch mögliche Auslegung der Eintragungsbewilligung sich ergebende Bedenken ausgeräumt werden sollen. Die Klarstellung, ob die als Gläubigerin einer Grundschuld im Grundbuch einzutragende Firma die Bezeichnung einer Personenhandelsgesellschaft oder die abgeleitete Firma eines Einzelkaufmanns darstellt, bedarf nicht der Form des § 29. Eine solche Klarstellung kann auch durch entsprechende Erläuterung des Antrags vorgenommen werden.[41] Hierzu ist der Notar im Rahmen des § 15 ermächtigt. Dagegen kann eine Ergänzung der Eintragungsunterlagen in der Form des § 29 gefordert werden, wenn die Eintragungsbewilligung selbst unvollständig ist, zB hinsichtlich des Zeitpunkts des Zinsübergangs bei Abtretung eines Grundpfandrechts[42] oder der Bezeichnung des gewollt aufgelassenen, jedoch in der notariellen Urkunde versehentlich falsch bezeichneten Grundstücks.[43]

39 **a) Vollmacht, Vollmachtsbestätigung und Genehmigung (§§ 164, 177 BGB).** Unter den »sonstigen erforderlichen Erklärungen« iS des § 29 Abs 1 S 1 hat die **Vollmacht**[44] die größte praktische Bedeutung. Rechtsgeschäftliche Stellvertretung ist im Sachenrecht und damit auch im Grundstücksrecht ebenso ausnahmslos zulässig wie im Grundbuchverfahrensrecht – anders als im Familien- und Erbrecht, die für bestimmte höchstpersönliche Rechtsgeschäfte die Stellvertretung ausschließen. Eintragungsbewilligung, Auflassung sowie sämtliche sonstigen grundbuchrechtlichen Erklärungen brauchen von den Beteiligten nicht persönlich abgegeben zu werden, sie können sich hierbei einer dritten Person als Vertreter bedienen.[45]

Daran hat sich auch durch die **Neufassung des § 13 FGG**[46] nichts geändert, wonach sich die Beteiligten in Verfahren der freiwilligen Gerichtsbarkeit grundsätzlich nur durch einen Rechtsanwalt als Bevollmächtigten vertreten lassen können bzw (soweit eine Vertretung durch Rechtsanwälte nicht geboten ist) auch durch eigene Beschäftigte, volljährige Familienangehörige oder Notare uä. Denn § 13 FGG ist mE nicht auf Eintragungsverfahren anwendbar (Grundbuch, Handelsregister etc), sondern nur auf gerichtliche Erkenntnis- oder Vollstreckungsverfahren.[47] Im Grundbuchverfahren gilt § 13 FGG daher mE nur für das Beschwerdeverfahren, aber nicht für Antragstellung (§ 13) und nicht für die Bewilligung (§ 19). Im Bereich des materiellen Konsensprinzips (§ 20 GBO) kann § 13 FGG ohnehin nicht gelten, da es hier um den Nachweis des materiellen Rechtsgeschäfts geht.
– Denn der Gesetzgeber wollte nur die Prozessvertretung regeln, nicht die Eintragungsverfahren. So heißt es in der **Regierungsbegründung**: »*Die Änderung des § 13 FGG dient dazu, nach dem Inkrafttreten des RDG eine Begrenzung der Prozessvertretungsbefugnis, die bisher auch im Bereich der freiwilligen Gerichtsbarkeit über die Anwendung des RBerG erfolgt ist, beizubehalten . . .«.*[48]

---

40 BayObLG DNotZ 1981, 587 = Rpfleger 1981, 192; KEHE-*Herrmann* Rn 22.

41 BayObLG DNotZ 1983, 440, 443 = JurBüro 1981, 1875 = Rpfleger 1982, 17.

42 KG HRR 41 Nr 406; KEHE-*Herrmann* Rn 22.

43 BGH Rpfleger 1983, 306 = DNotZ 1983, 618; BGH DNotI-Report 2001, 142 = DNotZ 2001, 846 = MDR 2001, 1046 = NJ 2002, 90 m Anm *Maskow* = NotBZ 2001, 388 = ZfIR 2002, 160 m Anm *Joswig* ZfIR 2002, 101 = ZNotP 2001, 348, dazu *Holzer* EWiR 2001, 941.

44 Zur Vollmacht vgl insbesondere den Abschnitt »Vertretung im Grundstücksverkehr« von *Meikel-Böttcher* Einl I; ferner *Görgens* MittRhNotK 1982, 53; *Riggers* JurBüro 1967, 381; *Schaub* in *Bauer/von Oefele* AT VII; *Demharter* § 19 Rn 75; *Schöner/Stöber* Rn 3532 ff.

45 *Schöner/Stöber* Rn 3532.

46 Gesetz zur Neuregelung des Rechtsberatungsrechts vom 12.12.2007, BGBl 2007 I 2840.

47 Vgl BNotK-Rundschreiben Nr 24/2008 vom 05.09.2008 (Finanzierungsvollmachten bei der Grundschuldbestellung/Durchführungsvollmachten für Notarangestellte – Änderungen in ZPO und FGG durch das Inkrafttreten des Gesetzes zur Neuregelung des Rechtsberatungsrechts) sowie ergänzendes Rundschreiben Nr 26/2008 vom 12.09.2008 – beide auf der Homepage der BNotK abrufbar (www.bnotk.de – dort unter *Unser Service/Hinweise und Empfehlungen*) bzw der auf Homepage des DNotI (www.dnoti.de – dort unter *Gesetzesänderungen/Berufs-, Beurkundungs- und Verfahrensrecht*), ferner DNotI-Gutachten, Fax-Abruf-Nr 11539 vom 24.09.2008 (Vertretung bei Grundbuchanträgen und -bewilligungen sowie bei Zwangsvollstreckungsunterwerfung nach § 13 FGG, § 79 ZPO nF).
Ähnlich im Ergebnis die Abgrenzung von *Meikel-Bestelmeyer*, § 56 Rdn 89 ff. Nach dessen Ansicht ist § 13 FGG nur auf Verfahrenshandlungen anwendbar, nicht aber auf Verfahrenserklärungen. Auch nach Ansicht von *Bestelmeyer* fallen damit Grundbuchbewilligungen (§ 19 GBO) nicht in den Anwendungsbereich; hingegen will er § 13 FGG auf Anträge (§ 13 GBO) anwenden. Im Ergebnis unterscheiden sich beide Ansichten aber auch bei Grundbuchanträgen: Denn wenn man § 13 FGG auch auf den Antrag anwendet, ist der Antrag mit Eingang beim Grundbuchamt wirksam (§ 13 Abs 2 S 2 GBO), auch wenn er von einem nach § 13 Abs 2 FGG nicht zur Vertretung zugelassenen Bevollmächtigten gestellt wird; für eine spätere Zurückweisung bleibt dann kein Raum mehr.

48 Regierungsbegründung des Gesetzes zur Neuregelung des Rechtsberatungsrechts, BT-Drucks 16/3655 vom 30.11.2006 S 92 = BR-Drucks 623/06 S 203.

- Dass die Grundbuchordnung – als das gegenüber dem FGG **speziellere Gesetz** – von der Möglichkeit einer Vertretung auch bei der Antragstellung und bei der Eintragungsbewilligung ausgeht, zeigt sich an verschiedenen ausdrücklichen gesetzlichen Regelungen über eine Vermutung der Vertretungsmacht des Notars (§ 15 GBO) bzw über die Form der Vollmacht (§§ 30, 31 S 3 GBO).[49]
- Außerdem ist ein **Rückgriff auf das FGG** als das allgemeinere Gesetz nicht möglich, wenn die Anwendung der allgemeinen Grundsätze des FGG dem Wesen oder **der Eigenart des Grundbuchverfahrens widerspräche**.[50] Dies wäre hier der Fall. Denn für das Eintragungsverfahren bestehen mit § 29 GBO (§ 12 HGB etc) Sonderregelungen über die Form der erforderlichen Erklärungen, aufgrund derer die Erklärungen zunächst vor einem Notar abgegeben bzw von diesem beglaubigt werden müssen, bevor sie zum Grundbuchamt (bzw Registergericht) eingereicht werden. Damit sind Beurkundungsverfahren und Eintragungsverfahren hintereinandergeschaltet, während in den übrigen Verfahren die Erklärungen unmittelbar dem Gericht abgegeben werden. Nur an letzteres dachte der Gesetzgeber bei der Neufassung des § 13 FGG.
- Wollte man § 13 FGG auch auf das Eintragungsverfahren anwenden, käme man zu dem **absurden Ergebnis**, dass nicht nur die gebräuchliche Finanzierungsvollmacht (zur Bestellung der Finanzierungsgrundschuld durch den Erwerber) unmöglich würde, sondern auch jede Erklärung durch einen durch Generalvollmacht oder Vorsorgevollmacht Bevollmächtigten (wenn es sich nicht um einen Familienangehörigen oder einen Volljuristen handelt), ebenso die Vollzugsvollmachten für Notarangestellte. Sofern der Vollmachtgeber nicht selbst handeln kann (wie häufig bei der General- oder Vorsorgevollmacht), müsste der Bevollmächtigte noch Untervollmacht an einen Rechtsanwalt oder an den Notar erteilen, damit dieser die Eintragungsbewilligung abgibt (so als ob er einen Prozess führen wollte). Das kann der Gesetzgeber nicht gewollt haben.

Für den **Nachweis** heißt dies:　　　　　　　　　　　　　　　　　　　　　　　　　　　　　**40**
- Während nach § 167 Abs 2 BGB die Erteilung der Vollmacht materiellrechtlich grds auch dann formlos gültig ist, wenn das abzuschließende Vertretergeschäft formbedürftig ist, ist die Vollmacht im Grundbuchverfahrensrecht nach § 29 Abs 1 S 1 in Form einer öffentlichen oder öffentlich beglaubigten Urkunde nachzuweisen. Bei einer mündlich erteilten Vollmacht ist daher eine **Vollmachtsbestätigung** in der Form des § 29 erforderlich (Rdn 62).
- Das Grundbuchamt hat eine eigene, weitgehende **Prüfungspflicht** im Hinblick auf Inhalt, Umfang, materielle und formelle Wirksamkeit der Vollmacht. Das Grundbuchamt ist dabei nicht an die entsprechende Feststellung des Notars gebunden.[51] Mit dem Prüfungsrecht des Grundbuchamts korrespondiert die Beibringungs- und Nachweispflicht der Beteiligten. Es gilt auch hier der Grundsatz, dass der erforderliche Nachweis rechtsgeschäftlicher Vertretungsmacht erbracht sein muss.
- Damit das Grundbuchamt Vollmacht prüfen kann, muss ihm der Wortlaut der Vollmacht zugänglich gemacht werden. Daher ist die **Vollmachtsurkunde** dem Grundbuchamt zumindest in beglaubigter Abschrift **vorzulegen**.[52]

aa) Erteilung. Die **Erteilung der Vollmacht** ist dem Grundbuchamt durch öffentliche oder öffentlich　**41** beglaubigte Urkunde nachzuweisen. Der Nachweis des Zugangs der Vollmacht ist nicht erforderlich:[53] er wird dadurch erbracht, dass sich der Bevollmächtigte bei Abgabe seiner Erklärung auf die Vollmacht beruft.

Auch die Person des Bevollmächtigten muss sich aus der Vollmacht in der Form des § 29 ergeben; eine den »jeweiligen Notarangestellten« – ohne deren namentliche Bezeichnung – erteilte Vollzugsvollmacht genügt daher nicht.[54]

bb) Formgültigkeit und materiell-rechtliche Wirksamkeit. Das Grundbuchamt hat auch die **Formgül-**　**42** **tigkeit** der Vollmacht zu prüfen. Verfahrensrechtlich genügt für den Nachweis im Grundbuchverfahren grundsätzlich eine Unterschriftsbeglaubigung. **Materiell-rechtlich** bedarf jedoch die Erteilung der Vollmacht zum Erwerb oder zur Veräußerung eines Grundstücks nach der Rechtsprechung ausnahmsweise als solche der Form der notariellen Beurkundung, wenn sie bereits eine rechtliche oder tatsächliche Bindung des Vollmachtgebers

---

49　Ähnlich allgemein zur Vertretung für Erklärungen gegenüber dem Handelsregister unter Verweis auf § 129 FGG, der funktionell § 15 GBO entspricht: *Jansen/von König*, FGG, 3. Aufl 2006, § 13 FGG Rn 39.

50　BayObLG Rpfleger 1980, 153; BayObLGZ 1988, 148 = MittRhNotK 1989, 15 = Rpfleger 1988, 477, 478; OLG München JFG 14, 339; *Demharter* § 1 Rn 27; kritisch zu dieser Einschränkung hingegen: *Eickmann*, Grundbuchverfahrensrecht, Rn 13; *Meikel-Böttcher* Einl F Rdn 2.

51　BayObLGZ 1954, 225, 231; OLG Hamm DNotZ 1954, 38; OLG Düsseldorf Rpfleger 1961, 46; OLG Köln OLGZ 1984, 165 = DNotZ 1984, 569 = MittRhNotK 1984, 79 und 80 = Rpfleger 1984, 182; BayObLG MittBayNot 1986, 178 = Rpfleger 1986, 216; BayObLG MittBayNot 1987, 140 = NJW-RR 1987, 792 = Rpfleger 1987, 357; *Schaub* in *Bauer/von Oefele* AT VII Rn 158; *Demharter* § 19 Rn 74; *Meikel-Böttcher* Einl I Rdn 86; *Schöner/Stöber* Rn 3579.

52　*Schöner/Stöber* Rn 3580.

53　*Stiegeler* BWNotZ 1985, 129, 130; *Schöner/Stöber* Rn 3580.

54　OLG Frankfurt NotBZ 2008, 123 m Anm *Gergaut*.

zur Veräußerung oder zum Erwerb des Grundstücks begründet.[55] Die Vollmacht ist daher notariell zu beurkunden, wenn
- sie **unwiderruflich** erteilt wird;[56]
- die Vollmacht zwar rechtlich widerrufen werden kann, tatsächlich aber mit der Bevollmächtigung schon die **gleiche Bindungswirkung** eintreten sollte und nach der Vorstellung des Vollmachtgebers auch eingetreten ist wie durch Abschluss des formbedürftigen Hauptvertrages, die Vollmacht also den damit in Wahrheit bereits gewollten Grundstückskaufvertrag nur »verdeckt« (etwa bei Gebrauch der Vollmacht bereits einen Tag nach ihrer Erteilung).[57]
- Wird der Bevollmächtigte von den Beschränkungen des **§ 181 BGB befreit**, so begründet dies für sich allein zwar noch kein Beurkundungserfordernis; doch kann dies als eines von mehreren Argumenten für die Bindung des Vollmachtgebers gewertet werden. Im Ergebnis ergibt sich ein Beurkundungserfordernis, wenn die Vollmacht nach den Umständen zum Zeitpunkt der Vollmachtserteilung dazu dient, innerhalb kurzer Frist den Abschluss im Wege des Selbstkontrahierens herbeizuführen, also für den Vollmachtgeber zu einer ähnlichen Bindung führt wie bei der unwiderruflichen Vollmacht.[58]

43   Eine Auflassungsvollmacht bedarf ferner als Teil eines **einheitlichen Rechtsgeschäftes** der Form des § 311b Abs 1 BGB, wenn sie mit einem schuldrechtlichen Vertrag ein einheitliches Rechtsgeschäft bildet, das seinerseits dieser Form bedarf. Entscheidend ist, ob das zugrunde liegende Rechtsgeschäft beurkundet ist. Ist nur die Vollmacht als **isolierte Vollmacht** beurkundet, nicht aber das zugrunde liegende Rechtsgeschäft (zB der Auftrag), so ist auch die Vollmacht nach § 125 BGB nichtig.[59] Damit erfasst die neuere Literatur[60] auch die von der Rechtsprechung entwickelten Fallgruppen der unwiderruflichen Vollmacht und der vergleichbaren Bindungswirkung – mit dogmatisch mE treffenderer Begründung.

44   Im Grundbucheintragungsverfahren ist die materiellrechtliche Formbedürftigkeit der Vollmacht nach § 311b Abs 1 BGB grundsätzlich zu prüfen. Wie weit aber geht die **Prüfungskompetenz?**
- Nach einer wohl die jetzige hM widerspiegelnden neueren Entscheidung des OLG Hamm hat das Grundbuchamt nur dann der Frage einer ausnahmsweise anzunehmenden Formbedürftigkeit einer erteilten Vollmacht nachzugehen, wenn die ihm vorgelegten Eintragungsunterlagen zu konkreten Zweifeln in diese Richtung Anlass geben.[61]
- Dabei sah das KG bei einer notariell beglaubigten Auflassungsvollmacht, deren Text durch eine Mehrzahl der von der Rechtsprechung entwickelten Kriterien gekennzeichnet war, die für die Formbedürftigkeit der Vollmacht herangezogen werden, das Grundbuchamt als berechtigt an, die Urkunde zurückzuweisen.[62]
- Das BayObLG[63] scheint demgegenüber in einer früheren Entscheidung ein Prüfungsrecht des Grundbuchamts grundsätzlich zu verneinen, weil über den Urkundeninhalt hinausgehende Ermittlungen über die Vorstellungen, Absichten und Bindungen der Beteiligten im Grundbuchverkehr nicht möglich seien. Die Entscheidung darf aber nicht dahin missverstanden werden, dass damit generell eine eventuelle Formbedürftigkeit der Vollmacht (ggf auch des Grundgeschäfts) im Eintragungsverfahren unberücksichtigt zu bleiben hätte. Gibt aber die Vollmachtsurkunde ihrem Wortlaut nach keine Hinweise auf ihre Beurkundungspflicht, ist sie insbesondere nicht unwiderruflich, und ergeben sich auch keine Anhaltspunkte für eine Bindung des Vollmachtgebers, so ist im Eintragungsverfahren der Formfrage nicht weiter nachzugehen.

Im Ergebnis bleibt festzuhalten, dass das Grundbuchamt eine beglaubigte Vollmacht oder eine isolierte Vollmacht unter dem Gesichtspunkt des Formmangels nur beanstanden kann, wenn der Wortlaut der Urkunde selbst eindeutig darauf schließen lässt (etwa durch eine Mehrzahl der von der Rechtsprechung entwickelten

---

55 BGH DNotZ 1952, 447 = NJW 1952, 1210 m Anm *Grussendorf*; DNotZ 1963, 662; DNotZ 1966, 92 = WM 1965, 1006; BayObLG DNotZ 1981, 567; KG OLGZ 1985, 184 = DNotZ 1986, 290; BayObLGZ 1996, 62 = DNotI-Report 1996, 90 = DNotZ 1997, 312 = MittBayNot 1996, 197 = MittRhNotK 1996, 217 = NJW-RR 1996, 848; *Brambring* ZflR 1996, 184; *Dierck* MittRhNotK 1968, 242, 247; *Görgens* MittRhNotK 1982, 53; *Kanzleiter* DNotZ 1979, 687; *ders* in MüKo § 311b BGB Rn 42 ff; *Staudinger-Wufka* (2005) § 311b Abs 1 BGB Rn 132 ff.

56 BGH DNotZ 1952, 447 = NJW 1952, 1210 m Anm *Grussendorf*; OLG Karlsruhe MittBayNot 1986, 244 = NJW-RR 1986, 100, 101.

57 BGH DNotZ 1966, 92 = WM 1965, 1006; OlG Schleswig DNotZ 2000, 775 = NJW-RR 2001, 733.

58 BGH DNotZ 1966, 92 = WM 1965, 1006; BayObLG DNotZ 1981, 567; KG OLGZ 1985, 184 = DNotZ 1986, 290; OlG Schleswig DNotZ 2000, 775 = NJW-RR 2001, 733.

59 BGH DNotZ 1970, 743; BGH DNotZ 1990, 359 m Anm *Heckschen* = MittBayNot 1989, 203 = NJW-RR 1989, 1099 = Rpfleger 1989, 320, dazu *Knoche* JA 1989, 281; BGHZ 110, 363 = DNotZ 1991, 374 = NJW 1990, 1721; BGH DB 1992, 1925 = NJW 1992, 3237, 3238; BGH DNotZ 1997, 701 = NJW 1997, 312 = WM 1996, 2230; KG OLGZ 1985, 184 = DNotZ 1986, 290; *Demharter* § 19 Rn 78.

60 *Einsele* DNotZ 1996, 835; *Mertens* JZ 2004, 431, 435; *Staudinger-Wufka* § 311b Abs 1 BGB Rn 140 ff; vgl *Staudinger-Hertel* (2004) Vor §§ 127a/128 BGB Rn 141.

61 OLG Hamm FGPrax 2005, 240 = JMBl NW 2005, 238 = NotBZ 264 = ZflR 2005, 822.

62 KG OLGZ 1985, 184 = DNotZ 1986, 290 mwN.

63 BayObLG DNotZ 1981, 567; weitergehend OLG Karlsruhe Rpfleger 1972, 92, 93.

Kriterien für die Formbedürftigkeit, insbesondere wenn die Vollmacht unwiderruflich erteilt ist), dass ausnahmsweise die Beurkundungsform für die Vollmacht bzw die Mitbeurkundung des Grundgeschäfts erforderlich ist.[64] Bei Vollmachten, die formularmäßig erstellt und im Zusammenhang mit Bauherren- oder Erwerbermodellen Verwendung finden, bestehen für das Grundbuchamt Anhaltspunkte, dem Antragsteller im Wege der Zwischenverfügung aufzugeben, bestehende Zweifel auszuräumen.

Ebenso hat das Grundbuchamt ggf Bedenken gegen die materielle Wirksamkeit der Vollmacht zu prüfen. Dabei **45** ist strittig, inwieweit das Grundbuchamt auch eine **AGB-Kontrolle** der Vollmacht vornehmen darf.[65] Jedenfalls ist die Prüfungskompetenz des Grundbuchamts zur AGB-Kontrolle auf **offensichtliche Unwirksamkeitsgründe** beschränkt. Dabei liegt eine offensichtliche Unwirksamkeit nach § 308 Nr 4 BGB (unzulässiger Änderungsvorbehalt) in der Regel nicht vor, wenn eine nach außen unbeschränkte Vollmacht Bindungen im Innenverhältnis unterliegt (insbes bei einer Vollmacht der Erwerber an den Bauträger zu Änderungen der Teilungserklärung).[66]

cc) Fortbestand der Vollmacht. Dem Grundbuchamt ist nicht nur die Erteilung der Vollmacht in der Form **46** des § 29 nachzuweisen, sondern auch deren **Fortbestand**.
- Rechtsprechung und bisher ganz herrschende Literaturmeinung erfordern den Nachweis des Fortbestandes noch im Zeitpunkt des **Wirksamwerdens** der Bewilligung (bzw bei der Auflassungsvollmacht noch im Zeitpunkt des Wirksamwerdens der Auflassung).[67]
- *Schöner/Stöber*[68] wollen demgegenüber genügen lassen, wenn das Bestehen der Vollmacht im Zeitpunkt der **Abgabe der Erklärung** nachgewiesen wird. Vieles scheint mir für diese Meinung zu sprechen. Insbesondere würde dies einen Gleichlauf zwischen materiellem und Verfahrensrecht herstellen und viele der nachfolgend dargestellten Probleme entfallen lassen.
- Für die Auffassung von *Schöner/Stöber* lässt sich weiter anführen, dass auch das **Handelsregisterrecht** keinen Nachweis des Fortbestandes von Handelsregistervollmachten kennt: Bei Handelsregisteranmeldungen durch Bevollmächtigte kann nach allgemeiner Ansicht auf die dem Handelsregister bereits anlässlich früher Anmeldungen eingereichten Vollmachten verwiesen werden. Der Fortbestand der Vollmachten ist also grundsätzlich nicht erneut nachzuweisen (anders als im Grundbuchverfahren). Ebenso müssen die Vollmachten nicht erneut als Anlagen der Handelsregisteranmeldung beigefügt werden bzw vom Notar bestätigt werden, dass ihm bei Unterzeichnung der Anmeldung die Urschriften oder Ausfertigungen der Vollmachtsurkunden vorgelegt wurden. Ein neuerlicher Vollmachtsnachweis ist im Handelsregisterrecht nur dann erforderlich, wenn **Anhaltspunkte für einen Widerruf der Vollmacht** etc vorliegen.[69]

Dass kein Erlöschensgrund vorliegt, kann dem Grundbuchamt nicht lückenlos in der Form des § 29 GBO **47** nachgewiesen werden. Zudem handelt es sich bei den Erlöschensgründen auch um eintragungshindernde Tatsachen, für die Beweiserleichterungen insbes aufgrund von Erfahrungssätzen anerkannt sind (vgl Rdn 435 ff). Für den Fortbestand der Vollmacht sind dies insbesondere die Rechtsscheintatbestände der §§ 171–173 BGB. Entsprechend der Rechtsscheinwirkung des **§ 172 Abs 2 BGB** kann auch das Grundbuchamt von dem **Erfahrungssatz** ausgehen, dass die Vollmacht fortbesteht, solange der Bevollmächtigte die Vollmachtsurkunde in Händen hat.

Daher ist dem Grundbuchamt zum Nachweis des Fortbestehens der Vertretungsmacht im Zeitpunkt des Vertreterhandelns bzw des Wirksamwerdens der Bewilligung die Vollmachtsurkunde in **Urschrift** oder in **Ausfertigung** vorzulegen.[70] Eine beglaubigte Abschrift genügt hierfür nicht – insofern abweichend vom Grundsatz des § 29 GBO –, da sich daran keine Rechtsscheinswirkung nach § 172 Abs 2 BGB anknüpft.

---

64 Ebenso *Meikel-Böttcher* Einl I Rdn 86.
65 bejahend LG Düsseldorf Rpfleger 1999, 217 (Vollmacht der Erwerber an den Bauträger zur Änderung der Teilungserklärung); zu Recht skeptisch, aber iE offen gelassen in der Rechtsprechung des BayObLG seit BayObLGZ 1994, 302, 308 = DNotZ 1995, 612 m Anm *Röll* = NJW–RR 1995, 209 = RPfleger 1995, 344.
66 BayObLGZ 2002, 296 = DNotZ 2003, 51 = FGPrax 2002, 245 = NJW–RR 2002, 1669 = NZM 2002, 958 = RNotZ 2002, 513 = Rpfleger 2003, 121 = ZfIR 2003, 202 = ZMR 2002, 953 = ZNotP 2002, 476; BayObLG NotBZ 2003, 157 = RNotZ 2003, 183 = Rpfleger 2003, 498 = ZfIR 2003, 513.
67 BayObLG Rpfleger 1986, 90; Rpfleger 1986, 216; *Kuhn* RNotZ 2001, 305, 306; *Stiegeler* BWNotZ 1985, 129, 134; *Wolf* MittBayNot 1996, 266; *Schaub* in *Bauer/von Oefele* AT VII Rn 158; *Demharter* § 19 Rn 74; *KEHE-Munzig* § 19 Rn 187, 192, § 20 Rn 87; *Meikel-Böttcher* Einl I Rdn 91;
68 *Schöner/Stöber*, 14. Aufl 2008, Rn 3581 – anders noch die 13. Aufl 2004, Rn 3581–3590.
69 BayObLGZ 1975, 137, 142 = DNotZ 1976, 116 = DB 1975, 1162; *Baumbach/Hopt*, HGB, 33. Aufl 2008, § 12 Rn 3; *Ensthaler/Steinhauer*, HGB, 7. Aufl 2007, § 12 Rn 9; *Gustavus*, Handelsregister-Anmeldungen, 6. Aufl 2005, B § 12 HGB Nr 4; *MüKo-HGB/Krafka*, 2. Aufl 2005, § 12 Rn 23; *Ammon* in *Röhricht/Graf v Westphalen*, HGB, 2. Aufl 2001, § 12 Rn 11.
70 RGZ 88, 431; *Schöner/Stöber* Rn 3584; *Demharter* Rn 59.

Legt der Bevollmächtigte eine **dem Vollmachtgeber erteilte Ausfertigung** der Vollmacht vor, so genügt auch dies nach einer Entscheidung des OLG Köln[71]; das OLG München sah hingegen in der Vorlage der einem anderen Bevollmächtigten erteilten Ausfertigung keinen hinreichenden Nachweis.[72] Auch diverse Literaturstimmen wenden gegen das OLG Köln zu Recht ein, dass es zu Zweifeln Anlass gibt, wenn der Bevollmächtigte nicht eine auf ihn selbst lautende Ausfertigung vorlegen kann. Es ist zwar möglich, dass der Vollmachtgeber zunächst nur sich Ausfertigungen erteilen lässt und dann zu einem späteren Zeitpunkt eine Ausfertigung dem Bevollmächtigten aushändigt. Im Ergebnis dürfte daher zumindest ein Verlangen des Grundbuchamtes nach Ausräumung der Zweifel gerechtfertigt sein.

48 Anstelle der Vorlage der Urschrift oder einer Ausfertigung genügt auch eine beglaubigte Abschrift in Verbindung mit einer **Tatsachenbescheinigung des Notars** nach § 20 Abs 1 S 2 BNotO, dass der Bevollmächtigte bei der Beurkundungsverhandlung das Original oder eine Ausfertigung der Vollmachtsurkunde vorgelegt hat.[73] Denn damit ist dem Grundbuchamt nachgewiesen, dass bei Vertragsbeurkundung eine Ausfertigung vorlag, so dass der Erfahrungssatz für den Fortbestand der Vollmacht nach § 172 Abs 2 BGB spricht. Der Vorlage einer beglaubigten Abschrift neben der notariellen Bescheinigung bedarf es, damit das Grundbuchamt den Umfang der Vollmacht prüfen kann (und ggf auch deren Formbedürftigkeit).

– Wird dem Notar bei einer **Niederschrift** eine Vollmacht (oder ein Nachweis über die Berechtigung eines gesetzlichen Vertreters) vorgelegt, so soll er diesen ohnehin gemäß **§ 12 S 1 BeurkG** (in Urschrift oder) in beglaubigter Abschrift[74] der Niederschrift beifügen (wobei die Vollmachtsurkunde nur eine Anlage zu Beweiszwecken ist, keine Anlage iS des § 9 Abs 1 S 2 BeurkG und daher vom Notar den Beteiligten nicht vorgelesen zu werden braucht). Hier genügt, die ohnehin vorliegende beglaubigte Abschrift um den Vermerk zu ergänzen, dass der Bevollmächtigte die Vollmachtsurkunde bei der Beurkundungsverhandlung in Urschrift oder Ausfertigung vorgelegt hat.

– Bei der **Unterschriftsbeglaubigung** der Unterschrift eines Vertreters unter einer Eintragungsbewilligung kann der Notar ebenfalls eine beglaubigte Abschrift der vorgelegten Vollmachtsurkunde beifügen und dort im Beglaubigungsvermerk bestätigen, dass der Bevollmächtigte bei Leistung oder Anerkennung der Unterschrift die Vollmachtsurkunde in Urschrift/Ausfertigung vorgelegt hat; auch diese Bestätigung genießt öffentlichen Glauben und erbringt den erforderlichen Nachweis. (Die Erklärung, nicht im eigenen Namen sondern als Vertreter zu handeln, muss in die Eintragungsbewilligung oder sonstige Erklärung selbst aufgenommen werden; sie kann nicht im Beglaubigungsvermerk durch den Notar festgestellt werden[75]). – Befindet sich bereits eine beglaubigte Abschrift der Vollmachtsurkunde bei den **Grundakten** (oder sonst bei den Akten desselben Amtsgerichts, wenngleich ggf in einer anderen Abteilung), so braucht nicht erneut eine beglaubigte Abschrift hereingegeben zu werden; es kann auf die bereits vorliegende Abschrift verwiesen werden (Rdn 413).

49 Befindet sich die Urschrift der Vollmacht in der **Urkundensammlung des Notars**, so genügt ebenfalls eine amtliche Feststellung des Notars (und eine beglaubigte Abschrift), sofern der Begünstigte einen **gesetzlichen Anspruch auf Erteilung einer Ausfertigung** dieser Niederschrift hat, weil er an der Beurkundung beteiligt ist (§ 51 Abs 1 Nr 1 BeurkG), also zB beim Grundstückskaufvertrag die jeweils andere Kaufvertragspartei.[76] Das Grundbuchamt braucht lediglich festzustellen, dass nach dem Inhalt der Vollmachtsurkunde dem Bevollmächtigten jederzeit und unbedingt eine Ausfertigung erteilt werden kann.

– Zu weitgehend oder jedenfalls mißverständlich ist hingegen eine Entscheidung des BGH,[77] wonach zur Vorlegung einer Vollmachtsurkunde genügt, wenn in einem notariellen Vertrag auf eine von dem beurkunden-

71 OLG Köln RNotZ 2001, 407 = Rpfleger 2002, 197; OLG Karlsruhe NJW-RR 2003, 185 = RNotZ 2003, 309 = ZIP 2003, 109, 113; **aA** *Helms* RNotZ 2002, 235; *Waldner/Mehler* MittBayNot 1999, 261; *Waldner* Rpfleger 2002, 198; *Schöner/Stöber* Rn 3584.
72 OLG München, 19.05.2008 – 34 Wx 23/08 (zitiert nach Juris).
73 RGZ 104; 361; BGHZ 76, 76 = DB 1980, 535 = DNotZ 1980, 352 = NJW 1980, 698 = Rpfleger 1980, 146; BayObLG DNotZ 1934, 445; BayObLG DNotI-Report 1999, 198 = DNotZ 2000, 293 m Anm *Limmer* = MittRhNotK 1999, 345 = NJW-RR 2000, 161 = Rpfleger 2000, 62 = ZNotP 2000, 30; BayObLG DNotI-Report 2002, 38 = MittBayNot 2002, 112 = NotBZ 2002, 104 = RNotZ 2002, 53 = Rpfleger 2002, 194 = ZNotP 2002, 233; KG DNotZ 1972, 615; OLG Frankfurt Rpfleger 1972, 306; OLG Frankfurt FGPrax 1996, 208 = NJW-RR 1996, 1482 = Rpfleger 1997, 63; OLG Köln OLGZ 1984, 165 = DNotZ 1984, 569 = MittRhNotK 1985, 79 = Rpfleger 1984, 182; *Schöner/Stöber* Rn 3577 und 3584; *Demharter* Rn 59; KEHE-*Ertl* § 20 Rn 92.
74 Die beglaubigte Abschrift der Vollmacht wird häufig zusammen mit einer Ausfertigung des vom Bevollmächtigten abgeschlossenen Vertrages ausgefertigt; dann umfasst der Ausfertigungsvermerk auch die beglaubigte Abschrift (§ 49 Abs 3 BeurkG – vgl Rdn 410).
75 *Knothe* in *Bauer/von Oefele* § 29 Rn 22.
76 BayObLGZ 1985, 318 = DNotZ 1986, 344 = MittBayNot 1985, 257 = NJW-RR 1986, 14 = Rpfleger 1986, 90; OLG Köln OLGZ 1984, 165 = DNotZ 1984, 569 = Rpfleger 1984, 182; OLG Stuttgart BWNotZ 1999, 22 = DNotZ 1999, 138 = FGPrax 1998, 125 = MittBayNot 1999, 289 = NJW-RR 1999, 1321.
77 BGH DNotZ 1980, 352 = NJW 1980, 698 = Rpfleger 1980, 146; zum Vollmachtsnachweis dem Grundbuchamt gegenüber OLG Stuttgart, BWNotZ 1999, 22 = DNotZ 1999, 138 = FGPrax 1998, 125 = MittBayNot 1999, 289 = NJW-RR 1999, 1321.

den Notar selbst aufgenommene Vollmacht Bezug genommen wird, diese mit der Nummer seiner Urkundenrolle in der Vertragsurkunde kenntlich gemacht wird und bei ihm jederzeit zugänglich ist. Denn auf die **Aushändigung** der Vollmachtsausfertigung kann nur dann verzichtet werden, wenn dem Bevollmächtigten nach § 51 Abs 1 BeurkG ein eigener gesetzlicher Anspruch auf Erteilung einer Ausfertigung zusteht oder der Vollmachtgeber bestimmt hat, dass dem Bevollmächtigten jederzeit eine Ausfertigung erteilt werden kann.[78]

– Hat hingegen der Vollmachtgeber den Notar zB angewiesen, dem Bevollmächtigten eine **Ausfertigung** der Vollmachtsurkunde erst nach Eintritt **bestimmter Voraussetzungen** (zB erst nach seinem Tod) oder auf seine schriftliche Mitteilung hin zu erteilen, so reicht die Bezugnahme auf die sich beim beurkundenden Notar befindliche Urschrift ebenso wenig aus, wie in den Fällen, in denen der Vollmachtgeber bei Erteilung der Vollmacht (zB einer Belastungsvollmacht im Zusammenhang mit einem Kaufvertrag) deren Verwendung von weiteren Voraussetzungen (etwa der Hinterlegung des Kaufpreises auf Notaranderkonto) abhängig gemacht hat. Zum Nachweis des Eintritts der Voraussetzungen, unter denen von der Vollmacht Gebrauch gemacht werden kann, bedarf es in diesen Fällen der Aushändigung der Vollmachtsurkunde durch Erteilung einer Ausfertigung oder einer Bestätigung des Notars, dass von der Vollmachtsurkunde nunmehr Gebrauch gemacht werden kann.

Hingegen ist die Vorlage einer Vollmachtsausfertigung entbehrlich, wenn dem Notar die Prüfung des Fortbestandes der Vollmacht als Amtspflicht obliegt und er dies zuverlässig überprüfen kann.   **50**

– Wird dem **Notar** eine erweiterte **Vollzugsvollmacht** zur Abgabe von Verfahrenserklärungen in amtlicher Eigenschaft erteilt (in Erweiterung der gesetzlichen Vollmachtsvermutung nach § 15), so ist nur deren Erteilung, nicht deren Fortbestand nachzuweisen;[79] denn der Notar darf von der Vollmacht nicht mehr Gebrauch machen, wenn er vom Widerruf oder einem sonstigen Erlöschensgrund Kenntnis hat. Würde er sich selbst eine Ausfertigung erteilen, schüfe dies keinen zusätzlichen Rechtsschein gegenüber dem Grundbuchamt.

– Auch bei der Beurkundung aufgrund einer Notarangestellten des Urkundsnotars erteilten **Angestelltenvollmacht** genügt die Bezugnahme auf die in der Urkundensammlung verwahrte Urschrift[80] (obwohl dem Notarangestellten kein gesetzlicher Ausfertigungsanspruch nach § 51 Abs 1 Nr 1 BeurkG zusteht). Eine ausdrückliche Bestätigung des Notars, dass die Angestelltenvollmacht nach seiner Kenntnis nicht widerrufen wurde, ist entgegen einer Entscheidung des OLG Köln nicht erforderlich;[81] wäre die Vollmacht widerrufen und wüßte dies der Notar, dürfte er nicht beurkunden (§ 4 BeurkG); es ist widersinnig vom Notar eine ausdrückliche Erklärung zu fordern, dass er seine Berufspflichten eingehalten hat.

Der **Widerruf** einer widerruflich erteilten Vollmacht ist auch im Grundbuchverfahren zu beachten.   **51**

Aber auch wenn die Vollmacht ihrem Wortlaut nach **unwiderruflich erteilt** wurde, ist der Ausschluss des Widerrufs nur wirksam – und ein erklärter Widerruf unwirksam und damit unbeachtlich, wenn das der Erteilung der unwiderruflichen Vollmacht zugrunde liegende Rechtsgeschäft (zB Auftragsvertrag, Geschäftsbesorgungsvertrag) notariell beurkundet wurde. Die Beurkundung allein der Vollmachterteilung reicht hierfür nicht aus.[82]

Ist die Vollmacht **erloschen**, sei es, weil eine auflösende Bedingung nach Kenntnis des Grundbuchamtes eingetreten ist, sei es, weil die Vollmacht befristet und die Frist abgelaufen ist, oder weil der Vollmachtgeber sie rechtzeitig widerrufen und dies dem Grundbuchamt mitgeteilt hat, so führt das zur Zurückweisung des Antrags. Andere Gründe für das Erlöschen der Vollmacht, die nicht aus der Vollmachtsurkunde selbst oder aus den sonst dem Grundbuchamt bekannten Umständen belegt sind, sind für das Eintragungsverfahren unbeachtlich.   **52**

Ist der Bevollmächtigte im Besitz der Vollmachtsurkunde, kann das Grundbuchamt einen **Nachweis** über den **Fortbestand** der Vollmacht grundsätzlich nicht verlangen. Ein urkundlicher Nachweis, dass die Vollmacht nicht widerrufen oder aus sonstigen Gründen erloschen ist, kann schon deshalb nicht verlangt werden, weil sich solche negativen Tatsachen dem Nachweis durch öffentliche Urkunden entziehen. Das Grundbuchamt hat vielmehr unter freier Würdigung aller ihm bekannten Tatsachen und unter Berücksichtigung der allgemeinen Erfahrungssätze darüber zu entscheiden, ob es das Fortbestehen der Vollmacht annehmen kann. Die Prüfung hat nicht dahin zu gehen, ob ausreichende Anhaltspunkte *für* den Fortbestand der Vollmacht gegeben sind, son-   **53**

78 *Kasper* MittRhNotK 1980, 132; *Stiegeler* BWNotZ 1985, 129/131; OLG Köln DNotZ 1984, 389; *Ertl* DNotZ 1967, 339/352; *Schöner/Stöber* Rn 3584.

79 *Schöner/Stöber* Rn 3591.

80 *Schöner/Stöber* Rn 3586; ähnlich OLG Köln MittRhNotK 1983, 209, das allerdings zusätzlich einen Vermerk in der Urkunde fordert, wonach die Urschrift der Vollmachtsurkunde dem Notar bei Beurkundung der Erklärung des Vertreters vorlag. Aber wo soll die Urschrift sonst sein als in der Urkundensammlung des Notars (§ 45 Abs 1 BeurkG)?

81 **aA** OLG Köln OLGZ 1984, 165 = DNotZ 1984, 569 = MittRhNotK 1984, 79 und 80 = Rpfleger 1984, 182.

82 BayObLGZ 1996, 62 = DNotI-Report 1996, 90 = DNotZ 1997, 312 m Anm *Wufka* = MittBayNot 1996, 197 = MittRhNotK 1996, 217 = NJW-RR 1996, 848; *Brambring*, ZflR 1997, 184; *Schöner/Stöber* Rn 3537.

dern ist darauf beschränkt, ob konkrete Umstände Zweifel am Fortbestand der Vollmacht begründen.[83] Allein die rechtliche Möglichkeit, dass eine Vollmacht jederzeit widerrufen werden kann, vermag keine Zweifel am Fortbestand der Vollmacht zu begründen. Nichts anderes gilt für die rein gedachte Möglichkeit des Erlöschens der Vollmacht durch den Tod des Vollmachtgebers, solange sich nicht bei verständiger Auslegung der Vollmachtsurkunde konkrete Anhaltspunkte zeigen, dass sie mit dem Tode des Vollmachtgebers erlöschen soll.[84] Das Grundbuchamt ist mithin regelmäßig nicht berechtigt, einen weiteren Nachweis über das Fortbestehen der Vollmacht zu verlangen. Liegen allerdings besondere, auf die Möglichkeit des erfolgten Widerrufs hinweisende Umstände vor, so kann ein weiterer Nachweis über den Fortbestand der Vollmacht verlangt werden. Dieser kann auch durch eine Eigenurkunde des Notars nachgewiesen werden, in der er bestätigt, dass ihm ein Widerruf der Vollmacht nicht bekannt ist. Diese Bestätigung kann der Notar nur abgeben, wenn er entweder die Urschrift der notariell beglaubigten Vollmachtsurkunde verwahrt oder er zur Erteilung weiterer Ausfertigungen ermächtigt ist.[85]

54 Im Einzelfall können sich auch aus einem sehr **langen Zeitraum** zwischen Vollmachtserteilung und Vollmachtsgebrauch Zweifel am Fortbestand der Vollmacht ergeben, wenn sich durch die Länge der verstrichenen Zeit und ggf zusätzliche Umstände die Annahme aufdrängt, dass das zugrundeliegende Geschäft und damit auch die Vollmacht zwischenzeitlich aufgehoben wurden.

Ein paar Beispiele aus der Rechtsprechung:
– Allein der Ablauf eines Zeitraumes von 15 Jahren zwischen der Erteilung der Vollmacht und der Vornahme des Rechtsgeschäfts durch den Bevollmächtigten gibt im Grundbuchverfahren keinen Anlass zu Zweifeln am Fortbestand der Vollmacht.[86]
– Ist hingegen bei Grundstücken in den neuen Bundesländern ein Zeitraum von 40 oder 50 Jahren seit Abschluss des Veräußerungsvertrages und Erteilung der Auflassungsvollmacht verstrichen und begehren nunmehr die Erben des Erwerbers die Umschreibung, so begründet dies Zweifel am Fortbestand der Auflassungsvollmacht – inbesondere wenn der Verkäufer zwischenzeitlich enteignet (wenn auch später restituiert) wurde.[87]

55 **dd) Umfang und Bestimmtheit**. Das Grundbuchamt hat den **Umfang** einer Vollmacht selbständig zu prüfen – unabhängig von der Prüfungspflicht des Notars.[88]

Hierfür ist die Vollmacht dem Grundbuchamt zumindest in beglaubigter Abschrift vorzulegen. Bei einer umfangreichen Vollmachtsurkunde, die auch andere als das grundbuchlich zu vollziehende Rechtsgeschäft betreffende Erklärungen enthält (Beispiel: umfangreiche Vollmachtsurkunden bei Bauherrenmodellen, in denen der Treuhänder auch bevollmächtigt wird, die Finanzierung zu beschaffen, Mietverträge abzuschließen etc), reicht die Vorlage einer auszugsweise beglaubigten Abschrift der Vollmachtsurkunde aus, wenn im Beglaubigungsvermerk der Gegenstand des Auszugs angegeben und vom Notar bezeugt wird, dass die Urkunde über diesen Gegenstand keine weiteren Bestimmungen enthält (§ 42 Abs 3 BeurkG).

56 Die Vollmacht ist dabei nach den für Grundbucherklärungen geltenden Grundsätzen **auszulegen**. Führt die Auslegung nach den Grundsätzen für die Auslegung von Grundbucherklärungen zu einem bestimmten Auslegungsergebnis, so kann dieses nicht durch die Einbeziehung von Umständen außerhalb der Urkunde in Zweifel gezogen werden, die im Rahmen der methodisch beschränkten Auslegung im Grundbuchverfahren nicht berücksichtigt werden können.[89]

---

83 BayObLGZ 1952, 327; BayObLG DNotZ 1960, 50 = Rpfleger 1960, 335; KG DNotZ 1972, 21; OLG Frankfurt Rpfleger 1972, 306 m Anm *Haegele*; BayObLGZ 1985, 318 = DNotZ 1986, 344 = MittBayNot 1986, 257 = NJW-RR 1986, 14 = Rpfleger 1986, 90; BayObLGZ 1985, 318 = DNotZ 1986, 344 = MittBayNot 1986, 75 und 257 = NJW-RR 1986, 14 = Rpfleger 1986, 90; OLG Karlsruhe BWNotZ 1992, 102 = Justiz 1992, 315; *Schöner/Stöber* Rn 3585; *Demharter* § 19 Rn 80; *Wolf* MittBayNot 1996, 266.

84 KG WM 1971, 872 = DNotZ 1972, 18; vgl zu der Fallgestaltung, dass die Vollmacht mit der Auflassung erlöschen soll und der Bevollmächtigte in derselben Urkunde eine Eintragung bewilligt, BayObLG MittBayNot 1986, 178 = Rpfleger 1986, 216. Strenger LG Chemnitz NotBZ 2002, 171, das verlangt, dass sich die Fortgeltung über den Tod hinaus eindeutig aus der Vollmachtsurkunde ergeben muss.

85 *Schöner/Stöber* Rn 3585.

86 OLG Hamm FGPrax 2005, 240 = JMBl NW 2005, 238 = NotBZ 264 = ZfIR 2005, 822.

87 OLG Naumburg OLGR Naumburg 2001, 360; OLG Naumburg FGPrax 2002, 241 = NotBZ 2003, 431 = OLGR Naumburg 2003, 2 = ZfIR 2003, 218.

88 BayObLG DNotZ 1997, 470 = MittBayNot 1996, 287 = MittRhNotK 1996, 218 = Rpfleger 1996, 332; OLG Celle DNotZ 1954, 38; *Demharter* § 19 Rn 74.

89 OLG Hamm FGPrax 2005, 240 = JMBl NW 2005, 238 = NotBZ 264 = ZfIR 2005, 822.

Führt die Auslegung zu keinem eindeutigen Ergebnis, so hat das Grundbuchamt von dem **geringeren, eindeutig festgestellten Umfang** auszugehen.[90] Die Rspr neigt hierbei allerdings teilweise zu einer allzu formellen Betrachtungsweise.

Ein paar **Auslegungsbeispiele** aus der Rechtsprechung: 57
- Die Vollmacht zum Abschluss eines Kaufvertrages umfasst in der Regel die Vollmacht zur Erklärung der Auflassung und der zum **grundbuchmäßigen Vollzug** erforderlichen Grundbucherklärungen, jedoch nicht zur Bestellung von Grundpfandrechten zur Finanzierung des Kaufpreises.[91]
- So soll eine Vollmacht, die **Auflassung** zu erklären sowie alle Erklärungen abzugeben und entgegenzunehmen, die zum Vollzug im Grundbuch erforderlich oder zweckdienlich sind, nicht zu einer Bestandteilszuschreibung berechtigen, zumindest dann nicht, wenn die aufgelassene Teilfläche in Größe und Lage von der im Vertrag (Lageplan) kenntlich gemachten Teilfläche abweicht.[92]
- Eine Vollmacht an den Käufer, »bei der Beleihung des Kaufobjektes zugunsten des Käufers mitzuwirken und alle dazu erforderlichen Rechtshandlungen und Rechtsgeschäfte vorzunehmen«, wurde zwar als Vollmacht zur Bestellung einer in üblicher Höhe verzinslichen Hypothek oder Grundschuld angesehen,[93] aber nicht als ausreichend zur Abgabe der dinglichen Unterwerfungserklärung nach § 800 ZPO.[94] Ist eine **Finanzierungsvollmacht** (an Notarangestellte) hingegen umfassender formuliert, neben der eigentlichen Grundpfandrechtsbestellung mit Vollstreckungsunterwerfung auch noch »alle erforderlichen Eintragungen im Grundbuch zu bewilligen und zu beantragen«, so kann der bevollmächtigte Angestellte auch den Rangrücktritt der Auflassungsvormerkung in Vertretung des Käufers bewilligen.[95]
- Je nach Auslegung im Einzelfall wurde eine Vollmacht des Käufers an den Verkäufer zur Bestellung von **Dienstbarkeiten** einmal als zur Erklärung der Eigentümerzustimmung zum Rangrücktritt eines vorrangigen Grundpfandrechtes ausreichen anerkannt,[96] ein andermal hingegen nicht anerkannt.[97]
- Wird dem Notar bei der Beurkundung eines Grundstückskaufvertrags neben der üblichen Vollzugsvollmacht ausdrücklich auch eine Ermächtigung zur **uneingeschränkten Vertretung der Beteiligten** im Grundbuchverfahren erteilt, ist er berechtigt, im Falle des nicht durchgeführten Kaufvertrages die Löschung einer Auflassungsvormerkung zu beantragen und zu bewilligen.[98]
- Hingegen genügt eine Vollzugsvollmacht an Notarangestellte, »eventuell erforderliche Nachtragserklärungen« zur Teilungserklärung abzugeben, die zur Wahrung dieser Urkunde im Grundbuch erforderlich sind, insbes die nach erfolgter Vermessung des Grundstücks erforderlichen Identitätserklärungen abzugeben, nicht zur Änderung der Kostenverteilung (§ 16 WEG) in der Gemeinschaftsordnung.[99]

Die Vollmacht muss grundbuchverfahrensrechtlich hinreichend **bestimmt** sein.   58
- Als ausreichend bestimmt anerkannte die Rechtsprechung etwa eine Vollmacht in einem Bauträgervertrag über eine Eigentumswohnung, durch die der Erwerber den Veräußerer (Bauträger) ermächtigt, die **Teilungserklärung zu ändern**, »soweit das Sondereigentum des Käufers nicht unmittelbar betroffen ist«.[100]
- Ist dagegen der Veräußerer ermächtigt, die Teilungserklärung unter bestimmten einschränkenden Voraussetzungen zu ändern, ist diese wegen Verstoßes gegen den grundbuchrechtlichen Bestimmtheitsgrundsatz teilweise unwirksam und führt zur Unwirksamkeit der ganzen Vollmacht. Eine »geltungserhaltende Reduktion« der Vollmacht ist ausgeschlossen.[101]

---

90 OLG Hamm DNotZ 1954, 38; BayObLG MittBayNot 1987, 140 = NJW-RR 1987, 792; BayObLG MittRhNotK 1992, 82; BayObLG DNotZ 1997, 470 = MittBayNot 1996, 287 = MittRhNotK 1996, 218 = Rpfleger 1996, 332; BayObLG DNotZ 1997, 475 m Anm *Brambring* = MittBayNot 1996, 431 = ZfIR 1997, 173; *Demharter* § 19 Rn 75; *Schöner/Stöber* Rn 3580.
91 Hierzu Gutachten DNotI-Report 1995, 29; OLG Jena DNotI-Report 1995, 6 = OLG-NL 1994, 245; OLG Düsseldorf DNotI-Report 2000, 53 = FGPrax 2000, 55 = MittBayNot 2000, 115 = OLGR Düsseldorf 2000, 136- = Rpfleger 2000, 156 = ZfIR 2000, 459; *Wilke* MittBayNot 1996, 260; *Demharter* § 19 Rn 75.
92 BayObLG DNotZ 1997, 470 = MittBayNot 1996, 287 = MittRhNotK 1996, 218 = Rpfleger 1996, 332.
93 BayObLG MittBayNot 1987, 140 = NJW-RR 1987, 792.
94 OLG Düsseldorf OLGZ 1988, 297 = MDR 1988, 784 = Rpfleger 1988, 357 m Anm *Linderhaus* Rpfleger 1988, 474; ähnlich die Auslegung einer Vollmacht für Notarangestellte: OLG Brandenburg 27.11.2007 – 5 Wx 9/07 (zitiert nach Juris).
95 OLG Düsseldorf DNotI-Report 1998, 161 = FGPrax 1998, 166 = OLGR Düsseldorf 1998, 398 = Rpfleger 1998, 513 = ZNotP 1998, 380.
96 OLG Düsseldorf OLGR Düsseldorf 2003, 452 = RNotZ 2003, 520 = Rpfleger 2004, 38.
97 BayObLG DNotZ 1997, 475 = MittBayNot 1996, 431 = ZfIR 1997, 173.
98 OLG Jena MittBayNot 2003, 298.
99 OLG Frankfurt NJW-RR 2008, 173 = OLGR Frankfurt 2007, 888.
100 BayObLG DNotZ 1996, 297 = MittBayNot 1996, 27.
101 BayObLGZ 1993, 259 = DNotZ 1994, 233 m Anm *Röll* = MittBayNot 1993, 292 = NJW-RR 1993, 1362 = Rpfleger 1994, 17; BayObLGZ 1994, 244 = DNotZ 1995, 610 m Anm *Röll* = DNotI-Report 22/1994, 7 = MDR 1995, 251 = MittBayNot 1994, 529 = MittRhNotK 1994, 283 = NJW-RR 1995, 208; BayObLGZ 1994, 302 = DNotZ 1995, 612 m Anm *Röll* = DNotI-Report 24/1994, 6 = MittBayNot 1994, 527 = MittRhNotK 1994, 312 = NJW-RR 1995, 209 = Rpfleger 1995, 344 = ZMR 1995, 38.

59 Insbesondere um nicht gegen den grundbuchverfahrensrechtlichen Bestimmtheitsgrundsatz zu verstoßen, werden manche zum Schutz des Vollmachtgebers erforderliche Einschränkungen nur im Innenverhältnis auferlegt, die Vollmacht aber im **Außenverhältnis unbeschränkt** erteilt (Beispiel insbes bei Vollmachten zur Änderung der Teilungserklärung[102]). Dann kann das Grundbuchamt keinen Nachweis in der Form des § 29 verlangen, dass auch die Voraussetzungen für die Verwendung der Vollmacht im Innenverhältnis erfüllt sind.

Ist hingegen die Vollmacht im Außenverhältnis aufschiebend bedingt erteilt, so muss dem Grundbuchamt der **Eintritt der aufschiebenden Bedingung** nach § 29 Abs 1 S 2 durch öffentliche Urkunden nachgewiesen werden (vgl Rdn 110 ff).[103]

— Ist der Vollmachtstext insoweit nicht eindeutig, so kann eine **klarstellende** zusätzliche Erklärung des Vollmachtgebers in der Form des § 29 verlangt werden, aus der sich entweder ergibt, dass die Vollmacht im Außenverhältnis unbeschränkt erteilt werden sollte, oder aber dass die Voraussetzungen für das Gebrauchmachen der Vollmacht erfüllt sind.

— Bei der Prüfung der Wirksamkeit der Einigung nach § 20 GBO kann das Grundbuchamt über einen etwaigen Vollmachtsmissbrauch oder eine Umgehung des § 181 BGB grundsätzlich **keinen Zeugenbeweis** erheben. Es kann in der Regel auch nicht die in öffentlichen Protokollen enthaltenen Erklärungen von Zeugen inhaltlich verwerten.[104]

— Lediglich wenn das Grundbuchamt **sichere Kenntnis vom Missbrauch** einer im Außenverhältnis unbeschränkten Vollmacht aufgrund von Verstößen gegen im Innenverhältnis bestehende Beschränkungen hat, kann und muss es die Eintragung ablehnen.[105]

60 Insbesondere zur Kontrolle von Ausübungsbeschränkungen im Innenverhältnis kann die Ausübung der Vollmacht (im Zweifel auch im Außenverhältnis[106]) an einen **bestimmten Notar gebunden** sein;[107] dann genügt im Zweifel auch der Gebrauch vor dessen Notarvertreter, Notariatsverwalter, Aktenverwahrer oder Amtsnachfolger.[108]

61 **ee) Untervertreter und Insichgeschäft.** Wird eine Erklärung von einem **Untervertreter** abgegeben, sind dem Grundbuchamt sowohl die Hauptvollmacht wie die Untervollmacht vorzulegen – beide in Urschrift oder Ausfertigung, soweit nicht der Notar in der Urkunde bescheinigt hat, dass ihm diese in Urschrift oder Ausfertigung vorgelegt wurden und beide Vollmachtsurkunden der Niederschrift in beglaubigter Abschrift beigefügt sind.[109] Das Grundbuchamt hat auch zu prüfen, ob der Hauptbevollmächtigte zur Erteilung einer Untervollmacht befugt war.

Die dem **Notar** als Amtsträger erteilte **Vollzugsvollmacht** einschließlich der Vollmacht zur Abgabe verfahrensrechtlicher Erklärungen gilt im Zweifel auch zugunsten von dessen Notarvertreter,[110] Notariatsverwalter, Aktenverwahrer oder Amtsnachfolger.

62 Bei einer Auflassung (§ 20) in Form eines **Insichgeschäfts** hat das Grundbuchamt auch zu prüfen, ob der Bevollmächtigte von § 181 BGB befreit ist.[111]

---

102 Zu Vollmachten zur Änderung der Teilungserklärung BayObLGZ 1993, 259 = DNotZ 1994, 233 = aaO; BayObLGZ 1994, 244 = DNotZ 1995, 610 = aaO; BayObLGZ 1994, 302 = DNotZ 1995, 612 = aaO) sh vorhergehende Fn bei Rdn 58); BayObLG DNotZ 1996, 297 = MittBayNot 1996, 27; DNotZ 1996, 473 m krit Anm *Brambring* 478 = ZfIR 1997, 175; *Demharter* § 19 Rn 75.

103 KG OLGE 10, 84; OLG Frankfurt DNotI-Report 1995, 212 = OLG-Report 1995, 255 = MittRhNotK 1996, 53 = NJW-RR 1996, 529 = Rpfleger 1996, 151; *Demharter* § 29 GBO Rn 15; KEHE-*Herrmann* § 29 Rn 30; *Knothe* in *Bauer/von Oefele* § 29 Rn 50; *Schöner/Stöber* Rn 156.

104 BayObLGZ 2004, 118 = FGPrax 2004, 209 = NotBZ 2004, 279 = RNotZ 2004, 570 = Rpfleger 2004, 563 = ZfIR 2004, 904.

105 *Schöner/Stöber* Rn 3585; im Grundsatz ebenso, im Einzelfall aber wohl zu weitgehend OLG München DNotI-Report 2006, 144 = DNotZ 2007, 41 m abl Anm *Munzig* = FGPrax 2006, 201 = NotBZ 2007, 28 m abl Anm *Holzer* = NZM 2006, 867 = OLGR München 2006, 731 = RNotZ 2006, 426, dazu *Böttcher* ZNotP 2007, 298, *Wilsch* NZM 2007, 909 (Begründung von Sondereigentum an Waschkeller und Fahrradkeller; was jedenfalls bei Ausweisung anderer Keller für die betreffenden Gemeinschaftszwecke zulässig gewesen sein dürfte).

106 LG Nürnberg-Fürth MittBayNot 2006, 419.

107 BGH MDR 1985, 492 = NJW 1985, 800 = Rpfleger 1985, 103 = ZIP 1985, 89; BayObLG DNotI-Report 1995, 142 = DNotZ 1996, 295 = MittBayNot 1995, 293 = NJW-RR 1995, 1167 = Rpfleger 1996, 24; vgl Gutachten DNotI-Report 2005, 177 mwN.

108 Gutachten DNotI-Report 2005, 177.

109 *Wolf,* Der Nachweis der Untervollmacht bei Notar und Grundbuchamt, MittBayNot 1996, 266.

110 LG Düsseldorf RNotZ 2002, 60; *Schöner/Stöber* Rn 3591.

111 BayObLG BB 1993, 746 = DB 1993, 928 = MittBayNot 1993, 150 = MittRhNotK 1993, 117 = Rpfleger 1993, 441; *Schöner/Stöber* Rn 3537.

ff) Vollmachtsbestätigung. Handelt der berechtigte Vertreter aufgrund mündlicher oder privatschriftlicher **63** Vollmacht, so wirken die von ihm abgegebenen Erklärungen materiellrechtlich für und gegen den Vertretenen ungeachtet des Umstands, dass gemäß § 29 für das Grundbuchverfahren die in dieser Form erteilte Vollmacht nicht ausreicht. Erforderlich ist eine Vollmachtsbestätigung in öffentlich beglaubigter Form.[112] Wesentlich für die Vollmachtsbestätigung ist, dass der Vollmachtgeber in ihr zum Ausdruck bringt, die Vollmacht bereits zeitlich vor der Abgabe der Erklärung durch den Bevollmächtigten erteilt zu haben. Es ist heute unbestritten, dass auch durch eine in (mindestens) öffentlich beglaubigter Form erklärte Vollmachtsbestätigung (**Vollmachtsgeständniserklärung**) der Nachweis des Bestehens der Bevollmächtigung bei Vornahme des Vertretergeschäfts nachträglich erbracht werden kann.[113]

Durch eine Bezugnahme auf das Vertretergeschäft wird in der Vollmachtsbestätigung zugleich der Umfang der **64** Vertretungsmacht zweifelsfrei festgelegt: die Bestätigung des Vollmachtgebers umfasst insbesondere auch eine erforderliche Befreiung vom Verbot des Selbstkontrahierens (§ 181 BGB), die Befugnis zur Erteilung von Untervollmachten etc, ohne dass dies ausdrücklich erklärt werden muss.

Die Rechtsprechung, nach der die Vollmacht in bestimmten Fällen der Form des § 311b Abs 1 BGB bedarf, ist **65** auf die Vollmachtsbestätigung nicht entsprechend anwendbar;[114] materiell ist sie stets formfrei möglich (§ 182 Abs 2 BGB); grundbuchverfahrensrechtlich ist für sie also stets die öffentliche Beglaubigung ausreichend.

Die Vollmachtsbestätigung hat rein deklaratorische Bedeutung; sie ist keine empfangsbedürftige Willenserklä- **66** rung (wie die Vollmacht selbst) und bedarf weder des Zugangs noch der Kenntnisnahme durch den Bevollmächtigten oder den anderen Vertragsteil. Daher ist auch kein Zugangsnachweis gegenüber dem Grundbuchamt erforderlich.

gg) Genehmigung vollmachtloser Vertretung. Handelt ein Vertreter ohne oder ohne ausreichende Vertre- **67** tungsmacht, weil ihm entweder überhaupt keine Vollmacht erteilt oder diese bereits widerrufen ist, oder weil er Erklärungen abgegeben hat, die vom Umfang der Vollmacht nicht gedeckt sind, so ist die Genehmigung des Vertretenen in (mindestens) öffentlich beglaubigter Form dem Grundbuchamt nachzuweisen.

Die vom Vertreter ohne Vertretungsmacht geschlossenen Verträge sind uneingeschränkt »**genehmigungsfä-** **68** **hig**« (§ 177 BGB), die von ihm vorgenommenen empfangsbedürftigen einseitigen Rechtsgeschäfte nur unter den weiteren Voraussetzungen des § 180 S 2 BGB (dh nur bei Einverständnis oder fehlender Beanstandung durch den Erklärungsgegner). § 180 BGB ist aber auf Anträge und Willenserklärungen des Verfahrensrechts nicht anwendbar, auch nicht auf Erklärungen des Grundbuchverfahrens.[115] Die nachträgliche Genehmigung des Antrags- oder Bewilligungsberechtigten heilt die von einem Vertreter ohne Vertretungsmacht für diesen abgegebene Eintragungsbewilligung (und Antrag).[116] Genehmigungsfähig ist auch die vollmachtlos erklärte Unterwerfung unter die sofortige Zwangsvollstreckung gemäß §§ 794 Abs 1 Nr 5, 800 ZPO[117]; ebenso ist jedenfalls eine vorherigen Einwilligung hierzu nach § 185 Abs 1 BGB möglich.[118] Genehmigungsfähig ist auch die von einem vollmachtlos Vertretenen abgegebene einseitige Erklärung gegenüber dem Grundbuchamt auf Bildung von Wohnungseigentum nach § 8 WEG.

Wie die Vollmachtsbestätigung ist auch die Genehmigung materiellrechtlich formlos gültig (§ 182 Abs 2 BGB), **69** selbst wenn die Vollmacht der Form des § 311b Abs 1 unterworfen wäre.[119] Im Grundbuchverfahren bedarf die Genehmigung nach § 29 Abs 1 S 2 mindestens der öffentlichen **Beglaubigung**.[120]

---

112 BGHZ 29, 366 = DNotZ 1959, 312 = Rpfleger 1959, 219.

113 BGHZ 29, 366 = DNotZ 1959, 312 = Rpfleger 1959, 219; *Demharter* Rn 10; *Schöner/Stöber* Rn 3536.

114 vgl a maiore ad minus die Rechtsprechung zur Formfreiheit der Genehmigung (Rdn 69), insbes BGHZ 125, 218 = DNotZ 1994, 764 = NJW 1994, 1344.

115 KG DNotZ 1936, 735; OLG Frankfurt Rpfleger 1958, 126 m Anm *Hieber*; MüKo-*Thiele* § 180 Rn 4; *Staudinger-Dilcher* § 180 Rn 12; *Schöner/Stöber* Rn 3547.

116 BayObLG DNotZ 1986, 238 = MittBayNot 1986, 22 = NJW-RR 1986, 380; BayObLG DNotZ 1989, 779 = MittBayNot 1989, 211 = MittRhNotK 1989, 132; OLG Frankfurt FGPrax 1996, 208 = MDR 1996, 1293; *Demharter* § 19 Rn 74.

117 RGZ 146, 308; BGHZ 154, 238 = NJW 2003, 694 = NJW 2003, 1594; *Wolfsleiner*, Die vollstreckbare Urkunde, 2. Aufl 2006, Rn 12.51.

118 OLG Köln DNotZ 1980, 628 (nur für den Fall der vorherigen Einwilligung, § 185 Abs 1 BGB); zur Zulässigkeit nachträglicher Genehmigung nach § 185 Abs 2 BGB vgl die Darstellung der unterschiedlichen Meinungen in Gutachten DNotZ-Report 1995, 29, 32 f.

119 BGHZ 125, 218 = DNotZ 1994, 764 = DNotI-Report 9/1994, 5 = EWiR 1996, 389 m Anm *Brambring* = JR 1995, 200 m Anm *Dilcher* = MittBayNot 1994, 414 = MDR 1994, 985 = MittRhNotK 1994, 140 = NJW 1994, 1344 = Rpfleger 1994, 408, dazu *Einsele* DNotZ 1996, 835, Anm von *Grziwotz* JR 1995, 204; BGH DNotZ 1999, 40 = NJW 1998, 1482, 1484 = ZflR 1998, 207; *Wufka* DNotZ 1990, 339; *Staudinger-Wufka* § 311b Abs 1 BGB Rn 130; **aA** – generell beurkundungsbedürftig: *Tiedtke* JZ 1990, 75, 76; *Brox* AT Rn 299, 503; *Flume* § 54 Rn 6b; *Larenz* AT § 24 S 486; *Medicus*, BGB-AT, 5. Aufl, Rn 1017; *Reinicke/Tiedtke* Kaufvertrag, 7. Aufl Rn 60; bzw nach denselben Grundsätzen wie eine Vollmacht beurkundungsbedürftig: OLG München DNotZ 1951, 31; *Einsele* DNotZ 1996, 835, 865 ff; *ders.* DNotZ 1999, 43.

120 OLG Jena NotBZ 2000, 272; LG Nürnberg-Fürth MittBayNot 2006, 419; LG Potsdam NotBZ 2004, 38.

70 Wird die Genehmigung unter einer **Bedingung** erteilt, so ist der Eintritt der Bedingung in der Form des § 29 nachzuweisen. Da der urkundliche Nachweis des Eintritts einer Bedingung im Einzelfall schwierig oder tatsächlich unmöglich ist, sollte die Genehmigung, soweit sie einem Notar zum grundbuchlichen Vollzug des Geschäfts zugeleitet wird, unbedingt erklärt werden. Durch einen Treuhandauftrag an den Notar kann sichergestellt werden, dass von der Genehmigung nur nach Eintritt der Bedingung Gebrauch gemacht wird bzw. diese erst dann abgesandt wird oder zugeht. Wird die Treuhandauflage allerdings nicht beachtet und die Genehmigung oder sonstige Bewilligung unter Verstoß gegen die Treuhandauflage verwendet, so beeinträchtigt dies die Wirksamkeit der Erklärung nicht.[121]

71 Die Genehmigung ist eine empfangsbedürftige Willenserklärung, die sowohl dem Vertreter als auch dem Geschäftsgegner gegenüber abgegeben werden kann und mit **Zugang** beim Erklärungsempfänger wirksam wird.[122] Der Zugang der Genehmigung ist eine Tatsache, die nach § 29 Abs 1 S 2 des Nachweises durch öffentliche Urkunde bedarf, jedoch auch durch eine entsprechende Bestätigung des Erklärungsempfängers in öffentlich beglaubigter Form dem Grundbuchamt nachgewiesen werden kann. Ist der Notar von dem Erklärungsempfänger in der Urkunde bevollmächtigt worden, für ihn die Genehmigungserklärung entgegenzunehmen, so ist der Zugang nachgewiesen, wenn der Notar die Genehmigungsurkunde dem Grundbuchamt zum Vollzug einreicht.[123] Ob die Genehmigung dem Notar treuhänderisch erteilt ist, etwa mit der Auflage, hiervon nur nach Erfüllung bestimmter Voraussetzungen Gebrauch zu machen, braucht das Grundbuchamt nicht zu prüfen. Es kann hierüber auch keinen Nachweis verlangen.

Fehlt in der Urkunde eine Bevollmächtigung des Notars zur Entgegennahme erforderlicher Genehmigungen, so gilt der Notar aufgrund der Ermächtigung nach § 15 idR auch zur Entgegennahme der Genehmigung eines Vertragsteils als ermächtigt.[124]

72 Das Grundbuchamt kann keinen Nachweis darüber verlangen, dass die Voraussetzungen des § 177 Abs 2 BGB nicht vorliegen, also dass der andere Vertragsteil den Vertretenen nicht zur Erklärung über die Genehmigung **aufgefordert** hat.[125] Ist der beurkundende Notar beauftragt, die Genehmigung des Vertretenen einzuholen, liegt darin keine Erklärung iS des § 177 Abs 2 BGB mit der Folge, dass eine nach Ablauf von 2 Wochen nach dem Empfang der Aufforderung erklärte Genehmigung als verweigert gilt.[126]

b) Zustimmung des WEG-Verwalters oder anderer Wohnungseigentümer (§ 12 WEG) sowie des Grundstückseigentümers beim Erbbaurecht (§§ 5, 7 ErbbauRG). aa) Zustimmungserfordernis nach
73 § 12 WEG. Das Recht eines Wohnungseigentümers (Teileigentümers) zur Veräußerung seines Wohnungseigentums (Teileigentums) kann durch Vereinbarung nach § 10 Abs 2 WEG in der Weise beschränkt werden, dass die Zustimmung anderer Wohnungseigentümer (Teileigentümer) oder eines Dritten, insbesondere des Verwalters, erforderlich ist (§ 12 Abs 1 WEG). Diese Zustimmungserklärung ist eine zur Eintragung erforderliche Erklärung iS des § 29 Abs 1, deren Erteilung formgerecht dem Grundbuchamt nachzuweisen ist, wenn die Eigentumsumschreibung beantragt wird, weil hiervon die Wirksamkeit der Veräußerung (§ 20) abhängt (materielles Konsensprinzip). Die Veräußerungsbeschränkung ist vom Grundbuchamt von Amts wegen zu beachten.

74 **Keiner Zustimmung**[127] nach § 12 WEG bedarf
 – die Eintragung einer **Eigentumsübertragungsvormerkung** (Auflassungsvormerkung)[128] (zwar ist eine nach § 12 Abs 3 WEG erforderliche Zustimmung auch Voraussetzung für die Wirksamkeit des schuldrechtlichen Vertrages; dies hat das Grundbuchamt aber im Rahmen des formellen Konsensprinzips, § 19 GBO, für die Eintragung der Auflassungsvormerkung nicht zu prüfen, sofern ihm nicht ausnahmsweise positiv bekannt ist, dass die Zustimmung endgültig verweigert wurde);
 – die **Unterteilung** eines Wohnungseigentums in zwei oder mehr selbständige Wohnungseigentumsrechte ohne eine Veräußerung;[129]

---

121 OLG Brandenburg FGPrax 2003, 54.
122 BGH DNotZ 1983, 624 = WM 1983, 712; *Schöner/Stöber* Rn 3551.
123 *Schöner/Stöber* Rn 3552.
124 *Schöner/Stöber* Rn 3552.
125 *Schöner/Stöber* Rn 3552.
126 OLG Naumburg DNotI-Report 1995, 26 = MittRhNotK 1994, 315 m Anm *Baumann* (die hiergegen eingelegte Revision wurde vom BGH nicht angenommen); *Brambring* DNotI-Report 1995, 26; *Holthausen-Dux* NJW 1995, 1470; *Palandt-Heinrichs* § 177 Rn 5; *Schöner/Stöber* Rn 3554; **aA** OLG Köln MittRhNotK 1994, 168 = NJW 1995, 1499; hierzu *Brambring* DNotI-Report 22/1994, 8.
127 Zum Zustimmungserfordernis vgl – neben den Kommentaren zu § 12 WEG: *Hallmann,* Probleme der Veräußerungsbeschränkung nach § 12 WEG, MittRhNotK 1985, 1; *Schöner/Stöber* Rn 2896 ff; *Demharter* Rn 11; *Staudinger-Kreuzer* (2005) § 12 WEG Rn 16 ff; *Demharter* Anh zu § 3 Rn 23 ff.
128 BayObLGZ 1961, 392 = DNotZ 1962, 312 = Rpfleger 1962, 107; BayObLG DNotZ 1984, 559 = MittBayNot 1983, 173 = Rpfleger 1983, 350.
129 BGH DNotZ 1968, 417 = Rpfleger 1968, 114; BayObLG DNotZ 1992, 305. Rpfleger 1991, 455.

– die Veräußerung einzelner Teile des Sondereigentums (dh **einzelner Räume**, zB eines Kellerraums oder einer Garage) an einen anderen Miteigentümer der Wohnungseigentümergemeinschaft ohne gleichzeitige Übertragung eines Miteigentumsanteils;[130]
– die gleichzeitige Veräußerung aller Wohnungseigentumsrechte;[131]
– die Übertragung eines **Anteils am Gesamthandsvermögen** (zB an einer GbR oder einer Erbengemeinschaft), auch wenn zu diesem Gesamthandsvermögen ausschließlich das Wohnungseigentum gehört.[132]

Der **Zustimmung** bedarf hingegen auch **75**
– die **Erstveräußerung** durch den aufteilenden Grundstückseigentümer, der nach § 8 WEG Wohnungseigentum gebildet hat (sofern die Erstveräußerung nicht ausdrücklich in der Teilungserklärung vom Zustimmungserfordernis ausgenommen wurde);[133]
– die Veräußerung eines ideellen Anteils (**Miteigentumsanteils**) am Wohnungseigentum;[134]
– die Rückübertragung aufgrund eines **Aufhebungsvertrages**;[135]
– die Veräußerung an eine Person, die bereits **Mitglied der Wohnungseigentümergemeinschaft** ist;[136]
– die Veräußerung von einer Gesellschaft an deren sämtliche (oder einzigen) **Gesellschafter**;[137]
– die Veräußerung im Wege der **Zwangsvollstreckung** oder durch den Insolvenzverwalter;[138]
– die **Änderung des Beteiligungsverhältnisses** unter mehreren Eigentümern, auch der Wechsel zur Gesamthandsgemeinschaft und umgekehrt.[139]

Streitig ist, ob die Zustimmung in folgenden Fällen erforderlich ist: **76**
– Rückübertragung, aufgrund eines vertraglich vereinbarten oder gesetzlichen und ausgeübten **Rücktrittsrechts** oder nach Anfechtung des Vertrages,[140]
– die Veräußerung im Rahmen der **Erbauseinandersetzung**, zur Erfüllung eines Vermächtnisses oder einer Teilungsanordnung.[141]

Teilungserklärungen, nach denen die Veräußerung des Wohnungseigentums der Zustimmung anderer Wohnungseigentümer oder des Verwalters bedarf, enthalten regelmäßig **rechtsgeschäftlich vereinbarte Ausnahmen** von der Zustimmungspflicht, insbesondere für die Veräußerung im Wege der Zwangsvollstreckung, durch den Insolvenzverwalter, aber auch für die Veräußerung an einen Verwandten in gerader Linie oder an den Ehegatten. Ist die Erstveräußerung durch den teilenden Grundstückseigentümer (häufig ein Bauträger) zustimmungsfrei, gilt dies auch für eine Veräußerung, die erst Jahre nach der Teilung erfolgt.[142] **77**

---

130 Zur Zulässigkeit BayObLG DNotZ 1984, 318; BGHZ 49, 250 = DNotZ 1968, 417; BayObLG DNotZ 1984, 559, 561; *Schöner/Stöber* Rn 2905 (mwN in Fn 70), soweit nicht auch die Unterteilung ohne Veräußerung für zustimmungspflichtig erklärt ist, BGHZ 49, 250 = DNotZ 1968, 417 = Rpfleger 1968, 114.

131 *Staudinger-Kreuzer* (2005) § 12 WEG Rn 32.

132 *Schöner/Stöber* Rn 2896.

133 BGHZ 113, 374 = DNotZ 1991, 888 = NJW 1991, 1613 = Rpfleger 1991, 246; BayObLG NJW-RR 1987, 270; OLG Köln NJW-RR 1992, 1430 = Rpfleger 1992, 293 – anders die bis zur BGH-Entscheidung in der Literatur überwiegende Ansicht). Zur Heilung der von der Änderung der Rechtsprechung betroffenen Fälle vgl § 61 WEG.

134 OLG Celle Rpfleger 1974, 438; hierzu *Schmedes* Rpfleger 1974, 421.

135 BayObLGZ 1976, 328 = DNotZ 1977, 612 = Rpfleger 1977, 104.

136 BayObLGZ 1977, 40 = MittBayNot 1977, 122 = Rpfleger 1977, 173; KG OLGZ 1978, 296 = DNotZ 1979, 31 = MDR 1978, 935 = Rpfleger 1978, 382 = ZMR 1979, 51.

137 OLG Hamm DNotI-Report 2007, 5 = FGPrax 2007, 10 = NotBZ 2007, 333 = OLGR Hamm 2007, 398 = RNotZ 2007, 34 = Rpfleger 2007, 139 = ZMR 2007, 212.

138 Soweit sie nicht ausdrücklich von der Veräußerungsbeschränkung ausgenommen ist, was im Hinblick auf die Beleihbarkeit des Wohnungseigentums auch regelmäßig geschieht.

139 *Staudinger-Kreuzer* (2005) § 12 WEG Rn 21, 22; ebensowenig umfasst die Privilegierung der Gesellschafter eine aus ihnen bestehende Gesellschaft bürgerlichen Rechts: OLG München DNotZ 2007, 950 = FGPrax 2007, 165 = NJW 2007, 1536 = NZG 2007, 456 = NZM 2007, 520 = OLGR München 2007, 505 = Rpfleger 2007, 541.

140 ME nicht zustimmungspflichtig, da die Rückabwicklung noch auf dem ursprünglichen Vertrag beruht und die anderen Wohnungseigentümer damit nicht anders stehen, als wenn der ursprüngliche Vertrag gar nicht abgewickelt worden wäre (wie hier *Sauren* § 12 WEG Rn 6; **aA** BayObLGZ 1976, 331 = Rpfleger 1974, 104; differenzierend nach der Wirksamkeit der Auflassung *Weitnauer-Lüke* § 12 WEG Rn 2).

141 Die hM (BayObLGZ 1982, 46 = MDR 1982, 496 = MittBayNot 1982, 70 = Rpfleger 1982, 177; *Schöner/Stöber* Rn 2896) bejaht dies letztlich mit der Begründung, weil die Voraussetzungen nicht in der Form des § 29 nachweisbar seien. Dies überzeugt nicht, weil hier eine Versagung der Zustimmung aus wichtigem Grund nicht in Betracht kommt. Der Veräußerer ist in allen Fällen rechtlich zur Übertragung des Eigentums verpflichtet. Die Erfüllung dieser Verpflichtung darf nicht durch die Verzögerung oder unberechtigte Verweigerung der Zustimmung gehindert sein. Ist die Veräußerung an Verwandte in gerader Linie vom Zustimmungserfordernis ausgenommen, sind im Grundbuchverfahren keine weiteren Nachweise durch Personenstandsurkunden zu führen; es genügt die entsprechende Erklärung über die Eigenschaft im Veräußerungsvertrag. Ist dem Grundbuchamt glaubhaft gemacht, dass eine Verweigerung der Zustimmung in keinem Fall in Betracht kommt (wegen der gesetzlichen Verpflichtung zur Veräußerung), wäre das Verlangen nach der Erklärung reiner Formalismus.

142 OLG Köln NJW-RR 1992, 1430 = Rpfleger 1992, 293; *Demharter* Anh zu § 3 Rn 24.

78 Hinsichtlich der Zustimmung und der sonst erforderlichen Nachweise ist zu unterscheiden, ob andere Wohnungseigentümer oder der Verwalter zustimmen müssen:

- Bedarf die Veräußerung des Wohnungseigentums der Zustimmung aller übrigen **Wohnungseigentümer** oder eines oder mehrerer Wohnungseigentümer (die in der Teilungserklärung benannt sind), so ist deren persönliche Zustimmung dem Grundbuchamt in (zumindest) notariell beglaubigter Form vorzulegen. Der Nachweis, dass es sich um alle Wohnungseigentümer bzw den oder die zustimmungsberechtigten Wohnungseigentümer handelt, braucht nicht geführt zu werden, da diese Tatsache dem Grundbuchamt aus dem Grundbuch offenkundig ist.

- Ist die Zustimmung der **Mehrheit** der Eigentümer erforderlich, so ist diese durch Vorlage der Niederschrift über die **Beschlussfassung in der Wohnungseigentümerversammlung** nachzuweisen, unter der die Unterschriften der in § 24 Abs 6 WEG bezeichnete Personen öffentlich zu beglaubigen sind.[143] Zu unterzeichnen ist die Niederschrift von dem Vorsitzenden und einem Wohnungseigentümer und, falls ein Verwaltungsbeirat bestellt ist, auch von dessen Vorsitzenden oder seinem Vertreter.

- Ist die Zustimmung des **Verwalters** erforderlich, so ist neben dessen zumindest unterschriftsbeglaubigter Erklärung auch der **Nachweis der Verwaltereigenschaft** in der Form des § 29 zu führen. Nach § 26 Abs 4 WEG genügt die Vorlage einer Niederschrift über den Bestellungsbeschluss,[144] bei der die Unterschriften der in § 24 Abs 6 WEG bezeichneten Personen öffentlich beglaubigt sind. Ist der Verwalter durch schriftlichen Beschluss (§ 23 Abs 4 WEG) bestellt worden, ist seine Verwaltereigenschaft durch Vorlage (zumindest) öffentlich beglaubigter Zustimmungserklärungen sämtlicher Wohnungseigentümer nachzuweisen.[145] Die Nichtigkeit eines Eigentümerbeschlusses über die Verwalterbestellung hat das Grundbuchamt auch dann zu beachten, wenn sie nicht gemäß § 43 Abs 1 Nr 4 WEG festgestellt ist.[146] Des Nachweises bedarf es nicht, wenn der Verwalter in der Gemeinschaftsordnung bestellt worden ist, und sich die Teilungserklärung in der Form des § 29 bei den Grundakten befindet.[147] Die Tatsache der Verwalterbestellung ist in diesem Falle offenkundig iS des § 29 Abs 1 S 2. Ist der Verwalter der veräußernde Wohnungseigentümer, so kann er ohne Verstoß gegen § 181 BGB durch Erklärung gegenüber dem Erwerber zustimmen.[148] Die Vorlage des Verwaltervertrages ist nicht ausreichend, aber auch nicht erforderlich.

- Dabei hat das Grundbuchamt auch zu prüfen, ob die Bestellung des Verwalters durch **Fristablauf** erloschen ist, sei es, weil die Höchstdauer von 5 Jahren für die Bestellung abgelaufen ist (bzw von 3 Jahren für den ersten Verwalter), sei es, weil der Verwalter für einen kürzeren Zeitraum bestellt ist und diese Frist überschritten ist.[149] Nach dem Ende der ursprünglichen Bestellung in der Teilungserklärung ist der Nachweis der Verwaltereigenschaft in üblicher Form zu führen. Vor Ende der Zeit, für die ein Verwalter aufgrund Teilungserklärung oder Beschluss der Eigentümer bestellt worden ist, kann das Grundbuchamt keinen Nachweis über das Fortbestehen der Verwaltereigenschaft verlangen, ungeachtet der Möglichkeit seiner vorzeitigen Abberufung durch die Eigentümerversammlung.[150]

79 Keines Nachweises bedarf es, dass die Unterzeichner des **Protokolls der Wohnungseigentümerversammlung** tatsächlich die in § 24 Abs 6 WEG genannten Positionen innehaben.[151] Ist beispielsweise die Niederschrift von einem Bevollmächtigten des Verwalters als Vorsitzendem der Eigentümerversammlung unterzeichnet worden, so bedarf es nicht der Vorlage einer beglaubigten Vollmacht des Verwalters für den Dritten.[152] Ebenfalls nicht nachzuweisen ist, dass die Person, die die Niederschrift als Vorsitzender des Verwaltungsbeirats oder dessen Stellvertreter unterzeichnet hat, tatsächlich diese Funktion innehat. Selbst wenn die Teilungserklärung die

---

143 BayObLGZ 1961, 392 = DNotZ 1962, 312 = Rpfleger 1962, 107; BayObLG MittBayNot 1987, 96 m Anm *Röll*; *Schöner/Stöber* Rn 2904; vgl hierzu auch *Röll* Nachweis von Beschlüssen der Wohnungseigentümerversammlung gegenüber dem Grundbuchamt, Rpfleger 1986, 4.

144 Nicht des Verwaltervertrages, LG Köln MittRhNotK 1984, 121.

145 BayObLG DNotZ 1986, 490 = NJW-RR 1986, 565 = Rpfleger 1986, 299.

146 BGHZ 107, 268 = DB 1989, 1562 = DNotZ 1990, 34 = MDR 1989, 897 = MittBayNot 1989, 270 = MittRhNotK 1989, 213 m Anm *Knoche* = NJW 1989, 2059 = Rpfleger 1989, 325.

147 BayObLGZ 1964, 239 = DNotZ 1964, 722; KEHE-*Herrmann* Rn 20.

148 OLG Düsseldorf DNotZ 1985, 441 = Rpfleger 1985, 61 = NJW 1985, 390; offen gelassen von BayObLG MittBayNot 1986, 180.

149 OLG Oldenburg Rpfleger 1979, 266; BayObLG MittBayNot 1991, 170 = NJW-RR 1991, 978 = Rpfleger 1991, 354; *Schöner/Stöber* Rn 2904. Ist zur Veräußerung des Wohnungseigentums die Zustimmung des Verwalters erforderlich und ein solcher nicht bestellt, so reicht die Zustimmung sämtlicher Wohnungseigentümer, wenn sie eidesstattlich versichern, dass ein Verwalter bislang nicht bestellt ist. Beim Nachweis negativer Tatsachen kann den Formerfordernissen des Grundbuchrechts durch die Vorlage einer entsprechenden eidesstattlichen Versicherung der Wohnungseigentümer in notariell beurkundeter Form genügt werden (OLG Zweibrücken DNotZ 1986, 240; Rpfleger 1987, 157).

150 OLG Oldenburg Rpfleger 1979, 266; es sei denn, konkrete Anhaltspunkte sprechen gegen den Fortbestand der Bestellung; LG Wuppertal MittRhNotK 1982, 207; OLG Köln Rpfleger 1986, 298.

151 LG Aachen MittRhNotK 1985, 13; LG Köln MittRhNotK 1985, 11; LG Lübeck Rpfleger 1991, 309; LG Wuppertal MittRhNotK 1985, 11; LG Wuppertal MittRhNotK 1985, 11; *Schöner/Stöber* Rn 2904b (Fn 104).

152 LG Aachen MittRhNotK 1985, 13.

Einrichtung eines Verwaltungsbeirats vorsieht, kann das Grundbuchamt keinen Nachweis darüber verlangen, dass ein Verwaltungsbeirat bislang nicht bestellt worden ist, also die Niederschrift auch ohne Unterschrift dessen Vorsitzenden ordnungsgemäß unterzeichnet ist.[153]

Das Zustimmungserfordernis hat sich in der Praxis **nicht bewährt**. Der geringen Effektivität einer Vereinbarung nach § 12 WEG stehen nicht unerhebliche Kosten (Notargebühren und va idR Verwaltungsgebühr für die Zustimmung) gegenüber. Bei kleineren Wohnungseigentümergemeinschaften fehlt regelmäßig die ordnungsgemäße Niederschrift mit dem Bestellungsbeschluss mit Beglaubigung der Unterschriften der in § 24 Abs 6 WEG bezeichneten Personen, die die Abwicklung eines Kaufvertrages verzögert. Den Notaren ist zu empfehlen, insbesondere bei größeren Anlagen auf das Zustimmungsbedürfnis zu verzichten.[154] Der Gesetzgeber sieht das Zustimmungserfordernis mittlerweile ebenfalls kritischer; daher führte er durch die WEG-Reform[155] die Möglichkeit ein, das Zustimmungserfordernis durch bloßen Mehrheitsbeschluß aufzuheben (§ 12 Abs 4 WEG).[156]   **80**

bb) Zustimmungserfordernis beim Erbbaurecht (§§ 5, 7, 15 ErbbauRG). Auch das Zustimmungserfordernis des Grundstückseigentümers zur Veräußerung (§ 5 Abs 1 ErbbauRG) oder Belastung eines Erbbaurechts (§ 5 Abs 2 ErbbauRG) ist Wirksamkeitsvoraussetzung (§ 7 ErbbauRG). Nach § 15 ErbbauRG ist die Zustimmung dem Grundbuchamt zur Eintragung sowohl bei der **Veräußerung wie bei der Belastung nachzuweisen.**   **81**

Für die Zustimmung erforderliche Genehmigungen sind ebenfalls nachzuweisen.[157]

Grds muss das Grundbuchamt selbst prüfen, ob die Zustimmung erforderlich ist. Ist unklar, ob ein Zustimmungserfordernis besteht und verlangt das Grundbuchamt die Vorlage einer Zustimmungserklärung, so hat der Erbbauberechtigte ein Feststellungsinteresse für eine gerichtliche Klage auf Erteilung eines gerichtlichen **Negativattestes** (falls der Grundstückseigentümer die Zustimmung nicht erteilt und sie auch objektiv nicht erforderlich ist),[158] damit er dem Grundbuchamt gegenüber Nachweis führen kann; er muss sich nicht auf den Weg der Grundbuchbeschwerde verweisen lassen.   **82**

Umgekehrt können die Beteiligten aber auch den Weg der **Grundbuchbeschwerde** gehen. Das Grundbuchamt darf nicht etwa in Zweifelsfällen ein Negativattest verlangen anstelle die Genehmigungsbedürftigkeit selbst zu prüfen.

c) Zustimmung des Ehegatten nach § 1365 BGB und bei ausländischem Güterstand. Ist die Zustimmung des anderen Ehegatten zur Verfügung des einen Ehegatten erforderlich – sei es bei einer Verfügung über das gesamte Vermögen iS von § 1365 BGB bei Zugewinngemeinschaft nach deutschem Recht, sei es bei einer Verfügungsbeschränkung aufgrund eines ausländischen Güterstandes –, so ist die Zustimmung dem Grundbuchamt bei einer Veräußerung (§ 20) durch öffentliche oder öffentlich beglaubigte Urkunde nachzuweisen.   **83**

Das heißt aber nicht, dass das Grundbuchamt generell bei der Veräußerung von Grundbesitz durch eine Person den Nachweis verlangen dürfte, dass der Veräußerer unverheiratet oder geschieden ist oder in Gütertrennung lebt, und anderenfalls die Zustimmung des Ehegatten verlangen kann.   **84**

Vielmehr ist das Zustimmungserfordernis eine Ausnahme von der freien Verfügungsbefugnis des Ehegatten. Bei einer beantragten Eigentumsumschreibung hat das Grundbuchamt grundsätzlich davon auszugehen, dass kein Gesamtvermögensgeschäft im Sinne des § 1365 Abs 1 BGB nicht vorliegt. Nur wenn das Grundbuchamt Kenntnis von der Notwendigkeit der Zustimmung in objektiver Sicht oder auch **begründete Zweifel** hat, die auf bestimmten konkreten Anhaltspunkten beruhen, so hat es gemäß § 18 GBO entweder den Antrag zurückzuweisen oder eine Zwischenverfügung zu erlassen.[159]

Die tatsächlichen Voraussetzungen hierfür werden höchst selten gegeben sein, weil die Anwendung der Vorschrift **subjektiv** voraussetzt, dass der andere Vertragsteil bei Abschluss des Vertrages wusste, dass der verfü-

---

153 OLG Oldenburg Rpfleger 1983, 436.
154 *Pause* NJW 1994, 501; *Staudinger-Kreuzer* (2005) § 12 WEG Rn 3.
155 BGBl 2007 I, 370.
156 vgl BT-Drucks 16/887, S 22.
157 OLG Braunschweig NdsRpfl 1991, 273 = NJW-RR 1992, 440 = Rpfleger 1991, 452 (kirchenaufsichtliche Genehmigung).
158 BayObLGZ 1979, 227 = DNotZ 1980, 50 = Rpfleger 1979, 384; *von Oefele/Winkler*, Handbuch des Erbbaurechtes, 4. Aufl 2008, Rn 4.299.
159 BGHZ 35, 135 = FamRZ 1961, 202 (m Anm *Meier-Stolte* FamRZ 1961, 363) = NJW 1961, 1301 = Rpfleger 1961, 233 m Anm *Haegele*; BayObLGZ 1967, 87 = DNotZ 1968, 38 = Rpfleger 1967, 213; BayObLG MittBayNot 1978, 11 = MittRhNotK 1978, 100; OLG Hamm FamRZ 2004, 1648 = MittBayNot 2006, 41 = NJW-RR 2005, 104 = OLGR Hamm 2005, 53; OLG Schleswig FGPrax 2005, 105 = MittBayNot 2006, 38 m Anm *Bauer* = NotBZ 2005, 222 = OLGR Schleswig 2005, 265 = Rpfleger 2005, 356 = SchlHA 2005, 382; *Böttcher* Rpfleger 1984, 377, 383; *Schöner/Stöber* Rn 3394.

gende Ehegatte mit dem Verkauf des Grundstücks über sein gesamtes oder nahezu gesamtes Vermögen verfügt.[160]

85   Auch allgemein gilt, dass das Grundbuchamt weder eine Prüfungspflicht noch ein Prüfungsrecht hinsichtlich des Güterstandes des Veräußerers hat. Auch wenn der Veräußerer (möglicherweise) in einem **ausländischen Güterstand** lebt, ergibt sich daraus kein erweiterter Prüfungsumfang.[161] Auch bei einem (möglichen) Zustimmungserfordernis aufgrund ausländischen Güterstandes kann das Grundbuchamt daher die Zustimmung des Ehegatten (oder die Ausräumung der Zweifel) nur verlangen, wenn es zumindest auf konkrete Anhaltspunkten beruhende begründete Zweifel am Zustimmungserfordernis hat.

Allg zu Rechtsfragen ausländischer Güterstände im Grundbuchrecht vgl Einl L Rdn 176 ff.

86   **d) Vereinbarungen nach § 32 Abs 3 WEG zum Inhalt des Dauerwohnrechts.** Nach § 32 Abs 3 WEG soll das Grundbuchamt die Eintragung des **Dauerwohnrechts** ablehnen, wenn über die dort im Einzelnen aufgeführten Punkte keine Vereinbarungen getroffen sind (Art und Umfang der Nutzung, Instandhaltung, Lastentragung, Versicherung, Heimfall und Heimfallentschädigung). Das Grundbuchamt hat insoweit eine materielle Prüfungspflicht (insofern ähnlich wie bei der Auflassung, § 20).

87   Diese erstreckt sich jedoch ausschließlich darauf, ob nach dem Inhalt der **einseitigen Eintragungsbewilligung** die entsprechenden Vereinbarungen getroffen worden sind. Die weitergehende Auffassung,[162] nach der das Grundbuchamt zwecks Vermeidung von Rechtsunsicherheit wegen unklarer oder fehlender Vereinbarungen berechtigt oder gar verpflichtet sei, den Nachweis über das rechtsgültige Zustandekommen solcher Vereinbarungen durch öffentliche Beglaubigung der Unterschriften beider Parteien zu verlangen, ist abzulehnen.[163] Für die Eintragung des Dauerwohnrechts genügt nach § 32 Abs 2 WEG ausdrücklich die Eintragungsbewilligung des Betroffenen; die Einigung mit dem Berechtigten ist gerade nicht nachzuweisen. Der Nachweis der Einigung kann auch nicht über Abs 3 für einen Teil der Vereinbarungen verlangt werden, weil § 20 nicht für anwendbar erklärt ist. Die Argumente der Gegenmeinung überzeugen schon deshalb nicht, weil das Grundbuchamt der Gefahr einer Rechtsunsicherheit bei fehlender oder unklarer Vereinbarungen begegnen kann. Es ist berechtigt, die Eintragung des Dauerwohnrechts abzulehnen, wenn die mit der Eintragungsbewilligung vorgelegten Vereinbarungen nicht den genannten Anforderungen entsprechen. Hierfür bedarf es aber nicht des Nachweises, dass der Berechtigte diese Vereinbarungen mit dem Eigentümer tatsächlich getroffen hat.

88   **e) Wissenserklärung als Nachweis für Grundbuchberichtigung.** Unter § 29 Abs 1 S 1 fallen auch Erklärungen, die dem Nachweis der Grundbuchunrichtigkeit dienen und damit eine Berichtigung ohne Berichtigungsbewilligung ermöglichen, insbesondere auch die löschungsfähige Quittung des Grundpfandrechtsgläubigers als Wissenserklärung. Für die löschungsfähige Quittung reicht notarielle Beglaubigung aus; eine Beurkundung ist nicht erforderlich.[164]

III. Andere Voraussetzungen der Eintragung nach Abs 1 S 2

1. Allgemeines

89   **a) Begriff.** Der Begriff »andere Voraussetzungen der Eintragung« in Satz 2 ist zunächst negativ abzugrenzen: Hierunter fallen nicht die Erklärungen der am Grundbuchverfahren Beteiligten; für diese gilt abschließend Satz 1.

Positiv umschrieben heißt dies: Bei den »anderen Voraussetzungen« kann es sich
– entweder um das materielle Recht betreffende **Tatsachen**
– oder um Erklärungen Dritter handeln, die nicht am Verfahren beteiligt sind (inbes **gerichtliche und behördliche Genehmigungen**).

90   Stets muss ihr Nachweis **erforderlich** sein, also das Grundbuchamt die Eintragung nur vornehmen dürfen, wenn der formgerechte Nachweis erbracht ist. Die Frage, ob eine Tatsache oder eine weitere Erklärung Voraussetzung für die Eintragung ist, beantwortet das Grundbuchrecht. Es muss sich also um Tatsachen oder Erklärungen handeln, die **verfahrensrechtlich** für die konkret beantragte Eintragung erforderlich sind.

---

160 BGHZ 106, 253 = NJW 1989, 1609 = Rpfleger 1989, 189; *Schöner/Stöber* Rn 3364.
161 BayObLGZ 1986, 81 = FamRZ 1986, 809 = MittBayNot 1986, 124 = MittRhNotK 1986, 120 m Anm *Kleist* = NJW-RR 1986, 893 = Rpfleger 1986, 369, vgl Anm *Böhringer*, BWNotZ 1987, 17; *Wolfsteiner* Bewilligungsprinzip, Beweislast und Beweisführung im Grundbuchverfahren, DNotZ 1987, 67.
162 OLG Düsseldorf DNotZ 1978, 354 = MittRhNotK 1977, 194 = Rpfleger 1977, 446; KEHE-*Herrmann* Rn 20.
163 ebenso *Weitnauer-Hauger*, WEG § 32 Rn 7; *Staudinger-Spiegelberger* (2005) § 32 WEG Rn 24.
164 BayObLGZ 1995, 106 = DNotZ 1995, 627 = FGPrax 1995, 22 = MittBayNot 1995, 283 m Anm *Röll* = NJW-RR 1995, 852 = Rpfleger 1995, 410 = RpflStud 2002, 95 m Anm *Böttcher*; *Demharter* Rn 10; KEHE-*Herrmann* Rn 20.

Hierbei ist wie folgt zu unterscheiden: 91
– Durch den urkundlichen Nachweis einer Tatsache kann aufgrund gesetzlicher Ausnahmevorschriften die an sich erforderliche Eintragungsbewilligung nach § 19 ersetzt werden (zB §§ 22, 23).
– Regelmäßig handelt es sich bei den anderen Voraussetzungen der Eintragung iS des § 29 Abs 1 S 2 um Tatsachen, die zur materiellen Wirksamkeit der Erklärungen der Verfahrensbeteiligten hinzutreten müssen und deren Nachweis im Grundbuchverfahren zu verlangen ist.

b) Nachweis nur durch öffentliche Urkunde. Andere Voraussetzungen der Eintragung iSd § 29 Abs 1 Satz 92
2 können **nur durch öffentliche Urkunden** nachgewiesen werden; eine öffentlich beglaubigte Urkunde genügt nicht[165] – anders als nach Satz 1 für die zur Eintragung erforderlichen Erklärungen der Beteiligten.

Andererseits entfällt die Nachweispflicht durch öffentliche Urkunden bei anderen Voraussetzungen der Eintra- 93
gung iSd § 29 Abs 1 Satz 2, wenn sie dem Grundbuchamt **offenkundig** sind (Rdn 425 ff) – eine Möglichkeit, die für Erklärungen der Beteiligten nach Satz 1 ausgeschlossen ist.

Auch spielen **Nachweiserleichterungen** aufgrund besonderer gesetzlicher Vorschriften für sonstige Eintra- 94
gungsvoraussetzungen eine größere Rolle als bei Erklärungen der Beteiligten; vgl hierzu Rdn 160 ff.

c) Praxisrelevante Fallgruppen. Eine vollständige Zusammenstellung der durch öffentliche Urkunde nach- 95
zuweisenden »anderen Voraussetzungen der Eintragung« würde den Rahmen der Kommentierung des § 29 sprengen.

Im folgenden sollen **beispielhaft** für die Grundbuchpraxis besonders bedeutsame »andere Voraussetzungen der Eintragung« und die Art der öffentlichen Urkunde, mit der sie nachzuweisen sind, genannt werden.

Dabei unterschiedet die nachfolgende Darstellung nach **Fallgruppen**:
– der Verfügungs- und Vertretungsbefugnis, inbes der Eigenschaft als gesetzlicher Vertreter oder Verwalter eines Amtes (Rdn 96 ff),
– Nachweis tatsächlicher Vorgänge, inbes personenbezogener Voraussetzungen und Bedingungen (Rdn 105 ff),
– Nachweis gerichtlicher Entscheidungen (sei es bei Eintragungen im Wege der Zwangsvollstreckung in den Grundbesitz oder bei gerichtlichen Genehmigungen) (Rdn 118 ff)
– und behördlicher Erklärungen (wenn die Behörde nicht selbst beteiligt ist), inbes behördlicher Genehmigungen (Rdn 130 ff),
– schließlich Fällen des Nachweises der Grundbuchunrichtigkeit (Rdn 145 ff).

2. Nachweis der Verfügungs- und Vertretungsbefugnis

a) Verfügungs- und Antragsberechtigung. Die Bewilligungsbefugnis (§ 19) und damit die Verfügungsbe- 96
fugnis gehört an sich zu den sonstigen Antragsvoraussetzungen iSd § 29 Abs 1 S 2. Jedoch gilt die Vermutungswirkung des § 891 BGB auch im Grundbuchverfahren;[166] da zudem nach § 39 grds die Voreintragung des Betroffenen erforderlich ist, stellt dies bei der Bewilligung des Eingetragenen kein Problem dar.

Die Antragsberechtigung (§ 13) muss hingegen nicht in grundbuchmäßiger Form nachgewiesen werden, 97
schlüssiger Sachvortrag reicht aus.[167] Obwohl nach § 13 Abs 1 eine Eintragung nur auf Antrag vorgenommen werden soll, ist dieser kein Erfordernis der materiellen Rechtsänderung, sondern eine reine Verfahrenshandlung. Das Grundbuch wird durch eine Eintragung ohne Antrag nicht unrichtig; gleiches muss gelten, wenn dem Antragsteller die nach § 13 Abs 1 S 2 erforderliche Antragsberechtigung fehlt, die materiellen Voraussetzungen für die begehrte Eintragung aber nachgewiesen sind.

b) Gesetzlicher Vertreter einer natürlichen Person oder Inhaber eines Amtes. Die Eigenschaft als 98
gesetzlicher Vertreter oder Verwalter kraft Amtes ist im Grundbuchverfahren nachzuweisen durch Vorlage
– der Bestellungsurkunde des Vormunds, Pflegers, Betreuers (§§ 1791, 1897, 1691, 1915 BGB);
– des Testamentsvollstreckerzeugnisses (§ 2368 BGB, § 35 Abs 2 GBO);[168]
– der Bestellungsurkunde des Insolvenzverwalters (§ 56 Abs 2 InsO);[169]

---

165 BGH DNotZ 1985, 367 = MittBayNot 1983, 235.
166 BayObLG DNotZ 1990, 739 = MittBayNot 1989, 209 = NJW-RR 1989, 718.
167 BGHZ 141, 347 = DNotZ 1999, 734 = DNotI-Report 1999, 137 = FGPrax 1999, 169 = JuS 2000, 92 m Anm *K Schmidt* = MittBayNot 1999, 477 = MDR 1999, 1057 = NJW 1999, 2369 = NotBZ 1999, 171 m Anm *Demharter* = Rpfleger 1999, 437 = ZfIR 1999, 553, dazu Anm *Böttcher* RpflStud 2000, 154, *Fritsche* NJ 1999, 651; *Demharter* FGPrax 1997, 46; differenzierend *Meikel-Böttcher* § 13 Rdn 64.
168 BayObLG BWNotZ 1991, 142 = FamRZ 1991, 984 = MittBayNot 1991, 122 = MittRhNotK 1991, 124.
169 Ebenso genügt zeitnahe Vorlagebescheinigung des Notars (LG Berlin Rpfleger 2004, 158).

– für den Nachweis der Eigenschaft als Verwalter einer Wohnungseigentümergemeinschaft reicht abweichend von § 29 Abs 1 S 2 die notariell beglaubigte Urkunde nach § 26 Abs 4 WEG aus. Daher haftet der WEG-Verwalter, wenn er zwar seine Zustimmung zur Veräußerung des Wohnungseigentums nach § 12 Abs 1 WEG rechtzeitig erklärt, ohne jedoch ebenfalls rechtzeitig den Nachweis seiner Verwaltereigenschaft in grundbuchmäßiger Form zu erbringen.[170]

Die Urkunde ist dem Grundbuchamt in Urschrift oder Ausfertigung vorzulegen. Ausreichend ist eine Bescheinigung des Notars in der Niederschrift oder im Beglaubigungsvermerk, dass ihm die Urkunde in Urschrift oder Ausfertigung vorgelegt wurde und diese in beglaubigter Abschrift der Niederschrift beigefügt ist (vgl Rdn 400 ff).

99 Die **Entgeltlichkeit** der Verfügung des **Testamentsvollstreckers** bzw des befreiten **Vorerben** (§§ 2205 S 2, 2113 Abs 2 BGB) ist dem Grundbuchamt nachzuweisen (sofern nicht sämtliche Erben und Nacherben an der Verfügung mitwirken); es handelt sich also nicht nur um ein Eintragungshindernis).[171] Nach einer Entscheidung des OLG Zweibrücken soll der Nachweis jedoch für die Bewilligung einer Auflassungsvormerkung durch den Testamentsvollstrecker nicht erforderlich sein.[172]

Da der Nachweis der Entgeltlichkeit durch öffentliche Urkunde meist unmöglich ist, gilt hier allerdings die Beweismittelbeschränkung nicht. Es sind alle Beweismittel zulässig, insbesondere auch das Zurückgreifen auf allgemeine Erfahrungssätze.
– Als Beweismittel kann ein **Sachverständigengutachten** über den Grundstückswert zugelassen werden.
– Wird die Unentgeltlichkeit der Verfügung durch die Natur der Sache ausgeschlossen, ist ihre Entgeltlichkeit als »offenkundig« anzusehen. Es besteht ein **Erfahrungssatz** dahin, dass bei einem als »**Kaufvertrag**« bezeichneten Vertrag zwischen dem Testamentsvollstrecker und einem **Dritten**, der nicht Erbe ist, ein entgeltliches Rechtsgeschäft vorliegt (vgl Rdn 438 ff).

100 **c) Nachweis der Vertretungsbefugnis bei juristischen Personen und Handelsgesellschaften.** Handelt ein Vertreter für eine juristische Person oder eine Handelsgesellschaft, so ist seine Vertretungsbefugnis dem Grundbuchamt ebenfalls nachzuweisen (sowie auch der Bestand der juristische Person beim Erwerb durch diese im Rahmen des materiellen Konsensprinzips nach § 20 GBO). Als Nachweis der Vertretungsbefugnis genügt nach der Sondervorschrift des § 32 ein gerichtliches Zeugnis über die Eintragung im Handelsregister.

101 Ebenso können die Vertretungsbefugnis oder sonstige aus Registereintragungen ersichtliche Umstände durch eine **Bescheinigung des Notars nach § 21 BNotO** nachgewiesen werden (vgl Rdn 383 ff).

102 Soweit juristische Personen nicht in ein Register eingetragen sind und die Vertretungsbefugnis auch nicht offenkundig ist, kann der Nachweis ggf durch eine Erklärung der **Aufsichtsbehörde** in öffentlicher Urkunde geführt werden.[173]

103 Nach § 112 AktG vertritt Vorstandsmitgliedern gegenüber der **Aufsichtsrat** die Gesellschaft gerichtlich und außergerichtlich. Umstritten ist, wie die Vertretungsbefugnis des Aufsichtsrats (zB beim Verkauf eines Grundstücks durch die AG an ihr Vorstandsmitglied) dem Grundbuchamt gegenüber nachzuweisen ist. Da die Mitglieder des Aufsichtsrats nicht in das Handelsregister eingetragen werden, scheidet eine notarielle Bescheinigung nach § 21 BNotO aus. Dem Grundbuchamt vorzulegen ist der Aufsichtsratsbeschluss in beglaubigter Abschrift, mit dem in aller Regel der Vorsitzende des Aufsichtsrats ermächtigt wird, die Gesellschaft gegenüber dem Vorstandsmitglied zu vertreten. Darüber hinaus ist ein Nachweis in der Form des § 29 GBO über die Wahl der Aufsichtsratsmitglieder oder über den Beschluss des Aufsichtsrats nicht erforderlich.[174]

104 Nachzuweisen ist auch der Umfang der Vertretungsbefugnis, also inbes ob der Vertreter einzeln oder gemeinschaftlich zur Vertretung der Gesellschaft befugt ist, bei Insichgeschäften auch, ob er von den Beschränkungen des § 181 BGB befreit ist.

---

170 OLG Düsseldorf OLGR Düsseldorf 2004, 64 = RNotZ 2004, 91 = ZflR 2003, 838 = ZMR 2003, 956 = ZNotP 2004, 201.

171 *Schöner/Stöber* Rn 3441.

172 OLG Zweibrücken FamRZ 2007, 570 = FGPrax 2007, 11 = NotBZ 2007, 34 = OLGR Zweibrücken 2007, 1 = RNotZ 2007, 212 = Rpfleger 2007, 194; dagegen spricht aber, dass die Bewilligung der Vormerkung eine unentgeltliche Verfügung ist, wenn dem kein wirksamer Anspruch zugrunde liegt.

173 BayObLGZ 2001, 132 = DNotI-Report 2001, 135 = FGPrax 2001, 174 = NJW-RR 2001, 1237 = VersR 2001, 486 (Nachweis der Vertretungsbefugnis einer kirchlichen Pfarrpfründestiftung durch urkundliche Erklärung der kirchlichen Aufsichtsbehörde).

174 *Pöschl*, Nachweis der Vertretungsbefugnis des Aufsichtsrates einer AG gegenüber dem Grundbuchamt, BB 1966, 804; *Schmidt* BWNotZ 1985, 52; *Steiner* BB 1998, 1910; *Schaub* in *Bauer/von Oefele* § 32 Rn 34.

3. Nachweis tatsächlicher Vorgänge

a) Personenbezogene Voraussetzungen. aa) Personenstand. Tatsachen wie Geburt, Tod, Verheiratung, Ehe-   **105**
scheidung, Erreichung eines bestimmten Lebensalters sind durch standesamtliche Urkunden oder beglaubigte Auszüge aus Geburten-, Familien- und Sterbebüchern nachzuweisen (**Personenstandsurkunden**, § 66 PStG).

Der Nachweis kann auch durch die Beurkundung (Bescheinigung) des Notars als amtlich von ihm wahrgenommene Tatsache in Form der öffentlichen Urkunde geführt werden, wenn ihm gegenüber die Tatsache
durch eine der vorgenannten Urkunden nachgewiesen ist.[175] Dies gilt etwa auch für eine Namensänderung aufgrund Eintragung im Personalausweis. Die Feststellungen des Notars im Eingang einer notariellen Niederschrift
(etwa über die Eintragung des Geburtsdatums oder der Namensänderung infolge Eheschließung in den vorgelegten Identitätsnachweisen) nehmen an der Beweiskraft der Urkunde teil.[176]

Die **Todeserklärung** kann durch Vorlage einer Ausfertigung des rechtskräftigen gerichtlichen Beschlusses   **106**
nachgewiesen werden.[177]

bb) Staatsangehörigkeit. Die **ausländische Staatsangehörigkeit**, die ggf für die Geschäftsfähigkeit, aber   **107**
auch für das Gemeinschaftsverhältnis bei Erwerb in einem ausländischen Güterstand nach § 47 maßgeblich sein
kann, kann insbes durch die Feststellung des Notars im Eingang der Niederschrift oder im Beglaubigungsvermerk über die Vorlage eines ausländischen Ausweispapieres nachgewiesen werden, da diese Feststellung an der
Beweiskraft der öffentlichen Urkunde teilnimmt (und daran der Erfahrungssatz anknüpft, dass der Ausweisinha-
ber auch die Staatsangehörigkeit des betreffenden Staates hat, sofern diese Ausweisart nur für Staatsangehörige
ausgestellt wird).

Dass der betreffende Beteiligte nicht auch die deutsche oder eine andere ausländische Staatsangehörigkeit hat
(auf die möglicherweise als effektive Staatsangehörigkeit nach Art 5 Abs 1 EGBGB vorrangig abzustellen wäre),
ist dem Grundbuchamt nicht nachzuweisen. Hier handelt es sich nicht um eine Eintragungsvoraussetzung, sondern um ein Eintragungshindernis; nur bei sicherer Kenntnis des Grundbuchamtes führt es zur Zurückweisung
des Antrags.

cc) Geschäftsfähigkeit. Die Geschäftsfähigkeit des Erklärenden muss dem Grundbuchamt nicht als »andere   **108**
Voraussetzung der Eintragung« nach § 29 Abs 1 S 2 nachgewiesen werden. Vielmehr hat das Grundbuchamt als
Erfahrungssatz (vgl Rdn 435 ff) von der Geschäftsfähigkeit Volljähriger auszugehen.

Ein besonderer Nachweis der Geschäftsfähigkeit kann daher nur verlangt werden, wenn auf Tatsachen **gegrün-**   **109**
dete Zweifel an der Geschäftsfähigkeit des Erklärenden bestehen, die sich auch aus Umständen außerhalb der
vorgelegten Eintragungsunterlagen ergeben können. Dann muss das Grundbuchamt eine Zwischenverfügung
erlassen, dass die beantragte Eintragung von dem Nachweis der Geschäftsfähigkeit durch ein ärztliches Gutachten abhängig gemacht wird, um den Beteiligten Gelegenheit zur Ausräumung der Zweifel zu geben. Zu eigenen Ermittlungen ist das Grundbuchamt weder berechtigt noch verpflichtet. Es genügt, dass die bestehenden
Zweifel ausgeräumt werden; der volle Nachweis der Geschäftsfähigkeit muß nicht geführt werden.[178]

An eine (ausdrückliche oder implizite) Feststellung des Notars über die Geschäftsfähigkeit ist das Grundbuchamt nicht gebunden; denn die notarielle Niederschrift erbringt nur Beweis über die Feststellung des Notars,
nicht über die Tatsache der Geschäftsfähigkeit.[179]

b) Tatsächliche Voraussetzungen. aa) Bedingung. Hinsichtlich des Eintritts einer Bedingung ist zu unter-   **110**
scheiden, ob sie nach dem Willen desjenigen, der die Bedingung gesetzt hat, die **Wirksamkeit des Rechtsge-**
schäfts vom Bedingungseintritt abhängt oder ob es sich nur um eine schuldrechtliche Beschränkung handelt.
Nur im ersten Fall ist der Bedingungseintritt dem Grundbuchamt durch öffentliche Urkunde nachzuweisen.[180]

---

175 LG Wuppertal MittRhNotK 1976, 597 = MittBayNot 1977, 38; KEHE-*Herrmann* Rn 28.
176 LG Berlin NJW 1962, 1353 (zur Identität mit der im Grundbuch Eingetragenen nach Namensänderung infolge Ehe-
     schließung); weitergehend für unmittelbare Beweiswirkung: KGJ 44, 208 (Nachweis des Todes des im Grundbuch mit-
     eingetragenen Ehemannes durch Bezeichnung als Witwe in der notariellen Urkunde); *Winkler* § 1 BeurkG Rn 13;
     ebenso nach Vorauflage Rn 92.
177 KEHE-*Herrmann* Rn 29.
178 BayObLGZ 1989, 111, 112 = MDR 1989, 748 = MittBayNot 1989, 307 = MittRhNotK 1989, 169 = NJW-
     RR 1989, 910 m Anm *Karsten Schmidt* JuS 1989, 931; BayObLG NJW-RR 1990, 721; BayObLG JurBüro 1992, 183
     = Rpfleger 1992, 152; *Knothe* in *Bauer/von Oefele* Rn 40.
179 BayObLG Rpfleger 1974, 396 0 DNotZ 1975, 555; OLG Frankfurt Beschl vom 02.09.2005 – 20 W 414-04 (nicht
     veröffentlicht); *Zöller-Geimer* § 418 ZPO Rn 3.
180 BayObLG BayObLGR 2005, 150 = DNotZ 2005, 294 = RNotZ 2005, 173 = Rpfleger 2005, 186; OLG Frankfurt
     DNotI-Report 1995, 212 = MittRhNotK 1996, 53 = NJW-RR 1996, 529 = OLGR Frankfurt 1995, 255 = Rpfleger
     1996, 151; OLG Köln DNotI-Report 2007, 197 = FGPrax 2007, 102 = NotBZ 2007, 333 = OLGR Köln 2007, 612
     = RNotZ 2007, 483 = ZEV 2007, 592; *Renner* MittBayNot 2008, 53; *Demharter* Rn 28.

Von einer Bedingung zu unterscheiden ist eine **bloße Auflage im Innenverhältnis (schuldrechtliche Beschränkung):** Ist beispielsweise der Notar angewiesen, den Antrag auf Eintragung eines Grundpfandrechts, das der Käufer als Bevollmächtigter des Verkäufers bestellt hat, beim Grundbuchamt erst zu stellen, wenn der gesamte Kaufpreis auf Anderkonto hinterlegt ist, so liegt überhaupt keine bedingte Eintragungsbewilligung vor, sondern eine Weisung an den Notar zum Urkundenvollzug.

Wichtig ist die Unterscheidung va bei **Vollmachten** (vgl Rdn 59 f): Handelt es sich hier um eine Beschränkung der Vollmacht im Außenverhältnis, so muss dem Grundbuchamt der Eintritt der aufschiebenden Bedingung durch öffentliche Urkunden nachgewiesen werden[181] – nicht hingegen bei einer bloßen Beschränkung im Innenverhältnis. Letztere wird zwar häufig formuliert als »Bedingung, die aber dem Grundbuchamt gegenüber nicht nachzuweisen ist«. Eine rechtsgeschäftliche Bestimmung, wie der Bedingungseintritt nachzuweisen sei, hätte natürlich für das Grundbuchverfahren keine Wirkung; denn § 29 GBO enthält eine für das Grundbuchverfahren zwingende Beweismittelbeschränkung;[182] doch ist eine derartige »Bedingung« idR als schuldrechtliche Beschränkung auszulegen.

111 Eine **Eintragungsbewilligung** kann zwar (analog § 16 Abs 1 GBO) grds nicht bedingt oder befristet erklärt werden.[183] Zulässig ist jedoch (neben einer Rechtsbedingung, die klarstellend nur die Gesetzeslage wiederholt – zB bei gesetzlichen Genehmigungserfordernissen, sowie einer Verknüpfung zur gemeinsamen Eintragung nach § 16 Abs 2 GBO[184]) nach hM auch eine Bedingung, soweit diese durch öffentliche Urkunde nachgewiesen werden kann[185] – wobei man wohl zusätzlich noch fordern muss, dass dem Grundbuchamt der Bedingungseintritt bereits mit Antragstellung oder jedenfalls auf Zwischenverfügung hin nachgewiesen werden muss; vor Bedingungseintritt kann nicht dadurch eine vorrangige Antragserledigung nach § 17 GBO gesichert und das Grundbuch im Ergebnis blockiert werden.

112 Der Nachweis ist durch **öffentliche Urkunde** (§ 29 Abs 1 S 2) zu erbringen.

Häufig kann der Eintritt einer bestimmten Tatsache nicht durch öffentliche Urkunde nachgewiesen werden, da es keine Behörde gibt, in deren Aufgabenbereich eine derartige Feststellung fällt (vgl Rdn 368 ff).[186] Auch wenn eine entsprechende Erklärung eines Beteiligten beurkundet würde, erbrächte dies lediglich den Beweis, dass die Erklärung von dem Beteiligten abgegeben wurde; die formelle Beweiskraft des § 415 ZPO erstreckt sich aber nicht darauf, dass die Erklärung auch inhaltlich richtig ist; dies unterliegt vielmehr der freien Beweiswürdigung nach § 286 ZPO.[187]

113 Auch eine **Notarbestätigung** reicht zum Nachweis des Eintritts oder Nichteintritts einer Bedingung nur aus, soweit sie eine Tatsachenfeststellung über amtlich vom Notar festgestellte Tatsachen enthält. Darüber hinausgehende tatsächliche oder rechtliche Schlussfolgerungen des Notars sind zwar als gutachterliche Äußerung möglich, erbringen aber nicht den Nachweis der Richtigkeit ihres Inhalts.[188]

114 Ein paar Beispiele:
– Ist eine Eintragung (zB eine Löschung) Zug um Zug gegen **Zahlung** eines Geldbetrages bewilligt, so ist die Erfüllung der Gegenleistung dem Grundbuchamt stets formgerecht nachzuweisen (zB auch durch Quittung des Zahlungsempfängers, vgl Rdn 88; einer Zustellung der Nachweisurkunde bedarf es dagegen nicht.

---

181 KG OLGE 10, 84; OLG Frankfurt DNotI-Report 1995, 212 = OLG-Report 1995, 255 = MittRhNotK 1996, 53 = NJW-RR 1996, 529 = Rpfleger 1996, 151; *Demharter* § 29 GBO Rn 15; KEHE-*Herrmann* § 29 Rn 30; *Knothe* in *Bauer/von Oefele* § 29 Rn 50; *Schöner/Stöber* Rn 156.
182 *Demharter* § 29 Rn 1 ff; *Schöner/Stöber* Rn 152 f.
183 KGJ 44, 191, 197; OLG Oldenburg MDR 1947, 23, 24.
184 BayObLGZ 1985, 332 = DNotZ 1986, 345 = MDR 1986, 147 = MittBayNot 1986, 254 = MittRhNotK 1986, 46 = Rpfleger 1986, 48: OLG Hamm OLGZ 1992, 398, 400 = Rpfleger 1992, 474.
185 OLG Frankfurt MittRhNotK 1975, 326 = Rpfleger 1975, 177; Rpfleger 1980, 291; DNotI-Report 1995, 212 = OLG-Report 1995, 255 = MittRhNotK 1996, 53 = NJW-RR 1996, 529 = Rpfleger 1996, 151; *Demharter* § 19 Rn 31; KEHE-*Munzig* § 19 Rn 32; *Kössinger* in *Bauer/von Oefele* § 19 Rn 56; *Meikel-Böttcher* § 19 Rdn 120; *Schöner/Stöber* Rn 103, 156; **aA** noch Vorauflage *Meikel-Brambring* § 29 Rn 95.
186 vgl BayObLG BayObLGR 2005, 150 = DNotZ 2005, 294 = RNotZ 2005, 173 = Rpfleger 2005, 186; OLG Köln DNotI-Report 2007, 197 = FGPrax 2007, 102 = NotBZ 2007, 333 = OLGR 2007, 612 = RNotZ 2007, 483 = ZEV 2007, 492 m Anm *Müller.*
187 BGH BB 1986, 2017 = DNotZ 1987, 441 = JZ 1987, 522 = NStZ 1986, 550; OLG Hamburg MDR 1999, 375 = OLG-Report 1998, 439; vgl auch zur Beweiskraft privatschriftlicher Urkunden: BGH BB 1993, 1911 = MDR 1993, 1119 = NJW-RR 1993, 1379 = WM 1993, 1801 = ZIP 1993, 1170; *Baumbach/Lauterbach/Albers/Hartmann,* ZPO, 66. Aufl 2008, § 415 ZPO Rn 8; MüKo-ZPO/*Schreiber,* 3. Aufl 2008, § 415 ZPO Rn 27; *Musielak-Huber,* ZPO, 5. Aufl 2008, § 415 ZPO Rn 10; *Zöller-Geimer,* ZPO, 26. Aufl 2007, § 415 ZPO Rn 5; *Staudinger-Hertel* (2004) Vor §§ 127a/128 BGB Rn 702.
188 OLG Frankfurt DNotI-Report 1995, 212 = MittRhNotK 1996, 53 = NJW-RR 1996, 529 = OLGR Frankfurt 1995, 255 = Rpfleger 1996, 151 (Nachweis der »Verzögerung oder Stillegung der Arbeiten an der Baustelle«); *Schöner/Stöber* Rn 156.

– Für den Nachweis des Eintritts einer Bedingung, die in einer **Abtretung** besteht, reicht es grundsätzlich aus, dass Abtretender und Abtretungsempfänger in notarieller oder notariell beglaubigter Form erklären (bekunden), dass die Abtretung erfolgt sei.[189]

– **Vollmachten** sind manchmal nicht grundbuchtauglich, weil sie an Bedingungen anknüpfen, die nicht durch öffentliche Urkunden nachweisbar sind, so etwa die in Vorsorgevollmachten zT anzutreffende Bedingung der **Betreuungsbedürftigkeit** oder eigenen Handlungsunfähigkeit.[190] Nach § 29 Abs 1 S 1 GBO nachweisbar wäre hingegen eine Bedingung, wonach ein namentlich bezeichneter Dritter (nicht aber allgemein »mein Hausarzt«) eine bestimmte Erklärung abgeben muss[191] (sofern Bedingung nur die Abgabe der Erklärung ist, nicht aber deren inhaltliche Richtigkeit).

bb) Übereinstimmung von Plänen (vorläufiger Aufteilungsplan, Teilfläche). Kein Fall des § 29 GBO **115** liegt vor, wenn die Aufteilung in Wohnungseigentum zunächst mit einem **vorläufigen Aufteilungsplan** beurkundet und dann erst der amtliche Aufteilungsplan mit der Abgeschlossenheitsbescheinigung nach § 7 Abs 4 S 2 WEG versehen wird. Dann muss das **Grundbuchamt selbst prüfen**, ob beide Pläne übereinstimmen; es kann nicht etwa den Nachweis der Übereinstimmung beider Pläne verlangen (zB durch eine Identitätserklärung des Notars).[192]

Bei einer Teilflächenveräußerung muss die veräußerte Teilfläche nach § 28 GBO durch Hinweis auf die Grundbuchstelle oder in Übereinstimmung mit der Grundbucheintragung bezeichnet werden; daher erübrigt sich hier der Nachweis der Übereinstimmung der aufgelassenen mit der abvermessenen Teilfläche. Im Einzelfall ist eine Identitätserklärung nach § 28 GBO aber entbehrlich, wenn keinerlei Zweifel hinsichtlich des von der beantragten Eintragung betroffenen Grundstücks bestehen und ein Irrtum ausgeschlossen ist, insbes wenn die Übereinstimmung des vermessenen mit dem aufgelassenen (Teil-)Grundstück durch Übereinstimmung der amtlichen Karte nach Vermessung mit dem der Auflassung zugrundeliegenden Lageplan nachgewiesen werden kann.[193] **116**

cc) Rangausnutzung. Die Eintragung des **erhöhten Erbbauzinses** an der durch die Vormerkung gesicherten Rangstelle setzt voraus, dass die Erhöhung innerhalb des Rahmens der der Vormerkung zugrunde liegenden Vereinbarung liegt und dies nach Maßgabe des § 29 nachgewiesen ist. Ist für die künftige Erhöhung des Erbbauzinses eine Obergrenze nach Maßgabe eines bestimmten Prozentsatzes des Grundstückswertes festgelegt, so sollen nach OLG Düsseldorf[194] in Ermangelung von Nachweisen iS von § 29 idR Vorrangseinräumungserklärungen der nachrangigen Gläubiger erforderlich sein. Dieser Grundsatz kann jedoch nur dann gelten, wenn sich aus den vorgelegten Unterlagen hinreichend deutliche Anhaltspunkte ergeben, dass die Beteiligten den Rahmen der zugrunde liegenden Vereinbarung überschritten haben. Bestehen lediglich Zweifel, so kann ein entsprechender Nachweis nicht gefordert werden.[195] **117**

4. Nachweiserfordernis gerichtlicher Entscheidungen

Zu den sonstigen Eintragungsvoraussetzungen nach § 29 Abs 1 S 2 gehören alle gerichtlichen Entscheidungen **118** und Verfügungen, insbesondere Vollstreckungstitel, Arrestbefehle, einstweilige Verfügungen, Pfändungs- und Überweisungsbeschlüsse, Ausschlussurteile, vormundschaftsgerichtliche Genehmigung etc, soweit diese eine Erklärung der Beteiligten ersetzen bzw für deren Wirksamkeit erforderlich sind. Hier ist der Nachweis, ggf auch der Nachweis ihrer Zustellung, durch öffentliche Urkunden zu führen.

Ein **Rechtshängigkeitsvermerk** in Bezug auf das Eigentum an einem Grundstück bedarf zu seiner Eintra- **119** gung weder der Bewilligung des Buchberechtigten noch einer einstweiligen Verfügung des Prozessgerichts. Es genügt der Nachweis der Rechtshängigkeit nach § 29.[196]

189 BayObLGZ 1984, 155 = MittBayNot 1984, 186.
190 OLG Köln DNotI-Report 2007, 197 = FGPrax 2007, 102 = NotBZ 2007, 333 = OLGR 2007, 612 = RNotZ 2007, 483 = ZEV 2007, 492 m Anm *Müller*; DNotI-Gutachten Fax-Abruf-Nr 11508 von 18.01.2008; *Renner* in *Müller/Renner*, Betreuungsrecht und Vorsorgeverfügung in der Praxis, 2. Aufl 2008, Rn 252 ff.
191 zu den Problemen auch dieser Lösung vgl OLG Koblenz FamRZ 2007, 1190 = OLGR 2007, 404 = RNotZ 2007, 270 = WM 2007, 1785 = ZEV 2007, 595 m Anm *Müller*.
192 BayObLGZ 2002, 397 = DNotZ 2003, 275 m Anm *F Schmidt* = FGPrax 2003, 57 = MittBayNot 2003, 127 m Anm *Morhard* = NJW-RR 2003, 446 = RNotZ 2003, 129 = Rpfleger 2003, 289 = ZfIR 2003, 382; vgl Anm *Hügel* NotBZ 2003, 147.
193 OLG Köln DNotZ 1992, 371 = NJW-RR 1992, 1043 = OLGR Köln 1992, 99 = Rpfleger 1992, 153.
194 OLG Düsseldorf DNotZ 1976, 539.
195 *Jerschke* Anm zu OLG Düsseldorf DNotZ 1976, 539, 543.
196 OLG Zweibrücken OLGZ 1989, 260 = NJW 1989, 1098 = Rpfleger 1989, 276; OLG Schleswig DNotZ 1995, 83 = MDR 1994, 832 = NJW-RR 1994, 1498 = Rpfleger 1994, 455 = SchlHA 1994, 169; BayObLG NJW-RR 2003, 234 = Rpfleger 2003, 122 = ZfIR 2003, 563; OLG Braunschweig NJW-RR 2005, 1099 = OLGR Braunschweig 2005, 731= VersR 2005, 988.

120 **a) Verurteilung zur Abgabe einer Willenserklärung (§ 894 ZPO).** Soweit die Bewilligung (oder Auflassungserklärung) eines Beteiligten durch dessen rechtskräftige Verurteilung zur Abgabe der betreffenden Willenserklärung ersetzt ist (§ 894 Abs 1 S 1 ZPO), ist dem Grundbuchamt eine Ausfertigung des rechtskräftigen **Urteils mit Rechtskraftvermerk** vorzulegen. So ersetzt ein die Grundbuchunrichtigkeit feststellendes Urteil die Berichtigungsbewilligung des Beklagten.[197]

121 Macht das Urteil die Abgabe der Willenserklärung von einer **Gegenleistung** abhängig, so ist nach § 894 Abs 1 S 2 ZPO eine **vollstreckbare Ausfertigung** des rechtskräftigen Urteils vorzulegen. Das Grundbuchamt hat nicht zu prüfen, ob die Gegenleistung erbracht ist, das ist Aufgabe des die vollstreckbare Ausfertigung erteilenden Urkundsbeamten der Geschäftsstelle im Klauselerteilungsverfahren.[198]

122 **b) Zwangsvollstreckung in das Grundstück.** Auch bei der Zwangsvollstreckung in das Grundstück sind ggf zusätzliche Nachweise erforderlich:
- Bei einem nur gegen **Sicherheitsleistung** vorläufig vollstreckbaren Urteil muss zur Vollstreckung und damit auch für die Grundbucheintragung die Sicherheitsleistung in grundbuchmäßiger Form nachgewiesen werden.[199] Zur Eintragung einer Zwangshypothek genügt die als Sicherheitsleistung zugelassene Bankbürgschaft in privatschriftlicher Form, wenn deren Übergabe an den Schuldner durch öffentlich beglaubigte Urkunde nachgewiesen ist. Für diesen Nachweis ist bei der Zustellung von Anwalt zu Anwalt das schriftliche Empfangsbekenntnis des Anwalts des Schuldners nach §§ 170, 176 ZPO genügend.[200]
- Bei Eintragung der **Pfändung** einer **Eigentümergrundschuld** ist der Nachweis des Übergangs der Grundschuld auf den Eigentümer zu führen.[201]
- Soll an einem Grundstück, das zum gemeinschaftlich verwalteten **Gesamtgut in Gütergemeinschaft** lebender Ehegatten gehört, aufgrund eines Vollstreckungstitels gegen nur einen der beiden Ehegatten eine Sicherungshypothek eingetragen werden, müssen dem Grundbuchamt in der Form der § 29 die Voraussetzungen des § 741 ZPO (selbständiger Betrieb eines Erwerbsgeschäfts) nachgewiesen werden.[202]

123 **c) Genehmigung des Familien-, Vormundschafts- oder Nachlassgerichts. aa) Genehmigungserteilung und Bekanntmachung an den gesetzlichen Vertreter.** Bedarf ein Rechtsgeschäft der Eltern für das minderjährige Kind (§ 1643 BGB), des Betreuers (§ 1908i BGB), des Pflegers (§ 1915 BGB) oder des Vormunds in den Fällen der §§ 1821, 1822 BGB der Genehmigung des Familien- bzw Vormundschaftsgerichts oder bedarf ein Rechtsgeschäft des Nachlasspflegers der Genehmigung des Nachlassgerichts, ist im Grundbuchverfahren die **Genehmigung** des Gerichts nachzuweisen (§ 29 Abs 1 S 2).

124 Die **Genehmigungsbedürftigkeit** muss das Grundbuchamt selber prüfen; auch ein gerichtliches »Negativattest« (dh ein Beschluss, der einen Genehmigungsantrag mangels Genehmigungserfordernis ablehnt) bindet das Grundbuchamt nicht,[203] begründet allerdings eine tatsächliche Vermutung für die Genehmigungsfreiheit.[204]

Daher kann das Grundbuchamt umgekehrt auch nicht von den Beteiligten verlangen, dass diese ein gerichtliches »Negativattest« vorlegen, wenn sich das Grundbuchamt über die Genehmigungsbedürftigkeit unsicher ist. (Der Unterschied zu Negativzeugnissen bei bestimmten behördlichen Genehmigungen liegt darin, dass dort das Gesetz dem Negativzeugnis jeweils Bindungswirkung zuweist, vgl Rdn 136, 141).

125 Neben der Genehmigung selbst ist auch deren **Bekanntmachung** gegenüber dem gesetzlichen Vertreter (§ 1828 BGB) durch öffentliche Urkunde nachzuweisen. Dieser Nachweis wird dadurch geführt, dass das Gericht in der Ausfertigung seines Beschlusses bestätigt, die Genehmigung dem gesetzlichen Vertreter unmittelbar mitgeteilt zu haben; ebenso genügt der Nachweis über die Zustellung an den gesetzlichen Vertreter.[205]

Gleiches gilt für die Genehmigung des Gegenvormundes oder Gegenbetreuers nach §§ 1832, 1908i BGB.

126 **bb) Mitteilung der Genehmigung an den anderen Vertragsteil.** Bedarf ein **Vertrag** der gerichtlichen Genehmigung, wird die Genehmigung materiell erst wirksam, wenn darüber hinaus der gesetzliche Vertreter die **Genehmigung dem anderen Vertragsteil mitgeteilt** hat (§ 1829 § 1 S 2 BGB).

---

197 OLG Jena FGPrax 2001, 56 = OLG-NL 2001, 41 = OLGR Jena 2001, 442 = ZflR 2001, 779.
198 BayObLG DNotZ 1985, 47 = Rpfleger 1983, 480; *Schöner/Stöber* Rn 748.
199 BayObLG DNotI-Report 2001, 134 = Rpfleger 2001, 407 = ZflR 2002, 80.
200 LG Karlsruhe NJW 1967, 2412.
201 HansOLG Rpfleger 1976, 401; OLG Celle NotBZ 2007, 61 = OLGR Celle 2006, 817 = ZflR 2008, 77; OLG Karlsruhe BWNotZ 2007, 59 = FGPrax 2006, 53 = OLGR Karlsruhe 2006, 132 = Rpfleger 2006, 182.
202 BayObLGZ 1995, 249 = FGPrax 1996, 188 = NJW-RR 1996, 80 = Rpfleger 1996, 63.
203 OLG Köln OLGR Köln 2003, 290 = RNotZ 2003, 515 = Rpfleger 2003, 570, 572 = ZMR 2004, 189; OLG Zweibrücken FamRZ 2000, 117 = NJW-RR 1999, 1174 = NZG 1999, 717 = OLGR Zweibrücken 1999, 389.
204 OLG Hamm OLGZ 1991, 131 = FamRZ 1991, 605 = MDR 1991, 251 = Rpfleger 1991, 56.
205 *Schöner/Stöber* Rn 374; *Demharter* § 19 Rn 69.

Diese Mitteilung ist dem Grundbuchamt im Bereich des **materiellen Konsensprinzips** (also bei der Auflassung eines Grundstücks und bei Bestellung, Änderung des Inhalts oder Übertragung eines Erbbaurechts nach § 20) ebenfalls in der Form des § 29 nachzuweisen[206] – nicht aber, wenn die Eintragung aufgrund einseitiger Bewilligung nach § 19 erfolgt. In den Fällen des § 20 ist daher für die Eintragung in der Form des § 29 nachzuweisen:

– Erteilung der Genehmigung durch das Gericht (Nachweis durch Ausfertigung der Entscheidung)[207],
– Bekanntmachung der Genehmigung durch das Gericht an den gesetzlichen Vertreter (§ 1828 BGB, Nachweis durch entsprechende Feststellung in der Ausfertigung oder durch Zustellungsurkunde),
– Mitteilung dieser Genehmigung durch den gesetzlichen Vertreter an den anderen Vertragsteil (§ 1829 Abs 1 BGB) und
– Zugang der Mitteilung bei diesem (§ 1829 Abs 1 BGB).[208]

Die Mitteilung der Genehmigung durch den gesetzlichen Vertreter zählt zu den sonstigen Erklärungen iS des § 29 Abs 1 S 1; sie bedarf zumindest der öffentlichen Beglaubigung. Der Nachweis des Zugangs ist durch öffentliche Urkunde (zB Postzustellungsurkunde, § 182 ZPO) zu führen.

Zulässig und in der Praxis üblich ist die sog **Doppelermächtigung** (Doppelvollmacht) des beurkundenden **127** Notars, die Genehmigung des Vormundschaftsgerichts für den gesetzlichen Vertreter entgegenzunehmen, sie dem anderen Vertragsteil mitzuteilen und für diesen die Mitteilung in Empfang zu nehmen.[209]

Einen § 29 genügenden Nachweis kann der bevollmächtigte Notar durch eine **notarielle Eigenurkunde** (Rdn 356 ff) erbringen, indem er einen besonderen Vermerk auf die Urkunde anbringt, der etwa folgenden Wortlaut haben kann:

»Diese mir als Bevollmächtigten des Vormunds (der Eltern/des Pflegers/des Betreuers) zugegangene Genehmigung habe ich heute mir selbst als gleichzeitig auch vom anderen Vertragsteil Bevollmächtigten mitgeteilt und für diesen in Empfang genommen.«
Datum, Unterschrift und Siegel des Notars

Nach **anderer Ansicht** reicht es für § 29 bereits aus, wenn der Notar formlos die Vollmacht in der Weise aus- **128** übt, dass er die entsprechende Urkunde nach § 15 **dem Grundbuchamt vorlegt** (jedenfalls wenn dies so vereinbart ist).[210] Dieser Ansicht ist nicht zu folgen. Richtig ist, dass die Ausübung der Vollmacht materiell keiner Form bedarf, also auch mündlich oder durch konkludentes Verhalten erfolgen kann, da auch für die Mitteilung des gesetzlichen Vertreters an den anderen Vertragsteil nichts anderes gilt. Nach § 29 Abs 1 S 1 gilt aber für die zur Eintragung erforderlichen Erklärungen (und hierzu gehört die Mitteilung) die strenge Form des Urkundenbeweises, die in keinem Fall durch ein konkludentes Verhalten (Antrag des Notars auf Vollzug der Urkunde) ersetzt werden kann.[211]

Nach allgemeiner Ansicht genügt nicht, **129**
– wenn die Vertragsbeteiligten eine Genehmigungsfiktion mit **Eingang der Genehmigung beim Notar** vereinbart haben (»die Genehmigung gilt mit Eingang beim Notar als erteilt«);[212]
– ebensowenig genügt ein bloßer **Vermerk über die Kenntnisnahme** der Genehmigungserteilung, da damit der Wille zur Mitteilung an den anderen Vertragsteil nicht ausgedrückt wird.[213]

---

206 OLG Oldenburg DNotZ 1957, 543; BayObLG DNotZ 1983, 369.
207 Vgl *Böttcher/Spanl* RPfl JB 1990, 193, 196, *Schöner/Stöber* Rn 3746.
208 OLG Oldenburg DNotz 1957, 543; *Schöner/Stöber* Rn 3747.
209 Heute unbestritten, vgl BayObLGZ 22, 139 = JW 1923, 758; OLG Hamm DNotZ 1964, 541, 544; BayObLG DNotZ 1983, 369; Rpfleger 1988, 242; *Schöner/Stöber* Rn 3739; *Demharter* § 19 Rn 68; KEHE-*Ertl* § 20 Rn 83; *Brambring* in Beck'sches Notarhandbuch, 4. Aufl 2006, A I Rn 286; *ders* in Beck'sches Formularbuch, Muster V. 38 mit Formulierungsvorschlag; *Hertel* in Würzburger Notarhandbuch, Teil 2 Rn 608, 617; *Langenfeld* in Münchener Vertragshandbuch, Band 6, Muster XIV. 3.
210 BayObLGZ 22, 139 = JW 1923, 758; KGR 1928, 1058; *Demharter* § 20 Rn 41; KEHE-*Ertl* § 20 Rn 85; MüKo-*Wagenitz*, § 1829 BGB Rn 12; vgl Formulierungsbeispiele von *Peter* in Kersten/Bühling, Formularbuch und Praxis der freiwilligen Gerichtsbarkeit, 22. Aufl 2008, § 97 Rn 7 M; *Grauel*, ZNotP 2000, 152.
211 RGZ 121, 30, 36 f; OLG Hamm Rpfleger 1964, 313; OLG Zweibrücken DNotZ 1971, 731; LG München II DNotZ 1976, 607 = MittBayNot 1975, 229 = MittRhNotK 1975, 755; RGRK-*Dickescheid*, § 1829 BGB Rn 7; *Staudinger-Engler*, § 1829 BGB Rn 29; wohl auch *Schöner/Stöber* Rn 3740; *Meyer-Stolte* Rpfleger 1974, 85, 88.
212 OLG Frankfurt DNotZ 1985, 244, 246 (unzulässiger Verzicht auf die Entscheidungsmöglichkeit des Vormunds § 1829 Abs 1 BGB, ob er von der erteilten Genehmigung tatsächlich Gebrauch macht oder nicht); BayObLGZ 1989, 242 = FamRZ 1989, 1113, 1115 (unzulässiger Verzicht auf die Mitteilung); MüKo-*Wagenitz* § 1829 BGB Rn 17; *Staudinger-Engler* § 1829 BGB Rn 29.
213 OLG Zweibrücken DNotZ 1971, 731, 732.

5. Nachweiserfordernis für behördliche Genehmigungen und Erklärungen

130 **a) Genehmigung als Wirksamkeitserfordernis des dinglichen Rechtsgeschäfts.** Soweit eine behördliche oder gerichtliche Genehmigung **Wirksamkeitsvoraussetzung** für die einzutragende **dingliche Rechtsänderung** ist, ist die Genehmigung der Behörde durch öffentliche Urkunde nachzuweisen (nach hM § 29 Abs 1 S 2 GBO). Dies gilt sowohl im Rahmen des formellen wie des materiellen Konsensprinzips: Im ersten Fall ist die Genehmigungserteilung bei der Bewilligungsberechtigung nach § 19, im letzteren bei der Verfügungsbefugnis nach § 20 GBO als öffentlich-rechtliche Verfügungsbeschränkungen von Amts wegen zu prüfen.

Für das Grundbuchamt unbeachtlich sind hingegen Genehmigungserfordernisse, die nur das **schuldrechtliche Rechtsgeschäft** betreffen. Auch eine (Auflassungs-)Vormerkung kann eingetragen werden, ohne dass die Wirksamkeit des gesicherten schuldrechtlichen Anspruchs nachzuweisen ist.[214] Das Grundbuchamt hätte die Eintragung der Vormerkung nur dann zurückzuweisen, wenn ihm positiv bekannt wäre, dass eine für die Entstehung des schuldrechtlichen Anspruchs erforderlich Genehmigung endgültig versagt wurde.

Zu den einzelnen **Genehmigungserfordernissen** vgl Einl J Rdn 13 ff.

131 Das Grundbuchamt hat die **Genehmigungsbedürftigkeit** zunächst in eigener Verantwortung zu prüfen. Nur wenn es die Genehmigungsbedürftigkeit bejaht oder diese trotz sorgfältiger Prüfung der Sach- und Rechtslage als zweifelhaft beurteilt, kann und muss es durch Zwischenverfügung den Nachweis der Genehmigung oder eine Negativbescheinigung verlangen.[215]

132 Die Genehmigung ist durch **öffentliche Urkunde** nachzuweisen. Wohl mehrheitlich wird dies als Fall des § 29 Abs 1 S 2 angesehen,[216] so dass eine Unterschriftsbeglaubigung nicht genügen würde. Im Ergebnis kann dies idR dahinstehen, insbes da bei einer Unterschriftsbeglaubigung der Nachweis der Vertretungsbefugnis des für die Behörde Handelnden gesondert zu führen wäre (und meist nicht geführt ist) (vgl Rdn 339 ff).

IdR erfolgt der Nachweis durch eine Eigenurkunde der Behörde. Nach **§ 29 Abs 3 GBO** genügt dabei zum Nachweis gegenüber dem Grundbuchamt, dass die Behörde die für sie maßgeblichen Zuständigkeits-, Verfahrens- und Formvorschriften eingehalten hat, wenn die Urkunde **unterschrieben und mit Siegel** oder Stempel der Behörde versehen ist; mehr muss das Grundbuchamt zur Einhaltung der Förmlichkeiten durch die Behörde nicht prüfen (Rdn 339 ff).

133 Dem Grundbuchamt muss lediglich die Erteilung der Genehmigung nachgewiesen werden, nicht deren **Unanfechtbarkeit**.

Als **Ausnahme** verlangt § 7 Abs 1 GrdStVG für die **Grundstücksverkehrsgenehmigung** hingegen den Nachweis der Unanfechtbarkeit; dieser kann entweder nach § 6 Abs 3 GrdStVG durch ein Zeugnis der Genehmigungsbehörde über die durch Zeitablauf eingetretene Unanfechtbarkeit oder durch Vorlage des die uneingeschränkte Genehmigung enthaltenden Bescheides der Genehmigungsbehörde erbracht werden.[217]

134 Zum **Inhalt der Genehmigung**: Das Grundbuchamt muss prüfen, ob die erteilte Genehmigung das dingliche Rechtsgeschäft auch abdeckt.[218] Insoweit ist aber kein zusätzlicher Nachweis über den Genehmigungsbescheid hinaus erforderlich.

Jedoch kann nicht etwa eine Genehmigung in Form einer Allgemeinverfügung erteilt werden und dem Grundbuchamt überlassen werden, im Einzelfall festzustellen, ob die tatsächlichen und rechtlichen Voraussetzungen vorliegen und deshalb im konkreten Fall von der wirksamen Erteilung einer Genehmigung ausgegangen werden kann.[219]

---

214 *Schöner/Stöber* Rn 3809.

215 BGHZ 32, 389 = WM 1960, 944; BGHZ 94, 24 = DNotZ 1986, 97 = MDR 1986, 40 = MittBayNot 1985, 68 = MittRhNotK 1985, 120 = NJW 1985, 1902 = Rpfleger 1985, 234; BayObLGZ 1953, 150; 1961, 2; BayObLGZ 1968, 130 = Rpfleger 1968, 233; BayObLGZ 1969, 146 = Rpfleger 1969, 301; BayObLG DNotZ 1972, 761 = Rpfleger 1972, 406; BayObLGZ 1978, 20 = MittBayNot 1978, 32 = Rpfleger 1978, 141; OLG Celle DNotZ 1967, 639; OLG Hamm MDR 1952, 77; OLG Hamm NJW 1961, 560; OLG Jena NotBZ 2002, 32 = OLGR Jena 2001, 461; *Demharter* § 19 Rn 117; KEHE-*Munzig* § 20 Rn 156; *Bauer* in *Bauer/von Oefele* AT I Rn 170; *Meikel-Grziwotz* Einl J Rdn 16; *Meikel-Böttcher* § 18 Rdn 6; *Schöner/Stöber* Rn 3808.

216 *Demharter* § 29 Rn 16; *Knothe* in *Bauer/von Oefele* Rn 51, 142; zweifelnd *Hügel-Otto* § 29 Rn 52.

217 BGHZ 94, 24 = DNotZ 1986, 97 = MDR 1986, 40 = MittBayNot 1985, 68 = MittRhNotK 1985, 120 = NJW 1985, 1902 = Rpfleger 1985, 234; *Knothe* in *Bauer/von Oefele* § 29 Rn 53.

218 OLG Jena ThürVBl 2001, 281 (Übereinstimmung von Planfeststellungsbeschluss und Grundstücksteilung).

219 OLG Brandenburg FGPrax 2006, 244 = NotBZ 2006, 364 = Rpfleger 2006, 644 (Belastungsverbot nach § 86 I 1 BbgGO).

Das Grundbuchamt kann allenfalls prüfen, ob die vorgelegte Genehmigung **nichtig** ist; eine weitergehende materielle Prüfungs- und Verwerfungskompetenz steht ihm nicht zu.[220]

Bei **Nebenbestimmungen** zur Genehmigung ist zu unterscheiden: **135**
– Ist die Genehmigung unter einer **aufschiebenden Bedingung** erteilt, so ist der Eintritt der Bedingung ebenfalls in der Form des § 29 Abs 1 S 2 durch öffentliche Urkunde nachzuweisen.[221]
– Die unter einer **Auflage** erteilte Genehmigung ist hingegen unbedingt; die Erfüllung der Auflage ist daher von dem Grundbuchamt nicht nachzuprüfen, also auch nicht förmlich nachzuweisen.[222]

Anstelle der Genehmigung genügt auch eine **Negativbescheinigung** (Negativattest) über die Genehmigungsfreiheit, soweit das Gesetz diese ausdrücklich vorsieht.[223] Sieht das Gesetz ein Fiktionszeugnis vor, so ist das Grundbuchamt weder berechtigt noch verpflichtet, eigene Ermittlungen anzustellen, ob die tatsächlichen Voraussetzungen vorliegen, unter denen eine behördliche Genehmigung als erteilt gilt; dies ist durch ein Negativzeugnis der Behörde nachzuweisen. **136**

Sieht das Gesetz kein Negativzeugnis vor, so knüpft an eine Bescheinigung der für die Genehmigung zuständigen Behörde, wonach das betreffende Rechtsgeschäft keinem Genehmigungserfordernis unterliegt, jedenfalls der Erfahrungssatz der inhaltlichen Richtigkeit an, so dass das Grundbuchamt keine weitergehenden Nachweise verlangen muss.

b) Gesetzliche Vorkaufsrechte mit Grundbuchsperre. aa) Bei gesetzlichen Vorkaufsrechten zugunsten **137** der öffentlichen Hand (vgl die Übersicht in Einl J Rdn 237 ff, 263 ff)[224] findet sich teilweise eine **Grundbuchsperre**, dass das Grundbuchamt den Käufer erst dann als neuen Eigentümer eintragen darf, wenn ihm das Nichtbestehen oder die Nichtausübung des Vorkaufsrechtes durch ein Zeugnis der vorkaufsberechtigten Behörde nachgewiesen ist. Wichtigstes Beispiel ist das gemeindliche Vorkaufsrecht nach §§ 24 ff BauGB. Auf die diesbezügliche Vorschrift über die Grundbuchsperre (**§ 28 Abs 1 S 2 BauGB**) verweisen die Vorschriften diverser anderer öffentlich-rechtlicher Vorkaufsrechte oder sehen doch inhaltsgleiche Regelungen vor.

Im Bundesrecht besteht für das siedlungsrechtliche Vorkaufsrecht (§ 2 RSG) indirekt wegen des Erfordernisses **138** der **grundstücksverkehrsrechtlichen Genehmigung** (Art 7 Abs 1 GrdStVG) eine Grundbuchsperre.

Bei den **landesrechtlichen Vorkaufsrechten** besteht danach eine Grundbuchsperre:
– in Hamburg nach § 37 NaturSchG, § 55b WasserG, § 15a WegeG, § 13 HafenEntwG,
– in Mecklenburg-Vorpommern nach § 22 DenkmalSchG,
– im Saarland nach § 36 NaturSchG,
– in Sachsen nach § 25 WasserG,
– in Thüringen nach § 30 DenkmalSchG.

Soweit hingegen gesetzlichen Vorkaufsrechten zwar **dingliche Wirkung** zukommt (entsprechend § 1098 **139** Abs 2 BGB), sie aber keine Grundbuchsperre auslösen, ist der Erwerber vom Grundbuchamt bei Vorlage der Auflassung ohne weiteres einzutragen. Zwar ist der Eigentumserwerb dem Vorkaufsberechtigten gegenüber unwirksam (entsprechend des Vormerkungsschutzes nach § 883 Abs 2 BGB), sofern dieser sein Vorkaufsrecht fristgerecht ausübt. Dies hat aber das Grundbuchamt nicht zu prüfen, da die relative Unwirksamkeit das Grundbuch nicht allgemein unrichtig macht.

Die Grundbuchsperre betrifft nur die **Eigentumsumschreibung** auf den Käufer. Die Eintragung einer Auflassungsvormerkung oder von Belastungen ist ohne Negativattest möglich. **140**

Kein Vorkaufsrecht (und damit keine Grundbuchsperre) besteht nach § 24 Abs 2 BauGB beim Verkauf von Wohnungs- und Teileigentum sowie von Erbbaurechten. Von den erwähnten landesrechtlichen Vorkaufsrechte enthält § 22 Abs 1 S 3 DenkmalSchG MV ausdrücklich eine entsprechende Einschränkung und hat Hamburg eine generelle Verzichtserklärung für Vorkaufsrecht nach § 37 NaturSchG Hbg bei Wohnungs- und Teileigentum abgegeben.

220 BGHZ 44, 325 = NJW 1966, 652 = Rpfleger 1966, 79; BayObLG NJW 1951, 645; BayObLGZ 1952, 56; LG Dresden VIZ 1994, 199; *Hügel-Otto* § 29 Rn 117; *Meikel-Grziwotz* Einl J Rdn 16.
221 KG DNotZ 1937, 644; HRR 1940 Nr 1077; OLG Frankfurt OLGZ 1980, 84; *Demharter* § 19 Rn 119; *Hügel-Otto* § 29 Rn 117; vgl allgemein zum Bedingungsnachweis: BayObLG BayObLGR 2005, 150 = DNotZ 2005, 294 = RNotZ 2005, 173 = Rpfleger 2005, 186.
222 *Demharter* § 19 Rn 119.
223 OLG Jena LKV 2001, 527 = OLG-NL 2000, 232 = OLGR Jena 2001, 338 = Rpfleger 2001, 22 = ThürVBl 2000, 280.
224 Weitere Zusammenstellungen gesetzlicher Vorkaufsrechten finden sich bei *Grauel* RNotZ 2002, 210 und RNotZ 2002, 31; *Hertel* in Würzburger Notarhandbuch Teil 6 Rn 461, 465 ff; ders in *Lambert-Lang/Tropf/Frenz* Handbuch der Grundstückspraxis, 2. Aufl 2005 Teil 2 Rn 659; *Schöner/Stöber* Rn 4108 ff und 4187 ff; im Internet aktualisierte Zusammenstellung des DNotI: www.dnoti.de – unter Arbeitshilfen/Immobilienrecht.

141 **bb)** Zur **Prüfungskompetenz** des Grundbuchamtes: Das Grundbuchamt muss selbst muss selbst feststellen, ob ein **Kaufvertrag** vorliegt. Bei einer Schenkung oder ehebedingten Zuwendung ist für die Grundbuchumschreibung kein Negativzeugnis erforderlich.[225]

Ebenso ist ein Negativzeugnis entbehrlich, wenn ein Vorkaufsrecht offensichtlich nach aus der Urkunde zu entnehmenden oder sonst beim Grundbuchamt **offenkundigen Umständen** nicht besteht – etwa bei einem Verkauf an einen anderen Miteigentümer,[226] an Verwandte nach § 26 Nr 1 BauGB[227] oder wenn die Gemeinde selbst Verkäufer ist.[228]

Hingegen kann das Grundbuchamt ein **Negativzeugnis** verlangen, wenn anhand der Eintragungsunterlagen ein Kaufvertrag nicht völlig ausgeschlossen werden kann,[229] etwa weil sich die in einem Übergabevertrag vereinbarten Gegenleistungen nicht ohne weiteres beziffern lassen (und damit nicht sicher feststeht, ob eine gemischte Schenkung vorliegt).[230] Ebenso muss das Grundbuchamt nicht selbst prüfen, ob das Grundstück im Geltungsbereich eines Bebauungsplanes liegt und ob die sonstigen Voraussetzungen für das Eingreifen eines Vorkaufsrechtes vorliegen.

Unabhängig davon, ob ein Negativattest grundbuchverfahrensrechtlich erforderlich wäre, können die Kaufvertragsparteien von der Gemeinde die Erteilung des Negativattestes verlangen (§ 28 Abs 1 S 3 BauGB). Damit können sie etwa in Zweifelsfällen eine Verzögerung der Grundbucheintragung durch eine längere Prüfung des Grundbuchamtes vermeiden.

142 Als Rechtsfolge bewirkt die Grundbuchsperre nach § 28 Abs 1 S 2 BauGB, dass der Erwerber erst nach Vorlage einer gemeindlichen **Verzichtserklärung** bzw eines **Negativattestes** der Gemeinde in das Grundbuch eingetragen werden darf. Die Erklärung der Gemeinde der Gemeinde bedarf der Form des § 29 GBO (nach hM des Abs 1 S 2). Nach **§ 29 Abs 3 GBO** (Rdn 339 ff) genügt jedenfalls eine unterschriebene Erklärung mit Siegel oder Stempel der Gemeinde.

Das Grundbuchamt kann nicht zusätzlich einen Nachweis des **Gemeinderatsbeschlusses** verlangen,[231] auch wenn ein solcher möglicherweise bei der Entscheidung über die Nichtausübung für die interne Willensbildung der Gemeinde kommunalrechtlich erforderlich gewesen sein mag. Denn jedenfalls die Ausstellung des Negativzeugnisses bzw der Verzichtserklärung bei Vorkaufsrechten ist immer Angelegenheit der laufenden Verwaltung (und nicht des Gemeinderates). Außerdem entbindet § 29 Abs 3 GBO das Grundbuchamt von einer Prüfung der behördeninternen Zuständigkeit (sofern nicht ausnahmsweise dem Grundbuchamt positiv die Unzuständigkeit des handelnden Behördenangehörigen bekannt ist).

143 Ein Negativzeugnis ist entbehrlich, wenn die Gemeinde durch ortsübliche Bekanntmachung einen **allgemeinen Verzicht** auf die Ausübung des Vorkaufsrechtes für ihr gesamtes Gemeindegebiet oder für alle Grundstücke einer Gemarkung erklärt hat (§ 28 Abs 5 S 1, 5 BauGB). Der Verzicht kann auch beschränkt auf eine oder mehrere bestimmte Personen erklärt werden, nach hM jedoch nicht beschränkt auf ein einzelnes Grundstück oder eine Gruppe von Grundstücken (unterhalb einer gesamten Gemarkung).[232]

144 **c) Unbedenklichkeitsbescheinigung der Grunderwerbsteuerstelle (§ 22 GrEStG).** Die nach § 22 GrEStG erforderliche Unbedenklichkeitsbescheinigung der Grunderwerbsteuerstelle muss nach § 29 Abs 3 GBO mit Unterschrift und Siegel des Finanzamtes vorliegen. Zur Vorlage beim Grundbuchamt genügt eine beglaubigte Abschrift.[233]

6. Nachweis der Grundbuchunrichtigkeit (§ 22 Abs 1 GBO)

145 **a) Urteil.** Ein Urteil, das zu einer **Grundbuchberichtigung** verurteilt, ersetzt zwar die Berichtigungsbewilligung des Beklagten (sofern es rechtskräftig ist, § 894 ZPO – vgl Rdn 120). Es erbringt aber nicht allgemein den

225 BGHZ 73, 12 = DNotZ 1979, 214 = NJW 1979, 875 = Rpfleger 1979, 97 (ausdrücklich gegen OLG Oldenburg DNotZ 1978, 91 = Rpfleger 1977, 366; Rpfleger 1978, 18); BayObLG Rpfleger 1979, 337; LG Osnabrück JurBüro 1984, 430 = Rpfleger 1984, 146.
226 BayObLGZ 1985, 322 = DNotZ 1986, 223 = JurBüro 1986, 265 = MittBayNot 1986, 251 = MittRhNotK 1986, 20 = Rpfleger 1986, 52.
227 LG Würzburg MittBayNot 1989, 217.
228 LG Arnsberg MDR 2004, 418 = NJW 2004, 1259 = ZNotP 2004, 415 m Anm *Tiedtke*.
229 OLG Köln Rpfleger 1982, 338.
230 OLG Braunschweig DNotZ 1978, 96 m abl Anm *Baumgart* = NdsRpfl 1978, 113.
231 LG Regensburg, DNotZ 1977, 628 = MittBayNot 1977, 123; LG Landshut, MittBayNot 1977, 205.
232 Berliner Kommentar-*Paetow* BauGB (2008) § 28 BauGB Rn; *Brügelmann-Roos* BauGB (2008) § 28 BauGB Rn; *Stock* in *Ernst/Zinkahn/Bielenberg/Krautzberger* BauGB (2008) § 28 BauGB Rn; *Schrödter*, BauGB, 7. Aufl 2006, § 28 BauGB Rn.
233 LG Berlin NotBZ 2002, 383; *Boruttau-Viskorf*, GrEStG, 12. Aufl 2006, § 22 Rn 35; *Hügel* § 20 Rn 79.

Nachweis der Grundbuchunrichtigkeit, da deren Feststellung nur Vorfrage ist und damit nicht in Rechtskraft erwächst; insbes kann es nicht als Nachweis gegenüber Dritten dienen.[234]

b) Rechtsnachfolge außerhalb des Grundbuchs. aa) Erbfolge (§ 35 GBO). Der Nachweis der Erbfolge 146 kann nach § 35 Abs 1 S 1 GBO grundsätzlich nur durch einen Erbschein geführt werden. Beruht jedoch die Erbfolge auf einer Verfügung von Todes wegen, die in einer öffentlichen Urkunde enthalten ist, so genügt auch die Vorlage des Testaments bzw Erbvertrages samt Eröffnungsniederschrift des Nachlassgerichts (§ 35 Abs 1 S 2 GBO).

bb) Umwandlungsrechtliche Vorgänge. Eine umwandlungsrechtliche Rechtsnachfolge kann durch einen 147 Handelsregisterauszug der beteiligten Gesellschaften (vgl § 32 GBO) oder durch eine notarielle **Registerbescheinigung** (§ 21 Abs 1 S 1 Nr 2 BNotO) nachgewiesen werden. Für den Nachweis des Übergangs eines Einzelgegenstandes bei einer (Ab-)Spaltung bzw Ausgliederung ist zusätzlich noch der Spaltungs- und Übernahmevertrag (bzw Ausgliederungsvertrag) im Auszug vorzulegen, der insbes die auf die abgespaltene/ausgegliederte Gesellschaft übergehenden Grundstücke mit den Angaben nach § 28 GBO bezeichnen muss (§ 126 Abs 2 S 1–2 UmwG).[235]

cc) Gesellschafterwechsel bei Gesellschaft bürgerlichen Rechts. Geht man – wie der Autor dieser Zei- 148 len – davon aus, dass die (werbende Außen-)Gesellschaft bürgerlichen Rechts nach der Rechtsprechung nun zwar Grundstückseigentümer der zum Gesellschaftsvermögen gehörenden Grundstücke ist,[236] dass aber mangels Registereintragung der GbR wegen der Publikations- und Gutglaubensfunktion des Grundbuches die **GbR weiterhin nicht grundbuchfähig** ist, sondern wie bisher deren Gesellschafter nach/analog § 47 GBO in das Grundbuch einzutragen sind, um dessen Vermutungs- und Gutglaubenswirkung nicht zu durchlöchern (wofür auch eine Analogie zu § 162 Abs 1 S 2 HGB spricht),[237] so sind auch Gesellschafterwechsel der GbR wie bisher im Wege der Grundbuchberichtigung in das Grundbuch einzutragen.

Bei einem Gesellschafterwechsel immer möglich ist eine Grundbuchberichtigung aufgrund **Berichtigungsbe-** 149 **willigung aller Gesellschafter** (einschließlich des eintretenden und des austretenden).[238] In der Bewilligung müssen die Rechtsvorgänge schlüssig dargelegt werden, die den Eigentumswechsel außerhalb des Grundbuchs bewirkt haben sollen (zB der Ein- oder Austritt eines Gesellschafters). Nicht erforderlich ist aber, diese Rechtsvorgänge über die Berichtigungsbewilligung hinaus noch (in der Form des GBO § 29) nachzuweisen.[239]

Allerdings fordert die Rechtsprechung bei Gesellschafterwechsel aufgrund Todes eines Gesellschafters überwie- 150 gend – mE zu Unrecht – noch die Vorlage des **Gesellschaftsvertrages** oder den Nachweis seines Inhalts; denn nur dadurch könne die Berichtigungsbefugnis der Erben nachgewiesen werden (falls gesellschaftsrechtliche Nachfolgeklauseln bestehen).[240] Auf die Vorlegung des Gesellschaftsvertrages könne allerdings verzichtet wer-

234 BGH MDR 2002, 393 = NJW-RR 2002, 516 = NotBZ 2002, 100 = NZM 2002, 498 = WM 2002, 705 = ZflR 2002, 489; KG KG-Report 2006, 918 = Rpfleger 2006, 602; **aA** OLG Jena FGPrax 2001, 56 = OLG-NL 2001, 41 = OLGR Jena 2001, 442 = ZflR 2001, 779.
235 BGH AG 2008, 322 = DB 2008, 517 = DNotI-Report 2008, 46 = MDR 2008, 497 = Rpfleger 2008, 247 = WM 2008, 607 = ZIP 2008, 600 = ZNotP 2008, 163.
236 BGH DNotZ 2006, 777 = NJW 2006, 2191 = NotBZ 2006, 203 = Rpfleger 2006, 478; BGH DNotI-Report 2006, 185 = DNotZ 2007, 118 m Anm *Volmer* = FGPrax 2007, 7 m Anm *Demharter* = NJW 2006, 3716 = Rpfleger 2007, 23 m Anm *Dümig* = ZflR 2007, 99 m Anm *Kazemi*, dazu Anm *Häublein* EWiR 2007, 279, *Ruhwinkel* MittBayNot 2007, 92.
237 BayObLGZ 2002, 330 = DNotI-Report 2002, 180 = DNotZ 2003, 52 = NJW 2003, 70 = NotBZ 2002, 453; BayObLG DNotI-Report 2003, 183 = DNotZ 2004, 378 m Anm Heil = MittBayNot 2004, 201 m Anm *Weigl* = NJW-RR 2004, 810 = ZflR 2004, 428 = ZNotP 2004, 25, dazu Anm *Dümig* EWiR 2004, 113; BayObLG DNotI-Report 2004, 181 = MittBayNot 2005, 143 = NJW-RR 2005, 43 = ZflR 2004, 1005, dazu Anm *Lautner* MittBayNot 2005, 93; OLG Celle DNotI-Report 2006, 90 = NJW 2006, 2194 = RNotZ 2006, 287 = ZflR 2006, 426 m Anm *Knöfel*, dazu Anm *Volmer* ZflR 2006, 475; *Hertel* in *Krüger/Hertel*, Der Grundstückskauf, 9. Aufl 2008, Rn 999 ff mwN; ähnlich für Eintragung der GbR und deren Gesellschafter: *Lautner* NotBZ 2007, 229; *Nagel* NJW 2003, 1646, 1647; *Priester* BB 2007, 837; *Schöner/Stöber* Rn 982a je mit w Nachw; **aA** OLG Stuttgart DNotI-Report 2007, 30 = DNotZ 2007, 383 = FGPrax 2007, 66 m Anm *Demharter* = NotBZ 2007, 105 = RNotZ 2007, 106 = Rpfleger 2007, 258.
238 OLG Frankfurt MittRhNotK 1996, 192 = NJW-RR 1996, 1123 = Rpfleger 1996, 403.
239 OLG Jena DNotI-Report 2001, 18 = FGPrax 2001, 12 m Anm *Demharter* FGPrax 2001, 54 = OLG-NL 2001, 12 = OLGR Jena 2001, 282 = Rpfleger 2001, 125 = ZflR 2000, 991.
240 BayObLGZ 1971, 336; BayObLGZ 1991, 301 = BB 1991, 2243 = DB 1991, 2330 = DNotZ 1992, 157 m Anm *Jaschke* = DStR 1991, 1633 = MDR 1992, 140 = MittBayNot 1992, 47 m abl Anm *Ertl* MittBayNot 1992, 11 = MittRhNotK 1992, 23 = NJW-RR 1992, 228 = Rpfleger 1992, 19 m Anm *Meyer-Stolte*; BayObLGZ 1992, 259 = DB 1992, 2434 = DNotZ 1993, 394 = MittRhNotK 1992, 274 = Rpfleger 1993, 105; BayObLGZ 1997, 307 = BB 1998, 10 = DB 1998, 126 = DNotZ 1998, 811 m abl Anm *Schöner* = MittBayNot 1998, 258 = NJW-RR 1998, 592 = NZG 1998, 221 = ZEV 1998, 193 m Anm *Schaub*; **aA** *Schöner/Stöber* Rn 982a.

den, wenn die Möglichkeit einer gesellschaftsvertraglichen Abweichung von der gesetzlichen Regel des BGB § 727 Abs 1 nur ganz entfernt liegend und bloß theoretisch sei.[241]

Dabei lässt die Rechtsprechung auch einen nicht der **Form des § 29 GBO** entsprechenden Nachweis des (privatschriftlich oder mündlich abgeschlossenen) Gesellschaftsvertrages genügen, wenn andernfalls eine Berichtigung nicht möglich wäre.[242] Zwar ist eine eidesstattliche Versicherung gegenüber dem Grundbuchamt zum Nachweis des Inhalts des Gesellschaftsvertrages nicht möglich (da dies der Beweismittelbeschränkung auf den Urkundsbeweis nach § 29 GBO widerspräche).[243] Die Tatsache, dass der Gesellschaftsvertrag keine von der gesetzlichen Bestimmung abweichende Regelung (für die Fortführung der Gesellschaft beim Tod eines Gesellschafters) enthält, kann aber auch durch eine (zumindest unterschriftsbeglaubigte) Erklärung der verbleibenden Gesellschafter und der Erben des verstorbenen Gesellschafters erbracht werden.[244]

151 Rechtsprechung und herrschende Meinung überzeugen nicht. Die hieran geübte Kritik ist zutreffend. Die hM vermischt die Fälle des Unrichtigkeitsnachweises und der Berichtigungsbewilligung.

– Soll die Grundbuchberichtigung mittels **Unrichtigkeitsnachweis** erfolgen, ist der Gesellschaftsvertrag zwingend in der Form des § 29 vorzulegen und, soweit der Gesellschaftsvertrag Vererblichkeit vorsieht, die Erbfolge in der Form des § 35 GBO nachzuweisen.

– Bei einem nur mündlich oder privatschriftlich geschlossenen Gesellschaftsvertrag kann die Grundbuchberichtigung dagegen nur durch **Berichtigungsbewilligung** aller verbleibenden Gesellschafter und aller Erben, die ihre Erbenstellung nach § 35 GB0 nachzuweisen haben, erfolgen. Dies gilt auch für den Fall, dass der Gesellschaftsvertrag eine Eintrittsklausel enthält. Die Berichtigungsbewilligung der verbliebenen Gesellschafter und aller Erben bedarf der Form des § 29. Diese Berichtigungsbewilligung genügt auch deshalb, weil beim Fehlen einer Fortsetzungs- oder Nachfolgeklausel im Gesellschaftsvertrag die nach dem Tod eines Gesellschafters als Liquidationsgesellschaft mit den Erben des Verstorbenen fortbestehende Gesellschaft in eine werbende Gesellschaft zurückverwandelt werden kann, solange die Abwicklung nicht voll durchgeführt ist.[245]

152 Für die einzelnen Fallgruppen heißt dies:

– Möglich ist ein Unrichtigkeitsnachweis durch öffentliche Urkunden (§ 22 Abs 1 S 1) ggf beim Ausscheiden eines Gesellschafters durch **Tod** (durch Sterbeurkunde und Gesellschaftsvertrag, sofern dieser beurkundet oder zumindest mit Unterschriftsbeglaubigung vorliegt).

– Sieht der Gesellschaftsvertrag eine **erbrechtliche Nachfolgeklausel** vor, kann die Erbfolge durch Erbschein nachgewiesen werden.[246] Auch hier ist der Gesellschaftsvertrag grds in beurkundeter oder beglaubigter Form nachzuweisen. Andernfalls hat der Nachweis durch Berichtigungsbewilligung zu erfolgen; notfalls ist auf deren Erteilung zu klagen zu klagen. Demgegenüber verlangt die Rechtsprechung auch neben der Berichtigungsbewilligung noch einen Nachweis des Gesellschaftsvertrages, der aber ggf auch ohne die Form des § 29 GBO möglich sein soll.[247]

– Wurde ein Gesellschafter gemäß § 737 BGB aus wichtigem Grund ausgeschlossen, so setzt der Nachweis der Grundbuchunrichtigkeit auch den Nachweis eines **wichtigen Grundes** für den **Ausschluss** in der Form des § 29 GBO voraus.[248]

– Beruft sich der bei **Kündigung** aller anderen Gesellschafter allein verbleibende GbR-Gesellschafter darauf, dass ihm das Gesellschaftsvermögen zu Alleineigentum angewachsen sei, so muss er in der Form des § 29 Abs 1 GBO nachweisen, dass die Kündigung wirksam war (also ggf auch den Kündigungsgrund nachweisen) und nach den zum Zeitpunkt der Kündigung geltenden gesellschaftsvertraglichen Regelungen zu der Rechtsfolge der Anwachsung geführt hat.[249]

153 **dd) Übergang von Grundpfandrechten.** Zum Nachweis des Übergangs einer Grundschuld auf den Eigentümer durch eine löschungsfähige Quittung muss die Person des Leistenden genau bezeichnet sein, auch der Leistungszeitpunkt bei einem Eigentumswechsel.[250]

---

241 BayObLGZ 1971, 336; BayObLGZ 1991, 301 = DNotZ 1992, 157 = NJW-RR 1992, 228 = aaO.
242 BayObLGZ 1991, 301 = DNotZ 1992, 157 = NJW-RR 1992, 228 = aaO; BayObLGZ 1992, 259 = DNotZ 1993, 394 = Rpfleger 1993, 105 = aaO.
243 OLG Frankfurt NJW-RR 1988, 225.
244 BayObLG NotBZ 2001, 22 m abl Anm *Egerland* = ZNotP 2001, 67.
245 *Schöner* DNotZ 1998, 815 Anm zu BayObLG DNotZ 1998, 811; zur hM vgl auch OLG Zweibrücken, FGPrax 1995, 93 m Anm *Demharter*; hierzu auch *Eickmann* Rpfleger 1985, 85; *Ertl* MittBayNot 1992, 11.
246 *Schöner/Stöber* Rn 982a.
247 BayObLGZ 1991, 301 = DNotZ 1992, 157 = NJW-RR 1992, 228 = aaO; BayObLGZ 1992, 259 = DNotZ 1993, 394 = Rpfleger 1993, 105 = aaO; OLG Schleswig MittBayNot 1992, 139 m abl Anm *Ertl* = MittRhNotK 1992, 151 = Rpfleger 1992, 149; OLG Zweibrücken MittRhNotK 1996, 188 = Rpfleger 1996, 192 m Anm *Gerken*.
248 OLG Hamm FGPrax 2007, 258 = NotBZ 2008, 34 = NZG 2008, 21 = OLGR Hamm 2008, 18 = RNotZ 2007, 612 = Rpfleger 2007, 601.
249 OLG Brandenburg NotBZ 2003, 427 = OLG-NL 2003, 54 = OLGR Brandenburg 2003, 160; KG KG-Report 2004, 544.
250 OLG Frankfurt FGPrax 1997, 11 = NJW-RR 1997, 209 = OLGR Frankfurt 1997, 51 = Rpfleger 1997, 103 = ZfIR 1997, 44.

c) Entstehung und Erlöschen von Rechten außerhalb des Grundbuchs. aa) Eintragung altrechtlicher Rechte. Soll eine altrechtliche Dienstbarkeit (Art 187 Abs 1 S 2 EGBGB) ohne Berichtigungsbewilligung im Wege des Unrichtigkeitsnachweises eingetragen werden, so muss nicht nur die **Entstehung**, sondern auch der **Fortbestand** der Dienstbarkeit in der Form des § 29 GBO nachgewiesen werden. Sofern die Möglichkeit nicht ganz entfernt liegt, dass der Berechtigte bzw seine Rechtsvorgänger ihr – unterstelltes – Recht aus der Dienstbarkeit zumindest einmal mehr als den nach Landesrecht maßgeblichen Erlöschenszeitraum lang nicht ausgeübt haben (189 Abs 3 EGBGB, idR 10 Jahre), muss der Berechtigte für die Eintragung auch die dauernde Ausübung in der Form des § 29 GBO beweisen.[251] **154**

bb) Erlöschen von Rechten ohne Grundbucheintragung. Erlischt bei einer Grundstücksteilung eine Grunddienstbarkeit, die in ihrer Ausübung auf einen bestimmten Teil des dienenden Grundstücks beschränkt war (§ 1026 BGB) – oder umgekehrt nur einem Teil des herrschenden Grundstücks zum Vorteil gereichte (§ 1025 S 2 BGB), so kann die Dienstbarkeit auch ohne Bewilligung des Berechtigten gelöscht werden, wenn die Voraussetzungen für die Beschränkung der Ausübung dem Grundbuchamt nachgewiesen sind.[252] Ist die Löschung einer Grunddienstbarkeit beantragt, nachdem von herrschenden Grundstücken Teilflächen abgeschrieben und veräußert worden sind, hat das Grundbuchamt die Ermittlung der Eigentümer dieser Teilflächen selbst vorzunehmen; es kann sie nicht dem Antragsteller aufbürden.[253] **155**

Der Nachweis, dass die abzuschreibende Grundstücksteilfläche von der Auflassungsvormerkung nicht betroffen ist, kann durch eine mit Unterschrift und Dienstsiegel versehene Bescheinigung des Vermessungsamtes bzw eines öffentlich bestellten Vermessungsingenieurs geführt werden.[254] **156**

d) Bodenordnung und Enteignung. Bei Verfahren der Bodenordnung (zB **Umlegungsverfahren** nach §§ 45 ff BauGB, **Flurbereinigung** etc) erfolgt der Wechsel des Eigentumsobjekts (oder die sonstige Rechtsänderung) außerhalb des Grundbuchs durch Verwaltungsakt, also originär und nicht rechtsgeschäftlich. Das Grundbuch wird dann auf Ersuchen der Umlegungstelle (oder Flurbereinigungsbehörde etc) berichtigt (§ 38 GBO). Die Unrichtigkeit wird hier durch den Verwaltungsakt der Behörde in der Form des § 29 Abs 3 GBO nachgewiesen. **157**

Auch die **Enteignung** führt zu einem Eigentumswechsel (oder -veränderung) durch Hoheitsakt außerhalb des Grundbuchs. **158**

Dies gilt auch, soweit der Ausführungsanordnung der Enteignungsstelle (zB § 117 BauGB) nicht ein unanfechtbarer Enteignungsbeschluss (§ 113 BauGB), sondern eine **Einigung** (§ 110 BauGB) zugrundeliegt. In allen Fällen der Bodenneuordnung ist daher Eintragungsgrundlage eine bewirkende Urkunde der Behörde, nicht eine bezeugende Urkunde – auch wenn die Behörde eine Einigung der Beteiligten im Verfahren protokolliert (vgl Rdn 288 f).

Dasselbe galt für die Niederschrift der **Bergbehörde** in einem Verfahren zur **Zulegung (Zusammenlegung) von Bergwerksfeldern** über eine in dem Verfahren erzielte Einigung der Beteiligten nach § 7 Abs 4 der mittlerweile aufgehobenen »Verordnung über die Zulegung von Bergwerksfeldern« vom 25.03.1938.[255] Zwar maß § 7 Abs 4 S 1 VO der Einigung ausdrücklich »die Kraft einer gerichtlichen oder notariellen Urkunde« zu. Auch hier erfolgte die Zulegung aber durch Verwaltungsakt (§ 7 Abs Abs 1), der einen hoheitlichen Eigentumsübergang außerhalb des Grundbuchs bewirkte, so dass das Grundbuchamt auf Ersuchen der Bergbehörde eine Grundbuchberichtigung vorzunehmen hatte (§ 9 Nr 5). Klarstellend regelte daher § 7 Abs 4 S 4, dass die Bergbehörde zur Entgegennahme der Auflassung nicht zuständig ist. **159**

IV. Sonderregelungen über Nachweiserleichterungen für bestimmte Eintragungsvoraussetzungen

1. Überblick

Für verschiedene spezielle Eintragungsvoraussetzungen ordnet der Gesetzgeber in verschiedenen Sonderregelungen Nachweiserleichterungen an, soweit ein Nachweis durch öffentliche Urkunde typischerweise nicht oder **160**

251 BayObLGZ 1988, 102, 109 = DNotZ 1989, 164; BayObLG AgrarR 1991, 140 = DNotZ 1991, 160 = NJW-RR 1990, 724 = Rpfleger 1990, 351; BayObLG-Report 2001, 9 = DNotI-Report 2001, 26 = NJW-RR 2001, 161; OLG Karlsruhe OLGR Karlsruhe 2002, 227 = Rpfleger 2002, 304; OLG München OLGR München 2007, 464 = RNotZ 2007, 487 = Rpfleger 2007, 389 = ZfIR 2007, 734.
252 BayObLG DNotZ 2004, 388 = NotBZ 2004, 70 = Rpfleger 2004, 280.
253 BayObLG DNotZ 1997, 395 = MittBayNot 1996, 376 = Rpfleger 1997, 15.
254 BayObLGZ 1999, 174 = DNotI-Report 1999, 171 = DNotZ 1999, 1009 = FGPrax 1999, 172 = MittBayNot 1999, 478 = MittRhNotK 1999, 281 = NJW-RR 1999, 1461 = Rpfleger 1999, 485.
255 RGBl 1938 I 345; die Verordnung wurde mit Wirkung vom 01.01.1982 insgesamt aufgehoben durch § 175 Nr 3 des Gesetzes vom 13.08.1980, BGBl 1980 I 1310.

nur schwer zu führen ist oder soweit typischerweise die Löschungsvoraussetzungen ohnehin vorliegen, so dass eine Prüfung mit geringeren Förmlichkeiten als genügend angesehen wurde.

Die heute geltenden Nachweiserleichterungen finden sich weitgehend in der GBO selbst, im Grundbuchbereinigungsgesetz (GBBerG)[256] und im Grundbuchmaßnahmegesetz (GBMaßnG),[257] zT auch untergesetzlich in der Grundbuchverfügung (GBV).

Weitere, zT in entlegenen Spezialgesetzen enthaltene Sonderregelungen, deren Sinn nicht immer einsichtig war, wurden in den letzten Jahren **aufgehoben** (vor allem durch die beiden Rechtsbereinigungsgesetze im Zuständigkeitsbereich des Bundesjustizministeriums) oder sind doch infolge Zeitablaufs auf neue Tatbestände nicht mehr anwendbar; sie sind nachfolgend nur kurz erwähnt (zum näheren Inhalt aufgehobener Sonderregelungen vgl die Vorauflage, § 29 Rn 18 ff).

161   Sonderregelungen sehen
– teils vor, dass der Nachweis in **anderer Form** als durch öffentliche Urkunde geführt werden kann,
– teils dass ein förmlicher Nachweis überhaupt entbehrlich ist und statt dessen für Grundbucherklärungen die **Schriftform** genügt bzw zum Nachweis anderer Eintragungsvoraussetzungen die **Glaubhaftmachung**.

162   Zu den **Ausnahmevorschriften** im ersten Sinne gehören
– §§ 32, 34 (Vertretungsbefugnis bei Handelsgesellschaften usw),
– §§ 33, 34 (ehelicher Güterstand),
– § 35 (Erbfolge, fortgesetzte Gütergemeinschaft, Vertreterbefugnis des Testamentsvollstreckers),
– §§ 36, 37 (Übergang eines Grundstücks, eines Erbbaurechts oder einer Hypothek usw bei Auseinandersetzung eines Nachlasses oder eines Gesamtguts),
– § 87 **Buchst b** und **c** (Löschung einer gegenstandslosen Eintragung aufgrund Löschungsankündigung oder eines Feststellungsbeschlusses).

163   Nachstehend sind die wichtigsten Sonderregelungen geordnet nach **Sachgebieten** dargestellt.

2. Güterstand und Erbrecht

164   a) **Güterstand** (§ 33 GBO, § 14 GBBerG). Zum Nachweis des vertragsmäßigen Güterstandes genügt nach **§ 33 GBO** ein Zeugnis des **Güterrechtsregisters**. Ein unmittelbarer Nachweis durch öffentliche Urkunden ist zwar denkbar und zulässig (inbes durch Vorlage des Ehevertrages), aber idR schwieriger als der Nachweis aus dem Güterrechtsregister.

165   Lebten Ehegatten bei der Wiedervereinigung im gesetzlichen Güterstand der Eigentums- und Vermögensgemeinschaft des **Familiengesetzbuchs der DDR** (FamGB-DDR) lebten, so konnte jeder Ehegatte anstelle der gesetzlichen Überleitung auf die Zugewinngemeinschaft nach BGB durch eine notariell beurkundete Erklärung gegenüber dem Kreisgericht die Fortgeltung des FamGB-Güterstandes bewirken (Art 234 § 4 Abs 2 und 3 EGBGB).

Gab keiner der Ehegatten eine Fortgeltungserklärung ab, so wandelte sich gemeinschaftliches Eigentum von Ehegatten in Eigentum zu gleichen Bruchteilen um. Für Grundstücke konnten die Ehegatten jedoch ein **anderes Anteilsverhältnis bestimmen**; diese Bestimmung und der Grundbuchantrag bedurften nicht der Form des § 29 GBO (Art 234 § 4a Abs 1 S 4 EGBGB). Diese Bestimmungsmöglichkeit ist aber heute gegenstandlos, da sie nur binnen sechs Monaten nach Inkrafttreten der Vorschrift (dh bis zum 25.06.1994) ausgeübt werden konnte.

Sind die Ehegatten im Grundbuch noch in Eigentums- und Vermögensgemeinschaft nach FamBG-DDR eingetragen und soll eine **Grundbuchberichtigung** auf Eintragung als Bruchteilseigentümer zu je ein Halb erfolgen, so kann nach **§ 14 Grundbuchberichtigungsgesetz (GBBerG)** der zur Grundbuchberichtigung erforderliche Nachweis, dass die Ehegatten eine Erklärung nach Art 234 § 4 Abs 2 und 3 EGBGB nicht abgegeben haben, durch Berufung auf die Vermutung nach Art 234 § 4a Abs 3 EGBGB oder durch übereinstimmende Erklärung beider Ehegatten, beim Ableben eines von ihnen durch Versicherung des Überlebenden und bei dem Ableben beider durch Versicherung der Erben erbracht werden; die Erklärung, die Versicherung und der Antrag bedürfen nicht der Form des § 29 (ebenso § 8 der Gebäudegrundbuchverfügung – GGV – v 15.07.1994[258]).

---

256 Grundbuchbereinigungsgesetz (GBBerG) vom 20.12.1993, BGBl 1993 I 2192; vgl insbes die Kommentierungen von *Böhringer* in *Eickmann*, Sachenrechtsbereinigung, Loseblattkommentar; *Böttcher* in *Kimme*, Offene Vermögensfragen, Loseblattkommentar; *Zimmermann* in Rechtshandbuch Vermögen und Investitionen in der ehemaligen DDR, Loseblattkommentar; *Maaß* in *Bauer/von Oefele*.
257 Gesetz über Maßnahmen auf dem Gebiete des Grundbuchwesens (GBMaßnG) vom 20.12.1963, BGBl 1963 I 986
258 vgl die Kommentierung der Vorauflage von *Meikel-Ebeling* § 8 GGV.

b) Erbrecht (§ 35 GBO). Nach § 35 Abs 1 S 1 GBO kann der Nachweis der Erbfolge – abweichend von   **166**
§ 29 – nur durch einen **Erbschein** geführt werden (ebenso der Nachweis des Bestehens der fortgesetzten Gütergemeinschaft oder der Befugnis des Testamentsvollstreckers, § 35 Abs 2).

Beruht die Erbfolge auf einer **Verfügung in einer öffentlichen Urkunde** (also einem notariellen Testament   **167**
oder Erbvertrag), so genügt, wenn anstelle des Erbscheins die Verfügung von Todes wegen und die Eröffnungsniederschrift des Nachlassgerichts vorgelegt wird (§ 35 Abs 1 S 2).

Jedoch kann sich das Grundbuchamt nach § 35 Abs 3 für den Nachweis der Erbfolge (oder der fortgesetzten   **168**
Gütergemeinschaft) zur Eintragung des Eigentümers oder Miteigentümers mit anderen Beweismitteln, für welche die Form des § 29 nicht erforderlich ist, begnügen, wenn das Grundstück oder der Anteil am **Grundstück weniger als 3000 EUR wert** ist und die Beschaffung des Erbscheins (oder des Zeugnisses nach § 1507 BGB) nur mit unverhältnismäßigem Aufwand an Kosten oder Mühe möglich ist. Der Antragsteller kann auch zur Versicherung an Eides Statt zugelassen werden.

3. Vertretungs- und Verfügungsbefugnis von Gesellschaften und juristischen Personen

a) Handelsregister (§ 32 GBO). Für die Vertretung von Handelsgesellschaften lässt § 32 GBO einen **Han-**   **169**
delsregisterauszug als Nachweis genügen, obwohl das Handelsregister (anders als das Grundbuch) sonst keine allgemeine Beweiswirkung und keinen Gutglaubensschutz genießt.

Zum Nachweis von Bestand und Vertretungsbefugnis **ausländischer Gesellschaften** gilt nicht § 32, sondern   **170**
§ 29 GBO. Jedoch sind ggf Nachweiserleichterungen anzuerkennen, wenn nach dem maßgeblichen ausländischen Recht weder ein Nachweis durch Handelsregisterauszüge noch sonst durch öffentliche Urkunden möglich ist (vgl Einl L Rdn 76 ff).

b) Registerbescheinigung des Notars (§ 21 BNotO). Eine **notarielle Vertretungsbescheinigung** hat   **171**
nach § 21 BNotO die gleiche Beweiskraft wie ein Handelsregisterauszug (§ 32 GBO), soweit sie ihrerseits auf Handelsregistereintragungen bzw Eintragungen in einem ähnlichen Register beruht (zu Verfahren und Beweiskraft vgl Rdn 383 ff).

Der deutsche Notar kann auch eine Vertretungsbescheinigung nach Einsichtnahme eines **ausländischen**   **172**
Registers erteilen; diesen kommt Beweisfunktion nach § 21 BNotO zu, sofern das ausländische Register vergleichbare Funktionen und Beweiskraft wie das deutsche Handelsregister hat (oder damit ein »ähnliches Register iSd § 21 Abs 1 S 1 BNotO ist)[259] (vgl Einl L Rdn 85).

Vertretungs- oder Registerbescheinigungen eines **ausländischen Notars** fallen nicht unter die besondere Beweisregel des § 21 Abs 1 BNotO.[260] Gleichwohl genügt insbes eine Bescheinigung durch ausländische Notare häufig als Nachweis[261] (vgl Einl L Rdn 86).

c) Ausländische Staaten (§ 104a GBV). Zum Nachweis der Befugnis ausländischer Stellen gegenüber dem   **173**
Grundbuchamt genügt nach § 104a GBV eine mit Dienstsiegel oder Dienststempel versehene und unterschriebene **Bestätigung des Auswärtigen Amtes.** Dies gilt vor allem für solche Fälle, in denen ausländische Staaten sich in den letzten Jahren oder Jahrzehnten aufgespalten haben (wie zB Tschechoslowakei, Jugoslawien[262] und Sowjetunion[263]).

d) Rechte für alte öffentliche Stellen, Banken ua im Beitrittsgebiet (§ 105a GBV). Im **Beitrittsgebiet**   **174**
sind vielfach sind beschränkte dingliche Rechte in den Grundbüchern eingetragen, als deren Gläubiger/ Berechtigte eine heute nicht mehr bestehende öffentliche Stelle oder eine enteignete Bank/Versicherung oder

---

259   LG Aachen MittBayNot 1990, 125 = MittRhNotK 1988, 157; *Melchior/Schulte* NotBZ 2003, 344, 345; *Sandkühler* in
      Arndt/Lerch/Sandkühler BNotO, 6. Aufl 2008, § 21 BNotO Rn 14; *Limmer* in *Eylmann/Vaasen* BNotO und BeurkG,
      2. Aufl 2004, § 21 BNotO Rn 9; *von Schuckmann/Renner* in *Huhn/von Schuckmann* BeurkG, 4. Aufl 2003, § 12 BeurkG
      Rn 30; *Schöner/Stöber* Rn 3636b; *Winkler* BeurkG, 16. Aufl 2008, § 12 BeurkG Rn 25
      Zwar hat das ausländische Register als solches nicht die Beweiskraft der § 32 GBO, § 9 Abs 3 HGB etc. Sofern es aber
      eine ähnliche Beweisfunktion wie das deutsche Register hat, kann das fehlende Element durch die Prüfung und
      Bescheinigung durch den Notar als deutschen Amtsträger ergänzt werden.
260   OLG Köln MittRhNotK 1988, 181 = Rpfleger 1989, 66; *Hügel-Zeiser* Int Bezüge Rn 99; KEHE-*Sieghörtner* Einl Rn
      U 70; *Schöner/Stöber* Rn 3636b.
261   *Reithmann* DNotZ 1995, 360; ders in *Schippel/Bracker* BNotO, 8. Aufl 2006, § 21 BNotO Rn 3; KEHE-*Sieghörtner*
      Einl Rn U 70; *Schöner/Stöber* Rn 3636b.
262   Nach Auffassung der Bundesregierung war die »Bundesrepublik Jugoslawien« (Serbien/Montenegro) bzw ist jetzt Ser-
      bien nicht ohne Mitwirkung der übrigen Nachfolgestaaten des ehemaligen Jugoslawien befugt, über das in Deutschland
      belegene Vermögen zu verfügen.
263   LG Berlin VIZ 1998, 97; Einzelheiten vgl *Demharter* VIZ 1998, 65; *Schweisfurth* VIZ 1998, 57.

ein bestimmter Rechtsträger im Grundbuch eingetragen ist (vgl auch Art 231 § 10 EGBGB). **Bis zum 31.12.2010** erleichtert § 105 Abs 1 Nr 6 GBV der Nachweis der Verfügungsbefugnis; bestimmte Bewilligungsstellen können Eintragungs- oder Löschungsbewilligungen abgeben, also **ohne besonderen Nachweis** ihrer Verfügungsberechtigung über die dinglichen Rechte verfügen.[264] Altbewilligungen der Bewilligungsstellen bleiben wirksam (§ 105 Abs 3 GBV).

175 **e) Ehemaliges Staatsvermögen der DDR und volkseigenes Vermögen (§ 8 VZOG).** Damit Rechtsnachfolger des vormals volkseigenen Vermögens ihre Rechtsposition in grundbuchgängiger Weise nachweisen können, wurde das **Vermögenszuordnungsgesetz** (VZOG)[265] geschaffen. Nach § 3 VZOG berichtigt das Grundbuchamt auf entsprechendes Ersuchen das Grundbuch. Im Zuordnungsverfahren wird auch festgestellt, welche Grundstücke im Eigentum von Wohnungsgenossenschaften stehen (vgl § 1 WoGenVermG). In allen Fällen kann auch mit dem Urkundenbeweis der §§ 22, 29 das Grundbuch berichtigt werden, was allerdings in der Praxis selten der Fall angewandt werden dürfte.

176 Eine Verfügung über Grundstücke und Gebäude des ehemaligen Staatsvermögens ist grundsätzlich erst möglich, wenn das Verfahren nach dem VZOG durchgeführt worden ist. Um eine Störung der Investitionstätigkeit zu verhindern, wurde mit § 8 VZOG eine **Verfügungsbefugnis** geschaffen, die grundsätzlich rein formal an die Eintragung eines Vermerks über die Rechtsträgerschaft im Grundbuch anknüpft.[266] Ein besonderer Bescheid über die Verleihung der Verfügungsbefugnis nach § 8 VZOG ist nicht erforderlich, sie besteht kraft Gesetzes. Die Grundbucheintragung »als Rechtsträger« verleiht die Legitimation zum Handeln. Verfügungen des Verfügungsbefugten gelten als Verfügungen des Berechtigten. Der wahre Berechtigte kann solche Verfügungen nicht verhindern. Auf die Gutgläubigkeit des Erwerbers kommt es nicht an. Die Verfügungsermächtigung endet erst, wenn ein bestandskräftiger Zuordnungsbescheid dem Grundbuchamt zu den Grundakten des konkret betroffenen Grundstücks/Gebäudes vorgelegt worden ist. Ein erweiterter § 878 BGB findet zum Schutze des Rechtserwerbers Anwendung.

4. Grundstück, Erbbaurecht und Wohnungseigentum

177 **a) Grundstücksvereinigung und Bestandteilszuschreibung (§ 5 GBO).** Nach § 5 Abs 2 S 4 kann bei der **Vereinigung von Grundstücken** (§ 890 Abs 1 BGB) von dem Erfordernis, dass diese Grundstücke unmittelbar aneinander grenzen, abgewichen werden, wenn hierfür ein erhebliches Bedürfnis besteht. Das erhebliche Bedürfnis ist glaubhaft zu machen. Der Grundstückseigentümer kann sich aller Beweismittel bedienen (vgl § 294 ZPO), insbesondere auch der Versicherung an Eides statt.[267] Hierfür gilt § 29 nicht.

Die Vorschrift findet nach § 6 Abs 2 bei der **Bestandteilszuschreibung** (§ 890 Abs 2 BGB) entsprechende Anwendung.

178 **b) Gesamterbbaurecht (§ 6a GBO).** Nach § 6a Abs 1 S 3 kann bei der Eintragung eines Gesamterbbaurechts an mehreren Grundstücken oder Erbbaurechten von den Erfordernissen des § 5 Abs 2 S 1 abgewichen werden, wenn die zu belastenden Grundstücke nahe beieinander liegen und entweder das Erbbaurecht in Wohnungs- oder Teilerbbaurechte aufgeteilt werden soll oder Gegenstand des Erbbaurechts ein einheitliches Bauwerk oder ein Bauwerk mit dazugehörenden Nebenanlagen auf den zu belastenden Grundstücken ist. Die Voraussetzungen sind glaubhaft zu machen (§ 294 ZPO); § 29 gilt hierfür nicht.[268]

179 **c) Aufteilung in Wohnungseigentum (§ 7 Abs 4 WEG).** Werden **Teilungsplan und Abgeschlossenheitsbescheinigung** für die Aufteilung in Wohnungseigentum nicht von der Baubehörde, sondern nach Maßgabe der landesgesetzlichen Vorschriften von einem öffentlich bestellten oder anerkannten **Sachverständigen** für das Bauwesen ausgefertigt, so bedürfen sie nicht der Form des § 29 GBO (§ 7 Abs 3 S 5 WEG idF der WEG-Reform vom 26.03.2007, BGBl 2007 I 370). Für das Dauerwohnrecht gilt dies entsprechend (§ 32 Abs 2 S 5 WEG).

---

264 Zum Umfang der Bewilligungsbefugnis KG Rpfleger 1997, 522 = VIZ 1998, 90 = ZfIR 1997, 621 m Anm *Fritsche* NJ 1998, 90; *Kayser* ZOV 1997, 294; *Schmidt-Räntsch* OV spezial 1998, 13; vgl *Böhringer* VIZ 1998, 424; *Böhringer* BWNotZ 2007, 1; *Schnabel* Grundeigentum 1997, 1122; *Thau* VIZ 1998, 67.

265 Art 7 InvestHemBesG vom 22.03.1991 BGBl 1991 I 766.

266 *Böhringer* MittBayNot 1991, 189 und 1994, 18; *Cremer* in *Bauer/von Oefele* Einl E Rn 45 ff; *Krauß* in Beck'sches Notar-Handbuch A IX Rn 34; *Salzig* in Würzburger Notarhandbuch Teil 2 Rn 1051; **aA** – keine Verfügungsbefugnis bei materiellrechtlich unrichtiger Eintragung von Volkseigentum: OLG Dresden VIZ 1998, 218 = ZIP 1998, 350; VIZ 1999, 229; VIZ 2000, 424.

267 *Meikel-Böttcher* § 5 Rdn 53, 54.

268 *Meikel-Böttcher* § 6a Rdn 8.

Nach der entsprechend anwendbaren »Allgemeinen Verwaltungsvorschrift für die Ausstellung von Bescheinigungen gemäß § 7 Abs 4 Nr und § 32 Abs 2 Nr 2 des Wohnungseigentumsgesetzes« vom 19.03.1974[269] müssen sie lediglich vom Sachverständigen **unterschrieben** und mit seinem **Stempel** versehen sein. Es bedarf auch nicht des Nachweises, dass der Unterzeichnende tatsächlich Sachverständiger ist.[270]

5. Vormerkungen und Nutzungsrechte

a) Fortgeltungserklärung auf Lebenszeit beschränkter Rechte (§ 5 Abs 1 GBBerG). Bei bestimmten **180** unvererblichen und nicht veräußerbaren dinglichen Rechten (inbes Nießbrauch, beschränkte persönliche Dienstbarkeit und Wohnungsrecht) fingiert § 5 Abs 1 GBBerG das Erlöschen dieser Rechte mit dem Ablauf von 110 Jahren von dem Geburtstag des Berechtigten bzw der Grundbucheintragung an. Die (wohl nie praktische, sondern nur theoretisch denkbare) Fortgeltungserklärung des Berechtigten kann auch in **Textform** oder zur Niederschrift des Urkundsbeamten der Geschäftsstelle abgegeben werden.[271]

b) Kohleabbaugerechtigkeiten (§ 5 Abs 2 GBBerG). Nach § 5 Abs 2 GBBerG sind im **Beitrittsgebiet** im **181** Grundbuch eingetragene Kohleabbaugerechtigkeiten und dem Inhaber dieser Gerechtigkeiten zu deren Ausübung eingeräumte Dienstbarkeiten, Vormerkungen und Vorkaufsrechte erloschen. Zur Löschung der Dienstbarkeit, der Vormerkung oder des Vorkaufsrechts genügt es, dass der Zusammenhang mit der Kohleabbaugerechtigkeit glaubhaft gemacht wird, wofür § 29 nicht gilt.[272]

c) Energiefortleitungsdienstbarkeiten ua (§ 9 GBBerG). Die im **Beitrittsgebiet** nach § 9 Abs 1 und **182** Abs 11 GBBerG zum 25.12.1993 gesetzlich begründeten Dienstbarkeiten für Leitungstrassen von Energieanlagen (Abs 1) sowie Telekommunikationsanlagen ua Leitungsanlagen (Abs 9) können mit einer Bescheinigung der zuständigen Stelle in das Grundbuchamt eingetragen werden.[273] Eine Antragstellung nach § 13 ist notwendig.

Nicht mehr bestehende Energiefortleitungsdienstbarkeiten können ebenfalls mit einer Behördenbescheinigung gelöscht werden (vgl auch § 9 Abs 7 GBBerG, §§ 7 und 10 SachenR-DV).

d) Vormerkung für Bodenreformberechtigten (aufgehoben). Aufgehoben ist die für Bodenreform- **183** grundstücke im Beitrittsgebiet geltende Regelung des Art 233 § 13 Abs 5 S 1 EGBGB aF. Danach konnte die aufgrund eines Widerspruchsverfahrens eingetragene Auflassungsvormerkung zugunsten des Bodenreformberechtigten nach Ablauf von vier Monaten von ihre Grundbucheintragung an gelöscht werden, wenn nicht innerhalb dieser Frist dem Grundbuchamt eine Auflassungsklage nachgewiesen wurde; dieser Nachweis bedurfte nicht der Form des § 29.[274]

6. Löschungserleichterungen für Grundpfandrechte

a) Löschungsvormerkung (§ 29a GBO). Nach § 29a genügt für die Eintragung einer Löschungsvormer- **184** kung nach § 1179 Nr 2 BGB, dass die Voraussetzungen (also der Anspruch auf Übereignung oder auf Einräumung eines nachrangigen Rechts) glaubhaft gemacht werden; § 29 gilt hierfür nicht.

b) Löschung umgestellter Grundpfandrechte (§§ 18, 19 GBMaßnG). Nach §§ 18, 19 GBMaßnG, die **185** nach § 36a GBMaßnG auch für das Beitrittsgebiet gelten, bedürfen zur **Löschung einer umgestellten Hypothek** oder Grundschuld, deren Geldbetrag **3000 EUR** nicht übersteigt, die erforderlichen Erklärungen und Nachweise nicht der Form des § 29. Auch für den den Nachweis einer Erbfolge oder des Bestehens einer fortgesetzten Gütergemeinschaft kann das Grundbuchamt hier von den in § 35 Abs 1 und 2 GBO genannten Beweismitteln absehen und sich mit anderen Beweismitteln, für welche die Form des § 29 nicht erforderlich ist, begnügen, wenn die Beschaffung des Erbscheins oder des Zeugnisses nach § 1507 BGB nur mit unverhältnismäßigem Aufwand an Kosten oder Mühe möglich ist; der Antragsteller kann auch zur Versicherung an Eides Statt zugelassen werden.[275]

---

269 BAnz Nr 58 vom 23.03.1974.

270 Beschlussempfehlung und Bericht des BT-Rechtsausschusses, BT-Drucks 16/3842 vom 13.12.2006, S 45.

271 *Böhringer* Rpfleger 1995, 51, 54.

272 *Böhringer* Rpfleger 1995, 51, 55; *Böhringer* BWNotZ 2007, 1.

273 *Böhringer* BWNotZ 2007, 1; *Schmidt-Räntsch* RdE 1994, 214; *Seeliger* DWW 1996, 12; *ders* DtZ 1995, 34; *Moojer* DtZ 1996, 362.

274 Die Regelung galt vom 01.06.1994 (Gesetz vom 20.12.1993, BGBl 1993 I 2182) bis einschließlich 22.07.1997 (Gesetz vom 17.07.1997, BGBl 1997 I 1823); dazu *Böhringer* OV spezial 1/1994 S 7.

275 *Demharter* Rn 19; Löschungsbewilligung des Gläubigers – auch des unbekannten – bleibt stets erforderlich, LG Düsseldorf JurBüro 1980, 277 = MittRhNotK 1979, 197; OLG Hamm Rpfleger 1983, 146; BayObLG Rpfleger 1987, 357; vgl auch *Böhringer* BWNotZ 2007, 1; *Keim* MittBayNot 1985, 247 und LG Köln MittRhNotK 1982, 252.

– Bei der Berechnung des Geldbetrags der Hypothek oder der Grundschuld ist von dem im Grundbuch eingetragenen Umstellungsbetrag auszugehen. Ist der Umstellungsbetrag nicht eingetragen und liegen die Voraussetzungen vor, unter denen eine Berichtigung des Grundbuchs durch Eintragung eines Umstellungsbetrages, der sich auf 1,- DM für je 10,- RM beläuft, zulässig ist, so ist von diesem Umstellungsbetrag auszugehen; liegen diese Voraussetzungen nicht vor, so ist von einem Umstellungsbetrag auszugehen, der sich auf 1,- DM für je 1,- RM beläuft. Im Gebiet der früheren DDR tritt an die Stelle eines Umrechnungsbetrages von 1,- DM zu 10,- RM der Umrechnungssatz von 1,- DM zu 2,- RM oder Mark der DDR.

– Ein auf Deutsche Mark lautender Umstellungsbetrag ist in Euro umzurechnen (1 Euro = 1,95583 DM).

§ 18 GB MaßnG gilt sinngemäß für eine umgestellte Rentenschuld oder **Reallast**, deren Jahresleistung 15 EUR nicht übersteigt.

186 Die Löschungserleichterung für eine umgestellte Hypothek oder Grundschuld besteht darin, dass die erforderlichen Erklärungen und Nachweise nicht der Form des § 29 bedürfen. § 18 Abs 1 GBMaßnG lässt jedoch eine Löschung ohne Bewilligung des Betroffenen nicht zu.[276] Dieses Ergebnis ist für die Praxis unbefriedigend, da in der Regel der Berechtigte verstorben und seine Erben unbekannt sind und das Aufgebotsverfahren nach §§ 946 ff, 982 ff ZPO zum Zwecke der Ausschließung des Grundpfandgläubigers aufwendig ist.[277]

Versichert der Eigentümer an **Eides Statt**, dass keine Forderung mehr besteht, sollte dies als ausreichend angesehen werden.[278] Die Meinung des BayObLG, es sei nicht ersichtlich, welcher irgendwie ins Gewicht fallende Nachteil für die Beteiligten daraus entstehen soll, dass das Recht weiterhin eingetragen bleibt (auf ewige Zeiten?), verkennt, dass das Grundstück nur eingeschränkt veräußerbar ist, da ein Käufer des Grundstücks idR weder das Risiko einer Inanspruchnahme durch den Berechtigten noch die Schwierigkeiten bei einem Weiterverkauf zu übernehmen bereit ist.

187 **c) Löschung von Abgeltungshypotheken (§ 24 Abs 2 GBMaßnG).** Zur Löschung einer Abgeltungshypothek (§ 8 Verordnung zur Durchführung der Verordnung über die Aufhebung der Gebäudeentschuldungssteuer v 31.07.1942, RGBl I 503) genügt ein Antrag der Gläubigerin, der der Form des § 29 Abs 1 nicht bedarf (§ 9 Abs 4 der Verordnung). Erklärt der Gläubiger, dass eine Forderung aus dem Abgeltungsdarlehen nicht mehr besteht, so gilt die Erklärung nach § 24 Abs 2 GBMaßnG als Antrag auf Löschung der Abgeltungshypothek.[279]

188 **d) Schweizerische Goldhypotheken.** Die in § 8 des »Gesetzes betreffend schweizerische Goldhypotheken«[280] vom 23.06.1923 (RGBl II 284), § 1 der 2. AusführungsVO vom 09.11.1923 (RGBl II 410) und § 5 der 3. AusführungsVO idF des Art 2 Abs 2 der 4. AusführungsVO vom 30.06.1924 (RGBl II 145) genannten Grundbucherklärungen bedürfen nicht der Form des § 29 GBO.

189 **e) Aufgehobene Nachweiserleichterungen für Grundpfandrechte. aa)** Nach dem **Gesetz über die Eintragung von Zinssenkungen im Grundbuch** v 11.05.1937 (RGBl I, 579) genügte für die Eintragung von Zinssenkungen die Schriftform.[281]

Das Gesetz wurde mit Wirkung zum 25.04.2006 aufgehoben durch Art 93 des Ersten Gesetzes über die Bereinigung von Bundesrecht im Zuständigkeitsbereich des Bundesministeriums der Justiz (Gesetz vom 19.04.2006, BGBl 2006 I 866, 879).

190 **bb)** Nach Art 4 Abs 2 der **9. Durchführungsverordnung zum Schuldenregelungsgesetz** vom 24.11.1937 (RGBl I 1305) genügte die schriftliche Form für die Bewilligung der Löschung einer **Entschuldungshypothek** und für die Zustimmung des Eigentümers zu ihrer Löschung; § 29 Abs 3 blieb unberührt.

Die gesamte Verordnung wurde mit Wirkung zum 30.11.2007 aufgehoben durch Art 68 des Zweiten Gesetzes über die Bereinigung von Bundesrecht im Zuständigkeitsbereich des Bundesministeriums der Justiz vom 23.11.2007 (BGBl 2007 I 2614, 2623).

---

276 BayObLG MittBayNot 1998, 103 = NJW-RR 1998, 522 = Rpfleger 1998, 157 = ZNotP 1998, 117; *Demharter* § 29 Rn 19; *Schöner/Stöber* Rn 4339; *Knothe* in Bauer/von Oefele § 29 Rn 179.

277 Zu den Einzelheiten *Schöner/Stöber* Rn 4340.

278 Für eine einfache Lösung in solchen Fällen zu Recht LG Köln MittRhNotK 1982, 252; *Keim* MittBayNot 1985, 247; *Wolf* MittBayNot 1998, 424; *Hügel-Otto* Rn 21.

279 *Böhringer* BWNotZ 2007, 1.

280 Die (staatsvertraglich geregelten) Vorschriften über schweizerische Goldhypotheken bleiben nach § 3 Abs 2 S 2 GBBerG von der Wertumstellung unberührt. Die ausländischen Gläubigern zustehenden Grundpfandrechte sind auch nicht durch Enteignungen in der sowjetischen Besatzungszone erloschen: BGHZ 143, 56 = NJ 2000, 259 m Anm *Fritsche* = NJW 2000, 424 = VIZ 2000, 110 = WM 2000, 70 = ZOV 2000, 33, dazu *Hager* EWiR 2000, 225, *Ring* WuB IV A § 894 BGB 1.00.

281 Vgl OLG München JFG 8, 117; KG JW 1938, 1135; zu Einzelheiten der aufgehobenen Regelung vgl die Vorauflage *Meikel-Brambring* 9. Aufl § 29 Rn 23.

7. Gebäudegrundbuchverfügung (GGV)

Verschiedene Formerleichterung bestehen für **Gebäudeeigentum** (Art. 233 § 2b EGBGB) nach der Gebäude- **191** grundbuchverfügung (GGV) v 15.07.1994 (BGBl I, 1606). Sie tragen der Tatsache Rechnung, dass die dem Gebäudeeigentum zugrundeliegenden Nutzungsrechte in der seinerzeitigen DDR nicht immer in den gesetzmäßig vorgesehenen Formen begründet wurden.

- So kann das Gebäudeeigentum für die **Anlegung von Gebäudegrundbüchern** in erleichterter Form durch Vorlage der Nutzungsurkunde etc. nachgewiesen werden. Dabei weicht § 4 GGV von der Vorschrift des § 29 GBO im Interesse der Anlegung von Gebäudegrundbuchblättern im großen Umfang ab, weil ansonsten die Nachweisanforderungen in den zu klärenden Fällen kaum einzuhalten wären.[282] Werden andere, als die in § 4 GGV genannten Nachweise benutzt, haben sie der Form des § 29 GBO zu entsprechen.[283]
- Nach § 10 Abs 2 Gebäudegrundbuchverfügung genügen, soweit das Bestehen eines dinglichen Nutzungsrechts, eines Gebäudeeigentums oder eines Rechts zum Besitz an einem oder mehreren nicht grundbuchmäßig bestimmten Grundstücken oder an Teilen hiervon nachzuweisen sind, und die in S 1 genannten amtlichen Nachweise nicht erbracht werden können, andere amtliche Unterlagen und die Versicherung des Berechtigten; diese Unterlagen und die Versicherung bedürfen nicht der Form des § 29.

8. Löschung gegenstandsloser Rechte (§ 87 GBO)

Bei gegenstandslosen Rechten (§§ 84–89 GBO) genügt für die Löschung nach der zweiten Alternative die **192** bloße Tatsache, dass der Betroffene auf die ihm zugestellte Löschungsankündigung **nicht rechtzeitig Widerspruch** erhoben hat (§ 87 lit b) GBO).

9. Treuhändersperrvermerk (§ 72 VAG)

Für die Bewilligung der Eintragung eines sog **Treuhändersperrvermerks** nach § 72 Versicherungsaufsichtsge- **193** setz (VAG) gilt – anders als teilweise vertreten – keine Ausnahme von § 29 GBO.[284] Sie erfolgt regelmäßig mit Bestellung des Grundpfandrechts.

Die nachträgliche Eintragung ist Grundbuchberichtigung, die aufgrund formlosen Antrags des Grundstückseigentümers oder des Versicherungsunternehmens erfolgt. Die Grundbuchunrichtigkeit ist durch öffentliche Urkunde nachzuweisen, entweder durch die Bescheinigung der Aufsichtsbehörde über die Zugehörigkeit des Grundstücks zum Deckungsstock oder durch die Berichtigungsbewilligung des Versicherungsunternehmens.[285]

V. Öffentliche Urkunde, Abs 1 S 1 Var 1 – Allgemeines

1. Legaldefinition (§ 415 ZPO)

Die **Legaldefinitionen** der öffentlichen Urkunde in §§ 415, 417, 418 ZPO gelten auch für die Grundbuch- **194** ordnung.[286] Mithin liegt eine »öffentliche Urkunde« iS des § 29 Abs 1 vor, wenn die Urkunde von einer öffentlichen Behörde innerhalb der Grenzen ihrer Amtsbefugnisse oder von einer mit öffentlichem Glauben versehenen Person innerhalb des ihr zugewiesenen Geschäftskreises in der vorgeschriebenen Form aufgenommen ist.

Die **drei tatbestandlichen Voraussetzungen** einer öffentlichen Urkunde sind nach § 415 ZPO:
- Die Urkunde muss von einer **öffentlichen Behörde** oder von einer mit **öffentlichem Glauben versehenen Person**
- innerhalb der Grenzen ihrer **Amtsbefugnisse** bzw des ihr zugewiesenen Geschäftskreises
- in der vorgeschriebenen **Form**

aufgenommen worden sein.

---

282 *Schmidt-Räntsch/Sternal* DtZ 1994, 262; *Böhringer* Grundbuchrecht-Ost, Rn 65; *Staudinger-Rauscher* BGB, 13. Bearb 1996, Art. 233 § 2b EGBGB Rn 37 mwN.

283 KG KGR Berlin 1995, 255 = FGPrax 1996, 12 = Rpfleger 1996, 151 = ZOV 1996, 39; OLG Brandenburg DNotI-Report 1996, 6 = FGPrax 1995, 182 m Anm *Demharter* = OLG-NL 1995, 201, 202 f = OLGR Brandenburg 1995, 205 = Rpfleger 1996, 22 = VIZ 1996, 51; OLG Jena OLG-NL 1997, 85 = Rpfleger 1997, 104; OLG Jena BauR 2006, 1940 = NJ 2006, 511 = NotBZ 2007, 67 = OLG-NL 2006, 279 = OLGR Jena 2006, 933; OLG Naumburg OLG-NL 2004, 153 = OLGR Naumburg 2004, 182 = VIZ 2004, 337.

284 *Hügel-Otto* Rn 24; *Prölss-Lipowsky*, VAG, 12. Aufl 2005, § 72 VAG Rn 10; **aA** KEHE-*Herrmann* Rn 15; ebenso für den Sonderfall der Abgeltungshypothek: LG Kiel Rpfleger 1951, 282; *Knothe* in Bauer/von Oefele § 29 Rn 181.

285 OLG Frankfurt DNotZ 1972, 49 = Rpfleger 1972, 104 m Anm *Haegele*; LG Bielefeld RPfleger 1990, 333; *Schöner/Stöber* Rn 2005.

286 BGHZ 25, 186 = NJW 1957, 1673; BayObLG MittRhNotK 1984, 237; BayObLG DNotZ 1985, 220, 222 m Anm *Winkler* = MittBayNot 1985, 45 = MittRhNotK 1985, 237 = Rpfleger 1985, 105; *Reithmann* DNotZ 1985, 540, 548; *Demharter* Rn 29; KEHE-*Herrmann* Rn 98, 104; *Schöner/Stöber* Rn 161.

195 Die ZPO stellt der öffentlichen Urkunde als **Gegenbegriff** die **Privaturkunde** gegenüber (§ 416 ZPO). Privaturkunden sind alle nichtöffentlichen Urkunden.
- Privaturkunden wie öffentlichen Urkunden gemeinsam ist die Urkundenqualität, dh es handelt sich um die **schriftliche** Verkörperung eines Gedankens, die vom Aussteller unterschrieben ist. Aussteller ist nicht, wer die Urkunde tatsächlich schreibt (zB der Notar), sondern wer die in der Urkunde enthaltenen Erklärungen abgibt.
- Maßgebliches Unterscheidungskriterium der öffentlichen Urkunde von der Privaturkunde ist nicht der Inhalt, sondern allein **Aussteller und Form.**[287]
- Die **öffentlich beglaubigte** Urkunde (= unterschriftsbeglaubigte Urkunde, § 29 Abs 1 S 1 Var 2 – vgl Rdn 295 ff) ist hinsichtlich des Textes und der Unterschrift Privaturkunde; nur der Beglaubigungsvermerk ist öffentliche Urkunde iS der §§ 415, 418 ZPO.[288]

2. Arten öffentlicher Urkunden

196 Die ZPO unterscheidet drei Arten öffentlicher Urkunden:
- öffentliche Urkunden über **fremde Erklärungen** (§ 415 Abs 1 ZPO),
- öffentliche Urkunden über amtliche Verfügungen oder eigene **Willenserklärungen einer Behörde** im weiteren Sinn (§ 417 ZPO),
- öffentliche Urkunden über **andere Tatsachen** als Erklärungen (§ 418 ZPO).

Außerdem wird in der Literatur meist zwischen bezeugenden und bewirkenden Urkunden unterschieden:[289]
- **Bewirkende Urkunden** sind diejenigen, die unmittelbar die rechtlich erhebliche Erklärung darstellen, zB einen Verwaltungsakt der Behörde oder eine vormundschaftsgerichtliche Genehmigung (dh Fälle des § 417 ZPO).
- **Bezeugende Urkunden** sind die, die ein Zeugnis über ein von der Urkundsperson wahrgenommene **Erklärung** (§ 415 ZPO) oder **Tatsache** (§ 418 ZPO) enthalten.

197 Die unterschiedlichen Nachweisformen korrespondieren mit den verschiedenen **Eintragungsvoraussetzungen nach § 29** (vgl auch das Schaubild Rdn 10):
- Die zur Eintragung erforderlichen **Erklärungen der Beteiligten** (§ 29 Abs 1 S 1) sind, soweit es sich nicht um Erklärungen von Behörden handelt, durch öffentliche Urkunde (§ 415 ZPO, idR Niederschrift des Notars nach §§ 8 ff BeurkG – Rdn 204 ff) oder durch öffentlich beglaubigte Urkunde (Unterschriftsbeglaubigung nach § 129 BGB, §§ 39, 40 BeurkG – Rdn 295 ff) nachzuweisen.
- Eigene **Erklärungen einer Behörde** können statt dessen auch durch Eigenurkunde der Behörde nachgewiesen werden (§ 417 ZPO). Dabei erleichtert **§ 29 Abs 3 GBO** die Prüfung durch das Grundbuchamt, indem er für die Form grundbuchverfahrensrechtlich eine Unterschrift und Siegel der Behörde genügen lässt (Rdn 339 ff).
- »Andere Voraussetzungen der Eintragung« (§ 29 Abs 1 S 2 GBO) sind durch Zeugnisurkunde nach § 418 ZPO nachzuweisen (Rdn 368 ff) oder – inbes bei gerichtlichen oder behördlichen Genehmigungen – durch bewirkende Urkunden nach § 417 ZPO (da es sich um Erklärungen handelt, wenn auch nicht um Erklärungen an das Grundbuchamt).

198 Hinsichtlich der **Urkundsperson** lässt sich unterscheiden:
- Während jede **Behörde** »bewirkende« öffentliche Urkunden über ihre eigenen (im Rahmen ihrer Zuständigkeit abgegebenen) Erklärungen erstellen kann (§ 417 ZPO),[290]
- ist für **bezeugende** öffentliche Urkunden über **fremde Erklärungen** (§ 415 ZPO) grundsätzlich nur der **Notar** zuständig (§ 20 Abs 1 S 1 BNotO) (und im Ausland die Konsularbeamten, § 10 ConsularG).
- Für bezeugende öffentliche Urkunden über sonstige **Tatsachen** (§ 418 ZPO) bestehen hingegen bei Behörden (nur) **Spezialzuständigkeiten** (zB der Personenstandsämter für die Personenstandsurkunden etc). Es kommt darauf an, dass die betreffende Behörde gerade zur Bezeugung dieser Tatsache mit Beweiskraft befugt ist. Die Befugnis des Notars zur Tatsachenbezeugung nach § 20 Abs 1 S 2 aE BNotO ist zwar sachlich umfassend, setzt aber eigene Wahrnehmung des Notars voraus und beweist Schlußfolgerungen des Notars nicht.

199 Das **Grundbuchamt** muss grds bei jeder zur Eintragung erforderlichen öffentlichen Urkunde prüfen, ob die drei Voraussetzungen für den Charakter als öffentliche Urkunde vorliegen (also Behörde oder Urkundsperson, Zuständigkeit und Einhaltung der Form). Gleichwohl unterscheidet sich der Prüfungsschwerpunkt deutlich:

---

287 BayObLG Rpfleger 1975, 316; *Baumbach/Lauterbach/Albers/Hartmann* ZPO, Übers § 415 Rn 4.
288 BGH DNotZ 1980, 354 = NJW 1980, 1047, 1048; *Staudinger-Hertel* (2004) § 129 BGB Rn 112; *Winkler* § 40 BeurkG Rn 77.
289 Zum Begriffspaar »bezeugende« und »bewirkende« Urkunden vgl *Reithmann*, Allgemeines Urkundenrecht, S 18.
290 BayObLGZ 1954, 329; 1975, 232 = Rpfleger 1975, 315; BayObLG MittBayNot 1980, 113; *Demharter* Rn 30.

– Bei öffentlichen Urkunden von **Behörden** ist jeweils deren **Zuständigkeit** zu prüfen, da Behörden grds öffentliche Urkunden nur über eigene Erklärungen erstellen dürfen sowie ggf über Tatsachen, deren Feststellung ihnen durch spezielle gesetzliche Vorschriften übertragen wurde.

– Hingegen muss das Grundbuchamt bei behördlichen Urkunden nicht prüfen, inwieweit der Unterzeichnende **behördenintern zuständig** ist und ob das für öffentliche Urkunden der betreffenden Behörde erforderliche **Verfahren und Form** eingehalten hat, sofern die Mindesterfordernisse des § 29 Abs 3 (**Unterschrift und Siegel** oder Stempel) eingehalten sind.

– Bei **notariellen Niederschriften** (über fremde Erklärungen) stellt die Zuständigkeit aufgrund der umfassenden Beurkundungszuständigkeit der Notare (§ 20 Abs 1 S 1 BNotO) kein Problem dar. Jedoch gibt es hier keine Erleichterung hinsichtlich der Prüfung der Formvoraussetzungen; daher sind die Wirksamkeitsvoraussetzungen zu prüfen.

Für die gesetzliche Definition der »öffentlichen Urkunde« ist unmaßgeblich, ob es sich um eine inländische oder **ausländische** Urkunde handelt. **200**

Der Unterschied liegt in der Beweiskraft: Während inländische öffentliche Urkunden die Vermutung der Echtheit für sich haben (§ 437 Abs 1 ZPO), bedürfen ausländische öffentliche Urkunden grundsätzlich des zusätzlichen **Echtheitsnachweises durch die Legalisation** (§ 438 ZPO) bzw – im Anwendungsbereich des Haager Übereinkommens über die Befreiung ausländischer öffentlicher Urkunden vom Erfordernis der Legalisation – zumindest der Apostille (vgl Einl L Rdn 282 ff).

Zur Prüfung durch das Grundbuchamt iÜ und zur Beweiskraft vgl Rdn 416 ff. **201**

VI. Öffentliche Urkunden über fremde Erklärungen, Abs 1 S 1 Var 1 (§ 415 ZPO)

1. Beurkundungszuständigkeiten und Verfahren allgemein

a) Beurkundungszuständigkeit. Nach § 415 Abs 1 ZPO können öffentliche Urkunden »über eine vor der **202** Behörde oder der Urkundsperson abgegebene Erklärung« entweder von einer zuständigen Behörde (Var 1) oder von einer »mit öffentlichem Glauben versehenen Person« (Var 2) jeweils »innerhalb der Grenzen ihrer Amtsbefugnisse« bzw »innerhalb des ihr zugewiesenen Geschäftskreises in der vorgeschriebenen Form« aufgenommen werden. Mit öffentlichem Glauben versehene Personen sind nur solche, denen gesetzlich die Befugnis übertragen ist, Beurkundungen allgemein oder unter Beschränkung auf bestimmte Rechtsgeschäfte vorzunehmen.

– Nachdem die frühere konkurrierende Beurkundungszuständigkeit der Gerichte mit Inkrafttreten des Beurkundungsgesetzes im Jahr 1969 abgeschafft wurde,[291] liegt im Inland nun die alleinige Beurkundungszuständigkeit bei den **Notaren**. Sie sind nach § 20 Abs 1 S 1 BNotO zuständig, Beurkundungen jeder Art vorzunehmen (vgl Rdn 204 ff).

– Im Ausland entspricht dem eine umfassende Beurkundungszuständigkeit der deutschen **Konsularbeamten** (§ 10 KonsularG – Rdn 259 ff).

– Den **Gerichten** verbleibt eine Beurkundungszuständigkeit für Prozessvergleiche (§§ 794 Abs 1 Nr 1, 159-165 ZPO, § 127a BGB) (Rdn 264 ff). Das rechtskräftige Urteil zur Abgabe einer Willenserklärung (§ 894 ZPO) bezeugt diese nicht (§ 415 ZPO), sondern bewirkt sie (§ 418 ZPO).

– Verwaltungsbehörden haben nur ausnahmsweise Beurkundungszuständigkeiten. Für das Grundbuch sind im wesentlichen nur die Zuständigkeiten der baden-württembergischen **Ratschreiber** sowie der **Vermessungsbehörden** relevant (Rdn 284 ff).

b) Verfahren. Das **Beurkundungsgesetz** gilt für nahezu alle bezeugenden Urkunden über Willenserklärun- **203** gen: Es regelt das Verfahren nicht nur für öffentliche Beurkundungen durch Notar (§ 1 Abs 1 BeurkG), sondern gilt grds auch entsprechend, soweit für öffentliche Beurkundungen neben dem Notar auch andere Urkundspersonen oder sonstige Stellen zuständig sind (§ 1 Abs 2 BeurkG).

Lediglich die Protokollierung gerichtlicher Prozessvergleiche ist gesondert geregelt (§§ 159–165 ZPO) (vgl Rdn 264, 272 ff).

2. Notarielle Urkunde in Form der Niederschrift über fremde Willenserklärungen (§§ 6 ff BeurkG)

a) Allgemeines. aa) Unterscheidung Niederschrift – Vermerkurkunde. Das BGB unterscheidet die **204** »notarielle Beurkundung« (§ 128 BGB) von der »öffentlichen Beglaubigung« (§ 129 BGB). Das Beurkundungsgesetz gilt nach § 1 Abs 1 für »öffentliche Beurkundungen« durch den Notar und meint damit sowohl die notarielle Beurkundung als auch die notarielle Beglaubigung.

– Hinsichtlich des Verfahrens unterscheidet das BeurkG die Beurkundung von Willenserklärungen (§§ 6–35 BeurkG)

---

291 § 57 Abs 7 Beurkundungsgesetz vom 28.08.1969 (BGBl 1969 I 1513), in Kraft seit 01.01.1970 – vgl Rdn 3.

und die Beurkundung anderer Erklärungen als Willenserklärungen sowie sonstiger Tatsachen oder Vorgänge (§§ 36–43 BeurkG). Verfahrensrechtlich ist danach die Beglaubigung einer Unterschrift (§ 42 BeurkG) ein Unterfall der Tatsachenbeurkundung, für die statt einer Niederschrift eine bloße Vermerkurkunde nach § 39 BeurkG genügt, nämlich der Beglaubigungsvermerk.

205 Spricht das BGB von der **notariellen Beurkundung**, so verlangt es die **Aufnahme einer Niederschrift** über Willenserklärungen nach §§ 8 ff BeurkG durch den Notar, in der er bezeugt, Erklärungen, die andere Personen abgegeben haben, selbst wahrgenommen zu haben.[292]

Die Zeugnisurkunde (in Form der Niederschrift) ist öffentliche Urkunde, wenn der Notar sie innerhalb des ihm zugewiesenen Geschäftskreises in der vorgeschriebenen Form aufgenommen hat. Sie begründet vollen **Beweis** der beurkundeten Erklärung (§ 415 ZPO) sowie der darin bezeugten Tatsachen (§ 418 ZPO), einschließlich der über das Beurkundungsverfahren festgehaltenen Tatsachen. Die gesetzliche Beweisregel gilt für die Abgabe der Erklärung, nicht für deren inhaltliche Richtigkeit; jedoch hat die Urkunde hat die Vermutung der Vollständigkeit für sich, dass sie alle von den Beteiligten abgegebenen rechtsgeschäftlichen Erklärungen enthält (vgl Rdn 419 mwN).

206 Bei der **Unterschriftsbeglaubigung** ist hingegen nur der **Beglaubigungsvermerk** iS der §§ 39, 40 BeurkG öffentliche Urkunde. Der Notar bezeugt die Tatsache, dass die Unterschrift (oder das Handzeichen) von einer bestimmten Person herrührt und in Gegenwart des Notars vollzogen oder anerkannt wurde. Beurkundungszweck der Beglaubigung ist es, den Nachweis zu sichern, dass eine bestimmte Person, deren Identität der Notar festgestellt hat, ihre Unterschrift tatsächlich geleistet hat.[293] Für den Beglaubigungsvermerk selbst (und nur für diesen als öffentliche Urkunde) gilt die Beweisregel des § 418 ZPO.[294]

Die unterzeichnete Erklärung bleibt hingegen **Privaturkunde**. Sie erbringt nach § 416 ZPO den vollen Beweis dafür, dass die in ihr enthaltenen Erklärungen von dem Aussteller abgegeben worden sind[295] – aber nur, weil ihre Echtheit aufgrund der Unterschriftsbeglaubigung feststeht. (Bei einer nicht unterschriftsbeglaubigten Privaturkunde käme es im Zivilprozess darauf an, ob die Echtheit anerkannt oder ggf anderweitig bewiesen ist, § 440 ZPO.)

207 **bb) Wirksamkeitsvoraussetzungen und Sollvorschriften des Beurkundungsgesetzes.** Das Beurkundungsgesetz unterscheidet zwischen unverzichtbaren Mindesterfordernissen, die im Interesse der Rechtssicherheit der Beurkundung für deren Wirksamkeit erfüllt sein müssen, und den weiteren Verfahrensvorschriften, die die Wirksamkeit der Beurkundung nicht berühren, die aber unbedingte Amtspflichten der Notare begründen. Denn es wäre widersinnig, wenn etwa eine Verletzung von Belehrungspflichten die Urkunde unwirksam machen würde; dies würde dem erstrebten Ziel der Rechtssicherheit durch die Beurkundung zuwiderlaufen.

Diese Unterscheidung spiegelt sich in der **Terminologie des Beurkundungsgesetzes**:
- Spricht das Beurkundungsgesetz von »muss« bzw »ist unwirksam«, so handelt es sich um zwingende Vorschriften über Wirksamkeitsvoraussetzungen (**Muss-Vorschriften**).
- Hingegen wird die Unschädlichkeit der Verletzung für die Wirksamkeit der Beurkundung durch das Wort »soll« zum Ausdruck gebracht (**Soll-Vorschriften**).[296]

208 Die nachfolgenden Ausführungen zur notariellen Beurkundung beschränken sich im wesentlichen auf die Muss-Vorschriften, also auf die Fragen, die die **Formgültigkeit** der notariellen Urkunde betreffen und damit ihre Eignung als öffentliche Urkunde iS des § 29 Abs 1 S 1, § 415 ZPO im Grundbuchverfahren.

Von den Muss-Vorschriften gelten für alle Niederschriften:
- Die Beurkundungszuständigkeit des Notars ist Muss-Vorschrift, ebenso bestimmte, besonders gravierende Verstöße gegen Mitwirkungsverbote (§§ 6, 7 BeurkG – Rdn 212 ff).
- Die Niederschrift muss als Inhalt mindestens die Bezeichnung des beurkundenden **Notars** und der formell **Beteiligten** enthalten sowie die **Willenserklärungen** der Beteiligten (§ 9 Abs 1 Nr 1 BeurkG) (Rdn 218 ff).
- Die Niederschrift muss den Beteiligten in Gegenwart des Notars vollständig **vorgelesen**, von ihnen **genehmigt und unterschrieben** sein (§ 13 BeurkG) (Rdn 229 ff).

292 »Zeugnisurkunde« im Gegensatz zu den bewirkenden Urkunden, vgl *Reithmann* Allgemeines Urkundenrecht, S 39.
293 *Reithmann* Allgemeines Urkundenrecht, 51.
294 *Reithmann* Allgemeines Urkundenrecht, 51.
295 BayObLG Rpfleger 1982, 448.
296 BT-Drucks V/3282 S 24; BayObLGZ 1983, 101, 106 = MittBayNot 1983, 136; BayObLGZ 1992, 220 = DNotZ 1993, 471, 473 = MDR 1992, 906; *Jansen* Einl BeurkG Rn 16; *Armbrüster/Renner* in Huhn/v Schuckmann Einl Rn 40 ff; *Staudinger-Hertel* (2004) Vor §§ 127a/128 BGB Rn 230 ff; *Winkler* Einl Rn 13 f.

(Weitere Wirksamkeitsvoraussetzungen gelten beim Verzicht auf die Verlesung bei Verweisungen oder Bestandsverzeichnissen, vgl Rdn 239 ff, sowie bei der Urkundssprache unkundigen oder behinderten Beteiligten, Rdn 247 ff).

cc) Prüfungsumfang des Grundbuchamtes. Das **Grundbuchamt** hat zu prüfen, ob die notarielle 209 Urkunde die notwendigen einzelnen Tatbestandsmerkmale der »öffentlichen Urkunde« erfüllt. Liegen diese vor, so ist auch im Grundbuchverfahren der volle Beweis der Echtheit der Urkunde und die Wahrheit der in ihr bezeugten Tatsachen erbracht.

Eine notarielle Urkunde, die gegen Muss-Vorschriften des Beurkundungsgesetzes verstößt, besitzt nicht die Eigenschaft einer öffentlichen Urkunde (§ 415 ZPO) und ist damit auch für das Grundbuchverfahren ungeeignet (§ 29 Abs 1 GBO). Erkennt das Grundbuchamt die Formnichtigkeit der Urkunde, so darf es die beantragte Eintragung nicht vornehmen.[297] Zum Nachweis gegenüber dem Grundbuchamt eignen sich nur solche öffentlichen Urkunden, die den zwingenden Erfordernissen des Beurkundungsgesetzes genügen.[298]

Die Nichtbeachtung von **Muss-Vorschriften** kann aus der dem Grundbuchamt vorgelegten Ausfertigung oder 210 beglaubigten Abschrift selbst zu ersehen sein (zB fehlende Unterschriften der Beteiligten oder des Notars), muss es aber nicht (die Urkunde ist nicht in Gegenwart des Notars vollständig verlesen worden). IdR ist durch die Niederschrift beweiskräftig festgestellt, dass die Wirksamkeitsvoraussetzungen des Beurkundungsverfahrens erfüllt sind (insbes durch den Schlussvermerk »vorgelesen, genehmigt und unterschrieben«). Möglichen Unwirksamkeitsgründen, die aus der Urkunde selbst nicht ersichtlich sind, hat das Grundbuchamt nicht nachzugehen.

Auch falls der Notar die Vorschriften der **Dienstordnung** über Herstellung der notariellen Urkunden (§§ 28– 211 31 DONot) verletzt, hat dies keine Auswirkungen auf die Formgültigkeit der Urkunde.[299] Die Nichtbeachtung kann aber zu einem äußeren Mangel der Urkunde führen (Rdn 420 ff).

Auch die Nichtbeachtung der allgemeinen und besonderen **Standesrichtlinien** (Richtlinien der jeweiligen Notarkammer) durch den Notar ist für die Formgültigkeit der Urkunde ohne Belang. Dem Grundbuchamt steht kein Recht zu, die Urkunde aus diesem Grund zu beanstanden.[300]

b) Beurkundungszuständigkeit und Mitwirkungsverbote. aa) Umfassende Beurkundungszuständig- **212** **keit der Notare.** Wenden wir die Kriterien für eine öffentliche Urkunde nach § 415 ZPO, § 29 Abs 1 GBO an, so ist zunächst die Beurkundungszuständigkeit zu prüfen: Der Notar ist eine mit »**öffentlichem Glauben versehene Person**«, die durch staatliche Ermächtigung bestellt ist (§§ 1, 20 Abs 1 S 1 BNotO).

Weiter muss die Urkunde vom Notar **innerhalb des ihm zugewiesenen Geschäftskreises** aufgenommen worden sein. Nach § 1 BNotO werden die Notare für die Beurkundung von Rechtsvorgängen und andere Aufgaben auf dem Gebiete der vorsorgenden Rechtspflege bestellt. Die sachliche Zuständigkeit des Notars, »Beurkundungen jeder Art vorzunehmen« (§ 20 Abs 1 S 1 BNotO), besteht ohne jede Einschränkung auch für bezeugende Urkunden über fremde Erklärungen – insofern im Unterschied zu den grds nur bestimmte Sachgebiete bestehenden Beurkundungszuständigkeiten von Behörden.

Im **Ausland** kann ein deutscher Notar keine Amtstätigkeit und damit auch keine wirksame Beurkundung vor- 213 nehmen. Die Befugnis des Notars zur öffentlichen Beurkundung ist von der Staatsgewalt abgeleitet und daher nur bis zu deren Grenzen wirksam (territoriale Beschränkung der Urkundsgewalt).[301] Eine im Ausland aufgenommene Urkunde eines deutschen Notars ist daher als notarielle Beurkundung unwirksam.[302]

Innerhalb Deutschlands erstreckt sich jedoch die Befugnis des Notars, Rechtsvorgänge zu beurkunden, auf 214 das ganze Geltungsgebiet des Gesetzes. Der Notar darf zwar grundsätzlich keine Amtshandlungen außerhalb seines Amtsbezirks vornehmen (§ 11 Abs 2 BNotO), ein Verstoß berührt aber nicht deren Gültigkeit (§ 11 Abs 3 BNotO). § 2 BeurkG wiederholt den Grundsatz, dass eine Beurkundung nicht deshalb unwirksam ist, weil der Notar sie außerhalb seines Amtsbezirks oder außerhalb des Landes vorgenommen hat, in dem er zum Notar bestellt ist.

---

297 Die Prüfungspflicht des Grundbuchamts im Hinblick auf die Formgültigkeit der notariellen Urkunde wird im Schrifttum kaum erörtert. Es steht aber außer Zweifel, dass im Grundbuchverfahren nur formgültige Eintragungsunterlagen Verwendung finden dürfen.

298 BayObLGZ 2001, 14 = DNotZ 2001, 560 mit Anm *Reithmann* = FGPrax 2001, 57 = MDR 2001, 559 = MittBayNot 2001, 200 mit Anm *Kanzleiter* = NJW-RR 2001, 734 = NotBZ 2001, 111 = Rpfleger 2001, 228 = RpflStud 2002, 52 mit Anm *Böttcher*.

299 BGH DNotZ 1960, 668; *Kanzleiter* DNotZ 1972, 519, 522.

300 *Kanzleiter* DNotZ 1972, 519, 524.

301 *Winkler* Einl BeurkG Rn 40.

302 BGHZ 138, 359 = DNotZ 1999, 346 = NJW 1998, 2830 = WM 1998, 1275 m Anm *Riering* IPrax 2000, 16, dazu *Saenger* JZ 1999, 103; RG JW 1927, 2126; *Blumenwitz* DNotZ 1968, 713.

215 **bb) Mitwirkungsverbote und Ausschließung des Notars (§§ 6, 7 BeurkG).** Die Mitwirkungsverbote des § 3 BeurkG verbieten dem Notar eine Amtstätigkeiten in Fällen, in denen seine Neutralität gefährdet sein könnte, nämlich insbes
- in Angelegenheiten, in denen der **Notar selbst** oder bestimmte **nahe Angehörige sachbeteiligt** sind (insbes der jetzige oder frühere Ehegatte oder Lebenspartner nach LPartG, Verwandte und Verschwägerte in gerader Linie, Verwandte in der Seitenlinie bis zum dritten Grad = Nichte/Neffe, Verschwägerte in der Seitenlinie bis zum zweiten Grad = Schwägerin/Schwager) (§ 3 Abs 1 Nr 1–3 BeurkG),
- bei Sachbeteiligung eines **Sozius/Bürogemeinschaft** des Notars (§ 3 Abs 1 Nr 4 BeurkG),
- bei Sachbeteiligung einer Person, deren **gesetzlicher Vertreter** der Notar ist oder deren vertretungsberechtigtem Organ der Notar angehört oder von der der Notar in derselben Angelegenheit **bevollmächtigt** ist (§ 3 Abs 1 Nr 5–6, 8 BeurkG)
- oder wenn der Notar oder einer seiner Sozien mit derselben Angelegenheit (dh demselben Lebenssachverhalt[303]) außerhalb seiner Amtstätigkeit bereits **vorbefasst** war (insbes bei anwaltlicher Vorbefassung eines Anwaltsnotars oder bei Vorbefassung als Steuerberater) (§ 3 Abs 1 Nr 7 BeurkG).

Für die Mitwirkungsverbote nach § 3 BeurkG ist auf die **materielle Sachbeteiligung** abzustellen, dh ob die Rechte oder Pflichten des Beteiligten durch den Urkundsvorgang unmittelbar betroffen werden.[304]

Die Mitwirkungsverbote des § 3 BeurkG sind **Soll-Vorschriften**, dh unbedingte Amtspflichten des Notars, deren Mißachtung insbes disziplinarisch verfolgt werden kann (bis hin zur Amtsenthebung),[305] die Beurkundung aber nicht unwirksam macht.

216 §§ 6 und 7 BeurkG sehen nur für besonders schwere Verstöße gegen die Mitwirkungsverbote die Unwirksamkeit entweder der gesamten Beurkundung (§ 6) oder der zugunsten des Notars und der ihm nahestehenden beurkundeten Willenserklärungen (§ 7) vor. Hier ist der Verstoß – und damit die Unwirksamkeit – leicht feststellbar und häufig zumindest im Ansatz bereits aus der Urkunde erkennbar.

Nach **§ 6 BeurkG (Ausschließungsgründe)** ist die gesamte Beurkundung unwirksam,
- wenn der Notar selbst,
- sein Ehegatte oder Lebenspartner iSd LPartG,
- eine Person, die mit ihm in gerader Linie verwandt ist oder war,
- oder ein Vertreter, der für eine der vorbezeichneten Personen handelt, an der Beurkundung beteiligt ist.

Nach § 6 Abs 2 BeurkG gilt insoweit ein **formeller Beteiligtenbegriff**. Dh an der Beurkundung beteiligt sind die Erschienenen, deren im eigenen oder fremden Namen abgegebene Erklärungen beurkundet werden sollen (während die Mitwirkungsverbote nach § 3 BeurkG auf den weiteren Begriff der Beteiligung im materiellen Sinn abstellen, der aber va für Dritte weniger leicht feststellbar ist als die formelle Beteiligung).

Nach § 6 BeurkG ist daher die gesamte Beurkundung unwirksam, wenn der Notar darin Willenserklärungen beurkundet, die er selbst abgibt, gleich ob im eigenen oder fremden Namen. Dasselbe gilt, wenn Erklärungen in Vertretung des Notars oder eines seiner in § 6 BeurkG genannten nahen Angehörigen von einem Bevollmächtigten oder gesetzlichen Vertreter (zB Testamentsvollstrecker) abgegeben werden. Ausgeschlossen ist der Notar zB bei Beurkundung eines Kaufvertrages über ein Grundstück, das er als alleiniger Testamentsvollstrecker verwaltet, auch dann, wenn für ihn ein Vertreter ohne Vertretungsmacht auftritt und der Notar zu einem späteren Zeitpunkt genehmigt.[306]

217 Nach **§ 7 BeurkG** ist die Beurkundung von Willenserklärungen **insoweit unwirksam**, als diese darauf gerichtet sind,
- dem Notar,
- seinem Ehegatten oder früheren Ehegatten oder Lebenspartner iSd LPartG
- oder einer Person, die mit ihm in gerader Linie verwandt oder verschwägert oder in der Seitenlinie bis zum dritten Grade verwandt oder bis zum zweiten Grade verschwägert ist oder war, einen rechtlichen Vorteil zu verschaffen.

Ein **rechtlicher Vorteil** ist die Vermehrung der Rechte oder die Verminderung der Pflichten der genannten Personen, sei es durch eine Verfügung oder durch eine Verpflichtung zu ihren Gunsten. Eine etwaige Gegenleistung ist unbeachtlich; auch der Anspruch auf eine entgeltliche Übereignung bzw. auf den Kaufpreis ist daher ein rechtlicher Vorteil (unabhängig davon, ob der Kaufvertrag für den Angehörigen wirtschaftlich vorteilhaft

---

303 BGHZ 158, 310 = DNotZ 2004, 888 = NJW 2004, 1954.
304 BGH DNotZ 1985, 231 = NJW 1985, 2027; vgl *Eylmann* in *Eylmann/Vaasen* § 3 BeurkG Rn 7 ff; *Lerch* § 3 BeurkG Rn 7 ff; *Staudinger-Hertel* Vor §§ 127a/128 BGB Rn 285 ff; *Winkler* Einl Rn 23 ff, zT abweichend *Armbrüster/Renner* in *Huhn/v Schuckmann* Einl Rn 16 ff.
305 vgl BGHZ 158, 310 = DNotZ 2004, 888 = NJW 2004, 1954.
306 *Winkler* § 6 BeurkG Rn 20, 21; *Jansen* § 6 BeurkG Rn 6.

wäre).[307] Ein rechtlicher Vorteil liegt auch dann vor, wenn für eine der genannten Personen ein Vertragsangebot oder ein Schuldanerkenntnis abgegeben, ein Grundpfandrecht bestellt oder ein Vertrag gemäß § 328 BGB geschlossen wird.[308] Die beurkundete Willenserklärung muss auf einen unmittelbaren Vorteil gerichtet sein; es genügt nicht, wenn ein Vorteil erst als deren Folge eintritt oder eintreten kann.[309]

Bei einem Verstoß gegen § 7 ist die Beurkundung nicht insgesamt, sondern nur insoweit nichtig, als einer der genannten Personen ein rechtlicher Vorteil verschafft wird.[310] Jedenfalls bei gegenseitigen Verträgen wird dies aber idR zur Gesamtnichtigkeit des Vertrages führen (§ 139 BGB).

c) Mindestinhalt der Niederschrift (§ 9 BeurkG). Nach § 8 BeurkG muss bei der Beurkundung von Wil- | 218
lenserklärungen eine Niederschrift über die Verhandlung aufgenommen werden. Die Niederschrift muss als Wirksamkeitsvoraussetzungen enthalten:
– die Bezeichnung des **Notars** und der **Beteiligten** (§ 9 Abs 1 S 1 Nr 1 BeurkG)
– und die **Erklärungen** der Beteiligten (§ 9 Abs 1 S 1 Nr 2 BeurkG).

Die Angabe von Zeit und Ort der Niederschrift (§ 9 Abs 2 BeurkG) ist Amtspflicht, aber keine Wirksamkeitsvoraussetzung.

aa) Bezeichnung des Notars und der Beteiligten. Die Niederschrift muss die **Bezeichnung** des **Notars** | 219
enthalten; seine Unterschrift allein reicht nicht aus.[311] Für die Wirksamkeit ausreichend ist jedoch, wenn im Text bereits erwähnt wird, dass eine Beurkundung vor dem Notar stattfand und sich aus Text und Unterschrift zusammen eine ausreichende Bezeichnung der Person des Notars ergibt.[312]

Der amtlich bestellte **Vertreter** hat sich als solcher zu bezeichnen und ausdrücklich als Notarvertreter zu unterschreiben (§ 41 Abs 1 S 2 BNotO). Den Nachweis über die Bestellung als Vertreter kann das Grundbuchamt nicht verlangen.

Nach § 9 Abs 1 zu bezeichnen sind nur die formell **Beteiligten** (iSd § 6 Abs 2 BeurkG), dh die Erschienenen, | 220
die im eigenen oder fremden Namen Erklärungen zur Niederschrift abgeben.

Zur Gültigkeit der Beurkundung genügt jede Bezeichnung, die hinreichend auf eine bestimmte Person hinweist.[313] Die Amtspflichten des Notars gehen weiter; er muss die Beteiligten so genau bezeichnen, dass Verwechslungen ausgeschlossen sind (§ 10 Abs 1 BeurkG); § 25 Abs 2 DONot nennt die dafür idR erforderlichen Angaben; bloße Verstöße gegen § 10 Abs 1 BeurkG, § 25 Abs 2 DONot beeinträchtigen aber die Wirksamkeit der Beurkundung nicht.

Ggf kann der Notar nachträglich offensichtliche Schreibfehler (zB in Namen oder Geburtsdatum) nach § 44a Abs 2 BeurkG korrigieren[314] oder in einer Zeugnisurkunde nach § 39 BeurkG für den Vollzug weitere Feststellungen zur Person des Beteiligten treffen.

Hat der Notar die **Identität** eines Beteiligten in der Niederschrift (oder in einer Unterschriftsbeglaubigung) | 221
feststellt, so ist das Grundbuchamt an diese Feststellung aufgrund der Beweiskraft der öffentlichen Urkunde gebunden und darf keine eigene zusätzliche Identitätsprüfung verlangen, sofern es nicht ausnahmsweise konkrete Anhaltspunkte für die Unrichtigkeit der Identitätsfeststellung hat. Dass der Notar gegen die Soll-Vorschrift des § 10 BeurkG über die Art der Identitätsfeststellung bzw Bezeichnung der Beteiligten verstoßen hat (etwa weil er sich keinen Lichtbildausweis vorlegen ließ), genügt aber noch nicht, um die Beweiskraft der notariellen Urkunde zu erschüttern.[315]

---

307 RGZ 88, 147, 150; KG OLGZ 5, 192.
308 *Winkler* § 7 BeurkG Rn 7; *Jansen* § 7 Rn 4.
309 BGHZ 134, 230 = DNotZ 1997, 466 m Anm *Reimann* = MittBayNot 1997, 248 m Anm *Winkler* = NJW 1997, 946 = ZEV 1997, 113 m Anm *Kummer*; RGZ 88, 147, 151.
310 *Winkler* § 7 BeurkG Rn 1; *Staudinger-Hertel* Vor §§ 127a/128 BGB Rn 325.
311 BGHZ 38, 130 = DNotZ 1964, 104 = NJW 1963, 200 = Rpfleger 1963, 144 m Anm *Haegele*; LG Nürnberg DNotZ 1971, 764.
312 RGZ 50, 16, 19; BGHZ 38, 130, 135 = aaO; KG OLGZ 18, 353; KGJ 41, 81; KG JG 20, 319; OLG Frankfurt MDR 1986, 506 = Rpfleger 1986, 184; LG Koblenz DNotZ 1969, 702; LG Nürnberg-Fürth DNotZ 1971, 764; anders hingegen bei einem unauflösbaren Widerspruch zwischen Text und Notarunterschrift: OLG Hamm OLGZ 1988, 227 = DNotZ 1988, 565 m Anm *Reithmann* = Rpfleger 1988, 197.
313 BGHZ 38, 130 = DNotZ 1964, 104 = aaO (Fn bei Rdn 219); OLG Oldenburg StAZ 1956, 113; LG Oldenburg Rpfleger 1987, 107 zur Frage, ob die unzureichende Bezeichnung eines Beteiligten im Eingang der Urkunde ersetzbar ist, wenn sich aus dem Gesamtzusammenhang der Urkunde ergibt, dass die Unterschrift dem Beteiligten zuzurechnen ist.
314 OLG Hamburg DNotZ 1951, 422.
315 OLG Celle DNotI-Report 2006, 34 = DNotZ 2006, 297 = NJW-RR 2006, 448 = OLGR Celle 2006, 351 = RNotZ 2006, 58.

222 Handelt ein Erschienener als **Vertreter** im fremden Namen, so ist in der Niederschrift auch die vertretene Person aufzuführen; dies ist aber keine Wirksamkeitsvoraussetzung für die Formwirksamkeit der Beurkundung nach § 9 Abs 1 S 1 Nr 1 BeurkG). Materiellrechtlich wirken die abgegebenen Willenserklärungen aber nur für den Vertretenen, wenn sich deren Abgabe in fremdem Namen zumindest aus den Umständen ergibt (§ 164 BGB). Und grundbuchverfahrensrechtlich muss der Vertretene in der Urkunde benannt sein, damit in der Form des § 29 GBO nachgewiesen ist, dass die Abgabe der Erklärungen im Namen des Vertretenen erfolgte.

223 **bb) Willenserklärungen der Beteiligten.** Wirksamkeitsvoraussetzung der Beurkundung ist auch, dass die Niederschrift die **Willenserklärungen** der Beteiligten enthält (§ 9 Abs 1 S 1 Nr 2 BeurkG). Die formelle Wirksamkeit der Beurkundung hängt aber nicht davon ab, dass die Erklärungen der Beteiligten richtig oder vollständig wiedergegeben sind[316] (ungeachtet dessen, dass sie materiell unwirksam oder anfechtbar sein können, und dass der Notar natürlich zur vollständigen und genauen Wiedergabe verpflichtet ist, § 17 Abs 1 BeurkG).

224 **cc) Anlagen (§ 9 Abs 1 S 2 BeurkG).** Die Erklärungen der Beteiligten können aber auch in einer **Anlage** beurkundet werden, auf die in der Niederschrift verwiesen wird und die dieser beigefügt ist (§ 9 Abs 1 S 2 BeurkG). Diese Verweisung führt dazu, dass die in dem Schriftstück enthaltenen Erklärungen ebenso beurkundet sind wie die Erklärungen in der Niederschrift selbst.

Erforderlich ist eine **Verweisung** in der Niederschrift. Die Verweisung muss als Erklärung der Beteiligten protokolliert werden. Ein besonderer Wortlaut ist nicht erforderlich; doch muss sie den Willen erkennen lassen, dass die Erklärungen in der beigefügten Anlage Gegenstand der Beurkundung sein sollen.[317]

225 Sämtliche Verfahrensvorschriften (und Amtspflichten des Notars) gelten in gleicher Weise für die Anlage, die also insbesondere vollständig **vorgelesen** werden muss. Ein Verzicht auf das Vorlesen der Anlage ist nicht möglich.

Die Anlage braucht nicht unterschrieben zu werden (weder von den Beteiligten noch vom Notar). Das Schriftstück ist der Niederschrift beizufügen. Die Verbindung soll mittels Schnur und Prägesiegel erfolgen (§ 44 S 1 BeurkG, § 30 Abs 2 DONot – keine Wirksamkeitsvoraussetzung).

Ergibt sich aus der notariellen Niederschrift, dass diese den Beteiligten vorgelesen und von ihnen unterschrieben worden ist, so wird vermutet, dass auch die als Anlage bezeichneten Schriftstücke bei Unterzeichnung der Urkunde beigefügt waren und mit **verlesen und genehmigt** wurden.[318] Häufig enthält der Schlussvermerk aber auch die ausdrückliche Feststellung, dass die Niederschrift »mit Anlagen Nr . . .« verlesen und genehmigt wurde. Der Gegenbeweis, dass der Vorgang unrichtig beurkundet ist, bleibt auch insoweit zulässig (§ 415 Abs 2 ZPO).[319]

226 Typische **Beispiele** für Anlagen sind Baubeschreibungen oder der Inhalt des Kaufvertrages bei einem Angebot. Aber auch die Auflassung wird häufig als Anlage beurkundet, wenn den Beteiligten und dem Grundbuchamt zunächst (bis zur Zahlung des Kaufpreises) nur Ausfertigungen und beglaubigte Abschriften ohne die Ausfertigung erteilt werden sollen.

227 Nach § 9 Abs 1 S 3 BeurkG können auch **Karten, Zeichnungen oder Abbildungen** Anlagen zur Niederschrift iS des § 9 Abs 1 S 2 BeurkG sein. Nach § 13 Abs 1 S 1 BeurkG müssen Karten etc den Beteiligten an Stelle des Vorlesens zur Durchsicht vorgelegt werden. Karten (Katasterpläne, Bauzeichnungen, Aufteilungspläne) können nicht isoliert beurkundet werden. Erforderlich ist stets eine rechtsgeschäftliche Erklärung in der Niederschrift selbst, die sich auf die Karte als Erklärungsmittel bezieht (= Verweisung). Aus ihr muss aber lediglich der Wille erkennbar sein, die Anlage zum Erklärungsinhalt zu machen.[320]

228 Davon zu unterscheiden sind jedoch Anlagen, die nicht nach § 311b Abs 1 BGB beurkundungsbedürftig sind (insbes weil sie keine rechtsgeschäftlichen Willenserklärungen zum Veräußerungsvertrag enthalten), sondern **nur zu Beweiszwecken** der notariellen Niederschrift beigeheftet werden (zB beglaubigte Abschriften vorgelegter Vollmachtsurkunden, § 12 BeurkG, oder auch über das Grundstück bestehender Mietverträge).[321]

---

316 *Jansen* § 9 BeurkG Rn 10.
317 BGH DNotZ 1995, 35 = NJW 1994, 2095.
318 BGH DNotZ 1995, 26 = NJW 1994, 1288 = Rpfleger 1994, 412.
319 BayObLG Rpfleger 1981, 358 mwN; *Jansen* § 1 BeurkG Rn 45.
320 OLG Köln Rpfleger 1984, 407. Für die Verweisung auf eine Anlage genügt jede Formulierung, wohl auch die Worte »nebst Anlage« im Schlussvermerk, aus der erkennbar wird, dass die Anlage zum Gegenstand der Beurkundung gemacht worden ist; vgl auch *Stoy* Rpfleger 1985, 59 und BayObLG Rpfleger 1982, 17.
321 *Schuckmann/Renner* in Huhn/von Schuckmann § 9 BeurkG Rn 40; *Staudinger-Hertel* Vor §§ 127a/128 BGB Rn 408; *Limmer* in *Eylmann/Vaasen* § 9 BeurkG Rn 14.

d) Vorlesen, Genehmigen, Unterschreiben (§ 13 BeurkG). Wirksamkeitsvoraussetzung sind auch die Verlesung und Unterschrift: 229

– Die Niederschrift muss in Gegenwart des Notars den Beteiligten **vorgelesen**,
– von ihnen **genehmigt und unterschrieben** werden (§ 13 Abs 1 S 1 BeurkG). Verweist die Niederschrift auf Karten uä, müssen diese den Beteiligten zur Durchsicht vorgelegt werden (§ 13 Abs 1 S 1 Halbs 2 BeurkG).
– Die Niederschrift muss von dem **Notar eigenhändig unterschrieben** werden (§ 13 Abs 3 BeurkG).

In bestimmten Fällen kann die Pflicht zur Vorlesung der Niederschrift eingeschränkt werden (§§ 13 Abs 2, 13 a, 14 BeurkG); es sind dann die für das jeweilige spezielle Verfahren geltenden besonderen zwingenden Vorschriften zu beachten.

aa) Vorlesen. Nach **§ 13 Abs 1 BeurkG** muss die Niederschrift in Gegenwart des Notars den Beteiligten 230 **vorgelesen**, von ihnen genehmigt und eigenhändig unterschrieben werden.

Die Niederschrift (einschließlich der Anlagen) muss den Beteiligten vollständig vorgelesen werden. Der Notar braucht nicht selbst zu lesen; er kann sich hierfür einer dritten Person bedienen[322] (zB wenn der Notar heiser ist). Er muss aber während der gesamten Urkundsverhandlung anwesend sein.[323] Das laute Diktieren des noch zu schreibenden Textes[324] oder das Abspielen eines Tonbands ersetzt das Vorlesen nicht,[325] auch nicht das Ablesen eines eingegebenen Textes vom Computerbildschirm.[326]

Werden mehrere Niederschriften aufgenommen, deren Wortlaut ganz oder teilweise übereinstimmt (sog **Sammelbeurkundung**), so genügt es, wenn der übereinstimmende Wortlaut den Beteiligten einmal vorgelesen wird (§ 13 Abs 2 BeurkG).[327] 231

bb) Genehmigung und Unterschrift der Beteiligten. Die Niederschrift ist von den Beteiligten zu **genehmigen**, dh sie müssen ihr Einverständnis mit dem Inhalt der Niederschrift erklären, und zu **unterzeichnen**. Die Unterschrift muss von den Beteiligten eigenhändig vollzogen werden. Kann ein Beteiligter nicht schreiben, so ist ein Schreibzeuge zuzuziehen (§ 25 BeurkG). 232

Zu unterschreiben ist mit dem **Familiennamen**; die Unterschrift allein mit dem Vornamen ist nach der – mE zu strengen – Rechtsprechung des BGH formunwirksam.[328] Die Hinzufügung des Vornamens ist üblich und sinnvoll, aber nicht erforderlich. Auch die gesetzlichen Vertreter einer juristischen Person oder einer Personenhandelsgesellschaft unterzeichnen mit ihrem persönlichen Namen.[329] 233

Der Familienname muss ausgeschrieben sein; eine **Abkürzung** (Handzeichen, Paraphe) **genügt nicht**. Die Unterschrift setzt »einen individuellen Schriftzug voraus, der sich – ohne lesbar sein zu müssen – als Wiedergabe eines Namens darstellt und die Absicht der vollen Unterschriftsleistung erkennen läßt. Ein Schriftzug, der als bewußte oder gewollte Namensabkürzung erscheint, stellt demgegenüber keine formgültige Unterschrift dar«.[330] Lesbar muss die Unterschrift aber nicht sein.[331]

Hat ein Beteiligter die Niederschrift nicht unterzeichnet, so ist die Beurkundung seiner Willenserklärung formnichtig (und damit idR die gesamte Beurkundung, § 139 BGB).

§ 13 Abs 1 S 3 BeurkG enthält eine (widerlegbare) gesetzliche Vermutung: Haben die Beteiligten die Niederschrift eigenhändig unterschrieben, so wird vermutet, dass diese in Gegenwart des Notars vorgelesen und von 234

---

322 KG DNotZ 1953, 255.
323 BGH DNotZ 1975, 365 = Rpfleger 1975, 173; OLG Celle NdsRpfl 1956, 131; RGZ 61, 95, 99 = JW 1905, 491; *Ehlers* NotBZ 1997, 109; *Winkler* § 13 BeurkG Rn 5.
324 BayObLGZ 1979, 232, 236 = Rpfleger 1979, 458; KG DNotZ 1944, 153 = DFG 1944, 48 m Anm *Vogel*.
325 OLG Hamm DNotZ 1978, 54 = NJW 1978, 2604 = Rpfleger 1978, 18.
326 OLG Frankfurt DNotZ 2000, 513; *Limmer* in *Eylmann/Vaasen* § 13 BeurkG Rn 7; *von Schuckmann/Renner* in *Huhn/von Schuckmann* § 13 BeurkG Rn 10; *Staudinger-Hertel* Vor §§ 127a/128 BGB Rn 362; *Winkler* § 13 BeurkG Rn 12; **aA** LG Stralsund NJW 1997, 3178.
327 vgl OLG Frankfurt DNotI-Report 1999, 113; BGH DNotZ 2000, 512 = NJW 2000, 1725.
328 BGHZ 152, 255 = DNotZ 2003, 269 = DNotI-Report 2003, 29 = DNotZ 2003, 269 = NJW 2003, 1120; ähnlich OLG Stuttgart DNotZ 2002, 543, 544; dem BGH zustimmend *Renner* NotBZ 2003, 178; *von Schuckmann/Renner* in *Huhn/von Schuckmann* § 13 BeurkG Rn 34; *Winkler* § 13 BeurkG Rn 56; **aA** *Heinemann* DNotZ 2003, 243; *Heinemann* NotBZ 2003, 467; *Kanzleiter* MittBayNot 2002, 197; *Kanzleiter* NotBZ 2003, 10.
329 *Winkler* § 13 BeurkG Rn 60 ff.
330 BGH NJW 1997, 3380, 3381 = MDR 1997, 1052; ebenso BGH NJW 1967, 2310; NJW 1985, 1227; NJW 1987, 1333, 1334; NJW 1989, 588; NJW 1992, 243; NJW 1994, 55; NJW 1996, 997; BFHE 189, 37 = BStBl II 1999, 668 = BB 1999, 1907 = DB 1999, 1883 = NJW 2000, 607.
331 BGH NJW 1997, 3380, 3381 = MDR 1997, 1052 – unter Verweis auf BGH NJW 1987, 1333, 1334 und BVerfGE 78, 123, 126 = NJW 1988, 2787 (jeweils zu §§ 129, 130, 519 ZPO); *Kanzleiter* DNotZ 2002, 520.

ihnen genehmigt wurde.[332] Dies soll der Notar in der Urkunde vermerken. Als **Schlussvermerk** üblich ist die Klausel:

> »Diese Niederschrift wurde den Beteiligten von dem Notar (oder: in Gegenwart des Notars) vorgelesen, von ihnen genehmigt und eigenhändig unterschrieben.«

Genügend ist aber auch ein Abschlussvermerk in der Kurzform:

> »Vorgelesen, genehmigt, unterschrieben.«

Für den Schlussvermerk kann ein Farbstempel verwendet werden (§ 29 Abs 3 DONot).

235 **cc) Unterschrift des Notars.** § 13 Abs 3 BeurkG verlangt für die Wirksamkeit der Urkunde die **eigenhändige Unterschrift des Notars**; dieser soll (insoweit keine Wirksamkeitsvoraussetzung) der Unterschrift seine Amtsbezeichnung beifügen (bzw der Notarvertreter sich als solcher bezeichnen).

Mit seiner Unterschrift bezeugt der Notar, dass die Beteiligten die in der Niederschrift enthaltenen Erklärungen abgegeben haben und die Niederschrift vorgelesen, genehmigt und von ihnen eigenhändig unterschrieben worden ist. Weiterhin bezeugt er die Richtigkeit der in der Urkunde von ihm getroffenen tatsächlichen Feststellungen, das Erscheinen der Beteiligten, deren Identitätsfeststellung die Vorlage von Vollmachten etc.

Die fehlende Unterschrift des Notars hat die **Ungültigkeit** der Urkunde zur Folge. (Eine Ausnahme besteht nur gemäß § 35 BeurkG. Danach führt die fehlende Unterschrift des Notars bei der Niederschrift über die Errichtung einer Verfügung von Todes wegen nicht zur Unwirksamkeit, wenn der Notar die Aufschrift auf dem verschlossenen Umschlag unterschrieben hat.)

236 Die Beifügung des **Siegels** auf der Urschrift schreibt das Gesetz nicht vor (anders für die Unterschriftsbeglaubigung, § 39 BeurkG). Lediglich zur Heftung einer aus mehreren Blättern bestehenden Niederschrift soll der Notar diese mit Schnur und Prägesiegel verbinden (§ 44 S 1 BeurkG); dies ist aber keine Wirksamkeitsvoraussetzung.

237 **dd) Nachholung vergessener Unterschriften.** Fehlende Unterschriften der Beteiligten oder des Notars in der dem Grundbuchamt zum Vollzug hereingereichten Ausfertigung oder beglaubigten **Abschrift** beweisen nicht unbedingt, dass sie auch unter der Urschrift fehlen. Insbes wenn sie maschinenschriftlich in die Reinschrift übertragen wurden, kann aufgrund eines Büroversehens die Übertragung einer Unterschrift unterblieben sein. Es ist im Wege der Zwischenverfügung die entsprechende Berichtigung der Ausfertigung oder beglaubigten Abschrift aufzugeben.

Fehlt die Unterschrift eines Beteiligten unter der **Urschrift** und wurde diese nicht nachgeholt, so hat das Grundbuchamt den Antrag zurückzuweisen. Auch die fehlende Unterschrift unter einer Auflassungsurkunde kann dadurch nicht ersetzt werden, indem der Notar in einer Eigenurkunde bestätigt, dass der Beteiligte die Auflassung vor ihm erklärt hat.[333]

238 Hat ein Beteiligter oder der Notar vergessen zu unterschreiben, so kann dies noch **nachgeholt** werden.[334]
- Zur Nachholung der vergessenen Unterschrift eines **Beteiligten** ist eine Nachtragsbeurkundung mit einer neuen Niederschrift erforderlich, an der aber nur der Nachunterzeichnende mitwirken muss.[335] Ausgeschlossen ist die Nachholung, wenn der Beteiligte seine Unterschrift bewusst und endgültig verweigert hatte. Ausgeschlossen ist die Nachholung auch, soweit das Gesetz die gleichzeitige Anwesenheit bei der Erklärung vorschreibt, also inbes bei der Auflassung (§ 925 Abs 1 S 1 BGB).[336]
- Fehlt die Unterschrift des **Notars**, so kann er diese jederzeit nachholen – und zwar ohne förmliche Nachtragsverhandlung.[337] Das gilt auch dann, wenn bereits Ausfertigungen erteilt sind.[338]

---

332 BGH DNotZ 1995, 26 = NJW 1994, 1288 = Rpfleger 1994, 412.
333 BayObLGZ 2001, 14 = DNotZ 2001, 560 mit Anm *Reithmann* = FGPrax 2001, 47 = MittBayNot 2001, 200 mit Anm *Kanzleiter* = NJW-RR 2001, 734 = Rpfleger 2001, 228 = RpflStud 2002, 52 mit Anm *Böttcher*.
334 Gutachten DNotI-Report 1998, 33.
335 OLG Düsseldorf DNotZ 2000, 299 m Anm *Wochner* = DNotI-Report 1999, 154 = MittRhNotK 1999, 162; OLG Naumburg DNotZ 2000, 129 = OLGR Naumburg 2000, 239; **aA** *Lischka* NotBZ 1999, 8, 9.
336 BayObLGZ 2001, 14 = DNotZ 2001, 560 = aaO (Fn bei Rdn 237).
337 *Winkler* § 13 Rn 88; **aA** *Jansen* § 13 Rn 40.
338 LG Aachen DNotZ 1976, 428, 430; Gutachten DNotI-Report 1998, 33; *Lischka* NotBZ 1999, 8, 11; *Limmer* in *Eylmann/Vaasen* § 13 BeurkG Rn 22; *von Schuckmann/Renner* in *Huhn/von Schuckmann* § 13 Rn 63; *Lerch* § 13 Rn 27; *Winkler* § 13 BeurkG Rn 71.

Hertel

ee) Eingeschränkte Vorlesungspflicht bei Verweisung und Bestandsverzeichnis (§§ 13a, 14 BeurkG).
Vom Grundsatz, dass die Niederschrift den Beteiligten vollständig vorzulesen ist, gibt es gesetzliche Ausnahmen: **239**
– Werden Bilanzen, Inventare, Nachlassverzeichnisse oder sonstige **Bestandsverzeichnisse** über Sachen, Rechte und Rechtsverhältnisse in ein Schriftstück aufgenommen, auf das in der Niederschrift verwiesen und das dieser beigefügt wird, so braucht es nach § 14 Abs 1 S 1 BeurkG nicht vorgelesen zu werden, wenn die Beteiligten auf das Vorlesen verzichten. Nach mittlerweile wohl hM wird unter Bestandsverzeichnis iSd § 14 BeurkG alles gefasst, was aus Auflistungen oder Zahlen besteht und nicht erst geschaffen werden muss (Gegenbeispiel daher die Baubeschreibung).[339]
– Bei der Bestellung von **Grundpfandrechten** können die Beteiligten nach § 14 Abs 1 S 2 BeurkG auf das Vorlesen verzichten, soweit es um Erklärungen geht, die nicht im Grundbuch selbst angegeben zu werden brauchen. Eine Erklärung, sich der sofortigen Zwangsvollstreckung zu unterwerfen, muss in die Niederschrift selbst aufgenommen werden.

Das beigefügte Schriftstück soll den Beteiligten zur Kenntnisnahme vorgelegt und von ihnen unterschrieben werden; besteht das Schriftstück aus mehreren Seiten, soll jede Seite von ihnen unterzeichnet werden (beides keine Wirksamkeitsvoraussetzungen). In der Niederschrift muss jedoch festgestellt werden, dass die Beteiligten auf das **Vorlesen verzichtet** haben; dieser Vermerk ist Wirksamkeitsvoraussetzung. Außerdem soll festgestellt werden (keine Wirksamkeitsvoraussetzung), dass ihnen das beigefügte Schriftstück zur Kenntnisnahme vorgelegt worden ist (§ 14 Abs 3 BeurkG).

Auch bei einer Verweisung auf eine andere notarielle Niederschrift können die Beteiligten nach **§ 13a BeurkG**   **240**
auf die Verlesung der Verweisungsurkunde verzichten.

Von der (förmlichen) Verweisung nach § 13a BeurkG zu unterscheiden ist aber die sog erläuternde oder untechnische **Bezugnahme**. Diese ist formlos möglich. Hierunter versteht man, dass in der notariellen Niederschrift auf Erklärungen, Rechtsverhältnisse oder tatsächliche Umstände hingewiesen wird, die nicht zum beurkundungsbedürftigen Inhalt des Rechtsgeschäft gehören, also auch nicht beurkundet werden, sondern lediglich zur Verdeutlichung und Erläuterung des beurkundeten Inhalts bestimmt sind.[340]

Eine (formlose) Bezugnahme genügt zB
– bei der **Annahme** auf das Angebot,[341]
– bei der **Genehmigung** nach § 177 auf die Erklärung des vollmachtlosen Vertreters,[342]
– bei einer Nachtragsbeurkundung zur **Änderung oder Ergänzung** eines Vertrages auf den ursprünglichen Vertrag,
– bei Vereinbarung einer Schuldübernahme[343] oder Vertragsübernahme[344] auf das übernommene Rechtsverhältnis, ebenso auf den Inhalt eines vom Grundstückserwerber zu übernehmenden Mietvertrages (§ 566 BGB),
– auf die Teilungserklärung nach WEG im Kaufvertrag, wenn das Wohnungseigentum bereits im Grundbuch gebildet ist,
– auf den Inhalt einer mitverkauften Baugenehmigung,[345]
– auf gesetzliche Vorschriften, auch auf normähnliche allgemeinzugängliche Texte wie die VOB oder DIN-Normen.[346]

Ggf kommt es darauf an, was die Beteiligten vereinbart haben: Wird etwa im Rahmen einer von einem Vertragsteil eingegangenen Sanierungspflicht auf ein Bodengutachten Bezug genommen, so ist dieses beurkundungsbedürftig, soweit sich daraus der nähere Inhalt der Sanierungspflicht ergibt – aber nicht, wenn es nur im Sinne einer Kenntnisnahme zu beachten ist.[347]

Dagegen müssen alle in Bezug genommenen Schriftstücke mitbeurkundet werden (ggf durch Verweisung),   **241**
wenn sie **beurkundungsbedürftige Erklärungen** enthalten, inbes rechtsgeschäftliche Vereinbarungen zwischen den Urkundsbeteiligten.
– Das gilt zB beim Kaufvertrag über Wohnungs- oder Teileigentum für die Teilungserklärung vor Bildung des Wohnungseigentums im Grundbuch;

---

339   *Ising/von Loewenich* ZNotP 2003, 176; *Kanzleiter* DNotZ 1999, 292, 298; *Stauf* RNotZ 2001, 129, 146; enger – rechtliches Band erforderlich: Gutachten DNotI-Report 2003, 17.
340   *Brambring* DNotZ 1980, 281, 287; *Brambring* Beck's Notar-Handbuch A I Rn 215; *von Schuckmann/Renner* in *Huhn/von Schuckmann* § 9 BeurkG Rn 27 ff; *Winkler* § 9 BeurkG Rn 72 ff und § 13a BeurkG Rn 20 ff.
341   BGHZ 125, 218, 223 f = DNotZ 1994, 967 = NJW 1994, 1344 = Rpfleger 1994, 408.
342   BGH DNotZ 1990, 356 = NJW 1989, 164 = WM 1988, 1418.
343   BGHZ 125, 235 = DNotZ 1994, 476 = NJW 1994, 1347.
344   BGHZ 75, 15 = DNotZ 1979, 733 m Anm *Schippel* = NJW 1979, 2387.
345   BGH DNotZ 1999, 50 m Anm *Kanzleiter* = NJW 1998, 3197 = ZIP 1998, 1593.
346   OLG Düsseldorf DNotZ 1985, 626 m zust Anm *Reithmann*.
347   BGH DNotZ 2003, 698 = DNotI-Report 2003, 85 = NJW-RR 2003, 1136.

– für die Baubeschreibung und die Baupläne, wenn bei Abschluss des Kaufvertrages das Objekt noch nicht fertig gestellt ist.

Hat das mitbeurkundungsbedürftige Schriftstück nicht die Form der notariellen Niederschrift iS der §§ 8 ff BeurkG (Beispiel: privatschriftliche Baubeschreibung, notariell beglaubigte Teilungserklärung nach § 8 WEG), so muss es als **Anlage nach § 9 Abs 1 S 2 BeurkG** den Beteiligten vorgelesen und der Niederschrift beigefügt werden.[348] Nur wenn die beurkundungsbedürftige Erklärung in einer anderen notariellen Niederschrift enthalten ist, kann auf sie in dem Verfahren nach § 13a BeurkG verwiesen werden.

242 Ist der Inhalt der Bezugsurkunde beurkundungsbedürftig, handelt es sich aber um eine notarielle Niederschrift, so ist nach § 13a BeurkG eine Verweisung unter Verzicht auf die Verlesung möglich.[349] Unverzichtbare **Wirksamkeitsvoraussetzungen**[350] für eine Verweisung nach § 13a BeurkG sind:
– »Verweisungsfähig« ist nur eine andere notarielle Niederschrift;
– auf sie muss in der Niederschrift verwiesen werden;
– die Beteiligten müssen auf das Vorlesen und auf das Beifügen verzichten;
– verzichten die Beteiligten auf das Vorlesen, so müssen sie erklären, dass ihnen der Inhalt der anderen Niederschrift bekannt ist.

243 Verwiesen werden kann nur auf eine **notarielle Niederschrift**, nach h.M. auch nicht jedoch auf andere öffentliche Urkunden iS des § 415 Abs 1 ZPO oder auf Urkunden, die nicht von einem inländischen Notar errichtet sind (Beispiel: nicht auf einen gerichtlichen Vergleich, nicht auf die Urkunde eines ausländischen Notars etc).[351] Strittig ist dies für Niederschriften von Konsularbeamten.[352]

Die andere Niederschrift muss »nach den Vorschriften über die Beurkundung von Willenserklärungen errichtet worden sein«, also im Verfahren nach §§ 8 ff BeurkG. Urkunden, die im Verfahren nach §§ 36 ff BeurkG errichtet worden sind, sind nicht verweisungsfähig. Es kann also insbesondere nicht auf eine Teilungserklärung nach § 8 WEG beim Abschluss des Kaufvertrages verwiesen werden, wenn diese (lediglich) notariell beglaubigt ist.

Die Verweisungsurkunde muss lediglich **formwirksam** errichtet sein; irrelevant ist hingegen, ob sie auch materiellrechtlich wirksam ist. Personenidentität ist für die Verweisung nicht erforderlich.[353]

244 Auf die andere notarielle Niederschrift muss in der Niederschrift »verwiesen« werden, dh es muss eindeutig festgelegt sein, welche andere Niederschrift gemeint ist (idR durch Angabe des Namens und Amtssitzes des Notars, der UR-Nr und des Datums der Urkunde).[354] Zulässig ist die Verweisung auch auf einen Teil einer anderen Niederschrift oder eine ihr beigefügte Protokollanlage, schließlich auch eine »Kettenverweisung«, also ein Verweisen auf eine andere Niederschrift, die ihrerseits auf eine dritte Niederschrift verweist (ohne dass in der ersten Urkunde unmittelbar auf die dritte Urkunde verwiesen werden müsste).[355] Auch muss der Inhalt der Verweisung erkennbar sein (dh hinsichtlich welcher Erklärungen verwiesen wird).[356]

Die Erklärung über die Verweisung muss in der Niederschrift **beurkundet** sein (Wirksamkeitsvoraussetzung).

245 Die Verlesung der Verweisungsurkunde ist nur entbehrlich, wenn die Beteiligten **auf das Vorlesen verzichten** und erklären, dass ihnen der Inhalt der anderen Niederschrift **bekannt** ist (§ 13 Abs 1 S 1 BeurkG).

Der **Verzicht auf das Beifügen** ist gesondert geregelt (§ 13 Abs 2 BeurkG – ebenfalls Wirksamkeitsvoraussetzung). Daraus ergibt sich, dass die Beteiligten sowohl auf das Vorlesen und das Beifügen verzichten können, als auch nur auf das Vorlesen oder nur auf das Beifügen.

246 Der Notar soll in der Niederschrift vermerken, dass die Beteiligten die entsprechenden Erklärungen abgegeben haben (§ 13a Abs 1 S 2 und Abs 2 S 2 BeurkG – Soll-Vorschriften). Fehlt der Vermerk, beeinträchtigt dies die

348 *Brambring* DNotZ 1980, 281, 293.
349 anders die Rechtsprechung vor der Einfügung des § 13a BeurkG: BGH DNotZ 1979, 406, 476 und 479 (gegen die damals ganz hM in Literatur und Praxis).
350 Zum folgenden *Brambring* DNotZ 1980, 281, 295; *Arnold* DNotZ 1980, 182; *Lichtenberger* NJW 1980, 864; *Brambring* DNotZ 1980, 281; *Winkler* Rpfleger 1980, 169.
351 *Brambring* DNotZ 1980, 296; *Schuckmann/Renner* in Huhn/von Schuckmann § 13a BeurkG Rn 7; *Winkler* § 13a BeurkG Rn 35.
352 für Zulässigkeit der Verweisung nach § 13a: *Arnold* DNotZ 1980, 262, 274; *von Schuckmann/Renner* in Huhn/von Schuckmann § 13a BeurkG Rn 7; *Soergel/J Mayer* § 13a BeurkG Rn 7; *Staudinger/Hertel* Vor §§ 127a/128 BGB Rn 421; *Winkler* § 13a BeurkG Rn 36; **aA** – gegen Zulässigkeit: *Lichtenberger* NJW 1980, 864, 866; *Meikel-Brambring* Vorauflage § 29 Rn 186.
353 OLG Düsseldorf DNotI-Report 2003, 14 = FGPrax 2003, 88 = Rpfleger 2003, 176.
354 BGH DNotZ 1995, 35 = NJW 1994, 2095; OLG Hamm MittBayNot 2000, 59, 62 = NJW-RR 2000, 366.
355 DNotI-Gutachten, Fax-Abruf-Nr 11491 vom 14.01.2008 und Fax-Abruf-Nr 11534 vom 24.06.2008.
356 großzügig OLG Düsseldorf DNotI-Report 2003, 14; **aA** – enger *Demharter* FGPrax 2003, 139.

Wirksamkeit der Beurkundung jedoch nicht.[357] Im Grundbuchverfahren kann die Formgültigkeit des Verweisens also nur beschränkt geprüft werden.

e) Sprachunkundige oder behinderte Beteiligten. aa) Weitere Wirksamkeitsvoraussetzungen bestehen bei Beteiligten, die der Beurkundungsverhandlung nicht vollständig folgen können. Zum einen gelten Sondervorschriften für Beteiligte, die der Beurkundungssprache nicht hinreichend kundig sind. **247**

– Ist ein Beteiligter nach seinen Angaben oder nach der Überzeugung des Urkundsnotars **der Beurkundungssprache nicht hinreichend mächtig** (so dass er der Beurkundungsverhandlung nicht folgen kann[358]), so soll der Notar dies in der Niederschrift vermerken (§ 16 Abs 1 BeurkG).

– Enthält die Niederschrift einen solchen **Vermerk**, so muss die Niederschrift dem Beteiligten anstelle des Verlesens (das er ja nicht versteht) **mündlich übersetzt** werden (§ 16 Abs 2 S 1 BeurkG).[359] Dies ist Wirksamkeitsvoraussetzung – aber nur wenn die Urkunde den Vermerk enthält[360] und ihr damit die Unwirksamkeit quasi erkennbar auf die Stirn geschrieben ist.

– Auf Verlangen des sprachunkundigen Beteiligten soll die Übersetzung zusätzlich auch **schriftlich** angefertigt und ihm zur Durchsicht vorgelegt werden; der Notar soll ihn darauf hinweisen (§ 16 Abs 2 S 2–3 BeurkG) (alles keine Wirksamkeitsvoraussetzungen).

– All dies soll in der Urkunde vermerkt werden (§ 16 Abs 2 S 4 BeurkG).

bb) Sondervorschriften gelten zum anderen für behinderte Beteiligte:[361] **248**

– Bei einem **hör-, sprach- oder sehbehinderten Beteiligten** soll der Notar einen **Zeugen** oder zweiten Notar zuziehen, sofern nicht alle Beteiligten (also auch die nichtbehinderten) darauf verzichten (§ 22 Abs 1 S 1 BeurkG). Bei Hör- oder Sprachbehinderten soll auf deren Verlangen hin zusätzlich ein Gebärdendolmetscher zugezogen werden (§ 22 Abs 1 S 2 BeurkG).

– Ist mit einem hör- oder sprachbehinderten Beteiligten auch keine schriftliche Verständigung möglich, so muss eine »**Verständigungsperson**« hinzugezogen werden (§ 24 Abs 1 BeurkG – Wirksamkeitsvoraussetzung, sofern der Notar die Behinderung in der Niederschrift festgestellt hat). Deren Aufgabe ist, gemeinsam mit dem Notar in persönlicher Mitverantwortung den erklärten Willen des Behinderten in der Beurkundungsverhandlung zu ermitteln.[362]

– Wirksamkeitsvoraussetzung ist auch die Zuziehung eines »**Schreibzeugen**« (dh eines Zeugen oder zweiten Notars) bei einem schreibunfähigen (behinderten) oder schreibunkundigen (analphabetischen) Beteiligten, der seinen Namen nicht schreiben kann; der Schreibzeuge unterschreibt dann an seiner Stelle (§ 25 BeurkG).

– Für das Verfahren muss einem hörbehinderten Beteiligten die Niederschrift anstelle des Vorlesens **zur Durchsicht vorgelegt** werden (§ 23 BeurkG – Wirksamkeitsvoraussetzung, sofern der Notar die Behinderung in der Niederschrift festgestellt hat).

– Die Hinzugezogenen haben jeweils auch mit zu **unterschreiben**; Wirksamkeitsvoraussetzung ist dies aber nur bei dem Schreibunfähigen (§ 25 S 3 BeurkG).

f) Änderungen (§ 44a BeurkG). aa) Änderungen während der Beurkundungsverhandlung. Bei Änderungen des Entwurfstextes während der Beurkundungsverhandlungen sollen Zusätze und sonstige, nicht nur geringfügige Änderungen entweder am Rand oder am Schluß der Niederschrift vermerkt – und bei einem Randvermerk vom Notar auch besonders unterzeichnet[363] werden (§ 44a Abs 1 BeurkG). **249**

– Im Gegenschluss können »geringfügige« Änderungen formlos durch Streichung, Textkorrektur und –ergänzung vorgenommen werden. Die Verbesserung von Schreibfehlern oder die Streichung eines doppelt geschriebenen Wortes kann daher ohne weiteren Zusatz erfolgen.[364]

– Ob eine Änderung **geringfügig** ist, entscheidet ihre Bedeutung im konkreten Fall, nicht ihr Umfang. Nicht »geringfügig« sind alle Änderungen, die sich auf den **Inhalt** der Urkunde auswirken oder auswirken

---

357 BGH DNotZ 1993, 615 = NJW-RR 1992, 991; DNotZ 2004, 188 = NJW-RR 2003, 1432 = ZNotP 2003, 394; OLG München DNotZ 1993, 614, 615.

358 passive Sprachkenntnisse genügen, sofern eine Verständigung mit dem Notar in irgendeiner Sprache möglich ist: Bay-ObLG DNotI-Report 2000, 84 = FamRZ 2000, 1124 = NJW-RR 2000, 1175 = MittRhNotK 2000, 178; *Litzenberger* in *Bamberger/Roth* § 16 BeurkG Rn 1; *Limmer* in *Eylmann/Vaasen* § 16 BeurkG Rn 4; *von Schuckmann/Renner* in *Huhn/von Schuckmann* § 16 BeurkG Rn 7; *Winkler* § 16 BeurkG Rn 7; *Staudinger-Hertel* Vor §§ 127a/128 BGB Rn 541; **aA** – auch aktive Sprachkenntnisse erforderlich: BGH DNotZ 1966, 174, 176 = NJW 1963, 1777.

359 Nach einer Mindermeinung darf der Notar grds nur staatlich geprüfte Dolmetscher heranziehen: *Eckhardt* ZNotP 2005, 221; dagegen die hM, vgl *Lerch* NotBZ 2006, 6, 8f; *Renner* ZNotP 2005, 145.

360 BayObLG DNotI-Report 2000, 84 = FamRZ 2000, 1124 = MittRhNotK 2000, 178 = NJW-RR 2000, 1175 = NotBZ 2000, 192.

361 vgl *Frenz* ZNotP 1998, 373.

362 OLG Hamm MittBayNot 2002, 406 = NJW 2002, 3410 = Rpfleger 2002, 448 = ZEV 2002, 458, 460.

363 **aA** – Paraphe genügt: *Lerch* § 44a BeurkG Rn 5.

364 OLG Hamburg DNotZ 1951, 422.

können, die insbesondere für die Beweiskraft der Urkunde von Bedeutung sind.[365] Inhaltliche Zusätze sind grundsätzlich keine geringfügigen Änderungen. Geringfügig ist hingegen das Ausfüllen von Lücken eines vorgegebenen Entwurfs.[366] Auch Streichungen können mehr als geringfügig sein.[367]

- Änderungen in Anlagen nach §§ 9 Abs 1 S 2, 14, 37 Abs 1 S 2 BeurkG brauchen nicht unterzeichnet zu werden, wenn aus der Niederschrift hervorgeht, dass sie genehmigt worden sind (§ 44a Abs 1 S 2 BeurkG).
- Für den Randvermerk genügt ein schlichtes »geändert« mit der Unterschrift des Notars,[368] ja auch die bloße Unterschrift des Notars, wenn diese direkt am Ende des geänderten Textes steht und sie damit die Änderung deckt.[369] Nicht erforderlich ist die Nennung, wie viele Wörter gestrichen oder eingefügt wurden.
- Zulässig und va in Bayern üblich ist, den zu streichenden Text einzuklammern und an den Anfang den Vermerk »lies« zu setzen; der statt dessen zu lesende Text findet sich dann meist am Ende der Urkunde (unter Angabe der Stelle des gestrichenen Textes).[370]

250 Erfolgt die Änderung unter Beachtung des Verfahrens nach § 44a Abs 1 BeurkG, bleibt die volle Beweiskraft der Urkunde erhalten.

Fehlt umgekehrt bei Änderungen ein Vermerk oder die Unterschrift des Notars, so beeinträchtigt dies die Wirksamkeit der Beurkundung nicht, da § 44a BeurkG nur Soll-Vorschriften enthält. Jedoch werden die fehlerhaften Änderungen nicht von der **Beweiskraft** der Urkunde nach § 415 Abs 1 ZPO erfaßt.[371] Daher kann das Grundbuchamt ggf. die Urkunde als nicht formgerecht beanstanden, wenn begründete Zweifel bestehen, ob die nicht mit dem entsprechenden Vermerk des Notars versehene Änderung möglicherweise erst nachträglich erfolgte.

251 **bb) Neuausdruck während der Beurkundungsverhandlung.** Ebenso zulässig ist, dass der Notar die geänderten Passagen nochmals **neu ausdrucken** lässt und den Beteiligten vor Abschluss der Beurkundungsverhandlung **neu verliest** (§ 13 Abs 1 S 2 BeurkG).

Unveränderte Urkundsteile müssen dabei auch dann **nicht neu verlesen** werden, wenn sie ebenfalls neu mit ausgedruckt wurden – etwa wenn sich auf einer neu ausgedruckten Seite neben den geänderten Klauseln auch unveränderte Klauseln befinden.[372] Hierfür kann man insbes auch den Rechtsgedanken des § 13 Abs 2 S 1 BeurkG heranziehen, wonach eine einmalige Verlesung bei der Sammelbeurkundung identischer Texte genügt. Ein derartiger Austausch von Seiten mit zu vielen Korrekturen war auch vor Einführung der EDV nicht unüblich.[373]

252 **cc) Änderungen nach Abschluss der Beurkundungsverhandlung.** Nach Abschluss der Beurkundungsverhandlung – also nach seiner eigenen Unterschrift – darf der Notar grds keine Änderungen mehr am Text der Niederschrift vornehmen – auch nicht mit Einverständnis der Beteiligten. Ergibt sich nach Abschluss der Niederschrift die Notwendigkeit einer Änderung, Berichtigung oder Ergänzung der Erklärungen der Beteiligten, kann dies grds nur durch eine **neue Beurkundung** unter Mitwirkung der Beteiligten in Form einer neuen bzw Nachtragsniederschrift vorgenommen werden (§ 44a Abs 2 S 2 BeurkG).[374]

253 Ausgenommen sind »**offensichtliche Unrichtigkeiten**«.[375] Diese kann der Notar auch nach Abschluss der Niederschrift durch einen von ihm zu unterschreibenden Nachtragsvermerk richtig stellen (§ 44a Abs 2 S 1–2 BeurkG).

- Der Begriff greift auf **§ 319 Abs 1 ZPO** zur Berichtigung eines Urteils zurück. Vor 1998 war hingegen nach § 30 Abs 4 DONot aF enger nur eine Berichtigung »offensichtlicher Schreibfehler« möglich. Heute ist wie nach § 319 ZPO etwa die Berichtigung von Schreibfehlern, Rechenfehlern und ähnlichen offenbaren Unrichtigkeiten möglich.

365 *Wochner* DNotZ 1995, 33; *Winkler* § 44a BeurkG Rn 8.
366 *Winkler* § 44a BeurkG Rn 12.
367 OLG Hamm JMBl NW 1957, 234, 235.
368 *Wochner* DNotZ 1995, 31, 33; ebenso wohl *Blaeschke* Praxishandbuch Notarprüfung Rn 458; *von Schuckmann/Preuß* in *Huhn/von Schuckmann* § 44a BeurkG Rn 4.
369 *Limmer* in: *Eylmann/Vaasen* § 44a BeurkG Rn 6; *Staudinger-Hertel* Vor §§ 127a/128 BGB Rn 379; *Winkler* § 44a BeurkG Rn 12; vgl BGH DNotZ 1995, 28 in Anm *Wochner* = NJW 1994, 2768; **aA** *Weingärtner/Ehrlich* DONot Rn 458.
370 Dieses Praxis beruht auf § 113 Abs 2 Geschäftsordnung für die Notariate in Bayern vom 24.11.1899; vgl *Gantzer* Mitt-BayNot 1971, 300.
371 BGH DNotZ 1995, 28 m Anm *Wochner* = NJW 1994, 2768; *Kanzleiter* DNotZ 1999, 292; *Reithmann* DNotZ 1999, 27; *Winkler* § 44a BeurkG Rn 4.
372 *Bundesnotarkammer* Rundschreiben Nr 19/1997 vom 03.07.1997, ZNotP 1997, 91 = Internet www.bnotk.de – unter *Unser Service/Hinweise und Empfehlungen*; *Basty* NotBZ 1997, 201; *Kanzleiter* DNotZ 1997, 261; *Mihm* NJW 1997, 3121; *Limmer* in *Eylmann/Vaasen* § 13 BeurkG Rn 8; *Litzenburger* in *Bamberger/Roth* § 8 BeurkG Rn 3; *Reithmann/Basty/Rinck*, Notarpraxis, C Rn 98 ff; *von Schuckmann/Renner* in *Huhn/von Schuckmann* § 13 BeurkG Rn 11; *Soergel/J Mayer* § 13 BeurkG Rn 4; *Staudinger-Hertel* Vor §§ 127a/128 BGB Rn 381; *Winkler* § 13 BeurkG Rn 13 ff; **aA** *Ehlers* NotBZ 1997, 109.
373 vgl RGZ 75, 374, 376 f.
374 BGHZ 56, 159 = DNotZ 1971, 555.
375 *Winkler* § 44a BeurkG Rn 18.

– Berichtigt werden können nicht nur Unrichtigkeiten, die sich aus dem Text der Urkunde ergeben, sondern auch solche, die sich aus dem **Gesamtzusammenhang der Beurkundung** ergeben, wozu auch außerhalb der Urkunde liegende Umständen herangezogen werden können. Nach hM genügt, daß die Unrichtigkeit für den Notar offensichtlich ist.[376] Eine offensichtliche Unrichtigkeit kann zB die falsche Schreibweise eines Namens, die Feststellungen des Notars über Ort und Zeit der Beurkundung, die Bezeichnung des Grundstücks nach Blatt, Flur und Flurstück, ggf auch eine falsa demonstratio sein.[377]
– Auch der **Feststellungsinhalt** der Urkunde kann berichtigt werden – nach – allerding strittiger – hM auch, wenn dadurch erst nachträglich für die Wirksamkeit der Urkunde (nach § 9 Abs 1 BeurkG) erforderliche Vermerke aufgenommen werden.[378]
– Der **Nachtragsvermerk** (Richtigstellungsvermerk) muss am Schluss[379] nach den Unterschriften oder (im Regelfall) auf einem besonderen, mit der Urkunde zu verbindenden Blatt niedergelegt werden, mit dem Datum der Richtigstellung versehen und von dem Notar unterschrieben werden. Die Beifügung des Siegels ist nicht vorgeschrieben.
– Bereits erteilte Ausfertigungen/beglaubigte Abschriften hat der Notar zurückzufordern und durch ein berichtigtes Exemplar zu ersetzen.[380]

dd) Reinabschrift. Während der Beurkundungsverhandlung vorgenommene Änderungen und Ergänzungen müssen in Ausfertigungen und beglaubigten Abschriften nicht als solche erkennbar sein. Erforderlich ist nur die inhaltliche, nicht die optische Übereinstimmung. Daher kann der Notar eine Abschrift auch als »**Reinabschrift**« erstellen, in die die Änderungen bereits eingearbeitet sind.[381] Zulässig ist auch, für die Reinabschrift nur bei einzelnen geänderten Seiten einen Neuausdruck als Kopiervorlage zu verwenden, hingegen die übrigen Seiten, inbes die letzte Seite mit den Unterschriften, im Original zu kopieren.   **254**

Auch Änderungen durch einen Nachtragsvermerk zur Berichtigung einer offensichtlichen Unrichtigkeit können bei einer Reinabschrift bereits im Text der Abschrift berichtigt werden, ohne den Nachtragsvermerk mit auszufertigen.[382] Die Urschrift als solche muss hingegen in beiden Fällen nach Abschluss der Beurkundung unverändert bleiben.

Bei Reinabschriften ist nicht erkennbar, ob § 44a Abs 1 BeurkG beachtet wurde. Da ein Verstoß die Wirksamkeit der Urkunde nicht berührt, hat das Grundbuchamt insoweit keine Prüfungspflicht.   **255**

g) Belehrungspflichten (§§ 4, 17 BeurkG). Belehrungspflichten sind nie Wirksamkeitsvoraussetzungen der Beurkundung. Sie sind aber – neben der durch die Beurkundung erzielten Rechtssicherheit – ganz wesentlich für die Erreichung der **Zwecke des Beurkundungsverfahrens.** Amtspflicht des Notars ist nicht nur die formwirksame Beurkundung, sondern das materiell wirksame, interessengerechte und ausgewogene Rechtsgeschäft.[383] Die Belehrung ist »magna charta«[384] oder »Kernstück«[385] notarieller Tätigkeit.   **256**

Daher seien die **wichtigsten Belehrungspflichten** zumindest kurz aufgezählt[386] – wobei ich nachfolgend nicht wie das Beurkundungsgesetz davon spreche, was der Notar tun »soll«, sondern was er zu tun »hat«, um den Charakter der Vorschriften als unbedingte Amtspflichten stärker zu betonen: **257**

---

376 *Brambring* FGPrax 1998, 201, 203; *Kanzleiter* DNotZ 1999, 292, 305; *Limmer* in *Eylmann/Vaasen* § 44a BeurkG Rn 14; *von Schuckmann/Preuß* in *Huhn/von Schuckmann* § 44a BeurkG Rn 8; *Lerch* § 44a BeurkG Rn 8; *Staudinger-Hertel* (2004) Vor §§ 127a/128 BGB Rn 637; *Winkler* § 44a BeurkG Rn 19.

377 *Bergermann* RNotZ 2002, 557, 568.

378 *Kanzleiter* DNotZ 1999, 292, 304; *Reithmann* DNotZ 1999, 27, 32; *von Schuckmann/Preuß* in *Huhn/von Schuckmann* § 44a BeurkG Rn 10; *Staudinger-Hertel* Vor §§ 127a/128 BGB Rn 637; *Winkler* § 44a BeurkG Rn 25 ff, 28; **aA** *Bracker* DNotZ 1997, 95, 96 – unter Berufung auf die noch zum engeren alten Recht ergangene Entscheidung des OLG Hamm OLGZ 1988, 227 = DNotZ 1988, 565 m abl Anm *Reithmann* = MDR 1988, 328 = Rpfleger 1988, 197 (zur Berichtigung durch Feststellung, dass anstelle des im Urkundseingang versehentlich aufgeführten Notars der Notarvertreter beurkundet hat, wenn bei der Beurkundung die Änderung des für den Notar vorbereiteten Entwurfs vergessen wurde).

379 *Winkler* § 44a BeurkG Rn 32 **aA** – auch Randvermerk weiterhin zulässig: *Lerch* § 44a BeurkG Rn 11.

380 *Kanzleiter* DNotZ 1990, 478, 482; *Limmer* in *Eylmann/Vaasen* § 44a BeurkG Rn 13; etwas schwächer – Notar kann einziehen: *von Schuckmann/Preuß* in *Huhn/von Schuckmann* § 44a BeurkG Rn 6.

381 *Reithmann* Notarpraxis C Rn 194; *Staudinger-Hertel* Vor §§ 127a/128 BGB Rn 644; *Winkler* § 42 BeurkG Rn 8a.

382 *Limmer* in *Eylmann/Vaasen* § 49 BeurkG Rn 7; *von Schuckmann/Preuß* in *Huhn/von Schuckmann* § 49 BeurkG Rn 4; *Staudinger-Hertel* Vor §§ 127a/128 BGB Rn 644; *Winkler* § 44a BeurkG Rn 33 und § 49 BeurkG Rn 6.

383 *Feyock* DNotZ 1952, 254; *Soergel-J Mayer* § 13a BeurkG Rn 9; *Staudinger-Hertel* Vor §§ 127a/128 BGB Rn 446 ff.

384 *Schmitz-Valckenberg* DNotZ 1994, 49.

385 *Lerch* § 17 BeurkG Rn 1.

386 vgl neben den Kommentierungen zum BeurkG insbes auch *Ganter* in *Zugehör/Ganter/Hertel*, Handbuch der Notarhaftung, 2004, Rn 482 ff; *Staudinger-Hertel* Vor §§ 127a/128 BGB Rn 446 ff; ferner *Armbrüster/Kraus* NotBZ 2004, 325; *Kesseler* ZNotP 2005, 251.

– Bei **erkennbar unwirksamen** oder unredlichen Zwecken dienenden Rechtsgeschäfte hat der Notar die Beurkundung abzulehnen (§ 4 BeurkG, § 14 Abs 2 BNotO).[387]
– Bestehen Zweifel, ob das Geschäft dem Gesetz oder dem wahren Willen der Beteiligten entspricht, so soll der Notar die Beteiligten belehren und ggf einen **Zweifelsvermerk** in die Niederschrift aufnehmen (§ 17 Abs 2 BeurkG).
– Der Notar hat den **Willen** der Beteiligten zu **erforschen**, den Sachverhalt von ihnen zu erfragen und ihre Erklärungen klar und unzweideutig in der Urkunde **wiederzugeben** (§ 17 Abs 1 BeurkG). Vor der Beurkundung hat der Notar das Grundbuch einzusehen (§ 21 BeurkG).
– Der Notar hat die Beteiligten über die **rechtliche Tragweite** des Geschäfts zu belehren (§ 17 Abs 1 BeurkG), also insbesondere über dessen Wirksamkeitsvoraussetzungen (einschließlich etwa der behaupteten Vertretungsmacht) und über gesetzliche Haftungsfolgen. Insbesondere hat er auf in Betracht kommende Genehmigungserfordernisse und gesetzliche Vorkaufsrechte hinzuweisen sowie auf das Erfordernis der grunderwerbsteuerlichen Unbedenklichkeitsbescheinigung (§§ 18–20 BeurkG).
– Der Notar hat eine Vertragsgestaltung vorzuschlagen, durch die kein Beteiligter das Risiko einer **ungesicherten Vorleistung** eingeht.[388] Bei mehreren möglichen Lösungen hat er den **sichersten (und gefahrlosesten) Weg** vorzuschlagen.[389]
– Insgesamt liest so die Rechtsprechung aus dem Zusammenwirken der verschiedenen kodifizierten Belehrungspflichten eine Amtspflicht zu einer umfassenden und interessengerechten **Vertragsgestaltung** nach dem (sich ggf wandelnden) Stand notarieller Kunst.[390] Dies kann auch heißen, dass der Notar ggf den Beteiligten eine von der (dispositiven) gesetzlichen Regelung abweichende Gestaltung vorzuschlagen hat, wenn die gesetzliche Regelung für ihren Fall nicht interessengerecht ist.[391]
– Über wirtschaftliche oder steuerliche Folgen muss der Notar grds nicht belehren. Wohl aber trifft ihn eine **Warnpflicht**, wenn er aufgrund besonderer Umstände des Falles – sei es wegen der rechtlichen Anlage oder wegen der Art der Durchführung des konkreten Geschäftes – Anlaß zu der Besorgnis haben muß, einem Beteiligten entstehe ein Schaden, weil er sich der mangelnden Kenntnis der Rechtslage oder von Sachumständen, welche die Bedeutung des beurkundeten Rechtsgeschäfts für seine Vermögensinteressen beeinflussen, einer Gefährdung dieser Interessen nicht bewußt ist.[392]
– Der Notar muss das **Beurkundungsverfahren belehrungsgerecht gestalten** (§ 17 Abs 2a BeurkG). Insbesondere muss er bei Verbraucherverträgen darauf hinwirken, dass der Verbraucher seine Willenserklärungen persönlich oder durch eine Vertrauensperson abgibt und dass er zuvor ausreichend Gelegenheit hat, sich mit dem Gegenstand der Beurkundung auseinanderzusetzen (dh bei Grundstücksveräußerungen idR einen Vertragsentwurf mindestens zwei Wochen vor der Beurkundung erhält).[393]

258 Eine Verletzung dieser Amtspflichten kann ggf sowohl von der Dienstaufsicht **disziplinarisch** belangt werden als auch zu **Amtshaftungsansprüchen** der Beteiligten führen (§ 19 BNotO).

---

387 vgl BGHZ 14, 25, 30; OLG Frankfurt DNotZ 1978, 748.
388 BGH DNotZ 1989, 449 = NJW 1989, 102, 103; DNotZ 1990, 58 = NJW-RR 1989, 1492, 1494; DNotZ 1995, 407 = NJW 1995, 330, 331; DNotZ 1996, 568 = NJW 1996, 522; DNotZ 1997, 64 = NJW 1996, 3009, 3010; DNotZ 1998, 637 m Anm *Reithmann*; DNotZ 2001, 473 m Anm *Brieske* = NJW 1999, 2188, 2189; DNotI-Report 2008, 45 = DNotZ 2008, 280 = NJW 2008, 1321 = ZNotP 2008, 168; DNotI-Report 2008, 85 = NJW 2008, 1319 = ZfIR 2008, 370 = ZNotP 2008, 212.
389 BGHZ 56, 26, 28 = NJW 1971, 1363, 1364; BGH DNotZ 1983, 450 = NJW 1983, 1801; BGH NJW 1992, 3237, 3239.
390 BGHZ 96, 157, 168 = DNotZ 1986, 406 = NJW 1986, 576; BGH NJW-RR 1989, 1492; BGHZ 123, 178 = DNotZ 1995, 494 = NJW 1993, 2617; BGH DNotZ 1995, 403 = NJW 1994, 2283; DNotZ 1995, 407 = NJW 1995, 330; DNotZ 1996, 568 = NJW 1996, 522; *Brambring/Schippel* NJW 1979, 1802, 1806; *Ganter* in *Zugehör/Ganter/Hertel* Rn 923 ff; *Jerschke* DNotZ 1998 Sonderheft 21★, 28★; *Keim*, Das notarielle Beurkundungsverfahren, Rn 81; *Reithmann* ZNotP 2003, 242, *Reithmann* in *Reithmann/Albrecht*, Handbuch der notariellen Vertragsgestaltung, Rn 17 f; *Staudinger-Hertel* Vor §§ 127a/128 BGB Rn 458; *Winkler* § 17 BeurkG Rn 247 ff.
391 BGH DNotZ 1995, 403 = NJW 1994, 2283 (Erschließungskostenregelung).
392 BGH DNotZ 1967, 323, 324 = NJW 1967, 931, 932; BGHZ 58, 343, 348 = NJW 1972, 1422; BGH DNotZ 1976, 54, 55 = NJW 1975, 2016, 2017; DNotZ 1987, 157 = NJW-RR 1987, 84, 86; DNotZ 1989, 45 = NJW-RR 1988, 972; DNotZ 1989, 452 = NJW 1989, 586; DNotZ 1991, 759 = NJW 1991, 1346; DNotZ 1992, 813 = NJW-RR 1992, 1178, 1180; DNotZ 1994, 485 = NJW 1993, 2744; DNotZ 1996, 118 = NJW 1995, 2713 m Anm *Reithmann* NJW 1995, 3370 = WM 1995, 1883; *Ganter*, in: Zugehör/Ganter/Hertel Rn 1198 ff.
393 Vgl *Bundesnotarkammer* Rundschreiben Nr 20/2003 vom 28.04.2003 (Anwendungsempfehlungen zu praktischen Umsetzungen von § 17 Abs 2a Satz 2 BeurkG) – im Internet: www.bnotk.de – unter *Unser Service/Merkblätter*; BNotK-Intern 4/2002, S 5; *Bohrer* DNotZ 2002, 579; *Brambring* ZfIR 2002, 597; *Grziwotz* ZfIR 2002, 667; *Grziwotz* ZIP 2002, 2109; *Hertel* ZNotP 2002, 286; *Jost* ZGS 2002, 346; *Litzenburger* NotBZ 2002, 280; *Maaß* ZNotP 2002, 455; *Philippsen* NotBZ 2003, 137; *Rieger* MittBayNot 2002, 325; *Schmucker* DNotZ 2002, 510; *Solveen* RNotZ 2002, 318; *Sorge* DNotZ 2002, 593; *Strunz* ZNotP 2002, 389.

3. Deutsche Konsularbeamte im Ausland

a) Räumliche und sachliche Zuständigkeit. Im Ausland sind die deutschen **Konsularbeamten** aufgrund   259
§ 2 des Gesetzes über die Konsularbeamten, ihre Aufgaben und Befugnisse (Konsulargesetz – KonsularG) v
11.09.1974 (BGBl I 2317)[394] befugt, Beurkundungen vorzunehmen.
- Berufskonsularbeamte, die die **Befähigung zum Richteramt** besitzen, können alle Beurkundungsaufga-
ben wahrnehmen (§ 19 Abs 1 KonsularG).
- Berufskonsularbeamte, die **keine Volljuristen** sind, sollen Beurkundungen von Willenserklärungen (und
Auflassungen) nur vornehmen, wenn sie hierzu vom Auswärtigen Amt besonders ermächtigt sind (§ 19
Abs 2 KonsularG). Fehlt die Ermächtigung, ist eine gleichwohl vorgenommene Beurkundung jedoch wirk-
sam; lediglich die Abnahme von Eiden ist ohne entsprechende Ermächtigung unwirksam.[395]
- Dieselbe Unterscheidung gilt grds für die **Honorarkonsularbeamten** (§ 24 Abs 1 S 1 HS 1 KonsularG).
Allerdings ist Honorarkonsularbeamten, die keine Volljuristen sind, idR keine Ermächtigung zur Beurkun-
dung von Willenserklärungen erteilt.

Räumlich gilt die Beurkundungsbefugnis der Konsularbeamten nur für Wahrnehmungen in Ausübung ihres   260
Amtes (§ 10 Abs 1 KonsularG), also für Beurkundungen in ihrem jeweiligen Empfangsstaat und **Konsularbezirk**. Beurkundungen außerhalb des Empfangsstaates, also im Inland oder in einem dritten Staat, sind nach
innerstaatlichem deutschen Recht nichtig (strittig).[396]

Sachlich unterscheiden sich die **Beurkundungsbefugnisse** der Konsularbeamten in Grundbuchsachen nicht   261
von denen der Notare. Der Konsularbeamte ist für Beurkundungen jeder Art zuständig; er ist auch befugt, Auflassungen entgegenzunehmen (§ 12 Nr 1 KonsularG) und die Unterwerfung unter die sofortige Zwangsvollstreckung (§ 794 Abs 1 Nr 5 ZPO) zu beurkunden.

Der Empfangsstaat kann die Zulassung für konsularische Beurkundungen einschränken. So dürfen Konsule
häufig nur Angelegenheiten unter Beteiligung eigener Staatsangehöriger beurkunden oder beglaubigen. Ein
Verstoß hiergegen beeinträchtigt aber die Wirksamkeit der Beurkundung nach deutschem Recht m.E. nicht.

b) Beurkundungsverfahren. Nach **§ 10 Abs 3 KonsularG** gelten für das **Verfahren** bei der Beurkundung   262
die Vorschriften des Beurkundungsgesetzes mit wenigen (unwesentlichen) Abweichungen. Zu erwähnen ist
§ 10 Abs 3 Ziff 4 KonsularG, der folgenden Wortlaut hat:

»4. Die Urschrift einer Niederschrift soll den Beteiligten ausgehändigt werden, wenn nicht einer von ihnen
amtliche Verwahrung verlangt. In diesem Fall soll die Urschrift dem Amtsgericht Schöneberg in Berlin zur
amtlichen Verwahrung übersandt werden. Hat sich einer der Beteiligten der Zwangsvollstreckung unterworfen,
so soll die Urschrift der Niederschrift dem Gläubiger ausgehändigt werden, wenn die Beteiligten keine anderweitige Bestimmung getroffen haben und auch keiner von ihnen amtliche Verwahrung verlangt hat.«

Auch von den Rechtsfolgen her stehen die von einem deutschen Konsularbeamten aufgenommenen Urkunden   263
den von einem inländischen Notar aufgenommenen gleich (§ 10 Abs 2 KonsularG). Die konsularische Urkunde
ist **öffentliche Urkunde** iS des § 415 ZPO; sie genießt ebenso wie die Notarurkunde die Vermutung der
Wahrheit und erbringt bei der Beurkundung von Erklärungen vollen Beweis des beurkundeten Vorgangs, dh
des Inhalts der Erklärung, ihrer Herkunft, der in der Urkunde aufgeführten Personen sowie des Orts und der
Zeit der Erklärung.[397]

4. Gerichtlicher Vergleich (§ 127a BGB) und Schiedsspruch mit vereinbartem Wortlaut

Eine Zuständigkeit der Gerichte zur Beurkundung fremder Erklärungen besteht seit 01.01.1970 nur mehr für   264
Prozessvergleiche (§ 794 Abs 1 Nr 1 ZPO, § 127a BGB).
- Das Beurkundungsgesetz beseitigte die konkurrierende Beurkundungszuständigkeit der Gerichte allgemein
(§ 167 Abs 1 FGG aF – aufgehoben durch § 57 Abs 5 Nr 2 BeurkG) sowie speziell für Grundbucherklärungen nach **§ 29 BGO** aF (§ 57 Abs 6 BeurkG, BGBl 1969, 1523 – vgl Rdn 3).
- Zugleich fügte § 57 Abs 3 Nr 1 BeurkG die Vorschrift des **§ 127a BGB** ein, wonach die notarielle Beurkundung »bei einem gerichtlichen Vergleich durch die Aufnahme der Erklärungen in ein nach den Vorschriften
der Zivilprozessordnung errichtetes Protokoll ersetzt« wird.

---

394 Vgl zur Beurkundung durch den Konsularbeamten insbesondere *Geimer,* Konsularisches Notariat, DNotZ 1978, 3; *von
     Schuckmann* in *Huhn/von Schuckmann* § 1 BeurkG Rn 109 ff; *Winkler* § 1 BeurkG Rn 40.
395 *Bindseil* DNotZ 1993, 5, 12; *Hoffmann* Konsularrecht, 2002, § 10 Anm 3.2.1; *von Schuckmann* in *Huhn/von Schuckmann*
     § 1 BeurkG Rn 113.
396 *Geimer* DNotZ 1978, 3, 17; **aA** *von Schuckmann* in *Huhn/von Schuckmann* § 1 BeurkG Rn 127.
397 *Geimer* DNotZ 1978, 3, 17.

Keine bezeugende, sondern eine bewirkende Urkunde ist hingegen ein rechtskräftiges Urteil zur Abgabe einer Willenserklärung. Dieses ersetzt zwar nach § 894 Abs 1 S 1 ZPO mit Rechtskraft die Erklärung des Verurteilten und genügt damit als Eintragungsgrundlage nach § 29 Abs 1 S 2. Es bezeugt aber nicht die Abgabe der Erklärung (die der Verurteilte gerade nicht abzugeben bereit war), sondern ersetzt diese durch die Entscheidung des Gerichts (ist also ein Fall des § 417, nicht des § 415 ZPO).

265 § 127a BGB dient der Klarstellung, dass nach Beseitigung der allgemeinen Möglichkeit der öffentlichen Beurkundung von Rechtsgeschäften bei den Amtsgerichten im Verfahren der freiwilligen Gerichtsbarkeit (§ 167 Abs 1 FGG aF) und Streichung der Worte »einem Gericht oder« in § 128 BGB weiterhin die öffentliche Beurkundung durch die Protokollierung eines gerichtlichen Vergleichs im Prozess erfolgen kann. Für die Auflassung findet sich eine ausdrückliche Regelung in § 925 Abs 1 S 3 BGB.[398]

Die zweite Bedeutung des § 127a BGB liegt darin, dass für die Protokollierung des Vergleichs nicht die Vorschriften des Beurkundungsgesetzes, sondern die Vorschriften der **Zivilprozessordnung** (§§ 159 ff ZPO) maßgeblich sind. Die Vorschrift enthält also eine Durchbrechung des Grundsatzes in § 1 Abs 2 BeurkG (wonach grds auch für öffentliche Beurkundungen durch andere Stellen das Beurkundungsgesetz anwendbar ist).

266 **a) Vergleichsschluss in anhängigem Gerichtsverfahren.** Erforderlich ist der Abschluss vor einem deutschen **Gericht** in einem anhängigen **gerichtlichen Verfahren**.[399] Der Abschluss eines Vergleichs mit der Wirkung des § 127a BGB ist nicht nur vor den ordentlichen Gerichten im Bereich der streitigen und der freiwilligen Gerichtsbarkeit[400] und den Arbeitsgerichten möglich, einschließlich der landwirtschaftsgerichtlichen Verfahren,[401] sondern auch vor den Verwaltungsgerichten,[402] vor einem Gericht in Baulandsachen,[403] Sozial- und Finanzgerichten sowie im Adhäsionsverfahren und im Privatklageverfahren vor den Strafgerichten.[404]

Unanwendbar ist § 127a BGB hingegen in verwaltungsrechtlichen Vorverfahren wie zB dem Widerspruchsverfahren nach §§ 68 ff VwGO oder in einem landesrechtlich geregelten Anhörungsverfahren.[405]

267 Die Verfahrensart spielt keine Rolle. Gerichtliche Verfahren sind nicht nur die eigentlichen Streitverfahren, sondern auch die Verfahren des einstweiligen Rechtsschutzes,[406] Prozesskostenhilfe-,[407] Vollstreckungs-, Insolvenz-, Kostenfestsetzungs-, Arrest- und Beweissicherungsverfahren. Gleichzustellen sind Vergleiche in Prozesskostenhilfeprüfungsverfahren[408] und vor dem Wiedergutmachungsamt.[409] Entscheidend ist stets, dass in dem Verfahren überhaupt ein Vergleich zulässigerweise geschlossen werden kann.[410]

268 Der Vergleich kann vor dem **Prozessgericht** oder vor dem ersuchten oder beauftragten Richter oder vor dem Rechtspfleger, sofern dieser für das betreffende Verfahren zuständig ist, geschlossen werden.[411]

269 Der Abschluss des Vergleichs ist möglich, sobald und solange das Verfahren **anhängig** ist.[412] Irrelevant ist, ob der Vergleich vor einem Gericht einer falschen Gerichtsbarkeit[413] oder einem sachlich oder örtlich unzuständigen Gericht abgeschlossen wurde.[414] Im Ergebnis muss daher das Grundbuchamt für die Eintragung nur prüfen, ob der Vergleich überhaupt vor einem deutschen Gericht abgeschlossen wurde.

270 Der Vergleich muss in **innerem Zusammenhang** mit dem Rechtsstreit stehen. Es ist aber nicht erforderlich, dass er den Rechtsstreit ganz oder teilweise beendet. Vielmehr genügt, wenn er die Entscheidung des Gerichts durch gegenseitiges Nachgeben der Parteien, wenn auch nur in unwesentlichen Punkten, vereinfacht oder sonst erleichtert.[415]

---

398 Vgl insbesondere *Walchshöfer*, Die Erklärung der Auflassung in einem Vergleich, NJW 1973, 1103.
399 MüKo-*Eisele* § 127a Rn 4.
400 BGHZ 14, 381 = DNotZ 1954, 190 = NJW 1954, 1886; OLG Celle DNotZ 1954, 123.
401 BGHZ 14, 381 = NJW 1954, 1886; BGHZ 142, 84 = DNotZ 1999, 985 = NJW 1999, 2806 = WM 1999, 1738.
402 BVerwG NJW 1995, 2179 = MDR 1996, 415; **aA** die zuvor hM – vgl BayVGH BayVBl 1972, 664.
403 OLG München MDR 1976, 150.
404 OLG Stuttgart NJW 1964, 110.
405 VGH Kassel NVwZ 1997, 618.
406 OLG Hamburg OLGRsp 14, 165; KG DJZ 1915, 1238; **aA** OLG Hamburg JW 1926, 2468.
407 RGZ 165, 162; OLG München DNotZ 1971, 344.
408 *Lappe* Rpfleger 1960, 146.
409 BGH WM 1966, 1135.
410 *Jansen* § 1 BeurkG Rn 39.
411 BGHZ 14, 381, 387 = DNotZ 1954, 190 = NJW 1954, 1886: OLG Nürnberg Rpfleger 1972, 305.
412 BGHZ 5, 259 = NJW 1952, 768; BGHZ 15, 190, 195 = NJW 1955, 182; **aA** OLG München NJW 1997, 2331, 2332 = MDR 1997, 499 für einen Sonderfall.
413 OVG Lüneburg NJW 1969, 205.
414 LAG Bremen, BB 1964, 1125.
415 BGHZ 84, 333 = FamRZ 1982, 991 = NJW 1982, 2373; OLG Hamm NJW 1968, 1241.

b) Materielle Wirksamkeitsvoraussetzungen. Die materiellen Wirksamkeitsvoraussetzungen des Vergleichs **271** kann und muss das Grundbuchamt nicht nachprüfen; daher seien sie nur kurz erwähnt:
– Die Parteien müssen befugt sein, über den Gegenstand des Prozessvergleichs zu verfügen.
– Auch für den gerichtlichen Vergleich ist aufgrund dessen Doppelnatur auch als materiell-rechtlicher Vergleich iSd § 779 BGB (sehr strittig, aber wohl hM) ein **gegenseitiges Nachgeben** der Parteien unerlässlich (§ 779 BGB),[416] woran allerdings keine strengen Anforderungen zu stellen sind. Das gegenseitige Nachgeben ist aber mE nicht Voraussetzung für die Formwirksamkeit nach § 127a BGB.[417] In Konsequenz der Gegenmeinung wäre es als Wirksamkeitsvoraussetzung des Vergleichs vom Grundbuchamt zwar nicht im Bereich des formellen Konsensprinzips (§ 19), aber möglicherweise in dem des materiellen Konsensprinzips (§ 20 GBO) zu prüfen – mag man diese Bürde auch erleichtern, indem man einen Erfahrungssatz anerkennt, dass das Gericht den Vergleich nicht protokolliert hätte, hätten nicht beide Parteien irgendwo nachgegeben.

c) Form. Die Form des gerichtlichen Vergleichs richtet sich ausschließlich nach den §§ 159 ff ZPO, nicht nach **272** dem Beurkundungsgesetz. Erforderlich ist demnach der Abschluss in einer **mündlichen Verhandlung;** ein schriftlicher Prozessvergleich nach § 278 Abs 6 ZPO kann hingegen die Beurkundung der Auflassung nicht ersetzen.[418]

Über den Vergleich ist vom Gericht ein **Protokoll nach §§ 159 ff ZPO** aufzunehmen.[419] Die Einhaltung der Form muss das Grundbuchamt auch als Voraussetzung für das Vorliegen einer öffentlichen Urkunde nach § 29 Abs 1 S 2 GBO, § 415 ZPO prüfen.

Das **Protokoll** muss Ort und Tag der Verhandlung, die Namen der mitwirkenden Richter und des Urkundsbe- **273** amten der Geschäftsstelle, die Bezeichnung des Rechtsstreits, die Namen der Prozessbeteiligten und Angaben über die Öffentlichkeit der Verhandlung (§ 160 Abs 1 ZPO) und den vollen Wortlaut des Vergleichs (§ 160 Abs 3 Nr 1 ZPO) enthalten.

Inwieweit fehlende Protokollangaben **Wirksamkeitsvoraussetzungen** sind, ist mE danach zu beurteilen, ob ein entsprechender Verstoß in einer notariellen Niederschrift diese als Beurkundung unwirksam werden ließe – dann genügt das gerichtliche Protokoll nicht nach § 127a BGB zur Ersetzung einer notariellen Beurkundung – oder ob es sich dabei nach dem Beurkundungsgesetz um eine bloße Soll-Vorschrift handelt – dann beeinträchtigt ein Verstoß die Wirksamkeit des gerichtlichen Protokolls nicht.[420]

Allerdings kann das Protokoll nach § 164 Abs 1 ZPO jederzeit nachträglich berichtigt werden. Dabei darf allerdings der von den Parteien genehmigte Vergleichstext nicht geändert werden.[421]

Nach § 162 ZPO ist der Vergleichstext den Beteiligten **vorzulesen** oder zur Durchsicht vorzulegen und muss **274** von ihnen genehmigt worden sein; andernfalls ist der Vergleich unwirksam.[422] Ist der Inhalt des Protokolls nach § 160a ZPO nur vorläufig aufgezeichnet worden, so genügt es, wenn die Aufzeichnungen vorgelesen (Kurzschrift) oder abgespielt (Tonaufnahmegerät) werden. In dem Protokoll ist zu vermerken, dass dies geschehen und die Genehmigung erteilt ist. Erfolgt die Verlesung und Genehmigung, so beeinträchtigt das bloße Fehlen des Protokollvermerks die Wirksamkeit nicht.[423]

Das Protokoll ist nach § 163 ZPO von dem **Vorsitzenden** und von dem **Urkundsbeamten** der Geschäftsstelle **275** zu **unterschreiben**.[424]

Die Unterzeichnung durch die **Parteien** und die am Vergleich beteiligten Dritten ist nicht vorgesehen und damit auch für das Grundbuchverfahren entbehrlich.

Da der gerichtliche Vergleich durch prozessuales Handeln der Parteien zustandekommt, müssen diese beim **276** Vergleichsabschluss auch postulationsfähig sein. Soweit **Anwaltszwang** besteht (§ 78 ZPO), ist der Prozessvergleich nur wirksam, wenn er durch die Anwälte abgeschlossen wurde.[425]

---

416 OLG Hamburg JurBüro 1980, 866; MDR 1991, 65; **aA** OLG Naumburg JW 1935, 2519; LAG Halle MDR 2000, 1635; *Baumbach/Lauterbach/Albers/Hartmann* Anh § 307 ZPO Rn 3.
417 *Soergel/Hefermehl* § 127a BGB Rn 2; *Staudinger-Hertel* § 127a BGB Rn 24; **aA** *Breetzke* NJW 1971, 178; *Erman/Palm* § 127a BGB Rn 4; *Staudinger/Einsele* § 127a BGB Rn 3.
418 OLG Düsseldorf DNotZ 2007, 46 = FGPrax 2007, 8 = NJW-RR 2006, 1609 = NotBZ 2007, 61 = OLGR Düsseldorf 2007, 135 = RNotZ 2006, 614 = Rpfleger 2007, 25 = ZfIR 2007, 190 m Anm *Dümig*; Gutachten DNotI-Report 2008, 75.
419 BGHZ 14, 381, 386 = DNotZ 1954, 190 = NJW 1954, 1886.
420 *Staudinger-Hertel* § 127a BGB Rn 24; auch der BGH zieht insoweit zT Parallelen zum BeurkG: BGHZ 142, 84 = DNotZ 1999, 985 = NJW 1999, 2806 = WM 1999, 1738 = ZfIR 1999, 784.
421 OLG Frankfurt MDR 1986, 152; OLG Hamm OLGZ 1983, 89 = MDR 1983, 410.
422 OLG Bamberg FamRZ 2002, 1120 m Anm *Henrich* = NJW-RR 2002, 1153 = OLGR Bamberg 2002, 335.
423 BGHZ 142, 84 = DNotZ 1999, 985 = NJW 1999, 2806 = WM 1999, 1738 = ZfIR 1999, 784.
424 zur Nachholung einer vergessenen Unterschrift vgl OLG Schleswig SchlHA 1960, 145; wohl zu recht enger OLG Stuttgart MDR 1976, 673.
425 BGH FamRZ 1991, 679 = NJW 1991, 1743; OLG Köln FamRZ 1998, 373 = NJW-RR 1997, 965; OLG Zweibrücken FamRZ 1987, 84.

Die **Prozessvollmacht** muss dem Grundbuchamt aber nicht nachgewiesen werden. Ausreichend ist, wenn der Prozessbevollmächtigte als solcher im Vergleich aufgeführt ist.[426]

277 **d) Nachweiswirkung.** Inhaltlich muss das Vergleichsprotokoll alle Angaben und Erklärungen der Parteien enthalten, die zum grundbuchlichen Vollzug erforderlich sind. Bei der **Auflassung** eines Grundstücks ist das neben der Bezeichnung der Parteien und des Grundstücks (mit den Angaben nach § 28 GBO) die Einigungserklärung. Die Praxis zeigt leider, dass es bei gerichtlichen Vergleichen immer wieder vorkommt, dass sie nicht den nach der GBO notwendigen Inhalt haben. Auch in solchen Fällen hat das Grundbuchamt nach § 18 eine Zwischenverfügung zu erlassen und die Beteiligten auf die fehlenden oder unvollständigen Erklärungen hinzuweisen. Mangels eigener praktischer Erfahrungen im Grundstücksrecht ziehen es Gerichte häufig vor, im Vergleich die Parteien zu verpflichten, die erforderlichen Erklärungen, etwa zur Übertragung eines Grundstücks, vor einem Notar abzugeben. Diese Entwicklung ist im Interesse eines reibungslosen Vollzugs im Eintragungsverfahren zu begrüßen.[427]

278 Ein in gerichtlichen Vergleichen üblicher **Widerrufsvorbehalt** macht die erklärte Auflassung nach § 925 Abs 2 BGB unheilbar unwirksam,[428] ebenso der Abschluss unter einer Bedingung (Auflassung eines Grundstücks unter der Bedingung, dass das Scheidungsurteil rechtskräftig wird).[429] Ist in einem Prozessvergleich eine Eintragung Zug um Zug gegen Zahlung eines Geldbetrages bewilligt, so ist die Erfüllung der Gegenleistung dem Grundbuchamt formgerecht nachzuweisen.[430]

279 **e) Schiedsspruch mit vereinbartem Wortlaut (§ 1053 ZPO) und Vergleich vor Gütestelle.** Vergleichen sich die Parteien während des schiedsrichterlichen Verfahrens (§§ 1025, 1042 ff ZPO), so hält das Schiedsgericht auf Antrag der Parteien den Vergleich in Form eines Schiedsspruchs mit vereinbartem Wortlaut fest (§ 1053 Abs 1 S 2 ZPO). Der Schiedsspruch mit vereinbartem Wortlaut ist schriftlich zu erlassen und durch die Schiedsrichter zu unterschreiben (§ 1054 Abs 1 ZPO).

Dabei **ersetzt** die Aufnahme der Erklärungen der Parteien in den Schiedsspruch die **notarielle Beurkundung** (§ 1053 Abs 3 ZPO).[431]

280 Eintragungsunterlage im Grundbuchverfahren ist der Schiedsspruch mit vereinbartem Wortlaut aber – nach allerdings umstrittener Ansicht – erst dann, wenn er rechtskräftig **für vollstreckbar erklärt** ist.[432]

Die Vollstreckbarerklärung eines Schiedsspruchs mit vereinbartem Wortlaut kann dabei nicht nur durch das Gericht erfolgen, sondern mit Zustimmung der Parteien auch durch einen Notar, der seinen Amtssitz im Bezirk des nach § 162 Abs 1, 2 ZPO für die vollstreckbare Erklärung zuständigen Gerichts hat (§ 1053 Abs 4 ZPO).

Eine **Auflassung** kann ein Schiedsspruch mit vereinbartem Wortlaut **nicht wirksam** enthalten; denn weder ist das Schiedsgericht eine zur Entgegennahme der Auflassung zuständige Stelle, noch kommen einem Schiedsspruch die Wirkungen des § 127a BGB zu.[433]

281 Ein Vergleich, der vor einer durch eine Landesjustizverwaltung eingerichteten oder anerkannten **Gütestelle** abgeschlossen wurde (§ 794 Abs 1 Nr 1 ZPO), ist zwar Vollstreckungstitel, aber **kein** Vergleich iS des § 127a BGB.[434]

282 **f) Fideikommissverfahren.** In einem **Fideikommissverfahren** konnte zur Niederschrift des obersten Fideikommissgerichts eine Erklärung abgegeben werden kann, welche die öffentliche Beurkundung oder Beglaubigung ersetzte (§ 14 Abs 4 der 4. DVO zum Gesetz zur Vereinheitlichung der Fideikommissauflösung vom

---

426 OLG Frankfurt Rpfleger 1980, 291; *Walchshöfer* NJW 1973, 1103, 1107; *Hügel-Otto* Rn 134; KEHE-*Herrmann* Rn 72.

427 *Knothe* in *Bauer/von Oefele* Rn 123.

428 OLG Celle DNotZ 1957, 660; *Walchshöfer* NJW 1973, 1103, 1107; *Knothe* in *Bauer/von Oefele* Rn 123; *Hügel-Otto* Rn 135; KEHE-*Herrmann* Rn 72; **aA** BVerwG DÖV 1995, 607 = DVBl 1995, 753 = MDR 1996, 415 = NJW 1995, 2179 = Rpfleger 1995, 497 = ZfBR 1995, 210.

429 OLG Celle DNotZ 1957, 660; *Jansen* § 1 BeurkG Rn 40.

430 OLG Frankfurt Rpfleger 1980, 291; *Walchshöfer* NJW 1973, 1103, 1107.

431 *Demharter* Rn 29.

432 BT-Drucks 13/5724, 55; BayObLGZ 1984, 45 = BB 1984, 746 = DB 1984, 1240 = MDR 1984, 496 = Rpfleger 1984, 239 = WM 1984, 809 (Vollstreckbarerklärung eines Schiedsspruchs nach früherem Recht als Voraussetzung für Handelsregistereintragung); *Demharter* ZfIR 1998, 445; *Saenger* MDR 1999, 662, 663; *Wieser* ZZP 102, 270; *Baumbach/Lauterbach/Albers/Hartmann* § 1053 ZPO Rn 6; **aA** MüKoZPO-*Münch* § 1053 ZPO Rn 15; *Musielak-Wolst* § 1060 ZPO Rn 2; *Stein/Jonas-Schlosser* § 1053 ZPO Rn 2; *Zöller-Geimer* § 1053 ZPO Rn 7 und § 1060 ZPO Rn 2.

433 *Demharter* ZfIR 1998, 445; AnwKomm-*Grziwotz* § 925 BGB Rn 29; *Palandt-Bassenge* § 925 BGB Rn 8; *Staudinger-Pfeiffer* § 925 BGB Rn 82; MüKo ZPO-*Münch* § 1053 ZPO Rn 15; **aA** *Stein/Jonas-Schlosser* § 1053 ZPO Rn 2.

434 *Jansen* § 1 BeurkG Rn 39; MüKo-*Eisele* § 127a BGB Rn 5.

24.08.1935, RGBl I 1103). Im Unterschied zu § 127a BGB war irrelevant, ob hierin ein Prozessvergleich lag. Dies übertrug die damals noch bestehenden Beurkundungsbefugnisse der ordentlichen Zivilgerichte auf die Fideikommissgerichte.

Die Verordnung wurde durch das »Gesetz zur Aufhebung von Fideikommiss-Auflösungsrecht« mit Wirkung zum 30.11.2007 als Bundesrecht aufgehoben.[435] Die bei Inkrafttreten des Gesetzes anhängigen Verfahren werden aber bis zum Erlass landesrechtlicher Regelungen nach den bisher geltenden Vorschriften weitergeführt (§ 2 Abs 2 S 1).

5. Bezeugende Urkunden von Verwaltungsbehörden über fremde Erklärungen

Grundsätzlich sind Behörden nach Inkrafttreten des Beurkundungsgesetzes nicht mehr zuständig für Beurkundungen iS der Errichtung von Zeugnisurkunden zur Beurkundung fremder Erklärungen. Es bedarf hierfür einer ausdrücklichen spezialgesetzlichen Ermächtigung.   **283**

Für das Grundbuchverfahren relevante derartige Spezialbefugnisse zur Beurkundung bestimmter Rechtsgeschäfte stehen inbes den Ratsschreibern in Baden-Württemberg sowie den Vermessungsbehörden zu:

a) Ratsschreiber in Baden-Württemberg. Der **Ratsschreiber** im badischen und württembergischen Rechtsgebiet ist nach § 61 Abs 4 BeurkG iVm § 32 Abs 3 LFGG (baden-württembergisches Landesgesetz über die freiwillige Gerichtsbarkeit vom 12.02.1975) befugt, bestimmte Rechtsgeschäfte in Grundbuchangelegenheiten – und nur diese – zu beurkunden, nämlich: **284**
- **Kauf- und Tauschverträge** und Vollmachten hierzu,
- Anträge, Bewilligungen und Zustimmungen zur Eintragung oder Löschung von dinglichen Rechten, die nach den von ihm beurkundeten Verträgen zu bestellen oder zu beseitigen sind,
- sowie Auflassungen zu den vor ihm beurkundeten Verträgen.[436]

Die Beurkundung anderer Rechtsgeschäfte durch die baden-württembergischen Ratsschreiber stellt keine öffentliche Urkunde dar, da sie nicht »innerhalb des (ihnen) zugewiesenen Geschäftskreises« erfolgt. Die Ratsschreiber sollen nur in einfach gelagerten Fällen tätig werden (§ 32 Abs 3 S 2 LFGG), was aber keine Wirksamkeitsvoraussetzung ist.[437] Anders als der Notar (§ 15 Abs 1 BNotO) ist der Ratsschreiber zur Beurkundung nur befugt, nicht verpflichtet.[438]

b) Vermessungsbehörden und öffentlich bestellte Vermessungsingenieure. Nach § 61 Abs 1 Nr 6 BeurkG bleiben landesrechtliche Vorschriften unberührt, nach denen die Vorstände der **Vermessungsbehörden**, die das Liegenschaftskataster (§ 2 Abs 2 GBO) führen, und die von den Vorständen beauftragten Beamten dieser Behörden zuständig sind, Anträge der Eigentümer auf Vereinigung oder Teilung von Grundstücken zu beurkunden oder zu beglaubigen.   **285**
- Früher ergab sich die diesbezügliche Zuständigkeit der Vermessungsbehörden aus § 1 Abs 1 des Gesetzes über die Beurkundungs- und Beglaubigungsbefugnis der Vermessungsbehörden vom 15.11.1937 (RGBl I 1257), das zunächst als Landesrecht fortgalt. Danach waren die Vorstände der Vermessungsbehörden sowie die von den Vorständen beauftragten Beamten zur Beurkundung oder Beglaubigung von Anträgen auf Vereinigung oder Teilung zuständig, beschränkt auf Grundstücke ihres Bezirks.
- Mittlerweile haben alle Bundesländer statt dessen eigene **Vermessungsgesetze** erlassen, die die Ermächtigung des § 61 Abs 1 Nr 6 BeurkG ausfüllen. Etwa die Hälfte der Länder gibt den Vermessungsbehörden nur eine Beglaubigungszuständigkeit, die andere Hälfte auch eine Beurkundungszuständigkeit.

Zum Regelungsgehalt der **Landesgesetze:**   **286**
- Zur Zuständigkeit regeln die Landesgesetze teilweise ausdrücklich, welche Beamten der **Vermessungsbehörde** zuständig sind, teils belassen sie es bei der allgemeinen Bezeichnung der »von den Vorständen beauftragten Beamten dieser Behörden«.
- Die meisten Landesgesetze geben **Öffentlich bestellten Vermessungsingenieuren** ebenfalls eine Beglaubigungszuständigkeit, teilweise sogar eine Beurkundungszuständigkeit. Die Landesgesetzgeber gingen offenbar entweder davon aus, dass auch die Öffentlich bestellten Vermessungsingenieure kraft ihrer verliehenen hoheitlichen Befugnisse zu den »von den Vorständen beauftragten Beamten dieser Behörden« § 61 Abs 1

---

435 Art 64 § 1 Nr 2 Gesetz vom 23.11.2007, BGBl 2007 I 2614, 2622.
436 *Kraiß,* Die Zuständigkeit des Ratsschreibers nach dem LFGG, BWNotZ 1975, 114; *Richter/Hammel,* Baden-württembergisches Landesgesetz über die freiwillige Gerichtsbarkeit, 4. Aufl 1995.
437 *Richter/Hammel* § 32 LFGG Rn 3.
438 *Richter/Hammel* § 32 LFGG Rn 3.

Nr 6 BeurkG gehören – was mir eher zweifelhaft erscheint,[439] oder stützten dies (soweit sie nur eine Beglaubigungszuständigkeit verliehen) auf § 63 BeurkG.

– Sachlich läßt § 61 Abs 1 Nr 6 BeurkG und die Landesgesetze nur die Beurkundung bzw Beglaubigung der Anträge der Eigentümer auf **Vereinigung** (§ 890 Abs 1 BGB) oder **Teilung** von Grundstücken. Nicht unter die Kompetenz der Vermessungsbehörden fallen Anträge auf Zuschreibung als Bestandteil (§§ 890 Abs 2, 1131 BGB, § 6 GBO). Der Antrag bedarf der Form des § 29 Abs 1 S 1 GBO, da er ein gemischter Antrag nach § 30 GBO ist, der zugleich die materiell-rechtliche Erklärung des Eigentümers enthält.[440]

– Etwas mehr als die Hälfte der Landesgesetze sieht nur eine **Beglaubigungsbefugnis** der Vermessungsbehörden vor, die anderen auch eine **Beurkundungsbefugnis**. Öffentlich bestellte Vermessungsingenieure sind in den meisten Ländern nur zur Beglaubigung befugt, nur in wenigen Ländern auch zur Beurkundung.

287 Übersicht über die **Landesgesetze**:

– Baden-Württemberg: § 15 Vermessungsgesetz (VermG) vom 01.07.2004, GVBl 2004, 469: Beurkundung oder Beglaubigung, ebenso für Vermessungsingenieure;

– Bayern: Art 9 Vermessungs- und Katastergesetz (VermKatG), BayRS 219-1: Beurkundung oder Beglaubigung, keine Regelung für Vermessungsingenieure;

– Berlin: § 18 Gesetz über das Vermessungswesen (VermGBln) vom 08.04.1974, GVBl 1974, 806: Beurkundung oder Beglaubigung, keine Regelung für Vermessungsingenieure;

– Brandenburg: § 16 Vermessungs- und Liegenschaftsgesetz (VermLiegG) idF der Bekanntmachung vom 19.12.1997, GVBl 1998 I, 2: Beurkundungs- und Beglaubigungsbefugnis für den Leiter des Katasteramtes und die von ihm beauftragten Beamten des höheren vermessungstechnischen Verwaltungsdienstes und des gehobenen vermessungstechnischen Dienstes, hingegen nur Beglaubigungsbefugnis für verantwortliche Beamte einer behördlichen Vermessungsstelle sowie für die Öffentlich bestellten Vermessungsingenieure;

– Bremen: § 12 Vermessungs- und Katastergesetz GVBl 1990, 313: nur Beglaubigung, ebenso für Vermessungsingenieure;

– Hamburg: § 8 Hamburgisches Vermessungsgesetz (HmbVermG) vom 20.04.2005, GVBl 2005, 135: Beurkundung oder Beglaubigung, ebenso für Vermessungsingenieure;

– Hessen: § 12 Hessisches Vermessungs- und Geoinformationsgesetz (HVGG) vom 6.09.2007, GVBl 2007, 548: nur Beglaubigung, ebenso für Vermessungsingenieure;

– Mecklenburg-Vorpommern: § 15 Vermessungs- und Katastergesetz (VermKatG) idF der Bekanntmachung vom 22.07.2002, GVBl 2002, 524: nur Beglaubigung, ebenso für Vermessungsingenieure (vgl auch § 2 Abs 1 Nr 3 Gesetz über die Berufsordnung der Öffentlich bestellten Vermessungsingenieure (BOÖbVI MV) vom 02.06.1994, GVBl 1994, 638);

– Niedersachsen: § 6 Abs 5 Niedersächsisches Gesetz über das amtliche Vermessungswesen (NVermG) vom 12.12.2002, GVBl 2003, 5: nur Beglaubigung; ebenso für Vermessungingenieure nach § 2 Abs 1 Nr 3 Gesetz über Öffentlich bestellte Vermessungsingenieure (NÖbVIngG) vom 16.12.1993, (GVBl 1993, 707);

– Nordrhein-Westfalen: § 17 Abs 1 Vermessungs- und Katastergesetz (VermKatG NRW) vom 01.03.2005, GVBl 2005, 168: Beurkundung oder Beglaubigung; für Vermessungsingenieure nur Beglaubigungsbefugnis: § 17 Abs 2 Vermessungs- und Katastergesetz (VermKatG NRW) vom 01.03.2005, (GVBl 2005, 168); sowie § 1 Abs 2 Nr 4 Berufsordnung für die Öffentlich bestellten Vermessungsingenieure (ÖbVermIng BO NRW) vom 15.12.1992, (GVBl 1992, 524);

– Rheinland-Pfalz: § 7 Landesgesetz über das amtliche Vermessungswesen (LGVerm) vom 20.12.2000, GVBl 2000, 572: nur Beglaubigung, ebenso für Vermessungsingenieure;

– Saarland: § 55 Gesetz zur Ausführung bundesrechtlicher Justizgesetze (AGJusG) vom 05.02.1997, ABl 1997, 258: Beurkundungs- und Beglaubigungsbefugnis für die Leiter des Landesamtes für Kataster-, Vermessungs- und Kartenwesen sowie die von ihm beauftragten Beamten; hingegen nur Beglaubigungsbefugnis für die Leiter der Vermessungsstellen sowie die Öffentlich bestellten Vermessungsingenieure (vgl für letztere auch § 21 Abs 1 Nr 2 Saarländisches Vermessungs- und Katastergesetz (SVermKatG) vom 16.10.1997, ABl 1997, 1130);

– Sachsen: § 17 Sächsisches Vermessungsgesetz (SächsVermG) vom 12.05.2003, GVBl 2003, 121: nur Beglaubigung, ebenso für Vermessungsingenieure;

– Sachsen-Anhalt: § 15 Vermessungs- und Geoinformationsgesetz (VermGeoG LSA) idF der Bekanntmachung vom 15.09.2004, GVBl 2004, 716: Beurkundung und Beglaubigung, ebenso für Vermessungsingenieure;

---

439 Dagegen spricht die fehlende Eingliederung der öffentlich bestellten Vermessungsingenieure in die Vermessungsbehörde sowie ein Gegenschluss zu § 61 Abs 1 Nr 8 BeurkG, in dem für die Beurkundung von Tatbeständen ausdrücklich auch Beurkundungen durch »öffentlich bestellte Vermessungsingenieure oder Markscheider« angesprochen werden.

440 BayObLGZ 1957, 354, 357 = DNotZ 1958, 388; BayObLGZ 1976, 180, 188; KGJ 31 A 236, 237; KG HRR 37, 83 = JW 1937, 896; *Meikel-Böttcher* § 5 Rdn 27; *Meikel-Hertel* § 30 Rdn 17; *Demharter* § 5 Rn 10. **aA**: zT liest die Literatur aus diesen Entscheidungen weitergehend das Erfordernis, auch die materiell-rechtliche Erklärung über die Zuschreibung oder Teilung dem Grundbuchamt nachzuweisen: *Knothe* in *Bauer/von Oefele* § 29 Rn 30; *KEHE-Herrmann* § 29 Rn 21; *Schöner/Stöber* Rn 628; ebenso noch Vorauflage § 29 Rn 83.

– Schleswig-Holstein: § 17 Vermessungs- und Katastergesetz (VermKatG) vom 12.05.2004, GVBl 2004, 128: nur Beglaubigung, ebenso für Vermessungsingenieure;
– Thüringen: § 4 Gesetz über das Liegenschaftskataster (ThürKatG) vom 7.08.1991, GVBl 1991, 285: nur Beglaubigung, ebenso für Vermessungsingenieure.

c) Bodenordnung- oder Enteignungsbehörden. Aufgrund bundes- und landesrechtlicher Vorschriften **288** können **Enteignungsbehörden** Niederschriften über die Einigung aufnehmen. Die verfahrensbetreibende Einigung (zB nach § 110 BauGB, § 37 LBG, Art 29 BayEnteigG, § 30 NdsEnteigG, § 32 LEnteigG Rh-Pf) bedarf weder der notariellen Beurkundung noch der Auflassung.[441] Die beurkundete Einigung steht einem nicht mehr anfechtbaren Enteignungsbeschluss gleich (§ 110 Abs 3 S 1 BauGB).

Die Umsetzung erfolgt (wie bei einem Enteignungsbeschluss) durch eine **Ausführungsanordnung der Enteignungsbehörde**. Mit dem in der Ausführungsanordnung festgesetzten Tag geht das Eigentum außerhalb des Grundbuchs über bzw treten die sonstigen Rechtsänderungen ein (§ 117 Abs 5 S 1 BauGB). Die Enteignungsbehörde übersendet dem Grundbuchamt eine beglaubigte Abschrift der Einigung (die auch insoweit den Enteignungsbeschluss ersetzt) und der Ausführungsanordnung und ersucht das Grundbuchamt, die Rechtsänderungen in das Grundbuch einzutragen (§ 117 Abs 7 BauGB).

Dieses Ersuchen (§ 38 GBO) muss der **Form des § 29 Abs 3 GBO** (vgl Rdn 339 ff) entsprechen.[442] Eintra- **289** gungsgrundlage ist aber die Ausführungsanordnung als Verwaltungsakt, nicht die Einigung. Die Einigung dient nur dem Nachweis des Inhalts des Verwaltungsaktes; sie darf nicht mit einer privatrechtlichen Auflassung oder Verpflichtung zur Übereignung verwechselt werden. Eintragungsgrundlage ist daher eine bewirkende Urkunde der Enteignungsbehörde (§ 417 ZPO), während die bezeugende Urkunde über die Einigung der Beteiligten im Enteignungsverfahren nur als Anlage beigefügt ist.

d) Aufgehobene Sondervorschriften. Als Beispiele für durch das Beurkundungsgesetz zum 01.01.1970 auf- **290** gehobene grundbuchrelevante Sonderzuständigkeiten von Verwaltungsbehörden für bezeugende Urkunden seien genannt:
– Bei der Schaffung von Eigenheimen als **Rentenstellen** für ländliche Arbeiter und Handwerker war die Durchführungsbehörde zur Beurkundung des Kaufvertrages sowie zur Entgegennahme und Beurkundung der Auflassung zuständig (§ 8 Abs 1 S 3, 4 LandAVO vom 10.03.1937, RGBl 1937 I 292). Dies hob § 55 Nr 6 BeurkG auf; mittlerweile ist die Verordnung insgesamt außer Kraft.[443]
– Die nach der 1. WasserverbandsVO vom 03.09.1937 (RGBl I 933) zuständige Behörde war beim Erwerb **291** von Grundstücken, die zu einem **Wasser- und Bodenverband** gehören, zur Beurkundung der Auflassung befugt (§§ 37, 38). Dies hob § 55 Nr 9 BeurkG auf; auch diese Verordnung trat mittlerweile insgesamt außer Kraft.[444]
– Die **Bergbehörde** war in Verfahren zur Zulegung von Bergwerksfeldern von vornherein ausdrücklich nicht **292** zur Entgegennahme der Auflassung zuständig (§ 7 Abs 4 S 4 der – zwischenzeitlich aufgehobenen – VO vom 25.03.1938, RGBl 1938 I 345 – vgl Rdn 159).

e) Form bezeugender Behördenurkunden über fremde Erklärungen[445]. Für bezeugende Urkunden **293** anderer Urkundspersonen und sonstiger Stellen gelten die Vorschriften des Beurkundungsgesetzes entsprechend (§ 1 Abs 2 BeurkG). ZT ist dies zusätzlich auch nochmals in der Ermächtigungsnorm geregelt; so verweisen nahezu alle Landesvermessungsgesetze für das Verfahren der Beurkundung oder Beglaubigung durch die Vermessungsbehörden auf das Beurkundungsgesetz.

Nicht anwendbar ist lediglich § 5 Abs 2 BeurkG, nach dem der Notar berechtigt ist, auf Verlangen Urkunden auch in einer anderen Sprache zu errichten. Bezeugende Urkunden von Behörden müssen also in **deutscher Sprache** errichtet werden (soweit nicht Spezialgesetze andere Sprachen zulassen, zB das Sorbische in der Lausitz).

---

441 Vgl die ausführliche Darstellung bei *Breuer*, Die Einigung der Beteiligten zur Vermeidung der Enteignung, Rpfleger 1981, 337; zum Preußischen Enteignungsgesetz BGH DNotZ 1984, 169 = Rpfleger 1983, 433; OLG Schleswig DNotZ 1981, 562 = Rpfleger 1981, 351; *Schöner/Stöber* Rn 161; ablehnend *Oexmann* DNotZ 1979, 398.
442 LG Regensburg BayVBl 1979, 249; *Battis* in *Battis/Krautzberger/Löhr*, BauGB, 10. Aufl 2008, § 117 BauGB Rn 11; Berliner Kommentar BauGB-*Holtbrügge* § 117 BauGB Rn 21; *Dyong* in *Ernst/Zinkahn/Bielenberg/Krautzberger*, BauGB, § 117 BauGB Rn 17.
443 Art 4 Abs 1 Nr 1 Wohnungsbauänderungsgesetz vom 20.02.1980, BGBl 1980 I, 159.
444 Gesetz über Wasser- und Bodenverbände (WVG) vom 12.02.1991, BGBl 1991 I 1991 405 mit Wirkung zum 01.05.1991.
445 Zur Form bewirkender Urkunden vgl § 29 Abs 3 dh Unterzeichnung und Beidrückung des behördlichen Siegels oder Stempels (vgl Rdn 339 ff).

294   Verlangt das materielle Recht für das Rechtsgeschäft die **Form der notariellen Beurkundung**, so kann diese Form nicht durch eine Eigenurkunde der juristischen Person des öffentlichen Rechts, die bei der Abgabe der Erklärung gesetzlich durch eine Behörde vertreten wird, ersetzt werden.[446] Die Behörde kann also in keinem Fall ein eigenes Kaufangebot oder eine Zwangsvollstreckungsunterwerfung beurkunden, da auch die juristischen Personen des öffentlichen Rechts, wenn Sie am bürgerlichen Rechtsverkehr teilnehmen, den Vorschriften des bürgerlichen Rechts unterliegen.[447]

§ 67 BeurkG stellt klar, dass eine bundes- oder landesrechtlich vorgeschriebene Beidrückung des Dienstsiegels bei Erklärungen juristischer Personen des öffentlichen Rechts durch die öffentliche Beurkundung ersetzt wird, demnach weder erforderlich noch zulässig ist.[448]

VII. Öffentlich beglaubigte Urkunden, Abs 1 S 1 Var 2 (§ 129 BGB)

1. Begriff

295   Der Begriff »öffentliche Beglaubigung« ist in **§ 129 Abs 1 BGB** legaldefiniert. Ist »für eine Erklärung öffentliche Beglaubigung vorgeschrieben, so muss die Erklärung **schriftlich abgefasst** und die **Unterschrift** des Erklärenden von einem **Notar beglaubigt** werden«. Nach § 129 Abs 2 BGB wird die öffentliche Beglaubigung durch die notarielle Beurkundung der Erklärung ersetzt.

Bei der Unterschriftsbeglaubigung ist lediglich der **Beglaubigungsvermerk** des Notars (§§ 39, 40 BeurkG) ist eine öffentliche Urkunde iS des § 418 ZPO, während der darüberstehende Erklärungstext Privaturkunde bleibt (§ 416 ZPO) (Rdn 320 f).

296   § 29 Abs 1 S 1 spricht allgemein von »öffentlich beglaubigten Urkunden«, meint also auch solche Urkunden, die von **anderen zuständigen Personen** oder Stellen als den Notaren beglaubigt worden sind. Auch für diese gilt die Begriffsbestimmung der öffentlichen Beglaubigung in § 129 Abs 1 S 1 BGB.[449]

2. Beglaubigungszuständigkeit[450]

297   **a) Notare.** Im Inland sind die **Notare** allgemein zur Unterschriftsbeglaubigung zuständig.

298   **b) Konsularbeamte.** Im Ausland sind die deutschen **Konsularbeamten** nach § 10 Abs 1 Nr 2 KonsularG zur Unterschriftsbeglaubigung befugt. Auch Konsularbeamte ohne Befähigung zum Richteramt bedürfen keiner besonderen Ermächtigung, um Unterschriftsbeglaubigungen vorzunehmen (vgl § 19, 24 KonsularG, in denen die Unterschriftsbeglaubigung nicht aufgeführt ist – vgl Rdn 259).

299   **c) Landesrechtliche allgemeine Beglaubigungszuständigkeiten (§ 63 BeurkG).** Die früheren landesrechtlichen Zuständigkeiten über öffentliche Beglaubigungen anderer Stellen als der Notare wurden durch das Beurkundungsgesetz beseitigt – mit Ausnahme des in § 61 Abs 4 BeurkG enthaltenen Vorbehalts für die Ratsschreiber Baden-Württemberg.

Nach der (zu recht überwiegend als verfehlt angesehenen und eng auszulegenden)[451] Ausnahmevorschrift des § 63 BeurkG sind die Länder jedoch befugt, durch Gesetz die Zuständigkeit für die öffentliche Beglaubigung von Unterschriften anderen Personen oder Stellen zu übertragen. Hiervon haben die Länder Hessen und Rheinland-Pfalz Gebrauch gemacht.

Im Einzelnen gibt es folgende **landesrechtliche Beglaubigungszuständigkeiten**:

300   **aa) In Baden-Württemberg** sind die **Ratsschreiber** allgemein befugt, Unterschriften öffentlich zu beglaubigen. Der maßgeblich § 32 Abs 4 LFGG (Landesgesetz über die freiwillige Gerichtsbarkeit v 12.02.1975) lautet:[452]

---

446   *Römer* DNotZ 1956, 364; *Jansen* § 1 BeurkG Rn 36; *Demharter* Rn 34; KEHE-*Herrmann* Rn 71; *Huhn-von Schuckmann* § 1 BeurkG Rn 127.
447   *Jansen*, FGG, 2. Aufl 1971, § 1 BeurkG Rn 36; KEHE-*Herrmann* Rn 71.
448   LG Düsseldorf MittRhNotK 1977, 216.
449   Vgl § 34 Verwaltungsverfahrensgesetz zur amtlichen Beglaubigung.
450   Vgl hierzu *Haegele* Rpfleger 1972, 295.
451   *Armbrüster* in *Huhn/von Schuckmann* § 63 BeurkG Rn 4; *Knothe* in *Bauer/von Oefele* Rn 127; *Staudinger-Hertel* § 129 BGB Rn 44; *Winkler* § 63 BeurkG Rn 1; vgl auch *Stoltenberg* JurBüro 1989, 307.
452   vgl die Kommentierung von *Richter/Hammel*, Baden-württembergisches Landesgesetz über die freiwillige Gerichtsbarkeit, 4. Aufl 1995.

»§ 32 LFGG BW   – Aufgaben des Ratsschreibers

(1) …

(4) Der Ratschreiber ist allgemein befugt, Unterschriften und Abschriften öffentlich zu beglaubigen. Zur Beglaubigung eines Handzeichens und der Zeichnung einer Firma oder Namensunterschrift, die zur Aufbewahrung bei Gericht bestimmt ist, ist er nicht befugt. Er soll ferner Unterschriften nicht beglaubigen, wenn die Urkunde zur Verwendung im Ausland bestimmt ist.«

bb) In **Hessen** ist der **Ortsgerichtsvorsteher** nach § 13 Abs 1 des Hessischen Ortsgerichtsgesetzes idF vom 16.12.1969 (GVBl 1969, 316; GVBl 1980, 114) zuständig, Unterschriften öffentlich zu beglaubigen:[453]   **301**

»§ 13 HessOGerG   – Beglaubigung von Unterschriften und Abschriften

(1) Der Ortsgerichtsvorsteher ist zuständig, Unterschriften öffentlich zu beglaubigen.

(2) Der Ortsgerichtsvorsteher ist ferner zur Beglaubigung von Abschriften öffentlicher oder privater Urkunden zuständig. Zur Beglaubigung einer auszugsweisen Abschrift ist er nicht befugt.

(3) Die Unterschriften und Abschriften soll er nur beglaubigen, wenn die Personen, die die Unterschriften vollzogen oder die Abschriften vorgelegt haben, im Bezirk des Ortsgerichts ihren Wohnsitz, ihren ständigen Aufenthalt oder ihren ständigen Arbeitsplatz haben, oder wenn dies im Zusammenhang mit anderen, die gleiche Sache betreffenden Beglaubigungen geschieht.«

cc) In **Rheinland–Pfalz** sind nach § 2 des Landesgesetzes über die Beglaubigungsbefugnis v 21.07.1978 (GVBl 1978, 597) die Ortsbürgermeister, die Verbandsgemeindeverwaltungen und die Gemeindeverwaltungen der verbandsfreien Gemeinden sowie die Stadtverwaltungen der kreisfreien und großen kreisangehörigen Städte für die öffentliche Beglaubigung von Unterschriften zuständig:[454]   **302**

»I. Abschnitt   – Amtliche Beglaubigung

§ 1 – Zuständigkeit

(1) Zur amtlichen Beglaubigung von Abschriften, Vervielfältigungen, Negativen, Ausdrucken elektronischer Dokumente und elektronischen Dokumenten sowie von Unterschriften und Handzeichen sind befugt:
1. die Ortsbürgermeister und Ortsvorsteher,
2. die Verbandsgemeindeverwaltungen und die Gemeindeverwaltungen der verbandsfreien Gemeinden,
3. die Stadtverwaltungen der kreisfreien und großen kreisangehörigen Städte,
4. …

II. Abschnitt   – Öffentliche Beglaubigung

§ 2 – Zuständigkeit der kommunalen Behörden

Zur öffentlichen Beglaubigung von Unterschriften (§ 129 des Bürgerlichen Gesetzbuches) sind die in § 1 Abs 1 Satz 1 Nr 1 bis 3 genannten Stellen befugt. § 1 Abs 1 Satz 2 gilt entsprechend.

§ 3

(aufgehoben)

§ 4 – Umfang der Beglaubigungsbefugnis

(1) Eine Unterschrift soll nur öffentlich beglaubigt werden, wenn die Person, die die Unterschrift vollzogen hat, im Gebiet der Gemeinde, bei Beglaubigungen durch die Verbandsgemeindeverwaltung im Gebiet der Verbandsgemeinde, ihren Wohnsitz, ihren ständigen Aufenthalt oder ihren ständigen Arbeitsplatz hat. Dies gilt nicht, wenn die Beglaubigung im Zusammenhang mit einer dieselbe Sache betreffenden Beglaubigung der Unterschrift einer anderen Person geschieht, die ihren Wohnsitz, ihren ständigen Aufenthalt oder ihren ständigen Arbeitsplatz im Gebiet der Gemeinde oder der Verbandsgemeinde hat.

(2) *(aufgehoben)*

dd) Verfahren und Rechtsfolgen: Als Fremdkörper innerhalb des Beurkundungsgesetzes ist die Ausnahmevorschrift des § 63 BeurkG eng auszulegen. Insbesondere dürfen die Landesbehörden nur Beglaubigungen vornehmen, nicht aber den Text der zu beglaubigenden Urkunden auch entwerfen.[455] Zur Beglaubigung von Blankounterschriften und von Handzeichen sind die landesrechtlich zuständigen Stellen nicht befugt.[456]   **303**

---

453 Vgl *Winkler* Rpfleger 1971, 344, 348.
454 vgl auch BVerfG DNotZ 1982, 611 = NJW 1981, 2401.
455 *Armbrüster* in *Huhn/von Schuckmann* § 63 BeurkG Rn 4; *Lerch* § 63 BeurkG Rn 2; *Staudinger/Hertel* § 129 BGB Rn 44; *Winkler* § 63 BeurkG Rn 1; **aA** *Jansen* § 63 BeurkG Rn 8.
456 KEHE-*Herrmann* Rn 90.

304 Sind landesrechtlich zuständige Stellen zur öffentlichen Beglaubigung von Unterschriften befugt, so genügen derartige Beglaubigungen über die Landesgrenzen hinaus im gesamten Bundesgebiet der Form des § 29.[457] In Hessen und Rheinland-Pfalz ist die örtliche Zuständigkeit durch Soll-Vorschrift auf Beteiligte mit Wohnsitz oder Arbeitsplatz in der betreffenden Gemeinde eingeschränkt; ihre Verletzung hat aber keinen Einfluss auf die Wirksamkeit der Unterschriftsbeglaubigung.

305 **d) Vermessungsämter und Vermessungsingenieure.** Die **Vermessungsämter** und die Öffentlich bestellten **Vermessungsingenieure** sind nach Maßgabe des aufgrund von § 61 Abs 1 Nr 6 BeurkG erlassenen Landesrechts befugt, Anträge der Eigentümer auf Vereinigung oder Teilung von Grundstücken zu beglaubigen (vgl Rdn 285 ff).

306 **e) Betreuungsbehörde, Jugendamt und Standesamt.** Durch das Zweite Betreuungsrechtsänderungsgesetz (2. BtÄndG, BGBl 2005 I 1073, 1079) wurde in § 6 Abs 2 des Betreuungsbehördengesetzes (BtBG) eine auf **Vorsorgevollmachten** (und Betreuungsverfügungen) beschränkte Beglaubigungsbefugnis der Urkundspersonen der Betreuungsbehörden aufgenommen. Die Vorschrift lautet:

§ 6 Abs 2 BtBG »*Die Urkundsperson bei der Betreuungsbehörde ist befugt, Unterschriften oder Handzeichen auf Vorsorgevollmachten oder Betreuungsverfügungen zu beglaubigen.*«

Fraglich ist, ob eine derartige durch die Urkundsperson der Betreuungsbehörde unterschriftsbeglaubigte Vorsorgevollmacht »**grundbuchtauglich**« ist, dh ob dies eine öffentliche Beglaubigung iSd § 129 BGB ist und damit dem Formerfordernis des § 29 Abs 1 GBO genügt. Manches in Gesetzeswortlaut und Gesetzesbegründung deutet darauf hin, dass der Gesetzgeber einen neuen speziellen Formtatbestand geschaffen hat, der zwischen der amtlichen Beglaubigung iSd § 34 VwVfG und einer öffentlichen Beglaubigung iSd § 129 BGB, § 29 Abs 1 S 1 Var 2 GBO liegt.[458]

Auch wenn man von einer öffentlichen Beglaubigung ausgeht, ist weitere Voraussetzung, dass sich aus der Vollmachtsurkunde entnehmen lässt, dass es sich um eine Vorsorgevollmacht handelt und nicht um eine unabhängig von der Vermeidung eines möglichen Betreuungsverfahrens erteilte General- oder Spezialvollmacht; denn nur dann ist dem Grundbuchamt in der Form des § 29 nachgewiesen, dass die Betreuungsbehörde zur Beglaubigung befugt war.[459]

307 Die **gegenständlich beschränkte Beglaubigungszuständigkeit** der Amtsgerichte, Jugendamtsbediensteten und Standesbeamten (§§ 15c, 31a PStG) hat für das Grundbuchverfahren keine Bedeutung.

308 **f) Abgrenzung gegenüber amtlicher Beglaubigung (§ 34 VwVfG).** Von der Unterschriftsbeglaubigung nach § 129 BGB zu unterscheiden ist die **amtliche Beglaubigung** einer Unterschrift durch Verwaltungsbehörden zur Vorlage bei einer Behörde nach § 34 VwVfG (bzw nach den entsprechenden Vorschriften der Landesverwaltungsverfahrensgesetze). Die amtliche Beglaubigung durch Verwaltungsbehörden genügt den Anforderungen des § 129 BGB (und damit auch denen des § 29 Abs 1 S 1 Var 2 GBO) nach der ausdrücklichen Regelung des § 34 Abs 1 S 2 Nr 2 VwVfG nicht. Die Beweiskraft der amtlichen Unterschriftsbeglaubigung beschränkt sich vielmehr auf den im Beglaubigungsvermerk genannten **Verwendungszweck** (§ 65 S 2 BeurkG), also auf die Vorlage bei der dort genannten Behörde. Nur in dem betreffenden Verfahren handelt es sich um öffentliche Urkunden iSd § 415 ZPO.

Soweit Behörden über ihre Zuständigkeit nach § 34 VwVfG hinaus Unterschriftsbeglaubigungen vornehmen, kommt der Unterschriftsbeglaubigung keinerlei Beweiskraft zu.[460]

---

457 LG Bonn Rpfleger 1983, 309.
458 zweifelnd wie hier auch: Gutachten DNotI-Report 2005, 121, 122 f; *Schöner/Stöber* Rn 162 Rn 32a; eindeutig als der Form des § 29 GBO nicht genügend ablehnend: *Meier* BtPrax 2005, 82, 84; *Renner* Rpfleger 2007, 367; *Renner* in: *Müller/Renner* Betreuungsrecht und Vorsorgeverfügungen in der Praxis, 2. Aufl 2007, Rn 454; **aA** – genügt der Form des § 29 GBO: *Krauß* Rpfleger 2006, 35, 37; *Spanl* Rpfleger 2006, 455 und 2007, 372.
459 Gutachten DNotI-Report 2005, 121, 125; *Böhringer* BWNotZ 2006, 118, 1245; *Spanl* Rpfleger 2006, 455; *Schöner/Stöber* Rn 162 Rn 32a.
460 *Förger* BayVBl 1971, 183; *Mecke* DNotZ 1968, 596; *Staudinger-Hertel* § 129 BGB Rn 48; *Winkler* § 65 BeurkG Rn 2; vgl etwa OLG Naumburg FGPrax 2004, 202 = NotBZ 2004, 319 = OLGR Naumburg 2004, 227.

»Abschnitt 3 – Amtliche Beglaubigung

§ 33 VwVfG – Beglaubigung von Abschriften

...

§ 34 VwVfG – Beglaubigung von Unterschriften

(1) Die von der Bundesregierung durch Rechtsverordnung bestimmten Behörden im Sinne des § 1 Abs 1 Nr 1 und die nach Landesrecht zuständigen Behörden sind befugt, Unterschriften zu beglaubigen, wenn das unterzeichnete Schriftstück zur Vorlage bei einer Behörde oder bei einer sonstigen Stelle, der auf Grund einer Rechtsvorschrift das unterzeichnete Schriftstück vorzulegen ist, benötigt wird. Dies gilt nicht für
1. Unterschriften ohne zugehörigen Text,
2. Unterschriften, die der öffentlichen Beglaubigung (§ 129 des Bürgerlichen Gesetzbuchs) bedürfen.

(2) Eine Unterschrift soll nur beglaubigt werden, wenn sie in Gegenwart des beglaubigenden Bediensteten vollzogen oder anerkannt wird.

(3) ...«

3. Form der notariellen Beglaubigung

Verfahren und Form der öffentlichen Beglaubigung einer Unterschrift richten sich nach den §§ 39, 40 **309** BeurkG. Die Vorschriften gelten sowohl für Beglaubigungen durch den Notar und den Konsul, als auch für Beglaubigungen durch die sonst neben den Notaren zuständigen Personen oder Stellen (§ 1 Abs 2 BeurkG).

Die **Formwirksamkeit** der notariell beglaubigten Urkunde richtet sich ausschließlich danach, ob die Muss- **310** Vorschriften in §§ 39, 40 BeurkG beachtet worden sind. Die Verletzung einer Soll-Vorschrift, etwa die fehlende Angabe im Beglaubigungsvermerk, ob die Unterschrift vor dem Notar vollzogen oder anerkannt worden ist (§ 40 Abs 3 S 2 BeurkG), beeinträchtigt die Formgültigkeit der Urkunde nicht.[461]
– Erforderlich ist zunächst eine **schriftliche Erklärung** (Rdn 311 ff)
– und die **Unterschrift** des Erklärenden (Rdn 315 ff).
– Wirksamkeitsvoraussetzung ist ein **Beglaubigungsvermerk** mit Unterschrift und Siegel des Notars (Rdn 318 f).

a) Schriftliche Erklärung. Bei der Abgabe seiner Erklärung kann der Erklärende auch auf ein Schriftstück **311** **Bezug nehmen**, auf das im unterzeichneten Text selbst verwiesen und diesem beigefügt wird.[462] §§ 9 Abs 1 S 2, 37 Abs 1 S 2 BeurkG, die Protokollanlagen einer Niederschrift meinen, gelten zwar nicht für Vermerkurkunden iS der §§ 39 ff BeurkG. Daraus ergibt sich, dass die Verfahrensvorschriften für Protokollanlagen der Niederschrift keine Anwendung finden auf Anlagen einer Privaturkunde. Gleichwohl ist außer Streit, dass die Anlage zur Privaturkunde, also ein dem unterzeichneten Text beigefügtes Schriftstück, aufgrund des Beglaubigungsvermerks die gleiche Beweiskraft zukommt, als wäre die in diesem Schriftstück enthaltene Erklärung im unterzeichneten Text selbst enthalten. Voraussetzung ist allerdings eine ausdrückliche Bezugnahme auf die Anlage iS des § 9 Abs 1 S 2 BeurkG, es muss also im unterzeichneten Text auf dieses Schriftstück verwiesen werden. »Verweisen« bedeutet hier die materiellrechtliche Erklärung des Ausstellers, dass die in dem Schriftstück enthaltenen Erklärungen seinem Willen entsprechen und Bestandteil des von ihm unterzeichneten Textes sein sollen.

Weitere formelle Voraussetzung für den Nachweis gegenüber dem Grundbuchamt ist die Verbindung der Anlage mit dem unterzeichneten und mit dem Beglaubigungsvermerk versehenen Text durch Schnur und Prägesiegel nach § 44 BeurkG.[463]

Gleiches gilt für die Abgabe einer Erklärung unter Verwendung von **Karten, Zeichnungen oder Abbildun-** **312** **gen.**[464] Nachdem § 9 Abs 1 S 3 BeurkG dies für die notarielle Niederschrift zulässt, ist dies a maiore ad minus auch für die notariell beglaubigte Urkunde zulässig. Diese Möglichkeit hat große praktische Bedeutung, zB bei der eindeutigen Bezeichnung der Ausübungsstelle einer Dienstbarkeit (Wegerecht, Leitungsrecht), aber auch für die notariell beglaubigte Teilungserklärung des Alleineigentümers (§ 8 WEG), in der auf die beigefügten Aufteilungspläne verwiesen werden kann.

Die Karte uä wird jedoch nur dann Bestandteil der öffentlich beglaubigten Urkunde, wenn auf sie darin Bezug genommen wird und diese Bezugnahme somit Teil der Erklärung wird, unter der der Notar die Unterschrift

---

461 *Winkler* § 40 BeurkG Rn 85; KEHE-*Herrmann* Rn 96.
462 *Winkler* § 40 BeurkG Rn 18 ff; *Jansen* § 40 BeurkG Rn 14.
463 *Jansen* § 40 BeurkG Rn 14; *Knothe* in *Bauer/von Oefele* Rn 129.
464 *Winkler* § 40 BeurkG Rn 18 ff; dabei würde ich unterscheiden: § 40 BeurkG ermöglicht auch die Unterschriftsbeglaubigung unter einer Zeichnung; dies gilt auch für § 29 Abs 1 S 2 GBO; § 129 BGB regelt hingegen nur die Unterschriftsbeglaubigung einer Erklärung (*Staudinger-Hertel* § 129 BGB Rn 58).

beglaubigt. Auf die Karte muss also wie auf ein Schriftstück »verwiesen« werden. Weder genügt die bloße Verbindung der Karte mit Schnur und Siegel, noch der auf der Zeichnung befindliche Vermerk, sie bilde eine »Anlage zur notariellen Urkunde«.[465] Für ein »Verweisen« ist die Erklärung im unterzeichneten Text ausreichend, zB dass für die Ausübungsstelle eines Leitungsrechts die Einzeichnung auf der beigefügten Flurkarte maßgeblich sein soll.

313 Handelt jemand in **fremdem** oder gleichzeitig in eigenem und fremdem **Namen**, so muss das in der Erklärung selbst hinreichend deutlich zum Ausdruck gebracht werden. Nach hM genügt nicht, wenn nur der Notar im Beglaubigungsvermerk feststellt, dass der Unterzeichner die Erklärung im Namen eines anderen abgegeben hat.[466]

314 Inhalt des Beglaubigungsvermerks kann dagegen die Bescheinigung des Notars sein, dass die **Vollmacht** in Urschrift oder Ausfertigung bei Unterzeichnung der Erklärung **vorgelegt** wurde (vgl Rdn 48). Ebenso kann der Notar bei gesetzlicher Vertretung im Beglaubigungsvermerk bestätigen, dass die Bestallungsurkunde vorgelegt wurde. Bei organschaftlicher Vertretung kann er im Beglaubigungsvermerk die Vertreterbefugnis gemäß § 21 BNotO bescheinigen. Der Beglaubigungsvermerk als öffentliche Urkunde bringt für das Grundbuchverfahren insoweit den erforderlichen Nachweis.

315 **b) Unterschrift des Beteiligten.** Für die Unterschrift gelten weitestgehend dieselben Anforderung wie bei der notariellen **Niederschrift** (vgl Rdn 232 ff), auch wenn der BGH § 13 BeurkG und § 126 BGB je eigenständig auslegt.[467]

Die Unterschrift muss **nicht lesbar** sein, es genügt ein die Identität des Unterschreibenden ausreichend kennzeichnender individueller Schriftzug.[468] Für eine Unterschrift, die beglaubigt worden ist, genügt ein die Identität der Unterschreibenden ausreichend kennzeichnender, individueller Schriftzug mit entsprechenden charakteristischen Merkmalen, der sich als Unterschrift des vollen Namens (Familienname genügt) und nicht nur als Abzeichnung mit einer Abkürzung des Namens darstellt.[469] Eine Unterzeichnung nur mit dem Vornamen genügt nach der Rechtssprechung nicht.[470]

316 Die Unterschrift muss nicht in deutschen oder lateinischen **Schriftzeichen** vollzogen werden. Ein ausländischer Beteiligter kann seine Unterschrift auch unter Verwendung zB griechischer, kyrillischer, hebräischer oder chinesischer Schriftzeichen vollziehen.[471]

Der Einzelkaufmann kann mit seiner **Firma** unterzeichnen. Gleichwohl muss aus dem Beglaubigungsvermerk hervorgehen, wer unterschrieben hat; es ist also der bürgerliche Name anzugeben.[472]

Die Unterschrift kann nicht unter Verwendung eines Stempels mit **Faksimileunterschrift** geleistet werden.[473] Die Vorlage einer beglaubigten Abschrift der notariell beglaubigten Urkunde, in der die Unterschrift des Beteiligten und/oder die Unterschrift des Notars unter dem Beglaubigungsvermerk maschinenschriftlich (»gez. Müller« oder »L. S. gez. Meier, Notar«) wiedergegeben sind, reicht aber aus; das Grundbuchamt kann nicht die Vorlage einer Kopie mit den Originalunterschriften verlangen.[474]

317 Wird die Erklärung von dem Aussteller mittels **Handzeichens** unterzeichnet, so ist die Beglaubigung des Handzeichens erforderlich und genügend (§ 129 Abs 1 S 2 BGB).

---

465 BGH DNotZ 1982, 228 = NJW 1981, 1781 = Rpfleger 1981, 286.
466 BayObLG 1934, 124; ebenso für das Handelsregisterverfahren: BayObLGZ 1974, 283 = DNotZ 1975, 228; OLG Düsseldorf OLGZ 1966, 346; *Winkler* § 40 BeurkG Rn 51; **aA** KEHE-*Herrmann* Rn 94.
467 BGHZ 152, 255 = DNotZ 2003, 269 = DNotI-Report 2003, 29 = NJW 2003, 1120.
468 Zu den Anforderungen an eine gültige Unterschrift vgl *Stöber* Rpfleger 1973, 266; *Kanzleiter,* Anforderungen an die Unterschriften von Beteiligten und Notar unter der notariellen Niederschrift, DNotZ 2002, 520; *Winkler* § 40 BeurkG Rn 23 ff mit Nachweisen der Rspr; *Staudinger-Hertel* § 126 BGB Rn 124 ff.
469 OLG Frankfurt FGPrax 1995, 185 = NJW-RR 1995, 1421.
470 so zur Unterschrift unter einer notariellen Niederschrift: BGHZ 152, 255 = DNotZ 2003, 269 = DNotI-Report 2003, 29 = NJW 2003, 1120; ähnlich OLG Stuttgart DNotZ 2002, 543, 544; dem BGH zustimmend *Renner* NotBZ 2003, 178; *von Schuckmann/Renner* in *Huhn/von Schuckmann* § 13 BeurkG Rn 34; *Winkler* § 13 BeurkG Rn 56; **aA** *Heinemann* DNotZ 2003, 243; *Heinemann* NotBZ 2003, 467; *Kanzleiter* MittBayNot 2002, 197; *Kanzleiter* NotBZ 2003, 10.
471 *Winkler* § 40 BeurkG Rn 23; *von Schuckmann/Preuss* in *Huhn/von Schuckmann* § 40 Rn 8; *Knothe* in *Bauer/von Oefele* Rn 131; *Staudinger-Hertel* § 129 BGB Rn 60.
472 *Winkler* § 40 BeurkG Rn 29.
473 *Winkler* § 40 Rn 56.
474 *Kanzleiter* MittRhNotK 1984, 60 gegen LG Aachen MittRhNotK 1984, 59 = Rpfleger 1983, 310; *Schöner/Stöber* Rn 169; LG Düsseldorf MittRhNotK 1987, 78; offen gelassen von OLG Frankfurt DNotZ 1993, 757 m Anm *Kanzleiter*.

c) Beglaubigungsvermerk. Der **Beglaubigungsvermerk** muss, um formgültig zu sein, drei **Vorausset-** 318
zungen erfüllen:

– inhaltlich die **Echtheit** der Unterschrift **bezeugen** (das ergibt sich aus dem Begriff der öffentlichen Beglaubigung, die die Beurkundung der Tatsache darstellt, dass die Unterschrift von einer bestimmten Person herrührt),
– die Person **bezeichnen**, die die Unterschrift vollzogen oder anerkannt hat (§ 40 Abs 3 S 1),
– **Unterschrift** und **Siegel** des Notars enthalten (§ 39 BeurkG). Auch das Siegel ist also Wirksamkeitsvoraussetzung – anders als bei der Beurkundung durch Niederschrift, die bereits mit der Unterschrift des Notars ohne Siegel wirksam ist.

Fehlt eines dieser Erfordernisse, so ist der Vermerk keine öffentliche Urkunde, die Urkunde bleibt Privaturkunde und erfüllt nicht die Form des § 29.[475]

Ggf ist allerdings eine Heilung möglich: Wurde etwa das Siegel vergessen, kann es nachträglich noch beigedrückt und damit die Urkunde zu einer wirksamen Beglaubigung gemacht werden (solange der Notar noch amtiert).[476]

Die Nichtbeachtung einer **Soll-Vorschrift** bei der Fertigung des Beglaubigungsvermerks beeinträchtigt zwar 319
die Wirksamkeit der Beglaubigung nicht. Doch kann sie ebenfalls dazu führen, dass die Urkunde im Grundbuchverfahren mangels ausreichenden Beweiswerts nicht verwendbar ist, zB dann, wenn die Person, deren Unterschrift beglaubigt wird, nicht hinreichend genau bezeichnet ist (Soll-Vorschrift nach § 40 Abs 4 iVm § 10 Abs 1 BeurkG).[477] Das Grundbuchamt kann bei Zweifeln an der Identität eine entsprechende inhaltliche Ergänzung des Beglaubigungsvermerks verlangen.

4. Beweiswirkung

Bei einer unterschriftsbeglaubigten Urkunde ist nur der **Beglaubigungsvermerk** des Notars (§§ 39, 40 320
BeurkG) eine öffentliche Urkunde iSd **§ 418 ZPO**. Die Beglaubigung begründet vollen Beweis,
– dass die im Vermerk bezeichnete Person die Unterschrift vor dem Notar geleistet oder anerkannt hat, also die Echtheit der Unterschrift,
– über Ort und Tag der Beglaubigung (§ 39 BeurkG)
– und wie sich der Notar von der Identität überzeugt hat, sowie ggf dafür, dass der Notar aus den vorgelegten Dokumenten (insbes Pass oder Personalausweis) die Angaben über den Geburtsnamen und den Familienstand entnommen hat.[478]

Das Grundbuchamt ist daher an die Identitätsfeststellung durch den Notar gebunden, sofern es nicht konkrete Anhaltspunkte dafür hat, dass diese falsch ist. Es kann die Identitätsfeststellung durch den Notar nicht allein deshalb in Zweifel ziehen, weil der Beteiligte dem Notar keinen Lichtbildausweis vorgelegt hat.[479]

Die **Erklärung** über der beglaubigten Unterschrift bleibt **Privaturkunde** (§ 416 ZPO). Steht die Echtheit der 321
Unterschrift infolge der öffentlichen Beglaubigung fest, wird auch die Echtheit der über der Unterschrift stehenden Schrift vermutet (§ 440 Abs 2 ZPO), dh es ist als bewiesen anzusehen, dass die Schrift von der Person, die unterschrieben hat, stammt oder mit ihrem Willen erstellt wurde.[480] Die öffentlich beglaubigte Urkunde begründet nach § 416 ZPO vollen Beweis dafür, dass die in ihr enthaltene Erklärung vom Aussteller (Unterzeichnenden) abgegeben wurde.

5. Blankounterschrift und nachträgliche Textänderungen

a) Blankounterschrift. Verfahrensrechtlich zulässig ist nach **§ 40 Abs 5 BeurkG** die Beglaubigung einer 322
Unterschrift ohne zugehörigen Text (sog Blankounterschrift). Es fehlt hier im Zeitpunkt der Unterschriftsbeglaubigung überhaupt an einer schriftlichen Erklärung des Unterschreibenden. Die Unterschrift kann auch unter einem unvollständigen oder lückenhaften Text geleistet werden.

---

475 KEHE-*Herrmann* Rn 96; *Winkler* § 40 BeurkG Rn 76; *Haegele* Rpfleger 1969, 370.
476 *Weimar* MDR 1966, 475; *Staudinger-Hertel* § 129 BGB Rn 101.
477 KEHE-*Herrmann* Rn 96.
478 Die Rechtsprechung mißt den Feststellungen über den Familienstand etc zT verkürzend unmittelbar Beweiswirkung nach § 418 ZPO zu: KGJ 52, 112; OLG Hamm DNotZ 1965, 46; LG Berlin DNotZ 1963, 240; NJW 1962, 1353 = Rpfleger 1963, 53; BayObLG DNotZ 1985, 220, 222; *Baumbach/Lauterbach/Albers/Hartmann* § 418 ZPO Rn 6; *Winkler* § 40 BeurkG Rn 77 – präziser wäre, je nach vorgelegten Dokumenten einen Erfahrungssatz anzuknüpfen, zB dass eine Namensänderung im Pass zu recht eingetragen wurde.
479 OLG Celle DNotI-Report 2006, 34 = DNotZ 2006, 297 = NJW-RR 2006, 448 = OLGR Celle 2006, 351 = RNotZ 2006, 58.
480 BayObLG DNotZ 1985, 220, 222.

Nach der genannten Vorschrift soll der Notar eine Unterschrift ohne zugehörigen (oder unter einem unvollständigen) Text nur beglaubigen, »wenn dargelegt wird, dass die Beglaubigung vor der Festlegung des Urkundeninhalts benötigt wird«. Hierfür genügt, wenn einleuchtende Gründe vorgebracht werden und für den Notar kein Anlass besteht, den Behauptungen der Beteiligten zu misstrauen. In dem Beglaubigungsvermerk soll der Notar angeben, dass bei der Beglaubigung ein durch die Unterschrift gedeckter Text nicht (oder nicht vollständig) vorhanden war (§ 40 Abs 5 S 2 BeurkG).

323   Es ist anerkannt, dass eine notariell beglaubigte Urkunde der vorbezeichneten Art auch im Grundbuchverfahren grundsätzlich eine ausreichende **Eintragungsunterlage** bildet.[481] Sie kann jedoch zurückgewiesen werden, wenn konkrete Anhaltspunkte vorliegen, dass die Ausfüllung des Blanketts nicht dem Willen des Ausstellers entspricht.[482]

Die Frage hat keine große praktische Bedeutung, weil für Erklärungen gegenüber dem Grundbuchamt kaum Fälle vorstellbar sind, in denen dem Notar ein berechtigtes Interesse dargelegt wird, die Beglaubigung der Unterschrift ohne jeden Text vorzunehmen. Anders ist es bei einem unvollständigen Text, also beispielsweise bei einem Löschungsantrag, wenn der Unterzeichnete erforderliche Angaben zum Inhalt nicht machen kann (etwa die Nummern der betroffenen Grundbuchblätter fehlen) und den Notar ermächtigt, nach Grundbucheinsicht den Text zu ergänzen (notarielle Eigenurkunde, vgl Rdn 356 ff).

Die Beglaubigung einer Blankounterschrift ist für das Grundbuchamt nur aus dem Inhalt des Beglaubigungsvermerks erkennbar. Fehlt die entsprechende Angabe, so besteht kein Anlass, Zweifel an der Urheberschaft der Erklärung zu haben, da der Notar zu dem Vermerk bei einer Blankounterschrift verpflichtet ist.

324   **b) Textänderungen der Erklärung vor Unterschriftsbeglaubigung.** Während der **Beglaubigungsvermerk** selbst jederzeit vom Notar berichtigt werden kann, ist bei Änderungen der **Erklärungstext** zu unterscheiden:[483]

Änderungen und Ergänzungen des Textes durch den Notar mit Zustimmung des anwesenden Beteiligten **vor Beglaubigung** der Unterschrift sind uneingeschränkt zulässig und beeinträchtigen auch nicht den Beweiswert der Urkunde, wenn aus ihr selbst erkennbar wird, dass die Änderung oder Ergänzung von der Unterschrift gedeckt ist.

Wird dem Notar zB das Formular einer Bausparkasse über eine Grundschuldbestellung zwecks Unterschriftsbeglaubigung vorgelegt, so muss dieses regelmäßig ausgefüllt und ergänzt werden. Ausfüllungen im Formular, auch wenn sie handschriftlich vorgenommen worden sind, sowie Ergänzungen unter dem Formulartext sind stets von der Unterschrift gedeckt.

325   **c) Berichtigung offensichtlicher Unrichtigkeiten.** Nach § 44a Abs 2 BeurkG kann der Notar **offensichtliche Unrichtigkeiten** auch nach Abschluss der Niederschrift durch einen von ihm zu unterschreibenden Nachtragsvermerk richtig stellen, ohne dass er dazu einer Bevollmächtigung bedürfte (Rdn 252 ff). Diese Vorschrift gilt auch für die Berichtigung offensichtlicher Unrichtigkeiten in einer beglaubigten Erklärung.[484]

Der Begriff der »offensichtlichen Unrichtigkeit« ist allerdings bei Privaturkunden in einem engen Sinn zu verstehen. Die Berichtigung einer Flurstücksnummer, die mit einer Dienstbarkeit belastet werden soll, oder die Berichtigung des Geldbetrages bei einer Grundschuldbestellung kann von dem Notar nicht vorgenommen werden. Hingegen ist die Berichtigung der Flurstücksnummer im vorgenannten Beispiel zulässig, wenn etwa die Eintragungsstelle gleichzeitig durch das Grundbuchblatt bezeichnet ist, in dem ein einziges Grundstück eingetragen ist, dessen Bezeichnung nur geringfügig abweicht (zB »37/1« statt »37/4«). Als offensichtliche Unrichtigkeit kann etwa auch berichtigt werden, wenn die Wiederholung des Grundschuldbetrages in Wortform von der Zahl abweicht und offensichtlich unrichtig ist (zB »fünfzig« statt richtig »fünfzigtausend«).

326   **d) Nachträgliche Änderungen durch notarielle Eigenurkunde.** Hat der Beteiligte dem Notar ausdrücklich **Vollmacht** erteilt, seine Erklärung nachträglich zu berichtigen, zu ergänzen oder grundbuchrechtlichen Erfordernissen inhaltlich anzupassen, so kann der Notar für den Beteiligten die entsprechenden Erklärungen abgeben, und zwar in Form einer **Eigenurkunde** (vgl Rdn 356 ff), die von ihm zu unterzeichnen und zu sie-

---

481   *Hornig* DNotZ 1971, 69; *Demharter* Rn 44.

482   *Hornig* DNotZ 1971, 69; *Demharter* Rn 40.

483   *Winkler* DNotZ 1985, 224, der in der Anm zu BayObLG DNotZ 1985, 220 zutreffend zwischen den einzelnen Fallgestaltungen unterscheidet und dabei die Fragen der Berechtigung zur Änderung durch den Notar scharf trennt von der der Formgültigkeit und den der Beweiswirkung der geänderten Urkunde.

484   so zur Vorgängernorm des § 30 Abs 3–4 DONot: RGZ 60, 397; OLG Hamburg DNotZ 1951, 422 m Anm *Bäumler;* OLG Celle MittBayNot 1984, 207 = MittRhNotK 1984, 105 = Rpfleger 1984, 230; LG Göttingen MittRhNotK 1987, 82; LG Köln MittRhNotK 1979, 202; *Winkler* DNotZ 1985, 224; *Jansen* § 40 BeurkG Rn 13; ebenso jetzt *von Schuckmann/Preuss* in Huhn/von Schuckmann § 40 BeurkG Rn 29; *Schöner/Stöber* Rn 163; *Winkler* § 40 BeurkG Rn 84.

geln ist. Die Eigenurkunde ist öffentliche Urkunde. Erforderlich ist in diesen Fällen stets der Nachweis der Vollmacht in der Form des § 29. Die Vollmacht muss in der ursprünglichen beglaubigten Erklärung erteilt worden sein. Sie kann aber auch später gesondert dem Notar erteilt werden, wobei die Unterschrift des Vollmachtgebers beglaubigt sein muss.[485]

Die vom Notar als Bevollmächtigtem erklärten Berichtigungen, Ergänzungen und dergleichen müssen nicht in **327** der Form einer selbständigen Eigenurkunde vorgenommen werden, sie können auch durch **Rand- und Zusatzvermerke** bei der ursprünglichen Erklärung vorgenommen werden; diese bedürfen dann aber ebenfalls der Unterschrift des Notars und der Beifügung des Siegels.

e) Nachträgliche Änderungen aufgrund formloser Vollmacht oder durch die Beteiligten selbst. Handelt es sich nicht nur um eine Berichtigung des Textes, so ist der Notar ohne ausdrückliche **Bevollmächti-** **328** **gung** des Beteiligten nicht befugt, Änderungen in der Privaturkunde vorzunehmen. Er kann sich aber auch **formlos**, zB telefonisch, vom Beteiligten das Einverständnis zu einer Textänderung erteilen lassen. Der Beteiligte selbst ist jederzeit auch nach Beglaubigung seiner Unterschrift berechtigt, den über dem Beglaubigungsvermerk stehenden Text zu ändern und zu ergänzen.

Die va früher vertretene Meinung, dass nur durch erneute Unterschrift und deren öffentliche Beglaubigung das Formerfordernis hinsichtlich des geänderten Textes gewahrt sein könne,[486] ist mit der heute hM abzulehnen.[487] Die Form der öffentlichen Beglaubigung bleibt gewahrt, da der Beglaubigungsvermerk nur die Echtheit der Person des Unterzeichnenden bestätigt, nichts aber über den Inhalt der Erklärung aussagt.

f) Beweiswert bei (möglichen) nachträglichen Änderungen. Gleichwohl ist die Urkunde, deren Text **329** erkennbar nachträglich geändert worden ist, im Grundbuchverfahren kein ausreichendes **Beweismittel**, wenn Zweifel bestehen, ob die Änderung von dem Erklärenden selbst oder von dem von ihm beauftragten Notar vorgenommen worden ist.[488] Dabei unterliegt es der freien Beweiswürdigung des Grundbuchamtes, ob die Ergänzung des Textes von der bzw mit dem Willen der Person vorgenommen worden ist, die die Unterschrift geleistet hatte.[489]

Denn nach § 416 ZPO begründet eine Privaturkunde, die vom Aussteller unterschrieben ist, vollen Beweis dafür, dass die in ihr enthaltenen Erklärungen vom Aussteller abgegeben sind. Dies setzt voraus, dass sowohl die Unterschrift als auch der Urkundentext echt sind. Die Echtheit der Unterschrift wird durch die öffentliche Beglaubigung nachgewiesen (§ 418 Abs 1 ZPO), über die Echtheit des über der Unterschrift stehenden Textes sagt die Beglaubigung unmittelbar nichts aus. Die Echtheit wird vermutet, wenn die Unterschrift echt ist (§ 440 Abs 3 ZPO). Diese Vermutung ist jedoch beeinträchtigt bei Textänderungen oder -ergänzungen, wenn deren **nachträgliche unberechtigte** Vornahme offensichtlich ist oder hierfür sichere Anhaltspunkte vorliegen. Das Grundbuchamt kann daher ggf die Urkunde beanstanden und die Vorlage der berichtigten Erklärung nach erneuter Unterzeichnung und Beglaubigung verlangen.[490]

Außerhalb der Fälle, in denen der Notar aufgrund ausdrücklicher (in Form des § 29 nachgewiesener) Vollmacht **330** die Änderung oder die Ergänzung vorgenommen hat, ist es für das Grundbuchamt anhand der in Urschrift oder beglaubigten Abschrift hereingegebenen Urkunde **nicht erkennbar**, ob eine Textänderung oder -ergänzung **vor** der Unterzeichnung durch den Beteiligten oder **nachträglich** vom Notar (mit oder ohne Zustimmung des Beteiligten) vorgenommen worden ist. Hier ist zu unterscheiden:
– Bei der **Ausfüllung von Lücken** in Formularen oder Entwürfen des Notars oder bei Ergänzungen, die sich etwa an den Formulartext anschießen, kann das Grundbuchamt davon ausgehen, dass diese vor der Unterschriftsbeglaubigung vorgenommen worden sind (da der Notar sonst einen Vermerk nach § 40 Abs 5 S 2 BeurkG hätte aufnehmen müssen). Das gilt auch dann, wenn diese handschriftlich eingefügt sind, während der übrige Text gedruckt oder maschinenschriftlich abgefasst ist.[491]

---

485 OLG Celle Rpfleger 1984, 230; LG Aachen MittRhNotK 1982, 151; *Kanzleiter* DNotZ 1990, 478; *Demharter* Rn 44; KEHE-*Herrmann* Rn 99.

486 KG OLGE 3, 306; 7, 336; KGJ 22 A 125; KGJ 29 A 116 und KGJ 35 A 227; OLG Celle MittBayNot 1984, 207 m abl Anm *Winkler* = MittRhNotK 1984, 105; *Jansen* § 40 BeurkG Rn 13; Jansen § 40 BeurkG Rn 13; offen gelassen von BayObLG DNotZ 1985, 220 m Anm *Winkler* = MittBayNot 1985, 45 = MittRhNotK 1985, 237 = Rpfleger 1985, 105.

487 Wie hier OLG Frankfurt DNotI-Report 2006, 114 = DNotZ 2006, 767 = RNotZ 2006, 357; LG Aachen MittRhNotK 1982, 151, m zust Anm *Fassbender*; LG Düsseldorf MittBayNot 1984, 207 m zust Anm *Winkler* = MittRhNotK 1984, 107; *Winkler* DNotZ 1985, 224; *Knothe* in Bauer/von Oefele Rn 130; KEHE-*Herrmann* Rn 98; *Palandt-Heinrichs/Ellenberger* § 129 Rn 2; *Schöner/Stöber* Rn 163; *Soergel-Hefermehl*, BGB, 13. Aufl, § 129 Rn 3; *Staudinger-Hertel* § 129 BGB Rn 128–130; jetzt auch *Demharter* Rn 44.

488 *Winkler* DNotZ 1985, 224, 227.

489 OLG Frankfurt DNotI-Report 2006, 114 = DNotZ 2006, 767 = RNotZ 2006, 357.

490 BayObLG DNotZ 1985, 220, 222 m zust Anm *Winkler* = MittBayNot 1985, 45 = MittRhNotK 1985, 237 = Rpfleger 1985, 105.

491 Kein Prüfungsrecht: AG Bremen DNotZ 1961, 555.

– Hat das Grundbuchamt dagegen die beanstandete Urschrift der Urkunde dem Notar zurückgereicht und wird sie anschließend erneut vom Notar nach ihrer Berichtigung vorgelegt, so kann das Grundbuchamt die berichtigte Urkunde zurückweisen und eine Berichtigung des Beteiligten in der Form des § 29 verlangen, wenn es Zweifel hat, dass dieselbe Person, die die ursprüngliche Grundbucherklärung unterzeichnet hat, auch die nachträgliche Einfügung vorgenommen oder gebilligt hat.[492]

– In den verbleibenden Fällen, wenn sich zB aus dem äußeren Schriftbild der Urkunde konkrete Anhaltspunkte für **nachträgliche** Änderungen ergeben, kann das Grundbuchamt in entsprechender Anwendung des § 419 ZPO die Beweiskraft der Urkunde in Zweifel ziehen und die Vorlage einer äußerlich einwandfreien Urkunde verlangen.[493] Der Nachweis, dass eine Änderung im Urkundentext bei Entgegennahme der Unterschrift (und nicht nachträglich) vorgenommen worden ist, kann auch durch eine Bestätigung des Notars in Form der **Eigenurkunde** erbracht werden, in der der Notar urkundlich bezeugt, dass die Änderung vom Willen und damit von der Unterschrift des Beteiligten gedeckt ist.[494]

VIII. Öffentliche Urkunden über eigene Erklärungen einer Behörde, Abs 3 (§ 417 ZPO)

1. Allgemein

331 Bei öffentlichen Urkunden von Behörden ist zu unterscheiden zwischen bewirkenden und bezeugenden Urkunden:

– Während grundsätzlich jede Behörde **bewirkende Urkunden** über von ihr selbst abgegebene Erklärungen (zB Verwaltungsakte) öffentliche Urkunden erstellen kann (**behördliche Eigenurkunden**),

– ist den Verwaltungsbehörden nur in Ausnahmefällen eine Befugnis zur Errichtung **bezeugender Urkunden** über fremde Willenserklärungen erteilt (vgl Rdn 283 ff). Etwas häufiger, aber immer auf bestimmte Sachverhalte beschränkt, sind bezeugende Behördenurkunden zur Feststellung von Tatsachen (**behördliche Zeugnisurkunden** – vgl Rdn 368 ff).

332 Der nachfolgende Abschnitt behandelt nur **bewirkende Urkunden** von Behörden. Diese stellen den Hauptfall öffentlicher Urkunden von Behörden dar. Nach **§ 417 ZPO** sind bewirkende Urkunden, dh »die von einer Behörde ausgestellten, eine amtliche Anordnung, Verfügung oder Entscheidung enthaltenden« Urkunden öffentliche Urkunden.

– Zunächst ist zu prüfen, ob die ausstellende Stelle **Behörde** iSd § 417 ZPO, § 29 Abs 3 GBO ist (Rdn 333 ff).

– Die Urkunde muss von der öffentlichen Behörde innerhalb der Grenzen ihrer **Amtsbefugnisse** aufgenommen worden sein. Es muss also die sachliche Zuständigkeit der Behörde gegeben sein. Eine fehlende örtliche Zuständigkeit ist für die Eigenschaft als »öffentliche Urkunde« nicht entscheidend.

– Die Prüfung der behördeninternen Zuständigkeit sowie die Prüfung, ob die Behörde das für sie jeweils maßgebliche Verfahren und Form für die Erstellung einer öffentlichen Urkunde eingehalten hat, erübrigt sich, wenn die Urkunde nach § 29 Abs 3 GBO mit Unterschrift und Stempel oder Siegel der Behörde versehen ist (Rdn 339 ff).

2. Behörde und Amtsbefugnis

333 **a) Begriff der Behörde.** Der Begriff der Behörde im weiteren Sinn wird in allen gesetzlichen Vorschriften einheitlich im Sinne des Staats- und Verwaltungsrechts aufgefasst. Nach ständiger Rechtsprechung ist eine öffentliche Behörde »ein in den allgemeinen Organismus der Behörden eingefügtes Organ der Staatsgewalt, das dazu berufen ist, unter öffentlicher Autorität für die Erreichung der Zwecke des Staates oder der von ihm geförderten Zwecke tätig zu sein, gleichviel ob das Organ unmittelbar von dem Staate oder einer dem Staate untergeordneten Körperschaft zunächst für deren eigene Zwecke bestellt ist, sofern diese Angelegenheiten grundsätzlich zugleich in den Bereich der bezeichneten Zwecke fallen«.[495]

– Die Organe der **öffentlich-rechtlichen Körperschaften**, die Träger öffentlich-rechtlicher Staatsaufgaben sind, sind idR Behörden.[496] Dies gilt jedoch nicht ausnahmslos.

– Indiz für die Behördeneigenschaft ist, dass sie **öffentlich-rechtliche Aufgaben** zu erfüllen hat und hoheitliche Befugnisse ausübt.

– Weiteres Indiz ist die **Einbindung in den staatlichen Behördenaufbau** und die Einfügung in den allgemeinen Organismus der Behörden.

492 BayObLG DNotZ 1985, 220 m Anm *Winkler* = MittBayNot 1985, 45 = MittRhNotK 1985, 237 = Rpfleger 1985, 105.

493 *Hornig* DNotZ 1971, 69; KEHE-*Herrmann* Rn 100.

494 LG Düsseldorf MittRhNotK 1984, 170 = MittRhNotK 1984, 207 m zust Anm *Winkler*; LG Aachen MittRhNotK 1982, 151 m zust Anm *Fassbender; Winkler* DNotZ 1985, 224.

495 BGHZ 3, 110, 116 = NJW 1951, 799; BGHZ 25, 186, 187 = JR 1958, 24 = NJW 1957, 1673 = Rpfleger 1958, 209 = WM 1957, 1279; BayObLGZ 1954, 325; BayObLG Rpfleger 1978, 141; *Demharter* Rn 30.

496 BayObLG BayVBl 1980, 667 = MittBayNot 1980, 113.

Nicht wesentlich ist für eine Behörde, dass die ihr übertragenen Befugnisse Ausübung hoheitlicher (obrigkeitlicher) Gewalt sind. Dies zeigt sich darin, dass zB die Organe von öffentlichen Sparkassen und Pfandbriefanstalten aufgrund ihrer Organisationsform weiterhin als Behörden anerkannt sind, obwohl ihre Tätigkeit heute im Wesentlichen durch Vorschriften des Privatrechts geregelt wird. Die Behördeneigenschaft darf nicht allein deswegen verneint werden, weil die Stelle in den Formen des Privatrechts tätig wird.

Auf der anderen Seite wird aber eine juristische Person des Privatrechts nicht dadurch zu einer öffentlich-rechtlichen Körperschaft und ihre Organe zu Behörden, dass ihr staatliche Aufgaben zur selbständigen Erledigung übertragen wurden.[497]

Behördeneigenschaft iSd § 417 ZPO haben zB:[498]   334
– alle Gerichte;[499]
– der Bund und alle Bundesbehörden;
– die Länder und alle Landesbehörden;
– die Gemeinden und Gemeindeverbände;[500]
– die Selbstverwaltungskörper der politischen Gemeinden, Kreis- und Landkreise, die Bezirksverbände und Ämter und deren Zweckverbände, Enteignungsbehörden;[501]
– die öffentlich-rechtlich organisierten Finanzinstitute, so die Europäische Zentralbank, die Bundesbank[502] und die Landesbanken/Landeszentralbanken,[503] die Deutsche Landesrentenbank, die Landesbausparkassen, die Sparkassen[504] und Sparkassenvorstände;[505]
– die Vorstände der Industrie- und Handelskammer[506] und der Handwerkskammern, hingegen nicht die Kreishandwerkerschaft;[507]
– die Träger der Sozialversicherungen, deren Behördeneigenschaft früher bestritten war,[508] die jetzt aber nach § 29 Abs 1 SGB IV (ebenso zuvor bereits § 31 Abs 3 Sozialgesetzbuch, BGBl 1976 I 3845) in der gesetzlichen Kranken-, Unfall- und Rentenversicherung (einschließlich der Altershilfe für Landwirte) die Eigenschaft einer Behörde erhalten haben,[509] die Vorstände der Knappschaften;[510]
– die Bundesagentur für Arbeit (früher Bundesanstalt für Arbeit).

Behörden iSd § 417 ZPO, § 29 Abs 3 GBO sind auch die **als Körperschaften des öffentlichen Rechts aner-**   335
kannten Religionsgemeinschaften (Art 140 GG iVm Art 137 Abs 3 WRV), einschließlich ihrer nach dem jeweiligen Kirchenrecht (dh für die katholische Kirche dem Codex Iuris Canonici, für die evangelischen Kirchen der Verfassung der jeweiligen Landeskirche) bestehenden **Untergliederungen**,[511] also etwa:
– die Bischöfe,[512] die Domkapitel und Konsistorien;
– die Kirchengemeinden, der Kirchenvorstand oder Gemeindekirchenrat,[513] das Pfarramt;[514]
– die Kirchen- und Pfarrpründestiftungen, ebenso die (kirchliche) Aufsichtsbehörde einer kirchlichen Stiftung; (die auch die Vertretung der Pfarrpründestiftung urkundlich bestätigen kann)[515]
– nach kirchlichem Recht rechtsfähige Ordensgemeinschaften wie zB der Präfekt einer katholischen Bruderschaft;[516]
– der Vorstand einer Synagogengemeinde.

497 BGHZ 3, 110, 116 = NJW 1951, 799.
498 Vgl auch *Knothe* in *Bauer/von Oefele* Rn 102 ff; *Hügel-Otto* Rn 169 ff.
499 KG JZ 1982, 73 = MDR 1982, 330.
500 BayObLG Rpfleger 1978, 141.
501 BGHZ 88, 170 = MDR 1983, 913 = NJW 1984, 1551 = Rpfleger 1983, 433.
502 KG JFG 4, 255 (Reichsbank).
503 vgl BGHSt 31, 264 = DB 1983, 1088 = MDR 1983, 593 = NJW 1983, 2509 = WM 1983, 466.
504 LG München Sparkasse 1963, 62, 63.
505 BGH NJW 1963, 1630; BayObLGZ 1975, 227, 232; OLG Zweibrücken FGPrax 2001, 10 = OLGR Zweibrücken 2001, 169 = Rpfleger 2001, 71 = ZfIR 2001, 587 = ZNotP 2001, 32; LG Marburg NJW-RR 2001, 1100 = Rpfleger 2001, 175.
506 OLG Karlsruhe Rpfleger 1963, 204.
507 LG Aachen Rpfleger 1991, 51; *Demharter* Rn 45.
508 vgl BGHZ 25, 186, 187 = JR 1958, 24 = NJW 1957, 1673 = Rpfleger 1958, 209 = WM 1957, 1279 (AOK keine Behörde); ebenso bereits OLG Hamburg NJW 1955, 911; aA *Kosack* JR 1958, 8.
509 *Schöner/Stöber* Rn 200 (Fn 6); *Demharter* Rn 30.
510 OLG Hamm JMBl NRW 1954, 104.
511 BayObLGZ 1954, 322, 326; *Knothe* in *Bauer/von Oefele* Rn 102; *Hügel-Otto* Rn 172.
512 BayObLG Rpfleger 1974, 65.
513 KGJ 33 A 190, 191; OLG Hamm Rpfleger 1974, 310, 311; OLG Hamm MittRhNotK 1993, 192 = NJW-RR 1993, 1106 = Rpfleger 1994, 19.
514 BayObLGZ 24, 227; BayObLGZ 30, 305, 306; BayObLGZ 31, 306, 307; BayObLGZ 1954, 322, 326.
515 BayObLGZ 2001, 132 = DNotI-Report 2001, 135 = FGPrax 2001, 174 = NJW-RR 2001, 1237.
516 BayObLGZ 1954, 322, 327.

336 **Keine Behördeneigenschaft** haben hingegen etwa:
- das Rote Kreuz;[517]
- eine Heimstättengesellschaft, auch bei Anerkennung als Organ der staatlichen Wohnungspolitik[518] (das Reichsheimstättengesetz ist aufgehoben);
- Post-, Spar- und Darlehenskassenvereine;
- die Kreishandwerkerschaft;[519]
- die Deutsche Bahn AG (das Bundeseisenbahnvermögen hat dagegen weiterhin Behördeneigenschaft, vgl Eisenbahnneuzuordnungsgesetz v 27.12.1993, BGBl I, 2378);
- die Deutsche Post AG, Deutsche Postbank AG, Deutsche Telekom AG (die Bundesanstalt für Post und Telekommunikation hat dagegen weiterhin Behördeneigenschaft).[520]

337 **b) Amtsbefugnis.** Öffentliche Behörden haben die Befugnis, über rechtsgeschäftliche oder sonstige Erklärungen in **eigenen Angelegenheiten** bewirkende öffentliche Urkunden auszustellen.[521] Auch privatrechtliche Urkunden einer öffentlichen Behörde über in ihren Amtsbereich fallende Privatrechtsgeschäfte sind öffentliche Urkunden.[522]

338 Es muss sich aber stets um eine eigene Angelegenheit der Behörde handeln; sie kann also **nicht** etwa Erklärungen **als Bevollmächtigte** in fremdem Namen abgeben.[523]

In eigenen Angelegenheiten kann die Behörde hingegen einem Dritten **Vollmacht** zur Abgabe von Grundbucherklärungen erteilen.[524]

3. Nachweisform für eigene Erklärungen oder Ersuchen einer Behörde (§ 29 Abs 3)

339 **a) Funktion des § 29 Abs 3.** Gäbe es **§ 29 Abs 3 GBO nicht,** müsste das Grundbuchamt – wie bei einer notariellen Urkunde – auch bei Behördenurkunden alle Voraussetzungen für das Vorliegen einer öffentlichen Urkunde prüfen.

Zwar haben nach § 437 Abs 1 ZPO haben Urkunden, die nach Form und Inhalt als von einer öffentlichen Behörde »errichtet sich darstellen«, die Vermutung der Echtheit für sich. Die Vermutung bezieht sich auf die Herkunft der Urkunde, bei einer öffentlichen Behörde also darauf, dass die Behörde Aussteller ist. Die Echtheitsvermutung erstreckt sich aber weder auf den Inhalt der Urkunden noch darauf, dass es sich um eine öffentliche Urkunde iS des § 415 ZPO handelt. Nur die von einer öffentlichen Behörde innerhalb der Grenzen ihrer Amtsbefugnisse in der vorgeschriebenen Form aufgenommenen Urkunden sind öffentliche Urkunden. Nur sie begründen nach § 417 ZPO vollen Beweis, dass die Behörde die eigene, von ihr beurkundete Erklärung abgegeben hat, und sind als Eintragungsunterlagen im Grundbuchverfahren geeignet.[525]

340 Im einzelnen müsste das Grundbuchamt ohne § 29 Abs 3 prüfen,
- ob die ausstellende Stelle **Behörde** ist,
- ob sie innerhalb der Grenzen ihrer **Amtsbefugnisse** gehandelt hat (= sachlich zuständig war),
- ob die **behördeninterne Zuständigkeit** eingehalten ist (dh ob der Erklärende vertretungsbefugt war),
- ob die Behörde das für sie jeweils maßgebliche **Verfahren** eingehalten hat
- und ob die Behörde die Urkunde in der vorgeschriebenen **Form** aufgenommen hat.

Nach § 29 Abs 3 entfällt die Prüfung der drei letzten Punkte (behördeninterne Zuständigkeit, Verfahren und Form), sofern
- es sich um **eigene Erklärungen** der Behörde handelt (= bewirkende Urkunden),
- wenn die Urkunde mit **Unterschrift und Siegel**/Stempel der Behörde versehen ist.

---

517 BayObLGZ 1969, 88 = Rpfleger 1969, 243.
518 KG JFG 14, 220.
519 LG Aachen Rpfleger 1991, 51.
520 Allerdings sind Zustellungsurkunden der Post weiterhin öffentliche Urkunden (§ 182 Abs 1 S 2 ZPO) – vgl Rdn 374.
521 BayObLGZ 1954, 329; 1975, 232 = Rpfleger 1975, 315; BayObLG MittBayNot 1980, 113; *Demharter* Rn 30.
522 BGHZ 6, 307; 45, 366; BayObLGZ 1954, 322, 329; BayObLGZ 1975, 232 = Rpfleger 1975, 315; BayObLG BayVBl 1980, 667 = MittBayNot 1980, 113; OLG Naumburg FGPrax 2004, 202 = NotBZ 2004, 319 = OLGR Naumburg 2004, 227; *Demharter* Rn 34.
523 LG Kiel DNotZ 1987, 48; *Schöner/Stöber* Rn 161 Fn 23; *Knothe* in *Bauer/von Oefele* Rn 102; **aA** OLG Celle NdsRpfl 1984, 71 = Rpfleger 1984, 61 m abl Anm *Meyer-Stolte;* – für Zulässigkeit, wenn die Vollmacht »Bestandteil einer öffentlichen Zwecken dienenden Angelegenheit ist«: *Demharter* Rn 34; *Hügel-Otto* Rn 172; ähnlich KEHE-*Herrmann* Rn 55.
524 LG Dresden Rpfleger 1995, 67; *Schöner/Stöber* Rn 161 (Fn 19).
525 **AA** wohl *Reithmann* Allgemeines Urkundenrecht, 8.

Durch diese **nur für das Grundbuchverfahren geltende Nachweiserleichterung** wird dem Grundbuchamt die Prüfung der internen Behördenorganisation und der für die einzelnen Behörden stark unterschiedlichen Verfahrensrechte erspart. Die Beifügung des Stempels oder Siegels der Behörde begründet für das Grundbuchamt die Vermutung der Ordnungsmäßigkeit der Erklärung und entbindet es von der Pflicht zur Nachprüfung der im Einzelfall für die Wirksamkeit der Erklärung maßgebenden Vorschriften.[526] Diese Prüfung wäre bei Behördenurkunden wesentlich schwieriger als bei notariellen Urkunden, da die Behörden nur jeweils beschränkte Zuständigkeiten haben (während der Notar eine umfassende Beurkundungszuständigkeit hat) und da für die verschiedenen Behörden unterschiedliche Verfahrensregelungen gelten (und erst recht bei Inkrafttreten des § 29 Abs 3 im Jahr 1935 – bzw von dessen landesrechtlichen Vorgängervorschriften galten –, also weit vor dem Inkrafttreten der Verwaltungsverfahrensgesetze).

b) Zuständigkeit. § 29 Abs 3 entbindet das Grundbuchamt nicht von der Prüfung, ob die ausstellende Organisation eine öffentliche **Behörde** ist (Rdn 333 ff) und ob sie innerhalb der Grenzen ihrer Amtsbefugnisse gehandelt hat. **341**

Das Grundbuchamt ist berechtigt und verpflichtet, die **gesetzliche Befugnis der Behörde** zur Abgabe der Erklärung bzw zur Stellung des Ersuchens zu prüfen, dh ob die Behörde in abstracto befugt ist, die Erklärung abzugeben bzw um die gewünschte Eintragung zu ersuchen. Es hat darüber hinaus nicht zu prüfen, ob in concreto die Behörde tatsächlich gesetzlich befugt ist, diese Erklärung abzugeben bzw diese Eintragung zu ersuchen. Für das Ersuchen nach § 38 gilt, dass die Behörde nach gesetzlicher Vorschrift befugt sein muss, das Grundbuchamt um die Eintragung zu ersuchen (vgl hierzu § 38).

§ 29 Abs 3 entbindet lediglich von der Prüfung der **behördeninternen Zuständigkeit und Vertretungsbe- fugnis.** Die Beidrückung des Siegels oder Stempels der Behörde begründet für das Grundbuchamt schlechthin die Vermutung der Ordnungsmäßigkeit der Erklärung, dh auch der Vertretungsbefugnis des Unterzeichners, sofern die Behörde im Rahmen ihrer Zuständigkeit gehandelt hat.[527] Es darf die Vertretungsbefugnis des Unter- zeichners nur in Zweifel ziehen, wenn tatsächliche Anhaltspunkte für die mangelnde Vertretungsbefugnis des Unterzeichners bestehen.[528] **342**

c) Anwendungsbereich: Eigene Erklärung der Behörde. § 29 Abs 3 ist nur auf **eigene Erklärungen** der Behörde anwendbar, also auf bewirkende Urkunden iS des § 417 ZPO. **343**

Hingegen gilt § 29 Abs 3 **nicht** gilt für **bezeugenden** Urkunden iS der §§ 415, 418 ZPO, also nicht für Urkunden, die einen Bericht über außerhalb der Urkunde liegende Vorgänge oder Tatsachen enthalten.
– Die eigene Erklärung der Behörde ist mithin scharf zu unterscheiden von Erklärungen, die vor der Behörde abgegeben sind; § 29 Abs 3 meint nur die ersteren, nicht die Erklärungen des Bürgers gegenüber der Behörde.[529]
– Auch eine Zeugnisurkunde iS des § 418 ZPO, in der zB eine Behörde bestätigt, dass eine aufsichtliche Genehmigung einer anderen Behörde vorliege, fällt nicht unter § 29 Abs 3.[530]

d) Unterschrift und Siegel. Das Grundbuchamt hat nicht zu prüfen, ob die Behörde die für sie geltende jeweilige Verfahrens- und Formvorschriften eingehalten hat. Statt dessen hat das Grundbuchamt nur zu prüfen, ob die Urkunde unterschrieben und mit Siegel oder Stempel der Behörde versehen ist.[531] **344**

Erforderlich ist zunächst eine **Unterschrift.** Die Unterzeichnung durch einen Kanzleibeamten in der Form: »beglaubigt durch . . .« reicht nicht aus, weil sie nicht erkennen lässt, dass ein vertretungsberechtigter Beamter

---

526 BayObLG Rpfleger 1978, 141; 1986, 370; Rpfleger 1986, 370; BayObLG DNotZ 1997, 337, 340; KJ 21 A 101, 102; KGJ 33 A 190, 191 f; JFG 4, 255, 261; JFG 12, 328, 330; KG Rpfleger 1974, 399; OLG Frankfurt FGPrax 2003, 197; OLG Zweibrücken FGPrax 2001, 10 = Rpfleger 2001, 71 = ZfIR 2001, 587 = ZNotP 2001, 32; *Demharter* Rn 45; *Knothe* in *Bauer/von Oefele* Rn 139; *Hügel-Otto* Rn 178; KEHE-*Herrmann* Rn 67.

527 BayObLGZ 1954, 329; MittBayNot 1978, 10 = Rpfleger 1978, 141; DNotZ 1987, 39 (»Bei gesetzlicher Zuständigkeit einer Behörde bedarf es keines zusätzlichen Nachweises ihrer Vertretungsmacht«); KG Rpfleger 1974, 399; KEHE-*Herrmann* Rn 69 aE. Zur Form des Eintragungsersuchens einer nicht siegelführenden Teilnehmergemeinschaft in der Flurbereinigung vgl BayObLG Rpfleger 1986, 370.

528 OLG Düsseldorf DNotI-Report 2004, 36 = FGPrax 2004, 56 = KommJur 2004, 298 = MittBayNot 2004, 261 = NVwZ-RR 2004, 523 = OLGR Düsseldorf 2004, 149 = RNotZ 2004, 92 = Rpfleger 2004, 283; OLG Zweibrücken FGPrax 2001, 10 = OLGR Zweibrücken 2001, 169 = Rpfleger 2001, 71 = ZfIR 2001, 587 = ZNotP 2001, 32.

529 OLG Naumburg FGPrax 2004, 202 = NotBZ 2004, 319 = OLGR Naumburg 2004, 227.

530 KGJ 5, 119.

531 Missverständlich BayObLGZ 1986, 86, 88 = Rpfleger 1986, 370, wenn es dort heißt § 29 Abs 3 diene auch dazu, dem Grundbuchamt die Prüfung zu ersparen, ob der Erklärung die Eigenschaft einer öffentlichen Urkunde beikommt. Richtig ist der Satz, die Beifügung des Siegels oder Stempels der Behörde begründe für das Grundbuchamt »die Ver- mutung der Ordnungsmäßigkeit der Erklärung«.

die Urkunde unterzeichnet hat.[532] Ob das Verfahrensrecht der Behörde die Beifügung der Amtsbezeichnung oder ähnliches vorschreibt, ist für das Grundbuchverfahren nach § 29 Abs 3 irrelevant.

345 Es genügt **eine** Unterschrift. Die Vorgängervorschrift des Art 9 PrAGGBO verlangte demgegenüber eine »ordnungsgemäße« Unterzeichnung. Die maßgebliche Bedeutung des § 29 Abs 3 liegt darin, dass auf den Nachweis **ordnungsgemäßer** Unterzeichnung verzichtet wird, also das Grundbuchamt nicht zu prüfen hat, ob die Urkunde nach den für die Behörde geltenden Verfahrensvorschriften von mehr als einer Person zu unterzeichnen ist.[533] Da § 29 Abs 3 eine allein für das Grundbuchverfahren geltende Nachweiserleichterung ist, bleibt eine ggf für die Behörde bestehende Verpflichtung zur Unterzeichnung durch mehrere Personen unberührt.

346 Notwendig ist weiter das **Siegel** oder der **Stempel** der Behörde. Neben dem Prägesiegel ist auch ein Farbdruckstempel zugelassen. Gemeint ist jeweils eine Darstellung mit Text und Wappen der Behörde.[534]

Das Siegel oder der Stempel müssen sich durch den Augenschein ohne Weiteres als für den Gebrauch der betreffenden Behörde bestimmt kennzeichnen; die Um- oder Aufschrift muss auf die Behörde, die sich des Stempels oder des Siegels im Verkehr bedient, mit ausreichender Deutlichkeit hinweisen.[535] Ein bloßer Anschriftsstempel ist kein Stempel isd § 29 Abs 3 GBO.

347 Führt eine Behörde ausnahmsweise kein Siegel (weil sie **nicht siegelführungsberechtigt** ist), so ließ die Rechtsprechung zur Erfüllung des Formerfordernisses nach § 29 Abs 3 ausnahmsweise genügen, wenn die Unterschrift des Behördenvertreters von der **vorgesetzten Behörde** mit deren Siegel beglaubigt wurde und die vorgesetzte Behörde außerdem bestätigte, dass die Person, die die Grundbucherklärung unterzeichnet hat, hierzu befugt bzw vertretungsberechtigt war.[536]

348 Ähnlich ließ beim **Lastenausgleich** § 8 der »5. Durchführungsverordnung über Ausgleichsabgaben nach dem Lastenausgleichsgesetz« (5. Abgaben DV -LA) v 21.08.1953 (BGBl 1953 I 1030) bei einer nicht zur Führung eines hoheitlichen Siegels oder Stempels berechtigten »beauftragten Stelle« genügen, »wenn die beauftragte Stelle sich in der Urkunde als solche bezeichnet.«

349 **e) Keine Rechtmäßigkeitsprüfung.** Gibt die Behörde innerhalb der ihr gesetzlich zugewiesenen Befugnisse eine Erklärung ab, so bedarf es im Grundbuchverfahren keiner weiteren Nachprüfung, ob die konkrete Entscheidung richtig und rechtmäßig ist, die Behörde also im Einzelfall hierzu befugt war.[537] Das ergibt sich aber nicht aus § 29 Abs 3, sondern bereits aus der Definition der öffentlichen Urkunde in § 415 ZPO. Diese Vorschrift verlangt nur, dass die öffentliche Behörde »innerhalb der Grenzen ihrer Amtsbefugnisse« gehandelt hat und verzichtet damit auf das Erfordernis der Rechtmäßigkeit der Abgabe der Erklärung im konkreten Einzelfall. Eine Rechtmäßigkeitskontrolle der Behördenentscheidung steht dem Grundbuchamt nicht zu.[538]

350 Dieser Grundsatz gilt nicht uneingeschränkt. Eine nähere Prüfung durch das Grundbuchamt ist aber nur angezeigt, wenn im Einzelfall bestimmte Anhaltspunkte gleichwohl Zweifel an einer einwandfreien Errichtung begründen.[539] So darf die Vertretungsbefugnis des Unterzeichners in Zweifel gezogen werden, wenn insoweit **konkrete Anhaltspunkte** tatsächlicher Art bestehen.[540]

Ist dem Grundbuchamt im Einzelfall die fehlende Befugnis zur Abgabe der Erklärung mit Sicherheit bekannt, so hat es die Urkunde zurückzuweisen, da es nicht bewusst bei einer unrichtigen Eintragung mitwirken darf (Legalitätsprinzip). Erforderlich ist in diesen Fällen, dass der Sachverhalt **sicher bekannt** ist und die fehlende Berechtigung der Behörde feststeht.

351 **f) Verhältnis zu anderen Formvorschriften.** Der Nachweis in der Form des § 29 Abs 3 genügt. Ist die Erklärung der Behörde mit einer Unterschrift und mit dem Siegel oder Stempel der Behörde versehen, so ist nicht etwa zusätzlich noch eine Unterschriftsbeglaubigung erforderlich.[541]

---

532 *Demharter* Rn 46; KEHE-*Herrmann* Rn 68.
533 BayObLG Rpfleger 1978, 141; OLG Zweibrücken FGPrax 2001, 10 = OLGR Zweibrücken 2001, 169 = Rpfleger 2001, 71 = ZfIR 2001, 587 = ZNotP 2001, 32.
534 *Knothe* in *Bauer/von Oefele* Rn 144.
535 KGJ 28 A 246, 251; OLGE 5, 6 f; OLGE 9, 365, 367.
536 BayObLGZ 1986, 86, 88 f = Rpfleger 1986, 370.
537 Im Ergebnis unbestritten, vgl BGHZ 19, 358; BayObLGZ 12, 551; 55, 318; 70, 184; OLG Köln DNotZ 1958, 487; KEHE-*Herrmann* Rn 56; *Demharter* Rn 45.
538 OLG Jena NotBZ 2000, 272.
539 KGJ 21 A 101, 102; KGJ 33 A 190, 191 f;
540 OLG Düsseldorf DNotI-Report 2004, 36 = FGPrax 2004, 56 = KommJur 2004, 298 = MittBayNot 2004, 261 = NVwZ-RR 2004, 523 = OLGR Düsseldorf 2004, 149 = RNotZ 2004, 92 = Rpfleger 2004, 283; OLG Zweibrücken FGPrax 2001, 10 = OLGR Zweibrücken 2001, 169 = Rpfleger 2001, 71 = ZfIR 2001, 587 = ZNotP 2001, 32.
541 BayObLGZ 1975, 227, 230 f; KG JFG 23, 306, 309 f.

Die Nachweiserleichterung des § 29 Abs 3 kann **nicht mit anderen Formvorschriften kumuliert** ange- 352
wandt werden: Wird die Erklärung des Behördenvertreters beurkundet (oder beglaubigt), so ist die Vertretungsbefugnis des Behördenvertreters nach allgemeinen Grundsätzen nachzuweisen.

Zwar wird nach § 67 BeurkG »die bundes- oder landesrechtlich vorgeschriebene Beidrückung des Dienstsiegels
bei Erklärungen juristischer Personen des öffentlichen Rechts ... durch die öffentliche Beurkundung ersetzt«;
dh auch soweit das Verwaltungsrecht die Beidrückung des Dienstsiegels der Behörde verlangen würde, ist dies
bei notarieller Beurkundung der Erklärung entbehrlich. Gleichwohl kann man eine notarielle Niederschrift
deshalb nicht als Fall des § 29 Abs 3 GBO ansehen (und so tun, als ob sie das Dienstsiegel enthielte).[542] Es ist
auch nicht ausreichend, wenn in der notariellen Urkunde der Unterschrift des Behördenvertreters das Dienstsiegel der Behörde beigedrückt ist; denn die Niederschrift ist keine Urkunde iSd § 29 Abs 3 GBO.[543]

Mehrere Gerichtsentscheidungen scheinen jedoch darüber hinausgehend § 29 Abs 3 als **abschließende Vor-** 353
schrift anzusehen, die einen Nachweis eigener Erklärungen der Gemeinde (insbes bei Genehmigungen) durch
eine andere öffentliche Urkunde ausschlösse.
– So soll die Beidrückung von Siegel oder Stempel nach § 29 Abs 3 durch eine notarielle Beglaubigung der
  Unterschrift des Unterzeichners nicht ersetzt werden.[544]
– Selbst eine in einer notariellen Niederschrift aufgenommene Erklärung der Behörde soll deren Erklärung in
  der Form des § 29 Abs 3 GBO nicht ersetzen können.[545]

Dies erscheint mir nicht richtig. Dass eine unterschriftsbeglaubigte Erklärung nicht genügt, mag man bei
einer behördlichen Genehmigung noch damit begründen, dass behördliche Genehmigungen etc von der hM
(die ich auch insoweit nicht teile) nicht als Erklärungen iSd § 29 Abs 1 S 1, sondern als sonstige Eintragungsvoraussetzungen iSd Abs 1 S 2 verstanden werden, so dass eine nur beglaubigte Urkunde nicht genügt, sondern
eine öffentliche Urkunde erforderlich ist. (Anders wäre dies hingegen für privatrechtliche Erklärungen der
Gemeinde, zB eine Bewilligung als Grundstückseigentümerin, die unter § 29 Abs 1 S 1 fällt).

Eine **notarielle Niederschrift** muss mE aber in jedem Fall genügen.[546] Sie ist öffentliche Urkunde und erfüllt
damit auch die Voraussetzungen des § 29 Abs 1 S 2. § 29 Abs 3 stellt demgegenüber keine abschließende Sondervorschrift dar, sondern bezweckt lediglich eine Nachweiserleichterung (Rdn 339 ff). Wäre § 29 Abs 3 eine
abschließende Sondervorschrift, so könnte eine Behörde auch keine privatrechtlichen Erklärungen zur Niederschrift eines Notars abgeben – denn auch privatrechtliche Erklärungen der Behörde können nach § 29 Abs 3
nachgewiesen werden. Der Unterschied zu § 29 Abs 3 besteht lediglich darin, dass bei einer (nicht unter § 29
Abs 3 fallenden) anderen öffentlichen Urkunde dem Grundbuchamt auch das behördeninterne Zuständigkeit
und Vertretungsbefugnis (sowie die Einhaltung der Verfahrens- und Formvoraussetzungen) nachzuweisen ist.
Dies ist aber zB bei Erklärungen des Bürgermeisters oder sonstigen Behördenleiters zu notarieller Urkunde
kein Problem.

4. Gerichtliche Urkunden

Unter die bewirkenden Urkunden nach § 417 ZPO fallen auch gerichtliche Entscheidungen.[547] Der Nachweis 354
gegenüber dem Grundbuchamt erfolgt durch Vorlage einer Ausfertigung des Urteils. Für die Form des Urteils
gelten §§ 313, 315 ZPO.

Eine Beurkundungszuständigkeit für fremde Erklärungen (**bezeugende Urkunde** nach § 415 ZPO) haben die
Gerichte nur für den **Prozessvergleich** (§ 127a BGB – vgl Rdn 264 ff).

Ggf sind weitere Nachweise erforderlich: 355
– Ersetzt das Urteil eine Erklärung eines Beteiligten (§ 894 ZPO), ist zusätzlich der **Rechtskraftvermerk**
  erforderlich (Rdn 120).
– Bei einem nur gegen Sicherheitsleistung **vorläufig vollstreckbarem Urteil** muss zur Vollstreckung und
  damit auch für die Grundbucheintragung die Sicherheitsleistung in grundbuchmäßiger Form nachgewiesen
  werden[548] (vgl Rdn 122).

---

542 insoweit zu recht OLG Jena LKV 2001, 527 = OLG-NL 2000, 232 = OLGR Jena 2001, 338 = Rpfleger 2001, 22 =
     ThürVBl 2000, 280.
543 OLG Frankfurt OLGZ 1990, 287 = JurBüro 1990, 361 = MDR 1990, 348 = MittRhNotK 1990, 20 = Rpfleger
     1990, 112; *Knothe* in *Bauer/von Oefele* Rn 118.
544 KG DNotZ 1975, 425 = Rpfleger 1974, 399; *Demharter* Rn 47.
545 OLG Jena LKV 2001, 527 = OLG-NL 2000, 232 = OLGR Jena 2001, 338 = Rpfleger 2001, 22 = ThürVBl 2000,
     280 (Erklärung, dass die Voraussetzungen der Genehmigungsfreiheit für eine Veräußerung der Gemeinde vorliegen).
546 ebenso *Hügel-Otto* Rn 181.
547 *Baumbach/Lauterbach/Albers/Hartmann* § 417 ZPO Rn 1; *Musielak-Huber* § 417 ZPO Rn 1; *Zöller-Geimer* § 417 ZPO
     Rn 1; zweifelnd, ob gerichtliche Entscheidungen als bewirkende Urkunden anzusehen seien: MüKo ZPO-*Schreiber*
     § 417 ZPO Rn 4.
548 BayObLG DNotI-Report 2001, 134 = Rpfleger 2001, 407 = ZflR 2002, 80.

– Bei gerichtlichen Genehmigungen ist ggf noch deren **Zugang** bzw Zustellung nachzuweisen (insbes bei der vormundschaftsgerichtlichen Genehmigung, Rdn 123 ff).

5. Eigenurkunden des Notars

356 **a) Rechtsgrundlage.** Die im Schrifttum lange umstrittene Frage,[549] ob eigene Erklärungen des Notars als bewirkende öffentliche Urkunden iS des § 417 ZPO anzusehen sind und damit die Form des § 29 Abs 1 S 1 wahren, hat der BGH[550] im Jahr 1980 in einem grundlegenden Beschluss bejaht.

Von einer notariellen Eigenurkunde spricht man, wenn der Notar eine lediglich verfahrensrechtlich formbedürftige Erklärung aufgrund ausdrücklicher Vollmacht im Namen eines Beteiligten abgibt, um eine Erklärung von Beteiligten zu ergänzen oder abzuändern, die er selbst vorher beurkundet oder beglaubigt hatte.

Der BGH ordnet die Errichtung derartiger Eigenurkunden dem Geschäftskreis zu, der dem Notar als »einer mit öffentlichem Glauben versehenen Person« zugewiesen ist. Er rechnet auch die Ergänzung, Berichtigung oder Anpassung verfahrensrechtlicher Erklärungen diesem Geschäftskreis zu und bejaht so deren Anerkennung als »öffentliche Urkunde« iS des § 417 ZPO. Seitdem ist die Anerkennung der notariellen Eigenurkunde als öffentliche Urkunde unbestritten.[551]

357 Bereits zuvor hatte der BGH § **24 Abs 3 S 2 BNotO** (wonach die vom Notar erklärte Rücknahme eines von ihm aufgrund gesetzlicher Ermächtigung im Namen der Beteiligten gestellten Grundbuch- oder Registerantrags mit Unterschrift und Amtssiegel zu versehen ist) entsprechend auf die vom Notar kraft rechtsgeschäftlicher Vollmacht erklärte Antragsrücknahme angewandt. Dabei hatte er noch ausdrücklich offen gelassen, ob § 24 Abs 3 S 2 BNotO eine allgemeine Formvorschrift »für die nicht besonders spezifizierte Amtstätigkeit des Notars« zu entwickeln ist.[552]

Dies lässt sich nun für die notarielle Eigenurkunde bejahend beantworten: Eine die Antragsrücknahme iS des § 24 Abs 3 BNotO enthaltende Urkunde ist eine Eigenurkunde des Notars. Auch bei der Antragsrücknahme handelt es sich um eine bewirkende Urkunde des Notars, die sich auf eine Erklärung bezieht, die vom Notar beurkundet oder beglaubigt worden ist, und die nur verfahrensrechtlich einem Formerfordernis unterliegt (§ 31 S 1 GBO), nicht aber materiellrechtlich. Die Besonderheit bei der Antragsrücknahme liegt darin, dass der Notar nicht aufgrund ihm (ausdrücklich) erteilter Vollmacht der Beteiligten, sondern aufgrund gesetzlicher Ermächtigung handelt.

Aus § 24 Abs 3 S 2 BNotO lässt sich der allgemeine Grundsatz ableiten, dass der Notar im Rahmen der »sonstigen Betreuung der Beteiligten auf dem Gebiet der vorsorgenden Rechtspflege« nach vorangegangener Beurkundungstätigkeit aufgrund Vollmacht der Beteiligten (oder aufgrund gesetzlicher Ermächtigung, zB im Fall des § 15) befugt ist, bewirkende Urkunden zu errichten, die nicht nur verfahrensrechtliche Erklärungen enthalten können, sondern auch materiellrechtliche Erklärungen (wie zB im Fall des § 1829 BGB),[553] soweit für diese nicht materiellrechtlich die Form der Beurkundung vorgeschrieben ist. Damit gewinnt die Formvorschrift in § 24 Abs 3 S 2 BNotO über den dort geregelten Fall hinaus allgemeine Bedeutung für notarielle Eigenurkunden.

Für die notarielle Eigenurkunde, dh die lediglich verfahrensrechtlich formbedürftige Erklärung des Notars in Vertretung der Beteiligten, ist danach die »vorgeschriebene Form« iS des § 415 ZPO die vom Notar zu unterschreibende schriftliche Erklärung mit dem Amtssiegel; eine Beglaubigung der Unterschrift des Notars durch einen anderen Notar ist nicht erforderlich.

358 **b) Voraussetzungen.** Die Anerkennung einer notariellen Eigenurkunde als öffentliche Urkunde ist an mehrere Voraussetzungen gebunden:[554]

– Der Errichtung der Eigenurkunde muss eine **Beurkundung** dieses Notars entweder in der Form der Niederschrift oder in der Form der Unterschriftsbeglaubigung **vorangegangen** sein.

---

549 *Reithmann*, Allgemeines Urkundenrecht, S 27 mwN.
550 BGHZ 78, 36 = DNotZ 1981, 118 m zust Anm *Winkler* DNotZ 1981, 252 = NJW 1981, 125 = Rpfleger 1980, 465.
551 BayObLG DNotZ 1983, 434 m zust Anm *Reithmann* = MittBayNot 1982, 181 = Rpfleger 1982, 416; BayObLG DNotZ 1988, 117 = NJW-RR 1988, 330 = Rpfleger 1988, 60; OLG Düsseldorf DNotZ 1989, 638 = Rpfleger 1989, 58; OLG Frankfurt MittBayNot 2001, 225 m Anm *Reithmann*; OLG Frankfurt DNotI-Report 2003, 142; OLG Zweibrücken Rpfleger 1982, 276; Gutachten DNotI-Report 1998, 169; *Demharter* Rn 35; *Knothe* in *Bauer/von Oefele* Rn 96 ff; *Hügel-Otto* Rn 163; *KEHE-Herrmann* Rn 77, 78; *Schöner/Stöber* Rn 164; *Reibold* in Beck'sches Notar-Handbuch, 4. Aufl 2006, A I Rn 186a; *Sandkühler* in *Arndt/Lerch/Sandkühler*, BNotO, 6. Aufl 2008, § 20 Rn 10; *Staudinger-Hertel* § 129 BGB Rn 53.
552 BGHZ 71, 349 = BB 1978, 1141 = DNotZ 1978, 696 = MDR 1979, 43 = NJW 1978, 1915 = Rpfleger 1978, 365.
553 *Reithmann* DNotZ 1983, 438, 440.
554 *Schöner/Stöber* Rn 164.

– In dieser Niederschrift oder in der notariell beglaubigten Erklärung muss dem Notar von dem Beteiligten, dessen verfahrensrechtliche Erklärung in Rede steht, ausdrücklich **Vollmacht** erteilt sein, seine Erklärung nachträglich zu berichtigen, zu ergänzen oder grundbuchrechtlichen Erfordernissen inhaltlich anzupassen.
– **Gegenstand** der Eigenurkunde ist die Ergänzung, Berichtigung oder Anpassung von Erklärungen, die nur einem verfahrensrechtlichen Formerfordernis unterliegen (unabhängig von deren Inhalt, also sowohl von verfahrensrechtlichen Erklärungen wie Anträgen und Eintragungsbewilligungen, aber auch von materiell rechtlichen Erklärungen wie zB der Mitteilung der vormundschafts-gerichtlichen Genehmigung). Die Ausstellung einer Eigenurkunde kommt also nicht in Betracht (trotz Bevollmächtigung des Notars durch die Beteiligten), wenn materiellrechtlich für das Rechtsgeschäft die Beurkundung durch Niederschrift (§§ 6 ff BeurkG) vorgeschrieben ist.[555] Zwar kann dem Notar von den Beteiligten zB Vollmacht erteilt werden, die Auflassung zu erklären und entgegenzunehmen, formbedürftige Änderungen des Kaufvertrages vorzunehmen oder bei der Bestellung eines Grundpfandrechts die Zwangsvollstreckungsunterwerfung zu erklären, jedoch kann der Notar von dieser Vollmacht nicht in Form der Eigenurkunde Gebrauch machen; er muss in diesen Fällen die Erklärungen zur Niederschrift eines anderen Notars abgeben.[556] Ebensowenig kann der Notar durch Eigenurkunde feststellen, dass die Beteiligten vor ihm (mündlich) die Auflassung erklärt haben, um die mangels Unterschrift der Erwerber formunwirksame diesbezügliche Niederschrift zu heilen.[557]
– Der Notar muss als **Amtsträger** handeln. Ausgeschlossen ist daher die Eigenurkunde für eine vom Notar als Privatmann in einer eigenen Angelegenheit abgegebene Erklärung, zB eine Löschungsbewilligung für ein ihm zustehendes Grundpfandrecht,[558] oder als Testamentsvollstrecker.[559]
– Die Eigenurkunde muss vom Notar **unterzeichnet** und **gesiegelt** sein.

Unterschrift des Notars und Beifügung des Amtssiegels sind nach Ansicht des BGH die Formerfordernisse der Eigenurkunde, die allerdings nicht ausdrücklich vorgeschrieben seien. Gleichwohl sei die Eigenurkunde öffentliche Urkunde iS des §§ 415, 417 ZPO, da dann, wenn die Einhaltung einer besonderen Form nicht vorgeschrieben sei, dieses begriffliche Erfordernis entfalle, sofern die sonstigen Voraussetzungen gegeben seien.[560] **359**

Eigenurkunden sind nicht in die Urkundenrollen einzutragen (§ 8 DONot), da auf sie das Beurkundungsgesetz nicht anwendbar ist; sie erhalten daher auch keine UR-Nr.[561]

c) Beispielsfälle. Die **praktischen Anwendungsfälle** für notarielle Eigenurkunden sind vielfältig.[562] **360**

Zunächst kann die notarielle Eigenurkunde zur **Rücknahme eines Antrages** der Beteiligten dienen (sofern dies nach § 31 S 1 als gemischter Antrag der Form des § 29 Abs 1 S 1 unterliegt):
– Hat der Notar einen Antrag aufgrund der gesetzlichen Ermächtigung des § 15 GBO im Namen der Beteiligten gestellt, so kann er diesen schon nach der ausdrücklichen gesetzlichen Regelung des **§ 24 Abs 3 S 2 BNotO** durch mit Unterschrift und Amtssiegel zu versehende Erklärung (= Eigenurkunde) zurücknehmen.
– Entsprechend gilt dies auch, wenn der Antrag nicht vom Notar (allein), sondern (auch) von den Beteiligten persönlich gestellt wurde (und der Notar insoweit nur als Bote tätig geworden ist). Erklärt der Notar hier die Rücknahme aufgrund einer ihm rechtsgeschäftlich von den Beteiligten erteilten Vollmacht, so ist § 24 Abs 3 BNotO analog anzuwenden. Dh die **Rücknahmeerklärung** ist wirksam, wenn sie mit Unterschrift und Amtssiegel des Notars versehen ist – und wenn der Notar in der von ihm selbst beurkundeten oder beglaubigten Urkunde durch die Beteiligten zur Rücknahme der von ihnen beim Grundbuchamt gestellten Anträge bevollmächtigt ist.[563]

Ist dem Notar in der notariellen Urkunde »**Vollzugsauftrag**« erteilt (»Der Notar wird beauftragt und ermächtigt, alle zur Wirksamkeit dieses Vertrages erforderlichen Genehmigungen und rechtsgeschäftlichen Erklärungen zu erwirken und entgegenzunehmen und Anträge an das Grundbuchamt und andere Behörden zu stellen, abzuändern und zurückzunehmen«), so ist er auch als ermächtigt anzusehen, fehlende oder unrichtige **Bewilligungen** und Erklärungen durch Eigenurkunde formgerecht nachzuholen: **361**

---

555 *Winkler* DNotZ 1982, 252, 253.
556 *Winkler* DNotZ 1982, 252, 253; *Reithmann,* Allgemeines Urkundenrecht, 34.
557 BayObLGZ 2001, 14 = BWNotZ 2002, 94 = DNotZ 2001, 560 mit Anm *Reithmann* = FGPrax 2001, 57 = MDR 2001, 559 = MittBayNot 2001, 200 mit Anm *Kanzleiter* = NJW-RR 2001, 734 = NotBZ 2001, 111 = Rpfleger 2001, 228 = RpflStud 2002, 52 mit Anm *Böttcher.*
558 OLG Zweibrücken Rpfleger 1982, 276.
559 OLG Düsseldorf DNotZ 1989, 638 = Rpfleger 1989, 58.
560 BGHZ 78, 36 = DNotZ 1981, 118 = aaO (Fn 539).
561 *Landesnotarkammer Bayern* Sammelrundschreiben Nr 2008/7 v 13.06.2008, Nr 1; *Kersten* ZNotP 2001, 388, 389; *Bracker* in *Schippel/Bracker* § 8 DONot Rn 4; *von Campe* in *Eylmann/Vaasen* § 8 DONot Rn 10; *Renner* in *Huhn/von Schuckmann* § 8 DONot Rn 6; *Bettendorf* in Beck'sches Notar-Handbuch, 4. Aufl 2006, M Rn 15; **aA** *Blaeschke,* Praxishandbuch Notarprüfung, 2001, Rn 289; *Weingärtner/Ehrlich,* DONot, 10. Aufl 2006 Rn 148.
562 *Brambring* in Beck'sches Notar-Handbuch, A I Rn 258.
563 BGHZ 71, 349 = BB 1978, 1141 = DNotZ 1978, 696 = MDR 1979, 43 = NJW 1978, 1915 = Rpfleger 1978, 365.

– So kann der Notar eine fehlende **Grundstücksbezeichnung** iS des § 28 S 1 durch Eigenurkunde in der Form des § 29 nachholen.[564]

– Ist die Auflassung erklärt, aber die Eintragungsbewilligung des Veräußerers ausdrücklich nicht abgegeben, kann der Notar die **Bewilligung der Eigentumsumschreibung** durch Eigenurkunde in der Form des § 29 Abs 1 S 1 erklären.[565]

– Ebenso kann der Notar die **Gläubigerbezeichnung** durch Eigenurkunde wegen eines Schreibversehens berichtigen, wenn durch die Berichtigung die Identität des Gläubigers gewahrt wird.[566]

362 Eine Eigenurkunde aufgrund der allgemeinen Vollzugsvollmacht kann aber auch dazu dienen, erst aufgrund **späterer Änderungen** erforderlich werdende Erklärungen gegenüber dem Grundbuchamt formgerecht abzugeben:

– Durch Eigenurkunde kann etwa eine unvollständige Bewilligung nachträglich um eine **Rangbestimmung** ergänzt werden.[567]

– Oder es kann nachträglich eine **Auflassungsvormerkung** bewilligt werden.[568]

– Durch Eigenurkunde kann auch die fehlende **Eigentümerzustimmung zur Löschung** eines Grundpfandrechts und der Antrag zur Löschung nachgeholt werden, selbst wenn das Grundpfandrecht (Zwangssicherungshypothek) erst nach der Beurkundung eingetragen wurde, also von der Zustimmung zur Löschung aller vom Erwerber nicht übernommenen Rechte nicht umfasst ist, weil zur vertragsgerechten Durchführung des Kaufvertrages die Löschung aller dinglichen Rechte gehört, soweit sie nicht vom Erwerber übernommen worden sind (§§ 433, 435 BGB).

363 Haben die Beteiligten beim Verkauf einer Teilfläche den Notar bevollmächtigt, die sog **Identitätserklärung** abzugeben, also die katasteramtliche Bezeichnung nachträglich gegenüber dem Grundbuchamt vorzunehmen, so genügt die notarielle Eigenurkunde, in der der Notar die Feststellung nach § 28 trifft, der Form des § 29, wenn sie von ihm unter Beifügung seines Siegels unterzeichnet ist. Gleiches gilt, wenn ein Grundpfandgläubiger ein erst zu vermessendes Teilgrundstück von seinem Recht freigibt und den Notar ermächtigt, das Teilgrundstück in grundbuchmäßiger Form zu bezeichnen.[569]

364 Die notarielle Eigenurkunde, in der der Notar aufgrund ihm erteilter **Doppelvollmacht** bestätigt, dass er eine **vormundschaftsgerichtliche Genehmigung** entgegengenommen, dem anderen Vertragsteil mitgeteilt und die Mitteilung wiederum für diesen entgegengenommen hat, genügt ebenfalls als Grundbuchnachweis (vgl Rdn 127).[570]

365 Die dem Notar erteilte **Vollmacht** ist stets in der Form des § 29 nachzuweisen.[571]

Die dem Notar erteilte Vollmacht gilt auch für dessen Notarvertreter; sie geht auf den Notariatsverwalter oder Amtsnachfolger über.[572] Denn sofern nichts anderes geregelt ist, ist sie nicht dem Notar als Person, sondern als Amtsträger erteilt.

366 Selbstverständlich scheidet die Form der notariellen Eigenurkunde aus, wenn der Notar nicht als Amtsträger, sondern in einer **eigenen Angelegenheit** grundbuchrechtliche Erklärungen abgibt. Die Unterschrift des Notars unter der Löschungsbewilligung für eine zu seinen Gunsten eingetragene Hypothek bedarf daher stets der Beglaubigung durch einen anderen Notar,[573] ebenso eine vom Notar als Testamentsvollstrecker erklärte Freigabe (da die Testamentsvollstreckung nach § 8 Abs 4 BNotO Nebentätigkeit, nicht Amtstätigkeit des Notars ist).[574]

367 Nicht notwendig eine Frage der Zulässigkeit notarieller Eigenurkunden ist es, ob und unter welchen Voraussetzungen der Notar befugt ist, die Erklärung eines Beteiligten, dessen Unterschrift er beglaubigt hat, im **Text** selbst zu **ändern** und zu **ergänzen** (Rdn 326 ff).

---

564 BayObLGZ 1983, 434 = Rpfleger 1982, 416 = MittRhNotK 1982, 204; BayObLG BWNotZ 1987, 170 = DNotZ 1988, 117 = MittBayNot 1987, 252 = NJW-RR 1988, 330 = Rpfleger 1988, 60.

565 OLG Frankfurt/M MittBayNot 2001, 225.

566 LG Ravensburg BWNotZ 1992, 173.

567 Gutachten DNotI-Report 2008, 169.

568 OLG Frankfurt BauR 2004, 555 = DNotI-Report 2003, 142; ähnlich OLG Frankfurt, Beschl vom 15.06.2004 – 20 W 179/03 (unveröffentlicht) zur Änderung der Bewilligung einer Rückauflassungsvormerkung hinsichtlich des zu sichernden Anspruchs.

569 BayObLGZ 1983, 434 = Rpfleger 1982, 416 = MittRhNotK 1982, 204; BayObLG BWNotZ 1987, 170 = DNotZ 1988, 117 = MittBayNot 1987, 252 = NJW-RR 1988, 330 = Rpfleger 1988, 60; KEHE-*Herrmann* Rn 77.

570 *Schöner/Stöber* Rn 164.

571 LG Köln MittRhNotK 1984, 104, 105; *Schöner/Stöber* Rn 164.

572 LG Köln MittRhNotK 1984, 104, 105; LG Düsseldorf MittBayNot 2002, 526 m Anm *Reithmann*; Gutachten DNotI-Report 2005, 177, 179; *Schöner/Stöber* Rn 164.

573 OLG Zweibrücken Rpfleger 1982, 276; *Reithmann* DNotZ 1983, 438, 440; **aA** KEHE-*Herrmann* Rn 79.

574 OLG Düsseldorf DNotZ 1989, 638 = Rpfleger 1989, 58.

Ebenso ist hiervon die Frage zu trennen, wieweit der Notar befugt ist, die Urkundsniederschrift oder eine öffentlich beglaubigte Urkunde von offenbaren Schreibversehen, Auslassungen oder sonstigen offenbaren Unrichtigkeiten nachträglich zu berichtigen (Rdn 252 ff).

IX. Öffentliche Urkunden über andere Tatsachen, Abs 1 S 2 (§ 418 ZPO)

1. Allgemeine Anforderungen

Andere Eintragungsvoraussetzungen als Erklärungen der Beteiligten (§ 29 Abs 1 S 2) unterteilen sich in: 368
– entweder behördliche oder gerichtliche Erklärungen (insbes Genehmigungen), die durch bewirkende Urkunden (Eigenurkunden) der Behörde nachgewiesen werden (§ 417 ZPO – vgl den vorstehenden Abschnitt, Rdn 339 ff)
– oder **sonstige Tatsachen**, die urkundlich nur durch Zeugnisurkunden nachgewiesen werden können (§ 418 ZPO).

Diese **öffentlichen Zeugnisurkunden** (§ 418 ZPO) werden in diesem Abschnitt behandelt.

Öffentliche Zeugnisurkunden setzen nach §§ 415, 418 ZPO voraus: 369
– die **Zuständigkeit** der ausstellenden Behörde, gerade diese Tatsache beweiskräftig durch öffentliche Urkunde festzustellen;
– auch **Verfahren und Form** muss das Grundbuchamt prüfen, da die Nachweiserleichterung des § 29 Abs 3 nur für bewirkende Behördenurkunden gilt, nicht für bezeugende Urkunden (Rdn 343).

Zu **Nachweiserleichterungen** für den Nachweis sonstiger Tatsachen vgl Rdn 160 ff. 370

2. Wichtige Beispielsfälle

Behördliche Zuständigkeiten zur Feststellung bestimmter Tatsachen durch öffentliche Urkunde sind stets **Spezialzuständigkeiten**. Denn soweit das Zeugnis nicht auf nicht eigener Wahrnehmungen der Behörde oder der Urkundsperson beruht, erbringt es nur dann Beweis der Tatsache, wenn dies spezialgesetzlich so angeordnet ist (wie § 418 Abs 3 ZPO ausdrücklich für Landesgesetze regelt, was aber darüber hinaus auch für Bundesgesetze gilt[575]). 371

Daher ist die Frage, welche sonstige Tatsache im Grundbuchverfahren nachzuweisen ist, kaum von der Frage zu trennen, wie der Nachweis erfolgen kann – weshalb letzteres für viele behördliche Zeugnisurkunden bereits bei der Darstellung der nachzuweisenden sonstigen Eintragungsvoraussetzungen abgehandelt ist (vgl etwa zum Nachweis tatsächlicher Vorgänge Rdn 105 ff, für behördliche Genehmigungen Rdn 130 ff, zu Verwaltungsakten über Bodenordnung und Enteignung Rdn 157 ff). 372

a) Personenstandsurkunden. Die **Standesämter** erstellen Auszüge aus den Personenstandsbüchern bzw Personenstandsurkunden, die Beweis für die darin eingetragenen Geburts- oder Todesfälle bzw Personenstandswechsel erbringen (§ 66 PStG) (Rdn 105 f). 373

b) Zustellungsurkunden. Bei Zustellung durch die **Post** (die für die gerichtliche Zustellung nunmehr der Regelfall ist, § 168 Abs 1 S 2 ZPO, aber auch vom Gerichtsvollzieher bei Betreiben der Zustellung durch die Parteien gewählt werden kann, § 194 Abs 1 ZPO) erbringt auch nach der Privatisierung der Post die Zustellungsurkunde des Postdienstleisters aufgrund der ausdrücklichen gesetzlichen Vorschrift des **§ 182 Abs 1 S 2 ZPO** als öffentliche bezeugende Urkunde weiterhin den Beweis der Zustellung.[576] 374

Erfolgt die Zustellung durch den **Gerichtsvollzieher** (was für die Zustellung auf Betreiben der Beteiligten weiterhin der Regelfall ist, §§ 191 ff ZPO), so erstellt dieser über die von ihm bewirkte Zustellung eine **Zustellungsurkunde** (§ 193 ZPO). Die Zustellungsurkunde des Gerichtsvollziehers erbringt als öffentliche Zeugnisurkunde nach § 418 ZPO Beweis über die erfolgte Zustellung (da nach § 191 ZPO ua § 182 Abs 1 S 2 ZPO entsprechend anwendbar ist).[577] 375

Materiellrechtlich gilt die Willenserklärung dem Empfänger mit der Zustellung als zugegangen (§ 132 Abs 1 BGB).

---

575 BGH LM EGZPO § 13 Abs 1 Nr 3; VGH Mannheim NVwZ-RR 1992, 152; MüKo ZPO-*Schreiber* § 193 ZPO Rn 5; *Musielak-Huber* § 418 ZPO Rn 4.

576 Dies vertrat die Rechtsprechung auch schon vor der gesetzlichen Neuregelung in § 182 Abs 1 S 2 ZPO (durch BGBl 2002 I, 1206, in Kraft seit 01.07.2002) jedenfalls für Zustellungsurkunden der Deutschen Post: BFHE 183, 3 = BStBl II 1997, 638 = BB 1997, 1938 = DStR 1997, 1532 = NJW 1997, 3264 = ZIP 1997, 2012; OLG Düsseldorf NJW 2000, 2831, 2832; OLG Frankfurt NJW 1996, 3159; **aA** VG Frankfurt NJW 1997, 3329.

577 *Baumbach/Lauterbach/Albers/Hartmann* § 193 ZPO Rn 3 und § 418 Rn 5; *Musielak-Wolst* § 193 ZPO Rn 2; *Zöller-Stöber* § 193 ZPO Rn 7.

376 **c) Vermessungsämter und Vermessungsingenieure.** Nach § 61 Abs 1 Nr 8 BeurkG bleiben landesrechtliche Vorschriften über die Beurkundung von Tatbeständen unberührt, »die am Grund und Boden durch vermessungstechnische Ermittlungen festgestellt werden, durch Behörden oder öffentlich bestellte Vermessungsingenieure oder Markscheider«. Nach Maßgabe des jeweiligen **landesrechtlichen Vermessungsgesetzes** (vgl Übersicht in Rdn 287) können daher die Vermessungsbehörden und öffentlich bestellten Vermessungsingenieure öffentliche Urkunden (§ 418 ZPO) über Feststellungen aus ihren Vermessungen erstellen.

377 Die Befugnis zur »Beurkundung von Tatbeständen, die am Grund und Boden durch vermessungstechnische Ermittlungen festgestellt werden« umfasst insbes die räumliche Abgrenzung der Rechte an Grundstücken der Lage und Höhe nach. Durch eine formgerecht ausgestellte Vermessungsrkunde kann etwa nachgewiesen werden, dass ein Grundstücksteil außerhalb des Ausübungsbereichs der Grunddienstbarkeit liegt (§ 1026 BGB). Ist die Ausübungsstelle einer Grunddienstbarkeit in der zugrunde liegenden Vereinbarung nicht durch Bezugnahme auf eine Karte bestimmt, kann der Nachweis nicht allein durch eine amtliche Karte des zuständigen Vermessungsamts geführt werden. Der Nachweis kann aber unter Umständen durch eine amtliche Bescheinigung des zuständigen Vermessungsamts erbracht werden, dass die in der Vereinbarung beschriebene Ausübungsstelle auf dem neu gebildeten Grundstück liegt.

Es gehört zu den Befugnissen und Aufgaben des Vermessungsamts, Auskünfte aus dem Liegenschaftskataster zu erteilen (§ 11 Abs 1 VermKatG).[578]

378 Beurkundungsbefugnis und Beweiskraft beschränken sich aber auf den der Vermessungsbehörde bzw dem Vermessungsingenieur allgemein zugewiesenen **Geschäftskreis.** Gegenstand vermessungstechnischer Ermittlungen kann es nicht sein auszuschließen, dass sich in dem abvermessenen Grundstücksteil Ver- oder Entsorgungsleitungen befinden, die der Nutzung des Gebäudes auf dem verbliebenen (Rest-) Grundstück dienen, in dem sich die dem Wohnrecht unterliegenden Räume befinden.[579]

379 Das Beurkundungsgesetz ist auf die Urkunden der Vermessungsstellen unanwendbar. Für eine öffentliche Urkunde iS des § 29 Abs 1 S 2 GBO, § 418 ZPO sind **Unterschrift und Dienstsiegel** erforderlich (insoweit wie nach § 29 Abs 3).

3. Zeugnisurkunden und Bescheinigungen des Notars

380 **a) Allgemeine Zeugnisurkunden (§ 20 Abs 1 S 2 BNotO).** Nach § 20 Abs 1 S 2 aE BNotO sind die Notare auch zuständig für »die Beurkundung amtlich von ihnen wahrgenommener Tatsachen«. (Vor 1998 bezeichnete das Gesetz dies als »Bescheinigung«). Diese Kompetenz ist umfassend; sachlich können derartige Tatsachenbescheinigungen alle möglichen Arten von Tatsachen betreffen. Voraussetzung ist lediglich, dass der Notar die Tatsache »amtlich«, dh aufgrund Antrags der Beteiligten (und nicht zufällig etwa als Passant) wahrgenommen hatte.

381 Für das **Beurkundungsverfahren** und die Form von Zeugnisurkunden gelten die Vorschriften des Beurkundungsgesetzes. Dabei ist zu unterscheiden:
- Grundsätzlich ist für Zeugnisurkunden eine **Niederschrift** aufzunehmen, die allerdings (anders als eine Niederschrift über Willenserklärungen nach §§ 8 ff BeurkG) nicht zu verlesen und nur vom Notar nicht von den Beteiligten zu unterschreiben ist (§§ 36, 37 BeurkG).
- Für einfache Zeugnisse wie die Beglaubigung einer Unterschrift oder Abschrift oder eine Bescheinigung über Eintragungen in ein öffentliches Register, genügt eine bloße **Vermerkurkunde** (§ 39 BeurkG).

382 Auch notariellen Zeugnisurkunden kommt **Beweiskraft** als öffentliche Urkunden iSd § 418 Abs 1 ZPO zu[580] – allerdings nur soweit sie auf **eigenen Wahrnehmungen** des Notars beruhen, also für vom Notar selbst mit Auge, Ohr oder sonstigen Sinnen wahrgenommene Tatsachen – nicht aber für die daraus gezogenen (rechtlichen oder tatsächlichen) Schlussfolgerungen oder Wertungen (»Bestätigungen«).[581]

383 **b) Bescheinigungen mit besonderer Beweiskraft.** Notarielle **Bescheinigungen** unterscheiden sich von den Zeugnisurkunden des Notars dadurch, dass sie über den Bericht wahrgenommener Tatsachen hinaus auch rechtliche Schlussfolgerungen enthalten (insoweit wie »Bestätigungen« des Notars), diesen Schlussfolgerungen

---

578 BayObLGZ 1988, 108 = DNotZ 1989, 164, 167.

579 OLG Hamm FGPrax 2000, 54 = Rpfleger 2000, 157 = ZMR 2000, 249.

580 *Baumbach/Lauterbach/Albers/Hartmann* § 418 ZPO Rn 4; MüKo ZPO-*Schreiber* § 418 ZPO Rn 3; *Reithmann* in Schippel/Bracker, BNotO, 8. Aufl 2006, § 20 BNotO Rn 32; im Ergebnis ebenso (allerdings ohne Rückgriff auf § 418 ZPO): *Sandkühler* in Arndt/Lerch/Sandkühler, BNotO, 6. Aufl 2008, § 20 BNotO Rn 69; § 418 gilt auch für Tatsachenfeststellungen des Notars innerhalb einer Niederschrift über Willenserklärungen, vgl BGH NJW-RR 1998, 470.

581 *Sandkühler* in Arndt/Lerch/Sandkühler § 20 BNotO Rn 66; MüKoZPO-*Schreiber* § 418 ZPO Rn 5; *Reithmann* in Schippel/Bracker § 20 BNotO Rn 33.

aber aufgrund besonderer gesetzlicher Regelung ebenfalls Beweiskraft zukommt. Wie *Reithmann* formuliert, »kommt es nicht auf die Wahrheit des Berichts an, sondern auf die Richtigkeit der Bescheinigung«.[582]

Eine derartige besondere gesetzliche Beweiswirkung gilt für:
– die Bescheinigung über die Richtigkeit der **Übersetzung** einer vom Notar in einer Fremdsprache beurkundeten Übersetzung ins Deutsche (§ 50 BeurkG),
– die **Registerbescheinigung** über das Bestehen oder den Sitz einer juristischen Person, deren Vertretungsberechtigung, Firmenänderung, eine Umwandlung oder oder andere sich aus dem Handelsregister oder einem ähnlichen Register ergebende rechtserhebliche Umstände (**§ 21 BNotO**),
– und die **Satzungsbescheinigung** über den Wortlaut des Gesellschaftsvertrages mit den beschlossenen Änderungen (§ 181 AktG, § 54 GmbHG).

Für das **Verfahren** gelten die Vorschriften des Beurkundungsgesetzes über Zeugnisurkunden, da die Bescheinigungen auch Tatsachen bezeugen (aus denen sie dann Schlussfolgerungen ziehen). § 39 BeurkG lässt für die Registerbescheinigung ausdrücklich eine Vermerkurkunde genügen. Danach muss die Urkunde Ort und Tag der Ausstellung der Bescheinigung angeben und die Unterschrift und das Siegel des Notars enthalten. **384**

Nach § 21 Abs 2 S 2 BNotO ist bei der Registerbescheinigung zusätzlich der Tag der Einsichtnahme des Registers oder der Tag der Ausstellung der Abschrift in der Bescheinigung anzugeben. Ist die Bescheinigung in der Niederschrift über eine Beurkundung oder in dem Beglaubigungsvermerk bei der Unterschriftsbeglaubigung enthalten, so bedarf sie keiner gesonderten Datums- und Ortsangabe, ebensowenig ist eine besondere (zusätzliche) Unterzeichnung durch den Notar erforderlich.

Die Notarbescheinigung ist – wie der Erbschein – bezüglich der vom Notar gezogenen rechtlichen Schlussfolgerungen keine öffentliche Urkunde iS der §§ 415, 417, 418 ZPO.[583] Ihre **Beweiskraft** ergibt sich insoweit vielmehr aus der jeweiligen gesetzlichen Ermächtigung. So ist die in Grundbuchsachen nahezu allein relevante Bescheinigung über die Vertretungsberechtigung nach **§ 21 Abs 1 S 2 BNotO** ausdrücklich hinsichtlich ihrer Beweiskraft dem Zeugnis des Registergerichts gleichgestellt und damit nach § 32 ausreichende Eintragungsunterlage.[584] **385**

Die Beweisvermutung der Richtigkeit der Vertretungsbescheinigung gilt nur für den **Zeitpunkt der Registereinsicht**. Es besteht aber eine tatsächliche Vermutung, dass sich keine Änderungen in dem dazwischen liegenden Zeitraum ergeben haben, wenn dieser Zeitraum nicht allzu lang ist.[585] Liegt zwischen dem Zeitpunkt der Einsichtnahme des Registers bzw des beglaubigten Registerauszugs und der Erstellung der Bescheinigung durch den Notar (bzw dem Gebrauch der Vertretungsmacht) ein Zeitraum von mehr als 6 Wochen,[586] so ist das Grundbuchamt berechtigt (aber nicht verpflichtet), bei Zweifeln am Fortbestand der Vertretungsbefugnis eine erneute Bescheinigung zu fordern.

Die in der Notarbescheinigung enthaltenen Zeugnisse über vom Notar wahrgenommene Tatsachen erbringen hingegen schon aufgrund § 418 ZPO Beweis;[587] dies ist aber neben der Beweiswirkung des § 21 Abs 1 S 2 BNotO in der heutigen, seit 1998 erweiterten Fassung nicht mehr relevant. **386**

X. Vorlage der Urkunde

1. Allgemeines

§ 29 regelt nicht ausdrücklich, ob die Urkunde in Urschrift vorgelegt werden muss, oder ob die Vorlage in Ausfertigung oder beglaubigter Abschrift ausreicht. Nach allgemeiner Ansicht können die nach § 29 Abs 1 S 1 oder 2 GBO zum Nachweis erforderlichen öffentlichen oder öffentlich beglaubigte Urkunden in **Urschrift,** **387**

582 *Reithmann* in *Schippel/Bracker* § 21 BNotO Rn 6; zur Terminologie vgl insbes *Reithmann*, Allgemeines Urkundenrecht; *ders*, Beurkundung, Beglaubigung, Bescheinigung durch inländische und durch ausländische Notare, DNotZ 1995, 360, 366 f; vgl auch *Limmer* in *Eylmann/Vaasen* § 21 BNotO Rn 2–3.
583 **AA** OLG Celle Rpfleger 1980, 109.
584 im Ergebnis ebenso OLG Celle Rpfleger 1980, 109: Die Bescheinigung erbringt vollen Beweis für Vertretungsmacht; vgl neben den Kommentierungen zu § 21 BNotO insbes *Meikel-Roth* § 32 Rdn 43 ff.
585 *Reithmann* in *Schippel/Bracker* § 21 BNotO Rn 7.
586 OLG Hamm Rpfleger 1990, 85; LG Aachen MittRhNotK 1998, 167; *Melchior/Schulte* NotBZ 2003, 344, 345; *Reithmann* in *Schippel/Bracker* § 21 BNotO Rn 7; *Limmer* in *Eylmann/Vaasen* § 21 BNotO Rn 12; *von Schuckmann/Renner* in *Huhn/von Schuckmann* § 12 BeurkG Rn 27; *Winkler* § 12 BeurkG Rn 23; **aA** – idR nicht mehr als 14 Tage: *Sandkühler* in *Arndt/Lerch/Sandkühler* § 21 BNotO Rn 23; »einige wenige Tage«: *Meikel-Roth* § 32 Rdn 34.
587 *Promberger* Rpfleger 1977, 355 und 1982, 460; LG Frankenthal MittBayNot 1971, 371 = MittRhNotK 1972, 117 (zur Bescheinigung über die Eintragung des Vermögensübergangs von einer auf die andere Gesellschaft); LG Oldenburg Rpfleger 1982, 175 (Bescheinigung des Notars über die in der Urkunde fehlende Angabe des Sitzes der Gläubigerin); LG Mannheim BWNotZ 1981, 16 = Rpfleger 1982, 469 (Rechtsnachfolge nach einer Handelsgesellschaft).

Ausfertigung oder beglaubigter Abschrift vorgelegt werden.[588]
- In Urschrift werden in der Praxis va unterschriftsbeglaubigte Erklärungen und behördliche Urkunden einge-reicht.
- Zur Niederschrift eines Notars beurkundete Erklärungen können nur in Ausfertigung eingereicht werden, da die Urschrift in der Verwahrung des Notars verbleiben muss (§ 45 Abs 1 BeurkG).

388 Eine (erneute) Vorlage der Urkunde ist entbehrlich, wenn sie in einer der drei genannten Formen bereits in den Akten desselben Amtsgerichts enthalten ist; es genügt hier die **Verweisung** auf die Akten (Rdn 413).[589]

2. Vorlage der Urkunde in Ausfertigung

389 **a) Ausfertigung ersetzt die Urschrift.** Die Vorlage der Urschrift wird durch Vorlage einer Ausfertigung ersetzt.
- Für die notarielle Niederschrift ergibt sich dies aus **§ 47 BeurkG**. Danach vertritt die Ausfertigung die Urschrift im Rechtsverkehr. Denn die Urschrift einer Niederschrift verbleibt grds in der Verwahrung des Notars (§ 45 Abs 1 BeurkG).
- Eine Ausfertigung nach der **ZPO** ist eine in gesetzlich bestimmter Form gefertigte Abschrift, die dem Zweck dient, die bei den Akten verbleibende Urschrift nach außen zu vertreten.[590]

390 **b) Ausfertigung notarieller Niederschriften.** Die **Zuständigkeit** zur Erteilung von Ausfertigungen notar-rieller Urkunden richtet sich nach den Vorschriften des Beurkundungsgesetzes. Zuständig ist die Stelle, die die Urschrift verwahrt, also bei notariellen Urkunden der **Notar** (vgl § 45 Abs 1 BeurkG).

Werden die Akten des Notars vom Amtsgericht verwahrt (§§ 45, 51, 55 BNotO), so werden Ausfertigungen notarieller Urkunden vom Amtsgericht erteilt (§§ 45 Abs 2, 51 Abs 1, 55 Abs 1 BNotO). Funktionell zuständig für die Erteilung von Ausfertigungen der beim Amtsgericht verwahrten Urschriften notarieller Urkunden ist nach § 48 S 1 BeurkG der Urkundsbeamte der Geschäftsstelle.

391 Für Urkunden, die nach den Vorschriften des Beurkundungsgesetzes errichtet sind, bestimmt **§ 49 Abs 1 S 1 BeurkG**, dass die Ausfertigung in einer **Abschrift** der Urkunde besteht, die mit dem Ausfertigungsvermerk versehen sind. Unter einer Abschrift ist jede beliebige Vervielfältigung zu verstehen. Es ist unerheblich, auf wel-che Weise die Abschrift hergestellt wurde, ob mittels Abschreibens oder durch Abdrucken, Ablichtung, Neu-ausdruck der Datei und dergleichen (§ 39 BeurkG). Entscheidend ist die Inhaltsgleichheit; eine photographi-sche Übereinstimmung ist nicht erforderlich. Die Ausfertigung (beglaubigte Abschrift) ist auch dann wirksam, wenn die Unterschriften der Beteiligten und des Notars mit Schreibmaschine (»gez.«) wiedergegeben sind.[591]

392 Der Ausfertigungsvermerk muss nach § 49 Abs 2 S 2 BeurkG als **Wirksamkeitsvoraussetzungen** enthalten:
- die **Unterschrift** des Notars und
- das **Siegel** des Notars.

Fehlt die Unterschrift oder das Siegel, so ist die Ausfertigung ungültig; dann ist die Ausfertigung keine öffentli-che Urkunde iS des § 29 GBO.

393 **Soll-Vorschriften,** deren Verletzung die Wirksamkeit der Ausfertigung aber nicht beeinträchtigt, bestimmen,
- dass die Ausfertigung in der **Überschrift** als »Ausfertigung« zu bezeichnen ist (§ 49 Abs 1 S 2 BeurkG)
- und dass der **Ausfertigungsvermerk** den Tag und den Ort der Erteilung angeben, die Person bezeichnen, der die Ausfertigung erteilt wird, und die Übereinstimmung der Ausfertigung mit der Urschrift (§ 49 Abs 2 S 1 BeurkG). Der Ausfertigungsvermerk muss nicht ausdrücklich beinhalten, dass »die Ausfertigung mit der Urschrift übereinstimmt« (das versteht sich von selbst), es genügt zB »gleich lautende Ausfertigung für das Grundbuchamt«[592] (wobei irgendein Hinweis auf die Eigenschaft als Ausfertigung wohl doch auch für die Wirksamkeit gefordert werden muss, ggf auch durch die Überschrift).

394 Der Ausfertigungsvermerk kann etwa wie folgt lauten:[593]
Überschrift: »Ausfertigung«
Schlussvermerk: »Vorstehende, mit der Urschrift übereinstimmende Ausfertigung wird Frau/Herrn …
erteilt.« Ort/Datum – Unterschrift und Siegel des Notars

---

588 KG FGPrax 1998, 7, 8 = KG-Report 1998, 124 = Rpfleger 1998, 108; *Demharter* Rn 57; *Knothe* in *Bauer/von Oefele* Rn 146; KEHE-*Herrmann* Rn 116; *Schöner/Stöber* Rn 166.
589 KG JFG 19, 23; BayObLG Rpfleger 1965, 63; OLG Köln OLGZ 1987, 408 = Rpfleger 1986, 298; KEHE-*Herrmann* Rn 121; *Demharter* Rn 57.
590 BGH NJW 1981, 2346; *Baumbach-Lauterbach-Albers-Hartmann* § 170 Rn 3.
591 LG Düsseldorf MittRhNotK 1987, 78; *Kanzleiter* DNotZ 1993, 759; *Demharter* Rn 58; **aA** LG Aachen Rpfleger 1983, 310.
592 *Winkler* § 49 BeurkG Rn 10.
593 *Winkler* § 49 BeurkG Rn 11.

Besteht eine Urkunde aus **mehreren Blättern**, so sollen diese mit **Schnur und Prägesiegel** verbunden werden **395** (§ 44 S 1 BeurkG). Ist die Ausfertigung einer Urkunde, die aus mehreren Blättern besteht, statt dessen etwa nur durch Heftklammern oder Klebestreifen verbunden, so verliert sie nicht die Eigenschaft der öffentlichen Urkunde,[594] sie ist aber wegen eines äußeren Mangels iS des § 419 ZPO für das Grundbuchverfahren unbrauchbar.

Der Ausfertigungsvermerk ersetzt zugleich die **Abschriftsbeglaubigung sonstiger Urkunden,** deren Abschriften mit der Ausfertigung durch Schnur und Siegel verbunden sind (oder sich mit dieser auf demselben Blatt befinden) (§ 49 Abs 3 BeurkG).

Eine Ausfertigung kann auf Antrag auch **auszugsweise** erteilt werden (§ 49 Abs 5 BeurkG). § 42 Abs 3 BeurkG **396** ist entsprechend anwendbar, dh im Ausfertigungsvermerk soll der Gegenstand des Auszugs angegeben werden und bezeugt werden, dass die Urkunde über diesen Gegenstand keine weiteren Bestimmungen enthält. Ein praktischer Anwendungsfall für die Erteilung einer auszugsweisen Ausfertigung (bzw einer auszugsweisen beglaubigten Abschrift, § 42 Abs 3 BeurkG) ist die Vorlage der Kaufvertragsurkunde zwecks Eintragung der Auflassungsvormerkung, bei der die Erklärung der Auflassung nicht vom Ausfertigungsvermerk gedeckt wird, um die Möglichkeit einer vertragswidrigen Beantragung der Eigentumsumschreibung durch den Käufer auszuschließen. In diesem Fall genügt, den Text der Auflassung in der Ausfertigung/beglaubigten Abschrift durchzustreichen oder bei Erstellung der Kopie abzudecken.

Eine auszugsweise Ausfertigung, in der die Auflassungserklärung enthalten und der Vertragsgegenstand genau beschrieben ist, reicht auch für den grundbuchmäßigen Vollzug der Eigentumsüberschreibung aus. Das Grundbuchamt hat regelmäßig nicht zu prüfen, ob gemäß § 925a BGB bei Erklärung der Auflassung das schuldrechtliche Geschäft in beurkundeter Form vorgelegen hat.[595] Allerdings kann das Grundbuchamt nach der Rechtsprechung die **Vorlage der Gesamturkunde** (etwa einschließlich des schuldrechtlichen Grundgeschäftes) verlangen, wenn es konkrete Anhaltspunkte für ein dem Grundbuchamt nachzuweisendes Genehmigungserfordernis oder ein Vorkaufsrecht mit Grundbuchsperre hat und die Vorlage der Gesamturkunde zur Ausräumung entsprechender Bedenken geeignet erscheint.[596]

c) Ausfertigung konsularischer Niederschriften. Nach § 10 Abs 3 Nr 5 S 1 KonsularG sind die **Konsu- 397 larbeamten** befugt, Ausfertigungen zu erteilen, solange die Urschrift nicht ausgehändigt oder an das Amtsgericht Schöneberg abgesandt ist.
– Die Urschrift einer Niederschrift soll den Beteiligten nach § 10 Abs 3 Nr 4 KonsularG ausgehändigt werden, wenn nicht einer von ihnen amtliche Verwahrung verlangt.
– In diesem Fall soll die Urschrift dem **Amtsgericht Schöneberg** in Berlin zur amtlichen Verwahrung übersandt werden. Dieses ist sodann zuständig für die Erteilung von Ausfertigungen.

Hat sich einer der Beteiligten der Zwangsvollstreckung unterworfen, so soll der Konsularbeamte die Urschrift **398** der Niederschrift dem Gläubiger aushändigen, wenn die Beteiligten keine anderweitige Bestimmung getroffen haben und auch keiner von ihnen amtliche Verwahrung verlangt hat.

Vollstreckbare Ausfertigungen können nur von dem Amtsgericht erteilt werden, das die Urschrift verwahrt. (§ 10 Abs 3 Nr 5 S 2 KonsularG)

Die Form der Ausfertigung richtet sich nach den Vorschriften des Beurkundungsgesetzes (§ 49 BeurkG – vgl **399** Rdn 390 ff).

3. Vorlage der Urkunde in beglaubigter Abschrift

a) Wann genügt eine beglaubigte Abschrift? aa) Grundsatz. Zum Nachweis nach § 29 genügt nach all- **400** gemeiner Ansicht grundsätzlich auch, wenn dem Grundbuchamt die öffentliche oder öffentlich beglaubigte Urkunde in **beglaubigter Abschrift** vorgelegt wird.[597] Man kann dies auch aus § 435 ZPO ableiten. Denn nach § 435 S 1 HS 1 ZPO genügt für den Beweisantritt bei einer öffentlichen Urkunde die Vorlage einer beglaubigten Abschrift, »die hinsichtlich der Beglaubigung die Erfordernisse einer öffentlichen Urkunde an sich trägt«.
– Auch die beglaubigte Abschrift einer beglaubigten Abschrift genügt,[598] nicht aber die einer einfachen (dh unbeglaubigten) Abschrift.

---

594 So aber OLG Schleswig DNotZ 1972, 556; wie hier *Kanzleiter* DNotZ 1972, 519, 524.
595 BayObLG DNotZ 1981, 570 = JurBüro 1981, 602 = MittBayNot 1981, 70 = Rpfleger 1981, 233.
596 BayObLG DNotZ 1981, 570, 572 = JurBüro 1981, 602 = MittBayNot 1981, 70 = Rpfleger 1981, 233; *Knothe* in *Bauer/von Oefele* Rn 149.
597 KG JFG 2, 408; OLG Düsseldorf Rpfleger 1961, 48; KG FGPrax 1998, 7, 8 = KG-Report 1998, 124 = Rpfleger 1998, 108; *Demharter* Rn 57; *Knothe* in *Bauer/von Oefele* Rn 146; *KEHE–Herrmann* Rn 116; *Schöner/Stöber* Rn 166.
598 KG FGPrax 1998, 7, 8 = KG-Report 1998, 124 = Rpfleger 1998, 108.

– Die Urschrift, von der die beglaubigte Abschrift gefertigt wurde (ggf auch durch eine ununterbrochene Kette beglaubigter Abschriften oder Ausfertigungen), muss eine öffentliche oder öffentlich beglaubigte Urkunde sein; die beglaubigte Abschrift einer **Privaturkunde** genügt nicht der grundbuchmäßigen Form.[599]

401 **Begriff**: Die Beglaubigung einer Abschrift ist die von einer öffentlichen Urkundsperson ausgestellte Bescheinigung darüber, dass die Abschrift mit der Urkunde inhaltlich übereinstimmt.[600] Die beglaubigte Abschrift kann – anders als die Ausfertigung – nicht die Urschrift im Rechtsverkehr ersetzen. Der Beglaubigungsvermerk (der zuständigen Stelle) beweist jedoch die Übereinstimmung von Abschrift und Hauptschrift und damit den Inhalt der Hauptschrift.

Öffentliche Urkunde ist lediglich der **Beglaubigungsvermerk** als solcher, nicht der Text der Hauptschrift. Daher erstreckt sich die Beweiskraft nach § 418 Abs 1 ZPO auch nur auf den Beglaubigungsvermerk, dh auf die inhaltliche Übereinstimmung der beglaubigten Abschrift mit der Hauptschrift.

402 **bb) Besitz von Urschrift oder Ausfertigung erforderlich.** Die Vorlage einer beglaubigten Abschrift der öffentlichen oder öffentlich beglaubigten Urkunde reicht im Grundbuchverfahren dann ausnahmsweise nicht aus, wenn über den Nachweis des Bestehens und Inhalts der Urkunde hinaus auch der **Besitz der Urkunde** nachgewiesen werden muss, weil sich an den Besitz der Urkunde Rechtsfolgen knüpfen, die als Eintragungsvoraussetzung ebenfalls nachzuweisen sind.[601]

In Urschrift oder Ausfertigung sind dabei vorzulegen:
– die **Vollmacht**[602] (vgl § 172 BGB) (vgl Rdn 46 ff) – für die nachträgliche Vollmachtsbestätigung oder die Genehmigung eines vollmachtlos Vertretenen reicht hingegen die Vorlage der Erklärung in beglaubigter Abschrift aus,
– der **Erbschein** (vgl § 2361 BGB, § 35 Abs 1 GBO),[603]
– das **Testamentsvollstreckerzeugnis** (vgl § 2368 Abs 3 iVm § 2361 BGB, § 35 Abs 2 GBO). Geht es lediglich um den Nachweis der Beendigung der Testamentsvollstreckung, die sich aus dem Testamentsvollstreckerzeugnis ergibt, genügt die Vorlage einer beglaubigten Abschrift.[604]
– Das **Zeugnis** über die **Auseinandersetzung** eines Nachlasses oder Gesamtgutes (§ 36 GBO. Da diese in entsprechender Anwendung des § 2361 BGB eingezogen werden können, reicht die Vorlage einer beglaubigten Abschrift nicht aus[605]),
– Die **Bestellungsurkunden** des Vormunds (Gegenvormunds), Pflegers und des Betreuers (§§ 1791, 1897, 1691, 1915 BGB) und des Insolvenzverwalters (§ 56 Abs 2 InsO). (Das Jugendamt als Amtsvormund weist sich durch Vorlage der entsprechenden Bescheinigung des Vormundschaftsgerichts aus, 1791b BGB).[606]

403 Die Vorlage der vorgenannten Urkunden in Urschrift oder Ausfertigung ist wiederum entbehrlich, wenn die in beglaubigter Abschrift vorgelegte öffentliche oder öffentlich beglaubigte Urkunde die **Bestätigung des Notars** (oder der sonst zuständigen Stelle) enthält, dass die Urkunde in Urschrift oder Ausfertigung bei der Aufnahme der Niederschrift oder bei Unterzeichnung der notariell beurkundeten oder beglaubigten Erklärung vorgelegen hat;[607] dabei ist eine beglaubigter Abschrift der Vollmachtsurkunde (Bestallungsurkunde, Erbschein, Testamentsvollstreckungszeugnis etc.) dem Grundbuchamt zur inhaltlichen Prüfung vorzulegen.

Nach hM soll dagegen ein **Erbschein** und ein **Testamentsvollstreckerzeugnis** dem Grundbuchamt stets in Ausfertigung vorzulegen sein, selbst wenn der Notar in der Urkunde bestätigt hat, dass der Erbschein/das Testamentsvollstreckerzeugnis in Ausfertigung vorgelegt wurde.[608] Diese Meinung ist abzulehnen. Ein Grund für eine unterschiedliche Behandlung gegenüber einer Vollmachtsurkunde ist nicht erkennbar. Eine Verweisung auf die beim gleichen Amtsgericht geführten Nachlassakten genügt in jedem Fall.

404 **cc) Verlangen der Vorlage der Urschrift bei Zweifeln des Grundbuchamtes.** Ausnahmsweise kann das Grundbuchamt die Vorlage der Urschrift (oder einer Ausfertigung) auch dann verlangen, wenn es **Bedenken**

---

599 *Schöner/Stöber* Rn 169.
600 *Schöner/Stöber* Rn 169; *Winkler* § 42 BeurkG Rn 11.
601 *Demharter* Rn 59.
602 BayObLG DNotI-Report 2002, 38 = MittBayNot 2002, 112 = NotBZ 2002, 104 = RNotZ 2002, 53 = Rpfleger 2002, 194 = ZNotP 2002, 233.
603 Eine beglaubigte Abschrift ist auch dann nicht ausreichend, wenn Grundbuchberichtigung beantragt wird, BGH DNotZ 1982, 159 = MittRhNotK 1982, 19.
604 BayObLG Rpfleger 1990, 363.
605 *Schöner/Stöber* Rn 170.
606 BGHZ 45, 362.
607 OLG Köln Rpfleger 1984, 182; OLG Frankfurt FGPrax 1996, 208; vgl Rdn 48.
608 *Demharter* § 35 Rn 23, 60; BayObLGZ 1990, 87; wie hier LG Köln Rpfleger 1977, 29.

gegen die Richtigkeit oder Echtheit der vorgelegten beglaubigten Abschrift hat. Eine entsprechende Prüfungsbefugnis und -pflicht des Grundbuchamts kann man entweder aus einer entsprechenden Anwendung von § 435 S 1 HS 2 ZPO ableiten[609] oder aus allgemeinen, auch für das Grundbuchverfahren geltenden Erwägungen des § 12 FGG.[610]

Das Grundbuchamt ist jedoch nicht befugt, vom Notar die Vorlage der Urschrift zu verlangen, wenn diese von ihm verwahrt wird.[611]

b) Zuständigkeit. Zuständig für die Beglaubigung der Abschrift einer Urkunde sind: **405**
- Die **Notare** nach § 20 Abs 1 S 1 BNotO (bei notariellen Urkunden auch die Amtsgerichte, soweit sich Urkunden eines ausgeschiedenen Notars in deren Verwahrung befinden, §§ 45 Abs 2, 51 Abs 1, 55 Abs 1 BNotO). Während eine Ausfertigung grundsätzlich nur von der Stelle erteilt werden kann, die die Urschrift verwahrt, sind zur Beglaubigung von Abschriften die Notare allgemein zuständig; sie können also von jedem Schriftstück eine beglaubigte Abschrift fertigen.[612]
- Die **Konsularbeamten** (§ 10 Abs 1 Nr 2 KonsularG).
- Die nach **Landesrecht** auch für die öffentliche Beglaubigung von Unterschriften zuständigen Personen (vgl Rdn 299 ff). Teilweise sind sie jedoch nicht zur Beglaubigung einer auszugsweisen Abschrift befugt (§ 13 HessOGerG).
- Der **Urkundsbeamte der Geschäftsstelle** ist nach § 34 FGG zur Erteilung beglaubigter Abschriften aus den Gerichtsakten, sowie nach § 9 Abs 2 S 2 HGB, § 156 Abs 1 S 1 GenG, §§ 29–31 HdlRegV, §§ 1, 26 Abs 2 GenRegVO befugt, beglaubigte Abschriften der Eintragungen im Handels- und Genossenschaftsregister und der zu diesen Registern und zur Liste der Genossen eingereichten Schriftstücke zu erteilen, ferner aus dem Vereinsregister (§ 79 S 2 BGB), Güterrechtsregister (§ 1563 S 2 BGB) und aus dem Grundbuch (§ 4 Abs 6a und b AVO GBO).

c) Form. aa) Notare und Konsularbeamte. Die **Form** der beglaubigten Abschrift richtet sich nach §§ 39,   **406**
42 BeurkG, soweit für die Erteilung
- der Notar
- oder ein Konsularbeamter
- oder **neben** dem Notar andere Urkundspersonen oder zuständige Stellen (zB nach Landesrecht) zuständig sind (§ 1 Abs 2 BeurkG).

Unter notarieller Beglaubigung einer Abschrift ist das notarielle Zeugnis zu verstehen, dass eine bestimmte   **407**
Abschrift mit einer bestimmten Hauptschrift übereinstimmt. **Wirksamkeitsvoraussetzungen** (Muss-Vorschriften) sind nach § 39 BeurkG
- das Zeugnis der Übereinstimmung mit der Urschrift im Beglaubigungsvermerk,
- **Unterschrift und Siegel** des Notars.

Als Soll-Vorschriften, deren Verletzung nicht zur Formungültigkeit der Abschriftsbeglaubigung führt, soll der   **408**
Beglaubigungsvermerk enthalten:
- **Ort und Tag** der Ausstellung (§ 39 BeurkG).
- Es soll festgestellt werden, ob die **Urkunde** eine Urschrift, eine Ausfertigung, eine beglaubigte oder einfache Abschrift ist (§ 42 Abs 1 BeurkG).
- **Mängel**, die in einer dem Notar vorgelegten Urkunde enthalten sind und deren Beweiswert beeinträchtigen können, sollen im Beglaubigungsvermerk bezeichnet werden (§ 42 Abs 2 BeurkG).

Die Abschrift kann **auch auszugsweise** erteilt werden (§ 42 Abs 3 BeurkG). Im Ausfertigungsvermerk hat der Notar im Beglaubigungsvermerk den Gegenstand des Auszugs anzugeben und zu bezeugen, dass die Urkunde über diesen Gegenstand keine weiteren Bestimmungen enthält.

Der **Beglaubigungsvermerk** kann etwa wie folgt lauten: **409**
    Überschrift: »Beglaubigte Abschrift«
    Schlussvermerk: »Die Übereinstimmung der vorstehenden Abschrift mit der Urschrift/Ausfertigung/beglaubigten Abschrift wird hiermit bezeugt.«
    Ort/Datum – Unterschrift und Siegel des Notars

Werden mit der **Ausfertigung** einer Urkunde beglaubigte Abschriften von sonstigen Urkunden durch Schnur   **410**
und Siegel verbunden (Rdn 395) (oder befinden sie sich mit dieser auf demselben Blatt), so genügt für die Beglaubigung dieser Abschriften der Ausfertigungsvermerk (§ 49 Abs 3 BeurkG). Diese Erleichterung bei der

---

609 Armbrüster JR 1999, 449, 451; *Bauer/von Oefele-Knothe* Rn 146.
610 KG FGPrax 1998, 7, 8 = KGR Berlin 1998, 124 = Rpfleger 1998, 108.
611 *Schöner/Stöber* Rn 168.
612 *Keidel-Winkler* § 42 BeurkG Rn 2.

Erteilung von Ausfertigungen hat Bedeutung, wenn der Urschrift die beglaubigte Abschrift einer Urkunde beigefügt ist, die im Grundbuchverfahren in der Form des § 29 nachzuweisen ist, wie etwa eine Vollmacht, eine Genehmigungserklärung oder ein Vertretungsnachweis. Diese brauchen nicht besonders beglaubigt zu werden, weil sie durch den Ausfertigungsvermerk die Eigenschaft von öffentlich beglaubigten Abschriften erhalten.

411 **bb) Abschriftsbeglaubigung durch Gerichte oder Verwaltungsbehörden.** § 42 BeurkG gilt **nicht** für Beglaubigungen durch Urkundsbeamte und Gerichtsvollzieher, auch nicht für Verwaltungsbehörden.

– Das Verfahren der Abschriftenbeglaubigung durch **Verwaltungsbehörden** ist in **§ 33 Verwaltungsverfahrensgesetz** (VwVfG) geregelt, der einen mit Unterschrift und Dienstsiegel versehenen Beglaubigungsvermerk verlangt.

– Die Form der Beglaubigung durch den **Urkundsbeamten** war bis zum Inkrafttreten des Beurkundungsgesetzes in landesrechtlichen Vorschriften geregelt, die durch § 60 BeurkG außer Kraft traten. Da bundesrechtliche Vorschriften fehlen, sind **§§ 39, 42 BeurkG** insoweit **entsprechend** anzuwenden, als der Beglaubigungsvermerk die Übereinstimmung mit der Urschrift bescheinigen muss und vom Urkundsbeamten zu unterzeichnen ist unter Beifügung des Siegels. Da der Urkundsbeamte nicht neben dem Notar, sondern ausschließlich zuständig ist, finden die Vorschriften des Beurkundungsgesetzes aber nicht unmittelbar Anwendung.

412 Insbesondere gilt für den Urkundsbeamten des Gerichts also auch nicht § 44 BeurkG, der die Verbindung mehrerer Blätter mit Schnur und Prägesiegel verlangt.[613] Gleichwohl bestehen erhebliche Bedenken gegen die häufig zu beobachtende Praxis der Registergerichte, beglaubigte Abschriften in vereinfachter Form, also ohne feste Verbindung durch Schnur und Prägesiegel, herzustellen. Die Verbindung durch eine Heftklammer sichert die beglaubigte Abschrift nicht vor Verfälschungen. Die Beweiskraft einer solchen Urkunde ist wegen eines äußeren Mangels gemindert (§ 419 ZPO); über ihre Eignung im Eintragungsverfahren entscheidet das Grundbuchamt.[614]

Entgegen einer Entscheidung des BayObLG kann ein Beteiligter die Verbindung mehrerer Blätter mit Schnur und Siegel dann verlangen, wenn die beglaubigte Abschrift zum formgültigen Nachweis einer Tatsache (etwa einer Vertretungsberechtigung) benötigt wird. Insbesondere ist der Notar berechtigt, eine voll beweiskräftige beglaubigte Abschrift zu beantragen (etwa eine beglaubigte Grundbuchblattabschrift), weil er gesetzlich verpflichtet ist, sich zuverlässig über den Grundbuchinhalt zu unterrichten. Sie ist in diesem Fall entsprechend § 44 BeurkG mit Schnur und Prägesiegel zu verbinden.[615]

4. Entbehrlichkeit der Vorlage bei Bezugnahme auf Akten des Gerichts

413 Eine (erneute) Vorlage der Urkunde ist entbehrlich, wenn sie in einer der drei genannten Formen bereits in den Akten **desselben Amtsgerichts** enthalten ist; es genügt hier die **Verweisung** auf die Akten.[616] Eine zulässige Verweisung setzt voraus, dass die Akten und die darin enthaltenen Urkunden, auf die verwiesen wird, ausreichend bezeichnet sind, sodass sie vom Grundbuchamt ohne weitere Ermittlungen festgestellt werden können.[617]

XI. Echtheit und Beweiskraft

1. Echtheit

414 **a) Echtheit inländischer öffentlicher Urkunden (§ 437 ZPO).** Nur die echte Urkunde ist beweiskräftig. Die Urkunde ist iS der Verfahrensvorschriften dann echt, wenn sie von derjenigen Person herrührt, die sie errichtet hat. § 437 ZPO stellt eine einfache Rechtsvermutung für die Echtheit inländischer öffentlicher Urkunden auf.

415 **b) Echtheit ausländischer öffentlicher Urkunden (§ 438 ZPO).** Öffentliche Urkunden, die von einer ausländischen Behörde oder Urkundsperson herrühren, haben diese Vermutung der Echtheit nicht (§ 438 Abs 1 ZPO). Vielmehr ist die Echtheit bei ausländischen Urkunden nachzuweisen, inbes durch Legalisation oder Apostille (vgl Einl L Rdn 282 ff).[618]

Dafür spielt die Prüfung, ob die ausländische Behörde oder Urkundsperson zuständig war und das für sie maßgebliche Verfahren und Form eingehalten hat, bei ausländischen Urkunden in der Praxis nur eine geringe Rolle, da bei echten ausländischen Urkunden (dh insbes mit Apostille oder Legalisation versehenen Urkunden, aber auch für ausländische öffentliche Urkunden, die aufgrund besonderer Bestimmungen von jedem Echt-

---

613 BayObLGZ 1982, 29 = Rpfleger 1982, 172.
614 *Knothe* in *Bauer/von Oefele* Rn 152.
615 *Reithmann* Allgemeines Urkundenrecht, 13 aA Bay OSLGZ 1982, 9 = Rpfleger 1982, 172.
616 KG JFG 19, 23; BayObLG Rpfleger 1965, 63; OLG Köln Rpfleger 1986, 298; KEHE-*Herrmann* Rn 121; *Demharter* Rn 57.
617 BayObLG Rpfleger 1987, 451.
618 BayObLG MittBayNot 1989, 273.

heitsnachweis freigestellt sind), der Erfahrungssatz gilt, dass öffentliche Behörden und Notare die für sie maßgebenden Zuständigkeits- und Formvorschriften beachten (Einl L Rdn 342).[619]

Überspitzt, aber einprägsam könnte man formulieren,
– dass das Grundbuchamt bei inländischen öffentlichen Urkunden Zuständigkeit, Verfahren und Form prüft (bei Eigenurkunden von Behörden jedenfalls Zuständigkeit, Unterschrift und Siegel, § 29 Abs 3), aber nicht die Echtheit,
– während es bei ausländischen öffentlichen Urkunden nur die Echtheit prüft, nicht aber Zuständigkeit, Verfahren und Form (und bei von der Echtheitsprüfung freigestellten ausländischen Urkunden gar nichts prüft).

2. Beweiskraft und Gegenbeweis

a) Beweiskraft. Die Vorschriften der ZPO über die **Beweiskraft von Urkunden** (§§ 415–419, 437 ff ZPO)   **416**
gelten auch für das Grundbuchverfahren.[620]
– So hat das Grundbuchamt bei einer inländischen öffentlichen Urkunde, die die in §§ 415 Abs 1, 417 bzw. 418 Abs 1 ZPO genannten Voraussetzungen erfüllt, von der **Echtheit** auszugehen (§ 437 Abs 1 ZPO) (soweit die Urkunde nicht äußere Mängel aufweist und damit fehlerhaft iS des § 419 ZPO ist).
– Die (echte) öffentliche Urkunde erbringt **vollen Beweis** über die Abgabe der in ihr bezeugten Erklärungen (und auch deren Zugang, wenn auch der Erklärungsempfänger Urkundsbeteiligter ist) (§ 415 ZPO).

Öffentliche Urkunden begründen nach §§ 415 Abs 1, 418 Abs 1 ZPO den vollen Beweis der bezeugten Erklä-   **417**
rung oder Tatsache; eine richterliche Beweiswürdigung ist nicht möglich. Die **Beweiswirkung** umfasst inbes:
– die Abgabe der in einer bezeugenden (§ 415 ZPO) oder in einer Eigenurkunde einer Behörde (§ 417 ZPO) enthaltenen (Willens-) Erklärungen,
– die Personenidentität der Erklärenden[621] (insoweit gilt auch für bezeugende Urkunden § 418 ZPO),
– Zeit und Ort der Abgabe der Erklärung[622] sowie die Anwesenheit der Beteiligten bei der Beurkundung,
– die Feststellung der Urkundsperson über das Beurkundungsverfahren (zB die im Schlussvermerk festgestellte Verlesung, die in Vermerken in der Urkunde festgehaltenen Belehrungen etc);
– die Feststellung der Urkundsperson über Tatsache und Zeitpunkt der Vorlage von Urkunden (§ 418 ZPO) (zB Vollmacht, ausländischer Pass oder Personalausweis).

Die Beweiswirkung umfasst hingegen **nicht**:   **418**
– die inhaltliche Richtigkeit (**Wahrheit**) des Erklärten oder der vorgelegten Urkunden,[623]
– die inhaltliche Richtigkeit der von der Urkundsperson aus ihren Wahrnehmungen gezogenen (tatsächlichen oder rechtlichen) Schlussfolgerungen (Rdn 382), zB auch zur Geschäftsfähigkeit der Beteiligten.[624]

Die Urkunde hat aber die Vermutung der Vollständigkeit und Richtigkeit für sich dass der geäußerte rechtsge-   **419**
schäftliche Wille der Beteiligten vollständig wiedergegeben ist.[625]

Die Vollständigkeitsvermutung notarieller Urkunden erstreckt sich nur auf die getroffenen Vereinbarungen (bzw sonstigen rechtsgeschäftlichen Erklärungen, nicht aber auf Hinweise, Informationen und dergleichen.[626]

---

619 KG DR 1939, 1946 = JFG 20, 171; BayObLG MittBayNot 1989, 273; OLG Zweibrücken FGPrax 1999, 86 = MittBayNot 1999, 480 = OLG-Report 1999, 370 = Rpfleger 1999, 326; LG Wiesbaden Rpfleger 1988, 17; *Arnold* DNotZ 1975, 581, 586; *Weber* DNotZ 1967, 469, 472; *Knothe* in *Bauer/von Oefele* Int Bezüge Rn 627; *Demharter* § 29 Rn 51; *Hügel-Zeiser* Int Bezüge Rn 243; *Jansen* Einl BeurkG Rn 49; KEHE-*Sieghörtner* Einl U Rn 386.
620 BayObLG MittRhNotK 1984, 237; BayObLG DNotZ 1985, 220, 222 m Anm *Winkler* = MittBayNot 1985, 45 = MittRhNotK 1985, 237 = Rpfleger 1985, 105; KEHE-*Herrmann* Rn 98, 104; *Reithmann* DNotZ 1985, 540, 548.
621 OLG Celle DNotI-Report 2006, 34 = DNotZ 2006, 297 = NJW-RR 2006, 448 = OLGR Celle 2006, 351 = RNotZ 2006, 58; KGJ 44 A 209, 212; LG Berlin Rpfleger 1964, 53 m Anm *Haegele*.
622 OLG Hamm RuS 2000, 478 = VersR 2000, 1219 = ZfSch 2000, 400; *Winkler* § 1 BeurkG Rn 13.
623 OLG Hamburg MDR 1999, 375 = OLG-Report 1998, 439; OLG Hamm Rpfleger 1983, 393; *Baumbach/Lauterbach/Albers/Hartmann* § 415 ZPO Rn 6; *Jansen* § 1 BeurkG Rn 45.
624 BayObLG Rpfleger 1974, 396 0 DNotZ 1975, 555; OLG Frankfurt Beschl vom 02.09.2005 – 20 W 414-04 (nicht veröffentlicht); *Zöller-Geimer* § 418 ZPO Rn 3.
625 BGH DNotZ 1965, 367; BGH MDR 1999, 759 = NJW 1999, 1702 = WM 1999, 965 = ZflR 1999, 516; BGH DNotI-Report 2002, 149 = NJW 2002, 3164 = ZIP 2002, 1809 = ZNotP 2002, 409; *Reithmann* Allgemeines Urkundenrecht, 36 und DNotZ 1973, 154; *Winkler* § 1 BeurkG Rn 13 – diese Vermutung gilt auch für privatschriftliche Urkunden: BGHZ 20, 109, 111 = BB 1956, 286 = NJW 1956, 665 = LM § 282 ZPO Nr 3; BGH MittRhNotK 2000, 201 = MDR 2000, 19 = WM 1999, 2475 = ZIP 1999, 1887, 1888.
626 BGH DNotZ 1986, 78.

420   **b) Äußere Mängel öffentlicher Urkunden.** Bei äußeren Mängeln der notariellen Urkunde ist zu unterscheiden:

aa) Betrifft der Mangel eine **Wirksamkeitsvoraussetzung der äußeren Form** der Urkunde, so fehlt zugleich ein Begriffsmerkmal der »öffentlichen Urkunde«. Die Urkunde ist damit für das Grundbuchverfahren nicht tauglich.

Äußere Mängel dieser Art sind zB das Fehlen einer Unterschrift auf der Urschrift oder – auf der Ausfertigung oder beglaubigten Abschrift – des Siegels oder der Unterschrift des Notars unter dem Ausfertigungs- oder Beglaubigungsvermerk, Unvollständigkeit der Abschrift (soweit sie nicht auszugsweise erteilt ist) oder sonstige erkennbare Verstöße gegen Muss-Vorschriften des BeurkG.

421   **bb)** Äußere Mängel, die nicht die Formgültigkeit der Urkunde beseitigen, können ihre **Beweiskraft beeinträchtigen.** § 419 ZPO nennt beispielsweise »Durchstreichungen, Radierungen, Einschaltungen«. Hier kann das Grundbuchamt die Vorlage einer einwandfreien Urkunde verlangen.[627]

Bei notariellen Urkunden betrifft dies inbes entgegen § 44a Abs 1 BeurkG (§ 30 Abs 3 DONot aF) **nicht unterzeichnete Randvermerke** (Rdn 249);[628] eine § 44a Abs 1 BeurkG entsprechende Ergänzung oder Änderung ist hingegen kein äußerer Mangel,[629] mag sie auch unsauber geschrieben sein. Ein Mangel liegt nicht nur vor, wenn feststeht, daß die unterzeichnete Urkunde nachträglich geändert wurde, sondern auch, wenn das nach ihrem Erscheinungsbild nur möglich ist.[630]

422   Hinzukommen muss stets ein konkreter Anhaltspunkt (die nahe liegende Möglichkeit), dass die Änderung ohne den Willen des Ausstellers vorgenommen worden ist.[631]

423   **c) Inhaltliche Unrichtigkeit der Urkunde.** Nach §§ 415 Abs 2, 418 Abs 2 ZPO der Gegenbeweis zulässig, dass der Vorgang unrichtig beurkundet wurde.[632]

Im Grundbuchverfahren erfordert dies nicht, dass die inhaltliche Unrichtigkeit der vorgelegten öffentlichen Urkunden ebenfalls in der Form des § 29 nachgewiesen wird. Aufgrund des Legalitätsgrundsatzes muss das Grundbuchamt vielmehr Eintragungshindernisse auch dann berücksichtigen, wenn sie nicht durch öffentliche Urkunden nachgewiesen sind (vgl Rdn 25 mwN; Einl F Rdn 107 ff).

424   **Zweifeln**, die sich auf Tatsachen gründen, muss das Grundbuchamt nachgehen und ggf durch eine **Zwischenverfügung** auf ihre Beseitigung hinwirken – immer unter Abwägung seiner Pflichten, einerseits das Grundbuch richtig zu halten und andererseits das Eintragungsverfahren zügig abzuschließen.[633]

XII. Entbehrlichkeit des Nachweises bei Offenkundigkeit (§ 29 Abs 1 S 2)

425   Andere Eintragungsvoraussetzungen als die zur Eintragung erforderlichen Erklärungen Beteiligter bedürfen nach § 29 Abs 1 S 2 des Nachweises durch öffentliche Urkunden, »soweit sie nicht bei dem Grundbuchamt offenkundig sind«. Damit erfährt der für das Grundbuchverfahren geltende **Grundsatz des Strengbeweises keine Ausnahme.** Die Vorschrift übernimmt vielmehr den Rechtsgedanken des § 291 ZPO, wonach Tatsachen, die bei dem Gericht offenkundig sind, **keines Beweises bedürfen.**

1. Allgemeinkundige Tatsachen

426   Offenkundig sind zunächst die **allgemeinkundigen Tatsachen,**[634] nämlich Vorgänge, die weite, verständige Kreise für feststehend halten, weil sie allgemein oder in einem bestimmten örtlichen Umkreis bekannt sind oder wahrnehmbar waren oder über die man sich aus zuverlässigen Quellen ohne besondere Sachkunde sicher

---

627   *Demharter* Rn 49; *Knothe* in *Bauer/von Oefele* Rn 156; KEHE-*Herrmann* Rn 81.
628   BGH BB 1956, 542 = DNotZ 1956, 643 m Anm *Knur* = Rpfleger 1957, 110; DNotZ 1995, 28 = NJW 1994, 2768 = WM 1994, 1342; OLG Koblenz DNotZ 1977, 48.
629   *Knothe* in *Bauer/von Oefele* Rn 158.
630   BGH DNotZ 1967, 177 = MDR 1966, 835 = NJW 1966, 1657; *Winkler* § 44a BeurkG Rn 4.
631   OLG Hamm Rpfleger 1957, 113; *Reithmann* Allgemeines Urkundenrecht, 84; KEHE-*Herrmann* Rn 82; zu weitgehend *Bruhn* Rpfleger 1957, 110.
632   BayObLG Rpfleger 1981, 358; BayObLG DNotZ 2000, 471 = NJW-RR 2000, 456 = ZEV 2000, 66 = ZNotP 1999, 484; LG Stralsund NJW 1997, 3178; ebenso allg: BGHZ 16, 217, 227 = NJW 1965, 625; BGH NJW 1990, 2125 = MDR 1991, 33; RGZ 85, 125; RGZ 131, 288; OLG Düsseldorf NJW 2000, 2831; OLG Köln OLGZ 1987, 481 = MDR 1986, 765 = NJW-RR 1986, 863 = Rpfleger 1986, 393; OLG Schleswig MDR 2000, 632 = OLG-Report 2000, 289; *Jansen* § 1 BeurkG Rn 45.
633   vgl die Nachweise in Rdn 25.
634   Nur Tatsachen, nicht Erklärungen können offenkundig sein, KG Rpfleger 1979, 209.

unterrichten kann, zB der Lebenshaltungskostenindex[635] oder die kirchenrechtlichen Befugnisse eines Bischofs.[636] Ebenso ist eine Vertretungsbefugnis offenkundig und muss nicht mehr gesondert nachgewiesen werden, wenn sie sich unmittelbar aus dem Gesetz ergibt.[637] Dagegen ist nicht schon offenkundig, was aufgrund allgemeiner Erfahrungssätze in hohem Maße wahrscheinlich ist.

Erforderlich, aber auch genügend ist, dass die Tatsache **bei dem Grundbuchamt** offenkundig, dh zweifelsfrei   **427** bekannt ist.[638] Bei Veröffentlichung einer Firmenänderung im Bundesanzeiger scheidet Offenkundigkeit aus, wenn das Amtsgericht den Bundesanzeiger nicht führt.[639] Im Bundesanzeiger veröffentlichte Eintragungen im Handelsregister machen diese im Übrigen nicht offenkundig. Der Nachweis der Vertretungsbefugnis durch die Bescheinigung des Notars oder durch einen beglaubigten Handelsregisterauszug bleiben stets erforderlich.

Eine auf einem **Erfahrungssatz** beruhende **Schlussfolgerung** über das Vorliegen oder das Nichtvorliegen   **428** einer Tatsache (zB Entgeltlichkeit der Verfügung des Vorerben beim Verkauf eines Grundstücks an einen unbeteiligten Dritten) kann der allgemeinkundigen Tatsache **nicht** gleichgestellt werden. Erfahrungssätze können zu einer Beweiserleichterung und zu einem Beweisverzicht führen, sie müssen es aber nicht und unterscheiden sich von daher von offenkundigen Tatsachen. Praktische Beispiele für allgemeinkundige Tatsachen, auf die im Eintragungsverfahren zurückgegriffen werden kann, finden sich daher kaum.[640]

2. Aktenkundige Tatsachen und Erklärungen

Die eigentliche Bedeutung des Nachweisverzichts liegt bei den sog **aktenkundigen Tatsachen** und Erklärungen.   **429** Eine Gleichstellung von aktenkundigen und allgemeinkundigen Tatsachen wäre jedoch verfehlt.[641] Allgemeinkundige Tatsachen bedürfen keines Beweises, aktenkundige Tatsachen sind bewiesen. Soweit der Antragsteller auf bereits zu einem früheren Zeitpunkt vorgelegte öffentliche oder öffentlich beglaubigte Urkunden verweist, die sich bei den Akten des gleichen Amtsgerichts befinden, sind die Eintragungsvoraussetzungen formgerecht nachgewiesen. Für sie gilt nur insoweit etwas Besonderes, als sie von den Beteiligten **nicht erneut beigebracht** werden müssen (im Sinne einer erneuten Vorlage der Urkunde). Es genügt die Bezugnahme auf Urkunden, die dem Grundbuchamt bereits vorliegen (auch zu anderen Grundakten). Es gehört dann zur Aufklärungspflicht des Grundbuchamts, die Unterlagen beizuziehen, sofern diese hinreichend bestimmt bezeichnet sind.[642]

Beispielsfälle: **430**
– Ist beispielsweise der Nachweis der Vertretungsbefugnis durch eine entsprechende Bescheinigung des Notars zu den Grundakten eines Grundbuchblatts geführt, so kann in dem ein anderes Grundbuchblatt betreffenden Eintragungsantrag auf diese bereits dem Gericht vorliegende **Vertretungsbescheinigung** verwiesen werden.
– Ebenso kann zum Nachweis der Eröffnung des Insolvenzverfahrens auf die mit dem Ersuchen des Insolvenzgerichtes eingereichte Ausfertigung des Beschlusses über die Eröffnung des Insolvenzverfahrens verwiesen werden.[643]
– Hauptanwendungsbereich der Verweisung auf aktenkundige Tatsachen ist die **Bezugnahme auf Register** des gleichen Amtsgerichts. § 34 GBO, der ausdrücklich nur das Handels- und Güterrechtsregister nennt, gilt entsprechend für das Partnerschafts-, Genossenschafts- und Vereinsregister, aber auch für alle sonstigen bei demselben Amtsgericht geführten Register und Akten.[644]

---

635 Der zum Inhalt der Wertsicherungsklausel gemachte Preisindex eines Vier-Personen-Arbeitnehmerhaushalts mit mittlerem Einkommen ist eine beim Grundbuchamt offenkundige Tatsache (OLG Celle, Rpfleger 1984, 462; LG Marburg Rpfleger 1991, 453: Für die Eintragung einer Erbbauzinserhöhung im Range einer Erhöhungsvormerkung bedarf es keiner Vorrangseinräumungserklärung der Gläubiger, wenn dem Grundbuchamt offenkundig ist, dass die Erhöhung im Rahmen der vorgemerkten Vereinbarung – Lebenshaltungskostenindex – liegt). *Knothe* in *Bauer/von Oefele* Rn 101.
636 BayObLGZ 1974, 75; LG Schwerin KirchE 40 (2002), 264 = NotBZ 2002, 425.
637 BayObLG DNotZ 1987, 39 = NJW-RR 1986, 894; OLG Brandenburg FGPrax 2001, 95 = OLG-Report 2001, 303 (kein Nachweis der Vertretungsmach der Länder bei Bundesauftragsverwaltung erforderlich).
638 BayObLGZ 1952, 324; 1957, 52 = DNotZ 1957, 311; OLG Frankfurt Rpfleger 1972, 104; *Demharter* Rn 60.
639 LG Köln MittRhNotK 1982, 62.
640 Außer den in Rdn 426 zitierten Beispielen zum Lebenshaltungskostenindex und ggf. zum Kirchenrecht sind keine Beispiele einer »allgemeinkundigen Tatsache« aus der Rechtsprechung bekannt. »Offenkundig« ist nicht der Umstand, dass jemand nicht wieder geheiratet hat (Wiederverheiratungsklausel); entgegen LG Bochum (Rpfleger 1987, 197), das Wahrscheinlichkeit für die Offenkundigkeit genügen lassen will. Streng zu trennen von solchen Tatsachen ist die Kenntnis der Rechtslage. Das geltende Recht ist stets »offenkundig«; darauf beruht BayObLG 1974, 65. Der dem Vorerben erteilte Erbschein und die Sterbeurkunde des Vorerben führen nicht zur »Offenkundigkeit« der Nacherbfolge, diese bedarf des Nachweises durch einen Erbschein, BayObLG MittBayNot 1983, 17.
641 OLG Köln MDR 1965, 393; *Demharter* Rn 61.
642 OLG Köln OLGZ 1986, 408 = Rpfleger 1986, 298; BayObLG NJW-RR 1987, 1101 = Rpfleger 1987, 451; *Knothe* in *Bauer/von Oefele* Rn 154; *Demharter* Rn 61; *Schöner/Stöber* Rn 158.
643 OLG Düsseldorf FGPrax 2003, 248 = NJW-RR 2004, 138 = NZI 2004, 94 = OLGR Düsseldorf 2004, 88 = Rpfleger 2003, 647.
644 *Demharter* § 34 Rn 2.

– Häufig sind auch Verweisungen auf Akten des **Nachlassgerichts**.[645]
– Gleiches gilt für die **vormundschaftsgerichtliche Genehmigung**, ungeachtet der Tatsache, dass deren Mitteilung durch den gesetzlichen Vertreter und die Entgegennahme durch den anderen Teil nachweispflichtig bleibt.
– In anderen Fällen der Aktenkundigkeit befindet sich die öffentliche oder öffentlich beglaubigte Urkunde (in Urschrift, Ausfertigung oder beglaubigter Abschrift) selbst in den Akten, die vom Grundbuchamt zwecks Prüfung einzusehen sind, ob sich hieraus die zu beweisende Tatsache ergibt. So ist eine sich aus der Eintragungsbewilligung ergebende Befristung eines dinglichen Rechts (»auf die Dauer von 10 Jahren ab dem Tage der Bewilligung«) stets aktenkundig, so dass nach Fristablauf die Unrichtigkeit des Grundbuchs nachgewiesen ist.

431   Die Bezugnahme auf das Register oder die Akten (etwa des Nachlassgerichts) hat für das Grundbuchamt die Pflicht zur Folge, das Register oder die Akten einzusehen und entbindet damit zugleich die Beteiligten von der Pflicht, den erforderlichen Nachweis zu führen. Wird zum Nachweis der Erbfolge auf die Nachlassakten Bezug genommen, aus denen sich ergibt, dass der Erbschein mit dem behaupteten Inhalt erteilt worden ist, so genügt Akteneinsicht, ohne dass der Erbschein vorzulegen ist[395]. Hier liegt ein Fall vor, bei dem die in den Akten belegte Tatsache der Erteilung des Erbscheins dessen urkundliche Vorlage überhaupt entbehrlich macht, weil die aktenkundige Tatsache offenkundig ist.[646]

432   Die Nachweiserleichterung gilt ausschließlich für Tatsachen, die durch Akten oder Register des **gleichen Amtsgerichts** nachweisbar sind, nicht aber eines anderen Amtsgerichts.[647] Daher reicht der Vollzugsvermerk des einen Grundbuchamts auf der Urkundenurschrift als Nachweis der Eheschließung der in Gütergemeinschaft lebenden Eheleute für die Berichtigung des Grundbuchs, das bei einem anderen Amtsgericht geführt wird, nicht aus; der Vollzugsvermerk führt auch nicht zur Offenkundigkeit des Vollzugs.[648]

433   Ebenso wenig genügt der Verweis auf das gemeinsame **Registerportal** der Länder zum Nachweis einer Vertretungsberechtigung oder der Rechtsnachfolge für eine bei einem anderen Amtsgericht eingetragene Gesellschaft. Denn das Grundbuch ist nicht verpflichtet, sich durch Einsichtnahme in dieses Register selbst die für erforderlich angesehenen Unterlagen beizuziehen.[649]

Die Möglichkeit, auf bereits bei den Akten des gleichen Amtsgerichts befindliche Urkunden zu verweisen, ist nicht beschränkt auf den Nachweis von **Tatsachen**, sondern gilt auch für öffentliche Urkunden, die **Erklärungen** der am Eintragungsverfahren Beteiligten enthalten. Wird aus einer Urkunde zunächst ein Antrag zum Vollzug beim Grundbuchamt gestellt und später ein zweiter Antrag, so kann selbstverständlich auf die bereits vorliegende Urkunde verwiesen werden. Anders ist es, wenn dem Grundbuchamt zunächst nur eine auszugsweise Ausfertigung (auszugsweise beglaubigte Abschrift) der Urkunde vorgelegt worden ist, und nun der nicht mitausgefertigte Urkundeninhalt vollzogen werden soll. In diesem Fall muss die Urkunde erneut, vollständig oder auszugsweise mit dem bislang nicht ausgefertigten Teil (zB der Auflassung), in Ausfertigung oder beglaubigter Abschrift hereingereicht werden.

434   Unterliegen die betreffenden Akten, bei denen sich die öffentliche Urkunde befindet, der (künftigen) **Vernichtung** (§§ 10 Abs 2, 24 Abs 3 Grundbuchverfügung), so können die Beteiligten dennoch darauf verweisen. Das Grundbuchamt muss jedoch eine beglaubigte Abschrift der Urkunde zu den Grundakten nehmen.[650] Der Rechtspfleger (Richter) ordnet deren Anfertigung an; er kann nicht den Beteiligten die Beibringung der Abschriften aufgeben.[651]

Befindet sich die Urkunde dagegen in Akten des Amtsgerichts, die nicht der Vernichtung unterliegen, so genügt eine Verweisung in den Grundakten auf die anderen Akten durch einen entsprechenden Vermerk.

645 BGH DNotZ 1982, 159, 162; BayObLG Rpfleger 1975, 360, 361; 1987, 451, 452; KG JFG 23, 299; OLG Frankfurt Rpfleger 1971, 65, 66 m Anm *Haegele*; *Demharter* § 34 Rn 2; *Knothe* in *Bauer/von Oefele* Rn 154.
646 BGH DNotZ 1982, 159 = FamRZ 1982, 141 = MDR 1982, 308 = MittBayNot 1981, 237 = MittRhNotK 1982, 19 = NJW 1982, 170 = Rpfleger 1982, 23; *Demharter* Rn 61.
647 KG OLGE 2, 409, 410; *Demharter* § 34 Rn 3.
648 BayObLGZ 1957, 49 = DNotZ 1957, 31.
649 OLG Hamm JMBl NW 2008, 127 = Rpfleger 2008, 298; **aA** für das Handelsregisterverfahren: *Krafka/Willer*, Registerrecht, 7. Aufl 2007, Rn 118.
650 KG JFG 23, 299 f; *Demharter* Rn 61; *Knothe* in *Bauer/von Oefele* Rn 154.
651 KEHE-*Eickmann* § 24 GBV (Grundbuchverfügung).

XIII. Freie Beweiswürdigung und Erfahrungssätze hinsichtlich sonstiger Umstände

1. Allgemein

Die Prinzipien des Strengbeweises und der Beweismittelbeschränkung im Grundbuchverfahren verlangen, dass **435**
alle Eintragungsunterlagen durch öffentliche Urkunden nachzuweisen sind. Alle sonstigen nach § 12 FGG in
der Freiwilligen Gerichtsbarkeit zugelassenen Beweismittel der ZPO sind im Grundbuchverfahren ausgeschlossen. Dass § 29 Abs 1 S 2 bei offenkundigen Tatsachen auf diesen Nachweis verzichtet, enthält hiervon keine
Ausnahme, weil offenkundige Tatsachen ihrer Natur nach keines Beweises bedürfen.

Gleichwohl ist anerkannt, dass **Ausnahmen** von dem Grundsatz zuzulassen sind, dass alle Eintragungsvoraussetzungen dem Grundbuchamt in der strengen und sicheren Form des Urkundenbeweises nachgewiesen sein
müssen (vgl Einl F Rdn 92–94, 102–119).

Befindet sich der Antragsteller in einer objektiven Beweisnot, kann er also die nachzuweisende Tatsache nicht
durch eine öffentliche Urkunde belegen, so hat das Grundbuchamt dem Umstand dadurch Rechnung zu tragen, dass es entweder auch **nichturkundliche Beweise** zulässt oder aber **Erfahrungssätze** heranzieht und in
freier Würdigung aller ihm bekannten Tatsachen das Vorliegen der Eintragungsvoraussetzungen prüft und feststellt.

Rechtsprechung und Literatur haben Fallgruppen für die Zulässigkeit freier Beweiswürdigung unter Berücksichtigung von Erfahrungssätzen herausgebildet.

Für die erforderlichen **Erklärungen der am Verfahren Beteiligten** (Eintragungsbewilligung, Zustimmungs- **436**
erklärungen, Auflassung) gilt allerdings ausnahmslos die Vorschrift des § 29 Abs 1 S 1.[652]
– **Beweiserleichterungen** sind hingegen anerkannt für den **Nachweis von Tatsachen**, insbesondere von
negativen Tatsachen. Typische Beispiele sind die Geschäftsfähigkeit (Rdn 108 ff), der Fortbestand (= Nicht-
Widerruf) einer Vollmacht (Rdn 46 ff) oder die Entgeltlichkeit der Verfügung des Vorerben oder Testamentsvollstreckers (Rdn 438 ff).
– Beweiserleichterungen sind auch anzuerkennen für den **Nachweis, dass eine sonstige Erklärung eines
Nichtverfahrensbeteiligten** nicht erforderlich ist. Beispiel ist die Zustimmung bzw Genehmigung des
Ehegatten nach §§ 1365, 1366 BGB (Rdn 83 ff).

Beide Fallgruppen unterscheiden sich.
– Bei der ersten Fallgruppe geht es um Tatsachen, die durch öffentliche Urkunden in der Form des § 29
Abs 1 S 2 nicht nachgewiesen werden können, in denen sich also der Antragsteller in einer **Beweisnot**
befindet.
– Die zweite Fallgruppe ist dadurch gekennzeichnet, dass zwar die möglicherweise erforderliche Erklärung in
der nach § 29 Abs 1 S 1 vorgeschriebenen Form beigebracht werden kann, die Prüfungspflicht des Grundbuchamts aber regelmäßig **keinen Anlass** gibt, den entsprechenden Nachweis zu fordern.

Erleichterungen von den Formerfordernissen des § 29 sind ausgeschlossen, soweit **Erklärungen** nachzuweisen **437**
sind. Die Lockerung der strengen Beweisanforderungen des § 29 Abs 1 zu Gunsten der Möglichkeit freier Würdigung nicht urkundlich belegter Tatsachen unter Einbeziehung allgemeiner Erfahrungssätze ist nur dort geboten, wo die Beibringung von Urkunden unmöglich ist und sich der Antragsteller auch sonst in Beweisnot
befindet. Anderenfalls könnte eine beantragte Eintragung überhaupt nicht vorgenommen werden.

Auch wenn Beweiserleichterungen in erster Linie für den Nachweis negativer Hilfstatsachen, insbesondere das
Nichtvorliegen eintragungshindernder Tatsachen oder von Nebenumständen anerkannt sind, gelten diese auch
im **Berichtigungsverfahren nach § 22**, wenn weder eine Berichtigungsbewilligung beigebracht werden kann,
sie insbesondere auch nicht im Prozesswege erzwingbar ist, noch die Unrichtigkeit des Grundbuchs durch
öffentliche Urkunde nachweisbar ist.[653] Dies gilt zB bei der Löschung eines Rechts wegen Nichtexistenz des
eingetragenen Gläubigers. Hier scheidet aus Rechtsgründen die Beantragung eines Versäumnisurteils auf
Abgabe der Löschungsbewilligung ebenso aus wie die Bestellung eines Pflegers nach § 1913 BGB.[654]

---

652 Dies gilt auch wenn die Möglichkeit, eine formgerechte Erklärung abzugeben, im Einzelfall erschwert oder unzumutbar ist oder sogar unmöglich sein sollte, BayObLG Rpfleger 1984, 463 = MittBayNot 1985, 24 (Nachweis privatschriftlicher Vollmacht für Erbteilsübertragung).
653 BayObLGZ 1991, 301 = BB 1991, 2243 = DB 1991, 2330 = DNotZ 1992, 157 m Anm *Jaschke* = MDR 1992, 140
= MittBayNot 1992, 47 m abl Anm *Ertl* MittBayNot 1992, 11 = MittRhNotK 1992, 23 = NJW-RR 1992, 228 =
Rpfleger 1992, 19 m Anm *Meyer-Stolte; Ertl* MittBayNot 1992, 11.
654 KG FGPrax 1997, 212 = KG-Report 1998, 79 = NJW-RR 1998, 447.

2. Nachweiserleichterungen bei Beweisnot für sonstige Tatsachen

438 **a) Entgeltlichkeit einer Verfügung des Testamentsvollstreckers oder befreiten Vorerben.** Schulbeispiel für Beweisnot ist die Frage, ob die Verfügung eines **befreiten Vorerben** oder eines **Testamentsvollstreckers** entgeltlich war – also nicht etwa wegen **Unentgeltlichkeit** unwirksam ist, was das Grundbuchamt ebenfalls zu prüfen hat (Rdn 99).[655] Hier darf das Grundbuchamt unter Berücksichtigung der natürlichen Gegebenheiten die gesamten Umstände des Falles unter dem Gesichtspunkt prüfen, ob die Entgeltlichkeit offensichtlich ist. Der hier gebotene Verzicht auf die strengen Beweisanforderungen trägt dem Umstand Rechnung, dass der Nachweis der Entgeltlichkeit in der Form des § 29 oft nicht möglich sein wird.

439 Als Nachweis können danach **einfache Erklärungen** des Testamentsvollstreckers bzw Vorerben genügen, durch die die für die Entgeltlichkeit maßgebenden Beweggründe im Einzelnen angegeben werden, sofern sie verständlich und der Wirklichkeit gerecht werden erscheinen und keine begründeten Zweifel erkennbar sind;[656] nach hM genügt auch eine privatschriftliche Erklärung (was fragwürdig ist, da insoweit keine Beweisnot vorliegt). Ungenügend ist hingegen die bloße Behauptung der Entgeltlichkeit ohne entsprechenden Tatsachenvortrag.[657]

440 Vor allem aber kann sich der Nachweis auch auf **allgemeine Erfahrungssätze** stützen:
- Ein allgemeiner Erfahrungssatz besagt, dass ein **Kaufvertrag mit einem unbeteiligten Dritten** ein entgeltlicher Vertrag und keine verschleierte Schenkung ist, wenn die Gegenleistung an den Vorerben bzw Testamentsvollstrecker erbracht wird.[658]
- Dasselbe gilt für die **Einbringung in eine Gesellschaft** gegen Gesellschaftsanteile bzw gegen deren Erhöhung, auch wenn der Einbringende bereits maßgeblich an der Gesellschaft beteiligt ist.[659]
- Die Verfügung eines von § 2113 Abs 1 BGB befreiten Vorerben über einen Nachlassgegenstand bedarf dann nicht der Zustimmung der Nacherben, wenn damit ein vom Erblasser angeordnetes **Vermächtnis erfüllt** wird. Dabei genügt als Nachweis auch ein nicht zu öffentlicher Urkunde errichtetes (eigenhändiges) Testament[660] – denn wie soll der Erbe sonst das Vermächtnis nachweisen?

441 Die Lockerung der strengen Beweisanforderung ist jedoch nur dort geboten, wo es praktisch unmöglich ist, Urkunden beizubringen. Nur wenn **keine Möglichkeit des Urkundsnachweises** besteht (**Beweisnot**), darf das Grundbuchamt Wahrscheinlichkeitserwägungen anstellen, die sich auf allgemeine Erfahrungssätze stützen.[661] Hängt die Entgeltlichkeit einer Verfügung des Testamentsvollstreckers hingegen davon ab, dass der Erwerber eines Grundstücks Miterbe ist, so ist die Eigenschaft als Miterbe nachweisbar und daher auch in der Form des § 35 (oder ggf des § 36) nachzuweisen.[662] Ebensowenig befreit der bloße Schwierigkeit von der Nachweisform des § 29; ist etwa die Grundbuchunrichtigkeit nicht in der Form des § 29 nachzuweisen, so muss ggf auf Berichtigungsbewilligung geklagt werden.[663]

442 Wird die Unentgeltlichkeit durch die Natur der Sache oder die Sachlage ausgeschlossen, so ist sie einer offenkundigen Tatsache iS des § 29 Abs 1 S 2 gleichzustellen. Dies darf nicht dahin missverstanden werden, dass Erfahrungssätze zur Offenkundigkeit einer Tatsache führen. Das Grundbuchamt hat hier sicherlich das Recht,

655 mögliche Ausnahme bei Eintragung einer Auflassungsvormerkung nach Ansicht des OLG Zweibrücken FamRZ 2007, 570 = FGPrax 2007, 11 = NotBZ 2007, 34 = OLGR Zweibrücken 2007, 1 = RNotZ 2007, 212 = Rpfleger 2007, 194.
656 KG JFG 7, 284; 18, 161; OLG München JFG 19, 244; JFG 21, 242; KG Rpfleger 1968, 189; BayObLGz 1969, 283; BayObLG FamRZ 1989, 668 = MittBayNot 1989, 163 = NJW-RR 1989, 587 = Rpfleger 1989, 200; *Demharter* § 52 Rn 23; *Meikel-Böhringer* § 52 Rdn 60; *Schöner/Stöber* Rn 3441.
657 BayObLGZ 1986, 208, 211 = FamRZ 1987, 104 = MittBayNot 1986, 266 = NJW-RR 1986, 1070 = Rpfleger 1986, 470.
658 OLG Frankfurt MittBayNot 1980, 77 = Rpfleger 1980, 107.
659 OLG München DNotI-Report 2005, 63 = DNotZ 2005, 697 = FGPrax 2005, 193 = NotBZ 2005, 221 = OLGR München 2005, 238.
660 OLG Celle NdsRpfl 2005, 38 = OLGR Celle 2004, 488 = RNotZ 2005, 365 = ZfIR 2005, 35; OLG Karlsruhe BWNotZ 2005, 146 = FamRZ 2005, 2098 = FGPrax 2005, 219 = NJW-RR 2005, 1097 = OLGR Karlsruhe 2005, 798 = Rpfleger 2005, 598; Gutachten DNotI-Report 2008, 131, 133; *Demharter* Rn 64; *Knothe in Bauer/von Oefele* Rn 161; *Schöner/Stöber* Rn 3449; offengelassen wurde die Frage hingegen von BayObLGZ 2001, 118 = DNotZ 2001, 808 = FamRZ 2002, 135 = MittBayNot 2001, 403 = NJW-RR 2001, 1665 = NotBZ 2001, 303 = Rpfleger 2001, 408 vgl aber den Sachverhalt von BayObLG DNotZ/1983, 176 = MittBayNot 1982, 188 = Rpfleger 1982, 344; ebenso offen noch Vorauflage *Meikel-Braumbring* Rn 301 Fn 400.
661 BGHZ 57, 84, 85 = DNotZ 1972, 90 = NJW 1971, 2264; BayObLGZ 1956, 54 = DNotZ 1956, 304; Rpfleger 1970, 22; BayObLG BWNotZ 1991, 142 = FamRZ 1991, 984 = MittBayNot 1991, 122 = MittRhNotK 1991, 124; OLG Frankfurt MittBayNot 1980, 107; OLG Hamm FamRZ 2005, 938 = FGPrax 2005, 239 = JMBl NW 2005, 271 = OLGR Hamm 2005, 509; *Demharter* Rn 64; vgl grundlegend zur Beweislast und Beweisführung im Grundbuchverfahren: *Wolfsteiner* DNotZ 1987, 67.
662 BayObLGZ 1986, 208 = FamRZ 1987, 104 = MittBayNot 1986, 266 = Rpfleger 1986, 470.
663 BayObLG DNotI-Report 2002, 190 = NJW 2003, 1402 = NotBZ 2003, 275 = Rpfleger 2003, 177.

bei **konkreten Zweifeln an der Entgeltlichkeit** oder bei konkreten Anhaltspunkten für die Unentgeltlichkeit weitere Nachweise zu fordern, zB das Wertgutachten eines vereidigten Grundstückssachverständigen,[664] aber auch nur dann und nicht, wie es teilweise vorkommt, ohne jeden konkreten Anhaltspunkt für ein teilweise unentgeltliches Geschäft. Das Grundbuchamt ist berechtigt und verpflichtet, ihm bekannte Tatsachen, die gegen die Entgeltlichkeit sprechen, zu berücksichtigen.

- Hat beispielsweise der Erblasser kurz vor seinem Tode das Grundstück zu einem erheblich **höheren Kaufpreis erworben** als der, zu dem es der befreite Vorerbe wenige Zeit später veräußert, so ist zumindest der Erfahrungssatz erschüttert und der Nachweis der Entgeltlichkeit zu fordern.
- Dasselbe gilt im Falle enger Verwandtschaft (zB Enkel) oder eines **Näheverhältnisses** des veräußernden Vorerben zum Erwerber (zB Lebensgefährtin), zumindest bei weiteren Anhaltspunkten für ein Äquivalenzdefizit (im Fall des Enkels ungewöhnlich niedriger Kaufpreis;[665] im Fall der Lebensgefährtin Investitionen der Erwerberin in streitiger Höhe bei nicht belegter Relevanz für den Grundstückswert, dem Vorerben eingeräumtes Mitbenutzungs- und Wohnungsrecht[666]).

b) Keine Veräußerung unter Wert durch öffentliche Hand. Ähnliche Beweisnot besteht dafür, dass eine **443** Veräußerung durch die Gemeinde (oder sonst durch die öffentliche Hand) nicht gegen das kommunalrechtliche bzw haushaltsrechtliche Verbot der Unter-Wert-Veräußerung verstößt und deshalb unwirksam ist.[667] Denn der Verkehrswert kann nicht in der Form des § 29 Abs 1 S 2 GBO nachgewiesen werden. Auch ein zur Niederschrift eines Notars erklärtes Verkehrswertgutachten eines öffentlich bestellten Sachverständigen würde lediglich beweisen, dass der Sachverständige ein entsprechendes Gutachten abgegeben hat, nicht aber dass es auch inhaltlich richtig ist.

Daher genügt, wenn der Bürgermeister bzw sonst die zuständige **Behörde versichert**, dass eine verbotene Verschleuderung von Grundstockvermögen nicht vorliegt und dass die Gegenleistung dem objektiven Verkehrswert entspricht.[668] In Brandenburg ist dies sogar ausdrücklich in der Genehmigungsfreistellungsverordnung geregelt.[669]

Entsprechend dürfte bei einer ausnahmsweise **zulässigen Unterwertveräußerung** eine Erklärung des Bürgermeisters genügen, dass zwar eine Veräußerung unter Wert vorliegt, diese jedoch aus (näher zu benennenden) Gründen des öffentlichen Wohls zulässig sei.[670] Ob die Voraussetzungen im konkreten Fall tatsächlich vorliegen, kann das Grundbuchamt nicht feststellen; eine diesbezügliche Bescheinigung oder Negativattest der Aufsichtsbehörde sieht das Gesetz nicht vor.

Auch diese Erklärung bedarf der **Form** des § 29; idR wird sie in die Niederschrift des Kaufvertrages aufgenommen; sie kann aber auch getrennt davon in der Form des § 29 Abs 3 (oder durch unterschriftsbeglaubigte Erklärung) nachgewiesen werden.

Ähnlich genügt zum Nachweis der **Vertretungsbefugnis des zweiten Bürgermeisters**, der nur bei Verhin- **444** derung des ersten Bürgermeisters vertretungsberechtigt ist, ebenfalls eine entsprechende Erklärung in der notariellen Niederschrift (oder der Vollmachts- oder Genehmigungsurkunde mit der der zweite Bürgermeister einen Gemeindebediensteten bevollmächtigt oder in Vertretung der Gemeinde genehmigt).[671]

In allen Fällen gilt jedoch, dass **konkrete Anhaltspunkte** die Richtigkeit des Erfahrungssatzes erschüttern **445** können, er also dann als Beweismittel ausscheidet. Dann kann das Grundbuchamt etwa etwa die Vorlage eines Verkehrswertgutachtens, einer Bodenrichtwertauskunft oder einer notariell beurkundeten Erklärung beider Vertragsparteien verlangen, dass der Kaufpreis nicht unter dem vollen Wert des Grundstücks liege.[672]

c) Gesellschaftsvertrag einer Gesellschaft bürgerlichen Rechts. Soll das durch den Tod eines Gesellschaf- **446** ters einer Gesellschaft bürgerlichen Rechts unrichtig gewordene Grundbuch berichtigt werden, genügt der

---

664 OLG Hamm Rpfleger 1969, 359 m zust Anm *Haegele*; *Haegele* DNotZ 1969, 675; KEHE-*Herrmann* Rn 137.
665 OLG Braunschweig Rpfleger 1991, 204.
666 OLG Düsseldorf, Beschluss vom 11.01.2008 – I-3 Wx 228/07 (noch nicht veröffentlicht).
667 vgl die Darstellung der kommunalrechtlichen Beschränkungen bei *Meikel-Grziwotz* Einl J Rdn 156 ff; ferner *Raebel* in *Lambert-Lang/Tropf/Frenz*, Handbuch der Grundstückspraxis, 2. Aufl 2004, Teil 5 Rn 341.
668 BayObLGZ 1969, 278, 283 = Rpfleger 1970, 22; BayObLGZ 1995, 225 = MittBayNot 1995, 389, 390; *Schöner/Stöber* Rn 4078.
669 Verordnung über die Genehmigungsfreiheit von Rechtsgeschäften der Gemeinden (Genehmigungsfreistellungsverordnung – GenehmFV) vom 04.09.2003, GVBl Bbg 2003 II, 577; vgl OLG Brandenburg JMBl Bbg 2005, 43 = NotBZ 2005, 217 = OLGR Brandenburg 2005, 219 = OLG-NL 2005, 122 = Rpfleger 2005, 357.
670 Gutachten DNotI-Report 1998, 206; *Hertel* in Würzburger Notarhandbuch Teil 6 Rn 84; *Mayer* MittBayNot 1996, 251, 255.
671 BayObLGZ 1971, 252 = Rpfleger 1971, 429.
672 OLG Brandenburg JMBl Bbg 2005, 43 = NotBZ 2005, 217 = OLGR Brandenburg 2005, 219 = OLG-NL 2005, 122 = Rpfleger 2005, 357.

Nachweis des Todes und der Erbfolge nicht, weil sich die Rechtsfolgen beim Tod eines Gesellschafters grundsätzlich nach dem Gesellschaftsvertrag richten (Auflösung, Fortsetzungsklausel, einfache Nachfolgeklausel, qualifizierte Nachfolgeklausel, Eintrittsklausel). Die Berichtigung setzt daher die Vorlage des **Gesellschaftsvertrages** voraus, der grundsätzlich der Form des § 29 entsprechen muss. In Rspr und im Schrifttum wird ganz überwiegend anerkannt, dass in Ausnahmefällen auf einen formgerechten Nachweis verzichtet werden kann und eine freie Beweiswürdigung durch das Grundbuchamt möglich ist (vgl Rdn 148 ff).

Diese Nachweiserleichterung wäre unnötig, wenn man – richtigerweise (vgl Rdn 151) – die Berichtigungsbewilligung (ggf mit Erbnachweis) ohne zusätzliche Vorlage des Gesellschaftsvertrages genügen ließe. Dann könnte man für eine Berichtigung aufgrund Unrichtigkeitsnachweises (§ 22 Abs 1) nach den allgemeinen Grundsätzen die Vorlage des Gesellschaftsvertrages in der Form des § 29 verlangen; denn ggf könnten die Beteiligten immer noch auf die Berichtigungsbewilligung ausweichen.

447   **d) Existenz und Vertretungsbefugnis ausländischer Gesellschaften.** Zum Nachweis der rechtlichen Existenz und der Vertretungsbefugnis einer ausländischen juristischen Person oder Handelsgesellschaft gilt die Erleichterung des § 32 nicht, nach der der Nachweis durch ein Zeugnis des Registergerichts über die Eintragung (§ 9 Abs 3 HGB) oder Vorlage eines beglaubigten Handelsregisterauszuges bzw einer Notarbescheinigung nach § 21 BNotO geführt werden kann. Bestand und Vertretungsbefugnis ausländischer Gesellschaften sind vielmehr in der Form des § 29 nachzuweisen.

Dieser Nachweis ist aber nicht immer möglich, da viele Staaten kein dem deutschen Handelsregister vergleichbares Eintragungssystem mit Beweiskraft der Eintragungen kennen. Das deutsche Grundbuchamt kann daher höchstens den Nachweis verlangen, der nach dem anwendbaren ausländischen Recht erbracht werden kann (vgl Einl L Rdn 76 ff).

3. Eidesstattliche Versicherung zum Nachweis negativer Tatsachen

448   **a) Erbfolge (§ 35 Abs 1 S 2 GBO).** Eidesstattliche Versicherungen sind nach einer – allerdings heftig umstrittenen Meinung – für den Nachweis »negativer Tatsachen« bei der Erbfolge in Ergänzung eines öffentlichen Testaments oder Erbvertrages (§ 35 Abs 1 S 2) zuzulassen, wenn auch das Nachlassgericht eine solche eidesstattliche Versicherung nach § 2356 Abs 2 BGB ohne weitere Nachforschungen genügen lassen würde.

449   **Beispielsfälle:**
– Ein Beispiel ist eine (automatische) **Pflichtteilsklausel** in einem Erbvertrag, nach der sein (Schluss-)Erbrecht verliert, wer nach dem Tod des Erstversterbenden seinen Pflichtteil geltend macht. Hier ist streitig, ob und wie die Schlusserben im Grundbuchverfahren die negative Tatsache nachzuweisen haben, dass sie nach dem Tod des Erstverstorbenen den Pflichtteil nicht verlangt haben. Richtig erscheint mir, dass der negative Umstand der entfernten abstrakten Möglichkeit der Verwirkung des Erbrechts durch Geltendmachung des Pflichtteils nicht nachzuweisen ist;[673] bei konkreten Zweifeln genügt eine eidesstattliche Versicherung.[674] Die Gegenauffassung verlangt hingegen grds einen Erbschein und lässt die eidesstattliche Versicherung nicht genügen.[675]
– Dieselbe Streitfrage stellt sich, wenn die Erbeinsetzung (oder die Höhe des Erbteils) in einem notariellen Testament oder Erbvertrag davon abhängt, dass **keine weiteren Kinder** etc geboren wurden.[676] Auch hier lässt die obergerichtliche Rechtsprechung bei der Nacherbeinsetzung der »gemeinschaftlichen Abkömmlinge«eine eidesstattliche Versicherung des gemeinschaftlichen Kindes genügen, dass es das einzige gemeinschaftliche Kind von Erblasser und Vorerbin sei – sofern keine Anhaltspunkte dafür sprechen, dass das Nachlassgericht weitere Ermittlungen anstellen und zu einer abweichenden Beurteilung der Erbfolge gelangen könnte.[677]

---

673   LG Köln MittRhNotK 1988, 177; LG Stuttgart BWNotZ 1988, 163.
674   LG Bochum Rpfleger 1992, 194 m zust Anm *Meyer-Stolte*; KEHE-*Herrmann* § 35 Rn 70; *Schöner/Stöber* Rn 790; Gutachten DNotI-Report 2002, 129; ebenso zu einer Scheidungsklausel Gutachten DNotI-Report 2006, 181.
675   OLG Frankfurt OLGZ 1994, 262 = DNotZ 1995, 312 = MittBayNot 1994, 156 = NJW-RR 1994, 203 = OLGR Frankfurt 1994, 14 = Rpfleger 1994, 206 m w Nachw; *Böhringer* BWNotZ 1988, 155; *Demharter* § 35 Rn 39; *Schaub* in *Bauer/von Oefele* § 35 Rn 134; *Meikel-Roth* § 35 Rn 117 ff.
676   vgl zum Streitstand *Meikel-Roth* § 35 Rn 117 ff; *Schöner/Stöber* Rn 790; *Böhringer* ZEV 2001, 387; Gutachten DNotI-Report 2008, 114, 115 f; ferner Gutachten DNotI-Report 2006, 109 (zum Handelsregister).
677   BayObLGZ 2000, 167 = DNotI-Report 2000, 144 = DNotZ 2001, 385 = FamRZ 2001, 43 = FGPrax 2000, 179 = NJW-RR 2000, 1545 = Rpfleger 2000, 451 = ZNotP 2000, 391; OLG Frankfurt OLGZ 1981, 30 = Rpfleger 1980, 434 m Anm *Meyer-Stolte*; OLG Frankfurt OLGZ 1985, 411 = MittRhNotK 1986, 23 = Rpfleger 1986, 51 m Anm *Meyer-Stolte*; OLG Hamm DNotI-Report 1997, 63 = FGPrax 1997, 48 = MittBayNot 1997, 105 = MittRhNotK 1997, 192 = NJW-RR 1997, 646 = Rpfleger 1997, 210 = ZEV 1997, 206; OLG Schleswig FG Prax 1999, 206 = MittBayNot 2000, 114 = MittRh NotK 2000, 117 = NJW-RR 1999, 1530 = Rpfleger 1999, 533 = SchlHA 2000, 91; OLG Zweibrücken OLGZ 1985, 408 = DNotZ 1986, 240.

– Auch bei einem Antrag auf Eintragung des überlebenden Ehegatten als Alleinerben kraft vorgelegten Erbvertrages (§ 35 Abs 1 S 2 GBO) ließ das BayObLG eine eidesstattliche Versicherung als Nachweis genügen,
dass die die Ehegatten nicht in Gütergemeinschaft gelebt hatten bzw dass **nicht fortgesetzte Gütergemeinschaft** vereinbart war (um diesbezügliche Zweifel an der Richtigkeit der beantragten Eintragung auszuräumen).[678]

Jedenfalls gilt dies im Anwendungsbereich des § 35 Abs 1 S 2 GBO. Dort verlangt der Gesetzgeber bewußt kei- **450**
nen Erbschein, wenn sich die Erbfolge bereits aus einer in einer öffentlichen Urkunde enthaltenen Verfügung
von Todes wegen ergibt. Diese Nachweiserleichterung wäre konterkariert, wenn bereits zum Nachweis
unwahrscheinlicher negativer Tatsachen wie der Pflichtteilsgeltendmachung, der Geburt weiterer Kinder etc
doch ein Erbschein erforderlich wäre – obwohl das Nachlassgericht sich hier mit einer eidesstattlichen Versicherung zusätzlich zur der Verfügung von Todes wegen begnügen würde. Dies kann das Grundbuchamt im
Rahmen des § 35 Abs 1 S 2 ebenfalls prüfen.

b) Andere negative Tatsachen. Im übrigen hat die Rechtsprechung hingegen einen Nachweis durch eides- **451**
stattliche Versicherung jedoch meist als unzulässig abgelehnt, so etwa über den Inhalt eines mündlich abgeschlossenen Gesellschaftervertrages einer Gesellschaft bürgerlichen Rechts.[679]

4. Fehlen eintragungshindernder Tatsachen

a) Kein Anlass für Prüfung durch Grundbuchamt. Für das Fehlen **eintragungshindernder Tatsachen** (zB **452**
mangelnde Geschäftsfähigkeit der Beteiligten, fehlende Rechtsbeständigkeit von wirksam zustandegekommen
Verträgen oder Willenserklärungen, das Nichtbestehen von Verfügungsbeschränkungen oder Fortfall der Vertretungsmacht bei wirksam erteilter unbefristeter Vollmacht) spricht ein (widerlegbarer) **Erfahrungssatz**.[680]

Hier gilt jedoch weitergehend, dass mangels einer Prüfungspflicht des Grundbuchamts und damit einer Beibringungspflicht des Antragstellers denkbare Eintragungshindernisse im Grundbuchverfahren grundsätzlich
unberücksichtigt zu bleiben haben. Etwas anderes gilt, sobald konkrete tatsächliche Anhaltspunkte **schlüssige
Zweifel** an der Rechtswirksamkeit auslösen. Wann das der Fall ist, lässt sich nicht allgemein beantworten.
– Schlichte Behauptungen eines Dritten, ein Vertrag sei etwa mangels Geschäftsfähigkeit eines Beteiligten
  unwirksam, reichen etwa nicht aus. Wird hingegen vorgetragen, es sei ein Betreuungsverfahren eingeleitet,
  so wird das Grundbuchamt durch entsprechende Rückfrage beim Vormundschaftsgericht der Angelegenheit
  nachzugehen haben.
– Auch die vorstehend dargestellten Fallgruppen der (möglichen) Unwirksamkeit bei Unentgeltlichkeit der
  Verfügung des Vorerben oder Testamentsvollstreckers bzw bei einer Unter-Wert-Veräußerung durch die
  öffentliche Hand könnte man (anders als die hM) auch als Fälle eintragungshindernder Tatsachen verstehen
  (und damit – und nicht mit der Beweisnot – begründen, warum dem Grundbuchamt hier kein Nachweis
  nach § 29 zu erbringen ist). Jedenfalls stehen sie Eintragungshindernissen nahe.

Dabei ist zu berücksichtigen, dass das Formerfordernis des § 29 nicht für Erklärungen und Tatsachen gilt, die
geeignet sind, eine beantragte Eintragung zu verhindern (vgl Rdn 25).[681]

Es gibt den Erfahrungssatz, dass **Erklärungen eines Beteiligten, die ihm ungünstig sind,** die Richtigkeit **453**
ihres gesamten Inhalts beweisen[682] – bzw dass hier kein Anlass besteht, mögliche eintragungshindernde Tatsachen zu prüfen. Dem Antrag eines Landwirts und Hofeigentümers, das neu erworbene landwirtschaftliche
Grundstück auf das für den Hof bereits angelegte Grundbuchblatt zu übertragen, ist regelmäßig zu entsprechen,
da die Hofzugehörigkeit lediglich Verpflichtungen für den Hofeigentümer schafft.

---

678 BayObLGZ 2003, 26 = BayObLG-Report 2003, 122 = DNotI-Report 2003, 77 = FamRZ 2003, 1778 = MittBay-
    Not 2003, 489 m Anm *Trautner* = NJW-RR 2003, 736 = Rpfleger 2003, 353 = ZEV 2003, 334.
679 OLG Frankfurt NJW-RR 1988, 225. Hingegen ließ das OLG Frankfurt die eidesstattliche Versicherung über den
    Gesellschafterbestand einer zur WEG-Verwalterin bestellten Gesellschaft bürgerlichen Rechts (GbR) im Rahmen der
    Verwalterzustimmung (§ 12 WEG) zusammen mit dem Versammlungsprotokoll der Wohnungseigentümer (mit dem
    Bestellungsbeschluss) sowie dem öffentlich beglaubigten Gesellschaftsvertrag der GbR als Nachweis der Verwalterstel-
    lung genügen (OLG Frankfurt DNotI-Report 2005, 190 = FGPrax 2005, 253).
680 *Böhringer* BWNotZ 1998, 4; *Schöner/Stöber* Rn 159; KEHE-*Herrmann* Rn 130.
681 BGHZ 35, 135, 139 = NJW 1961, 1301 = Rpfleger 1961, 233 m Anm *Haegele* = WM 1961, 652; BayObLGZ 1954,
    286, 292 = DNotZ 1955, 594; BayObLGZ 1967, 13= DNotZ 1967, 429 = Rpfleger 1967, 145; BayObLGZ 1974,
    336 = Rpfleger 1974, 396; BayObLG DNotZ 1990, 739; BayObLG MittBayNot 1991, 256 m Anm *Amann* = Rpfle-
    ger 1992, 56; *Eickmann* Rpfleger 1979, 169, 172; *Nieder* NJW 1984, 329; *Demharter* Rn 4, Anh zu § 13 Rn 29; *Hügel-
    Otto* Rn 13, 47; *Schöner/Stöber* Rn 160; **aA** – aber mehr in der Begründung, als im praktischen Ergebnis abweichend:
    Ertl DNotZ 1990, 684; KEHE-*Herrmann* Rn 122.
682 KG DNotZ 1954, 472; OLG Köln Rpfleger 1987, 301.

454 b) Kein Nachweis nur entfernter Möglichkeiten. Jede starre Festschreibung von Grundsätzen für die Beweiswürdigung nicht urkundlich nachgewiesener Tatsachen engt den notwendigen Entscheidungsfreiraum des Grundbuchamtes, den es im Rahmen seiner Prüfungspflicht hat, unnötig ein. Der Zweck des § 29 ist, die Eintragung auf sichere Unterlagen zu gründen. Dieser Zweck wird bei einer verständigen Anwendung auch nicht gefährdet. Diese Einsicht führt zwanglos zur Berücksichtigung von Erfahrungssätzen, die der Beweisnot des Antragstellers Rechnung tragen.

455 Die Prüfungspflicht des Grundbuchamtes geht nicht so weit, **entfernte Möglichkeiten** in Betracht zu ziehen und für das Nichtvorliegen eines Eintragungshindernisses formgerechte Nachweise zu verlangen. Bei der Entscheidung des Grundbuchamtes im Einzelfall wird abzuwägen sein einerseits das Interesse des Beteiligten an einer beschleunigten Erledigung seiner Angelegenheit, andererseits die Gefahr unrichtiger Eintragungen mit ihren weitreichenden Wirkungen. Bestehen konkrete Anhaltspunkte für die Unrichtigkeit der Eintragungsunterlagen und können die Zweifel ohne besondere Schwierigkeiten durch eine öffentliche Urkunde ausgeräumt werden, so wird das Grundbuchamt – auch zur Vermeidung von Haftungsansprüchen – diesen Nachweis fordern.[683] In allen anderen Fällen, in denen sich Bedenken hinsichtlich eines Eintragungshindernisses nicht aufdrängen, können weitere Nachweise nicht verlangt werden.

Die Praxis zeigt, dass diese Grundsätze vom Grundbuchamt nicht immer beachtet werden, sondern dass teilweise auch entferntesten Möglichkeiten einer Unwirksamkeit der Eintragungsunterlagen nachgegangen wird und durch Zwischenverfügung aufgegeben wird, den förmlichen Nachweis der Unrichtigkeit des Grundbuchs oder des Nichtbestehens rechtshindernder oder rechtsvernichtender Umstände zu erbringen. Richtig ist, dass leerer Formalismus das Grundbuchverfahren nicht unnötig erschweren darf. Für das Nichtvorliegen solcher Umstände trifft den Antragsteller keine Feststellungslast.[684]

5. Nebenumstände

456 Nicht gefolgt werden kann hingegen der Meinung, für sog **Nebenumstände** (auch mittelbar eintragungsbegründende Tatsachen genannt – vgl Einl F Rdn 104 ff) gelte wiederum etwas anderes. *Eickmann*[685] unterscheidet hier zwischen Tatsachen, die mittelbare Wirksamkeitsvoraussetzung für eine Erklärung sind (sog Nebenumstände) und Tatsachen, die entweder ein selbständiges Erfordernis der Rechtsänderung oder die Wirksamkeitserfordernis für einen anderen Tatsachenvorgang sind. Für letztere gelte § 29 Abs 1 S 2, während Nebenumstände (zB Zugang einer empfangsbedürftigen Willenserklärung oder Aushändigung der Vollmachtsurkunde) mit jedem Beweismittel, auch mit Hilfe des **Anscheinsbeweises** nachgewiesen werden können.

457 Die Einführung des Anscheinsbeweises in das Grundbuchverfahren ist überflüssig.[686] Der Anscheinsbeweis fällt in das Gebiet der Erfahrungssätze und der Beweiswürdigung, er gründet sich auf einen typischen Geschehensablauf, der unstreitig und bewiesen ist. In den von *Eickmann* gebildeten Beispielen (Nachweis des Fortbestandes einer Vollmacht, Nachweis der Aushändigung der Hypothekenbestellungsurkunde vor Eröffnung des Konkursverfahrens des Eigentümers) ist aber gerade der tatsächliche Sachverhalt nicht bewiesen. Bei den in Rede stehenden Fällen geht es nicht um die Folgen eines typischen Geschehensablaufs, unbewiesen ist bereits der Geschehensablauf selbst. Ohne die Lehre vom Anscheinsbeweis bemühen zu müssen, kommt man bei den in Rede stehenden Fällen über die Anerkennung von Erfahrungssätzen und der Begrenzung der Prüfungspflicht hinsichtlich die Eintragung hindernder Tatsachen aus.

683 BGHZ 57, 95; *Demharter* Rn 63; KEHE-*Herrmann* Rn 136.
684 BGHZ 94, 24 = DNotZ 1986, 97 = MDR 1986, 40 = MittBayNot 1985, 68 = MittRhNotK 1985, 120 = NJW 1985, 1902 = Rpfleger 1985, 234; BayObLGZ 1986, 208 = FamRZ 1987, 104 = MittBayNot 1986, 266 = Rpfleger 1986, 470; OLG Köln OLGZ 1987, 405 = MDR 1987, 593 = NJW-RR 1987, 851 = Rpfleger 1987, 301; *Wolfsteiner* DNotZ 1987, 67; *Demharter* Rn 63; *Schöner/Stöber* Rn 159.
685 *Eickmann* Rpfleger 1979, 169, 172; zustimmend KEHE-*Herrmann* Rn 125 Meikel-*Böttcher* Einl F Rdn 104 ff.
686 Ebenso wie hier *Knothe* in *Bauer/von Oefele* Rn 174.

§ 29a (Glaubhaftmachung bei Löschungsvormerkung)

Die Voraussetzungen des § 1179 Nr 2 des Bürgerlichen Gesetzbuchs sind glaubhaft zu machen; § 29 gilt hierfür nicht.

Schrifttum

Jerschke, Löschungsansprüche gegenüber Grundpfandrechten nach neuem Recht, DNotZ 1977, 708; DNotZ 1978, 65; *Rambold,* Ausgewählte Probleme des gesetzlichen Löschungsanspruchs, Rpfleger 1995, 284; *Schön,* Änderungen im Recht der Löschungsvormerkung, BWNotZ 1978, 50; *Schmucker,* Die »Löschung« in § 1179a BGB, in: Festschrift für Hans Wolfsteiner, 2007, S 189; *Stöber,* Löschungsvormerkung und gesetzlich vorgemerkter Löschungsanspruch, Rpfleger 1977, 399 und 425; *ders,* Neuer Löschungsanspruch oder alte Löschungsvormerkung, Rpfleger 1978, 165; *Willke,* Zweifelsfragen zu gesetzlichem Löschungsanspruch, WM 1978, 2.

Übersicht

I. Bedeutung der Vorschrift

Die Vorschrift wurde durch Art 2 Nr 1 des Gesetzes zur Änderung sachenrechtlicher, grundbuchrechtlicher **1** und anderer Vorschriften vom 22.06.1977 (BGBl I 998) mit Wirkung zum 01.01.1978 in die GBO eingefügt.

Sie erklärt sich aus der gesetzlichen **Neuregelung** des **Rechts der Löschungsvormerkung**. Nach dem bis **2** zum 31.12.1977 geltenden Recht konnte der Eigentümer sich einem beliebigen anderen gegenüber (insbesondere auch einem Grundpfandrechtsgläubiger, aber auch einem Dritten, der nicht dinglich Berechtigter am Grundstück war) verpflichten, das Grundpfandrecht im Falle seiner Vereinigung mit dem Eigentum zu löschen (richtig: aufzuheben) und zur Sicherung dieses Anspruchs die Eintragung einer Vormerkung in das Grundbuch bewilligen (§ 1179 BGB aF). Derartige Löschungsvormerkungen wurden regelmäßig für nachrangige Grundpfandrechtsgläubiger bewilligt; durch die Vielzahl von Löschungsvormerkungen wurde das Grundbuch unübersichtlich.

Deshalb schränkte die Neuregelung die Zulässigkeit von Löschungsvormerkungen materiellrechtlich ein. Nach § 1179 BGB nF ist eine **Löschungsvormerkung für den Gläubiger einer Hypothek, Grundschuld oder Rentenschuld nicht mehr möglich.**

Statt gewährt § 1179a Abs 1 S 1 (iVm §§ 1192, 1196) BGB dem Gläubiger einer nachrangigen oder gleichrangigen Hypothek oder Grundschuld einen **gesetzlichen Löschungsanspruch** gegen den Eigentümer, wenn das vorrangige Grundpfandrecht im Zeitpunkt der Eintragung der Hypothek oder Grundschuld des Gläubigers mit dem Eigentum in einer Person vereinigt ist oder eine solche Vereinigung später eintritt. Dem gesetzlichen Löschungsanspruch kommt die **Wirkung einer Vormerkung** zu (§ 1179a Abs 1 S 3 BGB).[1] Mit der Neuregelung wollte der Gesetzgeber die Grundbuchämter entlasten, der Überfüllung der Grundbücher durch Eintragung von Löschungsvormerkungen entgegenzuwirken und einen unwirtschaftlichen Aufwand an Mühe, Zeit und Kosten für die Eigentümer, die Notare und Kreditinstitute vermeiden.[2]

Für **Inhaber anderer dinglicher Rechte** (oder auch für den Gläubiger eines Anspruchs auf Eigentumsüber- **3** tragung) lässt § 1179 Nr 2 BGB weiterhin materiell-rechtlich die Bestellung einer Löschungsvormerkung zu, um für den Fall der Vereinigung gleich- oder vorrangiger Grundpfandrechte mit dem Eigentum in einer Person einen Löschungsanspruch zu sichern.[3]

Hierfür verlangt § 29a GBO jedoch **grundbuchverfahrensrechtlich** einen Nachweis, allerdings in erleichterter Form: Es genügt die **Glaubhaftmachung der Voraussetzungen des § 1179 Nr 2 BGB**; ein Nachweis durch öffentliche Urkunden nach § 29 GBO ist nicht erforderlich.

---

1 Der gesetzliche Löschungsanspruch besteht nur für Gläubiger, deren Grundpfandrechte seit dem 01.01.1978 zur Eintragung beantragt wurden. Er richtet sich aber auch gegen vor- oder gleichrangige Rechte, die bereits vor dem 01.01.1978 im Grundbuch eingetragen waren (Art 8 § 1 des Gesetzes vom 22.06.1977, BGBl I 998). Verfassungsrechtliche Bedenken gegen die Einführung des im Grundbuch nicht mehr verlautbarten Anspruchs auf Löschung vor- oder gleichrangiger, dem Eigentümer zustehender Grundpfandrechte bestehen nicht (BGHZ 99, 363 = DNotZ 1987, 510 = MittBayNot 1987, 133 = NJW 1987, 2078 = Rpfleger 1987, 238).

2 *Stöber* Rpfleger 1977, 399, 400.

3 *Stöber* Rpfleger 1977, 399, 400.

Nach den allgemeinen Vorschriften würde für die Eintragung der Löschungsvormerkung hingegen die Bewilligung des Eigentümers genügen (§ 19 GBO); das Grundbuchamt könnte keinen Nachweis verlangen, dass der Löschungsanspruch tatsächlich bestünde.[4] Demgegenüber wollte der Gesetzgeber durch das Erfordernis der Glaubhaftmachung **Umgehungsmöglichkeiten verhindern**, damit sich nicht Grundpfandrechtsgläubiger neben ihrem gesetzlichen Löschungsanspruch eine Vormerkung für einen vertraglich vereinbarten Löschungsanspruch aus einem angeblichen anderen Recht eintragen lassen, weil sie sich davon den einen oder anderen Vorteil versprechen.[5]

4 Die praktische **Bedeutung** der Vorschrift ist äußerst **gering**, da es kaum vorstellbar ist, dass ein Grundstückseigentümer die Eintragung einer Löschungsvormerkung zugunsten eines Dritten bewilligen wird, ohne dass zugleich die Eintragung des Rechts des Dritten bewilligt wird (oder der Anspruch auf Übertragung des Eigentums in der Form des § 311b Abs 1 BGB begründet wird). In diesen Fällen ist aber der Anspruch dem Grundbuchamt gegenüber ohnehin in der Form des § 29 nachgewiesen; dann bedarf es der Nachweiserleichterung des § 29a nicht mehr.

II. Die durch Vormerkung sicherbaren Ansprüche

5 **§ 1179 BGB** lautet:

»Verpflichtet sich der Eigentümer einem anderen gegenüber, die Hypothek löschen zu lassen, wenn sie sich mit dem Eigentum in einer Person vereinigt, so kann zur Sicherung des Anspruchs auf Löschung eine Vormerkung in das Grundbuch eingetragen werden, wenn demjenigen, zu dessen Gunsten die Eintragung vorgenommen werden soll,
1. ein anderes gleichrangiges oder nachrangiges Recht als eine Hypothek, Grundschuld oder Rentenschuld am Grundstück zusteht oder
2. ein Anspruch auf Einräumung eines solchen anderen Rechts oder auf Übertragung des Eigentums am Grundstück zusteht; der Anspruch kann auch ein künftiger oder bedingter sein.«

6 § 29a gilt nur für **§ 1179 Nr 2 BGB**, da in den Fällen der Nr 1 das Recht des Dritten bereits durch die Grundbucheintragung in der Form des § 29 nachgewiesen ist.

7 Rechte am Grundstück sind nur **beschränkte dingliche Rechte**, die **keine Grundpfandrechte** sind, also Dienstbarkeit, Nießbrauch, dingliches Vorkaufsrecht, Reallast oder Dauerwohnrecht (letzteres trotz des gesetzlichen Löschungsanspruchs des § 41 Abs 2 WEG, der aber erst ab Entstehen des Dauerwohnrechts entsteht, noch nicht mit dem Anspruch auf Einräumung eines Dauerwohnrechtes).

Nicht sicherbar sind hingegen Ansprüche auf Einräumung des Besitzes, auch nicht eine öffentliche Grundstückslast (§ 10 Abs 1 Nr 3 ZVG).[6] Steht einem Grundpfandrechtsgläubiger neben dem Grundpfandrecht ein anderes dingliches Recht zu (zB ein Wohnungsbesetzungsrecht) oder ein Anspruch darauf, so kann für ihn hinsichtlich des anderen Rechts eine Löschungsvormerkung eingetragen werden.[7]

8 Der sicherbare Anspruch kann auch auf **Übertragung des Eigentums** (des Miteigentums, des Wohnungs- oder Teileigentums) gerichtet sein. Damit kann insbesondere der Käufer eines Grundstücks seine Löschungsansprüche gegenüber dem Verkäufer hinsichtlich bis zur Eigentumsumschreibung entstehender Eigentümerrechte bei eingetragenen Grundpfandrechten durch Löschungsvormerkung sichern. (Denn die für den Käufer idR nach § 883 BGB eingetragene Auflassungsvormerkung hilft nicht zur Beseitigung der bereits bestehenden Belastungen, da sie nachrangig zu diesen eingetragen wird; allenfalls wäre noch ein Rangrücktritt denkbar[8]). Praktisch relevant ist die Löschungsvormerkung va für die Ablösung von Privatgläubigern oder ggf ausländischer Gläubiger, bei denen ein bloßer Löschungsanspruch möglicherweise nicht oder nur durch einen aufwendigen Prozess vor ausländischen Gerichten zu realisieren ist.

9 Auch für einen **künftigen oder bedingten Anspruch** kann eine Löschungsvormerkung eingetragen werden. Für die Vormerkbarkeit künftiger Ansprüche gelten dabei die gleichen Einschränkungen wie bei § 883 BGB.[9]

---

4 **AA** offenbar manche Kommentierungen, die davon ausgehen, dass dem Grundbuchamt ohne § 29a GBO die Voraussetzungen des § 1179 Nr 2 BGB durch öffentliche Urkunde nachzuweisen wären: *Bauer/von Oefele-Knothe* Rn 4; *Hügel/Otto* Rn 2. Dies erscheint mir nicht richtig: Die Bewilligung zur Eintragung einer Vormerkung muss gesicherten Anspruch zwar bezeichnen, aber nicht nachweisen (vgl *Schöner/Stöber* Rn 1507).

5 BT-Drucks 8/89, 9 vom 04.02.1977.

6 *Schöner/Stöber* Rn 2600.

7 *Schöner/Stöber* Rn 2600; *Stöber* Rpfleger 1977, 401.

8 Ob ein Rangrücktritt den Vormerkungsschutz nach § 883 Abs 2 BGB auslöst, ist strittig, bejahend etwa BayObLGZ 1990, 318 = NJW-RR 1991, 567; BayObLGZ 1998, 187 = DNotZ 1999, 818; *Meikel-Böttcher* § 45 Rn 103; **aA** *Staudinger-Gursky* (2002) § 883 Rn 268 – je m w Nachw.

9 *Palandt-Bassenge* § 883 Rn 15; *Schöner/Stöber* Rn 1489 ff.

III. Glaubhaftmachung

Für die Eintragungsbewilligung selbst gilt § 29 Abs 1 S 1. § 29a, der auf den Nachweis durch öffentliche 10
Urkunde verzichtet, betrifft allein den **Nachweis des Bestehens** eines (zumindest künftigen oder bedingten)
Anspruchs iS des § 1179 Nr 2 BGB und den Nachweis der (negativen) Tatsache, dass der Anspruch nicht auf
Einräumung eines Grundpfandrechts gerichtet ist.

Da in aller Regel das Bestehen eines zulässigerweise durch Vormerkung zu sichernden Anspruchs durch den 11
Inhalt der öffentlichen Urkunde nachgewiesen ist, in der auch die Eintragung der Vormerkung bewilligt wird,
ist die Glaubhaftmachung durch den Eigentümer nur bei einer »**isolierten**« **Bewilligung** einer Löschungsvormerkung erforderlich.

Die Voraussetzungen sind in diesem Fall bereits glaubhaft gemacht, wenn der **Eigentümer** in der Eintragungs- 12
bewilligung **bestätigt**, dass der Anspruch besteht und nicht der Sicherung eines Grundpfandrechtsgläubigers
dient. Die Erfahrung hat gezeigt, dass sich die Befürchtung des Gesetzgebers, Grundpfandrechtsgläubiger
könnten trotz des gesetzlichen Löschungsanspruchs weiterhin auf Eintragung von Löschungsvormerkungen
bestehen, nicht bewahrheitet hat. Nur in den Fällen, in denen dem Grundpfandrechtsgläubiger auch ein
beschränkt dingliches Recht am Grundstück zusteht (zB Wohnungsbesetzungsrecht), wird von der Möglichkeit
der dinglichen Sicherung des Löschungsanspruchs Gebrauch gemacht, da der gesetzliche Löschungsanspruch
aus dem Grundpfandrecht früher untergehen kann. Der Erfahrungssatz, dass Grundpfandrechtsgläubiger sich
nicht missbräuchlich des § 1179 BGB bedienen, gilt auch für das Grundbuchamt.

In den seltenen Fällen, in denen danach das Bestehen des Anspruchs glaubhaft zu machen ist, genügt **jedes** 13
Beweismittel, das das FGG zulässt (Urkunden, Zeugenaussage, schriftliche Bestätigung). Die in § 15 Abs 2
FGG zugelassene **Versicherung an Eides Statt** kann bei § 29a mangels Befugnis des Grundbuchamts zur Entgegennahme der Versicherung (§ 35 Abs 3 S 2 ist Ausnahmevorschrift) allerdings **nicht** verlangt werden (strittig).[10] Die Beweismittel selbst bedürfen nicht der Form des § 29.

Der Vorlegung des **Briefes** bedarf es für die Eintragung einer Löschungsvormerkung nicht (§ 41 Abs 1 S 2). 14

---

10 KEHE-*Herrmann* § 29a Rn 11; *Knothe* in *Bauer/von Oefele* Rn 10; **aA** *Demharter* Rn 3; *Hügel-Otto* Rn 9; *Schöner/Stöber*
    Rn 2603.

§ 30 (Form des Eintragungsantrags und der Vollmacht dazu)

Für den Eintragungsantrag sowie für die Vollmacht zur Stellung eines solchen gelten die Vorschriften des § 29 nur, wenn durch den Antrag zugleich eine zu der Eintragung erforderliche Erklärung ersetzt werden soll.

Schrifttum

Böhringer, Anforderung an den Grundbuchantrag einer Gesellschaft, Rpfleger 1994, 449; *Ertl*, Antrag, Bewilligung und Einigung im Grundstücks- und Grundbuchrecht, Rpfleger 1980, 41; *Rademacher*, Die Bedeutung des Antrags und der Bewilligung im Grundbuchverfahren, MittRhNotK 1983, 81 und 105.

I. Zweck und Bedeutung der Vorschrift

1 § 30 enthält eine **Ausnahme vom Formerfordernis des § 29**. Er verzichtet für den sog reinen Eintragungsantrag (§ 13) (und die Vollmacht zur Stellung eines solchen) auf den Nachweis durch öffentliche oder öffentlich beglaubigte Urkunde, der sonst nach § 29 Abs 1 S 1 für den Eintragungsantrag als zur Eintragung erforderliche Erklärung beizubringen wäre.

– Die Formfreiheit nach § 30 GBO beschränkt sich auf die »reinen Eintragungsanträge«.

– Sogenannte gemischten Anträge, durch die »zugleich eine zu der Eintragung erforderliche Erklärung ersetzt werden soll«, unterfallen hingegen dem Formerforderniss des § 29 Abs 1 S 1.

– Ebenso unterstellt § 31 die Antragsrücknahme und den Widerruf der Vollmacht im Wege der Gegenausnahme wieder der Form des § 29 Abs 1 S 1, soweit es sich nicht um die Zurücknahme eines Berichtigungsauftrags handelt.

2 Dass zwar die Eintragungsbewilligung (§ 19) der Form des § 29 bedarf, nicht aber der reine Eintragungsantrag (§ 13), beruht auf der zutreffenden Überlegung, dass die Gefahr unrichtiger Eintragungen in das Grundbuch und damit die Gefahr eines Rechtsverlustes aufgrund öffentlichen Glaubens (§§ 892, 893 BGB) auch dann in aller Regel nicht gegeben ist, wenn ein unberechtigter Antragsteller eine Eintragung veranlasst, weil entweder die Eintragung überhaupt keine Rechtsänderung bewirkt (sondern nur eine Berichtigung) oder aber mit dem Antrag die zur Eintragung erforderlichen Erklärungen, die zu einer Rechtsänderung führen, in der Form des § 29 vorgelegt werden müssen. Ersetzt dagegen der Antrag zugleich eine zu der Eintragung erforderliche Erklärung **(gemischter Antrag)**, so bleibt es bei den strengen Formerfordernissen des § 29 Abs 1 S 1.

II. Eintragungsantrag und sonstige Anträge

3 § 30 betrifft nur Anträge, mit denen die Vornahme einer Eintragung begehrt wird, also **Anträge iS des § 13**.[1] Die Vorschrift gilt nicht für sonstige an das Grundbuchamt gerichtete Anträge oder Ersuchen, zB auf Gestattung der Grundbucheinsicht, für die Anträge nach § 44 GBV auf Erteilung einer beglaubigten Grundbuchabschrift, nach § 46 GBV auf Erteilung von Abschriften aus den Grundakten oder für den Antrag auf Erteilung von Briefen.[2]

4 Für **Eintragungsersuchen** von Behörden (§ 38) enthält § 29 Abs 3 eine Sonderregelung. Diese bedürfen der Form des § 29, wobei allerdings § 29 Abs 3 für das Grundbuchverfahren – neben der Zuständigkeit der Behörde – eine Unterschrift und das Siegel der Behörde genügen lässt (so dass das Grundbuchamt die behördeninterne Zuständigkeit sowie die Einhaltung der jeweiligen verwaltungsrechtlichen Verfahrens- und Formvorschriften nicht prüfen muss) (vgl dazu § 29 Rdn 339 ff).

5 Für die **Rücknahme** von Anträgen, auch reinen Anträgen,[3] gilt **§ 31**; sie bedürfen der Form des § 29 Abs 1.

---

1 *Demharter* Rn 2.
2 *Demharter* Rn 2; KEHE-*Herrmann* Rn 1; *Schaub* in *Bauer/von Oefele* Rn 3.
3 OLG Hamm MittRhNotK 1985, 76 = Rpfleger 1985, 231.

III. Der »reine« Eintragungsantrag

1. Begriff und Fallgruppen

Der **Antrag** ist das an das Grundbuchamt gerichtete Ersuchen, eine Eintragung in das Grundbuch vorzunehmen, also eine reine Verfahrenshandlung.[4]

– Ein **reiner Eintragungsantrag** liegt vor, wenn er lediglich die Eintragungstätigkeit des Grundbuchamts veranlassen soll,

– während man unter dem »**gemischten**« **Antrag** einen Antrag versteht, der **nicht nur** die Eintragungstätigkeit veranlassen soll, sondern auch eine zur Eintragung erforderliche Erklärung ersetzt. Er enthält mindestens zwei Elemente, nämlich neben dem reinen Antrag iS des § 13 **auch** eine **Grundbucherklärung**, die verfahrensrechtlich neben dem Antrag zur Vornahme der Eintragung gefordert ist.

Bei den reinen Anträgen können die Fälle unterschieden werden, in denen zur Eintragung **weder** eine Eintragungsbewilligung noch eine sonstige Erklärung erforderlich ist, und die Fälle, in denen die Eintragungsbewilligung oder die sonstige zur Eintragung erforderliche Erklärung entweder **gesondert** oder von einem **anderen Beteiligten** abgegeben und in der Form des § 29 nachgewiesen sind.

Zur **ersten Fallgruppe** (keine Bewilligung erforderlich) zählen die Anträge des Eigentümers

– auf Anlegung eines Grundbuchblattes nach § 3 Abs 2 und auf Ausscheiden eines buchungsfreien Grundstücks nach § 3 Abs 3,

– auf selbständige Buchung der Miteigentumsanteile an dem dienenden Grundstück, sofern der Alleineigentümer diese bezeichnet und sie dem herrschenden Grundstück zuordnet, und die Voraussetzungen des § 3 Abs 6 vorliegen, nach § 3 Abs 6,

– auf Führung oder Aufhebung eines gemeinschaftlichen Grundbuchblattes nach § 4,

– auf Anlegung eines Erbbaurechtsblattes, § 8 Abs 1 S 1,

– auf Vermerk subjektiv-dinglicher Rechte auf dem herrschenden Grundstück nach § 9 Abs 1 S 1,

– auf Berichtigung des Grundbuchs wegen nachgewiesener Unrichtigkeit nach § 22 (zB aufgrund eingetretener Gütergemeinschaft),[5]

– auf Löschung von Rechten auf Lebenszeit nach § 23 (soweit nicht Löschungsbewilligung des Rechtsnachfolgers erforderlich ist),

– auf Löschung zeitlich beschränkter Rechte nach § 24,

– auf Löschung einer Vormerkung oder eines Widerspruchs nach § 25,

– auf Eintragung einer Zwangshypothek einschließlich der etwa notwendigen Verteilungserklärung, und zwar auch dann, wenn ein hinter der Höhe des Schuldtitels zurückbleibender Betrag eingetragen werden soll.[6]

Der im Anschluss an ein Aufgebotsverfahren nach § 927 BGB auf Eigentümereintragung gerichtete Antrag bedarf nicht der Form des § 29; es genügt Vorlage des mit Verkündung rechtskräftigen Ausschlussurteils nach § 957 Abs 1 ZPO (strittig).[7]

Keiner Form bedarf auch die Erklärung, dass an dem durch Zwischenverfügung nach § 18 nicht beanstandeten Teil des Antrags festgehalten wird.[8]

Die **zweite Fallgruppe** meint die Anträge, die Bezug nehmen auf eine beigefügte oder bereits dem Grundbuchamt vorliegende gesonderte Urkunde in der Form des § 29, die die Eintragungsbewilligung oder Auflassung enthält und deren Vollzug im Grundbuch vom Antragsteller begehrt wird.[9]

Beispielsweise sind zu nennen

– der Löschungsantrag des Eigentümers eines in Abteilung II eingetragenen Rechts, wenn der Berechtigte Löschungsbewilligung erteilt hat,

– der Antrag des Berechtigten (Gläubigers) auf Eintragung des für ihn bestellten oder nach §§ 894, 895 ZPO als bestellt geltenden Rechts,

– der Antrag auf Eintragung einer Vormerkung, wenn der Eigentümer eine solche nur bewilligt hat,

– der Antrag auf Eintragung des Eigentumserwerbs aufgrund Auflassung.

---

4 *Ertl* Rpfleger 1980, 41/42.
5 BGHZ 82, 346 = DNotZ 1982, 692 = FamRZ 1982, 356 = MittBayNot 1982, 67 = NJW 1982, 1097 = Rpfleger 1982, 135, 137.
6 RGZ 71, 315; *Demharter* Rn 3.
7 OLG Dresden Rpfleger 2007, 543; OLG Jena DNotI-Report 2003, 21 = FGPrax 2003, 9 = Rpfleger 2003, 177 = ZflR 2003, 63; OLG Oldenburg NdsRpfl 2005, 119; *Saenger* MDR 2001, 134; *Palandt-Bassenge* § 927 BGB Rn 8; **aA** OLG Schleswig JurBüro 1989, 90; *Demharter* Rn 4; *Schaub* in *Bauer/von Oefele* Rn 19; *Hügel-Otto* Rn 11; MüKo-*Kanzleiter* § 928 BGB Rn 14; *Staudinger-Pfeiffer* § 927 BGB Rn 29 f.
8 KGJ 35, 195; *Schaub* in *Bauer/von Oefele* Rn 8; *Hügel-Otto* Rn 7; KEHE-*Herrmann* Rn 3.
9 *Demharter* Rn 3.

2. Form des reinen Eintragungsantrages

10 Für den **reinen Eintragungsantrag** gilt § 29 **nicht**. Er muss aber, wie aus § 13 Abs 1 S 2 gefolgert wird, in einem **Schriftstück** niedergelegt sein.[10] Ein nur mündlich erklärter Eintragungsantrag genügt nicht.[11] Der schriftlich gestellte Antrag braucht weder eine Orts- und eine Zeitangabe zu enthalten noch eigenhändig vom Antragsteller unterschrieben zu sein (mechanisch hergestellte Unterschrift genügt).[12] Selbst eine fehlende Unterschrift ist unschädlich, wenn sich aus den Umständen eindeutig ergibt (zB aus dem Text der Anmeldung selbst, aus dem Briefkopf oder aus dem Absender), wer Antragsteller ist.[13]

Bei mündlicher Antragstellung beim Grundbuchamt ist die Aufnahme einer Niederschrift erforderlich (§ 13 Abs 1 S 4). Zuständig ist neben dem Urkundsbeamten der Geschäftsstelle (§ 11 FGG) auch der Rechtspfleger anstelle des Grundbuchrichters (§ 3 Nr 1 RpflegerG). Für die Aufnahme eines reinen Antrags fehlen gesetzliche Vorschriften. Der Antrag muss aber in jedem Fall in einem Schriftstück niedergelegt, datiert und von dem aufnehmenden Beamten unterschrieben werden (vgl § 19 Abs 3 GeschO[14]).

3. Antragsberechtigung

11 Nach der Entscheidung des BGH v 06.05.1999[15] muss die **Antragsberechtigung** nicht in grundbuchmäßiger Form nachgewiesen werden, schlüssiger Sachvortrag reicht aus. Der Antrag ist kein Erfordernis der materiellen Rechtsänderung, sondern eine reine Verfahrenshandlung. Durch eine Eintragung ohne Antrag wird das Grundbuch nicht unrichtig. Gleiches muss gelten, wenn dem Antragsteller die nach § 13 Abs 1 S 2 erforderliche Antragsberechtigung fehlt, die materiellen Voraussetzungen für die begehrte Eintragung aber nachgewiesen sind. Bei Anträgen, die allein die Vornahme einer Eintragung bewirken sollen, greift gemäß § 30 das Formerfordernis des § 29 nicht ein. Für die Antragsberechtigung kann nichts anderes gelten. Wenn der grundbuchmäßige Nachweis zur Identität des Antragstellers entbehrlich ist, so braucht er auch seine Berechtigung zur Antragstellung nicht in grundbuchmäßiger Form zu belegen.

4. Vollmacht

12 Auch die rechtsgeschäftlich erteilte **Vollmacht** zur Stellung eines reinen Eintragungsantrags bedarf nach der ausdrücklichen Vorschrift des § 30 **nicht** der **Form des § 29**. Sie kann also formlos nachgewiesen werden, also zB auch durch die schlichte Behauptung, als Bevollmächtigter des Antragsberechtigten zu handeln. Allerdings wird man regelmäßig einfache Schriftform der Vollmacht verlangen müssen. Das Grundbuchamt kann in besonders gelagerten Fällen gemäß § 13 S 3 FGG den Nachweis durch eine öffentlich beglaubigte Vollmacht verlangen.[16] Ein Nachweis über den Fortbestand der Vollmacht kann nach allgemeinen Grundsätzen (vgl § 29 Rdn 46 ff) ausnahmsweise nur verlangt werden, wenn konkrete Umstände Zweifel an ihrem Fortbestand begründen.

Ein **Prozessbevollmächtigter** ist durch seine Anführung im Vollstreckungstitel zur Stellung des Antrags auf Eintragung einer Zwangshypothek auch dann ausreichend legitimiert, wenn es sich um ein landgerichtliches Urteil handelt. Die Prozessvollmacht fällt zwar unter § 30, sie ermächtigt aber nur im Rahmen der §§ 81, 82 ZPO zur Stellung von Eintragungsanträgen, außerhalb dieses Rahmens kann der Prozessbevollmächtigte Eintragungsanträge nur aufgrund besonderer privatschriftlicher Vollmacht des Antragsberechtigten stellen.[17]

13 Der **gesetzliche Vertreter** stellt den Antrag nicht aufgrund erteilter Vollmacht. Auf den Nachweis seiner Vertretungsmacht findet § 30 keine Anwendung. Die gesetzliche Vertretungsmacht (zB des Vormundes, des Pflegers, des Betreuers, des Insolvenzverwalters, des Testamentsvollstreckers) ist vielmehr in der Form des § 29 Abs 1 S 2 nachzuweisen (vgl § 29 Rdn 98 ff). Stellen Eltern für das minderjährige Kind einen Antrag, ist jedoch weder die Elterneigenschaft noch das Sorgerecht nachzuweisen (insoweit greift vielmehr ein allgemeiner Erfahrungssatz der Vertretungsmacht der Eltern).

---

10 BayObLG DNotZ 1978, 240 = Rpfleger 1977, 135; *Demharter* Rn 5; *Hügel-Otto* Rn 13; KEHE-*Herrmann* Rn 5.

11 BayObLG DNotZ 1978, 240 = Rpfleger 1977, 135.

12 *Demharter* Rn 5; KEHE-*Herrmann* Rn 5.

13 OLG Jena FGPrax 1998, 127 = OLGR Jena 1998, 217; *Böhringer* Rpfleger 1994, 449; *Rademacher* MittRhNotK 1983, 81, 82; *Demharter* Rn 5; *Hügel-Otto* Rn 14.

14 KEHE-*Herrmann* Rn 5.

15 BGHZ 141, 347 = DNotZ 1999, 734 = DNotI-Report 1999, 137 = FGPrax 1999, 169 = JuS 2000, 92 m Anm *K Schmidt* = MittBayNot 1999, 477 = NJW 1999, 2369 = NotBZ 1999, 171 mit Anm *Demharter* = Rpfleger 1999, 437 = ZflR 1999, 553; ebenso OLG Jena FGPrax 1999, 87 = NJW-RR 1999, 1031 = NotBZ 1999, 84 = Rpfleger 1999, 390, dazu Anm *Böttcher* RpflStud 2000, 154, *Fritsche* NJ 1999, 651; *Demharter* FGPrax 1997, 46; *Demharter* § 13 Rn 55; differenzierend *Meikel-Böttcher* § 13 Rn 64.

16 KG HRR 1939 Nr 510; *Demharter* Rn 8; KEHE-*Herrmann* Rn 6.

17 *Demharter* Rn 4; KG HRR 1939 Nr 510.

Für **Organe juristischer Personen** verlangt die hM[18] den Nachweis in der Form des § 32. *Böhringer*[19] ist dem zu Recht für »reine« Eintragungsanträge entgegengetreten. Bewilligt der Eigentümer in der Kaufvertragsurkunde zugunsten einer juristischen Person die Eintragung einer Auflassungsvormerkung und wird die Eintragung von der für diese handelnden Person beantragt, wäre es unnötige Förmelei, den Nachweis der Existenz und Antragsberechtigung im Grundbuchverfahren zu verlangen. Der Antrag auf Eintragung eines Grundpfandrechts wird vom Notar regelmäßig auch im Namen des Gläubigers gestellt, ohne dass (richtigerweise) in der Praxis überhaupt ein Nachweis der Vollmacht, geschweige denn der Berechtigung zur Erteilung der Vollmacht für das Kreditinstitut, verlangt wird.

Keines Nachweises bedarf der Notar bei der Antragstellung nach § 15.

IV. Gemischte Anträge

1. Begriff und Beispielsfälle

Die übliche Bezeichnung »gemischter« Antrag ist irreführend, weil es sich in Wirklichkeit um Anträge handelt, **14** die nicht nur die Eintragungstätigkeit des Grundbuchamts veranlassen sollen, sondern auch eine zur **Eintragung** erforderliche **Erklärung** iS des § 29 Abs 1 S 1 in dem Sinne »ersetzen« sollen, dass in Wirklichkeit eine Eintragungsbewilligung oder eine Zustimmungserklärung in die Form des Antrages gekleidet wird oder der Antrag sonst eine zur Eintragung erforderliche Erklärung enthält.[20]

Nicht der Antrag selbst bedarf des Nachweises in der Form des § 29, sondern die mit ihm verbundene oder mit **15** dem Antrag konkludent abgegebene **Erklärung**, die zur Eintragung erforderlich ist.

Die notarielle Praxis trennt beide Elemente, bringt also in der Urkunde klar zum Ausdruck, dass neben dem **16** Antrag eine Eintragung bewilligt wird oder eine erforderliche Zustimmung erteilt wird.[21]

Beispielsfälle für »gemischte« Anträge sind **17**
- Antrag des Eigentümers auf **Vereinigung, Zuschreibung oder Teilung** von Grundstücken nach §§ 5, 6, (und materiell-rechtliche Erklärung nach § 890 Abs 1 oder Abs 2 BGB), wenn darin zugleich die Bewilligung zur Grundbucheintragung liegt.[22]
- Antrag des Gläubigers auf Eintragung der Teilung einer Hypothek, wenn die Teile verschiedenen Rang erhalten sollen,[23]
- Antrag des Eigentümers auf Löschung einer Hypothek, wenn er sich auf die Bewilligung des Gläubigers stützt,
- Antrag des Eigentümers auf ideelle Grundstücksteilung zwecks Begründung von Wohnungs- bzw Teileigentum nach § 8 WEG,
- Antrag des Eigentümers auf Schließung der Wohnungs- bzw Teileigentumsgrundbücher nach § 9 Abs 1 Nr 2 und 3 WEG,
- Antrag auf Eintragung eines Widerspruchs nach § 1139 BGB.[24]

Hierzu rechnet auch der Antrag, mit dem die in der Eintragungsbewilligung unterlassene **Bezeichnung** des **18** Gemeinschaftsverhältnisses (§ 47) oder des Grundstücks (§ 28 S 1) nachgeholt wird.[25]

2. Form

Der gemischte Antrag und die **Vollmacht** zur Stellung eines gemischten Antrags bedürfen der **Form** des § 29 **19** Abs 1 S 1. Sie müssen daher in öffentlicher oder öffentlich beglaubigter Urkunde gestellt werden.

---

18 *Demharter* Rn 10; *Schaub* in *Bauer/von Oefele* Rn 16 – trotz der Entscheidung des BGH BGHZ 141, 347 = DNotZ 1999, 137 = aaO (vgl Fn bei Rdn 11).
19 *Böhringer* Rpfleger 1994, 449.
20 LG Frankfurt Rpfleger 1980, 63; *Ertl* Rpfleger 1980 41/45; *Demharter* Rn 4; KEHE-*Herrmann* § 30 Rn 7.
21 *Rademacher* MittRhNotK 1983, 81/82.
22 BayObLGZ 1957, 354, 357 = DNotZ 1958, 388; BayObLGZ 1976, 180, 188; KGJ 31 A 236, 237; KG HRR 37, 83 = JW 1937, 896; *Meikel-Böttcher* § 5 Rdn 27; *Demharter* § 5 Rn 10. **aA**: zT liest die Literatur aus diesen Entscheidungen weitergehend das Erfordernis, auch die materiell-rechtliche Erklärung über die Zuschreibung oder Teilung dem Grundbuchamt nachzuweisen: *Knothe* in *Bauer/von Oefele* § 29 Rn 30; KEHE-*Herrmann* § 29 Rn 21; *Schöner/Stöber* Rn 628; ebenso noch Vorauflage *Meikel-Brambring* § 29 Rn 83.
23 KG JFG 14, 146; *Demharter* Rn 4.
24 *Demharter* Rn 4; KEHE-*Herrmann* Rn 7.
25 OLG Köln Rpfleger 1970, 286; *Demharter* Rn 4; *Schaub* in *Bauer/von Oefele* Rn 19; *Hügel-Otto* Rn 10; KEHE-*Herrmann* Rn 7; anders BayObLG DNotZ 1956, 214.

Hier wird auf die Erläuterungen zu § 29 Bezug genommen; die für Bewilligungen angeordneten spezialgesetzlichen Nachweiserleichterungen gelten auch für den gemischten Antrag[26] (vgl § 29 Rdn 160 ff – zum Nachweis der Vollmachtserteilung: Rdn 39 ff).

V. Kosten

20   Für die Aufnahme reiner Eintragungsanträge werden beim Grundbuchamt keine Gebühren erhoben (§ 13 Abs 2 S 3 GBO; § 75 S 2 KostO).

---

26   *Demharter* Rn 6; *Hügel-Otto* Rn 17.

§ 31 (Form der Zurücknahme des Eintragungsantrags und des Widerrufs der Antragsvollmacht)

Eine Erklärung, durch die ein Eintragungsantrag zurückgenommen wird, bedarf der in § 29 Abs 1 Satz 1 und Abs 3 vorgeschriebenen Form. Dies gilt nicht, sofern der Antrag auf eine Berichtigung des Grundbuchs gerichtet ist. Satz 1 gilt für eine Erklärung, durch die eine zur Stellung des Eintragungsantrags erteilte Vollmacht widerrufen wird, entsprechend.

Schrifttum

Bausch, Zum Notarantrag in Grundbuchsachen, Rpfleger 1982, 457; *Bertzel,* Die Verwendung des notariellen Amtssiegels, DNotZ 1951, 455; *Buschmann,* Widerruf von Erklärungen an das Grundbuchamt über die Aushändigung eingereichter Hypothekenbriefe, DR 1941, 630; *Ertl,* Wirksamkeit und Widerruf der Eintragungsbewilligung, DNotZ 1967, 339; *ders,* Ist § 130 BGB auf die Eintragungsbewilligung anwendbar? Rpfleger 1982, 407; *Hieber,* Die notariellen Urkunden im Rahmen der vorsorgenden Rechtsbetreuung, DNotZ 1954, 461 ff; *ders,* Fragen zur Antragsbefugnis des Notars nach § 15 GBO, DNotZ 1956, 172 ff; *Rademacher,* Die Bedeutung des Antrags und der Bewilligung im Grundbuchverfahren, MittRhNotK 1983, 81 und 105.

Übersicht

I. Normzweck

Die Vorschrift dient der **Rechtssicherheit**, indem sie Erklärungen, durch die ein Eintragungsantrag zurückgenommen oder die Vollmacht zur Stellung eines Eintragungsantrags widerrufen wird, der strengen Form des § 29 unterstellt, also den Nachweis durch öffentliche oder öffentlich beglaubigte Urkunde verlangt, um dem Grundbuchamt die zweifelsfreie Feststellung zu ermöglichen, ob ein einmal gestellter Antrag noch gilt.[1] **1**

Ausgenommen vom Formzwang ist die Erklärung, mit der ein Antrag auf **Berichtigung** des Grundbuchs zurückgenommen wird. Die Ausnahme wurde durch das Gesetz zur Vereinfachung und Beschleunigung registerrechtlicher und anderer Verfahren (Registerverfahrensbeschleunigungsgesetz – RegVB) v 20.12.1993 (BGBl 1993, 2182) eingefügt. Auch die Vollmacht zur Zurücknahme eines Berichtigungsantrags bedarf nicht der Form des § 29.[2] **2**

II. Zurücknahme des Eintragungsantrags
1. Eintragungsantrag

§ 31 S 1 gilt ausschließlich für die Zurücknahme von Anträgen, mit denen eine **Eintragung** in das Grundbuch begehrt worden ist. Ausgenommen sind reine Berichtigungsanträge, die nach S 2 formlos zurückgenommen werden können. Die Vorschrift gilt nicht für sonstige Anträge, zB auf Erteilung von Grundbuchabschriften (vgl § 30 Rdn 3). **3**

§ 31 gilt ohne Rücksicht darauf, ob es sich um einen **reinen** oder um einen **gemischten Antrag** handelt, und erfasst zB auch die Zurücknahme des Antrags auf Eintragung einer Sicherungshypothek.[3] Unter Zurücknahme fällt nicht nur der Fall, dass der Antrag insgesamt zurückgenommen wird, sondern auch die Rücknahme eines von mehreren Anträgen oder die teilweise Zurücknahme.[4] Die Erklärung, dass der Eintragungsantrag teilweise zurückgenommen wird, ist dahin auszulegen, dass damit auch die Eintragungsbewilligung entsprechend eingeschränkt wird. Denn wenn der Eintragungsantrag zugleich die stillschweigend erklärte, zum Vollzug der beantragten Eintragung erforderliche Bewilligung enthält, »ersetzt« der Antrag die Bewilligung; im umgekehrten **4**

---

1 OLG Hamm Rpfleger MittRhNotK 1985, 76 = 1985, 231; *Demharter* Rn 1.

2 *Demharter* Rn 19.

3 KG HRR 29 Nr 1944 = DNotZ 1929, 738; OLG Hamm MittRhNotK 1985, 76 = Rpfleger 1985, 231; *Demharter* Rn 2.

4 OLG München JFG 22, 30; BayObLG DNotZ 1997, 321 = DNotI-Report 1995, 224 = MittBayNot 1996, 36; *Demharter* Rn 4.

Fall der teilweisen Antragsrücknahme und der entsprechenden Einschränkung der Eintragsbewilligung kann nichts anderes gelten.[5]

5 Für die Zurücknahme des Ersuchens der Behörde auf Eintragung (§ 38) gilt die Nachweiserleichterung des § 29 Abs 3; das Eintragungsersuchen kann also durch eine unterschriebene und mit Siegel oder Stempel versehene Erklärung zurückgenommen werden.[6]

6 Gleichgültig ist, ob der Antrag von dem Antragsberechtigten selbst oder von einem Vertreter, zB dem Notar (vgl Rdn 14 ff, 19) oder einem Prozessbevollmächtigten, gestellt wurde; für die Zurücknahme gilt in allen Fällen § 31 S 1.

2. Zurücknahme

7 **a) Begriff und Anwendungsfälle.** Zurücknahme ist die verfahrensrechtliche Erklärung des Antragstellers, dass die beantragte Eintragung nicht erfolgen soll.[7] Ist der Antrag formgerecht zurückgenommen worden, ist er iS des § 17 erledigt; eine Anfechtung der Zurücknahme ist unzulässig. Der Antrag muss vielmehr neu gestellt werden.[8]

Die Zurücknahme kann den Antrag insgesamt oder teilweise betreffen. Eine teilweise Rücknahme liegt vor, wenn der Antrag inhaltlich geändert wird, insbesondere der gestellte Antrag eingeschränkt wird. Eine **Erweiterung** des Inhalts ist die gänzliche Rücknahme des früheren Antrags, verbunden mit der Stellung eines neuen Antrags aufgrund neuer Bewilligung.[9] So ist es bei nachträglicher Erhöhung des Hypothekenbetrags (nicht bei der Zwangshypothek, weil dazu keine Bewilligung nötig ist). Eine **Teilrücknahme** liegt vor, wenn der Antrag inhaltlich eingeschränkt wird (zB Verringerung des Hypothekenbetrages oder des Zinssatzes).

8 Die Zurücknahme kann **ausdrücklich**, aber auch **schlüssig** erklärt werden, zB durch Stellung eines neuen Antrags anstelle des alten. So ist es, wenn der Eigentümer nachträglich beantragt, das Recht statt für A zugunsten B einzutragen, oder wenn sich der Antragsteller auf Anfrage des GBA, ob er den Antrag zurücknehme, die Antragsurkunde zurückgeben lässt.[10] Das bloße Verlangen, eine eingereichte Urkunde zurückzugeben, ist keine Zurücknahme.[11] Wird ein von mehreren Personen gestellter Antrag zurückgewiesen, so kann, wenn nicht alle Beschwerde einlegen, die Nichteinlegung als Zurücknahme der Anträge insoweit angesehen werden.[12] Der Form bedarf sie nicht, weil die Verfahrenslage ohnehin klar ist.

9 Ein vor oder gleichzeitig mit dem Antrag beim GBA eingehender **Widerruf** ist keine Zurücknahme, weil dann kein Antrag vorliegt (Rechtsgedanke des § 130 Abs 1 S 2 BGB).[13] Dasselbe gilt, wenn der Antragsteller bereits bei Einreichung erklärt, der Antrag solle zZt als nicht gestellt gelten.[14]

Die **Ergänzung** eines Antrages ohne inhaltliche Änderung ist keine Zurücknahme, so die nachträgliche Bezeichnung des Grundstücks oder eine später hinzugefügte Bestimmung nach § 16 Abs 2. Die Rücknahme einer Bestimmung nach § 16 Abs 2 fällt dagegen unter § 31.[15] Überflüssig ist die Zurücknahme, wenn der Antrag gegenstandslos geworden ist,[16] zB weil die Eintragung auf anderen Antrag oder von Amts wegen bereits erfolgt ist.

10 **b) Zulässigkeit der Zurücknahme.** Die Zurücknahme ist **bis zur Vollendung der Eintragung, dh bis zu ihrer Unterzeichnung, beim maschinell geführten Grundbuch mit Aufnahme in den Datenspeicher (§ 129) oder** endgültigen **Zurückweisung** zulässig. Eine Zwischenverfügung nach § 18 Abs 1 oder die Eintragung einer Vormerkung oder eines Widerspruchs gemäß § 18 Abs 2 hindert die Zurücknahme nicht; Vormerkung und Widerspruch sind dann von Amts wegen zu löschen. Auch nach Verfügung der Eintragung ist die Zurücknahme noch möglich.[17]

---

5 BayObLG DNotZ 1997, 321 = DNotI-Report 1995, 224 = MittBayNot 1996, 36.
6 *Demharter* Rn 2.
7 Vgl KEHE-*Herrmann* § 31 Rn 3.
8 RGZ 105, 310; KG HRR 28 Nr 587 = DNotZ 1928, 253; *Güthe-Triebel* § 13 Rn 39; *Demharter* Rn 12; KEHE-*Herrmann* § 31 Rn 15.
9 BayObLGZ 1955, 53 = DNotZ 1956, 206; KG HRR 34 Nr 1056; OLG München JFG 1922, 32; *Demharter* Rn 4.
10 OLG Hamm JurBüro 1953, 270; *Schaub* in *Bauer/von Oefele* Rn 8; *Hügel-Otto* Rn 5.
11 RGZ 60, 396; *Demharter* Rn 5; KEHE-*Herrmann* § 31 Rn 4.
12 OLG München JFG 1914, 340.
13 OLG Jena FGPrax 1998, 127 = OLGR Jena 1998, 217 (Antragsergänzung in »P.S.« des Notars nach dessen Unterschrift); *Güthe-Triebel* § 31 Rn 2; *Demharter* Rn 5; *Hügel-Otto* Rn 6; KEHE-*Herrmann* § 31 Rn 4; *Schöner/Stöber* Rn 94.
14 KG OLG 8, 303; 12, 149; *Güthe-Triebel* § 31 Rn 3; *Hesse-Saage-Fischer* § 31 Bem I 2; KEHE-*Herrmann* § 31 Rn 4.
15 *Demharter* Rn 3.
16 KG JW 1937, 477; OLG Schleswig SchlHA 1959, 197; *Güthe-Triebel* § 31 Rn 3.
17 BayObLGZ 1954, 146; *Demharter* Rn 3.

Da Bewilligung und Antrag sich decken müssen, ist eine Teilrücknahme nur insoweit zulässig, als auch die **Bewilligung** entsprechend geändert wird bzw auch den geänderten Antrag deckt. **11**

Die **Bindung** der Beteiligten an ihre Erklärungen hindert die Zurücknahme nicht.[18] Diese ist rein formeller Natur und unabhängig von der materiellen Rechtslage. Sie kann aber, wenn sie gegen die Bindung verstößt, zum Schadenersatz verpflichten.[19] **12**

Ein **Widerrufsverzicht** in der Eintragungsbewilligung steht der Zurücknahme ebenfalls nicht entgegen.[20] **13**

c) Berechtigung zur Zurücknahme. Zur Zurücknahme ist **jeder Antragsteller** berechtigt. Antragsteller ist, in wessen Namen der Antrag gestellt worden ist. Der Beteiligte, für den der Notar den Antrag nach § 15 gestellt hat, kann diesen zurücknehmen. Ein allgemeines Verfügungsverbot nach § 21 Abs 2 Nr 2 InsO hindert den Gemeinschuldner nicht, einen Antrag zurückzunehmen, weil in der Verfahrenshandlung »Rücknahme« keine Verfügung über Massegegenstände liegt.[21] **14**

Eine andere Frage ist es, wann **der Notar** zur Zurücknahme befugt ist. Hat er den Antrag nach § 15 gestellt, kann er ihn nach § 24 Abs 3 S 1 BNotO ganz oder teilweise zurücknehmen. Eine Antragstellung des Notars für die Beteiligten nach § 15 und keine eigene Antragstellung durch sie liegt regelmäßig vor, wenn der Notar unter Bezugnahme auf § 15 eine Urkunde vorlegt, die die Anträge der Beteiligten dem Wortlaut nach enthält; die Anträge der Beteiligten gelten in diesem Falle idR als nicht von ihnen gestellt.[22] Wiederholt der Notar dagegen Anträge der Beteiligten, die dem GBA schon vorliegen, so ist das keine Antragstellung durch ihn.[23] **15**

Hat der **Notar** den Antrag nicht nach § 15, sondern kraft **spezieller Vollmacht** gestellt, so hängt sein Recht zur Rücknahme vom Inhalt der Vollmacht ab,[24] die dem Grundbuchamt in der Form des § 29 nachzuweisen ist. Ergibt sich aus ihr nichts, so ist, wenn im Übrigen die Voraussetzungen zur Antragstellung nach § 15 vorlagen, der Notar in sinngemäßer Anwendung des § 24 Abs 3 S 1 BNotO zur Rücknahme berechtigt. Denn idR nimmt die spezielle Vollmacht nicht dem Notar das Antragsrecht nach § 15, sodass er den Antrag auch auf § 15 hätte stützen können, womit er auch zur Rücknahme nach § 24 Abs 3 S 1 BNotO berechtigt wäre.[25] **16**

Haben die **Beteiligten** in der Bewilligungsurkunde selbst den Antrag gestellt und stellt der Notar nach § 15 den Antrag, sollen nach hM zwei Anträge vorliegen mit der Folge, dass bei Rücknahme des Notarantrags der Antrag der Beteiligten bestehen bleibt.[26] Nach § 24 Abs 3 S 1 BNotO sei der Notar nur ermächtigt, den von ihm nach § 15 gestellten Antrag zurückzunehmen, nicht jedoch den eigenen Antrag der Beteiligten. Nach richtiger Ansicht[27] gelten bei Antragstellung durch den Notar die von den Beteiligten selbst gestellten Anträge als nicht gestellt. Dem steht nicht entgegen, dass ein »Antragsverzicht« der Beteiligten aus materiellrechtlichen und verfahrensrechtlichen Gründen nicht möglich ist.[28] (Bei der so genannten Umschreibungssperre, bei der die Beteiligten den Notar anweisen, die Eigentumsumschreibung erst nach Kaufpreiszahlung zu beantragen, genügt daher der Verzicht des Erwerbers, selbst die Eigentumsumschreibung zu beantragen, nicht.) **17**

In der Praxis der Notare kann daher auf die **besondere Bevollmächtigung zur Rücknahme der Anträge** nicht verzichtet werden; eine solche Vollmacht berechtigt auch zur teilweisen Antragsrücknahme.[29] Bringt der Notar bei Antragstellung unzweifelhaft zum Ausdruck, dass Anträge der Beteiligten nicht gestellt werden, er

---

18 BayObLG DNotZ 1973, 298; KEHE-*Herrmann* § 31 Rn 3; vgl hierzu aber *Buschmann* DR 1941, 630 betr Widerruf einer Erklärung über Aushändigung eines Hypothekenbriefs.

19 Dazu KG OLG 4, 494; *Güthe-Triebel* § 13 Rn 37.

20 Dazu OLG Düsseldorf NJW 1956, 876 bezüglich einer Erbengemeinschaft.

21 KG DNotZ 1973, 33 = Rpfleger 1972, 174; *Schöner/Stöber* Rn 93.

22 OLG Braunschweig DNotZ 1961, 413 = NJW 1961, 1362; KEHE-*Herrmann* § 31 Rn 10.

23 So richtig KEHE-*Herrmann* § 31 Rn 11 gegen OLG Hamm JMBlNRW 1961, 273 und OLG Schleswig SchlHA 1959, 175.

24 OLG München JFG 22, 33; *Demharter* Rn 10.

25 Vgl KEHE-*Herrmann* § 31 Rn 7.

26 BGHZ 71, 349 = DNotZ 1978, 696 = NJW 1978, 1915 = Rpfleger 1978, 365; BayObLGZ 1955, 48 = DNotZ 1956, 206; OLG Braunschweig DNotZ 1961, 413; OLG Frankfurt Rpfleger 1958, 221 m Anm *Haegele* = DNotZ 1958, 614 Nr 1 (Ls); OLG Hamm JMBlNRW 1961, 273; OLG München DNotZ 1941, 31; OLG Schleswig SchlHA 1959, 197; *Güthe-Triebel* § 15 Rn 20; *Demharter* Rn 8.

27 OLG Braunschweig DNotZ 1961, 413 m Anm *Hieber* = NJW 1961, 1362; LG Oldenburg Rpfleger 1982, 172; *Klawikowski* Rpfleger 2005, 13; *Schöner/Stöber* Rn 183; *Schaub* in *Bauer/von Oefele* Rn 24; *Hügel-Otto* Rn 16; KEHE-*Herrmann* § 15 Rn 21 und § 31 Rn 10; *Meikel-Böttcher* § 15 Rn 30.

28 *Schöner/Stöber* Rn 183; OLG Frankfurt DNotZ 1992, 389; OLG Karlsruhe BWNotZ 1994, 69; LG Frankfurt MittRhNotK 1992, 116; OLG Hamm FGPrax 1998, 154 = MittBayNot 1998, 275; *Ertl* DNotZ 1975, 644; *Brambring* in Beck'sches Notar-Handbuch A 1 Rn 180.

29 BayObLG DNotZ 1997, 321 = DNotI-Report 1995, 224, dazu *Wulf* DNotZ 1997, 331 = MittBayNot 1996, 36 = MittRhNotK 1996, 54.

vielmehr die Anträge ausschließlich aufgrund der Ermächtigung nach § 15 stellt, ist er auch ohne besondere Vollmacht zur Rücknahme des Antrags ermächtigt.[30]

Haben die Beteiligten in der Urkunde bestimmt, dass die eine Eintragung nicht ohne die andere erfolgen soll (§ 16 Abs 2), ist der Notar auch bei alleiniger Antragstellung zur Zurücknahme eines dieser Anträge nicht ermächtigt; er bedarf hierzu einer besonderen Vollmacht der Beteiligten in der Form des § 29 Abs 1 S 1.[31]

3. Form der Zurücknahme

18 Bei Zurücknahme des Antrags durch den **Antragsteller** selbst bedarf die Erklärung der Form des § 29 Abs 1 S 1; sie muss daher öffentlich beurkundet oder öffentlich beglaubigt sein.

19 Nimmt der **Notar** einen nach § 15 von ihm gestellten Antrag zurück, ist die Rücknahmeerklärung nach § 24 Abs 3 S 2 BNotO wirksam, »wenn sie mit der Unterschrift und dem Amtssiegel des Notars versehen ist; eine Beglaubigung der Unterschrift ist nicht erforderlich«. Amtssiegel ist das Prägesiegel oder der Farbdruckstempel.[32] § 24 Abs 3 S 2 BNotO ist ein gesetzlich geregelter Fall der »**notariellen Eigenurkunde**« (§ 29 Rdn 356 ff) als öffentliche Urkunde mit der Besonderheit, dass der Notar zu ihrer Errichtung auch ohne besondere Vollmacht bereits aufgrund der Ermächtigung zur Antragstellung nach § 15 berechtigt ist.

Nimmt der Notar einen Antrag der Beteiligten aufgrund ihm erteilter Vollmacht zurück, geschieht dies ebenfalls in Form der Eigenurkunde, die vom Notar unterzeichnet und gesiegelt sein muss (und damit der Form des § 24 Abs 3 S 2 BNotO entspricht).

In dieser Form kann der Notar auch einen Eintragungsantrag einschränken und teilweise zurücknehmen.[33]

Ein Rücknahmeantrag des Notars per Telefax genügt selbst dann nicht, wenn das Siegel auf dem Original beigedrückt ist.[34]

20 Die rechtsgeschäftliche **Vollmacht** zur Rücknahme bedarf der Form des § 29 Abs 1 S 1 in Analogie zu § 31, dessen Normzweck dies gebietet.[35]

21 Wenn der Normzweck – Klarheit und Rechtssicherheit – bereits anderweitig erreicht ist, ist die Form **entbehrlich**, so zB, wenn das GBA einen Antrag zurückweist und der Antragsteller im Beschwerdeverfahren den Antrag entsprechend den Beanstandungen des GBA einschränkt.[36]

4. Wirkung der Zurücknahme

22 Die eingereichte Zurücknahme erledigt den Antrag und das Eintragungsverfahren beim Grundbuchamt, und zwar endgültig, falls nicht Anträge anderer Beteiligter vorliegen.[37] Ein gemeinschaftlicher Antrag kann nur von allen Antragstellern gemeinsam zurückgenommen werden. Wird er nur von einem von mehreren Antragstellern zurückgenommen, ist über den Antrag im Übrigen zu entscheiden. Ist zB die Eintragung eines Grundpfandrechts auch vom Gläubiger beantragt und nimmt der Eigentümer seinen Antrag zurück, hat die Eintragung aufgrund Antrags des Gläubigers zu erfolgen. Nach der Rücknahme kann der Antrag jederzeit wiederholt werden, ist dann aber als neuer Antrag zu behandeln (so dass ggf zwischenzeitlich gestellte Anträge vorrangig zu erledigen sind).

Das Grundbuchamt ist verpflichtet, die Eintragungsbewilligung und die sonstigen vom Antragsteller eingereichten Urkunden an ihn zurückzugeben. Geschieht dies nicht, kann die Eintragungsbewilligung trotzdem nicht zugunsten eines anderen Antragstellers wirken, der erst nachträglich, nämlich nach der infolge der Antragsrücknahme eingetretenen Beendigung des früheren Verfahrens, einen neuen Antrag stellt.[38]

---

30 BayObLG Rpfleger 1975, 94; OLG Frankfurt Rpfleger 1973, 403; *Bauch* Rpfleger 1982, 457; *Schippel/Bracker-Reithmann* § 24 BNotO Rn 131; *Demharter* Rn 9; weitergehend *Hieber* DNotZ 1956, 172.

31 BayObLGZ 1975, 1 = Rpfleger 1975, 94; OLG Hamm Rpfleger 1988, 404; *Demharter* Rn 11; *Schöner/Stöber* Rn 190.

32 BayObLGZ 1955, 53 = DNotZ 1956, 206; OLG München JFG 22, 33; *Demharter* Rn 7; *KEHE-Herrmann* § 31 Rn 6; vgl auch *Bertzel* DNotZ 1951, 455.

33 BayObLG DNotZ 1994, 891; *Demharter* Rn 7.

34 *Demharter* Rn 7.

35 BGHZ 71, 349 = DNotZ 1978, 696, 698 = NJW 1978, 1915 = Rpfleger 1978, 365; OLG Hamm JMBlNRW 1961, 273; *Demharter* Rn 10; **aA** BayObLGZ 1955, 53 = DNotZ 1956, 206.

36 KG HRR 35 Nr 1056; *Demharter* Rn 10; *KEHE-Herrmann* § 31 Rn 2.

37 OLG München JFG 22, 140; *Demharter* Rn 12; *KEHE-Herrmann* Rn 15.

38 Die frühere Streitfrage hat der BGH (BGHZ 84, 202 = DNotZ 1983, 309 = NJW 1982, 2817 = Rpfleger 1982, 414) in diesem Sinn entschieden; OLG Frankfurt NJW-RR 1995, 785 = OLGR Frankfurt 1995, 85; *Schöner/Stöber* Rn 107; *Demharter* Rn 13.

Die Rechtswirksamkeit der Bewilligung und die Bindung der Beteiligten an ihre Einigung werden von der **23**
Rücknahme des Antrags nicht berührt. Die Bewilligung kann daher Grundlage für einen neuen Antrag desselben Antragstellers sein.[39]

Eine Unwiderruflichkeit des Eintragungsantrags oder ein Verzicht auf die Antragsrücknahme sind unwirksam
und daher im Grundbuchverfahren nicht zu beachten.[40]

5. Verfahren beim Grundbuchamt

Das Grundbuchamt prüft, ob die Zurücknahme des Antrags zulässig ist und ob ein Berechtigter sie formgerecht **24**
erklärt hat. Bei formloser Zurücknahme bleibt der Antrag wirksam. Es hat dem Antragsteller durch Zwischenverfügung Gelegenheit zu geben, die Zurücknahme des Antrags formgerecht nachzuholen. Geschieht dies
nicht und sind die übrigen Eintragungsvoraussetzungen gegeben, hat das Grundbuchamt einzutragen.[41]

Geht nach Vorlage einer nicht formgerechten Zurücknahme ein dasselbe Recht betreffender **weiterer Antrag** **25**
ein, so gilt Folgendes:
- Hängt die mit dem neuen Antrag begehrte Eintragung davon ab, dass die zunächst beantragte unterbleibt, so
  muss das GBA nach § 18 eine Frist zur Einreichung einer formgerechten Rücknahmeerklärung setzen. Das-
  selbe gilt, wenn ein weiterer Antrag eingeht, der unabhängig von der Erledigung des Vorantrages erledigt
  werden könnte, aber wegen § 17 nicht vorher erledigt werden darf.
- Hängt dagegen die weitere Eintragung von der zuerst beantragten ab, muss das Grundbuchamt die formlose
  Rücknahme unbeachtet lassen und beide Eintragungen vornehmen. Es würde die Rechte des zweiten
  Antragstellers verletzen, wenn es dem ersten Antragsteller noch Gelegenheit gäbe, durch Behebung des
  Formmangels dem zweiten Antrag den Boden zu entziehen.

III. Widerruf der Vollmacht zur Antragstellung

1. Vollmacht zur Stellung eines Eintragungsantrags

§ 31 S 3 betrifft ausschließlich den Widerruf einer Vollmacht zur Stellung eines **Eintragungsantrags** iS des **26**
§ 30. Die Vorschrift unterscheidet nicht danach, ob die Vollmacht nach § 30 formbedürftig ist oder nicht; der
Widerruf der Vollmacht muss in jedem Fall öffentlich beurkundet oder öffentlich beglaubigt sein.[42] Die Vorschrift gilt auch dann, wenn die Vollmacht, die zur Berichtigung des Grundbuchs erteilt ist und ohne Beachtung der Formvorschrift des § 29 Abs 1 S 1 erteilt werden konnte, vom Vollmachtgeber nunmehr widerrufen
wird. Die Ausnahmevorschrift des § 31 S 2 gilt ausdrücklich nur für die Erklärung des Antragstellers selbst auf
Rücknahme des Antrags auf Berichtigung des Grundbuchs.

Der Widerruf von Vollmachten zur Stellung anderer Anträge, zB auf Grundbucheinsicht (§ 30 Rdn 3), fällt **27**
nicht unter § 31 S 3.

Zur Zurücknahme eines Antrags ist § 31 S 1 entsprechend anzuwenden. Die Vollmacht zur Rücknahme eines
Berichtigungsantrages bedarf nach § 31 S 2 dagegen keiner Form.[43]

2. Widerruf

Unter Widerruf iS des § 31 S 3 fallen die Erklärung des Widerrufs einer rechtsgeschäftlich erteilten Vollmacht **28**
nach § 168 S 3 BGB durch Erklärung gegenüber dem Bevollmächtigten, die Kündigung der Prozessvollmacht
sowie der (jederzeit zulässige) Widerruf der Antragsermächtigung des Notars nach § 15 oder einer ihm erteilten
Vollmacht. § 31 S 3 gilt dagegen nicht für die Widerlegung der Vermutung der Antragsermächtigung des
Notars nach § 15, die Aufhebung des der Vollmacht zugrunde liegenden Rechtsverhältnisses (§ 168 S 1 BGB)
und die Kraftloserklärung der Vollmachtsurkunde nach § 176 BGB.[44]

Der (formgerechte) Widerruf der Antragsvollmacht ist im Grundbuchverfahren nur zu beachten, wenn diese **29**
Erklärung **vor** Antragstellung eingegangen ist. Liegt bereits ein Antrag vor, ist der Widerruf der Antragsvollmacht unbeachtlich; es bedarf einer Erklärung in der Form des § 29 Abs 1 S 1 auf Rücknahme des Antrags.[45]
In Einzelfällen kann sich im Wege der Auslegung ergeben, dass der Widerruf der Vollmacht auch die Zurücknahme des Antrags meint.

---

39 LG Hannover Rpfleger 1985, 146; BayObLGZ 1972, 204 = MDR 1972, 876; *Schöner/Stöber* Rn 93.
40 BayObLGZ 1972, 204 = MDR 1972, 876; *Demharter* Rn 39.
41 OLG Hamm MittRhNotK 1985, 76 = Rpfleger 1985, 231; *Demharter* Rn 14; *KEHE-Herrmann* Rn 14.
42 *Demharter* Rn 15.
43 *Demharter* Rn 19.
44 BayObLG Rpfleger 1984, 93; *Demharter* Rn 16.
45 *Demharter* Rn 17; *KEHE-Herrmann* Rn 21.

IV. Nichtbeachtung des § 31

30   § 31 ist eine **Ordnungsvorschrift**. Unterlässt das Grundbuchamt die Eintragung, obwohl der Antrag nur formlos zurückgenommen werden oder die Antragsvollmacht nur formlos widerrufen war, tritt die mit der Eintragung erstrebte Rechtsänderung nicht ein. Das Grundbuch wird nicht unrichtig.

Ist der Antrag formgerecht zurückgenommen oder der Widerruf der Antragsvollmacht formgerecht erklärt und trägt das Grundbuchamt gleichwohl ein, entscheidet sich nach der materiellen Rechtslage, ob die Eintragung die Rechtsänderung bewirkt oder nicht.[46]

In beiden Fällen kann die Nichtbeachtung des § 31 **Schadensersatzansprüche** gegen das Grundbuchamt begründen.

V. Kosten

31   Bei Zurücknahme des Antrages wird vom **Grundbuchamt** eine **1/4-Gebühr**, höchstens jedoch ein Betrag von 20 EUR, erhoben (§ 130 Abs 2 KostO), wobei der für die beantragte Eintragung bestimmte Gebührensatz nicht überschritten werden darf (§ 130 Abs 3 KostO). Von der Kostenerhebung kann bei besonderen Umständen abgesehen werden (§ 130 Abs 5 KostO).

Der **Notar** erhält für die Zurücknahme eines von ihm übermittelten (§ 147 Abs 4 Nr 1 KostO) oder gemäß § 15 gestellten Antrags keine Gebühr (§ 147 Abs 4 Nr 2 KostO).

---

46 *Demharter* Rn 20; KEHE-*Herrmann* Rn 22.

§ 32 (Nachweis der Vertretungsberechtigung)

(1) Der Nachweis, daß der Vorstand einer Aktiengesellschaft aus den im Handelsregister eingetragenen Personen besteht, wird durch ein Zeugnis des Gerichts über die Eintragung geführt.

(2) Das gleiche gilt von dem Nachweis der Befugnis zur Vertretung einer offenen Handelsgesellschaft, einer Partnerschaftsgesellschaft, einer Kommanditgesellschaft, einer Kommanditgesellschaft auf Aktien oder einer Gesellschaft mit beschränkter Haftung.

Schrifttum

L Böttcher/Blasche, Die Grundbuchfähigkeit der GbR im Lichte der aktuellen Rechtsentwicklung, NZG 2007, 121; *Eickmann,* Die Gewinnung der Entscheidungsgrundlagen im Grundbuchverfahren, Rpfleger 1979, 169; *Epple,* Beglaubigte Abschrift der Bescheinigung nach § 21 BNotO als Nachweis der Vertretungsberechtigung für Handelsgesellschaften im Grundbuchverfahren, Rpfleger 1980, 55; *Göttlich,* Notar-Bescheinigungen in Handelsregistersachen, JurBüro 1970, 105; *Kress,* Die Vertretungsmacht der Willensorgane juristischer Personen im allgemeinen und deren Feststellung durch den beurkundenden Notar im besonderen, BayNotZ 1919, 258; *Mayer,* Die Vertretungsbescheinigung des Notars, Rpfleger 1989, 142; *Nedden/Boeger,* Das neue Registerrecht, FGPrax 2007, 1; *Promberger,* Notarielle Bescheinigungen über Registereintragungen, Rpfleger 1977, 355; *ders,* Nochmals: Notarielle »Bescheinigungen« über Registereintragungen, Rpfleger 1982, 460; *Reithmann,* Beurkundungen und andere Amtsgeschäfte des Notars, DNotZ 1974, 6; *Sikora/Martin T Schwab,* Das EHUG in der notariellen Praxis, MittBayNot 2007, 1.

Übersicht

I. Normzweck

§ 32 bezweckt eine **Erleichterung**[1] **des Grundbuchverkehrs.** Bei Fehlen einer entsprechenden Vorschrift **1** müßten die genannten Handelsgesellschaften (oder Partnerschaftsgesellschaften) gemäß § 29 Abs 1 S 2 Vertretungsbefugnis (und Existenz) durch die entsprechenden öffentlichen Urkunden nachweisen. § 32 ist daher *lex specialis* zu § 29 Abs 1 S 2.[2] § 32 GBO ist eine den §§ 69 BGB, 26 Abs 2 GenG nachgeformte Bestimmung,[3] deren Auslegung damit auch für § 32 GBO erhebich wird, ohne dass ein abweichender Wortlaut daran hinderte. Der Nachweis des § 32 bezieht sich nur auf die Vertretungsbefugnis ab Eintragung im Handelsregister (Partnerschaftsregister, § 5 Abs 2 PartGG). Dagegen kann die Beweisfunktion nicht auf Zeugnisse über den Inhalt der dem Handelsregister zur Eintragung vorgelegten Urkunden ausgedehnt werden.[4] Für eine **BGB-**

---

1 Allgemeine Meinung, vgl BayObLGZ 1993, 137; OLG Hamm Rpfleger 1995, 153, 155; *Bauer/von Oefele-Schaub* Rn 3; *Güthe-Triebel* Rn 2; *KEHE-Herrmann* Rn 1; *Demharter* Rn 1; *Predari* § 33 Anm 1; *Hesse-Saage-Fischer* Rn 1; *Löscher* S 172.
2 *H Roth,* Die FGG-Klausur, 2. Aufl 2000, § 2 VI 5.
3 *Hahn-Mugdan* Die gesamten Materialien zu den Reichsjustizgesetzen, 5. Band. Materialien zum Gesetz über die Zwangsversteigerung und die Zwangsverwaltung und zur Grundbuchordnung, 1897, S 160 (Denkschrift).
4 OLG Köln Rpfleger 1990, 352, 353.

Gesellschaft kann ein dem § 32 entsprechender Nachweis des Bestehens und der Vertretungsbefugnis mangels einer Eintragung in einem öffentlichen Register nicht geführt werden; sie ist zudem nicht grundbuchfähig.[5]

II. Funktionsgleiche Rechtsinstitute

2 Die **rechtssystematische Bedeutung** des § 32 erschließt sich nicht aus seiner isolierten Auslegung, sondern ist nur als Teilaspekt eines einheitlichen Systems von grundbuchrechtlichen Beweiserleichterungen verständlich. Zu nennen sind die Bestimmungen der §§ 69 BGB, 26 Abs 2 GenG, 21 Abs 1 S 2 BNotO (§ 12 S 2 BeurkG).

Dagegen wurde die frühere »Muttervorschrift« der genannten Normen, § 9 Abs 3 HGB aF, der für das Handelsregister ebenfalls ein gerichtliches Zeugnis vorgesehen hatte, durch das EHUG v 10.11.2006 aufgehoben.[6] In der Praxis bedeutsam ist daher bei **elektronischer Registerführung** (§§ 8 Abs 1 HGB; 10 Abs 2 GenG; 5 Abs 2 PartGG)[7] heute vor allem der amtliche Ausdruck des Registerblatts gem § 30a Abs 3 HRV nF, mit dem sich das Grundbuchamt regelmäßig begnügen kann (u Rdn 51). Das Zeugnis des Registergerichts oder eine Notarbescheinigung sind nicht nur durch die Einführung des gemeinsamen Registerportals entbehrlich geworden.[8] Wird das Register noch nicht elektronisch geführt,[9] ist schließlich noch die Vorlage von beglaubigten Registerauszügen von Bedeutung, ohne dass darauf noch eine Bescheinigung oder ein Zeugnis aufruhen müsste (u Rdn 51). Der amtliche Ausdruck und der beglaubigte Registerauszug haben die gleiche Beweiskraft wie ein Zeugnis des Registergerichts. § 9 Abs 3 HGB aF wurde aufgrund einer Empfehlung des Rechtsausschusses des Bundesrats gestrichen.[10] Dort heißt es: »Die Erteilung von Zeugnissen oder Bescheinigungen ist nicht mehr zeitgemäß und führt zu einem Medienbruch. Im Interesse des Rechtsverkehrs, aber auch des Registers wird der Kontakt mit dem Handelsregister künftig nur noch elektronisch abgewickelt ... Behörden gegenüber muß künftig nicht mehr durch ein Zeugnis nachgewiesen werden, wer der Inhaber einer in das Handelsregister eingetragenen Firma eines Einzelkaufmanns ist; das Gleiche gilt für den Nachweis der Befugnis zur Vertretung eines Einzelkaufmanns oder einer Handelsgesellschaft. Diese Tatsachen können sämtlich durch eine Einsicht in das Handelsregister geklärt werden. Zeugnisse oder Bescheinigungen sind in diesem Zusammenhang nicht mehr erforderlich«. Inkonsequent ist allerdings die Beibehaltung der mit § 9 Abs 3 HGB aF weitgehend funktionsgleichen §§ 26 Abs 2 GenG, 21 BNotO und vor allem des § 32 GBO selbst. Wie aus dem beibehaltenen § 32 hervorgeht, bleiben Zeugnisse und Bescheinigungen zwar **zulässig**, können vom Grundbuchamt aber nicht verlangt werden.

Eine mit § 32 GBO funktionsgleiche Vorschrift bildet **§ 15 Abs 3 GBV**. Bei Umwandlung einer BGB-Gesellschaft in eine Handels- oder Partnerschaftsgesellschaft genügt zur Grundbuchberichtigung eine Bescheinigung des Registergerichts über die Eintragung und darüber, dass die Handelsgesellschaft oder Partnerschaftsgesellschaft aus der BGB-Gesellschaft hervorgegangen ist.[11]

1. Wortlaut

3 **§ 69 BGB** (Nachweis des Vereinsvorstands)

Der Nachweis, dass der Vorstand aus den im Register eingetragenen Personen besteht, wird Behörden gegenüber durch ein Zeugnis des Amtsgerichts über die Eintragung geführt.

§ 26 Abs 2 GenG

Zur Legitimation des Vorstands Behörden gegenüber genügt eine Bescheinigung des Gerichts (§ 10), daß die darin zu bezeichnenden Personen als Mitglieder des Vorstands in das Genossenschaftsregister eingetragen sind.

§ 21 BNotO

(1) Die Notare sind zuständig,
1. Bescheinigungen über eine Vertretungsberechtigung sowie

---

5 Überzeugend BayObLG NJW 2003, 70; NJW-RR 2005, 43; *Böttcher* NJW 2008, 2088, 2094. OLG Schleswig NJW 2008, 306 (Eintragung der einzelnen Gesellschafter mit dem Zusatz »als GBbR«; OLG Celle NJW 2006, 2194; *Böttcher* Rpfleger 2007, 437, 440; offen lassend BGH WM 2006, 2135, 2136; für Grundbuchfähigkeit der BGB-Gesellschaft unter ihrem eigenen Namen, aber gegen die Anwendung des § 32, etwa OLG Stuttgart Rpfleger 2007, 258, 259; *L Böttcher/Blasche* NZG 2007, 121 ff; jüngst *M Wolf*, FS Canaris (2007), S 1317; *Hesseler/Kleinherz* NZG 2007, 250; *Tielmann/Schulenburg* BB 2007, 845; *Bielicke* Rpfleger 2007, 441; je mit weiteren Nachw.
6 BGBl I S 2553.
7 Dazu *Sikora/Martin T Schwab* MittBayNot 2007, 1 ff (zur notariellen Praxis); die landesrechtlichen Verordnungen finden sich abgedruckt in Rpfleger 2007, 169.
8 OLG Hamm Rpfleger 2008, 298.
9 Zu Altdokumenten des § 9 Abs 2 HGB näher *Nedden/Boeger* FGPrax 2007, 1, 2.
10 BR-Drucks 942/1/05 v 31.01.2006 zu Art 1 Nr 2 (§ 9 Abs 5 HGB-E).
11 Dazu LG München Rpfleger 2001, 489; u Rdn 9.

2. Bescheinigungen über das Bestehen oder den Sitz einer juristischen Person oder Handelsgesellschaft, die Firmenänderung, eine Umwandlung oder sonstige rechtserhebliche Umstände auszustellen,

wenn sich diese Umstände aus einer Eintragung im Handelsregister oder in einem ähnlichen Register ergeben. Die Bescheinigung hat die gleiche Beweiskraft wie ein Zeugnis des Registergerichts.

(2) Der Notar darf die Bescheinigung nur ausstellen, wenn er sich zuvor über die Eintragung Gewißheit verschafft hat, die auf Einsichtnahme in das Register oder in eine beglaubigte Abschrift hiervon beruhen muß. Er hat den Tag der Einsichtnahme in das Register oder den Tag der Ausstellung der Abschrift in der Bescheinigung anzugeben.

2. Einheitliche Auslegung

Die soeben angeführten Bestimmungen sind aufgrund ihrer Funktionsgleichheit einem **einheitlichen Auslegungsmaßstab** zu unterwerfen.[12] Daraus ergibt sich folgendes: Abs 1 und Abs 2 des § 32 sind trotz unterschiedlichen Wortlauts gleich auszulegen. Gegenstand des Zeugnisses des Abs 1 ist vergleichbar wie in Abs 2 die **Vertretungsmacht**, nicht lediglich die Tatsache der Eintragung der betreffenden Personen. Die überholte Gegenauffassung[13] verlangte dagegen etwa für die in Abs 1 genannte Aktiengesellschaft zusätzlich zum Zeugnis des Registergerichts über die Zusammensetzung des Vorstands einen beglaubigten Auszug aus dem Handelsregister, wenn zB bei mehrgliedrigem Vorstand die Vertretungsmacht abweichend von der Regel des § 78 Abs 2 AktG bestimmt ist (s etwa § 78 Abs 3 AktG). Wegen des dogmengeschichtlichen Zusammenhangs mit § 69 BGB[14] wurde bisweilen trotz des entgegenstehenden Wortlauts gerade umgekehrt auch für § 32 Abs 2 GBO vertreten, dass Gegenstand des Zeugnisses lediglich die *Tatsache der Eintragung* sei.[15] Auch eine gemäß § 35 GmbHG etwa mögliche und eingetragene Einzelvertretungsbefugnis eines Geschäftsführers könnte danach nur durch Zeugnis und zusätzlich durch beglaubigte Abschrift des Handelsregisters dargetan werden. Diese Auffassungen verfehlen den auf *Vereinfachung* gerichteten Zweck des § 32 und sind durch das EHUG ohnehin weitgehend überholt (o Rdn 2).

Demgegenüber bezeugen sämtliche Zeugnisse der §§ 32 Abs 1 und 2 GBO,[16] 69 BGB,[17] 26 Abs 2 GenG[18] und 21 BNotO[19] die jeweilige **Vertretungsbefugnis** im Hinblick auf das betreffende Unternehmen. Für alle genannten Bestimmungen gilt, dass der grundbuchrechtliche Nachweis durch ein Zeugnis geführt werden *kann*, nicht aber geführt werden *muss*.[20] § 32 will den Grundbuchverkehr lediglich erleichtern, nicht aber erschweren. Es gilt in der Sache das **Günstigkeitsprinzip**. Der Formulierung des § 32 Abs 1 ». . . wird . . . geführt.« lässt sich nicht entnehmen, dass das Grundbuchamt nicht berechtigt wäre, bei entsprechenden Aufgreiftatsachen eine *zusätzliche* Legitimation zu fordern.[21]

§ 32 gilt nach seinem Wortlaut nur für Aktiengesellschaften, offene Handelsgesellschaften, Partnerschaftsgesellschaften (Art 5 Abs 2 PartGG, G v 06.06.1995 [BGBl I S 778]), Kommanditgesellschaften, Kommanditgesellschaften auf Aktien und Gesellschaften mit beschränkter Haftung. Über den Wortlaut hinaus muß § 32 GBO aber auch (wie der frühere § 9 Abs 3 HGB) auf alle Handelsgesellschaften sowie auf den Einzelkaufmann erweitert werden. **§ 32 GBO** ist für den Bereich des Grundbuchrechts nicht **lex specialis** gegenüber den anderen Normen (§§ 69 BGB, 26 Abs 2 GenG, 21 BNotO), erfährt seinen Bedeutungsgehalt als Teil einer systematisch einheitlichen verfahrensrechtlichen Regelung aber aus den übrigen vergleichbaren Vorschriften mit.[22]

III. Systematische Einordnung

§ 32 ist als **verfahrensrechtliche Norm** für den Verkehr mit dem Grundbuchamt ohne materiellrechtliche Bedeutung.[23] Im Einzelnen vermittelt sie Registerrecht und Grundbuchrecht. Es handelt sich um eine **gesetz-** **5**

4

---

12 OLG Köln Rpfleger 1990, 352, 353.
13 *Predari* § 33 Anm 3.
14 Oben Rdn 1.
15 *Predari* § 33 Anm 4 (heute überholt).
16 So *Güthe-Triebel* Rn 36, 37; *KEHE-Herrmann* Rn 9; *Löscher* S 174; *Eickmann* Grundbuchverfahrensrecht, Rn 253.
17 BGB-RGRK-*Steffen* Anm zu § 69.
18 *Lang-Weidmüller-Schaffland* GenG § 26 Rn 11; *Hettrich-Pöhlmann-Gräser-Röhrich* GenG § 26 Rn 6.
19 Für § 21 BNotO ist weitgehend anerkannt, dass dort die Ausstellung einer Bescheinigung geregelt wird, die eine *rechtliche Beurteilung* der Vertretungsbefugnis voraussetzt, vgl *Arndt-Lerch-Sandkühler* BNotO § 21 Rn 4; *Schippel/Bracker/Reithmann* BNotO § 21 Rn 6 f; u Rn 43 ff.
20 Allgemeine Meinung: KEHE-*Herrmann* Rn 16 f; *Demharter* Rn 13; *Löscher* S 173 f; für § 26 Abs 2 GenG etwa *PöhlMann-Fandrich-Bloehs*, GenG, 3. Aufl 2007, § 26 Rn 4.
21 Zu sehr dem Wortlaut verhaftet *Oertmann* Bürgerliches Gesetzbuch AT § 69 (S 206).
22 *Hügel-Otto* in: Beck'scher Online Kommentar, GBO, § 32 Rn 21.
23 Ebenso für § 69 BGB: BGB-RGRK-*Steffen* Anm zu § 69; *MüKo-Reuter* BGB Rn 1; *Staudinger-Habermann* Rn 1; für § 26 Abs 2 GenG: *Beuthien* GenG § 26 Rn 7; *Müller* GenG § 26 Rn 38.

liche Beweisregel.[24] Wie die Verfahrensregeln der Grundbuchordnung überhaupt, entbinden § 32 und die genannten funktionsgleichen Bestimmungen den Rechtspfleger (Richter) von der Verpflichtung, die maßgebliche materiellrechtliche Lage zu ermitteln. Die materiellrechtliche Prüfung wird durch die verfahrensrechtliche Norm des § 32 verkürzt.[25] Die **Verkürzungsfunktion** kennzeichnet im Bereich des § 32 das Verhältnis von materiellem Recht und Verfahrensrecht. Innerhalb des grundbuchrechtlichen Beweissystems schließlich, das durch den förmlichen Urkundenbeweis (Beweismittelbeschränkung) geprägt ist,[26] wird die verfahrensrechtliche **Beibringungslast** der Beteiligten erleichtert: Den Anforderungen des § 29 braucht nicht genügt zu werden.

6 Für das Verhältnis des § 32 insbesondere zum **Handelsregister** gilt insoweit folgendes: Auf die Streitfrage, ob das Handelsregister ähnlich dem Grundbuch öffentlichen Glauben genießt,[27] kommt es nur in mancher Beziehung an (vgl u Rdn 7). § 32 und die verwandten Bestimmungen definieren für das Grundbuchrecht die Beweiswirkungen zwar eigenständig und weitgehend unabhängig vom Registerrecht,[28] ohne sie freilich gänzlich vom registerrechtlichen Beweissystem zu lösen. Aus § 15 HGB lässt sich dagegen für die Auslegung des § 32 GBO nichts gewinnen: § 15 HGB handelt vom Schutz des Vertrauens Dritter auf den bekannt gemachten Registerinhalt und von der Wirkung gegen Dritte.[29] Die Vorschrift bezieht sich auf die Bedeutung des Handelsregisters für die Beteiligten, nicht aber auf den Umfang der Prüfungspflicht des **Grundbuchamts.**[30] Mit Ausnahme des § 32 GBO (und der funktionell verwandten Vorschriften) kommt dem Handelsregister im Grundbuchverkehr keine Bedeutung zu.[31]

IV. Beweiskraft

1. Vollbeweis; Beweisvermutung; Anscheinsbeweis

7 Folgt man dem *Wortlaut* des § 32, so können die dort bezeichneten Rechtsverhältnisse dem Grundbuchamt durch ein Zeugnis des Gerichts *nachgewiesen* werden. Nach herrschender grundbuchrechtlicher Auffassung[32] erbringt das registergerichtliche Zeugnis **vollen Beweis** für die bezeugte Vertretungsbefugnis. Zugleich wird freilich stets betont, dass das Grundbuchamt, wenn es Tatsachen kennt, die der Richtigkeit des Zeugnisses entgegenstehen, diese berücksichtigen und das Zeugnis gegebenenfalls zurückweisen muss.[33]

Unstreitig ist, dass der Nachweis sich nur auf die Vertretungsbefugnis als solche bezieht, dagegen nichts über den *Vertretungswillen* der handelnden Personen aussagt. Dieser muss sich der Zeichnungsform oder dem Urkundeninhalt entnehmen lassen.[34]

Eine Mindermeinung vertritt die Auffassung, dass registergerichtliche Zeugnisse für die Richtigkeit der bescheinigten Tatsachen eine **widerlegbare Vermutung** aufstellen.[35] Die gleiche Auffassung findet sich auch für § 69 BGB[36] und § 21 BNotO.[37]

Nach einer dritten Ansicht schließlich gibt § 32 lediglich einen **Beweis des ersten Anscheins** (prima-facie-Beweis).[38] Der Unterschied zu der vertreten der Lehre von einer widerlegbaren Vermutung besteht nach den allgemeinen Grundsätzen des Beweisrechts darin, dass die Vermutung nur durch Beweis des Gegenteils ausgeschaltet werden kann. Begründete Zweifel des Grundbuchamts an der Richtigkeit des Zeugnisses genügten danach noch nicht, um weitere Nachforschungen anzustellen. Dagegen kann der Anscheinsbeweis gegenüber dem Grundbuchamt dadurch erschüttert werden, dass konkrete Tatsachen dargetan werden, die die ernstliche Möglichkeit der Unrichtigkeit des Zeugnisses ergeben.

---

24 Vgl etwa für § 21 BNotO: *Schippel/Bracker/Reithmann* BNotO Rn 15; für § 69 BGB: BGB-RGRK-*Steffen* Anm zu § 69.
25 Vgl insbes *Baur-M. Wolf,* Grundbegriffe des Rechts der freiwilligen Gerichtsbarkeit S 27 f.
26 *Eickmann,* Grundbuchverfahrensrecht Rn 230.
27 So etwa *Baumbach-Hopt* HGB § 15 Rn 1 (aber ohne Vermutung der Richtigkeit der Eintragungen im Handelsregister); anders die grundbuchrechtliche Literatur, vgl etwa KEHE-*Herrmann* Rn 10; *Demharter* Rn 1; *Bauer/von Oefele-Schaub* Norm Rn 1, 2; *Güthe-Triebel* Rn 32.
28 Ähnlich KEHE-*Herrmann* Rn 10; BayObLG Rpfleger 1989, 396 (LS).
29 OLG Köln Rpfleger 1990, 352, 353; *Baumbach-Hopt* HGB § 15 Rn 4.
30 Zutreffend *Güthe-Triebel* Rn 32.
31 BayObLG NJW-RR 1989, 977; BayObLGZ 1993, 137, 141.
32 KEHE-*Herrmann* Rn 10; *Güthe-Triebel* Rn 40; *Demharter* Rn 9; *Predari* § 33 Anm 3; *Hesse-Saage-Fischer* Anm IV 2; *Schöner-Stöber* Grundbuchrecht Rn 3637; *Eickmann,* Grundbuchverfahrensrecht Rn 253.
33 KG KGJ 33, 155; OLGE 41, 146; etwa KEHE-*Herrmann* Rn 15; *Güthe-Triebel* Rn 40; *Demharter* Rn 9.
34 Zutreffend KEHE-*Herrmann* Rn 8.
35 So *Würdinger* in Großkomm z HGB (Voraufl) § 8 Rn 15; § 9 Rn 4 zu § 9 Abs 3 HGB.
36 MüKo-*Reuter* Rn 1.
37 So spricht *Reithmann* DNotZ 1974, 6 (16) von einer Beweisvermutung.
38 So ausdrücklich auch für § 32, *Baumbach-Hopt* HGB § 9 Rn 4.

Nach der hier vertretenen Auffassung gibt § 32 lediglich einen **Beweis des ersten Anscheins**. Die Eintragungen im Handelsregister haben nach zutreffender Auffassung keine Vermutung der Richtigkeit für sich.[39] Wohl aber gibt es eine Vermutung der Zulässigkeit (Gesetzmäßigkeit), da der Rechtspfleger (Richter) diese *nach Prüfung* bejaht hat.[40] Für die deklaratorischen Eintragungen bezüglich der **Vertretungsbefugnis** ist das ohne weiteres einleuchtend; hier vollziehen sich die materiellen Rechtsänderungen außerhalb des Registers. Da die vorgeschriebenen Anmeldungen in der Praxis gleichwohl bisweilen nicht oder aber verspätet vorgenommen werden, können materielle Rechtslage und Registereintragung für immer oder auf Zeit auseinander fallen. So liegt es insbesondere in den Fällen der §§ 39 GmbHG, 81 AktG. § 32 lässt für die Zwecke des Grundbuchverfahrens im Regelfall die *eingeschränkte Richtigkeitsgewähr* des Handelsregisters genügen. Es besteht jedoch kein Grund für die Annahme, dass die Beweiswirkung der Bescheinigung über die durch das Register verbürgte Richtigkeitsgewähr hinausgeht. Mehr als einen – im Regelfall ausreichenden – Beweis des ersten Anscheins kann die registergerichtliche Bescheinigung damit nicht bewirken. Wird der Beweis des ersten Anscheins *erschüttert*, muss das Grundbuchamt bei Bedenken mehr als das Zeugnis fordern.[41] Diese Linie ist in der Praxis trotz eines unterschiedlichen dogmatischen Verständnisses im *Ergebnis* auch anerkannt. Die Einzelheiten sind im folgenden darzustellen.

2. Zweifel an der Richtigkeit der Bescheinigung

Trotz unterschiedlicher Formulierungen im Einzelnen besteht in der Sache Einigkeit, dass das Grundbuchamt **8** bei Zweifeln an der Richtigkeit des Zeugnisses (oder des amtlichen Ausdrucks des Registerblatts oder der beglaubigten Abschrift, o Rdn 2), die sich auf Tatsachen, nicht etwa auf Vermutungen stützen, durch **Zwischenverfügung** auf Klärung hinzuwirken hat.[42] Das Grundbuchamt kann in diesem Fall auch *andere Beweismittel*, namentlich die Registerakten, heranziehen.[43] Lassen sich die Zweifel nicht ausräumen, gilt wieder die Regel des § 29 Abs 1 S 2. An den Grad der erforderlichen Zweifels sind **keine überspannten Anforderungen** zu stellen. So muss sich der Zweifel nicht »auf positive Tatsachen stützen, welche in der Form des § 29 nachgewiesen oder sonst zweifelsfrei bekannt sind«.[44] Vielmehr genügt jeder begründete, auf Tatsachen gestützte Zweifel, gleich, wie die Tatsachen zur Kenntnis des Grundbuchamts gelangt sind.

3. Bestehen der Gesellschaft; Gesamtrechtsnachfolge; Umwandlung

Das Zeugnis bezeugt nicht nur die Vertretungsbefugnis, wie dies der Wortlaut der betreffenden Bestimmungen **9** nahe legt, sondern auch **Bestehen und Erlöschen**[45] der Gesellschaft oder der Firma des Einzelkaufmanns.[46] Die Tatsache des Bestehens der Gesellschaft ist Voraussetzung der bezeugten Vertretungsbefugnis. Zwingend ist die Ausdehnung der genannten Beweisregeln auf das Bestehen der Gesellschaft freilich nicht. Denkbar wäre auch ein Rückgriff auf die Regel des § 29 Abs 1 S 2, also etwa ein Beweis durch Vorlage des Gesellschaftsvertrags. Eine solche Auslegung wäre allerdings ganz unpraktikabel.[47] Da für sie kein zwingender Grund besteht, ist die hL zutreffend. Eine **Gesamtrechtsnachfolge** (entsprechend § 738 Abs 1 S 1 BGB) lässt sich nach hL nur durch die notariell beglaubigte Vereinbarung des Ausscheidens der Gesellschafter oder die notariell beglaubigte Anmeldung der Auflösung der Gesellschaft und des Erlöschens der Firma durch alle Gesellschafter, aus der sich die zugrunde liegende Rechtsänderung ergibt, nachweisen.[48] § 32 sollte entsprechend auf **Umwandlungen** angewendet werden, weil diese auch durch den funktionsgleichen § 21 Abs 1 Nr 2 BNotO erfasst werden.[49] Darüber hinaus ist eine **Ausdehnung des § 32** auf sämtliche »rechtserheblichen« Umstände iSd § 21 Abs 1 Nr 2 BNotO zu erwägen.

Der Nachweis, wer *Inhaber* einer einzelkaufmännischen Firma ist, ist nach zutreffender Auffassung[50] im Grund- **10** buchverkehr bedeutungslos, weil Einzelkaufleute mit ihrem Namen[51] und nicht unter ihrer Firma im Grundbuch eingetragen werden.

---

39 OLG Hamm Rpfleger 1995, 153, 155; *Canaris* Handelsrecht § 4 Rn 14 mwN.

40 Zutreffend *Canaris* Handelsrecht § 4 Rn 14: Beweis des ersten Anscheins.

41 So für § 32 *Baumbach-Hopt* HGB § 9 Rn 4.

42 So KG KGJ 33, 155; OLGE 41, 146; KEHE-*Herrmann* Rn 15; *Güthe-Triebel* Rn 40; *Demharter* Rn 9; *Hesse-Saage-Fischer* Anm IV 2.

43 KG KGJ 33, 155 (teilweise abgedruckt auch bei *Fuchsberger* Die Entscheidungen des Reichsgerichts, des Kammergerichts Berlin, des Bayerischen Obersten Landesgerichts und der Oberlandesgerichte, 13. Teil. Grundbuchordnung [1909], bearbeitet von *Keidel* S 162 Nr 7).

44 So aber die Formulierung von KEHE-*Herrmann* Rn 15.

45 OLG Hamm WM 1995, 456, 458; KG HRR 1939 Nr 1473; BayObLG MDR 2003, 163, 164.

46 *Pöschl* BB 1966, 804; *Güthe-Triebel* Rn 32; KEHE-*Herrmann* Rn 10; *Demharter* Rn 9; *Hesse-Saage-Fischer* Anm IV 2.

47 *Güthe-Triebel* Rn 32.

48 BayObLGZ 1993, 137 mit krit Anm *Buchberger* Rpfleger 1994, 215; zu einem Sonderfall KG HRR 1939 Nr 1473.

49 Wie *Bauer/von Oeffele-Schaub* Rn 28; KEHE-*Herrmann* Rn 7; o Rn 4; zu § 15 Abs 3 GBV o Rdn 2.

50 *U. Hüffer* in Großkomm z HGB § 9 Rn 17 zu § 32 GBO.

51 § 15 Abs 1 GBV.

4. Umfang der Vertretungsmacht

11 Nach zutreffender Meinung[52] ergibt sich bei § 32 der **Umfang der Vertretungsmacht** nicht aus dem Zeugnis, sondern aus dem Gesetz. Das ist mit der Einschränkung richtig, dass die Aussage den **sachlichen Umfang** der Vertretungsmacht betrifft, nicht dagegen, soweit der **persönliche Umfang** betroffen ist. So nimmt etwa die im Register eingetragene Tatsache, dass ein namentlich bestimmter GmbH-Geschäftsführer stets allein vertretungsberechtigt ist, auch wenn andere Geschäftsführer vorhanden sind, an der Anscheinswirkung des Zeugnisses teil. Das Gleiche gilt für die im Handelsregister eingetragene Befreiung von den Beschränkungen des **§ 181 BGB**. Den persönlichen Umfang der Vertretungsmacht betrifft auch die bei der GmbH häufig getroffene Regelung, dass bei Vorhandensein mehrerer Geschäftsführer entweder zwei gemeinsam vertretungsberechtigt sind oder jeweils ein Geschäftsführer zusammen mit einem Prokuristen.

Dagegen bezieht sich das Zeugnis des § 69 BGB im Hinblick auf die Vertretung eines Vereins wegen der in **§ 26 Abs 2 S 2 BGB** getroffenen Regelung über den Wortlaut der Vorschrift hinaus auch auf den sachlichen Umfang der Vertretungsmacht, da diese durch die Satzung mit Wirkung gegen Dritte beschränkt werden kann.[53] Besonderheiten gelten wegen § 49 Abs 2 HGB auch für die **Prokura**.[54]

Für den gesetzlich geregelten **sachlichen Umfang** der Vertretungsbefugnis gilt im Überblick folgendes:

12 Bei der *Aktiengesellschaft* vertritt der Vorstand die Gesellschaft gemäß § 78 Abs 1 AktG gerichtlich und außergerichtlich. Wegen § 82 Abs 1 AktG kann die Vertretungsbefugnis des Vorstands nicht beschränkt werden.

13 Bei der *OHG* erstreckt sich gemäß § 126 Abs 1 HGB die Vertretungsmacht der Gesellschafter auf alle gerichtlichen und außergerichtlichen Geschäfte und Rechtshandlungen einschließlich der Veräußerung und Belastung von Grundstücken sowie der Erteilung und des Widerrufs einer Prokura. Gemäß § 126 Abs 2 S 1 HGB ist eine Beschränkung des Umfangs der Vertretungsmacht Dritten gegenüber unwirksam.

14 Bei der *KG* sind wegen § 170 HGB nur die Komplementäre, nicht dagegen die Kommanditisten zur Vertretung der Gesellschaft berechtigt. Für die ersteren gelten nach § 161 Abs 2 HGB die Vertretungsregeln der OHG[55] entsprechend.

15 Eine vergleichbare Regelung kennt wegen § 278 Abs 2 AktG die *Kommanditgesellschaft auf Aktien*. Danach bestimmt sich die Befugnis der persönlich haftenden Gesellschafter zur Vertretung der Gesellschaft nach den Vorschriften des HGB über die Kommanditgesellschaft.

16 Die *GmbH* wird nach § 35 Abs 1 GmbHG durch die Geschäftsführer gerichtlich und außergerichtlich vertreten. Vertretungsbeschränkungen wirken wegen § 37 Abs 2 S 1 GmbHG nicht gegen Dritte.

17 Der *eingetragene Verein* wird nach § 26 Abs 2 S 1 BGB durch den Vorstand vertreten, der die Stellung eines gesetzlichen Vertreters hat. Anders als bei den Handelsgesellschaften kann nach § 26 Abs 2 S 2 BGB der Umfang der Vertretungsmacht durch die Satzung mit Wirkung gegen Dritte beschränkt werden.

18 Die *Genossenschaft* wird gemäß § 24 Abs 1 GenG durch den Vorstand gerichtlich und außergerichtlich vertreten. Auch hier ist nach § 27 Abs 2 S 1 GenG keine Beschränkung der Vertretungsbefugnis mit Wirkung gegen Dritte möglich. Die Vertretung der *Partnerschaft* ergibt sich aus § 7 Abs 3 PartGG.

19 Die Vertretung eines *Einzelkaufmanns* war früher in § 9 Abs 3 S 2 HGB aF genannt. Nach dessen Aufhebung unterfällt sie heute in erweiternder Auslegung dem § 32 (oben Rdn 2). Das Zeugnis über diese Vertretung betrifft ausschließlich die Prokura[56] der §§ 48 ff HGB, weil die Handlungsvollmachten der §§ 54 ff HGB[57] nicht eingetragen werden können.

20 Für **Einzelheiten** des persönlichen und sachlichen Vertretungsumfangs ist auf die Erläuterungen des jeweiligen materiellen Rechts zu verweisen. Sie darzustellen ist nicht Sache eines Kommentars zum Grundbuchverfahrensrecht.[58]

---

52 KEHE-*Herrmann* Rn 11; *Güthe-Triebel* Rn 40; *Demharter* Rn 10; *Hesse-Saage-Fischer* Anm IV 2; *Löscher* S 173.
53 MüKo-*Reuter* § 69 Rn 1; *Staudinger-Habermann* § 69 Rn 1; RGRK-*Steffen* Anm zu § 69.
54 Unten Rdn 25.
55 Oben Rdn 13.
56 Vgl *U. Hüffer* in Großkomm z HGB § 9 Rn 14; zur Prokura unten Rdn 25.
57 Unten Rdn 28.
58 Zahlreiche Hinweise enthält die 6. Aufl dieses Kommentars, insbesondere Rdn 8 ff (AG); 14 (OHG); 19 (KG); 22 (KGaA); 25 f (GmbH); 47 (e Verein); 53 (Genossenschaft).

5. Liquidatoren

Als vertretungsberechtigte Personen kommen auch Liquidatoren in Betracht.[59] Ihre Vertretungsmacht ist gere- **21** gelt in den §§ 268 Abs 1, 2, 269 AktG *(AG)*; 149–151 HGB *(OHG)*; 161 HGB iVm §§ 149–151 HGB *(KG)*; 290 AktG *(KG auf Aktien)*; 70–72 GmbHG *(GmbH)*; 47–49 BGB *(eingetragener Verein)*; 88, 89, 27 Abs 2 GenG *(Genossenschaft)*. Im Unterschied zur gesetzlichen Vertretung der werbenden Gesellschaft ist die Vertretungsmacht von Liquidatoren auf deren **Geschäftskreis** eingeschränkt. In § 32 und in vergleichbaren Bestimmungen sind Liquidatoren freilich nicht ausdrücklich erwähnt. In der *Denkschrift*[60] wird dazu aber zutreffend folgendes ausgeführt:

»In § (32) des Entwurfs sind nach dem Vorbilde des § 69 des Bürgerlichen Gesetzbuchs neben dem Vorstand der Gesellschaft die Liquidatoren nicht besonders erwähnt. Aus der Rechtsstellung der letzteren ergibt sich aber ohne weiteres, dass, wie der § 69 des Bürgerlichen Gesetzbuchs, so auch der § (32) des Entwurfs hinsichtlich der Liquidatoren entsprechende Anwendung zu finden hat.«

Für die *Struktur der Einschränkung* der Vertretungsmacht bei Liquidatoren sei beispielhaft auf § 268 AktG verwie- **22** sen. Aufgrund der dort getroffenen Regelung haben die Abwickler die laufenden Geschäfte zu beenden, die Forderungen einzuziehen, das übrige Vermögen in Geld umzusetzen und die Gläubiger zu befriedigen. Soweit es die Abwicklung erfordert, dürfen auch neue Geschäfte eingegangen werden. Die genannten vergleichbaren Vorschriften (oben Rdn 21) sind trotz des unterschiedlichen Wortlauts entsprechend strukturiert.

Streitig ist die grundbuchverfahrensrechtliche Frage, ob das Grundbuchamt, wenn aufgrund der Bewilligung **23** eines Liquidators auf dem Grundstück der Gesellschaft eine Eintragung vorgenommen werden soll, stets anhand des ihm unterbreiteten Sachverhalts von Amts wegen konkret zu prüfen hat, ob sich die Bewilligung innerhalb des **Geschäftskreises des Liquidators** hält. Nach manchen Entscheidungen hat es umgekehrt grundsätzlich die Liquidationsmäßigkeit der zur Eintragung beantragten Rechtsgeschäfte anzunehmen, solange nicht durch Tatsachen begründete Bedenken vorhanden sind.[61] Der Grund für diesen Streit liegt darin, dass für OHG und KG wegen § 149 S 2 HGB die Vertretungsbefugnis der Liquidatoren nur innerhalb des Geschäftskreises besteht. Daraus hatte das *KG* in einer Entscheidung aus dem Jahr 1926[62] gefolgert, dass das Grundbuchamt bei OHG und KG stets von Amts wegen zu prüfen habe, ob sich nach den Umständen des konkreten Falles die Bewilligung innerhalb des Geschäftskreises des Liquidators halte. Eine vergleichbare Einschränkung findet sich in § 70 GmbHG dagegen nicht. Für die GmbH entschied das KG im Jahr 1932[63] daher, dass das Grundbuchamt von der Liquidationsmäßigkeit eines vom Liquidator vorgenommenen Rechtsgeschäfts auszugehen hat, es sei denn, dass nach Sachlage begründete Bedenken bestehen.

Nach richtiger Auffassung[64] sollte das Grundbuchamt in allen Liquidationsfällen von der **Liquidationsmäßig- 24 keit** eines vom Liquidator vorgenommenen Rechtsgeschäfts ausgehen dürfen, es sei denn, es bestehen **begründete Zweifel**. Es entspricht der durchgängigen Tendenz des Grundbuchverfahrensrechts, die Prüfung materiellrechtlicher Erfordernisse mit Hilfe des Verfahrensrechts zu verkürzen.[65]

6. Prokura

§ 32 GBO und die vergleichbaren Vorschriften erwähnen die **Prokura** (§§ 48–53 HGB) nicht ausdrücklich. Es **25** ist jedoch heute gesichert, dass die genannten Vorschriften (o Rdn 3) auf Prokuristen entsprechend anwendbar sind.[66] Wie von *Güthe-Triebel*[67] zutreffend ausgeführt wird, trifft der dem § 32 zugrunde liegende Gesichtspunkt der Verkehrserleichterung auch auf den Prokuristen zu und lässt sich für ihn in gleicher Weise verwirklichen, weil Erteilung und Erlöschen der Prokura in das Handelsregister eingetragen werden. § 32 umfasst auch den Prokuristen des *Einzelkaufmanns*.

Die Prokura bezeichnet den Fall einer im Handelsregister eingetragenen *rechtsgeschäftlichen Vollmacht*, während **26** die bisher genannten Fälle die organschaftliche Vertretung betrafen.[68] Nach § 49 Abs 1 HGB ermächtigt die Prokura zu allen Arten von gerichtlichen und außergerichtlichen Geschäften und Rechtshandlungen, die der Betrieb eines Handelsgewerbes mit sich bringt. Dritten gegenüber ist eine Beschränkung des Umfangs der Pro-

---

59 KG OLGE 14, 132; dazu KEHE-*Herrmann* Rn 12; *Güthe-Triebel* Rn 37.
60 Denkschrift S 46.
61 Die Streitfrage wurde zuletzt offen gelassen von OLG Frankfurt aM Rpfleger 1980, 62.
62 KG JFG 4, 276.
63 KG HRR 1932 Nr 851.
64 Ebenso KEHE-*Herrmann* Rn 12; *Demharter* Rn 10; *Bauer/von Oefele-Schaub* Rn 49.
65 Dazu *Baur-M. Wolf*, Grundbegriffe 27 f.
66 KG KGJ 52, 122; OLG Frankfurt aM Rpfleger 1995, 248 (zu § 26 Abs 2 GenG); KEHE-*Herrmann* Rn 2; *Güthe-Triebel* Rn 37; *Demharter* Rn 3; *Riggers* JurBüro 1967, 379, 381.
67 *Güthe-Triebel* Rn 37.
68 Vgl etwa *Baumbach-Hopt* HGB § 48 Rn 1.

kura gemäß § 50 Abs 1 HGB unwirksam. Die Prokura kennt in § 49 Abs 2 HGB Erweiterungen und in § 50 Abs 3 HGB Beschränkungen ihres sachlichen Umfangs und unterscheidet sich dadurch von der organschaftlichen Vertretungsmacht. Die genannten Veränderungen des sachlichen Umfangs nehmen an der Anscheinswirkung des Zeugnisses teil. Insbesondere sind die Erteilung der *Grundstücksklausel* des § 49 Abs 2 HGB[69] und die Beschränkung auf einzelne Niederlassungen *(Filialprokura)* in § 50 Abs 3 HGB[70] aus dem Register ersichtlich.

27 Hervorzuheben ist, dass auch die gewöhnliche Prokura die Belastung eines erworbenen Grundstücks mit einer *Kaufpreisresthypothek* ermöglicht.[71] Auch *Löschungsbewilligung* und *Pfandfreigabe* kann der Prokurist ohne besondere Ermächtigung erklären.[72]

7. Handlungsbevollmächtigter; Handlungsgehilfe

28 § 32 und die vergleichbaren Bestimmungen sind nicht anwendbar auf Handlungsbevollmächtigte (§§ 54 ff HGB) und Handlungsgehilfen (§§ 59 ff HGB), weil deren Vertretungsmacht nicht in das Handelsregister eingetragen wird. Das ist seit einer Entscheidung des *KG* aus dem Jahr 1904[73] unstreitig. Diese Personen müssen ihre Vollmacht in der Form der §§ 29, 30 nachweisen.

8. Versicherungsvereine auf Gegenseitigkeit; EWIV; SE

29 § 32 und die verwandten Vorschriften sind entsprechend anwendbar auf den Versicherungsverein auf Gegenseitigkeit (§§ 15 ff VAG),[74] die Europäische wirtschaftliche Interessenvereinigung (EwIV)[75] und die Societas Europaea (SE). Für eine abweichende Behandlung gibt es keinen Grund, auch wenn die betreffenden juristischen Personen nicht in § 32 genannt werden. Ferner findet § 32 Anwendung auf die Treuhändereigenschaft des § 70 VAG.[76] Richtigerweise lässt sich § 32 GBO und den funktionsverwandten Vorschriften der Grundsatz entnehmen, dass »das Zeugnis des Gerichts die eingetragenen Vertretungsverhältnisse aller registerfähigen Personen, Gesellschaften und Verbände wiedergeben kann«.[77]

9. Zeitliche Beschränkung des Anscheinsbeweises

30 Grundsätzlich gilt, dass sich das Zeugnis nur auf den Rechtszustand **zur Zeit seiner Ausstellung** bezieht.[78] Gleiches gilt für den amtlichen Ausdruck des § 30a Abs 3 HRV im elektronischen Rechtsverkehr (o Rdn 2) sowie für alle auf dem Register aufruhenden Bescheinigungen. Auch der durch das Zeugnis bewirkte Beweis des ersten Anscheins ist damit auf diesen Zeitpunkt fixiert. Streng genommen müsste das Zeugnis daher am Tage der Abgabe der grundbuchrechtlichen Erklärung ausgestellt werden.[79] Da dies aus praktischen Gründen unterbleibt und eine gesetzliche Regelung fehlt, herrscht Streit:

31 Zutreffender Ausgangspunkt ist, dass das **Zeugnis** des Registergerichts möglichst aus **neuester Zeit** stammen muss, da zwischenzeitlich die Vertretungsbefugnis weggefallen sein oder sich geändert haben kann.[80] Eine **allgemeine Auslegungsrichtlinie** hat das *KG*[81] in einer grundlegenden Entscheidung aus dem Jahr 1900 gegeben, die den Nachweis der Befugnis zur Vertretung einer offenen Handelsgesellschaft durch ein über die Eintragung im Handelsregister erteiltes Zeugnis betraf, das älter war als die von dem Vertreter abgegebene Willenserklärung. Danach ist in jedem *einzelnen Fall* vom Rechtspfleger (Richter) unter Erwägung aller in Betracht kommender Umstände zu prüfen, ob die Fortdauer der Vertretungsmacht über die Zeit der Ausstellung des Zeugnisses hinaus bis zu der Zeit der Abgabe der für die Grundbuchangelegenheiten erheblichen Erklärung und für diese Zeit als dargetan erachtet werden kann. Hierbei falle ins Gewicht, dass für den redlichen Verkehr wegen § 15 HGB die in das Handelsregister einzutragenden Tatsachen erst mit ihrer Eintragung und Bekanntmachung wirksam werden.

69 KG RJA 3, 231; BayObLG BB 1971, 844; *Baumbach-Hopt* HGB § 53 Rn 3; **aA** *Güthe-Triebel* Rn 29 aE, die für diese Erweiterung den Nachweis in Form des § 29 Abs 1 S 1 verlangen.
70 OLG Köln Betr 1977, 955; *Baumbach-Hopt* HGB § 53 Rn 3.
71 KG JFG 6, 262, 264.
72 KG KGJ 37, 227.
73 KG OLGE 10, 232; *Güthe-Triebel* Rn 30; *Demharter* Rn 3; *Hesse-Saage-Fischer* Anm IV 1.
74 KEHE-*Herrmann* Rn 7; *Demharter* Rn 2.
75 *U. Hüffer* in Großkomm z HGB § 9 Rn 15.
76 LG Hamburg Rpfleger 1981, 62.
77 So zutreffend *U. Hüffer* in Großkomm z HGB § 9 Rn 14 aE.
78 Leitentscheidung: KG RJA 1, 77; für § 32: KEHE-*Herrmann* Rn 13; *Demharter* Rn 11; *Güthe-Triebel* Rn 41; *Predari* § 33 Anm 6; *Löscher* S 173; für den aufgehobenen § 9 Abs 3 HGB aF: *Schlegelberger-Hildebrandt-Steckhahn* § 9 Rn 8; § 9 Rn 3; für § 26 Abs 2 GenG: *Lang-Weidmüller-Schaffland* GenG § 26 Rn 13; *Müller* GenG § 26 Rn 37; *Beuthien* GenG § 26 Rn 7; KG JW 1938, 1834; für § 69 Abs 2 BGB: BGB-RGRK-*Steffen* Anm zu § 69.
79 *Demharter* Rn 12.
80 *Löscher* S 173; OLG Hamm Rpfleger 2008, 298.
81 KG RJA 1, 77 (abgedruckt in *Fuchsberger* S 162).

Roth

Etwaige Zweifel seien auch durch Einsicht in den Reichsanzeiger (Bundesanzeiger, elektronisches Informations- und Kommunikationssystem) wegen § 10 HGB zu beheben. Es spreche eine Vermutung dafür, dass die Vertretung wenigstens für die *nächste Zeit* nach Erteilung des Zeugnisses gleich geblieben ist. Diese Vermutung könne allerdings durch die Umstände des einzelnen Falles entkräftet und widerlegt werden:

»*Der Grundbuchrichter hat deshalb in jedem einzelnen Fall zu prüfen, ob besondere Umstände vorliegen, welche die Beweiskraft der Auszüge über den Zeitpunkt ihrer Erteilung hinaus nicht zulassen; keinesfalls aber darf er ohne weiteres den Auszügen jede Beweiskraft über jenen Zeitpunkt hinaus absprechen. Überdies kommt es nicht auf den Zeitpunkt an, in welchem der Eintragungsantrag beim Grundbuchamt eingegangen ist. Maßgebend ist vielmehr der Zeitpunkt, in welchem die für die beantragte Eintragung erhebliche Erklärung abgegeben worden ist. Nur in Bezug auf diese Erklärung ist die Vertretungsmacht zu prüfen.*«

Die **Praxis verfährt uneinheitlich.** Für die Notarbescheinigung gemäß **§ 21 BNotO** wird dem Grundsatz **32** nach davon ausgegangen, dass sie an einem Tag ausgestellt sein soll, der vor dem der entsprechenden Erklärung liegt.[82] Diese Auffassung wird durch § 12 BeurkG nahe gelegt, wonach der Notar auf Verlangen der Beteiligten bereits bei Errichtung der Niederschrift eine Bescheinigung auszustellen hat. Als ausreichend wurden dabei erachtet für die Zeitspanne zwischen Einsichtnahme und Unterschrift vor dem Notar zB 2 Tage,[83] 3 Tage,[84] 12 Tage,[85] 6 Wochen (wohl hL),[86] 3 Monate,[87] 4 Monate.[88] Für die Bescheinigung nach *§ 26 GenG* wird sehr viel weitergehend formuliert,[89] dass die Bescheinigung nicht neuesten Datums zu sein brauche, andererseits aber auch keine Bescheinigung verwendet werden solle, die bereits »einige Jahre« alt ist. Überwiegend wird jedoch vertreten, dass das höchstzulässige Alter der Bescheinigung nicht allgemein festgelegt werden könne.[90] Im Anschluss an eine Entscheidung des *KG*[91] wird gesagt, das Bestreben, den Grundbuchverkehr auf möglichst zuverlässige Nachweise zu gründen, sei abzuwägen gegen die Notwendigkeit, ihn nicht über Gebühr zu erschweren.[92]

Anders als die überwiegende Auffassung entschied früher *Arndt*.[93] Er hielt es für zweckmäßig, dass bei § 21 **33** BNotO der Notar das Register erst hinterher – *nach* Errichtung der Notariatsurkunde – einsieht und dabei den Inhalt des Registers für den nach dem Notariatsakt maßgeblichen Zeitpunkt feststellt. Für Zeugnisse nach § 32 stößt die entsprechende Auffassung freilich auf Schwierigkeiten, weil nach einer Entscheidung des *KG*[94] ein Zeugnis des Inhalts nicht verlangt werden kann, dass zu einem bestimmten *früheren* Zeitpunkt bestimmte Personen zur Vertretung befugt gewesen sind. Unbestritten ist aber, dass eine – mit gleicher Wirkung ausgestattete – **beglaubigte Abschrift** der damaligen Eintragung im Handelsregister erholt werden kann.[95] Das gleiche muß auch für den chronologischen **amtlichen Ausdruck** aus dem Registerblatt nach § 30a Abs 4 S 2 HRV gelten.

Nach richtiger Auffassung sollte die **Zeitspanne** zwischen Einsichtnahme und Notariatsakt nicht mehr als **34** **einige wenige Tage** betragen dürfen. Andernfalls gesteht man dem Zeugnis nicht mehr nur einen Beweis des ersten Anscheins,[96] sondern Vermutungswirkung für die Richtigkeit des Handelsregisters zu, die ihm nicht zukommt.[97] Es besteht weder eine rechtliche noch eine tatsächliche Vermutung dafür, dass sich Änderungen seit Ausstellung der Bescheinigung nicht ergeben haben.[98] Insbesondere für die in der Praxis bisher vorherrschende Bescheinigung nach § 21 BNotO wird es den Notaren bei sachgerechter Terminierung der jeweiligen Beurkundungen ohne weiteres möglich sein, das Handelsregister kurz vorher einzusehen. Das gilt erst recht für das jetzt zwingend vorgeschriebene elektronische Handelsregister (§§ 8 Abs 1, 9 HGB). Zu Recht wird etwa für

---

82 AG Langen Rpfleger 1982, 63 im Anschluss an KG KGJ 20, 179 f.
83 KG JFG 17, 228 = DNotZ 1938, 679.
84 KG KGJ 20, 179.
85 AG Langen Rpfleger 1982, 63.
86 LG Berlin Rpfleger 2003, 354; *Schippel/Bracker/Reithmann* BNotO § 21 Rn 7; *Eylmann-Vaasesn-Limmer* BNotO, § 21 Rn 12; *Lerch* BeurkG § 12 Rn 9 (vier bis sechs Wochen); *Huhn-von Schuckmann* BeurkG § 12 Rn 28; *Böhringer* Rpfleger 2005, 225, 236; *Mayer* Rpfleger 1989, 142, 144.
87 LG Hamburg Rpfleger 1981, 62 (zu § 70 VAG).
88 KG Recht 1938 Nr 1852, betreffend eine »großstädtische« KG.
89 So *Lang-Weidmüller-Schaffland*, GenG § 26 Rn 13.
90 *KEHE-Herrmann* Rn 13; *Demharter* Rn 12; BayObLG Rpfleger 2001, 486, 487; OLG Frankfurt aM Rpfleger 1995, 248.
91 KG JFG 17, 228, 230.
92 *Demharter* Rn 12; *KEHE-Herrmann* Rn 13.
93 *Arndt* BNotO 342; aufgegeben in *Arndt-Lerch-Sandkühler*, BNotO § 21 Rn 19.
94 KG RJA 1, 150.
95 Mit Recht kritisch zu der genannten formalistischen Entscheidung *Predari* § 33 Anm 6.
96 Oben Rdn 7 ff.
97 Oben Rdn 7 ff.
98 Anders aber *Schippel/Bracker/Reithmann* BNotO § 21 Rn 7 (»tatsächliche Vermutung«). – In Anlehnung an § 15 Abs 2 HGB eine Zeitspanne von 15 Tagen für ausreichend erachtend *Bauer/von Oefele-Schaub* Rn 56.

§ 26 Abs 2 GenG darauf hingewiesen,[99] dass für die Bemessung der zulässigen Zeitspanne vor allem die *Bedeutung des Rechtsgeschäfts*, für das die Bescheinigung legitimieren soll, zu berücksichtigen ist. Daher ist im Grundbuchverkehr im Regelfall diese Zeitspanne sehr eng anzusetzen.

Das *KG*[100] hat in einer Entscheidung aus dem Jahre 1900 ein Zeugnis als nicht verwertbar angesehen, weil zwischen seiner Ausstellung und der betreffenden Erklärung ein Zeitraum von 7 Wochen lag.

V. Erforderlichkeit des Nachweises

35 Ein registergerichtliches Zeugnis oder vergleichbare Beweismittel[101] sind nur dann erforderlich, wenn ein Einzelkaufmann, eine Handelsgesellschaft oder vergleichbare Gebilde[102] eine zur **Eintragung nötige Erklärung** abgeben.[103] Dagegen bedarf es keines Nachweises, wenn die Genannten als *gewinnender Teil* in Betracht kommen und nicht im Grundbuchverkehr handelnd auftreten. Als Faustregel lässt sich aufstellen, dass ein Zeugnis immer dann erforderlich ist, wenn die Gesellschaft (Einzelkaufmann usw) **selbst Erklärungen abgibt**, insbesondere Eintragungsbewilligung, Auflassung, Berichtigungsbewilligung, Zustimmung oder Abtretungserklärung.[104] Nichts anderes gilt auch für den reinen Eintragungsantrag des § 30, da es hierbei jedenfalls auf das Bestehen der Gesellschaft ankommt.[105] Grundsätzlich keines Nachweises bedarf es dann, wenn die Gesellschaft (Einzelkaufmann usw) keine Erklärung abgibt. Hier ist insbesondere an Hypothekenbestellungen oder Hypothekenabtretungen zugunsten der Gesellschaft zu denken. Eine Ausnahme gilt nur dann, wenn der Rechtspfleger (Richter) weiß oder begründete Zweifel daran hat, dass die Gesellschaft nicht mehr besteht.[106] Wegen § 29 Abs 1 S 2 bedarf es eines Nachweises auch dann nicht, wenn die Vertretungsmacht beim Grundbuchamt **offenkundig** ist.

36 Aus dem Gesagten folgt, dass kein Nachweis erforderlich ist, wenn lediglich **zugestellt** wird.[107]

VI. Einzelfragen zum registergerichtlichen Zeugnis

1. Zuständigkeit

37 Zuständig für die Erteilung von gerichtlichen Zeugnissen nach § 32 ist aufgrund der in § 29 Abs 1 Nr 2 aE HRV getroffenen Regelung der *Urkundsbeamte* der Geschäftsstelle. Im Einzelnen muss der Urkundsbeamte des Amtsgerichts gehandelt haben, welches das Handelsregister führt.[108]

2. Form

38 Das Zeugnis wird in *Ausfertigung* erteilt. Die Ausfertigung wird durch den Urkundsbeamten der Geschäftsstelle unter Angabe von Ort und Tag unterschrieben und mit dem Gerichtssiegel oder Stempel versehen (§ 31 HRV). Möglich ist die Übermittlung in elektronischer Form (§ 31 Abs 1 S 2 HRV). Anstelle der Ausfertigung reicht auch die Vorlage einer *beglaubigten Abschrift* aus,[109] weil die Anscheinswirkung nicht an den Urkundenbesitz geknüpft ist. Etwas anderes gilt nur, wenn das Grundbuchamt gegen die Gültigkeit der Abschrift Bedenken hat. Diese Bedenken können in Mängeln der Urschrift, die sich in der Abschrift zeigen, oder der Abschrift selbst oder des Beglaubigungsvermerks liegen.[110]

3. Inhalt

39 Nach einer heute wohl überholten Auffassung[111] soll das Zeugnis des § 32 nur die *Eintragung als solche* bezeugen. Danach bescheinigt das Zeugnis, dass bestimmte Personen als Vorstandsmitglieder (Gesellschafter, Geschäftsfüh-

---

 99 *Müller* GenG § 26 Rn 37; OLG Frankfurt aM Rpfleger 1995, 248 (drei Wochen); nach *Pöhlmann-Fandrich-Bloehs*, GenG, 3. Aufl 2007, § 26 Rn 4 kann die Bescheinigung zurückgewiesen werden, wenn sie älteren Datums ist und die Besorgnis einer zwischenzeitlichen Änderung im Vorstand besteht.

100 KG OLGE 1, 194; ferner OLG Dresden JFG 6, 256; OLG Hamburg HRR 1933 Nr 762; großzügiger OLG Hamm Rpfleger 1990, 85.

101 Unten Rdn 42 ff.

102 Oben Rdn 29.

103 Allgemeine Meinung: *Demharter* Rn 7; KEHE-*Herrmann* Rn 8; *Güthe-Triebel* Rn 33; *Hesse-Saage-Fischer* Anm I.

104 Insbes *Güthe-Triebel* Rn 33.

105 *Güthe-Triebel* Rn 33 aE.

106 Zutreffend *Güthe-Triebel* Rn 34; oben Rn 7 ff.

107 OLG Hamm Rpfleger 1975, 261; KEHE-*Herrmann* Rn 8.

108 Für die seinerzeit durch den Rechtspfleger erteilte Bescheinigung wurde durch LG Bielefeld Rpfleger 1961, 443 deren Wirksamkeit auch dann anerkannt, wenn der Rechtspfleger nach der Geschäftsverteilung nicht der Registerabteilung angehörte (abl die Anm von *Haegele* ebenda).

109 KG RJA 1, 130; vgl *Güthe-Triebel* Rn 39; *Bauer/von Oefele-Schaub* Rn 22.

110 KG KGJ 20, 285.

111 OLG Hamburg HRR 1933 Nr 762; *Güthe-Triebel* Rn 36; oben Rn 4.

rer, Liquidatoren usw) einer bestimmten Gesellschaft im Handelsregister eingetragen sind. Sind über das Zusammenwirken mehrerer vertretungsberechtigter Personen von der gesetzlichen Regelung *abweichende Bestimmungen* getroffen, so ist auch die darauf bezügliche Registereintragung in dem Zeugnis anzugeben. Das Zeugnis kann demnach so lauten:

»Es wird bestätigt, dass ... und ... als Vorstandsmitglieder der Aktiengesellschaft ... mit dem Sitz in ... eingetragen sind. Ferner ist eingetragen, dass diese Aktiengesellschaft, wenn mehrere Vorstandsmitglieder vorhanden sind, durch 2 Vorstandsmitglieder gemeinsam vertreten wird.«[112]

Nach der hier vertretenen Auffassung[113] steht nichts entgegen, das Zeugnis des § 32 GBO ebenso zu fassen wie **40** die Notarbescheinigung des § 21 BNotO. Damit wird nicht nur die Eintragung als solche, sondern die *Vertretungsbefugnis* im Wege einer rechtlichen Schlussfolgerung *bezeugt*. Ein praktischer Unterschied besteht zwischen beiden Auffassungen freilich kaum, da das Grundbuchamt an rechtliche Wertungen nicht gebunden ist und allemal der Registerauszug oder der amtliche Ausdruck des § 30a HRV als solcher[114] den rechtlichen Kern des Zeugnisses oder der Bescheinigung bildet.[115] Das Zeugnis kann demgemäß auch lauten:

»Es wird bezeugt, dass nach dem Eintrag im Handelsregister ... und ... als Vorstandsmitglieder der Aktiengesellschaft ... mit dem Sitz in ... gemeinsam vertretungsberechtigt sind.«

Nach hL[116] sind dem Registergericht vorliegende, aber noch *nicht erledigte Anmeldungen*, im Zeugnis nicht zu **41** vermerken. Man wird dieser Auffassung im Ergebnis zustimmen können, weil der Urkundsbeamte der Geschäftsstelle nicht verpflichtet ist, den Registerakt (oder den Datenspeicher) daraufhin durchzusehen, ob noch nicht erledigte Anmeldungen im Akt (im Datenspeicher) liegen. Das würde den Geschäftsbetrieb des Registergerichts zu sehr beeinträchtigen. Andererseits ist die Aufnahme derartiger Anmeldungen in das Zeugnis auch nicht verboten, sondern vielmehr erwünscht.

VII. Weitere Beweismöglichkeiten

Die aufgeführten Zeugnisse (§§ 32 GBO, 69 BGB, 26 Abs.2 GenG) sollen den **Rechtsverkehr erleichtern**, **42** ohne dass sie eine ausschließliche Aufzählung der Nachweismöglichkeiten darstellen.[117] Das ergibt sich einmal aus § 34, der neben § 32 eine weitere Ersetzungsmöglichkeit enthält, und zum anderen aus einem Umkehrschluss aus § 35, wo – beschränkt auf den Nachweis der gesetzlichen Erbfolge – der Erbschein als ausschließliches Beweismittel vorgesehen ist.[118] In Betracht kommen daher neben den **Notarbescheinigungen** des § 21 BNotO und des § 20 Abs 1 S 2 BNotO die **beglaubigte Registerabschrift**, der **amtliche Ausdruck** des § 30a Abs 3 HRV (o Rdn 2), die **Bezugnahme** auf das Register desselben Gerichts gemäß § 34 sowie schließlich die **Urkunden** des § 29.

1. Die Notarbescheinigung des § 21 BNotO

Die Notarbescheinigung des § 21 BNotO[119] ist in der Praxis das bedeutsamste Mittel, eine Vertretungsbefugnis **43** zu bezeugen, die sich aus einer Eintragung im Handels-, Vereins-, Partnerschafts- oder Genossenschaftsregister ergibt. Die drei letztgenannten Register sind unstreitig »handelsregisterähnlich«.[120] Der Notarbescheinigung kommt nach § 21 Abs 1 S 2 BNotO die gleiche Beweiskraft zu wie einem Zeugnis des Registergerichts, dh sie begründet ebenso wie dieses einen **Beweis des ersten Anscheins**.[121] Für § 21 BNotO ist weitgehend anerkannt, dass es sich um keine Zeugnisurkunde handelt, sondern um eine berichtende Urkunde eigener Art, die ein rechtliches Urteil über das Wahrgenommene enthält, also die **Vertretungsbefugnis selbst bezeugt**.[122]

Die Bescheinigung bezieht sich nur auf die Vertretungsberechtigung und außerhalb der Nr 2 nicht auf andere **44** Tatsachen und Registereintragungen. So ist etwa die Befugnis, im eigenen Namen über eigene Rechte frei von Verfügungsbeschränkungen zu verfügen, keine Vertretungsbefugnis.[123] Die notarielle Bescheinigung beweist

---

112 So *Güthe-Triebel* Rn 36.
113 Ebenso *Demharter* Rn 8; *KEHE-Herrmann* Rn 9; *Bauer/von Oefele-Schaub* Rn 23; oben Rdn 4.
114 Unten Rdn 51.
115 Zutreffend *Predari* § 33 Anm 6.
116 OLG Hamburg HRR 1933 Nr 762; ebenso *Demharter* Rn 8; *KEHE-Herrmann* Rn 9.
117 **HL:** *KEHE-Herrmann* Rn 16; *Bauer/von Oefele-Schaub* Rn 58; *Demharter* Rn 13; *Güthe-Triebel* Rn 42; wie hier auch für § 69 BGB *Staudinger-Habermann* § 69 Rn 4.
118 Leitentscheidung KG RJA 3, 105.
119 Dazu bereits oben Rdn 3 f; Überblick bei *Göttlich* JurBüro 1970, 105.
120 Etwa *Arndt-Lerch-Sandkühler* BNotO § 21 Rn 12.
121 Oben Rdn 7 ff.
122 Vgl *Eylmann-Vaasen-Limmer*, BNotO § 21 Rn 2; *Reithmann* DNotZ 1974, 6, 16.
123 *Jansen* FGG, § 12 BeurkG Rn 5.

nach hL nur die Vertretungsverhältnisse ab dem Zeitpunkt der Registereintragung, nicht aber die Vertretungsverhältnisse für die Zeit vor der Eintragung.[124]

45 Die Angaben des *§ 21 Abs 2 S 2 BNotO* müssen stets enthalten sein. Andernfalls hat die Bescheinigung keine Beweiswirkung, da nicht ersichtlich ist, für welchen Zeitraum das Bestehen des Vertretungsverhältnisses bezeugt wird.[125]

46 Aus der Bescheinigung soll auch hervorgehen, dass der Betreffende nach dem Registereintrag in *bestimmter Eigenschaft* zur Vertretung einer bestimmten Gesellschaft befugt ist, also zB als Vorstandsmitglied, Gesellschafter, Geschäftsführer, Liquidator oder Prokurist. Dabei handelt es sich aber richtigerweise nicht um Gültigkeitsvoraussetzungen.[126] Der Notar kann sich daher auf die Feststellung beschränken, dass bestimmte Personen »zur Vertretung berechtigt sind«.[127]

47 Nach einer Entscheidung des *OLG Hamm*[128] soll der Nachweis, dass Vertretungsbefugnis *in der Vergangenheit* zu einem bestimmten Zeitpunkt bestanden hat, nur durch **beglaubigte Registerabschrift** geführt werden können, zu deren Erteilung ausschließlich der Urkundsbeamte der Geschäftsstelle zuständig ist.

Für diese Einschränkung sehe ich keinen Raum,[129] weil die Notarbescheinigung gemäß § 21 Abs 2 S 1 2. Alt BNotO ihrerseits auf einer beglaubigten Registerabschrift (oder einem amtlichen Ausdruck nach § 30a Abs 3 HRV) aufruht.

48 Bei zeitnah[130] zurückliegenden Bescheinigungen genügt nach richtiger Auffassung auch die Vorlage einer *beglaubigten Abschrift* der Notarbestätigung,[131] da an den Besitz der Bescheinigung keine Rechtsfolgen geknüpft sind.

49 Nicht ausreichend ist die notarielle Bestätigung, dass die Vertretungsbefugnis *amtsbekannt* ist.[132] Für das Notariatsrecht fehlt eine entsprechende Ausnahmevorschrift wie in § 29 Abs 1 S 2. Die Einsichtnahme braucht nach der Neufassung des § 21 BNotO durch das G v 31.08.1998 (BGBl I 2585) nicht mehr durch den **Notar persönlich** zu geschehen. Vielmehr darf er sich auch geeigneter **Hilfspersonen** bedienen. § 21 BNotO erlaubt es dem Notar auch, den Abruf von Daten (EDV-Register) über seine Abrufmöglichkeiten wahrzunehmen.[133]

2. Die Notarbescheinigung des § 20 Abs 1 S 2 BNotO

50 Wegen § 20 Abs 1 S 2 letzte Alt BNotO nF (G v 31.08.1998, BGBl I 2585) gehört zu den Aufgaben der Notare auch die Beurkundung amtlich von ihnen wahrgenommener Tatsachen (»**kleine Tatsachenzeugnisse**«). Aus diesem Grund genügt auch eine Bescheinigung des Notars, dass ihm ein gerichtliches Zeugnis mit wörtlich wiederzugebendem Inhalt einschließlich des Ausstellungsdatums vorgelegen hat oder dass das Register eine bestimmte Eintragung enthält.[134] Anders als bei § 21 BNotO teilt hier der Notar keine von ihm vorgenommene rechtliche Schlussfolgerung bezüglich der Vertretungsbefugnis mit, sondern bezeugt die Registereintragung als von ihm *amtlich wahrgenommene Tatsache*.[135] Im Unterschied zu einer Vertretungsbescheinigung nach § 21 BNotO zieht bei einer Bescheinigung aufgrund des § 20 Abs 1 S 2 letzte Alt. BNotO der Rechtspfleger (Richter) die Schlussfolgerung selbst. Die Rechtslage ist die gleiche, wie wenn er Einblick gemäß § 34 in das bei demselben Gericht geführte Register oder in einen ihm vorgelegten beglaubigten Registerauszug nimmt. Anders als *Promberger*[136] meint, sollte der Notar den Registereintrag wörtlich wiedergeben, um den Unterschied zu § 21 BNotO nicht zu verwischen, der allein eine rechtliche Würdigung erlaubt. Letztlich läuft die Bescheinigung des § 20 Abs 1 S 2 BNotO damit auf die Vorlegung einer beglaubigten Abschrift des Zeugnisses hinaus.[137]

---

124 OLG Köln Rpfleger 1990, 352, 353.
125 KG JFG 18, 322 = DNotZ 1939, 124; KEHE-*Herrmann* Rn 19; *Demharter* Rn 15.
126 **AA** *Demharter* Rn 15.
127 LG Ravensburg MittBayNot 1972, 13.
128 OLG Hamm DNotZ 1967, 221, 229 f.
129 Entsprechende Erwägung von *Arndt* und o Rdn 44.
130 Dazu oben Rdn 30.
131 Etwa *Epple* Rpfleger 1980, 55; ebenso KEHE-*Herrmann* Rn 19 aE.
132 *Güthe-Triebel* Rn 45; anders *Kress* BayNotZ 1919, 258.
133 OLG Hamm Rpfleger 2008, 298.
134 Dazu *Promberger* Rpfleger 1977, 355; *ders* Rpfleger 1982, 460; KEHE-*Herrmann* Rn 18; *Demharter* Rn 17.
135 So zutreffend *Promberger* Rpfleger 1982, 460; *Arndt-Lerch-Sandkühler* § 20 BNotO Rn 65a; *Schippel/Bracker/Reithmann* § 20 BNotO Rn 31 ff; *Eylmann-Vaasen-Limmer* § 20 BNotO Rn 12; zum Kostenrecht *Bund* JurBüro 1996, 183.
136 *Promberger* Rpfleger 1982, 460, 461 li Sp.
137 Zutreffend *Güthe-Triebel* Rn 45.

3. Amtlicher Ausdruck; beglaubigte Registerabschrift

Das einfachste Beweismittel bei **elektronischer Registerführung** (§ 8 Abs 1 HGB) ist der **amtliche Aus-** **51**
druck des § 30a Abs 1 und 3 HRV. Er steht dem Zeugnis des Registergerichts gleich (o Rdn 2). Soweit Register nicht elektronisch geführt sind, ist das einfachste Beweismittel der die Zeit der Erklärung deckende
oder zeitnah zurückliegende **beglaubigte Registerauszug**.[138] Auch dadurch wird für das Grundbuchamt der
ausreichende **Beweis des ersten Anscheins** begründet. Die dogmatische Bedeutung der §§ 32 GBO; 26
Abs 2 GenG; 69 BGB; 21 BNotO erschließt sich erst auf dem Hintergrund des beglaubigten Registerauszugs
(oder des amtlichen Ausdrucks). Hierzu hat *Predari*[139] schon treffend formuliert:

»Das handlichste Beweismittel ist immer der die Zeit der Erklärung deckende beglaubigte Registerauszug. Die
Zeugnisse des § 69 BGB und des § 33 (jetzt 32) GBO treten dagegen in den Hintergrund, der rechtliche Kern
dieser Bestimmung liegt darin, dass sie die Register überhaupt als Beweismittel für die gesetzliche Verwertung
gelten lassen und damit auch den beglaubigten Auszügen Zutritt zu dem Grundbuchverkehr verschaffen.«

Diese Auffassung wird insbesondere durch § 21 Abs 2 S 1 2. Alt BNotO bestätigt, wonach die rechtliche
Schlussfolgerung über die Vertretungsbefugnis auch auf einer beglaubigten Abschrift des Registers aufruhen
kann.

In der Praxis kommt außerhalb der elektronischen Registerführung regelmäßig eine *beglaubigte Ablichtung* des in **52**
Papierform geführten Registerblatts in Betracht, die durch den Urkundsbeamten gemäß § 30 Abs 2 HRV vorgenommen wird. Die Beglaubigung der Abschrift (Ablichtung) geschieht durch einen Vermerk, der die Übereinstimmung mit dem Register bezeugt. Der Beglaubigungsvermerk muss Ort und Tag der Ausstellung enthalten und von dem Urkundsbeamten der Geschäftsstelle unterschrieben und mit Siegel oder Stempel versehen
sein.

Nicht ausreichend ist die Vorlage von bloßen **Eintragungsbenachrichtigungen**, wie sie etwa bei der Ersteintra- **53**
gung regelmäßig versandt werden.[140]

4. Die Bezugnahme nach § 34 GBO

Eine Ersatzmöglichkeit sieht § 34 vor, wenn das Grundbuchamt zugleich das Registergericht ist; dazu u § 34 **54**
Rdn 1.

5. Urkundennachweis nach § 29 GBO

Schließlich bleibt es den Beteiligten unbenommen, ihrer Beibringungslast in der Form des § 29 Abs 1 S 2 nach- **55**
zukommen.[141] In Betracht kommen etwa Urkunden über die Errichtung der Gesellschaft, insbesondere der
Gesellschaftsvertrag selbst, sowie über die Bestellung des Vorstandes, von Geschäftsführern usw. Diese
Urkunden sind freilich für die Beteiligten nur von geringem Wert.[142] Denn aus ihnen kann sich nicht ergeben,
dass die Gesellschaft auch zur Zeit noch besteht oder die bestellten Vertreter auch zur Zeit noch vertretungsberechtigt sind,[143] weil sie einen einmaligen Vorgang betreffen und ihre erneute Ausfertigung daher unmöglich ist.

Wie *Güthe-Triebel*[144] zutreffend bemerken, ergibt sich das Fortbestehen der Vertretungsmacht zwar auch nicht **56**
aus den betreffenden Registerzeugnissen des § 32 ua. Doch besteht der Unterschied, dass diese Bescheinigungen über den Zustand des Eingetragenseins Aufschluss geben und daher, solange die Eintragung besteht, stets
ein neues Zeugnis beschafft werden kann.

VIII. Grenzen des Anwendungsbereichs des § 32 GBO

1. Juristische Personen des öffentlichen Rechts; öffentliche Unternehmen

Die Vertretungsbefugnis juristischer Personen des öffentlichen Rechts kann nicht nach § 32 nachgewiesen wer- **57**
den, sondern unterliegt den Regeln des § 29; o § 29 Rdn 3 ff.

Unanwendbar ist § 32 auch auf Unternehmen von Gebietskörperschaften. In Betracht kommen Unternehmen **58**
der Gebietskörperschaften ohne besondere Rechtspersönlichkeit wie zB *städtische Kraft-, Gas- und Wasserwerke,*
Verkehrsbetriebe usw. Hier ist die Vertretungsbefugnis gemäß § 29 nachzuweisen.

---

138 Vgl schon *Predari* § 33 Anm 6.
139 *Predari* § 33 Anm 6.
140 KEHE-*Herrmann* Rn 17; *Demharter* Rn 14.
141 OLG Köln Rpfleger 1990, 352, 353: Wiederholung der Genehmigungserklärung.
142 Zutreffend *Güthe-Triebel* Rn 46.
143 Im Rahmen des § 32 spricht kein allgemeiner Erfahrungssatz für die Andauer der Vertretungsmacht eines einmal
    bestellten Vertreters; dazu ausführlich *Eickmann* Rpfleger 1979, 169, 170 f.
144 *Güthe-Triebel* Rn 46.

2. Ausländische Unternehmen

59 Die §§ 32 GBO, 69 BGB, 26 Abs 2 GenG, 21 BNotO sind nicht anwendbar auf **ausländische** juristische Personen und Handelsgesellschaften. Vielmehr bedarf es zum Nachweis des Bestehens und der Vertretungsbefugnis der Form des § 29.[145] Dabei kommt es nicht darauf an, ob das angerufene ausländische Recht ein Handelsregister oder vergleichbare Einrichtungen kennt.[146] Freilich können – und werden auch regelmäßig – ausländische Handelsregisterzeugnisse den Voraussetzungen des § 29 genügen. Zu den dabei in der Praxis im Vordergrund stehenden Fragen von *Legalisation* und *Apostille* ausführlich o § 29 Rdn 233 ff.

---

145 Vgl die Leitentscheidung KG OLGE 12, 157 Nr 8e; OLG Hamm WM 1995, 456, 458; BayObLG ZIP 2003, 398, 399; *Demharter* Rn 2.

146 Übersicht bei *U. Hüffer* in Großkomm z HGB § 9 Rn 25, der freilich ausländische Handelsregisterbescheinigungen den deutschen iS des § 9 Abs 3 HGB aF (jetzt § 32 GBO, o Rdn 2) weitgehend gleichstellen will.

§ 33 (Nachweis des Güterstandes)

Der Nachweis, daß zwischen Ehegatten Gütertrennung oder ein vertragsmäßiges Güterrecht besteht oder daß ein Gegenstand zum Vorbehaltsgut eines Ehegatten gehört, wird durch ein Zeugnis des Gerichts über die Eintragung des güterrechtlichen Verhältnisses im Güterrechtsregister geführt.

Schrifttum

Amann, Eigentumserwerb unabhängig von ausländischem Güterrecht? MittBayNot 1986, 222; *Böttcher*, Verfügungsbeschränkungen, Teil B. Anwendungsprobleme im Grundstücksrecht, Rpfleger 1985, 1; *Gottschalg*, Zur Eintragungsfähigkeit der Gütertrennung im Güterrechtsregister, DNotZ 1969, 339; *ders*, Zur Bedeutung des § 1412 Abs 2 BGB im Hinblick auf das Güterrechtsregister, DNotZ 1970, 274; *Haegele*, Neues um § 1365 BGB im Bereich des Grundstücksrechts, Rpfleger 1960, 271; *Kanzleiter*, Zur Eintragungsfähigkeit in das Güterrechtsregister, DNotZ 1971, 453; *Krauter-Panz*, Die Bedeutung der Verfügungsbeschränkung des § 1365 BGB für die Praxis des Notars, Vormundschaftsgerichts und Grundbuchamts, BWNotZ 1978, 75; *Lange*, Ehevertrag und Güterrechtsregister, FamRZ 1964, 546; *H. Roth*, Grundbuchverfahren und ausländisches Güterrecht, IPRax 1991, 320; *Süß*, Ausländer im Grundbuch und im Registerverfahren, Rpfleger 2003, 53; *Wolfsteiner*, Bewilligungsprinzip, Beweislast und Beweisführung im Grundbuchverfahren, DNotZ 1987, 67 (ausländisches Güterrecht).

Übersicht

I. Normzweck

§ 33 bezweckt ähnlich wie der funktionsgleiche § 32[1] die **Erleichterung des Grundbuchverkehrs**. Ohne § 33 müsste der Nachweis, dass zwischen den Ehegatten Gütertrennung oder ein vertragsmäßiges Güterrecht besteht, oder dass ein Gegenstand zum Vorbehaltsgut eines Ehegatten gehört, wegen § 29 Abs 1 S 2 durch entsprechende öffentliche Urkunden geführt werden.[2] **1**

Unerwähnt lässt § 33 den mit dem Gleichberechtigungsgesetz vom 18.06.1957 (BGBl I 609) eingeführten und am 01.07.1958 in Kraft getretenen gesetzlichen **Güterstand der Zugewinngemeinschaft** des § 1363 BGB. Daraus lässt sich entnehmen, dass das Grundbuchamt für Ehen, die ab dem 01.07.1958 geschlossen worden sind, den Güterstand der Zugewinngemeinschaft als gegeben annehmen darf, solange keine konkreten Anhalts- **2**

---

1 O § 32 Rdn 1.

2 Vgl KEHE-*Herrmann* Rn 1; *Bauer/von Oefele-Schaub* Rn 1.

punkte für das Gegenteil bestehen.[3] Bisweilen wird auch von einer tatsächlichen Vermutung gesprochen.[4] Die – eher undeutliche – Standardformulierung der Rechtsprechung geht mit einer Entscheidung des *KG* aus dem Jahr 1914[5] dahin, das Grundbuchamt dürfe »mangels eines Anhaltspunktes für das Gegenteil« davon ausgehen, dass die Eheleute im gesetzlichen Güterstand leben.

II. Praktische Bedeutung

3 Die maßgebliche Bedeutung des § 33 liegt sonach darin, dass dem Grundbuchamt der Güterstand nur nachgewiesen werden muss, wenn er vom gesetzlichen Güterstand abweicht. Dagegen bedarf der gesetzliche Güterstand dem Grundsatz nach keines Beweises.[6] Die durch § 33 direkt geregelten Sachverhalte haben in der Praxis nur *geringe Bedeutung.* Anders als das Handelsregister ist das Güterrechtsregister ein weithin **totes Register** geblieben,[7] von dem der Verkehr kaum Notiz nimmt.[8] Dementsprechend sind güterrechtsregisterliche Zeugnisse selten. Bei **gleichgeschlechtlichen Lebenspartnern** konnte die Vereinbarung der Vermögenstrennung durch Lebenspartnerschaftsvertrag zunächst nicht im Güterrechtsregister eingetragen werden.[9] Nach § 7 S 2 LPartG gelten die §§ 1409 bis 1563 BGB entsprechend und damit auch die Normen der §§ 1558 ff BGB über das Güterrechtsregister, so dass eine vereinbarte Gütertrennung oder Gütergemeinschaft auch in das Güterrechtsregister eingetragen werden kann. Obwohl eine ausdrückliche Verweisung fehlt, wird man auch § 33 entsprechend anzuwenden haben, da insoweit eine Lücke besteht und die Interessenlage vergleichbar ist.[10] Abgesehen von der Funktionsarmut des Güterrechtsregisters als solcher sind auch die in § 33 angesprochenen Güterstände der *Gütertrennung* und (noch sehr viel ausgeprägter) der *Gütergemeinschaft* weniger häufig. Insbesondere der Güterstand der Gütergemeinschaft ist ein *alternder Güterstand.* Die *fortgesetzte Gütergemeinschaft* schließlich (u Rdn 28) wird kaum mehr vereinbart.[11] Vor diesem rechtstatsächlichen Hintergrund steht das grundbuchrechtliche Verfahrensrecht des Güterstands der **Zugewinngemeinschaft** ganz im Vordergrund.[12]

III. Zugewinngemeinschaft

1. Ehegatteneigenschaft und Prüfungspflicht; Lebenspartnerschaft

4 § 33 regelt **Beweisfragen**, ohne dass sich der Vorschrift entnehmen lässt, in welchen Fällen der Nachweis des Güterstandes sowie der Abweichungen von den gewöhnlichen Güterrechtsverhältnissen zu führen ist.[13] Diese Frage beantwortet sich daher nach den allgemeinen Vorschriften, insbesondere nach § 19. Dort hat das Grundbuchamt stets auch von Amts wegen die **Verfügungsbefugnis** (Bewilligungsbefugnis)[14] des Rechtsinhabers zu prüfen. Die **Ehegatteneigenschaft** eines am Grundbuchverfahren **Beteiligten** ist deshalb erheblich, weil sie eine durch das Grundbuchamt zu beachtende **Verfügungsbeschränkung** begründen kann. Die wichtigste dieser Beschränkungen ist in **§ 1365 BGB** geregelt. Aufgrund der dort für den gesetzlichen Güterstand der Zugewinngemeinschaft getroffenen Regelung kann sich ein Ehegatte nur mit Einwilligung des anderen Ehegatten verpflichten, über sein Vermögen im ganzen zu verfügen. Das Grundbuchamt ist nicht verpflichtet, **von Amts wegen** Ermittlungen nach der **Ehegatteneigenschaft** eines Beteiligten anzustellen. Etwas anderes gilt nur, wenn Rechtspfleger oder Richter wissen oder Anhaltspunkte dafür bestehen, dass derjenige, der über ein Recht verfügt, verheiratet ist.[15] Das Grundbuchamt kann nicht verlangen, dass eine über ein Grundstück verfügende Person stets eine Erklärung des Inhalts abzugeben hat, sie sei unverheiratet.[16] Zumeist werden sich entsprechende Erklärungen jedoch in den *notariellen Verhandlungen* der Parteien finden. Von der Richtigkeit der dort abgegebenen Erklärungen im Hinblick auf den Status kann das Grundbuchamt *im Regelfall* ausgehen. Ein die Veräußerung beurkundender Notar muss die Parteien freilich über § 1365 BGB und seine Folgen beleh-

3 Allgemeine Meinung: BayObLGZ 1959, 442 (447) = NJW 1960, 281; KG KGJ 47, 194 (195); OLG Freiburg DNotZ 1952, 95; *Hesse-Saage-Fischer* Anm I 1; *Hügel-Otto*, Beck'scher Online-Kommentar, GBO, § 33 Rn 13; *Demharter* Rn 30; KEHE-*Herrmann* Rn 7; *Güthe-Triebel* Rn 3; *Krauter-Panz* BWNotZ 1978, 75 (78); *H. Roth* IPRax 1991, 320 (322).
4 *Hesse-Saage-Fischer* Anm I 1.
5 KG KGJ 47, 194 (195).
6 Etwa *Eickmann* Grundbuchverfahrensrecht Rn 254.
7 *Gernhuber/Coester-Waltjen* Familienrecht § 33 I Rn 3–5; *Palandt-Brudermüller* Einf § 1558 Rn 8.
8 *Gernhuber/Coester-Waltjen* Familienrecht, § 33 I Rn 3–5.
9 KG NJW 2003, 1610.
10 Anders *Demharter* Rn 43; *Bauer/von Oefele-Schaub* Rn 3.
11 Vgl MüKo-*Kanzleiter* vor § 1483 Rn 7.
12 Eine ausführliche Kommentierung des *materiellen Rechts* der Güterstände findet sich in der 6. Aufl dieses Kommentars, Rdn 14 ff (Zugewinngemeinschaft); 24 ff (Gütertrennung); 27 ff (Gütergemeinschaft).
13 LG München BayZ 1905, 308; *Hügle-Otto*, Beck'scher Online-Kommentar, GBO, § 33 Rn 1.
14 Ausführlich *Eickmann,* Grundbuchverfahrensrecht Rn 130.
15 Vgl KG OLGE 8, 304; bestätigt durch KG KGJ 29, 147 (149).
16 BGHZ 35, 135 (149) = NJW 1961, 1301.

ren.[17] Entsprechendes gilt für das Bestehen einer **Lebenspartnerschaft** nach § 1 LPartG. § 6 S 2 LPartG ordnet die entsprechende Anwendung von § 1365 BGB an. Auch bei Lebenspartnern ist grundsätzlich von der alleinigen Verfügungsbefugnis des jeweiligen Partners auszugehen (u Rdn 6).[18]

2. Das absolute Veräußerungsverbot des § 1365 BGB im Grundbuchverfahrensrecht

Die im Hinblick auf Ehegatten (Lebenspartner) bedeutsamste Verfügungsbeschränkung enthält **§ 1365 BGB** **5** (**§ 6 S 2 LPartG**) als Ausnahme von dem sonst gemäß § 1364 BGB jedem Ehegatten selbständig zustehenden Verwaltungsrecht. Es handelt sich dabei nach heute hL um ein **absolutes Veräußerungsverbot**,[19] das auch Verträge über Einzelgegenstände umfasst. Bei § 1365 BGB müssen die Vertragspartner positive Kenntnis von dem betreffenden Umstand haben, wobei maßgeblicher Zeitpunkt nicht die Grundbucheintragung, sondern derjenige der Vornahme des Verpflichtungsgeschäfts ist.[20] Entgegen einer früher bisweilen vertretenen Auffassung[21] braucht das Grundbuchamt den Nachweis im Allgemeinen nicht zu verlangen, dass die Verfügung nicht in Erfüllung einer Verpflichtung geschieht, über das Vermögen im ganzen zu verfügen.

Der *BGH*[22] hat in einer Leitentscheidung aus dem Jahr 1961 herausgestellt, dass das Grundbuchamt bei der Ver- **6** äußerung eines Grundstücks durch einen Ehegatten[23] nur dann berechtigt und verpflichtet ist, die Zustimmung des anderen Ehegatten oder den Nachweis weiteren Vermögens zu verlangen, wenn **konkrete Anhaltspunkte** dafür gegeben sind, dass es sich bei dem Grundstück des Ehegatten um sein **Vermögen im ganzen** handelt. Im übrigen ist das Grundbuchamt nicht verpflichtet, Ermittlungen darüber anzustellen, ob der eine Eigentumsumschreibung bewilligende Verkäufer über sein nahezu ganzes Vermögen verfügt.[24] Bei seiner Prüfung ist das Grundbuchamt nicht auf Eintragungsunterlagen beschränkt, sondern es hat auch Umstände zu berücksichtigen, die ihm anderweit bekannt geworden sind oder die sich aus der allgemeinen *Lebenserfahrung* ergeben.[25]

In Anerkennung der herrschenden subjektiven Theorie[26] hat das *BayObLG*[27] die verfahrensrechtliche Recht- **7** sprechung zu § 1365 BGB dahin gehend präzisiert, dass das Grundbuchamt im Falle der Verfügung eines in Zugewinngemeinschaft lebenden Ehegatten über einen Einzelgegenstand seines Vermögens (Grundstück) nur dann berechtigt und verpflichtet ist, die Zustimmung des anderen Ehegatten oder den Nachweis weiteren Vermögens zu verlangen, wenn *konkrete Anhaltspunkte* für die beim Einzelgeschäft erforderlichen beiden Tatbestandsmerkmale des Veräußerungsverbots gemäß § 1365 BGB vorliegen: Das sind objektiv, dass der Gegenstand des Geschäfts tatsächlich das ganze Vermögen des verfügenden Ehegatten ausmacht, subjektiv, dass dessen Vertragspartner dies bei Abschluss des Verpflichtungsvertrages wusste oder zumindest die Verhältnisse kannte, aus denen sich dies ergibt.[28] Konkrete Anhaltspunkte lassen sich nicht schon aus dem Wert des übertragenen Grundbesitzes ableiten.[29]

Grundbuchverfahrensrechtlich ausreichend ist es daher, wenn dem Grundbuchamt konkrete Anhalts- **8** punkte dafür vorliegen, dass die Tatbestandsmerkmale der das absolute Veräußerungsverbot aussprechenden Norm erfüllt sind.[30] Grundsätzlich hat das Grundbuchamt daher davon auszugehen, daß ein Gesamtvermögensgeschäft nicht vorliegt. Die Prüfung des materiellrechtlichen absoluten Verfügungsverbots des § 1365 BGB wird grundbuchverfahrensrechtlich »verkürzt«.[31]

17 BGHZ 64, 246 = DNotZ 1975, 628 m Anm *Reithmann*.
18 *Demharter* Rn 44; *Wilsch* FGPrax 2002, 97, 98.
19 BGHZ 40, 218 = NJW 1964, 347; BayObLGZ 1967, 87 = DNotZ 1968, 38; ferner die Darlegungen von *Böttcher* Rpfleger 1985, 1; *Benthin* FamRZ 1982, 338.
20 BGHZ 43, 174, 177; 106, 253, 257; OLG München NJW-RR 2007, 810, 812.
21 Nachweise bei *Palandt-Brudermüller* § 1365 Rn 28.
22 BGHZ 35, 135 = NJW 1961, 1301.
23 Zur Prüfung der Ehegatteneigenschaft durch das Grundbuchamt o Rdn 4.
24 OLG München NJW-RR 2007, 810.
25 BGHZ 35, 135 (141) = NJW 1961, 1301.
26 BGHZ 43, 174 (177); 77, 295; BGH NJW 1984, 609; WM 1996, 860.
27 BayObLGZ 1967, 87 = DNotZ 1968, 38; ebenso BayObLG Rpfleger 2000, 265; NJW 1988, 1752; MittBayNot 1978, 1; OLG München NJW-RR 2007, 810, 811; OLG Celle NJW-RR 2000, 384; OLG Frankfurt aM FamRZ 1998, 31, 33; OLG Hamburg FamRZ 1969, 420; OLG Stuttgart Justiz 1968, 232; OLG Zweibrücken Rpfleger 1989, 95; *Böhringer* Rpfleger 2003, 157 (158). – Allerdings lässt OLG Celle NJW-RR 2000, 384 zu Unrecht den subjektiven Tatbestand außer Betracht.
28 Der für die Kenntnis des Geschäftsgegners maßgebende *Zeitpunkt* ist umstritten; wie das BayObLG auch – zutreffend – BGHZ 106, 253; *Schöner/Stöber* Rn 3364; weitere Nachweise bei *Böttcher* Rpfleger 1985, 1 (2 Fn 13).
29 OLG München NJW-RR 2007, 810, 811.
30 BayObLGZ 1967, 87 = DNotZ 1968, 38; BayObLG NJW 1988, 1752; OLG München NJW-RR 2007, 810, 811; OLG Celle NJW-RR 2000, 384; OLG Frankfurt aM FamRZ 1998, 31 (33); *H. Roth* IPRax 1991, 320 f; *Haegele* Rpfleger 1960, 271 stellt auf die Lage des Einzelfalls ab; Darstellung bei *Krauter-Panz* BWNotZ 1978, 75 (78).
31 Zur materiellrechtsverkürzenden Funktion des Grundbuchrechts, o § 32 Rdn 5.

9 Zweifelhaft kann manchmal sein, wann die genannten konkreten Anhaltspunkte bereits vorliegen. In einer früheren Entscheidung hat das *BayObLG*[32] nicht von konkreten Anhaltspunkten, sondern von »berechtigten Zweifeln« gesprochen. Wenngleich der *BGH*[33] zu Recht darauf hinweist, dass der Unterschied in den Auffassungen nicht allzu groß ist, weil sich berechtigte Zweifel an der Verfügungsbefugnis des Verfügenden nur dann aufdrängen werden, wenn konkrete Anhaltspunkte dafür vorliegen, ist die früher durch das *BayObLG* vertretene Auffassung doch vorzugswürdig: So lassen sich »berechtigte Zweifel« hinsichtlich des objektiven Tatbestands wohl schon dann bejahen, wenn ein Ehegatte das einzige ihm gehörende Grundstück oder seinen gesamten Grundbesitz verkauft, insbesondere an nahe Familienangehörige.[34] Allerdings müssen auch in diesem Fall »berechtigte Zweifel« in Bezug auf den subjektiven Tatbestand (o Rdn 7) hinzutreten. Der Auffassung *Meyer-Stoltes*[35] wonach in der Grundbuchpraxis außer den unstreitigen und den offensichtlichen Fällen so gut wie niemals ein konkreter Anhaltspunkt gegeben sei, dem § 1365 BGB nachzugehen, kann deshalb nicht zugestimmt werden.

10 Die »berechtigten Zweifel« brauchen dem Grundbuchamt *nicht* in der *Form des § 29* zur Kenntnis zu gelangen.[36]

11 Die Ehegatten können im Wege des **Ehevertrages** auf die Beschränkung des § 1365 BGB **verzichten,**[37] da sie ihre güterrechtlichen Beziehungen in bestimmten Grenzen frei bestimmen können. Richtigerweise kann die Beseitigung der Verfügungsbeschränkung auch in das *Güterrechtsregister* eingetragen werden.[38] In *Erweiterung des Wortlauts* des § 33 muss mE ein güterrechtliches Zeugnis genügen, um die vereinbarte Beseitigung der Beschränkung aus § 1365 BGB dem Grundbuchamt gegenüber ausreichend darzutun.

IV. Gütertrennung

12 Gemäß **§ 1414 BGB** tritt **Gütertrennung** ein, wenn die Ehegatten (oder Lebenspartner: § 7 LPartG) den gesetzlichen Güterstand ausschließen oder ihn aufheben, falls sich nicht aus dem Ehevertrag etwas anderes ergibt. Das Gleiche gilt, wenn der Ausgleich des Zugewinns oder der Versorgungsausgleich ausgeschlossen oder die Gütergemeinschaft aufgehoben wird. Die Ehegatten stehen sich in diesen Fällen in vermögensrechtlicher Beziehung wie Unverheiratete gegenüber. Jeder verwaltet sein Vermögen allein, sofern er nicht gemäß § 1413 BGB die Verwaltung dem anderen Ehegatten überlässt.

13 Der Ausschluss des gesetzlichen Güterstands der Zugewinngemeinschaft kann in das *Güterrechtsregister* eingetragen werden.[39] Das ergibt sich bereits aus dem Wortlaut des § 1412 BGB sowie aus der Beibehaltung des § 33 GBO selbst. Das Zeugnis aus § 33 ist damit im Falle der Eintragung der Gütertrennung in das Güterrechtsregister der einfachste Weg, Bedenken des Grundbuchamts im Hinblick auf § 1365 BGB auszuräumen. Freilich kommt es in der Praxis nur selten zu einer entsprechenden Eintragung. Für gleichgeschlechtliche Lebenspartner kann auch die Vereinbarung der Vermögenstrennung im Güterrechtsregister eingetragen werden (o Rdn 3).

14 Wird dem Grundbuchamt Gütertrennung nach § 1414 BGB in der Form des § 33 GBO oder nach § 29 Abs 1 S 2 GBO dargetan, so kann es ohne weiteres davon ausgehen, dass der verfügende Ehegatte verfügungsbefugt ist, ohne dass ein Fall des **§ 1413 BGB** vorliegt.[40]

V. Gütergemeinschaft

1. Grundbuchrechtliche Bedeutung

15 Anders als für die Güterstände der Zugewinngemeinschaft oder der Gütertrennung ist bei dem **Gesamtgut** der ehelichen Gütergemeinschaft der **Güterstand** eintragungsfähig und eintragungspflichtig gemäß § 47.[41] Im Hinblick auf das Gesamtgut besteht eine *Gesamthandsgemeinschaft* (§ 1416 Abs 2 BGB). Die komplizierte materiellrechtliche Ausgestaltung der Gütergemeinschaft, die neben dem Gesamtgut nach § 1416 BGB *Sondergut* von

---

32 BayObLGZ 1959, 442 = NJW 1960, 821.
33 BGHZ 35, 135 (141) = NJW 1961, 1301; ebenso BayObLGZ 1967, 87 = DNotZ 1968, 38.
34 *Schöner/Stöber* Rn 3394 aE; einschränkend auch die Anm von *Beitzke* JR 1961, 342 (343 f); zustimmend dagegen die Anm von *Haegele* Rpfleger 1961, 236 (237); für die gesellschaftsrechtliche Praxis einschränkend auch *Tiefenbacher* BB 1961, 655 (656). – Offen lassend OLG Frankfurt aM FamRZ 1998, 31, 33.
35 *Meyer-Stolte* FamRZ 1961, 363 (363).
36 *Hesse-Saage-Fischer* Anm B I 1.
37 *Lange* FamRZ 1964, 546; *Palandt-Brudermüller* § 1365 Rn 1; offen gelassen in BGHZ 41, 370 (378) = NJW 1964, 1795.
38 BGHZ 41, 370 ist mE durch BGHZ 66, 203 (= DNotZ 1976, 661) überholt; ebenso *Palandt-Brudermüller* Vorbem vor § 1558 Rn 3; *Dölle* Familienrecht, § 65 III 4; *MüKo-Kanzleiter* vor § 1558 Rn 6; *BGB-RGRK-Finke* § 1412 Rn 5; problematisiered *Gernhuber/Coester-Waltjen* Familienrecht, § 33 II Rn 6 Fn 5; vor allem *Kanzleiter* DNotZ 1971, 453 ff; *Gottschalg* DNotZ 1970, 274; *ders* DNotZ 1969, 339.
39 BGHZ 66, 203 = DNotZ 1976, 611 gegen BGHZ 41, 370 = NJW 1964, 1795; dazu *Gottschalg* DNotZ 1969, 339.
40 RG Recht 1917 Nr 64.
41 Etwa KEHE-*Herrmann* Rn 2; *Demharter* Rn 22.

Mann und Frau gemäß § 1417 BGB und *Vorbehaltsgut* gemäß § 1418 BGB kennt, findet in vielem ihre – im folgenden darzustellenden – grundbuchverfahrensrechtlichen Widerspiegelungen. Im Wesentlichen geht es hierbei um ein System abgestufter **verfahrensrechtlicher Vermutungen**, die an die Regel- und Ausnahmetatbestände des materiellen Rechts anknüpfen. Im Verfahrensrecht der Gütergemeinschaft finden sich zahlreiche **Durchbrüche zum materiellen Recht**, die dem Grundbuchverfahren ansonsten fremd sind.

2. Vermutung der Gesamtgutseigenschaft

Haben sich für das Grundbuchamt **konkrete Anhaltspunkte** dafür ergeben, dass nicht der gesetzliche Güterstand der Zugewinngemeinschaft, sondern der vertragliche Güterstand der Gütergemeinschaft vorliegt,[42] und darf es bei einem Vorgang im folgenden vom Güterstand der Gütergemeinschaft ausgehen, etwa weil ein Zeugnis nach § 33 oder ein Ehevertrag vorgelegt werden, so schließen sich folgende **Prüfungspflichten** an: **16**

Solange nicht besondere Umstände Zweifel begründen, hat das Grundbuchamt die Zugehörigkeit aller Vermögensstücke zum **Gesamtgut** der Gütergemeinschaft anzunehmen, auch wenn die Eintragung im Grundbuch nur auf den Namen eines der Ehegatten lautet.[43] **17**

3. Vermutung der gemeinschaftlichen Verwaltung des Gesamtguts

Enthält der Ehevertrag keine Bestimmungen über die Verwaltung des Gesamtguts, so verwalten gemäß § **1421** **18** **S 2 BGB** die Ehegatten das Gesamtgut gemeinschaftlich. Da es sich materiellrechtlich um den Regeltatbestand[44] handelt, besteht grundbuchverfahrensrechtlich für das Grundbuchamt die **Vermutung der gemeinschaftlichen Verwaltung** und damit eine Vermutung dafür, dass beide Ehegatten nur gemeinschaftlich berechtigt sind, über das Gesamtgut zu verfügen (§ 1422 S 1 1. Alt BGB). Die Vermutung kann entkräftet werden durch ein Zeugnis gemäß § 33, da im Güterrechtsregister bei der Gütergemeinschaft, falls überhaupt eine Eintragung vorgenommen wurde, auch die Verwaltungsbefugnis einzutragen ist.[45] Dagegen ist die *Verwaltungsbefugnis* nicht im Grundbuch eintragbar.

4. Verfügungen über Gesamtgut

a) Die Ehegatten als gewinnender Teil. Kommt die Gesamtgutsgemeinschaft als *gewinnender Teil* in **19** Betracht, so sind folgende Fälle zu unterscheiden:

Erwirbt ein Ehegatte ein Grundstücksrecht für sich, ohne dass der andere Ehegatte dabei mitwirkt, so kann er gleichwohl die Eintragung dieses Rechts für *beide Ehegatten* in Gütergemeinschaft in das Grundbuch beantragen. Eine Zustimmung des anderen Ehegatten zu seiner Eintragung ist nicht erforderlich.[46] Damit wird grundbuchverfahrensrechtlich die Konsequenz aus der in § 1416 Abs 1 S 2, Abs 2 BGB niedergelegten materiellrechtlichen Regelung gezogen. Freilich muss das Grundbuchamt wissen oder vermuten,[47] dass das Grundstück in das Gesamtgut fällt. Wenigstens missverständlich ist es, wenn für diesen Fall gesagt wird, dass das Bestehen der Gütergemeinschaft nicht nachgewiesen zu werden braucht.[48] In allen einschlägigen entschiedenen Fällen[49] bestand am Bestehen der Gütergemeinschaft kein Zweifel. Gleichgültig ist es dabei, ob dem handelnden Ehegatten das Grundstück »zum Gesamtgut der ehelichen Gütergemeinschaft«[50] oder zu seinem Alleineigentum[51] aufgelassen wird.

Wird Ehegatten, die in **Gütergemeinschaft leben**, ein Grundstück in »Miteigentum zu gleichen Teilen« aufgelassen, so können sie auf ihren Antrag als Eigentümer in Gütergemeinschaft in das Grundbuch eingetragen **20** werden, ohne dass eine erneute Auflassung des Grundstücks an sie als Eigentümer zur gesamten Hand erforderlich ist.[52] Die Auflassung an die Ehegatten zur Bruchteilseigentum kann also unmittelbar durch Eigentumsumschreibung auf die Eheleute in Gütergemeinschaft vollzogen werden. Vergleichbare Rechtsfolgen gelten bei der Auflassung zu Bruchteilseigentum bei Erwerbern in Gütergemeinschaft oder Errungenschaftsgemeinschaft **aus-**

---

42 Zur Prüfung oben Rdn 6.
43 Leitentscheidungen: KG KGJ 38, 211 (212); OLGE 38, 250; dazu *Güthe-Triebel* Rn 16.
44 *Gernhuber/Coester-Waltjen* Familienrecht, § 38 VI 1 Rn 46; *Palandt-Brudermüller* § 1421 Rn 2.
45 Zutreffend *Palandt-Brudermüller* § 1412 Rn 8; *Gernhuber/Coester-Waltjen* Familienrecht, § 38 VI 1 Rn 46; *Dölle* § 68 III; alle gegen *Haegele* Justiz 1957, 431.
46 RGZ 84, 326; BayObLGZ 1954, 12 = DNotZ 1954, 201; BayObLGZ 1975, 209.
47 Oben Rdn 16.
48 So aber – ohne Begründung – *Demharter* Rn 25; KEHE-*Herrmann* Rn 4.
49 RGZ 84, 326; BayObLGZ 1954, 12 = DNotZ 1954, 201; BayObLGZ 1975, 209.
50 So in BayObLGZ 1954, 12 = DNotZ 1954, 201.
51 So in BayObLGZ 1975, 209.
52 Zutreffend entschieden durch BGHZ 82, 346 = Rpfleger 1982, 135 gegen BayObLGZ 1978, 355 = Rpfleger 1979, 18; weitere Nachweise in DNotI-Report 12/2007 Juli 2007, 91, 92 (Gutachten).

ländischen Rechts (u Rdn 31). Wird im umgekehrten Fall an die Ehegatten in Gütergemeinschaft aufgelassen und leben die Ehegatten in Wirklichkeit im Güterstand der Zugewinngemeinschaft oder in Gütertrennung, so kann die unwirksame Auflassung im Regelfall in eine Auflassung an die Eheleute als Bruchteilseigentümer zu je einhalb umgedeutet werden, sofern, wie regelmäßig, kein Vertragsteil der Begründung des Gesamthandseigentums besondere Bedeutung beigemessen hat und bei Kenntnis des richtigen Güterstandes an die Ehegatten zu gleichen Bruchteilen aufgelassen worden wäre.[53] Das gleiche gilt bei unsicherem **ausländischen** Güterstand.[54]

21 Ist dem Grundbuchamt bekannt oder darf es zu Recht vermuten, dass die ein Grundstück erwerbenden Eheleute in Gütergemeinschaft leben, so darf deren Antrag, sie als *Bruchteilseigentümer* einzutragen, nicht stattgegeben werden.[55] Etwas anderes gilt nur, wenn ein Ehevertrag vorgelegt wird, wonach eine Einbeziehung in das Gesamtgut verhindert wird. Ansonsten träte eine Unrichtigkeit des Grundbuchs ein, auf die das Grundbuchamt im Wege des § 82a reagieren müsste.

22 Nach Auffassung des *BayObLG*[56] soll das Grundbuchamt nicht gehindert sein, eine **Auflassungsvormerkung** auch bei Kenntnis der bestehenden Gütergemeinschaft allein zugunsten des das Grundstück erwerbenden Eheteils einzutragen. Die Entscheidung ist bedenklich, da nicht ohne weiteres erwartet werden kann, dass die Vormerkung nur kurze Zeit im Grundbuch steht. Da auch der der Vormerkung zugrunde liegende Auflassungsanspruch in das Gesamtgut fällt, sollten die Grundbuchämter auch die Vormerkung nur zur *gesamten Hand* eintragen.

23 **b) Die Ehegatten als verlierender Teil**. Wird über ein eingetragenes, zum Gesamtgut gehörendes Recht verfügt, so gilt Folgendes: Da das Grundbuchamt von der Vermutung der gemeinschaftlichen Verwaltung des Gesamtguts auszugehen hat,[57] müssen entweder **Eintragungsbewilligungen beider Ehegatten** vorgelegt werden oder aber es muss der allein verfügende Ehegatte seine Verfügungsberechtigung durch Vorlage eines *Ehevertrags* nachweisen. Hierfür ist die Form des § 29 erforderlich.[58] Der Ehevertrag muss nicht aus jüngster Zeit sein; vielmehr spricht die Lebenserfahrung für das Fortbestehen des einmal geschlossenen Ehevertrages, solange keine konkreten Anhaltspunkte für seine Aufhebung oder Änderung gegeben sind.[59] Da die Alleinverwaltungsbefugnis auch im Güterrechtsregister eintragbar ist,[60] genügt im Falle der Eintragung auch die Vorlegung eines Zeugnisses gemäß § 33. Besonderheiten gelten für den Fall, dass ein zum Gesamtgut gehöriger Gegenstand auf einen der Ehegatten übertragen wird. Da wegen § 1416 Abs 2 BGB das aufgelassene Grundstück sogleich wieder Gesamtgut würde, muss die Erklärung zum **Vorbehaltsgut** nachgewiesen werden.[61] Beantragte Eintragungen müssen dem dem Grundbuchamt bekannten oder zu Recht vermuteten Güterstand materiellrechtlich entsprechen. Auch hier findet sich wieder der Durchgriff durch das Verfahrensrecht in das materielle Recht. Wie sich schon aus dem Wortlaut des § 33 ergibt, genügt zum Nachweis das Zeugnis.

24 **c) Hauptfälle der Nachweispflichtigkeit**. Nach dem Gesagten ergeben sich drei Fallgestaltungen als Aufhänger für das Nachweiserfordernis des Güterstands:[62]
- Ein Nachweis ist erforderlich im Falle der Grundbuchberichtigung gemäß § 1416 Abs 3 BGB, wenn gemäß § 22 GBO vorgegangen wird und der andere – eingetragene – Ehegatte die Bewilligung verweigert.
- Ein Nachweis ist ferner erforderlich, wenn gemäß § 40 GBO ohne vorherige Berichtigung über ein zum Gesamtgut gehöriges Grundstück oder Recht, das noch auf den Namen eines Ehegatten eingetragen ist, verfügt werden soll (§§ 1424, 1450 BGB).
- Schließlich ist der Fall zu erwähnen, dass ein Gesamtgutsrecht zu Alleineigentum eines Ehegatten eingetragen werden soll. In diesen Fällen muss die Erklärung zum Vorbehaltsgut nachgewiesen werden.

5. Alleinverwaltung bei der Gütergemeinschaft

25 Im Falle der Alleinverwaltung ist der verwaltende Ehegatte wegen § 1422 Abs 1 S 1 BGB grundsätzlich befugt, über das Gesamtgut zu verfügen. Da es sich um einen **Ausnahmefall** handelt,[63] muss dem Grundbuchamt die Alleinverwaltung durch Vorlage des Ehevertrags oder eines Zeugnisses nach § 33[64] dargetan werden.

---

53 BayObLGZ 1983, 118; *Meikel/Böttcher* § 20 Rdn 124 mwN.
54 DNotI-Report 12/2007 Juli 2007, 91, 93 (Gutachten).
55 RGZ 155, 344.
56 BayObLGZ 1957, 184 = NJW 1957, 1521.
57 S oben Rdn 16.
58 Vgl dazu KEHE-*Herrmann* Rn 6.
59 Allgemeine Meinung: Leitentscheidung: KG KGJ 39, 180 (183): Zeitraum vom 18.06.1904 bis 27.05.1909; KEHE-*Herrmann* Rn 16; *Demharter* Rn 40; *Bauer/von Oefele-Schaub* Rn 33.
60 *Palandt-Brudermüller* § 1412 Rn 8.
61 KG JFG 15, 192 (194); *Demharter* Rn 32; KEHE-*Herrmann* Rn 6.
62 Im Anschluss an *Löscher* S 175.
63 Oben Rdn 18.
64 Oben bei Rdn 18.

Die **Alleinverfügungsbefugnis** ist jedoch durch die **drei Ausnahmen** der §§ 1423, 1424, 1425 BGB durch- **26** brochen. Danach bedarf der Alleinverwalter der Zustimmung des anderen Ehegatten, wenn er über das Gesamtgut im ganzen, wenn er über ein zum Gesamtgut gehörendes Grundstück verfügen und wenn er Gegenstände aus dem Gesamtgut verschenken will.[65]

Im Falle der Alleinverwaltung hat das Grundbuchamt stets zu prüfen, ob nicht einer der genannten **Ausnahmefälle** in Betracht kommt. Anders als im Fall der Verfügungsbeschränkung des § 1365 BGB bei der Zugewinngemeinschaft[66] bedarf es hier nicht eines Aufgreiftatbestandes wie »konkreter Anhaltspunkte« oder »berechtigter Zweifel« für das Vorliegen eines Ausnahmetatbestandes. Vielmehr muss das Grundbuchamt stets nach allgemeinen Erfahrungssätzen etwa das zugrunde liegende **Verpflichtungsgeschäft** darauf prüfen, ob die beantragte Eintragung schenkungshalber erfolgt[67] oder ob die Schenkung bejahendenfalls durch § 1425 Abs 2 BGB gerechtfertigt ist.[68] Auch hier findet sich wieder der Durchgriff in das materielle Recht. Der Nachweis bedarf nicht der Form des § 29, weil das Grundbuchamt hier von allgemeinen **beweiserleichternden Erfahrungstatsachen** ausgehen kann. Im Regelfall genügt die Vorlegung des *Grundgeschäfts*.[69]

6. Fortgesetzte, beendete, nicht auseinandergesetzte Gütergemeinschaften

Das **Liquidationsstadium** der Gütergemeinschaft, nämlich, dass sie beendet, aber noch nicht auseinanderge- **27** setzt ist (§§ 1471 f BGB), kann in das Grundbuch eingetragen werden,[70] wie sich aus der in § 1471 Abs 2 BGB enthaltenen Verweisung auf § 1419 BGB ergibt. Auch die Liquidationsgemeinschaft ist immer noch Gesamthandsgemeinschaft.[71] Das Grundbuchamt hat in diesen Fällen wegen § 1472 Abs 1 BGB stets von **Gesamtverwaltung** auszugehen. Die Eintragung lautet etwa: »*In beendeter, nicht auseinandergesetzter Gütergemeinschaft.*«

Nicht anwendbar ist § 33 GBO für den Nachweis des Bestehens einer **fortgesetzten Gütergemeinschaft** **28** gemäß §§ 1483 f BGB.[72] Auf die dortige Kommentierung[73] wird verwiesen. Weiß das Grundbuchamt, dass allgemeine Gütergemeinschaft zwischen den Ehegatten bestanden hat, deren Fortsetzung vereinbart war, und dass Abkömmlinge vorhanden sind, so muss dem Grundbuchamt vor der Eintragung des überlebenden Ehegatten nachgewiesen werden, dass fortgesetzte Gütergemeinschaft nicht eingetreten ist.[74]

VI. Ausländische Ehegatten; Sonderfälle

1. Vorlage eines güterrechtlichen Zeugnisses

Wegen des im grundbuchamtlichen **Verfahrensrecht** geltenden Grundsatzes der **lex fori** kommt § 33 grund- **29** sätzlich auch dann zur Anwendung, wenn es um güterrechtliche Eintragungen geht, die **ausländische Ehegatten** betreffen. Aus **Art 16 Abs 1 EGBGB** ergibt sich, dass auch die Verlautbarung ausländischer Güterrechtsverhältnisse im deutschen Güterrechtsregister möglich ist, wenn einer der Ehegatten seinen gewöhnlichen Aufenthalt im Inland hat oder hier ein Gewerbe betreibt.[75]

Wird sonach ein güterrechtliches Zeugnis von ausländischen Ehegatten beigebracht, das etwa eine bestehende **30** Gütertrennung ausweist, so kann gemäß § 33 das Grundbuchamt grundsätzlich von dem Bestehen der Gütertrennung ausgehen,[76] da es nicht verpflichtet ist zu prüfen, ob die gesetzlichen Voraussetzungen für die Vornahme der Eintragung vorliegen.[77]

---

65 Zur materiellrechtlichen Seite der Alleinverwaltung *R. Böttcher* Rpfleger 1985, 1 (4 f).
66 Oben Rdn 5.
67 KG OLGE 33, 341; OLG Hamm OLGE 6, 285; *Palandt-Brudermüller* § 1425 Rn 1.
68 BayObLG HRR 1935 Nr 1314; BayObLGZ 1934, 409; *Güthe-Triebel* Rn 20.
69 Dazu *Güthe-Triebel* S 781.
70 Im Anschluss an die Leitentscheidungen BayObLGZ 1921, 17; KG KGJ 50, 152 etwa KEHE-*Herrmann* Rn 2; *Demharter* Rn 22; *Bauer/von Oefele-Schaub* Rn 38 f.
71 *Gernhuber/Coester-Waltjen* Familienrecht, § 38 X Rn 144.
72 BayObLG NJW-RR 2003, 736.
73 § 35 Rdn 148 f.
74 RG HRR 1931 Nr 1353; *Demharter* Rn 28.
75 Dazu *Demharter* Rn 2; ausführlich *H. Roth* IPRax 1991, 320 f (zu LG Aurich IPRax 1991, 341); *Staudinger-Mankowski* (Neubearbeitung 2003) Art 16 EGBGB Rn 7, 11.
76 Leitentscheidung KG JFG 10, 186 (187 f).
77 In KG JFG 10, 186 hatte das Grundbuchamt eingehende kollisionsrechtliche Überlegungen angestellt, war zur Anwendung des schweizerischen Rechts gelangt und sah sich an einer Eintragung gehindert, weil eine zum Ehevertrag nach schweizerischem Recht vorgeschriebene Zustimmung der Vormundschaftsbehörde fehlte.

2. Güterrechtliche Verhältnisse außerhalb von § 33

31   Soweit (wie meistens) kein Nachweis nach § 33 geführt werden kann, hat das Grundbuchamt bei Verfügungen, bei denen **ausländisches Güterrecht** in Betracht kommt, die Verfügungsbefugnis anhand des nach den kollisionsrechtlichen Regeln in Frage kommenden Güterrechts selbständig zu prüfen.[78] Maßgebend ist **Art 15 EGBGB** des am 01.09.1986 in Kraft getretenen Gesetzes zur Neuregelung des Internationalen Privatrechts vom 25.07.1986 (BGBl I 1142).[79] Daraus folgt jedoch nicht, dass das Grundbuchamt eine beantragte Eintragung mit der Begründung ablehnen kann, dass sie **möglicherweise** – in Ansehung der Erwerberseite – nicht mit der wahren Rechtslage übereinstimmt. Vielmehr muss das Grundbuchamt aufgrund feststehender Tatsachen zu der **sicheren Überzeugung** kommen, dass das Grundbuch durch die Eintragung **unrichtig** würde. Diese Grundsätze gelten neben einer Unrichtigkeit nach deutschem Güterrecht in gleicher Weise für eine Unrichtigkeit, die nach ausländischem Güterrecht eintritt. Insoweit ist die **Prüfungspflicht** des Grundbuchamts im Hinblick auf deutsches und ausländisches Güterrecht gleich.[80]

So darf die Eintragung ausländischer Ehegatten als **Bruchteilseigentümer** einer Eigentumswohnung vom Grundbuchamt nur abgelehnt werden, wenn es sichere Kenntnisse davon hat, dass durch die Eintragung das Grundbuch unrichtig werden würde, weil nach dem maßgeblichen Güterrecht die Eigentumswohnung gemeinschaftliches Eigentum der Ehegatten wird.[81] Umgekehrt genügt es – wie bei rein deutschen Sachverhalten (o Rdn 20) –, wenn an in Gütergemeinschaft lebende ausländische Ehegatten zu Bruchteilseigentum aufgelassen und anschließend unmittelbar durch Eigentumsumschreibung auf die Eheleute in Gütergemeinschaft vollzogen wird, wenn von ihnen eine entsprechende Berichtigungsbewilligung abgegeben wird.[82] Wird versehentlich an eine nicht bestehende ausländische Gütergemeinschaft aufgelassen, so kann die Auflassung an die Eheleute im Regelfall als Bruchteilseigentümer zu je ein Halb umgedeutet werden (o Rdn 20). Für den Regelfall werden sich aus dem Kollisionsrecht des Güterstandes oder aus möglichem ausländischen Güterrecht für das Grundbuchamt keine besonderen Prüfungspflichten ergeben.[83] Die **Kenntnis** des ausländischen Rechts muss sich das Grundbuchamt selbst verschaffen.[84] Auch bei Anwendung ausländischen Güterrechts gilt für den inländischen Grundbuchverkehr die tatsächliche Vermutung, dass der im Grundbuch als Eigentümer eingetragene Ehegatte in dortigen gesetzlichen Güterstand lebt und dass er nach Maßgabe der für diesen Güterstand grundsätzlich getroffenen Regelung zur Verfügung über sein Eigentum befugt ist. Dabei erstreckt sich die auch das Grundbuchamt bindende Rechtsvermutung des § 891 BGB darauf, dass das Eigentum des eingetragenen Ehegatten nicht durch eine güterrechtliche Vereinbarung auf den anderen Ehegatten übergegangen oder für diesen Miteigentum begründet worden ist.[85] Im Regelfall muss also die Verfügungsbefugnis nicht in der Form des § 29 nachgewiesen werden.[86] Der Form des § 29 könnte, da es sich um eine negative Tatsache handelt, ohnehin nur dadurch Genüge getan werden, dass die öffentlich beglaubigte Zustimmungserklärung des anderen Ehegatten vorgelegt wird.[87] § 29 kommt auch bei Auslandsberührung stets zur Anwendung.[88]

---

78 Dazu BayObLG Rpfleger 2001, 173 (Jugoslawien) mit iE zust Anm *Riering* MittBayNot 2001, 222; NJW-RR 1992, 1235 (Jugoslawien); *Schöner/Stöber* Rn 3410ff, 3421f; *Demharter* Rn 20ff; *Eickmann* Rpfleger 1983, 465; DNotI-Report 12/2007 Juli 2007, 91, 92, (Gütergemeinschaft nach philippinischem Recht).

79 Zu den aufgeworfenen Übergangsproblemen sowie zu den Konsequenzen der Nichtigerklärung von Art 15 EGBGB aF durch BVerfG BGBl I 1983, 525 (= NJW 1983, 1968) etwa *Demharter* Rn 21; *Schöner/Stöber* Rn 3410ff. – Einzelheiten gehören zu Art 15 EGBGB; s etwa *Palandt-Heldrich* Art 15 EGBGB Rn 5ff.; zur notariellen Seite *Schotten/Schmellenkamp*, Das internationale Privatrecht in der notariellen Praxis, 2.Aufl.2007, Rn 136ff.

80 Grundlegend BayObLG MittBayNot 1986, 124 mwN; NJW-RR 1992, 1235; Rpfleger 2001, 173; FamRZ 1998, 443; OLG Düsseldorf Rpfleger 2000, 107; *Süß* Rpfleger 2003, 53 (62); *H. Roth* IPRax 1991, 320f: **Erwerberseite**; OLG Hamm NJW-RR 1996, 530 mwN (Slowenien); OLG Düsseldorf Rpfleger 2000, 107, 108 (Gütergemeinschaft niederländischen Rechts); *Amann* MittBayNot 1986, 222ff; *Holzer/Kramer*, Grundbuchrecht, 2.Aufl 2004, 7.Teil Rn 67; *Schöner/Stöber* Rn 3421; *Staudinger-Mankowski* (Neubearbeitung 2003), Art 15 EGBGB Rn 400f; strenger wohl *Eickmann* Rpfleger 1983, 465; ferner *Wolfsteiner* DNotZ 1987, 67 (82ff); *Böhringer* BWNotZ 1987, 16; zur *Auflassungsvormerkung* mit Recht BayObLG Rpfleger 1986, 127; **aA** *Jayme* IPRax 1986, 290. – Für den spiegelbildlichen Fall einer möglichen güterrechtlichen Verfügungsbeschränkung auf der **Veräußererseite** genügen aufgrund konkreter Anhaltspunkte bestehende Zweifel; *Süß* Rpfleger 2003, 53 (63); *H. Roth* IPRax 1991, 320f gegen LG Aurich IPRax 1991, 341 und *Schöner/Stöber* Rn 3421a mwN.

81 BayObLG Rpfleger 2001, 173.

82 Überzeugend DNotI-Report 12/2007 Juli 2007, 91, 92 (philippinisches Güterrecht).

83 OLG Düsseldorf Rpfleger 2000, 107, 108 (niederländisches Güterrecht).

84 OLG Köln DNotZ 1972, 182; *Böhringer* BWNotZ 1998, 4, 7.

85 KG DNotZ 1973, 620; *Schöner/Stöber* Rn 3422.

86 KG DNotZ 1973, 620 (625); anders aber OLG Köln DNotZ 1972, 182; OLG Hamm DNotZ 1966, 236.

87 OLG Köln DNotZ 1972, 182 (184); OLG Hamm DNotZ 1966, 236.

88 *H Roth* IPRax 1994, 86f.

3. Vertriebene und Sowjetzonenflüchtlinge

Einschlägig für die Regelung des gesetzlichen Güterstands für Vertriebene, anerkannte Sowjetzonenflüchtlinge, **32** Zuwanderer aus der (ehemaligen) DDR und aus Ost-Berlin ist seit 01.10.1969 das Gesetz über den ehelichen Güterstand von Vertriebenen und Flüchtlingen vom 04.08.1969 (BGBl I 1067).[89] Maßgeblicher Inhalt des Gesetzes ist für den genannten Personenkreis die Überleitung dessen bisherigen Güterstands in den Güterstand der Zugewinngemeinschaft nach §§ 1353 f BGB. Die **Neuregelung des IPR** hat das Gesetz unberührt gelassen (Art 15 Abs 4 EGBGB). Auch der Einigungsvertrag hat seine Geltung nicht berührt. Einzelheiten gehören nicht zu § 33.[90]

VII. Einzelfragen zum Zeugnis

1. Zuständigkeit

Örtlich zuständig für die Eintragung im Güterrechtsregister ist das Amtsgericht, in dessen Bezirk auch nur **33** einer der Ehegatten seinen gewöhnlichen Aufenthalt hat (§ 1558 BGB).[91] **Funktionell zuständig** ist gemäß § 3 Ziff 1e RPflG der Rechtspfleger. Eine Sonderregelung für **Kaufleute** enthält Art 4 EGHGB. Das Grundbuchamt hat bei Vorlage eines Zeugnisses stets zu prüfen, ob es von einem zuständigen Gericht herrührt. Eintragungen eines **unzuständigen Gerichts** sind **unwirksam**.[92]

2. Form

Ausreichend ist die Vorlage einer **Ausfertigung** oder einer **beglaubigten Abschrift** des Zeugnisses, weil die **34** Anscheinswirkung des § 33 nicht an den Urkundenbesitz geknüpft ist.[93]

3. Beweiskraft

§ 33 begründet ebenso wie § 32 (oben § 32 Rdn 4) lediglich einen **Beweis des ersten Anscheins**. Insofern **35** entspricht § 33 der Struktur des § 32. In der Sache ist das Zeugnis des § 33 freilich noch unzuverlässiger als das Zeugnis des § 32. Das ergibt sich aus folgendem: Für das *Handelsregister* ist eine *materielle Prüfungspflicht des Registergerichts* anerkannt, wenn es begründete Zweifel an der Richtigkeit der einzutragenden Tatsachen hat.[94] Anders liegt es dagegen beim Güterrechtsregister. Das Gericht hat nicht zu prüfen, ob die abgegebenen Erklärungen, wenn sie nur inhaltlich zulässig sind, zutreffen.[95] In den Fällen der Stellung des Eintragungsantrags durch beide Ehegatten gemäß § 1561 Abs 1 BGB liegt das auf der Hand,[96] weil das Gericht die Wahrheit der einzutragenden Tatsache gar nicht prüfen kann. Im Übrigen genießt das Güterrechtsregister ebenso wenig öffentlichen Glauben wie das Handelsregister.[97]

Konsequenz der hier vertretenen Auffassung ist es, dass sich die **Prüfungspflicht** des Grundbuchamts bei **36** güterrechtlichen Zeugnissen des § 33 gegenüber handelsregistergerichtlichen Zeugnissen aus § 32 **verschärft**.[98] Die Annahme »begründeter Zweifel« wird bei § 33 leichter zu bejahen sein als bei § 32. Oder anders formuliert: Die materiellrechtsverkürzende Funktion ist bei § 33 weniger ausgeprägt als bei § 32. Von daher sind auch die zahlreichen Durchbrüche in das materielle Recht zu verstehen.

Das Zeugnis erbringt Anscheinsbeweis auch für das *Bestehen der Ehe*, weil Eintragungen in das Güterrechtsregister richtigerweise erst nach Eheschließung erfolgen dürfen.[99] – Zu gleichgeschlechtlichen Lebenspartnern o Rdn 3, 13.

---

89 Abgedruckt bei *Jamye-Hausmann*, Internationales Privat- und Verfahrensrecht, 13.Aufl 2006, Nr 37.
90 Darstellung bei *Schöner/Stöber* Rn 3403 ff.
91 Dazu KG RJA 1, 13 (überholt).
92 *Palandt-Brudermüller* § 1558 Rn 1; die Prüfungspflicht bejahend auch *Güthe-Triebel* Rn 73.
93 *Güthe-Triebel* Rn 74.
94 Nachweise bei *Krafka/Willer*, Registerrecht, 7.Aufl 2007, Rn 159.
95 HL: Leitentscheidung KG KGJ 45, 187 (194); BayObLGZ 1959, 89 (101); *Krafka/Willer* Registerrecht, Rn 2326 (mit Einschränkungen); *Palandt-Brudermüller* Vorbem vor § 1558, Rn 5.
96 KG KGJ 39, 180 (182).
97 Hier unstreitig; vgl nur KEHE-*Hermann* Rn 14; *Demharter* Rn 1.
98 Dagegen geht die grundbuchrechtliche Literatur ohne weiteres davon aus, dass die Zeugnisse aus § 32 und § 33 in allen Beziehungen gleichstehen; so die Verweisungen auf § 32 bei KEHE-*Herrmann* Rn 14; *Bauer/von Oefele-Schaub* Rn 54; *Demharter* Rn 36; *Güthe-Triebel* Rn 75.
99 *Demharter* Rn 36.

4. Konkurrenz zwischen Zeugnis und Grundbucheintrag

37 Nach dem Gesagten ist es ohne weiteres möglich, dass güterrechtliches Zeugnis und Grundbucheintragung einander **widersprechen**, oder dass eines der beiden Register etwas enthält, was im anderen Register nicht steht. Die Konkurrenzproblematik taucht nur dann auf, wenn es um *Gesamtgut* geht. Bei *Sonder- und Vorbehaltsgut* eines Ehegatten sowie bei *Zugewinngemeinschaft* und *Gütertrennung* sind Eintragungen des Güterstands im Grundbuch ohnehin nicht möglich, da die Person des Berechtigten durch den Güterstand nicht verändert wird.[100]

38 Nach zutreffender Auffassung[101] erstreckt sich die – auch im Grundbuchverkehr geltende – **Vermutung des § 891 BGB** auf das Bestehen des Güterstands, soweit es sich um Gegenstände des Gesamtguts handelt. Durch die Eintragung im Grundbuch wird das Zeugnis des § 33 ersetzt.[102]

39 Problematisch ist der Fall, dass die Vermutung des § 891 BGB und ein dem Grundbuchamt nach § 33 vorgelegtes Zeugnis **einander widersprechen**. In diesem Fall ergeben sich aufgrund des vorgelegten Zeugnisses gegen die sachliche Richtigkeit des Grundbuchs Bedenken. So liegt es etwa, wenn das betreffende Grundstück nach dem Grundbuch im Alleineigentum des verfügenden Ehegatten steht, während das vorgelegte Registerzeugnis gemäß § 33 Gütergemeinschaft ausweist. Dann ist der Durchgriff auf die zutreffende materielle Rechtslage geboten.[103] Das Grundbuchamt hat den Inhalt des ihm bekannt gewordenen Registers ebenso zu berücksichtigen wie andere Tatsachen, die einer Eintragung entgegenstehen.[104]

5. Ergänzung durch § 162 FGG; weitere Erleichterungen

40 Die Erteilung von **Negativzeugnissen** aus dem Güterrechtsregister wird durch **§ 162 FGG** geregelt. Danach erteilt das Amtsgericht auf Antrag eine Bescheinigung darüber, dass bezüglich des Gegenstands einer Eintragung weitere Eintragungen im Güterrechtsregister nicht vorhanden sind oder dass eine bestimmte Eintragung in das Register nicht erfolgt ist. Auch diese Bescheinigungen genießen keinen öffentlichen Glauben.[105]

41 Weitere **Erleichterungen** gegenüber § 33 enthalten im Hinblick auf das Gesamtgut die §§ 36, 37.[106]

6. Inhalt

42 Den Inhalt des Zeugnisses bildet – anders als bei § 162 FGG[107] – eine **positive Bescheinigung**, in der bezeugt ist, dass nach dem Eintrag im Güterrechtsregister Gütertrennung oder ein bestimmtes vertragsmäßiges Güterrecht besteht oder ein Gegenstand zum Vorbehaltsgut eines Ehegatten gehört.[108] Das Zeugnis muss *datiert* sein.

7. Alter

43 Grundsätzlich wird durch das Zeugnis das betreffende güterrechtliche Verhältnis nur für den **Zeitpunkt der Ausstellung** dargetan. Anders als bei § 32[109] wird man aber auch Zeugnisse anerkennen können, die schon geraume Zeit zurückliegen. Nach der Lebenserfahrung gehört es eher zu den Seltenheiten, wenn Ehegatten das von ihnen durch Vertrag eingeführte Güterrecht durch einen neuen Ehevertrag aufheben oder abändern.

Das KG[110] vertritt für § 33 freilich eine andere Auffassung, weil diese Vorschrift den »formellen Rechtsakt der Eintragung in das Güterrechtsregister maßgebend sein lässt und für das Weiterbestehen einer Eintragung naturgemäß nicht eine Erfahrungstatsache, sondern der jedem zugängliche Inhalt des Güterrechtsregisters entscheidend ist.« Doch ist das kaum überzeugend. Güterrechtsverhältnisse sind *statischer* als Vertretungsregelungen bei Kaufleuten. Das schlägt auch auf das Zeugnis durch.

---

100 KEHE-*Herrmann* Rn 2; *Hesse-Saage-Fischer* Anm II 3.
101 KG KGJ 29, 148; BayObLGZ 1924, 21.
102 *Hesse-Saage-Fischer* Anm II 3.
103 KG KGJ 33, 153.
104 *Güthe-Triebel* Rn 61.
105 *Bumiller-Winkler* FGG § 162 Rn 2.
106 Unten § 36 Rdn 3; § 37 Rdn 1.
107 Oben Rdn 40.
108 *Demharter* Rn 35; *Löscher* S 175.
109 Oben § 32 Rdn 30.
110 KG KGJ 39, 180 (185). – Die grundbuchrechtliche Literatur verweist für die Frage der Geltungsdauer bei § 33 überwiegend auf § 32; *Güthe-Triebel* Rn 75; *Demharter* Rn 36; KEHE-*Herrmann* Rn 14; *Löscher* S 175 (»aus neuester Zeit«); wie hier aber *Bauer/von Oefele-Schaub* Rn 53.

VIII. Andere Beweismittel

Neben § 33 bleiben auch andere Beweismittel zulässig,[111] da § 33 den Grundbuchverkehr nur **erleichtern** will: 44

1. Beglaubigte Registerabschrift

Wegen § 1563 S 2 BGB kann von den Eintragungen im Güterrechtsregister eine **Abschrift** gefordert werden, 45
die auf Verlangen zu beglaubigen ist. Es genügen ein beglaubigter Auszug oder eine beglaubigte Registerabschrift; nicht dagegen eine bloße *Eintragungsbenachrichtigung*.[112]

2. Bezugnahme auf das Güterrechtsregister

In den Fällen des § 34[113] genügt anstelle des Zeugnisses auch die bloße Bezugnahme auf das Güterrechtsregister. 46

3. Vorlage eines Ehevertrages

Die Vorlage eines **Ehevertrages** beweist nach der Lebenserfahrung das Güterrecht solange, bis sich bestimmte 47
Anhaltspunkte für eine Änderung oder Aufhebung ergeben.[114] Dargetan wird damit also nicht nur die Entstehung des betreffenden Güterstands, sondern auch sein **Fortbestehen**. Auch eine erhebliche Zeitspanne vermag an der Beweiskraft des Ehevertrags nichts zu ändern. Es steht damit nicht im freien Belieben des Grundbuchamts, ob es daneben noch ein Zeugnis nach § 33 verlangen soll oder nicht.[115] Praktische Bedeutung gewinnt die Vorlage des Ehevertrages hauptsächlich in dem Fall, dass die grundbuchrechtliche Erklärung nur durch *einen* Ehegatten abgegeben wird. Bei Bewilligung durch *beide* Ehegatten genügt diese regelmäßig allein. Es ist freilich zu beachten, dass die vor über 80 Jahren ergangenen Erkenntnisse der Gerichte heute deshalb vorsichtiger bewertet werden müssen, weil seitdem die *Ehescheidungen* häufiger geworden sind.

Wird ein durch **Verlobte** geschlossener Ehevertrag vorgelegt, so muss die Eheschließung durch **Heiratsur-** 48
kunde nachgewiesen werden.[116] Etwas anderes gilt nur, wenn die Verehelichung offenkundig ist.[117]

4. Bewilligung durch beide Ehegatten

Da die Ehegatten zusammen stets zu allen Verfügungen befugt sind, bedarf es keines weiteren Nachweises des 49
Güterstands, wenn die Eintragungsbewilligung beider Ehegatten vorgelegt wird.[118] Das folgt aus den §§ 19, 29. Eine allgemein anerkannte Ausnahme gilt für den Fall, dass bei bestehender Gütergemeinschaft ein Ehegatte einen Gesamtgutsgegenstand auf den anderen überträgt. In diesem Fall muss dem Grundbuchamt die Aufhebung der Gütergemeinschaft oder die Erklärung des Gegenstands als Vorbehaltsgut durch einen **Ehevertrag** nachgewiesen werden.[119]

5. Vermutungswirkung des Grundbuchs

Eines weiteren Nachweises bedarf es dann nicht, wenn die Gütergemeinschaft aus dem Grundbuch selbst hervorgeht, da der Güterstand von der Vermutungswirkung des § 891 BGB umfasst wird.[120] Freilich dürfen keine 50
Anhaltspunkte dafür vorliegen, dass der Güterstand sich zwischenzeitlich geändert hat.[121]

6. Offenkundigkeit

Nach § 29 Abs 1 S 2 bedürfen andere Eintragungsvoraussetzungen als die zur Eintragung erforderlichen Erklä- 51
rungen (hier: der Güterstand) Beteiligter des Nachweises durch öffentliche Urkunden nur, soweit sie nicht dem Grundbuchamt offenkundig sind. So kann im Falle der Vorlage eines **Erbvertrags**, der von den Verlobten geschlossen wird, die Tatsache der nachträglichen Eheschließung offenkundig sein, wenn die Beteiligten inzwischen von einem anderen Grundbuchamt als Miteigentümer eines Grundstücks in Gütergemeinschaft eingetra-

---

111 Leitentscheidungen OLG Colmar OLGE 4, 188; KG KGJ 30, 169.
112 Etwa *Demharter* Rn 38.
113 Unten § 34 Rdn 1.
114 KG KGJ 39, 180 (183); OLG Colmar OLGE 4, 188; KG KGJ 30, 169; KEHE-*Herrmann* Rn 16; *Demharter* Rn 40; *Güthe-Triebel* Rn 78.
115 OLG Colmar OLGE 4, 188.
116 BayObLGZ 1957, 49 = DNotZ 1957, 311; KEHE-*Herrmann* Rn 17; *Demharter* Rn 40.
117 Zur Offenkundigkeit unten Rdn 51.
118 KEHE-*Herrmann* Rn 18; *Güthe-Triebel* Rn 79; *Löscher* S 175; *Gantzer* S 72; *Hesse-Saage-Fischer* Anm II 2; BayObLG Recht 1906 Nr 515.
119 Oben Rdn 24; KG RJA 6, 148; KG JFG 15, 192.
120 Oben Rdn 38.
121 *Hesse-Saage-Fischer* Anm II 1.

gen worden sind.[122] Insoweit begründet die Grundbucheintragung zwar die Vermutung nach § 891 BGB, aber richtigerweise nur für die auf dem Grundbuchblatt des anderen Grundbuchamts gebuchten Grundstücke.[123] Im entschiedenen Fall hatte das *BayObLG* freilich die Offenkundigkeit verneint, weil es keinen Erfahrungsgrundsatz gebe, dass Grundbuchämter Eintragungen nur nach einwandfreier Prüfung und Nachweisung aller Eintragungsvoraussetzungen vorzunehmen pflegen. Da die Verneinung der Offenkundigkeit aber auch darauf gestützt wurde, dass der betreffende Vollzugsvermerk die Tatsache der Eheschließung nicht nachgewiesen hatte, und dass das Grundbuch nicht dazu bestimmt sei, den Familienstand der Beteiligten offen zu legen,[124] scheint die Formulierung von *Herrmann*[125] zu weit zu sein: Nach seiner Auffassung ist unter Berufung auf BayObLGZ 1957, 52 die Verweisung auf ein anderes Grundbuchblatt zum Nachweis der Gütergemeinschaft nie genügend.

52 Das Grundbuchamt kann aus Anlass eines **neuerlichen Eintragungsantrags** die Frage des Güterstands erneut prüfen und ein Zeugnis nach § 33 verlangen, auch wenn es bei einer früheren Eintragung das Bestehen eines bestimmten güterrechtlichen Verhältnisses als nachgewiesen angesehen hat.[126] In dem entschiedenen Fall hatte dem Grundbuchamt aus Anlass eines früheren Eintragungsantrags ein Urteil vorgelegen, aufgrund dessen das Grundbuchamt damals in Übereinstimmung mit dem Prozessgericht es als nachgewiesen ansah, dass zwischen den Ehegatten Gütertrennung bestand. Offenkundig sei bei einem späteren Eintragungsantrag damit nur, dass früher einmal aufgrund des vorgelegten Urteils das Bestehen der Gütertrennung als nachgewiesen angesehen worden ist. Dagegen sei das güterrechtliche Verhältnis selbst hierdurch nicht zu einem offenkundigen geworden. Diese Erwägungen treffen zu.

7. Notarbescheinigungen

53 **a) Die Notarbescheinigung nach § 20 Abs 1 S 2 BNotO.** Gemäß § 20 Abs 1 S 2 BNotO genügt eine Bescheinigung des Notars, dass ihm ein gerichtliches Zeugnis mit wörtlich wiederzugebendem Inhalt einschließlich des Ausstellungsdatums vorgelegen hat, oder dass das Güterrechtsregister eine bestimmte Eintragung enthält.[127] Dieses Ersatzmittel läuft letztlich auf die Vorlegung einer beglaubigten Abschrift des Zeugnisses hinaus. Es genügt auch, wenn der Notar bescheinigt, dass ihm eine beglaubigte Abschrift des Zeugnisses vorgelegen hat.[128]

54 **b) Die Notarbescheinigung nach § 21 BNotO.** Anders als im Falle des § 32[129] genügt bei § 33 die Vorlage einer notariellen Bescheinigung gemäß **§ 21 BNotO** nicht, weil das Güterrechtsregister kein dem Handelsregister ähnliches Register iS des § 21 Abs 1 S 1 BNotO ist.[130]

8. Bewilligung durch Dritte?

55 Nach hL[131] soll es keines Nachweises für das Bestehen des Güterstands der Gütergemeinschaft bedürfen, wenn die Beteiligten als **gewinnender Teil** des Eintragungsvorgangs in Betracht kommen.[132] Das soll insbesondere auch dann gelten, wenn die Eintragung zugunsten der Gütergemeinschaft von einem Dritten bewilligt wird, etwa bei einer Hypothekenbestellung.

IX. Übergangsrecht

56 Im Hinblick auf den unterschiedlichen Gegenstand der dargestellten Vermutungen hat das Grundbuchamt **verschiedene Zeiträume** zu unterscheiden: Diese Zeiträume sind auch grundbuchverfahrensrechtlich von Bedeutung, weil sie die Inhalte der Vermutungen bestimmen.

1. Eheschließung vor dem 01.01.1900

57 Wegen **Art 200 EGBGB** blieben für den Güterstand einer zur Zeit des In-Kraft-Tretens des BGB bestehenden Ehe die bisherigen Gesetze maßgebend.[133] Grundbuchrechtlich ist diese Vorschrift durch den Zeitablauf *bedeu-*

---

122 BayObLGZ 1957, 49 = DNotZ 1957, 311.
123 BayObLGZ 1957, 49 (52) = DNotZ 1957, 311.
124 BayObLGZ 1957, 49 (52) = DNotZ 1957, 311.
125 KEHE-*Herrmann* Rn 22; zust *Bauer/von Oefele-Schaub* Rn 67; großzügiger *Löscher* S 176.
126 OLG Dresden SeuffA 59 Nr 193.
127 KEHE-*Herrmann* Rn 21; *Demharter* Rn 39; *Güthe-Triebel* Rn 77; *Hesse-Saage-Fischer* Anm II 4; oben § 32 Rdn 50.
128 *Löscher* S 176.
129 Oben § 32 Rdn 43.
130 Wie hier *Bauer/von Oefele-Schaub* Rn 66; *Winkler* BeurkG § 12 Rn 20; für die Anwendbarkeit des § 21 BNotO etwa *Löscher* S 176.
131 Zu diesen Fällen oben Rdn 19 f; KG JFG 7, 276; KG HRR 1933 Nr 1451.
132 OLG Düsseldorf Rpfleger 2000, 107; *Demharter* Rn 25.
133 *Staudinger-Mayer* (Neubearbeitung 2005), Art 200 EGBGB Rn 1 ff.

tungslos geworden. Das Grundbuchamt ist nicht verpflichtet nachzuprüfen, ob es sich um eine vor dem 01.01.1900 geschlossene Ehe handelt, für die wegen Art 200 EGBGB güterrechtliche Besonderheiten in Betracht kommen.[134]

2. Rechtslage vom 01.01.1900 bis 31.03.1953

In dem genannten Zeitraum war der gesetzliche Güterstand der **Güterstand der Verwaltung und Nutznie-** 58 **ßung** (§§ 1363 f BGB aF). Für Ehen, die vor dem 01.04.1953 geschlossen wurden, besteht die grundbuchver-fahrensrechtliche Vermutung, dass der Güterstand der Verwaltung und Nutznießung bestand (Art 117 Abs 1 GG).[135]

3. Zwischenrechtslage vom 01.04.1953 bis 30.06.1958

Mit Außer-Kraft-Treten des bis dahin geltenden gesetzlichen Güterstands der Verwaltung und Nutznießung am 59 31.03.1953 durch **Art 117 Abs 1 GG** kam es infolge des Untätigbleibens des Gesetzgebers in der Zeit vom 01.04.1953 bis zum 30.06.1958 zu einer **Zwischenrechtslage**, in der eine gesetzliche Regelung fehlte. Die Rechtsprechung ging für diese Übergangszeit – im Ergebnis – von dem regelmäßigen Güterstand der Güter-trennung aus.[136] Für diesen Zeitraum wird damit dieser Güterstand grundbuchrechtlich vermutet, wenn eine Ehe währenddessen geschlossen wurde.

Für Ehen, die vor dem 01.04.1953 geschlossen wurden, gilt weiterhin die tatsächliche Vermutung des Güter- 60 stands der Verwaltung und Nutznießung; daran ändert auch die Übergangszeit nichts.

4. Rechtslage seit 01.07.1958

Seit 01.07.1958 gilt für geschlossene Ehen die Vermutung des gesetzlichen Güterstands der **Zugewinnge-** 61 **meinschaft**. Das Gleichberechtigungsgesetz vom 18.06.1957 (BGBl I 609) trat zu diesem Zeitpunkt in Kraft. Für Ehegatten, die am 31.03.1953 im Güterstand der Verwaltung und Nutznießung des Mannes gelebt haben oder für die dieser Güterstand grundbuchrechtlich vermutet wird, gelten nach Art 8 Abs 1 Ziff 3 GlBerG ab 01.07.1958 die Vorschriften über den Güterstand der Zugewinngemeinschaft, soweit nichts anderes vereinbart wurde.

Verfügungsbeschränkungen, die aufgrund früheren Güterrechts noch fortbestehen, sind in das Grundbuch nicht einzutragen, da sie auch gegenüber gutgläubigen Dritten wirken.[137]

---

134 OLG Freiburg DNotZ 1952, 94 (95).
135 Zur *materiellrechtlichen Ausgestaltung* dieses Güterstands *Güthe-Triebel* Rn 3 f; 6. Aufl dieses Kommentars Rn 45 f.
136 Grdlgd BGHZ 10, 266 = NJW 1953, 1342 (Einzelheiten str).
137 KG KGJ 38, 211.

§ 34 (Bezugnahme auf Register)

Ist in den Fällen der §§ 32, 33 das Grundbuchamt zugleich das Registergericht, so genügt statt des Zeugnisses die Bezugnahme auf das Register.

Schrifttum

Ehlers, Grundbuchamt und Registergericht, DJZ 1903, 520.

I. Normzweck

1 § 34 will den Beteiligten den Grundbuchverkehr über die §§ 32, 33 hinaus **erleichtern,** indem ihnen das Erholen eines Registerzeugnisses dann erspart wird, wenn sich das Grundbuchamt unschwer durch eigene Registereinsicht von der beweiserbringenden Eintragung überzeugen kann.[1] Das ist nach den Vorstellungen des Gesetzgebers der Fall, wenn das Grundbuchamt zugleich das Registergericht ist. In diesem Fall darf dem Wortlaut des § 34 entsprechend durch das Grundbuchamt nicht stattdessen ein Zeugnis nach den §§ 32, 33 verlangt werden. Doch steht es im Ermessen des Notars, ob er trotz der (kostenfreien) Möglichkeit des § 34 eine Vertretungsbescheinigung nach § 21 BNotO einholt.[2]

II. Erweiterungen

2 Nach der Verweisung des § 34 auf die §§ 32, 33 ist nur die Bezugnahme auf das **Handels- und Güterrechtsregister** zulässig. Die ganz hL[3] wendet § 34 aber auch auf das **Vereins-, Partnerschafts- und Genossenschaftsregister** an. Das ist deshalb gerechtfertigt, weil § 32 GBO den Vorschriften der §§ 26 Abs 2 GenG und 69 BGB nachgebildet ist (o § 32 Rdn 1). Das Partnerschaftsregister ähnelt dem Handelsregister.

3 Darüber noch hinausgehend will die hL[4] § 34 auch auf alle sonstigen bei demselben Amtsgericht geführten Register und Akten anwenden. Es genügt danach die Verweisung auf die in anderen Akten befindlichen Urkunden. Begründet wird das damit, dass Aktenkundigkeit zur Offenkundigkeit iS des § 29 Abs 1 S 2 genügt, wenn die fragliche Tatsache in den Akten selbst zur Entstehung gelangt ist. Dabei sei es gleichgültig, ob die Tatsache aus den Akten des Grundbuchamts selbst oder aus den Akten oder Registern einer anderen Abteilung des Amtsgerichts, von dem das Grundbuchamt geführt wird, hervorgeht. Eine Grenze bildet nach hL lediglich die unzulässige Bezugnahme auf das Register anderer Gerichte.[5] Als unerheblich wird auch angesehen, ob die Akten dauernd aufzubewahren sind oder nach einer gewissen Zeit der Vernichtung unterliegen.[6]

4 Mit Ausnahme der Einbeziehung von Vereins-, Partnerschafts- und Genossenschaftsregister in § 34 sind die von der hL vorgenommenen Erweiterungen des § 34 nicht gerechtfertigt. § 34 ersetzt die Vorlage des Zeugnisses seitens der Beteiligten durch die Bezugnahme. Verkehrserleichterungen, die über eine Bezugnahme hinausgehen, sind weder durch den Wortlaut des § 34 noch durch dessen Zweck gedeckt. § 34 bestimmt nicht, dass die Gerichte sich aus dem gemeinsamen Registerportal der Länder die erforderlichen Unterlagen heraussuchen müssen.[7]

---

1 *Eickmann,* Grundbuchverfahrensrecht Rn 255; *Güthe-Triebel* Rn 1; *Demharter* Rn 1; *KEHE-Herrmann* Rn 1.
2 *Hügel-OttO,* Beck'scher Online Kommentar, GBO, Rn 21 (dort auch zur Gegenauffassung).
3 LG Saarbrücken MittBayNot 2003, 385 (Genossenschaftsregister); *Gantzer* S 70; *Löscher* S 174; *Eickmann,* Grundbuchverfahrensrecht Rn 255; *Güthe-Triebel* Rn 2; *Hesse-Saage-Fischer* Anm III; *Predari* § 34 Anm 1; *Bauer/von Oefele-Schaub* Rn 3; *Demharter* Rn 2; *KEHE-Herrmann* Rn 2; *Böhringer* Rpfleger 2005, 225, 236; *Ehlers* DJZ 1903, 520.
4 Im Anschluss an KG JW 1932, 1757; JFG 23, 299; OLG München JFG 20, 373; *Güthe-Triebel* Rn 2; *Hesse-Saage-Fischer* Anm III; *Demharter* Rn 2; *Bauer/von Oefele-Schaub* Rn 4; *KEHE-Herrmann* Rn 2.
5 BayObLGZ 1913, 149.
6 KG JFG 23, 299.
7 OLG Hamm Pfleger 2008, 298.

III. Notwendigkeit einer einschränkenden Auslegung des § 34

1. Modellvorstellungen des Gesetzgebers

Der Gesetzgeber der Grundbuchordnung ist offensichtlich von der Vorstellung ausgegangen, dass Grundbuchamt **5** und Registergericht eine *räumliche Einheit* bilden, oder dass – nach heutigen Begriffen – Grundbuch- und Registerrechtspfleger ein- und dieselbe Person sind. Demgegenüber wurde § 34 – über die Modellvorstellungen des Gesetzgebers hinausweisend – schon früh in einem **gerichtsverfassungsrechtlichen Sinn** interpretiert, wonach es ausreichen soll, dass Grundbuch und Register oder auch Akten von dem gleichen Amtsgericht geführt werden.[8] Entscheidend ist sonach lediglich die Identität der Behörde, ohne dass es auf einen **räumlichen Zusammenhang** im gleichen Gebäude ankäme.[9] Danach sollte nach altem Recht sogar die Bezugnahme auf das Register der *Zweigniederlassung* gemäß dem zwischenzeitlich aufgehobenen § 13 HGB aF genügen.[10]

2. Rechtsnorm und Rechtswirklichkeit

Es ist bereits darauf hingewiesen worden, dass die Modellvorstellungen des Gesetzgebers der »gerichtsverfas- **6** sungsrechtlichen Idylle« des 19. Jahrhunderts entstammen.[11] Heute sind wenigstens in Großstädten die einzelnen Abteilungen der Gerichte häufig auf verschiedene Gebäude verteilt; selten ist eine Personenidentität von Grundbuch- und Registerrechtspfleger gegeben. Aus diesem Grund fehlt dem Grundbuchrechtspfleger regelmäßig die Möglichkeit, das Register selbst einzusehen; vielmehr ist er auf telefonische Auskünfte des Registergerichts angewiesen. *Eickmann*[12] hat daher ausgeführt, dass dadurch ein Moment der Unsicherheit in das Verfahren hineingetragen wird, das diesem formstrengen Verfahren fremd sein sollte.

Allerdings kann § 34 als eine Anordnung der Wissenszurechnung innerhalb des Gerichts verstanden werden, so **7** dass die Anwendung des § 34 nicht von den räumlichen Verhältnissen abhängt. § 34 kann ferner auch dann angewendet werden, wenn Grundbuch und Register nicht in **derselben Abteilung des Amtsgerichts** geführt werden.[13] Große Bedeutung kommt der Frage nicht mehr zu, soweit die betreffender Register elektronisch geführt werden (§§ 8 Abs.1 HGB, 10 Abs 2 GenG, 5 Abs 2 PartGG).

IV. Voraussetzungen der Bezugnahme

Die Bezugnahme muss **nicht ausdrücklich** sein. Erforderlich ist aber, dass sie deutlich und bestimmt ist und **8** sich auf bestimmte Tatsachen richtet. Dabei ist seitens des Grundbuchamts ein **großzügiger Maßstab** anzulegen.[14] Ausreichend ist es etwa für eine wirksame Bezugnahme, wenn ausgeführt wird:

»Wir – A und B – sind zur Vertretung der offenen Handelsgesellschaft Müller & Co. berechtigt. Das Handelsregister wird bei dem dortigen Amtsgericht geführt«.[15]

Enthält der Antrag überhaupt keine Bezugnahme, so besteht für das Grundbuchamt keine Verpflichtung oder Veranlassung, von Amts wegen das Register einzusehen.

V. Rechtsfolgen der Bezugnahme

Die zulässige Bezugnahme begründet für das Grundbuchamt die Pflicht, das Register einzusehen oder es durch **9** eine Hilfsperson, zB den Urkundsbeamten des Registergerichts, einsehen zu lassen.[16] IdR wird das Grundbuchamt eine **beglaubigte Ablichtung** oder einen amtlichen Ausdruck (§ 30a Abs 1 und 3 HRV nF) des Registers anfordern.

Nach hL[17] muss das Grundbuchamt den gesamten Registerinhalt, erforderlichenfalls auch die **Registerakten**, **10** berücksichtigen. Letzteres gilt insbesondere dann, wenn sich die Tragweite einer Eintragung aus dem Register selbst nicht ohne weiteres ergibt. Noch nicht erledigte Registeranmeldungen sollen jedoch nur dann zu berücksichtigen sein, wenn aus ihnen zweifelsfrei die Unrichtigkeit einer Eintragung folgt.[18]

---

8   Leitentscheidung KG JW 1935, 3042; KEHE-*Herrmann* Rn 3; *Demharter* Rn 3; *Predari* § 34 Anm 1; *Hesse-Saage-Fischer* Anm I; *Güthe-Triebel* Rn 3; *Thieme* Anm zu § 34.
9   LG Saarbrücken MittBayNot 2003, 385 f; *Böhringer* Rpfleger 2005, 225, 236.
10 *Predari* § 34 Anm 1; den Fall der Verlegung des Gesellschaftssitzes betrifft KG OLGE 45, 99.
11 *Eickmann,* Grundbuchverfahrensrecht Rn 255.
12 *Eickmann,* Grundbuchverfahrensrecht Rn 255.
13 LG Saarbrücken NotBZ 2002, 462; *Hügel-Otto,* Beck'scher Online Kommentar, GBO, Rn 2; KEHE-*Herrmann* Rn 3; aA noch Voraufl.
14 KEHE-*Herrmann* Rn 4; *Bauer/von Oefele-Schaub* Rn 8; ebenso zu § 29: BayObLG NJW-RR 1987, 1101 (1102).
15 Beispiel von *Güthe-Triebel* Rn 5.
16 KG OLGE 45, 99; *Demharter* Rn 5; KEHE-*Herrmann* Rn 6; *Güthe-Triebel* Rn 6.
17 Leitentscheidung KG KGJ 20, 69 (72); *Güthe-Triebel* Rn 6; *Bauer/von Oefele-Schaub* Rn 10.
18 *Demharter* Rn 5.

11 Die Auslegung der hL ist nach der hier vertretenen Auffassung zu weitgehend, soweit sie auch eine Pflicht des Grundbuchamts bejaht, den Registerinhalt anhand der Registerakten zu prüfen. § 34 verlangt im Hinblick auf den Beweiswert nicht mehr als die §§ 32, 33. Die Vorschrift ersetzt lediglich die Vorlegung des Zeugnisses durch die Bezugnahme. Die Leitentscheidung des *KG*[19] formuliert deshalb so weit, weil sie von den – nicht mehr zutreffenden – Vorstellungen des Gesetzgebers der Grundbuchordnung ausgeht:

12 »Offenbar beruht die hier im Anschluss an § 105 der preußischen Instruktion, betreffend die Führung des Handelsregisters ... getroffene Bestimmung[20] auf der Erwägung, dass bei der Identität der in Betracht kommenden Behörden sich ein besonderes Zeugnis des Registergerichts zum Gebrauch für das Grundbuchgericht erübrigt, weil das Amtsgericht als Grundbuchgericht auch von dem Inhalt des von ihm als Registergericht geführten Handelsregisters Kenntnis haben muss. Gründet sich aber danach die Zulassung der Bezugnahme auf das Handelsregister darauf, dass eine amtliche Kenntnis des Grundbuchgerichts von den Vorgängen bei dem Handelsregister angenommen wird, so hat das Grundbuchgericht bei der betreffenden Prüfung auch seine Kenntnis des *gesamten Sachverhalts*[21] zu verwerten und demgemäß alle aus dem Handelsregister und den nötigenfalls herangezogenen Registerakten sich ergebenden Umstände zu berücksichtigen.«

13 Richtigerweise muss das Grundbuchamt – ebenso wie bei den Zeugnissen der §§ 32, 33 – auch prüfen, ob eine Eintragung den nach dem Gesetz **zulässigen Inhalt** hat.[22] Dagegen braucht nicht geprüft zu werden, ob die *gesetzlichen Voraussetzungen* für die Vornahme der betreffenden Registereintragung vorhanden gewesen sind.

Über das *Ergebnis* der Einsicht muss der Rechtspfleger (Richter) einen **Vermerk** zu den Grundakten bringen.[23] Das folgt aus einer sinngemäßen Anwendung des § 10.

---

19 KG KGJ 20, 69 (72).
20 Nämlich § 34.
21 Hervorhebung im Original.
22 KG OLGE 1, 483; *Güthe-Triebel* Rn 6; anders *Kessler* ZBlFG 5 (1905) 214; *Predari* § 35 Anm 1.
23 Ebenso *Güthe-Triebel* Rn 7; *Bauer/von Oefele-Schaub* Rn 12; die meisten Autoren halten einen Vermerk für zweckmäßig, aber nicht für erforderlich, so die 6. Aufl dieses Kommentars Rn 6; *Hesse-Saage-Fischer* Anm II 3; *Demharter* Rn 5; KEHE-*Herrmann* Rn 7.

§ 35 (Nachweis der Erbfolge)

(1) Der Nachweis der Erbfolge kann nur durch einen Erbschein geführt werden. Beruht jedoch die Erbfolge auf einer Verfügung von Todes wegen, die in einer öffentlichen Urkunde enthalten ist, so genügt es, wenn an Stelle des Erbscheins die Verfügung und die Niederschrift über die Eröffnung der Verfügung vorgelegt werden; erachtet das Grundbuchamt die Erbfolge durch diese Urkunden nicht für nachgewiesen, so kann es die Vorlegung eines Erbscheins verlangen.

(2) Das Bestehen der fortgesetzten Gütergemeinschaft sowie die Befugnis eines Testamentsvollstreckers zur Verfügung über einen Nachlaßgegenstand ist nur auf Grund der in den §§ 1507, 2368 des Bürgerlichen Gesetzbuchs vorgesehenen Zeugnisse als nachgewiesen anzunehmen; auf den Nachweis der Befugnis des Testamentsvollstreckers sind jedoch die Vorschriften des Absatzes 1 Satz 2 entsprechend anzuwenden.

(3) Zur Eintragung des Eigentümers oder Miteigentümers eines Grundstücks kann das Grundbuchamt von den in Absätzen 1 und 2 genannten Beweismitteln absehen und sich mit anderen Beweismitteln, für welche die Form des § 29 nicht erforderlich ist, begnügen, wenn das Grundstück oder der Anteil am Grundstück weniger als 3000 Euro wert ist und die Beschaffung des Erbscheins oder des Zeugnisses nach § 1507 des Bürgerlichen Gesetzbuchs nur mit unverhältnismäßigem Aufwand an Kosten oder Mühe möglich ist. Der Antragsteller kann auch zur Versicherung an Eides Statt zugelassen werden.

Schrifttum

Bayer, Nochmals: Die beglaubigte Testamentskopie als Erbausweis im Rechtsverkehr, Rpfleger 1980, 459; *Bergerfurth,* Zur Behandlung des unrichtigen Zeugnisses über die Fortsetzung der Gütergemeinschaft, NJW 1956, 1506; *Bestelmeyer,* Die Entwicklung des Erbrechts seit 2004, Rpfleger 2006, 526; *Böhringer,* Nachweis der Erbfolge im Grundbuchverfahren bei einer testamentarischen Pflichtteils-Strafklausel, BWNotZ 1988, 155; *ders,* Eignung öffentlicher Urkunden als Nachweis der Erbfolge im Grundbuchverfahren ZEV 2001, 387; *ders,* Entwicklungen des Grundstücks- und Grundbuchrechts seit 2005, Rpfleger 2007, 178; *Bokelmann,* Letztwillige Verfügungen und ihre Auslegung durch den Rechtspfleger im Grundbuch, Rpfleger 1971, 337; *ders,* Nachweis des Erbrechts des Nacherben für Grundbucheintragung, Rpfleger 1974, 1; *Buschmann,* Die Erbfolge im Grundbuchverfahren, BlGBW 1965, 169; *ders,* Die Erblegitimation im Grundbuchverfahren, BlGBW 1981, 209; *Gronle,* Nachweis nach § 35 GBO durch ausländische Erbzeugnisse (2001); *Haegele,* Zur Prüfungspflicht des Grundbuchamts bei Vorlage eines Erbscheins oder eines Testamentsvollstreckerzeugnisses, Rpfleger 1951, 547; *ders,* Grundbuchrechtliche Zweifelsfragen bei Beteiligung eines Vermissten, Rpfleger 1956, 228; *ders,* Einzelfragen zum Liegenschaftsrecht, Rpfleger 1975, 153; *Heggen,* Europäische Vereinheitlichungstendenzen im Bereich des Erb- und Testamentsrechts, RNotZ 2007, 1; *Krzywon,* Ausländische Erbrechtszeugnisse im Grundbuchverfahren, BWNotZ 1989, 133; *Mansel,* Anerkennung als Grundprinzip des Europäischen Rechtsraums, RabelsZ 70 (2006), 651, 729 (zu einem künftigen Europäischen Erbschein); *Pritsch,* Bindung des Grundbuchamts an Hoferbenfeststellungsbeschlüsse, RdL 1955, 261; *von Rechberg,* Nochmals: Die beglaubigte Testamentskopie als Erbausweis im Rechtsverkehr, Rpfleger 1980, 458; *H. Roth,* Gegenständlich beschränkter Erbschein und Fremdrechts-Testamentsvollstreckerzeugnis im Grundbuchverfahren, IPRax 1991, 322; *B. Schaub,* Die Legitimation des im öffentlichen Testament nicht bezeichneten Testamentsvollstreckers, ZEV 1995, 361; *Schefold,* Notwendigkeit weiterer Beweiserleichterungen im Grundbuchverkehr, NJW 1951, 588; *Schmidt-Futterer,* Das Heimstättenerbrecht bei Miteigentum an einer Heimstätte, DNotZ 1961, 251; *Steffen,* Erteilung von Hoffolgezeugnissen, RdL 1977, 113; *H.-J. Schmidt,* Zum Nachweis des Hoferbenrechts im Grundbuchverfahren, MDR 1960, 19; *Westphal,* Die beglaubigte Testamentskopie als Erbausweis im Rechtsverkehr, Rpfleger 1980, 214; *ders,* C. Nochmals: Die beglaubigte Testamentskopie als Erbausweis im Rechtsverkehr, Rpfleger 1980, 460; *Woesner,* Beerbung des Heimstätters und Heimstättenfolgezeugnis, SchlHA 1959, 118; *Zahn,* Testamentsvollstreckung im Grundbuchverkehr, MittRhNotK 2000, 89.

Übersicht

I. Normzweck

1 § 35 Abs 1 S 1 und § 35 Abs 2 1. Hs bezwecken, das **Grundbuchamt** »einer nicht selten schwierigen und zeit-raubenden Prüfung der erbrechtlichen Verhältnisse zu überheben«.[1] Ausserhalb des Grundbuchrechts gibt es aber keinen Grundsatz, wonach der Nachweis des Erbrechts den Schuldnern gegenüber nur durch einen Erb-schein geführt werden könnte.[2]

2 Dagegen wird dem Grundbuchamt in den Fällen der **letztwilligen Erbfolge,** sofern die Verfügung von Todes wegen in einer **öffentlichen Urkunde** enthalten ist, wegen § 35 Abs 1 S 2 1. Hs die eigene Prüfungspflicht nicht erspart. Bei einer in einer öffentlichen Urkunde enthaltenen Verfügung von Todes wegen genügt es, wenn anstelle des Erbscheins die Verfügung und die Niederschrift über ihre Eröffnung vorgelegt werden oder wenn auf die diese Urkunde enthaltenen Akten desselben Amtsgerichts verwiesen wird. Das Gleiche gilt wegen § 35 Abs 2 2. Hs für den Nachweis der Befugnis des **Testamentsvollstreckers.** Der Grund für die dem Grundbuchamt auferlegte Prüfungspflicht ist in erster Linie im **Kostenrecht** zu suchen. Den Beteiligten sollen

---

1 Denkschrift 160; *Güthe-Triebel* Rn 2; KEHE-*Herrmann* Rn 1; *Bauer/von Oefele-Schaub* Rn 1; *Holzer-Kramer*, Grundbuch-recht, 2.Aufl 2004, 4.Teil Rn 218.
2 BGH WM 2005, 1432; *Keim* WM 2006, 753.

die mit der Ausstellung eines Erbscheins verbundenen Kosten und Mühen erspart bleiben.[3] Allerdings kann ein Erbschein nach den §§ 107 Abs 3, 4; 107a KostO zum ausschließlichen Gebrauch für das Grundbuchverfahren gebührenermäßigt erteilt werden. Für den Fall der in § 35 Abs 2 genannten **fortgesetzten Gütergemeinschaft** bleibt es bei der Beweiserleichterung durch Vorlage eines Zeugnisses nach § 1507 BGB mit Rücksicht auf die Möglichkeit einer späteren Änderung des Güterstands.[4]

Für die Umschreibung bei Eigentum oder Miteigentum von **geringem Wert** wurde durch den mit der »Vereinfachungsnovelle« vom 05.10.1942 (RGBl I 573) eingefügten Abs 3 für das Grundbuchamt eine **zusätzliche Erleichterung** geschaffen. Dadurch wird das in § 29 niedergelegte grundbuchrechtliche System der Beweismittelbeschränkung durchbrochen.[5] Auf diese Weise soll den Beteiligten ein Anreiz für die Grundbuchberichtigung geschaffen werden, die früher aus Kostengründen vielfach unterblieben ist (zur Neufassung unten Rdn 30). **3**

§ 35 war früher § 36, bestehend aus Abs 1 und 2, und wurde durch die Neufassung der Grundbuchordnung im Jahre 1935 unberührt gelassen.[6] **4**

II. Regelungsgegenstand und Systematik

§ 35 trifft in Abs 1 Bestimmungen über den Nachweis der **Erbfolge**, in Abs 2 solche der Rechtsnachfolge in das **Gesamtgut** einer fortgesetzten Gütergemeinschaft und der Verfügungsmacht des **Testamentsvollstreckers**. **5**

Systematisch handelt es sich bei § 35 um eine **Ergänzung**[7] der in **§ 29 Abs 1 S 2** enthaltenen Regelung, wonach andere Voraussetzungen der Eintragung des Nachweises durch öffentliche Urkunden bedürfen, soweit sie nicht bei dem Grundbuchamt offenkundig sind. Denn der Tod des Erblassers und die Erbfolge sind derartige »andere Voraussetzungen« der Eintragung.[8] **6**

Für den **Nachweis der Erbfolge** enthält § 35 gegenüber § 29 Abs 1 S 2 sowohl eine **Verschärfung** als auch eine **Erleichterung**. Die Verschärfung ist darin zu sehen, dass der Nachweis der *gesetzlichen* Erbfolge ausschließlich durch einen Erbschein geführt werden kann, wie aus dem Wortlaut des § 35 Abs 1 S 1 folgt. In diesem Punkt liegt auch ein bedeutsamer Unterschied zu den §§ 32–34.[9] Die Erleichterung gegenüber § 29 Abs 1 S 2 folgt – nach hL – daraus, dass dem Erbschein sowie den Zeugnissen aus §§ 1507, 2368 BGB für das Grundbuchverfahrensrecht *volle Beweiskraft* zuerkannt wird, während etwa der Erbschein materiellrechtlich gemäß § 2365 BGB nur eine Vermutung für das darin bezeugte Erbrecht begründet. Die genannten Zeugnisse erbringen nach hL Beweis für das Bestehen des Erbrechts in dem umschriebenen Umfang, nämlich für die Annahme oder die Nichtausschlagung der Erbschaft sowie dafür, dass der Erbschein in der Zwischenzeit nicht für kraftlos erklärt wurde. Darüber hinaus soll Beweis erbracht werden auch für den *Tod des Erblassers*.[10] Die Vorlage der *Sterbeurkunde* ist daneben nicht erforderlich. **7**

§ 35 ist danach eine **verfahrensrechtliche Beweisregel**.[11] Gleichwohl sind gewisse Ausnahmen anerkannt.[12] Der Erbschein ist im Übrigen nach richtiger Auffassung[13] eine öffentliche Urkunde, die keine Tatsachen iS des § 418 ZPO bezeugt, sondern rechtliche Schlussfolgerungen enthält, soweit das darin bezeugte Erbrecht und sein Umfang in Betracht kommen. Bei § 2365 BGB handelt es sich daher um eine Ergänzung des § 418 ZPO. **8**

Für die zutreffende Einordnung des **§ 35** in das **grundbuchrechtliche Beweissystem** ist folgendes ausschlaggebend: Materiellrechtlich gewährt § 2365 BGB eine Rechtsvermutung im Hinblick auf das im Erbschein bezeugte Erbrecht. Anknüpfend an diese Rechtsvermutung des materiellen Rechts verlängert § 35 diese Vermutung in das Grundbuchverfahrensrecht. Wie das zivilprozessuale Seitenstück des § 292 ZPO zeigt, der auch – entgegen dem Wortlaut – auf Rechtsvermutungen Anwendung findet,[14] ist im streitigen Verfahren der Beweis des Gegenteils zulässig. Dazu genügt nicht die bloße Erschütterung der gesetzlichen Vermutung durch Beweis ihrer möglichen Unrichtigkeit (Gegenbeweis); erforderlich ist vielmehr der volle Beweis des Gegenteils **9**

---

3 Etwa *Güthe-Triebel* Rn 2.
4 *Güthe-Triebel* Rn 2; aber auch unten Rdn 151.
5 BayObLG NJW-RR 1989, 585, 586.
6 Zur Entstehungsgeschichte *Güthe-Triebel* Rn 1; *Predari* § 36 Anm 1.
7 KG KGJ 20, 289; BayObLG NJW-RR 1989, 586: § 35 lex specialis zu § 29.
8 Etwa OLG Köln MDR 1965, 993; *Holzer-Kramer*, Grundbuchrecht 4.Teil Rn 218.
9 Oben § 32 Rdn 42; § 33 Rdn 44; § 34 Rdn 1.
10 OLG Köln MDR 1965, 993 (994 li Sp).
11 *Demharter* Rn 1.
12 Unten Rdn 71 f.
13 *Staudinger-Schilken*, BGB (Neubearbeitung 2004) § 2353 Rn 6.
14 Etwa *Zöller-Greger* § 292 Rn 1.

der gesetzlichen Vermutung.[15] Das im streitigen Verfahren entwickelte Kriterium gibt mit den erforderlichen Modifikationen einen brauchbaren Maßstab auch für das Grundbuchverfahren ab: Umstände, die wenigstens eine überwiegende Wahrscheinlichkeit für die Unrichtigkeit der in § 35 genannten Zeugnisse begründen, erlegen dem Grundbuchamt verfahrensrechtliche Prüfungspflichten auf.

10 Grundbuchverfahrensrechtlich begründet § 35 demnach entgegen der hL[16] **keinen vollen Beweis** für das Bestehen des Erbrechts in dem bezeugten Umfang, sondern eine **widerlegbare Vermutung** für die Richtigkeit des bezeugten Erbrechts. Auf diese Weise lassen sich die von der hL im Ergebnis zutreffend herausgearbeiteten Fallgruppen für eine Prüfungspflicht des Grundbuchamts bei Vorliegen bestimmter Umstände in die Dogmatik des Grundbuchverfahrensrechts einordnen. Damit ist auch die strukturelle Gleichheit des § 35 mit den §§ 32, 33 gewahrt, deren Wirkung allerdings weniger weit reicht. Sie begründen nur einen Beweis des ersten Anscheins mit im Übrigen unterschiedlicher Richtigkeitsgewähr.[17]

11 In den **praktischen Ergebnissen** weicht die hier vertretene Ansicht nicht wesentlich von der hL ab. Auch wenn diese dem Erbschein nach § 35 die Bedeutung beilegt, den Nachweis der Erbfolge gegenüber dem Grundbuchamt zu erbringen, so ist doch auch entsprechend dem hier formulierten Maßstab anerkannt, dass das Grundbuchamt den Erbschein nachprüfen muss, wenn es Tatsachen kennt, die der Richtigkeit des Erbscheins entgegenstehen.[18] Diese – zutreffende – Einschränkung lässt sich aber eher begründen, wenn § 35 lediglich **Vermutungswirkung** beigemessen wird.

III. Gesetzliche Erbfolge und nicht in öffentlicher Urkunde enthaltene Verfügung von Todes wegen – § 35 Abs 1 S 1

12 Der Nachweis der gesetzlichen Erbfolge und der Nachweis der Erbfolge, die auf einer Verfügung von Todes wegen beruht, die nicht in öffentlicher Urkunde enthalten ist, kann nach § 35 Abs 1 S 1 nur durch einen **Erbschein** geführt werden.

1. Erbfolge

13 Erbfolge ist gemäß § 1922 BGB der mit dem Tod einer Person (Erbfall) stattfindende Übergang deren Vermögens (Erbschaft) als Ganzes auf eine oder mehrere Personen (Erben). Die Erbfolge kann beruhen auf Gesetz (§§ 1924 f BGB) oder auf einer Verfügung von Todes wegen. Dabei kann es sich um ein Testament (§ 1937 BGB) oder einen Erbvertrag handeln (§ 1941 BGB). Die **Todeserklärung** nach dem Verschollenheitsgesetz steht dem Tode gleich.[19]

14 **a) Gesetzliche Erbfolge.** Der Nachweis der gesetzlichen Erbfolge wird gemäß § 35 Abs 1 S 1 **ausschließlich** durch **Erbschein** geführt.[20] Hierher gehören sowohl die Fälle des Todes einer natürlichen Person, als auch in den gesetzlich bestimmten Fällen der Anfall des Vereins- oder Stiftungsvermögens an den **Fiskus** (§§ 45, 46 S 1; 88 S 2 BGB) oder an Körperschaften, Stiftungen und Anstalten des öffentlichen Rechts auf Grund von fortbestehendem (heute nicht mehr ausgenütztem) Landesrecht (Art 85 EGBGB).[21]

15 Dagegen handelt es sich nicht um gesetzliche Erbfolge, wenn das Vermögen eines aufgelösten Vereins im Wege der **Liquidation** an seine Mitglieder oder an Dritte fällt.[22] Vielmehr erwerben die berechtigten Personen (§ 45 Abs 3 BGB) nur eine Forderung gegen den nunmehrigen Liquidationsverein auf das nach Befriedigung der Vereinsgläubiger verbleibende Vermögen.[23]

16 **b) Verfügung von Todes wegen.** Die letztwillige Erbfolge muss durch einen **Erbschein** nachgewiesen werden, wenn die Verfügung von Todes wegen nicht in einer öffentlichen Urkunde enthalten ist. Das ist insbesondere der Fall bei dem **eigenhändigen Testament** des § 2231 Nr 2 iVm §§ 2247, 2267 BGB sowie dem *Nottestament* des § 2250 BGB, sofern es durch mündliche Erklärung vor drei Zeugen errichtet ist.[24] Ein privates Testa-

---

15 Nachweise etwa bei *Zöller-Greger* § 292 Rn 2.

16 *Palandt-Edenhofer* Überblick § 2353 Rn 8; *Bauer/von Oefele-Schaub* Rn 103; *Güthe-Triebel* Rn 12; *Gantzer* S 74 (volle Beweiskraft); *Demharter* Rn 54; KEHE-*Herrmann* Rn 44 ff; *Brakebusch* DtZ 1994, 61; *Pritsch* DNotZ 1955, 80; *Buschmann* BlGBW 1965, 169 (170); ähnlich wie hier aber *Staudinger-Schilken* § 2365 Rn 18 aE; *Schöner/Stöber* Rn 784; OLG Frankfurt aM Rpfleger 1979, 106 (107).

17 Oben § 32 Rdn 7; § 33 Rdn 35.

18 So etwa die Formulierung bei *Güthe-Triebel* Rn 17; dazu auch KG OLGE 43, 2.

19 *Güthe-Triebel* Rn 3.

20 *Güthe-Triebel* Rn 6.

21 *Staudinger-Mayer* (Neubearbeitung 2005), Art 85 EGBGB Rn 7.

22 KG KGJ 25, 129; *Güthe-Triebel* Rn 5; KEHE-*Herrmann* Rn 5.

23 *Staudinger-Weick* § 45 Rn 5; *Güthe-Triebel* Rn 5; *Palandt-Heinrichs* § 47 Rn 1.

24 BayObLGZ 1979, 232; *Güthe-Triebel* Rn 49; *Palandt-Edenhofer* § 2250 Rn 1.

ment ist auch das *Seereisetestament* des § 2251 BGB.[25] Das *ausländische holographische Testament* ist keine öffentliche Urkunde, auch wenn es nach dem Tode des Erblassers bei Gericht hinterlegt und inhaltlich in das Hinterlegungsprotokoll aufgenommen wurde.[26]

c) Außerhalb der Erbfolge liegende Fälle. Keine Erbfolge und damit auch kein Fall des § 35 Abs 1 S 1 liegt **17** vor beim Erwerb aufgrund eines **Vermächtnisses** gemäß § 1939 BGB, bei Erbschaftskauf gemäß § 2371 BGB, Übertragung eines Erbteils nach § 2033 BGB, Übertragung des Nacherbenrechts auf den Vorerben, Auflage, Teilungsanordnung gemäß § 2048 BGB sowie bei der Vollmacht über den Tod hinaus (u Rdn 26).[27] Das Schenkungsversprechen von Todes wegen unterfällt nur im Falle des § 2301 Abs 1 BGB dem § 35 GBO.[28]

2. Erforderlichkeit des Nachweises

§ 35 bestimmt lediglich, *wie* der Nachweis zu führen ist. Dagegen regelt die Vorschrift nicht, in welchen Fällen der **18** Nachweis zu führen ist. Der Nachweis ist stets erforderlich, wenn behauptet wird, dass ein Recht auf einen anderen kraft Erbfolge übergegangen ist. Der maßgebliche Anwendungsbereich liegt bei § 22.[29] Doch genügt im Falle des § 22 keine Berichtigungsbewilligung des Erben, da nur der Erblasser Betroffener war.[30] Der **Grundsatz** des § 35 Abs 1 S 1 kennt freilich **Einschränkungen** und **Erweiterungen** auf nicht direkt geregelte Sach- und Rechtslagen. In Rechtslehre und Rechtsprechung werden folgende **Fallgruppen** diskutiert:

a) Offenkundigkeit. Das *BayObLG*[31] vertritt wegen § 29 Abs 1 S 2 die Auffassung, dass die Vorlegung der in **19** § 35 erwähnten Urkunden »selbstverständlich dann nicht erforderlich ist, wenn die Erbfolge des Antragstellers bei dem Grundbuchamt **offenkundig** ist.« Der *BGH*[32] hat dagegen die Frage ausdrücklich offen gelassen, ob auch im Anwendungsbereich des § 35 Abs 1 S 1 die in § 29 Abs 1 S 2 enthaltene Ausnahmeregelung für offenkundige Eintragungsvoraussetzungen angewendet werden kann.

Allgemein anerkannt ist,[33] dass § 35 gegenüber § 29 die speziellere Vorschrift ist. ME gilt das auch im Verhältnis **20** zu § 29 Abs 1 S 2. Das ergibt sich aus dem eindeutigen Wortlaut des § 35 Abs 1 S 1 sowie aus der systematischen Stellung der §§ 35, 29 zueinander. Einen anderen Fall, der freilich oft unter der Kategorie der »Offenkundigkeit« abgehandelt wird,[34] bildet der allgemein anerkannte Nachweis der Erbfolge gegenüber dem Grundbuchamt durch Bezugnahme auf Urkunden, die sich bei den Akten einer anderen Abteilung des das Grundbuch führenden Amtsgerichts befinden.[35] Im Bereich des § 35 Abs 1 S 1 sollte daher nicht auf Offenkundigkeit zurückgegriffen werden.

b) Ersetzung des Erbscheins durch Aktenbezugnahme. Nach gesicherter Rechtsauffassung kann die Vor- **21** legung des Erbscheins iS des § 35 Abs 1 S 1 dadurch ersetzt werden, dass auf die **Nachlassakten** verwiesen wird, sofern diese bei demselben Amtsgericht geführt werden.[36] Das KG[37] weist zu Recht auf die Kommissionsberatungen hin, wonach es der nochmaligen Beibringung eines Erbscheins nicht bedürfe, falls sich ein solcher bereits bei den anderen Akten derselben Behörde befinde. Mit Offenkundigkeit hat das freilich nichts zu tun.[38]

Werden die Nachlassakten durch das Grundbuchamt eingesehen, so ist durch einen *Vermerk* in den Grundakten **22** auf die eine Ergänzung derselben bildenden Testamentsakten hinzuweisen.[39]

25 *Güthe-Triebel* Rn 49; *Palandt-Edenhofer* § 2251 Rn 1.
26 So für das italienische holographische Testament KG OLGE 8, 222 (Nr 19e); *Güthe-Triebel* Rn 49.
27 Allgemeine Meinung: *Demharter* Rn 3; *Bauer/von Oefele-Schaub* Rn 47; *Güthe-Triebel* Rn 76–80; *materiellrechtliche* Einzelheiten in der 6. Aufl dieses Kommentars Rn 5–12.
28 *Güthe-Triebel* Rn 78.
29 ZB BayObLG FamRZ 1993, 605.
30 Vgl KG KGJ 44, 231; OLG Köln Rpfleger 1992, 342; *Güthe-Triebel* § 22 Rn 28.
31 BayObLGZ 1907, 414 (417); ebenso die hL: *Bauer/von Oefele-Schaub* Rn 42; *KEHE-Herrmann* Rn 17; *Demharter* Rn 8; *Güthe-Triebel* Rn 6; als selbstverständlich vorausgesetzt auch bei OLG Köln MDR 1965, 993; LG Bochum Rpfleger 1987, 197.
32 BGHZ 84, 196 (199) = NJW 1982, 2994; ebenso BayObLG NJW-RR 1989, 585, 586.
33 BGHZ 84, 196 (199) = NJW 1982, 2994; BGH LM § 1353 BGB Nr 21; BayObLG NJW-RR 1989, 585, 586; LG Ellwangen BWNotZ 1992, 174f; *Böhringer* BWNotZ 1988, 155, 156.
34 Zu Recht kritisch KG KGJ 20, 289, wonach die Begründung mit Offenkundigkeit in diesen Fällen »nicht ganz zutrifft«.
35 Dazu unten Rdn 21.
36 BGH DNotZ 1982, 159 (162); ebenso schon RGZ 48, 399 unter Hinweis auf *Mugdan* V S 222; BayObLG Rpfleger 1995, 103; KG KGJ 20, 289; *Demharter* Rn 24; *Schöner/Stöber* Rn 783; *Güthe-Triebel* § 29 Rn 144.
37 KG KGJ 20, 289.
38 KG KGJ 20, 289; anders noch BayObLGZ 1907, 414 (417).
39 KG KGJ 20, 289.

23 **c) Die Nacherbfolge.** Lange umstritten war die Anwendbarkeit des § 35 Abs 1 S 1 zum Nachweis des Eintritts der **Nacherbfolge bei Tod des Vorerben.** Heute ist höchstrichterlich gesichert,[40] dass nach Eintritt des Nacherbfalls zur Grundbuchberichtigung ein die Nacherbfolge ausweisender Erbschein nach dem Erblasser vorgelegt werden muss. Insbesondere bedarf die Nacherbfolge gemäß § 35 Abs 1 S 1 des Nachweises auch dann, wenn das Recht des Nacherben gemäß § 51 im Grundbuch eingetragen ist und eine Sterbeurkunde des Vorerben vorgelegt wird.[41] Das gilt selbst dann, wenn der im Grundbuch eingetragene Nacherbenvermerk den Nacherben der Person nach bezeichnet.[42]

24 Der *BGH*[43] führt zutreffend aus, dass der für einen Vorerben ausgestellte Erbschein nur diesen als Erben ausweist und die in einem solchen Erbschein gemäß § 2363 BGB enthaltenen Angaben, dass Nacherbfolge angeordnet ist, unter welchen Voraussetzungen sie eintritt und wer Nacherbe ist, nur hinsichtlich der Verfügungsbefugnis des Vorerben von Belang sind. Aus diesem Grund gelte die Vermutung der Richtigkeit des Erbscheins gemäß § 2365 BGB positiv nur für das bezeugte Vorerbrecht sowie negativ dafür, dass andere als die angegebenen Beschränkungen nicht bestehen. Aus dem gleichen Grunde könne der im Grundbuch eingetragene Nacherbenvermerk gemäß § 51 keine stärkere Vermutungswirkung als der Erbschein entfalten, da er auf diesen Angaben im Erbschein des Vorerben beruhe. Mit dieser Begründung hat der *BGH* zutreffend verneint, dass die Person des Nacherben und der Eintritt des Nacherbfalls »offenkundig« sind. Die Vorlegung einer den Anforderungen des § 29 entsprechenden Sterbeurkunde hält der BGH richtig durch die lex specialis des § 35 Abs 1 S 1 für ausgeschlossen.

25 **d) Erbenvermutung für den Fiskus gemäß § 1964 Abs 2; Sonstiges.** Nach zutreffender Auffassung[44] bedarf es zur Eintragung des **Fiskus** als gesetzlichen Erben eines **Erbscheins.** Der Feststellungsbeschluss nach § 1964 Abs 1 BGB genügt nicht den Anforderungen des Grundbuchrechts. Das *OLG Köln*[45] hebt zutreffend hervor, dass durch das *Feststellungsverfahren* des § 1964 BGB nur die Voraussetzungen für die Aufhebung der Nachlasspflegschaft geschaffen und das unnütze Forschen nach weiteren entfernten Erben überflüssig gemacht werden sollen. Erst die Feststellung des § 1964 Abs 1 BGB gibt dem Fiskus das Antragsrecht des § 2353 BGB. Das Nachlassgericht ist trotz der zugunsten des Fiskus getroffenen Feststellung vor Ausstellung eines Erbscheins verpflichtet, von Amts wegen zu überprüfen, ob die Vermutung des *§ 1964 Abs 2 BGB* noch zu Recht besteht. Hervorzuheben ist, dass wegen der *unterschiedlichen Zwecke* der Verfahren nach § 1964 BGB und des Erbscheinsverfahrens die Vermutungswirkung des § 1964 Abs 2 BGB weniger weit reicht als die Vermutungswirkung des Erbscheins nach § 2365 BGB. Dagegen schlägt das Argument des *OLG Köln* nicht durch, der Feststellungsbeschluss des § 1964 Abs 1 BGB könne den Erbschein deshalb nicht ersetzen, weil die Vermutung des § 1964 Abs 2 BGB widerlegbar sei. Das gilt richtigerweise auch für die Vermutung des § 2365 BGB im Grundbuchverfahren.[46] Ausschlaggebend ist vielmehr, dass die *Richtigkeitsgewähr* des Feststellungsverfahrens nach § 1964 BGB *weniger weit reicht* als die Richtigkeitsgewähr des Erbscheinsverfahrens. Nur die Vermutung des § 2365 BGB wird über § 35 Abs 1 S 1 GBO in das Grundbuchverfahren verlängert. Entsprechendes gilt auch für den Nachweis der Rechtsnachfolge nach Erlöschen einer **kirchlichen Stiftung.**[47]

Dagegen bedarf es keines Erbscheins, wenn eine **Rückerstattungsbehörde** Feststellungen über den Tod des Verfolgten und die Erbfolge getroffen hat, und die Eintragung des Rückerstattungsberechtigten in das Grundbuch beantragt wird.[48]

---

40 BGHZ 84, 196 = NJW 1982, 2994; OLG Hamm DNotZ 1981, 57; ebenso *Schöner/Stöber* Rn 3525 a; *Demharter* Rn 8; *Hefelmann* DNotZ 1937, 111 f; *Bokelmann* Rpfleger 1971, 337 (340); *ders* Rpfleger 1974, 1. – **AA** die früher hL: *Güthe-Triebel* § 35 Rn 48; § 51 Rn 20; *Hesse-Saage-Fischer* Anm 1 a; *Thieme* § 35 Anm 2; § 51 Anm 4; *Ripfel* BWNotZ 1959, 177 (186); *Haegele* Rpfleger 1971, 121 (130); *ders* Rpfleger 1976, 73 (82); 6. Aufl dieses Kommentars § 35 Rn 26; § 51 Rn 19; sämtlich unter Berufung auf KG JFG 1, 366 und DNotZ 1954, 389; ebenso *Schepp* MittRhNotK 1982, 137; LG Essen Rpfleger 1974, 18.

41 Offen gelassen für den vom BGH entschiedenen Sachverhalt von OLG München JFG 16, 328 (330); durch OLG Frankfurt aM Rpfleger 1974, 18 wird die Vorlage eines Erbscheins bei »Bedenken gegen eine wirksame Nacherbfolge« gefordert.

42 BayObLG JurBüro 1982, 1717 lässt für die Eintragung des Nacherben als Eigentümer die Vorlage einer Sterbeurkunde für den Vorerben jedenfalls dann nicht genügen, wenn der Nacherbe im Nacherbenvermerk nicht hinreichend deutlich (idR namentlich) bezeichnet ist.

43 BGHZ 84, 196 (199) = NJW 1982, 2994; ebenso *Palandt-Edenhofer* § 2139 Rn 6.

44 BayObLG MDR 1987, 762; NJW-RR 1989, 585, 586; Rpfleger 1994, 410; OLG Frankfurt aM MDR 1984, 145; OLG Hamm OLGZ 1966, 109 (Rechtsnachfolge des Fiskus in eine Gewerkschaft alten Rechts); OLG Köln MDR 1965, 993; KEHE-*Herrmann* Rn 8, **aA** AG Lüneburg DNotZ 1971, 627 (Leitsatz) = Rpfleger 1971, 23.

45 OLG Köln MDR 1965, 993.

46 Oben Rdn 10.

47 BayObLG Rpfleger 1994, 410.

48 BayObLGZ 1952, 111.

e) Vollmacht über den Tod hinaus. Nach hL[49] ist ein Nachweis der Erbfolge überhaupt **entbehrlich**, wenn **26** ein Bevollmächtigter auf Grund einer vom Erblasser über den Tod hinaus erteilten Vollmacht handelt, selbst wenn eine Beschränkung durch Nacherbfolge und Testamentsvollstreckung angeordnet ist.

Zur *Grundbuchberichtigung* durch Eintragung des Erben ist dagegen die Vorlage eines Erbscheins auch dann **27** erforderlich, wenn eine über den Tod hinausgehende Vollmacht vorliegt.[50] Die Berichtigungsbewilligung des Bevollmächtigten genügt hierzu nicht. Das *LG Heidelberg*[51] hat die Vorlage des Erbscheins zu Recht damit begründet, dass die §§ 51, 52 durch das Grundbuchamt von Amts wegen für die Eintragung von Nacherbfolge und Testamentsvollstreckung zu beachten sind und es sich daher nicht mit bloßen Erklärungen von Beteiligten begnügen darf. Ob solche Eintragungen in Frage kommen, ist nur in der Form des § 35 zu klären. Die Erbscheinsvorlage ist aber nicht erforderlich, wenn und soweit **§ 40 Abs 1 1. Hs** eingreift.[52]

f) Schlussfolgerung des Erbrechts aus Tatsachen. Nach einer wenig überzeugenden Entscheidung des **28** *BayObLG*[53] aus dem Jahr 1906 ist die Vorlegung eines Erbscheins nach § 35 Abs 1 S 1 dann entbehrlich, wenn in der notariellen Urkunde über den Eintragungsantrag des Erben von dem Notar die Tatsachen festgestellt sind, aus denen sich mit *rechtlicher Notwendigkeit* die Erbfolge des Antragstellers ergibt. Doch tritt bei dieser Auffassung das Grundbuchamt an die Stelle des Nachlassgerichts. Das *BayObLG* hat seine Auffassung freilich dahin gehend eingeschränkt, dass die Angabe des Notars in der Urkunde, »die Erbfolge des Antragstellers auf Grund der Nachlassakten [sei] nachgewiesen«, die Vorlegung des Erbscheins nicht entbehrlich mache.

g) Bedeutung der amtlichen Erbenfeststellung. Nach einer Entscheidung des *BayObLG*[54] war die – in **29** Bayern von Amts wegen zu treffende – Erbenfeststellung durch das Nachlassgericht für das Grundbuchamt als Eintragungsgrundlage maßgebend, wobei die Feststellung gemäß *Art 37 BayAGGVG* nicht ausdrücklich getroffen sein muss. Die Entscheidung ist abzulehnen. Richtigerweise kommt einer derartigen Erbenfeststellung keine Beweiskraft zu. In ihr kommt lediglich aktenmäßig festgehalten die *Rechtsmeinung des Nachlassgerichts* zum Ausdruck.[55]

h) Die Ausnahme des § 35 Abs 3; § 18 GBMaßnG. Bei der Eintragung des Eigentümers oder Miteigentü- **30** mers eines Grundstücks kann sich das Grundbuchamt gemäß Abs 3 mit *erleichterten Nachweisen* begnügen (o Rdn 3). Voraussetzung ist, dass das Grundstück oder der Anteil an diesem weniger als 3000 Euro wert ist[56] und der Erbschein nur mit unverhältnismäßigem Aufwand an Kosten oder Mühe beschafft werden kann.[57] Es handelt sich um eine **Ermessensentscheidung** des Grundbuchamts, die ihrerseits wieder auf **unbestimmten Rechtsbegriffen** aufruht. Die Frage, ob ein geringer Wert des Grundstücks vorliegt, war früher nach *objektiven Maßstäben* zu entscheiden und ist heute durch die Gesetzesfassung überholt.[58]

Subjektiv zu interpretieren sind die Erfordernisse des unverhältnismäßigen Aufwands an Mühe oder Kosten.[59] **31** Dabei sind insbesondere die Verhältnisse der Parteien zu berücksichtigen. Erfordert die ordnungsgemäße Abwicklung des Nachlasses ohnehin einen Erbschein, wird für die Anwendung des § 35 Abs 3 regelmäßig kein Raum sein.[60]

Dem Grundstück stehen wie auch sonst die *grundstücksgleichen Rechte* gleich, also insbesondere Erbbaurecht und **32** Wohnungs- sowie Teileigentum iS des § 1 Abs 2, 3 WEG. Miteigentum ist Bruchteils- oder Gesamthandseigentum. **Nicht** unter Abs 3 fallen dagegen Rechte an Grundstücken wie zB *Hypotheken, Grundschulden oder Reallasten*. Für die Löschung kleinerer Rechte (3000 Euro) ist § 18 Abs 1 S 2 GBMaßnG idF des G v 27.06.2000 (BGBl I 897) zu beachten.[61]

---

49 Im Anschluss an KG JFG 12, 276 etwa LG Neuruppin MittBayNot 2004, 46; KEHE-*Herrmann* Rn 13; *Demharter* Rn 9; *Palandt-Edenhofer* Einführung vor § 2197 Rn 18; *Löscher* S 179.
50 BayObLG Rpfleger 1994, 410 (412); LG Heidelberg NJW 1973, 1088; *Schöner/Stöber* Rn 3571 Fn 10; *Demharter* Rn 9.
51 LG Heidelberg NJW 1973, 1088.
52 Zutreffend *Schöner/Stöber* Rn 3571; RGZ 88, 345; zu den Problemen *Findeklee* ZErb 2007, 172 ff.
53 BayObLGZ 1907, 414 (Ferienzivilsenat); abl auch KEHE-*Herrmann* Rn 20.
54 BayObLGZ 1974, 1 = DNotZ 1974, 233; aufgegeben durch BayObLG NJW-RR 1989, 585.
55 Zutreffend *Bokelmann* Rpfleger 1974, 435; *Schöner/Stöber* Rn 783 Fn 10.
56 Eingefügt durch das Registerverfahrensbeschleunigungsgesetz, BGBl I 1993 § 2182; zuletzt geändert durch Art 7 Abs 5 des G v 27.06.2000, BGBl I 897; dazu *Böhringer* Rpfleger 2000, 433.
57 Vgl OLG Rostock NotBZ 2006, 104; *Böhringer* Rpfleger 2007, 178, 190; *Hesse* DFG 1943, 18; *Löscher* S 179.
58 KEHE-*Herrmann* Rn 11.
59 Zutreffend KEHE-*Herrmann* Rn 11.
60 KEHE-*Herrmann* Rn 11.
61 Dazu *Böhringer* Rpfleger 2000, 433, 434; unten Rdn 36.

33 Der grundbuchrechtliche Nachweis kann auch in anderer Weise als in der Form des § 29 geführt werden, zB durch *Wertgutachten* von Sachverständigen im Hinblick auf das Grundstück oder die Vorlage von handschriftlichen Testamenten im Hinblick auf den Nachweis der Erbfolge sowie die Ermittlung des Erben durch das AG.[62]

34 Durch die Koppelung von allgemeinen Rechtsbegriffen mit einer Ermessensentscheidung des Grundbuchamts besteht bei Fehlentscheidungen die Gefahr von **Amtshaftungsansprüchen.** Aus diesem Grund handelt es sich bei Abs 3 um selten vorkommende Ausnahmefälle.[63] Um Schadensersatzansprüche zu vermeiden, empfiehlt sich deshalb eine **enge Auslegung** der Vorschrift.[64]

§ 35 Abs 3 ist auch anwendbar bei § 35 Abs 2; dort ist die Bedeutung der Vorschrift aber noch geringer.

35 **i) Überweisungszeugnisse nach §§ 36, 37.** Ein vereinfachter Nachweis der Erbfolge kann durch die Überweisungszeugnisse der §§ 36, 37 mit der Kostenvorschrift des § 111 Abs 1 Nr 1 KostO (Mindestgebühr) geführt werden.[65] Wird der Nachweis durch die genannten Zeugnisse ermöglicht, ist die Vorlage des Erbscheins nach § 35 Abs 1 S 1 entbehrlich.

36 **j) Löschung umgestellter Grundbuchrechte gemäß §§ 18 f GBMaßnG.** Eine § 35 Abs 3 vergleichbare Erleichterung gilt für die Löschung geringwertiger umgestellter **Grundpfandrechte.**[66] Das Grundbuchamt kann bei der Löschung von umgestellten Hypotheken oder Grundschulden mit einem Nennbetrag bis über 3000 Euro sowie von umgestellten Rentenschulden und Reallasten, deren Jahresleistung 15 Euro nicht übersteigt, bei dem Nachweis einer Erbfolge von der Vorlage eines Erbscheins absehen. Wenn die Beschaffung eines Erbscheins nur mit einem unverhältnismäßigen Aufwand an Kosten oder Mühe möglich ist, genügt die Vorlage von anderen Beweismitteln, die nicht der Form des § 29 bedürfen. In diesen Fällen kann der Antragsteller auch zur *Versicherung an Eides Statt* zugelassen werden, ohne dass die Form des § 29 beachtet werden müsste (§§ 18 f GBMaßnG; o Rdn 32).[67]

37 **k) Erweiterungen.** § 35 hat den Zweck, dem Grundbuchamt die Prüfung schwieriger erbrechtlicher Verhältnisse zu ersparen. Daraus wurde in der Rechtsprechung des KG[68] zu Recht der Schluss gezogen, dass die Vorschrift nicht nur für den Fall gelten soll, dass der Nachweis der Erbfolge die **unmittelbare Voraussetzung** für eine Grundbucheintragung bildet. So liegt es etwa, wenn der Erbe über ein Nachlassrecht verfügen will oder als Eigentümer im Grundbuch eines Nachlassgrundstücks eingetragen werden soll.

38 § 35 Abs 1 S 1 wurde auf Sachverhalte **erweitert,** in denen die Erbfolge lediglich ein **wesentliches Element** eines anderen, dem Grundbuchamt zu erbringenden Nachweises war.[69] Veräußert demnach ein Testamentsvollstrecker ein Nachlassgrundstück in der Weise, dass das gestundete Restkaufgeld in Teilhypotheken für die einzelnen Miterben eingetragen werden soll, so ist zur Eigentumsumschreibung und zur Eintragung der Hypotheken im Grundbuch die Erbfolge gemäß § 35 nachzuweisen. Die Unentgeltlichkeit der Veräußerung iS des § 2205 S 3 BGB entfiele nämlich nur dann, wenn die Gläubiger tatsächlich die Erben des eingetragenen Grundstückseigentümers waren. Damit konnte die Entgeltlichkeit der Verfügung nur durch den Nachweis der Erbeneigenschaft der Erwerber bewiesen werden.[70]

39 **l) Grenzen.** Der Erbschein bezeugt lediglich das Erbrecht des in ihm als Erben Bezeichneten. Hinsichtlich der Umschreibung eines Grundstücks auf die Erben ist er daher nur dann als Umschreibungsgrundlage zu verwenden, wenn das **Grundstück zum Nachlass gehört.** Für diese Frage ergibt sich aus dem Erbschein naturgemäß nichts; sie ist daher durch das Grundbuchamt selbständig zu prüfen. Für den Fall einer Errungenschaftsgemeinschaft nach Mainzer Landrecht hat das *BayObLG*[71] daher für den Tod des überlebenden Ehegatten ausgesprochen, dass dessen Erbe unter Berufung auf den Erbschein die Umschreibung der in fortgesetzter Gütergemeinschaft eingetragenen Grundstücke auf seinen Namen im Grundbuch nicht verlangen kann, solange die Errungenschaftsgemeinschaft nicht auseinandergesetzt ist.

---

62 BayObLG NJW-RR 1989, 585, 586.
63 Ebenso die Einschätzung bei *Gantzer* S 75.
64 Ebenso *Thieme* Anm 8; **aA** die 6. Aufl dieses Kommentars Rn 95; zu rechtspolitischen Erweiterungsmöglichkeiten *Schefold* NJW 1951, 588.
65 Unten § 36 Rdn 3; § 37 Rdn 1.
66 Darstellung bei *Demharter* Rn 6.
67 Dazu KEHE-*Herrmann* Rn 19; *Demharter* Rn 6.
68 KG JFG 18, 160.
69 KG JFG 18, 160 (163).
70 Zum Nachweis der Entgeltlichkeit BayObLG MittBayNot 1986, 266 (267).
71 BayObLGZ 1924, 155.

m) Rangklarfeststellungsverfahren gemäß § 94. Bei der Ermittlung des Berechtigten im Verfahren der   **40**
Klarstellung der Rangverhältnisse gemäß §§ 90 f entscheidet gemäß § 94 Abs 1 S 2 das Grundbuchamt nach
freiem **Ermessen**, inwieweit § 35 Anwendung findet.

3. Der Erbschein

Der Nachweis der Erbfolge kann nach § 35 Abs 1 S 1 nur durch einen Erbschein geführt werden.   **41**

a) Begriff. § 35 GBO gebraucht den Ausdruck Erbschein im gleichen Sinn wie das BGB.[72] Unter einem Erb-   **42**
schein iS des § 35 Abs 1 GBO ist daher nur ein auf Grund des § 2353 BGB oder des § 2369 BGB von einem
deutschen Gericht erteiltes Zeugnis zu verstehen,[73] nicht aber ein ähnliches oder entsprechendes Zeugnis
einer **ausländischen Behörde**. § 35 GBO ist überdies eine Sondervorschrift zu § 16a FGG, die für die **Anerkennung** ausländischer Erbscheine keinen Raum lässt.[74]

Im Einzelnen handelt es sich um den Alleinerbschein des § 2353 1. Hs BGB, den Teilerbschein des § 2353 2.   **43**
Hs BGB, den gemeinschaftlichen Erbschein des § 2357 BGB, den Gruppenerbschein, der mehrere Teiler-
scheine auf Antrag der Beteiligten zu einem Erbschein zusammenfasst,[75] den gemeinschaftlichen Teilerbschein
über die Erbteile eines Teiles der Erben auf Antrag eines Miterben[76] und den Sammelerbschein, der in einer
Urkunde das Erbrecht nach mehreren Erblassern bezeugt.[77] Dabei geht es sämtlich um Erbscheinsformen, bei
denen für die Beerbung **deutsches Recht** ganz oder teilweise maßgebend ist. Es ist nicht möglich, auf Grund
eines Teilerbscheins nur einige von mehreren Erben im Grundbuch einzutragen, die übrigen Erben aber unerwähnt zu lassen.[78]

Erbschein ist auch der **gegenständlich beschränkte Erbschein** des § 2369 BGB, der stets Fremdrechtserb-   **44**
schein ist.[79] Er wird durch das deutsche Nachlassgericht dann nur erteilt, wenn die Erbfolge sich ganz oder teilweise nach ausländischem Recht bemisst.[80]

b) Zeugnisse und Bescheinigungen ausländischer Behörden. Eine **Ausnahme von der Zuständigkeit**   **45**
deutscher Gerichte[81] gilt insoweit, als in abgeschlossenen **Staatsverträgen** ausländische Zeugnisse über erbrechtliche Verhältnisse dem von einem deutschen Nachlassgericht ausgestellten Zeugnis gleichgestellt sein sollten.[82] So lag es nach manchen Autoren bei Einantwortungsurkunden österreichischer Gerichte über Nachlässe
österreichischer Erblasser nach dem zwischen Deutschland und Österreich geltenden Staatsvertrag über die
gegenseitige Anerkennung und Vollstreckung von gerichtlichen Entscheidungen, Vergleichen und öffentlichen
Urkunden in Zivil- und Handelssachen vom 06.06.1959.[83] Doch gibt es nach zutreffender Auffassung derartige Staatsverträge nicht, die § 35 verdrängen.[84] Die Regelung des § 17 S 1 der Anlage zu Art 20 des deutsch
türkischen Konsularvertrages vom 28.05.1929 gilt nicht für die Umschreibung deutschen Grundbesitzes.[85]

Für die **Nichtanerkennung ausländischer Zeugnisse** sind zwei Gründe maßgeblich:[86] Zum ersten besteht   **46**
für das Grundbuchverfahrensrecht kein Bedürfnis, auf ein von einer ausländischen Behörde ausgestelltes Zeug-

72 KG JFG 17, 342 (343).
73 Ganz **hL**: Grundlegend KG KGJ 36, 162; JFG 17, 342 (343); OLGE 3, 112; JFG 16, 23 (29); SeuffA 74, 181; Rpfleger
   1997, 384; NJW 1954, 1331; BayObLGZ 1965, 377; LG Verden Rpfleger 1952, 184; im Ergebnis ebenso *Gronle* 127 f,
   aber für die Möglichkeit der Substitution 153 f; KEHE–*Herrmann* Rn 21; *Demharter* Rn 13; *Schöner/Stöber* Rn 800;
   Bauer/von Oefele-Schaub Rn 56 ff. (für eine Anerkennung bei vergleichbarer Legitimationswirkung ausländischer Erbscheine aber *Bauer/von Oefele-Schaub* Anhang Internationale Bezüge, Rn 561); *Staudinger-Schilken* § 2369 Rn 12; *Heggen*
   RNotZ 2007, 1, 6; *Böhringer* Rpfleger 2003, 157 (168); *Krzywon* BWNotZ 1989, 133.
74 *Heggem* RNotZ 2007, 1, 6.
75 KG KGJ 41, 90.
76 KG JFG 13, 40; OLG München JFG 15, 351.
77 BayObLGZ 1951, 690; *Staudinger-Schilken* § 2353 Rn 70.
78 AG Osterhofen NJW 1955, 467 mit zustimmender Anm *Thieme*.
79 Einzelheiten bei *Staudinger-Schilken* § 2369 Rn 3 f.
80 Fassungsbeispiel des Erbscheins gemäß § 2369 BGB bei *Firsching-Graf*, Nachlassrecht, Rn 2.101.
81 Oben Rdn 42.
82 KG JFG 17, 342; DNotZ 1953, 406 mit Anm *Firsching* (betreffend eine österreichische Einantwortungsurkunde).
83 Zustimmungsgesetz vom 08.03.1960 (BGBl II 1245); Durchführungsgesetz vom 08.03.1960 (BGBl I 169); dafür *Staudinger-Firsching* § 2369 Rn 13; LG Hamburg IPRax 1992, 253 mit zust Anm *Bungert* 225; weitere Nachweise bei *Wolff*
   Hdb IZVR III/2 Kap III Rn 90; mit Recht dagegen OLG Zweibrücken Rpfleger 1990, 121; *Gronle* 92; *Staudinger-Schilken* § 2369 Rn 12; *Staudinger-Dörner* (Neubearb. 2000) Art 25 EGBGB Rn 868; *Bauer/von Oefele-Schaub* Anhang Internationale Bezüge Rn 582, 586; *Krzywon* BWNotZ 1989, 133, 135; *Jayme* ZfRV 24 (1983), 162.
84 Zutr *Gronle* 90 ff. (97); *Krzywon* BWNotZ 1981, 133; KG Rpfleger 1997, 384 (Israel).
85 *Staudinger-Dörner* (Neubearb. 2000), Vorbemerkung zu Art 25 f EGBGB Rn 187; *Heggen* RNotZ 2007, 1, 6.
86 Dazu und zum folgenden KG JFG 17, 342; dagegen *Kegel-Schurig* Internationales Privatrecht (9. Aufl 2004) § 21 IV 3 ff
   aE; *Bauer/von Oefele-Schaub* Anhang Internationale Bezüge Rn 561; *Kaufhold* ZEV 1997, 399 ff.

nis zurückzugreifen und dessen Zulässigkeit und Legitimationswirkung einer Prüfung zu unterziehen. Denn wenn für die Beerbung eines Ausländers deutsches Recht ganz oder teilweise maßgeblich ist, sei es aufgrund des Kollisionsrechts, aufgrund Staatsvertrags oder Rückverweisung, kann stets ein *Eigenrechtserbschein* nach § 2353 BGB erteilt werden. Richtet sich die Erbfolge dagegen nach ausländischem Recht, so bleibt ein gegenständlich beschränkter *Erbschein nach § 2369 BGB* durch das deutsche Nachlassgericht möglich.

47   Zum zweiten spricht gegen die Berücksichtigung ausländischer Zeugnisse der *Zusammenhang von § 35 GBO* mit der sachlich-rechtlichen Vorschrift des *§ 2365 BGB,* wonach der von einem deutschen Nachlassgericht erteilte allgemeine oder gegenständlich beschränkte Erbschein die auch von dem Grundbuchamt zu beachtende *Vermutung der Richtigkeit* für sich hat. Gerade wegen dieser gesetzlichen **Legitimationswirkung** ist ein derartiger Erbschein für die Verwendung im Grundbuchverfahrensrecht vorgesehen. Für ausländische Zeugnisse ist eine derartige Vermutungswirkung dagegen nicht angeordnet. Der ausländische Staat ist grundsätzlich nicht in der Lage, den von seinen Behörden ausgestellten Zeugnissen über seine Gebietsgrenzen hinaus im Inland für den Grundbuchverkehr Geltung zu verschaffen. Offen ist derzeit, ob und wann es zu Einführung eines **Europäischen Erbscheins** kommen wird.[87]

48   § 35 Abs 1 S 1 ist auf alle seit dem **01.01.1900**[88] eingetretenen Erbfälle anwendbar ohne Unterschied, ob das Erbrecht nach inländischem oder ausländischem Recht zu beurteilen ist, da bei allen diesen Fällen die Vorlage eines durch ein deutsches Nachlassgericht ausgestellten Erbscheins möglich ist.[89]

49   **c) Erteilung.** Erbschein iS des § 35 Abs 1 S 1 ist nur der **wirksam erteilte** Erbschein.[90] Gewöhnlich geschieht die Erteilung durch Aushändigung der Urschrift oder einer Ausfertigung des Zeugnisses an den Antragsteller oder an einen von ihm benannten Dritten. Deshalb liegt ein wirksam erteilter Erbschein noch nicht vor, wenn das Nachlassgericht zwar die Erteilung eines Erbscheins in den Nachlassakten bereits verfügt, die Herausgabe einer Ausfertigung jedoch von der Zahlung eines Kostenvorschusses abhängig gemacht hat.[91] Im Einzelnen ist streitig, was unter »Erteilung« des Erbscheins zu verstehen ist.[92] Für das Grundbuchamt kommt es auf diese Streitfragen im Regelfall jedoch nicht an. *Grundbuchverfahrensrechtlich* darf regelmäßig angenommen werden, dass ein von einem Erben vorgelegter Erbschein dem Erben wirksam erteilt worden ist. Die wirksame Bekanntmachung braucht damit nicht gesondert nachgewiesen zu werden.[93]

50   Der Erbschein ist auch erteilt, wenn das Nachlassgericht zwar keine Erbscheinsurkunde ausfertigt, aber auf Antrag des Erben die Nachlassakten mit der Urschrift des den Wortlaut des Erbscheins enthaltenden Anordnungsbeschlusses dem Grundbuchamt zur Berichtigung des Grundbuchs zuleitet.[94] In diesem Falle wird der im Anordnungsbeschluss enthaltene Erbscheinsentwurf mit dem Zugang der Akten bei dem Grundbuchamt zur Urschrift des Erbscheins und der Anordnungsbeschluss geht im Erbschein auf.[95]

51   Die wirksame **Vollziehung** durch Erteilung des Erbscheins löst die Vermutung der Richtigkeit des § 2365 BGB aus und bewirkt die Rechtsfolgen des § 35.[96]

52   **d) Vorlage in Urschrift, Ausfertigung, beglaubigter Abschrift.** Der Nachweis der Erbfolge gemäß § 35 Abs 1 S 1 ist durch Vorlage der Urschrift oder einer Ausfertigung des Erbscheins zu führen. Eine **beglaubigte Abschrift** des Erbscheins ist auch dann nicht ausreichend, wenn eine Grundbuchberichtigung beantragt ist.[97] Der Grund liegt darin, dass der Besitz von Urschrift oder Ausfertigung wegen § 2361 BGB rechtliche Bedeutung hat. Der Einziehung unterliegen nur Urschrift und Ausfertigungen, weil diese im Rechtsverkehr die Zeugnisurkunde verkörpern;[98] für die beglaubigte Abschrift gilt das nicht. Auch wenn eine beglaubigte Abschrift vorgelegt wird, kann der Erbschein zwischenzeitlich schon eingezogen sein.

---

87   Krit. *Heggen* RNotZ 2007, 1, 13 f; eine positive Sicht zum Vorentwurf des Rechtsausschusses des Europäischen Parlaments bei *Mansel* RabelsZ 70 (2006), 651, 729 f.
88   Zur *intertemporalen* Geltung KG KGJ 36, 162.
89   Zu Nachlasszeugnissen der ehemaligen DDR, *Palandt-Edenhofer* § 2353 Rn 8.
90   BayObLGZ 1960, 192; *Schöner/Stöber* Rn 781; KEHE-*Herrmann* Rn 45; *Güthe-Triebel* Rn 7.
91   OLG Hamm NJW-RR 1994, 271.
92   Ausführlicher Nachweis des Streitstands bei *Staudinger-Schilken* § 2353 Rn 59 f.
93   Ebenso KEHE-*Herrmann* Rn 45; *Güthe-Triebel* Rn 7; *Predari* § 36 Anm 4 a; *Schöner/Stöber* Rn 781; *Holzer-Kramer,* Grundbuchrecht, 4. Teil Rn 242.
94   BayObLGZ 1960, 501 = DNotZ 1962, 199 in Ergänzung von BayObLGZ 1960, 192 mit kritischer Anm *Haegele* in Rpfleger 1961, 437; ebenso auch KG Rpfleger 1981, 497 (für das Kostenrecht); Abgrenzungsentscheidung OLG Hamm NJW-RR 1994, 271.
95   BayObLGZ 1960, 501 (504) = DNotZ 1962, 199.
96   BayObLGZ 1960, 501 = DNotZ 1962, 199; KG Rpfleger 1981 497.
97   BGH DNotZ 1982, 159; BayObLG Rpfleger 1995, 103; *Schöner/Stöber* Rn 782; KEHE-*Herrmann* Rn 27.
98   *Staudinger-Schilken* § 2353 Rn 65.

Nach Auffassung des *OLG Schleswig*[99] soll uU zum Nachweis der Erbfolge statt der Ausfertigung die Vorlage **53** einer **notariell beglaubigten Abschrift** des Erbscheins ausreichen, wenn der Notar mehrere auf den Nachweis der Erbfolge gestützte Anträge an verschiedene Grundbuchämter richtet und versichert, dass sich die Ausfertigung des Erbscheins in seinem Besitz befindet. Unter der Voraussetzung, dass der Notar weiter dienstlich bestätigt, dass das Grundbuchamt von jeder Herausgabe umgehend verständigt wird, will *Herrmann*[100] an dieser Rechtsprechung aus Zweckmäßigkeitsgründen weiter festhalten, da dadurch ohne Rechtsgefährdung lediglich ein überflüssiger Transport erspart werde. Doch ist diese Rechtsauffassung durch die höchstrichterliche Rechtsprechung überholt.[101] Die Vorlage von Ausfertigungen bietet in der Praxis keine besonderen Schwierigkeiten. Unberührt bleibt die Verweisungsmöglichkeit auf den in den Nachlassakten befindlichen Erbschein, wenn Nachlassgericht und Grundbuchamt zum selben Amtsgericht gehören (o Rdn 21).

Nach der Rechtsprechung des *KG*[102] reicht eine **Bescheinigung des Notars** in der Auflassungsverhandlung, **54** eine Ausfertigung des dem Eintragungsantrag in Abschrift beigefügten Erbscheins habe ihm vorgelegen, jedenfalls dann nicht aus, wenn zwischen der Auflassungsverhandlung und dem Eingang des Eintragungsantrags ein längerer Zeitraum liegt. Im entschiedenen Fall handelte es sich um einen Zeitraum von neun Monaten. ME sollten derartige Bestätigungen aus den genannten Gründen ganz aufgegeben werden.

e) Erbscheine zu gegenständlich beschränktem Gebrauch. Ein Erbschein, der zur ausschließlichen Verwendung **55** in einem anderen Verfahren **gebührenfrei** erteilt worden ist, ist gleichwohl ein Erbschein im Sinn des § 35 Abs 1 S 1.[103] Hat das Nachlassgericht auf einen Erbschein den Vermerk gesetzt »Nur gültig für das Rückerstattungsverfahren« oder »Nur für Zwecke der Rückerstattung«, so macht ein solcher Vermerk den Erbschein nicht ungültig.[104] Dieser Erbschein ist als Grundlage für die Wiedereintragung des Rückerstattungsberechtigten auf Grund einer Rückerstattungsentscheidung oder eines Rückerstattungsvergleichs verwertbar. Richtigerweise stellt ein derartiger Erbschein einen allgemeinen Erbschein im Sinn des § 2353 BGB dar. Wird er zu einem anderen als dem gebührenrechtlich begünstigten Zweck verwendet, so werden die Normalgebühren schlicht **nacherhoben**.[105]

4. Die Prüfungspflicht des Grundbuchamts

a) Eingeschränkte Bindung. Nach der hier vertretenen Auffassung (o Rdn 9) hat der Erbschein **keine volle** **56** **Beweiskraft** für das Bestehen des Erbrechts in dem bezeugten Umfang. Vielmehr begründet er lediglich eine **widerlegbare Vermutung** für die Richtigkeit des bezeugten Umfangs. Schon aus diesem Grunde kann für das Grundbuchamt keine volle Bindungswirkung an die Entscheidung des Nachlassgerichts über die Erteilung des Erbscheins eintreten. Das wird auch durch einen Blick auf die allgemeinere Diskussion um die Bindung von Gerichten an Akte der Freiwilligen Gerichtsbarkeit bestätigt: Die Erteilung des Erbscheins hat keine rechtsgestaltende Wirkung,[106] die eine Bindung begründen könnte. Eine Bindungswirkung könnte nur im Rahmen einer etwa gegebenen materiellen Rechtskraft des Erbscheins eintreten. Eine solche kommt dem Erbschein jedoch deshalb nicht zu, weil er nach § 2361 BGB jederzeit eingezogen werden kann, wenn er sich als unrichtig erweist[107] oder die Überzeugung des Gerichts von seiner Richtigkeit erschüttert ist.

Eine **begrenzte Bindungswirkung** der Entscheidung des Nachlassgerichts für das Grundbuchamt ergibt sich **57** jedoch vorliegend durch das Verfahrensrecht selbst: Die Vermutungswirkung[108] des § 35 Abs 1 S 1 liefe sonst ins Leere. Auf diesem Hintergrund sind im folgenden die Einzelheiten der **Prüfungspflicht** des Grundbuchamts zu entwickeln.

b) Grundsatz: Das Nachlassgericht als Verantwortlicher für die Richtigkeit des Erbscheins. Im **58** Grundsatz herrscht Einigkeit darüber, dass das Nachlassgericht die Verantwortung für die Richtigkeit des

---

99 OLG Schleswig SchlHA 1949, 375.
100 KEHE-*Herrmann* Rn 27.
101 BGH DNotZ 1982, 159; ebenso *Schöner/Stöber* Rn 782.
102 KG DNotZ 1972, 615.
103 KEHE-*Herrmann* Rn 39; abweichend noch KG HRR 1942 Nr 109; in gleicher Richtung KG OLGE 40, 48 (weitere Benutzung des sog »billigen« Erbscheins).
104 So zutreffend BayObLGZ 1952, 67; KEHE-*Herrmann* Rn 39.
105 *Staudinger-Schilken* § 2353 Rn 80 mit weiteren Fällen der Kostenbegünstigung.
106 Dazu allgemein *Habscheid* FGG, S 433 ff.
107 BGHZ 47, 58 (66); KG NJW 1955, 1074.
108 Oben Rdn 9.

Inhalts des Erbscheins trägt.[109] Als Folge davon ist der Rechtspfleger (Richter) der **eigenen Prüfung** der erbrechtlichen Verhältnisse grundsätzlich **enthoben.** Es wäre mit den Bedürfnissen des Rechtsverkehrs unvereinbar, wenn der Rechtspfleger (Richter) des Grundbuchamts gelegentlich eines Eintragungs-, Umschreibungs- oder Löschungsantrags in eine Nachprüfung des Erbscheins eintritt, nachdem das Nachlassgericht die Nachfolge für nachgewiesen erachtet und demgemäß den Erbschein erteilt hat.[110] Damit werden **entgegengesetzte Ergebnisse** zwischen Nachlassgericht und Grundbuchamt **vermieden.** Das Grundbuchamt kann grundsätzlich davon ausgehen, dass das gemäß § 2358 BGB (§ 12 FGG) von Amts wegen ermittelnde Nachlassgericht auf Grund der von ihm angestellten Ermittlungen die von ihm in dem Erbschein niedergelegte Bedeutung der letztwilligen Anordnung festgestellt, oder dass aus Erklärungen der Beteiligten sich diese Auslegung ergeben hat. Auch ist bei einem möglichen Widerspruch des Erbscheins zu der letztwilligen Verfügung mit der Möglichkeit zu rechnen, dass die betreffenden Bestimmungen, zB wegen Ungültigkeit oder Verzichts der Berechtigten, weggefallen sind.[111] Maßgebend ist damit die Erwägung, dass das Grundbuchamt davon ausgehen darf, das Nachlassgericht sei kraft seiner Befugnis zu Ermittlungen und Beweiserhebungen auf diesem in Grundbuchsachen nicht gangbaren Weg zu seiner Entscheidung gelangt.[112] § 35 bezeichnet demnach die **Nahtstelle zwischen Erbscheinsverfahren und Grundbuchrecht.**

59 **c) Sachliche Zuständigkeit des das Zeugnis ausstellenden Gerichts.** Das Grundbuchamt hat die sachliche Zuständigkeit des das Zeugnis ausstellenden Gerichts zu prüfen,[113] da der Erbschein bei einem **Verstoß unwirksam** ist und damit die in § 35 Abs 1 S 1 angeordneten Rechtsfolgen nicht entfaltet. So wäre etwa ein Erbschein, der von dem Landgericht als Beschwerdegericht ausgestellt ist, nichtig.[114] Sachlich zuständig sind wegen §§ 2353 BGB, 73 FGG grundsätzlich die **Nachlassgerichte.**

60 **Funktionell zuständig** ist der Rechtspfleger gemäß § 3 Nr 2c RPflG oder der Richter in den in § 16 Abs 1 Nr 6 RPflG aufgeführten Fällen. Zu beachten ist die mögliche Aufhebung des Richtervorbehalts in § 19 Abs 1 Nr 5 RPflG.[115] Die funktionelle Zuständigkeit ist durch das Grundbuchamt ebenfalls zu überprüfen, weil ein Geschäft gemäß § 8 Abs 4 S 1 RpflG unwirksam ist, das der Rechtspfleger vorgenommen hat, das ihm aber nach dem Rechtspflegergesetz weder übertragen ist noch übertragen werden kann.

61 Zur Zuständigkeit **deutscher Konsulate** im Ausland s die in §§ 2 ff KonsG angeordneten Voraussetzungen (Nachlassfürsorge; keine Zeugnisausstellung).[116]

62 Schließlich bestehen wegen der in Art 147 EGBGB getroffenen Regelung noch landesrechtliche Besonderheiten, wonach auch andere Stellen als Gerichte für zuständig erklärt werden können. Der wichtigste Fall ist das Staatliche Notariat in **Baden-Württemberg.**[117]

63 Dagegen braucht das Grundbuchamt die Einhaltung der **örtlichen Zuständigkeit** nicht zu überprüfen, da ihre Verletzung (§ 73 FGG) den Erbschein gemäß § 7 FGG nicht unwirksam macht.

64 **d) Prüfung der äußeren Ordnungsmäßigkeit der vorgelegten Urkunde.** Das Grundbuchamt hat zu prüfen, ob das vorgelegte Zeugnis überhaupt die **Eigenschaft** als **Erbschein** aufweist.[118] Dabei ist es nicht gemäß § 35 Abs 1 S 1 an Urkunden gebunden, die sich lediglich als Erbschein bezeichnen, aber nach ihrem Inhalt keine solchen sind.[119] Ein Erbschein liegt auch dann nicht vor, wenn der Urkunde der **Zeugnischarakter** fehlt. So liegt es dann, wenn das Erbrecht nicht festgestellt (bezeugt) ist, sondern lediglich die Bestimmungen des Testaments wiedergegeben sind.[120]

---

109 BayObLGZ 1990, 52, 53; 1990, 82, 86; 1902, 867; 1952, 67; BayObLG Recht 1908 Beilage S 600; Rpfleger 1997, 156, 157; KG OLGE 5, 430; 9, 333; 11, 255; KGJ 34, 227; 37, 249; OLGE 21, 346; KGJ 45, 252; OLGE 40, 156 Fn; JFG 18, 42; Rpfleger 1977, 307; OLG Frankfurt aM Rpfleger 1953, 35 mit zustimmender Anm *Kessler*; Rpfleger 1979, 106; LG Bamberg BayJMBl 1954, 214; OLG Dresden OLGE 5, 238; OLG München JFG 16, 145; OLG Celle NdsRpfl 1958, 140; LG Berlin JW 1913, 641 m zust Anm *Endemann*; LG Freiburg BWNotZ 1981, 38; *Holzer*-KRAMER, Grundbuchrecht, 4.Teil Rn 235; *Güthe-Triebel* Rn 17; KEHE-*Herrmann* Rn 48; *Bauer/von Oefele-Schaub* Rn 80; W *Zimmermann* ZEV 2006, 174 f; *Haegele* Rpfleger 1951, 547; *ders* Rpfleger 1956, 229; *Demharter* Rn 26; *Predari* § 36 Anm 4; *Hesse-Saage-Fischer* Anm I 1 d; *Löscher* S 177; *Gantzer* S 74; *Schöner/Stöber* Rn 784; *Staudinger-Schilken* § 2365 Rn 17, 18; *Endemann* Erbrecht III, § 146 Nr V b.
110 KG OLGE 5, 430; W *Zimmermann* ZEV 2006, 174 f.
111 Grundlegend KG OLGE 9, 333.
112 Zusammenfassend KG KGJ 37, 249 (253).
113 KEHE-*Herrmann* Rn 2; *Demharter* Rn 25; *Staudinger-Schilken* § 2365 Rn 17.
114 KG KGJ 50, 91; *Güthe-Triebel* Rn 10 (aber u Rn 63).
115 Einzelheiten zur Öffnungsklausel bei *H Roth* in: *Bassenge/Roth*, FGG/RPflG, 11.Aufl.2007, § 19 RPflG Rn 1.
116 *Winkler*, BeurkG § 1 Rn 40 ff.
117 Dazu und zu weiteren Fällen *Staudinger-Mayer* (Neubearb. 2005), Art 147 EGBGB Rn 25 ff; KEHE-*Herrmann* Rn 26.
118 *Staudinger-Schilken* § 2365 Rn 17.
119 BayObLGZ 1952, 67.
120 KEHE-*Herrmann* Rn 30.

Dagegen gibt es keinen allgemeinen Rechtsgrundsatz, dass das Grundbuchamt bei fehlender »Ordnungsmäßig- **65** keit« eines Erbscheins im Übrigen den Eintragungsantrag zurückzuweisen hat.[121]

e) Überprüfung des im Gesetz vorgesehenen Erbscheinsinhalts. Ein Erbschein – wenngleich kein ord- **66** nungsgemäßer – liegt auch dann vor, wenn er **unvollständig** ist, insbesondere wenn er nicht den gesetzlich vorgeschriebenen Inhalt hat. Das Grundbuchamt trifft die Pflicht, das Zeugnis daraufhin zu überprüfen.[122]

Gemäß § 2353 BGB muss der Erbschein die *Größe der Erbteile* angeben. Die Angabe der Erbteile ist für das **67** Grundbuchamt dann von Belang, wenn ein Miterbe im ganzen über seinen Anteil verfügt oder wenn festgestellt werden muss, ob das Erbrecht seinem vollen Umfang nach nachgewiesen ist. Dagegen werden die Erbteile nicht in das Grundbuch eingetragen.[123]

Der Erbschein muss den *Namen des Erblassers* sowie der *Erben* enthalten, sodass Verwechslungen ausgeschlossen **68** sind.[124]

Der Erbschein hat das Bestehen oder Nichtbestehen einer *Beschränkung des Erben* anzugeben.[125] Bei einem Erb- **69** schein, der einem Vorerben erteilt ist, muss gemäß § 2363 BGB angegeben werden, dass eine Nacherbfolge angeordnet ist, unter welchen Voraussetzungen sie eintritt und wer der Nacherbe ist.[126] Bei Unvollständigkeit des Erbscheins ist er als Nachweis iS des § 35 Abs 1 nicht verwendbar. Besteht *Testamentsvollstreckung,* so ist die Ernennung gemäß § 2364 BGB im Erbschein anzugeben.[127]

Weitere Einzelheiten des *förmlichen Inhalts*[128] des Erbscheins gehören in das Erbscheinsrecht des BGB (§§ 2353– **70** 2370 BGB).[129]

f) Entkräftung der Richtigkeitsvermutung des Erbscheins – Umfang und Grenzen der materiell-rechtlichen Prüfung durch das Grundbuchamt. Dem Grundbuchamt stehen wegen der durch das Gesetz **71** getroffenen funktionellen **Aufgabenverteilung** zwischen **Nachlassgericht** und **Grundbuchamt**[130] nur ganz eingeschränkte materiellrechtliche Prüfungspflichten hinsichtlich der Richtigkeit des durch den Erbschein bezeugten Erbrechts zu. Rechtsprechung und Literatur haben dazu charakteristische **Fallgruppen** gebildet, die das Zentrum der grundbuchverfahrensrechtlichen Problematik des § 35 bilden.

aa) Unzweideutigkeit und Verständlichkeit der Erbrechtsbezeugung; Grenzen der Auslegung des Erbscheins. Nach allgemeiner Ansicht bildet der Erbschein eine brauchbare Unterlage für den Grundbuch- **72** verkehr gemäß § 35 Abs 1 S 1 nur dann, wenn er sich **unzweideutig über das Erbrecht ausspricht**.[131]

In einem durch das *KG* entschiedenen Fall[132] wurde im vorgelegten Erbschein von S einerseits gesagt, dass er **73** Erbe, andererseits, dass er auf den ein Zehntel des Nachlasses ausmachenden Pflichtteil gesetzt sei. Im Übrigen wurde im Erbschein ausgeführt, dass die Anteile der übrigen Erbstämme je ein Fünftel des Nachlasses nach Abzug des erwähnten Pflichtteils ausmachten. Das *KG* hat zu Recht eine **Prüfungspflicht** des Grundbuchamts dahin gehend verlangt, ob von den beiden bestehenden Alternativen, nämlich, dass S in Höhe seines Pflichtteils Miterbe geworden oder im Testament als lediglich Pflichtteilsberechtigter anerkannt worden sei, die eine oder die andere im Erbschein unzweideutigen Ausdruck gefunden habe. Das war in dem genannten Fall ohne weiteres zu verneinen.

Die dargestellten Grundsätze müssen erst recht Anwendung finden, wenn der vorgelegte **Erbschein unver- 74 ständlich** ist.[133] In einer Entscheidung des *KG* wurde ein Erbschein dahin vorgelegt, dass (1) Frau X von ihrem Witwer und ihren vier Kindern zu je ein Fünftel beerbt wurde; (2) der Witwer lebenslänglich das Recht der uneingeschränkten Verwaltung des Nachlasses und des Nießbrauchs hieran hatte. Das *KG* hielt hier eine Auslegung dieses Erbscheins nach drei Richtungen hin für möglich. Erstens konnten das eingeräumte Verwaltungsrecht und der Nießbrauch als Vorausvermächtnis anzusehen sein; doch gehörten diese Angaben wegen der §§ 2353, 2357, 2363, 2364 BGB nicht in den Erbschein. Außerdem kann das Verwaltungsrecht wegen § 1939

---

121 BayObLGZ 1952, 67.
122 Zum einzuhaltenden Verfahren gegenüber dem Nachlassgericht unten Rdn 85 f.
123 Für alle KEHE-*Herrmann* Rn 33.
124 *Staudinger-Schilken* § 2353 Rn 73.
125 Dazu *Staudinger-Schilken* § 2353 Rn 80.
126 *Demharter* Rn 18; KEHE-*Herrmann* Rn 41 ff; LG Ellwangen BWNotZ 1992, 174.
127 Dazu KEHE-*Herrmann* Rn 40; *Demharter* Rn 20.
128 So die zutreffende Bezeichnung bei KEHE-*Herrmann* Rn 29.
129 Ausführlich *Staudinger-Schilken* § 2353 Rn 69 f; tiefer eindringende *materiellrechtliche* Darstellungen enthalten die Kommentierungen von KEHE-*Herrmann* Rn 29 ff; *Güthe-Triebel* Rn 11.
130 Oben Rdn 58.
131 KG OLGE 21, 346; KGJ 34, 227; KEHE-*Herrmann* Rn 29; *Demharter* Rn 26; *Güthe-Triebel* Rn 17.
132 KG OLGE 21, 346; zust *Bauer/von Oefele-Schaub* Rn 86.
133 KG KGJ 34, 227.

nicht Gegenstand eines Vermächtnisses sein. Zweitens konnte im Hinblick auf die Verwaltungsbefugnis eine Testamentsvollstreckung gewollt sein; insoweit lag aber eine Gesetzesverletzung vor, weil der Name des Testamentsvollstreckers wegen § 2364 BGB nicht in den Erbschein gehört. Drittens schließlich konnte der Witwer Vorerbe sein und die Kinder Nacherben. Da nicht zu erkennen sei, welche der drei Möglichkeiten das Nachlassgericht mit dem Erbschein verbunden habe, sei der vorgelegte Erbschein wegen Unverständlichkeit keine ausreichende Grundlage für eine Eintragung in das Grundbuch.

75 Die angeführte Entscheidung des *KG* macht zugleich deutlich, dass der Erbschein der **Auslegung** durch das Grundbuchamt unterliegt.

76 Wie eine Entscheidung des *OLG Dresden*[134] verdeutlicht, unterliegt die Auslegung eines Erbscheins jedoch **Grenzen**. So ist das Grundbuchamt nicht befugt, eine Befreiung des Vorerben von den gesetzlich angeordneten Verfügungsbeschränkungen (§§ 2104, 2113 BGB; 52 GBO) als vorhanden anzusehen, die im Erbschein nicht bezeugt ist. Im entschiedenen Fall ergab sich aus dem vorgelegten Erbschein für die Witwe A, dass (1) A die alleinige Erbin ihres 1900 verstorbenen Mannes auf Grund wechselseitigen Testaments sei und das, was zur Zeit ihres Todes noch vorhanden sein werde, den beiderseitigen Kindern zu hinterlassen habe; (2) das Testament bei Wiederverheiratung des überlebenden Teils hinfällig werde. Das *OLG Dresden* führte mit Recht aus, dass A die Ausstellung eines neuen Erbscheins erwirken müsse, wenn sie die Auffassung vertrete, sie sei nach dem Zusammenhang der testamentarischen Bestimmungen von den Beschränkungen des Verfügungsrechts befreit.

bb) Rückgriffsverbot auf das Testament bei unterschiedlichen Auslegungsmöglichkeiten von Erb-
77 schein und Testament. Nach der durch das *KG* begründeten[135] ständigen Rechtsprechung der Gerichte[136] hat das Grundbuchamt bei der Vorlegung eines Erbscheins und des diesem zugrunde liegenden Testaments für den Nachweis der Erbfolge lediglich den **Inhalt des Erbscheins** zu berücksichtigen.[137] Dagegen ist es nicht berechtigt, kraft eigener, dem Inhalt des Erbscheins widersprechender Auslegung des Testaments den Erbschein zum Nachweis der Erbfolge für ungenügend zu erklären. Das *KG* hat diese Grundsätze in einer Entscheidung aus dem Jahr 1905 dahin präzisiert, dass es sich um eine »an sich mögliche« Auslegung handeln muss.[138] Das *OLG Frankfurt aM*[139] hat aus diesem Grundsatz zu Recht gefolgert, dass für das Grundbuchamt regelmäßig kein Anlass besteht, die Nachlassakten beizuziehen, weil es eben weder berechtigt noch verpflichtet sei, in eine sachliche Prüfung der Richtigkeit des Inhalts des Erbscheins einzutreten.

78 Der Erbschein ist für das Grundbuchamt nicht nur hinsichtlich der Auslegung des Inhalts, sondern auch hinsichtlich der Beurteilung der **Formnichtigkeit** des Testaments bindend.[140] Auch wenn es für das Grundbuchamt zweifelsfrei ist, dass das Nachlassgericht auf Grund einer wegen Formmangels nichtigen Verfügung von Todes wegen einen Erbschein ausgestellt hat, so hat es ihn gleichwohl als gültig anzusehen, solange er nicht eingezogen oder für kraftlos erklärt worden ist.[141] In diesem Fall trifft das Grundbuchamt freilich eine **Amtspflicht**, dem Nachlassgericht unter Mitteilung seiner Bedenken gegen die Richtigkeit des Erbscheins dessen **Einziehung anheim zu stellen**.[142]

79 cc) Offenbare inhaltliche Unrichtigkeiten; Verstoß gegen gefestigte Rechtsauffassung. Eine Ausnahme von dem Grundsatz, dass der Inhalt des von dem sachlich zuständigen Nachlassgericht in rechter Form ausgestellten Erbscheins durch das Grundbuchamt grundsätzlich und schlechthin als richtig anzusehen ist, wird von manchen für den Fall behauptet, dass der Erbschein **inhaltlich offenkundig unrichtig** ist.[143] In einem durch das *LG Berlin*[144] entschiedenen Fall waren neben den Vorerben auch Ersatzerben aufgeführt. Das Gericht hielt den Erbschein deshalb für offensichtlich inhaltlich unrichtig, weil die Ersatzerbenberufung in dem Augenblick gegenstandslos geworden sei, als die Erben den Erbfall erlebt und die Erbschaft angenommen hatten. ME muss sich auch in derartigen Fällen das Grundbuchamt zunächst an das Nachlassgericht wenden, um ihm Gele-

---

134 OLG Dresden OLGE 5, 238; *Bauer/von Oefele-Schaub* Rn 88.
135 KG OLGE 5, 430; OLGE 9, 333; OLGE 11, 255; KGJ 34, 227; KGJ 37, 249 (253).
136 OLG München JFG 16, 145; OLG Frankfurt aM Rpfleger 1979, 106; OLG Celle NdsRpfl 1958, 140; LG Berlin JW 1933, 641 mit Anm *Endemann*; ebenso die ganz überwiegende Literatur: KEHE-*Herrmann* Rn 48; *Staudinger-Schilken* § 2365 Rn 17, 18; *Bauer/von Oefele-Schaub* Rn 89; *Güthe-Triebel* Rn 17 (jedenfalls für den Fall, dass das Testament dem Nachlassrichter bekannt war).
137 O Rdn 66 ff.
138 KG OLGE 11, 255.
139 OLG Frankfurt aM Rpfleger 1979, 106.
140 KG KGJ 37, 249 (253); *Demharter* Rn 26; KEHE-*Herrmann* Rn 48; ebenso für den Fall der *Zweifelhaftigkeit* der Formgültigkeit *Güthe-Triebel* Rn 17.
141 KG KGJ 37, 249; **aA** *Güthe-Triebel* Rn 17; *Predari* § 36 Anm 4 a.
142 KG KGJ 37, 249; zum weiteren Verfahren in derartigen Fällen unten Rdn 85 f.
143 LG Berlin JW 1933, 641 m zust Anm *Endemann*.
144 LG Berlin JW 1933, 641.

genheit zu geben, einen neuen Erbschein zu erteilen.[145] In vielen Fällen kann es überdies zweifelhaft sein, was »offenbare inhaltliche Unrichtigkeit« bedeutet.

Zu dieser Fallgruppe gehört auch die Erteilung eines Erbscheins unter **Verstoß** gegen eine **gefestigte Rechts-** **80** **auffassung.** Das *OLG Frankfurt aM*[146] vertritt dazu die Ansicht, dass das Grundbuchamt einen Erbschein zurückweisen kann, wenn seine Erteilung gefestigter Rechtsauffassung widerspricht. Es handelte sich um die Ausstellung eines Erbscheins für einen Vermissten, die nach Auffassung des *OLG Frankfurt aM* deshalb unzulässig war, weil für den Vermissten im Zeitpunkt des Erbfalls keine Lebensvermutung galt. Entgegengesetzt hat für einen vergleichbaren Fall zu Recht das *LG Bamberg*[147] entschieden: Auch eine noch so gefestigte Rechtsauffassung ließe sich nicht einer neu bekannt gewordenen unzweifelhaften Tatsache[148] gleichsetzen. Ansonsten setzte sich letztlich die Rechtsansicht des Grundbuchamts gegenüber dem für die Richtigkeit des Zeugnisses allein verantwortlichen Nachlassgericht durch, was § 35 gerade vermeiden wolle. Das *LG Bamberg* bejaht deshalb zutreffend eine Bindung des Grundbuchamts an den Erbschein dann, wenn das Nachlassgericht trotz Mitteilung der Bedenken durch das Grundbuchamt auf seiner abweichenden Rechtsauffassung beharrt.[149]

dd) Dem Nachlassgericht unbekannt gebliebene Tatsachen. Nach ganz überwiegender Ansicht[150] ist die **81** Vermutung des § 2365 BGB dann entkräftet, **wenn dem Grundbuchamt neue, vom Nachlassgericht** bei der Erteilung des Erbscheins **offenbar nicht berücksichtigte Tatsachen bekannt geworden sind,** welche die sachliche Unrichtigkeit des Erbscheins in irgendeinem Punkte erweisen und von denen es ohne weiteres annehmen muss, dass das Nachlassgericht wegen dieser Umstände den Erbschein nicht aufrechterhalten, sondern einziehen oder für kraftlos erklären wird. Dabei ist gleichgültig, ob die **Unrichtigkeit** eine **ursprüngliche** (zB Auftauchen eines Testaments oder Erbvertrags bei einem auf Grund des gesetzlichen Erbrechts erteilten Erbscheins) oder eine **nachträgliche** ist (zB Wegfall eines Miterben oder Nacherben oder Eintritt der Nacherbfolge).[151] Unerheblich ist auch, auf welchen Teil des Erbscheins sich die Unrichtigkeit bezieht, da auch eine nur teilweise Unrichtigkeit dem ganzen Erbschein als einem einheitlichen Zeugnis seine Beweiskraft in vollem Umfang nimmt.[152]

ee) Einziehung oder Kraftloserklärung des Erbscheins. Sofern das Grundbuchamt positiv weiß, dass der **82** Erbschein für **kraftlos erklärt** oder **eingezogen** worden ist, ist der gestellte Antrag zurückzuweisen oder ein anderer Erbschein zu verlangen.[153]

Wenn besondere Umstände die Annahme rechtfertigen, dass vielleicht schon eine Kraftloserklärung vorliegt, ist **83** das Grundbuchamt berechtigt und verpflichtet, ein **Negativzeugnis** des Inhalts zu verlangen, dass eine Kraftloserklärung unterblieben ist.[154]

Der Umstand allein freilich, dass die **Einziehung** des Erbscheins **beantragt** ist, ist für sich nicht geeignet, dem **84** Erbschein seine gesetzliche Bedeutung für das Grundbuchamt zu nehmen.[155] Das Grundbuchamt wird hier aber richtigerweise die Nachlassakten beiziehen. Daraus können sich nämlich neue Tatsachen ergeben, von denen angenommen werden kann, dass im Hinblick darauf das Nachlassgericht den Erbschein nicht aufrechterhalten wird.

Wurde auf Grund eines Erbscheins der Vorerbe als **befreiter Vorerbe** im Grundbuch eingetragen, so besteht **85** bei einer Verfügung des Vorerben über das Grundstück kein erneutes Prüfungsrecht des Grundbuchamts bezüglich seiner Verfügungsbefugnis, wenn der Erbschein nur auf Grund einer anderen Auslegung der letztwilligen Verfügung durch das Nachlassgericht deshalb eingezogen worden ist, weil es den Vorerben nunmehr als nicht befreit ansieht.[156]

145 Zum weiteren Verfahren unten Rdn 87 f.
146 OLG Frankfurt aM Rpfleger 1953, 35 m zust Anm *Kessler.*
147 LG Bamberg BayJMBl 1954, 214.
148 Dazu unten Rdn 81.
149 Dem LG Bamberg zustimmend OLG Celle NdsRpfl 1958, 140; *Schlegelberger* FGG, § 84 Anm 11; KEHE-*Herrmann* Rn 55.
150 KG OLGE 6, 75 (76); OLGE 40, 156 Fn; KGJ 45, 252; KGJ 34, 227; JFG 18, 42; OLG München JFG 16, 328; BayObLGZ 1952, 67; OLG Frankfurt aM Rpfleger 1979, 106; *Haegele* Rpfleger 1951, 547; KEHE-*Herrmann* Rn 49; *Demharter* Rn 26; *Schöner/Stöber* Rn 785.
151 KG JFG 18, 42 (44); auch BayObLG ZEV 2006, 173 (LS)(für das Testamentsvollstreckerzeugnis).
152 KG JFG 18, 42 (44); *Staudinger-Schilken* § 2365 Rn 17.
153 KEHE-*Herrmann* Rn 47; *Demharter* Rn 26; *Güthe-Triebel* Rn 17.
154 Zutreffend *Güthe-Triebel* Rn 17.
155 KG OLGE 40, 156 Fn; KEHE-*Herrmann* Rn 47; *Güthe-Triebel* Rn 17.
156 LG Freiburg BWNotZ 1981, 38; BayObLG MittBayNot 1970, 161.

86 **ff) Unrichtige Eintragung auf Grund eines Erbscheins.** Ist eine unrichtige Eintragung auf Grund eines Erbscheins gemäß § 35 Abs 1 S 1 vorgenommen worden, so darf die **Berichtigung** des Grundbuchs nicht auf der Grundlage **unmittelbarer Testamentsvorlage** geschehen.[157] Das Grundbuchamt hat über die Frage nicht zu entscheiden, ob der Inhalt des Zeugnisses richtig ist. Zwar genügt in den Fällen des § 35 Abs 1 S 2 die Vorlegung der dort genannten Urkunden. Aber wenn einmal ein Erbschein vorgelegt wird, auf dessen Grundlage die Eintragung bewirkt worden ist, so hat es für das Grundbuchamt dabei sein Bewenden. Zur Grundbuchberichtigung muss entweder ein neues Zeugnis des Nachlassgerichts vorgelegt oder die Bewilligung der Parteien beigebracht werden.

87 **g) Das Verfahren des Grundbuchamts bei Entkräftung der Richtigkeitsvermutung.** Letztlich noch nicht befriedigend geklärt ist die Frage, wie das Grundbuchamt zu verfahren hat, wenn auf Grund der angeführten Fallgruppen die Richtigkeitsvermutung des § 2365 BGB **entkräftet** ist.[158]

88 **aa) Ablehnung des gestellten Antrags.** Das KG[159] hat mehrfach die Auffassung vertreten, das Grundbuchamt sei befugt, einen auf einen Erbschein gestützten Antrag dann **abzulehnen**, wenn es aus den Umständen des Falles zu der Überzeugung gelangt sei, dass der Inhalt des Erbscheins der materiellen Rechtslage nicht entspreche. So wurde etwa für einen Fall entschieden, wo dem Grundbuchamt amtlich bekannt geworden war, dass ein Testament vorhanden war, während im Erbschein das gesetzliche Erbrecht bezeugt wurde.[160] Eine Nichtbindung an den Erbschein wird auch dann angenommen, wenn dem Grundbuchamt neue Tatsachen bekannt werden,[161] die der Richtigkeit des Erbscheins entgegenstehen, und von denen angenommen werden kann, dass das Nachlassgericht den Erbschein nicht aufrechterhalten wird.[162] In der letztgenannten Entscheidung wurde freilich ausgesprochen, dass Anlass zu einer *Zwischenverfügung* deshalb nicht bestanden hatte, weil nach dem bisherigen Verhalten der Nacherbin keine Zustimmung zu erwarten war.

89 Diese Auffassung ist abzulehnen, weil ein **eigenständiges Ablehnungsrecht** des Grundbuchamts die Funktionsteilung zwischen Nachlassgericht und Grundbuchamt nicht beachtet.[163] Die Frage, welche Umstände geeignet sind, für das Grundbuchamt die Richtigkeitsvermutung des Erbscheins zu entkräften, muss von der Frage getrennt werden, *wie* das Grundbuchamt die Entkräftung der Richtigkeitsvermutung grundbuchverfahrensrechtlich zu bewältigen hat.

90 **bb) Zwischenverfügung an die Beteiligten gemäß § 18.** In manchen Entscheidungen hat das KG die Vorlage eines neuen Erbscheins verlangt, die vom Grundbuchamt gegenüber dem Antragsteller durch Zwischenverfügung gemäß § 18 durchzusetzen sei.[164] So sollte etwa bei Unverständlichkeit des Erbscheins[165] dem Antragsteller gemäß § 18 eine Frist zu setzen sein, um ihm Gelegenheit zu geben, bei dem Nachlassgericht die Erteilung eines anderen Erbscheins zu erwirken.[166]

Auch gegen diese Auffassung bestehen Bedenken, weil damit das in erster Linie zwischen Nachlassgericht und Grundbuchamt bestehende **Bindungsproblem** auf die Ebene der Beteiligten verlagert wird.[167]

91 **cc) Rückfrage an das Nachlassgericht.** Das Nachlassgericht ist das zuständige Gericht, schon aus der Erschütterung der Richtigkeitsvermutung des Erbscheins die erforderlichen Konsequenzen zu ziehen. Das geschieht gemäß § 2361 BGB durch Einziehung oder Kraftloserklärung, falls das Gericht nach Durchführung der zur Aufklärung des Sachverhalts erforderlichen Ermittlungen die Richtigkeit des Erbscheins nicht mehr als erwiesen erachtet.[168] Richtigerweise muss sich in den dargelegten Fällen das Grundbuchamt daher an das Nachlassgericht unter Schilderung des Sachverhalts wenden, um diesem gemäß § 2361 BGB Gelegenheit zu geben, den Erbschein einzuziehen oder für kraftlos zu erklären. Das KG hat für den Fall, dass das Grundbuchamt den Erbschein wegen Formnichtigkeit des Testaments für unrichtig hielt, eine **Amtspflicht** des Grundbuchamts bejaht, bei dem Nachlassgericht die **Einziehung anzuregen**.[169] Dieser Auffassung ist zuzustimmen.[170] Allein

157 BayObLG Recht 1908 Beilage S 600.
158 Ausführliche Darstellung auch bei KEHE-*Herrmann* Rn 50 f.
159 KG OLGE 6, 75 (76); KGJ 45, 252; ebenso OLG Frankfurt aM Rpfleger 1953, 36.
160 KG OLGE 6, 75 (76).
161 S oben Fallgruppe dd) Rdn 81 f.
162 KG KGJ 45, 252.
163 Ablehnend auch KEHE-*Herrmann* Rn 52; *Schöner/Stöber* Rn 785.
164 KG OLGE 9, 333; KGJ 34, 227; JFG 18, 42 (44).
165 Oben Fallgruppe aa) Rdn 74.
166 KG KGJ 34, 227; in diese Richtung auch BayObLGZ 1902, 867.
167 Dagegen auch KEHE-*Herrmann* Rn 53 (mit abweichender Begründung).
168 Dazu BGHZ 40, 54; BayObLGZ 1966, 233.
169 KG KGJ 37, 249 (255).
170 BayObLGZ 1990, 57; BayObLG MittBayNot 1997, 44; ebenso KEHE-*Herrmann* Rn 54; *Bauer/von Oefele-Schaub* Rn 101; *Demharter* Rn 26; *Schöner/Stöber* Rn 785.

diese Rückfrage wird der Funktionsteilung zwischen Nachlassgericht und Grundbuchamt gerecht. Ein Verstoß gegen das grundbuchverfahrensrechtliche Verbot der Amtsermittlung liegt nicht vor.[171]

Beharrt das Nachlassgericht auf seiner ursprünglichen Verfügung, so muss das Grundbuchamt den Erbschein als **92** richtig gelten lassen.[172] Die Verantwortung für eine etwa entstehende **Staatshaftung** trägt dann allein das **Nachlassgericht.** Die Bindung des Grundbuchamts gilt unabhängig davon, ob es sich um Fragen der unterschiedlichen Auslegung[173] oder um neu aufgetretene Tatsachen handelt.[174] Auch in letzterem Fall zieht das Nachlassgericht letztlich rechtliche Schlussfolgerungen aus den ihm vom Grundbuchamt mitgeteilten neuen Tatsachen. Das Primat der rechtlichen Beurteilung durch das Nachlassgericht gilt daher gleichermaßen für alle Fallgruppen.[175]

Das Grundbuchamt hat sich zu vergewissern, ob das Nachlassgericht ein Erbscheineinziehungsverfahren auf **93** Grund der Rückfrage eingeleitet hat. In diesem Falle kann das Grundbuchamt von den Beteiligten im Wege der **Zwischenverfügung** den Nachweis verlangen, dass der Erbschein nicht eingezogen worden ist.[176]

Nach einer Entscheidung des *KG*[177] soll das Grundbuchamt nach *§ 82a S 2* das Nachlassgericht nicht um Ein- **94** ziehung eines unrichtigen Erbscheins ersuchen können. Dort ging es um einen unvollständigen Fremdrechtserbschein nach § 2369 BGB, der das für die Erbfolge maßgebliche Recht nicht bezeichnet hatte. Das *KG* tritt in der wenig überzeugenden Entscheidung[178] dafür ein, dass das Grundbuchamt das Nachlassgericht in entsprechender Anwendung des § 82a S 2 im Rechtshilfeweg zur Vervollständigung des Erbscheins ersuchen muss.

IV. Verfügungen von Todes wegen in öffentlicher Urkunde

Beruht die Erbfolge auf einer Verfügung auf Todes wegen, die in einer **öffentlichen Urkunde** enthalten ist, **95** so genügt es gemäß § 35 Abs 1 S 2 1. Hs als Ausnahme von § 35 Abs 1 S 1, wenn anstelle des Erbscheins die Verfügung und die Niederschrift über die Eröffnung der Verfügung vorgelegt werden. Die Vorlegung kann durch die die Urkunden enthaltenden Akten desselben AG ersetzt werden.[179] Eine vergleichbare Vorschrift enthält § 12 Abs 1 S 3 HGB.[180] Dagegen wird zur Regel des § 35 Abs 1 S 1 zurückgekehrt, wenn das Grundbuchamt gemäß § 35 Abs 1 S 2 2. Hs die Erbfolge durch diese Urkunden nicht für nachgewiesen erachtet.

1. Die Auslegungsmaxime der Rechtsprechung – Zum Verhältnis von § 35 Abs 1 S 2 1. Hs und § 35 Abs 1 S 2 2. Hs

Obgleich § 35 Abs 1 S 2 2. Hs die Regel des § 35 Abs 1 S 1 wiederherstellt, werden von der Rechtsprechung **96** **hohe Anforderungen** gestellt, damit das Grundbuchamt einen Erbschein fordern kann.[181] Es muss aber daran erinnert werden, dass § 35 Abs 1 S 2 1. Hs im Wesentlichen **kostenrechtliche Gründe** hat.[182] Die Rechtsprechung sollte mE stärker als bisher berücksichtigen, dass dem Grundsatz des § 35 Abs 1 S 1 ein höherwertiges Rechtsgut zugrunde liegt, nämlich letztlich die **Verbürgung schneller und richtiger Eintragungen.** In Abwendung von der Auslegungsmaxime der herrschenden Rechtsprechung ist festzuhalten: »Im Zweifel darf das Erbscheinsverfahren nicht aus Kostengründen vermieden werden«.[183]

2. Anwendungsbereich

Bei den in § 35 Abs 1 S 2 gemeinten Verfügungen von Todes wegen kann es sich sowohl um solche handeln, **97** die in **deutschen öffentlichen Urkunden** enthalten sind als auch um solche, die sich in **ausländischen** öffentlichen Urkunden finden.[184]

---

171 Überzeugend *KEHE-Herrmann* Rn 54.
172 KG KGJ 37, 249 (255); LG Bamberg BayJMBl 1954, 214; OLG Celle NdsRpfl 1958, 140; BezG Erfurt DtZ 1994, 77; *KEHE-Herrmann* Rn 55; *Demharter* Rn 26; *Schöner/Stöber* Rn 785; **aA** *Güthe-Triebel* Rn 17.
173 Fallgruppe oben bb) Rdn 77 f.
174 Fallgruppe oben dd) Rdn 81 f.
175 *Staudinger-Schilken* § 2365 Rn 18.
176 *KEHE-Herrmann* Rn 56.
177 KG Rpfleger 1977, 307.
178 Ferner *Staudinger-Schilken* § 2365 Rn 18 aE.
179 OLG Frankfurt a.M. NJW-RR 2005, 380.
180 KG NJW-RR 2007, 692; DNotZ 2006, 550; OLG Köln FamRZ 2005, 640, 641.
181 So die durchgängige Linie vor allem bei BayObLGZ 2000, 167 (aber gewisser Beurteilungsspielraum des Grundbuchamts); 1970, 137; 1974, 1; OLG Frankfurt aM Rpfleger 1980, 434; OLG Hamm DNotZ 1972, 96; OLG Stuttgart Rpfleger 1975, 135 in Fortführung der restriktiven Haltung des KG: KG OLGE 10, 194; OLGE 6, 15; OLGE 9, 335; KGJ 29, 159; KGJ 38, 225; KGJ 24, 221; s auch BayObLG Rpfleger 1983, 104; *Böhringer* Rpfleger 2003, 157 (167).
182 Oben Rdn 2.
183 Ähnlich in anderem Zusammenhang die Anm von *Bokelmann* Rpfleger 1974, 435; auch *H Roth* Die FGG-Klausur (2. Aufl 2000) S 32 f.
184 Allgemeine Meinung: KG OLGE 3, 221; OLGE 8, 222; KGJ 36, 162; KEHE-*Herrmann* Rn 58, 62; *Güthe-Triebel* Rn 49; *Bauer/von Oefele-Knothe*, Anhang Internationale Bezüge Rn 623.

98 **a) Deutsches Recht.** Nach deutschem Recht sind Verfügungen von Todes wegen, die in einer öffentlichen Urkunde enthalten sind, Testamente (§ 2231 Nr 1 BGB) und Erbverträge (§ 2276 Abs 1 BGB), die zur Niederschrift eines **deutschen Notars** oder eines **Konsularbeamten** errichtet sind (§§ 10 Abs 1 Nr 1, 11, 19, 24 Konsulargesetz).[185] Für früheres Recht wird auf die Darstellung der 6. Aufl dieses Kommentars verwiesen.[186]

99 Ferner fallen unter § 35 Abs 1 S 2 die **Nottestamente** des § 2249 BGB und des § 2250 BGB, sofern sie zur Niederschrift des Bürgermeisters erklärt worden sind.[187] Zu beachten ist hierbei die beschränkte Gültigkeitsdauer gemäß § 2252 BGB.

100 Bei der Feststellung, ob die vom Erblasser erklärte letztwillige Verfügung in einer **öffentlichen Urkunde** enthalten ist, ist auf den Urkundenbegriff des **§ 415 ZPO** abzustellen.[188] Danach ist ein **privatschriftlicher Nachzettel,** der mit dem in einer öffentlichen Urkunde enthaltenen Testament eröffnet und ausgefertigt ist, keine öffentliche Urkunde iS des § 35 Abs 1 S 2.[189] Dagegen ist das gemäß § 2249 BGB vor dem Bürgermeister errichtete Testament auch dann eine öffentliche Urkunde iS des § 35, wenn die *Ordnungsvorschriften* über die Verschließung des Testaments, über die Aufnahme eines besonderen Vermerks über die Errichtung usw nicht beachtet worden sind.[190]

101 **b) Ausländische öffentliche Urkunden.** § 35 Abs 1 S 2 ist auch auf letztwillige Verfügungen anwendbar, die **nicht im Inland errichtet** worden sind.[191] Auch in diesen Fällen ist zu prüfen, ob das Testament von einer ausländischen öffentlichen Behörde innerhalb der Grenzen ihrer Amtsbefugnisse oder von einer mit öffentlichem Glauben versehenen Person innerhalb des ihr zugewiesenen Geschäftskreises aufgenommen und ob dabei die vorgeschriebene Form beachtet ist (näher oben § 29 Rdn 233 ff). Bei dieser Prüfung sind diejenigen gesetzlichen Vorschriften über die *Zuständigkeit* zur Testamentserrichtung und über die *Form* des Errichtungsakts anzuwenden, die zur Zeit und am Ort derselben Geltung gehabt haben.[192] Ein in Italien zugelassenes holographisches Testament hatte der deutsche Richter als formrichtiges Testament auch für die Zeit gelten zu lassen, in der im Inland keine holographischen Testamente zugelassen waren.[193]

102 Die davon zu **unterscheidende Frage,** ob die beigebrachte Urkunde für Grundbucheintragungen **geeignet** ist, beurteilt sich ausschließlich nach **deutschem Grundbuchrecht als der lex fori,** also nach den Anforderungen des § 35 Abs 1 S 2.[194] Ein italienisches holographisches Testament wird dadurch, dass es nach dem Tode des Erblassers dem Gericht hinterlegt und inhaltlich in das Hinterlegungsprotokoll aufgenommen wurde, nicht zu einer öffentlichen Urkunde.[195]

103 Das *KG*[196] leitet aus § 35 Abs 1 S 2 allgemein eine Verpflichtung des Grundbuchamts her, auch eine **ausländische,** in einer öffentlichen Urkunde niedergelegten Verfügung von Todes wegen zu prüfen und sie insbesondere hinsichtlich der Erbfolge unter Berücksichtigung des ausländischen Rechts auszulegen. Es ist freilich anzunehmen, dass das Grundbuchamt in derartigen Fällen stets einen **Erbschein** gemäß § 35 Abs 1 S 2 2. Hs verlangen kann.[197]

3. Eröffnungsniederschrift

104 Dem Grundbuchamt ist das Eröffnungsprotokoll der §§ 2260 f, 2273, 2300 BGB vorzulegen. Bei einem **gemeinschaftlichen Testament** muss nach dem Tod des Längstlebenden eine zweite Eröffnungsverhandlung vorgenommen werden, auch wenn es nach dem Tod des Erstverstorbenen seinem ganzen Inhalt nach eröffnet worden ist.[198]

105 Auch bei der Erbfolge nach einem im Ausland verstorbenen Erblasser auf Grund einer **im Ausland** in einer öffentlichen Urkunde errichteten Verfügung von Todes wegen kann im Grundbuchverkehr von der Vorlegung

---

185 Zu letzterem *Geimer* DNotZ 1978, 3.
186 § 35 Rdn 44 f; s auch *Demharter* Rn 33; *Güthe-Triebel* Rn 21 f.
187 Etwa KEHE-*Herrmann* Rn 60; *Demharter* Rn 34; zu *früherem Recht* vgl die 6. Aufl dieses Kommentars Rn 15 f; *Güthe-Triebel* Rn 36 f.
188 KG DNotZ 2006, 550, 551 (beglaubigte Kopien von beglaubigten Abschriften des Eröffnungsprotokolls); OLGE 3, 221; *H. Roth* IPRax 1994, 86, 87; o § 29 Rdn 105.
189 KG KGJ 25, 278.
190 KG KGJ 24, 88.
191 KG OLGE 3, 221.
192 KG OLGE 3, 221.
193 KG OLGE 8, 222.
194 KG OLGE 8, 222; vgl auch LG Aachen Rpfleger 1965, 233 unter Hinweis auf KG KGJ 36, 250; JFG 7, 255.
195 KG OLGE 8, 222.
196 KG JFG 17, 343 (345).
197 Dazu unten Rdn 121.
198 RGZ 137, 228; *Holzer-Kramer*, Grundbuchrecht, 4. Teil Rn 258.

eines Erbscheins nur abgesehen werden, wenn außer der Verfügung von Todes wegen das *Protokoll über deren Eröffnung* vorgelegt wird. Es ist gleichgültig, ob das für das Erbrecht maßgebende ausländische Recht die Eröffnung einer Verfügung von Todes wegen kennt oder nicht.[199] Ist das nicht der Fall, muss ein deutscher Erbschein verlangt werden.[200] Der Grund dafür liegt in der wesentlichen Bedeutung des Eröffnungsprotokolls, da die amtliche Eröffnung durch die Ladung der gesetzlichen Erben des Erblassers und der sonstigen Beteiligten, durch die Verkündung der Verfügung von Todes wegen und die Benachrichtigung der nicht anwesenden Beteiligten eine gewisse Gewähr dafür bietet, dass Fehler und sonstige Umstände, die der Gültigkeit der Verfügung entgegenstehen könnten, zur Erörterung gelangen.[201] Doch darf das Grundbuchamt grundsätzlich keinen Nachweis über die **Annahme** oder **Nichtausschlagung** der Erbschaft verlangen.[202] Es bleibt bei begründeten Zweifeln die Vorlage des Erbscheins nach § 35 Abs 1 S 2 Hs 2. Die der Niederschrift über die Eröffnung einer letztwilligen Verfügung als öffentliche Urkunde zukommende Beweiskraft umfasst nicht die Angaben darüber, welche Personen als gesetzliche Erben des Erblassers in Frage kommen. Ist durch Testament bestimmt, dass die gesetzliche Erbfolge nicht geändert wird, so muss ein Erbschein vorgelegt werden, auch wenn in der Niederschrift über die Eröffnung Feststellungen über die gesetzlichen Erben enthalten sind.[203]

4. Form der Vorlage

Die Niederschrift über die Eröffnung der Verfügung kann in **Ausfertigung**, aber auch in **beglaubigter Abschrift** vorgelegt werden. Eine durch das Nachlassgericht beglaubigte Abschrift genügt auch für die Verfügung von Todes wegen.[204] Ausreichend ist auch die beglaubigte Abschrift einer beglaubigten Abschrift.[205] **106**

Die Vorlegung wird ersetzt durch **Verweisung** auf die die Urkunden enthaltenden Akten desselben Amtsgerichts.[206] Richtigerweise kann eine **Verbindung** der Verfügung von Todes wegen und der Eröffnungsniederschrift mit **Schnur und Siegel** nicht gefordert werden.[207] **107**

Ein **Eröffnungsvermerk** auf dem Testament, der den Erfordernissen einer Eröffnungsniederschrift gemäß § 2260 Abs 3 BGB nicht entspricht, ist keine ausreichende Eintragungsgrundlage.[208] **108**

5. Die Prüfungspflicht des Grundbuchamts – Verlangen des Grundbuchamts nach Vorlage eines Erbscheins gemäß § 35 Abs 1 S 2 2. Hs

a) Grundsatz. Nach § 35 Abs 1 S 2 2. Hs kann das Grundbuchamt trotz Vorliegens einer öffentlichen Urkunde die Vorlage eines Erbscheins verlangen, wenn es die Erbfolge durch diese Urkunden nicht für nachgewiesen erachtet. Die von der ständigen **obergerichtlichen Rechtsprechung**[209] aufgestellten **Grundsätze** lassen sich folgendermaßen zusammenfassen: **109**

§ 35 Abs 1 S 2 2. Hs stellt es **nicht in das Belieben** des Grundbuchamts, ob es sich mit der Vorlegung des Testaments begnügt oder ob es einen Erbschein fordern will.[210] Das Grundbuchamt hat eine ihm vorgelegte letztwillige Verfügung zunächst nach ihrer äußeren Form und nach ihrem Inhalt zu prüfen und darf die Eintragung nur versagen, wenn sich nach erschöpfender rechtlicher Würdigung **konkrete Zweifel** an der Gültigkeit des Testaments oder der Beurteilung der Erbfolge ergeben.[211] Abstrakte Zweifel und bloße Vermutungen genü- **110**

199 KG KGJ 36, 162.
200 *Heggen* RNotZ 2007, 1, 7.
201 KG KGJ 36, 162 (164).
202 LG Amberg Rpfleger 1991, 451.
203 LG Stuttgart BWNotZ 1967, 154.
204 KG JW 1938, 1411; *Schöner/Stöber* Rn 786; KEHE-*Herrmann* Rn 68; *Demharter* Rn 57.
205 KG Rpfleger 1998, 108.
206 KG KGJ 20, 289; RGZ 48, 400; BayObLGZ 1974, 1; BGH DNotZ 1982, 159; OLG Zweibrücken DNotZ 1986, 240.
207 *Westphal* Rpfleger 1980, 214 und 460; *Bayer* Rpfleger 1980, 459; *Schöner/Stöber* Rn 786; zur Diskussion *von Rechenberg* Rpfleger 1980, 458.
208 *Schöner/Stöber* Rn 786.
209 BayObLGZ 2000, 167 ff; 1970, 137; 1920, 343; BayObLG NJW–RR 2003, 736; Rpfleger 1983, 104; MittBayNot 1981, 188 f; Rpfleger 1974, 434; OLG Schleswig Rpfleger 2006, 643, 644; OLG Frankfurt a.M NJW–RR 2005, 380, 381; OLG Köln Rpfleger 2000, 157; KG OLGE 10, 94; OLGE 6, 15 (Leitentscheidung); OLGE 5, 430; OLGE 9, 336; OLGE 44, 88; OLGE 37, 255; OLG München JFG 22, 184; KG JFG 20, 217; KGJ 29, 159 (160); KGJ 38, 225; KGJ 24, 221; KGJ 34, 233; JFG 11, 195; OLG Hamm DNotZ 1955, 76 mit Anm *Pritsch*; DNotZ 1972, 96; OLGZ 1969, 301; LG München I Rpfleger 2007 (Heft 6)(Eintragung einer befreiten Vorerbin); *Demharter* Rn 39; KEHE-*Herrmann* Rn 69 f; *Löscher* S 177; *Dantzer* S 74 f; *Schöner/Stöber* Rn 788; *Haegele* Rpfleger 1975, 153 (154); *Staudinger-Schilken* § 2365 Rn 22; *Bauer/von Oefele-Schaub* Rn 124 ff; *Bokelmann* Rpfleger 1971, 337; *Güthe-Triebel* Rn 50 mit vielen Beispielen.
210 ZB KG OLGE 10, 94; insoweit auch LG Kleve MittRhNotK 1989, 273; *Böhringer* ZEV 2001, 387 (388).
211 KG OLGE 6, 15.

gen nicht (näher u Rdn 125).[212] Deshalb kann ein Erbschein nicht verlangt werden, wenn nur die abstrakte Möglichkeit besteht, dass eine **spätere Verfügung** von Todes wegen vorhanden ist, selbst wenn zwischen dem Zeitpunkt der Testamtentserrichtung und dem Erbfall ein längerer Zeitraum liegt.[213] Dabei sind nur **solche Zweifel** maßgeblich, die in **tatsächlichen Verhältnissen** ihren Grund haben, wogegen das Grundbuchamt den **Rechtsinhalt** des Testaments **stets zu prüfen** hat,[214] auch wenn es um rechtlich schwierige Fragen geht. Das Grundbuchamt hat danach anhand der vorgelegten Verfügung von Todes wegen und der Eröffnungsniederschrift selbständig zur Frage der Erbfolge Stellung zu nehmen, den Willen des Erblassers durch **eigenständige Auslegung** zu ermitteln und Zweifel durch Anwendung des Gesetzes auf die Verfügung zu lösen.[215] **Die Vorlage eines Erbscheins kann nur dann verlangt werden, wenn besondere tatsächliche Ermittlungen über außerhalb der Urkunde liegende Umstände erforderlich sind.**[216] Das Grundbuchamt hat, da *§ 12 FGG* im Grundbuchverfahren nicht anwendbar ist, weder das Recht noch die Pflicht, eigene Ermittlungen anzustellen.[217] Das Verlangen nach Vorlage eines Erbscheins ist damit nur dann gerechtfertigt, wenn bei der Auslegung des Inhalts der letztwilligen Verfügung sich Bedenken ergeben, die nicht oder nicht nur im Wege der Anwendung des Gesetzes auf die Verfügung, sondern nur durch Anstellung besonderer – außerhalb des Testaments liegender – Ermittlungen über den Willen des Erblassers oder über tatsächliche Verhältnisse entschieden werden können.[218]

Hat etwa der Erblasser nur verfügt: »Nacherben/Erben sind meine Kinder/Abkömmlinge«, ohne die Kinder namentlich zu bezeichnen, so kann das Grundbuchamt auch bei einem notariellen Testament nicht allein durch Auslegung bestimmen, wer Erbe oder Nacherbe ist. Daher kann hier grundsätzlich ein Erbschein verlangt werden.[219]

111   **b) Subsidiarität von Auslegungsregeln.** Nach der Rechtsprechung hat das Grundbuchamt bei Prüfung des Testaments nach Form und Inhalt die **gesetzlichen Auslegungsregeln** zu beachten.[220] Genauer ist die Formulierung, dass das Grundbuchamt gesetzliche Auslegungsregeln nur dann zu berücksichtigen hat, wenn auch das Nachlassgericht voraussichtlich darauf zurückgreifen muss.[221] Solche Auslegungsregeln sind im Erbrecht häufig. Zu nennen sind insbesondere die **§§ 2067 f, 2087 Abs 2, 2102 Abs 1, 2269, 2270 Abs 2 BGB.**[222] Diese Vorschriften sind häufig dadurch gekennzeichnet, dass eine Rechtsfolge »im Zweifel« gelten soll. Deshalb setzt die Anwendbarkeit von Auslegungsregeln stets die Ermittlung und Prüfung von tatsächlichen anderweitigen Umständen voraus, die außerhalb der letztwilligen Verfügung liegen können.[223] In diesem Fall greift aber wieder das für das Grundbuchamt bestehende **Ermittlungsverbot** ein.[224] Derartige Ermittlungen hat vielmehr das Nachlassgericht zu führen. Das Grundbuchamt muss in derartig gelagerten Fällen einen Erbschein fordern. Wenn die letztwillige Verfügung von Ehegatten keine **Scheidungsklausel** enthält, so kann das Grundbuchamt aber trotz der gesetzlichen Auslegungsregel des § 2077 Abs 1 BGB ohne Vorliegen von konkreten Anhaltspunkten keinen Erbschein verlangen. Hier liegt nur eine abstrakte Möglichkeit vor, dass die letztwillige Verfügung nach § 2077 Abs 1 BGB unwirksam wird.[225] Liegen dagegen konkrete Anhaltspunkte vor, so können diese nach hL durch eine eidesstattliche Versicherung ausgeräumt werden (u Rdn 117, 119). Das gleiche gilt, wenn eine ausdrückliche Scheidungsklausel vorliegt, die an die Stellung eines Scheidungsantrags anknüpft. Das Grund-

---

212 OLG Schleswig Rpfleger 2006, 643, 644.

213 *Böhringer* ZEV 2001, 387, 389; *Bauer/von Oefele-Schaub* Rn 131.

214 OLG Schleswig Rpfleger 2006, 644, 645; KG OLGE 10, 94; BayObLG DNotZ 1995, 307 f mit Anm *Hohmann* Mitt-
     BayNot 1995, 60; OLG Köln Rpfleger 2000, 157 (158); LG München I Rpfleger 2007, 316 (befreite Vorerbin nach
     deutschem Recht bei Nachlaßspaltung); *Böhringer* Rpfleger 2003, 157 (167).

215 BayObLG FamRZ 1995, 899; NJW-RR 1989, 585; OLG Hamm FamRZ 2001, 581 (582); KG OLGE 44, 88;
     DNotI-Report 14/2006, Juli 2006, 109, 111 (Gutachten).

216 KG OLGE 44, 88; OLG Hamm MittBayNot 2000, 457 mit abl Anm *Welskop*; *Böhringer* BWNotZ 1988, 155, 156;
     Peissinger Rpfleger 1992, 427; auch OLG Frankfurt aM NJW-RR 1990, 717; OLG Köln MittRhNotK 1988, 44;
     DNotI-Report 14/2006, Juli 2006, 109, 111 (Gutachten).

217 OLG Frankfurt a.M. NJW-RR 2005, 380, 381; KG OLGE 44, 88; DNotI-Report 23/2006, Dezember 2006, 181,
     182 (Gutachten).

218 KG OLGE 37, 255.

219 OLG Hamm Rpfleger 1966, 19 mit Anm. *Haegele*; OLG Köln MittRhNotK 1988, 44; DNotI-Report 14/2006, Juli 2006,
     109, 111 (Gutachten).

220 KG DNotV 1930, 479; OLG Köln Rpfleger 2000, 157 (158)(zu § 2102 Abs 1 BGB); OLG München JFG 22, 184;
     OLG Hamm DNotZ 1955, 76; LG Darmstadt MDR 1959, 48; *Demharter* Rn 42; *Güthe-Triebel* Rn 50.

221 OLG Schleswig Rpfleger 2006, 643, 644 mit abl. Anm. *Peißinger* Rpfleger 2007, 195; LG Darmstadt MDR 1959, 48.

222 Zutreffende Anwendung durch OLG Schleswig Rpfleger 2006, 643, 644.

223 *Schöner/Stöber* Rn 791; *Güthe-Triebel* Rn 50; *Peissinger* Rpfleger 1992, 427; *ders* Rpfleger 1995, 325, 330; mE unrichtig
     OLG Stuttgart NJW-RR 1992, 516; OLG Oldenburg Rpfleger 1989, 106: § 2108 Abs 2 (Vererblichkeit des Nacherbenrechts).

224 So dem Grundsatz nach zutreffend *Peissinger* Rpfleger 2007, 195.

225 DNotI-Report 23/2006 Dezember 2006, 181, 183 (Gutachten).

buchamt wird auch hier der hL folgend nur dann eine eidesstattliche Versicherung verlangen dürfen, wenn konkrete Anhaltspunkte vorliegen, dass bei dem Tod des Erblassers ein Scheidungsantrag gestellt war.[226]

Das *OLG Hamm*[227] hat die Rechtsprechung dahin zusammengefasst, dass das Grundbuchamt vor Anwendung   **112** der Auslegungsregel des § 2269 BGB einen Erbschein fordern kann, wenn die gemäß § 35 Abs 1 S 2 vorgelegten Urkunden *Zweifel tatsächlicher Art* an der Erbfolge offen lassen und diese Zweifel uU durch Ermittlungen des Nachlassgerichts geklärt werden können. Zu Recht wird dort ausgeführt, dass die Auslegungsregel des § 2269 BGB nicht von der Pflicht zur Auslegung der letztwilligen Verfügung entbindet. Vielmehr kommt diese Vorschrift erst dann zur Anwendung, wenn bei Nachprüfung aller in Betracht kommender Umstände auf andere Weise nicht zu lösende Zweifel bestehen. Vorliegend konnten noch *Aufklärungsmaßnahmen des Nachlassgerichts* durch Anhörung des amtierenden Notars und des überlebenden Ehegatten zur Frage der Willensrichtung der Ehegatten bei Testamentserrichtung durchgeführt werden. Der Grundsatz der **Subsidiarität** der **Anwendung von Auslegungsregeln** spiegelt damit die verfahrensrechtliche Funktionenteilung zwischen Nachlassgericht und Grundbuchamt wider.

c) Die Anwendung von dispositiven Vorschriften. Von den gesetzlichen Auslegungsregeln, die auf einen   **113** vermuteten Parteiwillen abstellen, unterscheidet das BGB die Vorschriften des **dispositiven Rechts,** die nicht an einen vermuteten Parteiwillen anknüpfen, sondern ex lege gelten, es sei denn, dass die Parteien eine abweichende Vereinbarung getroffen haben. Zu nennen ist etwa im Erbrecht **§ 2087 Abs 1 BGB.** *Güthe-Triebel*[228] haben zutreffend ausgeführt, dass Dispositivnormen die Unzweifelhaftigkeit einer Verfügung von Todes wegen grundsätzlich nicht beeinträchtigen, weil die abweichende rechtsgeschäftliche Bestimmung in der Verfügung selbst getroffen sein muss. Aus diesem Grunde könne in derartigen Fällen das Grundbuchamt stets selbst entscheiden, da tatsächliche Ermittlungen nicht anzustellen sind.

Zu bedenken ist freilich, dass **Auslegungsregeln** und **dispositives Recht** im praktischen Ergebnis oft **ähnlich**   **114** **wirken.**[229] Die Grenze ist fließend. Auch in derartigen Fällen kann daher die Anforderung eines Erbscheins angezeigt erscheinen.

d) Grundbuchverfahrensrechtliche Grenzen der Auslegung. Nach einer Entscheidung des *OLG*   **115** *Hamm*[230] hat das Grundbuchamt in den Fällen des § 35 Abs 1 S 2 unter Berücksichtigung **tatsächlicher Vermutungen** zu entscheiden. Eine solche tatsächliche Vermutung spreche etwa für eine *befreite Vorerbschaft,* wenn Eheleute sich in einem gemeinschaftlichen Testament zu Erben sowie ihre Abkömmlinge als Schlusserben nach dem überlebenden Elternteil oder auf das einsetzen, was vom Nachlass noch vorhanden ist, und eine bedingte Nacherbeinsetzung der Abkömmlinge für den Fall der Wiederverheiratung des überlebenden Ehegatten oder eine bedingte Nacherbfolge bei Versterben ohne leibliche Abkömmlinge anordnen. Unrichtig wäre die Entscheidung freilich dann, wenn die Beachtung von tatsächlichen Vermutungen darauf hinausliefe, dass das Grundbuchamt eine Auslegung vorzunehmen hat, die auch außerhalb der Testamentsurkunde liegende Umstände berücksichtigen muss.[231] Eine solche Auslegung vorzunehmen, ist Sache des Nachlassgerichts, sofern der betreffende Erblasserwille wenigstens im Testament angedeutet ist.[232] Ob im Falle des § 35 Abs 1 S 2 **außerhalb des Testaments liegende Umstände** dann durch das Grundbuchamt berücksichtigt werden dürfen, wenn sie in der Form des § 29 nachgewiesen sind,[233] ist eine gesondert zu untersuchende Frage.[234]

e) Zweifelsfälle. aa) Zulassung weiterer Beweismittel in Ergänzung des § 35 Abs 1 S 2. Nach hL in   **116** Rechtsprechung[235] und Literatur[236] braucht die **Erbfolge** unter bestimmten Voraussetzungen **nicht ausschließlich** durch die in § 35 Abs 1 S 2 genannte Verfügung von Todes wegen bewiesen zu werden. Das Grundbuchamt soll danach insbesondere die Vorlegung eines Erbscheins nicht verlangen können, wenn die in

---

226 DNotI-Report 23/2006 Dezember 2006, 181, 183 (Gutachten).
227 OLG Hamm MDR 1968, 1012; FamRZ 2001, 581 (582); OLG Köln Rpfleger 2000, 157 (158).
228 *Güthe-Triebel* Rn 50.
229 Vgl etwa *Palandt-Heinrichs* § 133 Rn 22; auch *Staudinger-H. Roth* § 157 Rn 23.
230 OLG Hamm DNotZ 1972, 96.
231 Wohl verneint durch OLG Hamm DNotZ 1972, 96 (98).
232 Dazu etwa *Medicus* AT, 9. Aufl 2006, Rn 328 f.
233 Zu dieser grundbuchverfahrensrechtlichen Auslegungsgrenze Nachweise bei *Palandt-Heinrichs* § 133 Rn 27.
234 Sogleich unten Rdn 116 ff.
235 KG JFG 11, 195; JFG 20, 217 unter Aufgabe der früheren entgegengesetzten Rechtsprechung KG KGJ 38, 225; KGJ 42, 224 (226); OLG Frankfurt aM OLGZ 1981, 30 mit abl Anm *Meyer-Stolte* in Rpfleger 1980, 438; LG Bonn NJW 1964, 208; BayObLGZ 1974, 1 mit Anm *Bokelmann* Rpfleger 1974, 434; BayObLG NJW-RR 2003, 736 (als Nachweis für die negative Tatsache, dass fortgesetzte Gütergemeinschaft nicht vereinbart ist); Rpfleger 2000, 451; LG Stuttgart BWNotZ 1967, 154.
236 KEHE-*Herrmann* Rn 70, 71; *Demharter* Rn 40; *Güthe-Triebel* Rn 49 aE; *Schöner/Stöber* Rn 790; *Bauer/von Oefele-Schaub* Rn 138; DNotI-Report 14/2006, Juli 2006, 109, 111 (Gutachten).

einer öffentlichen Urkunde enthaltene Verfügung von Todes wegen **in Verbindung** mit einer **anderen öffentlichen Urkunde** (insbesondere einer Personenstandsurkunde) die Erbfolge beweist.[237]

117 Auch eine **eidesstattliche Versicherung** (vor dem Notar, nicht vor dem Grundbuchamt) soll das Grundbuchamt immer dann verwerten können, wenn auch das Nachlassgericht ohne weitere Ermittlungen eine solche eidesstattliche Versicherung gemäß § 2356 Abs 2 BGB der Erbscheinserteilung zugrunde legen würde.[238] Das soll insbesondere gelten, wenn es um den **Nachweis des Nichtvorliegens bestimmter Tatsachen** geht (Negativtatsachen), etwa dass zwischenzeitlich keine weiteren Kinder geboren worden sind. So soll etwa für den Nachweis, dass keine weiteren gemeinschaftlichen Kinder geboren wurden, eine eidesstattliche Versichrung des überlebenden Ehegatten oder eines der betroffenen Abkömmlinge einschließlich des Antragstellers selbst genügen.[239] Begründet wird das damit, dass auch im Grundbucheintragungsverfahren die **Beweismittelbeschränkung** des § 29 nicht für den Nachweis des Nichtvorliegens eintragungshindernder Tatsachen gilt.[240] Vergleichbare Probleme wirft die Parallelvorschrift des § 12 Abs 1 S 3 HGB auf.[241]

118 Am weitesten geht – unter Berücksichtigung der Besonderheiten des Erbenermittlungsverfahrens in Bayern – die Rechtsprechung des *BayObLG*.[242] Danach soll es im Falle einer öffentlich beurkundeten letztwilligen Verfügung Aufgabe des Grundbuchamts sein, das *gesamte Urkundenmaterial* der vorgelegten oder beizuziehenden **Nachlassakten** einschließlich der dort getroffenen Feststellungen als Nachweis zu verwerten.

119 Der Auffassung der ganz hL kann nicht zugestimmt werden. Die durch das *KG*[243] später vorgenommene Einschränkung des § 35 Abs 1 S 2 überzeugt schon in Ansehung des Wortlauts der Vorschrift nicht. Danach kann das Grundbuchamt die Vorlage eines Erbscheins verlangen, wenn es die Erbfolge »durch diese Urkunden«, nämlich die Verfügung von Todes wegen und die Eröffnungsniederschrift, nicht für nachgewiesen erachtet. Nicht überzeugend ist auch die einschränkende Auslegung auf Grund der Berücksichtigung »der das gesamte Grundbuchrecht beherrschenden Grundsätze des § 29«:[244] **§ 35 ist lex specialis zu § 29**. Bei seiner Entscheidung hatte das *KG* maßgeblich auf die Ähnlichkeit mit der Rechtslage abgestellt, wenn das Recht des Nacherben im Grundbuch eingetragen ist und die Voraussetzungen für den Eintritt der Nacherbfolge in der Form des § 29 nachgewiesen werden.[245] Diese Argumentation ist aber durch die zutreffende Rechtsprechung des *BGH* überholt.[246] Danach muss gerade ein die Nacherbfolge ausweisender Erbschein nach dem Erblasser vorgelegt werden. Es sollte daher wieder zu der ursprünglichen Rechtsprechung des *KG* zurückgekehrt werden,[247] wonach das Grundbuchamt die Vorlage eines Erbscheins verlangen kann, wenn die in einer öffentlichen Urkunde enthaltene Verfügung von Todes wegen nicht für sich allein, sondern nur in Verbindung mit anderen öffentlichen Urkunden das Erbrecht beweist. In gleicher Weise ist bei einer letztwilligen Verfügung mit **Strafklausel** für die Grundbuchberichtigung ein Erbschein zu verlangen.[248]

120 Abzulehnen ist auch die Entscheidung des *OLG Frankfurt aM*,[249] wonach kein Erbschein verlangt werden darf, wenn lediglich der urkundliche Nachweis fehlt, dass aus der Ehe keine »weiteren Kinder« hervorgegangen sind und dieser Nachweis dem Grundbuchamt gegenüber durch eine **eidesstattliche Versicherung** erbracht werden kann. Diese Auffassung verstößt gegen den Grundsatz der *Beweismittelbeschränkung,* wie sich aus einem Umkehrschluss zu § 35 Abs 3 ergibt. Aus den gleichen Gründen ist die Entscheidung des *BayObLG*[250] zu weit-

237 KG JFG 11, 195; BayObLGZ 1974, 1; 1989, 8, 11; BayObLG DNotZ 1995, 307, 308; Rpfleger 2000, 451 (452).
238 BayObLG NJW-RR 2003, 736; Rpfleger 2000, 451 (452) (eidesstattliche Versicherung der Kinder); OLG Frankfurt aM OLGZ 1981, 30; OLG Zweibrücken DNotZ 1986, 240; LG Bochum Rpfleger 1987, 197 (Wiederheirat und Nacherbfolge); OLG Hamm Rpfleger 1997, 210 (211); OLG Schleswig FGPrax 1999, 206; zusammenfassend *Böhringer* ZEV 2001, 387 (388); *ders* Rpfleger 2003, 157 (167); DNotI-Report 14/2006, Juli 2006, 109, 111 (Gutachten).
239 Zusammenfassende Nachweise bei DNotI-Report 14/2006, Juli 2006, 109, 111 (Gutachten).
240 *Schöner/Stöber* Rn 790; für die hL auch *Bauer/von Oefele-Schaub* Rn 138.
241 Dazu DNotI-Report 14/2006, Juli 2006, 109, 111 (Gutachten).
242 BayObLGZ 1974, 1; ebenso OLG Schleswig Rpfleger 2006, 643, 644; OLG Hamm FamRZ 1997, 1368 (1369).
243 KG JFG 11, 195.
244 KG JFG 11, 195.
245 KG JFG 11, 195 unter Bezugnahme auf KG JFG 1, 366.
246 BGHZ 84, 196 = NJW 1982, 2994 und oben Rdn 23.
247 KG KGJ 38, 225; KGJ 42, 224 (226).
248 *H Roth* Die FGG-Klausur (2. Aufl 2000) S 97 f; *Böhringer* BWNotZ 1988, 155 gegen LG Stuttgart BWNotZ 1988, 163; wie hier auch OLG Frankfurt aM NJW-RR 1994, 203, 204 mwN; (eine abweichende Deutung durch *Schöner/Stöber* Rn 790 Fn 35); anders dagegen LG Bochum Rpfleger 1992, 194 m zust Anm *Meyer-Stolte* (aber mit anderer Begründung; daran zweifelnd *Peissinger* Rpfleger 1992, 427, 429); LG Köln MittRhNotK 1988, 177.
249 OLG Frankfurt aM Rpfleger 1980, 434 mit abl Anm *Meyer-Stolte*; dem zustimmend OLG Zweibrücken DNotZ 1986, 240; BayObLG Rpfleger 2000, 451 (452).
250 BayObLGZ 1974, 1 = DNotZ 1974, 233 (offen gelassen in BayObLG NJW-RR 1989, 585; aber bestätigt durch BayObLG Rpfleger 2000, 451, 452 für die Lückenschließung durch eidesstattliche Versicherung); BayObLGZ 1920, 343 (346); 1960, 501 (504); in diesem Punkt aber grundsätzlich zustimmend, soweit die eidesstattliche Versicherung betroffen ist, *Bokelmann* Rpfleger 1974, 435; *Haegele* Rpfleger 1967, 216.

gehend, wenn dort ausgeführt wird, das Grundbuchamt habe den Inhalt der **Nachlassakten** einschließlich der dort getroffenen Feststellungen über die Erben als Nachweis zu verwerten. Derartige Pflichten werden dem Grundbuchamt durch § 35 Abs 1 S 2 gerade nicht auferlegt. Der »**offene**« **Teil** des öffentlichen Testaments oder Erbvertrags kann daher nicht durch öffentliche Urkunden (Geburtsurkunden, Sterbeurkunden, eidesstattliche Versicherungen nach § 2356 Abs 2 BGB in notarieller Urkunde) ergänzt werden.[251] Wer dies mit der ganz hL freilich bejaht, muss zwangsläufig zu einer Verpflichtung des Grundbuchamts kommen, die **Nachlassakten** stets beizuziehen.[252] Nach einer einschränkenden Entscheidung des *BayObLG* reicht die eidesstattliche Versicherung zum Nachweis nur aus, wenn keine Anhaltspunkte dafür sprechen, dass das Nachlassgericht weitere Ermittlungen anstellen und zu einer abweichenden Beurteilung der Erbfolge gelangen könnte. Bei der Beurteilung dieser Frage stehe dem Grundbuchamt und dem Tatrichter ein **gewisser Beurteilungsspielraum** zu.[253]

bb) Ausländische öffentliche Urkunden. Mit der Anerkennung ausländischer öffentlicher Urkunden als **121** Urkunden iS des § 35 Abs 1 S 2[254] ist noch nicht darüber entschieden, ob das Grundbuchamt in den Fällen der **Anwendung ausländischen Rechts** gleichwohl stets einen **Erbschein verlangen** darf. Sicher ist, dass das Grundbuchamt nicht verpflichtet ist, einen Erbschein zu verlangen. Vielmehr kann es unter den Voraussetzungen des § 35 Abs 1 S 2 die Erbfolge nach dem maßgebenden ausländischen Recht selbst prüfen.[255]

Die wohl hL[256] vertritt die Auffassung, dass mangelnde Kenntnis des ausländischen Erbrechts das Verlangen **122** nach Vorlage eines Erbscheins nicht rechtfertigt. Vielmehr sei das Grundbuchamt verpflichtet, sich die Kenntnis des ausländischen Erbrechts zu verschaffen. Demgegenüber halte ich es für vorzugswürdig, dass das Grundbuchamt stets berechtigt ist, einen **Erbschein** zu fordern, wenn die Erbfolge nach ausländischem Recht zu beurteilen ist[257] und sich dabei besondere **Schwierigkeiten** ergeben.[258] Die Denkschrift[259] führt hierzu aus:

»In einzelnen Fällen kann allerdings die Prüfung von Testamenten und Erbverträgen nach Lage der Sache, zB **123** wenn die Erbfolge nach ausländischem Recht zu beurteilen ist, zu besonderen Schwierigkeiten Anlass geben. Mit Rücksicht hierauf gewährt der Entwurf dem Grundbuchamt, falls es die Erbfolge durch jene Urkunden nicht für nachgewiesen erachtet, die Befugnis, auch hier die Vorlegung eines Erbscheins zu verlangen.«

Die Anforderung eines Erbscheins in den Fällen der Beurteilung nach ausländischem Recht verstößt auch nicht **124** gegen den Grundsatz, dass das Grundbuchamt die letztwillige Verfügung auch dann rechtlich zu würdigen hat, wenn es sich um **rechtlich schwierige Fragen** handelt.[260] Wie das *KG* zutreffend hervorgehoben hat,[261] beruht die Feststellung des *Inhalts der Gesetze* bei *ausländischem Recht* zugleich auf tatsächlicher Grundlage. Aus diesem Grunde kann das Grundbuchamt bei besonderer Schwierigkeit die Eintragung von der Beibringung eines Erbscheins abhängig machen. Der Grundsatz, dass rein rechtliche Bedenken nicht genügen, um einen Erbschein zu fordern, wurde durch das *KG* ausdrücklich nicht auf den Fall bezogen, dass ausländisches Recht in Frage kommt.[262] Allein diese Auffassung entspricht auch der **Funktionenteilung** zwischen Nachlassgericht und Grundbuchamt.

cc) Zweifel an Testierfähigkeit; möglicher Widerruf; Verzicht; Anfechtung oder sonstige Wirksam- **125** **keitsvoraussetzungen.** Das Grundbuchamt darf nicht schon dann einen Erbschein fordern, wenn **abstrakte Möglichkeiten** bestehen, die nur unter ganz besonderen Umständen das aus dem Testament hervorgehende Erbrecht in Frage stellen können.[263] Das *KG*[264] hat zu Recht ausgeführt, dass bis zu einem gewissen Grade von allen Verfügungen von Todes wegen gilt, dass deren *rechtliche Wirksamkeit* nicht vollständig dargetan werden kann. Die Wirksamkeit hängt stets zB davon ab, ob der Erblasser bei Errichtung geschäftsfähig gewesen ist, ob er sich nicht vorher durch Erbvertrag oder gemeinschaftliches Testament anderweitig gebunden, oder ob er die

---

251 Anders *Bokelmann* Rpfleger 1974, 435; wie hier OLG Frankfurt aM NJW-RR 1994, 203, 204.
252 Dafür insbesondere *Bokelmann* Rpfleger 1971, 338; *ders* Rpfleger 1974, 435.
253 BayObLGZ 2000, 167, 171 f.
254 Oben Rdn 101.
255 KG KGJ 36, 163 (165).
256 Zusammenfassend LG Aachen Rpfleger 1965, 233 m zust Anm *Haegele* unter Bezugnahme auf KG KGJ 36, 250; JFG 7, 255 (die letztgenannte Entscheidung sagt jedoch nichts über die Möglichkeit einer Erbscheinsanforderung aus); OLG Düsseldorf MittRhNotK 1983, 111; *Bauer/von Oefele-Schaub* Anhang Internationale Bezüge im Grundbuchverkehr Rn 592; einschränkend *Pinckernelle-Spreen* DNotZ 1967, 203 Fn 7.
257 Offen gelassen in KG KGJ 36, 163 (165).
258 So insbesondere KG OLGE 10, 94.
259 Denkschrift S 160.
260 Dazu etwa BayObLGZ 1970, 137 (139); *Haegele* Rpfleger 1975, 154; weitere Nachweise bei *Schöner/Stöber* Rn 787.
261 KG OLGE 10, 94.
262 KG KGJ 29, 159 (160) unter Bezugnahme auf KG KGJ 24, 223; ebenso *Güthe-Triebel* Rn 50.
263 KG KGJ 29, 160; JFG 20, 217; OLG München JFG 22, 186; im Grundsatz richtig OLG Zweibrücken DNotZ 1986, 240 (242); *Bauer/von Oefele-Schaub* Rn 129.
264 KG JFG 20, 217.

Verfügung nicht später wieder aufgehoben hat. Hinsichtlich dieser Voraussetzungen muss das Grundbuchamt, wenn die Vorschrift des § 35 Abs 1 S 2 überhaupt einen Sinn haben soll, von dem Vorliegen des **Regelfalls** mindestens solange ausgehen, bis es nicht besonderen Anlass zu Bedenken hat.[265]

126 Nach diesen Grundsätzen genügt die *bloße Möglichkeit,* dass nach der Errichtung des Testaments noch **weitere Kinder** des Erblassers geboren sein können, die das Testament gemäß § 2079 BGB anfechten könnten, nicht.[266] Ist dagegen im besonderen Fall *aktenkundig,* dass ein mit Hinterlassung eines Testaments verstorbener Erblasser ein erst nach Errichtung des Testaments geborenes, zur Zeit des Erbfalls pflichtteilsberechtigtes Kind übergangen hat, so braucht das Grundbuchamt dieses nach § 2079 BGB anfechtbare Testament nicht als Grundlage für eine Buchung zuzulassen. Vielmehr kann es die Beibringung eines Erbscheins verlangen.[267]

127 Ebenso wenig reichen bloße *Behauptungen Dritter* aus, die die **Testierfähigkeit** des Erblassers in Abrede stellen. Das Vorliegen »wirklicher Zweifel« wurde deshalb durch das *OLG Hamm*[268] verneint, obwohl von den Schwestern bei der Testamentseröffnung behauptet worden war, dass die Mutter nicht mehr testierfähig gewesen sei. Bei derartigen Aufgreifkriterien muss das Grundbuchamt freilich die Nachlassakten beiziehen. Zu weitgehend ist dagegen die Entscheidung des *OLG Celle,*[269] wonach das Grundbuchamt einen Erbschein nur dann verlangen kann, wenn ein erstinstanzliches Urteil ergangen ist, wonach die Nichtigkeit des Testaments wegen mangelnder Testierfähigkeit des Erblassers festgestellt ist.

128 Nicht genügend für die Vorlage eines Erbscheins ist die abstrakte Möglichkeit, dass eine **spätere Verfügung** vorhanden ist, welche die vorgelegte Verfügung aufgehoben oder geändert hat. Das gilt auch dann, wenn zwischen Testierung und Tod des Erblassers *acht*[270] oder *zwölf Jahre*[271] liegen. Die Möglichkeit, dass ein vorgelegtes Testament durch eine spätere Verfügung geändert ist, ist niemals von der Hand zu weisen. Es müssen schon konkrete Anhaltspunkte für die Errichtung eines neuen Testaments vorhanden sein.[272]

129 Ist in einem *gemeinschaftlichen Testament* dem überlebenden Ehegatten die Befugnis eingeräumt, durch letztwillige Verfügung einen anderen Schlusserben als den eingesetzten zu bestimmen, so rechtfertigt das nicht die Vorlage eines Erbscheins, wenn keine konkreten Anhaltspunkte für das Vorliegen einer solchen weiteren Verfügung vorliegen.[273]

Da § 2268 BGB eine Vermutung für die Unwirksamkeit des gemeinschaftlichen Testaments begründet, kann durch ein gemeinschaftliches Testament **nach Ehescheidung** keine ausreichende Grundlage mehr iS des § 35 Abs 1 S 2 gesehen werden.[274]

130 **dd) Identifizierung der Personen von Erben oder Nacherben.** Häufig entstehen Zweifel, wenn die **Erbeinsetzung unbestimmt** ist oder wenn die **Person des Nacherben** in dem Testament nicht bestimmt genug angegeben ist. Als Grundsatz gilt, dass ein Erbschein verlangt werden kann, wenn Erben, Nacherben oder Ersatznacherben im Testament nicht zweifelsfrei bezeichnet sind.[275]

131 Begründete Zweifel an der durch das öffentliche Testament ausgewiesenen Erbfolge müssen sich dem Grundbuchamt dann aufdrängen, wenn das Nachlassgericht mitteilt, dass nach Testamentseröffnung **Nachlasspflegschaft** angeordnet worden ist.[276] Denn in diesem Fall herrscht über die Person des Erben Unklarheit.

132 **Unbestimmt** ist die **Erbeinsetzung** etwa, wenn »die Kinder« zu Erben eingesetzt sind. In diesem Falle muss ein Erbschein verlangt werden.[277] Als Regel lässt sich aufstellen, dass ein Erbschein immer dann verlangt werden muss, wenn der Erbe nicht namentlich oder als Person bestimmt bezeichnet worden ist, sondern erst nach den **Verhältnissen im Zeitpunkt des Erbfalls** bestimmt werden muss. Das *LG Aachen*[278] hat die Vorlage des Erbscheins in einem Fall abgelehnt, in dem sich Ehegatten in einem gemeinschaftlichen notariellen Testament gegenseitig zu alleinigen Erben eingesetzt hatten und zum Erben des Letztversterbenden: »... zu gleichen Antei-

---

265 Diese Grundsätze sind allgemein anerkannt: *Schöner/Stöber* Rn 788; KEHE-*Herrmann* Rn 73; *Demharter* Rn 39; *Bauer/ von Oefele-Schaub* Rn 131; *Böhringer* ZEV 2001, 387, 381; DNotI-Report 23/2006, Dezember 2006, 181, 182 (Gutachten).

266 KG OLGE 6, 15 (16).

267 KG KGJ 29, 159.

268 OLG Hamm OLGZ 1969, 301.

269 OLG Celle NJW 1961, 502; zustimmend aber KEHE-*Herrmann* Rn 72.

270 OLG Hamm JMBlNRW 1963, 180.

271 KG OLGE 23, 344.

272 OLG Frankfurt aM Rpfleger 1998, 513 (514); ebenso KEHE-*Herrmann* Rn 73.

273 AG Marl MittBayNot 1976, 180.

274 OLG Frankfurt aM Rpfleger 1978, 412.

275 OLG Köln MittRhNotK 1988, 44; OLG Dresden JFG 7, 269.

276 OLG Frankfurt aM Rpfleger 1978, 412.

277 OLG Hamburg OLGE 6, 312; *Güthe-Triebel* Rn 50.

278 LG Aachen Rpfleger 1984, 231 m Anm *Meyer-Stolte.*

len unsere gemeinschaftlichen Kinder, das ist zur Zeit allein B.« Es bestünden keine konkreten Anhaltspunkte dafür, dass weitere gemeinschaftliche Kinder der Eheleute vorhanden sein könnten. Demgegenüber ist hier wohl die Vorlage eines Erbscheins erforderlich,[279] da vorliegend weitere Kinder geboren sein konnten, wie im *Testament bereits angedeutet*. Die **negative Tatsache** des Nichtvorhandenseins weiterer Kinder kann regelmäßig nur durch eine eidesstattliche Erklärung des Erben gegenüber dem Nachlassgericht gemäß § 2356 Abs 2 BGB glaubhaft gemacht werden.[280] Ihre Herbeiführung ist Sache des **Nachlassgerichts**, das anschließend einen entsprechenden Erbschein zu erteilen hat. Ebenso hätte richtigerweise im Falle des *OLG Frankfurt aM* entschieden werden müssen.[281] Dort hatte der Erblasser des Antragstellers durch Erbvertrag den aus seiner ersten Ehe stammenden Antragsteller und »weitere Kinder, die aus der zweiten Ehe noch geboren werden sollten«, zu gleichen Teilen als Erben eingesetzt. Insoweit hat das *OLG Frankfurt aM* jedoch zutreffend entschieden, als es überhaupt einen Nachweis darüber für erforderlich gehalten hat, dass aus der Ehe keine weiteren Kinder hervorgegangen sind.

Gemäß § 15 GBV sind eingesetzte Nacherben namentlich im **Nacherbenvermerk** des § 51 aufzunehmen. Das 133 Gleiche gilt auch für die namentliche Nennung von Ersatznacherben.[282] Hier sind *verschiedene Fallgruppen* auseinander zu halten: Grundsatz ist, dass ein Erbschein nicht erforderlich ist, wenn auch im Erbscheinsverfahren mit seinen durch Formvorschriften nicht behinderten Ermittlungsmöglichkeiten (§§ 2358 BGB, 12 FGG) die Personen der Nacherben[283] oder Ersatznacherben[284] nicht genauer als im Testament geschehen, bezeichnet werden können.[285] Leitlinie ist danach, dass für die Eintragung des Rechts des Nacherben die **größtmögliche Identifizierung** geboten ist.[286]

So ist, wenn Kinder einer Person zu Nacherben berufen sind, die noch geboren werden können, deren genaue 134 Bezeichnung bis zu ihrer Geburt nicht möglich. Für die Nacherbfolge ist ihre Bezeichnung als **künftige Abkömmlinge** einer bestimmten Person ausreichend.[287]

Anders liegt der Fall, wenn die Möglichkeit besteht, dass die im Testament berufenen Kinder, welche dem Vor- 135 erben noch geboren werden können, inzwischen bereits ins Leben getreten sind. Hier hat der Rechtspfleger (Richter) die »Verpflichtung oder mindestens die Befugnis, sich hierüber Gewissheit zu verschaffen, ob solche Kinder inzwischen geboren sind, damit er sie zutreffendenfalls mit Namen ins Grundbuch eintragen kann«.[288] Als Nacherben waren hier zwei mit Namen genannte bereits lebende Kinder des Vorerben sowie die sonstigen Kinder, welche ihm noch geboren werden sollten, berufen. Das *KG*[289] zieht aus dieser Konstellation in einer späteren Entscheidung den Schluss, dass bei derartigen Fällen nicht die erst künftig bei dem Eintritt der Nacherbfolge vorhandenen Abkömmlinge berufen seien, vielmehr die zur Zeit vorhandenen Abkömmlinge schon jetzt die Rechtsstellung von Nacherben haben sollten.

Vergleichbar liegt es, wenn bereits für den *Zeitpunkt des Todes des Erblassers* eindeutig festgestellt werden kann, wer später zur Nacherbschaft berufen ist. In einer Entscheidung des *LG Wiesbaden*[290] lag folgendes gemeinschaftliches Testament vor: »*Wir setzen uns gegenseitig zu Erben ein, und zwar als Vorerben auf Lebenszeit. Nach dem Tod des Längstlebenden soll Nacherbin unsere Tochter Ruth sein, sowie diejenigen Kinder, die uns etwa noch geboren werden sollten …*«. Hier kam es nur auf die im Zeitpunkt des Todes des Erblassers, nicht auf die im Zeitpunkt des Todes der Vorerbin vorhandenen Abkömmlinge an. Dies ergibt sich eindeutig aus der Formulierung, »die uns etwa noch geboren werden sollten«. Das Grundbuchamt konnte hier die Vorlage eines Erbscheins fordern, weil nur im Erbscheinsverfahren die Witwe eine **eidesstattliche Versicherung** abgeben konnte, dass keine weiteren Kinder nachgeboren wurden (o Rdn 117, 119).

In einer dritten Fallgruppe überprüft das *KG*[291] die Sachverhalte, dass in einem öffentlichen Testament oder 136 Erbvertrag die in einem bestimmten künftigen Zeitpunkt vorhandenen Abkömmlinge einer Person, insbesondere die zur Zeit des Todes des Vorerben vorhandenen Abkömmlinge, ohne **nähere Bezeichnung** als Nacherben eingesetzt sind. In diesem Fall sollen in dem dem Vorerben zu erteilenden Erbschein etwa schon lebende Abkömmlinge nicht mit Namen aufzuführen sein; auch bedürfe es während der Dauer der Vorerbschaft zur

---

279 Ebenso *Meyer-Stolte* Rpfleger 1984, 231.
280 Oben Rdn 116.
281 OLG Frankfurt aM Rpfleger 1980, 434 mit abl Anm *Meyer-Stolte*.
282 Dazu BayObLGZ 1970, 137; OLG Hamm Rpfleger 1966, 19 m zust Anm *Haegele*.
283 KG JW 1938, 1411; KGJ 42, 225 (226 f).
284 BayObLGZ 1970, 137; OLG Hamm Rpfleger 1966, 19.
285 Ebenso *Güthe-Triebel* Rn 50; *Schöner/Stöber* Rn 790.
286 Ständige Rechtsprechung des KG, Nachweise in KG OLGE 9, 438; auch OLG Köln MittRhNotK 1988, 44.
287 KG OLGE 9, 438.
288 KG OLGE 9, 438; ebenso LG Wiesbaden Rpfleger 1967, 214 mit Anm *Haegele*; ähnlich der Fall von LG Frankfurt aM Rpfleger 1984, 271 mit Anm *Grunsky*.
289 KG KGJ 42, 225 (227).
290 LG Wiesbaden Rpfleger 1967, 214 m im Ergebnis zust Anm *Haegele*; ähnlich OLG Köln MittRhNotK 1988, 44.
291 KG KGJ 42, 224.

Eintragung des Rechts des Nacherben der Vorlegung eines Erbscheins nicht, soweit dieser nur zum Nachweis der Person des Nacherben erforderlich sein würde. In dem betreffenden Testament waren *»die ehelichen Abkömmlinge«* der Vorerbin als Nacherben eingesetzt. Das *KG* schloss daraus, dass eine Vererbung des Nacherbenrechts auf eine nicht zum Kreis der Abkömmlinge gehörende Person gemäß § 2108 Abs 2 BGB »zweifellos« nicht dem Willen der Erblasserin entsprach. Vielmehr seien nur diejenigen ehelichen Abkömmlinge Nacherben, die bei dem Eintritt der Nacherbfolge vorhanden sein würden. Ob dies die gegenwärtig vorhandenen Kinder seien, sei ebenso ungewiss wie die Tatsache, ob noch weitere Kinder hinzuträten. Aus diesem Grunde könne auch ein Erbschein als Nacherben »nur die zur Zeit des Todes der Vorerbin vorhandenen ehelichen Abkömmlinge« der letzteren bezeichnen. Das *LG Frankfurt aM*[292] hat in einem vergleichbaren Fall dagegen einen Erbschein gefordert. Dort war im notariellen Testament die Tochter E zur alleinigen befreiten Vorerbin eingesetzt worden und zu Nacherben die Kinder der Tochter zu gleichen Teilen. Anders als das *KG*[293] ging das *LG Frankfurt aM* von der Anwendbarkeit des § 2108 Abs 2 BGB aus. In diesem Falle könne das Grundbuchamt einen Erbschein fordern, aus welchem sich wenigstens schon die jetzt vorhandenen Nacherben ergeben würden, die namentlich in den Nacherbenvermerk aufzunehmen seien.[294]

137 Dagegen ist das *BayObLG*[295] der Entscheidung des *KG*[296] gefolgt. Danach kann das Grundbuchamt für die Eintragung des Nacherbenvermerks die Vorlage eines Erbscheins allein zum Zweck der Feststellung bereits jetzt vorhandener Abkömmlinge nicht verlangen, wenn zu Nacherben die im Zeitpunkt des Todes des Vorerben vorhandenen Abkömmlinge des Vorerben und seiner Geschwister berufen sind. Das *BayObLG* führt zu Recht aus, dass es auf die derzeitige Rechtsstellung bereits jetzt lebender Abkömmlinge nicht ankommt, weil in einem Erbschein jedenfalls auch die namentlich noch nicht bekannten Nacherben in einer allgemeinen Bezeichnung aufzuführen wären, sodass mehr Klarheit über die Person der Nacherben im Zeitpunkt des Todes des Vorerben letztlich nicht gewonnen wäre. Entschiede man anders, so wäre die den Erben bei der Errichtung eines öffentlichen Testaments begünstigende Bestimmung des § 35 Abs 1 S 2 wohl stets unanwendbar.[297]

138 **ee) Zusammentreffen von eigenhändiger Verfügung und öffentlichem Testament.** Die Rechtsprechung hat für den Fall geschwankt, dass der Erblasser neben einer öffentlichen Verfügung von Todes wegen auch ein **privatschriftliches Testament** hinterlassen hat. Das *KG*[298] ging zunächst davon aus, dass das Grundbuchamt auch beim Vorliegen eines öffentlichen Testaments nicht befugt sei, in die Würdigung des Inhalts eines daneben vorhandenen, möglicherweise vorgehenden privatschriftlichen Testaments einzutreten. Daher musste immer ein Erbschein verlangt werden.

139 Diese *Rechtsprechung* wurde in der Folgezeit durch das *KG*[299] dahin gehend *eingeschränkt,* dass ein Erbschein dann nicht vorgelegt werden müsse, wenn das privatschriftliche Testament entweder offenbar nichtig oder durch das öffentliche Testament aufgehoben sei, oder wenn sein klarer Inhalt die maßgebende Verfügung des öffentlichen Testaments offenbar völlig unberührt lasse. Dies habe das Grundbuchamt zu prüfen.

140 Schließlich wurde in der maßgeblichen Entscheidung des *KG* im Jahr 1938[300] ausgesprochen, dass in der bisherigen Rechtsprechung die Aufgaben des Grundbuchamts immer noch zu eng umgrenzt würden. § 35 verlange nur die Vorlegung einer die Erbfolge ergebenden Verfügung von Todes wegen in öffentlicher Form, aber nicht auch, dass alle etwaigen **Bedenken** gegen die Wirksamkeit dieser Verfügung in **derselben Form ausgeräumt** werden. Bei dem Vorhandensein eines früheren oder späteren privatschriftlichen Testaments ist es danach *Aufgabe des Grundbuchamts,* den Inhalt dieses Testaments zu würdigen, um festzustellen, ob seine Bedenken begründet sind oder nicht. Damit wird das privatschriftliche Testament nicht als eine nach § 29 unzulässige Eintragungsgrundlage verwendet, sondern es wird nur daraufhin überprüft, ob es geeignet ist, ein anderes, der Form nach als Eintragungsgrundlage verwertbares Testament wegen seines Inhalts auszuschalten. Der Zweck der §§ 29, 35 bestünde lediglich darin, dem Grundbuchamt die Prüfung der Echtheit von privatschriftlichen Urkunden, nicht dagegen besondere Auslegungsschwierigkeiten bei privatschriftlichen Urkunden zu ersparen. Das Grundbuchamt muss deshalb den Inhalt eines privatschriftlichen Testaments in demselben Umfang würdigen wie den Inhalt eines öffentlichen Testaments. Seine Pflicht zur eigenen Auslegung des privatschriftlichen Testaments entfällt nur dann, wenn für die Auslegung Umstände wesentlich sind, die erst ermittelt werden müs-

---

292 LG Frankfurt aM Rpfleger 1984, 271 mit Anm *Grunsky* (unter Ausklammerung der grundbuchverfahrensrechtlichen Problematik).
293 KGJ 42, 224.
294 Also ähnlich wie KG OLGE 9, 438.
295 BayObLG Rpfleger 1983, 104; ebenso schon für den Fall der Ersatznacherbschaft BayObLGZ 1970, 137; OLG Hamm Rpfleger 1966, 19 mit Anm *Haegele*.
296 KGJ 42, 224.
297 Oben Rdn 125.
298 KG KGJ 37, 245.
299 KG KGJ 47, 144.
300 KG JFG 18, 332 (334); bestätigend OLG Frankfurt aM Rpfleger 1998, 513; BayObLG Rpfleger 2000, 266.

sen.[301] Diese Auffassung hat sich allgemein durchgesetzt.[302] Konsequenz ist in diesen Fällen, dass dem Grundbuchamt **neben dem öffentlichen Testament,** das stets die **alleinige maßgebende Eintragungsgrundlage bleibt,**[303] auch das eröffnete privatschriftliche Testament mit vorgelegt wird.[304]

Das *BayObLG*[305] hat den **Stand der Rechtsprechung** wie folgt zusammengefasst: Liegen sowohl eine Verfü- **141** gung von Todes wegen in einer öffentlichen Urkunde als auch ein privatschriftliches Testament vor, so kann nach dem Grundsatz des § 35 Abs 1 S 1 auf die Vorlage eines Erbscheins nur dann verzichtet werden, wenn die Erbfolge – auch oder ausschließlich – auf der öffentlichen Verfügung von Todes wegen beruht und sich selbständig auch aus ihr ableiten lässt, sei es, dass durch diese das Testament aufgehoben oder wiederholt worden oder das Testament unwirksam ist oder die Erbfolge aus anderen Gründen nicht auf dem privatschriftlichen Testament beruht. Im entschiedenen Fall enthielt das privatschriftliche Testament die maßgebliche Erbeinsetzung; dagegen hieß es in den vorhandenen späteren Urkunden lediglich, das Testament bliebe aufrechterhalten oder bestehen, ohne dass der Inhalt des privatschriftlichen Testaments in den öffentlichen Urkunden wiedergegeben war. Das *BayObLG* ging daher davon aus, dass damit nicht eine erneute Erbeinsetzung gewollt sei. Dagegen ist ein Erbschein zu verlangen, wenn unklar ist, ob die Erbfolge auch oder ausschließlich auf der öffentlichen Verfügung von Todes wegen beruht. So kann es liegen, wenn der Erblasser nach Abschluß des Erbvertrages ein privatschriftliches Testament errichtet hat, das nicht offenbar ungültig, widerrufen oder für die Erbfolge ohne Bedeutung ist.[306]

Umgekehrt wie bei dem Fall des *BayObLG* lag ein durch das *OLG Oldenburg*[307] entschiedener Fall, in dem der **142** Erblasser nach einer in öffentlicher Urkunde enthaltenen Verfügung von Todes wegen ein privatschriftliches Testament mit sinngemäß gleichem Inhalt hinterlassen hatte. Hier war ein Erbschein nicht erforderlich, da das Erbrecht auf jedem einzelnen Testament beruhte. Die auf dem öffentlichen Testament aufruhende Erbfolge blieb damit unberührt.

ff) Einschränkungen der Prüfungspflicht bei Vorlage eines Testamentsvollstreckerzeugnisses. Das **143** Prüfungsrecht des Grundbuchamts bei Vorlage eines öffentlichen Testaments wird durch Vorlage eines **Testamentsvollstreckerzeugnisses** insoweit eingeschränkt, als dadurch das Bestehen der Testamentsvollstreckung und der Umfang der Verfügungsbefugnis des Testamentsvollstreckers nachgewiesen wird und das Grundbuchamt sie nicht auf Grund einer abweichenden Auslegung des öffentlichen Testaments verneinen darf. Die Prüfungspflicht besteht hingegen insoweit voll fort, als das *Erbrecht selbst* bewiesen ist oder nicht.[308]

6. Bindungen an den Parteiwillen, an Akte des Nachlassgerichts sowie an eigene Entscheidungen und Auslegungen

Ist das Grundbuchamt bei der Auslegung einer in einer öffentlichen Urkunde enthaltenen Verfügung von Todes **144** wegen zu einer bestimmten Rechtsauffassung gelangt, so darf es gleichwohl keine darauf beruhende Eintragung vornehmen, wenn der **Antragsteller** dieser Auffassung **widerspricht.**[309] Vielmehr muss in diesen Fällen ein Erbschein verlangt werden. Das ergibt sich aus der erforderlichen rechtlichen Gleichbehandlung von Erbschein und öffentlicher Verfügung von Todes wegen: Auch im Erbscheinsverfahren darf ein Erbschein nicht erteilt werden, wenn der Antrag des Antragstellers und die Rechtsauffassung des Gerichts auseinander gehen. Der Antragsteller muss mit der Auslegung des Grundbuchamts daher einverstanden sein.

Das Grundbuchamt hat stets einen Erbschein zu verlangen, wenn die beabsichtigte Sachbehandlung von einer **145** ihm bekannten Feststellung des **Nachlassgerichts** abweicht. Von einer Bindungswirkung im Hinblick auf Akte des Nachlassgerichts sollte aber nicht gesprochen werden.[310] So ist die Feststellung der Erbfolge aufgrund der von Amts wegen vorgenommenen Ermittlung des Erben durch das Nachlassgericht nach Art 37 Abs 1 S 1 bayer AGGVG für das Grundbuchamt nicht bindend und reicht als Grundlage für die Eintragung der Erbfolge in das Grundbuch nicht aus.[311] Richtig daran ist nur, dass der Konflikt durch Vorlage eines Erbscheins ausgeräumt werden muss. Ohne die Vorlage eines Erbscheins darf das Grundbuchamt keine Erbfolge eintragen, die

---

301 Dazu oben Rdn 110.
302 OLG Schleswig Rpfleger 2006, 643, 644; OLG Oldenburg Rpfleger 1974, 434; KEHE-*Herrmann* Rn 70; *Demharter* Rn 37; *Schöner/Stöber* Rn 794.
303 BayObLG Rpfleger 1983, 18 (19); OLG Frankfurt aM Rpfleger 1998, 513; *Meyer-Stolte* Rpfleger 1975, 313 f.
304 *Meyer-Stolte* Rpfleger 1975, 313.
305 BayObLG Rpfleger 1983, 18 (19); Rpfleger 2000, 266; FamRZ 1993, 605; ferner für ein *zum Teil widerrufenes Testament* als Eintragungsunterlage BayObLG Rpfleger 1987, 59.
306 OLG Frankfurt a.M. NJW-RR 2005, 380 f; *Bestelmayer* Rpfleger 2006, 526, 536.
307 OLG Oldenburg Rpfleger 1974, 313.
308 KG OLG 40, 48; ebenso OLG München JFG 16, 148; OLG Köln Rpfleger 1992, 342; auch Rdn 18, 178.
309 OLG Stuttgart Rpfleger 1975, 135; LG Hannover MittRhNotK 1987, 167; KEHE-*Herrmann* Rn 69.
310 Insofern abweichend KEHE-*Herrmann* Rn 69.
311 BayObLG NJW-RR 1989, 585.

den **Feststellungen des Nachlassgerichts widerspricht.** Wird etwa ein Testamentsvollstreckerzeugnis vorgelegt, so kann das Testament nicht dahin gehend ausgelegt werden, dass eine Testamentsvollstreckung nicht eingetreten sei.[312] Hat das Nachlassgericht einen Erbscheinsantrag zurückgewiesen, so kann nicht im Gegensatz dazu die gewünschte Erbfolge eingetragen werden. Ist Nachlasspflegschaft bei unbekannten Erben gemäß § 1960 BGB angeordnet,[313] so kann das Grundbuchamt nicht selbst die Erbfolge feststellen und eintragen.[314] In diesen Fällen ist iS des § 35 Abs 1 S 2 2. Hs die Erbfolge durch die vorgelegten öffentlichen Urkunden eben nicht nachgewiesen, sodass ein Erbschein gefordert werden muss.

146 Das Grundbuchamt ist an eine von ihm vorgenommene **Auslegung** einer Verfügung von Todes wegen selbst grundsätzlich gebunden. Es kann sie später nicht anders auslegen, außer es liegen neue Tatsachen vor oder das Grundbuch ist offensichtlich unrichtig.[315]

7. Konkurrenz zwischen Erbscheinsvorlage und öffentlichen Urkunden

147 Werden dem Grundbuchamt sowohl ein Erbschein in Ausfertigung als auch beglaubigte Abschriften der in öffentlichen Urkunden enthaltenen Verfügungen von Todes wegen vorgelegt sowie das Eröffnungsprotokoll hierüber, so kommt dem **Erbschein** gemäß dem in § 35 Abs 1 S 1 niedergelegten Grundsatz die **Priorität** zu.[316] Im Hinblick auf die öffentlichen Urkunden ist dem Grundbuchamt damit eine Auslegungssperre auferlegt.

V. Das Zeugnis über die fortgesetzte Gütergemeinschaft

1. Begriff

148 Das Bestehen der fortgesetzten Gütergemeinschaft ist gemäß § 35 Abs 2 1. Hs ausschließlich auf Grund des in § 1507 BGB vorgesehenen Zeugnisses »als nachgewiesen zu erachten«. Ein Nachweis durch sonstige öffentliche Urkunden scheidet aus. **§ 35 Abs 2 ist lex specialis zu § 33.**[317] Die Beibringung eines Zeugnisses des Güterrechtsregisters ist nicht möglich, weil die fortgesetzte Gütergemeinschaft in das Güterrechtsregister nicht eingetragen wird.[318] Aus § 35 Abs 2 folgt, dass der **Nichteintritt** der fortgesetzten Gütergemeinschaft nicht ausschließlich durch ein negatives Zeugnis des Nachlassgerichts nach § 1507 BGB bewiesen werden kann (u Rdn 151).[319] Die fortgesetzte Gütergemeinschaft des § 35 Abs 2 ist diejenige der §§ 1483 f BGB.[320] **Ausnahmen** vom Zeugniszwang des § 35 Abs 2 bestehen nur für die Fälle der §§ 36, 37 Abs 2, 3 und nach §§ 18, 19 GBMaßnG.[321] § 35 Abs 2 betrifft nur das Antragsverfahren, nicht aber das Amtsverfahren nach § 52.

149 Auf Grund der in § 1483 Abs 1 S 1 BGB getroffenen Regelung können die Ehegatten durch Ehevertrag vereinbaren, dass die Gütergemeinschaft nach dem Tod eines Ehegatten zwischen dem überlebenden Ehegatten und den gemeinschaftlichen Abkömmlingen fortgesetzt wird. In diesem Falle wird die Gütergemeinschaft gemäß § 1483 Abs 1 S 2 BGB mit den **gemeinschaftlichen Abkömmlingen** fortgesetzt, die bei gesetzlicher Erbfolge als Erben berufen sind. Dann gehört der Anteil des verstorbenen Ehegatten am Gesamtgut gemäß § 1483 Abs 1 S 3 BGB nicht zum Nachlass. Die übrigen Gütermassen des Verstorbenen unterliegen der Erbfolge nach den allgemeinen Vorschriften.

2. Rechtsnachfolge bezüglich des Gesamtgutes

150 Der **Wortlaut** des § 35 Abs 2 ist nach allgemeiner Ansicht **ungenau.**[322] Es handelt sich bei § 1507 BGB nicht um ein Zeugnis über das Bestehen der fortgesetzten Gütergemeinschaft, sondern nur um ein Zeugnis darüber, wer der Rechtsnachfolger hinsichtlich des bisherigen Gesamtguts ist. Diese parallele Auslegung zur Reichweite des Erbscheins ergibt sich aus der Entstehungsgeschichte,[323] aus der in § 1507 S 2 BGB vorgenommenen Gleichstellung mit dem Erbschein sowie aus der Aufnahme des § 1507 BGB in § 35 GBO.[324] Aus diesem

---

312 Oben Rdn 143.
313 Oben Rdn 125.
314 Beispiele von *Schöner/Stöber* Rn 787.
315 BayObLG Rpfleger 1982, 467 (468); KG JW 1934, 2931; *Schöner/Stöber* Rn 792.
316 KG RJA 10, 641; *Schöner/Stöber* Rn 794; vgl zum Parallelproblem bei Erbscheinsvorlage und privatschriftlichem Testament oben Rdn 77.
317 Dazu § 33 Rdn 28.
318 BayObLG NJW-RR 2003, 736.
319 BayObLG NJW-RR 2003, 736.
320 Zu gleichstehendem Landesrecht OLG Hamm NJW-RR 1993, 71, 72: westfälische Gütergemeinschaft.
321 Zu letzteren Vorschriften oben Rdn 36.
322 KG KGJ 41, 54; *Bauer/von Oefele-Schaub* Rn 176; KEHE-*Herrmann* Rn 77; *Güthe-Triebel* Rn 60; *Conrades* Recht 1900, 528 (529); **aA** noch *Predari* § 36 Anm 14.
323 Vgl *Güthe-Triebel* Rn 60.
324 Vgl *Güthe-Triebel* Rn 60.

Grunde ist das Zeugnis auch dann zu erteilen, wenn die fortgesetzte Gütergemeinschaft durch den Tod des überlebenden Ehegatten beendet ist und vor der Auseinandersetzung über einen zum Gesamtgut gehörenden Gegenstand verfügt werden soll.[325]

Zulässig ist auch ein **negatives Zeugnis** des Nachlassgerichts dahin gehend, dass fortgesetzte Gütergemeinschaft nicht eingetreten ist. Dann ist das Nachlassgericht verpflichtet, auf Antrag des überlebenden Ehegatten ein Negativzeugnis auszustellen.[326] In derartigen Fällen kann der Nichteintritt der fortgesetzten Gütergemeinschaft aber auch durch andere öffentliche Urkunden iS des § 29 Abs 1 S 2 nachgewiesen werden.[327] Zu denken ist in erster Linie an gemeinschaftliche öffentliche Testamente oder Erbverträge, in denen sich die Ehegatten zu alleinigen Erben eingesetzt haben, da damit stillschweigend alle anteilsberechtigten Abkömmlinge von der fortgesetzten Gütergemeinschaft und diese damit gemäß §§ 1511 Abs 1, 1516 Abs 3 BGB selbst ausgeschlossen ist. Das gilt nur dann nicht, wenn sich die Erbeinsetzung ausnahmsweise nur auf Vorbehalts- oder Sondergut beziehen sollte.[328] Der Nachweis, dass fortgesetzte Gütergemeinschaft nicht vereinbart wurde, kann auch durch Vorlage einer eidesstattlichen Versicherung in Form des § 29 erbracht werden.[329] **151**

3. Reichweite der Prüfungspflicht des Grundbuchamts

Für den Umfang der *Prüfungspflicht* hinsichtlich *Form* und *Inhalt* des Zeugnisses gilt das für den Erbschein Ausgeführte sinngemäß.[330] Einige Besonderheiten ergeben sich daraus, dass das Zeugnis des § 1507 BGB anders als der Erbschein kein Zeugnis über das Erbrecht bestimmter Personen ist, sondern ein Zeugnis über die Erbfolge in eine bestimmte **Vermögensmasse**.[331] **152**

Zuständig zur Erteilung des Zeugnisses ist gemäß §§ 16, 3 Nr 2c RpflG der **Rechtspfleger**. Anzugeben sind die Namen des verstorbenen und des überlebenden Ehegatten sowie der gemeinschaftlichen Abkömmlinge.[332] Ein vermisster Abkömmling und dessen Abkömmlinge können im Zeugnis alternativ nebeneinander aufgeführt werden.[333] Nicht anzugeben sind dagegen aus den o Rdn 152 genannten Gründen die *Anteile der Berechtigten*, weil anders als im Fall der Erbengemeinschaft wegen §§ 1487 Abs 1, 1442 Abs 1 BGB keiner der Beteiligten über seinen Anteil am Gesamtgut verfügen darf. Es gibt daher grundsätzlich nur **gemeinschaftliche Zeugnisse**.[334] Eine Ausnahme gilt, wenn neben gemeinschaftlichen auch **einseitige Abkömmlinge** vorhanden sind. Hier ist der Bruchteil des Gesamtguts anzugeben, welcher Gesamtgut der fortgesetzten Gütergemeinschaft geworden ist.[335] Das folgt aus der in § 1483 Abs 2 BGB getroffenen Regelung. In diesem Fall sind der überlebende Ehegatte und die gemeinschaftlichen Abkömmlinge nicht alleinige Rechtsnachfolger bezüglich des Gesamtgutsanteils des verstorbenen Ehegatten geworden. Das Zeugnis enthält dann etwa folgenden **Zusatz**: **153**

»Das Gesamtgut der fortgesetzten Gütergemeinschaft besteht aus 7/8 Anteil des ehelichen Gesamtguts«.[336]

Enthält das Zeugnis derartige Angaben nicht, so wird vermutet, dass erbberechtigte, nicht gemeinschaftliche Abkömmlinge des verstorbenen Ehegatten nicht vorhanden sind.[337]

Änderungen in der Person der anteilsberechtigten Abkömmlinge, die vor der Erteilung des Zeugnisses, wie in den Fällen der §§ 1490, 1491 BGB eingetreten sind, müssen im Zeugnis ersichtlich gemacht werden.[338] Bei **späteren Änderungen** muss das Zeugnis auf Antrag **berichtigt** werden.[339] Ist das Zeugnis dagegen **von Anfang an** unrichtig erteilt, so ist es einzuziehen oder für kraftlos zu erklären.[340] **154**

---

325 KG KGJ 41, 52; JFG 12, 199; BayObLGZ 1954, 79; *KEHE-Herrmann* Rn 77; *Demharter* Rn 50.
326 KG KGJ 40, 250; KGJ 45, 246; HRR 1931 Nr 1353; *KEHE-Herrmann* Rn 77; *Güthe-Triebel* Rn 58; *Palandt-Diederichsen* § 1507 Rn 4.
327 *KEHE-Herrmann* Rn 77; *Demharter* Rn 51.
328 OLG Frankfurt aM Rpfleger 1978, 412; OLG Posen DFG 1944, 21; LG Marburg Rpfleger 2000, 70; *Schöner/Stöber* Rn 824.
329 BayObLG NJW-RR 2003, 736.
330 Oben Rdn 56 ff; allgemeine Meinung: KG KGJ 36, 174; *KEHE-Herrmann* Rn 78 f; *Demharter* Rn 53.
331 Grundlegend *Güthe-Triebel* Rn 61.
332 *Güthe-Triebel* Rn 61; *Demharter* Rn 50; *KEHE-Herrmann* Rn 79; gebräuchliche Fassung bei *Firsching-Graf* Nachlassrecht, Rn 4.368; *Güthe-Triebel* aaO.
333 LG Heidelberg NJW 1959, 295; *Müller* FamRZ 1956, 339.
334 KG OLGE 43, 361; *KEHE-Herrmann* Rn 79; *Güthe-Triebel* Rn 61; *Firsching-Graf* Nachlassrecht, Rn 4.362.
335 KG KGJ 34, 229 (231); DNotZ 1934, 616; BGHZ 63, 40; *KEHE-Herrmann* Rn 79; *Demharter* Rn 50; *Firsching-Graf* Nachlassrecht, Rn 4.368 Fn 524; *Güthe-Triebel* Rn 61; *Predari* § 36 Anm 14; *Schultz* DNotZ 1912, 208.
336 Fassungsvorschlag von *Firsching-Graf* Nachlassrecht, Rn 4.368.
337 KG DNotZ 1934, 616.
338 *KEHE-Herrmann* Rn 79; *Demharter* Rn 50.
339 KG OLGE 7, 28; OLGE 26, 318; BayObLGZ 1954, 79 (82) = Rpfleger 1968, 21; *KEHE-Herrmann* Rn 83; *Demharter* Rn 50; *Firsching-Graf* Nachlassrecht, Rn 4.371; anders *Bergerfurth* NJW 1956, 1506 *(Einziehung)*.
340 So die Einschränkung von BayObLGZ 1954, 79 (82) = Rpfleger 1968, 21 mit Anm *Haegele*.

155 Keine Bedenken bestehen dagegen, in entsprechender Anwendung des § 2369 BGB ein **gegenständlich beschränktes Zeugnis** auszustellen.[341]

4. Reichweite der Vermutungswirkung

156 Für die Reichweite der Vermutungswirkung gelten die Ausführungen über den **Erbschein** entsprechend, weil Gründe für eine unterschiedliche Sachbehandlung wegen § 1507 S 2 BGB nicht ersichtlich sind.[342]

157 Das Zeugnis des § 1507 BGB bescheinigt *nicht* das *Fortbestehen* der fortgesetzten Gütergemeinschaft. Wenn das Grundbuchamt aber keine begründeten Zweifel an der Richtigkeit des Zeugnisses hat, so kann es auch die Vorlage eines Zeugnisses **älteren Datums** genügen lassen.[343]

158 Die Vermutungswirkung des Zeugnisses beschränkt sich darauf, dass das **Gesamtgut** der bisherigen Gütergemeinschaft auf den überlebenden Ehegatten und die gemeinschaftlichen Abkömmlinge als Gesamtgut übergegangen ist. Dagegen erstreckt sich die Vermutung nicht darauf, dass das **Grundstücksrecht,** über das auf Grund des Zeugnisses verfügt werden soll, zu dem Gesamtgut der allgemeinen Gütergemeinschaft gehört.[344] **Diese Zugehörigkeit ist besonders nachzuweisen.** Ein gesonderter Nachweis ist nur dann nicht erforderlich, wenn bereits das Grundbuch die Gesamtgutseigenschaft nachweist.[345] Ist das Zeugnis des § 1507 BGB nicht auf einen Bruchteil des ehelichen Gesamtguts beschränkt,[346] so ist damit auch bewiesen, dass *einseitige Abkömmlinge* nicht vorhanden sind. Steht dagegen fest, dass auch nicht gemeinschaftliche Abkömmlinge vorhanden sind, so genügt das Zeugnis des § 1507 BGB zur Umschreibung des Eigentums auf den überlebenden Ehegatten nicht. In diesem Falle muss durch einen Erbschein oder durch eine in öffentlicher Urkunde enthaltene letztwillige Verfügung nachgewiesen werden, dass ein Erbrecht der Kinder, zB aus der früheren Ehe, nicht besteht.[347] Das Zeugnis des § 1507 BGB und der Erbschein nach § 2353 BGB sind in ihrer Aufgabenstellung voneinander unabhängig.[348] Soll gleichzeitig die fortgesetzte Gütergemeinschaft und das Erbrecht der nicht gemeinschaftlichen Abkömmlinge eingetragen werden, so sind sowohl das Zeugnis des § 1507 BGB als auch ein Erbschein oder die in öffentlicher Urkunde enthaltene letztwillige Verfügung erforderlich.[349]

VI. Nachweis der Befugnis des Testamentsvollstreckers

1. Allgemeines

159 Der Erblasser kann gemäß § 2197 BGB durch Testament einen oder mehrere **Testamentsvollstrecker** ernennen. Eine Bestimmung durch **Dritte** ist nach den §§ 2198 f BGB möglich. Nach § 2205 S 1 BGB hat der Testamentsvollstrecker den Nachlass zu verwalten und ist dabei insbesondere berechtigt, ihn in Besitz zu nehmen und über die Nachlassgegenstände zu verfügen. Zu *unentgeltlichen Verfügungen* ist er wegen § 2205 S 2 BGB nur berechtigt, soweit sie einer sittlichen Pflicht oder einer auf den Anstand zu nehmenden Rücksicht entsprechen. Der Erblasser kann die Verfügungsbefugnis des Testamentsvollstreckers wegen § 2208 BGB einschränken. Im Falle der Verfügung des Testamentsvollstreckers bedarf es zum Nachweis seiner Verfügungsbefugnis gegenüber dem Grundbuchamt nur der Vorlage des **Testamentsvollstreckerzeugnisses** und es ist unter den Voraussetzungen des § 40 Abs 2 die Vereinbarung und damit die Erbenbezeichnung nicht erforderlich. § 35 Abs 2 betrifft nur das Antragsverfahren, nicht aber das Amtsverfahren nach § 52.

160 Gemäß § 2368 Abs 1 S 1 hat das Nachlassgericht durch den **Richter** (§ 16 Abs 1 Nr 6 RPflG) einem Testamentsvollstrecker auf Antrag ein Zeugnis über die Ernennung zu erteilen. Auf dieses Zeugnis finden nach § 2368 Abs 3 BGB die Vorschriften über den Erbschein entsprechende Anwendung. Zu beachten ist die Möglichkeit der Aufhebung des Richtervorbehalts nach § 19 Abs 1 Nr 5 RPflG.[350]

2. Entsprechende Anwendung der Vorschriften über die letztwillige Erbfolge

161 Für den Nachweis der Verfügungsbefugnis des Testamentsvollstreckers im Grundbuchverkehr sind die Regeln über den Nachweis der letztwilligen Erbfolge in entsprechender Anwendung maßgebend.[351] Gemäß § 35

---

341 So zutreffend *Firsching-Graf* Nachlassrecht, Rn 4.362; *Dörner* DNotZ 1980, 667; **aA** *Staudinger-Thiele* (2000) § 1507 Rn 9.

342 Oben Rdn 10; zur gebotenen Gleichbehandlung ebenso KEHE-*Herrmann* Rn 84.

343 Allgemeine Meinung: *Schöner/Stöber* Rn 824; *Predari* § 36 Anm 14; *Güthe-Triebel* Rn 63.

344 KEHE-*Herrmann* Rn 84; *Demharter* Rn 54.

345 *Güthe-Triebel* Rn 63.

346 Oben Rdn 153.

347 KG HRR 1933 Nr 763; *Güthe-Triebel* Rn 63.

348 *Staudinger-Thiele* (2000) § 1507 Rn 10.

349 Zu *früherem Recht und Übergangsrecht* 6. Aufl dieses Kommentars Rdn 64 f.

350 Dazu *H Roth* in: *Bassenge/Roth,* FGG/RPflG, 11.Aufl.2007, § 19 RPflG Rn 1.

351 OLG Zweibrücken Rpfleger 2001, 173 (174); Überblick bei *Buschmann* BlGBW 1981, 209 (212).

Abs 2 1. Hs ist die Befugnis des Testamentsvollstreckers zur Verfügung über einen Nachlassgegenstand nur auf Grund des Zeugnisses nach § 2368 BGB als nachgewiesen anzunehmen. Beruht jedoch die Anordnung der Testamentsvollstreckung auf einer Verfügung von Todes wegen, die in einer **öffentlichen Urkunde** enthalten ist, so genügt es, wenn anstelle des Testamentsvollstreckerzeugnisses die Verfügung und die Niederschrift über die Eröffnung der Verfügung vorgelegt werden. Erachtet das Grundbuchamt die Testamentsvollstreckung durch diese Urkunden nicht für nachgewiesen, so kann es gleichwohl die Vorlage eines **Testamentsvollstreckerzeugnisses** verlangen (§ 35 Abs 2 2. Hs iVm § 35 Abs 1 S 2).[352]

Nicht ausreichend ist die Eintragung des Testamentsvollstreckers im **Grundbuch gemäß § 52.** Das folgt aus **162** dem Wortlaut des § 35 Abs 2 (»nur«) und aus dem unterschiedlichen Zweck des § 52,[353] der nur Verfügungen des Erben verhindern will (§ 2211 Abs 2 BGB). Auch der **Erbschein**, in dem nach § 2364 BGB die Ernennung des Testamentsvollstreckers angegeben ist, kann das Zeugnis des § 2368 BGB nicht ersetzen, auch dann nicht, wenn – fälschlicherweise – der Name des Testamentsvollstreckers darin aufgeführt ist. Auch im Falle der Ernennung des Testamentsvollstreckers durch das Nachlassgericht gemäß § 2200 BGB kann das Zeugnis des § 2368 BGB nicht durch eine Ausfertigung der Ernennungsverfügung ersetzt werden.[354] Muß ein Testamentsvollstreckervermerk nach § 52 von Amts wegen in das Grundbuch eingetragen werden, so ist die Testamentsvollstreckung nach § 35 nachzuweisen, so daß eine entsprechende Bewilligung der Erben nicht ausreicht.[355]

Der Nachweis der Testamentsvollstreckereigenschaft ist auch dann erforderlich, wenn keine Verfügung über **163** einen Nachlassgegenstand getroffen wird, so etwa, wenn der Testamentsvollstrecker die **Umschreibung** eines von ihm für die Erben erworbenen Rechts beantragt oder wenn er gegen die Ablehnung eines solchen Antrags **Beschwerde** einlegt.[356] Im Falle der *Offenkundigkeit* der Verfügungsbefugnis soll jedoch gemäß § 29 Abs 1 S 2 kein Nachweis erforderlich sein.[357] Mir ist das zweifelhaft.[358]

3. Nachweis durch Testamentsvollstreckerzeugnis gemäß § 35 Abs 2 1. Hs

a) Inhalt. Das nach § 2368 BGB zu erteilende Zeugnis muss bescheinigen, dass **eine bestimmte Person** Tes- **164** tamentsvollstrecker ist.[359] Anzugeben sind der Name des Erblassers und des Testamentsvollstreckers sowie etwaige Abweichungen von der gesetzlichen Verfügungsbefugnis.[360] Das Zeugnis kann auch bloß einen *Bruchteil* des Nachlasses betreffen.[361] Es darf in entsprechender Anwendung des § 2369 BGB auch *gegenständlich beschränkt* sein.[362]

b) Form. Das Zeugnis ist in **Urschrift** oder **Ausfertigung** vorzulegen.[363] Die Vorlegung einer *beglaubigten* **165** *Abschrift* genügt nicht, da Urschrift oder Ausfertigungen bereits als unrichtig eingezogen sein können.[364] Eine *Bezugnahme* auf die Nachlassakten des gleichen Amtsgerichts ist möglich.[365]

c) Annahme des Amtes. Es bedarf *keines gesonderten Nachweises*, dass der Testamentsvollstrecker das Amt **166** angenommen hat (vgl § 2202 BGB).[366] Vielmehr erstreckt sich die Vermutung auch darauf, dass das **Amt angenommen** ist, weil sonst das Zeugnis hätte nicht erteilt werden dürfen.

d) Gültigkeitsdauer. Die Vermutung des § 2368 BGB bezieht sich nur darauf, dass eine Testamentsvollstre- **167** ckung in gültiger Weise angeordnet ist und dass der in dem Zeugnis Genannte Testamentsvollstrecker geworden ist, nicht aber darauf, dass das Amt des Testamentsvollstreckers *noch besteht*.[367] So wird etwa auch gemäß § 2368 Abs 3 2. Hs BGB das Zeugnis schon mit der Beendigung des Amts des Testamentsvollstreckers kraftlos. Grundbuchverfahrensrechtlich darf der Rechtspfleger (Richter) aber regelmäßig von einem **Fortbestand** der Testa-

352 Ausführlich *Zahn* MittRhNotK 2000, 89.
353 BayObLG Rpfleger 1999, 25; KEHE-*Herrmann* Rn 81; *Güthe-Triebel* Rn 70; *Holzer-Kramer*, Grundbuchrecht, 4. Teil Rn 274.
354 KG OLGE 41, 28 Anm; *Güthe-Triebel* Rn 70.
355 *Bestelmeyer* Rpfleger 2006, 526, 532 gegen LG Berlin Rpfleger 2005, 188.
356 KG KGJ 42, 219; KEHE-*Herrmann* Rn 81; *Demharter* Rn 58; *Güthe-Triebel* Rn 70.
357 KG KGJ 35, 205; *Demharter* Rn 58.
358 Zu den Gründen oben Rdn 19.
359 KG KGJ 42, 222; *Staudinger-Schilken* § 2368 Rn 20.
360 *Staudinger-Schilken* § 2368 Rn 20; *Güthe-Triebel* Rn 73; *Demharter* Rn 59; Muster bei *Firsching-Graf* Nachlassrecht, Rn 4.466.
361 *Staudinger-Schilken* § 2368 Rn 22.
362 *Demharter* Rn 59; weitere Nachweise bei *Staudinger-Schilken* § 2368 Rn 37; *H. Roth* IPRax 1991, 322.
363 Zutreffend *Demharter* Rn 60; *Schöner/Stöber* Rn 3462.
364 Anders *Haegele* Rpfleger 1967, 33 (40); LG Köln Rpfleger 1977, 29.
365 KEHE-*Herrmann* Rn 81; *Schöner/Stöber* Rn 3462.
366 RG JW 1906, 132 f; KG OLGE 40, 49; *Helm* DJZ 1903, 343; *Demharter* Rn 62; *Güthe-Triebel* Rn 73.
367 *Güthe-Triebel* Rn 73; *Staudinger-Schilken* § 2368 Rn 11; Prot V S 690.

mentsvollstreckung ausgehen. Nur wenn besondere Umstände die Annahme rechtfertigen, dass das Zeugnis kraftlos ist, muss der Nachweis der Fortdauer erbracht werden, etwa durch ein entsprechendes *Negativzeugnis* des Nachlassgerichts im Falle einer Kraftloserklärung oder durch eine Erbenerklärung in Form des § 29 bei Beendigung des Amts.[368] Abweichendes gilt auch, wenn neue, dem Nachlassgericht noch nicht bekannte Tatsachen bekannt werden, die die Unrichtigkeit des Zeugnisses erweisen und damit die Einziehung des Testamentsvollstreckerzeugnisses erwarten lassen.[369]

168   **e) Prüfungspflicht des Grundbuchamts.** Im Hinblick auf die Prüfungspflicht des Grundbuchamts gilt wegen der Gleichstellung in § 35 Abs 2 das für den Erbschein Gesagte sinngemäß.[370] Ein **sachliches Nachprüfungsrecht** bezüglich des Inhalts des Zeugnisses **besteht** daher grundsätzlich **nicht**.[371] Doch kann das Zeugnis ausgelegt werden. Das Grundbuchamt kann weitern Nachweis verlangen, auch wenn es das zugrunde liegende Testament anders auslegt als das Nachlassgericht.[372] Wird freilich neben dem Zeugnis auch das Testament vorgelegt und ergibt sich daraus die *Nichtigkeit* der Testamentsvollstreckung, so ist das Zeugnis zum Nachweis nicht geeignet.[373] In diesem Fall muss das Grundbuchamt ebenso wie beim Erbschein verfahren.[374] Zunächst ist daher von Amts wegen beim Nachlassgericht die Einziehung des Zeugnisses anzuregen. Bleibt das Nachlassgericht freilich bei seiner Auffassung, so ist das Grundbuchamt daran gebunden.[375]

169   Auch bei Vorlage des Zeugnisses hat das Grundbuchamt wegen § 2205 S 2 BGB die Frage der **Unentgeltlichkeit** zu prüfen.[376] Grundbuchverfahrensrechtlich genügt hier die Vorlegung des *Grundgeschäfts* iVm allgemeinen Erfahrungstatsachen. Das KG[377] nimmt einen entgeltlichen Akt dann an, wenn die Beweggründe durch privatschriftliche Erklärung außerhalb der Form des § 29 substantiiert angegeben werden und verständlich und der Wirklichkeit gerecht werdend erscheinen und wenn irgendwelche Zweifel an der Pflichtgemäßheit der Handlung nicht ersichtlich sind. Abgesehen von Pflicht- und Anstandsschenkungen ist der Testamentsvollstrecker zu unentgeltlichen Verfügungen nur berechtigt, wenn alle Erben zustimmen, wobei die Erbenstellung in der Form des § 35 oder des (wegen § 111 Abs 1 Nr 1 KostO kostengünstigeren) § 36 nachzuweisen ist.[378]

170   **f) Ausländische Testamentsvollstrecker.** § 35 Abs 2 findet auch auf ausländische Testamentsvollstrecker Anwendung. So ist ein Zeugnis nach **§ 2368 BGB** möglich und erforderlich, wenn die Ernennung des ausländischen Testamentsvollstreckers, der über ein zum Nachlass eines Ausländers gehörendes, im Inland gelegenes Grundstück verfügen will, nicht in einer öffentlichen Urkunde enthalten ist.[379] Bei ausländischen *Privattestamenten* ist ein Zeugnis daher unerlässlich.

4. Nachweis durch Vorlegung einer Verfügung von Todes wegen gemäß § 35 Abs 2 2. Hs

171   Gemäß § 35 Abs 2 2. Hs genügt auch die Vorlage der öffentlichen, die Ernennung des Testamentsvollstreckers enthaltende Urkunde zusammen mit dem Eröffnungsprotokoll. Doch ist diese Regelung unvollständig:

172   **a) Nachweis der Annahme des Amtes.** *Zusätzlich* zu den genannten Urkunden muss der Nachweis geführt werden, dass der Testamentsvollstrecker sein Amt gegenüber dem Nachlassgericht gemäß § 2202 Abs 2 BGB **angenommen** hat.[380] Das geschieht entweder durch Beibringung eines Zeugnisses des Nachlassgerichts über die Annahme oder durch das Protokoll über die Annahmeerklärung.[381] Der Rechtspfleger (Richter) kann und muss daher stets verlangen,[382] dass ihm in einer dem § 29 entsprechenden Form die Annahme des Amtes nachgewiesen wird.[383]

---

368   LG Köln Rpfleger 1977, 29; KEHE-*Herrmann* Rn 81; *Güthe-Triebel* Rn 73, 75; *Helm* DJZ 1903, 343; *Demharter* Rn 61.
369   BayObLG FGPrax 2005, 56 ff.
370   Oben Rdn 56.
371   KG KGJ 37, 249; KGJ 42, 222; OLGE 43, 2; BayObLG Rpfleger 1999, 25; *Staudinger-Schilken* § 2368 Rn 35 f; *Haegele* Rpfleger 1967, 40; KEHE-*Herrmann* Rn 87; *Demharter* Rn 61; *Güthe-Triebel* Rn 75.
372   *Schöner/Stöber* Rn 3463.
373   KG KGJ 42, 219.
374   Ausführlich oben Rdn 87 f.
375   LG Bückeburg MDR 1957, 559; *Schöner/Stöber* Rn 3463.
376   OLG Köln Rpfleger 1992, 342, 343 mwN.
377   KG JFG 7, 284; HRR 1933 Nr 19; KGJ 48, 151; ebenso OLG Karlsruhe NJW-RR 2005, 1097, 1098; *Güthe-Triebel* Rn 86; Einzelheiten bei *Waldschläger* RpflStud 1987 Heft 1, 1 ff.
378   OLG Karlsruhe NJW-RR 2005, 1097.
379   OLG Hamburg OLGE 11, 272; *Güthe-Triebel* Rn 71; ferner *H. Roth* IPRax 1991, 322, 324.
380   KG RJA 4, 265; OLGE 14, 316; KGJ 38, 136; OLG München HRR 1938 Nr 1018; *Demharter* Rn 63; *Güthe-Triebel* Rn 72; *B Schaub* ZEV 1995, 361.
381   KG KGJ 28, 283; KGJ 38, 136.
382   KG OLGE 14, 316.
383   KG SeuffA 61 Nr 216.

Das Zeugnis des Nachlassgerichts über die Annahme darf nur unter den gleichen Voraussetzungen wie das **173**
Zeugnis des § 2368 BGB ausgestellt werden,[384] weil es mittelbar auch die Ernennung des Annehmenden
bescheinigt und daher eine dem § 2365 BGB entsprechende Bedeutung hat, die der in § 2368 BGB angeordneten Prüfung des Nachlassgerichts bedarf.

Anstelle des Zeugnisses genügt auch die Ausfertigung des Protokolls des Nachlassgerichts zusammen mit dem **174**
Testament und der Eröffnungsverhandlung, wenn der Testamentsvollstrecker die Annahmeerklärung zu **Proto-
koll** des Nachlassgerichts abgegeben hat.[385] Hat er die sonstwo in öffentlich beglaubigter Form abgegebene
Annahmeerklärung dem Nachlassgericht eingereicht, so kann sich das Grundbuchamt auch mit einer solchen
Urkunde und einem Zeugnis des Nachlassgerichts über den Eingang begnügen. Ein Zeugnis der letzteren Art
kann das Nachlassgericht ohne sachliche Prüfung ausstellen.[386] Eine nur in den Akten enthaltene *privatschriftliche
Annahmeerklärung* genügt nicht.[387]

b) Bestimmung des Testamentsvollstreckers durch Dritte. Wird der Testamentsvollstrecker durch einen **175**
Dritten bestimmt (§§ 2198, 2199 BGB) oder durch das *Nachlassgericht* ernannt (§ 2200 BGB),[388] so müssen dem
Grundbuchamt die Bestimmung des Dritten oder die Ernennung durch das Nachlassgericht in der Form des
§ 29 nachgewiesen werden.[389] Für die Bestimmung durch das Nachlassgericht muss daneben ein *Rechtskraftzeugnis* beigebracht werden (vgl § 81 FGG).

c) Verlangen des Grundbuchamts nach Vorlage eines Testamentsvollstreckerzeugnisses. Kann sich **176**
der Testamentsvollstrecker durch Vorlage des in einer öffentlichen Urkunde enthaltenen Testaments und des
Eröffnungsprotokolls ausweisen, so kann das Grundbuchamt das Zeugnis des § 2368 BGB nur aus *besonderen
Gründen* verlangen. Es steht **nicht im Belieben** des Grundbuchamts, statt der Vorlegung der bezeichneten
Urkunden das Zeugnis zu fordern. Vielmehr ist ein dahin gehendes Begehren nur im Einzelfall zu rechtfertigen. So liegt es, wenn die Beurteilung besonders zweifelhaft und schwierig ist.[390] Die Rechtslage ist vergleichbar wie beim Erbschein in den Fällen des § 35 Abs 1 S 2 2. Hs.[391] Auch bei einem Testamentsvollstreckerzeugnis
ist ausschlaggebend, ob das Bestehen oder der Umfang der Testamentsvollstreckung Zweifeln unterliegen, die
nur durch *tatsächliche Ermittlungen* zu beseitigen sind.[392]

Danach kann das Grundbuchamt jedenfalls die Vorlegung eines Testamentsvollstreckerzeugnisses verlangen, **177**
wenn das Nachlassgericht die Erteilung wegen *Ungültigkeit der Ernennung* abgelehnt hat.[393] Freilich ist hier zu
beachten, dass der öffentliche Glaube, der nach §§ 2366, 2367, 2368 Abs 3 BGB Erbschein und Testamentsvollstreckerzeugnis beigelegt ist, einer die Erteilung solcher Zeugnisse ablehnenden Entscheidung nicht zukommt.
Aber auch für ablehnende Entscheidungen ist die Erwägung maßgebend, dass im Rahmen des § 35 in Grundbuchsachen dem Nachlassgericht die Entscheidung darüber zusteht, ob ein Testamentsvollstrecker zu ernennen
ist. Einander widersprechende Entscheidungen zwischen Nachlassgericht und Grundbuchamt müssen vermieden werden. Das Grundbuchamt kann daher die Beteiligten darauf verweisen, die ablehnende Entscheidung des
Nachlassgerichts anzufechten und im Erfolgsfall das dann erlangte Zeugnis vorzulegen.[394]

5. Zusätzlicher Erbennachweis

Beantragt der Testamentsvollstrecker die Umschreibung eines Rechts auf die Erben im Wege der **Berichti-** **178**
gung, so ist zusätzlich zum Nachweis seiner Verfügungsmacht nach § 35 Abs 2 auch ein *Erbennachweis* nach § 35
Abs 1 erforderlich, damit das Grundbuchamt mit Rücksicht auf § 51 prüfen kann, ob der Nacherbenvermerk
einzutragen ist oder nicht.[395] Ein zusätzlicher Erbennachweis ist auch dann erforderlich, wenn der Testamentsvollstrecker mit *Nachlassmitteln* ein Grundstück für den Nachlass erwirbt, weil das Grundstück hier auf den
Namen des Erben einzutragen ist und deshalb diese Namen feststehen müssen.[396]

---

384 KG OLGE 14, 316; RJA 10, 122; *Staudinger-Schilken* § 2368 Rn 34.
385 KG OLGE 14, 316.
386 Alle genannten Alternativen erörtert KG OLGE 14, 316.
387 KG OLGE 40, 49.
388 *Güthe-Triebel* Rn 72 bezeichnen das als »mittelbare Ernennung« des Testamentsvollstreckers.
389 OLG Dresden SeuffA 60 Nr 487; Recht 1906, 254; KEHE-*Herrmann* Rn 82; *Demharter* Rn 64; *Güthe-Triebel* Rn 72;
    B. Schaub ZEV 1995, 361 (362).
390 KG OLGE 5, 431; OLGE 7, 336; zusammenfassend KG OLGE 16, 172.
391 Oben Rdn 110 f.
392 So *Güthe-Triebel* Rn 71; weiter allerdings die Formulierung bei KG OLGE 16, 172.
393 KG OLGE 16, 172.
394 Grundlegend KG OLGE 16, 172; *Güthe-Triebel* Rn 71.
395 KG KGJ 48, 151; Rpfleger 2003, 197; OLG Dresden SeuffA 57 Nr 225; OLG Köln Rpfleger 1992, 342; o Rdn 143,
    18; *Kretzschmar* ZBlFG 2, 719.
396 KG OLGE 21, 355; *Güthe-Triebel* Rn 72.

VII. Sonderfälle

1. Beerbung von Reichsheimstättern

179 Besonderheiten galten bei der Beerbung eines Heimstätters. Nach § 25 der Verordnung zur Ausführung des Reichsheimstättengesetzes (VO)[397] war für die Beerbung des Heimstätters das allgemeine Recht nur insoweit maßgebend, als sich aus dem Reichsheimstättengesetz (und der genannten Verordnung) nichts anderes ergab. Derartige **Sondervorschriften** waren für den Fall gegeben, dass **mehrere Miterben** vorhanden sind (§ 26 VO). Hier kannte das Gesetz unter den in der VO näher niedergelegten Voraussetzungen eine Sonderrechtsnachfolge[398] in die Heimstätte durch den Heimstättenfolger. Der Heimstättenfolger erwarb gemäß § 29 Abs 1 VO das Eigentum an der Heimstätte mit dem Erbfall. Das Reichsheimstättengesetz sowie die dazu ergangene VO sind nunmehr durch das Gesetz zur Aufhebung des Reichsheimstättengesetzes vom 17.06.1993 (BGBl I S 912) mit Wirkung vom 01.10.1993 **aufgehoben** worden. Nach § 4 sind auf Erbfälle aus der Zeit vor In-Kraft-Treten dieses Gesetzes die hierzu ergangenen Vorschriften der VO in der bis zum In-Kraft-Treten dieses Gesetzes geltenden Fassung weiter anzuwenden.[399]

2. Höfeordnung

180 Im **Hoferbenrecht** bestehen grundbuchrechtliche Besonderheiten sowohl im Hinblick auf § 35 Abs 1 S 1 als auch im Hinblick auf § 35 Abs 1 S 2. Dargestellt werden hier nur die häufigsten Fälle im Geltungsbereich der für die Länder der ehemaligen britischen Zone (Niedersachsen, Nordrhein-Westfalen, Schleswig-Holstein, Hamburg) in Kraft befindlichen **HöfeO** in der Fassung vom 26.07.1976.[400] Das rechtfertigt sich wegen der strukturellen Vergleichbarkeit der Zeugnisse, die nach sonstigen landesrechtlichen Anerben- und Höfegesetzen zu erteilen sind[401] (Bremen, Württemberg-Baden, Hessen, Rheinland-Pfalz). In Bayern, Berlin und Saarland sowie in den neuen Bundesländern (vorbehaltlich von Sondererbrecht der ehemaligen DDR) vererbt sich land- oder forstwirtschaftlicher Grundbesitz nach den Regeln des BGB.

181 **a) Erbschein und Hoffolgezeugnis.** Im Geltungsbereich der **Höfeordnung** sind bei Nachlässen, in denen sich ein Hof befindet, im Hinblick auf § 35 Abs 1 S 1 **drei Sonderformen** zu beachten: Nach § 18 Abs 2 S 2 HöfeO muss der allgemeine Erbschein des § 2353 BGB den Hoferben bezeichnen.[402] Nach § 18 Abs 2 S 3 HöfeO kann auch ein Hoffolgezeugnis erteilt werden, in dem allein die Erbfolge in den betreffenden Hof bezeugt wird.[403] Es handelt sich dabei nicht um einen gegenständlich beschränkten Erbschein, sondern um eine Gesamtrechtsnachfolge in ein **Sondervermögen**. Zulässig ist schließlich auch die Erteilung eines Erbscheins über das **hoffreie Vermögen**.[404] Voraussetzung ist jedoch, dass es sich um hoffreies Vermögen handelt und dies für das Grundbuchamt prüfbar ist.[405] Auch hier liegt kein gegenständlich beschränkter Erbschein vor, sondern ein Erbschein über den gesamten Nachlass, der sich nur nicht mit auf den Hof bezieht. Der Erbschein enthält den **Zusatz**.[406]

»Dieser Erbschein bezieht sich nicht auf den zum Nachlass gehörenden, im Grundbuch von ... eingetragenen Hof.«

Die dargestellte Handhabung rechtfertigt sich allein schon aus *Kostengründen*.

182 Zuständig für die Ausstellung aller genannten Sonderformen ist das **Landwirtschaftsgericht.** Das gilt insbesondere auch für die Erteilung eines Erbscheins über das hofesfreie Vermögen, um eine Zuständigkeitskonkurrenz zwischen Nachlass- und Landwirtschaftsgericht zu vermeiden.[407] Da ein abweichend erteilter Erbschein aber nicht unwirksam ist, braucht ihn das Grundbuchamt nicht zu beanstanden.

---

397 VO vom 19.07.1940 (RGBl I 1027) iVm § 24 des Reichsheimstättengesetzes idF vom 25.11.1937 (RGBl I 1291).

398 Zu den *materiellrechtlichen* Voraussetzungen des § 26 VO, *Westphal* Rpfleger 1981, 129 f.

399 Einzelheiten in der 7. Aufl dieses Kommentars Rn 181 bis 186; auch OLG Hamm NJW-RR 1996, 660.

400 BGBl I 1933.

401 Zu verweisen ist auf die erschöpfenden Darstellungen von *Staudinger-Schilken* Einl Rn 7–32 zu §§ 2353 ff; *Firsching-Graf* Nachlassrecht, Rn 4.397 ff; *Staudinger-Mayer* (Neubearbeitung 2005) Art 64 EGBGB Rn 86 ff; 6. Aufl dieses Kommentars Rn 15 f.

402 Vergleichbares Zeugnis (Reichserbhofrecht) bei *Firsching-Graf* Nachlassrecht, Rn 4.405.

403 Heute hL: *Demharter* Rn 21; **aA** LG Arnsberg JMBlNRW 1951, 175; AG Düren JMBlNRW 1947, 189 mit abl Anm *Temmen*; ein Zeugnismuster gibt *Steffen* RdL 1977, 113, 115.

404 So die hL: OLG Hamm JMBlNRW 1953, 42; OLG Köln RdL 1953, 281; OLG Düsseldorf NJW 1953, 1870; OLG Celle RdL 1956, 113; OLG Hamburg RdL 1958, 186; *Staudinger-Schilken* Einl Rn 11 zu §§ 2353 ff; *Hense* DNotZ 1952, 205; *Steffen* RdL 1977, 113; *Firsching* DNotZ 1960, 566.

405 OLG Köln MittRhNotK 1999, 282.

406 OLG Celle RdL 1956, 113 (114); vergleichbar *Firsching-Graf* Nachlassrecht, Rn 4.407.

407 Sehr strittig; zahlreiche Nachweise bei *Staudinger-Schilken* Einl Rn 11 zu §§ 2353 ff; offen gelassen von OLG Köln Mitt-RhNotK 1999, 282.

Roth

b) Öffentliches Testament. Ist der Hoferbe in einem öffentlichen Testament bestimmt und liegen die **183** Voraussetzungen des § 35 Abs 1 S 2 vor, so muss das Grundbuchamt gleichwohl einen Erbschein oder ein Hoffolgezeugnis verlangen, wenn die **Wirtschaftsfähigkeit** des Hoferben (§ 7 HöfeO) nicht offenkundig oder durch eine Entscheidung der zuständigen Landwirtschaftsbehörde nachgewiesen ist.[408] Auch wenn das öffentliche Testament klar und eindeutig ist, kann das Grundbuchamt ein Hoffolgezeugnis verlangen,[409] wenn nicht ausgeschlossen werden kann, dass der Erblasser zu Lebzeiten eine *formlose Hoferbenbestimmung* vorgenommen hat (§§ 6 Abs 1 S 1, 7 Abs 2 HöfeO).

c) Hoferbenfeststellungsbeschlüsse. Im Bereich des Höferechts gilt § 35 Abs 1 S 1 und 2 nicht ausschließ- **184** lich. Neben der Vorlage eines Erbscheins oder eines öffentlichen Testaments in der Form des § 35 Abs 1 S 2 genügt auch ein **Hoferbenfeststellungsbeschluss** gemäß § 11 Abs 1 Höfeverfahrensordnung.[410] Das dort geregelte Feststellungsverfahren hat eine *höhere Richtigkeitsgewähr* als das Erbscheinsverfahren und führt zur bindenden Feststellung des endgültigen Hoferben, während der Erbschein nur eine widerlegbare Vermutung begründet.[411] Ausreichend ist eine *rechtskräftige Entscheidung*. Dagegen scheint es mir die Anforderungen zu überspannen,[412] wenn verlangt wird, dass seit der Rechtskraft der Entscheidung fünf Jahre vergangen sein müssen, weil nach Ablauf von fünf Jahren vom Tag der formellen Rechtskraft gemäß § 12 Abs 3 HVO ein neuer Antrag auf Feststellung nur noch statthaft ist, wenn die bei der Entscheidung vorhanden gewesenen Voraussetzungen nachträglich weggefallen sind.

3. Familienfideikommisse; Stammgüter und Lehen

Spätestens seit dem 01.01.1939 sind alle Familienfideikommisse, Lehen, Stammgüter und sonstige gebundene **185** Vermögen wegen der §§ 1 Abs 1, 30 Abs 1 FidErlGH[413] **erloschen**. Das Gleiche gilt für die bei einer früheren Auflösung geschaffenen Nacherbenrechte. Das Vermögen ist seitdem *freies Vermögen* des letzten Inhabers. Auf die Erteilung der **Bescheinigung** durch das Fideikommissgericht gemäß § 39 DVFidErlG[414] zum Nachweis der Folge nach Fideikommissrecht sind die für den Erbschein geltenden Vorschriften *entsprechend* anwendbar.[415] § 35 gilt demnach für früher gebundene Vermögen jetzt uneingeschränkt.

---

408 So (ergangen zur gleich gelagerten Frage des Reichserbhofgesetzes vom 29.09.1933) KG JFG 13, 123; JFG 20, 217; OLG Oldenburg NJW 1958, 554; *H.-J. Schmidt* MDR 1960, 19; *Schöner/Stöber* Rn 799.
409 OLG Oldenburg Rpfleger 1984, 13; 1989, 95; ferner *Frost* RdL 1951, 32; zu den Grenzen OLG Oldenburg NdsRpfl 1997, 117 (kein Hoffolgezeugnis erforderlich, wenn ein Ehegattenhof an den längstlebenden Ehegatten vererbt wird).
410 BGBl 1976 I 885.
411 HL: Vgl OLG Celle RdL 1955, 143; NdsRpfl 1972, 214; *Pritsch* RdL 1955, 261; *Staudinger-Schilken* Einl Rn 25 zu §§ 2353 ff; *Schöner/Stöber* Rn 799.
412 Offen gelassen von OLG Hamm DNotZ 1962, 422.
413 Vom 06.07.1938 (RGBl I 1825).
414 Vom 20.03.1939 (RGBl I 509).
415 Dazu und zum Fideikommissauflösungsschein *Staudinger-Schilken* (Bearbeitung 1997), Vorbem 5 zu §§ 2353–2370.

§ 36 (Zeugnis über Auseinandersetzung eines Nachlasses oder Gesamtgutes)

(1) Soll bei einem zum Nachlaß oder zu dem Gesamtgut einer ehelichen oder fortgesetzten Gütergemeinschaft gehörenden Grundstück oder Erbbaurecht einer der Beteiligten als Eigentümer oder Erbbauberechtigter eingetragen werden, so genügt zum Nachweis der Rechtsnachfolge und der zur Eintragung des Eigentumsübergangs erforderlichen Erklärungen der Beteiligten ein Zeugnis des Nachlaßgerichts oder des nach § 99 Abs 2 des Gesetzes über die Angelegenheiten der freiwilligen Gerichtsbarkeit zuständigen Amtsgerichts.

(2) Das Zeugnis darf nur ausgestellt werden, wenn:
a) die Voraussetzungen für die Erteilung eines Erbscheins vorliegen oder der Nachweis der ehelichen Gütergemeinschaft durch öffentliche Urkunden erbracht ist und
b) die Abgabe der Erklärungen der Beteiligten in einer den Vorschriften der Grundbuchordnung entsprechenden Weise dem Nachlaßgericht oder dem nach § 99 Abs 2 des Gesetzes über die Angelegenheiten der freiwilligen Gerichtsbarkeit zuständigen Amtsgericht nachgewiesen ist.

(3) Die Vorschriften über die Zuständigkeit zur Entgegennahme der Auflassung bleiben unberührt.

Schrifttum

Buschmann, Die Erblegitimation im Grundbuchverfahren, BlGBW 1981, 209; *Kersten*, Das Auseinandersetzungszeugnis gemäß § 36 GBO, JurBüro 1997, 231; *Leikam*, Das Zeugnis nach §§ 36 und 37 der GBO, WürttNV 1952, 56; *Rost*, Kann das Erbschaftszeugnis eingezogen bzw für kraftlos erklärt und kann es durch einen Erbschein ergänzt werden? DJZ 1910, 1230; *Ruppert*, Erbschein oder Zeugnis des Nachlassgerichts bei Eintragung eines Miterben als Eigentümer eines Nachlaßgrundstücks in Preußen? DJZ 1914, 695; *Schäfer*, Das Überweisungszeugnis nach §§ 36, 37 GBO, NotBZ 1997, 94.

I. Normzweck

1 Die Vorschrift bezweckt die **Erleichterung und Förderung der Auseinandersetzung** von Erbengemeinschaften, ehelichen und fortgesetzten Gütergemeinschaften.[1] Den *Beteiligten* wird die grundbuchmäßige Durchführung der Auseinandersetzung durch Übertragung von Nachlass- oder Gesamtgutsgegenständen durch **kostenmäßige Verbilligung** gemäß § 111 Abs 1 Nr 1, § 33 KostO erleichtert (Mindestgebühr 10 EurO), so daß die Kosten für einen Erbschein (10/10 Gebühr nach § 107 Abs 1 KostO) erspart werden.[2] Dem *Grundbuchamt* wird die Prüfungspflicht erleichtert, da es bei der Vorlage des Zeugnisses weder die Rechtsnachfolge, noch die zu einer Auseinandersetzung nötigen Erklärungen der Beteiligten zu prüfen hat.[3] In dieser Hinsicht tritt eine Besserstellung der Beteiligten freilich nicht ein, weil weder an den rechtsgeschäftlichen Erfordernissen des Übertragungsgeschäfts, noch an der Notwendigkeit der Eintragungsbewilligung etwas geändert wird.[4] Insoweit wird lediglich die Prüfungszuständigkeit vom Grundbuchamt auf das Nachlassgericht verlagert. § 36 ist auch anwendbar, wenn die Auseinandersetzung durch einen *Testamentsvollstrecker* vorgenommen wird.[5]

---

1 KEHE-*Herrmann* Rn 1; *Demharter* Rn 1; *Bauer/von Oefele-Schaub* Rn 1; *Güthe-Triebel* Rn 2; *Buschmann* BlGBW 1981, 209; *Ruppert* DJZ 1914, 695 (696); LG Zwickau ZBlFG 2, 331; KG DNotZ 1940, 411 (Nr 3); BayObLG MittBayNot 1986, 266 (268).

2 KG JFG 22, 161; JFG 18, 32 (34); JFG 21, 233 (234); BayObLG MittBayNot 1986, 266 (268); *Kersten* JurBüro 1997, 231; eingehend *Schäfer* NotBZ 1997, 94 f; *Krause* ZFE 2007, 182, 183.

3 KEHE-*Herrmann* Rn 1.

4 *Güthe-Triebel* Rn 2 aE; zur Entstehungsgeschichte der Vorschrift ausführlich *Güthe-Triebel* Rn 1 sowie KG JFG 14, 137.

5 BayObLG MittBayNot 1986, 266 (268).

Den Beteiligten **steht es frei**, die Erleichterungen des § 36 in Anspruch zu nehmen (arg »... so genügt zum Nachweis ...«). Sie können also auch Auflassungserklärungen oder Eintragungsbewilligungen vorlegen und die Erbfolge im Wege des § 35 nachweisen.[6] In diesem Fall darf das Grundbuchamt nicht das Zeugnis des § 36 verlangen, um sich die Arbeit zu erleichtern.[7] **2**

II. Regelungsgegenstand und Systematik

Soweit es um den Nachweis der Rechtsnachfolge geht und die Beteiligten von § 36 Gebrauch machen, ist § 36 **lex specialis zu** §§ 33, 35. Im Hinblick auf den Nachweis der zur Eintragung des Eigentumsübergangs erforderlichen Erklärungen der Beteiligten ist § 36 **lex specialis zu den** §§ 19, 20, 29. Dagegen werden sonstige Eintragungsvoraussetzungen nicht berührt. Neben dem Zeugnis des § 36 sind daher insbesondere der *Eintragungsantrag* nach § 13 und die *Voreintragung* nach §§ 39, 40 erforderlich.[8] § 36 besagt ferner nichts für die *Zugehörigkeit* des *Grundstücks* oder Erbbaurechts zu Nachlass oder Gesamtgut. Diese Eigenschaft muss erforderlichenfalls durch die öffentlichen Urkunden des § 29 nachgewiesen werden. Dagegen braucht das Grundbuchamt bei Vorlage des Zeugnisses nicht zu prüfen, ob *sonstige Rechtsakte*, die das betreffende Rechtsgeschäft vervollständigen, wie zB Vollmacht, Genehmigung des gesetzlichen Vertreters, Behördengenehmigungen oder die Genehmigung des Nachlassgerichts gemäß § 97 Abs 2 FGG, vorliegen. Der Grund liegt darin, dass das Zeugnis des § 36 erst ausgestellt werden darf, wenn Auflassung oder Übertragung wirksam vorgenommen wurden.[9] **3**

III. Beweiskraft

Das vorgelegte Zeugnis bildet für das Grundbuchamt die Rechtsgrundlage seiner Entscheidung.[10] Entgegen dem Wortlaut des § 36 beweist aber das Zeugnis – genauso wie die Zeugnisse des § 33 oder des § 35[11] – nicht die Rechtsnachfolge oder die erforderlichen Beteiligtenerklärungen.[12] Vielmehr schafft das Zeugnis lediglich eine **Rechtsvermutung der Richtigkeit** des in ihm beurkundeten Inhalts,[13] die im Einzelfall auch widerlegt werden kann.[14] Nach zutreffender Meinung hat das **Zeugnis des § 36** zwar einen dem Erbschein verwandten Charakter, nicht aber dessen allgemeine Bedeutung und insbesondere auch **keinen öffentlichen Glauben.**[15] **4**

IV. Zuständigkeit zur Ausstellung

1. Deutsche Gerichte

Für die Ausstellung eines Zeugnisses nach § 36 besteht **ausschließlich** eine Zuständigkeit **deutscher Gerichte.**[16] Zeugnisse ausländischer Gerichte oder Behörden reichen dagegen nicht aus. **5**

2. Nachlass

Zur Ausstellung eines Zeugnisses ist im Hinblick auf einen *Nachlass* das **Nachlassgericht** zuständig. Liegt eine Verfügung von Todes wegen vor, so ist wegen § 16 Abs 1 Nr 6 RPflG *funktionell* der Richter zuständig, ansonsten der *Rechtspfleger*. Zu beachten ist die Möglichkeit der Aufhebung des Richtervorbehalts wegen § 19 Abs 1 Nr 5 RPflG. Eine Übertragungsmöglichkeit auf den Rechtspfleger folgt auch aus § 16 Abs 2 RPflG. *Sachlich* zuständig ist nach § 72 FGG das *Amtsgericht*. Die Zuständigkeit des Nachlassgerichts ist auch dann gegeben, wenn die Auseinandersetzung nicht gemäß § 86 FGG durch dessen Vermittlung bewirkt wird,[17] sondern außergerichtlich vorgenommen wurde. Die *örtliche* Zuständigkeit des Nachlassgerichts bemisst sich nach § 73 FGG. Wegen § 7 FGG ist eine Verletzung der örtlichen Zuständigkeit unschädlich. Dagegen sind Zeugnisse sachlich unzuständiger Gerichte, zB des Landgerichts, ungültig.[18] **6**

---

6 KG OLGE 2, 275; KEHE-*Herrmann* Rn 1; *Demharter* Rn 2.
7 *Güthe-Triebel* Rn 7.
8 KEHE-*Herrmann* Rn 17.
9 Jetzt hL: OLG Colmar OLGE 25, 409; *Güthe-Triebel* Rn 8; *Hesse-Saage-Fischer* Anm II 2; *Thieme* §§ 36, 37 Anm 4; *Schöner/Stöber* Rn 832; KEHE-*Herrmann* Rn 19; ausführlich und kritisch *Leikam* WürttNV 1952, 56.
10 So die zutreffende allgemeine Umschreibung bei KEHE-*Herrmann* Rn 14.
11 Oben § 33 Rdn 35; § 35 Rdn 10.
12 So aber etwa *Demharter* Rn 17; *Schöner/Stöber* Rn 832.
13 So zutreffend KG JFG 14, 137 (138); *Firsching-Graf* Nachlassrecht Rn 4.387.
14 Zur *Prüfungspflicht* des Grundbuchamts unten Rdn 28 f.
15 KG JFG 14, 137 (138); HRR 1939 Nr 1363; KEHE-*Herrmann* Rn 14; *Ruppert* DJZ 1914, 695 (696); *Rost* DJZ 1910, 1230 (1231).
16 KG OLGE 3, 112 (zu § 35), betreffend die Einantwortungsurkunde eines österreichischen Bezirksgerichts; *Güthe-Triebel* Rn 9; KEHE-*Herrmann* Rn 10; *Demharter* Rn 10.
17 KG KGJ 48, 151 (156); *Predari* §§ 37, 38 Anm 3; *Schlegelberger* FGG (7. Aufl 1956) § 84 Anm 21; KEHE-*Herrmann* Rn 10; *Güthe-Triebel* Rn 9.
18 *Güthe-Triebel* Rn 9.

3. Gütergemeinschaft

7 Kommt die Auseinandersetzung von *Gesamtgut* in Betracht, so ist *sachlich* zuständig das *Amtsgericht*, das die Auseinandersetzung vorzunehmen hat oder gehabt hätte, auch wenn diese außergerichtlich bewirkt wurde.[19] Für die *örtliche* Zuständigkeit sind die beiden Fälle des § 99 Abs 2 S 1 und § 99 Abs 2 S 2 FGG zu unterscheiden. Einzelheiten geben die Kommentare zum FGG.

4. Konsulate

8 Die frühere Zuständigkeit deutscher Konsuln auf Grund von §§ 7 Nr 2, 19 KonsularGerG vom 07.04.1900 (RGBl 213) ist nicht mehr gegeben, da insoweit der neu gefasste § 73 FGG Vorrang hat.[20]

5. Sonstige Zuständigkeiten

9 *Landesrechtliche Besonderheiten* ergeben sich auf Grund der in §§ 193 FGG, 20 Abs 5 BNotO enthaltenen Vorbehalte. So kann etwa in Bayern gemäß Art 39 AGGVG vom 23.06.1981 (BayRS 300-1-1) das Zeugnis unter den dort näher aufgeführten Voraussetzungen auch durch den **Notar** erteilt werden.[21]

V. Form

10 Die Vorlage des Zeugnisses ist nur möglich in **Urschrift** oder **Ausfertigung**. Dagegen genügt die Vorlage einer *beglaubigten Abschrift* nicht.[22] Ausschlaggebend dafür ist, dass auch das Zeugnis des § 36 der Einziehung in entsprechender Anwendung des § 2361 BGB unterliegt,[23] und diese sich nicht auf beglaubigte Abschriften erstreckt.[24] Die *Verweisung* auf Akten des gleichen Amtsgerichts genügt.[25]

VI. Inhalt

11 Früher bestand Streit über den erforderlichen Inhalt des Zeugnisses.[26] Heute hat sich die zutreffende Auffassung durchgesetzt,[27] dass im Zeugnis erstens die *Erbfolge* (oder das Bestehen und die Beteiligten der *Gütergemeinschaft*) **und** zweitens die vorausgegangene *Auflassung, Berichtigungsbewilligung* oder *Übertragung* des Erbbaurechts zu bezeugen sind. Dagegen reicht es nicht aus, wenn in dem Zeugnis lediglich die Übereignung des Grundstücks oder die Übertragung des Erbbaurechts bezeugt werden. Wie das *KG*[28] zu Recht ausführt, kommt das Zeugnis des § 36 einem gegenständlich beschränkten Erbschein zwar sehr nahe, unterscheidet sich von diesem aber dadurch, dass es nicht seinen öffentlichen Glauben genießt und *nur für den Gebrauch bei dem Grundbuchamt* bestimmt ist.

12 Das Zeugnis hat, wenn es eine Erbfolge ausweist, auch die Anordnung einer **Nacherbfolge** oder einer **Testamentsvollstreckung** zu enthalten.[29] Nur auf diese Weise ist es dem Grundbuchamt möglich, die Eintragungen der §§ 52, 53 von Amts wegen vorzunehmen.[30] Das Zeugnis hat sich auch über die Verfügungsbefugnis eines *Testamentsvollstreckers* auszusprechen.[31]

13 Das Zeugnis des § 36 kann auch **mehrere einzelne Erbfälle** bezeugen. Nicht ausreichend ist in derartigen Fällen freilich die Bezeugung des Endergebnisses der die Legitimation der Erbengemeinschaft begründenden mehreren Erbfälle. Erforderlich ist vielmehr die Bezeugung mehrerer Erbfälle *einzeln* in derselben Urkunde, sofern die Erbfälle in einem inneren Zusammenhang stehen.[32]

---

19 So die zutreffende Formulierung von *Güthe-Triebel* Rn 9.
20 Dazu KEHE-*Herrmann* Rn 10.
21 Weitere landesrechtliche Sonderregelungen finden sich bei KEHE-*Herrmann* Rn 10 aE; *Schöner/Stöber* Rn 836.
22 So die jetzt ganz hL *Schöner/Stöber* Rn 833; *Bauer/von Oefele-Schaub* Rn 41; KEHE-*Herrmann* Rn 11; *Demharter* Rn 14; **aA** *Güthe-Triebel* Rn 14; 6. Aufl dieses Kommentars Rn 19.
23 KG JFG 14, 137 (138); HRR 1939 Nr 1363; **aA** *Rost* DJZ 1910, 1230 (1231).
24 So *Schöner/Stöber* Rn 833.
25 *Demharter* Rn 14; *Kersten* JurBüro 1997, 231 (232).
26 Darstellung bei *Güthe-Triebel* Rn 15.
27 So KG KGJ 44, 233 (237); KGJ 48, 160; *Güthe-Triebel* Rn 15; KEHE-*Herrmann* Rn 13; *Demharter* Rn 13; *Schöner/Stöber* Rn 832; *Firsching-Graf* Nachlassrecht, Rn 4.382 ff.
28 KG KGJ 44, 233 (237 f).
29 *Demharter* Rn 13; *Bauer/von Oefele-Schaub* Rn 36; KEHE-*Herrmann* Rn 12; *Güthe-Triebel* Rn 15.
30 KG KGJ 44, 233 (237).
31 KG HRR 1939 Nr 1363; KEHE-*Herrmann* Rn 12; *Demharter* Rn 13.
32 KG JFG 18, 32 (35); KEHE-*Herrmann* Rn 12.

Ein Zeugnis nach § 36 hat idR folgenden **Inhalt**:[33]   **14**

Zeugnis nach § 36 GBO

Erben des am ... verstorbenen ... sind ... die Witwe ... zu ein halb und das einzige Kind, der Sohn ... zu ein halb. Die Erben haben das auf den Namen des Erblassers im Grundbuch von ... Band ... Blatt ... Bestandsverzeichnis Nr. ... gebuchte Grundstück, Flurstücknummer ... vor dem Nachlassgericht am ... an den Miterben, Sohn ..., aufgelassen und dessen Eintragung im Grundbuch bewilligt (und beantragt).

... den, ...

Amtsgericht Unterschrift

VII. Voraussetzungen

1. Auflösung der Erbengemeinschaft

Nach **Wortlaut** und **Zweck** des § 36 darf ein Zeugnis nur erteilt werden, wenn sich an den Rechtsübergang   **15** von dem Erblasser auf die Erbengemeinschaft ein **zweiter Rechtsübergang** von der Erbengemeinschaft auf einen Miterben oder auf mehrere Miterben in einer **anderen Rechtsgemeinschaft** (zB Bruchteilsgemeinschaft, u Rdn 26) anschließt, wenn also die Erbengemeinschaft hinsichtlich des betreffenden Nachlassgrundstücks oder des Grundstücksrechts **aufgelöst** wird.[34] Unschädlich ist freilich, dass bezüglich eines *Teils* des Nachlasses oder eines *Teils* der Grundstücke die Gemeinschaft fortgesetzt wird.[35]

2. Grundstückseigentum oder Erbbaurecht

a) Gesetzeswortlaut. Nach dem Wortlaut des § 36 bezieht sich die Vorschrift nur auf »Grundstück oder Erb-   **16** baurecht«. Heute ist anerkannt, dass auch *Wohnungseigentum* nach § 1 Abs 2 WEG und *Teileigentum* nach § 1 Abs 3 WEG dem Regelungsbereich des § 36 unterfallen.[36] Ausgeschlossen sind aber andere grundstücksgleiche Rechte, die nicht Erbbaurechte sind, etwa *Reallasten* und dgl.[37] Gleichwohl hat die Rechtsprechung ein praktisches Bedürfnis für die Erweiterung des § 36 über den Wortlaut hinaus gesehen.

b) Erweiterungen. Die Rechtsprechung des *KG*[38] hat schon bald anerkannt, dass ein Zeugnis nach § 36 auch   **17** dann erteilt werden kann, wenn der Erblasser nur als **Miteigentümer** oder **Gesamthandsmitberechtigter** an dem Grundstück beteiligt war. Das gleiche gilt für die **Mitberechtigung nach § 428 BGB**.[39] Die gleichen Erwägungen, die den Gesetzgeber veranlasst haben, bei der Zuteilung eines Nachlassgrundstücks an einen der Erben ein gegenüber der Erteilung eines Erbscheins einfacheres und billigeres Verfahren zuzulassen, gelten auch für den Fall, dass dem Erblasser nicht das Alleineigentum, sondern Mit- oder Gesamthandseigentum zustehen. Insbesondere für eine Gesamthandsberechtigung des Erblassers ist es wünschenswert, dass mehrere ineinander **verschachtelte Gesamthandsgemeinschaften** aufgelöst werden, weil sie leicht zu unklaren Grundbuchverhältnissen führen.[40]

3. Zugehörigkeit zum Nachlass oder Gesamtgut

Nachlass iS des § 36 ist nach dem Zweck der Vorschrift nur der Nachlass, an dem eine **Erbengemeinschaft** betei-   **18** ligt ist. Dagegen ist § 36 nicht anwendbar, wenn ein unbeschränkter Alleinerbe oder ein Vorerbe als Eigentümer eines Nachlassgrundstücks eingetragen werden sollen.[41] Denn in diesem Fall fallen keine doppelten Kosten an, die durch § 36 vermieden werden sollen, da der unbeschränkte Alleinerbe oder der Vorerbe mit dem Tod des Erblassers das Grundstückseigentum kraft Gesetz erwerben und es zur Eintragung daher keiner Auflassung bedarf, sondern nur der Vorlage eines Erbscheins und eines formlosen (§§ 13, 22, 30) kostenfreien Eintragungsantrags. Es fehlt daher an dem Erfordernis eines **weiteren Übergangs** von der Erbengemeinschaft an einen der Beteiligten. Unbeschränkter Alleinerbe, Vorerbe und Nacherbe sind damit nicht Beteiligte iS des § 36.

---

33 Fassungsbeispiel von *Schöner/Stöber* Rn 832; weitere Beispiele für Zeugnisse nach § 36 zur Nachlassauseinandersetzung, zur Übertragung eines Erbteils und zur fortgesetzten Gütergemeinschaft finden sich bei *Firsching-Graf* Nachlassrecht, Rn 4.383–4.386; Vorschläge auch bei *Güthe-Triebel* Rn 15; *Bauer/von Oefele-Schaub* Rn 38 f; *Leikam* WürttNV 1952, 56 (60).

34 KG HRR 1939 Nr 1363; JFG 18, 32 (34); JFG 14, 137 (142); AG Menden Rpfleger 2005, 603; KEHE-*Herrmann* Rn 15.

35 *Güthe-Triebel* Rn 5.

36 *Demharter* Rn 3; *Kersten* JurBüro 1997, 231 (232); KEHE-*Herrmann* Rn 3.

37 *Demharter* Rn 3; KEHE-*Herrmann* Rn 3.

38 KG JFG 21, 233; KEHE-*Herrmann* Rn 3.

39 OLG Hamm FGPrax 2006, 200; *Böhringer* Rpfleger 2007, 178, 190.

40 KG JFG 21, 233 (236).

41 KG JFG 14, 137; KEHE-*Herrmann* Rn 4; *Kersten* JurBüro 1997, 231 (232).

19 Das *KG*[42] hat die Frage offen gelassen, wie zu entscheiden ist, wenn der **Vorerbe** sich mit den Nacherben auseinandersetzt, letztere auf ihre Eintragung als Nacherben im Grundbuch verzichten und den Nachlassgegenstand dem Vorerben zur freien Verfügung überlassen, sodass er aus dem Nachlass ausscheidet. ME sollte hier § 36 *entsprechend* angewendet werden.

20 Die Erbengemeinschaft braucht ihre Rechtsstellung **nicht unmittelbar** auf den eingetragenen Grundstückseigentümer zurückzuführen. Vielmehr genügt es, wenn sie mit diesem durch einzelne, nicht gesamthänderisch verbundene Erben als Zwischenglieder verbunden sind.[43] Das Überweisungszeugnis des § 36 kann daher auch dann erteilt werden, wenn der eingetragene Eigentümer nur von einer Person beerbt worden, diese aber ebenfalls verstorben ist und ihrerseits mehrere Erben hinterlassen hat. Nach Wortlaut und Zweck des § 36 kommt es nur darauf an, dass im Zeitpunkt der Auseinandersetzung eine Erbengemeinschaft vorhanden ist. Auch dann wird die Fortvererbung des Grundbesitzes in der Familie erleichtert.

21 »Zum Nachlass« gehören nicht nur die Grundstücke oder Erbbaurechte, die bereits dem Erblasser zustanden, sondern auch diejenigen, die durch die Erben während des Bestehens der Erbengemeinschaft durch **Surrogation** oder mit **Mitteln der Erbschaft** gemäß §§ 2019, 2041, 2211 BGB erworben worden sind.[44]

22 Die Zugehörigkeit zum Gesamtgut der **Gütergemeinschaft** richtet sich nach den Vorschriften des materiellen Rechts (§§ 1416 f BGB).

4. Eintragung eines der Beteiligten

23 **a) Begriff.** Beteiligte am Nachlass sind nur die Erben, Erbeserben und Erbteilserwerber, nicht dagegen Vermächtnisnehmer und Nachlassgläubiger, unbeschränkter Alleinerbe, Vorerbe und Nacherbe sowie sonstige nicht zur Erbengemeinschaft gehörende **Dritte**.[45] § 36 betrifft nur die Fälle, in denen das Eigentum im Wege der Auseinandersetzung auf einen Gesamthänder umgeschrieben wird. Keine Beteiligte ist daher auch die *Gesamthandsgemeinschaft als solche*.[46]

24 Umstritten ist, ob § 36 auch dann Anwendung findet, wenn ein *Erbe zugleich* auch Vermächtnisnehmer oder Nachlassgläubiger ist und er das Grundstück nicht in seiner Eigenschaft als Erbe, sondern als Vermächtnisnehmer oder Nachlassgläubiger erhalten soll. ME sollte § 36 Anwendung finden, weil auch hier letztlich die Auseinandersetzung der Gesamthandsgemeinschaft gefördert wird.[47]

25 Beteiligte am Gesamtgut sind bei der *ehelichen Gütergemeinschaft* der Ehegatte und seine Erben. Bei der *fortgesetzten Gütergemeinschaft* sind es der überlebende Ehegatte und dessen Erben sowie die anteilsberechtigten Abkömmlinge. Umstritten ist die Beteiligteneigenschaft von *einseitigen erbberechtigten Abkömmlingen*. Richtigerweise sollte § 36 Anwendung finden, weil sie nach § 1483 Abs 2 BGB an dem Gesamtgut beteiligt sind und sich mit den Beteiligten der fortgesetzten Gütergemeinschaft auseinandersetzen müssen.[48]

26 **b) Erweiterungen.** In Erweiterung des Wortlauts des § 36, der nur von »einem« Beteiligten spricht, lässt es die Rechtsprechung zu Recht genügen, dass auf einen oder alle Beteiligten in **Bruchteilsgemeinschaft** umgeschrieben wird.[49] Vom Anwendungsbereich des § 36 umfasst ist auch der Fall, dass jeder von mehreren Beteiligten ein Grundstück aus dem Nachlass erwirbt. Es kommt nur darauf an, dass hinsichtlich des umzuschreibenden Grundstücks die **Gesamthandsgemeinschaft aufgelöst wird**.[50] Die Bruchteile sind in dem Zeugnis anzugeben.[51]

27 **c) Umschreibung.** Die Umschreibung auf einen der Beteiligten umfasst sowohl **Rechtsänderungen** als auch **Grundbuchberichtigungen**.[52] Letzteres liegt etwa vor wenn Erbanteile gemäß § 2033 BGB auf einen Beteiligten übertragen werden.[53] Für andere Eintragungen, etwa **Grundstücksbelastungen**, ist § 36 nicht einschlägig. In sinngemäßer Ausdehnung des § 36 wird man es aber für zulässig erachten dürfen, die Erleichterung des § 36 auch auf Vereinbarungen (etwa Inhaltsänderungen) zu erstrecken, die gleichzeitig und im Zusammenhang

---

42 KG JFG 14, 137 (142).
43 KG JFG 18, 32; *KEHE-Herrmann* Rn 5; *Demharter* Rn 4.
44 Allgemeine Meinung: *KEHE-Herrmann* Rn 5; *Demharter* Rn 4; *Güthe-Triebel* Rn 4.
45 KG JFG 22, 161; JFG 14, 137 (142); *Leikam* WürttNV 1952, 56 (57).
46 KG HRR 1939 Nr 1363.
47 *Demharter* Rn 8; *Hesse-Saage-Fischer* Anm A II; *Leikam* WürttNV 1952, 56 (57); *KEHE-Herrmann* Rn 6; *Güthe-Triebel* Rn 6.
48 *Demharter* Rn 9; *KEHE-Herrmann* Rn 7; *Bauer/von Oefele-Schaub* Rn 21; **aA** *Güthe-Triebel* Rn 6; *Hesse-Saage-Fischer* Anm A II b.
49 KG JFG 14, 137 (141); JFG 18, 32 (34); JFG 21, 233 (234 f); ebenso *Güthe-Triebel* Rn 6; *KEHE-Herrmann* Rn 8.
50 AG Menden Rpfleger 2005, 603, 604; *Böhringer* Rpfleger 2007, 178, 190.
51 *Güthe-Triebel* Rn 6.
52 KG JFG 14, 137 (141); *KEHE-Herrmann* Rn 9; *Güthe-Triebel* Rn 5.
53 *Fassungsbeispiel* für das Zeugnis in diesem Fall bei *Firsching-Graf* Nachlassrecht, Rn 4.384.

mit der Auseinandersetzung vereinbart werden, da auch dadurch die Auflösung der Gesamthand gefördert wird.[54]

VIII. Prüfungspflicht des Grundbuchamts

Das Grundbuchamt hat ein von dem Nachlassgericht ausgestelltes Überweisungszeugnis daraufhin nachzuprü- **28** fen, ob dieses zur Erteilung *sachlich zuständig* war,[55] das Zeugnis in der gehörigen *Form*[56] ausgestellt worden ist und *inhaltlich* die Erbfolge oder das Bestehen und die Beteiligten der Gütergemeinschaft[57] und die Abgabe der zur Umschreibung erforderlichen *Erklärungen ausweist.*[58] Eine **Bindungswirkung** des Zeugnisses entfällt, wenn aus ihm hervorgeht, dass die Erbengemeinschaft hinsichtlich des umzuschreibenden Grundstücks nicht aufge- löst wird.[59]

Das Grundbuchamt hat das Zeugnis grundsätzlich *nicht* auf seine **inhaltliche Richtigkeit** zu überprüfen.[60] **29** Sind dem Grundbuchamt jedoch Tatsachen bekannt, welche die Einziehung des Zeugnisses erwarten lassen, sind die für den Erbschein dargestellten Grundsätze entsprechend anzuwenden.[61]

IX. § 36 Abs 2, 3

§ 36 Abs 2 enthält Anweisungen an das zuständige Nachlass- und Auseinandersetzungsgericht und gehört syste- **30** matisch nicht in die Grundbuchordnung, sondern in das *FGG.* Nach dieser Vorschrift darf das Zeugnis nur aus- gestellt werden, wenn die Voraussetzungen für die Erteilung des Erbscheins vorliegen oder der Nachweis der ehelichen Gütergemeinschaft durch öffentliche Urkunden erbracht ist und die Abgabe der Erklärungen der Beteiligten in einer den Vorschriften der GBO entsprechenden Weise nachgewiesen ist. Das Grundbuchamt hat die Beachtung des § 36 Abs 2 *nicht nachzuprüfen.*[62] Anderes gilt nur bei *begründeten Anhaltspunkten* für die *Unrich- tigkeit* des Zeugnisses.[63] Verwaltet ein **Testamentsvollstrecker** den Nachlass gemäß § 2211 BGB, so genügen dessen Erklärungen.[64] Dem Nachlassgericht müssen vor Ausstellung des Zeugnisses auch die erforderlichen **Nebenerklärungen** wie Vollmachts- und Zustimmungserklärungen sowie die Genehmigung des Vormund- schaftsgerichts und sonstige behördliche Genehmigungen nachgewiesen werden.

Sind die Erklärungen in einem *gerichtlichen Auseinandersetzungsverfahren* abgegeben worden – insbesondere die **31** Auflassung –,[65] so darf das Zeugnis erst ausgestellt werden, wenn die Auseinandersetzung gerichtlich bestätigt und der Bestätigungsbeschluss rechtskräftig geworden ist (**§§ 96, 97 FGG**). Nach nunmehr hL[66] reicht auch ein **vermutetes Einverständnis** gemäß § 91 Abs 3 FGG aus. Das Grundbuchamt prüft nicht, ob der Bestätigungs- beschluss auf einem ordnungsgemäßen Verfahren beruht.[67]

Nachlass- oder Auseinandersetzungsgericht können Erklärungen nur insoweit entgegennehmen, als sie hierfür **32** nach den allgemeinen Vorschriften zuständig sind. Wie durch § 36 Abs 3 klargestellt wird, gilt auch für die Zuständigkeit zur **Entgegennahme der Auflassung**.

Das Zeugnis des § 36 reicht auch dann aus, wenn der Beteiligte **weiterverfügt**, ohne dass seine Eintragung **33** erforderlich wird.[68]

---

54 *Demharter* Rn 6; KEHE-*Herrmann* Rn 9.
55 Oben Rdn 5 f.
56 Oben Rdn 10.
57 Oben Rdn 11 f.
58 So der *Prüfungskatalog* des KG HRR 1939 Nr 1363; ebenso etwa KEHE-*Herrmann* Rn 10 f.
59 KG HRR 1939 Nr 1363.
60 *Demharter* Rn 16; KEHE-*Herrmann* Rn 14.
61 Ausführlich oben § 35 Rdn 87 ff; ebenso KG JFG 14, 138; *Demharter* Rn 16; KEHE-*Herrmann* Rn 16.
62 *Güthe-Triebel* Rn 10.
63 Oben Rdn 28, 29.
64 KG KGJ 48, 151.
65 Vgl dazu *Zimmermann* Rpfleger 1970, 189 (195).
66 BayObLGZ 5, 7; KG KGJ 41, 249; *Demharter* Rn 12; KEHE-*Herrmann* Rn 20; **aA** insbes *Güthe-Triebel* Rn 11: »Selbst- verständlich können die Auflassungserklärungen der bei einer gerichtlichen Auseinandersetzung nicht erschienenen Beteiligten nicht durch die von dem Nachlassgericht erteilte rechtskräftige Bestätigung der Auseinandersetzung ersetzt werden.«
67 KG JFG 1, 362 (366).
68 KG JFG 22, 161.

§ 37 (Ausdehnung des § 36 auf Grundpfandrechte)

Die Vorschriften des § 36 sind entsprechend anzuwenden, wenn bei einer Hypothek, Grundschuld oder Rentenschuld, die zu einem Nachlaß oder zu dem Gesamtgut einer ehelichen oder fortgesetzten Gütergemeinschaft gehört, einer der Beteiligten als neuer Gläubiger eingetragen werden soll.

Schrifttum

Leikam, Das Zeugnis nach §§ 36 und 37 der GBO, WürttNV 1952, 56.

I. Normzweck

1   § 37 dehnt die **Beweiserleichterungen,** die § 36 bei einem zum Nachlass oder zum Gesamtgut gehörenden Grundstück oder Erbbaurecht vorsieht, auf zum Nachlass gehörende Hypotheken, Grundschulden oder Rentenschulden aus.[1] Die Auslegung des § 37 folgt demnach den gleichen Grundsätzen, wie sie für § 36 maßgebend sind (o § 36 Rdn 1–3).

II. Voraussetzungen

1. Hypothek, Grund- oder Rentenschuld

2   § 37 umfasst sowohl Brief- als auch Buchrechte. Auch **Hypothekenvormerkungen** sind in § 37 miteinbezogen.[2] Auf andere Rechte an Grundstücken wie zB Reallasten, Vorkaufsrechte sowie Pfandrechte an Hypotheken usw findet § 37 keine Anwendung.

2. Zugehörigkeit zu Nachlass oder Gesamtgut

3   Zu einem Nachlass zählen solche Hypotheken usw, die bereits dem Erblasser zustanden. Zudem ist die Nachlasszugehörigkeit bei Hypotheken zu bejahen, die durch den Erben auf Grund eines zum Nachlass gehörenden Rechts oder als Ersatz für die Zerstörung, Beschädigung oder Entziehung eines Nachlassgegenstands (zB Sicherungshypothek nach § 128 ZVG) oder durch ein Rechtsgeschäft erworben werden, das sich auf den Nachlass bezieht (zB eine Kaufpreishypothek an einem Nachlassgrundstück). Schließlich gehören dazu Hypotheken, die mit Mitteln des Nachlasses erworben wurden.[3] Die Zugehörigkeit zu dem *Gesamtgut* einer *Gütergemeinschaft* richtet sich nach den §§ 1416 f BGB.

3. Übertragung auf einen neuen Gläubiger

4   Es müssen einer (oder mehrere) der **Beteiligten** als neue Gläubiger eingetragen werden. Da es sich um die Übertragung einer Nachlasshypothek usw handelt, ist § 37 nicht anwendbar auf die *Neubestellung* einer Hypothek, auf die *Verpfändung* einer Nachlasshypothek oder auf die *Bestellung* eines Nießbrauchs an einer Nachlasshypothek, selbst wenn diese Rechtsgeschäfte im Wege der Auseinandersetzung vorgenommen werden und diese fördern.[4] In derartigen Fällen müssen Eintragungsbewilligungen nach § 19 vorgelegt und die Erbfolge im Wege des § 35 nachgewiesen werden.

5   Unerheblich ist, *aus welchem Grunde* die Eintragung des Erben oder eines an der Gütergemeinschaft Beteiligten als neuem Gläubiger geschehen soll, ob zum Zweck der *Rechtsänderung* oder der *Grundbuchberichtigung.* Wird die einem Miterben zugewiesene Briefhypothek von diesem auf einen Dritten übertragen, so kann der letztere das Zeugnis als Glied in der Reihe der Abtretungen verwenden, obwohl der Erbe nach § 39 Abs 2 GBO nicht eingetragen wird (§ 1155 BGB).[5] Der neue Gläubiger braucht nicht eingetragen zu werden. Das Zeugnis nach § 37 genügt auch dann, wenn er zB sofort wegen Zahlung die Löschungsbewilligung erteilt.

6   Ohne Belang ist auch der *Zweck der Umschreibung* der Nachlasshypothek usw. Im Wortlaut des § 37 ist die einschränkende Auffassung der *Denkschrift* nicht zum Ausdruck gekommen (Denkschrift S 47). Die Umschreibung kann daher auch aus einem anderen Grund als zum Zweck der **Auseinandersetzung** geschehen. Vergleichbares gilt für die zum Gesamtgut gehörende Hypothek usw.[6]

---

1   Zur Entstehungsgeschichte *Güthe-Triebel* Rn 1, 2; einen Überblick gibt *Leikam* WürttNV 1952, 56.
2   *Güthe-Triebel* Rn 2.
3   *Güthe-Triebel* Rn 3; *KEHE-Herrmann* Rn 2.
4   Ebenso *Güthe-Triebel* Rn 4; *Bauer/von Oefele-Schaub* Rn 7.
5   KG RJA 11, 149; *Predari* § 38 Anm 3.
6   Ebenso *Güthe-Triebel* Rn 4.

III. Inhalt des Zeugnisses

Aus dem Zeugnis müssen sich ergeben die Erbfolge oder das Bestehen und die Beteiligten der Gütergemein- **7** schaft sowie die Abgabe der erforderlichen Erklärungen durch alle Beteiligten. Das **Zeugnis** kann etwa lauten:[7]

»Die Witwe ... (Vor- und Zuname, Geburtsname, Wohnort) hat nach dem Tode ihres Ehemanns ... (Vor- und Zuname, Geburtsname, Wohnort) die auf Grund des Ehevertrags vom ... (Datum) bestehende Gütergemeinschaft mit ihren Kindern ... (Namen, Anschriften) fortgesetzt. Die fortgesetzte Gütergemeinschaft ist durch den Tod der Witwe ... (Name) beendigt.

Alle Beteiligten haben bewilligt, dass als neuer Gläubiger der zum Gesamtgut gehörenden, im Grundbuch von ... Band ... Blatt ... auf dem Grundstück Flurnummer ... eingetragenen Hypothek Abteilung III Nr ... zu ... DM ... (Vor- und Zuname, Anschrift) eingetragen wird.«

IV. Ersetzte und nicht ersetzte Eintragungsvoraussetzungen

Durch das Zeugnis des § 37 werden die Nachweise der Erbfolge gemäß § 35 Abs 1 oder der Gütergemeinschaft **8** gemäß §§ 33, 35 Abs 2 sowie die Eintragungsbewilligung (Berichtigungsbewilligung) der Beteiligten ersetzt. Das Vorliegen der Eintragungsbewilligung der Beteiligten wird auch insoweit durch das Zeugnis nach § 37 vermutet, als gleichzeitig mit der Übertragung eine Abänderung der Zins- und Fälligkeitsbestimmungen und sonstige Inhaltsänderungen vereinbart werden.

Nicht ersetzt werden die sonstigen Eintragungsvoraussetzungen wie der Eintragungsantrag und die Vorlage **9** des Briefs (§ 41). Soweit nicht die Voraussetzungen des § 39 Abs 2 oder des § 40 gegeben sind, muss der Betroffene auch im Fall der Vorlage des Zeugnisses nach § 37 *voreingetragen* sein. Die Zugehörigkeit des betroffenen Rechts zum Nachlass oder zum Gesamtgut wird durch das Zeugnis nach § 37 ebenfalls nicht angesprochen und ist erforderlichenfalls gesondert in der Form des § 29 nachzuweisen.

V. Sonstiges

Für die *Zuständigkeit* zur Erteilung des Zeugnisses, die *Form*, Einziehungsmöglichkeit, Vermutungswirkung **10** sowie *Prüfungspflicht* des Grundbuchamts gilt das zu § 36 oben Ausgeführte sinngemäß.[8] Insbesondere kommt auch dem Zeugnis des § 37 **kein öffentlicher Glaube** zu, wenngleich es – ebenso wie das Zeugnis des § 36 – einem gegenständlich beschränkten Erbschein ähnelt.[9]

---

7 Vgl *Güthe-Triebel* Rn 12; *Firsching-Graf* Nachlassrecht, Rn 4.386.
8 Oben § 36 Rdn 5 (Zuständigkeit); § 36 Rdn 10 (Form, Einziehung); § 36 Rdn 4 (Vermutungswirkung); § 36 Rdn 28 (Prüfungspflicht).
9 *Güthe-Triebel* Rn 13.

§ 38 (Eintragung auf Ersuchen von Behörden)

In den Fällen, in denen nach gesetzlicher Vorschrift eine Behörde befugt ist, das Grundbuchamt um eine Eintragung zu ersuchen, erfolgt die Eintragung auf Grund des Ersuchens der Behörde.

Schrifttum

Berroth, Zur Form von Erklärungen oder Ersuchen einer Behörde, BWNotZ 1979, 121; *Böhringer,* Die verschiedenartigen Grundbuchvermerke zur Sicherung von Rechtspositionen, BWNotZ 2002, 49; *Furtner,* Darf ein Verfügungsverbot vor Zustellung der es anordnenden einstweiligen Verfügung im Grundbuch eingetragen werden? MDR 1955, 136; *Hagemann,* Die Aufgaben des Grundbuchamts nach Anordnung der Zwangsversteigerung, Rpfleger 1984, 397; *Hornung,* Löschung der nach Zuschlagerteilung »unwirksam« eingetragenen Rechte, Rpfleger 1980, 249; *Mönch,* Grundbuchrechtliche Fragen in Zwangsversteigerungsverfahren, DJ 1937, 1805; *Waibel,* Der Vollzug von Grenzregelungsbeschlüssen im Grundbuch, Rpfleger 1976, 347.

Übersicht

I. Normzweck

1 § 38 gilt nur im **Antragsverfahren**. § 38 (früher § 39) kommt eine zweifache Bedeutung zu: Zum einen *erweitert* die Vorschrift den Kreis der in § 13 Abs 1 S 2 genannten Antragsberechtigten, indem außer den Betroffenen und den Begünstigten auch durch Gesetz dazu befugten **Behörden ein Antragsrecht** eingeräumt wird. Diese Behörden werden nicht durch die Grundbuchordnung selbst bestimmt; vielmehr ergibt sich die Antragsbefugnis jeweils aus besonderen gesetzlichen Regelungen. Zum anderen **durchbricht** die Vorschrift das in § 19 niedergelegte **formelle Konsensprinzip**, weil die Bewilligung der unmittelbar oder mittelbar Betroffenen unberücksichtigt bleibt. Das behördliche Ersuchen tritt an die Stelle der Bewilligung und ersetzt auch sonst etwa erforderliche Zustimmungserklärungen Dritter (§§ 22 Abs 2, 26, 27).[1] Letztlich bedeutet § 38 einen **Einbruch des öffentlichen Rechts** in private Rechtsverhältnisse.

---

1 Zum Normzweck des § 38 KEHE-*Herrmann* Rn 1 (»inhaltsleer«); *Bauer/von Oefele-Bauer,* Rn 1; *Güthe-Triebel* Rn 2, dort Rn 1 auch zur Entstehungsgeschichte.

II. Bedeutung des Ersuchens

1. Allgemeines

Eintragung oder Löschung werden auf Grund des behördlichen Ersuchens bewirkt. Das Ersuchen bildet die **2**
Grundlage der Eintragung und ersetzt bestimmte, aber nicht sämtliche Eintragungserfordernisse.[2] Insbesondere müssen die allgemeinen Eintragungserfordernisse erfüllt sein. Ferner besteht zwischen der Behörde und dem Grundbuchamt eine Arbeitsteilung hinsichtlich der Rechtmäßigkeit des Eintragungsersuchens, was zu bestimmten Prüfungsrechten und **Prüfungspflichten** des Grundbuchamts führt.

2. Ersetzte Eintragungserfordernisse

Das von der **zuständigen Behörde**[3] in **gehöriger Form**[4] gestellte Ersuchen an das Grundbuchamt **ersetzt** **3**
den Eintragungsantrag nach § 13,[5] die Eintragungsbewilligung oder Einigung der §§ 19, 20, selbst wenn sich das Ersuchen nicht gegen den iS der Grundbuchordnung Betroffenen richtet,[6] Zustimmungserklärungen Dritter wie die Abtretungserklärung des § 26, die Zustimmung des Eigentümers zur Löschung gemäß § 27 oder des neu einzutragenden Eigentümers zu seiner Eintragung nach § 22 Abs 2. Nicht erforderlich ist ferner der Nachweis der Unrichtigkeit nach § 22 oder der Verfügungsbefugnis desjenigen, dessen Erklärung durch das Ersuchen ersetzt wird.[7] Doch gelten die §§ 38, 29 Abs 3 nicht für den Nachweis von Tatsachen wie die Berichtigung der Bestandsangaben des Grundbuchs.[8]

Das Gesagte gilt nicht, wenn das »Ersuchen« sich als bloßer Eintragungsantrag darstellt, wie es etwa bei dem **4**
Ersuchen des **Prozessgerichts nach § 941 ZPO** liegt (u Rdn 40).[9]

Eine *materiellrechtliche Bedeutung* kommt dem Ersuchen nicht zu. Vielmehr handelt es sich um eine **grund-** **5**
buchrechtliche Verfahrenshandlung.[10] Wird etwa auf Grund eines irrtümlichen Ersuchens des Vollstreckungsgerichts als Gläubiger einer Sicherungshypothek nach § 128 ZVG eine andere Person als diejenige eingetragen, der die Forderung im Verteilungstermin übertragen wurde, so erwirbt diese kein Hypothekenrecht. Das Grundbuch ist vielmehr unrichtig; gegeben ist ein Berichtigungsanspruch des wirklich Berechtigten nach § 894 BGB.[11] Das Gleiche gilt etwa, wenn das Vollstreckungsgericht versehentlich gemäß § 130 Abs 2 ZVG um die Löschung eines bestehen gebliebenen Rechtes ersucht hat. In diesem Falle ersetzt das Berichtigungsersuchen nicht die Eintragungsbewilligung derer, die in der Zwischenzeit auf Grund des § 892 BGB gutgläubig Rechte erworben haben.[12] Es handelt sich um eine sich aus Gründen des materiellen Rechts (§ 892 BGB) ergebende Schranke der Ersuchensbefugnis der betreffenden Behörde oder des betreffenden Gerichts.[13]

Die **Ersuchensbefugnis** einer Behörde ist grundsätzlich als **ausschließlich** zu verstehen. Daher ist idR neben **6**
der Amtsbefugnis zur Stellung eines Eintragungsersuchens für den Antrag eines Beteiligten kein Raum,[14] weil sich ein verschiedener Umfang der Prüfungspflicht gegenüber den Beteiligten und der Behörde mit unterschiedlichen Entscheidungsinhalten ergeben könnte. Allerdings steht im Falle der Zwischenverfügung oder der Zurückweisung des Ersuchens die **Beschwerde** nicht nur der ersuchenden Behörde, sondern auch den nichtantragsberechtigten Beteiligten zu.[15]

3. Nichtersetzte Eintragungserfordernisse

Das Eintragungsersuchen **ersetzt nicht die Voreintragung** des Betroffenen gemäß §§ 39, 40.[16] Ausnahmen **7**
gelten für das Ersuchen des Vollstreckungsgerichts auf Eintragung des Zwangsversteigerungs- oder Zwangsverwaltungsvermerks gemäß § 19 ZVG, weil dem Grundbuchamt insoweit ein Prüfungsrecht versagt ist.[17] Hängt

---

2 KG KGJ 52, 154 (155); OLG Dresden JFG 1, 407 (408).
3 Unten Rdn 17.
4 Unten Rdn 23.
5 RGZ 67, 159 (165).
6 KG JFG 4, 301 (304); JFG 14, 176 (178 f); LG Dresden VIZ 1994, 199 (Vermögenszuordnungsbescheid).
7 OLG Hamm MittBayNot 1996, 452; *Demharter* Rn 62; KEHE-*Herrmann* Rn 65.
8 OLG Düsseldorf OLGZ 1988, 58, 60.
9 KG JFG 5, 298 (303); *Holzer-Kramer*, Grundbuchrecht, 5.Teil Rn 163; **aA** *Bauer/von Oefele-Bauer* Rn 4 (»echtes Ersuchen«).
10 *Holzer-Kramer*, Grundbuchrecht, 5.Teil Rn 166.
11 RGZ 136, 91 (94); zur Verfahrenshandlung auch BFH KKZ 1991, 214, 216.
12 KG JFG 14, 176 (180); JFG 15, 138 (140); HRR 1933 Nr 591; *Demharter* Rn 64; KEHE-*Herrmann* Rn 66.
13 KG HRR 1933 Nr 591.
14 KG KGJ 41, 188 (193); zu dieser Konsequenz auch KG Rpfleger 1998, 239.
15 KG JFG 4, 301 (303); JFG 5, 298 (299 f); *Demharter* Rn 79; KEHE-*Herrmann* Rn 84. Die Beschwerdebefugnis des Vollstreckungsgerichts folgt aus § 3 Nr 1i RPflG, LG Kassel Rpfleger 2001, 176.
16 LG Regensburg NJW-RR 1987, 1044.
17 KG JFG 4, 301 (304 f); unten Rdn 76 ff sowie Rdn 45.

die Erledigung des Ersuchens einer Behörde von der vorherigen Berichtigung des Grundbuchs durch Eintragung eines Berechtigten ab, so darf die ersuchende Behörde nach der zutreffenden Rechtsprechung des *KG*[18] in entsprechender Anwendung des *§ 14* die Eintragung des Berechtigten beantragen, wenn die ihrem Ersuchen zugrunde liegende Verfügung gegen den Berechtigten wirksam ist.

8   Das Ersuchen ersetzt ebenfalls **nicht die Vorlegung des Briefs** gemäß §§ 41 f und der vergleichbaren Urkunden.[19] Doch handelt es sich dabei um den Grundsatz, der durch viele **Ausnahmen** durchlöchert ist, die insbesondere die Verfahren nach **ZVG** und **InsO** betreffen. So ist auf Grund der in § 131 ZVG getroffenen Regelung in den Fällen des § 130 Abs 1 ZVG zur Löschung einer Hypothek, einer Grundschuld oder einer Rentenschuld, im Fall des § 128 ZVG zur Eintragung des Vorrangs einer Sicherungshypothek die Vorlegung des über das Recht erteilten Briefs nicht erforderlich. Das Gleiche gilt für die Eintragung der Vormerkung nach § 130a Abs 2 S 1 ZVG.

9   Eine entsprechende Regelung findet sich in § 158 Abs 2 S 2. 2. Hs ZVG. Der Vorlegung eines **Briefs** bedarf es trotz Fehlens einer entsprechenden Regelung nicht, wenn bei einer dem Schuldner zustehenden Briefhypothek usw (§ 32 Abs 1 Nr 2 InsO) die Insolvenzeröffnung oder ein allgemeines Veräußerungsverbot gemäß § 21 Abs 2 Nr 2 InsO eingetragen werden soll.[20] Dadurch können Verfügungen des Schuldners vermieden werden, auch wenn der Insolvenzverwalter den Besitz des Briefs nicht erlangen kann. Das Gleiche gilt für das Ersuchen der Enteignungsbehörde nach § 117 Abs 7 BauGB.[21]

10   Nicht ersetzt wird auch die *Unbedenklichkeitsbescheinigung* des Finanzamts.[22] Ihr Fehlen ist durch das Grundbuchamt im Wege der Zwischenverfügung zu beanstanden.[23]

11   Das Grundstück ist grundsätzlich gemäß *§ 28 S 1* zu bezeichnen.[24] Die Grundbuchämter sollten jedoch insbesondere in den Fällen des **§ 21 Abs 2 Nr 2 InsO** großzügig verfahren, weil dem Insolvenzgericht eine Bezeichnung des Grundstücks oft noch nicht möglich ist. Der **Sicherungszweck des § 21 InsO** verdient den Vorrang vor den Erfordernissen des § 28 S 1. So ist mE die in Eintragungsersuchen der Insolvenzgerichte an das Grundbuchamt in den Fällen des § 21 InsO oft verwendete Formulierung nicht zu beanstanden:

12   »Außerdem wird ersucht, mitzuteilen, ob der Schuldner noch Eigentümer weiterer Grundbesitzes ist. Gegebenenfalls wird ersucht, auch an diesen Grundbuchstellen dieses Ersuchen zu vollziehen.«

4. Prüfungspflicht des Grundbuchamts

13   Die **Verantwortlichkeit für die Gesetzmäßigkeit** des Ersuchens ist zwischen ersuchender Behörde (Gericht) und Grundbuchamt geteilt. Das **Grundbuchamt** hat zu prüfen, ob (1) die ersuchende Stelle die in § 38 vorausgesetzte Behördeneigenschaft besitzt,[25] (2) das Ersuchen nach Form[26] und Inhalt[27] den gesetzlichen Vorschriften entspricht,[28] (3) die durch das Ersuchen nichtersetzten Eintragungserfordernisse gegeben sind,[29] und (4) die ersuchende Behörde sich in dem Rahmen der gesetzlichen Vorschrift hält, die zu dem Ersuchen berechtigt.[30] Die Anwendung des § 38 setzt stets voraus, dass eine gesetzliche Vorschrift der Behörde das Recht gibt, das Grundbuchamt um die Vornahme der in Frage stehenden Eintragung zu ersuchen. Oft wird auch formuliert, das Grundbuchamt habe zu prüfen, ob die ersuchende Behörde zur Stellung eines Ersuchens der in

---

18   KG JFG 16, 44 (47 f).
19   KEHE-*Herrmann* Rn 69; *Demharter* Rn 66.
20   OLG Hamburg KGJ 23, D 27 (28); *Güthe-Triebel* Rn 50; *Demharter* Rn 66; KEHE-*Herrmann* Rn 69; *Predari* § 39 Anm 1; *Eccius* DJZ 1901, 379; anders *Kretzschmar* LZ 1901, 118.
21   *Demharter* Rn 66; KEHE-*Herrmann* Rn 69.
22   Nach § 22 GrEStG.
23   KG KGJ 52, 154 (155); OLG Dresden JFG 1, 407 (408); KEHE-*Herrmann* Rn 68; *Demharter* Rn 67.
24   KG KGJ 21, 125 (127); *Holzer-Kramer*, Grundbuchrecht, 5. Teil Rn 185; weniger großzügig *Bauer/von Oefele-Bauer* Rn 70 Fn 204.
25   Dazu unten Rdn 17.
26   Dazu unten Rdn 23.
27   Dazu unten Rdn 26.
28   OLG Frankfurt aM FGPrax 2003, 197.
29   Dazu oben Rdn 7 f; zum gesamten Prüfungskatalog BayObLGZ 1970, 182 (184 f); OLG Hamm MittBayNot 1996, 452.
30   KG Rpfleger 1998, 239; LG Berlin NJW-RR 1999, 15.

Rede stehenden Art **abstrakt befugt** ist.[31] Der **Umfang der Prüfungspflicht** des Grundbuchamts unterscheidet sich je nach dem betreffenden Rechtsgebiet.[32] Insbesondere ist dem Grundbuchamt im Verhältnis zum *Vollstreckungsgericht* nur eine *ganz beschränkte* Prüfungsbefugnis eingeräumt.[33] Immer aber muss die begehrte Eintragung den **möglichen Inhalt eines Ersuchens** bilden können.[34]

Grundsätzlich trägt die **Behörde**, die auf Grund einer gesetzlichen Befugnis um eine Eintragung im Grundbuch ersucht, die Verantwortung für die Rechtmäßigkeit des Aktes.[35] Das Grundbuchamt hat daher nicht zu prüfen, ob die Behörde im *Einzelfall* tatsächlich befugt ist. Die richtige Anwendung des Gesetzes auf den Einzelfall ist vielmehr Sache der ersuchenden Behörde. Daher ist die konkrete Entscheidung für das Grundbuchamt nicht nachprüfbar.[36] **14**

Eine *Ausnahme* gilt nur dann, wenn das *Grundbuchamt weiß*, dass es an den gesetzlichen Voraussetzungen fehlt. In diesem Fall ist das Ersuchen zurückzuweisen, weil das Grundbuchamt nicht daran mitwirken darf, das Grundbuch **unrichtig** zu machen.[37] Dem Grundbuchamt muss aber der zugrunde liegende Sachverhalt sicher bekannt und die sich hieraus ergebende Rechtsfolge muss ohne jeden Zweifel dahin geklärt sein, dass dem Ersuchen die Rechtsgrundlage fehlt. Behördenersuchen, die auf einem nichtigen Verwaltungsakt beruhen, dürfen nicht vollzogen werden. Doch müssen Ersuchen beachtet werden, die auf einem rechtswidrigen Verwaltungsakt beruhen, weil die Rechtmäßigkeit eben nicht nachgeprüft werden darf.[38] **15**

Recht und Pflicht zur Prüfung des Ersuchens sind dem Grundbuchamt durch §38 daher nur insoweit entzogen, als eine Behörde *befugt* ist, um eine Eintragung zu ersuchen.[39] **16**

III. Voraussetzungen des Ersuchens

1. Behördeneigenschaft

§38 meint öffentliche Behörden iS des *§29*. Die Vorschrift findet nur auf **deutsche** Behörden Anwendung, nicht dagegen auf die Ersuchen von **ausländischen** Behörden.[40] Fehlt ein entsprechender Staatsvertrag, so ist das Ersuchen einer ausländischen Behörde zurückzuweisen. Die »gesetzliche« Vorschrift des §38 meint eine Ermächtigung nach deutschem Recht. Behörden der ehemaligen *DDR* fielen nicht unter §38.[41] §38 ist – wenigstens entsprechend – auch auf **Gerichte** anwendbar, weil es sich um die staatliche Wahrnehmung von *Privatinteressen* handelt.[42] **17**

Beruht die Zuständigkeit der ersuchenden Behörde auf **Bundesrecht**, so ist sie gegenüber jedem Grundbuchamt im Bundesgebiet gegeben. Auch wenn sie sich auf **Landesrecht** stützt, ist dem Ersuchen stattzugeben, soweit die nachgesuchte Eintragung nach dem Recht des Bundeslandes, dem das ersuchte Grundbuchamt angehört, nicht inhaltlich unzulässig ist. Unerheblich ist, ob nach diesem Recht das betreffende Eintragungsersuchen gestellt werden kann. Ein Ersuchen kann daher nicht abgelehnt werden, weil das Landesrecht des ersuchten Grundbuchamts von dem der ersuchenden Behörde abweicht. **18**

---

31 So BGHZ 19, 355 (358) = NJW 1956, 463 (Bundesversorgungsgesetz); OLG Frankfurt aM FGPrax 2003, 197; OLG Hamm MittBayNot 1996, 452 (453) (Umlegungsmaßnahme); BayObLGZ 1912, 548 (551) (Rentenamt); 1914, 258 (262) (Ersuchen nach §130 ZVG); 1922, 164 (165) (Prozessgericht); 1955, 314 (318) (Wohnsiedlungsgesetz); 1970, 182 (184 f) (Umlegungsverfahren); BayObLG DNotZ 1986, 146 (148) (Flurbereinigung); KG JFG 7, 397 (399) (Finanzamt); OLG Köln DNotZ 1958, 487 (Wohnsiedlungsgesetz); OLG Hamm Rpfleger 1983, 481 (Finanzamt); LG Schwerin VIZ 1993, 314 (Vermögenszuordnungsbescheid der Treuhandanstalt nach dem VZOG); LG Dresden VIZ 1994, 199; *Demharter* Rn 73; *KEHE-Herrmann* Rn 7; *Güthe-Triebel* Rn 51; *Predari* §39 Anm 1; *Holzer-Kramer*, Grundbuchrecht, 5. Teil Rn 167; *Reichel* IheringJb 46, 169; *Löscher* S 185.
32 BGHZ 19, 355 (358) = NJW 1956, 463.
33 BGHZ 19, 355 (358) = NJW 1956, 463.
34 *KEHE-Herrmann* Rn 7.
35 BGHZ 19, 355 (358) = NJW 1956, 463; OLG Frankfurt aM FGPRax 2003, 197, 198; KG Rpfleger 1997, 154 f; *Holzer-Kramer*, Grundbuchrecht, 5. Teil Rn 175; *Grziwotz* MittBayNot 1996, 454.
36 Dazu BayObLGZ 1952, 157 (158 f); OLG Frankfurt aM Rpfleger 1974, 436 (Umlegungsvermerk).
37 KG Rpfleger 1997, 154, 155; 2003, 204; KGJ 49, 160; HRR 1933 Nr 153; BayObLGZ 1970, 182 (185); 1981, 110 (112); BayObLG MittBayNot 1986, 124 (Grundstücksgeschäfte mit Auslandsberührung); DNotZ 1988, 781 (782); OLG Hamm MittBayNot 1996, 452 (453) mit zu Recht abl Anm *Grziwotz*; JMBlNRW 1951, 93 (94); Rpfleger 1978, 374; *Güthe-Triebel* Rn 51; *Demharter* Rn 74; *KEHE-Herrmann* Rn 8; *Holzer-Kramer*, Grundbuchrecht, 5. Teil Rn 178.
38 LG Dresden VIZ 1994, 199 mit Anm *Wilhelms*.
39 BayObLGZ 1911, 663 (665).
40 *Güthe-Triebel* Rn 4; *KEHE-Herrmann* Rn 4.
41 Die 6. Aufl dieses Kommentars Rdn 4 stellte DDR-Behörden gleich.
42 Zutreffend *Steiner-Eickmann* ZVG, §130 Rn 2; *Böttcher* ZVG §130 Rn 22.

19 Die **Behörde** muss bei ihrem Ersuchen **hoheitlich** gehandelt haben.[43] Nicht hierher gehören daher Anträge und Erklärungen, in denen eine Behörde als Vertreterin einer juristischen Person des Privatrechts auftritt oder als Fiskus handelt.[44]

20 Ein behördliches Ersuchen liegt zB auch dann nicht vor, wenn es sich um die bloße Weitergabe eines ein Gesamtrecht betreffenden Eintragungsantrags von einem Grundbuchamt an ein anderes Grundbuchamt handelt, damit die Eintragung bei den dort vorgetragenen Grundstücken vorgenommen werden kann.[45] Mit gemeinsamen Obliegenheiten betraute Amtsgerichte »ersuchen« sich nicht gegenseitig.

21 Ein behördliches Ersuchen ist auch dann zu verneinen, wenn die Behörde lediglich Parteianträge **Privater** übermittelt.[46]

22 Entsprechende Anwendung findet § 38 auf die Mitteilung der **Umlegungsstelle** von der Einleitung des Umlegungsverfahrens gemäß § 54 Abs 1 BauGB.[47] Der Gesetzeswortlaut bedeutet keine Abweichung in der Sache.[48]

2. Form des Ersuchens

23 Das behördliche Ersuchen muss nach § 29 Abs 3 **unterschrieben** und mit **Siegel oder Stempel** versehen sein.[49] Fortführungsmitteilungen der Katasterbehörden sind keine Ersuchen iS des § 38.[50] Ungeklärt war früher die Rechtslage, wenn die ersuchende Behörde zwar als zuständig feststeht, aber nicht siegelführungsberechtigt ist. So nehmen etwa in Bayern die Teilnehmergemeinschaften als Körperschaften des öffentlichen Rechts im übertragenen Wirkungskreis, zu dem auch die Befugnis des § 52 Abs 3 S 2 FlurbG gehört, die Aufgaben der Flurbereinigungsbehörden wahr (§ 18 Abs 2 FlurbG iVm Art 2 Abs 2, 4 AGFlurbG), ohne dass für sie die Führung eines Dienstsiegels vorgesehen wäre. Mehrere Landgerichte[51] haben deshalb Anträge nach § 52 Abs 3 S 2 FlurbG wegen Verstoßes gegen § 29 Abs 3 GBO zurückgewiesen, was dazu führt, dass die Teilnehmergemeinschaften ein ihnen gesetzlich eingeräumtes Recht nicht ausüben können. Diese Entscheidungen übersehen, dass § 29 Abs 3 den Grundbuchbehörden den Nachweis der behördlichen Legitimation erleichtern will und insoweit eine vergleichbare Funktion wie die §§ 32 GBO, 69 BGB, 26 Abs 2 GenG hat. Für diese Vorschriften ist aber anerkannt, dass die genannten Bescheinigungen keine ausschließliche Wirkung haben. Vielmehr sind weitere Beweismittel daneben möglich.[52] Es muss daher genügen, wenn Anträge der Teilnehmergemeinschaften von der Flurbereinigungsdirektion beglaubigt und gesiegelt werden. Einen praxisnahen Standpunkt hat das BayObLG eingenommen.[53]

24 Ist das Ersuchen gemäß § 29 Abs 3 unterschrieben und mit Siegel oder Stempel versehen, so kann das Grundbuchamt außerdem nicht noch weitere Nachweise der Vertretungsbefugnis fordern.[54] § 29 Abs 3 findet auch auf die **Rücknahme** des Ersuchens Anwendung.[55]

25 Der Gebrauch des Wortes »Ersuchen« ist nicht erforderlich. Es muss aber deutlich ersichtlich sein, dass eine Eintragung erstrebt wird.[56]

3. Inhalt des Ersuchens

26 Das Ersuchen hat den allgemeinen Vorschriften für Eintragungsantrag und Eintragungsbewilligung zu genügen, da es diese ersetzt.[57] Es darf daher nicht unter einem *Vorbehalt* gestellt werden (§ 16). Geldbeträge sind nach § 28 S 2 in *Euro* anzugeben und der *Forderungsbetrag* ist zu bezeichnen.[58] Bei der Eintragung von mehreren Berechtigten muss nach § 47 das Gemeinschaftsverhältnis angegeben werden.[59] Insbesondere ist anzugeben, zu welchen

---

43 *Güthe-Triebel* Rn 5; zum »funktionalen« Begriff der Behörde *Bauer/von Oefele-Bauer* Rn 8 ff.
44 *Güthe-Triebel* Rn 5.
45 KG KGJ 52, 105 zu § 59 Abs 2.
46 BayObLGZ 1913, 149 (152); KG RJA 2, 184.
47 BayObLGZ 1970, 182 (185).
48 KEHE-*Herrmann* Rn 2.
49 BayObLGZ 1970, 182 (185); *Berroth* BWNotZ 1979, 121; Einzelheiten oben § 29 Rdn 223 ff.
50 OLG Düsseldorf OLGZ 1988, 58.
51 LG München II, Az 2 T 2 V 98/84, Beschluss vom 31.01.1985 (unveröffentlicht); LG Nürnberg-Fürth, Az 13 T 6685/77, Beschluss vom 08.09.1977 (unveröffentlicht); aber BayObLG Rpfleger 1986, 370.
52 Oben § 32 Rdn 42.
53 *BayObLG* Rpfleger 1986, 370.
54 KG JFG 4, 261,
55 KEHE-*Herrmann* Rn 70; *Demharter* Rn 68.
56 KG KGJ 22, 129.
57 *Demharter* Rn 61 f; KEHE-*Herrmann* Rn 72.
58 OLG Dresden OLGE 3, 3 (4).
59 KG KGJ 26, 103 (106).

Bruchteilen mehrere gemeinschaftlich Eingetragene Miteigentümer sind oder welches Rechtsverhältnis für ihre Gemeinschaft maßgebend ist. Für den einzutragenden Berechtigten ist ferner § 15 GBV zu beachten. Die Anwendung des § 28 S 1 sollte jedoch insbesondere bei den §§ 32, 23 InsO großzügig gehandhabt werden.[60]

Das Ersuchen darf sich nicht auf die Herbeiführung einer **unzulässigen Eintragung** richten.[61] Daher ist ein **27** Ersuchen auf Eintragung einer Zwangshypothek für einen 750 Euro nicht übersteigenden Betrag oder als Gesamthypothek unzulässig (§§ 866 Abs 3, 867 Abs 2 ZPO).[62] Bei einem Ersuchen auf Vereinigung oder Zuschreibung muss das Grundbuchamt prüfen, ob gemäß §§ 5, 6 Verwirrung zu besorgen ist.[63] Nicht hierher gehört der Fall, daß das Grundbuchamt gemäß dem bindenden Eintragungsersuchen des Versteigerungsgerichts **gesetzliche Zinsen** (§ 1118 BGB) einträgt.[64] Die Eintragung derartiger Zinsen ist weder inhaltlich unzulässig noch unrichtig.

Eine **Begründung** des Ersuchens ist weder erforderlich noch angebracht. Bei schwieriger Sach- oder Rechts- **28** lage können jedoch klarstellende Hinweise beigefügt oder der Beschluss oder die Verfügung, zu deren Ausführung das Ersuchen dient, beigegeben werden. Derartige Beilagen gehören nicht zum Inhalt des Ersuchens, da sie nur zur Information des Grundbuchamts bestimmt sind.

Ausnahmsweise ist eine ergänzende **Verweisung auf Beilagen** möglich, wenn keine Unklarheiten zu befürch- **29** ten sind.[65] Die in Bezug genommene Stelle ist genau zu bezeichnen; Pauschalverweisungen sind unzulässig.

In mehreren Fällen ist die **Beifügung von Urkunden** ausdrücklich vorgeschrieben: So hat das Vollstreckungs- **30** gericht seinem Löschungsersuchen eine Ausfertigung des Terminprotokolls beizufügen (§ 158 Abs 2 S 2 ZVG). Bei Grundbuchberichtigungen nach § 79 FlurbG sind die in § 80 FlurbG genannten Anlagen mit dem dort genannten Inhalt beizugeben. Vergleichbare Fälle betreffen Berichtigungsersuchen der Umlegungsstelle und der Gemeinde (§ 74 Abs 1 BauGB); frühere Ersuchen der Enteignungsbehörde gemäß § 117 Abs 7 BauGB und § 51 Abs 4 LBG; Ersuchen der Siedlungsbehörde gemäß §§ 2–6 ErgG zum Reichssiedlungsgesetz;[66] des Fideikom- missgerichts nach § 38 DVO zum FidErlG;[67] Grundbuchberichtigungsersuchen der Gemeinden gemäß § 84 Abs 1 BauGB.[68]

IV. Erledigung des Ersuchens

Das Ersuchen ist nach den allgemeinen Vorschriften der Grundbuchordnung zu erledigen (§§ 16, 17).[69] Sofern **31** im Einzelfall der Wortlaut der Eintragung nicht gesetzlich vorgeschrieben ist wie etwa bei § 6 HöfeVfO[70] die Fassung des *Hofvermerks*, ist das Grundbuchamt an den im Ersuchen gewählten Ausdruck nicht gebunden; viel- mehr ist die Fassung der Eintragung Sache des Grundbuchamts.[71]

Gemäß § 55 muss die ersuchende Behörde von der vorgenommenen Eintragung **benachrichtigt** werden,[72] **32** weil ihr Ersuchen den Antrag ersetzt. Sodann liegt es im Verantwortungsbereich der Behörde, die ordnungsge- mäße Ausführung des Ersuchens zu überprüfen.[73]

Das Eintragungsersuchen ist formell wie ein Eintragungsantrag zu behandeln und daher mit einem **Eingangs-** **33** **vermerk** zu versehen. Das Ersuchen ist gemäß § 10 Abs 1 zu den Grundakten zu nehmen, da sich die Eintra- gung darauf gründet.

Wurde dem **Ersuchen** um Eintragung eines Rechts **zu Unrecht** stattgegeben, so ist die Eintragung unwirk- **34** sam, wenn die gesetzlichen Grundlagen für das Ersuchen oder für die Eintragung fehlen, zB wenn die ersu- chende Behörde unzuständig war oder ein nichteintragungsfähiges Recht eingetragen wurde. In diesem Fall ist das Grundbuch unrichtig und es ist nach § 53 zu verfahren. In manchen Fällen kann aber gleichwohl eine gül- tige Eintragung vorliegen, so zB wenn das Vollstreckungsgericht um die Eintragung eines nach § 130 Abs 3 ZVG bewilligten Rechts ersucht und die Bewilligung des Erstehers in Ordnung ist, während die Herstellung des richtigen Rangverhältnisses die Beteiligten selbst zu betreiben haben.[74]

---

60 Oben Rdn 11.
61 KG Rpfleger 2003, 204.
62 *Demharter* Rn 70.
63 KEHE-*Herrmann* Rn 73.
64 KG FGPrax 2003, 56, 57.
65 KG JFG 15, 67 (69); *Demharter* Rn 72; KEHE-*Herrmann* Rn 74.
66 Vom 04.01.1935 (RGBl I 1).
67 Vom 20.03.1939 (RGBl I 1509).
68 Dazu OLG Frankfurt aM Rpfleger 1976, 313; *Waibel* Rpfleger 1976, 347.
69 Zur Prüfungspflicht des Grundbuchamts oben Rdn 13 f.
70 Vom 29.03.1976, BGBl I 885.
71 KG JFG 14, 379.
72 Dazu KG KGJ 49, 239 (240).
73 RGZ 138, 114 (116); OLG Dresden JFG 1, 407 (409).
74 KG KGJ 34, 282 (286); *Güthe-Triebel* Rn 15.

V. Berichtigung des Ersuchens

1. Berichtigung vor Vollzug

35 Bis zu der Erledigung durch das Grundbuchamt kann die Behörde das Gesuch jederzeit berichtigen oder ergänzen.[75] Das Grundbuchamt hat die Pflicht, die ersuchende Behörde auf **erkannte Versehen** aufmerksam zu machen.[76] Das gilt insbesondere bei offensichtlichen Widersprüchen zwischen Antrag und beigefügten Unterlagen.[77] Die ersuchende Behörde kann das Grundbuchamt allerdings nicht dadurch zu einer Nachprüfung des Ersuchens auf seine sachliche Richtigkeit zwingen, dass sie pauschal auf die beigefügten sachlich-rechtlichen Grundlagen des Ersuchens Bezug nimmt.[78]

2. Berichtigung nach Vollzug

36 Ist ein unrichtiges Ersuchen durch das Grundbuchamt einmal vollzogen worden, so ist ein **Berichtigungsersuchen** der ersuchenden Behörde grundsätzlich noch zulässig. Diesem darf jedoch nur stattgegeben werden, wenn und soweit **Rechte Dritter** nicht beeinträchtigt werden, die zwischenzeitlich gutgläubig erworben haben.[79] Kann ein Recht, um dessen Löschung aus Versehen ersucht worden ist, an der ursprünglichen Rangstelle nicht mehr eingetragen werden, weil inzwischen ein neues Recht gebucht worden ist, so ist das versehentlich gelöschte Recht im Rang nach dem neuen Recht wieder einzutragen, ohne dass dem Grundbuchamt die Gutgläubigkeit des Erwerbers des neuen Rechts nachgewiesen werden müsste.[80] Die an dem vorangegangenen Verfahren Beteiligten müssen eine Berichtigung hinnehmen.[81]

37 Ist dagegen die irrtümliche Löschung nicht auf Grund des Ersuchens, sondern infolge eines **Versehens** des Grundbuchamts vorgenommen worden, so kann die Behörde nicht um Wiedereintragung ersuchen. Es kommt aber die Eintragung eines Amtswiderspruchs nach § 53 in Betracht.

VI. Einzelfälle

38 Die neuere Gesetzgebung kennt zahlreiche – und immer noch zunehmende – Fälle, in denen Behörden zur Stellung eines Eintragungsersuchens befugt sind. In diesem Bereich spiegelt sich im Grundbuchverfahrensrecht die auch im materiellen Sachenrecht zu beobachtende Indienstnahme privatrechtlicher Institutionen für **staatliche Zwecke** wider.[82] Die Darstellung von Einzelheiten ist an sich Sache der Erläuterungen zu den betreffenden Gesetzen. Herkömmlich wird sie aber auch an dieser Stelle gebracht. Die folgende Übersicht beschränkt sich auf die wichtigsten Ersuchen nach *Bundesrecht*,[83] soweit *spezifisch grundbuchrechtliches Verfahrensrecht* betroffen ist.

1. Vollstreckungsgericht

39 Ersuchen des Vollstreckungsgerichts nach den §§ 19, 34, 130, 146, 158, 161 ZVG bilden den **wichtigsten Bereich** des § 38 GBO. Wegen ihres Umfangs werden sie unten Rdn 76 ff gesondert erläutert.

2. Prozessgericht

40 Soll auf Grund einer **einstweiligen Verfügung** eine Eintragung in das Grundbuch bewirkt werden, so ist gemäß § 941 ZPO das Gericht befugt, das Grundbuchamt um die Eintragung zu ersuchen (o Rdn 4). Das Gericht handelt dabei als gesetzlicher Vertreter.[84] Das wird daran deutlich, dass der Gläubiger das Ersuchen zurücknehmen kann, obwohl er es nicht selbst gestellt hat; es darf dann nicht mehr eingetragen werden.[85] In Betracht kommen vor allem Eintragungen von Vormerkungen, Widersprüchen, Löschungen und Verfügungsbeschränkungen.[86] Das GBA kann nach der zutreffenden Rechtsprechung des KG[87] den *Nachweis der Zustellung* nicht verlangen.[88]

---

75 *Demharter* Rn 77; KEHE-*Herrmann* Rn 77.
76 KG JW 1937, 3176; OLG München RdL 1953, 215 (216).
77 OLG München RdL 1953, 215 (216).
78 KG JW 1937, 3176; oben Rdn 29.
79 KG JFG 14, 176 (180); JFG 15, 138 (142); HRR 1933 Nr 591.
80 Ausführlich KG HRR 1933 Nr 591.
81 OLG Breslau OLGE 3, 339; *Demharter* Rn 78.
82 Vgl für das Sachenrecht allgemein *Baur-Stürner* Sachenrecht (17. Aufl 1999) § 26.
83 Vgl zum vielfach zersplitterten Landesrecht die 6. Aufl dieses Kommentars Rn 86 f; zum bayer Landesrecht KEHE-*Herrmann* Rn 36 ff; *Demharter* Rn 28 ff.
84 **AA** *Demharter* Rpfleger 1998, 133, 135; *Bauer/von Oefele-Bauer* Rn 4, 28.
85 *Stein-Jonas-Grunsky* ZPO (22. Aufl 2002), § 941 Rn 4.
86 KG JFG 5, 298 (303); zudem § 8 Abs 4 GBBerG, § 113 Abs 3 S 2 SachenRBerG.
87 KG JFG 5, 298 (303).
88 *Bauer/von Oefele-Bauer* Rn 28.

Die **Sequestration** des § 938 Abs 2 ZPO ist nicht eintragungsfähig, weil es sich um keine Verfügungsbeschrän- **41**
kung des Eigentümers handelt, sondern um Verwahrung und Verwaltung des Grundstücks durch einen Treuhänder.[89] Dagegen kann eine **Zwangsverwaltung** durch einstweilige Verfügung angeordnet werden.[90]

Das eigene Antragsrecht des Gläubigers bleibt durch § 941 ZPO unberührt, weil seine Befugnis unabhängig **42**
von dieser Norm besteht.[91] In diesem Fall muss die einstweilige Verfügung in *Ausfertigung* vorgelegt werden. Ein
ausschließliches Antragsrecht des Gläubigers besteht bei Vollziehung eines **Arrestes**.[92]

Bei einem *Kollegialgericht* kann der Vorsitzende das Ersuchensschreiben an das Grundbuchamt nur erlassen, **43**
wenn das Ersuchen durch das Prozessgericht im Beschlussweg festgestellt ist (jetzt aber § 348 ZPO nF). Fehlt
ein solcher Beschluss, so ist das Ersuchen des Vorsitzenden zurückzuweisen.[93]

Wird ein gerichtliches Ersuchen zurückgewiesen, so sind sowohl die Partei als auch das ersuchende Gericht **44**
beschwerdebefugt (§ 71 GBO).

3. Insolvenzgericht

Antragsrechte des Insolvenzgerichts ergeben sich bei der (häufigen) Eintragung und Löschung des nach §§ 32, **45**
23 InsO meist routinemäßig erlassenen Veräußerungsverbots sowie bei der Insolvenzeröffnung und -aufhebung.
Ein eigenes Antragsrecht des *Insolvenzverwalters* folgt aus § 32 Abs 2 S 2 InsO. Das Grundbuchamt hat dem
Antrag auf Eintragung des **Insolvenzvermerks** bei Grundstücken, als deren Eigentümer nicht der Schuldner
eingetragen ist, gleichwohl stattzugeben.[94] Auch im Falle der Eröffnung des Insolvenzverfahrens über einen
Nachlass wird der Insolvenzvermerk eingetragen, wenn der Erblasser noch im Grundbuch eingetragen ist.[95] Der
Vermerk kann nicht eingetragen werden, wenn Eigentümer des Grundstücks eine **BGB-Gesellschaft** ist und
das Insolvenzverfahren nur über das Vermögen eines der Gesellschafter eröffnet wurde.[96]

4. Vergleichsgericht

Seit In-Kraft-Treten der InsO gibt es nur noch das Insolvenzgericht (§ 2 InsO). **46**

5. Vormundschaftsgericht

Aus § 54 FGG folgte eine Ersuchensbefugnis des Vormundschaftsgerichts, wenn nach seinem Ermessen die **47**
Voraussetzungen vorlagen, unter denen der Vormund, der Pfleger oder der Beistand zur Sicherheitsleistung
angehalten werden können. Die Norm ist durch Art 5 Betreuungsgesetz v 12.09.1990 aufgehoben worden.[97]
Für die *Prüfungspflicht* des Grundbuchamts galten die allgemeinen Grundsätze.[98]

6. Nachlassgericht

Nach zutreffender Auffassung[99] kann das Nachlassgericht an das Grundbuchamt ein Ersuchen um Eintragung **48**
der Anordnung der **Nachlassverwaltung** richten, wenn es sich um zum Nachlass gehörige Grundstücke,
Grundstücksrechte und Rechte an solchen handelt. Auch wenn eine dem § 32 Abs 2 InsO entsprechende
Bestimmung fehlt, ist doch eine gesetzliche Vorschrift iS des § 38 GBO vorhanden. Die Zulässigkeit folgt
daraus, dass die Anordnung der Nachlassverwaltung gemäß § 1984 Abs 1 BGB eine Verfügungsbeschränkung
gemäß § 892 BGB begründet und daher die Eintragung zur Verhinderung gutgläubigen Erwerbs erforderlich
ist.[100] Es gilt insoweit die gleiche Rechtslage wie im Falle der Insolvenz.

---

89 KG JW 1937, 2115.
90 RGZ 92, 18 (19); KG KGJ 35, 265 (268).
91 KG KGJ 41, 220 (221); JFG 5, 298 (303); *Böhringer* BWNotZ 2002, 49 (53).
92 *Demharter* Rn 5; *Güthe-Triebel* Rn 6.
93 BayObLGZ 1932, 3. Doch muss die eV das GBA nicht ausdrücklich um Eintragung ersuchen, *Bauer/von Oefele-Bauer*
    Rn 28.
94 *Hintzen* Rpfleger 1999, 199; offen gelassen durch KG JFG 4, 301 (305); zu einem vergleichbaren Fall u Rdn 78.
95 OLG Düsseldorf Rpfleger 1998, 334.
96 OLG Dresden ZIP 2003, 130.
97 BGBl I 2002.
98 Oben Rdn 13 f.
99 KEHE-*Herrmann* Rn 16; *Demharter* Rn 12; *Güthe-Triebel* Rn 19; *Predari* § 19 Rn 26; *Thieme* Rn 3; **aA** *Bauer/von Oefele-*
    Bauer Rn 76.
100 *Güthe-Triebel* Rn 19; *Staudinger-Marotzke* § 1984 Rn 13 mit Nachweisen der Gegenauffassung.

7. Landwirtschaftsgericht

49   Das Landwirtschaftsgericht kann gemäß § 3 HöfeVfO[101] um Eintragung und Löschung des **Hofvermerks** ersuchen.[102]

8. Gerichtskasse

50   Die Gerichtskasse kann nach § 7 S 1 Halbs 2 JBeitrO iV mit § 867 Abs 1 S 1 ZPO bei dem Grundbuchamt um Eintragung einer **Zwangshypothek** für rückständige Gerichtskosten und entsprechende Ansprüche (§ 1 JBeitrO) ersuchen. Es handelt sich um Ersuchen iS von § 38.[103] Der Vorlage eines Vollstreckungstitels bedarf es nicht. Entsprechend den allgemein für § 38 geltenden Grundsätzen[104] hat das Grundbuchamt die Berechtigung der Kostenforderung gegen den Schuldner nicht nachzuprüfen.[105] Auf die Einhaltung der §§ 866 Abs 3, 867 Abs 2 ZPO ist dagegen zu achten.[106] Das Grundbuchamt hat auch das Verbot der Doppelsicherung zu beachten.[107]

9. Finanzamt

51   Ersuchen iS des § 38 GBO sind nach § 322 Abs 3 S 4 AO auch die Anträge des Finanzamts auf Eintragung einer **Sicherungshypothek**. Das Finanzamt (oder Hauptzollamt) hat als Vollstreckungsbehörde (§ 249 Abs 1 S 3 AO) zu bestätigen, dass die gesetzlichen Voraussetzungen für die Vollstreckung vorliegen. § 322 Abs 3 S 3 AO wiederholt noch einmal ausdrücklich den Grundsatz, dass diese Fragen nicht der Beurteilung des Grundbuchamts unterliegen. Das Grundbuchamt darf daher die sachliche Richtigkeit der Bescheinigung der Vollstreckungsbehörde über die Vollstreckbarkeit des Anspruchs nicht nachprüfen. Das gilt auch für einen *Duldungsbescheid* gegen den Grundstückseigentümer, der selbst nicht Steuerschuldner ist.[108] Das Grundbuchamt hat lediglich zu überprüfen, ob die Forderung *ihrer Art nach* einem Verwaltungszwangsverfahren unterliegt.[109] Desgleichen unterliegt die Bestätigung des Finanzamts, der Vollstreckungsschuldner betreibe selbständig ein *Erwerbsgeschäft* iS des § 741 ZPO, nicht der Beurteilung des Grundbuchamts.[110]

52   Das Grundbuchamt hat jedoch darauf zu achten, dass in einem *mehrere Steuerforderungen* umfassenden Ersuchen die einzelnen Forderungen nach Art und Betrag bezeichnet werden. Auch müssen die §§ 866 Abs 3, 867 Abs 2 ZPO beachtet werden.[111]

53   Das Finanzamt kann als Gläubiger auch bei einer *rechtsgeschäftlich* für Steuerforderungen bestellten Grundschuld eingetragen werden.[112]

54   Möglich sind auch Ersuchen des Finanzamts auf Eintragung oder Löschung eines *Hypothekengewinnabgabevermerks* nach den §§ 111a und 111b LAG (heute praktisch bedeutungslos).

55   Der Vorlage eines Vollstreckungstitels oder Zustellungsnachweises bedarf es nicht.[113]

10. Versorgungsbehörde

56   Versorgungsbehörden können nach § 75 BVersG[114] um die Eintragung von **Verfügungsbeschränkungen** ersuchen. Erwirbt ein Beschädigter iS des BVersG mit einer Kapitalabfindung das Eigentum nur an dem ideellen Bruchteil eines Grundstücks, so kann die Verfügungsbeschränkung gemäß § 75 BVersG nur in Ansehung dieses Anteils im Grundbuch eingetragen werden. Das gilt auch dann, wenn die Ehefrau des Beschädigten Miteigentümerin ist.[115]

---

101   Vom 29.03.1976 (BGBl I 885).
102   Vgl auch § 35 Rdn 180 ff.; Einzelheiten bei *Bauer/von-Oefele-Bauer* Rn 77.
103   OLG Frankfurt aM FGPrax 2003, 197.
104   Oben Rdn 13 f.
105   OLG Frankfurt aM JurBüro 1998, 48.
106   OLG Frankfurt aM FGPrax 2003, 197, 198; BayObLGZ 1948/1951, 610 = Rpfleger 1952, 133 mit Anm *Bruhn*.
107   OLG Frankfurt aM FGPRax 2003, 197, 198 mit Anm *Dümig*.
108   OLG Hamm Rpfleger 1983, 481.
109   BayObLG Rpfleger 1982, 98.
110   BayObLG Rpfleger 1984, 232.
111   KG JFG 7, 397 (400); abweichend die 6. Aufl dieses Kommentars Rn 66.
112   Einzelheiten bei OLG Köln NJW 1960, 1110.
113   BGHZ 3, 141; ferner BFH KKZ 1991, 214.
114   IdF vom 22.01.1982 (BGBl I 21); Einzelheiten bei *Bauer/von Oefele-Bauer* Rn 89.
115   BGHZ 19, 355 (358) = NJW 1956, 463.

11. Bundesanstalt für Finanzdienstleistungsaufsicht

Die Bundesanstalt (§ 1 FinDAG) war berechtigt, das Grundbuchamt zu ersuchen, bei Grundstücken und Hypo-   57
theken, die zum Sicherungsvermögen für die im Inland abgeschlossenen Versicherungen ausländischer Versicherungsunternehmen mit Sitz außerhalb der Mitgliedstaaten der Europäischen Gemeinschaft oder eines anderen Vertragsstaates des Abkommens über den Europäischen Wirtschaftsraum gehören, das in § 110 Abs 2 VAG
vorgesehene gesetzliche Verfügungsverbot in das Grundbuch einzutragen.[116] Die Eintragung lautete etwa:

»Über das Grundstück (die Hypothek) kann nur mit Genehmigung der Bundesanstalt verfügt werden. Eingetragen am ...«

§ 110 Abs 2 VAG wurde mit Wirkung vom 02.09.2005 durch G v 29.08.2005, BGBl I S 2546 aufgehoben.
Daher wird jetzt ein Treuhänder für das Sicherungsvermögen bestellt, der nach § 72 VAG berechtigt ist, die
Eintragung des Sperrvermerks zu beantragen.[117] Die Eintragung lautet etwa: »Über das Grundstück (die Hypo-
thek) kann nur mit Zustimmung des Treuhänders verfügt werden. Eingetragen am ...«.

12. Flurbereinigungsbehörde

Die Flurbereinigungsbehörde kann um Eintragung eines **Verfügungsverbots** sowie um Berichtigung des   58
Grundbuchs entsprechend dem Flurbereinigungsplan auf Grund von §§ 52 Abs 3 und 79 f FlurbG[118] ersuchen.
Sie ist gegen die Ablehnung ihrer Anregung, für eines der von der Flurbereinigung betroffenen Grundstücke
das Grundstücksblatt zu schließen, auf das nach Eintritt des neuen Rechtszustandes eine Auflassung vollzogen
worden ist, nicht beschwerdeberechtigt.[119] Ein **Flurbereinigungsvermerk** kann nicht in das Grundbuch eingetragen werden.

13. Siedlungsbehörde

Die Siedlungsbehörde hat nach §§ 2–6 RSiedlErgG an das Grundbuchamt Ersuchen auf die Abschreibung eines   59
Grundstücksteils und die Eintragung der Lastenverteilung zu stellen. Dem Ersuchen sind der Kaufvertrag und
die Feststellungen der Siedlungsbehörde über Lage und Größe des Grundstücksteils sowie eine auf Grund der
Katasterunterlagen gefertigte Zeichnung beizufügen (§ 2 Abs 2 RSiedlErgG).

14. Bergbehörden

Aufgrund der in §§ 17 Abs 3, 18 Abs 4, 20 Abs 5 BBergG getroffenen Regelung kann die zuständige Bergbe-   60
hörde (§ 142 BBergG) um Eintragung oder Löschung des **Bergwerkseigentums** ersuchen. Weitere Ersuchensmöglichkeiten ergeben sich aus den §§ 27 Abs 2, 92 Abs 3,[120] 96 Abs 6, 149 Abs 6, 152 Abs 3, 160
Abs 5 und 162 Abs 2 BBergG.

15. Genehmigungsbehörden (GrdstVG, BauGB)

Bei nichtgenehmigten Verfügungen bestehen Ersuchensmöglichkeiten für die zuständigen Behörden zur Ein-   61
tragung und Löschung eines **Widerspruchs**. Durch das **Baugesetzbuch** (BauGB) idF der Bekanntmachung
vom 23.09.2004[121] hat sich in diesem Bereich nichts Wesentliches verändert.

Ist im Grundbuch auf Grund eines nichtgenehmigten Rechtsgeschäfts eine Rechtsänderung eingetragen, so hat   62
gemäß **§ 7 Abs 2 GrdstVG** das Grundbuchamt auf Ersuchen der Genehmigungsbehörde (oder des zuständigen
Gerichts) nach dessen Ermessen einen Widerspruch einzutragen. Die Ermessensausübung ist durch das Grundbuchamt nicht überprüfbar.

Ersuchen um Eintragung und Löschung eines **Widerspruches** ergeben sich aus den §§ 22 Abs 6 S 2 und 3   63
BauGB. Die entsprechende Anwendbarkeit ist ermöglicht durch die §§ 54 Abs 2 S 2; 145 Abs 6, 169 Abs 1
Nr 3; 172 Abs 1 S 6 **BauGB**. Für Altfälle ist § 244 Abs 5 S 5, Abs 6 S 5 BauGB iV mit § 20 Abs 3 BauGB aF
einschlägig.

In den genannten Fällen ist – wie auch sonst im Grundsatz – lediglich die **formelle Zulässigkeit** des Ersu-   64
chens zu prüfen. Die Frage der sachlichen Berechtigung hat die Genehmigungsbehörde in eigener Verantwortung zu entscheiden.[122] Der Widerspruch ist grundsätzlich zugunsten des Inhabers des Berichtigungsanspruchs

---

116 *Prölss/Kollhosser* VAG, 12.Aufl 2005, § 110 Rn 4; zweifelnd *Bauer/von Oefele-Bauer* Rn 90.
117 AA *Prölss/Lipowsky*, VAG aaO § 72 Rn 10.
118 IdF vom 16.03.1976 (BGBl I 547); dazu BayObLG DNotZ 1986, 146 (148); BayObLGZ 1993, 52; oben Rdn 23.
119 BayObLG Rpfleger 1984, 142 (Leitsatz).
120 OVG Nordrhein-Westfalen, Beschluss v 14.09.2006, Az. 11 A 2164/05, juris (Grundabtretungsverfahren).
121 Abgedruckt im Sartorius I Nr 300.
122 BayObLG DNotZ 1975, 149 (150).

einzutragen, nicht dagegen für die Behörde, da diese nicht Inhaber von im Grundbuch eingetragenen Rechten, sondern **Vollzugsorgan der Bauleitplanung** ist.[123] Die Eintragung eines Widerspruchsberechtigten kann nur ausnahmsweise unterbleiben. So ist etwa ein Widerspruch ohne Begünstigten einzutragen, wenn nach Erteilung der Bodenverkehrsgenehmigung zur Teilung des Grundstücks nochmals unterteilt wird.[124] Der Widerspruch kann auch auf Antrag der Beteiligten gelöscht werden. In diesem Fall muss aber der Nachweis beigebracht werden, dass die Genehmigung erteilt oder nicht erforderlich ist; die Bewilligung des Berechtigten allein reicht nicht aus.[125]

65 Es gehört nicht zu den Aufgaben des Grundbuchamts, die Frage zu prüfen, ob eine **Gesetzesumgehung** vorliegt. Diese Rechtsfrage hat vielmehr die Genehmigungsbehörde zu klären.[126]

16. Gemeindliche Ersuchen nach BauGB

66 Zur Sicherung des gesetzlichen **Vorkaufsrechts** der Gemeinden ist in § 28 Abs 2 S 3 BauGB eine Ersuchensbefugnis zur Eintragung einer *Vormerkung* gegeben. Ein entsprechendes Löschungsersuchen findet sich in § 28 Abs 2 S 6 BauGB. Hat das Grundbuchamt ohne Berücksichtigung eines gemeindlichen Vorkaufsrechts nach § 24 BauGB einen Erwerber als Eigentümer eingetragen, so ist die betroffene Gemeinde gegen die Ablehnung ihrer Anregung (nicht: Ersuchen iS des § 38), dagegen einen Amtswiderspruch einzutragen, nicht beschwerdeberechtigt. Ist der Erwerber im Grundbuch eingetragen, so kann auf das Ersuchen der Gemeinde eine Vormerkung gemäß § 28 Abs 2 S 3 BauGB nicht mehr eingetragen werden.[127]

67 Nach unanfechtbarer Ausübung des Vorkaufsrechts bestehen gemeindliche Ersuchensbefugnisse auf Eintragung des Übergangs des Grundstückseigentums gemäß § 28 Abs 4 S 3 BauGB. Eine neue Ersuchensbefugnis ergibt sich aus § 28 Abs 3 S 6 BauGB.

68 Bei **vereinfachten Umlegungsverfahren** nach §§ 80 f BauGB ist in § 84 Abs 1 BauGB eine Ersuchensbefugnis der Gemeinde wegen der Rechtsänderung vorgesehen. Dieses Ersuchen erbringt lediglich den Beweis der Unrichtigkeit iS des § 22. Nach richtiger Auffassung[128] müssen übergehende *Teilflächen* im Ersuchen als *Zuflurstücke* gemäß § 28 S 1 bezeichnet und gemäß § 2 Abs 3 nach Lage und Größe ausgewiesen werden. Im Übrigen hat das Grundbuchamt den allgemeinen Grundsätzen folgend nicht zu prüfen, ob das Verfahren der Behörde gesetzmäßig war.[129]

69 Ersuchen auf Eintragung und Löschung von **Sanierungsvermerken** enthalten § 143 Abs 2 und § 162 Abs 3 BauGB. Um Eintragung von **Entwicklungsvermerken** geht es in § 165 Abs 9 BauGB.

17. Umlegungsstellen

70 Nach § 45 BauGB können ua im Geltungsbereich eines Bebauungsplans zur Erschließung oder Neugestaltung bestimmter Gebiete bebaute und unbebaute Grundstücke durch Umlegung in bestimmter Weise neu geordnet werden. Dementsprechend kann die Umlegungsstelle gemäß § 74 Abs 1 BauGB um Berichtigung des Grundbuchs entsprechend dem **Umlegungsplan** ersuchen.[130] Auf Grund der §§ 47, 51, 54 BauGB kann um die Eintragung des **Umlegungsvermerks** ersucht werden. Die in § 54 BauGB enthaltene Wendung, die von »Mitteilung« spricht, besagt der Sache nach nichts anderes.

71 Besonderheiten ergeben sich bei dem **Berichtigungsersuchen** des § 74 Abs 1 BauGB.[131] Obgleich der bestandskräftige Umlegungsplan die Rechtsänderung außerhalb des Grundstücks vollzieht, vermag er die Rechte derjenigen Betroffenen nicht zu ändern oder zu beseitigen, die ihre Rechte nach § 48 Abs 1 Nr 3, Abs 2 BauGB nicht angemeldet haben, oder die nicht formell beteiligt wurden.[132] Aus diesem Grunde ergeben sich **Abweichungen** von der sonst im Rahmen des § 38 geltenden **Prüfungspflicht** des Grundbuchamts.[133] Zwar darf das Grundbuchamt den materiellen Inhalt des Umlegungsplans nicht nachprüfen. Wenn das Grundbuchamt jedoch erkennt, dass Betroffene nicht in der gesetzlichen Weise beteiligt wurden, so hat es der Rechtsfolge Rechnung zu tragen, dass der Umlegungsplan diesen gegenüber keine Bestandskraft erlangt hat.[134] Da ein Vollzug im Grundbuch nicht möglich ist, muss das Ersuchen *insgesamt als unvollziehbar* zurückgewiesen werden.

---

123 BayObLGZ 1955, 314 (321); KG JW 1925, 1780.
124 BayObLG DNotZ 1975, 149 (151).
125 KG JFG 1, 392 (395).
126 BayObLGZ 1955, 314 (321).
127 BayObLG Rpfleger 1984, 344 f (Leitsatz); *Bauer/von Oefele-Bauer* Rn 93.
128 *Waibel* Rpfleger 1976, 347 f; *KEHE-Herrmann* Rn 34.
129 OLG Frankfurt aM Rpfleger 1976, 313; ausführlich LG Regensburg NJW-RR 1987, 1044 (Voreintragung).
130 Dazu OLG Hamm MittBayNot 1996, 452.
131 Vgl *KEHE-Herrmann* Rn 33.
132 BVerwG RdL 1962, 190; *KEHE-Herrmann* Rn 33.
133 Oben Rdn 13 f.
134 Vgl *KEHE-Herrmann* Rn 33; unrichtig daher OLG Hamm MittBayNot 1996, 452 mit abl Anm *Grziwotz*.

Obgleich ausdrückliche Vorschriften fehlen, kann das Grundbuchamt von der ersuchenden Behörde die Vor- **72** lage der Grundschuld- und Hypothekenbriefe (§§ 41, 42) verlangen. Das Grundbuchamt wäre mit der Anforderung der **Briefe** sachfremd belastet.[135]

18. Enteignungsbehörden

§ 117 Abs 7 BauGB ermächtigt die Enteignungsbehörde, das Grundbuchamt um Eintragung der Rechtsände- **73** rung (§ 117 Abs 5 BauGB) im Wege der **Grundbuchberichtigung**[136] zu ersuchen. Eine entsprechende Regelung enthält § 51 Abs 4 LBG im Rahmen der Grundstücksbeschaffung zum *Zwecke der Verteidigung*. § 108 Abs 6 BauGB regelt Ersuchen um Eintragung und Löschung von **Enteignungsvermerken.**

Bei Eintragungsersuchen der **Enteignungsbehörden** hat das Grundbuchamt eine **begrenzte materielle** **74** **Prüfungspflicht**. Insbesondere hat es festzustellen, ob die Rechtsänderungen, deren Eintragung ersucht wird, nach dem Inhalt der Unterlagen, die die Enteignungsbehörde zu übersenden hat (Enteignungsbeschluss und Ausführungsanordnung), eingetreten sind. Die Aufnahme einer Teileinigung gemäß § 111 BauGB in den nachfolgenden Enteignungsbeschluss ist erforderlich, da die Teileinigung dem Enteignungsbeschluss nicht gleichsteht.[137] Die Rechtmäßigkeit der Verwaltungsakte, welche die Rechtsänderungen bewirken, ist freilich nicht nachzuprüfen. Diese Aufgabe obliegt der entsprechenden Enteignungsbehörde.

19. Sonstige Fälle

Weitere Ersuchensbefugnisse folgten insbesondere aus dem zwischenzeitlich aufgehobenen **§ 12 Vertragshil- 75** **feG**,[138] oder dem ebenfalls aufgehobenen **AbwicklG**[139] für das **Entschuldungsamt**. In Geltung ist noch **§ 38** **DVO zum FidErlG**[140] auf Löschung der Eigenschaft als Fideikommiss sowie in Bezug auf ein eingetragenes Nacherbenrecht.[141] Zu erwähnen ist weiter § 93b Abs 2 GBV auf Eintragung und Löschung eines **Boden-** **schutzlastvermerks.** – Weitere Fälle bei *Böhringer* BWNotZ 2002, 49 ff.

VII. Insbesondere: Ersuchen des Vollstreckungsgerichts

1. Übersicht

Die umfangreichsten Ersuchensbefugnisse räumt das **ZVG** dem **Vollstreckungsgericht** ein. Zu nennen sind in **76** erster Linie die Befugnisse auf Eintragung und Löschung des Zwangsversteigerungs- oder Zwangsverwaltungsvermerks nach §§ 19 Abs 1, 146; 34, 161 Abs 4, 130 Abs 1 ZVG; auf Eintragung des Zwangsversteigerungsergebnisses nach §§ 130 Abs 1, 145 ZVG mit der Eintragung des Erstehers, der Löschung des Versteigerungsvermerks, der Löschung der durch den Zuschlag erloschenen Rechte und der Eintragung der Sicherungshypotheken für die Forderung gegen den Ersteher. Aus § 158 Abs 2 ZVG ergibt sich die Ersuchensbefugnis für die Löschung von Grundpfandrechten im Zwangsverwaltungsverfahren.

2. Prüfungspflicht des Grundbuchamts

Im Bereich des ZVG hat das Grundbuchamt nur ein **formelles,** dagegen kein **sachliches Prüfungsrecht.**[142] **77** Die Verantwortung für die sachliche Richtigkeit des Ersuchens trägt ausschließlich das Vollstreckungsgericht.[143]

---

135 Zutreffend OLG Düsseldorf WM 1997, 2212; KEHE-*Herrmann* Rn 33.

136 Zu den Prüfungspflichten des Grundbuchamts LG Regensburg Rpfleger 1978, 448.

137 OLG Bremen Rpfleger 1968, 28 m Anm *Haegele*.

138 Art 9 Nr 1 des G v 27.06.2000, BGBl I 897 mit Wirkung vom 30.06.2000.

139 G v 25.03.1952 (BGBl I 203); aufgehoben durch Art 10 des G v 26.10.2001, BGBl I 2710 mit Wirkung vom 01.12.2001.

140 Vom 20.03.1939 (RGBl I 509).

141 Die Fideikommissauflösung ist abgeschlossen. Die Aufhebung von Fideikommiss-Auflösungsrecht durch Art.64 § 1 des Zweiten Gesetzes über die Bereinigung von Bundesrecht im Zuständigkeitsbereich des Bundesministeriums der Justiz v 23.11.2007, BGBl.I S.2614 läßt nach § 2 die auf Grund des Fiedekommissrechts begründeten Rechte und Pflichten unberührt.

142 BGHZ 19, 355 (358) = NJW 1956, 463: Geringere Prüfungsbefugnis als sonst; KG Rpfleger 2003, 204; OLG Hamm MDR 1958, 44; Rpfleger 1955, 46 m Anm *Bruhn*; OLG Celle NdsRpfl 1956, 132; LG Frankenthal Rpfleger 1984, 183; *Böttcher* ZVG 4. Aufl 2005, § 130 Rn 23; ders, Zwangsvollstreckung im Grundbuch, 2.Aufl 2002, Rn 704; *Stöber* ZVG, 18.Aufl 2006, § 130 Rn 2 (2.15); *Dassler-Schiffhauer-Hintzen-Hintzen* Gesetz über die Zwangsversteigerung und die Zwangsverwaltung, 13. Aufl 2008, § 130 Rn 2; *Steiner-Hagemann* Zwangsversteigerung und Zwangsverwaltung, 9.Aufl 1984 ff; § 19 Rn 11; *Mohrbutter-Drischler-Radtke-Tiedemann* Die Zwangsversteigerungs- und Zwangsverwaltungspraxis, Bd 1, 7.Aufl 1986, Rn 11; *Stöber* Zwangsvollstreckung in das unbewegliche Vermögen, ZVG-Handbuch, 8.Aufl.2007, Rn 563; *Hagemann* Rpfleger 1984, 397 (398).

143 Vgl BGHZ 19, 355 (358) = NJW 1956, 463; *Steiner-Eickmann* § 130 Rn 12.

Nicht zu prüfen sind daher die vollstreckungsrechtlichen Grundlagen des Ersuchens.[144] Das ist allein Sache des Vollstreckungsgerichts. Auf dieser Grundlage ergeben sich folgende Strukturen. Die Einzelheiten gehören in die Kommentare zum ZVG:

3. Eintragung und Löschung des Zwangsversteigerungs- oder Zwangsverwaltungsvermerks

78   Die Ersuchen nach §§ 19 Abs 1, 146; 34, 161 Abs 4 ZVG hat das Grundbuchamt nur in **formeller** Hinsicht zu überprüfen.[145] Dazu gehören die Überprüfung der sachlichen, nicht jedoch der örtlichen Zuständigkeit des Vollstreckungsgerichts, die richtige Bezeichnung des Grundstücks iS des § 28 GBO, der Inhalt des Ersuchens nach § 19 Abs 1 ZVG, insbesondere in Richtung auf die Eintragung mehrerer Vermerke, die Frage einer einheitlichen Entscheidung bei einer Mehrheit von Ersuchen (§§ 16, 17 GBO). Da eine sachliche Überprüfung ausscheidet, ist der Vermerk auch dann einzutragen, wenn der Vollstreckungsschuldner nicht oder nicht mehr als Eigentümer eingetragen ist,[146] bei der Zwangsvollstreckung in einen ideellen Miteigentumsanteil im Grundbuch die Größe des Bruchteils nicht angegeben[147] oder eine Verfügungsbeschränkung im Grundbuch eingetragen ist.[148]

79   Ein *Antragsrecht der Beteiligten* ist neben der Ersuchensbefugnis des Vollstreckungsgerichts ausgeschlossen.[149]

80   Die Eintragung des Vermerks bewirkt **keine Grundbuchsperre**,[150] da die Beschlagnahme gemäß §§ 23 Abs 1, 20 Abs 1 ZVG nur die Wirkung eines Veräußerungsverbots zugunsten des betreibenden Gläubigers hat. Der **Eintragungsvermerk** lautet:

»Die Zwangsversteigerung (Zwangsverwaltung) ist angeordnet. Eingetragen am ...«

81   Zwischen dem Vollstreckungsvermerk und anderen Eintragungen besteht nach überwiegender Auffassung **kein Rangverhältnis** iS von § 879 BGB.[151] Ungeachtet dieser Streitfrage kann der Zwangsversteigerungsvermerk ohne Rücksicht auf **bereits vorliegende Anträge** ohne weiteres eingetragen werden.[152] Für die *Reihenfolge der Erledigung* sind die §§ 17, 45 Abs 1 nicht zu beachten. Kein Gegenargument bildet, dass durch die Eintragung des Versteigerungsvermerks die Möglichkeit des gutgläubigen Erwerbs nach § 892 BGB ausgeschlossen wird.[153] Das Grundbuchamt darf nicht sehenden Auges dabei mitwirken, durch seine Eintragungstätigkeit einen Rechtserwerb herbeizuführen, der nur kraft guten Glaubens stattfindet. Beachtung findet allerdings § 878 BGB. Die Eintragung eines **Vorrangvermerks** für den Versteigerungsvermerk ist zulässig.[154] Auch außerhalb konkurrierender Eintragungsanträge darf das Grundbuchamt nicht dabei mitwirken, das Grundbuch unrichtig zu machen.[155]

4. Eintragung des Zwangsversteigerungsergebnisses

82   Das Vollstreckungsgericht stellt das Ersuchen auf Eintragung des **Zwangsversteigerungsergebnisses** nach §§ 130 Abs 1, 145 ZVG, wenn der Zuschlagsbeschluss rechtskräftig geworden, der Teilungsplan ausgeführt oder die außergerichtliche Befriedigung nachgewiesen ist. Zuschlagsbeschluss oder Abschrift des Versteigerungs- oder Verteilungsprotokolls müssen nicht beigefügt werden.[156] Das folgt schon aus der alleinigen Verantwortung des Vollstreckungsgerichts für die sachliche Richtigkeit des Ersuchens.

83   **a) Die Eintragung des Erstehers.** Das Ersuchen auf Eintragung des **Erstehers** als Eigentümer nach § 130 Abs 1 ZVG hat wegen § 9 Buchst d GBV das Datum des Zuschlagsbeschlusses anzugeben.[157] Das Ersuchen darf die Entscheidung über die Eintragungen im Einzelnen nicht dem Grundbuchamt überlassen, indem etwa auf den beigefügten Zuschlagsbeschluss oder Teilungsplan oder gar auf die Versteigerungsakten Bezug genommen

---

144   Dazu und zum folgenden *Hagemann* Rpfleger 1984, 397 (398).
145   *Hagemann* Rpfleger 1984, 397 (398).
146   KG JFG 4, 301 (305/306); *Mohrbutter-Drischler-Radtke-Tiedemann* Rn 11.
147   KG KGJ 34, 257.
148   *Steiner-Hagemann* § 19 Rn 11.
149   *Demharter* Rn 33; KEHE-*Herrmann* Rn 42.
150   BayObLGZ 1996, 44; KG KGJ 34, 282 (286).
151   Nachweise KEHE-*Eickmann* § 45 Rn 10; *Mohrbutter-Drischler-Radtke-Tiedemann* Rn 11.
152   *Bauer/von Oefele-Bauer* Rn 37; allgemein zur Verhinderung eines gutgläubigen Erwerbs *H Roth*, Die FGG-Klausur (2. Aufl 2000) S 16.
153   So aber *Steiner-Hagemann* § 19 Rn 12, 13; *Böttcher* ZVG, § 19 Rn 7; KEHE-*Eickmann* § 45 Rn 10; auch *Stöber* § 19 Rn 4 (4.1); *Meikel-Bestelmeyer* § 17 Rdn 22 mit umfangreichen Nachw.; *Eickmann* Rpfleger 1972, 77 und die 8. Auflage dieses Kommentars zu § 38 (sehr str).
154   **AA** KG JFG 12, 295 (298).
155   OLG Thüringen Rpfleger 2001, 343.
156   KEHE-*Herrmann* Rn 45; *Böttcher* § 130 Rn 18; *Stöber* § 130 Rn 2 (10).
157   *Stöber* § 130 Rn 2 (11).

wird. Auf *beigefügte Anlagen* kann zwar Bezug genommen werden, doch muss das Ersuchen in sich geschlossen sein.[158] Bei *mehreren Ersuchen* ist gemäß § 47 das Gemeinschaftsverhältnis anzugeben.[159] Auch wenn der Vollstreckungsschuldner das Grundstück selbst erstanden hat, muss er von neuem auf Grund des Ersuchens eingetragen werden.[160] Selbst wenn das Grundbuchamt weiß, dass der Ersteher nach Zuschlagserteilung **verstorben** ist, ist der verstorbene Ersteher als Eigentümer einzutragen.[161] Wird von den *Erben* der Antrag gestellt, sie unmittelbar als Eigentümer einzutragen, so hat das Vollstreckungsgericht diese Anträge zum Zwecke der Prüfung an das Grundbuchamt weiterzuleiten. Wenn den Anträgen keine Bedenken entgegenstehen, ist eine *unmittelbare Eintragung* möglich.[162]

Allein das Vollstreckungsgericht hat zu überprüfen, ob für den Grundstückserwerb etwa erforderliche *Genehmigungen* vorliegen. So darf das Grundbuchamt die Eintragung des Erstehers einer Teilungsversteigerung nicht von der Vorlage eines Negativattestes oder von der Veräußerungszustimmung nach § 12 WEG abhängig machen.[163] Die *Unbedenklichkeitsbescheinigung* des Finanzamts ist freilich stets erforderlich. **84**

Hat der Ersteher, bevor er als Eigentümer eingetragen worden ist, die Eintragung eines Rechts an dem versteigerten Grundstück bewilligt, so darf gemäß **§ 130 Abs 3 ZVG** das Grundbuchamt nicht vor der Erledigung des Ersuchens nach § 130 Abs 1 ZVG eintragen. Allerdings kann das Grundbuchamt solche Anträge nicht deshalb zurückweisen, weil der Ersteher noch nicht als Eigentümer eingetragen ist.[164] Etwas anderes gilt nur, wenn eine sofortige Entscheidung von den Beteiligten verlangt wird.[165] Derartige Anträge sind mit dem Eingangsstempel zu versehen und solange aufzubewahren, bis das Eintragungsersuchen des Vollstreckungsgerichts eingeht. Im Anschluss an das Eintragungsersuchen des Vollstreckungsgerichts sind die Anträge sodann zu vollziehen. Ein Verstoß des Grundbuchamts gegen § 130 Abs 3 ZVG macht die Eintragung nicht insgesamt unwirksam, sondern nur insoweit, als sie den eingetragenen Rechten den Vorrang vor einzutragenden Sicherungshypotheken verschafft.[166] § 130 Abs 3 ZVG ist *entsprechend anzuwenden*, wenn der Ersteher vor seiner Eintragung als Eigentümer die Löschung eines mit dem versteigerten Eigentum verbundenen Rechts bewilligt, das gemäß § 9 vermerkt ist.[167] Vergleichbares gilt, wenn gegen den noch nicht eingetragenen Ersteher eines Grundstücks ein Antrag auf Eintragung einer Zwangshypothek gerichtet wird.[168] **85**

b) Löschung des Versteigerungsvermerks und der durch den Zuschlag erloschenen Rechte. Das Vollstreckungsgericht ersucht nach § 130 Abs 1 ZVG um Löschung des Versteigerungsvermerks und der durch den Zuschlag erloschenen Rechte. Gemeint sind die Rechte des § 91 ZVG,[169] jedoch nicht öffentlich-rechtliche Verfügungsbeschränkungen.[170] Nach wohl hL braucht das Vollstreckungsgericht die nach Eintragung des Versteigerungsvermerks eingetragenen Rechte nicht einzeln, sondern nur **pauschal** zu bezeichnen.[171] So wird etwa von *Demharter*[172] folgende Fassung vorgeschlagen: **86**

»Es wird um Löschung folgender Eintragungen ersucht: Abt II Nr 1 und Nr 2; Abt III Nr 4, 5, 6 und etwa folgende, bis zum Zuschlag bewirkte.«

Dieser Auffassung ist jedoch zu widersprechen, weil Unklarheiten wegen Vereinbarungen nach § 91 Abs 2 ZVG entstehen können, und vor allem die ausschließliche sachliche Prüfungsbefugnis des Vollstreckungsgerichts auf das Grundbuchamt abgewälzt wird.[173] **87**

Wenn das Vollstreckungsgericht *zwischenzeitlich eingetragene* Änderungen nicht kennt, so hat es seinem Ersuchen folgenden Zusatz beizufügen:[174] **88**

---

158 Vgl dazu *Stöber* § 130 Rn 2 (10)
159 Zur Fassung der Eintragung des Erstehers *Demharter* Rn 39.
160 *Stöber* § 130 Rn 2 (11); *Demharter* Rn 39.
161 KG JFG 10, 208; *Stöber* § 130 Rn 2 (11); *Demharter* Rn 39; *Böttcher* ZVG, § 130 Rn 10.
162 *Mönch* DJ 1937, 1805 (1807); *Stöber* § 130 Rn 2 (11); *Demharter* Rn 39.
163 LG Frankenthal Rpfleger 1984, 183.
164 RGZ 62, 140 (143); LG Lahn-Gießen Rpfleger 1979, 352 m Anm *Schiffhauer*; *KEHE-Herrmann* Rn 56.
165 KG JFG 10, 199 (208).
166 KG KGJ 34, 282 (287); näher *Böttcher* ZVG, § 130 Rn 28.
167 KG JFG 10, 199.
168 LG Lahn-Gießen Rpfleger 1979, 352 m Anm *Schiffhauer*.
169 Die frühere Ausnahme des Entschuldungsvermerks nach § 5a Abwicklungsgesetz, G vom 25.03.1952 (BGBl I 203), spielt mit Aufhebung des Gesetzes keine Rolle mehr, o Rdn 75.
170 *Demharter* Rn 45; *KEHE-Herrmann* Rn 46.
171 *KEHE-Herrmann* Rn 47; *Demharter* Rn 46.
172 *Demharter* Rn 46.
173 Ebenso *Böttcher* ZVG § 130 Rn 14; *Stöber* § 130 Rn 2 (13).
174 Im Anschluß an *Dassler-Schiffhauer-Hintzen-Hintzen* § 130 Rn 9.

»Falls weitere Rechte in Abt II oder III nach dem Versteigerungsvermerk eingetragen sind, die hier nicht genannt sind, wird um sofortige Mitteilung gebeten.«

89   **aa) Vor und nach dem Zuschlag eingetragene Rechte.** Vom *Wortlaut* des § 130 Abs 1 ZVG erfasst werden nur **bis zum Zuschlag eingetragene Rechte.** Streit herrscht darüber, ob das Ersuchen des § 130 Abs 1 ZVG auch auf die **nach dem Zuschlag** eingetragenen Rechte erstreckt werden darf, wenn die Eintragungen von dem bisherigen Eigentümer bewilligt oder gegen ihn im Weg der Zwangsvollstreckung bewirkt worden sind und ein anderer als der bisherige Eigentümer der Ersteher ist. Das wird zunehmend mit dem Hinweis darauf bejaht,[175] dass derartige Rechte wegen § 90 ZVG überhaupt nicht entstanden sind. Daher sei um Eintragung des Erstehers in der Weise zu ersuchen, dass der Buchinhalt mit dem durch den Zuschlag geschaffenen Rechtszustand übereinstimmt. Demgegenüber muss daran festgehalten werden, dass sich das **Löschungsersuchen** nicht auf die nach der Verkündung des Zuschlags eingetragenen Rechte erstrecken darf.[176] Vielmehr ist der Ersteher auf die Grundbuchberichtigung im Wege des § 22 zu verweisen. Auf diese Weise können Unklarheiten vermieden werden, die etwa dadurch entstehen können, dass eine nach dem Zuschlag bewilligte Rechtseintragung mit Zustimmung des Erstehers gemäß § 185 BGB vorgenommen wird und sonach wirksam ist.[177]

90   Die *Löschung* eines Rechts iS des § 130 Abs 2 ZVG kann auch auf Antrag der *Beteiligten* erfolgen.[178]

91   **bb) Gesamthypotheken, Gesamtgrundschulden und –rentenschulden.** Wegen **§ 1181 Abs 2 BGB** erlischt eine Gesamthypothek an den nichtversteigerten Grundstücken, wenn der Gläubiger aus dem versteigerten Grundstück befriedigt wird. Das Gleiche gilt für Gesamtgrundschulden (§ 1192 Abs 1 BGB) und Gesamtrentenschulden (§ 1200 BGB). Wegen **§ 1182 BGB** darf das Vollstreckungsgericht gleichwohl nicht um Löschung dieses Rechts auf den nichtbetroffenen Grundstücken ersuchen.[179] Vielmehr bleibt die Herbeiführung der Löschung den *Beteiligten* überlassen. Nach § 48 Abs 2 muss das Grundbuchamt aber von Amts wegen das Erlöschen der Mithaft des versteigerten Grundstücks bei den nichtversteigerten Grundstücken vermerken.

92   **cc) Neue Bedingungen bei bestehen bleibenden Rechten.** Das Vollstreckungsgericht ist auf die in § 130 ZVG genannten Ersuchen beschränkt. Es ist daher nicht befugt, um die Eintragung neuer Bedingungen bei bestehen bleibenden Rechten zu ersuchen, selbst wenn gemäß § 91 Abs 2 ZVG im Verteilungstermin *entsprechende Vereinbarungen* getroffen wurden.[180] Derartige Erklärungen der Beteiligten hat das Vollstreckungsgericht dem Grundbuchamt lediglich **zuzuleiten.**

5. Eintragung der Sicherungshypotheken für die Forderung gegen den Ersteher

93   Gemäß § 118 Abs 1 ZVG wird im Falle der Nichtberichtigung des Bargebots der Teilungsplan dadurch ausgeführt, dass die Forderung gegen den Ersteher auf den Berechtigten übertragen wird. In diesem Fall ist gemäß § 128 Abs 1 ZVG für die Forderung eine **Sicherungshypothek** an dem Grundstück mit dem Rang des Anspruchs einzutragen. Darauf bezieht sich das Ersuchen des Vollstreckungsgerichts nach § 130 Abs 1 ZVG. Bei der Eintragung der Hypothek soll gemäß § 130 Abs 1 S 2 ZVG im Grundbuch ersichtlich gemacht werden, dass sie auf Grund eines *Zwangsversteigerungsverfahrens* bewirkt worden ist. Die Eintragung ist deshalb wichtig, weil eine derartige Sicherungshypothek *mehrere Besonderheiten* gegenüber sonstigen Sicherungshypotheken aufweist (§§ 129, 128 Abs 3, 132 Abs 1 S 1 ZVG).

94   Jedes Ersuchen muss den *Gläubiger* sowie den *Betrag* angeben und ist nach *Hauptsache, Zinsen* und *Kosten* zu trennen. Im Übrigen ist jede übertragene Forderung gesondert zu bezeichnen; ferner soll nicht für alle übertragenen Forderungen zusammengefasst werden. Der *Rang* der Sicherungshypothek und eventuell miteinzutragende *Rechte Dritter* sind anzugeben.[181] Die Beschränkungen der §§ 866 Abs 3, 867 Abs 2 ZPO gelten für die Sicherungshypothek nicht. Anders als in § 1114 BGB geregelt kann die Hypothek an einem versteigerten Mit-

175   *Demharter* Rn 46; KEHE-*Herrmann* Rn 48; *Hornung* Rpfleger 1980, 249; *Böttcher,* ZVG, § 130 Rn 14; *Bauer/von Oefele-Bauer* Rn 53.

176   *Stöber* § 130 Rn 2 (13); *Dassler-Schiffhauer-Hintzen-Hintzen* § 130 Rn 9.

177   Dazu und zu weiteren Gründen *Stöber* § 130 Rn 2 (13); ferner KG KGJ 34, 282 (für den Fall der Identität zwischen Ersteher und Eigentümer).

178   *Demharter* Rn 46; KEHE-*Herrmann* Rn 48.

179   KEHE-*Herrmann* Rn 49; auch KG HRR 1933 Nr 592; *Stöber* § 130 Rn 2 (13).

180   *Stöber* § 130 Rn 2 (13); *Demharter* Rn 49; KEHE-*Herrmann* Rn 49; BayObLG Rpfleger 1981, 12 (Leitsatz).

181   Allgemeine Meinung *Böttcher* ZVG, § 130 Rn 16; *Demharter* Rn 52; KEHE-*Herrmann* Rn 57; *Stöber* § 130 Rn 2 (14); *Dassler-Schiffhauer-Hintzen-Hintzen* § 130 Rn 38; *Güthe-Triebel* Rn 10; zur Eintragung der Sicherungshypothek mit variabler Verzinsung ohne Höchstzinssatz LG Kassel Rpfleger 2001, 176 mit krit Stellungnahme von *Streuer* Rpfleger 2001, 401.

eigentumsanteil eingetragen werden, selbst wenn der Anteil durch den Zuschlag weggefallen ist.[182] Ein Ersuchen auf Eintragung kann nicht unter Hinweis auf **Überflüssigkeit** zurückgewiesen werden.[183]

Die Eintragung geschieht für jede Sicherungshypothek unter einer *eigenen Nummer* und getrennt nach Hauptsache, Zinsen und Kosten, ohne dass freilich eine andere Handhabung gemäß § 53 Abs 1 S 2 unzulässig wäre.[184] Es handelt sich allenfalls um eine unzweckmäßige Verfahrensweise. **95**

Bei *Eventualberechtigung* iS der §§ 120, 121, 123, 124 ZVG müssen Erst- und Zweitberechtigte eingetragen werden.[185] Bei *unbekannten Berechtigten* ist für den unbekannt gebliebenen Berechtigten einzutragen (§ 126 Abs 2 ZVG).[186] **96**

6. Vollständige und unvollständige Ersuchen

Für das Grundbuchamt ist Grundlage der Grundbucheintragung ausschließlich das Ersuchen des Vollstreckungsgerichts. Das Ersuchen des § 130 ZVG muss daher **vollständig** sein, um Gefahren für den Grundbuchverkehr zu vermeiden, die aus einer nur teilweisen Übernahme des Zwangsversteigerungsergebnisses in das Grundbuch entstehen können. So ist etwa ein Ersuchen nach § 130 ZVG als ungesetzmäßig abzulehnen, wenn es nur auf Übernahme eines Teils des Zwangsversteigerungsergebnisses, zB nur auf Löschung der Eintragungen in Abt II und III und Eintragung der Sicherungshypotheken wegen Nichtzahlung des Bargebots in das Grundbuch gerichtet ist.[187] Für das Grundbuchamt folgt daraus, dass das Ersuchen nur **insgesamt einheitlich erledigt** werden kann oder aber im ganzen abgelehnt werden muss. Das folgt aus der rechtlichen und wirtschaftlichen Abhängigkeit der in § 130 ZVG genannten Eintragungen voneinander.[188] **97**

7. Löschungsersuchen nach § 158 Abs 2 ZVG in der Zwangsverwaltung

Soweit im Rahmen der Zwangsverwaltung der Berechtigte Befriedigung wegen seiner Kapitalforderung erlangt hat, ist das Grundbuchamt durch das Vollstreckungsgericht nach § 158 Abs 2 S 1 ZVG um Löschung des nach § 1181 BGB erloschenen Rechts zu ersuchen. Wegen § 158 Abs 2 S 2 ZVG muss eine *Ausfertigung des* **Protokolls** beigefügt werden. Aus dieser nicht recht einsichtigen[189] Sonderregelung ergibt sich jedoch für das Grundbuchamt *keine weitergehende Prüfungspflicht* als nach § 130 ZVG. Die Übereinstimmung zwischen Ersuchen und Protokollausfertigung ist daher nicht zu überprüfen, da die Verantwortung für die sachliche Richtigkeit des Ersuchens bei dem Vollstreckungsgericht liegt. Bei *auffälligen Unstimmigkeiten* empfiehlt sich aber eine *Rückfrage* bei dem Vollstreckungsgericht. **98**

---

182 KG JFG 10, 232.
183 KG Rpfleger 2003, 204: gesetzliche Zinsen.
184 Allgemeine Meinung: KEHE-*Herrmann* Rn 59; *Demharter* Rn 54.
185 Muster bei *Demharter* Rn 55; *Stöber* § 130 Rn 4.
186 *Demharter* Rn 56; KEHE-*Herrmann* Rn 61.
187 KG HRR 1930 Nr 60; JFG 10, 208 (210).
188 KG JFG 10, 232 (234); BayObLGZ 1934, 213 (215/216).
189 S KEHE-*Herrmann* Rn 64; *Dassler-Schiffhauer-Hintzen-Engels* § 158 Rn 10; zweifelnd *Güthe-Triebel* Rn 12.

§ 39 (Voreintragung des Betroffenen)

(1) Eine Eintragung soll nur erfolgen, wenn die Person, deren Recht durch sie betroffen wird, als der Berechtigte eingetragen ist.

(2) Bei einer Hypothek, Grundschuld oder Rentenschuld, über die ein Brief erteilt ist, steht es der Eintragung des Gläubigers gleich, wenn dieser sich im Besitz des Briefes befindet und sein Gläubigerrecht nach § 1155 des Bürgerlichen Gesetzbuches nachweist.

Schrifttum

Beuthien, Zur Voreintragung bei Kettenauflassung, Rpfleger 1962, 370; *Bruhn,* Zur Bedeutung des Eintragungsgrundsatzes in § 39 GBO, Rpfleger 1956, 214; *Meyer-Stolte,* Neue Literatur zum Grundbuchrecht, Rpfleger 1981, 472 ff; *Mügel,* Anmerkung zu RG JW 1931, 3654, JW 1931, 3654; *Riedel,* Vorlage von Briefen bei Grundpfandrechten an das Grundbuchamt, Rpfleger 1968, 343 f; *Stöber,* Grundbucheintragung der Erben nach Pfändung eines Miterbenanteils, Rpfleger 1976, 197; *Vollhardt,* Verzicht auf Voreintragung der Erben?, MittBayNot 1986, 114; *Vollkommer,* Grundstücksparzellierung durch den Auflassungsempfänger und Sicherung der Parzellenerwerber durch Auflassungsvormerkungen, Rpfleger 1968, 337; *Weber,* Währungsumstellung und Grundbuchbereinigung, DNotZ 1955, 453 ff; *Wolfsteiner,* Anmerkung zu BayObLG NJW 1971, 514, NJW 1971, 1140.

Übersicht

I. Normzweck

1 Der Grundsatz der Voreintragung des Betroffenen in § 39 Abs 1 soll seine Rechtfertigung in der **Verständlichmachungsfunktion** haben,[1] dh das GB soll den Rechtszustand nicht bloß im Endziel, sondern auch in allen seinen Entwicklungsstufen klar und verständlich wiedergeben. Dies vermag nicht zu überzeugen.[2] Diese Funktion kollidiert mit dem Prinzip, das GB von überflüssigen Eintragungen freizuhalten.[3] § 40 trägt diesem Prinzip nur unvollständig, nämlich in den Fällen der Universalsukzession, Rechnung. Es ist nicht Aufgabe des Grundbuchs, die Rechtsverhältnisse an Grundstücken historisch darzustellen. Materielle Fragen ergeben sich nur aus dem aktuellen Grundbuchstand. Das Grundbuch gibt nur ein statisches Bild der Rechtsverhältnisse am Grundstück.

2 Die Erleichterung der **Legitimationsprüfung** durch das GBA, die als weiterer Normzweck genannt wird,[4] tritt jedenfalls dann noch nicht ein, wenn ein nicht eingetragener, aber sein Recht nachweisender Berechtigter seine Eintragung bewilligt.[5] Denn um ihn einzutragen, muss das GBA seine Legitimation uneingeschränkt prüfen. Nur für spätere Bewilligungen des dann eingetragenen Berechtigten erübrigt sich wegen der Vermutung

---

1 BayObLG DNotZ 2003, 49 = Rpfleger 2003, 25; RGZ 133, 283; BGHZ 16, 101 = NJW 1955, 342; *Demharter* § 39 Rn 1.
2 Ebenso *Eickmann* GBVerfR, Rn 215; *Pawlowski-Smid* FG, Rn 484; KEHE-*Herrmann* § 39 Rn 2.
3 Vgl BGH Rpfleger 1955, 346, KEHE-*Herrmann* § 39 Rn 2 unter Hinweis auf *Weber* DNotZ 1955, 457.
4 *Demharter* § 39 Rn 1; *Baur-Stürner* Sachenrecht, § 16 I 3, IV.
5 Insoweit ist die an der Vorschrift geübte Kritik berechtigt; vgl *Hesse-Saage-Fischer* § 39 Bem I; KEHE-*Herrmann* § 39 Rn 2; *F. Riedel* DNotZ 1954, 602; *Weber* DNotZ 1955, 456 f; *Eickmann* GBVerfR, Rn 215; *Güthe-Triebel* § 39 Anm 3; *Pawlowski-Smid* FG, Rn 482.

des § 891 BGB die erneute Prüfung. Eine weitere Wirkung der aufgrund des Abs 1 vorgenommenen Berichtigung besteht darin, dass künftige Verfügungen des bis dahin Eingetragenen, die wegen § 891 BGB hätten vorgenommen werden können, unmöglich gemacht werden. Wenn als Zweck des Abs 1 angeführt wird, die Vorschrift wolle verhindern, dass »ungeachtet der Vermutung des § 891 BGB ein anderer unbefugterweise über das Recht verfügt«,[6] so steckt hierin ein Widerspruch. Die Vermutung des § 891 BGB streitet für den eingetragenen Nichtberechtigten, und dieser verdient keinen Schutz gegen die Verfügung eines anderen. Der wahre Berechtigte dagegen bedarf der Vermutung des § 891 BGB nicht. Richtig ist aber der Gesichtspunkt, dass ausgeschlossen werden soll, sich gegen den Eingetragenen zu legitimieren, ohne zugleich die eigene Eintragung zu bewirken und die dazu nötigen Nachweise zu führen.[7]

Die strikte Einhaltung des Grundsatzes der Voreintragung des Betroffenen (§ 39 Abs 1) entbehrt vielfach eines **3** vernünftigen Zweckes, führt vielmehr zu Grundbucheintragungen, die sogleich wieder gelöscht werden (vgl § 27 Rdn 109). Außerdem werden den Beteiligten dadurch Kosten auferlegt, die keinerlei Zweck erfüllen. Mit rechtsstaatlichen Grundsätzen ist dies nicht vereinbar. § 39 Abs 1 wird daher von *Eickmann*[8] zu Recht einer **restriktiven Auslegung** unterzogen (vgl auch Einl D Rdn 7). Nach dieser Ansicht fallen unter § 39 Abs 1 nur noch die Fälle, »in denen der Verfügende oder Bewilligende seine Verfügungs- bzw Bewilligungsmacht mit den im Grundbuchverfahren zulässigen Beweismitteln nicht nachzuweisen vermag (= fakultative Voreintragung) oder bei denen die Voreintragung von eigenständiger Bedeutung ist, weil sie nicht sogleich oder alsbald aus dem Buch verschwinden soll (= obligatorische Voreintragung)«.

II. Die Regel des Abs 1

1. Allgemeines

Abs 1 enthält den **Voreintragungsgrundsatz** und fügt den Eintragungsvoraussetzungen der §§ 13, 19 und 29 **4** das formelle Erfordernis des Eingetragenseins (der »Voreintragung«) des betroffenen Berechtigten hinzu. Der von der Eintragung Betroffene ist der wahre oder verfahrensmäßig nachgewiesene Berechtigte.[9] Deshalb ist Abs 1 nicht anwendbar, wenn nur die Berichtigung auf den Namen dieses Berechtigten beantragt wird. Denn es ergibt keinen vernüftigen Sinn, den fälschlich Eingetragenen dann als den Betroffenen, dessen Voreintragung Abs 1 gebiete, anzusehen und festzustellen, dass Abs 1 erfüllt sei.[10] Abs 1 ist dagegen erfüllt, wenn die Voreintragung konstitutiv wirkt, durch sie also derjenige, der dann eine weitere Verfügung trifft, sein Recht erwirbt. Der klassische Anwendungsfall des Abs 1 liegt indessen vor, wenn der materiell Berechtigte, der über sein Recht verfügen will, nicht eingetragen ist. Dann muss die Voreintragung durch Berichtigung des GB herbeigeführt werden, während die weitere Eintragung idR konstituiv ist. Sie kann im Einzelfall allerdings auch berichtigender Natur sein, wenn nämlich außerhalb des GB ein Recht an einem Recht entstanden ist, das seinerseits nicht auf den Namen des wahren Berechtigten eingetragen ist.

Abs 1 ist im Interesse der Freihaltung des GB von überflüssigen Eintragungen **eng auszulegen**.[11] **5**

2. Eintragung

a) Eintragung im engeren Sinne. Die Eintragung, die nach Abs 1 von der Voreintragung abhängig ist, ist **6** eine Eintragung im **engeren Sinne**.[12] Bloße hinweisende **Vermerke,** die nicht zum eigentlichen Inhalt des GB gehören (wie Hofvermerke), rechtlich folgenlose Eintragungen, die nur die Übereinstimmung des GB mit dem Liegenschaftskataster herstellen, oder die Abschreibung eines Grundstücksteils ohne Eigentumswechsel fallen nicht darunter.

b) Alle Eintragungen im engeren Sinne. Abs 1 gilt für **alle** Eintragungen im engeren Sinne. Eintragungen **7** und Löschungen von Verfügungsverboten,[13] Verfügungsbeschränkungen,[14] Vormerkungen[15] und Widersprüche[16] fallen grundsätzlich darunter. Gleich ist, ob die Eintragung rechtsändernd oder berichtigend ist; bei Berichtigungen gilt Abs 1 allerdings nur dann, wenn nicht das Recht des materiell Betroffenen selbst, sondern

---

6 *Demharter* § 39 Rn 1.
7 Vgl dazu KEHE-*Herrmann* § 39 Rn 2, wo dieser Gedanke aber sogleich wieder relativiert wird.
8 GBVerfR, Rn 227–229; ausdrücklich ablehnend BayObLG DNotZ 2003, 49 = Rpfleger 2003, 25.
9 So zutreffend KEHE-*Herrmann* § 39 Rn 14.
10 So aber die hM: RGZ 133, 282; BayObLG 20, 86; KG JFG 1916, 45; *Güthe-Triebel* § 39 Rn 11; *Hesse-Saage-Fischer* § 39 Bem II 2; *Thieme* § 39 Bem 2.
11 Vgl RG JFG 21, 332; KEHE-*Herrmann* § 39 Rn 3; *Weber* aaO.
12 Zum Begriff vgl *Meikel-Sieveking* 7. Aufl, § 13 Rn 8.
13 OLG Hamm JMBlNRW 1963, 180.
14 *Güthe-Triebel* § 39 Rn 6; *Demharter* § 39 Rn 8.
15 RGZ 72, 275; 97, 223; LG Regensburg Rpfleger 1976, 361.
16 KG HRR 1928 Nr 550.

ein Recht an diesem Recht (Hypothek am Grundstück, das Pfandrecht an der Hypothek) Gegenstand der Berichtigung ist:[17] ist die Hypothek des H an dem Grundstück des E, das fälschlich auf Namen des B eingetragen ist, zu Unrecht gelöscht worden, so ist nach Abs 1 zunächst E als Eigentümer einzutragen, bevor die berichtigende Wiedereintragung der Hypothek erfolgt. Auch die Pfändung eines Erbteils kann bei einer zum Nachlass gehörenden Grundschuld durch Berichtigung des GB nur eingetragen werden, wenn die Miterben als Grundschuldgläubiger voreingetragen werden.[18] Für die Grundbuchberichtigung auf Grund eines rechtskräftigen Grenzregelungsbeschlusses ist ebenfalls die Voreintragung des Betroffenen erforderlich.[19]

8   Unerheblich ist, worauf die **Eintragung gestützt** wird, auf eine Bewilligung, ein sie ersetzendes rechtskräftiges Urteil, eine Maßnahme der Zwangsvollstreckung[20] oder Arrestvollziehung oder ein behördliches Ersuchen.[21] § 39 gilt auch im Berichtigungszwangsverfahren (§ 82). Ob die Eintragung auf Begründung, Übertragung, Änderung oder Aufhebung eines Rechtes zielt, ist gleich. Bei Zuschreibung und Vereinigung (§§ 5, 6) und bei Teilung nach § 8 WEG[22] ist Abs 1 anwendbar, weil hierdurch rechtliche Veränderungen eintreten; ebenso bei einfacher Grundstücksteilung ohne Eigentumswechsel.[23] Bei Veräußerung eines Grundstücksteils und dessen Übertragung auf ein anderes Blatt braucht weder der alte Eigentümer in das neue Blatt noch der neue Eigentümer in das alte Blatt voreingetragen zu werden.[24] War ein Grundstück buchungsfrei, und soll das Eigentum übertragen werden, so ist der alte Eigentümer nach Abs 1 voreinzutragen.[25]

3. Voreintragung

9   **a) Materiell Berechtigter.** Abs 1 verlangt das Voreingetragensein des **betroffenen Berechtigten.** Das ist bei einer **rechtsändernden Eintragung** der materiell in seinem ihm endgültig zustehenden Recht Betroffene.[26] Denn nur durch seine Eintragung ist oder wird das GB richtig, was Abs 1 bezweckt. Ein Erbe kann also nicht voreingetragen werden, wenn das GBA weiß, dass der Erblasser zu Unrecht eingetragen war.[27] Ein nur eventuell Berechtigter,[28] zB ein künftiger Eigentümerhypothekar, ist nicht voreinzutragen. Wer sein Recht schon außerhalb des GB verloren hat, kann auch nicht mehr eingetragen werden, weil hierdurch das GB unrichtig würde.[29] Eine Ausnahme ist nur für den in § 40 Rdn 16 erörterten Fall anzuerkennen. Unerheblich ist, ob der Berechtigte in der Verfügung über sein Recht beschränkt ist (anders als bei § 19).[30] Von einer **berichtigenden Eintragung** wird der Buchberechtigte betroffen,[31] was bedeutet, dass in den Fällen, in denen mehrfach Rechtsübergänge außerhalb des Grundbuchs stattfinden und das GB danach unmittelbar »auf den letzten Stand« berichtigt werden soll, die Zwischenbetroffenen nicht voreingetragen sein müssen.[32]

10   **b) Betroffenes Recht.** Betroffen ist nur, wessen **dingliches** Recht oder einem dinglichen Recht **ähnliche Rechtsposition** (zB Vormerkung, Widerspruch, Verfügungsbeeinträchtigung wie Nacherbenvermerk)[33] von der Eintragung berührt wird. Ein schuldrechtlicher Anspruch genügt nicht.

11   **c) Sonderfall der Parzellenverwechslung.** Wenn bei Veräußerung mehrerer Parzellen an verschiedene Erwerber in den Auflassungsverhandlungen die Bezeichnungen der Parzellen vertauscht und daraufhin die Erwerber als Eigentümer im jeweils falschen Grundbuchblatt eingetragen werden,[34] so steht zunächst fest, dass der Erwerber nicht Eigentümer geworden ist. Denn wenn nur die Bezeichnung falsch ist (falsa demonstratio) und beide Seiten in Wirklichkeit die richtige Parzelle meinen, so ist die richtige Parzelle Gegenstand der Auflassung, während die Eintragung auf dem Grundbuchblatt einer anderen Parzelle erfolgt. §§ 873, 925 BGB sind

---

17   S oben Rdn 4.
18   OLG Frankfurt Rpfleger 1979, 205.
19   LG Regensburg NJW-RR 1987, 1044 = BWNotZ 1988, 42.
20   KG OLG 11, 283; OLG Neustadt MDR 1962, 486 (Zwangshypothek).
21   OLG Hamm JMBlNRW 1963, 181; LG Regensburg NJW-RR 1987, 1044 = BWNotZ 1988, 42.
22   Ebenso KEHE-*Herrmann* § 39 Rn 8.
23   *Meikel-Böttcher* § 7 Rdn 40; *Demharter* § 39 Rn 2; *Staudinger-Gursky* § 890 Rn 50; **aA** KEHE-*Herrmann* § 39 Rn 8; *Güthe-Triebel* § 39 Anm 5.
24   *Henle-Schmitt* § 40 Bem 5 (e).
25   RG JFG 1921, 329; KEHE-*Herrmann* § 39 Rn 7.
26   RGZ 133, 279; *Güthe-Triebel* § 39 Rn 7; *Hesse-Saage-Fischer* § 39 Bem II 1; *Demharter* § 39 Rn 10; **aA** *Staudinger-Gursky* § 873 Rn 259.
27   OLG Hamm DNotZ 1955, 76 (*Pritsch*).
28   RGZ 61, 374; 72, 275; 75, 250.
29   KG KGJ 38, 212; 36, 242; *Güthe-Triebel* § 39 Rn 5; KEHE-*Herrmann* § 39 Rn 12.
30   Vgl KG OLG 41, 29; JFG 1, 289; *Güthe-Triebel* § 39 Rn 7.
31   RGZ 133, 282; BayObLG DNotZ 1988, 781; *Demharter* § 39 Rn 12; *Eickmann* GBVerfR, Rn 214.
32   *Lautner* MittBayNot 2006, 497 f.
33   RGZ 83, 439.
34   Vgl RGZ 133, 279 = JW 1931, 3654 (*Mügel*).

also nicht erfüllt, das GB ist unrichtig. Die Frage ist, ob die unmittelbare Umschreibung auf den »richtigen« Erwerber vorgenommen werden kann oder zunächst der Veräußerer wieder einzutragen ist. Der Buchstabe des Abs 1 spricht für die zweite Alternative, die sinnvolle Auslegung (restriktiv!) aber für die erste.[35] Zwar ist der Veräußerer immer noch Eigentümer und damit »betroffen«.[36] Aber andererseits ist der Antrag, den Erwerber als Eigentümer einzutragen, noch nicht erledigt; denn dieser Antrag meinte ja in Wirklichkeit eine andere Parzelle. In diesem Sinne schwebt das Eintragungsverfahren also noch. Es genügt deshalb, dass der Veräußerer vor der Falscheintragung als Eigentümer eingetragen war. Seine Wiedereintragung wäre formalistisch und widerspräche dem Prinzip der Vermeidung überflüssiger Eintragungen. Bezieht sich aber der Irrtum nicht auf die Bezeichnung, sondern auf die Parzelle selbst, so wird der Eingetragene Eigentümer (wenn die Auflassung nicht angefochten wird), und es bedürfte der Weiterauflassung und Eintragung des »richtigen« Erwerbers. Der Veräußerer ist, da er nicht mehr Eigentümer ist, nicht der Betroffene und kann aus diesem Grunde nicht wiedereingetragen werden.

d) Unmittelbar und mittelbar Betroffener. Der Begriff des »Betroffenen« ist für Abs 1 ebenso zu definieren **12** wie für §19 und weiter als für §13 Abs 1 S 2. Nicht nur der unmittelbar, sondern **auch der mittelbar Betroffene** muss voreingetragen sein.[37] Während bei §13 Abs 1 S 2 die Einengung durch den Zweck, eine uferlose Antragsberechtigung zu verhindern, geboten ist, geht es bei Abs 1 um die Richtigkeit des Buches. Voreingetragen sein muss daher auch der Eigentümer, wenn eine Hypothek gelöscht werden soll,[38] ferner bei einer Rangänderung und auch bei Löschung eines Erbbaurechts, weil in diesen Fällen seine Zustimmung erforderlich ist. Ebenso ist die Voreintragung desjenigen nötig, der ein Recht an einem Recht hat, wenn zu einer Verfügung über das belastete Recht seine Zustimmung erforderlich ist (vgl §§876, 877, 880 Abs 2, 1180, 1183 BGB, §26 ErbbauRG). Auch der **Dritte,** der nach §21 zustimmen muss, muss voreingetragen sein.[39] Mittelbar betroffen ist dagegen nicht der Miteigentümer, wenn ein anderer Miteigentümer seinen Bruchteil belastet,[40] nicht der Vorerbe, wenn über das Recht des Nacherben verfügt[41] und nicht der Eigentümer, wenn die Hypothek abgetreten oder gepfändet wird.

e) Eintragung des Rechtsinhabers, Verfügung eines Nichtberechtigten. Der Inhaber des Rechts, das **13** von der Eintragung unmittelbar oder mittelbar betroffen wird, muss selbst voreingetragen sein, **nicht** aber derjenige, der ihn **vertritt** der der über das Recht **verfügen** kann. Bei Bestellung einer Hypothek an einem Nachlassgrundstück muss also der Erbe eingetragen sein, auch wenn Testamentsvollstreckung besteht; dass auch die Testamentsvollstreckung eingetragen werden muss, folgt nicht aus Abs 1, sondern aus §52. Der Insolvenzschuldner muss eingetragen sein, wenn der Insolvenzverwalter ein Massegrundstück veräußert oder belastet. Verfügt ein Nichteigentümer mit Einwilligung des Eigentümers oder mit dessen Genehmigung (§185 Abs 1 und Abs 2 BGB), so muss der Eigentümer, nicht der Verfügende eingetragen sein. Das gilt insbesondere bei der **Kettenauflassung,** wenn ein Auflassungsempfänger, ohne als Eigentümer eingetragen zu sein, das Grundstück weiteraufläßt.[42] Betroffen von der Eintragung ist immer noch der ursprüngliche Veräußerer,[43] weil er das Eigentum nur durch Eintragung des ersten Auflassungsempfängers verloren hätte. Dasselbe gilt bei Bewilligung einer Grundschuld durch den Auflassungsempfänger.[44] In materieller Hinsicht ist dieser aufgrund der Auflassung als ermächtigt anzusehen, solche Verfügungen vorzunehmen, die die Interessen des noch eingetragenen Eigentümers nicht beeinträchtigen. Er kann demgemäß das Grundstück weiterauflassen,[45] während bei Bestellung eines Grundpfandrechts eine solche Beeinträchtigung vorliegen kann.[46] Zur Bewilligung einer Auflassungsvormerkung ist der Auflassungsempfänger nicht ermächtigt.[47] In jedem Falle ist die Ermächtigung bis zur Eintragung des aus der weiteren Verfügung Begünstigten zu dessen Nachteil frei widerruflich.[48]

---

35 Ebenso BayObLG 20, 78 (87); OLG 40, 260; *Güthe-Triebel* §39 Rn 11; *Predari* §40 Bem 4; *Förster* Recht 04, 91; *Mügel* JW 1931, 3654; **aA** RGZ 133, 279; KG OLG 8, 211; KEHE-*Herrmann* §39 Rn 17.
36 So zutreffend RGZ 133, 282.
37 *Eickmann* GBVerfR, Rn 214; *Demharter* §39 Rn 13.
38 KG OLG 8, 225; *Güthe-Triebel* §39 Rn 5; *Demharter* §39 Rn 13; *Staudinger-Wolfsteiner* (1996) §1183 Rn 13.
39 OLG Dresden ZBlFG 15, 707.
40 KG KGJ 20, 304; *Güthe-Triebel* §39 Rn 5.
41 RGZ 83, 434; **aA** KG KGJ 43, 237.
42 RGZ 54, 368; 129, 153; RGWarnRspr 27 Nr 92 S 159; KG KGJ 47, 158, 159; OLG 31, 298; 43, 1; OLG Hamm Rpfleger 1976, 112; *Güthe-Triebel* §39 Rn 3 (c), 5, 8; KEHE-*Herrmann* §39 Rn 14, 15; *Beuthien* Rpfleger 1962, 370; *Vollkommer* Rpfleger 1968, 337, 339; *Weber* DNotZ 1955, 457.
43 KG KGJ 41, 234; OLG 26, 193; *Güthe-Triebel* §39 Rn 5 (c); *Beuthien* aaO.
44 BayObLG 70, 254 = NJW 1971, 514, 1140 (m Anm *Wolfsteiner*) = DNotZ 1971, 45 = Rpfleger 1970, 431.
45 RG 89, 157; 135, 382.
46 Vgl BayObLGZ 70, 254 = NJW 1971, 514, 1140 (m Anm *Wolfsteiner*)= DNotZ 1971, 45 = Rpfleger 1910, 431.
47 BayObLG Rpfleger 1979, 134 (135); vgl dazu MüKo-*Kanzleiter* §925 Rn 41; *Meyer-Stolte* Rpfleger 1981, 472.
48 BayObLGZ 72, 397 = DNotZ 1973, 298 = Rpfleger 1973, 97; LG Mönchengladbach DNotZ 1971, 669; zur Rechtslage bei Briefrechten vgl *Riedel* Rpfleger 1968, 343 (344).

14 Erwirbt der verfügende **Nichtberechtigte** das Recht nachträglich (§ 185 Abs 2 BGB), so muss er voreingetragen werden, bevor weitere das Recht betreffende Eintragungen erfolgen können.[49] Wird der eingetragene Berechtigte **Alleinerbe** des verfügenden Nichtberechtigten, und haftet er für dessen Nachlassverbindlichkeiten unbeschränkt, so wird die Verfügung materiell wirksam (§ 185 Abs 2 BGB). Abs 1 ist in diesem Falle erfüllt. Bei **Gütergemeinschaft** und fortgesetzter Gütergemeinschaft müssen alle Gemeinschafter eingetragen sein, nicht nur der Verfügungsberechtigte. Denn das Gesamtgut steht materiell allen zu.[50] Im Falle der **Zwangsvollstreckung** aufgrund § 7 AnfG muss nicht der Schuldner, sondern der Eigentümer voreingetragen sein, der das Grundstück anfechtbar erworben hat und die Zwangsvollstreckung dulden muss.[51] Eine Rückübereignung erfolgt hier nicht.[52]

15 Ist der verfügende **Nichtberechtigte eingetragen,** zB der Eigentümer als Gläubiger einer außerhalb des GB abgetretenen Eigentümergrundschuld, und will er über das Recht verfügen, so muss das GBA, wenn ihm – zB durch Vorlage des Briefes von dritter Seite (Bank) mit der Aufforderung, ihn zurückzugeben – die Nichtberechtigung bekannt wird, den Antrag zurückweisen.[53] Die Hindernisse in diesem Falle sind die fehlende Berechtigung (§ 19) und der Mangel der Voreintragung des Berechtigten (§ 39 Abs 1) sowie das Fehlen des Antragsrechtes beim Antragsteller (§ 13). Wenn jedoch ein Notar den Brief vorlegt, hat das GBA keinen Anlass, an der Legitimation des eingetragenen Gläubigers zu zweifeln.

16 **f) Richtige Eintragung des Rechtsinhabers.** Der Rechtsinhaber muss bezüglich seiner **Person** und seines **Rechts** richtig eingetragen sein. Das Recht muss in jeder Hinsicht so eingetragen sein, wie es der gegenwärtigen materiellen Rechtslage und der sich anschließenden neuen Eintragung entspricht.[54] Das Anteils- oder Gemeinschaftsverhältnis (§ 47) muss mit zutreffender Angabe aller Teilhaber und der Größe ihrer Anteile eingetragen sein.[55] Treten Veränderungen außerhalb des GB ein, so muss es berichtigt werden. Ein Beispiel ist die Übernahme des Vermögens einer oHG, zu deren Aktiva ein Grundstück gehört, durch einen Gesellschafter nach § 142 HGB.[56] Soll in das Grundstück vollstreckt[57] oder ein Recht daran bestellt werden,[58] muss zunächst der Gesellschafter berichtigend als Eigentümer eingetragen werden. Außerhalb des GB eingetretene Belastungen des dinglichen Rechts wie das Pfandrecht an der Briefhypothek müssen nicht voreingetragen werden, wenn das Recht gelöscht werden soll[59] (vgl Rdn 3). Eine unvollständige oder nicht zweifelsfreie Eintragung genügt nicht.[60] Zur Bezeichnung der Person ist die Nennung ihres Namens nicht nötig, wenn nur die Identität feststellbar ist. Lautet die Eintragung auf Abkömmlinge oder Deszendenz eine Person, so genügt es für die Eintragung der Erbteilspfändung, wenn nachgewiesen ist, dass der Schuldner zu den Abkömmlingen gehört.[61] Die **Namensänderung** infolge Eheschließung oder nach Ehescheidung ändert nichts an dem Eingetragensein iS des Abs 1. Dies gilt auch bei einer Namensänderung einer Gesellschaft bürgerlichen Rechts aufgrund Gesellschafterwechsels,[62] soweit die GbR als rechtsfähig[63] und damit grunderwerbsfähig,[64] aber grundbuchunfähig[65] angesehen wird. Dasselbe gilt bei Firmenänderung einer Handelsgesellschaft[66] und dann, wenn ein Recht auf die Firma einer Zweigniederlassung eingetragen ist und diese im Handelsregister gelöscht wird.[67] Hierher gehören auch die Fälle, dass eine oHG liquidiert wird,[68] eine oHG zur KG oder eine dieser Gesellschaften zur Gesellschaft bürgerlichen Rechts wird.[69]

49 KG KGJ 21 A 150 = OLG 2, 154; *Güthe-Triebel* § 39 Rn 9.
50 BayObLG 8, 3; KG KGJ 52, 134; OLG Hamburg OLG 6, 11; OLG München HRR 1938 Nr 1534; *Güthe-Triebel* § 39 Rn 7; *Demharter* § 39 Rn 10; KEHE-*Herrmann* § 39 Rn 14.
51 BayObLG 24, 124; KG KGJ 1937, 303.
52 RGZ 56, 144.
53 BayObLGZ 73, 246 = DNotZ 1974, 93 = Rpfleger 1973, 249; vgl *Riedel* Rpfleger 1968, 343 (344).
54 BGHZ 16, 101 = NJW 1955, 342; BayObLGZ 52, 306 (312) = DNotZ 1953, 133, *Demharter* § 39 Rn 14; KEHE-*Herrmann* § 39 Rn 21.
55 BayObLG DNotZ 2003, 49 = Rpfleger 2003, 25; KG OLG 10, 440; 20, 406; KGJ 41, 54; OLG Hamm DNotZ 1965, 408.
56 BayObLG 4, 232.
57 BayObLG 4, 232; 14, 434.
58 KG OLG 46, 261.
59 *Güthe-Triebel* § 39 Rn 15, 17.
60 BayObLGZ 52, 306 = DNotZ 1953, 131 (*Cammerer*).
61 RGZ 72, 40; KG KGJ 31, 263 = OLG 12, 366; *Güthe-Triebel* § 39 Rn 13; *Demharter* § 39 Rn 15; KEHE-*Herrmann* § 39 Rn 20.
62 Vgl dazu ausführlich *Böttcher* Rpfleger 2007, 437.
63 BGHZ 146, 341.
64 BGH DNotZ 2007, 118 = Rpfleger 2007, 23.
65 OLG Celle ZfIR 2006, 426; BayObLG MittBayNot 2005, 143; 2004, 201; 2003, 60; **aA** OLG Stuttgart DNotZ 2007, 383.
66 KG OLG 6, 201; *Demharter* § 39 Rn 15.
67 KG OLG 12, 174.
68 KG OLG 42, 161; 46, 261; JFG 4, 285; OLG Frankfurt Rpfleger 1980, 62; *Demharter* § 39 Rn 15.
69 BayObLGZ 48/51, 430 = NJW 1952, 28; KG JFG 1, 371; *Demharter* aaO; KEHE-*Herrmann* § 39 Rn 20.

g) Zeitpunkt der Voreintragung. Der Betroffene muss spätestens bei Vornahme der **weiteren Eintra-** **17** **gung**[70] eingetragen sein, also nicht schon bei Antragstellung oder Abgabe der Eintragungsbewilligung.[71] Die Voreintragung muss zur Zeit der weiteren Eintragung noch bestehen.[72] Erfüllt ist Abs 1, wenn der Antrag auf Voreintragung zugleich mit dem Antrag auf die weitere Eintragung oder vor dessen Zurückweisung vorgelegt wird und dem Antrag auf Voreintragung entsprochen wird, wie im Falle der Eigentumsumschreibung mit nachfolgender Eintragung einer Kaufgeldhypothek für den Veräußerer.

h) Besonderheiten bei Eigentümerhypothek und –grundschuld. aa) Eintragungen aufgrund von Verfü- **18** gungen über **künftige Eigentümerhypotheken oder –grundschulden** sind unzulässig.[73] Das gilt für rechtsgeschäftliche (zB Übertragung, Aufhebung, Inhalts- oder Rangänderung, Verpfändung, Nießbrauchbestellung) wie für Zwangsverfügungen (Pfändung). Vormerkungen zur Sicherung von Ansprüchen auf Vornahme solcher Verfügungen sind, von der Löschungsvormerkung abgesehen, ebenfalls nicht eintragungsfähig. Die Frage der Voreintragung stellt sich hier also nicht. Dasselbe gilt für die bis zur Valutierung bestehende vorläufige Eigentümergrundschuld nach § 1163 Abs 1 S 1 BGB;[74] erst wenn feststeht, dass die Valutierung unterbleibt, sind Eintragungen bezüglich des Rechtes zulässig.

bb) Ist eine Fremdhypothek **endgültig** Eigentümergrundschuld (§§ 1163, 1177 Abs 1 BGB) oder Eigentümer- **19** hypothek (§ 1177 Abs 2 BGB) geworden, braucht vor einer Eintragung bezüglich dieses Rechts sein Übergang auf den Eigentümer in der 3. Abteilung nicht eingetragen zu werden, wenn dieser richtig in der 1. Abteilung als Eigentümer und damit ipso iure Berechtigter eingetragen ist.[75] Dasselbe gilt bei gesetzlichem Übergang einer Fremdgrundschuld auf den Eigentümer,[76] sowie bei endgültigem Verbleiben einer vorläufigen Eigentümergrundschuld bei dem Eigentümer, auch wenn eine Vormerkung zur Sicherung des Anspruchs des eingetragenen Hypothekengläubigers auf Abtretung dieser Grundschuld eingetragen ist.[77] Den Übergang auf sich muss der Eigentümer jedoch in der Form des § 29 nachweisen;[78] nur die Voreintragung in der 3. Abteilung bleibt ihm erlassen. Das gilt auch bei Pfändung einer Eigentümergrundschuld.[79] Notwendig ist dagegen die Voreintragung in der 3. Abteilung, wenn eine auf mehreren Miteigentumsanteilen lastende Gesamthypothek auf einen der Miteigentümer allein übergeht,[80] oder bei Übergang einer auf mehreren Grundstücken lastenden Gesamthypothek auf deren Eigentümer gemeinsam (§ 1172 Abs 1 BGB).[81] Denn in diesen Fällen entspricht die Eintragung in der 1. Abteilung des einzelnen Grundbuchblattes nicht den Rechtsverhältnissen bezüglich der Grundschuld. Die Voreintragung ist ferner nötig, wenn der Eigentümer eine auf ihn als Eigentümergrundschuld übergegangene Höchstbetragshypothek wieder in eine solche umwandelt und abtritt[82] oder sonst eine Eigentümergrundschuld in eine Hypothek für eine neue Forderung des ursprünglichen Gläubigers umwandelt.[83]

cc) Veräußert der Eigentümer, auf den eine Hypothek als Eigentümerhypothek oder –grundschuld übergegan- **20** gen war, sein **Grundstück**, so wird das Recht zu einer **Fremdhypothek oder –grundschuld** in seiner Hand. Bei einer Verfügung hierfür bedarf es der Voreintragung des Berechtigten, da Grundeigentum und Berechtigung jetzt auseinander fallen.[84] Das gilt für rechtsgeschäftliche wie für Zwangsverfügungen.[85] Auch bei Löschung soll Voreintragung notwendig sein[86] (vgl aber Rdn 3). Soll das Recht auf einen Erwerber umge-

---

70 *Güthe-Triebel* § 39 Rn 18; *Demharter* § 39 Rn 17; *Eickmann* GBVerfR, Rn 214; KEHE-*Herrmann* § 39 Rn 33; *Thieme* § 39 Bem 3.
71 RGZ 84, 105; KG OLG 2, 1.
72 OLG Dresden OLG 3, 3; KEHE-*Herrmann* § 39 Rn 33.
73 RGZ 75, 250; 97, 223; 120, 112; 145, 351; KEHE-*Herrmann* § 39 Rn 28.
74 RGZ 75, 251; BayObLGZ 69, 316 = DNotZ 1970, 155 = Rpfleger 1970, 24.
75 BGH NJW 1968, 1674; OLG Frankfurt ZfIR 2005, 254; KG JFG 1, 487; 3, 397; 8, 356; 11, 250; KGJ 45, 285; 50, 210; OLG 8, 315; OLG Köln NJW 1961, 368 = Rpfleger 1961, 206; LG Lübeck SchlHA 1965, 170; OLG Düsseldorf DNotZ 1996, 559= Rpfleger 1996, 194 = FGPrax 1996, 46; *Eickmann* GBVerfR, Rn 226; *Demharter* § 39 Rn 19; *Hesse-Saage-Fischer* § 39 Bem II 4; KEHE-*Herrmann* § 39 Rn 23; *Thieme* § 39 Bem 3; **aA** (überholt) RGZ 72, 277; 75, 277; BayObLG 15, 413.
76 KG Rpfleger 1975, 136.
77 BayObLGZ 69, 319 = DNotZ 1970, 155 = Rpfleger 1970, 24.
78 RGZ 61, 380; BayObLG 10, 174; 15, 413; KG OLG 4, 320; 10, 390; JFG 1 496; *Demharter* § 39 Rn 19.
79 OLG Hamburg Rpfleger 1976, 371.
80 KG KGJ 41, 248.
81 KEHE-*Herrmann* § 39 Rn 24.
82 KG JW 33, 2010; KGJ 39, 240; 45, 285.
83 KG OLG 6, 327; 14, 113.
84 KG KGJ 36, 259; KEHE-*Herrmann* § 39 Rn 25; vgl auch BayObLGZ 1992, 344 = MittBayNot 1993, 81 = MittRhNotK 1993, 32.
85 RGZ 55, 378; 56, 184.
86 KG KGJ 36 A 258 = OLG 18, 217; OLG 8, 315; JFG 9, 270; *Güthe-Triebel* § 39 Rn 14; *Henle-Schmitt* § 44 Bem 5 (b).

schrieben werden, ist nachzuweisen, ob der frühere Eigentümer es als Hypothek oder Grundschuld erworben hatte und als was er es an den Erwerber veräußert.[87]

21 **dd)** Erwirbt ein Hypothekengläubiger das belastete Grundstück, so braucht weder die Umwandlung der Hypothek in eine Eigentümergrundschuld noch der Eigentumsübergang (wenn er nicht, wie idR, erst infolge Eintragung eintritt) voreingetragen zu sein, bevor eine Verfügung über die Eigentümergrundschuld eingetragen wird. Die bereits vorhandene Eintragung des Gläubigers genügt. Fehlen beide Eintragungen, braucht nur eine nachgeholt zu werden, um Abs 1 zu genügen.[88]

22 **ee)** Soll eine Verfügung über eine zum **Nachlass** gehörende Eigentümergrundschuld oder – bei ihr – eine Verfügung über einen Erbteil eingetragen werden, so genügt für Abs 1 die Eintragung der Miterben als Gläubiger, ohne dass sie auch schon anstelle des Erblassers als Eigentümer in der 1. Abteilung eingetragen sind.[89] Ist der Eigentümer Vorerbe, gehört auch eine Eigentümerhypothek oder -grundschuld zur Vorerbschaft.[90] Sie ist als solche zu kennzeichnen, wenn nicht die Voreintragung entfallen kann, weil der Vorerbe mit Wirksamkeit gegen den Nacherben das Recht überträgt oder aufhebt (§ 40).

23 **i) Voreintragung des Umstellungsbetrages bei umgestellten RM-Grundpfandrechten.** Wegen dieser naturgemäß ständig an Aktualität verlierenden Fragen wird auf die 6. Auflage verwiesen.[91]

24 **j) Bewirkung der Voreintragung.** Die Voreintragung erfolgt auf **Antrag,** nicht von Amts wegen. Das GBA kann den Antrag durch Zwischenverfügung (§ 18) oder Berichtigungszwangsverfahren (§§ 82 ff) herbeiführen. Unter den Voraussetzungen des § 14 kann auch ein Gläubiger eines nicht eingetragenen Betroffenen dessen Eintragung beantragen.

25 Voreintragung und Eintragung können in einem **einheitlichen Vermerk** zusammengefasst werden.[92] Das hat speziell bei Verfügungen über Eigentümergrundpfandrechte praktische Bedeutung (Abtretung, Umwandlung).

III. Die Ausnahme des Abs 2

1. Normzweck

26 Abs 2 stellt bei **Briefrechten** den Briefbesitz und den zusätzlichen Nachweis des Gläubigerrechts gemäß § 1155 BGB der Voreintragung des betroffenen Berechtigten iS des Abs 1 gleich.

Hierdurch wird die Belastung des GB mit einer Vielzahl von Eintragungen vermieden. Außerdem würde die leichtere Verkehrsfähigkeit bei Briefrechten eingeschränkt, wenn es bei der Regel des Abs 1 bliebe und damit der Zwang zur Eintragung außergrundbuchlicher Übergänge gegeben wäre.

2. Voraussetzungen

27 **a) Briefrecht.** Abs 2 gilt nur für Briefrechte, also Briefhypotheken, -grundschulden und -rentenschulden.

28 **b) Briefbesitz.** Der betroffene Berechtigte muss Besitzer des Briefes sein, und zwar **Eigenbesitzer.**[93] Mittelbarer Besitz genügt.[94] Reicht der Gläubiger den Brief ein, so bedarf es keines weiteren Nachweises für den Besitz;[95] der Besitz begründet die Vermutung der zum Rechtserwerb erforderlichen Übergabe (§§ 1117 Abs 3, 1154 Abs 1 BGB).[96] Der Inhaber braucht nicht nachzuweisen, wie er den Besitz erlangt hat und dass die Rechtsvorgänger im Besitz des Briefes waren.[97] Nur wenn das GBA weiß, dass der Inhaber den Brief nicht durch Übergabe erlangt hat, muss es den Eintragungsantrag zurückweisen; Nachforschungen hat es jedoch nicht anzustellen.[98] Dasselbe gilt, wenn eine Vereinbarung nach §§ 1154 Abs 1 S 1, 2. Halbs, 1117 BGB unwirksam ist, weil derjenige, der die Vereinbarung mit dem neuen Gläubiger getroffen hat, gar nicht Hypothekengläubiger war.[99] Für einen **Dritten,** der eine das Recht des Briefinhabers betreffende Eintragung (zB

87 KG KGJ 45, 283.
88 KEHE-*Herrmann* § 39 Rn 31.
89 KG HRR 33 Nr 140; KEHE-*Herrmann* § 39 Rn 32.
90 KG JFG 1, 485 (489); *Demharter* § 39 Rn 19; KEHE-*Herrmann* § 39 Rn 26.
91 Rdn 28–33.
92 KG OLG 1, 418; *Güthe-Triebel* § 39 Rn 18.
93 RGZ 86, 264; *Güthe-Triebel* § 39 Rn 22; *Hesse-Saage-Fischer* § 39 Bem III 2; *Demharter* § 39 Rn 28.
94 RGZ 86, 264; *Demharter* aaO; KEHE-*Herrmann* § 39 Rn 35.
95 KG RJA 7, 138; KGJ 32, 287; *Güthe-Triebel* § 39 Rn 22; *Demharter* aaO; KEHE-*Herrmann* § 39 Rn 35.
96 RGZ 93, 43; KEHE aaO.
97 KG RJA 7, 138; *Güthe* aaO.
98 KG aaO; *Güthe* aaO.
99 KG DNotV 1930, 750.

Pfändung) beantragt, gilt die Vermutung des § 1117 Abs 3 BGB dagegen nicht. Der Dritte muss also nachweisen, dass der Berechtigte den Briefbesitz erlangt hat, zB durch das Wegnahmeprotokoll des Gerichtsvollziehers (§ 830 Abs 1 ZPO), durch eine formgerechte Erklärung des Rechtsvorgängers des Berechtigten, dass er diesem den Brief übergeben habe, oder durch Vorlage eines von dem Berechtigten beantragten Ausschlussurteils.[100] Ist der Berechtigte im Konkurs, so kann bei Prüfung seiner Verfügungsmacht der Beweis darüber erforderlich sein, ob er den Besitz vor oder nach Konkurseröffnung erlangt hat.[101]

c) Nachweis des Gläubigerrechtes nach § 1155 BGB. Als voreingetragen gilt nach Abs 2 nur, wer sein **29** Gläubigerrecht nach **§ 1155 BGB** nachweist. Danach ist der Gläubiger, der den Nachweis führt, hinsichtlich der Anwendung der §§ 891 bis 899 BGB dem eingetragenen Gläubiger gleichgestellt. Der verfahrensrechtlichen Fiktion des Abs 2 entspricht die materiellrechtliche des § 1155 BGB. Die **Voraussetzungen** sind infolge der Verweisung dieselben: das Gläubigerrecht muss sich aus einer zusammenhängenden, auf einen eingetragenen Gläubiger zurückführenden Reihe von öffentlich beglaubigten Abtretungserklärungen ergeben. Einer öffentlich beglaubigten Abtretungserklärung stehen ein gerichtlicher Überweisungsbeschluss und das öffentlich beglaubigte Anerkenntnis einer kraft Gesetzes erfolgten Übertragung der Forderung gleich.

aa) Das Gläubigerrecht muss sich in **vollem Umfange,** bei einem verzinslichen Recht also auch bezüglich der **30** Zinsen,[102] aus den Urkunden ergeben.

bb) Eine »Reihe« iS des § 1155 BGB, dem es nur auf **Lückenlosigkeit** ankommt, liegt schon dann vor, wenn **31** der Rechtsinhaber das Recht unmittelbar von dem eingetragenen Gläubiger erworben hat.[103] Die Reihe darf **nicht unterbrochen** sein. Ein Erbfall ist keine Unterbrechung.[104] Die Erbfolge muss allerdings durch Erbschein oder eine in öffentlicher Urkunde enthaltene letztwillige Verfügung nachgewiesen werden (§ 35 Abs 1). Es ist gleich, ob der Erbfall der Abtretung voraufgeht oder nachfolgt. Die Reihe ist nicht unterbrochen, wenn der Erbe des eingetragenen Gläubigers das Recht abtritt, aber auch dann nicht, wenn der Erbe des nicht eingetragenen Zessionars das Recht weiterzediert.[105] Der Vorerbe muss die zur Abtretung erforderliche Zustimmung des Nacherben formgerecht nachweisen, und er muss trotz Abs 2 eingetragen werden, wenn die Abtretung dem Nacherben gegenüber nicht wirksam ist; denn dann muss das Recht des Nacherben nach § 51 eingetragen werden, was ohne Eintragung des Vorerben unzulässig ist.[106] Ist die Reihe **unterbrochen,** so muss der Gläubiger, der den Übergang auf sich nicht in der von Abs 2 geforderten Weise nachweisen kann, sich **eintragen lassen,** wenn nicht der Mangel behoben wird (zB durch nachträgliche Beglaubigung).[107] Alle weiteren Rechtsinhaber, bei denen die Voraussetzungen des Abs 2 iVm § 1155 BGB vorliegen, gelten dann wiederum als eingetragen. Hat der Inhaber das Recht durch Pfändung und Überweisung erworben, so muss er sich voreintragen lassen, wenn er eine Eintragung bezüglich des Rechts beantragt. Denn wenn sein Vorgänger nicht Gläubiger des Rechts war, konnte er es von ihm im Zwangswege nicht gutgläubig erwerben. Die Möglichkeit gutgläubigen Erwerbs ist aber bei Abs 2 und § 1155 BGB stillschweigend vorausgesetzt.[108] Tritt er dagegen außerhalb des GB das Recht weiter ab, so gilt der Zessionar, der den Brief besitzt und eine beglaubigte Abtretungserklärung vorweisen kann, wiederum als eingetragen, ohne dass sein Vorgänger eingetragen ist; denn er hat das Recht rechtsgeschäftlich erworben.

cc) Die **Urkunden,** die für den Nachweis des Gläubigerrechts tauglich sind, sind **32**
– öffentlich beglaubigte **Abtretungserklärungen,**
– gerichtliche **Überweisungsbeschlüsse,**
– öffentlich beglaubigte **Anerkenntnisse** gesetzlichen Forderungsübergangs.

dd) Die **öffentliche Beglaubigung** ist in § 128 Abs 1 BGB definiert. Nach § 129 Abs 2 BGB ersetzt die stren- **33** gere Form der Beurkundung die Beglaubigung. Die Vorlage einer notariellen Ausfertigung genügt.[109] Eine nur privatschriftliche Abtretungserklärung reicht trotz ihrer materiell-rechtlichen Wirksamkeit (§ 1154 Abs 1 BGB) nicht aus.[110] Der Zeitpunkt der Beglaubigung ist belanglos; nachträgliche Beglaubigung genügt. Hat ein Vertreter die Abtretung vorgenommen, ist seine Vertretungsmacht in der Form des § 29 nachzuweisen.[111] Nur unbe-

---

100 *Güthe-Triebel* § 39 Rn 30; *Demharter* § 39 Rn 28.
101 KG KGJ 40, 278 (279); *Güthe-Triebel* § 22 Rn 38; *Demharter* aaO; KEHE-*Herrmann* § 39 Rn 36.
102 *Demharter* § 39 Rn 36.
103 RGZ 86, 262; 93, 44; *Güthe-Triebel* § 39 Rn 26; *Hesse-Saage-Fischer* § 39 Bem III 3 (a); KEHE-*Herrmann* § 39 Rn 42.
104 BGH NJW 1952, 622; KG KGJ 36, 244.
105 RGZ 88, 349; *Güthe-Triebel* § 39 Rn 28; *Hesse-Saage-Fischer* § 39 Bem III (c); *Demharter* § 39 Rn 35; KEHE-*Herrmann* § 39 Rn 44; **aA** für den Fall der Abtretung durch den Zessionar des Erben; KG KGJ 36, 244.
106 *Güthe-Triebel* § 39 Rn 30.
107 KG RJA 9, 135.
108 KEHE-*Herrmann* § 39 Rn 40.
109 RGZ 85, 61; OLG Hamburg OLG 1929, 368.
110 RGZ 135, 359.
111 RGZ 151, 78 (80).

dingte und unbefristete Abtretungserklärungen reichen aus, weil sonst der Nachweis nicht ohne weitere, für § 1155 BGB nicht in Betracht kommende Urkunden geführt werden könnte.[112] Der Abtretungserklärung ist die von einem legitimierten Gläubiger erteilte Eintragungsbewilligung (§ 26) gleichgestellt, ferner das rechtskräftige, auf Abgabe der Abtretungserklärung gerichtete Urteil (§ 894 ZPO), das Zeugnis nach § 37, das Protokoll über die Versteigerung nach § 844 ZPO[113] und der zum freihändigen Verkauf ermächtigende Beschluss des Vollstreckungsgerichts gemäß § 844 ZPO.[114]

34   **ee)** Als gerichtliche **Überweisungsbeschlüsse** kommen nur diejenigen in Frage, durch die das Recht an Zahlungs Statt (§ 835 Abs 2 ZPO) und nicht nur zur Einziehung überwiesen wird. Denn das Recht wird in dem zuletzt genannten Fall nicht übertragen.

35   **ff)** Das **Anerkenntnis** des gesetzlichen Forderungsüberganges ist die rechtsgeschäftliche Erklärung[115] des bisherigen Gläubigers, dass das Recht aufgrund der in der Anerkenntniserklärung genannten Tatsachen nicht mehr ihm, sondern einem anderen (zB dem Eigentümer, dem persönlichen Schuldner, dem Gesamtschuldner nach § 426 Abs 2 BGB, dem Bürgen nach § 774 BGB, dem Ablösungsberechtigten nach § 268 BGB usw) zustehe.[116] § 1155 BGB erfordert eine **rechtsgeschäftliche** Erklärung, da diese Vorschrift dem Schutz des gutgläubigen Erwerbs außerhalb des GB dient. Deshalb reicht der Nachweis der Tatsachen, die den gesetzlichen Forderungsübergang bewirkt haben, auch dann nicht aus, wenn er in der Form des § 29 geführt wird.[117] Der Verzicht auf die Hypothek allein genügt nicht; das Anerkenntnis des Verzichts muss sich auf seine Eintragung erstrecken, weil das Recht ohne diese Eintragung nicht übergeht (§ 1168 Abs 2 BGB).[118] Eine Löschungsbewilligung reicht ebenfalls nicht aus.[119] Ein rechtskräftiges Urteil, das auf Abgabe eines Anerkenntnisses lautet, ersetzt dieses (§ 894 ZPO); dasselbe gilt für ein Ausschlussurteil oder eine Entscheidung nach § 868 ZPO.[120] Obwohl das Gesetz nur von dem gesetzlichen Übergang der Forderung spricht, fallen unter die Regelung auch die Fälle, in denen die Hypothek ohne die Forderung übergeht oder von vornherein nicht dem eingetragenen Gläubiger, sondern dem Eigentümer zusteht (§§ 1117 Abs 1, 1163 Abs 1, 2 BGB) oder, sei es als Hypothek oder Grundschuld, von dem bisherigen Gläubiger auf den Eigentümer, den persönlichen Schuldner oder einen Dritten kraft Gesetzes übergeht.

IV. Sonstige Ausnahmen vom Voreintragungsgrundsatz

1. § 40

36   Nach § 40 ist Abs 1 nicht anwendbar, wenn der betroffene Berechtigte **Erbe** (oder sonstiger **Gesamtrechtsnachfolger**)[121] des eingetragenen Berechtigten ist und die sonstigen Voraussetzungen des § 40 gegeben sind.

2. § 927 Abs 2, § 1170 Abs 2 BGB

37   Wer als **Eigenbesitzer** eines Grundstücks ein **Ausschlussurteil** gegen den – eingetragenen oder nicht eingetragenen – Eigentümer erwirkt hat, wird nach § 927 Abs 2 BGB Eigentümer durch seine Eintragung. Es wäre eine dem Zweck des Aufgebotsverfahrens zuwiderlaufende formale Erschwerung, wenn der mit seinem Recht ausgeschlossene nicht eingetragene Eigentümer voreinzutragen wäre. Ist er unbekannt, so ist die Voreintragung ohnehin unmöglich.[122] Das ist sie auch, wenn das Grundstück herrenlos ist. Beim Aufgebot des Hypothekengläubigers (§ 1170 BGB) ist die Eintragung des Eigentümers als Erwerber der Hypothek eine Berichtigung, da er das Recht außerhalb des GB mit Erlass des Ausschlussurteils erwirbt (§ 1170 Abs 2 BGB). Dann ist Abs 1, wie oben gezeigt,[123] nicht anwendbar und die Voreintragung des ausgeschlossenen Gläubigers nicht zu fordern, abgesehen davon, dass § 1170 BGB das Unbekanntsein des Gläubigers voraussetzt.

3. § 928 Abs 2 BGB

38   § 928 Abs 2 BGB setzt ein **herrenloses Grundstück** voraus. Also ist die Voreintragung unmöglich. Durch Eintragung dessen, der nach § 928 Abs 1 BGB sein Eigentum verloren hat, würde das GB unrichtig gemacht.

---

112   KEHE-*Herrmann* § 39 Rn 38.
113   KG KGJ 31, 315 (317).
114   KG HRR 35 Nr 1592.
115   KG KGJ 52, 189; KEHE-*Herrmann* § 39 Rn 41.
116   RG WarnRspr 30 Nr 163.
117   KG KGJ 27 A 125 = OLG 7, 371; OLG 18, 236; 32, 412; JFG 1, 485; 3, 397; *Güthe-Triebel* § 39 Rn 25.
118   *Hesse-Saage-Fischer* § 39 Bem III 3 (b j).
119   RG HRR 30 Nr 398; *Demharter* § 39 Rn 32; KEHE-*Herrmann* § 39 Rn 41.
120   *Staudinger-Wolfsteiner* § 1155 Rn 26.
121   Vgl dazu die Erläuterungen zu § 40.
122   Vgl *Güthe-Triebel* § 39 Rn 20.
123   Rdn 4.

Wird ein herrenloses Grundstück durch einen nach § 58 ZPO bestellten Vertreter oder durch einen Dritten, der zur Auflassung verpflichtet ist, mit Zustimmung des Aneignungsberechtigten aufgelassen, so ist dessen Voreintragung nicht erforderlich.[124]

4. §§ 17, 19, 146, 147, 181 Abs 2 ZVG

Nach §§ 17, 146 ZVG ist zur Eintragung des **Zwangsversteigerungs- oder Zwangsverwaltungsvermerks** 39 die Voreintragung des Schuldners nicht erforderlich, wenn er Erbe des Eigentümers ist.[125] Die Eintragung des Zwangsverwaltungsvermerks setzt nach § 147 ZVG nur den Eigenbesitz des Schuldners voraus.[126] Dem Ersuchen des Vollstreckungsgerichts nach § 19 ZVG muss das GBA wegen seiner insoweit eingeschränkten Prüfungsbefugnis auch dann entsprechen, wenn der Schuldner weder selbst als Eigentümer eingetragen noch Erbe des eingetragenen Eigentümers ist, oder wenn Miteigentümer ohne Beachtung des § 47 eingetragen sind.[127] Nach § 181 Abs 2 ZVG genügt es, falls der Antragsteller weder eingetragener Eigentümer noch dessen Erbe ist, dass er das Recht des Eigentümers oder Erben auf Aufhebung der Gemeinschaft ausübt.

5. Vormerkung, Widerspruch

Die Notwendigkeit der Voreintragung entfällt bei der Eintragung einer Vormerkung oder eines Widerspruchs 40 nach § 18 Abs 2,[128] bei der Löschungsvormerkung nach § 1179 BGB,[129] im Falle des Widerspruchs nach § 1139 BGB, wenn die Hypothek inzwischen auf einen anderen Gläubiger übergegangen ist,[130] ferner bei Eintragung einer Vormerkung gemäß § 28 Abs 2 BauGB, weil das staatliche Interesse an dem Vorbehalt von Rechten vorrangig zu wahren ist.

6. Sonstige Ausnahme

Schließlich ist die Voreintragung entbehrlich nach **§ 19 Nr 3 Reichsvermögensgesetz** vom 16.05.1961 41 (BGBl I 597). Im Falle der Eröffnung der **Nachlassinsolvenz** ist der Insolvenzvermerk auf Ersuchen des Insolvenzgerichts ungeachtet der fehlenden Voreintragung der Erben bei dem auf den Namen des Erblassers eingetragenen Grundstück einzutragen.[131]

V. Verletzungsfolgen

§ 39 ist eine **Ordnungsvorschrift**.[132] Eine dagegen verstoßende Eintragung ist nicht deshalb ungültig.[133] Sie ist 42 auch nicht unzulässig iS des § 53 Abs 1 S 2.[134] Das GBA hat aber die Vorschrift zu beachten. Ein Verstoß ist eine Amtspflichtverletzung, die Schadensersatzansprüche begründen kann. Die Voreintragung des Betroffenen kann zum Gegenstand einer Zwischenverfügung gemacht werden.[135]

---

124 KG KGJ 51, 197; *Demharter* § 39 Rn 6; KEHE-*Herrmann* § 39 Rn 9.
125 KG JFG 4, 301; LG Heidelberg BWNotZ 1975, 135; KEHE-*Herrmann* § 39 Rn 8, 18; *Steiner-Hagemann* § 17 Rn 39.
126 *Güthe-Triebel* § 39 Rn 20; *Steiner-Hagemann* § 147 Rn 5.
127 KG JFG 4, 301; KGJ 34 A 257; OLG Karlsruhe OLG 11, 321; *Güthe* aaO.
128 *Güthe-Triebel* § 18 Rn 46; *Demharter* § 39 Rn 5; *Eickmann* GBVerfR, Rn 221.
129 RGZ 72, 175; BayObLG 52, 141; OLG Neustadt DNotZ 1957, 33; OLG Oldenburg NdsRpfleger 1956, 131; *Demharter* § 39 Rn 20, 21; *Eickmann* GBVerfR, Rn 225; KEHE-*Herrmann* § 39 Rn 30.
130 *Güthe-Triebel* § 19 Rn 89; *Eickmann* GBVerfR, Rn 224.
131 OLG Düsseldorf Rpfleger 1998, 334; *Demharter* § 39 Rn 5.
132 RGZ 120, 112; *Demharter* § 39 Rn 1; *Staudinger-Gursky* (1995) § 873 Rn 243; KEHE-*Herrmann* § 39 Rn 1.
133 BayObLG 30, 215; *Güthe-Triebel* § 39 Rn 3; *Demharter* aaO; KEHE aaO.
134 RGZ 120, 110; RG JW 33, 2764.
135 BayObLG MittBayNot 1990, 249 = MittRhNotK 1990, 134; *Eickmann* GBVerfR, Rn 214.

§ 40 (Ausnahmen vom Voreintragungszwang)

(1) Ist die Person, deren Recht durch eine Eintragung betroffen wird, Erbe des eingetragenen Berechtigten, so ist die Vorschrift des § 39 Abs 1 nicht anzuwenden, wenn die Übertragung oder die Aufhebung des Rechts eingetragen werden soll oder wenn der Eintragungsantrag durch die Bewilligung des Erblassers oder eines Nachlaßpflegers oder durch einen gegen den Erblasser oder den Nachlaßpfleger vollstreckbaren Titel begründet wird.

(2) Das gleiche gilt für eine Eintragung auf Grund der Bewilligung eines Testamentsvollstreckers oder auf Grund eines gegen diesen vollstreckbaren Titels, sofern die Bewilligung oder der Titel gegen den Erben wirksam ist.

Schrifttum

Deimann, Eintragung des Nacherbenrechts nach erfolgter Nachlassauseinandersetzung zwischen den Vorerben, Rpfleger 1978, 244; Egerland, Voreintragung des Erben bei der Veräußerung von Nachlassgrundstücken unverzichtbar, NotBZ 2005, 286; *Hagena,* Berichtigung des Grundbuchs durch Eintragung eines Verstorbenen?, Rpfleger 1975, 389; *Vollhardt,* Verzicht auf Voreintragung des Erben?, MittBayNot 1986, 114.

I. Normzweck

1 § 40 durchbricht den Grundsatz des § 39 und **befreit** den Erben unter bestimmten Voraussetzungen vom **Zwang** der **Voreintragung.** Die Vorschrift dient damit dem Zweck, dem Erben die Kosten einer Eintragung zu ersparen, die bei Übertragung oder Aufhebung des Rechts sogleich wieder zu löschen wäre.[1] Sie erleichtert ferner den Grundbuchverkehr,[2] indem sie diejenigen, die eine Eintragungsbewilligung des Erblassers (oder eines Nachlasspflegers) oder einen gegen den Erblasser (oder Nachlasspfleger) vollstreckbaren Titel in Händen haben, von der Last der Erbenermittlung entbindet.[3] Das gilt auch für die Fälle, in denen eine Eintragung aufgrund der Bewilligung eines Testamentsvollstreckers oder eines gegen ihn vollstreckbaren Titels erstrebt wird (Abs 2). Auch trägt § 40 dazu bei, das GB von überflüssigen Eintragungen freizuhalten. Wenn allerdings der Erbe eingetragen werden will, so muss seinem Antrag entsprochen werden; das GBA aber darf ihn weder von Amts wegen eintragen noch die Voreintragung durch Zwischenverfügung nach § 18 zur Auflage machen, wenn die Voraussetzungen des § 40 gegeben sind. Übrig bleibt allein das Berichtigungsverfahren nach §§ 82 ff.[4]

2 Auf andere Fälle der **Gesamtrechtsnachfolge** ist § 40 analog anwendbar,[5] darüber hinaus aber seines Ausnahmecharakters wegen nicht[6] (zB bei der Veräußerung eines Grundstücks durch einen noch nicht im GB eingetragenen Ersteher, der das Eigentum durch Zuschlag erworben hat). Tritt ein Wechsel im Bestand der Mitglieder einer **Gesellschaft bürgerlichen Rechts** unter Lebenden ein, soll von einer Voreintragung des Betroffe-

---

[1] *Güthe-Triebel* § 40 Rn 2.
[2] KEHE-*Herrmann* § 40 Rn 1.
[3] *Güthe-Triebel* § 40 Rn 2.
[4] *Güthe-Triebel* § 40 Rn 20; *Hesse-Saage-Fischer* § 40 Bem III; *Demharter* § 40 Rn 2; KEHE-*Herrmann* § 40 Rn 2.
[5] Vgl Rdn 15.
[6] Vgl Rdn 37.

nen im Grundbuch nicht in entsprechender Anwendung des § 40 Abs 1 abgesehen werden können[7] (vgl aber § 39 Rdn 9, 16).

II. Die Voraussetzungen des § 40

1. Erbe als betroffener Berechtigter

Der in seinem Recht Betroffene muss **Erbe** (Gesamtrechtsnachfolger) des eingetragenen Berechtigten sein. **3**

a) Betroffener, Recht. Die Begriffe »Betroffener« und »Recht« sind ebenso zu bestimmen wie bei § **39**.[8] **4**

b) Erbe. Erben sind diejenigen, auf die mit dem Tode des Erblassers dessen Vermögen als Ganzes übergeht **5** (Gesamtrechtsnachfolge, § 1922 Abs 1 BGB), also
(1) der unbeschränkte **Alleinerbe** (§ 1922 Abs 1 BGB);
(2) die **Erbengemeinschaft** (§ 2032 Abs 1 BGB) als Gemeinschaft unbeschränkter Erben oder Vorerben oder beider Arten von Erben;
(3) der alleinige **Vorerbe** (§ 2100 BGB),[9] befreit oder nicht befreit (§ 2136 BGB);
(4) der **Nacherbe** nach Eintritt des Nacherbfalles (§ 2139 BGB);
(5) der **Ersatzerbe** (§ 2096 BGB), dessen Ersatzberufung zum Zuge gekommen ist;
(6) der **Erbeserbe** und alle Personen, auf die das Recht weitervererbt wird;[10]
(7) der **Erbteilserwerber** zusammen mit den anderen Miterben.

aa) Für § 40 ist es gleich, ob der Erblasser von einem Alleinerben oder mehreren Miterben beerbt wird.[11] Die **6** Voreintragung der **Miterben** ist entbehrlich, wenn sie gemeinsam ein zum Nachlass gehörendes Recht übertragen oder aufheben; gleiches gilt, wenn der eingetragene Berechtigte von mehreren Miterben beerbt wurde und diese die Erbanteile vollständig auf einen Miterben oder einen Dritten übertragen und dieser als Alleineigentümer einzutragen ist.[12] Überträgt aber ein Miterbe seinen Erbteil gemäß § 2033 Abs 1 BGB, so ist das keine Verfügung über einen Nachlassgegenstand, und § 40 ist nicht anzuwenden.[13] Der einzelne Miterbe ist mit seinem Erbteil nicht Erbe iS des § 40.[14] Die Erbteilsübertragung kann nur bei gleichzeitiger Eintragung der übrigen Miterben eingetragen werden.[15]

bb) § 40 gilt auch für den **Vorerben**.[16] Denn dieser ist wirklicher Erbe,[17] und zwar »Erbe auf Zeit«.[18] Bis zum **7** Eintritt des Nacherbfalles ist nur er der Erbe;[19] der Nacherbe hat nur eine Anwartschaft.[20] Deshalb braucht der Vorerbe, wenn er ein zum Nachlass gehörendes Recht überträgt oder aufhebt, nicht vorher eingetragen zu werden, sofern er die formgerechte (§ 29) Zustimmung des Nacherben (§ 2113 BGB) vorlegt oder als befreiter Vorerbe die Entgeltlichkeit der Verfügung nachweist; ausreichend ist auch ein Verzicht der Nacherben auf die Eintragung eines Nacherbenvermerks.[21] § 51 ändert daran nichts, weil er nur anordnet, dass der Nacherbenvermerk von Amts wegen einzutragen ist, **wenn** der Vorerbe eingetragen wird. **Ob** er aber einzutragen ist, bestimmt sich nicht nach § 51,[22] sondern nach § 40, und die Eintragung des Nacherbenvermerks ohne Eintragung des Vorerben ist unzulässig.[23] Bringt der Vorerbe die Zustimmung des Nacherben oder, bei befreiter Vorerbschaft, den Nachweis der Entgeltlichkeit nicht bei, so kann die Verfügung nicht ohne Voreintragung des Vorerben, des Nacherbenvermerks und ggf der Befreiung des Vorerben eingetragen werden.[24] Denn § 40 meint eine voll

---

7 OLG München Rpfleger 2006, 538 = NotBZ 2006, 213 = RNotZ 2006, 286 = MittBayNot 2006, 496 m abl Anm *Lautner*; KG Rpfleger 1992, 430.
8 Vgl § 39 Rdn 9, 10.
9 RGZ 65, 218.
10 RGZ 53, 298; KG KGJ 49, 174; *Güthe-Triebel* § 40 Rn 4; *Hesse-Saage-Fischer* § 40 Bem II 1 (a); *Demharter* § 40 Rn 3; KEHE-*Herrmann* § 40 Rn 3; *Thieme* § 40 Bem 2.
11 Vgl *Güthe-Triebel* § 40 Rn 3; *Hesse-Saage-Fischer* § 40 Bem II 1 (a); *Demharter* § 40 Rn 3; *Thieme* § 40 Bem 2.
12 LG Nürnberg- Fürth Rpfleger 2007, 657.
13 KG OLG 1, 302; dazu auch RG RJA 8, 16; *Güthe-Triebel* § 40 Rn 3.
14 KG JFG 22, 161.
15 BayObLG MittBayNot 1994, 435 = MittRhNotK 1994, 254 = Rpfleger 1995, 103; OLG Hamm DNotZ 1966, 744; LG Nürnberg – Fürth Rpfleger 2007, 657.
16 RGZ 61, 228; 65, 218; BayObLG 6, 198; *Güthe-Triebel* § 40 Rn 5; KEHE-*Herrmann* § 40 Rn 3.
17 *Güthe-Triebel* § 40 Rn 5; *Hesse-Saage-Fischer* § 40 Bem II 1 (a); *Demharter* § 40 Rn 4–6.
18 RGZ 80, 30.
19 RGZ 61, 228; 65, 214.
20 BayObLG 12, 445.
21 BayObLGZ 1989, 183 = Rpfleger 1989, 412; OLG Hamm FGPrax 1995, 7 = Rpfleger 1995, 209 = MittBayNot 1995, 404 = MittRhNotK 1995, 102; *Demharter* § 40 Rn 5.
22 Vgl dazu RGZ 65, 214; KG OLG 12, 160.
23 KG KGJ 30, 216.
24 RGZ 65, 214; KG KGJ 52, 142; KEHE-*Herrmann* § 40 Rn 6.

wirksame Übertragung oder Aufhebung. Das GBA kann in diesem Falle entweder die Eintragung des Rechtserwerbers ablehnen oder dem Antragsteller nach § 18 eine Frist zur Behebung des Hindernisses setzen; das Hindernis kann durch Stellung des Antrags auf Voreintragung beseitigt werden.[25]

8   Lässt eine **Vorerbengemeinschaft** ein Grundstück an einen einzelnen Vorerben auf, so kann dieser ohne Voreintragung der Vorerbengemeinschaft eingetragen werden, wenn die Auflassung den Nacherben gegenüber wirksam ist; in der 2. Abteilung ist nur der auf den Erbteil dieses Vorerben eingesetzte Nacherbe einzutragen. Ist die Auflassung aber den Nacherben gegenüber nicht wirksam, so müssen die Vorerbengemeinschaft und der Nacherbenvermerk voreingetragen werden.[26]

9   Soll ein Recht **gelöscht** werden, so muss der Vorerbe nachweisen, dass diese Verfügung gegenüber dem Nacherben wirksam ist. Denn die Rechte des Nacherben können hierbei durch Voreintragung des Vorerben und des Nacherbenvermerks nicht gewahrt werden, weil der Nacherbenvermerk mit der Löschung des Rechtes seine Schutzfunktion verlöre.[27]

10 cc) Der **Nacherbe** ist Erbe des Erblassers (nicht des Vorerben)[28] mit Eintritt des Nacherbfalles. § 40 ist auf ihn anzuwenden, und zwar auch dann, wenn nicht mehr der Erblasser, sondern inzwischen die Vorerbe eingetragen ist, obwohl § 40 nach seinem Wortlaut in diesem Fall nicht erfüllt ist.[29] Der Nacherbe braucht sich also bei Übertragung oder Aufhebung eines auf ihn mit Eintritt des Nacherbfalles übergegangenen Rechts nicht voreintragen zu lassen, ob ein Nacherbenvermerk eingetragen war oder nicht.

11 dd) Der **Ersatzerbe** ist Erbe (Voll- oder Vorerbe), wenn seine Ersatzberufung zum Zuge kommt, also der zunächst eingesetzte Erbe vor oder nach dem Erbfall wegfällt. Er ist dann wie ein Erbe (bzw Vorerbe) zu behandeln.

12 ee) Der **Erbeserbe** braucht weder sich selbst noch seinen unmittelbaren Rechtsvorgänger voreintragen zu lassen, wenn die sonstigen sachlichen Voraussetzungen der Vorschrift erfüllt sind.

13 ff) Der **Erbteilserwerber** steht für § 40 einem Miterben gleich. Denn er tritt anstelle des Veräußerers in die Erbengemeinschaft ein.[30] Wenn der Erbteilserwerber zusammen mit den übrigen Miterben ein Nachlassgrundstück veräußert, brauchen er selbst und die anderen Miterben nicht voreingetragen zu sein;[31] der voraufgegangene Erwerb des Erbteils war ohne Eintragung wirksam.

14 c) **Nicht-Erben iS des § 40.** § 40 setzt voraus, dass der Verfügende das zum Nachlass gehörende Recht kraft Gesetzes und außerhalb des Grundbuchs durch den Erbfall (oder den Erwerb eines Erbteils) erworben hatte. **Nicht** unter die Vorschrift fällt, wer sein Recht zwar im Zusammenhang mit einem Erbfall, aber durch **Rechtsgeschäfte** unter Lebenden in Bezug auf die einzelnen Nachlassgegenstand erworben hatte, nämlich der Vermächtnisnehmer, der Pflichtteilsberechtigte, der mit einem Grundstück oder Grundstücksrecht abgefunden wird, der Erwerber bei einer Schenkung von Todes wegen, der Erbschaftskäufer,[32] der Miterbe als Erwerber eines Nachlassgegenstandes durch Auseinandersetzung,[33] insbesondere in Ausführung einer Teilungsanordnung des Erblassers. Sie alle sind nicht »Erben« und müssen nach § 39 voreingetragen sein. Bezüglich Auseinandersetzung von Betriebsgrundstücken einer Personalgesellschaft nach Erbfällen wird auf *Fischer*[34] verwiesen.

2. Gleichgestellte Gesamtrechtsnachfolgen

15 § 40 ist **entsprechend anzuwenden** auf sonstige Fälle der Universalsukzession, die in der Auswirkung bezüglich des Rechtsüberganges einem Erbfall gleichen, nämlich
   - bei **Anfall** des Vereins- oder Stiftungsvermögens an den **Fiskus** (§§ 46, 88 BGB);[35]
   - bei Vermögensübergang durch **Umwandlung** inländischer Rechtsträger nach dem UmwG vom 28.10.1994 (BGBl I 3210);

---

25 BayObLG 6, 198.
26 *KEHE-Herrmann* § 40 Rn 6; *Deimann* Rpfleger 1978, 244.
27 RGZ 102, 337; KG JFG 1915, 188; OLG München JFG 1921, 84; *KEHE-Herrmann* § 40 Rn 7.
28 §§ 2100, 2139 BGB; dazu *Staudinger-Behrends* § 2100 Rn 53.
29 KG RJA 13, 269; KGJ 1951, 187 (188); *Güthe-Triebel* § 40 Rn 6; *Hesse-Saage-Fischer* § 40 Bem II 2; *Demharter* § 40 Rn 13; *KEHE-Herrmann* § 40 Rn 14; *Thieme* § 40 Bem 2.
30 *Güthe-Triebel* § 40 Rn 8; BayObLG 4, 28, 186; OLG 10, 299; KG KGJ 44, 238 (240).
31 KG OLG 4, 189; 8, 299; KGJ 44, 240.
32 KG OLG 1, 348; 8, 299.
33 *Demharter* § 40 Rn 8.
34 NJW 1957, 894.
35 KG JFG 1, 289 (292); *Güthe-Triebel* § 40 Rn 8; *Hesse-Saage-Fischer* § 40 Bem II 1 (ba); *KEHE-Herrmann* § 40 Rn 9.

- bei **Eingemeindung** von Gebietsteilen oder Teilung einer Gemeinde,[36] **Staatensukzession** gemäß Art 135 GG[37]und Änderungen im **Gebietsstand** von Gebietskörperschaften, zB Bund und Ländern;
- bei der **Gütergemeinschaft** des BGB. Hier geht kraft Gesetzes Vermögen von einem Ehegatten in gemeinschaftliches Eigentum beider Ehegatten über (§ 1416 BGB).[38] Deshalb brauchen, wenn nur ein Ehegatte eingetragen ist, bei Veräußerung oder Aufhebung des gemeinschaftlichen Rechts nicht beide Ehegatten voreingetragen zu sein.[39] Gleichgültig ist, ob die Gütergemeinschaft vor oder nach Eintragung des Ehegatten eingetreten ist.[40] Auch auf die fortgesetzte Gütergemeinschaft ist § 40 analog anwendbar,[41] weil die gemeinschaftlichen Abkömmlinge ihre Anteile am Gesamtgut in erbähnlicher Weise kraft Gesetzes erwerben (§ 1483 BGB);
- beim Eigentumserwerb nach § 2 Abs 2 BImAG.[42]

3. Eingetragensein des Erblassers

a) Wirkliche Eintragung. Der Erblasser (bei vergleichbaren Gesamtrechtsnachfolgen: der Rechtsvorgänger) muss **eingetragen** sein, damit die Voreintragung des Erben unterbleiben kann. Der Erblasser kann auch noch ausnahmsweise noch **nach seinem Tod** eingetragen werden, damit die Voraussetzungen des § 40 Abs 1, zB zum Zwecke einer Zwangsvollstreckung in ein Nachlassgrundstück gemäß § 779 Abs 1 ZPO, herbeigeführt und dem Gläubiger, der die »Berichtigung« gemäß § 14 beantragt, die Umständlichkeiten der Erbenermittlung und Klauselumschreibung erspart bleiben.[43] Dagegen hat *Hagena*[44]darauf hingewiesen, dass vorrangige Vollstreckungsinteressen die Eintragung des Erblassers gebieten können.[45]   **16**

Die Eintragung des **Vorerben** reicht für § 40 aus, wenn der **Nacherbe** verfügen will.[46]   **17**

Der **Nacherbenvermerk** gemäß § 51 steht der Eintragung des Nacherben nicht gleich. Ist weder der Erblasser noch der Vorerbe eingetragen, muss der Nacherbe sich also als Eigentümer oder Rechtsinhaber eintragen lassen, bevor aufgrund seiner Verfügung eine weitere Eintragung erfolgen kann.[47] Zur Eintragung einer Verfügung über das Nacherbrecht als Anwartschaft im Ganzen (vor Eintritt des Nacherbenfalles) genügt der Vermerk nach § 51.   **18**

b) Fingierte Eintragung. Bei **Briefrechten** fingiert § 39 Abs 2 die Eintragung. Der Erblasser gilt als eingetragen, wenn der Erbe den Brief in Besitz hat und das Gläubigerrecht nach § 1155 BGB nachweist.[48]   **19**

c) Eigentümerhypothek und –grundschuld. Der als Eigentümer eingetragene Erblasser gilt zugleich als eingetragener Berechtigter einer **Eigentümerhypothek oder –grundschuld** (auch ohne Eintragung in der 3. Abteilung); sein Erbe ist also Erbe eines eingetragenen Berechtigten und braucht daher weder als Eigentümer noch als Gläubiger voreingetragen zu sein.[49] Dasselbe gilt, wenn erst der Erbe die Hypothek erwirbt.[50] Befriedigt ein Eigentümer den Gläubiger einer Gesamthypothek, sodass diese an den mithaftenden Grundstücken erlischt (§ 1173 Abs 1 BGB), brauchen zur Löschung dort nicht die Erben der Eigentümer voreingetragen zu werden.[51] Erwirbt der befriedigende Eigentümer dagegen die Hypothek nach § 1173 Abs 2 BGB an den mithaftenden Grundstücken, so muss sein Erbe dort als Gläubiger voreingetragen werden, weil der Erblasser nicht als Eigentümer der mithaftenden Grundstücke eingetragen ist.[52]   **20**

---

36 RGZ 86, 286; 87, 284; KG KGJ 41, 210 (216); 52, 188; OLG 23, 239; 32, 412.
37 KEHE-*Herrmann* § 40 Rn 11.
38 Vgl *Güthe-Triebel* § 39 Rn 7, § 40 Rn 7 (a); *Hesse-Saage-Fischer* § 40 Bem II 2 (be); *Demharter* § 40 Rn 10; KEHE-*Herrmann* § 40 Rn 12; *Thieme* § 40 Bem 2.
39 Vgl RGZ 102, 26; KG JFG 1, 293 (295).
40 *Güthe-Triebel* § 40 Rn 8; KEHE-*Herrmann* § 40 Rn 12.
41 KG JFG 1, 289, 293; *Güthe-Triebel* § 40 Rn 7 (a); *Hesse-Saage-Fischer* § 40 Bem II 1 (be); *Demharter* § 40 Rn 10; KEHE-*Herrmann* § 40 Rn 12; *Thieme* § 40 Bem 2.
42 OLG Schleswig DNotZ 2006, 768 = Rpfleger 2006, 464 = NotBZ 2006, 215.
43 *Meikel-Böttcher* Einl F Rdn 47; KG Rpfleger 1975, 133.
44 Rpfleger 1975, 389 ff.
45 So auch die 7. Auflage.
46 Vgl dazu oben Rdn 10.
47 RGZ 61, 380; *Güthe-Triebel* § 40 Rn 9; *Demharter* § 40 Rn 13.
48 RGZ 88, 349; KG KGJ 36, 245; *Güthe-Triebel* § 40 Rn 9; *Hesse-Saage-Fischer* § 40 Bem II 2 (a); *Demharter* § 40 Rn 14; KEHE-*Herrmann* § 40 Rn 15.
49 KG OLG 1, 303; 3, 390; KGJ 25 A 303; *Hesse-Saage-Fischer* § 40 Bem II 2 (b); *Demharter* § 40 Rn 15; KEHE-*Herrmann* § 40 Rn 16.
50 KG OLG 6, 327 (329); 9, 354; KGJ 28, 289; *Güthe-Triebel* § 40 Rn 9; *Hesse-Saage-Fischer* § 40 Bem II 2 (b); *Demharter* § 40 Rn 15; KEHE-*Herrmann* § 40 Rn 16.
51 KG KGJ 28, 289.
52 *Güthe-Triebel* § 40 Rn 9.

4. Übertragung oder Aufhebung (§ 40 Abs 1, 1. Alt)

21 **a) Allgemeines.** Die Voreintragung des Erben ist ohne Ausnahme[53] entbehrlich, wenn ein zum Nachlass gehörendes Recht **übertragen** oder **aufgehoben** werden soll. Gleichgültig ist, ob die Eintragung der Übertragung oder Aufhebung **rechtsändernd** oder **berichtigend** ist und auf welcher Grundlage (Bewilligung oder Urteil, § 894 ZPO) sie beruht. Stirbt der Erblasser, bevor die von ihm erklärte Auflassung eingetragen ist, so ist § 40 Abs 1 in beiden Alternativen anwendbar;[54] die Eintragung betrifft das Recht des Erben (das auf ihn übergegangene Eigentum), und zugleich beruht sie auf einer Bewilligung des Erblassers. Abgesehen von Vormerkung und Widerspruch[55] ist § 40 Abs 1, 1. Alt, als Ausnahmevorschrift nicht entsprechend auf andere Fälle anzuwenden.[56] Bei der Veräußerung eines Grundstücks durch einen Erben, der sein Erbrecht nicht durch einen Erbschein nachweisen kann, sollte auf seine Voreintragung trotz § 40 nicht verzichtet werden; denn nur dann kann ein Käufer vom vermeintlichen Erben gutgläubig erwerben nach § 892 BGB.[57]

22 **b) Übertragung.** Die Übertragung kann auf Rechtsgeschäft, Gesetz (cessio legis) oder richterlicher Anordnung beruhen.[58] Rechtsgeschäftliche Übertragungen sind Auflassung und Abtretung. Die Überweisung an Zahlungs Statt (§§ 835, 836 ZPO) ist ein Fall der Übertragung durch richterliche Anordnung. Hier kann allerdings die Voreintragung des Erben nur fehlen, wenn die Pfändung, die der Überweisung notwendigerweise voraufgeht, schon zu Lebzeiten des Erblassers eingetragen war oder überhaupt keiner Eintragung bedarf (zB bei der Briefhypothek). Denn die Pfändung als Belastung kann grundsätzlich nur nach Voreintragung des Erben eingetragen werden. Gleichzeitige Eintragung von Pfändung und Überweisung ist jedoch ohne Voreintragung des Erben zulässig.[59]

23 **c) Aufhebung.** Aufhebung ist die **Löschung** eines Rechts,[60] auch die **Aufgabe** des **Eigentums** an einem Grundstück (§ 928 BGB).[61]

24 **d) Teilübertragung und -aufhebung.** Ob Übertragung oder Aufhebung das **ganze** Recht oder nur einen **realen Teil** davon betrifft, ist belanglos.[62] Deshalb ist § 40 auch bei Auflassung eines Trennstücks aus dem Nachlass,[63] bei Pfandfreigabe von Trennstücken durch die Erben des Hypothekengläubigers[64]sowie bei Herabsetzung des Zinssatzes eines Grundpfandrechts anwendbar. Die Übertragung eines ideellen Bruchteils eines Rechts fällt dagegen nicht unter § 40, weil dadurch ein Gemeinschaftsverhältnis (§§ 741 ff, 1008 ff BGB) zwischen Veräußerer und Erwerber begründet wird, das ohne Voreintragung des veräußernden Erben im Grundbuch nicht ersichtlich gemacht würde; außerdem liegt eine inhaltliche Änderung des dem Erben verbleibenden Rechts vor.[65]

25 **e) Verbindung der Übertragung mit anderen Eintragungen.** § 40 ist auch anwendbar, wenn die Übertragung mit der Eintragung einer Belastung, einer Inhalts- oder einer Rangänderung (im Verhältnis der Teile eines teilweise übertragenen Rechts) **verbunden** wird.[66]

26 **f) Vormerkung und Widerspruch.** Die Voreintragung des Erben ist aber erforderlich, wenn eine **Vormerkung** zur Sicherung eines Anspruchs auf Übertragung oder Aufhebung eines Rechts oder ein Widerspruch gegen das Bestehen oder die Inhaberschaft des Rechts eingetragen werden soll.[67]

---

53 Vgl *Güthe-Triebel* § 40 Rn 11, 12; *Hesse-Saage-Fischer* § 40 Bem II 3 (a); *Demharter* § 40 Rn 16; *KEHE-Herrmann* § 40 Rn 17; *Thieme* § 40 Bem 3.
54 BayObLG 27, 298.
55 Dazu Rdn 26.
56 KG RJA 1, 173; OLG 10, 441; *Güthe-Triebel* § 40 Rn 13 ff; *Hesse-Saage-Fischer* § 40 Bem II 3 (b); *Demharter* § 40 Rn 20; *Thieme* § 40 Bem 2, 3, 4.
57 *Egerland* NotBZ 2005, 286.
58 *Güthe-Triebel* § 40 Rn 11; *Hesse-Saage-Fischer* § 40 Bem II 3 (a); *Demharter* § 40 Rn 17; *KEHE-Herrmann* § 40 Rn 19.
59 KG OLG 18, 243.
60 KG OLG 9, 354 (355).
61 Vgl *Güthe-Triebel* § 40 Rn 12; *Demharter* § 40 Rn 19; *KEHE-Herrmann* § 40 Rn 21.
62 KG JFG 7, 372; *KEHE-Herrmann* § 40 Rn 19.
63 KG OLG 8, 314.
64 KG KGJ 23, 151; OLG 4, 80; *Güthe-Triebel* § 40 Rn 11, 12.
65 *Güthe-Triebel* § 40 Rn 11; *Hesse-Saage-Fischer* § 40 Bem II 3 (a); *Demharter* § 40 Rn 17; *KEHE-Herrmann* § 40 Rn 19; *Thieme* § 40 Bem 3.
66 KG DRZ 1931, 511; KGJ 1936, 240; JFG 7, 372; OLG 18, 242; *KEHE-Herrmann* § 40 Rn 20.
67 Vgl *Meikel-Böttcher* § 25 Rdn 18; KG OLGE 10, 441; *BGB-RGRK-Augustin* § 885 Rn 23; *Güthe-Triebel* § 40 Rn 19; *Hesse-Saage-Fischer* § 40 Bem II 3 (b, c); **aA** KG JFG 7, 333; 16, 311, 312; *Demharter* § 40 Rn 17; *KEHE-Herrmann* § 40 Rn 20; *MüKo-Wacke* § 885 Rn 22.

g) Verfügungsbeeinträchtigungen. Bei **Verfügungsbeeinträchtigungen** ist dagegen die Voreintragung 27
des Erben erforderlich,[68] soweit nicht, wie in den Fällen des Zwangsversteigerungs- und des Zwangsverwaltungsvermerks, eine gesetzliche Ausnahme besteht (§§ 17 Abs 1, 146 ZVG), oder § 40 Abs 1, 2. Alt, oder
Abs 2 anwendbar ist.

5. Andere Eintragungen

Andere Eintragungen als die, die eine Übertragung oder Aufhebung zum Gegenstand haben, betreffen Belas- 28
tungen, Inhalts- und Rangänderungen, Vormerkungen und Widersprüche (abgesehen von den oben Rdn 26
behandelten Fällen) sowie Verfügungsbeeinträchtigungen. Beispiele für Belastungen sind Bestellung von
Grundpfandrechten, Reallasten, Nießbrauch und Dienstbarkeiten, Pfandrechten und Begründung von Pfän-
dungspfandrechten. Inhaltsänderungen sind die Vorratsteilung eines Grundstücks in Wohnungseigentumsrechte
gemäß § 8 WEG,[69] Änderung von Zins- oder Zahlungsbestimmungen, Umwandlung einer Hypothek in eine
Grundschuld, Forderungsauswechselung ua. Auf sie alle ist § 40 Abs 1, 1. Alt, **nicht** anwendbar.

6. § 40 Abs 1, 2. Alt, und Abs 2

a) Allgemeines. Die Voreintragung des Erben ist auch dann entbehrlich, wenn die 2. Alt des Abs 1 oder 29
Abs 2 anwendbar ist. Die Voreintragung des Nachlasspflegers oder Testamentsvollstreckers kommt, da sie ja
nicht in ihrem Recht betroffen, sondern nur verfügungsberechtigt sind,[70] nicht in Betracht. Die 2. Alt des
Abs 1 und Abs 2 betreffen, anders als Abs 1, 1. Alt, **alle Arten** von Eintragungen, also nicht nur Übertragung
und Aufhebung.

b) Eintragung aufgrund Bewilligung des Erblassers oder Nachlasspflegers oder aufgrund eines
gegen sie vollstreckbaren Titels (§ 40 Abs 1, 2. Alt). Die 2. Alt des § 40 Abs 1 schafft eine Erleichterung 30
für den, der ein Recht auf eine Eintragung hat. Wenn die Erbfolge schwer feststellbar ist, darf dies nicht zu seinen Lasten gehen.[71]

Es muss eine **Bewilligung** des Erblassers oder Nachlasspflegers oder ein gegen sie **vollstreckbarer Titel** vor- 31
liegen. Nicht genügend sind eine bloße persönliche Verpflichtung zu einer Rechtsänderung, eine dem Erben
vom Erblasser auferlegte Verpflichtung oder eine ihm im Testament erteilte Ermächtigung, eine Eintragungsbewilligung abzugeben.[72] Die Bewilligung des Nachlasspflegers muss sich im Rahmen seiner Vertretungsmacht
halten. Die Genehmigung des Nachlassgerichts kann erforderlich sein. Auch der Nachlassverwalter oder Nachlassinsolvenzverwalter ist Nachlasspfleger iS des § 40.[73]

Als **Titel** kommen Endurteile (§ 704 ZPO), sonstige Vollstreckungstitel iS des § 794 ZPO, Arresturteile oder 32
-befehle (§ 922 iVm § 932 ZPO), einstweilige Verfügungen (§ 936 iVm §§ 922, 932 ZPO) und landesrechtliche
Titel (§ 801 ZPO) in Frage, und zwar nicht nur solche, die auf Abgabe einer Bewilligung lauten und mit
Rechtskrafteintritt gemäß § 894 ZPO die Bewilligung ersetzen.[74] Auch Titel auf Zahlung eines Geldbetrages,
die zur Eintragung einer Sicherungshypothek nach § 866 ZPO berechtigen, fallen unter die Vorschrift. Vollstreckbare Entscheidungen gemäß § 25 gehören ebenfalls hierher. § 40 Abs 1, 2. Alt, ist auch anwendbar auf
Eintragungen aufgrund eines **Pfändungsbeschlusses,** da hier, wenn auch nur mittelbar, ein Vollstreckungstitel
die Grundlage der Eintragung ist.[75]

Der Titel muss **vollstreckbar** sein. Ist er nur vorläufig vollstreckbar und lautet er auf Abgabe einer Eintra- 33
gungsbewilligung, so kann zunächst nur eine Vormerkung oder ein Widerspruch nach § 895 S 1 ZPO eingetragen werden, und zwar ohne Voreintragung des Erben.[76] Bei einem nach § 894 ZPO vollstreckbaren Urteil ist
grundsätzlich nach Abs 1 S 1 weder die Erteilung einer Vollstreckungsklausel noch der Nachweis der Zustellung erforderlich (anders der Ausnahmefall des Abs 1 S 2). Im Übrigen sind jedoch die Vorschriften über die
Zwangsvollstreckung in einen Nachlass anzuwenden (§§ 747 ff ZPO).

---

68 *Güthe-Triebel* § 40 Rn 13; *Hesse-Saage-Fischer* § 40 Bem II 3 (b); *KEHE-Herrmann* § 40 Rn 22.
69 **AA** *KEHE-Herrmann* § 40 Rn 21; *Eickmann* GBVerfR, Rn 219, die hier eine Aufhebung (des Alleineigentums) anneh-
     men, was aber nicht zutrifft. Das Eigentum wird nicht aufgehoben, sondern zu einer spezifischen Eigentumsart abge-
     wandelt, der Verbindung von Bruchteilen mit Sondereigentum.
70 Vgl § 39 Rdn 13.
71 Vgl *Güthe-Triebel* § 40 Rn 14 ff; *Hesse-Saage-Fischer* § 40 Bem II 3 (b); *Thieme* § 40 Bem 4.
72 OLG Darmstadt KGJ 1950, 239; *Güthe-Triebel* § 40 Rn 14; *KEHE-Herrmann* § 40 Rn 23.
73 RG JFG 13, 318; LG Mainz NotBZ 2007, 226; *KEHE-Herrmann* § 40 Rn 24.
74 *Güthe-Triebel* § 40 Rn 15; *Hesse-Saage-Fischer* § 40 Bem II 3 (bb); *Demharter* § 40 Rn 22; *KEHE-Herrmann* § 40 Rn 27.
75 KG JFG 14, 324 (329); *KEHE-Herrmann* § 40 Rn 27.
76 *Güthe-Triebel* § 40 Rn 15; *Demharter* § 40 Rn 22; *KEHE-Herrmann* § 40 Rn 28.

34 Hatte die **Zwangsvollstreckung** bereits vor dem Erbfall **begonnen,** so kann sie nach § 779 ZPO ohne Umschreibung der Vollstreckungsklausel in den Nachlass fortgesetzt werden. Die begonnenen Vollstreckungsmaßnahmen können zu Ende geführt, neue können eingeleitet werden. Die Voreintragung des Erben ist nicht erforderlich, wenn der Erblasser eingetragen ist, und dieser soll ausnahmsweise noch posthum eingetragen werden können, damit die Zwangsvollstreckung nicht dem Zweck der §§ 779 ZPO, 40 GBO zuwider behindert werde.[77] Hatte die Zwangsvollstreckung bei Eintritt des Erbfalls noch nicht begonnen, so muss zunächst die Vollstreckungsklausel umgeschrieben (§ 727 ZPO) und dem Erben zugestellt (§ 750 ZPO) werden.[78] Vor Annahme der Erbschaft kann nur in den Nachlass (§ 778 ZPO) und nur gegen den Nachlasspfleger oder den Testamentsvollstrecker vollstreckt werden.[79]

35 Lautet der **Titel gegen** den **Erben,** muss er voreingetragen sein; handelt es sich aber um Übertragung oder Aufhebung eines Rechts (einschließlich Vormerkung und Widerspruch, die Übertragung oder Aufhebung sichern), kann die Voreintragung entfallen (Abs 1, 1. Alt).

36 **c) Eintragung aufgrund Bewilligung des Testamentsvollstreckers oder eines gegen ihn vollstreckbaren Titels (§ 40 Abs 2).** **Bewilligung** und **Titel** müssen, damit die Voreintragung unterbleiben kann, gegen den **Erben wirksam** sein.[80] Die Bewilligung ist es, wenn der Testamentsvollstrecker sie im Rahmen seiner Befugnisse abgegeben (§§ 2205–2209 BGB), also insbesondere nicht unentgeltlich verfügt hat (§ 2205 S 3 BGB). Ein gegen den Testamentsvollstrecker erstrittener Titel (§ 2213 BGB) ist gegen den Erben unter den Voraussetzungen des § 327 ZPO wirksam und kann gemäß § 748 ZPO in den Nachlass vollstreckt werden. Ist der Titel bereits gegen den Erblasser ergangen, wirkt er nach § 325 ZPO gegen den Erben; die Vollstreckungsklausel kann in diesem Falle gemäß §§ 749, 727 ZPO gegen den Testamentsvollstrecker umgeschrieben werden. Hängt die Zulässigkeit der Zwangsvollstreckung aber davon ab, dass ein Titel gegen den Erben ergangen ist (§ 748 Abs 2 und Abs 3 ZPO), so muss der Erbe gemäß § 39 voreingetragen sein, wenn es sich nicht um Übertragung oder Aufhebung eines Rechts handelt (Abs 1, 1. Alt).[81]

37 Bei **mehrfacher Vererbung** eines Rechtes kommt nur der Testamentsvollstrecker des eingetragenen Erblassers, nicht auch der eines Erben in Betracht, wenn nicht die Übertragung oder Aufhebung des Rechtes in Rede steht.[82] § 40 als Ausnahmevorschrift kann nicht ausdehnend ausgelegt werden.

III. Verletzungsfolgen

38 Die **Eintragung** des Erben, die nach § 40 unterbleiben könnte, ist unschädlich. **Unterbleibt** dagegen eine notwendige Voreintragung, so ist das GB unrichtig, und es bestehen die Ansprüche auf Berichtigung und Eintragung eines Widerspruchs (§§ 894, 899 BGB, 22 GBO). Auch § 53 ist anwendbar. Dies gilt insbesondere zugunsten des Nacherben, wenn der Vorerbe ohne vorherige Eintragung des Nacherbenrechts über einen Nachlassgegenstand verfügt hat und weder die Zustimmung des Nacherben noch – bei befreiter Vorerbschaft – die Entgeltlichkeit nachgewiesen hat.[83] Wird die Unrichtigkeit glaubhaft gemacht, ist ein **Widerspruch** von Amts wegen (§ 53) einzutragen.[84] Solange ein Erwerb Dritter noch nicht geschehen ist, ist die Eintragung nachzuholen.[85] Ist das Recht aber bereits auf einen Dritten umgeschrieben worden, so kann die Berichtigung nur stattfinden, wenn kein gutgläubiger Erwerb (§ 2113 Abs 3 BGB) gegeben ist.[86]

---

77 **AA** Rdn 16.
78 OLG Kiel OLG 2, 128; *Güthe-Triebel* § 40 Rn 15.
79 *Stein-Jonas-Münzberg* § 778 Rn 7.
80 *Güthe-Triebel* § 40 Rn 18, 19; *Hesse-Saage-Fischer* § 40 Bem II 3 (b, e, w); *Demharter* § 40 Rn 21, 22; *KEHE-Herrmann* § 40 Rn 25; *Thieme* § 40 Bem 4.
81 *Güthe-Triebel* § 40 Rn 19.
82 *Güthe-Triebel* § 40 Rn 18; **aA** KG KGJ 49, 174 (176); *Demharter* § 40 Rn 21; *KEHE-Herrmann* § 40 Rn 25.
83 RGZ 61, 232; KG KGJ 52, 143; *Güthe-Triebel* § 51 Rn 13.
84 KG KGJ 52, 146; OLG 40, 122 (124).
85 KG OLG 40, 122 (124).
86 *Güthe-Triebel* § 51 Rn 13.

§ 41 (Vorlegung des Hypothekenbriefs)

(1) Bei einer Hypothek, über die ein Brief erteilt ist, soll eine Eintragung nur erfolgen, wenn der Brief vorgelegt wird. Für die Eintragung eines Widerspruchs bedarf es der Vorlegung nicht, wenn die Eintragung durch eine einstweilige Verfügung angeordnet ist und der Widerspruch sich darauf gründet, daß die Hypothek oder die Forderung, für welche sie bestellt ist, nicht bestehe oder einer Einrede unterliege oder daß die Hypothek unrichtig eingetragen sei. Der Vorlegung des Briefes bedarf es nicht für die Eintragung einer Löschungsvormerkung nach § 1179 des Bürgerlichen Gesetzbuchs.

(2) Der Vorlegung des Hypothekenbriefs steht es gleich, wenn in den Fällen der §§ 1162, 1170, 1171 des Bürgerlichen Gesetzbuchs auf Grund des Ausschlußurteils die Erteilung eines neuen Briefes beantragt wird. Soll die Erteilung des Briefes nachträglich ausgeschlossen oder die Hypothek gelöscht werden, so genügt die Vorlegung des Ausschlußurteils.

Schrifttum

Bendix, Berechtigt der Besitz des Hypothekenbriefs den Grundstückseigentümer zur Verfügung über die auf seinem Grundstück für einen Dritten eingetragene Briefhypothek?, SeuffBl 67, 535; *Bestelmeyer*, Die grundbuchmäßige Euro-Umstellung von Grundpfandrechten, Rpfleger 1999, 368 und Rpfleger 1999, 524; *Böhringer*, Vermerk nachträglicher Eintragungen auf »neuen« Grundpfandrechtsbriefen, Rpfleger 1987, 446; *ders*, Auswirkungen des Euro auf den Grundbuchverkehr, DNotZ 1999, 692; *Böttcher*, Die Prüfungspflicht des Grundbuchgerichts, Rpfleger 1990, 486; *Burkhardt*, Grundpfandrechtsbriefergänzung bei lastenfreier Abschreibung?, BWNotZ 1987, 111; *Dittus*, Briefpfandrechte in der Enteignung nach dem Baulandbeschaffungsgesetz, NJW 1956, 609; *Ehrenfordt*, Finis Reichsheimstätte, NJW 1993, 2082; *Ertl*, Verdeckte Nachverpfändung und Pfandfreigabe von Grundstücken, DNotZ 1990, 684; *Gaberdiel*, Vermerk nachträglicher Rangänderungen auf (neuen) Grundpfandrechtsbriefen, Rpfleger 1980, 89; *Hornung*, Zur Aufhebung des Reichsheimstättengesetzes, Rpfleger 1994, 277; *Kissel*, Änderung sachen- und grundbuchrechtlicher Vorschriften, NJW 1977, 1760; *Missling*, Rangvermerk auf neuen Grundpfandrechtsbriefen, Rpfleger 1980, 332; *Ottersbach*, Der Euro im Grundbuch, Rpfleger 1999, 51; *Reithmann*, Soll die Löschungsvormerkung abgeschafft werden?, ZRP 1977, 84; *Rellermeyer*, Umstellung von Rechten im Grundbuch auf Euro, Rpfleger 1999, 522; *ders*, Einführung des Euro, Rpfleger 1999, 45; *Riedel*, Vorlage von Briefen bei Grundpfandrechten an das Grundbuchamt, Rpfleger 1968, 343; *Schmid*, Die angebliche Rangeinheit von Haupt- und Veränderungsspalten in Abt II und III des Grundbuchs, Rpfleger 1982, 251; *ders*, Nochmals: Die angebliche Rangeinheit von Haupt- und Veränderungsspalten in Abt II und III des Grundbuchs, Rpfleger 1984, 130; *Stöber*, Löschungsvormerkung und gesetzlich vorgemerkter Löschungsanspruch, Rpfleger 1977, 399, 425.

Übersicht

I. Allgemeines

1. Normzweck und Norminhalt

1 **a)** § 41 Abs 1 S 1 beinhaltet den Grundsatz, dass Eintragungen bei Briefhypotheken von der Vorlegung des Hypothekenbriefs abhängig sind. Da sich dingliche Rechtsänderungen bei der Briefhypothek auch außerhalb des Grundbuchs vollziehen können, wäre die dem Grundbuchamt obliegende Prüfung der **Bewilligungsberechtigung** des Betroffenen ohne die Vorlegung des Hypothekenbriefs nicht möglich. So kann zB die Abtretung, Belastung oder Pfändung einer Briefhypothek erfolgen, ohne dass es einer Grundbucheintragung bedarf. An die Stelle des Grundbucheintrags tritt die Übergabe des Hypothekenbriefs (§§ 1154 Abs 1, 1069 Abs 1, 1274 Abs 1 BGB, 830 Abs 1 ZPO). Angesichts dieser Möglichkeiten einer Rechtsänderung außerhalb des Grundbuchs ist der sonst die Gläubigerstellung beweisende Bucheintrag (§ 891 BGB) für sich alleine zum Nachweis der Bewilligungsberechtigung ungeeignet. Vielmehr ist auch die Vorlegung (= der Besitz) des Hypothekenbriefs erforderlich.[1] Dies gilt auch dann, wenn die jeweilige Rechtsänderung im Grundbuch eingetragen wurde, da die Grundbucheintragung nicht die Briefübergabe, sondern lediglich die Schriftform der jeweiligen rechtsgeschäftlichen Abtretungs- oder Belastungserklärung ersetzt (§ 1154 Abs 2 BGB). Damit ist die Vorlegung des Briefs im Regelfall ein unabdingbares Erfordernis für den Nachweis der Bewilligungsberechtigung des Gläubigers.[2]

2 Des weiteren verfolgt § 41 Abs 1 S 1 im Interesse der Sicherheit des Rechtsverkehrs das Anliegen, möglichst die **Übereinstimmung von Grundbuch und Brief** zu erhalten.[3] Dieses Bemühen beruht auf dem Verhältnis zwischen Grundbuch und Briefinhalt. Der Gesetzgeber ging davon aus, dass sich der Erwerber einer Briefhypo-

---

1 RG WarnR 1917 Nr 56; KG JW 1939, 562; KG OLGZ 1973, 76, 79 = NJW 1973, 56 = DNotZ 1973, 301 = Rpfleger 1973, 21; BayObLG BayObLGZ 1973, 246, 250 = MittBayNot 1973, 366 = DNotZ 1974, 93 = MDR 1974, 137 = Rpfleger 1973, 429; MittBayNot 1978, 100; Rpfleger 1983, 13; Rpfleger 1983, 17 = MittBayNot 1982, 247; MittBayNot 1989, 209 = Rpfleger 1989, 396 (LS) = NJW-RR 1989, 718 = DNotZ 1990, 739; NJW-RR 1991, 1398 = MittBayNot 1991, 256 (*Amann*) = Rpfleger 1991, 354 (LS) = Rpfleger 1992, 56 = Rpfleger 1993, 279 (*Bestelmeyer*); OLG Frankfurt Rpfleger 1979, 205; OLG Frankfurt ZflR 2005, 254; OLG Köln FGPrax 1996, 5 = MittBayNot 1996, 40; OLG Hamm Rpfleger 2002, 565 = FGPrax 2002, 193; MüKo-*Wacke* § 891 Rn 6; MüKo-*Eickmann* § 1116 Rn 43, § 1117 Rn 33; *Planck-Strecker* § 1117 Anm 4 a; *Palandt-Bassenge* § 1117 Rn 4; *Hügel-Zeiser* Rn 1; *Demharter* Anh zu § 13 Rn 18; *Schöner/Stöber* Rn 342a; *Haegele* Rpfleger 1975, 153; *Oberneck* Gruchot 43, 867, 905; *Burkhardt* BWNotZ 1987, 111, 112; *Böttcher* Rpfleger 1990, 486, 489; *Ertl* DNotZ 1990, 684, 699; **aA** KG KGJ 22 A, 309, 310; *Biermann* § 891 Anm 2 a; *Güthe-Triebel* § 19 Rn 33; kritisch auch *Staudinger-Gursky* § 891 Rn 34.
2 Mot 65; D 51.
3 Mot BGB III, 615; KG KGJ 44, 250, 252 = OLGE 26, 159 = RJA 12, 267; KGJ 44, 256, 262 = RJA 12, 256; OLGE 44, 159, 160; BayObLG BayObLGZ 1973, 246, 250 = MittBayNot 1973, 366 = DNotZ 1974, 93 = MDR 1974, 137 = Rpfleger 1973, 429; MittBayNot 1979, 114; OLG Frankfurt Rpfleger 1979, 205; OLG Düsseldorf Rpfleger 1995, 104 = FGPrax 1995, 5; *Staudinger-Wolfsteiner* § 1116 Rn 22; *Güthe-Triebel* Rn 3; *KEHE-Herrmann* Rn 2; *Hügel-Zeiser* Rn 2; *Demharter* Rn 1; *Böhringer* Rpfleger 1987, 446.

thek bei seinen Vertragsverhandlungen mit dem Zedenten im eigenen Interesse über den Inhalt des Briefes Gewissheit verschafft. Tut er dies nicht, so muss er sich trotzdem so behandeln lassen, als habe er beim Erwerb der Hypothek den Inhalt des Briefes gekannt;[4] ebenso wie jemand, der den Inhalt des Grundbuchs gegen sich gelten lassen muss, als habe er es eingesehen.[5] Diese Überlegungen haben ihren Niederschlag in § 1140 BGB gefunden. Danach kann der unrichtige Brief bei richtigem Grundbuch nicht zu gutgläubigem Erwerb verhelfen (keine positive Buchfunktion), da bei der genannten Nichtübereinstimmung der Grundbuchinhalt maßgeblich ist.[6] Damit genießt der Brief für sich und in Bezug auf seinen Inhalt keinen öffentlichen Glauben. Umgekehrt kann der richtige Brief jedoch den guten Glauben zerstören (§ 1140 S 1 BGB), sodass ein gutgläubiger Erwerb bei unrichtigem Grundbuch nicht möglich ist (negative Buchfunktion).[7] Dabei erfasst die Negativwirkung des Briefs auch den Fall, dass ein Widerspruch aus dem Brief, aber nicht aus dem Grundbuch hervorgeht (§ 1140 S 2 BGB). Infolgedessen ist ein redlicher Erwerb nur bei Übereinstimmung von Grundbuch und Brief möglich. Unabhängig von dieser Rechtslage ist die Übereinstimmung von Buch und Brief aber auch bereits deshalb geboten, weil sie der Verlautbarung desselben Rechts dienen und daher nicht inhaltlich voneinander abweichen sollen.[8] Die aus den genannten Gründen im Anschluss an eine Grundbucheintragung wünschenswerte (in § 62 geregelte) Herstellung der Übereinstimmung von Grundbuch und Brief setzt aber in jedem Fall die Vorlegung des Briefs voraus.

Die Regel des § 41 Abs 1 S 1 ist durch zahlreiche bundes- und landesrechtliche Ausnahmen durchbrochen. **3** Diese Ausnahmen beruhen auf dem praktischen Bedürfnis, die Briefvorlegung entbehrlich zu machen, wenn der Brief entweder überhaupt nicht oder nur unter großen Schwierigkeiten erreichbar ist oder wenn aus anderen sachlichen Gründen keine Notwendigkeit für eine Briefvorlegung besteht.

b) § 41 Abs 1 S 2 lässt eine **Ausnahme** von der Regel des § 41 Abs 1 S 1 nur für **Widersprüche** zu, deren **4** Eintragung durch eine einstweilige Verfügung angeordnet ist. Der Grund für diese Regelung ist nicht schwer zu erkennen. Beruht nämlich die Eintragung des Widerspruchs auf der Bewilligung des Betroffenen, so macht die Briefvorlegung keine Schwierigkeiten, da die Eintragung ohnehin auf freiwilliger Basis erfolgt. Anders ist die Sachlage jedoch, wenn es sich um die Eintragung eines Widerspruchs aufgrund einer einstweiligen Verfügung handelt. In diesen Fällen kommt es nicht selten vor, dass die Herausgabe des Briefs überhaupt nicht oder jedenfalls zu spät erzwungen werden kann. Die Notwendigkeit der Briefvorlegung würde damit in vielen Fällen die Eintragung des Widerspruchs vereiteln. Deshalb muss hier das Interesse des Rechtsverkehrs an der Übereinstimmung von Grundbuch und Brief hinter dasjenige des Widerspruchsberechtigten zurücktreten.[9]

c) Der durch Art 2 Nr 2 des Gesetzes zur Änderung sachenrechtlicher, grundbuchrechtlicher und anderer Vor- **5** schriften vom 22.06.1977 (BGBl I, 998) mit Wirkung vom 01.01.1978 eingefügte **§ 41 Abs 1 S 3** führt als weitere **Ausnahme** von § 41 Abs 1 S 1 dazu, dass sowohl nach altem (vgl Art 8 § 2 S 2 ÄndG) als auch nach neuem Recht hergestellte Hypothekenbriefe für die Eintragung von **Löschungsvormerkungen** (§ 1179 BGB) nicht mehr vorgelegt werden müssen. Im Zusammenhang mit der Einführung des gesetzlichen Löschungsanspruchs (§§ 1179 a, b BGB) beugt dies der Überfüllung des Grundbuchs vor und bewirkt zugleich eine erhebliche Entlastung, Beschleunigung und Vereinfachung des Grundbuchverkehrs im Vergleich zum früheren Rechtszustand.[10] Außerdem wurde der durch die nach früherem Recht notwendige Briefvorlegung für die Beteiligten entstehende unwirtschaftliche Zeit- und Kostenaufwand beseitigt.[11] Das kann im Einzelfall zu einer beschleunigten Auszahlung der zu sichernden Kredite führen.

d) § 41 Abs 2 bezweckt, das Grundbuchverfahren in den Fällen der §§ 1162, 1170 und 1171 BGB von unnöti- **6** gen Schwierigkeiten freizuhalten.[12] Die Vorschrift lässt daher die Vorlegung des Ausschlussurteils genügen, wenn die Brieferteilung nachträglich ausgeschlossen oder die Hypothek gelöscht werden soll (§ 41 Abs 2 S 2). Sofern die vorzunehmende Grundbucheintragung den Fortbestand der Hypothek als Briefrecht nicht beeinträchtigt, muss dem Rechtsverkehr ein neuer Hypothekenbrief zur Verfügung gestellt werden. In diesem Fall muss daher nicht nur das Ausschlussurteil vorgelegt, sondern auch die Erteilung eines neuen Briefs beantragt werden (§ 41 Abs 2 S 1, § 67).

---

4 Mot BGB III, 756.
5 *Staudinger-Wolfsteiner* § 1140 Rn 2; *Westermann* § 106 IV 1.
6 RG RGZ 76, 373, 378; 129, 125, 127; KG KGJ 38 A, 294, 298; *Staudinger-Wolfsteiner* § 1116 Rn 25, § 1140 Rn 1; *Soergel-Konzen* § 1140 Rn 2; *Planck-Strecker* § 1140 Anm 1; BGB-RGRK-*Mattern* § 1140 Rn 2; MüKo-*Eickmann* § 1140 Rn 5.
7 KG KGJ 44, 256, 262 = RJA 12, 256; OLG Dresden OLGE 12, 168; *Staudinger-Wolfsteiner* § 1116 Rn 25, § 1140 Rn 1, 2; *Planck-Strecker* § 1140 Anm 2; *Soergel-Konzen* § 1140 Rn 3; MüKo-*Eickmann* § 1140 Rn 7–9; *Wolff-Raiser* § 142 VII.
8 Mot 65; Mot BGB III, 615; *Hügel-Zeiser* Rn 2; *Güthe-Triebel* Rn 3.
9 D 51; KB zu § 40, vgl *Hahn-Mugdan* (Mat) V, 221.
10 BT-Drucks 8/89 (Begr) S 7; 8/359 (Bericht) S 12; BGH Rpfleger 1987, 238, 240.
11 BT-Drucks 8/89 (Begr) S 8; BGH Rpfleger 1987, 238, 240; *Reithmann* ZRP 1977, 84; *Stöber* Rpfleger 1977, 399.
12 D 51.

2. Entstehungsgeschichte

7 Nach dem früheren preußischen Recht durfte eine Eintragung bei einer Hypothek oder Grundschuld nur vorgenommen werden, wenn der über das jeweilige Recht erteilte Brief vorgelegt wurde (vgl §§ 70, 79, 84, 86 Abs 2, 87 Abs 2, 91 Abs 2, 94 Abs 2, 114, 116 PrGBO). Dabei begnügte man sich nicht damit, von diesem Grundsatz keine Ausnahme zuzulassen, sondern auch die Eintragung einer Veränderung bei einer Buchhypothek führte notwendigerweise zur nachträglichen Erteilung eines Briefs (§ 129 Abs 2 PrGBO).

8 § 41 (früher § 42) hat durch die GBOÄndVO vom 05.08.1935 (RGBl I, 1065) keine sachliche Änderung erfahren. **§ 41 Abs 1 S 3** wurde mit Wirkung vom 01.01.1978 durch das Gesetz vom 22.06.1977 (BGBl I, 998) eingefügt (vgl Rdn 5). § 41 Abs 1 S 1 und 2 entsprechen dem Entw I § 31 Abs 1 S 1 und 2, wobei § 41 Abs 1 S 2 allerdings gegenüber dem Entwurf eine eingeschränkte Fassung erhielt.[13] Jener sah ursprünglich vor, die Briefvorlegung für alle Fälle entfallen zu lassen, bei denen ein Widerspruch aufgrund einer einstweiligen Verfügung zur Eintragung gelangt.[14] Die 2. Kommission hielt es jedoch für angebracht, die Fälle der Regel des § 41 Abs 1 S 1 zu unterstellen, bei denen die Übertragung der Hypothekenforderung auf den Briefbesitzer, die Eintragung eines Veräußerungsverbots oder die Eintragung des Rechts eines Dritten nicht auf dem Brief vermerkt ist. Im Gegensatz dazu sollte die Eintragung von Widersprüchen gegen den Bestand der Hypothek (Nichtbestehen der Hypothek, Einrede gegen die Hypothek, unrichtige Eintragung der Hypothek) und in Fällen des sich unabhängig vom Briefbesitz vollziehenden Übergangs der Hypothek auf einen Dritten (Nichtbestehen der Forderung, Einrede gegen die Forderung) nicht von der Vorlegung des Briefs abhängig sein. Nachdem zunächst erwogen worden war, diese Differenzierung in einer materiellrechtlichen Norm zu verlautbaren, wurde es schließlich für ausreichend erachtet, die getroffene Unterscheidung in eine verfahrensrechtliche Ordnungsvorschrift aufzunehmen.[15] § 41 Abs 2 war im Entw I § 31 noch nicht vorgesehen und wurde aus Zweckmäßigkeitsgründen als weitere Ausnahme von der Vorlegungspflicht zugelassen.[16]

II. Der Regelfall des § 41 Abs 1 S 1

1. Die Voraussetzungen des § 41 Abs 1 S 1

9 **a) Das Vorhandensein einer Briefhypothek. aa)** § 41 Abs 1 S 1 ist nur anwendbar, wenn sich die vorzunehmende Grundbucheintragung auf eine *Brief*hypothek bezieht. Diese Voraussetzung ist nicht erfüllt, wenn über eine Buchhypothek versehentlich ein Brief erteilt oder wenn nach der Eintragung der Umwandlung einer Briefhypothek in eine Buchhypothek der Brief entgegen § 69 S 1 nicht unbrauchbar gemacht wurde. Da es sich bei den Hypotheken in diesen beiden Fällen nicht um Brief-, sondern um Buchrechte handelt (§ 1116 Abs 2 S 2 BGB), ist die Vorlegung des jeweiligen Briefs nicht erforderlich. Trotzdem vorgelegte Briefe sind unbrauchbar zu machen, während nicht vorgelegte Briefe vom Briefbesitzer zum Zweck der Unbrauchbarmachung einzufordern sind, ohne dass die Erledigung des die Buchhypothek betreffenden Antrags von der Beibringung der Briefe abhängig gemacht werden darf. Des weiteren ist die Vorlegung eines Briefs nicht erforderlich, wenn eine Eintragung bei einer bereits gelöschten Briefhypothek erfolgen soll (zB die Eintragung eines Widerspruchs gegen das Erlöschen des Rechts). Denn der in diesen Fällen aufgrund der Vorschrift des § 69 S 1 bereits unbrauchbar gemachte Brief ist ungültig und kann im Rechtssinn nicht wieder hergestellt werden.[17] Die Vorlegung eines unbrauchbar gemachten Briefs scheidet daher aus.[18] Ist der Brief über eine nicht gelöschte Hypothek versehentlich unbrauchbar gemacht worden, so muss der (notfalls auf Beschwerde[19]) neu zu erteilende Brief vorgelegt werden.

10 Im Zeitpunkt der Grundbuchanlegung bestehende Briefhypotheken sind Buchhypotheken iS des BGB (Art 192 EGBGB). Die Übergangsvorschriften der Art 193 und 195 EGBGB sind heute nahezu bedeutungslos. Landesrecht gilt nur noch in Teilen von *Baden-Württemberg* (zu Art 193 EGBGB vgl §§ 51, Abs 1 Nr 1, 7, Abs 2; 52 BaWüAGBGB vom 26.11.1974, GBl 498, und zwar Art 39 BaAGBGB idF vom 13.10.1925, GVBl 281, für Baden, sowie Art 214 WüAGBGB vom 28.07.1899, RegBl 423, idF des Art 311 WüAGBGB vom 29.12.1931, RegBl 545, für Württemberg) sowie in *Hamburg* (zu Art 195 EGBGB vgl §§ 49, 50 HbgAGBGB idF vom 01.07.1958, GVBl 195).

Ausgeschlossen ist die Brieferteilung bei der Abgeltungshypothek (§ 8 Abs 3 S 2 der DVO zur VO über die Aufhebung der Gebäudeentschuldungssteuer vom 31.07.1942, RGBl I, 503), bei Aufwertungshypotheken im Betrag von unter 500 GM (Art 6 der DVO zum AufwG vom 29.11.1925, RGBl I, 392) und in den Fällen des

---

13 Zur Entstehungsgeschichte vgl auch E I BGB § 1107 Anm II; Mot BGB III, 615, 744.
14 Mot 66, 67.
15 Prot III, 659 ff; vgl auch KG OLGE 10, 443.
16 D 51.
17 KG KGJ 48, 226, 228 = RJA 14, 314; *Güthe-Triebel* § 69 Rn 15; *Demharter* § 69 Rn 1.
18 KG KGJ 48, 226 = RJA 14, 314.
19 KG HRR 1931 Nr 2060.

Art 22 der 7. DVO zum SchRegG vom 30.04.1935 (RGBl I, 572) sowie des Art 4 Abs 2 Nr 2 der 9. DVO zum SchRegG vom 24.11.1937 (RGBl I, 1305). Über Umstellungsgrundschulden durfte mit Ausnahme von solchen, die auf den Eigentümer übergegangen waren, nach § 4 der 2. DVO vom 08.08.1949 (WiGBl 233) zum LASG (HypSichG) vom 02.09.1948 (WiGBl 87) ebenfalls kein Brief erteilt werden. Soweit es nicht bereits aufgrund landesrechtlicher Vorschriften beseitigt war, wurde das Verbot der Neubestellung von Briefrechten (§ 35 der 2. KMaßnVO vom 27.09.1944, RGBl I, 229) durch Art 8 Abs 2 Nr 39 REinhG vom 12.09.1950 (BGBl 455) aufgehoben.

In den **neuen Bundesländern** ist zu beachten, dass nach dem 31.12.1975 begründete ZGB-Hypotheken (§§ 452 ff ZGB) nur als Buchrechte bestellt werden konnten und der Briefausschluss daher nicht im Grundbuch verlautbart werden musste. Vor dem 01.01.1976 begründete Briefrechte blieben dagegen auch nach dem In-Kraft-Treten des ZGB Briefrechte (§ 6 Abs 1 EGZGB), sofern über sie nicht nach dem In-Kraft-Treten des ZGB verfügt werden sollte (§ 6 Abs 2 EGZGB) und sie zu diesem Zweck durch Erklärung des Gläubigers in ein Buchrecht umzuwandeln waren. Soweit Verfügungen über Grundpfandrechte in Frage stehen, ist vom Grundbuchamt somit stets zu prüfen, ob es sich bei dem betreffenden Recht um ein nicht in ein ZGB-Buchrecht umgewandeltes Uraltrecht als Briefrecht, ein dergestalt umgewandeltes Uraltrecht als Buchrecht, ein ZGB-Buchrecht oder um ein Neurecht handelt.

bb) Schwierigkeiten können sich ergeben, wenn sich **Einigung und Eintragung** bezüglich der Rechtsnatur der Hypothek als Brief- bzw Buchrecht **nicht decken.** Hier stellt sich die Frage, ob überhaupt ein dingliches Recht und – im bejahenden Fall – ob die Hypothek in Normalform (Briefrecht, § 1116 Abs 1 BGB) oder Ausnahmeform (Buchrecht, § 1116 Abs 2 S 1 BGB) entstanden ist. Zwei Fallgestaltungen sind denkbar: **11**

Fall 1: Einigung über Briefhypothek – Eintragung einer Buchhypothek. In diesem Falle kann ein Buchrecht nicht entstanden sein, da sich die Beteiligten nicht über den Briefausschluss geeinigt haben. Vielmehr ist ein Briefrecht als gesetzliche Regelform der Hypothek entstanden.[20] Die Frage, ob entsprechend § 139 BGB überhaupt ein dingliches Recht entstanden ist, stellt sich hier nicht. Die Eintragung des Briefausschlusses ist mangels Einigung der Beteiligten rechtlich bedeutungslos und vermag auch nicht die Entstehung eines Briefrechts zu verhindern. Eine ausdrückliche Eintragung des Rechts als »Brief«hypothek ist nicht erforderlich, weil es sich beim Briefrecht um die gesetzliche Regelform der Hypothek handelt. Somit fehlt kein Eintragungserfordernis für das Entstehen eines Briefrechts, sondern es mangelt an der notwendigen Einigung für die besondere Art des Buchrechts als Ausnahmeform der Hypothek (§ 1116 Abs 2 S 3 BGB). Die Eintragung des Briefausschlusses erweist sich damit als unrichtig (§ 894 BGB),[21] aber für das Entstehen des dinglichen Rechts als unschädlich. Bis zur Aushändigung des nachträglich hergestellten Briefs besteht ein Eigentümerrecht (§§ 1117 Abs 1, 1163 Abs 2 BGB), sofern nicht eine Vereinbarung nach § 1117 Abs 2 BGB vorliegt. **12**

Fall 2: Einigung über Buchhypothek – Eintragung einer Briefhypothek. Im Unterschied zu Fall 1 liegen die Entstehungsvoraussetzungen für eine Briefhypothek nicht vor, da es an einer entsprechenden Einigung der Beteiligten fehlt. Aber auch ein Buchrecht ist mangels notwendiger Eintragung des Briefausschlusses (§ 1116 Abs 2 S 3 BGB) nicht entstanden. In entsprechender Anwendung des § 139 BGB (eine unmittelbare Anwendung scheidet aus, da kein Fall der Nichtigkeit vorliegt) muss in diesem Fall zunächst geprüft werden, ob die dingliche Sicherung in der Regelform der Hypothek gewollt ist.[22] Da die Parteien im Allgemeinen eine Sicherung in der Form eines Briefrechts einer völlig ungesicherten Rechtsstellung vorziehen werden, wird man dies beim Fehlen besonderer Anhaltspunkte annehmen können.[23] Anderenfalls ist kein dingliches Recht entstanden; kein Buchrecht mangels Eintragung, kein Briefrecht mangels Parteiwille. Ist das Entstehen der Hypothek entsprechend § 139 BGB zu bejahen, so kann es sich nur um ein *Briefrecht* handeln (arg § 1116 Abs 2 S 3 BGB).[24] In diesem Fall ist das Grundbuch richtig. Die noch in der 6. Auflage[25] vertretene Auffassung, das Grundbuch sei unrichtig und es sei für die Frage, ob ein Buch- oder Briefrecht entstanden ist, darauf abzustellen, ob tatsächlich ein Brief erteilt wurde, wird nicht aufrechterhalten. Sie steht zum einen nicht mit § 1116 **13**

---

20 *Staudinger-Wolfsteiner* Einl zu § 1113 ff Rn 77; *MüKo-Eickmann* § 1116 Rn 28, 29; *Planck-Strecker* § 1116 Anm 1 c; *Biermann* § 1116 Anm 3 b; *Palandt-Bassenge* § 1116 Rn 3; *Hügel-Zeiser* Rn 9, 10; *Güthe-Triebel* Vorbem 87 zu § 13; *Westermann* § 96 B 3; *Wolff-Raiser* § 133 V 2.

21 *Staudinger-Wolfsteiner*, *MüKo-Eickmann*, *Planck-Strecker*, *Hügel-Zeiser*, *Güthe-Triebel* und *Westermann* je aaO (Fn 20).

22 So bereits *Strecker* Recht 1924, 84, 88.

23 *Staudinger-Wolfsteiner* Einl zu §§ 1113 ff Rn 78; *MüKo-Eickmann* § 1116 Rn 30; *Hügel-Zeiser* Rn 6; *Palandt-Bassenge*, *Planck-Strecker* und *Westermann* je aaO (Fn 20). Dies sollte auch bei einem Dissens der Beteiligten über die Verbriefung bzw Nichtverbriefung des Rechts gelten (*Staudinger-Wolfsteiner* Einl zu §§ 1113 ff Rn 79; **aA** *Soergel-Konzen* § 1113 Rn 9: Nichtigkeit wegen § 154 BGB).

24 *Staudinger-Wolfsteiner* und *MüKo-Eickmann* je aaO (Fn 23); *Palandt-Bassenge*, *Planck-Strecker*, *Westermann* und *Wolff-Raiser* je aaO (Fn 20).

25 Voraufl (6.) Vorbem 35 zu § 13; ebenso *Hügel-Zeiser* Rn 6, 7; *Güthe-Triebel* Vorbem 87 zu § 13.

Abs 2 S 3 BGB in Einklang und lässt sich zum anderen nicht mit der Tatsache vereinbaren, dass die Herstellung des Briefs keinen Einfluss auf die Rechtsentstehung hat (§§ 1117 Abs 1, 1163 Abs 2 BGB).[26]

14   **b) Die Vornahme einer Grundbucheintragung. aa) Andere Tätigkeiten des Grundbuchamts.** Die Tätigkeit des Grundbuchamts muss sich auf eine *Eintragung* beziehen. Andere Aufgaben des Grundbuchamts wie die Gestattung der Grundbucheinsicht oder die Erteilung von Abschriften (§ 12) gehören nicht hierher.[27] Ob in solchen Fällen die Briefvorlegung zum Nachweis des Einsichts- bzw Antragsrechts erforderlich ist, richtet sich nach dem Einzelfall. So kann zB die Vorlegung des Briefs für die ausreichende Darlegung des berechtigten Interesses im Anwendungsbereich des § 12 durchaus in Betracht kommen.[28]

15   **bb) Eintragungen über Rechtsverhältnisse.** Die in Frage stehende Eintragung muss sich auf *ein die Hypothek betreffendes Rechtsverhältnis* beziehen, also rechtsbegründenden oder rechtsbezeugenden Charakter haben. Demnach ist die Briefvorlegung nur für Eintragungen notwendig, welche die dingliche Rechtslage betreffen oder einen Rechtsschein iS der §§ 891, 892 BGB erzeugen. Vermerke, die nur eine Tatsache zum Ausdruck bringen, sind keine Eintragungen iS des 2. Abschnitts der GBO[29] und unterliegen daher nicht der Regel des § 41 Abs 1 S 1 (hierzu vgl Rdn 17 ff).[30] Gleichgültig ist hingegen, *welches* Rechtsverhältnis von der Eintragung betroffen wird.[31] Ebenso unerheblich ist, ob die Eintragung auf einer Bewilligung, auf geführtem Unrichtigkeitsnachweis[32] oder auf rechtlichem Zwang (zB einstweiliger Verfügung[33]) beruht, ob sie rechtsändernden, berichtigenden, vorläufigen oder endgültigen Charakter hat[34] und ob sie auf Antrag oder aufgrund eines Ersuchens einer Behörde[35] erfolgen soll. Es kommen demnach nicht nur Abtretungen, Inhaltsänderungen, Belastungen (mit Nießbrauch oder Pfandrecht), Rangänderungen und Löschungen, sondern auch Pfändungen, Verfügungsbeschränkungen,[36] Vormerkungen[37] und Widersprüche[38] in Betracht (wegen der bei Widersprüchen und Löschungsvormerkungen bestehenden Ausnahmen vgl Rdn 79 ff, 90). Da das Gesetz nicht differenziert, unterliegen auch von Amts wegen vorzunehmende Eintragungen der Regel des § 41 Abs 1 S 1. Dies folgt aus der Überlegung, dass auch in diesen Fällen ein Interesse des Rechtsverkehrs an der Übereinstimmung von Grundbuch und Brief besteht (vgl Rdn 2).[39] Außerdem wird in den §§ 53 Abs 2 (der für den Fall der Eintragung eines Amtswiderspruchs eine mit dem § 41 Abs 1 S 2 identische Ausnahme von der Vorlegungspflicht vorsieht) und 62 Abs 3 (nach dem das Grundbuchamt den Brief von Amts wegen herbeizuschaffen hat) die Notwendigkeit der Briefvorlegung vorausgesetzt. Für die Eintragung der Euro-Umstellung war die Briefvorlegung nur erforderlich, sofern die Umstellung vor dem Ablauf der Übergangszeit (31.12.2001) erfolgte (vgl Rdn 111 ff).

16   Die **Nichtmitübertragung eines Rechts** bei der Übertragung von Grundstücken oder Teilflächen auf ein anderes Grundbuchblatt stellt eine vereinfachte Form der Löschung bzw Pfandfreigabe dar (§ 46 Abs 2). Da sich die nach § 46 Abs 2 vollzogene Löschung bereits aus der Abschreibung des Grundbesitzes in den Spalten 7 und 8 des Bestandsverzeichnisses sowie der Nichtanbringung eines Mithaftvermerks nach § 48 Abs 1 S 2 ergibt, ist die Eintragung eines ausdrücklichen Löschungsvermerks nicht erforderlich. Damit liegt eigentlich keine Eintragung iS des § 41 Abs 1 S 1 vor. Es muss aber berücksichtigt werden, dass das Gesetz die Nichtmitübertragung der Hypothek in ihrer *Rechtsfolge* (der Löschung des Rechts) mit der eines ausdrücklichen Löschungsvermerks gleichsetzt. Daraus folgt, dass für die vereinfachte Löschung auch keine anderen verfahrensrechtlichen *Vorausset-*

---

26   *Staudinger-Wolfsteiner* Einl zu §§ 1113 ff Rn 77, 78; *MüKo-Eickmann* § 1116 Rn 31; *Planck-Strecker* § 1116 Anm 1 c.

27   *Hügel-Zeiser* Rn 12; *Güthe-Triebel* Rn 7; KEHE-*Herrmann* Rn 4.

28   Dies gilt auch für Sparkassen, da diese von der Privilegierung des § 43 Abs 1 GBV nicht erfasst werden, BVerfG Rpfleger 1983, 388 (zust *Schmid*) unter Aufhebung von BayObLG Rpfleger 1979, 424 (abl *Schmid* Rpfleger 1980, 290) = MDR 1980, 64 = Betrieb 1980, 157.

29   Mot 51; D 34.

30   KG KGJ 34 A, 292, 295 = OLGE 17, 175 = RJA 8, 272; KGJ 36 A, 222, 224 = OLGE 18, 244 = RJA 9, 199; KGJ 44, 256, 257 = RJA 12, 256; BayObLG MittBayNot 1979, 113; OLG Frankfurt Rpfleger 1979, 205; *Hügel-Zeiser* Rn 19; *Güthe-Triebel* Rn 8; KEHE-*Herrmann* Rn 5; *Demharter* Rn 4; *Böhringer* Rpfleger 1987, 446.

31   Güthe-Triebel Rn 7; KEHE-*Herrmann* Rn 4; *Demharter* Rn 4.

32   BayObLG BayObLGZ 1987, 97, 99 = Rpfleger 1987, 363; OLG Dresden JFG 5, 357, 361.

33   KG KGJ 27 A, 82, 85 = OLGE 8, 228 = RJA 4, 66; BayObLG BayObLGZ 15, 325, 328 = BayNotZ 1914, 233; OLG Düsseldorf Rpfleger 1995, 104 = FGPrax 1995, 5; LG Frankfurt Rpfleger 1983, 250; *Güthe-Triebel* Rn 7.

34   KG KGJ 44, 250, 252 = OLGE 26, 159 = RJA 12, 267; *Hügel-Zeiser* Rn 13; *Güthe-Triebel* Rn 7; KEHE-*Herrmann* Rn 6; *Demharter* Rn 4; *Böhringer* Rpfleger 1987, 446.

35   KG KGJ 27 A 82, 83 = OLGE 8, 228 = RJA 4, 66; KG JFG 5, 298, 300; BayObLG BayObLGZ 15, 325 = BayNotZ 1914, 233; LG Frankfurt Rpfleger 1983, 250; *Hügel-Zeiser* Rn 13; *Güthe-Triebel* Rn 7; KEHE-*Herrmann* Rn 6; *Demharter* Rn 4.

36   RG RGZ 90, 341; KG KGJ 38 A, 294, 296; KG JFG 5, 298, 300; BayObLG BayObLGZ 15, 325, 328 = BayNotZ 1914, 233; LG Frankfurt Rpfleger 1983, 250.

37   KG KGJ 27 A, 82, 83 = OLGE 8, 228 = RJA 4, 66; KGJ 44, 250, 252 = OLGE 26, 159 = RJA 12, 267; OLG Düsseldorf Rpfleger 1995, 104 = FGPrax 1995, 5; BayObLG BayObLGZ 15, 325, 328 = BayNotZ 1914, 233.

38   KG KGJ 38 A, 294, 296.

39   LG Frankfurt Rpfleger 1983, 250; *Hügel-Zeiser* Rn 13; *Güthe-Triebel* Rn 7.

zungen als für die durch einen ausdrücklichen Vermerk erfolgende Löschung bestehen können.[40] Hinzu kommt, dass die Bewilligungsberechtigung des Hypothekengläubigers unabhängig von der Form der Löschung in jedem Fall feststehen muss. Aus diesen Gründen ist die Nichtmitübertragung der Hypothek in entsprechender Anwendung des § 41 Abs 1 S 1 von der Vorlegung des Hypothekenbriefs abhängig zu machen.[41] Wegen der Ergänzung des Hypothekenbriefs vgl § 62 Rdn 9.

cc) Die Verlautbarung von Tatsachen. Grundbuchvermerke über rein tatsächliche Angaben gehören weder **17** zu den Eintragungen iS des 2. Abschnitts der GBO,[42] noch stehen sie unter dem Schutz des öffentlichen Glaubens.[43] Ihre Buchung ist daher nicht von der Vorlegung des Hypothekenbriefs abhängig.[44]

(1) Bei der Eintragung der **Ausnützung eines Rangvorbehalts** bedarf es nicht der Vorlegung des Briefs über **18** das von dem Rangvorbehalt betroffene Recht. Denn bei dem bloßen Rangeinweisung handelt es sich für das zurücktretende Grundpfandrecht, bei dem der Rangvorbehalt seinerzeit eingetragen worden ist, lediglich um den grundbuchmäßigen Vollzug eines vorbehaltenen Rechts, durch den das zurücktretende Recht nicht über den bereits bewilligten Vorbehalt hinaus berührt wird.[45] Der nach § 18 GBV auch bei diesem Recht erforderliche Vermerk hat deshalb nur klarstellende Funktion.[46] Da somit keine Eintragung iS des § 41 Abs 1 S 1 erfolgt, kommt auch eine Ergänzung des Briefs nach § 62 nicht in Frage. Die Ergänzung ist nur auf Antrag vorzunehmen (§ 57 Abs 2 bzw § 57 Abs 3 aF für die vor dem 01.01.1978 nach altem Recht hergestellten Briefe, vgl Art 8 § 2 des Gesetzes vom 22.06.1977, BGB I, 998). Über die Notwendigkeit der Aufnahme des Rangvorbehalts in den ursprünglichen Briefinhalt vgl Rdn 28.

(2) Obwohl der nach § 48 Abs 1 S 2 Alt 1 in der Veränderungsspalte des bisherigen Grundbuchblatts anzubringen- **19** gende Mithaftvermerk im Fall der **nachträglichen Mitbelastung** eines Grundstücks, das auf einem anderen Grundbuchblatt (desselben oder eines anderen Grundbuchamts) als die Hypothek eingetragen ist (sog Nachverpfändung) ebenfalls nur eine Tatsache bekundet, ist die Eintragung der Pfandunterstellung in entsprechender Anwendung des § 41 Abs 1 S 1 von der Vorlegung des Hypothekenbriefs abhängig, da die Eintragung der Hypothek auf dem Blatt des bisher unbelasteten Grundstücks konstitutiven Charakter hat. Insoweit kann nichts anderes gelten als beim Vollzug einer Nachverpfändung auf demselben Grundbuchblatt. Im Übrigen setzt der für die Pfandunterstellung von bei demselben Grundbuchamt gebuchten Grundstücken geltende § 63 die Vorlegung des Briefs voraus, soweit er im Regelfall die von Amts wegen vorzunehmende Ergänzung des bisherigen Briefs vorschreibt. Vergleichbar ist auch der Fall der Löschung bzw pfandfreien Abschreibung durch Nichtmitübertragung nach § 46 Abs 2 (hierzu vgl Rdn 16).

(3) Von der nachträglichen Mitbelastung sind die Fälle zu unterscheiden, bei denen **bereits belastete Grund-** **20** **stücke** oder Grundstücksteile **abgeschrieben** werden. Denn hier geht es nicht um das Entstehen eines Gesamtrechts durch Neubelastung, sondern entweder um das auf einer Teilung des belasteten Grundstücks beruhende Zustandekommen oder die Aufrechterhaltung einer bereits bestehenden Gesamtbelastung. Zwei Fallgestaltungen sind denkbar:

Fall 1: Bei der Übertragung eines Grundstücksteils als selbständiges Grundstück auf das *bisherige Grundbuchblatt* **21** handelt es sich nicht um einen Fall des § 48, da dessen hier allein in Betracht kommende Alt 2 des Abs 1 S 2 nur für die Übertragung eines Grundstücksteils auf *andere* Grundbuchblätter gilt. Eine Kenntlichmachung der Gesamtrechtseigenschaft durch einen Vermerk scheidet aus, weil sich die Gesamtbelastung bereits aus der ursprünglichen Eintragung ergibt (vgl § 13 Abs 2 GBV).[47] Allenfalls kann die Spalte 2 der Abt III des Grundbuchs berichtigt werden.[48] Da somit keine Eintragung in Abt III des Grundbuchs erforderlich ist, scheidet eine Briefvorlegung aus. Dementsprechend wird eine Briefergänzung auch nicht von Amts wegen (§ 62), sondern nur auf Antrag vorgenommen (§ 57 Abs 2 bzw § 57 Abs 3 aF für Briefe nach altem Recht).

---

40 BayObLG BayObLGZ 1971, 1, 3.
41 OLG Rostock KGJ 29 A, 282, 283 = OLGE 10, 97 = RJA 5, 200; *Hügel-Zeiser* Rn 20; *Güthe-Triebel* Rn 9; KEHE-*Herrmann* Rn 7; *Demharter* Rn 5; *Burkhardt* BWNotZ 1987, 111, 112; *Böhringer* Rpfleger 1987, 446, 447.
42 Mot 51; D 34.
43 RG RGZ 61, 188, 193; 73, 125, 128; 80, 365, 367; JW 1901, 341; WarnR 1924 Nr 98; KG KGJ 27 A, 86, 92; 30 A, 202, 206; OLG Dresden SächsArch 1906, 104; OLG München OLGE 31, 315 = SeuffA 70 Nr 108; BayObLG BayObLGZ 22, 185, 187; 1956, 94, 101; 1971, 1, 4; 1976, 106, 109; *Palandt-Bassenge* § 892 Rn 12; *Soergel-Stürner* § 892 Rn 12; MüKo-*Wacke* § 892 Rn 21; *Staudinger-Gursky* § 892 Rn 52; *Planck-Strecker* § 892 Anm I 1; *Güthe-Triebel* Vorbem 8 zu § 13 und § 2 Rn 51; *Wolff-Raiser* § 45 I 1; *Westermann* § 85 II 1 a; *Lutter* AcP 164, 137.
44 KG KGJ 34 A, 292, 295 = OLGE 17, 175 = RJA 8, 272; KGJ 36 A, 222, 224 = OLGE 18, 244 = RJA 9, 199; KGJ 44, 256, 257 = RJA 12, 256; BayObLG MittBayNot 1979, 113; OLG Frankfurt Rpfleger 1979, 205; *Hügel-Zeiser* Rn 19; *Güthe-Triebel* Rn 8; KEHE-*Herrmann* Rn 5; *Demharter* Rn 4; *Böhringer* Rpfleger 1987, 446.
45 BayObLG MittBayNot 1979, 113.
46 KG KGJ 36 A 222, 225 = OLGE 18, 244 = RJA 9, 199; BayObLG MittBayNot 1979, 113; LG Berlin DR 1939, 1532; *Hügel-Zeiser* Rn 19; *Güthe-Triebel* Rn 8; *Demharter* Rn 6.
47 *Güthe-Triebel* § 48 Rn 19 und § 63 Rn 4.
48 *Predari* § 49 Anm 7.

22 **Fall 2:** Im Fall der Übertragung eines selbständigen Grundstücks bzw eines Grundstücksteils auf *ein anderes Grundbuchblatt* (desselben oder eines anderen Grundbuchamts) bringen die nach § 48 Abs 1 S 2 Alt 2 einzutragenden Mithaftvermerke keine Rechtsänderung zum Ausdruck, da die übertragenen Grundstücke bzw Teilflächen bereits mit der Hypothek belastet waren. Die Vermerke verlautbaren somit lediglich eine Tatsache. Eine Eintragung iS des § 41 Abs 1 S 1, die eine Briefvorlegung erforderlich machen würde, liegt damit nicht vor.[49] Die noch in der 6. Auflage in § 63 Rn 3 vertretene Auffassung, die Ergänzung des Briefs würde sich in diesem Fall nach § 62 richten, steht in Widerspruch zu den dortigen Ausführungen in § 41 Rn 15 und § 62 Rn 6 und wird deshalb nicht aufrechterhalten.[50] Da die in den §§ 41 und 62 normierten Tatbestandvoraussetzungen (jeweils: »Eintragung bei der Hypothek«) inhaltlich identisch sind,[51] hat die Entbehrlichkeit einer der Briefvorlegung nach § 41 Abs 1 S 1 zur Folge, dass eine Briefergänzung von Amts wegen (§ 62) nicht zulässig ist. Dies gilt trotz § 1131 BGB selbst dann, wenn dem zusammen mit der Hypothek auf ein anderes Grundbuchblatt übertragenen Grundstück ein dort bereits gebuchtes Grundstück als Bestandteil zugeschrieben wird[52] (vgl § 63 Rdn 4). Da eine Bestandteilszuschreibung nicht zum Entstehen eines Gesamtrechts führt (§§ 890 Abs 2, 1132 Abs 1 BGB),[53] hat das Antragserfordernis (§ 57 Abs 2 bzw Abs 3 aF) für eine Ergänzung des Briefs auch für diesen Fall Gültigkeit.

23 **(4)** Bisher unterschiedlich wurde die Frage beantwortet, ob es für die **Eintragung einer Rangänderung bei dem vortretenden Recht** der Vorlegung des Briefs über das *begünstigte* Recht bedarf.[54] Fünf Eintragungsbeispiele (jeweils in Abt III Spalten 5–7 des Grundbuchs) sollen das Problem veranschaulichen:[55]

24 Beispiel 1
2 10000 EUR Dem Recht Abt III Nr 5 ist der Vorrang eingeräumt. Eingetragen am

Beispiel 2
5 20000 EUR Das Recht Abt III Nr 2 hat infolge Rangänderung Nachrang. Eingetragen am

Beispiel 3
2 10000 EUR Dem Recht Abt III Nr 5 ist der Vorrang vor dem Recht
5 20000 EUR Abt III Nr 2 eingeräumt. Eingetragen am

Beispiel 4
5 20000 EUR Dem Recht Abt III Nr 5 ist der Vorrang eingeräumt. Eingetragen am

Beispiel 5
2 10000 EUR Das Recht Abt III Nr 2 hat infolge Rangänderung Nachrang. Eingetragen am

25 Die in den Beispielen 1 bis 3 vorgenommenen Eintragungen sind für das materiellrechtliche Wirksamwerden der Rangänderung (§ 880 BGB) ausreichend, da sie entsprechend dem Bestimmtheits- und Eintragungsgrundsatz klar zum Ausdruck bringen, welche Rechte in welchem Umfang an der Rangänderung beteiligt sind.[56] Die *nur beim vortretenden*[57] (Beispiel 4) oder *lediglich beim zurücktretenden* Recht (Beispiel 5) erfolgende Eintra-

---

49 KG KGJ 34 A, 292, 296 = OLGE 17, 175 = RJA 8, 272; *Güthe-Triebel* Rn 8 und § 48 Rn 21, 22; *Predari* § 63 Anm 3; *Hügel-Zeiser* Rn 19; KEHE-*Herrrmann* Rn 5; KEHE-*Eickmann* § 48 Rn 13; *Demharter* Rn 6; *Henke* ZAkDR 1938, 673; **aA** (beiläufig) RG RGZ 157, 292.
50 Widersprüchlich auch *Güthe-Triebel* in § 63 Rn 5, 6 gegenüber § 41 Rn 8 und § 62 Rn 6 und KEHE-*Eickmann* § 48 Rn 13 gegenüber § 48 Rn 17; wie hier KG KGJ 34 A, 292, 296 = OLGE 17, 175 = RJA 8, 272; *Demharter* § 62 Rn 4.
51 *Güthe-Triebel* § 62 Rn 6; *Demharter* § 62 Rn 3; *Burkhardt* BWNotZ 1987, 111, 112.
52 *Demharter* § 63 Rn 4; *Thieme* § 63 Anm 2; *Predari* § 63 Anm 3; *Henle-Schmitt* § 63 Anm 3; **aA** *Güthe-Triebel* § 63 Rn 5.
53 KG KGJ 30 A, 178 = RJA 6, 73; JFG 22, 284, 286 = HRR 1941 Nr 683 = DNotZ 1941, 349 = DR 1941, 1557; *Staudinger-Wolfsteiner* § 1131 Rn 6; *Planck-Strecker* § 1131 Anm 4 a.
54 **Bejahend:** KG KGJ 36 A, 222, 225 = OLGE 18, 244 = RJA 9, 199; KGJ 44, 256 = RJA 12, 256; LG Krefeld Rpfleger 1979, 139 = NJW 1979, 1309 (LS) = MittRhNotK 1979, 193; *Hügel-Zeiser* Rn 13; *Turnau-Förster* § 42 Anm II 3; *Güthe-Triebel* Rn 8; *Schöner/Stöber* Rn 2567; **verneinend:** *Predari* § 42 Anm 2 und § 46 Anm 7 d; KEHE-*Herrmann* Rn 8; *Schröder* DJZ 1903, 221; **offen gelassen** von BayObLG MittBayNot 1979, 113; *Demharter* Rn 6.
55 Die Eintragungsbeispiele sowie die folgenden Ausführungen gelten entsprechend für die Einräumung von Gleichrang.
56 KG KGJ 44, 256, 259 = RJA 12, 256; KGJ 45, 291, 293 = RJA 13, 257; JW 1929, 3346, 3348; MüKo-*Wacke* § 880 Rn 9; *Staudinger-Kutter* § 880 Rn 22, 23; BGB-RGRK-*Augustin* § 880 Rn 30; *Westermann* § 82 II 2.
57 OLG Celle NdsRpfl 1997, 76; *Demharter* § 45 Rn 58; vgl aber auch *Fratzky* BWNotZ 1979, 27.

gung der Rangänderung genügt hingegen nicht.[58] Eine Rechtsänderung findet in diesen Fällen nicht statt. Da das gesamte Grundbuchblatt als »das Grundbuch« iS des BGB anzusehen ist (§ 3 Abs 1 S 2), hat es bei den Beispielen 1 und 2 auf die Wirksamkeit der Rangänderung keinen Einfluss, dass in den Spalten 5 und 6 der Abt III keine Eintragung bei dem im Rang vor- bzw zurücktretenden Recht erfolgt. Materiellrechtlich ist die in der Spalte 7 der III. Abteilung enthaltene Verweisung auf das von der Rangänderung begünstigte bzw betroffene Recht ausreichend.[59] Im Gegensatz hierzu ist verfahrensrechtlich die Eintragung der Rangänderung »bei allen beteiligten Rechten« vorgeschrieben (§ 18 GBV). Diesem Erfordernis entspricht nur der Eintragungsvermerk nach Beispiel 3, da mit Eintragung »bei« einem Recht (im formellen Sinn!) nur solche Vermerke zu verstehen sind, die in der jeweiligen Grundbuchabteilung *unter der Nummer* dieses Rechts zur Eintragung gelangen (vgl Rdn 31).[60] Dies bedeutet, dass § 18 GBV auch die materiellrechtlich nicht notwendige Bezeichnung aller an der Rangänderung beteiligten Rechte in den Spalten 5 und 6 der Abt III des Grundbuchs fordert. Daraus folgt aber nicht, dass die Eintragung bei dem von der Rangänderung begünstigten Recht Abt III Nr 5 (Beispiele 1 bis 3) kein die Hypothek betreffendes Rechtsverhältnis, sondern lediglich eine Tatsache verlautbart. Denn dass die Eintragung bei dem Recht Abt III Nr 5 eine Rechtsänderung zum Ausdruck bringt, ergibt sich bereits daraus, dass nach materiellem Recht bei *beiden* beteiligten Rechten eine Grundbucheintragung erforderlich ist.[61] Ob diese notwendige Eintragung auch in den Spalten 5 und 6 oder lediglich in der Spalte 7 der Abt III des Grundbuchs erfolgt, ist für die Anwendbarkeit des § 41 Abs 1 S 1 ohne Bedeutung.

Alte, vor dem 01.01.1978 ausgestellte **Grundpfandrechtsbriefe** sind daher nach § 41 Abs 1 S 1 nicht nur vor- **26** zulegen und nach § 62 von Amts wegen zu ergänzen, wenn das verbriefte Recht von einer Rangänderung betroffen (insoweit unstreitig), sondern auch, wenn es von ihr begünstigt ist.[62] Eine Briefergänzung auf Antrag (§ 57 Abs 3 aF; vgl Art 8 § 2 ÄndG) ist ausgeschlossen, da die in den §§ 41 und 62 geregelten Fallgestaltungen von § 57 Abs 3 aF nicht erfasst werden.[63]

Bei **neuen,** nach dem 01.01.1978 erteilten **Grundpfandrechtsbriefen** besteht Einigkeit nur insoweit, als der **27** Brief über das von der Rangänderung betroffene Recht nach § 41 Abs 1 S 1 zum Nachweis der Bewilligungsberechtigung des im Rang zurücktretenden Gläubigers vorgelegt werden muss. Umstritten ist hingegen, ob Rangänderungen nach § 62 von Amts wegen auf dem Brief zu vermerken sind.[64] Verneinendenfalls wäre nach dem Normzweck des § 41 Abs 1 S 1 (vgl Rdn 1, 2) nicht einmal die Vorlegung des über das im Rang vortretende Recht erteilten Briefs erforderlich, da weder die Bewilligungsberechtigung des von der Rangänderung begünstigten Gläubigers überprüft, noch die Übereinstimmung von Grundbuch und Brief hergestellt werden müsste.

Die Auffassung, wonach nachträgliche Veränderungen des Rangs nicht nach § 62 auf neuen Grundpfandrechts- **28** briefen vermerkt werden dürfen, wird damit begründet, dass der Brief infolge der Neufassung des § 57 keine ursprüngliche Rangaussage mehr enthalte[65] und somit im Hinblick auf den Rang des Rechts inhaltlich völlig

---

58 Str; die Eintragung ausschließlich beim zurücktretenden Recht sehen als ausreichend an: RG HRR 1931 Nr 1912; KG KGJ 44, 256, 260 = RJA 12, 256; BayObLG BayObLGZ 1988, 330, 332; *Soergel-Stürner* § 880 Rn 5; MüKo-*Wacke* § 880 Rn 9; *Planck-Strecker* § 880 Anm 3 f; *Palandt-Bassenge* § 880 Rn 3; *Demharter* § 45 Rn 58; *Schöner/Stöber* Rn 2566; *Wolff-Raiser* § 42 I 2. Dabei fällt auf, dass ein Großteil der zitierten Stimmen (vgl vor allem KG KGJ 44, 256, 260/261) die Eintragung in Beispiel 1 in materieller Hinsicht fälschlicherweise als nur dem zurücktretenden Recht erfolgend ansehen. Richtigerweise ist dies nur in Beispiel 5 (und entspr beim vortretenden Recht in Beispiel 4) der Fall. Damit gelangen die beiden Auffassungen für die materiellrechtliche Beurteilung zu den gleichen Ergebnissen. Bei der geschilderten Streitfrage handelt es sich somit um ein Scheinproblem. Zur Gesamtproblematik vgl auch *Ulbrich* MittRhNotK 1995, 89.

59 *Fratzky* BWNotZ 1979, 27; *Schöner/Stöber* Rn 2566.

60 KG KGJ 36 A, 222 = OLGE 18, 244 = RJA 9, 199; KEHE-*Herrmann* Rn 6; *Demharter* Rn 3.

61 Eine Bezugnahme auf die Eintragungsbewilligung scheidet dabei aus, RG WarnR 1908 Nr 319; *Staudinger-Kutter* § 880 Rn 23; *Demharter* § 45 Rn 58.

62 Vgl die in Fn 54 zitierten bejahenden Stimmen.

63 KG RJA 11, 152; JFG 16, 286, 288 = JW 1937, 3239 = DNotZ 1938, 265; BayObLG MittBayNot 1979, 113, 114; LG Krefeld aaO (Fn 54); *Güthe-Triebel* § 57 Rn 12 und § 62 Rn 6; *Demharter* § 57 Rn 8 und § 62 Rn 4; KEHE-*Eickmann* § 57 Rn 5 und § 62 Rn 4; *Hesse-Saage-Fischer* § 57 Anm IV; *Thieme* § 57 Anm 4; *Henle-Schmitt* § 57 Anm 11; *Schöner/Stöber* Rn 2027, 2028; *Stöber* Rpfleger 1977, 425, 432; BT-Drucks 8/89 S 16.

64 **Bejahend** BayObLG aaO (Fn 63); OLG Oldenburg WM 1982, 494 = NdsRpfl 1980, 264; OLG Hamm OLGZ 1985, 23 = Rpfleger 1985, 17 = MittRhNotK 1985, 44; LG Köln MittRhNotK 1979, 194 (*Grundmann*); LG Bielefeld Jur-Büro 1980, 757 (*Muth*) = MittRhNotK 1980, 111; *Staudinger-Kutter* § 880 Rn 23; *Palandt-Bassenge* § 880 Rn 3; *Soergel-Stürner* § 880 Rn 5; *Soergel-Konzen* § 1116 Rn 5; MüKo-*Wacke* § 880 Rn 9; BGB-RGRK-*Augustin* § 880 Rn 30; BGB-RGRK-*Mattern* § 1116 Rn 4; *Hügel-Zeiser* Rn 45 Rn 65; *Hügel-Kral* § 62 Rn 2; *Schöner/Stöber* Rn 2568; *Gaberdiel* Sparkasse 1977, 281, 284 und Rpfleger 1980, 444, 447; *Böhringer* Rpfleger 1987, 446, 447; *Burkhardt* BWNotZ 1987, 111 (zu § 46 Abs 2); **verneinend** OLG Celle (zu § 46 Abs 2) Rpfleger 1985, 398 = WM 1985, 1041 = ZIP 1985, 1261 (*Gaberdiel*); LG Krefeld aaO (Fn 54); MüKo-*Eickmann* § 1116 Rn 46; KEHE-*Eickmann* § 62 Rn 2; *Demharter* § 62 Rn 3; *Missling* Rpfleger 1980, 332.

65 MüKo-*Eickmann*, KEHE und *Missling* je aaO (Fn 64).

neutral ausgestaltet sei.[66] Die Ergänzung einer von vornherein nicht in dem Brief enthaltenen Angabe sei demzufolge wegen ihrer offenkundigen Sinnlosigkeit abzulehnen. Dieser Ansicht kann nicht gefolgt werden. Zunächst ist festzuhalten, dass der zu erteilende Brief »den Inhalt der die Hypothek betreffenden *Eintragungen*« zu enthalten hat (§ 57 Abs 1 S 1). Da eine Beschränkung auf den Inhalt der *Hypothek* somit nicht besteht,[67] kann es dahinstehen, ob der Rang zum Inhalt der Hypothek gehört. Von § 57 Abs 1 S 1 werden vielmehr sämtliche Eintragungen erfasst, die sich rechtlich auf die Hypothek auswirken können. Das ist vor der Gesetzesänderung nicht bestritten worden und gilt infolge des gleichen Wortlauts von § 57 Abs 2a aF und § 57 Abs 1 S 1 nF unverändert weiter.[68] Der Wegfall der *Kurzbezeichnung* von im Rang vorgehenden oder gleichstehenden Rechten (§ 57 Abs 2d aF) ändert somit nichts daran, dass die bei der Ersteintragung der Hypothek jeweils in Abt III Spalte 4 enthaltenen Rangvermerke und Rangvorbehalte zum ursprünglichen Briefinhalt zählen[69] (vgl § 57 nF Rdn 4, 5). Damit enthält der Brief eine vollständige Rangaussage. Denn dass dem Gläubiger des verbrieften Rechts die räumlich bzw zeitlich vor seiner Hypothek eingetragenen Rechte im Rang vorgehen, ergibt sich bereits aus dem Gesetz (§ 879 Abs 1 BGB). Über diese Rechte verschafft sich der Gläubiger durch eine Grundbuchblattabschrift Gewissheit, was im Übrigen im Hinblick auf § 1140 BGB (keine positive Buchfunktion des Briefs) auch schon vor der Neufassung des § 57 üblich war. Da der Gläubiger bei künftigen Rangänderungen mitwirken muss (§ 880 BGB), kann der Vermerk der Rangänderung auf dem Brief auch keine Unklarheiten oder Missverständnisse hervorrufen.[70] Neue Grundpfandrechtsbriefe sind daher wie die vor dem 01.01.1978 hergestellten Briefe bei Rangänderungen vorzulegen (§ 41 Abs 1 S 1) und zu ergänzen (§ 62), ohne dass es darauf ankommt, ob die Rangänderung zu einer Verschlechterung oder Verbesserung der Rechtsposition des Gläubigers führt.

29 **(5)** Die frühere Eintragung des **Vorrangs der Heimstätteneigenschaft** bei der Hypothek hatte nur klarstellende Funktion, da ihr ausschließlich erster Rang nicht durch eine rechtsgeschäftliche Rangänderung zustandekam, sondern gesetzlich festgelegt war (§ 5 RHeimstG). Eine Briefvorlegung kam daher ebenso wenig in Betracht wie eine Briefergänzung nach § 62.[71] Eine Ergänzung des Briefs nach Maßgabe des § 57 Abs 3 aF war hingegen zulässig (vgl § 57 aF Rdn 32). Wegen des die Weitergeltung des § 17 Abs 2 S 2 RHeimstG betreffenden Vermerks nach Art 6 § 2 Abs 3 des Gesetzes zur Aufhebung des RHeimstG vom 17.06.1993 (BGBl I, 912) vgl Rdn 34.

30 **(6)** Auch Eintragungen, die sich zwar auf ein die Hypothek betreffendes Rechtsverhältnis beziehen, jedoch nur **hinweisenden Charakter** haben, verlautbaren lediglich eine Tatsache.[72] Hierher gehören alle die materiellen Rechtsverhältnisse unberührt lassenden Berichtigungen, wie zB die Eintragung einer Namensänderung bei zweifelsfreier Identität des Berechtigten,[73] die Richtig- und Klarstellung von ungenauen Eintragungsvermerken,[74] die nach dem 31.12.2001 erfolgende Eintragung der Euro-Umstellung (vgl Rdn 111 ff) oder die Anbringung von anderen hinweisenden Vermerken, welche aus Zweckmäßigkeitsgründen zur Eintragung gelangen.

31 **c) Eine Grundbucheintragung »bei der Hypothek«. aa) Der Ort der Eintragung.** Die Briefvorlegung ist nur erforderlich, wenn eine Eintragung »bei der Hypothek« erfolgt. Aus diesem Grund kommen nur Eintragungen in Betracht, die *in der dritten Abteilung des Grundbuchs unter der Nummer der Hypothek* vorzunehmen sind.[75] Nicht hierher gehören demnach Eintragungen, die zwar materiell auf die Hypothek einwirken, aber buchmäßig nicht mit ihr in Zusammenhang stehen, weil die Eintragungen an einer anderen Stelle des Grundbuchs vorzunehmen sind.[76] So scheidet die Vorlegung des Briefs bei der Eintragung von Vereinigungen oder Bestandteilszuschreibungen ebenso aus[77] wie bei der Vormerkung des Anspruchs auf Haftunterstellung eines noch nicht mit der Hypothek belasteten Grundstücks.[78] Im Fall der Eintragung einer Rangänderung bedarf es

---

66 LG Krefeld aaO (Fn 54).
67 So aber *Missling* Rpfleger 1980, 334.
68 KG KGJ 45, 291, 293 = RJA 13, 257; BayObLG und OLG Oldenburg je aaO (Fn 63, 64); OLG Zweibrücken Rpfleger 1980, 109 = MittRhNotK 1980, 77 (LS); **aA** (gegen den Gesetzeswortlaut) *Demharter* § 57 Rn 3.
69 Für Rangvermerke: OLG Oldenburg und OLG Zweibrücken je aaO (Fn 64, 68); für Rangvorbehalte: BayObLG aaO (Fn 63); **aA** (gegen den Gesetzeswortlaut) *Demharter* § 57 Rn 3.
70 So aber LG Krefeld, *Gaberdiel* und *Missling* je aaO (Fn 54, 64).
71 SchlHolstOLG Rpfleger 1974, 400; LG Bonn NJW 1963, 304; vgl auch OLG Hamm NJW 1956, 633; OLG Celle NdsRpfl 1957, 151; LG Darmstadt DNotZ 1958, 489; LG Aachen NJW 1959, 2169; *Horber-Demharter* (19.) Anh 20a zu § 44.
72 *Hügel-Zeiser* Rn 19; *Güthe-Triebel* Vorbem 10 zu § 13.
73 KG KGJ 27 A, 244, 249; 32 A, 199, 203; JFG 8, 241, 242 = HRR 1931 Nr 968.
74 KG KGJ 37 A, 213; 47, 198, 201; 49, 228, 229.
75 KG KGJ 36 A, 222 = OLGE 18, 244 = RJA 9, 199; KEHE-*Herrmann* Rn 6; *Demharter* Rn 3.
76 KG KGJ 53, 208; JFG 11, 342, 346; *Hügel-Zeiser* Rn 14; KEHE-*Herrmann* Rn 6; *Demharter* Rn 3; *Böhringer* Rpfleger 1987, 446.
77 LG Bromberg PosMSchr 01, 42; *Hügel-Zeiser* Rn 14; *Güthe-Triebel* Rn 9; *Demharter* Rn 3; *Böhringer* Rpfleger 1987, 446.
78 KG KGJ 44, 250 = OLGE 26, 159 = RJA 12, 267; *Hügel-Zeiser* Rn 14; *Güthe-Triebel* Rn 8.

nicht der Vorlegung der Briefe über die an der Rangänderung nicht beteiligten Grundpfandrechte. Bei diesen Rechten erfolgt keine Eintragung. Aus dem gleichen Grund ist es bei der Eintragung der Herabsetzung des Zinssatzes oder einer die Rechtsstellung des Hypothekengläubigers beeinträchtigenden Änderung der Zins- und Zahlungsbestimmungen nicht erforderlich, dass Briefe über Grundpfandrechte vorgelegt werden, die von den bezeichneten Rechtsänderungen nicht berührt werden.

bb) Die Art der Eintragung. Im Entw I § 31 war ursprünglich vorgesehen, dass die Briefvorlegung nur für **32** solche Eintragungen erforderlich sein sollte, die zu einer Verschlechterung der Rechtsstellung des Hypotheken- gläubigers führen. Aus der Gesetz gewordenen Formulierung »bei der Hypothek« ergibt sich jedoch, dass auch Eintragungen in Frage kommen, welche die Rechtsstellung des Hypothekengläubigers unberührt lassen oder verbessern.[79]

cc) Einzelfälle. (1) Allgemeines. Aus der Vielzahl der für eine Eintragung »bei der Hypothek« in Betracht **33** kommenden Grundbuchvermerke sind insbesondere folgende Fallgestaltungen hervorzuheben: Die Eintragung von Abtretungen, Inhaltsänderungen, Belastungen, Rangänderungen,[80] Löschungen, Vormerkungen, Verfü- gungsbeschränkungen, Erwerbsverboten (wegen des Erfordernisses der Voreintragung des verbotswidrigen Erwerbs vgl § 17 Rdn 40 und § 60 Rdn 86 Fn 215), Widersprüchen (vgl aber § 41 Abs 1 S 2 und hierzu Rdn 79 ff), Grundbuchberichtigungen und Verzichten (§ 1168 BGB); die nachträgliche Eintragung eines Rang- vorbehalts; die Löschung des Rangvorbehalts, da diese Eintragung im Gegensatz zur Ausnützung des Rangvor- behalts (vgl Rdn 18) keine Tatsache bekundet, sondern eine Rechtsänderung darstellt;[81] die Eintragung der Rangänderung beim zurücktretenden und beim vortretenden Recht (vgl Rdn 23 ff); die vor dem Ablauf der Übergangszeit (31.12.2001) erfolgte Eintragung der Euro-Umstellung (vgl Rdn 111 ff); die Eintragung der nachträglichen Unterwerfung nach § 800 ZPO; der nachträgliche Ausschluss des gesetzlichen Löschungsan- spruchs und dessen Wiederaufhebung (§ 1179a Abs 5 BGB); die auf demselben oder auf einem anderen Grund- buchblatt zur Eintragung gelangende Pfandunterstellung eines noch nicht mit der Hypothek belasteten Grund- stücks (vgl Rdn 19) sowie die Entlassung eines Grundstücks(teils) aus der Mithaft,[82] wobei die Löschung bzw Pfandfreigabe durch Nichtmitübertragung (§ 46 Abs 2) einer ausdrücklichen Grundbucheintragung gleichsteht (vgl Rdn 16). Des weiteren ist die Vorlegung des Briefs erforderlich zur Eintragung der Pfändung einer Hypo- thek[83] oder eines Miterbenanteils an einem Grundpfandrecht,[84] zur bei der Hypothek erfolgenden Eintragung des durch die Umlegung eingetretenen Austausches des Haftungsgegenstandes[85] (§ 74 Abs 1 BauGB), zur Ein- tragung des Umstellungsbetrages (§ 5 der 40. DVOUmstG), zum Vermerk über ein bestehendes Befriedigungs- vorrecht (§ 117 Abs 1 S 2 HS 1 LAG), zur vereinfachten Löschung nach § 18 GBMaßnG,[86] zur Löschung eines Widerspruchs,[87] zur Eintragung der Herabsetzung des Zinssatzes oder einer die Rechtsstellung des Eigentümers oder des Hypothekengläubigers beeinträchtigenden Änderung der Zins- und Zahlungsbestimmungen, zur Ein- tragung der Umwandlung einer Verkehrs- in eine Sicherungshypothek, einer Brief- in eine Buchhypothek sowie einer Hypothek in eine Grundschuld[88] und zur Eintragung einer durch Rechtsgeschäft oder kraft Geset- zes erfolgenden oder bereits eingetretenen Teilung der Hypothek, wobei neben dem evtl vorhandenen Teilhy- pothekenbrief auch der Stammbrief vorzulegen ist[89] (vgl § 61 Rn 7).

Die **von Amts wegen** vorzunehmende Eintragung von Vormerkungen (§ 18 Abs 2), Widersprüchen (§§ 18 **34** Abs 2, 23 Abs 1 S 1, 24, 53 Abs 1 S 1) und Löschungen (§§ 53 Abs 1 S 2, 76 Abs 2, 84 ff) sowie die Eintragung der im Rangklarstellungsverfahren festgelegten neuen Rangordnung (§§ 102 Abs 2, 111) dürfen ebenfalls erst nach der Vorlegung des Briefs erfolgen (Ausnahme: § 53 Abs 2 S 1). Bei der gleichzeitig mit dem Recht des Vorerben erfolgenden Eintragung des Nacherben- oder Testamentsvollstreckungsvermerks (§§ 51, 52) macht die Anwendung des § 41 Abs 1 S 1 keine Schwierigkeiten, da bereits zur Eintragung des Rechts des Vorerben

---

79 KG aaO (Fn 78) und KGJ 44, 256, 261 = RJA 12, 256; BayObLG MittBayNot 1979, 113; *Hügel-Zeiser* Rn 13; *Güthe-Triebel* Rn 8; KEHE-*Herrmann* Rn 6; *Demharter* Rn 4.
80 KG JFG 11, 342, 346; OLG Hamm Rpfleger 2002, 565 = FGPrax 2002, 193.
81 BayObLG aaO (Fn 80).
82 OLG Rostock KGJ 29 A, 282 = OLGE 10, 97 = RJA 5, 200; OLG Hamm Rpfleger 1989, 173; BayObLG BayObLGZ 1973, 246 = Rpfleger 1973, 429 = DNotZ 1974, 93 = MittBayNot 1973, 366 = MDR 1974, 137; MittBayNot 1978, 108; Rpfleger 1983, 17 = MittBayNot 1982, 247.
83 OLG Hamm Rpfleger 1980, 483; KG KGJ 44, 275, 279; *Tempel* JuS 1967, 117, 124.
84 OLG Frankfurt Rpfleger 1979, 205.
85 LG Hanau Rpfleger 1977, 171; entsprechendes gilt für die Grundbuchberichtigung anlässlich eines Grenzregelungs- oder Flurbereinigungsverfahrens.
86 OLG Hamm Rpfleger 1983, 146.
87 *Güthe-Triebel* Rn 8.
88 *Güthe-Triebel* Rn 8.
89 KG KGJ 30 A, 236, 238 = OLGE 10, 444 = RJA 6, 63; OLG Hamm OLGZ 1988, 17 = Rpfleger 1988, 58 (*Muth*) = Rpfleger 1988, 136 (*Schmid*); *Staudinger-Wolfsteiner* § 1152 Rn 10; *Palandt-Bassenge* § 1152 Rn 3; *Hügel-Zeiser* Rn 18; *Güthe-Triebel* § 61 Rn 16, § 62 Rn 11 und § 41 Rn 10.

die Vorlegung des Briefs erforderlich ist. Die in § 35 vorgesehenen Nachweise können nämlich für sich alleine nicht belegen, dass die Briefhypothek zum Nachlass gehört. Ist die gebotene Eintragung des Nacherben- oder Testamentsvollstreckungsvermerks unterblieben, so ist die Nachholung des Versäumten nur bei (erneuter) Vorlegung des Briefs zulässig. Wird der Brief nicht vorgelegt, so ist ein Amtswiderspruch einzutragen (vgl Rdn 60).

Aufgrund der mit Wirkung vom 01.10.1993 erfolgten Aufhebung des RHeimstG sind die im Grundbuch eingetragenen Reichsheimstättenvermerke nach dem 31.12.1998 von Amts wegen zu löschen (Art 6 § 2 Abs 1 des Gesetzes vom 17.06.1993, BGBl I, 912). Da die Norm des § 17 Abs 2 S 2 RHeimstG nach der Übergangsvorschrift des Art 6 § 1 Abs 1 S 1 des Gesetzes vom 17.06.1993 auf vor dem 01.10.1993 im Grundbuch eingetragene Hypotheken und Grundschulden weiter anwendbar bleibt, ist bei diesen Grundpfandrechten im Zuge der Löschung des Reichsheimstättenvermerks von Amts wegen zu vermerken, dass sie weiterhin den Regelungen des § 17 Abs 2 S 2 RHeimstG unterliegen (Art 6 § 2 Abs 3 des Gesetzes vom 17.06.1993). Da es sich bei diesem Vermerk um eine Eintragung im Hinblick auf ein die Hypothek betreffendes Rechtsverhältnis handelt (vgl Rdn 15), wird die Anbringung dieses Vermerks (und damit auch die Löschung des Reichsheimstättenvermerks) bei Briefrechten auf Schwierigkeiten stoßen. Der Gesetzgeber hat es bei der genannten Regelung nämlich versäumt, eine Ausnahme vom Briefvorlegungserfordernis des § 41 Abs 1 S 1 oder eine gesetzliche Befugnis des Grundbuchamts zur von Amts wegen erfolgenden Briefeinforderung vorzusehen (arg § 62 Abs 3). Eine Löschung des Reichsheimstättenvermerks und die Anbringung des genannten Weitergeltungsvermerks im Hinblick auf § 17 Abs 2 S 2 RHeimstG wird daher nur möglich sein, wenn die Gläubiger die Grundpfandrechtsbriefe auf entsprechendes Ersuchen des Grundbuchamts freiwillig vorlegen (vgl § 62 Rdn 34).

35 **(2) Zinserhöhung oder Änderung von Zins- und Zahlungsbestimmungen unter Berücksichtigung von evtl damit in Zusammenhang stehenden Rangänderungen.** Bei der nachträglichen Erhöhung des Zinssatzes oder der Eintragung einer für den Gläubiger vorteilhaften Änderung der Zins- und Zahlungsbestimmungen (zum umgekehrten Fall vgl Rdn 31, 33) ist der Brief über das begünstigte Recht vorzulegen. Dabei kommt es nicht darauf an, ob sich die Änderung innerhalb der Schranken des § 1119 BGB vollzieht.[90] Ob es in diesen Fällen der Vorlegung der Briefe über die im Rang gleich- und nachstehenden Posten bedarf, hängt von verschiedenen Umständen ab. Hält sich die Zinserhöhung bzw die Eintragung der für den Gläubiger vorteilhaften Inhaltsänderung *im Rahmen des § 1119 BGB,* so bedarf es keiner Zustimmung der gleich- und nachstehenden Berechtigten, um auch den geänderten (erweiterten) Inhalt am Rang des veränderten Hauptrechts teilhaben zu lassen. Da § 1119 BGB eine gesetzliche Rangbestimmung enthält, kommt eine Eintragung bei den im Rang gleich- oder nachstehenden Rechten von vorneherein nicht in Betracht. Demzufolge kann auch keine Vorlegung der über diese Rechte erteilten Briefe erforderlich sein.[91] Geht die Inhaltsänderung *über den Rahmen des § 1119 BGB hinaus,* so hängt die Notwendigkeit der Vorlegung der Briefe über die im Rang gleich- oder nachstehenden Rechte von der Beantwortung der Frage ab, ob **Eintragungen in der Veränderungsspalte** des Grundbuchs den **Rang der Hauptspalte** teilen (hierzu vgl auch die Erl zu den §§ 45 und 48). Wer diese Frage mit der hM[92] bejaht, muss einen Rangvermerk nur für erforderlich halten, wenn die im Rang gleich- oder nachstehenden Berechtigten bezüglich der für sie nachteiligen Inhaltsänderung *nicht* den Gleichrang einräumen bzw im Rang zurücktreten (denn sonst würde die Hauptspalte den Gleich- bzw Nachrang der gleich- und nachstehenden Rechte im Verhältnis zur Inhaltsänderung verlautbaren). Im Gegensatz dazu hält die hM die ausdrückliche Eintragung eines *erfolgenden* Rangrücktritts bei den gleich- und nachstehenden Rechten für entbehrlich, weil bereits die Hauptspalte den Gleich- bzw Vorrang des geänderten Rechts ausweise. Wer zutreffenderweise eine Rangeinheit von Haupt- und Veränderungsspalten des Grundbuchs unter Berufung auf den Prioritätsgrundsatz ablehnt,[93] muss die ausdrückliche Eintragung der erfolgenden Rangänderung (§ 880 Abs 2 S 1 HS 1 BGB!) bei den im Rang gleich- und nachstehenden Rechten fordern und gleichzeitig einen

90 KG KGJ 44, 250 = OLGE 26, 159 = RJA 12, 267; *Güthe-Triebel* Rn 8.

91 KG KGJ 48, 216, 218 = OLGE 34, 205 = RJA 15, 71; *Güthe-Triebel* Rn 8.

92 RG RGZ 132, 106 = JFG 8, 42 = JW 1931, 2727; KG KGJ 26 A, 142; 26 A, 290; 33 A, 250; 43, 234; 48, 216 = OLGE 34, 205 = RJA 15, 71; BayObLG BayObLGZ 1959, 520, 526 = NJW 1959, 1155 = DNotZ 1960, 540; OLG Frankfurt Rpfleger 1978, 312; LG Würzburg Rpfleger 1958, 152; LG Hamburg Rpfleger 1960, 170 = DNotZ 1961, 93; LG Bonn Rpfleger 1982, 138; *Soergel-Stürner* § 879 Rn 11; *Staudinger-Kutter* § 879 Rn 53; BGB-RGRK-*Augustin* § 879 Rn 35; *Planck-Strecker* § 879 Anm 2, 7 b; *Palandt-Bassenge* § 879 Rn 10; MüKo-*Wacke* § 879 Rn 26; *Hügel-Zeiser* § 45 Rn 11; *Hügel-Reetz* § 48 Rn 36; *Güthe-Triebel* § 45 Rn 5; *Demharter* § 48 Rn 20; *Schöner/Stöber* Rn 2495–2499; *Bruhn* Rpfleger 1958, 153; *Streuer* Rpfleger 1982, 138; kritisch, aber im Ergebnis ebenso *Feuerpeil* Rpfleger 1983, 298 mit nicht zutreffender Definition des Begriffs »Rangänderung«; hierzu vgl *Schmid* Rpfleger 1984, 130 ff.

93 OLG Dresden SeuffA 67 Nr 205 = OLGE 26, 138; OLG Hamburg (als vorlegendes Gericht zitiert in RG RGZ 132, 106); *Biermann* § 879 Anm 1 und § 1119 Anm 3 a; *Turnau-Förster* § 879 Anm II 1 a; *Meikel-Böttcher* § 45 Rdn 45–48, 61–68; *Meikel-Böhringer* § 48 Rdn 103; KEHE-*Eickmann* § 45 Rn 17; KEHE-*Eickmann* § 11 GBV Rn 30; *Oberneck* § 40, 1; *Wolff-Raiser* § 41 I 2 mit Fn 5; *Breit,* Der Grundbuchrang und seine Probleme (1928), 27; *Bestelmeyer* Rpfleger 1992, 151; *Böttcher* BWNotZ 1988, 73; *Schmid* Rpfleger 1982, 251 und 1984, 130 mit ausführlicher Begründung und Beispielen.

Rangvermerk mangels Rechtsänderung für den Fall ablehnen, dass die gleich- und nachstehenden Rechte bezüglich der Inhaltsänderung nicht im Rang zurücktreten.[94]

Die Problematik soll an folgendem **Beispiel** verdeutlicht werden: Im Grundbuch sind zwei Hypotheken (Abt III Nrn 1 und 2) mit Rang nach § 879 Abs 1 S 1 BGB eingetragen. Bei dem Recht Nr 1 sollen die Zinsen von bisher 15 % auf künftig 18 % erhöht werden. **36**

Fall 1: Der nachrangige Gläubiger tritt nicht im Rang hinter die erhöhten Zinsen zurück.   37

Obwohl keine Rangänderung vorliegt, ist es nach der hM zur Verlautbarung des *von der Hauptspalte abweichenden* Rangverhältnisses erforderlich, den Nachrang der bei dem Recht Nr 1 erhöhten Zinsen (3 %) im Verhältnis zu dem Recht Nr 2 im Grundbuch zu vermerken. Da dieser Rangvermerk aber nur die Tatsache des sich nicht ändernden Rangverhältnisses wiedergibt, hat eine Vorlegung des über das Recht Nr 2 erteilten Briefs nicht zu erfolgen.[95] Nach der hier vertretenen Ansicht erfolgt bei dem Recht Nr 2 mangels Rechtsänderung ohnehin keine Eintragung, welche die Frage nach der Notwendigkeit der Briefvorlegung aufwirft.

Fall 2: Der nachrangige Gläubiger tritt im Rang hinter die erhöhten Zinsen zurück   38

Da die hM die Notwendigkeit eines Rangvermerks trotz des eindeutigen Wortlauts des § 880 Abs 2 S 1 HS 1 BGB verneint, liegt keine Eintragung »bei der Hypothek« Nr 2 vor. Trotzdem kann es keinem Zweifel unterliegen, dass die Vorlegung des über das Recht Nr 2 erteilten Briefs zur Überprüfung der Bewilligungsberechtigung des im Rang zurücktretenden Gläubigers erforderlich ist. Bei fehlender Bewilligungsberechtigung des Erklärenden ist das Grundbuchamt nämlich nicht berechtigt, dem Recht Nr 1 (nach hM durch das Nichtanbringen eines Nachrangvermerks) den durch die Hauptspalte bereits ausgewiesenen Vorrang auch in Bezug auf die erhöhten Zinsen (3 %) zu verschaffen. Die hM sieht sich bei dem Versuch, die Notwendigkeit der Briefvorlegung durch eine gesetzliche Vorschrift zu belegen, vor unüberwindliche Schwierigkeiten gestellt. § 41 Abs 1 S 1 kann nicht zutreffen, da die hM selbst die Notwendigkeit einer ausdrücklichen Eintragung bei der Hypothek Nr 2 (= *unter der Nummer* des im Rang nachstehenden Rechts, vgl Rdn 31) verneint. Eine andere gesetzliche Grundlage ist aber nicht ersichtlich. Insbesondere kommt keine entsprechende Anwendung des § 41 Abs 1 S 1 in Frage, da im Gegensatz zum vergleichbaren Fall der Löschung durch Nichtmitübertragung (§ 46 Abs 2) keine gesetzliche Vorschrift existiert, die das Nichtanbringen eines Nachrangvermerks in seiner Wirkung mit der ausdrücklichen Eintragung der Rangänderung gleichsetzt. Dies würde dazu führen, dass mangels Rechtsgrundlage die Vorlegung des Briefs nicht verlangt, infolgedessen die Bewilligungsberechtigung des im Rang zurücktretenden Beteiligten nicht überprüft und deshalb in keinem Fall eine vorrangige Eintragung der erhöhten Zinsen im Verhältnis zu dem Recht Nr 2 im Grundbuch vollzogen werden könnte. Auch dieser Widerspruch gibt zu berechtigten Zweifeln an einer Rangeinheit von Haupt- und Veränderungsspalten des Grundbuchs iS der hM Anlass. Der Versuch, diese Zweifel durch die Befürwortung einer entsprechenden Anwendung des § 41 Abs 1 S 1 auszuräumen,[96] scheitert – wie ausgeführt – bereits daran, dass die Voraussetzungen für eine Analogie nicht erfüllt sind.[97] Aber selbst wenn die Zulässigkeit einer Analogie zu bejahen wäre, könnte der hM nicht gefolgt werden. Denn ein System, das – um folgerichtig zu sein – zur Begründung des Erfordernisses der Briefvorlegung (§§ 41, 42) und der Briefergänzungspflicht (§§ 62, 70) auf Analogien angewiesen ist, stellt sich selbst in Frage. Bei Meinungsverschiedenheiten über materiellrechtliche Fragen kann es daher durchaus von Bedeutung sein, welche der vertretenen Auffassungen sich verfahrensrechtlich ohne Probleme verwirklichen lässt. Anders als der hM bereitet es der abweichenden Ansicht aber keine Schwierigkeiten, die gesetzliche Notwendigkeit der Briefvorlegung zu bejahen. Jede Rangänderung muss ausdrücklich im Grundbuch eingetragen werden (§ 880 Abs 2 S 1 HS 1 BGB). Damit liegt eine Eintragung »bei der Hypothek« Nr 2 vor.[98] Aus dem Entw I § 31 Abs 1 S 3 ergibt sich, dass auch der Gesetzgeber von dem Erfordernis einer Eintragung und damit von der Notwendigkeit der Vorlegung des über das Recht Nr 2 erteilten Briefes ausgegangen ist. Dort war bestimmt, dass für die Eintragung von sich im gesetzlichen Rahmen des § 1119 BGB bewegenden Rechtsänderungen keine Vorlegung der über die im Rang gleich- oder nachstehenden Rechte ausgestellten Briefe erforderlich ist. Der Entw I § 31 Abs 1 S 3 ist zwar nicht Gesetz geworden, da im Fall einer von § 1119 BGB erfassten Zinserhöhung keine Eintragung bei den im Rang gleich- oder nachstehenden Rechten erfolgt (vgl Rdn 35). Dennoch lässt sich aus ihm entnehmen, dass der Gesetzgeber bei einer die Zinsschranke des § 1119 BGB übersteigenden Zinserhöhung im Rang des Hauptrechts erst recht vom Erfordernis einer Grundbucheintragung bei den im Rang gleich- und nachstehenden Rechten ausgegangen sein muss.[99]

---

94   *Schmid* Rpfleger 1982, 251 und 1984, 130.

95   KG KGJ 33 A 250; vgl auch KG KGJ 48, 216, 218 = OLGE 34, 205 = RJA 15, 71; *Güthe-Triebel* Rn 8.

96   OLG Hamm OLGZ 1985, 23 = Rpfleger 1985, 17 = MittRhNotK 1985, 44.

97   Das OLG Hamm (Fn 96) hat die Voraussetzungen für eine analoge Anwendung des § 41 Abs 1 S 1 nicht geprüft, sondern lediglich darauf hingewiesen, dass der Senat »für geboten hält, die Vorschriften der §§ 41, 42, 62 und 70 auch im vorliegenden Fall anzuwenden«.

98   *Schmid* Rpfleger 1982, 251; 1984, 130, 139/140.

99   Mot 67; *Schmid* Rpfleger 1984, 130, 140.

(3) Pfandunterstellungen auf demselben Grundbuchblatt unter Berücksichtigung von evtl erfolgenden
39 **Rangänderungen.** Die bei der grundbuchmäßigen Rangdarstellung auftretenden und in Rdn 35 ff geschilderten Probleme können sich bei einer auf demselben Grundbuchblatt zu vollziehenden Pfandunterstellung vor allem dann ergeben, wenn mehrere Rechte gleichzeitig erstreckt werden und/oder das nachzuverpfändende Grundstück bereits mit Rechten belastet ist, die (räumlich oder zeitlich) hinter dem zu erstreckenden Recht eingetragen sind.[100] In diesen Fällen ist entsprechend der in Rdn 35 ff dargestellten Weise zu verfahren.

2. Die Vorlegung des Briefs

40 **a) Die Beschaffung des Briefs. aa)** Im Regelfall hat die Vorlegung des Briefs *durch den Antragsteller oder die ersuchende Behörde* zu erfolgen.[101] Selbst wenn die Beschaffung des Briefs tatsächliche Schwierigkeiten bereitet, darf das Grundbuchamt nicht von seiner Vorlegung absehen[102]. Auch bei Eintragungen anlässlich eines Umlegungs-, Grenzregelungs- oder Flurbereinigungsverfahrens (vgl §§ 74 Abs 1, 84 Abs 1, 208 S 1 BauGB, §§ 79 ff, 116 Abs 1 FlurbG) kann das Grundbuchamt die Vorlegung der Briefe von der ersuchenden Behörde verlangen. Die Behörde kann das Grundbuchamt nicht darauf verweisen, sich die Briefe von den Gläubigern selbst anzufordern.[103] Das BauGB und das FlurbG sind in dieser Hinsicht im Verhältnis zur GBO nicht als Spezialgesetze anzusehen.[104] Hinzu kommt, dass im Gegensatz zu allen anderen einschlägigen Fällen (zB § 62 Abs 3) keine gesetzliche Vorschrift existiert, die dem Grundbuchamt eine Befugnis zur Einforderung der Briefe einräumt (hierzu vgl § 62 Rdn 26). Aus denselben Gründen ist auch die Enteignungsbehörde verpflichtet, ihrem Grundbuchberichtigungsersuchen (§ 117 Abs 7 BauGB) die Briefe beizufügen.[105] Die gegenteilige Annahme wird vor allem nicht durch die Überlegung unterstützt, dass die Enteignungsbehörde die alleinige Verantwortung für die Rechtsänderung trägt, während dem Grundbuchamt nur die »formale Übertragung des neuen Rechtszustands in das Grundbuch« zukomme.[106] Denn die Vorlegung und evtl Unbrauchbarmachung (§ 69) der Briefe hat nichts mit einem dem Grundbuchamt nicht zustehenden Prüfungsrecht im Hinblick auf die Verwaltungsakte der Enteignungsbehörde zu tun,[107] sondern soll verhüten, dass mit der ungültig gewordenen Urkunde Missbrauch getrieben wird.[108] Diese Aufgabe kommt schon deswegen dem Grundbuchamt zu, weil es den Brief hergestellt und in Verkehr gebracht hat. Auch der Einwand, die Enteignungsakten würden durch die Weggabe der Briefe unvollständig,[109] ist nicht stichhaltig. Die Enteignungsbehörde mag sich beglaubigte Abschriften fertigen.

41 **Hat das Grundbuchamt den Brief in einer anderen Grundbuchsache bereits in Verwahrung,** so darf es ihn nur dann als vorgelegt ansehen, wenn dies offenbar dem Willen der Beteiligten entspricht[110] oder wenn

---

100 **Für Rangeinheit:** OLG Hamm aaO (Fn 96), jedoch nur insoweit, als das (die) zu erstreckende(n) Recht(e) bereits in einem Rangverhältnis zu anderen Grundstücksrechten gestanden hat (haben); KG JFG 22, 284 = HRR 1941 Nr 683 = DNotZ 1941, 349 = DR 1941, 1557; LG Köln MittRhNotK 1973, 438; LG Würzburg Rpfleger 1958, 153; *Staudinger-Kutter* § 879 Rn 56 (unter unrichtiger Berufung auf *Meikel-Böhringer* § 48 Rdn 103 und KEHE-*Eickmann* § 45 Rn 18); *Palandt-Bassenge* § 1132 Rn 7; *Hügel-Zeiser* § 45 Rn 11; *Hügel-Reetz* § 48 Rn 36; *Demharter* § 48 Rn 20; *Schöner/Stöber* Rn 2653–2668; *Meyer-Stolte* Rpfleger 1971, 201; **gegen Rangeinheit:** OLG Hamm aaO (Fn 95), soweit das (die) zu erstreckende(n) Recht(e) noch nicht in einem Rangverhältnis zu anderen Grundstücksrechten gestanden hat (haben); LG Bonn Rpfleger 1982, 138; LG Münster, Beschl. v 13.05.1983, 5 T 208/83; MüKo-*Eickmann* § 1132 Rn 18; *Meikel-Böttcher* § 45 Rdn 45–48, 61–68; *Meikel-Böhringer* § 48 Rdn 103; *Güthe-Triebel* § 48 Rn 14; KEHE-*Eickmann* § 45 Rn 18 (Bsp 4); *Eickmann* GBVerfR, Rn 358 (Bsp d); *Bruhn* Rpfleger 1958, 153; *Bestelmeyer* Rpfleger 1992, 151; *Böttcher* BWNotZ 1988, 73; *Schmid* Rpfleger 1982, 251; 1984, 130. Die vom OLG Hamm vorgenommene Differenzierung ist abzulehnen, da eine Rangeinheit von Haupt- und Veränderungsspalten des Grundbuchs nur entweder für jeden denkbaren Fall befürwortet oder für alle in Frage kommenden Fallgestaltungen abgelehnt werden kann; vgl hierzu die *insoweit* berechtigte Kritik von *Streuer* Rpfleger 1985, 144.
101 KG KGJ 30 A, 282 = RJA 6, 164; BayObLG MittBayNot 1979, 113; *Hügel-Zeiser* Rn 22; *Güthe-Triebel* Rn 10; KEHE-*Herrmann* Rn 9; *Demharter* Rn 7.
102 OLG Karlsruhe DNotV 1926, 262; OLG Frankfurt Rpfleger 1979, 205; OLG Düsseldorf Rpfleger 1995, 104 = FGPrax 1995, 5; LG Frankfurt Rpfleger 1983, 250; *Meikel-Roth* § 38 Rdn 72.
103 OLG Düsseldorf NJW-RR 1997, 1375 = WM 1997, 2212; *Hügel-Zeiser* Rn 22; *Demharter* Rn 7 und § 38 Rn 23; *Bauer/von Oefele-Bauer* § 38 Rn 99; KEHE-*Herrmann* Rn 9 und § 38 Rn 33; *Meikel-Roth* § 38 Rdn 72 (für das Umlegungsverfahren); *Schöner/Stöber* Rn 3875; **aA** LG Hanau Rpfleger 1977, 271.
104 KEHE-*Herrmann* (5. Aufl) § 38 Rn 35 mit eingehender Begründung und weiteren Nachweisen zu abweichenden Ansichten.
105 **AA** *Meikel-Roth* § 38 Rn 9; *Demharter* Rn 17, § 38 Rn 66 (unter Berufung auf *Dittus* NJW 1956, 612, zu § 46 Abs 2 BaulandbeschG v 03.08.1953, BGBl I, 720). Wie hier *Hügel-Zeiser* Rn 22.
106 So aber *Dittus* NJW 1956, 613.
107 Wie *Dittus* aaO (Fn 106) irrtümlich meint.
108 Mot 105; D 67.
109 *Dittus* aaO (Fn 106).
110 RG WarnR 1917 Nr 277; KG JFG 8, 226, 231 = HRR 1931 Nr 1457; ZBlFG 11, 331; KGJ 50, 228, 230; DNotV 1912, 586; DNotV 1912, 588; OLG Oldenburg Rpfleger 1966, 174 (*Riedel*) = DNotZ 1967, 45 (LS) = NdsRpfl 1966, 107 = BWNotZ 1966, 258 (LS); Rpfleger 1970, 101; *Hügel-Zeiser* Rn 26; *Güthe-Triebel* Rn 10; KEHE-*Herrmann* Rn 10; *Demharter* Rn 7; *Güthe* DNotV 1912, 585; *Amberg* DJZ 1913, 807; **aA** nur *Ricks* DNotV 1912, 235; 1912, 687.

es sich um eine von Amts wegen vorzunehmende Eintragung handelt.[111] Ansonsten ist die Vorlegung einer Erklärung vonnöten, in welcher der Einreicher des Briefs (bzw derjenige, der einen Anspruch auf die Aushändigung eines gerade hergestellten Briefs hat[112]) sein Einverständnis mit der Verwendung des Briefs erklärt.[113] Diese Erklärung bedarf der Form des § 29, da sie den Ersatz für die an sich nicht erfolgte Briefvorlegung und damit eine zur Eintragung erforderliche Erklärung darstellt.[114] Ist eine Grundbucheintragung erfolgt, weil der in einer anderen Grundbuchsache eingereichte Brief zu Unrecht als iS des § 41 Abs 1 S 1 vorgelegt angesehen wurde, so muss ein evtl hergestellter Teilbrief an den Gläubiger des Anspruchs auf Aushändigung des Stammbriefs übersandt werden[115] (vgl § 60 Rdn 89 und § 61 Rdn 62).

Befindet sich der Brief bei der Gerichtskasse, so steht er nicht zur Verfügung des Grundbuchamts und kann daher nicht als iS des § 41 Abs 1 S 1 vorgelegt betrachtet werden. Der Antragsteller hat daher auch in diesem Fall für die Vorlegung des Briefs zu sorgen. Es genügt nicht, dem Grundbuchamt anheim zu stellen, sich den Brief selbst von der Kasse zu beschaffen.[116] Eine Ausnahme besteht nur, wenn der ursprünglich dem Grundbuchamt vorgelegte Brief im Zusammenhang mit dem Grundbuchverfahren an die Gerichtskasse gelangt ist, es das Grundbuchamt aber versehentlich unterlassen hat, die von der Briefvorlegung abhängige Eintragung zu vollziehen. In diesem Fall muss das Grundbuchamt den Brief selbst von der Kasse einfordern.[117]   **42**

bb) In den Fällen des § 41 Abs 1 S 2 und des § 53 hat das Grundbuchamt **von Amts wegen** für die Herbeischaffung des Briefs zu sorgen (§ 62 Abs 3). Ebenso muss es von Amts wegen tätig werden, wenn es den vorzulegenden Brief versehentlich an eine nicht empfangsberechtigte Person hinausgegeben hat[118] (vgl § 60 Rdn 98). Bei Eintragungen nach § 18 Abs 2 wird der Brief ohnehin von dem zweiten Antragsteller vorgelegt, da die Vollzugsreife seines Antrags die Eintragung des Schutzvermerks (Vormerkung oder Widerspruch) überhaupt erst ermöglicht. Soweit für eine Eintragung aufgrund einer Anordnung nach § 76 Abs 1 die Vorlegung eines Briefs erforderlich ist (vgl § 41 Abs 1 S 2 und hierzu Rdn 79 ff), hat ihn das Beschwerdegericht herbeizuschaffen. Nicht gefolgt werden kann der Auffassung, wonach das Grundbuchamt der Anweisung wegen der übergeordneten Stellung des Beschwerdegerichts auch dann Folge leisten muss, wenn der Brief nicht vorgelegt wird.[119] Das Beschwerdegericht hat lediglich darüber zu befinden, ob Maßnahmen iS des § 76 Abs 1 zu ergreifen sind. Es kann das Grundbuchamt aber nicht anweisen, sich wissentlich über zwingendes Verfahrensrecht hinwegzusetzen. Eine dergestalt gesetzwidrige Anordnung kann somit keine Bindungswirkung gegenüber dem Grundbuchamt entfalten. Angesichts der in aller Regel gegebenen Eilbedürftigkeit der nach § 76 Abs 1 angeordneten Maßnahmen sollte der Gesetzgeber prüfen, ob bei Eintragungen aufgrund solcher einstweiliger Anordnungen nicht generell auf das Erfordernis der Briefvorlegung verzichtet werden sollte. Solange eine entsprechende Ausnahmevorschrift nicht existiert, ist das Grundbuchamt als befugt anzusehen, den Brief in Ausführung der einstweiligen Anordnung (auch unter Anwendung von Zwangsmaßnahmen iS des § 33 FGG) von Amts wegen vom Briefbesitzer einzufordern. Der bei Beschwerden gegen Zurückweisungsbeschlüsse bestehenden Gefahr eines Rechtsverlustes zu Lasten des Beschwerdeführers kann bei eintragungsbedürftigen Rechtsänderungen begegnet werden, indem man in diesen Fällen (entspr § 18 Abs 2) die Zulässigkeit eines Schutzvermerks zur Sicherung der vom Beschwerdegericht angeordneten Eintragung anerkennt.   **43**

cc) Welcher Brief vorgelegt werden muss, wird idR nicht zweifelhaft sein. Bei der Eintragung einer Teilung der Hypothek (vgl Rdn 33 aE) muss nicht nur ein evtl vorhandener Teilbrief, sondern auch der Stammbrief   **44**

---

111 *Hügel-Zeiser* Rn 27; *Güthe-Triebel* Rn 10; KEHE-*Herrmann* Rn 10.

112 Vgl BayObLG BayObLGZ 1952, 38 = DNotZ 1952, 367 = Rpfleger 1952, 422 (*Haegele*).

113 RG HRR 1932 Nr 1795; KG OLGE 44, 163 = HRR 1925 Nr 504 = JW 1925, 1775 (*Arnheim*); JFG 8, 226, 231 = HRR 1931 Nr 1457; BayObLG NJW-RR 1991, 1398 = MittBayNot 1991, 256 (*Amann*) = Rpfleger 1991, 354 (LS) = Rpfleger 1992, 56 = Rpfleger 1993, 279 (*Bestelmeyer*); *Hügel-Zeiser* Rn 26; *Güthe-Triebel* Rn 10; KEHE-*Herrmann* Rn 10; *Demharter* Rn 7.

114 KG ZBlFG 11, 331; KGJ 50, 228, 230; **aA** ohne Begründung *Bauer/von Oefele-Weber* Rn 15; *Hügel-Zeiser* Rn 26; *Güthe-Triebel* Rn 10; KEHE-*Herrmann* Rn 10; *Demharter* Rn 7. Es wäre auch inkonsequent, wollte man hier im Gegensatz zu dem in Rn 48 bezeichneten Fall (Erklärung über den Briefbesitz zum Zeitpunkt der Vorlegung) einen förmlichen Nachweis nicht fordern.

115 KG DNotV 1912, 586.

116 KG KGJ 50, 228, 230. Gleiches gilt für die Verwahrungsstelle bei erfolgter Hinterlegung des Briefs, vgl KG KGJ 44, 275, 279; OLGE 7, 369.

117 *Güthe-Triebel* Rn 10.

118 KG KGJ 38 A, 283, 290 = OLGE 21, 26 = RJA 10, 79; OLGE 44, 163 = HRR 1925 Nr 504 = JW 1925, 1775 (*Arnheim*); OLG Düsseldorf Rpfleger 1969, 65 = OLGZ 1969, 208 = DNotZ 1969, 295 = MDR 1969, 490 = BWNotZ 1969, 113 (LS); vgl auch KG OLGE 23, 318.

119 So aber *Güthe-Triebel* § 76 Rn 7; KEHE-*Briesemeister* § 76 Rn 7; *Meikel-Streck* § 76 Rdn 12; *Bauer/von Oefele-Budde* § 76 Rn 8; *Demharter* § 76 Rn 6; *Schulze* DNotV 1911, 830. Wie hier *Hügel-Zeiser* Rn 23.

vorgelegt werden.[120] Wurde die Teilung der Hypothek bereits im Grundbuch eingetragen, so bedarf es zum Vollzug der sich ausschließlich auf das Teilrecht beziehenden Folgeeintragungen nur der Vorlegung des Teilbriefs (§ 1152 S 2 BGB; vgl § 61 Rdn 7). Bei der Einreichung von unvollständigen Briefen hängt es vom Einzelfall ab, ob der vorgelegte Teil noch als Brief im Rechtssinn angesehen werden kann.[121] Mit dem Brief verbundene Schuldurkunden (§ 58) oder unbrauchbar gemachte Briefe (§ 69) müssen nicht vorgelegt werden (vgl Rdn 9). In bestimmten Fällen kommt allerdings die Vorlegung von Briefen in Betracht, welche trotz erfolgter Löschung der Hypothek nicht unbrauchbar gemacht werden dürfen (vgl § 17 Rdn 38).

45   **b) Das Verfahren des Grundbuchamts.** Wird der Brief nicht vorgelegt, so hat das Grundbuchamt die Beteiligten durch den Erlass einer Zwischenverfügung zur Vorlegung des Briefs anzuhalten. Nach fruchtlosem Ablauf der gesetzten Frist ist der gestellte Antrag bzw das Ersuchen zurückzuweisen (§ 18). Keinesfalls kann das Grundbuchamt die Vorlegung eines vom Antragsteller beizubringenden Briefs vom Briefbesitzer verlangen, weil sich der Antragsteller (zB mangels eines Anspruchs nach § 896 BGB) selbst zur Vorlegung nicht in der Lage sieht.[122] Erfolgt die Briefvorlegung, so hat das Grundbuchamt folgende Aufgaben zu erfüllen:

46   **aa) Die Prüfung der formellen Ordnungsmäßigkeit des Briefs.** Das Grundbuchamt hat zunächst die formelle Ordnungsmäßigkeit des vorgelegten Briefs zu prüfen. Diese Kontrolle erstreckt sich auf Form (§§ 56 ff GBO, §§ 87 ff GBV), Echtheit und nachträgliche inhaltliche Veränderungen des Briefs (zB Briefvermerke).[123] Ein nicht diesen Erfordernissen entsprechender Brief ist vom Grundbuchamt als nicht iS von § 41 Abs 1 S 1 vorgelegt zurückzuweisen.[124] Hat das Grundbuchamt den fehlerhaften Brief selbst hergestellt, so ist er von Amts wegen zu berichtigen bzw zu ergänzen. Dabei kann sich die Richtigstellung sowohl auf wesentliche als auch auf nicht wesentliche Erfordernisse des Briefs beziehen. Da der Inhalt eines unrichtigen Briefs ohnehin nicht zu gutgläubigem Erwerb verhelfen kann (vgl Rdn 2), steht einer solchen Beseitigung von Mängeln des Briefs nichts im Wege. Ist der ursprünglich erteilte Brief infolge eines Verstoßes gegen § 56 nichtig, so bedarf es zur Eintragung der Ausschließung der Brieferteilung oder der Löschung der Hypothek nicht der Erteilung und Vorlegung eines wirksamen Briefs (arg § 41 Abs 2 S 2; vgl Rdn 72 und § 56 Rdn 46; zur Nichtigkeit von **maschinellen Briefen** vgl § 56 Rdn 38, 40, 54 ff). Hat das Grundbuchamt den vorzulegenden Brief entweder überhaupt nicht (vgl § 61 Abs 1) oder nur teilweise (vgl § 59 Abs 2) hergestellt, so müssen die einem von dritter Seite erteilten Brief(teil) anhaftenden Mängel grundsätzlich vom Aussteller des Briefs beseitigt werden. Ist jedoch ein nicht vom Grundbuchamt gebildeter Teilbrief vorzulegen, dessen Mangel nicht auf einem anlässlich der ursprünglichen Briefherstellung begangenen Fehler, sondern auf einem Verstoß gegen § 62 beruht, so muss die ordnungswidrig unterlassene Briefergänzung vom hierfür nach § 62 ausschließlich zuständigen Grundbuchamt selbst nachgeholt werden. Nach der Richtigstellung des Briefs durch die im Einzelfall zuständige Stelle (vgl zB § 127 Abs 1 S 2 ZVG) ist der nunmehr ordnungsgemäße Brief iS des § 41 Abs 1 S 1 vorgelegt. Wegen Besonderheiten bei der Vorlegung eines unzulässigerweise erteilten einheitlichen Stammbriefs zum Zweck der Bildung eines Teilbriefs vgl § 61 Rdn 11, 12.

47   **bb) Die Prüfung der Bewilligungsberechtigung.** Sofern die Hypothek von der vorzunehmenden Eintragung iS des § 19 betroffen wird, hat das Grundbuchamt anhand des vorgelegten Briefs eine Prüfung der Bewilligungsberechtigung des Betroffenen vorzunehmen.

48   **(1) Grundbuch und Brief stimmen überein. Fall 1: Der Bewilligende ist mit dem eingetragenen**
                                                        Gläubiger identisch

In diesem Fall ist der Bewilligende sowohl durch das Grundbuch als auch durch den Brief als Gläubiger der Hypothek ausgewiesen. Damit ist dem Grundbuchamt die Bewilligungsberechtigung ausreichend nachgewiesen, sofern dem Rechtspfleger nicht Umstände bekannt sind, die gegen die Gläubigerstellung des Bewilligenden und damit für die (übereinstimmende) Unrichtigkeit von Grundbuch und Brief sprechen.[125] Wird zB der Brief von einem Dritten mit der Weisung vorgelegt, den Brief wieder an ihn zurückzugeben, so kann das Grundbuchamt nicht von der Antrags- und Bewilligungsberechtigung des eingetragenen Gläubigers ausgehen.[126] Ebenso ist eine Eintragung nicht möglich, wenn der eingetragene bewilligende Gläubiger den Brief nicht besitzt und ein gleichfalls bewilligender Dritter den Brief vorlegt. In diesem Fall ist die Bewilligungsbe-

---

120 KG KGJ 30 A 236, 238 = OLGE 10, 444 = RJA 6, 63; OLG Hamm OLGZ 1988, 17 = Rpfleger 1988, 58 (*Muth*) = Rpfleger 1988, 136 (*Schmid*); *Staudinger-Wolfsteiner* § 1152 Rn 10; *Palandt-Bassenge* § 1152 Rn 3; *Hügel-Zeiser* Rn 18; *Güthe-Triebel* § 41 Rn 10, § 61 Rn 16, § 62 Rn 11.
121 *Güthe-Triebel* Rn 10.
122 KG KGJ 30 A 282 = RJA 6, 164.
123 KG DNotV 1932, 521; *Hügel-Zeiser* Rn 28; *Güthe-Triebel* Rn 11.
124 KG ZBlFG 02, 434.
125 *Hügel-Zeiser* Rn 31, 32; *Güthe-Triebel* Rn 12.
126 BayObLG BayObLGZ 1973, 246 = Rpfleger 1973, 429 = DNotZ 1974, 93 = MittBayNot 1973, 366 = MDR 1974, 137; *Hügel-Zeiser* Rn 32.

rechtigung des eingetragenen Gläubigers nicht nachgewiesen, weil er den Brief nicht vorgelegt hat und sich das Grundbuchamt somit nicht auf die Vermutung des § 891 BGB stützen kann (vgl Rdn 1). Die beantragte Eintragung kann aber auch nicht aufgrund der Bewilligung des Briefbesitzers vorgenommen werden, da dieser seine Gläubigerstellung nicht durch die Vorlegung einer öffentlich beglaubigten Abtretungserklärung oder einen anderen Nachweis über den außerhalb des Grundbuchs erfolgten Rechtsübergang belegt hat.[127] Weist der eingetragene Gläubiger das Grundbuchamt an, den Brief nach dem Vollzug der von ihm bewilligten Eintragung an einen Dritten auszuhändigen, so kann von seiner Bewilligungsberechtigung nur ausgegangen werden, wenn feststeht, dass sich der Brief im Zeitpunkt der Vorlegung in seinem Besitz befunden hat. Eine hierüber bestehende Ungewissheit muss erst ausgeräumt werden; etwa durch Erklärungen des eingetragenen Gläubigers und/ oder des Dritten über die Rechtsinhaberschaft oder eine Feststellung des den Brief vorlegenden Notars, von wem er den Brief erhalten hat.[128] Da berechtigte Zweifel an der Bewilligungsberechtigung des eingetragenen Gläubigers bestehen und der formgerechte Nachweis keine Schwierigkeiten bereitet, müssen solche Erklärungen (im Gegensatz zu den die Vermutung des § 891 BGB widerlegenden Tatsachen, vgl Rdn 53 und Fn 142) der Form des § 29 entsprechen.[129] Die Angabe in einer Kaufvertragsurkunde, das Recht sei außerhalb des Grundbuchs abgetreten, berechtigt ebenfalls zu Zweifeln an der Bewilligungsberechtigung des eingetragenen Gläubigers. Sofern sich solche Zweifel ergeben, hat das Grundbuchamt durch den Erlass einer Zwischenverfügung auf den Nachweis der Gläubigerschaft (= Bewilligungsberechtigung) hinzuwirken. Welche Möglichkeiten den Beteiligten zur Erbringung dieses Nachweises zur Verfügung stehen, richtet sich nach dem Einzelfall.

Die Frage, ob und ggf unter welchen Voraussetzungen das Grundbuchamt bei Briefgrundpfandrechten von der Widerlegung der Vermutung des § 891 BGB ausgehen kann, ist aufgrund des verfahrensrechtlichen Verhaltens eines an Abtretungsvorgängen beteiligten Kreditinstituts, welches »kaum auf tieferes Nachdenken zurückzuführen« war,[130] zunehmend und erneut in das Licht der wissenschaftlichen Diskussion gerückt. Ein im Grundbuch eingetragener Grundpfandrechtsgläubiger (im vorliegenden Fall der Eigentümer) hatte einen Rangrücktritt zugunsten anderer im Grundbuch eingetragener bzw noch einzutragender Rechte bewilligt, wobei die über die zurücktretenden Rechte erteilten Briefe nicht von ihm, sondern von der beteiligten Bank vorgelegt wurden. Das genannte Kreditinstitut, welches die Rangrücktritte selbst nicht bewilligt hatte, legte dem Grundbuchamt des weiteren eine privatschriftliche Erklärung des Eigentümers vor, wonach die Grundschulden unter erfolgter Briefübergabe an die beteiligte Bank abgetreten worden waren, und wies das Grundbuchamt gleichzeitig an, die Briefe nach erfolgtem Grundbuchvollzug der Rangrücktritte wieder an sie zurückzusenden. Um den durch das genannte Fehlverhalten entstandenen Eindruck der fehlenden Rechtsinhaberschaft und Bewilligungsberechtigung des eingetragenen und bewilligenden Gläubigers zu beseitigen, legte die Bank in der Folgezeit eine von ihr stammende privatschriftliche Rückabtretungserklärung an den eingetragenen Gläubiger vor und verwies darauf, dass sich die für den Vollzug der Rangrücktritte benötigten Briefe bereits beim Grundbuchamt befänden. Dieses hat die Eintragung der Rangrücktritte mit der Begründung verweigert, dass (a) die Vermutung der Rechtsinhaberschaft zugunsten des eingetragenen Gläubigers durch die Vorlage der ersten privatschriftlichen Abtretung widerlegt sei und dass (b) die nicht der Form des § 29 entsprechenden beiden Abtretungserklärungen nicht geeignet seien, die wiedererlangte Rechtsinhaberschaft des alleine bewilligenden und im Grundbuch eingetragenen Gläubigers nachzuweisen.

Ob diese Entscheidung richtig war, hängt davon ab, ob die für den eingetragenen Gläubiger sprechende Vermutung des § 891 BGB im vorliegenden Fall tatsächlich widerlegt war und – bejahendenfalls – ob durch die vorliegenden Abtretungserklärungen eine neue Vermutung iS des § 891 BGB für den eingetragenen Gläubiger begründet wurde. Da aufgrund des geschilderten Sachverhalts kein vernünftiger Zweifel daran bestehen konnte, dass der eingetragene Gläubiger seine ursprüngliche Rechtsinhaberschaft durch die unter Briefübergabe erfolgte erste privatschriftliche Abtretung der Grundschulden verloren hatte, ist das BayObLG[131] im vorliegenden Fall zu Recht von der Widerlegung der Vermutung des § 891 BGB ausgegangen.[132] Inkonsequent erscheint es allerdings, wenn das BayObLG im weiteren annimmt, dass die vom ersten Abtretungsempfänger erklärte Rückab-

---

127 BayObLG MittBayNot 1978, 108.

128 BayObLG Rpfleger 1983, 17 = MittBayNot 1982, 247; *Hügel-Zeiser* Rn 32; vgl auch KG KGJ 32 A, 290.

129 Vgl BayObLG BayObLGZ 1952, 325; 1986, 208, 211; KEHE-*Herrmann* § 29 Rn 126; *Demharter* § 29 Rn 63 **aA** *Hügel-Zeiser* Rn 32.

130 *Amann* MittBayNot 1991, 258.

131 BayObLG NJW-RR 1991, 1398 = MittBayNot 1991, 256 (*Amann*) = Rpfleger 1991, 354 (LS) = Rpfleger 1992, 56 = Rpfleger 1993, 279 (*Bestelmeyer*).

132 Ebenso LG Köln MittRhNotK 1995, 27; *Palandt-Bassenge* § 891 Rn 9; *Hügel-Zeiser* Rn 31, 32; *Demharter* Anh zu § 13 Rn 18; *Bestelmeyer* Rpfleger 1993, 279; **aA** OLG Köln MittRhNotK 1983, 52; OLG Köln MittBayNot 1996, 40 = MittRhNotK 1995, 321 = FGPrax 1996, 5; *Staudinger-Wolfsteiner* § 1155 Rn 31; *Schöner/Stöber* Rn 342a; *Ertl* DNotZ 1990, 684, 699/700; *Amann* MittBayNot 1991, 258; vermittelnd *Staudinger-Gursky* § 891 Rn 52a (keine Widerlegung der Vermutung des § 891 BGB, aber trotzdem Beanstandung des Grundbuchamts, weil der erforderliche Briefbesitz des Bewilligenden nicht nachgewiesen sei).

tretung des Rechts an den eingetragenen Gläubiger nicht in der Form des § 29 nachgewiesen werden muss.[133] Im vorliegenden Fall geht es nämlich nicht um die angebliche »Wiederherstellung« der durch die Erstabtretung ja gerade widerlegten ursprünglichen Vermutungswirkung der Grundbucheintragung, sondern um die *Neubegründung der erstmaligen Vermutung* für die Rechtsinhaberschaft des *zweiten* Abtretungsempfängers.[134] Dass dieser zweite Abtretungsempfänger (zufällig) mit dem ursprünglichen und im Grundbuch eingetragenen Gläubiger identisch ist, kann dabei schon deshalb keine Rolle spielen, weil die Rückabtretung an den eingetragenen Gläubiger nach erfolgter Widerlegung der ursprünglichen Vermutung des § 891 BGB keinen anderen Regeln als die Weiterabtretung an einen nicht mit dem eingetragenen Gläubiger identischen Dritten unterliegen kann. Für den letztgenannten »Normalfall« der Weiterabtretung des Rechts an einen bewilligenden Dritten ist jedoch völlig unstreitig, dass dieser seine Rechtsinhaberschaft und Bewilligungsbefugnis – neben dem Briefbesitz – nur durch der Form des § 29 entsprechende Abtretungserklärungen belegen kann.[135] Da die (widerlegte!) ursprüngliche Vermutung des § 891 BGB für den eingetragenen Gläubiger nicht mehr eingreift, müssen somit *beide* Rechtsübergänge (also die Abtretung durch den eingetragenen Gläubiger an den Dritten sowie dessen Rückabtretung an den eingetragenen Gläubiger) durch die Vorlage öffentlich beglaubigter Abtretungserklärungen nachgewiesen werden. Der Nachweis beider Abtretungen in öffentlich beglaubigter Form erweist sich demnach als notwendig, weil der stufenweise (Rück-)Erwerb des Rechts durch den eingetragenen Gläubiger wegen der Entkräftung der (ursprünglichen) Vermutung des § 891 BGB eine unabdingbare Voraussetzung für die wiedererlangte Rechtsinhaberschaft und die Bewilligungsberechtigung des eingetragenen Gläubigers und damit eine Eintragungsvoraussetzung iS des § 29 Abs 1 darstellt. Die auf den ersten Blick plausible Annahme des BayObLG, dass an die »Wiederherstellung« der Vermutung des § 891 BGB keine größeren Anforderungen als an ihre Widerlegung gestellt werden können, erweist sich bei näherer Prüfung somit nicht als stichhaltig.[136]

Als Ergebnis lässt sich somit festhalten, dass die für den eingetragenen Gläubiger sprechende Vermutung des § 891 BGB zwar durch nicht iS des § 29 formbedürftige eintragungshindernde Tatsachen widerlegt werden kann (vgl Rdn 53), dass die Begründung einer (neuen) Vermutung bei der Mehrfachabtretung eines Briefrechts aber – wie auch sonst – vom formbedürftigen Nachweis der erworbenen Rechtsinhaberschaft abhängig ist. Dass sich im geschilderten Sachverhalt demzufolge keiner der Beteiligten auf eine Vermutung für die Rechtsinhaberschaft iS des § 891 BGB stützen kann, folgt somit nicht aus den Regeln des Grundbuchverfahrensrechts,[137] sondern aus dem eigenen verfahrensrechtlichen Fehlverhalten der Beteiligten.

49 Fall 2: Der Bewilligende ist nicht der eingetragene Gläubiger

In diesem Fall ist die Übereinstimmung von Buch und Brief nicht geeignet, die Gläubigerschaft des Bewilligenden zu belegen. Der Bewilligende muss vielmehr (zB durch Vorlegung der in § 1155 BGB bezeichneten Urkunden) nachweisen, dass er die Hypothek vom eingetragenen Gläubiger erworben hat. Die vorgelegten Nachweise müssen den (evtl schrittweise) Übergang des Rechts auf den Bewilligenden zum Ausdruck bringen (vgl § 39 Abs 2) und der Form des § 29 entsprechen. Will der den Brief vorlegende Eigentümer bei eingetragenem Fremdrecht über seine vorläufige oder endgültige Eigentümergrundschuld (§ 1177 Abs 1 S 1 BGB) verfügen, so kann er sich nicht unter Berufung auf die Vermutung des § 1117 Abs 3 BGB als Rechtsinhaber legitimieren, sondern er muss in geeigneter Form (zB durch löschungsfähige Quittung, Anerkenntniserklärung, Urteil, Abtretungserklärung usw.) nachweisen, dass der eingetragene Gläubiger die Hypothek entweder von vorneherein nicht erworben hat (zB wegen § 1163 Abs 1 S 1, Abs 2 BGB) oder dass das Recht außerhalb des Grundbuchs kraft Gesetzes (zB nach § 1163 Abs 1 S 2 BGB) bzw aufgrund Rechtsgeschäfts auf ihn übergegangen ist[138] (vgl § 60 Rdn 30). Im Fall der Vorlegung der in § 1155 BGB bezeichneten Unterlagen ist die Bewilligungsberechtigung natürlich nur nachgewiesen, wenn keine Anhaltspunkte für die übereinstimmende Unrichtigkeit von Grundbuch und Brief vorliegen. Dem Rechtspfleger dürfen demnach keine Umstände bekannt sein, die bereits gegen die Gläubigerstellung *des Eingetragenen* sprechen.

---

133 BayObLG NJW-RR 1991, 1398 = MittBayNot 1991, 256 (*Amann*) = Rpfleger 1991, 354 (LS) = Rpfleger 1992, 56 = Rpfleger 1993, 279 (*Bestelmeyer*). Ebenso *Staudinger-Gursky* § 891 Rn 52a; *Palandt-Bassenge* § 891 Rn 9; *Amann* Mitt-BayNot 1991, 258.

134 *Bestelmeyer* Rpfleger 1993, 279, 280. Insoweit richtig daher OLG Köln MittBayNot 1996, 40 = MittRhNotK 1995, 321 = FGPrax 1996, 5.

135 *Bestelmeyer* Rpfleger 1993, 279, 280.

136 *Bestelmeyer* Rpfleger 1993, 279, 280. Ebenso *Hügel-Zeiser* Rn 31.

137 So aber OLG Köln MittBayNot 1996, 40 = MittRhNotK 1995, 321 = FGPrax 1996, 5, *Schöner/Stöber* Rn 342a Fn 25 und *Amann* MittBayNot 1991, 258.

138 KG KGJ 22 A, 309 = OLGE 3, 362; BayObLG BayObLGZ 33, 12; OLG Hamm Rpfleger 2002, 565 = FGPrax 2002, 193; OLG Hamm NotBZ 2006, 180 = RNotZ 2006, 124; *Palandt-Bassenge* § 1117 Rn 4; *Staudinger-Scheräbl* (12.) § 1117 Rn 31 und § 1163 Rn 30, 65; *Henle-Schmitt* § 60 Anm 4 c; *Güthe-Triebel*, Legitimationsfragen, Stichwort »Übergabe des Hypothekenbriefs« Anm 2c aE (Bd 2, S 2040); *Martinius* Gruchot 44, 382, 385; **aA** (unrichtig) *Staudinger-Wolfsteiner* § 1117 Rn 8, 9, 31.

Die erfolgte **Briefübertragung** auf den Bewilligenden muss dem Grundbuchamt nicht nachgewiesen werden. **50** Es genügt der Briefbesitz, sofern sich aus dem Inhalt des Briefs nichts ergibt, was gegen die ordnungsgemäße Übergabe des Briefs an den Bewilligenden spricht. Mangels entgegenstehender Anhaltspunkte muss der Rechtspfleger daher davon ausgehen, dass der Bewilligende den Brief rechtmäßig erworben hat. Die Vermutung des § 1117 Abs 3 BGB gilt demnach auch für das Grundbuchamt.[139] Es wird selten vorkommen, dass der Rechtspfleger positiv weiß, dass der Bewilligende den Besitz des Briefes unrechtmäßig erlangt hat. Sofern der **Zeitpunkt der Briefübergabe** von Bedeutung ist (zB wegen des Eintritts von Verfügungsbeschränkungen), muss er nachgewiesen werden.[140]

(2) Die Nichtübereinstimmung von Grundbuch und Brief. Fall 1: Der Bewilligende ist mit dem 51 eingetragenen Gläubiger identisch. Alternative 1: Bei **richtigem Grundbuch und unrichtigem Brief** kann sich der Rechtsverkehr nicht auf den Inhalt des Briefs stützen, weil für das materielle Rechtsverhältnis ausschließlich der Inhalt des Grundbuchs maßgeblich ist (vgl Rdn 2). Die hiervon unabhängige und sich für das Grundbuchamt stellende Frage nach dem Vorliegen der Bewilligungsberechtigung kann jedoch nur im Fall der Übereinstimmung von Grundbuch und Brief positiv beantwortet werden. Aus diesem Grund hat das Grundbuchamt durch die Berichtigung des Briefs dafür zu sorgen, dass diese Übereinstimmung hergestellt wird. Ist zB eine Abtretung nur im Grundbuch eingetragen, aber (entgegen § 62) nicht auf dem Brief vermerkt worden, so ist die Briefergänzung nachzuholen. Ist in dem Brief nicht der im Grundbuch eingetragene Gläubiger, sondern eine andere Person als Berechtigter der Hypothek bezeichnet, so ist der Brief dahingehend zu berichtigen, dass die Hypothek dem eingetragenen Gläubiger zusteht. Die vorstehenden Ergänzungen des Briefs sind ohne weiteres von Amts wegen möglich, weil der unrichtige Inhalt des Briefs nicht unter dem Schutz des öffentlichen Glaubens steht (vgl Rdn 2, 46). Voraussetzung für eine Briefergänzung ist natürlich, dass der Brief von dem mit dem Eintragungsantrag befassten Grundbuchamt hergestellt worden ist.

Die Ausführungen in Rdn 51 gelten entsprechend, wenn das *Grundbuch nur scheinbar richtig* ist, in Wirklichkeit **52** aber Grundbuch und Brief unrichtig sind, ohne im Hinblick auf die Gläubigerstellung übereinzustimmen (so zB, wenn das Buch A und der Brief B als Gläubiger ausweist, in Wahrheit aber C der Berechtigte ist). Der Rechtspfleger kann in diesem Fall auch nach der Berichtigung des Briefs nur dann von der Bewilligungsberechtigung des im Grundbuch eingetragenen Gläubigers ausgehen, wenn ihm keine Umstände bekannt sind, die gegen die Richtigkeit von Brief *und Grundbuch* sprechen.

Alternative 2: Anders ist die Rechtslage, wenn das **Grundbuch unrichtig und der Brief richtig** ist. Hier **53** kommen vor allem die Fälle in Betracht, bei denen sich die Nichtübereinstimmung von Buch und Brief aus dem amtlichen Teil des Briefs, aus einem auf dem Brief angebrachten **Widerspruch gegen die Richtigkeit des Grundbuchs** oder aus den einen Widerspruch rechtfertigenden und auf dem Brief vermerkten Tatsachen ergibt (§ 1140 BGB). Ob die Nichtübereinstimmung aus einer amtlichen Ergänzung oder einem nichtamtlichen Vermerk hervorgeht, ist unerheblich. Im letztgenannten Fall kann es sich auch um einen *unbeglaubigten*[141] und/oder *nicht unterschriebenen*[142] Privatvermerk handeln, da eintragungshindernde Tatsachen nicht dem Formerfordernis des § 29 unterliegen.[143] Es genügt demnach, dass der Inhalt des Briefs begründete Zweifel an der Richtigkeit des Grundbuchs aufkommen lässt.[144] Hingegen ist die formlose und anonyme Aufhebung solcher Vermerke nur beachtlich, wenn sich die Identität des Aufhebenden und dessen Personengleichheit mit dem Vermerkenden feststellen lässt.[145]

---

139 RG RGZ 93, 44; KG KGJ 30 A, 266, 267; 32 A, 287 = RJA 7, 138; KGJ 40, 278, 281; OLGE 38, 10 = RJA 15, 319, 320; BayObLG BayObLGZ 1987, 97, 100 = Rpfleger 1987, 363; *Staudinger-Wolfsteiner* § 1117 Rn 30; *MüKo-Eickmann* § 1117 Rn 31, 32; *Planck-Strecker* § 1117 Anm 2 b; *Güthe-Triebel* § 22 Rn 38 und § 39 Rn 22.

140 KG KGJ 25 A, 163, 165; 30 A, 266, 268 = RJA 6, 67; KGJ 40, 278, 281; OLG Hamm Rpfleger 1995, 292 = FGPrax 1995, 14 = MittBayNot 1995, 133 (LS); *Staudinger-Wolfsteiner* § 1117 Rn 29; *Güthe-Triebel* aaO (Fn 139); vgl auch OLG Frankfurt Rpfleger 1968, 355.

141 *Staudinger-Scherübl* (12.) § 1140 Rn 5; *Soergel-Konzen* § 1140 Rn 4; *BGB-RGRK-Mattern* § 1140 Rn 4; *MüKo-Eickmann* § 1140 Rn 11; *Palandt-Bassenge* § 1140 Rn 1; *Erman-Wenzel* § 1140 Rn 1; *Güthe-Triebel* Rn 14 und § 68 Rn 9; *Westermann* § 106 IV; *Wolff-Raiser* § 142 VII 2.

142 Vgl Fn 141; *MüKo-Eickmann* und *Westermann* je aaO fordern, dass zumindest die Urheberschaft erkennbar ist.

143 BayObLG BayObLGZ 1967, 13 = DNotZ 1967, 429 = Rpfleger 1967, 145; BayObLG NJW-RR 1989, 718 = DNotZ 1990, 739 = MittBayNot 1989, 209 = Rpfleger 1989, 396 (LS); BayObLG NJW-RR 1991, 1398 = MittBayNot 1991, 256 (*Amann*) = Rpfleger 1991, 354 (LS) = Rpfleger 1992, 56 = Rpfleger 1993, 279 (*Bestelmeyer*); OLG München DNotZ 1937, 326, 327; *Hügel-Zeiser* Rn 31; *Demharter* Anh zu § 13 Rn 16; **aA** *Ertl* DNotZ 1990, 684, 700 (zu einzelnen Fallgestaltungen) sowie *Staudinger-Wolfsteiner* § 1140 Rn 5 (welcher jedoch übersieht, dass eintragungshindernde Tatsachen nicht iS des § 29 formbedürftig sind).

144 BGB-RGRK-*Mattern* § 1140 Rn 4; *Palandt-Bassenge* § 1140 Rn 1; *Erman-Wenzel* § 1140 Rn 1; *Wolff-Raiser* § 142 VII 1. Bereits diese negative Funktion der Vermerke (und damit des Briefs) belegt, dass die Anbringung solcher Vermerke entgegen *Staudinger-Wolfsteiner* (§ 1140 Rn 5) und in Übereinstimmung mit der absolut hM (vgl Fn 141) nicht von der Einhaltung einer Form abhängig sein kann.

145 *Palandt-Bassenge* § 1140 Rn 1; *MüKo-Eickmann* § 1140 Rn 14.

54 Zweifel an der Bewilligungsberechtigung des eingetragenen Gläubigers können sich nur ergeben, wenn sich aus dem Brief oder den auf ihn gesetzten Vermerken ergibt, dass der Eingetragene nicht der wahre und verfügungsbefugte Gläubiger ist. Stundungsvermerke gehören demnach nicht hierher.[146] In Betracht kommen vor allem Briefvermerke über Teilzahlungen, Teilabtretungen und Verfügungsbeschränkungen.[147] Zwar verhindert ein auf dem Brief angebrachter Widerspruch (bzw Vermerk) den Erwerb eines Zessionars nur, wenn er berechtigt ist. Es erscheint jedoch nicht angebracht, daraus den allgemeinen Schluss zu ziehen, dass das Grundbuchamt in einem solchen Fall eintragen müsse,[148] weil die Vermutung des § 891 BGB durch das bloße Vorhandensein eines Widerspruchs (bzw Vermerks) nicht widerlegt wird.[149] Dabei ist nämlich nicht berücksichtigt, dass der Widerspruch (Vermerk) dem Rechtspfleger konkrete, der Buchlage widersprechende Tatsachen zur Kenntnis bringen kann, welche die an sich auch für das Grundbuchamt geltende[150] Vermutung des § 891 BGB entkräften. Der Grundsatz, dass das Grundbuchamt eine Eintragung nur verweigern darf, wenn diese mit Sicherheit zu einer Grundbuchunrichtigkeit iS des § 894 BGB führen würde (*materielles* Legalitätsprinzip[151]), kommt nämlich nur dann zum Zuge, wenn die Eintragung nicht bereits aus verfahrensrechtlichen Gründen scheitert.[152] Gerade um verfahrensrechtliche Mängel (fehlende Bewilligungsberechtigung) geht es aber im vorliegenden Fall. Es ist daher in Übereinstimmung mit der 6. Auflage (dort Rn 20) daran festzuhalten, dass dem Antragsteller auch in diesen Fällen durch Zwischenverfügung aufgegeben werden muss, die bestehenden Zweifel an der Gläubigerschaft des Bewilligenden auszuräumen.[153]

55 Die Nichtübereinstimmung von Buch und Brief kann auch darauf beruhen, dass eine erfolgte Abtretung nur auf dem Brief, aber nicht im Grundbuch vermerkt worden ist. Zwar kann in einem solchen Fall die Übereinstimmung dadurch hergestellt werden, dass – sofern die Eintragung der Abtretung beantragt war und die Eintragungsvoraussetzungen noch vorliegen – die unterbliebene Grundbucheintragung nachgeholt wird. Dies ändert aber nichts an der Tatsache, dass der (ursprünglich) eingetragene Gläubiger infolge der Abtretung des Rechts nicht mehr bewilligungsberechtigt sein kann. Der sich auf eine Bewilligung des vormals eingetragenen Gläubigers stützende Antrag ist daher durch Zwischenverfügung zu beanstanden. Sofern die Genehmigung des wahren Berechtigten nicht innerhalb der gesetzten Frist beigebracht wird, muss der Antrag zurückgewiesen werden.

56 Die Ausführungen in Rdn 53–55 gelten entsprechend, wenn der *Brief nur scheinbar richtig* ist, in Wahrheit aber Buch und Brief unrichtig sind, ohne denselben Gläubiger zu bezeichnen (vgl das Beispiel in Rdn 52). Die Bewilligungsberechtigung der im Brief als Gläubiger benannten Person ist auch nach der Beseitigung der an seiner Gläubigerschaft bestehenden Zweifel (vgl Rdn 54) nur nachgewiesen, wenn dem Rechtspfleger keine Umstände bekannt sind, die gegen die Richtigkeit von Buch *und Brief* sprechen.

57 Fall 2: Der Bewilligende ist nicht der eingetragene Gläubiger

War das Grundbuch richtig (Gläubiger: A) und der Brief unrichtig (Gläubiger: B), so ist der nicht eingetragene Briefbesitzer (C) nur bewilligungsberechtigt, wenn er sein Recht in der Form des § 29 von dem eingetragenen Gläubiger (zB nach § 1155 BGB) ableiten kann. Nach der Berichtigung des Briefs (Gläubiger: A) kann die von dem Briefbesitzer (C) bewilligte Eintragung vollzogen werden (vgl § 39 Abs 2). Ist hingegen B der wahre Berechtigte (richtiger Brief, unrichtiges Grundbuch), so liegt seitens des sein Recht von A ableitenden C weder

---

146 MüKo-*Eickmann* § 1140 Rn 19.

147 Keine Zweifel an der Bewilligungsberechtigung des eingetragenen Gläubigers bestehen allerdings, wenn sich aus einem auf den Brief gesetzten Vermerk ergibt, dass die Hypothek zum Deckungsstock eines Versicherungsunternehmens gehört. Eine Zustimmung des bestellten Treuhänders kommt nämlich schon deshalb nicht in Betracht, weil für Briefhypotheken keine Verfügungsbeschränkung iS des § 72 VAG besteht (LG Dortmund Rpfleger 1990, 454).

148 So aber *Staudinger-Seufert* (11. Aufl) § 899 Rn 18 (für einen bereits im Grundbuch eingetragenen Widerspruch); dagegen aber nunmehr *Staudinger-Gursky* § 899 Rn 12.

149 RG HRR 1932 Nr 317; BGH LM Nr 3 zu § 891 BGB = BB 1967, 513; JZ 1970, 373 = WM 1970, 557; BayObLG Rpfleger 1983, 17 = MittBayNot 1982, 247; *Soergel-Stürner* § 891 Rn 15; *Staudinger-Gursky* § 891 Rn 36; *Palandt-Bassenge* § 891 Rn 8; *MüKo-Wacke* § 891 Rn 23; *Biermann* § 891 Anm 2 b; *Planck-Strecker* § 891 Anm 6 b; BGB-RGRK-*Augustin* § 891 Rn 26; *Güthe-Triebel* § 19 Rn 37; *Wolff-Raiser* § 44 I.

150 RG Recht 1913 Nr 949; BGH FamRZ 1998, 1357, 1359; KG KGJ 26 A, 150; 29 A, 148; 35 A, 302; 40, 265, 267 = RJA 11, 62; KGJ 40, 294, 296; 43, 237, 240; JFG 14, 382, 386 = JW 1937, 108; JW 1932, 1562 (*Ehard*); JW 1939, 562; NJW 1973, 57 = Rpfleger 1973, 22 = DNotZ 1973, 301; OLG Dresden OLGE 32, 407; BayObLG BayObLGZ 1952, 321, 323; 1967, 295, 297; 1972, 46, 48 = Rpfleger 1972, 182; Rpfleger 1982, 467; 1983, 13; 1983, 17 = MittBayNot 1982, 247; NJW-RR 1989, 718 = DNotZ 1990, 739 = MittBayNot 1989, 209 = Rpfleger 1989, 396 (LS); NJW-RR 1991, 1398 = MittBayNot 1991, 256 (*Amann*) = Rpfleger 1991, 354 (LS) = Rpfleger 1992, 56 = Rpfleger 1993, 279 (*Bestelmeyer*).

151 Hierzu vgl ausführlich *Schlenker*, Die Bedeutung des AGBG im Grundbuchantragsverfahren (Diss Tübingen 1982), 9–34, 112.

152 *Meikel-Böttcher* Einl H Rdn 29–45; *Schlenker* aaO (Fn 151); *Schmid* BB 1979, 1639; Rpfleger 1987, 133; *Böttcher* Rpfleger 1990, 486, 491.

153 Ebenso *Güthe-Triebel* Rn 14 und § 53 Rn 24; MüKo-*Eickmann* § 1140 Rn 20; *Staudinger-Wolfsteiner* § 1140 Rn 13.

Antrags- noch Bewilligungsberechtigung vor. Leitet C sein Recht von B ab, so müssen sämtliche Rechtsänderungen (A/B, B/C) in der Form des § 29 nachgewiesen werden. Hat B die Hypothek nicht von A erworben, muss B voreingetragen werden (§ 39 Abs 1). Wegen der Rechtslage bei scheinbar richtigem Grundbuch bzw Brief kann auf die entsprechend anwendbaren Ausführungen in Rdn 52 und 56 verwiesen werden.

cc) Die Ergänzung und Rückgabe des eingereichten Briefs. Nach erfolgter Eintragung hat das Grund- 58 buchamt den Brief nach § 62 zu ergänzen. Zur Rückgabe des eingereichten Briefs vgl § 60 Rdn 89 ff.

3. Die Verletzung des § 41 Abs 1 S 1

Da es sich bei § 41 Abs 1 S 1 nur um eine **Ordnungsvorschrift** handelt, führt ein Verstoß (Eintragung ohne 59 Briefvorlegung oder nach erfolgter Vorlegung eines nicht ordnungsgemäßen Briefs) weder zur Unwirksamkeit der Grundbucheintragung noch zur Unrichtigkeit des Grundbuchs.[154] Jeder nachfolgende Erwerber muss demzufolge die vorgenommene Eintragung gegen sich gelten lassen, obwohl sie ordnungswidrig war und evtl auch nicht auf dem Brief vermerkt ist.[155] Als mittelbare Folge eines Verstoßes gegen § 41 Abs 1 S 1 kommt eine Grundbuchunrichtigkeit iS des § 894 BGB nur in Betracht, wenn der Bewilligende nicht der wahre Gläubiger war und die zur Rechtsänderung erforderlichen materiellrechtlichen Erklärungen nicht vorliegen. Die Unrichtigkeit des Grundbuchs beruht in diesem Fall aber nicht auf der Verletzung des § 41 Abs 1 S 1, sondern auf dem vorliegenden materiellrechtlichen Mangel.[156] Dies wird vor allem deutlich, wenn man berücksichtigt, dass auch die Beachtung des § 41 Abs 1 S 1 zur Unrichtigkeit des Grundbuchs führt, wenn die materielle Berechtigung des Bewilligenden (für das Grundbuchamt nicht erkennbar) fehlt. Steht der Verstoß gegen § 41 Abs 1 S 1 fest und ist die *(absolute)* Grundbuchunrichtigkeit glaubhaft, so hat das Grundbuchamt einen Amtswiderspruch einzutragen (§ 53 Abs 1 S 1). Die Vermutung des § 1117 Abs 3 BGB hat in diesem Zusammenhang auch für die Frage Bedeutung, ob die Grundbuchunrichtigkeit glaubhaft ist.[157] Da die Unrichtigkeit des Grundbuchs durch gutgläubigen Erwerb wieder beseitigt werden kann (§§ 892, 1155 BGB),[158] liegt auf der Hand, dass ein Verstoß gegen § 41 Abs 1 S 1 leicht zum Entstehen von Schadensersatzansprüchen gegen den Staat führen kann. Ein Verstoß gegen § 41 Abs 1 S 1 kann auch zum Zustandekommen einer *relativen* Grundbuchunrichtigkeit beitragen. Ein solcher Fall ist zB gegeben, wenn sich der Brief bei der ohne Briefvorlegung erfolgenden Eintragung eines Rangrücktritts beim Nießbraucher (§ 1069 Abs 1 BGB) oder Pfandrechtsgläubiger (§ 1274 Abs 1 BGB) befindet und deren erforderliche Zustimmung zur Rangänderung fehlt.[159]

Ist eine Grundbucheintragung ohne die erforderliche Briefvorlegung erfolgt, so ist eine freiwillige (nachträgli- 60 che) Vorlegung des Briefs durch die Beteiligten zum Zweck der Nachholung der Briefergänzung (§ 62) wünschenswert und jederzeit möglich. Es gibt aber keine Rechtsgrundlage, die das Grundbuchamt in die Lage versetzt, die nachträgliche Vorlegung des Briefs durch die Anwendung von Zwangsmitteln iS des § 33 FGG herbeizuführen (hierzu vgl aber auch § 69 Rdn 11).[160] Erweist sich die Nachholung des entgegen den §§ 51, 52 nicht eingetragenen Nacherben- oder Testamentsvollstreckungsvermerks aus diesem Grund als nicht durchführbar (hierzu ist die Briefvorlegung erforderlich, vgl Rdn 34), so ist nur noch die Eintragung eines Amtswiderspruchs möglich.[161]

---

154 RG RGZ 73, 50, 52; KG KGJ 25 A, 163, 165; 27 A, 82, 86 = OLGE 8, 228 = RJA 4, 66; OLGE 44, 163 = HRR
     1925 Nr 504 = JW 1925, 1775 (*Arnheim*); OLG Rostock KGJ 29 A, 282 = OLGE 10, 97 = RJA 5, 200; OLG Dresden OLGE 12, 168; BayObLG KGJ 49, 286; BayObLG BayObLGZ 15, 325, 328 = BayNotZ 1914, 233; KGJ 49, 286
     = OLGE 31, 117 = RJA 14, 313; OLG Düsseldorf Rpfleger 1995, 104 = FGPrax 1995, 5; OLG Hamm Rpfleger
     2002, 565 = FGPrax 2002, 193.

155 KG KGJ 27 A, 82, 86 = OLGE 8, 228 = RJA 4, 66; OLG Dresden OLGE 12, 168.

156 Mot 65; RG RGZ 73, 50, 52; KG KGJ 27 A, 82, 86 = OLGE 8, 228 = RJA 4, 66; KG OLGE 44, 163 = HRR 1925
     Nr 504 = JW 1925, 1775 (*Arnheim*); OLG Düsseldorf Rpfleger 1995, 104 = FGPrax 1995, 5; OLG Hamm Rpfleger
     2002, 565 = FGPrax 2002, 193; *Güthe-Triebel* Rn 17.

157 MüKo-*Eickmann* § 1117 Rn 32; *Palandt-Bassenge* § 1117 Rn 4; *Meikel-Streck* § 53 Rdn 84; **aA** zu Unrecht OLG Oldenburg Rpfleger 1966, 174 (abl *Riedel*) = DNotZ 1967, 45 (LS) = NdsRpfl 1966, 107 = BWNotZ 1966, 258 (LS) unter
     Außerachtlassung des Umstandes, dass in diesem Fall das Grundbuchamt die Feststellungslast zu tragen hat; zu § 1117
     Abs 3 BGB vgl auch Rdn 50 und Fn 139.

158 RG RGZ 86, 262.

159 Zur Streitfrage, ob in diesen Fällen eine relative oder absolute Grundbuchunrichtigkeit vorliegt vgl MüKo-*Damrau*
     § 1276 Rn 4 mwN.

160 RG RGZ 83, 290, 293 = JW 1914, 152 = RJA 13, 124; KG KGJ 38 A, 294, 297 = OLGE 21, 12; KGJ 53, 219;
     OLGE 10, 442; JFG 11, 342, 346; OLG Dresden JFG 7, 413, 415; LG Berlin DNotZ 1937, 344; *Güthe-Triebel* Rn 7;
     KEHE-Herrmann Rn 27; *Demharter* Rn 19; **aA** KG KGJ 21 A, 147; 21 A, 286; *Predari* § 62 Anm 3; *Becker* BadNotZ
     1907, 15; vgl auch die stark ideologisch gefärbte und aus heutiger Sicht unangebrachte Kritik von *Recke* JW 1937,
     2073, II b.

161 *Güthe-Triebel* § 51 Rn 13.

III. Die Ersetzung der Briefvorlegung (§ 41 Abs 2)

61   Nach § 41 Abs 2 kann die Vorlegung des Briefs durch andere Urkunden allein (S 2) oder in Verbindung mit dem Antrag auf Erteilung eines neuen Briefs (S 1) ersetzt werden.

1. Die einschlägigen Tatbestände

a) Die unmittelbare Kraftloserklärung eines abhanden gekommenen oder vernichteten Briefs im
62   **Weg des Aufgebotsverfahrens (§§ 1162 BGB, 946–959, 1003–1018, 1024 ZPO). aa) Abhanden gekommen** ist ein Brief, wenn der unmittelbare Besitzer ohne seinen Willen den Besitz verloren hat (vgl § 935 Abs 1 BGB).[162] Streitig ist, ob der Brief auch dann als abhanden gekommen iS des § 1162 BGB zu gelten hat, wenn sein Verbleib zwar bekannt ist, er durch den Gläubiger aber nicht im Weg der Zwangsvollstreckung erlangt werden kann.[163] Entscheidend für die Beantwortung dieser Frage ist, ob man den Begriff des Abhandenkommens streng an § 935 BGB misst oder ob man ihn in Anlehnung an die auch diesen Zweifelsfall erfassende Vorschrift des § 799 BGB interpretiert. Da das Aufgebotsverfahren die Wiederherstellung der Verkehrsfähigkeit der Hypothek und der Verfügungsmöglichkeit des Gläubigers bezweckt,[164] ist der Ansicht der Vorzug zu geben, welche die Möglichkeit der Aufbietung des Briefs auch in diesem Fall bejaht.[165] Die in der 6. Auflage[166] vertretene Ansicht, der Gläubiger könne den Briefbesitzer auf Schadensersatz verklagen, wobei der Anspruch auf Zustimmung zur Umwandlung der Briefhypothek in eine Buchhypothek gehe, wird nicht aufrechterhalten. Sie übersieht, dass die Briefvorlegung auch zur Eintragung der Umwandlung erforderlich ist (vgl Rdn 33).[167]

63   **bb) Vernichtet** ist der Brief nicht nur bei vollständigem Substanzverlust, sondern auch bei einer so weitgehenden Beschädigung oder Zerstörung, dass die noch vorhandene Urkunde nicht mehr als Hypothekenbrief angesehen werden kann (zB durch das teilweise Verbrennen, Zerreißen oder Übergießen mit Flüssigkeiten).[168] Auch ein beim Grundbuchamt zerstörter Brief ist als vernichtet iS des § 1162 BGB anzusehen.[169]

64   **cc) Nicht von § 1162 BGB werden erfasst** das Abhandenkommen oder die Vernichtung der mit dem Brief verbundenen Schuldurkunde (§ 58),[170] von Zessionsurkunden (§ 1155 BGB)[171] und die nicht bis zur Vernichtung reichende Beschädigung des Briefs (in diesem Fall kann nach § 67 auch ohne Ausschlussurteil ein neuer Brief verlangt werden). Ein nach dem in § 67 Rdn 2 abgedruckten Gesetz über die Kraftloserklärung von Hypotheken-, Grundschuld- und Rentenschuldbriefen in besonderen Fällen vom 18.04.1950 (BGBl 88) idF der ÄndG vom 20.12.1952 (BGBl I, 830), 25.12.1955 (BGBl I, 867) und 29.04.1960 (BGBl I, 297) erwirktes Ausschlussurteil nach § 11 Abs 1 des Gesetzes im Grundbuchverfahren einem Ausschlussurteil iS des § 1162 BGB gleich (vgl § 67 Rdn 20). Dasselbe gilt für ein Ausschlussurteil nach § 136 ZVG (Kraftloserklärung nach erfolgter Löschung des Rechts). Dagegen ist die VO über die Ersetzung zerstörter oder abhanden gekommener gerichtlicher oder notarischer Urkunden vom 18.06.1942 (RGBl I, 395) auf Grundpfandrechtsbriefe nicht anwendbar (vgl § 58 Rdn 27 und § 67 Rdn 20). Ein vom Grundbuchamt (auch aus Versehen) unbrauchbar gemachter Brief ist bereits ungültig und muss deshalb nicht nach § 41 Abs 1 S 1 vorgelegt werden (vgl Rdn 9);[172] für eine Kraftloserklärung ist daher kein Raum.

65   Ist der Brief durch **Kriegseinwirkung** oder im Zusammenhang mit besatzungsrechtlichen oder besatzungshoheitlichen Enteignungen von Banken und Versicherungen in dem in Artikel 3 des Einigungsvertrages genannten Gebiet vernichtet worden oder abhanden gekommen, ohne dass sein Verbleib seitdem bekannt geworden ist, so bedarf es nach § 26 Abs 1 S 1 GBMaßnG vom 20.12.1963 (BGBl I, 986; abgedruckt in § 67 Rdn 1) idF des Art 11 § 1 des 2. VermRÄndG vom 14.07.1992 (BGBl I, 1257) auch in den neuen Bundesländern (§ 36a GBMaßnG) nur eines Antrags des Berechtigten auf Erteilung eines neuen Briefs. Ein Ausschlussurteil muss

---

162   RG RGZ, 101, 225; *Wolff-Raiser* § 69 I 1; wegen des Abhandenkommens eines Briefteils vgl KG ZBlFG 02, 434. Aufgrund der in § 1162 BGB iVm § 67 GBO vorgesehenen Ersatzbeschaffung sind die Regeln über die Unmöglichkeit auf verlustig gegangene Grundpfandrechtsbriefe nicht anwendbar (LG Düsseldorf WM 1993, 1388).

163   **Bejahend:** OLG Stuttgart NJW 1955, 1154, 1156; OLG Hamburg HRR 1936 Nr 401; LG Koblenz NJW 1955, 506; *MüKo-Eickmann* § 1162 Rn 2; *Palandt-Bassenge* § 1162 Rn 1; *Erman-Wenzel* § 1162 Rn 1; **verneinend** RG RGZ 155, 72, 74; *Staudinger-Wolfsteiner* § 1162 Rn 1; *Soergel-Konzen* § 1162 Rn 1; *Wolff-Raiser* § 142 Fn 28; *Riedel* Rpfleger 1968, 344.

164   *MüKo-Eickmann* § 1162 Rn 2; vgl auch § 67, der die Erteilung eines neuen Briefs bei Vorlegung des Ausschlussurteils ermöglicht.

165   Vgl *Rebe* AcP 173, 189. Widersprüchlich daher *Staudinger-Wolfsteiner* (§ 1162 Rn 1), welcher den Begriff des Abhandenkommens nach § 799 BGB beurteilt, die Möglichkeit eines Aufgebots aber gleichwohl verneint.

166   Voraufl (6.) Rn 31; ebenso *Riedel* Rpfleger 1968, 344.

167   Ebenso – insofern widersprüchlich – die Voraufl (6.) Rn 16.

168   *Güthe-Triebel* Rn 30.

169   *Staudinger-Wolfsteiner* § 1162 Rn 7; dies gilt nicht für unbrauchbar gemachte Briefe, KG KGJ 48, 226, 228 = RJA 14, 314.

170   *Staudinger-Wolfsteiner* § 1162 Rn 4.

171   *Staudinger-Wolfsteiner* aaO (Fn 170); *MüKo-Eickmann* § 1162 Rn 10.

172   KG KGJ 48, 226 = RJA 14, 314; *Güthe-Triebel* § 69 Rn 15.

nicht vorgelegt werden. Hat der Gläubiger den Brief selbst vernichtet, so liegt keine Kriegseinwirkung vor.[173] Hingegen ist das Verfahren bei Vernichtung oder Abhandenkommen des Briefs anlässlich der Vertreibung der Deutschen aus den Gebieten östlich der seinerzeitigen Oder-Neiße-Linie oder der Plünderung durch Besatzungstruppen entsprechend anwendbar.[174] Das Grundbuchamt hat die Angaben des Antragstellers über den Verbleib des Briefs von Amts wegen zu überprüfen (§ 26 Abs 3 S 1 GBMaßnG). Aus der in der Begründung zum GBMaßnG[175] enthaltenen inhaltlichen Verweisung auf die Vorgängervorschrift des § 8 VereinfVO vom 5.10.1942 (RGBl I, 573) ergibt sich, dass bei dieser Prüfung in Anlehnung an die frühere Rechtspraxis eine weite und großzügige Handhabung geboten ist.[176] Bei Anlegung eines strengen Prüfungsmaßstabs wäre der Berechtigte in aller Regel gezwungen, ein Aufgebotsverfahren durchführen zu lassen; ein im Allgemeinen durch die Sachlage nicht gerechtfertigter Umweg, den § 26 GBMaßnG gerade ersparen will. Der Umfang der Amtsermittlungen muss sich daher in einem angemessenen Rahmen halten. Übertriebene Anforderungen an den Nachweis der in § 26 Abs 1 S 1 GBMaßnG bezeichneten Voraussetzungen dürfen somit nicht gestellt werden.[177] Treffen die Angaben des Antragstellers zur Überzeugung des Grundbuchamts zu, so ist der neue Brief zu erteilen. Mit der Erteilung des neuen Briefs wird der bisherige Brief kraftlos (§ 26 Abs 1 S 3 GBMaßnG). Soll die Hypothek gelöscht oder die Brieferteilung nachträglich ausgeschlossen werden, so genügt die vom Grundbuchamt auf Antrag des Berechtigten zu treffende Feststellung, dass die Voraussetzungen des § 26 Abs 1 S 1 GBMaßnG vorliegen. Der in diesem Fall nicht vorzulegende Brief wird mit der der Feststellung nachfolgenden Eintragung des Briefausschlusses oder der Löschung kraftlos (§ 26 Abs 2 S 3 GBMaßnG). Sofern sich der Brief zum Zeitpunkt seiner Vernichtung im Gewahrsam eines Notars befunden hat, können die nach § 26 Abs 1 und 2 GBMaßnG erforderlichen Anträge auch von dem Notar gestellt werden.[178]

dd) Die Wirkung des Ausschlussurteils. Der Antragsteller kann die Hypothek unter Vorlegung des Urteils **66** gegen den Verpflichteten geltend machen (§ 1018 Abs 1 ZPO). Insoweit kommt dem Ausschlussurteil die Legitimationswirkung des Briefes zu. Andere zur Legitimation erforderliche Urkunden (zB Abtretungserklärungen) ersetzt das Urteil nicht.[179] Mit der Verkündung des Ausschlussurteils (§§ 1017 Abs 1, 957 Abs 1 ZPO) wird der Brief mit Wirkung für und gegen alle kraftlos, und zwar auch dann, wenn das Ausschlussurteil von einem Nichtberechtigten erwirkt worden ist.[180] Der Brief bleibt selbst dann kraftlos, wenn er später wieder zum Vorschein kommen sollte. Er kann somit nicht mehr den Erwerb der Hypothek vermitteln. Dies gilt auch, wenn der Brief in die Hände eines gutgläubigen Erwerbers gelangt ist.[181] Wird das Ausschlussurteil aufgehoben und der neue Brief kraftlos (§§ 957, 958 ZPO), so erlangt der alte Brief wieder seine Gültigkeit, sofern er nicht bereits vom Grundbuchamt unbrauchbar gemacht wurde.[182]

Die Kraftloserklärung des Briefs hat auf die Berechtigung des wahren Gläubigers keinen Einfluss.[183] Eine nach **67** § 41 Abs 2 S 2 ohne Briefvorlegung gelöschte Hypothek bleibt daher materiellrechtlich bestehen, wenn der das Ausschlussurteil vorlegende Bewilligende nicht der wahre Gläubiger ist (zum Nachweis der Bewilligungsberechtigung vgl Rdn 77). Im Fall der ohne Bewilligung des wahren Berechtigten erfolgten Eintragung des Briefausschlusses bleibt die Hypothek Briefrecht. Rechtsgeschäfte, die der Besitzer des neuen Briefs (§ 41 Abs 2 S 1) vornimmt, stellen Verfügungen eines Nichtberechtigten dar. Die durch die genannten Eintragungen eingetretene Grundbuchunrichtigkeit kann allerdings durch gutgläubigen Erwerb wieder beseitigt werden.

Die Übergabe des Ausschlussurteils durch den wahren Berechtigten vermag die zu einer Rechtsänderung erfor- **68** derliche Briefübergabe nicht zu ersetzen.[184] Vielmehr muss der nach § 67 auf Antrag zu erteilende neue Brief

---

173 LG Lübeck SchlHAnz 1957, 185.
174 OLG Hamm DNotZ 1952, 583 = MDR 1953, 180 = JMBlNRW 1952, 166, für den durch § 30 GBMaßnG aufgehobenen § 8 VereinfVO vom 05.10.1942 (RGBl I, 573); **aA** LG München I DNotZ 1950, 347.
175 BT-Drucks IV/351 S 17.
176 Zum früheren Recht vgl auch KG HW 1951, 401; *Blocksdorff* HW 1946, 67 und 1948, 8; *Hinz* HW 1951, 400; *Dohse* HW 1955, 463; *Israel* HW 1947, 293; *Schindler* HW 1955, 385; zur Entstehungsgeschichte des § 26 GBMaßnG und zum ehemaligen Landesrecht vgl die Voraufl (6.) § 67 Rn 9.
177 Wegen der zu § 8 VereinfVO vom 05.10.1942 (RGBl I, 573) entwickelten und auf die heutige Rechtslage entsprechend anwendbaren Grundsätze vgl LG Bielefeld NJW 1949, 153 (*Mondrzik*).
178 KG DNotZ 1943, 198.
179 KG OLGE 38, 10 = RJA 15, 319, 322; BayObLG BayObLGZ 1987, 97, 100 = Rpfleger 1987, 363; *Staudinger-Wolfsteiner* § 1162 Rn 4; *MüKo-Eickmann* § 1162 Rn 10.
180 KG KGJ 45, 294 = RJA 13, 255; *Staudinger-Wolfsteiner* § 1162 Rn 5.
181 Mot BGB III, 763; KG KGJ 45, 294, 298 = RJA 13, 255; *Staudinger-Wolfsteiner* § 1162 Rn 10; *MüKo-Eickmann* § 1162 Rn 11.
182 *Güthe-Triebel* Rn 30. Zu allgemein *Staudinger-Wolfsteiner* (§ 1162 Rn 11), welcher die Möglichkeit einer evtl bereits erfolgten Unbrauchbarmachung nicht berücksichtigt.
183 KG KGJ 45, 294, 298 = RJA 13, 255; *Planck-Strecker* § 1162 Anm 7 b; *Güthe-Triebel* Rn 30.
184 KG KGJ 45, 294 = RJA 13, 255; OLGE 38, 10 = RJA 15, 319; DNotV 1931, 481 = HRR 1931 Nr 1708; BayObLG BayObLGZ 1987, 97, 100 = Rpfleger 1987, 363; BayObLG Rpfleger 1988, 477, 478 (insoweit in BayObLGZ 1988, 148 nicht abgedruckt); *Staudinger-Wolfsteiner* § 1154 Rn 43; *Wolff-Raiser* § 136 Fn 16.

übergeben werden. Eine die Übergabe des neuen Briefs ersetzende Vereinbarung nach § 1117 Abs 2 BGB ist zwar möglich,[185] kann aber den Rechtserwerb erst (also nicht rückwirkend!) herbeiführen, wenn beim Grundbuchamt die Voraussetzungen für die Erteilung des neuen Briefs vorliegen.[186] Die Vermutung des § 1117 Abs 3 BGB gilt für das Ausschlussurteil nicht.[187]

b) Das Kraftloswerden des Briefs wegen Aufgebot der Hypothek (§§ 1170, 1171 BGB, 946–959,
69 **982 ff, 1024 Abs 1 ZPO).** Ein *seiner Person* nach unbekannter (nicht: ein lediglich nicht mitwirkungsbereiter)[188] Gläubiger kann im Weg des Aufgebotsverfahrens mit seinem dinglichen Recht ausgeschlossen werden, wenn seit der letzten sich auf die Hypothek beziehenden Eintragung im Grundbuch mehr als zehn Jahre verstrichen sind und das Recht des Gläubigers nicht innerhalb dieses Zeitraums von dem Eigentümer in einer nach § 212 Abs 1 Nr 1 BGB zum Neubeginn der Verjährung geeigneten Weise anerkannt worden ist (§ 1170 Abs 1 S 1 BGB). § 1171 BGB regelt den Ausschluss des unbekannten Gläubigers, wenn der Eigentümer zur Befriedigung des Gläubigers oder zur Kündigung berechtigt ist (§§ 1141, 1142 BGB). Auch der *unbekannte Aufenthalt* des an sich bekannten Gläubigers rechtfertigt ein Aufgebotsverfahren.[189] Der Hinweis der abweichenden Ansicht, der Eigentümer habe die Möglichkeit, nach § 894 BGB Klage auf Grundbuchberichtigung zu erheben, vermag nicht zu überzeugen, da bei noch bestehender Forderung ein solcher Anspruch nicht besteht (arg §§ 1170 Abs 2 S 1, 1171 Abs 2 S 1 BGB) und die Grundbuchberichtigung ebenfalls von der Briefvorlegung abhängig wäre (vgl Rdn 33).

70 Mit dem Erlass eines Ausschlussurteils iS des § 1170 BGB wird der Gläubiger mit seinem dinglichen Recht (nicht auch mit seiner persönlichen Forderung) ausgeschlossen. Der Ausschluss erstreckt sich auch auf Pfandrechtsgläubiger und Nießbrauchsberechtigte,[190] sofern das Ausschlussurteil keinen Vorbehalt zugunsten ihrer Rechte enthält (§§ 953, 957 Abs 2 Nr 5 ZPO).[191] Der Eigentümer erwirbt die Hypothek kraft Gesetzes als Grundschuld (§§ 1170 Abs 2 S 1, 1177 Abs 1 BGB). Auf wen die Hypothek im Fall des § 1171 BGB übergeht, hängt davon ab, wer persönlicher Schuldner der als erloschen geltenden Forderung war (vgl §§ 1143, 1163, 1164, 1177 BGB). Die Berichtigung des Grundbuchs erfolgt jeweils im normalen Antragsverfahren.[192] Da der Hypothekenbrief mit dem Erlass des Ausschlussurteils ohne besonderes Aufgebot kraft Gesetzes kraftlos wird (§§ 1170 Abs 2 S 2, 1171 Abs 2 S 2 BGB), kann er keinen gutgläubigen Erwerb der Hypothek vermitteln.[193] Wird das Ausschlussurteil aufgehoben, so wird der kraftlos gewordene Brief wieder wirksam, sofern er nicht bereits vom Grundbuchamt unbrauchbar gemacht wurde (vgl Rdn 66). Soweit zwischenzeitlich kein gutgläubiger Erwerb stattgefunden hat, erwirbt der ursprüngliche Gläubiger das Grundpfandrecht wieder als Hypothek.

2. Das Verfahren des Grundbuchamts

71 Das Grundbuchamt darf eine Eintragung bei der Hypothek nur vornehmen, wenn die nach § 41 Abs 1 S 1 erforderliche Briefvorlegung durch die Vorlegung des Ausschlussurteils allein oder in Verbindung mit dem Antrag auf Erteilung eines neuen Briefs (§ 67) ersetzt wird.

---

185 KG KGJ 45, 294, 298 = RJA 13, 255; BayObLG BayObLGZ 1987, 97, 102 = Rpfleger 1987, 363.
186 RG RGZ 84, 314, 316; BayObLG BayObLGZ 1987, 97, 102 = Rpfleger 1987, 363.
187 KG OLGE 38, 10 = RJA 15, 319; BayObLG BayObLGZ 1987, 97, 100 = Rpfleger 1987, 363; BayObLGZ 1987, 345 = Rpfleger 1987, 493; *Palandt-Bassenge* § 1162 Rn 2.
188 MüKo-*Eickmann* § 1170 Rn 6; **aA** LG Düsseldorf NJW-RR 1995, 1232.
189 OLG Hamm Rpfleger 1983, 146; LG Augsburg MittBayNot 1981, 131; LG Erfurt Rpfleger 1994, 310 = MittBayNot 1994, 335; LG Aachen NJW-RR 1998, 87; *Staudinger-Wolfsteiner* § 1170 Rn 9; MüKo-*Eickmann* Rn 2, 6; *Erman-Wenzel* § 1170 Rn 2; *Schöne* Rpfleger 2002, 131; **aA** BGH NJW-RR 2004, 664 = Rpfleger 2004, 363; LG Bückeburg Rpfleger 1958, 320; *Planck-Strecker* § 1170 Anm 2 a; *Palandt-Bassenge* § 1170 Rn 2; *Soergel-Konzen* § 1170 Rn 2; *Wenckstern* DNotZ 1993, 547; *Westermann* § 105 VI 1. Die genannte Streitfrage hat sich allerdings insoweit etwas entschärft, als § 6 Abs 1a des GBBerG vom 20.12.1993 (BGBl I, 2192; Abs 1a eingefügt durch das SachenRÄndG vom 21.09.1994, BGBl I, 2457) unter den Voraussetzungen des Abs 1 der Norm nach überwiegender und zutreffender Auffassung nunmehr auch beim unbekannten Aufenthalt von Grundpfandrechtsgläubigern ein Aufgebotsverfahren ermöglicht (*Bauer/von Oefele-Maaß* § 6 GBBerG Rn 17; *Böhringer* NotBZ 2001, 197, 202; *Wehrstedt* RNotZ 2001, 516, 518), zumal ein solches Aufgebotsverfahren auch noch nach einer Ablösung iS des § 10 GBBerG zulässig ist (KG Rpfleger 2008, 478; *Bauer/von Oefele-Maaß* § 10 GBBerG Rn 32). Zu beachten ist allerdings, dass § 6 GBBerG in den alten Bundesländern nur gilt, wenn er durch Rechtsverordnung der jeweiligen Landesregierung in Kraft gesetzt wird (§ 6 Abs 3 S 2 GBBerG). Dies ist bisher in Bayern (VO vom 06.09.1994, BayGVBl 928), Nordrhein-Westfalen (VO vom 13.02.2001, GVBl 69), Bremen (VO vom 23.10.2001, GBl 363) und Rheinland-Pfalz (VO vom 23.06.2003, GVBl 129, befristet bis 31.12.2008) erfolgt.
190 KG OLGE 15, 379.
191 *Staudinger-Wolfsteiner* § 1170 Rn 21, 24; MüKo-*Eickmann* § 1170 Rn 20, 23.
192 *Staudinger-Wolfsteiner* § 1170 Rn 22.
193 *Planck-Strecker* § 1170 Anm 6 b; *Staudinger-Wolfsteiner* § 1170 Rn 20.

a) Die Vorlegung des Ausschlussurteils genügt (§ 41 Abs 2 S 2). Als Ersatz für die Briefvorlegung kommt 72
die bloße Vorlegung des Ausschlussurteils nur in Betracht, wenn der nachträgliche Ausschluss der Brieferteilung
(§ 1116 Abs 2 S 2 BGB) oder die Löschung der Hypothek eingetragen werden soll. In diesen Fällen wäre die
vorausgehende Erteilung eines neuen Briefs wenig sinnvoll, weil der gerade erst hergestellte Brief sofort wieder
unbrauchbar gemacht werden müsste (§ 69). Entsprechendes gilt für ursprünglich über eine Hypothek erteilte
Briefe, die wegen Nichtbeachtung des § 56 ungültig sind (vgl Rdn 46 und § 56 Rdn 46). Die Eintragung einer
Vormerkung zur Sicherung des Anspruchs auf Briefausschluss oder Löschung steht der endgültigen Eintragung
nicht gleich. Es steht nämlich weder fest, ob es überhaupt zur Verwirklichung des gesicherten Anspruchs
kommt, noch kann die Erteilung eines neuen Briefs wegen des evtl länger andauernden Vormerkungsstadiums
als sinnlos angesehen werden.[194]

Falls zusammen mit der Eintragung des Briefausschlusses noch weitere Rechtsänderungen im Grundbuch voll- 73
zogen werden sollen, ist deren Eintragung nicht mehr von der Erteilung bzw Vorlegung eines neuen Briefs
abhängig, weil die Hypothek dann bereits Buchrecht geworden ist. Ist ein eingereichter Brief vom Grundbuchamt aus Versehen unbrauchbar gemacht worden, so muss er als iS des § 41 Abs 1 S 1 vorgelegt angesehen werden. Die Erteilung eines neuen Briefs oder die Vorlegung eines Ausschlussurteils ist daher nicht erforderlich.[195]
Gelangt ein für kraftlos erklärter oder kraftlos gewordener Brief zum Grundbuchamt, so ist er unbrauchbar zu
machen.[196]

b) Vorlegung des Ausschlussurteils und Antrag auf Erteilung eines neuen Briefs (§ 41 Abs 2 S 1).
Sofern die beantragte Eintragung nicht unter § 41 Abs 2 S 2 fällt, muss sichergestellt werden, dass dem Rechts- 74
verkehr künftig wieder ein inhaltlich aktualisierter Hypothekenbrief zur Verfügung steht. Um die Grundbucheintragung nicht von der vorherigen Erteilung eines Briefs abhängig sein zu lassen, ist in § 41 Abs 2 S 1
bestimmt, dass dem Eintragungsantrag bereits dann stattgegeben werden kann, wenn das Ausschlussurteil vorgelegt und ein Antrag auf Erteilung eines neuen Briefs gestellt wird (§ 67). Die beantragte Eintragung darf
allerdings nur erfolgen, wenn der Brieferteilungsantrag gerechtfertigt ist. Ein Mangel des Antrags auf Brieferneuerung führt daher auch zur Beanstandung des Eintragungsantrags. Stehen nur dem Eintragungsantrag
Hindernisse entgegen, so kann der neue Brief bereits vor der Eintragung hergestellt werden, sofern der Brieferteilungsantrag nicht (entspr § 16 Abs 2) unter dem Vorbehalt der vorherigen Grundbucheintragung steht.

c) Die Prüfung der Bewilligungsberechtigung. Sofern die Hypothek von der beantragten Eintragung iS 75
des § 19 betroffen wird, hat das Grundbuchamt die Bewilligungsberechtigung in derselben Weise zu überprüfen, wie wenn der Brief nach § 41 Abs 1 S 1 vorgelegt worden wäre.

aa) Das Ausschlussurteil muss dem Grundbuchamt in Ausfertigung vorgelegt werden. Ein Nachweis über die 76
Zustellung und die Rechtskraft des Urteils ist nicht erforderlich (§ 957 Abs 1 ZPO). Auch das Antragsrecht des
Antragstellers im Aufgebotsverfahren ist vom Grundbuchamt nicht nachzuprüfen.[197] Der Erlass des Ausschlussurteils kann im Grundbuch nicht vermerkt werden. Ist dem Grundbuchamt bekannt, dass das vorgelegte Ausschlussurteil aufgehoben wurde, so darf es die beantragte Eintragung nur vollziehen, wenn der noch nicht
unbrauchbar gemachte und damit wieder gültig gewordene alte Brief vorgelegt wird.[198] Wurde der alte Brief
bereits unbrauchbar gemacht, so ist die Vorlegung des nach § 67 zu erteilenden neuen Briefs erforderlich. Die
in § 41 Abs 2 vorgesehenen Ersatzlösungen beziehen sich ausschließlich auf die Eintragungsvoraussetzung der
Briefvorlegung. Eine Erleichterung bei den sonstigen Eintragungserfordernissen (§§ 13, 19, 29, 39) gewährt die
Vorschrift nicht.

bb) Wer als Bewilligender von einem Ausschlussurteil iS des **§ 1162 BGB** Gebrauch machen will, muss ent- 77
sprechend den Grundsätzen, die nach den Rdn 47 ff für den Briefbesitzer gelten, entweder *als Gläubiger eingetragen oder* (zB nach § 1155 BGB) *ausgewiesen* sein. Die Bewilligungsberechtigung des aus dem Ausschlussurteil
Berechtigten ist daher nur nachgewiesen, wenn ihn das Grundbuch als Hypothekengläubiger ausweist oder
wenn er sein Recht (zB durch die Vorlage der in § 1155 bezeichneten Urkunden) vom eingetragenen Berechtigten ableiten kann[199] (zum Nachweis der Brieferlangung vgl § 67 Rdn 14). Kann der Bewilligende zB die
Zessionsurkunden nicht beschaffen, so ist er gezwungen, den eingetragenen Hypothekengläubiger auf Grundbuchberichtigung zu verklagen.[200] Da die Übergabe des Ausschlussurteils die Briefübergabe nicht zu ersetzen

---

194 *Bauer/von Oefele-Weber* Rn 42; *Hügel-Zeiser* Rn 36; *Güthe-Triebel* Rn 32; **aA** *Predari* § 42 Anm 6.
195 KG KGJ 48, 226 = RJA 14, 314. In diesem Fall muss dem Gläubiger aber natürlich von Amts wegen ein neuer Brief
     mit dem Inhalt des versehentlich unbrauchbar gemachten Briefs (samt Ergänzungsvermerk nach § 62) erteilt werden.
196 KG RJA 13, 270; *Güthe-Triebel* Rn 30.
197 KG KGJ 45, 294 = RJA 13, 255; RJA 13, 270.
198 *Hügel-Zeiser* Rn 34; *Güthe-Triebel* Rn 32; *Predari* § 42 Anm 6.
199 BayObLG Rpfleger 1983, 13; 1983, 17 = MittBayNot 1982, 247; BayObLGZ 1987, 97, 100 = Rpfleger 1987, 363;
     OLG Rostock KGJ 34 A, 343 = RJA 8, 158; KG OLGE 38, 10 = RJA 15, 319, 321.
200 KG OLGE 38, 10 = RJA 15, 319, 322.

vermag,[201] ist nicht bewilligungsberechtigt, wer die Hypothek als Zessionar von dem Besitzer des Ausschlussurteils erwerben wollte. Die Abtretung wird vielmehr erst dann wirksam, wenn ein neuer Brief hergestellt und übergeben wird (vgl Rdn 68).

78 In den Fällen der §§ 1170, 1171 BGB ist bewilligungsberechtigt, wer die Hypothek kraft Gesetzes erworben hat. Enthält das Ausschlussurteil einen Vorbehalt für das angemeldete Recht eines Dritten (vgl §§ 953, 957 Abs 2 Nr 5 ZPO), so darf die beantragte Eintragung nur erfolgen, wenn auch die Bewilligung des Dritten vorliegt.[202] Der Nachweis, dass evtl vorbehaltene Rechte nicht bestehen, muss im Grundbuchverfahren nicht geführt werden.[203]

IV. Die Ausnahme des § 41 Abs 1 S 2

79 § 41 Abs 1 S 2 macht lediglich die der Eintragung *vorausgehende* Briefvorlegung entbehrlich. Wegen der nachträglichen Vorlegung des Briefs vgl Rdn 89.

1. Die Voraussetzungen des § 41 Abs 1 S 2

80 **a) Eintragung eines Widerspruchs.** Auf andere Eintragungen als Widersprüche ist die Ausnahmevorschrift des § 41 Abs 1 S 2 nicht anwendbar. Insbesondere gilt sie nicht für die Eintragung von Verfügungsbeschränkungen,[204] Veräußerungsverboten,[205] Erwerbsverboten (vgl § 60 Rdn 86) oder Vormerkungen.[206]

81 **b) Anordnung durch einstweilige Verfügung.** Bei Eintragungen aufgrund der Bewilligung des Betroffenen oder eines die Bewilligung ersetzenden Urteils (§§ 894, 895 ZPO) verbleibt es bei der Regel des § 41 Abs 1 S 1.[207] Von Amts wegen einzutragende Widersprüche werden nicht von § 41 Abs 1 S 2 erfasst; § 53 Abs 2 S 1 enthält jedoch eine dem § 41 Abs 1 S 2 entsprechende Ausnahme. Auf Widersprüche aufgrund einstweiliger Anordnung nach § 76 ist § 41 Abs 1 S 2 entsprechend anzuwenden.[208] Im Fall des § 18 Abs 2 macht die Vorlegung des Briefs keine Schwierigkeiten, da er ohnehin mit dem vollzugsreifen Antrag vorgelegt werden muss, welcher die Eintragung des Widerspruchs erst erforderlich macht (vgl Rdn 43).

82 **c) Bestimmte Tatsachen.** Der einzutragende Widerspruch muss sich auf die in § 41 Abs 1 S 2 bezeichneten Tatsachen gründen. Diese Tatsachen beziehen sich ausnahmslos auf den Bestand oder den Inhalt der Hypothek bzw der Forderung.

83 **aa) Das Nichtbestehen der Hypothek.** Für die Anwendbarkeit des § 41 Abs 1 S 2 macht es keinen Unterschied, ob die Hypothek von vornherein nicht entstanden oder später erloschen ist. Ebenso belanglos ist der Grund für das Nichtbestehen der Hypothek. Es kommen somit nicht nur Fälle der fehlenden oder von vornherein nichtigen, sondern auch der angefochtenen oder (zB infolge des Eintritts oder Ausfalls einer Bedingung bzw Zeitbestimmung) erloschenen Einigung in Frage. Nicht hierher gehören die Fälle der relativen Unwirksamkeit der Hypothek oder der Fall des Übergangs der Hypothek auf den Eigentümer (zB infolge Verzichts nach § 1168 BGB), da hier das Recht fortbesteht und nur ein Gläubigerwechsel stattfindet.[209]

84 **bb) Das Nichtbestehen der Forderung.** Ist die Forderung – gleichgültig aus welchem Grund – nicht entstanden oder später erloschen, so erwirbt der Eigentümer die Hypothek als Grundschuld (§§ 1163 Abs 1, 1177 Abs 1 S 1 BGB). In diesen Fällen bedarf es zur Eintragung des Widerspruchs nicht der Vorlegung des Briefs. Aber auch soweit das Recht als Hypothek mit der Forderung auf den Eigentümer übergeht (§ 1143 BGB) oder der den Gläubiger befriedigende persönliche Schuldner gegen den Eigentümer eine Ersatzhypothek erwirbt (§ 1164 BGB), kann die Vorlegung des Briefs unter Berücksichtigung der Entstehungsgeschichte der Vorschrift (vgl Rdn 8) nicht als erforderlich angesehen werden, weil sich der Übergang des Rechts unabhängig vom

---

201 KG KGJ 45, 294 = RJA 13, 255; OLGE 38, 10 = RJA 15, 319, 321; DNotV 1931, 481 = HRR 1931 Nr 1708; BayObLG BayObLGZ 1987, 97, 100 = Rpfleger 1987, 363; BayObLG Rpfleger 1988, 477, 478 (insoweit in BayObLGZ 1988, 148 nicht abgedruckt); *Staudinger-Wolfsteiner* § 1154 Rn 43; *Wolff-Raiser* § 136 Fn 16.

202 RG RGZ 67, 95, 100; KG KGJ 30 A 269, 272 = RJA 6, 145; KGJ 33 A, 210, 211; MüKo-*Eickmann* § 1170 Rn 23.

203 So überzeugend MüKo-*Eickmann* § 1170 Rn 23; **aA** RG RGZ 67, 95, 100; KG KGJ 30 A, 269 = RJA 6, 145; *Planck-Strecker* § 1170 Anm 6 d; *Soergel-Konzen* § 1170 Rn 6; *Palandt-Bassenge* § 1170 Rn 4; *Staudinger-Wolfsteiner* § 1170 Rn 24.

204 KG KGJ 27 A, 82 = OLGE 8, 228 = RJA 4, 66; KGJ 30 A, 240; OLGE 10, 442; KG JFG 5, 298, 300; BayObLG KGJ 49, 286; OLG Schleswig ZfIR 1998, 709; LG Frankfurt Rpfleger 1983, 250.

205 KG KGJ 38 A, 294, 296; KG JFG 5, 298, 300; BayObLG KGJ 49, 286 = OLGE 31, 117 = RJA 14, 313; OLG Dresden OLGE 12, 168.

206 KG OLGE 7, 367; KGJ 27 A, 82 = OLGE 8, 228 = RJA 4, 66; OLG Düsseldorf Rpfleger 1995, 104 = FGPrax 1995, 5.

207 KG KGJ 38 A, 294, 296; OLG Frankfurt Rpfleger 1975, 301; *Güthe-Triebel* Rn 20.

208 *Güthe-Triebel* Rn 20 und § 76 Rn 7; *Turnau-Förster* § 76 Anm A II 2 a; **aA** *Hügel-Zeiser* Rn 40.

209 *Güthe-Triebel* Rn 21.

Briefbesitz vollzieht.[210] Schließlich erfasst § 41 Abs 1 S 2 auch den Fall, dass der Eigentümer die nach den §§ 1163 Abs 1, 1177 Abs 1 S 1 BGB erworbene Eigentümergrundschuld verpfändet, nachdem er sich ohne Eintragung der Umwandlung als Gläubiger der Hypothek im Grundbuch hat eintragen lassen. Ein gegen die Eintragung des Rechts *als Hypothek* gerichteter Widerspruch beruht hier ebenfalls auf dem Nichtbestehen der Forderung.[211]

cc) Das Bestehen einer Einrede gegen Hypothek oder Forderung. Neben dem Verzicht auf die Hypo-   **85**
thek (§ 1168 BGB) gehören insbesondere alle Einreden hierher, die zur Verhinderung des gutgläubigen Erwerbs im Grundbuch eintragbar sind (§§ 1137, 1157 BGB). Als Einreden gegen den dinglichen Anspruch aus der Hypothek iS des § 1137 BGB kommen nur solche in Frage, die den persönlichen Schuldner berechtigen, die Befriedigung der an sich bestehenden Forderung dauernd oder auf bestimmte Zeit zu verweigern (sog *schuld-nerbestimmte* Einreden),[212] zB die Einrede des Zurückbehaltungsrechts,[213] der Stundung der Forderung,[214] der Vereinbarung der Nichteinklagbarkeit der Forderung,[215] des nicht erfüllten Vertrages,[216] der Bereicherung,[217] aus einer Verpflichtung des Gläubigers, die Forderung während einer bestimmten Zeit nicht geltend zu machen[218] sowie der rechtskräftigen Abweisung der sich auf die Forderung stützenden Klage gegen den persön-lichen Schuldner,[219] des weiteren (vgl § 1137 Abs 1 BGB) die einem Bürgen nach § 770 BGB zustehenden Ein-reden, wie das Recht zur Verweigerung der Befriedigung des Gläubigers, solange dem persönlichen Schuldner in Bezug auf das Grundgeschäft ein Anfechtungsrecht zusteht oder solange sich der Gläubiger durch Aufrech-nung befriedigen kann. Da § 770 BGB auf andere Gestaltungsrechte des Hauptschuldners (zB Wandelung oder Rücktritt) entsprechend anwendbar ist,[220] besteht insoweit auch für den Eigentümer ein Einrederecht.

Zu den sog *eigentümerbezogenen* Einreden des Eigentümers gegen das dingliche Recht aufgrund eines zwischen ihm und dem Gläubiger bestehenden, mit dem persönlichen Schuldverhältnis nicht identischen besonderen Rechtsverhältnisses (§ 1157 BGB) zählen vor allem die Einrede der unzulässigen Rechtsausübung, der Stun-dung der bereits gekündigten Hypothek, aus einer die Geltendmachung oder Weitergabe des Rechts untersa-genden Abrede, der treuhänderischen Beschränkung,[221] aus einer Verpflichtung des Gläubigers zur völligen Aufgabe des dinglichen Rechts bzw zur Freigabe eines von mehreren belasteten Grundstücken,[222] aus der Abrede, dass die Hypothek nur zur Beschaffung neuer Gelder verwendet werden darf,[223] der ungerechtfertigten Bereicherung oder aus unerlaubter Handlung (§§ 823, 826 BGB). Aus welchem Rechtsgrund die Einrede erwächst, ist unerheblich. Zu sicherungsvertragsbedingten Einreden bei nach dem 19.08.2008 erworbenen Sicherungsgrundschulen vgl § 42 Rdn 3.

dd) Die unrichtige Eintragung der Hypothek. Bei der »unrichtigen Eintragung der Hypothek« iS des § 41   **86**
Nr 1 S 2 kann es sich um eine Unrichtigkeit des Inhalts oder des Rangs der Hypothek handeln.[224] Da ein Anhaltspunkt für eine unterschiedliche Behandlung fehlt, ist die Briefvorlegung nicht nur bei ursprünglicher, sondern auch bei nachträglicher und außerhalb des Grundbuchs eingetretener Grundbuchunrichtigkeit ent-behrlich.[225] Es muss sich aber immer um einen Widerspruch handeln, der sich gegen das bestehende *dingliche* Recht richtet.[226] Hierher gehören vor allem Widersprüche gegen die Angabe eines unrichtigen Geldbetrages oder Zinssatzes, einer andersartigen Nebenleistung, die Löschung eines im Rang vorgehenden oder gleichste-henden Rechts und die von der tatsächlichen Rechtslage abweichende Verlautbarung des Rangs.[227] Im letztge-

210 OLG Rostock KGJ 31 A, 371, 372 = OLGE 12, 285 = RJA 7, 60; *Güthe-Triebel* Rn 22; *Demharter* Rn 14.
211 *Güthe-Triebel* Rn 22.
212 *Staudinger-Wolfsteiner* § 1137 Rn 4; MüKo-*Eickmann* § 1137 Rn 16; *Soergel-Konzen* § 1137 Rn 3; BGB-RGRK-*Mattern* § 1137 Rn 2; *Westermann* § 102 II 1; **aA** RG RGZ 68, 97, 102; vgl auch RG SeuffA 89 Nr 78; *Wolff-Raiser* § 139 III.
213 RG RGZ 78, 32.
214 *Staudinger-Wolfsteiner* § 1137 Rn 4.
215 RG RGZ 67, 390.
216 *Staudinger-Wolfsteiner* § 1137 Rn 4.
217 RG RGZ 86, 301, 304; HRR 1934 Nr 862.
218 KG KGJ 53, 175.
219 *Staudinger-Wolfsteiner* § 1137 Rn 4.
220 *Staudinger-Wolfsteiner* § 1137 Rn 13; MüKo-*Eickmann* § 1137 Rn 21; *Westermann* § 102 II 1.
221 RG RGZ 135, 357, 364.
222 KG KGJ 33 A, 258.
223 RG HRR 1931 Nr 927.
224 D 52; KG JFG 7, 408, 410 = HRR 1930 Nr 44; OLGE 15, 333; OLG Hamm Rpfleger 2002, 565 = FGPrax 2002, 193.
225 KEHE-*Herrmann* Rn 20; *Hesse-Saage-Fischer* Anm V 1; **aA** *Bauer/von Oefele-Weber* Rn 32; *Hügel-Zeiser* Rn 41; *Güthe-Triebel* Rn 25; *Predari* § 42 Anm 5.
226 *Güthe-Triebel* Rn 25.
227 RG RGZ 57, 277, 280; KG KGJ 34 A, 289; BayObLG BayObLGZ 16, 127; OLG Hamm Rpfleger 2002, 565 = FGPrax 2002, 193.

nannten Fall kann die streitige Frage Bedeutung erlangen, ob eine Rangeinheit zwischen Haupt- und Veränderungsspalten des Grundbuchs besteht (hierzu vgl Rdn 35 ff).

87 **d) Nicht von § 41 Abs 1 S 2 erfasste Fälle.** Zur Eintragung von Widersprüchen, die sich nicht auf die in § 41 Abs 1 S 2 bezeichneten Tatsachen gründen, ist die Vorlegung des Briefs erforderlich. So werden von der Ausnahme des § 41 Abs 1 S 2 insbesondere nicht die Fälle erfasst, bei denen der persönlichen Berechtigung des eingetragenen Gläubigers (bzw des angeblichen Briefbesitzers) und dessen Verfügungsrecht widersprochen wird (zB wenn ein Beteiligter die Übertragung der Hypothek auf den Briefbesitzer bestreitet).[228] Denn hier richtet sich der Widerspruch nicht gegen den Bestand oder den Inhalt der Hypothek. Die Vorlegung des Briefs ist aber entbehrlich, wenn sich der Rechtsübergang unabhängig vom Briefbesitz vollzieht (vgl Rdn 84).

2. Das Verfahren des Grundbuchamts

88 **a) Die Überprüfung des Gläubigerrechts des Betroffenen.** Im Regelfall des § 41 Abs 1 S 1 erfolgt die Überprüfung der Bewilligungsberechtigung anhand von Grundbuch und Brief. Da in den Fällen des § 41 Abs 1 S 2 der Brief nicht vorgelegt wird, kann das Grundbuchamt nicht mit Sicherheit von dem Bestehen des Gläubigerrechts ausgehen. Denn selbst wenn der vom Widerspruch Betroffene im Grundbuch als Gläubiger eingetragen ist, kann wegen § 1154 BGB die Möglichkeit nicht ausgeschlossen werden, dass die Hypothek bereits außerhalb des Grundbuchs abgetreten wurde. Aus diesem Grund wird die Prüfung der Passivlegitimation nicht im Grundbuchverfahren vorgenommen, sondern in das Prozessverfahren verlagert. Der Rechtspfleger hat den Widerspruch somit auch einzutragen, wenn der von der einstweiligen Verfügung Betroffene nicht als Gläubiger der Hypothek im Grundbuch eingetragen ist.[229] Hat das Prozessgericht in der einstweiligen Verfügung für den Widerspruch eine andere Bezeichnung (zB »Vormerkung«) gewählt, so hat das Grundbuchamt zu prüfen, ob es sich materiellrechtlich um einen Widerspruch handelt und ggf ohne Briefvorlegung einzutragen.[230] Fehlt die Passivlegitimation, so hat der eingetragene Widerspruch keine Wirkung (zB wenn der Betroffene selbst gutgläubig erworben oder die Hypothek bereits vor der Eintragung des Widerspruchs außerhalb des Grundbuchs auf einen gutgläubigen Dritten übertragen hat).[231]

89 **b) Die nachträgliche Beschaffung des Briefs.** Um die Übereinstimmung von Grundbuch und Brief zu erhalten (vgl Rdn 2), hat das Grundbuchamt den Briefbesitzer nach der Eintragung des Widerspruchs zur Vorlegung des Briefs zu veranlassen, um darauf den Widerspruch zu vermerken (§ 62 Abs 3 S 2). Dieses Recht steht dem Grundbuchamt aber nicht zu, wenn es eine Eintragung unter Verstoß gegen § 41 Abs 1 S 1 ohne Briefvorlegung vorgenommen hat (vgl Rdn 60).

V. Die Ausnahme des § 41 Abs 1 S 3

90 Die Eintragung von **Löschungsvormerkungen** nach neuem Recht ist nicht mehr von der Briefvorlegung abhängig.[232] Dies gilt auch, soweit Altrechte betroffen sind, da es insoweit an einer Übergangsregelung fehlt (arg Art 8 § 2 des Gesetzes vom 22.06.1977, BGBl I, 998). Bei Löschungsvormerkungen bedarf es der Vorlegung des Briefs im Übrigen auch nicht zum Nachweis der Bewilligungsberechtigung, da von ihrer Eintragung nur der Eigentümer betroffen wird.[233] Wegen Inhabergrundschulden und -rentenschulden sowie Inhaber- und Orderhypotheken vgl § 42 Rdn 8, 19 und § 43 Rdn 12, 15.

VI. Sonstige Ausnahmen

1. Grundbuchordnung

91 Nach § 53 Abs 2 S 1 kann ein Amtswiderspruch ohne Briefvorlegung eingetragen werden, wenn der Widerspruch den in § 41 Abs 1 S 2 bezeichneten Inhalt hat. Das Grundbuchamt hat den Briefbesitzer nach erfolgter Eintragung aber zur Vorlegung des Briefes anzuhalten, um darauf den Widerspruch zu vermerken (§ 62 Abs 3 S 2).

---

228 KG KGJ 27 A, 82, 85 = OLGE 8, 228 = RJA 4, 66; KGJ 38 A, 294; OLG Rostock KGJ 31 A, 371 = OLGE 12, 285 = RJA 7, 60; OLG Frankfurt Rpfleger 1975, 301; *Güthe-Triebel* Rn 26; KEHE-*Herrmann* Rn 20.

229 OLG Frankfurt Rpfleger 1975, 301; *Güthe-Triebel* Rn 27.

230 KG KGJ 30 A, 240, 242.

231 Mot 67; *Güthe-Triebel* Rn 27.

232 Wegen Löschungsvormerkungen nach altem Recht vgl RG RGZ 83, 290 = JW 1914, 152 = RJA 13, 124; KG KGJ 21 A, 175; RJA 6, 164; OLGE 18, 181; BayObLG HRR 1935 Nr 128; BayObLGZ 1952, 35, 37 = DNotZ 1952, 367 = Rpfleger 1952, 422 (*Haegele*); vgl auch *Götte* DJZ 1909, 429 und *Voss* ZBlFG 11, 727.

233 Vgl KG KGJ 33 A, 293; 50, 198, 200; LG Düsseldorf Rpfleger 1977, 167; *Güthe-Triebel* § 19 Rn 39; KEHE-*Munzig* § 19 Rn 72.

2. Sonstiges Bundesrecht

a) § 131 ZVG. Nach § 131 ZVG ist eine Vorlegung des Briefs nicht erforderlich, wenn das Vollstreckungsgericht um die bei bestehen bleibenden Briefrechten erfolgende Eintragung des Vorrangs einer Sicherungshypothek (§ 128 ZVG), einer Vormerkung nach § 130a Abs 2 S 1 ZVG oder die Löschung der durch den Zuschlag erloschenen Rechte (§ 130 Abs 1 ZVG) ersucht. Zu letzteren zählen auch Rechte, die nach der Eintragung des Versteigerungsvermerks, aber vor der Zuschlagserteilung im Grundbuch eingetragen wurden. Schließlich ist § 130 Abs 1 ZVG entsprechend auf die Löschung von Belastungen anzuwenden, die *nach* Zuschlagserteilung aufgrund einer Bewilligung des Vollstreckungsschuldners oder eines gegen den Schuldner gerichteten Titels zur Eintragung gelangt sind.[234] Wird die Löschung der nach Zuschlagserteilung eingetragenen Rechte vom Ersteher betrieben (§ 22), so ist die Vorlegung des Briefs erforderlich. Auch bei Ersuchen des Vollstreckungsgerichts um Löschung von im geringsten Gebot berücksichtigten, aber nicht entstandenen oder bereits erloschenen Rechten (§ 130 Abs 2 ZVG) muss der Brief vorgelegt werden. **92**

b) § 158 Abs 2 ZVG. Für Eintragungen aufgrund von Ersuchen des Vollstreckungsgerichts um Löschung der durch Zahlung im Zwangsverwaltungsverfahren erloschenen Rechte ist die Vorlegung des Briefs nicht erforderlich (§ 158 Abs 2 ZVG). **93**

c) §§ 21, 23, 32, 33, 200, 215, 277 InsO. Für die auf Antrag des Insolvenzverwalters oder auf Ersuchen des Insolvenzgerichts erfolgende Eintragung der Insolvenzeröffnung sowie von allgemeinen Verfügungsverboten (§§ 21, 23, 32, 33, 277 InsO) bedarf es nicht der Vorlegung des Briefs. Für den durch die genannten Eintragungen bezweckten Schutz vor Verfügungen des Schuldners besteht nämlich gerade dann ein Bedürfnis, wenn der Brief nicht beschafft werden kann. Anderenfalls kann unerwünschten Verfügungen bereits durch die seitens des Insolvenzverwalters erfolgende Inbesitznahme des Briefs vorgebeugt werden. Angesichts dieser Interessenlage ist dem Fehlen einer ausdrücklichen Ausnahmevorschrift für die Entbehrlichkeit der Briefvorlegung keine entscheidende Bedeutung beizumessen.[235] Bei der Löschung der genannten Eintragungen (§§ 200, 215 InsO) ist die Briefvorlegung nur entbehrlich, wenn ein Löschungsersuchen des Insolvenzgerichts vorliegt. Soll die Löschung hingegen aufgrund eines vom Insolvenzverwalter oder vom Schuldner gestellten Antrags erfolgen, so ist die Vorlegung des Briefs erforderlich.[236] **94**

d) § 18 Abs 2 DVO zum VereinsG. Zur Eintragung oder Löschung eines Widerspruchs auf Ersuchen der Verbots- oder Einziehungsbehörde im Hinblick auf die Einziehung von Vereinsvermögen ist eine Vorlegung des Briefs nicht erforderlich (§ 18 Abs 2 DVO zum VereinsG vom 28.07.1966, BGBl I, 457). **95**

e) §§ 6 S 1, 11 GBMaßnG. Zur Eintragung oder Löschung eines Umstellungsschutzvermerks ist eine Vorlegung des Briefs nicht erforderlich (§§ 6 S 1, 11 GBMaßnG vom 20.12.1963, BGBl I, 986). **96**

f) § 26 GBMaßnG. Soll die Erteilung des Briefs nachträglich ausgeschlossen oder die Hypothek gelöscht werden, so wird die Vorlegung des Briefs durch die vom Grundbuchamt zu treffende Feststellung ersetzt, dass der Brief durch Kriegseinwirkung oder im Zusammenhang mit besatzungsrechtlichen oder besatzungshoheitlichen Enteignungen von Banken und Versicherungen in dem in Artikel 3 des Einigungsvertrags genannten Gebiet vernichtet wurde oder abhanden kam, ohne dass sein Verbleib seitdem bekannt geworden ist (hierzu vgl Rdn 65). **97**

g) § 27 GBBerG (1930). Nach der Ausnahmevorschrift des § 27 GBBerG vom 18.07.1930 (RGBl I, 305) war die Briefvorlegung bei Eintragungen entbehrlich, die aus Anlass der Aufwertung vorgenommen wurden. Der Briefbesitzer war aber vom Grundbuchamt nach erfolgter Eintragung zur Vorlegung des Briefs anzuhalten, damit die Rechtsänderung nachträglich auf dem Brief vermerkt werden konnte. Ein Briefeinforderungsrecht des Grundbuchamts bestand auch im Hinblick auf die nach den §§ 2, 8 Abs 1, 2; 12 GBBerG kraft Gesetzes kraftlos gewordenen Briefe (§§ 9 S 1, 12 GBBerG). Zur Rechtslage nach dem Außer-Kraft-Treten des GBBerG vgl § 67 Rdn 21. **98**

---

234 OLG Colmar OLGE 30, 119 = ElsLothrNotZ 1914, 62 = ElsLothrJZ 1914, 89; *KEHE-Herrmann* § 38 Rn 48; *Güthe-Triebel* § 38 Rn 9; *Demharter* § 38 Rn 46; *Steiner-Eickmann* ZVG, § 130 Rn 39; *Jaeckel-Güthe* ZVG, §§ 130, 131 Rn 11; *Hornung* Rpfleger 1980, 249, 255 mwN; *Meyer-Stolte* Rpfleger 1983, 240; **aA** *KG* KGJ 34 A, 282 = RJA 8, 65; *Meikel-Roth* § 38 Rdn 89; *Mönch* DJ 1937, 1805; *Schiffhauer* Rpfleger 1979, 353.

235 OLG Hamburg KGJ 23 D, 27, 28 = OLGE 3, 194 = RJA 2, 204; *Güthe-Triebel* § 38 Rn 17, 50; *KEHE-Herrmann* Rn 23; *Meikel-Roth* § 38 Rdn 9; *Demharter* § 38 Rn 66; *Henle-Schmitt* Anm 4; *Eccius* DJZ 1901, 379; **aA** *Kretzschmar* LZ 1901, 118.

236 *Güthe-Triebel* § 38 Rn 17, 17a, 50.

99   **h) Schweizer Goldhypotheken.** Nach den §§ 2 und 4 der 3. VO vom 09.02.1924 (RGBl II, 40) idF der 4. VO vom 30.06.1924 (RGBl II, 145) zur Ausführung des Gesetzes vom 23.06.1923 (RGBl II, 284) über das Zusatzabkommen vom 25.03.1923 (RGBl II, 286) zum deutsch-schweizerischen Abkommen zum Schutze Schweizer Gläubiger vom 06.12.1920, veröffentlicht aufgrund des Gesetzes vom 09.12.1920 (RGBl 2023), ist die Eintragung der Frankengrundschulden[237] für den Gläubiger (stets Briefrechte, Art 12 Abs 1 Zusatzabk) und den Eigentümer (stets Buchrechte, Art 12 Abs 2 Zusatzabk) sowie die Eintragung des Rangverhältnisses von der Goldhypothek im Rang gleich- oder nachstehenden Grundpfandrechten ohne Vorlegung des Briefs bzw der Urkunde (§ 43) möglich. Das Grundbuchamt hat den Briefbesitzer nach erfolgter Eintragung zur Vorlegung des Briefs oder der Urkunde anzuhalten, um darauf nachträglich die Rechtsänderung zu vermerken (§ 2 der 3. VO vom 9.02.1924 aaO). Eine weitere Ausnahme von der Briefvorlegungspflicht besteht, wenn der Treuhänder, dem die Verwaltung eines der Gläubigergrundschuld im Rang vorgehenden, nach § 4 des Gesetzes vom 23.06.1923 (RGBl II, 284) iVm § 1 der 1. VO vom 25.06.1923 (RGBl II, 291) enteigneten Grundpfandrechts anvertraut ist, die Löschung des Rechts bewilligt. Auch in diesem Fall ist der kraft Gesetzes mit der Löschung kraftlos gewordene Brief vom Grundbuchamt zum Zweck der Unbrauchbarmachung einzufordern (vgl Art 2 der 4. VO vom 30.06.1924 aaO). Das Briefeinforderungsverfahren richtet sich jeweils nach den in § 62 Rdn 32 dargestellten Grundsätzen.

100   **i) Sonstiges.** Die Ausnahme nach § 9 Abs 2 DVO zur VO über die Aufhebung der Gebäudeentschuldungssteuer vom 31.07.1942 (RGBl I, 503) betr die Eintragung von Abgeltungshypotheken ist wegen des mit Wirkung vom 01.01.1965 geltenden Verbots der Eintragung solcher Hypotheken gegenstandslos geworden (§ 22 GBMaßnG). Die Ausnahmevorschriften der VereinfVO (§§ 7 Nr 1; 8) vom 05.10.1942 (RGBl I, 573) wurden durch § 30 Nr 1 GBMaßnG mit Wirkung vom 01.02.1964 aufgehoben und teilweise durch § 26 GBMaßnG ersetzt (vgl Rdn 65, 97). Wegen vormaliger Hypotheken der Posener Landschaft vgl § 5 Abs 2 des Gesetzes vom 01.03.1922 (RGBl 228). Ausnahmen bestanden auch im landwirtschaftlichen Vermittlungsverfahren (vgl § 25 Abs 2 der VO vom 27.09.1932, RGBl I, 473) und im landwirtschaftlichen Entschuldungsverfahren (vgl §§ 42 Abs 2 Nr 3; 53 des SchRegG vom 01.06.1933, RGBl I, 331, und § 3 Abs 1 der VO vom 30.05.1932, RGBl I, 252, für Gebiete der Osthilfe); auch in diesen Fällen waren die Briefe vom Grundbuchamt zum Zweck der Ergänzung bzw Unbrauchbarmachung einzufordern (vgl § 25 Abs 2 der VO vom 27.09.1932 und § 53 Abs 2 SchRegG je aaO).

3. Zonenrecht

101   Nach Art I der VO des ZJA vom 21.05.1948 (VOBl BZ 127, nunmehr aufgehoben durch die VO zur Aufhebung überholter Grundbuchvorschriften vom 19.11.1995, BGBl I, 1527) war die Eintragung von gesetzlichen Veräußerungsverboten in der früheren britischen Zone ohne Briefvorlegung möglich, wenn die Briefe infolge des Krieges oder seiner Auswirkungen nicht beschafft werden konnten. Die weitere Ausnahmevorschrift des nur für die frühere britische und französische Zone sowie für Berlin geltenden § 8 Abs 2 VereinfVO vom 5.10.1942 (RGBl I, 573) wurde bereits durch § 30 Nr 1 GBMaßnG aufgehoben (vgl Rdn 100) und durch § 26 GBMaßnG ersetzt (vgl Rdn 65, 97).

4. Neue Bundesländer

102   Die Vorlegung des Briefs ist nicht erforderlich bei Eintragungen aufgrund einer Erklärung der Bewilligungsstelle (§ 105 Abs 1 Nr 6 GBV), zur Eintragung (und wohl auch zur Löschung) eines Zustimmungsvorbehalts nach § 11c VermG (§ 105 Abs 1 Nr 6 S 6 GBV), zur Löschung eines nach § 10 GBBerG erloschenen geringwertigen Briefrechts (§ 10 Abs 4 S 1 GBBerG)[238] und zur Löschung eines Briefrechts, das nach § 16 Abs 9 VermG oder nach Art 14 Abs 6 S 2, 3 des 2. VermRÄndG als erloschen oder nicht entstanden gilt (§ 4 Abs 7 HypAblöseVO vom 10.06.1994, BGBl I, 1253).

5. Landesrecht

103   **a) Unschädlichkeitszeugnis.** Bei Eintragungen aufgrund eines **Unschädlichkeitszeugnisses** ist die Vorlegung des Briefs nicht erforderlich. Für *Baden-Württemberg* vgl § 25 Abs 2 BaWüAGBGB vom 26.11.1974 (GBl 498); für *Bayern* vgl Art 10 UnschG vom 15.06.1898 (BayGVBl 301) idF des UnschZG vom 07.08.2003 (BayGVBl 512); für *Brandenburg* vgl § 25 Abs 2 BbgAGBGB vom 28.07.2000 (GVBl 114); für *Bremen* vgl § 23 BremAGBGB vom 18.07.1899 (GBl 61) idF vom 06.12.1928 (GBl 355); für *Hamburg* vgl § 41 Abs 1 HbgAGBGB idF vom 1.07.1958 (GVBl 195); für *Hessen* vgl § 27 Abs 2 HVGG vom 06.09.2007 (GVBl 548); für *Niedersachsen* vgl § 4 Abs 2 UnschZG idF vom 07.06.1990 (GVBl 155); für *Nordrhein-Westfalen* § 6 Abs 2 des Gesetzes vom

---

237   Zum Erlöschen von Frankengrundschulden im Zuge der Überführung von Grundeigentum in »Volkseigentum« vgl KG VIZ 1999, 105.
238   KG Rpfleger 2008, 478; *Bauer/von Oefele-Maaß* § 10 GBBerG Rn 27.

29.03.1966 (GVBl 136), geändert durch Gesetz vom 07.04.1970 (GVBl 251) und Gesetz vom 18.05.1982 (GVBl 248), vgl auch AV vom 21.06.1966 (JMBlNRW 157); für das ehemalige *Preußen* vgl Art 20 PrAGGBO vom 26.09.1899 (GS 307); für *Rheinland-Pfalz* vgl § 10 Abs 2 UZLG vom 26.09.2000 (GVBl 397); für das *Saarland* vgl § 3 Abs 2 des Gesetzes vom 25.01.1967 (ABl 206) und den Erlass vom 29.06.1967 (ABl 541); für *Sachsen* vgl § 53 Abs 2 SächsJG vom 24.11.2000 (GVBl 482); für *Sachsen-Anhalt* vgl § 4 Abs 2 des Gesetzes vom 04.02.1993 (GVBl 40); für *Schleswig-Holstein* vgl § 17 Abs 2 SchlHAGBGB vom 27.09.1974 (GVBl 357); für *Thüringen* vgl § 11 Abs 2 ThürGUZ vom 03.01.1994 (GVBl 10). Eine grundbuchamtliche Befugnis zur nachträglichen Einforderung des Briefs besteht nur in Hamburg (vgl § 41 Abs 2 HbgAGBGB aaO).

b) Bayern. Nach Art 42 S 1 BayAGGVG vom 23.06.1981 (GVBl 188; früher Art 19 BayAGGBOuZVG vom 09.06.1899, BayBS III, 127, aufgehoben durch Art 56 Abs 2 Nr 3 BayAGGVG) sind Eintragungen aus Anlass einer entschädigungspflichtigen Enteignung, einer Gemeinheitsteilung sowie der Ablösung von Dienstbarkeiten oder anderen Rechten ohne Vorlegung des Briefs möglich. Das Grundbuchamt hat aber für die nachträgliche Vorlegung des Briefs zu sorgen, um ihn zu ergänzen (§ 62) bzw unbrauchbar zu machen (§ 69), Art 42 S 2 BayAGGVG. Obwohl die Ausnahme auch für die in § 43 Abs 1 bezeichneten Urkunden gilt, ist deren nachträgliche Einforderung nicht vorgeschrieben. **104**

c) Ehemaliges Preußen. Eine Briefvorlegung muss nicht erfolgen: **105**

aa) Zur Löschung von Rechten anlässlich der Schließung des Blattes über eine Kohlenabbaugerechtigkeit (Art 38 § 8 Abs 3 PrAGBGB vom 20.09.1899, GS 177) oder eine Salzabbaugerechtigkeit (§ 9 Abs 3 des Gesetzes vom 04.08.1904, GS 235).[239] Der Briefbesitzer ist nach den genannten Vorschriften aber vom Grundbuchamt zur nachträglichen Vorlegung des Briefs anzuhalten. **106**

bb) Bei Eintragungen aufgrund von nach den Art 23–25 PrAGGBO vom 26.09.1899 (GS 307) ergehenden Ersuchen des Oberbergamts (Art 26 PrAGGBO).[240] Auch hier hat das Grundbuchamt den Brief nach erfolgter Eintragung von Amts wegen zu erholen. Dies gilt – trotz entbehrlicher Urkundenvorlegung – aber nicht für die in § 43 Abs 1 bezeichneten Urkunden (Art 26 S 2 PrAGGBO). **107**

cc) Zur Eintragung einer Vormerkung oder eines Vorzugsrechts nach § 24 Abs 3 des Gesetzes vom 13.05.1879 (GS 367), betreffend die Errichtung von Landeskulturrentenbanken (Art 21 Nr 4 PrAGBGB vom 20.09.1899, GS 177).[241] Eine Pflicht des Grundbuchamts zur nachträglichen Einforderung des Briefs besteht nicht. **108**

dd) Zur Eintragung von Inhaltsänderungen, Rangänderungen und Löschungen aufgrund von Ersuchen der Enteignungsbehörde (§§ 6, 33 PrEnteignungsG vom 11.06.1874, GS 221).[242] Die in Rdn 40 gegen diese Ansicht angemeldeten Bedenken gelten entsprechend. Hält man die Briefvorlegung dennoch für entbehrlich, so bleibt festzuhalten, dass dem Grundbuchamt keine Befugnis zur nachträglichen Einforderung des Briefs zusteht. **109**

ee) Zur Eintragung von Löschungen aufgrund von Ersuchen des Verteilungsgerichts im Fall des sich an ein Enteignungsverfahren anschließenden Verteilungsverfahrens (Art 41 PrAGZVG vom 23.09.1899, GS 291, iVm § 131 ZVG; hierzu vgl Rdn 92).[243] **110**

VII. Die Euro-Umstellung von Grundpfandrechten

1. Die Problematik der Euro-Umstellung

Am 01.01.1999 ist in elf Mitgliedstaaten der Europäischen Union der Euro an die Stelle der jeweiligen nationalen Währungen getreten. Während des bis zum 31.12.2001 andauernden Übergangszeitraums war es jedoch zulässig, die neue Euro-Währung in zwei Währungsbezeichnungen, nämlich in Euro oder DM, auszudrücken. Aus grundbuchrechtlicher Sicht stellte sich daher während des genannten Übergangszeitraums die Frage, wie im Hinblick auf die Euro-Umstellung von Grundpfandrechten zu verfahren ist, die bereits als DM-Grundpfandrechte im Grundbuch eingetragen waren oder die während der Übergangszeit noch als DM-Grundpfand- **111**

---

239 *Güthe-Triebel* Art 22 PrAGGBO Rn 39, 46; Art 27 PrAGGBO Rn 6, 7.
240 Vgl *Güthe-Triebel* Art 23 PrAGGBO Rn 8, 10; Art 24 PrAGGBO Rn 4; Art 25 PrAGGBO Rn 8; Art 26 PrAGGBO Rn 1–4.
241 Vgl *Güthe-Triebel* Art 12 PrAGGBO Rn 96, 97.
242 KG KGJ 28 A, 105 = OLGE 9, 338; OLGE 21, 15; KGJ 41, 194; *Güthe-Triebel* Rn 18 (9.) und Legitimationsfragen, Stichwort »Enteignung« Anm II 2d (Bd 2 S 1804, 1805).
243 Vgl *Güthe-Triebel*, Legitimationsfragen, Stichwort »Enteignung« (Bd 2 S 1805, 1806, Buchst e).

rechte zur Eintragung gelangten. Nachdem die hierzu ergangenen Hinweise der zuständigen Ministerien[244] – wie üblich – weitgehend unbrauchbar waren und aufgrund der Vernachlässigung elementarer Grundsätze des Immobiliarsachen- und Grundbuchverfahrensrechts mehr zur Verwirrung als zur Lösung der mit der Euro-Umstellung zusammenhängenden Probleme beitrugen,[245] ist der Gesetzgeber entsprechend tätig geworden und hat mit der durch das Überweisungsgesetz (ÜG) vom 21.07.1999 (BGBl I, 1642) erfolgten Einfügung der am 14.08.1999 in Kraft getretenen Vorschrift des § 26a GBMaßnG auf die an den Fehlleistungen der Justizverwaltung geübte scharfe Kritik des Schrifttums[246] reagiert. Für die materiellen und verfahrensrechtlichen Erfordernisse einer Euro-Umstellung von Grundpfandrechten sind demnach drei Zeiträume zu unterscheiden, nämlich der »Anfangs«-Übergangszeitraum vom 01.01.1999 bis zum 13.08.1999 (dem Vortage des In-Kraft-Tretens des § 26a GBMaßnG), der »Rest«-Übergangszeitraum vom 14.08.1999 bis zum 31.12.2001 und die am 01.01.2002 beginnende Zeit nach dem Ende des gesamten Übergangszeitraums.

2. Die Euro-Umstellung in der Zeit vom 01.01.1999 bis zum 13.08.1999

112 Nach Art 3 der Verordnung des Rates der Europäischen Union vom 17.06.1997 (VO Nr 1103/97 (ABl EG Nr L 162/1 vom 19.06.1997) iVm § 2 S 2 der Verordnung über Grundpfandrechte in ausländischer Währung und in Euro vom 30.10.1997 (BGBl I, 2683) blieben am 01.01.1999 bestehende DM-Grundbucheintragungen von der Einführung des Euro unberührt und voll gültig. Insbesondere fand durch die Einführung des Euro keine Änderung der Währungsbezeichnung von am 01.01.1999 bereits bestehenden Rechtsverhältnissen statt (Art 7 der Verordnung des Rates der Europäischen Union vom 03.05.1998, VO Nr 974/98, ABl EG Nr L 139/1 vom 11.05.1998). Die Beteiligten hatten jedoch das Recht, die Denomination bestehender Rechtsverhältnisse durch vertragliche Vereinbarung während der bis 31.12.2001 andauernden Übergangszeit zu ändern (Art 3 der VO vom 17.06.1997 und Art 8 Abs 1, 2 der VO vom 03.05.1998). Machten die Beteiligten von dieser Möglichkeit keinen Gebrauch, galten die bestehenden vertraglichen Abreden unverändert fort und behielten ihre ursprüngliche Währungsbezeichnung in DM (Art 7 der VO vom 03.05.1998). Bei der Denominations-Änderungsvereinbarung der Beteiligten im Hinblick auf ein DM-Grundpfandrecht handelte es sich daher – insoweit unstreitig – um eine materiellrechtliche Vereinbarung zwischen Eigentümer und Grundpfandrechtsgläubiger, die zu einer Inhaltsänderung des Grundpfandrechts iS des § 877 BGB führte[247] und der Zustimmung von Drittberechtigten iS der §§ 877, 876 BGB bedurfte. Daraus ergibt sich ohne weiteres, dass die bis zum 13.08.1999 erfolgende Eintragung der genannten Inhaltsänderung verfahrensrechtlich von der nach § 29 formbedürftigen Bewilligung des Eigentümers und des Grundpfandrechtsgläubigers, der ebenfalls dem Formzwang des § 29 unterliegenden Bewilligung etwaiger Drittberechtigter und von der Vorlegung des Grundpfandrechtsbriefes abhängig war und dass der Brief nach erfolgter Eintragung der Inhaltsänderung nach § 62 von Amts wegen ergänzt werden musste.[248]

3. Die Euro-Umstellung in der Zeit vom 14.08.1999 bis zum 31.12.2001

113 Nach der Vorschrift des § 26a GBMaßnG war die Eintragung der Inhaltsänderung für die Zeit nach dem 13.08.1999 nur noch von einem formlosen Antrag des Grundstückseigentümers oder des Gläubigers, der ebenfalls formlosen Zustimmung des jeweiligen anderen Teils (Gläubiger oder Eigentümer) und der Vorlegung des Briefes abhängig (§ 26a Abs 1 S 1, 5 GBMaßnG). Während es nach § 26a Abs 1 S 5 GBMaßnG konsequenterweise dabei verblieb, dass der Grundpfandrechtsbrief nach § 62 von Amts wegen zu ergänzen war, wurde für die Eintragung der Inhaltsänderung auf die Mitwirkung etwaiger Drittberechtigter iS der §§ 877, 876 BGB ausdrücklich verzichtet. Diese Regelung wurde wegen der erfolgten ungerechtfertigten Durchbrechung des Bewilligungsgrundsatzes und der bewussten Inkaufnahme von unrichtigen (weil trotz der fehlenden Mitwirkung von Drittberechtigten möglichen) Grundbucheintragungen zu Recht kritisiert.[249] Diese Kritik war umso mehr berechtigt, als die Vorschrift des § 26a GBMaßnG die vom 01.01.1999 bis zum 13.08.1999 begangenen Verfahrensfehler des Grundbuchamts mit ex-tunc-Wirkung einer Heilung unterzog und damit – trotz weiter-

---

244 Vgl etwa den im Januar 1999 erschienenen »Leitfaden zur Einführung des Euro für die bayerische Justiz« und die in ihm abgedruckten Schreiben des Bundesministeriums der Justiz vom 26.08.1998 (Gz I B 6 – 3446/9 – 110189/98 – Dr Dorothee Weckerling-Wilhelm) und des Bayerischen Staatsministeriums der Justiz vom 16.11.1998 (Gz 3850 – I – 1607/98 – Dr Stumpf).

245 Hierzu vgl insbesondere *Bestelmeyer* Rpfleger 1999, 368.

246 *Bestelmeyer* Rpfleger 1999, 368; *Böhringer* DNotZ 1999, 692.

247 *Rellermeyer* Rpfleger 1999, 45, 50; *Ottersbach* Rpfleger 1999, 51, 52; *Bestelmeyer* Rpfleger 1999, 368, 369/370; *Böhringer* DNotZ 1999, 692, 708.

248 *Rellermeyer, Bestelmeyer* und *Böhringer* je aaO (Fn 247). Unrichtig und widersprüchlich daher *Ottersbach* aaO (Fn 247). Zu während des Übergangszeitraums erfolgten Eintragungen, die (etwa in Form der Teilabtretung oder Teillöschung) nur einen Teil eines Grundpfandrechts betreffen, vgl *Bestelmeyer* Rpfleger 1999, 368, 370, *Böhringer* DNotZ 1992, 692, 710 und LG München II MittBayNot 1999, 381 (keine vorherige Euro-Umstellung eines DM-Rangvorbehalts, wenn die Rangeinweisung in Euro erfolgen und der Rangvorbehalt im Zuge der Ausnutzung gelöscht werden soll).

249 *Bestelmeyer* Rpfleger 1999, 524, 525.

hin unrichtigen Grundbuchs – die Grundlage für die Eintragung von Amtswidersprüchen iS des § 53 Abs 1 S 1 entfallen war.

4. Die Euro-Umstellung nach dem Ende des Übergangszeitraums (31.12.2001)

Soweit eingetragene DM-Grundpfandrechte in der Übergangszeit noch nicht rechtsgeschäftlich auf Euro-Währung umgestellt worden waren, verwandelten sie sich mit Ablauf des 31.12.2001 kraft Gesetzes in Euro-Rechte. Die bis zu diesem Zeitpunkt geltenden DM-Beträge gelten für die Zukunft automatisch und kraft Gesetzes als auf Euro umgestellt (Art 14 S 1 der VO vom 03.05.1998). Aufgrund dieser kraft Gesetzes eingetretenen Rechtslage kann die Euro-Umstellung von bis zum Ablauf des 31.12.2001 bestehenden DM-Grundpfandrechten somit nicht mehr als rechtsgeschäftliche Inhaltsänderung iS der §§ 877, 873 BGB oder als Grundbuchberichtigung iS des § 22 GBO,[250] sondern nur noch als klarstellende Aktualisierung des Grundbuchinhalts angesehen werden. Aus diesem Grund ist in § 26a Abs 1 S 2–4 GBMaßnG geregelt, dass das Grundbuchamt die Euro-Umstellung ohne weitere Voraussetzungen auf formlosen Antrag des Eigentümers oder des Gläubigers oder anlässlich einer anstehenden Eintragung im betreffenden Grundbuchblatt von Amts wegen vornehmen kann. Dass der über das betreffende Grundpfandrecht erteilte Brief in diesem Fall mangels erfolgender Rechtsänderung nicht nach § 41 vorzulegen und auch nicht von Amts wegen nach § 62 (sondern nur auf Antrag nach § 57 Abs 2) zu ergänzen ist, entspricht nach den Ausführungen in Rdn 15 ohnehin dem geltenden Recht und hätte daher in der Neufassung des § 26a Abs 1 S 5 GBMaßnG nicht ausdrücklich (und überflüssigerweise) ausgesprochen werden müssen.[251]

114

---

250 *Böhringer* DNotZ 1999, 692, 698, 700; nicht richtig daher insoweit *Rellermeyer* Rpfleger 1999, 45, 50.
251 *Bestelmeyer* Rpfleger 1999, 368, 371; *ders* Rpfleger 1999, 524, 525; *Böhringer* DNotZ 1999, 692, 700.

§ 42 (Vorlegung des Grundschuld- oder Rentenschuldbriefs)

Die Vorschriften des § 41 sind auf die Grundschuld und die Rentenschuld entsprechend anzuwenden. Ist jedoch das Recht für den Inhaber des Briefes eingetragen, so bedarf es der Vorlegung des Briefes nur dann nicht, wenn der Eintragungsantrag durch die Bewilligung eines nach § 1189 des Bürgerlichen Gesetzbuchs bestellten Vertreters oder durch eine gegen ihn erlassene gerichtliche Entscheidung begründet wird.

Schrifttum

Böhringer, Die Hypothek für Inhaberschuldverschreibungen, BWNotZ 1988, 25; *Bürgner,* Beiträge zum Recht der Inhabergrundschuld, Gruchot 57, 281; *Haegele,* Der Treuhänder im Grundbuchrecht, KTS 1960, 145; *ders* Der Treuhänder im Grundstücksverkehr, JurBüro 1969, 395; *Harnier,* Bestellung und Wechsel eines Treuhänders nach §§ 1187, 1189 BGB, JW 1913, 1021; *Müller,* Die Rechtsstellung des Treuhänders im Falle der §§ 1187–1189 BGB (Diss Erlangen 1910); *Zeiser,* Inhabergrund- und -rentenschulden sowie Inhaber- und Orderhypotheken, Rpfleger 2006, 577.

I. Allgemeines

1. Normzweck und Norminhalt

1 Mit Rücksicht auf die vom Charakter des Grundpfandrechts unabhängige und weitgehend gleichartige Funktion des Briefes (vgl § 41 Rdn 1 ff) erklärt § 42 S 1 die Vorschrift des § 41 grundsätzlich auch auf die Grund- und Rentenschuld für anwendbar. Jedoch schließt § 42 S 2 die Anwendung der Ausnahmevorschrift des § 41 Abs 1 S 2 auf Inhabergrundschulden und Inhaberrentenschulden aus, weil der Eigentümer dem Briefinhaber – abgesehen von den die Gültigkeit der Ausstellung betreffenden und den ihm unmittelbar aus dem persönlichen Rechtsverhältnis gegen den Inhaber zustehenden Einwendungen – nach den §§ 1195 S 2, 1199, 796 BGB nur solche Einwendungen entgegenhalten kann, die sich aus dem Brief ergeben. Es wäre daher mit dem Zweck des Inhaberbriefs nicht vereinbar, wenn dem Brieferwerber aufgrund der Vorschrift des § 41 Abs 1 S 2 auch ein Widerspruch schaden würde, der ausschließlich aus dem Grundbuch hervorgeht.[1] Die in § 42 S 2 enthaltene weitere Ausnahme von der Regel des § 41 Abs 1 S 1 beruht auf der Überlegung, dass die Verfügungsberechtigung des nach den §§ 1192 Abs 1, 1189 BGB bestellten Vertreters auch ohne die Vorlegung des Briefs feststeht. Aufgrund der Tatsache, dass die Bestellung des Vertreters sowohl durch das Grundbuch als auch durch den Brief verlautbart wird, muss im Rechtsverkehr ohnehin jederzeit mit Verfügungen des Vertreters gerechnet werden.[2]

2. Entstehungsgeschichte

2 Sowohl das preußische Recht (vgl § 41 Rdn 7) als auch der Entw I § 31 enthielten keine Sonderbestimmungen für Grundschuldbriefe.[3] Im Entw II § 41 war die Sondervorschrift für Inhabergrundschulden noch als zusätzliche Ausnahme zu § 41 Abs 1 S 2 vorgesehen. Auf Beschluss der Reichstagskommission wurde die Anwendbarkeit des § 41 Abs 1 S 2 auf Inhabergrundschulden aus den in Rdn 1 genannten Gründen ausgeschlossen.[4] § 42, früher § 43, ist durch die GBOÄndVO vom 05.08.1935 (RGBl I, 1065) nicht geändert worden.

---

1 KB zu § 41, vgl *Hahn-Mugdan* (Mat) V, 222.
2 KEHE-*Herrmann* Rn 4; *Demharter* Rn 6.
3 Vgl Mot 67.
4 KB aaO (Fn 1).

II. Die Briefvorlegung bei Namensgrundschulden und Namensrentenschulden

Im Fall der Eintragung einer Grund- oder Rentenschuld für einen namentlich bezeichneten Berechtigten ist 3
die Vorschrift des § 41 im vollen Umfang anzuwenden (§ 42 S 1). Demnach muss der Brief nach der Regel des
§ 41 Abs 1 S 1 vorgelegt werden, wenn eine Grundbucheintragung bei einer Grund- oder Rentenschuld erfolgen soll. Die Briefvorlegung kann nach Maßgabe des **§ 41 Abs 2** ersetzt werden und ist für die Eintragung von
Löschungsvormerkungen nicht erforderlich (**§ 41 Abs 1 S 3**). Auch in den in § 41 Rdn 91 ff dargestellten Fällen bedarf es nicht der Vorlegung des Briefs. Nach der Ausnahme des **§ 41 Abs 1 S 2** ist die Briefvorlegung in
den dort genannten Fällen entbehrlich, wenn ein Widerspruch aufgrund einer einstweiligen Verfügung zur
Eintragung gelangt. Neben den Widersprüchen, die sich auf das Nichtbestehen bzw die unrichtige Eintragung
des Rechts oder das Vorhandensein einer Einrede gegen die Grund- bzw Rentenschuld gründen, können im
Anwendungsbereich des § 42 S 1 auch Fälle in Betracht kommen, bei denen das Nichtbestehen der Forderung
oder eine bestehende Einrede gegen die Forderung den Widerspruchsgrund bildet.[5] Allerdings kann es sich
dabei wegen der Nichtakzessorietät von Grund- und Rentenschuld nur um Einreden handeln, die sich aus der
Verknüpfung mit einer Forderung ergeben (vgl § 1157 BGB), zB die Geltendmachung der Nichtvalutierung
einer Sicherungsgrundschuld,[6] der Nichtfälligkeit der Forderung oder anderer Einreden aus dem Sicherungsvertrag.[7] § 41 Abs 1 S 2 ist auf den Übergang der Grund- oder Rentenschuld auf den Eigentümer durch Leistung auf das dingliche Recht (§ 1143 BGB) entsprechend anzuwenden, weil dieser Fall dem Nichtbestehen der
Hypothekenforderung gleichsteht.[8]

Was die vorbezeichneten Einreden iS des § 1157 BGB angeht, so ist zu beachten, dass bei der Abtretung von
Sicherungsgrundschulden kein einredefreier gutgläubiger Erwerb mehr möglich ist, sofern es sich um sicherungsvertragsbedingte Einreden handelt und der Erwerb der Grundschuld nach dem 19.08.2008 erfolgt
(Art 229 § 18 Abs 2 EGBGB iVm § 1192 Abs 1a S 1 HS 2 BGB idF des Risikobegrenzungsgesetzes vom
12.08.2008, BGBl I, 1666). Die Erwirkung eines Widerspruchs zum Ausschluss eines solchen gutgläubigen
Erwerbs ist in diesen Fällen somit nicht mehr nötig und auch nicht mehr möglich, sodass die entsprechenden
Fallgestaltungen nunmehr aus dem Anwendungsbereich des § 41 Abs 1 S 2 (§ 42 S 1) herausfallen. Die Vorschrift gilt im Hinblick auf nach dem 19.08.2008 erworbene Rechte somit nur noch für Hypotheken sowie für
Grundschulden und Rentenschulden, bei denen es sich nicht um Sicherungsgrund(renten)schulden iS von
§ 1192 Abs 1a S 1 BGB handelt (§ 1192 Abs 1a S 2 BGB). Ob ein Recht nach dem 19.08.2008 erworben
wurde, richtet sich nicht nach dem Zeitpunkt der Zessionserklärungen, sondern dem Zeitpunkt des materiellen Rechtserwerbs durch den Zessionar (Art 229 § 18 Abs 2 EGBGB). Das ist bei Buchrechten entweder der
Zeitpunkt der der Einigung nachfolgenden Grundbucheintragung der Abtretung oder derjenige der der Eintragung nachfolgenden Einigung (§ 1154 Abs 3 BGB), während es bei Briefrechten auf den Zeitpunkt ankommt,
in dem Einigung und Briefübergabe erstmals zeitlich zusammentreffen (§§ 1154 Abs 1 S 1 HS 2, 1117 Abs 1,
2 BGB).

III. Die Briefvorlegung bei Inhabergrundschulden und Inhaberrentenschulden

1. Die Anwendbarkeit des § 41 Abs 1 S 1

Nach § 42 S 1 gilt die Regel des § 41 Abs 1 S 1 auch für Eintragungen, die bei einer Inhabergrundschuld oder 4
Inhaberrentenschuld erfolgen.

a) Das Vorhandensein einer Inhabergrundschuld (–rentenschuld). Nach den §§ 1195 S 1, 1199 Abs 1 5
BGB kann eine Grund- oder Rentenschuld in der Weise bestellt werden, dass der Brief auf den Inhaber ausgestellt wird. Inhabergrundschuld und Inhaberrentenschulden sind demnach immer *Brief*rechte, während eine
Inhaberhypothek nur als Buchrecht möglich ist (§ 1187 BGB). Inhaberhypotheken werden daher vom Anwendungsbereich des § 42 nicht erfasst. Die Bestellung von Inhabergrundschulden und Inhaberrentenschulden
erfolgt durch einseitige Erklärung des Eigentümers gegenüber dem Grundbuchamt und die Eintragung des
Rechts im Grundbuch (§§ 1192 Abs 1, 1199 Abs 1, 1188 Abs 1 BGB). Nach § 1195 S 2 BGB sind die Vorschriften über Schuldverschreibungen auf den Inhaber (§§ 793 ff BGB) auf Inhaberbriefe entsprechend anzuwenden. Als Gläubiger des Inhaberrechts ist der (jeweilige) »Inhaber des Briefs« im Grundbuch einzutragen.
Eine namentliche Gläubigerbezeichnung ist durch den Charakter des Inhaberrechts ausgeschlossen. Die Herstellung des Briefs erfolgt nach allgemeinen Regeln (§§ 56 ff). Eintragung und Brieferteilung im Fall der Zerlegung des Inhaberrechts sind in den §§ 50 Abs 2 und 70 Abs 2 geregelt.

---

5 KG KGJ 53, 219; *Demharter* Rn 2; KEHE-*Herrmann* Rn 1; *Predari* § 43 Anm 1; **aA** *Bauer/von Oefele-Weber* Rn 5 unter
  unreflektierter Übernahme der unrichtigen Auffassung von *Güthe-Triebel* Rn 5.
6 KG aaO (Fn 5).
7 KEHE-*Herrmann* Rn 1.
8 RG RGZ 78, 61, 67; KG KGJ 35 A, 327; *Güthe-Triebel* Rn 5; KEHE-*Herrmann* Rn 1; *Demharter* Rn 2; **aA** OLG Rostock KGJ 31 A, 371 = OLGE 12, 285 = RJA 7, 60.

6 Das staatliche Genehmigungserfordernis für das In-Verkehr-Bringen von Inhaberbriefen (§ 795 BGB iVm dem Gesetz über die staatliche Genehmigung der Ausgabe von Inhaber- und Orderschuldverschreibungen vom 26.06.1954, BGBl I, 147, geändert durch das Gesetz vom 24.05.1968, BGBl I, 503 sowie das 2. RBerR vom 16.12.1986, BGBl I, 2441) ist durch die Aufhebung der genannten Vorschriften mit Wirkung vom 01.01.1991 entfallen (Gesetz zur Vereinfachung der Ausgabe von Schuldverschreibungen vom 17.12.1990, BGBl I, 2839). Bis zu diesem Zeitpunkt durfte das Grundbuchamt das Inhaberrecht zur Vermeidung der Herstellung eines nichtigen Briefs (§ 795 Abs 2 BGB) nur eintragen, wenn die Erteilung der erforderlichen Genehmigung durch den zuständigen Bundesminister (§ 3 des Gesetzes vom 26.06.1954 idF des Art 13 des 2. RBerG vom 16.12.1986, BGBl I, 2441) in der Form des § 29 nachgewiesen war.[9] Wurde die Grundschuld trotz fehlender Genehmigung im Grundbuch eingetragen, so war sie als Eigentümerrecht entstanden, da die Herstellung eines gültigen Briefs keine Voraussetzung für das Entstehen des dinglichen Rechts darstellt.[10] An dem Bestehen solcher Eigentümerrechte und an der Nichtigkeit von etwa erteilten Briefen hat sich durch die Aufhebung der genannten Genehmigungsvorschriften nichts geändert. Für die Annahme, dass die eingetragenen Rechte (als Inhaberrechte!) und die nichtigen Briefe durch den mit Wirkung vom 01.01.1991 erfolgten Wegfall des Genehmigungserfordernisses ex nunc oder gar ex tunc wirksam werden, fehlt mangels einer entsprechenden Heilungsvorschrift jeder gesetzlich zulässige Anhaltspunkt.[11]

7 **b) Die Vornahme einer Grundbucheintragung »bei der Inhabergrundschuld (-rentenschuld)«.** Die Vorlegung des Briefs ist nur erforderlich, wenn eine Eintragung »bei dem Inhaberrecht« erfolgen soll. Wann diese Voraussetzung erfüllt ist, ergibt sich aus den Ausführungen in § 41 Rdn 14 ff, 31 ff. Allerdings besteht bei Inhaberrechten die wichtige Besonderheit, dass nahezu alle sich auf die **persönliche Berechtigung** beziehenden Rechtsänderungen einer Eintragung im Grundbuch (auch als Grundbuchberichtigung) nicht zugänglich sind, da sie nicht nach Liegenschaftsrecht, sondern nach dem Recht des Inhaberpapiers und damit nach Mobiliarrecht erfolgen (§§ 1195 S 2, 793 ff BGB). Dies gilt für die Übertragung (Einigung und Übergabe des Briefs, §§ 929 ff BGB), die Nießbrauchsbelastung (Einigung und Übergabe des Briefs bzw Einräumung von Mitbesitz, §§ 1069, 1081 BGB), die Verpfändung (Einigung und Briefübergabe, §§ 1293, 1205 BGB) und die Pfändung (§§ 808, 821, 823 ZPO) der Inhabergrundschuld (-rentenschuld). Auch wenn die Grundschuld unter Beibehaltung ihres Charakters als Inhaberrecht vom Eigentümer erworben wird (§§ 797 S 2, 1163 Abs 2, 1168 BGB), kommt eine Eintragung iS des § 41 Abs 1 S 1 nicht in Frage. Da der Eigentümer ebenfalls wie der Fremdgläubiger nur nach den Regeln des Inhaberrechts über die Grundschuld verfügen kann, ist eine Umschreibung des Rechts auf seinen Namen nicht möglich.[12] Nachdem die vorstehenden Rechtsänderungen nicht mit einer Grundbucheintragung verbunden sind, kann eine Pflicht zur Vorlegung des Briefes von vornherein nicht bestehen. Alle Rechtsänderungen, die den **Bestand**, den **Inhalt** oder den **Rang** der Inhabergrundschuld (-rentenschuld) betreffen, vollziehen sich hingegen nach Liegenschaftsrecht. In diesen Fällen ist daher eine Grundbucheintragung (§§ 875, 876, 877, 880 BGB) und damit auch die Vorlegung des Briefes erforderlich. Auch wenn das Entstehen eines Eigentümerrechts mit einer gesetzlichen Umwandlung des Rechts in eine Namensgrundschuld (-rentenschuld) verbunden ist (§§ 801, 1188 Abs 2, 1192 Abs 1, 1170, 1171 BGB), kommt eine Umschreibung der Grundschuld (Rentenschuld) und damit eine »Eintragung bei dem Inhaberrecht« iS des § 41 Abs 1 S 1 in Betracht.[13]

2. Die Anwendbarkeit des § 41 Abs 1 S 2, 3; Abs 2

8 Die Vorlegung des Briefs kann bei Inhabergrundschulden und Inhaberrentenschulden nach Maßgabe des § 41 Abs 2 ersetzt werden (§ 42 S 1).[14] Dagegen wird die Anwendbarkeit des § 41 Abs 1 S 2 durch § 42 S 2 ausgeschlossen, was nach § 53 Abs 2 S 2 folgerichtig auch für die Eintragung eines Amtswiderspruchs mit dem in § 41 Abs 1 S 2 bezeichneten Inhalt gilt. Auch die Ausnahmevorschrift des § 41 Abs 1 S 3 kommt nicht zum Zuge, da die Löschungsvormerkung gegenüber dem Inhaber nur geltend gemacht werden kann, wenn sie sich aus dem Brief ergibt (§§ 1195 Abs 2, 796 BGB).[15] Die *übrigen Ausnahmen* vom Vorlegungszwang (vgl § 41

---

9 RG RGZ 59, 381, 386; KG KGJ 20 A, 105 = OLGE 1, 104 = RJA 1, 37; *Güthe-Triebel* Rn 7; *Demharter* Rn 3; *Staudinger-Scherübl* (12.) § 1195 Rn 9; *Wolff-Raiser* § 155 I, II 1; *Bürgner* Gruchot 57, 295; *Zeiser* Rpfleger 2006, 577. Ebenso *Bauer/von Oefele-Weber* Rn 7, dem jedoch entgangen ist, dass das Genehmigungserfordernis bereits seit 01.01.1991 nicht mehr besteht.

10 *Staudinger-Scherübl* (12.) § 1195 Rn 9; *Planck-Strecker* § 1195 Anm 2; *Biermann* § 1188 Anm 1 a; *Bauer/von Oefele-Weber* Rn 7; *Güthe-Triebel* Rn 7; *Wolff-Raiser* § 155 II 1; **aA** insoweit zu Unrecht RG RGZ 59, 381, 387 (»nichtige« Eintragung); BGB-RGRK-*Schuster* (12.) § 1195 Anm 2; *Bürgner* Gruchot 57, 295; *Zeiser* Rpfleger 2006, 577.

11 So aber *Staudinger-Wolfsteiner* § 1195 Rn 7.

12 *Güthe-Triebel* Rn 8.

13 *Güthe-Triebel* Rn 8.

14 *Hügel-Zeiser* Rn 5; *Güthe-Triebel* Rn 6.

15 *Staudinger-Wolfsteiner* § 1179 Rn 37; *Hügel-Zeiser* Rn 5; *Stöber* Rpfleger 1977, 403; *Kissel* NJW 1977, 1760, 1762; BT-Drucks 8/89 S 15; missverständlich insoweit *Demharter* Rn 8 unter Verweisung auf § 41 Rn 14 ff (16).

Rdn 92 ff) finden entsprechende Anwendung. Sofern eine Briefvorlegung im Rahmen von Insolvenzverfahren in Betracht kommt (vgl § 41 Rdn 94), besteht für eine Ausnahme auch insoweit ein Bedürfnis, als die Eintragung eines Insolvenzvermerks oder eines allgemeinen Verfügungsverbots erfolgen soll. Der Hinweis, dass gutgläubiger Erwerb an beweglichen Sachen nach den §§ 81, 91 InsO nicht geschützt wird,[16] ändert nichts an der Tatsache, dass im Hinblick auf die sich nach Liegenschaftsrecht vollziehenden Rechtsänderungen (§§ 875, 876, 877, 880 BGB, vgl Rdn 7) ein Bedürfnis für die Verhinderung eines (möglichen!) redlichen Erwerbs besteht. Die im ehemaligen Land Preußen noch bestehenden, sich auf an Bahneinheiten lastende Hypotheken für Inhaberteilschuldverschreibungen beziehenden Ausnahmen von dem in § 43 Abs 1 geregelten Erfordernis der Urkundenvorlegung (§ 18 des Gesetzes vom 19.08.1895, GS 499, idF vom 08.07.1902, GS 237, iVm den §§ 11–13 des Gesetzes vom 04.12.1899, RGBl 691) gelten auch, wenn eine Inhabergrundschuld oder Inhaberrentenschuld in Teile zerlegt wird. Wegen Einzelheiten vgl § 43 Rdn 15.

3. Die Ausnahme des § 42 S 2

Nach § 42 S 2 ist die Briefvorlegung nicht erforderlich, wenn die Eintragung aufgrund der Bewilligung eines nach § 1189 BGB bestellten Vertreters oder einer gegen den Vertreter erlassenen gerichtlichen Entscheidung erfolgen soll.   **9**

a) Die Bestellung eines Grundbuchvertreters. aa) Für den jeweiligen Gläubiger einer Inhabergrundschuld   **10** oder Inhaberrentenschuld kann ein Vertreter mit der Befugnis zu bestimmten (also auch allen!) Verfügungen oder zur Geltendmachung des dinglichen Rechts (nicht auch des persönlichen Anspruchs!) bestellt werden (§§ 1192 Abs 1, 1199 Abs 1, 1189 BGB). Die Vertretungsmacht des Vertreters beginnt erst mit der nach § 1189 Abs 1 S 2 BGB notwendigen Eintragung seiner Rechtsstellung im Grundbuch.[17] Besteht allerdings kein der Vertretungsmacht zugrunde liegendes Rechtsverhältnis, so kann auch durch die Grundbucheintragung keine Vertretungsmacht begründet werden.[18] Ein gutgläubiger Erwerb aufgrund einer Verfügung des eingetragenen Vertreters ist aber möglich.[19] Zum Vertreter kann jede natürliche oder juristische Person, eine OHG oder KG,[20] eine Mehrheit von Personen,[21] der Gläubiger (als Vertreter der späteren Inhaber)[22] oder der jeweilige Inhaber eines Bankhauses[23] bestellt werden. Die Eintragung einer Bank als Treuhänder bedeutet im Zweifel, dass sie Gläubigerin und nicht Vertreter nach § 1189 BGB sein soll.[24] Der Grundbuchvertreter hat die Rechtsstellung eines *rechtsgeschäftlich Bevollmächtigten* des jeweiligen Gläubigers. Ein Treuhandverhältnis liegt mangels Rechtsinhaberschaft des Vertreters nicht vor.[25] Die Vertretungsmacht des Vertreters ist von der Person des Gläubigers unabhängig.[26] Die Verfügungsbefugnis des Gläubigers wird durch die Bestellung des Vertreters aber nicht berührt.[27] Sie kann auch nicht mit dinglicher Wirkung ausgeschlossen werden (§ 137 BGB).[28] Dem Vertreter kann das ihm an sich nicht zustehende[29] Recht zur Bestimmung eines Nachfolgers eingeräumt werden.[30] Wenn keine abweichende Bestimmung getroffen ist, geht die Vertretungsmacht einer Aktiengesellschaft bei einer Verschmelzung auf die übernehmende Gesellschaft über.[31]

---

16 KEHE-*Herrmann* (5. Aufl) Rn 9.
17 OLG Dresden KGJ 43, 308, 309 = RJA 11, 228; *Hügel-Zeiser* Rn 4; *Zeiser* Rpfleger 2006, 577, 582.
18 *Planck-Strecker* § 1189 Anm 5 e; *Werneburg* Holdheim 17, 11.
19 RG LZ 1925, 1070; KG KGJ 51, 307 = Recht 1919 Nr 931 = RJA 16, 304; *Staudinger-Wolfsteiner* § 1189 Rn 12; *Ramdohr* Gruchot 44, 348.
20 *Planck-Strecker* § 1189 Anm 4.
21 *Staudinger-Wolfsteiner* § 1189 Rn 7.
22 KG KGJ 30 A, 284, 286 = OLGE 12, 293 = RJA 6, 162.
23 RG BankArch 1919, 47; *Staudinger-Scheröbl* (12.) § 1189 Rn 6; **aA** *Staudinger-Wolfsteiner* § 1189 Rn 7.
24 KG JFG 7, 299, 301 = HRR 1930 Nr 1949.
25 RG RGZ 90, 211; 117, 369, 372; 150, 290 = JFG 13, 281; KG RJA 15, 229, 231; JFG 7, 299, 301 = HRR 1930 Nr 1949; BayObLG BayObLGZ 20, 349, 351 = OLGE 41, 182; OLG Dresden OLGE 21, 167; *Planck-Strecker* § 1189 Anm 2; MüKo-*Eickmann* § 1189 Rn 2; *Westermann* § 112 IV 1; *Wolff-Raiser* § 152 IV; **aA** *Riezler* AcP 98, 379; *Krückmann* AcP 108, 386; *Bauer/von Oefele-Weber* Rn 1, 12, 13 (der für den Grundbuchvertreter durchweg die unzutreffende Bezeichnung als »Treuhänder« verwendet).
26 RG RGZ 150, 290 = JFG 13, 281.
27 Prot III, 676; KG KGJ 45, 275, 279 = RJA 13, 106; KEHE-*Herrmann* Rn 5; *Demharter* Rn 4; *Böhringer* BWNotZ 1988, 25, 27; *Zeiser* Rpfleger 2006, 577, 581; **aA** (abwegig) *Bauer/von Oefele-Weber* Rn 1.
28 *Planck-Strecker* § 1189 Anm 2 mwN.
29 KG JFG 7, 299, 303 = HRR 1930 Nr 1949; KGJ 45, 275 = RJA 13, 106; KGJ 51, 304 = Recht 1919 Nr 931 = RJA 16, 304.
30 KG KGJ 45, 275, 282 = RJA 13, 106; KGJ 51, 304 = Recht 1919 Nr 931 = RJA 16, 304; *Böhringer* BWNotZ 1988, 25, 27.
31 RG RGZ 150, 290 = JFG 13, 281; KG JFG 7, 299 = HRR 1930 Nr 1949; **aA** OLG Dresden OLGE 34, 217.

11 bb) Das Vertretungsrecht nach § 1189 BGB gehört *nicht* zum Inhalt der Grundschuld (Rentenschuld), da es den Inhalt eines Rechts nicht beeinflussen kann, ob der Gläubiger selbst oder durch einen Vertreter handelt.[32] Die Vertretungsmacht wird daher ausschließlich vom Gläubiger verliehen; ebenso obliegt es nur ihm, die Vertretungsmacht abzuändern oder aufzuheben. Eine Beteiligung des Eigentümers kommt daher nur bei der gleichzeitigen Eintragung von Inhaberrecht und Grundbuchvertreter in Betracht (§ 1188 BGB). Entsprechendes gilt für die Frage, wer die Eintragung der Erteilung, Änderung oder Aufhebung der Vertretungsmacht zu bewilligen hat.[33]

12 cc) Im Grundbuch sind die Rechtsstellung und der **Name** des Vertreters einzutragen.[34] Zur notwendigen Bezeichnung des **Umfangs** der Vertretungsmacht kann in analoger Anwendung des § 874 BGB[35] auf die Eintragungsbewilligung Bezug genommen werden.[36] Die Eintragung des Gläubigervertreters erfolgt in Abt III Spalte 4, wenn sie gleichzeitig mit der Eintragung des Inhaberrechts vorzunehmen ist (entspr § 11 Abs 5 GBV). Bei nachträglicher Erteilung der Vertretungsmacht wird die Eintragung in Abt III Spalte 7 vorgenommen (entspr § 11 Abs 6 GBV).

13 dd) Die Vertretungsmacht des Grundbuchvertreters **erlischt** durch Kündigung, Abberufung, Tod oder mit dem Eintritt der Geschäftsunfähigkeit des Vertreters sowie mit der Beendigung des der Vertretungsmacht zugrunde liegenden Rechtsverhältnisses (§§ 168, 673, 675 BGB).[37] Die Eröffnung des Insolvenzverfahrens über das Vermögen des Grundbuchvertreters führt dagegen nicht notwendigerweise zum Wegfall der Vertreterstellung.[38] Über die Möglichkeit der Beendigung der Vertretungsmacht durch Richterspruch vgl § 16 des Gesetzes vom 04.12.1899 (RGBl 691), geändert durch das Gesetz vom 14.05.1914 (RGBl 121), die VO vom 24.09.1932 (RGBl I, 447) und das Gesetz vom 20.07.1933 (RGBl I, 523). Die Eintragung des Erlöschens der Vertretungsmacht hat nur deklaratorische Bedeutung.[39] Nach der hier vertretenen Auffassung muss die Löschung der Vertretungsmacht weder vom Eigentümer[40] noch vom bisherigen Vertreter[41] bewilligt werden, weil das Erlöschen der Vertretungsmacht keine Inhaltsänderung des Grundpfandrechts darstellt und auch nicht vom Anwendungsbereich des § 875 BGB erfasst wird. Die Löschung kann daher nur erfolgen, wenn die Beendigung der Vertretungsmacht in der Form des § 29 nachgewiesen ist.[42] Bis zur Eintragung der Löschung wird der Fortbestand der Vertretungsmacht vermutet (§ 891 BGB).[43]

14 b) Bewilligung des Grundbuchvertreters oder gegen ihn erlassene gerichtliche Entscheidung. Die in Frage kommenden zulässigen Eintragungen (vgl Rdn 7) müssen entweder durch die Bewilligung des Grundbuchvertreters oder durch eine gegen den Vertreter erlassene gerichtliche Entscheidung veranlasst sein. Dabei ist in beiden Fällen sorgfältig zu prüfen, ob die vorzunehmende Eintragung von der Vertretungsmacht des Vertreters *gedeckt* ist.[44] Ist dies nicht der Fall oder ist die Vertretungsmacht im Grundbuch ungenügend bezeichnet (vgl Rdn 12), so ist die Vorlegung des Briefs erforderlich. Wer die Eintragung beantragt hat, ist für die Anwendung des § 42 S 2 ohne Bedeutung. Sofern es sich bei der gerichtlichen Entscheidung um eine einstweilige Verfügung handelt, kann durch § 42 S 2 bei Vorliegen des gleichen Widerspruchsgrundes dasselbe Ergebnis wie durch die nicht anwendbare Vorschrift des § 41 Abs 1 S 2 erreicht werden. Eine vollstreckbare Urkunde nach § 794 Abs 1 Nr 5 ZPO ist keine gerichtliche Entscheidung iS des § 42 S 2. Die Eintragung aufgrund einer Bewilligung des Gläubigers oder einer gegen den Gläubiger erlassenen gerichtlichen Entscheidung, aufgrund des Ersuchens einer Behörde (§ 38) sowie die Eintragung eines Amtswiderspruchs (§ 53 Abs 1 S 1) werden von der Ausnahme des § 42 S 2 nicht erfasst. In diesen Fällen ist somit stets die Vorlegung des Briefs erforderlich.

32 MüKo-*Eickmann* § 1189 Rn 11; *Zeiser* Rpfleger 2006, 577, 581/582; *Wolff-Raiser* § 152 IV; **aA** die **hM:** RG RGZ 90, 213, 217; LZ 1925, 1071; KG KGJ 30 A, 284 = OLGE 12, 293 = RJA 13, 106; KGJ 45, 275, 279 = RJA 13, 106; KGJ 51, 304 = Recht 1919 Nr 931 = RJA 16, 304; *Staudinger-Wolfsteiner* § 1189 Rn 9; *Demharter* Rn 4; KEHE-*Herrmann* Rn 7; *Güthe-Triebel*, Legitimationsfragen, Stichwort »Treuhänder«, Anm II 1 b, 5 (Bd 2, S 2030–2032); *Schöner/Stöber* Rn 2108; *Westermann* § 112 IV 2; *Böhringer* BWNotZ 1988, 25, 27.
33 MüKo-*Eickmann* § 1189 Rn 13; *Zeiser* Rpfleger 2006, 577, 581 (Ziff X 2 e, 3); **aA** die **hM** (Fn 32), die in jedem Fall die Bewilligung des Eigentümers für erforderlich hält.
34 RG RGZ 113, 223, 231; 150, 290 = JFG 13, 281.
35 Nach hM (Fn 32) ist § 874 BGB unmittelbar anzuwenden, da sie die Vertretungsmacht als Inhalt des Rechts ansieht.
36 KG RJA 15, 229; BayObLG BayObLGZ 20, 349, 352 = OLGE 41, 182; *Hügel-Zeiser* Rn 4; *Böhringer* BWNotZ 1988, 25, 27; *Zeiser* Rpfleger 2006, 577, 582.
37 *Westermann* § 112 IV 2.
38 *Planck-Strecker* § 1189 Anm 6b mwN; *Zeiser* Rpfleger 2006, 577, 582.
39 *Staudinger-Wolfsteiner* § 1189 Rn 15; MüKo-*Eickmann* § 1189 Rn 15; *Planck-Strecker* § 1189 Anm 6 b; *Schöner/Stöber* Rn 2110; **aA** (für vereinbarte Abberufung) BGB-RGRK-*Schuster* (12.) § 1189 Anm 9; *Zeiser* Rpfleger 2006, 577, 582.
40 **AA** die **hM** (Fn 32).
41 *Biermann* § 1189 Anm 6; *Güthe-Triebel*, Legitimationsfragen, Stichwort »Treuhänder«, Anm II 5 (Bd 2, S 2032).
42 Vgl KG OLGE 20, 423; OLG Dresden ZBlFG 10, 407; *Schöner/Stöber* Rn 2110; *Zeiser* Rpfleger 2006, 577, 582.
43 RG LZ 1925, 1070; KG KGJ 51, 304 = Recht 1919 Nr 931 = RJA 16, 304; *Staudinger-Wolfsteiner* § 1189 Rn 15; MüKo-*Eickmann* § 1189 Rn 15; *Zeiser* Rpfleger 2006, 577, 582.
44 KG RJA 15, 229, 230; BayObLG BayObLGZ 20, 349, 352 = OLGE 41, 182.

Ist außer der vorliegenden Bewilligung des Vertreters noch die Bewilligung eines nicht mit dem Gläubiger identischen Dritten notwendig, so bedarf es keiner Briefvorlegung.[45] Ebenso kommt die Ausnahme zum Zuge, wenn der Vertreter zwar nicht bewilligt, aber im Rahmen seiner Vertretungsmacht der von einem Dritten abgegebenen Bewilligung zugestimmt hat.[46]

IV. Die Vorlegung des Briefs

1. Die Beschaffung des Briefs

Bei Namens- und Inhabergrundschulden (-rentenschulden) richtet sich die Beschaffung des Briefs jeweils nach **15** den für die Beibringung von Hypothekenbriefen geltenden Grundsätzen (vgl § 41 Rdn 40 ff). Bei Inhabergrundschulden (-rentenschulden) hat die Vorschrift des § 42 S 2 zur Folge, dass sich das Grundbuchamt den Brief auch für die Eintragung eines Amtswiderspruchs mit dem in § 41 Abs 1 S 2 bezeichneten Inhalt bereits *vor* der Eintragung des Widerspruchs zu beschaffen hat (§ 53 Abs 2 S 2).

2. Das Verfahren des Grundbuchamts

a) Für das bei *Namens*grundschulden (-rentenschulden) einzuschlagende Verfahren kann auf die Ausführungen **16** in § 41 Rdn 45 ff verwiesen werden.

b) Wird bei *Inhaber*grundschulden (-rentenschulden) der Brief nicht vorgelegt, so ist nach § 18 zu verfahren (vgl **17** § 41 Rdn 45). Erfolgt die Briefvorlegung, so hat das Grundbuchamt die **formelle Ordnungsmäßigkeit des Briefs** zu prüfen (vgl § 41 Rdn 46). Eine Überprüfung der **Bewilligungsberechtigung** anhand der Übereinstimmung von Buch und Brief (vgl § 41 Rdn 47 ff) ist durch den Charakter des Inhaberrechts ausgeschlossen, weil eine namentliche Eintragung des Gläubigers im Grundbuch nicht zulässig ist (vgl Rdn 5). Die Bewilligungsberechtigung für die in Betracht kommenden zulässigen Eintragungen (vgl Rdn 7) ist vielmehr alleine durch den Briefbesitz nachgewiesen. Der Rechtspfleger darf die beantragte Eintragung daher nur verweigern, wenn er weiß, dass der Bewilligende den Brief unrechtmäßig erlangt hat. Mehrere Anträge, von denen sich der eine auf die Bewilligung des Gläubigers und der andere auf die Bewilligung des Vertreters gründet, sind in der durch § 17 vorgeschriebenen Erledigungsreihenfolge zu verbescheiden. Voraussetzung für die Vollzugsreife des sich auf die Bewilligung des Gläubigers stützenden Antrags ist natürlich die Vorlegung des Briefs (§ 41 Abs 1 S 1). Sind die Anträge gleichzeitig gestellt worden, so hängt die Art ihrer Erledigung davon ab, ob die beantragten Eintragungen miteinander vereinbar sind oder nicht (hierzu vgl § 17 Rdn 8 ff). Entsprechendes gilt für die Kollision von Eintragungsanträgen, die jeweils auf gerichtlichen Entscheidungen gegen den Vertreter und den Gläubiger beruhen.

Für die **Löschung** des Rechts genügt der wegen § 27 formbedürftige (§ 29) Antrag des Eigentümers und die **18** Vorlegung des Briefs (§§ 1195 S 2, 797 S 2 BGB). Eine Löschungsbewilligung des Gläubigers bzw Vertreters kann nur verlangt werden, wenn dem Grundbuchamt der unrechtmäßige Erwerb des Briefs durch den Eigentümer bekannt ist. Die *rechtsgeschäftliche* Umwandlung in ein Namensrecht erfordert die Bewilligung von Eigentümer und Gläubiger (über die gesetzliche Umwandlung vgl Rdn 7). Die Bewilligung des Eigentümers ist nur ausreichend, wenn er selbst der Gläubiger des Inhaberrechts ist. Durch die Eintragung der Umwandlung wird der Brief kraft Gesetzes zum Namenspapier. Der vom Grundbuchamt (vgl § 806 BGB) auf dem Brief anzubringende Vermerk hat nur deklaratorische Bedeutung.[47]

Nach erfolgter Eintragung ist der **Brief zu ergänzen** (§ 62). Dabei ist zu beachten, dass die sich auf Löschungs- **19** vormerkungen beziehende Ausnahmevorschrift des § 62 Abs 1 S 2 auf die Ergänzung von Inhabergrundschuld- und -rentenschuldbriefen nicht anwendbar ist (vgl § 62 Rdn 1). Soweit nach § 42 S 2 die Briefvorlegung entbehrlich ist, kommt nach dem Zweck der Vorschrift (vgl Rdn 1) auch eine nachträgliche Ergänzung des Briefs nicht in Frage. Dies ergibt sich auch daraus, dass eine Befugnis des Grundbuchamts zur Einforderung des Briefs im Gesetz nicht vorgesehen ist.

V. Die Verletzung der Vorschrift

Die materiellen und verfahrensrechtlichen Folgen einer ohne Briefvorlegung vorgenommenen Grundbuchein- **20** tragung sind bereits in § 41 Rdn 59, 60 dargestellt worden. Darauf kann verwiesen werden.

---

45 *Hügel-Zeiser* Rn 6; *Güthe-Triebel* Rn 11.
46 KG KGJ 50, 198.
47 *Güthe-Triebel* Rn 9.

§ 43 (Vorlegung von Inhaber- und Orderpapieren)

(1) Bei einer Hypothek für die Forderung aus einer Schuldverschreibung auf den Inhaber, aus einem Wechsel oder einem anderen Papier, das durch Indossament übertragen werden kann, soll eine Eintragung nur erfolgen, wenn die Urkunde vorgelegt wird; die Eintragung ist auf der Urkunde zu vermerken.

(2) Diese Vorschrift ist nicht anzuwenden, wenn eine Eintragung auf Grund der Bewilligung eines nach § 1189 des Bürgerlichen Gesetzbuchs bestellten Vertreters oder auf Grund einer gegen diesen erlassenen gerichtlichen Entscheidung bewirkt werden soll.

Schrifttum

Böhringer, Die Hypothek für Inhaberschuldverschreibungen, BWNotZ 1988, 25; *Haegele*, Der Treuhänder im Grundbuchrecht, KTS 1960, 145; *ders*, Der Treuhänder im Grundstücksverkehr, JurBüro 1969, 395; *Harnier*, Bestellung und Wechsel eines Treuhänders nach §§ 1187, 1189 BGB, JW 1913, 1021; *Huhn,* Die rechtliche und wirtschaftliche Natur der Hypothek für Forderungen aus Inhaber- und Orderpapieren (§§ 1187–1189 BGB), Diss. Leipzig, 1935; *Müller*, Die Rechtsstellung des Treuhänders im Falle der §§ 1187–1189 BGB, Diss. Erlangen, 1910); *Zeiser*, Inhabergrund- und -rentenschulden sowie Inhaber- und Orderhypotheken, Rpfleger 2006, 577.

I. Allgemeines

1. Normzweck und Norminhalt

1 Da die Inhaber- bzw Orderhypothek nur als Sicherungshypothek und somit ausschließlich als *Buch*recht möglich ist (§§ 1187, 1185 Abs 1 BGB), kann der Grundsatz des § 41 Abs 1 S 1 auf sie nicht angewendet werden. Dennoch haben Inhaber- und Orderpapiere eine dem Hypothekenbrief verwandte Funktion. Da § 1187 S 3 BGB die Geltung der immobiliarrechtlichen Grundsätze (§ 1154 Abs 3 BGB) ausschließt, erfolgt die Übertragung der Forderung nach den jeweiligen wertpapierrechtlichen Regeln, also durch Einigung und Übergabe der Inhaberurkunde (§ 929 BGB) oder durch Indossament auf dem Orderpapier. Da dadurch zugleich eine Übertragung der Hypothek stattfindet (§ 1153 Abs 1 BGB), kommt dem Papier im Rechtsverkehr eine dem Hypothekenbrief ähnliche Bedeutung zu. Die Gründe, die für eine Vorlegung des Hypothekenbriefs sprechen (Nachweis der Bewilligungsberechtigung, Erhaltung der Übereinstimmung von Buch und Brief), machen deshalb auch die Urkundenvorlegung erforderlich.[1] Im Fall der Nichtübereinstimmung von Grundbuch und Urkunde kommt dem Wertpapier in entsprechender Anwendung des § 1140 BGB negative Buchfunktion zu[2] (vgl § 41 Rdn 2). § 43 Abs 1 HS 2 erklärt sich aus der Nichtanwendbarkeit des § 62, während § 43 Abs 2 auf denselben Überlegungen wie § 42 S 2 beruht (vgl § 42 Rdn 1).

2. Entstehungsgeschichte

2 Weder das preußische Recht noch der Entw I GBO enthielten eine dem § 43 entsprechende Vorschrift. Dies beruht darauf, dass Inhaber- und Orderhypotheken im Entw I BGB noch nicht vorgesehen waren.[3] Ihre Zulässigkeit wurde erst in zweiter Lesung anerkannt.[4] Nachdem zunächst in Erwägung gezogen worden war, die materiellrechtliche Gültigkeit einer durch den Inhaber erfolgenden Verfügung von der Kenntnis des Erwerbers oder einem entsprechenden Vermerk auf dem Papier abhängig zu machen, hielt man es schließlich für ausrei-

---

1 Prot III, 673; D 53.
2 *Erman-Wenzel* § 1187 Rn 4; *Palandt-Bassenge* § 1187 Rn 5; *Westermann-Eickmann* § 111 III 1; *Heck* § 99, 4 b; **aA** *Bauer/von Oefele-Weber* Rn 1; *Güthe-Triebel* Rn 2.
3 Mot BGB III, 635 ff.
4 Prot III, 667 ff.

chend, die Anbringung solcher Vermerke durch eine formelle Vorschrift sicherzustellen.[5] § 43, früher § 42, ist durch die GBOÄndVO vom 05.08.1935 (RGBl I, 1065) nicht geändert worden.

II. Der Regelfall des § 43 Abs 1 HS 1

1. Die Voraussetzungen der Vorlegungspflicht

a) Das Vorhandensein einer Inhaber- oder Orderhypothek. Die vorzunehmende Eintragung muss eine **3** Hypothek für die Forderung aus einer Schuldverschreibung auf den Inhaber (§ 793 BGB) oder aus einem durch Indossament übertragbaren Papier (§ 1187 BGB) betreffen. Zu den indossablen Papieren gehören der Wechsel (Art 11 ff, 77 WG), der Scheck (Art 14 ScheckG), die Namensaktie (§ 68 AktienG) sowie die in § 363 HGB genannten Papiere. Für die Sicherung der durch sie verkörperten Forderungen kommt die Bestellung einer Hypothek aber nur in Frage, wenn das jeweilige Papier auf Zahlung einer bestimmten Geldsumme lautet (§ 1113 Abs 1 BGB). § 1187 BGB ist jedoch nur anwendbar, wenn die Hypothek *unmittelbar* für die Forderung *aus dem Papier* bestellt wird.[6] Die Sicherung einer dem Wechsel zugrunde liegenden Forderung oder eines Bankdarlehens, über das Schuldverschreibungen erst ausgegeben werden sollen, ist nur durch eine gewöhnliche Hypothek möglich.[7]

Die Bestellung der Orderhypothek erfolgt nach § 873 BGB, während für die Inhaberhypothek die einseitige **4** Erklärung des Eigentümers und die Eintragung des Rechts im Grundbuch genügt (§ 1188 BGB). Beide Hypothekenformen sind auch als Höchstbetragshypotheken möglich.[8] In diesem Fall ist nur der Höchstbetrag im Grundbuch einzutragen.[9] Es handelt sich dann um eine Wertpapierhypothek, für die die Feststellung der Forderung (mit Ausnahme des Wertpapiercharakters) vorbehalten ist.[10] Soweit zur Inverkehrbringung von Inhaber- und Orderschuldverschreibungen bis zum 31.12.1990 eine staatliche Genehmigung erforderlich war (§§ 795, 808a BGB iVm dem Gesetz über die staatliche Genehmigung der Ausgabe von Inhaber- und Orderschuldverschreibungen vom 26.06.1954, BGBl I, 147, geändert durch das Gesetz vom 24.05.1968, BGBl I, 503, sowie das 2. RBerG vom 16.12.1986, BGBl I, 2441), musste dem Grundbuchamt die Erteilung der Genehmigung bereits vor der Eintragung der Hypothek in der Form des § 29 nachgewiesen werden.[11] Wegen sonstiger mit der Genehmigung zusammenhängender Fragen sowie zum Außer-Kraft-Treten der genannten Genehmigungsvorschriften vgl § 42 Rdn 6.

Als Gläubiger einer *Inhaber*hypothek ist »der Inhaber« der Schuldverschreibung im Grundbuch einzutragen. **5** Eine namentliche Gläubigerbezeichnung ist durch den Charakter des Inhaberrechts ausgeschlossen (vgl § 42 Rdn 5). Bei *Order*hypotheken ist der erste Nehmer (namentlich) sowie »jeder durch Indossament ausgewiesene Inhaber« als Gläubiger im Grundbuch einzutragen.[12] In beiden Fällen ist die Schuldverschreibung, der Wechsel oder das sonstige durch Indossament übertragbare Papier im Grundbuch genau zu bezeichnen.[13] Die Eintragung von Hypotheken für Inhaberteilschuldverschreibungen und für indossable Teilschuldverschreibungen ist in § 50 Abs 1 geregelt.

b) Die Vornahme einer Grundbucheintragung »bei der Inhaber- oder Orderhypothek«. Wegen der **6** Voraussetzungen für die Vorlegung der Urkunde (»Eintragung bei der Hypothek«) kann im Grundsatz auf die Ausführungen über die Vorlegung des Hypothekenbriefs Bezug genommen werden (vgl § 41 Rdn 14 ff). Folgende wichtige Besonderheiten sind jedoch zu beachten:

aa) Für die **Ersteintragung der Hypothek** ist die Vorlegung der Urkunde nicht erforderlich.[14] Dies ergibt **7**

---

5 Prot III, 668, 672, 673.
6 OLG Dresden JFG 3, 429, 433 (für Orderpapiere); *Hügel-Zeiser* Rn 1; *Zeiser* Rpfleger 2006, 577, 578.
7 RG RGZ 67, 246; 113, 223; KG KGJ 35 B, 29, 31; 38 B, 68; OLGE 19, 287; OLG Dresden JFG 3, 429; BayObLG BayObLGZ 24, 344; *Staudinger-Wolfsteiner* § 1187 Rn 5; *Hügel-Zeiser* Rn 1; *Zeiser* Rpfleger 2006, 577, 578.
8 KG OLGE 45, 237 = JFG 4, 424 = HRR 1926 Nr 1530; KGJ 30 A, 284 = OLGE 12, 293 = RJA 6, 162.
9 KG OLGE 45, 237 = JFG 4, 424 = HRR 1926 Nr 1530.
10 *Staudinger-Scheriübl* (12.) § 1187 Rn 8.
11 RG RGZ 59, 381, 386; *Staudinger-Scheriübl* (12.) § 1187 Rn 12; *MüKo-Eickmann* § 1188 Rn 6; *Güthe-Triebel* Rn 3; KEHE-*Herrmann* Rn 2; *Demharter* Rn 2; *Westermann* § 112 II 2; *Zeiser* Rpfleger 2006, 577, 578; ebenso *Bauer/von Oefele-Weber* Rn 4 (dem jedoch entgangen ist, dass das Genehmigungserfordernis bereits seit 01.01.1991 nicht mehr besteht); **aA** *Planck-Strecker* § 1188 Anm 1 d; BGB-RGRK-*Schuster* (12.) § 1188 Anm 1; *Wolff-Raiser* § 152 Fn 4.
12 OLG Dresden KGJ 22 D, 28, 29 = OLGE 4, 191 = RJA 2, 147; KG KGJ 35 B, 29, 31; *Hügel-Zeiser* Rn 3; *Zeiser* Rpfleger 2006, 577, 578.
13 OLG Dresden, KG und *Zeiser* je aaO (Fn 12); *Hügel-Zeiser* Rn 1, 3.
14 OLG Colmar OLGE 6, 105; *MüKo-Eickmann* § 1187 Rn 10; *Planck-Strecker* § 1188 Anm 1 d; KEHE-*Herrmann* Rn 5; *Hesse-Saage-Fischer* Anm II 3; *Kretzschmar* ZBlFG 03, 431; *Böhringer* BWNotZ 1988, 25, 26.

sich aus dem eindeutigen Wortlaut des § 43 Abs 1 HS 1. Die abweichende Ansicht[15] verkennt den Sprachgebrauch der GBO, welche unter »Eintragungen bei der Hypothek« niemals die Ersteintragung von Rechten, sondern immer nur Folgeeintragungen versteht.[16] Außerdem übersieht sie, dass die beim Grundpfandrechtsbrief aufgrund der Brieferteilungsvorschriften (§§ 56 ff) von vornherein gegebene Übereinstimmung von Grundbuch und Urkunde auch hergestellt werden kann, indem das Grundbuchamt den Zusammenhang mit der eingetragenen Hypothek in dem anlässlich einer Folgeeintragung anzubringenden Vermerk verdeutlicht.[17] Im Übrigen ist es durchaus möglich, dass die Inhaber- oder Orderpapiere bei der Eintragung der Hypothek noch nicht gedruckt vorliegen. In diesem Fall könnte die jeweilige Urkunde zur Ersteintragung der Hypothek überhaupt nicht vorgelegt werden.

8   **bb)** Da die sich auf die **persönliche Berechtigung** beziehenden Rechtsänderungen nicht nach Liegenschaftsrecht erfolgen (vgl § 42 Rdn 7) und somit (auch als Grundbuchberichtigung[18]) nicht eintragungsfähig sind,[19] ist § 43 nur auf Eintragungen anwendbar, die den **Bestand**, den **Inhalt** oder den **Rang** der Inhaber- oder Orderhypothek betreffen. Da diese Beschränkung auch bei Inhabergrundschulden (-rentenschulden) Platz greift, kann sowohl hinsichtlich der nicht eintragungsfähigen Rechtsänderungen als auch bezüglich der zulässigen Eintragungen auf die Ausführungen in § 42 Rdn 7 verwiesen werden.

9   Wenn die Forderung aus dem Papier nicht entstanden bzw erloschen ist, steht die Hypothek dem Eigentümer als Eigentümergrundschuld zu (§§ 1163 Abs 1, 1177 Abs 1 S 1 BGB).[20] Zu beachten ist, dass die Forderung aus einer Inhaberschuldverschreibung nur nach § 801 BGB oder durch die Vernichtung der Urkunde erlischt.[21] Die Kraftloserklärung der Urkunde bewirkt kein Erlöschen der Forderung, weil der Aussteller zur Erteilung einer neuen Inhaberschuldverschreibung verpflichtet ist (§ 800 BGB).[22] Auch die Indossierung des Wechsels auf den Aussteller führt nicht zum Erlöschen der Forderung (Art 11 Abs 3 WG).[23] Erwirbt der Eigentümer das Papier, so wird das Grundpfandrecht mangels Erlöschen der Forderung zur Eigentümerhypothek (§ 1177 Abs 2 BGB).[24] Das Gleiche gilt, wenn der Gläubiger auf die Hypothek verzichtet (§ 1168 BGB).[25] Sofern durch den Übergang des Rechts auf den Eigentümer eine gesetzliche Umwandlung der Hypothek in eine Namensgrundschuld stattfindet (also nach den §§ 801, 1188 Abs 2, 1170, 1171 BGB sowie im Fall der Vernichtung der Urkunde), ist eine von der Vorlegung der Urkunde abhängige grundbuchmäßige Umschreibung des dinglichen Rechts zulässig (vgl § 42 Rdn 7).[26] In anderen Fällen des Rechtsübergangs auf den Eigentümer kommt eine Grundbucheintragung iS des § 43 Abs 1 HS 1 nicht in Betracht, da der Wertpapiercharakter des dinglichen Rechts erhalten bleibt (vgl § 42 Rdn 7).[27]

2. Die Vorlegung der Urkunde und das Verfahren des Grundbuchamts

10   **a)** Auf die Beschaffung der Urkunde sind die für die Beibringung des Hypothekenbriefs geltenden Grundsätze sinngemäß anzuwenden (vgl § 41 Rdn 40 ff). Unterbleibt die Urkundenvorlegung, so ist nach § 18 zu verfahren (vgl § 41 Rdn 45). Wird die Urkunde vorgelegt, so hat das Grundbuchamt die **formelle Ordnungsmäßigkeit** der Urkunde zu prüfen. Bei Inhaberschuldverschreibungen (nicht bei Orderschuldverschreibungen[28]) ist eine im Weg der mechanischen Vervielfältigung hergestellte Namensunterschrift für die Unterzeichnung der Urkunde ausreichend (§ 793 Abs 2 S 2 BGB). Ist die Gültigkeit der Unterschrift durch eine in die Urkunde aufgenommene Bestimmung von der Beobachtung einer bestimmten Form abhängig gemacht worden, so hat das Grundbuchamt auch die Einhaltung dieser besonderen Form zu prüfen (§ 793 Abs 2 S 1 BGB). Bei Inhaberschuldverschreibungen eines Landes oder einer ihm angehörigen Körperschaft, Stiftung oder Anstalt des

---

15 LG Metz ElsLothrNotZ 1921, 377; *Staudinger-Wolfsteiner* § 1187 Rn 11; *Palandt-Bassenge* § 1187 Rn 3; *Güthe-Triebel* Rn 7; *Bauer/von Oefele-Weber* Rn 9; *Demharter* Rn 3; *Hügel-Zeiser* Rn 6, 8; *Schöner/Stöber* Rn 2105; *Heck* § 99, 3, 6; *Zeiser* Rpfleger 2006, 577, 578.

16 *MüKo-Eickmann* § 1187 Rn 10.

17 Was *Staudinger-Wolfsteiner*, *Güthe-Triebel* und *Demharter* je aaO (Fn 15) nicht berücksichtigen.

18 OLGE Dresden KGJ 22 D, 28 = OLGE 4, 191 = RJA 2, 147; *Güthe-Triebel* Rn 5; **aA** (für Orderhypotheken) *Planck-Strecker* § 1187 Anm 3 c; *Staudinger-Wolfsteiner* § 1187 Rn 20 (aufgrund der irrtümlichen Annahme, die Berichtigung sei zulässig, weil der erste Nehmer namentlich im Grundbuch bezeichnet ist).

19 OLG Dresden aaO (Fn 18); *Hügel-Zeiser* Rn 4.

20 RG JW 1913, 200; *Staudinger-Wolfsteiner* § 1187 Rn 15; *Westermann* § 112 II 2.

21 *Staudinger-Wolfsteiner* § 1187 Rn 15; *Planck-Strecker* § 1187 Anm 5; *BGB-RGRK-Schuster* (12.) § 1187 Anm 6.

22 *Staudinger-Wolfsteiner* und *BGB-RGRK-Schuster* je aaO (Fn 21); *MüKo-Eickmann* § 1187 Rn 17; **aA** KG KGJ 50, 198; OLG Dresden ZBlFG 03, 167; *Güthe-Triebel* Rn 5.

23 *MüKo-Eickmann* § 1187 Rn 17; *Palandt-Bassenge* § 1187 Rn 6.

24 *Staudinger-Wolfsteiner* § 1187 Rn 15.

25 *Güthe-Triebel* Rn 5.

26 OLG Dresden ZBlFG 03, 166.

27 *Güthe-Triebel* Rn 5.

28 RG Gruchot 55, 826; *Hügel-Zeiser* Rn 7; *Güthe-Triebel* Rn 9; *Demharter* Rn 7.

öffentlichen Rechts ist auch auf die Einhaltung einer evtl landesgesetzlich vorgeschriebenen Form zu achten (vgl Art 100 EGBGB).[29]

b) Während die **Bewilligungsberechtigung** bei Inhaberhypotheken alleine durch den Besitz der Urkunde **11** nachgewiesen wird, bedarf es bei der Orderhypothek noch zusätzlich der Legitimation durch eine ununterbrochene Reihe von Indossamenten.[30] Die Indossamente müssen der Form des § 29 entsprechen.[31] Eine Überprüfung der Bewilligungsberechtigung anhand der Übereinstimmung von Grundbuch und Urkunde kommt somit nur in Betracht, wenn der im Grundbuch namentlich bezeichnete erste Nehmer über die Orderhypothek verfügt. Wegen Besonderheiten bei der Kollision von Gläubiger- und Vertreteranträgen sowie bei der Löschung und der rechtsgeschäftlichen Umwandlung in eine Namenshypothek vgl § 42 Rdn 17, 18.

c) Die erfolgte Eintragung ist nach § 43 Abs 1 HS 2 auf der Urkunde zu vermerken. Dies gilt auch für **12** Löschungsvormerkungen, da eine dem § 62 Abs 1 S 2 entsprechende Bestimmung in § 43 nicht getroffen ist (zur Begründung vgl § 42 Rdn 8). Der Ergänzungsvermerk ist entsprechend § 62 Abs 1 S 1 mit Unterschrift und Siegel bzw Stempel zu versehen. Für die Unterzeichnung des Vermerks sind die §§ 56 Abs 2, 62 Abs 2 sinngemäß anzuwenden. Bietet das Wertpapier nicht mehr genügend Raum für die Anbringung des Vermerks, ist entsprechend den §§ 49, 50 GBV zu verfahren.

3. Die Verletzung des § 43 Abs 1 HS 1

Die Folgen einer ohne Urkundenvorlegung vorgenommenen Grundbucheintragung ergeben sich aus den ent- **13** sprechend anwendbaren Ausführungen über die Nichtbeachtung des Erfordernisses der Briefvorlegung (vgl § 41 Rdn 59, 60).

III. Die Ersetzung der Urkundenvorlegung

Die Vorlegung der Urkunde ist nicht erforderlich, wenn ihre Vernichtung bewiesen oder wenn sie für kraftlos **14** erklärt ist.[32] Da der Nachweis der Vernichtung durch öffentliche Urkunden (vgl § 29) nicht zu führen sein wird, ist idR ein Aufgebotsverfahren durchzuführen (§§ 799 BGB, 1003 ZPO). Darüber hinaus kann auch die Hypothek als solche aufgeboten werden (§§ 1170 iVm 1188 Abs 2, 1171 BGB; hierzu vgl § 41 Rdn 69, 70). Durch das Ausschlussurteil wird die Urkunde kraftlos (§§ 1170 Abs 2 S 2, 1171 Abs 2 S 2 BGB). Soll die Löschung oder die Umwandlung des Rechts in eine gewöhnliche Hypothek eingetragen werden, so bedarf es in entsprechender Anwendung des § 41 Abs 2 S 2 nur der Vorlegung des Ausschlussurteils. In allen übrigen Fällen muss das neu ausgestellte *Inhaber*papier (§ 800 BGB) vorgelegt werden.[33] Auf anderem Wege lässt sich ein ausreichender Nachweis im Grundbuchverfahren nicht führen. Da sich *Order*hypotheken bei Kraftloserklärung des Papiers in eine gewöhnliche Sicherungshypothek als Namensrecht verwandeln, kann die Vorlegung eines neuen Papiers nicht verlangt werden.[34]

IV. Ausnahmen vom Vorlegungszwang

Die Ausnahme des **§ 43 Abs 2** stimmt mit der des § 42 S 2 überein. Es kann daher auf die Ausführungen in § 42 **15** Rdn 1, 9 ff verwiesen werden. Wegen weiterer Ausnahmen vom Vorlegungszwang vgl § 41 Rdn 92–95, 99, 103–110 sowie § 42 Rdn 8. Im ehemaligen Land *Preußen* bestehen noch auf Hypotheken für Inhaberteilschuldverschreibungen beschränkte Ausnahmen für Bahneinheiten nach § 18 des Gesetzes vom 19.08.1895 (GS 499) idF vom 08.07.1902 (GS 237).[35] Danach sind die bei einer solchen Hypothek aufgrund eines Beschlusses der Gläubigerversammlung (§§ 11–13 des Gesetzes vom 04.12.1899, RGBl 691) vorzunehmenden Eintragungen nicht von der Urkundenvorlegung abhängig. Das Gleiche gilt für die Löschung von Hypotheken der genannten Art, wenn der Bahneigentümer den Betrag der Forderung unter Verzicht auf das Recht zur Rücknahme hinterlegt hat. Die genannten Ausnahmen gelten auch bei der Zerlegung von Inhabergrundschulden und Inhaberrentenschulden (vgl § 42 Rdn 8). Die Ausnahmevorschriften des **§ 41 Abs 1 S 2** und 3 finden auf die in § 43 Abs 1 bezeichneten Urkunden keine Anwendung (vgl § 42 Rdn 1, 8). Die Eintragung von Widersprüchen und Löschungsvormerkungen[36] ist daher stets von der Vorlegung der jeweiligen Urkunde abhängig.

---

29   Wegen der in Betracht kommenden landesrechtlichen Formvorschriften vgl *Staudinger-Promberger-Schreiber* (12.) Art 100 EGBGB Rn 3.

30   Vgl KG KGJ 35 B, 29; 38 B, 68; OLG Dresden KGJ 22 D, 28 = OLGE 4, 191 = RJA 2, 147; *Staudinger-Wolfsteiner* § 1187 Rn 16; *Hügel-Zeiser* Rn 7; *Güthe-Triebel* Rn 10; *KEHE-Herrmann* Rn 8; *Demharter* Rn 8; *Werneburg* ZBlFG 20, 302.

31   *Staudinger-Wolfsteiner* § 1187 Rn 16; *BGB-RGRK-Schuster* (12.) § 1187 Anm 5; *Hügel-Zeiser* Rn 7; *Güthe-Triebel* Rn 10; *Demharter* Rn 8; *KEHE-Herrmann* Rn 8; *Westermann* § 112 III 2.

32   D 53.

33   *Hügel-Zeiser* Rn 10; *Güthe-Triebel* Rn 15; *Predari* § 44 Anm 1; *Thieme* Anm 5; **aA** *Demharter* Rn 12.

34   *Hügel-Zeiser* Rn 10; *Güthe-Triebel* Rn 15; *Thieme* Anm 5.

35   Vgl *Güthe-Triebel* Art 31 PrAGGBO Rn 10.

36   KG KGJ 50, 198, 200.

§ 44 (Ausführung der Eintragung)

(1) Jede Eintragung soll den Tag, an welchem sie erfolgt ist, angeben. Die Eintragung soll, sofern nicht nach § 12c Abs 2 Nr 2 bis 4 der Urkundsbeamte der Geschäftsstelle zuständig ist, die für die Führung des Grundbuchs zuständige Person, regelmäßig unter Angabe des Wortlauts, verfügen und der Urkundsbeamte der Geschäftsstelle veranlassen; sie ist von beiden zu unterschreiben, jedoch kann statt des Urkundsbeamten ein von der Leitung des Amtsgerichts ermächtigter Justizangestellter unterschreiben. In den Fällen des § 12c Abs 2 Nr 2 bis 4 haben der Urkundsbeamte der Geschäftsstelle und zusätzlich entweder ein zweiter Beamter der Geschäftsstelle oder ein von der Leitung des Amtsgerichts ermächtigter Justizangestellter die Eintragung zu unterschreiben.

(2) Soweit nicht gesetzlich etwas anderes bestimmt ist und der Umfang der Belastung aus dem Grundbuch erkennbar bleibt, soll bei der Eintragung eines Rechts, mit dem ein Grundstück belastet wird, auf die Eintragungsbewilligung Bezug genommen werden. Hierbei sollen in der Bezugnahme der Name des Notars, der Notarin oder die Bezeichnung des Notariats und jeweils die Nummer der Urkundenrolle, bei Eintragungen auf Grund eines Ersuchens (§ 38) die Bezeichnung der ersuchenden Stelle und deren Aktenzeichen angegeben werden.

(3) Bei der Umschreibung eines Grundbuchblatts, der Neufassung eines Teils eines Grundbuchblatts und in sonstigen Fällen der Übernahme von Eintragungen auf ein anderes, bereits angelegtes oder neu anzulegendes Grundbuchblatt soll, sofern hierdurch der Inhalt der Eintragung nicht verändert wird, die Bezugnahme auf die Eintragungsbewilligung oder andere Unterlagen bis zu dem Umfange nachgeholt oder erweitert werden, wie sie nach Absatz 2 zulässig wäre. Sofern hierdurch der Inhalt der Eintragung nicht verändert wird, kann auch von dem ursprünglichen Text der Eintragung abgewichen werden.

Schrifttum

Bratfisch-Haegele, Können Vorkaufsrechte und Nießbrauchsrechte im Grundbuch auf mehreren Grundstücken durch einen einzigen zusammenfassenden Vermerk eingetragen werden?, Rpfleger 1961, 40, 42; *Eickmann,* Der Rang der Grundstücksrechte, RpflStud 1982, 74; *Ertl,* Entwicklungsstand und Entwicklungstendenzen des Grundbuchrechts nach 80 Jahren Grundbuchordnung, Rpfleger 1980, 1, 6; *Haegele,* Einzelfragen zum Liegenschaftsrecht, Ziff 1: Zu den Vermutungen des § 891 BGB, Rpfleger 1975, 153; *Hesse,* Das neue Grundbuchrecht, DJ 1935, 1291, und DNotZ 1935, 700; *Jestaedt,* Die zusammengefaßte Buchung mehrerer Grundpfandrechte, Rpfleger 1970, 380; *Lutter,* Grenzen des sogenannten Gutglaubensschutzes, AcP 164 (1964), 122, 152–155; *Riedel,* Das moderne System des Loseblatt-Grundbuchs, Rpfleger 1970, 277, 278; *Saage,* Das neue Grundbuchrecht, JW 1935, 2769; *Schmid,* Die angebliche Rangeinheit von Haupt- und Veränderungsspalten in Abteilung II und III des Grundbuchs, Rpfleger 1982, 251, 252; *Stadler,* Der Rang im Immobiliarsachenrecht – ein noch immer ungelöstes Problem?, AcP 189 (1989), 425; *Streuer,* Rangdarstellung durch Rangvermerke und formale Rechtskraft, Rpfleger 1985, 388; *ders,* Die Grundbucheintragung als Voraussetzung der Rechtsänderung, Rpfleger 1988, 513; *ders,* Sukzessivberechtigung bei dinglichen Rechten und Vormerkungen, Rpfleger 1994, 397; *ders,* Stellungnahme zu BGH: Wiederverwendung erloschener Eigentumsvormerkung, Rpfleger 2000, 155; *Wacke,* Wer zuerst kommt, mahlt zuerst – Prior tempore, potior jure, JA 1981, 94; *Westermann,* Der konstitutive und deklaratorische Hoheitsakt als Tatbestand des Zivilrechts, FS Michaelis (1972), 337; *Wilhelm,* Der Rang der Grundstücksrechte aufgrund des Verfügungstatbestands, insbesondere von Einigung und Eintragung, JZ 1990, 501, 505.

I. Norminhalt und Normzweck

1. Norminhalt

a) Allgemeines. Im Unterschied zu den voraufgehenden Vorschriften des zweiten Abschnittes (§§ 13 bis 43), **1** welche die Eintragungsvoraussetzungen regeln, ist Gegenstand der Bestimmungen der §§ 44 bis 52 der Eintragungsakt selbst. § 44 gilt nach Wortlaut und Inhalt für »jede« Eintragung; die §§ 45 bis 52 betreffen jeweils eine spezielle Kategorie von Eintragungen.

Die angeführten Vorschriften beziehen sich auf Eintragungen im herkömmlichen »Papiergrundbuch«. Für das maschinell geführte »EDV-Grundbuch« gelten vorrangig die Sondervorschriften des siebenten Abschnitts (§§ 126 bis 134). Die Abweichungen von den Bestimmungen des § 44 für das maschinell geführte Grundbuch finden sich insb in den §§ 129, 130.

b) Struktur. § 44 enthält in seiner neuen erweiterten Fassung (dazu Rdn 3) **im Wesentlichen drei Gebote,** **2** die vom Grundbuchamt bei der Vornahme von Eintragungen von Amts wegen zu befolgen sind:

(1) Das **Datierungsgebot** (Abs 1 S 1) als *Ordnungsvorschrift* (»soll«), zwar unerheblich für die Gültigkeit der Eintragung, dennoch materiellrechtlich durchaus von Bedeutung (Näheres Rdn 8);

(2) Das **Unterzeichnungsgebot** (Abs 1 S 2, 3) als *zwingende Vorschrift* (»ist«), erheblich für die Gültigkeit und materiellrechtliche Wirksamkeit der Eintragung (dazu Rdn 7), einschl der Regelung der funktionellen Zuständigkeit für die Unterzeichnung (dazu Rdn 33);

(3) Das **Bezugnahmegebot** (Abs 2 und 3) als *Ordnungsvorschrift* (»soll«), nicht nur für neue Eintragungen (Abs 2), sondern auch für bestehende Eintragungen (Abs 3).

c) Entwicklung. (1) § 44 erhielt bei der **Grundbuchrechtsreform von 1935** (durch die GBOÄndVO vom **3** 05.08.1935[1]) die bis zum 24.12.1993 gültige, aus zwei Sätzen bestehende Fassung: »*Jede Eintragung soll den Tag, an welchem sie erfolgt ist, angeben. Sie ist von dem zuständigen Beamten zu unterschreiben.*« Damals wurde aufgrund misslicher praktischer Erfahrungen aus der Vergangenheit das Unterzeichnungsgebot nachträglich als zwingende Vorschrift ausgestaltet. In der Erstfassung der GBO von 1897 lautete die Vorschrift (als § 45) noch: »*Jede Eintragung soll den Tag, an welchem sie erfolgt ist, angeben und mit der Unterschrift des Grundbuchbeamten versehen werden.*« Aus Rücksichtnahme auf landesrechtliche Besonderheiten vermied man 1935 eine stärkere reichseinheitliche Fassung mit Rückwirkung,[2] so dass – soweit Landesrecht nicht entgegenstand – nicht unterschriebene Eintragungen aus der Vergangenheit im Einzelfall als wirksam anerkannt werden konnten, falls sie nach dem (zu ermittelnden) Willen des zuständigen Beamten vollendet und nicht nur Entwurf sein sollten. Weil sich diese Regelung als zu unsicher erwies, wurde sie im Zuge der Vereinheitlichung des Grundbuchrechts im Jahre 1935 durch das zwingende Unterzeichnungsgebot ersetzt.[3]

(2) Bei der **Novellierung des Grundbuchverfahrensrechts von 1993** (durch das RegVBG vom 20.12.1993[4]) ist § 44 erheblich erweitert worden. Zum einen wurden die bislang in § 2 der aufgehobenen AVOGBO enthaltenen Bestimmungen über die Zuständigkeit zur Verfügung und Unterzeichnung der Eintragungen aufgenommen und in Abs 1 eingefügt. Zum anderen wurde das in den Abs 2 und 3 normierte Bezugnahmegebot hinzugefügt. Mit diesen Änderungen ist § 44 in die GBO-Neufassung gemäß Bekanntmachung vom 26.05.1994 (BGBl I 1114) aufgenommen worden.

Nach der Überleitungsbestimmung des Art 19 Abs 1 RegVBG ist § 44 in der Fassung dieses Gesetzes nur auf die bei dessen Inkrafttreten noch nicht im Grundbuch vollzogenen Eintragungen, Umschreibungen oder Neufassungen anzuwenden.

---

1 RGBl I 1065, am 01.04.1936 in Kraft gesetzt; Bekanntmachung der Neufassung der GBO in RGBl I 1073.
2 Denkschr zu § 43 RT-Vorl (*Hahn-Mugdahn* Bd V 166).
3 Dazu *Saage* JW 1935, 2769, 2772; *Hesse* DJ 1935, 1291, 1293; ferner *Hesse-Saage-Fischer* Anm III 4 a.
4 BGBl I 2182, am 25.12.1993 in Kraft gesetzt.

2. Normzweck

4 Die Gebote des § 44 aus dem Jahre 1935 – das Datierungs- und das Unterzeichnungsgebot – sowie das 1993 hinzugefügte Bezugnahmegebot äußern nicht nur verfahrensrechtliche Verbindlichkeit für das Grundbuchamt, sondern haben zudem materiellrechtliche Bedeutung insofern, als die Funktionsfähigkeit der Eintragung gemäß den §§ 873 ff BGB von ihrer Beachtung abhängig ist.

5 **a) Zur verfahrensrechtlichen Bedeutung.** Die Gebote des § 44 konkretisieren im Interesse der Sicherheit der Buchführung die Amtspflichten des GBA bezüglich des Eintragungsakts. Wird etwa dem § 44 zuwider eine Eintragung nicht oder falsch datiert oder unterschrieben, so liegt eine Amtspflichtverletzung vor, die Schadensersatzansprüche gegen den Staat nach den dafür maßgeblichen Vorschriften auslösen kann (dazu Einl H Rdn 3 sowie § 45 Rdn 213).

(1) **Mit dem Unterzeichnungsgebot verknüpft** ist die Pflicht der Unterzeichner, den im Grundbuch (durch eine Schreibkraft oder mittels eines Schreib- oder Druckautomaten) eingeschriebenen Text vor der Leistung der Unterschrift **zu überprüfen** (auf richtige Platzierung, auf inhaltliche Plausibilität, auf eventuelle Schreibversehen, ggf deren ordnungsmäßige – dazu Rdn 29 bis 31 – Richtigstellung[5]), vor allem auf dessen inhaltliche Übereinstimmung mit dem in der Eintragungsverfügung vorgegebenen Eintragungswortlaut.

(2) Interessant ist das **Verhältnis von Eintragung und Eintragungsverfügung**, insb in Fällen, in denen (zB vertretungshalber) ein Unterzeichner der Eintragung im Grundbuch nicht mit dem die Eintragung Verfügenden identisch ist. Nach außen hin stellt erst die gemäß § 44 vollzogene Eintragung die (positive) gerichtliche Entscheidung über den Eintragungsantrag dar. Die Eintragungsverfügung hat keine Außenwirkung, sondern ist eine innerdienstliche Anweisung an den Urkundsbeamten zur Veranlassung der Eintragung (Abs 1 S 2 1. Hs des § 44), mithin nicht anfechtbar, selbst wenn den Beteiligten bekannt gegeben (dazu § 18 Rdn 29; § 71 Rdn 22 mwN).[6] Die vorschriftsmäßig unterzeichnete – und ihrem Inhalt nach zulässige (sonst § 53 Abs 1 S 2) – Eintragung ist selbst dann wirksam, wenn eine ordnungsmäßige Eintragungsverfügung fehlt.[7] Dennoch darf hinsichtlich der Verantwortlichkeit nicht verkannt werden, dass die Vornahme der Eintragung im Grundbuch lediglich eine durch die Eintragungsverfügung angeordnete Vollzugshandlung darstellt.[8] Die Sachentscheidung wird mit der Eintragungsverfügung getroffen, für die generell der Rechtspfleger (vgl § 3 Nr 1h RpflG), in Einzelfällen (gemäß § 12c Abs 2 Nr 2 bis 4) der Urkundsbeamte der Geschäftsstelle zuständig ist. In der Eintragungsverfügung ist nach Abs 1 S 2 1. Hs des § 44 die Eintragung nicht nur anzuordnen, sondern auch deren Inhalt – idR *wörtlich* – zu bestimmen (Ausführungsbestimmungen finden sich in den §§ 24 bis 26 GBGeschO bzw in entsprechenden Landesvorschriften).

(3) **Falls eine Eintragungsverfügung entfällt,** weil – bei maschineller Grundbuchführung – der für die Anordnung der Eintragung Zuständige die Eintragung selbst veranlasst, ist der Veranlasser der Speicherung in geeigneter Weise aktenkundig oder sonst feststellbar zu machen (§ 130 GBO und § 74 GBV, jeweils nebst Erläuterungen). Zweck: Es soll ermittelt werden können, wer die Eintragung angeordnet hat.[9]

6 **b) Zur materiellrechtlichen Bedeutung.** Sowohl das Unterzeichnungsgebot als auch das Datierungsgebot des § 44 sind für die materiellrechtlichen Funktionen der Eintragung bedeutsam. Zur diesbezüglichen Bedeutung des neuen Bezugnahmegebots: Rdn 59 ff.

7 **aa)** Die **Unterschriften** der zuständigen Rechtspflegeorgane (dazu Rdn 33) sind in § 44 Abs 1 zum zwingenden **Existenzmerkmal der Eintragung** erhoben worden (vgl Rdn 3), weil wegen der unmittelbar an die Grundbucheintragung geknüpften materiellen Rechtswirkungen (dazu Rdn 27) im Interesse der Sicherheit des Rechtsverkehrs für jedermann zweifelsfrei ersichtlich sein muss, ob eine funktionsfähige Eintragung vorliegt oder nicht. Erst die vorschriftsmäßige Unterzeichnung verleiht der Eintragung formale Gültigkeit als *gerichtlicher Hoheitsakt*[10] (dazu Einl B Rdn 35, 36) und somit materielle Wirkungskraft nach Maßgabe der §§ 873 ff BGB.

8 **bb)** Die **Angabe des Eintragungstages** ist dagegen nicht für die materielle Wirkungskraft, aber **für die Beweiskraft** der Eintragung **erheblich.** Vordergründig wird der Zweck des Datierungsgebotes in der Koordination des formellen Rechts mit der materiellrechtlichen Rangregelung des § 879 Abs 1 S 2 BGB gesehen (allgM). Darin liegt – auch nach der erklärten Absicht des Gesetzgebers[11] – unbestreitbar der Hauptzweck der

---

5 Zur Kontrolle bei Eintragungen im Loseblattgrundbuch: *Riedel* Rpfleger 1970, 278.
6 Mit beachtlichen Argumenten für die Anfechtbarkeit: LG Lübeck NJW-RR 1995, 1420.
7 OLG Neustadt NJW 1961, 466 = Rpfleger 1961, 17 = DNotZ 1961, 149; OLG Frankfurt Rpfleger 1961, 397 = DNotZ 1961, 659.
8 *Bärmann* FG, § 20 III 2 b; *Eickmann* Rpfleger 1976, 153, 155.
9 *Schöner/Stöber* Rn 221a.
10 Eingehend zum Wesen der Eintragung: *Ertl* in Rpfleger 1980, 1, 6 mwN; dazu auch *Demharter* § 1 Rn 29; *Westermann* in FS Michaelis S 344.
11 Dazu *Jacobs-Schubert* S 265/266, 424, 554, 644, 653; Denkschr zu § 43 RTVorl aaO (Fn 2).

Vorschrift (dazu Rdn 19 bis 22). Darüber hinaus hat die Dokumentation des Eintragungszeitpunktes im Grundbuch Bedeutung für die – nur durch den Gegenbeweis der Grundbuchunrichtigkeit zu entkräftenden – Beweiskraft der Eintragung für das Bestehen der eingetragenen und das Nichtbestehen der gelöschten Rechte gemäß § 891 BGB. Entgegen der früheren Gegenmeinung ist die Bestehensvermutung (§ 891 Abs 1 BGB) nicht nur auf den jeweils gegenwärtigen Zeitpunkt,[12] sondern auf die *gesamte Dauer* der Eintragung[13] zu beziehen. Bis zum Beweis des Gegenteils gilt demgemäß die Vermutung, dass das eingetragene Recht mit dem im Grundbuch verlautbarten Eintragungszeitpunkt zur Entstehung gelangt ist und dem Eingetragenen zusteht.[14]

c) Zu Art und sachlichem Inhalt der Eintragungen. Darüber finden sich – von einzelnen Sonderbestimmungen (in den §§ 47 bis 54) und von Anweisungen grundbuchtechnischer Art (in der GBV) abgesehen – **in der GBO** absichtlich **keine** positiven **Vorschriften**. Der Gesetzgeber der Erstfassung hat bewusst von der Aufnahme richtungweisender Bestimmungen abgesehen; darauf zielende Vorschläge aus den Vorentwürfen wurden in den Kommissionsberatungen verworfen mit (etwa) der Begründung, dass *allein das materielle Recht* für den wesensnotwendigen Inhalt der Eintragungen und für die Konsequenzen von inhaltlichen Mängeln ausschlaggebend bleiben solle.[15] Diese systematische Trennung ist prinzipiell richtig (dazu Vor GBV Rdn 24, 25). Das GBA ist damit keineswegs der Verantwortung für die inhaltliche Zulässigkeit der Eintragungen enthoben (vgl § 53 Abs 1 S 2).   **9**

Eine andere (rechtspolitische) Forderung ist die, das Grundbuch mehr als bisher als Publikationsorgan für öffentliche Rechtsverhältnisse, die für den Rechtsverkehr relevant sind, zugänglich zu machen (dazu Einl B Rdn 14).

Verweis: **10**

Zum **Inhalt der Eintragungen** nach Maßgabe des Bestimmtheitsgrundsatzes, zur **Eintragung mittels Bezugnahme**, zur **Abfassung der Eintragungstexte** (ua zum notwendigen bzw zweckmäßigen Inhalt der Eintragungsvermerke, zu den Zulässigkeitsgrenzen für die Bezugnahmeeintragung im einzelnen usw) finden sich
– grundlegende Ausführungen in den **Vorbemerkungen zur GBV,**
– Details in den Kommentierungen der GBV-Vorschriften.

II. Anwendungsbereich des § 44

1. Hauptanwendungsbereich

Unzweifelhaft gilt § 44 für alle Eintragungen iS des zweiten Abschnitts der GBO. Dies sind die eigentlichen Eintragungen mit rechtlicher Funktion, also alle Eintragungen rechtsbegründender, -ändernder, -aufhebender und berichtigender Art, die auf Antrag (§ 13), auf behördliches Ersuchen (§ 38), von Amts wegen (zB nach den §§ 47, 48, 51, 52) erfolgen, einschl der Eintragungen von Amts wegen aufgrund der §§ 18 Abs 2, 53 Abs 1.   **11**

2. Weiterer Anwendungsbereich

Darüber hinaus wird § 44 herkömmlich (vgl auch die der GBV beigegebenen Eintragungsmuster) auf die Eintragungen tatsächlicher Art (zB im Bestandsverzeichnis), auf hinweisende Vermerke (zB Umlegungs-, Enteignungsvermerke usw, dazu Einl B Rdn 51 bis 54) sowie auf grundbuchtechnische Vermerke (wie Schließungs-, Umschreibungsvermerke usw) angewendet (allgM).   **12**

Nicht datiert und unterzeichnet werden dagegen blattkennzeichnende Vermerke (wie zB »Erbbaugrundbuch«, »Wohnungsgrundbuch«, »Gebäudegrundbuch«).

III. Datierung der Eintragungen

1. Maßgebender Zeitpunkt

§ 44 Abs 1 S 1 verlangt die Angabe des Tages, an welchem die Eintragung erfolgt ist. Das ist der Tag der Vollendung der Eintragung, nicht der Tag des Erlasses der Eintragungsverfügung, auch nicht der Tag der Einschreibung des Textes in das Grundbuch, sondern der Tag, an dem die letzte der beiden in § 44 Abs 1 S 2 vorgeschriebenen Unterschriften erfolgt ist (allgM).   **13**

---

12 So *Staudinger-Seufert* (11. Aufl) § 891 Rn 19; BGB-RGRK-*Augustin* § 891 Rn 28 mwN, wohl anders: Rn 23, 37.
13 BGHZ 52, 355 = NJW 1969, 2139 = Rpfleger 1969, 423 = MDR 1970, 32; MüKo-*Wacke* Rn 13, *Staudinger-Gursky* (2002) Rn 31, *Palandt-Bassenge* Rn 6, je zu § 891 mwN; *Schöner/Stöber* Rn 338; *Knothe* in *Bauer/v Oefele* Rn 3.
14 KG JFG 11, 277, 282 mit überzeugender Begründung; folgend: *Wolff-Raiser* § 44 I Fn 3 sowie die zu Fn 13 Genannten.
15 Dazu *Jacobs-Schubert* S 108, 193, 265, 424, 554.

Nähere Anweisungen dazu geben § 28 GBGeschO bzw entsprechende Landesvorschriften. Danach ist bei der Einschreibung des Textes in das Grundbuch das Eintragungsdatum zunächst (bis zur Unterzeichnung) offen zu lassen.

2. Art und Ort der Zeitangabe

14 **a)** Erforderlich und ausreichend ist die **Angabe des Tages der** Vollendung der Eintragung anhand des Kalenders (Tagesdatum, Monatsname, Jahreszahl). Eine weitergehende Differenzierung nach Stunde oder gar Minute verlangen weder das formelle noch das materielle Recht (vgl § 879 Abs 1 BGB). Tagesdatum und Jahreszahl werden in Ziffern geschrieben; der Monatsname sollte wörtlich bezeichnet werden, zumal Abkürzungen gemäß § 21 GBV unterbleiben sollen.

15 **b)** Eine bestimmte Stelle innerhalb des Eintragungstextes für die Angabe des Eintragungsdatums ist nirgends vorgeschrieben. Selbstverständlich soll das Datum von den vorgeschriebenen Unterschriften gedeckt werden und ist demgemäß vor diesen zu platzieren. *Zweckmäßig* und üblich ist es, das Datum stets an den Schluss des Eintragungstextes zu setzen (zB »... eingetragen am ...«, »... gelöscht am ...«, »... übertragen am ...«, »... vorgemerkt am ...«, »... geteilt am ...« usw).

Fast alle Eintragungen, ob im Bestandsverzeichnis oder in einer der Abteilungen des Grundbuchblattes, erstrecken sich grundbuchtechnisch *über mehrere Spalten*. Sie gelten gemäß § 20 GBV als *einheitliche Eintragung* iS des § 44. Erforderlich und ausreichend ist demgemäß die Datierung und Unterzeichnung in der jeweiligen Textspalte[16] (Bestandsverzeichnis: Spalte 6 oder 8, Abteilung I: Spalte 4, Abteilung II: Spalte 3, 5 oder 7, Abteilung III: Spalte 4, 7 oder 10).

3. Auswirkungen von Datierungsmängeln

16 Wohl selten, aber nicht auszuschließen ist es, dass eine Eintragung gar nicht oder falsch datiert wird. Auszugehen ist davon, dass die Eintragung trotz eines solchen Mangels gültig ist, da § 44 Abs 1 S 1 eine Ordnungsvorschrift ist (vgl Rdn 2, 3). Hinsichtlich der materiellen Wirkungskraft ist zu unterscheiden (vgl Rdn 8):

17 **a) Konstitutivwirkung der Eintragung.** Die rechtsändernde Eintragungswirkung nach den §§ 873, 875, 877, 880 BGB usw wird durch eventuelle Datierungsmängel überhaupt nicht beeinträchtigt. Entscheidend ist dafür allein der *wahre Zeitpunkt* der tatsächlichen Vollendung (Unterzeichnung) der Eintragung. Die dingliche Rechtsänderung tritt jeweils in dem Moment ein, in dem die Einigung oder die sonstige Verfügungserklärung der Beteiligten – der Eintragung vorgehend oder nachfolgend – und die dieser entsprechende Eintragung erstmalig zeitlich zusammentreffen.[17]

18 **b) Publikationswirkung der Eintragung.** (1) **Bei fehlender Datierung** ist die *deklaratorische* Wirkung der Eintragung gemäß den §§ 891 bis 893 BGB – nach der hier vertretenen Auffassung (vgl Rdn 8) – *partiell unvollständig*. Im Grundbuch fehlt die Stütze für die Beweisvermutung bezüglich des Entstehungszeitpunktes der verlautbarten Rechtsänderung; erforderlichenfalls muss die *Beweislücke* des Grundbuchs durch andere Beweismittel geschlossen werden.[18] Allerdings wird das Fehlen des Eintragungsdatums insofern nicht als schwerwiegende Beeinträchtigung zu werten sein, als die Beweiswirkung einer derartig lückenhaften Eintragung für den gegenwärtigen Bestand des eingetragenen Rechtes wohl nicht in Frage gestellt sein dürfte.[19]

(2) **Bei falscher Datierung** – im Grundbuch ist (versehentlich) das Datum eines anderen als des wahren Eintragungstages angegeben – ist die *deklaratorische* Wirkung der Eintragung nicht lückenhaft, sondern *partiell unrichtig*. Die Richtigkeitsvermutung gemäß § 891 BGB bezieht sich auf das eingetragene Datum; wer dessen Richtigkeit bestreitet, muss dies beweisen.[20]

19 **c) Problematik der rangmäßigen Einordnung.** Die Beurteilung der rangmäßigen Einordnung nicht oder falsch datierter sowie zwar richtig datierter, aber falsch platzierter Eintragungen steht im Zusammenhang mit dem Verständnis über die Bedeutung des § 879 Abs 1, 2 BGB. Darüber gibt es bis heute keine einheitlichen Ansichten (dazu § 45 Rdn 211 bis 219 mit Nachweisen).[21]

---

16 OLG Celle Rpfleger 1971, 184 = DNotZ 1971, 305; *Demharter* § 44 Rn 64.
17 RGZ 131, 97, 99; BGH Rpfleger 1952, 587 = NJW 1952, 602 = LM § 873 Nr 1; Rpfleger 1971, 143, 144 = DNotZ 1971, 302 = MR 1971, 380; differenzierend zu Fällen nachfolgender Einigung: *Staudinger-Gursky* § 873 Rn 206–211; tlw abweichend differenzierend: *Streuer* Rpfleger 1988, 513, 515 ff. Zur Problematik der vom BGH gebilligten Wiederverwendung der Eintragung einer erloschenen Eigentumsvormerkung: § 18 GBV Rn 6b mwN.
18 Folgend *Knothe* in *Bauer/v Oefele* Rn 22.
19 Vgl zB OLG Köln, FGPrax 1996, 5; zur Beweisführung im ganzen: MüKo-*Wacke* Rn 17–19, BGB-RGRK-*Augustin* Rn 22, 23, je zu § 891 mwN.
20 Folgend *Knothe* in *Bauer/v Oefele* Rn 22.
21 Bemerkenswert der offengelegte Meinungswandel (gegenüber 12. Aufl) von *Staudinger-Kutter* § 879 Rn 58.

aa) Zur rangbestimmenden Kraft der Eintragung. Der – allerdings subsidiäre (vgl §879 Abs 3 BGB) – **20** gesetzliche Rang der gemäß §873 BGB eintragungsbedürftigen Rechte wird nach nicht unbestrittener, aber eindeutig hM (Meinungsübersicht: §45 Rdn 5)[22] gemäß §879 Abs 1 BGB durch die Eintragung *allein* bestimmt (überwiegend als *»formelle Rechtskraft«* bezeichnet). Die rangbestimmende Kraft der Eintragung wird durch die in §879 Abs 2 BGB getroffene Regelung unterstrichen.

bb) Zum langen Streit über das »Wie« der gesetzgemäßen Rangbestimmung. (1) Im Geltungsbereich **21** des **§879 Abs 1 S 1 BGB** (für **Rechte in derselben Abteilung untereinander**) ist eine alte Streitfrage, ob die nach dieser Gesetzesbestimmung rangentscheidende »Reihenfolge der Eintragungen« räumlich oder zeitlich zu verstehen ist.
– Keine Probleme bereitet der *regelrechte* Verfahrensablauf, bei dem es zu einer Übereinstimmung zwischen räumlicher und zeitlicher Reihenfolge der Eintragungen kommt. Es wird überwiegend davon ausgegangen, dass die Rangfolge nicht durch das in den Eintragungen angegebene Eintragungsdatum, sondern durch die *räumliche Reihenfolge* der Eintragungen bestimmt wird (sog **»Locusprinzip«**), (dazu §45 Rdn 39 mit Nachweisen).
– Streitpunkt sind (seltene) *regelwidrige* Divergenzen zwischen der räumlichen und der zeitlichen Eintragungsreihenfolge (zB die Vornahme einer späteren Eintragung in einen vorschriftswidrig[23] freigelassenen Raum; die Nachholung der zunächst unterbliebenen Unterzeichnung eines Eintrags, der vor anderen unterschriebenen Eintragungen gebucht ist, usw). In solchen Fällen sind Verfechter des Locusprinzips zur Vermeidung ungerechter Ergebnisse inkonsequent auf die zeitliche Reihenfolge der Eintragungen ausgewichen (dazu §45 Rdn 214, 215 mit Nachweisen).[24]

(2) Im Geltungsbereich des **§879 Abs 1 S 2 BGB** (für **Rechte in verschiedenen Abteilungen zueinander**) geht man vom sog **»Tempusprinzip«** aus; Streitpunkt ist hier, ob das im Grundbuch angegebene Eintragungsdatum oder der wirkliche Eintragungszeitpunkt rangentscheidend ist.
– Unproblematisch ist auch hier der *regelrechte* Verfahrensablauf, bei dem das in der Eintragung angegebene Eintragungsdatum mit dem wahren Eintragungszeitpunkt übereinstimmt (dazu §45 Rdn 41 mit Nachweisen).
– Der Streit bezieht sich wiederum auf *regelwidrige* Divergenzen. Überwiegend wird wohl die Ansicht vertreten, dass es letztlich auf den wahren Eintragungszeitpunkt ankommt (dazu §45 Rdn 218 mit Nachweisen).
– Der Rang *undatierter* Eintragungen soll sich innerhalb derselben Abteilung nach der räumlichen Stellung richten, im Verhältnis zu Eintragungen der anderen Abteilung aus dem räumlichen und zeitlichen Zusammenhang aller Eintragungen abgeleitet werden; zum Teil wird dies nur für den Fall angenommen, dass der primär maßgebliche Eintragungszeitpunkt nicht ermittelt werden kann, zum Teil unabhängig davon (dazu §45 Rdn 219 mit Nachweisen).

cc) Zum aktuellen Meinungsbild. Die Erkenntnis ist gewachsen, dass es unzuträglich ist, die alle Belastun- **22** gen eines Grundstücks umfassende *einheitliche* Rangfolge nach *unterschiedlichen* Kriterien zu bestimmen. Dies entspräche nicht den Intentionen des Gesetzgebers. Dieser hat im Bestreben nach größtmöglicher Klarheit und Zuverlässigkeit der Rangaussage des Grundbuchs das Prioritätsprinzip (Rang nach dem Alter der Rechte) zwar formalisiert[25] (in §879 Abs 1 BGB) und modifiziert (in §879 Abs 2 BGB), wollte es jedoch keineswegs verlassen. Die in §879 BGB getroffene Regelung baut erstens auf der praktischen Regel auf, dass die Einigung der Eintragung vorausgeht und folglich das Alter der Rechte durch den Zeitpunkt der Eintragung bestimmt wird.[26] Sie ist zweitens auf das vorschriftsmäßige, nicht das fehlerhafte Verfahren des GBA abgestellt.[27] Aus §880 BGB ist zudem zu folgern, dass ein einmal erworbener Rang nicht durch eine fehlerhafte amtliche Formalhandlung (zB durch eine vorschriftswidrig platzierte oder datierte spätere Eintragung) verdrängt, sondern nur durch Verfügung der Beteiligten geändert werden kann.[28] Festzustellen ist, dass die neueren Kommentierungen des §879 BGB, namentlich die von *Wacke*,[29] *Kutter*[30] und *Stürner*,[31] der von *Heck*[32] vertretenen und ua von *Wes-*

---

22 Abwägend und ablehnend zu Gegenmeinungen im neueren Schrifttum: *Staudinger-Kutter* §879 (2000) Rn 26–30 mwN. Bestätigende Entscheidung: OLG Frankfurt FGPrax 1995, 17. Kritisch: OLG Brandenburg FGPrax 2002, 49, 51/52 = Rpfleger 2002, 135, 137.
23 Verstoß gegen §21 Abs 3 GBV.
24 Eingehende Würdigungen: MüKo-*Wacke* §879 Rn 10 ff und *Staudinger-Kutter* §879 Rn 31 ff.
25 MüKo-*Wacke* §879 Rn 11.
26 Mot zum BGB Bd III 225–227 (= Mugdan Bd III 124–126); dazu *Schmid* Rpfleger 1982, 252 und *Streuer* Rpfleger 1985, 388, 389. S auch §18 GBV Rn 5.
27 Mot zum BGB Bd III 226 (= *Mugdan* Bd III 125), Prot S 3465 (= *Mugdan* Bd III 125), wo lediglich die undatierte Eintragung erwähnt ist.
28 *Staudinger-Kutter* §879 Rn 26; MüKo-*Wacke* §879 Rn 19.
29 MüKo-*Wacke* Rn 12 ff.
30 *Staudinger-Kutter* Rn 26 ff.
31 *Soergel-Stürner* Rn 7, 9, 10.
32 Sachenrecht (1930) Exkurs 4 (S 496 ff).

termann[33] und *Eickmann*[34] aufgegriffenen Theorie folgen, dass der universelle **Grundsatz der Alterspriorität** (Rang nach der Entstehungszeit) auch im Rahmen des § 879 gilt. Hauptmerkmal dieser Auffassung ist die **klare Unterscheidung** zwischen **wirklichem Rangverhältnis**, das stets durch die *tatsächliche* (zeitliche) Eintragungsreihenfolge bestimmt wird, **und** im Grundbuch – durch Platz bzw angegebenes Datum der Eintragungen – **dargestelltem Rangverhältnis** mit im Wesentlichen folgenden Konsequenzen:

– Regelmäßig (bei korrektem Verfahren des GBA): Übereinstimmung zwischen materieller Rangfolge und ihrem Bild im Grundbuch; das Grundbuch ist richtig.
– Unregelmäßig (bei fehlerhafter Platzierung oder Datierung einer Eintragung): Abweichung des Bildes von der wirklichen Rechtslage; die Rangaussage des Grundbuchs ist unrichtig mit den sich aus den §§ 891 bis 893 BGB ergebenden Folgen, insb der Gefahr des gutgläubigen Erwerbs eines nur scheinbaren Vorrangs.[35]

Diese Auffassung wird befürwortet; denn sie ist in sich konsequent, passt sich in das generelle Wirksystem der Grundbucheintragungen ein und trägt dem Gesetzeszweck, die Bestimmung des Rangverhältnisses von eventuellen Zweifeln über den Entstehenszeitpunkt der Rechte freizuhalten, vollauf Rechnung. Die sog »formelle Rechtskraft« der Eintragung für den Rang wird nicht in Frage gestellt: Die Eintragung ist und bleibt allein entscheidend für die kraft Gesetzes (§ 879 Abs 1, 2 BGB) eintretende Rangfolge.

4. Abhilfe bei Datierungsmängeln

23 Die unter einem Datierungsmangel leidende Eintragung hat konstitutive Wirkung (vgl Rdn 17) und rangbestimmende Kraft (vgl Rdn 20 bis 22); lediglich die deklaratorische Wirkung ist beeinträchtigt (vgl Rdn 18). Eine solche Eintragung darf deshalb von Amts wegen keinesfalls beseitigt und nur begrenzt korrigiert werden:

24 **a) Fehlende Angabe des Eintragungsdatums.** In diesem Fall ist die Eintragung unvollständig; es besteht eine offensichtliche Beweislücke (vgl Rdn 18). Die Angabe des Eintragungsdatums kann deshalb grundsätzlich *von Amts wegen* nachgeholt werden. Dabei kommt es darauf an, dass der wahre Tag der Eintragung ermittelt und nachgetragen wird, und zwar in Form eines besonderen ergänzenden Klarstellungsvermerks[36] (dazu Rdn 31). Eine derartige Nachholung der Datierung ist unbedenklich, da sie – nach der hier unterstützten Auffassung (vgl Rdn 22) – den durch die undatierte Eintragung bereits erworbenen materiellen Rang des Rechts nicht verfälscht, sondern lediglich offen legt. Sofern der wirkliche Eintragungszeitpunkt im nachhinein nicht sicher feststellbar ist, verbietet sich auch ein Klarstellungsvermerk von Amts wegen. Es bleibt den Beteiligten überlassen, das Rangverhältnis ihrer Rechte zu klären, nötigenfalls zivilprozesslich; gelingt die Klärung nicht, muss das undatierte Recht weichen hinter alle Rechte der anderen Abteilung, soweit sich sein Vorrang nicht aus dem Zusammenhang der übrigen Eintragungen zweifelsfrei ergibt[37] (vgl § 45 Rdn 219 mwN).

25 **b) Falsche Angabe des Eintragungsdatums.** Ist in der Eintragung ein anderer als der wirkliche Eintragungstag angegeben, so hat dies nach der hier geteilten Rechtsansicht (vgl Rdn 8, 18, 22) die teilweise Unrichtigkeit der Eintragung zur Folge. Die Richtigstellung des unzutreffenden Datums ist demzufolge als »echte« Grundbuchberichtigung anzusehen, die *nicht von Amts wegen* erfolgen darf. Sofern infolge des Datumsfehlers die Rangfolge im Grundbuch unrichtig dargestellt ist, hat das GBA zur Abwendung der Gefahr der Verfestigung der scheinbaren Rangstelle durch gutgläubigen Erwerb einen Amtswiderspruch gemäß § 53 S 1 einzutragen.[38]

IV. Unterzeichnung der Eintragungen

1. Bedeutung und Folgen der Unterzeichnung

26 **a) Vollendung des Eintragungsaktes.** Die Unterzeichnung durch die zuständigen Rechtspflegeorgane (dazu Rdn 33) vollendet den hoheitlichen Eintragungsakt, die Eintragung wird existent. Der nicht oder unzureichend unterschriebene Grundbucheintrag ist (noch) keine Eintragung im Rechtssinne. Der Wortlaut des § 44 Abs 1 ist insofern ungenau; er verwendet das Wort »Eintragung« in verschiedenem Sinne, nur in Satz 1 iS der fertigen, in Satz 2 hingegen iS der werdenden Eintragung.[39] Die gleichzeitige Vornahme beider Unterschriften ist üblich, aber nicht notwendig, vollendet wird die Eintragung jedenfalls erst mit (soweit vorgeschrieben) der Leistung der zweiten Unterschrift.[40]

---

33 Sachenrecht (5. Aufl) § 81 II 2 (in 7. Aufl § 80 II 2, 3 – Verf *Eickmann* – differenzierend zu § 879 Abs 1 S 1 und S 2 BGB). Im wesentlichen *Heck* folgend auch *Wilhelm* JZ 1990, 501, 509.
34 In RpflStud 1982, 74, 76.
35 Die Rechtslage in Bezug auf § 879 Abs 3 BGB ist hier außer Betracht gelassen. Auf die diesbezüglichen Erläuterungen zu § 45 Rdn 220–222 wird verwiesen.
36 Ebenso *Knothe* in *Bauer/v Oefele* Rn 25.
37 KEHE-*Eickmann* Rn 5, 6; *Demharter* § 45 Rn 7; *Schöner/Stöber* Rn 228.
38 MüKo-*Wacke* § 879 Rn 19; *Knothe* in *Bauer/v Oefele* Rn 26.
39 Ebenso *Hesse-Saage-Fischer* Anm III 4 a; KEHE-*Eickmann* Rn 6; *Knothe* in *Bauer/v Oefele* Rn 27.
40 OLG Köln Rpfleger 1980, 477 mwN (allgM).

Die vollendete Eintragung wird sofort wirksam. Ihre Bekanntmachung an die Beteiligten ist zwar Amtspflicht des GBA nach Maßgabe der §§ 55 bis 55b, aber unerheblich für den Eintritt der Eintragungswirkungen. § 44 ist insofern lex specialis gegenüber der allgemeinen Verfahrensregel des § 16 FGG.[41]

b) Wirkungen der Eintragung[42]. **aa)** In erster Linie die **materiellen Rechtsfolgen,**[43] und zwar: **27**

(1) im Regelfall – bei vorausgehendem wirksamen Verfügungsgeschäft der Beteiligten – die Vollendung und gleichzeitige Verlautbarung der dinglichen Rechtsänderung (gekoppelte *konstitutive und deklaratorische* Wirkung);

(2) ggf die nachträgliche Verlautbarung einer außerhalb des Grundbuchs eingetretenen Rechtsänderung (*berichtigende und deklaratorische* Wirkung);

(3) falls der Rechtsänderungs- oder der Berichtigungserfolg (zB wegen unwirksamer Einigung der Beteiligten, wegen unzutreffenden Unrichtigkeitsnachweises u dgl) ausbleibt, kommt dennoch die *deklaratorische* (publizierende) Wirkung der Eintragung in der Vermutungs- und Rechtsscheinswirkung gemäß §§ 891 bis 893 BGB zum Tragen.

(4) Materiell *wirkungslos* ist eine vorschriftsmäßig unterschriebene und somit formal gültige Eintragung allerdings, wenn sie sich ihrem Inhalt nach als unzulässig erweist (§ 53 Abs 1 S 2).

bb) Besondere **verfahrensrechtliche Wirkungen** dienen der Gewährleistung der materiellrechtlichen Eintragungswirkungen: **28**

(1) Die Beseitigung, inhaltliche Änderung oder Korrektur einer vollzogenen Eintragung kann von den *Beteiligten* grundsätzlich *nicht im Rechtsmittelwege* verlangt, sondern nur durch ein erneutes Eintragungsverfahren unter den in den §§ 13 ff geregelten Voraussetzungen betrieben werden, weil die Eintragung – mit Rücksicht auf die von ihr bereits ausgelösten materiellen Rechtsfolgen – regelmäßig gemäß § 71 Abs 2 S 1 der Anfechtung entzogen ist.

(2) Auch das *GBA selbst* ist gehindert, eine vollzogene Eintragung zu ändern; die Eintragung hat sozusagen *»formale Selbstbindung«*[44] (dazu Einl B Rdn 41), abweichend von § 18 FGG, beruhend zum einen auf der oben erwähnten generellen Unanfechtbarkeit der Eintragung, zum anderen auf der Begrenzung der Mittel zur Risikoabwehr bei verfahrensfehlerhaft erfolgter Eintragung durch die §§ 53, 71 Abs 2 S 2 (Löschung von Amts wegen nur im Extremfall der offensichtlichen Unzulässigkeit des Eintragungsinhalts erlaubt; ansonsten ist nicht die Beseitigung oder Korrektur der Eintragung, sondern lediglich die Eintragung eines Amtswiderspruchs zulässig und ggf mittels Beschwerde erreichbar).

(3) Die vorbezeichnete prinzipielle Unabänderlichkeit der vollendeten Eintragung dient dem Vertrauensschutz. Insb soll der öffentliche Glaube des Grundbuchs nicht der Ungewissheit über den Bestand der Eintragungen ausgesetzt sein.[45] Das Abänderungsverbot gilt deshalb ausnahmsweise für solche Eintragungen nicht, die für den öffentlichen Glauben unerheblich sind. Außerdem dürfen nachträglich Klarstellungsvermerke von Amts wegen eingetragen werden, soweit sie nicht den sachlichen Eintragungsinhalt verändern, sondern lediglich eine ungenaue bzw undeutliche Fassung, offenbare Schreibfehler oder technische Mängel korrigieren (dazu § 22 Rdn 84).

(4) Zur seit 25.12.1993 zulässigen Nachholung oder Erweiterung der Bezugnahme bei bestehenden Eintragungen: Rdn 62.

c) Grundbuchtechnische Durchführung von Korrekturen. Auch diese gestaltet sich vor der Unterzeichnung der Eintragung anders als nach der Unterzeichnung. **29**

aa) Vor der Unterzeichnung dürfen, da materielle Wirkungen noch ausstehen, *Schreibversehen* aller Art – auch solche, die den sachlichen Eintragungsinhalt betreffen – korrigiert werden, und zwar durch *direkte Verbesserung* des ursprünglichen Eintrags. Allerdings verlangen sowohl § 21 Abs 1 GBV als auch die Verwaltungsvorschriften des § 29 GBGeschO bzw entsprechende Landesvorschriften, dass am ursprünglichen Text nichts radiert und unleserlich gemacht wird und dass der Eintrag im ganzen übersichtlich bleibt. Ferner soll eine Textberichtigung am Schluss der Eintragung als solche bezeugt werden, es sei denn, dass die Korrektur lediglich nicht sinnentstellende Schreibfehler bei Maschineneintragungen (»Tippfehler«) betrifft (vgl § 29 Abs 1, 2 **30**

---

41 *Schmidt* in *Keidel/Kuntze/Winkler* FG, § 16 Rn 3; *Hesse-Saage-Fischer* § 1 Anm I 1d (zu § 16 FGG); KEHE-*Eickmann* § 1 Rn 35.
42 Dazu auch Einl B Rdn 39 ff.
43 Detaillierte Zusammenstellung von *Staudinger-Ertl* (12. Aufl) Vorbem zu §§ 873–902 Rn 81–84, § 873 Rn 169.
44 Begriff lt *Habscheid* FG, § 42 II.
45 *Hesse-Saage-Fischer* § 1 Anm I 1d (zu § 18 FGG), § 53 Anm I; KEHE-*Eickmann* § 1 Rn 37.

GBGeschO bzw entsprechende Landesvorschriften). Derartige Schreib- bzw Tippfehler dürfen gemäß vorgenannter Vorschrift sogleich vom Eintrager korrigiert werden, die Ordnungsmäßigkeit der Korrektur ist sodann von den Unterzeichnern zu kontrollieren. Sinnverändernde Schreibversehen – also solche, die den informativen Gehalt des Textes beeinflussen – dürfen dagegen nur mit Genehmigung des Rechtspflegers oder des Urkundsbeamten, der die Eintragung verfügt hat, korrigiert werden (§ 29 Abs 2 GBGeschO bzw entsprechende Landesvorschriften).

31 **bb) Nach der Unterzeichnung** darf an dem Wortlaut der Eintragung selbst keinerlei Veränderung mehr vorgenommen werden. Soweit Korrekturen von Amts wegen überhaupt noch zulässig sind (vgl Rdn 28), können sie nur *durch neuen Eintragungsvermerk* erfolgen, der seinerseits dem § 44 Abs 1 gemäß zu datieren und zu unterzeichnen ist, und zwar auch dann, wenn lediglich offenbare Schreibfehler zu korrigieren sind.[46] Abzulehnen ist die Ansicht, welche die Abänderbarkeit von Eintragungen vom Zeitpunkt der Kundgabe nach außen abhängig machen will.[47] Darauf kann es nicht ankommen, weil die materiellen Wirkungen an die Vollendung der Eintragung, nicht an deren zusätzliche Bekanntgabe geknüpft sind und es sich nicht mit Sicherheit feststellen lässt, ob nicht irgend jemand seit der Unterzeichnung der Eintragung das Grundbuch eingesehen hat.[48]

Auch die Nachholung einer zunächst unterbliebenen Datierung einer unterschriebenen Eintragung (vgl Rdn 24) darf nur mittels besonderen Eintragungsvermerks erfolgen.[49]

2. Zuständigkeit

32 **a) Gebunden** ist sie – wie die Zuständigkeit zur Grundbuchführung überhaupt – **pro Grundbuchblatt:**

(1) an ein bestimmtes Amtsgericht nach Maßgabe der gesetzlichen Bestimmungen über die *sachliche* (§ 1 Abs 1 S 1) und *örtliche* (§ 1 Abs 1 S 2, ferner ggf §§ 4 Abs 2, 5, 6) Zuständigkeit (dazu § 1 Rdn 12 ff);

(2) innerhalb des zuständigen Amtsgerichts an (abstrakt) bestimmte Rechtspflegeorgane gemäß den gesetzlichen Vorschriften über die *funktionelle* Zuständigkeit (dazu Rdn 33);

(3) an (konkret) bestimmte Personen aus dem Kreis der funktionell zuständigen Rechtspflegeorgane des zuständigen Amtsgerichts durch die *Geschäftsverteilung* (dazu § 1 Rdn 54 bis 56).

33 **b) Die funktionelle Zuständigkeit** ist seit Inkrafttreten des RegVBG nicht mehr per Rechtsverordnung (so die aufgehobene AVOGBO) geregelt, sondern in § 44 Abs 1, also im Verfahrensgesetz selbst. Die bisherige Bestimmung des § 44 S 2 (Wortlaut: Rdn 3) ist entfallen. Statt dessen sind die Bestimmungen des § 2 der früheren AVOGBO in § 44 Abs 1 S 2 aufgenommen worden, ohne strukturelle Änderung, aber in teilweise erneuerter Fassung. Neugefasst sind zwei Textstellen:
– Die neutrale Formel *»für die Führung des Grundbuchs zuständige Person«* ist an die Stelle der im ehemaligen § 2 AVOGBO enthaltenen Zuweisung an den »Richter« gesetzt. Geschehen ist dies[50] mit Rücksicht auf die seit dem RpflG 1970 gegebene Vollübertragung der Grundbuchsachen auf den Rechtspfleger; an der unmittelbaren Benennung des Rechtspflegers sah sich der Gesetzgeber gehindert, weil bei der Bezeichnung der dem Rechtspfleger übertragenen Aufgaben im RpflG an die »nach den gesetzlichen Vorschriften vom Richter wahrzunehmenden Geschäfte des Amtsgerichts« angeknüpft ist.
– Die Formel für die Zuständigkeitserweiterung im Kompetenzbereich des Urkundsbeamten lautet jetzt: *»oder ein von der Leitung des Amtsgerichts ermächtigter Justizangestellter«* anstatt *»ein vom Behördenvorstand ermächtigter Justizangestellter«* im ehemaligen § 2 AVOGBO.

Auf die Erläuterungen zu § 1 Rdn 31 ff wird verwiesen; an dieser Stelle wird lediglich das Wesentliche skizziert:

34 (1) **Grundsätzlich** sind **zwei Unterschriften erforderlich** (Regel des § 44 Abs 1 S 2; Ausnahmen: Rdn 35) zum Vollzug der Eintragungen und Vermerke im Grundbuch (vgl Rdn 11, 12). Zuständig für die Unterzeichnung sind gemäß § 44 Abs 1 S 2:
– Generell der Rechtspfleger (dazu § 1 Rdn 36 bis 38) zusammen mit dem Urkundsbeamten der Geschäftsstelle (dazu § 1 Rdn 39 bis 42). Ist der Richter mit einer Grundbuchsache befasst (zB im Falle der §§ 5 oder 6 RpflG), so kann und wird er die Eintragungsverfügung dem Rechtspfleger überlassen.[51] Zur Unterzeichnung der Eintragung ist der Rechtspfleger auch dann zuständig, wenn der Richter sie verfügt hat[52] (so bereits § 17 Abs 2 RpflG 1957, überholt durch Vollübertragung der Grundbuchsachen im RpflG 1970). Anstelle des Urkundsbeamten kann ein Justizangestellter zur zweiten Unterschrift ermächtigt werden (vgl Rdn 33).

46 *Demharter* Rn 72.
47 So BGB-RGRK-*Augustin* § 879 Rn 31.
48 *Demharter* Rn 70.
49 KEHE-*Eickmann* Rn 6.
50 BT-Drucks 12/5553 S 63.
51 Zur Rechtslage vor Novellierung des RpflG: MIR (6. Aufl) § 1 Rn 40 mwN.
52 Ebenso KEHE-*Eickmann* Rn 7.

– Im Kompetenzbereich des Urkundsbeamten der Geschäftsstelle (dazu § 1 Rdn 39) dieser zusammen mit einem weiteren Geschäftsstellenbeamten oder einem zur Unterzeichnung ermächtigten Justizangestellten (dazu § 1 Rdn 43).

(2) Eine Unterschrift genügt kraft partikularen Sonderrechts: 35

– In Baden-Württemberg. Dort obliegt die Grundbuchführung nach wie vor nicht den Amtsgerichten, sondern den grundsätzlich in jeder Gemeinde eingerichteten staatlichen Grundbuchämtern (§ 143 nebst Erläuterungen).

– In den neuen Bundesländern. Dort erlaubt § 144 Abs 1 Nr 1 landesrechtliche Sonderregelungen (dazu § 144 nebst Erläuterungen, insb in den Rdn 89, 90).

3. Art und Ort der Unterzeichnung

a) Über die **Art der Unterzeichnung** trifft weder die GBO noch die GBV noch die GBGeschO eine nähere 36 Bestimmung; letztere ordnet in § 28 Abs 1 lediglich die beschleunigte Ausführung und Unterzeichnung der Eintragungen an.

Nach Wortlaut und Zweck des § 44 Abs 1 S 2 ist die eigenhändige Unterzeichnung mit vollem Familiennamen erforderlich. Ein Handzeichen (»Paraphe«) ist nach stRspr des BGH[53] einer in den Verfahrensgesetzen verlangten Unterschrift nicht gleichzusetzen. Lesbarkeit der Unterschrift wird nicht verlangt; Undeutlichkeiten und Verstümmelungen sind unschädlich, sofern noch ein Schriftzug vorliegt, der die Identität des Unterzeichners ausreichend kennzeichnet und einen dementsprechend individuellen Charakter aufweist.[54] Die Beifügung einer Amtsbezeichnung ist weder üblich noch erforderlich, aber unschädlich (allgM); § 12 RpflG gilt nicht für die Unterzeichnung der Grundbucheintragungen.

b) Auch über den **Ort der Unterschriften** gibt es keine näheren Vorschriften, bis auf § 20 GBV: Einheitliche 37 Eintragungen, die sich über mehrere Spalten erstrecken, sind nur einmal – in der Textspalte – zu unterschreiben und zu datieren (vgl Rdn 15).

Grundsätzlich ist jeder selbständige Eintragungsvermerk gesondert zu unterschreiben, gleich ob es sich um eine Neu-, Änderungs- oder Löschungseintragung oder hinweisende Vermerke handelt. Zu den Besonderheiten bei Sammelbuchungen: Rdn 52 ff.

Selbstverständlich gehören die Unterschriften unter den betreffenden Eintragungstext – einschl des bei der Unterzeichnung eingefügten Eintragungsdatums – und vor den nachfolgenden Eintragungstext. Gewöhnlich unterschreibt der Rechtspfleger unter der linken Hälfte und der Urkundsbeamte unter der rechten Hälfte des Eintrags (im Kompetenzbereich des Urkundsbeamten unterschreibt dieser links und der Zweitunterzeichner rechts).

4. Folgen von Unterzeichnungsmängeln

a) Fehlende Unterschrift. Bei Fehlen auch nur einer der vorgeschriebenen Unterschriften ergibt der 38 Umkehrschluss aus § 44 Abs 1 S 2, dass (noch) keine Eintragung im Rechtssinne vorliegt (vgl Rdn 26).

b) Zuständigkeitsverletzung. Ist eine Eintragung vollständig, aber ganz oder teilweise nicht von den Zustän- 39 digen unterschrieben worden, so darf aus § 44 Abs 1 S 2 nicht der Umkehrschluss gezogen werden, dass die Eintragung wegen dieses Mangels schlechthin unwirksam ist, weil eine solche Folgerung die allgemeinen Verfahrensregeln übergehen würde.

Unpassend ist der direkte Zugriff auf Bestimmungen des VwVfG, wie die §§ 44, 48 dieses Gesetzes, die Gleichsetzung des Grundbucheintrags mit einem Verwaltungsakt iS des § 35 VwVfG.[55] Die vieldiskutierte Frage, ob bzw inwieweit die nichtstreitigen Rechtsfürsorgeangelegenheiten – unter ihnen die Grundbuchsachen – materiell der Rechtsprechung oder der Verwaltung zuzurechnen sind (dazu § 1 Rdn 38), bietet keinen schlüssigen Beleg; denn sie hat als Bezugspunkt den Art 92 GG und ist allenfalls für die Kompetenz des Gesetzgebers von Bedeutung, die bestehende gerichtliche Zuständigkeit zu ändern. Eine solche Entscheidung hat der Gesetzgeber bislang nicht getroffen, weder im VwVfG noch anderweit; sie ist auch nicht in Sicht – im Gegenteil: In den neuen Bundesländern ist die Zuständigkeit zur Grundbuchführung auf die Amtsgerichte zurückgeführt worden. Die Grundbuchsachen gehören kraft gesetzlicher Zuweisung zur amtsgerichtlichen Zuständigkeit (§ 1

---

53 BGH NJW 1976, 2263 mwN = Rpfleger 1976, 296 m krit Anm *Vollkommer*; etwas weitergehend BGH Rpfleger 1976, 127 m Anm *Vollkommer*; dazu auch BGH NJW 1982, 1467 = Rpfleger 1982, 230; Rpfleger 1992, 118 (mit Abbildung); NJW 1997, 3381 mwN.

54 Die Abgrenzung ist nicht immer eindeutig, vgl *Vollkommer* Rpfleger 1972, 82; 1974, 353; 1975, 352; 1976, 127, 297. S auch OLG Zweibrücken Rpfleger 2000, 267.

55 So MüKo-*Wacke* § 891 Rn 2, § 892 Rn 18.

Abs 1 GBO) zu den Angelegenheiten der freiwilligen Gerichtsbarkeit (§ 1 FGG). Demgemäß ist die Grundbucheintragung kein unter das VwVfG fallender »Verwaltungsakt«, sondern ein »Rechtspflegeakt«[56] (dazu Einl B Rdn 36), dessen formale Gültigkeit in erster Linie nach dem speziellen Verfahrensrecht der GBO und in zweiter Linie nach dem allgemeinen Verfahrensrecht der freiwilligen Gerichtsbarkeit zu beurteilen ist, letzten Endes unter Rückgriff auf die nach den für Verwaltungsakte geltenden Grundsätzen (in diesem Sinne auch § 53 Rdn 10).

40 **aa)** Eine unter **Missachtung gesetzlicher Ausschließungsgründe** bewirkte Eintragung ist nicht unwirksam. Dies bestimmt § 11 GBO als lex specialis gegenüber § 7 FGG. Gleiches gilt bei Ablehnung wegen Befangenheit (zum Ganzen: § 11 nebst Erläuterungen).

41 **bb)** Eine unter **Verstoß gegen die örtliche Zuständigkeit** bewirkte Eintragung ist ebenfalls nicht unwirksam. Dies ist mangels spezieller GBO-Vorschrift dem § 7 FGG direkt zu entnehmen.

42 **cc)** Eine **Verletzung der sachlichen Zuständigkeit** (ein LG trifft zB eine dem AG als erstinstanzlichem Gericht zugewiesene Entscheidung) führt nach heutiger Ansicht auch im Bereich der freiwilligen Gerichtsbarkeit prinzipiell nicht zur Unwirksamkeit, sondern nur zur Anfechtbarkeit der Entscheidung (dazu § 1 Rdn 14 mwN).

Auf dem Gebiet der Grundbuchsachen ist ein derartiger Eingriff des Landgerichts in den generellen erstinstanzlichen Zuständigkeitsbereich des Amtsgerichts allerdings nur hinsichtlich solcher Entscheidungen denkbar, mit denen – gelegentlich eines Beschwerdeverfahrens – das Landgericht überhaupt befasst sein kann (zB Zwischenverfügungen, Zurückweisungsbeschlüsse).

43 In Bezug auf die **Grundbucheintragungen** beschränkt sich die vorstellbare Sachkompetenz eines landgerichtlichen Spruchkörpers auf die Eintragungsverfügung, die in und aus den Grundakten erlassen werden kann. Sie erstreckt sich nicht auf den Eintragungsakt, der naturgemäß nur dort erfolgen kann, wo das Grundbuch geführt wird,[57] im räumlichen Bereich des Amtsgerichts, aus dem es grundsätzlich nicht entfernt werden darf (§ 13 GBGeschO bzw entsprechende Landesvorschriften). Kaum denkbar ist es, dass ein Richter, Rechtspfleger oder Urkundsbeamter des Landgerichts eine Eintragung in den Räumen des GBA unterzeichnet. Sie dürften an dieser Stelle außerhalb ihrer Gerichts- bzw Amtsgewalt handeln und deshalb keinen wirksamen Hoheitsakt vollziehen.[58]

44 **dd)** Hinsichtlich der Folgen der **Über- oder Unterschreitung der funktionellen Zuständigkeit** der verschiedenen Rechtspflegeorgane des Amtsgerichts – Richter, Rechtspfleger, Urkundsbeamter der Geschäftsstelle – (dazu § 1 Rdn 45 ff) ist die in § 8 RpflG getroffene Regelung richtungweisend. In § 8 Abs 1 und 5 RpflG findet der Grundsatz Ausdruck, dass der Eingriff in den Zuständigkeitsbereich eines der Gerichtshierarchie nachgeordneten Rechtspflegeorgans unschädlich ist (Kompetenzüberschreitung »nach unten«), und in § 8 Abs 4 S 1 RpflG kommt das umgekehrte Prinzip zum Ausdruck, dass eine Kompetenzüberschreitung »nach oben« zur Unwirksamkeit der Entscheidung oder Handlung führt.[59]

45 (1) **Wirksam** ist in direkter oder analoger Anwendung dieser Regeln eine Eintragung trotz Unterzeichnung durch:[60]
– einen Richter anstelle des an sich zuständigen Rechtspflegers (§ 8 Abs 1 RpflG unmittelbar) oder des an sich zuständigen Urkundsbeamten der Geschäftsstelle (§ 8 Abs 1, 5 RpflG analog) – streitig (dazu § 1 Rdn 50 mwN) –;
– einen Rechtspfleger anstelle des an sich zuständigen Urkundsbeamten (§ 8 Abs 5 RpflG unmittelbar, vgl § 1 Rdn 51);
– einen Urkundsbeamten anstelle des zur zweiten Unterschrift zuständigen Geschäftsstellenbeamten oder ermächtigten Justizangestellten (hier handelt der Urkundsbeamte im Rahmen seiner funktionellen Zuständigkeit).

46 (2) **Unwirksam** ist dagegen eine Eintragung bei Unterzeichnung (an erster Stelle) durch:
– einen Urkundsbeamten anstelle des zuständigen Rechtspflegers (§ 8 Abs 4 S 1 RpflG analog, vgl § 1 Rdn 47);

---

56 *Habscheid* FG, § 40 I 3 u NJW 1967, 226; *Staudinger-Gursky* Vorbem zu §§ 873 ff Rn 25; *ders* § 891 Rn 14, § 892 Rn 20; *Ertl* Rpfleger 1980, 1, 6; *Demharter* § 1 Rn 29; wohl auch BayObLGZ 1992, 13 = Rpfleger 1992, 147 (*Meyer-Stolte*).
57 Ebenso *Wieczorek-Gamp* ZPO, § 1 Rn 30; wohl auch (beiläufig) BGHZ 24, 47, 52 = NJW 1957 832, 833.
58 Im Ergebnis ebenso: *Staudinger-Gursky* (2002) § 892 Rn 20; MüKo-*Wacke* § 892 Rn 18 (je aufgrund des § 44 Abs 2 Nr 3 VwVfG); RGRK-*Augustin* § 892 Rn 58.
59 *Bärmann* FG, § 6 V; *Habscheid* FG, § 40 I 2; *Arnold/Meyer-Stolte* RpflG, 3. Aufl, Rn 8.2 (relativierend: *Arnold/Meyer-Stolte/Herrmann* ab 4. Aufl, § 8 Rn 3); *Dallmeyer-Eickmann* RpflG, § 8 Rn 4, 5, 16; *Eickmann* GBVerfR, Rn 56; auch *Rosenberg/Schwab/Gottwald* ZPO, § 26 I 3.
60 Selbstverständlich darf nicht eine Person beide Unterschriften leisten; dies wäre dem Fehlen der notwendigen zweiten Unterschrift gleich zu achten.

– einen nicht mit Urkundsbeamtenfunktionen betrauten, sondern nur zur zweiten Unterschrift ermächtigten Justizangestellten anstelle des zuständigen Urkundsbeamten (§ 8 Abs 4 S 1 RpflG analog, vgl § 1 Rdn 52);
– einen Rechtspfleger anstelle des Richters? Diese Kompetenzüberschreitung ist auf dem Gebiet der Grundbuchsachen wegen der allumfassenden Zuständigkeit des Rechtspflegers (vgl Rdn 33) nicht mehr möglich (vgl § 1 Rdn 45).

ee) Ein **Verstoß gegen die Geschäftsverteilung** führt grundsätzlich nicht zur Unwirksamkeit der Eintragung. Hier kommt das Prinzip des § 22d GVG zum Tragen, und zwar nicht nur dann, wenn ein Richter, sondern auch dann, wenn ein Rechtspfleger oder ein Urkundsbeamter der Geschäftsstelle außerhalb seines geschäftsverteilungsmäßigen Aufgabengebietes an der Unterzeichnung mitwirkt (vgl § 1 Rdn 56). **47**

Nicht nur ein Abweichen von der Geschäftsverteilung, sondern ein Fall funktioneller Unzuständigkeit mit der Folge der Unwirksamkeit der Eintragung liegt allerdings vor, wenn ein ausschließlich mit der Wahrnehmung von Justizverwaltungsangelegenheiten beauftragter Beamter des gehobenen oder des mittleren Dienstes an der Unterzeichnung mitwirkt. Dies ist aus § 2 RpflG bzw § 153 GVG zu folgern. Die Handlungskompetenz als Rechtspfleger bzw als Urkundsbeamter hängt nach beiden Vorschriften von einem Betrauungsakt ab, der regelmäßig durch Zuweisung von Rechtspfleger- bzw Urkundsbeamten-Aufgaben im Geschäftsverteilungsplan erfolgt (dazu § 1 Rdn 48).

ff) Fazit: Ein Verstoß gegen die sachliche Zuständigkeit (Rdn 43) und die funktionelle Kompetenzüberschreitung eines oder beider Unterzeichner (Rdn 46) führt zur Unwirksamkeit der Eintragung. **48**

In Anlehnung an die allgemeine Verfahrenslehre über die Nicht- oder Scheinentscheidungen[61] ist hier von einer *Nicht-* oder (treffender) *Scheineintragung* zu sprechen, weil beim Handeln Unberufener der Tatbestand des gerichtlichen Hoheitsaktes nicht wirklich, sondern lediglich dem äußeren Anschein nach erfüllt ist. Eine solche Scheineintragung ist materiellrechtlich total wirkungslos, selbst ein Gutgläubiger kann aus ihr (gemäß § 892 BGB) keinerlei Rechte herleiten, sondern allenfalls Schadensersatzansprüche gegen den Staat erlangen[62] (vgl § 53 Rdn 10).

Als eine nichtige Scheineintragung ist auch der von einem *unter Zwang* (unter Ausschaltung seines Willens) *oder unter erheblicher Bedrohung* (gegen seinen Willen) handelnden Grundbuchbeamten bewirkte Grundbucheintrag anzusehen, weil auch in diesem Fall keine staatliche Hoheitsgewalt ausgeübt wird; dagegen handelt ein *unzurechnungsfähiger* (nicht entlassener) *oder ein getäuschter* Beamter in Ausübung seines Amtes und somit wirksam.[63] Die Scheineintragung unterliegt nicht der Beschwerdebeschränkung des § 71 (dazu Rdn 51).

5. Abhilfe bei Unterzeichnungsmängeln

Die mangelhaft unterzeichnete Eintragung ist, wie vorstehend ausgeführt, entweder völlig wirksam oder völlig unwirksam. Die wirksame Eintragung muss mit Rücksicht auf die an sie geknüpften materiellen Rechtsfolgen so bestehen bleiben, wie sie ist. Die unwirksame Eintragung hingegen ist materiellrechtlich untauglich und verfehlt das Verfahrensziel. Der Eintragungsantrag bzw das Ersuchen bedarf noch der Erledigung. **49**

a) Unterbliebene Unterzeichnung. Ist die vorgeschriebene Unterzeichnung ganz oder teilweise unterblieben, so liegt – für jedermann offensichtlich – noch gar keine Eintragung im Rechtssinne vor (vgl Rdn 38). Zur Mangelbehebung bietet sich die nachträgliche Fertigstellung der Eintragung durch Nachholung der Unterschrift(en) an – unter Angabe des aktuellen Eintragungsdatums (Tag der ordnungsmäßigen Unterzeichnung) –, ggf nach Durchstreichen[64] der bisherigen unzutreffenden Datumsangabe entsprechend § 29 Abs 2 GBGeschO bzw entsprechender Landesvorschriften. **50**

(1) Die **nachträgliche Unterzeichnung** der Eintragung ist **ohne weiteres möglich**, solange sich keine Anhaltspunkte für eine zwischenzeitliche Veränderung der formellen und materiellen Rechtslage bezüglich des betroffenen Rechts ergeben, so dass die vorliegenden Eintragungsunterlagen nach dem Erkenntnisstand des GBA die Eintragung noch rechtfertigen.

---

61 Vgl zB *Grunsky* Grundlagen des VerfR, § 45; *Rosenberg/Schwab/Gottwald* ZPO, § 62 III 1 a; *Bärmann* FG, § 24 I 5; *Habscheid* FG, § 25; in Bezug auf Grundbucheintragung: OLG Frankfurt Rpfleger 1981, 479 = OLGZ 1982, 56.
62 *Staudinger-Gursky* § 892 Rn 20; *BGB-RGRK-Augustin* § 892 Rn 58; *Soergel-Stürner* § 873 Rn 19; *Palandt-Bassenge* § 873 Rn 14; *Wilhelm* Sachenrecht, Rn 524; *Demharter* § 53 Rn 1; **aA** *Lutter* AcP 164 (1964), 122, 152 (will alle Einträge, deren Mangel äußerlich nicht sichtbar sind, als Grundbuchinhalt iS des § 892 BGB gelten lassen; folgend (unter Aufgabe früherer Ansicht): MüKo-*Wacke* § 891 Rn 2, § 892 Rn 18.
63 AllgM im Anschl an BGHZ 7, 64 = NJW 1952, 1289 m Anm *Hoche*; **aA** *Lutter* und MüKo-*Wacke* aaO (Fn 62). Zweifelhaft, ob Drohung dem Zwang schlechthin gleichzusetzen ist, hier § 53 Rn 10.
64 Rötung – gebilligt von OLG Köln Rpfleger 1980, 477 – ist nicht angebracht, da sie ehemals wirksame Eintragungen kennzeichnet.

(2) Die **nachträgliche Unterzeichnung** der Eintragung ist **nicht ausgeschlossen**, falls dem GBA eine zwischenzeitliche Beeinträchtigung der Verfügungs- und Bewilligungsbefugnis des Betroffenen bekannt geworden oder inzwischen im Grundbuch eingetragen worden ist. Es ist anhand der maßgeblichen Bestimmungen (§§ 185, 878, 892 BGB) zu prüfen, ob bzw unter welchen Voraussetzungen die Eintragung noch zulässig ist.[65] Besteht ein Eintragungshindernis nicht oder nicht mehr, so steht dem nachträglichen Vollzug der bislang unvollendeten Eintragung nichts im Wege.

Entsprechend kann verfahren werden, wenn inzwischen der Träger des betroffenen Rechts gewechselt hat, sofern der neue Rechtsinhaber sich – in der Form des § 29 GBO – mit der Eintragung einverstanden erklärt (Genehmigung gemäß § 185 Abs 2 BGB).[66]

(3) **Nicht ausreichend ist die schlichte nachträgliche Unterzeichnung** der Eintragung eines Rechts in Abteilung II oder III, **falls inzwischen weitere Rechte wirksam eingetragen** worden sind. Des verspäteten Eintragungsvollzugs wegen erlangt das Recht den (wahren) Rang hinter den räumlich nachfolgend, aber zeitlich früher (mit dementsprechender Datumsangabe) eingetragenen Rechten (vgl Rdn 22). Die Angabe des Tages der nachträglichen Unterzeichnung als Eintragungsdatum reicht dann nicht, um den Nachrang gegenüber den vorhandenen Eintragungen mit Sicherheit zum Ausdruck zu bringen, da bei einer im Grundbuch in Erscheinung tretenden Diskrepanz von Datum und Platz einer Eintragung die Dominanz der räumlichen Eintragungsreihenfolge als Indiz für die rangentscheidende zeitliche Eintragungsreihenfolge nicht verloren geht, so dass die Gefahr gutgläubigen Erwerbs des scheinbaren Vorrangs nicht ausgeschlossen ist[67] (vgl § 45 Rdn 215, 216). Deshalb ist die wahre Rangfolge durch entsprechende Rangvermerke von Amts wegen im Grundbuch kenntlich zu machen, etwa: »*Das Recht Nr. … hat infolge nachträglicher Unterzeichnung Rang nach den Rechten …*«.[68]

51 **b) Scheineintragung.** Obwohl deren Nichtigkeit idR äußerlich nicht erkennbar ist, muss jeder – auch der Gutgläubige – sie gegen sich gelten lassen (vgl Rdn 48). Gerade deshalb bildet sie eine brisante Gefahrenquelle für Schadensersatzansprüche gegenüber dem Staat. Sie ist deshalb in analoger Anwendung des § 53 Abs 1 S 2 unverzüglich nach ihrer Entdeckung von Amts wegen zu löschen[69] und unterliegt nicht der Beschwerdebegrenzung des § 71 Abs 2 S 1[70] (vgl § 71 Rdn 41). Nach Löschung einer Scheineintragung ist über den noch unerledigten Eintragungsantrag die der Verfahrens- und Rechtslage gemäße Entscheidung zu treffen. Sofern keine Hindernisse bestehen oder ggf mit Zwischenverfügung ausgeräumt werden können, ist die Eintragung an bereiter Rangstelle zu wiederholen.

6. Sammelbuchung

52 **a) Begriff und Zulässigkeitsfragen.** Der Begriff »Sammelbuchung« kennzeichnet die Zusammenfassung mehrerer materiellrechtlich selbständiger Eintragungen in einem – in seiner Gesamtheit durch *einmalige Unterzeichnung* vollzogenen – Grundbucheintrag.[71]

53 **aa) Einigkeit** besteht zu Recht darüber, dass eine solche Eintragungsweise der **materiellrechtlichen Wirksamkeit** der zusammen gebuchten Rechte nicht entgegensteht, weil sie weder durch das materielle Recht noch durch § 44 Abs 1 S 2 ausgeschlossen ist, sofern der Eintragungsvermerk *zweifelsfrei* ergibt, *dass sich die Unterschriften auf alle in der Sammelbuchung zusammengefassten Rechte erstrecken* sollen;[72] die Nachholung der »zweifelsfreien Erkennbarkeit« durch einen Klarstellungsvermerk ist anerkannt worden.[73] Klarheit schaffen muss der Sammeleintrag durch Text oder Erscheinungsbild darüber, dass die Einmal-Unterzeichnung eine Mehrfachfunktion erfüllt, nämlich die von § 44 gebotene Unterzeichnung »jeder« Eintragung (vgl Rdn 37). Es genügt nicht allein das subjektive Wollen einer Sammeleintragung seitens der Unterzeichner, sondern auch das objektive Bild muss sie hernach als solche ausweisen. Die einmalige Unterzeichnung einer Reihe selbständig erschei-

---

65 Zur Berücksichtigung etwa inzwischen eingetretener Verfügungsbeeinträchtigungen: *Böttcher* Rpfleger 1983, 49 und 187 mwN.

66 Folgend *Knothe* in *Bauer/v Oefele* Rn 34.

67 *Staudinger-Kutter* § 879 Rn 36, 37; *MüKo-Wacke* § 879 Rn 21; *BGB-RGRK-Augustin* § 879 Rn 20; **aA** *Eickmann* RpflStud 1982, 74, 76 (unerklärliches späteres Eintragungsdatum im Verhältnis zum nachstehenden Recht als Hemmnis gutgläubigen Erwerbs).

68 Fassungsvorschlag von KEHE-*Eickmann* Rn 11; unpassend der Hinweis auf § 879 Abs 3 BGB bei *Demharter* Rn 65 u bei *Knothe* in *Bauer/v Oefele* Rn 34 aE, da kein Fall einer rechtsgeschäftlichen Rangbestimmung.

69 So schon *Hesse-Saage-Fischer* Anm III 5; *Wolff-Raiser* § 36 I 1 b.

70 BayObLGZ 1992, 13 = Rpfleger 1992, 147, 148 m Anm *Meyer-Stolte*.

71 Ausführlich dazu: *Jestaedt* Rpfleger 1970, 380.

72 BayObLGZ 1953, 64, 66 = NJW 1953, 826 (LS); BayObLG FGPrax 1995, 88 = Rpfleger 1996, 63. 64; OLG Frankfurt, Rpfleger 1970, 396, 397; *Jestaedt* aaO (Fn 71) S 381; *Staudinger-Kutter* § 879 Rn 54; KEHE-*Eickmann* Rn 15; *Schöner/Stöber* Rn 1910.

73 OLG Frankfurt Rpfleger 1970, 397 = DNotZ 1970, 250.

nender Eintragungsvermerke würde keine insgesamt wirksame Sammelbuchung, sondern – bis auf die letzte direkt unterschriebene – unwirksame Einzelbuchungen begründen.[74]

bb) Keine Einigkeit gibt es bislang **über die formellrechtliche Zulässigkeit** der Sammelbuchung. Die ältere Grundbuchliteratur hat sich geschlossen gegen diese Buchungsart gewandt; sie sah darin eine Ordnungswidrigkeit, eine zu unterlassende Abweichung von dem von der Rechtslehre entwickelten[75] Grundsatz, dass jedes selbständige Recht unter einer besonderen laufenden Nummer im Grundbuch einzutragen sei.[76] Erst die Zulassung der gemeinsamen Buchung von rechtlich selbständigen Wohnungsrechten durch Entscheidung des BayObLG vom 15.11.1977[77] hat einen Auffassungswandel ausgelöst. Ohne den Grundsatz zu verlassen, dass die materiellrechtliche Selbständigkeit der Rechte durch gesonderte Einzelbuchung im Grundbuch darzustellen ist,[78] wird seitdem zunehmend in der Sammelbuchung eine durchaus zulässige grundbuchtechnische Eintragungsvariante gesehen, für deren Anwendbarkeit allein Zweckmäßigkeitsgesichtspunkte ausschlaggebend sind.[79]   54

Stellungnahme: Die moderne Ansicht ist zu bestärken. Die Sammelbuchung ist für die Eintragungspraxis geradezu unentbehrlich. Sie ist – gemessen am sachenrechtlichen Spezialitätsprinzip (dazu Vor GBV Rdn 36, 37) – außerhalb des diskutierten Anwendungsbereichs seit langem unangefochten effektiv (zB bei der sich auf mehrere in einem Grundbuchblatt verzeichnete Grundstücke beziehenden Eigentumsumschreibung, bei der Rangänderung unter mehreren Rechten in derselben Abteilung, bei der gleichzeitigen Löschung mehrerer Rechte usw).[80] Sinnvoll angewandt, bringt die Sammelbuchung auch Vorteile bei der gleichzeitigen Neueintragung mehrerer selbständiger (nicht iS von § 47 gemeinschaftlicher) Rechte. Sie vermeidet Textwiederholungen, spart Platz, ermöglicht einen rascheren Überblick über den Grundbuchinhalt und fördert somit insgesamt die Publikationsfunktion des Grundbuchs.

b) Zweckmäßigkeit. Die Frage der Zweckmäßigkeit einer Sammelbuchung ist im Einzelfall vor Abfassung der Eintragungsverfügung aufs genaueste zu prüfen. Die Sammelbuchung ist als Ausnahme von der Einzelbuchungsregel nur gerechtfertigt, wenn sie letzterer gegenüber *auf Dauer* – nicht nur für den Moment der anstehenden Eintragung, sondern auch im Hinblick auf rechtlich mögliche (denkbare) spätere Änderungseintragungen – einen Gewinn an *Klarheit und Übersichtlichkeit bringt.*   55

aa) Vornehmlich in Abteilung II praktiziert und anerkannt ist bislang die zusammengefasste Buchung mehrerer Neueintragungen, zB zur Eintragung von nicht gemeinschaftlichen Wohnungsrechten an denselben Räumen für Eheleute oder Geschwister,[81] zur Eintragung von rangverschiedenen[82] oder ranggleichen[83] Vorkaufsrechten, zur Eintragung von – als Gesamtbelastungen nicht möglichen – Nießbrauchs- oder Vorkaufsrechten, ggf von inhaltsgleichen Dienstbarkeiten an mehreren auf demselben Grundbuchblatt verzeichneten Grundstücken;[84] zur Eintragung von Rechten für mehrere Berechtigte nacheinander (sog »Sukzessivberechtigung«, s unten) usw.[85] In Abteilung II besteht in der Tat ein *relativ häufiges Bedürfnis* für die Sammelbuchung insofern, als es vielfach aus einem einheitlichen Rechtsgrund zur gleichzeitigen Eintragung einer Mehrheit (nahezu) inhaltsgleicher Rechte kommt. Zweitens unterliegen die in Abteilung II gehörenden Belastungen und Beschränkungen ihrer Rechtsnatur und Zweckbestimmung nach selten einer späteren rechtsgeschäftlichen Veränderung, die in das Grundbuch einzutragen wäre. Außer Mitübertragungs-, Rang-, Löschungs- bzw Teillöschungsvermerken u dgl sind mit großer Wahrscheinlichkeit keine Folgeeintragungen zu erwarten (*geringe Änderungsanfälligkeit*). Deshalb verspricht eine Sammelbuchung in geeigneten Fällen dauerhaften Klarheitsgewinn.   56

---

74   So andeutungsweise auch KEHE-*Eickmann* Rn 12.
75   Dazu BayObLGZ 1953, 64 = aaO (Fn 72); *Bratfisch* Rpfleger 1961, 40, 41 mwN.
76   *Güthe-Triebel* § 45 Rn 5, § 47 Rn 5; *Hesse-Saage-Fischer* § 45 Anm IV 1 b; *Haegele* Rpfleger 1960, 57; 1961, 42.
77   BayObLGZ 1957, 57 = Rpfleger 1958, 88.
78   BayObLG aaO (Fn 77).
79   *Jestaedt* aaO (Fn 72); ebenso *Staudinger-Kutter* § 879 Rn 54; KEHE-*Eickmann* Rn 12–15; *Knothe* in *Bauer/v Oefele* Rn 37; zurückhaltend dagegen: *Schöner/Stöber* Rn 1112, 1910. Befürworter aus jüngerer Zeit: *Streuer* Rpfleger 1994, 397, 401/ 402; das BayObLG (BayObLGZ 1995, 149, 153 = NJW-RR 1995, 1297, 1298 = Rpfleger 1995, 498, 499 = DNotZ 1966, 366, 369) weist am Schluss der Entscheidungsgründe auf den Vorteil der Buchung mehrerer Vormerkungen unter einer lfd Nr hin.
80   Für derartige Fälle sehen selbst die amtl Eintragungsmuster zur GBV die zusammengefasste Eintragung vor.
81   BayObLG aaO (Fn 77); BGHZ 46, 253 = NJW 1967, 627 = Rpfleger 1967, 143; BayObLG Rpfleger 1980, 151 = DNotZ 1980, 543.
82   BGHZ 35, 146 = NJW 1961, 1669 = DNotZ 1961, 544 = MDR 1961, 672.
83   Zulässigkeit umstritten, vgl *Zimmermann* Rpfleger 1980, 326 mwN; 1981, 480; *Schöner/Stöber* Rn 1403 (früher 1405 mwN).
84   Dazu *Bratfisch* Rpfleger 1961, 40; *Hampel* Rpfleger 1962, 128; *Ebeling* RpflStud 1979, 58.
85   Weitere Nachweise bei *Jestaedt* aaO (Fn 71).

Zur Sammelbuchung im Zusammenhang mit der »Alternativberechtigung« und »Sukzessivberechtigung«: Vor GBV Rdn 158.

57 **bb) Zurückhaltung ist geboten** bei Neueintragungen **in Abteilung III.** Die Grundpfandrechte sind übertragbar, verpfändbar und pfändbar und wandelbar. Vielfältige Änderungseintragungen bezüglich jedes einzelnen Rechts sind theoretisch denkbar und praktisch möglich. Die Sammelbuchung, mag sie zunächst auch günstig erscheinen, kann sich hier leicht als Quelle späterer Unübersichtlichkeiten im Grundbuch erweisen. Dies ist Grund genug, sie von vornherein zu unterlassen.[86]

58 **c) Grundbuchtechnische Durchführung.** Sie ist auf zweierlei Art möglich:

(1) **Buchung unter einer laufenden Nummer.** Diese intensivste Art der Zusammenfassung ist aus Zweckmäßigkeitsgründen nur gerechtfertigt, wenn der nach materiellem Recht (vgl § 874 BGB) erforderliche Eintragungswortlaut für alle Rechte übereinstimmt (wie in den unter Rdn 56 erwähnten Beispielsfällen). Angebracht[87] – wenn auch nicht unbedingt notwendig (ggf Auslegungsfrage[88]) – ist es, die Mehrheit der gemeinsam gebuchten Rechte im Eintragungstext anzudeuten (zB durch Formulierungen wie »*Wohnungsrechte für die Eheleute ...*« oder »*Je ein Wohnungsrecht für ... und ... gemäß Bewilligung vom ... eingetragen am ...*«). Zu beachten ist, dass bei dieser Art der Buchung die Rechte von Gesetzes wegen (§ 879 Abs 1, 2 BGB) *Gleichrang* erhalten, und zwar kraft der einheitlichen und somit gleichzeitigen Unterzeichnung der räumlich an einer Stelle des Grundbuchs zusammengefassten Eintragungen[89] (vgl § 45 Rdn 40); eines ausdrücklichen Gleichrangvermerks bedarf es deshalb nicht, ein solcher ist jedoch zur Klarstellung ratsam.

(2) **Buchung unter mehreren fortlaufenden Nummern** derart, dass innerhalb der einheitlich datierten und unterzeichneten Sammeleintragung eine dem § 879 Abs 1 S 1 BGB genügende *räumliche Reihenfolge* der zusammengefassten Einzeleintragungen deutlich wird. So ist die Buchung vorzunehmen, wenn die Rechte untereinander *nicht Gleichrang*, sondern Rang nacheinander erlangen sollen – und gemäß § 879 Abs 1 S 1 BGB auch erhalten (vgl § 45 Rdn 40).

Zu empfehlen ist etwa folgender Eintragungsmodus (am Beispiel einer Sammeleintragung in Abteilung II Sp 1–3):

1 1 Beschränkte persönliche Dienstbarkeit (Wohnungsrecht);
2 1 Vorkaufsrecht für alle Verkaufsfälle;
zu Nr 1 und 2. Zugunsten ... gemäß Bewilligung vom ... eingetragen am ...

Die Sammelbuchung in dieser Form – nicht die unter einer laufenden Nummer – ist auch für Grundpfandrechte praktisch möglich und nicht unzulässig.[90] Fraglich ist allerdings, ob eine Sammelbuchung unter mehreren Nummern mit gemeinsamem Schlussvermerk außer einem Rationalisierungseffekt[91] tatsächlich den zu erstrebenden Gewinn an Übersichtlichkeit (vgl Rdn 55) bringt, ob es nicht zweckmäßiger ist, bei der Eintragung von nicht gleichrangigen und nicht inhaltsgleichen Rechten die Form der Einzelbuchung vorzuziehen. Für Grundpfandrechte jedenfalls sollte letztere im Hinblick auf eventuelle Folgeeintragungen die Regel sein (vgl Rdn 57).

V. Bezugnahmegebot

1. Zur Bedeutung

59 Das materielle Recht ermöglicht die teilweise Indirekt-Eintragung mittels Bezugnahme auf die maßgebliche Eintragungsbewilligung oder sonstige Eintragungsgrundlage und stellt es in das Ermessen des GBA, von dieser Möglichkeit im Rahmen des Zulässigen Gebrauch zu machen. Auf die **Erläuterung der Grundlagen und Einzelheiten** über die Eintragung mittels Bezugnahme in den **Vor GBV** Rdn 70 ff wird verwiesen.

Mit den durch das RegVBG dem § 44 angefügten Absätzen 2 und 3 sind **neue Sollvorschriften** in das Verfahrensrecht eingebracht worden, die es dem GBA zur generellen Pflicht machen, von der nach materiellem Recht zulässigen Bezugnahme-Eintragung gehörigen Gebrauch zu machen.

---

86 Im Prinzip ebenso: *Herget* NJW 1966, 1062; *Jestaedt* aaO (Fn 71) S 383; KEHE-*Eickmann* Rn 13; *Schöner/Stöber* Rn 1909, 1910.
87 So schon *Haegele* Rpfleger 1958, 91.
88 So zu Recht *Bratfisch* Rpfleger 1961, 40.
89 So BayObLGZ 1957, 327 = Rpfleger 1958, 88 (anders als noch BayObLGZ 1953, 54 = NJW 1953, 826; s dazu *Hesse-Saage-Fischer* § 45 Anm IV 1b und *Haegele* Rpfleger 1960, 57); für Gleichrang auch KEHE-*Eickmann* § 45 Rn 11; *Schöner/Stöber* Rn 1910 a; offengelassen von *Staudinger-Kutter* § 879 Rn 50.
90 LG Fulda Rpfleger 1970, 396; OLG Frankfurt Rpfleger 1970, 396, 397 (zur Grundbuchumschreibung); *Jestaedt* aaO (Fn 71); KEHE-*Eickmann* Rn 14; *Schöner/Stöber* Rn 1910.
91 *Jestaedt* aaO (Fn 71) am Ende.

2. Bei neuen Eintragungen

a) Geltungsbereich des Gebots. Das **Gebot des Abs 2 S 1** besteht in einer Sollvorschrift zur Bezugnahme   **60**
auf die Eintragungsbewilligung für Eintragungen, die nach Inkrafttreten des RegVBG (vgl Rdn 3 aE) im
Grundbuch vorgenommen werden. Der **Zweck** der Vorschrift **reicht weiter als** ihr **Wortlaut.** Der Normtext
spricht nur die »Eintragung eines Rechts« an. Aus der Gesetzesbegründung ergibt sich aber, dass durch Abs 2
S 1 die Bezugnahme »in dem jetzt möglichen Umfang« vorgeschrieben sein soll (dazu Vor GBV Rdn 77). Es
ist deshalb davon auszugehen, dass die Anordnung der Eintragung per Bezugnahme für alle nach dem materiellen Recht dafür in Betracht kommenden Eintragungen in Abteilung II und III (dazu Vor GBV Rdn 85 bis 97)
gelten soll, nicht nur bei Neueintragungen (Vor GBV Rdn 127 bis 177), sondern auch bei Änderungseintragungen (Vor GBV Rdn 178 bis 181). Für das GBA besteht eine Bezugnahmepflicht (»soll«); bei einem Verstoß
dagegen ist die Eintragung trotzdem wirksam.[92]

b) Kennzeichnungsdaten. In Abs 2 S 2 sind Angaben vorgeschrieben, die zur Kennzeichnung der in Bezug   **61**
genommenen Eintragungsbewilligung oder sonstigen Eintragungsgrundlage in den Eintragungstext aufzunehmen sind. Die Daten werden zusätzlich zu der bisher gebräuchlichen Kennzeichnung (Angabe des Datums der
Bewilligungsurkunde) in den Bezugnahmevermerk aufzunehmen sein (dazu und zur Begründung der Vorschrift: Vor GBV Rdn 124).

3. Bei vorhandenen Eintragungen

Das **Gebot des Abs 3** zur Nachholung oder Erweiterung der Bezugnahme auf die Eintragungsbewilligung   **62**
oder andere Unterlagen in den genannten Fällen (dazu Vor GBV Rdn 78) bedeutet eine **Umkehr von ehemaligen Vorschriften** (§ 30 Abs 1 Buchst f GBV aF und § 33 Abs 2 Buchst c GBV aF), die ein ausdrückliches
Verbot der Bezugnahmeerweiterung aussprachen, das allerdings früher schon in etwa im Sinne der jetzigen
gesetzlichen Regelung interpretiert worden ist (dazu § 30 Rdn 20). Der »Soll«-Vorschrift (S 1) ist eine »Kann«-
Vorschrift (S 2) beigefügt, die zusätzlich Abweichungen vom ursprünglichen Eintragungstext gestattet.

Angelpunkt der neuen gesetzlichen Regelung **ist die** ihr sowohl in S 1 als auch in S 2 beigefügte **Begrenzung.** Eine Veränderung des sachlichen Inhalts von vollendeten Eintragungen von Amts wegen ist demnach
wie bisher (dazu Rdn 28) weder geboten noch gestattet. Zur Vorbereitung der Grundbuchblattumschreibung
mit eingreifenderen Maßnahmen: § 29 Rdn 2 .

Aufschlussreich für die Handhabung der neuen Vorschrift ist die **Begründung des Gesetzentwurfs** (Bundestags-Drucksache 12/5553 S 67/68); der einschlägige Teil wird wörtlich wiedergegeben:

Durch die Nachholung oder Erweiterung der Bezugnahme darf allerdings – von rein textlichen Änderungen abgesehen – der
Inhalt der Eintragung nicht verändert werden. Dies ist an sich selbstverständlich, im Entwurf wegen der Bedeutung dieses
Punktes aber besonders hervorgehoben. Hierdurch wird auch klargestellt, daß eine aufgrund der Vorschrift vorgenommene
Nachholung oder Erweiterung der Bezugnahme allein dazu dienen darf, bisher im Grundbuch selbst vermerkte Textteile zu
ersetzen, nicht aber dazu, der Eintragung einen weiteren Inhalt als bisher zu geben oder eine unzulässige Bezugnahme durch
eine zulässige zu ersetzen. Der Rechtspfleger muß prüfen, ob die bisherige Eintragung mit dem Inhalt der Unterlage, auf die
nunmehr Bezug genommen werden soll, übereinstimmt. Dies erfordert einen gewissen Aufwand, bietet jedoch den Vorteil,
daß durch eine solche Prüfung Fehler in der ursprünglichen Eintragung entdeckt und – wenn die gesetzlichen Vorschriften
hierfür gegeben sind – unter Umständen auch Maßnahmen zur Abwendung eines Schadens ergriffen werden können. Im
übrigen kann der Rechtspfleger, da die Vorschrift nur als Kann-Bestimmung ausgestaltet ist, in Zweifelsfällen von einer
Nachholung oder Erweiterung der Bezugnahme absehen.

Der Entwurf sieht nicht vor, daß die betroffenen vor einer Nachholung oder Erweiterung der Bezugnahme gehört werden,
da diese Maßnahme lediglich auf eine Änderung des Textes der Eintragung, nicht jedoch ihres materiellen Inhalts gerichtet
sind. Ein auf eine Sachentscheidung gerichtetes Verfahren der freiwilligen Gerichtsbarkeit liegt damit nicht vor; Artikel 103
Abs 1 GG findet deshalb keine Anwendung. Die bloße Gefahr, daß der Rechtspfleger eine Vorschrift falsch anwendet, vermag die Notwendigkeit der Gefährdung rechtlichen Gehörs nicht zu begründen. Auch im Zusammenhang mit anderen
Tätigkeiten des Grundbuchamts wird die Gewährung rechtlichen Gehörs nicht schon deshalb für erforderlich gehalten, weil
bei fehlerhafter Sachbehandlung die Gefahr eines Eingriffs in Rechte Dritter besteht. Bei der Eintragung einer Hypothek
kann z.B. aufgrund eines Schreibversehens oder einer Unachtsamkeit des Grundbuchbeamten ein höherer Betrag als der
bewillligte eingetragen werden. Auch hier wird in Rechtsprechung und Literatur nicht gefordert, daß das Grundbuchamt vor
der Eintragung den Betroffenen zum beabsichtigten Text hören müßte. Allerdings können Fälle auftreten, in denen Zweifel
über den Inhalt der Eintragung und die Auswirkungen einer nachgeholten oder erweiterten Bezugnahme bestehen. In diesen
Fällen kann der Rechtspfleger von einer solchen Bezugnahme absehen oder das Ziel einer Beseitigung der Beteiligten zur Beseitigung
der Zweifel hören. Eine besondere Vorschrift über eine solche Anhörung, wie sie in § 13 Abs 2 Satz 4 der Verordnung zur
Durchführung der Schiffsregisterordnung vom 24. November 1980 (BGBl. I S 2169), die durch Verordnung vom 7. Juli 1982
(BGBl. I S 934) geändert worden ist, enthalten ist, erscheint nicht erforderlich.

---

92 *Demharter* § 44 Rn 37; *Kral* in *Hügel* § 44 Rn 84; *Knothe* in *Bauer/von Oefele* § 44 Rn 38; **aA** KEHE-*Dümig* Einl B
Rn 35.

Wird bei der Übernahme von Eintragungen, die ein Grundpfandrecht betreffen, die Bezugnahme nachgeholt oder erweitert, so ist dies nicht von einer Vorlegung des Hypotheken-, Grundschuld- oder Rentenschuldbriefs gemäß § 41 GBO abhängig. Es liegt nämlich insoweit keine Eintragung vor, die »bei der Hypothek« erfolgt. Eine Eintragung erfolgt vielmehr nur dann »bei der Hypothek«, wenn sie die dinglichen Rechtsverhältnisse berührt (KGJ 34 S. A292; 44 A256). Dies ist bei einer Nachholung oder Erweiterung der Bezugnahme nicht der Fall. Auf der Annahme, daß Änderungen lediglich der Fassung der Eintragungen (hierzu auch § 30 Abs 1 Buchstabe d GBVerf. geltender Fassung) keine Eintragungen »bei der Hypothek« im Sinne des § 41 GBO sind, dürfte auch die Vorschrift in § 39 Abs 3 Satz 4 der Grundbuchverfügung geltender Fassung beruhen. Nach dieser Vorschrift ist ein Hypothekengläubiger bei einer Bekanntmachung der (vollzogenen) Grundbuchumschreibung aufzufordern, den Brief zwecks Berichtigung, insbesondere der Nummer des Grundbuchblatts, dem Grundbuchamt alsbald einzureichen. Bei dieser Rechtslage erscheint eine ausdrückliche Bestimmung im Entwurf, welche eine Ausnahme von §§ 41 und 62 GBO vorsieht, nicht erforderlich. Inwieweit die Nachholung oder Erweiterung einer Bezugnahme auf Antrag gemäß § 57 Abs 2 GBO oder gegebenenfalls der erwähnten Vorschrift der Grundbuchverfügung auf dem Brief zu vermerken ist, wird der Beurteilung durch die Praxis überlassen bleiben können.

§ 45 (Reihenfolge der Eintragungen; Rangvermerk)

(1) Sind in einer Abteilung des Grundbuchs mehrere Eintragungen zu bewirken, so erhalten sie die Reihenfolge, welche der Zeitfolge der Anträge entspricht; sind die Anträge gleichzeitig gestellt, so ist im Grundbuch zu vermerken, daß die Eintragungen gleichen Rang haben.

(2) Werden mehrere Eintragungen, die nicht gleichzeitig beantragt sind, in verschiedenen Abteilungen unter Angabe desselben Tages bewirkt, so ist im Grundbuch zu vermerken, daß die später beantragte Eintragung der früher beantragten im Range nachsteht.

(3) Diese Vorschriften sind insoweit nicht anzuwenden, als ein Rangverhältnis nicht besteht oder das Rangverhältnis von den Antragstellern abweichend bestimmt ist.

Schrifttum

Alff, Zur Aufhebung von Zurückweisungsbeschlüssen und deren Auswirkungen im Grundbuchverfahren, RpflStud 1993, 43; *Bauch / Bielau,* Stillschweigende Rangbestimmung bei Grundstücksveräußerung, Rpfleger 1983, 421; *Bauch,* Besprechung des Beschlusses des LG Augsburg vom 28.05.1984, Rpfleger 1984, 348; *Beck,* Zur »verdeckten Nachverpfändung« von Grundstücken, NJW 1970, 1781; *Bertolini,* Rangänderung zugunsten einer Auflassungsvormerkung bei Trennstückveräußerung, MittBayNot 1987, 174; *Blank,* Rangvorbehalt oder Wirksamkeitsvermerk, ZfIR 2001, 419; *Böttcher,* Zur Antragsberechtigung in Grundbuchsachen – Rechtsstellung des Grundstückseigentümers bei einer Rangänderung, Rpfleger 1982, 52; *ders,* Beeinträchtigung der Verfügungsbefugnis, Rpfleger 1983, 49; *ders,* Das Rangverhältnis im Grundbuchverfahren, BWNotZ 1988, 73; *ders,* Besprechung des Beschlusses des LG Fulda vom 22.12.1987, Rpfleger 1988, 252; *Dettmar,* Materielle und formelle Funktion des Ranges im Grundstückssachenrecht, Diss Marburg (1977); *Dubischar,* Vorsicht bei Belastungsvorbehalten, NJW 1984, 2440; *Eickmann,* Die Rangbestimmung im Grundbuchverfahren, RpflStud 1977, 2; *ders,* die fiduziarisch gegebene isolierte Grundschuld als Rangsicherungsmittel, NJW 1981, 545; *ders,* Der Rang der Grundstücksrechte, RpflStud 1982, 74 und 85; *Fabricius,* Zur Löschung eines ausgeübten Rangvorbehalts, Rpfleger 1956, 155 und 301; *Feuerpfeil,* Die Rangeinheit von Haupt- und Veränderungsspalten in Abt II und III des Grundbuchs, Rpfleger 1983, 298; *Fratzky,* Materiellrechtliche Folgen eines Verstoßes gegen § 18 GBVfg bei nachträglicher Rangänderung, BWNotZ 1979, 27; *Grunsky,* Rangfragen bei dinglichen Rechten, Diss Tübingen (1963); *Gursky,* Auflassungsvormerkung, Rangänderung und Wirksamkeitsvermerk, DNotZ 1998, 273; *Hintzen,* Pfändung des Eigentumsverschaffungsanspruches und des Anwartschaftsrechtes aus der Auflassung, Rpfleger 1989, 439; *Hoche,* Bereicherungsanspruch bei fehlerhafter Rangeintragung im Grundbuch, JuS 1962, 60; *Junghans,* Berichtigungs- und Bereicherungsansprüche aus Anlass von § 879 BGB, Diss Köln (1952); *Jungwirth,* Der vereinbarte Rang von Grundstücksrechten, Diss Passau (1989); *Lehmann,* Verabschiedungsreif: Die Rangfähigkeit der Eigentumsvormerkung, NotBZ 2002, 205; *Lüdtke-Handjery,* Ranggleiche Auflassungsvormerkungen, DB 1974, 517; *Meyer-Stolte,* Rangverhältnis mehrerer Nachverpfändungen, Rpfleger 1971, 201; *Morvilius,* Versteigerungsrechtliche Auswirkungen von Rangvorbehalt und Rangrücktritt auf die Eigentumsvormerkung, MittBayNot 2005, 477; *Mümmler,* Voraussetzungen der Rangvorbehaltsausnützung, JurBüro 1980, 677; *Rieve,* Mehrfache Ausnutzung des Rangvorbehaltes, NJW 1954, 1434; *Riggers,* Rangprobleme bei Einreichung von Grundbuchanträgen: Theorie und Praxis, JurBüro 1977, 1189; *Ripfel,* Rangänderung zwischen einem Recht ohne und einem solchen mit Rangvorbehalt, BWNotZ 1962, 37; *Schmid Horst,* Die angebliche Rangeinheit von Haupt- und Veränderungsspalten in Abt. II und III des Grundbuchs, Rpfleger 1982, 251 und 1984, 130; *Schneider,* Rangfähigkeit und Rechtsnatur der Vormerkung, DNotZ 1982, 523; *Schubert,* Auflassungsvormerkung, Rangänderung, Wirksamkeitsvermerk, oder: Der Rangrücktritt ist tot, es lebe der Wirksamkeitsvermerk?, DNotZ 1999, 967; *B. Schultz,* Der Wirksamkeitsvermerk als Gestaltungsalternative zu Rangvorbehalt und Rangrücktritt der Auflassungsvormerkung, RNotZ 2001, 541; *Sichtermann,* Rangvorbehalt im Realkreditgeschäft, BlGBW 1969, 9; *Spiritus,* Die gleichzeitige Vorlage mehrerer Anträge beim Grundbuchamt, DNotZ 1977, 343; *Stadler,* Der Rang im Immobiliarsachenrecht – ein noch immer ungelöstes Problem?, AcP 189 (1989), 425; *Staudenmaier,* Löschung eines Rangvorbehalts, Rpfleger 1960, 81; *Streuer,* Besprechung des Beschlusses des LG Bonn vom 05.01.1982, Rpfleger 1982, 138; *Streuer,* Besprechung des Beschlusses des OLG Hamm vom 09.10.1984, Rpfleger 1985, 144; *Streuer,* Rangdarstellung durch Rangvermerke, Rpfleger 1985, 388; *Tröster,* Die grundbuchliche Behandlung des Ersuchens nach § 19 ZVG bei Vorliegen unerledigter Eintragungsanträge, Rpfleger 1985, 337; *Ulbrich,* Rechtsprobleme des Rangrücktritts und des Rangvorbehalts in der notariellen Praxis, MittRhNotK 1995, 289; *Unterreitmayer,* § 880 Abs 4 BGB und die Wiedergabe des Rangverhältnisses auf dem Hypothekenbrief, Rpfleger 1960, 82; *ders,* Die stufenweise Ausnützung des Rangvorbehalts, Rpfleger 1960, 282; *Vierling / Mehler / Gotthold,* Die kostenlose Alternative zum Wirksamkeitsvermerk: Der bedingte Rangvorbehalt, MittBayNot 2005, 375; *Wacke,* Wer zuerst kommt, mahlt zuerst – Prior tempore, potior iure, JA 1981, 94; *Wegner,* Rangrücktritt von Altrechten bei Grundpfandrechten, Sparkasse 1979, 260; *Weirich,* Der Rang im Grundbuch, Jura 1983, 337; *Werner,* Gleichrangige Auflassungsvormerkungen, FS Ernst Wolf (1985), S 671; *Wilhelm,* Der Rang der Grundstücksrechte aufgrund des Verfügungstatbestands, insbesondere von Einigung und Eintragung, JZ 1990, 501; *Wulf,* Zur Auslegung von Grundbucherklärungen, MittRhNotK 1996, 41; *Zagst,* Löschungsvormerkung und Rangänderung von Grundpfandrechten, BWNotZ 1979, 1; *Zeitler,* Rangrücktritt hinter ein Recht mit Rangvorbehalt, Rpfleger 1974, 176; *Zimmermann,* Können dingliche Vorkaufsrechte im Gleichrang bestellt werden?, Rpfleger 1983, 326.

I. Normzweck

Das Rangverhältnis zwischen mehreren Rechten richtet sich nach der Reihenfolge, in der die Rechte im **1** Grundbuch eingetragen sind (§ 879 Abs 1 BGB). Diese Reihenfolge soll sich nach dem Grundsatz »**Prior tempore potior iure**« (= Der frühere in der Zeit ist der bessere im Recht) richten. Um dies sicherzustellen, schuf der Gesetzgeber die §§ 17, 45. Danach ist die Zeitfolge des Eingangs der Eintragungsanträge beim GBA maßgebend für die Reihenfolge der Erledigung (§ 17) und für die grundbuchmäßige Darstellung des Rangverhältnisses (§ 45). Verfährt der Grundbuchrechtspfleger dementsprechend, dann wird im Grundbuch ein Rang geschaffen, der der zeitlichen Aufeinanderfolge der Eintragungsanträge entspricht, dh der Grundsatz »Prior tempore potior iure« wird gewahrt.

II. Das Rangverhältnis

1. Begriff

Jedes dingliche Recht erhält mit seiner Entstehung einen bestimmten Rang, der dessen Wert wesentlich **2** bestimmt. Der Rang bezeichnet nämlich den »Verdrängungswert« eines Rechts im Verhältnis zu konkurrierenden Rechten,[1] dh er bedeutet im Falle der zwangsweisen Realisierung des Rechts eine **Befriedigungsreihenfolge**.[2] Das Rangverhältnis regelt somit die Reihenfolge, in der mehrere an einem Grundstück bestehende Rechte verwirklicht und bei der Zwangsversteigerung bzw Zwangsverwaltung berücksichtigt und befriedigt werden.[3] Der Rang bildet daher ein selbständiges wirtschaftliches Gut;[4] er kann deshalb auch Gegenstand eines

---

1 *Staudinger-Kutter* § 879 Rn 2.
2 *Eickmann* RpflStud 1982, 74.
3 KG JFG 12, 298; KEHE-*Eickmann* § 45 Rn 1; *Demharter* § 45 Rn 2.
4 BGB-RGRK-*Augustin* § 879 Rn 3.

besonderen Treuhandverhältnisses sein.[5] Nach heute hM gehört der Rang zum **Inhalt des Rechts**;[6] dazu gehört alles, was das Maß der dem Rechtsinhaber zustehenden Befugnisse bestimmt. Aus dem Rang, dh der Befriedigungsreihenfolge, bestimmt sich, was der Inhaber des dinglichen Rechts aus diesem verlangen kann. Der Rang ist somit entscheidender Bestandteil des Rechtsinhalts. So haftet beispielsweise der Verkäufer einer Hypothek gemäß §§ 453, 433 BGB dafür, dass diese den im Kaufvertrag vereinbarten Rang hat.[7]

2. Bedeutung

3   Der Rang eines Rechts ist von geringer praktischer Bedeutung »solange alles gut geht«. Er wird jedoch von entscheidender Bedeutung, sobald das Recht in Konkurrenz zu anderen Rechten tritt, dh in der **Zwangsversteigerung oder Zwangsverwaltung**.[8] Dingliche Rechte der Abteilungen II und III des Grundbuchs, welche dem Rechte des das Zwangsversteigerungsverfahren betreibenden Gläubigers im Range vorgehen, bleiben beim Zuschlag bestehen und sind von dem Ersteher zu übernehmen (§ 52 Abs 1 S 1, § 44 Abs 1 ZVG); die dem bestrangig betreibenden Gläubiger gleichstehenden oder nachgehenden Rechte erlöschen mit dem Zuschlag (§ 52 Abs 1 S 2, § 91 Abs 1 ZVG). Ob und ggf inwieweit ein erlöschendes Recht ersatzweise an einem Erlös beteiligt wird oder ausfällt, hängt wiederum von seinem Rang im Grundbuch ab (§ 10 Abs 1 Nr 4, § 11 Abs 1 ZVG). Auch bei der Verteilung der Überschüsse in der Zwangsverwaltung bestimmt der Rang die Reihenfolge (§§ 155 ff ZVG). Mit sich verschlechterndem Rang besteht somit ein »Sicherheitsgefälle«, das zur Aufstellung bestimmter Beleihungsgrenzen und zu härteren Darlehensbedingungen, insbesondere zu steigendem Zinssatz als Risikozuschlag führt.[9]

3. Buchung

4   Um dem vom BGB als selbstverständlich vorausgesetzten Grundsatz »Prior tempore potior iure = Der frühere in der Zeit ist der bessere im Recht« auch Geltung zu verschaffen, sieht § 45 vor, dass Eintragungen im Grundbuch entsprechend der Zeitfolge der Anträge zu bewirken sind. Die Reihenfolge ist durch entsprechende **räumliche Anordnung** und Nummerierung nacheinander, **Datierung** oder erforderlichenfalls durch **Rangvermerke** zum Ausdruck zu bringen.

4. Formelle Rechtskraft

5   Die Eintragung hat für Rechte hinsichtlich des Rangverhältnis formelle Rechtskraft,[10] wenn innerhalb derselben Abteilung die räumliche und zeitliche Eintragungsreihenfolge bzw in verschiedenen Abteilungen die eingetragene und die tatsächliche Eintragungszeit übereinstimmen (vgl Rdn 211 ff). Dies gilt unabhängig davon, in welcher Reihenfolge die Eintragungsanträge gestellt worden sind,[11] wann die Rechte materiellrechtlich entstanden sind und über welchen Rang sich die Beteiligten geeinigt haben.[12] Insbesondere bei einem Verstoß des Grundbuchamts gegen die §§ 17, 45 bestimmt sich das Rangverhältnis ausschließlich nach den Grundbucheintragungen und nicht nach der Eingangsreihenfolge der Eintragungsanträge; das Grundbuch ist richtig. Berichtigungsansprüche des zu Unrecht zurückgesetzten Antragstellers sind ebenso ausgeschlossen wie Ansprüche aus ungerechtfertigter Bereicherung.[13] Rangänderungen von Amts wegen sind unzulässig und machen das Grundbuch unrichtig; nur ein Amtshaftungsanspruch ist gegeben.[14]

---

5   OLG Kiel JW 1934, 1510; *Staudinger-Kutter* § 879 Rn 2.
6   BGHZ 6, 70, 74 = Rpfleger 1952, 417; RG HRR 1934 Nr 1009; JW 1933, 605, 606; BayObLGZ 1956, 461; OLG Zweibrücken Rpfleger 1985, 54; LG Frankenthal MittBayNot 1983, 122; *Staudinger-Kutter* § 879 Rn 3; BGB-RGRK-*Augustin* § 879 Rn 3; *Soergel-Stürner* § 879 Rn 4; *MüKo-Wacke* § 879 Rn 2; *Demharter* § 45 Rn 3; *Knothe in Bauer/von Oefele* § 45 Rn 9; *Eickmann* RpflStud 1982, 74; *Baur-Stürner* § 17 A I 3; *Wolff-Raiser* § 142 Fn 1; *Grunsky* S 26 ff; *Westermann-Eickmann* § 79 I 3; *Stadler* AcP 189, 425, 431.
7   BGHZ 6, 70, 74; RG HRR 1934 Nr 1009; *Staudinger-Kutter* § 879 Rn 3; BGB-RGRK-*Augustin* § 879 Rn 2.
8   *Weirich-Ivo* Rn 788.
9   *MüKo-Wacke* § 879 Rn 1; *Eickmann* RpflStud 1982, 74.
10 BGHZ 21, 98, 99; RGZ 57, 277, 289; BayObLGZ 16, 126; *Staudinger-Kutter* § 879 Rn 25, 30; *Soergel-Stürner* § 879 Rn 6; BGB-RGRK-*Augustin* § 879 Rn 2, 34; *MüKo-Wacke* § 879 Rn 10; *Knothe in Bauer/von Oefele* § 45 Rn 22; *Eickmann* GBVerfR, Rn 31, 338; *Dettmar* S 130; *Grunsky* S 93; **ablehnend:** *Jungwirth* S 36 ff; *Stadler* AcP 189, 425 ff; *Wilhelm* JZ 1990, 501, 509; *Flume* JZ 1991, 133.
11 RGZ 57, 280; OLG Düsseldorf JR 1950, 686.
12 *Staudinger-Kutter* § 879 Rn 25.
13 BGHZ 21, 98, 99; RGZ 57, 277, 283; *Schöner/Stöber* Rn 324; *Staudinger-Kutter* § 879 Rn 47; BGB-RGRK-*Augustin* § 879 Rn 30; *MüKo-Wacke* § 879 Rn 34; *Weimar* MDR 1980, 114; **aA** *Stadler* AcP 189, 425, 457 ff; *Wilhelm* JZ 1990, 501, 509; *Baur-Stürner* § 17 B I 2; *Soergel-Stürner* § 879 Rn 12.
14 *MüKo-Wacke* § 879 Rn 10.

III. Mehrere Eintragungen

Eine Anwendung des § 45 setzt zunächst voraus, dass mehrere Eintragungen beantragt sind. Wenn mehrere Ein- **6**
tragungen vorliegen, so ist es gleichgültig, ob die mehreren Anträge in einer Urkunde zusammengefasst sind
oder nicht oder aber ob durch einen Antrag mehrere Eintragungen beantragt sind. Es kommt nur darauf an, ob
es sich um eine **Mehrheit der beantragten Eintragungen** handelt.[15] § 45 kommt zur Anwendung, wenn tatsächlich die mehreren Eintragungen nebeneinander bestehen.[16] Wenn von 2 Anträgen einer sich erledigt, sei es
durch Zurücknahme, sei es durch Zurückweisung, so liegt nur noch ein einziger Antrag vor, der ins GB eingetragen wird. Wenn von 3 oder mehr Anträgen nur ein Teil sich erledigt, sodass mindestens 2 übrig bleiben, so
ist Raum für § 45. Bei Eintragung einer Vormerkung oder eines Widerspruchs nach § 18 Abs 2, die als Erledigung iS des § 17 anzusehen ist, ist diese Eintragung als weitere Eintragung zu beurteilen.[17]

Auf **Eintragungen von Amts wegen** ist § 45 zwar nicht unmittelbar anwendbar, jedoch hat das GBA auch bei **7**
solchen Eintragungen zu prüfen, ob ein Rangverhältnis zwischen der vorzunehmenden Eintragung und anderen Eintragungen bestehen kann. Ist dies der Fall, so ist der Rang gleichfalls gemäß § 45 von Amts wegen zu
verlautbaren.[18]

Mehrere Eintragungen sind dann nicht anzunehmen, wenn ein **Recht mehreren nach Bruchteilen** (§ 47) **8**
zusteht. Hier handelt es sich nur um eine einzelne Eintragung; die Bruchteile können nicht verschiedenen
Rang haben.[19]

Auch wenn **ein Recht sich aus mehreren einzelnen Ansprüchen zusammensetzt** (zB eine Hypothek aus **9**
Hauptforderung, Nebenleistungen), handelt es sich nur um eine einheitliche Eintragung; es liegt nur ein einziges Recht für einen Berechtigten vor;[20] vgl im Übrigen Rdn 24.

Werden **mehrere Rechte unter derselben Nummer eingetragen** (= Sammelbuchung; vgl dazu § 44 **10**
Rdn 52 ff), so wird dadurch die Selbständigkeit der Eintragungen nicht aufgehoben; es handelt sich vielmehr
trotzdem um mehrere Eintragungen. Wenn daher zB ein Erbbaurecht und ein Vorkaufsrecht unter einer Nummer eingetragen werden, so ist trotzdem dadurch die Anwendbarkeit des § 45 wegen Fehlens mehrerer Eintragungen nicht ausgeschlossen.

IV. Anwendungsbereich

§ 45 zielt auf die grundbuchmäßige Verwirklichung der Grundsätze des § 879 BGB. Deshalb findet er keine **11**
Anwendung, wo entweder überhaupt kein Rangverhältnis in Frage kommt oder wo der Rang gesetzlich
bestimmt oder auch ohne Eintragung im GB gewahrt ist.[21] Sind mehrere Eintragungen beantragt, so gilt § 45
daher nur insoweit, als zwischen ihnen ein **Rangverhältnis besteht.** Kommt ein solches in Betracht, so ist die
Art der Eintragung unerheblich; der unmittelbare Anwendungsbereich des § 45 geht also weiter als der des
§ 879 BGB.[22] Letztere Norm gilt nur für Rechte, mit denen ein Grundstück belastet ist.

1. Bestehen eines Rangverhältnisses

a) Rechte am gleichen Grundstück. In einem Rangverhältnis stehen nur Rechte an demselben Grundstück **12**
oder an einem grundstücksgleichen Recht oder demselben Miteigentumsbruchteil. Rechte an verschiedenen
Miteigentumsbruchteilen stehen nicht in einem Rangverhältnis zueinander.[23] Ein in allen Wohnungsgrundbüchern eingetragenes beschränktes dingliches Recht am ganzen Grundstück ruht auch auf dem Teilrecht des einzelnen Wohnungseigentümers[24] und steht daher in einem Rangverhältnis zu den Belastungen, die nur auf
einem der Wohnungseigentumsrechte ruhen.[25]

b) Eintragungen im Bestandsverzeichnis und in Abt I, II, III. In keinem Rangverhältnis stehen Eintra- **13**
gungen im Bestandsverzeichnis zueinander und zu den Eintragungen in den drei Abteilungen des Grundbuchs.[26]

---

15 *Güthe-Triebel* § 45 Bem 3, 5; *Hesse-Saage-Fischer* § 45 Bem III 1.
16 *Güthe-Triebel* § 45 Bem 6.
17 *Güthe-Triebel* aaO.
18 *KEHE-Eickmann* § 45 Rn 6.
19 *Demharter* § 45 Rn 12.
20 *Demharter* aaO.
21 *KEHE-Eickmann* § 45 Rn 7.
22 *Staudinger-Kutter* § 879 Rn 6; *Demharter* § 45 Rn 13.
23 KG KGJ 52, 213, 217; *Staudinger-Kutter* § 879 Rn 6; BGB-RGRK-*Augustin* § 879 Rn 8; *KEHE-Eickmann* § 45 Rn 4, 7;
     Demharter § 45 Rn 17.
24 BGH NJW 1961, 1352; RGZ 146, 365.
25 *KEHE-Eickmann* § 45 Rn 7.
26 *Demharter* § 45 Rn 15; *KEHE-Eickmann* § 45 Rn 7; *Staudinger-Kutter* § 879 Rn 7; BGB-RGRK-*Augustin* § 879 Rn 6.

14 **c) Eintragungen in Abt I und Abt II, III.** Eintragungen in Abt I zueinander und zu den Eintragungen in den Abt II und III stehen in keinem Rangverhältnis.[27] Insbesondere steht das Eigentum zu den Grundstücksbelastungen in keinem Rangverhältnis. Die Konkurrenz zwischen Eigentumsumschreibung und Belastung ist kein Rangproblem, sondern eine Frage der noch gegebenen Verfügungsberechtigung des Veräußerers.[28]

15 **d) Eintragungen in Abt II und III.** Die Eintragung von Grundpfandrechten (Hypothek, Grundschuld, Rentenschuld) in Abteilung III und von Reallast, Nießbrauch, Erbbaurecht, beschränkter persönlicher Dienstbarkeit (mit Wohnungsrecht), Grunddienstbarkeit, Dauerwohnrecht und Erbbauzins in Abteilung II des Grundbuchs stehen untereinander und zueinander in einem Rangverhältnis. § 45 findet Anwendung.

16 **aa) Vorkaufsrecht.** Ein eingetragenes Vorkaufsrecht steht, da es nach § 1094 Abs 1 BGB ein das Grundstück belastendes Recht ist, auch in einem Rangverhältnis zu anderen das Grundstück belastenden eingetragenen Rechten.[29] An einem Grundstück können mehrere dingliche Vorkaufsrechte mit verschiedenem Rang bestellt werden.[30] Zur Frage, ob die Bestellung mehrerer gleichrangiger Vorkaufsrechte zulässig ist, vgl Einl C Rdn 432.

17 **bb) Vereinbarungen nach § 1010 BGB.** Auch Vereinbarungen nach § 1010 BGB (Benutzungsregelung, Teilungsausschluss usw) stehen in einem Rangverhältnis zu den übrigen Belastungen.[31]

18 **cc) Vormerkung.** § 45 betrifft nicht nur Grundstücksrechte im eigentlichen Sinn, sondern ist auch auf Vormerkungen anzuwenden.[32] Auch wenn diese nicht unmittelbar am materiellen Rang teilhaben,[33] so vermitteln sie doch einen Rang (§ 883 Abs 3 BGB) und erhalten in der Zwangsversteigerung als erlöschendes Recht einen Erlösanteil. Dies gilt auch für das Verhältnis von Löschungsvormerkungen zu anderen Belastungen, nicht aber für das Verhältnis mehrerer Löschungsvormerkungen zueinander.[34] Soweit auch einer Eigentumsvormerkung ein materieller Rang zugewiesen wird,[35] liegt wohl eine sprachliche Ungenauigkeit vor. Im Verhältnis zu anderen Vormerkungen oder Grundstücksrechten geht es dabei nicht um ein Rangverhältnis, sondern um eine »Wirksamkeitsreihenfolge«,[36] dh um die Frage, ob eine relative Unwirksamkeit gegenüber dem Vormerkungsberechtigten vorliegt oder nicht. Auch für das Verhältnis mehrerer Eigentumsvormerkungen untereinander und einer Eigentumsvormerkung zu anderen Belastungen gilt trotzdem die formelle Norm des § 45.[37] Ranggleiche Eigentumsvormerkungen am ganzen Grundstück werden zum Teil völlig abgelehnt[38] und zum Teil dann als unzulässig angesehen, wenn der Auflassungsanspruch das ganze Grundstück erfassen soll.[39] Mit der hM ist deren Eintragung als zulässig anzusehen,[40] da bei Eintragung der beiden Vormerkungen noch gar nicht feststeht, ob nicht eine von ihnen aus irgendwelchen Gründen wiederum in Wegfall kommt oder ihre Durchsetzung jedenfalls unterbleibt.[41]

19 Wird ein Grundpfandrecht (zB Finanzierungsgrundschuld) zeitlich nach einer Eigentumsvormerkung in das Grundbuch eingetragen, so ist es dem Vormerkungsberechtigten gegenüber grundsätzlich relativ unwirksam

---

27 BGH DNotZ 1971, 411, 413; RGZ 116, 363; *Demharter* § 45 Rn 16; KEHE-*Eickmann* § 45 Rn 7; *Staudinger-Kutter* § 879 Rn 7; MüKo-*Wacke* § 879 Rn 3; BGB-RGRK-*Augustin* Rn 6, 7; *Stadler* AcP 1989, 425, 432; **aA** *Wolff-Raiser* §§ 51 III, 147 I 3; *Grunsky* S 21 ff.
28 Vgl dazu: *Staudinger-Kutter* § 879 Rn 7.
29 BGB-RGRK-*Augustin* § 879 Rn 13; *Staudinger-Kutter* § 879 Rn 9.
30 BGHZ 35, 146; BGB-RGRK-*Augustin, Staudinger-Kutter* je aaO.
31 LG Zweibrücken Rpfleger 1965, 56 m zust Anm *Haegele*; *Staudinger-Kutter* § 879 Rn 10; BGB-RGRK-*Augustin* § 879 Rn 14.
32 BGH NJW 1986, 578; RGZ 124, 200, 202; 142, 331; KG KGJ 22, 311, 312: 39, 198, 200; *Staudinger-Kutter* § 879 Rn 8; BGB-RGRK-*Augustin* § 879 Rn 16; MüKo-*Wacke* § 879 Rn 4; *Soergel-Stürner* § 879 Rn 1a; KEHE-*Eickmann* § 45 Rn 3; *Demharter* § 45 Rn 11.
33 **Deshalb ablehnend:** *Stadler* AcP 189, 425, 434; *Dettmar* S 68 ff; *Schneider* DNotZ 1982; **kritisch:** *Grunsky* S 51 ff.
34 KG DR 1944, 189; *Staudinger-Kutter* § 879 Rn 8; BGB-RGRK-*Augustin* § 879 Rn 16; MüKo-*Wacke* § 879 Rn 4; KEHE-*Eickmann* § 45 Rn 3.
35 BGH NJW 2000, 805; OLG Bremen Rpfleger 2005, 529; OLG Köln DNotZ 1998, 311; OLG Saarbrücken FGPrax 1995, 25.
36 *Lehmann* NotBZ 2002, 205; KEHE-*Eickmann* § 45 Rn 3.
37 KG JFG 10, 224, 226; 4, 336, 337; BayObLG Rpfleger 1982, 334; *Demharter* § 45 Rn 11; *Staudinger-Kutter* § 879 Rn 8; *Soergel-Stürner* § 879 Rn 1a; BGB-RGRK-*Augustin* § 879 Rn 16; MüKo-*Wacke* § 879 Rn 4; *Blomeyer* DNotZ 1979, 515.
38 *Knothe* in *Bauer/von Oefele* § 45 Rn 14; *Stadler* AcP 189, 425, 437.
39 LG Darmstadt MDR 1958; KEHE-*Eickmann* § 45 Rn 3.
40 LG Landshut MittBayNot 1979, 69 m Anm *Böck*; BGB-RGRK-*Augustin* § 883 Rn 107; MüKo-*Wacke* § 883 Rn 59; *Schöner/Stöber* Rn 1506; *Lüdtke-Handjery* Betrieb 1974, 517; *Lemke* JuS 1980, 514; *Promberger* MittBayNot 1974, 145.
41 Zur Frage, wie sich die Konkurrenz der Vormerkungen im Stadium der Anspruchserfüllung bzw –durchsetzung auswirkt, vgl: OLG Naumburg NJW-RR 2000, 1185: Die zuerst vollzogene Übereignung ist dem anderen Vormerkungsberechtigten gegenüber voll wirksam.

(§ 883 Abs 2 BGB). Dadurch wird das Grundbuch aber nicht unrichtig im Sinne von § 894 BGB, § 22 GBO.[42] Der Vormerkungsberechtigte kann aber in die Grundpfandrechtsbestellung einwilligen[43] und so auf den Schutz der Vormerkung verzichten; damit ist die Begründung der Grundschuld dann auch ihm gegenüber wirksam.[44] Würde im diesem Fall die Grundschuld zeitlich nach der Eigentumsvormerkung eingetragen werden ohne weiteren Hinweis, so wäre das Grundbuch unrichtig, weil aus ihm zu entnehmen wäre, dass die Grundschuld dem Vormerkungsberechtigen gegenüber relativ unwirksam sei, obwohl Wirksamkeit vorliegt.[45] Um die Wirksamkeit der Grundschuld gegenüber dem Vormerkungsberechtigten kenntlich zu machen, ist die Eintragungsfähigkeit eines sog **Wirksamkeitsvermerks** auch ohne gesetzliche Grundlage heute in Rechtsprechung[46] und Literatur[47] anerkannt. Der Wirksamkeitsvermerk hat jedoch keine Rechtsänderung zum Gegenstand, sondern hat nur deklaratorische Bedeutung. Er macht deutlich, dass der Vormerkungsberechtigte mit der Bestellung der Grundschuld einverstanden ist und dass die Grundschuld deshalb ihm gegenüber wirksam ist. Formellrechtlich bedarf es für die Eintragung des Wirksamkeitsvermerks der notariell beglaubigten oder beurkundeten Bewilligung des Vormerkungsberechtigten als Betroffenen nach §§ 19, 29.[48] Zum Teil wird die Eintragung des Wirksamkeitsvermerks bei der Grundschuld allein für ausreichend gehalten.[49] In entsprechender Anwendung des § 18 GBV wird dem Gebot der Klarheit und Eindeutigkeit aller Grundbucheintragungen aber am ehesten entsprochen, wenn der Wirksamkeitsvermerk bei der Grundschuld und der Eigentumsvormerkung gebucht wird.[50] Wird der Wirksamkeitsvermerk zugleich mit der Grundschuld eingetragen, erfolgt dies in der Hauptspalte bei der Grundschuld und in der Veränderungsspalte bei der Eigentumsvormerkung; bei nachträglicher Eintragung geschieht die Buchung jeweils in den Veränderungsspalten von Grundschuld und Vormerkung. Bestritten ist die kostenrechtliche und damit für die Praxis sehr wichtige Behandlung des Wirksamkeitsvermerks. Bei gleichzeitiger Eintragung von Grundschuld und Wirksamkeitsvermerk wird die Meinung vertreten, dass dafür eine Viertelgebühr gemäß § 67 KostO anfällt.[51] Zur Begründung wird angeführt, die Eintragung eines Wirksamkeitsvermerks komme einer Rangänderung gleich, die mit einer Viertelgebühr bewertet wird. Richtigerweise wird jedoch die Eintragung des Wirksamkeitsvermerks in diesem Fall im Hinblick auf § 62 Abs 3 Satz 1 KostO als gebührenfreies Nebengeschäft angesehen.[52] Ein Nebengeschäft steht derart mit dem Hauptgeschäft im Zusammenhang, dass es nicht als ein selbständiges in Erscheinung tritt, sondern vorgenommen wird, um das Hauptgeschäft zu fördern oder den beabsichtigten Erfolg herbeizuführen. In diesem Sinne ist die Eintragung der Grundschuld das Hauptgeschäft und die Buchung des Wirksamkeitsvermerks im Verhältnis zu diesem Nebengeschäft. Anders verhält sich dies, wenn der Wirksamkeitsvermerk nachträglich eingetragen wird. Nur vereinzelt wird dies dann auch als gebührenfreies Nebengeschäft angesehen.[53] Überwiegend wird in diesem Fall richtigerweise dafür eine Viertelgebühr nach § 67 KostO verlangt.[54] Inhaltliche Ausgestaltungen

---

42 OLG Hamm Rpfleger 1993, 281; *Meikel-Böttcher* § 22 Rn 73.

43 Zur Formulierung vgl *Schultz* RNotZ 2001, 541, 552 und *Schubert* DNotZ 1999, 967, 982 f.

44 BGH NJW 1999, 2275 = DNotZ 1999, 1000; *MüKo-Wacke* § 883 Rn 48; *Schubert* DNotZ 1999, 967, 968; *Schultz* RNotZ 2001, 541, 548 f.

45 OLG Düsseldorf Rpfleger 2000, 568 = MittRhNotK 2000, 359; *Demharter* § 22 Rn 19.

46 BGH NJW 1999, 2275 = DNotZ 1999, 1000 = Rpfleger 1999, 383 = FGPrax 1999, 128 = ZfIR 1999, 358; OLG Bremen Rpfleger 2005, 529; BayObLG ZfIR 1998, 234 = Rpfleger 1998, 375 = MittRhNotK 1998, 141; MittBayNot 1998, 274; OLG Hamm Rpfleger 1999, 68; OLG Saarbrücken Rpfleger 1995, 404 = MittRhNotK 1995, 25; OLG Düsseldorf Rpfleger 2000, 568 = MittRhNotK 2000, 359; LG Amberg MittBayNot 1996, 41; LG Saarbrücken DNotI-Report 1996, 206; **aA** noch OLG Köln DNotZ 1998, 311 = Rpfleger 1998, 106 wegen der Möglichkeit einer Rangänderung.

47 *Schultz* RNotZ 2001, 541; *Skidzun* Rpfleger 2002, 9; *Schubert* DNotZ 1999, 967; *Lehmann* NJW 1993, 1558; MittRhNotK 1997, 396; *Frank* MittBayNot 1996, 271; 1998, 228; *Stöber* MittBayNot 1997, 143; *Keller* BWNotZ 1998, 25; Rpfleger 1998, 106; *Gursky* DNotZ 1998, 273; *Demharter* § 22 GBO Rn 19; zu der Frage, ob das GBA die Grundschuld ohne gleichzeitige Eintragung des Vermerks in das GB eintragen darf, wenn die Wirksamkeit ggü dem Vormerkungsberechtigen aufgrund dessen Mitwirkung bei der Grundschuldbestellung offensichtlich ist, vgl *Keller* BWNotZ 1998, 25.

48 *Demharter* § 22 Rn 19; *Schultz* RNotZ 2001, 541, 549; *Stöber* MittBayNot 1997, 143, 145.

49 OLG Saarbrücken MittRhNotK 1995, 25, 27; *Lehmann* NJW 1993, 1558, 1560; *Bühler* BWNotZ 1995, 171, 172; *Frank* MittBayNot 1996, 271, 273.

50 BGH DNotZ 1999, 1000 = Rpfleger 1999, 383 = FGPrax 1999, 128; BayObLG Rpfleger 1998, 375; OLG Düsseldorf Rpfleger 2000, 568; *Meikel-Böttcher* § 18 GBV Rn 16; *Demharter* § 22 Rn 19; *Schultz* RNotZ 2001, 541, 561; *Gursky* DNotZ 1998, 273, 278; *Keller* BWNotZ 1998, 25, 29; *Stöber* MittBayNot 1997, 143, 147.

51 BayObLG Rpfleger 1998, 375 = ZfIR 1998, 234 = MittRhNotK 1998, 141; FGPrax 2001, 128 = MittBayNot 2001, 414; *Lappe* NJW 1999, 1112, 1115; *Bengel* DNotZ 1999, 772; *Streuer* Rpfleger 1997, 541; *Keller* BWNotZ 1998, 25, 29; *Blank* ZfIR 2001, 419.

52 OLG Köln RNotZ 2001, 243; OLG Düsseldorf Rpfleger 2000, 568 = MittRhNotK 2000, 359; LG Saarbrücken MittBayNot 1996, 451 = MittRhNotK 1997, 243; AG Völklingen MittRhNotK 2000, 38; *Schultz* RNotZ 2001, 541, 562 f; *Schubert* DNotZ 1999, 967, 978 f; *Frank* MittBayNot 1996, 272, 273; 1998, 228, 230; *Lehmann* NJW 1993, 1558, 1560; Rpfleger 1998, 375, 376; *Stöber* MittBayNot 1997, 143 Fn 7.

53 *Frank* MittBayNot 1996, 271, 273; 1998, 228, 230; *Stöber* MittBayNot 1997, 143 Fn 7.

54 BayObLG FGPrax 2001, 128; MittBayNot 1998, 234; *Schultz* RNotZ 2001, 541, 564; *Schubert* DNotZ 1999, 967, 979 f; *Lappe* NJW 1999, 1112, 1115; *Streuer* Rpfleger 1997, 541; *Keller* BWNotZ 1998, 25, 29; *Blank* ZfIR 2001, 419.

eines Rechts (zB Ausschluss der Brieferteilung oder Vollstreckungsunterwerfung) sind nämlich nur dann ein gebührenfreies Nebengeschäft, wenn sie gleichzeitig mit diesem eingetragen werden (§ 62 Abs 3 Satz 1 KostO); ansonsten löst deren Eintragung eine Viertelgebühr aus (§ 67 Satz 2 Nr 2, 1. Alt und Nr 6 KostO). Ebenso ist dies beim Wirksamkeitsvermerk. Eine Rangänderung zwischen Eigentumsvormerkung und Finanzierungsgrundschuld ist wenig attraktiv, da hierfür eine Viertelgebühr aus einem nach § 30 KostO zu schätzenden Teilwert anfällt beim Grundbuchamt (§ 67 KostO). Der bei der Eigentumsvormerkung einzutragende Rangvorbehalt zu Gunsten zu bestellender Finanzierungsgrundpfandrechte kann eine nach § 62 Abs 3 Satz 1 KostO gebührenfreie Alternative zu Wirksamkeitsvermerk und Rangänderung darstellen und deshalb wegen der Pflicht des Notars zur Aufzeigung kostengünstiger Gestaltungsalternativen von besonderem Interesse sein, da auch die Ausnutzung des Rangvorbehalts ein gebührenfreies Nebengeschäft gemäß § 35 KostO darstellt.

Muster:[55]

»Dem Eigentümer des Vertragsgegenstandes ist das Recht vorbehalten, im Range vor der in Abschnitt (.............) zu Gunsten des Erwerbers zur Eintragung bewilligten Eigentumsvormerkung Grundpfandrechte für beliebige Gläubiger bis zur Höhe des Kaufpreises nebst sonstigen einmaligen Nebenleistungen bis zu einer Höhe von 10 % des Kaufpreises nebst bis zu 18 % Jahreszinsen ab dem Tage der Bestellung des entsprechenden Grundpfandrechtes in das Grundbuch eintragen zu lassen.

Der vorstehende Rangvorbehalt wird jedoch in der Weise beschränkt, dass er nur für solche Grundpfandrechte ausgenutzt werden darf, die unter Mitwirkung des Erwerbers bestellt werden.

Der Rangvorbehalt kann durch mehrere Rechte und mehrmals ausgenutzt werden.

Die Eintragung dieses bedingten Rangvorbehalts im Grundbuch bei der Eigentumsvormerkung des Erwerbers wird hiermit beantragt und bewilligt.«

20   **dd) Verfügungsbeeinträchtigungen[56].** Sie werden unterteilt in Verfügungsentziehungen[57] (= Insolvenzeröffnung, Testamentsvollstreckung, Nachlassverwaltung), Verfügungsbeschränkungen[58] (= § 5 ErbbauRG, § 12 WEG), Verfügungsverbote[59] (= § 23 ZVG; §§ 829, 857 ZPO; §§ 935, 938 ZPO) und die Nacherbfolge als Verfügungsbeeinträchtigung sui generis. **Zwischen Verfügungsbeeinträchtigungen untereinander** besteht weder ein materielles Rangverhältnis iS von § 879 BGB noch ein formales nach § 45; ihr Verhältnis zueinander richtet sich nach dem Zeitpunkt ihrer Entstehung.[60] Unbestritten ist heute auch, dass **zwischen einem dinglichen Grundstücksrecht und einer Verfügungsbeeinträchtigung** kein materielles Rangverhältnis iS von § 879 BGB besteht,[61] da zum einen § 879 BGB nur von »Rechten« spricht und eine Verfügungsbeeinträchtigung kein dingliches Recht ist, zum anderen aber auch aus einer Verfügungsbeeinträchtigung keine Befriedigung erlangt werden kann, was für eine Befriedigungsreihenfolge (vgl Rn 2) jedoch Voraussetzung ist. Deshalb ist die Anwendung des § 45 allerdings nicht völlig ausgeschlossen. Für den gutgläubigen Erwerb nach § 892 BGB ist es nämlich von entscheidender Bedeutung, wie sich die zeitliche Reihenfolge der Eintragung der Verfügungsbeeinträchtigung und des dinglichen Rechts darstellt. Geht ein Antrag auf Eintragung eines dinglichen Rechts vor einem Ersuchen auf Eintragung einer Verfügungsbeeinträchtigung ein, und erfolgen beide Eintragungen am gleichen Tag ohne besondere Vermerke, was bei Nichtanwendung von § 45 durchaus richtig wäre, so ist dies für einen möglichen gutgläubigen Erwerb von erheblicher Bedeutung, da nämlich die gleichzeitige Eintragung der Verfügungsbeeinträchtigung den gutgläubigen Erwerb eines Rechts verhindert. Daraus folgt aber auch umgekehrt, dass eine Beachtung von § 45 dann nicht erforderlich ist, wenn das Ersuchen auf Eintragung der Verfügungsbeeinträchtigung gleichzeitig oder vor dem Antrag auf Eintragung eines dinglichen Rechtes eingeht; in beiden Fällen darf das dingliche Recht zeitlich nicht vor der Verfügungsbeeinträchtigung eingetragen werden (§ 17), sodass das GBA im ungünstigsten Fall beide Eintragungen gleichzeitig vornimmt; ein gutgläubiger Erwerb ist daher auf alle Fälle ausgeschlossen und es kommt dabei auf die Anwendung des § 45 nicht an. Ein »Rangvermerk« ist daher nur sinnvoll, wenn er deklaratorisch kundtut, dass ein Recht vor einer Verfügungsbeeinträchtigung eingetragen wurde, dh wenn er die »Wirksamkeitsreihenfolge«[62] oder maW das

---

55 Nach *Vierling/Mehler/Gotthold* MittBayNot 2005, 375, 377.
56 Vgl dazu: *Böttcher* Rpfleger 1983, 49.
57 *Böttcher* Rpfleger 1983, 187.
58 *Böttcher* Rpfleger 1984, 377 und 1985, 1.
59 *Böttcher* Rpfleger 1985, 381.
60 KG KGJ 35, 300; *Staudinger-Kutter* § 879 Rn 12; *MüKo-Wacke* § 879 Rn 6; *Soergel-Stürner* § 879 Rn 2; *Demharter* § 45 Rn 19; *Knothe* in *Bauer/von Oefele* § 45 Rn 15; *Böttcher* Rpfleger 1983, 49, 56; *Stadler* AcP 189, 425, 433.
61 RGZ 135, 378, 384; KG HRR 1934 Nr 199; JFG 13, 114; 16, 235; OLG Hamm Rpfleger 1957, 19; 1966, 48; OLG Hamburg DNotZ 1967, 373, 376; *Staudinger-Kutter* § 879 Rn 12–14; BGB-RGRK-*Augustin* § 879 Rn 17–19; *MüKo-Wacke* § 879 Rn 6; *Soergel-Stürner* § 879 Rn 2; KEHE-*Eickmann* § 45 Rn 8; *Demharter* § 45 Rn 19; *Westermann-Eickmann* § 80 I 2; *Weirich* Rn 602; *Böttcher* Rpfleger 1983, 49, 55; *Wieling* JZ 1982, 839, 842; *Grunsky* S 56 f; *Dettmar* S 82 f; *Stadler* AcP 189, 425, 433; **aA** nur *Güthe-Triebel* § 45 Bem 13; *Hesse-Saage-Fischer* § 45 Bem II, 1; *Hesse* DFG 1938, 86.
62 KEHE-*Eickmann* § 45 Rn 8.

»grundbuchverfahrensmäßige Eintragungsvorrangsverhältnis«[63] zwischen ihnen regelt. § 45 ist somit analog anwendbar, wenn es darum geht, den formalen Vorrang eines eingetragenen dinglichen Rechts vor einer Verfügungsbeeinträchtigung zu verlautbaren.[64] In der Literatur wird folgende Zitierweise vorgeschlagen:[65] »mit Wirkung gegenüber dem Verfügungsverbot, das durch den in Abt II Nr 2 eingetragenen Zwangsversteigerungsvermerk zum Ausdruck gebracht worden ist«. Davon wird abgeraten, weil dadurch im Grundbucheintrag eine nicht vorgenommene und uU sogar falsche Beurteilung der materiellen Rechtslage verlautbar wird. Auch wenn kein materielles Rangverhältnis vorliegt, wird folgende Fassung empfohlen:[66] »mit dem Rang vor dem Zwangsversteigerungsvermerk Abt II Nr 2«.

ee) Widerspruch. Nicht anwendbar ist § 879 BGB auf Widersprüche.[67] Sie haben keinen selbständigen Rang, sondern erhalten nur einen Rang, der dem gesicherten dinglichen Recht zukommt. Für das Verhältnis von Widersprüchen untereinander findet § 45 daher keine Anwendung.[68] Zwischen Widersprüchen und Grundstücksrechten besteht zwar auch kein materielles Rangverhältnis; jedoch sind auch in diesen Fällen wegen § 892 Abs 1 S 1 BGB die Grundsätze wie bei den Verfügungsbeeinträchtigungen (vgl Rdn 20) anzuwenden.[69] **21**

e) Rechte an Grundstücksrechten (Nießbrauch, Pfandrecht). § 879 BGB gilt nicht unmittelbar, findet aber entsprechende Anwendung, soweit zur Entstehung der Rechte die **Grundbucheintragung erforderlich** ist (wie zB bei § 1069 Abs 1, § 1274 Abs 1 S 1 mit § 873 BGB); es entscheidet immer die räumliche Reihenfolge, da eine Eintragung in verschiedenen Abteilungen nicht in Betracht kommt.[70] Daher ist auch § 45 Abs 1 in diesem Fall entsprechend anwendbar.[71] **22**

Ist für die Entstehung eines Rechtes an einem Grundstück **keine Grundbucheintragung erforderlich** (zB Pfandrecht an einer Briefhypothek), so bestimmt sich das Rangverhältnis solcher Belastungen (zB eines rechtsgeschäftlichen und eines gerichtlichen Pfandrechts) untereinander nach den Zeitpunkten ihrer Entstehung.[72] Erfolgt die Eintragung dieser Rechte nachträglich im Wege der Grundbuchberichtigung, vgl Rdn 38. **23**

f) Mehrere Ansprüche aus demselben Recht. Dabei handelt es sich nicht um »mehrere Rechte« iS des § 879 BGB oder § 45 (vgl Rdn 9). Ihre Rangordnung bestimmt sich nach § 10 Abs 1 Nr 4, § 12 ZVG; dh dass Kosten und Zinsen dem Hauptanspruch vorangehen.[73] § 45 findet insoweit keine Anwendung, sofern es um die ursprüngliche Eintragung des Rechts geht. **24**

2. Ausnahmen

a) Gesetzliche Rangbestimmung. § 45 findet dann keine Anwendung, wenn andere gesetzliche Vorschriften für eine Eintragung eine ausdrückliche Rangbestimmung enthalten.[74] **25**

aa) § 883 Abs 3 BGB. Durch Vormerkung gesicherte Rechte erhalten den Rang der Vormerkung. Dies ist durch die Eintragung des Rechts neben der Vormerkung zum Ausdruck zu bringen; letztere wird daher für diesen Zweck nur halbspaltig eingetragen gemäß § 19 Abs 1 GBV.[75] **26**

bb) § 900 Abs 2 S 2 BGB. Im Falle der Buchersitzung besteht ein gesetzliches Rangverhältnis, nämlich wenn für jemand ein ihm nicht zustehendes anderes Recht als das Eigentum, das zum Besitz des Grundstücks berechtigt oder dessen Ausübung nach den für den Besitz geltenden Vorschriften geschützt ist, im Grundbuch eingetragen ist. Zum Besitz berechtigen zB Nießbrauch (§ 1036 Abs 1 BGB), Wohnungsrecht (§ 1093 Abs 1 S 2 iVm § 1036 Abs 1 BGB), Dauerwohnungs- und Dauernutzungsrecht (§ 34 Abs 2 WEG), sowie das Erbbaurecht **27**

---

63 *Tröster* Rpfleger 1985, 337, 338.
64 KG HRR 1934 Nr 199; JFG 13, 114; *Demharter* § 45 Rn 18; KEHE-*Eickmann* § 45 Rn 8; MüKo-*Wacke* § 879 Rn 8; *Böttcher* Rpfleger 1983, 49, 55; *Tröster* Rpfleger 1985, 337, 338; *Weirich* Jura 1983, 337, 343; *Streuer* Rpfleger 1994, 388; **aA** nur *Ripfel* S 102.
65 *Von Lübtow* JW 1931, 3415.
66 *Tröster* Rpfleger 1985, 337, 340.
67 RGZ 129, 127; *Staudinger-Kutter* § 879 Rn 11; *Planck-Strecker* § 879 Anm 7f; BGB-RGRK-*Augustin* § 879 Rn 15; *Demharter* § 45 Rn 19.
68 *Demharter* § 45 Rn 19.
69 KEHE-*Eickmann* § 45 Rn 8; *Demharter* § 45 Rn 18; MüKo-*Wacke* § 879 Rn 5.
70 KG KGJ 39, 248, 252; JFG 3, 439, 441; *Staudinger-Kutter* § 879 Rn 15; MüKo-*Wacke* § 879 Rn 7; BGB-RGRK-*Augustin* § 879 Rn 6; *Planck-Strecker* § 879 Anm 7d; KEHE-*Eickmann* § 45 Rn 4; *Wolff-Raiser* § 41 VI; *Westermann-Eickmann* § 80 I 2; **aA** *Soergel-Stürner* § 879 Rn 3.
71 KEHE-*Eickmann* § 45 Rn 4; *Güthe-Triebel* § 45 Bem 4.
72 BGB-RGRK-*Augustin* § 879 Rn 6; *Soergel-Stürner* § 879 Rn 3; *Staudinger-Kutter* § 879 Rn 16.
73 *Staudinger-Kutter* § 879 Rn 20; BGB-RGRK-*Augustin* § 879 Rn 22.
74 KEHE-*Eickmann* § 45 Rn 9; *Demharter* § 45 Rn 20.
75 *Demharter* § 45 Rn 21; KEHE-*Eickmann* § 45 Rn 9; *Eickmann* GBVerfR, Rn 346.

(§§ 11 ErbbauRG, 1017 Abs 2 BGB). Besitzrechtlich geschützte Rechte sind Grunddienstbarkeiten und beschränkte persönliche Dienstbarkeiten (§§ 1029, 1090 Abs 2 BGB). § 900 Abs 2 S 2 BGB bestimmt bezüglich des Ranges, dass dafür die Grundbucheintragung maßgebend ist. Es handelt sich um eine gesetzliche Rangbestimmung, da § 900 Abs 2 S 2 BGB dem § 879 Abs 2 BGB entspricht und dies bedeutet, dass ein durch Buchersitzung erworbenes Recht allen Rechten im Rang vorgeht, die während der Ersitzungszeit eingetragen worden sind.

28 **cc) § 1119 Abs 1 BGB.** Ist eine Hypothek, Grund- oder Rentenschuld unverzinslich oder ist der Zinssatz niedriger als 5 %, so kann sie ohne Zustimmung der im Rang gleich- oder nachstehenden Berechtigten dahin erweitert werden, dass das Grundstück für Zinsen bis zu 5 % haftet. Änderungen nach Maßgabe des § 1119 BGB spielen sich im Rahmen des Ranges des Hauptrechts ab; insofern hat diese Vorschrift die Bedeutung eines gesetzlichen Ranges.

29 **dd) § 1131 S 2 BGB.** Wird ein Grundstück einem anderen Grundstück als Bestandteil zugeschrieben (§ 890 Abs 2 BGB), so erstrecken sich die an diesem Grundstück bestehenden Grundpfandrechte auf das zugeschriebene Grundstück, wobei ihnen jedoch die an dem zugeschriebenen Grundstück bereits bestehenden Rechte im Range vorgehen. Ein besonderer Rangvermerk ist nicht erforderlich, da sich das Rangverhältnis aus dem Gesetz ergibt.

30 **ee) Teilgrundpfandrechte.** Diese liegen vor, wenn Grundpfandrechte teilweise abgetreten, ge- oder verpfändet werden oder teilweise auf einen Dritten kraft Gesetzes übergehen (§§ 268, 426, 774, 1143, 1164, 1176, 1182 BGB) oder in Bezug auf Teilbeträge inhaltlich geändert werden (zB hinsichtlich Zinssatz, Fälligkeit oder in Bezug auf den Rang).[76] Keine Teilung liegt vor, wenn nur bezüglich eines Teiles der Eigentümer sich gemäß § 794 Abs 1 Nr 5 ZPO der Zwangsvollstreckung unterwirft, es sei denn es erfolgt eine gleichzeitige Rangbestimmung (zB »Unterwerfung bezüglich eines rangletzten Teilbetrages«).[77] Die Teilung des dinglichen Rechts lässt selbständige Grundpfandrechte entstehen.[78] Hinsichtlich des Ranges dieser Rechte ist zu unterscheiden:

31 Bleiben sie in einer Hand oder wird eines (oder mehrere) von ihnen **rechtsgeschäftlich übertragen**, so behalten die Rechte mangels entgegenstehender Regelung Gleichrang untereinander,[79] da sie ihren Ursprung, und damit auch ihren Rang, von dem gemeinsamen Recht herleiten; besondere Rangvermerke sind für den Gleichrang nicht einzutragen, da sich der bisher einheitliche Rang am bisherigen Recht an den selbständigen Teilen fortsetzt. Etwas anderes gilt nur, wenn die Beteiligten das Gleichrangverhältnis der Teilgrundpfandrechte gemeinschaftlich ändern (§ 880 BGB), wozu in Ausnahme von § 880 Abs 2 S 2 die Zustimmung des Eigentümers nicht erforderlich ist (§ 1151 BGB); die Rangänderung ist durch Rangvermerke im GB einzutragen.

32 Findet ein **Übergang kraft Gesetzes** auf den Eigentümer oder einen Dritten statt, so ist jeweils gesetzlich bestimmt, dass das Recht des Gläubigers Vorrang vor dem übergangenen Recht hat (§ 268 Abs 3 S 2; § 426 Abs 2 S 2; § 774 Abs 1 S 2; § 1143 Abs 1 S 2; § 1164 Abs 1 S 2; § 1176; § 1182 S 2 BGB). Der Vorrang entsteht kraft Gesetzes. Diese Rangänderung ist eine endgültige, und zwar in dem Sinne, dass sie auch dann erhalten bleibt, wenn das vorrangige Restgrundpfandrecht vom Gläubiger abgetreten wird.[80] Das gilt selbst dann, wenn der Eigentümer oder der persönliche Schuldner neuer Rechtsinhaber wird.[81] Bei der Umschreibung des Teilrechts auf den Eigentümer oder Dritten ist der Vorrang des dem Gläubiger verbleibenden Restgrundpfandrechts von Amts wegen zu vermerken:[82] »*Übergegangen zu einem Teilbetrag von ... EUR auf den Eigentümer. Eingetragen im Range nach dem Restrecht des Gläubigers am ...*«.

33 **ff) § 128 Abs 1 ZVG.** Soweit im Zwangsversteigerungsverfahren für die Gläubigeransprüche die Forderungen gegen den Ersteher übertragen werden, weil das Bargebot nicht berichtigt wurde (§ 118 ZVG), sind für diese Forderungen Sicherheitshypotheken an dem Grundstück einzutragen. Ihr Rang bestimmt sich nach dem Rang der Ansprüche, zu deren Befriedigung die Forderungsübertragungen erfolgt sind.[83] Im Falle des § 128 Abs 1 ZVG liegt somit ein gesetzliches Rangverhältnis vor. Die einzelnen Hypotheken erhalten also verschiedenen Rang, obwohl ihre Eintragung das Vollstreckungsgericht gleichzeitig in einem Ersuchen beantragt (§ 130

---

76 *MüKo-Eickmann* § 1151 Rn 2–4.
77 BayObLG Rpfleger 1985, 355; OLG Hamm Rpfleger 1984, 60; DNotZ 1988, 233 m Anm *Wolfsteiner*; OLG Köln MittRhNotK 1985, 105 = Jur-Büro 1984, 1422.
78 RGZ 131, 91; *Staudinger-Wolfsteiner* § 1151 Rn 7; *BGB-RGRK-Mattern* § 1151 Rn 2; *MüKo-Eickmann* § 1151 Rn 5; *Soergel-Konzen* § 1151 Rn 1.
79 *MüKo-Eickmann* § 1151 Rn 6; *Staudinger-Wolfsteiner* § 1151 Rn 2; *BGB-RGRK-Mattern* § 1151 Rn 3.
80 *MüKo-Eickmann* § 1176 Rn 6; **aA** *Streuer* Rpfleger 1994, 388.
81 KG KGJ 52, 279; *Staudinger-Wolfsteiner* § 1176 Rn 11.
82 KG KGJ 25, 303; *Staudinger-Wolfsteiner* § 1176 Rn 12; *MüKo-Eickmann* § 1176 Rn 9; *Soergel-Konzen* § 1176 Rn 3; *Planck-Strecker* § 1176 Anm 4; **aA** *Streuer* Rpfleger 1994, 388.
83 *KEHE-Eickmann* § 45 Rn 9; *Demharter* § 45 Rn 22.

ZVG); daher ist die Rangfolge in dem Ersuchen anzugeben. Fehlt sie, so ist dies zu beanstanden (§ 18). Die Rangfolge wird im GB durch die räumliche Aufeinanderfolge, notfalls durch Rangvermerke, zum Ausdruck gebracht.[84]

gg) § 130 Abs 3 ZVG. Hat im Zwangsversteigerungsverfahren der Ersteher die Eintragung eines Rechtes an 34 dem ersteigerten Grundstück bewilligt und beantragt, und zwar bevor er als Eigentümer eingetragen worden ist, so darf die Eintragung des Rechts nicht vor Erledigung der sich auf die Durchführung des Zwangsversteigerungsverfahrens beziehenden Eintragungen erfolgen.[85] Im Falle des § 130 Abs 3 ZVG tritt somit ebenfalls eine gesetzliche Rangwirkung ein (vgl auch § 18 Rdn 16).

hh) § 5 Heimstättengesetz. Die Eigenschaft eines Grundstücks als Heimstätte konnte nur zur ausschließlich 35 ersten Rangstelle eingetragen werden. Bei der Ausgabe eines bereits belasteten Grundstücks hat die Heimstätteneigenschaft kraft Gesetzes Vorrang vor den Belastungen (§ 12 AVO zum Heimstättengesetz vom 19.07.1940, RGBl I 1027). Zur Eintragung des Heimstättenvermerks waren deshalb Rangrücktritte der Berechtigten nicht erforderlich; Rangvermerke brauchten nicht eingetragen zu werden.[86] Das RHeimstG ist mit Gesetz vom 17.06.1993 (BGBl I 912) aufgehoben worden.

b) Außerhalb des Grundbuchs entstandene Rangverhältnisse. Öffentliche Grundstückslasten (zB 36 Erschließungsbeiträge, Grundsteuerbeträge) entstehen kraft Gesetzes ohne Eintragung im GB. Sie werden nach § 54 nur ausnahmsweise im GB eingetragen, wenn ihre Eintragung gesetzlich vorgeschrieben oder zugelassen ist (zB in § 64 Abs 6 BauGB für die im Umlegungsverfahren festgesetzten Geldleistungen) und gehen, falls nicht gesetzlich etwas anderes bestimmt ist, allen anderen Rechten am Grundstück ohne Rücksicht auf Zeit und Ort ihrer Eintragung im Range vor.[87] § 879 BGB und § 45 finden deshalb auf öffentliche Lasten keine Anwendung.[88] Ein trotzdem eingetragener Rangvermerk ist inhaltlich unzulässig.[89]

Nicht eintragungsfähige Rechte sind zB die Überbau- und Notwegrente, die auf Grund gesetzlicher Rang- 37 privilegien (§ 914 S 1, § 916, § 917 Abs 2 BGB) allen anderen Rechten im GB vorgehen. Ähnliche Rechte finden sich in § 24 Abs 5 BauGB (= öffentlich-rechtliche Vorkaufsrechte) und Art 118 EGBGB (= landesrechtliche Meliorationsdarlehen). Sie haben keinen Rang iS des § 879 BGB und § 45; hier ist der Entstehungszeitpunkt der Rechte von Bedeutung, soweit diese nicht gesetzlich einen besonderen Rang haben.[90]

Nicht eintragungsbedürftige, aber eintragungsfähige Rechte (zB Pfandrechte an Briefgrundpfandrech- 38 ten, Sicherungshypotheken nach § 1287 BGB, § 848 ZPO) werden nicht von § 879 BGB erfasst; ihr Rang untereinander und im Verhältnis zu eingetragenen Rechten bestimmt sich nach dem Zeitpunkt der Entstehung, und zwar auch dann, wenn sie berichtigend eingetragen wurden[91] (vgl Rdn 23). Dennoch soll das GBA bei ihrer Eintragung nach § 45 verfahren dürfen, solange es den richtigen Rang nicht kennt[92] (vgl auch § 17 Rdn 12). Entspricht der demgemäß verlautbarte Rang nicht der wahren Rechtslage, so ist das GB unrichtig.[93] Das GBA hat deshalb das ihm durch geeignete Urkunden (zB Protokoll des Gerichtsvollziehers über Wegnahme von Hypothekenbriefen oder Nachweis von Verpfändungen) nachzuweisende Rangverhältnis mehrerer Pfändungen von Briefhypotheken unabhängig von dem Eingang der Anträge der Pfandgläubiger im Wege der Grundbuchberichtigung zu vermerken.[94] Soweit diese eintragungsfähigen, aber nicht eintragungsbedürftigen Rechte tatsächlich nicht im GB eingetragen sind, stellt sich die Frage, ob sich deren kraft Gesetzes erworbene Rangstelle durch einen gutgläubigen Erwerb Dritter verschlechtern kann. Zum Teil wird dies generell abgelehnt, dh die nicht eingetragenen Rechte gelten insoweit als eingetragen.[95] Eine Mittelmeinung stimmt dem grundsätzlich zu, lässt aber gegenüber den Sicherungshypotheken nach § 1287 BGB, § 848 ZPO ausnahmsweise einen gutgläubigen Dritterwerb zu.[96] Letztere differenzierende Ansicht ist abzulehnen; das Gesetz gibt hierfür

---

84 Beispiel bei *Steiner-Eickmann* § 128 Rn 32.
85 KEHE-*Eickmann* § 45 Rn 9; *Demharter* § 45 Rn 22.
86 OLG Hamm NJW 1956, 633; OLG Celle NdsRpfl 1957, 151; LG Darmstadt DNotZ 1958, 489; LG Aachen NJW 1959, 2169; LG Bonn NJW 1963, 304; KEHE-*Eickmann* § 45 Rn 9.
87 KEHE-*Eickmann* § 45 Rn 10; *Demharter* § 45 Rn 25.
88 *Demharter* § 45 Rn 25; *Soergel-Stürner* § 879 Rn 2.
89 KG KGJ 14, 437; KEHE-*Eickmann* § 45 Rn 10.
90 BGB-RGRK-*Augustin* § 879 Rn 11; *Staudinger-Kutter* § 879 Rn 18, 19; *Soergel-Stürner* § 879 Rn 2; *Güthe-Triebel* § 45 Bem 4.
91 BayObLG NJW-RR 1991, 567; *Staudinger-Kutter* § 879 Rn 17; *Planck-Strecker* § 879 Anm 7e; *Soergel-Stürner* § 879 Rn 2; BGB-RGRK-*Augustin* § 879 Rn 10; KEHE-*Eickmann* § 45 Rn 24; *Wolff-Raiser* § 41 IV 1.
92 KG KGJ 35, 297, 301; *Demharter* § 45 Rn 24; *Güthe-Triebel* § 45 Bem 4; wohl auch *Soergel-Stürner* § 879 Rn 3.
93 *Staudinger-Kutter* § 879 Rn 17; BGB-RGRK-*Augustin* § 879 Rn 10; *Demharter* § 45 Rn 24.
94 KEHE-*Eickmann* § 45 Rn 10; *Eickmann* GBVerfR Rn 347.
95 MüKo-*Wacke* § 892 Rn 23.
96 BGB-RGRK-*Augustin* § 879 Rn 10 und § 892 Rn 26, 78.

keine Anhaltspunkte; das GB wird in jedem Fall unrichtig. Mit der hM ist vielmehr davon auszugehen, dass derartige Rechte durch gutgläubigen Erwerb nach § 892 BGB erlöschen bzw ihren Rang verschlechtern können, solange sie nicht eingetragen sind.[97] Das Gesetz bietet keinerlei Anhaltspunkt dafür, dass die Vollständigkeitsfiktion des Grundbuchs insoweit nicht gelten soll. In der modernen Literatur zum Grundbuchverfahrensrecht wird sogar zu Recht die Meinung vertreten, dass der Gutglaubensschutz gegenüber eintragungsfähigen, aber nicht eintragungsbedürftigen öffentlich-rechtlichen Lasten gilt (vgl Einl B Rdn 14). Die kraft Gesetzes entstehenden Sicherungshypotheken (§ 1287 BGB, § 848 ZPO) gehen einer zugleich mit der Eigentumsumschreibung eingetragenen Restkaufgeldhypothek oder einer anderen dinglichen Belastung für den Verkäufer, die Teil der Käuferleistung ist (zB Wohnungsrecht, Dienstbarkeit, Reallast), im Range nach;[98] gleiches muss bei Rechten für Dritte gelten, die zur Kaufpreisfinanzierung dienen, dh ohne die es zu keinem Eigentumsübergang kommt.[99] Bestanden an dem Grundstück bereits vor der Auflassung Grundpfandrechte, so gehen diese der Sicherungshypothek vor.[100]

V. Bestimmung des Rangverhältnisses aus dem GB (§ 879 Abs 1, 2 BGB)

1. In derselben Abteilung

39   Die Rangordnung von Rechten, die in derselben Abteilung des Grundbuchs eingetragen sind, bestimmt sich gemäß § 879 Abs 1 S 1 BGB nach der Reihenfolge der Eintragungen (= **Locusprinzip:** prior loco potior iure). Dies gilt auch, wenn die Rechte zwar nicht in dieselbe Abteilung gehören, aber doch dort eingetragen sind; mit dem sich daraus ergebenden Rang kann das in der unrichtigen Abteilung stehende Recht in die richtige Abteilung übertragen werden.[101] Gleichrang haben die Rechte in derselben Abteilung nur dann, wenn dies aus Rangvermerken ersichtlich ist (§ 45 Abs 1, 2 Hs). Ohne Bedeutung ist in diesen Fällen das Eintragungsdatum. Zwar soll der Tag der Eintragung im GB angegeben werden (§ 44), aber wenn diese Angabe fehlt oder falsch ist, so hat dies keinen Einfluss auf die Wirksamkeit der Eintragung und – bei Rechten in derselben Abteilung – auf ihren Rang.[102] Zu der Frage, wie sich das Rangverhältnis bestimmt, wenn die räumliche Reihenfolge der Rechte im GB nicht mit ihren zeitlichen Entstehungspunkten übereinstimmt, dh das Rangverhältnis fehlerhaft dargestellt wurde im GB, vgl Rdn 214 ff.

40   **Sammelbuchungen** von Rechten innerhalb derselben Abteilung können erfolgen durch Buchung unter einer laufenden Nummer im GB oder unter mehreren fortlaufenden Nummern (vgl § 44 Rdn 52 ff). Im letzteren Fall bestimmt sich das Rangverhältnis unter den einzelnen Rechten gemäß § 879 Abs 1 S 1 BGB (= Locusprinzip),[103] sofern kein Rangvermerk gebucht ist. Gleiches soll für die Buchung unter einer laufenden Nummer im GB gelten.[104] Dem kann nicht gefolgt werden. Mit der hM[105] ist vielmehr davon auszugehen, dass die Rechte dann Gleichrang haben, und zwar kraft der einheitlichen und somit gleichzeitigen Unterzeichnungen der räumlich an einer Stelle des Grundbuchs zusammengefassten Eintragungen; besondere Gleichrangvermerke sind dafür nicht erforderlich.

2. In verschiedenen Abteilungen

41   Die Rangordnung von Rechten, die in verschiedenen Abteilungen des Grundbuchs eingetragen sind, bestimmt sich gemäß § 879 Abs 1 S 2, 1. Hs BGB nach dem angegebenen Eintragungsdatum (= **Datumsprinzip**). Gleichrang haben die Rechte somit dann, wenn sie dasselbe Eintragungsdatum haben (§ 879 Abs 1 S 2, 2. Hs BGB). Alle mit gleichem Eintragungstag versehenen Rechte haben Gleichrang, auch wenn sie an diesem Tag zu unterschiedlichen Zeiten vorgenommen wurden; die Eintragungen gelten nämlich formal erst am Ende des Tages für abgeschlossen.[106] Zu der Frage, wie sich das Rangverhältnis bestimmt, wenn das Eintragungsdatum im GB fehlt oder falsch ist, vgl Rdn 216 ff.

---

97   BayObLG Rpfleger 1994, 162 = MittBayNot 1994, 39; *Hintzen* Rpfleger 1989, 439, 441; *Palandt-Bassenge* § 892 Rn 4; *Soergel-Stürner* § 892 Rn 2; *Staudinger-Kutter* § 879 Rn 17.

98   BGHZ 49, 197; LG Frankenthal Rpfleger 1985, 231; BayObLG Rpfleger 1972, 182; 1976, 302; MüKo-*Damrau* § 1274 Rn 24 f; KEHE-*Eickmann* § 45 Rn 10; *Böttcher* Rpfleger 1988, 252, 253.

99   *Böttcher* Rpfleger 1988, 252; *Behr* Taktik in der Mobiliarvollstreckung III, 1989, S 100; **aA** *Kerbusch* Rpfleger 1988, 475; *Hintzen* Rpfleger 1989, 439, 441; *Stöber* Forderungspfändung, Rn 2059.

100 MüKo-*Damrau* § 1274 Rn 24 f.

101 RGZ 94, 8; *Staudinger-Kutter* § 879 Rn 50; *Böttcher* BWNotZ 1988, 73.

102 RG JW 1928, 498; *Staudinger-Kutter* § 879 Rn 26; BGB-RGRK-*Augustin* § 879 Rn 37; MüKo-*Wacke* § 879 Rn 23; *Eickmann* RpflStud 1982, 74, 75; *Böttcher* BWNotZ 1988, 73.

103 *Meikel-Böttcher* § 44 Rdn 58; *Staudinger-Kutter* § 879 Rn 55; KEHE-*Eickmann* § 45 Rn 11; *Schöner/Stöber* Rn 1910 a; *Jestaedt* Rpfleger 1970, 380; *Böttcher* BWNotZ 1988, 73.

104 *Staudinger-Kutter* § 879 Rn 55.

105 BayObLGZ 1957, 327 = Rpfleger 1958, 88; KEHE-*Eickmann* § 45 Rn 11; *Schöner/Stöber* Rn 1910 a; *Jestaedt* Rpfleger 1970, 380; *Böttcher* BWNotZ 1988, 73.

106 *Staudinger-Kutter* § 879 Rn 59; *Wilhelm* JZ 1990, 501, 507; **aA** *Stadler* AcP 189 (1989), 427, 448.

3. Nachfolgende Einigung

Die Eintragung im GB bestimmt die Reihenfolge auch dann, wenn die materiellrechtliche Einigung erst der **42** Grundbucheintragung nachfolgt (§ 879 Abs 2 BGB). Dies hat seinen Grund darin, dass der Zeitpunkt der Einigung nicht aus dem GB zu entnehmen ist, aber über den Rang der Rechte Klarheit herrschen muss.[107] Dies gilt nicht nur, wenn die Einigung überhaupt erst nachträglich vorgenommen wird, sondern auch, wenn eine schwebend unwirksame Einigung nachträglich genehmigt oder eine nichtige nachträglich neu vorgenommen wird.[108] Entsprechendes gilt bei nachträglichem Wirksamwerden durch Eintritt einer aufschiebenden Bedingung oder durch Fristablauf bei Befristung.[109] § 879 Abs 2 BGB gilt auch dann, wenn eine zur materiellen Rechtsänderung erforderliche einseitige rechtsgeschäftliche Erklärung (zB § 1196 BGB) erst nach der Eintragung wirksam abgegeben wird.

4. Haupt- und Veränderungsspalten

a) Eintragungen ohne Belastungserweiterung. Soweit in der Veränderungsspalte nur Inhaltsänderungen **43** gebucht sind, die keine Belastungserweiterungen darstellen (zB Änderung der Kündigungs- oder Zahlungsbestimmungen), so haben diese Eintragungen keinen materiellen Rang gemäß § 879 BGB.[110]

b) Erhöhung von Nebenleistungen. aa) Fall des § 1119 BGB. Ist eine Zinserhöhung auf maximal 5 % in **44** der Veränderungsspalte eingetragen, so teilt dieser zusätzliche Zinsbetrag den Rang des ursprünglichen Rechts kraft Gesetzes ohne die Notwendigkeit von Rangvermerken.[111]

bb) Sonstige Fälle. Ist in der Veränderungsspalte eine Erhöhung von Nebenleistungen (= Zinsen, sonstige **45** Nebenleistungen) eingetragen, die sich außerhalb des Rahmens von § 1119 BGB befindet, so ist die Frage nach dem Rang des erhöhten Betrags sehr streitig. Eine Meinung[112] geht von der **Rangeinheit von Haupt- und Veränderungsspalten** aus, dh sie wendet § 879 Abs 1 S 1 BGB an, weil Vermerke in Haupt- und Nebenspalte angeblich eine Einheit bilden. Dieser Auffassung ist zu widersprechen. Für sie spricht nur die Tradition der Gewohnheit. Dagegen widerspricht sie der allgemeinen Regel, dass ein von der Priorität abweichender Rang ausdrücklich gebucht sein muss. Als Grundsatz des Rangrechts steht die zeitliche Reihenfolge der Entstehung der Rechte im Vordergrund (»Prior tempore potior iure = Der frühere in der Zeit ist der bessere im Recht«). Der Grund dafür, in Zusammenhang mit § 879 Abs 1 S 1 BGB das Locusprinzip anzuwenden, ergibt sich aus den Motiven.[113] Nur weil bei gewollter Rangverschiedenheit von am gleichen Tag einzutragenden Rechten in derselben Abteilung (und das ist in 99 % der Fälle so) ein Rangvermerk zur Verlautbarung des Vorrangs eines dieser Rechte angebracht werden müsste, lässt man der Einfachheit halber die räumliche Reihenfolge maßgeblich sein. Denn was vorher steht ist das ältere, was dahinter steht, das jüngere Recht. Diese Überlegungen können aber auf die Erhöhung von Nebenleistungen in der Veränderungsspalte natürlich nicht übertragen werden. Beim Verhältnis von Eintragungen in Haupt- und Veränderungsspalten kann von einer räumlichen Reihenfolge nicht gesprochen werden. Es muss daher der Grundgedanke der Priorität, die zeitliche Zuordnung, dh das **Tempusprinzip** entsprechend § 879 Abs 1 S 2 BGB den Rang regeln.[114] Der Rang von Eintragungen in der Veränderungsspalte einer Grundbuchabteilung richtet sich demnach im Verhältnis zu Eintragungen in der Hauptspalte und im Verhältnis zu anderen Eintragungen in der Veränderungsspalte ausschließlich nach dem Datum der Eintragungen. Zwischen den Eintragungen in den Haupt- und Veränderungsspalten besteht keine Einheit. Die Eintragung der Erhöhung der Nebenleistungen in der Veränderungsspalte ist für den Rang von selbständiger Bedeutung. Dies ergibt sich daraus, dass die Nebenleistungen im Fall ihrer der Haupteintragung

---

107 KEHE-*Eickmann* § 45 Rn 1; MüKo-*Wacke* § 879 Rn 11, 27.

108 KG HRR 1932 Nr 1823; BGB-RGRK-*Augustin* § 879 Rn 38; *Staudinger-Kutter* § 879 Rn 63; MüKo-*Wacke* § 879 Rn 27; KEHE-*Eickmann* § 45 Rn 1; *Böttcher* BWNotZ 1988, 73.

109 *Staudinger-Kutter* § 879 Rn 63; BGB-RGRK-*Augustin* § 879 Rn 12; MüKo-*Wacke* § 879 Rn 11, 27; *Böttcher* BWNotZ 1988, 73.

110 KEHE-*Eickmann* § 45 Rn 13; *Böttcher* BWNotZ 1988, 73.

111 MüKo-*Eickmann* § 1119 Rn 3; *Böttcher* BWNotZ 1988, 73.

112 RGZ 132, 106 = JFG 8, 42; BayObLGZ 1959, 520, 526 = NJW 1959, 1155 = DNotZ 1960, 540; KG KGJ 26, 142; 26, 290; 33, 350; 43, 234; 48, 216; OLG Frankfurt Rpfleger 1978, 312; LG Bonn Rpfleger 1982, 138; LG Würzburg Rpfleger 1958, 152; LG Hamburg Rpfleger 1960, 170 = DNotZ 1961, 93; *Staudinger-Kutter* § 879 Rn 53; BGB-RGRK-*Augustin* § 879 Rn 35; *Soergel-Stürner* § 879 Rn 11; MüKo-*Wacke* § 879 Rn 26; *Palandt-Bassenge* § 879 Rn 11; *Planck-Strecker* § 879 Anm 2, 7 b; *Güthe-Triebel* § 45 Bem 5; *Schöner/Stöber* Rn 2656, 2659; *Knothe* in *Bauer/von Oefele* § 45 Rn 20; *Streuer* Rpfleger 1982, 138 und 1985, 144; *Bruhn* Rpfleger 1958, 153; kritisch, aber im Ergebnis ebenso *Feuerpfeil* Rpfleger 1983, 298.

113 Mot III 225–227.

114 OLG Dresden OLGE 26, 138; *Meikel-Böhringer* § 48 Rdn 103; *Meikel-Bestelmeyer* § 41 Rdn 35–38; KEHE-*Eickmann* § 45 Rn 13; *Biermann* § 879 Anm 1 und § 1119 Anm 3a; *Turnau-Förster* § 879 Anm II 1a; *Wolff-Raiser* § 41 I 2 Fn 5; *Oberneck* § 40, 1; *Horst Schmid* Rpfleger 1982, 251 und 1984, 130; *Breit* Der Grundbuchrang und seine Probleme, 1928, S 27; *Böttcher* BWNotZ 1988, 73, 74.

nachfolgenden Erhöhung grundsätzlich nicht den Rang des Hauptrechts teilen. Denn diesen Rang können die neu hinzugekommenen Nebenleistungen nur erlangen, wenn die dem Hauptrecht im Rang gleich- und nachstehenden Gläubiger insoweit im Rang zurücktreten (§ 880 BGB). Damit ist die Rangselbständigkeit der nachträglich hinzukommenden Nebenleistungen nach der Gesetzeslage die Regel. Die Rangeinheit mit dem Hauptrecht ist auf Grund der Notwendigkeit eines Rechtsgeschäfts (§ 880 BGB) die Ausnahme. Von einer Einheit der Haupt- und Veränderungsspalten kann somit keine Rede sein.

46 **c) Pfanderstreckung (= nachträgliche Mitbelastung).** Die nachstehenden Ausführungen gelten nicht für Pfanderstreckungen, die durch **Neueintragung der Rechte auf anderen Grundbuchblättern** vollzogen wurden. In diesen Fällen richtet sich der Rang selbstverständlich unmittelbar nach § 879 BGB.

47 **Beispiel (nach KG JFG 22, 284 = DNotZ 1941, 349):**
Im GB sind eingetragen die Rechte Abt II Nr 1 und Abt III Nr 1, wobei das Grundpfandrecht gemäß § 879 Abs 1 S 2 BGB Vorrang hat. Beide Rechte lasten bisher an dem Grundstück BV Nr 5 des Grundbuchs. Dieses belastete Grundstück wird dem Grundstück BV Nr 3 als Bestandteil zugeschrieben. Die beiden Rechte werden auf die bisher unbelastete Teilfläche (BV Nr 3) erstreckt und zwar nach dem Willen der Beteiligten im bisherigen Rangverhältnis. Das GBA trägt jeweils einen Pfanderstreckungsvermerk ein, ohne jedoch dabei den Vorrang des Rechts Abt III Nr 1 zu vermerken.

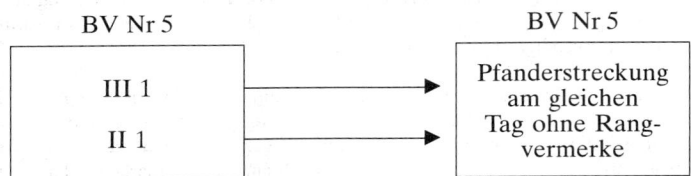

Nach der Auffassung des entscheidenden KG und ihm folgend einer verbreiteten Ansicht[115] sollen die Rechte Abt III Nr 1 und Abt II Nr 1 auf dem pfandunterstellten Grundstück BV Nr 3 wegen der angeblichen **Rangeinheit von Haupt- und Veränderungsspalten** dasselbe Rangverhältnis untereinander haben wie am ursprünglichen Grundstück BV Nr 5 (§ 879 Abs 1 S 1 BGB). Dem ist zu widersprechen. Dass Haupt- und Veränderungsspalten keine Einheit bilden, wurde bereits dargelegt (vgl Rdn 45). Bei einer Pfanderstreckung entstehen die Rechte an der neu belasteten Fläche erst mit der Grundbucheintragung. Und erst mit ihrer Entstehung kann auch ein Rangverhältnis zwischen ihnen an dieser Fläche begründet werden. Es geht also um die Neuschaffung eines zustandekommenden Ranges, nicht um die Beibehaltung eines bereits entstandenen Ranges. Das Rangverhältnis von pfanderstreckten Rechten untereinander und zu anderen Rechten richtet sich daher in entsprechender Anwendung des § 879 Abs 1 S 2 BGB nach dem Datum der Eintragungen, dh dem **Tempusprinzip.**[116] Richtig ist daher, dass im Beispielsfall die Rechte Abt II Nr 1 und Abt III Nr 1 Gleichrang haben. Die Vereinbarung der Beteiligten, dass im Hinblick auf die pfandunterstellte Fläche das bisherige Vor- und Nachrangverhältnis gelten solle, ist eine abweichende Rangbestimmung gemäß § 879 Abs 3 BGB, die als solche der ausdrücklichen Eintragung im GB bedurft hätte, um Wirksamkeit zu erlangen.

48 **Beispiel (nach LG Würzburg Rpfleger 1958, 153):**
Im GB ist an BV Nr 1 seit dem Jahre 1951 in Abt III Nr 4 ein Grundpfandrecht eingetragen, das am 11.09.1956 auf das Grundstück BV Nr 2 erstreckt wurde. Am gleichen Tag gelangten in Abt II Nrn 7 und 8 zwei Rechte an BV Nr 2 neu zur Eintragung: Rangvermerke wurden nicht gebucht.

---

115 LG Köln MittRHNotK 1973, 438; LG Würzburg Rpfleger 1958, 153; *Staudinger-Kutter* § 879 Rn 56; *Demharter* § 48 Rn 20; *Soergel-Stürner* § 879 Rn 8; *BGB-RGRK-Augustin* § 879 Rn 35; *MüKo-Wacke* § 879 Rn 26; *Schöner/Stöber* Rn 2659 ff; *Knothe* in *Bauer/von Oefele* § 45 Rn 20; *Streuer* Rpfleger 1982, 138 und 1985, 144; *Feuerpfeil* Rpfleger 1983, 298; OLG Hamm Rpfleger 1985, 17 insoweit, als das (die) zu erstreckende(n) Recht(e) bereits in einem Rangverhältnis zu anderen Grundstücksrechten gestanden hat (haben); diese Differenzierung ist abzulehnen, da eine Rangeinheit von Haupt- und Veränderungsspalten nur entweder für jeden denkbaren Fall befürwortet oder für alle in Frage kommenden Fallgestaltungen abgelehnt werden kann (insoweit zu Recht *Streuer* Rpfleger 1985, 144).
116 OLG Hamm Rpfleger 1985, 17 insoweit, als das (die) zu erstreckende(n) Recht(e) noch nicht in einem Rangverhältnis zu anderen Grundstücksrechten gestanden hat (haben); LG Bonn Rpfleger 1982, 138; *Meikel-Bestelmeyer* § 41 Rdn 39, 35–38; *Meikel-Böringer* § 48 Rdn 103; *KEHE-Eickmann* § 45 Rn 13; *Güthe-Triebel* § 45 Bem 14; *KEHE-Eickmann* § 1132 Rn 18; *Eickmann* GBVerfR, Rn 358; *Horst Schmid* Rpfleger 1982, 251 und 1984, 130; *Böttcher* BWNotZ 1988, 73, 74.

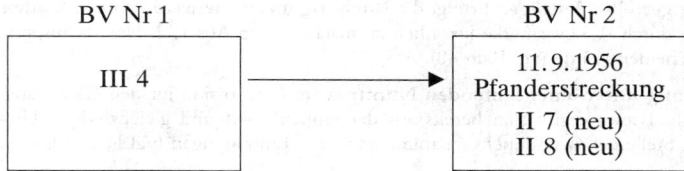

BV Nr 1

III 4

BV Nr 2

11.9.1956
Pfanderstreckung
II 7 (neu)
II 8 (neu)

Das entscheidende LG Würzburg hat entschieden, dass an BV Nr 2 das pfanderstreckte Recht Abt III Nr 4 ohne weiteres Rang vor den Rechten Abt II Nr 7 und 8 hat. Das Recht Abt III Nr 4 ist an BV Nr 1 schon 1951 eingetragen worden und hat deshalb wegen der angeblichen Rangeinheit von Haupt- und Veränderungsspalten auch an BV Nr 2 gemäß § 879 Abs 2 S 2 BGB Rang vor den erst 1956 eingetragenen Rechten Abt II Nr 7 und 8. Die Entscheidung ist nach hier vertretener Auffassung unhaltbar. Alle Rechte an BV Nr 2 wurden am gleichen Tag eingetragen und sind somit alle erst am 11.09.1956 entstanden, sodass sie auch erst ab diesem Zeitpunkt in einem Rangverhältnis stehen können. Das Eintragungsdatum 1951 kann nicht über einen Rang entscheiden, der im Hinblick auf das Grundstück BV Nr 2 erst fünf Jahre später überhaupt entsteht. Richtig ist vielmehr, dass die Pfanderstreckung und die Rechte in Abt II durch die gleichzeitige Eintragung Gleichrang entsprechend § 879 Abs 1 S 2 BGB erhalten haben.

VI. Darstellung der Rangverhältnisse im GB (§ 45 Abs 1, 2)

1. In derselben Abteilung (§ 45 Abs 1)

a) Zu verschiedenen Zeiten gestellte Anträge. Sind die Eintragungsanträge zu verschiedenen Zeiten ohne abweichende Rangbestimmung gestellt und betreffen sie nur Eintragungen in derselben Abteilung des Grundbuchs, so ist die früher beantragte Eintragung **räumlich** vor der später beantragten zu bewirken (§ 45 Abs 1, 1. Hs). Ein besonderer Rangvermerk ist nicht erforderlich. Die Reihenfolge der Eintragungen richtet sich somit nach dem Zeitpunkt des Eingangs der Anträge beim GBA. Auf jeden einlaufenden Antrag ist daher der Zeitpunkt des Eingangs genau zu vermerken (§ 13 Abs 1 S 2). Auf den Zeitpunkt der Erteilung der Eintragungsbewilligung kommt es nicht an. Ein besonderer Rangvermerk ist selbst dann nicht erforderlich, wenn die Eintragungen am gleichen Tag vorgenommen werden. **49**

b) Gleichzeitig gestellte Anträge. Sind die Eintragungsanträge zur gleichen Zeit ohne abweichende Rangbestimmung gestellt und betreffen sie nur Eintragungen in derselben Abteilung des Grundbuchs, so wird im GB vermerkt, dass die Eintragungen gleichen Rang haben (§ 45 Abs 1, 2. Hs). Die Eintragungen können daher unter sich in beliebiger Reihenfolge vollzogen werden; es bedarf stets ausdrücklicher **Rangvermerke,** die bei allen beteiligten Rechten einzutragen sind (§ 18 GBV). Unzulässig ist es, einen Rangvermerk in eine andere, nicht beteiligte Eintragung aufzunehmen oder ihr beizufügen.[117] Die Rangvermerke werden in die Eintragungsvermerke selbst aufgenommen, gehören also in der 2. Abteilung in Spalte 3 und in der 3. Abteilung in Spalte 4. Eine selbständige Eintragung der Randvermerke würde deren Wirksamkeit aber nicht beeinträchtigen. Zweckmäßig wird ein Rangvermerk an den Schluss des Eintragungsvermerks unmittelbar vor das Datum gesetzt. Der Vermerk lautete etwa: »... *im Gleichrang mit dem Recht Nr 6 eingetragen am ...*«. Es ist also, wenn zB in der Abt III unter lfd Nr 3 eine Hypothek zu 10000 EURO und unter lfd Nr 4 eine Hypothek zu 50000 EURO eingetragen werden, deren Eintragung gleichzeitig beantragt wurde, bei der Hypothek Nr 3 in Sp 4 zu vermerken: »... *im Gleichrang mit der Hypothek Nr 4 eingetragen am ...*«. Ein entsprechender Eintrag ist bei der Hypothek Nr 4 in Sp 4 zu vermerken: »... *im Gleichrang mit der Hypothek Nr 3 eingetragen am ...*«. Ergibt sich bei gleichzeitigem Eingang der Anträge aus der Natur der Sache, dass vermutlich kein Gleichrang gewollt ist, so hat das GBA evtl die Beteiligten auf die Rangvorschriften hinzuweisen, so zB bei gleichzeitig eingegangenen Anträgen auf Eintragung einer Restkaufpreishypothek für den Verkäufer und einer Hypothek zur Baufinanzierung für einen Dritten[118] (vgl Rdn 100). **50**

c) Sammelbuchungen (§ 44 Rdn 52 ff). **aa) Zu verschiedenen Zeiten gestellte Anträge.** Erfolgt die **Buchung unter mehreren fortlaufenden Nummern,** so wird die Rangfolge durch die räumliche Reihenfolge zum Ausdruck gebracht (§ 45 Abs 1, 1. Hs); Rangvermerke sind nicht erforderlich. Nach Eintragung bestimmt sind das Rangverhältnis gemäß § 879 Abs 1 S 1 BGB nach dem Locusprinzip (vgl Rdn 40). **51**

Erfolgt die **Buchung unter einer laufenden Nummer** im GB, so müssen die mit der Eingangsreihenfolge übereinstimmenden Rangverhältnisse durch Rangvermerke zum Ausdruck gebracht werden, da ansonsten Gleichrang entstehen würde (vgl Rdn 40). **52**

---

117 KG KGJ 44, 259; *Böttcher* BWNotZ 1988, 73, 74.
118 KG JW 1936, 1475; *Staudinger-Kutter* § 879 Rn 38; BGB-RGRK-*Augustin* § 879 Rn 25.

53 **bb) Gleichzeitig gestellte Anträge.** Erfolgt die **Buchung unter mehreren fortlaufenden Nummern,** so ist der Gleichrang durch Rangvermerke kenntlich zu machen (§ 45 Abs 1, 2. Hs), da ansonsten die räumliche Reihenfolge entscheiden würde (vgl Rdn 40).

54 Erfolgt die **Buchung unter einer laufenden Nummer** im GB, so sind für den Gleichrang keine Rangvermerke erforderlich. Dieser ergibt sich bereits aus der einheitlichen und gleichzeitigen Unterzeichnung der räumlich an einer Stelle des Grundbuchs zusammengefassten Eintragungen (vgl Rdn 40).

2. In verschiedenen Abteilungen (§ 45 Abs 2)

55 **a) Zu verschiedenen Zeiten gestellte Anträge.** Sind die Anträge zu verschiedenen Zeiten eingegangen und betreffen sie Eintragungen sowohl in Abt II als auch in Abt III, so kann der den Rechten zukommende Vor- und Nachrang auf **zweifache Weise** eingetragen werden:[119]
– entweder durch Eintragung unter verschiedenen Daten (§ 879 Abs 1 S 2 BGB),
– oder durch Eintragung mit gleichem Datum, aber durch Beifügen von Rangvermerken (§ 45 Abs 2).

56 Erfolgt die **Eintragung unter verschiedenen Daten,** so bestimmt sich die Rangfolge nach dem **Tempusprinzip** des § 879 Abs 1 S 2 BGB. Rangvermerke sind nicht erforderlich. Die zeitlich frühere Eintragung hat dann Rang vor der zeitlich späteren Eintragung. Erforderlich ist also, dass die früher beantragte Eintragung an einem früheren Tag als die andere im GB vollzogen wird; denn nur dann hat sie ohne Rangvermerk den besseren Rang.

57 Erfolgt die **Eintragung mit gleichem Datum,** so müssen, um die Wirkung des § 879 Abs 1 S 2 BGB auszuschalten, **besondere Rangvermerke** im GB eingetragen werden (§ 45 Abs 2), und zwar bei den beteiligten Rechten (§ 18 GBV). Beim Recht mit Vorrang: »... *im Rang vor dem Recht Abt ... Nr ... eingetragen am ...*«. Beim Recht mit Nachrang: »... *im Rang nach dem Recht Abt ... Nr ... eingetragen am ...*«.

58 **b) Gleichzeitig gestellte Anträge.** Sind die Eintragungsanträge zu gleicher Zeit ohne abweichende Rangbestimmung gestellt und betreffen sie Eintragungen in verschiedenen Abteilungen, so erhalten die Eintragungen den ihnen gebührenden Gleichrang gemäß § 879 Abs 1 S 2 BGB dadurch, dass sie **an demselben Tag bewirkt** werden; ein besonderer Rangvermerk ist nicht erforderlich.[120]

3. Haupt- und Veränderungsspalten

59 **a) Eintragungen ohne Belastungserweiterung.** Werden in der Veränderungsspalte Inhaltsänderungen gebucht, die keine Erweiterung des Umfanges der Belastung ergeben (zB Änderung der Kündigungs- oder Zahlungsbestimmungen), so sind keine besonderen Rangvermerke erforderlich.[121] Solche Eintragungen haben nämlich keinen Rang im materiellen Sinn (vgl Rdn 43).

60 **b) Erhöhung von Nebenleistungen. aa) Fall des § 1119 BGB.** Ist eine Zinserhöhung auf maximal 5 % beantragt, so ist für diese Eintragung in der Veränderungsspalte kein besonderer Rangvermerk erforderlich.[122] Der zusätzliche Zinsbetrag teilt kraft Gesetzes den Rang des Hauptrechts (vgl Rdn 44). Erfolgt die Erhöhung bei einem Briefrecht, so ist der Brief vorzulegen (§ 41 Rdn 35).

61 **bb) Sonstige Fälle.** Ist § 1119 BGB nicht anwendbar, dh werden die Zinsen über den Satz von 5 % oder die sonstigen Nebenleistungen[123] (zB Verwaltungskostenbeiträge) allgemein erhöht, so ist sehr streitig, wie diese Rechtsänderung in der Veränderungsspalte zu buchen ist. Eine Meinung geht von der Rangeinheit von Haupt- und Veränderungsspalten aus, dh **bei gewolltem Gleichrang** von Hauptrecht und dem erhöhten Betrag der Nebenleistungen, soll **kein Rangvermerk** erforderlich sein.[124] Dies ist im Ergebnis nur insoweit richtig, als dem Hauptrecht, dessen Nebenleistungen nun erhöht werden sollen, keine anderen Rechte gleichstehen oder

119 KEHE-*Eickmann* § 45 Rn 12; *Demharter* § 45 Rn 28, 29; *Eickmann* RpflStud 1982, 74, 75; *Böttcher* BWNotZ 1988, 73, 78.
120 KEHE-*Eickmann* § 45 Rn 12; *Demharter* § 45 Rn 30; *Eickmann* RpflStud 1982, 74, 75; *Böttcher* BWNotZ 1988, 73, 78.
121 KEHE-*Eickmann* § 45 Rn 13; *Böttcher* BWNotZ 1988, 73, 78.
122 KEHE-*Eickmann, Böttcher* aaO.
123 Vgl dazu: *Böttcher* Rpfleger 1980, 81.
124 RGZ 132, 106 = JFG 8, 42; BayObLGZ 1959, 520, 526 = NJW 1959, 1155 = DNotZ 1960, 540; KG KGJ 26, 142; 26, 290; 33, 350; 43, 234; 48, 216; OLG Frankfurt Rpfleger 1978, 312; LG Bonn Rpfleger 1982, 138; LG Würzburg Rpfleger 1958, 152; LG Hamburg Rpfleger 1960, 170 = DNotZ 1961, 93; *Staudinger-Kutter* § 879 Rn 53; BGB-RGRK-*Augustin* § 879 Rn 35; *Soergel-Stürner* § 879 Rn 11; *MüKo-Wacke* § 879 Rn 26; *Palandt-Bassenge* § 879 Rn 11; *Planck-Strecker* § 879 Anm 2, 7 b; *Güthe-Triebel* § 45 Bem 5; *Schöner/Stöber* Rn 2656, 2659; *Knothe* in *Bauer/von Oefele* § 45 Rn 20; *Streuer* Rpfleger 1982, 138 und 1985, 144; *Bruhn* Rpfleger 1958, 153; kritisch, aber im Ergebnis ebenso *Feuerpfeil* Rpfleger 1983, 298.

nachgehen. Sonst kann diese Ansicht nicht richtig sein. Grundsätzlich kann der erhöhte Nebenleistungsbetrag unbestritten nur die im Zeitpunkt seiner Eintragung offene Rangstelle erwerben, wenn dem Hauptrecht andere Rechte gleich- oder nachstehen.[125] Gleichrang kann ausnahmsweise nur dann eintreten, wenn die dem Hauptrecht gleich- und nachstehenden Beteiligten in Abt II und III der Rangänderung zustimmen.[126] Die Eintragung der erhöhten Nebenleistungen im Range des Hauptrechts ist also nicht nur eine Inhaltsänderung, sondern auch eine Rangänderung. Dies bedarf **bei gewolltem Gleichrang** von Hauptrecht und dem erhöhten Betrag der Nebenleistungen nach § 880 Abs 1 BGB der ausdrücklichen Eintragung im GB, dh eines **Rangvermerkes**.[127] Dass der Gesetzgeber, wenn er von »Eintragung« spricht, idR die ausdrückliche Grundbucheintragung im Auge hatte, ergibt sich aus der Gesetzestechnik. Ist etwas anderes gemeint, ordnet das Gesetz dies ausdrücklich an (vgl nur §§ 874, 881 Abs 2 BGB; §§ 46 Abs 2, 49). In § 880 BGB ist aber nicht die Rede davon, dass die Eintragung der Rangänderung auf andere Weise als ausdrücklich erfolgen dürfte. Soll daher in der Veränderungsspalte ein von der zeitlichen Reihenfolge des § 879 Abs 1 S 2 BGB abweichender Rang eingetragen werden, muss dieser durch ausdrückliche Rangvermerke im GB verlautbart werden. Die Erhöhung der Nebenleistungen kann erst mit ihrer Eintragung in ein Rangverhältnis zu anderen Rechten treten. Vorher kann sie mangels Entstehens keinen Rang haben. Dann jedoch kann sich der erst entstehende Rang nicht nach einem früheren Zeitpunkt, nämlich dem bei der Eintragung des Hauptrechte zustandegekommenen räumlichen Verhältnis, richten. Wer bei gewolltem Gleichrang von Hauptrecht und dem erhöhten Betrag der Nebenleistungen keinen Rangvermerk eintragen will, muss dies aber dann, wenn die Erhöhung der Nebenleistungen mangels Rangänderung nur die noch offene Rangstelle belegen kann. Damit kommt diese Meinung zu dem eigentümlichen Ergebnis, dass die Nichtänderung des Ranges durch einen Rangvermerk einzutragen ist, während die Rangänderung uneingetragen bleibt. Dass dieses Ergebnis im Widerspruch zu § 880 Abs 2 S 1 BGB steht, bedarf keiner weiteren Begründung.

Beispiel:

62

Im GB sind zwei Grundpfandrechte Abt III Nr 1 zu 10000 EUR und Abt III Nr 2 zu 20000 EUR mit Rang nach § 879 Abs 1 S 1 BGB eingetragen. Bei dem Recht Abt III Nr 1 sollen die Zinsen von bisher 15 % auf künftig 18 % erhöht werden.

(1) Der Gläubiger des Rechts Abt III Nr 2 tritt im Rang hinter die erhöhten Zinsen zurück.

Eintragung nach der hier vertretenen Meinung:

Sp 5	Sp 6	Sp 7
1	10000 EUR	Das Recht III 1 ist nunmehr mit 18 % zu verzinsen. Gemäß
2	20000 EUR	Bewilligung vom ... eingetragen im Rang vor III 2 am ...

Eintragung nach der Gegenansicht:

Sp 5	Sp 6	Sp 7
1	10000 EUR	Das Recht III 1 ist nunmehr mit 18 % zu verzinsen. Gemäß Bewilligung vom ... eingetragen am ...

(2) Der Gläubiger des Rechts Abt III Nr 2 tritt nicht im Rang hinter die erhöhten Zinsen zurück.

Eintragung nach der hier vertretenen Meinung:

Sp 5	Sp 6	Sp 7
1	10000 EUR	Das Recht III 1 ist nunmehr mit 18 % zu verzinsen. Gemäß Bewilligung vom ... eingetragen am ...

Eintragung nach der Gegenansicht

Sp 5	Sp 6	Sp 7
1	*10000 EUR*	*Das Recht III 1 ist nunmehr mit 18 % zu verzinsen. Gemäß Bewilligung vom ... eingetragen im*
2	*20000 EUR*	*Rang nach III 2 am ...*

Beispiel (nach RGZ 132, 106):

63

Im GB sind zwei Grundpfandrechte Abt III Nr 1 zu 10000 EUR und Abt III Nr 2 zu 20000 EUR eingetragen, wobei in der Hauptspalte bei beiden Rechten gemäß § 879 Abs 3 BGB vermerkt ist, dass das räumlich nachstehende Recht Abt III Nr 2 Rang vor dem Recht Abt III Nr 1 hat. Nunmehr sollen bei den vorrangigen Recht Abt III Nr 2 die Zinsen von 12 % auf 20 % erhöht werden. Der Gläubiger des Rechts Abt III Nr 1 tritt diesbezüglich im Rang zurück.

---

125 MüKo-*Wacke* § 1119 Rn 8; *Staudinger-Wolfsteiner* § 1119 Rn 7 mwN; *Böttcher* BWNotZ 1988, 73, 78.
126 MüKo-*Wacke* § 1119 Rn 8; *Staudinger-Wolfsteiner* § 1119 Rn 6 mwN.
127 OLG Dresden OLGE 26, 138; *Meikel-Böhringer* § 48 Rdn 103; *Meikel-Bestelmeyer* § 41 Rdn 35–38; KEHE-*Eickmann* § 45 Rn 13; *Biermann* § 879 Anm 1 und § 1119 Anm 3a; *Turnau-Förster* § 879 Anm II 1a; *Wolff-Raiser* § 41 I 2 Fn 5; *Oberneck* § 40, 1; *Horst Schmid* Rpfleger 1982, 251 und 1984, 130; *Breit* Der Grundbuchrang und seine Probleme, 1928, S 27; *Böttcher* BWNotZ 1988, 73, 74.

Das entscheidende RG hält auch in diesem Fall die Eintragung eines Rangvermerks für entbehrlich, weil sich aus den in der Hauptspalte bereits eingetragenen Rangvermerken der Rang (III 2 vor III 1) schon ergebe; es wendet somit den angeblichen Grundsatz von der Einheit der Haupt- und Veränderungsspalten auf diese Fallkonstellation an. Dies ist jedoch nicht gerechtfertigt. Damit werden nämlich Rangvermerke, die in Übereinstimmung mit der Einigung der Beteiligten bereits einen Rang geschaffen haben, für geeignet angesehen, auch den erst später durch künftige Rechtsänderungen zustandekommenden Rang zu verlautbaren. Aus dem Gesetz ist dies nicht begründbar. Die genannten Rangvermerke in der Hauptspalte haben ihren Zweck damit erfüllt, indem sie bei der ursprünglichen Eintragung den Rang gestaltet haben. Sie können keine weiterreichende Bedeutung haben. Nach richtiger Ansicht muss der von der zeitlichen Reihenfolge abweichend gewünschte Rang für die Zinserhöhung durch einen ausdrücklichen Rangvermerk im GB verlautbart werden (§ 880 Abs 2 S 1 BGB).
Eintragung nach der hier vertretenen Meinung:

Sp 5	Sp 6	Sp 7
1	10000 EUR	Das Recht III 2 ist nunmehr mit 20 % zu verzinsen. Gemäß Bewilligung vom ... eingetra-
2	20000 EUR	gen im Rang vor III 1 am ...

Eintragung nach der Gegenansicht:

Sp 5	Sp 6	Sp 7
2	20000 EUR	Das Recht III 2 ist nunmehr mit 20 % zu verzinsen. Gemäß Bewilligung vom ... eingetra-
		gen am ...

64   **c) Pfänderstreckung (= nachträgliche Mitbelastung).** Die nachstehenden Ausführungen gelten nicht für Pfänderstreckungen, die durch **Neueintragung der Rechte auf anderen Grundbuchblättern** vollzogen werden. In diesen Fällen richtet sich die Rangdarstellung im GB selbstverständlich nach den allgemeinen Grundsätzen des § 45 (Rdn 49 ff).

65   **Beispiel:**[128]

Auf dem Grundstück BV Nr 1 lastet eine Hypothek Abt III Nr 1. Das Recht soll auf das bisher unbelastete Grundstück BV Nr 2 erstreckt werden.

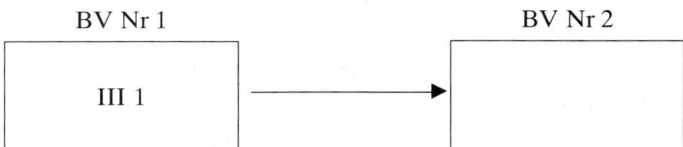

Die auf BV Nr 2 neu einzutragende Hypothek erlangt mit der Eintragung den ersten Rang, da diese Rangstelle noch frei ist. Ein Rangvermerk ist dafür nicht erforderlich. Zum Wortlaut des Mitbelastungsvermerks vgl § 48 Rdn 99.

66   **Beispiel:**[129]

Das Grundstück BV Nr 1 ist belastet mit einer Hypothek Abt III Nr 2. Das Grundstück BV Nr 2 ist belastet mit einer Grundschuld Abt III Nr 1. Die Hypothek Abt III Nr 2 soll auf BV Nr 2 erstreckt werden.

Die Hypothek III 2 kann an BV Nr 2 nur die zweite Rangstelle erwerben. Dieser Rang ergibt sich nach der Eintragung aus dem Datum (§ 879 Abs 1 S 2 BGB); ein Rangvermerk ist daher nicht erforderlich.[130] Zum glei-

---

128   Nach *Eickmann* GBVerfR, Rn 358 (Beispiel 71 a); KEHE-*Eickmann* § 45 Rn 13c (Beispiel 1); *Böttcher* BWNotZ 1988, 73, 79.
129   Nach *Eickmann* GBVerfR, Rn 358 (Beispiel 71 b); KEHE-*Eickmann* § 45 Rn 13c (Beispiel 2); *Böttcher* BWNotZ 1988, 73, 79.
130   OLG Dresden OLGE 26, 138; *Meikel-Böhringer* § 48 Rdn 103; *Meikel-Bestelmeyer* § 41 Rdn 35–38; KEHE-*Eickmann* § 45 Rn 13; *Biermann* § 879 Anm 1 und § 1119 Anm 3a; *Turnau-Förster* § 879 Anm II 1a; *Wolff-Raiser* § 41 I 2 Fn 5; *Oberneck* § 40, 1; *Horst Schmid* Rpfleger 1982, 251 und 1984, 130; *Breit* Der Grundbuchrang und seine Probleme, 1928, S 27; *Böttcher* BWNotZ 1988, 73, 74.

chen Ergebnis gelangt in diesem Fall die Ansicht, die von der Einheit der Haupt- und Veränderungsspalten aus-geht.[131] Zum Wortlaut des Mitbelastungsvermerks vgl § 48 Rdn 99.

Beispiel:

67

Im GB sind zwei Grundpfandrechte Abt III Nr 1 zu 10000 EUR und Abt III Nr 2 zu 20000 EUR mit dem Rang nach § 879 Abs 1 S 1 BGB auf dem Grundstück BV Nr 1 eingetragen.
(1) Beide Rechte sollen im bisherigen Rangverhältnis auf BV Nr 2 erstreckt werden.[132]

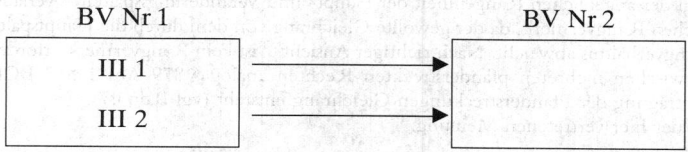

Zunächst ist festzustellen, dass der Nachverpfändungserklärung im Wege der Auslegung zu entnehmen ist, dass die pfanderstreckten Rechte auch auf dem neuen Grundstück den Rang erhalten sollen, den sie auf dem bishe-rigen Grundstück bereits haben.[133] Wie der Rang mehrerer gleichzeitig pfanderstreckter Rechte im GB darge-stellt werden muss, ist sehr umstritten. Eine Meinung geht von der Rangeinheit der Haupt- und Veränderungs-spalten aus und verlangt daher keinen Rangvermerk.[134] Dem kann nicht gefolgt werden. Auf dem neuen Grundstück entstehen die pfanderstreckten Rechte erst im Augenblick ihrer Eintragung. Sie haben dann analog § 879 Abs 1 S 2 BGB Gleichrang (vgl Rdn 47). Werden daher mehrere Rechte gleichzeitig erstreckt, muss mit Ausnahme von Gleichrang jedes andere Rangverhältnis durch ausdrückliche Rangvermerke im GB verlautbart werden.[135]

Eintragung nach der hier vertretenen Meinung:

Sp 5	Sp 6	Sp 7
1	10000 EUR	BV Nr 2 haftet mit. III 1 hat Rang vor III 2. Eingetragen am …
2	20000 EUR	

Eintragung nach der Gegenansicht:

Sp 5	Sp 6	Sp 7
1	10000 EUR	BV Nr 2 haftet mit. Eingetragen am …
2	20000 EUR	

(2) Beide Rechte sollen im Gleichrang auf BV Nr 2 erstreckt werden.[136]

---

131 RGZ 132, 106 = JFG 8, 42; BayObLGZ 1959, 520, 526 = NJW 1959, 1155 = DNotZ 1960, 540; KG KGJ 26, 142; 26, 290; 33, 350; 43, 234; 48, 216; OLG Frankfurt Rpfleger 1978, 312; LG Bonn Rpfleger 1982, 138; LG Würzburg Rpfleger 1958, 152; LG Hamburg Rpfleger 1960, 170 = DNotZ 1961, 93; *Staudinger-Kutter* § 879 Rn 53; BGB-RGRK-*Augustin* § 879 Rn 35; *Soergel-Stürner* § 879 Rn 11; *MüKo-Wacke* § 879 Rn 26; *Palandt-Bassenge* § 879 Rn 11; *Planck-Strecker* § 879 Anm 2, 7 b; *Güthe-Triebel* § 45 Bem 5; *Schöner/Stöber* Rn 2656, 2659; *Knothe* in *Bauer/von Oefele* § 45 Rn 20; *Streuer* Rpfleger 1982, 138 und 1985, 144; *Bruhn* Rpfleger 1958, 153; kritisch, aber im Ergebnis ebenso *Feuerpfeil* Rpfleger 1983, 298.
132 Beispiel nach *Eickmann* GBVerfR, Rn 358 (Beispiel 71 d); KEHE-*Eickmann* § 45 Rn 13c (Beispiel 4); *Böttcher* BWNotZ 1988, 73, 79.
133 *Meyer-Stolte* Rpfleger 1971, 201; *Eickmann* GBVerfR, Rn 358.
134 RGZ 132, 106 = JFG 8, 42; BayObLGZ 1959, 520, 526 = NJW 1959, 1155 = DNotZ 1960, 540; KG KGJ 26, 142; 26, 290; 33, 350; 43, 234; 48, 216; OLG Frankfurt Rpfleger 1978, 312; LG Bonn Rpfleger 1982, 138; LG Würzburg Rpfleger 1958, 152; LG Hamburg Rpfleger 1960, 170 = DNotZ 1961, 93; *Staudinger-Kutter* § 879 Rn 53; BGB-RGRK-*Augustin* § 879 Rn 35; *Soergel-Stürner* § 879 Rn 11; *MüKo-Wacke* § 879 Rn 26; *Palandt-Bassenge* § 879 Rn 11; *Planck-Strecker* § 879 Anm 2, 7 b; *Güthe-Triebel* § 45 Bem 5; *Schöner/Stöber* Rn 2656, 2659; *Knothe* in *Bauer/von Oefele* § 45 Rn 20; *Streuer* Rpfleger 1982, 138 und 1985, 144; *Bruhn* Rpfleger 1958, 153; kritisch, aber im Ergebnis ebenso *Feuerpfeil* Rpfleger 1983, 298.
135 OLG Dresden OLGE 26, 138; *Meikel-Böhringer* § 48 Rdn 103; *Meikel-Bestelmeyer* § 41 Rdn 35–38; KEHE-*Eickmann* § 45 Rn 13; *Biermann* § 879 Anm 1 und § 1119 Anm 3a; *Turnau-Förster* § 879 Anm II 1a; *Wolff-Raiser* § 41 I 2 Fn 5; *Oberneck* § 40, 1; *Horst Schmid* Rpfleger 1982, 251 und 1984, 130; *Breit* Der Grundbuchrang und seine Probleme, 1928, S 27; *Böttcher* BWNotZ 1988, 73, 74.
136 Beispiel nach *Horst Schmid* Rpfleger 1984, 130, 135 (Beispiel 3 a); *Böttcher* BWNotZ 1988, 73, 80.

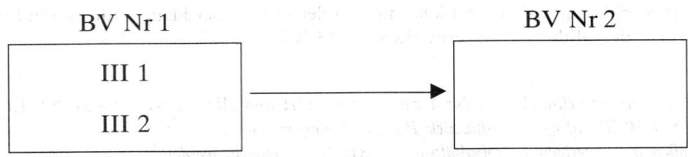

Die Meinung von der angeblichen Rangeinheit der Haupt- und Veränderungsspalten[137] verlangt in diesem Fall einen ausdrücklichen Rangvermerk, da der gewollte Gleichrang von dem durch die Hauptspalte ausgewiesenen Vor- und Nachrangverhältnis abweicht. Nach richtiger Ansicht[138] ist kein Rangvermerk erforderlich, da sich das Rangverhältnis zwischen mehreren pfanderstreckten Rechten analog § 879 Abs 1 S 2 BGB regelt, dh bei gleichzeitiger Eintragung der Pfanderstreckungen Gleichrang entsteht (vgl Rdn 47).

Eintragung nach der hier vertretenen Meinung:

Sp 5	Sp 6	Sp 7
1	10000 EUR	BV Nr 2 haftet mit. Eingetragen am ...
2	20000 EUR	

Eintragung nach der Gegenansicht:

Sp 5	Sp 6	Sp 7
1	10000 EUR	BV Nr 2 haftet mit. Im Gleichrang eingetragen am ...
2	20000 EUR	

Nach richtiger Ansicht bestimmt sich somit das Rangverhältnis mehrerer pfanderstreckter Rechte untereinander entsprechend § 879 Abs 1 S 2 BGB nach dem **Tempusprinzip** (vgl Rdn 47). Dies erfordert auch eine modifizierte Anwendung von § 45.[139] Bei zu verschiedenen Zeiten gestellten Anträgen ist § 45 Abs 1, 1. Hs wie folgt zu lesen: »*Sind in einer Abteilung des Grundbuchs mehrere Eintragungen zu bewirken, so erhalten sie die zeitliche Reihenfolge, welche der Zeitfolge der Anträge entspricht.*« Bei gleichzeitig gestellten Anträgen ist § 45 Abs 1, 2. Hs überhaupt nicht anwendbar, da bei gleichzeitiger Eintragung ohnehin Gleichrang als der gesetzliche Rang entsteht. § 45 Abs 2 und 3 sind unverändert anwendbar.

68   Beispiel:

Im GB sind zwei Grundpfandrechte Abt III Nr 1 zu 10000 EUR und Abt III Nr 2 zu 20000 EUR eingetragen, wobei das Recht III 1 auf dem Grundstück BV Nr 1 und das Recht III 2 auf dem Grundstück BV Nr 2 lastet. Das Recht III 1 soll auf das Grundstück BV Nr 2 erstreckt werden.
(1) Der Gläubiger des Rechts III 2 tritt im Rang nicht zurück.[140]

Das Recht III 1 kann an BV Nr 2 nur die zweite Rangstelle erwerben, weil die erste Rangstelle vom Recht III 2 besetzt ist. Da diese zweite Rangstelle an BV Nr 2 rein räumlich gesehen aber bereits von dem Recht III 2 belegt ist, verlangt die Ansicht, die von der Rangeinheit der Haupt- und Veränderungsspalten ausgeht, in diesem Fall einen Rangvermerk.[141] Nach richtiger Meinung bestimmt sich das Rangverhältnis analog § 879 Abs 1

137   OLG Dresden OLGE 26, 138; *Meikel-Böhringer* § 48 Rdn 103; *Meikel-Bestelmeyer* § 41 Rdn 35–38; KEHE-*Eickmann* § 45 Rn 13; *Biermann* § 879 Anm 1 und § 1119 Anm 3a; *Turnau-Förster* § 879 Anm II 1a; *Wolff-Raiser* § 41 I 2 Fn 5; *Oberneck* § 40, 1; *Horst Schmid* Rpfleger 1982, 251 und 1984, 130; *Breit* Der Grundbuchrang und seine Probleme, 1928, S 27; *Böttcher* BWNotZ 1988, 73, 74.

138   RGZ 132, 106 = JFG 8, 42; BayObLGZ 1959, 520, 526 = NJW 1959, 1155 = DNotZ 1960, 540; KG KGJ 26, 142; 26, 290; 33, 350; 43, 234; 48, 216; OLG Frankfurt Rpfleger 1978, 312; LG Bonn Rpfleger 1982, 138; LG Würzburg Rpfleger 1958, 152; LG Hamburg Rpfleger 1960, 170 = DNotZ 1961, 93; *Staudinger-Kutter* § 879 Rn 53; BGB-RGRK-*Augustin* § 879 Rn 35; *Soergel-Stürner* § 879 Rn 11; MüKo-*Wacke* § 879 Rn 26; *Palandt-Bassenge* § 879 Rn 11; *Planck-Strecker* § 879 Anm 2, 7 b; *Güthe-Triebel* § 45 Bem 5; *Schöner/Stöber* Rn 2656, 2659; *Knothe* in *Bauer/von Oefele* § 45 Rn 20; *Streuer* Rpfleger 1982, 138 und 1985, 144; *Bruhn* Rpfleger 1958, 153; kritisch, aber im Ergebnis ebenso *Feuerpfeil* Rpfleger 1983, 298.

139   *Horst Schmid* Rpfleger 1982, 251, 257; *Böttcher* BWNotZ 1988, 73, 80.

140   Beispiel nach *Horst Schmid* Rpfleger 1984, 130, 135 (Beispiel 2 a); *Böttcher* BWNotZ 1988, 73, 80.

141   Vgl Fn 96; für diesen Fall auch KEHE-*Eickmann* § 45 Rn 13c (Beispiel 3); *Eickmann* GBVerfR, Rn 358 (Beispiel 71 c).

S 2 BGB nach dem Tempusprinzip[142] (vgl Rdn 47). Im Beispielsfall findet keine Rangänderung statt, die einzutragen wäre. Der Nachrang des Rechts III 1 an dem Grundstück BV Nr 2 kommt durch das spätere Datum der Eintragung zum Ausdruck. Ein Rangvermerk ist deshalb nicht notwendig.
Eintragung nach der hier vertretenen Meinung:

Sp 5	Sp 6	Sp 7
1	10000 EUR	BV Nr 2 haftet mit. Eingetragen am ...

Eintragung nach der Gegenansicht:

Sp 5	Sp 6	Sp 7
1	10000 EUR	III 1: BV Nr 2 haftet mit. Im Rang nach III 2 eingetragen am ...
2	20000 EUR	

(2) Der Gläubiger des Rechts III 2 tritt im Rang zurück:[143]

BV Nr 1

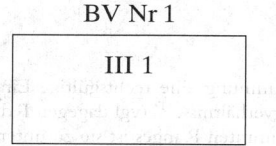

III 1

BV Nr 2

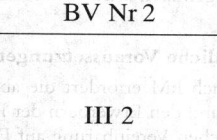

III 2

Das Recht III 1 soll an BV Nr 2 die erste Rangstelle erwerben. Da dieser Rang vom zu erstreckenden Recht III 1 bereits an BV Nr 1 in der Hauptspalte vorhanden ist, verlangt die Ansicht, die von der Rangeinheit der Haupt- und Veränderungsspalten ausgeht, in diesem Fall keinen Rangvermerk.[144] Da jedoch materiellrechtlich eine Rangänderung im GB zu verlautbaren ist, bedarf es nach richtiger Ansicht dafür gemäß § 880 Abs 2 S 1 BGB eines ausdrücklichen Rangvermerks[145] (vgl Rdn 47).
Eintragung nach der hier vertretenen Meinung:

Sp 5	Sp 6	Sp 7
1	10000 EUR	III 1: BV Nr 2 haftet mit. Im Rang vor III 2 eingetragen am ...
2	20000 EUR	

Eintragung nach der Gegenansicht:

Sp 5	Sp 6	Sp 7
1	10000 EUR	BV Nr 2 haftet mit. Eingetragen am ...

VII. Abweichende Bestimmung und Eintragung des Rangverhältnisses (§ 879 Abs 3 BGB, § 45 Abs 3)

1. Zweck

Sobald an einem Grundstück mehrere dingliche Rechte bestellt werden sollen, haben die Beteiligten idR sehr **69**
genaue Vorstellungen über die Rangordnung. Zu deren Verwirklichung können sie sich der zeitlichen Eingangsreihenfolge beim GBA bedienen; über die §§ 17, 45 wird dann gemäß § 879 Abs 1 BGB der gewünschte Rang begründet. Wenn jedoch die gewollte Reihenfolge durch irgendwelche Zufälligkeiten (zB Verzögerungen bei der Post, Versehen des Notars bei der Vorlage usw) nicht eingehalten wird, entsteht ein nichtgewollter Rang. Um diese **Risiken bei der Eingangsreihenfolge der Anträge beim GBA auszuschließen,** kann der gewünschte Rang durch eine sog Rangbestimmung herbeigeführt werden (§ 879 Abs 3 BGB).[146]

142 OLG Hamm Rpfleger 1985, 17; LG Bonn Rpfleger 1982, 138; *Meikel-Bestelmeyer* § 41 Rdn 39, 35–38; *Meikel-Böhringer* § 48 Rdn 103; *Güthe-Triebel* § 45 Bem 14; *Horst Schmid* Rpfleger 1982, 251 und 1984, 130; *Böttcher* BWNotZ 1988, 73, 80.
143 Beispiel nach *Horst Schmid* Rpfleger 1984, 130, 131 (Beispiel 2); *Böttcher* BWNotZ 1988, 73, 80.
144 RGZ 132, 106 = JFG 8, 42; BayObLGZ 1959, 520, 526 = NJW 1959, 1155 = DNotZ 1960, 540; KG KGJ 26, 142; 26, 290; 33, 350; 43, 234; 48, 216; OLG Frankfurt Rpfleger 1978, 312; LG Bonn Rpfleger 1982, 138; LG Würzburg Rpfleger 1958, 152; LG Hamburg Rpfleger 1960, 170 = DNotZ 1961, 93; *Staudinger-Kutter* § 879 Rn 53; BGB-RGRK-*Augustin* § 879 Rn 35; *Soergel-Stürner* § 879 Rn 11; *MüKo-Wacke* § 879 Rn 26; *Palandt-Bassenge* § 879 Rn 11; *Planck-Strecker* § 879 Anm 2, 7 b; *Güthe-Triebel* § 45 Bem 5; *Schöner/Stöber* Rn 2656, 2659; *Knothe* in *Bauer/von Oefele* § 45 Rn 20; *Streuer* Rpfleger 1982, 138 und 1985, 144; *Bruhn* Rpfleger 1958, 153; kritisch, aber im Ergebnis ebenso *Feuerpfeil* Rpfleger 1983, 298.
145 OLG Dresden OLGE 26, 138; *Meikel-Böhringer* § 48 Rdn 103; *Meikel-Bestelmeyer* § 41 Rdn 35–38; KEHE-*Eickmann* § 45 Rn 13; *Biermann* § 879 Anm 1 und § 1119 Anm 3a; *Turnau-Förster* § 879 Anm II 1a; *Wolff-Raiser* § 41 I 2 Fn 5; *Oberneck* § 40, 1; *Horst Schmid* Rpfleger 1982, 251 und 1984, 130; *Breit* Der Grundbuchrang und seine Probleme, 1928, S 27; *Böttcher* BWNotZ 1988, 73, 74.
146 *Eickmann* GBVerfR, Rn 348; *Eickmann* RpflStud 1977, 2.

2. Zulässigkeit

70 Die Rangordnung unterliegt grundsätzlich der Disposition der Parteien. Sie können die nach § 879 Abs 1 und 2 BGB eintretende Rangfolge mit dinglicher Wirkung sogleich bei der Bestellung zweier Rechte abweichend bestimmen (§ 879 Abs 3 BGB). Sollen dagegen Teile eines Grundpfandrechtes unterschiedlichen Rang erhalten, so ist dies nicht zulässig; es müssen mehrere selbständige Grundpfandrechte bestellt werden.[147] Einem dinglichen Recht von vornherein die zweite Rangstelle einzuräumen ist ebenfalls nicht zulässig, da nach dem geltenden Prinzip der gleitenden Rangordnung jedes Recht zwingend die gerade freie Rangstelle besetzen muss.[148] Eine abweichende Bestimmung des Rangverhältnisses ist solange **zulässig, als noch keines der in Betracht kommenden Rechte im GB eingetragen ist.** Wenn beide Rechte oder auch nur eines eingetragen sind, liegt keine Rangbestimmung nach § 879 Abs 3 BGB mehr vor, sondern eine Rangänderung gemäß § 880 BGB. Diese Unterscheidung ist deswegen von Belang, weil im Falle der Rangbestimmung jedes Recht den ihm zugedachten Rang behält, während im Falle der Rangänderung der dem vortretenden Recht eingeräumte Rang verloren geht, wenn das zurücktretende Recht in anderer Weise als durch Rechtsgeschäft (zB kraft Gesetzes) aufgehoben wird (§ 880 Abs 4 BGB).

3. Materiellrechtliche Voraussetzungen

71 **a) Einigung.** Nach hM erfordert die abweichende Rangbestimmung eine rechtsgültige Einigung zwischen dem Eigentümer und den Erwerbern der Rechte über die Rangverhältnisse[149] (vgl dagegen Rdn 221). Von der bloß schuldrechtlichen Vereinbarung auf Einräumung eines bestimmten Ranges ist sie zu unterscheiden.[150] Bei formularmäßiger Grundpfandbestellung soll die Angabe einer in Aussicht genommenen Rangstelle idR nur obligatorisch wirken[151] (vgl aber Rdn 99). Die dingliche Einigung braucht auf keinen Fall dem GBA nachgewiesen zu werden.[152]

72 **b) Eintragung.** Zur Wirksamkeit der abweichenden Rangbestimmung ist gemäß **§ 879 Abs 3 BGB** die Grundbucheintragung erforderlich. Wie diese Eintragung im Einzelnen zu bewirken ist, hängt entscheidend von der Frage ab, wie sich das Rangverhältnis nach Eintragung bestimmt, wenn sich herausstellt, dass das verlautbarte Rangverhältnis nicht durch eine dingliche Einigung gedeckt ist. Allgemein ist zunächst für den Fall, dass das Rangverhältnis durch **Rangvermerke** dargestellt wird, festzuhalten, dass eine Bezugnahme auf die Eintragungsbewilligung (§ 874 BGB) ausgeschlossen ist.[153] Formellrechtlich verlangt § 18 GBV den Rangvermerk bei allen beteiligten Rechten. Er ist in den Eintragungsvermerk selbst, also in Spalte 3 der 2. Abteilung und Spalte 4 der 3. Abteilung aufzunehmen. Materiellrechtlich muss der Vermerk bei einem Recht, nämlich dem rangmäßig zurücktretenden Recht genügen (§ 881 Abs 2 BGB analog).[154]

73 **aa) Eintragung unter Berücksichtigung der hM bei fehlender Einigung.** Wurde das Rangverhältnis auf Grund der verfahrensrechtlichen Rangbestimmungserklärung von der Eingangsreihenfolge der Anträge gebucht und stellt sich dann heraus, dass dafür die dingliche Einigung fehlt (= gar nicht vorhanden ist oder dem eingetragenen Rangverhältnis widerspricht), so lässt die hM eine **Rangordnung entsprechend der räumlichen oder zeitlichen Eintragung** entstehen (§ 879 Abs 1 BGB), und zwar auch dann, wenn Rangvermerke gebucht sind, die dann unrichtig sein sollen (vgl Rdn 221). Soweit man diese Meinung vertritt, ist das von der Eingangsreihenfolge verfahrensrechtlich abweichend bestimmte Rangverhältnis in der Weise zu buchen, dass die Rechte – soweit möglich – entsprechend der Eingangsreihenfolge räumlich oder zeitlich eingetragen werden und dann mit Rangvermerken das abweichende Rangverhältnis verlautbart wird.[155] Fehlt dann nämlich das Willensmoment für dieses Rangverhältnis, dh die dingliche Einigung, so entsteht das materiellrechtlich gewollte gesetzliche Rangverhältnis auf Grund des Locus- oder Tempusprinzips gemäß § 879 Abs 1 BGB.

74 Die Beteiligten haben bezüglich **mehrerer nicht gleichzeitig beantragter und in derselben Abteilung zu vollziehender Eintragungen** eine abweichende Rangbestimmung getroffen:

---

147 OLG Zweibrücken Rpfleger 1985, 24; LG Frankenthal Rpfleger 1983, 142; *Demharter* § 45 Rn 33; MüKo-*Wacke* § 879 Rn 28; *Böttcher* BWNotZ 1988, 73, 81.
148 MüKo-*Wacke* § 881 Rn 1; *Böttcher* BWNotZ 1988, 73, 81.
149 *Staudinger-Kutter* § 879 Rn 65; BGB-RGRK-*Augustin* § 879 Rn 40, 41; MüKo-*Wacke* § 879 Rn 29; *Böttcher* BWNotZ 1988, 73, 81; *Soergel-Stürner* § 879 Rn 14; *Demharter* § 45 Rn 8; *Westermann-Eickmann* § 97 III 2; *Grunsky* S 97; *Stadler* AcP 189, 425, 455.
150 OLG Düsseldorf DNotZ 1950, 41.
151 OLG Frankfurt DNotZ 1981, 580.
152 *Staudinger-Kutter* § 879 Rn 65; MüKo-*Wacke* § 879 Rn 29.
153 RG HRR 1931 Nr 1871; *Staudinger-Kutter* § 879 Rn 59; BGB-RGRK-*Augustin* § 879 Rn 39; MüKo-*Wacke* § 879 Rn 30.
154 MüKo-*Wacke* § 879 Rn 30; *Böttcher* BWNotZ 1988, 73, 81; *Westermann-Eickmann* § 80 III 2 b.
155 *Eickmann* RpflStud 1977, 2, 3.

Beispiel: Für A und B soll je eine Hypothek eingetragen werden. Antrag A ist vor Antrag B eingegangen. Es ist bestimmt, dass B Rang vor A erhalten soll.

Die Praxis trägt in einem solchen Fall meist das Recht B räumlich vor dem Recht A ein (§ 879 Abs 1 S 1 BGB). Dies ist jedoch abzulehnen. Fehlt nämlich die gemäß § 873 Abs 1 BGB erforderliche Einigung über den Rang, so hat – wenn man die Entstehung der Rechte nach § 139 BGB bejaht – B gemäß des Locusprinzips den Vorrang erworben gemäß § 879 Abs 1 S 1 BGB (vgl Rdn 73). Nach dem Grundgedanken des § 879 BGB stünde dieser Rang jedoch bei fehlender Einigung dem A zu. Richtig ist es daher, A vor B einzutragen und durch Rangvermerke den Vorrang des B darzustellen. Fehlt die Einigung dann über den Vorrang des B, hat A den Vorrang erlangt, der ihm nach dem das Rangrecht beherrschenden Prioritätsgrundsatz auch zusteht; die Unrichtigkeit des Grundbuchs hinsichtlich der Rangvermerke ist weniger bedeutend. Ist bestimmt, dass die nicht gleichzeitig beantragten Eintragungen gleichen Rang haben sollen, so erfolgt die Eintragung ebenfalls nach der Reihenfolge der Anträge und ausdrücklicher Vermerkung des Gleichrangs. Denkbar ist auch eine Sammelbuchung unter einer laufenden Nummer (vgl Rdn 40 und § 44 Rdn 52 ff).

Haben die Beteiligten die Bestimmung getroffen, dass die **gleichzeitig beantragten in derselben Abteilung zu vollziehenden Eintragungen nicht gleichen Rang** haben sollen, so sind die Eintragungen in der von den Beteiligten bestimmten Reihenfolge räumlich zu vollziehen, und zwar ohne Rangvermerke. Die räumliche Darstellung des gesetzlichen Gleichrangs ist in derselben Abteilung nicht möglich.   75

Haben die Beteiligten bezüglich solcher **in verschiedenen Abteilungen zu vollziehender, gleichzeitig beantragter Eintragungen** die Bestimmung getroffen, dass sie nicht gleichen Rang haben sollen, so sind die Eintragungen unter demselben Datum und Verwendung von Rangvermerken vorzunehmen.   76

Haben die Beteiligten bezüglich **mehrerer nicht gleichzeitig beantragter und in verschiedenen Abteilungen zu vollziehender Eintragungen** eine von der Eingangsreihenfolge abweichende Rangbestimmung getroffen, so sind die Eintragungen entsprechend der Eingangsreihenfolge an verschiedenen Tagen einzutragen und bei der zweiten Eintragung sind dann Rangvermerke gemäß der abweichenden Rangbestimmung anzubringen. Fehlt dann dafür die dingliche Einigung, so ist ordnungsgemäß das gesetzliche Rangverhältnis nach dem Tempusprinzip (§ 879 Abs 1 S 2 BGB) entstanden; die unrichtigen Rangvermerke sind unschädlich (vgl Rdn 73).   77

bb) Eintragung unter Berücksichtigung der Gegenansicht bei fehlender Einigung. Wurde das Rangverhältnis auf Grund der verfahrensrechtlichen Rangbestimmungserklärung abweichend von der Eingangsreihenfolge der Anträge gebucht und stellt sich dann heraus, dass dafür die dingliche Einigung fehlt (= gar nicht vorhanden ist oder dem eingetragenen Rangverhältnis widerspricht), so lässt diese Ansicht eine **Rangordnung entstehen, die evtl eingetragenen Rangvermerken entspricht, ansonsten entsprechend der räumlichen oder zeitlichen Eintragung** gemäß § 879 Abs 1 BGB (vgl Rdn 220 und 221). Der entscheidende Unterschied zur hM ist darin zu sehen, dass auch ein von der dinglichen Einigung abweichendes und durch Rangvermerke gebuchtes Rangverhältnis in formelle Rechtskraft erwächst. Daraus folgt für das Eintragungsverfahren des Grundbuchamts, dass es gleichgültig ist, ob das abweichend bestimmte Rangverhältnis durch Rangvermerke oder durch räumliche bzw zeitliche Anordnung erfolgt. Bei Fehlen der dinglichen Einigung gilt in jedem Fall das aus dem GB ersichtliche Rangverhältnis.   78

Haben die Beteiligten bezüglich **mehrerer nicht gleichzeitig beantragter und in derselben Abteilung zu vollziehender Eintragungen** eine abweichende Rangbestimmung getroffen, so sind die Eintragungen in dieser Reihenfolge räumlich zu vollziehen. Eine Eintragung räumlich entsprechend der Eingangsreihenfolge und Rangvermerken gemäß der Rangbestimmung wäre zwar auch möglich; da dies aber bei fehlender Einigung zu keinem anderen Ergebnis führt, ist davon abzusehen (vgl Rdn 78). Ist bestimmt, dass sie gleichen Rang haben sollen, so erfolgt die Eintragung nach der Reihenfolge der Eintragungsanträge unter ausdrücklicher Vermerkung des Gleichrangs. Denkbar ist auch eine Sammelbuchung unter einer laufenden Nummer (vgl Rdn 40 und § 44 Rdn 50 ff).   79

Haben die Beteiligten die Bestimmung getroffen, dass die **gleichzeitig beantragten in derselben Abteilung zu vollziehenden Eintragungen nicht gleichen Rang** haben sollen, so sind die Eintragungen in der von den Beteiligten bestimmten Reihenfolge räumlich zu vollziehen. Eines Vermerks über das Rangverhältnis bedarf es nicht.   80

Haben die Beteiligten bezüglich der **in verschiedenen Abteilungen zu vollziehenden, gleichzeitig beantragten Eintragungen** die Bestimmung getroffen, dass sie nicht gleichen Rang haben sollen, so sind die Eintragungen am selben Tag (§ 17 Rdn 8) unter Verwendung von Randvermerken vorzunehmen.   81

Haben die Beteiligten bezüglich **mehrerer nicht gleichzeitig beantragter und in verschiedenen Abteilungen zu vollziehender Eintragungen** eine von der Eingangsreihenfolge abweichende Rangbestimmung getroffen, so sind rein theoretisch drei Eintragungsmöglichkeiten gegeben: entweder am gleichen Tag mit   82

Rangvermerken oder an verschiedenen Tagen entsprechend Eingangsreihenfolge mit Rangvermerken oder an verschiedenen Tagen entsprechend der abweichenden Rangbestimmung ohne Rangvermerke. Da bei fehlender dinglicher Einigung alle drei Alternativen zum selben Ergebnis führen (vgl Rdn 78), ist aus praktischen Gesichtspunkten der ersten Möglichkeit zu folgen: Eintragung am gleichen Tag mit Rangvermerken. Wurde als abweichender Rang der Gleichrang bestimmt, so erfolgen die Eintragungen am gleichen Tag; Rangvermerke sind nicht erforderlich. Die Eintragung an verschiedenen Tagen entsprechend der Eingangsreihenfolge mit Rangvermerken wäre zwar auch möglich; da dies aber bei fehlender Einigung zu keinem anderen Ergebnis führt (vgl Rdn 78), ist davon abzusehen.

4. Formellrechtliche Voraussetzungen

83 **a) Allgemeines.** Dem GBA gegenüber muss eine **verfahrensrechtliche Rangbestimmungserklärung** abgegeben werden.[156] Sie kann enthalten sein in der Bewilligung (dann wird sie stets vom Eigentümer abgegeben) oder im Eintragungsantrag (dann wird sie von einem oder allen Antragsberechtigten abgegeben).

84 **b) Antrag.** Die Möglichkeit im Antrag eine Rangbestimmung zu treffen, ergibt sich aus § 45 Abs 3.[157] Eine mangels Voreintragung des zurücktretenden Berechtigten materiell unwirksame Rangrücktrittsvereinbarung nach § 880 BGB kann eine wirksame Rangbestimmung im Sinne des § 45 Abs 3 enthalten.[158] Nach allgemeiner Auffassung bedarf der Antrag, der eine Rangbestimmung enthält, gemäß § 30 der **Form** des § 29.[159] Der **Notar** kann nach richtiger Ansicht im Rahmen des § 15 eine Rangbestimmung treffen, da er auch zu einer zeitlich verschiedenen Vorlage von Anträgen mit entsprechender Rangwirkung befugt ist (vgl § 15 Rdn 32). Keine Bedenken bestehen auch gegen die Praxis der Notare, die Reihenfolge der Erledigung mehrerer gleichzeitig vorgelegter **Anträge mit römischen Ziffern** zu kennzeichnen[160] (vgl § 17 Rdn 7). Die Zulässigkeit eines solchen Verfahrens ergibt sich aus dem zeitlich gestaffelten Ablieferungswillen des Überbringers und einer entsprechenden zeitlichen Staffelung des Annahmewillens des Grundbuchbeamten. Eine gesetzliche Verpflichtung des Grundbuchbeamten, das geschilderte Verfahren hinzunehmen und seine Annahmebereitschaft zeitlich zu staffeln, besteht nicht. Will er sich also nicht an die angebrachte Nummerierung halten, so werden die Anträge gleichzeitig iS des § 45 gestellt. War das Verfahren jedoch bislang allgemeine und unbeanstandete Übung, so hat der Grundbuchbeamte auf die Änderung der Praxis hinzuweisen.[161] Wurde für die Eintragung von Grundpfandrechten die Rangbestimmung nur von Gläubigern beantragt, so ist eine Eigentümerzustimmung nicht erforderlich, da § 880 Abs 2 S 2 BGB nur für die nachträgliche Rangänderung gilt, nicht für die ursprüngliche Rangbestimmung.

85 **c) Bewilligung.** Selbstverständlich kann auch in der Bewilligung eine Rangbestimmung getroffen werden,[162] da sie den Inhalt eines Rechtes angeben muss und der Rang nach hM zum Rechtsinhalt gehört (vgl Rdn 2). Die Bevollmächtigung des Notars zur Durchführung der Urkunde jedwede Ergänzung der Bewilligung vorzunehmen, beinhaltet auch die Vollmacht eine Rangbestimmung iSv § 45 Abs 3 zu treffen.[163]

86 **d) Einzelfälle.** Die Möglichkeit, Rangbestimmungen in einer oder mehreren Bewilligungen und/oder Anträgen zu treffen, führt zu einer **Vielfalt von denkbaren Fallkonstellationen,** die eine Fülle von Problemen beinhalten. Systematisch wurde dieser Problemkreis erstmals von *Eickmann* erörtert und einer überzeugenden Lösung zugeführt.[164]

87 **aa) Rangbestimmung nur in Bewilligung.** Enthalten die **Eintragungsbewilligungen übereinstimmende Rangbestimmungen,** kann die Eintragung entsprechend den Bewilligungen vorgenommen werden, auch wenn der Eintragungsantrag hierüber nichts enthält.[165]

---

156 KEHE-*Eickmann* § 45 Rn 14; *Eickmann* GBVerfR, Rn 348; *Eickmann* RpflStud 1977, 2; *Böttcher* BWNotZ 1988, 73, 82.
157 KEHE-*Eickmann* § 45 Rn 14; *Eickmann* GBVerfR, Rn 350; *Eickmann* RpflStud 1977, 2; *Schöner/Stöber* Rn 318.
158 OLG München RNotZ 2006, 545 = Rpfleger 2006, 394 = MittBayNot 2007, 214.
159 BayObLG Rpfleger 1982, 334; 1993, 15; *Demharter* § 45 Rn 31; *Schöner/Stöber* Rn 318; *Böttcher* BWNotZ 1988, 73, 82.
160 *Staudinger-Kutter* § 879 Rn 40, 41; MüKo-*Wacke* § 879 Rn 10; *Spiritus* DNotZ 1977, 343; Gutachten in DNotI-Report 2006, 149; **aA** OLG Koblenz DNotZ 1976, 549.
161 *Staudinger-Kutter* § 879 Rn 42; *Böttcher* BWNotZ 1988, 73, 82; *Spiritus* DNotZ 1977, 343; **aA** OLG Koblenz DNotZ 1976, 549; BGB-RGRK-*Augustin* § 879 Rn 25.
162 KEHE-*Eickmann* § 45 Rn 14; *Eickmann* GBVerfR, Rn 349; *Eickmann* RpflStud 1977, 2; *Böttcher* BWNotZ 1988, 73, 82.
163 LG Saarbrücken Rpfleger 2000, 109.
164 *Eickmann* GBVerfR, Rn 351–354; *Eickmann* RpflStud 1977, 2.
165 *Eickmann* GBVerfR, Rn 351 (Beispiel 60); *Eickmann* RpflStud 1977, 2, 3 (Beispiel 1); *Schöner/Stöber* Rn 316; *Böttcher* BWNotZ 1988, 73, 83.

Enthält **nur die Eintragungsbewilligung des rangmäßig zurücktretenden Berechtigten** eine Rangbe- **88** stimmung, so kann diese ohne weiteres vollzogen werden.[166] Ein inhaltlicher Widerspruch liegt nicht vor.

Enthält **nur die Eintragungsbewilligung des rangmäßig vortretenden Berechtigten** eine Rangbestim- **89** mung, so kann auch diese eingetragen werden.[167] Ohne Bedeutung ist, dass die Rangbestimmung erst in einer später eingehenden Bewilligung getroffen wird, da sie ja immer vom Grundstückseigentümer stammt. Ist jedoch das rangmäßig zurückgetretene Recht bereits eingetragen im GB, dann muss mittels Zwischenverfügung (§ 18) verlangt werden, dass dieses Recht im Rang zurücktritt oder in der späteren Bewilligung die Rangbestimmung gestrichen wird.

Enthalten die **Eintragungsbewilligungen widersprechende Rangbestimmungen** und beansprucht jede **90** Bewilligung für ihr Recht den Vorrang, so neutralisieren sich diese Rangbestimmungen und es ist dann nach der Eingangsreihenfolge zu vollziehen, dh die früher eingehende Bewilligung mit Vorrang; hinsichtlich der später eingehenden Bewilligung muss mittels Zwischenverfügung erst noch verlangt werden, dass das vorrangige Recht im Rang zurücktritt oder die Rangbestimmung gestrichen wird.[168] Bei gleichzeitigem Eingang kann keinem Antrag stattgegeben werden; insoweit ist dann eine Zwischenverfügung veranlasst. Widersprechen sich die Bewilligungen in der Weise, dass jeweils dem anderen Recht der Vorrang eingeräumt wird, so kann grundsätzlich keine Eintragung erfolgen. Soweit allerdings die Meinung vertreten wird, dass dann beide Anträge zurückgewiesen werden müssten,[169] kann dem nicht gefolgt werden. Vielmehr ist hinsichtlich beider Anträge Zwischenverfügung zu erlassen[170] (vgl Rdn 89). Geht dann ein weiterer Antrag auf Eintragung eines dinglichen Rechts ein, so kann mangels vorliegender Rangbestimmung eine globale Vormerkung nach § 18 Abs 2 für die beiden Erstbewilligungen eingetragen und dann dem dritten Antrag entsprochen werden.[171] Wortlaut der Vormerkungen:

Sp1	Sp 2	Sp 3	Sp 4
1	1	10000 EUR	Je Vormerkung zur Sicherung der Eintragung von Hypotheken für
2		5000 EUR	10000 EUR nebst ... zugunsten ... und für 5000 EUR nebst ... zugunsten ... In dem nach Maßgabe der Zwischenverfügung vom ... zu bestimmenden Range untereinander eingetragen gemäß § 18 Abs 2 GBO am ...

bb) Rangbestimmung nur im Antrag. Enthalten **alle Anträge übereinstimmende Rangbestimmun- 91 gen,** so können sie vollzogen werden, sofern in keiner Bewilligung sich Rangbestimmungen finden.[172] Ohne Bedeutung ist es, ob die Anträge von Betroffenen oder Begünstigten gestellt werden.

Enthält **nur ein Antrag eine Rangbestimmung, die mit der Eingangsreihenfolge übereinstimmt**, so **92** bestehen selbstverständlich keine Eintragungshindernisse,[173] da selbst ohne Rangbestimmung derselbe Rang verlautbart werden müsste.

Enthält **nur der Antrag des aus der Eingangsreihenfolge Begünstigten eine Rangbestimmung** zugun- **93** sten des zeitlich späteren Antrags, so liegen ebenfalls keine Eintragungshindernisse vor, nachdem der zeitlich frühere Antragsteller die aus seinem Eingang fließende Anwartschaft auf den besseren Rang aufgibt.[174] Dies gilt auch dann, wenn der Eigentümer den Antrag gestellt hat, da dieser ja auch die Möglichkeit hätte, durch einseitige Erklärung in der Bewilligung diese Rangbestimmung zu treffen (Rdn 88).

Enthält **nur der Antrag des aus der Eingangsreihenfolge Betroffenen eine Rangbestimmung** zu seinen **94** Gunsten und stammt der Antrag vom Gläubiger, so kann für ihn keine Grundbucheintragung erfolgen. Der Eingangsschlechtere kann für sich einseitig keinen besseren Rang in Anspruch nehmen und damit dem Eingangsbesseren das Anwartschaftsrecht auf seinen Rang entziehen.[175] Mit einer Zwischenverfügung ist um Antragseinschränkung (= Beseitigung der Rangbestimmung) anzuhalten. Wurde der Antrag für das eingangs-

---

166 *Eickmann* GBVerfR, Rn 351 (Beispiel 61); *Eickmann* RpflStud 1977, 2, 3 (Beispiel 2); *Böttcher* BWNotZ 1988, 73, 83.

167 BayObLG Rpfleger 1982, 334, 335; *Eickmann* GBVerfR, Rn 351 (Beispiel 62); *Eickmann* RpflStud 1977, 2, 3 (Beispiel 3); *Böttcher* BWNotZ 1988, 73, 83.

168 *Eickmann* GBVerfR, Rn 351 (Beispiel 63); *Eickmann* RpflStud 1977, 2, 3 (Beispiel 4); *Böttcher* BWNotZ 1988, 73, 83; **aA** *Schöner/Stöber* Rn 316 und *Güthe-Triebel* § 45 Bem 15 (Zurückweisung).

169 *Güthe-Triebel* § 45 Bem 15.

170 *Eickmann* GBVerfR, Rn 351 (Beispiel 64); *Eickmann* RpflStud 1977, 2, 3 (Beispiel 5); *Böttcher* BWNotZ 1988, 73, 83.

171 *Eickmann-Böttcher* je aaO.

172 *Eickmann* GBVerfR, Rn 352 (Beispiel 65); *Eickmann* RpflStud 1977, 2, 4 (Beispiel 6); *Schöner/Stöber* Rn 319; *Böttcher* BWNotZ 1988, 73, 83; KEHE-*Eickmann* § 45 Rn 16.

173 *Eickmann* GBVerfR, Rn 352 (Beispiel 66); *Eickmann* RpflStud 1977, 2, 4 (Beispiel 7); *Schöner/Stöber* Rn 320; *Böttcher* BWNotZ 1988, 73, 83.

174 *Eickmann* GBVerfR, Rn 352 (Beispiel 67); *Eickmann* RpflStud 1977, 2, 4 (Beispiel 8); *Schöner/Stöber* Rn 320; *Böttcher* BWNotZ 1988, 73, 83.

175 *Eickmann* GBVerfR, Rn 352 (Beispiel 68); *Eickmann* RpflStud 1977, 2, 4 (Beispiel 9); *Böttcher* BWNotZ 1988, 73, 83.

schlechtere Recht allerdings allein oder auch vom Eigentümer gestellt, so ist entsprechend der Rangbestimmung einzutragen;[176] dieser hätte nämlich auch die Möglichkeit, durch einseitige Erklärung in der Bewilligung diese Rangbestimmung zu treffen (Rdn 89).

95 Enhalten die **Anträge widersprechende Rangbestimmungen** und beansprucht jeder Antragsteller für sich den Vorrang, so ist der zeitlich frühere Antrag entsprechend der Eingangsreihenfolge einzutragen (vgl Rdn 92) und hinsichtlich dem zeitlich späteren Antrag ist eine Zwischenverfügung zu erlassen zur Beseitigung der Rangbestimmung[177] (vgl Rdn 94). Widersprechen sich die Eintragungsanträge in der Weise, dass jeweils dem anderen Antragsteller der Vorrang eingeräumt wird, so ist entsprechend der Eingangsreihenfolge einzutragen.[178] Der Eingangsbessere verzichtet zwar auf sein besseres Recht, jedoch will der Eingangsschlechtere den besseren – ihm zugedachten – Rang nicht in Anspruch nehmen. Bei gleichzeitigem Eingang der Anträge kann keinem stattgegeben werden; insoweit ist Zwischenverfügung veranlasst.

96 **cc) Rangbestimmung in Antrag und Bewilligung.** Widersprechen die Rangbestimmungen in einem oder mehreren Anträgen der Rangbestimmung in einer Bewilligung, so ist die letztere maßgebend.[179] Da mit der Bewilligung als Grundlage der Eintragung der Betroffene die ihn beeinträchtigende Grundbucheintragung gestattet, kann mit einem Antrag keine von der Bewilligung bereits getroffene Rangbestimmung abgeändert werden. Die Möglichkeit, im Antrag eine Rangbestimmung zu treffen, gilt nur subsidiär, dh sie greift nur ein, wenn die Bewilligungen zur Rangfrage nichts bestimmen.

97 **e) Auslegungsfragen.** Soll die Eintragung eines Rechts **»zur bereitesten Stelle«** erfolgen, so hat dies die Bedeutung, da das einzutragende Recht die ihm bei Berücksichtigung der bisher eingetragenen Belastungen nach dem Gesetz zukommende Rangstelle erhalten soll; eine dingliche Rangbestimmung liegt nicht vor.[180] Unterbleibt in einem Grundschuldbestellungsformular die durch Streichung aufgeführter Alternativen vorzunehmende Konkretisierung der Rangstelle, so ist die Grundschuld an rangbereiter Stelle einzutragen.[181]

98 Die Erklärung, dass ein Recht **»ausschließlich erste, notfalls nächstoffene Rangstelle«** zu erhalten hat, stellt ebenfalls keine dingliche Rangbestimmung dar.[182] Sie gibt vielmehr zu erkennen, dass das Recht auch dann zur Entstehung gelangen soll, wenn es nur diejenige Rangstelle erhält, die ihm nach der Rechtslage im Zeitpunkt der Eintragung von Gesetzes wegen verfahrensrechtlich gebührt. Eine Rangbestimmung liegt jedoch für den Fall zweier gleichzeitig beantragter Rechte vor, wenn die genannte Bestimmung getroffen wurde, aber mit dem Zusatz, dass das eine der beiden Rechte dem anderen im Range nachgehen soll.[183]

99 Enthält eine Grundschuldbestellung ausdrücklich eine Bewilligung der Eintragung der Grundschuld an der vereinbarten **»ersten Rangstelle«**, so ist bestritten, ob dies nur eine schuldrechtliche Verpflichtung zur Verschaffung des Vorrangs ist[184] oder eine vom GBA zu beachtende dingliche Rangbestimmung. Auch das BayObLG[185] entschied in einem solchen Falle, dass es sich um eine rein obligatorische Verpflichtung gegenüber dem Gläubiger handele, der Grundschuld die erste Rangstelle zu verschaffen. Aus der Begründung des Beschlusses ergibt sich jedoch, dass die erste Rangstelle noch belegt war und deshalb die Erklärung der Eigentümerin sinnvollerweise überhaupt nicht anders verstanden werden konnte. Das BayObLG hat deshalb in jener Entscheidung nicht auf den Wortlaut, sondern auf den allein möglichen Sinngehalt der Erklärung abgestellt. Soweit der Entscheidung in der zitierten Fundstelle ein Leitsatz vorangestellt ist, in welchem es heißt, dass »regelmäßig« nur eine schuldrechtliche Verpflichtung des Eigentümers gemeint sei, wenn bei der Bestellung einer Grundschuld vereinbart werde, dass diese die erste Rangstelle haben solle, so findet ein solcher Grundsatz in der Entscheidung selbst keine Bestätigung. Wird daher bei einer Grundschuldbestellung vereinbart, dass diese erste Rang-

176 *Eickmann, Böttcher* je aaO.
177 *Eickmann* GBVerfR, Rn 352 (Beispiel 69); *Eickmann* RpflStud 1977, 2, 4 (Beispiel 10); *Böttcher* BWNotZ 1988, 73, 83; **aA** *Schöner/Stöber* Rn 319 (Zurückweisung).
178 *Eickmann* GBVerfR, Rn 352 (Beispiel 70); *Eickmann* RpflStud 1977, 2, 4 (Beispiel 11); *Böttcher* BWNotZ 1988, 73, 83.
179 *Eickmann* GBVerfR, Rn 353; *Eickmann* RpflStud 1977, 2, 4; *Böttcher* BWNotZ 1988, 73, 83; **aA** *Schöner/Stöber* Rn 315 (Zwischenverfügung).
180 KG KGJ 26, 290; 52, 202; BGB-RGRK-*Augustin* § 879 Rn 43; KEHE-*Eickmann* § 45 Rn 15; *Wulf* MittRhNotK 1996, 41, 47.
181 OLG Celle ZfIR 1997, 604.
182 OLG München Rpfleger 2006, 394; BayObLG Rpfleger 1976, 302 = DNotZ 1977, 367; KEHE-*Eickmann* § 45 Rn 15; *Staudinger-Kutter* § 879 Rn 73; *Demharter* § 45 Rn 33; *Wulf* MittRhNotK 1996, 41, 47; BGB-RGRK-*Augustin* § 879 Rn 43; *Schöner/Stöber* Rn 321; *Böttcher* BWNotZ 1988, 73, 84.
183 LG Köln MittRhNotK 1981, 259; *Schöner/Stöber* Rn 322.
184 OLG Frankfurt Rpfleger 1980, 477 = DNotZ 1981, 580; OLG Düsseldorf DNotZ 1950, 41; *Staudinger-Kutter* § 879 Rn 73; wohl auch *Bielau* Rpfleger 1983, 425, 426 (in der Entscheidung BayObLG Rpfleger 1976, 302 = DNotZ 1977, 367 lag keine ausdrückliche Rangbestimmung vor).
185 DNotZ 1950, 41.

stelle haben solle, so stellt dies grundsätzlich eine unmittelbar dinglich wirkende Rangbestimmung dar.[186] Heißt es in einem notariellen Übergabevertrag hinsichtlich der vom Übergeber vorbehaltenen Rechte, dass die Rückauflassungsvormerkung Rang nach dem Nießbrauchsrecht erhalten solle, so handelt es sich hierbei ebenfalls nicht lediglich um einen schuldrechtlichen Rangverschaffungsanspruch, sondern um eine dinglich wirkende Rangbestimmung.[187]

Werden in einem **Grundstücksveräußerungsvertrag** vom Erwerber zugunsten des Veräußerers Rechte an   **100**
dem aufgelassenen Grundstück bestellt (= zB Wohnungsrecht, Reallast, Vormerkung) und im Zusammenhang damit auch für Dritte Rechte begründet (zB Grundpfandrechte zur Finanzierung), so stellt sich bei gleichzeitiger Antragstellung die Frage nach dem Rangverhältnis der Rechte. Am 10.02.1932 entschied das BayObLG,[188] dass die für den Veräußerer bestellten Rechte durch die Natur der Sache infolge zwingender zivilrechtlicher Rechtssätze Vorrang vor den Rechten für Dritte hätten, ohne dass es noch einer besonderen Einigung über die Rangfrage und deren Aufnahme in den Urkunden bedürfe. In seiner Entscheidung vom 20.05.1976 führte das BayObLG[189] aus, dass eine stillschweigende Rangbestimmung vorliegt, die den Rechten für den Veräußerer den Vorrang vor den Rechten für Dritte einräumt. Für den Fall, dass der Erwerber bei einem Recht für einen Dritten eine ausdrückliche Rangbestimmung zum Vorrang bewilligt, verneinte das BayObLG in seiner Entscheidung vom 07.05.1982[190] eine stillschweigende Rangbestimmung für die Rechte des Veräußerers. Letztere Entscheidung wird zu Recht einhellig abgelehnt.[191] In aller Regel geht bei einem Vertrag, in dem ein Eigentümer sein Anwesen gegen Bestellung von dinglichen Rechten daran an einen Erwerber auflässt, der Wille der Vertragschließenden dahin, dass die Eintragung der Auflassung Zug um Zug gegen Eintragung der zugunsten des Veräußerers bestellten Rechte bewirkt wird, dass also diese Rechte bereiteste Rangstelle erhalten. Der erkennbare Wille der Beteiligten, dass sich der Übergang des Eigentums am Grundstück und dessen Belastung mit den Rechten des Veräußerers in einem Rechtsakt vollziehen soll, schließt ihr Einverständnis mit einer gleich- oder gar vorrangigen Belastung des Grundstücks zugunsten eines Dritten im unmittelbaren Zusammenhang mit der Eintragung des Eigentumsüberganges aus. Sofern sich daher aus einem Grundstücksveräußerungsvertrag selbst nicht besondere Anhaltspunkte ergeben, muss das Grundbuchamt eine stillschweigende Rangbestimmung bezüglich der Rechte für den Grundstücksveräußerer zum Vorrang gegenüber Rechte für Dritte unterstellen.[192] Eine – auch ausdrückliche – Vorrangbestimmung in der Bewilligung für ein Recht zugunsten eines Dritten ändert daran nichts. Es liegen dann vielmehr zwei gleichzeitig eingegangene Bewilligungen vor, die stillschweigend bzw ausdrücklich erklärte und sich widersprechende Rangbestimmungen enthalten. Deshalb kann keine Eintragung erfolgen, sondern es ist eine Zwischenverfügung zur Klarstellung veranlasst[193] (vgl Rdn 90). Werden in einem Grundstücksveräußerungsantrag mehrere Rechte als Gegenleistung für den Veräußerer bestellt, so ist regelmäßig eine stillschweigende Rangbestimmung dahin anzunehmen, dass diese Rechte untereinander Gleichrang haben sollen[194] (vgl auch Einl G Rdn 65).

VIII. Rangänderung (§ 880 BGB)

1. Allgemeines

a) Begriff. Rangänderung iS von § 880 BGB ist der **nachträgliche Rangwechsel** zwischen zwei bereits ein-   **101**
getragenen Grundstücksrechten.[195] Sollen mehrere Rechte erst eingetragen werden, und dabei ein besonderes Rangverhältnis erhalten, so ist dies keine Rangänderung, sondern eine abweichende Bestimmung iS des § 879 Abs 3 BGB.[196] Dem nachträglichen Rangtausch gemäß § 880 BGB gleichzuachten ist der Rangrücktritt eines bereits bestehenden zugunsten eines neu einzutragenden Rechts.[197]

---

186 BayObLG Rpfleger 1982, 334, 335; *Böttcher* BWNotZ 1988, 73, 84; *Wulf* MittRhNotK 1996, 41, 47.
187 OLG Düsseldorf MittRhNotK 1994, 80.
188 BayObLG BayNotV 1932, 158.
189 BayObLG Rpfleger 1976, 302 = DNotZ 1977, 367.
190 BayObLG Rpfleger 1982, 334.
191 OLG München Rpfleger 2006, 68; KEHE-*Eickmann* § 45 Rn 20; *Schöner/Stöber* Rn 317; *Bauch* Rpfleger 1983, 421; *Bielau* Rpfleger 1983, 425; *Böttcher* BWNotZ 1988, 73, 84; *Jungwirth* S 99; *Wulf* MittRhNotK 1996, 41, 47.
192 BayObLG MittBayNot 1992, 391 = Rpfleger 1993, 13; *Wulf* MittRhNotK 1996, 41, 47; KG JW 1936, 1475; *Staudinger-Kutter* § 879 Rn 73; BGB-RGRK-*Augustin* § 879 Rn 25; *Soergel-Stürner* § 879 Rn 14; KEHE-*Eickmann* § 45 Rn 20; *Schöner/Stöber* Rn 317; *Bauch* Rpfleger 1983, 421; *Bielau* Rpfleger 1983, 425; *Böttcher* BWNotZ 1988, 73, 84.
193 Ebenso *Demharter* § 45 Rn 32; *Wulf* MittRhNotK 1996, 41, 47.
194 LG Augsburg Rpfleger 1980, 435; *Soergel-Stürner* § 879 Rn 14; *Schöner/Stöber* Rn 317; *Böttcher* BWNotZ 1988, 73, 84; *Wulf* MittRhNotK 1996, 41, 47.
195 *Staudinger-Kutter* § 880 Rn 9; BGB-RGRK-*Augustin* § 880 Rn 1; MüKo-*Wacke* § 880 Rn 2.
196 KG KGJ 40, 243; *Staudinger-Kutter* § 880 Rn 9; BGB-RGRK-*Augustin* § 880 Rn 1.
197 RGZ 157, 24, 26; KG KGJ 21, 306, 309; MüKo-*Wacke* § 880 Rn 2; *Staudinger-Kutter* § 880 Rn 9; BGB-RGRK-*Augustin* § 880 Rn 1; *Planck-Strecker* § 880 Anm II 2 d; *Schöner/Stöber* Rn 2578.

102 **b) Zulässigkeit.** **§ 880 Abs 1 BGB** erklärt die nachträgliche Rangänderung mit dinglicher Wirkung ausdrücklich für zulässig. Da die Vertragsfreiheit iS von inhaltlicher Gestaltungsfreiheit für Sachenrechte nicht gilt, hielt man die freie Dispositionsmöglichkeit über den Rang vielfach für unzulässig. Erst der 1. Entwurf zum BGB überwand diese Bedenken, enthielt aber noch Beschränkungen, die erst der 2. Entwurf beseitigte.[198] Für Pfandrechte an beweglichen Sachen fehlt auch eine entsprechende gesetzliche Vorschrift.

103 **c) Gegenstand.** Gegenstand einer Rangänderung können **grundsätzlich alle Grundstücksrechte** sein, also nicht nur Grundpfandrechte, sondern zB auch ein Nießbrauch, eine Reallast, ein Vorkaufsrecht, ein Dauerwohnrecht, Dienstbarkeiten, aber nicht Erbbaurechte (§ 10 ErbbauRG) und die Eigenschaft als Reichsheimstätte (§ 5 HeimstättenG).[199]

104 Auch eine **Vormerkung** kann Gegenstand einer Rangänderung sein, und zwar im Verhältnis untereinander[200] und im Verhältnis zu Rechten am Grundstück.[201] Soweit eine »Rangänderung« zwischen einer Eigentumsvormerkung und einem Grundstücksrecht zugelassen wird,[202] liegt im Rücktritt der Vormerkung wohl eher die Genehmigung der zunächst relativ unwirksamen Grundstücksrechtsbestellung.[203] Eine Löschungsvormerkung nimmt als Nebenrecht an der Rangänderung des Hauptrechts teil.[204]

105 Ein **Widerspruch** oder eine **Verfügungsbeeinträchtigung** können dagegen nicht Gegenstand einer Rangänderung sein, da zwischen einem Grundstücksrecht und einem solchen Vermerk kein materielles Rangverhältnis besteht.[205]

106 Die Rangänderung erstreckt sich jeweils auch auf die **Nebenrechte** der dinglichen Rechte.[206] § 880 gilt aber auch für die selbständige Rangänderung von Nebenrechten (zB bei erhöhten Grundpfandrechtszinsen).[207]

107 Auch **reale Teile eines Rechts** können unter ihrer bestimmten Bezeichnung sowohl im Verhältnis untereinander (§ 1151 BGB) als auch im Verhältnis zu anderen Rechten im Rang geändert werden.[208] Der von der Rangänderung betroffene Teil muss genau bestimmt sein, dh einer nachstehenden Hypothek kann nicht der Rang »vor dem jeweils getilgten Teil« anderer Hypotheken eingeräumt werden.[209]

108 Die Rangänderung kann auf einen **realen Teil des belasteten Grundstücks** im Fall des § 7 oder auf eines von mehreren belasteten Grundstücken beschränkt werden.[210]

109 Auf die Änderung des Ranges von eingetragenen **Rechten an einem Grundstücksrecht** ist § 880 BGB entsprechend anzuwenden.[211]

110 Grundsätzlich ist nur der Rang eingetragener Rechte änderbar. Der Rangvortritt eines **nicht eingetragenen Rechtes** ist möglich, wenn das zurücktretende Recht im GB eingetragen ist, da die Rangänderung bei diesem Recht eingetragen werden kann.[212] Die Rangverschlechterung eines nicht eingetragenen Rechts ist nach § 880 BGB idR nicht möglich; sie ist nur ausnahmsweise denkbar, etwa für Zinsrückstände von Grundpfandrechten: Dafür genügt die bloße Einigung, da sie nach § 1159 BGB auch ohne Eintragung abtretbar sind.[213]

111 **d) Rechtsnatur.** Da der Rang zum Inhalt des Rechts gehört (Rdn 2), ist die Rangänderung in ihrer dinglichen Wirkung eine **Inhaltsänderung** der beteiligten Rechte.[214] Diese dingliche Wirkung der Rangänderung wird durch die Ausnahme des § 880 Abs 5 BGB nicht beseitigt, sondern nur eingeschränkt: Die Inhaltsände-

---

198 *Mugdan* III 126–129, 551 ff.
199 *Staudinger-Kutter* § 880 Rn 2; BGB-RGRK-*Augustin* § 880 Rn 12; MüKo-*Wacke* § 880 Rn 4.
200 KG KGJ 22, 311, 312; JFG 10, 224, 225; *Staudinger-Kutter* § 880 Rn 2; BGB-RGRK-*Augustin* § 880 Rn 13; *Schöner/ Stöber* Rn 2579.
201 RGZ 55, 270, 273; KG KGJ 22, 311, 312; 39, 193, 197; OLG Frankfurt Rpfleger 1980, 185; MüKo-*Wacke* § 880 Rn 4; *Schöner/Stöber* Rn 2561; *Ulbrich* MittRhNotK 1995, 289, 290.
202 OLG Bremen Rpfleger 2005, 29; BayObLG Rpfleger 1999, 21; KG DNotZ 1965, 293, 294.
203 *Lehmann* NotBZ 2002, 205; *Staudinger-Gursky* § 883 Rn 182; *Mayer* in *Bauer/von Oefele* AT IV Rn 84.
204 BayObLG RJA 11, 146; *Staudinger-Kutter* § 880 Rn 2; BGB-RGRK-*Augustin* § 880 Rn 13.
205 KG KGJ 51, 295, 298; *Demharter* § 45 Rn 47; BGB-RGRK-*Augustin* § 880 Rn 15; *Staudinger-Kutter* § 880 Rn 2; MüKo-*Wacke* § 880 Rn 4.
206 *Staudinger-Kutter* § 880 Rn 5; *Planck-Strecker* § 880 Anm II 4 a; *Ulbrich* MittBayNotK 1995, 289, 290.
207 RGZ 132, 106, 110; KG KGJ 26, 142, 144; MüKo-*Wacke* § 880 Rn 4; BGB-RGRK-*Augustin* § 880 Rn 12; *Demharter* § 45 Rn 47; *Ulbrich* MittRhNotK 1995, 289, 290.
208 *Staudinger-Kutter* § 880 Rn 3; BGB-RGRK-*Augustin* § 880 Rn 12.
209 KG KGJ 33, 286.
210 KG OLGE 14, 85, 88; *Staudinger-Kutter* § 880 Rn 4; MüKo-*Wacke* § 880 Rn 4; *Planck-Strecker* § 880 Anm II 2 c.
211 MüKo-*Wacke* § 880 Rn 4; BGB-RGRK-*Augustin* § 880 Rn 12; *Demharter* § 45 Rn 47.
212 KG KGJ 34, 240 *Staudinger-Kutter* § 880 Rn 6; MüKo-*Wacke* § 880 Rn 5.
213 RGZ 88, 160, 163; *Planck-Strecker* § 880 Anm II 2 c; *Staudinger-Kutter* § 880 Rn 6; MüKo-*Wacke* § 880 Rn 5.
214 *Staudinger-Kutter* § 880 Rn 33; BGB-RGRK-*Augustin* § 880 Rn 3; *Westermann-Eickmann* § 81 I.

rung erstreckt sich nicht auf das Rangverhältnis der geänderten Rechte zu den Zwischenrechten, diese bleiben vielmehr unberührt. Sind keine Zwischenrechte vorhanden, hat die Rangänderung absolute, ansonsten nur relative Wirkung.

2. Materiellrechtliche Voraussetzungen

a) Einigung (§ 880 Abs 2 S 1 BGB). Die Rangänderung erfordert eine Einigung zwischen dem zurücktretenden **112** und dem vortretenden Berechtigten. Die Einigung kann auch erst nach der Eintragung erfolgen; das Vorrecht gilt dann rückwirkend von der Eintragung ab (§ 879 Abs 2 BGB).[215] Mangels Verfügungsberechtigung kann der Eigentümer nicht im Voraus den Rang einer Hypothek ändern für den Fall, dass sie künftig zur Eigentümergrundschuld werden sollte;[216] auch eine Vormerkung ist unzulässig mangels Identität von Schuldner und Rechtsinhaber.[217] Die Rangänderung eines in Gesamthands- oder Bruchteilsgemeinschaft stehenden Rechts erfordert die Erklärung aller Rechtsinhaber.[218] Selbstkontrahieren und Mehrfachvertretung ist nur gemäß § 181 BGB gestattet. Anstelle der Einigung genügt eine einseitige Erklärung bei der Personenidentität zwischen vor- und zurücktretendem Rechtsinhaber.[219] Die Einigung und damit die Rangänderung kann auch bedingt oder befristet sein, zB dadurch bedingt, dass die Forderung der vortretenden Hypothek voll zur Entstehung gelangt.[220] Die Bedingung oder Zeitbestimmung bedarf der Eintragung; eine Bezugnahme nach § 874 BGB kann die Eintracht nicht ersetzen.[221] Materiellrechtlich bedarf die Einigung keiner Form. Sie ist unabhängig von der schuldrechtlichen Verpflichtung zur Rangänderung. Erklärte die Einigung ein Nichtberechtigter (zB nach Abtretung eines Briefgrundpfandrechtes), so führt die Eintragung der Rangänderung zur Grundbuchunrichtigkeit.[222]

b) Eintragung (§ 880 Abs 2 S 1 BGB). Materiellrechtlich erfordert die rechtsgeschäftliche Rangänderung **113** neben der dinglichen Einigung auch die Grundbucheintragung. Strittig ist, was dazu erforderlich ist: Eintragung nur beim vortretenden Recht,[223] nur beim zurücktretenden Recht[224] oder bei beiden Rechten?[225] Eine Grundbucheintragung liegt auch dann vor, wenn die Rangänderung nur bei einem Recht eingetragen wird. Rechtlich betroffen von der Rangänderung wird das zurücktretende Recht, sodass zur materiellen Wirksamkeit die Eintragung dort genügt. Die Wirksamkeit der Rangänderung eines **Teilbetrags eines Briefgrundpfandrechtes** ist auch in Verbindung mit der Abtretung des Teilbetrags materiellrechtlich von der Grundbucheintragung abhängig (§ 880 Abs 2 S 1 BGB); dabei kommt es nicht darauf an, ob die Rangänderung zugleich mit der Teilabtretung oder erst nach zustandegekommener Teilung des Grundpfandrechts erfolgt.[226] Der gegenteiligen Ansicht des OLG Hamm[227] kann nicht gefolgt werden. Ausnahmen von dem Eintragungserfordernis bedürfen immer einer gesetzlichen Regelung. Bei Briefrechten ist eine solche Ausnahme für die Abtretung zugelassen (§ 1154 Abs 1 BGB). Für die Rangänderung von Briefrechten existiert eine solche Ausnahmevorschrift nicht (vgl § 880 Abs 2 S 1 BGB). In konsequenter Fortführung der Ansicht des OLG Hamm[224] könnte auch die Wirksamkeit des Rangrücktritts eines ungeteilten Briefrechts dann nicht von der Grundbucheintragung abhängig sein, wenn dies iVm der Abtretung dieses Briefrechts geschieht. Dieses Ergebnis ist aber abwegig und wird von niemandem vertreten. § 1151 BGB stellt lediglich eine Ausnahme von § 880 Abs 2 S 2 BGB dar (aber nicht von § 880 Abs 2 S 1 BGB), sodass die mit einer Teilabtretung verbundene Rangänderung der Teilrechte materiellrechtlich stets nach § 880 Abs 2 S 1 BGB der Grundbucheintragung bedarf.[228]

---

215 KG KGJ 21, 309; *Staudinger-Kutter* § 880 Rn 11; BGB-RGRK-*Augustin* § 880 Rn 25; MüKo-*Wacke* § 880 Rn 9.

216 RGZ 84, 78, 80; *Staudinger-Kutter* § 880 Rn 12; BGB-RGRK-*Augustin* § 880 Rn 20; MüKo-*Wacke* § 880 Rn 7; *Schöner/Stöber* Rn 2581; *Ulbrich* MittRhNotK 1995, 289, 291.

217 RGZ 72, 274, 276; 84, 78, 80; 145, 343, 350; MüKo-*Wacke* § 880 Rn 7 und § 883 Rn 17; *Ulbrich* MittRhNotK 1995, 289, 291; **aA** RG JW 1933, 2764, 2766; KG KGJ 25, 166, 169; *Staudinger-Kutter* § 880 Rn 12.

218 BayObLG ZflR 1998, 703; RG JW 1934, 1285; LG Braunschweig Rpfleger 1972, 365 m zust Anm *Haegele*; *Staudinger-Kutter* § 880 Rn 13; BGB-RGRK-*Augustin* § 880 Rn 20; MüKo-*Wacke* § 880 Rn 7; *Ulbrich* MittRhNotK 1995, 289, 291.

219 RGZ 142, 231, 237; KG KGJ 40, 241, 245; *Staudinger-Kutter* § 880 Rn 19; BGB-RGRK-*Augustin* § 880 Rn 27; MüKo-*Wacke* § 880 Rn 7; *Schöner/Stöber* Rn 2577; *Ulbrich* MittRhNotK 1995, 289, 291.

220 KG HRR 1933 Nr 1585; 1934 Nr 390; *Bauch* Rpfleger 1984, 348; *Ulbrich* MittRhNotK 1995, 289, 291.

221 MüKo-*Wacke* § 880 Rn 8; *Schöner/Stöber* Rn 2575; **aA** RGZ 122, 64; *Staudinger-Kutter* § 880 Rn 15; BGB-RGRK-*Augustin* § 880 Rn 22: Eintragung nur zur Vermeidung eines gutgläubigen Erwerbs des Vorrechts.

222 OLG Hamm FGPrax 2002, 193.

223 *Fratzky* BWNotZ 1979, 27.

224 RG HRR 1931 Nr 1912; MüKo-*Wacke* § 880 Rn 9; *Soergel-Stürner* § 880 Rn 5; *Planck-Strecker* § 880 Anm 3 f; *Palandt-Bassenge* § 880 Rn 3; *Westermann-Eickmann* § 81 II 2; *Schöner/Stöber* Rn 2566; *Demharter* § 45 Rn 58; *Ulbrich* MittRhNotK 1995, 289, 290; *Güthe-Triebel* § 45 Bem 9, 26; *Hesse-Saage-Fischer* § 45 Bem IV 4; *Wolff-Raiser* § 42 I 2.

225 KG KGJ 44, 256; 45, 293; *Staudinger-Kutter* § 880 Rn 22; BGB-RGRK-*Augustin* § 880 Rn 30.

226 *Palandt-Bassenge* § 1151 Rn 2; *Soergel-Stürner* § 880 Rn 13; *Schöner/Stöber* Rn 2412; *Horst Schmid* Rpfleger 1988, 136; *Streuer* Rpfleger 1994, 388; *Ulbrich* MittRhNotK 1995, 289, 292.

227 Rpfleger 1988, 58 m zust Anm *Muth* Rpfleger 1988, 249; ebenso OLG Düsseldorf Rpfleger 1991, 240; *Demharter* § 45 Rn 47.

228 *Staudinger-Wolfsteiner* § 1151 Rn 10; MüKo-*Eickmann* § 1151 Rn 8.

114 **Formellrechtlich** ist die Rangänderung bei dem zurücktretenden und dem vortretenden Recht einzutragen (§ 18 GBV). Die Eintragung erfolgt in der Veränderungsspalte in Abt II (Spalte 5) und in Abt III (Spalte 7). In Spalte 4 der Abt II und in den Spalten 5 und 6 der Abt III sind die laufende Nummer und der Betrag des zurücktretenden und vortretenden Rechts einzutragen. Wird das vortretende Recht neu eingetragen, so erfolgt der Rangvermerk bei diesem in der Hauptspalte. Dem Bestimmtheitsgebot entsprechend muss die Eintragung erkennen lassen, welche Rechte von der Rangänderung in welchem Umfang betroffen sind.[229] Regelmäßig genügt ein Vermerk, dass dem einen Recht der Vorrang vor dem anderen eingeräumt ist. Wird der Betrag der Nebenleistungen des vortretenden Rechts nicht genannt, kann die Auslegung ergeben, dass sämtlichen vom vortretenden Recht abhängigen Nebenleistungen der Vorrang eingeräumt ist.[230] Eine Bezugnahme auf die Eintragungsbewilligung zur näheren Inhaltsbestimmung ist gemäß §§ 877, 874 BGB zulässig, so zB bei bedingten Rangänderungen; das begünstigte Recht ist jedoch unmittelbar im GB zu bezeichnen.[231]

115 **c) Eigentümerzustimmung (§ 880 Abs 2 S 2 und 3 BGB).** Beim **Zurücktreten einer Hypothek, Grund- oder Rentenschuld** bedarf es außer der Einigung und Eintragung auch der Zustimmung des Eigentümers (§ 880 Abs 2 S 2 BGB), weil dabei eine Benachteiligung des Eigentümers hinsichtlich des Eigentümerrechts möglich ist.[232] Fehlt die erforderliche Zustimmung, so kommt trotz Eintragung keine Rangänderung zustande.[233] Die Zustimmung muss dem GBA gegenüber dem zurücktretenden oder dem vortretenden Berechtigten gegenüber erklärt werden (§ 880 Abs 2 S 3, 1. Hs BGB) und ist unwiderruflich (§ 880 Abs 2 S 3, 2. Hs BGB). Dem Rangrücktritt eines Grundpfandrechts, das auf einem zum Nachlass gehörenden Grundstück lastet, müssen außer dem Vorerben auch die Nacherben zustimmen.[234] Der Zustimmung des Eigentümers bedarf es auch, wenn das vortretende und das zurücktretende Grundpfandrecht demselben Berechtigten zustehen.[235] Nicht erforderlich ist die Eigentümerzustimmung bei der Rangänderung von Teilgrundpfandrechten (§ 1151 BGB),[236] wenn ohnehin kein Eigentümerrecht erworben werden kann (zB § 1178 BGB),[237] zur Eintragung nach §§ 128, 130 ZVG,[238] zur Berichtigung des Rangverhältnisses nach § 894 BGB,[239] wenn nur das vortretende Recht ein Grundpfandrecht ist[240] und wenn lediglich eine Vormerkung auf Einräumung eines Grundpfandrechts zurücktreten soll.[241] Nicht erforderlich ist bei Grundpfandrechten die Zustimmung des persönlichen Schuldners, der nicht zugleich Eigentümer ist; seine Interessen werden durch § 1165 BGB gewahrt.[242] Nach überwiegender Auffassung soll die Eigentümerzustimmung auch dann entfallen, wenn eine Zwangshypothek zurücktritt oder wenn ein Grundpfandrecht einer Zwangshypothek den Vorrang einräumt.[243] Begründet wird dies damit, dass der Eigentümer auch Pfändungen in die an deren Stelle entstehenden Eigentümerrechte dulden müsste. Das ist zwar richtig, gilt jedoch gleichermaßen für die aus einem rechtsgeschäftlich bestellten Grundpfandrecht entstehenden Eigentümerrechte, sodass eine Sonderbehandlung nicht gerechtfertigt ist.[244]

116 Die Zustimmung bedarf materiellrechtlich **keiner besonderen Form.** Sie braucht auch nicht ausdrücklich erklärt zu werden, sondern kann sich auch im Wege der **Auslegung** ergeben.[245] Daher kann die Zustimmung in der Übernahme der schuldrechtlichen Verpflichtung gesehen werden, einem einzutragenden Grundpfand-

---

229 MüKo-*Wacke* § 880 Rn 9; *Ulbrich* MittRhNotK 1995, 289, 292.
230 OLG Frankfurt Rpfleger 1980, 185; *Ulbrich* MittRhNotK 1995, 289, 292.
231 *Staudinger-Kutter* § 880 Rn 23; MüKo-*Wacke* § 880 Rn 9; *Ulbrich* MittRhNotK 1995, 289, 293.
232 *Staudinger-Kutter* § 880 Rn 24; BGB-RGRK-*Augustin* § 880 Rn 31; MüKo-*Wacke* § 880 Rn 10; *Ulbrich* MittRhNotK 1995, 289, 293.
233 KG KGJ 37, 214; *Staudinger-Kutter* § 880 Rn 24.
234 LG Frankenthal MDR 1976, 666; *Staudinger-Kutter* § 880 Rn 28; BGB-RGRK-*Augustin* § 880 Rn 31; MüKo-*Wacke* § 880 Rn 11; *Ulbrich* MittRhNotK 1995, 289, 293.
235 *Staudinger-Kutter* § 880 Rn 26; *Ulbrich* MittRhNotK 1995, 289, 293.
236 *Staudinger-Kutter* § 880 Rn 26; BGB-RGRK-*Augustin* § 880 Rn 32; MüKo-*Wacke* § 880 Rn 10; *Eickmann* RpflStud 1982, 74, 76.
237 RGZ 88, 160, 164; *Staudinger-Kutter* § 880 Rn 24; MüKo-*Wacke* § 880 Rn 10; *Ulbrich* MittRhNotK 1995, 289, 293.
238 *Staudinger-Kutter* § 880 Rn 27; BGB-RGRK-*Augustin* § 880 Rn 34; *Ulbrich* MittRhNotK 1995, 289, 293.
239 KG KGJ 49, 202; OLG Dresden OLGE 8, 307; *Staudinger-Kutter* § 880 Rn 27; BGB-RGRK-*Augustin* § 880 Rn 34; MüKo-*Wacke* § 880 Rn 10.
240 OLG Colmar OLGE 8, 106; *Staudinger-Kutter* § 880 Rn 27; BGB-RGRK-*Augustin* § 880 Rn 31; MüKo-*Wacke* § 880 Rn 10; *Eickmann* RpflStud 1982, 74, 76; *Ulbrich* MittRhNotK 1995, 289, 293.
241 RGZ 65, 260, 263; KG JW 1936, 2746; *Staudinger-Kutter* § 880 Rn 27; BGB-RGRK-*Augustin* § 880 Rn 33; MüKo-*Wacke* § 880 Rn 10; *Eickmann* RpflStud 1982, 74, 76; **aA** *Güthe-Triebel* § 45 Bem 32.
242 *Staudinger-Kutter* § 880 Rn 28; BGB-RGRK-*Augustin* § 880 Rn 33; MüKo-*Wacke* § 880 Rn 10; *Eickmann* RpflStud 1982, 74, 77.
243 BGH NJW 1953, 899; 1954, 954; KG DNotZ 1934, 864 = JW 1934, 2996; *Staudinger-Kutter* § 880 Rn 27; BGB-RGRK-*Augustin* § 880 Rn 35; MüKo-*Wacke* § 880 Rn 10; *Schöner/Stöber* Rn 2580; *Ulbrich* MittRhNotK 1995, 289, 293.
244 *Eickmann* RpflStud 1982, 74, 77.
245 *Staudinger-Kutter* § 880 Rn 25; BGB-RGRK-*Augustin* § 880 Rn 36; *Schöner/Stöber* Rn 2562; *Ulbrich* MittRhNotK 1995, 289, 294.

recht eine bestimmte Rangstelle zu verschaffen.[246] Hat der Eigentümer eine Eintragung insbesondere bereits gebilligt, die zwangsläufig den Rücktritt eines Grundpfandrechts mit sich bringt, so liegt in dieser Bewilligung idR seine Zustimmung nach § 880 Abs 2 S 2 BGB.[247] Die Zustimmung kann auch in der Form erklärt werden, dass bei Bestellung eines neuen Rechts allen Erklärungen zugestimmt wird, die erforderlich sind, um diesem den bedungenen Rang zu verschaffen: *»Der Eigentümer bewilligt die zur Beschaffung des bestimmten Ranges erforderlichen Erklärungen.«* Ausreichend ist es auch, wenn im Voraus allgemein *»allen etwaigen Rangänderungen vorgehenden Belastungen nach Maßgabe der noch abzugebenden Bewilligungen der Beteiligten«* zugestimmt wird; eine abweichende Behandlung zur Löschungszustimmung nach § 27 (vgl dort Rdn 80) ist nicht gerechtfertigt.[248] In der Zustimmung zur Löschung eines Grundpfandrechts liegt als Minus auch die Zustimmung zu dessen Rangrücktritt[249] (vgl Einl G Rdn 67). Soweit in einer Freistellungspflicht eine Zustimmung zur Löschung gemäß § 27 liegt (vgl dort Rdn 77), kann dies auch als Zustimmung zur Rangänderung angesehen werden. Eine Vollmacht zur Bestellung von Dienstbarkeiten berechtigt nicht zur Erklärung der Zustimmung zu einem Rangrücktritt.[250]

d) Zustimmung Dritter (§§ 880 Abs 3, 876 BGB). In § 880 Abs 3 BGB ist auf § 876 BGB verwiesen. **117** Dadurch ist sichergestellt, dass Dritte, die ein **Recht am zurücktretenden Recht** haben (Nießbraucher, Pfandgläubiger), der Rangänderung gleichfalls zustimmen müssen. Dies erklärt sich daraus, dass der Wert dieser Rechte sich gleichermaßen verringert, wenn das zurücktretende Recht einen schlechteren Rang einnimmt. Die Gefahr, in der Zwangsversteigerung wegen des schlechteren Ranges auszufallen, ist für den Pfandgläubiger ebenso wichtig, wie die in § 876 BGB geregelte Aufhebung des verpfändeten Rechts. Die Drittzustimmung kann nur gegenüber dem GBA oder dem Begünstigten (= Gläubiger des vortretenden Rechts), nicht jedoch gegenüber dem Gläubiger des zurücktretenden Rechts, abgegeben werden (§ 876 S 3 BGB). Fehlt die Zustimmung, so ist die Rangänderung absolut unwirksam.[251] Unzulässig ist eine Rangänderung mit der Maßgabe, dass die das zurücktretende Recht belastenden Rechte Dritter unberührt bleiben sollen.[252] Ist ein vorgemerkter Auflassungsanspruch gepfändet, bedarf der Rücktritt der Vormerkung der Zustimmung des Pfandgläubigers.[253]

Die Rangverschlechterung eines **subjektiv-dinglichen Rechts** (besonders einer Reallast) bedarf der Zustim- **118** mung der Inhaber von Drittrechten am herrschenden Grundstück, es sei denn, ihr Recht (zB eine Dienstbarkeit) wird durch den Rangrücktritt nicht berührt (vgl dazu § 21 Rdn 9 ff); entgegen dem Wortlaut des § 880 Abs 3 BGB ist nämlich anzunehmen, dass er auf § 876 BGB in seiner Gesamtheit verweist, sodass auch dessen Satz 2 Geltung erlangt.[254]

Bei einer Rangänderung ist eine Zustimmung der **Zwischenberechtigten** nicht erforderlich, da in deren **119** Rechtssphäre nicht eingegriffen wird (§ 880 Abs 5 BGB).[255]

e) Vertretung. Häufig bevollmächtigen sich die Beteiligten zur Abgabe und Empfangnahme der erforderli- **120** chen Erklärung untereinander, wodurch die Situation des **§ 181 BGB** entstehen kann.

Tritt der **Eigentümer** bei einer Rangänderung nicht nur für sich selbst auf (§ 880 Abs 2 S 2 und 3 BGB), son- **121** dern auch für einen Gläubiger (§ 880 Abs 2 S 1 BGB), so fällt der Abschluss der dinglichen Einigung nicht unter § 181 BGB. Gleiches gilt, wenn die Eigentümerzustimmung gegenüber dem GBA abgegeben wird.[256] Gibt der Eigentümer die Zustimmung gegenüber sich selbst in seiner Eigenschaft als Vertreter des vortretenden Gläubigers ab, so ist die Zustimmung trotzdem wirksam, weil der Vertreter allein durch diese Zustimmung keinen rechtlichen Nachteil erleidet.[257] Gibt der Eigentümer allerdings seine Zustimmung gegenüber dem von ihm vertretenen Gläubiger des zurücktretenden Rechts ab, ist eine Befreiung von den Beschränkungen des § 181 BGB erforderlich.[258]

---

246 LG Köln MittRhNotK 1976; 324; *Staudinger-Kutter* § 880 Rn 25; *Schöner/Stöber* Rn 2562.

247 KG KGJ 26, 140; *Staudinger-Kutter* § 880 Rn 25; *Ulbrich* MittRhNotK 1995, 289, 294.

248 **AA** *Schöner/Stöber* Rn 2562.

249 LG Augsburg MittBayNot 1983, 62; **aA** *Schöner/Stöber* Rn 2562.

250 BayObLG ZIR 1997, 173.

251 KG KGJ 37, 213, 217; *Staudinger-Kutter* § 880 Rn 29; BGB-RGRK-*Augustin* § 880 Rn 38; MüKo-*Wacke* § 880 Rn 13; *Ulbrich* MittRhNotK 1995, 289, 294; **aA** *Wolff-Raiser* § 42 I 3 (relative Unwirksamkeit).

252 *Staudinger-Kutter* § 880 Rn 29; BGB-RGRK-*Augustin* § 880 Rn 38; MüKo-*Wacke* § 880 Rn 13; *Ulbrich* MittRhNotK 1995, 289, 294.

253 BayObLG Rpfleger 1975, 47; *Staudinger-Kutter* § 880 Rn 29; BGB-RGRK-*Augustin* § 880 Rn 39; MüKo-*Wacke* § 880 Rn 12; *Ulbrich* MittRhNotK 1995, 289, 295.

254 MüKo-*Wacke* § 880 Rn 12; BGB-RGRK-*Augustin* § 880 Rn 38; *Eickmann* RpflStud 1982, 74, 77; *Ulbrich* MittRhNotK 1995, 289, 294.

255 *Staudinger-Kutter* § 880 Rn 30, 49.

256 RGZ 157, 24, 27; *Staudinger-Kutter* § 880 Rn 28; BGB-RGRK-*Augustin* § 880 Rn 7; MüKo-*Wacke* § 880 Rn 11; *Ulbrich* MittRhNotK 1995, 289, 296.

257 *Eickmann* RpflStud 1982, 74, 77; *Ulbrich* MittRhNotK 1995, 289, 296.

258 *Soergel-Stürner* § 880 Rn 15; *Ulbrich* MittRhNotK 1995, 289, 296.

122 Tritt ein an der Rangänderung beteiligter **Gläubiger** nicht nur für sich selbst, sondern auch für den Eigentümer auf, so hat dies für die dingliche Einigung keine Bedeutung. Gibt der Gläubiger dann in Vertretung des Eigentümers die Zustimmung nach § 880 Abs 2 S 2 und 3 BGB ab, so ist dies nach § 181 BGB unwirksam, sofern nicht Befreiung von dieser Vorschrift erteilt ist.[259]

123 **f) Vormundschaftsgerichtliche Genehmigung. aa) Zurücktretender Gläubiger ist minderjährig.** Bei einem **Rücktritt eines Rechtes in Abteilung II** des Grundbuches ist die Einigungserklärung genehmigungsbedürftig nach § 1821 Abs 1 Nr 1 BGB, denn der Rangrücktritt ist eine Verfügung über ein Recht an einem Grundstück. Da § 1821 BGB in § 1643 Abs 1 BGB genannt ist, besteht die Genehmigungspflicht sowohl beim Handeln eines Vormundes wie auch der Eltern.[260]

124 Bei einem **Rücktritt einer Hypothek** liegt ein Fall des § 1822 Nr 13 BGB vor, weil die für die Forderung des Mündels bestehende Sicherheit dadurch eine objektive Minderung erfährt.[261] Da § 1822 Nr 13 BGB in § 1643 BGB nicht genannt ist, können Eltern den Rangrücktritt ohne Genehmigung erklären.

125 Bei einem **Rücktritt einer Grundschuld** ist § 1822 Nr 13 BGB nicht anwendbar, weil wegen der nichtakzessorischen Natur des Rechts das Tatbestandsmerkmal »für eine Forderung bestellte Sicherheit« nicht vorliegt. Dieser Rangrücktritt fällt jedoch unter § 1812 BGB[262] (gilt gemäß § 1643 BGB nicht für die Eltern).

126 **bb) Eigentümer ist minderjährig.** Die Frage, ob die vom Vormund abgegebene Eigentümerzustimmung gemäß § 880 Abs 2 S 2 BGB genehmigungsbedürftig nach **§ 1812 BGB** ist, wird zum Teil verneint.[263] Dem kann nicht zugestimmt werden. Das Zustimmungserfordernis besteht wegen der mit der Rangänderung verbundenen Verschlechterung eines künftigen Eigentümerrechts. Es kann jedoch keinen Unterschied machen, ob der Eigentümer mit seinem Eigentümerrecht zurücktritt, was allgemein als genehmigungsbedürftig anerkannt wird, oder ob sich durch seine Zustimmung die Anwartschaft auf dieses Recht verschlechtert. Die Zustimmung zum Rangrücktritt ist daher für den Vormund genehmigungsbedürftig (nicht für die Eltern § 1643 BGB).[264]

3. Formellrechtliche Voraussetzungen

127 **a) Antrag.** Antragsberechtigt sind der **Gläubiger des zurücktretenden Rechts** als Betroffener, der **Gläubiger des vortretenden Rechts** als Begünstigter (§ 13 Abs 1 S 2). Der Antrag bedarf keiner Form (§ 30).

128 Streitig ist, ob daneben auch dem Eigentümer ein Antragsrecht zukommt. Dafür spräche, dass letztlich jede Rangveränderung eines Grundpfandrechts gleichzeitig das Rangverhältnis des latent in ihm begründeten Eigentümerrechts mitberührt. Aus dieser Überlegung heraus lässt sich somit schon feststellen, dass ein Antragsrecht des Eigentümers von vornherein ausscheidet, wenn sich die Rangänderung ausschließlich zwischen Rechten in der Abteilung II vollzieht, weil diese Fremdrechte nicht auf den Eigentümer übergehen können. Offen bleibt somit die Frage nach dem Antragsrecht bei Rangänderungen, an denen mindestens ein Grundpfandrecht beteiligt ist. Im Hinblick auf ein künftiges Eigentümerrecht aus dem zurücktretenden Recht scheidet ein Antragsrecht des Eigentümers aus, weil es sich dabei nur um mittelbares Betroffensein handelt,[265] das nach allgemeiner Auffassung für § 13 Abs 1 S 2 nicht ausreicht. Ein Antragsrecht im Hinblick auf das künftige Eigentümerrecht am vortretenden Recht scheitert daran, dass beim Vorhandensein mehrerer Begünstigter (Gläubiger und Eigentümer) nur jener antragsberechtigt ist, dessen Begünstigung Zweck des Eintragungsver-

---

259 BGH JR 1980, 412; *Eickmann* RpflStud 1982, 74, 77; *Ulbrich* MittRhNotK 1995, 289, 296.

260 *Schöner/Stöber* Rn 3697; *Eickmann* GBVerfR, Rn 356; *Eickmann* RpflStud 1982, 74, 77; *Ulbrich* MittRhNotK 1995, 289, 295.

261 *Schöner/Stöber* Rn 2561, 3715; *Eickmann* GBVerfR, Rn 356; *Eickmann* RpflStud 1982, 74, 77; *Ulbrich* MittRhNotK 1995, 289, 295.

262 *Eickmann* GBVerfR, Rn 356; *Eickmann* RpflStud 1982, 74, 77; *Schöner/Stöber* Rn 3719; *Ulbrich* MittRhNotK 1995, 289, 295.

263 KG RJA 2, 99; KGJ 22, 140; *Meyer-Stolte* RpflJB 1980, 336, 350; *Ulbrich* MittRhNotK 1995, 289, 295.

264 *Schöner/Stöber* Rn 3724; *Eickmann* GBVerfR, Rn 201; *Eickmann* RpflStud 1982, 74, 78.

265 LG Bochum DNotZ 1953, 314; *Güthe-Triebel* § 13 Bem 40, 49; *Bock* BWNotZ 1961, 126; *Scheyhing* SchlHA 1963, 147; *Böttcher* Rpfleger 1982, 52; *Eickmann* RpflStud 1982, 74, 78; **aA** BayObLGZ 13, 443, OLG Dresden JW 1935, 3577; OLG München JFG 15, 362; OLG Schleswig SchlHA 1963, 147; KG Rpfleger 1965, 14; LG Hannover Rpfleger 1977, 310; KEHE-*Herrmann* § 13 Rn 60; *Hesse-Saage-Fischer* § 13 Anm II 1b; *Schöner/Stöber* Rn 2563; BGB-RGRK-*Augustin* § 880 Rn 24; *Ulbrich* MittRhNotK 1995, 289, 296.

fahrens sein soll. Beim Rangtausch soll nicht der Eigentümer, sondern der vortretende Gläubiger begünstigt werden. Ein Antragsrecht des Eigentümers scheidet somit aus.[266]

b) Bewilligung. Den Rangrücktritt muss der **Gläubiger des zurücktretenden Rechts** als Betroffener **129** bewilligen (§ 19) und zwar in der Form des § 29. Haben vier Beteiligte ein Grundstück zu Miteigentum zu je 1/4 gekauft und ist zur Sicherung des Eigentumsverschaffungsanspruchs eine entsprechende Vormerkung im Grundbuch eingetragen, ist ein Rangrücktritt mit der Auflassungsvormerkung hinter eine Grundschuld nur insgesamt und mit der Bewilligung aller Berechtigten möglich.[267] Da der gesicherte Anspruch auf eine unteilbare Leistung gerichtet ist und diese nur an alle Berechtigten gemeinsam erfolgen kann, kommt der Rangrücktritt eines einzelnen Berechtigten mit einer Vormerkung zur Sicherung des Anspruchs auf Übertragung eines 1/4-Miteigentumsanteils nicht in Betracht. Erforderlich sind außerdem die Mitbewilligung des **Eigentümers** (die regelmäßig in den materiellrechtlichen Zustimmungen liegen[268]) beim Rücktritt eines Grundpfandrechts (§ 19, § 880 Abs 2 S 2 BGB) und des **Drittberechtigten**, wenn das zurücktretende Recht mit einem Pfandrecht oder Nießbrauch belastet ist (§ 19, § 880 Abs 3 BGB, § 876 S 1 BGB). Die Zustimmung (Mitbewilligung) des Eigentümers zur Freistellung einer verkauften Teilfläche von einem Grundpfandrecht kann idR nicht dahin ausgelegt werden, dass damit auch die Bewilligung des Rangrücktritts des Grundpfandrechts hinter die zugunsten des Käufers einzutragende Auflassungsvormerkung erklärt ist[265]. Ebenso müssen evtl Drittberechtigte am herrschenden Grundstück gemäß § 19, § 876 S 2 BGB mitbewilligen, wenn ein subjektiv-dingliches Recht im Rang zurücktritt (vgl Rdn 118). In der Bewilligung genügt bei Kapitalrechten die Angabe der Hauptsache; damit werden auch die **Nebenleistungen** umfasst.[269] Soll nur die Hauptsache im Rang geändert werden, so ist dies in der Bewilligung und der Grundbucheintragung besonders anzugeben.

c) Voreintragung. Die von der Rangänderung unmittelbar und mittelbar Betroffenen müssen grundsätzlich **130** im GB eingetragen sein (§ 38 Abs 1). Bei Briefrechten ist § 39 Abs 2 zu beachten.

d) Vormundschaftsgerichtliche Genehmigung. Soweit die Notwendigkeit einer vormundschaftsgerichtli- **131** chen Genehmigung besteht (vgl Rdn 123 ff), ist diese dem GBA vorzulegen (vgl Einl H Rdn 26).

e) Briefvorlage. Vgl dazu § 41 Rdn 23 ff und § 57 Rdn 4, 5 und § 57 aF Rdn 6. **132**

4. Wirkungen

a) Allgemeines. Die Rangänderung wirkt nicht nur obligatorisch zwischen den Parteien, sondern der Inhalt der **133** beteiligten Rechte wird bezüglich ihres Ranges mit **dinglicher Wirkung** geändert;[270] ausgenommen sind nach § 880 Abs 5 BGB die Zwischenberechtigten. Das vortretende Recht verdrängt das zurücktretende aus seinem Rang so, wie wenn es von Anbeginn an dessen Stelle eingetragen gewesen wäre.[271] Solange die Rangänderung noch nicht im GB eingetragen ist, enthält sie die schuldrechtliche Verpflichtung der Parteien, einander so zu stellen, als wären die beteiligten Rechte mit dem geänderten Rang schon eingetragen.[272] Abgesehen vom Rangverhältnis wird an dem Inhalt der beteiligten Rechte nichts geändert, sodass insbesondere der Inhaber des zurücktretenden Rechts nach wie vor berechtigt ist, über sein Recht zu verfügen.[273] Vor allem im Falle der **Zwangsversteigerung** des belasteten Grundstücks äußert sich die Wirkung der Rangänderung. Ist der Inhaber des zurücktretenden Rechts der bestbetreibende Gläubiger, so ist das vortretende Recht in das geringste Gebot als bestehen bleibendes Recht aufzunehmen, da es dem betreibenden Gläubiger vorgeht (§ 44 ZVG). Ist der Inhaber des vortretenden Rechts bestbetreibender Gläubiger, so bleibt das zurückgetretene Recht bei der Feststellung des geringsten Gebots unberücksichtigt und erlischt mit dem Zuschlag (§ 91 Abs 1, 52 Abs 1, 44 ZVG).

---

266 LG Dortmund MDR 1960, 320; LG Bochum DNotZ 1953, 314; *Güthe-Triebel* § 13 Bem 40, 49; *Eickmann* GBVerfR, 5. Kap § 2 IV 1 Beispiele 20c und d (Rn 102); *Böttcher* Rpfleger 1982, 52; *Scheyhing* SchlHA 1963, 147; *Haegele* Rpfleger 1965, 15; 1966, 266; 1969, 268; 1977, 310; *Eickmann* RpflStud 1982, 74, 78; *Ripfel* Grundbuchrecht, A VII 1b Fn 79; **aA** OLG Dresden JW 1935, 3577; OLG München JFG 15, 362; KG Rpfleger 1965, 14; OLG Oldenburg Rpfleger 1966, 266; LG Hannover Rpfleger 1977, 310; KEHE-*Herrmann* § 13 Rn 61; BGB-RGRK-*Augustin* § 880 Rn 24; *Staudinger-Kutter* § 880 Rn 21; *MüKo-Wacke* § 880 Rn 9; *Ulbrich* MittRhNotK 1995, 289, 296.
267 BayObLG ZfIR 1998, 703.
268 BayObLG NJW-RR 1989, 911 = MittBayNot 1989, 310; *Demharter* § 45 Rn 57; *Schöner/Stöber* Rn 2562; *Ulbrich* MittRhNotK 1995, 289, 296.
269 OLG Frankfurt Rpfleger 1980, 285; LG Mönchengladbach MittRhNotK 1977, 131; *Schöner/Stöber* Rn 2564; *Ulbrich* MittRhNotK 1995, 289, 297.
270 KG JFG 22, 42; *Staudinger-Kutter* § 880 Rn 31; BGB-RGRK-*Augustin* § 880 Rn 6; *MüKo-Wacke* § 880 Rn 14.
271 KG KGJ 20, 181, 184; 53, 178, 179; *Ulbrich* MittRhNotK 1995, 289, 297.
272 *Staudinger-Kutter* § 880 Rn 32.
273 BGB-RGRK-*Augustin* § 880 Rn 10; *MüKo-Wacke* § 880 Rn 14.

134   **b) Unmittelbar nacheinander eingetragene Rechte.** Vollzieht sich ein Rangtausch zwischen zwei unmittelbar aufeinander folgenden Rechten, so ist die Auswirkung einfach: »sie tauschen die Plätze«, dh das eine Recht tritt jeweils an die Stelle des anderen.[274]

135   **c) Vorhandensein von Zwischenrechten (§ 880 Abs 5 BGB).** Liegt zwischen den beiden beteiligten Rechten ein anderes Recht (sog Zwischenrecht), so wird es vom Rangtausch nicht berührt (§ 880 Abs 5 BGB), dh es darf weder einen Vorteil erlangen (wenn das vortretende Recht kleiner ist als das zurücktretende), noch einen Nachteil erleiden (wenn das vortretende Recht größer ist).[275] Bei **Rechten der Abteilung II** fehlt häufig der Maßstab dafür, ob das Grundstück durch das vor- oder durch das zurücktretende Recht mehr belastet wird; die Entscheidung über die genaue Rangfolge fällt dann erst bei einer Zwangsversteigerung (§§ 51 Abs 2, 92 ZVG).[276] Die Regel des § 880 Abs 5 BGB gilt auch hinsichtlich aller **Nebenleistungen**, also insbesondere der Zinsen.[277] Auch insoweit darf dem Zwischenrecht nicht mehr vorgehen, als ihm vor der Rangänderung vorging. Diesen Belastungsumfang muss es sich jedoch auch andererseits nach wie vor vorgehen lassen. Die Rangänderung wirkt gegenüber Zwischenrechten nur in dem **Umfang,** in dem sich das vortretende und das zurücktretende Recht decken:[278] Übersteigt das vortretende Recht das zurücktretende, so bleibt der Rest des vortretenden an seinem bisherigen Rang und geht dort dem zurücktretenden vor. Übersteigt umgekehrt das zurücktretende das vortretende, so nimmt es dessen nachrangige Stelle nur in dessen Höhe ein, für den Rest bleibt es hinter dem vortretenden, aber vor dem Zwischenrecht bestehen.

136   **Beispiel: Die rangtauschenden Rechte sind gleichwertig.**

III 1	30000 EUR
II 1	Wohnungsrecht
III 2	30000 EUR
III 1 räumt III 2 den Vorrang ein.	
III 2	30000 EUR
II 1	Wohnungsrecht
III 1	30000 EUR

137   **Beispiel: Das vortretende Recht ist größer als das zurücktretende.**

III 1	3000 EUR
III 2	6000 EUR
III 3	10000 EUR
III 1 räumt III 3 den Vorrang ein.	
III 3 a	3000 EUR
III 2	6000 EUR
III 3 b	7000 EUR
III 1	3000 EUR

138   **Beispiel: Das zurücktretende Recht ist größer als das vortretende.**

III 1	10000 EUR
III 2	6000 EUR
III 3	3000 EUR
III 1 räumt III 3 den Vorrang ein.	
III 3	3000 EUR
III 1 a	7000 EUR
III 2	6000 EUR
III 1 b	3000 EUR

139   **Beispiel: Unter Berücksichtigung der Zinsen.**

III 1	10000 EUR zu 8 %
III 2	5000 EUR unverzinslich
III 3	15000 EUR zu 10 %
III 1 räumt III 3 den Vorrang ein.	
III 3 a	10000 EUR zu 8 %
III 2	5000 EUR unverzinslich
III 3 b	2 % aus 10000 EUR
III 3 c	5000 EUR zu 10 %
III 1	10000 EUR zu 8 %

---

274 *Eickmann* RpflStud 1982, 74, 78; *Ulbrich* MittRhNotK 1995, 289, 297.
275 RGZ 141, 235, 238; *Staudinger-Kutter* § 880 Rn 46; *BGB-RGRK-Augustin* § 880 Rn 44; *MüKo-Wacke* § 880 Rn 16; *Eickmann* RpflStud 1982, 74, 78; *Ulbrich* MittRhNotK 1995, 289, 297.
276 *Staudinger-Kutter* § 880 Rn 48; *Ulbrich* MittRhNotK 1995, 289, 298.
277 *Eickmann* RpflStud 1982, 74, 78.
278 *Staudinger-Kutter* § 880 Rn 47; *BGB-RGRK-Augustin* § 880 Rn 45; *MüKo-Wacke* § 880 Rn 19.

d) Rangrücktritt mehrerer Rechte. Räumen die Gläubiger mehrere Rechte einem nachrangigen Recht **140** den Vorrang ein, so behalten die zurücktretenden Rechte untereinander ihre bisherige Rangordnung bei; dabei ist es gleichgültig, ob die Rangrücktrittserklärungen der einzelnen Gläubiger gleichzeitig erfolgen oder nicht und ob sie gleichzeitig oder nacheinander eingetragen werden.[279]

Beispiel: **141**

III 1	5000 EUR
III 2	4000 EUR
III 3	3000 EUR
III 1 und III 2 räumen III 3 den Vorrang ein.	
III 3	3000 EUR
III 1	5000 EUR
III 2	4000 EUR

e) Rangvortritt mehrerer Rechte. Wird der Vortritt mehrerer Rechte **gleichzeitig gebucht,** so bleibt ihr **142** Rangverhältnis untereinander gewahrt.[280]

Beispiel:

III 1	5000 EUR
III 2	4000 EUR
III 3	3000 EUR
III 1 räumt III 2 und III 3 gleichzeitig den Vorrang ein.	
III 2	4000 EUR
III 3	3000 EUR
III 1	5000 EUR

Werden jedoch die Rangänderungen **zeitlich nacheinander gebucht,** so geht das zuerst aufgerückte Recht **143** auch dann dem später aufgerückten vor, wenn es ursprünglich rangschlechter war.[281]

Beispiel:

III 1	5000 EUR
III 2	4000 EUR
III 3	3000 EUR
III 1 räumt zunächst III 3, dann später III 2 den Vorrang ein.	
III 3	3000 EUR
III 2	4000 EUR
III 1	5000 EUR

f) Gleichrang eines beteiligten Rechts[282]. aa) Das vortretende Recht hatte Gleichrang. **144**

Beispiel: Das vortretende Recht ist kleiner als das zurücktretende.

III 1	5000 EUR		
III 2	4000 EUR	III 3	3000 EUR
III 1 räumt III 3 den Vorrang ein.			
III 3	3000 EUR		
III 1 a	2000 EUR		
III 2	4000 EUR	III 1 b	3000 EUR

Das zurücktretende Recht tritt in diesem Fall in das Gleichrangverhältnis ein, jedoch höchstens in Höhe des vortretenden.

---

279 RGZ 64, 100, 105; 79, 170, 173; KG KGJ 42, 265; *Staudinger-Kutter* § 880 Rn 44; BGB-RGRK-*Augustin* § 880 Rn 17; *Soergel-Stürner* § 880 Rn 19; *MüKo-Wacke* § 880 Rn 15; *Westermann-Eickmann* § 81 III 3; *Eickmann* RpflStud 1982, 74, 78; **aA** nur bei gleichzeitiger Bewilligung und Eintragung: LG Siegen DNotZ 1964, 615.
280 KG KGJ 20, 181, 184; 47, 189; JFG 8, 306, 310 = HRR 1931 Nr 408; *Staudinger-Kutter* § 880 Rn 44; BGB-RGRK-*Augustin* § 880 Rn 16; *MüKo-Wacke* § 880 Rn 15; *Soergel-Stürner* § 880 Rn 18; *Eickmann* RpflStud 1982, 74, 78; *Westermann-Eickmann* § 81 III 3; *Ulbrich* MittRhNotK 1995, 289, 298.
281 KG KGJ 20, 181, 184; 47, 189; JFG 8, 306, 310 = HRR 1931 Nr 408; *Staudinger-Kutter* § 880 Rn 45; BGB-RGRK-*Augustin* § 880 Rn 16; *MüKo-Wacke* § 880 Rn 15; *Eickmann* RpflStud 1982, 74, 79; *Westermann-Eickmann* § 81 III 3; *Ulbrich* MittRhNotK 1995, 289, 298.
282 Nach *Eickmann* RpflStud 1982, 74, 79 (Beispiele 9–12); vgl auch *Westermann-Eickmann* § 81 III 4.

145 **Beispiel: Das zurücktretende Recht ist kleiner als das vortretende.**

III 1	3000 EUR		
III 2	4000 EUR	III 3	5000 EUR
III 1 räumt III 3 den Vorrang ein.			
III 3 a	3000 EUR		
III 2	4000 EUR	III 3 b	2000 EUR
		III 1	3000 EUR

Das vortretende Recht III 3 wird aufgespalten in III 3a zu 3000 EUR im Rang vor III 2 und III 3b zu 2000 EUR im Gleichrang zu III 2. Das zurücktretende Recht III 1 ist im Verhältnis zu III 2 gleichrangig und im Verhältnis zu III 3b nachrangig.

146 **bb) Das zurücktretende Recht hatte Gleichrang.**

Beispiel: Das zurücktretende Recht ist kleiner als das vortretende.

III 1	3000 EUR	III 2	4000 EUR
III 3	5000 EUR		
III 1 räumt III 3 den Vorrang ein.			
III 3 a	3000 EUR	III 2	4000 EUR
III 3 b	2000 EUR		
III 1	3000 EUR		

Das vortretende Recht tritt in diesem Fall in den Gleichrang ein, jedoch höchstens in Höhe des zurücktretenden.

147 **Beispiel: Das vortretende Recht ist kleiner als das zurücktretende.**

III 1	5000 EUR	III 2	4000 EUR
III 3	3000 EUR		
III 1 räumt III 3 den Vorrang ein.			
III 3	3000 EUR	III 2	4000 EUR
III 1 a	2000 EUR		
III 1 b	3000 EUR		

Das zurücktretende Recht III 1 wird aufgespalten in III 1a zu 2000 EUR, das im Verhältnis zu III 3 Nachrang und im Verhältnis zu III 2 Gleichrang hat, und in III 1b zu 3000 EUR, das Nachrang zu III 1a und III 2 hat. Das vortretende Recht III 3 hat Vorrang vor III 1a und Gleichrang zu III 2.

148 **g) Rangänderung für Teilbeträge. aa) Ein Teilbetrag tritt zurück.** Räumt ein Gläubiger nur mit einem Teilbetrag seines Rechts einem anderen Recht den Vorrang ein, so hat das vortretende Recht mit dem nicht zurückgetretenen (Teil-)Recht gleichen Rang.[283]

Beispiel:

III 1	5000 EUR		
III 2	4000 EUR		
III 3	3000 EUR		
III 1 tritt mit 3000 EUR hinter III 3 zurück.			
III 3	3000 EUR	III 1 a	2000 EUR
III 2	4000 EUR		
III 1 b	3000 EUR		

149 **bb) Ein Teilbetrag tritt vor.**

Beispiel:

III 1	5000 EUR
III 2	4000 EUR
III 3	3000 EUR
III 1 räumt einem Teilbetrag von 1000 EUR des III 3 den Vorrang ein.	
III 3 a	1000 EUR
III 1 a	4000 EUR
III 2	4000 EUR
III 1 b	1000 EUR
III 3 b	2000 EUR

---

283 *Staudinger-Kutter* § 880 Rn 51; *Eickmann* RpflStud 1982, 74, 79; *Westermann-Eickmann* § 81 III 5.

Umstritten ist die Frage, ob die Eintragung des Rangvortritts eines Teilbetrages eines Rechts auch der **Bewilli-** **150** **gung (§ 19) des Inhabers des teilweise vortretenden Rechts** bedarf. Soweit dies verneint wird,[284] kann dem nicht gefolgt werden. Durch den Rangvortritt eines Teilbetrages eines Rechts sondert sich dieser Teil rechtlich vom anderen Teil des Rechtes ab. Es tritt somit eine Teilung des einheitlichen Rechts in zwei Teilrechte ein (vgl Rdn 30). Die Rangänderung hat somit eine Teilung des ursprünglichen Rechts und das Entstehen von zwei rechtlich selbständigen Teilrechten zur Folge. Der Berechtigte wird deshalb durch den Rangvortritt nicht nur begünstigt, sondern auch betroffen iS des § 19, sodass auch seine Bewilligung erforderlich ist.[285]

h) Gesetzlicher Löschungsanspruch, Löschungsvormerkung. Tritt ein **nach dem 31.12.1977 bean-** **151** **tragtes und eingetragenes Grundpfandrecht** im Rang hinter ein anderes Grundpfandrecht zurück, so entsteht nach § 1179a Abs 4 BGB ein gesetzlicher Löschungsanspruch für den Fall der Vereinigung des vortretenden Rechts mit dem Eigentum in einer Person.[286]

Mit der Eintragung des Rangrücktritts eines **vor dem 01.01.1978 beantragten und eingetragenen Grund-** **152** **pfandrechts** entsteht nach diesem Zeitpunkt kein gesetzlicher Löschungsanspruch nach § 1179a Abs 4 BGB. Daher kann in solchen Fällen eine Löschungsvormerkung nach § 1179 BGB aF eingetragen werden (Art 8 § 1 Abs 3 S 2 ÄndG).[287] Gleiches gilt für die sog Übergangsrechte, die **vor dem 01.01.1978 beantragt und** **danach eingetragen** wurden (Art 8 § 1 Abs 2 ÄndG).

5. Aufhebung

Die rechtsgeschäftliche Aufhebung der Rangänderung ist angesichts ihrer dinglichen Wirkung nur durch eine **153** **erneute Rangänderung nach § 880 BGB** möglich;[288] einseitig kann der durch die frühere Rangänderung erlangte Vorrang nicht aufgegeben werden. Die Eintragung der erneuten Rangänderung hat in der Spalte Veränderungen zu erfolgen, nicht etwa in der Form der Löschung der früher eingetragenen Rangänderung.[289]

IX. Rangverschiebung

1. Begriff

Eine Rangverschiebung liegt dann vor, wenn ein bestehendes Rangverhältnis sich ohne Zutun der Beteiligten **154** durch den Eintritt gewisser gesetzlicher Tatbestände kraft Gesetzes ändert.[290]

2. Einzelfälle

a) Erlöschen des zurückgetretenen Rechts. aa) Durch Rechtsgeschäft. Wird das zurückgetretene Recht **155** durch Rechtsgeschäft aufgehoben (§ 875 BGB), so bleibt dem vorgetretenen Recht der eingeräumte Vorrang erhalten (§ 880 Abs 4 BGB). Dies hat seinen Grund darin, dass die Zwischenberechtigten nur auf die gesetzlichen Erlöschensgründe eine gesicherte Aussicht haben, aber nicht auf die rechtsgeschäftliche Aufhebung.[291]

bb) Aus anderen Gründen. Erlischt das zurückgetretene Recht aus anderen Gründen, insbesondere kraft **156** Gesetzes, so geht der eingeräumte Vorrang verloren und das vorgetretene Recht tritt wieder an seine alte Rangstelle zurück (Umkehrschluss aus § 880 Abs 4 BGB).[292] Die Zwischenberechtigten rücken entsprechend vor, da sie den Rang erhalten müssen, der ihnen ohne Rangänderung zugekommen wäre (§ 880 Abs 5 BGB). Derartige Erlöschensgründe sind zB der Eintritt einer auflösenden Bedingung oder eines Endtermins (§§ 158, 163 BGB), der Tod des Altenteilsberechtigten, des Nießbrauchers oder des Berechtigten aus einer beschränkten persönlichen Dienstbarkeit (§§ 1061, 1090 BGB) und das Freiwerden mithaftender Grundstücke gemäß §§ 1173–1175, 1181 Abs 2 BGB. Mit dem Eintritt eines gesetzlichen Erlöschenstatbestandes tritt auch die infolge früherer rechtsgeschäftlicher Beendigung wirksam gewordene Aufrückenssperre (vgl Rdn 155) außer

---

284 LG Augsburg Rpfleger 1984, 348; MüKo-*Wacke* § 880 Rn 9.
285 BayObLG Rpfleger 1985, 434; *Bauch* Rpfleger 1984, 348; *Ulbrich* MittRhNotK 1995, 289, 297.
286 *Schöner/Stöber* Rn 2582; *Staudinger-Kutter* § 880 Rn 53; *Demharter* § 45 Rn 53.
287 BayObLG 1979, 126 = DNotZ 1979, 505 = Rpfleger 1979, 261; OLG Celle Rpfleger 1978, 308; OLG Düsseldorf MittRhNotK 1979, 17; OLG Frankfurt Rpfleger 1979, 19; OLG Köln MittRhNotK 1979, 38; OLG Oldenburg Rpfleger 1978, 307; *Schöner/Stöber* Rn 2637; *Staudinger-Kutter* § 880 Rn 53; BGB-RGRK-*Augustin* § 880 Rn 47; *Demharter* § 45 Rn 53; *Stöber* Rpfleger 1977, 432; 1978, 165.
288 *Staudinger-Kutter* § 880 Rn 54; BGB-RGRK-*Augustin* § 880 Rn 19.
289 KG JFG 22, 293; *Schöner/Stöber* Rn 2585; *Demharter* § 45 Rn 60.
290 *Eickmann* RpflStud 1982, 85.
291 *Staudinger-Kutter* § 880 Rn 35; BGB-RGRK-*Augustin* § 880 Rn 40; MüKo-*Wacke* § 880 Rn 17; *Ulbrich* MittRhNotK 1995, 289, 298.
292 *Staudinger-Kutter* § 880 Rn 36; BGB-RGRK-*Augustin* § 880 Rn 41; MüKo-*Wacke* § 880 Rn 17; *Eickmann* RpflStud 1982, 85; *Ulbrich* MittRhNotK 1995, 289, 298.

Kraft, dh wenn ein zurückgetretener Nießbraucher nach dem Verzicht auf sein Recht stirbt, verliert das vorgetretene Recht seinen Vorrang und kann sich nicht mehr auf § 880 Abs 4 BGB berufen.[293]

157 **b) Nichtbestehen des zurückgetretenen Rechts.** Ist das zurückgetretene Recht gar nicht wirksam entstanden, so ist die Rangänderung unwirksam[294] (es liegt aber keine Rangverschiebung im hier verstandenen Sinne vor, vgl Rdn 154). Ein gutgläubiger Erwerb des Vorrangs gemäß §§ 892 ff BGB ist aber möglich.[295]

158 **c) Erlöschen des vorgetretenen Rechts.** Erlischt das vorgetretene Recht, so darf sich das nicht zum Vorteil für ein Zwischenrecht auswirken, dh die Rangänderung verliert ihre Wirkung, und zwar (im Unterschied zu § 880 Abs 4 BGB) unabhängig davon, ob das vorgetretene Recht durch Rechtsgeschäft aufgehoben wird oder kraft Gesetzes erlischt.[296] Zwischenrechte rücken nicht etwa auf (§ 880 Abs 5 BGB), sondern das zurückgetretene Recht erhält ihnen gegenüber seine frühere bevorzugte Rangstelle.[297]

159 **d) Nichtbestehen des vorgetretenen Rechts.** Besteht das vorgetretene Recht nicht, ist die Rangänderung unwirksam[298] (es liegt aber keine Rangverschiebung im hier verstandenen Sinne vor, vgl Rdn 154). Ein gutgläubiger Erwerb des Vorrangs bei der Rangänderung ist nicht möglich; einem gutgläubigen Erwerber gegenüber gilt allerdings das unwirksame »vortretende« Recht einschließlich des Vorrangs als bestehend.[299]

160 **e) § 1182 S 2 BGB.** Besteht an den Grundstücken verschiedener Eigentümer eine Gesamthypothek und wird der Gläubiger dieses Rechts aus einem der haftenden Grundstücke befriedigt, so geht die Hypothek auf den Grundstücken der anderen Eigentümer dann auf denjenigen über, zu dessen Lasten der Gläubiger befriedigt wurde, wenn ihm gegen die anderen Eigentümer ein Ersatzanspruch zusteht.[300] In § 1182 S 2 BGB ist geregelt, dass diese Ersatzhypothek nunmehr Rang hinter allen anderen Belastungen hat.[301]

X. Rangregulierung

1. Begriff

161 Bei Veränderungen im Grundstücksbestand (= Vereinigung, Bestandteilszuschreibung) schreiben die §§ 5, 6 als Voraussetzung für den Grundbuchvollzug vor, er dürfe Verwirrung nicht zu besorgen sein. Ist dies aber wegen der unterschiedlichen Belastung der zu verbindenden Grundstücke (oder Teilen davon) der Fall, so kann dem durch eine Pfandfreigabe oder Pfanderstreckung begegnet werden. Durch die Pfanderstreckung können jedoch unterschiedliche Rangverhältnisse geschaffen werden, weil die erstreckten Rechte auf den neuen Grundstücksteilen jeweils Nachrang hinter den bereits eingetragenen Rechten haben. Diese unterschiedlichen Rangverhältnisse lassen dann wiederum Verwirrung besorgen, wenn eine katastertechnische Verschmelzung von Flurstücken (oder Teilen davon) zugrunde liegt. Zur Beseitigung der Verwirrungsgefahr muss dann eine Rangregulierung durchgeführt werden mit dem Ziel von einheitlichen Rangverhältnissen.[302] Verwirrungsgefahr und damit die Notwendigkeit der Pfanderstreckung und Rangregulierung scheiden stets aus, wenn die Vereinigung oder Bestandteilszuschreibung unter Beibehaltung der bisherigen Flurstücke vorgenommen wird.

2. Vereinigung

162 Soll das Grundstück FlNr 100, belastet mit einer Grundschuld III 1, mit dem Grundstück FlNr 200, belastet mit einer Grundschuld III 2, nach katastertechnischer Verschmelzung zu einem neuen Flurstück auch rechtlich vereinigt werden zu einem Grundstück (§ 890 Abs 1 BGB, § 5), so müssen zur Herstellung einheitlicher Belastungsverhältnisse (= Beseitigung der Verwirrungsgefahr) beide Rechte III 1 und III 2 jeweils auf den bisher unbelasteten Grundstücksteil erstreckt werden (= Pfanderstreckung). Dabei ergibt sich das Problem, dass an jedem Grundstücksteil die erste Rangstelle bereits belegt ist, sodass die Neubelastung jeweils nur die zweite Rangstelle ergreifen kann. Ein und dasselbe Recht hätte somit auf ein und demselben einheitlichen Grundstück

---

293 *Staudinger-Kutter* § 880 Rn 37; *MüKo-Wacke* § 880 Rn 17; *Ulbrich* MittRhNotK 1995, 289, 298.
294 *Staudinger-Kutter* § 880 Rn 38; *BGB-RGRK-Augustin* § 880 Rn 5.
295 *Staudinger-Kutter* § 880 Rn 38; *MüKo-Wacke* § 880 Rn 20; *Planck-Strecker* § 880 Anm II 4a und b Abs 2; *Soergel-Stürner* § 880 Rn 8; **aA** *BGB-RGRK-Augustin* § 880 Rn 5.
296 KG HRR 1928 Nr 40; *Planck-Strecker* § 880 Anm II 4 a; *Staudinger-Kutter* § 880 Rn 40; *BGB-RGRK-Augustin* § 880 Rn 42; *MüKo-Wacke* § 880 Rn 18; *Eickmann* RpflStud 1982, 85, 86.
297 *Staudinger-Kutter* § 880 Rn 46.
298 *Staudinger-Kutter* § 880 Rn 39; *BGB-RGRK-Augustin* § 880 Rn 4; *MüKo-Wacke* § 880 Rn 20; *Ulbrich* MittRhNotK 1995, 289, 299.
299 Je aaO: *Staudinger-Kutter* BGB-RGRK-*Augustin*, MüKo-*Wacke*, *Ulbrich*.
300 *Eickmann* RpflStud 1981, 73, 80 f.
301 *Eickmann* RpflStud 1982, 85, 86.
302 *Eickmann* RpflStud 1982, 74, 80.

unterschiedlichen Rang an dessen tatsächlich und rechtlich unausscheidbaren Teilen der früheren Flurstücke. Dies würde bei einer Zwangsversteigerung zu nicht lösbaren Problemen führen, wenn der Erlös bei der Verteilung nicht ausreicht. Daher ist eine Rangregulierung erforderlich mit dem Ziel, auf dem einheitlichen Grundstück eine einheitliche Rangfolge der Rechte herbeizuführen. Dazu sind erforderlich:[303]

– Bestimmung des Eigentümers gemäß § 45 Abs 3, wie das Rangverhältnis nunmehr aussehen soll,
– Bewilligung des Gläubigers, dessen Recht nunmehr schlechteren Rang erhalten soll,
– Zustimmung des Eigentümers dazu (enthalten in seiner Bestimmung nach § 45 Abs 3),

- Eintragung der Rangänderung (zusammen mit der Pfanderstreckung).

3. Bestandteilszuschreibung

Bei ihr werden die Belastungsverhältnisse insoweit kraft Gesetzes vereinheitlicht, als § 1131 BGB eine automatische Erstreckung der auf dem sog Hauptgrundstück lastenden Grundpfandrechte auf das Bestandteilsgrundstück anordnet, allerdings im Range nach den dort bereits bestehenden Rechten. Wenn das Grundstück FlNr 100 (= Bestandteilsgrundstück) dem Grundstück FlNr 200 (= Hauptgrundstück) als Bestandteil zugeschrieben werden soll (§ 890 Abs 2 BGB, § 6 GBO), und zwar nach vorausgehender katastertechnischer Verschmelzung zu einem einheitlichen Flurstück, so ist zu unterscheiden: **163**

Ist **nur das Hauptgrundstück mit einem Grundpfandrecht belastet,** so erstreckt sich diese Belastung kraft Gesetzes auf das Bestandteilsgrundstück (§ 1131 BGB), sodass eine rechtsgeschäftliche Pfanderstreckung entbehrlich ist. Da auf dem Bestandteilsgrundstück die erste Rangstelle noch frei ist, bestehen auch rangmäßig einheitliche Belastungsverhältnisse, sodass eine Rangregulierung nicht erforderlich ist.[304]   **164**

Ist **nur das Bestandteilsgrundstück belastet,** so gilt § 1131 BGB nicht, sodass das Recht rechtsgeschäftlich auch auf das Hauptgrundstück erstreckt werden muss. Eine Rangregulierung entfällt aber, weil auf dem Hauptgrundstück die erste Rangstelle noch frei ist, sodass einheitliche Rangverhältnisse entstehen.[305] Gleiches gilt, wenn **nur das Hauptgrundstück mit Rechten der Abteilung II belastet** ist.   **165**

Sind jedoch **sowohl das Hauptgrundstück als auch das Bestandteilsgrundstück unterschiedlich belastet,** so müssen mittels Pfanderstreckung einheitliche Belastungsverhältnisse geschaffen werden (unter Beachtung von § 1131 BGB). Die sich daraus ergebenden unterschiedlichen Rangverhältnisse sind dann durch eine Rangregulierung zu vereinheitlichen[306] (vgl Rdn 162).   **166**

XI. Rangvorbehalt (§ 881 BGB)

1. Begriff

Mit dem Rangvorbehalt behält sich der Eigentümer bei Begründung eines dinglichen Rechts die Befugnis vor, künftig ein diesem Recht vorgehendes, seinem Umfang nach bestimmtes Recht eintragen zu lassen (§ 881 Abs 1 BGB).[307]   **167**

2. Bedeutung

Die Belastung eines Grundstücks in der endgültig geplanten Form lässt sich häufig nicht von vornherein verwirklichen. Dies gilt vor allem dann, wenn zwar der Geldgeber für die zweite Hypothek bereits feststeht, der **erste Hypothekar aber noch gefunden werden muss.**[308] Die Eintragung einer erstrangigen Vormerkung ist mangels Angabemöglichkeit eines Berechtigten nicht zulässig.[309] Einem dinglichen Recht von vornherein die zweite Rangstelle einzuräumen ist ebenfalls unzulässig (vgl Rdn 70). Das Gesetz bietet dem Eigentümer daher für solche Fälle das Institut des Rangvorbehalts an, dh bei der Bestellung des bereits eintragungsreifen, für die zweite Rangstelle vorgesehenen Rechts, behält er sich vor, im Range vor diesem Recht später ein anderes, nach Hauptsache und Nebenleistungen genau bestimmtes Recht eintragen zu lassen. Der Rangvorbehalt wahrt also diesem Recht – sofern es einmal in Ausnützung des Rangvorbehalts eingetragen wird – den Vorrang.[310] Die Praxis hilft sich häufig auch damit, ein Eigentümerrecht in der Absicht späterer Abtretung an den noch zu findenden Geldgeber zu bestellen.[311] Damit werden zwar relative Rangverhältnisse vermieden, jedoch besteht   **168**

---

303 KEHE–*Eickmann* § 45 Rn 29; *Eickmann* GBVerfR, Rn 360; *Eickmann* RpflStud 1982, 74, 80.
304 *Eickmann* RpflStud 1982, 74, 80.
305 *Eickmann* aaO.
306 KEHE–*Eickmann* § 45 Rn 30; *Eickmann* GBVerfR, Rn 359; *Eickmann* RpflStud 1982, 74, 80.
307 *Baur-Stürner* § 17 C II 1.
308 Beispiele dafür bei *Baur-Stürner* § 17 C I.
309 MüKo–*Wacke* § 883 Rn 20.
310 Eickmann RpflStud 1982, 85, 86.
311 *Staudinger-Kutter* § 881 Rn 1; MüKo–*Wacke* § 881 Rn 2.

ein Nachteil in der Möglichkeit der Pfändung durch dritte Gläubiger. Auch eine Fremdgrundschuld kann treuhänderisch bestellt werden und so als Mittel zur Freihaltung einer Rangstelle dienen.[312]

3. Rechtsnatur

169   Der Rangvorbehalt ist nach hM ein dem jeweiligen **Eigentümer des Grundstücks zustehendes Stück vorbehaltenen Eigentums** mit der Wirkung der Beschränkung des von ihm betroffenen dinglichen Rechts, er ist also selbst auch dinglicher Natur; **vom Standpunkt des Inhabers des betroffenen Rechts aus handelt es sich um eine inhaltliche Beschränkung seines Rechts** durch eine Art bedingte Rangänderung, wobei Bedingung die Ausübung des Rangvorbehalts durch den Eigentümer ist.[313]

4. Berechtigter

170   Berechtigt zur Ausübung des Rangvorbehalts ist der Eigentümer des belasteten Grundstücks (§ 881 Abs 1 BGB). Nach Veräußerung des Grundstücks steht die vorbehaltene Befugnis dem Erwerber zu (§ 881 Abs 3 BGB). Gehört das Grundstück zur Konkursmasse, ist der Konkursverwalter ausübungsberechtigt.[314]

5. Gegenstand

171   **a) Belastete Rechte.** Ein Rangvorbehalt kann **bei jedem Recht** (dh zu Lasten eines jeden Rechts), mit dem ein Grundstück zulässigerweise rechtsgeschäftlich belastet werden kann, eingetragen werden,[315] also nicht nur bei Grundpfandrechten, sondern auch bei allen in Abteilung III des Grundbuchs einzutragenden Rechten (Vorkaufsrecht, Reallast, Dienstbarkeiten usw), nicht jedoch bei einem Erbbaurecht (§ 10 ErbbauRG).

172   Der Rangvorbehalt kann wegen § 883 Abs 3 BGB auch einer **Vormerkung** beigefügt werden, die einen Anspruch auf Bestellung einer Grundstücksbelastung sichert.[316] Jedoch kommt ein Rangvorbehalt bei einer Vormerkung nicht in Betracht, wenn sie auf Grund einer einstweiligen Verfügung (§ 885 BGB) eingetragen wird; denn nur bei einer rechtsgeschäftlichen Belastung kann die Festsetzung eines Vorbehalts in Frage kommen.[317] Die Zulässigkeit eines »Rangvorbehalts« bei einer Eigentumsvormerkung wird dann zu bejahen sein, wenn ihr die Rangfähigkeit zugesprochen wird (vgl Rdn 18).[318] Richtig wird es wohl sein, in der Erklärung des »Rangvorbehalts« durch den Vormerkungsberechtigten seine Zustimmung zu einer vorgehenden Belastung zu sehen mit der Folge, dass diese auch seinem durch die Vormerkung gesicherten Anspruch gegenüber wirksam ist. Darin kommt das Einverständnis des Vormerkungsberechtigten zur Wirksamkeit der später eingetragenen Grundstücksbelastung zum Ausdruck.[319] Ein Rangvorbehalt bei einer Eigentumsvormerkung zugunsten von Grundpfandrechten kann mit der Bedingung eingetragen werden, dass der Erwerber die Grundpfandrechte als Bevollmächtigter des Eigentümers bestellt.[320]

173   **b) Begünstigte Rechte.** Als begünstigte Rechte kommen **alle eintragbaren Rechte** an Grundstücken in Betracht;[321] außer Grundpfandrechten somit auch Dienstbarkeiten, Reallasten, Vorkaufsrechte usw. Vorbehalten werden kann auch die Eintragung einer **Vormerkung** für ein solches Recht.[322] Dasselbe Recht kann mit **mehreren Rangvorbehalten** für verschiedene Rechte belastet werden.[323] Statt des Vorrangs kann auch die Einräumung von **Gleichrang** vorbehalten werden;[324] dies ergibt sich zwar nicht aus dem Gesetz, aber aus dem allgemeinen Grundsatz, dass das weitergehende Recht das geringere umfasst (»in maiore minus continetur«).

---

312 *Eickmann* NJW 1981, 545.
313 BGHZ 12, 245; KG KGJ 40, 234, 237; 48, 179, 181; JFG 5, 341; 8, 298; JW 1935, 712; HRR 1937 Nr 1673; *Staudinger-Kutter* § 881 Rn 15; BGB-RGRK-*Augustin* § 881 Rn 10, 11; MüKo-*Wacke* § 881 Rn 3; KEHE-*Eickmann* § 45 Rn 21; *Demharter* § 45 Rn 34; *Ulbrich* MittRhNotK 1995, 289, 299.
314 *Schöner/Stöber* Rn 2133.
315 *Staudinger-Kutter* § 881 Rn 2; BGB-RGRK-*Augustin* § 881 Rn 3; *Schöner/Stöber* Rn 2132; KEHE-*Eickmann* § 45 Rn 23; *Demharter* § 45 Rn 35; *Ulbrich* MittRhNotK 1995, 289, 299.
316 KG JW 1926, 2546; MüKo-*Wacke* § 881 Rn 4; *Staudinger-Kutter* § 881 Rn 2; BGB-RGRK-*Augustin* § 881 Rn 3; *Schöner/Stöber* Rn 2132; KEHE-*Eickmann* § 45 Rn 23; *Demharter* § 45 Rn 35; *Ulbrich* MittRhNotK 1995, 289, 299.
317 *Staudinger-Kutter* § 881 Rn 2; BGB-RGRK-*Augustin* § 881 Rn 3.
318 Ablehnend deshalb LG Lüneburg Rpfleger 2004, 214; *Schubert* DNotZ 1999, 967, 971; *Keller* BWNotZ 1998, 25.
319 Vgl ausführlich dazu DNotI-Report 2000, 89.
320 LG Köln MittRhNotK 1996, 234.
321 BGB-RGRK-*Augustin* § 881 Rn 3; MüKo-*Wacke* § 881 Rn 5; *Schöner/Stöber* Rn 2134; *Ulbrich* MittRhNotK 1995, 289, 300.
322 Je aaO: BGB-RGRK-*Augustin*; MüKo-*Wacke*; *Schöner/Stöber*; *Ulbrich* MittRhNotK 1995, 289, 300.
323 KG JFG 8, 295, 305; MüKo-*Wacke* § 881 Rn 5; BGB-RGRK-*Augustin* § 881 Rn 7; *Schöner/Stöber* Rn 2134; *Ulbrich* MittRhNotK 1995, 289, 300.
324 BayObLG 1956, 462, *Staudinger-Kutter* § 881 Rn 3; MüKo-*Wacke* § 881 Rn 5; KEHE-*Eickmann* § 45 Rn 24; *Demharter* § 45 Rn 35; *Ulbrich* MittRhNotK 1995, 289, 300; *Güthe-Triebel* § 45 Bem 19; *Schöner/Stöber* Rn 2134.

Zulässig ist es, dass sich der ein **Gesamtrecht** bestellende Eigentümer vorbehält, an mehreren belasteten Grundstücken ein weiteres Gesamtrecht einzutragen. Ein solcher Rangvorbehalt zugunsten eines Gesamtrechts kann auch für Einzelrechte an den einzelnen Grundstücken ausgenutzt werden.[325] Der Betrag des vorbehaltenen Gesamtrechts darf jedoch insgesamt nicht überschritten werden. Diese Beschränkung muss aus dem GB hervorgehen:[326] *»Der Eigentümer hat sich vorbehalten, im Rang vor der Hypothek eine Gesamthypothek von … EUR nebst …% Zinsen unter Mithaft des Grundstücks Nr … des Bestandsverzeichnisses des Grundbuchs von … Blatt … eintragen zu lassen.«* Wegen dieser Beschränkung sollte die Ausnutzung des Rangvorbehalts an einzelnen Grundstücken auch auf allen übrigen vom Gesamtrechts-Vorbehalt betroffenen Grundbuchblättern vermerkt werden.[327] | 174

Für eine **Zwangs- oder Arresthypothek** kann der Rangvorbehalt nach überwiegender Ansicht nicht ausgenutzt werden.[328] Dem ist für den Fall zuzustimmen, dass der Rangvorbehalt durch eine vereinbarte Bedingung oder Zweckbestimmung für gebunden erklärt ist (zB für eine Baugeldhypothek). Fehlt eine solche Zweckbestimmung, so ist kein Grund ersichtlich für einen Ausschluss der zwangsweisen Ausnutzung des Vorbehalts.[329] Seiner Natur nach ist er nur ein Stück vorbehaltenen Eigentums (vgl Rdn 169) und in der Vollstreckung muss der Eigentümer den Zugriff auf seine Befugnisse dulden. | 175

6. Zeitpunkt der Begründung

Üblicherweise wird der Rangvorbehalt **bei der Bestellung des belasteten Rechts** begründet. Er kann gemäß § 877 BGB aber auch **nachträglich** einem bereits eingetragenen Recht zugunsten eines später zu bestellenden hinzugefügt werden.[330] Ein Anspruch auf nachträgliche Einräumung eines Rangvorbehalts lässt sich durch Vormerkung sichern.[331] Ist das zu begünstigende Recht aber schon eingetragen, kommt nur eine nachträgliche Rangänderung gemäß § 880 BGB in Betracht.[332] | 176

7. Inhaltliche Bestimmtheit

Das vorbehaltene Recht muss bei der Bestellung des Vorbehalts inhaltlich genau bestimmt werden. Es ist zunächst nach seiner **Art** (zB Grundpfandrecht, Reallast usw) zu bezeichnen.[333] Daneben muss der **Umfang** festgelegt werden.[334] Bei Grundpfandrechten ist der Höchstbetrag von Kapital, Zinsen und sonstigen Nebenleistungen genau anzugeben.[335] Ist die Angabe eines Zinssatzes unterblieben, so kann analog § 1119 Abs 1 BGB ein Zinssatz von höchstens 5 % eingetragen werden;[336] dies gilt nicht, wenn das vorbehaltene Recht ausdrücklich als unverzinslich bezeichnet ist.[337] Bei einem Rangvorbehalt für ein Grundpfandrecht »nebst bis zu 10 % Zinsen« ist es möglich, den Vorbehalt neben 7 % Zinsen mit 1 1/2 % sonstigen Nebenleistungen (zB Verwaltungskostenbeitrag) auszunutzen, weil dadurch der Sinn und Zweck des Rangvorbehalts nicht beeinträchtigt wird.[338] Bestritten ist die Verfahrensweise des Grundbuchamtes, wenn bei den Zinsen und sonstigen Nebenleistungen für das vorbehaltene Recht der Anfangszeitpunkt nicht angegeben ist. Nach einer Ansicht kann dieser Zeitpunkt idR durch Auslegung ermittelt werden, sodass das GBA die Eintragung vornehmen muss.[339] Diese im Auslegungsergebnis zerstrittene Ansicht ist für das Grundbuchverfahren untauglich. Das GBA braucht klare | 177

---

325 LG Bochum DNotZ 1956, 604; *Weber* DNotZ 1938, 289.
326 *Schöner/Stöber* Rn 2132.
327 *Staudinger-Kutter* § 881 Rn 28.
328 BGHZ 12, 238 = NJW 1954, 954; OLG Frankfurt MDR 1953, 243; BGB-RGRK-*Augustin* § 881 Rn 3, 13; *Schöner/Stöber* Rn 2142; KEHE-*Eickmann* § 45 Rn 26; *Demharter* § 45 Rn 41; *Ulbrich* MittRhNotK 1995, 289, 302.
329 LG Berlin DR 1939, 1532; LG Stuttgart NJW 1954, 1045; AG Stuttgart NJW 1953, 1876; *Staudinger-Kutter* § 881 Rn 18; MüKo-*Wacke* § 881 Rn 14; *Weirich* Rn 616; *Habermeier* Die Zwangshypotheken in der Zivilprozessordnung, 1989, 5. Kap.
330 KG KGJ 34, 240, 244; 39, 193; OLGE 15, 330, 333; JFG 8, 287, 292; *Staudinger-Kutter* § 881 Rn 4; BGB-RGRK-*Augustin* § 881 Rn 1, 2; MüKo-*Wacke* § 881 Rn 4; *Demharter* § 45 Rn 35; *Ulbrich* MittRhNotK 1995, 289, 299.
331 *Staudinger-Kutter* § 881 Rn 4; MüKo-*Wacke* § 881 Rn 4; *Ulbrich* MittRhNotK 1995, 289, 299.
332 KG KGJ 39, 193, 196; OLGE 20, 398, 399; *Staudinger-Kutter* § 881 Rn 4; MüKo-*Wacke* § 881 Rn 4; *Ulbrich* MittRhNotK 1995, 289, 300.
333 *Staudinger-Kutter* § 881 Rn 8; MüKo-*Wacke* § 881 Rn 6; *Schöner/Stöber* Rn 2134; *Ulbrich* MittRhNotK 1995, 289, 300.
334 KG JFG 5, 340, 341; *Schöner/Stöber* Rn 2136; BGB-RGRK-*Augustin* § 881 Rn 19.
335 KG KGJ 28, 258, 260; 31, 321; *Staudinger-Kutter* § 881 Rn 8; MüKo-*Wacke* § 881 Rn 6; *Ulbrich* MittRhNotK 1995, 289, 300.
336 RGZ 135, 196; MüKo-*Wacke* § 881 Rn 6; BGB-RGRK-*Augustin* § 881 Rn 20.
337 *Staudinger-Kutter* § 881 Rn 8; BGB-RGRK-*Augustin* § 881 Rn 20.
338 LG Wuppertal BlGBW 1953, 200; *Schöner/Stöber* Rn 2152; KEHE-*Eickmann* § 45 Rn 25; *Staudinger-Kutter* § 881 Rn 8; BGB-RGRK-*Augustin* § 881 Rn 20; *Haegele* Rpfleger 1964, 377; *Schmitz-Valckenberg* NJW 1964, 1477; **aA** OLG Frankfurt Rpfleger 1964, 376; *Demharter* § 45 Rn 41.
339 OLG Frankfurt DNotZ 1990, 743 = Rpfleger 1989, 401 (= Tag der Eintragung des den Vorrang ausnutzenden Grundpfandrechtes); LG Dresden Rpfleger 1994, 292; LG Aachen Rpfleger 1986, 89; *Staudinger-Kutter* § 881 Rn 8 (= Tag der Beurkundung oder Beglaubigung der Bewilligung).

und eindeutige Eintragungsunterlagen, sodass bei der vorliegenden Problematik der Erlass einer Zwischenverfügung veranlasst ist.[340] Unterschiedlich beantwortet wird auch die Frage nach dem Zinsbeginn, wenn dieser Zeitpunkt bei der Eintragung des Vorbehalts nicht angegeben wurde. Zum Teil wird die Meinung vertreten, dass hinsichtlich der Verzinsung eine inhaltliche Unzulässigkeit vorliege, sodass ein zinsloses Recht entstehe.[341] Dies muss abgelehnt werden. Die Beteiligten haben ein verzinsliches Recht vereinbart, und wenn der Zinsbeginn nicht ausdrücklich angegeben wurde, muss als Mindestinhalt der Vereinbarung vom Tag der Eintragung des vorbehaltenen Grundpfandrechtes ausgegangen werden,[342] und nicht vom Tag der Beurkundung bzw Beglaubigung der Eintragungsbewilligung für das vorbehaltene Grundpfandrecht.[343] Dieses Ergebnis (= Zwischenverfügung im Eintragungsverfahren und Auslegung nach Grundbucheintragung) ist nicht in sich widersprüchlich.[344] Es beruht vielmehr auf der Unterscheidung zwischen dem formellen und materiellen Bestimmtheitsgrundsatz. Im Eintragungsverfahren gilt der formelle Bestimmtheitsgrundsatz, wonach klare und eindeutige Eintragungsunterlagen erforderlich sind, deren Inhalt nicht erst durch Auslegung zu ermitteln ist (vgl Einl D Rdn 11). Nach einer Grundbucheintragung ist dagegen der materielle Bestimmtheitsgrundsatz zu beachten, wonach deren Inhalt bestimmbar sein muss, notfalls mittels Auslegung (vgl Einl D Rdn 10). Wie so häufig (vgl zB § 7 Rdn 23–26) verlangt somit das formelle Recht ein materielles Recht notwendig wäre. Bei den sonstigen Nebenleistungen muss auch der Berechnungszeitraum angegeben werden.[345] Die Angabe des **Berechtigten** des vorbehaltenen Rechtes ist nicht notwendig; zulässig ist aber die Beschränkung auf eine bestimmte Person (zB eine bestimmte Bank) und dies führt dazu, dass dann die Ausübung des Vorbehalts nur zugunsten dieser Person möglich ist.[346] Zulässig ist auch eine inhaltliche Beschränkung des Rangvorbehalts auf eine **bestimmte Schuld** (zB Baugeld, Sparkassenhypothek)[347] oder dahingehend, dass er nur durch **bestimmte Rechte** ausgenutzt werden darf, für die die Bestellungsurkunde (Eintragungsbewilligung) von einem bestimmten Notar beurkundet oder beglaubigt worden ist.[348] Wird die Rangstelle für ein Grundpfandrecht vorbehalten, so ist der Eigentümer in seiner Wahl (Hypothek oder Grundschuld) entsprechend § 1198 BGB frei.[349] Da ein Rangvorbehalt auch mehrfach ausgeübt werden kann (vgl Rdn 197), ist eine Beschränkung auf **nur einmalige Ausübung** zulässig.[350] Der Rangvorbehalt kann **befristet oder bedingt** sein,[351] zB dass er für eine nachträglich entstandene Eigentümergrundschuld nicht gelten oder einem Ersteher des Grundstücks in der Zwangsversteigerung nicht zustehen soll oder bereits vorher eingetragene Hypotheken gelöscht werden müssten. Aus der Neuregelung des Rechts der **Löschungsvormerkung** (§§ 1179, 1179a BGB) folgt, dass bei der Belastung eines Grundstücks mit einem Grundpfandrecht ein Rangvorbehalt nicht mehr in der Weise bestellt werden kann, dass nur ein solches Grundpfandrecht mit dem Vorrang eingetragen werden darf, bei dem der Eigentümer gleichzeitig eine Löschungsvormerkung eintragen lässt; dies ist ausnahmsweise nur noch dann zulässig, wenn das Grundstück mit einem Recht belastet wird, für dessen Berechtigten ein Löschungsanspruch auch weiterhin durch eine Löschungsvormerkung sicherbar ist (zB mit einem Wohnungsrecht, § 1179 BGB).[352]

8. Materiellrechtliche Voraussetzungen

178 **a) Einigung.** Der Rangvorbehalt setzt eine Einigung zwischen dem Eigentümer und dem Inhaber des mit dem Vorbehalt zu beschränkenden Rechts voraus (bei sofortiger Bestellung gemäß § 873 BGB, bei nachträgli-

---

340 BGH NJW 1995, 1081 = DNotZ 1996, 84 = Rpfleger 1995, 343 = FGPrax 1995, 21 = MittBayNot 1995, 122 = MittRhNotK 1995, 312; BayObLGZ 1994, 203 = MittBayNot 1994, 439; *Demharter* § 45 Rn 38; *Schöner/Stöber* Rn 2136; *Weirich* Grundstücksrecht, Rn 619; *Ulbrich* MittRhNotK 1995, 289, 300.

341 BayObLGZ 1994, 203 = MittBayNot 1994, 439; *Demharter* MittBayNot 1995, 124 und FGPrax 1996, 206.

342 BGH NJW 1995, 1081 = DNotZ 1996, 84 = Rpfleger 1995, 343; OLG Frankfurt Rpfleger 1996, 340; 1989, 401; *Ulbrich* MittRhNotK 1995, 289, 300.

343 So aber *Wulf* MittRhNotK 1996, 41, 48; *Kutter* DNotZ 1990, 744, 746.

344 Wie BayObLG und *Demharter* (Fn 302) meinen.

345 Ausführlich dazu: *Böttcher* Rpfleger 1980, 81; ebenso *Ulbrich* MittRhNotK 1995, 289, 300.

346 KG HRR 1930 Nr 1611; 1931 Nr 288; LG Düsseldorf Rpfleger 1985, 100; *Staudinger-Kutter* § 881 Rn 8, 9; BGB-RGRK-*Augustin* § 881 Rn 6, 21; MüKo-*Wacke* § 881 Rn 6; *Schöner/Stöber* Rn 2134, 2136; KEHE-*Eickmann* § 45 Rn 24; *Demharter* § 45 Rn 39; *Ulbrich* MittRhNotK 1995, 289, 301.

347 *Schöner/Stöber* Rn 2134; KEHE-*Eickmann* § 45 Rn 24; MüKo-*Wacke* § 881 Rn 6.

348 LG Düsseldorf Rpfleger 1985, 100; *Staudinger-Kutter* § 881 Rn 9; MüKo-*Wacke* § 881 Rn 6; *Schöner/Stöber* Rn 2134; *Demharter* § 45 Rn 39; *Ulbrich* MittRhNotK 1995, 289, 301.

349 KG JFG 5, 340, 342 = HRR 1928 Nr 1588; *Staudinger-Kutter* § 881 Rn 8; MüKo-*Wacke* § 881 Rn 6; **kritisch:** *Schöner/Stöber* Rn 2150.

350 RG DNotZ 1932, 722; KG DNotZ 1931, 116; *Schöner/Stöber* Rn 2134.

351 *Vierling/Mehler/Gotthold* MittBaynot 2005, 375; RG JW 1933, 605; KG JW 1938, 2474; OLGE 14, 90; KGJ 28, 255; 31, 321; JFG 8, 305; LG Köln MittRhNotK 1996, 234; *Staudinger-Kutter* § 881 Rn 9; BGB-RGRK-*Augustin* § 881 Rn 5; MüKo-*Wacke* § 881 Rn 6; *Schöner/Stöber* Rn 2139; KEHE-*Eickmann* § 45 Rn 24; *Demharter* § 45 Rn 39; *Ulbrich* MittRhNotK 1995, 289, 301.

352 *Schöner/Stöber* Rn 2135; KEHE-*Eickmann* § 45 Rn 24; zum früheren Rechtszustand vgl: *Hummitzsch* Rpfleger 1956, 272; *Knieper* MDR 1971, 11.

cher entsprechend § 877 BGB).[353] Die einseitige Erklärung des Eigentümers genügt ausnahmsweise dann, wenn sie zur Bestellung des mit dem Rangvorbehalt zu belastenden Rechts ebenfalls ausreicht (zB Eigentümergrundschuld).[354] Die erforderliche Einigung (bzw einseitige Erklärung) ist auch noch nach der Eintragung möglich; die Wirksamkeit des eingetragenen Vorbehalts tritt dann erst in diesem Zeitpunkt ein.[355]

b) Eintragung. Der Rangvorbehalt muss **ausdrücklich** in das GB eingetragen werden (§ 881 Abs 2, 1. Hs **179** BGB). Die Eintragung hat bei dem Recht zu erfolgen, das zurücktreten soll (§ 881 Abs 2, 2. Hs BGB), und zwar in Abteilung II Spalte 3 und III Spalte 4 in der Hauptspalte im Eintragungsvermerk für dieses Recht, bei nachträglicher Eintragung in der Veränderungsspalte. Die Eintragung an anderer Stelle des Grundbuchs ist unwirksam.[356] Insoweit liegt eine Ausnahme von der Regel vor, dass eine Eintragung, die an falscher Stelle, aber auf dem richtigen Grundbuchblatt erfolgt ist, nicht unwirksam ist; denn hier verlangt das materielle Recht selbst die Eintragung an einer bestimmten Stelle des Grundbuchs. Sollen mehrere Rechte zurücktreten, so ist bei jedem von ihnen Eintragung des Vorbehalts erforderlich.[357] Ausdrücklich eingetragen werden müssen der Rangvorbehalt als solcher und die Art des vorbehaltenen Rechts (zB Grundpfandrecht, Reallast usw). Bei Grundpfandrechten ist dazu der Umfang nach Hauptsache, Zinsen und Geldbetrag der sonstigen Nebenleistungen expressis verbis einzutragen; Bezugnahme (§ 874 BGB) ist nicht zulässig.[358] Ein Rangvorbehalt ist daher insoweit unwirksam, als darin der Geldbetrag der später einzutragenden sonstigen Nebenleistungen nicht vermerkt ist.[359] Inwieweit Zinsen und sonstige Nebenleistungen zusammengefasst werden können, hängt von der Art der sonstigen Nebenleistungen ab.[360] Nicht eingetragen zu werden braucht der Eigentümer als Ausübungsberechtigter des Vorbehalts und der Gläubiger des vorbehaltenen Rechts.[361]

Muster: **180**

»Vorbehalten ist der Vorrang für ein Grundpfandrecht bis zu 50000,- EUR nebst Zinsen und sonstigen Nebenleistungen bis zu 15 % jährlich«.

Zur näheren Bezeichnung des Inhalts des vorbehaltenen Rechts, insbesondere der Nebenbestimmungen, **181** Bedingungen uoä kann **auf die Eintragungsbewilligung Bezug genommen werden** (§ 874 BGB), und zwar in demselben Umfang, wie bei Eintragung des vorbehaltenen Rechts selbst zulässig ist.[362] Auch die Beschränkung des Rangvorbehalts auf Rechte, die zugunsten einer bestimmten Person oder eines gattungsmäßig bezeichneten Unternehmens bestellt werden (zB Bank-, Sparkassenhypothek usw), kann durch Bezugnahme eingetragen werden.[363] Gleiches gilt für die Berechtigung, den Rangvorbehalt mehrfach auszunutzen.[364]

Ist ein Rangvorbehalt eingetragen, obwohl dafür die dingliche **Einigung fehlt oder nichtig** ist, so ist er nicht **182** entstanden, das GB ist unrichtig, dh es besteht ein Anspruch nach § 894 BGB, sofern die Einigung nicht nachgeholt wird.[365] Das mit dem Vorbehalt belastete Recht ist aber entstanden.[366]

Ist umgekehrt der **Rangvorbehalt nicht eingetragen,** obwohl er vereinbart war, so ist er nicht entstanden, **183** das GB ist richtig.[367] Die Eintragung kann noch nachgeholt werden, wenn dem GBA Antrag und Bewilligung dafür vorliegen; letztere kann ggf durch Klage aus dem Grundgeschäft gegenüber dem seine Mitwirkung verweigernden Beteiligten erzwungen werden. Das mit dem Rangvorbehalt zu belastende Recht ist wirksam entstanden (vgl § 139 BGB).[368]

---

353 RG WarnR 1913 Nr 324; *Staudinger-Kutter* § 881 Rn 5; BGB-RGRK-*Augustin* § 881 Rn 4; MüKo-*Wacke* § 881 Rn 8; KEHE-*Eickmann* § 45 Rn 22; *Demharter* § 45 Rn 35; *Ulbrich* MittRhNotK 1995, 289, 300; *Planck-Strecker* § 811 Anm 4 a; *Schöner/Stöber* Rn 2131; *Baur-Stürner* § 17 C II 2; *Wolff-Raiser* § 43 II; *Weitnauer* DNotZ 1958, 352, 356.

354 *Weitnauer* DNotZ 1958, 352, 356; *Ulbrich* MittRhNotK 1995, 289, 300.

355 BGB-RGRK-*Augustin* § 881 Rn 25; *Ulbrich* MittRhNotK 1995, 289, 300.

356 *Schöner/Stöber* Rn 2137; *Ulbrich* MittRhNotK 1995, 289, 301.

357 KG JFG 8, 294; *Schöner/Stöber* Rn 2137.

358 KG HRR 1931 Nr 1754; KEHE-*Eickmann* § 45 Rn 24; *Schöner/Stöber* Rn 2137; *Staudinger-Kutter* § 881 Rn 6; BGB-RGRK-*Augustin* § 881 Rn 26; MüKo-*Wacke* § 881 Rn 9; *Ulbrich* MittRhNotK 1995, 289, 301.

359 LG Itzehoe MDR 1968, 1010 = MittBayNot 1969, 27; *Ulbrich* MittRhNotK 1995, 289, 301.

360 Dazu ausführlich: *Böttcher* Rpfleger 1980, 81, vgl auch LG Essen Rpfleger 1982, 172; *Ulbrich* MittRhNotK 1995, 289, 301.

361 *Schöner/Stöber* Rn 2137.

362 KG KGJ 46, 202; 48, 179; *Staudinger-Kutter* § 881 Rn 6; BGB-RGRK-*Augustin* § 881 Rn 26; MüKo-*Wacke* § 881 Rn 9; *Schöner/Stöber* Rn 2138; *Demharter* § 45 Rn 40.

363 KG DNotV 1931, 116.

364 LG Aachen Rpfleger 1977, 22; *Ulbrich* MittRhNotK 1995, 289, 301.

365 BGB-RGRK-*Augustin* § 881 Rn 9; MüKo-*Wacke* § 881 Rn 9; *Wolff-Raiser* § 43 II.

366 BGB-RGRK-*Augustin* § 881 Rn 9; MüKo-*Wacke* § 881 Rn 9; **aA** *Staudinger-Kutter* § 881 Rn 14.

367 KG JFG 8, 287, 289; BGB-RGRK-*Augustin* § 881 Rn 9, 25; MüKo-*Wacke* § 881 Rn 9; *Schöner/Stöber* Rn 399; *Soergel-Stürner* § 881 Rn 6; *Demharter* § 45 Rn 35; **aA** *Staudinger-Kutter* § 881 Rn 13.

368 MüKo-*Wacke* § 881 Rn 9.

184 Wird der Rangvorbehalt entgegen der Einigung **mit zu geringer Summe eingetragen,** so entsteht er nur in dem eingetragenen Umfang[369] (vgl § 22 Rdn 15). Das mit dem Vorbehalt belastete Recht ist wirksam entstanden (vgl § 139 BGB).[370]

185 Ist der Rangvorbehalt entgegen der Einigung **mit zu hoher Summe eingetragen,** so entsteht er nur in Höhe der Einigung und im Übrigen ist das GB unrichtig[371] (vgl § 22 Rdn 14). Das mit dem Vorbehalt belastete Recht ist wirksam entstanden.[372]

9. Formellrechtliche Voraussetzungen

186 **a) Bei gleichzeitiger Bestellung. aa) Antrag.** Erfolgt die Eintragung des Rangvorbehalts gleichzeitig mit der Eintragung des belasteten Rechts, so bedarf es dafür eines Antrags vom Eigentümer oder dem Gläubiger des belasteten Rechtes (§ 13).[373] Die Form richtet sich nach § 30.

187 **bb) Bewilligung.** Außerdem ist die Eintragungsbewilligung des Eigentümers (§ 19) in der Form des § 29 Abs 1 S 1 erforderlich.[374] Einer Bewilligung des Inhabers des belasteten Rechts bedarf es nicht, da bei der Neubestellung das Recht sogleich mit beschränktem Inhalt entsteht.

188 **b) Bei nachträglicher Bestellung. aa) Antrag.** Ist das betroffene Recht bereits eingetragen und soll bei ihm ein Rangvorbehalt vermerkt werden, bedarf es dazu eines Antrags vom Gläubiger des zu belastenden Rechts oder dem Eigentümer (§ 13). Die Form richtet sich nach § 30.

189 **bb) Bewilligung.** Erforderlich ist in diesem Fall die Eintragungsbewilligung des Gläubigers des zu belastenden Rechts (§ 19),[375] und zwar in der Form des § 29 Abs 1 S 1. Außerdem ist die Mitbewilligung des Eigentümers nötig, wenn das belastete Recht ein Grundpfandrecht ist (§ 880 Abs 2 S 2 BGB).[376]

10. Ausübung

190 **a) Materiellrechtliche Voraussetzungen. aa) Einigung.** Die Ausübung des Rangvorbehalts bedarf der Einigung zwischen dem Eigentümer und dem Inhaber des vortretenden Rechts.[377] Der Vorbehalt kann nicht nur zugunsten eines neu zu bestellenden, sondern auch zugunsten eines bereits eingetragenen Rechts ausgeübt werden; letzteres kommt allerdings nur bei nachträglicher Eintragung des Rangvorbehalts in Betracht.[378] Der Inhaber des zurücktretenden Rechts braucht nicht zuzustimmen, da er bereits in die Bestellung des Vorbehalts eingewilligt hat.[379] Auch die Zustimmung Dritter ist nicht erforderlich, diese werden durch § 881 Abs 4 BGB und den entsprechend anzuwendenden § 880 Abs 4 und 5 BGB genügend geschützt.[380]

191 **bb) Eintragung.** Die Ausübung des Rangvorbehalts bedarf der Grundbucheintragung, dh das neu zu bestellende Recht ist einzutragen, und zwar unter Angabe des aus dem Vorbehalt fließenden Rangverhältnisses und der Tatsache der Ausübung des Vorbehalts; eine Eintragung beim zurücktretenden Recht ist dagegen nicht erforderlich **materiellrechtlich.**[381] Sind keine Zinsen vorbehalten, so können bei der Ausübung des Vorbehalts auch keine Zinsen bis zu 5 % nach § 1119 BGB eingetragen werden;[382] dies ist aber dann zulässig, wenn ein ver-

369 *Staudinger-Kutter* § 881 Rn 13; *MüKo-Wacke* § 881 Rn 9.
370 *MüKo-Wacke* § 881 Rn 9.
371 *MüKo-Wacke* § 881 Rn 9.
372 *MüKo-Wacke* aaO.
373 *Schöner/Stöber* Rn 2131.
374 KEHE-*Eickmann* § 45 Rn 22; *Demharter* § 45 Rn 37; *Schöner/Stöber* Rn 2131; *Staudinger-Kutter* § 881 Rn 7; *MüKo-Wacke* § 881 Rn 9.
375 Vgl Fn 333.
376 KEHE-*Eickmann* § 45 Rn 22; *Demharter* § 45 Rn 37; *Schöner/Stöber* Rn 2131; **aA** KG JFG 12, 289; *Staudinger-Kutter* § 881 Rn 7.
377 *Staudinger-Kutter* § 881 Rn 22; *BGB-RGRK-Augustin* § 881 Rn 23; *MüKo-Wacke* § 881 Rn 11; *Schöner/Stöber* Rn 2147; *Demharter* § 45 Rn 41; *Ulbrich* MittRhNotK 1995, 289, 303.
378 KG KGJ 40, 234; *Staudinger-Kutter* § 881 Rn 23; *BGB-RGRK-Augustin* § 881 Rn 2, 23; *Planck-Strecker* § 881 Anm 7; *Schöner/Stöber* Rn 2149.
379 *Schöner/Stöber* Rn 2147; *MüKo-Wacke* § 881 Rn 11; *BGB-RGRK-Augustin* § 881 Rn 23; *Ulbrich* MittRhNotK 1995, 289, 303.
380 *Schöner/Stöber* Rn 2147; *MüKo-Wacke* § 881 Rn 11.
381 BayObLGZ 1956, 456, 463; KG KGJ 36, 222, 223; JFG 6, 307, 311; 8, 294, 299; *Staudinger-Kutter* § 881 Rn 22; *MüKo-Wacke* § 881 Rn 12; *BGB-RGRK-Augustin* § 881 Rn 23; *Demharter* § 45 Rn 43; *Ulbrich* MittRhNotK 1995, 289, 304.
382 *Schöner/Stöber* Rn 2152.

zinsliches Grundpfandrecht vorbehalten wurde ohne Angabe des exakten Zinssatzes.[383] **Formellrechtlich** ist die Ausübung des Rangvorbehalts sowohl bei dem vortretenden als auch bei dem zurücktretenden Recht einzutragen (§ 18 GBV). Der Rangvermerk erhält die gleiche Stelle wie sonst, ist also bei dem den vorbehaltenen Rang erhaltenen Recht als Zusatz zum eigentlichen Eintragungsvermerk in die Hauptspalte einzuschreiben. Nur wenn ein bereits eingetragenes Recht in die vorbehaltene Rangstelle eingewiesen wird, erfolgt die Eintragung in der Veränderungsspalte. Der Vermerk kann bei dem in den Vorbehalt einrückenden Recht etwa lauten: *»Unter Ausnutzung des Vorbehalts mit dem Vorrang vor dem Recht Abteilung III Nr 1 eingetragen ...«* Bei dem zurücktretenden Recht ist in dem Rangvermerk die Ausnutzung des Rangvorbehalts etwa in folgender Weise zum Ausdruck zu bringen: *»Der vorbehaltene Vorrang vor diesem Recht ist dem Recht Abteilung III Nr 3 eingeräumt. Eingetragen am ...«*

b) Formellrechtliche Voraussetzungen. aa) Antrag. Die Eintragung der Ausübung des Rangvorbehalts **192** setzt einen Antrag des Eigentümers oder des begünstigten bzw betroffenen Gläubigers voraus (§ 13). Die Form richtet sich nach § 30.

bb) Bewilligung. Zur Eintragung des vorbehaltenen Rechts bedarf es der Eintragungsbewilligung des Eigen- **193** tümers (§ 19), und zwar desjenigen, der zur Zeit der Eintragung des vorbehaltenen Rechts Eigentümer ist, nicht desjenigen, der den Vorbehalt hat eintragen lassen.[384] Die Mitbewilligung des Inhabers des Rechts, dem das vorbehaltene Recht im Rang vorgeht, ist nicht erforderlich.[385] Dasselbe gilt vor der Mitbewilligung etwaiger Zwischenberechtigter. Ist in einem notariellen Vertrag geregelt, dass der Käufer eines Grundstücks den Kaufgegenstand zur Finanzierung des Kaufpreises in Vollmacht des Eigentümers mit Grundpfandrechten belasten darf, und ist der Käufer weiter bevollmächtigt, »alle in diesem Zusammenhang erforderlichen Erklärungen Gericht und Gläubiger gegenüber abzugeben ...«, so kann, auch wenn sich der Verkäufer das Recht vorbehalten hat, vor einer vom Käufer bewilligten Vormerkung Grundpfandrechte eintragen zu lassen, die der Käufer zur Kaufpreisfinanzierung benötigt, die Auslegung der Vollmacht ergeben, dass der Käufer berechtigt sein sollte, auch den Rangvorbehalt »auszuüben« und die Eintragung der zur Fremdfinanzierung benötigten Grundschuld herbeizuführen.[386]

cc) Briefvorlage. Bei der Eintragung des Vorbehalts vgl § 41 Rdn 28, bei der Eintragung der Ausnützung des **194** Rangvorbehalts vgl § 41 Rdn 18.

c) Prüfungspflicht des GBA. Bei der Eintragung des vorbehaltenen Rechts hat das GBA nur zu prüfen, ob **195** dieses sich in den Grenzen des Vorbehalts hält, nicht aber, ob der Betrag des Vorbehalts durch die Zwischenrechte nach § 881 Abs 4 BGB gemindert oder ganz erschöpft wird.[387] Ist das vorbehaltene Recht bezüglich des Berechtigten namentlich oder gattungsmäßig beschränkt, so ist die Eintragung eines Rechts für einen anderen Berechtigten im Range des Vorbehalts abzulehnen.[388] Anstelle einer Hypothek kann auch eine Hypothekenvormerkung eingetragen werden.[389] Das einzutragende Recht kann auch einen größeren Umfang haben als der Rangvorbehalt;[390] dann erhält es aber nur in der Höhe des Vorbehalts den vorbehaltenen Rang. Der Rangvermerk muss dies erkennen lassen. Wird das mit einem Vorkaufsrecht belastete Grundstück in Wohnungseigentum aufgeteilt, wird das Vorkaufsrecht zwar als Belastung in jedem Wohnungsgrundbuch eingetragen, ein vorher bestehender Rangvorbehalt kann jedoch nur noch in der Weise ausgeübt werden, dass alle Wohnungseigentümereinheiten insgesamt bis zu dem eingetragenen Höchstbetrag des Vorbehalts belastet werden. Dies ist bei dem Rangvorbehalt zu vermerken.[391]

d) Stufenweise Ausübung. Der Rangvorbehalt kann auf einmal in vollem Umfang ausgenutzt werden oder **196** auch nur teilweise oder in Stufen in der Weise, dass die nacheinander bestellten Teilrechte erst in ihrer Gesamtheit den Umfang des Rangvorbehalts erreichen; der Rang dieser Rechte untereinander richtet sich nach § 879

---

383 RG DNotZ 1932, 587.
384 *Güthe-Triebel* § 45 Bem 24; *Schöner/Stöber* Rn 2148.
385 KG KGJ 42, 313; *Staudinger-Kutter* § 881 Rn 24; *BGB-RGRK-Augustin* § 881 Rn 23; *Ulbrich* MittRhNotK 1995, 289, 304.
386 OLG Düsseldorf FGPrax 2000, 55 = ZflR 2000, 459 = Rpfleger 2000, 156.
387 RG HRR 1931 Nr 288; RGZ 135, 195; *Staudinger-Kutter* § 881 Rn 13; *MüKo-Wacke* § 881 Rn 13; *BGB-RGRK-Augustin* § 881 Rn 23; *Schöner/Stöber* Rn 2149; *Ulbrich* MittRhNotK 1995, 289, 304.
388 KG DNotZ 1931, 116; *Ulbrich* MittRhNotK 1995, 289, 304.
389 KG JW 1926, 2546; *Staudinger-Kutter* § 881 Rn 25; *MüKo-Wacke* § 881 Rn 13; *Ulbrich* MittRhNotK 1995, 289, 304.
390 *MüKo-Wacke* § 881 Rn 13.
391 OLG Schleswig FGPrax 2000, 5 = Rpfleger 2000, 11; LG Köln Rpfleger 1987, 368.

Abs 1 BGB, dh der zuerst eingetragene Teilbetrag hat den Vorrang vor den späteren.[392] Soll er ihnen nachgehen, bedarf es auch insoweit eines Vorbehalts oder späterer Rangänderung.[393]

197 **e) Wiederholung.** Nach hM kann der Eigentümer, wenn nach Ausübung des Rangvorbehalts das eingetragene Recht gelöscht wird, auf Grund des Vorbehalts von neuem ein gleichartiges Recht mit Vorrang eintragen lassen, es sei denn, dass der Rangvorbehalt ausdrücklich auf einen einzelnen Fall bestimmter Art beschränkt und dies im GB eingetragen ist.[394] Der Rangvorbehalt erlischt somit grundsätzlich mit einmaliger Ausübung nicht. Den Beteiligten bleibt es aber überlassen, den Vorbehalt auf einen einzigen, bestimmten Fall zu beschränken. Die Zulässigkeit der mehrfachen Ausnutzung des Rangvorbehalts ergibt sich zwar nicht aus dem Gesetz, aber aus seiner Rechtsnatur als vorbehaltenes Stück Eigentum (vgl Rdn 169), also eines Zustandsrechts, das ausgeübt werden kann, solange es besteht.

198 **f) Abtretung, Pfändung.** Das Recht aus dem Rangvorbehalt ist eine mit dem Eigentum verbundene, einen Teil des Eigentumsrechts bildende Befugnis. Es ist deshalb nicht isoliert übertragbar und pfändbar.[395] Auch die Ausübung des Vorbehalts kann keinem anderen überlassen werden, da er kein selbständiges Recht ist.[396]

11. Wirkungen

199 **a) Allgemein.** Durch den Rangvorbehalt wird der **Eigentümer** im Übrigen nicht in seiner Verfügungsberechtigung über das Grundstück beschränkt.[397] Insbesondere kann er das Grundstück weiter mit anderen Rechten belasten. Auch können gegen ihn Eintragungen im Wege der Zwangsvollstreckung ohne Belegung des vorbehaltenen Ranges bewirkt werden (zB Zwangshypothek). Solche nachträglichen Eintragungen bilden dann Zwischeneintragungen iS des § 881 Abs 4 BGB.

200 Auch der **Inhaber des mit dem Rangvorbehalt belasteten Rechts** ist in seiner Verfügungsberechtigung über dieses Recht nicht eingeschränkt. Er kann darüber verfügen, es insbesondere abtreten, allerdings immer nur mit dem eingeschränkten Inhalt, dh belastet mit einem Rangvorbehalt.

201 **b) Ohne Zwischenrechte.** Wird das begünstigte Recht unter Ausübung des Vorbehalts unmittelbar nach dem mit dem Vorbehalt belasteten Recht eingetragen, so ergeben sich keine Schwierigkeiten: das den Rangvorbehalt ausnutzende Recht hat Rang vor dem mit dem Vorbehalt belasteten Recht.[398] Die Ausübung des Vorbehalts ist mit einer Rangänderung vergleichbar; daher gelten § 880 Abs 4 BGB (vgl Rdn 155, 156) und § 880 Abs 5 BGB (vgl Rdn 135 ff, 158) entsprechend.[399]

202 **c) Mit Zwischenrechten.** Ein Zwischenrecht ist ein Recht, das in der Zeit zwischen der Eintragung des Vorbehalts und der Eintragung des ihn ausnutzenden Rechts entstanden ist.[400] Sind solche Rechte vorhanden, ergeben sich bei der Erlösverteilung in einem Zwangsversteigerungsverfahren aus dem **Zusammenwirken von § 880 Abs 5 BGB und § 881 Abs 4 BGB** merkwürdige Berechnungsvorgänge.[401] Zunächst darf dem vorbehaltlos eingetragenen Zwischenrecht nicht mehr vorgehen als auf das belastete Recht entfällt (§ 880 Abs 5 BGB). Vom Gesamterlös muss also zunächst der Wert des belasteten Rechts abgezogen werden; dadurch ergibt sich der Erlösanteil für das Zwischenrecht. Nach § 881 Abs 4 BGB ist das belastete Recht dann so zu stellen, als wenn kein Zwischenrecht eingetragen wäre; es geht ihm nur der Wert des den Rangvorbehalt ausübenden Rechts vor. Dieser Wert ist vom Gesamterlös abzuziehen und ergibt den Erlösanteil des belasteten Rechts. Den Rest erhält das den Rangvorbehalt ausnutzende Recht. Daraus ergibt sich für die Erlösverteilung die allgemein anerkannte **Herfurth'sche Formel**.[402]

---

392 BayObLGZ 1956, 456, 462; KG KGJ 40, 234, 236; *Staudinger-Kutter* § 881 Rn 27; *BGB-RGRK-Augustin* § 881 Rn 24; *MüKo-Wacke* § 881 Rn 13; *KEHE-Eickmann* § 45 Rn 26; *Demharter* § 45 Rn 41; *Ulbrich* MittRhNotK 1995, 289, 303; *Schöner/Stöber* Rn 2154; *Weirich* Rn 372; **zur grundbuchmäßigen Behandlung** ausführlich: *Unterreitmayer* Rpfleger 1960, 282.

393 OLG Düsseldorf MittRhNotK 1967, 781, 782.

394 KG KGJ 40, 234; JFG 5, 383; 6, 315; 8, 298; HRR 1931 Nr 288; *Staudinger-Kutter* § 881 Rn 29; *BGB-RGRK-Augustin* § 881 Rn 15; *KEHE-Eickmann* § 45 Rn 26; *Demharter* § 45 Rn 34; *Ulbrich* MittRhNotK 1995, 289, 304; *Güthe-Triebel* § 45 Bem 19; *Schöner/Stöber* Rn 2156; *Rieve* NJW 1954, 1434; *Fabricius* Rpfleger 1956, 155; **aA** LG Nürnberg-Fürth MittBayNot 1977, 64.

395 BGHZ 12, 238, 245 = NJW 1954, 954, 955 = DNotZ 1954, 378; RGZ 117, 426, 431; *Staudinger-Kutter* § 881 Rn 17; *BGB-RGRK-Augustin* § 881 Rn 13; *MüKo-Wacke* § 881 Rn 14; *KEHE-Eickmann* § 45 Rn 21; *Demharter* § 45 Rn 34; *Schöner/Stöber* Rn 2141; *Westermann-Eickmann* § 99 III 1.

396 *Staudinger-Kutter* § 881 Rn 17.

397 *Staudinger-Kutter* § 881 Rn 19; *Ulbrich* MittRhNotK 1995, 289, 305.

398 *Eickmann* RpflStud 1982, 85, 86.

399 KG JFG 8, 294, 298; *Staudinger-Kutter* § 881 Rn 26; *BGB-RGRK-Augustin* § 881 Rn 14; *MüKo-Wacke* § 881 Rn 15.

400 RGZ 131, 206; *Staudinger-Kutter* § 881 Rn 31.

401 *Steiner-Eickmann* § 44 Rn 85; *Eickmann* RpflStud 1982, 85, 86; *Ulbrich* MittRhNotK 1995, 289, 305.

402 *Herfurth* DGWR 36, 156; *Steiner-Eickmann* § 44 Rn 85; *MüKo-Wacke* § 881 Rn 17; *Staudinger-Kutter* § 881 Rn 33–42; *Eickmann* RpflStud 1982, 85, 86; *Ulbrich* MittRhNotK 1995, 289, 305.

Belastetes Recht	= Erlös	– ausübendes Recht (§ 881 Abs 4 BGB)
Zwischenrecht	= Erlös	– belastetes Recht (§ 880 Abs 5 BGB)
Ausübendes Recht	= Rest.	

Beispiel: **203**

Im GB sind eingetragen

Recht III 1 für A	20000 EUR mit Rangvorbehalt zu 10000 EUR
Recht III 2 für B	50000 EUR
Recht III 3 für C	10000 EUR (in Ausübung des Rangvorbehalts).

– Rangordnung aus der Sicht des A:
  § 881 Abs 4 BGB will, dass A nur durch den Rangvorbehalt beeinträchtigt wird.

III 3 für C	10000 EUR
III 1 für A	20000 EUR
III 2 für B	50000 EUR

– Rangordnung aus der Sicht des B:
  Nach § 880 Abs 5 BGB muss sich B nur das mit dem Rangvorbehalt belastete Recht vorgehen lassen.

III 3 für C	10000 EUR
III 1a für A	10000 EUR
III 2 für B	50000 EUR
III 1b für A	10000 EUR

– Rangordnung aus der Sicht des C:
  Durch die Ausübung des Rangvorbehalts erhält C mit 10000 EUR die erste Rangstelle.

Es gibt also objektiv kein absolutes Rangverhältnis. Man kann das Rangverhältnis nur aus der Sicht der Beteiligten beurteilen (= relatives Rangverhältnis), denn § 880 Abs 5 BGB und § 881 Abs 4 BGB stehen sich konträr gegenüber. Bei einer Erlösverteilung in einem Zwangsversteigerungsverfahren würde auf Grund der Herfurth'schen Formel gelten (vgl Rdn 202):

– Erlös 10000 EUR
  III 1 = 10000 EUR – 10000 EUR = 0 EUR
  III 2 = 10000 EUR – 20000 EUR = 0 EUR
  III 3 = 10000 EUR
– Erlös 20000 EUR
  III 1 = 20000 EUR – 10000 EUR = 10000 EUR
  III 2 = 20000 EUR – 20000 EUR = 0 EUR
  III 3 = 10000 EUR
– Erlös 30000 EUR
  III 1 = 30000 EUR – 10000 EUR = 20000 EUR
  III 2 = 30000 EUR – 20000 EUR = 10000 EUR
  III 3 = 0 EUR

Damit hat sich gezeigt, dass der Erlösanteil der auf das ausübende Recht entfällt, mit steigendem Erlös geringer   **204**
wird: das **vorbehaltene Recht verliert an Wert, je größer der Versteigerungserlös** ist.[403] Dies erklärt sich
daraus, dass der Rangvorbehalt wegen des Zusammenwirkens von § 880 Abs 5 BGB und § 881 Abs 4 BGB zu
einem relativen Rangverhältnis führt, welches dadurch gekennzeichnet ist, dass kein Recht einen absoluten
Vorrang gegenüber einem anderen Recht hat.

12. Erlöschen

a) Vor der Ausübung. aa) Erlöschen des belasteten Rechts. Erlischt vor der Ausübung des Rangvorbe-   **205**
halts das mit ihm belastete Recht durch Rechtsgeschäft oder auf andere Weise, so wird auch der Rangvorbehalt
gegenstandslos und erlischt; mit der Löschung des Rechts, bei dem er eingetragen ist, geht er auch unter.[404]
Erlischt das durch den Vorbehalt beschränkte Recht durch Zuschlag in der Zwangsversteigerung, so geht auch
der Rangvorbehalt unter.[405]

bb) Aufhebung des Rangvorbehalts. Die Aufhebung des noch nicht ausgeübten Rangvorbehalts erfordert   **206**
materiellrechtlich eine Einigung zwischen dem Eigentümer und dem Inhaber des mit dem Vorbehalt belasteten Rechts und der Eintragung des Erlöschens im GB (§ 877 BGB), da das ursprünglich mit dem Vorbehalt

---

403 *Steiner-Eickmann* § 44 Rn 85; *Staudinger-Kutter* § 881 Rn 40; *MüKo-Wacke* § 881 Rn 19.
404 RG JW 1907, 703; *Staudinger-Kutter* § 881 Rn 44; *BGB-RGRK-Augustin* § 881 Rn 18; *MüKo-Wacke* § 881 Rn 10;
     Schöner/Stöber Rn 2143; *Demharter* § 45 Rn 46; *Ulbrich* MittRhNotK 1995, 289, 306.
405 RG JW 1907, 703; *Staudinger-Kutter* § 881 Rn 16, 45; *MüKo-Wacke* § 881 Rn 10.

belastete Recht durch die Aufhebung eine Inhaltsänderung erfährt.[406] Der Zustimmung des zu begünstigenden Dritten bedarf es selbst dann nicht, wenn ein solcher bereits benannt sein sollte, denn auch dann ist der Verzicht auf die vorrangige Belastungsmöglichkeit nur des Eigentümers eigener Nachteil.[407]

207 **Formellrechtlich** sind ein Antrag des Eigentümers oder des Gläubigers des belasteten Rechts (§§ 13, 30) und die Bewilligung des Eigentümers (§§ 19, 29) erforderlich.[408] Die Löschung erfolgt in der Veränderungsspalte, da eine Inhaltsänderung vorliegt (Rdn 206): »*Der Rangvorbehalt ist erloschen*«. Ist der Rangvorbehalt bei einem Briefgrundpfandrecht eingetragen, so bedarf es zur Löschung des Vorbehalts auch der Briefvorlage.[409]

208 **b) Nach der Ausübung. aa) Bei Beschränkung auf einmalige Ausübung.** Durch die Ausübung des Rangvorbehalts erlischt dieser, wenn er auf einen einzigen bestimmten Fall beschränkt war. Das Erlöschen ist im GB durch eine Ergänzung des bei dem Vorbehaltsrecht in der Veränderungsspalte einzutragenden Rangvermerks zu verlautbaren:[410] »*Der vorbehaltene Vorrang vor diesem Recht ist dem Recht Abteilung III Nr 3 eingeräumt. Der Rangvorbehalt ist damit erloschen. Eingetragen am …*«

209 **bb) Keine Beschränkung der Ausübungswiederholung.** Ist der Rangvorbehalt nicht auf die einmalige Ausübung beschränkt und **erlischt** nach seiner Ausübung **das mit ihm belastete Recht,** so wird der Vorbehalt für weitere Ausübungen gegenstandslos; mit der Löschung des belasteten Rechts geht auch er unter.

210 Die **Aufhebung des Rangvorbehalts,** der zwar bereits ausgeübt, aber nicht auf einmalige Ausübung beschränkt ist, erfordert materiellrechtlich eine Einigung zwischen dem Eigentümer und dem Inhaber des mit dem Vorbehalt belasteten Rechts und der Eintragung des Erlöschens im GB (§ 877 BGB).[411] Vereinzelt wird mit der Aufhebung des ausgeübten Vorbehalts der Vorrang des begünstigten Rechts als verloren angesehen, sodass die Zustimmung des begünstigten Rechtsinhabers zur Aufhebung des Vorbehalts für notwendig gehalten wird.[412] Dies ist mit der hM[413] abzulehnen, weil die Löschung des Rangvorbehalts den einmal eingetragenen Vorrang nicht berührt. Formellrechtlich sind ein Antrag vom Eigentümer oder dem Gläubiger des belasteten Rechts (§§ 13, 30) und die Bewilligung des Eigentümers (§§ 19, 29) erforderlich. Nicht nötig ist die Mitbewilligung des durch den Vorbehalt begünstigten Rechtsinhabers, da auch materiellrechtlich seine Zustimmung nicht erforderlich ist (so). Ist der Rangvorbehalt bei einem Briefgrundpfandrecht eingetragen, so bedarf es zur Löschung des Vorbehalts der Briefvorlage.[414]

XII. Folgen fehlerhafter Eintragungen

1. Rangdarstellung ohne Rangvermerke

211 **a) Ohne Rangbestimmung. aa) In derselben Abteilung.**

Beispiel: *Beim GBA gehen zeitlich nacheinander die Anträge auf Eintragung von Grundschulden für A und B ein. Die Rechte werden am gleichen Tag eingetragen, und zwar die Grundschuld für B unter lfd Nr 1 der Abt III, die Grundschuld für A unter lfd Nr 2 der Abt III; Rangvermerke werden nicht gemacht.*

Die Eintragung ist unter Verletzung der §§ 17, 45 Abs 1 S 1, 1. Hs vorgenommen worden. Dies sind jedoch nur Ordnungsvorschriften. Werden sie verletzt, so bestimmt sich der Rang nach der Grundbucheintragung, die somit das Rangverhältnis schafft. Das GB kann nicht unrichtig werden, die §§ 22, 53, 71 Abs 2 S 1 und § 894 BGB sind nicht anwendbar. Die **Grundbucheintragung** schafft den Rang somit mit konstitutiver Wirkung, **wenn die räumliche Eintragungsreihenfolge mit der tatsächlichen Eintragungszeit übereinstimmt,**

---

406 KG JFG 12, 293; *Staudinger-Kutter* § 881 Rn 43; BGB-RGRK-*Augustin* § 881 Rn 18; *Planck-Strecker* § 881 Anm 6; *Demharter* § 45 Rn 44; *Ulbrich* MittRhNotK 1995, 289, 306; *Schöner/Stöber* Rn 2144; *Wolff-Raiser* § 43 III; **aA** *Palandt-Bassenge* § 881 Rn 12; MüKo-*Wacke* § 881 Rn 10, die § 875 BGB anwenden wollen, sodass die einseitige Aufgabenerklärung des Eigentümers samt Löschung genügen soll.

407 LG Kassel NJW 1956, 424; *Staudinger-Kutter* § 881 Rn 43; MüKo-*Wacke* § 881 Rn 10.

408 BayObLG MittBayNot 1979, 113 = MittRhNotK 1979, 193; LG Hof MittBayNot 1974, 268; *Staudinger-Kutter* § 881 Rn 43; *Schöner/Stöber* Rn 2144; *Ulbrich* MittRhNotK 1995, 289, 306.

409 BayObLG MittBayNot 1979, 113 = MittRhNotK 1979, 193; *Staudinger-Kutter* § 881 Rn 43; *Schöner/Stöber* Rn 2144.

410 *Demharter* § 45 Rn 45; *Ulbrich* MittRhNotK 1995, 289, 306; KEHE-*Eickmann* § 45 372 Rn 27.

411 *Demharter* § 45 Rn 44.

412 *Fabricius* Rpfleger 1956, 155 und 301.

413 LG Kassel NJW 1956, 424; LG Hof MittBayNot 1974, 268; KEHE-*Eickmann* § 45 Rn 27; *Demharter* § 45 Rn 44; *Ulbrich* MittRhNotK 1995, 289, 306; *Schöner/Stöber* Rn 2145; *Staudinger-Kutter* § 881 Rn 46; BGB-RGRK-*Augustin* § 881 Rn 18; MüKo-*Wacke* § 881 Rn 10; *Staudenmaier* Rpfleger 1960, 81.

414 BayObLG MittBayNot 1979, 113 = MittRhNotK 1979, 193.

sodass insoweit eine formelle Rechtskraft bezüglich des Rangverhältnisses vorliegt.[415] Ist das GB jedoch nicht unrichtig, so kann eine Rangänderung nur nach § 880 BGB erfolgen bzw – gegen den Willen des Begünstigten – durch ein Urteil nach § 894 ZPO, sofern ein Anspruch auf Rangänderung besteht.[416]

Soweit die Eintragung den Rang mit formeller Rechtskraft bestimmt, ist mit der hM ein **Bereicherungsanspruch** des durch den Buchungsfehler Benachteiligten gegen den Begünstigten **zu verneinen**.[417] Zwar hat der Begünstigte den besseren Rang auf Kosten des Berechtigten erlangt, da dieser seine mit Stellung des Eintragungsantrags erworbene Anwartschaft auf Erwerb des Rechts samt dem ihm gebührenden Rang verloren hat. Der Verlust ist jedoch nicht ohne rechtlichen Grund erfolgt; § 879 BGB stellt den rechtlichen Grund für den tatsächlich erworbenen Rang dar.   212

Dem Benachteiligten bleibt nur ein Schadensausgleich über § 839 BGB (= **Staatshaftung**) wegen des pflichtwidrigen Handelns des Grundbuchamts.[418] Dabei ist die Höhe des Schadens solange schwer zu bestimmen, als nicht durch eine Zwangsversteigerung der Ausfall feststeht.   213

Streit besteht über die Frage, ob unter der »Reihenfolge der Eintragungen« nach § 879 Abs 1 S 1 BGB die räumliche oder zeitliche Reihenfolge zu verstehen ist, **wenn die räumliche Eintragungsreihenfolge mit der tatsächlichen Eintragungzeit nicht übereinstimmt.** Folgende Beispiele[419] sollen dies verdeutlichen: 214

Beispiel 1: *Für B ist eine Hypothek eingetragen. Vor dieser Eintragung hat das GBA unter Verstoß gegen § 21 Abs 2 GBV freien Raum gelassen. Später trägt es in diesem Raum eine Hypothek für A ein.*

Beispiel 2: *Die Eintragung einer Hypothek für A ist vom GBA versehentlich nicht unterzeichnet worden. Dann wird eine Hypothek für B eingetragen. Später wird das Versehen bemerkt und die Unterschrift bei der Eintragung A nachgeholt.*

Beispiel 3: *Für A ist eine Hypothekenvormerkung, dahinter für B eine Hypothek eingetragen. Die Vormerkung erlischt, wird aber nicht im GB gelöscht. Später wird für A neben der Vormerkung eine der Vormerkung entsprechende Hypothek eingetragen.*

Hält man die räumliche Reihenfolge für maßgeblich, so hat die Hypothek des A in allen Fällen Vorrang, weil sie räumlich vor der des B steht. Wird auf die zeitliche Reihenfolge abgestellt, so hat die Hypothek des B in allen Fällen Vorrang.

Im Ergebnis herrscht soweit Übereinstimmung, dass die **zeitliche Reihenfolge** entscheidet. Nur die Begründungen sind unterschiedlich. Eine Meinung versteht die »Reihenfolge der Eintragungen« nach § 879 Abs 1 S 1 BGB von vornherein als Zeitfolge.[420] Diese Ansicht ist gesetzwidrig. Grundsätzlich ist vom Anschein der räumlichen Reihenfolge auszugehen; dies folgt durch Umkehrschluss aus § 879 Abs 1 S 2 BGB und der Entstehungsgeschichte.[421] Während der 1. Entwurf (§ 840) der Datumspriorität den Vorzug gab,[422] stellte sich der als Gesetz angenommene 2. Entwurf prinzipiell auf den entgegengesetzten Standpunkt.[423] Eine zweite Meinung bekennt sich zwar nominell zum Locusprinzip, lässt dann aber ausnahmsweise in den genannten Beispielsfällen das Tempusprinzip gelten.[424] Dies ist inkonsequent und daher abzulehnen; diese Ansicht enthält eine prinzipwidrige Unfolgerichtigkeit. Folgender dritter Meinung ist daher zu folgen:[425] Die räumliche Aufeinanderfolge   215

---

415 RGZ 57, 277, 280; 113, 403, 407; BGHZ 21, 98; KG KGJ 34, 289; OLGE 36, 148; BayObLG Rpfleger 1976, 302; Rpfleger 1995, 16 = DNotZ 1995, 68; OLG Frankfurt FGPrax 1995, 17; OLG Hamburg OLGE 45, 86; OLG Düsseldorf JR 1950, 686; *Palandt-Bassenge* § 879 Rn 12; *Staudinger-Kutter* § 879 Rn 25, 44, 45; BGB-RGRK-*Augustin* § 879 Rn 30; MüKo-*Wacke* § 879 Rn 10; *Soergel-Stürner* § 879 Rn 6; *Knothe* in *Bauer/von Oefele* § 45 Rn 23; *Demharter* § 45 Rn 5; *Eickmann* GBVerfR, Rn 338; *Grunsky* S 92 ff; *Streuer* Rpfleger 1985, 388; *Eickmann* RpflStud 1982, 74, 75; *Böttcher* BWNotZ 1988, 73, 75; **ablehnend:** *Heck* Grundriss des Sachenrechts, S 496 ff; *Jungwirth* S 36 ff; *Stadler* AcP 189, 425 ff; *Wilhelm* JZ 1990, 501, 509; *Flume* JZ 1991, 133.
416 *Staudinger-Kutter* § 879 Rn 46; *Böttcher* BWNotZ 1988, 73, 75.
417 BGHZ 21, 98, 99 = NJW 1956, 1314; *Staudinger-Kutter* § 879 Rn 47; BGB-RGRK-*Augustin* § 879 Rn 30; MüKo-*Wacke* § 879 Rn 34; *Eickmann* GBVerfR, Rn 338; *Grunsky* S 103 ff; *Hoche* JuS 1962, 60; *Eickmann* RpflStud 1982, 74, 75; *Böttcher* BWNotZ 1988, 73, 75; **aA** *Soergel-Stürner* § 879 Rn 12; *Stadler* AcP 189, 425, 427; *Wilhelm* JZ 1990, 501, 509; *Baur-Stürner* § 17 B I 2.
418 *Staudinger-Kutter* § 879 Rn 48; MüKo-*Wacke* § 879 Rn 10; *Eickmann* GBVerfR, Rn 338; *Baur-Stürner* § 17 B I 2; *Eickmann* RpflStud 1982, 74, 75; *Böttcher* BWNotZ 1988, 73, 75.
419 Nach *Staudinger-Kutter* § 879 Rn 32; MüKo-*Wacke* § 879 Rn 15.
420 KG KGJ 41, 220, 224; JW 1931, 1202; *Staudinger-Kutter* § 879 Rn 32–37; *Wolff-Raiser* § 41 I; *Güthe* JW 1912, 609, 610.
421 MüKo-*Wacke* § 879 Rn 17.
422 Mot III 225 ff = *Mugdan* III 125 f.
423 Prot III 3457 ff = *Mugdan* III 549.
424 RG HRR 1935 Nr 1016; *Palandt-Bassenge* § 879 Rn 8; *Planck-Strecker* § 879 Anm 1 Abs 2; BGB-RGRK-*Augustin* § 879 Rn 2, 36; *Demharter* § 45 Rn 6.
425 *Soergel-Stürner* § 879 Rn 6, 7; MüKo-*Wacke* § 879 Rn 12, 13, 18–21; *Heck* Grundriss des Sachenrechts, S 496 ff; *Stadler* AcP 189, 425, 444 f; *Rahn* BWNotZ 1958, 1, 6; *Knothe* in *Bauer/von Oefele* § 45 Rn 26; *Eickmann* RpflStud 1982, 74, 76; *Meikel-Böttcher* § 44 Rn 21; *Böttcher* BWNotZ 1988, 73, 75.

begründet entsprechend § 891 BGB eine Vermutung für die Zeitfolge und damit für die Rangfolge; der Rechtsschein gemäß § 892 BGB ist vor allem auf den Verkehrsschutz zugunsten redlicher Dritterwerber zugeschnitten. Für die unmittelbar an dem Rangverhältnis Beteiligten und den bösgläubigen Dritterwerbern bestimmt sich der wirkliche Rang dagegen materiellrechtlich stets nach dem wahren Entstehungszeitpunkt, dh nach der **tatsächlichen Eintragungszeit,** ohne Rücksicht auf den richtigen Eintragungsort und die Richtigkeit des angegebenen Datums. Eintragungen, die unter Verstoß gegen das Locusprinzip erfolgt sind, haben somit hinsichtlich des Ranges keine formelle Rechtskraft, sondern nur Rechtsscheinwirkung zugunsten Dritter. Wer diese bestreitet, muss beweisen, dass die räumliche Folge der tatsächlichen Eintragungszeitfolge widerspricht.

216   Sind die ordnungswidrig eingetragenen Rechte übertragen worden, so kann zugunsten eines redlichen Zessionars **Gutglaubensschutz** eingreifen.[426] Bei den Beispielen 2 und 3 (Rdn 214) bedeutet dies, dass ein Zessionar die Rechte mit dem sich aus der räumlichen Reihenfolge ergebenden Rang erwerben kann. Im Beispiel 1 (Rdn 214) wird jedoch ein gutgläubiger Erwerb ausscheiden, weil die Grundbuchunrichtigkeit zweifellos erkennbar ist (falsche Nummer in Spalte 1; unerklärbar späteres Eintragungsdatum im Verhältnis zum nachstehenden Rang).[427]

217   **bb) In verschiedenen Abteilungen.**

Beispiel: *Beim GBA gehen zeitlich nacheinander die Anträge auf Eintragung einer Reallast für R und auf Eintragung einer Grundschuld für G ein. Zuerst wird die Grundschuld eingetragen und einen Tag danach die Reallast.*

Die Eintragung ist unter Verletzung der §§ 17, 45 vorgenommen worden. Dies sind jedoch nur Ordnungsvorschriften. Werden sie verletzt, so bestimmt sich der Rang nach der Grundbucheintragung, die somit das Rangverhältnis schafft. Das GB wird deshalb nicht unrichtig. Die **Grundbucheintragung** schafft den Rang somit mit konstitutiver Wirkung, **wenn die eingetragene und die tatsächliche Eintragungszeit übereinstimmen;** insoweit liegt eine formelle Rechtskraft bezüglich des Rangverhältnisses vor (vgl dazu Rdn 211–213).

218   **Beispiel:** *Am 01.10.1988 wurde in Abt II ein Recht eingetragen. In den ersten Tagen des Jahres 1989 wurde in die bisher freie Abt III ein Recht eingetragen, wobei gewohnheitsmäßig noch die Jahreszahl »1988« vermerkt wurde.* Unter Rechten in verschiedenen Abteilungen hat nach § 879 Abs 1 S 2 BGB das zeitlich frühere den Vorrang. Die rein formale Zeitangabe im Eintragungsvermerk soll auch bei falscher Datierung gelten,[428] **wenn die eingetragene und tatsächliche Eintragungszeit nicht übereinstimmen.** Nach richtiger Ansicht begründet das angegebene Datum nur eine Vermutung für die Rangfolge analog § 891 BGB und erzeugt Dritten gegenüber den entsprechenden Rechtsschein nach § 892 BGB; materiellrechtlich bestimmt sich der Rang nach der **tatsächlichen Eintragungszeit.**[429] Der danach Rangbessere muss allerdings sein Recht beweisen. Eine versehentliche Rückdatierung kann ordnungsgemäß bestellte Rechte der anderen Abteilung nicht auf einen schlechteren Rang zurückdrängen; eine solche Eintragung hat für den Rang keine formelle Rechtskraft. Ist das mit dem falschen Datum eingetragene Recht zediert worden, so kann zugunsten eines redlichen Zessionars Gutglaubensschutz eingreifen. Im Beispielsfall hat das Recht in Abt II materiellrechtlich Vorrang vor dem Recht in Abt III trotz der entgegenstehenden Daten im GB. Ein gutgläubiger Dritter kann beim Erwerb des Rechts in Abt III jedoch gutgläubig den im GB unrichtig verlautbarten Vorrang erwerben (vgl deswegen § 44 Rdn 25).

219   Fehlt das Datum bei der Eintragung eines Rechts, so ist die Eintragung trotzdem wirksam. Der Rang eines Rechtes mit **fehlendem Eintragungsdatum** bestimmt sich gegenüber anderen Rechten der gleichen Abteilung nach der räumlichen Reihenfolge (vgl Rdn 39). Über das Rangverhältnis von Rechten in verschiedenen Abteilungen, wenn eines davon undatiert ist, herrscht Streit. Es soll nach einer Meinung den Rang vor Rechten haben, denen das ihm nach § 879 Abs 1 S 1 BGB in derselben Abteilung nachfolgende datierte Recht gemäß § 879 Abs 1 S 1 oder 2 vorgeht.[430] Nach richtiger Ansicht bestimmt sich der Rang des undatierten Rechts nach der **tatsächlichen Eintragungszeit.**[431] Es ist nämlich davon auszugehen, dass das Recht im Augenblick der Vollendung der Eintragung entsteht, da das Fehlen der Datumsangabe materiellrechtlich nicht schadet; damit entsteht auch sein Rang. Eine andere Frage ist, ob sich der materiellrechtlich entstandene Rang auch nachweisen lässt. Ist dies der Fall, kann das Rangverhältnis von Amts wegen klargestellt werden (vgl § 44

---

426 *Staudinger-Kutter* § 879 Rn 37; *BGB-RGRK-Augustin* § 879 Rn 36; *MüKo-Wacke* § 879 Rn 18; *Soergel-Stürner* § 879 Rn 6; *Eickmann* RpflStud 1982, 74, 76.

427 *Eickmann* RpflStud 1982, 74, 76; *Böttcher* BWNotZ 1988, 73, 75; **aA** *MüKo-Wacke* § 879 Rn 18.

428 *Planck-Strecker* § 879 Anm 2; *Wolff-Raiser* § 41 I 2.

429 *MüKo-Wacke* § 879 Rn 23; *Soergel-Stürner* § 879 Rn 9, 10; *Baur-Stürner* § 17 B I 4 b; *Heck* Grundriss des Sachenrechts, S 496 ff; *Eickmann* RpflStud 1982, 74, 76; ebenso: *Böttcher* BWNotZ 1988, 73, 76; *Stadler* AcP 189, 425, 444 f; im Ergebnis ebenso: *Staudinger-Kutter* § 879 Rn 58.

430 *BGB-RGRK-Augustin* § 879 Rn 37; *Planck-Strecker* § 879 Anm 2; *Wolff-Raiser* § 41 I 2.

431 *MüKo-Wacke* § 879 Rn 23; *Soergel-Stürner* § 879 Rn 10; *Palandt-Bassenge* § 879 Rn 9; *KEHE-Eickmann* § 45 Rn 3; *Staudinger-Kutter* § 879 Rn 61; *Demharter* § 45 Rn 7; ebenso *Böttcher* BWNotZ 1988, 73, 76; *Stadler* AcP 189, 425, 444 f.

Rdn 24). Gelingt der Nachweis nicht, muss das undatierte Recht weichen, dh es hat hinter alle Eintragungen der anderen Abteilungen zurückzutreten. Unter zwei undatierten letztrangigen Rechten in beiden Abteilungen besteht Gleichrang.

b) Mit Rangbestimmung. 220

Beispiel: *Der Eigentümer vereinbart mit A, dass für ihn eine Grundschuld an erster Rangstelle eingetragen wird; mit B vereinbart er die Eintragung einer Grundschuld an zweiter Rangstelle. Das GBA trägt ohne Rangvermerke die Grundschuld des B unter lfd Nr 1, die Grundschuld für A unter lfd Nr 2 der Abt III ein.*

Das vereinbarte Rangverhältnis (§ 879 Abs 3 BGB) ist mangels Eintragung nicht entstanden. Ob die Rechte dann selbst entstanden sind, richtet sich nach § 139 BGB.[432] Verneinendenfalls ist das GB unrichtig, sodass ein Amtswiderspruch einzutragen ist.[433] Da jedoch eine schlechte Sicherung besser ist als gar keine, ist idR von der Wirksamkeit auszugehen, dh das GB ist richtig in Bezug auf die Rechte und deren Rang.[434] Letzterer richtet sich nach der **Grundbucheintragung,** die der gesetzlichen Rangbestimmung des § 879 Abs 1 BGB entspricht,[435] dh im Beispielsfall nach der räumlichen Reihenfolge (= B vor A). Der gesetzliche Rang bedarf nämlich keiner abweichenden Einigung und keiner Rangvermerke.

2. Rangdarstellung durch Rangvermerke
a) Mit Rangbestimmung. 221

Beispiel: *Der Eigentümer vereinbart mit A die Bestellung einer Grundschuld an erster Rangstelle und mit B die Begründung einer Reallast an zweiter Rangstelle. Auf Grund gleichzeitiger Antragstellung erfolgen die Eintragungen unter Verwendung von Rangvermerken am gleichen Tag: Reallast im Rang vor der Grundschuld.*

Ob die Rechte in diesem Fall überhaupt entstanden sind, richtet sich nach § 139 BGB. Die Ausnahme dieser Vorschrift (= Wirksamkeit) ist in der Praxis die Regel, da den Beteiligten idR eine schlechte Sicherung lieber ist als gar keine.[436] Der vereinbarte Rang kann nicht entstanden sein, weil er nicht eingetragen ist (§ 879 Abs 3 BGB). Eine Mindermeinung lässt das Rangverhältnis entsprechend den tatsächlichen Eintragungszeiten entstehen.[437] Nach hM[438] soll auch der aus den Rangvermerken sich ergebende Rang nicht wirksam geworden sein, weil dafür die Vereinbarung fehlt; da ein bestimmtes Rangverhältnis jedoch notwendigerweise zustandegekommen ist, könne nur die Rangfolge eingetreten sein, die sich aus § 879 Abs 1 BGB ergebe, wenn man sich die Rangvermerke wegdenke. Die Grundschuld für A und die Reallast für B hätte danach Gleichrang, da sie unter dem gleichen Datum eingetragen sind (§ 879 Abs 1 S 2, 2. Hs BGB); soweit die Rangvermerke ein anderes Rangverhältnis verlautbaren, sei das GB unrichtig (daher Eintragung eines Amtswiderspruchs). Die Lösung überzeugt nicht. Wenn das vereinbarte Rangverhältnis nicht entstehen kann, dann gilt das Rangverhältnis, das sich aus der **Grundbucheintragung** ergibt;[439] das bedeutet für den Beispielsfall, dass das durch die Rangvermerke zum Ausdruck gebrachte Rangverhältnis gilt. Es ist kein Grund ersichtlich, warum zum Beispiel bei Rdn 220 etwas anderes gelten soll; dort bestimmt sich das Rangverhältnis bei einer nicht eingetragenen Rangvereinbarung ebenfalls nach dem Grundbuchstand. Die hM lässt dagegen einen Rang entstehen, der weder der Einigung noch der Eintragung entspricht; sie nimmt außerdem hinsichtlich des Ranges eine Grundbuchunrichtigkeit in Kauf. Der Berichtigungsanspruch (§ 894 BGB) könnte aber nur auf die Beseitigung der Rangvermerke abzielen und damit auf die Darstellung eines Ranges, der weder gewollt noch eingetragen ist. Auch die Eintragung eines (Amts-)Widerspruchs hätte nur eine untergeordnete Bedeutung, weil sie das vereinbarte

---

432   BGH MittBayNot 1990, 102; OLG München MittBayNot 1994, 329; *Staudinger-Kutter* § 879 Rn 67.
433   *Staudinger-Kutter* § 879 Rn 69.
434   *Staudinger-Kutter* § 879 Rn 68; *Wilhelm* Sachenrecht, Rn 744; *Baur-Stürner* Sachenrecht, § 17 Rn 26.
435   BGHZ 21, 98; KG DNotZ 1930, 755; HRR 1935 Nr 114; BayObLG Rpfleger 1976, 302; *Staudinger-Kutter* § 879 Rn 70; BGB-RGRK-*Augustin* § 879 Rn 42; MüKo-*Wacke* § 879 Rn 31; *Palandt-Bassenge* § 879 Rn 17; *Schöner/Stöber* Rn 399; *Güthe-Triebel* § 45 Bem 39; *Knothe* in *Bauer/von Oefele* § 45 Rn 24; *Wolff-Raiser* § 41 III; *Streuer* Rpfleger 1985, 388; *Böttcher* BWNotZ 1988, 73, 76; **aA** *Soergel-Stürner* § 879 Rn 15; *Baur-Stürner* § 17 B II 2: es entscheidet die tatsächliche Eintragungszeit.
436   Ausführlich dazu: *Staudinger-Kutter* § 879 Rn 67, 68; BGH MittBayNot 1990, 102; OLG München MittBayNot 1994, 329.
437   *Soergel-Stürner* § 879 Rn 15.
438   OLG München Rpfleger 2006, 68; OLG Brandenburg Rpfleger 2002, 135; BayObLG Rpfleger 1976, 302; KG DNotZ HRR 1935 Nr 114; JW 1936, 1475; *Staudinger-Kutter* § 879 Rn 71; BGB-RGRK-*Augustin* § 879 Rn 42; *Palandt-Bassenge* § 879 Rn 17; MüKo-*Wacke* § 879 Rn 31; *Schöner/Stöber* Rn 399; *Güthe-Triebel* § 49 Rn 39; *Hesse-Saage-Fischer* § 45 Anm IV; *Güthe* JW 1912, 609, 616.
439   *Bestelmeyer* Rpfleger 2006, 318; *Knothe* in *Bauer/von Oefele* § 45 Rn 25; *Streuer* Rpfleger 1985, 388; *Lent* SJZ 1950, 916; *Kretzschmar* Zentralblatt für freiwillige Gerichtsbarkeit, Notariat und Zwangsversteigerung, 18. Jahrg S 141 ff; *Böttcher* BWNotZ 1988, 73, 76; *Planck-Strecker* § 879 Anm 6 b; *Junghans* S 31; in diese Richtung auch *Demharter* § 45 Rn 8.

Rangverhältnis gerade nicht sichern könnte. Aus § 879 Abs 3 BGB lässt sich nur entnehmen, dass eine abweichende Vereinbarung der Eintragung bedarf; daraus folgt aber nicht umgekehrt, dass eine abweichende Eintragung einer Vereinbarung bedarf. Ebenso ist nicht erklärbar, wieso der Rangdarstellung durch Rangvermerke (§ 879 Abs 3 BGB) eine geringere Aussagekraft zukommen soll als der Rangdarstellung nach § 879 Abs 1 BGB. Das Verhältnis von Abs 3 zu Abs 1 des § 879 BGB ergibt, dass eine abweichende Rangeintragung die Regelung des Abs 1 außer Kraft setzt; Rangvermerke (§ 879 Abs 3 BGB) gehen aus der gesetzlichen Rangfolge des § 879 Abs 1 BGB vor. Dies ergibt sich auch aus der Entstehungsgeschichte: Der heutige § 879 Abs 3 BGB lautete im Entwurf I zum BGB: (= § 840 Abs 2) »*Ist in das Grundbuch ein anderes Rangverhältnis als das aus den Vorschriften des ersten Absatzes sich ergebende eingetragen, so ist das eingetragene Rangverhältnis maßgebend*« und im Entwurf II zum BGB (= § 800 Abs 1 S 3) »*Ist ein anderes Rangverhältnis eingetragen, so ist dieses maßgebend*«. Beide in der Sache übereinstimmenden Fassungen machen unmissverständlich klar, da die durch Rangvermerke dargestellte Reihenfolge den Vorrang hat vor dem sich aus § 879 Abs 1 BGB (= § 840 Abs 1 im Entwurf I, § 800 Abs 1 S 2 und 3 im Entwurf II) ergebenden Rangverhältnis. Ebenso klar sprechen dies die Motive[440] aus: »*Die Rangordnung bestimmt sich nach dem Datum bzw der Reihenfolge der Eintragung nur insoweit, als nicht das Grundbuch selbst ergibt, dass ein anderes Rangverhältnis gelten soll*«.

222 b) Ohne Rangbestimmung.

Beispiel: *Die Anträge auf Eintragung eines Altenteils für A und einer Buchgrundschuld für B gehen nacheinander in dieser Reihenfolge beim GBA ein. Es trägt beide Rechte am gleichen Tag ein, wobei es durch Rangvermerke den Vorrang der Buchgrundschuld für B vor dem Altenteil für A zum Ausdruck bringt.*

Das GBA hat der Buchgrundschuld für B unter Verletzung des § 45 Abs 2 durch Rangvermerke den Vorrang vor dem Altenteil für A gegeben. Zum Teil wird in diesem Fall angenommen, dass das GB hinsichtlich der Rangvermerke unrichtig ist und das Rangverhältnis sich nach der gesetzlichen Regelung des § 879 Abs 1 BGB bestimmt[441] (= Gleichrang zwischen A und B, § 879 Abs 1 S 2, 2. Hs BGB). Dem kann nicht gefolgt werden. Wenn schon die einer Rangvereinbarung (§ 879 Abs 3 BGB) widersprechenden Rangvermerke das GB nach richtiger Ansicht nicht unrichtig machen (vgl Rdn 221), dann vermögen dies auch solche Rangvermerke nicht, die lediglich den Verfahrensvorschriften (§ 45 Abs 1 und 2) widersprechen. Rangvermerke haben grundsätzlich die gleiche Aussagekraft, unabhängig davon, ob sie nach § 45 Abs 1 und 2 einzutragen sind oder ob sie der Verlautbarung eines nach § 879 Abs 3 BGB abweichenden Rangverhältnisses dienen (§ 45 Abs 3). Dies muss schon deshalb gelten, weil dem GB nicht angesehen werden kann, welche Art von Rangvermerken jeweils vorliegt. Wird daher ein Rangverhältnis entgegen der Eingangsreihenfolge durch Rangvermerke unter Verletzung von § 45 Abs 1 und 2 dargestellt, so bestimmt sich das Rangverhältnis nach der **Grundbucheintragung,** dh nach dem aus den Rangvermerken sich ergebenden Rang.[442]

---

440 *Mugdan* S 126.
441 *MüKo-Wacke* § 879 Rn 31; *Staudinger-Kutter* § 879 Rn 45.
442 *Streuer* Rpfleger 1985, 388, 391; *BGB-RGRK-Augustin* § 879 Rn 30; *Böttcher* BWNotZ 1988, 73, 77.

§ 46 (Löschung von Rechten und Verfügungsbeschränkungen)

(1) Die Löschung eines Rechtes oder einer Verfügungsbeschränkung erfolgt durch Eintragung eines Löschungsvermerks.

(2) Wird bei der Übertragung eines Grundstücks oder eines Grundstücksteils auf ein anderes Blatt ein eingetragenes Recht nicht mitübertragen, so gilt es in Ansehung des Grundstücks oder des Teils als gelöscht.

Schrifttum

Bauer, Die an eine Löschungsbewilligung bei einem Gesamtrecht zu stellenden Anforderungen, Rpfleger 1963, 43; *Böhm,* Pfandentlastung, DNotZ 1928, 22; *Du Chesne,* Begriff und Arten des Verzichts, ArchBürgR 42, 296; *Böhringer,* Die Löschung von Rechten nach § 46 GBO, BWNotZ 1988, 84; *Brachvogel,* Von Bruchteilshypothek und Bruchteilseigentum, DNotZ 1929, 132; *Ertl,* Verdeckte Nachverpfändung und Freigabe von Grundstücken DNotZ 1990, 684; *Fabricius,* Zur Löschung eines ausgeübten Rangvorbehalts, Rpfleger 1956, 155 und 301; *Haegele,* Zur Löschung eines Rechts durch Nichtmitübertragung auf ein anderes Grundbuchblatt, Rpfleger 1957, 365 und BWNotZ 1975, 1; *ders,* Entpfändung von Grundstücken und Grundstücksteilen, BlGBW 1961, 325; *Hieber,* Die Löschung von Gesamtgrundpfandrechten, DNotZ 1961, 576; *Kestler,* Löschung und Umschreibung von Vormerkungen an Grundstücksrechten, Diss Würzburg 2000; *Leikam,* Die »Freigabe« eines Grundstücks, BWNotZ 1963, 120; *Löscher,* Klarstellungsvermerk bei Teillöschung von Tilgungshypotheken JurBüro 1962, 327; *ders,* Die Pfandfreigabe von Grundstücken und grundstücksgleichen Rechten, JurBüro 1960, 423; *Lotter,* Pfandfreigabe bei vorliegender Löschungsbewilligung, MittBayNot 1985, 8; *Mausfeld,* Die grundbuchliche Behandlung der Haftentlassungserklärungen, Rpfleger 1957, 240; *Opitz,* § 1026 BGB: Selten Ausweg, nie Schleichweg!, Rpfleger 2000, 367; *Prams,* Über den Unterschied zwischen Teillöschung und Pfandfreigabe (Pfandenthaftung), DRM 1939, 423; *Ripfel,* Unschädlichkeitszeugnis, Justiz 1960, 105 und RpflJB 1959, 64; *Schneider,* Die Entpfändung von Grundstücken und Grundstücksteilen, BlGBW 1960, 356; *Staudenmaier,* Hyothekenverzicht und Löschung, BWNotZ 1964, 152; *ders,* Löschung eines Rangvorbehalts, Rpfleger 1960, 81; *ders,* Zur Anteilsaufgabe an Bruchteilshypothek, BWNotZ 1965, 320; *Tröster,* Der Antrag auf lastenfreie Abschreibung im Grundbuch (§ 46 Abs 2 GBO), Rpfleger 1959, 342; *Vogt,* Löschung eines Rechts durch Nichtmitübertragung (§ 46 Abs 2 GBO), BWNotZ 1952, 62; *Wendt/Pommerening,* Kann die grundbuchliche Eintragung des Verzichts gemäß § 1168 Abs 2 BGB unterbleiben, wenn gleichzeitig die Löschung des Grundpfandrechts beantragt wird?, Rpfleger 1963, 272.

I. Normzweck

Über die Form der Beseitigung einer Grundbucheintragung sagt das BGB nichts aus. Damit überlässt das materielle Recht die Ordnung dem formellen Recht.[1] § 46 enthält in erster Linie Bestimmungen über die Form, in der die Löschung eines Rechts oder einer Verfügungsbeeinträchtigung im Grundbuch zum Ausdruck zu bringen ist. Die Bestimmung sieht hierfür den **Löschungsvermerk** (Abs 1) und die **Nichtübertragung** eines eingetragenen Rechts (Abs 2) vor. Die Ersetzung des Löschungsvermerks durch die Nichtübertragung dient der **Vereinfachung der Grundbuchführung**; denn in den zahlreichen Fällen, in denen eine Teilfläche pfandfrei abgeschrieben wird, müsste sonst zuerst das Recht mitübertragen und sodann auf dem neuen Blatt durch Eintragung des Löschungsvermerks gelöscht werden.[2] **1**

§ 46 Abs 2 hat neben der **formellen** zugleich **materielle** Bedeutung. Die Nichtübertragung eines Rechts hat stets die Wirkung einer Löschung (allerdings nicht auch der Aufhebung des Rechts), auch wenn die Nichtmitübertragung auf einem Versehen des Grundbuchbeamten beruht.[3] **2**

§ 46 regelt die grundbuchmäßige Form der Löschung; die Bestimmung sieht **zwei** Wege vor, auf denen im Grundbuch eingetragene Rechte gelöscht werden können. In ihren Voraussetzungen und Wirkungen sind **beide Wege gleich**.[4] Danach gibt es **ausschließlich** diese beiden Wege der Löschung, denen allein die materielle Wirkung einer Eintragung zukommt. In § 46 Abs 1 wird klargestellt, dass die Löschung grundsätzlich durch Eintragung eines Vermerks zu erfolgen hat, bloßes **Durch- oder Unterstreichen** des Eintragungsvermerks also nicht genügt. Mit der Vorschrift des Abs 2 sollte dem in § 3 ausgesprochenen allgemeinen Grundsatz genügt werden, dass für jedes Grundstück ein, aber auch nur ein Grundbuchblatt maßgebend ist, sodass nicht mitübertragene Rechte auch dann als gelöscht gelten, wenn die Übertragung auf das neue Blatt aus Versehen unterbleiben sollte.[5] **3**

---

1 *Bengel/Simmerding* § 46 Rn 1.
2 *Haegele* Rpfleger 1957, 365 und BWNotZ 1975, 1.
3 *Güthe-Triebel* § 46 Bem 2; *Bauer/von Oefele-Knothe* § 46 Rn 1.
4 HansOLG Hamburg Rpfleger 1972, 380; BayObLG JurBüro 1987, 103 = MittBayNot 1986, 253; *Demharter* § 46 Rn 2; *Staudinger-Gursky* § 875 Rn 63; *Böhringer* BWNotZ 1988, 84.
5 *Hahn* Materialien zu den Reichs-Justizgesetzen, 5. Band S 167.

4 Der Grundbuchbeamte hat in beiden Fällen des § 46 materiell stets dieselbe Löschungsentscheidung zu treffen; lediglich die **technische Ausführung** der Löschung ist jeweils eine andere – bis auf die Anbringung des Löschungsvermerks sind dieselben Arbeitsgänge vom Grundbuchbeamten zu erledigen.[6]

5 Andere Möglichkeiten der Löschung gibt es **nicht**.[7]

II. Ermessen des Grundbuchamts

6 Das **freie Ermessen** des Grundbuchbeamten entscheidet, ob er bei beantragten Löschungen den Weg des § 46 Abs 1 oder den des § 46 Abs 2 beschreitet.[8] In beiden Fällen hat er die Löschungsvoraussetzungen zu prüfen. Bei der Wahl der Form der Löschung hat er das Ermessen nach den **Gesichtspunkten der Grundbuchklarheit und der sonstigen Zweckmäßigkeit** auszuüben.

7 Bei der Ausübung eines solchen Ermessens war früher zu berücksichtigen, welche von verschiedenen Entscheidungsmöglichkeiten den Beteiligten die geringsten Kosten verursacht hat. Auch die Löschung nach § 46 Abs 2 löst aber nach neuerer Rechtsprechung die Löschungsgebühr des § 68 KostO aus;[9] deshalb hat die **kostenmäßige Gleichbehandlung** beider Löschungsformen nach hM heute keinen Einfluss mehr auf die Ermessensentscheidung. Der früher aufgeführte verfassungskräftige Grundsatz der Verhältnismäßigkeit[10] bei der Wahl der beiden Wege zur Löschung einer Grundbucheintragung spielt insoweit heute keine Rolle mehr. Zufälligkeiten im Bereich der Grundbuchtechnik wird durch die kostenmäßige Gleichbehandlung beider Löschungsarten gerechterweise vorgebeugt.

8 An Anträge der Beteiligten hinsichtlich der Form der vorzunehmenden Löschung (Abs 1 oder Abs 2) ist das Grundbuchamt **nicht** gebunden.[11]

9 Der Löschungsvermerk ist aus dem Grundbuch jederzeit unmittelbar abzulesen und schafft für jeden klare und übersichtliche Eintragungen.

10 Bei der Nichtmitübertragung wird man vorsichtshalber eher geneigt sein, ein Versehen des Grundbuchbeamten mit in Rechnung zu ziehen und in eine Überprüfung eintreten. Dabei wird eine Überprüfung oft auf Schwierigkeiten stoßen, wenn der Vorgang lange Zeit zurückliegt, inzwischen neue Grundakten angelegt und frühere Akten abgelegt oder gar nicht mehr vorhanden sind. Bei einer einzigen und geringen Belastung wird man möglicherweise anders verfahren als bei mehreren und großen Belastungen.[12]

11 Trotzdem ist es ein Gebot der heutigen Zeit mit ihrem Streben nach Vereinfachung, **von der Möglichkeit der vereinfachten Löschung (§ 46 Abs 2) weitgehend und sooft wie möglich Gebrauch zu machen**.[13]

III. Geltungsbereich der Vorschrift

1. Löschung

12 Unter Löschung versteht man die buchmäßige Beseitigung einer Eintragung. Sie hat dann zu erfolgen, wenn ein Recht aus dem Grundbuch ganz oder teilweise verschwinden soll. Die Löschung bedeutet, dass das Erlöschen des Rechts im Grundbuch kenntlich gemacht wird.

Eine bedingte Löschung im Grundbuch scheidet aus.[14]

---

6 HansOLG Hamburg Rpfleger 1972, 380; OLG Düsseldorf Rpfleger 1977, 460.

7 *Hesse-Saage-Fischer* § 46 Bem I; *Haegele* BWNotZ 1975, 1.

8 HansOLG Hamburg Rpfleger 1972, 380; *Staudinger-Gursky* § 875 Rn 63; *Schöner/Stöber* Rn 282; *Böhringer* BWNotZ 1988, 84.

9 So HansOLG Hamburg Rpfleger 1972, 380; OLG Frankfurt Rpfleger 1973, 109; SchlHOLG SchlHA 1957, 51; BayObLG BayObLGZ 1975, 392 = Rpfleger 1976, 123 = Betrieb 1976, 1146 = MittBayNot 1975, 273; OLG Düsseldorf Rpfleger 1977, 460; OLG Celle JurBüro 1984, 265; *Schöner/Stöber* Rn 282; *Riggers* JurBüro 1976, 1016.

10 KEHE-*Eickmann* § 46 Rn 1; *Haegele* BWNotZ 1975, 1.

11 OLG Düsseldorf Rpfleger 1977, 460; *Vogt* BWNotZ 1952, 65.

12 OLG Köln DNotZ 1959, 111 = Rpfleger 1959, 290 = BWNotZ 1959, 348; OLG Frankfurt DNotZ 1971, 312 = Rpfleger 1971, 77 = JurBüro 1971, 278; OLG Düsseldorf Rpfleger 1977, 460.

13 *Haegele* BWNotZ 1975, 1; *Schöner/Stöber* Rn 282.

14 OLG Oldenburg MDR 1947, 23 = SJZ 1947, 436; MüKo-*Wacke* § 875 Rn 8; *Böhringer* BWNotZ 1988, 84.

Zweck der Löschung kann entweder Herbeiführung einer **Rechtsänderung** oder bloße **Grundbuchberich-** 13
tigung[15] sein, je nachdem, ob durch die Eintragung des Löschungsvermerks das Recht zum Erlöschen gebracht
(§ 875 BGB) oder bloß die Tatsache bekundet werden soll, dass das Erlöschen des Rechts sich außerhalb des
Grundstücks vollzogen hat (zB die aufgrund einer einstweiligen Verfügung eingetragene Vormerkung erlischt
schon dann, wenn die einstweilige Verfügung durch eine vollstreckbare Entscheidung aufgehoben wird[16]).
Unerheblich ist auch, auf welcher **Grundlage die Löschung** erfolgt und ob sie das Recht im ganzen oder
nur einen Teil desselben zum Gegenstand hat.[17]

Dagegen kommt eine Löschung nicht bei bloßer **Inhaltsänderung**[18] in Frage, insbesondere wenn nur eine 14
Änderung des Berechtigten (zB infolge Eigentumswechsels, Abtretung einer Hypothek, Verzichts auf eine
Hypothek usw) oder lediglich eine Änderung des Inhalts (§ 877 BGB) des Rechts (zB die Umwandlung einer
Buch- in eine Briefhypothek, einer Hypothek in eine Grundschuld oder die Ersetzung der bisherigen Zah-
lungsbedingungen durch neue) eingetragen werden.

§ 875 BGB gilt auch für die der vollständigen Aufhebung durch Rechtsgeschäft gleichstehende **Teilaufhebung** 15
(zB Herabsetzung des Zinssatzes oder anderer Nebenleistungen) einer Hypothek.[19]

Eine Aufhebung enthält auch die **Pfandauswechslung,** dh die Übertragung der dinglichen Haftung auf ein 16
anderes Grundstück (desselben Eigentümers oder eines Dritten): das Grundpfandrecht ist nach § 875 BGB aufzuheben und nach §§ 873, 1113 BGB auf dem anderen Grundstück neu zu begründen.[20]

Für die **Enthaftung** eines realen Grundstücksteils gilt § 875 BGB ebenfalls; formell-rechtlich bedarf sie der 17
Abschreibung der zu enthaftenden Flächen entsprechend § 7. Ein Verstoß hiergegen ist aber unschädlich.[21] Die
Entlassung eines Grundstücks aus der Pfandhaft einer Hypothek hat daher keine dingliche Wirkung, wenn die
Hypothek an dem Grundstück nicht gelöscht oder kein Verzichtsvermerk eingetragen wird.

2. Teillöschungen

§ 46 gilt sowohl für Löschung eines Rechts im ganzen als auch für Teillöschungen. Wird die **Herabsetzung** 18
des Zinsfußes einer Hypothek eingetragen, so liegt eine Teillöschung bezüglich des den neuen Zinsfuß übersteigenden Zinssatzes vor.[22] Ein besonderer Löschungsvermerk hinsichtlich des wegfallenden Zinsteils ist nicht
notwendig, aber selbstverständlich zulässig.[23] Die Eintragung der Herabsetzung des Zinsfußes oder anderer
Nebenleistungen einer Hypothek erfolgt in der Veränderungsspalte. Die Eintragung des bisherigen Zinssatzes
ist zu röten.

Eintragungsmuster: 19

»Die Zinsen sind seit dem ... auf ... % ermäßigt. Eingetragen am ...«

Um eine **Teillöschung** handelt es sich auch, wenn ein auf allen Bruchteilen eines in Miteigentum stehenden 20
Grundstücks lastendes Recht nur auf einem oder auf einzelnen Bruchteilen gelöscht werden soll.[24] § 46 gilt aber
nicht, wenn von mehreren Berechtigten eines dinglichen Rechts einer gelöscht werden soll.

Mangels des Bestehens eines Rangverhältnisses zwischen einem dinglichen Recht an einem Grundstück und 21
einem **Nacherbenvermerk** ist, falls das Recht dem Nacherben gegenüber wirksam ist (zB der Nacherbe hat
der Verfügung des Vorerben zugestimmt), kein Rangvermerk, sondern ein in der Veränderungsspalte zu

---

15 ZB Nießbrauch und Pfandrecht an Grundstücksrechten erlöschen durch bloße Aufhebungserklärung, §§ 1064, 1072,
   1255, 1273 BGB. Die aufgrund einer einstweiligen Verfügung eingetragene Vormerkung erlischt schon dann, wenn die
   einstw. Verfügung durch eine vollstreckbare Entscheidung aufgehoben wird (BGHZ 39, 21 = NJW 1963, 813 = Rpfleger 1963, 190 = MDR 1963, 396 = JZ 1963, 710. Zum Erlöschen eines Wegerechts infolge Widmung als öffentliche
   Verkehrsfläche durch Vorlage des Verwaltungsakts über die Widmung der Straße, BayObLGZ 1971, 1; OLG Düsseldorf
   MittBayNot 1995, 390; Gutachten DNotI-Report 2003, 55.
16 OLG Düsseldorf FGPrax 2004, 59.
17 *Demharter* § 46 Rn 3; *Ertl* MittBayNot 1989, 297.
18 *Demharter* § 46 Rn 5.
19 RGZ 72, 367; RG JW 1910, 187; KG HRR 1932, 1657; *MüKo-Wacke* § 875 Rn 3; *Soergel-Stürner* § 875 Rn 1; *Erman-*
   Hagen/Lorenz § 875 Rn 1. Zur Vorbemerkung: *Ertl* MittBayNot 1989, 297.
20 KG OLGE 45, 283; JW 1927, 803; *MüKo-Wacke* § 875 Rn 3; *AK-BGB-L. v. Schweinitz* § 875 Rn 2. Zur Aufhebung
   und Neubegründung eines Erbbaurechts: BayObLG DNotZ 1985, 372 = Rpfleger 1984, 145.
21 RGZ 101, 120; *MüKo-Wacke* § 875 Rn 3; *Soergel-Stürner* § 875 Rn 5; *Erman-Hagen/Lorenz* § 875 Rn 1.
22 RGZ 72, 367; *Güthe-Triebel* § 46 Bem 4; *Demharter* § 46 Rn 4; *AK-BGB-L. v. Schweinitz* § 875 Rn 2; *Böhringer* BWNotZ
   1988, 84.
23 KG HRR 1932 Nr 1657; *Demharter* § 46 Rn 4; *KEHE-Eickmann* § 46 Rn 12; *Soergel-Stürner* § 875 Rn 5; *Palandt/Bass-*
   enge § 875 Rn 7; *Böhringer* BWNotZ 1988, 84.
24 RGZ 61, 397; 81, 83; KG KGJ 27, 146.

buchender **Wirksamkeitsvermerk**[25] einzutragen. Ein solcher Vermerk hat, wenn er ein nach Eintragung des Nacherbenrechts an dem betroffenen Grundstück bestelltes dingliches Recht betrifft, die Bedeutung eines Teillöschungsvermerks.[26] Bezieht sich der Vermerk auf ein gleichzeitig mit dem Nacherbenvermerk eingetragenes dingliches Recht, dann hat er die Bedeutung einer gegenständlichen Beschränkung des Nacherbenrechts.[27] Der – deklaratorische – Wirksamkeitsvermerk wird nicht gemäß § 46 verlautbart, sondern in die Veränderungsspalte des entsprechenden dinglichen Rechts eingetragen.[28]

22 **Eintragungsmuster:**

»Diese Hypothek ist dem Nacherben gegenüber wirksam.«

23 Der Nacherbe kann auf die Eintragung seines Rechts **verzichten,** also auf den Schutz gegen gutgläubigen Dritterwerb (das Nacherbenrecht braucht dann vom Grundbuchamt nicht mehr beachtet werden). Verzichten alle Nacherben, so wird der Nacherbenvermerk gelöscht; verzichten **einzelne** von mehreren Nacherben, dann erfolgt keine Löschung des Nacherbenvermerks, wohl aber kann zB in der zweiten Abteilung in Spalte 5 eingetragen werden *»A und B haben für ihre Person auf die Eintragung des Nacherbenvermerks verzichtet.«*[29] Die Namen des A und B sind dann in der Haupteintragung rot zu unterstreichen (§ 17 Abs 3 GBV).

24 Eine von einem **Vorerben** erklärte Auflassung kann auch ohne Löschung des eingetragenen Nacherbenvermerks im Grundbuch vollzogen werden, und zwar auch bei einer unentgeltlichen Verfügung oder bei nicht befreiter Vorerbschaft, da der Nacherbenvermerk keine Sperre des Grundbuchs bewirkt und der Nacherbe durch den eingetragenen Vermerk genügend geschützt ist.[30] Hat das Grundbuchamt eine Löschung des Nacherbenvermerks ohne die erforderliche Zustimmung oder den erforderlichen anderen Nachweis vorgenommen, so muss ein Amtswiderspruch eingetragen werden.[31] Berichtigung des Grundbuchs kann verlangt werden.

3. Löschungsgrundlagen

25 **Gleichgültig** ist, ob die Löschung aufgrund einer Löschungsbewilligung[32] oder im Wege der Zwangsversteigerung oder aufgrund des Ersuchens einer Behörde (§ 38) oder von Amts wegen (zB § 18 Abs 2, § 48 Abs 2, § 53 Abs 1 S 2, § 76 Abs 2) erfolgen soll. Den Grund der Löschung hat das Grundbuchamt nicht zu prüfen.

4. Löschung einer Bruchteilshypothek

26 Die Löschung des ideellen Anteils eines Bruchteilshypothekars ist nicht möglich. Gelöscht werden kann immer nur eine Summe.[33] Das Löschen eines ideellen Anteils widerspricht dem Prinzip der Spezialität des Grundbuchs. § 46 meint die Löschung eines dinglichen Rechts, nicht eine Löschung einer »Berechtigung« an einem Recht. Es hat vielmehr eine Auseinandersetzung der Gemeinschaft stattzufinden. Die Verfügung über den Anteil ist gleichbedeutend mit einer Verfügung zB über eine auf die halbe Grundschuldsumme lautende Grundschuld, da § 747 S 1 BGB dem einzelnen Mitberechtigten nur die Verfügung über den ideellen, nicht über den realen Teil des in Bruchteilsgemeinschaft innegehabten Rechts freigibt. Jeder Mitberechtigte wird aber im Zweifel die Aufhebung der Gemeinschaft verlangen[34] und über seine Teilhypothek uneingeschränkt verfügen können. Die einseitige Anteilsaufgabe an einer Bruchteilshypothek ist nicht wirksam. Die Löschung eines realen Teilbetrags lässt die Bruchteilsgemeinschaft in ihrem Bestande unberührt, sie besteht an dem Restbetrage der Hypothek zwischen den Berechtigten fort.[35]

---

25 HM; KG JW 1935, 3560; OLG Hamm Rpfleger 1957, 19 und 1966, 48; OLG Hamburg DNotZ 1967, 376; LG Düsseldorf NJW 1951, 81 = DNotZ 1950, 140 = Rpfleger 1950, 38. Zum Wirksamkeitsvermerk bei einer Zustimmung eines Vormerkungsberechtigten zur Eintragung einer Grundschuld BGH DNotZ 1999, 1000 = FGPrax 1999, 128 = Rpfleger 1999, 383; zur Problematik *Bestelmeyer* DtZ 1997, 274.

26 KG JW 1935, 3560; *Demharter* § 46 Rn 4; KEHE-*Eickmann* § 46 Rn 13.

27 KG JW 1933, 2708 = HRR 1934 Nr 199; OLG Hamm Rpfleger 1957, 19; *Haegele* Rpfleger 1957, 20 mwN.

28 KG JW 1935, 3560; KG JW 1933, 2708 = HRR 1934 Nr 199; JFG 13, 114; *Schöner/Stöber* Rn 3490; *Bühler* BWNotZ 1995, 170.

29 *Demharter* § 51 Rn 25; KEHE-*Eickmann* § 51 Rn 17; *Schöner/Stöber* Rn 3508.

30 LG Nürnberg-Fürth DNotZ 1962, 656 = MittBayNot 1962, 75.

31 KG OLGE 18, 222. Zu den Löschungsvoraussetzungen OLG Hamm Rpfleger 1984, 312.

32 Zur Löschungsbewilligung: LG Kassel Rpfleger 1987, 241; BayObLG 1986, 327 = MittBayNot 1986, 255; *Ertl* MittBayNot 1989, 297 mwN.

33 Näher dazu KG JFG 5, 362 = HRR 1928 Nr 518 = DNotZ 1928, 250; OLG Darmstadt JW 1934, 2485 = HRR 1934 Nr 1603; *Güthe-Triebel* 6. Aufl Bd 2 S 1840; *Brachvogel* DNotZ 1929, 132; *Staudenmaier* BWNotZ 1965, 320; *Staudinger-Gursky* § 875 Rn 33; *Schöner/Stöber* Rn 2750.

34 BayObLG Rpfleger 1963, 410.

35 *Kehrer-Bühler-Tröster* § 7 G Form 46.

5. Rechte und Verfügungsbeeinträchtigungen

Der Begriff Recht ist im weitesten Sinne aufzufassen. Es gehören – neben den in Abs 1 genannten Verfügungs- 27
beeinträchtigungen – auch Rechte an Grundstücksrechten, ferner **Vormerkungen** und **Widersprüche**
dazu.[36]

IV. Löschungsvermerk (§ 46 Abs 1)

1. Voraussetzungen der Löschung

Der Löschungsvermerk ist eine **Eintragung**.[37] Daher finden auch auf ihn die allgemeinen Vorschriften der 28
GBO über Eintragungen Anwendung, insbesondere §§ 13, 19, 22, 28, 29, 30, 38, 39, 40, 41, 42, 44. Die Eintragung eines Löschungsvermerks setzt begrifflich das **Eingetragensein** des zu löschenden Rechts voraus.[38]
Weiter muss der Löschungsvermerk eine **wirksame** Eintragung darstellen. Diese Eintragung muss von einem
Grundbuchbeamten[39] auf dem für das Grundstück vorgesehenen Grundbuchblatt vorgenommen sein. Eintragungen einer Privatperson sind nichtig.

Grundsätzlich kann nur ein eingetragenes Recht im Grundbuch gelöscht werden.[40] Eine Ausnahme besteht 29
aber für **Eigentümerumstellungsgrundschulden** aufgrund der ausdrücklich gesetzlichen Bestimmung des
§ 7 der 5. Abgaben-DV -LA v 21.08.1953 (BGBl I 1030).[41]

Löschung einer Löschung gibt es nicht; hier muss eine Neueintragung erfolgen.[42] 30

Ist der Rechtsinhaber gestorben, so bedarf es zur Löschung des Rechts nicht der Voreintragung[43] der Erben, 31
§§ 39, 40.

Über die Löschungsvoraussetzungen bei Hypotheken, Grund- und Rentenschulden vgl § 27. Wird bei einer 32
Tilgungshypothek ein Teilbetrag gelöscht, so kann auf Antrag im Grundbuch ein **Klarstellungsvermerk** des
Inhalts eingetragen werden, dass Tilgungsraten oder prozentual bestimmte Nebenleistungen nach wie vor vom
ursprünglichen Kapitalbetrag oder, wie bei außerplanmäßigen Teilrückzahlungen, nur vom Restbetrag zu
berechnen sind, weil aus dem Löschungsvermerk nicht zu ersehen ist, ob die Löschung auf einer im regelmäßigen Abzahlungswege erfolgten Tilgung beruht oder ob sie in einer außerplanmäßigen Kapitalabzahlung oder in
einer aus irgendwelchen sonstigen Gründen erfolgten Aufhebung der Hypothek ihren Grund hat.[44]

2. Verzichts- und Löschungsvermerk

Umstritten ist, ob die Eintragung des Verzichts des Hypothekengläubigers auf seine Hypothek gemäß § 1168 33
BGB vor Eintragung weiterer Verfügungen über das Recht stets unbedingt erforderlich ist, auch wenn der
Grundstückseigentümer **gleichzeitig** den Löschungsantrag in der Form des § 29 stellt.[45] Aus dogmatischer
Sicht dürfte die Voreintragung des Verzichts vor Löschung in das Grundbuch notwendig sein. Aus praktischen
Gründen ist dies jedoch abzulehnen, unnötige Förmelei ist zu vermeiden. Ein Teil der Grundbuchämter ist
vorsichtig, wählt den sicheren Weg und trägt zuerst den Verzicht und anschließend die Löschung ein, etwa so:
»nach Verzicht gelöscht am ..«. Allerdings wird der formgerechte Löschungsantrag des Eigentümers keinen Antrag
auf Eintragung des Verzichts enthalten; dies wäre allenfalls im Wege der Auslegung des Antrags zu ermitteln.
Der Verzicht auf ein Grundpfandrecht kann bei (auch konkludenter) Zustimmung des Eigentümers als Aufga-

---

36 *Güthe-Triebel* § 46 Bem 4; *Bauer/von Oefele-Knothe* § 46 Rn 5; *Hesse-Saage-Fischer* § 46 Bem II 1; *Demharter* § 46 Rn 3;
    KEHE-*Eickmann* § 46 Rn 2; *Bengel/Simmerding* § 46 Rn 2.
37 OLG Celle NdsRpfl 1998, 89.
38 JFG 10, 306.
39 In den neuen Bundesländern und in Baden-Württemberg genügt für Grundbucheintragungen die Unterschrift des
    Notars (in Württemberg) oder Rechtspflegers (in Baden alternativ zum Notar); die Unterschrift eines zweiten Beamten
    ist nicht erforderlich, OLG Karlsruhe Justiz 1979, 336.
40 HM; KG JFG 3, 403; 4, 438; BayObLG Rpfleger 1955, 46; OLG München JFG 14, 318; OLG Hamm Rpfleger 1955,
    47; *Hesse-Saage-Fischer* § 46 Bem II 1; *Demharter* § 46 Rn 6; *Bengel/Simmerding* § 46 Rn 2.
41 BGH BGHZ 15, 307 = NJW 1955, 304; BGH BGHZ 18, 300 = NJW 1955, 1878.
42 OLG Celle OLGR Celle 1998, 27 = NdsRpfl 1998, 89 = InVO 1998, 233; *Bauer/von Oefele-Knothe* § 46 Rn 5; *Hesse-Saage-Fischer* GBV § 17 Bem II 1; *Kestler*, Löschung und Umschreibung von Vormerkungen und Grundstücksrechten,
    Diss. Würzburg 2000, S 146.
43 *Kehrer-Bühler-Tröster* § 7 G Form 44.
44 KG HRR 1935 Nr 1790; KG 1934, 1977; KG Rpfleger 1966, 303; LG Dortmund Rpfleger 1965, 175; LG Lübeck
    SchlHAnz 1957, 186; KEHE-*Eickmann* § 46 Rn 11; *Recke* DR 1939, 1429; *Löscher* JurBüro 1962, 327. **Differenzie-rend:** OLG Düsseldorf Rpfleger 1985, 394; LG Aachen Rpfleger 1986, 211; **konträr dazu** OLG Hamm Rpfleger
    1985, 286 m abl Anm *Meyer-Stolte* = OLGZ 1985, 273 = MittBayNot 1985, 202 = MittRhNotK 1985, 1.
45 So OLG Colmar OLGE 20, 418; *Demharter* § 27 Rn 8; *Erman-Wenzel* § 1168 Rn 4; *Wendt-Pommerening* Rpfleger 1963;
    272 und 1965, 178. Offen gelassen: *Jauernig* § 1168 Bem 2. Eindeutig die Voreintragung fordern *Schöner/Stöber*, Rn 2719,
    2710.

beerklärung gedeutet werden (§§ 875, 1183 BGB), da es den Gläubiger nicht berührt, wenn der Eigentümer die auf ihn übergehende Grundschuld (§ 1177 BGB) nicht erwerben will. Das Nebeneinanderbestehen von Verzicht nach § 1168 BGB und Aufhebung des Rechts nach § 1183 BGB rechtfertigt sich ausschließlich im Interesse des Eigentümers, der beim Verzicht die Möglichkeit hat, in die Rangstelle des bisherigen Gläubigers einzurücken. Will er diese Rechtsposition nicht ausnützen, dann besteht kein ersichtlicher Grund, den Verzicht anders zu behandeln als die Aufhebung des Rechts; es kann sofort **ohne Voreintragung** des Verzichts gelöscht werden[46] (vgl dazu Rdn 80).

3. Sonderregelungen

34 Die GBO und andere Vorschriften sehen für die Löschung bestimmter Rechte teilweise Sonderregelungen vor:
   - Befristete Rechte, §§ 23, 24;
   - Erbbaurecht, § 31 Abs 3 ErbbauRG;
   - Gegenstandslose Eintragungen, §§ 84 ff;
   - Gesamtrechte, § 48 Abs 2;
   - Grundpfandrechte, § 27;
   - Löschung der Heimstätteneigenschaft, § 21 RHeimstG;
   - Über die Eigenschaft als Rentenstelle für ländliche Arbeiter und Handwerker, § 12 VO v 10.03.1937 (RGBl I 292);
   - Inhaltlich unzulässige Eintragungen, § 53 Abs 1 S 2;
   - Vorlöschungsklausel bei auf Lebenszeit beschränkten Rechten, § 23;
   - Löschung von Vormerkungen und Widersprüchen nach den §§ 18 Abs 2 S 1, 76 Abs 1 (§§ 18 Abs 2 S 2, 76 Abs 2), § 25.

4. Ort der Eintragung

35 Für den Löschungsvermerk sind in der Abt II die Spalten 6, 7, in der Abt III die Spalten 8 bis 10 als eigene Spalten vorgesehen.[47] Diese Spalten dienen zur Löschung sowohl der Haupt- als auch der Veränderungseintragung; es werden daher auch Nießbrauch und Pfandrechte an Grundstücksrechten und die in der Veränderungsspalte eingetragenen Verfügungsbeeinträchtigungen, Widersprüche und Vormerkungen in der allgemeinen Löschungsspalte gelöscht.

36 Von der Regel, dass der Löschungsvermerk in die Löschungsspalte gehört, besteht jedoch eine Ausnahme. Wird nämlich ein **Gesamtrecht,** das an mehreren auf einem gemeinsamen Grundbuchblatt (§ 4) gebuchten Grundstücken lastet, nur an **einem** dieser Grundstücke gelöscht, so wird der Vermerk nicht in die Löschungs-, sondern in die Veränderungsspalte gesetzt, also in die Spalten 4, 5 der 2. Abteilung oder in die Spalten 5 bis 7 der 3. Abteilung.[48] Sonstige Eintragungen in der Veränderungsspalte beziehen sich auf eine **Inhaltsänderung,** nicht auf eine Löschung des Rechts, wie Umwandlung einer Hypothek in eine Grundschuld, eine Änderung der Zahlungsbedingungen einer Hypothek usw, da es sich hier nicht um Löschungen, sondern um Inhaltsänderungen handelt.

37 Der Löschungsvermerk ist in diejenige Abteilung einzuschreiben, in der sich das zu löschende Recht befindet. Ein Vermerk in der **falschen** Abteilung stellt **keine genügende Löschung** dar.[49]

Wegen der Eintragung von Wirksamkeitsvermerken und Herabsetzung von Hypothekenzinsen: vgl Rdn 18–24.

38 Bei Löschung einer **Einheitshypothek** werden in Spalte 8 die früheren Nummern wiederholt, um die Verbindung mit der Rötung in der Hauptspalte herbeizuführen. Bei einer **Teillöschung** wird ein entsprechender Betrag in Spalte 3 abgesetzt, und zwar zunächst von der Hypothek mit der höchsten Nummer.[50]

---

46 Jetzt überwiegende Meinung: OLG Schleswig SchlHA 1964, 284 = NJW 1964, 2022 = Rpfleger 1965, 177 = BB 1964, 1103 = BWNotZ 1964, 152; LG München I KTS 1976, 247; *Staudinger-Wolfsteiner* § 1168 Rn 16, 22; *Soergel-Stürner* § 875 Rn 2 und *Soergel-Konzen* § 1168 Rn 7; *MüKo-Wacke* § 875 Rn 6; *MüKo-Eickmann* § 1168 Rn 4, 5; *Staudenmaier* BWNotZ 1964, 152; *Kehrer-Bühler-Tröster* § 7 G Form 28; *Böhringer* BWNotZ 1988, 84; *Löscher* JurBüro 1965, 850; **aA** *Schöner/Stöber* Rn 2708, 2710, 2719; *Palandt/Bassenge* § 1168 Rn 3.

47 Sondervorschriften bestehen in Baden-Württemberg einschließlich Landesteil Hohenzollern, vgl § 35 LFGG v 12.02.1975 BWGesBl S 116 und VO des JuM BW zur Ausführung des LFGG im Bereich des Grundbuchwesens (GBVO) v 21.05.1975 BWGesBl S 398.

48 *Demharter* § 46 Rn 11.

49 *Güthe-Triebel* § 46 Bem 8; *Bauer/von Oefele-Knothe* § 46 Rn 11.

50 *Demharter* Rn 62 Anh zu § 44; *Schöner/Stöber* Rn 2701, 2703.

5. Inhalt der Eintragung

Es muss das Erlöschen des Rechts oder der Verfügungsbeeinträchtigung aus dem Eintrag ersichtlich sein.[51] **39**

Der Löschungsvermerk selbst muss aus sich heraus klar und verständlich sein. Deshalb genügen Vermerke wie **40** *»der Gläubiger hat auf die Hypothek verzichtet«* oder *»der Gläubiger hat das Grundstück freigegeben«* auch dann nicht, wenn es sich um eine **Gesamthypothek** handelt und der Verzicht sich nur auf ein einzelnes Grundstück bezieht, an diesem also die Hypothek nach § 1175 Abs 1 S 2 BGB erlischt.[52] Nach LG Ravensburg[53] ist es bei der Löschung der Mithaftung von Grundstücken zur Vermeidung des Irrtums, das ganze Grundpfandrecht und nicht nur die Mithaft einzelner Grundstücke sei zur Löschung gebracht, im Gegensatz zu einer Betragslöschung geboten, jede Betragsangabe wegzulassen und den Löschungsvermerk zB bei einer Hypothek dahin abzufassen *»Hypothek an den Grundstücken Nr 6 und 7 gelöscht«*. Wird bei Übertragung eines Grundstücks auf ein neues Blatt eine Hypothek zur Alleinhaft mitübertragen, so ist diese Tatsache bei der Übertragung kenntlich zu machen; es genügt die Bezugnahme auf die Eintragungsbewilligung, wenn sich aus dieser der Zusammenhang ergibt.[54]

Der materiell-rechtliche **(Löschungs-)Grund** (Aufhebung des Rechts, Grundbuchberichtigung ua) braucht in **41** dem Löschungsvermerk **nicht** angegeben zu werden.[55] Dies gilt auch dann, wenn das Erlöschen des Rechts auf einem **Verzicht nach § 1175 Abs 1 S 2 BGB** beruht. Deshalb kann dieser Verzicht des Gläubigers auf das Grundpfandrecht an einem der belasteten Grundstücke außer in einem Verzichtsvermerk auch in der Löschung des Grundpfandrechts an dem enthafteten Grundstück zum Ausdruck kommen.[56] Ein Verzichtsvermerk hat sachlich die Bedeutung einer Löschung,[57] vgl Rdn 79, 80.

Wegen Verzicht gemäß §§ 1168, 1175 Abs 1 S 1 BGB vgl Rdn 33, 85.

Bei Löschungen gilt eine Ausnahme vom Grundsatz, dass der materielle Rechtsvorgang in der Bewilligung **42** bezeichnet werden muss und bei der Eintragung deren Rechtsgrundlage anzugeben ist. Der **Löschungsvermerk** bringt lediglich den **grundbuchmäßigen Akt der Löschung** zum Ausdruck, nicht jedoch auch den der Löschung zugrunde liegenden materiellen Rechtsvorgang.[58] Selbst wenn die Löschungsbewilligung eine Angabe über die materiell-rechtliche Grundlage der Löschung enthält, wird diese Angabe **nicht** in das Grundbuch übernommen. Es wird die mögliche Folge in Kauf genommen, dass das Grundbuch durch die Löschung aufgrund einer Löschungsbewilligung unrichtig wird.[59] Die reine und abstrakte Löschungsbewilligung braucht den materiellen Grund der Löschung also nicht anzugeben – der Vollzug der Löschungsbewilligung wird dadurch nicht gehindert. Es kann davon ausgegangen werden, dass die Löschung dem materiellen Recht entsprechen wird, dh bei rechtsändernder Löschung, dass es sich materiell um eine Aufgabe iS von § 875 BGB handelt, bei berichtigender Löschung, dass das Recht zB mangels Einigung nicht entstanden oder nachträglich untergegangen ist.[60] Der Grundbuchbeamte braucht nicht zu prüfen, warum das Recht gelöscht werden soll, wenn die formgerechte Löschungsbewilligung des Rechtsinhabers vorliegt, es sei denn, er kennt Tatsachen, welche die Unrichtigkeit des Grundbuchs ergeben.[61]

§ 46 Abs 1 verlangt die Eintragung eines Löschungsvermerks. Durch **andere Mittel** (abgesehen von der Nicht- **43** übertragung eines Rechts) kann die Löschung **nicht** zum Ausdruck gebracht werden.[62] Es genügt also weder das bloße **Rotunterstreichen** noch das **Einklammern** oder **Durchstreichen** der betroffenen Eintragung oder ein ähnliches Ausdrucksmittel.[63] Durch alle diese Mittel kann, wenn der Löschungsvermerk fehlt, die Löschung nicht wirksam verlautbart werden. Auch der Löschungsvermerk auf einem **Hypothekenbrief** usw

51 KG GKJ 24, 135.
52 *Güthe-Triebel* § 46 Bem 5; *Bauer/von Oefele-Knothe* § 46 Rn 10.
53 GBPrüfErl v 14.03.1957 BWNotZ 1957, 157.
54 KG JFG 20, 52 = DNotZ 1939, 656 = HRR 1939 Nr 1401 = DFG 1939, 206.
55 KG JW 1934, 1056 = DNotZ 1934, 363 = HRR 1934 Nr 651; BayObLGZ 13, 419; BayObLGZ 1952, 306 und 1953, 165; BayObLG DNotZ 1961, 591 = Rpfleger 1962, 20; OLG Celle DNotZ 1955, 317; *Güthe-Triebel* § 46 Bem 5; *Demharter* § 46 Rn 9; *Soergel-Stürner* § 875 Rn 5; *Staudinger-Gursky* § 875 Rn 59; *Bauer/von Oefele-Knothe* § 46 Rn 10; *Schöner/Stöber* Rn 2749. Den Grund der Löschung hat das GBA nicht zu prüfen, *Ertl* MittBayNot 1989, 297 mwN.
56 KG HRR 1932 Nr 513; KG JW 1937, 1553; JFG 11, 244; OLG München JFG 23, 325; *Demharter* § 46 Rn 9.
57 KG DNotZ 1931, 427; BayObLGZ 7, 432.
58 KG JFG 20, 52 = DNotZ 1939, 656 = HRR 1939 Nr 1401 = DFG 1939, 206; BayObLG DNotZ 1961, 591 = Rpfleger 1962, 20; *Güthe* § 46 Bem 5.
59 OLG Hamm DNotZ 1958, 549 = Rpfleger 1958, 547 = BWNotZ 1958, 300.
60 *Riedel* DNotZ 1955, 319. Vgl aber zur Löschung einer Hypothek unter Austausch einer mangelhaften löschungsfähigen Quittung gegen eine Löschungsbewilligung LG Hof Rpfleger 1982, 174 m krit Anm *Böttcher*.
61 OLG Hamm DNotZ 1958, 549 = Rpfleger 1958, 547 = BWNotZ 1958, 300; *Böttcher* Rpfleger 1982, 174; *Böhringer* BWNotZ 1988, 84.
62 *Güthe-Triebel* § 46 Bem 6; *Hesse-Saage-Fischer* § 46 Bem II 2 b; *Demharter* § 46 Rn 12.
63 HansOLG Hamburg Rpfleger 1972, 380; OLG Frankfurt Rpfleger 1981, 479; KEHE-*Eickmann* § 46 Rn 1; *Staudinger-Gursky* § 875 Rn 64.

kann den Löschungsvermerk im Grundbuch nicht ersetzen und ist nicht ausreichend. Über Kennzeichnung der Löschung vgl Rdn 45–48.

44   Der Löschungsvermerk ist zu **datieren** und zu **unterzeichnen**.[64]

6. Kennzeichnung der Löschung

45   Neben dem Löschungsvermerk erfolgt eine Kennzeichnung der gelöschten Eintragung. Die grundbuchrechtliche **Rötung** der zu löschenden Eintragung ersetzt den Löschungsvermerk **nicht,** ein **ausdrücklicher Löschungsvermerk** oder das Verfahren nach § 46 Abs 2 ist erforderlich.[65] Die Kennzeichnung der gelöschten Eintragung geschieht nur zur Verdeutlichung und ist gesetzlich genau geregelt.

46   Die gelöschte Eintragung wird rot unterstrichen, wenn sie ganz gelöscht wird. Nach § 17 Abs 2 S 3 GBV erfordert die Rötung von gelöschten Eintragungen in Abt II und III sowie darauf bezügliche Vermerke nicht mehr rote Unterstreichung jeder Zeile, sondern es wird die »**Buchhalternase«** zugelassen: je ein waagerechter roter Strich über und unter der Gesamteintragung sowie ein roter Schrägstrich von links oben nach rechts unten. Die Rötung stellt nur ein buchtechnisches Hilfs- und Hinweismittel[66] dar, das die gelöschte Eintragung besonders hervorhebt und damit die Übersichtlichkeit des Grundbuchs erhöht.

47   Wegen Teillöschungen wird auf § 17 Abs 5 GBV hingewiesen.

48   Zur Unbrauchbarmachung eines Briefs einer Hypothek, Grund- oder Rentenschuld vgl §§ 69, 70.

7. Wirkung des Löschungsvermerks

49   Wird die Löschung eines eingetragenen Rechts vorgenommen, so scheidet das Recht aus dem Grundbuch aus, als ob es niemals eingetragen gewesen wäre.[67] Die notwendige Folge ist, dass auch alle das Recht betreffende Eintragungen aus dem Grundbuch verschwinden.

50   Soweit der Löschungsvermerk zum Ausdruck bringt, dass ein Recht **außerhalb** des Grundbuchs erloschen ist, stellt er eine **Grundbuchberichtigung** dar, § 22. Im Übrigen dient die Löschungseintragung der Aufhebung des Rechts, § 875 BGB, indem sie diese vollendet und eine **Rechtsänderung** herbeiführt.

51   Die materiell-rechtliche Wirkung des Erlöschens ist vom Verfahrensakt der Löschung zu unterscheiden.[68]

52   Löschungseintragungen haben für sich allein regelmäßig **keine rechtsbegründende Wirkung.** Die Löschung eines Rechts allein bringt es nicht zum Erlöschen.

53   Als zweites Tatbestandsmerkmal (selbständiges Erfordernis) des § 875 BGB ist die Löschung für das Erlöschen ebenso konstitutiv wie nach § 873 BGB die Eintragung für die Rechtsbegründung.

54   Die Eintragungsbedürftigkeit der Rechtsaufgabe ist eine vom Gesetzgeber im Interesse der Publizität und Rechtsklarheit bewusst getroffene Entscheidung.[69] Der Rechtserfolg ist von dem Zusammenwirken von Löschung und Aufgabeerklärung abhängig.[70] Für die **zeitliche Reihenfolge** der beiden Tatbestandsmerkmale bestimmt das Gesetz nichts.[71] Daher kann die Aufhebungserklärung auch noch nach der Löschung wirksam abgegeben werden.

55   Liegt eine mit der Löschung übereinstimmende materiell-rechtliche Aufgabeerklärung **nicht** vor, so wird das Grundbuch unrichtig.

---

64   *Demharter* § 46 Rn 10. *Haegele* BWNotZ 1975, 1. Wegen den Besonderheiten in Baden-Württemberg OLG Karlsruhe Justiz 1979, 336.
65   KG HRR 1931 Nr 126; KG KGJ 40, 355; HRR 1932 Nr 1657; BayObLG BayObLGZ 1961, 36 = NJW 1961, 1265; *Staudinger-Gursky* § 875 Rn 64; *Soergel-Stürner* § 875 Rn 5; MüKo-*Wacke* § 875 Rn 15; *Schöner/Stöber* Rn 281; *Haegele* BWNotZ 1975, 1.
66   *Haegele* BWNotZ 1975, 1; *Maier* BWNotZ 1951, 91.
67   RGZ 102, 338.
68   MüKo-*Wacke* § 875 Rn 16.
69   Mot III 642 = *Mugdan* III 258; MüKo-*Wacke* § 875 Rn 17.
70   KGJ 38 A 275; 43, 151; BGB-RGRK-*Augustin* § 875 Rn 22.
71   RGZ 73, 174; KG KGJ 23, 244; 43, 151; *Staudinger-Wolfsteiner* § 1183 Rn 15; BGB-RGRK-*Augustin* § 875 Rn 15; BGB-RGRK-*Schuster* § 1183 Rn 5; *Staudinger-Gursky* § 875 Rn 18 ff, 67; *Böhringer* BWNotZ 1988, 84; *Streuer* Rpfleger 1988, 513.

8. Verletzung des § 46 Abs 1

§ 46 Abs 1 ist trotz des Gesetzeswortlauts eine **Ordnungsvorschrift**.[72] Die Eintragung des Löschungsvermerks **56** im Grundbuch ist wesentlich für die materiell-rechtliche Wirkung. Hierfür ist das materielle Recht, nicht § 46 Abs 1 gesetzliche Grundlage. Es bestehen zahlreiche gesetzliche Regelungen, insbesondere für Grundpfandrechte, §§ 1165, 1168, 1169, 1175, 1176, 1178, 1183, 1192, 1200 BGB, bezüglich sonstiger Erlöschensgründe zB §§ 158, 163, 892, 901 ff, 927, 1025 ff, 1028 BGB, §§ 52, 91, 158 ZVG ua. So gibt es Fälle, in denen die Eintragung nicht Voraussetzung des Untergangs des Rechts an einem Grundstück ist, wie zB bei Tod des Nießbrauchers, § 1061 BGB, bei Verjährung nach §§ 902, 1028 BGB; hier wird das Grundbuch unrichtig und es besteht ein Berichtigungsanspruch. Es kann aber auch uU die Zustimmung eines Dritten, etwa des Eigentümers, bei Löschung einer Hypothek, Grund- oder Rentenschuld erforderlich sein, vgl § 27.

Ist nach materiellem Recht zur Rechtsänderung ein Löschungsvermerk im Grundbuch notwendig, jedoch im **57** Grundbuch nicht oder **nicht ordnungsgemäß eingetragen**, so liegt **keine** Löschung vor. Wenn diese Eintragung also materiell-rechtlich zur wirksamen Aufhebung des Rechts verlangt wird, wird das Grundbuch durch die Unterlassung der Löschung nicht unrichtig.[73] Die **Nachholung** des nicht ordnungsgemäß eingetragenen Löschungsvermerks und seine Ergänzung sind zulässig, solange die Voraussetzungen für die Löschung noch vorliegen, auch dann noch, wenn inzwischen ein Antrag auf Eintragung einer Verfügung über das Recht eingegangen ist, da der Löschungsantrag früher einlief.[74] Andernfalls kann Amtshaftung begründet sein.

Handelt es sich bei der Löschung um eine Grundbuchberichtigung, so ist, wenn diese nicht oder unrichtig **58** vollzogen wurde, das Grundbuch weiterhin unrichtig. Es kann aber **gutgläubiger Erwerb** möglich sein, wobei allerdings von Bedeutung ist, dass bei Kennzeichnung der Löschung, auch wenn diese unrichtig erfolgt ist, meist Bedenken gegen die Gutgläubigkeit bestehen.[75]

Die Eintragung des Löschungsvermerks als solche führt nicht zum Erlöschen des rechtswirksam bestellten und **59** eingetragenen Rechts, ebenso wenig die Rötung der Eintragung, die nur ein technisches Hilfsmittel zur Erhöhung der Übersichtlichkeit des Grundbuchs darstellt.[76] Nach § 29 Abs 2 GBGeschO kann zwar die versehentlich erfolgte Rötung einer Eintragung in der Weise beseitigt werden, dass der rote Strich durch kleine, schwarze Striche durchkreuzt wird;[77] aber das gilt nach dem ganzen Zusammenhang der Bestimmung nicht für die **zu Unrecht erfolgte Löschung** und Rotunterstreichung einer Eintragung. Hier gilt vielmehr der Grundsatz, dass das, was im Grundbuch gelöscht ist, gelöscht bleibt und das zu Unrecht gelöschte Recht von neuem eingetragen werden muss in einer Weise, welche die Identität der neuen Eintragung mit der zu Unrecht gelöschten Eintragung ersichtlich macht.[78]

Das dingliche Recht endet nicht mit seiner bloßen Löschung im Grundbuch, sondern erst mit dem Eintritt **60** eines materiellen Erlöschenstatbestandes.[79]

Die **bloße Löschung** im Grundbuch ohne eine konstitutive Aufhebungserklärung des Rechtsinhabers lässt **61** materiell das Recht **außerhalb des Grundbuchs** fortbestehen (lediglich das »Eingetragensein« geht verloren) und macht daher das Grundbuch unrichtig mit der Möglichkeit einerseits eines Widerspruchseintrags auf Betreiben des Rechtsinhabers (§§ 894, 899 BGB) oder ggf von Amts wegen (§ 53) oder auch des Wiedereintrags des dinglichen Rechts,[80] andererseits des lastenfreien Erwerbs durch einen gutgläubigen Dritten (§ 892 BGB).[81] Bei Vorliegen einer Löschungsbewilligung des Rechtsinhabers kann das Grundbuchamt regelmäßig davon ausgehen, dass die Löschungsbewilligung zugleich eine Aufgabeerklärung iS von § 875 BGB enthält.[82]

Eine bloße Aufgabeerklärung als solche verschafft weder einen schuldrechtlichen Aufhebungsanspruch noch bewirkt sie ohne Löschung eine sonstige Rechtsänderung oder auch nur eine Beschränkung der Verfügungsbefugnis des Rechtsinhabers.

---

72 *Güthe-Triebel* § 46 Bem 10; *Bauer/von Oefele-Knothe* § 46 Rn 9; *Böhringer* BWNotZ 1988, 84.
73 *Güthe-Triebel* § 46 Bem 10; *Bauer/von Oefele-Knothe* § 46 Rn 18.
74 *Hesse-Saage-Fischer* § 46 Bem II 3.
75 LG Bayreuth MittBayNot 1987, 200 m Anm *Schmidt*. Hierzu auch BGH Rpfleger 1988, 353.
76 BayObLG BayObLGZ 1961, 36 = NJW 1961, 1265.
77 BayObLG BayObLGZ 1961, 36 = NJW 1961, 1265; *Maier* BWBotZ 1951, 91: Eine Bezeugung der Richtigstellung ist nicht nötig.
78 OLG Celle NdsRpfl 1998, 89; *Böhringer* BWNotZ 1988, 84.
79 BGH BGHZ 60, 46 = NJW 1973, 323.
80 BayObLG BayObLGZ 1961, 36 = NJW 1961, 1265; BGH BGHZ 60, 46 = NJW 1973, 323; BGH Rpfleger 1980, 336; *Staudinger-Gursky* § 875 Rn 65; *Maier* BWNotZ 1951, 89, 90; *Böhringer* BWNotZ 1988, 84.
81 LG Bayreuth MittBayNot 1987, 200 m Anm *F. Schmidt*; BGH Rpfleger 1988, 353.
82 OLG Hamm DNotZ 1977, 35; LG Marburg Rpfleger 1986, 468 zur Löschung einer Eigentumsvormerkung.

62 Bei **unwirksamer oder angefochtener Aufgabeerklärung** sowie bei fehlender Zustimmung nach § 1183 BGB bzw § 876 S 2 BGB wird das Grundbuch mit der Löschung des Rechts **unrichtig**.[83] Das Gleiche gilt, wenn ein **nicht mehr verfügungsberechtigter Gläubiger** die Löschung einer Hypothek bewilligt.[84] Die Löschung eines dinglichen Rechts im Grundbuch ohne rechtswirksame Aufhebungserklärung führt also nicht den Untergang des Rechts herbei, es besteht weiter[85] und erlischt erst gemäß § 901 BGB durch Verjährung.[86]

63 Die Löschung kann dadurch gültig werden, dass die **Aufgabeerklärung nachgeholt** oder rechtswirksam wird. Die Aufhebung des Rechts tritt dann mit dem Zeitpunkt der nachträglichen Erklärung ein.

64 Das Grundbuch ist auch dann nicht mehr unrichtig, wenn zwischenzeitlich die Eintragung (Löschung), zB durch lastenfreien Erwerb aufgrund eines **Zuschlags im Zwangsversteigerungsverfahren,** mit der wirklichen Rechtslage übereinstimmt. Erlischt das versehentlich gelöschte Recht mit dem Zuschlagsbeschluss, wird das Grundbuch wieder richtig gestellt.[87]

65 Der Löschungsvermerk begründet nach § 891 Abs 2 BGB die **Vermutung** für das Erlöschen des Rechts. Wirklich erlischt das Recht, soweit die Löschung von der Aufgabeerklärung gedeckt ist.[88] Die Löschungseintragung ist für sich allein nicht ohne Rechtswirkung. Die Löschung hat für sich allein zwar nicht das Erlöschen des Rechts zur Folge; sie beseitigt aber die für den Inhalt des eingetragenen Rechts sprechende Rechtsvermutung des § 891 Abs 1 BGB. Gemäß § 891 Abs 2 BGB wird nunmehr vermutet, dass das Recht nicht (mehr) besteht; schon dadurch verschlechtert sich die Rechtsstellung des Inhabers des gelöschten Rechts.[89] § 891 Abs 2 BGB knüpft an die Löschung eines Rechts die Vermutung, dass das Recht nicht besteht, ohne für die Zeit bis zur Löschung eine Vermutung für das Gegenteil zum Ausdruck zu bringen. Wer den (Fort-)Bestand eines gelöschten Rechts behauptet, muss beweisen, dass es zu Unrecht gelöscht und das Grundbuch dadurch unrichtig wurde.[90] Nach Löschung eines im Grundbuch eingetragenen Rechts wird das frühere Bestehen des Rechts iS von § 891 Abs 1 BGB vermutet, wenn feststeht, dass die Löschung nicht das Grundbuch berichtigen sollte, sondern der Übertragung oder Aufhebung des eingetragenen Rechts gedient hat. In diesem Fall hebt die Löschung für die vorangehende Zeit die Vermutung des § 891 Abs 1 BGB nicht auf.[91]

V. Nichtmitübertragung eines Rechts oder einer Verfügungsbeeinträchtigung (§ 46 Abs 2)

1. Allgemeines

66 Die Nichtmitübertragung eines Rechts ist ein dem Löschungsvermerk gleichstehendes und völlig **gleichwertiges**[92] **Mittel der Löschung (sog fiktive Löschung).** Die **Wahlmöglichkeit** nach § 46 Abs 1 oder Abs 2, nämlich zwischen der Eintragung eines Löschungsvermerks und der Löschung durch Nichtmitübertragung des Rechts auf ein anderes Grundbuchblatt, wird von den Gesichtspunkten der Zweckmäßigkeit und Klarheit des Grundbuchs bestimmt,[93] vgl Rdn 6.

67 Materiell- und formellrechtlich wirkt die Nichtmitübertragung eines Rechts als Löschung.[94] Weshalb das Grundstück oder der Grundstücksteil auf ein anderes Grundbuchblatt übertragen wird, ist für die Zulässigkeit der Löschung durch Nichtmitübertragung unwesentlich.[95]

---

83 Ein dingliches Recht bleibt im bisherigen Rang erhalten (KGJ 33, 277; *Erman-Hagen/Lorenz* § 875 Rn 1; *Palandt/Bassenge* § 876 Rn 1); *Staudinger-Gursky* § 875 Rn 65.

84 *Böttcher* Rpfleger 1982, 175; *Böhringer* BWNotZ 1988, 84. Zur Bedeutung der Vermutung nach § 891 BGB BayObLG WPM 1983, 1270.

85 Abgesehen von dem Schutz gutgläubiger Dritter, weil ja das Grundbuch unrichtig ist; RGZ 73, 174; RGZ 82, 20; BGH Rpfleger 1980, 336; KG DFG 43, 135; BayObLG NJW-RR 1986, 380; *MüKo-Wacke* § 875 Rn 16; *Erman-Hagen/Lorenz* § 875 Rn 2; *Palandt/Bassenge* § 875 Rn 1; *Staudinger-Gursky* § 875 Rn 65.

86 RG JW 1906, 17; *BGB-RGRK-Augustin* § 875 Rn 25.

87 BayObLG Rpfleger 1981, 398.

88 *MüKo-Wacke* § 875 Rn 16.

89 BayObLG Rpfleger 1986, 373 = NJW-RR 1986, 1206 = MDR 1986, 936.

90 OLG Stuttgart Justiz 1968, 140.

91 BGH BGHZ 52, 355 = MDR 1970, 32 = Rpfleger 1969, 423 = WM 1969, 1352 = MittBayNot 1969, 309 = MittRhNotK 1969, 2139; *BGB-RGRK-Augustin* § 891 Rn 37; *Staudinger-Gursky* § 875 Rn 65; *MüKo-Wacke* § 891 Rn 23; *Haegele* Rpfleger 1975, 153; **aA** die früheren Meinungen: RGZ 121, 318; KG JW 1930, 157.

92 HansOLG Hamburg Rpfleger 1972, 380; BGH Rpfleger 1988, 353; BayObLG MittBayNot 1991, 219 = Rpfleger 1992, 57; BayObLG BayObLGZ 1971, 1 = MDR 1971, 393.

93 HansOLG Hamburg Rpfleger 1972, 380.

94 *Vogt* BWNotZ 1952, 66; *Böhringer* BWNotZ 1988, 84.

95 *Demharter* § 46 Rn 16; *Bauer/von Oefele-Knothe* § 46 Rn 13; *Haegele* BWNotZ 1975, 1.

2. Geltungsbereich dieses Löschungsweges

§ 46 Abs 2 spricht nur von eingetragenen Rechten, während § 46 Abs 1 auch die Verfügungsbeeinträchtigungen   **68**
erwähnt. Eine Einschränkung ist hierdurch nicht beabsichtigt. Es ist daher hM, dass § 46 Abs 2 sich auch auf
Verfügungsbeeinträchtigungen, Vormerkungen und Widersprüche bezieht.[96] Rechte, die für ein geteiltes
Grundstück bestanden haben, bestehen grundsätzlich für die einzelnen Teile fort. Ausnahmen regeln §§ 1025,
1026 und 1109 BGB. Der Herrschvermerk gemäß §§ 9, 21 ist grundsätzlich mitzuübertragen. Erfolgt eine solche Mitübertragung versehentlich nicht, so hat dies nicht die Wirkung des § 46 Abs 2. Der Herrschvermerk hat
nur deklaratorische Bedeutung, ist jedoch wegen § 876 BGB wichtig. Fehlt diese sachenrechtliche Zustimmung, so tritt trotz § 21 und einer etwaigen Eintragung im Grundbuch keine Rechtsänderung ein; durch die
gleichwohl erfolgte Grundbucheintragung wird das Grundbuch unrichtig. Die Nichtmitübertragung des
Herrschvermerks lässt den dinglichen Bestand des Rechts (Reallast, Grunddienstbarkeit) unberührt. Lediglich
die Fallagen der §§ 1025 S 2 und 1109 Abs 2 und 3 BGB entscheiden, ob das dingliche Recht bei Teilung des
herrschenden Grundstücks insoweit erlischt.[97]

Ebenso wie die Löschung durch Eintragung eines Löschungsvermerks setzt auch die Löschung durch Nichtmit-   **69**
übertragung ein **eingetragenes Recht** voraus, soweit nicht gesetzlich etwas anderes bestimmt ist.[98] Lastenfreie
Abschreibung kann daher nur erfolgen, wenn es sich um gleichmäßige, dh im Grundbuch eingetragene Belastungen handelt.[99] Ist ein Recht nicht eingetragen, so kann es nicht gelöscht und deshalb auch nicht unter Mitübertragung auf ein anderes Grundbuchblatt ausgeschlossen werden.[100]

3. Übertragung eines Grundstücks oder Grundstücksteils auf ein anderes Blatt

Es wird nach § 46 Abs 2 vorausgesetzt, dass ein Grundstück oder Grundstücksteil auf ein **anderes** Grundbuch-   **70**
blatt übertragen wird. Die Übertragung des Grundstücks oder Grundstücksteils auf ein anderes Blatt kann aus
verschiedenen Gründen erforderlich werden, nämlich insbesondere
– wenn für mehrere Grundstücke ein gemeinschaftliches Blatt angelegt oder ein solches aufgehoben werden
  soll, § 4;
– wenn ein Grundstück mit einem anderen vereinigt wird, § 5;
– wenn ein Grundstück einem anderen als Bestandteil zugeschrieben wird, § 6;
– wenn ein Grundstück selbständig gebucht wird;
– wenn das ganze Grundbuchblatt auf ein anderes Blatt übertragen bzw umgeschrieben wird, §§ 23 Abs 1, 28
  GBV. Hierbei steht der Umschreibung des ganzen Blattes die Neufassung der 2. oder 3. Abteilung gleich,[101]
  § 33 GBV. Jede Form des Umschreibungsvermerks genügt, wenn sich daraus ergibt, dass der Umschreibungsvermerk mehrere Posten deckt; ggf ist ein Klarstellungsvermerk anzubringen. Für die Wirksamkeit der
  Umschreibung in Form eines Sammelvermerks genügt, dass sich aus dem Inhalt des Umschreibungsvermerks in Verbindung mit dem übrigen Inhalt des Grundbuchs zweifelsfrei ergibt, auf welche Posten sich die
  Umschreibung bezieht.[102]

Die Übertragung eines Grundstücksteils auf ein anderes Blatt kann dadurch veranlasst sein, dass ein Teil eines   **71**
Grundstücks – sei es infolge Veräußerung oder gesonderter Belastung oder aus einem anderen Grunde – ein
eigenes Grundbuchblatt erhalten oder mit einem Grundstück oder Grundstücksteil vereinigt werden soll.

Wird ein abgeschriebener Grundstücksteil auf dem **bisherigen** Grundbuchblatt unter neuer Nummer als **selb-**   **72**
ständiges Grundstück eingetragen, so ist § 46 Abs 2 **nicht** anwendbar, da in diesem Falle die Belastungen nicht
besonders eingetragen und übertragen werden. Die Löschung eines Rechts auf dem abgeschriebenen Grundstücksteil kann daher nur nach § 46 Abs 1 durch einen Löschungsvermerk erfolgen.[103]

Bei Verkauf eines Trenngrundstücks durch den **befreiten Vorerben** kann das aufgelassene Trenngrundstück   **73**
regelmäßig ohne Mitübertragung des Nacherbenvermerks abgeschrieben werden, ohne dass es der Zustimmung des Nacherben bedarf.

---

96 *Bauer/von Oefele-Knothe* § 46 Rn 5; *Hesse-Saage-Fischer* § 46 Bem III 1 b; KG JFG 3, 403; 4, 438; OLG München JFG
    40, 318; OLG Hamm Rpfleger 1955, 47; *Böhringer* BWNotZ 1988, 84.
97 BGH DNotZ-Report 2008, 46 = ZNotP 2008, 162 = NotBZ 2008, 149 m Anm *Otto*.
98 Vgl zB Rdn 29.
99 *Bauer/von Oefele-Knothe* § 46 Rn 5; *Hesse-Saage-Fischer* § 46 Bem III 1 b; *Demharter* § 46 Rn 16 ff.
100 *Tröster* Rpfleger 1959, 343. Wenn bei der Anlegung des Grundbuchs im Jahre 1900 versehentlich Eintragungen aus
    dem Güterbuch nicht ins Grundbuch umgeschrieben wurden, gelten sie gemäß § 46 Abs 2 als gelöscht, OLG Stuttgart
    Justiz 1968, 140 mwN. Zur Aufhebung nicht gebuchter, aber materiell bestehender Rechte *Staudinger-Gursky* § 875
    Rn 69.
101 *Hesse-Saage-Fischer* § 46 Bem III 1 a.
102 OLG Frankfurt Rpfleger 1970, 397.
103 BayObLGZ 1995, 413; BayObLG DNotZ 1999, 1009 = FGPrax 1999, 172 = Rpfleger 1999, 485; *Demharter* § 46
    Rn 16; *Haegele* BWNotZ 1975, 1; *Schöner/Stöber* Rn 283.

74 Die lastenfreie Abschreibung eines Grundstücksteils bedarf der Löschungsbewilligung auch des **Auflassungs-vormerkungsberechtigten**. Bezieht sich die Auflassungsvormerkung nur auf eine **Teilfläche** des Grund-stücks, so bedarf es für die lastenfreie Abschreibung anderer Teile des Grundstücks keiner Bewilligung des Vor-merkungsberechtigten; eine Mitübertragung der Auflassungsvormerkung bei Abschreibung der Teilfläche ist nicht nur nicht geboten, sondern würde das Grundbuch insoweit iS des § 87 lit a unrichtig machen.[104] Der reale Teil des Grundstücks muss in diesem Fall in einer dem Verkehrsbedürfnis entsprechenden Weise zweifelsfrei beschrieben sein,[105] vgl dazu auch Rdn 90.

75 Bei Mitübertragung der Belastung bedarf es im bisherigen **alten** Grundbuch weder eines Übertragungs- noch eines Löschungsvermerks. Die Übertragung kommt im alten Grundbuch allein durch den **Übertragungsver-merk** in Spalte 8 des Bestandsverzeichnisses zum Ausdruck.[106]

4. Nichtmitübertragung eines Rechtes oder einer Verfügungsbeeinträchtigung

76 Bei der Übertragung eines Grundstücks oder Grundstücksteils wird ein Recht oder eine Verfügungsbeeinträch-tigung nicht mitübertragen. Aus welchem Grunde die Nichtmitübertragung erfolgt, ist gleichgültig.[107] Auch eine versehentliche Unterlassung der Übertragung fällt unter § 46 Abs 2.

77 Im Rahmen des § 46 Abs 2 sind **2 Arten von Löschungsfällen** zu unterscheiden:
a) ein Recht soll an einem in ein anderes Grundbuchblatt zu übertragenden Grundstück oder Grundstücksteil wegfallen, vgl Rdn 79–84.
b) ein Recht ruht nicht oder nicht mehr auf einem in ein anderes Grundbuchblatt abzuschreibenden Grund-stücksteil (ist also außerhalb des Grundbuchs erloschen), Fall des § 1026 BGB. Die Vorschrift wird auch auf die Unterhaltpflicht des Eigentümers nach § 1021 Abs 1 S 1 BGB und § 1022 S 1 BGB angewendet;[108] vgl Rdn 87–93.

78 Eine Übertragung des Rechts ist selbstverständlich nicht veranlasst, wenn das Recht auf dem ursprünglichen Blatt bereits gelöscht war.

5. Entlassung aus der Mithaft

79 Die nach § 29 formbedürftigen Willenserklärungen von Grundpfandrechtsgläubigern, die vorbehaltslos auf las-tenfreie Abschreibung, Pfandentlassung, Enthaftung oder Entpfändung eines Grundstücks oder Grundstücks-teils gerichtet sind, sind idR als **Verzichtserklärung** iS der §§ 1075 Abs 1 S 2, 1192 BGB aufzufassen[109] mit der Folge, dass die Hypothek mit der Eintragung der Löschung oder lastenfreien Übertragung erlischt, ohne dass es der Zustimmung des Eigentümers (materiellrechtlich nach § 1183 BGB und formellrechtlich nach § 27) bedarf. Durch den Verzicht auf die Gesamthypothek an einem Grundstück und die Eintragung des Verzichts oder der Löschung im Grundbuch erlischt die Hypothek an diesem Grundstück kraft Gesetzes, § 1175 Abs 1 S 2 BGB. Die Zustimmung des Eigentümers ist nie erforderlich, einerlei, ob der Verzicht eingetragen wird oder nicht.[110] Der Verzicht auf eine Gesamthypothek an allen Mithaftstellen bedarf dagegen der Zustimmung des Eigentümers.[111] Der Eigentümer kann formlos Löschungsantrag stellen. Werden Pfandfreigaben für eine noch nicht vermessene Teilfläche vor Erstellung eines Veränderungsnachweises eingeholt, muss sich aus der Freigabe-bewilligung ergeben, dass sich auch auf die auf Grund des Veränderungsnachweises ergebende Teilfläche bezieht; hinsichtlich der genauen Beschreibung dieser Teilfläche genügt eine Bezugnahme auf den Grund-stücksveräußerungsvertrag;[112] zulässig wäre aber auch eine Freigabe der auf Grund des aufzustellenden Verände-rungsnachweises sich ergebenden Teilfläche.

---

104 BayObLG BayObLGZ 1973, 208 = Rpfleger 1974, 14; BayObLG BayObLGZ 1954, 286; 1959, 223; BayObLG Rpfleger 1976, 13. Eingehend BayObLG JurBüro 1987, 103 = MittBayNot 1986, 253.
105 BGH NJW 1972, 1283; BayObLGZ 1973, 208; *Demharter* § 7 Rn 25; *Müller* DNotZ 1966, 77; *Haegele* Rpfleger 1973, 273.
106 § 13 GBV; *Haegele* BWNotZ 1975, 1; **aA** RpflJB 1957, 129.
107 *Bauer/von Oefele-Knothe* § 46 Rn 13; *Demharter* § 46 Rn 16; *Haegele* BWNotZ 1975, 1.
108 *Güthe-Triebel* § 46 Bem 14.
109 *Wochner* MittRhNotK 1995, 316; *Tröster* Rpfleger 1959, 343 mwN; *Demharter* § 46 Rn 18; *Schöner/Stöber* Rn 284 mwN, 2706; *Lotter* MittBayNot 1985, 8; Löschungsbewilligung ist nicht immer eine Verzichtserklärung nach § 1175 Abs 1 S 2 BGB; *Gross* BWNotZ 1984, 164. Zur Auslegung einer Freistellungserklärung einer Bank BGH NJW 1984, 169 = DNotZ 1984, 322 m Anm *Schelter*. Eine im Rahmen des Grundstückskaufvertrages zugesicherte Lastenfreiheit ist vom Grundbuchamt nicht zu prüfen LG Aurich Rpfleger 1986, 470. Zur Freigabeerklärung eines Miteigentumsan-teils bei Bildung von Wohnungseigentum LG Wuppertal Rpfleger 1987, 366 m krit Anm *Meyer-Stolte*. Zur verdeckten Pfandfreigabe *Ertl* DNotZ 1990, 694.
110 KG DNotZ 1934, 951; KG HRR 1932 Nr 513; OLG München DFG 1942, 101; BayObLG Rpfleger 1980, 19; LG Augsburg MittBayNot 1979, 20 = RpflJB 1980, 33 Ls; *Leikam* BWNotZ 1963, 120; *Kehrer-Bühler-Tröster* § 7 G Form 28, 47.
111 OLG Düsseldorf MittRhNotK 1995, 315 m Anm *Wochner*.
112 BayObLG NotBZ 2005, 39.

Die **Rechtswirkung des § 1175 Abs 1 S 2 BGB** tritt nach der hierfür maßgeblichen Vorschrift des § 1168 **80**
BGB erst mit der Eintragung des Verzichts im Grundbuch ein. Anerkannt ist allerdings, dass im Falle des Verzichts nach § 1175 Abs 1 S 2 BGB die Eintragung des Löschungsvermerks in ihrer materiell-rechtlichen Wirkung der Eintragung des Verzichtsvermerks gleichgestellt wird.[113] In der Bewilligung der pfandfreien Abschreibung eines Grundstücks oder Grundstücksteils liegt also die Bewilligung, entweder den Verzicht in das Grundbuch einzutragen oder ihn durch Löschung zum Ausdruck zu bringen. **Der Verzicht nach § 1175 Abs 1 S 2 BGB braucht aber vor Anbringung des Löschungsvermerks nicht besonders eingetragen werden.**[114] Dies gilt sowohl für Gesamthypotheken wie für die abzuschreibenden Grundstücksteile bei einer Einzelhypothek. Wird ein Verzicht gemäß § 1175 Abs 1 S 2 BGB eingetragen, so hat die Eintragung in diesem Fall sachlich die Wirkung einer Löschung.[115] Dazu auch Rdn 33.

Die Löschung kann auch dadurch erfolgen, dass die Hypothek nicht mitübertragen wird, § 46 Abs 2. Bei dieser **81**
Löschung durch Nichtmitübertragung wird im Grundbuch kein Vermerk eingetragen. Die Nummer des abzuschreibenden Grundstücks ist in Abt III lediglich **rot zu unterstreichen.** Löschung gemäß § 46 Abs 2 ist auch bei einem Grundpfandrecht möglich, für das **nur ein Grundstück haftet,** wenn dieses Grundstück auf einen neuen Eigentümer in ein neues Grundbuchblatt übertragen wird.

Die Eintragung des Verzichts oder der Löschung des Rechts an einem von mehreren auf einem gemeinschaftlichen Blatt gebuchten Grundstück wird in der **Veränderungsspalte** eingetragen;[116] in Spalte 2 ist die Nummer **82**
des enthafteten Grundstücks zu röten.

Handelt es sich jedoch um eine **Gesamthypothek,** die in **mehreren** Grundbüchern eingetragen ist, so ist **83**
gleichzeitig mit der Eintragung des Löschungsvermerks der vorstehend beschriebenen Art im Grundbuch, in dem die Hypothek erlöschen soll, auch in dem Grundbuch oder in den Grundbüchern, in denen noch Mithaft besteht, gemäß § 48 Abs 2 **von Amts wegen**[117] folgender Vermerk in der Spalte »Veränderungen« einzutragen: *»Die Mithaft im Grundbuch von … ist erloschen. Eingetragen am …«* Bei diesem Vermerk handelt es sich jedoch keineswegs um einen Löschungsvermerk, sondern lediglich um einen **hinweisenden Vermerk** bei den noch belasteten Grundstücken, dass bezüglich der Gesamthypothek insofern eine Veränderung eingetreten ist, als sie in einem der Grundbücher, in denen Mithaft bestand, wenigstens teilweise erloschen ist. Diese Eintragung hat deshalb auch in der Veränderungsspalte zu erfolgen.[118]

Ein aus der Mithaft entlassenes (Teil-)Grundstück kann sofort auf ein anderes Grundbuchblatt übertragen wer- **84**
den. Unrichtig wäre in solchen Fällen, zunächst die Freigabe eines Grundstücks durch entsprechenden besonderen Löschungsvermerk einzutragen und dieses Grundstück sodann sofort auf ein anderes Grundbuchblatt zu übertragen. Denn auch der Freigabevermerk müsste sofort wieder gerötet werden, weil er das abgeschriebene Grundstück betrifft und daher im alten Blatt gegenstandslos geworden ist.[119] Bei Mitübertragung einer Belastung bedarf es im alten Grundbuch weder eines Übertragungs- noch eines Löschungsvermerks,[120] dazu Rdn 75.

Von dem Verzicht nach § 1175 Abs 1 S 2 BGB ist der Verzicht nach §§ 1175 Abs 1 S 1, 1168 BGB und die **85**
Löschung nach §§ 1183, 875 BGB streng zu unterscheiden. Leider ist in diesen Bereichen die Terminologie nicht einheitlich.[121]

Die Bewilligung einer **Teillöschung** ist nicht als teilweiser Verzicht des Gläubigers auf das Grundpfandrecht iS **86**
von § 1175 Abs 1 S 2 BGB anzusehen, sodass der vorstehend für die Pfandfreigabe herausgestellte Grundsatz keine Anwendung finden kann.[122]

---

113 KG HRR 1931 Nr 740 = DNotZ 1931, 427; KG HRR 1932 Nr 513; KG JW 1937, 1553; OLG München DFG 1942, 101 = JFG 23, 325; OLG Stuttgart WürttZ 1941, 114; LG Augsburg MittBayNot 1979, 20 = RpflJB 1980, 33 Ls; *Vogt* BWNotZ 1952, 65; *Haegele* BWNotZ 1975, 1; *Schöner/Stöber* Rn 2706 ff; *Kehrer-Bühler-Tröster* § 7 G Form 28, 47.
114 DNotI-Gutachten DNotI-Report 1999, 53.
115 KG HRR 1931 Nr 740 = DNotZ 1931, 427.
116 Vgl Anlage 2a zur GBV; *Demharter* § 46 Rn 11.
117 KG DNotZ 1939, 657.
118 *Mausfeld* Rpfleger 1957, 241; *Böhringer* BWNotZ 1988, 84. Bei verschiedenen Grundbuchämtern s § 55a, § 30 Abs 1 Nr 1 GeschO.
119 KEHE-*Eickmann* § 46 Rn 6; *Schöner/Stöber* Rn 284; *Haegele* BWNotZ 1975, 2 und Rpfleger 1957, 365; aA RpflJB 1957, 128. Für das frühere Württemberg s allerdings § 43 WürttGBVO (aufgehoben).
120 KEHE-*Eickmann* § 13 Rn 9 GBV; *Schöner/Stöber* Rn 284; *Böhringer* BWNotZ 1988, 84.
121 KG DNotZ 1934, 951; BayObLG Rpfleger 1980, 19; *Schöner* DNotZ 1974, 327; *Gross* BWNotZ 1984, 164.
122 *Tröster* Rpfleger 1959, 343; *Wochner* MittRhNotK 1995, 316.

6. Erlöschen eines Rechts[123]

87   **a) Teilung des dienenden Grundstücks.** Anwendungsfälle sind insbesondere bei **Dienstbarkeiten** gegeben. Wenn ein mit einem solchen Recht belastetes Grundstück geteilt wird und die Ausübung des Rechts auf einen bestimmten Teil beschränkt ist, so werden die außerhalb des Bereichs der Ausübung liegenden Teile des Grundstücks von dem Recht frei (§§ 1026, 1090 BGB). Der Dienstbarkeitsberechtigte muss unmittelbar nach dem Rechtsinhalt der Dienstbarkeit oder auf Grund rechtsgeschäftlich vereinbarter Ausübungsregelung dauernd rechtlich – und nicht nur tatsächlich – gehindert sein, bestimmte Teile des belasteten Grundstücks zu benutzen.[124] Auch dann, wenn die Dienstbarkeit rechtlich auf dem ganzen Grundstück lastet, werden bei räumlicher Beschränkung (zB bei Geh-, Fahr-, Leitungs- oder Wohnungsrechten) die nicht berührten Flächen im Falle der Teilung (womit nicht notwendig eine Veräußerung verbunden sein muss) frei.[125] Es ist Voraussetzung für § 1026 BGB, dass durch die **Teilung** der Bestand und die Ausübung der Dienstbarkeit rechtlich und wirtschaftlich nicht berührt werden.[126] Die Ausübungsstelle kann rechtsgeschäftlich festgelegt oder lediglich der tatsächlichen Nutzung überlassen sein.[127] Wird aus einem mit einer Grunddienstbarkeit belasteten Grundstück eine Teilfläche veräußert, ohne dass ein Löschungsantrag bezüglich der Dienstbarkeit gestellt wird, so ist der Grundstücksteil mit der Belastung abzuschreiben. Bei § 1026 BGB wird aber nicht vorausgesetzt, dass die reale Teilung des Grundstücks einen Eigentumswechsel zur Folge hat. Steht für das Grundbuchamt zweifelsfrei fest, dass die Voraussetzungen des § 1026 BGB hinsichtlich des veräußerten Grundstücks gegeben sind, so darf es die Mitübertragung der Dienstbarkeit nicht vornehmen, weil das Grundbuch nicht unrichtig gemacht werden darf.[128] Die Beschränkung der Ausübung der Dienstbarkeit auf einen Teil kann sich von selbst ergeben (insbesondere bei Leitungs- und Wegegerechtigkeiten) oder sie kann aufgrund der Vereinbarungen festgelegt sein.[129] Die tatsächliche Beschränkung dagegen ist bedeutungslos, außer es besteht aus tatsächlichen oder sonstigen Gründen keine Möglichkeit der Ausübung an dem betreffenden Teil.[130] Fraglich ist, ob § 1026 BGB auf ein subjektiv-dingliches Vorkaufsrecht oder eine subjektiv-dingliche Reallast entsprechend angewandt werden kann, wenn die Ausübung des dinglichen Rechts auf eine bestimmte Teilfläche beschränkt ist; wegen Interessengleichheit ist eine Analogie zu § 1026 BGB zu bejahen. In beiden Fällen führt die Teilung des belasteten Grundstücks dazu, dass eine Teilfläche entsteht, die zwar formal mit dem dinglichen Recht belastet ist, die aber auf Grund der Ausübungsregelung von der Belastung ausgenommen ist.[131]

88   Die außerhalb des Ausübungsbereichs einer Dienstbarkeit liegenden Teile des Grundstücks werden kraft Gesetzes gemäß § 1026 BGB frei mit der Abschreibung der Teile vom belasteten Grundstück, ohne dass es einer Löschung der Belastung auf diesen Teilen oder einer Bewilligung des Berechtigten bedarf.[132] Steht bei der Abschreibung bereits fest, dass die **Teile außerhalb des Ausübungsbereichs** liegen, so hat das Grundbuchamt die Dienstbarkeit auf die Grundbuchblätter der Teile nicht mitzuübertragen. Der Unrichtigkeitsnachweis ist in der Form des § 29 GBO zu erbringen, zB durch amtlichen Veränderungsnachweis, der zwar nicht in den Grundakten liegt, gleichwohl aber bei der Entscheidung über die lastenfreie Abschreibung herangezogen werden kann.[133] Es genügt auch eine Bescheinigung des Vermessungsamts, dass die Fläche vom Ausübungsbereich der Belastung nicht betroffen wird.[134] Für die erforderlichen Nachweise kann auf die Grundakte Bezug genom-

---

123   Zur Grundstücksteilung *Böttcher* Rpfleger 1989, 133.
124   BGH DNotZ 2002, 721 = NotBZ 2002, 302 = Rpfleger 2002, 511 = ZNotP 2002, 441.
125   Zur Löschung eines Wohnungsrechts BayObLG MittBayNot 1991, 219 = DNotZ 1992, 303 = Rpfleger 1992, 57; OLG Hamm FGPrax 2000, 54 = Rpfleger 2000, 157.
126   KG OLGE 45, 220; BayObLG JurBüro 1983, 1387 = Rpfleger 1983, 143 = MittBayNot 1983, 16; LG Landshut MittBayNot 1978, 215; LG Augsburg Rpfleger 1979, 338. Nachweis in der Form des § 29, dazu auch BayObLG NJW-RR 1987, 1101 = Rpfleger 1987, 451; DNotZ 1989, 164; BayObLG MittBayNot 1991, 219 = DNotZ 1992, 303 = Rpfleger 1992, 57; *Böhringer* BWNotZ 1988, 84.
127   BGH NJW 2002, 3021.
128   LG Köln MittRhNotK 1994, 289.
129   BGH NJW 1981, 1781 = DNotZ 1982, 228 = Rpfleger 1982, 16; KG NJW 1973, 1128 = DNotZ 1973, 373; BayObLG Rpfleger 1983, 143; BayObLG Rpfleger 1985, 186; BayObLG Rpfleger 1986, 373; BayObLG DNotZ 1989, 164; OLG Oldenburg Rpfleger 1979, 199; *Demharter* § 7 Rn 17, 21; *Schöner/Stöber* Rn 1142; BayObLG Rpfleger 1990, 405.
130   KG KGJ 31, 312; KG NJW 1969, 470; BayObLG DNotZ 1992, 303 = Rpfleger 1992, 57; BayObLG Rpfleger 1986, 373; *Peter* BWNotZ 1983, 49 (50); *Schöner/Stöber* Rn 285, 1189. Zum Erlöschen einer Dienstbarkeit wegen Unmöglichkeit der Rechtsausübung (subjektiv dauerndes Ausübungshindernis): OLG Zweibrücken OLGZ 1987, 27.
131   Ebenso *Staudinger-Mader*, § 1095 BGB Rn 3.
132   BayObLG DNotZ 2004, 388 = NotBZ 2004, 70; BayObLG Rpfleger 1985, 186; BayObLG Rpfleger 1986, 373; BayObLG Rpfleger 1987, 451; BayObLG MittBayNot 1991, 219 = Rpfleger 1992, 57; LG Köln MittRhNotK 1994, 289; *Opitz*, Rpfleger 2000, 367; *Peter* BWNotZ 1983; 49 (50).
133   BayObLG DNotZ 2004, 388 = NotBZ 2004, 70; BayObLG Rpfleger 1987, 451.
134   LG Landshut MittBayNot 1978, 215; BayObLGZ 1988, 102; BayObLG MittBayNot 1994, 313; OLG Hamm Rpfleger 2000, 157.

men werden.[135] Kann aus der damaligen Eintragungsbewilligung für Versorgungs- und Entsorgungsleitungen der Verlauf der Leitungen entnommen werden (zB durch eine genaue Lageplaneinzeichnung), so ist zu unterstellen, dass sich das Recht auf eine bestimmte, durch vorhandene Einrichtungen örtlich festgelegte Trasse beschränkt.[136] Ein Teil eines mit einem Wohnungsrecht belasteten Grundstücks kann nur dann ohne das Wohnungsrecht abgeschrieben werden, wenn dem Grundbuchamt der volle Nachweis dafür erbracht ist, dass sich auf dem abgeschriebenen Grundstücksteil keine Anlagen und Einrichtungen befinden, die dem gemeinschaftlichen Gebrauch der Bewohner dienen. Solche Anlagen und Einrichtungen stellen auch Versorgungs- und Entsorgungsleitungen dar, die sich außerhalb des Gebäudes befinden.[137] Ein öffentlich bestellter Vermessungsingenieur kann durch öffentliche Urkunde nicht den Nachweis führen, dass auf dem abzuschreibenden Grundstücksteil keine solchen Leitungen sich befinden.[138] Hat die Mitübertragung trotzdem stattgefunden, so können die Eigentümer der befreiten Teile gemäß § 22 Abs 1 die Berichtigung des Grundbuchs beantragen, da ihr die Belastung noch aufführendes Grundbuchblatt wegen Nichtbestehens der Belastung unrichtig ist.[139] Kann jedoch dem Grundbuchamt nicht urkundlich nachgewiesen[140] werden, dass die Teile außerhalb des Ausübungsbereichs liegen, so ist zur Löschung die freiwillige (§§ 19, 29) oder gemäß § 894 ZPO durch Urteil ersetzte Bewilligung des Berechtigten erforderlich; auch der Erlass eines Unschädlichkeitszeugnisses ist möglich.

Bei der Buchung der freigewordenen Grundstücksteile auf einem besonderen Grundbuchblatt ist das Recht **89** nicht mehr mit zu übertragen,[141] kann auch nicht mehr auf diesen Grundstücksteil übernommen werden. Voraussetzung dafür ist der **grundbuchmäßige Nachweis**[142] des räumlich begrenzten Inhalts des Rechts. Hierzu genügt immer ein entsprechendes Anerkenntnis des Eigentümers des herrschenden Grundstücks oder des Berechtigten. Der Nachweis kann aber auch in anderer Weise geführt werden oder dem Grundbuchamt offenkundig sein (zB Verlauf einer Überfahrt oder einer Leitung nach Lage des Grundstücks anhand eines Veränderungsnachweises; ein Wohnrecht nur in einem Zimmer kann nicht auf der Scheuer oder dem abzuschreibenden Hofraum oder Gartenstück ruhen;[143] Wasserbezugsrechte, bei denen die Quelle örtlich bestimmt ist; Abstandsflächendienstbarkeiten, die sich auf ein konkretes Gebäude beziehen; Leitungsrechte, bei denen die Trassenführung vertraglich vereinbart ist).[144] Enthält die Eintragungsbewilligung den Satz »Der Ausübungsbereich wird durch die tatsächliche Leitungsführung festgelegt«, so ist kein Raum für eine Unrichtigkeitsnachweis auf Grund der mit der ursprünglichen Eintragungsbewilligung eingereichten Planskizze. Stets ist auch zu beachten, dass ein Nebenrecht dem Erlöschen der Dienstbarkeit an einer Teilfläche entgegenstehen kann, etwa das Recht zum Betreten und Befahren des ganzen Grundstücks zur Wartung der Leitung. An den Unrichtigkeitsnachweis sind strenge Anforderungen zu stellen, denn durch die Löschung der Dienstbarkeit an der Teilfläche werden der Inhaber der Dienstbarkeit und eventuell noch Dritte in ihren Rechten (Grundpfandrechtsgläubiger am herrschenden Grundstück) nachteilig berührt; ihnen ist vor der Entscheidung des Grundbuchamts rechtliches Gehör nach Art 103 Abs 1 GG zu gewähren.[145]

Bezieht sich eine an einem Grundstück eingetragene **Auflassungsvormerkung** nur auf eine Teilfläche, so **90** bedarf es zur lastenfreien Abschreibung anderer Grundstücksteile keiner Bewilligung des Berechtigten aus der Vormerkung.[146] Voraussetzung hierfür ist aber, dass der Grundstücksteil, auf den sich der zu sichernde Eigentumsverschaffungsanspruch bezieht, in einer dem Verkehrsbedürfnis entsprechenden Weise nach Lage und Größe zweifelsfrei bestimmt ist.[147] Durch den mit Unterschrift und Dienstsiegel versehenen Veränderungsnach-

---

135 BayObLG MittBayNot 1994, 318; BayObLG NJW-RR 1987, 1101 = Rpfleger 1987, 451.
136 BayObLG DNotZ 2004, 388 = NotBZ 2004, 70.
137 BayObLG DNotZ 1992, 303 = Rpfleger 1992, 57; OLG Hamm FGPrax 2000, 54 = Rpfleger 2000, 157.
138 OLG Hamm FGPrax 2000, 54 = Rpfleger 2000, 157.
139 KGJ 24 A 120; BayObLG Rpfleger 1983, 143; BayObLG Rpfleger 1987, 451 = NJW-RR 1987, 1101; BayObLG Rpfleger 1985, 186.
140 LG Augsburg Rpfleger 1979, 338; *Grässlin* Merkbuch der freiwilligen Gerichtsbarkeit, 3.1.3.6.
141 BayObLG BayObLGZ 1954, 286; BayObLG Rpfleger 1983, 143; KGJ 24, 118; KG NJW 1969, 470; LG Köln MittRhNotK 1994, 289; *Demharter* § 46 Rn 19.
142 BayObLG DNotZ 2004, 388 = NotBZ 2004, 70; BayObLG Rpfleger 1985, 186; BayObLG Rpfleger 1983, 143; BayObLGZ 1973, 297; BayObLG JurBüro 1987, 103 = MittBayNot 1986, 253; MüKo-*Falckenberg* § 1026 Rn 3; *Schöner/Stöber* Rn 285, 1189; *Böhringer* BWNotZ 1988, 84; BayObLG DNotZ 1989, 164; BayObLG MittBayNot 1991, 219 = Rpfleger 1992, 57.
143 BayObLG BayObLGZ 1954, 286; kritisch dazu *Opitz* Rpfleger 2000, 367; BayObLG JurBüro 1989, 1273.
144 So KG KGJ 31, 312; BayObLG DNotZ 2004, 388 = NotBZ 2004, 70; BayObLG BayObLGZ 1971, 4; BayObLG Rpfleger 1983, 143; BayObLG MittBayNot 1991, 219 = Rpfleger 1992, 57; *Demharter* § 46 Rn 19. **Differenzierend:** BayObLG BayObLGZ 1985, 31 = Rpfleger 1985, 186 = DNotZ 1986, 148 = BayJMBl 1985, 84 = MittBayNot 1985, 72 = MittRhNotK 1985, 17; BayObLG JurBüro 1989, 1273. Zur Beweislast BayObLG DNotZ 1989, 164.
145 *Opitz* Rpfleger 2000, 367.
146 BayObLG JurBüro 1987, 103 = MittBayNot 1986, 253; BayObLG BayObLGZ 1973, 298 = DNotZ 1974, 173 = Rpfleger 1974, 14; *Demharter* § 46 Rn 19; dazu auch oben Rn 74. Wegen eines Klarstellungsvermerks BayObLGZ 1988 Nr 21 = Rpfleger 1988, 237.
147 BayObLG BayObLGZ 1973, 297; BayObLG JurBüro 1987, 103 = MittBayNot 1986, 253.

weis einschließlich der darin enthaltenen Bemerkung hinsichtlich der Lastenfreiheit des abzuschreibenden Grundstücksteils ist der Nachweis zur Löschung der Vormerkung erbracht. Das Grundbuchamt hat dem Vormerkungsberechtigten auch dann rechtliches Gehör zu gewähren, wenn der Unrichtigkeitsnachweis erbracht wurde.[148] Dies entspricht der Rechtsprechung etwa zur Anhörung des Nacherben bei einer Löschung des Nacherbenvermerks nach einer entgeltlichen Verfügung des befreiten Vorerben.[149] Lastet an einem Grundstück eine Auflassungsvormerkung für den künftigen Erwerber eines Wohnungseigentums, so kann von diesem Grundstück eine Teilfläche nicht ohne Zustimmung des Vormerkungsberechtigten abgeschrieben werden.[150]

91 Ein besonderer formloser **Löschungsantrag** ist erforderlich. Steht fest, dass der abzuschreibende Grundstücksteil außerhalb des Bereichs der Ausübung der Dienstbarkeit liegt, so darf diese – nach teilweise bestrittener Ansicht – auch dann nicht übertragen werden, wenn die Mitübertragung beantragt ist.[151]

92 § 1026 BGB gilt auch für beschränkte persönliche Dienstbarkeiten, §§ 1090, 1093 BGB und für Dauerwohnrechte,[152] für Nießbrauch, Verkaufsrecht und Eigentumsvormerkung (der Ausübungsbereich kann sich bei all diesen Rechten auf eine Teilfläche beschränken).

b) Teilung des herrschenden Grundstücks

93 Wird das herrschende Grundstück bei einer **Grunddienstbarkeit** oder einer subjektiv-dinglichen **Reallast** geteilt, so besteht eine Grunddienstbarkeit (Reallast) fort (§§ 1025, 1109 BGB). Die Eintragung des Rechts auf dem Grundbuchblatt des dienenden Grundstücks wirkt auch dann zugunsten der Eigentümer der getrennten Teile fort, wenn sich die Teilung nicht aus der das dienende Grundstück betreffenden Grundbucheintragungen ergibt.[153] Eine analoge Anwendung von § 1109 BGB auf das subjektiv-dingliche Vorkaufsrecht scheidet aus.[154] Die Dienstbarkeit (Reallast) wird dadurch nicht in mehrere selbständige Rechte zerlegt, sondern bleibt als ein einheitliches Recht bestehen (Gesamtgrunddienstbarkeit[155]). Es tritt also eine teilweise außergrundbuchliche, dh außerhalb des Grundbuchs des belasteten Grundstücks sich vollziehende Rechtsnachfolge – oder soweit die abgetrennten Teile demselben Eigentümer gehören – Aufspaltung der Berechtigung ein. Das Gesamtrecht steht den Eigentümern iS einer Gesamtberechtigung analog §§ 428, 432 BGB zu.[156] Von einer anderen Meinung wird ein Gemeinschaftsverhältnis nach den §§ 741 ff. BGB bejaht.[157] Für das Innenverhältnis wird teilweise die Anwendung des § 745 Abs 1 BGB mit der Notwendigkeit eines Mehrheitsbeschlusses angenommen,[158] wohingegen die Gegenmeinung eine analoge Anwendung des § 1024 BGB bejaht.[159] § 1025 BGB kann aber keinesfalls vereinbart oder als Beteiligungsverhältnis im Grundbuch eingetragen werden. Die Eintragung eines Vermerks über die Teilung des herrschenden Grundstücks auf dem Grundbuchblatt des dienenden Grundstücks wäre zulässig[160]; auch ohne einen solchen Vermerk besteht die Dienstbarkeit fort, die Möglichkeit eines gutgläubig lastenfreien Erwerbs ist ausgeschlossen.[161] Gereicht die Dienstbarkeit (Reallast) nur einem Teile oder mehreren Teilen von allen zum Vorteil, so erlischt sie bei der Teilung für die anderen Teile. Sie ist auf den Blättern dieser nicht mehr berechtigten Teile von Amts wegen zu löschen. Diese Eintragung erfolgt im Wege der Grundbuchberichtigung gemäß § 22 Abs 1, denn das Grundbuch des belasteten Grundstücks ist durch das kraft Gesetzes eingetretene teilweise Erlöschen der Berechtigung unrichtig geworden (einer besonderen konstitutiven Eintragung im Grundbuch bedarf es nicht). Für Teilflächen, die zB vom belasteten Grundstück weit genug entfernt sind und deshalb § 1025 BGB Anwendung findet, kann die Löschung der Grunddienstbarkeit insoweit auch mit dem Nachweis vorgenommen werden, dass die Grunddienstbarkeit gemäß § 1025 S 2, § 1019 BGB insoweit erloschen ist (§ 22 Abs 1). Nachzuweisen ist die Lage der Teilfläche in Bezug auf das belastete Grundstück: dieser Nachweis kann gemäß § 29 Abs 1 S 2 durch das Katasterkartenwerk der Vermessungsämter (Veränderungsnachweis) oder durch deren amtliche Bescheinigung geführt werden. Das Fehlen jeglichen Vorteils ist in öffentlicher Urkunde (zB Bescheinigung des Vermessungsamts) nachzuweisen. Diese Bescheinigung muss

148 BayObLG DNotZ 1999, 1009 = FGPrax 1999, 172 = Rpfleger 1999, 485.
149 BayObLGZ 1994, 177 = NJW-RR 1994, 1360 = MittBayNot 1994, 447 = Rpfleger 1995, 105.
150 BayObLG Rpfleger 1976, 13; KEHE-*Eickmann* § 46 Rn 6.
151 BayObLG BayObLGZ 1954, 291; KEHE-*Eickmann* § 46 Rn 7; *Demharter* § 46 Rn 19; BayObLG Rpfleger 1987, 451; BayObLG Rpfleger 1983, 143; *Haegele* BWNotZ 1975, 2; dazu auch kritisch *Schöner/Stöber* Rn 285, 1189.
152 BayObLG MittBayNot 1995, 458.
153 BGH Rpfleger 2008, 295 = DNotZ 2008, 528 = DNotI-Report 2008, 46 = NJW-RR 2008, 827 = NotBZ 2008, 149 (bearb v *Otto*).
154 BayObLGZ 1973, 21.
155 BayObLGZ 1990, 124 = DNotZ 1991, 600 = NJW-RR-1990, 1043 = Rpfleger 1990, 354.
156 Vgl § 7 Rdn 86; MüKo-*Falckenberg* § 1025 Rn 2; *Böttcher* Rpfleger 1989, 141. *Panz* BWNotZ 1995, 156 geht von einer Rechtsgemeinschaft nach § 472 BGB aus.
157 *Erman-Grziwotz*, § 1025 Rn 2 BGB.
158 *Palandt/Bassenge*, § 1025 Rn 1.
159 *Staudinger-Mayer*, § 1025 Rn 5; MüKo-*Falkenberg*, § 1025 Rn 2.
160 BayObLG DNotZ 1996, 24.
161 KG NJW 1975, 697.

Angaben über die tatsächlichen Verhältnisse enthalten; durch Vorlage eines amtlichen Lageplans kann der Nachweis ebenfalls geführt werden, aus diesem müssen sich bestimmte für den Inhalt der Dienstbarkeit wesentliche Nutzungsgrenzen bzw Gebäudeeinmessungen deutlich ergeben. In den meisten Fällen aber wird ein derartiger Nachweis nicht möglich sein. Es bleibt dann nur der Anspruch auf Berichtigungsbewilligung nach § 894 BGB, notfalls ersetzt durch Urteil nach § 894 ZPO. In Betracht kommt auch, dass das Erlöschen für das Grundbuchamt offenkundig ist und damit keines Nachweises bedarf.[162] Das Ausscheiden des einen Teils stellt kein Erlöschen des »Rechts«, sondern ein Erlöschen einer »Berechtigung« daran dar. Bezüglich Umfang und Inhalt der Dienstbarkeit (Reallast) ändert sich überhaupt nichts, sondern nur die Anzahl der Berechtigten vermindert sich. Dieser verminderten Anzahl von Berechtigten steht die bisherige Dienstbarkeit (Reallast) im gleichen Umfang und mit gleichem Inhalt wie bisher zu. Klargestellt sei, dass auf dieses Erlöschen § 46 Abs 2 keine Anwendung findet. Wird das herrschende Grundstück geteilt, so ist das Grundbuchamt nicht verpflichtet, die Teilung des herrschenden Grundstücks auf dem Blatte des belasteten Grundstücks zu vermerken. Ein entsprechender Vermerk ist – auch ohne Bestehen einer Rechtsgrundlage – zulässig; eine Rechtspflicht zu einer solchen Eintragung besteht jedoch nicht. Möglich ist aber bei einem eingetragenen Herrschvermerk dessen Klarstellung wegen der erfolgten Teilung.[163]

Der Nachweis des Erlöschens des Rechts ist nicht immer einfach zu führen; bei Leitungsrechten wird dies eher möglich sein als bei Ausbeutungsrechten. Für das Grundbuchamt taucht bei einer Grundbuchumschreibung das Problem der Bezeichnung des tatsächlich berechtigten Grundstücks auf. Erfolgt die Angabe aller durch die Teilung entstandener Berechtigungen, so wird im Grundbuch unter Umständen von Amts wegen eine unrichtige Rechtslage verlautbart. Bleibt dagegen das ursprüngliche herrschende Grundstück vermerkt, kann das Grundbuch zwar auch unrichtig sein hinsichtlich der Berechtigung an der Dienstbarkeit (Reallast), aber dieser nachträglich unrichtig gewordene Grundbuchinhalt ist nicht vom Grundbuchamt veranlasst, sondern ausschließlich durch Akte außerhalb des Grundbuchs. Erfolgt eine Verfügung über die Dienstbarkeit (Reallast), so ist von Amts wegen die Verfügungs- bzw Bewilligungsberechtigung zu prüfen. Dabei muss auf sämtliche Veränderungen[164] beim herrschenden und belasteten Grundstück Rücksicht genommen werden, die seit dem Tag der Eintragung der Dienstbarkeit (Reallast) im Grundbuch erfolgt sind. Dies ist nur mit einem hohen Aufwand möglich, aber im Interesse der herrschenden Grundstücke nötig.[165]

Gemeindenutzungsrechte wie auch Realgewerbeberechtigungen (zB Reale Bierschenkgerechtigkeit) sind meist mit einem bestimmten Anwesen derart verbunden worden, dass der jeweilige Eigentümer des Hausanwesens auch Nutzungsberechtigter ist (= radizierte Nutzungsrechte). Wird nur ein Teil des begünstigten Grundstücks veräußert, so findet weder eine Zerstückelung des Nutzungsrechts zwischen Veräußerer und Erwerber noch eine Verdoppelung statt. Vielmehr bleibt das Nutzungsrecht mit demjenigen Grundstücksteil verbunden, der den Mittelpunkt der Wirtschaftsführung des begünstigten Grundstücks bildet.[166]

7. Erteilung eines Unschädlichkeitszeugnisses

Zweck des Unschädlichkeitszeugnisses[167] ist es, durch die Zulassung der lastenfreien Abschreibung von Grundstücksteilen (§ 46 Abs 2) – ohne die an sich erforderliche Löschungsbewilligung dinglich Berechtigter – aufgrund eines Unschädlichkeitszeugnisses Härten zu vermeiden, die das Erfordernis, Freigabeerklärungen vorzulegen, mit sich brächte. Aus dem Gesetzeszweck ergibt sich, dass für die Erteilung eines Unschädlichkeitszeugnisses **kein Raum** mehr ist, wenn das Trennstück **bereits abgeschrieben** und der Eigentumswechsel im Grundbuch vollzogen ist. **Antragsberechtigt** ist lediglich der veräußernde Grundstückseigentümer, nicht jedoch der Erwerber;[168] landesrechtliche Besonderheiten bestehen allerdings.[169]

94

---

162 BayObLG MittBayNot 1996, 376.
163 BayObLG DNotI-Report 1995, 178 = DNotZ 1996, 24. Es ist dringend zu empfehlen, die Realteilung des herrschenden Grundstücks einer Grunddienstbarkeit nachzuzeichnen. Zugleich mit dem Vollzug der Teilung im Grundbuch der herrschenden Grundstücke sollte eine Richtigstellung im Grundbuch des dienenden Grundstücks daher vom teilenden Eigentümer beantragt werden, was zulässig ist, aber wohl nicht verlangt werden kann (bestr., *Otto* NotBZ 2008, 149).
164 KG NJW 1974, 697; MüKo-*Falckenberg* § 1025 Rn 2; *Staudinger-Mayer* § 1025 Rn 6, 13.
165 Ausführlich dazu *Reuter* ZRP 1988, 199; *Köhler* ZRP 1989, 151; ZRP 1989, 152. BayObLG DNotZ 1997, 395 zu Teilflächen.
166 Einzelheiten bei *Glaser* MittBayNot 1988, 113; BayObLG MittBayNot 1988, 139.
167 Dazu ausführlich RpflJB 1959, 64; LG Hof Rpfleger 1964, 22; LG Augsburg Rpfleger 1979, 338; *Grässlin* Merkbuch der freiwilligen Gerichtsbarkeit, 3.1.3.6.
168 BayObLG Rpfleger 1978, 317 = RpflJB 1980, 42 = MittBayNot 1978, 152.
169 *Grässlin* Merkbuch der freiwilligen Gerichtsbarkeit, 3.1.3.6; *Panz* BWNotZ 1998, 16 für Baden-Württemberg; zum bayerischen Unschädlichkeitszeugnis BayObLG RNotZ 2003, 519 (Inhaltsänderung von WEG-Sondereigentum); BayObLG FGPrax 2003, 200 (Grenzberichtigung); LG Augsburg Rpfleger 2004, 616 (Zuständigkeitsfragen); *Kirchmayer* Rpfleger 2004, 203; *Demharter* Rpfleger 2004, 406; *ders.* MittBayNot 2004, 17. Zu Sachsen vgl § 36 Sächs Justizgesetz.

95 Das Unschädlichkeitszeugnis **ersetzt** die vor der lastenfreien Abschreibung erforderlichen **Bewilligungen** der Berechtigten. An die Stelle der Mitwirkung der Berechtigten tritt eine **Behördenfunktion,** die zugleich alle in Betracht kommenden Interessen zu wahren hat.[170] Die Erteilung des Unschädlichkeitszeugnisses stellt keine »Umgehung« des im Grundstücksverkehr geltenden Konsensprinzips dar. Sind nach landesrechtlichen Vorschriften die Amtsgerichte zuständig, so handelt es sich in der Regel um kein Grundbuchverfahren, vielmehr wird das Gericht als solches der Freiwilligen Gerichtsbarkeit tätig. Insoweit verpflichtet dann der Amtsermittlungsgrundsatz des § 12 FGG das Gericht, alle zur Aufklärung des Sachverhalts dienlichen Beweise zu erheben.[171] Eine weite Auslegung der landesrechtlichen Vorschriften ist angebracht, um den Bedürfnissen der Praxis gerecht zu werden.[172] Nacherbenvermerke und sonstige Verfügungsbeschränkungen stellen keine Belastungen dar und können mit einem Unschädlichkeitszeugnis nicht freigestellt werden.[173]

96 Entgegen dem Wortlaut der einschlägigen Norm, die nur von Grundstücksteilung spricht, kann auch ein **selbständiges** Grundstück lastenfrei abgeschrieben werden, wenn die Belastungen, von denen es befreit werden soll, sich auch noch auf andere Grundstücke desselben Eigentümers erstrecken.[174]

97 Das BGB verweist wegen der Möglichkeit der Erteilung von Unschädlichkeitszeugnissen auf **Landesrecht**[175] (Art 120 EGBGB und § 117). Das Unschädlichkeitszeugnis ist bei Grundbuchämtern und Notaren nicht beliebt – ganz zu Unrecht.[176] Es vermag oft nicht nur die Arbeit des Grundbuchamts zu beschleunigen und zu erleichtern, sondern kann auch den Beteiligten erhebliche Kosten sparen. IdR kann das Zeugnis nach den landesrechtlichen Bestimmungen erteilt werden,
– wenn eines von mehreren Grundstücken, die mit einem Gesamtrecht belastet sind, oder ein Teil eines belasteten Grundstücks lastenfrei abgeschrieben werden soll,
– bei Veräußerungen eines Miteigentumsanteils, von Trennstücken eines Erbbaurechts, einer Teilfläche des gemeinschaftlichen Eigentums bei Wohnungs- und Teileigentum.

Für die Praxis besonders wichtig ist, dass aufgrund eines solchen Zeugnisses bei Wohnungs- und Teileigentum Gemeinschaftseigentum in Sondereigentum oder Sondereigentum in Gemeinschaftseigentum ohne Zustimmung dinglich Berechtigter umgewandelt werden kann. Auch bei der Bestellung und Einräumung von Sondernutzungsrechten[177] kann ein Unschädlichkeitszeugnis etwa erforderliche Zustimmungen der an den einzelnen Einheiten dinglich Berechtigten ersetzen.

Ersetzt werden kann sowohl die Bewilligung des Eigentümers des berechtigten Grundstücks wie auch die nach § 876 S 2 BGB erforderliche Zustimmung dinglich Berechtigter.[178] Nach bayerischem Landesrecht ist ein Unschädlichkeitszeugnis wegen der Belastungen am herrschenden Grundstück möglich, nicht aber wegen der am herrschenden Grundstück bestehenden subjektiv-dinglichen Rechte.[179]

Der Antrag kann formlos gestellt werden. Der Antragsteller hat darzulegen, dass Bewilligungen des oder der Berechtigten nicht oder nur unter Schwierigkeiten zu erlangen sind (zB Kostenaufwand für formgerechte Löschungsbewilligungen ist höher als der Wert des lastenfrei abzuschreibenden Grundbesitzes).

Das Zeugnis darf nur erteilt werden, wenn das Trennstück oder mitbelastete Grundstück sowohl im Verhältnis zum Hauptgrundstück oder den verbleibenden mit dem Gesamtrecht belasteten Grundstücken als auch an sich von geringem Wert und Umfang ist. Als geringfügig wird wohl ein Betrag von höchstens 10 Prozent[180] anzusehen sein, zB darf nach § 48 Abs 3 des Sächs. Justizgesetzes der Wert des Trennstücks 2500 € nicht übersteigen.

---

170 *Tröster* Rpfleger 1959, 342; LG Kassel Rpfleger 2007, 464; LG Augsburg Rpfleger 1979, 338; LG Regensburg Rpfleger 1988, 406; *Staudinger-Gursky* § 875 Rn 60; *Demharter* § 46 Rn 18. Fundstellen der landesrechtlichen Vorschriften bei *Schöner/Stöber* Rn 739.

171 *Röll* MittBayNot 1968, 353.

172 Ebenso LG Kassel Rpfleger 2007, 464.

173 KG KGJ 42, 199; LG Frankfurt Rpfleger 1986, 472; KEHE-*Munzig* § 27 Rn 28.

174 BayObLG BayObLGZ 1965, 468; *Tröster* Rpfleger 1959, 343; *Röll* MittBayNot 1968, 353; *Grässlin* in Merkbuch der freiwilligen Gerichtsbarkeit, 3.1.3.6; KG JFG 17, 266 = JW 1938, 1887; BGHZ 18, 296.

175 Zum Landesrecht: LG Frankfurt Rpfleger 1986, 472; LG Kassel Rpfleger 2007, 464; BayObLG Rpfleger 1981, 283 re Spalte = MittBayNot 1981, 136; BayObLG DNotZ 1984, 565 mwN; *Palandt/Bassenge* Art 120 EGBGB Rn 2; *Staudinger-Mayer* Art 120 Rn 50 ff EGBGB; *Schöner/Stöber* Rn 739; *Matiba* DNotZ 1932, 361; *Pöttgen* MittRhNotK 1965, 668; *Ripfel* Die Justiz 1960, 105; *Röll* MittBayNot 1968, 353; RpflJB 1959, 64; *Grässlin* Merkbuch der freiwilligen Gerichtsbarkeit, 3.1.3.6 (Baden-Württemberg); *Sprau* Justizgesetze in Bayern, 1988; *Kirchmayer* Rpfleger 2004, 203.

176 *Grässlin* Merkbuch der freiwilligen Gerichtsbarkeit, 3.1.3.6.

177 BayObLG RNotZ 2003, 519; BayObLG BayObLGZ 1988, 13 = Rpfleger 1988, 140 = NJW-RR 1988, 592 = MittBayNot 1988, 75 = MittRhNotK 1988, 99.

178 *Reinl* Rpfleger 1988, 142; *Grässlin* Merkbuch der freiwilligen Gerichtsbarkeit, 3.1.3.6.

179 AG Augsburg Rpfleger 2008, 70.

180 *Köhler* ZRP 1989, 152; zur Berechnung bei von einem Wohnrecht zu entlastenden Teilflächen LG Kassel Rpfleger 2007, 464.

Erlassen werden kann das Unschädlichkeitszeugnis bei allen dinglichen Rechten in Abt II und III des Grundbuchs, nicht jedoch bei Verfügungsbeeinträchtigungen[181] und Lasten des öffentlichen Rechts (vgl aber die landesrechtlichen Einzelbestimmungen). Zulässig ist das Zeugnis auch zur Feststellung, dass ein abzuschreibendes Trennstück von einer Auflassungsvormerkung nicht betroffen ist.

Das Zeugnis wird wirksam, wenn es nicht mehr angefochten werden kann. Erst der Vollzug im Grundbuch führt zur Lastenfreiheit des Trennstücks. Das Grundbuchamt hat vor Erlass des Zeugnisses die Beteiligten zu hören (rechtliches Gehör),[182] Ermittlungen anzustellen und die geeignet erscheinenden Beweise aufzunehmen (von Amts wegen nach § 12 FGG).[183]

Die landesrechtlichen Vorschriften über das Unschädlichkeitszeugnis sind zur Vermeidung eines unübersichtlichen Rechtszustands großzügig[184] auszulegen[185], insbesondere bei geringfügigen Grenzkorrekturen (Tausch von vielleicht 2 m² zwischen zwei Grundstücken, auf denen größere Eigentumswohnanlagen errichtet wurden).

Ein Unschädlichkeitszeugnis ist entbehrlich bei Grenzregelungen nach § 82a.F. BauGB.

Das Zeugnis ersetzt die nach §§ 875, 876 BGB erforderlichen materiellrechtlichen Erklärungen.[186] Es gilt als Ersatz für die verfahrensrechtliche Löschungsbewilligung;[187] die Vorlage des Unschädlichkeitszeugnisses reicht aus und muss vom Grundbuchamt beachtet werden. Ob das Grundbuchamt die Richtigkeit des Zeugnisses nachprüfen[188] darf, richtet sich nach Landesrecht;[189] ist dort nichts bestimmt, besteht kein Nachprüfungsrecht.

Die Anwendung der landesrechtlichen Unschädlichkeitsgesetze kommt nicht in Betracht, wenn ein Eigentümer von einem Grundstück eine Teilfläche lastenfrei abschreiben lassen will, um sie einem anderen Grundstück in seinem Eigentum zuschreiben zu lassen.[190]

Mustertext:

»Auf Antrag des Eigentümers von Flst. … Gemarkung … wird festgestellt, dass die Abschreibung des im Veränderungsnachweis Nr. … Gemarkung … aufgeführten Flst. … frei von folgenden beschränkten dinglichen Rechten … für die Berechtigten bzw. Gläubiger unschädlich ist, weil unter Berücksichtigung des Wertes des mit einem Wohnhaus bebauten restlichen Hauptgrundstücks Flst. … eine Wertminderung beim Hauptgrundstück nicht eintritt.«

Hinzuweisen ist auch noch auf das Freiwerden von Grundstücken oder Grundstücksteilen bei **Enteignung**.[191]　　**98**

8. Antrag

Da die Nichtmitübertragung von Belastungen der Löschung gleichsteht, sind an den Antrag auf Nichtmitübertragung die **gleichen Anforderungen** zu stellen wie an den Antrag auf Löschung,[192] insbesondere ist § 27 zu beachten. Im Falle des § 1175 Abs 1 S 2 BGB ist keine Zustimmung des Eigentümers nach § 1183 BGB, § 27 erforderlich.　　**99**

181　LG Frankfurt Rpfleger 1986, 472.

182　BayVerfGH MittBayNot 1970, 140. Dazu auch BayObLG JurBüro 1989, 1273, 1275.

183　LG Augsburg Rfleger 1979, 338.

184　Zum bayerischen Unschädlichkeitszeugnis BayObLGZ 2003 Nr 27 = DNotZ 2003, 936 = RNotZ 2003, 519 (Inhaltsänderung von WEG-Sondereigentum); BayObLG FGPrax 2003, 200 (Grenzberichtigung); LG Augsburg Rpfleger 2004, 616 (Zuständigkeitsfragen); *Rapp* DNotZ *2003, 939; Kirchmayer* Rpfleger 2004, 203; *Demharter* Rpfleger 2004, 406; *ders* MittBayNot 2004, 17; *Sprau* Justizgesetze in Bayern, 1988, BayerUnschG, Art 2; dazu auch BayObLG BayObLGZ 1989 Nr 34 = MittBayNot 1989, 311; BayVerfGH MittBayNot 1970, 140; zum hessischen Landesrecht LG Kassel Rpfleger 2007, 464.

185　Zum bayerischen Landesrecht LG Augsburg Rpfleger 2008, 70.

186　BayObLG Rpfleger 1988, 140.

187　LG Regensburg Rpfleger 1988, 406.

188　LG Regensburg Rpfleger 1988, 406.

189　Landesrechtliche Vorschriften bestehen: für Baden-Württemberg §§ 22 ff AGBGB v 26.11.1974 (GBl 498), für Bayern Gesetz vom 07.08.2003 (GVBl S 512), für Bremen § 23 AGBGB idF v 06.12.1928 (GBl 355), für Hamburg §§ 35 ff AGBGB idF v 01.07.1958 (GVBl 195), für Hessen Gesetz vom 04.11.1957 (GVBl 145), für Niedersachsen Gesetz vom 04.07.1961 (GVBl 159), für Nordrhein-Westfalen Gesetz vom 29.03.1966 (GVBl 136), geändert durch Gesetz v 07.04.1970 (GVBl 251) sowie Gesetz v 18.05.1982 (GVBl 248), und AV v 21.06.1966 (JMBl NRW 157), für die Gebiete des fr Preußen Art 20 AGGBO v 26.09.1899 (GS 307), für Rheinland-Pfalz Gesetz vom 24.03.1965 (GVBl 53) und AV v 01.06.1965 (JBl 115), geändert durch § 26 AG BGB vom 18.11.1976 (GVBl 259), für Saarland Gesetz vom 25.01.1967 (GBl 206) und Erlass v 29.06.1967 (Abl 541), für Sachsen §§ 46 ff Sächs. Justizgesetz; für Schleswig-Holstein §§ 14 ff AGBGB v 27.07.1974 (GVOBl 357). Die Vorschriften in den einzelnen Ländern sind unterschiedlich, ebenso die Zuständigkeit für die Erteilung des Zeugnisses.

190　BayObLG BayObLGZ 1989 Nr 34 = DNotZ 1990, 294 = MittBayNot 1989, 311; KG DNotZ 1943, 260.

191　Insbesondere nach § 45 PreußGesetz v 11.06.1974; OLG Hamm OLGZ 1966, 225.

192　BayObLG BayObLGZ 1971, 3; *Böhringer* BWNotZ 1988, 84.

100   Die Rechtswirkungen der Nichtmitübertragung treten auch dann ein, wenn die lastenfreie Übertragung nicht beantragt war oder sogar aus Versehen des Grundbuchbeamten erfolgt ist.[193]

9. Vollzug im Grundbuch

101   Die Löschung durch Nichtmitübertragung ist unzweifelhaft **keine Eintragung** iS der GBO. Sie ist **Alternative zur Löschung durch Löschungsvermerk** und stellt gleichzeitig eine Ausnahme von der vorgeschriebenen Mitübertragung der Belastung dar.

102   Die Nichtmitübertragung des Rechts ist der Löschung gleichzusetzen.[194] Es ist im alten und neuen Grundbuch keinerlei Vermerk (weder Verzicht des Gläubigers noch ein Löschungsvermerk) einzutragen.[195] **Die Eintragung ist stets nur zu röten.** Die Rötung selbst stellt keine Eintragung iS der GBO dar. Die Nummer eines aus der Haftung freigewordenen Grundstücks wird in Abteilung II als auch in Abteilung III nur rot unterstrichen. Der Zusammenhang dieser Rötung mit der Übertragung des Grundstücks im Bestandsverzeichnis des Grundbuchs ist durch den dort einzutragenden **Abschreibungsvermerk**[196] genügend gewahrt.

103   Die pfandfreie Abschreibung hat das **Grundbuchamt besonders zu verfügen,** da sie wie eine Löschung wirkt. Die Verfügung kann lauten: *»Das Recht Blatt ... Abteilung III Nummer ... ist nicht mitzuübertragen und an dem Grundstück Nummer ... zu röten. Pfandfreie Abschreibung ist beantragt, Freigabeerklärung des Gläubigers liegt vor.«* Ein Löschungsvermerk hätte gegenüber dem bloßen Verfügen der pfandfreien Abschreibung den Vorteil, dass die wörtliche Wiedergabe der Eintragung als Vollzugsmitteilung ausreicht, auch würde das Grundbuch aus sich heraus klarer und verständlicher lesbar sein.[197]

104   Eine **Besonderheit** gilt bei **Briefrechten.** Erfolgt pfandfreie Abschreibung bei einer Briefhypothek oder Briefgrundschuld, so ist Vorlage des Briefes und entsprechende Briefergänzung erforderlich, denn die Nichtmitübertragung des Briefrechts bedeutet insoweit seine Löschung.[198] Gleiches gilt bei der pfandfreien Abschreibung eines Grundstücksteils.

10. Wirkung der Nichtmitübertragung

105   Die GBO gestattet aus Vereinfachungsgründen das Unterlassen der Anbringung eines Löschungsvermerks und verleiht diesem Unterlassen die Wirkung einer Löschung.[199] Die Nichtmitübertragung von Belastungen steht in ihren rechtlichen Wirkungen also der Löschungseintragung gleich. Materiell- und formellrechtlich wirkt die Nichtmitübertragung eines Rechts als Löschung.[200]

106   Die Folge der Nichtmitübertragung eines Rechts ist lediglich die, dass das Recht als gelöscht gilt. Die Nichtmitübertragung **ersetzt nur die Löschung,** nicht aber die aus der Löschung zur Aufhebung des Rechts noch erforderliche materielle Erklärung nach § 875 BGB. Aus § 46 Abs 2 folgt nicht aber ohne weiteres, dass das Recht materiell erloschen ist; es ist nur nicht mehr gebucht. § 46 Abs 2 hat keine materiell-rechtliche Bedeutung iS eines Untergangs des Rechts.[201]

107   Wenn daher eine Übertragung des Rechts nur **aus Versehen** des Grundbuchbeamten unterblieben ist, so hat dies nicht ein Erlöschen des Rechts, sondern lediglich die Unrichtigkeit des Grundbuchs zur Folge, die den Grundbuchbeamten berechtigt, einen Amtswiderspruch nach § 53 Abs 1 S 1 einzutragen.[202] Ist also die Mitübertragung sachlich zu Unrecht unterblieben, liegt der Nichtmitübertragung insbesondere keine Erklärung des Berechtigten nach § 875 BGB (Entpfändung des Grundstücks oder Grundstücksteils) zugrunde, so **besteht das Recht außerhalb des Grundbuchs weiter** und kann im Wege der Grundbuchberichtigung (§ 894 BGB) wieder zum grundbuchmäßigen Dasein gelangen, soweit nicht etwa ein inzwischen eingetretener Erwerb unter

193   *Tröster* Rpfleger 1959, 342; *Böhringer* BWNotZ 1988, 84.
194   HansOLG Hamburg Rpfleger 1972, 380; BGH Rpfleger 1988, 353.
195   HansOLG Hamburg Rpfleger 1972, 380; *Böhringer* BWNotZ 1988, 84.
196   BayObLG BayObLGZ 1954, 291; OLG Stuttgart WürttZ 1941, 114; *Böhringer* BWNotZ 1988, 84.
197   So auch *Opitz* Rpfleger 2000, 367.
198   So auch *Haegele* BWNotZ 1971, 1. Zur Briefergänzung: OLG Celle Rpfleger 1985, 398 = WPM 1985, 1041 = ZIP 1985, 1261 m Anm *Gaberdiel*; *Böhringer* Rpfleger 1987, 446; *Burkhardt* BWNotZ 1987, 111; *Wolfsteiner* WuP 1985, 421.
199   OLG Köln DNotZ 1959, 111 = Rpfleger 1959, 290.
200   OLG Frankfurt Rpfleger 1973, 109; *Vogt* BWNotZ 1952, 66.
201   BGH Rpfleger 1988, 353; *Soergel-Stürner* § 875 Rn 5; *Maier* BWNotZ 1951, 89 (90); *Böhringer* BWNotZ 1988, 84.
202   KG OLGE 8, 319; KG KGJ 46, 212; BayObLG Rpfleger 1962, 406; BayObLG Rpfleger 1986, 295; BayObLG Rpfleger 1982, 176; *Bauer/von Oefele-Knothe* § 46 Rn 19 und § 53 Rn 39; *Hesse-Saage-Fischer* § 46 Bem III 2; *Demharter* § 46 Rn 20 und § 53 Rn 20; KEHE-*Eickmann* § 46 Rn 8; *Maier* BWNotZ 1951, 89 (90).

dem Schutze des öffentlichen Glaubens des Grundbuchs entgegensteht.[203] Ein gutgläubiger lastenfreier Erwerb ist auch dann möglich, wenn zugleich mit der Eintragung des Erwerbers eines Grundstücks ein dingliches Recht versehentlich nicht mitübertragen wird.[204]

Wird eine aus dem Servitutenbuch übernommene Grunddienstbarkeit bei einer späteren Veräußerung des **108** Grundstücks versehentlich nicht mitübertragen, so besteht die Grunddienstbarkeit zunächst weiter, es sei denn, der Erwerber ist gutgläubig; veräußert aber nun der Erwerber, so erwirbt der Zweiterwerber lastenfrei, es sei denn, dass er volle Kenntnis von der Unrichtigkeit des Grundbuchs besitzt.[205]

11. Nachholung der Übertragung

Eine Nachholung der Übertragung ist bei den mit dem Eigentum verbundenen Rechten nur so lange zulässig, **109** als die Nachholung einer versehentlich unterbliebenen Eintragung gestattet ist. Nachholung nur dann, wenn ein gutgläubiger Erwerb eines Dritten ausgeschlossen ist;[206] im Regelfall muss deshalb ein Amtswiderspruch eingetragen werden.[207] Von einer Kenntnis und damit einer Bösgläubigkeit kann selbst dann nicht ohne Weiteres ausgegangen werden, wenn der Grundstückserwerber das versehentlich gelöschte Recht übernommen, der Veräußerer sich also nicht zur Lastenfreistellung verpflichtet hatte, denn auch in diesem Fall könnte die Aufgabe des Rechts von dem Berechtigten gleichwohl erklärt worden sein. Kommt ein gutgläubig lastenfreier Erwerb in Betracht, muss für die Eintragung eines Amtswiderspruchs mit Sicherheit nachgewiesen werden oder doch zumindest glaubhaft gemacht werden, dass der Erwerber (zB Grundstückserwerber) hinsichtlich der Unrichtigkeit des Grundbuchs bösgläubig war, ohne dass dies feststehen müsste.[208] Dies gebietet die Wertung des §892 Abs 1 S 1 Hs. 2 BGB, wonach einem Erwerber die Bösgläubigkeit nachgewiesen werden muss.

Als gutgläubiger Erwerber kann nicht nur der Erwerber des belasteten Grundstücks, sondern auch der eines **110** dem betroffenen Recht nachstehenden Rechtes in Frage kommen. Unterblieb versehentlich bei der Übertragung eines Grundstücks von einem Grundbuchblatt auf das andere die Mitübertragung einer an erster Rangstelle eingetragenen Hypothek, so ist die Eintragung eines Amtswiderspruchs gegen die dadurch an erste Rangstelle gelangte zweitrangige Hypothek zulässig.[209] Eine Wiedereintragung des Rechts muss entweder bewilligt werden oder die Unrichtigkeit des Grundbuchs dem Grundbuchamt durch öffentliche Urkunde nachgewiesen werden.[210]

Die Nachholung ist stets ausgeschlossen, wenn das Grundstück inzwischen weiterveräußert worden ist. **111**

Ist gutgläubiger Erwerb durch einen Dritten nicht ausgeschlossen, so kommt nur die Eintragung eines **Amts-** **112** **widerspruchs** nach §53 in Betracht.[211]

12. Verletzung des §46 Abs 2

Wurde ein Recht mitübertragen, obwohl seine Löschung durch Nichtmitübertragung hätte erfolgen sollen, so **113** kann die Löschung noch nachgeholt werden. Sie hat aber nunmehr in der Form der Eintragung eines Löschungsvermerks zu erfolgen.[212] Eine Rückgängigmachung der Übertragung ist ausgeschlossen.[213] Eine Eintragung eines Widerspruchs nach §53 kann erfolgen.

Über den Fall der Nachholung der Übertragung eines Rechts vgl Rdn 109–111.

203 KGJ 27 A 116, 46, 211; OLGE 40, 57; BayObLG FGPrax 2003, 201 m zust Anm *Demharter* = MittBayNot 2004, 127 = NotBZ 2004, 72 = Rpfleger 2004, 37; BayObLG DNotZ 1980, 745 = Rpfleger 1980, 295; OLG Frankfurt Rpfleger 1979, 418; LG Bayreuth MittBayNot 1987, 200; *Staudinger-Gursky* §875 Rn 65; *Böhringer* BWNotZ 1988, 84.
204 BayObLG FGPrax 2003, 201 m zust Anm *Demharter* = MittBayNot 2004, 127 = NotBZ 2004, 72 = Rpfleger 2004, 37.
205 Art 187, 189 EGBGB; §892 BGB; BayObLG NJW-RR 1986, 380; BGH Rpfleger 1988, 353 = DNotZ 1989, 146; LG Ellwangen BWNotZ 1968, 163 Ls.
206 BayObLG NJW-RR 1986, 380; KG KGJ 46, 210; KEHE-*Eickmann* §46 Rn 8; *Schöner/Stöber* Rn 288; *Bauer/von Oefele-Knothe* §46 Rn 17, 19. Wegen eines Klarstellungsvermerks BayObLG BayObLGZ 1988 Nr 21 = Rpfleger 1988, 237.
207 BGH NJW 1994, 2947. So auch KEHE-*Eickmann* §46 Rn 8; *Böhringer* BWNotZ 1988, 84.
208 BayObLGZ 1987, 231 = DNotZ 1988, 157 = NJW-RR 1987, 1416 = Rpfleger 1987, 450. Ebenso *Demharter* §53 Rn 28 gegen BayObLGZ 24, 224; *Demharter* FGPrax 2004, 201; *ders.* Rpfleger 1991, 41.
209 BayObLG NJW-RR 1986, 380; *Bauer/von Oefele-Knothe* §46 Rn 17, 18; *Hesse-Saage-Fischer* §46 Bem III 2; *Schöner/Stöber* Rn 288 mit Fassungsvorschlag; *Demharter* §46 Rn 15, 20; *Haegele* BWNotZ 1975, 3 und Rpfleger 1957, 366; LG München I DNotZ 1954, 484 = MittBayNot 1954, 62.
210 BayObLGZ 1985, 401 = DNotZ 1986, 357 = NJW-RR 1986, 380.
211 Dazu LG Gera BWNotZ 2002, 90 = MittBayNot 2002, 190 m Anm *Munzig*; *Schöner/Stöber* Rn 288.
212 Die Löschungsvoraussetzungen müssen aber jetzt noch vorliegen, zB Zustimmung des Eigentümers gemäß §27; *Schöner/Stöber* Rn 288.
213 *Hesse-Saage-Fischer* §46 Bem III 2; *Böhringer* BWNotZ 1988, 84.

VI. Rechtsmittel

114   Beschwerde gegen die Eintragung des Löschungsvermerks ist unzulässig, § 71 Abs 2 S 1. Dasselbe gilt für die Unterlassung der Übertragung, da diese dieselbe Bedeutung wie der Löschungsvermerk hat.[214] Im Wege der Beschwerde kann nur verlangt werden, dass das Grundbuchamt zur Eintragung eines Widerspruchs nach § 71 Abs 2 angewiesen wird.[215]

VII. Eigentumsaufgabe/Ausschließung

1. Grundsatz

115   Das BGB lässt den Verzicht auf das Eigentum an Grundstücken zu. Die Dereliktion ist nur am gesamten Grundstück zulässig, nicht möglich ist der Verzicht auf das Miteigentum.[216] Der Eigentümer erklärt nach § 928 BGB die Eigentumsaufgabe materiell-rechtlich formlos, grundbuchverfahrensrechtlich ist aber die Form des § 29 einzuhalten. Die auf dem Grundstück lastenden dinglichen Rechte werden von der Eigentumsaufgabe nicht berührt. Der Eigentumsverzicht ist in das Grundbuch einzutragen. Dem **Landesfiskus** steht das Recht zur Aneignung zu.

116   Ein Eigentümer kann gemäß § 927 BGB aufgeboten werden. Voraussetzung ist ua, dass eine Eintragung seit 30 Jahren im Grundbuch nicht erfolgt ist. Nach Erlass des **Ausschlussurteils** kann sich der Antragsteller das herrenlose Grundstück aneignen.

2. Ausnahmen

117   **a) Eigentumsverzicht nach dem VermG.** Der Beteiligte nach §§ 2, 1 Abs 4 VermG hat nach § 11 VermG[217] das Recht, auf sein Grundstückseigentum zu verzichten und stattdessen eine Entschädigung nach § 9 VermG zu wählen. Das Aneignungsrecht steht nicht dem Landesfiskus, sondern nach § 11 Abs 1 S 3 VermG dem **Entschädigungsfonds** als Sondervermögen des Bundes zu (§ 9 EntschG, früher § 29a VermG). Dieser ist vom Grundbuchamt zu unterrichten. Nach Ausübung des Aneignungsrechts und Eintragung im Grundbuch wird der Entschädigungsfonds Eigentümer des Grundstücks.

118   Auch eine **Erbengemeinschaft** kann restitutionsberechtigt[218] sein. Hat ein Miterbe kein Interesse an dem Vermögenswert, kann er nach § 2a Abs 3 VermG auf seine Rechte verzichten und zwar auch dann, wenn er früher sein Erbe nicht ausgeschlagen hat. Dieser Verzicht führt dazu, dass der betreffende Miterbe nicht als Erbe gilt und auch nicht mehr im Grundbuch eingetragen wird.

119   **b) Verzicht auf Bodenreformland.** Art 233 § 15 Abs 2 EGBGB gibt dem nach Maßgabe des § 11 Abs 2 gewordenen Eigentümer die Möglichkeit der Aufgabe des Eigentums seines Bodenreformgrundstücks.[219] Die Erklärung des Eigentümers bedarf der **Zustimmung der Ortsgemeinde,** ohne diese Zustimmung kann die Eigentumsaufgabe im Grundbuch nicht eingetragen werden. Abweichend von § 928 BGB können sich auch andere Personen das Grundstück aneignen (Art 233 § 15 Abs 3 EGBGB). Es ist ein Aufforderungsverfahren vorgesehen, grundbuchgängig wird es über ein Aufgebotsverfahren (nach der ZPO beim Amtsgericht). Der Grundbuchantrag eines aneignungsberechtigten Gläubigers bedarf der Form des § 29.

120   **c) Aufgebotsverfahren. aa) Miteigentumsanteil nach § 459 ZGB.** Der Grundstückseigentümer, an dessen Grundstück ein Miteigentumsanteil nach § 459 Abs 1 S 2 oder Abs 4 S 1 ZGB entstanden sein kann, hat ein Interesse an einer Klarstellung der Rechtsverhältnisse am Grundstück. Solange nämlich das Grundbuch nicht die richtige Eigentumslage wiedergibt, ist eine dementsprechende Verfügung über das Grundstück nicht uneingeschränkt wirksam. § 114 SachenRBerG ermöglicht ein Aufgebotsverfahren, das zum Erlöschen des nach § 459 ZGB entstandenen Miteigentumsanteils und zum Erwerb des Alleineigentums des eingetragenen Eigentümers führen kann, wenn nicht innerhalb der Frist des § 114 SachenRBerG eine Eintragung dieser Miteigentumsanteile erfolgt oder wenigstens beantragt worden ist.

---

214   BayObLG Rpfleger 1962, 406; *Haegele* BWNotZ 1975, 1 und Rpfleger 1957, 366.

215   KG OLGE 8, 315; KGJ 46, 210.

216   BGH DNotZ 1992, 359 = MDR 1991, 1964 = NJW 1991, 2488 = Rpfleger 1991, 495 = WM 1991, 1605 = JR 1992, 152 m Anm *Henssler* = JuS 1992, 154 (Entscheidungsbesprechung v *Schmidt*) = EwiR 1991, 1075 (bearb v *Quack*); dazu *Hilbrandt* AcP 202 (2002) 631; BGHZ 172, 209 = BGHReport 2007, 854 m Anm *Grziwotz* = Rpfleger 2007, 457 = DNotZ 2007, 840 m Anm *Kesseler* = NJW 2007, 2254 = ZfIR 2008, 19 m Anm *Heinemann* = ZMR 2007, 793 m Anm *Elzer*.

217   Dazu *Kuhlmey* OV spezial 4/94 S 8.

218   Dies gilt selbst dann, wenn die Miterben nacheinander ihr Eigentum zu DDR-Zeiten aufgaben, BVerwG VIZ 1998, 509.

219   Zum Rechtscharakter ehemaliger Bodenreformgrundstücke *Böhringer* VIZ 1992, 179; *Kahlke* NJ 1992, 481.

Mit dem Ausschlussurteil erwirbt der eingetragene Eigentümer (bzw die eingetragene Gesamthandsgemeinschaft) den Miteigentumsanteil. Mehrere (Bruchteils-)Eigentümer erwerben den aufgebotenen Anteil wohl im Verhältnis ihrer bisherigen Beteiligung **(Quotentheorie)** und nicht zu gleichen Teilen (Gleichanteilstheorie). **121**

Der Grundbucheintrag erfolgt berichtigend. Der Eintragungsantrag ist formlos. Vorzulegen ist eine Ausfertigung des Ausschlussurteils, das sofort nach Erlass rechtskräftig wird. Eine Unbedenklichkeitsbescheinigung des Finanzamtes (§ 22 GrEStG) ist vorzulegen.[220] **122**

bb) Gegen Nutzer. Kann ein Nutzungsrecht keiner Person zugeordnet werden oder ist der Nutzer oder sein Aufenthalt unbekannt, so hat der Grundstückseigentümer nach § 18 SachenRBerG die Möglichkeit, den Nutzer im Wege eines Aufgebotsverfahrens mit seinen Rechten auszuschließen. Ähnlich § 937 Abs 1 BGB muss der Besitzverlust mindestens 10 Jahre angedauert haben. **123**

Mit dem Ausschlussurteil gehen das Gebäudeeigentum und das Nutzungsrecht auf den Grundstückseigentümer über. Es kommt zu **keiner Konsolidation** bzw Konfusion, beide Rechtsobjekte bleiben bestehen. Das Grundbuch wird berichtigt. Der Eintragungsantrag bedarf keiner Form. Vorzulegen ist Ausfertigung des Ausschlussurteils, ebenso Unbedenklichkeitsbescheinigung des Finanzamtes (§ 22 GrEStG). **124**

d) Verfügung über Vermögen ausländischer Staaten. Über Grund- und Gebäudeeigentum sowie dinglicher Rechte daran für ausländische Staaten kann mit § 104a GBV erleichtert verfügt, also das Recht insbesondere übertragen oder aufgehoben werden. Das Auswärtige Amt bestätigt dem Grundbuchamt, dass die auftretende Stelle diejenige ist oder für diejenige handelt, der das Grundstück oder Gebäude wirklich zugefallen ist. **125**

e) Ungetrennte Hofräume. Die im Grundbuch eingetragenen *»Anteile an ungetrennten Hofräumen«* sind dann formal grundbuchfähige Rechtsobjekte, wenn sie den Anforderungen der HofV[221] entsprechen. Erfüllt der Grundstückseigentümer nicht bis 31.12.2010 die Vorgaben der HofV, gilt ab diesem Zeitpunkt das Grundstück nicht mehr als Grundstück im Rechtssinne. **126**

VIII. Aufhebung[222] des dinglichen Nutzungsrechts/Gebäudeeigentums

Bei der Aufhebung des Gebäudeeigentums/Nutzungsrechts nach Art 233 § 2b Abs 4 bzw nach § 4 Abs 6 EGBGB ist nicht erforderlich, dass an beiden Rechtsobjekten der gleiche Rechtsinhaber mit dem gleichen Gemeinschaftsverhältnis vorhanden ist. **127**

Dogmatisch gesehen verliert das durch Abspaltung vom Grundstückseigentum entstandene grundstücksgleiche Recht (Gebäudeeigentum) durch die Aufhebung seine Selbständigkeit und wächst nach dem Elastizitätsprinzip dem Eigentum wieder an. **128**

1. Redlich erworbene Rechte

a) Aufhebungserklärung. Die Aufhebung des Rechts erfolgt gemäß §§ 875, 876 BGB, also nicht nach den durch Art 233 § 4 Abs 1 S 1 EGBGB ausgeschlossenen §§ 928, 927 BGB. Dazu ist eine einseitige, abstrakte Erklärung des Gebäudeeigentümers notwendig, dass er das Recht aufgebe. Sofern das Gebäudeeigentum/Nutzungsrecht im Grundbuch eingetragen ist, ist die Erklärung formfrei, grundbuchverfahrensrechtlich bedarf sie aber der Form des § 29. Ist das Recht dagegen nicht im Grundbuch eingetragen, so ist die Aufhebungserklärung notariell zu beurkunden (§ 128 BGB), öffentliche Beglaubigung (§ 129 BGB) genügt nicht. Es handelt sich um ein **materiellrechtliches Erfordernis.** Dabei hat das Grundbuchamt nicht zu prüfen, ob die die Aufhebungserklärung abgebende Person auch tatsächlich der Verfügungsberechtigte ist. Bei einem noch **nicht eingetragenen** Gebäudeeigentum kann auch **kein Aufhebungsvermerk** im Grundstücksgrundbuch eingetragen werden. **129**

Die Verpflichtung zur Aufhebung des Rechts ist nach § 311b Abs 1 S 1 BGB beurkundungspflichtig, da ja das Gebäudeeigentum übergehen soll (künftig Bestandteil des Grundstücks). Heilung durch Vollzug der Rechtsaufhebung ist möglich (§ 311b Abs 1 S 2 BGB). Aus § 78 GBBerG kann sich eine gesetzliche Pflicht zur Aufhebung des Gebäudeeigentums ergeben **130**

b) Zustimmungserklärung. Der Grundstückseigentümer braucht der Aufhebung des Gebäudeeigentums/Nutzungsrechts nicht zuzustimmen.[223] Erforderlich ist aber die Zustimmung der am Gebäudeeigentum dinglich **131**

---

220 OLG Zweibrücken Rpfleger 1987, 105.
221 BGBl 1993 I 1658; Einzelheiten *Böhringer* VIZ 1994, 63; *ders* DtZ 1994, 100. Zum alten Recht *Ufer* DtZ 1992, 272 und AVN 1/1992, 25; *Schmidt-Räntsch* VIZ 1992, 163.
222 Einzelheiten *Böhringer* OV spezial 4/1993, S 1; *ders* OV spezial 10/1993, S 8; *ders* DtZ 1994, 266.
223 Anders beim Erbbaurecht § 26 ErbbauRG.

Berechtigten[224] gemäß § 876 BGB;[225] die Erklärung ist materiell-rechtlich formlos, aber nach § 29 verfahrens-rechtlich formbedürftig.

132 **c) Mehraktige Verfügung**. Das Zustimmungserfordernis bedeutet ein neues, selbständiges Erfordernis der Aufhebung des Rechts, sodass bei eingetragenem Gebäudeeigentum ein dreigliedriger Tatbestand entsteht: Aufhebungserklärung des Gebäudeeigentümers, Zustimmung des dinglich Berechtigten am Gebäudeeigentum, Löschung im (Grundstücks-)Grundbuch.[226] Die Reihenfolge der Einzelakte ist gleichgültig, sie sind unterein-ander gleichwertig, zusammen bewirken sie die Aufhebung des Rechts.

133 **d) Grundbuchverfahren**. Eine GVO-Genehmigung ist zur Rechtsaufhebung nicht erforderlich. Gehören das Grundstück und das Gebäudeeigentum verschiedenen Personen, so ist die Aufhebung des Gebäudeeigentums/ Nutzungsrechts ein grunderwerbsteuerbarer Vorgang. Eine steuerliche Unbedenklichkeitsbescheinigung muss dem Grundbuchamt daher eingereicht werden. Es erwirbt der Grundstückseigentümer mit der Rechtsaufhe-bung das Gebäude als **Bestandteil des Grundstücks**; dies hat die gleiche Wirkung, wie wenn das Gebäudeeig-entum auf den Grundstückseigentümer übertragen wird. Für das Erbbaurecht wird die Grunderwerbssteuer-pflicht bejaht, § 2 Abs 2 GrEStG.[227] Nach dieser Vorschrift gilt dies auch für Gebäude auf fremdem Boden; darunter kann bei obiger Falllage auch das Gebäudeeigentum zählen.

134 **e) Wirkung der Rechtsaufhebung**. Die mit Zustimmung des dinglich Berechtigten am Gebäudeeigentum und Aufgabeerklärung des Gebäudeeigentümers erfolgte Löschung im Grundbuch führt nicht nur zur Aufhe-bung des Gebäudeeigentums/Nutzungsrechts, sondern auch zur Aufhebung der beschränkten dinglichen Rechte am Gebäudeeigentum. Liegt die Zustimmung der Berechtigten gemäß § 876 BGB vor, ist **keine besondere Löschungsbewilligung** dieser Rechte mehr erforderlich; die Löschung der beschränkten dingli-chen Rechte am Gebäudeeigentum erfolgt von Amts wegen mit der Löschung des Gebäudeeigentums. Die dinglichen Rechte am Gebäudeeigentum setzen sich nicht von allein am Grundstück fort. Die im Gebäudeeig-entum eingetragenen dinglichen Rechte können daher nicht (im Wege der Grundbuchberichtigung) auf das Grundstücksgrundbuch »übertragen« werden. Eine »Übertragung« der dinglichen Belastungen am Gebäudeeig-entum auf das Grundstück ist nur bei dessen Pfandunterstellung vor Aufhebung des Gebäudeeigentums oder durch Neubestellung danach möglich.[228] Das nicht eingetragene dingliche Nutzungsrecht erlischt mit Eingang der beurkundeten Aufgabeerklärung beim Grundbuchamt. Eine Voreintragung des Rechts ist entbehrlich.

2. Unredlich erworbene dingliche Nutzungsrechte

135 **a) Aufhebungsbescheid**. Das unredlich erworbene dingliche Nutzungsrecht genießt wie das unredlich erworbene Eigentum im Restitutionsfall keinen Bestandsschutz (§§ 4, 16 VermG). Solche Nutzungsrechte erlö-schen aber nur dann, wenn sie im Restitutions- bzw Aufhebungsbescheid nach § 33 Abs 4 VermG ausdrücklich aufgehoben werden; sie erlöschen also nicht kraft Gesetzes mit der Rückübertragung des Grundstückseigen-tums. Das Amt zur Regelung offener Vermögensfragen ersucht das Grundbuchamt um Löschung des Rechts, welche gebührenfrei ist (§ 34 VermG). Die Aufhebung des Rechts bewirkt automatisch das gleichzei-tige **Erlöschen des Gebäudeeigentums**. Dingliche Berechtigte haben dem Grundbuchamt keine Zustim-mungserklärung nach § 876 BGB einzureichen. Um den Gläubiger von Grundpfandrechten an dem aufgrund des Nutzungsrechts errichteten Gebäude eine dingliche Rechtsstellung zu erhalten, begründet § 16 Abs 3 S 4 VermG zu ihren Gunsten ein Pfandrecht an den in §§ 7 und 7a VermG bezeichneten Ansprüchen sowie an dinglichen Rechten, die zu deren Sicherung gemäß § 7a Abs 3 S 2 VermG begründet wurden. Für den Ver-merk des Pfandrechts an der Sicherungshypothek wird vom Grundbuchamt keine Gebühr erhoben (§ 34 VermG).

136 **b) Aufhebungsklage**. Fällt ein unredlich erworbenes dingliches Nutzungsrecht nicht unter § 16 VermG (nur bei restitutionsbelasteten und ehemals staatlich verwalteten Grundstücken gilt § 16 VermG), so kann der Grundstückseigentümer – zeitlich befristet – Aufhebung des Nutzungsrechts durch zivilgerichtliche Entschei-dung verlangen (Art 233 § 4 Abs 5 EGBGB). Insbesondere Nutzungsrechte an genossenschaftlich genutzten Grundstücken werden davon erfasst.

---

224 Auch derjenige, zu dessen Gunsten am Gebäudeeigentum eine Vormerkung zur Sicherung des Gebäudeeigentums ein-getragen ist, hat zuzustimmen.

225 Einzelheiten und zur Frage der Entbehrlichkeit der Zustimmung bei Doppel-/Gesamtbelastung, *Böhringer* DtZ 1994, 266.

226 Maßgeblich ist die Löschung im Grundstücksgrundbuch, wenngleich die Aufhebung des Gebäudeeigentums auch durch Schließung des Gebäudegrundbuchs zum Ausdruck kommt.

227 BFH BB 1982, 1226 u 1908.

228 BayObLG DNotZ 1985, 372 = Rpfleger 1984, 145. Zu beachten ist dabei, dass eine Hypothek nach dem ZGB, insbe-sondere eine Aufbauhypothek nicht mehr begründet werden kann.

Mit der gerichtlichen Aufhebung des Nutzungsrechts erlischt das Eigentum am Gebäude, dieses wird **Bestand-** 137
teil des Grundstücks. Das Grundbuchamt löscht auf Antrag (§ 13) unter Vorlage der Ausfertigung der
gerichtlichen Entscheidung. Die Grundbucheintragung ist nicht Wirksamkeitsvoraussetzung der gerichtlichen
Aufhebung des Nutzungsrechts.[229]

Für Gläubiger von Grundpfandrechten besteht die gleiche Rechtslage wie bei § 16 Abs 3 VermG. Ihre Rechte 138
setzen sich als Pfandrechte am Wertersatzanspruch des Nutzers gegen den Grundstückseigentümer fort. Die
Grundpfandrechtsgläubiger brauchen deshalb auch nicht gemäß § 876 BGB gegenüber dem Grundbuchamt eine
Zustimmungserklärung abzugeben.

3. Gutgläubiger »Wegerwerb«

Das Gebäudeeigentum nach Art 231 § 5 Abs 1 und 2 erlischt künftig gemäß Abs 3 S 1 EGBGB, wenn nach 139
dem 31.12.2000 ein Antrag auf Eintragung einer rechtsgeschäftlichen Eigentumsänderung (§ 925 BGB) am
Grundstück beim Grundbuchamt gestellt wird, es sei denn, es selbst oder – bei nutzungsbewehrtem Gebäudeeigentum – das dingliche Nutzungsrecht war im Grundbuch des Grundstücks eingetragen oder dem Erwerber
des Grundstücks bekannt. Im Falle gutgläubig lastenfreien (gebäudeeigentumsfreien) Grundstückserwerbs erlöschen die Grundpfandrechte am Gebäudeeigentum und setzen sich – analog der Vorschrift des § 16 VermG –
als Pfandrechte am Wertersatzanspruch fort, der dem Gebäudeeigentümer gegen den Grundstücksveräußerer
zusteht (andere dingliche Rechte am Gebäudeeigentum erlöschen ohne irgendwelchen Ersatzanspruch oder
Sicherungsrechte). Entsprechendes gilt, wenn das Grundstück versteigert und das selbständige Gebäudeeigentum nicht aus dem Grundstücksgrundbuch ersichtlich ist oder im Zwangsversteigerungsverfahren angemeldet
wird. Im Grundstücksgrundbuch sind deshalb Vermerke über das Bestehen des Nutzungsrechts/Gebäudeeigen-
tums anzubringen (Art 233 § 4 Abs 1 S 2, § 2b, § 2c, § 8 EGBGB).

Die Löschung des Gebäudeeigentums/Nutzungsrechts ist **Grundbuchberichtigung** gemäß § 22. 140

4. Physischer Untergang des Gebäudes

Nach Art 233 § 4 Abs 3, § 2b Abs 4, § 8 EGBGB lässt der Untergang des Gebäudes den Bestand des Nutzungs- 141
rechts/Gebäudeeigentums unberührt; es kann ein **neues** Gebäude errichtet werden.

5. Teilung von Grundstück und Gebäudeeigentum

a) Lastenfreie Abschreibung. § 14 Abs 4 GGV ermöglicht es, dass ein mit einem Gebäudeeigentum/dingli- 142
chen Nutzungsrecht (Art 233 §§ 4, 2 b, 8 EGBGB) belastetes Grundstück geteilt und ein abzuschreibender
Grundstücksteil lastenfrei gebucht werden kann. Es handelt sich um einen mit § 1026 BGB vergleichbaren Fall.

b) Teilung von Gebäudeeigentum. Nach § 14 Abs 3 GGV kann die Teilung von Gebäudeeigentum auch 143
ohne Zustimmung des Grundstückseigentümers im Grundbuch vollzogen werden. Die Teilung enthält eine
teilweise Aufhebung des alten Gebäudeeigentums. Die Zustimmung der dinglich Berechtigten am Gebäudeeigentum ist nicht erforderlich, soweit die Belastungen auf den neuen Gebäudeeigentumsrechten unverändert als
Gesamtbelastungen bestehen bleiben.[230] Nicht nötig ist die Zustimmung der am belasteten/betroffenen Grundstück eingetragenen dinglich Berechtigten. Für jedes neu entstandene Gebäudeeigentum ist ein besonderes
Gebäudegrundbuchblatt anzulegen.

6. Hinkende Schließungen von Gebäudegrundbüchern

§ 12 GGV regelt, wie die rechtlich wirkungslose Schließung eines Gebäudegrundbuchs trotz Fehlens einer Auf- 144
hebungserklärung nachträglich »geheilt« werden kann. Weiter sind dort Bestimmungen für die Fälle getroffen,
in denen zwar formgerechte Aufgabeerklärungen oder ein Aufhebungsbescheid vorliegt, die Löschung des
Rechts im Grundbuch des belasteten oder betroffenen Grundstücks oder die Schließung des Grundbuchblattes
versäumt worden ist. Auch die Verwechslung von Gebäude- und Grundstücksgrundbuch bei der Aufhebung
von Gebäudeeigentum erfährt eine klarstellende Regelung.[231]

Nur unter Beachtung des § 12 Abs 2 und 3 GGV kommt es zu einer Aufhebung des selbständigen Gebäudeei- 145
gentums.

---

229 Es wurde weder auf § 875 BGB noch auf § 876 BGB verwiesen.
230 Vergleichbar der Rechtslage beim Erbbaurecht. BayObLG Rpfleger 1987, 156; *Schöner/Stöber* Rn 1851. Ausführlich
     Böhringer DtZ 1996, 290.
231 Einzelheiten bei *Schmidt-Räntsch-Sternal* DtZ 1994, 262.

IX. Alte Erbbaurechte

146 Vor dem 01.01.1976 bestellte Erbbaurechte enden nach § 112 SachenRBerG frühestens am 31.12.1995. Da bei bestimmter Falllage Fristverlängerungen bis 31.12.2005 gelten, kann das Grundbuchamt nicht ohne Bewilligung des Erbbauberechtigten das Erbbaurecht löschen, denn die Falllagen sind gemäß § 29 nachzuweisen.

X. Rechtspositionen in Abt II des Grundbuchs

1. Erweiterte Bewilligungsbefugnis

147 **a) Verfügungsbefugnis für Rechte öffentlicher Stellen/Banken/Versicherungen.** § 105 Abs 1 Nr 6 GBV schafft Möglichkeiten zur erleichterten Löschung von dinglichen Rechten zugunsten öffentlicher Stellen (vgl auch Rdn 192) von Kreditinstituten und Versicherungen. Neben dem tatsächlich dinglich Berechtigten (vgl Art 231 § 10 EGBGB) besteht für bestimmte Bewilligungsstellen eine Verfügungsbefugnis.

148 § 105 Abs 1 Nr 6 GBV gilt aber nicht für die Bereiche der Sozialversicherung,[232] der Reichsbahn[233] und der Deutschen Post,[234] weil bereits gesetzliche Sonderregelungen bestehen.

149 Wurden Löschungsbewilligungen bereits vor dem 24.07.1994 abgegeben, so gilt § 105 Abs 1 Nr 6 GBV bei bestimmter Falllage ebenfalls. Dies ist besonders bei bereits vorgenommenen Löschungen von Rechten der Sparkassen von Bedeutung.

150 **b) Dingliche Rechte für ausländische Staaten.** § 104a GBV schafft Nachweiserleichterungen für Vermögen ausländischer Staaten. In grundbuchgängiger Weise kann der Grundbuchführer zB die Aufspaltung ausländischer Staaten mit der damit verbundenen Aufteilung des Vermögens nachvollziehen, vor allem dann, wenn das dingliche Recht gelöscht werden soll.

2. Mitbenutzungsrechte

151 **a) Rechtsgeschäftliche Aufhebung.** Bei nicht im Grundbuch eingetragenen Mitbenutzungsrechten (§§ 321, 322 ZGB) ist für die Aufhebung des Rechts nach Art 233 § 3 Abs 2 EGBGB eine vorgängige Grundbuchberichtigung nicht erforderlich. Die Aufhebung erfolgt durch einen der Begründung entsprechenden actus contrarius (Geltung der Vorschriften des ZGB). Es gilt also weder § 875 BGB noch § 39. Im Grundbuch ist auch **kein Aufhebungsvermerk** zu buchen.

152 Die Aufhebung von im Grundbuch eingetragenen Mitbenutzungsrechten richtet sich seit dem 03.10.1990 nach § 875 BGB.

153 **b) Erlöschen durch Nichtausübung.** Eingetragene wie auch nicht eingetragene Mitbenutzungsrechte können wegen vierjähriger Nichtausübung erlöschen, aber auch dann, wenn die Voraussetzungen für ihre Begründung weggefallen sind[235] (§ 322 Abs 3 ZGB). Für die Löschung gilt § 22. Ist das Mitbenutzungsrecht gegenstandslos, so besteht zur Löschung des Rechts im Grundbuch ein besonderes Bescheinigungsverfahren.

154 **c) Erlöschen durch Zeitablauf (31.12.2000).** Gewisse, nicht eingetragene Mitbenutzungsrechte erlöschen, wenn sie gemäß § 8 GBBerG nicht rechtzeitig anerkannt oder rechtshängig gemacht worden sind. Stichtag dafür ist der 31.12.2000. Für die Löschung gilt § 22.

155 **d) Erlöschen durch gutgläubigen »Wegerwerb«.** Nach § 8 GBBerG bestandskräftige, aber bis zum Ablauf des 31.12.2000 nicht im Grundbuch eingetragene Rechte (Antragsdatum und nicht das Eintragungsdatum entscheidet) unterliegen ab dem 01.01.2001 den Vorschriften über den öffentlichen Glauben des Grundbuchs (Art 233 § 5 Abs 2 EGBGB), können also beim Fehlen eines Rechtshängigkeitsvermerks nach § 8 Abs 4 GBBerG gutgläubig »wegerworben« werden. Für die Löschung gilt § 22.

156 **e) Sonderfälle bei Energieanlagen.** § 8 Abs 3 GBBerG regelt ausdrücklich, dass die dort genannten Mitbenutzungsrechte (zB für Energieversorgungsunternehmen) nicht zum 31.12.2000 erlöschen, vielmehr bis zum 31.12.2010 fortbestehen, sofern die Rechte nicht vorher schon nach § 9 GBBerG im Grundbuch gesichert sind.[236]

---

232 Gesetz vom 20.12.1991 (BGBl I 2313).
233 Gesetz vom 27.12.1993 (BGBl I 2378).
234 Gesetz vom 14.09.1994 – Postneuordnungsgesetz (BGBl I 2325).
235 LG Frankfurt/Oder VIZ 2002, 113.
236 Art 19 Abs 2 des RegVBG.

Die nach § 9 Abs 1 GBBerG am 25.12.1993 kraft Gesetzes – ohne Grundbucheintragung – entstandenen **157** Dienstbarkeiten können ab 01.01.2011 gutgläubig »wegerworben« werden,[237] wenn ihre Grundbucheintragung nicht bis dahin erfolgt ist.

3. Altrechtliche Grunddienstbarkeiten

Vor dem 01.01.1900 entstandene altrechtliche Grunddienstbarkeiten[238] (Art 184, 187 EGBGB) erlöschen zum **158** 31.12.2000, sofern nicht bis dahin eine Anerkennungshandlung vorgenommen wurde. Wegen Fristverlängerung vgl § 13 SachenR-DV.

4. Versorgungs-Dienstbarkeit nach § 9 Abs 5 GBBerG

Die Dienstbarkeiten des § 9 GBBerG werden aufgrund einer Bescheinigung der nach Abs 4 zuständigen **159** Behörde in das Grundbuch im Wege der Grundbuchberichtigung eingetragen. War die Bescheinigung in der Sache fehlerhaft, erfolgte die Eintragung zu Unrecht und machte das Grundbuch unrichtig. Die Löschung der Dienstbarkeit erfolgt nach § 22 (Berichtigungsbewilligung des betroffenen Dienstbarkeitsberechtigten bzw Urteil nach § 894 ZPO).

5. Überholte dingliche Rechte

Grundsätzlich wird ein unrichtiges Grundbuch nach § 22 berichtigt. Bei höchstpersönlichen Rechten gelten **160** erleichterte Löschungsvoraussetzungen. Mit der Vorlöschklausel des § 23 Abs 2 können viele überholte Rechtseintragungen beseitigt werden. Allerdings ist ein Todesnachweis vorzulegen. In den neuen Bundesländern kann oft der Nachweis des Todes, des Eintritts eines bestimmten Lebensalters oder einer Verheiratung wegen unbekannten Aufenthalts des Berechtigten nicht beigebracht werden.

a) Erlöschensfiktion. § 5 GBBerG gestattet die erleichterte Löschung überholter Rechtspositionen. Darunter **161** fallen Nießbrauche (§ 1030 BGB), beschränkte persönliche Dienstbarkeiten (§§ 1090–1093 BGB), subjektiv-persönliche Vorkaufsrechte (§ 1094 Abs 1, § 1103 Abs 2, §§ 1098, 473 BGB), subjektiv-persönliche Reallasten (§ 1105 Abs 1, § 1111 Abs 1 und 2 BGB). Hypotheken, Grundschulden und Rentenschulden sind ebenfalls unter der Vorschrift zu zählen, sofern das Gläubigerrecht unvererblich und unabtretbar gestaltet wurde, was nach §§ 399, 1113 BGB möglich ist. Dies kommt extrem selten vor. Eine solche Rechtsposition ist aus dem Grundbuch bzw den Grundakten zu entnehmen. Mit dem Tode des Gläubigers erlischt dann das Grundpfandrecht, eine Eigentümergrundschuld entsteht nicht. § 5 GBBerG umfasst auch eine Vormerkung, wenn sie oder der gesicherte Anspruch unübertragbar und unvererblich ist.

Steht das dingliche Recht mehreren Personen zu einem bestimmten Gemeinschaftsverhältnis zu, so entscheidet **162** das Gemeinschaftsverhältnis, ob das Recht für alle Personen schon mit der Erlöschensfiktion bei einem der mehreren Berechtigten insgesamt erlischt oder nur bei der konkret **110 Jahre alt** gewordenen Person. Letzteres ist zu bejahen bei der Gesamtberechtigung gemäß § 428 BGB und bei Gesamthändern; es erlischt also nur die Rechtsposition des 110-jährigen, nicht die der anderen Berechtigten. Steht das Recht mehreren zu Bruchteilen zu, tritt die Erlöschensfiktion nur bezüglich dieses Bruchteilsberechtigten ein.

Mit dem Ablauf von 110 Jahren von dem Geburtstag des Berechtigten an erlischt das Recht, sofern nicht inner- **163** halb von 4 Wochen ab diesem Zeitpunkt eine Erklärung des Berechtigten beim Grundbuchamt eingegangen ist, dass er auf den Fortbestand seines Rechts bestehe. Die Mitteilung muss nach Ablauf der genannten 110-Jahres-Frist abgefasst sein. Anders lässt sich nämlich nicht feststellen, ob der Berechtigte noch lebt. Sie muss innerhalb der **4-Wochen-Frist** beim Grundbuchamt eingegangen sein. Für die Fristberechnung gelten die § 187 Abs 2, § 188 Abs 2, § 193 BGB. Die **Fortgeltungserklärung** bedarf nicht der Form des § 29; es gilt ausschließlich § 126 BGB. Geht die Fortgeltungserklärung vor dem 110. Geburtstag des Berechtigten oder nach Ablauf der vierwöchigen Mitteilungsfrist ein, so hat eine solche Erklärung nicht die Wirkung des Nichterlöschens des Rechts. Eine verspätet eingegangene Fortgeltungserklärung kann demnach die Löschung des Rechts nicht verhindern, auch wenn der Berechtigte noch lebt.

Ist die Falllage des § 5 Abs 1 GBBerG vorliegend, kann das Grundbuchamt von Amts wegen die Löschung vor- **164** nehmen.

b) Aufgebotsverfahren. Das GBBerG erlaubt auch abweichend von der Regelung des § 1170 BGB die **165** Durchführung eines **Aufgebotsverfahrens zum Ausschluss unbekannter Rechtsinhaber** auch in den Fällen, in denen der eingetragene Berechtigte eben wegen dieser Eintragung zwar bekannt, aber nicht feststellbar

---

237 § 9 Abs 1 S 2 GBBerG. *Böhringer* Rpfleger 1999, 425; *ders* VIZ 2000, 441; *ders* ZfIR 2000, 671.
238 BGH NotBZ 2003, 227; *Böhringer* BWNotZ 1992, 3.

ist, ob er noch lebt oder wo er seinen Aufenthalt hat. Die Regelung[239] betrifft zum einen die Fälle, in denen das Recht erloschen ist, weil der Berechtigte[240] zwischenzeitlich zwar verstorben ist, der Todesnachweis aber trotzdem nicht entbehrlich ist. Das Aufgebotsverfahren erspart dem Eigentümer hier den unter Umständen nur unter unverhältnismäßigen Schwierigkeiten zu führenden Todesnachweis. Zum anderen sind auch die Fälle erfasst, in denen andere Erlöschenstatbestände vorliegen und der Aufenthalt des – früheren – Berechtigten unbekannt ist. Viele dingliche Rechte können nun aber auch über § 105 Abs 1 Nr 6 GBV erleichtert gelöscht werden.

Liegen die Voraussetzungen des § 5 Abs 1 GBBerG nicht vor, kann mit einem Aufgebotsverfahren nach § 6 Abs 1 S 1 und Abs 1a GBBerG die Löschung des Rechts erreicht werden. Darunter fallen Vorkaufsrechte, Reallasten, Nießbrauche, beschränkte persönliche Dienstbarkeiten, im Grundbuch eingetragene Mitbenutzungsrechte und Vormerkungen. Grundpfandrechte fallen ebenfalls unter § 6 GBBerG; Vermerke über ihre Pfändung oder Verpfändung können nicht darunter eingeordnet werden. Berechtigter kann auch eine juristische Person sein.

166 Abweichend von § 1170 BGB sieht § 6 Abs 1 GBBerG die Durchführung eines Aufgebotsverfahrens zum Ausschluss unbekannter Berechtigter auch in den Fällen vor, in denen der eingetragene Berechtigte eben wegen dieser Eintragung zwar bekannt, aber nicht feststellbar ist, ob er noch lebt oder wo er seinen Aufenthalt hat. Die Sonderregelung gilt auch bei **unbekanntem Aufenthalt** des Berechtigten, sodass sie über die bisher bestehenden Bestimmungen für Vormerkung, Reallast und Vorkaufsrecht (§§ 887, 1104, 1112 BGB) hinausgeht. Für die Praxis ist dies eine Erleichterung, denn die Abgrenzung zwischen einem der Person nach unbekannten Rechtsinhaber und einem Rechtsinhaber unbekannten Aufenthalts ist häufig nicht möglich. Die dinglichen Rechte können bereits durch ein Aufgebotsverfahren zur Löschung gebracht werden, wenn sich jemand von seinem Wohnsitz bzw seinem üblichen Aufenthaltsort entfernt hat, ohne eine Nachricht über seinen Aufenthaltsort zu hinterlassen, insbesondere ohne polizeiliche Meldung.[241] Das Aufgebotsverfahren für Berechtigte aus Nießbrauch, beschränkter persönlicher Dienstbarkeit, Wohnungsrecht, Mitbenutzungsrechte nach Art 233 § 5 Abs 1 EGBGB, §§ 321 ff ZGB, unvererbliche und unübertragbare Vorkaufsrechte und Reallasten kann schon dann durchgeführt werden, wenn nicht feststellbar ist, ob der eingetragene Berechtigte noch lebt oder wo er sich aufhält. Die Regelung gilt auch, wenn der Begünstigte eine juristische Person und zweifelhaft ist, ob sie noch besteht oder ihr Vermögen auf eine andere juristische Person übergegangen ist. § 6 Abs 1 S 2 GBBerG gestattet das Aufgebotsverfahren auch für bestimmte Grunddienstbarkeiten, die Familienfideikommisse, Familienanwartschaften, Lehen, Stammgüter oder ähnlich gebundenes Vermögen. Auch für subjektiv-dingliche Vorkaufsrechte und Reallasten muss ein Aufgebotsverfahren bejaht werden (es besteht die gleiche Problematik wie bei Grunddienstbarkeiten). Primär ist aber das Grundbuch-Wiederherstellungsverfahren zu versuchen.

167 Nach dem Wortlaut von § 6 Abs 1 S 1 GBBerG gilt die Vorschrift für Nießbrauche (§ 1030 BGB), beschränkte persönliche Dienstbarkeiten (§§ 1090–1093 BGB) und im Grundbuch eingetragene Mitbenutzungsrechte gemäß Art 233 § 5 Abs 1 EGBGB iVm §§ 321 und 322 DDR-ZGB. Für die subjektiv-persönlichen Rechte (Vorkaufsrecht gemäß § 1094 Abs 1 BGB, Reallast gemäß § 1105 Abs 1 BGB) gilt § 6 Abs 1 S 1 GBBerG nicht. Solche unbekannte Berechtigte können mit einem Aufgebotsverfahren nach §§ 1104 und 1112 BGB iVm § 1170 BGB und § 6 Abs 1a GBBerG mit ihren Rechten ausgeschlossen werden. Anders als bei § 5 Abs 1 GBBerG braucht das Vorkaufsrecht und die Reallast nicht unvererblich und unübertragbar gestaltet sein. Auch für Vormerkungen gilt § 6 Abs 1a GBBerG (§ 887 BGB). Das Aufgebotsverfahren ist abweichend von § 1170 BGB auch dann zulässig, wenn der Berechtigte unbekannten Aufenthalts ist. Bei diesem Aufgebotsverfahren ist – anders als bei § 6 Abs 1 GBBerG – ein zehnjähriges Unbekanntsein des Berechtigten oder seines Aufenthalts erforderlich (Verstreichen eines Zeitraums von 10 Jahren seit der Eintragung des dinglichen Rechts/der Vormerkung oder einer späteren auf diese Rechtsposition bezüglichen Eintragung). Das Aufgebotsverfahren nach § 6 Abs 1a GBBerG ist zulässig für alle vor dem 03.10.1990 begründeten Vorkaufsrechte, Reallasten und Vormerkungen. Auch bei subjektiv-dinglichen Vorkaufsrechten und Reallasten ist das Aufgebotsverfahren nach § 6 Abs 1a GBBerG möglich.

168 Das Aufgebotsverfahren ist zulässig, wenn 30 Jahre verstrichen sind und die Nichtanerkennung des Rechts des Berechtigten glaubhaft gemacht worden ist. Mit dem Erlass des dann sofort rechtskräftigen Ausschlussurteils erlischt das Recht; das Grundbuch kann unter Vorlage des Urteils und durch formlosen Antrag berichtigt werden.[242]

169 Mit Verkündung des Ausschlussurteils erlischt das Vorkaufsrecht und die Reallast (es entsteht keine Eigentümerreallast) sowie die Vormerkung. Bei Aufhebung des Urteils mit Wirkung ex tunc erlöschen die Rechtsposi-

---

239 Sie gilt auch für höchstpersönliche Vorkaufsrechte und Reallasten *Böhringer* DtZ 1994, 194; vgl auch § 6 Abs 1a GBBerG. Einzelheiten *Böhringer* NotBZ 2001, 197.
240 Wegen mehrerer Berechtigter *Böhringer* DtZ 1994, 194.
241 Einzelheiten bei *Böhringer* NotBZ 2001, 197; *Wehrstedt* RNotZ 2001, 516; *Schöne* Rpfleger 2002, 131.
242 Ebenso *Volmer* NotBZ 2003, 437.

tionen gem § 22, was eine Löschungsbewilligung des Berechtigten voraussetzt. Kein Kraftloswerden, solange ein Vorbehalt im Urteil nicht durch Verzicht oder Urteil beseitigt ist.

Bei **mehreren** Rechtsinhabern kommt es auf das im Grundbuch eingetragene Gemeinschaftsverhältnis (§ 47) an, ob ein Aufgebotsverfahren zulässig ist – bei Bruchteilsgemeinschaften im Hinblick auf den ideellen Bruchteil zu bejahen, nicht dagegen bei Gesamthandbeteiligung; möglich dagegen der Ausschluss aller Gesamthänder, auch wenn einer von ihnen der Antragsteller ist, gleiches gilt für Gesamtberechtigung nach § 428 BGB.

Auf Grunddienstbarkeiten findet § 6 Abs 1 S 2 GBBerG Anwendung. Diese Regelung gilt für bestimmte   **170** Grunddienstbarkeiten, Fideikommisse, Familienanwartschaften, Lehen, Stammgüter oder ähnlich gebundene Vermögen.

Ein Aufgebotsverfahren ist auch möglich bei **vernichteten Grundbuchunterlagen.** Über den Wortlaut von   **171** § 6 Abs 1 S 2 letzter Fall GBBerG hinaus gilt dies auch für subjektiv-dingliche Vorkaufsrechte und Reallasten. Dieses Aufgebot soll aber nur subsidiär stattfinden. Ein zerstörtes oder abhandengekommenes Grundbuch ist grundsätzlich nach § 141 GBO wiederherzustellen. Für Grundpfandrechte gibt es das Aufgebotsverfahren nach §§ 1170, 1171 BGB.

Dienstbarkeiten	**172**

Grunddienstbarkeit bei verschollenem Grundbuch (§ 6 Abs 1 S 2 GBBerG)
– Das Aufgebotsverfahren ist nur in den *neuen Bundesländern* zulässig
– Die Grunddienstbarkeit erlischt
– Formloser Grundbuchberichtigungsantrag
– Urteilsvorlage in Ausfertigung/beglaubigter Abschrift

Nießbrauch, beschränkte persönliche Dienstbarkeit, Mitbenutzungsrecht, Lehen, Familienfideikommisse, Rittergüter (§ 6 Abs 1 GBBerG)
– Das Aufgebotsverfahren ist nur in den *neuen Bundesländern* zulässig
– Das Recht erlischt
– Formloser Grundbuchberichtigungsantrag
– Urteilsvorlage in Ausfertigung/beglaubigter Abschrift

Vorkaufsrechte, Reallasten
Im gesamten Bundesgebiet: **Vorkaufsrechte, Reallasten (subjektiv-persönlich)** (§§ 1104, 1112 BGB)
– Das Recht erlischt- Formloser Grundbuchberichtigungsantrag
– Urteilsvorlage in Ausfertigung/beglaubigter Abschrift

Nur in den neuen Bundesländern: **Vorkaufsrechte, Reallasten (subjektiv-persönlich, subjektiv-dinglich)** § 6 Abs 1a GBBerG, §§ 1104, 1112, 1170 BGB
– Das Aufgebotsverfahren ist nur in den *neuen Bundesländern* zulässig
– Das Recht erlischt- Formloser Grundbuchberichtigungsantrag
– Urteilsvorlage in Ausfertigung/beglaubigter Abschrift

aa) Familienfideikommiss,[243] **Lehen, Rittergüter ua.** Viele Grundstücke in den neuen Bundesländern   **173** sind mit Dienstbarkeiten belastet, die nicht als Grunddienstbarkeit dem jeweiligen Eigentümer eines bestimmten anderen Grundstücks oder als beschränkte persönliche Dienstbarkeit einer bestimmten natürlichen oder juristischen Person zustehen. Es handelt sich vielmehr um Dienstbarkeiten, die dem jeweiligen Eigentümer oder Besitzer eines Rittergutes zustehen, der jeweilige Eigentümer des betreffenden Rittergutes praktisch nicht ausfindig zu machen und un Pfleger bestellt ist. Der Pfleger wird nicht ohne weiteres die Löschung der Dienstbarkeit bewilligen können. Er bedarf dazu nämlich der Genehmigung des Vormundschaftsgerichts, welches diese oft davon abhängig macht, dass eine entsprechende, meist wegen des Grundstückswerts sehr hohe Abfindung gezahlt und beim Amtsgericht hinterlegt wird.

Die rechtliche Bewertung solcher Dienstbarkeiten hängt entscheidend davon ab, um welche Dienstbarkeiten es   **174** sich handelt. Handelt es sich um beschränkte persönliche Dienstbarkeiten, so wären sie erloschen, wenn der Berechtigte nicht mehr lebt. Handelt es sich hingegen um Grunddienstbarkeiten, dann würden sie heute noch

---

243 Der Fideikommiss ist in der Terminologie des BGB nur schwer zu beschreiben, er ist eine Mischung aus Stiftung, Nießbrauch sowie Vor- und Nacherbschaft. Anders als die Stiftung war der Fideikommiss aber keine selbstständige juristische Person, sondern lediglich »Sondervermögen«, welches einer natürlichen Person zugeordnet war. Seinem Herkommen nach sollte das Rechtsinstitut des Fideikommisses die Vermögensbindung innerhalb der Adelsfamilie generationenübergreifend sicherstellen. Der jeweilige Fideikommissbesitzer wurde als Erbe des Stifters und nicht als Erbe des vorherigen Besitzers angesehen. Als Berechtigter im Grundbuch wird der jedesmalige Fideikommissbesitzer mit den aus der Fideikommisseigenschaft ergebenen Beschränkungen seines Verfügungsrechts eingetragen. Die Grundbucheintragung musste auf den Namen des jeweiligen Fideikommissbesitzers unter Hinzufügung eines Fideikommissvermerks erfolgen.

fortbestehen, und zwar zugunsten desjenigen, dem die betreffenden Grundstücke heute gehören. Diese Einordnung ist bei Dienstbarkeiten zugunsten von Rittergütern schwierig vorzunehmen.

Für die Beantwortung der Frage, ob es sich bei den betreffenden Dienstbarkeiten um beschränkte persönliche, wahrscheinlich jetzt erloschene oder um Grunddienstbarkeiten handelt, die möglicherweise noch fortbestehen, kommt dem Umstand Bedeutung zu, dass Familienfideikommisse regelmäßig grundsätzlich nur an Grundstücken begründet werden konnten. Es konnten zwar auch Geld und andere Vermögenswerte hinzutreten. Entscheidend war jedoch, dass die Anwartschaft Grundvermögen umfasste. Dieser Umstand legt es nahe, dass die betreffenden Dienstbarkeiten nicht als Rechte zu verstehen sind, die nur den jeweiligen Inhaber als Person begünstigen sollen. Es scheint sich vielmehr um Rechte zu handeln, die die Gesamtheit des in der Anwartschaft verbundenen Grundvermögens begünstigen sollte. Das würde eine Qualifizierung als Grunddienstbarkeit sehr nahe legen. Von daher wird man jedenfalls nicht ohne weiteres von einem Erlöschen der Dienstbarkeit ausgehen können.

175 Das entscheidende praktische Problem liegt darin, dass die Identität des heutigen Berechtigten und sein eventueller Aufenthalt unbekannt sind. Das ist eine Schwierigkeit, die typischerweise bei beschränkten persönlichen Dienstbarkeiten, nicht jedoch bei Grunddienstbarkeiten auftritt, denen die hier in Rede stehenden Dienstbarkeiten wohl eher zuzurechnen sind. Bei den letzteren ist der Berechtigte immer der Eigentümer eines bestimmten Grundstücks, der leichter ausfindig zu machen ist, jedenfalls aber aufgeboten werden kann. Eine solche Aufgebotslösung ist in § 6 Abs 1 GBBerG vorgesehen. Sie erfasst allerdings immer nur beschränkte persönliche Dienstbarkeiten, denen die hier in Rede stehenden Dienstbarkeiten wohl nicht zuzurechnen sind. Die Vorschrift würde also hierfür nicht greifen. Da hier eine vergleichbare Situation vorliegt, hält es § 6 Abs 1 S 2 GBBerG für zweckmäßig und geboten, solche Dienstbarkeiten in das Aufgebotsverfahren einzubeziehen.

176 **bb) Grunddienstbarkeitsberechtigter nicht mehr feststellbar, weil Akten unauffindbar sind.** Entsprechendes gilt bei Grunddienstbarkeiten, die zugunsten des jeweiligen Eigentümers eines Grundstücks eingetragen sind, dessen Grundbuch vernichtet und nicht wiederherzustellen ist. Auch hier ist es unmöglich, den Berechtigten ausfindig zu machen. Es ist auch hier angezeigt, das Aufgebotsverfahren zuzulassen. Vor Durchführung eines Aufgebotsverfahrens werden hier regelmäßig die Möglichkeiten des Wiederherstellungsverfahrens nach § 141 Abs 1 auszuschöpfen sein.

177 **c) Kohleabbaugerechtigkeiten.** § 5 Abs 2 GBBerG stellt nunmehr eindeutig klar, dass die Kohleabbaugerechtigkeiten erloschen sind;[244] sie können jetzt als gegenstandslos gelöscht werden. Oftmals wurden im Zusam-

---

Rittergüter gehen in aller Regel auf altrechtliche Lehen oder Familienfideikommisse zurück. Die Rechtsbeziehungen solcher Familienfideikommisse, Lehen und anderer gebundener Vermögen waren zB im früheren Königreich Sachsen durch das Gesetz über Familienanwartschaften vom 07.07.1900 (GVBl S 452) geregelt worden, das im großen und ganzen auch für vor diesem Gesetz errichtete Familienanwartschaften wie Rittergüter galt. Nach diesem Gesetz hat die Familienanwartschaft große Ähnlichkeit mit einer Stiftung. Wie diese entsteht sie erst mit der Genehmigung durch die Anwartschaftsbehörde. Im Unterschied zu dieser ist sie aber offenbar nicht rechtsfähig. Deshalb bestimmte § 12 Abs 2 des genannten Gesetzes, dass nicht die Anwartschaft, sondern der Anwartschaftsbesitzer als Eigentümer und gleichzeitig ein Anwartschaftvermerk einzutragen war. Mit dem Anwartschaftvermerk sollten die Verfügungsbeschränkungen abgesichert werden, denen der Anwartschaftsbesitzer nach §§ 18 ff des genannten Gesetzes im Interesse der Nachfolger unterlag. Diese Familienfideikommisse waren nach Art 115 der Weimarer Reichsverfassung aufzulösen. Diese Auflösung erfolgte zunächst aufgrund von Landesgesetzen und zog sich über lange Jahre hin. Mit dem Gesetz über das Erlöschen der Familienfideikommisse und sonstiger gebundener Vermögen vom 06.07.1938 (RGBl S 825) nahm der Gesetzgeber dann selbst die Auflösung der Familienfideikommisse vor. Sie wurde in § 1 Abs 1 S 1 des Gesetzes vom 06.07.1938 mit Wirkung vom 01.01.1939 an verfügt, soweit sie nicht vorher schon durchgeführt worden war. Die Auflösung führte nach § 2 des Gesetzes dazu, dass das Vermögen freies Vermögen wurde. In der Praxis griff diese Auflösung allerdings nicht unmittelbar. Vielmehr war in § 11 des Gesetzes vom 06.07.1938 bestimmt, dass die Verfügungsbeschränkungen aus der Satzung der Familienanwartschaft weiter fortdauerten, bis der Fideikommissauflösungsschein erteilt worden war, wozu es teilweise bis heute nicht gekommen ist. Zum Fideikommissrecht *Däubler* JZ 1969, 499 und die Kommentare zu Art 59 EGBGB.

244 Die Trennung der Abbauberechtigung für bestimmte Bodenschätze vom Grundeigentum hat ihre Wurzeln in dem sog Bergregal des Mittelalters, das erstmals in der »Ronkalischen Konstitution« des Kaisers Friedrich Barbarossa im Jahre 1158 erwähnt wurde. Das Preußische Allgemeine Landrecht von 1794 führte zu einem einheitlichen Bergrecht im größten Teil Preußens. Es folgte das Allgemeine Preußische Berggesetz vom 24.06.1865. Die Länder stellten in ihren Berggesetzen die wichtigsten Bodenschätze unter Staatsvorbehalt. Die Aufsuchung und Gewinnung der staatsvorbehaltenen bergfreien Bodenschätze stand allein dem Staat zu, der jedoch die erforderlichen Bergbauberechtigungen auf Dritte gegen Entgelt übertragen konnte (zB Steinkohle und Kali). Vor Gründung der DDR fand bereits auf besatzungshoheitlicher Grundlage in der ehemaligen sowjetischen Besatzungszone die Enteignung des privaten Bergbaus und eine Überführung der Bodenschätze »in Volkseigentum« oder Landeseigentum statt. Mit der Gründung der DDR wurde das Volkseigentum an Bodenschätzen, zunächst in der Verfassung 1949 (Art 25) – alle Bodenschätze sind in Volkseigentum zu überführen – verfassungsrechtlich verankert. Auch Art 12 Abs 1 der Verfassung 1968/74 stellte fest, »Bodenschätze, Bergwerke ... sind Volkseigentum«.

menhang mit der Kohleabbaugerechtigkeit auch **Dienstbarkeiten** (Unterlassungsdienstbarkeiten, Dienstbarkeiten betreffend Ausschluss eines Eigentümerrechts), **Vorkaufsrechte und Vormerkungen** eingetragen. Besonders häufig kam die Bergschadensverzichts-Dienstbarkeit (manchmal auch als Reallast) vor. Dieser Verzicht auf die Entschädigung von Bergschäden wurde durch Dienstbarkeit betreffend Ausschluss (oder Beschränkung) eines Eigentümerrechts zugunsten des Bergwerkeigentümers bzw Abbauberechtigten abgesichert. Auch als Dienstbarkeit betreffend Bergschadenminderwertverzicht kamen Rechtspositionen in den Grundbüchern vor.

Es ist weder eine Berichtigungsbewilligung noch ein Unrichtigkeitsnachweis vorzulegen. Der Gesetzesbefehl in **178** § 5 Abs 2 GBBerG ist ausreichend. Es ist unter Umständen aber ein Zusammenhang der Rechtspositionen glaubhaft zu machen. Nur bei der Löschung der im Zusammenhang mit einer Kohleabbaugerechtigkeit stehenden Dienstbarkeiten, Vorkaufsrechte oder Vormerkungen ist dieser Zusammenhang glaubhaft zu machen. Damit erfährt der sonst für das Grundbuchverfahren geltende Grundsatz des Strengbeweises eine Ausnahme. Als Beweismittel wird die Glaubhaftmachung von Tatsachen zugelassen. Die Vorschrift in § 5 Abs 2 GBBerG übernimmt den Rechtsgedanken des § 294 ZPO und § 15 FGG.

Ein wichtiges Mittel der Glaubhaftmachung ist die **eidesstattliche Versicherung.** Darunter ist eine mündli- **179** che oder schriftliche Erklärung zu verstehen. Sie setzt Eidesfähigkeit voraus. Die Versicherung kann sich nur auf tatsächliche Behauptungen beziehen, muss also eine Sachdarstellung geben. Möglich ist auch der Hinweis auf die bei den Grundakten liegende Bewilligung zur Eintragung der in Frage stehenden Rechtspositionen. Die zeitliche Nähe des Eintragungsdatums zur Kohleabbaugerechtigkeit kann auch ein Indiz für einen Zusammenhang der Rechtspositionen sein. Sämtliche Beweisanzeichen mit erheblichem Gewicht sind ausreichend, ebenso Auskünfte von Behörden. Das Grundbuchamt kann jede sofort mögliche Art und Weise der Wahrscheinlichmachung berücksichtigen. Es kann das Wissen jeder Auskunftsperson ohne Rücksicht auf die Form der Beurkundung würdigen. Auch eine schlichte Erklärung des Eigentümers kann zur Glaubhaftmachung genügen. Die Beweismittel bedürfen nicht der Form des § 29.

d) Sonstige Abbaurechte/Schürfrechte. Abbaurechte sind dingliche, veräußerliche und vererbliche Rechte **180** zur Gewinnung nicht-bergrechtlicher Mineralien wie zB Schiefer, Ton, Sand, Mergel, Lehm, Kalk, Sandstein, Granit, Steine, Kies usw. Auch die Salzabbaugerechtigkeiten[245] (Recht zur Gewinnung von Stein- und Kalisalzen) zählen dazu. Die Aufhebung der Rechte erfolgt grundsätzlich nach §§ 875, 876 BGB. Hinsichtlich des Verfügungsberechtigten schafft § 105 Abs 1 Nr 6 S 3 GBV Nachweiserleichterungen.

e) Realgewerbeberechtigungen. Realgewerbeberechtigungen sind Berechtigungen zugunsten bestimmter **181** Berufe, die teilweise an einem bestimmten Grundstück haften, jedoch nicht immer. Diese Berechtigungen werden wie dingliche Rechte behandelt. In Betracht kommen Wirtschafts- und Apothekengerechtigkeiten.

aa) Unterlassungsdienstbarkeiten. In der ehemaligen DDR sind oftmals bei Grunddienstbarkeiten auf **182** Unterlassung der Ausübung eines Gewerbes (zB einer Gastwirtschaft) staatliche Organe oder Einrichtungen bzw volkseigene Betriebe in die Rechte der vorherigen Berechtigten eingetreten. Diese Rechte wurden dann als gegenstandslos gelöscht,[246] was heute aber nicht mehr möglich ist. § 6 Abs 1 S 2 GBBerG schafft Löschungserleichterungen.

bb) Apothekengerechtigkeiten. Diese auf früheren Landesrechten beruhenden vererblichen und veräußerli- **183** chen Apothekenbetriebsrechte sind kraft Gesetzes erloschen.[247] Die Löschung ist Grundbuchberichtigung, sie kann auch von Amts wegen erfolgen. Nachweise sind keine vorzulegen.

cc) Brennereirechte. Mit zahlreichen – insbesondere gutswirtschaftlichen – Betrieben sind Brennereien ver- **184** bunden, für die die ehemalige Reichsfinanzverwaltung »Brennereirechte« festgesetzt hat. Dabei handelt es sich nicht um dingliche Berechtigungen, sondern um steuerliche Vorzugsrechte.[248] Grundbuchrechtlich sind sie gegenstandslos und können von Amts wegen gelöscht werden.

---

245 Ausführlich *Riggers* JurBüro 1966, 281, 283; *Rellermeyer* Rpfleger 2008, 462.

246 *Janke-Menzke* NJ 1989, 99.

247 Vgl hierzu § 7 Abs 1 der VO vom 22.06.1949 (ZVOBl I Nr 56 S 487) sowie die Mitteilung des Ministeriums für Gesundheitswesen über grundbuchrechtliche Behandlung der erloschenen Apothekenbetriebsrechte (Verfügungen und Mitteilungen des Ministeriums für Gesundheitswesen 1958, Nr 4 S 4; Ausgabetag: 30.04.1953). Die Inhaber erloschener Apothekenbetriebsrechte wurden auf Antrag entschädigt (vgl dazu § 9 Abs 3 der genannten VO). AVdRJM vom 16.01.1940, DJ 1940, 123; § 29 Abs 3 GrdstVollstrO (GBl 1976 I Nr 1 S 1); Art 19 Abs 3 RegVBG; *Böhringer* OV spezial 1/94 S 7; BVerwG VIZ 2001, 255.

248 AVdRJM vom 16.01.1940, DJ 1940, 123.

185 **f) Rechte für alte Energieanlagen.** Eine im Grundbuch eingetragene beschränkte persönliche Dienstbarkeit für Energieanlagen kann als gegenstandslos gewordenes Recht aufgrund einer Bescheinigung[249] der nach § 9 Abs 4 GBBerG zuständigen Behörde gelöscht werden (§ 9 Abs 7 GBBerG). Der Bewilligung des eingetragenen Rechtsinhabers bedarf es nicht. Die Löschung des Rechts ist Grundbuchberichtigung (§ 22). Eine amtswegige Löschung ist dann möglich, wenn die Voraussetzungen der §§ 84 ff vorliegen. Möglich ist dies aber nur in seltenen Fällen, da diese Dienstbarkeiten häufig zugunsten untergegangener Rechtsträger bestehen und niemand vorhanden ist, der heute bescheinigen oder feststellen kann, dass die Dienstbarkeit nicht mehr benötigt wird und wem sie zusteht. Auch ein Aufgebotsverfahren nach § 6 GBBerG kann gewählt werden. Vgl Rdn 165.

186 **g) Alte Reallasten.** Ansprüche auf wiederkehrende Leistungen aus vor dem 14.02.1924 begründeten und noch bestehenden Reallasten (zB Erbpachtzins, Erbzins, Geldrechte aus Altenteilen), deren Wert in Mark oder einer anderen seit dem Jahre 1924 nicht mehr geltenden inländischen Währung ausgedrückt war, unterlagen infolge des Währungsverfalls (Inflation) der Aufwertung.[250] Die erfolgte Aufwertung war bei dem aufgewerteten Recht zu vermerken. Löschungserleichterungen gewähren §§ 18, 19, 36 a GBMaßnG und § 10 GBBerG.

187 Nach preußischem Landesaufwertungsrecht war die Aufwertung reallastrechtlicher Ansprüche »feudalistischen« Ursprungs auf Erbpachtzins (Kanon[251]), Erbzins usw ausgeschlossen, wenn der Anspruch auf Aufwertung nicht bis zum 30.06.1928 beim Amtsgericht (Aufwertungsstelle) angemeldet worden war. Dieser Aufwertungsausschluss führte zum Erlöschen der Reallast.[252] Für die Löschung gilt § 22. Amtswegige Löschung ist heute möglich.

188 Vor dem 14.02.1924 eingetragene Reallasten mit späterer Aufwertung im Rahmen des Aufwertungsrechts[253] treten meist in den Sachsengrundbüchern auf. Ist die Aufwertung einer nicht gelöschten Reallast eingetragen worden (§ 6 AufwG), so kann die Aufwertung sogleich bei der Übernahme der Eintragung der Reallast selbst angegeben werden. War zuvor die Aufwertung auf Grund der 3. NotVO[254] eingetragen worden, so braucht diese frühere Aufwertung nicht erwähnt zu werden.

189 Wurde gemäß § 2 GBBerG 1930[255] der Antrag zur Aufwertung der Reallast bis zum 31.03.1931 nicht gestellt, so ist diese jetzt von Amts wegen zu löschen.

Durch Separationsrezess konnte unter der Geltung des Preußischen Allgemeinen Landrechts (ALR) Geldrenten (Abfindungsrenten) begründet werden; bei »Staataufhütungsrenten« handelt es sich um derartige Rentenreallast und zwar um eine subjektiv-dingliche Reallast. Eine heutige Löschung kann über § 10 GBBerG erfolgen. Unter Ablösebetrag iS von § 10 GBBerG ist der kapitalisierte Wert der Reallast zu verstehen.

190 **h) Vor-/Wiederkaufsrechte. aa) Reichssiedlungsgesetz[256].** Dieses Gesetz wurde durch § 15 Abs 2 Abschn I Nr 12 EGZGB am 01.01.1976 außer Kraft gesetzt. Alte Vormerkungen zur Sicherung eines Vorkaufsrechts bzw Wiederkaufsrechts sind gegenstandslos und von Amts wegen zu löschen.[257] Seit 03.10.1990 besteht das Reichssiedlungsgesetz wieder; neue Vormerkungen können eingetragen werden, für deren Löschung dann § 19 gilt.

191 **bb) Schuldenregelungsgesetz[258].** Ein entschuldungsrechtliches Vorkaufsrecht (§ 94 SchRG) besteht heute nicht mehr und kann amtswegig gelöscht werden. Die Siedlungsunternehmer waren bis zum 30.09.1950 zu liquidieren.[259]

249 Form: § 29 GBO.
250 §§ 31, 63 AufwG (RGBl 1925 I 117); Preuß AufwG vom 28.12.1927 (Preuß Gesetzessammlung Nr 44 S 215).
251 Zur Löschung von Eintragungen, die im Rahmen eines Erbpachtverhältnisses in Preußen vor 1850 begründet wurden, *Roth-Schmitz* DNotZ 2002, 839.
252 §§ 4, 7 Preuß Aufwertungsgesetz vom 28.12.1927 (Preuß Gesetzessammlung Nr 44 S 215).
253 Zur Neufassung des Rechts wird auf §§ 2, 3 AufwUmschrV vom 09.12.1932 verwiesen.
254 Art I der Dritten Steuernotverordnung vom 14.02.1924 (RGBl I 74).
255 Grundbuchbereinigungsgesetz vom 18.07.1930 (RGBl I 305). Das Gesetz ist spätestens mit dem Ablauf des 31.12.1968 außer Kraft getreten, weil es nicht in den Teil III des Bundesgesetzblattes aufgenommen worden ist; dazu auch *Schmidt-Räntsch* MittBayNot 1995, 250.
256 Vom 11.08.1919 (RGBl I 1429).
257 *Böhringer* Rpfleger 1995, 51, 56; BMJ Grundbuch-Info 5/99 S 5.
258 Vom 01.06.1933 (RGBl I 331).
259 Gesetz über die Entschuldung und Kredithilfe für Klein- und Mittelbauern vom 08.09.1950 DDR-GBl Nr 104 S 969. Dieses Gesetz wurde durch § 15 Abs 2 Abschn II Nr 32 EGZGB außer Kraft gesetzt. Das einmal erloschene Vorkaufsrecht lebt nicht mehr wieder auf.

cc) Gebietskörperschaften ua[260]. Mit einem Zuordnungsbescheid gemäß §§ 2, 3 VZOG oder mit Bewilligung der nach § 105 Abs 1 Nr 6 GBV zuständigen Stelle kann die Löschung des vor dem 01.07.1990 eingetragenen bzw beantragten Rechts erfolgen. Amtswegige Löschung ist nicht möglich.   **192**

6. Vermerke

a) Alte Konkurs-/Gesamtvollstreckungsvermerke. Alte Konkursvermerke sind nur auf Ersuchen bzw   **193**
Bescheinigung des Amtsgerichts löschbar. Der Vermerk über die Eröffnung des Gesamtvollstreckungsverfahrens ist auf Ersuchen des Amtsgerichts zu löschen.

b) Zwangsversteigerungs-/Zwangsverwaltungsvermerk. Zwangsversteigerungsvermerke konnten auch   **194**
vor dem 03.10.1990 nur auf Ersuchen des Gerichts bzw dessen Bescheinigung über das Nichtmehrbestehen eines Verfahrens über den gerichtlichen Verkauf oder der Zwangsversteigerung gelöscht werden.

Anders ist es bei alten Zwangsverwaltungsverfahren. Diese waren bis zum 31.03.1976 abzuschließen.[261] Diese   **195**
Vermerke können nunmehr als gegenstandslos gelöscht werden.

Die ab 03.10.1990 eingetragenen Vermerke sind aufgrund Ersuchen des Amtsgerichts löschbar.   **196**

c) Reichsheimstättenvermerk. Vor dem 01.01.1976 eingetragene Heimstättenvermerke sind gegenstandslos,   **197**
da das Reichsheimstättengesetz[262] gemäß § 15 Abs 2 Abschn I Nr 13 EGZGB in der ehemaligen DDR seit 01.01.1976 aufgehoben ist. Damals bestehende Heimstätten wurden persönliches Grundstückseigentum iS des ZGB (§ 5 Abs 3 EGZGB), seit dem 03.10.1990 »normales« Grundstückseigentum.

Die nach dem 02.10.1990 eingetragenen Heimstättenvermerke – sofern überhaupt vorgenommen – sind ab   **198**
01.01.1999 löschbar.[263]

d) Entschuldungsverfahren 1933. aa) Entschuldungsvermerke, § 80 SchRG, ua. Mit § 15 Abs 2   **199**
Abschn I Nr 17 EGZGB sind zum 01.01.1976 das Schuldenregelungsgesetz (SchRG) vom 01.06.1933[264] und die zu seiner Ausführung erlassenen Rechtsvorschriften außer Kraft getreten. Der aufgrund des Schuldenregelungsgesetzes[265] eingetragene Vermerk »Das Grundstück unterliegt der Entschuldung« ist heute gegenstandslos und kann von Amts wegen gelöscht werden.[266]

Entschuldungseröffnungsvermerke (§ 8 Abs 2 SchRG), Entschuldungsvermerke (§§ 52, 80 SchRG) sowie   **200**
Ermächtigungen zum Abschluss eines Zwangsvergleichs (§§ 85, 8 SchRG) wurden bis 02.10.1990 gemäß § 1 Abs 1 der VO zur Aufhebung von Rechtsbeschränkungen aus der landwirtschaftlichen Entschuldung vom 12.03.1959[267] amtswegig gelöscht. Diese VO gilt heute aber nicht mehr. Die Vermerke bleiben aber weiterhin **gegenstandslos** und können amtswegig gelöscht werden, § 84 Abs 1 S 2.

Auch wenn die genannten Vermerke bis zum In-Kraft-Treten des 2. VermRÄndG (22.07.1992) auf der Grundlage von § 18 Abs 1 S 1a F VermG wieder eingetragen wurden, bleiben sie weiterhin gegenstandslos und können nach §§ 84 ff gelöscht werden.   **201**

Völlig anders ist die Rechtslage bei dem Löschungsvermerk aufgrund des Gesetzes vom 17.02.1954.[268] Dieser   **202**
Vermerk kann nur mit Bewilligung der Staatsbank Berlin (jetzt Kreditanstalt für Wiederaufbau) gelöscht werden, § 105 Abs 1 Nr 6 GBV.

bb) Entschuldungsrente. Die Löschung für die auf Entschuldungsbetrieben ruhenden Entschuldungsrenten[269] des Deutschen Reichs bzw der Deutschen Rentenbank-Kreditanstalt kann nach § 105 Abs 1 Nr 6 GBV erfolgen.   **203**

---

260 LG Dresden DtZ 1996, 387 m abl Anm *Böhringer*. Nicht richtig auch *Gruber* Rpfleger 1994, 15 zur Löschung von Rechten zugunsten der Amtshauptmannschaften.
261 § 29 Abs 3 GrdstVollstrO (DDR-GBl 1976 I Nr 1 S 1). *Janke-Menzke* NJ 1989, 362.
262 RGBl 1937 I 1291.
263 Art 6 § 2 Abs 4 des Aufhebungsgesetzes zum RHStG (BGBl 1993 I 912). Dazu *Demharter* FGPrax 1997, 201; *Ehrenforth* NJW 1993, 2082; *Hornung* Rpfleger 1994, 281; Gesetzesmaterialien MittRhNotK 1993, 234.
264 RGBl I 331.
265 §§ 52, 80 SchRG.
266 Im alten Bundesgebiet gibt es die LöschVO vom 31.01.1962 (BGBl I 67) mit ÄndVO vom 22.07.1968 (BGBl I 865). Ausdrücklich jetzt § 84 Abs 1 S 2.
267 DDR-GBl I Nr 16 S 175.
268 DDR-GBl I Nr 23 S 224.
269 *Haegele* DNotZ 1950, 228; *ders* DNotZ 1952, 210.

204 **e) Vermerke über Fideikommiss uä.** Durch das Gesetz über das Erlöschen der Familienfideikommisse und sonstiger gebundener Vermögen vom 06.07.1938[270] waren sämtliche Fideikommisse mit Wirkung vom 01.01.1939 an erloschen. Das Fideikommissvermögen wurde freies Vermögen des letzten Fideikommissbesitzers; gleichzeitig erloschen auch die Anwartschafts- und Anfallrechte. Über das Erlöschen der Fideikommisseigenschaft wurde dem Besitzer eine Bescheinigung, der so genannte **Fideikommiss-Auflösungsschein** erteilt. Bis dahin (also bis heute) kann der Besitzer nur nach Maßgabe der vor dem Erlöschen geltenden Vorschriften über das Fideikommissvermögen verfügen.[271] Zur Erteilung des Fideikommiss-Auflösungsscheins ist es teilweise bis heute nicht gekommen. Die Fideikommisseigenschaft darf im Grundbuch nur auf Ersuchen des Fideikommissgerichts (beim Oberlandesgericht) oder seines Vorsitzenden gelöscht werden. Dasselbe gilt auch für die Löschung des Rechts des Nacherben, das aufgrund fideikommissrechtlicher Bestimmungen oder Anordnungen eingetragen ist.[272] Dem Landesgesetzgeber ist es gestattet, das Reichsgesetz von 1938 aufzuheben und Regelungen zu treffen, um den in den Grundbüchern noch eingetragenen Fideikommissvermerk von Amts wegen im Grundbuch ohne Vorlage eine Fideikommissauflösungsscheines löschen zu können (zB in Baden-Württemberg Gesetz zur Aufhebung des Fideikommissauflösungsrechts und anderer Vorschriften vom 21.11.1983).

205 Nach § 7 FidErlG kann das Fideikommissgericht auch Verfügungsbeschränkungen anordnen.[273] Zu beachten ist auch, dass die landesrechtlichen Bestimmungen die Auflösung des gebundenen Besitzes anordnen konnten (vor 1935/1938).

206 Die grundbuchrechtliche Löschung all dieser Vermerke und dinglicher Sicherungsrechte kann nicht von Amts wegen als gegenstandslos erfolgen.[274] Soweit eine Verfügungsbeschränkung oder ein dingliches Recht (nach §§ 5–7 FidErlG) zugunsten juristischer Personen des öffentlichen Rechts oder ihrer Behörden (zB Denkmalschutzbehörde) besteht, kann jetzt über § 105 Abs 1 Nr 6 S 3 GBV aufgrund einer Bewilligung einer Bundesbehörde (idR Bundesanstalt für Immobilienaufgaben) die Löschung erreicht werden.

207 **f) Schutzforstvermerke[275].** Der Schutzforst wurde nach Auflösung des Fideikommiss-Vermögens gebildet. Die Aufhebung seiner Eigenschaft unterliegt einer Verfügungsbeschränkung, bis der Schutzforstvermerk im Grundbuch gelöscht ist. Die Schutzforsteigenschaft kann nur von der Forstaufsichtsbehörde aufgehoben werden. Für die Löschung des Vermerks kann § 105 Abs 1 Nr 6 S 3 GBV herangezogen werden.

208 Gleiches gilt auch für Vermerke über Wald-, Deich-, Wein- und Landgüter.[276]

209 **g) Rentengüter, Heuerlingsrecht, Kulturrente.** Rentengüter[277] gab es nicht in allen Ländern. Der Rentgutsperrvermerk wurde früher auf Ersuchen einer Landesbehörde gelöscht. Gleiches gilt für die gesetzlichen (nicht aber für vertraglich vereinbarten) Verfügungsbeschränkungen. Heute kann § 105 Abs 1 Nr 6 GBV herangezogen werden.

210 Eigenheime für ländliche Arbeiter und Handwerker werden nach der LandAVO[278] vom 10.03.1937 als »Rentenstellen für ländliche Arbeiter und Handwerker« im Grundbuch eingetragen. Die Eigenschaft als Rentenstelle kann nur mit Zustimmung der obersten Landesbehörde gelöscht werden. § 105 Abs 1 Nr 6 GBV kann angewandt werden.

211 Im Gebiet des ehemaligen Landes Preußen kamen Landeskulturrenten zur Eintragung, die auf Antrag der Landesrentenbank im Grundbuch wieder zur Löschung kamen.[279] Heute gilt für die Löschung § 105 Abs 1 Nr 6 GBV.

212 **h) Staatliche Verwaltung.** Die staatliche Verwaltung von Grundstücken und Gebäuden endete gemäß § 11a Abs 1 S 1 VermG mit Ablauf des 31.12.1992. Ist im Grundbuch ein Vermerk über die Anordnung der staatlichen Verwaltung eingetragen, so ist dieser gemäß § 11a Abs 2 S 1 VermG gegenstandslos. Dieser Vermerk kann auch ohne Antrag des Eigentümers, eines gesetzlichen Vertreters oder staatlichen Verwalters von Amts wegen

---

270 FidErlG (RGBl I 825); DVO vom 20.03.1939 (RGBl I 509).
271 BGH DNotZ 1980, 40.
272 § 38 DVO FidErlG vom 20.03.1939 (RGBl I 509).
273 Vgl den Fall des BGH DNotZ 1980, 40; OLG Zweibrücken OLGZ 1981, 139. In Betracht kommen auch dingliche Rechte wie Reallasten und Sicherungshypotheken.
274 MIR 6. Aufl, § 3 Rn 211 lässt eine Löschung nur auf Ersuchen des Fideikommissgerichts zu. Nicht diskutiert wurde bisher, ob ein Aufgebotsverfahren nach § 927 BGB möglich ist. Durch ein solches Verfahren erlöschen die Beschränkungen durch eine Nacherbfolge.
275 § 2 SchutzforstVO vom 21.12.1939 (RGBl I 2459) und Gesetz vom 06.07.1938 (RGBl I 825).
276 § 9 VO vom 20.03.1939 (RGBl I 509).
277 MIR 6. Aufl § 117 Rn 10; *Soergel-Hartmann, 12 Aufl*, Art 62 Rn 2 EGBGB.
278 RGBl I 292 mit 1. DVO vom 17.04.1937 (RGBl I 444), 2. DVO vom 27.01.1938 (RGBl I 107) und 3. DVO vom 30.03.1940 (RGBl I 294).
279 MIR, 6. Aufl, Einl 195, § 117 Rn 10, 11, 103.

gelöscht werden. Nach dem Grundbuchverfahrensrecht (§ 13) bedarf der Antrag keiner bestimmten Form. Die Unrichtigkeit des Grundbuchs ist nicht besonders nachzuweisen, da sie durch Fristablauf bewiesen ist. Sofern es sich um kein Amtslöschungsverfahren handelt, werden beim Grundbuchamt keine Löschungsgebühren erhoben (analoge Anwendung[280] von § 34 VermG, denn bis zum 22.07.1992 konnte nur das ARoV um Löschung ersuchen). Ein amtswegiges Löschungsverfahren ist aber auch zulässig, was gebührenfrei ist, § 70 KostO.

i) Bodenreformvermerk. Durch die Abwicklung der Bodenreform (Art 233 §§ 11 ff EGBGB) ist auch der **213** nach dem Recht der ehemaligen DDR eingetragene Bodenreformvermerk gegenstandslos geworden.[281] Der Vermerk kann von Amts wegen gelöscht werden. Unterlagen sind hierzu nicht erforderlich. Da der Vermerk aber weiterhin (bis 31.12.1996) für das Grundbuchamt noch rechtlich erheblich[282] war, wurde der Vermerk zwar gelöscht, aber weiterhin sichtbar gehalten und bei einer Übertragung des Grundstücks in ein anderes oder neues Grundbuch als gelöschte Eintragung mitübertragen worden.[283]

j) Nacherbfolgevermerk. Bei Testamentserrichtung vor dem 01.01.1976 und Erbfall zwischen dem **214** 01.01.1976 und Ablauf des 02.10.1990 (ZGB-Zeit) trat die Verfügungsbeschränkung des § 2113 BGB nicht ein, vgl § 8 Abs 2 S 2 EGZGB. Trotzdem hat der Vermerk die Bedeutung eines Hinweises auf die Befangenheit des Grundstücks zu der der Nacherbfolge unterliegenden Erbmasse. Es gab keinen Nacherbenvermerk in Abt II. Dafür wurde jedoch in Abt I bei Eintragung des Eigentümers der Vermerk »als Vorerbe« hinzugefügt. Damit wurde gesichert, dass beim Tod des Vorerben die Grundbuchberichtigung auf den Nacherben erfolgt. Bei Neufassung des Grundbuches wird die Nacherbfolge nun in Abt II kenntlich gemacht mit dem Vermerk: »Nacherbfolge ist angeordnet. Der Vorerbe unterliegt keiner Verfügungsbeschränkung«.

Waren die Testamentserrichtung und der Erbfall während der ZGB-Zeit, so konnte eine Nacherbfolge nicht **215** wirksam angeordnet werden. Da eine Verfügungsbeschränkung nicht besteht, kann auch ein eingetragener Nacherbenvermerk keinen Bestand haben; er ist gegenstandslos und amtswegig löschbar.

k) Testamentsvollstreckervermerk. Neben den im gesamten Bundesgebiet möglichen Löschungsgründen **216** kommt in den neuen Ländern noch die Falllage hinzu, dass Testamentserrichtung und Erbfall zwischen dem 01.01.1976 und vor Ablauf des 02.10.1990 lag. Es gilt die Testamentsvollstreckung des ZGB, die aber keine Verfügungsbeschränkung des Erben beinhaltet. Ein etwa eingetragener Testamentsvollstreckervermerk ist als gegenstandslos zu löschen. Aber nur bei obiger Fallkonstellation kann der Vermerk gelöscht werden, nicht wenn andere Daten der Testamentserrichtung und/oder des Erbfalls vorliegen.

l) Rechtshängigkeitsvermerke. aa) Wegen Miteigentumsanteil § 459 ZGB. Nach § 113 Abs 3 S 2 **217** SachenRBerG trägt das Grundbuchamt auf Ersuchen des Prozessgerichts[284] einen Vermerk über einen anhängigen Anspruch auf Berichtigung des Grundbuchs hinsichtlich eines nach § 459 ZGB bestehenden Miteigentumsanteiles ein.

Das Prozessgericht ersucht um Löschung des Vermerks. Möglich ist auch Löschungsbewilligung des Berechtig- **218** ten oder Unrichtigkeitsnachweis nach § 22, wenn die Grundbuchunrichtigkeit mit Klagerücknahme (§ 269 ZPO), Beendigung des Prozesses durch Rechtskraft des abweisenden Urteils, Prozessvergleich usw durch öffentliche Urkunde (§ 29) nachgewiesen oder offenkundig ist.[285]

bb) Altrechtliche Dienstbarkeit/Mitbenutzungsrecht. § 8 GBBerG lässt nicht gebuchte altrechtliche **219** Grunddienstbarkeiten[286] aus der Zeit vor dem 01.01.1900 (Art 184 und 187 EGBGB) und nicht gebuchte ZGB-Mitbenutzungsrechte am 31.12.2000 erlöschen,[287] wenn nicht rechtzeitig bis dahin eine Anerkennungshandlung vorgenommen wurde. Wird eine Klage rechtshängig, so ersucht das Prozessgericht das Grundbuchamt um Eintragung eines Rechtshängigkeitsvermerks.

Der Vermerk wird mit rechtskräftiger Abweisung der Klage gegenstandslos, § 8 Abs 4 S 3 GBBerG. Im Übrigen **220** gelten die Ausführungen zu oben Rdn 217.

280 *Böhringer* Rpfleger 1993, 221.
281 Art 233 § 16 Abs 3 EGBGB.
282 Vgl das Widerspruchsverfahren nach Art 233 § 13 aF EGBGB; *Böhringer* Rpfleger 1994, 45.
283 Der Vermerk könnte lauten »*Bodenreformvermerk gelöscht am … Im Hinblick auf Art 233 §§ 11 ff EGBGB mitübertragen am* …«.
284 Eine Schlüssigkeitsprüfung durch das Prozessgericht findet grundsätzlich nicht statt. Das Prozessgericht nimmt eine Sachprüfung nicht vor; vielmehr teilt es dem Grundbuchamt lediglich eine Tatsache mit, so KG VIZ 1998, 618.
285 *Schöner/Stöber* Rn 1658.
286 BGH NotBZ 2002, 227; *Böhringer* BWNotZ 1992, 3.
287 Ausnahme bei § 8 Abs 3, § 9 GBBerG. Wegen Fristverlängerung vgl § 13 SachenR-DV und Art 1 Abs 1 EGF.

221   **m) Sachenrechtsbereinigungsvermerke. aa) Für Besitzberechtigten.** Nicht vorgemerkte Ansprüche aus der Sachenrechtsbereinigung aus dem Recht zum Besitz gemäß Art 233 § 2a EGBGB können gegebenenfalls ab 01.01.2001 nicht mehr geltend gemacht werden,[288] wenn kein Vermerk nach Art 233 § 2c Abs 2 EGBGB im Grundbuch eingetragen ist. Der gemäß § 7 GGV einzutragende Vermerk wird gelöscht, wenn eine Löschungsbewilligung[289] des Besitzberechtigten vorgelegt wird. Löschung im Wege der Grundbuchberichtigung (§ 22 GBO) ist möglich, wenn die Zustellung der einstweiligen Verfügung verspätet erfolgt ist oder wenn die Verfügung durch eine vollstreckbare Entscheidung aufgehoben wird.[290]

222   **bb) Notarielles Vermittlungsverfahren.** Das notarielle Vermittlungsverfahren (§§ 87 ff SachenRBerG) soll bei den Falllagen des Sachenrechtsbereinigungsgesetzes den Abschluss eines Erbbaurechtsvertrages oder eines Grundstückskaufvertrages fördern. Im Grundbuch wird auf Ersuchen des Urkundsnotars ein Vermerk eingetragen, der sicherstellt, dass wegen des Grundstücks/Gebäudes ein Vermittlungsverfahren anhängig ist (§ 92 Abs 5 SachenRBerG).

223   Der in Abt II des Grundbuchs des betroffenen Grundstücks/Gebäudes einzutragende Vermerk verliert mit der Beendigung oder Einstellung des Vermittlungsverfahrens seine Bedeutung; er wird gegenstandslos. Spätestens 6 Monate nach Beurkundung bzw Zustandekommen des Vertrags durch Urteil hat der Urkundsnotar die Löschung des Vermerks zu beantragen (über Hemmung der Frist § 98 Abs 2 S 3, § 106 Abs 4 S 2 Sachen-RBerG). Sobald die Einigung im Grundbuch vollzogen ist, ist der Vermerk gegenstandslos und kann auch von Amts wegen gelöscht werden. Bei Einstellung des Vermittlungsverfahrens stellt der bisher beauftragte Notar den Beteiligten eine Bescheinigung (Form: § 39 BeurkG) über die Einstellung des Verfahrens aus, mit der der Eigentümer des betroffenen Grundstücks/Gebäudes die Löschung des Vermerks im Grundbuch beantragen kann.

224   **n) Vermerk über Finanzierung des Arbeiterwohnungsbaus.** Der Vermerk kann nur dann als gegenstandslos – von Amts wegen – gelöscht werden, wenn die damals bestellten Finanzierungsgrundpfandrechte zwischenzeitlich wieder gelöscht worden sind oder jetzt zur Löschung bewilligt werden, denn dann ist der mit dem Vermerk beabsichtigte Zweck weggefallen.[291]

7. Widersprüche

225   **a) Widersprüche nach § 25 GBO.** § 25 macht mit der Aufhebung der einstweiligen Verfügung bzw mit der Aufhebung des vorläufig vollstreckbaren Urteils die zwangsweise erfolgte Eintragung des Widerspruchs unrichtig. Das Grundbuch kann unter den Voraussetzungen des § 25 berichtigt werden. Wurde die einstweilige Verfügung nicht innerhalb der Frist des § 929 Abs 3 ZPO zugestellt,[292] ist ebenfalls Löschung gemäß § 22 möglich, selbstverständlich auch aufgrund Löschungsbewilligung des Widerspruchsberechtigten.

226   **b) Widersprüche nach § 899 BGB/DDR-Recht.** Für vor dem 01.01.1976 eingetragene Widersprüche galt über § 35 Abs 3 und § 38 Abs 1 GBVerfO[293] iVm § 14 Abs 4 GDO[294] das seit diesem Zeitpunkt geltende Grundbuchrecht. Dieses bestimmte, dass ein Widerspruch gelöscht wird, wenn seit der Eintragung 2 Jahre vergangen sind und diese Frist nicht durch eine gerichtliche Entscheidung verlängert worden ist. Die Löschung ist Grundbuchberichtigung gemäß § 22.

227   Die genannte Fristregelung findet aber auf alte **Amtswidersprüche** aus der Zeit vor dem 03.10.1990 keine Anwendung. Eine Löschung erfolgt regelmäßig gemäß § 19.

228   **c) Amtswiderspruch bei Bodenreformland.** Mit dem In-Kraft-Treten (22.07.1992) des 2. VermRÄndG ist in den Fällen, in denen bei Ablauf des 15.03.1990 eine lebende natürliche Person als Eigentümer[295] eines Bodenreformgrundstücks eingetragen war, ein Recht der Treuhandanstalt nicht mehr denkbar. Soweit vor dem 22.07.1992 für die Treuhandanstalt ein Amtswiderspruch gegen die Richtigkeit des Eigentums eingetragen

---

288   § 111 SachenRBerG.
289   Form: § 29 GBO.
290   Nachweis in der Form des § 29 GBO. *Schöner/Stöber* Rn 1550. Ausfertigung der aufhebenden Entscheidung ist vorzulegen, analog § 25 GBO.
291   VO über die Finanzierung des Arbeiterwohnungsbaues vom 04.03.1954, GBl S 253, aufgehoben durch VO über die Finanzierung des Baues von Eigenheimen der Bürger vom 15.12.1970, GBl II, 722. So BMJ, Grundbuch-Info Nr 5/1999, S 8. Zu Aufbauhypotheken OLG Brandenburg NJ 1998, 597.
292   Nachweis in der Form des § 29 GBO.
293   DRR-GBl 1976 I Nr 3 S 42.
294   DDR-GBl 1975 Nr 43 S 697.
295   Art 233 § 11 Abs 2 S 1 Nr 1 EGBGB. Die Ausführungen gelten nicht bei der Falllage des Art 233 § 11 Abs 1 S 2 EGBGB.

worden ist, kann dieser Widerspruch von Amts wegen als gegenstandslos gelöscht werden; ein Antrag oder Löschungsbewilligung der Treuhandanstalt ist nicht nötig.

d) Widerspruch nach § 7 AnmeldeVO. Wurde aufgrund § 7 Abs 3 AnmeldeVO ein Widerspruch zugunsten   229
desjenigen eingetragen, dem der Berichtigungsanspruch aus § 894 BGB zusteht, so kann der Widerspruch nur auf Ersuchen der Behörde (ARoV) gelöscht werden. Der Widerspruchsberechtigte kann nicht die Löschung bewilligen; der Schutzzweck von § 7 AnmeldeVO liefe sonst ins Leere.[296]

e) Widerspruch/Vormerkung nach § 34 Abs 1 S 9 VermG. Wurde aufgrund eines sofort vollziehbaren   230
Restitutionsbescheids ein Widerspruch gegen die Richtigkeit des Grundbuchs zugunsten des bisherigen Eigentümers/Verfügungsberechtigten eingetragen, so kann der Widerspruch als gegenstandslos gelöscht werden, wenn die zunächst vorläufige Entscheidung unanfechtbar geworden ist. Gleiches gilt für die Vormerkung, die die durch Hoheitsakt außerhalb des Grundbuchs erfolgte Neubegründung eines dinglichen Rechts sichert. Zum Nachweis der Grundbuchunrichtigkeit genügt das Ersuchen des ARoV um Eintragung der entsprechenden Rechtsänderung, da das ARoV ja erst das Ersuchen beim Grundbuchamt einreichen darf, wenn die Entscheidung bestandskräftig ist.

Wurde die sofort vollziehbare Entscheidung unanfechtbar aufgehoben, so ist die Löschung des Widerspruchs   231
unter Vorlage einer einfachen Ausfertigung der aufhebenden Entscheidung möglich. Wegen eines Löschungsersuchens des ARoV trifft das VermG keine Regelung. § 25 S 2 findet Anwendung (vgl oben Rdn 225).

f) Widerspruch nach § 9 GBBerG. Der nach § 9 Abs 5 S 1 GBBerG zugunsten des Energieversorgungsun-   232
ternehmens eingetragene Widerspruch wegen des Nichteingetragenseins einer Dienstbarkeit wird aufgrund einer Bewilligung des Widerspruchsberechtigten bzw Urteil nach § 894 ZPO gelöscht (§§ 13, 19, 29). § 25 gilt nicht.

g) Widerspruch nach § 11 GGV. aa) Regelfall[297]. Mit der Anlegung eines Gebäudegrundbuchblattes und   233
mit der Eintragung des Nutzungsrechts bzw des nutzungsrechtslosen Gebäudeeigentums in das Grundstücksgrundbuch wird nach § 11 GGV ein Widerspruch für den betroffenen/belasteten Grundstückseigentümer im Gebäudegrundbuch und in Abt II des Grundstücksgrundbuchs eingetragen.

Solche Widersprüche werden in der Regel 14 Monate nach ihrer Eintragung gegenstandslos. Sie können   234
danach von Amts wegen gelöscht werden.

bb) Besondere Falllagen. Bei den Falllagen des § 11 Abs 5 GGV wird nur auf Antrag des Grundstückseigen-   235
tümers ein Widerspruch eingetragen, der nach Ablauf von 3 Monaten gegenstandslos wird und von Amts wegen gelöscht werden kann, wenn nicht innerhalb dieser Frist dem Grundbuchamt in der Form des § 29 ein Anerkennungsverfahren nachgewiesen wird.

8. Verfügungsverbote[298]

Nach Art 233 § 2a Abs 3 S 2 EGBGB, § 3 Abs 3 S 1 VermG, § 1 Abs 1 S 2 WoGenVermG hat der Eigentümer   236
des Grundstücks gewisse Verfügungen über dieses zu unterlassen. Der Besitzberechtigte, der Restitutionsberechtigte bzw die Wohnungsgenossenschaft kann durch einstweilige Verfügung eine Sicherung durch ein Verfügungsverbot erwirken und letzteres im Grundbuch eintragen lassen. Dieses gerichtlich angeordnete Verfügungsverbot kann gelöscht werden aufgrund Löschungsbewilligung des Verbotsgeschützten oder über § 25.

9. Zustimmungsvorbehalte

a) Vorbehalt nach § 11c VermG. Die nach § 11c VermG einzutragende Verfügungsbeschränkung kann   237
gelöscht werden, wenn das Bundesamt für zentrale Dienste und offene Vermögensfragen bzw die zuständige Bundesanstalt für Immobilienaufgaben um Löschung ersucht oder sein damaliges Eintragungsersuchen durch das Verwaltungsgericht aufgehoben wurde.[299] Gegenstandslos wird der Zustimmungsvorbehalt des § 11c VermG, wenn eine bestandskräftige Zuordnung vorgenommen wurde; sobald der bestandskräftige Zuordnungsbescheid dem Grundbuchamt vorgelegt[300] wird, kann der Vorbehalt amtswegig gelöscht werden.

---

296 Gleiche Rechtslage wie bei § 7 Abs 2 GrdstVG; *Schöner/Stöber*, Rn 3811; *Böhringer* NJ 1992, 289.
297 Dazu *Schmidt-Räntsch-Sternal* DtZ 1994, 262.
298 *Böhringer* Rpfleger 1994, 45.
299 Bestandskräftiger Nachweis in der Form des § 29 GBO; § 1b Abs 4 VZOG.
300 § 1b Abs 4 VZOG.

238   **b) Bodensonderungsverfahren.** Nach § 6 Abs 4 BoSoG kann die Sonderungsbehörde um Eintragung eines Zustimmungsvorbehalts[301] ersuchen. Nach Abschluss des Bodensonderungsverfahrens ersucht wiederum diese Behörde um Löschung des Vorbehalts nach Vollzug der Bodensonderung.

239   **c) Flurneuordnungsverfahren.** Der Zustimmungsvorbehalt nach § 13 S 2 GBBerG soll die Durchführung des Verfahrens zur Feststellung und Neuordnung[302] der Eigentumsverhältnisse nach §§ 53 ff LwAnpG sichern und die Gebäudeeigentümer und Nutzer vor einem Rechtsverlust durch gutgläubigen Erwerb des Eigentums am Grundstück schützen. Die Flurneuordnungsbehörde ersucht um Eintragung und Löschung des Zustimmungsvorbehalts.

10. Vormerkung auf Bodenreformland

240   **a) Widerspruchsverfahren.** Bei einem nach Art 233 § 13 aF EGBGB erhobenen Widerspruch der Ortsgemeinde/Landesfiskus wird für den nach Art 233 § 12 EGBGB »Besser-Berechtigten« eine Eigentumsvormerkung eingetragen.

241   Die Vormerkung erlischt nach Ablauf von 4 Monaten von der Grundbucheintragung an, wenn nicht innerhalb dieser Frist dem Grundbuchamt gegenüber der Nachweis der Auflassungsklage (ohne Einhaltung der Form des § 29) erbracht wird. Die Vormerkung kann im Regelfall auf Antrag des Eigentümers oder des aus der beantragten Verfügung Begünstigten gelöscht werden, wobei daneben auch die amtswegige Löschung nach §§ 84 ff möglich bleibt.

242   Die Vormerkung kann auch gelöscht werden aufgrund einer Löschungsbewilligung des Vormerkungsberechtigten oder wenn die Ortsgemeinde/der Landesfiskus den eingelegten Widerspruch zurücknimmt.[303] Wurde der Widerspruch der Gemeinde/des Fiskus als Verwaltungsakt vom Verwaltungsgericht aufgehoben,[304] so kann die Vormerkung ebenfalls gelöscht werden.

243   Die vor dem 01.06.1994 eingetragene Vormerkung für den »Besser-Berechtigten« kann ab dem 01.10.1994[305] gelöscht werden, es sei denn, dem Grundbuchamt wurde eine Klageerhebung des »Besser-Berechtigten« bis 30.09.1994 nachgewiesen.

244   **b) Eigeninitiative des »Besser-Berechtigten«.** Der »Besserberechtigte« gemäß Art 233 § 12 EGBGB kann seinen aufgrund Art 233 § 11 Abs 3 EGBGB bestehenden Auflassungsanspruch durch eine mit einer einstweiligen Verfügung erwirkten Vormerkung absichern lassen.[306] Die Löschung der Vormerkung erfolgt aufgrund einer Löschungsbewilligung des »Besserberechtigten« oder über § 25 GBO. Keinesfalls gilt die 4-Monats-Regelung in Art 233 § 13 Abs 5 aF EGBGB.

245   **c) Für Landesfiskus.** Der Landesfiskus kann sich nach Art 233 § 13a EGBGB eine Vormerkung eintragen lassen. Die Vormerkung kann gelöscht werden, wenn der Fiskus eine Löschungsbewilligung erteilt. Die amtswegige Löschung ist möglich, wenn das Eintragungs-Ersuchen des Fiskus durch das Verwaltungsgericht aufgehoben wird.[307]

246   Die 4-Monats-Frist des Art 233 § 13 Abs 5 aF EGBGB gilt für die auf Ersuchen des Fiskus hin einzutragende Vormerkung (zugunsten des Fiskus) nicht.

XI. Grundpfandrechte

1. Temporale Rechtspositionen

247   Bei der Löschung von Grundpfandrechten in den neuen Bundesländern ist stets zu prüfen, welchem Recht das Grundpfandrecht unterfällt.[308] Man unterscheidet folgende Rechtspositionen:

248   **a) Uraltrechte.** Uraltrechte entstanden ab dem 01.01.1900 bis zum 31.12.1975. Es handelt sich um Grundpfandrechte nach dem BGB. Diese wurden nach dem EGZGB ab dem 01.01.1976 in ihrem Bestand nicht berührt. Bei Verfügungen über das Grundpfandrecht mussten aber die Vorschriften des ZGB eingehalten werden; eine Umwandlung in eine ZGB-Hypothek (Buchrecht) hatte in solchen Fällen zuerst zu erfolgen, ehe die eigentlich gewollte Verfügung eingetragen werden durfte.

---

301   Ähnlich § 11c VermG und § 13 GBBerG.
302   Zur Flurneuordnung in den neuen Ländern *Steding* LKV 1992, 350.
303   Form: § 29 GBO.
304   Nachweis in der Form des § 29 GBO.
305   Art 19 Abs 3 des RegVBG.
306   Art 233 § 13 Abs 7 S 2 aF EGBGB.
307   Nachweis in der Form des § 29 GBO nötig.
308   *Böhringer* NJ 1992, 289, 293.

Für umgewandelte Uraltrechte gelten seit dem 03.10.1990 die Vorschriften über ZGB-Hypotheken in Art 233   **249**
§ 6 EGBGB. Blieb das Uraltrecht während der Geltungsdauer des ZGB (01.01.1976 bis 02.10.1990) unverändert, so sind seit dem 03.10.1990 die Vorschriften des BGB und der GBO anwendbar.

Eine Besonderheit gilt für vor dem 31.12.1975 begründete Aufbaugrundschulden. Sie werden bei einer   **250**
Löschung wie ZGB-Aufbauhypotheken behandelt (vgl unten Rdn 251).

b) Altrechte (ZGB-Rechte). Von Ur-Uraltrechten spricht man, wenn Grundpfandrechte vor dem   **251**
01.01.1900 begründet worden sind. Waren Pfandrechte mit einer Forderung verknüpft, wurden sie nach
Art 192 Abs 1 EGBGB in Buchrechte übergeleitet.[309] Altrechte entstanden zwischen dem 01.01.1976 bis zum
Ablauf des 02.10.1990. Während der Geltungsdauer des ZGB konnten nur Hypotheken begründet werden.
Grund- und Rentenschulden waren nicht zugelassen. Die häufigste Erscheinungsform war die Aufbauhypothek. Für die Aufhebung und Löschung von ZGB-Hypotheken gilt Art 233 § 6 EGBGB mit der Regelung des
Art 233 § 7 EGBGB. Für das anwendbare Recht kommt es also auf den Zeitpunkt der Antragstellung zur Eintragung der Hypothek beim Liegenschaftsdienst/Grundbuchamt an. Vor dem 03.10.1990 beantragte ZGB-
Hypotheken konnten nach Art 233 § 7 EGBGB auch nach dem 02.10.1990 noch als solche eingetragen werden
und unterliegen bei einer Aufhebung/Löschung der Sondervorschrift des Art 233 § 6 EGBGB: entscheidend
für die Qualifikation Altrecht/Neurecht ist also nicht das Datum der Grundbucheintragung, sondern dasjenige
der Antragstellung.

2. Gläubigerpositionen

Durch die faktische und rechtliche Entwicklung seit Kriegsende kann man grundsätzlich nicht davon ausgehen,   **252**
dass der im Grundbuch eingetragene Gläubiger auch berechtigt ist, über das Grundpfandrecht zu verfügen.
Enteignungen, die Rechtsträger des Volkseigentums und die Überleitungsbestimmungen im Einigungsvertrag
sind zu beachten.[310]

a) Erweiterte Verfügungsbefugnis. § 105 Abs 1 Nr 6 GBV schafft Erleichterungen beim Nachweis, wer die   **253**
Löschung von vor dem 01.07.1990 beantragten Grundpfandrechten bewilligen kann. Bewilligungsstelle dürfte
in erster Linie die Staatsbank Berlin sein, deren Vermögen, ihre Aufgaben und Geschäfte ab 31.10.1994 von der
Kreditanstalt für Wiederaufbau übernommen worden ist

Die Bewilligungsbefugnis der in § 105 Abs 1 Nr 6 GBV genannten Bewilligungsstellen lehnt sich pauschalie-   **254**
rend an die materielle, aber oft nicht grundbuchmäßig nachzuweisende Rechtslage an; dazu Art 233 § 10
EGBGB.

Die Nachweiserleichterungen gelten dann nicht, wenn es sich um eine natürliche Person als Grundpfandrechts-   **255**
gläubiger handelt. Zu beachten ist, dass die Zustimmung des Eigentümers nach § 27 nur bei ZGB-Hypotheken,
Aufbaugrundschulden und Abgeltungshypotheken entbehrlich ist.

b) Bekannter Gläubiger. Grundpfandrechte konnten unter Geltung des BGB als Recht der sowjetischen   **256**
Besatzungszone oder der DDR begründet worden sein. Bei Kreditinstituten als Gläubiger sind diese entweder
noch vorhanden, oder es ist im Einzelfall die Rechtsnachfolge zu klären. Anders verhält es sich bei Grundpfandrechten aus der Zeit vor dem 08.05.1945. Kreditinstitute als Gläubiger wurden durch SMAD-Befehle
enteignet. Betroffen waren hiervon Kreditinstitute, die in der seinerzeitigen SBZ ansässig waren, aber auch
westdeutsche Kreditinstitute.

aa) Enteignungen. Die ab dem 08.05.1945 enteigneten Kreditinstitute und Versicherungen können über ihr   **257**
eingetragenes Grundpfandrecht nicht verfügen, auch wenn sie den Grundpfandrechtsbrief in Händen haben.
Die Enteignungen bleiben bestehen; eine Restitution ist nicht möglich. Die Rechte stehen im Eigentum des
Bundes, Art 231 § 10 EGBGB und § 105 Abs 1 Nr 6 GBV gilt.

bb) Gläubigersitz im heutigen Ausland. Gläubiger mit Sitz in heute nicht mehr zum Bundesgebiet gehö-   **258**
renden Gebieten wurden nicht enteignet. § 105 Abs 1 Nr 6 GBV hilft bei der Löschung,[311] ebenso bei gering-
wertigem Recht das Ablöserecht des § 10 GBBerG.

cc) Natürliche Personen. Für solche Gläubiger gilt § 105 Abs 1 Nr 6 GBV nicht. Grundsätzlich gilt § 19.   **259**

dd) Bergrechtliche Gewerkschaften. Über ihre Rechte kann nach § 105 Abs 1 Nr 6 GBV verfügt werden.   **260**

---

309 Einzelheiten *Volmer* NotBZ 2002, 437.
310 Art 21, 22 EV vom 31.08.1990 (BGBl II, 885).
311 Bewilligungsstelle wohl die Kreditanstalt für Wiederaufbau als Nachfolgerin der Staatsbank Berlin.

261 **ee) Sparkassen.** Sparkassen und Volkseigentum in Rechtsträgerschaft einer Sparkasse können über die zu ihren Gunsten eingetragenen Rechte selbst verfügen[312] (§ 105 Abs 1 Nr 6 GBV). Zum Übergang volkseigener Forderungen Art 231 § 10 EGBGB.[313]

262 **ff) Genoba/Raiba.** Kann die Rechtsnachfolge einer solchen Bank in der Form des § 29 nachgewiesen werden, ist diese Person bewilligungsberechtigt. Daneben besteht die Bewilligungsbefugnis des § 105 Abs 1 Nr 6 GBV.

263 **gg) Sonstige Stellen.** § 105 Abs 1 Nr 6 GBV gilt auch für vor dem 01.07.1990 eingetragene oder beantragte dingliche Rechte für das Volkseigentum in Rechtsträgerschaft des Staatshaushalts oder eines zentralen Organs der DDR, des Magistrats von Berlin, des Rates eines Bezirks, Kreises oder Stadtbezirks, des Rates einer Stadt oder sonstiger Verwaltungsstellen oder staatlichen Einrichtungen, für eine juristische Person des öffentlichen Rechts oder ein Sondervermögen einer solchen Person, mit Ausnahme des Reichseisenbahnvermögens und des Sondervermögens Deutsche Post. Jede Dienststelle des Bundes oder einer bundesunmittelbaren Körperschaft oder Anstalt des öffentlichen Rechts kann die Eintragungsbewilligung nach § 19 abgeben, aber auch alle Finanzämter im Bundesgebiet.[314]

264 **hh) Altverfügungen.** § 105 Abs 1 Nr 6 GBV gilt auch für »Altbewilligungen« eines bereits gelöschten Rechts, wenn sie von den Stellen erklärt wurden, die jetzt Bewilligungsstellen sind. Denn sonst müssten diese Stellen jetzt erneut Bewilligungen erklären. Die Heilungsvorschrift[315] gilt vor allem für bisher erfolgte Löschungen von Rechten der Sparkassen und für Bewilligungen der Staatsbank Berlin.

3. Unbekannter Gläubiger[316]

265 Immer wieder kommt es vor, dass der Grundpfandrechtsgläubiger seiner Person oder seinem Aufenthalt nach unbekannt ist. In solchen Fällen bestehen mehrere Möglichkeiten der Löschung des Rechts.

266 **a) Aufgebotsverfahren.** Ist der Gläubiger von Grundpfandrechten der Person nach unbekannt, so muss zu seiner Ausschließung das Aufgebotsverfahren nach §§ 946 ff, 982 ff ZPO durchgeführt werden. Strittig ist, ob das Aufgebotsverfahren zulässig ist, wenn lediglich der Aufenthalt des Gläubigers unbekannt ist.[317] In Anbetracht der besonders schwierigen Grundbuchsituation in den neuen Bundesländern sollte man zumindest dort an die Voraussetzungen des unbekannten Gläubigers keine allzu hohen Anforderungen stellen. Es muss genügen, wenn der Gläubiger oder sein Rechtsnachfolger trotz nachweisbarer Bemühungen nicht feststeht.[318] Dadurch wird dem Grundstückseigentümer die Erhebung einer auf Löschung bzw Grundbuchberichtigung gerichteten Klage durch öffentliche Zustellung erspart. Nach Ansicht des LG Köln[319] ist der **Gläubiger unbekannt**, wenn er sich seit ca. 25 Jahren (im entschiedenen Fall seit Beginn des Zweiten Weltkriegs) trotz bekannter Anschrift nicht mehr gemeldet hat oder wenn seine Anschrift nicht ermittelt werden kann. Vgl auch § 46 Rdn 166. Der Antragsteller hat glaubhaft zu machen, dass der Gläubiger seinen Nachforschungen zufolge unbekannt ist und nicht eine das Aufgebot ausschließende Anerkennung der Rechte des Gläubigers erfolgt ist (§ 1170 Abs 1 S 1 BGB, § 986 Abs 1 ZPO).

267 Antragsberechtigt ist nach § 984 ZPO der Grundstückseigentümer wie auch der gleich-/nachrangige dingliche Berechtigte. Mit »Eigentümer« iS von § 1170 BGB ist der Eigentümer im Zeitpunkt des Erlasses des Ausschlussurteils gemeint. Die Glaubhaftmachung der Angaben hat durch denjenigen zu erfolgen, der im Zeitpunkt der Antragstellung Eigentümer ist. Bei einem Wechsel des Eigentums während des Aufgebotsverfahrens ist weder eine erneute Antragstellung durch den neuen Eigentümer erforderlich noch ein irgendwie gearteter Beitritt des neuen Eigentümers zum laufenden Aufgebotsverfahren.

268 Zuständig ist das Amtsgericht, in dessen Bezirk das mit dem Grundpfandrecht belastete Grundstück liegt. Seit der letzten sich auf die Hypothek beziehenden Eintragung in das Grundbuch müssen gemäß § 1170 BGB zehn Jahre verstrichen sein. Eintragungen, die ohne Mitwirkung des Gläubigers zustande gekommen sind, bleiben

---

312 Diese Fälle sind sehr häufig.
313 *Böhringer* VIZ 2001, 1.
314 BMF VIZ 1997, 153 = OV spezial 1997, 24.
315 § 105 Abs 3 GBV.
316 *Böhringer* NJ 1994, 303; *ders* NotBZ 2001, 197.
317 Bejahend *Meikel-Bestelmeyer* § 41 Rn 69 mwN; zur Problematik alter Hypotheken auch *Bultmann* NJ 1993, 203; *Wenckstern* DNotZ 1993, 547; *Horn* ZIP 1993, 659; *Welter* WM 1991, 129, 1189.
318 Ebenso *Baumbach-Lauterbach-Albers-Hartmann* und *Stein-Jonas-Schlosser* je zu § 985 ZPO; gl A bei Briefgrundpfandrechten LG Augsburg, MittBayNot 1981, 131; LG Erfurt Rpfleger 1994, 310; LG Aachen NJW-RR 1998, 87; dazu auch BGH NJW-RR 2004, 664; *Palandt/Bassenge* § 1170 Rn 2.
319 MittRhNotK 1964, 228. Ebenso LG Düsseldorf NJW-RR 1995, 1232 (Aufgebot des sich »verschweigenden« Gläubigers einer Hypothek).

außer Betracht. Außerdem darf **keine Anerkennungshandlung oder Rechtshängigkeit** vorliegen, und die zehn Jahre müssen seit der fristgemäßen Fälligkeit vergangen sein. Oftmals ist eine Fälligkeit noch nicht eingetreten, weil nicht nach dem Kalender bestimmt und auch keine Kündigung erfolgt ist.

Mit Erlass des Ausschlussurteils wird der Gläubiger nur mit seinem dinglichen Recht (nicht aber mit der persönlichen Forderung) ausgeschlossen; der Eigentümer erwirbt mit der Verkündung des Urteils die Hypothek/Grundschuld kraft Gesetzes als **Eigentümergrundschuld.** Das Grundbuch wird dadurch unrichtig. Der Eigentümer kann das Grundpfandrecht auf sich umschreiben oder löschen lassen. Dazu ist beim Grundbuchamt ein (formloser) Antrag nach § 13 zu stellen und das Ausschlussurteil in Ausfertigung vorzulegen. Ein Nachweis über die Zustellung und die Rechtskraft des Urteils ist nicht erforderlich. Der Nachweis, dass eventuell vorbehaltene Rechte nicht bestehen, muss im Grundbuchverfahren nicht geführt werden. Bei vor dem 01.01.1976 im Grundbuch eingetragenen Grundpfandrechten ist die **Löschungszustimmung** des Eigentümers nach § 1183 BGB, § 27 in der Form des § 29 erforderlich; eine solche entfällt bei den zwischen dem 01.01.1976 und 02.10.1990 begründeten ZGB-Hypotheken wie auch bei allen Aufbaugrundschulden (mangels Eigentümerfähigkeit). Bei ZGB-Hypotheken und Aufbaugrundschulden erlischt das Recht, da diese Grundpfandrechte nicht eigentümerfähig und umwandlungsfähig sind; eine andere Lösung würde den Inhalt der Rechte entgegen Art 233 § 3 EGBGB verändern, denn zum Inhalt eines Rechts gehören auch die Vorschriften über das Erlöschen eines beschränkten dinglichen Rechts. Der dem Gläubiger erteilte Grundpfandrechtsbrief wird mit Erlass des Ausschlussurteils ohne besonderes Aufgebot kraftlos. Die Voreintragung der umgestellten Währung in Deutsche Mark ist gemäß § 39 nicht erforderlich.

269

Nach § 1171 BGB kann der unbekannte Gläubiger auch durch Geldhinterlegung mit seinem Recht ausgeschlossen werden. Auf wen die Uralt-Hypothek übergeht, richtet sich nach §§ 1143, 1163 Abs 1 S 2, § 1164 BGB. Dieser hat dann die Löschung zu bewilligen. Bei Aufbaugrundschulden und ZGB-Hypotheken kommt nur ein Erlöschen des dinglichen Rechts in Betracht, da das ZGB ein Eigentümerrecht nicht kennt, ebenso wenig einen Forderungsübergang ähnlich dem § 1164 BGB.

270

Rechtsfolgen des Aufgebots bei Hypotheken und Grundschulden sowie den dazugehörigen Briefen   **271**

Fallkonstellation	Rechtsfolgen eines vorbehaltlosen Ausschlussurteils
Grundpfandrechte	
BGB-Rechte (§ 1170 BGB)	– Entstehung einer Eigentümergrundschuld – Formloser Grundbuchberichtigungsantrag hinsichtlich des Rechtsinhabers – Der Grundpfandrechtsbrief wird kraftlos – Wiedererteilung eines neuen Briefs auf Antrag, § 67 GBO – Urteilsvorlage in Ausfertigung/beglaubigter Abschrift
ZGB-HypothekAufbaugrundschuld (Art. 233 §§ 3, 6 EGBGB iVm Einigungsvertrag)	– Das Aufgebotsverfahren ist nur in den *neuen Bundesländern* zulässig – Das Recht erlischt – Keine Entstehung einer Eigentümergrundschuld – Die Rechte waren stets brieflos- Formloser Grundbuchberichtigungsantrag – Urteilsvorlage in Ausfertigung/beglaubigter Abschrift
Grundpfandrechtsbriefe	
Im gesamten Bundesgebiet: **Grundpfandrechtsbrief** (§ 1162 BGB)	– Der Brief wird kraftlos – Erteilung eines neuen Briefs auf Antrag – Urteilsvorlage in Ausfertigung/beglaubigter Abschrift
Im gesamten Bundesgebiet: **Kriegseinwirkungen** (§ 26 GBMaßnG)	– Kein Aufgebotsverfahren erforderlich – Vereinfachtes Verfahren beim Grundbuchamt – Der Brief wird kraftlos in Verbindung mit dem Antrag auf Grundbucheintragung – Entweder Antrag auf Erteilung eines neuen Briefs oder Antrag auf Löschung des Rechts beim Grundbuchamt
Grundpfandrechtsbriefe	
Nur in den neuen Bundesländern: **Besatzungsrechtliche oder besatzungshoheitliche Enteignung von Banken und Versicherungen** (§ 26 GBMaßnG)	– Vereinfachtes Verfahren beim Grundbuchamt möglich – Der Brief wird kraftlos – Entweder Antrag auf Erteilung eines neuen Briefs oder Antrag auf Löschung des Rechts beim Grundbuchamt
Im gesamten Bundesgebiet: **Zwangsmaßnahmen anderer Staaten**	– Erleichtertes Aufgebotsverfahren, z.B. bei Enteignungsmaßnahmen fremder Staaten, mit Spezialgesetz (BGBl. 1950, 88, und 1960 I, 297) – Der Brief wird kraftlos- Erteilung eines neuen Briefs auf Antrag – Urteilsvorlage in Ausfertigung/beglaubigter Abschrift

272 Bei Grundpfandrechten ist nach der Art der Rechte zu unterscheiden. Bei BGB-Hypotheken erwirbt der Eigentümer mit der Verkündung des Ausschlussurteils die Hypothek. Zugleich wird der Hypothekenbrief kraftlos. Auf Antrag kann sich der Grundstückseigentümer einen neuen Brief erteilen lassen, § 67. Die Forderung bleibt ungeachtet des Ausschlussurteils bestehen. Ist die Hypothek mit Rechten Dritter belastet (Nießbrauch, Pfandrecht), so ergreift die Wirkung des Ausschlussurteils auch dessen Recht. Mit Vorlage einer Ausfertigung/beglaubigten Abschrift eines vorbehaltslosen Ausschlussurteils kann die Umschreibung der Hypothek in ein Eigentümerrecht auf Antrag des Eigentümers (§ 13) im Wege der Grundbuchberichtigung (§§ 22, 29) vorgenommen werden. Will der Grundstückseigentümer das Grundpfandrecht löschen lassen, muss er einen Antrag in der Form des § 29 stellen (§ 30). Für ZGB-Hypotheken und Aufbaugrundschulden in den neuen Bundesländern gilt die Besonderheit, dass diese Rechte nicht eigentümerfähig sind (Art 233 § 6 EGBGB), ein Übergang auf den Grundstückseigentümer ist nicht möglich.

273 § 15 GBBerG ermöglicht es, die Inhaber ehemals **staatlich verwalteter Vermögenswerte** mit einem Aufgebotsverfahren beim Bundesamt für zentrale Dienste und offene Vermögensfragen auszuschließen. Bei BGB-Grundpfandrechten hat der Ausschlussbescheid die Wirkungen des § 1170 Abs 2 BGB; der Grundstückseigentümer erwirbt das Grundpfandrecht als Eigentümerrecht und hat es an den Entschädigungsfonds nach § 10 Abs 1 S 1 Nr 7 EntschG »abzuführen«, was durch Abtretung des Rechts nach §§ 873, 1154 BGB zu erfolgen hat. Die nicht eigentümerfähigen ZGB-Hypotheken und Aufbaugrundschulden erlöschen. Das Aufgebot des dinglichen Gläubigers lässt das dem Grundpfandrecht zu Grunde liegende Forderungsrecht unberührt. Neben dem Aufgebot hinsichtlich der dinglichen Berechtigung ist auch noch wegen der Forderung der Gläubiger ausdrücklich aufzubieten, was selbstverständlich im gleichen Aufgebotsverfahren geschehen kann.

274 Der **Grundpfandrechtsbrief** wird ohne Aufgebot kraftlos (§ 1170 Abs 3 BGB); bei ZGB-Hypotheken und Aufbaugrundschulden stellt sich diese Frage nicht, denn sie waren stets Buchrechte, auch wenn dies im Grundbuch nicht vermerkt wurde. Der Vermögenswert wird keinesfalls herrenlos, Aneignungsrechte Dritter entstehen nicht. Das automatische Kraftloswerden des Briefs hat zur Folge, dass nach Erlass des Ausschlussbescheids vom jetzt nicht berechtigten Briefbesitzer das Grundpfandrecht nicht mehr wirksam, auch nicht mehr gutgläubig erworben werden kann.

275 Die auf dem Grundstück ruhenden dinglichen Rechte (eventuell belastet mit Rechten Dritter) und Vormerkungen (Abteilung II und III des Grundbuchs) werden durch den Ausschlussbescheid nicht berührt. Eigentümerrechte (insbesondere Eigentümergrundschulden, § 1196 BGB) des ausgeschlossenen Grundstückseigentümers müssen deshalb gesondert aufgeboten werden. Die mit dem Eigentum verbundenen Verfügungsbeschränkungen, zB der Nacherbenvermerk bei einer durch Verfügung von Todes wegen angeordneten Nacherbfolge oder eine Testamentsvollstreckung, erlöschen durch den bestandskräftigen Ausschlussbescheid; auch insoweit wird das Grundbuch unrichtig.

276 Mit Bestandskraft des Ausschlussbescheides des Bundesamtes für zentrale Dienste und offene Vermögensfragen wird das Grundbuch unrichtig iS von § 894 BGB. Die Berichtigung des Grundbuchs richtet sich nach den grundbuchverfahrensrechtlichen Vorschriften (§ 22, 29). Danach ist ein formfreier Antrag nach § 13 erforderlich; für ein Ersuchen nach § 38 fehlt es an einer Sachnorm. Weiter ist vorzulegen die Ausfertigung oder beglaubigte Abschrift des Ausschlussbescheids mit Bescheinigung der Bestandskraft. Bei einem ausgeschlossenen Gläubiger eines BGB-Grundpfandrechts wird der Grundstückseigentümer berichtigend als Inhaber des auf ihn übergegangenen Eigentümerrechts eingetragen. Danach ist die Überführung des Eigentümerrechts mittels einer freiwillig abgegebenen oder durch Klage nach § 894 ZPO erzwungenen Abtretungsbewilligung (§ 26) nebst Antrag nach § 13 durch den Grundstückseigentümer oder das Bundesamt für zentrale Dienste und offene Vermögensfragen vorzunehmen.

277 Die Rechtmäßigkeit des Ausschlussbescheids hat das Grundbuchamt keinesfalls zu prüfen, insbesondere auch nicht, ob ein Ausschlussbescheid hätte erlassen werden dürfen, weil es etwa dem Grundbuchamt zweifelhaft erscheint, ob überhaupt eine staatliche Verwaltung des Vermögenswertes vorlag, wenn zB im Grundbuch kein Verwaltungsvermerk eingetragen war.

278 **b) Kündigung/Hinterlegung bei Uralt-Hypothek.** Ist der Gläubiger lediglich wegen seines Aufenthalts unbekannt, finden §§ 1170, 1171 BGB keine Anwendung. Der Eigentümer hat nach §§ 132, 1141 BGB zu kündigen: bei einer Sicherungshypothek gilt § 1185 Abs 2 BGB. Der Eigentümer hat den Geldbetrag zu hinterlegen. Die bloße Vorlage eines Hinterlegungsscheins beweist nicht die Rechtmäßigkeit der Hinterlegung und das Bestehen eines Hinterlegungsgrundes,[320] mit einer solchen Urkunde kann die Unrichtigkeit des Grundbuchs nicht nachgewiesen werden. Allerdings kann eine Klage auf Grundbuchberichtigung angestrebt werden. Außerdem ist der Hypothekenbrief vorzulegen, notfalls muss er für kraftlos erklärt werden (§ 1162 BGB, § 26 GBMaßnG). Bei geringwertigen Grundpfandrechten schafft § 10 GBBerG Erleichterungen.

---

320 BayObLG Rpfleger 1980, 186.

c) Pflegerbestellung. Möglich ist auch die Bestellung eines Pflegers nach §§ 1911, 1913 BGB, der mit der **279** Genehmigung des Vormundschaftsgerichts die Löschung der Hypothek bewilligen kann. Das Fürsorgebedürfnis wird nach hM[321] bejaht. Die örtliche Zuständigkeit des Vormundschaftsgerichts richtet sich nach §§ 36 Abs 2, 37 Abs 2 bzw 39 Abs 2 FGG. Der Hypothekenbrief ist ggf für kraftlos zu erklären (§ 1162 BGB, § 26 GBMaßnG).

4. Ablösung geringwertiger Rechte

a) Temporale Rechte. Seit dem In-Kraft-Treten des RegVBG[322] am 25.12.1993 besteht in den neuen Bun- **280** desländern die Möglichkeit, vor dem 01.07.1990[323] begründete bzw entstandene Grundpfandrechte aller Art nach § 10 GBBerG abzulösen. Dieses Ablöserecht des Eigentümers besteht für alle Grundpfandrechte mit einem umgerechneten Betrag von nicht mehr als 6000 Euro, also für Rechte mit einem Währungsbetrag bis zu 23469,96 GM, 23469,96 RM, 23469,96 Mark-DDR,[324] 11734,98 DM. Auch für Reallasten besteht ein Ablöserecht.

Auch (wieder-) eingetragene enteignete Grundpfandrechte (§ 3 Abs 1a VermG) und die nach § 18 aF VermG **281** (wieder-)eingetragenen Grundpfandrechte fallen unter § 10 GBBerG, nicht jedoch die Restitutionshypotheken nach § 7 Abs 3 S 2 und § 7a Abs 3 aF VermG[325] und die nach § 18 nF VermG eingetragenen Hypotheken (die Rechtslage unterscheidet sich strukturell von derjenigen nach § 18 aF VermG).

b) Abzulösender Gläubiger. Ob der Rechtsinhaber bekannt oder unbekannt ist, spielt bei § 10 GBBerG **282** keine Rolle.[326] Steht das Recht mehreren zu, so ist die Ablösung nur insgesamt möglich, also nicht nur hinsichtlich eines der Mitberechtigung eines Mitgläubigers entsprechenden Anteils.

c) Ablöseberechtigter. Ablöseberechtigt ist der Eigentümer des belasteten Grundstücks, bei Gesamthändern **283** jeder allein; dies gilt auch bei einem Gesamtrecht nach § 1132 BGB. Das Ablöserecht kann aber nur hinsichtlich des gesamten Rechts ausgeübt werden und nicht etwa nur hinsichtlich eines seiner Mitberechtigung entsprechenden Anteils.

d) Hinterlegung. Der Ablöseberechtigte hat den in Euro umgerechneten Nennbetrag des Grundpfandrechts **284** zuzüglich eines Drittels davon (als pauschalierte Zinsen) beim Amtsgericht zu hinterlegen. Das Gericht hat einen Hinterlegungsschein in der Form des § 29 auszustellen, aus dem hervorgehen muss, dass es sich um eine Hinterlegung nach § 10 GBBerG handelt. Die Kosten der Hinterlegung hat der Gläubiger entsprechend § 381 BGB zu tragen. Der Eigentümer braucht dem Amtsgericht keinen Nachweis erbringen, dass dem Gläubiger die Hinterlegung angezeigt wurde. Nach Ablösung kann noch ein Aufgebotsverfahren gem § 1170 BGB beantragt werden.[327]

Eine Teilablösung ist nicht zulässig. Ein Vertreter des Eigentümers bedarf keiner Genehmigung des Vormund- **285** schaftsgerichts.

5. Vorgänge des Vermögensgesetzes

a) Wiederbegründete/übernommene Rechte. Nach § 3 Abs 1a VermG (wieder-)begründete Grund- **286** pfandrechte unterstehen bei Verfügungen über sie dem BGB; § 1183 BGB und § 27 GBO sind anwendbar.

Bei den nach § 18 nF VermG übernommenen Grundpfandrechten ist zu unterscheiden, ob es sich um Uralt- **287** rechte (oben Rdn 248) oder um ZGB-Hypotheken (oben Rdn 251) und Aufbaugrundschulden handelt. Für Uraltrechte gilt das BGB, also § 1183 BGB und § 27. Bei ZGB-Hypotheken und Aufbaugrundschulden ist Art 233 § 6 EGBGB anzuwenden, also keine Zustimmungserklärung des Eigentümers zur Aufhebung des Rechts nötig.

b) Sicherungshypotheken nach §§ 7, 7a VermG. Für die Löschung der nach § 7 Abs 3 S 2 und § 7a Abs 3 **288** S 2 aF VermG entstandenen Sicherungshypotheken gelten §§ 875, 876, 1183 BGB und §§ 19, 27, 29.

---

321 Das Fürsorgebedürfnis wird bejaht: BayObLG Rpfleger 1952, 338; KG OLGE 18, 306.
322 BGBl I 2182.
323 Auf die Antragstellung beim Liegenschaftsdienst (Grundbuchamt) kommt es an.
324 Umstellungsverhältnis wie bei § 2 HypAblV und § 36a GBMaßnG. Wegen Euro-Umstellung *Böhringer* ZflR 2000, 1012; *ders* Rpfleger 2000, 433; *ders* DNotZ 1999, 692; *ders* BWNotZ 1999, 137.
325 *Böhringer* NJ 1994, 303.
326 KG OLG-NL 1996, 67 = Rpfleger 1996, 283 = FGPrax 1996, 87 = DNotZ 1996, 561 = NJ 1996, 317 = VIZ 1996, 483 = ZOV 1996, 132.
327 KG Rpfleger 2008, 478; LG Erfurt, Beschl vom 26.05.1995 – 2 T 38/95 (unveröffentlicht); *Bauer/von Oefele-Maaß* § 10 Rn 32 GBBerG; *Böhringer* NJ 2001, 281.

289 **c) Löschung durch Ersuchen.** Soll aufgrund eines Ersuchens nach § 34 VermG ein Grundpfandrecht gelöscht werden, so genügt hierzu für das Grundbuchamt das Ersuchen; dieses ersetzt die Zustimmung nach § 27.

290 **d) Ablösung wiederbegründeter Rechte.** Nach dem Wortlaut des § 10 GBBerG erfasst dieser die Ablösung wiederbegründeter Rechte nicht. Die Vorschrift ist aber insoweit extensiv anzuwenden und ein Ablöserecht zu bejahen.

291 **e) Unbekannte Erben als Gläubiger.** Gemäß § 2a VermG kann ein dingliches Recht auch dann auf Ersuchen des Amts zur Regelung offener Vermögensfragen (ARoV) im Grundbuch eingetragen werden, wenn unbekannte Erben Gläubiger des Grundpfandrechts sind. Zur Löschung des Rechts ist der Erbnachweis des § 35 notwendig; möglich bleibt aber auch die Pflegerbestellung gemäß §§ 1911, 1913 BGB.

292 **f) Löschung nicht zu übernehmender Teile. aa) Gesetzliches Erlöschen.** Gemäß § 18 nF VermG sind alte Grundpfandrechte nur insoweit zu übernehmen, wie sich ihr Kapitalumfang nach § 18 nF VermG errechnet. Ab 22.07.1992 wird nur insoweit um Eintragung des wiederbegründeten Rechts ersucht. Davor war die Rechtslage anders; es wurde um Eintragung des »alten« Rechts im früheren Kapitalumfang ersucht. In solchen Fällen besteht heute das Recht nur in dem Umfang, wie er sich aus § 18 nF VermG ergibt.[328] Insoweit kann das Grundbuch am 22.07.1992 unrichtig geworden sein. Soweit das Grundpfandrecht erloschen ist, kann das Grundbuch gemäß § 22 berichtigt werden (durch freiwillig abgegebene oder durch Klage erzwungene Bewilligung des Gläubigers). Der Beweis der Grundbuchunrichtigkeit durch öffentliche Urkunde dürfte wohl selten gelingen. Das ARoV kann bei diesen abgeschlossenen Altfällen nicht um Löschung bzw Teillöschung des Rechts ersuchen. Für Uraltrechte (oben Rdn 248) gilt § 27; für ZGB-Hypotheken und Aufbaugrundschulden ist diese Zustimmung des Eigentümers mangels Eigentümerfähigkeit dieser Rechte nicht notwendig.

293 **bb) Löschungsanspruch.** Nach § 16 Abs 10 VermG kann der Eigentümer vom Gläubiger eines nach dem 30.06.1990 bestellten Grundpfandrechts die Löschung des Rechts in einem bestimmten Umfang verlangen. Für die Löschung gelten dann die §§ 875, 1183 BGB, §§ 19, 27, 29, die Erklärungen des Eigentümers nach § 1183 BGB und § 27 sind jedoch bei ZGB-Hypotheken nicht erforderlich (Art 233 § 6 EGBGB).

294 **g) Widerspruch nach § 16 Abs 6 S 2 VermG.** Hat das ARoV gemäß § 16 Abs 6 S 2 VermG bei einem Grundpfandrecht um Eintragung eines Widerspruchs gegen das Bestehen bzw teilweise Bestehen des Grundpfandrechts ersucht, so kann der eingetragene Widerspruch nach §§ 19, 29 mit Löschungsbewilligung des Grundstückseigentümers oder aufgrund eines Bescheids des ARoV über den zu übernehmenden Teil des Grundpfandrechts gelöscht werden.

6. Sonstige Falllagen

295 **a) Untergang des Rechtsobjekts. aa) Ungetrennter Hofraumanteil.** Belastungsobjekt waren bisher auch »Anteile an ungetrennten Hofräumen«. Sie sind formal grundbuchfähige Rechtsobjekte, wenn sie den Anforderungen der HofV[329] entsprechen. Dies muss bis zum 31.12.2010 erfüllt sein, andernfalls ab dem 01.01.2011 Grundbucheintragungen nicht mehr vorgenommen werden können. Grundbuchverfahrensrechtlich ist kein Rechtsobjekt mehr vorhanden.

296 **bb) Aufhebung des dinglichen Nutzungsrechts. – Rechtsgeschäftliche Aufhebung**

Die rechtsgeschäftliche Aufhebung des dinglichen Nutzungsrechts/Gebäudeeigentums nach Art 233 §§ 2b, 4, 8 EGBGB kann nur mit Zustimmung der am Gebäudeeigentum dinglich Berechtigten erfolgen. Stimmt der Grundpfandrechtsgläubiger der Aufhebung des Gebäudeeigentums zu, so ist von ihm keine besondere Löschungsbewilligung für das Grundpfandrecht mehr erforderlich;[330] die Löschung seines Grundpfandrechts erfolgt von Amts wegen mit der Löschung des Gebäudeeigentums. Das dingliche Recht setzt sich nicht am Grundstück fort, letzteres kann aber rechtsgeschäftlich belastet werden. Die Grundpfandrechte am Grundstück erstrecken sich auf das Gebäude als wesentlicher Bestandteil des Grundstücks, Art 233 § 4 Abs 6 und § 2b EGBGB, § 94 BGB. Wird im Zuge der Sachenrechtsbereinigung ein Erbbaurecht bestellt, so erlischt mit dessen Entstehung zwar das selbständige Gebäudeeigentum, jedoch bestehen Belastungen des Gebäudes am Erbbaurecht fort, § 34 Abs 1 und § 59 Abs 1 SachenRBerG, und werden amtswegig in das Erbbaugrundbuch – ohne Mitwirkung der Inhaber beschränkter dinglicher Rechte am Gebäudeeigentum – übertragen.

---

328 Art 14 Abs 6 des 2. VermRÄndG.
329 BGBl 1993 I 1658. Dazu *Böhringer* VIZ 1994, 63; *ders* DtZ 1994, 100. Zum alten Rechtszustand *Ufer* DtZ 1992, 272; *ders* AVN 1/1992, 25; *Schmidt-Räntsch* VIZ 1992, 163.
330 *Böhringer* DtZ 1994, 266.

– Aufhebungsbescheid   297

Durch Bescheid des Amtes zur Regelung offener Vermögensfragen (ARoV) kann ein unredlich erworbenes dingliches Nutzungsrecht aufgehoben werden. Der Grundpfandrechtsgläubiger erhält nach § 16 Abs 3 S 4 VermG anstelle des untergegangenen Rechtsobjekts als Surrogat ein Pfandrecht an den Ansprüchen nach §§ 7 und 7a VermG sowie an der nach § 7a Abs 3 S 2 aF VermG begründeten Sicherungshypothek. Sein Grundpfandrecht wird jedenfalls im Gebäudegrundbuchblatt amtswegig gelöscht. Das Grundbuchamt benötigt keine Zustimmung des Grundpfandrechtsgläubigers oder des Grundstückseigentümers zu dieser Löschung.

– Aufhebungsurteil   298

Nach Art 233 § 4 Abs 5 EGBGB kann der Grundstückseigentümer die Aufhebung eines dinglichen Nutzungsrechts verlangen. Mit gerichtlichem Urteil ist das Nutzungsrecht aufgehoben. Für den Grundpfandrechtsgläubiger besteht die gleiche Rechtslage wie bei § 16 Abs 3 VermG.

– Aufgebot des Nutzers   299

Bei einem Aufgebot des Nutzers nach § 18 SachenRBerG geht das Nutzungsrecht und das Gebäudeeigentum auf den Grundstückseigentümer über; das Rechtsobjekt geht nicht unter.

cc) Untergang des Gebäudes. Der Untergang des Gebäudes lässt den Bestand des dinglichen Nutzungsrechts nach Art 233 § 4 Abs 3 S 1 EGBGB unberührt. Das neue Gebäude wird Eigentum des Nutzungsberechtigten. Dingliche Belastungen am Nutzungsrecht setzen sich an dem Nutzungsrecht und am neu errichteten Gebäude fort. Gleiches gilt auch für das Gebäudeeigentum nach Art 233 §§ 2b und 8 EGBGB.   300

dd) Gutgläubiger Wegerwerb des Gebäudes. Bei gutgläubigem Wegerwerb des – nicht im Grundstücksgrundbuch vermerkten[331] – Gebäudeeigentums nach Art 231 § 5 Abs 3 EGBGB haben Gebäudeeigentümer und Grundpfandrechtsgläubiger am Gebäudeeigentum die Berichtigung des Grundbuchs (Schließung des Gebäudegrundbuchs) zu bewilligen, §§ 19, 22, 29.   301

ee) Sachenrechtsbereinigung. – Vereinigung von Grundstück und Gebäudeeigentum in einer Hand   302

Vereinigen sich Grundstücks- und Gebäudeeigentum in einer Person, so wollen §§ 78, 81 Abs 5 SachenRBerG mit einem absolut wirkenden Verfügungsverbot ein künftiges Auseinanderfallen beider Rechtsobjekte vermeiden. Gläubiger von Grundpfandrechten sind verpflichtet, ihre Rechte am Gebäudeeigentum aufzugeben, wenn sie dafür gleichrangige Rechte am Grundstück erhalten, von dem das Gebäude ein Bestandteil wird. Grundschuldgläubiger sind verpflichtet, ihr dingliches Recht aufzugeben, wenn die Forderung, zu deren Sicherung die Grundschuld bestellt worden ist, nicht entstanden oder erloschen ist.

– Verzicht bei unredlichem Rechtserwerb   303

Gläubiger eines Grundpfandrechts und einer Reallast, die ihre Rechte am Grundstück erst aufgrund eines nach dem 21.07.1992 beim Grundbuchamt gestellten Eintragungsantrages erlangt haben, müssen in bestimmten Fällen auf Verlangen des Nutzers eines der Sachenrechtsbereinigung unterliegenden Grundstücks die Löschung ihres Rechts auf dem vom Nutzer zu erwerbenden Grundstück bewilligen, § 63 SachenRBerG.

b) Entschuldungsfälle und Löschvermerk. Bei den Entschuldungsvermerken (Grundbucheintrag: »Das Grundstück unterliegt der Entschuldung«) ist zu unterscheiden, ob es sich um einen Vermerk handelt, der aufgrund des Schuldenregelungsgesetzes im Grundbuch eingetragen wurde oder um einen solchen aufgrund des Gesetzes[332] über die Entschuldung der Klein- und Mittelbauern beim Eintritt in die Landwirtschaftlichen Produktionsgenossenschaften. Der erstgenannte Vermerk kann heute als gegenstandslos[333] im Grundbuch gelöscht[334] werden, und zwar auch von Amts wegen, §§ 84 ff. Dies gilt selbst dann, wenn das Amt zur Regelung offener Vermögensfragen gemäß § 34 VermG um (Wieder-)Eintragung des Vermerks ersucht hat.   304

Anders ist die Rechtslage bei den »LPG-Entschuldungsfällen«.[335] Bei bestimmter Falllage lebten die schuldrechtliche Forderung und automatisch damit auch das dingliche Sicherungsrecht wieder auf; es war keine rechtsgeschäftliche Neubegründung der Hypothek notwendig, vielmehr wurde das Grundbuch durch Wieder-   305

---

331 BGH Rpfleger 2003, 118.
332 DDR-GBl S 224.
333 So *Kulaszewski* NJ 1968, 593; *Böhringer* BWNotZ 1991, 129, 131; Schreiben des BMJ v 20.01.1994 – I B 4 b – 3443/1.
334 Der Löschungsvermerk im letzteren Fall lautet etwa »*Endgültig gelöscht am …*«. Der zu löschende Löschungsvermerk wirkt wie ein Widerspruch iSd § 892 BGB. So auch *Kulaszewski* NJ 1968, 593; BMJ Schreiben v 20.01.1994 – I B 4 b – 3443/1.
335 *Böhringer* DtZ 1994, 131.

eintragung des dinglichen Rechts berichtigt. Diese Rechtslage ist durch Art 233 §§ 2, 3 und 6 EGBGB und § 144 Abs 1 Nr 3 konserviert. Die im Grundbuch eingetragene »bedingte« Löschung des Grundpfandrechts hat auch heute noch Bedeutung. Der besonders formulierte Löschungsvermerk hat die Warnwirkung ähnlich einem Widerspruch nach § 899 BGB. § 50 LwAnpG modifiziert die Entschuldungsregelungen der ehemaligen DDR über den 02.10.1990 hinaus. Dieser Entschuldungsvermerk ist nicht gegenstandslos geworden, er verhindert auch weiterhin gutgläubig lastenfreien Grundstückserwerb. Bei einer Umschreibung oder Neufassung des Grundbuchs ist das gelöschte Grundpfandrecht samt dem bisherigen Löschungsvermerk in seiner Ursprungsfassung zu übertragen. Das Grundbuchamt hat dies zu beachten, es gilt § 105 Abs 1 Nr 6 GBV. Die Staatsbank Berlin bzw deren Nachfolgerin (Kreditanstalt für Wiederaufbau) stellt die Bewilligung zur endgültigen Löschung des Löschungsvermerks aus. Die Zustimmung des Eigentümers nach § 27 ist nicht erforderlich, da formal kein Grundpfandrecht gelöscht wird.

306 **c) Schuldenregelungshypotheken**[336]. Die Löschung der zugunsten der Entschuldungsstelle (§ 5 SchRG) eingetragenen (gesetzlichen) Schuldenregelungshypotheken[337] kann nach § 105 Abs 1 Nr 6 GBV erfolgen. Dies gilt auch für solche Hypothekengläubiger, die in der Entschuldung beauftragt gewesen sind. Ebenso gilt § 105 Abs 1 Nr 6 GBV für die Löschung von Schuldenregelungshypotheken sonstiger Gläubiger, sofern sie als Kreditinstitute im Grundbuch eingetragen sind.[338] Für die Zustimmungserklärung des Eigentümers (§ 27) genügt Schriftform.[339]

307 **d) Grundpfandrechte in Uralt-Währung.** Die nach dem Ende der Inflation eingeführte neue Reichsmarkwährung[340] machte es nötig, die auf der alten Währung beruhenden Rechtsverhältnisse in die neue Währung überzuleiten. Betroffen waren von der Abwertung alle Rechte,[341] die die Zahlung einer bestimmten Geldsumme zum Gegenstand hatten, die in Mark oder einer anderen nicht mehr geltenden inländischen Währung[342] ausgedrückt waren, zB Talerhypotheken. Wurde bis 31.03.1931 kein Antrag auf Eintragung der Aufwertung beim Grundbuchamt gestellt, so erlosch das vor dem 14.02.1924 begründete Grundpfandrecht.[343] Obwohl das Grundbuchbereinigungsgesetz von 1930 durch § 15 Abs 2 Abschn I Nr 16 EGZGB aufgehoben worden ist, ändert dies nichts am Erlöschen des dinglichen Rechts. Die Löschung erfolgt von Amts wegen. Unterlagen sind nicht vorzulegen, auch nicht der Grundpfandrechtsbrief, der mit Ablauf des 31.12.1931 nach § 8 Abs 1 GBBerG (v 18.07.1930) kraftlos wurde.

308 **e) Abgeltungshypothek**[344]. Die üblicherweise als Hauszinssteuer oder Mietzinssteuer bezeichnete Gebäudeentschuldungssteuer wurde durch VO vom 31.07.1942[345] aufgehoben. Hatte der Steuerschuldner keine Mittel, mussten Kreditinstitute ihm einen Kredit einräumen, der durch eine Abgeltungshypothek gesichert wurde.[346] Die Forderung bestand auch zu DDR-Zeiten. Forderungsinhaber war in der Regel die Kreissparkasse des Lageortes des Grundstücks. Mit der Rückzahlung erlosch die Hypothek, eine Eigentümergrundschuld entstand nicht.

309 Die Abgeltungsdarlehen fallen auch unter das DDR-Entschuldungsgesetz vom 17.02.1954.[347] Der Löschungsvermerk müsste den Verweis auf dieses Entschuldungsgesetz beinhalten (vgl auch oben Rdn 304). Sofern die Abgeltungshypothek noch als solche im Grundbuch eingetragen ist, kann sie gemäß § 105 Abs 1 Nr 6 GBV gelöscht werden. Mangels Eigentümerfähigkeit[348] des Rechts ist zur Löschung die Zustimmung des Eigentümers nach § 27 nicht erforderlich.

310 **f) Löschung der Schuldenregelungshypothek.** Aufgrund des Schuldenregelungsgesetzes[349] wurden für bestimmte Gläubiger Hypotheken eingetragen. Für ihre Löschung gelten § 105 Abs 1 Nr 6 GBV und § 10 GBBerG. Für die Zustimmungserklärung des Eigentümers nach § 27 genügt Schriftform.[350]

---

336 §§ 15, 19, 93 SchRG.
337 Art 53, 54 der 7. DVO z SchRG; Art 29 der 9. DVO z SchRG (RGBl 1937 I 1305; RGBl 1937 I 1346).
338 Auch die VO zur Aufhebung von Rechtsbeschränkungen aus der landwirtschaftlichen Entschuldung vom 12.03.1959 (DDR-GBl I Nr 16 S 175) sah kein Erlöschen vor.
339 Art 4 Abs 2 der 9. DVO z SchRG (RGBl 1937 I 1305).
340 Münzgesetz v 30.08.1924 (RGBl I 254).
341 In der Regel solche Rechte, die vor dem 20.11.1923 begründet worden sind, stets aber alle nach dem 13.02.1924 begründeten.
342 Für Schweizer Goldhypotheken galten Besonderheiten, vgl Abkommen v 06.12.1920 (RGBl S 2023) und 25.03.1923 (RGBl II 286).
343 § 2 des GBBerG v 18.07.1930 (RGBl 1931 I 305).
344 Einzelheiten *Böhringer* DtZ 1995, 432.
345 RGBl I 1942, 501; RGBl I 1942, 503, 740.
346 § 4 VO v 31.07.1942 (RGBl I 501); § 8 VO v 31.07.1942 (RGBl I 503).
347 DDR-GBl S 224. Dazu *Kulaszewski* NJ 1968, 593.
348 § 8 Abs 3 S 1 VO v 31.07.1942 (RGBl I 503, 740).
349 Vom 01.06.1933 (RGBl I 331).
350 Art 4 Abs 2 der 9. DVO z SchRG (RGBl 1937 I 1305).

g) »Judenhypotheken«. Sogenannte Judenhypotheken[351] sind dingliche Belastungen, die hauptsächlich in den Jahren des wirtschaftlichen Niedergangs nach dem 1. Weltkrieg entstanden sind und die Maßnahmen der Judenfeindschaft, aber auch der Enteignung unangetastet überdauert haben: der jüdische Gläubiger steht noch als Inhaber der dinglichen Sicherung im Grundbuch. Zur Löschung des Rechts fragt sich nun, wer die Erklärung hierzu abzugeben hat. Darüber, wer Inhaber dieser Hyotheken ist, herrscht Unklarheit. Zum Teil wird die Meinung vertreten, dass bereits die frühere Verfolgungsmaßnahme, jedenfalls aber § 3 der 11. VO zum Reichsbürgergesetz vom 25.11.1941 dem Deutschen Reich die Inhaberschaft an der Hypothek auch dann verschafft, wenn dies nicht in das Grundbuch eingetragen worden ist. Andere gehen davon aus, dass infolge Nichtigkeit der Maßnahmen und gesetzlichen Regeln eine Rechtsänderung nicht eingetreten sei[352] (hM). Letzterer Ansicht ist zuzustimmen. **311**

h) Zustimmungsvorbehalt, § 11c VermG. Nach § 11c VermG unterliegen Vermögensgegenstände von bestimmten Ausländern gewissen Verfügungsbeschränkungen,[353] bis nach § 1b VZOG ein Zuordnungsbescheid ergangen und beim Grundbuchamt eingegangen ist. Dieser Zustimmungsvorbehalt wird bei Grundpfandrechten in der Veränderungsspalte eingetragen. Gelöscht werden kann der Vorbehalt, wenn das Bundesamt für zentrale Dienste und offene Vermögensfragen in Berlin bzw die zuständige Bundesanstalt für Immobilienaufgaben um Löschung ersucht oder das damalige Eintragungsersuchen durch das Verwaltungsgericht aufgehoben wurde oder dem Grundbuchamt der bestandskräftige Zuordnungsbescheid nach § 2 VZOG vorgelegt wird. **312**

7. Zustimmung des Eigentümers

a) Grundsatz. Nach § 1183 BGB und § 27 hat der Grundstückseigentümer der Aufhebung/Löschung eines Grundpfandrechts im Grundbuch zuzustimmen. Dies deshalb, weil hinter einem zu löschenden Grundpfandrecht eine Eigentümergrundschuld stehen könnte. Von dem Grundsatz der Zustimmung des Eigentümers gibt es in den neuen Ländern Ausnahmen. **313**

aa) Uraltrechte. Zur Löschung von Uraltrechten (oben Rdn 248) ist die Zustimmung des Eigentümers dann erforderlich, wenn sie während der ZGB–Zeit (01.01.1976 bis 2.10.1990) nicht in ZGB-Rechte umgewandelt worden sind (Art 233 § 6 Abs 2 EGBGB). **314**

bb) Altrechte. Aus ZGB-Hypotheken (insbesondere Aufbauhypotheken) konnte eine Eigentümergrundschuld nicht entstehen. Nach Art 233 § 6 Abs 1 S 2 EGBGB ist deshalb folgerichtig die Zustimmung des Eigentümers entbehrlich.[354] Gleiches gelten für die vor dem 01.01.1976 begründeten Aufbaugrundschulden. **315**

cc) Neurechte. Für alle ab 03.10.1990[355] begründeten Grundpfandrechte gilt § 1183 BGB und § 27. **316**

b) Ausnahmen. aa) Ablösung nach § 10 GBBerG. Mit der Hinterlegung des Geldbetrages nach § 10 GBBerG erlöschen diejenigen Grundpfandrechte, die vor dem 01.07.1990 begründet worden sind (oben Rdn 280). Eine Eigentümergrundschuld entsteht nicht. Die Löschung im Grundbuch ist Grundbuchberichtigung. Eine Zustimmung des Eigentümers nach § 27 S 2 ist nicht notwendig. **317**

bb) Ausschließung nach §§ 1170, 1171 BGB. Mit Erlass des Ausschlussurteils wird bei § 1170 BGB der Gläubiger mit seinem dinglichen Recht ausgeschlossen; das Grundpfandrecht geht auf den Grundstückseigentümer über. **318**

Bei der Falllage des § 1171 BGB kann der Gläubiger auch durch Hinterlegung des Geldbetrages im Wege des Aufgebotsverfahrens ausgeschlossen werden. Auf wen das dingliche Recht dann übergeht, entscheidet das materielle Recht (§§ 1143, 1163, 1164 BGB). **319**

Bei beiden Falllagen kommt es auf das temporale Grundpfandrecht an. Für Uraltrechte (oben Rdn 248) und Neurechte gilt § 27. Mangels Eigentümerfähigkeit erlöschen ZGB-Hypotheken und Aufbaugrundschulden bei der Ausschließung des Gläubigers; dies ist aus einer Gesamtschau von Art 233 §§ 6 und 3 EGBGB zu entnehmen.[356] **320**

cc) Abgeltungshypothek. Diese Hypothek (vgl oben Rdn 308) war nicht eigentümerfähig, eine Zustimmung nach § 27 entfällt daher.[357] **321**

---

351 *Leiss* DNotZ 1969, 609; *ders* MittBayNot 1973, 191.
352 *Leiss* DNotZ 1969, 609; *ders* MittBayNot 1973, 191.
353 Ausführlich *Böhringer* Rpfleger 1994, 45.
354 *Böhringer* BWNotZ 1991, 129.
355 Auf den Zeitpunkt der Antragstellung beim Liegenschaftsdienst/Grundbuchamt kommt es an, Art 233 § 7 EGBGB.
356 *Böhringer* NJ 1994, 303.
357 § 8 Abs 3 S 1 VO v 31.07.1942 (RGBl I 503, 740).

8. Genehmigungen

322 **a) Eigentümersphäre.** Die Zustimmung des Eigentümers nach § 1183 BGB ist keine Verfügung über das dingliche Recht. Eine vormundschaftsgerichtliche Genehmigung ist für die Erklärung nach § 27 erforderlich. Dies gilt auch, sofern für den Eigentümer ein Vertreter nach § 8 Abs 5 S 3 BoSoG, § 11b Abs 1 VermG, Art 233 § 2 Abs 3 EGBGB bestellt worden ist, ebenso für die Falllage des Art 233 § 10 EGBGB. Eine Erlaubnis nach § 7 GBBerG ist für die Eigentümerzustimmung nicht nötig.

323 Eltern, Betreuer, Vormünder, Pfleger, gesetzliche Vertreter (nach Art 233 § 2 Abs 3 EGBGB, § 11b VermG) bedürfen zur Ausübung des Ablöserechts nicht der Genehmigung des Vormundschaftsgerichts oder der Bestellungsbehörde.

324 **b) Gläubigersphäre.** Für die Löschungsbewilligung bzw Aufgabe des Rechts ist die vormundschaftsgerichtliche Genehmigung notwendig.

9. Voreintragung des Gläubigers / der Währung

325 **a) Gläubiger.** Zur Löschung des Grundpfandrechts ist die Voreintragung des Gläubigers nicht erforderlich. Sollte ein Rechtsträger des Volkseigentums eingetragen sein, gilt dies ebenfalls, vgl § 11 GBBerG.

326 Selbstverständlich hat der Verfügende seine Verfügungsbefugnis in der Form des § 29 nachzuweisen. Erleichterungen schafft § 12 GBBerG und § 105 Abs 1 Nr 6 GBV. Gebietskörperschaften haben einen Zuordnungsbescheid vorzulegen (§ 2 VZOG), § 8 VZOG gilt bei Verfügungen über beschränkte dingliche Rechte nicht.

327 Gesetzlich nicht geregelt ist der Fall, dass ein (wieder-)begründetes Grundpfandrecht vor Erledigung des Ersuchens nach § 34 VermG wieder aufgehoben werden soll. Man kann die Rechtslage mit derjenigen der gemäß § 1287 BGB kraft Gesetzes entstandenen Sicherungshypothek vergleichen. Das Dualitätsprinzip (§§ 873, 875 BGB) erfordert die Voreintragung des Rechts, auch wenn es dann sofort wieder gelöscht wird. Art 233 § 3 Abs 2 und § 4 Abs 6 S 2 EGBGB sind Ausnahmebestimmungen und können nicht entsprechend angewandt werden, auch wenn hier viel Förmelei besteht.

328 **b) Währung**[358]. Bei vor dem 01.07.1990 eingetragenen Grundpfandrechten stimmt die eingetragene Währung nicht mit den Erfordernissen des § 28 überein. Bei einer Totallöschung des Rechts ist die Umstellung der Währungseinheit auf die seit dem 01.07.1990 gültige in Deutsche Mark nicht erforderlich. Anders ist es bei der Löschung eines Teilbetrages. In dem Antrag auf Teillöschung des Rechts kann auch die Anregung auf eine amtswegige Umstellung der Währungseinheit vor der Teillöschung gesehen werden (vgl auch § 4 GBBerG).

329 Soll das Grundpfandrecht (mit alter Währungseinheit) an einer Teilfläche oder an einem von mehreren belasteten Grundstücken gelöscht werden (§ 1175 BGB), so ist die Voreintragung der neuen Währungseinheit nicht erforderlich.

10. Grundpfandrechtsbrief

330 **a) Grundsatz.** Nach § 41 ist zur Löschung eines Briefrechts der Grundpfandrechtsbrief dem Grundbuchamt vorzulegen. Ob es sich um ein Briefrecht handelt, kann im Osten Deutschlands nicht immer aus der Fassung des Grundbucheintrags entnommen werden. ZGB-Hypotheken (oben Rdn 251) und Aufbaugrundschulden waren stets Buchrechte; der Briefausschluss wurde im Grundbuch nicht vermerkt. Bei der Löschung von Grundpfandrechten muss also geprüft werden, ob es sich um ein (nicht in ein ZGB-Recht umgewandeltes) Uraltrecht (oben Rdn 248), eine ZGB-Hypothek/Aufbaugrundschuld (oben Rdn 251) oder um ein Neurecht handelt.

331 **b) Ausnahmen. aa) Falllage des § 105 Abs 1 Nr 6 GBV.** Wird von der Bewilligungsstelle eine Löschungsbewilligung nach § 105 Abs 1 Nr 6 GBV ausgestellt, so kann das Grundpfandrecht ohne Vorlage des Briefes gelöscht werden.[359]

332 **bb) Kraftloserklärung des Briefes.** Oft ist über das Schicksal von Grundpfandrechtsbriefen über ein Uraltrecht nichts bekannt. Ist der Brief nicht beibringbar, muss er grundsätzlich im Aufgebotsverfahren nach §§ 946, 1003 ff ZPO für kraftlos erklärt werden (§ 1162 BGB).

333 In Erweiterung der von § 1162 BGB geregelten Fälle kann ein Grundpfandrechtsbrief nicht nur für kraftlos erklärt werden, wenn er abhanden gekommen oder vernichtet ist, sondern auch, wenn er von demjenigen, der das Recht aus der Hypothek geltend machen kann, infolge einer im Geltungsbereich des Gesetzes nicht wirksa-

---

358 Zur Voreintragung der Währungsumstellung *Böhringer* BWNotZ 1993, 117.
359 § 105 Abs 1 Nr 6 S 6 GBV.

men Maßnahme nicht in Besitz genommen werden kann oder wenn die Inbesitznahme des Briefes nicht möglich ist, weil die Vollstreckung eines Titels auf Herausgabe des Briefes außerhalb des Geltungsbereiches des Gesetzes zu Unrecht verweigert wird.[360] Die Verordnung über die Ersetzung zerstörter oder abhanden gekommener gerichtlicher oder notarieller Urkunden vom 18.06.1942[361] ist auf die Wiederherstellung von Grundpfandrechten nicht anwendbar. Ist zwar die Person des Briefbesitzers bekannt, jedoch dessen Aufenthaltsort unbekannt, ist entgegen dem Reichsgericht[362] die Durchführung eine Aufgebotsverfahrens zu bejahen.[363]

cc) Feststellungsverfahren beim GBA. Bei der Löschung von enteigneten Grundpfandrechten hat sich in der Praxis gezeigt, dass in vielen Fällen die erforderlichen Briefe von den jetzigen Rechtsinhabern nicht vorgelegt werden können. Die Briefe müssten eigentlich in einem langwierigen Aufgebotsverfahren nach den Bestimmungen der ZPO für kraftlos erklärt werden. Durch Art 11 § 1 des 2. VermRÄndG wurde das Verfahren zur Kraftloserklärung eines Grundpfandrechtsbriefes vereinfacht und an die bewährte Regelung für Grundpfandrechtsbriefe, die in Folge von Kriegswirren vernichtet wurden oder abhanden gekommen sind, angeknüpft. Beim Grundbuchamt ist das Verfahren zur Kraftloserklärung des Briefes durchzuführen, § 26 GBMaßnG gilt nunmehr in veränderter Form. In vielen Fällen wird aber wegen § 105 Abs 1 Nr 6 S 6 GBV ein solches Feststellungsverfahren nicht notwendig werden. Vor allem bei natürlichen Personen als Gläubiger hat § 26 GBMaßnG Bedeutung.   **334**

dd) Ausschließung des Gläubigers. Nach §§ 1170, 1171 BGB kann ein Gläubiger im Wege des Aufgebotsverfahrens[364] mit seinem Recht ausgeschlossen werden. Mit Erlass des Ausschlussurteils wird der dem Gläubiger erteilte Grundpfandrechtsbrief ohne ein besonderes Aufgebot kraftlos. Zur Löschung des Rechts muss kein neuer Grundpfandrechtsbrief vorher erteilt werden. Es genügt die Vorlage des Ausschlussurteils.   **335**

ee) Ablösung nach § 10 GBBerG. Mit der Hinterlegung des in § 10 GBBerG genannten Geldbetrags in Ausnützung des Ablöserechts erlischt das (geringwertige) Grundpfandrecht. Ein für das Grundpfandrecht erteilter Brief wird mit dem Zeitpunkt des Erlöschens des Grundpfandrechts kraft der gesetzlichen Regel in § 10 GBBerG – automatisch – kraftlos. Das Kraftloswerden des Briefes ist vom Grundbuchamt durch Aushang an bestimmten Stellen bzw Veröffentlichung in bestimmten Zeitungen bekannt zu machen.   **336**

ff) Erlöschen nach § 16 VermG. Gilt ein Grundpfandrecht nach § 16 Abs 9 VermG oder nach Art 14 Abs 6 S 2 und 3 des 2. VermRÄndG als erloschen oder als nicht entstanden, so wird das Grundbuch berichtigt. Zum Vollzug der Löschung braucht der Hypothekenbrief nicht vorgelegt zu werden, § 4 Abs 7 HypAblV. Vgl auch Rdn 286.   **337**

gg) Zustimmungsvorbehalt § 11c VermG. Bei Eintragung des Zustimmungsvorbehalts auf Ersuchen des Bundesamts für zentrale Dienste und offene Vermögensfragen ist der Grundpfandrechtsbrief nicht vorzulegen (§ 105 Abs 1 Nr 6 S 6 GBV). Obwohl nicht ausdrücklich geregelt, hat dies auch für die Löschung eines nicht auf dem Brief vermerkten Vorbehalts zu gelten.   **338**

hh) Grundbuchbereinigungsgesetz 1930. Nach § 8 des Grundbuchbereinigungsgesetzes vom 18.07.1930[365] sind über die der Aufwertung unterliegenden Rechte erteilte Hypothekenbriefe seit 31.03.1931 kraftlos geworden. Das Grundbuchamt hat aber den Besitzer des kraftlos gewordenen Briefes zur Vorlegung anzuhalten, es sei denn, § 105 Abs 1 Nr 6 S 6 GBV findet Anwendung.   **339**

ii) Sonstige Ausnahmen. Ausnahmen von der Vorlegung des Hypothekenbriefes bestanden im landwirtschaftlichen Vermittlungsverfahren[366] und im landwirtschaftlichen Entschuldungsverfahren.[367] Gleiches gilt für Abgeltungshypotheken.[368] Oftmals wird aber jetzt über § 105 Abs 1 Nr 6 GBV die Löschung des Rechts durchgeführt, sodass die Briefvorlage ebenfalls entbehrlich ist.   **340**

---

360 Gesetz über die Kraftloserklärung von Hypotheken-, Grundschuld- und Rentenschuldbriefen in besonderen Fällen vom 18.04.1950 (BGBl 88) idF der Änderungsgesetze vom 20.12.1952 (BGBl I 830), vom 25.12.1955 (BGBl I 867) und vom 29.04.1960 (BGBl I 297).
361 RGBl I 395.
362 RGZ 155, 72; ebenso LG Bückeburg Rpfleger 1958, 320.
363 LG Augsburg MittBayNot 1981, 130; LG Erfurt Rpfleger 1994, 310; LG Aachen NJW-RR 1998, 87.
364 Zum Ausschluss unbekannter Grundpfandrechtsgläubiger durch die Kreisgerichte der DDR *Fraude* OV spezial 1998, 130.
365 RGBl I 305.
366 § 25 II der VO vom 27.09.1932 (RGBl I 473).
367 §§ 42, 53 Abs 2 SchRG vom 01.06.1933 (RGBl I 331) und VO vom 30.05.1932 (RGBl I 252).
368 VO vom 31.07.1942 (RGBl I 501 und 503).

341 **jj) Schweizer Goldhypothek**[369]. Eine Briefvorlagepflicht besteht nicht, wenn der Treuhänder die Löschung eines Rechts bewilligt. Das Grundbuchamt hat aber den mit der Löschung des Rechts kraftlos gewordenen Brief zum Zwecke der Unbrauchbarmachung einzufordern.

11. Formerleichterungen

342 **a) Grundsatz.** Eintragungsgrundlagen bedürfen grundsätzlich der Form des § 29. Dies gilt für die verfahrensrechtlichen Erklärungen[370] des Grundpfandrechtsgläubigers, des Eigentümers, der Dritten gemäß § 876 BGB (Pfandgläubiger/Nießbraucher), für den Nachweis des Wirksamwerdens einer vormundschaftsgerichtlichen behördlichen Genehmigung der genannten Erklärungen und für den Nachweis der Erbfolge bei Gläubiger, Eigentümer und Dritten.

343 **b) Ausnahmen.** §§ 18 und 36a GBMaßnG schaffen Erleichterungen von der Formpflicht des § 29. Grundpfandrechte aus der Zeit vor dem 01.07.1990 mit einem umgerechneten[371] Nennbetrag von nicht mehr als 3000 EURO (früher 5000 DM) können ohne Einhaltung der Form des § 29 gelöscht werden.[372] Für auf Deutsche Mark lautende, erst nach dem 30.06.1990 neu eingetragene Grundpfandrechte gelten die Formerleichterungen nicht.

344 Für den Nachweis der Erbfolge bei Gläubiger, Eigentümer und Dritten ist weder ein Erbschein noch der Ersatznachweis des § 35 Abs 2 erforderlich. Bei dem Nachweis einer Erbfolge oder des Bestehens einer fortgesetzten Gütergemeinschaft kann das Grundbuchamt von den in § 35 Abs 1, 2 genannten Beweismitteln (Erbschein, Zeugnis über die fortgesetzte Gütergemeinschaft) absehen und sich mit anderen Beweismitteln, für welche die Form des § 29 nicht erforderlich ist, begnügen, wenn die Beschaffung des Erbscheins oder des Zeugnisses nach § 1507 BGB nur mit unverhältnismäßig hohem Aufwand an Kosten oder Mühen möglich ist; der Antragsteller kann auch zur Versicherung an Eides statt zugelassen werden. Als Wertgrenze für geringwertige Grundstücke iS von § 35 Abs 3 gilt 3000 Euro.

345 Die Form des § 29 ist nicht[373] einzuhalten für:
- Löschungsbewilligung des Gläubigers, § 19 (der Gläubiger ist stets zu ermitteln, soweit nicht bei bestimmter Falllage die Staatsbank Berlin/KfW nach § 11b Abs 2 VermG als gesetzlicher Vertreter auftritt),

346 - Zustimmung des Eigentümers, § 27 (bei Löschung von ZGB-Hypotheken),

347 - Nachweis der Erbfolge beim Gläubiger bzw Eigentümer (es genügt Privattestament mit Eröffnungsprotokoll des Nachlassgerichts oder bei gesetzlicher Erbfolge eidesstattliche Versicherung der Erben).

348 Ist der Umstellungsbetrag im Grundbuch noch nicht eingetragen, so ist von einem Umstellungsbetrag von einer Deutschen Mark zu zwei Reichsmark oder Mark der DDR auszugehen. Also erleichterte Löschung, wenn das Recht keinen höheren Kapitalumfang als 11734,98 RM oder 11734,98 M-DDR hat.

349 Alt-Grundpfandrechte sind in der ehem DDR nicht abgewertet worden. Auf Reichsmark lautende Grundpfandrechte unterfallen dem zwischen der BRD und der DDR geschlossenen Vertrag über die Schaffung einer Währungs-, Wirtschafts- und Sozialunion vom 18.05.1990. Hiernach werden Hypotheken im Verhältnis 2:1 von DDR-Mark auf Deutsche Mark umgestellt. Diese Aussage gilt zunächst für Hypotheken, die vor dem 01.07.1990 begründet wurden. Sie gilt aber auch für solche, die vor dem 08.05.1949 entstanden sind. Diese Althypotheken wurden am 28.06.1948 durch die VO über die Währungsreform in der sowjetisch besetzten Zone Deutschlands im Verhältnis 1:1 von Reichsmark auf DDR-Mark umgestellt. Damit sind auch diese Altverbindlichkeiten ausdrücklich vom Wortlaut des oben zitierten Staatsvertrags erfasst. Althypotheken sind daher im Verhältnis 1:1 auf DDR-Mark umzustellen und sodann im Verhältnis 2:1 auf Deutsche Mark umzuwandeln. Die Deutsche Mark wird im Verhältnis 1,95583 DM zu 1 EURO umgerechnet. Zu wertbeständigen Rechten vgl § 12 SachenR-DV.

350 Bei der Löschung der Schuldenregelungshypothek genügt für die Zustimmungserklärung des Eigentümers (§ 27) die Schriftform.

---

369 Gesetz vom 09.12.1920 (RGBl 2023), Gesetz vom 23.06.1923 (RGBl II 284), Abkommen vom 25.03.1923 (RGBl II 286), VO vom 25.06.1923 (RGBl II 291), VO vom 09.02.1924 (RGBl II 40), VO vom 30.06.1924 (RGBl II 145).
370 §§ 19, 22, 27 GBO gelten.
371 Zur Umstellung auf Euro-Grenzwerte *Böhringer* ZflR 2000, 1012; *ders* Rpfleger 2000, 433.
372 Vgl auch Art 4 Abs 2 der 9. DVO z SchRG (RGBl 1937 I 1305). Dazu BayObLG MittBayNot 1998, 103; *Böhringer* Rpfleger 2000, 433.
373 Ausführlich *Böhringer* OV spezial 4/93 S 1.

12. Überleitungsregelungen

Soweit vor dem 03.10.1990 bereits ein Antrag auf Vollzug einer Verfügung im Grundbuch über ein ZGB- **351**
Recht gestellt war, gilt das Recht des ZGB (Art 233 § 7 Abs 2 S 3 EGBGB). Bei Grundbuchanträgen nach dem
02.10.1990 gilt Art 233 § 6 EGBGB. Für die Aufhebung der Rechte gilt das Recht des BGB, aber wegen der
fehlenden Eigentümerfähigkeit von Hypotheken nicht § 1183 BGB und § 27. Mit Tilgung der ZGB-Hypothek
erlischt das dingliche Recht (§ 454 Abs 2 ZGB).

Die Löschungserleichterung bei Grundpfandrechten (oben Rdn 342) und die vereinfachte Kraftloserklärung **352**
von Grundpfandrechtsbriefen (oben Rdn 332) finden nach Art 11 Abs 4 des 2. VermRÄndG auch Anwendung
auf alle Grundbuchverfahren, die bisher noch nicht durch Eintragung im Grundbuch oder Zurückweisung des
Antrags abgeschlossen worden sind. Für alle erledigungsreifen oder zwischenverfügten Löschungsanträge (das
Eingangsdatum des Antrags beim Grundbuchamt ist gleichgültig) sind die geschilderten Erleichterungen
anwendbar. Viele Grundpfandrechte können nunmehr erleichtert gelöscht werden.

13. Schicksal von Aufbauhypotheken

a) Rechtsgeschäftliche Bestellung. Für Grundpfandrechte, die nach dem 02.10.1990 beim Grundbuchamt **353**
zur Eintragung beantragt werden, gilt uneingeschränkt das BGB und für das Eintragungsverfahren die GBO.
Der Numerus clausus des Sachenrechts verbietet es, nach dem 02.10.1990 noch Aufbauhypotheken zu begründen; jede rechtsgeschäftliche Bestellung nach dem 02.10.1990 ist nicht mehr möglich.

b) Restitutionsfälle. Eine Neubegründung einer Aufbauhypothek ist auch bei einem Restitutionsanspruch **354**
nicht mehr möglich. § 3 Abs 1a VermG bestimmt, dass in solchen Fällen eine (Verkehrs-)Hypothek als Buchrecht nach dem BGB zu begründen ist.

c) Bodenneuordnungsverfahren. aa) Landwirtschaftsanpassungsgesetz. Bei einem Verfahren zur Fest- **355**
stellung und Neuordnung der Eigentumsverhältnisse nach §§ 53 ff LAnpG, insbesondere bei einem freiwilligen
Landtausch nach § 54 LAnpG oder bei Zusammenführung von Boden und Gebäudeeigentum nach § 64
LAnpG wird eine auf einem »alten« Grundstück/Gebäudeeigentum in Abt III eingetragene Belastung auf ein
genau bezeichnetes neues Grundstück übernommen. In Durchführung des freiwilligen Landtausches bzw der
Zusammenführung von Boden und Gebäudeeigentum beantragt die Flurneuordnungsbehörde die Berichtigung des Grundbuchs, §§ 28, 38, 47 gelten. Der Tauschplan hat auch die auf die Tauschgrundstücke zu übertragenden oder neu einzutragenden Rechte zu enthalten. Hier ist fraglich, ob die zu übertragende Aufbauhypothek als solche oder in Anlehnung an die Regelung des § 3 Abs 1a VermG als Buchverkehrshypothek im
Grundbuch eingetragen wird. Soweit es sich um eine Neubegründung eines Rechts nach dem Tauschplan handelt, scheidet eine Aufbauhypothek ab 03.10.1990 als Sicherungsrecht aus. Wird dagegen die Aufbauhypothek
lediglich vom bisherigen auf das neue Objekt übertragen, so ist eine solche Übertragung möglich; eine Übertragung eines Rechts bedeutet lediglich einen – behördlich angeordneten – Transfer dieses Rechts auf ein neues
Objekt. Es handelt sich nicht um eine Neubegründung eines Rechts; man kann die Rechtslage vergleichen mit
der Umschreibung eines Grundstücks samt Belastungen von einem Grundbuch in ein anderes, lediglich anstelle
des bisherigen Belastungsobjekts tritt das Surrogat. Bleibt nach dem Tauschplan eine Belastung bestehen, so
wird sie beim alten Grundstück gelöscht, aber zum »neuen« Grundstück/Gebäudeeigentum übertragen. Nur
wenn der Tauschplan neue Lasten vorsieht, gilt der Numerus clausus der dinglichen Rechte nach dem BGB,
eine Aufbauhypothek kann dann nach dem 02.10.1990 nicht mehr begründet werden. Vgl auch § 34 Abs 1
SachenRBerG.

bb) Umlegung nach BauGB. Nach § 45 BauGB können im Geltungsbereich eines Bebauungsplans zur **356**
Erschließung oder Neugestaltung bestimmte bebaute oder unbebaute Grundstücke durch Umlegung in
bestimmter Weise neu geordnet werden. Mit Bekanntmachung des Umlegungsplans wird der bisherige Rechtszustand durch den neuen ersetzt. Im Umlegungsplan können dingliche Rechte aufgehoben, abgeändert oder
neu begründet werden (§ 61 BauGB). Die Übertragung der Aufbauhypothek (mit dem Vorrangprivileg) auf das
neu zugeteilte Grundstück ist zulässig, die (Neu-) Begründung einer Aufbauhypothek ist dagegen nicht möglich (Numerus clausus der Sachenrechte ab 03.10.1990). Die Rechtsverhältnisse an den alten Grundstücken,
insbesondere dingliche Rechte, setzen sich grds an den neuen Grundstücken fort (§ 63 BauGB).

cc) Grenzregelungsverfahren. Im Grenzregelungsverfahren nach BauGB können Grundpfandrechte mit **357**
Zustimmung des Eigentümers und Gläubigers neu geordnet werden. Grundpfandrechte, auch eine Aufbauhypothek an dem Grundstück, erstrecken sich kraft Gesetzes auf die zugewiesenen Grundstücksteile, die Bestandteile des Grundstücks werden (§ 83 Abs 3 BauGB, eine Surrogation tritt nicht ein), wobei sich das Vorrangprivileg der Aufbauhypothek auch auf die lastenfrei zugewiesenen Grundstücksteile erstreckt. Die zugewiesenen
Flächen werden oftmals nicht in Form von Zuflurstücken bezeichnet, Hauptgrundstück und zugewiesene Fläche bilden aber eine Einheit, die früheren Flächen sind in Vollzug des Grenzregelungsbeschlusses nicht mehr

existent, eine getrennte Zwangsversteigerung wäre nicht mehr durchführbar. Dies spricht dafür, die Aufbauhypothek mit dem Rangprivileg auf die zugewiesenen Grundstücksteile zu erstrecken.

358 **dd) Bodensonderungsverfahren.** Bei Bodenneuordnung nach den Vorschriften des Bodensonderungsgesetzes können beschränkte dingliche Rechte an Grundstücken im Sonderungsgebiet aufgehoben, geändert oder neu begründet werden. Alle Rechte, die nicht ausdrücklich im Sonderungsplan geändert werden, setzen sich mit ihrem bisherigen Inhalt und Umfang an den neu gebildeten Grundstücken fort; insoweit bleiben die Aufbauhypothek und ihr Vorrangprivileg bestehen. Eine Neubegründung einer Aufbauhypothek ist auch bei diesem Verfahren nicht möglich.

359 **d) Tauschvorgänge ua.** Wird außerhalb eines Verfahrens nach §§ 53, 64 LAnpG (oben Rdn 356) ein Tauschvertrag beurkundet und vereinbart, dass die Grundpfandrechte am bisherigen Grundstück (Objekt 1) künftig am eingetauschten Grundstück (Objekt 2) bestehen sollen, so sind sie am Objekt 1 rechtsgeschäftlich aufzuheben (§§ 875, 1183 BGB, §§ 27, 29) bzw bei einem bisherigen Gesamtrecht an dem vertauschten Objekt 1 freizugeben (§§ 1175, 1168 BGB) und am Objekt 2 rechtsgeschäftlich neu zu begründen. Dies bedeutet aber für Aufbauhypotheken, dass sie nach dem 02.10.1990 nicht mehr begründet werden können. Bei der Neueintragung mehrerer Grundpfandrechte kann das Rangverhältnis festgelegt werden, wobei die bisherige Rangsituation durchaus beachtet werden sollte, anstelle der nicht mehr zulässigen Aufbauhypothek ist ein Grundpfandrecht des BGB zu wählen. Gleich ist die Rechtslage bei freiwilliger »Umlegung« (§ 76 BauGB) nach den Vorschriften des BGB (durch Kauf, Tausch, Ringtausch mit Auflassung und Grundbucheintragung).

360 **e) Aufhebung des Nutzungsrechts/Gebäudeeigentums.** Art 233 § 4 EGBGB ermöglicht die Aufhebung der dinglichen Nutzungsrechte/Gebäudeeigentumsrechte. Mit der Aufhebung erlischt das Gebäudeeigentum, das Gebäude wird in Anlehnung an § 12 ErbbauRG Bestandteil des Grundstücks. Die dinglichen Rechte (insbesondere Aufbauhypotheken) am Gebäudeeigentum erlöschen mit der Aufhebung des Nutzungsrechts/ Gebäudeeigentums. Diese dinglichen Berechtigten müssen gemäß §§ 875, 876 BGB, §§ 19, 29 der Aufhebung zustimmen. Eine »Übertragung« der dinglichen Rechte am Gebäudeeigentum auf das Grundstück ist nur in der Form einer Neubestellung am Grundstück möglich. Eine Aufbauhypothek kann aber nicht neu begründet werden: es ist dafür ein BGB-Grundpfandrecht zu bestellen unter Berücksichtigung der Rangposition der bisherigen Aufbauhypothek.

§ 47 (Eintragung gemeinschaftlicher Rechte)

Soll ein Recht für mehrere gemeinschaftlich eingetragen werden, so soll die Eintragung in der Weise erfolgen, daß entweder die Anteile der Berechtigten in Bruchteilen angegeben werden oder das für die Gemeinschaft maßgebende Rechtsverhältnis bezeichnet wird.

Schrifttum

Amann, Auf der Suche nach einem interessengerechten und grundbuchtauglichen Gemeinschaftsverhältnis, DNotZ 2008, 324; *ders,* Eigentumserwerb unabhängig von ausländischem Güterrecht?, MittBayNot 1986, 222; *Bader,* Zum dinglichen Wohnungsrecht gemäß § 1093 BGB, DNotZ 1965, 673; *Böhringer,* Bezeichnung des Gemeinschaftsverhältnisses, insbesondere im Vollstreckungstitel zur Eintragung einer Zwangshypothek, BWNotZ 1985, 73; *ders,* Die Rechtswahl nach Art 220 III Nr 2 und 15 II Nr 3 EGBGB und die Auswirkungen auf den Grundstückserwerb, BWNotZ 1987, 104; *ders,* Grundstückserwerb mit Auslandberührung aus der Sicht des Notars und Grundbuchamts, BWNotZ 1988, 49; *ders,* Die Wohnungseigentümergemeinschaft als Gläubiger einer Zwangshypothek für Wohngeldrückstände, BWNotZ 1988, 1; *ders,* Zur Grundbuchfähigkeit einer GmbH im Gründungsstadium, Rpfleger 1988, 446; *Brückner,* Schuldrechtliches Vorkaufsrecht für mehrere Berechtigte und Absicherung im Grundbuch, BWNotZ 1998, 170; *Buschmann,* Das dingliche Wohnungsrecht, BlfGBW 1962, 136; *Dammertz,* Wohnungsrecht und Dauerwohnrecht, MittRhNotK 1970, 75; *Deimann,* Die Bedeutung eines ausländischen Güterstandes im Grundbuchverfahren, BWNotZ 1979, 3; *Demharter,* Gemeinschaftsverhältnis mehrerer Berechtigter eines Vorkaufsrechts, MittBayNot 1998, 16; *Dörfelt,* Die Gesellschaft bürgerlichen Rechts als Instrument zur Erleichterung des Grundstücksverkehrs, Betrieb 1979, 1153; *Fassbender,* Das dingliche Wohnungsrecht für mehrere als Gesamtberechtigte nach § 428 BGB, DNotZ 1965, 662; *Haegele,* Gütergemeinschaft und Grundbuch, Rpfleger 1958, 2054; *ders,* Grundstücksrechte zu Gunsten mehrerer Personen, BWNotZ 1969, 117; *ders,* Mehrere Berechtigte aus einem Wohnungsrecht, Rpfleger 1971, 285; *ders,* Einheitliche Grunddienstbarkeit für mehrere Berechtigte, Rpfleger 1975, 154; *ders,* Zur Rechtslage, wenn im Rahmen einer Erbengemeinschaft ein Erbteil mehreren Personen zusteht, Rpfleger 1968, 173; *ders,* Zur Erbschaftsveräußerung, BWNotZ 1971, 134; *Herget,* Gesamtbelastung und Gesamtberechtigung bei Grunddienstbarkeiten, NJW 1966, 1060; *Ischinger,* Vorkaufsrecht für mehrere Berechtigte, Rpfleger 1949, 493 = BWNotZ 1949, 97; *Löscher,* Auflassungsvormerkung für Ehegatten in Gütergemeinschaft, wenn nur ein Ehegatte erwirbt, JurBüro 1962, 254; *ders,* Die Hypothek für Gläubiger nach Bruchteilen, JurBüro 1963, 1; *ders,* Angabe des Gemeinschaftsverhältnisses bei erwerbender Erbengemeinschaft, JurBüro 1962, 389; *Meder,* Mehrere Begünstigte bei Leibgedingsrechten, BWNotZ 1982, 36; *Medicus,* Mehrheit von Gläubigern, NJW 1980, 697; *Meier,* Die Gesamtgläubigerschaft – ein unbekanntes, weil überflüssiges Wesen, AcP, Bd 205 (2005), S 858; *Meyer,* Gütergemeinschaft und Grundbuch, Rpfleger 1958, 204; *Nieder,* Die dingliche Sicherung von Leibgedingen, BWNotZ 1975, 3; *Panz,* Die Auswirkungen von Änderungen im Grundstücksbestand auf Vorkaufsrechte und Analog-Vereinbarungen zu §§ 502, 513 BGB, BWNotZ 1995, 156; *Patschke,* Erbteilsübernahme durch den Miterben, NJW 1955, 444; *Rehle,* Grundstückserwerb durch Ehegatten, DNotZ 1979, 196; *Riggers,* Gemeinschaftliche Grunddienstbarkeiten für die Eigentümer mehrerer Grundstücke, JurBüro 1966, 371; *ders,* Hinweise für die Grundbuchpraxis – gemeinschaftliches Wohnrecht, JurBüro 1966, 281; *ders,* Wohnungsrecht für Gesamtberechtigte, JurBüro 1967, 860; *Roemer,* Grundstücksrechte zu Gunsten mehrerer Personen in der Praxis des Notars, MittRhNotK 1960, 591; *Schmidt,* Mobilisierung des Bodens: Grundbuch und Gesellschaftsrecht, NJW 1996, 3325; *Schulz,* Die Parteifähigkeit nicht rechtsfähiger Vereine, NJW 1990, 1893; *Schulze-Osterloh,* Das Prinzip der gesamthänderischen Bindung, 1972; *Staudenmaier,* Teilübertragung von Geschäftsanteilen und Erbteilen, DNotZ 1966, 724; *Tröster,* Rechtsnachfolgeklausel und Sukzessivberechtigung im Grundbuchverkehr, Rpfleger 1967, 313; *Venjakob,* Die Untergemeinschaft innerhalb der Erbengemeinschaft, Rpfleger 1993, 2; *ders,* Rpfleger 1997, 18; *Weitnauer,* Streitfragen zum Wohnungseigentum, DNotZ 1960, 115; *Wenz,* Die Gesellschaft bürgerlichen Rechts im Grundstücksverkehr, MittRhNotK 1996, 377; *Woelki,* Die Gesamtgläubigerschaft nach § 428 BGB im Sachen- und Grundbuchrecht, Rpfleger 1968, 208;

I. Normzweck

1 Die Vorschrift regelt den Fall der Eintragung gemeinschaftlicher Rechte für mehrere. Sie will erreichen, dass Art und Inhalt der Gemeinschaft im Grundbuch deutlich zum Ausdruck kommen. Dies ist deshalb notwendig, weil sich sonst der Umfang der Verfügungsberechtigung der Berechtigten, der bei den einzelnen Arten der Gemeinschaften (wie Bruchteilsgemeinschaft nach §§ 741 ff BGB, Gesamtberechtigung nach § 428 BGB, Mitberechtigung nach § 432 BGB oder Gesamthandsgemeinschaft nach näherer Maßgabe der vom Gesetz zugelassenen Formen) ganz verschieden ist (dazu §§ 747, 719, 2033 Abs 2 BGB sowie im Bereich des ehelichen Güterrechts § 1419 BGB), nicht in genügend bestimmter Weise aus dem Grundbuch ersehen ließe. Daraus würden sowohl für die Berechtigten als auch für deren Gläubiger Schwierigkeiten entstehen. Die Vorschrift ist also eine Folgerung aus dem **Bestimmtheitsgrundsatz**.[1] Art und Inhalt der Gemeinschaft ist einzutragen, um Art und Umfang der Verfügungsberechtigung der einzelnen Beteiligten ersichtlich zu machen. Deshalb verliert § 47 auch bei unveräußerlichen und unvererblichen Rechten keineswegs seinen Sinn. Die Eintragung mehrerer als Gesamtberechtigter ohne einen Zusatz wäre unvollständig und unklar. Über die Publizierung des Verfügungsmodus hinaus informiert das Gemeinschaftsverhältnis aber nicht über den Einziehungs- und Erfüllungsmodus, Verteilungsmodus, Verwaltungs- und Willensbildungsmodus sowie über den Sukzessionsmodus. Das Grundbuch publiziert über das Gemeinschaftsverhältnis also nur einen Teil der für die Gemeinschaft der Berechtigten maßgeblichen Bestimmungen. Perfektionstendenzen ist der BGH[2] bei seiner Entscheidung zu § 513 aF BGB

---

1 BGH BGHZ 73, 214 = NJW 1979, 421 = DNotZ 1979, 499 = Rpfleger 1979, 56 = MDR 1979, 300 = FamRZ 1979, 227 = MittBayNot 1979, 14; BGH NJW 1981, 176 = DNotZ 1981, 121 = Betrieb 1980, 2338 = Rpfleger 1980, 464; OLG Hamm Rpfleger 1973, 250; OLG Oldenburg DNotZ 1957, 317; OLG Hamm OLGZ 1979, 413; KEHE-*Eickmann* § 47 Rn 1; *Böhringer* BWNotZ 1985, 73. Die Anforderungen an den Bestimmtheitsgrundsatz dürfen aber nicht überspannt werden, vor allem, wenn ein ausländischer Güterstand ermittelt werden muss, so auch *Staudinger-Pfeifer* § 925 Rn 57; *Reithmann* DNotZ 1988, 141.

2 BGHZ 136, 327.

entgegen getreten. § 47 gewährt dem Leser des Grundbuchs also lediglich einen aussagekräftigen Einstieg in die Rechtsverhältnisse der mehreren Berechtigten und gibt typische Besonderheiten wieder,[3] mehr aber auch nicht. Deshalb sind bei der Publizierung des Gemeinschaftsverhältnisses im Grundbuch Kleinlichkeiten auch nicht angebracht. Dies wird von der Grundbuchpraxis oft verkannt. Das Grundbuch gibt nämlich nicht Auskunft über sämtliche privatrechtlichen Verhältnisse eines Grundstücks, sondern lediglich über diejenigen, die mit der Verfügungsbefugnis über eingetragene Rechte zusammenhängen.[4]

Die Bedeutung der durch § 47 vorgeschriebenen Angaben liegt für den Grundbuchbeamten darin, dass das eingetragene Gemeinschaftsverhältnis für seine Entscheidung über die formell-rechtliche Verfügungsberechtigung maßgebend ist. Es kann bei einer eingetragenen Bruchteilsgemeinschaft jeder Gemeinschafter über seinen Anteil verfügen, während bei der Gesamthandsgemeinschaft regelmäßig eine Verfügung nur bei Mitwirkung sämtlicher Berechtigter wirksam ist. Der Grundbuchbeamte ist an eine formell ordnungsmäßige Eintragung nach § 47 **gebunden**, dazu Rdn 272–275. **2**

Zur rechtsgeschichtlichen Entwicklung der Vorschrift vgl *Güthe-Triebel* § 47 Anm 1. **3**

II. Geltungsbereich der Vorschrift

1. Grundsatz

Der Ausdruck »Recht« ist im weitesten Sinne zu verstehen. § 47 findet auf alle dinglichen Rechte Anwendung, **4** bei denen ein Gemeinschaftsverhältnis möglich ist. Ob eine rechtsändernde oder eine berichtigende Eintragung in Frage steht, ist belanglos.[5] Ebenso, ob ein Recht ursprünglich oder nachträglich gemeinschaftlich wird, ob Eintragung auf Antrag oder von Amts wegen erfolgt.[6]

Die Vorschrift umfasst auch **Verfügungsbeeinträchtigungen, Vormerkungen**[7] und **Widersprüche**.[8] **5** Grundsätzlich sind subjektiv-dingliche Rechte ausgeschlossen.[9]

2. Ausnahmen

a) Bei der Eintragung eines Altenteils (Leibgedings) ist § 47 nicht anwendbar, sofern nach Maßgabe des § 49 **6** eingetragen wird. Erforderlich ist aber, dass in der Eintragungsbewilligung das Gemeinschaftsverhältnis der Berechtigten angegeben wird, dazu § 49.

b) Wird ein Vorkaufsrecht für mehrere gemeinschaftlich bestellt (§ 1098 Abs 1 S 1 BGB u § 472 BGB), so **7** kann es nicht nach Bruchteilen bestellt und eingetragen werden.[10] Es liegt auch kein Gesamthandsverhältnis vor. Es handelt sich vielmehr um eine besondere Art von Rechtsgemeinschaft, ein sog zwingendes Gesamtverhältnis. Beim gemeinschaftlichen Vorkaufsrecht ergibt sich das Verhältnis der mehreren Berechtigten zueinander aus § 472 BGB.[11] Notwendig ist nur die Bezeichnung der mehreren Berechtigten. Weitere Einzelheiten zum Vorkaufsrecht Rdn 48, 112, 141.

---

3 Ebenso *Wicke* Rpfleger 2005, 601.
4 So auch BayObLG DNotI-Report 2005, 117 = NotBZ 2005, 265 = Rpfleger 2005, 530 m Anm *Demharter*.
5 KG KGJ 39, 203 = OLGE 21, 14.
6 KG KGJ 26, 103; OLG Hamburg OLGE 23, 335.
7 HM; BGHZ 136, 327 = NJW 1997, 3235; BGHZ 80, 464 = DNotZ 1981, 121 = NJW 1981, 176 = Rpfleger 1980, 464; BayObLG BayObLGZ 1963, 132 = NJW 1963, 2276 = DNotZ 1964, 343 = JR 1964, 22 = BWNotZ 1963, 291 = BayJMBl 1963, 147; BayObLG Rpfleger 1976, 123; OLG Frankfurt Rpfleger 1975, 177; OLG Köln Rpfleger 1975, 19 = MittRhNotK 1974, 255 (491) m zust Anm *Haegele* Rpfleger 1975, 156; OLG Zweibrücken Rpfleger 1985, 284; LG Karlsruhe Rpfleger 2005, 602; *Demharter* § 47 Rn 2; KEHE-*Eickmann* § 47 Rn 1; *Haegele* Rpfleger 1975, 157; *Kraker* BWNotZ 1969, 435.
8 KG KGJ 29, 236; BWGZ 1976, 121; *Haegele* BWNotZ 1969, 122.
9 Eine Vormerkung zur Bestellung einer Grunddienstbarkeit kann aber zugunsten bestimmter Personen eingetragen werden OLG Düsseldorf MittRhNotK 1988, 234.
10 KG JFG 6, 292; *Kress* BayNotZ 1920, 1. **Differenzierend** BayObLG NJW-RR 1986, 120.
11 KG JFG 6, 293; BayObLG BayObLGZ 1956, 85; BayObLG BayObLGZ 1958, 202 = BayJMBl 158, 150; LG Amberg MittBayNot 1964 385 = DNotZ 1965, 427; *Demharter* § 47 Rn 3; KEHE-*Eickmann* § 47 Rn 2; *Eickmann* Grundbuchverfahrensrecht, 5. Kap § 3 V 4.2; *Schöner/Stöber* Rn 253, 1406.

8 Für das **Ankaufsrecht**, und damit für eine Vormerkung zur Sicherung desselben, bedarf es keiner Angabe des Gemeinschaftsverhältnisses,[12] anders aber *Schöner/Stöber*,[13] weil § 472 BGB kein Gemeinschaftsverhältnis regle.

Für das **Wiederkaufsrecht** gelten die gleichen Regeln, dazu Rdn 51.

9 c) Die **Vormerkung** (§ 18 Abs 2) ist auch dann einzutragen, wenn die Angabe iS von § 47 fehlt, weil gerade dies durch Zwischenverfügung beanstandet worden ist; naturgemäß kann § 47 keine Anwendung finden.[14]

10 d) **Nicht anwendbar ist § 47 auf die Fälle, in denen eine Eintragung für unbekannte Berechtigte**, zB nicht erzeugte Kinder, unbekannte Erben, »ihre Nachkommen« oder sonstige Berechtigte, erfolgt, da hier wegen der bestehenden Ungewissheit über Zahl und Person der Berechtigten weder die nähere Angabe eines Gemeinschaftsverhältnisses noch der Anteile in Bruchteilen möglich ist. Der Personenkreis muss hinreichend bestimmt sein, also so genau, wie dies nach Lage des Falles möglich ist.[15] Unter bestimmten Voraussetzungen hat es die Rechtsprechung zugelassen, dass noch unbekannte Erben als Eigentümer im Grundbuch eingetragen werden können: Voraussetzung ist zum einen, dass die Erben tatsächlich noch nicht bekannt sind[16] und die Eintragung entweder aufgrund gesetzlicher Vorschriften unmittelbar oder mittelbar (etwa nach §§ 126, 128 ZVG, §§ 2162, 2170 BGB) oder sonst notwendig ist.[17] Die Voraussetzung, dass die Eintragung der unbekannten Erben notwendig ist, wird in diesem Zusammenhang so verstanden, dass die Eintragung eine rechtliche Voraussetzung für den Rechtserwerb (Eigentum, beschränktes dingliches Recht daran) selbst oder den Erwerb einer bestimmten grundbuchlichen Sicherung darstellt[18] (zB für eine Rückerwerbsvormerkung) und nur dann, wenn ein vertretungs-, erwerbs- und verfügungsberechtigtes Organ (zB ein Pfleger für unbekannte Beteiligte, Nachlasspfleger, Nachlassverwalter, Testamentsvollstrecker) vorhanden ist, das das dingliche Recht (die Rückerwerbsvormerkung) für die unbekannten Erben gültig erwerben kann. Fraglich ist, ob auch ein zur Verfügung über das Grundstücksrecht berechtigtes Organ vorhanden sein muss.[19] Ein gesetzlicher Vertreter nach Art 233 § 2 Abs 3 EGBGB ist jedenfalls zum Erwerb eines dinglichen Rechts bzw. einer Rückerwerbsvormerkung berechtigt, auch wenn er später über den durch Vormerkung gesicherten Anspruch nicht mehr das Verfügungsrecht hat.[20]

Ungeborene als Berechtigte sind im Grundbuch dann eintragbar, soweit dies nach materiellem Recht zulässig ist, wenn also z.B. gemäß § 331 Abs 2, § 844 Abs 2, § 1923 Abs 2, § 2101 Abs 1, § 2108 Abs 2, § 2162 Abs 2, § 2178 BGB Rechte für sie begründet werden können.[21] Darüber hinaus wird die Eintragung unbekannter Berechtigter in das Grundbuch überhaupt, wenn auch nur ausnahmsweise dann zugelassen, wenn die namentliche Angabe unmöglich oder mit ungewöhnlichen, nicht zumutbaren Schwierigkeiten verbunden ist.[22] Ein entsprechendes Bedürfnis kann zB gegeben sein, wenn es um die Eintragung eines Rechts für die noch unbekannten Erben einer bestimmten Person geht.[23] Die Rechtsprechung[24] hat eine hinreichende Bezeichnung der Berechtigten dann noch bejaht, wenn als Gläubiger beispielsweise die künftigen Abkömmlinge oder die noch unbekannten Erben einer namentlich bezeichneten Person eingetragen werden sollen. Voraussetzung ist also stets, dass die Eintragung eine rechtliche Voraussetzung für den Erwerb einer bestimmten grundbuchlichen Sicherung (zB Vormerkung) oder den Rechtserwerb (zB Auflassung bei Rückerwerbsrecht des Nachlasses bzw. Vollzug einer noch vom Erblasser erklärten Auflassung, Eintragung auf Grund Gesetzes z.B. nach dem ZVG – differenzierte Betrachtung dagegen bei Eintragung eines Erbteilserwerbs[25] wegen des öffentlichen Glaubens eines Erbscheins) selbst darstellt, die Ermittlung der Erben zeitnah nicht möglich ist und ein zur Verfügung über das Recht berechtigtes Organ (etwa ein Pfleger für unbekannte Beteiligte nach §§ 1912, 1913 BGB,

---

12 BayObLG BayObLGZ 1967, 275 = BayJMBl 1967, 183 = NJW 1968, 553 = MDR 1967, 1015 = Rpfleger 1968, 52 = DRpflZ 1968, 10 = BWNotZ 1968, 121 = MittBayNot 1967, 273; BayObLG NJW-RR 1968, 120 = Rpfleger 1968, 371 = DNotZ 1987, 213 = JurBüro 1987, 105; OLG Düsseldorf MittRhNotK 1983, 49; LG Karlsruhe Rpfleger 2005, 602 = BWNotZ 2006, 18; LG Augsburg Rpfleger 1994, 342 = BWNotZ 1995, 61; *Panz* BWNotZ 1995, 156; *Haegele* BWNotZ 1969, 134; *Demharter* MittBayNot 1998, 16; vgl auch Rdn 141.
13 Rn 1454, 1511.
14 *Haegele* BWNotZ 1969, 134.
15 RG RGZ 61, 353; 65, 277; KG OLGE 5, 238; KG OLGE 9, 354; KG KGJ 25, 151; KGJ 42, 224; RJA 4, 256; DNotI-Gutachten DNotI-Report 2000, 142; *Haegele* BWNotZ 1969, 134; *Haegele* Rpfleger 1956, 228; *Hohenstein* BWNotZ 1949, 190; MittRhNotK 1960, 262; RpflJB 1957, 53; *Schöner/Stöber* Rn 809.
16 OLG Dresden OLGE 6 (1903), 474.
17 BayObLGZ 1994, 158 = FamRZ 1995, 119 = MittBayNot 1994, 435 = NJW-RR 1995, 272.
18 Gutachten DNotI-Report 2000, 142.
19 BayObLGZ 1994, 158 = FamRZ 1995, 119 = MittBayNot 1994, 435 = NJW-RR 1995, 272.
20 Ausführlich *Böhringer* in: *Eickmann*, Sachenrechtsbereinigung, Art 233 § 2 EGBGB Rn 23.
21 RGZ 65, 277, 281.
22 BayObLGZ 1981, 391 = Rpfleger 1982, 97.
23 BGH DNotZ 1961, 485; BayObLG DNotZ 1958, 639; BayObLGZ 1994, 158 = FamRZ 1995, 119 = MittBayNot 1994, 435 = NJW-RR 1995, 721 = Rpfleger 1995, 103.
24 KGJ 42, 224; JW 1931, 544; BayObLG DNotZ 1959, 639.
25 BayObLGZ 1994, 158 = FamRZ 1995, 119 = MittBayNot 1994, 435 = NJW-RR 1995, 721 = Rpfleger 1995, 103; DNotI-Gutachten DNotI-Report 2000, 142.

Nachlasspfleger, Nachlassverwalter oder Testamentsvollstrecker) vorhanden ist,[26] weil andernfalls das Zustandekommen der dinglichen Einigung unmöglich wäre. Vorzulegen wäre Sterbeurkunde und zB Beschluss über Anordnung der Nachlasspflegschaft. An das Erfordernis der Notwendigkeit der Eintragung der unbekannten Erben dürfen dabei nicht zu geringe Anforderungen gestellt werden; es muss um einen besonders gelagerten Einzelfall handeln. Dies bedeutet eine Prüfung der Erforderlichkeit der Eintragung der unbekannten Erben: Verkauft zB ein Nachlasspfleger für die unbekannten Erben ein Nachlassgrundstück, bewilligt für den Erwerber eine Eigentumsvormerkung und lässt eine Finanzierungsgrundschuld eintragen, so ist die Voreintragung der Erben nicht erforderlich, dies steht auch mit § 40 Abs 1, 2. Alt. im Einklang. Eine Voreintragung der Erben ist auch nicht erforderlich, wenn nach Verteilung der Nachlassgrundstücke eine Nachlassinsolvenz angeordnet wurde und der Insolvenzvermerk im Grundbuch eingetragen werden soll; eine Rückübertragung der verteilten Grundstücke auf die Erbengemeinschaft ist nicht nötig. Bei der Eintragung des Insolvenzvermerks kommt es nicht auf die Voreintragung des Erben in dieser Eigenschaft an, sondern es reicht die Zugehörigkeit des Grundbesitzes zum Nachlass aus, was sich aus den Eintragungsvermerken im Grundbuch des Erben ergibt.

Ein Rechtsverhältnis nach § 47 besteht jedoch, wenn zusammen mit den lebenden Miterben einer Erbengemeinschaft auch die unbekannten Erben eines nachverstorbenen Mitglieds der Erbengemeinschaft in das Grundbuch eingetragen werden sollen, was nach OLG Rostock[27] zulässig ist.

Eintragungsmuster[28]   **11**

»Die unbekannten Beteiligten hinsichtlich des Anteils des X am Nachlass seines am 17.05.1983 verstorbenen Vaters Y.« oder *»Diejenigen unbekannten Personen, die am Nachlass des am … verstorbenen … beteiligt sind«.*

e) Wegen der Erwerbsfähigkeit **noch nicht Geborener** vgl *Meikel-Böttcher,* Einl F Rdn 45, 46. Für die noch **12** nicht erzeugte Nachkommenschaft einer Person kann auf Grund eines zu ihren Gunsten abgeschlossenen Vertrags i. S. von § 328 Abs 1 BGB eine Vormerkung eingetragen werden; für das anzugebende Gemeinschaftsverhältnis genügt eine Bezeichnung, aus der sich der jeweilige Bruchteil unmittelbar und eindeutig ergibt, wobei die Angabe »zu gleichen Anteilen« ausreichend ist.[29] Eine solche Vormerkung bewirkt aber faktisch eine Grundbuchsperre, denn die Vormerkung kann nicht ohne weiteres durch Zustimmung des Berechtigten oder durch Aufgabeerklärung und Eintragung beseitigt werden.[30]

f) Über weitere Ausnahmen vgl Rdn 231–234. Zur Problematik der Auflassung an noch nicht bestimmte Personen und der Vormerkung für noch zu benennende Dritte vgl BGH, BayObLG und *Ludwig.*[31]   **13**

g) Mehreren Wohnungseigentümern kann ein Sondernutzungsrecht in Bruchteilsgemeinschaft nach Maßgabe **14** der §§ 741 ff. BGB bestellt werden.[32] § 47 gilt für gemeinschaftliche Sondernutzungsrechte nicht, da diese nicht als Belastung der einzelnen Wohnungseigentumsrechte im Grundbuch eingetragen werden, sondern nur als Ausschluss der Benutzungsbefugnis der nicht berechtigten Wohnungseigentümer. Auf schuldrechtliche Rechtspositionen ist § 47 nicht zugeschnitten. Für die Eintragung der Sondernutzungsrechte kann die Bezugnahme auf die Teilungserklärung ausreichen, gleichwohl steht es im pflichtgemäßen Ermessen des Grundbuchamts, das Sondernutzungsrecht und dann auch das Berechtigungsverhältnis der mehreren Sondernutzungsberechtigten direkt im Grundbuch einzutragen.

h) Bei Eintragung eines subjektiv-dinglichen Grundstücksrechts (Grunddienstbarkeit, Reallast, Vorkaufsrecht) **15** findet § 47 auch dann keine Anwendung, wenn mehrere Personen Eigentümer des herrschenden Grundstücks sind, dies gilt auch bei Wohnungseigentum.[33] Anders ist aber die Rechtslage, wenn die Grunddienstbarkeit als

---

26 Dazu BGH DNotZ 1961, 485; OLG Dresden OLGE 6, 474; BayObLGZ 1994, 158 = NJW-RR 1995, 272 = Rpfleger 1995, 103; Gutachten DNotI-Report 2000, 142.

27 NJW-RR 2005, 604; ebenso BayObLGZ 1994, 158 = FamRZ 1995, 119 = MittBayNot 1994, 435 = NJW-RR 1995, 721 = Rpfleger 1995, 103. Soweit die Vertretungsmacht des Nachlasspflegers nicht eingeschränkt ist, ist ein zur Verfügung über das dingliche Recht berechtigtes Organ vorhanden.

28 *Kehrer-Bühler-Tröster,* Notar und Grundbuch, Band II, § 2 1; *Schöner/Stöber* Rn 809. Vgl auch § 15 GBV.

29 LG Passau MittBayNot 2004, 362 m Anm *Metzger.*

30 Einzelheiten *Metzger* MittBayNot 2004, 363.

31 **Vormerkung für Unbenannte:** BGH NJW 1983, 1543 = DNotZ 1983, 484 = MittBayNot 1983, 10 = Rpfleger 1983, 169; BayObLG DNotZ 1997, 153; Gutachten DNotI-Report 1997, 112. *Ludwig* NJW 1983, 2792; *ders* DNotZ 1982, 724; *ders* Rpfleger 1989, 321; *Basty* NotBZ 2001, 229; *Bach* MittRhNotK 1984, 161; *Denk* NJW 1984, 1009; *Hörer* Rpfleger 1984, 346; *Bassler* BWNotZ 1996, 169; *Schöner/Stöber* Rn 905, 1494, 3143; BGH RpflJB 1985, 19 und Rpfleger 1984, 346; LG Ravensburg Rpfleger 1989, 320. **Auflassung an Unbestimmte:** BayObLG BayObLGZ 1983, 275 = Rpfleger 1984, 11 = DNotZ 1984, 181; AG Hamburg NJW 1971, 102 = DNotZ 1971, 51; *Schöner/Stöber* Rn 3315; *Ludwig* Rpfleger 1986, 345. **Vormerkung für Dritte:** vgl Rdn 254. Zu Gestaltungsmöglichkeiten des Angebots *Grziwotz,* ZfIR 2007, 400.

32 BayObLG NZM 1999, 426; BayObLG WE 1994, 17.

33 OLG Düsseldorf MittRhNotK 1988, 175.

einheitliches Recht für die jeweiligen Eigentümer mehrerer herrschender Grundstücke[34] oder zugunsten der jeweiligen Inhaber von einzelnen Wohnungseigentumsrechten[35] bewilligt wird. In diesen Fällen ist die Angabe des Gemeinschaftsverhältnisses nach § 47 zu verlangen.

16   Die **Europäische Gemeinschaft** ist nach deutscher Anschauung eine juristische Person des öffentlichen Rechts, sie besitzt Rechtspersönlichkeit, ihr ist Völkerrechtssubjektivität zuerkannt. Es handelt sich also nicht um eine Personenmehrheit iSv § 47. Die **Europäische Union** stellt eine Art »Dachorganisation« bezüglich der Europäischen Gemeinschaften dar, jedoch ohne eigene Rechtspersönlichkeit.[36]

III. Voraussetzungen

17   Vorausgesetzt wird, dass ein Recht **gemeinschaftlich für mehrere** eingetragen wird. Es müssen folgende Voraussetzungen gegeben sein: ein Recht, und zwar ein gemeinschaftliches, dessen Eintragung erfolgt.

18   Wenn Grundstücksrechte für mehrere Berechtigte bestellt werden, so ist zu prüfen, ob es sich um mehrere **selbständig nebeneinander** bestehende Rechte am gleichen Grundstück mit gleichem Rang untereinander handeln, ob die Rechte zeitlich nacheinander erfolgen sollen, ob es sich um eine Gesamtberechtigung – wie sie in § 428 BGB für das Schuldrecht vorgesehen und im Sachenrecht für entsprechend anwendbar erklärt ist – handelt oder ob es ein **einheitliches Recht in Gemeinschaft** für mehrere sein soll, wobei es sich in diesem Falle handeln kann um eine Bruchteilsgemeinschaft oder um eine Gesamthandsgemeinschaft in den Formen des nicht rechtsfähigen Vereins, der Gesellschaft des BGB oder um eine eheliche oder fortgesetzte Gütergemeinschaft oder endlich um eine Gesamthand des Erbrechts.[37]

IV. Gemeinschaftliches Recht

1. Allgemeines

19   Stets ist zu prüfen, ob und welche Grundstücksrechte für mehrere Personen und in welchen Formen bestellt werden können und welche Form der Gemeinschaft rechtlich zulässig ist. Denn die vom Grundbuchamt gemäß § 47 bei der Eintragung eines gemeinschaftlichen Rechts vorzunehmenden Vermerke müssen schon in der Eintragungsbewilligung enthalten oder durch Auslegung zu ermitteln sein.[38]

20   Das Recht muss mehreren gemeinschaftlich zustehen. Nicht immer, wenn ein Recht für mehrere eingetragen ist oder eingetragen werden soll, gehört es ihnen zwingend gemeinschaftlich. Ein Recht gehört nur dann mehreren gemeinschaftlich, wenn es ihnen entweder nach **Bruchteilen** oder zur **gesamten Hand** oder als **Gesamtberechtigung** zusteht.[39]

21   Eine Mehrheit von »Berechtigten« hat, abgesehen von den in den §§ 1008, 1025 BGB geregelten Einzelfällen, im Sachenrecht keine ausdrückliche Regelung erfahren, ist darum aber nicht allgemein unzulässig.[40]

22   Nicht hierher gehört die zusammenfassende Eintragung mehrerer selbständiger Rechte verschiedener Berechtigter über diese. Einzelheiten dazu Rdn 231 ff.

23   Von den Rechten, die für mehrere Personen zeitlich und im Rang nebeneinander bestehen, unterscheiden sich die Rechte, die in einem einheitlichen Rechtsgeschäft **zeitlich hintereinander für mehrere** Personen bestellt werden; sie sind keine gemeinschaftlichen Rechte, dazu Rdn 235–256.

24   § 47 ist nicht anwendbar auf die Fälle, in denen die Eintragung für unbekannte Berechtigte erfolgt, dazu Rdn 10, 231–234.

2. Bruchteilsgemeinschaft

25   a) **Allgemeines.**   Die Bruchteilsgemeinschaft ist in den §§ 741 ff BGB geregelt. Sie hat zur Voraussetzung, dass ein einziges Recht mehreren gemeinschaftlich zusteht, ohne dass ein Gesamthandsverhältnis, das man als

---

34   OLG Frankfurt NJW 1969, 469; BayObLG DNotZ 1966, 174.
35   OLG Hamm MittRhNotK 1981, 194.
36   *Klein/Haratsch* DöV 1993, 788.
37   *Roemer* MittRhNotK 1960, 591; *Böhringer* BWNotZ 1985, 73.
38   BGH BGHZ 73, 214 = DNotZ 1979, 499 = Rpfleger 1979, 56; *Roemer* MittRhNotK 1960, 592; *Schöner/Stöber* Rn 255, 762, 3311 ff; *Staudinger-Gursky* § 873 Rn 61, 94; *Soergel-Stürner* § 925 Rn 36, 37; *Böhringer* BWNotZ 1975, 73.
39   KGJFG 14, 337 BGH DNotZ 1979, 499 = Rpfleger 1979, 56; BGHZ 46, 253 = DNotZ 1967, 183 = Rpfleger 1967, 143; BayObLG BayObLGZ 1957, 324 = Rpfleger 1958, 88; OLG Köln DNotZ 1965, 686; OLG Hamm Rpfleger 1980, 21; KEHE-*Eickmann* § 47 Rn 1; *Schöner/Stöber* Rn 3311 ff.
40   BGHZ 46, 253 = NJW 1967, 627 = LM Nr 4 § 1093 BGB = DNotZ 1967, 183 = MDR 1967, 291 = Rpfleger 1967, 143 = WM 1967, 95 = BB 1967, 96 = Betrieb 1967, 332 = ZMR 1967, 85 u 305 = BWNotZ 1967, 81 = MittBayNot 1967, 15 = JZ 1967, 413 = DWW 1967, 76; OLG Schleswig SchlHA 1975, 94.

Gegenstück der Gemeinschaft nach Bruchteilen bezeichnen kann, besteht. Bruchteilsgemeinschaft ist eine **Interessengemeinschaft ohne Zweckgemeinschaft**; die Interessen der Teilhaber laufen infolge der Mitberechtigung an demselben Gegenstand bis zu einem bestimmten Grade gleich, ihre Ziele können verschieden sein.

Entstehung einer Bruchteilsgemeinschaft ist durch Gesetz, Rechtsgeschäft, insbesondere letztwillige Verfügung (nicht zu verwechseln mit der Erbengemeinschaft) und Vertrag möglich. Bei Bodenreformgrundstücken in den neuen Bundesländern bilden die Zuweisungseigentümer des Art 233 § 11 Abs 2 Satz 1 Nr 2 EGBGB stets eine Bruchteilsgemeinschaft, auch wenn sie aus den Erben des Verstorbenen gebildet wird. Nach Art 234 § 4a Abs 3 EGBGB wird widerleglich vermutet, dass gemeinschaftliches Eigentum von Ehegatten nach dem FGB-DDR Bruchteilseigentum zu ½-Anteilen ist.[41] **26**

Bei der Bruchteilsgemeinschaft steht jedem Teilhaber an dem gemeinschaftlichen Gegenstand ein bestimmter, und zwar in einem Bruchteil ausgedrückter Anteil zu. Dieser Anteil ist nicht ein **realer** Teil der betreffenden Sache; der Anteil ist nur ein **ideeller**, dh er besteht nur in der Vorstellung – lediglich rechnerisch. **27**

Jeder Miteigentümer kann über seinen Anteil durch Veräußerung oder Belastung selbständig verfügen. Belastung der gesamten Sache ist nur durch alle Miteigentümer möglich. Gewisse Befugnisse, die Auswirkung auf den Gemeinschaftsgegenstand haben, können nur gemeinsam ausgeübt werden, es sei denn, die Interessen der übrigen werden nicht verletzt.[42] **28**

Es gibt also nur ein einziges Recht, welches den mehreren Berechtigten gemeinschaftlich zusteht. **29**

An einer Bruchteilsgemeinschaft kann eine Gesamthandsgemeinschaft (auch eine Erbengemeinschaft), eine juristische Person oder eine natürliche Person beteiligt sein.[43] **30**

Keine Gemeinschaft nach Bruchteilen liegt vor, wenn am gleichen Gegenstand verschiedene Rechte mehrerer Personen bestehen.[44] **31**

b) Einzelfälle. aa) Dauerwohnrecht nach WEG. Es kann mehreren Berechtigten nach Bruchteilen zustehen, denn das Recht ist grundsätzlich veräußerlich und somit auch ein Bruchteil daran.[45] **32**

bb) Dienstbarkeit. Die beschränkte persönliche Dienstbarkeit ist ein nicht übertragbares und nicht vererbliches Grundstücksrecht, kraft dessen der Berechtigte das belastete Grundstück in einzelnen Beziehungen benutzen darf und sonst eine Befugnis hat, die den Inhalt einer Grunddienstbarkeit (§ 1018 BGB) bilden kann. Die vielgestaltigen Rechte bzgl Nutzung, Unterlassung tatsächlicher Handlungen oder Untersagung der Ausübung von Rechten, die dem Eigentum entspringen, sind meist auf unteilbare Leistungen gerichtet und nicht vererblich oder übertragbar. Aus diesen Gründen hat sich die Ansicht gebildet, die beschränkte persönliche Dienstbarkeit könne zumindest dann nicht zugunsten mehrerer Berechtigter in Gemeinschaft bestellt werden, insbesondere nicht in Bruchteilsgemeinschaft, wenn es sich um eine solche **unteilbare** Leistung handle. **33**

Eine Gemeinschaft mehrerer Berechtigter nach Bruchteilen kommt stets in Betracht, wenn das Recht aus der Dienstbarkeit teilbar ist, zB wenn es ein bestimmtes Maß von Nutzungen zum Gegenstand hat (zB bei Weide-, Forst- oder Fischereirechten).[46] Bruchteilsgemeinschaft wird teilweise in der Literatur für **nicht zulässig** gehalten, wenn die Dienstbarkeit den Eigentümer des belasteten Grundstücks zu einem Unterlassen verpflichtet (zB Überfahrts- oder Unterlassungs-Dienstbarkeit, Aussichtsdienstbarkeit, Konkurrenzverbot usw).[47] Das Recht auf Unterlassung beinhaltet von Natur aus eine unteilbare Leistung. **34**

Wegen des Wohnungsrechts vgl Rdn 54. **35**

---

41 *Böhringer* Rpfleger 1994, 282.
42 KEHE–*Eickmann* § 47 Rn 5; *Böhringer* BWNotZ 1985, 73.
43 BGH NJW 1983, 2020; OLG Hamm Rpfleger 1964, 341; LG Berlin NJW 1960, 1406; MüKo-*K Schmidt* § 741 Rn 9; *Haegele* BWNotZ 1969, 120.
44 *Haegele* BWNotZ 1969, 120; *Schöner/Stöber* Rn 258.
45 HM; BGHZ 130, 150 = DNotZ 1996, 88 = NJW 1995, 2637 = WM 1995, 1632; *Soergel-Stürner,* 12 Aufl, § 31 Rn 3 WEG; *Palandt/Bassenge* § 31 Rn 4 WEG; *Haegele* BWNotZ 1969, 132; *Roemer* MittRhNotK 1960, 613; BWGZ 1976, 117.
46 KG JW 1935, 3564; OLG Köln DNotZ 1965, 686; *Staudinger-Mayer* § 1090 Rn 7; BGB-RGRK-*Rothe* § 1090 Rn 6; *Palandt/Bassenge* § 1090 Rn 3; *Meder* BWNotZ 1982, 38. Ohne jegliche Einschränkung MüKo-*K Schmidt* § 741 Rn 12.
47 BGB-RGRK-*Rothe* § 1090 Rn 6; *Schöner/Stöber* Rn 1197; *Haegele* BWNotZ 1969, 128; BWGZ 1976; 117; *Saage* DNotZ 1957, 320 hält Bruchteilsgemeinschaft für zulässig, beim Wohnungsrecht ist er allerdings zweifelnd.

36   **cc) Grunddienstbarkeit.** Die Bestellung einer Grunddienstbarkeit in Bruchteilsgemeinschaft zugunsten der jeweiligen Eigentümer mehrerer Grundstücke ist nicht uneingeschränkt möglich,[48] da der auf Dulden oder Unterlassen gerichtete Inhalt einer Dienstbarkeit regelmäßig nicht teilbar sein kann.[49] Dazu auch Rdn 131, 132. Trotz gewisser Bedenken wird heute eine Grunddienstbarkeit in Bruchteilsgemeinschaft für zulässig erachtet, zumindest dann, wenn es sich nicht um Unterlassungspflichten handelt.[50]

37   **dd) Eigentümer-Gesamtgrundschuld.** Jeder Miteigentümer kann seinen Anteil mit einer Eigentümergrundschuld belasten.[51] Auch alle Miteigentümer können das ganze Grundstück mit einer ihnen am gleichen Beteiligungsverhältnis zustehenden Grundschuld belasten.[52] Die Bruchteilseigentümer können aber auch von vornherein eine Gesamteigentümergrundschuld für sich als Gesamtgläubiger bestellen.[53] Miteigentümer eines Grundstücks zu Hälfteanteilen, denen außerdem je in ihrem Alleineigentum stehende Grundstücke gehören, können ihren ganzen Grundbesitz mit einer ihnen in Bruchteilsgemeinschaft zu Hälfteanteilen zustehenden Gesamtschuld belasten. Der Umstand, dass diese sich teilweise als Eigentümer-, teilweise als Fremdgrundschuld darstellt, hindert die Eintragung im Grundbuch nicht.[54] Steht eine Gesamthypothek an zwei ideellen Grundstückshälften nach den §§ 1172, 1163 BGB den Eigentümern gemeinschaftlich als Eigentümergrundschuld zu, so bilden diese eine Bruchteilsgemeinschaft gemäß § 741 ff BGB. Die Anteile bestimmen sich gemäß § 1172 Abs 2 BGB.[55]

38   Spätere Änderungen des Beteiligungsverhältnisses am Eigentum ändern nicht ohne weiteres das an der Gesamteigentümergrundschuld.[56]

39   **ee) Erbbaurecht.** Nach hM ist Bruchteilsgemeinschaft möglich.[57]

40   **ff) Grundschuld.** Bruchteilsgemeinschaft ist möglich.[58] IdR ist jedoch anzunehmen, dass die Beteiligten nicht eine Bruchteilsgemeinschaft, sondern eine reale Teilberechtigung an der Hypothek nach § 420 BGB begründen wollen.[59] Notfalls muss das Grundbuchamt durch Zwischenverfügung nach § 18 auf Klarstellung des Rechtsverhältnisses hinwirken.[60] Gesetzliche Auslegungsregeln können nicht zur Grundlage von Grundbucheintragungen gemacht werden, dazu Rdn 155, 263.

---

48   Vgl BayObLG BayObLGZ 1965, 267 = Rpfleger 1966, 367; *Schöner/Stöber* Rn 1125. Dazu auch *Haegele* BWNotZ 1969, 127; BWGZ 1976, 117; *Eickmann* Grundbuchverfahrensrecht, 5. Kap § 3 V 4.2; LG Traunstein Rpfleger 1987, 242.

49   *Roemer* MittRhNotK 1960, 604: Man kann sich eine Servitut für mehrere in Bruchteilsgemeinschaft schlecht vorstellen, wenn sie auf Unterlassung oder Duldung geht. Für Zulässigkeit ohne jede Unterscheidung *Staudinger-Langhein* § 741 Rn 128; BGB-RGRK-*Rothe* § 1018 Rn 10; MüKo-*K Schmidt* § 741 Rn 12; *Schöner/Stöber* Rn 1124. Für Zulässigkeit, wenn auch nicht praktisch: *Palandt/Bassenge* § 1018 Rn 3; KG KGJ 24, 119. Zum Problem auch *Eickmann* Grundbuchverfahrensrecht, 4. Kap § 3 V 4.2; BayObLG MittBayNot 2002, 289; BayObLG NJW 1966, 56; KG NJW 1970, 1686 = Rpfleger 1970, 282.

50   BayObLG NotBZ 2002, 265 = MittBayNot 2002, 286 m Anm *Mayer*; BayObLG Rpfleger 2002, 619 = DNotZ 2002, 950 = DNotI-Report 2002, 166; BayObLG BayObLGZ 1965, 267 = Rpfleger 1966, 367 = DNotZ 1966, 174; MüKo-*K. Schmidt* § 741 Rn 12; BGB-RGRK-*Rothe* § 1018 Rn 10; *Schöner/Stöber* Rn 1125; *Hilgers* MittRhNotK 1970, 627; *Döbler* MittRhNotK 1983, 181. **Kritisch** LG Traunstein Rpfleger 1987, 242.

51   LG Nürnberg-Fürth DNotZ 1961, 92 = Rpfleger 1960, 156 = MittBayNot 1960, 139; *Soergel-Konzen* § 1196 Rn 2; MüKo-*Eickmann* § 1196 Rn 11; KEHE-*Eickmann* § 47 Rn 6; *Schöner/Stöber* Rn 2355; *Haegele* BWNotZ 1969, 133; *Binder* MittBayNot 1929, 218.

52   LG Nürnberg-Fürth Rpfleger 1960, 156; MüKo-*K Schmidt* § 741 Rn 12.

53   BGH DNotZ 1985, 551; OLG Frankfurt DNotZ 1961, 411 = Rpfleger 1961, 240 = MDR 1961, 504 = BWNotZ 1961, 227; BayObLG DNotZ 1975, 487 = NJW 1975, 445 = Rpfleger 1975, 84; BWGZ 1976, 123.

54   BayObLG BayObLGZ 1962, 184 = NJW 1962, 1725 = DNotZ 1963, 186 = Rpfleger 1963, 410 m zust Anm *Haegele* = BWNotZ 1962, 259; MittBayNot 1962, 131 = BayJMBl 1962, 131 = ZMR 1963, 12; *Schöner/Stöber* Rn 2355; dazu auch *Westermann* JNW 1970, 1023 und *Riggers* JurBüro 1967, 859.

55   HM; RG JW 1938, 3236 = HRR 1938 Nr 1593; BGH DNotZ 1986, 476 = NJW-RR 1986, 233 = Rpfleger 1986, 58 = MDR 1986, 315; KG JW 1938, 230 = JFG 163 47; OLG Hamm Rpfleger 1990, 157; *Staudinger-Wolfsteiner* § 1172 Rn 5, 6 mwN; MüKo-*Eickmann* § 1172 Rn 7, 11; *Palandt/Bassenge* § 1114 Rn 1 und § 1172 Rn 3 ff; *Demharter* § 47 Rn 7; KEHE-*Eickmann* § 47 Rn 6. Für eine Gesamthandsgemeinschaft *Wolff-Raiser* § 148 VII mwN.

56   RG JW 1938, 3236; *Palandt/Bassenge* § 1172 Rn 5.

57   KG JW 1933, 1464; 1935, 3564; LG Hagen DNotZ 1950, 381 = Rpfleger 1950, 181; *Erman-Hagen* ErbbauVO § 1 Rn 16; *Soergel-Stürner* ErbbauVO § 1 Rn 1; *Palandt/Bassenge* ErbbauVO § 1 Rn 12; *Ingenstau* § 1 Rn 19; KEHE-*Eickmann* § 47 Rn 6; *Schöner/Stöber* Rn 1685; **aA** *Kehrer* BWNotZ 1997, 54.

58   KG KGJ 31, 313; MüKo-*K Schmidt* § 741 Rn 12; *Erman-Wenzel* § 1113 Rn 10; KEHE-*Eickmann* § 47 Rn 6; *Schöner/Stöber* Rn 1922; BWGZ 1976, 122. Zur Bruchteilshypothek auch *Staudenmaier* BWNotZ 1965, 320 und *Meikel-Böhringer* § 46 Rdn 26.

59   RG GruchBeitr 56, 991; KG KGJ 31, 313; *Bickert* MittBayNot 1920, 364; *Cammerer* RpflB 1930, 204; BayObLG BayObLGZ 7, 300; 30, 60; SeuffBl 72, 251; dazu auch *Haegele* BWNotZ 1969, 122.

60   KG JFG 7 270.

gg) Grundstück. Das Eigentumsrecht kann für mehrere in Bruchteilsgemeinschaft bestellt werden. Die hM **41** nimmt Bruchteilsgemeinschaft der Grundstückseigentümer überall dort an, wo keine andere Form bestimmt ist. Die Zahl der Miteigentümer ist bürgerlich-rechtlich nicht beschränkt, auch kleinste Bruchteile sind zulässig.[61] Wird ein Miteigentumsanteil auf mehrere zu Bruchteilen übertragen, so entsteht **keine besondere Bruchteilsgemeinschaft an dem Anteil**; vielmehr treten die Erwerber mit den entsprechenden Anteilen an dem Grundstück in die das ganze Grundstück betreffende Bruchteilsgemeinschaft ein.[62] Die von einem Miteigentümer eines Grundstücks erklärte Auflassung von ideellen Bruchteilen des Gesamtgrundstücks begegnet solange keinen Bedenken, als die Bruchteile insgesamt nicht größer sind als der Anteil des Miteigentümers.[63] Erklären die Miteigentümer an einem Grundstück je zur Hälfte, dass sie einem Dritten einen halben Miteigentumsanteil überlassen und an ihn auflassen, so hat diese Erklärung regelmäßig die nächstliegende Bedeutung, dass jeder Miteigentümer die Hälfte seines Miteigentumsanteils auf den Erwerber übertragen will.[64] Bei einem (Wege-)Grundstück ist nicht eintragbar, dass sich die Miteigentumsanteile daran nach dem Verhältnis der Flächengröße anderer Grundstücke richten; das BGB kennt kein subjektiv-dingliches Eigentum.[65]

Wegen Teilung eines Wohnungs- oder Teileigentumsrechts vgl Rdn 53. Eine »Altrechtliche Gemeinschaft« **42** nach württembergischen Landesrecht vor 1900 (zB ein gemeinschaftlicher Hofraum) hat kein Gesamthandseigentum zum Gegenstand, sondern selbstständig belastbares Miteigentum. Dieses Miteigentum wird ohne Buchung der Bruchteile im Grundbuch eingetragen. Muster: »Altrechtlicher Anteil am gemeinschaftlichen Hofraum«.[66]

hh) Hypothek. Bruchteilsgemeinschaft ist möglich,[67] doch ist der Wille, solche zu begründen, nicht zu vermuten. IdR ist anzunehmen, dass die Beteiligten nicht eine Bruchteilsgemeinschaft, sondern eine reale Teilberechtigung an der Hypothek nach § 420 BGB begründen wollen.[68] Sicherungshypotheken nach § 128 ZVG für die bisherigen Bruchteilseigentümer sind möglich.[69] Bei Abtretung einer Hypothek an mehrere Personen zu gleichen Teilen wird meistens eine reale Teilung gemeint sein, dagegen bei Abtretung zu gleichen Rechten und Anteilen eine solche nach Bruchteilen. **43**

Erforderlich ist die Angabe der Bruchteile selbst dann, wenn das Gesetz Berechnungsregeln aufstellt. Trotz § 741 **44** BGB sind die Verfügungen des Teilgläubigers bei Bruchteilsgemeinschaft über seinen Anteil unzulässig, sofern sie sich auf die Grundschuld bzw Hypothek auswirken würde.[70]

ii) Leibgeding. Beachte die Sonderregelung § 49.[71] **45**

jj) Nießbrauch. Da der Nießbrauch ein Nutzungs- und Verwertungsrecht und als solches teilbar ist, kann er **46** auch für mehrere Berechtigte in Bruchteilsgemeinschaft begründet werden.[72] Angabe des Gemeinschaftsverhält-

---

61 HM; *Haegele* BWNotZ 1969, 124.
62 BGH BGHZ 13, 141 = NJW 1954, 1035; BGH BGHZ 49, 252 = Rpfleger 1968, 114; KG KGJ 51, 198; LG Berlin NJW 1956, 471; BayObLGZ 1956, 85; BayObLGZ 1958, 202; BayObLGZ 1979, 122 = DNotZ 1980, 98 = Rpfleger 1979, 302; *Roemer* MittRhNotK 1960, 597; *Haegele* BWNotZ 1969, 125; *Schöner/Stöber* Rn 755.
63 BayObLG BayObLGZ 1979, 122 = DNotZ 1980, 98 = Rpfleger 1979, 302 = MDR 1979, 844 = MittBayNot 1979, 110 = BayJMBl 1979, 131.
64 BayObLG BayObLGZ 1977, 189 = DNotZ 1987, 238 = Rpfleger 1977, 360, 439 = MDR 1977, 1016 = JurBüro 1977, 1464 = MittBayNot 1977, 187 = BayJMBl 1977, 228 – teilweise in Abweichung von BayObLG BayObLGZ 1958; OLG Frankfurt Rpfleger 1978, 213; *Schöner/Stöber* Rn 755.
65 BayObLG BayObLGZ 1987, 121.
66 LG Karlsruhe BWNotZ 1999, 152; *Grözinger* BWNotZ 1959, 248.
67 HM; RG GruchBeitr 56, 991; KG KGJ 31, 313; KG HRR 1934 Nr 1603; 1928 Nr 518 = DRiZ 1928 Nr 192; HRR 1925 Nr 1224; HRR 1935 Nr 663; OLG Darmstadt JW 1934, 2485; *Staudinger-Wolfsteiner* § 1115 Rn 4; BGB-RGRK-*Mattern* § 1113 Rn 19; MüKo-*K. Schmidt* § 741 Rn 12; MüKo-*Eickmann* § 1113 Rn 18; *Soergel-Konzen* § 1113 Rn 13; KEHE-*Eickmann* § 47 Rn 6; *Roemer* MittRhNotK 1960, 622; *Löscher* JurBüro 1963, 1.
68 KG OLG 43, 13; *Soergel-Konzen* § 1115 Rn 5.
69 OLG Zweibrücken Rpfleger 1972, 168.
70 *Erman-Wenzel* § 1113 Rn 11; zur Anteilsaufgabe auch *Staudenmaier* BWNotZ 1965, 320 und *Meikel-Böhringer* § 46 Rdn 26.
71 *roemer* MittRhNotK 1960, 621; *Meder* BWNotZ 1982, 36.
72 HM; KG KGJ 49, 194; KG JW 1933, 702; KG JW 1936, 2747 = JFG 13, 447 = HRR 1936 Nr 1217; RG DR 1944, 774; BGH BGHZ 40, 326; BGH NJW 1981, 176; BayObLG BayObLGZ 1955, 155 = BayJMBl 1955, 181 = DNotZ 1956, 211; OLG Düsseldorf Rpfleger 1975, 409; *Staudinger-Langhein* § 741 Rn 128; BGB-RGRK-*Rothe* § 1030 Rn 4; MüKo-*K Schmidt* § 741 Rn 12; Münch-Komm-*Petzoldt* § 1030 Rn 16; *Soergel-Stürner* § 1030 Rn 4; *Palandt-Bassenge* § 1030 Rn 4, *Demharter* § 47 Rn 6; KEHE-*Eickmann* § 47 Rn 6; *Haegele* BWNotZ 1969, 127; *Schöner/Stöber* Rn 1370.

nisses im Grundbuch ist erforderlich.[73] Der Nießbrauch kann auch von vornherein zu einem Bruchteil bestellt werden;[74] dies ist auch bei Alleineigentum möglich.[75] Bei einem Quoten-Nießbrauch richtet sich das Verhältnis zwischen dem Eigentümer und dem Nießbraucher nach §§ 741 ff BGB,[76] einer Benutzungsregelung nach § 745 Abs 2 BGB kommt dingliche Wirkung zu und ist im Grundbuch eintragbar.[77]

47 **kk) Reallast.** Sie kann in Bruchteilsgemeinschaft begründet werden, wenn sie übertragbar ist und die Einzelleistungen teilbar sind.[78]

48 **ll) Dingliches Vorkaufsrecht.** Das subjektiv-persönliche Vorkaufsrecht kann mehreren Personen nicht unmittelbar zu Bruchteilen bestellt werden.[79] Dies ist insbesondere deshalb nicht möglich, weil §§ 472, 1098 Abs 1 BGB selbst eine Regelung über das Vorkaufsrecht für mehrere Personen enthalten, die einen **zwingenden gesamthandsartigen Charakter** hat. Das wesentliche Kennzeichen der Bruchteilsgemeinschaft, das selbständige Verfügungsrecht des einzelnen Berechtigten, fehlt, das Vorkaufsrecht ist unteilbar. Der Erwerb durch Ausübung entsteht als Bruchteilseigentum, falls nicht bei Bestellung des Vorkaufsrechts etwas anderes vereinbart worden ist, §§ 741, 742 BGB.[80] Angesichts der Sondervorschrift des § 472 BGB entfällt die Anwendung des § 47 über die Angabe des zwischen mehreren Berechtigten bestehenden Rechtsverhältnisses insoweit, als es nur der Bezeichnung der mehreren Vorkaufsberechtigten bedarf,[81] dazu Rdn 112, 141.

49 **mm) Vormerkung.** Steht der zu sichernde Anspruch mehreren Berechtigten in Bruchteilsgemeinschaft zu, so muss auch die Vormerkung entsprechend eingetragen werden.[82] Dies gilt auch für den Fall, dass der durch Vormerkung gesicherte Anspruch von einer Einzelperson an eine Mehrheit von Personen abgetreten wird.[83] Wird die Vormerkung für den Anspruch aus einem unter § 472 BGB fallenden Vorkaufsrecht eingetragen, entfällt § 47.[84] § 472 BGB ist die speziellere Sondervorschrift gegenüber § 47.

---

73 OLG Oldenburg DNotZ 1959, 46 = RdL 1958, 321 = NdsRpfl 1958, 271; *Schöner/Stöber* Rn 1371; *Haegele* BWNotZ 1969, 128; **aA** LG Göttingen DNotZ 1959, 599 = NdsRpfl 1958, 238 = MittBayNot 1959, 135 = MittRhNotK 1958, 809.

74 KG JFG 13, 4447 = JW 1936, 2747 = HRR 1936 Nr 1217; *Soergel-Stürner* § 1030 Rn 4.

75 Gutachten DNotI-Report 2001, 98.

76 Zur Lastentragung (Unterhaltungskosten) beim Quoten-Nießbrauch BGH DNotI-Report 2003, 134.

77 LG Aachen RNotZ 2001, 587.

78 OLG München JFG 18, 132; KEHE-*Eickmann* § 47 Rn 6; *Schöner/Stöber* Rn 1293; *Roemer* MittRhNotK 1960, 619; *Haegele* BWNotZ 1969, 130; BGB-RGRK-*Rothe* § 1105 Rn 7.

79 HM; RGZ 35, 308; KG JFG 6, 292 = DNotZ 1929, 736; BayObLGZ 1956, 85; BayObLGZ 1958, 202; BayObLGZ 1967, 275 = Rpfleger 1968, 52; OLG Frankfurt NJW-RR 1999, 17 = NotBZ 1999, 27 = DNotI-Report 1998, 153; LG Köln MittRhNotK 1977, 192; *Münch-Komm-K. Schmidt* § 741 Rn 12; BGB-RGRK-*Rothe* § 1094 Rn 9; *Soergel-Stürner* § 1094 Rn 3; KEHE-*Eickmann* § 47 Rn 6; *Schöner/Stöber* Rn 1406, 1607; *Ischinger* Rpfleger 1949, 493 = BWNotZ 1949, 97; *Haegele* Rpfleger 1975, 156; *Haegele* BWNotZ 1969, 130; *Haegele*, Die Verwaltungspraxis, 1959, 54; BWGZ 1976, 120; *Weber* DNotZ 1959, 264; *Roemer* MittRhNotK 1960, 614; *Ripfel* Grundbuchrecht, S 143; **aA** LG Ulm DNotI-Report 1995, 35; OLG Hamm ZMR 1989, 374; LG Mönchen-Gladbach MittRhNotK 1992, 273; MüKo-*K Schmidt* § 741 Rn 12 (eher bejahend); MüKo-*Westermann* § 512 Rn 2, § 513 Rn 1; *Amann* FS Hagen S 92; *Schulze-Osterloh* Das Prinzip der gesamthänderischen Bindung, 1972, S 131; *Meyer-Stolte* Rpfleger 1988, 510; dazu auch *Panz* BWNotZ 1995, 156 (sowie Textvorschlag: »Vormerkung zur Sicherung des Anspruchs von A und B, berechtigt analog § 472 BGB, auf Übertragung des Eigentums je zur Hälfte«); **unklar:** *Staudinger-Mader* § 1094 Rn 14. Zur rechtlichen Befugnis, das Vorkaufsrecht auszuüben und zu dem durch Ausübung des Rechts entstehenden schuldrechtlichen Anspruch auf Eigentumsübertragung: BayObLG NJW-RR 1986, 120 = Rpfleger 1986, 371 = DNotZ 1987, 213 = JurBüro 1987, 105. Zum Miterben-Vorkaufsrecht: BGH Rpfleger 1982, 27 = WPM 1982, 45; *Hagen* WPM 1983, 641. Vgl auch *Zimmermann* Rpfleger 1980, 326.

80 BGHZ 136, 327 = DNotZ 1998, 292 = Rpfleger 1998, 17 = NJW 1997, 3235; BayObLGZ 1956, 85; BayObLGZ 1958, 202; dazu auch KG DNotZ 1997, 744 = Rpfleger 1997, 377 (überholt durch BGH NJW 1997, 3235); *Schöner/Stöber* Rn 1406 ff; *Haegele* Rpfleger 1975, 156.

81 BayObLGZ 1956, 85; BayObLGZ 1958, 202; OLG Düsseldorf MittRhNotK 1983, 49; LG Nürnberg-Fürth MittBayNot 1994, 140; LG Karlsruhe Rpfleger 2005, 602 = BWNotZ 2006, 18; dazu *Schöner/Stöber* Rn 1406 ff.

82 Zur Problematik KG DNotZ 1997, 744 = FGPrax 1997, 130 = Rpfleger 1997, 377 = DNotI-Report 1997, 128; der BGH BGHZ 136, 327 = DNotZ 1998, 292 = Rpfleger 1998, 17 = NJW 1997, 3235 widersprach dem KG, das OLG Frankfurt DNotI-Report 1998, 153 = NJW-RR 1999, 17 schloss sich dem BGH an. BayObLG NJW-RR 1986, 1209 = Rpfleger 1986, 371 = DNotZ 1987, 213 = JurBüro 1987, 105; LG Oldenburg Rpfleger 1974, 263 = MittBayNot 1974, 266 = MittRhNotK 1974, 491; KEHE-*Eickmann* § 47 Rn 6; MüKo-*Westermann* § 472 Rn 1; *Haegele* Rpfleger 1975, 157; *Haegele* BWNotZ 1969, 134; BWGZ 1976, 121; *Meyer-Stolte* Rpfleger 1988, 510. Zur Bruchteils-Gläubigerschaft MüKo-*K Schmidt* § 741 Rn 42 ff.

83 *Roemer* MittRhNotK 1960, 626.

84 BGH Rpfleger 1998, 17 (keine Angabe nach § 47, aber Hinweis auf § 472 BGB); BayObLGZ 1958, 202; OLG Frankfurt DNotZ 1986, 239; LG Nürnberg-Fürth MittBayNot 1994, 110.

nn) Widerspruch. Steht das zu sichernde dingliche Recht mehreren Personen zu, so muss dies auch in der **50** Eintragungsbewilligung des Widerspruchs entsprechend zum Ausdruck kommen. Der Widerspruch muss bei seiner Eintragung im Grundbuch den Namen des Geschützten angeben und somit auch Auskunft über eine etwaige Gemeinschaftlichkeit des Rechts erteilen. Irgendwelche Besonderheiten gegenüber der Vormerkung ergeben sich hieraus nicht.[85]

oo) Wiederkaufsrecht. Für das – durch Vormerkung sicherungsfähige – Wiederkaufsrecht gelten die glei- **51** chen Regeln wie für das Vorkaufsrecht. Dem § 472 BGB entspricht hier § 461 BGB.[86]

Für das **Ankaufsrecht** bedarf es keiner Angabe des Gemeinschaftsverhältnisses.[87] **52**

pp) Wohnungseigentum. Das Wohnungseigentum ist ein besonders ausgestaltetes Miteigentum.[88] Infolge **53** seiner festen Verbindung mit dem Sondereigentum an einer Wohnungseinheit hat der Miteigentumsanteil in der Weise eine rechtliche Umformung erfahren, dass ein neues Recht entstanden ist, nämlich das Wohnungseigentum. Für mehrere Bruchteilseigentümer an einem Grundstück kann ein gemeinschaftliches Wohnungseigentum erst begründet werden, wenn sie sich zuvor im Grundbuch des Grundstücks als Eigentümer nach Bruchteilen verbunden im Wohnungseigentum eintragen lassen.[89] Wollen zwei Ehepaare, die an einer Bruchteilsgemeinschaft kopfweise zu je einem Viertel beteiligt sind, paarweise gemeinschaftlich Wohnungseigentum erwerben, so kann das nach Ansicht des BGH[90] dadurch geschehen, dass jedes Paar zunächst seine Anteile (zu 1/2) zusammenlegt und diese Rückführung im Bestandsverzeichnis des Wohnungsgrundbuchs (§ 7 Abs 1 S 1) eintragen lässt.[91] Bruchteilseigentum am Wohnungseigentum ist zulässig.[92] Bruchteile an Wohnungseigentum stellen sich im Rechtssinne nicht als **Unterbruchteile am Miteigentumsanteil** des ganzen Grundstücks dar.[93] Wird das Wohnungseigentum auf mehrere Personen zu Bruchteilen übertragen, so entsteht, anders als bei der Übertragung eines gewöhnlichen Miteigentumsanteils, zwischen den Erwerbern eine besondere Gemeinschaft nach §§ 741 ff BGB.[94] **Mehrere** selbständige Wohnungseigentumsrechte an derselben Wohnung sind unzulässig, da der dazu gehörende Miteigentumsanteil nur einmal vorhanden ist.[95] Unterwohnungseigentum ist nicht möglich.[96]

qq) Wohnungsrecht. Bruchteilsgemeinschaft ist nach hM[97] nicht möglich, da dem Wesen des Wohnungs- **54** rechts zuwiderlaufend, §§ 747, 749 BGB.

---

85 OLG Hamm NJW 1960, 436 = Rpfleger 1959, 349 m Anm *Haegele*; *Schöner/Stöber* Rn 410; *Roemer* MittRhNotK 1960, 628; *Haegele* BWNotZ 1969, 134; BWGZ 1976, 121.

86 OLG Düsseldorf MittRhNotK 1983, 49; LG Karlsruhe Rpfleger 2005, 602 = BWNotZ 2006, 18; *Schöner/Stöber* Rn 1406, 1607; *Haegele* BWNotZ 1969, 130; *Panz* BWNotZ 1995, 156.

87 Vgl Rdn 8; KG NJW 1968, 553 = Rpfleger 1968, 52; LG Aachen Rpfleger 1963, 155; *MüKo-Wacke* § 883 Rn 21; LG Augsburg DNotZ 1973, 691 = MittBayNot 1972, 300; *Panz* BWNotZ 1995, 156.

88 OLG Köln DNotZ 1984, 630 = Rpfleger 1984, 268; *Weitnauer* DNotZ 1984, 457; *Sauren* NJW 1985, 180; offen bei BGH DNotZ 1984, 375.

89 Ganz hM: BGH BGHZ 86, 393 = NJW 1983, 1672 = DNotZ 1983, 487 = Rpfleger 1983, 270 = MDR 1983, 568 = JZ 1983, 616 = BWNotZ 1983, 92 = MittRhNotK 1983, 70; OLG Neustadt NJW 1960, 1067 m zust Anm *Bärmann* NJW 1960, 295 = DNotZ 1960, 149 m Anm *Weitnauer* DNotZ 1960, 115; LG München Rpfleger 1969, 431; *Schöner/Stöber* Rn 2814, 2815; *Haegele* BWNotZ 1969, 126; *Riedel* JZ 1951, 625; *Bergmann* NJW 1959, 474. **AA** OLG Köln DNotZ 1983, 106 m Anm *Röll* = Rpfleger 1983, 7 = JMBlNRW 1982, 272.

90 BGH DNotZ 1983, 487 = NJW 1983, 1672 = Rpfleger 1983, 270.

91 *Augustin* Wohnungseigentumsgesetz, 1983, Rn 41 zu § 3.

92 BGH BGHZ 49, 250 = LM WEG § 8 Nr 3 (*Mattern*) = NJW 1968, 499 = JZ 1968, 562 = Rpfleger 1968, 114; BayObLG BayObLGZ 1969, 82 = DNotZ 1969, 292 = Rpfleger 1969, 165; *Soergel-Stürner*, 12 Aufl, WEG § 1 Rn 4; *Schöner/Stöber* Rn 755, 2816.

93 OLG Stuttgart OLGZ 1969, 232 = NJW 1969, 1176; LG München Rpfleger 1969, 431; *MüKo-K Schmidt* § 741 Rn 12; *Soergel-Stürner*, 12 Aufl, WEG § 1 Rn 4; *Schöner/Stöber* Rn 755; *Haegele* BWNotZ 1969, 126; BWGZ 1976, 96; *Weitnauer* DNotZ 1960, 115.

94 HM; BGH Rpfleger 1968, 114 = NJW 1968, 499; *Staudinger-Langhein* § 741 Rn 146; *MüKo-K Schmidt* § 741 Rn 12.

95 *Roemer* MittRhNotK 1960, 601; *Haegele* BWNotZ 1969, 126.

96 OLG Köln MDR 1984, 583 = OLGZ 1984, 294 = Rpfleger 1984, 268 = WPM 1984, 842 = MittRhNotK 1984, 120 = DNotZ 1984, 630 Ls; BayObLG DNotZ 1988, 316 = BWNotZ 1988, 64.

97 BayObLG Recht 1908 Nr 1567; BayObLG Rpfleger 1958, 88 m Anm *Haegele* = BayJMBl 1958, 13 = BWNotZ 1958, 79; OLG Köln DNotZ 1965, 686 = MittRhNotK 1965, 148 = JMBlNRW 1965, 148 = BWNotZ 1965, 304; OLG Oldenburg DNotZ 1957, 319, 680 m krit Anm *Saage*; OLG Hamm MDR 1966, 326 = ZMR 1966, 221; LG Aachen JMBlNRW 1959, 69; BGB-RGRK-*Rothe* § 1093 Rn 3; *MüKo-Joost* § 1093 Rn 16; *MüKo-K Schmidt* § 741 Rn 12; *Erman-Küchenhoff-Grziwotz* § 1093 Rn 2; *Schöner/Stöber* Rn 1245; *Haegele* BWNotZ 1969, 129; *Roemer* MittRhNotK 1960, 611; *Meder* BWNotZ 1982, 36; BWGZ 1976, 121; *Eickmann* Grundbuchverfahrensrecht, 5. Kap § 3 V 4.2; *Sprau-Ott* Justizgesetze in Bayern, Art 22 Rn 4 AGBGB; zweifelnd beim Wohnungsrecht *Saage* DNotZ 1957, 320; **aA** *Staudinger-Langhein* § 741 Rn 128; *Palandt/Bassenge* § 1093 Rn 7.

Eine Bruchteilsgemeinschaft ist nur dort möglich, wo Gegenstand der Rechte eine **teilbare** Leistung ist. Jeder Teilhaber hat nämlich das Recht, über seinen Anteil frei zu verfügen, und kann jederzeit Aufhebung der Gemeinschaft und damit Teilung des Gegenstandes verlangen. Aus dem Wohnungsrecht können keine einzelnen Teilrechte herausgebrochen werden, und da das Recht unübertragbar ist, sind auch Teile davon unübertragbar; es kann weder über den Anteil verfügt werden, noch kann der gemeinschaftliche Gegenstand geteilt werden. Wird dasselbe Gebäude oder derselbe Gebäudeteil mit einem Wohnungsrecht für verschiedene Berechtigte belastet, sodass sich eine gemeinschaftliche Benutzung der Räume ergibt, so liegt nicht Bruchteilsberechtigung nach § 741 BGB vor, sondern es sind mehrere selbständige Rechte anzunehmen.[98] Zulässig und ratsam sind mehrere Wohnungsrechte im gleichen Gebäude nebeneinander;[99] dies sollte aus der Eintragungsbewilligung klar erkennbar sein. Zulässig ist die Eintragung mehrerer einander beschränkender selbständiger Wohnungsrechte.[100]

3. Gesamthandsverhältnisse

55 **a) Allgemeines.** Die Gesamthandsgemeinschaft kann nicht beliebig gegründet werden. Sie besteht nur in den durch Gesetz bestimmten Fällen, nämlich **Erbengemeinschaft** am ungeteilten Nachlass, **Gütergemeinschaft, fortgesetzte Gütergemeinschaften, Gesellschaft bürgerlichen Rechts, nicht rechtsfähiger Verein.** In der ehemaligen DDR war der gesetzliche Güterstand der Eigentums- und Vermögensgemeinschaft eine Gesamthandsgemeinschaft, der durch Option nach Art 234 § 4 Abs 2 EGBGB fortbestehen kann.[101] Es handelt sich um einen **vollständigen Katalog.** Weitere Gemeinschaften zur gesamten Hand gibt es nicht. Der Katalog kann nicht durch Parteivereinbarung erweitert werden.[102]

56 Auf die **OHG** und KG ist § 47 nicht anzuwenden, da diese grundbuchfähig sind und unter der Gesellschaftsfirma Rechte erwerben können, das Recht nicht für den einzelnen Gesellschafter, sondern für die Gesellschaft unter ihrer Firma eingetragen wird (§ 15 GBV).[103] Etwas anderes gilt, wenn eine OHG oder KG sich infolge Verringerung oder Veränderung ihres Geschäftsbetriebs in eine BGB-Gesellschaft umwandelt (§ 4 HGB: Herabsinken zum Minderkaufmann). Diese Umwandlung ist im Grundbuch dann gemäß § 47 zu verlautbaren.[104] Zur Vor-KG vgl Rdn 93. Auf den WEG-Personenverband nach § 10 WEG ist § 47 nicht anzuwenden.[105] Gleiches gilt für die Partnerschaftsgesellschaft und die Unternehmergesellschaft[106] nach § 5a GmbHG.

57 **Kapitalgesellschaften** sind ebenfalls keine Gesamthandsverhältnisse im hier behandelten Sinne. Zur Vor-GmbH vgl Rdn 88.

58 Der Erwerb eines Rechts in Gesamthandsgemeinschaft kann nicht frei vereinbart werden, sondern nur dann geschehen, wenn zwischen den Beteiligten, die das Recht erwerben wollen, eine der vorbezeichneten **Gesamthandsgemeinschaften** besteht: dann erwerben sie das Recht in eben diese Gemeinschaft.[107]

59 Die Gesamthänder können nur **gemeinsam über das Recht verfügen.** Zwar kann bei der Erbengemeinschaft jeder Miterbe allein die Leistung an alle Erben verlangen; jeder Miterbe kann auch über seinen Erbanteil im ganzen verfügen, jedoch ist es ausgeschlossen, dass ein Miterbe über seinen Anteil an den einzelnen Nachlassgegenständen verfügt (§ 2033 Abs 2 BGB).

---

98 BayObLGZ 9, 162; BayObLG BayObLGZ 1957, 322 = DNotZ 1958, 313 = Rpfleger 1958, 88 m zust Anm *Haegele* = BayJMBl 1958, 13 = BWNotZ 1958, 79; BayObLG BayObLGZ 1965, 267 = DNotZ 1966, 174 = Rpfleger 1966, 367; *Schöner/Stöber* Rn 1244. Ein echtes Gemeinschaftsverhältnis besteht aber zwischen den Berechtigten nicht. *Fassbender* DNotZ 1965, 622 rät, § 428 BGB zu vereinbaren und keine Bruchteilsgemeinschaft.

99 Nach hM zulässig, BayObLG DNotZ 1958, 313 = Rpfleger 1958, 58 m zust Anm Haegele; BayObLG DNotz 1966, 174 = Rpfleger 1966, 367; OLG Köln DNotZ 1965, 686 = MittRhNotK 1965, 188 = MittBayNot 1965, 183 = BWNotZ 1965, 304 = JMBlNRW 1965, 148; OLG Oldenburg NdsRpfl 1957, 30 = DNotZ 1957, 317; LG Aachen JMBlNRW 1959, 69; BlGBW 1959, 190 = WM 1960, 25 = ZMR 1960, 176; *Bader* DNotZ 1965, 679; **aA** zu Unrecht LG Köln DNotZ 1965, 426 = MittRhNotK 1964, 502.

100 LG Lübeck SchlHA 1967, 182 gegen LG Augsburg DNotZ 1973, 691 = MittBayNot 1972, 300.

101 Ausführlich *Böhringer* DNotZ 1991, 223.

102 RG WarnRspr 1933, 386; KG OLGE 2, 87; 4, 190; 7, 372.

103 HM; KG KGJ 39, 220; KEHE-*Eickmann* § 47 Rn 8; *Eickmann* Grundbuchverfahrensrecht, 5. Kap § 3 V 4.2; *Schöner/Stöber* Rn 253; *Haegele* BWNotZ 1969, 124; zur gesetzlichen Abgrenzung der Gesamthandsgemeinschaften auch RG RGZ 151, 355. Zu allem: BayObLG DNotZ 1981, 578 = Rpfleger 1981, 192 = BB 1981, 686 = JurBüro 1981, 604 = ZIP 1981, 191. *Jaschke* Gesamthand und Grundbuchrecht, Abschn C I–IV, wendet § 47 auch auf die Personenhandelsgesellschaften (= OHG, KG) an. Unstreitig anzugeben sind die Firma mit ihrem Rechtsformzusatz und der Sitz der Gesellschaft.

104 RG RGZ 155, 75; BayObLG JurBüro 1983, 427 = BB 1983, 3332.

105 Dazu *Böhringer* NotBZ 2008, 179.

106 Einzelheiten *Böhringer* BWNotZ 1995, 1.

107 *Eickmann* Grundbuchverfahrensrecht, 5. Kap § 3 V 4.2; *Böhringer* BWNotZ 1985, 74.

Bei allen Gesamthandsgruppen kann **kein Beteiligter über seinen Anteil** an den einzelnen dazu gehörenden Gegenständen **verfügen**. Bei der BGB-Gesellschaft ist der Ausschluss des Verfügungsrechts über den Gesellschafteranteil vertraglich abdingbar. 60

Der wesentliche Unterschied zwischen der Gesamthandsgemeinschaft und der Bruchteilsgemeinschaft ist, dass es sich hier nicht um ein Individualvermögen handelt, sondern um ein echtes gemeinschaftliches Vermögen, über das eben nur die Gesamthänder in ihrer gesamthänderischen Verbundenheit **gemeinsam verfügen** können.[108] 61

Für die Gesamthandsgemeinschaften gilt § 432 BGB, obwohl die Regelung dieser Vorschrift durch die Sonderbestimmungen der einzelnen Gesamthandsgemeinschaften teilweise abgeändert ist und auch im Übrigen diese Sondervermögen jeweils besonderen Einzelbestimmungen unterworfen sind. So kann nur bei der Erbengemeinschaft ein Teilhaber der Gemeinschaft über seinen Anteil am ganzen Vermögen, also den Erbteil, verfügen, bei allen anderen Gesamthandsgemeinschaften dagegen nicht. Vor allem aber steht nur bei der Erbengemeinschaft jedem Miterben das Recht zu, vom Schuldner Leistung an die Gemeinschaft zu verlangen, während sonst im Gegensatz zu § 432 BGB dieses Recht nur von bestimmten Mitgläubigern geltend gemacht werden kann. Bei der Gesellschaft sind es die geschäftsführenden Gesellschafter, bei der Gütergemeinschaft der verwaltende Ehegatte, bei der fortgesetzten Gütergemeinschaft der überlebende Ehegatte.[109] Bei allen Gemeinschaften zur gesamten Hand sind **Rechtsträger** die einzelnen gesamthänderisch verbundenen Mitglieder.[110] 62

Zu bezeichnen ist stets ein **ganz bestimmtes, konkretes Gesamthandsverhältnis**. Die allgemeine Angabe, dass eine Gemeinschaft zur gesamten Hand bestehe, genügt nicht.[111] 63

b) Gütergemeinschaft. Bei der Gütergemeinschaft ist zu unterscheiden zwischen der Rechtslage vor dem 01.07.1958 und nach dem 01.07.1958. Nach In-Kraft-Treten des Gleichberechtigungsgesetzes gibt es nur noch die Gütergemeinschaft, die im Wesentlichen der allgemeinen Gütergemeinschaft des früheren Rechts entspricht, und die fortgesetzte Gütergemeinschaft. Zuvor bestanden drei Arten von Gütergemeinschaft, nämlich die **allgemeine Gütergemeinschaft**, die als fortgesetzte Gütergemeinschaft fortgeführt werden kann, die **Errungenschaftsgemeinschaft** und die **Fahrnisgemeinschaft**. Für die Übergangszeit ist auf Art 8 GleichberG hinzuweisen. Im Zusammenhang mit Grundbucheintragungen bei Nachlassfällen können die alten Güterstände auch jetzt noch vorkommen, etwa wenn ein Erbfall aus früherer Zeit im Grundbuch noch nicht berücksichtigt ist. 64

Durch die Vereinbarung der Gütergemeinschaft entsteht kraft Gesetzes eine Gesamthandsgemeinschaft. Grundsätzlich wird alles, was die Ehegatten besitzen und zukünftig erwerben, Gesamtgut, ohne dass es besonderer rechtsgeschäftlicher Übertragungsakte bedürfte. Vom Gesamtgut ausgeschlossen sind das **Vorbehaltsgut** und das **Sondergut** des jeweiligen Ehegatten, das jeder Ehegatte für sich selbständig, ohne dass er der Zustimmung des anderen Ehegatten bedürfte, verwaltet. 65

Das Gesamtgut selbst wird, sofern im Ehevertrag keine ausdrückliche Bestimmung enthalten ist, **von beiden Ehegatten gemeinschaftlich verwaltet**. Dies gilt auch für Ehegatten in den neuen Bundesländern, die gemäß Art 234 § 4 Abs 2 EGBGB für das Fortbestehen des DDR-Güterstandes (Eigentums- und Vermögensgemeinschaft nach dem Familiengesetzbuch der DDR) optiert haben (vgl Art 234 § 4a Abs 2 EGBGB). Aber auch bei der Verwaltung des Gesamtgutes durch einen der Ehegatten ist der Gesamtgutsverwalter nicht berechtigt, über Grundstücke ohne Zustimmung des anderen Ehegatten zu verfügen. 66

Bei **Beendigung der Gütergemeinschaft** unter Lebenden (durch Änderung des Güterstandes) ist das Gesamtgut entsprechend auseinander zu setzen. Wenn die Gütergemeinschaft durch Tod eines der beiden Ehegatten aufgelöst wird, so fällt der Anteil des verstorbenen Ehegatten am Gesamtgut ebenso wie sein Vorbehaltsgut und Sondergut in den Nachlass (§ 1482 BGB); dieses wird dann zwischen dem Erben und dem überlebenden Ehegatten nach §§ 1471 ff BGB auseinander gesetzt. 67

In Gütergemeinschaft lebende Ehegatten können unter sich eine OHG rechtswirksam nur durch Begründung von Vorbehaltsgut errichten.[112] Auch nicht-übertragbare dingliche Rechte können zum Gesamtgut bestellt werden. Sie sind eintragungsfähig.[113] 68

---

108 BGH WPM 1962, 464; BGH DNotZ 1986, 143.
109 *Meder* BWNotZ 1982, 37.
110 BGH WM 1961, 303; MüKo-*Wacke* § 894 Rn 13; *Schöner/Stöber* Rn 259; *Böhringer* BWNotZ 1985, 74.
111 BayObLG Rpfleger 1976, 123; KG OLGE 22, 179; OLG Hamburg OLG 23, 335; OLG Frankfurt Rpfleger 1975, 177; *Schöner/Stöber* Rn 1922; *Böhringer* BWNotZ 1985, 74; **aA** LG Köln Rpfleger 1953, 583.
112 BGH BGHZ 65, 79 = NJW 1975, 1774 = DNotZ 1976, 113 = Rpfleger 1975, 393 = FamRZ 1975, 572 = BB 1975, 1080 = Betrieb 1975, 1643 = JR 1975, 509 = JZ 1975, 671 = MDR 1975, 908 = MittBayNot 1975, 226 = WM 1975, 927; dazu *Tiedtke* FamRZ 1975, 675; *Schünemann* FamRZ 1976, 137.
113 AG Erlangen MittBayNot 1964, 145; BayObLGZ 1965, 267 = DNotZ 1966, 174 = Rpfleger 1966, 367; OLG Oldenburg DNotZ 1969, 46.

69 Was ein in Gütergemeinschaft lebender Ehegatte erwirbt, fällt **kraft Gesetzes in das Gesamtgut**. Ist einem solchen Ehegatten versehentlich ein Grundstück zum Alleineigentum aufgelassen worden, so kann er einseitig beantragen, dass das Grundstück sogleich auf die Eheleute in Gütergemeinschaft eingetragen wird. Da dies entsprechend gilt, wenn einem Ehegatten ein halber Miteigentumsanteil an dem Grundstück aufgelassen wurde (und dem anderen Ehegatten die andere Hälfte, also beiden das Grundstück je zur Hälfte), so sollte man annehmen, dass der Grundsatz entsprechend anzuwenden ist, also **ohne Wiederholung der Auflassung** zur Vermeidung der Grundbuchunrichtigkeit mit anschließendem Berichtigungszwangsverfahren sogleich die Eheleute in Gütergemeinschaft auf beiden Anteilen, also auf dem Gesamtgrundstück eingetragen werden können. Die entgegengesetzt lautende Entscheidung des BayObLG[114] konstruiert einen Unterschied zwischen der Auflassung je eines Hälfteanteils an den Mann und je eines Hälfteanteils an die Frau (beides in einer einheitlichen notariellen Urkunde zulässig) einerseits und der Auflassung an beide Ehegatten in Miteigentum zu gleichen Teilen. Diesen Gedankengängen, die wenig einleuchtend erscheinen, ist die Literatur nicht gefolgt. *Heckelmann*[115] führt die Entscheidung des BayObLG lediglich als Gegenansicht auf. *Kanzleiter*[116] tritt ihr nachdrücklich entgegen: Wenn beide Ehegatten die Auflassung auf sich als Miteigentümer (je zur Hälfte) entgegennehmen, fällt das Eigentum kraft Gesetzes in das Gesamtgut, die entsprechende Eintragung setzt nur Nachweis der Gesamtguteigenschaft und Antrag voraus. Der Grundsatz, dass das Erwerbsverhältnis der Ehegatten in der Auflassung bestimmt werden muss, gilt hier schon deshalb nicht, weil sich das Erwerbsverhältnis zwangsläufig aus dem Gesetz ergibt. Der vom BayObLG gemachte Unterschied ist wirklichkeitsfremd und dem Rechtssuchenden nicht erklärbar. Man sollte auch nicht vergessen, dass es sich regelmäßig um Versehen der Erwerber handelt, denen ihr Güterstand nicht bewusst war. Das OLG Köln[117] hielt die Unterscheidung nicht für gerechtfertigt und legte wegen der entgegenstehenden Entscheidung des BayObLG die Sache dem BGH zur Entscheidung vor, der der Auffassung des OLG Köln folgte. Der BGH[118] entschied: Wird Ehegatten, die in Gütergemeinschaft leben, ein Grundstück in Miteigentum zu gleichen Teilen aufgelassen, so können sie auf ihren Antrag als Eigentümer in Gütergemeinschaft in das Grundbuch eingetragen werden; eine erneute Auflassung des Grundstücks an sie als Eigentümer zur gesamten Hand ist nicht erforderlich. Der Ansicht des BGH ist voll zuzustimmen.[119] Zum Problem der Umdeutung einer Auflassung beim Ehegattenerwerb »in Gütergemeinschaft«, obwohl eine solche nicht besteht, vgl Rdn 266.

Fazit: Erfolgt eine Auflassung an Ehegatten zu Bruchteilseigentum beim **Bestehen deutscher Gütergemeinschaft** oder Errungenschaftsgemeinschaft **ausländischen** Rechts, so erfolgt ein automatischer Anfall in das Gesamtgut kraft Gesetzes; die Auflassung ist wirksam. Nach den Maßstäben des BGH[120] ist eine unmittelbare Eintragung der Ehegatten als Erwerber in Gütergemeinschaft daher aufgrund der an die Ehegatten zu Bruchteilen erklärten Auflassung und einer entsprechenden Berichtigungsbewilligung bzw. eines Unrichtigkeitsnachweises in der Form des § 29 möglich. Ebenso hätten die Ehegatten wirksam erworben, falls Auflassung und Grundbucheintragung auf sie zu gleichen Bruchteilen erfolgt wären, obwohl das Grundstück tatsächlich kraft Gesetzes in eine güterrechtliche Gesamthand fiel. Dann wäre eine Grundbuchberichtigung aufgrund Unrichtigkeitsnachweises oder Berichtigungsbewilligung der eingetragenen Ehegatten möglich (§§ 19, 29 GBO).

Im umgekehrten Fall, dass die Auflassung an die Ehegatten in Gütergemeinschaft (oder Errungenschaftsgemeinschaft) erfolgt und sich danach herausstellt, dass die Erwerber tatsächlich **in Gütertrennung oder Zugewinngemeinschaft** leben, kann in der Regel die Auflassung in einen Erwerb zu gleichen Bruchteilen umgedeutet werden (ebenso die Grundbucheintragung), sofern nicht ein anderer Wille der Beteiligten erkennbar ist. Ist die Umdeutung zweifelhaft, so können die Erwerber allein das Erwerbsverhältnis einseitig abändern (ohne Mitwirkung des Veräußerers).[121]

70 **c) Fortgesetzte Gütergemeinschaft**. Wurde die Gütergemeinschaft vor dem 01.07.1958 ehevertraglich vereinbart, so tritt kraft Gesetzes mit dem Ableben eines Ehegatten die fortgesetzte Gütergemeinschaft ein, wenn die Fortsetzung nicht ausdrücklich ausgeschlossen ist. Bei Eheverträgen nach dem 01.07.1958 wird die Gütergemeinschaft nur fortgesetzt, wenn die Fortsetzung vertraglich vereinbart wird. In der fortgesetzten Güterge-

---

114 DNotZ 1979, 216 = BayObLGZ 1978, 335 = Rpfleger 1979, 18; ähnlich OLG Zweibrücken MittBayNot 1981, 73.

115 *Erman-Heckelmann* § 1416 Rn 5; *Erman-Hagen/Lorenz* § 925 Rn 39.

116 MüKo-*Kanzleiter* § 925 Rn 10 ff mwN.

117 Zitiert bei *Otto* Rpfleger 1981, 432; Rpfleger 1981, 432 = MittRhNotK 1981, 187.

118 BGH BGHZ 82, 346 = LM Nr 1 zu § 1416 = NJW 1982, 1097 = DNotZ 1982, 692 = Rpfleger 1982, 135 m Anm *Meyer-Stolte* = FamRZ 1982, 356 = JZ 1982, 333 = MDR 1982, 475 = MittBayNot 1982, 67 = MittRhNotK 1982, 60 = BWNotZ 1982, 111 m Anm *Pöschl* = FamRZ 1982, 356 = Betrieb 1982, 801 L = WPM 1982, 330 = RpflJB 1983, 40. Ebenso für Umdeutung bei dinglicher Surrogation nach § 2041 BGB OLG Köln Rpfleger 1987, 409.

119 So auch *Meyer-Stolte* Rpfleger 1981, 472 und 1982, 137; *Böhringer* BWNotZ 1985, 104; *Ertl* Rpfleger 1980, 41, 50; *Staudinger-Thiele* § 1416 Rn 29; *Soergel-Gaul* § 1416 Rn 10; § 20 Rn 225; *Nieder* NJW 1984, 331. Zur Vormerkung aufgrund einstweiliger Verfügung OLG Frankfurt MDR 1989, 365 = OLGZ 1989, 6.

120 BGHZ 82, 346 = DNotZ 1982, 692 = Rpfleger 1982, 135 = NJW 1982, 1097.

121 Vgl. Rdn 266; Gutachten DNotI-Report 2007, 91.

meinschaft gibt es vier Vermögensmassen: Gesamtgut der fortgesetzten Gütergemeinschaft, Vorbehaltsgut des überlebenden Ehegatten, Sondergut des überlebenden Ehegatten und Vermögen der Abkömmlinge.

Eine **Auseinandersetzung** des Gesamtgutes findet nicht statt. Die **Verwaltung** des Gesamtgutes der fortge- **71** setzten Gütergemeinschaft steht dem überlebenden Ehegatten zu (§ 1487 Abs 1 BGB).

Beendet wird die fortgesetzte Gütergemeinschaft durch Aufhebung, Wiederverheiratung des überlebenden **72** Ehegatten, Tod des überlebenden Ehegatten oder Aufhebungsurteil nach § 1495 BGB.

Von der Beendigung der fortgesetzten Gütergemeinschaft ist die **Auseinandersetzung** des Gesamtgutes zu **73** unterscheiden. Diese hat nach der Beendigung gemäß §§ 1497 ff BGB zu erfolgen.

Zu allen Verfügungen (auch Belastungen) des überlebenden Ehegatten über Grundbesitz des Gesamtgutes der fort- **74** gesetzten Gütergemeinschaft[122] ist die **Mitwirkung sämtlicher** anteilsberechtigter Abkömmlinge erforderlich.

d) Erbengemeinschaft. Zur Verfügungsfähigkeit der Erbengemeinschaft und zum Erwerb durch eine Erben- **75** gemeinschaft ist folgendes von Bedeutung: Bei einer Erbengemeinschaft kann ein Miterbe seinen Erbteil auf einen anderen übertragen, auch nur zu Sicherungszwecken, wobei auch in diesem Falle der Erwerber die uneingeschränkte dingliche Verfügungsmacht über den Erbteil erlangt; um Missbrauch auszuschließen, kann eine auflösend bedingte Erbteilsübertragung vereinbart werden, die ins Grundbuch einzutragen ist.[123] Bei der Ersitzung nach § 927 BGB, wonach ein Schutz zugunsten des eingetragenen Eigentümers getroffen ist, ist der Ausschluss der eingetragenen Miterbengemeinschaft möglich auf Grund Eigenbesitzes einzelner überlebender Miterben. Dies gilt auch bei im Erbgang erworbenen Eigenbesitz aller Miterben und trotz Antrags der mitein- getragenen und mitberechtigten lebenden Miterben.[124]

Der von einem gemeinsamen Prozessbevollmächtigten der Miterben ohne deren Kenntnis geschlossene Prozessver- gleich auf Widerrufvorbehalt ist, wenn sich aus dem Sachverhalt nichts Gegenteiliges ergibt, dahin auszulegen, dass jeder der vertretenen Miterben berechtigt ist, den Vergleich innerhalb der gesetzten Frist zu widerrufen, und dass der Vergleich nur wirksam zustande kommt, wenn keiner der Miterben von diesem Widerrufsrecht Gebrauch macht.[125] Der **Formmangel** eines Kaufvertrages über den Anteil eines Miterben am Nachlass wird durch ein form- gerechtes Erfüllungsgeschäft nicht geheilt, § 2371 BGB, da es sich um das Grundgeschäft handelt, auf das § 311b Abs 1 S 2 BGB nicht anzuwenden ist und § 2033 BGB den Erbschaftskauf nicht betrifft.[126]

Gehört zu dem Nachlass, der einer Erbengemeinschaft zusteht, eine ideelle Grundstückshälfte, so kann die **76** Erbengemeinschaft als solche auch die andere Grundstückshälfte erwerben und im Grundbuch auf sich umschreiben lassen.[127] **Grundstückserwerb durch Erbengemeinschaft** ist möglich unter bestimmten Voraussetzungen (zB dingliche Surrogation gemäß § 2041 BGB),[128] vgl auch 7. Aufl, § 20 Rn 227.

Verfügung eines Miterben über seinen Erbteil nach § 2033 BGB ist auch wirksam, wenn der Nachlass nur aus **77** einem **einzigen** Gegenstand, etwa einem Grundstück, besteht;[129] es handelt sich dann um keine Verfügung über das Grundstück. Ein Alleinerbe kann die Erbschaft als Ganzes nicht übertragen.[130] Keine Bruchteilsge- meinschaft, sondern Gesamthand ist die Erbes-Erbengemeinschaft.[131] Auch eine Erbengemeinschaft nach aus- ländischem Recht ist eintragbar.

Zulässig ist die Begründung von **Bruchteilseigentum an einem von mehreren Erbteilen**. Wenn ein Erbteil **78** von mehreren Personen zu Bruchteilen erworben wird, so ist die zwischen den Erwerbern bestehende Bruch-

---

122 Zur westfälischen Gütergemeinschaft OLG Hamm Rpfleger 1993, 61 = NJW-RR 1993, 71.
123 *Staudenmaier* BWNotZ 1959, 191; *Keller* BWNotZ 1962, 286; *Neusser* MittRhNotK 1979, 143 zur aufschiebend bedingten Erbteilsübertragung; *Winkler* MittBayNot 1978, 2. Zur Eintragung einer Verfügungsbeschränkung *Schöner/ Stöber* Rn 970 mwN; BayObLGZ 1994, 29 = Rpfleger 1994, 343.
124 OLG Bamberg NJW 1966, 1413.
125 BGH BGHZ 46, 277 = NJW 1967, 440 = MDR 1967, 2029 = JZ 1967, 364 = JR 1967, 340 (*Bökelmann*) = BWNotZ 1967, 82 = LM § 2083 BGB Nr 8 (*Johannsen*).
126 HM; BGH NJW 1967, 1128 = MDR 1967, 389 = JZ 1967, 417 = BB 1967, 310, 514 = Betrieb 1967, 723 = FamRZ 1967, 465 = DNotZ 1968, 48 = BWNotZ 1967, 153 = LM § 2371 BGB Nr 2; BGH DNotZ 1971, 37; *Schöner/Stöber* Rn 956 mwN.
127 KF JFG 15, 155.
128 RG RGZ 117, 163; KG DR 1944, 190; KG DNotZ 1937, 641 = JW 1937, 2199; OGH NJW 1949, 784 m Anm *Abraham* 944; OLG München NJW 1956, 1880 = BWNotZ 1956, 158; OLG Köln Rpfleger 1987, 409; BayObLG DNotZ 1987, 98; LG Koblenz DNotZ 1950, 65; AG Osterode NdsRpfl 1968, 67; *Schöner/Stöber* Rn 3137; *Löscher* Jur- Büro 1962, 389; *Kehrer* BWNotZ 1954, 152; *Haegele* Rpfleger 1963, 396.
129 HM; BayObLG BayObLGZ 1967, 408 = Rpfleger 1968, 188; OLG Celle NdsRpfl 1967, 126 = BWNotZ 1968, 122. Dazu auch BGH NJW 1965, 852 = BB 1965, 307; *Schöner/Stöber* Rn 962.
130 RG RGZ 88, 116; BGH BB 1967, 1104 = WM 1967, 978 = BWNotZ 1967, 314 = LM § 2033 BGB Nr 8.
131 OLG Düsseldorf DNotZ 1968, 173; MüKo-*K Schmidt* § 741 Rn 15.

teilsgemeinschaft (neben der alle Eigentümer umfassenden Erbengemeinschaft) **in das Grundbuch einzutragen.** Aus dem Grundbuch muss ersichtlich sein, in welchem Rechtsverhältnis die Erwerber den Erbteil besitzen, da dies für den Umfang der Verfügungsberechtigung der Mitglieder der **Untergemeinschaft** von Bedeutung ist. Dies ist noch hM.[132] Die kleinere Untergemeinschaft (Bruchteilsgemeinschaft oder Gesamthand zB Gütergemeinschaft,[133] Erbengemeinschaft,[134] Gesellschaft bürgerlichen Rechts[135] hat in der größeren Erbengemeinschaft ihren berechtigten und zulässigen Platz. Im Ganzen gesehen tritt die durch mehrere Personen für einen Erbteil gebildete Untergemeinschaft als Mitglied in die Erbengemeinschaft ein, wie dies auch der Fall ist, wenn ein Dritter einen ganzen Erbteil erwirbt. Die Untergemeinschaft ist Gesamthänderin der Gesamthandsgemeinschaft am ganzen Nachlass.[136] Bei der Untergemeinschaft ist nur das unter ihren Mitgliedern bestehende Bruchteils- bzw Gesamthandsverhältnis gemäß § 47 im Grundbuch miteinzutragen. Der Grundsatz, dass bei Übertragung eines Miteigentümeranteils auf mehrere zu Bruchteilen keine besondere Bruchteilsgemeinschaft an dem Anteil entsteht, vielmehr die Erwerber mit den entsprechenden Anteilen an dem Grundstück in die das ganze Grundstück betreffende Bruchteilsgemeinschaft eintreten, ist hier keinesfalls verletzt, denn übertragen werden nicht Miteigentumsanteile am Grundbesitz, sondern nur Erbanteile mit Gesamthandinhalt, wobei die Rechtsänderung bereits außerhalb des Grundbuchs eingetreten ist. Das ist etwas wesentlich anderes.[137] Zur Grundbucheintragung vgl Rdn 194.

79 In Rechtsprechung und Literatur wurden diese Grundsätze angewandt, wenn ein Erbteil von einem Miterben auf mehrere **Dritterwerber** übertragen wurde. Überträgt ein Miterbe seinen Erbanteil auf **alle übrigen Miterben** in vollem Umfang, so ist dies zwar auch in der Form möglich, dass er ihnen seinen Erbteil zu Bruchteilen überträgt.[138] Ist in der notariellen Urkunde keine Abrede über irgendwelche Bruchteile oder Anteile enthalten, mit denen der veräußerte Erbteil auf alle übrigen Miterben übergehen soll, so wächst nach BayObLG[139] dieser Erbteil den in der Gesamthandsgemeinschaft der Erbengemeinschaft stehenden Erwerbern ebenfalls zur gesamten Hand zu, entsprechend der Rechtslage bei Ausübung des den Miterben zustehenden Vorkaufsrechts der §§ 2034 und 2035 BGB.[140] Nach Auffassung des BayObLG bleibt es bei einer einzigen Gemeinschaft, der Gesamthandsgemeinschaft Erbengemeinschaft an dem zum Nachlass gehörigen Grundstück. Da bei dieser einzelne Anteile unbestritten nicht bestehen, ist im Grundbuch gemäß § 47 lediglich das für die Gesamthand maßgebliche Rechtsverhältnis »Erbengemeinschaft« einzutragen. Diese Regelung gilt auch für den Fall, dass ein Miterbe eines Bruchteil seines Anteils an einen anderen Miterben überträgt. Auch hier entsteht zwischen diesen Miterben an dem Anteil keine Untergemeinschaft (Bruchteilsgemeinschaft), die Übertragung führt vielmehr im Wege der Anwachsung zur Vergrößerung des Erbteils, den der Erwerber bereits innehatte.[141] Ein Erb-

---

132 Ausführlich *Venjakob* Rpfleger 1993, 2; OLG Düsseldorf DNotZ 1968, 177 = MittRhNotK 1967, 219; OLG Düsseldorf DNotZ 1968, 173 = Rpfleger 1968, 188 = MittRhNotK 1967, 524 = MittBayNot 1967, 361 = DRpflZ 1968, 10; OLG Köln Rpfleger 1974, 109 = MittRhNotK 1973, 595; LG Mönchen-Gladbach DNotZ 1967 434 = MittBayNot 1968, 53; LG Augsburg MittBayNot 1984, 36; LG Dresden Rpfleger 1996, 243 m Anm *Böhringer*; anders *Venjakob* Rpfleger 1997, 19 und 1993, 2. Dazu MüKo-K. *Schmidt* § 741 Rn 15; *Demharter* § 47 Rn 9; *Kehrer-Bühler-Tröster* Bd I § 9 S 13; *Schöner/Stöber* Rn 964; *Haegele* Rpfleger 1968, 173; 1969, 272; BWNotZ 1971, 136; *Neusser* MittRhNotK 1979, 146; *Löscher* JurBüro 1962 389; **aA** keine Eintragung des Gemeinschaftsverhältnisses: BayObLGZ 1967, 405 = DNotZ 1968, 442 = NJW 1968, 505 = Rpfleger 1968, 187 m Anm *Haegele* = MDR 1968, 152 = BWNotZ 1968, 75 = MittBayNot 1967, 341 = DRpflZ 1968, 10 = BayMJBl 1968, 62; *Kehrer* BWNotZ 1957, 265; *Staudenmaier* DNotZ 1966, 724; 1967, 732. Zum Streitgegenstand auch *Tiedtke* JuS 1977, 159; BayObLG BayObLGZ 1980, 328 = MittBayNot 1981, 32. Die Teilung eines Erbteils lässt keine Bruchteilsgemeinschaft entstehen, *Jaschke* Gesamthand und Grundbuchrecht.
133 So auch *Schöner/Stöber* Rn 964.
134 BayObLG BayObLGZ 1990, 188 = NJW-RR 1991, 88 = MittRhNotK 1990, 24 = MittBayNot 1990, 308 = Rpfleger 1990, 503 = FamRZ 1990, 1274 = BWNotZ 1991, 56.
135 OLG Düsseldorf DNotZ 1968, 173; OLG Düsseldorf DNotZ 1968, 177.
136 RG WarnRspr 1913 Nr 234; BGH NJW 1963, 1610 = DNotZ 1964, 622 = JZ 1963, 642.
137 *Haegele* Rpfleger 1968, 178.
138 *Schöner/Stöber* Rn 965. Der Ansicht ist voll zuzustimmen. Die Nichtangabe der Bruchteile entspricht aber der allgemeinen Regel für Gesamthandsgemeinschaften, weil sie deren Wesen widersprechen, OLG Frankfurt MittBayNot 1983, 167. Dazu auch BayOLG Rpfleger 1991, 315; OLG Frankfurt Rpfleger 1996, 403 = FGPrax 1996, 126; *Böhringer* Rpfleger 1996, 243; *Venjakob* Rpfleger 1997, 18; LG Dresden Rpfleger 1996, 243; LG Berlin Rpfleger 1996, 472 m zust Anm *Bestelmeyer*.
139 BayObLGZ 1980, 328 = NJW 1981, 830 = DNotZ 1981, 292 = MDR 1981, 317 = Rpfleger 181, 21 = FamRZ 1981, 403 = MittBayNot 1981, 32 = BWNotZ 1981, 67 = BayJMBl 1981, 36 = JuS 1981, 689; *Schöner/Stöber* Rn 964; *Demharter* § 47 Rn 9; MüKo-K. *Schmidt* § 741 Rn 15.
140 Wegen der Unteilbarkeit des Vorkaufsrechts ist es nicht möglich, dass ein Mitberechtigter das Vorkaufsrecht allein für sich zu einem Bruchteil ausübt, da die mehreren Berechtigten nicht Teilgläubiger sind, Gutachten DNotI-Report 2007, 65.
141 BayObLG Rpfleger 1991, 315 = DNotZ 1992, 255 = MittBayNot 1991, 173 = MittRhNotK 1991, 155 = NJW-RR 1991, 1030 = MDR 1991, 772. In Abt I Spalte 4 des Grundbuchs kann die Vergrößerung bzw Verkleinerung des Erbteils ersichtlich gemacht werden, LG Düsseldorf RNotZ 2002, 233.

teilserwerber gehört nicht zum Kreis der vorkaufsberechtigten »Miterben« i.S. von § 2034 Abs 1 BGB,[142] auch wenn es sich bei dem Erwerber um einen Miterben handelt.[143]

Es muss demnach unterschieden werden:
- Teilveräußerung eines Erbteils an mehrere Dritte[144] oder an einen Miterben und einen Dritten zusammen,[145]
- Weitervererbung eines Erbteils an mehrere Miterben,[146]
- Aufteilung eines solchen Erbteils in Bruchteile,[147]
- Veräußerung eines Erbteils an einen Dritten.

Bemerkenswert – wiewohl nur **steuerrechtlich** relevant – ist noch eine Entscheidung des BFH[148] zur Erbteilsübertragung: Erwerben zwei Personen gleichzeitig jeweils zur ideellen Hälfte die Anteile aller Erben an einem ungeteilten Nachlass, zu dem ein Grundstück gehört, so geht das Eigentum an dem Grundstück mit der Übertragung der Erbanteile auf die Erwerber zum Miteigentum nach Bruchteilen über, ohne dass es einer Auflassung bedarf; die Erbengemeinschaft hat als Vermögensgemeinschaft ihr Ende gefunden.   **80**

Wegen der gesonderten Buchung von Miteigentumsanteilen vgl § 3.   **81**

e) Gesellschaft. Die Gesellschaft des bürgerlichen Rechts (GbR), die in §§ 705 ff BGB normiert ist, stellt   **82** unter den verschiedenen Möglichkeiten der gemeinsamen Verwirklichung eines gemeinsamen Zweckes die Gesamthand-**Außengesellschaft als Normaltyp** auf.[149] Hiernach handelt es sich um eine nach außen hervortretende Gesellschaft mit Gesamthandsberechtigung am Gesellschaftsvermögen. Da der Grundsatz der Vertragsfreiheit herrscht, gibt es auch andere Möglichkeiten des gesellschaftlichen Zusammenschlusses, die sog **atypischen Formen.** Es sind hier insbesondere zu erwähnen: die Außengesellschaft ohne Gesamthandsvermögen, wobei eine Vereinbarung von Bruchteilseigentum erfolgt; die Innengesellschaft,[150] wonach eine gemeinsame Vertretung und ein Gesamtvermögen fehlen und Dritten gegenüber keine Vermögensgemeinschaft besteht. Besondere Gestaltungsformen der Innengesellschaft sind die Ehegattengesellschaft, die Familiengesellschaft, bei der insbesondere auch Kinder beteiligt sind, die stille Gesellschaft und die Unterbeteiligungen.

Eine **stille Gesellschaft** ist nicht rechtsfähig und damit auch nicht grundbuchfähig; eine Eintragung »in stiller Gesellschaft« kommt nicht in Betracht. Vermögenswerte sind nicht der stillen Gesellschaft selbst, sondern typischerweise dem Geschäftsinhaber zugeordnet. Allerdings bleibt es den Gesellschaftern einer Innengesellschaft unbenommen, für den gemeinsamen Zweck ein Sondervermögen zu bilden; dieses steht dann aber nicht der hierzu unfähigen Innengesellschaft zu, sondern als Bruchteilseigentum in Rechtsgemeinschaft oder im Rahmen eines gesonderten Gesamthandsverhältnisses. Auch bei einer »atypischen« stillen Gesellschaft sind die Gesellschaft nicht dinglich an Vermögenswerten beteiligt.

Es gibt aber auch noch andere Formen von gesellschaftlichen Zusammenschlüssen wie Vorgründungsgesellschaften und Gründungsgesellschaften. Die GbR hat eingeschränkte Rechtsfähigkeit, vgl Rdn 207. Eine Gesellschaft bürgerlichen Rechts kann auch dann als Eigentümerin eines Grundstücks in das Grundbuch eingetragen werden, wenn nach ihrem Gesellschaftsvertrag einer der Gesellschafter »mit 0,0 % am Gesellschaftsvermögen beteiligt ist«.[151] Fraglich ist, ob nicht jedenfalls die Auflassung an Ehegatten zum Gesamthandsvermögen einer formnichtigen BGB-Gesellschaft umgedeutet werden kann in eine Auflassung an die Ehegatten zu glei-

---

142 Gutachten DNotI-Report 2007, 65.
143 BGH FamRZ 1983, 691 = WM 1983, 2142.
144 OLG Köln Rpfleger 1974, 109.
145 BayObLGZ 1987, 405.
146 BayObLGZ 1990, 188 = NJW-RR 1991, 88 = Rpfleger 1990, 503.
147 OLG Düsseldorf DNotZ 1968, 173 = Rpfleger 1968, 188.
148 BStBl 1975 II 834 = NJW 1975, 2119 = MittBayNot 1975, 283; ablehnend *Lehmann* NJW 1976, 263; vgl auch MittBayNot 1976, 48. Dazu auch MüKo-*K Schmidt* § 1008 Rn 11.
149 *Frank* Gesellschaften zwischen Ehegatten und Nichtehegatten, FamRZ 1983, 541; BGH Rpfleger 1982, 418 = DB 1982, 2565; BGH DNotZ 1982, 159 = Rpfleger 1982, 23; *Eickmann* Rpfleger 1985, 85; *K Schmidt* AcP 182 (1982), 482.
150 Zur Ehegatten-Innengesellschaft BGH FamRZ 2008, 393 = NJW-RR 2008, 287 = NotBZ 2008, 62; BGH FamRZ 1987, 907 mwN = WPM 1987, 843 = NJW-RR 1988, 260; *Krause* BB 2008, 132; *Märkle-Müller* BB 1985 Beilage 1 zu Heft 1. Zur landwirtschaftlichen Familiengesellschaft BWNotZ 1985, 108; zur Eigenheim-Gesellschaft *Rapp* MittBayNot 1987, 70; *K Schmidt* AcP Bd 182, 481; BGH BGHZ 84, 361 = NJW 1982, 2236 = DNotZ 1983, 180 = JR 1982; 493 = FamRZ 1982, 910 = Betrieb 1982, 2565; BFH BB 1983, 233; BSG MDR 1983, 86 = FamRZ 1983, 485; OLG Hamm FamRZ 1983, 496.
151 LG Münster Rpfleger 1996, 284 m Anm *Waldner*; Gutachten DNotI-Report 2000, 197.

chen Bruchteilen, was wohl zu verneinen ist, weil es keine Vermutung dahingehend gibt, dass gerade gleiche Bruchteile gewollt sind.[152]

83 Die gesamthänderische Bindung unterwirft das Grundeigentum, im Vergleich zur Bruchteilsberechtigung, einer zusätzlichen Bindung (vor allem dem **Veräußerungsverbot** des § 719 BGB und dem **Anwachsungsprinzip** bei Ausscheiden oder Eintritt eines Gesellschafters).

84 All diese Gesellschaftsformen haben für den Grundbuchverkehr Bedeutung, ob man sie als Gesellschaft bezeichnet oder nicht, da nicht die Bezeichnung maßgebend ist, sondern der Vertragszweck. Das sog **fiduziarische Darlehen** wird fast regelmäßig auf gesellschaftlicher Basis gegeben, nämlich mit Gewinnbeteiligung. Auch wenn mehrere Personen ein Grundstück erwerben, um es später zu parzellieren, so bilden sie meist eine Gesellschaft, auch wenn von einer Gesellschaft[153] nicht gesprochen wird. Das OLG München[154] untersuchte die Frage, ob eine GbR vorliegt, wenn die Bruchteilseigentümer eines Grundstücks in der Weise zusammenwirken, dass sie die Bebauung des gesamten Grundstücks vereinbaren, jedoch nur ein Miteigentümer unter seiner persönlichen Haftung die Finanzierung des Bauvorhabens übernimmt und sich verpflichtet, nach **Erstellung des Bauwerks** den Anteil der anderen Bruchteilseigentümer käuflich zu erwerben oder in die Realteilung des Grundstücks unter die bisherigen Bruchteilseigentümer einzuwilligen. Es kam für den entschiedenen Fall zur Verneinung der Frage.

85 Mehrere **Treuhänder** stehen idR zueinander in einem vertragsähnlichen Gesellschaftsverhältnis und sind daher als Gesamthandsgläubiger, nicht als Gesamtgläubiger iS von § 428 BGB in das Grundbuch einzutragen.[155] Bei einer **Erbauseinandersetzung** kann zur Sicherung der Auseinandersetzungsforderung mehrerer Miterben eine Hypothek für diese Miterben in Gesellschaftsgemeinschaft eingetragen werden.[156]

86 Eine Gesellschaft bürgerlichen Rechts kann nach Ansicht des OLG Düsseldorf[157] und LG Köln,[158] abweichend LG Köln[159] und LG Stuttgart,[160] nicht zu dem Zweck gegründet werden, **Grundbesitz »zu halten«, »zu verwalten« oder »zu nutzen«**, wenn damit lediglich die gleichartige Mitberechtigung mehrerer Personen an einem oder an mehreren bestimmten Grundstücken gemeint ist.[161]

87 Wohl aber kann eine Gesellschaft bürgerlichen Rechts gegründet werden zum Zwecke des »Erwerbs« oder der »wirtschaftlichen Ausnutzung und Verwertung« eines oder mehrerer Grundstücke. Der für eine solche Gesellschaft erworbene oder in sie eingebrachte Grundbesitz wird gesamthänderisches Eigentum der Gesellschafter.[162] Nach BGH auf Vorlagebeschluss des OLG Hamburg[163] können sich **Ehegatten »zum Zwecke des Erwerbs und Haltens eines Familienheimes«** in der Rechtsform einer Gesellschaft bürgerlichen Rechts zusammenschließen.[164] Dies ist heute herrschende Auffassung. **Verlobte** können eine Gesellschaft bürgerlichen Rechts auch zum Zwecke der »Unterhaltung einer Familienheimstatt für sich und ihre Kinder« gründen. Ein für diese Gesellschaft erworbenes oder in sie eingebrachtes Grundstück wird gesamthänderisches Eigentum der Verlobten. Bestritten ist, ob den Mitgliedern einer Gesellschaft bürgerlichen Rechts ein Wohnungsrecht zustehen kann,[165] ist aber zu bejahen, vgl dazu Rdn 117. Auch die Bestellung einer (Eigentümer-)Grundschuld für Ehegatten als Gesellschafter einer GbR ist denkbar, wenn zB die Ehegatten gemeinsam einen wirtschaftlichen Geschäftsbetrieb betreiben, zu dessen Finanzierung die Grundschuld dienen soll.[166]

---

152 So *Wolfsteiner* DNotZ 2003, 626, 631 (vgl zur Umdeutung bei Auflassung an ein nicht bestehendes Gesamtgut der Gütergemeinschaft Rdn 69, 266).

153 *Dörfelt* Betrieb 1979, 1153; zB bei einer freiwilligen Baulandumlegung zur Vermeidung eines amtlichen Umlegungsverfahrens nach dem BauGB.

154 NJW 1968, 1384.

155 KG JFG 11, 273; JW 1933, 626; KG DNotV 1933, 814; JW 1933, 510; *Schöner/Stöber* Rn 1998.

156 LG Köln Rpfleger 1953, 583. Die genaue Angabe der Mitglieder der Gesamthand und des Gesamthandsverhältnisses ist jedoch erforderlich; das Rechtsverhältnis der Gläubiger muss klar sein. So auch *Schöner/Stöber* Rn 1922.

157 DNotZ 1973, 91 m abl Anm *Petzoldt* = BB 1973, 1325; 1974, 170 = MittRhNotK 1973, 502.

158 MittRhNotK 1973, 500.

159 MittRhNotK 1974, 353.

160 BWNotZ 1974, 17 = MittRhNotK 1973, 355.

161 Ablehnend *Flume* Betrieb 1973, 2470; *K Schmidt* JZ 1985, 909.

162 OLG Düsseldorf DNotZ 1974, 170 = MittRhNotK 1973, 502; *Schöner/Stöber* Rn 240 ff.

163 Rpfleger 1980, 87. Kritisch dazu *K Schmidt* JuS 1982, 300; *Eickmann* Rpfleger 1985, 86. Ausführlich zur Problematik der Ehegattengesellschaft *K Schmidt* AcP 182 (1982), 482.

164 NJW 1982, 170 = DNotZ 1982, 159 = Rpfleger 1982, 23 = MDR 1982, 308 = JuS 1982, 300 = MittBayNot 1981, 237 = MittRhNotK 1982, 19 = LM § 1353 Nr 21 = WM 1981, 1334 = FamRZ 1982, 141, 910; **aA** OLG Düsseldorf DNotZ 1973, 91 = BB 1973, 1325. Dazu eingehend *K Schmidt* AcP 1982, 481; *K Schmidt* JZ 1985, 909; *ders* DB 1973, 2470; *K Schmidt* JuS 1982, 300; *ders* NJW 1996, 3325; *Eickmann* Rpfleger 1985, 86; *Petzold* BB 1973, 1332. Zustimmend *Rauscher* AcP 186 (1986), 550; *Zimmermann* BWNotZ 1995, 73 (auch zur nichtehelichen Partnerschaft).

165 **Dafür** *Fassbender* DNotZ 1967, 501; **dagegen** OLG Köln DNotZ 1965, 686 = MittRhNotK 1965, 148 (jedenfalls bei Ehegatten für Ehewohnung). Im Übrigen Rdn 117.

166 So MüKo-*Eickmann* § 1196 Rn 12.

Als **Vor-GmbH** (oder: Vorgesellschaft) bezeichnet man die errichtete, aber noch nicht eingetragene GmbH, also **88** die GmbH im Gründungsstadium. Dazu zählt auch eine Unternehmergesellschaft als Unterart einer GmbH nach § 5a GmbHG. Die Vor-GmbH kann materiell-rechtlich eigene Rechte und Verbindlichkeiten begründen.[167] Der Status der GmbH als Vorgesellschaft beginnt mit dem Abschluss und Wirksamwerden des Gesellschaftsvertrags und endet, sofern nicht die Vor-GmbH umgewandelt, liquidiert oder gelöscht wird, mit der Eintragung der GmbH im Handelsregister. Das Stadium der **Vorgesellschaft** ist ein notwendiges Stadium jeder GmbH, die durch Gründung – nicht durch formwechselnde Umwandlung – zustande kommt. Die Vorgesellschaft entsteht durch förmlichen Abschluss des Gesellschaftsvertrags. Ob eine Bargründung oder eine Sachgründung vorliegt, macht keinen Unterschied. Der BGH[168] bezeichnet die Vorgesellschaft als »notwendige Vorstufe zur juristischen Person«; er sieht die im Werden befindliche juristische Person als eine Organisation an, die einem Sonderrecht untersteht, das aus den im Gesetz oder Gesellschaftsvertrag gegebenen Gründungsvorschriften und dem Recht der rechtsfähigen Gesellschaft, soweit es nicht die Eintragung voraussetzt, besteht. Die Vor-GmbH wird demnach heute als notwendige Vorstufe zu der mit der Eintragung entstehenden juristischen Person als ein bereits eigenständiges, von ihren Gründern und Gesellschaftern verschiedenes körperschaftlich strukturiertes »Rechtsgebilde« mit eigenen Rechten und Pflichten begriffen. Sie wird als grundbuchfähig angesehen, verfügt bereits über eine eigene Firma und wird im Verfahren der freiwilligen Gerichtsbarkeit als beteiligtenfähig und damit auch als beschwerdeberechtigt behandelt.[169] Der gemeinsame Zweck der Vorgesellschaft ist nicht auf die Gründung beschränkt, sondern er ist bereits deckungsgleich mit dem Zweck der späteren GmbH. Dadurch unterscheidet sich die Vorgesellschaft von der bloßen **Vorgründungsgesellschaft**[170] mit dem Zweck der GmbH-Gründung. Mit dieser Vorgründungsgesellschaft ist die Vor-GmbH nicht identisch. Die Vorgründungsgesellschaft endet mit dem Beginn des gesetzlich vorgeschriebenen Gründungsverfahrens für die GmbH. Die Vor-GmbH als Gründungsgemeinschaft ist keine OHG, auch keine Gesellschaft bürgerlichen Rechts und erst recht nicht ein Verein, vielmehr ein vom Recht der GmbH vorgeprägtes Gesellschaftsgebilde sui generis.[171] Folge ist, dass die Vor-GmbH selbst Zuordnungsobjekt des Gesellschaftsvermögens ist und zwar unabhängig davon, ob eine Einmann- oder Mehrpersonen-Vor-GmbH gegeben ist.[172] Gleiches gilt für die Vor-AG.[173]

Die **Vorgründungsgesellschaft** ist eigenständige Personengesellschaft (BGB-Gesellschaft, unter Umständen **89** auch OHG oder KG) und als solche auch im Grundbuch zu behandeln. Das Recht der GmbH bzw Vor-GmbH gilt für sie nicht. Als bloße Innengesellschaft ist die Vorgründungsgesellschaft nicht mit der Vor-GmbH und mit der später eingetragenen GmbH identisch. Es gehen keine Rechte und Pflichten der Vorgründungsgesellschaft automatisch auf die spätere GmbH über. Anders als die Vorgesellschaft stellt sie keine Vorstufe der GmbH dar, sondern ist eine selbständige Gesellschaft, die regelmäßig durch Zweckerreichung (Abschluss des GmbH-Vertrages) gemäß § 726 BGB endet. Ein Gesamthandsvermögen, das überdies nur in seltenen Fällen gebildet wird, geht infolgedessen auch nicht auf die (Vor-)GmbH über, sondern ist nach §§ 730 ff BGB zu liquidieren. Da weder Identität noch Kontinuität zwischen der Vorgründungsgesellschaft und der (Vor-)GmbH besteht, ist rechtsgeschäftlicher Rechtsübergang in den Normen des Sachenrechts notwendig (zB Auflassung).[174]

Die Vor-GmbH wird heute als **Träger von Rechten und Pflichten** anerkannt. Das gilt für das gesamte mate- **90** rielle und formelle Recht, also auch für die **Grundbuchfähigkeit**. Die Fähigkeit der Vor-GmbH zur Entgegennahme der Auflassung eines Sacheinlagegrundstücks wird heute mit Recht ebenso bejaht wie die Eintragungsfähigkeit der Vor-GmbH als Eigentümerin[175] oder die Vormerkungsfähigkeit von Ansprüchen einer Vor-

167 BGHZ 117, 323 = DNotZ 1994, 107 = NJW 1992, 1824 = MDR 1992, 654 – zur Vor-AG; BGH DNotI-Report 2003, 199 (zur Insolvenzfähigkeit einer Vor-GmbH).
168 BGHZ 17, 385; 45; 338 = NJW 1966, 1311 = DNotZ 1967, 381. Der BGH hat nunmehr die letzten Bedenken beseitigt, BGHZ 80, 129 = NJW 1981, 1373 m Anm *K Schmidt* S 1345 und *Flume* S 1753 = BB 1981, 689 = MittBayNot 1981, 192 = Rpfleger 1981, 230 = WM 1981, 400 = JuS 1981, 689 = ZIP 1981, 394 = GmbHR 1981, 114; BGH BGHZ 91, 148 = NJW 1983, 2822 = BB 1983, 1433 = DNotZ 1984, 585 = GmbHR 1984, 42; BGH NJW 1985, 736 = MittBay-Not 1985, 39 = DNotZ 1986, 38; *Böhringer* Rpfleger 1988, 446.
169 BGHZ 117, 323 = DNotZ 1994, 107 = NJW 1992, 1824 = MDR 1992, 654; BGH MDR 1998, 338 = MittBayNot 1998, 176; *K Schmidt* GmbHR 1987, 79; *Scholz-K Schmidt* § 11 Rn 21 ff GmbHG. Zur Vorgesellschaft im Privatrechtssystem *Beuthien* ZIP 1996, 305, 360.
170 BayObLG DNotZ 1992, 303 = Rpfleger 1992, 57; OLG Hamm FGPrax 2000, 54 = Rpfleger 2000, 157.
171 BGH BGHZ 51, 30 = NJW 1969, 509; LG Essen MittRhNotK 1971, 148; LG Frankenthal Rpfleger 1982, 346; *Böhringer* BWNotZ 1985, 107; *ders* Rpfleger 1988, 446; *Hüffer* JuS 1983, 163.
172 Dazu Gutachten DNotI-Report 2007, 140.
173 Vgl Gutachten DNotI-Report 2007, 140.
174 BGH BGHZ 91, 148 = DNotZ 1984, 585 = NJW 1984, 2164 = BB 1984, 315 = GmbHR 1984, 316 = WPM 1984, 929; OLG Hamm NJW-RR 1989, 616; *Scholz-K Schmidt* § 11 Rn 20 GmbHG; *Rowedder-Rittner-Schmidt-Leithoff* § 11 Rn 77, 78 GmbHG; *Schöner/Stöber* Rn 994; *Böhringer* Rpfleger 2001, 59; *ders* 1988, 446; *ders* Rpfleger 1990, 337, 343; *ders* Rpfleger 1991, 2.
175 Gutachten DNotI-Report 2007, 140.

GmbH.[176] Die Vor-GmbH kann nunmehr auch als Rechtsträger für alle Rechtserwerbsfälle auch außerhalb des Gründungszusammenhanges auftreten. Die Vorgesellschaft hat bereits eine Firma bzw, wenn sie noch kein vollkaufmännisches Unternehmen betreibt, einen Namen. Die Firma bzw der Name ist identisch mit der gemäß § 3 Abs 1 Nr 1 GmbHG im Gesellschaftsvertrag enthaltenen und dem § 4 GmbHG entsprechenden Firma.[177] Üblicherweise und korrekterweise wird die Vor-GmbH bis zur Handelsregistereintragung mit dem Zusatz »*in Gründung*« versehen. Auch wenn der BGH in seiner Entscheidung nichts über den Wortlaut der Grundbucheintragung aussagt, ist anzunehmen, dass er an einer Eintragung unter dem Namen der GmbH (in Gründung) ohne Nennung der Namen der Gesellschafter denkt. Die Vor-GmbH ist unter der Firma der GmbH mit einem auf das Gründungsstadium hinweisenden Zusatz einzutragen, etwa »*X GmbH in Gründung Sitz Heidenheim*«.[178] Die Grundbucheintragung und der bei den Grundakten liegende notarielle Gesellschaftsvertrag (einschließlich Abschrift der Registeranmeldung) mit der Angabe der Gesellschafter und Geschäftsführer dokumentiert die Existenz und Verfassung der Vorgesellschaft, verschafft ihr eine gewisse Publizität.[179] Soll die Vor-GmbH als Eigentümerin im Grundbuch eingetragen werden, sind zum **Nachweis der Existenz** der Vorgesellschaft vorzulegen: notarieller Vertrag über die Gründung der Gesellschaft (GmbH) in der Form es § 29 und – soweit nicht in dem Gründungsvertrag enthalten – Nachweis in der Form des § 29 über die Bestellung der Geschäftsführer; weiter ist vorzulegen der Nachweis über die erfolgte Anmeldung der GmbH-Gründung zum Handelsregister (entweder beglaubigte Abschrift der Registeranmeldung, ggf Empfangs-Bescheinigung des Registergerichts über Vorliegen der Anmeldung, oder aber eine Erklärung der Gründungsgesellschafter samt Geschäftsführer in der Form des § 29, dass die Eintragung der GmbH noch betrieben wird oder eine Eigenurkunde des die Registereintragung betreibenden Notars hierüber).[180] Überwiegend wird sodann die Meinung vertreten, dass der schon während der Gründungsphase namens der Vor-GmbH handelnde designierte Geschäftsführer nicht mit einer im Außenverhältnis unbeschränkten und auch unbeschränkbaren organschaftlichen Vertretungsmacht für und gegen die Vor-GmbH ausgestattet ist, vielmehr seine Vertretungsmacht durch gesonderten Ermächtigungsbeschluss geführt werden muss.[181] Eine gesetzliche Vertretungsbefugnis bestehe allenfalls im Hinblick auf das Betreiben der Gründung, etwa §§ für einen Grundstückserwerb, in Erfüllung einer Sacheinlageverpflichtung vollzogen werden soll. Da der Zweck der Vor-GmbH grundsätzlich auf die zur Eintragung der GmbH notwendigen Rechtsgeschäfte und Handlungen beschränkt ist, ist insoweit auch die Vertretungsmacht des designierten Geschäftsführers der Vor-GmbH begrenzt. Diese Vertretungsmacht können alle Gründer indessen bereits in der Gründungsphase erweitern. Zwischen Vor-GmbH und im Handelsregister eingetragenen GmbH besteht unmittelbare Identität. Mit der Eintragung der GmbH ins Handelsregister gehen ohne weitere rechtsgeschäftliche Erklärungen alle Aktiva und Passiva der Vor-GmbH auf die GmbH über; einer Auflassung bedarf es nicht, es handelt sich lediglich um eine Richtigstellung der Bezeichnung des Berechtigten durch Streichung des Gründungszusatzes,[182] nicht aber um eine Grundbuchberichtigung gemäß § 22.[183]

91 Von einer Vor-GmbH kann nur solange ausgegangen werden, als die Eintragung der GmbH in das Handelsregister betrieben wird. Wird der Antrag auf Eintragung der GmbH vom Registergericht zurückgewiesen oder

---

176 RG JW 1925, 1109; KG DR 1941, 1087; BGH BGHZ 45, 339 = NJW 1966, 1311 = DNotZ 1967, 381; BayObLG BayObLGZ 1979, 172 = DNotZ 1979, 503 = DB 1979, 1500 = Rpfleger 1979, 303; OLG Hamm OLGZ 1981, 410 = DNotZ 1981, 582 = Rpfleger 1981, 296 = MDR 1981, 758 = DB 1981, 1973; LG Nürnberg-Fürth DNotZ 1986, 377 = Rpfleger 1986, 254 = MittRhNotK 1985, 127 = BWNotZ 1985, 125 = GmbHR 1986, 48; BayObLG 1985, 368 = DNotZ 1986, 177 = Rpfleger 1986, 96 = BB 1986, 549 = Betrieb 1986, 106 = GmbHR 1986, 118 = JurBüro 1986, 898 = MittBayNot 1986, 37 = DB 1986, 106 = ZIP 1985, 1487; BayObLG NJW-RR 1987, 334 = Rpfleger 1987, 57 = JurBüro 1987, 947; BayObLG Rpfleger 1987, 407 = NJW-RR 1987, 812; LG München II NJW-RR 1987, 1519; LG Limburg MittBayNot 1989, 30; *Böhringer* BWNotZ 1985, 102, 107 und 1981, 53, 54; *Böhringer* Rpfleger 1988, 446; *Boffer* RpflStud 1980, 27; *Gross* BWNotZ 1981, 98; *Priester* DNotZ 1980, 522; *KEHE-Munzig* § 20 Rn 66; *Demharter* § 19 Rn 102–104; *Schöner/Stöber* Rn 990; *Kückelhaus* MittRhNotK 1984, 93; *Böttcher* RpflStud 1985, 84; LG Nürnberg-Fürth BWNotZ 1985, 125; *Scholz-K. Schmidt* § 11 Rn 31 ff GmbHG; *Rowedder-Rittner-Schmidt-Leithoff* § 11 Rn 78, 138 GmbHG.

177 *K. Schmidt* GmbHR 1987, 80; *Scholz-K. Schmidt* § 11 Rn 30 GmbHG; *Gerkan* EWiR 1985, 977.

178 BGHZ 51, 30 = NJW 1969, 509; *Böhringer* BWNotZ 1981, 53 und BWNotZ 1985, 107; *Kückelhaus* MittRhNotK 1984, 89; *Scholz-Winter* GmbHG § 11 Rn 5; *Hachenburg-Ulmer* GmbHG § 11 Rn 56; *Böttcher* RpflStud 1985, 84; *Schöner/Stöber* Rn 987; *MüKo-Wacke* § 873 Rn 46; *Staudinger-Gursky* § 873 Rn 97, 104.

179 *Flume* ZHR 148 (1984), 510.

180 Gutachten DNotI-Report 1998, 66; *Böhringer* Rpfleger 1990, 337, 343. Ähnlich auch *Schöner/Stöber* Rn 993a. Kein Nachweis der Vertretungsmacht bei Eintragung einer Auflassungsvormerkung zugunsten einer Vor-GmbH LG Limburg MittBayNot 1989, 30.

181 Gutachten DNotI-Report 2007, 140 mwN.

182 *Böhringer* BWNotZ 1981, 55 mit praktischen Beispielen zur Eintragung der Vor-GmbH und zur Richtigstellung des Grundbuchs; *Böhringer* Rpfleger 1988, 446; *Böttcher* RpflStud 1985, 84, 85. **AA** für Grundbuchberichtigung nach § 22 GBO: *MüKo-Wacke* § 873 Rn 46; ausführlich *Staudinger-Gursky* § 873 Rn 104; *Hartmut Schmidt* MittBayNot 1988, 156; BayObLG BayObLGZ 1987, 446 = MDR 1988, 418 = JurBüro 1988, 641 = MittBayNot 1988, 95. Vgl im Übrigen BGHZ 17, 385 = DNotZ 1967, 381 = NJW 1966, 1311.

183 Allgemein zur Richtigstellung der Bezeichnung des Berechtigten *Böttcher* Rpfleger 2007, 437, 440.

die Anmeldung zurückgenommen, kommt es zur Auflösung[184] der Vor-GmbH (auch Vorgesellschaft genannt). Diese besteht zumindest bei einer Mehrpersonen-Vorgesellschaft als Liquidationsgesellschaft fort.[185] Bestritten ist, ob dies auch bei einer Einmann-Vorgesellschaft gilt.[186] Bei aufgegebener Eintragungsabsicht oder missglückter Eintragung haben die Gesellschafter auf Liquidation zu drängen und eine Fortführung der Geschäfte zu unterbinden, andernfalls entfällt für sie die Anwendung der GmbH-Vorschriften, insbesondere das Haftungsprivileg.[187] Für die Abwicklung einer solchen Vorgesellschaft sind der Geschäftsführer (bei Vor-GmbH) bzw. der Vorstand (bei Vor-AG) zuständig.[188] Ein Erwerb dinglicher Rechte bzw Vormerkungen kann sich während des Liquidationsstadiums noch vollenden, da die Liquidationsgesellschaft die Existenz der bisherigen Vor-GmbH bis zur vollständigen Verteilung des Vermögens fortsetzt. Bei einer Einmann-Vorgesellschaft gilt gleiches, während das BayObLG[189] einen solchen Erwerb bzw Vormerkung mangels Vorhandenseins eines existenten Berechtigten überhaupt verneint, was keinesfalls richtig sein kann, weil zumindest der Gründungsgesellschafter als Gesamtrechtsnachfolger der Einmann-Vorgesellschaft angesehen werden muss.[190] Die Rücknahme der Anmeldung bzw ihre Zurückweisung muss dem Grundbuchamt in der Form des § 29 nachgewiesen werden.[191] Wird nach Rücknahme der Registeranmeldung der Gewerbebetrieb, der Gegenstand der GmbH iG war, nicht liquidiert sondern weitergeführt, so ist der unter diesen Voraussetzungen entstehende Personenzusammenschluss keine Vorgesellschaft mehr, sondern unterliegt dem Recht der BGB-Gesellschaft oder der offenen Handelsgesellschaft.[192]

Seit der GmbH-Novelle gelten die Grundsätze der allgemeinen und uneingeschränkten Grundbuchfähigkeit einer Vor-GmbH auch für die **Einmann-Vorgesellschaft**. Unterschiede werden heute nicht mehr gemacht.[193] **92**

Bestritten ist, ob eine **Kommanditgesellschaft in Gründung** Grundstückseigentum erwerben kann. Eine **93** KG ohne Grundhandelsgewerbe (Rechtslage bis 30.06.1998) ist nach ganz hM bis zur Eintragung eine Gesellschaft bürgerlichen Rechts, die sich mit der Eintragung ins Handelsregister in die KG verwandelt. Soweit sie Grundstückseigentum erwerben will, taucht deshalb an sich das grundbuchrechtliche Problem auf, ob bereits die »KG« im Grundbuch mit einem Gründungszusatz eingetragen werden kann oder ob nach § 47 die Gesellschafter in ihrer Verbundenheit als BGB-Gesellschafter eingetragen werden müssen.[194] Nach dem Vorbild der hM zur werdenden juristischen Person ist die Gesellschaft bürgerlichen Rechts »KG in Gründung« mit der späteren KG identisch. Die KG wird mit ihrer Entstehung Inhaber der Rechte der BGB-Gesellschaft. Eine Auflas-

---

184 Dazu BGH DNotZ 2007, 142 (zur Vor-AG); BayObLG Rpfleger 1987, 407 = MDR 1987, 584 = GmbHR 1987, 393 = NJW-RR 1987, 812 = MittBayNot 1987, 249; LG Berlin MDR 1987, 855; *Scholz-K Schmidt* § 11 Rn 55, 140 GmbHG; *Rowedder-Rittner-Schmidt-Leithoff* § 11 Rn 64 GmbHG; *Böhringer* Rpfleger 1988, 446. *Zimmermann* BWNotZ 1995, 73, 83.

185 BGH DNotI-Report 2008, 110; *Scholz-K Schmidt* § 11 Rn 56 GmbHG; *Rowedder-Rittner-Schmidt-Leithoff* § 11 Rn 66 GmbHG; *K Schmidt* GmbHR 1988, 89; *Böhringer* Rpfleger 1988, 446.

186 **Verneinend:** *Scholz-K Schmidt* § 11 Rn 148 GmbHG; *K Schmidt* ZHR 145 (1981), 563; *ders* GmbHR 1988, 89; *John* Die Gründung der Einmann-GmbH, S 58; *Driesen*, GmbH-Report R 82; *Hubert Schmidt* GmbHR 1987, 393; *Schöner/Stöber* Rn 993; **bejahend:** *Albach* Die Einmann-Gründung der GmbH, Diss Bonn 1986, S 122 ff; *Böhringer* Rpfleger 1988, 446.

187 Dazu LG Dresden EWiR 2002, 285 (*Saenger*).

188 BGHZ 169, 270, 281 = NJW 2007, 589 = DNotZ 2007, 142; BGH DNotZ 1998, 883 = NJW 1998, 1079. Vgl auch BGH DNotI-Report 2008, 110.

189 Rpfleger 1987, 407 = MDR 1987, 584 = GmbHR 1987, 393 = NJW-RR 1987, 812; ebenso LG Berlin MDR 1987, 855. Dem BayObLG kann nicht gefolgt werden, *Böhringer* Rpfleger 1988, 446; *Hartmut Schmidt* MittBayNot 1988, 156.

190 So auch wenigstens im Ergebnis *Hubert Schmidt* GmbHR 1987, 393.

191 BayObLG Rpfleger 1987, 407 = NJW-RR 1987, 812; *Hubert Schmidt* GmbHR 1987, 393; *Böhringer* Rpfleger 1988, 446.

192 BGH MDR 1998, 338 = MittBayNot 1998, 176.

193 Ausführlich dazu *Böhringer* BWNotZ 1981, 55 und BWNotZ 1985, 108; *Böhringer* Rpfleger 1988, 446; ebenso *Böttcher* RpflStud 1985, 85 mwN; *K Schmidt* GmbHR 1987, 81; *Rowedder-Rittner-Schmidt-Leithoff* § 11 Rn 138 GmbHG; BGHZ 80, 129 = NJW 1981, 1373 = Rpfleger 1981, 230.

194 **Zur Vor-GmbH:** *Böhringer* BWNotZ 1981, 53 mwN; BGH BGHZ 80, 129 = NJW 1981, 1373 = WM 1981, 400 = JuS 1981, 689 = ZIP 1981, 394 = Rpfleger 1981, 230 = MittBayNot 1981, 192 = BB 1981, 589; *Schöner/Stöber* Rn 987. Zur Problematik bei der **Vor-KG und Vor-OHG:** KEHE-*Munzig* § 20 Rn 65; *Schöner/Stöber* Rn 981d; *Reuter* JZ 1986, 76; *Böttcher* RpflStud 1985, 83; *Böhringer* BWNotZ 1985, 108; *Böhringer* Rpfleger 1990, 337, 343; *ders* Rpfleger 1991, 2; *Buchberger* Rpfleger 1991, 2.

sung kann nach BayObLG[195] bereits vor der Eintragung der KG im Handelsregister erklärt werden. Von den vorstehenden Grundsätzen kann aber nach ganz hM eine Ausnahme gemacht werden, wenn eine **Vormerkung** für eine Kommanditgesellschaft eingetragen werden soll, für die der Gesellschaftsvertrag bereits geschlossen ist, die aber mit Wirkung gegenüber Dritten noch nicht die Rechtsform der Kommanditgesellschaft erlangt hat, weil sie kein Handelsgewerbe iSv § 1 Abs 2 HGB betreibt und noch nicht in das Handelsregister eingetragen ist (Kommanditgesellschaft in Gründung). Zumindest bei der Vormerkung wird allgemein bejaht, dass die Mitglieder der Gesellschaft unter Angabe der Firma und des Sitzes der Kommanditgesellschaft mit dem Zusatz »KG in Gründung« als Vormerkungsberechtigte eingetragen werden.[196] Sobald die Kommanditgesellschaft im Handelsregister eingetragen ist, ist lediglich der Gründungszusatz als Richtigstellung des Grundbuchs, nicht als Grundbuchberichtigung iS des § 894 BGB zu löschen.[197] Nach überwiegender Ansicht wird im Falle eines **endgültigen Rechtserwerbs** gefordert, dass es bei der durch § 47 vorgeschriebenen Eintragung aller Gesellschafter verbleiben muss, sofern es zu diesem Zeitpunkt noch nicht zur Entstehung einer Handelsgesellschaft gekommen ist.[198] Das BayObLG[199] ließ in seiner Entscheidung ausdrücklich diese Frage offen. Eine im Vordringen befindliche Meinung[200] bejaht die allgemeine (nicht auf Vormerkungen beschränkte) Grundbuchfähigkeit der »Vor-KG« oder »Vor-OHG«, denn das Grundbuch habe nicht die Rechts- oder Erwerbsfähigkeit des eingetragenen Berechtigten zu verlautbaren, sondern die Inhaber des eingetragenen Rechts und ihr Gemeinschaftsverhältnis so zu bezeichnen, dass keine vernünftigen Zweifel über die an der künftigen Firma beteiligten Personen und ihr Rechtsverhältnis untereinander bestehen können. Zur Eintragung der »Vor-OHG« bzw »Vor-KG« im Grundbuch seien Unterlagen in der Form des § 29 einzureichen, aus denen die Gesellschaft und das Gemeinschaftsverhältnis »KG in Gründung« zweifelsfrei erkennbar sind. Seit der Neufassung von § 1 Abs 2 HGB durch das Handelsrechtsreformgesetz spricht alles für eine Eintragung der Personengesellschaft in Gründung. Den Begriff »Grundhandelsgewerbe« gibt es nicht mehr. Grundsätzlich ist jetzt davon auszugehen, dass jedwedes Gewerbe zunächst als Handelsgewerbe iSv § 1 Abs 2 HGB anzusehen ist. Der Beginn der Kaufmannseigenschaft hängt unter den Voraussetzungen der §§ 1 Abs 3, 123 Abs 2 HGB nicht mehr von einer Registereintragung ab, sondern vielmehr allein von dem Beginn der gewerblichen Tätigkeit. Maßgeblich ist insoweit der Moment, in dem die Gesellschaft in eigenem Namen unter ihrer Firma oder sonst im Namen der Gesellschaft durch ihre Organe zu Dritten in Rechtsbeziehungen tritt, um ihr kaufmännisch angelegtes Handelsgewerbe zu fördern. Solches ist zB der Fall, wenn die Gesellschaft in Gründung unter ihrem Namen durch ihre vertretungsberechtigten Gesellschafter bei der dinglichen Rechtsänderung mitwirkt. Dem Grundbuchamt sind Nachweise zur Vertretung der Gesellschaft vorzulegen.[201]

94 Der bereits gegründete, aber noch nicht im Vereinsregister eingetragene Verein (**Vor-Verein**) kann Vermögen erwerben und Träger von Rechten sein. Trotz fehlender Rechtsfähigkeit ist es zulässig, den Vorverein im Grundbuch einzutragen. Die von der Rechtsprechung zur »werdenden« GmbH oder Genossenschaft entwickelten Grundsätze sind für den Vorverein entsprechend anzuwenden.[202] Die juristische Person (der Verein) ist mit dem Zusatz »in Gründung« in das Grundbuch einzutragen. Der Vorverein und der rechtsfähig gewordene Verein haben gemeinsam die körperschaftliche Organisation und die unveränderte Zielsetzung. Dies rechtfertigt es, mit der herrschenden Meinung die Identität der sich nur in der Rechtsform unterscheidenden Körperschaften anzunehmen. Der Übergang des Vermögens des Vorvereins auf den rechtsfähigen Verein tritt von selbst

195 Für Vormerkungen Beteiligtenfähigkeit anerkannt: BayObLG DNotZ 1984, 567 = Rpfleger 1984, 13 = MittBayNot 1983, 222 = NJW 1984, 497 = MittRhNotK 1983, 218 = NJW 1984, 497 = BB 1984, 172 = Betrieb 1983, 2457; BayObLG BayObLGZ 1985, 212 = Rpfleger 1985, 353 = DNotZ 1985, 156 = WPM 1985, 1398 = JurBüro 1985, 1692 = NJW-RR 1986, 30 = Betrieb 1985, 2140 = MittRhNotK 1985, 146 = MDR 1985, 846 = BWNotZ 1985, 121 = EWiR 1985, 977 = JZ 1986, 108 = MittBayNot 1985, 121; LG Essen DNotZ 1971, 622 = MittRhNotK 1971, 148; OLG Hamm Rpfleger 1981, 296 = MDR 1981, 758; MüKo-*Wacke* § 883 Rn 20; BGB-RGRK-*Augustin* § 883 Rn 41; *Palandt/Bassenge* § 883 Rn 11; *Schöner/Stöber* Rn 981d; *Demharter* § 19 Rn 102 ff.
196 BayObLG DNotZ 1984, 567 = Rpfleger 1984, 13; *Böhringer* BWNotZ 1985, 108.
197 *Böhringer* BWNotZ 1985, 108; *Boffer* RpflStud 1979, 72.
198 **Eine allgemeine Beteiligtenfähigkeit verneinen:** *Rissmann/Waldner* Rpfleger 1984, 59; *Böttcher* RpflStud 1985, 83; *von Gerkan* EWiR 1985, 977; *Schöner/Stöber* Rn 981d; *Demharter* § 19 Rn 102 ff; **gegen jede Grundbuchfähigkeit** nur LG Frankenthal Rpfleger 1982, 346 = MittBayNot 1982, 241. Die Auflassung an die KG in Gründung ist stets möglich, lediglich mit dem grundbuchrechtlichen Vollzug sei bis zur Eintragung der KG im Handelsregister zuzuwarten (so *Soergel-Stürner* § 925 Rn 6; ähnlich BayObLG DNotZ 1984, 567 = Rpfleger 1984, 13).
199 BayObLG DNotZ 1985, 156 = Rpfleger 1985, 353.
200 KEHE-*Munzig* § 20 Rn 65; *Staudinger-Gursky* § 873 Rn 101; *Reuter* JZ 1986, 76; *Böhringer* BWNotZ 1985, 108; *Konzen* JuS 1989, 20; *Böhringer* Rpfleger 1990, 337, 343; *ders* Rpfleger 1991, 2.
201 Einzelheiten DNotI-Gutachten DNotI-Report 2002, 185.
202 BayObLG DNotZ 1992, 46 zur Beteiligtenfähigkeit; *Palandt/Heinrichs* § 21 Rn 9; *Ott* Beck-Rechtsberater, 1986 S 40; *Konzen* JuS 1989, 20, 23. Von einem unechten Vor-Verein spricht man, wenn ein nicht-rechtsfähiger Verein nachträglich um den Erwerb der Rechtsfähigkeit bemüht ist (MüKo-*Reuter* § 21 Rn 66). Ein Verein im Gründungsstadium kann nach *Schöner/Stöber* Rn 246 Träger von Rechten sein. Zur Eintragungsfähigkeit von Vereinen *Schmidt* Rpfleger 1988, 45. Zur Grundbuchfähigkeit von politischen Parteien *Morlock/Schulte-Trux* NJW 1992, 2058; Gutachten DNotI-Report 1996, 84. Zur Beteiligtenfähigkeit eines Vor-Vereins OLG Jena OLG-NL 1994, 42 m Anm *Werner*.

mit der Erlangung der Rechtsfähigkeit ein.[203] Es handelt sich aber um keine Rechtsnachfolge; es bedarf keines Übertragungsakts (Grundbuch wird nur richtig gestellt).[204] Die Rechtsverhältnisse bei einer **Vor-Genossenschaft** können analog derjenigen einer Vor-GmbH angesehen werden. Vgl Rdn 90.

Die **Europäische wirtschaftliche Interessenvereinigung (EWIV)**[205] ist nicht nur registerfähig, sondern auch grundbuchfähig. Da die EWIV nach Art 1 Abs 2 EGVO selbst Träger von Rechten und Pflichten sein kann, kann sie auch Eigentümer eines Grundstücks oder Inhaber eines dinglichen Rechts sein. Nach dem deutschen Ausführungsgesetz ist das Recht der OHG maßgebend, die EWIV gilt als Handelsgesellschaft iS des HGB. Die EWIV ist eine ausgeprägte Personengesellschaft; sie ist, unabhängig vom Gegenstand und vom Zuschnitt der ausgeübten Tätigkeit, Formkaufmann – wie die GmbH, die AG und die Genossenschaft, obwohl sie anders als diese keine juristische Person, sondern eine verselbständigte Gesamthandsgemeinschaft ist. Die Eintragung im Handelsregister Abt A ist – anders als bei der subsidiär maßgeblichen OHG – konstitutiv und Grundlage der Publizität, auch wenn Vollkaufmannseigenschaft besteht. Mit der Registereintragung erhält die EWIV sowohl die »kleine Rechtsfähigkeit« als auch den Status einer Handelsgesellschaft und damit eines Formkaufmanns (§ 1 Halbs 2 EWIV-AG). Es stellt sich deshalb nicht wie bei der OHG die Frage, ob die deutsche EWIV ein Grundhandelsgewerbe betreibt und vor der Eintragung ihre Geschäfte beginnt. Die Eintragungsfähigkeit einer Vor-EWIV[206] wird bejaht und auf die Ausführungen zur Vor-GmbH (Rdn 90) verwiesen. Zum Nachweis der Existenz der Vor-EWIV sind dem Grundbuchamt vorzulegen: Vertrag über die Gründung der EWIV und Beschluss der Mitglieder der Vereinigung über die Bestellung und das Vertretungsrecht der ersten Geschäftsführung (Nachweis in der Form des § 29) sowie Nachweis über die erfolgte Anmeldung der EWIV-Gründung zum Handelsregister.

95

Mit dem Partnerschaftsgesellschaftsgesetz wurde den Angehörigen freier Berufe eine besondere, auf ihre Bedürfnisse zugeschnittene Organisationsform zur Verfügung gestellt. Die **Partnerschaft** ist nicht als anonyme Kapitalgesellschaft ausgestaltet; sie ist eine Personengesellschaft, aber keine Handelsgesellschaft und stellt keinen kaufmännischen Betrieb dar. Die Partnerschaft ist als Gesamthandsgemeinschaft nichtjuristische Person, ist aber als Rechtssubjekt anzusehen und damit der juristischen Person weitgehend angenähert. Der Gesetzgeber hat sich für eine vollständige Verselbständigung dieser freiberuflichen Gesellschaftsform entschieden (§ 7 PartGG). Die Partnerschaft stellt als Personengesellschaft ebenso wie die OHG eine Sonderform der Gesellschaft bürgerlichen Rechts dar, ergänzend kommt das Gesellschaftsrecht des BGB zur Anwendung.

96

Nach § 7 PartGG hat die Partnerschaft die Fähigkeit, im eigenen Namen Träger von Rechten und Pflichten jeder Art zu sein, Verträge zu schließen oder andere Rechtshandlungen vorzunehmen und vor Gericht zu stehen. Die Partnerschaft ist als verselbständigte Gesamthandsgemeinschaft wie die OHG zwar keine juristische Person, dieser aber angenähert. Anders als bei der OHG hängt der Eintritt der Handlungsfähigkeit von der Eintragung in das Partnerschaftsregister ab.

Die Partnerschaft ist nicht nur registerfähig, sondern auch grundbuchfähig.[207] Da die Partnerschaft als Rechtssubjekt und Träger des Partnerschaftsvermögens anzusehen ist, kann sie auch Eigentümer eines Grundstücks und Berechtigter beschränkter dinglicher Rechte sein. Im Grundbuch wird die Partnerschaft mit ihrem Partnerschaftsnamen – ähnlich der OHG (sog kleine Rechtsfähigkeit) – eingetragen; es sind also nicht die Mitglieder der Partnerschaft einzutragen.

Wie eine Vor-Partnerschaft rechtlich zu beurteilen ist, wird aus § 8 PartGG entnommen werden können. Die Vor-Partnerschaft ähnelt im Gründungsstadium insoweit der GmbH. Andererseits kann auch ein Vergleich mit einer OHG gezogen werden, die kein Grundhandelsgewerbe betreibt und damit ebenfalls erst mit der Registereintragung entsteht. Folgt man der Meinung, dass auch eine solche Vor-OHG unter ihrer künftigen Firma mit einem Gründungszusatz im Grundbuch eingetragen werden kann, so ist auch eine Vor-Partnerschaft entsprechend einzutragen; man kommt dann zum selben Ergebnis wie bei der Grundbucheintragung einer Vor-GmbH.

---

203 RGZ 85, 256; RG Seuff Arch 77 Nr 53; RGZ 151, 86; BGHZ 17, 385; BGH WPM 1978, 115; *Reichert* Handbuch des Vereins- und Verbandsrechts, 8. Aufl 2001, Rn 87; *Böhringer* BWNotZ 1985, 108 und BWNotZ 1985, 73, 76; *MüKo-Kanzleiter* § 925 Rn 6; *Palandt/Heinrichs* § 21 Rn 10. **AA** *Stoltenberg* MDR 1989, 498.

204 So auch *Palandt/Heinrichs* § 21 Rn 10; *Ott* Vereine gründen und erfolgreich führen, 2. Aufl, 1986, S 40, 41; *Sauter-Schweyer* Der eingetragene Verein, 15. Aufl 1994, Rn 14; **aA** *Horn* NJW 1964, 87; *Stoltenberg* MDR 1989, 498; *Medicus* BGB Allgemeiner Teil, Rn 1113.

205 Zum Recht der EWIV: *Ganske* Das Recht der Europäischen wirtschaftlichen Interessenvereinigung (EWIV), Köln 1988; *Eckhardt* MittBayNot 1989, 125; *ders* Kreditpraxis 1989, 124; *Gustavus* RpflStud 1989, 81; *Müller-Gugenberger* NJW 1989, 1449; *Wüst* JZ 1989, 273; *Ziegler* Rpfleger 1989, 261; *ders* Rpfleger 1990, 239; *Böhringer* BWNotZ 1990, 129; *ders* Rpfleger 1990, 337, 344.

206 *Böhringer* Rpfleger 1990, 337, 344; *ders* BWNotZ 1990, 129, 131.

207 Dazu *Böhringer* BWNotZ 1995, 1; *Hornung* Rpfleger 1995, 481 und 1996, 1.

Für den Grundbuchverkehr gilt § 32 GBO (vgl § 5 PartGG mit § 9 Abs 3 HGB). Geht eine Partnerschaft aus einer GbR hervor, so gilt wegen des Nachweises des Übergangs § 15 Abs 3 GBV. Über § 7 Abs 2 PartGG gilt § 124 Abs 1 HGB.

97   HM ist, dass **Rechtsanwälte**, die untereinander eine Sozietät iS von § 21 Abs 1 der gemäß § 177 Abs 2 BRAO von der Bundesrechtsanwaltskammer erlassenen Grundsätze des anwaltlichen Standesrechts begründet haben, im Außenverhältnis eine Gesellschaft bürgerlichen Rechts bilden.[208] Vgl dazu Rdn 226 ff. Möglich ist aber auch, dass sich die mehreren Anwälte zu einer Partnerschaftsgesellschaft zusammenschließen; diese Partnerschaftsgesellschaft ist als verselbständigte Gesamthandgemeinschaft wie die OHG zwar keine juristische Person, dieser aber angenähert.[209]

98   **f) Nichtrechtsfähiger Verein.** Der nicht rechtsfähige Verein ist zwar keine juristische Person, jedoch nach zutreffender Meinung auch keine Gesellschaft, denn er unterscheidet sich von ihr durch sein Wesen als Verein, insbesondere durch den Dauerzweck, durch die körperschaftlich in der Satzung statuierte Organisation, durch seine Einrichtung auf wechselnden Mitgliederbestand und den Gesamtnamen.

99   Auf nicht rechtsfähige Vereine finden die Vorschriften über die Gesellschaft Anwendung, § 54 BGB. Es handelt sich also um einen Personenverband zur gesamten Hand, um einen körperschaftlich organisierten Verband. Der nicht rechtsfähige Verein ist nicht grundbuchfähig. Gleiches gilt für Untergliederungen der politischen Parteien.[210] Auf einen gescheiterten öffentlich-rechtlichen Zweckverband (zB Abwasserzweckverband) finden die Vorschriften der GbR oder eines wirtschaftlichen Vorvereins entsprechende Anwendung.[211] Nach BGH[212] kann dem nichtrechtsfähigen Verein seit der Anerkennung Parteifähigkeit der (Außen-)Gesellschaft bürgerlichen Rechts nicht weiter die aktive Parteifähigkeit vorenthalten werden.

100   **g) Einzelfälle. aa) Dauerwohnrecht nach WEG.** Nach hM Gemeinschaftsverhältnisse zulässig.[213]

101   **bb) Dienstbarkeit.** Die Bestellung einer beschränkt persönlichen Dienstbarkeit zugunsten mehrerer als Gemeinschafter zur gesamten Hand ist **zulässig**.[214] Die einzelnen Berechtigten sind namentlich zu benennen.[215] Ein nicht rechtsfähiger Verein kann wegen seines wechselnden Mitgliederbestandes nicht Berechtigter sein, es sei denn, die derzeit vorhandenen Mitglieder werden namentlich in gesamthänderischer Verbundenheit aufgeführt.[216]

102   **cc) Grunddienstbarkeit.** Da es eine Gemeinschaft zur gesamten Hand für mehrere Grundstücke unter sich nicht gibt, kann es auch eine Grunddienstbarkeit für mehrere jeweilige Eigentümer verschiedener Grundstücke in Gesamthandsgemeinschaft **nicht** geben.[217]

103   **dd) Eigentümergrundschuld.** Gesamthandseigentümer können eine Eigentümergrundschuld nur für alle bestellen.[218] Leben Ehegatten in Gütergemeinschaft, können sie auf ihrem Grundbesitz eine Eigentümergrundschuld nicht für sich selbst als Gesamtgläubiger bestellen, jedenfalls dann nicht, wenn sie die Grundschuld nicht als Vorbehaltsgut erklären.[219] Dagegen ist die Bestellung einer Eigentümergrundschuld für Eheleute zum Gesamtgut bei Gütergemeinschaft möglich.[220] Wird ein Eigentümerrecht für Ehegatten bestellt, die Miteigen-

208   BGH NJW 1963, 1301; 1971, 1801; OLG Saarbrücken Rpfleger 1978, 227; *Schöner/Stöber* 2181; *Böhringer* BWNotZ 1985, 78.
209   Einzelheiten *Böhringer* BWNotZ 1995, 1.
210   OLG Celle DNotI-Report 2004, 138; OLG Zweibrücken NJW-RR 1986, 181 = MittBayNot 1985, 258 = Rpfleger 1986, 12; Gutachten DNotI-Report 1996, 84; *Morlock-Schulte-Trux* NJW 1992, 2058.
211   BGH ZNotP 2001, 141.
212   DNotZ 2008, 144 = Rpfleger 2008, 79 = BB 2007, 2310 = DB 2007, 2537 = WM 2007, 1932 = ZIP 2007, 1942. Dazu *voon König* RpflStud 2008, 21.
213   *Mayer* ZNotP 2000, 354.
214   HM; RG RGZ 155, 85; KG DNotZ 1936, 396 = JW 1935, 3564 = HRR 1035 Nr 1526; BayObLG BayObLGZ 1057, 322 = NJW 1966, 56 = MDR 1966, 146 = Rpfleger 1966, 367 m Anm *Haegele*; BayObLG MittBayNot 1972, 118 = RpflJB 1973, 38; BGH NJW 1982, 11 = DNotZ 1982, 159 = MDR 1982, 308 = Rpfleger 1982, 23 = MittBayNot 1981, 237 = MittRhNotK 1982, 19; OLG Frankfurt Rpfleger 1973, 394; LG Landshut Rpfleger 1997, 433 (zur GbR); *Staudinger-Mayer* § 1090 Rn 6; BGB-RGRK-*Rothe* § 1093 Rn 3; *Schöner/Stöber* Rn 1197.
215   BayObLG BayObLGZ 1953, 85.
216   Gleiche Ansicht *Palandt/Bassenge* § 1090 Rn 3; KEHE-*Eickmann* § 47 Rn 9; *Soergel-Stürner* § 1090 Rn 3.
217   *Roemer* MittRhNotK 1960, 604; *Haegele* BWNotZ 1969, 127; BWGZ 1976, 117.
218   HM; KGJ 43, 259; MüKo-*Eickmann* § 1196 Rn 10; *Soergel-Konzen* § 1196 Rn 2; *Palandt/Bassenge* § 1196 Rn 3; BWGZ 1976, 123.
219   BayObLG BayObLGZ 1962, 205 = NJW 1962, 1727 = DNotZ 1963, 49 = Rpfleger 1963, 412 m Anm *Haegele* = JR 1963, 102 = BayJMBl 1962, 144 = BWNotZ 1962, 260; *Haegele* BWNotZ 1969, 133; *Schöner/Stöber* Rn 2356.
220   Ebenso *Schöner/Stöber* Rn 2356.

tümer des Grundstücks sind, so ist fraglich, ob diese in der Rechtsform einer Gesellschaft bürgerlichen Rechts möglich ist; es kann wohl bejaht werden.[221]

ee) Erbbaurecht. Nach hM möglich.[222] **104**

ff) Grundschuld. Nach hM möglich.[223] **105**

gg) Grundstück. Außer der **Bruchteilsgemeinschaft** am Grundstück als Regelfall ist auch die **Gesamt-** **106** **handsgemeinschaft** zulässig.[224] Stets müssen aber die Namen sämtlicher Gesamthänder, also zB aller Mitglieder der **Gesellschaft** (vgl Rdn 207) oder des **nicht rechtsfähigen Vereins** angegeben und eingetragen werden. Eine **Erbengemeinschaft** kann auch unter den Voraussetzungen des § 2041 BGB Grundstücke neu erwerben, dazu Rdn 76. Das GBA braucht aber nicht zu prüfen, ob zwischen dem Erwerb und dem Nachlass ein innerer Zusammenhang besteht. Nur dann, wenn die Erben ohne jeden objektiven Zusammenhang mit dem Nachlass ein anderes Grundstück erwerben, wäre § 2041 BGB nicht anwendbar; dem GBA werden wohl konkrete Anhaltspunkte oftmals fehlen. Das Erbrecht der Erben ist aber schon mit Rücksicht auf §§ 51, 52 dem GBA nachzuweisen.

hh) Hypothek. Nach hM zulässig.[225] In den vom Gesetz vorgesehenen verschiedenen gesamthänderischen **107** Rechtsformen möglich. Dagegen kann ein nicht rechtsfähiger Verein oder eine Gesellschaft des bürgerlichen Rechts nicht Gläubiger einer Hypothek sein, da ihnen die selbständige Rechtspersönlichkeit fehlt;[226] hier können nur die Mitglieder in ihrer Vereinigung das Gläubigerrecht gesamthänderisch gebunden erwerben. Sie sind dann namentlich als Gläubiger einzutragen mit einem Zusatz nach § 47.[227] Die Eintragung der Hypothek für den »Verein X« oder für die »jeweiligen Mitglieder des nicht rechtsfähigen Vereins X« ersetzt diese namentliche Eintragung der Mitglieder **nicht** und ist wegen des Fehlens der grundbuchrechtlich zu erfordernden Bestimmtheit und Klarheit nichtig.[228] Gehört die Hypothek einer **Erbengemeinschaft**, so muss abweichend von dem Rechtssatz, dass das Grundbuchamt das Gemeinschaftsverhältnis nicht **nachprüfen** darf, das Bestehen der Gemeinschaft nachgewiesen werden, und zwar mit Rücksicht auf die §§ 51, 52.

Auch für Verlobte bzw Ehegatten in Gesellschaft bürgerlichen Rechts[229] kann eine Hypothek eingetragen wer- **108** den.[230]

ii) Leibgeding. Beachte die Sonderregelung § 49. **109**

jj) Nießbrauch. Auch ein Nießbrauch für Gesamthänder ist möglich,[231] auch für die OHG.[232] Beim nicht **110** rechtsfähigen Verein darf ein Nießbrauchsrecht nicht für den Verein als solchen,[233] sondern muss für die einzelnen Vereinsangehörigen »als Mitglieder des nicht eingetragenen Vereins« oder in ähnlicher Weise unter Benennung sämtlicher Namen der Mitglieder zur Eintragung bewilligt werden; dasselbe gilt für die Gesellschaft bürgerlichen Rechts, dazu Rdn 203. Eine **Erbengemeinschaft** kann ein Nießbrauchsrecht wegen seiner Unvererblichkeit nicht durch Erbfall erwerben. Jedoch steht dem Erwerb eines Nießbrauchsrechts gemäß § 2041 BGB nichts entgegen, wenn es der Erbengemeinschaft wirtschaftlich dient. Ein **Nießbrauch zur gesamten Hand** kann auch für Eheleute bestellt werden, die in **Gütergemeinschaft** leben. Bedenken bestanden wegen der Regelung für das Gesamtgut mit Rücksicht auf die Unübertragbarkeit des Nießbrauchs. Jedoch überwiegen die

---

221 Dazu auch BGH DNotZ 1982, 159 = Rpfleger 1982, 23; MüKo-*Eickmann* § 1196 Rn 12.
222 *Palandt/Bassenge* ErbbauVO § 1 Rn 12; kritisch *Schöner/Stöber* Rn 1685.
223 LG Köln Rpfleger 1953, 583 (betr GbR); BWGZ 1976, 122; *Schöner/Stöber* Rn 1922. Das genaue Gesamthandsverhältnis muss jedoch angegeben werden.
224 HM; *Haegele* BWNotZ 1969, 125.
225 HM; KG HRR 1925 Nr 1224; *Staudinger-Wolfsteiner* § 1115 Rn 4; BGB-RGRK-*Mattern* § 1113 Rn 19; MüKo-*Eickmann* § 1115 Rn 12; *Soergel-Konzen* § 1113 Rn 13; *Roemer* MittRhNotK 1960, 623; *Schöner/Stöber* Rn 1922.
226 RG JFG 3, 4; RJA 9, 238; 10, 153; KGJ 24, 86, 39, 176; *Böhringer* BWNotZ 1985, 74.
227 RG JFG 3, 3.
228 RG RGZ 127, 309.
229 BGH DNotZ 1982, 159 = Rpfleger 1982, 23; MüKo-*Eickmann* § 1115 Rn 12 und § 1196 Rn 12.
230 LG Köln Rpfleger 1953, 383; dazu auch *Schöner/Stöber* Rn 1922. Das Gesamthandsverhältnis muss aber genau angegeben werden, in »Gesellschaftsgemeinschaft« genügt nicht. Dazu auch MüKo-*Eickmann* § 1115 Rn 12 und § 1196 Rn 12; *Böhringer* BWNotZ 1985, 74.
231 RG RGZ 955, 86; BGB-RGRK-*Rothe* § 1030 Rn 4; *Palandt/Bassenge* § 1030 Rn 3; *Schöner/Stöber* Rn 1370; Gutachten DNotI-Report 1996, 189 mwN.
232 *Soergel-Stürner* § 1030 Rn 4.
233 RG RGZ 127, 311.

Gründe für die Zulässigkeit der Bestellung.[234] Es gelten die gleichen Möglichkeiten wie beim Wohnungsrecht, dazu Rdn 115. Nach anderer Ansicht[235] gehört der Nießbrauch stets als unübertragbares Recht zum Sondergut der Ehegatten, sodass also für Eheleute zwei Sondergutsrechte bestellt werden müssen; dieser pauschalen Meinung kann nicht zugestimmt werden.

111   **kk) Reallast.** Zulässig bei der **subjektiv-persönlichen** Reallast.[236] Es ist Auslegungsfrage, ob das Recht nur dem zur Zeit der Bestellung vorhandenen Personen zustehen soll oder auch den jeweiligen Gesamtheitsberechtigten bis zur Beendigung der Gesamthandsgemeinschaft. Für in Gütergemeinschaft lebende Ehegatten kann eine für beide Ehegatten vereinbarte Reallast bestellt werden.[237] Ist die Reallast unübertragbar, so gilt das für das Wohnungsrecht Ausgeführte entsprechend, dazu Rdn 115. Da es eine Gemeinschaft zur gesamten Hand für mehrere Grundstücke unter sich nicht gibt, kann es auch eine **subjektiv-dingliche** Reallast für mehrere jeweilige Eigentümer verschiedener Grundstücke in Gesamthandsgemeinschaft nicht geben.[238]

112   **ll) Vorkaufsrecht.** Gesamthandsberechtigung zulässig.[239] Zugunsten von in Gütergemeinschaft lebenden Ehegatten ist die Eintragung eines Vorkaufsrechts unter Angabe dieses Rechtsverhältnisses – als Gesamthandsberechtigte kraft Gütergemeinschaft – zulässig, wenn das Vorkaufsrecht übertragbar ist.[240]

113   **mm) Vormerkung.** Steht der zu sichernde Anspruch mehreren Berechtigten zur gesamten Hand zu, so ist auch die Vormerkung entsprechend einzutragen.[241] Ist Gläubiger des Anspruchs ein in **Gütergemeinschaft** lebender Ehegatte, kann das Grundbuchamt trotz Kenntnis der Gütergemeinschaft die Eintragung für einen oder für beide Ehegatten vornehmen.[242] Richtiger ist aber zweifellos die Eintragung auf beide Eheleute zum Gesamtgut der Gütergemeinschaft.[243] Ein schuldrechtliches Vorkaufsrecht bzw Wiederkaufsrecht oder ein schuldrechtlicher Rückforderungsanspruch kann auch einer Gemeinschaft zur gesamten Hand zustehen, §§ 461, 472, früher §§ 502, 513 BGB gelten.[244]

114   **nn) Wohnungseigentum.** Eine Gesamthandsgemeinschaft ist bei Wohnungseigentum in allen zulässigen Formen möglich.[245] Ist jedoch eine solche im Grundbuch eingetragen und wollen die Gesamthandseigentümer für jeden einzelnen ein Wohnungseigentum begründen, müssen sie sich zuvor im Grundbuch als Eigentümer nach Bruchteilen eintragen lassen,[246] es sei denn, es erfolgt eine Vorratsteilung nach § 8 WEG.[247] Auch Ehegatten können ein Wohnungseigentumsrecht bei ehelicher Gütergemeinschaft ins Gesamtgut erwerben.[248]

115   **oo) Wohnungsrecht.** Die Verbindung mehrerer Berechtigter kann als Gesamthand bestehen.[249] Handelt es sich bei den mehreren Wohnungsberechtigten um ein Ehepaar, das in Gütergemeinschaft lebt, sind verschiedene Konstruktionen möglich:

---

234   BayObLG BayObLGZ 1955, 158 = DNotZ 1956, 211; BayObLGZ 1962, 205 = DNotZ 1963, 49 = Rpfleger 1962, 412; *Staudinger-Frank* § 1030 Rn 43; BGB-RGRK-*Rothe* § 1030 Rn 4; MüKo-*Pohlmann* § 1030 Rn 10, 13, 18; *Soergel-Stürner* § 1030 Rn 4, 5; *Palandt/Bassenge* § 1030 Rn 3; *Schöner/Stöber* Rn 1370; *Meder* BWNotZ 1982, 38.

235   OLG Colmar OLG 16, 181; *Erman-Michalski* § 1030 Rn 5; KEHE-*Eickmann* § 47 Rn 9; *Roemer* MittRhNotK 1960, 608; *Haegele* BWNotZ 1969, 128; BWGZ 1976, 119.

236   *Roemer* MittRhNotK 1960, 619; *Haegele* BWNotZ 1969, 131.

237   AG Erlangen MittBayNot 1964, 145; BayObLGZ 1957, 322 = DNotZ 1958, 313 = Rpfleger 1958, 88; BayObLGZ 1965, 267 = DNotZ 1966, 174 = Rpfleger 1966, 367; OLG Oldenburg DNotZ 1969, 46; *Staudinger-Amann* § 1105 Rn 3; BGB-RGRK-*Rothe* § 1105 Rn 7; *Schöner/Stöber* Rn 1293.

238   *Roemer* MittRhNotK 1960, 619.

239   KEHE-*Eickmann* § 47 Rn 9.

240   LG Amberg DNotZ 1965, 427 = MittBayNot 1964, 385; dazu *Schöner/Stöber* Rn 1406; *Haegele* Rpfleger 1975, 156; BWNotZ 1969, 130; BWGZ 1976, 120.

241   HM; OLG Frankfurt Rpfleger 1975, 177; BWGZ 1976, 121.

242   BayObLG BayObLGZ 1957, 184 = NJW 1957, 1521 = DNotZ 1957, 658 = Rpfleger 1957, 309; MüKo-*Wacke* § 883 Rn 21; *Soergel-Stürner* § 883 Rn 14; *Palandt/Bassenge* § 883 Rn 11 ff; *Löscher* JurBüro 1962, 254; BWGZ 1976, 121. Zum Rückübereignungsanspruch und dessen Sicherung BayObLG Rpfleger 1994, 333 = FamRZ 1994, 173 = BWNotZ 1993, 66 = NJW-RR 1993, 472.

243   So auch *Schöner/Stöber* Rn 1498.

244   BayObLG Rpfleger 1994, 333 = FamRZ 1994, 173 = BWNotZ 1993, 66 = NJW-RR 1993, 472 = MittBayNot 1993, 84; LG Karlsruhe Rpfleger 2005, 602; LG Augsburg MittRhNotK 1994, 172 = MittBayNot 1994, 336; *Rastätter* BWNotZ 1994, 27, 39; *Grziwotz* MittBayNot 1993, 74.

245   *Schöner/Stöber* Rn 2815; *Roemer* MittRhNotK 1960, 601; *Haegele* BWNotZ 1969, 126.

246   LG Hamburg Rpfleger 1982, 272; *Roemer* MittRhNotK 1960, 601; *Haegele* BWNotZ 1969, 126; BWGZ 1976, 96.

247   So auch *Schöner/Stöber* Rn 2815.

248   *Schöner/Stöber* Rn 2815.

249   BayObLG BayObLGZ 1967, 480 = DNotZ 1968, 493 = Rpfleger 1968, 220; MüKo-*Joost* § 1093 Rn 13 mwN.

– Wird es nur **einem** Ehegatten eingeräumt (wohl nur seltener Fall), fällt es in sein **Sondergut** nach § 1417 Abs 2 BGB;[250]

– erhält **jeder** Ehegatte **ein eigenes** Wohnungsrecht, sei es auch an denselben Räumen, gehört jedes Wohnungsrecht in das Sondergut des betreffenden Ehegatten. Diese beiden Rechte können durch die Ehegatten in einer **Gesamtberechtigung iS von § 428 BG verbunden** werden.[251] Gleiches gilt, wenn die Rechte durch Ehevertrag aus dem Sondergut ins Vorbehaltsgut überführt werden;

– Auch nicht übertragbare dingliche Rechte können zum Gesamtgut bestellt werden.[252] Wird das Wohnungsrecht **für beide Ehegatten** bestellt, fällt es in das **Gesamtgut**; § 428 BGB ist dann ausgeschlossen, auch schon deswegen, weil sich die Verfügungsbefugnis nach dem Ehevertrag richtet. Eine **gleichzeitige Zuordnung als Gesamtberechtigte** nach § 428 BGB ist rechtlich **unmöglich** und die Eintragung inhaltlich unzulässig.[253]

Regelmäßig wird ein Ehegatten in Gütergemeinschaft bestelltes Wohnungsrecht in das Gesamtgut fallen und nicht als zwei Sondergüter in Gesamtberechtigung nach § 428 BGB auszulegen sein.[254] In der Praxis wird häufig ein gemeinsames Wohnungsrecht zum Gesamtgut der Gütergemeinschaft bestellt mit der Maßgabe, dass es bei Beendigung der Gütergemeinschaft den Berechtigten als Gesamtgläubigern zusteht. Die anderen Konstruktionen sind nicht praxisnah. **116**

Ehegatten können ihre vermögensrechtlichen Beziehungen unabhängig davon gesellschaftlich ausgestalten, ob dadurch gleichzeitig Verpflichtungen berührt werden, die sich im Prinzip bereits aus den Vorschriften des Familienrechts (§§ 1353, 1360 BGB) ergeben.[255] Schwierigkeiten können insoweit allenfalls bei Gütergemeinschaft auftreten.[256] Abgelehnt wird vom BGH die Ansicht des OLG Köln,[257] ein Wohnungsrecht an der Ehewohnung könnte für **Eheleute als Gesellschafter bürgerlichen Rechts** iS von § 705 BGB nicht begründet werden.[258] Die Personengemeinschaft »Ehe« sei weder dazu bestimmt noch dazu geeignet, Trägerin eines Wohnungsrechtes oder eines sonstigen dinglichen Rechts zu sein.[259] Es sei dabei von Bedeutung, ob der für eine GbR (wie für jede Gesellschaft) notwendige »gemeinsame Zweck« gegeben ist. Er könne zwar auch zwischen Ehegatten gegeben sein, jedoch nur dann, wenn eine schuldrechtliche Vereinbarung besteht, die über das hinausgeht, was ohnehin zum »Zweck« der ehelichen Lebensgemeinschaft gehört.[260] **Verlobte** können sich zu einer Gesellschaft bürgerlichen Rechts verbinden (zur Unterhaltung einer »Familienheimstatt«).[261] Praktisch selten wird es sein, dass eine **Erbengemeinschaft** ein Wohnungsrecht gemäß § 2041 BGB erwirbt, was jedoch zulässig ist,[262] vgl auch Rdn 87. **117**

4. Gesamtberechtigung

a) Allgemeines. Gesamtgläubigerschaft besteht, wenn mehrere Gläubiger eine Leistung in der Weise zu fordern berechtigt sind, dass jeder die ganze Leistung fordern kann und der Schuldner nur einmal leisten muss **118**

---

250 HM; BGHZ 46, 253 = DNotZ 1967, 183 = Rpfleger 1967, 143; BayObLG BayObLGZ 1967, 480 = DNotZ 1968, 493 = Rpfleger 1968, 220 = MDR 1968, 498 = MittBayNot 1968, 91; KG DNotZ 1935, 322: *Palandt/Bassenge* § 1093 Rn 7; *Reinicke* JZ 1967, 415; *Bader* DNotZ 1965, 680; *Schöner/Stöber* Rn 1246; *Sprau-Ott* Justizgesetze in Bayern, Art 22 Rn 3 AGBGB.

251 BayObLGZ 1967, 480 = DNotZ 1968, 493 = Rpfleger 1968, 220; *Palandt/Bassenge* § 1093 Rn 7; *Schöner/Stöber* Rn 1246; *Meder* BWNotZ 1982, 38; *Böhringer* BWNotZ 1987, 17; *ders* BWNotZ 1988, 49. Vgl auch Rn 106, 144.

252 AG Erlangen MittBayNot 1964, 145.

253 HM; KG DNotZ 1935, 322; BayObLG JFG 9, 177; BayObLG JW 1932, 3005 = BayObLGZ 1932, 282; BayObLGZ 1967, 480 = DNotZ 1968, 493 = Rpfleger 1968, 220; BayObLGZ 1975, 191; OLG Oldenburg DNotZ 1957, 319 = NdsRpfl 1957, 30; *Staudinger-Mayer* § 1090 Rn 6; BGB-RGRK-*Rothe* § 1093 Rn 3; *Soergel-Stürner* § 1093 Rn 13; *Palandt/Grüneberg* § 428 Rn 4; *MüKo-Bydlinski* § 428 Rn 13; *Soergel-Wolf*, 12 Aufl, § 428 Rn 10; *Schöner/Stöber* Rn 1246; *Demharter* § 47 Rn 10, *Haegele* BWNotZ 1969, 131, Rpfleger 1971, 285; BWGZ 1976, 118; *Sprau-Ott* Justizgesetze in Bayern, Art 22 Rn 3 AGBGB.

254 *Schöner/Stöber* Rn 1246; MüKo-*Joost* § 1093 Rn 13.

255 BGH BGHZ 65, 79 = MDR 1975 908; *Haegele* Rpfleger 1971, 283; *Fassbender* DNotZ 1967, 505; *Dammertz* MittRhNotK 1970, 94; *Schöner/Stöber* Rn 1246.

256 BGH BGHZ 65, 79 = MDR 1975, 908; *Haegele* BWNotZ 1969, 119; Rpfleger 1971, 285; *Dammertz* MittRhNotK 1970, 94; *Bader* DNotZ 1965, 681.

257 DNotZ 1967, 501 = MittBayNot 1968, 54.

258 DNotZ 1967, 501 = MittBayNot 1968, 54 m abl Anm *Fassbender*; DNotZ für Zulässigkeit des Wohnungsrechts in Gesellschaft bürgerlichen Rechts: *Bader* DNotZ 1965, 681; *Dammertz* MittRhNotK 1970, 94; *Haegele* Rpfleger 1971, 285; *Fassbender* 1967, 501; DNotZ 1965, 662; *Bunn* MDR 1989, 130 zur nichtehelichen Lebensgemeinschaft.

259 BGH BGHZ 79, 211 = NJW 1979, 421 = DNotZ 1979, 499 = Rpfleger 1979, 56 = FamRZ 1979, 227 = MDR 1979, 300 = WM 1979; 206 = LM Nr 2 § 49 GBO (*Hagen*) = AgrarR 1979, 224 = ZfSH 1979, 181 = MittBayNot 1979, 14; OLG Hamm MDR 1966, 326 = MittBayNot 1966, 129; *Fassbender* DNotZ 1967, 505.

260 BGH FamRZ 1989, 147.

261 OLG Düsseldorf DNotZ 1974, 169 und FamRZ 1978, 109.

262 *Roemer* MittRhNotK 1960, 612.

(**§ 428 BGB**).[263] Das Gesetz sagt nicht, unter welchen Voraussetzungen eine Gesamtgläubigerschaft entsteht. Gesamtgläubigerschaft ist gesetzlich angeordnet bei § 117 SGB X (Gesamtforderungen mehrerer öffentlich-rechtlicher Sozialversicherungsträger) und bei § 2151 Abs 3 BGB.[264] Schließlich kommt es vor, dass Gesamtgläubigerschaft vertraglich vereinbart wird (Ehegatten-Miteigentümer verkaufen Grundstück gegen Leibrente mit ausdrücklicher Vereinbarung von Gesamtgläubigerschaft und Zusatzabrede, dass, wenn der Anspruch bei dem einen gepfändet wird, nunmehr an den anderen zu zahlen ist). Keine Gesamtgläubigerschaft gem. § 428 BGB liegt vor, wenn zu Lebzeiten beider Berechtigten ausschließlich der eine Berechtigte (z.B. Ehemann) berechtigt sein soll, den Anspruch geltend zu machen und der andere (zB Ehefrau) dieses Recht erst nach seinem Tod erhält, der Anspruch letzterer Person (z.B. Ehefrau) aber zu Lebzeiten des Berechtigten (z.B. Ehemann) nicht zusteht. Unzulässig sind Ausgestaltungen, nach der entweder nur ein Berechtigter forderungsberechtigt ist oder beide Berechtigte die Leistung nur gemeinsam fordern können. Die Ausgestaltung des Verteilungsmodus ist zulässig, insofern kann von der dispositiven Norm des § 430 BGB abgewichen werden, wobei dann allerdings der Modus nicht auf das Außenverhältnis zum Schuldner durchschlagen darf, da in jedem Fall das Forderungsrecht jedes Gläubigers gewahrt bleiben muss. Unzulässig wäre demnach eine Regelung, nachdem nicht nur im Innenverhältnis der beiden Gläubiger der eine Gläubiger alleinberechtigt ist, die Leistung zu behalten (Verteilungsmodus), sondern auch dieser Gläubiger nur allein berechtigt ist, die Leistungen zu fordern (Einziehungsmodus).[265] ist somit:
– jeder der Berechtigten kann jederzeit fordern – Schuldner muss nur einmal leisten (gesetzlicher Regelfall);
– beide Berechtigte können fordern, aber ein Berechtigter kann festlegen an wen, in welchem Verhältnis zu leisten ist;
– beide Berechtigte können fordern, aber nur Leistung in einem bestimmten Verhältnis;
– beide Berechtigte können fordern, grundsätzlich erfolgt Leistung an beide zu ½; fordert nur einer, so erfolgt Leistung an diesen allein;
– beide können fordern; nach dem Tod kann nur der Überlebende fordern.

Unzulässig wäre:
– beide Berechtigte können fordern, aber ein Berechtigter kann festlegen an wen, in welchem Verhältnis zu leisten ist;
– zunächst kann nur einer der Berechtigten fordern, nach dessen Tod oder bei Eintritt eines bestimmten Ereignisses der andere.

119 Bei der Gesamtberechtigung nach § 428 BGB steht das Recht den Berechtigten gemeinsam und in ihrer gesamthänderischen Verbundenheit zu. Gesamtgläubigerschaft ist sowohl bei unteilbaren als auch bei teilbaren Leistungen möglich. Ihr typisches Merkmal ist, dass der Eigentümer bei ihr immer nur das Ausüben des Rechts durch einen einzigen Berechtigten dulden muss, nicht das gleichzeitig und nebeneinander erfolgende Ausüben durch die mehreren Berechtigten.[266] Darüber, dass **Gesamtgläubigerschaft auch im Sachenrecht möglich** ist, bestehen heute keine grundsätzlichen Zweifel mehr. Gesamtgläubiger (§§ 428 ff BGB) bilden zwar als solche keine Rechts- oder Vermögensgemeinschaft, dennoch wird seit langem die Eintragung der Gesamtgläubigerschaft gemäß § 47 für nötig und auch ausreichend erachtet. Die Bezeichnung »Gesamtgläubiger« ist eindeutiger als »Gesamtberechtigte«.

120 Gesamtgläubigerschaft ist aber zB **ausgeschlossen**, wenn das Recht zum Gesamtgut einer ehelichen Gütergemeinschaft gehört, dazu Rdn 115, 116. Die Eintragung einer Wohnungseigentümergemeinschaft als Hypothekengläubiger war nach früher hM unzulässig,[267] die einzelnen Wohnungseigentümer mussten angegeben werden, dazu Rdn 137.

121 Wegen der **Erfüllungsmöglichkeiten** bietet die Gesamtgläubigerschaft dem Schuldner Vorteile, setzt aber bei den Gläubigern ein Vertrauensverhältnis voraus. Da der Schuldner durch seine Leistung an einen Gläubiger von der Leistung frei wird, haben die anderen Gesamtgläubiger nur nach § 430 BGB gegen den Gläubiger, welcher die Leistung erhalten hat, einen Ausgleichsanspruch. Sofern zwischen den Gläubigern kein anderer Verteilungsmodus vereinbart worden ist, hat im Innenverhältnis jeder einen gleichen Anteil zu erhalten. Ist der Gläubiger, gegen den sich der Ausgleichsanspruch richtet, nicht leistungswillig oder pfandlos, kann den anderen Gesamtgläubigern dadurch Schaden entstehen. Aus diesem Grund wird in den meisten Kommentierungen die Gesamtgläubigerschaft als riskant bezeichnet.[268]

122 Durch einen **Erlassvertrag** zwischen dem Schuldner und einem einzigen Gläubiger erlöschen alle gegenseitigen Rechte, wenn der Wille der den Erlassvertrag schließenden Beteiligten auf die Aufhebung nicht nur der

263 Der Schuldner kann sich aussuchen, an welchen Gläubiger er leisten will. Ausführlich *Meier* AcP 205 (2005), 858.
264 *Staudinger-Langhein* § 741 Rn 83.
265 Vgl auch *Wicke* Rpfleger 2005, 601.
266 KEHE-*Eickmann* § 47 Rn 11; *Haegele* BWNotZ 1969, 121.
267 LG Mannheim BWNotZ 1982, 19; *Böhringer* BWNotZ 1988, 1.
268 *Meder* BWNotZ 1982, 36.

gegenseitigen Rechte und Pflichten zwischen dem betreffenden Gläubiger und dem Schuldner, sondern auf die Aufhebung des ganzen Schuldverhältnisses gerichtet war. Voraussetzung ist allerdings, dass der die Schuld erlassende Gläubiger überhaupt berechtigt ist, über die gesamte Forderung zu verfügen,[269] entweder nach dem Inhalt des Schuldverhältnisses, wenn dieses eine entsprechende Vereinbarung enthält, oder bei Fehlen einer solchen Vereinbarung nach der Art des Schuldverhältnisses überhaupt. Abdingbar sind die Erlassmöglichkeiten aus den §§ 429 Abs 3, 423 BGB in jedem Fall, sodass den darin liegenden Gefahren durch entsprechende Vertragsgestaltung begegnet werden kann.

Ist ein Wohnungsrecht für mehrere Personen als Gesamtberechtigte eingetragen, so können sie nur gemeinschaftlich hinter ein anderes Recht **im Range zurücktreten**. Es reicht nicht aus, dass ein Gesamtberechtigter **allein** den Rangrücktritt erklärt.[270] Zur **Löschung** eines Leibgedings mehrerer Berechtigter als Gesamtgläubiger bedarf es der Bewilligung aller Berechtigten.[271] Zur Löschung einer für Gesamtgläubiger bestellten Hypothek genügt die löschungsfähige Quittung nur eines der Gesamtgläubiger, während eine Löschungsbewilligung von allen Gesamtgläubigern abgegeben werden muß.[272] Wird bei einer Grunddienstbarkeit das Grundstück in Wohnungseigentum aufgeteilt, so müssen alle Wohnungseigentümer die Löschung des Rechts bewilligen.[273]   **123**

Die Gesamtgläubigerschaft bringt aber noch weitere Gefahren für die Gläubiger mit sich. **Vereinigen sich Forderung und Schuld** auch bei einem einzigen der Gesamtgläubiger, so erlöschen alle Rechte (§ 429 Abs 2 BGB). Die Ausgleichsforderungen der übrigen Gesamtgläubiger im Innenverhältnis bleiben allerdings bestehen.   **124**

Nicht verwechselt werden darf die hiervor behandelte Gesamtberechtigung mit einer **teilbaren** Leistung nach § 420 BGB. Hier liegt im Zweifel eine anteilsmäßige Berechtigung vor.   **125**

Die **Mitgliedschaft gemäß § 432 BGB**[274] setzt eine **unteilbare** Leistung voraus, wobei es gleichgültig ist, ob diese Unteilbarkeit von der Art der Sache her gegeben ist oder ob die Leistung nur deshalb unteilbar ist, weil im Innenverhältnis eine entsprechende Vereinbarung der Gläubiger vorliegt. Infolge dieser Unteilbarkeit kann der Schuldner nur an alle Gläubiger gemeinsam leisten. Leistung an einen Gesamtgläubiger befreit den Schuldner nicht von seiner Leistungspflicht. Deshalb schließen sich auch Gesamtgläubigerschaft und Mitgläubigerschaft begrifflich gegenseitig aus.[275] Bei der Mitgläubigerschaft kann jeder Gläubiger nur Leistung an alle Gläubiger gemeinsam verlangen. Umstände, die nur in der Person eines Gläubigers vorliegen, wirken nicht gegen alle, sondern nur gegen oder für diesen einen Gläubiger.   **126**

Es gibt zwei Arten von Gläubigergemeinschaften, auf welche § 432 BGB Anwendung findet: Die einfache Forderungsgemeinschaft als Gemeinschaft nach Bruchteilen und die Gesamthandsgemeinschaft.   **127**

Die Gesamtberechtigung nach § 432 BGB ist ein die Gemeinschaft der Berechtigten kennzeichnendes Rechtsverhältnis iS von § 47. Das Gemeinschaftsverhältnis nach § 432 BGB wird daher für **eintragungsfähig angesehen**.[276]   **128**

b) Einzelfälle. aa) Dauerwohnrecht nach WEG. Zulässig.[277] Es gilt das für das Wohnungsrecht Ausgeführte.   **129**

bb) Dienstbarkeit. Die Bestellung einer beschränkt persönlichen Dienstbarkeit zugunsten mehrerer als Gesamtberechtigte nach § 428 BGB ist zulässig, wobei jeder Berechtigte durch das Nutzungsrecht der anderen   **130**

---

269 HansOLG Bremen OLGZ 1987, 29 (ein Gesamtgläubiger kann die Löschung einer Hypothek nicht allein bewilligen, sein Recht daran aber behalten).
270 LG Braunschweig Rpfleger 1972, 365 m zust Anm *Haegele*; BayObLGZ 1975, 191 = DNotZ 1975, 619 = Rpfleger 1975, 300, 348; aA *Meier* AcP 205 (2005), 858, 898.
271 BayObLG BayObLGZ 1975, 191 = DNotZ 1975, 619 = Rpfleger 1975, 300, 348 = MDR 1975, 1018 = JurBüro 1975, 1234 = BayJMBl 1975, 164 = MittBayNot 1965, 167 m Anm *H Schmidt* = RdL 1975, 319. Offen gelassen bei LG Bielefeld OLG Hamm Rpfleger 1985, 248; ebenso KEHE-*Munzig* § 27 Rn 26. Zur Löschung einer Vormerkung für Gesamtberechtigte BayObLG DNotZ 1984, 628.
272 KG OLGZ 1965, 92 = Rpfleger 1965, 366 = BWNotZ 1966, 110; HansOLG Bremen OLGZ 1987, 29; Zu den Anforderungen an eine löschungsfähige Quittung OLG Hamm DNotZ 2005, 630 = FGPrax 2005, 58 = NotBZ 2005, 114 = RNotZ 2005, 175 = Rpfleger 2005, 252.
273 BayObLG Rpfleger 1983, 434 = MDR 1983, 935.
274 Zur Mitgläubigerschaft nach § 432 BGB *Amann* DNotZ 2008, 324.
275 BayObLG BayObLGZ 1962, 205 = NJW 1962, 1727 = DNotZ 1963, 49 = Rpfleger 1962, 412 = BayJMBl 1962, 144 = JR 1963, 102 = BWNotZ 1962, 260; BayObLG BayObLGZ 1967, 480 = DNotZ 1968, 493 = Rpfleger 1968, 220 = MDR 1968, 498 = BayJMBl 1968, 63 = MittBayNot 1968, 91; *Meder* BWNotZ 1982, 36.
276 BGH NJW 1981, 176 = DNotZ 1981, 121 = Rpfleger 1980, 464; BGH DNotZ 1979, 499 = Rpfleger 1979, 56; OLG München DNotI-Report 2007, 128 = Rpfleger 2007, 654 = NotBZ 2008, 81; LG Bochum Rpfleger 1981, 148 m zust Anm *Meyer-Stolte*; *Schöner/Stöber* Rn 261, 1197; *Böhringer* BWNotZ 1985, 75.
277 HM; *Soergel-Stürner*, 12 Aufl, WEG § 31 Rn 3; *Roemer* MittRhNotK 1960, 615; *Mayer* ZNotP 2000, 354; **aA** *Woelki* Rpfleger 1968, 214.

beschränkt ist.[278] Steht eine Dienstbarkeit mehreren Personen nach § 428 BGB zu, so können die Berechtigten nur gemeinsam über das Recht verfügen (zB durch Rangrücktritt oder Löschung).[279]

131 **cc) Grunddienstbarkeit.** Ob eine einheitliche Grunddienstbarkeit zugunsten oder zu Lasten der Eigentümer mehrerer selbständiger Grundstücke bestellt werden kann oder ob für jedes einzelne herrschende Grundstück ein Einzelrecht begründet werden muss, ist strittig.[280]

Es ist eine Unterscheidung notwendig:
- die Rechte der Eigentümer der herrschenden Grundstücke hängen in ihrer Ausübung oder in der Verfügung zusammen: die Eintragung einer einzigen Grunddienstbarkeit ist geboten, wohl mit Angabe des Beteiligungsverhältnisses,
- die Rechte der Dienstbarkeitsberechtigten sind zwar gleichartig, aber in der Ausübung und in der Verfügung über die Dienstbarkeit selbständig: Eine einheitliche Eintragung ist nicht geboten, aber zweckmäßig.
- Befugnisse der einzelnen Eigentümer der herrschenden Grundstücke sind ungleichartig. Die Eintragung selbständiger Dienstbarkeiten ist geboten.

Das BayObLG[281] erachtet ebenso wie das KG[282] eine Grunddienstbarkeit für möglich, wenn mehrere Grundstücke das Recht haben, auf dem belasteten Grundstück eine allen zum Vorteil gereichende einheitliche Anlage zu errichten. Eine **Grunddienstbarkeit** bejaht auch das OLG Frankfurt[283] und das SchlHOLG[284] sowie das LG Traunstein[285] für den Fall einer **Wegerechtseinräumung**. Das LG Wuppertal[286] hält die Eintragung einer Grunddienstbarkeit für die jeweiligen Eigentümer mehrerer herrschender Grundstücke als Gesamtberechtigte jedenfalls dann für möglich, wenn die mehreren herrschenden Grundstücke im Eigentum einer Person stehen und die Grunddienstbarkeit auf Nutzung einer den Zwecken der mehreren Grundstücke dienenden Anlage auf dem belasteten Grundstück gerichtet ist (Weg, Einstellplatz). KEHE-*Eickmann*[287] bejaht ebenfalls die Zulässigkeit einer solchen Dienstbarkeit, weil wohl auch bei Teilung eines berechtigten Grundstücks nach § 1025 BGB ein Gesamtrecht entstehen würde. Die Rechtsgestalt des § 428 BGB mag zwar unpraktisch sein, eine dahingehende Eintragung kann aber nach den genannten Autoren nicht verweigert werden. *Götz*[288] bezeichnet die Frage zwar als bestritten, verneint sie allerdings. *Herrmann*[289] führt aus, dass die gegen die Ansicht einer Gesamtgrunddienstbarkeit vorgebrachten Gründe überzeugen und zu wünschen wäre.

132 Die **Zulässigkeit einer Gesamtgrunddienstbarkeit** für die Eigentümer mehrerer Grundstücke iS einer Gesamtberechtigung ist analog § 428 BGB zu bejahen, wenn die in Frage stehende Belastung, etwa ein **Wegerecht** oder das Recht zur **Unterhaltung einer technischen Anlage** gemäß § 1019 BGB, für sämtliche

---

278 HM; RG JW 1925, 880; KG DNotZ 1936, 396 = JW 1935, 3564 = HRR 1935, 1526; BGH NJW 1981, 176 = DNotZ 1981, 121 = Rpfleger 1980, 424; BGHZ 46, 253 = DNotZ 1967, 183 m Anm *Fassbender* = JZ 1967, 413 m Anm *Reinicke* = Rpfleger 1967, 143; BGH NJW 1981, 176 = DNotZ 1981, 121 = Rpfleger 1980, 424; BayObLGZ 1975, 191 = DNotZ 1975, 619 = Rpfleger 1975, 300, 348; BayObLG BayObLGZ 1965, 265 = NJW 1966, 56 = MDR 1966, 146 = Rpfleger 1966, 367 m Anm *Haegele; Staudinger-Mayer* § 1090 Rn 6; BGB-RGRK-*Rothe* § 1090 Rn 6; MüKo-*Bydlinski* § 428 Rn 13; *Palandt/Bassenge* § 1090 Rn 7; *Demharter* § 47 Rn 11; *Haegele* BWNotZ 1969, 128; BaWüJM GBPrüfErl v 07.10.1995 BWNotZ 1956, 71.

279 BayObLGZ 1975, 191 = DNotZ 1975, 619 = Rpfleger 1975, 300; LG Braunschweig Rpfleger 1972, 365 m zust Anm *Haegele; Staudinger-Mayer* § 1090 Rn 6; **aA** KG OLGZ 1965, 92 = Rpfleger 1965, 366 zur Löschung einer Hypothek für Gesamtgläubiger; *Meier* AcP 205 (2005), 858, 898.

280 *Staudinger-Mayer* § 1018 Rn 51; *Haegele* Rpfleger 1966, 368; 1967, 62; 1975, 154; *Schöner/Stöber* Rn 1124, 1126; *Meier* AcP 205 (2005), 858, 900 hält eine analoge Anwendung des § 428 BGB für evident interessenwidrig.

281 BayObLG NotBZ 2002, 265 = MittBayNot 2002, 286 m Anm *Mayer*; BayObLG Rpfleger 2002, 619; BayObLGZ 1965, 267, 341 = NJW 1966, 56 = DNotZ 1966, 174 = MDR 1966, 146 = Rpfleger 1966, 367 = JR 1965, 464; OLG Frankfurt NJW 1969, 469; LG Traunstein Rpfleger 1987, 242; OLG Stuttgart NJW-RR 1990, 659 = BWNotZ 1990, 115; MüKo-*Bydlinski* § 428 Rn 13; *Haegele* Rpfleger 1975, 154. Ebenso für den Fall, dass das herrschende Grundstück in Wohnungseigentum aufgeteilt wird: BayObLG DNotZ 1980, 364; BayObLG Rpfleger 1983, 434 = MDR 1983, 935 = DNotZ 1984, 630; BayObLG Rpfleger 1990, 354 = MittBayNot 1990, 353. Dazu auch OLG Düsseldorf MittRhNotK 1988, 175; OLG Hamm MittRhNotK 1981, 194; BGHZ 46, 253.

282 Rpfleger 1970, 282 = NJW 1970, 1686; MüKo-*Bydlinski* § 428 Rn 13.

283 NJW 1969, 469 = MDR 1968, 922 = OLGZ 1968, 449; OLG Düsseldorf MittRhNotK 1988, 175.

284 SchlHA 1975, 94. So auch für Wohnungseigentumsrechte: LG Essen Rpfleger 1972, 367 = MittBayNot 1972, 299 = MittRhNotK 1973, 1; LG Düsseldorf MittRhNotK 1985, 126; OLG Düsseldorf Rpfleger 1987, 15 = DNotZ 1987, 235.

285 Rpfleger 1987, 242.

286 MittRhNotK 1974, 252.

287 § 47 Rn 12.

288 *Meissner-Ring-Götz* Nachbarrecht in Bayern, 7. Aufl (1986) § 28 Rn 45.

289 DNotZ 1974, 189.

Grundstücke vorteilhaft ist;[290] die Grundstücke brauchen nicht im Eigentum einer Person stehen.[291] Da die Nutzung idR jedem Berechtigten für sich allein neben den anderen zusteht und die Leistung an nur einen Gläubiger entgegen § 428 BGB keine befreiende Wirkung haben soll, geht es um eine modifizierte, durch Elemente der Mitberechtigung nach § 432 BGB ergänzte Form der Gesamtgläubigerschaft[292] (modifizierte Gesamtgläubigerschaft). Die Bedenken gegen die vom BayObLG[293] und OLG Frankfurt[294] zugelassene einheitliche Gesamtgrunddienstbarkeit zugunsten der jeweiligen Eigentümer mehrerer Grundstücke erscheinen insoweit als nicht begründet. Die Gesamtberechtigung wird nach der hier vertretenen Meinung für zulässig erachtet. Danach kann der einzelne Grundstückseigentümer eines berechtigten Grundstücks nicht etwa nach §§ 425, 423 BGB durch Erlass ohne Mitwirkung der anderen berechtigten Grundstückseigentümer die Grunddienstbarkeit zum Erlöschen bringen bzw. auch nicht allein die Löschung bewilligen; vielmehr ist eine Löschung nur mit Zustimmung aller Eigentümer der anderen herrschenden Grundstücke als weitere Gesamtgläubiger möglich;[295] ein Erlöschen der akzessorischen Unterhaltspflicht ist einseitig durch einen Berechtigten demnach auch nicht möglich. Bedenklich erscheint jedoch die Meinung des BayObLG die Angabe eines Berechtigungsverhältnisses sei entbehrlich, wenn Eigentümer der mehreren herrschenden Grundstücke ein und dieselbe Person ist.[296]Allerdings liegt die Entscheidung des BayObLG auf einer Linie mit einer neuen Auffassung in der Literatur, nach der das Grundbuch nur begrenzte Aussagekraft hinsichtlich der Rechtsfragen des Gemeinschaftsverhältnisses habe.[297] Sobald die Personenidentität des Eigentümers der mehreren herrschenden Grundstücke nicht mehr besteht, kann das Berechtigungsverhältnis nach einem Wechsel des Eigentums nachträglich im Grundbuch vermerkt werden, diese Änderung müsste im Rahmen der ersten Grundstücksveräußerung erfolgen und ist dann einheitlich für sämtliche herrschenden Grundstücke festzulegen, dazu ist die Eintragungsbewilligung erforderlich.

dd) Eigentümergrundschuld. Die Bestellung einer einheitlichen Eigentümergesamtgrundschuld an den **133** Anteilen mehrerer Miteigentümer als Gesamtberechtigte nach § 428 BGB ist zulässig;[298] dann ist das Recht jeweils am eigenen Anteil Eigentümerrecht, an dem anderen Anteil Fremdrecht. Sind Eheleute je zur ideellen Hälfte Miteigentümer eines Grundstücks, so kann für sie gleichwohl eine Eigentümergrundschuld in Gesamtgläubigerschaft (nach § 428 BGB) eingetragen werden.[299] Wegen Eigentümergrundschuld für Ehegatten in Gütergemeinschaft vgl Rdn 103.

ee) Erbbaurecht. Nach hM möglich.[300] An dieser überwiegenden Auffassung in Rechtsprechung und **134**

290 MüKo-*Falckenberg* § 1018 Rn 23; BGHZ 46, 253 = DNotZ 1967, 183 = Rpfleger 1967, 143; BayObLG Rpfleger 2002, 619 = DNotZ 2002, 950 = DNotI-Report 2002, 166 = ZfIR 2003, 23; BayObLGZ 1965, 265 = NJW 1966, 56 = Rpfleger 1966, 367 m Anm *Haegele*; BayObLG DNotZ 1979, 545; OLG Frankfurt OLGZ 1968, 449 = NJW 1969, 469 (Wegerecht bei Eigentum derselben Person; gegen diese Entscheidung *Haegele* Rpfleger 1969, 266); KG Rpfleger 1970, 282 = NJW 1970, 1686; SchlHOLG SchlHA 1975, 94 (Wegerecht bei Mehrheit von Eigentümern); LG Essen Rpfleger 1972, 367 = MittBayNot 1972, 299 = MittRhNotK 1973, 1; LG Köln MittRhNotK 1972, 707; LG Wuppertal MittRhNotK 1974, 252; LG Traunstein Rpfleger 1987, 242; MüKo-*Bydlinski* § 428 Rn 13; BGB-RGRK-*Weber* § 428 Rn 12; BGB-RGRK-*Rothe*1018 Rn 10; *Palandt/Bassenge* § 1018 Rn 3; Palandt-Grüneberg § 428 Rn 4; *Schöner/Stöber* Rn 1124; *Herget* NJW 1960, 1061; *Riggers* JurBüro 1966, 373; **aA** LG Dortmund Rpfleger 1963, 197; *Enneccerus-Wolff-Raiser* § 106 I 1; *Haegele* Rpfleger 1969, 268; 1975, 154; *Woelki* Rpfleger 1968, 214; kritisch *Staudinger-Mayer* § 1018 Rn 51.
291 BayObLG Rpfleger 2002, 619 = DNotZ 2002, 950 = DNotI-Report 2002, 166.
292 So auch LG Traunstein Rpfleger 1987, 242 mwN; MüKo-*Falckenberg* § 1018 Rn 23; BGB-RGRK-*Rothe* § 1018 Rn 10; OLG Düsseldorf Rpfleger 1987, 15 = DNotZ 1987, 235.
293 NotBZ 2002, 265 = MittBayNot 2002, 286 m Anm *Mayer;* BayObLG DNotZ 1992, 366; BayObLG MittBayNot 1982, 168; BayObLG Rpfleger 2002, 619 = DNotZ 2002, 950 = DNotI-Report 2002, 166.
294 NJW 1969, 469 = MDR 1968, 922 = OLGZ 1968, 449.
295 BGH MDR 1986, 746; BayObLGZ 1975, 191; LG Braunschweig Rpfleger 1942, 365.
296 Dazu *Mayer* MittBayNot 2002, 286.
297 *Amann,* FS Hagen, S 75, 94; *Bauer/von Oefele-Wegmann, GBO,* § 47 Rn 21.
298 BGH LM Nr 1 § 1008 BGB = NJW 1975, 445 = DNotZ 1975, 487 = Rpfleger 1975, 84; MüKo-*Eickmann* § 1196 Rn 11; MüKo-*Bydlinski* § 428 Rn 13; *Soergel-Konzen* § 1196 Rn 2; *Schöner/Stöber* Rn 2355; **aA** OLG Frankfurt DNotZ 1961, 411.
299 OLG Frankfurt DNotZ 1961, 411 = Rpfleger 1961, 240 = MDR 1961, 504 = BWNotZ 1961, 227; BayObLG NJW 1975, 445 = DNotZ 1975, 487 = Rpfleger 1975, 84.
300 KG DNotZ 1926, 396 = JW 1935, 3564 = HRR 1935, 1526; KG JW 1932, 1564; KG JW 1933, 1464; LG Bielefeld Rpfleger 1985, 248; OLG Hamm FGPrax 2006, 200 = NotBZ 2006, 364 = RNotZ 2006, 478 = Rpfleger 2006, 539; LG Hagen DNotZ 1950, 381 m Anm *Dickertmann* = Rpfleger 1950; 181 m abl Anm *Bruhn; Staudinger-Rapp* ErbbauVO § 1 Rn 4; BGB-RGRK-*Weber* § 428 Rn 13; MüKo-*Bydlinski* § 428 Rn 13; *Soergel-Stürner* ErbbauVO § 1 Rn 1; *Palandt/Bassenge* ErbbauVO § 1 Rn 12; LG Bielefeld und OLG Hamm Rpfleger 1985, 248; *Ingenstau/Hustedt* ErbbauVO § 1 Rn 38; *Haegele* BWNotZ 1969; 125; *Roemer* MittRhNotK 1960, 602; *Huber* NJW 1952, 689; BWGZ 1976, 95; **aA** KEHE-*Eickmann* § 47 Rn 12 (kritisch); *Woelki* Rpfleger 1968, 214; *Kehrer* BWNotZ 1957, 54; *von Oefele* MittBayNot 1988, 72; *Bruhn* Rpfleger 1950, 182; *Schiffhauer* Rpfleger 1985, 250.

Schrifttum zur Gesamtberechtigung gemäß § 428 BGB am Erbbaurecht sind berechtigte Zweifel angebracht. Das Erbbaurecht ist ein grundstücksgleiches Recht. Bei Grundstücken ist die Gesamtberechtigung nach § 428 BGB nicht möglich, dazu Rdn 136. ME ist die Gesamtberechtigung an einem Erbbaurecht unzulässig.[301] Der das Grundbuchverfahren beherrschende Grundsatz der Rechtsklarheit und Rechtssicherheit verlangt eine eindeutige Zuordnung des Eigentums an dem Erbbaurecht ebenso wie beim Eigentum selbst. Gerade die im Grundbuch zu vermerkende Eigentümerstellung des Erbbaurechtes entspricht in seiner Struktur derjenigen am Grundstück. Anders liegt der Fall aber wegen der Erbbauzins-Reallast für mehrere Grundstückseigentümer bei einem Gesamterbbaurecht; hier ist § 428 BGB oder § 432 BGB möglich.[302]

135 ff) Grundschuld. Möglich, dazu Rdn 137.

136 gg) Grundstück. Die Gesamtgläubigerschaft ist bei Eintragung von Grundstückseigentum kein iS von § 47 zulässiges Gemeinschaftsverhältnis. Mehrere Personen können nicht zusammenhanglos nebeneinander als Eigentümer desselben Grundstücks im Grundbuch eingetragen werden, ohne dass eine zulässige Rechtsgemeinschaft zwischen ihnen begründet ist.[303] An **einem** Grundstück können **nicht** gleichzeitig zwei Alleineigentumsrechte[304] nebeneinander begründet werden.[305] Zur Eigentumsvormerkung vgl Rdn 142.

137 hh) Hypothek. Die Zulässigkeit steht außer Zweifel.[306] Dies gilt auch für die Bestellung einer einheitlichen Hypothek bzw Grundschuld an den Anteilen mehrerer Miteigentümer als Gesamtberechtigte nach § 428 BGB.[307] Die Forderung einer **Anwaltssozietät** gegen Mandanten war nach überwiegender Meinung eine solche iS von § 428 BGB.[308] Der BGH[309] ist davon abgewichen und verneint es, dass eine zum Gesamthandsvermögen einer Gesellschaft gehörige Forderung gleichzeitig den einzelnen Gesellschaftern als Gesamtgläubiger zustehen könne. Mehreren Vermietern stehen ihre titulierten Mietzinsansprüche gegen den Mieter in einfacher Forderungsgemeinschaft in Form der Bruchteilsgemeinschaft zu; sie sind Gesamtberechtigte nach § 432 BGB.[310]

Der BGH[311] hat die Wohnungseigentümergemeinschaft auf eine neue dogmatische Grundlage gestellt und erklärte die Wohnungseigentümergemeinschaft für (teil-)rechtsfähig. Der Gesetzgeber der WEG-Novelle 2007 hat in § 10 Abs 6 WEG die Wohnungseigentümergemeinschaft als Personenverband als teilrechtsfähig anerkannt und Einzelheiten geregelt. Bisher bestanden zB für das Grundbuchamt Zweifel, wie die Wohnungseigentümergemeinschaft als Gläubiger einer Zwangshypothek für Hausgeldrückstände in das Grundbuch einzutragen ist.[312] Die Gemeinschaft hat eine eigene (sog. partielle) Teil-Rechtsfähigkeit, so weit sie bei der Verwal-

---

301 Zurückhaltend *Schöner/Stöber* Rn 1685; *Meier* AcP 205 (2005), 858, 899; *Woelki* Rpfleger 1968, 208; *Schiffhauer* Rpfleger 1985, 248; *Kehrer* BWNotZ 1957, 54; *Bruhn* Rpfleger 1950, 182; MüKo-*von Oefele* § 1 Rn 64 ErbbauRG; *von Oefele* MittBayNot 1988, 72.

302 So auch *von Oefele-Winkler* Handbuch des Erbbaurechts, 2. Aufl., Rn 3.54 mwN.

303 HM; BayObLG BayObLGZ 1963, 128 = NJW 1963, 2276 = DNotZ 1964, 343 = JR 1964, 22 = BayJMBl 1963, 147 = BWNotZ 1963, 291; 1964, 63; KEHE-*Eickmann* § 47 Rn 11 *Woelki* Rpfleger 1968, 208; OLG Köln Rpfleger 1975, 19 = MittRhNotK 1974, 255 m zust Anm *Haegele* Rpfleger 1975, 156; *Staudinger-Gursky* § 873 Rn 94; *Meier* AcP 205 (2005), 858, 899.

304 *Dickertmann* DNotZ 1950, 381; *Schöner/Stöber* Rn 3313 (Zur Unmöglichkeit der »Gesamtberechtigung nach § 428 BGB«).

305 *Meikel-Imhof-Riedel* (6. Aufl) § 47 Bem 6.

306 Ganz hM; BGH BGHZ 29, 363 = NJW 1959, 984 = DNotZ 1959, 310 = Rpfleger 1959, 154; KG JFG 10, 312; 11, 273; 14, 1; KG JW 1933, 702; 1937, 3158; KGJ 46, 226; KG OLGZ 1965, 95 = Rpfleger 1965, 366; BayObLG BayObLGZ 1958, 164 = NJW 1958, 1917 = DNotZ 1958, 639; OLG Frankfurt Rpfleger 1976, 403; *Demharter* § 47 Rn 11; KEHE-*Eickmann* § 47 Rn 12; *Schöner/Stöber* Rn 1922; *Meier* AcP 205 (2005), 858, 898; *Woelki* Rpfleger 1968, 208; *Roemer* MittRhNotK 1960, 622 mit dem zutreffenden Hinweis, dass eine solche Gesamtberechtigung bei einer Hypothek nicht zu verwechseln ist mit der Gesamthypothek, die auf mehreren Grundstücken ruht.

307 BGH NJW 1975, 445 = DNotZ 1975, 487 = Rpfleger 1975, 84 = MDR 1975, 307.

308 BGH NJW 1963, 1301 und NJW 1980, 2407; OLG Düsseldorf AnwBl 1985, 388; OLG Saarbrücken Rpfleger 1978, 227; LG Saarbrücken Rpfleger 2003, 498; LG Saarbrücken JurBüro 1989, 711.

309 Rpfleger 1996, 525.

310 LG Essen Rpfleger 2001, 543.

311 BGH DNotZ 2005, 776 = FGPrax 2005, 143 = NJW 2005, 2061 = NotBZ 2005, 327 = NZM 2005, 543 = Rpfleger 2005, 521 m Anm *Dümig* = WM 2005, 1423 = ZfIR 2005, 506 m Anm *Lüke* = ZIP 2005, 1233 = ZMR 2005, 547 m Anm *Häublein* = ZNotP 2005, 381. Zustimmend *Böhringer* Rpfleger 2006, 53; *Demharter* NZM 2005, 601; *Schmidt* NotBZ 2005, 309; *Bub/Petersen* NJW 2005, 2590. Kritisch *Bork* ZIP 2005, 1205; *Elzer* ZMR 2005, 683. Zu den Auswirkungen auf die notarielle Praxis *Hügel* DNotZ 2005, 753; *Rapp* MittBayNot 2005, 449. Zu den grundbuchrechtlichen Auswirkungen *Böhringer* Rpfleger 2006, 53; *Wenzel* ZNotP 2006, 82; *Wilsch* RNotZ 2005, 536. Die Entscheidung des BGH ist ein Feuerwerk neuer Rechtserkenntnisse bei der Wohnungseigentümergemeinschaft und gehört zu den bedeutendsten Rechtsfortbildungen des WEG. Vgl. jetzt die gesetzliche Neuregelung in § 10 WEG.

312 Dazu *Böhringer* Rpfleger 2006, 53; *ders* BWNotZ 1988, 1.

tung des gemeinschaftlichen Eigentums am Rechtsverkehr teilnimmt. Die Teilrechtsfähigkeit hängt nicht von der Größe der Wohnungseigentümergemeinschaft ab, etwa von der Zahl der Miteigentümer. Mit der Teilrechtsfähigkeit ist die Wohnungseigentümergemeinschaft selbst Forderungsinhaberin. Nach § 10 Abs 6 WEG muss die Gemeinschaft die Bezeichnung »Wohnungseigentümergemeinschaft« gefolgt von der bestimmten Angabe des gemeinschaftlichen Grundstücks führen, also zB *»Zwangshypothek für die Wohnungseigentümergemeinschaft an Flst. … X-Straße Gemarkung … (Wohnresidenz Seeblick)«*.[313] Die Teilrechtsfähigkeit beschränkt sich nicht auf das Außenverhältnis, sondern besteht auch im Innenverhältnis, wenn Ansprüche der Gemeinschaft gegen eines ihrer Mitglieder durchgeführt werden soll, z.B. Beitragsforderungen gegen einzelne Wohnungseigentümer.[314] Gläubiger ist hierbei der Personenverband. Das ist insbesondere bei der Verfolgung von gemeinschaftlichen Beitrags- oder Schadenersatzansprüchen gegen einzelne Wohnungseigentümer der Fall, das (Haus-)-Wohngeld gehört gleichfalls zum gemeinschaftlichen Vermögen. Das Vermögen des Verbands besteht aber nicht aus dem gemeinschaftlichen Eigentum am Grundstück, sondern es beschränkt sich auf die Ansprüche gegen die einzelnen Wohnungseigentümer sowie das Hausgeldkonto einschließlich vorhandener Rücklagen und sonstigen Verwaltungsvermögens. Bei der Veräußerung einer Teilfläche aus dem Anlagengrundstück kann der teilrechtsfähige Verband nicht auftreten; es bleibt bei der seit Jahrzehnten geübten Praxis, dass die Miteigentümer bei solchen Rechtsgeschäften auftreten.[315] Beim Hinzuerwerb einer Teilfläche für die Wohnanlage kann der Personenverband dann auftreten, wenn das erworbene Grundstück für den Personenverband als selbständiges Grundstück im Grundbuch eingetragen wird. Das Grundbuchamt hat weder bei einem solchen Erwerb wie auch bei einem Erwerb eines Sondereigentums zu prüfen, ob das Rechtsgeschäft als Maßnahme der ordnungsgemäßen Verwaltung angesehen werden kann,[316] es genügt die Zuordnung zum Verwaltungsvermögen, ohne dass vom Grundbuchamt weitere Nachweise zur Einhaltung des Verbandszweckes verlangt werden können. Soll die Erwerbsfläche dem Anlagengrundstück zugeschrieben werden, müssen alle Wohnungseigentümer bei dem Erwerb auftreten und die Auflassung erklären.[317]

Träger des Vermögens einschließlich der gemeinschaftlichen Forderungen und Verbindlichkeiten ist nach Ansicht des BGH unabhängig von einem Eigentümerwechsel der Verband (ein Verband sui generis). Der Anteil des einzelnen Gemeinschafters am Verwaltungsvermögen des Personenverbands geht bei einem Eigentumswechsel zusammen mit dem Miteigentumsanteil an dem gemeinschaftlichen Grundstück und dem Sondereigentum an der Wohnung automatisch auf den Erwerber über, ohne dass es einer besonderen Abtretung bedarf.[318]

Der BGH[319] bejaht ausdrücklich – noch offen gelassen bei seiner GbR-Entscheidung[320] – die Eintragungsfähigkeit der Wohnungseigentümergemeinschaft als solcher im Grundbuch als Gläubiger einer Hypothek, insbesondere einer Wohngeldhypothek, demnach also ohne Angabe der einzelnen Gemeinschafter und somit ohne Angabe eines Gemeinschaftsverhältnisses. § 47 GBO findet dann auf diesen Verband keine Anwendung.[321] Im Titel und in der Grundbucheintragung sind nicht mehr sämtliche Wohnungseigentümer namentlich aufzuführen bzw. mittels einer Liste, sondern nur noch der Verband. Die bisher zugelassene Möglichkeit, den Verwalter als Verfahrensstandschafter und damit als Gläubiger[322] der Wohngeldhypothek einzutragen, ist nunmehr nicht mehr zulässig.[323] Dem Grundbuchamt sind keine Gläubigerlisten mehr vorzulegen. Eingetragen werden nicht mehr die einzelnen Personen der Gemeinschaft der Wohnungseigentümer, sondern die Wohnungseigentümergemeinschaft als solche. Die Bezeichnung im Titel und im Grundbuch[324] könnte lauten: *»Zwangshypothek für die*

313 *Böhringer* Rpfleger 2006, 53, 55; *ders* NotBZ 2008, 179; *Hügel* NotBZ 2008, 169, 175; *Schneider* Rpfleger 2008, 291; *Zeiser* Rpfleger 2008, 58; OLG Celle NotBZ 2008, 198 = Rpfleger 2008, 296 = DNotZ 2008, 616; *Schmitz* ZNotP 2008, 353, 356.

314 OLG München NotBZ 2005, 410 = ZMR 2005, 729 m Anm *Elzer*; *Abramenko* ZMR 2005, 585, 589.

315 Ebenso *Wilsch* RNotZ 2005, 536, 540.

316 Ebenso AG Deggendorf MittBayNot 2008, 380.

317 Einzelheiten *Böhringer* NotBZ 2008, 179; *Hügel* NotBZ 2008, 169, 175; *Schneider* Rpfleger 2008, 291; OLG Celle NotBZ 2008, 198 = Rpfleger 2008, 296

318 KG FGPrax 2000, 94 = NZM 2000, 830 = WE 2000, 107 = WuM 2000, 326 = ZWE 2000, 224. Zu bisherigen Vereinbarungen in der Gemeinschaftsordnung *Lingk* RNotZ 2001, 421, 436; *Galster* ZWE 1995, 290, 292.

319 Zustimmung *Demharter* NZM 2005, 601. So schon früher *Böhringer* BWNotZ 1988, 1.

320 BGHZ 146, 341 = DNotZ 2001, 234 = DNotI-Report 2001, 41 = BB 2001, 374 = MDR 2001, 459 = NZM 2001, 299 = NJW 2001, 1056 = MittBayNot 2001, 192 m Anm *Ann* = Rpfleger 2001, 246 = NJW 2001, 1056 = RNotZ 2001, 224 = ZIP 2001, 330 = EWiR 2001, 341 (*Prütting*) = WM 2001, 408 = ZMR 2001, 338. Zu Auswirkungen auf die notarielle Tätigkeit im Grundstücksverkehr *Lautner* MittBayNot 2001, 425. Dazu grundsätzlich *Raiser* ZWE 2001, 173; *Kappus* NZM 2001, 353; *Schmidt* ZWE 2004, 42.

321 Ebenso *Bub/Petersen* NJW 2005, 2560; *Böhringer* Rpfleger 2006, 53.

322 BGHZ 148, 392 = DNotI-Report 2001, 198 = FGPrax 2002, 7 = NJW 2001, 3627 = NZM 2001, 1078 = Rpfleger 2002, 194 = ZfIR 2001, 1029 = ZMR 2002, 134.

323 Ebenso *Schmidt* NotBZ 2005, 309.

324 Dazu *Böhringer* Rpfleger 2006, 53; *ders* NotBZ 2008, 179; *Wilsch* RNotZ 2005, 536; *Schmitz* ZNotP 2008, 353, 356.

Wohnungseigentümergemeinschaft an Flst. ... X-Straße Gemarkung ... (Wohnresidenz Seeblick).« Dümig[325] *schlägt vor:*
»Sicherungshypothek für die Verwaltungsgemeinschaft der Wohnungseigentümer der in den Blättern ... des Grundbuchs von
... eingetragenen Miteigentumsanteilen am Grundstück ... Flur ... Flst. ...« Die Möglichkeit einer »Kurzbezeichnung«
ist auch im Grundbuchverkehr zulässig, eine Vertreterangabe wird im Grundbuch nicht gebucht. Da die teilrechtsfähige Wohnungseigentümergemeinschaft namensfähig i.S. von § 12 BGB ist, können sich die Wohnungseigentümer für die Gemeinschaft einen Namen (für ihre Eigentumsanlage) geben, unter dem sie im Rechtsverkehr auftreten; dieser Name (auch Phantasiename[326]) kann eingetragen werden (wie vorstehend dargestellt),[327]
allerdings nur in Verbindung mit den aussagekräftigen Bezeichnungen der Grundbuchangaben. Von sich aus
darf das Grundbuchamt einen nicht beantragten Namen nicht eintragen. Da das Rechtssubjekt bei allen Fassungsvorschlägen hinreichend gekennzeichnet ist und § 15 Abs 1 Buchst. b GBV nicht passend erscheint, bedarf
es keiner Angabe des Sitzes des Personenverbands.[328] In gleicher Weise zulässig ist auch die – bisher selten praktizierte und zudem das Grundbuch überfrachtende – Bestellung einer (Vorrats-)Grundschuld oder bedingten
Hypothek für die Gemeinschaft zur Sicherung etwaiger Wohngeldausfälle.[329]

Kann das Grundbuchamt aus der Eintragungsbewilligung für eine am Nachbargrundstück einzutragende
Dienstbarkeit den Zusammenhang zwischen Dienstbarkeitserwerb und Verwaltung des gemeinschaftlichen
Eigentums der Wohnungseigentümergemeinschaft erkennen, so ist die Eintragung für den Personenverband zu
bejahen. Bejaht man die Befugnis des Verwalters zur Abgabe von Willens- und grundbuchrechtlichen Verfahrenserklärungen mit einer Ermächtigung[330] (Mehrheitsbeschluss oder Vereinbarung aller Gemeinschafter), so
kann der Verwalter die Löschung oder Inhaltsänderung/Rangänderung der Dienstbarkeit bewilligen. Unstreitig
kann der Verwalter ohne Ermächtigung eine löschungsfähige Quittung erteilen. Das Grundbuchamt hat hinzunehmen, dass der Personenverband im Rechtsverkehr auftreten kann; es hat nicht zu prüfen, ob der Erwerb des
dinglichen Rechts als Maßnahme ordnungsgemäßer Verwaltung anzusehen ist oder nicht.[331] Zu unterscheiden
davon ist die Frage, wer beim Erwerb dinglicher Rechte durch die Gemeinschaft diese vertritt; der Erwerb von
Eigentum gehört nämlich nicht zu von § 27 Abs 2 und 3 WEG umfassten Maßnahmen, so dass der Verwalter
den Personenverband nur vertreten kann, wenn er hierzu durch Mehrheitsbeschluss ermächtigt wurde und dies
dem Grundbuchamt durch Vorlage des Protokolls der den Erwerb beschließenden Eigentümerversammlung
entsprechend §§ 24, 26 WEG nachweist.[332]

Bei der Hausmeisterwohnung ist zu unterscheiden: Steht die Wohnung im Gemeinschaftseigentum, so ist sie
nicht Teil des Vermögens des teilrechtsfähigen Personenverbands. Dies ist allerdings dann der Fall, wenn die
Hausmeisterwohnung in der Teilungserklärung als Sondereigentum ausgewiesen ist und dann von dem Personenverband zum Alleineigentum erworben werden kann, wobei das Grundbuchamt die notwendige Verknüpfung mit dem Verwaltungsvermögen der Gemeinschaft zu prüfen hat.

Fraglich ist, wie das Grundbuchamt mit bisherigen Vollstreckungstiteln bei künftiger Beantragung einer
Zwangshypothek umzugehen hat. Fest steht, dass der bisherige Titel materiell-rechtlich wie auch grundbuchverfahrensrechtlich einen falschen Gläubiger ausweist und die dort einzeln genannten Eigentümer nicht mehr
als Hypothekare im Grundbuch eingetragen werden können. Fraglich ist, ob § 727 ZPO entsprechend angewandt werden kann. Bejaht man, dass der Personenverband als eigene Rechtspersönlichkeit durch die Änderung der Rechtsprechung insoweit gleichsam »Rechtsnachfolger« der Wohnungseigentümer geworden ist, so
wäre eine »Richtigstellung« der Gläubigerbezeichnung zulässig. Jedenfalls das OLG München[333] geht bei der
Situation bisher vor Änderung der Rechtsprechung anhängig gemachter Verfahren davon aus, dass sich durch
Änderung der Rechtsprechung nichts an der Identität der Beteiligten ändere.[334] Das LG Hamburg[335] bejaht die
Eintragung einer Zwangshypothek für eine Wohnungseigentümergemeinschaft auch dann, wenn der Titel
nicht unter dieser Bezeichnung, sondern unter Auflistung aller Eigentümer ergangen ist.

---

325 Rpfleger 2005, 528.
326 Ablehnend *Wilsch* RNotZ 2005, 536, 539.
327 Ebenso *Demharter* NZM 2005, 601; *Dümig* Rpfleger 2005, 528.
328 So auch *Dümig* Rpfleger 2005, 528.
329 *Rapp*, Beck'sches Notarhandbuch, 4. Aufl. 2005, Rn 149; *Wilsch* RNotZ 2005, 536, 538.
330 Dazu *Böhringer* NotBZ 2008, 179, 186.
331 Zur Problematik und Bejahung eines Erwerbs: OLG Celle Rpfleger 2008, 296 = NotBZ 2008, 198 m Anm *Heggen* =
     notar 6-2008, 75 m Anm *Langhein*; LG Deggendorf NotBZ 2008, 280; *Böhringer* NotBZ 2008, 179; *Schneider* Rpfleger
     2008, 291; *Hügel* NotBZ 2008, 169; ablehnend LG Nürnberg-Fürth ZMR 2006, 812.
332 Ebenso *Schmitz* ZNotP 2008, 353, 357; *Häublein* ZWE 2007, 474, 485.
333 Rpfleger 2005, 662 = NotBZ 2005, 410 = ZMR 2005, 729 m Anm *Elzer*.
334 *Böhringer* Rpfleger 2006, 53, 55.
335 Rpfleger 2006, 10 m krit Anm *Demharter* Rpfleger 2006, 120. Dazu auch *Demharter* NZM 2005, 601; *Wilsch* RNotZ
     2005, 536.

Der BGH[336] betont, dass im Rahmen der Vollstreckung »**Alt**«**-Titel** nicht an die geänderte Rechtserkenntnis anzupassen sind. Die vor dem 02.06.2006 von den Oberlandesgerichten ua ergangenen Entscheidungen, die die Rechtsfähigkeit der Gemeinschaft noch nicht berücksichtigen konnten, stellen sich bestenfalls als Fehlurteile dar, die vollstreckungsrechtlich hinzunehmen sind. Die formelle Zwangsvollstreckung dürfte auch eine andere Vorgehensweise nicht zulassen. Wegen des formalisierten Vollstreckungsrechts bedarf es jedenfalls einer Titel-umschreibung auf den Verband, analog § 727 Abs 1 ZPO. Eine amtswegige Titelberichtigung entsprechend den Erwägungen zum Erkenntnisverfahren wäre mit allgemeinen vollstreckungsrechtlichen Prinzipien unvereinbar und zudem zu beachten ist, dass nicht alle Titel zugunsten der Wohnungseigentümer in die Zuständigkeit des Verbandes fallen und dann folglich auch nicht auf diesen umschreibbar sind. Eine einfache Namensänderung wäre bei dieser gesetzlich nirgends geregelten Situation eine überlegenswerte Variante.

Soweit nach bis 02.06.2005 vorherrschender Praxis die Wohnungseigentümer als Gläubiger der Zwangshypo-thek eingetragen worden sind, ist nun ebenfalls fraglich, ob es bei dieser Eintragung bleibt oder ob eine »Umschreibung« der Gläubigerbezeichnung auf den rechtsfähigen Verband der Wohnungseigentümer in Betracht kommt. Von der Beantwortung dieser Frage hängt es auch ab, wer über die Zwangshypothek künftig verfügen kann. *Demharter*[337] verneint die »Umschreibung« der Zwangshypothek; die gleiche Meinung vertritt der BGH[338] bei Alttiteln.

Die neue Rechtsprechung des BGH und die WEG-Novelle 2007 führen dazu, dass der Personenverband im Rechtsverkehr durch den Verwalter organschaftlich vertreten wird.[339] Ist kein Verwalter vorhanden, so vertreten die Wohnungseigentümer den Personenverband. Bei künftigen Verfügungen über die Hypothek wie zB Rang-rücktritt, Abtretung oder Löschung gibt der Verwalter die Eintragungsbewilligung ab. Weiter ist der Verwalter berechtigt, bei der Empfangnahme der Zahlungen und Erteilung der löschungsfähigen Quittung[340] den im Grundbuch eingetragenen Personenverband zu vertreten; dazu benötigt er aber keine Ermächtigung der Woh-nungseigentümer. Dem Grundbuchamt ist der Nachweis zu erbringen, dass der Verwalter bei Antragstellung zur Eintragung der Hypothek (§ 13 GBO) oder bei den Verfügungen über die Hypothek der Verwalter ist (§ 24 Abs 6, § 26 Abs 4 WEG). Eine Löschungsbewilligung des Verwalters der Eigentümergemeinschaft reicht auch nach der neuen Rechtsprechung zur Teilrechtsfähigkeit der Wohnungseigentümergemeinschaft nicht aus, wenn die einzelnen Wohnungseigentümer namentlich noch im Grundbuch und nicht als Gemeinschaft im Grund-buch bezeichnet sind; genügen würde aber eine löschungsfähige Quittung des Verwalters.[341]

Der Personenverband kann nach der Entscheidung des BGH vom 02.06.2005 auch Träger von Pflichten sein. Vertragspartner ist nunmehr in der Regel das teilrechtsfähige Subjekt, der Verband; dieser haftet mit seinem Verwaltungsvermögen. Daneben kommt eine akzessorische gesamtschuldnerische Haftung aller Wohnungsei-gentümer nicht von Gesetzes wegen, sondern nur in Betracht, wenn sie sich neben dem Verband klar und ein-deutig auch persönlich verpflichtet haben. Gläubiger der Wohnungseigentümergemeinschaft können die Woh-nungseigentümer, die den Verband auf Ausgleich haften, nur im Wege der Pfändung und Überweisung dieser Ansprüche des Verbandes persönlich belangen. Der Gläubiger aus Verbindlichkeiten des Verbands darf nicht in das Gemeinschaftseigentum am Grundstück vollstrecken. Möglich wäre allerdings, mit einem Titel gegen die Wohnungseigentümergemeinschaft in das von diesem Personenverband erworbene Sondereigentum (z.B. Haus-meisterwohnung) durch Eintragung der Zwangssicherungshypothek zu vollstrecken. Der durch die BGH-Rechtsprechung eingetretene Paradigmenwechsel im Haftungssystem führt nun dazu, dass z.B. eine Bauhand-werkersicherungshypothek (§ 648 BGB) wegen Verbindlichkeiten des Verbands in den Grundbüchern der ein-zelnen Wohnungseigentümer nur hinsichtlich der quotalen Haftung eines jeden Wohnungseigentümers und in dieser Höhe als Einzelhypothek eingetragen werden kann. Anders wäre es nur dann, wenn sich auch die Woh-nungseigentümer im konkreten Einzelfall ausdrücklich persönlich verpflichtet hätten (dann Gesamthypothek) oder für den Personenverband ein Sondereigentum an einer Hausmeisterwohnung bestehen würde.

ii) Leibgeding. Beachte die Sonderregelung § 49.[342]   **138**

---

336 NJW 2007, 518 = NZM 2007, 164.
337 NZM 2005, 601; *ders.* Rpfleger 2007, 480; *ders* NZM 2006, 81, 83.
338 NJW 2007, 518.
339 Ebenso OLG München Rpfleger 2005, 662 = NotBZ 2005, 410 = ZMR 2005, 729 m Anm *Elzer.*
340 BayObLGZ 1995, 103 = DNotZ 1995, 627 = FGPrax 1995, 22 = Rpfleger 1995, 410 = NJW-RR 1995, 852 = MittBayNot 1995, 285 m zust Anm *Röll* = ZMR 1995, 498. *Böttcher* RpflStud. 2005, 65, 75; BayObLG Rpfleger 2001, 296 = ZMR 2001, 369. Zustimmend *Demharter* NZM 2005, 601.
341 LG Frankfurt RNotZ 2006, 63; *Böhringer* NotBZ 2008, 179, 187.
342 Dazu BayObLGZ 1975, 191 = DNotZ 1975, 619 = Rpfleger 1975, 300, 348.

139 **jj) Nießbrauch.** Zulässig trotz des Umstandes, dass der Nießbrauch kraft Gesetzes mit dem Tode des Nießbrauchers erlischt.[343] Nach BayObLG[344] kann im Wege der Auslegung eine Gesamtberechtigung iS von § 428 BGB als vereinbart angenommen werden. Die Vereinbarung einer Mitgläubigerschaft nach § 432 BGB kommt bei der Bestellung eines Nießbrauchs nicht in Betracht.[345]

140 **kk) Reallast.** Es ist einhellige Meinung, dass die Reallast mehreren Personen als Gesamtberechtigte nach § 428 BGB zustehen kann.[346] Bei unteilbarer Leistung ist auch eine Reallast für mehrere Berechtigte nach § 432 BGB zulässig.[347] Aus § 1109 BGB ergibt sich, dass – wie beim Erbbauzins für ein Gesamterbbaurecht – auch die Bestellung einer **subjektiv-dinglichen** Reallast zugunsten der jeweiligen Eigentümer mehrerer Grundstücke möglich ist.[348]

141 **ll) Vorkaufsrecht.** Bestritten ist, ob Gesamtberechtigung nach § 428 BGB zulässig ist. Da § 472 BGB Sondervorschrift ist, keine erweiternde Auslegung verträgt und nicht vereinbar ist mit § 428 BGB, wird die Möglichkeit einer Gesamtberechtigung nach § 428 BGB teilweise verneint.[349] Vermittelnd beim **schuldrechtlichen Vorkaufsrecht** in der Weise, dass Gesamtberechtigung zwar zulässig, aber Ausübung des Rechts nur im ganzen möglich ist, sind AG Osterode[350] und LG Köln.[351] Die letzte Entscheidung erachtet es als zulässig, dass ein schuldrechtliches Vorkaufsrecht durch Vormerkung für mehrere Berechtigte als Gesamtberechtigte nach § 428 BGB abgesichert werden kann.[352] Nach OLG Frankfurt[353] kann das Vorkaufsrecht auch in Gesamtgläubigerschaft bestellt sein. Beim schuldrechtlichen Vorkaufsrecht findet § 472 BGB Anwendung,[354] wenn dies nicht abbedungen wird. § 472 BGB gilt beim dinglichen Vorkaufsrecht kraft der Bestimmung des § 1098 Abs 1 S 1 BGB. Die Frage stellt sich auch in ähnlichen Fällen, in denen § 472 BGB für anwendbar erklärt ist, zB bei einem Ankaufsrecht[355] oder wegen des mit § 472 BGB inhaltsgleichen § 461 BGB bei einem Wiederkaufsrecht.[356] § 472 BGB regelt lediglich die Berechtigung im Verhältnis mehrerer Vorkaufsberechtigter zueinander zur Ausübung des Vorkaufsrechts – nicht hingegen die Frage, in welchem Gemeinschaftsverhältnis die Berechtigten nach Ausübung des Rechts erwerben. Die diesbezügliche Angabe ist für die Eintragung des Vorkaufsrechts nicht erforderlich.[357] Zu unterscheiden ist also das Rechtsverhältnis in Bezug auf die Ausübung des Vorkaufsrechts von dem Rechtsverhältnis, das nach Ausübung des Vorkaufsrechts entsteht; diese beiden Rechtsverhältnisse müssen nicht identisch sein. Letzteres Rechtsverhältnis kann eine Bruchteilsgemeinschaft nach §§ 741 ff BGB oder eine Gesamthandsgemeinschaft zB Gesellschaft bürgerlichen Rechts sein.[358]

---

343 Ganz hM; BGHZ 73, 214 = DNotZ 1979, 499 = Rpfleger 1979, 56; RG DNotZ 1937, 645 = HRR 1937 Nr 1443; KG JFG 10, 312 = JW 1933, 702; BayObLGZ 1955, 155 = DNotZ 1956, 211; OLG München HRR 1983 Nr 1461; OLG Düsseldorf MittBayNot 1967, 211 = mwN; MittRhNotK 1967, 129 mwN; OLG Hamm OLGZ 1979, 413 = Rpfleger 1980, 21; *Staudinger-Frank* § 1030 Rn 35, 42; BGB-RGRK-*Rothe* 1030 Rn 4; MüKo-*Bydlinski* § 428 Rn 13; *Soergel-Stürner* § 1030 Rn 4; *Palandt/Bassenge* § 1030 Rn 4; *Demharter* § 47 Rn 11; KEHE-*Eickmann* § 47 Rn 12; *Schöner/Stöber* Rn 1370; *Haegele* BWNotZ 1969, 128; Gutachten DNotI-Report 1996, 189; kritisch *Meier* AcP 205 (2005), 858, 900.
344 MittBayNot 1995, 205.
345 Gutachten DNotI-Report 1996, 189.
346 BGHZ 73, 214 = DNotZ 1979, 499 = Rpfleger 1979, 56; BGHZ 46, 253 = DNotZ 1967, 183 = Rpfleger 1967, 143; OLG München JFG 18, 132 = JW 1932, 3564; BayObLG NJW 1966, 56 = MDR 1966, 146; BayObLGZ 1975, 191 = DNotZ 1975, 619 = Rpfleger 1975, 300, 348; OLG München JFG 18, 132; OLG Colmar OLGE 18, 156; BGB-RGRK-*Rothe* § 1105 Rn 6; MüKo-*Joost* § 1105 Rn 52; *Palandt/Bassenge* § 1105 Rn 3; *Demharter* § 47 Rn 11; *Schöner/Stöber* Rn 1293; *Meier* AcP 205 (2005), 858, 899; *Woelki* Rpfleger 1968, 208.
347 BGHZ 73, 214 = DNotZ 1979, 499 = Rpfleger 1979, 56; *Schöner/Stöber* Rn 1293.
348 *Staudinger-Amann* § 1105 Rn 4.
349 **Verneinend:** KEHE-*Eickmann* § 47 Rn 12; *Roemer* MittRhNotK 1960, 615; *Haegele* BWNotZ 1969, 130; **bejahend:** *Soergel-Huber*, 12 Aufl, § 502 Rn 1; OLG Frankfurt DNotZ 1986, 239; LG Köln MittBayNot 1978, 106 = MittRhNotK 1977, 192; *Schöner/Stöber* Rn 1406; *Meier* AcP 205 (2005), 858, 899. Zum gesamtberechtigenden Vorkaufsrecht bei Teilung des herrschenden Grundstücks: RGZ 73, 316; BayObLG MDR 1973; MüKo-*Westermann* § 1094 Rn 8.
350 NdsRpfl 1969, 12.
351 MittRhNotK 1977, 192 = MittBayNot 1978, 106.
352 Ebenso *Schöner/Stöber* Rn 1501. Der Ansicht kann zugestimmt werden, soweit eine Vormerkung in Betracht kommt.
353 DNotZ 1986, 239.
354 BGHZ 136, 327 = DNotZ 1998, 292 = NJW 1997, 3235 = Rpfleger 1998, 17 m krit Anm *Streuer* Rpfleger 1998, 154; OLG München DNotI-Report 2007, 128 = Rpfleger 2007, 654; **aA** KG DNotZ 1997, 744 = FGPrax 1997, 130 = Rpfleger 1997, 377 (überholt durch BGH NJW 1997, 3235). Kritisch *Demharter* MittBayNot 1998, 16; *Brückner* BWNotZ 1998, 170.
355 BayObLGZ 1967, 275 = Rpfleger 1968, 52 = NJW 1968, 553.
356 OLG Düsseldorf MittRhNotK 1983, 49; LG Karlsruhe Rpfleger 2005, 602 = BWNotZ 2006, 18.
357 BGHZ 136, 327 = DNotZ 1998, 292 = Rpfleger 1998, 17 m krit Anm *Streuer* Rpfleger 1998, 154.
358 Ebenso *Fritsche* NJ 1998, 199.

mm) Vormerkung. Der Anspruch der mehreren Berechtigten ist nach § 428 BGB vormerkbar, auch wenn **142** das dingliche Recht zB Eigentum den mehreren Berechtigten nicht als Gesamtgläubiger zustehen, kann vgl Rdn 136. Auflassungsvormerkung für **Gesamtberechtigte nach § 428 BGB also zulässig.**[359] Die Angabe des Gemeinschaftsverhältnisses für die Berechtigten einer Eigentumsvormerkung mit den Worten »als Mitberechtigte gemäß § 432 BGB« kann nach Ansicht des OLG München[360] ausnahmsweise genügen, wenn die zu Grunde liegenden vertraglichen Bestimmungen wie ein Vorkaufsrecht ausgestaltet sind, so zB für ein durch Vormerkung abgesichertes Rückforderungsrecht der Übergeber am Übergabegrundstück. Es findet insoweit also nicht der Satz Anwendung, dass nicht vorgemerkt werden kann, was später nicht eintragungsfähig ist. Wenn das vorzumerkende Recht endgültig für Gesamtberechtigte eingetragen werden kann, ist die Gesamtberechtigung gem § 428 BGB bei der Vormerkung selbstverständlich auch zulässig.[361] Die Ansprüche von Gesamtgläubigern sind einzeln durch Vormerkung sicherbar.[362] Nach LG Karlsruhe[363] ist bei einer Vormerkung zur Sicherung eines schuldrechtlichen Vorkaufsrechts das Gemeinschaftsverhältnis »§§ 461, 472 BGB analog« zulässig. Die Vereinbarung der analogen Anwendung der §§ 461, 472 BGB bei einem Rückforderungsrecht bestimmt auch das Gemeinschaftsverhältnis, das bei der Vormerkung zur Sicherung dieses Rückübereignungsanspruchs einzutragen ist.[364] Nach anderer Meinung[365] könne sich das Gemeinschaftsverhältnis i. S. von § 47 hinsichtlich des durch Vormerkung gesicherten Rückübereignungsanspruchs nicht aus §§ 461, 472 BGB, sondern nur aus §§ 741, 742 BGB ergeben.

Übergibt ein einzelner Ehegatte das Grundstück, so kann er sich ein Rückforderungsrecht für sich und seinen Nichteigentümer-Ehegatten vorbehalten und dieses für beide Ehegatten als Vormerkung mit Gesamtberechtigung nach § 428 BGB absichern lassen;[366] allein deswegen, dass der Anspruch einerseits auf Übertragung und andererseits auf Rückübertragung gerichtet ist, scheidet die Eintragung einer einzigen Vormerkung nicht aus. Wegen Sukzessiv- und Alternativberechtigung vgl Rdn 235 ff und § 49 Rdn 103 ff. Wegen Vormerkung für schuldrechtliches Vorkaufsrecht vgl Rdn 141.

nn) Wohnungseigentum. Unzulässig ist eine Gesamtberechtigung nach § 428 BGB.[367] Jedes Wohnungsei- **143** gentumsrecht wird rechtlich wie ein Grundstück behandelt (grundstücksgleiches Recht), dazu Rdn 136. Bei Aufteilung einer Eigentumswohnung samt Sondernutzungsrecht kann beim Sondernutzungsrecht Gesamtberechtigung entstehen.[368]

oo) Wohnungsrecht. Lange war beim Wohnungsrecht die Gesamtgläubigerschaft umstritten.[369] Nach BGH **144** können Wohnungsrechte für mehrere Personen als Gesamtberechtigte entsprechend § 428 BGB bestellt werden.[370] Dass es sich bei dem Wohnungsrecht um eine unteilbare Leistung handelt, steht der Gesamtgläubiger-

---

359 HM; KG JFG 14, 332, 337; OLG Hamm DNotZ 2006, 293 = NJW-RR 2006, 162; BayObLG NJW-RR 1995, 1297; BayObLG DNotZ 1987, 213 = Rpfleger 1986, 371 = BayObLGZ 1963, 128 = DNotZ 1964, 343 = NJW 1963, 2276; OLG Köln Rpfleger 1975, 19 m zust Anm *Haegele* Rpfleger 1975, 156 = MittRhNotK 1974, 255; OLG Zweibrücken Rpfleger 1985, 284; MüKo-*Wacke* § 883 Rn 21; MüKo-*Bydlinski* § 428 Rn 13; *Soergel-Stürner* § 883, Rn 14; *Palandt/Grüneberg* § 428 Rn 4; *Palandt/Bassenge* § 883 Rn 11, 12; KEHE-*Eickmann* § 47 Rn 12; *Schöner/Stöber* Rn 1499; *Haegele* Pfleger 1975, 156; *Meder* BWNotZ 1982, 36. Auf ein Ankaufsrecht können die Regeln in §§ 461, 472 BGB angewandt werden, LG Augsburg Rpfleger 1994, 342 = BWNotZ 1995, 61; *Panz* BWNotZ 1995, 156. Zum Rückübereignungsanspruch BayObLG FamRZ 1994, 173 = Rpfleger 1994, 333 = BWNotZ 1993, 66 = NJW-RR 1993, 472; *Grziwotz* MittBayNot 1993, 74; Gutachten DNotI-Report 1996, 189 und 1995, 121.
360 DNotI-Report 2007, 128 = Rpfleger 2007, 654.
361 OLG Hamm DNotZ 2006, 293 = NJW-RR 2006, 162; OLG Frankfurt Rpfleger 1975, 177; BWGZ 1976, 121.
362 BayObLGZ 1963, 132 = DNotZ 1964, 343 = NJW 1963, 2276; BayObLGZ 1967, 275 = NJW 1968, 553 = Rpfleger 1968, 52; BayObLG Rpfleger 1968, 371; OLG Köln Rpfleger 1975, 19 m zust Anm *Haegele* Rpfleger 1975, 156; OLG Oldenburg Rpfleger 1974, 263 = MittBayNot 1974, 266.
363 Rpfleger 2005, 602 = BWNotZ 2006, 18.
364 BayObLG NJW-RR 1993, 472 = Rpfleger 1994, 333; LG Augsburg MittRhNotK 1994, 172 = MittBayNot 1994, 336.
365 *Demharter* MittBayNot 1998, 16; *Brückner* BWNotZ 1998, 170.
366 Ebenso LG Bayreuth MittBayNot 2006, 147; *Wicke* Rpfleger 2005, 601; *Ellenbeck* MittRhNotK 1997, 41, 51; *Lichtenberger* ZEV 1995, 296; *Langenfeld/Günther*, Grundstückszuwendungen zur lebzeitigen Vermögensnachfolge, 5. Aufl 2005, Rn 280; *Krauß*, Der Übergabevertrag, Aufl 2006, Rn 1524; LG Duisburg Rpfleger 2005, 600.
367 *Haegele* BWNotZ 1969, 126.
368 *Röll* MittBayNot 1991, 240, 246.
369 *Woelki* Rpfleger 1968, 208; nach *Meier* AcP 205 (2005), 858, 900 entspricht eine analoge Anwendung des § 428 BGB in der Regel nicht den Parteiinteressen.
370 BGHZ 46, 253 = DNotZ 1967, 183 m Anm *Fassbender* = Rpfleger 1967, 143 m Anm *Haegele*; BGH NJW 1981, 176 = DNotZ 1981, 121 = Rpfleger 1980, 424; zum Innenverhältnis BGH DNotZ 1997, 401; LG Lübeck SchlHA 1967, 182; *Soergel-Stürner* § 1090 Rn 3; MüKo-*Joost* § 1093 Rn 16; *Palandt/Bassenge* § 1093 Rn 7; *Demharter* § 47 Rn 11; *Schöner/Stöber* Rn 1245. Zulässig ist die Eintragung eines Wohnungsrechts für den Eigentümer und einen Dritten gemäß § 428 BGB LG Lüneburg NJW-RR 1990, 1037 = NdsRpfl 1990, 154.

schaft nicht entgegen, denn diese unteilbare Leistung ist gerade in § 432 Abs 1 S 1 im Zusammenhang mit der Gesamtgläubigerschaft erwähnt.[371] Der Ansicht des BGH ist zu folgen.[372] Wird ein einziges Wohnungsrecht für in Gütergemeinschaft lebende Ehegatten bestellt, ist die gleichzeitige Zuordnung als Gesamtgläubiger nach § 428 BGB rechtlich unzulässig, dazu Rdn 115. Möglich ist auch Mitberechtigung nach § 432 BGB.[373] Zu Gunsten der Miteigentümer des belasteten Grundstücks kann ein Wohnungsrecht als Gesamtberechtigte gem § 428 BGB eingetragen werden.[374] Ist ein Wohnungsrecht für mehrere Personen als Gesamtberechtigte eingetragen, so können sie nur gemeinschaftlich hinter ein anderes Recht im Rang zurücktreten, einen Rechtsverzicht erklären, Inhaltsänderungen und sonstige Verfügungen über das Recht treffen. Zweckmäßig ist auch eine Klarstellung in der Eintragungsbewilligung, ob beim Tod eines Berechtigten das Recht dem überlebenden Berechtigten unverändert allein zustehen soll.[375] Vgl. auch Rdn 255.

5. Beteiligung einer Gemeinschaft an einer Gemeinschaft

145 Es ist darauf hinzuweisen, dass an einer Gemeinschaft wiederum eine Gemeinschaft beteiligt sein kann, also eine Gemeinschaft im Rahmen einer Gemeinschaft vorkommen kann. Hier sind die verschiedensten Varianten möglich. Es muss jedoch Klarheit im Grundbuch herrschen, es darf durch die Eintragung nicht der Bestimmtheitsgrundsatz verletzt werden. So kann ein Erbe einer **Erbengemeinschaft** sterben, und dann nehmen dessen Erben in Erbengemeinschaft an der bestehenden Erbengemeinschaft teil. An einer Bruchteilsgemeinschaft kann eine Gesamthandsgemeinschaft (Gesellschaft, Erbengemeinschaft, Gütergemeinschaft) beteiligt sein.

146 Das **Bruchteilseigentum** des bürgerlichen Rechts ist wiederum aufteilbar, in dem die Miteigentumsquoten in mehrere kleinere Quoten aufgespalten werden.[376] Wird ein Miteigentumsanteil auf mehrere Personen nach Bruchteilen übertragen, so entsteht nicht eine besondere Bruchteilsgemeinschaft hinsichtlich des übertragenen Miteigentumsanteils; vielmehr treten die neuen Miteigentümer mit entsprechenden Anteilen in die bisherige Bruchteilsgemeinschaft ein.[377] Überträgt ein Miteigentümer zu 1/2 seinen Anteil auf zwei Erwerber zu je 1/2, so werden die beiden Erwerber Miteigentümer zu je 1/4. Vereinigen sich mehrere Anteile in einer Hand, so wird aus ihnen ein einziger Anteil.[378]

147 Es gibt also grundsätzlich **keine Bruchteilsgemeinschaft am Miteigentumsbruchteil**. Anders ist es, wenn es sich um Anteile an einer Bruchteilsgemeinschaft »besonderen Rechts« handelt. Bruchteilsgemeinschaft ist beim **Wohnungseigentum** möglich,[379] da das Miteigentum mit dem Sondereigentum an bestimmten Räumen verbunden ist, an denen eine Mitberechtigung verschiedener Personen durchaus sinnvoll ist. Die Konsequenz ist, dass eine Untergemeinschaft am Miteigentumsanteil gebildet wird.[380] Eine Untergemeinschaft an einem »gemeinschaftlichen Sondereigentum« gibt es nicht.

148 **Teilt sich ein Miteigentumsanteils-Bruchteil in Bruchteile** (zB durch Teilveräußerung oder durch Auseinandersetzung unter den Erben des Miteigentümers), so werden aus dem Miteigentumsbruchteil kleinere Miteigentumsbruchteile. Eine Untergemeinschaft entsteht dann nicht.[381]

149 Von der Unzulässigkeit der Beifügung einer Bruchteils-Bezeichnung bei einer **Gesamthandsgemeinschaft**[382] ist zu unterscheiden die Eintragung bei Beteiligung einer Gemeinschaft an einer Gemeinschaft, also zB wenn

---

371 *Meder* BWNotZ 1982, 38.
372 Zustimmend auch *Staudinger-Mayer* § 1090 Rn 6; BGB-RGRK-*Rothe* § 1093 Rn 3; MüKo-*Bydlinski* § 428 Rn 13; MüKo-*Joost* § 1093 Anm 16 mwN; *Soergel-Stürner* § 1090 Rn 3; *Palandt/Grüneberg* § 428 Rn 4; *Palandt/Bassenge* § 1093 Rn 7; *Demharter* § 47 Rn 11; KEHE-*Eickmann* § 47 Rn 12; *Schöner/Stöber* Rn 1245; *Sprau-Ott* Justizgesetze in Bayern, Art 22 Rn 3 AGBGB; **aA** *Erman-Küchenhoff-Grziwotz* § 1093 Rn 8.
373 MüKo-*Joost* § 1093 Rn 16 mwN; offen gelassen vom BGHZ 46, 253 = DNotZ 1967, 183 = Rpfleger 1967, 143.
374 LG Lüneburg NdsRpfl 1998, 27; vgl auch LG Lüneburg NdsRpfl 1990, 154.
375 *Adamczyk* MittRhNotK 1998, 105; *Schippers* MittRhNotK 1996, 197, 208 (zum Nießbrauch).
376 BGHZ 13, 141; BGHZ 49, 250 = NJW 1968, 499 = Rpfleger 1968, 114.
377 HM; KG KGJ 51, 198; BGH BGHZ 13, 133 = DNotZ 1954, 385 = NJW 1954, 1035 = LM § 504 Nr 1 (*Pritsch*); BayObLG DNotZ 1980, 98; LG Berlin NJW 1956, 471; LG München-Gladbach DNotZ 1967, 434; *Döbler* MittRhNotK 1983, 181; **aA** BayObLG BayObLGZ 1958, 196; kritisch *Weitnauer* DNotZ 1960, 115.
378 BayObLG BayObLGZ 18, 161; MüKo-*K Schmidt* § 741 Rn 16; BGB-RGRK-*Pikart* § 1008 Rn 6.
379 BGHZ 86, 393 = DNotZ 1983, 487 = Rpfleger 1983, 270; BGHZ 49, 250 = NJW 1968, 499 = Rpfleger 1968, 114; OLG Neustadt DNotZ 1960, 149; OLG Stuttgart OLGZ 1969, 232 = NJW 1969, 1176; LG München Rpfleger 1969, 431; MüKo-*K Schmidt* § 741 Rn 12; *Weitnauer* DNotZ 1960, 115.
380 *Staudinger-Langhein* § 741 Rn 146 MüKo-*K Schmidt* § 741 Rn 12; *Soergel-Stürner* Vor § 1008 Rn 5; *Soergel-Stürner*, 12 Aufl, WEG § 1 Rn 4; BGHZ 13, 141; BGHZ 49, 250 = NJW 1968, 499 = Rpfleger 1968, 114; KG KGJ 51 Nr 55; LG Berlin NJW 1956, 471; LG München-Gladbach DNotZ 1967, 435.
381 *Schöner/Stöber* Rn 755.
382 OLG Frankfurt Rpfleger 1982, 469 = MittBayNot 1983, 167; OLG München DNotI-Report 2005, 117 = NotBZ 2005, 265 = Rpfleger 2005, 530 m zust Anm *Demharter*; *Demharter* § 47 Rn 22; vgl auch Rdn 204 und 213.

ein Miteigentumsanteil mehreren zur gesamten Hand zusteht (etwa zum Gesellschaftsvermögen, zum Gesamtgut der Gütergemeinschaft oder zu einer Erbengemeinschaft gehört). In solchen Fällen ist die Angabe der Bruchteile und des Gesamthandsverhältnisses erforderlich, zB »*A Miteigentümer zu 1/3 und B, C – in Erbengemeinschaft –, Miteigentümer zu 2/3*«. Möglich ist auch eine Verbindung von Vermerken, die sich auf verschiedene Arten von Gesamthandseigentum beziehen, zB wenn der Anteil eines gütergemeinschaftlichen Ehegatten auf eine Erbengemeinschaft übergegangen ist. Wegen der Eintragung von Erbteilserwerbern in Bruchteilsgemeinschaft oder Gesellschaft bürgerlichen Rechts oder Gütergemeinschaft oder Erbengemeinschaft innerhalb der Erbengemeinschaft vgl Rdn 78, 79, 201.

V. Eintragung

1. Allgemeines

Es muss sich um die Eintragung eines Rechts handeln. Gleichgültig ist, ob Neubegründung eines Rechts oder eine Grundbuchberichtigung in Betracht kommt, ob Eintragung auf Antrag oder von Amts wegen in Frage steht.[383] Für die Eintragung von Vormerkungen, Widersprüchen und Verfügungsbeeinträchtigungen gilt dasselbe wie für das dingliche Recht. Die Eintragung soll, wenn die Voraussetzungen vorliegen, in der Weise erfolgen, dass entweder die Anteile der Berechtigten nach Bruchteilen angegeben werden oder das für die Gemeinschaft maßgebende Rechtsverhältnis bezeichnet wird. Über die Eintragung sonstiger Rechtsverhältnisse vgl Rdn 231–234. **150**

Die Eintragung geschieht **von Amts wegen**, ohne dass es eines darauf gerichteten Antrags bedarf.[384] Die Bezeichnung des für die Gemeinschaft maßgebenden Verhältnisses ist in jedem Fall notwendig, in dem eine Gesamthandsgemeinschaft besteht. Gleich behandelt wird nur die Gesamtberechtigung nach §§ 428, 432 BGB, nicht dagegen sonstige Gemeinschaftsverhältnisse. **151**

Nach BayObLG[385] entfällt angesichts der Sondervorschrift des § 472 BGB die Anwendung des § 47 insoweit, dass es nur der Bezeichnung der **mehreren Vorkaufsberechtigten** ohne Angabe des Gemeinschaftsverhältnisses bedarf.[386] **152**

Was den **Ort der Eintragung** betrifft, so werden die Eintragungen in Zusammenhang mit der Eintragung des Rechts gemacht und zwar hinter den oder die Namen des oder der Berechtigten. Die Angaben über den Bruchteil oder das Gemeinschaftsverhältnis werden in Sp 2 der Abt I eingetragen. Besonderheiten gelten bei § 3 Abs 3. Veränderungen werden bei der Abt I in den Sp 1 und 2 eingetragen, bei den Abt II und III in den Veränderungsspalten.[387] **153**

2. Bruchteilsgemeinschaft

Die Angabe der Bruchteile der Berechtigten ist in jedem Falle erforderlich, wenn eine Gemeinschaft nach Bruchteilen vorliegt.[388] Erforderlich ist stets eine **genaue Bruchteilsangabe**, auch wenn die Bruchteile vom Gesetz und nicht vom Parteiwillen bestimmt sind. **154**

Erwerben Ehegatten, die nicht in Gütergemeinschaft leben, gemeinsam ein Grundstück, so ist regelmäßig bei Fehlen besonderer Vereinbarungen davon auszugehen, dass sie als Miteigentümer zur Hälfte erwerben.[389] Die **155**

---

383 KG KGJ 26, 103; OLG Hamburg OLGE 23, 335.
384 *Hesse-Saage-Fischer* § 47 III 1; *Böhringer* BWNotZ 1985, 75.
385 BayObLGZ 1956, 85; BayObLGZ 1958, 202.
386 So auch BGHZ 136, 327 = DNotZ 1998, 292 = Rpfleger 1998, 17 m krit Anm *Streuer* Rpfleger 1998, 154; OLG Frankfurt NJW-RR 1999, 17 = = DNotI-Report 1998, 153. Kritisch *Schöner/Stöber* Rn 253, 1406; *Brückner* BWNotZ 1998, 170; *Streuer* Rpfleger 1998, 154; *Demharter* MittBayNot 1998, 16.
387 Ausführlich *Schöner/Stöber* Rn 754.
388 BGHZ 73, 214 = DNotZ 1979, 499 = Rpfleger 1979, 56; BGH NJW 1981, 176 = DNotZ 1981, 121 = MDR 1981, 131 = Rpfleger 1980, 464 = Betrieb 1980, 2338 = WM 1980, 1288 = BWNotZ 1981, 40 = MittBayNot 1981, 205; BayObLGZ 1963, 132 = DNotZ 1964, 343 = NJW 1963, 226; BayObLG Rpfleger 1976, 123; OLG Frankfurt Rpfleger 1975, 177; MüKo-*Eickmann* § 1115 Rn 11; *Böhringer* BWNotZ 1985, 75. Bei Personalunion an allen herrschenden Grundstücken hält das BayObLG NotBZ 2002, 265 = MittBayNot 2002, 286 m krit Anm *Mayer* ein Gemeinschaftsverhältnis für entbehrlich. Zu den Gestaltungsmöglichkeiten BayObLG Rpfleger 2002, 619 = DNotZ 2002, 950 = DNotI-Report 2002, 166.
389 RG Recht 1907 Nr 764; RG SeuffArch 88, 15; BayObLGZ 1983, 118 = DNotZ 1983, 754 = Rpfleger 1983, 346; MüKo-K *Schmidt* § 1008 Rn 12; MüKo-*Kanzleiter* § 925 Rn 23; *Staudinger-Gursky* § 873 Rn 57.

Vermutung des § 742 BGB gilt aber nach hM im Grundbuchverkehr nicht.[390] Das Grundbuchamt darf die Vorschriften des § 742 BGB nicht zur Grundlage seiner Eintragung machen.[391] Fehlt in der Auflassung die Angabe der Bruchteile, so kann das Grundbuchamt nicht eintragen. Keinesfalls darf es die Eintragung vornehmen und die Bruchteile eigenmächtig nach § 742 BGB festsetzen.[392] Das verstieße zwar nicht gegen § 925 BGB (insoweit greift bei Schweigen der Auflassung die Auslegungsregel nach § 742 BGB ein), wohl aber gegen § 20. Es genügt aber, dass sich das Gemeinschaftsverhältnis durch Auslegung oder Umdeutung erkennen lässt.[393] Beim Ehegatten-Erwerb kann die Umdeutung der Auflassung einen Erwerb je zur Hälfte ergeben. Vgl auch Rdn 263.

156 Sowohl die Eintragungsbewilligung als auch die Eintragung muss die Größe der Bruchteile genau ersehen lassen. Dies geschieht am zweckmäßigsten und klarsten durch **Angabe in Ziffern** (zB 1/2, 1/4 usw). Es genügen auch **andere Bezeichnungen**, wenn sie deutlich sind, wie zB »je zur Hälfte«,[394] oder »zu je einem Drittel« oder auch »zu gleichen Teilen«,[395] bzw »zu gleichen Bruchteilen«. Die Bezeichnung »zu gleichen Rechten und Anteilen«[396] ist unklar und sollte besser vermieden werden.[397] Es muss jedenfalls die gesamte Eintragung ersehen lassen, dass es sich um eine Bruchteilsgemeinschaft handelt.[398] Der Text »zu gleichen Rechten« wird allgemein für ungenügend erachtet,[399] doch gilt auch hier das zu der Fassung »zu gleichen Rechten und Anteilen« Ausgeführte. Ungenügend, weil zu unbestimmt, sind Ausdrucksweisen wie »und Genossen« oder ähnliche Bezeichnungen; dasselbe gilt von der Formulierung »als Miteigentümer« oder »als Mitberechtigte«. Zulässig dagegen die Angabe »zu gleichen Teilen«.[400]

157 Der Anteil eines Bruchteils-Miteigentümers kann stets nur mit einem **einheitlichen Bruchteil** bezeichnet werden, auch wenn er in verschiedenen Erwerbsvorgängen mehrere Anteile getrennt voneinander erworben hat; der dazuerworbene Anteil verliert durch Verschmelzung mit dem bisherigen Anteil seine rechtliche Selbständigkeit.[401] Zulässig ist die **Angabe von Prozentsätzen**[402] bei Miteigentum. Die Zahl der Miteigentümer ist bürgerlich-rechtlich nicht beschränkt; auch kleinste Bruchteile sind rechtlich denkbar.

158 Die **Namen der Berechtigten** sind in der gleichen vollständigen Weise einzutragen wie der Name eines Alleinberechtigten. Deshalb würde es nicht genügen, wenn nur einer oder einzelne Berechtigte genannt sind, auch wenn ein Zusatz wie »und andere« oder »und Genossen« usw gebraucht wird. Es ist daher zB eine Bezeichnung wie die folgende als klar und deutlich anzusehen: »in Bruchteilsgemeinschaft je zu 1/3« oder »Miteigentümer zu 1/3«, sodass eine Grundbucheintragung etwa lauten würde: »Karl Schubert, Kaufmann in Heidenheim, Miteigentümer zu 1/3, Fritz Heß, Schreinermeister in Stuttgart, Miteigentümer zu 2/3«. Dies gilt auch, wenn Eheleute, die in dem Güterstand der Zugewinngemeinschaft, der Gütertrennung bzw der Gütergemeinschaft leben, Grundbesitz unter anderem als Vorbehaltsgut haben.

159 Bei **Teilung eines Miteigentumsanteils**, der nicht mit dem Sondereigentum an einer Wohnung oder nicht zu Wohnzwecken dienenden Räumen verbunden ist, sind die neuen Bruchteile anzugeben.[403]

---

390 RG RGZ 54, 86; KG SeuffArch 57 Nr 149; KG KGJ 27, 147; KG OLGE 6, 489; 2, 4; 2, 87; 8, 225; OLG Jena OLG 6, 488; OLG Dresden OLGE 6; 490; OLG Colmar OLGE 8, 155; OLG Karlsruhe SoergRspr 1904; BayObLGZ 5, 179; Recht 1905 Nr 195; MittBayNot 1906, 195; BayObLG BayObLGZ 1955, 155 = DNotZ 1956, 211; OLG Köln OLGZ 1986, 11 = Rpfleger 1986, 91. Beim Ehegatten-Erwerb kann man allerdings großzügiger sein, so auch *Staudinger-Gursky* § 873 Rn 94; *MüKo-Kanzleiter* § 925 Rn 23; *Palandt/Sprau* § 742 Rn 1; BayObLGZ 1983, 118 = DNotZ 1983, 754 = Rpfleger 1983, 346. Im Übrigen: BayObLG Rpfleger 1976, 123; BayObLGZ 1955, 155 = DNotZ 1956, 211; BayObLGZ 1956, 85; BayObLGZ 1958, 202; *Soergel-Stürner* § 925 Rn 36; *MüKo-Kanzleiter* § 925 Rn 23; *MüKo-K Schmidt* § 742 Rn 6; *Schöner/Stöber* Rn 254; *Haegele* BWNotZ 1969, 122; *Böhringer* BWNotZ 1978, 111; **aA** *Kehrer-Bühler-Tröster* § 2 S 97.
391 BGB-RGRK-*v. Gamm* § 742 Rn 1; *MüKo-K Schmidt* § 742 Rn 6; RG SeuffArch 57 Nr 149; *Palandt/Sprau* § 742 Rn 1.
392 *MüKo-K Schmidt* § 742 Rn 6; *Staudinger-Langhein* § 742 Rn 5.
393 BGH BGHZ 73, 214 = DNotZ 1979, 499 = Rpfleger 1979, 56; *Roemer* MittRhNotK 1960, 592; *Schöner/Stöber* Rn 255, 762, 3311 ff; *Staudinger-Gursky* § 873 Rn 61, 94; *Soergel-Stürner* § 925 Rn 36, 37; *Böhringer* BWNotZ 1975, 73.
394 RG RGZ 76, 413; LG Ulm GBPrErl v 6. Juni 1965 BWNotZ 1956, 235; *Böhringer* BWNotZ 1985, 75.
395 KG OLGE 10, 98, 422; *Böhringer* BWNotZ 1985, 75.
396 RG RGZ 76, 413; KG KGJ 51, 198; JFG 14, 337; DR 1944, 254; KG DNotZ 1937, 54 = JW 1937, 46; *Schöner/Stöber* Rn 256; *Demharter* § 47 Rn 16.
397 So auch *Schöner/Stöber* Rn 256; *Böhringer* BWNotZ 1985, 75. KG DR 1944, 254.
398 KEHE-*Eickmann* § 47 Rn 7.
399 Solche »Rechte« können auch Gesamthandsberechtigte haben, JFG 14, 337; KG DNotZ 1937, 54 = JW 1937, 46; *Schöner/Stöber* Rn 256.
400 RG RGZ 76, 413; BayObLG Rpfleger 1976, 123; BayObLG DNotZ 1987, 213 = Rpfleger 1986, 371; *Demharter* § 47 Rn 16; *MüKo-Eickmann* § 1115 Rn 11.
401 LG Köln MittRhNotK 1977, 32; *Schöner/Stöber* Rn 256.
402 LG Bochum MDR 1957, 752.
403 KG KGJ 51, 201; BayObLGZ 1956, 85; BayObLGZ 1958, 202; *Schöner/Stöber* Rn 755.

Beim **Übergang eines Bruchteils** von einem Miteigentümer auf einen anderen ist die Eintragung entsprechend zu ändern.[404] **160**

Wollen die gemeinschaftlichen Erwerber des Grundstückseigentums die **Quoten**, so wie sie sich aus der Auflassung ergeben, einverständlich abändern, so ist dies eine Verfügung über ihre Miteigentumsanteile, die den §§ 873, 925 BGB unterliegt. Grundbuchrechtlich ist § 39 zu beachten: Erst sind die ursprünglichen, dann die geänderten Quoten einzutragen.[405] **161**

3. Gesamthands-Gemeinschaften

a) Allgemeines. Erforderlich ist die Eintragung eines **ganz konkreten Gesamthandsverhältnisses**; die allgemeine Angabe *»zur gesamten Hand«* ist unzulässig,[406] da die Gesamthandsverhältnisse verschieden geregelt sind. Überflüssige Zusätze sind allerdings zu vermeiden.[407] **162**

b) Gütergemeinschaft. Da im geltenden Recht nur noch eine einzige Art von Gütergemeinschaft zulässig ist, so gibt es auch gesetzlich nur den Ausdruck Gütergemeinschaft, wie die Überschrift vor § 1415 BGB zeigt. Daher ist die Ausdrucksweise *»in Gütergemeinschaft«*[408] oder *»in ehelicher Gütergemeinschaft«* oder *»Gesamtgut der Gütergemeinschaft«* oder *»in beendeter Gütergemeinschaft«* zu gebrauchen.[409] Die wohl **beste Formulierung** dürfte sein *»in Gütergemeinschaft«*. Der Vermerk *»in ehelicher Gemeinschaft«* genügt nicht.[410] Diese Bezeichnung wurde früher in der ehemaligen DDR für den gesetzlichen Güterstand der Eigentums- und Vermögensgemeinschaft verwendet; einzutragen wäre in *Eigentums- und Vermögensgemeinschaft des Familiengesetzbuchs der ehemaligen Deutschen Demokratischen Republik«*. Dieser Güterstand gilt auch heute noch, wenn ein Ehegatte rechtzeitig in diesen Güterstand optiert hat, Art. 234 § 4 EGBGB. **163**

Die allgemeine Gütergemeinschaft **(alten Rechts)** wurde in die Gütergemeinschaft des Gleichberechtigungsgesetzes übergeführt, sodass es ab 01.07.1958 nur noch die eine Gütergemeinschaft gibt. Der Zusatz »allgemeine Gütergemeinschaft« ist heute nicht mehr einzutragen. **164**

Wer **Verwalter** ist, kann nicht eingetragen werden.[411] **165**

Die **Errungenschaftsgemeinschaft** und **Fahrnisgemeinschaft** des BGB aF sind ausdrücklich als solche zu bezeichnen, Verwechslungen werden dann vermieden und können kaum vorkommen.[412] **166**

Die nach **Beendigung der ehelichen Gütergemeinschaft** (im Falle ihrer Nichtfortsetzung) bis zur Vornahme der Auseinandersetzung bestehende Liquidationsgemeinschaft (§ 1471 BGB) kann im Grundbuch vermerkt werden.[413] **167**

Fassungsvorschlag: **168**

»Gesamtgut der beendeten, noch nicht auseinander gesetzten Gütergemeinschaft« oder *»in beendeter, nicht auseinander gesetzter Gütergemeinschaft«*.

Wenn die Ehegatten F und M in Gütergemeinschaft ohne Fortsetzungsklausel gelebt haben und der Ehegatte F verstorben ist unter Hinterlassung seiner Erben X und Y, so kann der Eintrag[414] lauten: **169**

> 2
> a   *M*
> b   *die Erben der F*
>   *aa X*
>   *bb Y*
>   *lit. aa) und bb) in Erbengemeinschaft*
>   *lit. a) und b) Gesamtgut der beendeten Gütergemeinschaft*

---

404 KG OLGE 14, 85; *Demharter* § 47 Rn 17, 18; *Schöner/Stöber* Rn 754.

405 *Staudinger-Langhein* § 742 Rn 13.

406 KG Rpfleger 1985, 435; KG OLGE 22, 179; OLG Hamburg OLGE 23, 335; OLG Hamm Rpfleger 1973, 250; OLG Köln OLGZ 1986, 11 = Rpfleger 1986, 91; *MüKo-Eickmann* § 1115 Rn 12; *Demharter* § 47 Rn 21; *KEHE-Eickmann* § 47 Rn 10; *Schöner/Stöber* Rn 259; *Böhringer* BWNotZ 1985, 75.

407 OLG Hamm Rpfleger 1973, 250; *Demharter* § 47 Rn 21.

408 So auch *Haegele* Rpfleger 1958, 207; *Schöner/Stöber* Rn 259, 763; *Böhringer* BWNotZ 1985, 75. Diese Formulierung dürfte die beste sein.

409 *Schöner/Stöber* Rn 259, 763, 771; für die verschiedenen Arten der Gütergemeinschaft des Rechts aus der Zeit vor In-Kraft-Treten des GleichberG: BayObLG BayObLGZ 1958, 76 = Rpfleger 1958, 218 = FamRZ 1958, 219; *Meyer/Haegele* Rpfleger 1958, 204, 207.

410 RG RGZ 105, 53; KG OLGE 41, 30; *Schultz* JW 1925, 336; *Soergel-Gaul*, 12 Aufl, § 1416 Rn 10.

411 So auch *Schöner/Stöber* Rn 763; *Haegele* Rpfleger 1958, 207; *Böhringer* BWNotZ 1985, 75; für Eintragung: *Meyer* Rpfleger 1958, 207.

412 *Schöner/Stöber* Rn 773. Zur westfälischen Gütergemeinschaft OLG Hamm Rpfleger 1993, 61 = NJW-RR 1993, 71.

413 *Schöner/Stöber* Rn 771; BayObLGZ 21 A 17.

414 *Schöner/Stöber* Rn 771; 779 (zur Erbengemeinschaft).

170   Wenn die Ehegatten F und M in Gütergemeinschaft ohne Fortsetzungsklausel gelebt haben und **beide** Ehegatten jeweils unter Hinterlassung der Erben X und Y verstorben sind, so kann der Eintrag lauten:

> 2
> *a*   X
> *b*   Y
> *lit. a) und b) in Erbengemeinschaft nach F und in Erbengemeinschaft nach M, beide Erbengemeinschaften Beteiligte am Gesamtgut der beendeten Gütergemeinschaft.*

171   Haben Ehegatten je einen hälftigen Miteigentumsanteil an einem Grundstück durch Ehevertrag zu ihrem Vorbehaltsgut erklärt und aufgelassen, so darf die Zugehörigkeit dieser **Anteile zu den Vorbehaltsgütern** der Ehegatten im Grundbuch nicht verlautbart werden. Die Bruchteilsgemeinschaft als das für die Gemeinschaft maßgebende Rechtsverhältnis ist allein anzugeben. Daraus ist zu erkennen, dass das Grundstück bzw die Miteigentumsanteile nicht zum Gesamtgut gehören.[415] Daran, dass in Gütergemeinschaft lebende Ehegatten ein Grundstück zu Miteigentum erwerben können, wenn die Bruchteile Vorbehaltsgut werden, bestehen keine Zweifel.[416]

172   Der Grundbuchbeamte hat zu beachten, dass die Frage nach der Eintragungsfähigkeit eines **fremden Gemeinschaftsverhältnisses** iS von § 47 nicht vermischt werden darf mit der Frage nach der Wirksamkeit der Auflassung.[417] Das eheliche Güterrecht spielt für das Grundbuchamt eine Rolle bei der Prüfung des Erwerbsverhältnisses und der Erwerbsberechtigung. § 47 will erreichen, dass Art und Inhalt der Gemeinschaft im Grundbuch deutlich zum Ausdruck kommt. Es ist für den Grundbuchbeamten entscheidend, ob die Ehegatten in Bruchteilsgemeinschaft deutschen Rechts oder in Gütergemeinschaft oder Errungenschaftsgemeinschaft ausländischen Rechts eingetragen werden. Wenn Erwerber-Ehegatten ihre Eintragung als Eigentümer zu einem Gemeinschaftsverhältnis des ausländischen Güterrechts beantragen, müssen sie dem Grundbuchamt (schon wegen § 1409 BGB) dartun, dass für sie das ausländische Ehegüterrecht anwendbar ist. Enthält die Auflassungsurkunde Vermerke über die persönlichen Verhältnisse der Erwerber-Ehegatten darüber hinaus keine weiteren Tatsachen verlangen (schon gar nicht in der Form des § 29), wenn aufgrund dieser Angaben auf das in der Auflassung angegebene Gemeinschaftsverhältnis geschlossen werden kann.[418]

173   Wann besteht für das Grundbuchamt Anlass, von einer **Auslandsberührung** auszugehen? Feste Regeln lassen sich nicht aufstellen. Anhaltspunkte können die Vor- und Zunamen, vor allem die Kombination beider sein. Besondere Bedeutung kommt der Lebenserfahrung zu.[419] Höchst bedenklich unter dem Gesichtspunkt der Achtung der Menschenwürde ist die von manchen Grundbuchämtern geübte Praxis, Menschen mit mehr oder minder exotisch klingenden Namen durch routinemäßige Aufklärungsverlangen zu diskriminieren.[420] Wichtig ist für das Grundbuchamt, dass es den Antrag nur beanstanden kann, wenn es zur sicheren Überzeugung kommt, das Grundbuch werde durch die Eintragung unrichtig. Bloße Zweifel genügen nicht und lösen auch keine amtswegigen Ermittlungsverfahren aus. Es müssen schon präsente Beweismittel vorliegen, die nachweisen, dass das Grundbuch durch die Eintragung des ausländischen Güterstandes unrichtig werden würde.[421] Meint das Grundbuchamt, dass der Erwerber vermutlich nicht Deutscher ist, dass sich vermutlich der erste eheliche Wohnsitz in einem Land befand, das vermutlich eine Gütergemeinschaft im weiteren Sinne kennt, so genügt dies nicht zum Erlass einer Zwischenverfügung. Eine solche würde nämlich darauf hinauslaufen, den Beteiligten einen – in der Form des § 29 nur selten zu führenden – Negativbeweis aufzuerlegen, dass sie nicht ausländische Staatsangehörige sind, dass sie, falls doch einer der Ehegatten oder beide Ehegatten eine ausländische Staatsangehörigkeit besitzen, keinen Güterstand haben, der Erwerbsbeschränkungen eines Ehegatten kennt, bzw dass sie keinen Güterstand haben, der auf eine Gütergemeinschaft im weitesten Sinne hinausläuft usw.[422]

---

415   *Ripfel* Grundbuchrecht, S 129; *Schöner/Stöber* Rn 764.

416   BayObLG DNotZ 1982, 162 = Rpfleger 1982, 18 m Anm *Meyer-Stolte* = FamRZ 1982, 285 = JurBüro 1982, 438 = MDR 1982, 319 = BWNotZ 1982, 44 m Anm *Röll* = MittBayNot 1981, 252 = MittRhNotK 1982, 14; *Palandt/Brudermüller* § 1416 Rn 4.

417   So auch *Amann* MittBayNot 1986, 222; *Böhringer* BWNotZ 1988, 49. Zur Eintragung von Ausländern im Grundbuch, *Reithmann-Limmer* Internationales Vertragsrecht, 5. Aufl, Rn 910 ff.

418   Ebenso *Amann* MittBayNot 1986, 222; *Böhringer* BWNotZ 1988, 49.

419   *Böhringer* BWNotZ 1987, 17; *ders* Rpfleger 1990, 337.

420   So zutreffend schon *Wolfsteiner* DNotZ 1987, 78; OLG Hamm MittRhNotK 1996, 364.

421   BayObLGZ 1986, 16 = Rpfleger 1986, 369 = DNotZ 1987, 98 = BWNotZ 1987, 15 m zust Anm *Böhringer* = NJW-RR 1986, 893 = FamRZ 1986, 809 = MittBayNot 1986, 124 = MittRhNotK 1986, 120; BayObLG DNotZ 2001, 391 = BWNotZ 2001, 132 m zust Anm *Böhringer* = NJW-RR 2001, 879; LG Aurich NJW 1991, 642; *Schöner/Stöber* Rn 209 ff; *Lichtenberger* DNotZ 1987, 82; *Amann* MittBayNot 1986, 222; *Böhringer* BWNotZ 1987, 17; *Liessem* NJW 1989, 497; *Roth/Prax* 1991, 320. Für unbeschränkte Amtsermittlung *Eickmann* Rpfleger 1983, 465; § 20 Rn 229 ff.

422   *Böhringer* BWNotZ 1987, 17; *Böhringer* BWNotZ 1988, 49.

Wenn der Erwerber in einer gemischt-nationalen Ehe lebt, aus den Eintragungsunterlagen keine Angaben ersichtlich sind, wo der gewöhnliche Aufenthalt der Ehegatten bei Heirat war usw, wird das Grundbuchamt kaum einmal auf Grund feststehender Tatsachen (**präsenter Beweismittel**) die sichere Überzeugung haben, der Erwerb von Alleineigentum sei ausgeschlossen. Erwerben beide Ehegatten in Bruchteilsgemeinschaft, so gilt nichts anderes, denn es fehlt auch hier idR die sichere Überzeugung des Grundbuchamts, dass der Erwerb kraft Ehegüterrechts ins Gesamtgut oder in ein ähnliches Gemeinschaftsverhältnis fällt. Sollte das ausländische Recht grundsätzlich einen gemeinsamen Erwerb vorsehen, so muss der Ehegatte, der eine Eintragung als Alleineigentümer begehrt, nachweisen, dass dies im konkreten Einzelfall möglich ist.[423]

Grundbuchverfahrensrechtlich darf aber die Eintragung (zu Alleineigentum eines Ehegatten) nur dann abgelehnt werden, wenn für das Grundbuchamt aufgrund von Tatsachen mit Sicherheit feststeht, dass das Grundbuch unrichtig wird. Bloße Zweifel genügen keineswegs. Die bloße Möglichkeit einer Grundbuchunrichtigkeit berechtigt und verpflichtet das Grundbuchamt nicht, bei dem Erwerb eines Grundstücks oder Rechts durch einen Ehegatten das maßgebende Güterrecht zu erforschen. Dieser Grundsatz gilt für inländische wie für ausländische Ehegatten. Die Eintragung eines Ehegatten als Alleineigentümer darf nur dann abgelehnt werden, wenn das Grundbuchamt sichere Kenntnis davon hat, dass das Grundbuch dadurch im Hinblick auf das geltende Güterrecht unrichtig würde; die bloße Möglichkeit, dass dies geschieht, genügt nicht.[424] Die Beteiligung von Ausländern am Grundbuchverfahren erweitert die Prüfungsrechte und Prüfungspflichten des Grundbuchamts nicht. Eine Ungewissheit über das zutreffende Güterrecht ist regelmäßig nicht aufzuklären.[425]

Ein **ausländischer Güterstand**[426] kann im Rahmen des § 47 vermerkt werden, wenn er entsprechend deut- **174** schen Güterrechts eine Art Gesamthandsgemeinschaft darstellt, wie beispielsweise die Gütergemeinschaft nach

---

423 *Deimann* BWNotZ 1979, 3; OLG Hamm DNotZ 1966, 236; OLG Köln OLGZ 1972, 171 = DNotZ 1972, 182; KG DNotZ 1973, 620 = NJW 1973, 428; OLG Oldenburg Rpfleger 1991, 412; *Böhringer* BWNotZ 1988, 49; *Reithmann* DNotZ 1988, 141; BayObLG DNotZ 2001, 391 = BWNotZ 2001, 132 m zust Anm *Böhringer* = NJW-RR 2001, 879.

424 BayObLG DNotI-Report 2001, 51 = NJW-RR 2001, 879 = ZNotP 2001, 246 = DNotZ 2001, 391 = BWNotZ 2001, 132 m zust Anm *Böhringer* = MittBayNot 2001, 221 m zust Anm *Riering* = RNotZ 2001, 212; BayObLG NJW-RR 1992, 1235 = DNotZ 1992, 575 = MittRhNotK 1992, 152 = Rpfleger 1992, 341; OLG Hamm MittRhNotK 1996, 364; OLG Düsseldorf MittRhNotK 1999, 384; LG Bremen DNotI-Report 2000, 195; *Böhringer* Rpfleger 1990, 337.

425 OLG Karlsruhe Rpfleger 1994, 248; OLG Hamm MitttRhNotK 1996, 364; *Böhringer* BWNotZ 2001, 133.

426 **Überblick:** MittBayNot 1978, 186 und *Niewöhner* MittRhNotK 1981, 219; Fundstellen für ausländisches Güterrecht (Hinweis: A = Abhandlung; E = Entscheidung): **Belgien** (MittBayNot 1977, 66 = MittRhNotK 1976, 534 E; MittBayNot 1977, 221 = MittRhNotK 1977, 183 A); ehem **DDR** (JZ 1966, 423 A; NJW 1976, 1521 A); **Frankreich** (DNotZ 1966, 201 A; 1967, 67 A; 1973, 575 A; FamRZ 1966, 161 A); **Großbritannien** (FamRZ 1972, 419 A); **Israel** (DNotZ 1974, 663 A); **Italien** (ab 20.09.1975 Errungenschaftsgemeinschaft; Haager Ehew Abk: BGBl II 1955, 188; FamRZ 1978, 478 A, 575; MittBayNot 1976, 15 A; Rpfleger 1984, 188 E; Rpfleger 1989, 89 A); BWNotZ 1981, 137 E; Rpfleger 1982, 171 A; MittBayNot 1982, 16 A; PfälzOLG Zweibrücken Rpfleger 2007, 462; OLG Düsseldorf Rpfleger 1984, 188 m Anm *Schmidt* = IPrax 1984, 156 = FamRZ 1984, 797 = MittRhNotK 1984, 62; *Trolldenier* Rpfleger 1982, 171; LG Kempten IPrax 1983, 130); **Japan** (FamRZ 1956, 15 A); ehem **Jugoslawien** (*Mümmler* JurBüro 1984, 175; *Rauscher* Rpfleger 1988, 89; LG Kempten MittBayNot 1984, 254; BWNotZ 1981, 136 E; StAZ 1979, 161 A; LG Kempten MittBayNot 1984, 254); **Niederlande** (*Boele-Woelki* DNotZ 1981, 666; *Klinke* DNotZ 1981, 351, 364; MittRhNotK 1984, 85; Haager Ehew Abk: BGBl II 1977, 444; DNotZ 1961, 374 A; 1966 336 E; 1972, 182 E; *Ebke* RabelsZ 1984, 319; *Brondics/Mark* DNotZ 1985, 131; MittRhNotK 1971, 1 A; 1972, 720 E; 1978, 113; 1984, 45 A); **Österreich** (DNotZ 1954, 229 A; NJW 1958, 1972 E; MittBayNot 1975, 251 A; FamRZ 1976, 1 A; FamRZ 1975, 416 = DNotZ 1976, 32 E; BWNotZ 1983, 11 A; FamRZ 1980, 93; IPR-Gesetz v. 07.07.1978, in Kraft seit 01.01.1979, ÖBGBl 1978, 1929, vgl MittBayNot 1979, 2; *Eder* BWNotZ 1983, 111; BWNotZ 1983, 11 A); (FamRZ 1963, 275 = NJW 1977, 1592 = DNotZ 1978, 244 E; IPrax 1983, 250 A); **Schweiz** (BayObLGZ 1954, 225/234 E; NJW 1954, 837 = FamRZ 1954, 110 E; DNotZ 1954, 229 A; FamRZ 1963, 163 A; 1966, 483 A; MittRhNotK 1984, 1 A; *Bünten* MittRhNotK 1984, 1; OLG Karlsruhe FamRZ 1983, 1125 = NJW 1984, 570 = IPrax 1984, 155 = JuS 1984, 484 = MittRhNotK 1984, 61; *Ludwig* NJW 1984, 1273); **Spanien** (FamRZ 1976, 185 A); ehem **CSSR** (MittBayNot 1975, 261 E; für sudetendeutsche Vertriebene Rpfleger 1976, 396 = FamRZ 1976, 612 E). Vertriebene NJW 1982, 1937 = Rpfleger 1982, 177 E; Sowjetzonenflüchtlinge IPrax 1981, 161 A; 1982, 100 A; BGH IPrax 1983, 40; IPrax 1983, 25 A. **Zusammenfassende Hinweise:** Deutsches Notarinstitut, Notarielle Fragen des internationalen Rechtsverkehrs, 1995; *Lichtenberger* DNotZ 1983, 394 und MittBayNot 1983, 71; 1978, 168; 1979, 58 = MittRhNotK 1979, 58; 1980, 177 = BWNotZ 1980, 1, 79; *Ludwig* NJW 1984, 1273. Beteiligung von Ausländern am Grundbuchverfahren: *Eickmann* Rpfleger 1983, 465 mit Übersicht; *Böhringer* BWNotZ 1988, 40; *ders* Rpfleger 1990, 337. Güterrechtliche und erbrechtliche Fragen bei Vertriebenen, Aussiedlern und Spätaussiedlern werden behandelt von *Scheugenpflug* MittRhNotK 1999, 372.

niederländischem Recht[427] oder nach dem Recht der ehemaligen **CŠSR**[428] (ungeteilte Gütergemeinschaft in der Slowakei/Errungenschaftsgemeinschaft in Tschechien) oder die Errungenschaftsgemeinschaft nach osteuropäischen Rechtsordnungen (Ungarn, Polen). Ist dies der Fall, muss nach hM die Bewilligung oder Auflassung das Gemeinschaftsverhältnis richtig enthalten. Die »aufgeschobene Gütergemeinschaft« der nordischen Staaten (Dänemark, Finnland, Island, Norwegen, Schweden) wird in der Literatur nur teilweise als Gesamthandseigentum i S des deutschen Rechts angesehen. Denn in den nordischen Ländern kann ein Ehegatte auch hinsichtlich des »Gesamtgutes« als Alleineigentümer eingetragen werden oder können die Ehegatten in Bruchteilseigentum eingetragen werden.[429]

Die Gesamthandsverhältnisse nach ausländischem Güterrecht können und müssen in das Grundbuch eingetragen werden; dies gilt auch dann, wenn das fremde Rechtsverhältnis dem deutschen Recht unbekannt ist.[430] Wenn *Deimann*[431] offenbar annimmt, ein fremdes Rechtsverhältnis sei nur eintragungsfähig, sofern es im deutschen Recht dafür eine parallele Rechtsfigur gebe, kann dem nicht zugestimmt werden. Die Einschränkung verstieße geradezu gegen den Sinn und Zweck des § 47, der ja den Rechtsverkehr über das de facto bestehende Gemeinschaftsverhältnis informieren will, damit keine Zweifel über die Verfügungsbefugnis bestehen.[432] Ergibt die Bewilligungs- bzw Auflassungsurkunde, dass ein Erwerb im gesetzlichen Güterstand des maßgeblichen ausländischen Rechts gewollt ist, so genügt dies als Angabe des Gemeinschaftsverhältnisses, auch wenn gesetzlicher Güterstand eine Art Gütergemeinschaft ist. Das Grundbuchamt hat auf die Eintragung des ausländischen Güterstandes hinzuwirken.[433] Das ausländische Recht ist vom Grundbuchamt zu beachten; es hat sich die Rechtskenntnis selbst zu beschaffen. Einzutragen ist das konkret bestehende Gemeinschaftsverhältnis. Die **Formulierung** des ausländischen Gemeinschaftsverhältnisses kann auf terminologische Eindeutung verzichten und stattdessen das ausländische Gemeinschaftsverhältnis genau beschreiben (was aber wiederum nur mit deutschen Rechtsbegriffen möglich ist) oder aus dem deutschen Rechts- und Sprachgebrauch bekannte Begriffe zur schlagwortartigen Kennzeichnung unter Hinweis auf das ausländische Recht verwenden (**zB Errungenschaftsgemeinschaft** gemäß dem **italienischen** Recht[434] oder Gesamthandseigentum gemäß gesetzlichem Güterstand nach **jugoslawischem**[435] – Serbien, autonome Provinz Wojwodina – Recht).[436]

175   Heute ist anerkannt, dass ein Fehlgriff bei der Angabe des ausländischen Gemeinschaftsverhältnisses nicht zur Unwirksamkeit der Auflassung führt, vielmehr nur noch darüber diskutiert wird, ob dieses Ergebnis durch eine großzügige **Umdeutung bzw Auslegung** der Erklärungen der Erwerber oder durch eine dogmatische Trennung von Auflassung und Gemeinschaftsverhältnis erreicht wird. Lässt sich durch Auslegung der Auflassungsurkunde das Gemeinschaftsverhältnis ermitteln, so kann die Auflassung im Grundbuch vollzogen werden.[437] Eine unwirksame Auflassung hätte zur Folge, dass die Erwerbsfälle mit Auslandsberührung untragbare Konsequenzen hätten. Man sollte nie vergessen, dass es sich regelmäßig um ein Versehen der Erwerber handelt, denen ein ausländischer Güterstand nicht bewusst war. Dem Veräußerer wird es im Zweifel auch gleichgültig sein, in welchem ausländischen Gemeinschaftsverhältnis die Erwerber untereinander stehen. Vgl dazu auch Rdn 266.

176   Ist nach dem anzuwendenden Güterrecht eine **Verfügungsbeeinträchtigung kraft Gesetzes** vorhanden, so muss sie vom Grundbuchamt beachtet werden. Stets zu beachten sind Verfügungsbeeinträchtigungen, die generell gelten. Sind Verfügungsbeeinträchtigungen jedoch an das Vorliegen objektiver, spezieller Voraussetzungen geknüpft (zB zustimmungsbedürftige Verfügungen über Grundstücke, auf denen sich die Familienwohnung befindet), so können mE die von der Rechtsprechung zu § 1365 BGB entwickelten Grundsätze herangezogen

427   OLG Düsseldorf DNotI-Report 2000, 35 = FGPrax 2000, 5 = NJW-RR 2000, 542 = Rpfleger 2000, 107; OLG Oldenburg Rpfleger 1991, 412; LG Köln MittRhNotK 1978, 113. Bestritten ist, Anteilsverhältnisse einzutragen sind oder jedenfalls eingetragen werden können (*Süß* Rpfleger 2003, 53; *Schöner/Stöber* Rn 3422; Gutachten DNotI-Report 2007, 91, 93.

428   LG Bamberg MittBayNot 1975, 261 = MittRhNotK 1976, 100 = FamRZ 1978, 243 = RpflJB 1977, 37.

429   Gutachten DNotI-Report 2007, 91.

430   *Böhringer* BWNotZ 1988, 49; KEHE-*Munzig* § 20 Rn 78; *Böhringer* BWNotZ 1985, 75 und BWNotZ 1985, 105; KG Rpfleger 1977, 307; § 20 Rn 227 ff.

431   BWNotZ 1979, 3.

432   *Böhringer* BWNotZ 1985, 105 und 1988, 49; vgl auch Rdn 180.

433   KG DNotZ 1973, 620; OLG Hamm DNotZ 1966, 236; LG Bamberg MittBayNot 1975, 261 = MittRhNotK 1976, 100 = FamRZ 1978, 243 *Schöner/Stöber* Rn 3422 ff; *Haegele* Rpfleger 1975, 154; *Eickmann* Rpfleger 1983, 473.

434   OLG Frankfurt MittBayNot 1994, 278; *Ultsch* MittBayNot 1994, 279; *Dopffel* FamRZ 1978, 478.

435   BayObLG MittBayNot 2001, 221 m Anm *Riering*.

436   *Schöner/Stöber* Rn 3423; *Böhringer* BWNotZ 1988, 49; KG Rpfleger 1977, 307; § 20 Rn 228; LG Kempten MittBayNot 1984, 254 (für Serbien); BayObLG DNotZ 2001, 391 = BWNotZ 2001 m zust Anm *Böhringer* = NJW-RR 2001, 879; BayObLG DNotZ 1992, 341; LG Köln MittRhNotK 1996, 372 (Italien).

437   BayObLG Rpfleger 1983, 346 = DNotZ 1983, 754 = BWNotZ 1983, 125; *Staudinger-Gursky* § 873 Rn 57, 61; *Ertl* Rpfleger 1983, 430; *Ertl* DNotZ 1985 Sonderheft S 147; *Böhringer* BWNotZ 1985, 73, 104; *ders* BWNotZ 1987, 104; *ders* BWNotZ 1988, 1; *ders* BWNotZ 1988, 49; *Schöner/ Stöber* Rn 3422, 762; *Amann* MittBayNot 1986, 222; *Palandt/ Bassenge* § 925 Rn 16–18, 30; *Nieder* NJW 1984, 331; § 20 Rn 228 ff.

werden. Das bedeutet, dass das Grundbuchamt die Verfügungsbeeinträchtigung nur dann zu beachten hat, wenn sich für das Vorliegen ihres Tatbestandes konkrete Anhaltspunkte ergeben. Sieht das anzuwendende Güterrecht lediglich vor, dass Verfügungsbeeinträchtigungen **vereinbart** werden können, so gilt zugunsten des Eingetragenen die Vermutung des § 891 BGB; es ist von der uneingeschränkten Verfügungsbefugnis auszugehen, solange die Verfügungsbeeinträchtigung nicht bekannt ist.[438]

Das IPR-Gesetz[439] hat das deutsche Internationale Privatrecht, so auch das Ehegüterrecht, auf eine neue Grundlage gestellt. Welche Konsequenzen die **Übergangsregelung Art 220 EGBGB** für bereits vorgenommene Grundbuch-Eintragungen hat, ist noch nicht endgültig geklärt. Ob die Grundbücher, in die in großer Zahl ausländische Güterstände eingetragen wurden, richtig oder unrichtig sind, hängt nunmehr von der Anwendung der Übergangsregelung Art 220 EGBGB ab.[440] Eine gegenständlich beschränkte Rechtswahl bei unbeweglichem Vermögen ist möglich.[441]   **177**

Bei Erwerbsfällen mit Auslandsbeziehung sollte man sich stets merken, dass nach den meisten Rechtsordnungen eine Ehe die vermögensrechtlichen Verhältnisse der Ehegatten nicht unberührt lässt. Nur selten werden die vermögensrechtlichen Verhältnisse so behandelt, wie wenn diese Personen nicht verheiratet wären. Häufig findet eine Verschiebung in der Eigentumszuordnung statt, es entsteht Gesamtgut. **Gütergemeinschaft** gilt zB in Dänemark, den Niederlanden, nach manchen spanischen Regionalrechten (Baskenland), Südafrika. **Errungenschaftsgemeinschaft** gilt in Belgien, Frankreich, Italien, Luxemburg, Portugal und manchen Regionalrechten in Spanien, in China, im sozialistischen und südamerikanischen Rechtskreis (Argentinien, Brasilien, Peru, Venezuela) sowie in Mexiko und einigen US-Staaten[442] sowie seit 01.01.2002 in der Türkei.[443] **Gütertrennung bzw Zugewinnähnliches** gilt in Finnland, Griechenland, England, Schottland, Irland, Liechtenstein, Monaco, Österreich, Schweden, Schweiz, Australien, Honduras, Japan, Neuseeland, Panama, El Salvador, im islamischen Rechtskreis und dem Mehrrechtsstaat Kanada.[444]   **178**

Bei Alleinerwerb eines Grundstücks durch eine Person, die mit einem Ausländer verheiratet ist, kann das Grundbuchamt die **Eigentumsvormerkung** nicht mit der Begründung beanstanden, ein möglicherweise anwendbares ausländisches Güterrecht sehe möglicherweise ein Verbot des Alleinerwerbs vor; mangels sicherer Kenntnis über die Unrichtigkeit des alleinigen Erwerbsverhältnisses ist hier vielmehr der Bewilligung zu entsprechen und die Vormerkung einzutragen.[445]   **179**

Auch beim **Vollzug der Auflassung** hat das Grundbuchamt das Güterrecht nicht zu erforschen; allerdings müsste es die Eintragung des alleinerwerbenden Ehegatten als Alleineigentümer ablehnen, wenn ihm bekannt ist, dass der Erwerb kraft Güterrechts zum gemeinschaftlichen Eigentum beider Ehegatten führt.[446] Gegen die Gefahr einer Unrichtigkeit des Grundbuchs aufgrund ausländischen Güterrechts braucht und darf das Grundbuchamt keine schärferen Vorkehrungen treffen als gegen die Gefahr einer Unrichtigkeit des Grundbuchs infolge deutschen Güterrechts. Die Anlegung solcher unterschiedlicher Maßstäbe ist durch nichts gerechtfertigt.[447]

---

438 Ausführlich dazu *Eickmann* Rpfleger 1983, 465; *Reithmann/Hausmann* Internationales Vertragsrecht, 5. Aufl, Rn 1902 ff. Zum Schutz des Rechtsverkehrs *Schotten* DNotZ 1994, 670.

439 Gesetz zur Neuregelung des Internationalen Privatrechts vom 25.07.1986, BGBl I 1986, 1142.

440 Ausführlich dazu *Böhringer* BWNotZ 1987, 104; *Röll* MittBayNot 1989, 1. Auch *Otto* Rpfleger 1983, 462 und 1984, 336.

441 Ausführlich *Süß* ZNotP 1999, 385; *Döbereiner* MittBayNot 2001, 264; *Böhringer* BWNotZ 1988, 49 mwN; *Röll* MittBayNot 1989, 1; *Lichtenberger* in FS Murad Ferid; LG Mainz Rpfleger 1993, 280 = DNotZ 1994, 564 m Anm *Schotten* = MittRhNotK 1993, 232 = NJW-RR 1994, 73; *Dörr/Hansen* NJW 1994, 2802.

442 Vgl Länderübersicht bei *Eickmann* Rpfleger 1983, 474; *Reithmann-Hausmann* Internationales Vertragsrecht, 5. Aufl, Rn 1887; *Reithmann* DNotZ 1985, 544; *Wochner* IPrax 1985, 90; *Süß* ZNotP 1999, 385.

443 OLG Zweibrücken DNotzZ 2008, 529 = FamRZ 2008, 1366; LG Duisburg RNotZ 2003, 396; Gutachten DNotI-Report 2004, 93 mwN.

444 Vgl dazu *Eickmann* Rpfleger 1983, 474; *Reithmann-Hausmann* Internationales Vertragsrecht, 5. Aufl, Rn 1886; *Reithmann* DNotZ 1985, 544.

445 BayObLG Rpfleger 1986, 127 = DNotZ 1986, 487 = NJW-RR 1986, 1025 = MittBayNot 1986, 74 = IPrax 1986, 301; AG Schwabach Rpfleger 1983, 429 m zust Anm *Ertl* = MittBayNot 1983, 220 = MittRhNotK 1984, 63; *Staudinger-Thiele* § 1416 Rn 30; *Ertl* Rpfleger 1983, 431; *Amann* Rpfleger 1986, 117; *Reithmann* DNotZ 1985, 545; **aA** AG Garmisch-Partenkirchen, zitiert nach *Rauscher* Rpfleger 1985, 53; *Rauscher* Rpfleger 1985, 52 und 1986, 119. Eingehend zu familienrechtlichen Gesamthandsgemeinschaften *Britz* BWNotZ 2008, 333 und *Falk* BWNotZ 2008, 48.

446 BayObLG DNotZ 2001, 391 = BWNotZ 2001, 132 m zust Anm *Böhringer*; BayObLG BayObLGZ 1986, 16 = DNotZ 1987, 98 = Rpfleger 1986, 369 = NJW-RR 1986, 893 = FamRZ 1986, 809 = BWNotZ 1987, 15 m zust Anm *Böhringer* = MittBayNot 1986, 124 = MittRhNotK 1986, 120; *Amann* MittBayNot 1986, 222; *Böhringer* BWNotZ 1987, 17; *Böhringer* BWNotZ 1988, 49; *Wolfsteiner* DNotZ 1987, 67.

447 OLG Karlsruhe Rpfleger 1994, 248; BayObLG MittBayNot 2001, 221 m Anm *Riering*. *Amann* MittBayNot 1986, 222; *Böhringer* BWNotZ 1988, 49; *ders.* BWNotZ 2001, 133; *Wolfsteiner* DNotZ 1987, 67; *Staudinger-Pfeifer* § 925 Rn 57; *Reithmann-Hausmann* Intern. Vertragsrecht, Rn 916; *Reithmann* DNotZ 1988, 141; *Falk* BWNotZ 2008, 48.

180 Die Zahl der Ausländer, die sich am deutschen Grundstücksverkehr beteiligt, wächst ständig. Für das Grundbuchamt geht es bei solchen Beteiligten stets um die Frage der Verfügungsbeeinträchtigungen sowie des Anteils- bzw Gemeinschaftsverhältnisses.[448]

In zahlreichen ausländischen Güterständen besteht keine Gütergemeinschaft, verheiratete Personen sind als Eigentümer zu je 1/2 eingetragen,[449] aber trotzdem in der Verfügung beschränkt. Die Eintragung des Gemeinschaftsverhältnisses nach dem ausländischen Güterrecht kann deshalb den Zweck des § 47 kaum erfüllen: Sie sichert nicht gegen Verfügungsbeschränkungen, die trotz Bruchteilsgemeinschaft bestehen.[450]

Das **italienische Recht** sieht Errungenschaftsgemeinschaft vor, sodass eine Bruchteilsgemeinschaft im Allgemeinen nicht in Betracht kommt.[451] In der Türkei gilt seit 01.01.2002 die Errungenschaftsgemeinschaft, wobei die Ehegatten jedoch während der Dauer der Ehe Eigentümer des von ihnen jeweils in die Ehe eingebrachten und während der Ehe erworbenen Vermögens bleiben bzw. werden und erst bei Beendigung der Ehe eine hälftige Teilung der Errungenschaften erfolgt, also die Ehegatten während der Ehe erworbenes Vermögen in Bruchteilsgemeinschaft eintragen lassen können;[452] demnach kann ein Ehegatte im gesetzlichen Güterstand des türkischen Rechts auch zu Alleineigentum oder könnten beide Ehegatten zu Bruchteilseigentum erwerben. Die Bezeichnung des Gemeinschaftsverhältnisses mit »als Eigentümer gemäß dem gesetzlichen Güterstand des Rechts des Staates Türkei« genügt nicht.[453] In allen früheren **jugoslawischen** Teilrepubliken und Provinzen gilt der frühere bundeseinheitliche Güterstand der Errungenschaftsgemeinschaft mit mehr oder weniger Änderungen als Landesrecht fort. Der Grundbuchbeamte kann bei Ehegatten aus dem ehemaligen Jugoslawien mit Aufenthalt in der BRD einen Erwerb zum Gesamthandsvermögen unterstellen, sofern nicht in den eingereichten Urkunden Abweichungen vom gesetzlichen Regelfall dargelegt sind; in unklaren Fällen ist Zwischenverfügung zu erlassen. Besitzt der Ehemann die jugoslawische, die Ehefrau die deutsche Staatsangehörigkeit, können sie durch Ehevertrag Gütertrennung vereinbaren und ein Grundstück je zur Hälfte erwerben.[454]

181 Zu beachten ist die **spanische**[455] Familienrechtsform vom 02.05.1975, das neue **belgische**[456] Ehegüterrecht vom 14.07.1976, das neue eheliche Güterrecht vom 01.01.1974 in Israel,[457] die Eintragung des Güterstandes der Gütergemeinschaft **niederländischen** Rechts im Grundbuch.[458]

Nach **österreichischem** Recht[459] können die Ehegatten, die durch Ehepakt als Güterstand Gütergemeinschaft unter Lebenden vereinbart haben, am Gesamtgut kein Eigentum zur gesamten Hand, sondern nur Bruchteilseigentum erwerben.

---

448 *Reithmann* DNotZ 1988, 141.

449 Als Bruchteilseigentümer können verheiratete Personen nur eingetragen werden, wenn das maßgebende Güterrecht die Eigentumszuordnung unberührt lässt. Gilt für die Ehe allgemeine oder partielle Gütergemeinschaft, so können die Ehegatten nicht als Bruchteilseigentümer eingetragen werden. LG Bamberg IPRspr 1975 Nr 215 = MittBayNot 1975, 261 (CSSR); OLG Düsseldorf IPRspr 1977 Nr 189a = MittRhNotK 1976, 594 = MittBayNot 1977, 66 (Belgien); LG Köln 05.07.1978, IPRspr 1978 Nr 36 = MittRhNotK 1978, 113 (Niederlande); LG Köln 18.06.1980, IPRspr 1980 Nr 67 = MittRhNotK 1981, 67 (Öst.); LG Heilbronn 16.12.1980, IPRspr 1980 Nr 65 = BWNotZ 1981, 137 (Italien); LG Stuttgart 24.03.1981, IPRspr 1981 Nr 66 = BWNotZ 1981, 136 (Jugoslawien). Eine Ausnahme gilt nur dann, wenn das Grundstück im Einzelfall von der gemeinschaftlichen Bindung ausgenommen ist, etwa als Vorbehaltsgut. Dies hat das Grundbuchamt aber nur dann von sich aus nur zu prüfen, wenn dafür besondere Anhaltspunkte bestehen.

450 Zum Güterstand gemischt-nationaler Ehen *Reinhardt* BWNotZ 1985, 97; Zur Änderung des südafrikanischen Ehegüterrechts *Thomashausen* IPrax 1986, 57; Zum Erwerb Schweizer Grundstücke durch Ausländer: *Krapp* NJW 1985, 2869; *Dagon* RIW/AWD 1985, 930.

451 Notariat Marbach/Neckar und LG Heilbronn BWNotZ 1981, 137; *Deimann* BWNotZ 1979, 3; *Seibold* BWNotZ 1981, 136; LG Kempten MittBayNot 1982, 250; *Trolldiener* Rpfleger 1982, 171; *Ferid* MittBayNot 1982, 16; *Schöner/Stöber* Rn 772, 3423. Zur Eintragung als Miteigentümer BayObLG NJW-RR 1986, 1023; LG Frankenthal Rpfleger 1986, 94 = MittBayNot 1985, 262; OLG Düsseldorf Rpfleger 1984, 188 m Anm *Holger Schmidt*; *Rauscher* Rpfleger 1988, 141.

452 LG Duisburg RNotZ 2003, 396; *Süß* Rpfleger 2003, 61. Dazu auch *Naumann* RNotZ 2003, 343; *Odendahl* FamRZ 2003, 648; *ders*, RNotZ 2003, 371 (deutsche Übersetzung der türkischen Vorschriften); *Finger* FamPrax 2003, 826.

453 OLG Zweibrücken DNotZ 2008, 529 = FamRZ 2008, 1366.

454 LG Stuttgart BWNotZ 1981, 136 m Anm *Seibold*; GBA Mannheim BWNotZ 1979, 12; *Deimann* BWNotZ 1979, 3; LG Kempten MittBayNot 1984, 254 (für Serbien); *Mümmler* JurBüro 1984, 174; *Rauscher* Rpfleger 1988, 89; BayObLG DNotZ 2001, 391 = BWNotZ 2001, 132 m zust Anm *Böhringer*; BayObLG DNotZ 1992, 575 = Rpfleger 1992, 341.

455 FamRZ 1976, 185.

456 OLG Köln Rpfleger 1980, 16; LG Düsseldorf MittBayNot 1977, 66.

457 DNotZ 1974, 663.

458 OLG Düsseldorf MittRhNotK 1999, 384; LG Köln MittRhNotK 1978, 113; MittRhNotK 1962, 98; OLG Köln DNotZ 1972, 182 = FamRZ 1972, 564; OLG Hamm OLGZ 1965, 342 = DNotZ 1966, 236; OLG Oldenburg Rpfleger 1985, 188; *Klinke* MittRhNotK 1984, 45.

459 LG Köln MittRhNotK 1981, 67; *Schwimann* FamRZ 1982, 14; *Eder* BWNotZ 1983, 111; *Schöner/Stöber* Rn 772, 3423.

c) Fortgesetzte Gütergemeinschaft. Bei fortgesetzter Gütergemeinschaft ist ein Vermerk *»in fortgesetzter* **182** *Gütergemeinschaft«* notwendig. Zulässig ist auch der Vermerk, dass die fortgesetzte Gütergemeinschaft beendet, aber noch nicht auseinander gesetzt ist.[460] Das Grundbuchamt hat die Zulässigkeit der Eintragung auf die rechtliche Zulässigkeit zu prüfen. Ist die Fortsetzung der Gütergemeinschaft nicht ausdrücklich vereinbart, dann tritt sie auch nicht ein; im alten Recht war es genau umgekehrt. Wegen der Übergangsregelung alter Gütergemeinschaften beachte Art 8 § 6 GleichberG 1957.

Stirbt ein an einer fortgesetzten Gütergemeinschaft beteiligter Abkömmling nach deren Beendigung, aber noch **183** vor Beendigung der Auseinandersetzung des Gesamtguts, so vererbt sich sein Recht an der Auseinandersetzungsgemeinschaft nach allgemeinen Grundsätzen.[461]

Sind beim Tode des erstverstorbenen Ehegatten neben den – an der fortgesetzten Gütergemeinschaft teilneh- **184** menden – gemeinschaftlichen Abkömmlingen auch **einseitige Abkömmlinge vorhanden**, so müssen diese im Falle einer Grundbuchberichtigung in das Grundbuch miteingetragen werden.[462] Der Eintrag könnte in Abteilung I des Grundbuchs (unter voller Löschung der bisherigen Eigentümereintragung von M und F in Gütergemeinschaft) lauten:[463]

> 2
> *a F*
> *b anstelle des M*
> *aa die gemeinschaftlichen Kinder mit F*
>> *a C*
>> *b D*
> *bb die einseitigen Kinder des M*
>> *a E*
>> *b F*
> *sämtliche in Gesamthandsgemeinschaft nach § 1483 Abs 2 BGB.*

Man müsste bei dieser **besonderen Gesamthandsgemeinschaft** den Eintrag wohl noch genauer fassen: **185**

> 2
> *a F*
> *b anstelle des M die gemeinschaftlichen Kinder mit F:*
>> *aa C*
>> *bb D*
> *c die einseitigen Kinder des M*
>> *aa E*
>> *bb F*
> *lit. a) und b) Gesamtgut der fortgesetzten Gütergemeinschaft*
> *lit. c) in Erbengemeinschaft*
> *lit. a)–c) Gesamthandsgemeinschaft nach 1483 Abs 2 BGB.*

Dieser letzteren Fassung ist der Vorzug zu geben.

Ungenau wäre aber folgender Eintrag[464] **186**

> 2
> *a F*
> *b anstelle des M*
> *aa die gemeinschaftlichen Kinder mit F*
>> *a C*
>> *b D*
>> *mit F in fortgesetzter Gütergemeinschaft*
> *bb die einseitigen Kinder des M*
>> *a E*
>> *b F*
> *a) und b) in Erbengemeinschaft*

---

460 KG KGJ 50, 152; BayObLG BayObLGZ 21, 17; *Demharter* § 47 Rn 21; *Schöner/Stöber* Rn 259, 771; *Böhringer* BWNotZ 1985, 76.
461 BayObLG BayObLGZ 1967, 70 = DNotZ 1968, 35 = Rpfleger 1968, 21 m Anm *Haegele; Schöner/Stöber* Rn 828.
462 *Schöner/Stöber* Rn 829.
463 *Planck-Kettnaker* Die Führung des Grundbuchs, S 368; *Kehrer-Bühler-Tröster* Bd I § 9 S 9, Bd II § 1 S 95.
464 Beispiel aus *Schöner/Stöber* Rn 829.

187 Im Grundbuchverkehr ist neben dem Zeugnis bei Vorhandensein von einseitigen Abkömmlingen wegen des Rechts der einseitigen Abkömmlinge (§ 1483 Abs 2 BGB) ein Erbschein erforderlich. **Zeugnis und Erbschein** zusammen bilden dann den Nachweis iS von § 35.[465]

188 **d) Gütergemeinschaft eingetragener Lebenspartner.** Wie im Ehegüterrecht gibt es für die eingetragene Lebenspartnerschaft (eLP) den gesetzlichen Güterstand der Zugewinngemeinschaft (früher: Vermögensstand der Ausgleichsgemeinschaft). Anstelle des Vermögensstands der Ausgleichsgemeinschaft ist die Zugewinngemeinschaft getreten. Die Lebenspartner haben nach dem Gesetz die Möglichkeit, durch einen notariellen Lebenspartnerschaftsvertrag einen anderen Güterstand zu vereinbaren (§ 7 LPartG).

189 Die Lebenspartner können für ihre Partnerschaft auch den Güterstand der Gütergemeinschaft vereinbaren. Dies war anfangs nicht unumstritten, weil es an einer auf die eheliche Gütergemeinschaft verweisende Norm (§§ 1415 ff BGB) fehlte;[466] seit 01.01.2005 ist dies wegen des Verweises auf die Regelungen über das Güterrechtsregister sichergestellt. Nach der seit 01.01.2005 geltenden Regelung kann durch notariellen Lebenspartnerschaftsvertrag die Gütergemeinschaft mit Gesamtgut, Sondergut und Vorbehaltsgut eines jeden Lebenspartners vereinbart werden. Folge ist, dass das Vermögen eines jeden Lebenspartners gemeinschaftliches Vermögen beider Lebenspartner wird (Gesamtgut). Zum Gesamtgut gehört auch das Vermögen, das ein Lebenspartner während der Gütergemeinschaft erwirbt. Die Bestimmungen über den Güterstand der Gütergemeinschaft von Ehegatten sind entsprechend anwendbar;[467] insbesondere §§ 1415 ff BGB, §§ 740 ff ZPO; §§ 37, 318, 333 InsO, § 99 FGG.

190 Auch andere Vermögensstände nach ausländischem Recht können im notariellen Lebenspartnerschaftsvertrag vereinbart werden. Die Verweisung auf ein nicht mehr bestehendes inländisches oder ausländisches Recht ist aber nicht möglich.[468] Frei ausgestaltete andersartige Güterstandstypen sind nicht möglich.

191 Das LPartG enthält seit 01.01.2005 eine Regelung über die Publizierung eines Güterstandes der Lebenspartner in einem öffentlichen Register. Eine Eintragung eines Güterstandes in das Güterrechtsregister oder ein entsprechendes Register ist jetzt vorgesehen.

192 Die Verfügungsmacht der Lebenspartner ist bei der durch notariellen Lebenspartnerschaftsvertrag vereinbarten Gütergemeinschaft durch §§ 1423–1425 BGB eingeschränkt. Der Verwalter kann über das Gesamtgut im Ganzen, über ein zum Gesamtgut gehörendes Grundstück oder schenkweise nur mit Zustimmung des anderen Lebenspartners verfügen. Ohne Zustimmung ist die Verfügung absolut unwirksam. Die Beschränkungen gelten ohne Eintragung im Grundbuch. Ob eine Verfügung über das Gesamtgut im Ganzen vorliegt, ist ebenso zu beurteilen wie bei § 1365 BGB, so dass auch die Verfügung über einen einzelnen Gegenstand in Betracht kommt.[469]

193 Den Grundstückserwerb in das Gesamtgut der zwischen den Lebenspartnern bestehenden Gütergemeinschaft können der eine Lebenspartner oder der andere oder beide gemeinschaftlich vornehmen. Die Tatsache, dass dieser Güterstand besteht, braucht in solchen Fällen dem Grundbuchamt nicht besonders nachgewiesen zu werden; die Vorlage einer beglaubigten Abschrift/Ausfertigung des notariellen Lebenspartnerschaftsvertrages ist also nicht erforderlich. Die Angabe des diesbezüglichen Gemeinschaftsverhältnisses (»in Gütergemeinschaft«) der Lebenspartner ist ausreichend.

194 **e) Erbengemeinschaft.** Die Erbengemeinschaft besitzt keine eigene Rechtspersönlichkeit und ist auch sonst nicht rechtsfähig (auch nicht teilrechtsfähig) und damit nicht grundbuchfähig. Daran ist auch nach der Anerkennung der Rechtsfähigkeit der BGB-Gesellschaft festzuhalten.[470] Es findet nach BGH[471] keine Übertragung der Grundsätze zur Rechtsfähigkeit der GbR und zur Rechtsfähigkeit der Wohnungseigentümergemeinschaft auf die Erbengemeinschaft statt, auch nicht nach Änderung des § 10 WEG durch die WEG-Novelle 2007. Die Erbengemeinschaft verfügt nicht über eigene Organe; sie ist kein eigenständiges, handlungsfähiges

---

465 So auch *Schöner/Stöber* Rn 823 ff, 829.
466 Ebenso ausführlich *Krause* NotBZ 2001, 241; *Schwab* FamRZ 2001, 385, 388; *Dorsel* RNotZ 2001, 151; *Leipold* ZEV 2001, 218, 220; *Süß* DNotZ 2001, 168, 171; *Epple* BWNotZ 2001, 44, 46; *Rellermeyer* Rpfleger 2001, 381. Ablehnend: *Grziwotz* DNotZ 2001, 280, 287; *Meyer* ZEV 2001, 169, 175.
467 Ebenso *Rellermeyer* Rpfleger 2001, 381.
468 *Epple* BWNotZ 2001, 44, 46. Ebenso *Grziwotz* DNotZ 2001, 280, 288, 291; *Mayer* ZEV 2001, 169, 175; *Krause* NotBZ 2001, 241, 247.
469 *Meikel-Sieveking* Anh zu § 19 Rn 65.
470 BGHNJ 2006, 44 = NJW-RR 2006, 158 = NotBZ 2005, 401 = ZEV 2006, 27 = ZfIR 2006, 116 = ZOV 2005, 357; BGH DNotZ 2007, 134 = NJW 2006, 3715 = NotBZ 2006, 426 = Rpfleger 2007, 75 = ZfIR 2007, 108 mAnm *Häublein* = WM 2006, 2257 = WuB IV A § 2032 BGB 1.07 mAnm *Meder/Flick* = WuM 2006, 695; BGH DNotI-Report 2002, 166 = MittBayNot 2003, 228 = NotBZ 2002, 450 = Rpfleger 2002, 625; *Bestelmeyer* Rpfleger 2004, 604, 607; *Fritz* WuM 2007, 60, *ders,* NZM 2003, 677.
471 BGH ZfIR 2007, 108 m Anm *Häublein*.

Rechtssubjekt, sondern lediglich eine gesamthänderisch verbundene Personenmehrheit, der mit dem Nachlass ein Sondervermögen zugeordnet ist. Erwirbt eine Erbengemeinschaft ein dingliches Recht, ist stets vom Grundbuchamt auch zu prüfen, ob ein Nacherbenvermerk oder ein Testamentsvollstreckervermerk im Grundbuch miteinzutragen ist. Die Erbengemeinschaft ist auch nicht insolvenzfähig.[472]

Die Eintragung einer Erbengemeinschaft hat etwa zu lauten:

»in Erbengemeinschaft« (wohl **am gebräuchlichsten**),

»Miteigentümer kraft Erbengemeinschaft«,

»in ungeteilter Erbengemeinschaft«, wobei das Wort »ungeteilt« überflüssig ist.

Unzulässig ist es, wie bei Gesamthandsverhältnissen überhaupt jede Bruchteilsangabe unstatthaft ist, die Größe der Erbteilsquoten der einzelnen Miterben zum Ausdruck zu bringen, zB *»in Erbengemeinschaft zu gleichen Anteilen«*.[473] Sind Miterben unter Angabe von Bruchteilen eingetragen, so liegt, falls nicht aufgrund Auseinandersetzung tatsächlich Bruchteilsgemeinschaft besteht, eine inhaltlich unzulässige Eintragung iS von § 53 vor.[474] Auch Erbengemeinschaften nach ausländischem Recht sind eintragbar.[475] **195**

Zwischen **mehreren Nacherben** besteht vor Eintritt des Nacherbfalles keine Erbengemeinschaft, die in das Grundbuch eingetragen werden könnte,[476] vgl dazu § 51. **196**

Es ist nicht möglich, aufgrund eines Teilerbscheins nur einige von mehreren Erben in das Grundbuch einzutragen, die übrigen aber unerwähnt zu lassen.[477] Die Eintragung eines »unbekannten Erben« ist nach BayObLG[478] ausnahmsweise dann zulässig, wenn andernfalls eine nur einheitlich mögliche Grundbuchberichtigung nicht durchzuführen wäre. Vgl auch Rdn 10. **197**

Die **Veränderung der Anteile** der an einer Gesamthandsgemeinschaft Beteiligten kann nicht in das Grundbuch eingetragen werden. Dies ist insbesondere für die Fälle von Bedeutung, dass ein Miterbe Erbteile anderer Erben erwirbt.[479] Vgl. auch Rdn 213 zu Veränderungen bei einer GbR . **198**

Verschiedene personenidentische Gesamthandsgemeinschaften als Miteigentümer eines Grundstücks müssen aus dem Grundbuch ersichtlich sein.[480] Die **Erben aus zwei Erbengemeinschaften** dürfen nicht in einem Eintrag zusammengefasst werden, wenn die Erben je dieselben sind, zB die gleichen Kinder (A und B) auf Ableben von Vater (M) und Mutter (F); jeder Erbfall ist gesondert zu betrachten.[481] **Fassungsvorschlag:**[482] **199**
2 a A
b B – zur Hälfte in Erbengemeinschaft –
3 a A
b B – zur Hälfte in Erbengemeinschaft –

Bei Eintragung einer Erbengemeinschaft bedarf es nicht der namentlichen **Aufführung der Erblasser** und auch nicht der **Angabe des Verwandtschaftsverhältnisses** der Erben zum Erblasser.[483] **200**

Folgt man der hM,[484] dass unter **mehreren Erwerbern eines Erbteils** Bruchteilsgemeinschaft besteht, dann muss diese Unterbruchteilsgemeinschaft im Grundbuch zum Ausdruck kommen, etwa so (X und Y wären je hälftige Erwerber des Erbteils C):[485] **201**

472 LG Duisburg, Beschl v 07.04.2006 – 7 T 63/06, 7 T 93/06; *Fritz*, in: jurisPR-MietR 25/2006 Anm 6.
473 KG OLGE 10, 98, 421; OLG Frankfurt Rpfleger 1982, 469 = MittBayNot 1983, 167; *Demharter* § 47 Rn 22; *Böhringer* BWNotZ 1985, 76; *Mayer* MittBayNot 2007, 326.
474 RG LZ 1981; KG KGJ 47, 201; *Demharter* § 47 Rn 22; *Böhringer* BWNotZ 1985, 76.
475 KG Rpfleger 1977, 307.
476 OLG München DNotZ 1938, 597 = JW 1938, 2409.
477 AG Osterhofen NJW 1955, 467 m zust Anm *Thieme*; *Schöner/Stöber* Rn 809.
478 BayObLGZ 1994, 158 = Rpfleger 1995, 103 = NJW-RR 1995, 272 = FamRZ 1995, 119 = MittBayNot 1994, 435 = MittRhNotK 1994, 254; dazu auch *Schöner/Stöber* Rn 809; *Demharter* FGPrax 1995, 4.
479 Vgl OLG Frankfurt Rpfleger 1982, 469. Zur Grundbuchberichtigung bei einer Abtretung unter einer aufschiebenden Bedingung BayObLG Rpfleger 1994, 343.
480 BayObLGZ 1990, 188 = Rpfleger 1990, 503; LG München II MittBayNot 1981, 248; *Schöner/Stöber* Rn 259, 966.
481 *Planck-Kettnaker* Die Führung des Grundbuchs, S 363; *Schöner/Stöber* Rn 806, 259, 966; *Haegele* Rpfleger 1968, 178.
482 *Planck-Kettnaker* Die Führung des Grundbuchs, S 363; *Schöner/Stöber* Rn 806.
483 So auch *Schöner/Stöber* Rn 806.
484 S Rdn 78.
485 *Planck-Kettnaker* Die Führung des Grundbuchs. S 364; weitere Beispiele bei *Haegele* Rpfleger 1968, 178 und BWNotZ 1971, 134 ff. Vgl auch BayObLGZ 1990, 188 = Rpfleger 1990, 503.

> 2 a A
> 2 b B
> 2 c aa X
>   bb Y
> *aa und bb je zur Hälfte Nr 2 a–c in Erbengemeinschaft.*

Sind A, B und C als Eigentümer in Erbengemeinschaft im Grundbuch eingetragen und überträgt A seinen Anteil zu 1/2 auf B, so erfolgt keine Änderungseintragung in Abt 1 Spalte 1 und 2, jedoch in Spalte 4; »*Erbteil des A zu 1/2 übertragen auf B durch Vertrag vom ..., eingetragen am ...*«

Bei Untergesamthandsgemeinschaften könnte der Eintrag lauten:[486]

> 1 a A
> 1 b B
> 2 a C
> 2 b D

Zu 1) und 2) in Erbengemeinschaft, zu 1 a) und b) in Gütergemeinschaft und zu 2 a) und b) in Erbengemeinschaft.

202 **Werden Ehegatten je zur Hälfte Erben und leben sie im Güterstand der Gütergemeinschaft**, so tritt Konfusion der Erbteile ein. Im Grundbuch sind die Ehegatten nicht in Erbengemeinschaft, sondern nur »in Gütergemeinschaft« einzutragen. Anders wäre es, wenn die Erbteile jeweils Vorbehaltsgut der Ehegatten wären, dann bliebe die Erbengemeinschaft bestehen, und die Ehegatten wären »in Erbengemeinschaft« zu buchen; das Gemeinschaftsverhältnis »in Gütergemeinschaft« darf nicht angegeben werden. Werden Ehegatten Erben des Erblassers, und zwar der eine Ehegatte Vorerbe, der andere Ehegatte Nacherbe, und leben sie in Gütergemeinschaft, so tritt Konfusion ein; die Vor-/Nacherbschaft fällt weg, zumindest was die Verfügungsbeschränkungen anbelangt. Ein Nacherbenvermerk, der sich auf den Gesamthandsanteil des verstorbenen Gesamthänders bezieht, muss möglich sein mit der besonderen Fassung, dass der Vorerbe keinen Verfügungsbeschränkungen unterliegt. Der Nacherbenvermerk dokumentiert die Befangenheit des Gesamthandsanteils zum Nachlass des verstorbenen Gesamthänders. Der Vermerk schützt den Nacherben vor der Gefahr, dass beim Tod des Vorerben dessen Erben allein Verfügungen über das Gesamthandsgrundstück vornehmen.[487] Ein ähnlicher Fall ist in Art 235 § 1 EGBGB iVm § 8 Abs 2 EGZGB geregelt. Im Grundbuch sind die Ehegatten lediglich »in Gütergemeinschaft« einzutragen. Anders wäre es auch hier, wenn die Erbschaft des Vorerben sein Vorbehaltsgut und das Anwartschaftsrecht des Nacherben sein Vorbehaltsgut wäre; dann müsste im Grundbuch der Vorerbe als Eigentümer eingetragen werden, das Anwartschaftsrecht des Nacherben wäre durch den Nacherbenvermerk in Abt II abzusichern.

203 **f) Gesellschaft bürgerlichen Rechts.** Bei einer Gesellschaft des bürgerlichen Rechts (§§ 705 ff BGB) hat der BGH[488] abweichend von der traditionellen Gesamthandslehre im Wege der Rechtsfortbildung der Außen-GbR die Rechtsfähigkeit zuerkannt. Bei einer Eintragung der GbR geht es heute nicht mehr um das materiell-rechtliche »Ob«, sondern das formal-rechtliche »Wie« der Eintragung. Der BGH[489] hat das »Wie« der Eintragung bisher offen gelassen. Bisher wurden Grundstücke und Rechte, die Bestandteile des Gesellschaftsvermögens bilden, auf die Namen der Gesellschafter unter Angabe des Rechtsverhältnisses eingetragen. Vgl Rdn 207. Dies gilt auch bei formwechselnder Umwandlung eines Rechtsträgers in eine GbR.[490] **Fassungsvorschlag**:[491]

»A, B, C als Gesellschafter des bürgerlichen Rechts« (bei einer GbR Innen-Gesellschaft) oder

»A, B, C als Gesellschafter zur gesamten Hand« (bei einer GbR Innengesellschaft) oder

»A, B, C in Gesellschaft nach §§ 705 ff BGB« oder

»A, B, C als Gesellschafter bürgerlichen Rechts«.[492]

---

486 So auch *Neusser* MittRhNotK 1979, 146. Dazu BayObLGZ 1990, 188 = Rpfleger 1990, 503.

487 Zur Problematik auch *Schmid* BWNotZ 1996, 144; *Jung* Rpfleger 1996, 150; *Ludwig* Rpfleger 1987, 60; BayObLG Rpfleger 1996, 150; *Staudenmaier* NJW 1965, 380; BGH NJW 1978, 698; *Bestelmeyer* Rpfleger 1992, 229; *Böhringer* Anteil Grundbuchrecht-Ost, Rn 589. Dazu auch OLG Hamm Rpfleger 1995, 209.

488 BGHZ 146, 341 = DNotZ 2001, 234 m Anm *Schemmann* = NJW 2001, 1056 = Rpfleger 2001, 246 = BWNotZ 2002, 37 m Anm *Böhringer*; BGH NJW 2002, 1207.

489 DNotZ 2005, 121.

490 So auch OLG Düsseldorf DNotZ 1997, 737 m Anm *Demharter* = Rpfleger 1997, 429.

491 Vgl zB BGH Rpfleger 2007, 23 = BB 2006, 2490 = DNotI-Report 2006, 185 = NJW 2006, 3716 = WM 2006, 2135 = ZIP 2006, 2128; OLG München DNotZ 1936, 820; *Hesse-Saage-Fischer* § 47 Anm III 2; *Schöner/Stöber* Rn 240c; *Böhringer* BWNotZ 1985, 76; *Eickmann* Rpfleger 1985, 88; *Böttcher* RpflStud 1985, 85.

492 So der Grundbucheintrag bei dem vom BGH (Rpfleger 2007, 23 = NJW 2006, 3716) entschiedenen Fall.

Böhringer

Hat die GbR Außen-Gesellschaft allerdings einen Namen, so ist dieser im Grundbuch unter Hinzufügung der Namen der Gesellschafter und des Zusatzes »in Gesellschaft bürgerlichen Rechts« einzutragen.[493]

Fassungsvorschlag: *»Böhringer Grundstücksgesellschaft bürgerlichen Rechts mit dem Sitz in Heidenheim, bestehend aus den Gesellschaftern X …, Y …, Z …«*

Nicht zulässig ist die Beifügung einer Bruchteilsbezeichnung.[494] Die Angabe von Bruchteilen kann nämlich nur dann in Betracht kommen, wenn der einzelne Berechtigte über seine Mitberechtigung an dem Grundstück entsprechend seiner Bruchteilsberechtigung auch verfügen kann.[495] Erwirbt ein Gesellschafter einen Anteil hinzu, gilt nichts anderes, weil zwei oder mehr Anteile in der Hand eines Gesellschafters nicht getrennt gehalten werden dürfen.[496] Ebenfalls nicht zulässig ist die Eintragung des Zusatzes »mit Haftungsbeschränkung«,[497] anders aber dann, wenn der Zusatz Bestandteil der Beziehung der Gesellschaft ist, vgl Rdn 206.   **204**

Nicht unter § 47 fallen der WEG-Personenverband nach § 10 WEG,[498] die **Kapitalgesellschaften** sowie die Gesellschaften[499] des Handelsrechts, die **OHG** und die **KG**, da diese unter der Gesellschaftsfirma Rechte erwerben können und auch mit ihrer Firma einzutragen sind[500] (§§ 124 Abs 1, 161 Abs 2 HGB). Wandelt sich die OHG oder KG gemäß § 4 HGB in eine Gesellschaft bürgerlichen Rechts, so besteht nach hM Identität der Gesellschaft und keine Rechtsnachfolge.[501] Auch die EWIV[502] und die Partnerschaftsgesellschaft[503] fallen nicht unter § 47. Eine Jagdgenossenschaft in Bayern ist eine juristische Person, eine Körperschaft des öffentlichen Rechts und wird mit ihrem Namen und ihrem Sitz im Grundbuch als dinglich Berechtigter eingetragen; § 47 GBO gilt für sie nicht, vielmehr § 15 Abs 2 GBV. Fraglich ist, welche Rechtsform die **Arbeitsgemeinschaft** zur Durchführung der Grundsicherung für Arbeitssuchende (Hartz IV) hat und wie sie im Grundbuch zB als Gläubigerin eines Grundpfandrechts eingetragen werden kann.[504] Bei einer englischen Partnership entscheidet das dortige Recht, ob diese Grundeigentum oder Rechte an Grundstücken erwerben kann, was von *Kruis*[505] bejaht wird. Der BGH[506] bejaht dies auch für eine in Übereinstimmung mit US-amerikanischen Vorschriften in den USA wirksam gegründet, dort rechts- und parteifähige Gesellschaft.

Bei der Eintragung von Gesellschaftern einer bürgerlich-rechtlichen Gesellschaft sind auf den Gesellschaftszweck hinweisende **Zusätze** (zB Auf- und Erschließungsgesellschaft) zulässig.[507]   **205**

Zwecks Vermeidung von Verwechslungen ist es zulässig, dass die Gesellschaft bürgerlichen Rechts noch näher gekennzeichnet werden darf durch Hinzufügung des konkreten Gesellschaftsverhältnisses **(Bezeichnung der Gesellschaft)**,[508] so zB »*»Böhringer Grundstücksgesellschaft bürgerlichen Rechts mit dem Sitz in Heidenheim, bestehend aus den Gesellschaftern X …, Y …, Z …«*   **206**

---

493 Ebenso *Lautner* NotBZ 2007, 229.
494 OLG München DNotI-Report 2005, 117 = NotBZ 2005, 265 = Rpfleger 2005, 530 m zust Anm *Demharter*; OLG Frankfurt Rpfleger 1982, 469 = MittBayNot 1983, 167; BayObLG JurBüro 1983, 427 = BB 1983, 333; *Böhringer* BWNotZ 1985, 76; OLG Hamm Rpfleger 1986, 429.
495 Ebenso OLG München DNotI-Report 2005, 117 = NotBZ 2005, 265 = Rpfleger 2005, 530 m zust Anm *Demharter*.
496 Gutachten DNotI-Report 2006, 119.
497 DNotI-Report 1997, 67.
498 *Böhringer* NotBZ 2008, 179.
499 LG Tübingen BWNotZ 1982, 168 = RpflJB 1984, 41; OLG Hamm Rpfleger 1986, 429; AG Stuttgart BWNotZ 1967, 214. Dazu auch *Wenz* MittRhNotK 1996, 377; *K Schmidt* NJW 1996, 3325; OLG Zweibrücken FGPrax 1995, 93 = MittBayNot 1995, 210 = MittRhNotK 1996, 188; BayObLG Rpfleger 1993, 105; OLG Frankfurt NJW-RR 1996, 1123 = MittRhNotK 1996, 192.
500 *Schöner/Stöber* Rn 241; *Böttcher* RpflStud 1985, 82; *Böhringer* BWNotZ 1985, 73. Zum Recht der EWIV *Eckhardt* MittBayNot 1989, 125; *ders* Kreditpraxis 1989, 124; *Ziegler* Rpfleger 1989, 261; *ders* Rpfleger 1990, 239; *Böhringer* BWNotZ 1990, 129; *ders* Rpfleger 1990, 337, 344. Eintragungstext bei der EWIV: *»Die Europäische wirtschaftliche Interessenvereinigung unter der Firma X-EWIV mit Sitz in Y«.*
501 LG Darmstadt DNotZ 1960, 338; LG Wuppertal MittRhNotK 1970, 596; *Keidel-Schmatz-Stöber* Registerrecht, Rn 258 und 295; *Gröger* RpflJB 1984, 339; OLG Frankfurt Rpfleger 1980, 62.
502 Vgl Textvorschlag: *»Die Europäische wirtschaftliche Interessenvereinigung unter der Firma X-EWIV mit Sitz in Y«.*
503 Vorschlag für den Grundbucheintragungstext: *»Die Partnerschaftsgesellschaft mit dem Namen … (Bezeichnung der Partnerschaft nach dem Eintrag im Partnerschaftsregister des Registergerichts); Sitz in …«.*
504 Gutachten DNotI-Report 2006, 142.
505 IPrax 2006, 98.
506 DNotZ 2005, 141.
507 OLG Hamm Rpfleger 1983, 432 = MittBayNot 1983, 165 = JMBlNRW 1983, 207 = DNotZ 1983, 750; OLG Hamm DNotZ 18983, 750 = Rpfleger 1983, 432; *Schöner/Stöber* Rn 240c; *Böhringer* BWNotZ 1985, 76.
508 Dem OLG Frankfurt Rpfleger 1982, 469 = MittBayNot 1983, 167 ist zuzustimmen; gleiche Ansicht: OLG Hamm OLGZ 1983, 288 = JMBlNW 1983, 207 = DNotZ 1983, 750 = Rpfleger 1983, 432 = MDR 1983, 933 = MittRhNotK 1983, 195 = MittBayNot 1983, 165; LG München II MittBayNot 1982, 248; *Schöner/Stöber* Rn 240c; *Böhringer* BWNotZ 1985, 76.

Dies ist besonders dann praktisch, wenn die Gesellschafter in einer weiteren Gesellschaft bürgerlichen Rechts gesamthänderisch verbunden sind, die auch Grundstücke oder dingliche Rechte erwirbt. Verschiedene personenidentische Gesamthandsgemeinschaften als Miteigentümer eines Grundstücks müssen aus dem Grundbuch ersichtlich sein. Eine kurze Schlagwortbezeichnung der Gesellschaft wird allgemein für zulässig erachtet,[509] zB »Grundstücks-Verwaltungs-GbR«.

207 Der BGH[510] hat nunmehr der (Außen-)GbR die Rechtsfähigkeit zugebilligt, rückt aber nicht von der Konstruktion der Gesamthand ab.[511] Die GbR kann jetzt jede Rechtsposition einnehmen und ist, soweit sie als Teilnehmer am Rechtsverkehr eigene vertragliche Rechte und Pflichten begründet, rechtsfähig. Im Grundstücksverkehr kann die GbR als solche demnach Partei eines Rechtsgeschäfts und Urkundsbeteiligte sein. Dabei ist die GbR nicht als juristische Person anzusehen. Träger der namens der GbR begründeten Rechte und Pflichten ist nicht ein den Gesellschaftern gänzlich verschiedenes und ein von diesen unabhängiges Rechtssubjekt, sondern es bleiben dies die gesamthänderisch verbundenen Gesellschafter selbst. Die GbR ist und bleibt Gesamthand und damit Sondervermögen der Gesellschafter, lediglich mit der Fähigkeit der unbeschränkten und selbstständigen Rechtsträgerschaft ausgestattet. Die GbR ist nunmehr selbst als Trägerin von in ihrem Namen begründeten Rechten und Pflichten anzusehen (und nicht etwa nur ihre eigenen Gesellschafter). Umstritten blieb bisher, wie mit Folgeproblemen aus der Immobiliarrechtsfähigkeit umzugehen ist, die die Feststellung der Identität der Gesellschaft, deren Vertretung und den öffentlichen Glauben an den eingetragenen Gesellschafterbestand betreffen. Auch im Klage- und Vollstreckungsverfahren ist die (Außen-)GbR als Prozesspartei zugelassen.[512] Infolgedessen ist zur Vollstreckung in das Gesellschaftsvermögen nicht mehr die Erwirkung eines Urteils gegen sämtliche Gesellschafter erforderlich; es genügt ein Urteil oder ein sonstiger Vollstreckungstitel gegen die Gesellschaft selber. Die GbR kann sich damit auch als solche in einer notariellen Urkunde nach § 794 Abs 1 Nr 5 ZPO der sofortigen Zwangsvollstreckung unterwerfen.[513]

208 Ob die Gesellschaft bürgerlichen Rechts grundbuchfähig ist, ist weiterhin umstritten,[514] also wie sie in das Grundbuch eingetragen wird. In der grundbuchrechtlichen Rechtsprechung[515] und Literatur[516] wird weitgehend die Ansicht vertreten, dass die GbR (nur als solche) nicht unter ihrem Namen allein als Berechtigte eines dinglichen Rechts in das Grundbuch eingetragen werden kann.[517] Aus der Entscheidung des BGH zur Unfähigkeit der GbR für das Amt eines WEG-Verwalters[518] und zur Fähigkeit, Kommandistin[519] sein zu können, kann geschlossen werden, dass wegen mangelnder Publizität der GbR diese nicht allein nur mit Namen und

---

509 So auch OLG Frankfurt Rpfleger 1975, 177; OLG Hamm OLGZ 1983, 288 = DNotZ 1983, 750 = Rpfleger 1983, 432; *Böhringer* BWNotZ 1985, 76; *Eickmann* Rpfleger 1985, 88. Zum Namen einer Gesellschaft bürgerlichen Rechts *Zwernemann* BB 1987, 774.

510 BGHZ 146, 341 = DNotZ 2001, 234 m Anm *Schemmann* = NJW 2001, 1056 = Rpfleger 2001, 246 = BWNotZ 2002, 37 m Anm *Böhringer*. Die Frage der Grundbuchfähigkeit einer GbR hat der BGH offen gelassen, auch in seiner Entscheidung vom 16.07.2004 DNotI-Report 2004, 155 = NJW 2004, 3632 = NotBZ 2004, 389 und vom 25.09.2006 DNotZ 2007, 118 = Rpfleger 2007, 23 = NJW 2006, 3716. Die GbR kann Kommanditistin sein BGH DNotZ 2002, 57 m Anm *Heil* (auch zu § 47).

511 Ebenso OLG Hamm FG Prax 2008, 84 = MittBayNot 2008, 239.

512 Rpfleger 2007, 23 = BB 2006, 2490 = DNotI-Report 2006, 185 = DNotZ 2007, 118 = NJW 2006, 3716 = WM 2006, 2135 = ZIP 2006, 2128.

513 Dazu auch BGH BB 2004, 2092 = DNotI-Report 2004, 155 = NJW 2004, 3632 = NotBZ 2004, 389 = Rpfleger 2004, 718 = WM 2004, 1827 = ZIP 2004, 1775 = ZNotP 2004, 487; *Berger* LMK 2006, 201330.

514 Vgl Gutachten DNotI-Report 2006, 142; dazu *Heßeler/Kleinhenz* NZG 2007, 250; *Tielmann/Schulenburg* BB 2007, 845; *Drasdo* NJW -Sepzial 2007, 241.

515 OLG Schleswig Rpfleger 2008, 131; OLG Celle NJW 2006, 2194; BayObLG Rpfleger 2005, 19 = DNotI-Report 2004, 181 = FGPrax 2004, 269 = MittBayNot 2005, 143 (zur Gläubigerschaft einer Zwangshypothek); BayObLG DNotZ 2004, 328 m Anm *Heil* = MittBayNot 2004, 201 m Anm *Weigel* = NJW-RR 2004, 810; OLG Celle DNotI-Report 2006, 90 = FGPrax 2006, 144 = NotBZ 2006, 433 = RNotZ 2006, 287 = ZfIR 2006, 475 (zur Gläubigerschaft einer Grundschuld); LG Aachen RNotZ 2006, 348 (zur Auslegung einer Auflassung an GbR). Bereits früher schon BayObLGZ 2002, 330 = Rpfleger 2003, 78 = DNotZ 2003, 52 = FGPrax 2003, 7 = NJW 2003, 70.

516 Gutachten DNotI-Report 2006, 142 mwN; *Geibel* WM 2007, 1496, 1502; *Böttcher* Rpfleger 2007, 437; *ders* RpflStud. 2006, 22; *Böhringer* BWNotZ 2006, 118, 121; *ders* Rpfleger 2005, 225; *ders.* BWNotZ 2003, 129; *ders* BWNotZ 2002, 37, 42; eingehend *Lautner* MittBayNot 2006, 37 und 497; *Wagner* ZNotP 2006, 408. Für eine Grundbuchfähigkeit der GbR OLG Stuttgart DNotZ 2007, 383 = DB 2007, 334 = BB 2007, 837 m Anm *Priester* = BB 2007, 845 (bearb von *Tielmann/Schulenburg*) = FGPrax 2007, 67 m Anm *Demharter* = NZG 2007, 263 m Anm *Heßeler/Kleinheinz* NZG 2007, 250 = Rpfleger 2007, 258 = ZIP 2007, 419; *Behrens* ZfIR 2008, 1; *Bielicke* Rpfleger 2007, 441; *Reinelt* ZAP Fach 7, S 301; *Bielicke* Rpfleger 2007, 441.

517 So insbesondere OLG Celle DNotI-Report 2006, 90 = FGPrax 2006, 144 = RNotZ 2006, 287 = ZfIR 2006, 475.

518 Rpfleger 2006, 257 = DNotI-Report 2006, 58 = DNotZ 2006, 523 = NJW 2006, 2189; kritisch dazu *Schäfer* NJW 2006, 2160. Ebenso AG Hamburg ZMR 2001, 486; LG Darmstadt Rpfleger 2003, 178; LG Bochum Rpfleger 2005, 82; aA allerdings LG Frankfurt NZM 2001, 1152; *Drasdo* NZM 2001, 258.

519 DNotZ 2002, 57 m Anm *Heil*.

Sitz im Grundbuch eingetragen werden kann.[520] Der BGH hat aber bisher noch nicht über die Grundbuchfähigkeit einer GbR entschieden.[521] Allerdings hat er jetzt auf Vorlage des Kammergerichts[522] die Möglichkeit, Aussagen zur Grundbuchfähigkeit der GbR zu machen, zumindest zu einer GbR als tituliertem Gläubiger. Das KG meint nämlich, die Anerkennung der Parteifähigkeit der GbR habe zur Folge, dass bei Vorliegen der vollstreckungsrechtlichen Voraussetzungen eine Zwangssicherungshypothek zu ihren Gunsten in das Grundbuch einzutragen ist; die Eintragung hat den Gläubiger entsprechend der Parteibezeichnung im Titel, also mit dem Namen der GbR und ihrem gesetzlichen Vertreter zu bezeichnen, wobei Bestimmungen des Grundbuchverfahrensrechts dem nicht entgegen stehen. Am Beispiel der Zwangshypothek für eine GbR zeigt sich hier, dass formrechtliche Probleme des Grundbuchverfahrens einem einheitlichen Verständnis der zivilprozessualen Normen (§§ 50, 750, 867 ZPO) entgegenstehen. Das OLG Stuttgart[523] hat entschieden, dass eine GbR unter ihrem eigenen Namen (ihrer eigenen Bezeichnung) als Eigentümerin im Grundbuch eingetragen werden kann, wenn sie einen eigenen unterscheidungskräftigen Namen führt. *Priester*[524] folgert aus dieser Entscheidung, dass sich die Frage nach dem »Ob« der Grundbuchfähigkeit der GbR erledigt habe und spricht sich für die Frage des »Wie« der Eintragung für eine Grundbucheintragung der Gesellschaft selbst und deren Gesellschafter aus. Mangels eines GbR-Registers muss das Grundbuch selbst die Existenz, die Identität und die Vertretungsverhältnisse der GbR nachweisen, demnach Eintragung der GbR mit ihrem Namen und Sitz unter Beifügung sämtlicher Gesellschafter analog § 162 Abs 1 S 2 HGB.

Sind im Grundbuch die Gesellschafter einer GbR mit dem Zusatz »als Gesellschaft bürgerlichen Rechts« als Eigentümer eingetragen, wird nach Ansicht des BGH[525] unzweifelhaft zum Ausdruck gebracht, dass die Gesellschaft Eigentümerin des Grundstücks sei, was bisher schon üblich war. Das BayObLG[526] hält die Eintragung der GbR als Rechtsträgerin im Grundbuch dagegen nicht für möglich, weil die bestehenden gesetzlichen Vorschriften, namentlich die Regelungen des § 15 GBV und § 32 GBO dafür keinen Raum lassen, sondern stattdessen die Eintragung der Gesellschafter als Rechtsträger vorsehen. Eine Auflassung an die GbR wurde vom BayObLG[527] für unzulässig angesehen, was eine zu strenge Rechtsauffassung darstellt, weil die Möglichkeit der Auslegung der Auflassung nicht berücksichtigt wurde.[528] Der BGH[529] hat daraufhin aber anerkannt, dass die GbR die Fähigkeit hat, nach materiellem Recht Eigentümerin von Grundstücken bzw. Inhaber von dinglichen Rechten an Grundstücken zu werden. Er hat damit die Rechtsprechung des BayObLG[530] und des OLG München[531] abgelehnt, die eine Auflassung an eine GbR als unwirksam ansieht.

---

520 Gleiche Einschätzung von *Lautner* MittBayNot 2006, 497; *ders* MittBayNot 2207, 229.

521 Rpfleger 2007, 23 = BB 2006, 2490 = DNotI-Report 2006, 185 = WM 2006, 2135 = ZIP 2006, 2128.

522 EWiR 2008, 395 (bearb v *Demharter*) = NJ 2008, 366 (bearb v *Gerdes*) = NJW-Spezial 2008, 483 = NotBZ 2008, 270 = Rpfleger 2008, 476 = ZIP 2008, 1178.

523 Rpfleger 2007, 258 = DNotZ 2007, 383 = FGPrax 2007, 66 m Anm *Demharter* = BB 2007, 845 m Anm *Priester* = EWiR 2007, 167 (bearb v *Schodder*). Ebenso LG Magdeburg NotBZ 2008, 39 m Anm *Karlowski* (neuerlich bestätigt mit LG Magdeburg, Beschl. v. 28.04.2008 – 3 T 75/08.

524 BB 2007, 837.

525 DNotZ 2007, 118 m Anm *Volmer* = EWiR 2007, 279 (bearb von *Häublein*) = LMK 2006, 201333 m Anm *Berger* = NotBZ 2007, 21 = Rpfleger 2007, 23 = WM 2006, 2135 = ZfIR 2007, 99 m Anm *Kazemi* = Rpfleger 2007, 23 = BB 2006, 2490 = DNotI-Report 2006, 185 = DNotZ 2007, 118 = NJW 2006, 3716 = WM 2006, 2135 = ZIP 2006, 2128.

526 BayObLGZ 2002, 330 = DNotI-Report 2002, 180 = DNotZ 2003, 52 = FGPrax 2003, 7 = NJW 2003, 70 = RNotZ 2002, 507 = Rpfleger 2003, 78 = ZIP 2002, 2175 = ZNotP 2003, 29, bestätigt durch BayObLG DNotI-Report 2004, 181 = JurBüro 2005, 103 = MittBayNot 2005, 143 = NotBZ 2004, 433 = ZIP 2004, 2375 = ZNotP 2004, 482 sowie BayObLG DNotI-Report 2005, 117 = DNotZ 2005, 923 = NotBZ 2005, 265 = MittBayNot 2006, 35 = Rpfleger 2005, 530. Vgl auch LG Dresden NotBZ 2002, 384; LG Aachen BB 2003, 1458 = Rpfleger 2003, 496; LG Berlin Rpfleger 2004, 283. Abwägend *Langenfeld* BWNotZ 2003, 1.

527 DNotZ 2004, 378 m Anm *Heil* = DNotI-Report 2003, 183 = MittBayNot 2004, 201 m Anm *Weigl* = NJW-RR 2004, 810 = Rpfleger 2004, 93 = ZfIR 2004, 428.

528 Zur Auslegung einer solchen Auflassung LG Aachen RNotZ 2006, 348.

529 BGH DNotI-Report 2006, 185 = DNotZ 2007, 118 m Anm *Volmer* = EWiR 2007, 279 (bearb von *Häublein*) = FGPrax 2007, 7 = LMK 2006, 201333 m Anm *Berger* = NotBZ 2007, 21 = MittBayNot 2007, 118 = Rpfleger 2007, 23 = WM 2006, 2135 = ZfIR 2007, 99 m Anm *Kazemi* = ZIP 2006, 2128.

530 DNotZ 2005, 52 = MittBayNot 2003, 60; BayObLG NotBZ 2003, 473 = MittBayNot 2004, 201 m Anm *Weigl*; BayObLG NotBZ 2004, 433 = MittBayNot 2005, 143. Kritik dazu von *Böhringer* Rpfleger 2005, 226; *Dümig* Rpfleger 2003, 80; *Lautner* MittBayNot 2005, 93; *Langenfeld* BWNotZ 2003, 1; *Nagel* NJW 2003, 1646.

531 DNotZ 2005, 923 = NotBZ 2005, 265 = MittBayNot 2006, 35 = Rpfleger 2005, 530; OLG München DNotI-Report 2006, 90 = NotBZ 2006, 213 m Anm Lautner = MittBayNot 2006, 496 = RNotZ 2006, 286 = Rpfleger 2006, 538.

Nach dem BGH[532] steht nunmehr fest, dass die GbR selbst materiell-rechtlich **Rechtsinhaberin** sein kann. Eine Auflassung an eine »GbR, bestehend aus den Gesellschaftern X, Y und Z« ist wirksam. Das OLG Stuttgart[533] geht davon aus, dass durch die Rechtsprechung des BGB die Grundbuchfähigkeit der GbR auch bestätigt worden sei. Die GbR kann nunmehr auch **Vollstreckungsschuldner** sein. Das BayObLG[534] lehnte auch die Möglichkeit ab, eine Zwangssicherungshypothek für eine GbR auf Grund eines auf sie lautenden Titels unter dem Namen der GbR im Grundbuch einzutragen. Dieser Ansicht kann nicht beigetreten werden. Wenn z.B. »A, B und C als Schlossallee 10 GbR« im Grundbuch eingetragen sind, muss auf der Grundlage eines Titels gegen die »Schlossallee 10 GbR«, vertreten durch den Gesellschafter A, eine Zwangshypothek eingetragen werden, da die vom Grundbuchamt zu prüfende und erforderliche Identität von Titelschuldner und der im Grundbuch eingetragenen GbR bejaht werden kann.[535] In Anlehnung an BGH[536] und *Wälzholz / Scheef*[537] kann sowohl mit einem gegen die Gesellschaft als Partei gerichteten Titel in das Gesellschaftsvermögen vollstreckt werden als auch – anders als bei der OHG (vgl § 124 Abs 2 HGB) – mit einem Titel gegen alle einzelnen Gesellschafter aus ihrer persönliche Mithaftung entsprechend § 736 ZPO.[538] Ein Titel ist dann als Eintragungsgrundlage geeignet, wenn sich aus ihm ergibt, dass die dort bezeichnete GbR die Gesellschaft ist, die durch die Eintragung ihrer Gesellschafter im Grundbuch vermerkt ist; ob eine solche Identität gegeben ist, kann durch Auslegung des Urteils festgestellt werden, die sich in erster Linie auf das Rubrum zu richten hat.[539]

Eine Eintragung der GbR als solcher (ohne Verbindung mit den Namen der Gesellschafter) im Grundbuch ist ungeachtet ihrer Rechtsfähigkeit nach wie vor nicht möglich. Auch die Prozessfähigkeit ändert daran nichts.[540] Während bisher eine Bezeichnung der GbR lediglich zusätzlich zur Vermeidung von Verwechslungen als eintragungsfähig angesehen wurde,[541] wird in Zukunft versucht werden, die GbR alleine unter ihrem Namen erwerben und eintragen zu lassen. Rechts- und Grundbuchfähigkeit sind aber nicht deckungsgleich. Die Frage nach der Rechtspersönlichkeit der GbR ist keine Frage des Grundbuchrechts, eine Auflassung an die Gesellschaft ist deshalb – entgegen der Meinung des BayObLG – möglich (zumindest wäre eine solche Auflassung auszulegen in eine Auflassung an die Gesellschaft in ihrer Eigenschaft als Gesellschafter der GbR), die entsprechende Grundbucheintragung müsste auf die namentlich aufgeführten Gesellschafter in Gesellschaft bürgerlichen Rechts lauten.[542] Bei der Grundbuchfähigkeit der GbR geht es lediglich um die Frage, wie die GbR einzutragen ist. Grundbuchfähigkeit ist zu verstehen als Möglichkeit der Eintragung unter einer Sammelbezeichnung.[543] Dem Sammelnamen einer GbR kommt keinerlei Publizität zu, ihm fehlt jedes Mindestmaß an Publizität. Wegen mangelnder Publizität und dem besonderen Sicherheitsbedürfnis im Grundstücksverkehr ist eine formelle Grundbuchfähigkeit der GbR als solcher abzulehnen. Gegen die Eintragungsfähigkeit der GbR nur unter ihrem Sammelnamen spricht auch die zentrale Funktion des Grundbuchs, sicher und zuverlässig über die privatrechtlichen Verhältnisse am Grundstück Auskunft zu geben. Die Klarheit der Beteiligtenverhältnisse erfordert eine Angabe der einzelnen Gesellschafter, ohne diese Angabe besitzt die GbR keinen identitätsstiftenden

532   BGH DNotI-Report 2006, 185 = DNotZ 2007, 118 m Anm *Volmer* = EWiR 2007, 279 (bearb von *Häublein*) = FGPrax 2007, 7 = NotBZ 2007, 21 = MittBayNot 2007, 118 = Rpfleger 2007, 23 = WM 2006, 2135 = ZfIR 2007, 99 m Anm *Kazemi ZIP 2006, 2128;* BGH DNotZ 2005, 923 = NotBZ 2005, 265 = MittBayNot 2006, 35 = Rpfleger 2005, 530; OLG München DNotI-Report 2006, 90 = NotBZ 2006, 213 m Anm *Lautner* = MittBayNot 2006, 496 = Rpfleger 2006, 538.

533   DNotZ 2007, 383 = DB 2007, 334 = BB 2007, 837 m Anm *Priester* = BB 2007, 845 (bearb von *Tielmann / Schulenburg*) = NZG 2007, 263 m Anm *Heßeler / Kleinhenz* NZG 2007, 250 = FGPrax 2007, 67 m Anm *Demharter* = Rpfleger 2007, 258; *Drasdo* NJW-Sepzial 2007, 241; aA LG München I Beschl v 22.02.2007 – 13 T 19547/06.

534   DNotI-Report 2004, 181 = MittBayNot 2005, 143 m Anm *Lautner* MittBayNot 2005, 93 = ZfIR 2004, 1005 = ZIP 2004, 2375.

535   So schon *Wertenbruch* WM 2003, 1785, 1789.

536   BB 2004, 2092 = DNotI-Report 2004, 155 = NJW 2004, 3632 = NotBZ 2004, 389 = Rpfleger 2004, 718 = WM 2004, 1827 = ZIP 2004, 1775 = ZNotP 2004, 487.

537   NotBZ 2005, 121.

538   Dazu auch *Wertenbruch* WM 2003, 1785, 1789; *Weidenmann* BWNotZ 2004, 130.

539   Ebenso LG Berlin Rpfleger 2008, 482.

540   *Demharter* § 19 Rn 108; *Böhringer* BWNotZ 2002, 42.

541   *Wenz* MittRhNotK 1996, 377.

542   Dazu auch LG Aachen RNotZ 2006, 348.

543   *Eickmann* ZfIR 2001, 433.

Namen.[544] Im Grundstücksverkehr ist die Information wichtig, wie sich der Gesellschafterkreis zusammensetzt und wie sich die Haftungsverhältnisse gestalten. Der Schutz des Rechtsverkehrs durch die Vorschriften der §§ 891, 892 BGB würde bei Verfügungen über das zum Gesellschaftsvermögen gehörende Immobiliarrecht der GbR tangiert. Anders als bei einer Kommanditgesellschaft kann die Diskrepanz zwischen der tatsächlichen und der im Grundbuch verlautbarten Rechtslage nicht dadurch überbrückt werden, dass auch ein Wechsel im Gesellschafterbestand der GbR eine eintragungspflichtige Tatsache ist; das Grundbuchrecht kennt einen solchen mit Sanktionen belegten Tatbestand nicht. Wesentliches Argument gegen die Grundbuchfähigkeit der GbR (als solches nur mit ihrem Namen) ist die fehlende Publizität der GbR in einem öffentlichen Register, so dass das Bestehen der Gesellschaft und die Vertretungs- und Verfügungsbefugnis nicht wie bei anderen Gesellschaften nach Maßgabe des § 32 durch ein Zeugnis der registerführenden Stelle nachgewiesen werden kann.[545] Ein Ausweg aus dem Dilemma besteht in der Schaffung eines GbR-Registers,[546] für eine fakultative Eintragung einer GbR oder der Zulassung eines Grundbuchvertreters ähnlich § 1189 BGB, § 42 GBO.[547] Die Anerkennung der Teilrechtsfähigkeit der GbR hat nämlich dazu geführt, dass das Verfahrensrecht an das geänderte Verständnis des Wesens der GbR anzupassen ist; eine Änderung hat der Gesetzgeber herbeizuführen.[548] Andere lassen dagegen den Nachweis eines öffentlich beglaubigten oder beurkundeten Gesellschaftsvertrags zu; dieser Vorlage komme dabei dieselbe Wirkung zu wie der Vorlage einer Vollmachtsurkunde, sodass für die Vertretungsbefugnis der Gesellschafter die Vermutung des § 172 Abs. 2 BGB Anwendung finde.[549] Das Problem ist hierbei, dass der Nachweis oft nicht in der Form des § 29 erbracht werden kann. Unabhängig von allen Überlegungen ist eine Treuhandlösung weiterhin möglich.[550]

Mit einer Kompromisslösung könnten die Grundbuchämter leben: Bei einer GbR-Innengesellschaft wird die Grundbucheintragung durch Angabe ihrer Gesellschafter und den Zusatz gem. § 47 GBO eingetragen. Bei einer teilrechtsfähigen Außen-GbR wird diese unter ihrem Namen zusammen mit der Angabe aller Gesellschafter eingetragen;[551] ein Gesellschafterwechsel wäre allerdings dann nur eine bloße Richtigstellung der Bezeichnung des Rechtsinhabers[552] (keine Grundbuchunrichtigkeit i S von § 22 GBO) von Grundbuchangaben; eine zweifelsfreie Feststellung der Existenz, Identität und der Vertretungsverhältnisse ist so möglich. Fraglich ist aber dann, ob der Gutglaubensschutz sich auf die Gesellschafterstellung der eingetragenen Personen beziehen würde.[553]

Auch die Neuregelung des Umwandlungsrechts und die Einbeziehung der GbR in den Kreis formwechslungsfähiger Rechtsträger ändert an der bisher geübten Rechtspraxis nichts.[554] Probleme der Leistungsfähigkeit der Grundbuchämter bei der Eintragung von Gesellschaften mit großem Gesellschafterbestand und häufigem Mitgliederwechsel rechtfertigen noch keine Eintragung nur der GbR als solcher.[555]

209

---

544 So *Abel/Eitzert* DZWiR 2001, 353; *Heil* NZG 2001, 300; *ders*, NJW 2002, 2158; *ders* DNotZ 2002, 60; *Böhringer* BWNotZ 2002, 42; *Demharter* Rpfleger 2001, 329; *ders* NJW-Sonderheft BayObLG 2005, 18; *Hertel* DNotZ 2002, 228; *Krämer* RNotZ 2004, 239; *Lautner* MittBayNot 2001, 425; *ders* MittBayNot 2005, 93; *Münch* DNotZ 2001, 535; *Schemmann* DNotZ 2001, 244, 250; *Vogt* Rpfleger 2003, 491; *Stöber* MDR 2001, 544; *Ann* MittBayNot 2001, 197; *Armbrüster* JR 1999, 469. Differenzierend *Brandini* RNotZ 2001, 230: »Führe die GbR einen sie unverwechselbar bezeichnenden und zudem den Rechtsform andeutenden Gesamtnamen zB Hausbaugesellschaft Burgstr. 25 bR, scheine eine Eintragung der GbR mit Aufgabe und Funktion des Grundbuchs kompatibel.« Dem kann nicht zugestimmt werden. **Für eine Grundbuchfähigkeit** *Dümig* Rpfleger 2002, 53; *ders* ZfIR 2002, 796; *Langenfeld* BWNotZ 2003, 1; *Nagel* NJW 2003, 1646; *Ott* NJW 2003, 1223; *Pohlmann* WM 2002, 1421; *Hammer* NotBZ 2002, 385; *Demuth* BB 2002, 1555; *Eickmann* ZfIR 2001, 433; *Hadding* ZGR 2001, 712, 724; *Ulmer-Steffke* NJW 2002, 330; *Wagner* ZIP 2005, 637.

545 Ebenso *Reetz* in: Hügel, GBO, § 13 Rn 87; *Böttcher* Rpfleger 2007, 437, 440.

546 Dazu *Münch* DNotZ 2001, 535. Vgl auch die Vorschläge für eine Änderung von § 47 GBO und § 15 GBV bei *Hess* ZZP 2004, 267.

547 Dazu *Demharter* FGPrax 2007, 68; *Demharter* § 19 Rn 108: Die entscheidende Frage ist, wie sichergestellt ist, dass bei einer Verfügung die Identität der Gesellschaft und die Vertretungsbefugnis in grundbuchmäßiger Form nachgewiesen werden kann.

548 Ebenso BGH NotBZ 2008, 156.

549 *Behrens* ZfIR 2008, 1; OLG Stuttgart DNotZ 2007, 383 = DB 2007, 334 = BB 2007, 837 m Anm *Priester* = BB 2007, 845 (bearb v *Tielmann/Schulenburg*) = FGPrax 2007, 67 m Anm *Demharter* = NZG 2007, 263 m Anm *Heßeler/Kleinheinz* NZG 2007, 250.

550 Dazu *Görlich* DB 1988, 1102.

551 Schl.-Holst. OLG Rpfleger 2008, 131; LG Magdeburg, Beschl. v. 15.11.2007, – 3 T 708/07; *Kesseler* ZNotP 2008, 231.

552 Ebenso *Böttcher* Rpfleger 2007, 437, 440; *Demharter* FGPrax 2007, 68; *Lautner* MittBayNot 2006, 497, 499.

553 So *Kesseler* DNotZ 2007, 80; *Stöber* WuB II J § 705 BGB 1.07; differenzierend *Heßeler/Kleinhenz* NZG 2007, 250; ablehnend *Bielicke* Rpfleger 2007, 441. Neue Probleme blieben demnach nicht aus.

554 *Timm* NJW 1995, 3209.

555 LG Stuttgart NJW-RR 1999, 743 = Rpfleger 1999, 272 = BWNotZ 1999, 132; *Ulmer* ZIP 2001, 585, 594; *Timm* NJW 1995, 3209, 3214.

210   Betrachtet man das Zusammenspiel von Grundbuch- und Handelsrecht sowie Gesellschaftsrecht, so ist nicht die Rechtssubjektivität der entscheidende Auslöser für eine Registerbuchung der GbR unter einem Sammelnamen, vielmehr wird eine Buchung unter einem Sammelnamen nur dort zugelassen, wo sich der Bestand der Gesellschaft und ihre Vertretung aus einem Register ergeben. Aus der Publizitätswirkung des Grundbuchs ergibt sich, dass eine GbR nicht ohne Angabe der einzelnen Gesellschafter eingetragen werden kann. Nur so macht § 892 BGB Sinn und wird die Rechtssicherheit des Grundbuchverkehrs gewährleistet.[556] Eine Eintragung der GbR unter ihrem Sammelnamen ohne Aufführung der Gesellschafter wird als nicht zulässig erachtet.[557] Als bloße Namensgeber für die GbR können die Gesellschafter durchaus in Betracht kommen.[558] Spezielle rechtliche Gesichtspunkte im Liegenschaftsrecht sprechen so gegen eine formelle Grundbuchfähigkeit der GbR; die Eintragung einer GbR als solcher nur mit ihrem Namen ohne Angabe der Gesellschafter ist wegen der unzureichenden materiellen Publizität weiterhin zu verneinen. Dies jedenfalls so lange, bis der Gesetzgeber für eine andere Regelung gesorgt hat.[559]

211   Eine andere Beurteilung ist bei politischen Parteien geboten, bei denen die Grundbuchfähigkeit bejaht wird (vgl Rdn 216).

212   Die Bezeichnung »mit beschränkter Haftung« kann bei einer GbR nicht in das Grundbuch eingetragen werden, ist nach § 47 auch nicht erforderlich und auch nicht zweckmäßig.[560]

213   In Gütergemeinschaft lebende Ehegatten können – ohne ausdrückliche oder konkludente Vereinbarung von Vorbehaltsgut – nicht als Gesamthand (Gesamtgut der Gütergemeinschaft) Gesellschafter der GbR werden.[561] Erwirbt ein Gesellschafter einer Gesellschaft bürgerlichen Rechts, zu deren Vermögen ein Grundstück gehört, die Mitberechtigung eines anderen Gesellschafters zu seiner eigenen hinzu, und soll diese Rechtsnachfolge im Grundbuch verlautbart werden, so ist lediglich die Löschung des ausscheidenden Gesellschafters erforderlich. Die Zustimmung der anderen verbleibenden Gesellschafter ist dann nicht erforderlich, wenn die Grundbuchberichtigung aufgrund Bewilligung des Betroffenen erfolgt.[562] Die Eintragung eines neuen Gesellschafters im Grundbuch hat keine konstitutive Wirkung, die Gesamthänder werden in ihrer neuen Zusammensetzung ohne Weiteres Eigentümer.[563] Veränderungen der Anteilshöhe einzelner Gesellschaft sind nicht eintragbar.[564] Überträgt der Gesellschafter A seinen ganzen Anteil auf den bereits vorhandenen Gesellschafter B, so besteht die Grundbuchunrichtigkeit nur darin, dass ein Gesellschaftsanteil B angewachsen ist und sich dessen Anteil vergrößert hat, während A ausgeschieden ist. Die Eintragung von A wird gerötet und sein Ausscheiden in Abt. I Sp. 4 vermerkt: »*Übertragung (Abtretung) des Gesellschaftsanteils des A auf B am ...; eingetragen am ...*«[565] Überträgt dagegen A nur einen Teil seines Gesellschaftsanteils auf B, so wird das Gesellschaftsrecht des B erweitert, während sich das des A verringert; das Grundbuch wird nicht unrichtig i.S.von § 894 BGB. Für eine Richtigstellung der Eintragungsgrundlage in Abt. I sp. 4 ist kein Raum. Nicht aber erforderlich, auch überflüssig, ist der Vermerk »*Teilweise Übertragung (Abtretung) des Anteils des A auf B am ...; eingetragen am ...*«;[566] ob der Vermerk aber sogar inhaltlich unzulässig ist,[567] ist bestritten.[568] Scheidet ein Gesellschafter aus der Gesellschaft aus und wächst sein Anteil anderen Gesellschaftern an, so ist nur das Ausscheiden des Gesellschafters im Grundbuch einzutragen.[569]

214   Ist die Gesellschaft durch den **Tod des Gesellschafters** aufgelöst, aber die Auseinandersetzung noch nicht vorgenommen, die Gesellschaft also im Liquidationsstadium, so kann die Eintragung als Grundbuchberichtigung etwa so vorgenommen werden:

---

556   So *Münch* DNotZ 2001, 535.
557   BayObLG DNotI-Report 2002, 180 = RNotZ 2002, 507 = ZNotP 2003, 29; LG Dresden NotBZ 2002, 384. Abwägend *Langenfeld* BWNotZ 2003, 1.
558   *Demharter* FGPrax 2007, 68.
559   *Demharter* FGPrax 2007, 68; *Münch* DNotZ 2001, 535; *Ulmer* ZIP 2001, 585, 595; *Westermann* NZG 2001, 289, 294; *Demharter* Rpfleger 2001, 329; *Schmidt* NJW 2001, 993, 1002; *Heil* NJW 2002, 2158.
560   Gutachten DNotI-Report 1997, 67; *Demharter* § 19 Rn 108.
561   *Apfelbaum* MittBayNot 2006, 185.
562   LG Tübingen BWNotZ 1982, 168 = RpflJB 1984, 41; OLG Hamm Rpfleger 1986, 429; AG Stuttgart BWNotZ 1967, 214.
563   BGHZ 138, 82.
564   OLG München DNotI-Report 2005, 117 = NotBZ 2005, 265 = Rpfleger 2005, 530 m Anm *Demharter;* OLG Frankfurt MittBayNot 1983, = Rpfleger 1982, 469 m Anm *Meyer-Stolte.*
565   Vgl *Demharter* Rpfleger 2005, 531; *Meyer-Stolte* Rpfleger 1982, 470; *Eickmann* Rpfleger 1985, 85, 90.
566   OLG München DNotI-Report 2005, 117 = NotBZ 2005, 265 = Rpfleger 2005, 530 m Anm *Demharter.* Vgl zur Erbteilsübertragung BayObLGZ 1991, 146, 150 = DNotZ 1992, 255 = NJW-RR 1991, 1030 = Rpfleger 1991, 315.
567   So *Demharter* Rpfleger 2005, 531.
568   So auch LG Düsseldorf RNotZ 2002, 233 = NJW-RR 2002, 154 = ZEV 2001, 488 = FamRZ 2002, 1146.
569   BayObLGZ 1993, 314 = NJW 1993, 1365 = Rpfleger 1994, 128.

2 a A
 b *anstelle von B:*
  aa C
  bb D
  aa und bb in Erbengemeinschaft
  a und b: in beendeter Gesellschaft bürgerlichen Rechts.[570]

Zur **Anwachsung** eines Anteils an der Gesellschaft bürgerlichen Rechts und zur grundbuchrechtlichen Ver- **215**
lautbarung: OLG Frankfurt mit klarstellender Anmerkung *Meyer-Stolte*[571] und LG Münster.[572] Bei liquidations-
loser Übernahme des Vermögens einer aus zwei Personen bestehenden Gesellschaft bürgerlichen Rechts durch
einen der Gesellschafter bedarf es keiner Auflassung eines zum Gesellschaftsvermögen gehörenden Grundstücks.[573] Zur Übertragung eines Grundstücks von einer Gesellschaft bürgerlichen Rechts auf eine aus denselben Gesellschaftern bestehende andere Gesellschaft bürgerlichen Rechts bedarf es der Auflassung und Eintragung im Grundbuch.[574]

g) Nicht rechtsfähige Vereine/Parteien. Die Grundbuchfähigkeit eines nicht rechtsfähigen Vereins ist zu **216**
verneinen. Der nicht rechtsfähige Verein kann zwar Inhaber dinglicher Immobilienrechte – insbesondere also
Grundstückseigentümer – sein, aber er kann nicht als solcher in das Grundbuch eingetragen werden. Bei einem
nicht rechtsfähigen Verein sind als Eigentümer von Grundstücken oder als Inhaber von Rechten, die zum Vereinsvermögen gehören, die **einzelnen Mitglieder** des Vereins zu bezeichnen.[575]

Auch wenn das neuere Schrifttum zum Vereinsrecht die Grundbuchfähigkeit eines nicht rechtsfähigen Vereins
als Bestandteil eines vereinsrechtlich angelegten Sonderrechts ansieht, verbleibt es dabei, dass das formelle
Grundbuchrecht eigenen, formellen Gesetzmäßigkeiten folgt. Bei der Grundbucheintragung kommt es auf die
konkrete, der Rechtsklarheit dienende und Verwechslungen ausschließende Angabe des Rechtsinhabers an. Es
gelten auch hier die das Grundbuchrecht beherrschenden Grundsätze der Bestimmtheit und Klarheit. Erforderlich ist weiterhin die Anführung der Namen der Vereinsmitglieder unter Angabe des zwischen ihnen bestehenden Gesamthandsverhältnisses. Das steht der rechtlichen Anerkennung der Gesamthand als Teilnehmerin am
Rechtsverkehr nicht entgegen, sondern legt nur fest, wie dieses Auftreten im Rechtsverkehr zu erfolgen hat.
Entscheidend ist, dass es für den nicht rechtsfähigen Verein an jedweder Publizität hinsichtlich der Existenz und
der Verfassung, insbesondere hinsichtlich der Vertretung fehlt.[576] Der nicht rechtsfähige Verein kann der Wohnungseigentümergemeinschaft nicht gleichgestellt werden.[577]

---

570 *Planck-Kettnaker* Die Führung des Grundbuchs, S 44. Zur Liquidation OLG Hamm Rpfleger 1984, 95.
571 Rpfleger 1982, 469; BayObLGZ 1993, 314 = NJW 1993, 1365 = Rpfleger 1994, 128. Zum Gesellschafterwechsel
 auch LG Aachen Rpfleger 1987, 104. Vgl auch Rdn 204.
572 JMBlNRW 1949, 31.
573 BGHZ 32, 307; BayObLGZ 1983, 191 = DNotZ 1984, 178 = Rpfleger 1983, 431 = MittBayNot 1983, 166 mwN;
 OLG Hamm Rpfleger 1984, 95; *Gröger* RpflJB 1984, 340; OLG Hamm Rpfleger 1986, 429.
574 KG NJW-RR 1987, 1321 = Rpfleger 1987, 237 = JurBüro 1987, 1534. Zum Gesellschafterwechsel LG Aachen
 Rpfleger 1987, 104; OLG Hamm Rpfleger 1984, 95.
575 HM; RGZ 127, 309; RG Recht 1926 Nr 450; JFG 7, 34; BGHZ 43, 316 (weitere Nachweise bei *Staudinger-Weick* § 54
 Rn 79, 80); BayObLG Rpfleger 1985, 102 = MDR 1985, 142; OLG Zweibrücken Rpfleger 1986, 12 = NJW-RR
 1986, 181 = OLGZ 1986, 145 = MittBayNot 1985, 258 = JuS 1986, 478; LG Kaiserslautern MittBayNot 1978, 203;
 Staudinger-Gursky § 873 Rn 57, 97; *Erman-Westermann* § 54 Rn 5, 8; *Demharter* § 19 Rn 101 und § 47 Rn 21; KEHE-
 Munzig § 20 Rn 63; *Schöner/Stöber* Rn 246, 259; *Stöber* Vereinsrecht, Rn 1269; *Sauter-Schweyer* Der eingetragene Verein,
 15. Aufl, Rn 436; *Friedrich* Vereine und Gesellschaften, 3. Aufl 1982, S 62; *Märkle* Der Verein im Zivil- und Steuerrecht,
 5. Aufl 1984, S 92; *Kübler* Gesellschaftsrecht, § 11 III 2 b; *Enneccerus-Nipperdey* Lehrbuch des bürgerlichen Rechts,
 15. Aufl, Band I, S 708; *Roemer* MittRhNotK 1960, 608; *K Schmidt* NJW 1984, 2249; *Böhringer* BWNotZ 1985, 102;
 108; *ders* BWNotZ 1985, 73, 76; *Böttcher* RpflStud 1985, 82; *Flume* ZHR 1984, 510. **aA:** *Soergel-Hadding* § 54 Rn 18
 (Eintragung unter dem Vereinsnamen); *Staudinger-Weick* § 54 Rn 80 – Eintragung der Mitglieder unter dem Vereinsnamen als Gesamtbezeichnung –; BGB-RGRK-*Steffen* § 54 Rn 16 – für Massenorganisationen –; MüKo-*Reuter* § 54
 Rn 28 ff; *Palandt/Heinrichs* § 54 Rn 8; *Habscheid* AcP 155 (1956), 402; *Reichert* Handbuch des Vereins- und Verbandsrechts, 8. Aufl, 2001, Rn 2503; *Jauering* BGB § 54 Anm 3c cc; *Hüffer* Verein und Gesellschft, 2. Aufl, S 34; *Hübner* Handelsrecht, 1980, Rn 158; *Jung* NJW 1986, 157; *Stoltenberg* MDR 1989, 494, 497. Es ist festzustellen, dass die Literatur
 im Vereinsrecht konträr zum grundbuchrechtlichen Schrifttum steht. Die vereinsrechtliche Lehre wird für rechtspolitisch bedenklich und zumindest grundbuchrechtlich nicht haltbar erachtet. Zur Parteifähigkeit eines nicht rechtsfähigen
 Vereins: BGH NJW 1990, 186; *Schulz* NJW 1990, 1893.
576 So auch *Flume* ZHR 1984, 510; *K Schmidt* NJW 1984, 2249; *Konzen* JuS 1989, 20. Dies verkennt *Soergel-Hadding* § 54
 Rn 18. Die Angabe des Gemeinschaftsverhältnisses ist für die Verfügungsbefugnis entscheidend, vgl Rn 1, beim nicht
 rechtsfähigen Verein ist diese nicht offen gelegt.
577 OLG Koblenz NJW 1977, 55; im Einzelnen *Böhringer* BWNotZ 1988, 1 (dort wird aus Gründen der Publizität der
 Wohnungseigentümergemeinschaft die von *Reichert* Rn 2503 für den nicht rechtsfähigen Verein vorgeschlagene Angabe
 des Gemeinschaftsverhältnisses »Die jeweiligen Mitglieder des X-Vereins zur gesamten Hand« – sinnentsprechend – für
 sinnvoll und zulässig erachtet).

Eine andere Beurteilung ist bei politischen Parteien geboten. Eine politische (Gesamt-)Partei in der Rechtsform eines nicht rechtsfähigen Vereins ist grundbuchfähig. Dies rechtfertigt sich aus den Regelungen des Parteiengesetzes[578] und zwar insbesondere aus § 3 dieses Gesetzes. Anhaltspunkte dafür, dass das Grundbuchverfahren von dieser Regelung ausgenommen bleiben sollte, bestehen nicht. Nach § 2 ParteiG sind politische Parteien nur solche Vereinigungen, die zumindest für längere Zeit in qualifizierter Weise auf die politische Willensbildung Einfluss nehmen wollen. Damit unterliegen sie schon per definitionem höheren Anforderungen, als sie an sonstige nicht rechtsfähige Vereine gestellt werden. Diese Anforderungen werden durch den Bundes- oder Landeswahlleiter überprüft. Gem § 6 ParteiG sind auch verschiedene Angaben über Satzung, Programm, Vorstandsmitglieder zu machen. Damit stellen sich politische Parteien als jederzeit greifbare Rechtsträger dar. Hinsichtlich der Vertretungsbefugnis genügt ein vom Bundeswahlleiter ausgestellter Nachweis aus dem Parteienverzeichnis, aus dem sich Vorstandseigenschaft und Vertretungsbefugnis ergeben. Diese zwar nicht der Form des § 29 entsprechende Bescheinigung iSv § 6 Abs 3 ParteiG eignet sich aber jedenfalls dazu, einen andernfalls bestehenden Beweisnotstand im Wege des Freibeweises zu beseitigen.[579] Allerdings sind nur politische Parteien selbst und deren höchste Gebietsgliederung grundbuchfähig, nicht nachgeordnete Untergliederungen (zB Orts- oder Bezirksverband als nicht eingetragene Vereine).[580]

217 Zum bereits gegründeten, aber noch nicht im Vereinsregister eingetragenen Verein (**Vor-Verein**), vgl Rdn 88 f.

218 Die Eintragung von Rechten auf den Namen des nicht eingetragenen Vereins ist demnach **nicht** statthaft (**inhaltlich unzulässige Eintragung**);[581] eine solche Eintragung wäre auch bei einem auf Gesamthänderschaft hindeutenden Zusatz etwa »als Gesellschaft zur gesamten Hand« inhaltlich unzulässig und nichtig.[582] Von der Angabe des Namens sämtlicher Vereinsmitglieder kann nicht abgesehen werden, auch wenn ihre Zahl groß ist und voraussichtlich ein häufiger Wechsel der Mitglieder stattfindet. Bei jedem Mitgliederwechsel ist das Grundbuch zu berichtigen. Zur Vermeidung dieses wenig praxisgerechten Weges ua die Möglichkeit, das Grundstück oder dingliche Recht durch Treuhänder erwerben zu lassen.[583] Auch die herrschende grundbuchrechtliche Meinung sieht die praktischen Schwierigkeiten der Buchung nicht rechtsfähiger Vereine, insbesondere die Tatsache, dass mit den hier dargestellten Anforderungen bei großen Vereinen faktisch eine Grundbuchsperre errichtet ist. Zu bedenken ist stets, dass es bei späteren Verfügungen über das Recht zu ernsten Beweisschwierigkeiten materieller (§ 891 BGB) und formeller Art (§§ 29, 30) über die Person des Betroffenen kommen kann, wenn man die Grundbuchfähigkeit bejahen würde.[584] Der Grundbuchbeamte hat aber zweifelsfrei die Verfügungsbefugnis des Betroffenen zu prüfen. Es muss deshalb weiterhin bei der Anwendung des § 47 verbleiben; die Grundbuchfähigkeit nicht rechtsfähiger Vereine ist zu verneinen.[585] Das Sonderrecht zur GmbH-Vorgesellschaft kann nicht auf den nicht rechtsfähigen Verein übertragen werden.[586] Es ist daher nicht zulässig, eine Eintragung in der Art vorzunehmen, dass es heißt »die jeweiligen Mitglieder des nicht rechtsfähigen Vereins«, »Miteigentümer zur gesamten Hand«. Unzulässig ist auch die Beifügung einer Bruchteilsbezeichnung. Die Vereinsmitglieder können auch nicht zusammengefasst unter dem Vereinssammelnamen eingetragen werden. Die Eintragung des Vereins wäre nicht rechtswirksam.[587]

219 Die Eintragung kann daher etwa lauten:[588]

»A, B, C Eigentümer zur gesamten Hand als Mitglieder des nicht eingetragenen Vereins X« oder »A, B, C als Mitglieder zur gesamten Hand des nicht rechtsfähigen Vereins X«.

---

578 ParteiG vom 24.07.1967 (BGBl I, 773) idF der Bek vom 31.01.1994 (BGBl I, 149).
579 OLG Zweibrücken FGPrax 2001, 2 = NJW-RR 2000, 749 = Rpfleger 1999, 531 = ZNotP 1999, 477; LG Berlin Rpfleger 2003, 291; *Böhringer* BWNotZ 2002, 42.
580 OLG Celle DNotI-Report 2004, 138; OLG Zweibrücken OLGZ 1986, 145 = NJW-RR 1986, 181 = MittBayNot 1985, 258 = Rpfleger 1986, 12; LG München I Rpfleger 2006, 483; aA *Palandt/Heinrichs*, § 54 Rn 8.
581 RG JFG 7, 37; *Demharter* § 19 Rn 101 und § 47 Rn 21; *Schöner/Stöber* Rn 246; *Böhringer* BWNotZ 1985, 76, 108; *Konzen* JuS 1989, 20. Dazu auch *Jung* NJW 1986, 157. Auch die Parteifähigkeit ist zu verneinen BGH NJW 1990, 186 = BB 1989, 2428.
582 RGZ 127, 309; JFG 3, 1 = HRR 1926 Nr 388 = Recht 1926, 450.
583 OLG Zweibrücken OLGZ 1986, 145 = Rpfleger 1986, 12 = NJW-RR 1986, 181 = JuS 1986, 478 Nr 3; *Reichert* Handbuch des Vereins- und Verbandsrechts, 8. Aufl 2001, Rn 2503; OLG Frankfurt NJW 1952, 792; *Böhringer* BWNotZ 1985, 73, 76; *Böttcher* RpflStud 1985, 82.
584 OLG Zweibrücken OLGZ 1986, 145 = Rpfleger 1986, 12; *Böhringer* BWNotZ 1985, 102, 108; *Konzen* JuS 1989, 20.
585 AA *Staudinger-Wolfsteiner* § 1115 Rn 9.
586 OLG Zweibrücken OLGZ 1986, 145 = Rpfleger 1986, 12; LG Kaiserslautern MittBayNot 1987, 203, 208; *Böhringer* BWNotZ 1985, 102, 108; *Konzen* JuS 1989, 20. Dies fordert aber *Stoltenberg* MDR 1989, 494, 497.
587 RGZ 127, 309; LG Kaiserslautern MittBayNot 1978, 203; *Schöner/Stöber* Rn 246.
588 So auch *Schöner/Stöber* Rn 246; *Keher-Bühler-Tröster* Bd II § 2 S 2; *Böhringer* BWNotZ 1985, 74, 76. Bei großer Mitgliederzahl ist Grunderwerb technisch fast ausgeschlossen; praktischer Ausweg wäre Eintragung eines Treuhänders, dazu *Reichert* 8. Aufl 2001, Rn 2503; OLG Frankfurt NJW 1952, 792; *Böhringer* BWNotZ 1985, 76, 108; *Böttcher* RpflStud 1985, 82.

Anstatt der Ausdrucksweise »*nicht eingetragener Verein*« kann es auch heißen »*nicht rechtsfähiger Verein*«.

Dem einzutragenden Rechtsverhältnis kann die **Vereinsbezeichnung** hinzugefügt werden. Diese Angabe des   **220**
auch beim nicht rechtsfähigen Verein nach § 12 BGB geschützten Vereinsnamens ist zu empfehlen; selbstverständlich ist es aber unumgänglich, dann auch die Namen der einzelnen Mitglieder anzuführen.[589]

4. Gesamtberechtigung

§ 47 ist auf die Gesamtgläubigerschaft des § 428 BGB entsprechend anwendbar.[590] Die Eintragung kann in der   **221**
Weise erfolgen, dass zum Ausdruck gebracht wird, dass jeder der Gläubiger die ganze Leistung fordern kann.[591]
Der das Rechtsverhältnis näher kennzeichnende Zusatz lautet idR: »*als Gesamtberechtigte gemäß § 428 BGB*«[592]
oder »*als Gesamtgläubiger*«.[593]

Der Zusatz »*als Gesamtberechtigte*« genügt den Anforderungen des § 47 nicht;[594] er kennzeichnet nicht eindeu-   **222**
tig das für die Berechtigtenmehrheit maßgebende Rechtsverhältnis iS des § 47; ohne den Hinweis auf § 428
BGB besteht Verwechslungsgefahr.[595] Die Berechtigtenmehrheit nach § 428 BGB muss gegenüber der Gesamtberechtigung der Gesamthandsgemeinschaften abgegrenzt werden. Dies gilt unabhängig davon, ob im konkreten Fall auch das Vorliegen einer Gesamthandsgemeinschaft nahe liegend ist oder nicht.[596]

Das **Gemeinschaftsverhältnis nach § 432 BGB** ist eintragungsfähig; es ist ein in die Gemeinschaft der Berech-   **223**
tigten kennzeichnendes Rechtsverhältnis iS von § 47.[597] Möglich ist dies zB bei Gläubigern eines vormerkungsgesicherten[598] Anspruchs, beim Nießbrauch.[599] Einzutragen ist »*als Mitberechtigte nach § 432 BGB*« oder »*als
Gesamtberechtigte nach § 432 BGB*«.[600]

Sind die Gläubiger der durch Hypothek gesicherten Forderung Gesamtgläubiger, so müssen sie nicht alle als   **224**
Hypothekengläubiger im Grundbuch eingetragen werden; die Hypothek kann auch für einen von ihnen eingetragen werden, ohne dass dieser dabei als Gesamtgläubiger bezeichnet werden müsste; vielmehr genügt
gemäß § 1115 Abs 1 Halbs 2 BGB insoweit die Bezugnahme auf die Eintragungsbewilligung, da die Bezeichnung »Gesamtgläubigerschaft« hier nur die nähere Kennzeichnung der Forderung betrifft.[601] Doch kann auch
für alle Gläubiger eine einheitliche Gesamthypothek (Gesamtgläubigerhypothek) eingetragen werden. Ob die

---

589 *Schöner/Stöber* Rn 246; *Stöber* Vereinsrecht, Rn 1269; *Böhringer* BWNotZ 1985, 76.
590 BGH NJW 1979, 421 = DNotZ 1979, 499 = Rpfleger 1979, 56 = MDR 1979, 300 = FamRZ 1979, 227 = MittBay-
Not 1979, 14; BGHZ 73, 214 = DNotZ 1979, 499 = Rpfleger 1979, 56; *Böhringer* BWNotZ 1985, 76.
591 OLG München JFG 14, 110 = DNotZ 1936, 820.
592 BGHZ 73, 214 = DNotZ 1979, 499 = Rpfleger 1979, 56; BGHZ 46, 253 = DNotZ 1967, 183 = Rpfleger 1967, 143;
BGHZ 82, 346 = DNotZ 1982, 692 = Rpfleger 1982, 135 m Anm *Meyer-Stolte* 94; KG JFG 11, 274; BayObLGZ
1963, 132 = DNotZ 1964, 343 = NJW 1963, 2276; BayObLG Rpfleger 1980, 213; OLG Zweibrücken Rpfleger
1985, 284; LG Duisburg Rpfleger 2005, 600 m Anm *Wicke; Demharter* § 47 Rn 23; KEHE-*Eickmann* § 47 Rn 16; *Schö-
ner/Stöber* Rn 260; *Eickmann* Grundbuch Verfahrensrecht, 5. Kap § 3 V 4.2 c; *Böhringer* BWNotZ 1985, 76; **aA** *Woelki*
Rpfleger 1968, 215, er hält die Eintragung der Gesamtberechtigung als solche nicht für zulässig.
593 KG KGJ 46, 228 = RJA 14, 73; HRR 1934 Nr 375; *Schöner/Stöber* Rn 260; *Eickmann* Grundbuchverfahrensrecht, 5.
Kap § 3 V 4.2 c. Die Bezeichnung »Gesamtgläubiger« ist eindeutiger als Angabe »Gesamtberechtigte«, *Böhringer*
BWNotZ 1985, 74.
594 BGHZ 73, 214 = DNotZ 1979, 499 = Rpfleger 1979, 56; BGH DNotZ 1981, 121 = Rpfleger 1980, 464 = NJW
1981, 176; KEHE-*Eickmann* § 47 Rn 16; *Schöner/Stöber* Rn 260 mwN; MüKo-K. *Schmidt* § 741 Rn 12; *Demharter* § 47
Rn 23; *Böhringer* BWNotZ 1985, 77.
595 BayObLGZ 1963, 132 = DNotZ 1964, 343; BayObLG Rpfleger 1976, 123; OLG Frankfurt Rpfleger 1976, 403 und
Rpfleger 1980, 417 = NJW 1980, 1592; KEHE-*Eickmann* § 47 Rn 16; MüKo-*Eickmann* § 1115 Rn 13; *Böhringer*
BWNotZ 1985, 77. Offen gelassen bei OLG Hamm DNotZ 1980, 566 = MittBayNot 1979, 177 = Rpfleger 1980, 21.
596 *Böhringer* BWNotZ 1985, 77.
597 BGH DNotZ 1981, 121 = Rpfleger 1980, 464; BGH DNotZ 1979, 499 = Rpfleger 1979, 56; OLG Hamm DNotZ
1980, 566 = Rpfleger 1980, 21; ausdrücklich bejaht von: LG Bochum Rpfleger 1981, 148 m zust Anm *Meyer-Stolte;
Böhringer* BWNotZ 1985, 77; *Amann* DNotZ 2008, 324; *Schöner/Stöber* Rn 261, zustimmend jedenfalls bei akzessorischen Rechten *Eickmann* Grundbuchverfahrensrecht, 5. Kap § 3 V 4.2 d. Wegen Hypothek für Wohnungseigentümergemeinschaft vgl Rn 126. Beim Nießbrauch kommt § 432 BGB nicht in Betracht, Gutachten DNotI-Report 1996,
189; OLG Hamm Rpfleger 1980, 21.
598 Dazu OLG München DNotZ 2008, 380 = NotBZ 2008, 81 = NJW-RR 2008, 106 = Rpfleger 2007, 654; LG
Regensburg MittBayNot 2008, 293.
599 Ausführlich *Amann* DNotZ 2008, 324. Dazu auch OLG München DNotZ 2008, 380 = NotBZ 2008, 81 = NJW-RR
2008, 106 = Rpfleger 2007, 654; LG Regensburg MittBayNot 2008, 293.
600 So auch *Eickmann* Grundbuchverfahrensrecht, 5. Kap. § 3 V 4.2 d.
601 BGHZ 29, 363 = NJW 1959, 984 = DNotZ 1959, 310 = Rpfleger 1959, 154 m Anm *Haegele* MDR 1959, 475 = BB
1959, 394 = Betrieb 1959, 459 = WM 1959, 513 = LM § 1115 BGB Nr 3; BayObLGZ 1958, 164 = DNotZ 1958,
639 = NJW 1958, 1917; *Staudinger-Wolfsteiner* § 1113 Rn 56; § 1115 Rn 3; BGB-RGRK-*Mattern* § 1115 Rn 7; *Demharter* § 47 Rn 11, 12; *Schöner/Stöber* Rn 1922; *Löscher* JurBüro 1982, 1803.

Gesamtgläubigerschaft im Grundbuch dann vermerkt werden muss, wenn für jeden Gesamtgläubiger eine besondere Hypothek oder für alle Gesamtgläubiger eine einheitliche Hypothek eingetragen werden soll, ließ der BGH offen,[602] ist aber zu empfehlen.

5. Zwangseintragungen

225   Umstritten ist die Frage, ob dann, wenn sich aus einem mehrere Personen als Gläubiger bezeichnenden Vollstreckungstitel die Anteile der Berechtigten oder das für die Gemeinschaft maßgebende Rechtsverhältnis nicht ergeben, der Titel als zur Zwangsvollstreckung ungeeignet anzusehen ist[603] oder eine beantragte Zwangshypothek stets eingetragen werden darf, wenn die Vollstreckungsgläubiger die **in dem Titel fehlenden Angaben** über die Art ihrer Beteiligung durch eine Erklärung gegenüber dem Grundbuchamt formlos[604] oder in der Form des § 29 nachholen.[605] Der letzteren Ansicht neigt die Grundbuchpraxis zu, dazu auch Rdn 267. Bei der Angabe des Beteiligungsverhältnisses handelt es sich um eine echte grundbuchrechtlich zu beachtende Eintragungsvoraussetzung und nicht um eine – formlos – zu behebende vollstreckungsrechtliche Voraussetzung wie zB bei der nachträglich vorgenommenen Verteilungserklärung nach § 867 Abs 2 ZPO. Überwiegend wird eine nachträgliche nähere Bestimmung durch den Antragsteller (mit Wirkung ex nunc) zugelassen.

226   Das OLG Saarbrücken[606] ließ alle Fragen offen, weil der von einer **Rechtsanwaltsgemeinschaft** erwirkte Kostenfestsetzungsbeschluss dahingehend auszulegen sei, dass jeder der namentlich bezeichneten Rechtsanwälte als Gesamtgläubiger gem § 428 BGB berechtigt sein soll; der Angabe und des Nachweises der Art des Inhalts des Gemeinschaftsverhältnisses bedürfe es daher für die Eintragung einer Zwangssicherungshypothek nicht. Jedoch darf sich ein nach Erlass eines solchen Kostenfestsetzungsbeschlusses in die Sozietät aufgenommener Rechtsanwalt an der Zwangsvollstreckung nur beteiligen, wenn er einen auf seinen Namen lautenden Vollstreckungstitel gegen den Schuldner erwirkt hat. In Bezug auf den entschiedenen Fall ist der Meinung des OLG Saarbrücken zuzustimmen.[607] Unzureichend ist »Rechtsanwalt X und Partner«.[608] Nach Inkrafttreten des Partnerschaftsgesellschaftsgesetzes am 01.07.1995 darf die Bezeichnung »Partner« nur für eine solche Gesellschaft verwendet werden. Mehrere Anwälte können sich zu einer Partnerschaftsgesellschaft zusammenschließen.[609]

227   Die Eintragungsunterlagen müssen das Gemeinschaftsverhältnis mit der für den Grundbuchverkehr erforderlichen Sicherheit erkennen lassen. **Durch Auslegung**[610] kann das Grundbuchamt zur Annahme eines konkreten Gemeinschaftsverhältnisses kommen; dann ist aber eine einseitige Ergänzung des Antrags durch den Gläubiger nicht mehr nötig; dies gilt für Anträge auf Eintragung einer Zwangshypothek wie auch für eine Vormerkung aufgrund einer einstweiligen Verfügung.

228   Bei der Anwaltssozietät mag eine Gesamtgläubigerschaft nach § 428 BGB vorliegen, obwohl die Forderungen idR teilbar sind und dann auch § 420 BGB und Bruchteilsgemeinschaft in Betracht kommen kann.[611] In der zivilrechtlichen Praxis (zB in einem gerichtlichen Vergleich) ist es oft üblich, dass eine Konkretisierung des Beteiligungsverhältnisses der Gläubiger fehlt. Das Grundbuchamt ist dann als Vollstreckungsorgan zur Auslegung solch unklar gefasster oder scheinbar unvollständiger Vollstreckungstitel verpflichtet. Lautet der Titel auf eine Gläubigermehrheit, hat sich die Auslegung auch darauf zu erstrecken, ob die einzelnen Gläubiger als Teil-, Gesamt- oder Mitgläubiger berechtigt sind, wobei in der Regel eine Gesamtgläubigerschaft gem. § 428 BGB

---

602 BGHZ 29, 363 = DNotZ 1959, 310 = Rpfleger 1959, 154 m Anm *Haegele*; KG KGJ 46, 228; *Schöner/Stöber* Rn 1922; *Biermann* AcP 40, 339; *Löscher* JurBüro 1982, 1803.

603 LG Saarbrücken, zitiert in Rpfleger 1978, 227; LG Hamburg AnwBl 1974, 166; LG Bochum Rpfleger 1981, 148; KEHE-*Eickmann* § 47 Rn 18; *Hesse-Saage-Fischer* § 47 Anm III I; *Eickmann* Grundbuchverfahrensrecht 5. Kap § 3 V 4.1; *Eickmann* Rpfleger 1985, 88; MüKo-*Eickmann* § 1115 Rn 10; *Böhringer* BWNotZ 1985, 73 (rangwahrende Zwischenverfügung nach § 18).

604 OLG Köln OLGZ 1986, 11 = Rpfleger 1986, 91; OLG Frankfurt OLGZ 1989, 6 = MDR 1989, 365; LG Saarbrücken JurBüro 1977, 1467; *Güthe-Triebel* § 47 Bem 13; *Schneider* MDR 1986, 817.

605 RG RGZ 105, 59 (für die Bezeichnung bei Gütergemeinschaft); *Zöller-Stöber* § 867 Rn 3 ZPO; *Demharter* § 47 Rn 14; *Schöner/Stöber* Rn 2181; *Kehrer-Bühler-Tröster* § 1 S 162; *Planck-Kettnaker*, Die Führung des Grundbuchs, S 246; *Lappe* Rpfleger 1991, 11; *Hintzen* ZIP 1991, 481. Ausführlich *Schneider* MDR 1986, 817, der für formlosen Änderungsantrag der Gläubiger plädiert.

606 Rpfleger 1978, 227. Zustimmend *Böhringer* BWNotZ 1985, 78; *Schöner/Stöber* Rn 2181; *Zöller-Stöber* § 704 Rn 11 ZPO.

607 Ebenso *Schöner/Stöber* Rn 2181; *Böhringer* BWNotZ 1985, 78; Einl G.

608 LG Bonn, Rpfleger 1984, 28.

609 Einzelheiten *Böhringer* BWNotZ 1995, 1.

610 So auch LG Saarbrücken Rpfleger 2003, 498; OLG Saarbrücken Rpfleger 1978, 227; *Eickmann* Rpfleger 1985, 88; *Meyer-Stolte* Rpfleger 1981, 148; OLG Düsseldorf Rpfleger 1978, 277; OLG Saarbrücken Rpfleger 1978, 227; OLG Frankfurt OLGZ 1989, 6 = MDR 1989, 365; *Böhringer* BWNotZ 1985, 78; Einl G.

611 *Schöner/Stöber* Rn 261; BayObLG Rpfleger 1985, 102 = MDR 1985, 142; *Böhringer* BWNotZ 1985, 78; *Zöller-Stöber* § 704 Rn 11 ZPO. Die Anwaltssozietät wird aber idR eine GbR sein, BGHZ 56, 355 = NJW 1971, 1801; *Eickmann* Rpfleger 1985, 86 und 88; OLG Düsseldorf VersR 1985, 788.

---

anzunehmen ist.[612] Möglich ist ein Zusammenschluss mehrere Anwälte zu einer Partnerschaftsgesellschaft, die mit ihrem Partnerschaftsnamen – ähnlich der OHG – im Grundbuch eingetragen werden kann.[613] Der Anspruch auf **Lasten- und Kostenbeitrag eines Wohnungseigentümers** nach § 16 Abs 2 WEG stand nach früherer Ansicht den übrigen Wohnungseigentümern gemäß § 432 BGB zu, seit der WEG-Novelle 2007 ist die Wohnungseigentümergemeinschaft gemäß § 10 WEG teilrechtsfähig und Gläubiger des Anspruchs. Vgl dazu Rdn 137. Bei **Sozietäten**[614] **von Ärzten, Steuerberatern und vereidigten Buchführern sowie bei Architekten** liegen Gesellschaften des bürgerlichen Rechts vor; im Wege der Auslegung des Titels kann man dann zu dem Gesamthandsverhältnis »Gesellschaft bürgerlichen Rechts« kommen. Vergessen andere Privatgläubiger die Angabe ihres Gemeinschaftsverhältnisses, so wird wohl auch die Auslegung des Titels keinen Aufschluss für das Grundbuchamt bringen. Streitgenossen können Gesamtgläubiger sein.[615] Kann man dem Titel entnehmen, dass die Gläubiger Vermieter und der Schuldner Mieter sind, besteht im Außenverhältnis zum Mieter eine einfache Forderungsgemeinschaft in Form der Bruchteilsgemeinschaft; die Vermieter sind für ihre Mietzinsansprüche Gesamtberechtigte nach § 432 BGB.[616]

Hilft die Auslegung des Titels nicht mehr weiter, ist der Titel keine brauchbare Eintragungsunterlage.[617] Zur Nachholung der Angaben s Rdn 225. **229**

Bei **Verurteilung zur Auflassung** gilt diese Formerleichterung nicht, da eine materielle Erklärung ersetzt wird; es ist ein weiteres Urteil erforderlich.[618] **230**

6. Eintragungen ohne Bestehen eines Rechtsverhältnisses nach § 47

a) Allgemeines. Bei der Eintragung mehrerer Eigentümer oder Berechtigter, zwischen denen kein Rechtsverhältnis der in § 47 genannten Art besteht, richtet sich die Eintragung nach den besonderen Umständen, insbesondere bei Eintragungen für unbekannte Beteiligte, dazu Rdn 10. **231**

Allerdings sollten im Interesse der Übersichtlichkeit und Klarheit mehrere Rechte derselben Art nicht in einer einzigen Eintragung zusammengefasst und unter einer Nummer eingetragen werden; letztendlich ist es aber eine Zweckmäßigkeitsfrage.[619] **232**

b) Gemeinschaftsverhältnisse nach Landesrecht. Soweit nach Landesrecht besondere Gemeinschaftsverhältnisse bestehen, ist darauf im Grundbuch beim Eintragungsvermerk hinzuweisen. Für Eigentum ist auf § 19 lit b GBV hinzuweisen, wonach in Sp 2 der Abt I bei den Namen der Eigentümer der Inhalt ihres Rechts anzugeben ist, wenn zwischen mehreren Eigentümern kein Rechtsverhältnis der in § 47 genannten Art besteht. Ein Beispiel hierzu enthält § 9 Abs 1 preußisches WasserGes. Zu einer Waldkorporation vgl BayObLG.[620] Nach altrechtlichem badischen Landesrecht können bruchteilslose Miteigentumsanteile zB an Zuwegen und Hofeinfahrten bestehen.[621] **233**

c) Einzelfälle. Kein gemeinschaftliches Recht liegt vor, wenn eine Hypothek mehrere voneinander unabhängige Forderungen von Mitbürgern sichern soll; ebenso wenig, wenn eine Hypothek, auch als **Höchstbetragshypothek**, für mehrere Gläubiger in der Weise bestellt wird, dass sie als Sicherung für die Forderung des einen nur dann und nur insoweit dienen soll, als Forderungen des anderen nicht entstehen; in beiden Fällen ist die Eintragung inhaltlich unzulässig.[622] **234**

Kein gemeinschaftliches Recht iS von § 47 liegt ferner vor, wenn mehrere Rechte für mehrere Personen unter einer Nummer in das Grundbuch eingetragen werden. Diese Art der Buchung ist zwar ordnungswidrig – denn jedes selbständige Recht ist unter einer besonderen Nummer einzutragen –, bewirkt aber nicht die Unwirksamkeit oder inhaltliche Unzulässigkeit der Eintragung.[623] Werden mehrere selbständige dingliche Rechte

---

612 LG Saarbrücken Rpfleger 2003, 498; zur Auslegung auch OLG Saarbrücken Rpfleger 1978, 227.
613 Einzelheiten *Böhringer* BWNotZ 1995, 1.
614 *Böhringer* BWNotZ 1985, 78; *Eickmann* Rpfleger 1985, 88; *Zöller-Stöber* § 704 Rn 11 ZPO; LG Bonn Rpfleger 1984, 28; *Henke* NJW 1974, 2035.
615 BGH Rpfleger 1985, 321 = MDR 1986, 222; *Selb* JZ 1986, 484.
616 LG Essen Rpfleger 2001, 543.
617 LG Essen Rpfleger 2001, 543.
618 RG RGZ 76, 412; MittRhNotK 1953, 463.
619 Dazu auch *Jestaedt* Rpfleger 1970, 380.
620 BayObLGZ 1971, 125 = DNotZ 1971, 662 = MittBayNot 1971, 248 betr eine sog Waldkorporation.
621 Dazu *Milzer* BWNotZ 2008,79.
622 KG OLGE 45, 238 = HHR 1925 Nr 1224; *Demharter* § 47 Rn 5.
623 KG KGJ 33, 244; BayObLGZ 1957, 322 = DNotZ 1958, 313 = Rpfleger 1958, 88 m zust Anm *Haegele*; BayObLGZ 1965, 267 = DNotZ 1966, 174 = Rpfleger 1966, 367; LG Lübeck SchlHA 1967, 182. Dazu auch *Haegele* Rpfleger 1958, 91; *Jestaedt* Rpfleger 1970, 383; OLG Oldenburg DNotZ 1958, 88.

bestellt, so liegt ein Gemeinschaftsverhältnis iS von § 47 nicht vor. Das BayObLG[624] lässt für den Fall von Wohnungsrechten die Eintragung aus Vereinfachungsgründen unter einer laufenden Nummer im Grundbuch zu. Auch das LG Lübeck[625] und das LG Aachen[626] halten dies für zulässig und verneinen mit Recht beim Vorliegen von selbständigen Rechten ein Gemeinschaftsverhältnis. Eine Grunddienstbarkeit kann zugunsten der jeweiligen Eigentümer eines bestimmten Grundstückes auch dann ohne nähere Angabe des Beteiligungsverhältnisses nach § 47 zur Eintragung bewilligt werden, wenn das herrschende Grundstück in Wohnungs- oder Teileigentum aufgeteilt ist. Anders ist die Rechtslage, wenn die Grunddienstbarkeit als einheitliches Recht für die jeweiligen Eigentümer mehrerer herrschender Grundstücke oder zugunsten der jeweiligen Inhaber von Wohnungseigentumsrechten bewilligt worden wäre. In diesen Fällen wird auch bei einer Grunddienstbarkeit die Angabe des Gemeinschaftsverhältnisses verlangt.[627]

VI. Sukzessiv-Berechtigung

1. Allgemeines

235   Schwierigkeiten im Hinblick auf die Ausgestaltung der Gemeinschaftsverhältnisse ergeben sich in der Regel dann, wenn ein Recht mehreren Berechtigten zeitlich nacheinander zustehen soll. Dies ist der Fall, wenn ein Recht zunächst dem einen Berechtigten und dann beim Eintritt eines bestimmten Ereignisses (häufig Tod) dem anderen Berechtigten zustehen soll. Zum anderen ist dies der Fall, wenn ein Recht zunächst mehreren Berechtigten gemeinschaftlich und ab Eintritt eines bestimmten Ereignisses nur einem Berechtigten zustehen soll.[628]

Eine **Sukzessivberechtigung** kennzeichnet den Fall, dass von vornherein für den Eintritt bestimmter Ereignisse ein Wechsel auf der Gläubigerseite vereinbart war, jedoch die Identität des einen und einzigen Rechtsverhältnisses nicht beeinträchtigt wird.

Unter einer **Alternativberechtigung** wird der Fall verstanden, bei dem ein Recht verschiedenen Personen jeweils allein zusteht mit der Maßgabe, dass das Recht nur entweder für den einen oder für den anderen bestehen kann.

Im Liegenschaftsrecht besteht unter bestimmten Voraussetzungen die Möglichkeit, dingliche Rechte für mehrere Personen nacheinander zu bestellen. So kann zB ein Recht von vornherein für den ersten Berechtigten durch den Tod oder ein anderes Ereignis **auflösend bedingt** sein, oder es kann für ihn unter Bestimmung einer Endfrist zeitlich beschränkt werden. Für den Rechtsnachfolger ist ein solches Recht dementsprechend **aufschiebend bedingt** durch den Tod des Erstberechtigten oder durch ein anderes Ereignis, das zum Erlöschen der Erstberechtigung führt.[629] Möglich ist auch, dass das dingliche Recht zunächst beiden und nach dem Tode der einen Person dem Überlebenden zusteht. Dem Kammergericht kommt das Verdienst zu, in seinen Entscheidungen vom 19.02.1932[630] und 10.12.1936[631] klar herausgestellt zu haben, dass auch dann, wenn ein **Recht für mehrere nacheinander** in der Form bestellt wird, dass es zunächst dem einen Rechtsträger auflösend bedingt bis zu seinem Tod zusteht, dem Nachfolger dagegen aufschiebend bedingt durch den Tod des ersten Rechtsträgers ab diesem Zeitpunkt, nicht eine Mehrheit von Rechten vorliegt, sondern ein einziges Recht, das nur nacheinander mehreren Berechtigten zusteht,[632] eine solche Gestaltung ist bei den beschränkten dinglichen Rechten wie auch bei der Vormerkung zulässig, wobei als Gemeinschaftsverhältnis oft § 428 BGB gewählt wird.[633] Dazu auch § 49 Rdn 103–107. In der Bewilligung sollte aber diese Tatsache deutlich zum Ausdruck gebracht werden.

---

624 BayObLGZ 1957, 322 = DNotZ 1958, 313 = Rpfleger 1958, 88 m zust Anm *Haegele*; BayObLGZ 1965, 267 = DNotZ 1966, 174 = Rpfleger 1966, 367; so mit Recht auch *Schöner/Stöber* Rn 1244.

625 SchlHA 1967, 182.

626 JMBlNRW 1959, 69 = WM 1960, 25 = ZMR 1960, 176 = BlGBW 1959, 190.

627 OLG Düsseldorf MittRhNotK 1988, 175; BayObLG DNotZ 1984, 620 = Rpfleger 1983, 424 = MDR 1983, 935.

628 Eindrucksvoll LG Duisburg Rpfleger 2005, 600; erläuternd *Wicke* Rpfleger 2005, 601.

629 HM; RG RGZ 76, 90; JR 1925 Nr 880; RG RGZ 59, 289; RG RGZ 119, 214; RG JW 1928, 449; KG KGJ 49, 210; JW 1932, 2445 = HRR 1933 Nr 15; BGH BGHZ 28, 99 = NJW 1958, 1677 = MDR 1958, 838 und 1959, 31 m Anm *Thieme*; OLG Hamburg OLGE 31, 296; 36, 124; RG JW 1935, 3364; BayObLG BayObLGZ 1958, 161 = NJW 1958, 1917 = DNotZ 1958, 639; OLG Köln OLGZ 1966, 231 = DNotZ 1966, 607; OLG Oldenburg DNotZ 1968, 308; OLG Oldenburg NdsRpfl 1957, 30 = DNotZ 1957, 317 *(Saage)*; LG Oldenburg Rpfleger 1974, 263 = JurBüro 1974, 1038 m Anm *Riggers* = MittBayNot 1974, 266; LG Aachen DNotZ 1970, 564 = MittRhNotK 1970, 51; LG Aachen JMBlNRW 1959, 69 = BlGBW 1959, 190 und MittRhNotK 1978, 172; *Schöner/Stöber* Rn 261a, 1293, 1370 ff, 1499; *Meder* BWNotZ 1982, 36; *Amann* MittBayNot 1990, 225.

630 JW 1932, 2445 = HRR 1933 Nr 15 = KGJ 49, 21.

631 DNotZ 1937, 330.

632 BayObLG Rpfleger 1985, 55 = MittBayNot 1985, 22; LG Oldenburg Rpfleger 1974, 263 = JurBüro 1974, 1038 m Anm *Riggers* = MittBayNot 1974, 266; OLG Zweibrücken Rpfleger 1985, 284; *Amann* MittBayNot 1990, 225.

633 *Lichtenberger* ZEV 1995, 296; KG DNotZ 1937, 330.

Im Grundbuchrecht erfordert der allgemein geltende **Bestimmtheitsgrundsatz**, dass Inhalt und Umfang der **236** dinglichen Rechte sowie die Person des Berechtigten in bestimmter Weise festgelegt werden (materielles Spezialitätsprinzip). Gesetzmäßigkeit und Bestimmtheitsgrundsatz sind die Maßstäbe, an denen die Zulässigkeit von Sukzessivberechtigungen[634] gemessen werden muss. Die verschiedenartige gesetzliche Ausgestaltung der Rechte an Grundstücken führt dabei zwangsläufig zu unterschiedlichen Ergebnissen.

Die Frage des Ablebens eines Mitberechtigten spielt auch eine bedeutende Rolle, wenn ein dingliches Recht **237** mehreren in Bruchteilsgemeinschaft oder Gesamthandsgemeinschaft oder als Gesamtberechtigung zusteht[635] (wichtig beim Leibgeding, dazu § 49). Oftmals empfiehlt sich die Bestellung **je eines besonderen dinglichen Rechts** mit gleichem Rang. Dann bleibt beim Tode eines Berechtigten das Recht des Überlebenden wie bisher, allerdings nicht mehr beschränkt durch das erloschene Recht des Erstverstorbenen, bestehen.[636] Es handelt sich um **keine** Sukzessivberechtigung. Solche selbständig nebeneinander bestehenden Rechte fallen nicht unter § 47,[637] dazu Rdn 231–234 und § 49 Rdn 103–105.

Das **Grundbuchamt hat nicht zu prüfen**, ob eine Einigung des Eigentümers mit dem bedingt Berechtigten **238** vorliegt.[638]

2. Einzelfälle

a) Dauerwohnrecht. Das Recht ist veräußerlich und übertragbar, Sukzessivberechtigung möglich (Bedingun- **239** gen und Befristungen). Bei Eintritt der Bedingungen erlischt das Recht nicht, sondern besteht in der Person eines anderen fort; der Übergang des Rechts auf einen anderen ist an den Eintritt einer Bedingung geknüpft.[639]

b) Dienstbarkeit. Beschränkte persönliche Dienstbarkeit: In beschränktem Umfang zulässig. Ausgeschlossen **240** ist die Bestellung einer einzelnen Dienstbarkeit in der Weise, dass nach dem Tode des zunächst Berechtigten dessen **Erbe** oder ein anderer berechtigt sein soll.[640] Unzulässig ist auch die Eintragung einer Dienstbarkeit für den Berechtigten und seine **Rechtsnachfolger**[641] (zukünftige Erben des Berechtigten). Mit unmittelbarer dinglicher Wirkung kann aber ein Recht für eine bestimmte Person (als Rechtsnachfolger vorgesehen) von vornherein eine weitere Dienstbarkeit aufschiebend bedingt durch den Tod des ursprünglich Berechtigten bestellt werden.[642] Möglich ist also die Bestellung mehrer Dienstbarkeiten gleichen Inhalts für mehrere Personen in der Weise, dass diese nacheinander als Berechtigte folgen oder das Recht zunächst beiden Übergebern gemeinsam und dann dem Überlebenden allein zusteht. § 1092 BGB steht dem nicht entgegen.[643]

Nur **schuldrechtlich möglich** ist, dass der Eigentümer sich verpflichtet, bei Tod des Berechtigten einem Drit- **241** ten eine beschränkte persönliche Dienstbarkeit desselben Inhalts zu bestellen, wobei dieser Anspruch sofort durch Eintragung einer Vormerkung gesichert werden kann. Es können auf diese Weise auch mehreren Personen nacheinander Ansprüche eingeräumt werden.[644]

Rechtlich unbedenklich ist eine **nachträgliche Inhaltsänderung** einer beschränkten persönlichen Dienstbar- **242** keit (Wohnungsrecht) in der Weise, dass ein neuer Berechtigter einen Teil der Nutzungen (zB Räume) sofort, die übrigen Nutzungen (Räume) erst nach dem Tode des ursprünglich Berechtigten beziehen darf. Eine solche Änderung bedarf der Einigung und Eintragung. Im Grundbuch kann eine solche Vereinbarung nur in der Weise eingetragen werden, dass bei dem bereits eingetragenen Wohnungsrecht die nachträgliche Vereinbarung als Inhaltsänderung, im Übrigen aber für den neuen (anderen) Berechtigten ein neues Wohnungsrecht an

---

634 Zur Sukzessivberechtigung beim Rückübertragungsanspruch OLG Frankfurt ZErb 2005, 350; BayObLG Rpfleger 2003, 352; BayObLG DNotZ 2002, 293 = Rpfleger 2002, 135; BayObLG MittBayNot 2002, 396; BayObLG Rpfleger 1999, 529; LG Duisburg Rpfleger 2005 m Anm *Wicke*; LG Karlsruhe Rpfleger 2005, 602; *Westermeier* Rpfleger 2003, 347; *Giehl* MittBayNot 2002, 158.

635 MüKo-*Pohlmann* § 1030 Rn 17; *Meder* BWNotZ 1982, 36; *Amann* MittBayNot 1990, 225; *Grziwotz* MittBayNot 1993, 74; Gutachten DNotI-Report 1996, 189.

636 *Haegele* BWNotZ 1969, 129; *Schöner/Stöber* Rn 1372, 1244 ff; Gutachten DNotI-Report 1996, 189.

637 LG Lübeck SchlHA 1967, 182. Dazu auch BayObLG DNotZ 1985, 702; *Amann* MittBayNot 1990, 225; BayObLG MittBayNot 1990, 243 = BWNotZ 1991, 71.

638 OLG Köln OLGZ 1966, 231.

639 *Tröster* Rpfleger 1967, 313.

640 RG RGZ 119, 214; BGB-RGRK-*Rothe* § 1090 Rn 6; MüKo-*Joost* § 1092 Rn 2.

641 RG RGZ 119, 214; KG OLG 14, 88; OLG Düsseldorf Rpfleger 2001, 297; MüKo-*Joost* § 1092 Rn 2.

642 RG RGZ 59, 289; RG RGZ 119, 214 = JW 1928, 499; *Schöner/Stöber* Rn 1261, 1382.

643 BGB-RGRK-*Rothe* § 1090 Rn 6. Zum Wohnungsrecht; *Schöner/Stöber* Rn 1261.

644 HM; BGHZ 28, 99 = NJW 1958, 1677; KG DRZ 1929, 730; LG Traunstein DNotZ 1963, 344 = NJW 1963, 2207; *Staudinger-Mayer* § 1090 Rn 7; BGB-RGRK-*Rothe* § 1090 Rn 6; MüKo-*Joost* § 1092 Rn 4; *Palandt/Bassenge* § 1090 Rn 3; *Schöner/Stöber* Rn 1202; *Röll* DNotZ 1963, 751 = MittBayNot 1963, 89 mit Mustern; *Tröster* Rpfleger 1967, 315.

nächster Rangstelle eingetragen wird.[645] Es stellt sich auch als zulässige Inhaltsänderung einer Dienstbarkeit dar, wenn eine für Gesamtberechtigte nach § 428 BGB bestellte Dienstbarkeit (Nießbrauch) in eine Sukzessiv-Dienstbarkeit (Nießbrauch) dergestalt geändert wird, dass dieses Recht für einen der ursprünglich Gesamtberechtigten auflösend bedingt durch seinen Tod bestellt wird und für den anderen Gesamtberechtigten die Rechtswirkungen erst aufschiebend bedingt durch den Tod des Erstberechtigten eintreten sollen.[646] Ein Wohnungsrecht für den bisherigen Berechtigten und einen weiteren Berechtigten als Gesamtberechtigte ist Neubestellung in Verbindung mit Inhaltsänderung des bisherigen Rechts.[647]

243   **c) Grunddienstbarkeit.** Die Grunddienstbarkeit ist eine in der Rechtsnachfolge an das Eigentum am herrschenden Grundstück gebundene Realsukzessivberechtigung, die anders geartete Bestimmungen über die Rechtsnachfolge nicht zulässt.[648]

244   **d) Nießbrauch.** Zulässig ist es, anstelle der vom Gesetz ausgeschlossenen Übertragung des Nießbrauchs für den Wegfall des Nießbrauchs aufschiebend bedingt das Entstehen des Nießbrauchs für einen anderen Berechtigten zu vereinbaren; dieser Nießbrauch kann im Grundbuch eingetragen werden.[649] Ein Nießbrauch kann für mehrere Berechtigte nacheinander in der Weise bestellt werden, dass das Recht von vornherein für den Erstberechtigten auflösend bedingt durch seinen Tod und dadurch aufschiebend bedingt ein weiteres Recht für den Folgeberechtigten zur Entstehung kommt. Eine Eintragungsbewilligung des Inhalts, dass der Nießbrauch dem Berechtigten auf Lebenszeit und nach seinem Tode der Ehefrau zusteht, kann dahin ausgelegt werden, dass je ein durch den Tod des Erstberechtigten auflösend und aufschiebend bedingtes Recht bestellt werden sollte.[650] Eine **Bestellung zu einem Bruchteil** ist auch aufschiebend bedingt in der Weise möglich, dass nach dem Tode eines Nießbrauchers dem Letztlebenden ein weiterer Nießbrauch im Umfang des Nießbrauchsanteils des Verstorbenen zufallen soll.[651] Wegen einer Inhaltsänderung des Nießbrauchs vgl Rdn 242.

245   **e) Erbbaurecht.** Das Erbbaurecht ist als grundstücksgleiches Recht wie das Grundstückseigentum bedingungs- und befristungsfeindlich. Sukzessivberechtigung nicht zulässig.

246   **f) Grundstück.** Da bedingungs- und befristungsfeindlich ist eine gewillkürte Sukzessivberechtigung kraft aufschiebender oder auflösender Bedingung oder aufgrund einer Zeitbestimmung nicht möglich. Für die **Erbfolge** greift aber diese Beschränkung der Gestaltungsmöglichkeit nicht durch (zB bei Vor- und Nacherbschaft).

247   **g) Grundschuld und Hypothek.** Zulässig ist eine Sukzessivberechtigung, dh die für den einen Gläubiger auflösend und für den anderen durch das gleiche Ereignis aufschiebend bedingte Bestellung des Rechts.[652]

248   Unzulässig ist die Eintragung einer **Alternativ-Hypothek**, dh einer Hypothek wahlweise für verschiedene Gläubiger, also der Sicherung einer einzigen Forderung dergestalt, dass die Hypothek entweder dem einen oder dem anderen Gläubiger zustehen soll[653] (zB bei **mehreren Mitbürgen** oder bei mehreren Rückgriffsberechtigten aus einem **Wechsel**), weil hier im Zeitpunkt der Eintragung nicht feststeht, wer der Gläubiger ist. Unzulässig ist also eine Hypothek, die zuerst dem A und später dem B zustehen soll, da hier keine Gewissheit über die Person des Gläubigers gegeben ist[654] (zB Übergang der Hypothek mit dem Tod des Gläubigers A auf den Gläubiger B, es sei denn, die Forderung und die Hypothek sind durch dasselbe Ereignis für A auflösend und für B aufschiebend bedingt).[655] Es ist weiter unzulässig, eine einzige Hypothek für **mehrere Indossanten eines Wechsels** zur Sicherung des für einen von ihnen entstehenden Regressanspruchs einzutragen.[656] Dasselbe gilt von einer einzigen Hypothek für zwei Bürgen zur Sicherung ihrer aus der Bürgschaft für diese Schuld etwa entstehenden Ersatzforderung.[657]

---

645 KG JW 1939, 1012 = DFG 1939, 155; *Schöner/Stöber* Rn 1244 ff.
646 LG Schweinfurt MittBayNot 1982, 69.
647 OLG Düsseldorf MittRhNotK 1979, 191; *Schöner/Stöber* Rn 1245.
648 BGH NJW 1965, 393 = DNotZ 1965, 473 = MDR 1965, 195; *Tröster* Rpfleger 1967, 313.
649 BGH WM 1964, 636; LG Schweinfurt MittBayNot 1982, 69; *Staudinger-Frank* § 1059 Rn 7; *MüKo-Pohlmann* § 1061 Rn 4, 6; *BGB-RGRK-Rothe* § 1030 Rn 8 und § 1059 Rn 2; *Schöner/Stöber* Rn 1382 ff.
650 LG Aachen DNotZ 1970, 564 = MittRhNotK 1970, 51; *Schöner/Stöber* Rn 1382 ff.
651 RG DR 1944, 774; KG Recht 1929 Nr 1831 = DRiZ 1929 Nr 730; BayObLGZ 1955, 155 = DNotZ 1956, 211; LG Aachen DNotZ 1970, 564; LG Schweinfurt MittBayNot 1982, 69.
652 RG RGZ 76, 90; KG JW 1932, 2445; *BGB-RGRK-Mattern* § 1113 Rn 20; *MüKo-Eickmann* § 1113 Rn 25; *Soergel-Konzen* § 1113 Rn 17.
653 RG Recht 1911 Nr 7092; *BGB-RGRK-Mattern* § 1113 Rn 21; *MüKo-Eickmann* § 1113 Rn 25; *Schöner/Stöber* Rn 1923.
654 KGJ 49, 210; RJA 15, 226; 16, 338; *Staudinger-Wolfsteiner* § 1113 Rn 61; *Schöner/Stöber* Rn 1923.
655 RG RGZ 76, 91; KG JW 1932, 2445; LG Traunstein MittBayNot 1978, 61; *Schöner/Stöber* Rn 1923.
656 KG OLGE 7, 196; 8, 55.
657 KG RJA 4, 128; OLG Rostock OLGE 25, 382.

Zulässig ist dagegen die Bestellung einer Hypothek für den einen Gläubiger mit auflösender Befristung (Endtermin; zB bis zu seinem Tode) und für einen anderen mit aufschiebender Befristung (Anfangstermin; zB vom Tode des ersten Gläubigers ab). Die gesicherte Forderung muss in gleicher Weise bedingt sein. Denn hierbei mangelt es nicht an der Bestimmtheit des Gläubigers, und die Hypothek bleibt bei dem Gläubigerwechsel unverändert.[658] Auch können mehrere Hypotheken zeitlich hintereinander für mehrere Gläubiger bestellt werden, etwa zunächst für den überlebenden Ehegatten, nach seinem Wegfall für die Kinder, die allerdings namentlich anzuführen sind.[659]   **249**

Hiervon sind aber die Fälle zu unterscheiden, in denen tatsächlich ein gemeinschaftlicher Anspruch vorliegt, wie zB die **Gesamtgläubigerschaft**.[660]   **250**

Eine **Höchstbetragshypothek** für mehrere Gläubiger (§ 1190 BGB) kann nicht ungeteilt in der Weise in das Grundbuch eingetragen werden, dass die Hypothek, soweit die künftig zur Entstehung gelangende Forderung des ersten Gläubigers den Höchstbetrag nicht anfüllen sollte, einem zweiten Gläubiger für dessen Forderung haften soll. Denn hier ist der wirkliche Gläubiger des in der Schwebe gelassenen Hypothekenteils zur Zeit ungewiss.[661] Eine solche Sukzessivberechtigung kann aber durch Eintragung von 2 Hypotheken im Grundbuch herbeigeführt werden.[662]   **251**

h) Reallast. Bei subjektiv-persönlicher Reallast ist eine Sukzessivberechtigung möglich[663] (sofern darin keine unzulässige Reallast zugunsten Dritter liegt). Zum Leibgeding vgl § 49 Rdn 103–107.   **252**

i) Vorkaufsrecht. Beim subjektiv-persönlichen dinglichen Vorkaufsrecht ist eine Sukzessivberechtigung möglich. Beim subjektiv-dinglichen Vorkaufsrecht stellt sich das Problem nicht, da die Berechtigung aus dem Vorkaufsrecht mit dem Eigentum am berechtigten Grundstück auf den Rechtsnachfolger für die Dauer seines Eigentums übergeht.   **253**

j) Vormerkung. Möglich,[664] häufigster Fall ist eine einheitliche Rückauflassungsvormerkung, dessen gesicherter Anspruch zunächst beiden Übergebern gemeinsam und dann dem Überlebenden allein zusteht.[665] Bei einem Vertrag zugunsten Dritter kann sowohl der Anspruch des Versprechensempfängers wie der des Dritten durch Vormerkung gesichert werden.[666] Ob diese Vormerkung vor Benennung des Dritten insolvenzfest ist, ist höchstrichterlich nicht entschieden.[667] Der Anspruch eines erst noch durch den Versprechensempfänger zu benennenden Dritten ist nicht vormerkungsfähig.[668] Vgl dazu Rdn 13. Erst nach Annahme des Angebots kann der Anspruch des nunmehr benannten Dritten durch Vormerkung gesichert werden.[669] Ein bedingter Anspruch für einen Dritten ist dagegen mit einer Vormerkung sicherbar.[670] Es ist demnach zu unterscheiden: Bei einem echten Vertrag zugunsten Dritter hat der Versprechensempfänger einen eigenen Anspruch auf Leistung an den   **254**

---

658 RGZ 76, 90; KGJ 49, 210, vgl jedoch KGJ 38, 271.

659 LG Traunstein MittBayNot 1978, 61; aA *Schöner/Stöber* Rn 1923.

660 BGHZ 29, 363 = DNotZ 1959, 310 = Rpfleger 1959 m Anm *Haegele* MDR 1959, 475; OLG Rostock OLGE 25, 382.

661 RG RGZ 75, 245; KG OLGE 45, 238 = HRR 1925 Nr 1224; KGJ 28, 143; OLGE 3, 196; BGB-RGRK-*Mattern* § 1113 Rn 21; *Demharter* § 47 Rn 5; *Eccius* DJZ 1902, 62; *Wöckel* MittBayNot 1912, 34; **aA** *Staudinger-Wolfsteiner* § 1190 Rn 30.

662 *Güthe-Triebel* Vorbem 23 zu § 13.

663 BGH MDR 1965, 5640 = Rpfleger 1965, 223 = JZ 1965, 361 = Betrieb 1965, 661 betr Reallastbestellung zugunsten eines Dritten; OLG Oldenburg DNotZ 1968, 308; *Staudinger-Amann* § 1105 Rn 3; BGB-RGRK-*Rothe* § 1105 Rn 7; MüKo-*Joost* § 1105 Rn 52; *Soergel-Stürner* § 1105 Rn 5; unklar *Tröster* Rpfleger 1967, 313.

664 OLG Zweibrücken Rpfleger 1985, 284 mwN.

665 LG Duisburg Rpfleger 2005, 600 m zust Anm Wicke; LG Bayreuth MittBayNot 2006, 147.

666 BGH NJW 1983, 1543 = DNotZ 1983, 484 = MittBayNot 1983, 10 = Rpfleger 1983, 169; SchlHOLG SchlHA 1957, 180 = DNotZ 1957, 661; LG Traunstein NJW 1963, 2207 = DNotZ 1963, 344 = BWNotZ 1963, 219; KG JFG 9, 207; KG DRiZ 1929, 730; BayObLGZ 1983, 118 = DNotZ 1983, 754 = Rpfleger 1983, 346; BayObLG Rpfleger 1996, 502; LG Augsburg MittBayNot 1960, 14; *Bassler* BWNotZ 1996, 169; Gutachten DNotI-Report 1996, 211; *Holch* JZ 1958, 724; *Schumacher* MittRhNotK 1965, 609; *Allerkamp* MittRhNotK 1981, 55. Zum Anspruch des Dritten auf Rückauflassung und seiner Vormerkung BayObLG Rpfleger 1985, 55 = MittBayNot 1985, 22 = MittRhNotK 1984, 239 = BayJMBl 1985, 38 = DNotZ 1985, 702.

667 Dazu BGHZ 149, 1 = DNotZ 2002, 275 = NJW 2002, 213; BGH DNotZ 1997, 720 = NJW 1997, 861; *Amann* DNotZ 2007, 831; *Grziwotz* ZflR 2007, 400.

668 BGH DNotZ 1983, 484 = Rpfleger 1983, 169; BayObLG NJW-RR 1987, 1204; BayObLG DNotZ 1987, 101 = MittBayNot 1986, 175; Für eine Vormerkung für Unbekannt: *Ludwig* NJW 1983, 2792; *ders* Rpfleger 1986, 345; *ders* DNotZ 1982, 724. Der Anspruch des benannten Versprechensempfängers auf Leistung an den Dritten ist vormerkbar OLG Oldenburg NJW-RR 1990, 273 = Rpfleger 1990, 202; LG Regensburg Rpfleger 1989, 320 m Anm *Ludwig*.

669 Gutachten DNotI-Report 8/1994 S 1 und 1996, 177; BayObLG MittBayNot 1996, 374 = Rpfleger 1996, 502; *Bassler* BWNotZ 1996, 169.

670 DNotI-Report 1995, 128 = MittBayNot 1995, 207.

Dritten. Der Anspruch des Versprechensempfängers auf Übereignung an den Dritten kann durch Vormerkung gesichert werden. Dies gilt auch bei einem unechten Vertrag zugunsten Dritter hinsichtlich des Anspruchs des Versprechensempfängers. Davon abzugrenzen sind Ansprüche des Dritten, für die eine Vormerkung zugunsten des Dritten erst eingetragen werden kann, wenn der Dritte durch Benennung bestimmt ist und es sich um einen echten Vertrag zugunsten Dritter handelt. Nicht möglich ist eine Vormerkung für den Versprechensempfänger, die den Anspruch des Dritten absichern soll. Hat der Dritte einen eigenen Anspruch, so ist dieser (auch neben dem Versprechensempfänger) nur sicherbar, wenn der Dritte als Gläubiger eintragbar ist. Die Eintragungsfähigkeit erfordert zumindest die Bestimmbarkeit des Dritten nach sachlichen Merkmalen. Darunter fällt beispielsweise der jeweilige Eigentümer eines bestimmten Grundstücks.

255 Möglich ist auch die Gesamtberechtigung nach § 428 BGB, zB für Ehegatten. Wenn die Beteiligten vereinbaren, dass der Übertragungsanspruch dem überlebenden Ehegatten allein zustehen soll, so ist damit nur zum Ausdruck gebracht, dass der Anspruch beim Tode des Zuerststerbenden nicht erlischt, sondern für die Person des Überlebenden fortbesteht, nicht jedoch, dass dem Überlebenden Rechte eingeräumt werden, die erst beginnen, wenn der andere Berechtigte verstorben ist.[671] Ein anderer Weg ist in dem der Entscheidung des LG Oldenburg[672] zugrunde liegenden Fall beschritten worden. Hier beantragten die Eigentümer die Eintragung einer Auflassungsvormerkung zugunsten von Eheleuten zu je hälftigem Anteil mit der Maßgabe, dass der Auflassungsanspruch dem Überlebenden der Eheleute zustehen soll, wenn einer von ihnen stirbt. Unter Bezugnahme auf das Kammergericht,[673] das die Eintragung von Sukzessivberechtigungen anerkannt hat, hat das LG Oldenburg festgestellt, dass gegen die beabsichtigte Vormerkungseintragung keine Bedenken bestehen.

Häufig kommt der Fall vor, dass ein Rückforderungsanspruch zunächst für beide Übergeber gemeinschaftlich besteht und erst später (nach dem Tod eines der Übergeber) auf nur einen Berechtigten übergehen soll. Es bieten sich dann folgende Gestaltungsmöglichkeiten: Begründung mehrerer, gegenseitig bedingter und zeitlich aneinander anschließender Rückforderungsansprüche mit der Folge der Notwendigkeit vieler Vormerkungen.[674] Möglich ist auch die Begründung von Teilgläubigerschaft nach § 420 BGB für die Rückforderung, etwa Rückforderung zu je ½-Anteil entsprechend der ursprünglichen Eigentumszuordnung der Übergeber mit der Folge nur einer Vormerkung. Es besteht aber das konstruktive Problem, dass nach dem Tod des erstversterbenden Übergeberteils der Überlebende den Rückübereignungsanspruch allein ausüben können soll. Zulässig ist die Begründung einer Gesamtgläubigerschaft nach § 428 BGB mit der Folge, dass der eine und durch nur eine Vormerkung gesicherte Rückforderungsanspruch zunächst den Berechtigten gemeinsam und dann dem Überlebenden zusteht. Der dem erstversterbenden Rückforderungsberechtigten zustehende Anspruch erlischt bei dieser Konstruktion mit seinem Tod ersatzlos. Empfehlenswert sollte geregelt werden, dass der Rückforderungsanspruch nicht veräußerlich und nicht vererblich sein soll[675] und ob ein noch vor dem Tod des Rückforderungsberechtigten entstandener Rückübertragungsanspruch noch von seinem Erben geltend gemacht werden könnte.[676] Auch ist eine Kombination der Teilgläubigerschaft mit der Gesamtgläubigerschaft möglich. Danach überlagert zu Lebzeiten beider Rückforderungsberechtigter die Teilgläubigerschaft zunächst die Gesamtgläubigerschaft; erst nach dem Tod des Erststerbenden entfaltet die Gesamtgläubigerschaft ihre Wirkung und vermittelt dem Überlebenden den alleinigen Übereignungsanspruch.[677] Die Eintragung einer einzigen Vormerkung reicht aus. Entscheidende Merkmale sind bei allen Gestaltungsvarianten die Forderungsberechtigung jedes einzelnen Gläubigers und die einmalige Leistungspflicht des Schuldners.[678] Denkbar ist auch eine Vereinbarung der entsprechenden Anwendung der §§ 461, 472 BGB mit der Folge, dass der durch nur eine Vormerkung[679] gesicherte Rückforderungsanspruch den Berechtigten zu gemeinsamen Ausübung zusteht und nach dem Tod eines Berechtigten dem Überlebenden ganz.[680]

256 **k) Wohnungseigentum.** Wegen Bedingungs- und Befristungsfeindlichkeit keine Sukzessivberechtigung möglich. Es gilt das für das Grundstück Ausgeführte.

---

671 OLG Köln MittRhNotK 1974, 244 = Rpfleger 1975, 19; *Schöner/Stöber* Rn 1498. Ausführlich Gutachten DNotI-Report 1996, 189. Vgl auch § 49 Rn 103.

672 Rpfleger 1974, 263 = JurBüro 1974, 1038 *(Riggers)* = MittBayNot 1974, 266 = MittRhNotK 1974, 491; ebenso LG Köln MittRhNotK 1974, 237; LG Aachen MittRhNotK 1978, 172; vgl auch *Schöner/Stöber* Rn 1498.

673 KG JFG 9, 207; KG DRiZ 1929, 730; *Röll* DNotZ 1963, 751 = MittBayNot 1963, 89.

674 BayObLG DNotZ 1996, 366 = FGPrax 1995, 1297 = NJW-RR 1995, 1297 = Rpfleger 1995, 498.

675 Dazu OLG Hamm DNotZ 2007, 122 m Anm *Fembacher*.

676 Dazu LG Bayreuth MittBayNot 2007, 215.

677 BayObLG DNotZ 1996, 366 = NJW-RR 1995, 1297.

678 Ebenso LG Duisburg Rpfleger 2005, 600 m Anm *Wicke*.

679 *Rastätter* BWNotZ 1994, 27, 39; kritisch *Demharter* MittBayNot 1998, 16; *Brückner* BWNotZ 1998, 170.

680 BGH DNotZ 1998, 292 = NJW 1997, 3225; *Rastätter* BWNotZ 1994, 27, 29.

VII. Eintragungsbewilligung

1. Angabe des Gemeinschaftsverhältnisses

§ 47 spricht zwar nur von **Eintragung**. Damit wird aber zugleich der Inhalt der Grundlagen der Eintragung **257** bestimmt.[681] Daher müssen die in § 47 vorgeschriebenen Angaben auch in der Eintragungsbewilligung enthalten sein. Auch Eintragungsbewilligungen sind der Auslegung zugänglich,[682] jedoch sind ihr im Grundbuchverfahren, bedingt durch den Bestimmtheitsgrundsatz und das Erfordernis urkundlich belegter Eintragungsunterlagen, Grenzen gesetzt. Nach allgemeiner Ansicht[683] müssen die **Eintragungsunterlagen** zwar das Gemeinschaftsverhältnis bezeichnen, wenn auch nicht mit der gesetzlichen Bezeichnung, so doch ihrem Inhalt nach. Es ist also nicht die Angabe des Gemeinschaftsverhältnisses expressis verbis zu verlangen; die Eintragungsunterlagen müssen nur das Gemeinschaftsverhältnis mit der für den Grundbuchverkehr erforderlichen Sicherheit erkennen lassen.[684] Es genügt die Angabe der Tatsachen, aus denen unzweifelhaft das in Frage kommende Gemeinschaftsverhältnis sich ergibt.[685]

Dem Grundbuchamt obliegt die Pflicht zur **Prüfung der Eintragungsunterlagen**, ob darin ein eintragungs- **258** fähiges Gemeinschaftsverhältnis angegeben ist.[686] Es reicht nicht aus, dass sich durch Auslegung ein bestimmter Erklärungsinhalt als möglich annehmen lässt. Die **Auslegung**[687] muss vielmehr zu einem zweifelsfrei eindeutigen Erklärungsinhalt führen.[688]

Ist bereits ein Gemeinschaftsverhältnis eingetragen, so genügt es, wenn eine spätere Bewilligung erkennen lässt, **259** dass für die neue Eintragung ebenfalls dieses Verhältnis gelten soll.[689]

Es lässt sich **kein Erfahrungssatz** dahingehend aufstellen, dass bei der Erklärung der Auflassung sich die Ver- **260** tragsteile bewusst auch über die Art des Gemeinschaftsverhältnisses an dem Erwerbsgrundstück geeinigt haben, wenn in der Auflassung die Angabe des Gemeinschaftsverhältnisses fehlt. Das OLG Frankfurt[690] ist der Ansicht, dass nach der Lebenserfahrung nicht ausgeschlossen werden kann, dass die Vertragsteile die Einigung über das Gemeinschaftsverhältnis bei der Auflassung vergessen haben und folglich die Einigung über den Eigentumsübergang nicht vorliegt. Eine Auflassung an mehrere Erwerber ist nach noch hM materiell-rechtlich nur dann wirksam, wenn sie die Art des entstandenen Gemeinschaftsverhältnisses und für den Fall der Bruchteilsgemeinschaft auch die Größe der Bruchteile enthält. Eine nochmalige Anführung des Verhältnisses, in welchem mehrere Personen ein Grundstück erwerben, in der Auflassung ist aber dann nicht erforderlich, wenn in dem mit der Auflassung verbundenen schuldrechtlichen Vertrag das Gemeinschaftsverhältnis genügend gekennzeichnet ist.[691]

Die bloße Angabe in der Eintragungsbewilligung ist erforderlich, und zwar immer. Sie genügt idR auch dann, **261** wenn die Eintragung aufgrund einer Berichtigungsbewilligung erfolgt. Die in der Eintragungsbewilligung über das Gemeinschaftsverhältnis gemachten Angaben braucht das Grundbuchamt grundsätzlich nicht nachzuprüfen.[692] Anders ist es zB, wenn für den Käufer bereits ein Grundbuch vorhanden ist, aus dem sich ergibt, dass der jetzt allein erwerbende Ehegatte in Gütergemeinschaft lebt. Der **Nachweis der Wahrheit der Angaben** ist

---

681 BayObLGZ 1955, 155 = DNotZ 1956, 211; BayObLGZ 1957, 322 = DNotZ 1958, 313 = Rpfleger 1958, 88 m zust Anm *Haegele*; BayObLGZ 1962, 205 = DNotZ 1963, 49 = Rpfleger 1962, 412; OLG München DNotZ 1939, 656 = HRR 1939 Nr 1046 = JFG 20, 52; OLG Hamm Rpfleger 1980, 21; OLG Frankfurt DNotZ 1971, 667 = Rpfleger 1971, 65; Rpfleger 1973, 394; *Demharter* § 20 Rn 33 und § 47 Rn 13; *Böhringer* BWNotZ 1985, 77.

682 RG RGZ 152, 189; BayObLG MDR 1974, 589; BayObLGZ 1983, 118 = DNotZ 1983, 754 = Rpfleger 1983, 346; OLG Oldenburg DNotZ 1959, 46 = RdL 1958, 321 = NdsRpfl 1958, 271; *Soergel-Stürner* § 925 Rn 37; *Böhringer* BWNotZ 1985, 77.

683 *Demharter* § 47 Rn 13; KEHE-*Eickmann* § 47 Rn 17; MüKo-*Eickmann* § 1115 Rn 9.

684 BayObLGZ 1957, 322 = DNotZ 1958, 313 = Rpfleger 1958, 88 m zust Anm *Haegele*; *Böhringer* BWNotZ 1985, 77. Dazu ausführlich Einl G.

685 KG JW 1933, 616 = HRR 1932 Nr 1150; BayObLG BayObLGZ 1952, 123; BayObLGZ 1955, 155 = DNotZ 1956, 211; BayObLGZ 1957, 322 = DNotZ 1958, 313 = Rpfleger 1958, 88 m zust Anm *Haegele*; BayObLGZ 1965, 267 = DNotZ 1966, 174 = Rpfleger 1966, 367; OLG Frankfurt DNotZ 1971, 666 = Rpfleger 1971, 65.

686 *Meyer-Stolte* Rpfleger 1981, 148.

687 LG Nürnberg-Fürth MittBayNot 1981, 16.

688 OLG Frankfurt DNotZ 1971, 666 = Rpfleger 1971, 65; OLG Frankfurt Rpfleger 1956, 194; OLG Frankfurt OLGZ 1989, 6 = MDR 1989, 365; *Schöner/Stöber* Rn 172, 3312; *Staudinger-Gursky* § 873 Rn 57, 61; Einl G 21 ff; *Böhringer* BWNotZ 1985, 77.

689 BayObLG BayObLGZ 1971, 125 = DNotZ 1971, 662 = MittBayNot 1971, 248; LG Nürnberg-Fürth MittBayNot 1981, 16; *Schöner/Stöber* Rn 257.

690 DNotZ 1971, 667 = Rpfleger 1971, 666 m krit Anm *Haegele*.

691 *Schöner/Stöber* Rn 3311 ff; *Soergel-Stürner* § 925 Rn 36; LG Lüneburg JurBüro 1969, 92; LG Saarbrücken Rpfleger 1971, 358; aA OLG Frankfurt DNotZ 1971, 666.

692 *Demharter* § 47 Rn 13; *Haegele* BWNotZ 1969, 124; *Schöner/Stöber* Rn 254.

nur dann zu verlangen, wenn dem Grundbuchbeamten bekannt ist, dass die Angabe unrichtig ist,[693] oder wenn nachträglich die Eintragung der im § 47 bezeichneten Angaben begehrt wird, ohne dass eine Berichtigungsbewilligung vorgelegt wird. Dem Grundbuchamt obliegt weder im Interesse der Beteiligten noch dem des Rechtsverkehrs eine allgemeine Rechtsfürsorge für die materielle Richtigkeit der im Grundbuch ausgewiesenen Rechtsverhältnisse.[694] Die Eintragung muss den § 47 entsprechen.

2. Auslegung der Eintragungsunterlagen

262   Für die Angabe des Gemeinschaftsverhältnisses unter mehreren Erwerbern eines Grundstücks genügt es, wenn das Gemeinschaftsverhältnis im Verpflichtungsgeschäft dargelegt ist und die Auflassung auf das in der **gleichen** Urkunde enthaltene Verpflichtungsgeschäft, wenn auch nicht ausdrücklich, Bezug nimmt.[695]

263   Wenn zwischen dem Zeitpunkt der Beurkundung des schuldrechtlichen Vertrags (zB Kaufvertrag) und dem der Auflassung einige Zeit verstrichen ist, kann eine Auslegung der Urkunden hinsichtlich des Gemeinschafts- oder Anteilsverhältnisses nicht mehr als von vornherein unbedenklich angesehen werden.[696] Lässt sich durch Auslegung der einer Eintragung zugrunde liegenden Urkunden das konkrete Gesamthandsverhältnis unter mehreren Berechtigten ermitteln, so hat das Grundbuchamt eine **Klarstellung** vorzunehmen, ohne dass es der Einreichung einer Urkunde über das Gemeinschaftsverhältnis bedarf.[697] Enthält eine Auflassung keine Angabe über das Gemeinschaftsverhältnis nach § 47 und lässt es sich auch nicht durch Auslegung oder Umdeutung ermitteln, so kann das Grundbuchamt sich nicht auf **§ 742 BGB** stützen.[698] Die Auflassung muss nach hM wiederholt werden.[699] Der in der Kaufvertragsurkunde enthaltene Vermerk, dass die erwerbenden Eheleute im gesetzlichen Güterstand leben, genügt als Angabe des Gemeinschaftsverhältnisses nicht.[700] Aus dem Vermerk ergibt sich lediglich, dass eine von mehreren denkbaren Gemeinschaftsformen, nämlich die Gesamthandsgemeinschaft der ehelichen Gütergemeinschaft, nicht vorliegt, nicht jedoch positiv, in welchem Gemeinschaftsverhältnis die Erwerber zB an der Eigentumsvormerkung beteiligt sein sollen. Auch eine gewisse Wahrscheinlichkeit, die für das Vorliegen einer Bruchteilsgemeinschaft sprechen mag, kann nicht den zwingenden Schluss auf eine solche rechtfertigen, wie es wegen des den Grundbuchverkehr beherrschenden Bestimmtheitsgrundsatzes erforderlich wäre. Zudem würde es immer noch an der Angabe der Bruchteile fehlen, die auch durch die in § 742 BGB enthaltene gesetzliche Vermutung ersetzt werden könnte, dazu Rdn 155, 266.

264   Wenn für die Verkäufer, die Miteigentümer je zur Hälfte waren, eine **Kaufpreishypothek** bestellt wird, ohne dass das Anteilsverhältnis an der Hypothek näher bezeichnet ist, ist nach BayObLG[701] die vom Käufer für den Kaufpreis bestellte Hypothek dabei als für jeden Verkäufer auf den ihm gebührenden Betrag im gleichen Rang bestellt anzusehen. Dies gelte aber nur, wenn kein anderes Rechtsverhältnis ersichtlich sei. Bejaht wird dabei vom Gericht die Frage, ob die **Auslegungsregel des § 420 BGB** auch für den Grundbuchverkehr angewendet werden kann. Wegen des im Grundbuchverfahren geltenden Bestimmtheitsgrundsatzes kann dem nicht zugestimmt werden; das zur Vermutung des § 742 BGB Gesagte[702] gilt auch für § 420 BGB[703] und § 432 BGB.[704]

---

693   KG KGJ 53, 130; *Hesse-Saage-Fischer* § 47 Anm III 1; *Schöner/Stöber* Rn 254, 762.

694   OLG Karlsruhe Rpfleger 1994, 248.

695   LG Saarbrücken Rpfleger 1971, 358; OLG Düsseldorf DNotZ 1977, 611 = MittBayNot 1977, 66 = MittRhNotK 1976, 594; LG Limburg JurBüro 1969, 92 m Anm *Haegele*; MüKo-*Kanzleiter* § 925 Rn 21; BGB-RGRK-*Augustin* § 925 Rn 58; *Demharter* § 47 Rn 13; *Schöner/Stöber* Rn 3311 ff; *Riggers* JurBüro 1970, 645; *Lechner* Rpfleger 1971, 358.

696   OLG Frankfurt Rpfleger 1971, 65 = DNotZ 1971, 666 = MittBayNot 1971, 82 = MittRhNotK 1971, 477; KEHE-*Eickmann* § 47 Rn 17.

697   LG Düsseldorf MittRhNotK 1978, 49.

698   Vgl Rn 144, 216, 217; RG RGZ 54, 85; BayObLG BayObLGZ 1955, 155; OLG Köln OLGZ 1986, 11 = Rpfleger 1986, 91. Das BayObLG (BayObLGZ 1983, 118 = DNotZ 1983, 754 = Rpfleger 1983, 346) meint, dass nach der Lebenserfahrung die Erwerber zu gleichen Teilen erwerben sollten. Beim Ehegatten-Erwerb kann dieser Ansicht zugestimmt werden; MüKo-*Kanzleiter* § 925 Rn 23.

699   Nach *Kehrer-Bühler-Tröster* § 2 soll dies mit Recht nur dann gelten, wenn der Veräußerer ein Interesse am Beteiligungsverhältnis der Erwerber hat, was bei einem Verkauf regelmäßig nicht der Fall sein soll. In diesem Falle genügt eine Erklärung der Erwerber in der Form des § 29 (RG RGZ 195, 59). Kritisch auch *Schöner/Stöber* Rn 762, 3312; *Staudinger-Gursky* § 873 Rn 57, 61 ff, 94; s auch BGHZ 82, 346 = DNotZ 1982, 692 = Rpfleger 1982, 135 m Anm *Meyer-Stolte*; MüKo-*Kanzleiter* § 925 Rn 22; *Böhringer* BWNotZ 1985, 104.

700   BayObLG Rpfleger 1976, 123; BayObLGZ 1983, 118 = DNotZ 1983, 754 = Rpfleger 1983, 346. Die Zugewinngemeinschaft kennt keine ehegüterrechtliche dingliche Gesamtberechtigung *Rauscher* AcP 1986, 529.

701   BayObLG BayObLGZ 7, 300; 30, 60; SeuffBl 72, 751 = Recht 1906 Nr 1901; *Soergel-Wolff*, 12 Aufl, § 421 Rn 7, 17; **aA** *Haegele* BWNotZ 1969, 122.

702   Vgl Rdn 155, 248, 249.

703   Gleiche Ansicht *Haegele* BWNotZ 1969, 122.

704   MüKo-*Joost* § 1093 Rn 16.

3. Ergänzung der Eintragungsunterlagen

Enthält die Eintragungsbewilligung oder die sie ersetzende Erklärung die in § 47 vorgeschriebenen Angaben **265** nicht, so ist der Eintragungsantrag nach § 18 zurückzuweisen oder **Zwischenverfügung** zu erlassen.[705] In der nach § 18 Abs 2 ggf einzutragenden Vormerkung bzw dem Widerspruch kann und muss dem § 47 nicht genügt werden, was jedoch unschädlich ist, dazu Rdn 9.

Die Angabe über das Gemeinschaftsverhältnis gehört nach hM zur Einigung;[706] ist diese dem Grundbuchamt **266** nicht zu unterbreiten (nur bei § 20), muss die Eintragungsbewilligung das Gemeinschaftsverhältnis festlegen.[707] Die fehlende Angabe kann nach hM nicht etwa einseitig, sondern nur unter Mitwirkung aller Beteiligten nachgeholt werden.[708] Dies gilt aber nicht für den Erwerb eines Rechts durch einen Ehegatten allein bei tatsächlich bestehender und nachgewiesener ehelicher **Gütergemeinschaft**. Hier bleibt die Auflassung wirksam; der Erwerber kann einseitig formlosen Berichtigungsantrag stellen[709] (ohne Mitwirkung des Veräußerers oder des anderen Ehegatten[710]). Der Nachweis der Unrichtigkeit kann durch Vorlage des Ehevertrags geführt werden. Zulässig wäre auch eine Berichtigungsbewilligung beider Ehegatten in der Form des § 29. Der Meinung des BGH ist zuzustimmen, dazu auch Rdn 69.

Im Übrigen ist eine das Gemeinschaftsverhältnis nicht ausweisende Auflassung nach hM unwirksam, neue Auflassung beider Vertragsteile notwendig.[711] Zweifel an dieser Meinung sind angebracht. Dem Veräußerer wird es im Zweifel gleichgültig sein, in welchem Gemeinschaftsverhältnis die Erwerber untereinander stehen.[712] Auch der BGH erkennt diese Gefährdung des Erwerbers als nicht tragbar. Vgl auch Einl G 49 und § 20 Rdn 165 ff. Haben Ehegatten in einem Gesamthandsgüterstand erworben, obwohl für sie ein solches Güterrecht nicht besteht, so würde die Forderung, die Auflassung müsse das Gemeinschaftsverhältnis richtig wiedergeben, zu deren Unwirksamkeit führen. Dieses Ergebnis ist mit den Bedürfnissen der Rechtssicherheit nicht vereinbar, gerade im Hinblick auf die hier so vielfältigen streitigen Probleme. Zumindest mit einer sehr weiten Auslegung und Umdeutung der Auflassung sollte den Erwerbern geholfen werden.[713] Lässt sich durch **Auslegung der Auflassungsurkunde** das Gemeinschaftsverhältnis ermitteln, so kann die Auflassung im Grundbuch vollzogen werden. So kam im Wege der Umdeutung des BayObLG[714] zu der praktischen, aber keinesfalls bedenkenfreien Auffassung, dass ein an Eheleute zum Gesamtgut der Gütergemeinschaft aufgelassenes Grundstück von diesen je zur Hälfte erworben werden kann, wenn sie im gesetzlichen Güterstand leben und insoweit die Auflassung ein anderes – nicht bestehendes – Gemeinschaftsverhältnis aufweist. Das RG[715] kam in seiner Entscheidung vom 05.10.1933 zu der Auffassung, dass Eheleute, die im gesetzlichen Güterstand leben und ein auf sie »zur

---

705 *Demharter* § 47 Rn 14, 15; KEHE-*Eickmann* § 47 Rn 17; *Hesse-Saage-Fischer* § 47 Anm III 1; *Schöner/Stöber* Rn 254; *Haegele* BWNotZ 1969, 123; *Böhringer* BWNotZ 1985, 73; *ders* BWNotZ 1985, 102; § 47 Rn 226. Bedenklich OLG Frankfurt MDR 1989, 365 = OLGZ 1989, 6: bei einer einstweiligen Verfügung könne auch aus dem Antrag zur Grundbucheintragung einer Vormerkung das Gemeinschaftsverhältnis entnommen werden.

706 OLG Hamm JMBlNRW 1964, 208; BGB-RGRK-*Augustin* § 873 Rn 77; *Palandt/Bassenge* § 925 Rn 16, 30. Mit Recht zweifelnd: *Schöner/Stöber* Rn 762, 3312; *Staudinger-Gursky* § 873 Rn 94; *Staudinger-Pfeifer* § 925 Rn 54; *MüKo-Kanzleiter* § 925 Rn 23; s dazu auch BGHZ 82, 346 = DNotZ 1982, 692 = Rpfleger 1982, 135 m Anm *Meyer-Stolte*.

707 *Böhringer* BWNotZ 1985, 73; *ders* BWNotZ 1985, 102.

708 BayObLG BayObLGZ 1958, 353 = DNotZ 1959, 200 = Rpfleger 1959, 128 m Anm *Bruhn*; OLG Hamm DNotZ 1965, 408 = JMBlNRW 1964, 208 = BWNotZ 1 966, 111; OLG Neustadt DNotZ 1965, 613 = JurBüro 1965, 569; OLG Zweibrücken DNotZ 1965, 614; OLG Zweibrücken OLGZ 1981, 171 = MittBayNot 1981, 73; *Vogel* BWNotZ 1954, 23; *Hieber* DNotZ 1959, 463; zweifelnd auch *Schöner/Stöber* Rn 255, 762, 3312; *Staudinger-Gursky* § 873 Rn 94.

709 BGHZ 82, 346 = DNotZ 1982, 692 = Rpfleger 1982, 135 m Anm *Meyer-Stolte*; MüKo-*Kanzleiter* § 925 Rn 9ff; *Böhringer* BWNotZ 1985, 104.

710 *Böhringer* BWNotZ 1985, 104.

711 BayObLG Rpfleger 1979, 18; OLG München DNotZ 1939, 656 = HRR 1939 Nr 1046 = JFG 20, 52; OLG Neustadt DNotZ 1965, 613 = JurBüro 1965, 569; OLG Zweibrücken DNotZ 1965, 614; OLG Zweibrücken OLGZ 1981, 171 = MittBayNot 1981, 73; OLG Frankfurt Rpfleger 1977, 204; *Haegele* BWNotZ 1969, 123.

712 Nach *Kehrer-Bühler-Tröster* § 2 soll dies mit Recht nur dann gelten, wenn der Veräußerer ein Interesse am Beteiligungsverhältnis der Erwerber hat, was bei einem Verkauf regelmäßig nicht der Fall sein soll. In diesem Falle genügt eine Erklärung der Erwerber in der Form des § 29 (RG RGZ 195, 59). Kritisch auch *Schöner/Stöber* Rn 762, 3312; *Staudinger-Gursky* § 873 Rn 57, 66, 94; s auch BGHZ 82, 346 = DNotZ 1982, 692 = Rpfleger 1982, 135 m Anm *Meyer-Stolte*; MüKo-*Kanzleiter* § 925 Rn 23; *Böhringer* BWNotZ 1985, 104; Einl G 49.

713 So zutreffend BayObLGZ 1983, 118 = DNotZ 1983, 754 = Rpfleger 1983, 346; Einl G 49; *Schöner/Stöber* Rn 762, 3312, 3416; KEHE-*Munzig* § 20 Rn 81; *Amann* MittBayNot 1986, 225; *Böhringer* BWNotZ 1985, 73, 102; *ders* BWNotZ 1988, 49; *Ertl* Rpfleger 1983, 430; *Staudinger-Gursky* § 873 Rn 57, 61 ff, 94; *Staudinger-Pfeifer* § 925 Rn 54; MüKo-*Kanzleiter* § 925 Rn 21, 23; § 20 Rn 226.

714 BayObLGZ 1983, 118 = DNotZ 1983, 754 = MDR 1983, 763 = Rpfleger 1983, 346 = FamRZ 1983, 1033 = BWNotZ 1983, 125 = MittBayNot 1983, 121; *Rauscher* Rpfleger 1985, 52. Zustimmend *Schöner/Stöber* Rn 762, 3312, 3416; *Amann* MittBayNot 1986, 222; *Staudinger-Thiele* § 1416 Rn 29; *Soergel-Gaul*, 12 Aufl; § 1416 Rn 10; *Böhringer* BWNotZ 1985, 104. Ebenso für Umdeutung bei dinglicher Surrogation nach § 2041 BGB OLG Köln Rpfleger 1987, 409; *Nieder* NJW 1984, 331.

715 Recht 1907 Nr 764; RG SeuffArch 88, 150.

gesamten Hand« aufgelassenes Grundstück erwerben wollen, nur als Miteigentümer nach Bruchteilen erwerben können, sofern nicht tatsächlich eine nach dem Gesetz vorgesehene Gesamthandsgemeinschaft vorliege. Zusammenfassend kann gesagt werden, dass auch die neuere Rechtsprechung nicht auf das Erfordernis der Einigung über das Gemeinschaftsverhältnis der Erwerber verzichtet und auch nicht an der Notwendigkeit der Bezeichnung des Gemeinschaftsverhältnisses in den Verfahrenserklärungen. Es genügt jetzt aber, wenn die materiellen und formellen Auslegungs- und Umdeutungsgrundsätze angewandt werden und auf diesem Wege das Gemeinschaftsverhältnis gefunden wird. Verfahrensrechtlich ist im Rahmen des § 20 die der Auflassung anhaftende Unklarheit zu beseitigen. Eine erneute Mitwirkung des Veräußerers ist nicht erforderlich, weil in der früheren Auflassung seine Einwilligung zu einer dem neuen Güterstand entsprechenden Änderung des Gemeinschaftsverhältnisses durch die Erwerber liegt.[716] § 29 ist zu beachten. Die Ehegatten haben zu erklären, dass sie je zur Hälfte erwerben (»verkürzte« Auflassung iS von § 925 BGB). Strittig ist allerdings, ob die Erwerber die Ergänzung der Auflassung in der Form des § 29[717] oder in der Form von § 925 BGB[718] vornehmen können. Eine Wiederholung der Auffassung ist nicht nötig.[719]

Im Anschluss an diese Rechtsprechung zur Gütergemeinschaft ist zu fragen, ob nicht jedenfalls die Auflassung an Ehegatten zum Gesamthandsvermögen einer formnichtigen BGB-Gesellschaft in eine Auflassung an die Ehegatten zu gleichen Bruchteilen umgedeutet werden kann, was wohl eher zu verneinen ist, weil es keine Vermutung dahingehend gibt, dass gerade gleiche Bruchteile gewollt sind.[720] Wird Erben ein Surrogationserwerb zu Bruchteilseigentum aufgelassen, so können sie nach OLG Köln[721] auf ihren Antrag als Eigentümer in Erbengemeinschaft eingetragen werden; eine (erneute) Auflassung an sie als Eigentümer zur gesamten Hand ist nicht erforderlich. Stirbt ein Grundstückserwerber vor seiner Eintragung im Grundbuch, so können die Erben unter Ergänzung des bisherigen Antrags ihre unmittelbare Eintragung im Grundbuch beantragen.[722]

267   Eine **Ergänzung der Bewilligung** zur Eintragung eines dinglichen Rechts kann nur durch den Bewilligenden selbst erfolgen, nicht auch durch die einzutragenden Berechtigten (gilt nicht bei den Fällen des § 20). Die Erklärung bedarf der Form des § 29.[723] Wegen Zwangseintragungen vgl Rn 225 ff.

4. Ersuchen von Behörden

268   In gleicher Weise gilt die Vorschrift für das Ersuchen von Behörden, § 38. Doch ist hier zu prüfen, ob die Behörde auch zuständig ist, um die Eintragung der in § 47 bezeichneten Angaben zu ersuchen.

269   So ist zB das **Vollstreckungsgericht**[724] zuständig, um die Eintragung der Beschlagnahme zu ersuchen, §§ 19, 146 ZVG. Ist aber der Vollstreckungsschuldner als Miteigentümer schlechthin, also ohne Angabe der Bruchteile eingetragen, so ist das Vollstreckungsgericht nicht zuständig, auch um die Eintragung dieser Angaben zu ersuchen. Es ist vielmehr Sache des Gläubigers, nach § 14 die Berichtigung des Grundbuchs zu bewirken.[725] Doch steht nichts im Wege, dass der Gläubiger zugleich mit dem Antrag auf Beschlagnahme den Antrag auf Grundbuchberichtigung mit den erforderlichen Belegen beim Vollstreckungsgericht einreicht und dieses zugleich mit dem Ersuchen um Eintragung der Beschlagnahme den Antrag des Gläubigers auf Grundbuchberichtigung dem Grundbuchamt übermittelt.

5. Einzelfälle

270   Das in der Auflassung anzugebende Gemeinschaftsverhältnis von Eheleuten, die ein Grundstück erwerben, kann nicht alternativ dergestalt vereinbart werden, dass die Eheleute in Bruchteilsgemeinschaft bzw bei nachgewiesener Gütergemeinschaft gemeinschaftlich erwerben.[726] Erwerben Eheleute gemeinsam ein Grundstück und

---

716 LG Lüneburg Rpfleger 1994, 206: Die Erwerber gelten als bevollmächtigt, die fehlenden Angaben ohne Mitwirkung des Veräußerers nachzuholen.
717 KEHE-*Munzig* § 20 Rn 81 geht von einem Antrag iSv § 30 aus.
718 § 20 Rdn 172; *Schöner/Stöber* Rn 762, 3312.
719 So aber OLG Oldenburg Rpfleger 1991, 412.
720 So auch MüKo-*Kanzleiter*, § 925 Rn 21 BGB, *Wolfsteiner* DNotZ.
721 OLG Köln Rpfleger 1987, 409.
722 Ausführlich *Jung* Rpfleger 1996, 94; *Böhringer* RpflJb 1994, 223.
723 OLG Oldenburg DNotZ 1959, 46 = RdL 1958, 321 = NdsRpfl 1958, 271; *Schöner/Stöber* Rn 255, 2181; *Demharter* § 47 Rn 14; RG RGZ 105, 59 (für die Bezeichnung bei Gütergemeinschaft); *Zöller-Stöber* § 867 Rn 3 ZPO; *Kehrer-Bühler-Tröster* § 1 S 162; *Planck-Kettnaker*, Die Führung des Grundbuchs, S 246; *Lappe* Rpfleger 1991, 11; *Hintzen* ZIP 1991, 481. Ausführlich *Schneider* MDR 1986, 817, der für formlosen Änderungsantrag des Gläubigers plädiert. Wohl auch OLG Frankfurt OLGZ 1989, 6 = MDR 1989, 365.
724 *Schiffhauer* Rpfleger 1985, 248.
725 BayObLG SeuffBl 71, 74; Recht 1906, 62; LG München I RpfliB 1905, 495; KG OLG 15, 30; *Schöner/Stöber* Rn 371, 2183.
726 OLG Zweibrücken RhNotK 1981, 89 = MittBayNot 1980, 68.

errichten sie darauf ein Haus, so entscheidet sich die Frage, zu welchen Quoten sie das Grundeigentum erworben haben, nur nach der Auflassung, und das Eigentum am Haus richtet sich gemäß § 946 BGB nach den Quoten des Grundeigentums; wer den Grundstückserwerb und den Hausbau finanziert hat, ist gleichgültig.[727]

Ist die Auflassung des gesamten Grundstücks erklärt und stellt sich dann heraus, dass der Veräußerer nur über eine ideelle Hälfte verfügen kann, kann der Erwerber nicht als Eigentümer dieser Hälfte in das Grundbuch eingetragen werden; vielmehr ist eine neue, darauf beschränkte Auflassung notwendig.[728] Wird von Miteigentümern gemeinsam ein ideeller Bruchteil eines Grundstücks verkauft, so kann das Grundbuchamt eine genaue Angabe darüber verlangen, welchen Bruchteil hierbei der einzelne Miteigentümer abgibt, soweit nicht durch Auslegung der Erklärung ohne Schwierigkeiten der Wille ermittelt werden kann.[729] Erklären die Miteigentümer an einem Grundstück je zur Hälfte, dass sie einem Dritten einen halben Miteigentumsanteil überlassen und an ihn auflassen, so hat diese Erklärung regelmäßig die nächstliegende Bedeutung, dass jeder Miteigentümer die Hälfte seines Miteigentumsanteils auf den Erwerber übertragen will.[730] **271**

VIII. Wirkung der Eintragung

Ist eine Eintragung nach § 47 erfolgt, so ist diese Eintragung maßgebend, da die **Vermutung des § 891 BGB gilt**.[731] Diese Vermutung ist nicht nur für das materielle, sondern auch für das formelle Recht von Bedeutung. Der Grundbuchbeamte hat also den Inhalt des Grundbuchs zugrunde zu legen. Er hat daher bei einer späteren Eintragung von dem Grundbuchinhalt auszugehen.[732] Nur wenn er die Unrichtigkeit kennt,[733] ist es anders, bloße Zweifel genügen nicht.[734] Ohne besondere Anhaltspunkte ist das Grundbuchamt zu Nachforschungen im Hinblick auf die materielle Rechtslage keinesfalls befugt, zur näheren Untersuchung der Rechtswirksamkeit einer früheren Eintragung weder berechtigt noch verpflichtet,[735] bloße Zweifel genügen nicht. **272**

Bei Rechtsgemeinschaft (Bruchteilsgemeinschaft) gilt die Vermutung des § 891 BGB auch für die gem § 47 eingetragene Art des Gemeinschaftsverhältnisses.[736] Die Eintragung im Grundbuch ist als Nachweis der Verfügungsbefugnis maßgebend. **273**

Ist eine **Eintragung zu Bruchteilen** erfolgt, dann spricht eine zusätzliche Vermutung dafür, dass es sich auch im Innenverhältnis um eine Gemeinschaft iS von §§ 741 ff BGB, nicht um eine Gesellschaft handelt. Denn bei Rechtserwerb zu Bruchteilen ist nach § 741 BGB die Geltung der §§ 742 ff BGB der Regelfall, die Abdingung dieser Bestimmungen die zu beweisende Ausnahme. Übrigens bringt die Geltung von Gesellschaftsrecht im Innenverhältnis den Beteiligten bei Bruchteilsgemeinschaft im Außenverhältnis wenig Vorteile, besonders dann nicht, wenn sie keinen expliziten Gesellschaftsvertrag vorweisen können, aus dem sich ihre Rechte und Pflichten konkret und im Einzelnen ergeben.[737] **274**

Erfolgt die Eintragung mit dem Zusatz »als Gesellschafter des bürgerlichen Rechts«, so wird nach § 892 BGB jedenfalls in dinglicher Hinsicht, nach der Lebenserfahrung auch in schuldrechtlicher Hinsicht vermutet, dass eine solche **Gesellschaft** besteht. Besteht sie ausnahmsweise nicht, so ist das Grundbuch unrichtig. Die Eintragung allein kann die nicht existierende Gesellschaft nicht zur Entstehung bringen. Infolgedessen bewendet es dabei, dass die Beteiligten – ist der dingliche Erwerbsvorgang im Übrigen in Ordnung – Eigentum zu Bruchteilen erworben haben, § 741 BGB. Dies kann durch Berichtigung im Grundbuch vermerkt werden, man darf in einem solchen Fall nicht annehmen, dass der Erwerb mangels Eintragung überhaupt nichtig ist. Diese Annahme wäre unvereinbar damit, dass § 47 nur »Sollvorschrift« ist.[738] Da es sich bei Bruchteilseigentum und Gesamthandseigentum um zwei verschiedene Formen der dinglichen Zuordnung handelt (wie sich insbesondere daran zeigt, dass nach hM die »Umwandlung« von einer Form in die andere nicht durch schlichte Vereinbarung, son- **275**

727 *Staudinger-Langhein* § 742 Rn 4.
728 OLG Frankfurt DNotZ 1975, 606 = Rpfleger 1975, 174; *Soergel-Stürner* § 925 Rn 37; *Schöner/Stöber* Rn 757.
729 LG Nürnberg-Fürth MittBayNot 1966, 9 und 1981, 16; *Schöner/Stöber* Rn 258.
730 BayObLGZ 1977, 189 = DNotZ 1987, 238 = Rpfleger 1977, 360, 439; OLG Frankfurt Rpfleger 1978, 213; *Demharter* § 47 Rn 17; *Schöner/Stöber* Rn 258.
731 Es gibt keine allgemeine Regel, dass jede Eintragung zugunsten mehrerer Personen im Grundbuch als Eintragung einer Bruchteilsgemeinschaft zu gleichen Teilen anzusehen ist, *MüKo-K Schmidt* § 742 Rn 6; bei Ehegatten jedoch BayObLGZ 1983, 118 = DNotZ 1983, 754 = Rpfleger 1983, 346; RG Recht 1907 Nr 764; RG SeuffArch 88, 15.
732 HM; BayObLG Rpfleger 1983, 13 und 17; RG WarnR 1913 Nr 199; *MüKo-Wacke* § 891 Rn 16 mwN; *Soergel-Stürner* § 891 Rn 13; *Haegele* BWNotZ 1969, 124; *Schöner/Stöber* Rn 254, 336, 341.
733 RG Recht 1913, Nr 949, 2080; KG DNotZ 1926, 49; *Demharter* § 47 Rn 25.
734 *Schöner/Stöber* Rn 254, 336, 341.
735 KG JW 1927, 804; BayObLG Recht 1925 Nr 1355; *Soergel-Stürner* § 891 Rn 13; *Demharter* § 47 Rn 25.
736 KG OLGE 40, 75; KG KGJ 29, 148 = OLGE 10, 88 = RJA 5, 125; BayObLG BayObLGZ 24, 21; *MüKo-K Schmidt* § 742 Rn 6: Sind die richtigen Bruchteile streitig, kann auf § 742 BGB zurückgegriffen werden; *MüKo-Wacke* § 891 Rn 14; *Palandt/Sprau* § 742 Rn 1.
737 *Staudinger-Langhein* § 741 Rn 40, 227.
738 *Staudinger-Langhein* § 741 Rn 228.

dern nur durch Verfügung erfolgen kann), können Miteigentümer, die wirksam zu Bruchteilen erworben haben, nicht im Wege einfachen Berichtigungsantrages geltend machen, sie hätten nicht zu Bruchteilen, sondern zur gesamten Hand erwerben wollen.[739]

IX. Verletzung des § 47

276   § 47 ist eine **Ordnungsvorschrift**.[740] Das Grundbuchamt hat die Vorschrift zu beachten, ein Verstoß kann als Amtspflichtverletzung zu Schadenersatzansprüchen führen.

277   **Fehlt** im Grundbuch – nicht aber auch in der Eintragungsbewilligung (Auflassung) – die Angabe des Gemeinschaftsverhältnisses, so ist die Eintragung wirksam, aber **unvollständig** und das **Grundbuch unrichtig**.[741] Sind die Erfordernisse des § 47 nicht erfüllt, so ist die Eintragung als Grundlage von Verkehrsgeschäften untauglich. Sie kann nicht Rechtsscheinsträger für **gutgläubigen Erwerb** sein. Rechtserwerb seitens eines Dritten aufgrund guten Glaubens ist nicht möglich, da die Unvollständigkeit der Eintragung für jedermann erkennbar ist.[742] Die Eintragung eines **Widerspruchs** ist nicht möglich.[743] Fehlt nicht nur die Angabe im Grundbuch, sondern auch materiell die Eintragung über das Gemeinschaftsverhältnis, dann ist die Einigung unwirksam, das Grundbuch unrichtig; für diesen Fall kann ein Widerspruch im Grundbuch eingetragen werden.

278   Die **Berichtigung des Grundbuchs** durch Eintragung der in § 47 vorgeschriebenen Angaben setzt Bewilligung der Betroffenen oder den Nachweis der Unrichtigkeit voraus, § 22 Abs 1, bei das Eigentum betreffenden Eintragungen uU auch die Zustimmung aller Miteigentümer,[744] § 22 Abs 2, nicht aber Auflassung.[745] Eine Berichtigung von Amts wegen ist unzulässig.[746] Beruht der Mangel jedoch darauf, dass die Angabe des Gemeinschaftsverhältnisses **vom Grundbuchamt versehentlich weggelassen** wurde (obwohl die Angabe in der Eintragungsbewilligung enthalten ist), so kann sie nachgeholt werden, wenn die Eintragungsgrundlagen die erforderlichen Angaben enthalten und kein Grund für die Annahme einer zwischenzeitlich eingetretenen Rechtsänderung vorliegt.[747] Dann kommt Berichtigung gemäß § 22 auf einfachen Antrag eines Berechtigten, ohne Bewilligung der übrigen Teilhaber in Betracht. Die materiellen Eintragungsgrundlagen müssen aber die Nachholung auch jetzt noch rechtfertigen.[748]

279   Eine **undeutliche Angabe**[749] des Gemeinschaftsverhältnisses im Grundbuch kann durch besonderen Vermerk klargestellt werden.

280   Im Falle **unrichtiger Eintragung**[750] der **Bruchteile** gilt Entsprechendes wie im Fall fehlender Eintragung.

281   **Fehlt die Angabe** über das Gemeinschaftsverhältnis, so wird eine Bruchteilsgemeinschaft zu gleichen Teilen nicht vermutet. Die widerlegbare Vermutung des § 742 BGB gilt nur, wenn eine Bruchteilsgemeinschaft nachgewiesen ist.[751] Eine allgemeine Regel des Inhalts, jede Eintragung zugunsten mehrerer Personen im Grundbuch sei ohne weiteres als Eintragung einer Bruchteilsgemeinschaft mit gleichen Anteilen anzusehen, gibt es nicht.[752]

---

739   *Staudinger-Langhein* § 741 Rn 226.
740   HM; RG RGZ 54, 86; KG KGJ 46, 228; 23, 225; 50, 151; JFG 14, 333; OLGE 2, 87; 18, 208; BayObLG BayObLGZ 10, 355; BayObLGZ 1990, 188 = Rpfleger 1990, 503; OLG Rostock OLGE 25, 382; OLG Hamm DNotZ 1965, 408; *Staudinger-Langhein* § 742 Rn 9; BGB-RGRK-*Mattern* § 1113 Rn 14; *Demharter* § 47 Rn 26; *Böhringer* BWNotZ 1985, 77.
741   RG RGZ 54, 85; BayObLG Rpfleger 1984, 463 = MittBayNot 1985, 24; *Staudinger-Langhein* § 742 Rn 6, 9; MüKo-*Wacke* § 894 Rn 8; *Soergel-Stürner* § 894 Rn 8; *Schöner/Stöber* Rn 257.
742   RG JW 1934, 2612; KG OLGE 6, 488; KGJ 21, 110; MüKo-K *Schmidt* § 742 Rn 6 und § 1008 Rn 14; *Demharter* § 47 Rn 26.
743   *Kehrer-Bühler-Tröster* Bd II2 S 83; *Schöner/Stöber* Rn 397 (deutlicher die 7. Aufl 1983 von *Schöner/Stöber* Rn 1414).
744   BayObLG BayObLGZ 10, 355; 11, 103; *Staudinger-Langhein* § 742 Rn 9, 11; MüKo-K *Schmidt* § 742 Rn 6.
745   HM; KG KGJ 25, 134; OLG Hamm DNotZ 1965, 408; *Schöner/Stöber* Rn 257, 762, 3312.
746   BayObLGZ 10, 355; 11, 103; *Schöner/Stöber* Rn 257, 762, 3312.
747   OLG Hamm DNotZ 1965, 409; *Güthe-Triebel* § 53 Rn 11; *Hesse-Saage-Fischer* § 47 Anm IV, § 53 Anm VII 2 c; *Haegele* BWNotZ 1969, 123.
748   *Staudinger-Langhein* § 742 Rn 6, 7; *Schöner/Stöber* Rn 257; die eine Nachholung der Eintragung von Amts wegen zulassen, wenn kein Grund für die Annahme einer zwischenzeitlichen Rechtsänderung besteht. Dem kann zugestimmt werden, da ja der gestellte Eintragungsantrag noch nicht vollständig erledigt ist.
749   *Demharter* § 47 Rn 28; *Schöner/Stöber* Rn 257; *Haegele* BWNotZ 1969, 123; *Maier* BWNotZ 1951, 85.
750   *Staudinger-Langhein* § 742 Rn 9, 12.
751   *Staudinger-Gursky* § 891 Rn 26; BGB-RGRK-*Augustin* § 891 Rn 3; MüKo-K *Schmidt* § 742 Rn 6; dazu auch MüKo-*Wacke* § 891 Rn 14 mwN; *Palandt/Bassenge* § 891 Rn 5; *Palandt/Sprau* § 742 Rn 1; KG OLGE 1, 301; 4, 327; KGJ 20 A 304; 27 A 143.
752   MüKo-K *Schmidt* § 742 Rn 6, 7.

Ein **Eingetragensein des Berechtigten** iS von § 39 liegt nicht vor, wenn die in § 47 vorgeschriebenen Anga- **282** ben fehlen. Eine weitere Eintragung[753] kann daher erst erfolgen, nachdem das Grundbuch durch Eintragung der in § 47 erforderlichen Angaben richtig gestellt worden ist.[754] Dies gilt auch dann, wenn das betroffene Recht unter Herrschaft des früheren Rechtes eingetragen wurde und dieses eine dem § 47 entsprechende Bestimmung nicht kannte.[755] Die **Belastung** eines Miteigentumsanteils ist unzulässig, wenn die Größe der Anteilsberechtigung sich nicht aus dem Grundbuch ergibt.[756] Dies gilt auch von der Eintragung einer **Vormerkung** gegen einen Miteigentümer.[757] Eine Ausnahme besteht nur, wenn die übrigen Gemeinschafter ihre Anteile auf einen Gemeinschafter oder einen Dritten übertragen, sodass dieser allein Berechtigter wird.[758] Sind jedoch die Anteile verschieden belastet, so muss die vorherige Feststellung der Anteile erfolgen. Die Berichtigung ist weiter nicht notwendig, wenn die Miteigentümer gemeinsam ihre Zustimmung zur **Löschung** einer ganzen Hypothek erteilen[759] oder wenn eine mehreren Gläubigern zustehende Hypothek ganz gelöscht oder abgetreten werden soll.[760]

---

753 Gleichgültig, ob diese eine Veräußerung, Belastung, Aufhebung oder Änderung betrifft.
754 RG RGZ 54, 86; KG OLGE 2, 87; OLG Colmar OLGE 9, 336; BayObLGZ 2002, 284 = Rpfleger 2003, 25; Bay-ObLGZ 10, 355; 11, 103; OLG Hamm DNotZ 1965, 408; *Demharter* § 47 Rn 27; *Haegele* BWNotZ 1969, 123.
755 KGJ 50, 151; *Demharter* § 47 Rn 27.
756 BayObLG BayObLGZ 16, 63.
757 KG OLGE 10, 440.
758 KG OLGE 8, 154; BayObLG BayObLGZ 4, 703; OLG Hamm DNotZ 1965, 408.
759 KG OLGE 8, 225; *Demharter* § 47 Rn 27.
760 *Güthe-Triebel* § 47 Rn 10; *Demharter* § 47 Rn 27.

§ 48 (Mitbelastung)

(1) Werden mehrere Grundstücke mit einem Recht belastet, so ist auf dem Blatt jedes Grundstücks die Mitbelastung der übrigen von Amts wegen erkennbar zu machen. Das gleiche gilt, wenn mit einem an einem Grundstück bestehenden Recht nachträglich noch ein anderes Grundstück belastet oder wenn im Falle der Übertragung eines Grundstücksteils auf ein anderes Grundbuchblatt ein eingetragenes Recht mitübertragen wird.

(2) Soweit eine Mitbelastung erlischt, ist dies von Amts wegen zu vermerken.

Schrifttum

Beck, Zur »Verdeckten Nachverpfändung von Grundstücken«, NJW 1970, 1781; *Böhringer*, Zulässige Gesamtbelastungen im Liegenschaftsrecht, BWNotZ 1988, 97; *Böttcher*, Rangverhältnis im Grundbuchverfahren, BWNotZ 1988, 73; *Böttcher*, Zulässigkeit und Probleme von Gesamtrechten an Grundstücken, MittBayNot 1993, 129; *Bratfisch-Haegele*, Können Verkaufsrechte und Nießbrauchrechte im Grundbuch auf mehreren Grundstücken durch einen einzigen zusammenfassenden Vermerk eingetragen werden, Rpfleger 1961, 40; *Bruder*, Zwangshypothek bei mehreren zu belastenden Grundstücken, NJW 1990, 1163; *Demharter*, Gemeinschaftsverhältnis mehrerer Berechtigter eines Vorkaufsrechts, MittBayNot 1998, 16; *Ebeling*, Zur Kennzeichnung von Gesamtbelastungen im Grundbuch, RpflStud 1979, 58; *Gross*, Die Dienstbarkeiten, JurBüro 1963, 515; *ders*, Zwangshypothek als Gesamthypothek?, BWNotZ 1984, 111; *Hampel*, Zur Zulässigkeit dinglicher Gesamtbelastungen im Grundstücksrecht, Rpfleger 1962, 126; *Herget*, Gesamtbelastung und Gesamtberechtigung bei Grunddienstbarkeiten, NJW 1966, 1060; *Jestaedt*, Die zusammengefaßte Buchung mehrerer Grundpfandrechte, Rpfleger 1970, 380; *Lwowski*, Verdeckte Nachverpfändung bei einer Eigentümerbriefgrundschuld, DNotZ 1979, 328; *Saage*, Grundbuchliche Behandlung von Gesamtrechten, DFG 1938, 109; *Weimar*, Die mithaftenden Gegenstände bei den Grundpfandrechten, MDR 1979, 164; *Westermann*, Verdeckte Nachverpfändung von Grundstücken, NJW 1970, 1023.

Übersicht

I. Normzweck

Der Gesetzeswortlaut des § 48 spricht von der »Belastung mehrerer Grundstücke mit einem Recht« und ordnet **1** die Kenntlichmachung der »Mitbelastung« der Grundstücksmehrheit an. Daraus ergibt sich eindeutig, dass § 48 nur zur Anwendung gelangen soll, wenn **mehrere Grundstücke** einheitlich mit einem **einzigen Recht** belastet sind, nicht dagegen, wenn eine der Anzahl der belasteten Grundstücke entsprechende Mehrheit von selbständigen Einzelrechten vorliegt. In diesem Sinne wird die Vorschrift auch allgemein verstanden, wobei für die einheitliche Belastung mehrerer Grundstücke die Bezeichnungen »Gesamtbelastung« und »Gesamtrecht« **gebräuchlich** sind.[1]

Aus dem Gesetzeswortlaut kann der Geltungsbereich des § 48 nicht unmittelbar abgelesen werden. Der nor- **2** mierte Text lässt die Frage offen, unter welchen Voraussetzungen eine Belastung mehrerer Grundstücke als »ein Recht« iS des § 48 anzusehen ist. Aus der **Entstehungsgeschichte** der GBO ist zu schließen, dass mit der Vorschrift des § 48 vordringlich die Absicht verfolgt wurde, die Gesamtgrundpfandrechte im Hinblick auf ihre Besonderheiten im Grundbuch erkennbar zu machen. Darüber hinaus sollte offenbar eine abschließende Festschreibung des Geltungsbereichs der Vorschrift im formellen Recht selbst vermieden werden, um der Beurteilung der Gesamtrechtseignung der einzelnen Rechtstypen aufgrund des materiellen Rechts nicht vorzugreifen.[2]

§ 48 ist eine der in der GBO enthaltenen **Ausnahmevorschriften** zum Antragsgrundsatz[3] des § 13, indem er **3** die Kenntlichmachung der Mitbelastung von **Amts wegen** anordnet. Der Antrag auf Eintragung eines Mithaftvermerks hat daher lediglich die Bedeutung einer Anregung, deren Nichtberücksichtigung allerdings im Beschwerdewege gerügt werden kann.[4] Gerechtfertigt ist die **Durchbrechung des Antragsgrundsatzes** durch § 48, weil durch die vorgeschriebene Kenntlichmachung der Mitbelastung der Gefahr der unfreiwilligen Rechtsbeeinträchtigung nach den Regeln über den öffentlichen Glauben des Grundbuchs (§§ 892, 893 BGB) vorgebeugt werden soll. Wenn die Mithaft nicht erkennbar wäre, würden sich aus den Regeln über den öffentlichen Glauben Verwicklungen ergeben, die zur Folge hätten, dass das einheitliche Gesamtrecht sich in der Hand gutgläubiger Erwerber in mehrere Einzelrechte je von der Höhe des Gesamtrechts verwandeln könnte.[5] Dies zu verhindern ist der hauptsächliche Zweck des § 48, dazu Rdn 126–128.

Die **Erkennbarkeit der Mitbelastung** anderer Grundstücke ist auch für den Eigentümer und die gleich- und **4** nachstehenden Berechtigten von erheblicher Bedeutung, da die Belastung insofern auflösend bedingt ist, als sie im Falle der Befriedigung des Rechts (zB bei der Hypothek[6]) aus einem Grundstück auf die übrigen Grundstücken erlischt. Diese Gründe rechtfertigen es, dass die Mitbelastung von Amts wegen im Grundbuch erkennbar gemacht wird.[7] Für die Bewertung des Rechts im Verkehr ist die Tatsache der Mithaft anderer Grundstücke von ausschlaggebender Bedeutung.

---

1 *Eberling* RpflStud 1979, 59.
2 *Böhringer* BWNotZ 1988, 97. Zur Entstehungsgeschichte auch *Güthe-Triebel* § 48 Anm 1; *Ebeling* RpflStud 1979, 59.
3 HM; KEHE-*Eickmann* § 48 Rn 1; *Demharter* § 48 Rn 1; *Hesse-Saage-Fischer* § 48 Anm 1 jeweils zur Durchbrechung des Antragsgrundsatzes.
4 OLG München JFG 14, 108; *Demharter* § 71 Rn 26; KEHE-*Briesemeister* § 71 Rn 14
5 *Demharter* § 48 Rn 2; *Hesse-Saage-Fischer* § 48 Anm 1; KEHE-*Eickmann* § 48 Rn 1.
6 §§ 1132, 1173 BGB.
7 Denkschrift S 56.

II. Geltungsbereich

5   Für die Anwendung des § 48 ist es unerheblich, wann die Gesamtbelastung eintritt.

In Betracht kommen folgende Fälle der Mitbelastung:

6   **a)** ein Recht wird **von Anfang an** an mehreren Grundstücken bestellt, § 48 Abs 1 S 1; dazu Rdn 63.

7   **b)** ein Recht war ursprünglich nur an einem einzelnen Grundstück bestellt, **nachträglich** wird mit diesem Recht noch ein anderes Grundstück belastet, § 48 Abs 1 S 2 HalbS 1, dazu Rdn 98–111.

8   Hierher gehört auch der Fall, dass mit einem Recht, das zunächst nur an einem ideellen Anteil besteht, nachträglich ein weiterer ideeller Anteil belastet wird. Hat ein Anteilsberechtigter die **übrigen Anteile hinzuerworben**, so ist es zulässig, die Belastung des einen Teils auf die übrigen Anteile zu erstrecken.

9   **c)** Das Recht war ursprünglich nur an einem Grundstück bestellt, das Grundstück wird aber **nachträglich geteilt**,[8] § 48 Abs 1 S 2 HalbS 2. Das Gesetz erwähnt nur den Fall, dass der Grundstücksteil auf ein anderes Grundbuchblatt übertragen wird. Allein dem steht der Fall gleich, dass für den Grundstücksteil und das Stammgrundstück das bisherige Blatt als gemeinschaftliches Blatt nach § 4 geführt[9] wird.

10   Dagegen entsteht **keine Gesamtbelastung**[10] dadurch, dass ein Grundstück einem anderen Grundstück als Bestandteil zugeschrieben oder mit ihm vereinigt wird.

III. Voraussetzungen

1. Rechte an Grundstücken

11   **a) Allgemeines.** Den Ausdruck »Gesamtbelastung« kennt das Gesetz nicht. Er hat sich aber in Anlehnung an § 1132 BGB ganz allgemein eingebürgert.[11]

12   Im Sachenrecht des BGB finden sich besondere Regeln über die einheitliche Belastung mehrerer Grundstücke nur bezüglich der Grundpfandrechte, namentlich bezüglich der **Hypothek.** Im Übrigen geht das BGB von dem Grundsatz aus, dass die Einheit eines dinglichen Rechts durch den Gegenstand bestimmt wird, auf den es sich bezieht, dh jede einzelne Sache ist grundsätzlich Gegenstand eines selbständigen dinglichen Rechts **(sachenrechtliches Spezialitätenprinzip).**

13   Es besteht deshalb auch teilweise Streit über die Möglichkeiten der Gesamtbelastung **bei den anderen dinglichen Rechten**, insbesondere bei den Dienstbarkeiten.

14   Stets muss eine Belastung **mehrerer Grundstücke**[12] **mit einem einzigen Recht** vorliegen; es muss sich um eine Gesamtbelastung handeln, also ein und dasselbe Recht auf verschiedenen Grundstücken lasten. Den Grundstücken stehen grundstücksgleiche Rechte gleich.

15   Trotz Mehrheit der Belastungsobjekte ist das Gesamtrecht nur ein einziges dingliches Recht. Das bedeutet **Identität des Berechtigten** und **Identität des Rechtsinhalts.**[13]

16   Als Gesamtbelastung[14] kommen nur **dingliche Rechte an Grundstücken** in Betracht, bei denen eine Gesamtbelastung mehrerer Grundstücke möglich ist. Nur wenn ein Gesamtrecht vorliegt, kommt die Eintragung von »Mithaftvermerken« nach § 48 in Betracht.[15]

17   **b) Einzelfälle. aa) Dauerwohnrecht nach § 31 WEG.** Gesamtbelastung zulässig, wenn sich die eine Einheit bildenden Räume, die der Ausübung des Dauerwohnrechts unterliegen, auf den mehreren Grundstücken

---

8   Zum Entstehen von Gesamtrechten an den Teilen *Böttcher* Rpfleger 1989, 140; BayObLGZ 1988 Nr 10 = BayJMBl 1989, 76; LG Regensburg Rpfleger 1988, 406. Durch Teilung des herrschenden Grundstücks entsteht nach BayObLGZ 1990, 124, 127 eine Bruchteilsgemeinschaft.

9   *Güthe-Triebel* § 48 Anm 4; *Bauer/von Oefele-Wegmann* § 48 Rn 34.

10   JFG 22, 284; *Demharter* § 48 Rn 11; *Güthe-Triebel* § 48 Anm 4.

11   *Hampel* Rpfleger 1962, 126.

12   Zur Belastung von nach § 3 Abs 4 gebuchten Miteigentumsanteilen mit einer Dienstbarkeit BayObLG Rpfleger 1991, 299 = MittBayNot 1991, 170.

13   BayObLG JW 1927, 275; vgl dazu auch Rdn 28.

14   IS des materiellen Rechts liegt eine Gesamtbelastung vor, wenn ein und dasselbe Recht an mehreren selbständigen, dh im Grundbuch unter besonderer lfd Nr des BV gebuchten Grundstücken in der Art besteht, dass der Berechtigte seinen Anspruch gegen jedes dieser Grundstücke in vollem Umfang richten kann, *Riggers* JurBüro 1965, 961.

15   *Ebeling* RpflStud 1979, 58; *Böhringer* BWNotZ 1988, 97.

befinden.[16] Insoweit wird die Zulässigkeit eines Gesamtdauerwohnrechts bejaht; der Fall gleicht dem der Zulässigkeit eines Gesamterbbaurechts, obwohl das Dauerwohnrecht kein grundstücksgleiches Recht ist. Auch die Belastung mehrerer Erbbaurechte als Gesamtbelastung mit einem Dauerwohnrecht ist zulässig.

bb) Dienstbarkeiten/radizierte Nutzungsrechte/Gemeindenutzungsrechte. Grunddienstbarkeit: Ob **18** mehrere Grundstücke im Wege der Gesamtbelastung mit einer Grunddienstbarkeit belastet werden können oder ob für jedes einzelne belastete Grundstück ein Einzelrecht begründet werden muss, ist bestritten. Die Möglichkeit der Gesamtbelastung ist dann zu bejahen,[17] wenn die Ausübung der Grunddienstbarkeit sich notwendig auf die mehreren Grundstücke erstreckt, dh wenn das Recht auf dem einen Grundstück allein ohne gleichzeitige Inanspruchnahme auch des (oder der) anderen praktisch nicht ausgeübt werden könnte, so zB bei Vorhandensein einer einheitlichen, auf mehreren Grundstücken errichteten Anlage (Versorgungsleitungen), eines Weges oder Wassergrabens auf der Grundstücksgrenze, eines Wirtschaftsraumes (der sich in zwei zu verschiedenen Grundstücken gehörenden Häuser befindet[18]). Soweit sich die Ausübung der Dienstbarkeit auf die belasteten Grundstücke erstreckt und eine **gleiche Art der Nutzung** der Grundstücke vorliegt, ist eine **Gesamtbelastung insoweit zulässig.** Diese Auffassung vermeidet, dass ein einheitlichen wirtschaftlichen Zwecke dienendes Recht grundbuchrechtlich aufgespalten wird.[19] Teilweise wird in der Literatur auch auf § 1026 BGB für die Zulässigkeit anfänglicher Gesamtbelastung verwiesen, teilweise auf Erschwernisse in der Grundbuchpraxis bei Ablehnung einer Gesamtbelastung hingewiesen, was jedoch dann unzutreffend ist, wenn die belasteten Grundstücke auf verschiedenen Grundbuchblättern gebucht sind und Mitbelastungsvermerke angebracht werden müssen. Nach § 1025 BGB besteht eine Grunddienstbarkeit bei **Teilung des herrschenden Grundstücks** grundsätzlich für die einzelnen Teile fort, die Dienstbarkeit wird kraft Gesetzes zu einer Gesamtgrunddienstbarkeit,[20] ein Aufspaltung in Teildienstbarkeiten findet nicht statt. Nur ausnahmsweise erlischt die Dienstbarkeit und auch dann nur an solchen Teilen, denen das dingliche Recht nicht zum Vorteil gereicht. Bei einem Wegerecht lässt sich das Bestehen einer anderweitigen Zufahrt den Vorteil nur dann entfallen, wenn dies ausnahmsweise zum Inhalt der Dienstbarkeit gemacht worden wäre.[21] Die Eintragung eines Vermerks über die Teilung des herrschenden Grundstücks auf dem Grundbuchblatt des dienenden Grundstücks wäre zulässig[22] (vgl § 46 Rdn 93); auch ohne einen solchen Vermerk besteht die Dienstbarkeit fort, die Möglichkeit eines gutgläubig lastenfreien Erwerbs ist ausgeschlossen.[23] Durch die Teilung des herrschenden Grundstücks entsteht eine gemeinsame Berechtigung nach §§ 1025, 1024 BGB. Kesseler[24] bejaht unter Hinweis auf BGH[25] die Eintragbarkeit dieses Gemeinschaftsverhältnisses. Diese Regelung kann nach einer Parzellierung des herrschenden Grundstücks für das dienende Grundstück schwerwiegende Folgen nach sich ziehen, da sich dessen Eigentümer plötzlich einer Vielzahl von Berechtigten gegenübersieht. Reuter[26] untersuchte, durch welche

16 LG Hildesheim NJW 1960, 49 = DNotZ 1960, 421; *Demharter* § 48 Rn 8; KEHE-*Eickmann* § 48 Rn 6; KEHE-*Herrmann* Einl O 2; *Ripfel* Grundbuchrecht S 155; *Soergel-Stürner*, 12 Aufl, WEG § 31 Rn 3; *Palandt/Bassenge* WEG § 31 Rn 3; *Schöner/Stöber* Rn 3003; *Böttcher* MittBayNot 1993, 129, 133; **aA** BayObLG BayObLGZ 1957, 110 = NJW 1957, 1814; OLG Frankfurt NJW 1959, 1977; wohl auch LG München I Rpfleger 1973, 141 = DNotZ 1973, 417 mit Anm *Walberer* MittBayNot 1973, 97; *Ebeling* RpflStud 1979, 63; *Böhringer* BWNotZ 1988, 97.

17 So auch BayObLG BayObLGZ 1955, 174; OLG Jena RJA 12, 167 = KGJ 44, 358; LG Münster MDR 1956, 678; LG Nürnberg-Fürth MittBayNot 1982, 6; LG Hildesheim NJW 1960, 49; LG Braunschweig NdsRpfl 1963, 229 = BWNotZ 1964, 206 = DRsp 154, 62 a; BGB-RGRK-*Rothe* § 1018 Rn 5, 10; *Soergel-Stürner* § 1018 Rn 39c; MüKo-*Falckenberg* § 1018 Rn 20; *Erman-Küchenhoff-Grziwotz* § 1018 Rn 2; *Palandt/Bassenge* § 1018 Rn 2; *Westermann* § 138 III 1; *Güthe-Triebel* § 48 Anm 6; *Herget* NJW 1966, 1060; *Schöner/Stöber* Rn 1120; *Böhringer* BWNotZ 1988, 97; § 48 **aA** LG Dortmund Rpfleger 1984, 197 mzustA *Haegele*; *Staudinger-Mayer* § 1018 Rn 51; *Hesse-Saage-Fischer* § 48 Anm II 1; KEHE-*Eickmann* § 48 Rn 6 (bei dogmatischer Betrachtung); *Demharter* § 48 Rn 8; *Ennecerus-Wolff-Raiser* § 106 I 2; *Hampel* Rpfleger 1961, 126; *Ebeling* RpflStud 1979, 58; *Lutter* DNotZ 1960, 80; *Riedel* DNotZ 1960, 375; *Marcus* Gruch-Beitr 56, 782; *Böttcher* MittBayNot 1993, 129, 134; offen gelassen bei KG JW 1937, 2606 = HRR 1937, 1406; BayObLG Rpfleger 1976, 14 = DNotZ 1976, 227 = ZMR 1976, 189 = AgrarR 1976, 291. Offen auch bei BayObLG Rpfleger 1987, 62. Zulässige Gesamtbelastung mit einer Benutzungsdienstbarkeit gemäß § 1090 BGB BayObLG BayObLGZ 1989 Nr 76 = NJW-RR 1990, 208 = Rpfleger 1990, 111 = DNotZ 1991, 254 = MittRhNotK 1990, 130; OLG Zweibrücken ZfIR 1998, 210.

18 OLG Jena RJA 12, 167 = KGJ 44, 358; *Lutter* DNotZ 1960, 83.

19 So auch LG Braunschweig NdsRpfl 1963, 229 = BWNotZ 1964, 206; *Haegele* Rpfleger 1969, 266; *Feldmann* JurBüro 1973, 179. Abgelehnt bei Wohnrecht und rechtlich selbständigem Tiefgaragenstellplatz BayObLG Rpfleger 1987, 62. Bei § 9 Abs 1 S 3 GBBerG ist die Gesamtbelastung von Grundstück und Gebäudeeigentum/Erbbaurecht gesetzlich geregelt.

20 BayObLGZ 1990, 124 = DNotZ 1991, 600 = NJW-RR 1990, 1043 = Rpfleger 1990, 354.

21 BGH Rpfleger 2008, 295 = DNotI-Report 2008, 46 = NotBZ 2008, 149 = ZNotP 2008, 162.

22 Dazu BayObLG DNotZ 1996, 24.

23 BGH Rpfleger 2008, 295 = DNotI-Report 2008, 46 = NotBZ 2008, 149 = ZNotP 2008, 162.

24 MittBayNot 2006, 468. *Schöner/Stöber* Rn 1125 halten die Bezeichnung »analog § 1025 BGB« nicht für zutreffend.

25 Rpfleger 2006, 313 = ZfIR 2006, 372m zust Anm *Clemente* = DNotZ 2006, 526 = DNotI-Report 2006, 58 = MittBayNot 2006, 501 m Anm *Kesseler* MittBayNot 2006, 469 = NotBZ 2006, 170 = RNotZ 2006, 60 = ZNotP 2006, 184.

26 ZRP 1988, 199.

Maßnahmen die Interessen sowohl des Eigentümers des dienenden als auch des herrschenden Grundstücks gewahrt werden können, vgl auch § 46 Rdn 93. Bei der **Vereinigung** gleichartig belasteter Grundstücke werden die bisher getrennten Grunddienstbarkeiten durch die Vereinigung ein einheitliches Recht. In diesem Fall sind beim neuen Grundstück nicht zwei Dienstbarkeiten einzutragen.[27] Eine Nutzungsdienstbarkeit (insbesondere Geh- und Fahrrecht) kann am Erbbaurecht und am Erbbaugrundstück bestellt werden, was regelmäßig auch sinnvoll sein dürfte;[28] zu beachten ist aber, dass die Dienstbarkeit am Erbbaugrundstück nur im Range nach dem Erbbaurecht eingetragen werden kann und ist infolgedessen dem Erbbauberechtigten gegenüber während der Dauer des Erbbaurechts unwirksam.[29] Würde die Grunddienstbarkeit hingegen nur am Erbbaurecht eingetragen, so würde sie zusammen mit dem Erbbaurecht erlöschen

19 Für das **Wohnungseigentum** gelten Besonderheiten: So kann ein Recht, ein auf dem gemeinschaftlichen Grundstück errichtetes Klärwerk mitbenützen zu dürfen, nicht durch eine Grunddienstbarkeit an einzelnen Wohnungseigentumsrechten gesichert werden. Erforderlich ist vielmehr eine Belastung des Gesamtgrundstücks, an der alle Miteigentümer (Wohnungseigentümer) mitzuwirken haben.[30] Das Sondernutzungsrecht eines Wohnungseigentümers kann nicht Gegenstand einer Dienstbarkeit am Wohnungseigentum sein.[31] Zur Belastung von Wohnungseigentum mit Grunddienstbarkeiten sind auch noch die Entscheidungen des OLG Hamm[32] bedeutend. Die Eintragung von Wohnungseigentum als herrschendes Grundstück einer Grunddienstbarkeit ist zulässig;[33] ob es einem einzelnen Wohnungseigentümer (Teileigentümer) zustehen kann, darüber hatte das BayObLG[34] zu entscheiden. Das Recht zur Benutzung eines Kfz-Stellplatzes kann als Dienstbarkeit an einem Teileigentum eingetragen werden.[35]

20 Das **Wohnungsrecht** nach § 1093 BGB kann an zwei Grundstücken als Gesamtrecht bestellt werden, wenn das Wohnhaus, in dem das Wohnungsrecht ausgeübt werden soll, auf beiden Grundstücken steht.[36] Gleiches gilt, wenn ein Dienstbarkeitsberechtigter das Recht hat, einen Bodenraum, der sich in zwei zu verschiedenen Grundstücken gehörenden Häusern befindet, zu benutzen.[37] Wurde mit einem Wohnungsrecht neben dem Befugnis des Berechtigten zur alleinigen Benutzung der Wohnung noch das Recht zur **Mitbenützung des Gartens** als Inhalt des Wohnungsrechts vereinbart (was nach hM[38] zulässig ist), befinden sich die vom Mitbenutzungsrecht betroffenen Anlagen und Einrichtungen aber nicht auf dem Hausgrundstück, sondern auf einem rechtlich selbständigen Nachbargrundstück, so kann das Wohnungsrecht als einheitliches Recht auf beiden Grundstücken eingetragen werden;[39] für die Mitbenutzung am Nachbargrundstück könnte aber auch eine gesonderte Dienstbarkeit nach § 1090 BGB bestellt werden. Bei der Gesamtbelastung handelt es sich um die Ausübung eines einheitlichen Wohnungsrechts und nicht um die verschiedene Nutzung der belasteten Grund-

---

27 Offen gelassen bei BayObLG MittBayNot 1977, 189.

28 Vgl auch § 9 Abs 1 S 3 GBBerG (bzgl eines Entgelts sind Grundstückseigentümer und Gebäudeeigentümer Gesamtgläubiger).

29 BayObLG DNotZ 1960, 105.

30 BayObLG MittBayNot 1981, 189.

31 OLG Düsseldorf MittRhNotK 1986, 168 = DNotZ 1988, 31; dazu *Ertl* DNotZ 1988, 4; *Ritzinger* BWNotZ 1988, 14.

32 Rpfleger 1980, 468, 469 = OLGZ 1981, 53; Rpfleger 1989, 280; ausführlich dazu auch BGH Rpfleger 1989, 452 und *Zimmermann* Rpfleger 1981, 333. Entscheidend ist, ob nur Sondereigentum oder auch gemeinschaftliches Eigentum von der Ausübung des Rechts betroffen ist.

33 Es wird kein Gemeinschaftsverhältnis eingetragen, vgl § 47 Rdn 15. Eine Ausübungsregelung der Wohnungseigentümer wird im Bestandsverzeichnis der Wohnungsgrundbücher eingetragen (OLG Köln MittRhNotK 1993, 91).

34 Rpfleger 1984, 142 Ls.

35 BayObLG DNotZ 1988, 313 = BWNotZ 1988, 39 = Rpfleger 1988, 62 = MittRhNotK 1988, 42 = MittBayNot 1988, 33; BayObLG DNotZ 1990, 496; BGHZ 107, 289, 294; *Amann* DNotZ 1990, 498.

36 LG Nürnberg-Fürth MittBayNot 1982, 26; *Bauer/von Oefele-Wegmann* § 48 Rn 9; *Böhringer* BWNotZ 1988, 97; *Ertl* MittBayNot 1990, 42. Dazu auch BGH Rpfleger 1989, 452 mwN und *Ertl* MittBayNot 1990, 43. Zum Wohnungsrecht an verschiedenen Häusern BayObLG NJW-RR 1988, 982. Vgl auch BayObLG DNotZ 1976, 229.

37 OLG Jena RJA 12, 167 = KGJ 44, 358; *Güthe-Triebel* § 48 Anm 6; BGB-RGRK-*Rothe* § 1090 Rn 4; **aA** KG NJW 1937, 2606 = HRR 1937 Nr 1406 betr beschränkte persönliche Dienstbarkeit.

38 BayObLG 1955, 174; OLG Schleswig SchlHA 1966, 67 = DNotZ 1966, 429; OLG Frankfurt Rpfleger 1982, 465 = MDR 1983, 131 = JurBüro 1983, 265; LG Koblenz NJW 1970, 612 = DNotZ 1970, 164 = Rpfleger 1970, 90 = MittBayNot 1970, 24; LG München I DNotZ 1971, 624 = MittBayNot 1970, 153; LG Freiburg BWNotZ 1974, 86; *Staudinger-Mayer* § 1093 Rn 18; *MüKo-Joost* § 1093 Rn 6, 13; *Schöner/Stöber* Rn 1248; *Dammertz* MittRhNotK 1970, 99; *Böttcher* MittBayNot 1993, 129, 135; **aA** *Ripfel*, Grundbuchrecht, S 151; *Wolff-Raiser* § 113a Abs 2. Weitergehend OLG Schleswig SchlHA 1966, 67 und LG München I MittBayNot 1966, 153.

39 BayObLGZ 1989 Nr 76 = MittBayNot 1990, 42 = NJW-RR 1988, 982; **aA** noch BayObLG Rpfleger 1976, 14 = DNotZ 1976, 227; OLG Zweibrücken ZflR 1998, 210; LG Koblenz MDR 1998, 275; LG Köln MittRhNotK 1982, 141; *Schöner/Stöber* Rn 1248. Dazu auch OLG Hamm DNotZ 1976, 229; LG Braunschweig BlGBW 1968, 33; BGH BGHZ 58, 57 = NJW 1972, 540; *Staudinger-Mayer* § 1093 Rn 18; *Ertl* MittBayNot 1990, 42; *Böhringer* BWNotZ 1988, 97; *Böttcher* MittBayNot 1993, 129, 135.

stücke. Nach BGH[40] ist entgegen dem OLG Hamm[41] selbstverständlich, dass beschränkte persönliche Dienstbarkeiten einschließlich dem Wohnungsrecht nur auf den Grundstücken lasten, auf denen sie auch ausgeübt werden können.[42] An einem Tiefgaragenstellplatz, der selbständig als Teileigentum gebucht ist, kann ein Wohnungsrecht nicht begründet werden.[43] **Gemeindenutzungsrechte** können wegen ihrer öffentlich-rechtlichen Natur im Grundbuch nicht eingetragen werden; eine Neubegründung ist ohnehin nicht mehr möglich. Hin und wieder sind aber solche Gemeindenutzungsrechte wie auch **Realgewerbeberechtigungen** bei der Anlegung des Grundbuchs miteingetragen worden. Solche Rechte sind meist mit einem bestimmten Anwesen derart verbunden, dass der jeweilige Eigentümer des Hausanwesens auch Nutzungsberechtigter ist (= radizierte Nutzungsrechte). Wird ein Teil des begünstigten Grundstücks verkauft, so findet weder eine Zerstückelung des Nutzungsrechts zwischen Veräußerer und Erwerber statt noch eine Verdoppelung. Vielmehr bleibt das Nutzungsrecht mit demjenigen Grundstücksteil verbunden, der den Mittelpunkt der Wirtschaftsführung des begünstigten Grundstücks bildet. Es gilt der Grundsatz, dass kein Gemeindenutzungsrecht von dem Hause, worauf es ursprünglich ruhte, losgetrennt selbständig fortbesteht.[44]

cc) Erbbaurecht. Die Rechtsfigur des Gesamterbbaurechts an mehreren Grundstücken (auch verschiedener **21** Eigentümer[45]) wird heute überwiegend anerkannt;[46] auch der Gesetzgeber des § 6a geht davon aus, dass ein Gesamterbbaurecht an mehreren Grundstücken möglich ist; es kann als Gesamtbelastung mehrerer Grundstücke in der Weise bestellt werden, dass der Berechtigte befugt ist, auf den mehreren Grundstücken[47] ein einheitliches Bauwerk zu haben. Einer vorhergehenden Vereinigung der mehreren Grundstücke bedarf es nicht.[48] Das Gesamterbbaurecht kann entstehen durch anfängliche Bestellung, Teilung eines mit einem Erbbaurecht belasteten Grundstücks, Erstreckung eines Einzelerbbaurechts auf andere Grundstücke und auch durch Vereinigung von Einzelerbbaurechten entsprechend § 890 BGB.[49] Das Gesamterbbaurecht ist nach überwiegender Meinung nicht nur eine buchungstechnische Zusammenfassung einzelner Erbbaurechte an verschiedenen Grundstücken, die jederzeit wieder aufgelöst werden kann, sondern als materiell-rechtliche Gesamtbelastung mehrerer Grundstücke ein einziges einheitliches Recht. Das Gesamterbbaurecht stellt nicht die Summe von Teilerbbaurechten an den einzelnen Grundstücken dar, sondern ein einheitliches und selbständiges Recht; darin liegt seine rechtliche Besonderheit. In der Regel werden drei Entstehungstatbestände des Gesamterbbaurechts angeführt: die gleichzeitige Belastung mehrerer selbständiger Grundstücke mit einem Erbbaurecht, die Teilung eines mit einem Erbbaurecht belasteten Grundstücks und die Ausdehnung eines auf einem Grundstück lastenden Erbbaurechts auf ein weiteres Grundstück. Ein dem Gesamterbbaurecht vergleichbares Rechtsgebilde kann jedoch auch noch auf andere Weise zur Entstehung gelangen, nämlich durch Vereinigung mehrerer an verschiedenen Grundstücken lastender Einzelerbbaurechte. Bei der nachträglichen Ausdehnung eines Erbbaurechts auf ein weiteres Grundstück erstrecken sich die Belastungen des Erbbaurechts (sowohl Abt II wie auch Abt III) nach

---

40 DNotZ 1972, 487.

41 DNotZ 1973, 376.

42 *Nieder* BWNotZ 1975, 3; *Reichert* BWNotZ 1962, 127; so auch *Feldmann* JurBüro 1973, 179. Zur Garagenbenutzung beim Wohnungsrecht LG Stade Rpfleger 1972, 96 und LG Osnabrück Rpfleger 1972, 308 = MittBayNot 1972, 238 = MittRhNotK 1973, 3. Wegen Pkw-Nutzung des Hofraums LG Ellwangen Rpfleger 1965, 12.

43 BayObLG Rpfleger 1987, 62.

44 Einzelheiten bei *Glaser* MittBayNot 1988, 113; BayObLG MittBayNot 1988, 139.

45 So auch *Schöner/Stöber* Rn 1695; *Ebeling* RpflStud 1979, 63.

46 Erstmals legal definiert in § 39 SachenRBerG; BGH BGHZ 65, 345 = NJW 1976, 519 = DNotZ 1976, 369 = Rpfleger 1976, 126 = MDR 1976, 480 = MittBayNot 1976, 95 mit Meinungsübersicht: KG KGJ 51, 228 = OLGE 39, 230 = RJA 16, 267; Thüringer OLG FGPrax 1996, 45 = Rpfleger 1996, 242; BayObLG BayObLGZ 1984, 105 = DNotZ 1985, 375; BayObLG Rpfleger 1989, 503 = MittBayNot 1989, 315; OLG Köln Rpfleger 1988, 355; OLG Köln Rpfleger 1961, 18 = JMBlNRW 1961, 132; OLG Hamm NJW 1959, 2169 = DNotZ 1960, 107 = Rpfleger 1960, 403 m zust Anm *Haegele*; OLG Hamm NJW 1963, 1213 = DNotZ 1964, 344 = Rpfleger 1963, 241; OLG Neustadt DNotZ 1964, 344 = Rpfleger 1963, 241; OLG Düsseldorf Rpfleger 1971, 356 = DNotZ 1971, 356 m zust Anm *Haegele*; *Schöner/Stöber* Rn 1695; zurückhaltender KG JFG 23, 268; *Ingenstau/Hustedt* ErbbauVO § 1 Rn 42; *Soergel-Stürner* ErbbauVO § 1 Rn 5; *Erman-Hagen* ErbbauVO § 1 Rn 5, 10; KEHE-*Eickmann* § 48 Rn 6; *Demharter* § 48 Rn 7; *Demharter* DNotZ 1986, 457; *Ebeling* RpflStud 1979, 62; *Hampel* Rpfleger 1962, 129; *Huber* NJW 1952, 687; *Kehrer* BWNotZ 1956, 33 und 1957, 57; *Lutter* DNotZ 1960, 81; *Muttray* Rpfleger 1955, 216; *Riedel* DNotZ 1960, 375 (er sieht im sogen Gesamtbaurecht nur eine buchungstechnische Zusammenfassung; dem kann nicht gefolgt werden); *Riggers* JurBüro 1976, 1016; *Stahl-Sura* DNotZ 1981, 604; auch der Gesetzgeber geht von der Zulässigkeit aus, § 39 SachenRBerG und § 6a; **aA** (nach alter Rechtslage) *Staudinger-Rapp* ErbbauVO § 1 Rn 22; *Hesse-Saage-Fischer* § 48 Anm II 1; *Weitnauer* WEG § 30 Rn 12a, c; *ders* DNotZ 1958, 413; *Rothofet* NJW 1974, 665.

47 Gesamterbbaurecht an nicht räumlich aneinander grenzenden Grundstücken nicht möglich OLG Köln Rpfleger 1988, 355 = MDR 1988, 865; mit guten Gründen aber zu Recht bejahend *Meyer-Stolte* Rpfleger 1988, 355; *Böttcher* MittBayNot 1993, 129, 133; vgl auch § 6a (Grundstücke müssen lediglich nahe beieinander liegen, was durch eine beglaubigte Karte der Katasterbehörde nachgewiesen werden kann).

48 So auch *Schöner/Stöber* Rn 1695; KEHE-*Herrmann* Einl F 22.

49 BayObLGZ 1995, 379 = MittBayNot 1996, 34.

hM[50] in diesem Falle ohne weiteres auf das erweiterte Erbbaurecht. Überwiegend wird jetzt die Bestellung von Einzelerbbaurechten für grenzüberschreitende Gebäudeteile (**Nachbarerbbaurecht**) für zulässig und wirksam gehalten (Erbbaurecht für den Überbau).[51] Zumindest im Bereich von § 39 SachenRBerG wird es gesetzlich anerkannt, aber nur als »subjektiv-dingliches« Recht für das herrschende Grundstück. Ansonsten geht der Gesetzgeber offensichtlich davon aus, dass das Nachbarerbbaurecht unzulässig ist.[52] Ein Umdenken ist wohl angebracht. Wohnungserbbaurechte können an einem Gesamterbbaurecht begründet werden, die Teilung des Gesamterbbaurechts ohne vorherige Grundstücksvereinigung ist zulässig.[53] Immer häufiger wird in der Grundbuchpraxis die Belastung eines Stammgrundstücks zusammen mit dem ideellen Miteigentumsanteil eines dazugehörenden Zuwegungsgrundstücks mit einem Gesamterbbaurecht für zulässig gehalten.[54]

22 **dd) Hypothek.** Allgemeines: Prototyp der Gesamtbelastung im haftungsrechtlichen Sinne ist die Gesamthypothek nach Maßgabe der gesetzlichen Sonderregelung in den §§ 1132, 1172–1175, 1181 Abs 2, 1182 BGB. Für sie gilt kraft Gesetzes das »Prinzip der Gesamthaft«, das ist das sachenrechtliche Gegenstück zur schuldrechtlichen »Gesamtschuld« (§§ 421 ff BGB). Die charakteristischen Merkmale der dinglichen Gesamthaft kommen in den §§ 1132 Abs 1 und 1181 Abs 2 BGB zum Ausdruck. Sind **Grundstücksbruchteile** belastet, so haftet gemäß § 1132 BGB jeder Grundstücksbruchteil für die ganze Hypothekenforderung und hat zur Folge, dass bei Rückzahlung der Hypothekenforderung durch alle Bruchteilseigentümer die Regelung des § 1172 BGB und bei Rückzahlung der Hypothekenforderung durch einen Bruchteilseigentümer die Regelung des § 1173 BGB Platz greift.[55] Die dingliche Gesamthaft mehrerer Grundstücke nach Maßgabe des § 1132 Abs 1 BGB und die Konsequenz daraus gemäß § 1181 Abs 2 gelten aufgrund der gesetzlichen Verweisung in den §§ 1192, 1200 BGB unzweifelhaft auch für die »Gesamtgrundschuld« und die »Gesamtrentenschuld«; denn Hypothek und Grundschuld unterscheiden sich nicht bezüglich der dinglichen Grundstückshaftung, sondern nur in ihrer Forderungsabhängigkeit. Gesamthypothek ist die einheitliche und gleichartige Haftung mehrerer Grundstücke für ein und dieselbe Forderung.

23 **Entstehung der Gesamthypothek:** Eine Gesamthypothek kann auf verschiedene Weise entstehen. Eine Gesamthypothek wird rechtsgeschäftlich begründet durch Belastung mehrerer Grundstücke mit derselben Hypothek für die nämliche Forderung; sie entsteht in dem Augenblick, in dem das Verfügungsgeschäft, dh Einigung und Eintragung bezüglich aller Grundstücke, erfüllt ist.[56] Die mit der verschieden schnellen Arbeit der Grundbuchämter verbundenen Gefahren nimmt der Gläubiger auf sich, wenn er sich anstelle einzelner Hypotheken eine Gesamthypothek bestellen lässt.[57] Soll die Hypothek bereits mit Eintragung auf einem oder auf mehreren, nicht aber auf allen Grundstücken entstehen, so muss die Bewilligung bereits hierauf gerichtet sein; die bloße Ermächtigung des Notars zum getrennten Vollzug reicht nicht aus. Es kann sich empfehlen, durch einen Klarstellungsvermerk im Grundbuch auf die geänderte Bewilligung Bezug zu nehmen, da nur der Bewilligung zu entnehmen ist, ob die Eintragung eine Gesamt- oder eine Einzelhypothek betrifft. Das Fehlen eines Mithaftungsvermerks hat lediglich deklaratorische Bedeutung. Wird die Hypothek auf einzelnen Grundstücken nicht eingetragen, dann entscheidet § 139 BGB, ob die Hypothek auf den anderen entsteht.[58] Wird der Auflassungsanspruch bezüglich mehrerer Grundstücke gepfändet, so erlangt der Gläubiger mit Übergang des Eigentums auf den Schuldner für seine Forderung gem § 848 Abs 2 S 2 ZPO eine Gesamtsicherungshypothek[59] (echte Gesamthypothek).

---

50 BayObLG DNotZ 1960, 540; OLG Neustadt DNotZ 1960, 385; *Soergel-Stürner* ErbbauVO § 1 Rn 5; KEHE-*Herrmann* Einl F 22; *Schöner/Stöber* Rn 1695, 1698; *Haegele* Rpfleger 1976, 280; *Ebeling* RpflStud 1979, 63; BayObLG BayObLGZ 1984, 105 = Rpfleger 1984, 313 = DNotZ 1985; 375 = MDR 1984, 847 mwN.

51 Der BGH NJW 1985, 789 lässt die Frage offen. OLG Düsseldorf DNotZ 1974, 698 = MittBayNot 1973, 280 = MittRhNotK 1973, 197; OLG Stuttgart DNotZ 1975, 491 = NJW 1975, 786 = Rpfleger 1975, 131; KEHE-*Herrmann* Einl F 21; *Schöner/Stöber* Rn 1694; *Ebeling* RpflStud 1979, 59. **AA** BGH DNotZ 1973, 609; *von Oefele/Winkler*, Handbuch des Erbbaurechts, 2. Aufl, 1995, Rn 3, 70 ff; MüKo-*von Oefele* ErbbauVO § 1 Rn 49 ff; *Räfle* DNotZ 1988, 335. Zum Überbau BGH NJW 1985, 789.

52 Begr BR-Drs 515/93 S 109, 137.

53 BayObLG Rpfleger 1989, 503 = MittBayNot 1989, 315; LG Wiesbaden MittBayNot 1986, 28 = MittRhNotK 1986, 24; *Demharter* DNotZ 1986, 457; **aA** *Bärmann-Seuss*, Praxis des Wohnungseigentums, 4. Aufl, Teil A Rn 99; *Weitnauer* § 30 Rn 19, 21 WEG.

54 Einzelheiten dazu *Diekgräf* DNotZ 1996, 338.

55 OLG Hamburg MDR 1960, 321; BGH DNotZ 1986, 476.

56 *Staudinger-Wolfsteiner* § 1132 Rn 8; BGB-RGRK-*Mattern* § 1132 Rn 18; AK-BGB-*Winter* § 1132 Rn 15, 16; OLG München DNotZ 1966, 371; OLG Düsseldorf DNotZ 1973, 613; *Schöner/Stöber* Rn 2241; *Böhringer* BWNotZ 1988, 97.

57 OLG München DNotZ 1966, 371; *Böhringer* BWNotZ 1988, 97.

58 BGH DNotZ 1975, 152; *Staudinger-Wolfsteiner* § 1132 Rn 8, 40; *Palandt/Bassenge* § 1132 Rn 5.

59 OLG München JFG 22, 163; *Staudinger-Wolfsteiner* § 1132 Rn 23; MüKo-*Eickmann* § 1132 Rn 24; *Demharter* § 48 Rn 11; *Gross* BWNotZ 1984, 111; *Hintzen* Rpfleger 1989, 439; *ders* EWiR 1990, 201; *ders* ZIP 1991, 480.

Belastungsgegenstand: Ebenso wie Grundstücke können grundstücksgleiche Rechte (zB Erbbaurechte) und **24** Grundstücksbruchteile (§ 1114 BGB), auch Wohnungseigentum[60] und Teileigentum mit einem Gesamtgrundpfandrecht belastet werden. Eine Gesamthypothek (an den ideellen Miteigentumsanteilen)[61] entsteht ferner, wenn alle Bruchteilseigentümer ihr Grundstück als ganzes mit einer Hypothek belasten, selbst wenn das in der Form der Einzelhypothek geschieht.[62] Eine Gesamthypothek wird zur Einzelhypothek, wenn die belasteten Bruchteile in einer Hand vereinigt werden, sofern die Hypothek auf allen Anteilen gleichen Rang hat.[63] Bei Rangungleichheit bleibt sie unverändert bestehen.[64] Eine Grundschuld kann an einem aus mehreren Flurstücken bestehenden Grundstück nicht in der Weise bestellt werden, dass sie im Falle der Veräußerung einzelner Flurstücke an diesen erlischt.[65]

Gleichartigkeit: Aus dem einheitlichen Wesen der Gesamthypothek folgt, dass sie auf allen zu belastenden **25** Grundstücken **von derselben Art** sein muss. Sie kann daher nicht auf einem Grundstück Brief-, auf dem anderen Buchhypothek, auf dem einen Verkehrs-(Brief- oder Buch-)hypothek, auf dem anderen Sicherungshypothek, auf dem einen Hypothek, auf dem anderen Grundschuld sein.[66] Eintragungen, die gegen den **Einheitsgrundsatz** verstoßen, sind nichtig und iS des § 53 unzulässig.[67]

Inhalt: Der Inhalt der Belastung muss ein **einheitlicher** sein. Es ist mit dem Wesen der Gesamthypothek **26** unvereinbar, von vornherein unterschiedliche **Kündigungsbedingungen** zu vereinbaren; Gleiches gilt für unterschiedliche **Zahlungsbedingungen**. Nach der hM[68] begründen abweichende schuldrechtliche Vereinbarungen nur Einreden nach § 1157 BGB. Die **Unterwerfungsklausel** gem §§ 795 Abs 1 Nr 5, 800 ZPO gehört nicht zum Inhalt der Hypothek, sondern stellt ein prozessuales Nebenrecht dar. Ihre Eintragung ist daher nicht für alle Grundstücke nötig.[69] **Zinsfuß** und der Betrag der **sonstigen Nebenleistungen** können bei den einzelnen Grundstücken verschieden sein;[70] eine Gesamthypothek liegt in diesem Fall hinsichtlich der Nebenleistungen nur in Höhe des geringeren Betrages vor, für den mehrere Grundstücke haften, im Übrigen besteht eine Einzelhypothek an einem Grundstück.[71]

Umfang: Der Umfang der Belastung kann bei den einzelnen Grundstücken verschieden sein. Die Forderung **27** braucht nicht auf allen Grundstücken in **gleicher Höhe** gesichert sein. Ebenso wie der Gläubiger ein Grundstück völlig oder teilweise aus der Haft entlassen kann oder durch die freie Wahl des Befriedigungsobjektes nicht oder nur teilweise in Anspruch zu nehmen braucht, kann er die Forderung auch von vornherein auf einzelnen Grundstücken nur zum Teil sichern lassen. Gesamthypothek ist die Hypothek allerdings nur, soweit die Forderung auf mehreren Grundstücken gesichert ist; soweit diese nur auf einem Grundstück gesichert ist, ist sie eine Einzelhypothek.[72] Möglich ist bei einer Verteilung einer Gesamthypothek nach § 1132 BGB, dass für bestimmte Teilbeträge nur einzelne Grundstücke, für andere Teilbeträge dagegen mehrere Grundstücke (zusammen) verhaftet sind; dann zerfällt die Gesamthypothek in Einzel- und Gesamthypotheken.[73] Dasselbe gilt auch hinsichtlich des **Rangs**; die Hypothek kann auf den mehreren belasteten Grundstücken verschiedenen Rang

---

60 Zum Hinzuerwerb von Grundstücksanteilen LG Bochum Rpfleger 1990, 291 m Anm *Meyer-Stolte; Mottan* Rpfleger 1990, 455.
61 Grundsätzlich nicht Anteil eines Alleineigentümers OLG Frankfurt NJW-RR 1988, 463; wegen Ausnahmen vgl Rdn 47 ff. Erwirbt der Miteigentümer eines Grundstücks den Anteil des anderen Miteigentümers und vereinigt sich hierdurch das Eigentum an dem gesamten Grundstück in einer Hand, ist die Eintragung einer Sicherungshypothek zur Sicherung des Kaufpreises auf dem hinzuerworbenen Miteigentumsanteil unzulässig: OLG Zweibrücken NJW-RR 1990, 147 = Rpfleger 1990, 15 = OLGZ 1990, 8. Zu allem Gutachten DNotI-Report 2008, 81.
62 RG RGZ 146, 365 = DNotZ 1935, 907; BGH NJW 1961, 1352 = DNotZ 1961, 407 = Rpfleger 1961, 353 = MDR 1961, 673 = BB 1961, 654; BGH DNotZ 1986, 476; OLG Hamburg MDR 1960, 321; OLG Frankfurt MDR 1961, 504; *Staudinger-Wolfsteiner* § 1132 Rn 17.
63 *Soergel-Konzen* § 1132 Rn 16; *Wolff-Raiser* § 148.
64 OLG Karlsruhe OLGE 39, 223; *Staudinger-Wolfsteiner* § 1132 Rn 17.
65 BayObLG Rpfleger 1978, 409 = DNotZ 1979, 25 = MDR 1979, 140; *Böhringer* BWNotZ 1988, 97.
66 RG RGZ 70, 245; 77, 175; KG RJA 2, 94; KGJ 44, 2; AK-BGB-*Winter* § 1132 Rn 12; *Westermann* § 109 II 3; *Wolff-Raiser* § 148 III; *Schöner/Stöber* Rn 2240.
67 *Staudinger-Wolfsteiner* § 1132 Rn 34; *Westermann* § 109 II; *Wolff-Raiser* § 148; *Böhringer* BWNotZ 1988, 97.
68 HM; KGJ 40, 299; BGB-RGRK-*Mattern* § 1132 Rn 9; *Soergel-Konzen* § 1132 Rn 11; *Schöner/Stöber* Rn 2239; **aA** *Staudinger-Wolfsteiner* § 1132 Rn 36; *Westermann* § 109 II 2; **differenzierend** AK-BGB-*Winter* § 1132 Rn 12–14.
69 BGH BGHZ 26, 344; BGHZ 80, 119 = DNotZ 1981, 385 = Rpfleger 1981, 228; LG Prenzlau DFG 1941, 123; *Staudinger-Wolfsteiner* § 1132 Rn 34; *Erman-Wenzel* § 1132 Rn 3; *Palandt/Bassenge* § 1132 Rn 2; *Schöner/Stöber* Rn 2240.
70 RG RGZ 157, 292; KGJ 21, 168; OLG Colmar OLGE 25, 212; *Staudinger-Wolfsteiner* § 1132 Rn 35; *Soergel-Konzen* § 1132 Rn 10; *Schöner/Stöber* Rn 2239.
71 BGB-RGRK-*Mattern* § 1132 Anm 8; *Schöner/Stöber* Rn 2239.
72 KGJ 40, 299; KG OLGE 10, 100; KG DJZ 1908, 82; OLG Dresden OLGE 26, 163; *Staudinger-Wolfsteiner* § 1132 Rn 32; BGB-RGRK-*Mattern* § 1132 Rn 8; *Erman-Wenzel* § 1132 Rn 4.
73 BayObLG BayOblGZ 1981, 95; *Staudinger-Wolfsteiner* § 1132 Rn 66; *Soergel-Konzen* § 1132 Rn 18; *Schöner/Stöber* Rn 2681 ff; *Böhringer* BWNotZ 1988, 97.

haben.[74] Auch der gesetzliche **Löschungsanspruch nach § 1179 a, b BGB** braucht nicht einheitlich für alle belasteten Grundstücke zu bestehen.[75]

28   Zwangshypothek, Arresthypothek, Bauhandwerkersicherungshypothek: Die Zwangshypothek (§§ 866 ff ZPO) und die Arresthypothek (§ 932 Abs 2 ZPO) können nicht gegen einen einzelnen Grundstückseigentümer an dessen mehreren Grundstücke (Bruchteilen) als Gesamthypothek eingetragen werden. Dies gilt auch für den Fall, dass ein Zwangshypothek auf einem Miteigentumsanteil eingetragen wird und sich dann durch Erbfall beide Miteigentumsanteile vereinigen; eine Erstreckung der Hypothek auf beide Miteigentumsanteile oder das Gesamtgrundstück ist nach OLG Oldenburg[76] nicht möglich. Sollen mehrere Grundstücke des Schuldners, die weder als ein Grundstück eingetragen noch als Bestandteil zugeschrieben sind (§ 890 BGB) mit einer Zwangs- oder Arresthypothek belastet werden, so ist der Betrag auf die einzelnen Grundstücke zu verteilen (§§ 867 Abs 2, 932 Abs 2 ZPO). Eine Gesamtzwangshypothek auf mehreren Grundstücken des Schuldners ist unzulässig und unwirksam. Die Eintragung ist gem § 53 Abs 1 S 2 von Amts wegen zu löschen.[77] Die inhaltliche Unzulässigkeit muss sich aber aus dem Eintragungsvermerk und den dort in zulässiger Weise in Bezug genommenen Eintragungsunterlagen selbst ergeben. »Grundbuch« ist aber nur das Grundbuchblatt, auf dem diese Hypothek gebucht wurde, nicht die Gesamtheit der belasteten Grundstücke. Eine **Gesamtzwangs-**[78] **bzw Gesamtarresthypothek** auf Grundstücken (Bruchteilen) verschiedener Eigentümer ist aber vom Gesetz nicht verboten. Aus diesem Grund kann auf den Grundstücken (Bruchteilen) **mehrerer als Gesamtschuldner** verurteilter Personen ohne Weiteres eine Gesamtzwangshypothek eingetragen werden.[79] Die Gesamtzwangshypothek sichert dann die gegen alle Gesamtschuldner gerichtete Forderung. Zulässig ist aber auch eine Einzelzwangshypothek gegen jeden Gesamtschuldner für die aus dem Gesamtschuldverhältnis gegen ihn gerichtete Forderung.

Wird auf mehreren aneinander grenzenden Grundstücken des Bestellers ein einheitliches Bauwerk errichtet, kann der Unternehmer gemäß § 648 BGB eine Bauhandwerkersicherungshypothek als Gesamthypothek an den Baugrundstücken beanspruchen. Wird dagegen auf mehreren Grundstücken des Bestellers jeweils ein Bauwerk errichtet, kann der Unternehmer eine Hypothek gemäß § 648 BGB nur wegen der auf das jeweilige Bauwerk entfallenden Vergütung an dem jeweiligen Baugrundstück beanspruchen. Teilt der Besteller nach Beginn der Bauarbeiten des Unternehmens sein Baugrundstück auf (oder bildet er Wohnungseigentum), kann der Unternehmer gemäß § 648 BGB die Einräumung einer Gesamtsicherungshypothek an den neu gebildeten Grundstücken (oder Wohnungseigentumsrechten) beanspruchen, soweit diese noch im Eigentum des Bestellers stehen;

74 RG RGZ 70, 246; BGH BGHZ 80, 119 = DNotZ 1981, 385 = NJW 1981, 1503 = Rpfleger 1981, 228 = ZIP 1981, 485; KG KGJ 22, 284; *Demharter* § 48 Rn 10; KEHE-*Eickmann* § 48 Rn 5; *Schöner/Stöber* Rn 2240; *Soergel-Konzen* § 1132 Rn 11.

75 BGHZ 80, 119 = DNotZ 1981, 385 = Rpfleger 1981, 228; LG Wuppertal Rpfleger 1979, 200; *Demharter* § 48 Rn 10; *Stöber* Rpfleger 1978, 167; *Schöner/Stöber* Rn 2240.

76 Rpfleger 1996, 242.

77 RG RGZ 163, 124; KG KGJ 40, 310; 49, 232; JFG 14, 102; KG DNotZ 1930, 246; OLG Köln NJW 1961, 368; BayObLG BayObLGZ 1975, 398; OLG Frankfurt Rpfleger 1982, 98 = OLGZ 1981, 261 = JurBüro 1982, 1098; OLG Düsseldorf Rpfleger 1990, 60 = MDR 1990, 62 = ZIP 1989, 1363 = EWiR 1990, 201; *Staudinger-Wolfsteiner* § 1132 Rn 20 (differenzierend); *Planck-Kettnaker* S 249; BayObLG Rpfleger 1986, 372; *Bruder* NJW 1990, 1163; LG München II Rpfleger 1989, 96. Dazu auch LG Mannheim Rpfleger 1981, 406; BayObLG Rpfleger 1986, 372; *Hintzen* ZIP 1991, 480; *ders* Rpfleger 1991, 286.

78 Dazu *Gross* BWNotZ 1984, 111; *Reichle* BWNotZ 1955, 267; *Rahn* BWNotZ 1957, 242; *Böhringer* BWNotZ 1988, 97; *Hintzen* ZIP 1991, 479 mwN.

79 HM; RG BayZ 1931, 262; BGH NJW 1959, 984; BGH NJW 1961, 1352; KG RJA 72, 87 und 97; LG Mannheim Rpfleger 1981, 406; *Staudinger-Wolfsteiner* § 1132 Rn 21; BGB-RGRK-*Mattern* § 1132 Rn 23; *Soergel-Konzen* § 1132 Rn 6; BWNotZ 1969, 226; *Planck-Kettnaker*, Die Führung des Grundbuchs, S 249; *Gross* BWNotZ 1984, 111; *Löscher* JurBüro 1982, 1803. Ausführlich dazu BGH DNotZ 1961, 407 = Rpfleger 1961, 353; OLG 2, 356; KGJ 21, 326; 22, 173. Soweit dabei mehrere Grundstücke desselben Gesamtschuldners belastet werden sollen, muss wieder nach § 867 Abs 2 ZPO aufgeteilt werden, sodass eine Kombination von Gesamthypothek und Einzelhypothek entsteht (KG RJA 2, 87). Zur Zwangshypothek auf Gesamtgrundstücken BayObLG BayObLGZ 1983, 187 = Rpfleger 1983, 407.

er ist nicht gezwungen, seine zu sichernde Werklohnforderung aufzuteilen.[80] Nicht erforderlich ist beim Antrag auf Eintragung einer Bauhandwerkersicherungshypothek und dementsprechend auch nicht bei dem Antrag auf Eintragung einer sie sichernden Vormerkung eine Aufteilung gemäß § 867 Abs 2 ZPO, wenn mehrere Grundstücke des Bestellers belastet werden sollen.[81] Stehen im Eigentum des Bestellers mehrere Grundstücke, ist auf ihnen eine Gesamthypothek zu bestellen.[82] Die auf Ersuchen des Versteigerungsgerichts einzutragende Gesamtsicherungshypothek (§§ 128, 130 ZVG) ist keine Zwangshypothek.[83]

Verfügungen: Inhaltsänderungen, Belastungen und Übertragungen einer Buchgesamthypothek sind nur **29** rechtswirksam, wenn sie auf dem Grundbuchblatt eines jeden der verhafteten Grundstücke eingetragen werden.[84] Sie können **nur einheitlich** für alle Grundstücke gelten. Solange die Eintragung nicht auf allen in Betracht kommenden Grundbuchblättern erfolgt ist, tritt die Übertragung oder Belastung auch hinsichtlich derjenigen Grundstücke, bei denen die Eintragung bereits erfolgt ist, nicht in Kraft.[85] Übertragung und Belastungen können nur einheitlich für alle Grundstücke gelten, da das Gesamtrecht nicht vervielfältigt werden kann. Abtretung der Gesamthypothek nur an einem Grundstück ist unzulässig; dasselbe gilt von ihrer Belastung durch einen Nießbrauch, ein Pfandrecht und von ihrer Pfändung.[86]

ee) Leibgeding. Ein Gesamtleibgeding des Inhalts, dass für alle Ansprüche aus dem Versorgungsvertrag alle **30** Grundstücke haften, gibt es nicht, da das Leibgeding kein eigenes selbständiges dingliches Recht ist.[87] Beachte im Übrigen § 49 Rdn 89 ff. In den Fällen des § 49 kann das Altenteil als Einheit bei allen Grundstücken eingetragen werden, wobei wegen der weiteren Einzelheiten (Aufgliederung in Reallast und Wohnungsrecht; Unterscheidung, welche Grundstücke mit beidem belastet sind – das Hausgrundstück – und welche nur mit der Reallast – alle übrigen –) auf die Eintragungsbewilligung Bezug genommen wird.[88]

ff) Nießbrauch. Gesamtbelastung mehrerer Grundstücke ist **nicht zulässig**;[89] die Begründung eines Gesamt- **31** nießbrauchs ist nach den sachenrechtlichen Grundsätzen nicht möglich. Dies gilt auch dann, wenn die mehreren Grundstücke nebeneinander liegen oder wirtschaftlich zusammengehören.[90] Ein entsprechender Antrag auf Eintragung eines Gesamtnießbrauchs wäre gemäß § 133 BGB dahin **auszulegen**,[91] dass auf den Grundstücken **je ein Nießbrauchsrecht** eingetragen werden soll. Es werden deshalb keine Mitbelastungsvermerke beim einzelnen Grundstück eingetragen. Mit der Eintragung des (ohne weiteres zulässigen) gleichzeitig bewilligten

---

80 OLG Frankfurt OLGZ 1985, 193 = *Schäfer/Finnern/Hochstein* Nr 7 zu § 648 BGB. Zum Bauhandwerkersicherungsgesetz (BGBl I 1993, 509) *Quack* BauR 1995, 319. Zur Haftung des mit dem Besteller nicht identischen Grundstückseigentümers auf Einräumung der Hypothek: *Clemm* DB 1985, 1777; BauR 1988, 558; *Fehl* BB 1987, 2039 und 1988, 1000; *Jagenburg* NJW 1986, 3183 und NJW 1989, 205; BGH BGHZ 102, 95 = NJW 1988, 255 = DNotZ 1988, 360 = MDR 1988, 220 = BB 1988, 998 (*Fehl* DB 1988, 282) = WM 1987, 1558 = ZIP 1988, 224 = BauR 1988, 558; OLG Saarbrücken ZfBR 1983, 264 m Anm *Blaesing*; OLG Düsseldorf BauR 1985, 337; KG NJW-RR 1987, 1230; OLG Hamm MDR 1977, 843; MDR 1982, 142. Zur Bauhandwerkerhypothek: OLG Düsseldorf NJW-RR 2004, 18; OLG Celle NJW-RR 2003, 236; OLG Hamm NJW-RR 2003, 520; *Siegburg* BauR 1990, 32; ZRP 1985, 276; *Scholtissek* MDR 1992, 444. Zum Anspruch auf Bestellung einer Gesamthypothek: OLG Frankfurt NJW 1975, 785; OLG München NJW 1975, 220; KG KGJ 36 A 259; MüKo-*Busche* § 648 Rn 18; BGB-RGRK-*Glanzmann* § 648 Rn 13; OLG Hamm NJW-RR 1986, 570; OLG Köln NJW-RR 1986, 960 = BauR 1986, 703 = *Schäfer/Finnern/Hochstein* Nr 9 zu § 648 BGB.
81 OLG Frankfurt NJW-RR 1995, 1359 = Rpfleger 1995, 500.
82 *Böhringer* BWNotZ 1988, 97. Auf Grund einer einstweiligen Verfügung kann eine Vormerkung zur Sicherung des Anspruchs auf Einräumung einer Bauhandwerkersicherungshypothek zu Lasten mehrerer Grundstücke mehrerer Gesamtschuldner ohne Verteilung des Betrags zur Gesamtheit eingetragen werden, OLG Frankfurt NJW-RR 1995, 1359 = Rpfleger 1995, 500. Zur Löschung einer solchen Vormerkung OLG Frankfurt NJW-RR 1995, 1298.
83 OLG Düsseldorf MDR 1989, 747 mwN = Rpfleger 1989, 339 = KTS 1989, 717 = EWiR 1989, 831.
84 RG RGZ 63, 75; *Staudinger-Wolfsteiner* § 1132 Rn 40; MüKo-*Eickmann* § 1132 Rn 27; *Soergel-Konzen* § 1132 Rn 8.
85 RG JW 1906, 309; RG JZ 1906, 761; RG RGZ 63, 74; KGJ 33, 297; 39, 248; 44, 182; *Staudinger-Wolfsteiner* § 1132 Rn 40; BGB-RGRK-*Mattern* § 1132 Rn 18; *Soergel-Konzen* § 1132 Rn 6; *Erman-Wenzel* § 1132 Rn 12; **aA** *Heck* § 94 I 4 c.
86 KG JFG 4, 410; *Palandt/Bassenge* § 1132 Rn 9.
87 *Reichert* BWNotZ 1962, 127; *Riggers* JurBüro 1965, 961.
88 BGH BGHZ 58, 57 = LM Nr 1 zu § 49 GBO = NJW 1972, 540 = MDR 1972, 312 = DNotZ 1972, 487 = Rpfleger 1972, 88 = Betrieb 1972, 2015 = JurBüro 1973, 179 = WPM 1972, 289 = AgrarR 1972, 327; *Böhringer* BWNotZ 1988, 97.
89 Ganz hM; KG KGJ 43, 347; KG HRR 1934, 521; BGB-RGRK-*Rothe* § 1030 Rn 6; KEHE-*Eickmann* § 48 Rn 6; *Schöner/Stöber* Rn 1368; *Thieme* § 48 Bem 2; *Ebeling* RpflStud 1979, 61; *Faber* BWNotZ 1978, 155; *Hampel* Rpfleger 1962, 126; *Böttcher* MittBayNot 1993, 129, 132. Dazu auch *Staudinger-Frank* § 1030 Rn 19; MüKo-*Pohlmann* § 1030 Rn 45; *Soergel-Stürner* § 1030 Rn 6.
90 *Hampel* Rpfleger 1962, 126; *Böhringer* BWNotZ 1988, 97.
91 LG Verden NdsRpfl 1965, 252; LG Düsseldorf MittRhNotK 1973, 658; *Schöner/Stöber* Rn 1368; *Faber* BWNotZ 1978, 155; bedenklich ist die Entscheidung des LG Darmstadt Rpfleger 1982, 216 m krit Anm *Meyer-Stolte*.

Nießbrauchs an mehreren Grundstücken entstehen in Wirklichkeit je einzelne Nießbrauchsrechte und zwar so viele selbständige, von einander unabhängige Rechte wie Grundstücke vorhanden sind.[92]

32 gg) Reallast. Zulässig ist eine einheitliche Reallast an mehreren Grundstücken,[93] obwohl im BGB dies nicht ausdrücklich vorgesehen ist. Wird das belastete Grundstück mit einem anderen unbelasteten Grundstück gem § 890 Abs 1 BGB **vereinigt** oder eines der beiden Grundstücke dem anderen gem § 890 Abs 2 BGB als Bestandteil **zugeschrieben**, so tritt in keinem dieser Fälle das unbelastete Grundstück in die Haftung für die Reallast ein. Wird das belastete Grundstück **geteilt**,[94] entsteht nachträglich eine Gesamt-Reallast. Die Vorschriften über die Gesamthypothek sind entsprechend anwendbar, soweit sie sich nicht ausschließlich auf das Hypothekenkapital beziehen, also anwendbar §§ 1132 Abs 1 und 1181 BGB, nicht dagegen § 1132 Abs 2 BGB.[95] An einem isoliert bestehenden Miteigentumsanteil kann noch vor Eigentumswechsel eine Reallast eingetragen werden; erwirbt sodann der weitere Miteigentümer diesen belasteten Anteil und wird dadurch Alleineigentümer, bleibt die isolierte Belastung des vormals selbstständigen Miteigentumsanteil mit der Reallast uneingeschränkt bestehen.[96]

33 hh) Verfügungsbeeinträchtigungen. Sie sind keine Rechte, scheiden daher schon deshalb aus; bei ihnen bedarf es eines Mithaftungsvermerks nicht, weil jede Verfügungsbeeinträchtigung eine für sich gesonderte Eintragung bildet.[97] Vgl aber zur Löschung einer Verfügungsbeschränkung an einem Wohnungserbbaurecht Rdn 164.

34 ii) Dingliches Vorkaufsrecht. Da das BGB ein mehrere Grundstücke belastendes Gesamtvorkaufsrecht nicht kennt, können mehrere Grundstücke nicht mit einem einheitlichen Vorkaufsrecht belastet werden.[98] Ein derartiges Gesamtrecht hat das BGB nur bei Verwertungsrechten, insbesondere bei der Gesamthypothek; für ein Analogie zu einem »Gesamtvorkaufsrecht« ist kein Raum, weil das Gesetz selbst in § 1094 BGB den dinglichen Inhalt des Vorkaufsrechts nach dem sachenrechtlichen Typenzwang klar definiert.[99] Gegenstand eines dinglichen Vorkaufsrechts kann **nur jeweils ein einzelnes Grundstück** sein; durch Auslegung der Eintragungsbewilligung kann man zu einzelnen Vorkaufsrechten gleichen Inhalts an jedem der mehreren Grundstücke kommen. Das Grundbuchamt hat daher, wenn das Vorkaufsrecht an mehreren Grundstücken eingetragen werden soll, die zulässige Form der Bestellung einzelner Vorkaufsrechte an den Grundstücken als gewollt anzusehen, wenn sich nicht aus der Bewilligung und aus dem Antrag ausdrücklich ergibt, dass **unzulässig die Eintragung eines Gesamtvorkaufsrechts** verlangt ist.[100] Ein Gesamtvorkaufsrecht lässt sich angesichts des genau umschriebenen Inhalts der dinglichen Rechte auch nicht durch Parteivereinbarung begründen, auch nicht in der Form, dass der Berechtigte befugt sein soll, alle Grundstücke zu erwerben, wenn auch nur eines verkauft wird.[101] Bei einer Realteilung des berechtigten Grundstücks (Erbbaurechtsgrundstück und Erbbaurechts) eines subjektiv-dinglichen Vorkaufsrechts sind die Eigentümer aller entstehenden Teilgrundstücke (Erbbaurechte) zusammen nach

---

92 LG Düsseldorf und LG Verden NdsRpfl 1965, 252; *Schöner/Stöber* Rn 1368; *Böhringer* BWNotZ 1988, 97.
93 Ganz hM; OLG Oldenburg Rpfleger 1978, 411; *Staudinger-Amann* § 1105 Rn 2; BGB-RGRK-*Rothe* § 1105 Rn 5; *MüKo-Joost* § 1105 Rn 55 und § 1108 Rn 10; *Soergel-Stürner* § 1105 Rn 17; *Palandt/Bassenge* § 1105 Rn 2; *Demharter* § 48 Rn 6; KEHE-*Keller* Einl Q 2; *Schöner/Stöber* Rn 1290; dazu auch BGH BGHZ 58, 57 = NJW 1972, 540 = DNotZ 1972, 487 = Rpfleger 1972, 89 = MDR 1972, 312 = Betrieb 1972, 2015 = MittBayNot 1972, 120 = LM § 426 Nr 34 mit Kritik von *Herr* NJW 1972, 814; *Haferland* RpflStud 1982, 17; *Hampel* Rpfleger 1962, 167; *Riggers* Jur-Büro 1965, 965; BayObLG MittRhNotK 1982, 188 = Rpfleger 1981, 353 = MDR 1981, 759; OLG Oldenburg Rpfleger 1978, 411; *Böttcher* MittBayNot 1993, 129, 131.
94 Dazu *Böttcher* Rpfleger 1989, 141 mwN und MittBayNot 1993, 129, 131.
95 *Ebeling* RpflStud 1979, 60; *Haferland* RpflStud 1982, 17. Wegen des Leibgedings und der damit verbundenen Frage der Eintragung eines Mitbelastungsvermerks vgl § 49 (§ 49 ist lex specialis zu § 48). Dazu auch *Böttcher* MittBayNot 1993, 129, 131.
96 Gutachten DNotI-Report 2008, 81.
97 *Güthe-Triebel* § 48 Anm 6; *Hesse-Saage-Fischer* § 48 Anm II 1.
98 HM; KG JFG 18, 146 = DNotZ 1939, 39 = JW 1938, 2702 = HRR 1938 Nr 1139; BayObLG BayObLGZ 51, 618 = DNotZ 1953, 262; BayObLGZ 58, 204; BayObLGZ 1974, 365 = DNotZ 1975, 607 = Rpfleger 1975, 23 = Jur-Büro 1975, 525 = MittBayNot 1974, 263; *Bauer/von Oefele-Wegmann* § 48 Rn 10; *Hesse-Saage-Fischer* § 48 Anm II 1; *Demharter* § 48 Rn 6; KEHE-*Eickmann* § 48 Rn 6 und KEHE-*Keller* Einl K 18; *Thieme* § 48 Bem 2; *Schöner/Stöber* Rn 1400; *Bratfisch* Rpfleger 1961, 40; *Haegele* Rpfleger 1961, 40; *Hampel* Rpfleger 1962, 126; *Tröster* Rpfleger 1961, 404; dazu auch *Staudinger-Mader* § 1094 Rn 8; *Böttcher* MittBayNot 1993, 129.
99 *Hahn* RNotZ 2006, 541.
100 BayObLG BayObLGZ 1974, 365 = DNotZ 1975, 607 = Rpfleger 1975, 23; *Böhringer* BWNotZ 1988, 97; *Böttcher* MittBayNot 1993, 129, 131.
101 *Staudinger/Mader* § 1094 Rn 8; BGB-RGRK-*Rothe* § 1094 Rn 7; *Palandt/Bassenge* § 1094 Rn 2; *Soergel-Stürner* § 1094 Rn 4. Durch Grundstücksteilung entstehen Einzelvorkaufsrechte *Böttcher* Rpfleger 1989, 141.

Maßgabe des § 472 BGB vorkaufsberechtigt.[102] Dasselbe muss bei einer Idealteilung des berechtigten Grundstücks unter mehreren Miteigentümern zu Bruchteilen oder bei einer Aufteilung des berechtigten Grundstücks in Wohnungseigentum gelten.[103] § 472 BGB regelt aber lediglich die Berechtigung im Verhältnis mehrerer Vorkaufsberechtigter zueinander zur Ausübung des Vorkaufsrechts – nicht hingegen die Frage, in welchem Gemeinschaftsverhältnis die Berechtigten nach Ausübung des Rechts erwerben. Die diesbezügliche Angabe ist für die Eintragung des Vorkaufsrechts nicht erforderlich.[104] Man muss also unterscheiden das Rechtsverhältnis in Bezug auf die Ausübung des Vorkaufsrechts von dem Rechtsverhältnis, das nach Ausübung des Vorkaufsrechts entsteht; diese beiden Rechtsverhältnisse müssen nicht identisch sein (letzteres Rechtsverhältnis kann eine Bruchteilsgemeinschaft nach §§ 741 ff BGB oder eine Gesamthandsgemeinschaft zB Gesellschaft bürgerlichen Rechts sein).[105] Eine abweichende vertragliche Regelung zwischen den Vorkaufsberechtigten wird als zulässig angesehen. Im Innenverhältnis können sich die Vorkaufsberechtigten verpflichten, einen der Berechtigten über die Vorkaufsrechtsausübung allein entscheiden zu lassen. Werden mehrere mit einem Vorkaufsrecht belastete Grundstücke zu einem Gesamtpreis verkauft, so kann der Berechtigte die Ausübung des Vorkaufsrechts auf ein Grundstück beschränken.[106]

jj) Vormerkungen, Widersprüche. Vormerkungen zum Schutze von Gesamtbelastungen (zB für Gesamthypotheken) sind selbst keine Gesamtbelastungen, aber wie solche zu behandeln. Da sie künftige Belastungen vorbereiten, fallen sie gleichwohl unter § 48. Dasselbe gilt für Widersprüche; auch diese bewirken eine Belastung, zB der Widerspruch gegen die Löschung einer Gesamthypothek.[107] Was nicht als Gesamtrecht eingetragen werden kann, ist auch nicht durch Gesamtvormerkung oder Gesamtwiderspruch sicherbar.[108] Der Eigentümer keines Grundstücks kann einen von ihm hinzu erworbenen ideellen Bruchteil des Grundstücks rechtsgeschäftlich dann mit einer Eigentumsvormerkung belasten, wenn der restliche, ihm bereits zustehende Miteigentumsanteil ebenfalls mit einer Vormerkung belastet ist.[109] **35**

kk) Wiederkaufsrecht. nach § 20 RSG. Dieses Wiederkaufsrecht kann als Gesamtbelastung eingetragen werden.[110] Nicht nur das hinzuerworbene Grundstück, sondern die ganze durch den Neuerwerb gestaltete Siedlerstelle ist mit einem einzigen Recht belastbar.[111] **36**

ll) Wohnungseigentum. Wohnungseigentum kann nicht begründet werden, wenn ein Gebäude auf mehreren Grundstücken im Rechtssinne errichtet wird;[112] allerdings ist eine Einschränkung dieses Grundsatzes für den Fall geboten, dass der Überbau in Ausübung einer Grunddienstbarkeit erfolgt[113] oder ein Über- **37**

102 RGZ 73, 316; BayObLGZ 1973, 21 = DNotZ 1973 415 = Rpfleger 1973, 1333; KG Rpfleger 1974, 431; Gutachten DNotI-Report 2008, 42.
103 *Hertel*, in: Würzburger Notarhandbuch, 2005, Teil 2, Rn 2449.
104 BGHZ 136, 327 = DNotZ 1998, 292 = NJW 1997, 3235 = Rpfleger 1998, 17 m Anm *Streuer* Rpfleger 1998, 154; BayObLGZ 1967, 275 = Rpfleger 1968, 52; **aA** KG DNotZ 1997, 744 = FGPrax 1997, 130 = Rpfleger 1997, 377 (überholt durch BGH NJW 1997, 3235). Ausführlich *Demharter* MittBayNot 1998, 16; *Brückner* BWNotZ 1998, 170.
105 Ebenso *Fritsche* NJ 1998, 199.
106 BGH Rpfleger 2006, 598 = DNotZ 2006, 858 = RNotZ 2006, 538 m Anm *Hahn* = ZNotP 2006, 452.
107 *Bauer/von Oefele-Wegmann* § 48 Rn 14; *Hesse-Saage-Fischer* § 48 Anm II 1; *Demharter* § 48 Rn 6.
108 LG Verden NdsRpfl 1965, 252; *Böhringer* BWNotZ 1988, 97.
109 BayObLG Rpfleger 2004, 78 = ZNotP 2005, 66; aA OLG Düsseldorf MittBayNot 1976, 137.
110 OLG Osnabrück NdsRpfl 1974, 186.
111 BGH MDR 1967, 397 = RdL 1967, 75; KEHE-*Keller* Einl K 26; *Schöner/Stöber* Rn 4177.
112 BGH DNotZ 1982, 43 = NJW 1982, 756 = LM § 912 Nr 34; OLG Hamm OLGZ 1977, 265 = DNotZ 1977, 308 = Rpfleger 1976, 317; MittBayNot 1976, 138; OLG Stuttgart OLGZ 1982, 402 = DNotZ 1983, 444 = Rpfleger 1982, 375 = Justiz 1982, 332 = BWNotZ 1982, 137 = MittBayNot 1983, 15; MüKo-*Commichau* WEG § 1 Rn 18; KEHE-*Herrmann* Einl E 7; *Schöner/Stöber* Rn 2817; LG Bonn MittRhNotK 1982, 248. Zur Problematik der Grenzüberbauung: BGH DNotZ 1991, 595; *Demharter* Rpfleger 1983, 133; *Ludwig* DNotZ 1983, 411; BWNotZ 1984, 133; Rpfleger 1984, 266; *Röll* MittBayNot 1982, 172; MittBayNot 1983, 5; ZfBR 1983, 201; *Sauren* Rpfleger 1985, 265; *Andrae* BWNotZ 1984, 31 (zum Eigen-Grenzüberbau); *Weitnauer* WEG Vor § 1 Rn 12 und § 3 Rn 9; *Weitnauer* ZfBR 1982, 97; *Brünger* MittRhNotK 1987, 269. Zur Nachverpfändung bei Wohnungseigentum *Streuer* Rpfleger 1992, 181.
113 Bejahend beim Vorliegen einer Dienstbarkeit: OLG Stuttgart OLGZ 1982, 402 = DNotZ 1983, 444 = Rpfleger 1982, 375; OLG Hamm OLGZ 1984, 54 = Rpfleger 1984, 98 m Anm *Ludwig* Rpfleger 1984, 266 = MittRhNotK 1984, 14 = MittBayNot 1984, 34; LG Düsseldorf MittRhNotK 1985, 126; OLG Düsseldorf DNotZ 1978, 353. Weiter: OLG Karlsruhe DNotZ 1986, 753 m krit Anm *Ludwig* = BWNotZ 1986, 84 m krit Stellungnahme *Rastätter* BWNotZ 1986, 79; LG Stade Rpfleger 1987, 63 m krit Anm *Schmidt* Rpfleger 1987, 411. Differenzierend: *Rastätter* BWNotZ 1988, 139.

bau[114] iS von § 912 BGB vorliegt und aus diesen Gründen das die Grenze überschreitende Bauwerk[115] einheitlich wesentlicher Bestandteil des Grundstücks wird, das aufgeteilt wird.

Die Bestellung einer Grunddienstbarkeit erscheint problematisch. Zum einen könnte die Grunddienstbarkeit durch die beteiligten Eigentümer wieder aufgehoben werden, zum anderen kann sie (sofern sie nicht erstrangig ist und bleibt) bei einer Versteigerung des mit der Dienstbarkeit belasteten Grundstücks (welche Rechtslage besteht dann?) untergehen. Fraglich ist, ob bei einer nachträglich bestellten Grunddienstbarkeit die Einbeziehung des bereits vorhandenen Überbaus die Bildung von Raumeigentum begründen kann.[116] Hat die nun erst nachträglich vorgenommene Bestellung einer Dienstbarkeit die gleiche Wirkung? Allenfalls kann in der nachträglichen Bestellung einer Grunddienstbarkeit eine Bestätigung der vor der Errichtung des Überbaus formlos erteilten Zustimmung liegen.[117]

Zum anderen ist zu fragen, ob das Sachenrecht überhaupt eine solche sogen Nachweis-Dienstbarkeit[118] zulässt. Liegt das Gebäudeschwergewicht (Bewirtschaftungsschwerpunkt) auf dem aufzuteilenden Grundstück, dann ist eine Teilung möglich, sonst nicht. Die Frage also, welches der beteiligten Grundstücke als »Stammgrundstück«[119] anzusehen ist, ist wegen der rechtlichen Zuordnung des Überbaus von entscheidender Bedeutung; sie kann zweifelhaft sein in Fällen des sog **Eigengrenzüberbaus**, bei dem beide Grundstücke demselben Eigentümer gehören.

Bei einem anfänglichen Überbau ist die Gestattung des Nachbarn in der Form des § 29[120] vorzulegen. Das Grundbuchamt hat die Frage des Überbaues anhand des bei dem Aufteilungsplan befindlichen Lageplanes selbständig zu prüfen. Ob ein Feststellungsurteil ausreicht, ist zweifelhaft.[121] Ein Indiz für das Vorliegen eines Überbaus ist der Grundbucheintrag betreffend Verzicht auf die Überbaurente.[122] Bei nachträglicher Teilung des Grundstücks bedarf die Rechtmäßigkeit des Überbaus keines besonderen Nachweises.[123]

Nach dem System des BGB ist eine Teilung eines Grundstücks und seiner wesentlichen Bestandteile in waagrechter Richtung unmöglich. Die Rechtsfolge aus § 95 Abs 1 S 2 BGB (und aus § 905 BGB) wird in Literatur und Rechtsprechung nicht einheitlich beurteilt. Die oben dargestellten Meinungen betreffen bisher alle einen Überbau und keinen Aufbau auf einem fremden Gebäude, sodass die **waagrechte Eigentumsabgrenzung** benachbarter Hausgrundstücke nicht so klar in Erscheinung trat.[124] An einem Tiefgaragenstellplatz kann auch dann Sondereigentum begründet werden, wenn sich die Tiefgarage unter das Nachbargrundstück erstreckt und nur über die dort gelegene Einfahrt erreicht werden kann. Voraussetzung für die Begründung von Sondereigentum ist jedoch, dass sich der Stellplatz unter genauer Einhaltung der Grundstücksgrenze auf dem Grundstück befindet, auf welches sich die Teilungserklärung bezieht.[125]

---

114 Allgemein BGH NJW 1974, 794 und 1975, 1553; BGH DNotZ 1991, 595. Vom Überbau ist aber der Anbau zu unterscheiden *Ludwig* BWNotZ 1984, 133; dazu BGH NJW-RR 1988, 458 und NJW 1982, 756; zum Begriff »Stammgrundstück« OLG Karlsruhe BWNotZ 1988, 91. Die überwiegende Auffassung bejaht die Begründung von Wohnungseigentum bei zu duldendem Überbau: *Demharter* Rpfleger 1983, 133; *Ludwig* DNotZ 1983, 411; BWNotZ 1984, 133; Rpfleger 1984, 266; *Röll* MittBayNot 1982, 172; MittBayNot 1983, 5; ZfBR 1983, 201; *Sauren* Rpfleger 1985, 265; *Andrae* BWNotZ 1984, 31 (zum Eigen-Grenzüberbau); *Weitnauer* WEG Vor § 1 Rn 12 und § 3 Rn 9; *Weitnauer* ZfBR 1982, 97; *Rastätter* BWNotZ 1988, 138; *Schöner/Stöber* Rn 2817; *Palandt/Bassenge* WEG § 1 Rn 7–9. Unentschieden bei OLG Hamm OLGZ 1984, 54 = Rpfleger 1984, 98 m Anm *Ludwig* Rpfleger 1984, 266. *Röll* ZfBR 1983, 201 rät, den gestatteten Überbau auch durch Grunddienstbarkeit abzusichern; dies ist unzweifelhaft die beste und sicherste Lösung (so auch *Schmidt* Rezension in DNotZ 1984, 335). Dazu auch OLG Stuttgart OLGZ 1982, 402 = DNotZ 1983, 444 = Rpfleger 1982, 375; *Röll* MittBayNot 1982, 172 und 1983, 5; **aA** MüKo-*Säcker* § 912 Rn 36. Zu den einzelnen Fallagen des Überbaus und der grundbuchlichen Abwicklung *Brünger* MittRhNotK 1987, 269; zum unentschuldigten Überbau LG Leipzig NZM 2000, 393
115 Überbau oder selbständiges Gebäude BGH NJW-RR 1989, 1039 = MDR 1989, 1089 = WM 1989, 1541; NJW-RR 1988, 458.
116 *Rastätter* BWNotZ 1986, 79; LG Stade Rpfleger 1987, 63 m krit Anm *Schmidt* Rpfleger 1987, 411.
117 Dazu *Ludwig* Rpfleger 1984, 266; *Rastätter* BWNotZ 1988, 139; *Brünger* MittRhNotK 1987, 269.
118 Dazu *Ludwig* DNotZ 1986, 755 und DNotZ 1984, 549; OLG Düsseldorf DNotZ 1978, 353 = MittBayNot 1978, 6. Verneinend *Brünger* MittRhNotK 1987, 269 mwN.
119 Dazu OLG Karlsruhe BWNotZ 1988, 91; OLGZ 1989, 341; BGH MittBayNot 1990, 240 = MDR 1990, 609 = NJW 1990, 1791; BGH NJW 1975, 1553; BGH DNotZ 1991, 595.
120 *Rastätter* BWNotZ 1986, 79 und BWNotZ 1988, 138; OLG Stuttgart OLGZ 1982, 402 = DNotZ 1983, 444 = Rpfleger 1982, 375; OLG Hamm OLGZ 1984, 54 = Rpfleger 1984, 98 m Anm *Ludwig* Rpfleger 1984, 22; LG Stade Rpfleger 1987, 65 m krit Anm *Schmidt* Rpfleger 1987, 411;
121 *Ludwig* DNotZ 1986, 757; bejahend *Rastätter* BWNotZ 1988, 139.
122 Zum Grenzüberbau *Glaser* ZMR 1985, 145; BGH NJW 1985, 789 = LM Nr 20 zu § 95 BGB = MDR 1985, 226; OLG Karlsruhe BWNotZ 1988, 91 (Doppelhaushälfte).
123 *Rastätter* BWNotZ 1988, 139.
124 Dazu *Schmidt* Rpfleger 1987, 411.
125 So zu Recht LG München I MittBayNot 1988, 237 und *Röll* DNotZ 1988, 321 gegen LG Nürnberg-Fürth DNotZ 1988, 321 = WEgt 1988, 56.

2. Rechte an Grundstücksrechten

Rechte an Grundstücksrechten können nach dem BGB **nur als Einzelrechte** begründet werden und fallen 38 nicht unter § 48,[126] auch dann nicht, wenn eine Gesamthypothek usw mit einem Recht belastet ist; ein dem § 48 entsprechender Vermerk im Grundbuch erfolgt hier nicht. Sind für dieselbe Forderung an mehreren Grundstücksrechten **Pfandrechte** bestellt, so erfolgt die Löschung eines jeden von ihnen bei Löschung der Forderung (§ 1252 BGB) nur auf Antrag.

3. Entsprechende Anwendung des § 48 – Doppelsicherung

§ 48 ist entsprechend anwendbar, wenn zwar kein Gesamtrecht im eigentlichen Sinne, jedoch eine Doppelsi- 39 cherung anderer Art vorliegt: Wenn für dieselbe Forderung an dem einen Grundstück eine rechtsgeschäftlich bestellte Hypothek und an einem anderen Grundstück eine **Zwangshypothek** lastet.[127] Die Abhängigkeit der Zwangshypothek von der Verkehrshypothek kann nach § 48 verlautbart werden. Die Zulässigkeit eines Nebeneinanders von Zwangshypothek und Verkehrshypothek erscheint allerdings nicht unbedenklich,[128] weil nach hM[129] eine Doppelsicherung der gleichen Forderung durch mehrere Hypotheken oder durch zwei Zwangshypotheken[130] nicht zugelassen wird. Die Eintragung einer Grundschuld hindert nach Ansicht des LG Lübeck[131] nicht die Eintragung einer Zwangssicherungshypothek an einem anderen Grundstück wegen der durch die Grundschuld gesicherten persönlichen Forderung.[132]

Fassungsvorschlag: 40

»Für dieselbe Forderung ist bereits in Bd … Bl … eine Verkehrshypothek von EUR … eingetragen«.[133]

Es bestehen gegen eine entsprechende Anwendung des § 48 keine Bedenken, wenn auf einem Grundstück eine 41 Verkehrshypothek und auf einem anderen Grundstück eine **Ausfallhypothek**[134] für dieselbe Forderung eingetragen ist.[135] Es liegt allerdings auch hier keine Gesamtbelastung im eigentlichen Sinne vor, da die Ausfallsicherungshypothek aufschiebend bedingt ist und erst entsteht, wenn die Verkehrshypothek erlischt. Wegen des Mitbelastungsvermerks vgl Rdn 40.

126 *Bauer/von Oefele-Wegmann* § 48 Rn 15; KEHE-*Eickmann* § 48 Rn 7.
127 HM; RG RGZ 98, 110; KG JF 13, 86; KG KGJ 13, 82 = OLGE 6, 135; KGJ 18, 152; BayObLG Rpfleger 1991, 53 = MDR 1991, 163 = MittBayNot 1991, 26; *Staudinger-Wolfsteiner* § 1113 Rn 37 und § 1132 Rn 24; *Demharter* § 48 Rn 12; KEHE-*Eickmann* § 48 Rn 10; *Planck-Kettnaker* S 244; *Reichert* BWNotZ 1962, 129; *Hintzen* ZIP 1991, 479; **aA** *Soergel-Konzen* § 1113 Rn 17 und § 1132 Rn 7; *Hesse-Saage-Fischer* § 48 Anm II 1. *Thieme* § 48 Bem 2 betrachtet diesen Fall als Mitbelastung durch dasselbe Recht.
128 So MüKo-*Eickmann* § 1113 Rn 70. Bejahend KEHE-*Eickmann* § 48 Rn 10; RG RGZ 98, 110; KG JFG 13, 86; BayObLG Rpfleger 1991, 53 = MDR 1991, 163 = MittBayNot 1991, 26; LG Hechingen Rpfleger 1993, 169 (keine Doppelsicherung).
129 *Staudinger-Wolfsteiner* § 1113 Rn 37 und § 1132 Rn 24–27; BGB-RGRK-*Mattern* § 1113 Rn 34; *Erman-Wenzel* § 1113 Rn 6; *Palandt/Bassenge* § 1113 Rn 11; *Schöner/Stöber* Rn 1934, 2208; dazu auch *Gross* BWNotZ 1984, 111.
130 KG HRR 1929 Nr 2139; BayObLG Rpfleger 1986, 372; OLG Stuttgart NJW 1971, 989 = Rpfleger 1971, 191; LG München II Rpfleger 1989, 96. Das LG Hechingen Rpfleger 1993, 169 verneint eine Doppelsicherung durch Zwangs-/Arresthypothek. Die Eintragung einer bedingten Zwangshypothek für den Fall, dass eine Zwangshypothek, die auf einem anderen Grundstück zufolge Verteilung der Forderung des Gläubigers eingetragen ist, in der Grundstückszwangsversteigerung ganz oder teilweise ausfällt, ist nach OLG Stuttgart NJW 1971, 398 = Rpfleger 1971, 191 unzulässig; ebenso LG Hechingen Rpfleger 1993, 169 mwN; OLG Düsseldorf MDR 1990, 62; *Baumbach-Lauterbach-Albers-Hartmann* § 867 Rn 13 ZPO.
131 Rpfleger 1985, 287; *Schöner/Stöber* Rn 2208 mwN. Weitere Fälle zulässiger Doppelsicherung: BayObLG Rpfleger 1991, 53; OLG Düsseldorf Rpfleger 1990, 60 und 1989, 339; KEHE-*Eickmann* § 48 Rn 10; *Gross* BWNotZ 1984, 111.
132 BayObLG Rpfleger 1991, 53 = MittBayNot 1991, 26. Hat der Eigentümer die persönliche Haftung für die Bezahlung der Grundschuldsumme übernommen, so besteht nach OLG Köln FGPrax 1996, 13 = MittBayNot 1995, 485 = Jur-Büro 1996, 160 = Rpfleger 1996, 153 das Doppelsicherungsverbot am gleichen Grundstück.
133 *Demharter* § 48 Rn 14; KEHE-*Eickmann* § 48 Rn 10; *Planck-Kettnaker* S 474; *Böhringer* BWNotZ 1988, 97.
134 Möglich als Verkehrs-, Buch oder Sicherungshypothek. Neben einer Zwangshypothek ist die Eintragung einer weiteren Zwangshypothek als »Ausfallhypothek« unzulässig, *Hintzen* ZIP 1991, 479; OLG Stuttgart NJW 1971, 989 = Rpfleger 1971, 191.
135 HM; RG RGZ 70, 248; 122, 327; BGH WM 1959, 202; OLG Stuttgart NJW 1971, 898 = Rpfleger 1971, 191; BGB-RGRK-*Mattern* § 1113 Rn 4 und § 1132 Rn 5; *Soergel-Konzen* § 1113 Rn 17 und § 1132 Rn 7; *Baumbach-Lauterbach-Alsbers-Hartmann* § 867 Rn 13 ZPO; *Erman-Wenzel* § 1113 Rn 8; AK-BGB-*Winter* § 1113 Rn 7; *Palandt/Bassenge* § 1113 Rn 11; *Demharter* § 48 Rn 13; KEHE-*Eickmann* § 48 Rn 10; *Planck-Kettnaker* S 244; *Schöner/Stöber* Rn 2251 mit Formulierungsvorschlag; *Reichert* BWNotZ 1962, 129; **aA** KG RJA 9, 137; *Staudinger-Wolfsteiner* § 1113 Rn 38.

42 Beide Hypotheken sind Einzelhypotheken. Das Gläubigerrecht beider Rechte muss ein einheitliches bleiben; ein Vermerk entsprechend § 48 soll ein Auseinanderfallen des Gläubigerrechts vermeiden.[136] **Abtretung** der Forderung ist nur möglich, wenn nach § 1153 BGB **beide** Hypotheken abgetreten werden. In beiden Fällen kann auch bei gutgläubigem Erwerb der Verkehrshypothek dem Eigentümer oder persönlichen Schuldner kein Schaden entstehen, weil er bei Geltendmachung der Sicherungshypothek ein Einrederecht hat;[137] ist die Ausfallhypothek aber ebenfalls eine Verkehrshypothek, dann ist gutgläubiger Erwerb beider Zessionare möglich.[138]

4. Mehrere Grundstücke

43 **a) Anwendungsbereich.** Mehrere Grundstücke müssen mit **einem** Recht belastet sein. § 48 gilt auch, wenn für alle Grundstücke ein gemeinschaftliches Grundbuchblatt geführt wird.[139] Nur ist in diesem Falle die Erkennbarkeit der Mithaft eine einfachere. Gleichgültig ist, ob die Grundstücke im Bezirk desselben Grundbuchamts oder in den Bezirken verschiedener Grundbuchämter liegen. Den Grundstücken stehen grundstücksgleiche Rechte[140] gleich. Dasselbe gilt für **Grundstücksbruchteile**,[141] auch wenn sämtliche Miteigentümer oder Wohnungseigentümer ihre Anteile mit demselben Recht belasten. So ist zB eine Hypothek Gesamthypothek, auch wenn die mehreren Eigentümer gemeinschaftlich eine Hypothek an dem ganzen Grundstück bestellen.[142] Ebenso entsteht eine Gesamthypothek, wenn ein mit einer Einzelhypothek belastetes, im Alleineigentum stehendes Grundstück in Miteigentum nach Bruchteilen übergeht.[143] **Reale Grundstücksteile** kommen als Objekte einer Gesamtbelastung nicht in Frage. Handelt es sich um ein Gesamtgrundpfandrecht, so muss nach § 7 Abs 1 der belastete Teil vor der Belastung verselbständigt werden. Bei Reallasten ist nach § 7 Abs 2 zwar Eintragung ohne Abschreibung möglich; doch wird sie tatsächlich selten in Frage kommen, da eine so eingetragene Gesamtreallast häufig Verwirrung des Grundbuchs mit sich bringen würde.[144]

44 **b) In- und ausländische Grundstücke.** § 48 ist nur anwendbar, wenn alle belasteten Grundstücke im Inland liegen.[145] Ist ein Grundstück im Inland, **ein anderes im Ausland**, so ist theoretisch die Belastung mit einem einheitlichen Recht denkbar; da aber deutsches Verfahrensrecht auf ausländische Grundstücke nicht anwendbar ist, hat das Grundbuchamt die Hypothek auf dem inländischen Grundstück als Einzelhypothek anzusehen.[146] Wenn ein im Inland gelegenes Grundstück nachträglich teilweise (zB infolge Änderung der Grenzen) im Ausland liegt, so gilt dasselbe. Wird durch **Veränderung der Staatsgrenze** ein Grundstück geteilt, das mit einer Einzelhypothek belastet ist, so wird diese dann aber zur Gesamthypothek, wenn durch entsprechende Rechtsüberleitung die Einheitlichkeit des sachlichen Rechts gewahrt wird.[147]

45 Über ein in der Bundesrepublik belegenes Grundstück, das einer **früheren reichsdeutschen Gemeinde** gehört hat, deren Gebiet bis 03.10.1990 in der ehem DDR lag, war nur die vom Bundesminister des Innern mit der Verwaltung beauftragte Lastenausgleichsbank verfügungsberechtigt.[148] Diese Grundsätze waren auch auf andere Vermögensgegenstände (zB Gesamthypothek) anwendbar. Unterschieden werden muss dabei aber, ob über den Vermögensgegenstand eine in der ehem. DDR lebende **Privatperson** oder eine **frühere Gebietskörperschaft**, die bis 03.10.1990 ihren Sitz in der ehem. DDR hatte, verfügte. Nach § 27 Abs 3 S 1 des Gesetzes zur Regelung der Rechtsverhältnisse nicht mehr bestehender öffentlicher Rechtsträger (**Rechtsträger-Abwicklungsgesetz**, RTAG) v. 06.09.1965 (BGBl I 1065) waren die im Geltungsbereich dieses Gesetzes belegenen Vermögensgegenstände, die am 08.05.1945 Gebietskörperschaften mit Sitz außerhalb des Geltungsbereichs dieses Gesetzes, jedoch in Gebieten innerhalb der Grenzen des Deutschen Reichs nach dem Gebietsstand

---

136 HM; zur Übertragung beider Hypotheken notwendig; RG RGZ 122, 332 und 98, 111; *Demharter* § 48 Rn 14; *KEHE-Eickmann* § 48 Rn 10; *BGB-RGRK-Mattern* § 1132 Rn 24; *Planck-Kettnaker* S 466 und 474; *Reichert* BWNotZ 1962, 129; **aA** *Reinhard* JW 1929, 750 A 20.

137 JFG 13, 88; *Demharter* § 48 Rn 14.

138 Daher sollte die Ausfallhypothek immer eine Sicherungshypothek sein, *Reichert* BWNotZ 1962, 129.

139 *Güthe-Triebel* § 48 Rn 4; *Demharter* § 48 Rn 4.

140 BayObLG WM 1975, 103.

141 Zur Belastung von nach § 3 Abs 6 gebuchten Miteigentumsanteilen BayObLG Rpfleger 1991, 299 = MittBayNot 1991, 170.

142 Jetzt hM RG RGZ 146, 365; BGH DNotZ 1961, 407 = Rpfleger 1961, 353; BayObLG NJW 1962, 1725; *Staudinger-Wolfsteiner* § 1132 Rn 17; *BGB-RGRK-Mattern* § 1114 Rn 4 und § 1132 Rn 14; *Soergel-Konzen* § 1132 Rn 16; *Palandt/Bassenge* § 1132 Rn 3; *Demharter* § 48 Rn 4; *KEHE-Eickmann* § 48 Rn 3; *Bauer/von Oefele-Wegmann* § 48 Rn 24; **aA** *Hesse-Saage-Fischer* § 48 Anm II 2, dazu auch *Güthe-Triebel* § 48 Rn 3.

143 RG RGZ 146, 363; KG JW 1938, 230; OLG Dresden JFG 11, 23. Ebenso bei Bildung von Wohnungseigentum OLG Oldenburg NJW-RR 1989, 273 = MDR 1989, 263.

144 *Hesse-Saage-Fischer* § 48 Anm II 2; *KEHE-Eickmann* § 48 Rn 4.

145 HM; KGJ 39 B 47; *BGB-RGRK-Mattern* § 1132 Rn 2; *Demharter* § 48 Rn 5; *Henke* ZAkDR 1938, 673; *Jaeckel* ZBlFG 4, 209; OLG Colmar Recht 1903 Nr 960.

146 RG RGZ 55, 263; **aA** *Planck-Strecker* § 1132 Anm 1 a; *Staudinger-Wolfsteiner* § 1132 Rn 33.

147 RG RGZ 157, 287; *Staudinger-Wolfsteiner* § 1132 Rn 33; *Demharter* § 48 Rn 5.

148 BayObLG Rpfleger 1983, 18.

vom 31.12.1937 zustanden, zur Sicherstellung und Erhaltung ihres Bestandes in die **treuhänderische Verwaltung des Bundes** übergegangen. Im Geltungsbereich dieses Gesetzes vertrat der Bundesminister des Innern (oder die von ihm gemäß § 27 Abs 3 S 5 RTAG beauftragte Stelle, hier die Lastenausgleichsbank, Anstalt des öffentlichen Rechts, Bonn-Bkm. des BMI v 10.02.1966, BAnz Nr 32) die Gebietskörperschaft gerichtlich und außergerichtlich (§ 27 Abs 3 S 4 RATG). Die treuhänderische Verwaltung des Bundes endete (erst) mit der endgültigen Regelung der Rechtsverhältnisse an diesen Vermögensgegenständen im Rahmen der Wiedervereinigung (am 03.10.1990) oder einer friedensvertraglichen Regelung (§ 27 Abs 3 S 8 iVm Abs 1 S 4 RTAG). Die Verfügungsberechtigung war ausschließlich. Der Vertrag zwischen der Bundesrepublik Deutschland und der Deutschen Demokratischen Republik über die Grundlagen ihrer Beziehungen vom 21.12.1972 und das Gesetz hierzu vom 06.06.1973 (BGBl II 421) haben an dieser Rechtslage nichts geändert. Nach Art 6 des **Grundlagenvertrags** beschränkte sich die Hoheitsgewalt jedes der beiden Staaten auf sein Staatsgebiet; die Vertragschließenden respektierten die Unabhängigkeit und Selbständigkeit jedes der beiden Staaten in seinen inneren und äußeren Angelegenheiten (vgl hierzu BVerfGE 36, 27 f). Hieraus folgte aber nicht, dass Verfügungen einer Gemeinde der ehem. DDR über ein in der Bundesrepublik belegenes Grundstück, das einer früheren reichsdeutschen Gemeinde gehört hat, hier als rechtswirksam hingenommen werden mussten. Vielmehr ist in einem Protokollvermerk zum Grundlagenvertrag ausdrücklich festgehalten, dass wegen der unterschiedlichen Rechtspositionen zu Vermögensfragen diese durch den Vertrag nicht geregelt werden konnten. Durch diesen Protokollvermerk, dem der Bundesgesetzgeber gleichfalls zugestimmt hat (Art 1 des Gesetzes vom 06.06.1973), war klargestellt, dass sich durch den Grundlagenvertrag hinsichtlich Vermögensfragen an der bisherigen Rechtslage in der Bundesrepublik nichts geändert hatte.

Die ehem. DDR war im Verhältnis zur Bundesrepublik nicht als Ausland anzusehen, sodass eine Mitbelastung iS des § 48 vorliegen konnte, wenn ein Grundstück, das im Bundesgebiet liegt und ein **in der ehem. DDR belegenes** mit einem Recht gesamtbelastet waren. Wurde in der ehem. DDR das Grundstück enteignet und damit die Hypothek gelöscht, so war bei dem Grundstück im Bundesgebiet der Mitbelastungsvermerk zu löschen,[149] ohne dass die Rechtswirksamkeit der in der ehem. DDR vorgenommenen Grundbucheintragung vom Grundbuchamt der Bundesrepublik zu prüfen war. Der Zustimmung des Eigentümers zur Eintragung des Erlöschens der Mithaft bedurfte es nicht. Wurde ein in der Bundesrepublik Deutschland gelegenes (angeblich früher in Thüringen gebuchtes) Grundstück, das in den alten Ländern noch nicht gebucht war, aufgelassen, so war für dieses Grundstück entsprechend der damals geltenden §§ 7 ff AVO-GBO ein Grundbuchblatt anzulegen.[150] **46**

c) Besonderheiten. aa) Grundschuld. Miteigentümer eines Grundstücks zu Hälfteanteilen, denen außerdem auch in ihrem Alleineigentum stehende Grundstücke gehören, können ihren ganzen Grundbesitz mit einer ihnen in Bruchteilsgemeinschaft zustehenden Gesamtgrundschuld belasten. Der Umstand, dass sich diese teilweise als Eigentümer – teilweise als Fremdgrundschuld darstellt, hindert die Eintragung im Grundbuch nicht.[151] **47**

bb) Bruchteilsbelastung. Es ist auf folgende Besonderheiten hinzuweisen: Nach § 1114 BGB kann idR ein Bruchteil eines Grundstücks mit einer Hypothek, einer Grund- oder Rentenschuld nur belastet werden, wenn er in dem Anteil eines Miteigentümers besteht.[152] Hiervon gibt es mehrfach Ausnahmen,[153] insbesondere in folgenden Fällen: **48**

– Ein Bruchteilseigentümer kann bei **Hinzuerwerb eines weiteren Bruchteils** oder des Restes des Grundstücks, das auf einem Bruchteil lastende Grundpfandrecht auf den übrigen Teil des Grundstücks erstrecken,[154] wobei die Zustimmungserklärungen von Zwischenberechtigten nicht erforderlich sind.[155] **49**

– Die **Sicherungshypothek nach § 128 ZVG** ist auf dem versteigerten Anteil eines Grundstücks einzutragen, auch wenn der Ersteher durch den Zuschlag des Anteils Alleineigentümer des ganzen Grundstücks geworden ist.[156] **50**

---

149 OLG Hamm JZ 1951, 176 (*Raiser*) = DNotZ 1950, 178 = JMBlNRW 1950, 155; LG Verden NJW 1952, 1061; **aA** AG Adenau NJWZF 2/II S 563; OLG Hamburg NJW 1957, 505 (*Wolff*); dazu auch *Hesse-Saage-Fischer* § 48 Anm III 2 a, 3 a.

150 BayObLG Rpfleger 1980, 390.

151 BayObLG BayObLGZ 1962, 184 = NJW 1962, 1725 = DNotZ 1963, 49 = Rpfleger 1963, 412 = JR 1963, 102 = BayJMBl 1962, 144.

152 OLG Frankfurt NJW-RR 1988, 463; OLG Zweibrücken NJW-RR 1990, 147. Eingehend Gutachten DNotI-Report 2008, 81.

153 BayObLG BayObLGZ 1968, 151 = NJW 1968, 1431 = DNotZ 1968, 626 = Rpfleger 1968, 221; *Staudinger-Wolfsteiner* § 1114 Rn 15 ff; OLG Frankfurt NJW-RR 1988, 463.

154 RG RGZ 68, 81 = JW 1903, 274 = RJA 9, 190; KG KGJ 36, 237; BGB-RGRK-*Mattern* § 1114 Rn 10; *Schöner/Stöber* Rn 1918; OLG Karlsruhe NJW-RR 1987, 271.

155 KG OLGE 18, 161.

156 Jetzt hM; RG RGZ 94, 154; KG JFG 10, 232 = JW 1933, 627; *Staudinger-Wolfsteiner* § 1114 Rn 16; BGB-RGRK-*Mattern* § 1114 Rn 20; MüKo-*Eickmann* § 1114 Rn 16; *Soergel-Konzen* § 1114 Rn 7; *Erman-Wenzel* § 1114 Rn 10; *Palandt/Bassenge* § 1114 Rn 3. Anders bei Restkaufpreishypothek: OLG Zweibrücken Rpfleger 1990, 15.

51 – Bei nach dem **Anfechtungsgesetz** anfechtbarem Hinzuerwerb eines Miteigentumsanteils kann dieser selbständig mit einer Zwangshypothek zur Sicherung des Rückgewähranspruchs belastet werden, auch wenn der Rest des Grundstücks zwischenzeitlich hinzuerworben worden ist.[157]

52 – Ein aufgrund einer **Vermögensübernahme nach § 419 aF BGB** (bis 31.12.1998 in Kraft) übereigneter Miteigentumsanteil konnte mit einer Zwangshypothek für einen Gläubiger des Übergebers auch dann noch belastet werden, wenn der Übernehmer inzwischen Alleineigentümer des ganzen Grundstücks geworden ist.[158]

53 – **Verfügungsbeeinträchtigungen.** Erwirbt der Eigentümer eines ideellen Grundstücksbruchteils einen weiteren Bruchteil oder das restliche Grundstück als **Vorerbe**, so kann er den ihm schon vorher gehörigen ideellen Grundstücksbruchteil gesondert mit einem Grundpfandrecht belasten.[159] Dabei kommt es nicht darauf auf die zeitliche Reihenfolge des Erwerbs der Anteile an; Begründung dafür ist, dass insofern eine unterschiedlich stark ausgeprägte Verfügungsmacht besteht. Strittig ist es, wenn das Grundstück zum Gesamtgut der Gütergemeinschaft gehört und ein Ehegatte den Überlebenden zum Vorerben einsetzt; nach BGH ist in diesem Falle der Nacherbenvermerk nicht einzutragen.[160] Auch kann ein **Testamentsvollstrecker**, der über einen Nachlass bestellt ist, aus dem ein Bruchteilseigentümer zu seinem Anteil einen weiteren Anteil erwirbt, auf diesem Anteil eine Hypothek für einen Vermächtnisnehmer eintragen lassen.[161]

54 – **Gutgläubiger Erwerb.** Die Belastung eines ideellen Bruchteils eines Grundstücks, das im Alleineigentum steht, kann auch durch die Wirkung des § 892 BGB entstehen, wenn der Alleineigentümer entgegen der materiellen Rechtslage als Bruchteilseigentümer eingetragen ist.[162]

55 – **Bodenordnungsverfahren.** Eine gesetzliche Ausnahme von § 1114 BGB enthält **§ 68 FlurbG** und **§ 62 BauGB**.[163]

56 – **Ein Vorbehalt für die Landesgesetzgebung** ist in Art 112, 113 EGBGB enthalten.[164]

57 – Durch Buchung **nach § 3 Abs 6 verselbständigte Anteile** sind gesondert be- und entlastbar. Die Anteile haben dadurch eine Verselbständigung erfahren, die es gestattet, jeden dieser mehreren (noch) demselben Eigentümer gehörenden Anteile getrennt mit Hypotheken zu belasten.[165] Durch Neufassung des § 1114 BGB ist dies klargestellt.

IV. Eintragungen bzw Mitbelastungsvermerk von Amts wegen

1. Allgemeines

58 Die Eintragung der Mitbelastungsvermerke sowie deren Berichtigung nach § 48 Abs 1, ferner die Löschung nach § 48 Abs 2 und die Berichtigung in sonstigen Fällen erfolgt **von Amts wegen.**

---

157 HM; BayObLG BayObLGZ 24, 1431 = JR 1925, 724; KG HRR 1931 Nr 1709; OLG Celle JW 1921, 758; *Staudinger-Wolfsteiner* § 1114 Rn 17; BGB-RGRK-*Mattern* § 1114 Rn 9; MüKo-*Eickmann* § 1114 Rn 17; *Palandt/Bassenge* § 1114 Rn 9; OLG Frankfurt NJW-RR 1988, 463.

158 BayObLG BayObLGZ 1968, 104 = NJW 1968, 1431 = DNotZ 1968, 626 = Rpfleger 1968, 221; OLG Jena JW 1935, 3547; BGB-RGRK-*Mattern* § 1114 Rn 9; MüKo-*Eickmann* § 1114 Rn 18; *Palandt/Bassenge* § 1114 Rn 3; OLG Frankfurt NJW-RR 1988, 463; OLG Zweibrücken Rpfleger 1990, 15.

159 BayObLGZ 1968, 151 = NJW 1968, 1431 unter Abweichung von OLG Jena HRR 1936 Nr 724 und BayObLG RJA 16, 136; *Staudinger-Wolfsteiner* § 1114 Rn 18; BGB-RGRK-*Mattern* § 1114 Rn 9; MüKo-*Eickmann* § 1114 Rn 20; *Soergel-Konzen* § 1114 Rn 7; *Erman-Wenzel* § 1114 Rn 10; *Palandt/Bassenge* § 1114 Rn 3.

160 BGH NJW 1970, 943 und 1314 m Anm Bartsch = DNotZ 1970, 412 = Rpfleger 1970, 162; BGH NJW 1978, 698 = MittBayNot 1978, 62 = Rpfleger 1978, 893 = DNotZ 1976, 554 = Rpfleger 1976, 205; *Schöner/Stöber* Rn 3482, 3487b; **aA** *Böhringer* BWNotZ 1978, 111; *Staudenmaier* NJW 1965, 380; OLG Hamm NJW 1976, 575 = Rpfleger 1976, 132; OLG Stuttgart NJW 1967, 1809; *Batsch* NJW 1970, 1314; *Prölss* JZ 1970, 95; *Köster* DNotZ 1953, 246; *Neuschwander* BWNotZ 1977, 85; *Schmid* FamRZ 1976, 683. Zu bedenken ist, dass die Befangenheit des Anteils zum Nachlass zum Ausdruck gebracht werden muss, vgl § 47 Rdn 201.

161 RG RGZ 68, 83; *Staudinger-Wolfsteiner* § 1114 Rn 18; MüKo-*Eickmann* § 1114 Rn 20; **aA** BayObLG RJA 16, 136; s auch RGZ 68, 83.

162 RG LZ 1929, 838; BayObLG WM 1975, 103; *Staudinger-Wolfsteiner* § 1114 Rn 19; BGB-RGRK-*Mattern* § 1114 Rn 7; *Palandt/Bassenge* § 1114 Rn 3.

163 OLG Karlsruhe NJW-RR 1987, 271; LG Karlsruhe BWNotZ 1960, 24; *Staudinger-Wolfsteiner* § 1114 Rn 20; MüKo-*Eickmann* § 1114 Rn 22; *Erman-Wenzel* § 1114 Rn 10; *Palandt/Bassenge* § 1114 Rn 3.

164 *Staudinger-Wolfsteiner* § 1114 Rn 28; *Erman-Wenzel* § 1114 Rn 10.

165 LG Nürnberg-Fürth Rpfleger 1971, 223 m zust Anm *Meyer-Stolte* = MittBayNot 1971, 87; OLG Düsseldorf Rpfleger 1970, 394; OLG Köln Rpfleger 1981, 481 = MittRhNotK 1981, 264; AG München MittBayNot 1972, 237; BayObLG BayObLGZ 1974, 466 = NJW 1975, 740 = DNotZ 1976, 28 = Rpfleger 1975, 90; *Staudinger-Wolfsteiner* § 1114 Rn 4.

Dies gilt jedoch nur für diese **Vermerke**. Dagegen begründet die Vorschrift des § 48 von der allgemeinen **59** Regel des Antragsgrundsatzes, dass Eintragungen nur auf Antrag (§ 13) bzw Ersuchen (§ 38) erfolgen, auch insoweit keine Ausnahme, als Eintragungen bei dem Recht selbst in Frage kommen, auf Grund deren die im § 48 vorgeschriebenen Vermerke erst eingeschrieben werden können.¹⁶⁶

Dies gilt insbesondere auch für die **Löschung**. Das auf einem Grundstück gelöschte Gesamtrecht ist an den **60** anderen Grundstücken auch dann nur auf Antrag oder Ersuchen zu löschen, wenn es an ihnen bereits kraft Gesetzes erloschen ist. Es ist insbesondere hinzuweisen auf den Fall des § 1181 Abs 2 BGB, etwa bei Befriedigung im Wege der Zwangsvollstreckung; das Betreiben der Löschung an diesen Grundstücken ist Sache der Beteiligten, da auch das Vollstreckungsgericht nur um Löschung an dem versteigerten Grundstück ersuchen darf.

Über Nachholung eines versehentlich nicht eingetragenen Mitbelastungsvermerks Rdn 178. **61**

Auf dem Blatt eines jeden Grundstücks ist die Mitbelastung der übrigen durch einen **von Amts wegen** einzu- **62** tragenden **Vermerk** erkennbar zu machen, der keine Eintragung im eigentlichen Sinne ist. Der Vermerk muss also bei **allen** betroffenen Grundstücken angebracht werden. Wird daher ein Grundstück nachträglich mitbelastet, so muss die Mitbelastung nicht nur auf dem Blatt dieses Grundstücks, sondern auch bei den übrigen Grundstücken vermerkt werden. Der Mitbelastungsvermerk ist in derjenigen **Abteilung** einzutragen, in der das Gesamtrecht einzutragen ist, also bei Hypotheken, Grund- oder Rentenschulden in der 3. Abteilung, im Übrigen in der 2. Abteilung. Die Erkennbarmachung der Mitbelastung braucht nicht in jedem Falle durch einen ausdrücklichen Vermerk zu erfolgen; sie kann sich auch mittelbar aus dem Grundbuchinhalt ergeben. Im Übrigen ist das Verfahren verschieden, je nachdem, ob die Mitbelastung gleichzeitig (Rdn 63–97) oder nachträglich (Rdn 98–111) erfolgt, ob die belasteten Grundstücke auf einem (Rdn 63, 98) oder mehreren (Rdn 64, 110) Grundbuchblättern vorgetragen sind und ob eines (Rdn 64, 110) oder mehrere Grundbuchämter beteiligt sind (Rdn 70, 111).

2. Gleichzeitige Gesamtbelastung – § 48 Abs 1 S 1

a) Eintragung auf demselben Grundbuchblatt. Sind die mehreren mitbelasteten Grundstücke auf demsel- **63** ben Grundbuchblatt eingetragen, wird über sie also ein **gemeinschaftliches Grundbuchblatt** nach § 4 geführt, so wird das Recht nur einmal eingetragen und die Tatsache der Mitbelastung lediglich dadurch zum Ausdruck gebracht, dass in der Spalte 2 der 2. oder 3. Abteilung die laufende Nummer, welche die Grundstücke im Bestandsverzeichnis führen, eingeschrieben werden.¹⁶⁷ Ein besonderer Mitbelastungsvermerk in der Haupteintragungsspalte wird nicht hinzugefügt, Rdn 62.

b) Eintragung auf verschiedenen Grundbuchblättern desselben Grundbuchamts. Sind die mehreren **64** mitbelasteten Grundstücke auf verschiedenen Grundbuchblättern desselben Grundbuchamtes eingetragen, so ist die Mitbelastung in der **Haupteintragungsspalte** durch einen **besonderen Vermerk** zum Ausdruck zu bringen, der mit dem Eintragungsvermerk verbunden wird. Am zweckmäßigsten geschieht dies entsprechend den amtlichen Mustern durch einen besonderen Satz innerhalb des eigentlichen Eintragungsvermerks, und zwar möglichst am Schlusse desselben. Die mitbelasteten Grundstücke sind in den Vermerk tunlichst durch Angabe des Grundbuchblatts nach Band und Blatt und der Nummern, die sie im Bestandsverzeichnis führen, zu kennzeichnen. Doch ist auch eine andere Bezeichnung, (zB Angabe der katastermäßigen Bezeichnung des Grundstücks nach Vermessungsbezirk und PlanNr) genügend, wenn durch sie das mitbelastete Grundstück zweifelsfrei und eindeutig bezeichnet ist. Gehören die Grundstücke, deren Mitbelastung vermerkt wird, zu einem **anderen Grundbuchbezirk** als dasjenige, bei dem der Vermerk eingeschrieben wird, so muss auch der andere Grundbuchbezirk angegeben werden.¹⁶⁸

Der Vermerk kann hiernach etwa lauten: **65**

»Das Grundstück Nr … des Bestandsverzeichnisses von Band … Blatt … haftet mit. Unter Bezugnahme … eingetragen am …« oder *»Die Grundstücke Band … Blatt … haften mit«* oder *»Die Grundstücke Nr …, … und … des Bestandsverzeichnisses des Grundbuchs von … Band … Blatt … haften mit«.*

Für die Mitteilungen der Grundbuchämter untereinander gilt § 55a. **66**

Es braucht die Nummer, die das Grundstück im Bestandsverzeichnis führt, nicht angegeben zu werden, wenn **67** auf dem in Frage kommenden Blatt nur ein einziges Grundstück verzeichnet ist oder die Mitbelastung sich auf sämtliche dort gebuchten Grundstücke erstreckt. Die Nummer des Bestandsverzeichnisses anzugeben, wird sich aber auf jeden Fall empfehlen, weil auf dem Blatt nachträglich noch weitere Grundstücke eingetragen werden

---

166 *Güthe-Triebel* § 48 Anm 26.
167 *Demharter* § 48 Rn 18; *Böttcher* MittBayNot 1993, 129, 136.
168 *Güthe-Triebel* § 48 Anm 8, 11; *Demharter* § 48 Rn 22.

können, die nicht mitbelastet sind.[169] Nicht unzulässig, sondern sogar besonders **zweckmäßig** ist es, die Mitbelastung in der Weise zum Ausdruck zu bringen, dass eingetragen wird: »... *zur Gesamthaft eingetragen auf den Grundstücken Band ... Blatt ... und Band ... Blatt ... am*« und »*eingetragen auf den Grundstücken Band ... Blatt ... und Band ... Blatt ... am ...*« und dabei sämtliche belasteten Grundstücke, also auch diejenigen, bei denen die Eintragung erfolgt, angegeben werden. Durch diese Fassung wird erreicht, dass der Eintragungsvermerk auf allen Grundbuchblättern wörtlich gleich lautet, und damit vermieden, dass für jedes Blatt eine eigene Eintragungsverfügung getroffen werden muss.[170]

68 Nicht ausgeschlossen ist, dass – anstatt im Mitbelastungsvermerk die mithaftenden Grundstücke einzeln zu bezeichnen – in dem Vermerk zu ihrer näheren Bezeichnung **auf die Eintragungsbewilligung Bezug genommen** wird,[171] zB »*Die in der Eintragungsbewilligung vom ... bezeichneten Grundstücke haften mit. Unter Bezugnahme auf diese Eintragungsbewilligung eingetragen am ...*« Bei einer großen Anzahl von mitbelasteten Grundstücken kann hierdurch das Grundbuch wesentlich entlastet werden. Auch wenn in der Eintragungsbewilligung ein Grundstück nicht richtig bezeichnet ist, hindert dies die Bezugnahme nicht; es muss nur in dem Eintragungsvermerk eine **Richtigstellung** erfolgen, zB »*Die in der Eintragungsbewilligung vom ... bezeichneten Grundstücke haften mit. Die Bezeichnung des darin genannten Grundstücks FlstNr ... lautet jedoch richtig ... Unter Bezugnahme auf die genannte Eintragungsbewilligung eingetragen am ...*« Diese Bezugnahme ist aber nur zulässig zur Bezeichnung der einzelnen mitbelasteten Grundstücke, nicht auch zur Eintragung des Mitbelastungsvermerks selbst. Dass andere Grundstücke mithaften, dass es sich also um ein Gesamtrecht handelt, muss sich somit stets aus dem Eintragungsvermerk selbst ergeben. Welche Grundstücke mithaften, kann durch Bezugnahme eingetragen werden. Zweifelhaft ist es dagegen, nur auf einem Grundbuchblatt sämtliche mithaftenden Grundstücke aufzuführen und auf den übrigen Blättern auf diese Eintragung zu verweisen.[172]

69 Bezüglich der Geschäftsbehandlung soll in dem Geschäftsverteilungsplan vorgesehen sein, dass Eintragungsanträge und -ersuchen, die sich auf mehrere Grundstücke desselben Grundbuchamtes beziehen, in ein und derselben **Grundbuchabteilung** erledigt werden, § 5 GBGeschO. Fehlt eine solche geschäftsverteilungsmäßige Anordnung, so wird am zweckmäßigsten so verfahren, dass der Grundbuchbeamte, dem der Antrag zuerst vorgelegt wird, den Antrag in allen seinen Teilen erledigt.[173] Er lässt sich die anderen Grundakten vorlegen, verfügt die Eintragung in alle in Betracht kommende Grundbuchblätter und überwacht deren Ausführung, dazu § 24 Abs 2 GBV.[174] Über die Zuständigkeit zur Entgegennahme des Eintragungsantrags und die Anbringung des Eingangsvermerks in diesen Fällen: § 20 Abs 2 GBGeschO; für die Entgegennahme des Antrags und die Beurkundung der Eingangszeit sind sämtliche beteiligte Beamte zuständig (§ 13 Abs 3).

70 **c) Eintragung in Grundbücher verschiedener Grundbuchämter.** Für den Fall, dass die mehreren mitbelasteten Grundstücke in den Grundbüchern verschiedener Grundbuchämter eingetragen sind, ist das Verfahren in § 55a, § 30 GBGeschO geregelt.[175]

---

169 *Demharter* § 48 Rn 22.
170 *Güthe-Triebel* § 48 Anm 11.
171 *Saage* DFG 1938, 122.
172 *Saage* DFG 1938, 122; KEHE-*Eickmann* GBV § 11 Rn 5: »*Es besteht Gesamthaft. Die mithaftenden Grundstücke ergeben sich aus der jeweils gültigen Eintragung im Grundbuch von ... Bd ... Bl ... Abt III Nr ...*«.
173 *Bauer/von Oefele-Wegmann* § 48 Rn 39.
174 *Demharter* § 48 Rn 25, 26.
175 *Saage* aaO, 109. Die Bundesländer haben überwiegend landesrechtliche Geschäftsanweisungen für die Behandlung der Grundbuchsachen erlassen, die an die Stelle der Allgemeinen Verfügung über die geschäftliche Behandlung der Grundbuchsachen (GBGeschO) vom 25.02.1936 (DJ 1935, 350 mit Änderungen DJ 1938, 33, DJ 1939, 224 und DJ 1941, 1022) treten oder sie lediglich abändern und ergänzen. Diese AV ist aufgehoben: a) in **Bayern**; an ihre Stelle ist getreten die **Geschäftsanweisung für die Behandlung der Grundbuchsachen** (GBGA) vom 07.12.1981 (BayJMBl 190); deren § 29 und § 61 sind neu gefasst mit Bekanntmachung vom 09.10.1984 (BayJMBl 204); weitere Änderung ist mit Bekanntmachung vom 08.04.1986 (BayJMBl 29) sowie vom 11.04.1988 (BayJMBl 50) erfolgt, zuletzt am 11.05.1998 (JMBl S 64); b) in **Hamburg**; an ihre Stelle ist getreten die AV der Justizbehörde vom 22.12.1971 (HambJVBl 107) betr Geschäftliche Behandlung der Grundbuchsachen, deren § 36 ist geändert durch AV der Justizbehörde vom 31.05.1988 (HambJVBl 51); c) in **Hessen** (s HessJMBl 1967, 150); an ihre Stelle ist (nun) getreten der RdErl d MdJ vom 20.10.1988 (HessJMBl 781) betr Geschäftlicher Behandlung der Grundbuchsachen; d) in **Niedersachsen**; sie wurde in neuer Fassung bekannt gegeben als AV d Nds MdJ vom 03.11.1967 (Nds Rpfl 241), abgedruckt in der AktO – amtliche Ausgabe – als AV 2, und geändert mit AV vom 09.07.1969 (Nds Rpfl 172) sowie AV vom 04.02.1975 (Nds Rpfl 29); e) in **Nordrhein-Westfalen**; sie wurde in neuer Fassung bekannt gemacht als AV d JM vom 14.10.1970 (JMBl NRW 253) betr Geschäftliche Behandlung der Grundbuchsachen (GBGA); Änderung ist mit AV d JM vom 27.03.1987 (JMBl NW 97) und vom 28.03.1990 (JMBl NW 97) erfolgt; f) in **Rheinland-Pfalz**; an ihre Stelle ist getreten das Rundschreiben des Ministeriums der Justiz vom 12.12.1983 (Jbl 1984, 2) betr Geschäftliche Behandlung der Grundbuchsachen; g) in **Schleswig-Holstein**; an ihre Stelle ist getreten die AV d JM vom 04.11.1982 (SchlHA 185) betr Geschäftliche Behandlung der Grundbuchsachen; deren § 10 ist neu gefasst mit AV vom 13.08.1984 (SchlHA 158); h) in **Sachsen** trifft Bestimmung die vorläufige Sächsische Geschäftsanweisung für die Behandlung der Grundbuchsachen (Sächs GBGA) vom 07.12.1994 (Sächs ABl S 139); i) in **Thüringen** gilt die Geschäftsanweisung für die Behandlung der Grundbuchsachen (ThürGBGA) vom 17.05.1996 (JMBl für Thüringen S 53.

Sachlich entscheidet jedes Grundbuchamt selbständig für die in seine Zuständigkeit fallenden Grundstücke **71** ohne Rücksicht darauf, wie die anderen beteiligten Grundbuchämter den Antrag behandeln. Doch steht nichts im Wege, dass sich die Grundbuchbeamten über die Verbescheidung des Antrags **verständigen**.

Der Antragsteller kann entweder den Antrag gleichzeitig bei jedem der beteiligten Grundbuchämter stellen **72** oder ihn zunächst nur bei einem dieser Grundbuchämter einreichen. Zweckmäßig wird er in letzterem Falle ersuchen, den Antrag nach Erledigung an das oder die beteiligten Grundbuchämter weiterzugeben. Auch wenn dies nicht ausdrücklich ausgesprochen ist, ist jedes Grundbuchamt verpflichtet, einen bei ihm eingegangenen Eintragungsantrag, für dessen Erledigung neben ihm noch ein anderes Grundbuchamt oder mehrere andere Grundbuchämter zuständig sind, nach Erledigung des in seine Zuständigkeit fallenden Antrags dem anderen beteiligten Grundbuchamt bzw den anderen Grundbuchämtern zu übersenden, § 21 Abs 2 GBGeschO. Für Ersuchen nach § 38 gilt dasselbe.

Es ergibt sich daher folgende Sachbehandlung, je nachdem, ob das Grundbuchamt nach § 21 Abs 2 (a) GBGe- **73** schO verfährt, Rdn 74 ff, oder ob bei jedem Grundbuchamt ein selbständiger Antrag eingereicht wird, Rdn 88 ff.

d) Verfahren nach § 21 Abs 2 (a) GBGeschO. aa) Tätigkeit des zuerst angegangenen Grundbuch- 74 amts. Das erstbeteiligte Grundbuchamt nimmt die Eintragung des Gesamtrechts bei den in seine Zuständigkeit fallenden Grundstücken vor, § 21 Abs 2 (a) S 1 GBGeschO. Hierbei ist die Mithaft der Grundstücke, deren Grundbuchblätter es nicht selbst führt, zugleich mit der Eintragung des Rechts auf den von ihm geführten Grundbuchblättern einzutragen, § 30 Abs 2 (a) S 1 GBGeschO. Dass die Eintragung auf den anderen Blättern noch nicht erfolgt ist, steht nicht im Wege. Es wird zwar zunächst etwas Unrichtiges eingetragen, nämlich ein Gesamtrecht, obwohl vorerst nur ein Einzelrecht besteht. Dies ist aber unschädlich, da bei einem Gesamtrecht nicht das einzelne Grundbuchblatt, sondern sämtliche Blätter der in den Mitbelastungsvermerken genannten Grundstücke das Grundbuch iSd § 892 BGB darstellen.[176] Die mitbelasteten Grundstücke sind tunlichst durch Hinweis auf das Grundbuchblatt und Angabe ihrer Nummer im Bestandsverzeichnis zu kennzeichnen. Der Mitbelastungsvermerk in der Hauptspalte lautet hier wie in sonstigen Fällen (Rdn 65–68). Nur ist zu beachten, dass auch das Grundbuchamt, bei dem das Blatt für das mitbelastete Grundstück geführt wird, bezeichnet werden muss, zB »*Grundstücke des Grundbuchs von … Band … Blatt … des Amtsgerichts … und das Grundstück Nr … des Bestandsverzeichnisses des Grundbuchs von … Band … Blatt … des Amtsgerichts … haften mit*«.

Vor der Eintragung des Gesamtrechts soll das Grundbuchamt tunlichst **bei den anderen beteiligten Grund- 75 buchämtern anfragen**, ob die beteiligten Grundstücke in den Eintragungsunterlagen grundbuchmäßig richtig bezeichnet[177] sind, § 30 Abs 2 (b) GBGeschO.

Hierdurch wird vermieden, dass in dem Mithaftungsvermerk die mitbelasteten Grundstücke von vornherein **76** mangelhaft oder unrichtig bezeichnet werden; denn abgesehen von dem Fall, dass die Eintragungsunterlagen die Grundstücke nicht in einer für den Mitbelastungsvermerk geeigneten Weise bezeichnen, kann die grundbuchmäßige Bezeichnung sich in der Zwischenzeit auch geändert haben, zB weil das Grundbuchblatt umgeschrieben worden ist oder weil das Grundstück infolge Berichtigung der Bestandsangaben eine neue laufende Nummer erhalten hat. Die Anfrage bei den übrigen beteiligten Grundbuchämtern kann formlos, auch fernmündlich erfolgen. Das Grundbuchamt, bei dem die Anfrage gestellt wird, wird Maßnahmen, die eine Änderung in der grundbuchmäßigen Bezeichnung des mit dem Gesamtrecht zu belastenden Grundstücks zur Folge haben, zB eine beabsichtigte Grundbuchumschreibung, alsbald vornehmen, um den anfragenden Grundbuchämtern gleich die neue Bezeichnung für den Mithaftvermerk mitteilen zu können. Zweckmäßig ist es auch, andere für die Eintragung des Gesamtrechts bedeutsame Umstände, zB ein **etwaiges Eintragungshindernis, gleichzeitig mitzuteilen**.[178]

Wird auf die Anfrage bestätigt, dass die mithaftenden Grundstücke grundbuchmäßig richtig bezeichnet sind, **77** oder wird von dem anderen Grundbuchamt die richtige Bezeichnung mitgeteilt, so kann das **Gesamtrecht** ohne weiteres **eingetragen** werden. Kann das Grundstück von dem anderen Grundbuchamt nach seiner Bezeichnung in den Eintragungsunterlagen nicht mit Sicherheit festgestellt werden, so muss dem Antragsteller oder der ersuchenden Stelle durch **Zwischenverfügung nach § 18** die einwandfreie Bezeichnung des Grundstücks aufgegeben werden.[179] Nach Ergänzung des Eintragungsantrags ist die Anfrage bei dem anderen Grundbuchamt zu wiederholen. Unzulässig wäre es, in dem Mitbelastungsvermerk die grundbuchmäßige Bezeichnung der zur Zuständigkeit eines anderen Grundbuchamts gehörigen Grundstücke zunächst offen zu lassen

---

176 *Saage* aaO, 111.
177 *Demharter* § 48 Rn 28; KEHE-*Eickmann* § 48 Rn 14.
178 *Saage* aaO, 112.
179 *Demharter* § 48 Rn 28.

bzw sie vorerst nur mit Bleistift einzusetzen und sie erst später zu ergänzen, wenn auf Grund der Anfrage nach § 30 Abs 2 (a) GBGeschO die Mitteilung des anderen Grundbuchamts eingetroffen ist.[180]

78 Durch die Vorschrift des § 30 Abs 2 (a) S 2 GBGeschO, dass die mitbelasteten Grundstücke tunlichst nach Grundbuchblatt und Nummer des Bestandsverzeichnisses bezeichnet werden sollen, wird das Recht des Antragstellers, das betroffene Grundstück in den Eintragungsunterlagen **nach § 28** auch übereinstimmend mit dem Grundbuch zu **bezeichnen** (also unter Angabe des Vermessungsbezirks und der FlurstückNr), nicht eingeschränkt. Das Grundbuchamt kann daher nicht verlangen, dass die Grundstücke in der Eintragungsbewilligung usw in der in § 30 Abs 2 (a) S 2 GBGeschO vorgesehenen Weise bezeichnet sind, sondern muss, wenn die Grundstücke nur katastermäßig bezeichnet sind, die grundbuchmäßige Bezeichnung durch Anfrage bei dem zuständigen Grundbuchamt feststellen.[181]

79 **Nach der Eintragung** hat das zuerst angegangene Grundbuchamt die **Eintragungsunterlagen** unter Zurückbehaltung von beglaubigten Abschriften derselben (§ 10 Abs 1) dem anderen Grundbuchamt oder einem der anderen beteiligten Grundbuchämter zu **übersenden**, § 21 Abs 2 (a) S 2 GBGeschO; dies stellt kein Ersuchen iSd § 38 dar, sondern es wird dem anderen Grundbuchamt nur anheim gestellt, über den übermittelten Eintragungsantrag zu entscheiden.[182] Die von dem Grundbuchamt vorgenommene Eintragung ist gleichzeitig im Wortlaut zu den Grundakten des anderen Grundbuchamts mitzuteilen, § 55a, § 30 Abs 1 S 1 GBGeschO. Dies gilt auch für Briefrechte. Auf etwaige Abweichungen zwischen der grundbuchmäßigen Bezeichnung der beteiligten Grundstücke, deren Grundbuchblätter bei dem den Antrag abgebenden Grundbuchamt geführt werden, und ihrer Bezeichnung in den Eintragungsunterlagen ist gleichzeitig hinzuweisen, § 30 Abs 1 S 1 aaO. Zur Erleichterung des Verfahrens ist es zweckmäßig, wenn sie sich auf Grundstücke beziehen, deren Blätter von den anderen Grundbuchämtern geführt werden. Über § 55a, § 30 Abs 1 S 2 GBGeschO Rdn 84.

80 **bb) Die weiter beteiligten Grundbuchämter.** Das nächstbeteiligte und jedes weiter beteiligte Grundbuchamt hat grundsätzlich in derselben Weise zu verfahren wie das zuerst angegangene Grundbuchamt. Das nächstbeteiligte Grundbuchamt trägt das Recht nebst dem Mithaftvermerk in der Hauptspalte ein und sendet beglaubigte Abschrift seiner Eintragung an das erste Grundbuchamt zurück. Insbesondere ist grundsätzlich auch die **Anfrage** nach § 30 Abs 2 (b) GBGeschO zu stellen, Rdn 75. Doch wird sich eine Anfrage bei dem erstbeteiligten Grundbuchamt in aller Regel erübrigen, da die grundbuchmäßige Bezeichnung der dort geführten Grundstücke sich aus der Eintragungsmitteilung ergibt, und nur veranlasst sein, wenn besondere Umstände eine Änderung dieser Bezeichnung vermuten lassen. Auch eine Anfrage bei den weiter beteiligten Grundbuchämtern ist entbehrlich, wenn bereits das erstbeteiligte Grundbuchamt die Richtigkeit der grundbuchmäßigen Bezeichnung der in deren Zuständigkeit fallenden Grundstücke festgestellt hat.[183]

81 In dem **Mitbelastungsvermerk** (in der Hauptspalte) im Grundbuch sind auch hier sofort alle mithaftenden Grundstücke zu bezeichnen, sowohl diejenigen, an denen das Recht bereits eingetragen ist, als auch diejenigen, deren Grundbuchblätter von weiter beteiligten Grundbuchämtern geführt werden, auf denen das Recht also erst später eingetragen wird.

82 Bezüglich der Mitteilung nach § 55a, § 30 Abs 1 S 1 GBGeschO ist in Ergänzung zu Rdn 79 zu beachten, dass diese Mitteilung den Grundbuchämtern der beteiligten Grundstücke zu machen ist, also sowohl dem Grundbuchamt, welches das Gesamtrecht bereits eingetragen hat, als auch den Grundbuchämtern, bei denen es erst noch eingetragen werden soll. Eines Hinweises auf eine Abweichung zwischen der grundbuchmäßigen Bezeichnung eines Grundstücks und seiner Bezeichnung in den Eintragungsunterlagen bedarf es gegenüber dem erstbeteiligten Grundbuchamt nicht mehr, wenn vorher die Anfrage nach § 30 Abs 2 (b) GBGeschO ergangen und beantwortet worden ist.

83 **cc) Weitere Tätigkeit aller beteiligten Grundbuchämter.** Jedes Grundbuchamt hat nach Eingang der Eintragungsmitteilungen der übrigen beteiligten Grundbuchämter die **Bezeichnung der mitbelasteten Grundstücke** in den von ihm geführten Grundbuchblättern mit diesen Mitteilungen zu vergleichen und eine etwa notwendige **Richtigstellung** der Grundstücksbezeichnungen von Amts wegen vorzunehmen, § 30 Abs 2 (c) GBGeschO; dazu Rdn 151–153.

84 Wird von einem der beteiligten Grundbuchämter der Eintragungsantrag bzw das Eintragungsersuchen **zurückgewiesen**, so sind hiervon alle übrigen beteiligten Grundbuchämter durch Übersendung einer beglaubigten Abschrift der zurückweisenden Verfügung zu **verständigen** (§ 55a); auf etwaige Abweichungen zwischen der grundbuchmäßigen Bezeichnung der beteiligten Grundstücke und ihrer Bezeichnung in den Eintragungsunterlagen ist auch hier hinzuweisen, § 30 Abs 1 S 2 GBGeschO, Rdn 79.

---

180 *Saage* aaO, 113.
181 *Saage* aaO, 113.
182 §§ 17, 18.
183 *Saage* aaO, 114.

Wird bezüglich einzelner Grundstücke der **Eintragungsantrag** bzw das Eintragungsersuchen **zurückgenom-** **85**
men, so ist ebenso zu verfahren wie bei der Zurückweisung des Antrags durch ein Grundbuchamt. Auf die
Mitteilungspflicht gegenüber den übrigen beteiligten Grundbuchämtern ist § 55a, § 30 Abs 1 S 2 GBGeschO
entsprechend anzuwenden.[184]

Ist von einem anderen Grundbuchamt dem Eintragungsantrag bereits stattgegeben und das Gesamtrecht einge- **86**
tragen worden, geht die zurückweisende Verfügung also nicht von dem erstbeteiligten (Rdn 74), sondern von
einem der nächstbeteiligten Grundbuchämter (Rdn 80–82) aus, oder bezieht sich die Antragsrücknahme auf
ein im Bezirk eines anderen Grundbuchamts gelegenes Grundstück, so müssen die Grundbuchämter, bei denen
der **Mitbelastungsvermerk** bereits eingetragen ist, diesen **richtig stellen**. Dies geschieht von Amts wegen,
und zwar in der Veränderungs-, nicht in der Löschungsspalte. Der in der Veränderungsspalte[185] einzutragende
Vermerk kann etwa lauten: »*Das Grundstück Nr ... des Bestandsverzeichnisses des Amtsgerichts ... Band ... Blatt ...*
haftet nicht mit. Von Amts wegen eingetragen am ...« Der betroffene Teil des Mitbelastungsvermerks, dh die
Bezeichnung des Mithaftungsvermerks, braucht den übrigen beteiligten Grundbuchämtern nicht mitgeteilt zu
werden.

Von der Berichtigung des Mitbelastungsvermerks ist die Frage zu unterscheiden, ob das **Grundbuch unrich-** **87**
tig ist, weil die Einigung der Beteiligten ein Gesamtrecht im Auge hatte und anzunehmen ist, dass die Eintragung nur eines Einzelrechts durch die Einigung nicht gedeckt ist, **§ 139 BGB**. Hier kommt es auf die
Umstände des Einzelfalles an. Auch wenn Grundbuchunrichtigkeit anzunehmen ist, ist **kein Amtswider-**
spruch nach § 53 veranlasst, weil eine Verletzung gesetzlicher Vorschriften nicht vorliegt. Auch für eine entsprechende Anwendung dieser Vorschriften ist kein Raum.[186] Ist das Grundbuch unrichtig, weil die Eintragung
mit der Einigung im Widerspruch steht, so ist eine **Berichtigung von den Beteiligten zu betreiben**.

e) Eintragungsantrag bzw Eintragungsersuchen bei jedem beteiligten Grundbuchamt. Wird der Ein- **88**
tragungsantrag oder das Eintragungsersuchen bei jedem der beteiligten Grundbuchämter gestellt, kann das
Grundbuchamt also nicht nach § 21 Abs 2 (a) GBGeschO verfahren und den Antrag nach Erledigung an das
oder die weiteren beteiligten Grundbuchämter weitergeben, so ist in der im folgenden geschilderten Weise zu
verfahren. Ein Zwang zur Stellung des Eintragungsantrags bei den übrigen Grundbuchämtern kann nicht ausgeübt werden.

Wird ein solcher Antrag nur bei einigen von mehreren Grundbuchämtern eingereicht, so ist insoweit in glei- **89**
cher Weise zu verfahren (§ 55a), im Übrigen jedoch nach Rdn 74 ff, im Zweifel nach dem umständlicheren
Verfahren, damit keine Schwierigkeiten sich ergeben.

Da die Antragstellung bei einem der Grundbuchämter den **Rang** nicht wahrt, soweit bei den anderen Grund- **90**
buchämtern ein Antrag eingegangen ist, hat die selbständige Antragstellung große Bedeutung.[187]

Geht der Antrag bei allen Grundbuchämtern ein (bzw bei einigen von mehreren), dann ist § 30 Abs 2 (a, b) **91**
GBGeschO ebenfalls anzuwenden; dazu Rdn 74 ff.

Das Grundbuchamt hat also bei den anderen beteiligten Grundbuchämtern vor der Eintragung tunlichst **anzu-** **92**
fragen, ob die beteiligten Grundstücke in den Eintragungsunterlagen grundbuchmäßig richtig bezeichnet sind.
Nach Eingang der Mitteilung ist zugleich mit der **Eintragung** des Rechts die Mitbelastung der Grundstücke,
deren Blätter von den anderen Grundbuchämtern geführt werden, einzutragen, und zwar ohne Rücksicht
darauf, ob die Eintragung auf den anderen Blättern bereits erfolgt ist oder nicht.

Die **erfolgte Eintragung**, ferner die **Zurückweisung** des Eintragungsantrags bzw -ersuchens sind nach § 55a, **93**
§ 30 Abs 1 GBGeschO den übrigen beteiligten Grundbuchämtern **mitzuteilen**, und zwar sowohl denjenigen,
die das Gesamtrecht bereits eingetragen haben, als auch allen jenen Grundbuchämtern, in deren Grundbüchern
das Recht nach den Eintragungsunterlagen überhaupt eingetragen werden soll,[188] dazu Rdn 79, 83–87.

Jedes Grundbuchamt, das die Eintragung schon vorgenommen hat, hat die Bezeichnung der mitbelasteten Grund- **94**
stücke in seinem Grundbuch mit den eingehenden Mitteilungen der anderen Grundbuchämter zu vergleichen und
nötigenfalls von Amts wegen richtig zu stellen, § 30 Abs 2 (c) GBGeschO, dazu Rdn 83, 151–153.

Hat der Antragsteller bei den anderen Grundbuchämtern selbst einen Antrag gestellt, so erübrigt sich die Wei- **95**
tergabe des Antrags und der Eintragungsunterlagen an die anderen Grundbuchämter, die **Mitteilung** nach
§ 55a, § 30 Abs 1 GBGeschO wird aber dadurch nicht entbehrlich.[189]

---

184 *Saage* aaO, 116, 119.
185 *Demharter* § 48 Rn 30.
186 *Demharter* § 48 Rn 30; KEHE-*Eickmann* § 48 Rn 14.
187 *Demharter* § 48 Rn 32.
188 *Saage* aaO 117.
189 *Demharter* § 48 Rn 31.

96 Davon, ob der Antragsteller den Eintragungsantrag bzw das Eintragungsersuchen auch **bei den anderen beteiligten Grundbuchämtern gestellt** hat, hängt es also ab, ob der Mithaftvermerk in Bezug auf die von diesen Grundbuchämtern geführten Grundstücke richtig ist. Deshalb bestimmt § 30 Abs 2 (d) S 1 GBGeschO, dass in geeigneter Weise zu **überwachen** ist, ob der Antrag oder das Ersuchen auch bei den anderen beteiligten Grundbuchämtern gestellt wird, und gegebenenfalls dem Antragsteller eine angemessene Frist hierzu zu setzen ist. Ein bestimmtes Verfahren für diese Überwachung ist nicht vorgeschrieben; es entscheiden jeweils die Umstände des einzelnen Falles. Regelmäßig wird sich das Verfahren so abspielen, dass das Grundbuchamt nach Erledigung der bei ihm eingereichten Antrags eine angemessene Zeit, deren Länge sich nach der Zahl der weiter beteiligten Grundstücke und Grundbuchämter richtet, abwartet und sodann bei den Grundbuchämtern, von denen noch keine Mitteilung nach § 55a, § 30 Abs 1 GBGeschO eingegangen ist, anfragt, ob der Antrag gestellt worden ist. Ist dies nicht der Fall, so ist dem Antragsteller eine Frist zur Einreichung des Antrags zu setzen. Vor der Fristsetzung soll sich aber das Grundbuchamt mit den anderen beteiligten Grundbuchämtern über das Vorgehen verständigen, § 30 Abs 2 (d) S 3 GBGeschO. Hierdurch soll vermieden werden, dass mehrere Grundbuchämter das Verfahren nebeneinander in verschiedener Weise betreiben. Zweckmäßig ist, wenn alle beteiligten Grundbuchämter die gleiche Frist setzen.

97 Wird der Eintragungsantrag bzw das Eintragungsersuchen innerhalb der vom Grundbuchamt gesetzten Frist nicht gestellt, so ist anzunehmen, dass der Antrag bzw das Ersuchen nicht gestellt werden soll, § 30 Abs 2 (d) S 2 GBGeschO. Nach ergebnislosem Fristablauf ist daher der **Mitbelastungsvermerk** in der in Rdn 84–87 geschilderten Weise dahin **richtig zu stellen**, dass die Grundstücke, bezüglich derer der Antrag bzw das Ersuchen nicht gestellt worden ist, nicht mithaften. Die Eintragung selbst bleibt bestehen. Es ist auch kein Amtswiderspruch nach § 53 einzutragen.[190] Ist das Grundbuch unrichtig, so ist es Sache der Beteiligten, die Berichtigung[191] herbeizuführen.

3. Nachträgliche Mitbelastung – § 48 Abs 1 S 2 HalbS 1

98 **a) Eintragung auf demselben Grundbuchblatt.** Ist das nachträglich mitzubelastende Grundstück auf demselben Grundbuchblatt wie das oder die bereits belasteten Grundstücke eingetragen, liegt also ein gemeinschaftliches Grundbuchblatt nach § 4 vor, so wird das Recht nicht etwa in der Hauptspalte noch einmal eingetragen, sondern nur die Mithaft in der **Veränderungsspalte**.[192]

99 Der Vermerk kann etwa lauten: »*Das Grundstück Nr ... des Bestandsverzeichnisses haftet mit ... Eingetragen am ...*« Es kann auch heißen: »*... ist in die Mithaft eingetreten ...*«

100 Die Eintragung in der Hauptspalte und in der Veränderungsspalte bilden nach bisheriger hM[193] eine einheitliche Eintragung. Dem Mithaftvermerk nach § 48 kommt in diesem Fall rechtsbegründender Charakter zu.

101 Ist aber das neu belastete Grundstück bereits mit anderen Rechten belastet, die räumlich hinter dem nunmehrigen Gesamtrecht stehen, so muss nach bisheriger hM der **Rang des Gesamtrechts** hinter diesen Rechten durch einen besonderen Rangvermerk klargestellt werden,[194] denn sonst würde das Gesamtrecht den Vorrang vor den bereits eingetragenen Rechten an den nachträglich mitbelasteten Grundstücken erhalten. Zur hier vertretenen abweichenden Meinung vgl Rdn 103.

102 Fassungsvorschlag nach bisheriger Meinung: »*Das Grundstück Bestandsverzeichnis Nr 2 haftet mit. Im Range nach der Hypothek Nr 2 eingetragen am ...*«.[195]

103 Bestritten ist die Frage, ob ein besonderer Vermerk über den Rang mehrerer Gesamtrechte untereinander auf dem nachträglich mitbelasteten Grundstück einzutragen ist. Nach dem **Prioritätsgrundsatz** entstehen beide Rechte durch die Buchung des Mitbelastungsvermerks und haben sodann **Gleichrang**.[196] In der Eintragungsbewilligung wird aber durch ausdrückliche Bestimmung oder durch stillschweigende **Auslegung** ein anderes Rangverhältnis gewollt sein, nämlich die **bisherige Rangfolge**. Wenn im Bestandsverzeichnis zwei Grundstücke unter Nummer 1 und Nummer 2 eingetragen sind, von denen Nummer 1 mit zwei Hypotheken a und b belastet ist, und zwar a mit Rang vor b, das Grundstück Nummer 2 dagegen unbelastet ist, so bleibt in der

---

190 *Saage* aaO 117.
191 Es gilt § 22.
192 LG Essen DNotZ 1957, 670; *Bauer/von Oefele-Wegmann* § 48 Rn 28; *Hesse-Saage-Fischer* § 48 Anm III 1; *Demharter* § 48 Rn 19; *Schöner/Stöber* Rn 2655.
193 RG RGZ 132, 111; OLG Köln MittRhNotK 1982, 177; *Schöner/Stöber* Rn 2656; **aA** LG Bonn Rpfleger 1982, 138 m abl Anm *Streuer*.
194 RG RGZ 132, 111; LG Würzburg Rpfleger 1958, 152 m abl Anm *Bruhn*; *Demharter* § 48 Rn 20; *Hesse-Saage-Fischer* § 48 Anm III 1; KEHE-*Eickmann* § 45 Rn 18; *Schöner/Stöber* Rn 2657 ff. Eine hM gibt es jetzt nicht mehr, so auch *Böttcher* Rpfleger 1990, 438.
195 KEHE-*Eickmann* § 45 Rn 18.
196 *Böttcher* BWNotZ 1988, 73.

Regel nach dem Willen des Eigentümers das bisherige Rangverhältnis zwischen den Hypotheken a und b im Falle der Mitverpfändung des Grundstücks Nummer 2 bezüglich dieses Grundstücks bestehen. Das Grundbuchamt wird in der Regel durch Auslegung der Urkunde zu diesem Ergebnis kommen.[197] Die bisherige hM[198] bejaht die Einheitlichkeit von Hauptspalte und Nebenspalte und hält einen Rangvermerk nicht für erforderlich. Wer das Prioritätsprinzip[199] konsequent verfolgt, muss einen Rangvermerk eintragen. Fassungsvorschlag: *»Das Grundstück Bestandsverzeichnis Nummer 2 haftet mit. Das Recht Abteilung III Nummer 1 hat Rang vor dem Recht Abteilung III Nummer 2. Eingetragen am …«* Wer den sicheren Weg gehen will, trägt in jedem Falle Rangvermerk ein.

Weiteres Beispiel: Im Bestandsverzeichnis sind eingetragen zwei Grundstücke unter Nr 1 und Nr 2, von denen Nr 1 mit dem Recht III/1 und Nr 2 mit dem Recht III/2 belastet sind. Das Recht III/1 soll auf Grundstück Nr 2 erstreckt werden. Der Gläubiger III/2 tritt im Rang zurück, damit das Recht III/1 an Grundstück Nr 2 den Vorrang erhält. Nach bisheriger hM genügt der bloße Mitbelastungsvermerk, da die Hauptspalte den Vorrang des Rechts III/1 bereits ausweise; nach der hier vertretenen Meinung ist neben dem Mitbelastungsvermerk die Rangänderung ausdrücklich noch einzutragen. Weitere Fallgestaltungen sind entsprechend der bisherigen hM ausführlich bei *Schöner/Stöber*[200] dargestellt; die Gegenmeinung bei *Schmid*,[201] *Streuer*[202] und *Böttcher*.[203] Der bisherigen hM kann nicht zugestimmt werden. Richtig ist zwar, dass die Eintragung in der Veränderungsspalte die Eintragung in der Hauptsache lediglich ergänzt – im Hinblick auf den Rang ergänzt aber die Eintragung in der Veränderungsspalte nicht die der Hauptspalte. Unbestritten ist, dass am mitverpfändeten Grundstück ein anderes Rangverhältnis bestehen kann. Rangverhältnisse an mehreren Belastungsgegenständen haben miteinander nichts zu tun; ebenso hat die Einheit des Rechts mit der Rangselbständigkeit bei den belasteten Grundstücken nichts zu tun. Die buchmäßige Rangposition am nachverpfändeten Grundstück ist unabhängig von der Eintragung in der Hauptspalte zu beurteilen. Das materielle Recht fordert für Rangänderungen grundsätzlich eine ausdrückliche Eintragung, eine Ausnahmeregelung ist im Gesetz für die Fälle der Nachverpfändung[204] nicht vorgesehen.

Wenn feststeht, welches Rangverhältnis von den Beteiligten bei der Nachverpfändung eines Grundstücks gewollt ist, muss die Buchlage so gestaltet werden, wie sie der materiellen Rechtslage entspricht; bei einer gewollten Änderung der Rechtslage (§ 880 BGB) ist die Eintragung zwingendes Erfordernis der Rechts-(Rang-)Änderung; bei nicht erfolgender Rechtsänderung ist keine Eintragung notwendig, da sich nichts ändert, was eingetragen werden müsste.

Das Rangproblem bei der Nachverpfändung darf nicht mit der Rechtslage bei der Unterwerfungsklausel im Fall der Nachverpfändung verglichen werden:[205] im ersten Fall wird das künftige Rangverhältnis nicht durch die ursprüngliche Eintragung in der Hauptspalte zum Ausdruck gebracht, im zweiten Fall bleibt die Höhe der zu erbringenden Leistungen unverändert und wird demzufolge von der in der Hauptspalte enthaltenen Unterwerfungsklausel erfasst.

Da die bisherige hM konträr zur hier vertretenen Ansicht einen Rangvermerk für überflüssig erachtet oder geradezu fordert, wird dem vorsichtigen Praktiker empfohlen, Rangvermerke auch in den Fällen einzutragen, in denen sie entweder nach der herrschenden oder der hier vertretenen Meinung überflüssig sind.[206] Denn dann

---

197 So mit Recht *Meyer-Stolte* Rpfleger 1971, 201; KEHE-*Eickmann* § 45 Rn 18; *Böttcher* BWNotZ 1988, 73.
198 RG RGZ 132, 112; KG JFG 22, 284 = HRR 1941 Nr 683 = DNotZ 1941, 349 = DR 1941, 1557; OLG Hamm OLGZ 1985, 23 = DNotZ 1985, 619 Ls = Rpfleger 1985, 17, 144 = WM 1985, 289; LG Köln MittRhNotK 1973, 438 = DNotZ 1974, 618 Ls; LG Bonn Rpfleger 1982, 138 m Anm *Streuer; Staudinger-Kutter* § 879 Rn 53; *Staudinger-Wolfsteiner* § 1132 Rn 11–14; BGB-RGRK-*Augustin* § 879 Rn 35; *Soergel-Stürner* § 879 Rn 8; MüKo-*Wacke* § 879 Rn 26; *Demharter* § 48 Rn 20; *Bauer/von Oefele-Wegmann* § 48 Rn 31; *Hesse-Saage-Fischer* § 48 Anm III 1; *Schöner/Stöber* Rn 2659 ff; *Bruhn* Rpfleger 1958, 153; **aA** LG Würzburg Rpfleger 1958, 152; MüKo-*Eickmann* § 1132 Rn 18; KEHE-*Eickmann* § 45 Rn 18; *Eickmann*, Grundbuchverfahrensrecht, 8. Kap § 2 IV; *Schmid* Rpfleger 1982, 251; 1984, 130; *Streuer* Rpfleger 1985, 144 (Anm zu OLG Hamm); *ders* Rpfleger 1985, 388; *ders* Rpfleger 1982, 138 (Anm zu LG Bonn); *Böttcher* BWNotZ 1988, 73. Offen bei *Meyer-Stolte* Rpfleger 1971, 201, wohl aber der hM zuneigend (Rezensionen Rpfleger 1985, 215, 259). Die hM im Prinzip bestätigend *Feuerpeil* Rpfleger 1983, 298.
199 Wird wohl richtigerweise anzuwenden sein, so auch KEHE-*Eickmann* § 45 Rn 18; *Schmid* Rpfleger 1984, 130; *Böttcher* BWNotZ 1988, 73.
200 Rn 2659 ff.
201 Rpfleger 1982, 251; 1984, 130.
202 Rpfleger 1982, 138; 1985, 144.
203 BWNotZ 1988, 73.
204 Zur Nachverpfändung allgemein *Ertl* DNotZ 1990, 684; zum Erbbaurecht BayObLG Rpfleger 1987, 156; zum Wohnungseigentum LG Bochum Rpfleger 1990, 291, 455 m Anm *Meyer-Stolte* und *Mottau*; bei Eigentümergrundschulden OLG Frankfurt Rpfleger 1989, 191 = DNotZ 1990, 740.
205 Ausführlich zu allem *Schöner/Stöber* Rn 2659 ff.
206 So auch OLG Hamm OLGZ 1985, 23 = DNotZ 1985, 619 = Rpfleger 1985, 17, 144; *Feuerpeil* Rpfleger 1983, 298; *Schmid* Rpfleger 1984, 130.

kann sich der Rangvermerk allenfalls als deklaratorisch und damit als unschädlich erweisen; das Grundbuch ist aber in jedem Fall richtig. Das Prinzip der Rechtssicherheit hat hier Vorrang vor dem Grundsatz der Vermeidung der Überfrachtung des Grundbuchs.

104 War ursprünglich eine **Eigentümergrundschuld** bestellt und diese dann abgetreten worden, so werden die Parteien bei der nachträglichen Bildung einer Gesamtgrundschuld die Person des Gläubigers nicht namentlich machen wollen. Dogmatisch stößt man auf Bedenken, jedoch haben *H. P. Westermann,*[207] *Beck*[208] und *Lwowski*[209] sowie *Ertl*[210] für die Praxis gangbare Wege aufgezeigt.[211] Der Praktiker wird – sofern möglich – den von *Beck* vorgeschlagenen Weg der Bestandteilszuschreibung nach § 890 Abs 2 BGB wählen.[212]

105 Ist im Grundbuch ein Grundpfandrecht vor dem 01.01.1978 eingetragen worden, und wird nunmehr für das bestehende Recht ein weiteres Grundstück nachverpfändet, so entsteht für den Gläubiger kraft Gesetzes der **Löschungsanspruch des § 1179a BGB hinsichtlich des nachbelasteten Grundstücks**; die Eintragung einer Löschungsvormerkung ist nicht zulässig.[213]

106 Ist bisher im Grundbuch eine Sicherungsgrundschuld mit dem Inhalt sofortiger Zahlungsfälligkeit vor dem 19.08.2008 eingetragen worden und wird ab 19.08.2008 (Inkrafttreten des Risikobegrenzungsgesetzes) für die bestehende Grundschuld ein weiteres Grundstück zur Gesamthaft mitbelastet, so ist fraglich, ob bei dem Gesamtrecht unterschiedliche Kündigungsbedingungen bestehen dürfen, was zu bejahen ist, denn der Gläubiger kann nach seinem Belieben die Befriedigung aus jedem Grundstück suchen und durch Kündigung die Fälligkeit nur hinsichtlich eines Grundstücks herbeiführen. Bei einer solchen Nachbelastung ist dann § 1193 Abs 2 S 2 BGB zu beachten, so dass am nachbelasteten Grundstück die gesetzliche Kündigungsfrist gilt. Im Grundbuch wäre ein entsprechender Klarstellungsvermerk anzubringen, etwa »*... an dem mitbelasteten Grundstück Flst. ... gilt die gesetzliche Kündigungsfrist des § 1193 Abs 2 S 2 BGB.*« Ohne diesen Vermerk könnte der Eindruck erweckt werden, die Grundschuld sei an allen Grundstücken ohne Einhaltung der Kündigung sofort fällig; dazu darf das Grundbuchamt aber nicht mitwirken, weil es sonst das Grundbuch unrichtig machen würde. Dem Notar ist zu empfehlen, in der Nachverpfändungserklärung die entsprechende Eintragungsbewilligung zu gestalten.

107 Bei Nachverpfändung eines auf demselben Grundbuchblatt verzeichneten Grundstücks bedarf es wegen der Einheitlichkeit der Eintragung in der Hauptspalte und in der Veränderungsspalte im Mithaftvermerk keiner Kenntlichmachung der bei der Hypothek eingetragenen **Unterwerfungsklausel**.[214] Voraussetzung ist selbstverständlich, dass auch für das nachverpfändete Grundstück eine entsprechende Unterwerfungserklärung vorliegt.[215] Eine solche Eintragung wäre sogar, weil überflüssig, unstatthaft. Eines Vermerks bedarf es nur in dem umgekehrten Falle, wenn nämlich die nachbelasteten Grundstücke der sofortigen Zwangsvollstreckung nicht unterliegen sollten.[216] Die erneute Eintragung der Unterwerfungserklärung ist daher unzulässig, wenn ein weiteres Grundstück, das auf demselben Grundbuchblatt verzeichnet ist, für eine mit einer Unterwerfungserklärung bereits eingetragene Hypothek nachträglich in die Mithaft eintritt; soll das nachverpfändete Grundstück nicht der bei der Haupteintragung eingetragenen Unterwerfungsklausel unterliegen, so muss dies in jedem Falle bei dem Mithaftvermerk zum Ausdruck gebracht werden.[217]

---

207 NJW 970, 1023.
208 NJW 1970, 1781.
209 DNotZ 1979, 328.
210 DNotZ 1990, 740.
211 Dazu *Kaempfe* MittBayNot 1971, 347 und *Soergel-Konzen* § 1132 Rn 13; OLG Frankfurt Rpfleger 1989, 191.
212 So auch *Haegele* Rpfleger 1971, 67 und *Schöner/Stöber* Rn 2649. Dazu OLG Frankfurt Rpfleger 1989, 191 = DNotZ 1990, 740.
213 Jetzt hM; BGH, BGHZ 80, 119 = NJW 1981, 1503 = DNotZ 1981, 385 Rpfleger 1981, 228 = JZ 1981, 443 = MDR 1981, 572 = KTS 1981, 599 = ZIP 1981, 484 = MittRhNotK 1981, 164 m Anm *Grauel* = MittBayNot 1981, 129; BayObLG DNotZ 1980, 316 = MittBayNot 1980, 72; LG Wuppertal Rpfleger 1979, 200 m Anm *Grauel*; *Stöber* Rpfleger 1978, 167; *Meyer-Stolte* Rpfleger 1981, 475; zum Übergangsrecht *Schöner/Stöber* Rn 2636. Anders: OLG Düsseldorf, MittRhNotK 1979, 157 m abl Anm *Grauel* = WM 1979, 874; OLG Köln MittBayNot 1979, 182 = MittRhNotK 1980, 7 = WM 1979, 875.
214 HM; BGH BGHZ 26, 344 = NJW 1958, 630 = DNotZ 1958, 252 = MDR 1958, 323 = BWNotZ 1958, 175 = WM 1958, 362 = JZ 1958, 617 = LM Nr 1 § 48 GBO (*Piepenbrock*) = Sparkasse 1959, 150 (*Pikart*); BayObLG Rpfleger 1992, 10, 196; OLG Köln MittRhNotK 1982, 177; LG Essen DNotZ 1957, 670 m zust Anm *Saage*; *Staudinger-Wolfsteiner* § 1132 Rn 14; *Demharter* § 48 Rn 19; *Haegele* Rpfleger 1971, 67; *Schöner/Stöber* Rn 2656; OLG Frankfurt Rpfleger 1978, 312. Zur anderen Rechtslage gegenüber dem Rangproblem bei Nachverpfändung s Rn 103.
215 BGH DNotZ 1958, 252 = NJW 1958, 630; KG HRR 1933, 962; BayObLG Rpfleger 1992, 196.
216 KG JFG 17, 346; *Demharter* § 48 Rn 19; BGH BGHZ 26, 344 = DNotZ 1958, 252 = NJW 1958, 630 = BWNotZ 1958, 175; OLG Köln; LG Essen DNotZ 1957, 670 m zust Anm *Saage*; *Piepenbrock* LM Nr 1 zu § 48 GBO; *Saage* DNotZ 1957, 676.
217 BGH BGHZ 26, 344 = DNotZ 1958, 252 = NJW 1958, 630 = BWNotZ 1958, 175; OLG Köln MittRhNotK 1982, 177; LG Essen DNotZ 1957, 670 (*Saage*).

Eine Ergänzung der **Nummernspalte** durch Hinzufügung der Nummer, die das nachträglich mitbelastete 108
Grundstück im Bestandsverzeichnis führt, ist nicht vorgeschrieben, aber zweckmäßig. Für Württemberg ist
hinzuweisen, wonach bei nachträglicher Mitbelastung, wenn diese wegen vorhandener Zwischenrechte unter
neuer Nummer erfolgt, beim bisherigen Eintrag der Mitbelastungsvermerk in Sp 6 der Abteilung III zu beurkunden ist[218] (gilt für württ Personalfolium).

Über Behandlung des Briefes §§ 63, 70; über Bezugnahme auf die Eintragungsbewilligung zur Bezeichnung der 109
einzelnen nachträglich mitbelasteten Grundstücke[219] vgl Rdn 64–69.

b) Eintragung auf verschiedenen Grundbuchblättern desselben Grundbuchamts. Sind das bereits 110
belastete und das nachträglich zu belastende Grundstück auf verschiedenen Grundbuchblättern desselben
Grundbuchamts eingetragen, so ist der Mitbelastungsvermerk auf dem Blatt des nachträglich zu belastenden
Grundstücks in der **Hauptspalte** als Teil des eigentlichen Eintragungsvermerks, auf dem Blatt des bereits früher
belasteten Grundstücks in der Veränderungsspalte einzuschreiben. Er lautet ebenso wie im Falle der gleichzeitigen Mitbelastung,[220] Rdn 64–69. Auf dem Blatt des bereits belasteten Grundstücks wird in der Veränderungsspalte vermerkt: »*Das Grundstück … haftet mit. Eingetragen am …*« In der Veränderungsspalte muss er datiert und
unterschrieben werden, § 44. Gehören die beteiligten Grundstücke zu den **Geschäftsbereichen verschiedener Grundbuchführer**, so ist, wenn eine Bestimmung in der Geschäftsverteilung fehlt, derjenige Grundbuchführer zur Erledigung des Eintragungsantrags bzw –ersuchens zuständig, der das Grundbuch für das nachträglich
zu belastende Grundstück führt.[221] Sollen mehrere Grundstücke, die zu verschiedenen Grundbuchabteilungen
gehören, gleichzeitig nachträglich in die Mithaftung einbezogen werden, so gilt das in Rdn 64–69 Gesagte entsprechend. Über Briefbehandlung §§ 63, 70.

c) Eintragung in Grundbücher verschiedener Grundbuchämter. Werden das Blatt des bereits belasteten 111
Grundstücks und dasjenige des nachträglich zu belastenden Grundstücks von verschiedenen Grundbuchämtern
geführt, so ist das **Verfahren** dasselbe wie bei der gleichzeitigen Mitbelastung, § 55a, § 30 GBGeschO; dazu
Rdn 70–73. Das Grundbuchamt, welches das Blatt des neu zu belastenden Grundstücks bearbeitet, hat die
Anfrage nach § 30 Abs 2 (a) GBGeschO an die anderen beteiligten Grundbuchämter zu richten, dh an diejeni-
gen, bei denen das Gesamtrecht bereits eingetragen ist, und an diejenigen, bei denen es etwa nach den Eintragungsunterlagen noch eingetragen werden soll. Sodann ist das Gesamtrecht unter Beachtung des § 30 Abs 2 (a)
GBGeschO **einzutragen** und die **Mitteilung** nach § 55a, § 30 Abs 2 aaO an alle beteiligten Grundbuchämter
zu richten. Die Grundbuchämter, bei denen das Gesamtrecht bereits eingetragen war, haben auf Grund dieser
Mitteilung von Amts wegen die Mitbelastung bei den von ihnen geführten Grundstücken **in der Veränderungsspalte** zu vermerken. Über den Inhalt des Vermerks gilt das in Rdn 64–69 Ausgeführte, er muss gemäß
§ 44 datiert und unterschrieben werden;[222] bezüglich Briefbehandlung §§ 63, 70.

**4. Mitbelastung im Falle der Übertragung eines Grundstücksteils oder Grundstücks auf ein ande-
res Blatt – § 48 Abs 1 S 2 HalbS 2**

a) Allgemeines. § 48 Abs 1 S 2 HalbS 2 ordnet an, dass die Mitbelastung auch dann erkennbar zu machen ist, 112
wenn bei der Übertragung eines Grundstücksteils auf ein anderes Grundbuchblatt ein eingetragenes Recht mitübertragen wird. Dieser Mitübertragung bedarf es stets, es sei denn, dass eine Löschungsbewilligung bzw
Pfandfreigabeerklärung vorliegt; denn nach § 46 Abs 2 gilt die Nichtmitübertragung des Rechts als dessen
Löschung.

§ 48 Abs 1 S 2 spricht nur von der **Abschreibung eines Grundstücksteils**, nicht auch von der Übertragung 113
eines selbständigen Grundstücks auf ein anderes Grundbuchblatt; doch ist auch in diesem Falle die Mitbelastung
erkennbar zu machen. In diesem Zusammenhang ist ferner der im Gesetz nicht erwähnte Fall zu erörtern, dass
bei der Teilung eines Grundstücks die selbständig gewordenen Teilgrundstücke sämtlich auf dem bisherigen
Blatt eingetragen bleiben, Rdn 114.

b) Teilung des belasteten Grundstücks unter Beibehaltung desselben Blattes. Wird ein belastetes 114
Grundstück geteilt und bleiben sowohl das Restgrundstück als auch der abgetrennte Teil auf **demselben** Blatt
(und zwar unter einer neuen laufenden Nummer) eingetragen, so ist kein Mitbelastungsvermerk erforderlich,[223] Rdn 62. Die Mitbelastung ergibt sich aus dem Bestandsverzeichnis (Spalte 5, 6). Auch die Spalte 2 der

---

218 LG Heilbronn BWNotZ 1959, 338; **aA** Boscher WürttZ 1934, 194.
219 *Saage* DFG 1938, 125.
220 *Bauer/von Oefele-Wegmann* § 48 Rn 28; *Hesse-Saage-Fischer* § 48 Anm III 1 b; *Demharter* § 48 Rn 22.
221 *Bauer/von Oefele-Wegmann* § 48 Rn 39.
222 *Güthe-Triebel* § 48 Anm 17; *Hesse-Saage-Fischer* § 48 Anm III 1 b; KEHE-*Eickmann* § 48 Rn 14.
223 KEHE-*Eickmann* § 48 Rn 12; *Schöner/Stöber* Rn 2247.

2. oder 3. Abteilung (Rdn 63) ist nicht zu berichtigen; dies erscheint allerdings zweckmäßig, wenn auch keine Notwendigkeit hierzu besteht.[224]

115 Der **Vollzug der Teilung im Grundbuch** ist, wenn von anderen Grundbuchämtern geführte Grundstücke mithaften, nach § 55a, § 30 Abs 1 GBGeschO diesen Grundbuchämtern unter Angabe der neuen grundbuchmäßigen Bezeichnungen der Teilgrundstücke mitzuteilen, damit diese den Mitbelastungsvermerk in ihren Grundbüchern berichtigen können.

116 Über **Briefbehandlung** § 57 Abs 3, § 70.

117 **c) Abschreibung eines Grundstücksteils oder Grundstücks auf ein anderes Blatt desselben Grundbuchamts.** Wird ein **abgeschriebener Grundstücksteil** auf ein **anderes** Blatt desselben Grundbuchamts übertragen, so ist auf dem **bisherigen Blatt** bei dem Gesamtrecht in der **Veränderungsspalte** ein Mitbelastungsvermerk einzutragen, etwa in der Form:[225] »*Zur Mithaft übertragen nach Band ... Blatt ... am ...*« Auf dem **neuen Blatt** ist das Recht in der **Hauptspalte** vollständig einzutragen mit dem Zusatz: »*Von Band ... Blatt ... hierher zur Mithaft übertragen am ...*«

118 Die **neuen grundbuchmäßigen Bezeichnungen** sind den Grundbuchämtern etwaiger weiterer mitbelasteter Grundstücke zwecks Richtigstellung des Mitbelastungsvermerks mitzuteilen.

119 Bezüglich **Briefbehandlung** § 57 Abs 3, § 70. Bezüglich Behandlung eines mit dem übertragenen Recht verbundenen Rangvorbehalts *Hügger* und *Weber*.[226]

120 Wird ein **selbständiges Grundstück** auf ein anderes Blatt desselben Grundbuchamts übertragen, so ist grundsätzlich **ebenso** zu verfahren wie im Falle der Rdn 117–119. Außerdem ist in der **Nummernspalte**, nämlich der Spalte 2 des alten Blattes die Nummer des abgeschriebenen Grundstücks zu röten, § 17 Abs 3 GBV. Die Gesamthypothek entsteht kraft Gesetzes mit der Teilung; die Eintragung bei den einzelnen Teilgrundstücken hat daher nur rechtserklärende Bedeutung.[227] Sonstige Rötungen bei der Eintragung des Gesamtrechts auf dem alten Blatt erfolgen nicht. Auch wenn das jetzt abgeschriebene Grundstück früher nachträglich mitbelastet worden ist, in Bezug auf dieses also ein besonderer Mitbelastungsvermerk in der Veränderungsspalte steht, wird dieser Vermerk nicht rot unterstrichen, weil er sich nicht ausschließlich auf das abgeschriebene Grundstück bezieht,[228] § 13 Abs 3 S 1 GBV. In der **Veränderungsspalte des alten Blattes** kann, aber muss nicht das abgeschriebene Grundstück erwähnt werden, zB »*Mit dem Grundstück Nummer ... des Bestandsverzeichnisses zur Mithaft übertragen nach ...*« Gleichgültig ist, ob das übertragene Grundstück auf dem neuen Blatt gemeinschaftlich mit anderen Grundstücken gebucht (§ 4) oder mit einem anderen Grundstück vereinigt oder einem solchen als Bestandteil zugeschrieben wird. Wird ein Grundstück auf ein Grundbuchblatt übertragen, auf dem das in Frage kommende **Gesamtrecht bereits eingetragen** ist, weil dort ein anderes mithaftendes Grundstück schon gebucht ist, so ist auf dem zweiten Blatt das Recht nicht noch einmal einzutragen. Vielmehr ist dort nur in der **Veränderungsspalte** zu vermerken:[229] »*Das mithaftende Grundstück Nummer ... des Bestandsverzeichnisses von Band ... Blatt ... ist jetzt hierher unter Nummer ... des Bestandsverzeichnisses übertragen. Eingetragen am ...*«

121 Erfolgt die Übertragung auf ein Blatt eines anderen Grundbuchbezirks, für den eine **andere Grundbuchabteilung desselben Grundbuchamts** zuständig ist, so ist das Verfahren dasselbe wie unter Rdn 117–120. Als zuständig ist, wenn die Geschäftsverteilung nichts bestimmt, derjenige Grundbuchführer anzusehen, der das bisherige Grundbuchblatt führt.[230] Die Eintragung des Mithaftvermerks auf beiden Blättern ist keine Eintragung »bei der Hypothek« im Sinne von § 42, sondern nur hinweisender Art; einer Vorlegung des Hypothekenbriefs bedarf es daher nicht.[231]

122 **d) Übertragung eines Grundstücksteils oder Grundstücks auf ein von einem anderen Grundbuchamt geführtes Blatt.** Wird ein **Grundstücksteil** auf ein von einem anderen Grundbuchamt geführtes Grundbuchblatt übertragen, so trägt zunächst **das andere Grundbuchamt** das belastende Gesamtrecht in der 2. oder 3. Abteilung unter Aufführung sämtlicher mitbelasteter Grundstücke in der Hauptspalte ein mit dem Vermerk, dass das Recht zur Mithaft übertragen worden ist, zB »*Vom Grundbuch des Amtsgerichts ... von ... Band ... Blatt ... mit dem Grundstück Nummer ... des Bestandsverzeichnisses zur Mithaft hierher übertragen am ...*« Ist **auf dem neuen Blatt** bereits ein mitbelastetes **Grundstück vorgetragen**, also auch das Gesamtrecht in der 2.

---

224 *Bauer/von Oefele-Wegmann* § 48 Rn 34; *Hesse-Saage-Fischer* § 48 Anm III 1 a.
225 *Demharter* § 48 Rn 24.
226 DNotZ 1937, 807 und 1938, 289.
227 *Staudinger-Wolfsteiner* § 1132 Rn 15.
228 *Güthe-Triebel* § 48 Anm 20.
229 *Güthe-Triebel* § 48 Anm 20; *Schöner/Stöber* Rn 2249.
230 *Güthe-Triebel* § 48 Anm 22; *Bauer/von Oefele-Wegmann* § 48 Rn 39; dazu auch *Demharter* § 48 Rn 25.
231 KG KGJ 34, 292.

oder 3. Abteilung schon gebucht, so wird das Recht nicht nochmals eingetragen, sondern wie in Rdn 120, 121 angegeben verfahren. Sodann teilt das Grundbuchamt nach § 30 Abs 1 S 1 GBGeschO den übrigen beteiligten Grundbuchämtern die Eintragung sowie die grundbuchmäßige Bezeichnung des auf dem bisherigen Blatte verbliebenen Restgrundstücks mit. Diese Bezeichnung kann es dem nach § 25 Abs 3 (a) S 2 GBV von dem bisherigen Grundbuchamt ihm übersandten Auszug aus dem Handblatt des alten Grundbuchblattes entnehmen. Die **übrigen beteiligten Grundbuchämter** berichtigen den in ihren Grundbüchern eingetragenen Mitbelastungsvermerk in der Veränderungsspalte entsprechend. Das bisherige Grundbuchamt, das seinerseits den übrigen beteiligten Grundbuchämtern keinerlei Nachricht zu geben braucht, vermerkt auf Grund der Mitteilung des neuen Grundbuchamts bei dem Gesamtrecht in der Veränderungsspalte das Weiterbestehen der Mithaft, zB »Mit dem Flurstück … zur Mithaft auf Band … Blatt … des Grundbuchs von … des Amtsgerichts … übertragen. Eingetragen am …«

Wird das **bisherige Grundbuchblatt nach der Übertragung geschlossen**, weil bloß das übertragene mit- | **123** belastete Grundstück auf dem Blatt gebucht war, so braucht der genannte Vermerk über das Weiterbestehen der Mithaft auf dem zu schließenden Blatt nicht mehr eingetragen zu werden.

Wird ein **selbständiges Grundstück** auf ein von einem anderen Grundbuchamt geführtes Grundbuchblatt | **124** übertragen, so ist **ebenso** zu verfahren wie im Falle der Rdn 122, 123. Außerdem muss in Spalte 2 der 2. und 3. Abteilung des bisherigen Grundbuchblattes die Nummer des übertragenen Grundstücks gerötet werden, § 13 Abs 3 S 1 GBV. Der das Weiterbestehen der Mithaft zum Ausdruck bringende Vermerk in der Veränderungsspalte des alten Blattes lautet hier etwa:[232] »Mit dem Grundstück Nummer … des Bestandsverzeichnisses auf Band … Blatt … des Grundbuchs von … des Amtsgerichts … übertragen. Eingetragen am …« Bezüglich der Mitteilungen an andere Grundbuchämter, Rdn 122, 123.

Das neue Grundbuchamt vermerkt die Übertragung auf dem **Brief** und übersendet den Brief dem alten | **125** Grundbuchamt. Es entsteht hier also, entgegen dem § 59 eine Gesamthypothek in verschiedenen Bezirken mit einem Brief.[233]

V. Erlöschen der Mitbelastung

1. Allgemeines

Wenn die **Kenntlichmachung der Mitbelastung** vorgeschrieben ist, muss auch Vorsorge getroffen werden, | **126** dass dieser Vermerk in Übereinstimmung mit dem Grundbuch gehalten und, wenn er unrichtig wird, **von Amts wegen**, ohne dass es eines hierauf gerichteten Antrags bedarf, **berichtigt** wird. § 48 Abs 2 ist also als Folge des § 48 Abs 1 aufzufassen. Die Vorschrift beschränkt sich auf die **Löschung der Mitbelastung** und betrifft daher **nicht die Fälle des Erlöschens des Rechts selbst** dh der Gesamtbelastung als solcher, nämlich an allen Grundstücken.[234] Dies ist zB wichtig im Zwangsversteigerungsverfahren, wenn sich die Gesamtbelastung auch auf nicht versteigerte Grundstücke bezieht und Befriedigung im Zwangsversteigerungsverfahren erfolgt; trotz Erlöschens des Rechts (§ 1181 Abs 2 BGB) wird nur der Mitbelastungsvermerk von Amts wegen gelöscht, während im Übrigen die Beteiligten selbst für die Löschung zu sorgen haben,[235] dazu Rdn 58–61, 146–150. § 48 Abs 2 bestimmt vielmehr lediglich, dass im Grundbuch von Amts wegen zu vermerken ist, wenn und soweit eine Mitbelastung erlischt, und bezieht sich daher lediglich auf die **Richtigstellung des Mithaftvermerks**. Voraussetzung für die Anwendung des § 48 Abs 2 ist das Erlöschen der Mithaftung. Es muss also eines oder es müssen mehrere der mitbelasteten Grundstücke von der Haftung freigesprochen sein, während das Recht auf dem anderen Grundstück oder mehreren Grundstücken bestehen geblieben ist.

Die Löschung nach § 48 Abs 2 ist **keine Löschung iS des § 27**, ebenso wie die Eintragung des Mitbelastungs- | **127** vermerks keine Eintragung im eigentlichen Sinne ist.[236]

Voraussetzung der Löschung des Mitbelastungsvermerks ist aber nicht nur, dass die Mitbelastung erloschen, | **128** sondern auch, dass **dieses Erlöschen eingetragen ist**, und zwar gleichviel, ob das Recht an einem der Grundstücke außerhalb des Grundbuchs erloschen ist oder erst durch die Eintragung der Löschung zum Erlöschen gebracht wird;[237] dazu Rdn 129–138.

Unter welchen Voraussetzungen die Mitbelastung erlischt, ist nach dem **materiellen Recht** zu entscheiden. | **129** Hiernach bestimmt sich insbesondere auch, inwieweit die Mitbelastung erlischt und ob zum Erlöschen der Mithaftung die Eintragung in das Grundbuch erforderlich ist oder nicht. Es gehören hierher sowohl die Fälle

---

232 *Saage* DFG 1938, 127.
233 KEHE-*Eickmann* § 48 Rn 14.
234 *Bauer/von Oefele-Wegmann* § 48 Rn 45, 48.
235 *Güthe-Triebel* § 48 Anm 26.
236 RG RJA 10, 53.
237 *Bauer/von Oefele-Wegmann* § 48 Rn 47; *Hesse-Saage-Fischer* § 48 Anm III 2 a; *Demharter* § 48 Rn 37.

gesetzlichen Erlöschens wie rechtsgeschäftliche Erlöschensgründe, zB Enthaftung. Es ist daher unerheblich, ob die Eintragung im Grundbuch nur berichtigenden oder rechtsgestaltenden Charakter hat; Fälle der letzteren Art sind solche, in denen das Erlöschen erst durch Eintragung vollzogen wird. Es werden also alle Fälle des Erlöschens der Mitbelastung erfasst, wenn nur die Mitbelastung im Grundbuch einen Ausdruck gefunden hat.[238] Bloße Veränderungen des Rechts gehören nicht hierher.[239]

Es ist insbesondere auf folgende **Fälle** hinzuweisen:

130 § 1132 Abs 2 BGB Verteilung der Forderung auf die einzelnen Grundstücke durch den Gläubiger,

131 § 1172 Abs 2 BGB Verteilung der den Eigentümer der belasteten Grundstücke gemeinschaftlich zustehenden Hypothek auf die einzelnen Grundstücke,

132 § 1173 BGB Befriedigung des Gläubigers durch einen der Eigentümer; ferner Übertragung des Gläubigerrechts auf einen der Eigentümer, Vereinigung von Forderung und Schuld in der Person eines Eigentümers,

133 § 1174 BGB Befriedigung des Gläubigers durch den persönlichen Schuldner, Vereinigung von Forderung und Schuld in einer Person,

134 § 1175 BGB Verzicht auf die Hypothek an einem der Grundstücke, Ausschluss des Gläubigers nach § 1170 BGB mit seinem Recht an einem der Grundstücke,

135 § 1181 Abs 2 BGB Befriedigung des Gläubigers aus einem der Grundstücke,

136 § 1182 BGB Ersatzhypothek bei Gesamthaftung,

137 § 1183 BGB Aufhebung der Hypothek an einem Grundstück durch Rechtsgeschäft, nämlich Pfandfreigabe.

138 Über den Fall des Erlöschens der Mitbelastung bei Enteignung eines mithaftenden **Grundstücks in der ehem DDR** Rdn 45, 46.

139 **Auch über die formellen Voraussetzungen** der Löschung des Rechts trifft § 48 keine Bestimmung. Hierfür sind insbesondere §§ 19, 22 ff, 46 maßgebend. Zulässig ist die Löschung der Gesamthypothek nur an einem Grundstück, während sie an den anderen bestehen bleibt,[240] ferner die Löschung nur eines Teilbetrags der Hypothek an einem Grundstück, während sie an den übrigen Grundstücken in voller Höhe bestehen bleibt.[241] Es kann auch der Zinssatz in Bezug auf nur ein Grundstück erhöht oder ermäßigt werden; dazu auch Rdn 164. Soweit es sich um keine Löschung, sondern um eine bloße Veränderung des Rechts handelt, ist § 48 Abs 2 nicht einschlägig.[242]

140 Ist ein Gesamtrecht, insbesondere eine Gesamthypothek oder -grundschuld, in **verschiedenen** Grundbüchern **desselben** Grundbuchamts eingetragen, so reicht eine **Löschungsbewilligung**, in der die Löschung des Rechts lediglich an einer Fundstelle und **»an allen Stellen« im Grundbuch** bewilligt ist, nicht aus, um das Recht auch an den Stellen zu löschen, die aus einem etwaigen Mithaftvermerk ersichtlich sind. Erforderlich ist mindestens ein Hinweis auf das Bestehen eines Gesamtrechts und auf eingetragene Mithaftungsvermerke. **Alle Grundbuchstellen** müssen also daher nicht aufgeführt werden; vielmehr genügt es, wenn »*die Löschung des Gesamtrechts im Grundbuch Band … Blatt … und allen aus dem dortigen Mitbelastungsvermerk ersichtlichen Grundstücken*« bewilligt wird.[243] Die Bezeichnung der Mithaftstellen ist nach hM erforderlich, um die Möglichkeit eines gutgläubigen Erwerbs des Rechts durch versehentliches Nichtlöschen an einzelnen Stellen auszuschließen. Das Bestreben der hM ist es, Haftungsgefahren für das Grundbuchamt zu vermeiden. Trotzdem hat das Grundbuchamt Förmeleien zu unterlassen.[244] Der hM kann nicht zugestimmt werden. Eine für das Gesamtgrundpfandrecht erteilte Löschungsbewilligung kann dahin ausgelegt werden, dass sie auch einen Teilvollzug ermöglicht (vgl Einl G 68).

---

238 KG HRR 1935 Nr 1406; *Demharter* § 48 Rn 37.

239 Auch wenn das Recht an einem Grundstück außerhalb des Grundbuchs erloschen ist, darf das Erlöschen der Mitbelastung erst nach der Löschung des Rechts vermerkt werden. Eine Amtseintragung nach Abs 2 entfällt, wenn die Mitbelastung nicht erkennbar gemacht worden ist; KG HRR 1935 Nr 1406.

240 KG JFG 4, 412; *Bauer/von Oefele-Wegmann* § 48 Rn 49; *Lehmann* MittBayNot 1912, 296.

241 OLG Dresden OLGE 26, 163; JFG 4, 409.

242 *Güthe-Triebel* § 48 Anm 24.

243 Dazu BayObLG FGPrax 1995, 221 = MittRhNotK 1995, 323 = DNotZ 1997, 319 m Anm *Wulf*; BayObLG BayObLGZ 1961, 103 = BayJMBl 1961, 104 = DNotZ 1961, 591 = Rpfleger 1962, 20 = MDR 1961, 609; OLG Köln DNotZ 1976, 746 = Rpfleger 1976, 402; OLG München DNotZ 1939, 657 = JFG 20, 128 = DFG 1939, 179; OLG Neustadt DNotZ 1962, 345 = MittBayNot 1962, 363 = MittRhNotK 1963, 16; *Schöner/Stöber* Rn 2752 und 133; *Haegele* Rpfleger 1962, 22, 347; *Bauer* Rpfleger 1963, 43; *Hieber* DNotZ 1961, 576; *Teubner* DNotZ 1976, 748; vgl auch Einl G Rdn 69 und § 28 Rdn 139.

244 Zu Recht *Schöner/Stöber* Rn 2752; *Bauer* Rpfleger 1963, 43.

2. Verfahren

a) Grundstücke auf demselben Grundbuchblatt eingetragen. Sind die sämtlichen Grundstücke auf dem- **141** selben Grundbuchblatt eingetragen (§ 4), so ist die Löschung des Rechts an einem der Grundstücke in der **Veränderungsspalte**, nicht in der Löschungsspalte einzutragen, zB »*Auf Grundstück Nummer ... gelöscht am ...*« Der Vermerk[245] ist zu unterschreiben, § 44. In Spalte 2 ist die laufende Nummer des betreffenden Grundstücks rot zu unterstreichen, § 17 Abs 3 GBV.

Auf dem **Brief** ist gegebenenfalls die Löschung zu vermerken, §§ 62, 70. **142**

b) Grundstücke auf verschiedenen Grundbuchblättern desselben Grundbuchamts eingetragen. Sind **143** die mitbelasteten Grundstücke auf verschiedenen Grundbuchblättern desselben Grundbuchamts eingetragen, so ist nach Löschung des Rechts auf dem Blatt des enthafteten Grundstücks auf den Blättern der Grundstücke, die weiter belastet bleiben, in der Veränderungsspalte, nicht in der Löschungsspalte, die Löschung zu vermerken. Der Vermerk kann etwa lauten:[246] »*die Mithaft des Grundstücks Nr ... des Bestandsverzeichnisses Blatt ... ist erloschen. Eingetragen am ...*« oder »*Die Hypothek ist an dem Grundstück Nr ... des Bestandsverzeichnisses Blatt ... des Grundbuchs von ... in Höhe von ... EUR gelöscht worden. Eingetragen am ...*« Zur Bezeichnung der einzelnen aus der Mithaft ausgeschiedenen Grundstücke kann im Mitbelastungsvermerk **auf die Eintragungsbewilligung Bezug genommen** werden.[247]

Für die **Briefbehandlung** gelten §§ 62, 70. **144**

Gehören die in verschiedenen Grundbuchbezirken liegenden mitbelasteten Grundstücke zu den **Geschäftsbe-** **145** **reichen verschiedener Grundbuchführer**, so hat mangels einer Bestimmung der Geschäftsordnung der für die Löschung des Rechts zuständige Grundbuchführer auch die Berichtigung des Mithaftvermerks bei den anderen mitbelasteten Grundstücken zu veranlassen. Dazu Rdn 64–69, 110.

c) Grundstücke im Bezirk verschiedener Grundbuchämter gelegen. Sind für die mitbelasteten Grund- **146** stücke verschiedene Grundbuchämter zuständig, so hat das Grundbuchamt, das die Löschung einzutragen hat, diese allen anderen Grundbuchämtern nach § 55a (vgl auch § 23 Abs 2, 3 BayGBGA, § 42 SächsGBGA), § 30 Abs 1 S 1 GBGeschO **mitzuteilen**; denn unter Eintragung im Sinn der genannten Bestimmung ist auch die Löschung zu verstehen. Auf Grund dieser Mitteilung **vermerken die übrigen Grundbuchämter** auf den von ihnen geführten Blättern das **Erlöschen** der Mitbelastung von Amts wegen;[248] eines Ersuchens des Grundbuchamtes, das die Löschung vorgenommen hat, bedarf es nicht.

Von der Richtigkeit des Mithaftvermerks braucht den übrigen beteiligten Grundbuchämtern keine Mitteilung **147** nach § 55a, § 30 Abs 1 S 1 GBGeschO gemacht zu werden, da die Eintragung nicht das mitbelastete Recht, sondern nur den Mitbelastungsvermerk betrifft.[249] Dagegen muss auch die **Zurückweisung oder Zurücknahme** eines Löschungsantrags den übrigen beteiligten Grundbuchämtern **mitgeteilt** werden, § 55a, § 30 Abs 1 S 2 GBGeschO.

Auch wenn das **Recht an allen Grundstücken gelöscht wird**, müssen die Mitteilungen nach § 55a, § 30 **148** Abs 1 S 1 GBGeschO gemacht werden. Es empfiehlt sich aber, nicht jedesmal nach Eingang der Nachricht von der Löschung bei einem anderen Grundbuchamt den Mitbelastungsvermerk richtig zu stellen, sondern abzuwarten, bis der Löschungsantrag selbst eingeht, damit das Recht und der Mithaftvermerk zusammen durch eine einheitliche Eintragung gelöscht werden können. Für die Behandlung des Eintragungsantrags durch die beteiligten Grundbuchämter[250] wird verwiesen auf Rdn 70–73.

Für die **Behandlung des Briefes** gelten §§ 63, 70; dazu § 59. **149**

Sind die Grundstücke **auf verschiedenen Blättern** gebucht, so hat das Grundbuchamt, welches das Erlöschen **150** einträgt, die Löschung auf einem etwaigen Briefe zu vermerken (sind besondere Briefe nach § 59 Abs 2 erteilt, so ist der Brief über das erloschene Recht nach Vermerk der Löschung unbrauchbar zu machen und abzutrennen) und sodann gem § 55a, § 30 GBGeschO den anderen Ämtern unter Übersendung des Briefes Mitteilung zu machen. Diese tragen dann ihrerseits das Erlöschen in der Veränderungsspalte ein und vermerken dies auf dem Briefe (§ 62).

---

245 *Hesse-Saage-Fischer* § 48 Anm III 2 b; *Demharter* § 48 Rn 36, 38.
246 *Demharter* § 48 Rn 38.
247 *Saage* DFG 1938, 125.
248 OLG Hamm DNotZ 1950, 178 = JZ 1951, 176 (*Raiser*) = JMBlNRW 1950, 177; LG Verden NJW 1951, 1061.
249 *Saage* DFG 1938, 119. Vgl jetzt aber § 55a Abs 2.
250 KEHE-*Eickmann* § 48 Rn 14 ff.

VI. Berichtigung des Mitbelastungsvermerks in sonstigen Fällen

151 Neben dem Erlöschen der Mitbelastung iS § 48 Abs 2 sind noch andere Fälle denkbar, in denen der Inhalt des Mitbelastungsvermerks unrichtig wird, weil sich die **grundbuchmäßige Bezeichnung eines mitbelasteten Grundstücks** ändert, zB dadurch, dass ein **Grundbuchblatt umgeschrieben** oder das **Bestandsverzeichnis neu gefasst** wird oder dass ein **Grundstück auf ein anderes Blatt übertragen** wird oder dass es im Bestandsverzeichnis infolge Berichtigung der Bestandsangaben eine **neue laufende Nummer** erhält.

152 Nicht dagegen gehören hierher die Fälle der **Veränderung des Gesamtrechts**; dazu Rdn 126–128, 155 ff.

153 Entsprechend dem § 48 zugrunde liegenden Gedanken, den Mithaftvermerk von Amts wegen einzutragen und ihn in ständiger Übereinstimmung mit dem Inhalt des Grundbuchs zu halten, ist der **Mitbelastungsvermerk** in Fällen der erwähnten Art **zu berichtigen**, und zwar **von Amts wegen**. Werden die Grundbuchblätter der mitbelasteten Grundstücke von **verschiedenen Grundbuchämtern** geführt, so empfiehlt es sich, dass das Grundbuchamt, in dessen Grundbuch eine der erwähnten Änderungen eingetragen wird, den übrigen beteiligten Grundbuchämtern davon nicht erst in Zusammenhang mit einer Eintragung Mitteilung macht, wie es § 55a, § 30 Abs 1 S 1 GBGeschO vorschreibt, sondern jeweils **sofort**, wenn eine solche Änderung der grundbuchmäßigen Bezeichnung eines mitbelasteten Grundstücks sich ergibt.[251] Die übrigen Grundbuchämter haben sodann den Mithaftvermerk von Amts wegen entsprechend richtig zu stellen.

VII. Verfahren bei Briefrechten

154 Da die Vermerke der Mitbelastung **keine Eintragung iS des §§ 41, 42, 62** sind, wenn Briefhypotheken, Grund- oder Rentenschulden in Frage kommen, ist die Vorlage des Briefs nicht erforderlich.[252] Jedoch ist, sofern nicht die Erteilung eines neuen Briefes über die Gesamthypothek beantragt wird, die Mitbelastung auf dem bisherigen Brief zu vermerken und zugleich der Inhalt des Briefes bezüglich des anderen Grundstücks nach §§ 57, 70 zu ergänzen, §§ 63, 70.

VIII. Veränderungen des Gesamtrechts

1. Veränderungen

155 Es ist zu unterscheiden zwischen Veränderungen, die nur zulässig sind, wenn sie sich auf alle mithaftenden Grundstücke beziehen, und solchen Veränderungen, die auch bezüglich nur einzelner Grundstücke zulässig sind.

156 **a) Veränderungen bezüglich aller Grundstücke.** Nur einheitlich bezüglich aller mitbelasteten Grundstücke sind zulässig alle **Änderungen in der Person des Berechtigten**; denn andernfalls würde eine Vervielfältigung des Rechts herbeigeführt werden. Das Wesen der Gesamthypothek schließt alle Maßnahmen aus, die eine Vervielfältigung des hypothekarischen Rechts herbeizuführen geeignet sind. Stellt die Verfügung eine **Vervielfältigung des Rechts** dar, so wäre sie **unzulässig**. Daher kann ein Gläubiger die Hypothek nicht in Ansehung des einen Grundstücks übertragen, hinsichtlich des anderen für sich behalten oder die Hypothek bezüglich der verschiedenen Grundstücke an verschiedene Personen **abtreten**,[253] wohl aber kann er einzelne Grundstücke oder verschiedene Personen gehörige Bruchteile eines Grundstücks aus der Pfandhaft entlassen. In gleicher Weise ist eine **verschiedene Belastung** der Gesamthypothek **ausgeschlossen** (zB Nießbrauch, Verpfändung).

157 Das Gleiche gilt für den Fall der **Pfändung der Gesamthypothek**; eine Pfändung, die das Gesamtgrundpfandrecht nur im Hinblick auf einzelne Grundstücke oder ein Grundstück erfassen will, ist nichtig.[254] Der **Rang mehrerer Pfandrechte** an der Gesamthypothek kann hinsichtlich der einzelnen Grundstücke nicht verschieden sein, weil nur ein Vermögenswert vorhanden ist.[255] Eintragungen unter Beschränkung auf ein Grundstück sind inhaltlich unzulässig.[256]

158 Bei **Buchrechten** muss die Übertragung oder Belastung auf sämtlichen Grundstücken eingetragen werden. Solange die Eintragung auf einem der Grundstücke fehlt, ist die Verfügung noch nicht wirksam; sie bleibt auch dann unwirksam, wenn das Grundpfandrecht später auf dem Grundbuchblatt, auf dem es nicht eingetragen war, gelöscht wird.[257]

---

251 *Saage* DFG 1938, 120.
252 KG KGJ 34, 294; *Güthe-Triebel* § 41 Anm 8; *Hesse-Saage-Fischer* § 48 Anm III 1 b.
253 KG OLGE 12, 289 = DR 1943, 449 = DFG 1943, 11; JFG 3, 360; *Bauer/von Oefele-Wegmann* § 48 Rn 61; *Hesse-Saage-Fischer* § 48 Anm III 3 a; *Demharter* § 48 Rn 39; *Westermann* § 125 IV 3; *Böhringer* BWNotZ 1988, 97.
254 RG RGZ 63, 74; RJA 8, SeuffBl 73, 271; KG KGJ 33, 297; 44, 182; KG DFG 1943, 13; KG OLGE 12, 289 = DR 1943, 449 = DFG 1943, 11; KG JW 1906, 309; *Westermann* § 125 IV 3; *Staudinger-Wolfsteiner* § 1132 Rn 38.
255 KG KGJ 39, 248; *Palandt/Bassenge* § 1132 Rn 9.
256 KG JFG 4, 410; *Hesse-Saage-Fischer* § 48 Anm III 3 a; *KEHE-Eickmann* § 48 Rn 19.
257 RG RGZ 1963, 74; KGJ 39, 248; 44, 187; KG RJA 13, 138; BGB-RGRK-*Mattern* § 1132 Rn 20; *Soergel-Konzen* § 1132 Rn 8; *Böhringer* BWNotZ 1988, 97.

Die Verfügung (Übertragung, Verpfändung, Pfändung) braucht zwar nicht hinsichtlich aller Grundstücke **159**
gleichzeitig zu erfolgen, sondern kann in mehreren getrennten Teilakten stattfinden; sie wird insgesamt erst mit
Eintragung beim letzten Grundstück wirksam.[258]

Wird bei **mehrfacher Belastung** (etwa Verpfändung oder Pfändung) desselben Gesamtrechts die eine Belas- **160**
tung auf dem einen Grundstück früher und auf dem anderen Grundstück später als die andere eingetragen, so
geht diejenige Belastung vor, die im Endergebnis zuerst auf sämtlichen Grundstücken eingetragen ist.[259]

Auch **Inhaltsänderungen** (im Gegensatz zu Änderungen des Umfangs der Belastung) sind zur zulässig, wenn **161**
sie sich auf sämtliche Grundstücke beziehen.[260] Es dürfen daher nach hM[261] nicht die **Zahlungs- und Kündigungsbestimmungen** nur bezüglich eines einzelnen Grundstücks allein geändert werden; dem kann nicht
gefolgt werden. Der **Zinsfuß** und der Betrag der **sonstigen Nebenleistungen** können bei den einzelnen
Grundstücken verschieden hoch sein,[262] dazu Rdn 164 ff.

Die **Umwandlung** des Rechts ist wegen des Grundsatzes der Artgleichheit auf allen Grundbuchblättern einzu- **162**
tragen.[263] Eine **Gesamt-Höchstbetragshypothek** darf nicht nur an einem Grundstück in eine Darlehenshypothek umgewandelt werden.[264] Unzulässig ist es auch, einer Gesamthypothek auf dem einen Grundstück eine
andere Forderung zugrunde zu legen als auf dem anderen Grundstück.[265] Es ist auch nicht zulässig, eine ein
Gesamtrecht betreffende **Verfügungsbeschränkung** nur bei einem Grundstück einzutragen.[266]

Bei einem **Widerspruch** muss unterschieden werden, ob sich dieser gegen das Bestehen des Gläubigerrechts **163**
überhaupt richtet (dann auf allen Grundbuchblättern eintragen[267]) oder auf andere Umstände (zB seinen gegenständlichen Bestand) gründet. So kann die Belastung des einen Grundstücks von vornherein nichtig sein, zB
wegen Geschäftsunfähigkeit oder Fehlen der Verfügungsbefugnis des Bestellers; ein nur die Mithaftung dieses
Grundstücks betreffender Widerspruch wäre daher zulässig.[268] Allerdings ist zu beachten, dass evtl nach § 139
BGB die gesamte Belastung unwirksam sein kann.[269]

b) Veränderungen bezüglich eines oder einzelner Grundstücke. An nur einem oder mehreren Grund- **164**
stücken sind **Veränderungen zulässig**, die sich auf den Umfang des Rechts beziehen.[270] Es kommen hier
Löschungen und Teillöschungen in Frage.[271] Durch die **Aufhebung** einer Gesamthypothek an **einem** der
belasteten Grundstücke wird die Einheitlichkeit des Rechtes und der Gesamthypothek nicht beeinträchtigt.[272]
Auch kann der **Zinsfuß** nur für ein Grundstück erhöht oder ermäßigt werden.[273] Ferner sind **Rangänderungen** auch bezüglich eines oder einzelner Grundstücke zulässig.[274] Die mehrfache Belastung einer Gesamthypothek mit **mehreren Pfandrechten** erfordert jedoch Gleichheit des Rangverhältnisses der Pfandrechte bezüglich aller Grundstücke.[275] Bedenklich ist die Meinung des BayObLG,[276] dass eine Verfügungsbeschränkung nach
§ 5 ErbbauRG an einem einzelnen Wohnungserbbaurecht aufgehoben werden kann.[277]

---

258 KG JW 1936, 887; BGB-RGRK-*Mattern* § 1132 Rn 21.
259 BGB-RGRK-*Mattern* § 1132 Rn 21.
260 *Soergel-Konzen* § 1132 Rn 8, 11; *Bauer/von Oefele-Wegmann* § 48 Rn 61; *Demharter* § 48 Rn 39; *Böhringer* BWNotZ
    1988, 97.
261 KG KGJ 40, 299, RJA 11, 127; *Bauer/von Oefele-Wegmann* § 48 Rn 21; *Demharter* § 48 Rn 39; **aA** *Staudinger-Wolfsteiner*
    § 1132 Rn 35; MüKo-*Eickmann* § 1132 Rn 12; *Planck-Strecker* § 1132 Anm 1 b; *Westermann* § 125 IV 3.
262 *Soergel-Konzen* § 1132 Rn 10; KGJ 21, 168; OLG Colmar OLGE 25, 212; *Böhringer* BWNotZ 1988, 97.
263 RG RGZ 70, 245; 77, 175; 132, 136; KG JFG 4, 412; MüKo-*Eickmann* § 1132 Rn 27; *Soergel-Konzen* § 1132 Rn 9.
264 KG JFG 4, 412; *Soergel-Konzen* § 1132 Rn 9.
265 *Staudinger-Wolfsteiner* § 1132 Rn 30; MüKo-*Eickmann* § 1132 Rn 27.
266 KF JFG 6, 325; *Güthe-Triebel* § 48 Anm 28.
267 *Soergel-Konzen* § 1132 Rn 8.
268 KG HRR 1929 Nr 605 = DRiZ 1929 Nr 335; *Staudinger-Wolfsteiner* § 1132 Rn 42; *Soergel-Konzen* § 1132 Rn 8;
    Güthe-Triebel § 48 Anm 28.
269 BGH WM 1974, 972.
270 *Güthe-Triebel* § 48 Anm 28; *Hesse-Saage-Fischer* § 48 Anm III 2 b; *Demharter* § 48 Rn 40; KEHE-*Eickmann* § 48 Rn 21.
271 Ist das herrschende Grundstück einer Grunddienstbarkeit in Wohnungseigentum aufgeteilt worden, so kann sie nach
    Begründung der Wohnungseigentümergemeinschaft auf Grund der Bewilligung nur eines einzelnen Wohnungseigen-
    tümers auch nicht hinsichtlich des ihm zustehenden Wohnungseigentumsrechts (teilweise) gelöscht werden, BayObLG
    Rpfleger 1983, 434 = MDR 1983, 935 = MittBayNot 1983, 168.
272 KG JFG 4, 409; *Staudinger-Wolfsteiner* § 1132 Rn 40. Zum Verzicht und zur Verteilung einer Gesamthypothek OLG
    Düsseldorf MittRhNotK 1995, 315.
273 KG OLGE 26, 159.
274 MüKo-*Eickmann* § 1132 Rn 28; *Soergel-Konzen* § 1132 Rn 11; *Palandt/Bassenge* § 1132 Rn 2.
275 KG KGJ 39, 248.
276 Rpfleger 1989, 503; ebenso *Reithmeier* MittRhNotK 1993, 145, 156.
277 Wie hier *von Oefele-Winkler*, Handbuch des Erbbaurechts, 2. Aufl, Rn 3, 125.

165 Alle diese zulässigen Verfügungen werden auf den Blättern derjenigen Grundstücke gebucht, die von ihnen erfasst werden sollen. Selbstverständlich ist es ebenso möglich, solche Verfügungen gemeinsam und in Bezug auf alle haftenden Grundstücke zu treffen; dann sind sie auf allen Grundbuchblättern einzutragen.[278]

166 Die **Unterwerfungsklausel** gemäß § 800 ZPO gehört nicht zum Inhalt der Hypothek; ihre Eintragung ist daher nicht für alle Grundstücke nötig.[279]

167 Wegen Aufspaltung des einheitlichen Gläubigerrechts an einer Gesamthypothek mit belasteten Grundstücken in der Bundesrepublik und der ehemaligen DDR, vgl Rdn 46.

2. Grundbuchverfahren

168 **a) Grundbuchblätter bei demselben Grundbuchamt.** Werden die Blätter der mehreren gesamthaftenden Grundstücke von demselben Grundbuchamt geführt, so gelten für die geschäftsmäßige Behandlung des Eintragungsantrags oder -ersuchens § 55a, §§ 5, 20 Abs 2 GBGeschO; dazu Rdn 64 ff. Die Eintragung selbst weist keine Besonderheiten auf. Der Mitbelastungsvermerk erfährt – abgesehen von dem Fall der Löschung oder Teillöschung – keine Veränderung, gleichgültig, ob sich die eingetragene Änderung des Rechts auf eines oder auf alle mitbelasteten Grundstücke bezieht.

169 **b) Grundbuchblätter bei verschiedenen Grundbuchämtern.** Werden die Blätter der gesamtbelasteten Grundstücke von verschiedenen Grundbuchämtern geführt, so ist zu unterscheiden, ob sich die Veränderung zulässigerweise auf einzelne oder alle mitbelasteten Grundstücke bezieht.

170 **aa) Veränderungen bezüglich eines oder einzelner Grundstücke.** Bezieht sich die Veränderung zulässigerweise nur auf ein Grundstück oder einzelne Grundstücke, handelt es sich also um eine Veränderung des Umfangs des Rechts, des Rangs oder aber um eine Löschung oder Teillöschung, so bestehen keine Besonderheiten. Das beteiligte Grundbuchamt trägt die Veränderung ein, ohne dass es einer **Mitteilung** nach § 55a, § 30 Abs 1 GBGeschO bedarf. An den Mitbelastungsvermerken wird keinerlei Änderung vorgenommen. Soweit § 48 Abs 2 vorliegt, ist danach zu verfahren; dazu Rdn 146–150.

171 Ein Unterlassen einer Mitteilung stellt in solchen Fällen keine Amtspflichtverletzung dar.

172 **bb) Veränderung bezüglich aller Grundstücke.** Bezieht sich die Änderung auf alle mit dem Gesamtrecht belasteten Grundstücke, also vor allem auf Änderungen in der Person des Berechtigten und Inhaltsänderungen, so hat das Grundbuchamt, bei dem der Antrag eingereicht wird, nach Vornahme der Eintragung nach § 55a, § 30 Abs 1 S 1 GBGeschO allen übrigen Grundbuchämtern, bei denen das Gesamtrecht eingetragen ist, **Mitteilung** durch Übersendung einer Abschrift der Eintragung zu machen. Auf etwaige Abweichungen zwischen der grundbuchmäßigen Bezeichnung der betroffenen Grundstücke, deren Grundbuchblätter bei diesem Grundbuchamt geführt werden, und ihre Bezeichnung in den Eintragungsunterlagen ist hierbei hinzuweisen. Wird der Eintragungsantrag **zurückgewiesen**, so ist die zurückweisende Verfügung gleichfalls den übrigen Grundbuchämtern mitzuteilen, § 55a, § 30 Abs 1 S 2 GBGeschO. Dasselbe gilt im Falle der **Zurücknahme** des Eintragungsantrags. Im Übrigen richtet sich die weitere Behandlung des Eintragungsantrags nach § 21 Abs 2, § 30 Abs 2 (d) GBGeschO; dazu Rdn 96, 97. Die anderen beteiligten Grundbuchämter verfahren in der gleichen Weise.[280] Die Mitbelastungsvermerke bleiben in allen Fällen unverändert. Für die Behandlung eines Eintragungsersuchens gilt dasselbe wie für die Behandlung eines Eintragungsantrags.

173 Es wird sodann nach § 55a, § 30 Abs 2 S 1, 2 GBGeschO verfahren. Bis zur Neufassung des § 30 GBGeschO durch die AVRJM vom 23.12.1937 DJ 1938, 33 Nr 7 war anzunehmen, dass das Grundbuchamt, wenn es eine Eintragung, die nur bei allen mitbelasteten Grundstücken einheitlich vorgenommen werden darf, vollzogen hat, von Amts wegen dafür sorgen müsse, dass die Eintragung auch auf den Blättern der übrigen Grundbuchämter vollzogen wird. Diese Frage ist durch die nunmehr geltende Gesetzesfassung geklärt; es braucht nicht in dem erwähnten Sinne verfahren zu werden. Denn das Grundbuchamt, das die Veränderung bereits eingetragen hat, erhält entweder durch Mitteilungen nach § 30 Abs 1 S 1 und 2 GBGeschO oder durch Überwachungsmaßnahmen nach § 30 Abs 2 (d) aaO davon Kenntnis, ob bei den übrigen beteiligten Grundbuchämtern der Eintragungsantrag bzw das Eintragungsersuchen vollzogen oder **zurückgewiesen** bzw **zurückgenommen** worden oder gemäß § 30 Abs 2 (d) S 2 aaO als nicht gestellt anzusehen ist. Steht in diesen letzteren Fällen fest, dass die Änderung nicht von allen beteiligten Grundbuchämtern eingetragen wird, so steht gleichzeitig fest, dass das Grundbuch des Grundbuchamtes, das die Eintragung schon vollzogen hat, unrichtig ist, und es ist in entspre-

---

278 MüKo-*Eickmann* § 1132 Rn 30.
279 BGHZ 26, 344; BGHZ 80, 119 = DNotZ 1981, 385 = Rpfleger 1981, 228; LG Prenzlau DFG 1941, 123; *Staudinger-Wolfsteiner* § 1132 Rn 33; *Erman-Wenzel* § 1132 Rn 3; *Palandt/Bassenge* § 1132 Rn 2.
280 *Saage* DFG 1938, 118.

chender Anwendung des § 53 Abs 1 S 1 ein **Amtswiderspruch einzutragen**.[281] Der Amtswiderspruch[282] ist jedoch dann nicht zulässig, wenn die Eintragung der Grundbuchberichtigung diente (zB bei Umschreibung einer außerhalb des Grundbuchs abgetretenen Briefhypothek auf den neuen Gläubiger). In diesem Fall ist das Grundbuch, in dem die Eintragung vorgenommen worden ist, richtig und die übrigen Grundbücher sind unrichtig.[283]

Zulässig und in vielen Fällen (zB wenn eine nicht unbestrittene Rechtsfrage hereinspielt) zweckmäßig ist es, dass die **174** beteiligten Grundbuchämter, um zu vermeiden, dass der Eintragungsantrag bzw das Eintragungsersuchen von ihnen in verschiedener Weise verbeschieden wird, sich **vorher über seine Behandlung verständigen**.

Über Behandlung des **Briefs** bei Eintragung einer Änderung des Gesamtrechts § 62. **175**

IX. Verletzung des § 48

Die Vorschrift des § 48 ist, trotzdem im Gesetzestext von »ist« die Rede ist, nur **Ordnungsvorschrift**.[284] Das **176** Grundbuchamt hat die Vorschrift zu beachten, da eine Verletzung eine **Amtspflichtverletzung** darstellt, die **Schadenersatzansprüche** zur Folge haben kann. Die Gefahr der Vervielfältigung des Rechts durch gutgläubigen Erwerb besteht nämlich. Verstöße beeinflussen die Rechtsnatur der Belastung nicht. Die Mitbelastung ist daher auch dann eingetreten, wenn ihre Erkennbarmachung aus Versehen unterblieben ist (deklaratorische Eintragung).[285] Ein an mehreren Grundstücken eingetragenes Recht ist Gesamtrecht, auch wenn der Mithaftvermerk fehlt.[286] Das gilt auch im Falle der nachträglichen Mitbelastung eines weiteren Grundstücks wie im Falle der Übertragung eines belasteten Grundstücks oder Grundstücksteils auf ein anderes Grundbuchblatt. Das Grundbuch ist aber unvollständig und daher unrichtig, da es Einzelrechte ausweist, obwohl in Wirklichkeit eine Gesamtbelastung besteht.

§ 892 BGB eröffnet die Möglichkeit, dass die scheinbaren Einzelrechte von einem Gutgläubigen durch Rechts- **177** geschäft (Abtretung) erworben werden können. Ist zB auf den Grundstücken a und b eine Hypothek eingetragen, aber unterlassen worden, ihre Eigenschaft als Gesamthypothek zu vermerken, und hat der Hypotheken- gläubiger unter Verschweigung dieser Eigenschaft die Hypothek an dem Grundstück a auf C und die Hypothek an dem Grundstück b auf D übertragen, so hat, wenn C und D gutgläubig sind, C die Hypothek an dem Grundstück a und D die Hypothek an dem Grundstück b, und zwar jeder als Einzelhypothek, erworben.

Durch einen solchen **gutgläubigen Erwerb**[287] werden aus den scheinbaren Einzelrechten wirkliche Einzel- rechte. Dadurch entfallen die sich aus der Natur des Gesamtrechts ergebenden Sonderwirkungen, insbesondere die Bedingtheit der Belastung der einzelnen Grundstücke (§ 1181 Abs 2 BGB). Das wirkt sich nachteilig aus sowohl auf das Recht des oder der Eigentümer als auch auf die Rechtsstellung derjenigen, welche gleichste- hende oder nachstehende Rechte an den Grundstücken oder einzelnen derselben haben.[288]

Der Mithaftvermerk ist in einem solchen Fall von Amts wegen **nachzuholen**. Dies ist aber nur möglich, **178** solange das Gesamtrecht noch dem ersten Berechtigten zusteht. Bei zwischenzeitlichem Übergang des Rechts an allen Grundstücken oder an dem Grundstück, bei dem die Mitbelastung nicht vermerkt ist, auf einen Drit- ten muss mit gutgläubigem Erwerb von Einzelrechten gerechnet werden;[289] daher ist nur noch die Eintragung eines **Widerspruchs nach § 53** möglich, wenn die Bösgläubigkeit des Dritten hinreichend glaubhaft ist.[290] Ist gutgläubiger Erwerb des Rechts absolut (zB bei Vollstreckungsmaßnahmen) nicht möglich, kann der Mithaft- vermerk jederzeit nachgeholt werden. Nachfolgende Rechte oder der zwischenzeitliche Erwerb von Rechten am Gesamtrecht hindern die Nachholung des Mithaftvermerks nicht.[291]

Der Grundbuchbeamte muss mit **besonderer Sorgfalt** darüber wachen, dass die Vermerke, durch welche die **179** Mitbelastung erkennbar gemacht wird, stets richtig und vollständig sind.

281 *Güthe-Triebel* § 48 Anm 30; *Hesse-Saage-Fischer* § 48 Anm III 3 a; *Demharter* § 48 Rn 39; *Saage* DFG 1938, 118.
282 *Saage* DFG 1938, 118; KEHE-*Eickmann* § 48 Rn 20.
283 *Hesse-Saage-Fischer* § 48 Anm III 3 a; KEHE-*Eickmann* § 48 Rn 20.
284 HM; KG HRR 1934 Nr 278; BayObLG BayObLGZ 1961, 103 = BayJMBl 1961, 104 = DNotZ 1961, 591 = Rpfle- ger 1962, 20 = MDR 1961, 609; *Demharter* § 48 Rn 3; KEHE-*Eickmann* § 48 Rn 2.
285 Ebenso *Böttcher* MittBayNot 1993, 129, 136.
286 HM; RG RGZ 70, 245; KG KGJ 53, 217; BayObLGZ 1961, 103 = BayJMBl 1961, 104 = DNotZ 1961, 591 = Rpfleger 1962, 20 = MDR 1961, 609; *Saage* DFG 1938, 125. Erst in der Hand gutgläubiger Erwerber spaltet sich das Gesamtrecht in selbständige Einzelrechte je in Höhe des Gesamtrechts auf.
287 *Böhringer* BWNotZ 1988, 97; *Böttcher* MittBayNot 1993, 129, 136.
288 *Ebeling* RpflStud 1979, 58.
289 MüKo-*Eickmann* § 1132 Rn 47; *Demharter* § 48 Rn 3; KEHE-*Eickmann* § 48 Rn 1.
290 KG HRR 1934 Nr 278; *Bauer/von Oefele-Wegmann* § 48 Rn 26; *Demharter* § 48 Rn 3; KEHE-*Eickmann* § 48 Rn 2; BayObLG BayObLGZ 1985, 401 = DNotZ 1986, 357.
291 HM; MüKo-*Eickmann* § 1132 Rn 47; *Demharter* § 48 Rn 3; KEHE-*Eickmann* § 48 Rn 2.

X. Rechtsmittel

180   Gegen die Eintragung des Mitbelastungsvermerks ist **Beschwerde** zulässig.[292] Der Vermerk verhindert – wie der Widerspruch – einen gutgläubigen Erwerb.

181   Der Antrag auf Eintragung des Mithaftvermerks hat lediglich die Bedeutung einer **Anregung**; wird vom Grundbuchamt der Anregung nicht gefolgt, ist Beschwerde möglich.[293]

---

292 KG HRR 1934 Nr 278; *Demharter* § 71 Rn 42; KEHE-*Briesemeister* § 71 Rn 30.
293 So auch OLG München DNotZ 1939, 657 = DFG 1939, 179 = JFG 14, 108; KEHE-*Briesemeister* § 71 Rn 14.

§ 49 (Altenteil)

Werden Dienstbarkeiten und Reallasten als Leibgedinge, Leibzucht, Altenteil oder Auszug eingetragen, so bedarf es nicht der Bezeichnung der einzelnen Rechte, wenn auf die Eintragungsbewilligung Bezug genommen wird.

Schrifttum

Amann, Das gemeinschaftliche Recht, das dem überlebenden Berechtigten allein zusteht, MittBayNot 1990, 225; *Bengel,* Das Leibgeding in der Zwangsversteigerung, MittBayNot 1970, 133; *Böhringer,* Die Wohnungsgewährung als Leibgeding, BWNotZ 1987, 129; *ders,* Das Altenteil in der notariellen Praxis, MittBayNot 1988, 103; *Dressel,* Begründung und Abänderung von Altenteilsleistungen, RdL 1970, 58, 85; *Drischler,* Altenteil und Zwangsvollstreckung, KTS 1971, 145; *ders,* Das Altenteil in der Zwangsversteigerung, Rpfleger 1983, 229; *ders,* Das Altenteil in der Immobiliarvollstreckung, RpflJb 1991, 197; *Feldmann,* Zur Eintragung eines Altenteils auf mehreren Grundstücken, insbesondere eines Wohnungsrechts, JurBüro 1973, 179; *Grohmann,* Der Altenteilsbegriff im Sinne des § 9 EGZVG, JurBüro 1970, 461; *Haegele,* Altenteil-Einzelfragen, Rpfleger 1975, 153; *Haegele,* Wohnungsrecht, Leibgeding und ähnliche Rechte in der Zwangsvollstreckung, Konkurs und Vergleich, DNotZ 1976, 5; *Haehling,* Die Überleitung von Altenteilsrechten, ZfSH 1966, 39; *Hagena,* Das Leibgeding und sein Schutz in der Zwangsversteigerung, BWNotZ 1975, 73; *Hartung,* Einzelfragen zum im Altenteil enthaltenen Wohnrecht, Rpfleger 1978, 48; *v. Hertzberg,* Sicherung von Geldleistungen bei Rentenkaufverträgen und Übertragungsverträgen über Grundstücke, MittBayNot 1988, 55; *Kahlke,* Die Grundstücksteilung im Außenbereich zum Zwecke der Errichtung einer Altenteils- oder Werkwohnung, RdL 1962, 36; *Kahlke,* Erlöschen des Altenteils in der Zwangsversteigerung? Rpfleger 1990, 223; *Kirchhoff,* Das Verbot von Wertsicherungsklauseln im neuen Preisklauselgesetz, DNotZ 2007, 913; *Kraker,* § 242 BGB im Sachenrecht, BWNotZ 1958, 182; *Liedel,* Dasselbe oder das gleiche: Sukzessivberechtigungen angesichts neuerer Entscheidungen des BayObLG, DNotZ 1991, 855; *Lüdtke-Handjery,* Hofübergabe als vertragliche und erbrechtliche Nachfolge, DNotZ 1985, 332; *Lulsdorf,* Die Löschung des auf Lebenszeit des Berechtigten beschränkten Rechten, MittRhNotK 1994, 129; *Mayer,* Abschied vom Altenteil, Rpfleger 1993, 320; *ders,* Die Rückforderung der vorweggenommenen Erbfolge, DNotZ 1996, 604; *Meder,* Mehrere Begünstigte bei Leibgedingsrechten, BWNotZ 1982, 36; *Mümmler,* Nießbrauchsrecht und Altenteilsverpflichtung, JurBüro 1983, 16; *Nieder,* Die dingliche Sicherung von Leibgedingen, BWNotZ 1975, 3; *Olzen,* Die vorweggenommene Erbfolge, 1984; *Reichert,* Das Leibgeding und seine Eintragung an mehreren Grundstücken BWNotZ, 1962, 117; *Riggers,* Probleme des Altenteils, JurBüro 1965, 962; *Ripfel,* Leib- und sonstige Renten-Formulierungsvorschläge für damit verbundene Wertsicherungsklauseln, BWNotZ 1961, 71; *Ripfel,* Die Reallast in den badischen und württembergischen Rechtsgebieten, Die Justiz 1961, 131; *Scheying,* Altenteilsverträge in der Immobilienzwangsvollstreckung, SchlHA 1965, 122; *Waldner,* Wert und Pflege, MittBayNot 1996, 177; *Weyland,* Pflegeverpflichtung in Übergabeverträgen, MittRhNotK 1997, 55; *Wilsch,* Immobiliarrechtliche Aspekte des neuen Preisklauselgesetzes; NotBZ 2007, 431; *Wolf,* Das Leibgeding – ein alter Zopf, MittBayNot 1994, 117.

I. Normzweck

1 Jedes selbständige Recht ist im Allgemeinen unter einer besonderen Nummer im Grundbuch einzutragen. Dieser im Interesse der **Klarheit** und **Übersichtlichkeit** in Praxis und Rechtsprechung herausgebildete Grundsatz erfährt jedoch beim Leibgeding eine Ausnahme. Die Eintragung all dieser Einzelrechte im Grundbuch würde dieses erheblich belasten und der Übersichtlichkeit abträglich sein.

2 Zweck der Bestimmung ist einer **Überfüllung des Grundbuchs** durch weiteste Zulassung der Bezugnahme auf Eintragungsunterlagen **vorzubeugen**.[1] § 49 geht nicht nur davon aus, dass die verschiedenen dinglichen Rechte unter **einer** laufenden Nummer für den Berechtigten eingetragen werden, sondern gestattet eine erweiterte Bezugnahme auf die Eintragungsbewilligung über die Vorschriften des § 874 BGB hinaus.[2] Dabei rechtfertigt die **erweiterte Bezugnahmemöglichkeit** der Umstand, dass ein Leibgeding wegen seines durch den Versorgungszweck bedingten und damit typisierten Inhalts in aller Regel durch die gleichen dinglichen Rechte (Dienstbarkeiten, Reallast, Nießbrauch) gesichert wird, deren Wiedergabe im Grundbuch selbst daher auch durch den Grundsatz der Grundbuchklarheit nicht zwingend geboten ist. Überdies erleichtert § 49 die bei einem Leibgeding häufige Umwandlung eines Einzelrechts in ein anderes.

3 § 49 bringt gegenüber **§§ 874, 877 BGB** Erleichterungen für die dingliche Seite des **Inbegriffs Leibgeding**. Die Vorschrift hat daher nicht nur formell-, sondern auch materiellrechtliche Bedeutung.[3] Als sachenrechtliche Vorschrift gehört § 49 eigentlich ins BGB.

4 § 49 bringt für die dingliche Seite des Inbegriffs Leibgeding eine **Eintragungserleichterung**. Ohne diese Vorschriften müssten bei der Eintragung eines Leibgedings die einzelnen unter dem Gesamtnamen Leibgeding zusammengefassten Rechte im Grundbuch bezeichnet werden, und es könnte nur zur näheren Bezeichnung ihres Inhalts auf die Eintragungsbewilligung Bezug genommen werden.[4] Um aber eine Überfüllung des Grundbuchs zu vermeiden, lässt § 49 zu, dass auch die Bezeichnung der einzelnen Rechte nicht in den Eintragungsvermerk ausdrücklich aufgenommen, sondern nur durch Bezugnahme auf die Eintragungsbewilligung eingetragen wird.

5 Es **genügt** im Eintragungsvermerk die Bezeichnung als »Leibgeding«, »Altenteil«, »Leibzucht«, »Auszug«, »Ausgeding«, »Austrag«, »Abschied«, »Abnahme« ua als Inbegriff von einzelnen dinglichen Rechten.[5] Die Bezeichnung erfolgt unterschiedlich nach örtlichem Brauch.

6 Wird **außerhalb eines Leibgedings** eine Mehrheit von Dienstbarkeiten oder Reallasten bestellt, dann ist § 49 nicht anwendbar; die einzelnen Rechte müssen vollständig und jedes für sich eingetragen werden.[6] Bezugnahme ist dabei nur im Umfang des § 874 BGB möglich.

II. Geltungsbereich des § 49

7 Gegenstand des § 49 ist nur das Leibgeding. Für alle **außerhalb eines Leibgedingsvertrags** bestellten dinglichen Rechte greift § 49 nicht Platz, vgl Rdn 6. Jedes Recht ist in solchen Fällen unter ausdrücklicher Bezeichnung und unter einer **eigenen** Nummer einzutragen.[7]

8 Das Leibgeding ist **kein** selbständiges dingliches Recht; jedes unter den Begriff fallende Einzelrecht muss selbständig eintragungsfähig sein.[8] Dabei ist es belanglos, ob das Leibgeding aus Dienstbarkeiten und Reallasten oder aber aus Dienstbarkeiten oder nur aus Reallasten besteht. Umstritten ist, ob ein Nießbrauch überhaupt zu den dinglichen Einzelrechten eines Leibgedings gehören kann, vgl dazu Rdn 76–80.

---

1 BGH BGHZ 58, 57 = LM Nr 1 § 49 GBO (L; *Mattern*) = NJW 1972, 540 = DNotZ 1972, 487 = Rpfleger 1972, 88 = MDR 1972, 312 = Betrieb 1972, 2015 = JurBüro 1973, 179 = WPM 1972, 289 = AgrarR 1972, 327; BGH DNotZ 1994, 881 = Rpfleger 1994, 347; BayObLG BayObLGZ 1975, 132 = BayJMBl 1975, 72 = DNotZ 1975, 622 = Rpfleger 1975, 243 u 314 = MDR 1975, 941 = JurBüro 1976, 524 = RdL 1975, 210.

2 *Reichert* BWNotZ 1962, 126; *Schöner/Stöber* Rn 1324; *Böhringer* BWNotZ 1987, 129.

3 HM.

4 BGHZ 58, 57 = DNotZ 1972, 487 = Rpfleger 1972, 88; BGH BGHZ 73, 211 = LM Nr 2 zu § 49 GBO m Anm *Hagen* = NJW 1979, 421 = DNotZ 1979, 499 = Rpfleger 1979, 56 = MDR 1979, 300 = FamRZ 1979, 227 = MittBayNot 1979, 14; *Demharter* § 49 Rn 1; *Schöner/Stöber* Rn 1324.

5 OLG Frankfurt OLGZ 1972, 175 = DNotZ 1972, 353 = Rpfleger 1972, 20 = JurBüro 1972, 347; OLG Hamm OLGZ 1973, 174 = DNotZ 1973, 376 = Rpfleger 1973, 98 = MDR 1973, 315 = MittBayNot 1973, 18. Die Ausdrucksweise ist regional unterschiedlich, dazu *Fuchs* Rpfleger 1987, 76; *Sprau-Ott*, Justizgesetze in Bayern, Art 7 AGBGB Rn 6; DNotZ 1935, 965, 969.

6 OLG Braunschweig OLGE 43, 193; *Demharter* § 49 Rn 4.

7 OLG Braunschweig OLGE 43, 193.

8 Ausnahme: Reallasten für einmalige Leibgedingsleistungen (zB Begräbniskosten), BayObLGZ 1983, 113 = DNotZ 1985, 41 = Rpfleger 1983, 308.

Nach § 137 S 1 ist § 49 entsprechend anzuwenden auf die in Art 63, 68 EGBGB bezeichneten Rechte, **9**
nämlich das Erbpachtrecht, die nicht bergrechtlichen Mineralien, Bergwerkseigentum ua.

III. Begriff

1. Allgemeines

Das Gesetz gibt keine Begriffsbestimmung des Leibgedings,[9] wird aber neben § 49 in verschiedenen Vorschrif- **10**
ten verwendet, so bei Art 96 EGBGB und § 9 EGZVG. Es handelt sich um einen historisch gewachsenen
Rechtsbegriff. Der Leibgedingsvertrag ist als Unterart des Leibrentenvertrags (§§ 759 bis 761 BGB) aufzufassen.[10] Der **Ausdruck** »Leibgeding« oder ein gleichbedeutender Ausdruck kehrt in mehreren gesetzlichen Vorschriften wieder,[11] ohne auch hier definiert oder erläutert zu sein.

Zum Verständnis des heute sehr weit ausgelegten Begriffs des »Leibgedings« ist es nützlich, sich die **historische
Herkunft und Entwicklung** des Leibgedings zu vergegenwärtigen.[12] Das Rechtsgebilde des Leibgedings entstammt der ländlichen Sitte und den bäuerlichen Verhältnissen, obwohl der Begriff sich schon im Spätmittelal-
ter als Inbegriff einer lebenslangen Versorgung nachweisen lässt.[13] Es bedeutet zunächst den Inbegriff aller Vorteile, die einer Person bei Auflösung der rechtlichen Verhältnisse, in denen sie bisher zu einem Bauernhofe
stand, aus diesem zu ihrem weiteren Unterhalt zugewiesen wurden, namentlich das Recht der freien Wohnung
auf dem Hof und die Verköstigung aus seinen Erträgnissen. Meist wurde es iVm der Abtretung[14] des Bauern-
hofs an eine jüngere Kraft für den bisherigen Inhaber des Hofs begründet. Dieser sollte, nachdem er infolge
hohen Alters oder aus sonstigen Gründen zur Bewirtschaftung des Hofs und damit zum Erwerb seines Lebensunterhalts unfähig geworden war, durch das ihm von dem Übernehmer versprochene Leibgeding für seine weiteren Lebenstage sichergestellt werden. – Der Kreis der Personen, die derart in ein neues Rechtsverhältnis zum
Bauernhofe traten, erweiterte sich. Es wurde Übung, zum Zwecke der Abfindung auch die Ehefrau und
erwerbsunfähige Kinder des übertragenden Bauern an dem Leibgeding teilnehmen zu lassen. Schließlich konnten sogar familienfremde Personen ein solches Recht erlangen. Damit aber vollzog sich eine gewisse Änderung
im ursprünglichen Wesen des Rechts. Schließlich wurde die Bestellung eines Leibgedings auch auf städtischen
Besitz ausgedehnt. Ein Grundzug des Leibgedings liegt also in einem Nachrücken der folgenden Generation in
eine die Existenz – wenigstens teilweise – begründende Wirtschaftseinheit.

Es blieb der Literatur und Rechtsprechung überlassen, eine Begriffsbestimmung zu finden. Der Begriff stammt **11**
aus dem früheren Landesrecht der deutschen Einzelstaaten. Leibgedingsverträge sind eine aus dem **bäuerlichen**
Wirtschaftsleben hervorgegangene und davon geprägte Art der Sonderrechtsnachfolge, die gleichwohl meist
eine **vorweggenommene Erbfolge** darstellen.[15] Diese Verträge waren seit altersher und sind auch heute noch
vor allem in der Landwirtschaft üblich.[16] Der Grundzug eines solchen Leibgedings liegt – wie oben historisch
dargestellt – in einem Nachrücken der folgenden Generation[17] in eine die **Existenz** – wenigstens teilweise[18] –
begründende Wirtschaftseinheit[19] unter Abwägung der Interessen des abziehenden Leibgedingsberechtigten

9 BGH NJW-RR 2007, 1390 = Rpfleger 2007, 614 = WM 2007, 2018; *Hagen* WM 1983, 640; *Drischler* Rpfleger 1983,
229; OLG Köln DNotZ 1990, 513; *Weyland* MittRhNotK 1997, 5.
10 RGZ 104, 273; 162, 52.
11 Art 96 EGBGB, Art 15 PrAGBGB, Art 6 II AGZVG, § 34 III BewG, § 49 GBO, § 23 GVG, § 850b ZPO, § 9 EGZVG.
12 *Böhringer* BWNotZ 1987, 129.
13 BayObLGZ 1975, 132 = DNotZ 1975, 622 = Rpfleger 1975, 243 u 314.
14 Zur Unterscheidung zwischen Hofübergabevertrag, Hofübergabevorvertrag und bloßem Erbvertrag BGH Rpfleger
1987, 417 = AgrarR 1987, 222; BFH MittBayNot 1988, 249; *Lüdtke-Handjery* DNotZ 1985, 332; OLG Köln DNotZ
1990, 513; OLG München Rpfleger 1981, 103. Zur Rechtsgeschichte auch *Kahlke* Rpfleger 1990, 233.
15 BGH LM PrAGBGB Art 15 Nr 6 = DNotZ 1964, 749 = FamRZ 1964, 506 = RdL 1964, 299 = MDR 1964, 741;
BGH NJW 1981, 2568 = DNotZ 1982, 45 = WM 1981, 718; BGH NJW-RR 1990, 1283; BGH FamRZ 1990, 1083; zur
Auslegung des Begriffs der vorweggenommenen Erbfolge im Übergabevertrag BGH NJW 1995, 1349 = DNotZ 1996,
640 = FamRZ 1995, 479 = MittRhNotK 1995, 172 = MittBayNot 1995, 196; *Mayer* DNotZ 1996, 604. *Lüdtke-Handjery* DNotZ 1985, 332; *Weirich* DNotZ 1986, 5; *Böhringer* MittBayNot 1988, 103. Zum Begriff der vorweggenommenen
Erbfolge BGH FamRZ 1991, 689 = MDR 1991, 511.
16 *Grässlin-Böhringer* Kapitel 6 H; *Schöner/Stöber* Rn 1323; *Hagena* BWNotZ 1975, 73; *Kahlke* Rpfleger 1990, 233.
17 Das »Nachrücken« darf nicht zu wörtlich genommen werden OLG Köln DNotZ 1990, 513. Kein »Nachrücken« liegt
vor, wenn nur das Hausgrundstück ohne die landwirtschaftlichen Grundstücke übertragen wird, OLG Zweibrücken
NJW-RR 1994, 209 = MDR 1994, 104.
18 BGH NJW-RR 2007, 1390 = Rpfleger 2007, 614 = WM 2007, 2018; BGHZ 53, 41 = DNotZ 1970, 249 = Rpfleger
1970, 59; BGH DNotZ 1964, 749; BGH DNotZ 1982, 45 = NJW 1981, 2568; BGH NJW-RR 1990, 1283; BGH
DNotZ 1996, 640 = NJW 1995, 1349; BGH DNotZ 1982, 697; BGH NJW-RR 1989, 451 = WM 1989, 70 = Mitt-
BayNot 1989, 81; OLG Hamm Rpfleger 1986, 270 m krit Anm *Fuchs* Rpfleger 1987, 270; *Hagen* WM 1983, 640; OLG
Köln DNotZ 1990, 51.
19 Zum Begriff *Wolf* MittBayNot 1994, 117; LG Bamberg MittBayNot 1993, 154; OLG Koblenz RNotZ 2007, 36.

und des nachrückenden Angehörigen der nächsten Generation.[20] Danach ist das Leibgeding ein der allgemeinen leiblichen und persönlichen **Versorgung** des Berechtigten dienendes Rechtsverhältnis, bei dem **persönliche – nicht notwendig verwandtschaftliche**[21] **– Beziehungen** zwischen den Beteiligten bestehen.

2. Versorgungscharakter

12 Der Versorgungscharakter und nicht notwendig synallagmatische[22] Inhalt des Vertrages bestimmt auch heute noch das Wesen des Leibgedings und damit auch seiner sozialen Schutzbedürftigkeit, die in verschiedenen gesetzlichen Privilegien (§ 9 EGZVG, § 850b ZPO;[23] für die Auslegungsregeln und Umwandlungsbefugnisse zugunsten des Berechtigten vgl Art 96 EGBGB) ihren Ausdruck finden.[24] Erforderlich ist, dass ein Beteiligter einem anderen nach Art einer vorweggenommenen Erbfolge seine wirtschaftliche Lebensgrundlage überträgt, um dafür in die persönliche Gebundenheit eines abhängigen Versorgungsverhältnisses einzutreten, während der Übernehmer eine wirtschaftliche selbstständige Stellung erlangt.[25] Der Leibgedingsvertrag ist daher ein **sozial motivierter Versorgungsvertrag**, der von einer Grundstücksübergabe und von seiner dinglichen Sicherung nicht begrifflich abhängt. Wesentlich für ihn ist jedoch, dass er der Unabsehbarkeit und dem ungewissen Umfang der Versorgungsbedürftigkeit entsprechend regelmäßig auf Lebenszeit[26] des Berechtigten vereinbart wird, dass er eine wirtschaftliche **Ausgewogenheit** von Leistung und Gegenleistung[27] **nicht** voraussetzt, dass er (zumindest auch) **in Natur** zu erbringende Versorgungsleistungen enthält – darin liegt die Abgrenzung zum Leibrentenvertrag des § 759 BGB – und dass seinem Fürsorgecharakter entsprechend besondere **persönliche Beziehungen** zwischen dem Berechtigten und dem Verpflichteten bestehen müssen.[28] Bei objektiver Gleichwertigkeit der Leistungen kann aber nicht der Umkehrschluss gezogen werden, dass ein Altenteilsvertrag nicht vorliege.[29] Schließlich setzt ein Leibgedingsvertrag eine **örtliche Bindung** des Berechtigten an das Grundstück voraus, auf dem ihm die dinglich gesicherten und zumindest sicherungsfähigen Naturalleistungen, insbesondere das Wohnrecht, gewährt werden.[30] Ohne eine solche Bindung an ein zur dinglichen Sicherung des Leibgedings geeignetes Grundstück des Verpflichteten entfiele jede Rechtfertigung für die Privilegierung des Leibgedings in der Zwangsversteigerung des Grundstücks gemäß § 9 EGZVG.[31] Wird ein Altenteil hinter dem Zwangsversteigerungsvermerk im Grundbuch eingetragen, so ist es dem betreibenden Gläubiger gegenüber unwirksam und erlischt mit dem Zuschlag.[32] Eine Teilung der Reallast in ein vorrangiges Teilrecht, das alle

20 BGH BGHZ 53, 41 = NJW 1970, 282 = DNotZ 1970, 249 = Rpfleger 1970, 59 = FamRZ 1970, 23 = KTS 1970, 207 = MDR 1970, 128 = WM 1969, 1492 = BGH RdL 1953, 10; BGH NJW-RR 1989, 451 = WM 1989, 70 = MittBayNot 1989, 81; OLG Celle RdL 1960, 193; *Wolff* RdL 1952, 113.
21 RG JW 1924, 813; OLG Hamm DNotZ 1970, 659 = Rpfleger 1969, 397; LG Kiel SchlHA 1957, 307; OLG Köln DNotZ 1990, 513; *Staudinger-Amann* Einl 34 zu §§ 1105 bis 1112; *Schöner/Stöber* Rn 1323; *Nieder* BWNotZ 1975, 3; *Böhringer* MittBayNot 1988, 103, 104.
22 BGH JurBüro 1989, 1237 = MDR 1989, 803 = MittBayNot 1989, 206; BGH NJW-RR 1989, 451 = WM 1989, 70 = MittBayNot 1989, 81; BGH NJW-RR 1990, 1283 = FamRZ 1990, 1083 = MittBayNot 1990, 358; *Winkler* MittBayNot 1979, 57; *Weirich* DNotZ 1986, 5; OLG Köln DNotZ 1990, 513.
23 Der Begriff des Altenteils in § 850b ZPO entspricht demjenigen in Art 96 EGBGB BGH NJW-RR 2007, 1390 = Rpfleger 2007, 614 = WM 2007, 2018.
24 BayObLGZ 1975, 132 = DNotZ 1975, 622 = Rpfleger 1975, 243 u 314; *Schöner/Stöber* Rn 1323; *Hagen* WM 1983, 640; RGZ 152, 104 = JW 1935, 3040; *Böhringer* BWNotZ 1987, 129; *Kahlke* Rpfleger 1990, 233; OLG Köln DNotZ 1990, 513.
25 BGH NJW-RR 2007, 1390 = Rpfleger 2007, 614 = WM 2007, 2018; BGH NJW 2003, 1325; BGH WM 2000, 586; BGH NJW-RR 1989, 451 = MittBayNot 1989, 81 = WM 1989, 70.
26 BayObLGZ 1975, 132 = DNotZ 1975, 622 = Rpfleger 1975, 243 u 314; BayObLGZ 1983, 113 = DNotZ 1985, 41 = Rpfleger 1983, 308; OLG Schleswig Rpfleger 1980, 348; *Fuchs* Rpfleger 1987, 76; *Böhringer* BWNotZ 1987, 129; *Kahlke* Rpfleger 1990, 233.
27 BGH JurBüro 1989, 1237 = MDR 1989, 803 = MittBayNot 1989, 206. Ein Vertrag, durch den die Eltern ihr Anwesen unter Vereinbarung eines Leibgedings einem ihrer Kinder übergeben, wohingegen dieses sich »hinsichtlich seiner elterlichen Erb- und Pflichtteilsansprüche als abgefunden« erklärt, enthält nicht notwendig einen Erbverzicht. Ein solcher Verzicht muss sich zuverlässig aus dem ganzen Inhalt des Abfindungsvertrages ergeben. Dazu BayObLG Rpfleger 1984, 191 = MDR 1984, 403; RG HRR 1932 Nr 628. § 138 Abs 2 BGB findet bei Leibgedingsverträgen keine Anwendung BayObLG MittBayNot 1994, 225.
28 OLG Hamm DNotZ 1970, 659 = Rpfleger 1969, 397; LG Göttingen NJW-RR 1988, 327; *Hornung* Rpfleger 1982, 298; *Schöner/Stöber* Rn 1323; *Weirich* DNotZ 1986, 5.
29 Ebenso *Keim* RNotZ 2001, 114; **aA** LG Mainz RNotZ 2001, 113. Dazu auch BGH NotBZ 2008, 25 m Anm *Otto*.
30 RGZ 162, 57; BayObLGZ 1975, 132 = DNotZ 1975, 622 = Rpfleger 1975, 243 u 314; BayObLGZ 1994, 12 = Rpfleger 1995, 332; *Nieder* BWNotZ 1975, 3; AG Duisburg-Ruhrort DAVorm 1983, 530; OLG Köln DNotZ 1990, 513.
31 OLG Hamm Rpfleger 1986, 270 m krit Anm *Fuchs* Rpfleger 1987, 76; *Bengel* MittBayNot 1970, 133; *Hagena* BWNotZ 1975, 73; *Drischler* Rpfleger 1983, 229; *Kahlke* Rpfleger 1990, 233.
32 OLG Hamm Rpfleger 2001, 254. Dazu OLG München ZflR 2007, 802. Zum »Begleitschutz« für die Reallast und zur Erneuerungsvormerkung *Böttcher* ZflR 2007, 791.

nach dem Zuschlag fälligen Leistungen umfasst, und in ein rangrangiges Teilrecht, welches die zuvor fälligen Leistungen umfasst, wird vom BGH abgelehnt.[33]

Offen gelassen hat das BGH[34] allerdings die Frage, ob ein Leibgedingsvertrag entsprechend seinem Versorgungs- und Fürsorgecharakter und unter Berücksichtigung seiner geschichtlichen Entwicklung **besondere persönliche Beziehungen** zwischen dem Berechtigten und dem Verpflichteten bei Vertragsschluss voraussetzt. Dies muss bejaht werden und ist vom Grundbuchamt zu beachten.[35] Zu fordern ist auch eine **örtliche Bindung** des Leibgedingsberechtigten zum Grundbesitz, zB das Bewohnen oder die Nutzung eines Teils des übertragenen Grundbesitzes oder nebenan, vgl Rdn 12, 27. Es genügt nicht, dass der Übernehmer das erlangte Grundstück zur Schaffung seiner wirtschaftlichen Lebensgrundlage nutzt, erforderlich ist vielmehr zusätzlich, dass die Existenzgrundlage vom Übergeber bereits geschaffen war und der Übernehmer in diese eintritt.[36] **13**

Leibgeding ist der **Inbegriff von Rechten** verschiedener Art, die durch ihre Zweckbestimmung, dem Berechtigten ganz oder teilweise – regelmäßig lebenslang[37] – Versorgung zu gewähren, zu einer Einheit verbunden sind.[38] Zur Vereinfachung des Grundbuchverkehrs und zur Entlastung der Grundbuchämter kommt es nur darauf an, dass es sich bei den einzutragenden Dienstbarkeiten und Reallasten um eine Bündelung von Rechten handelt, die typischerweise zu Versorgungszwecken als Alteinteil im Grundbuch eingetragen werden.[39] Leibgedingsverträge enthalten so idR die Einräumung eines Wohnrechts und die Gewährung von wiederkehrenden Leistungen oder Nutzungen, die aus Anlass der Übertragung eines Grundstücks oder Guts zugunsten des Übergebers, seines Ehegatten oder naher Familienangehöriger ausbedungen werden. Die untere Grenze der Sach- und Dienstleistungen bildete früher der notwendigste Lebensbedarf (Kost und Wohnung); je nach Größe und Leistungsfähigkeit des landwirtschaftlichen Betriebs wurden dem Übernehmer auch weitergehende Pflichten, insbesondere regelmäßige Geldrenten auferlegt. **14**

Auf der anderen Seite soll in Verbindung damit dem **Übernehmer ein Grundstück oder Gut überlassen werden**, kraft dessen Nutzung er den dem Leibgedingsberechtigten geschuldeten Unterhalt gewinnen kann.[40] Ein Miteigentumsanteil kann genügen.[41] **15**

Leibgedingsverträge sind nicht auf den landwirtschaftlichen Betrieb beschränkt, sondern auch in **städtischen Verhältnissen** zulässig[42] (Grundstück im Stadtgebiet oder gewerblich genutztes Grundstück[43] oder gar eine **16**

---

33 BGHZ 1156, 274 = DNotZ 2004, 615 = NotBZ 2004, 277 = ZflR 2004, 361 = EWiR 2004, 431 m Anm *Holzer*; *Böttcher* ZflR 2007, 791.

34 NJW 1981, 2568 = DNotZ 1982, 45.

35 So auch OLG Schleswig Rpfleger 1980, 348; OLG Hamm Rpfleger 1986, 270; LG Göttingen Rpfleger 1960, 341; *Schöner/Stöber* Rn 1339; *Böhringer* BWNotZ 1987, 129; *Kahlke* Rpfleger 1990, 233. Vgl auch Rn 114.

36 NotBZ 2003, 117 = ZNotP 2003, 223.

37 BayObLGZ 1983, 113 = DNotZ 1985, 41 = Rpfleger 1983, 308.

38 BGH LM Nr 1 zu Art 96 EGBGB = NJW 1962, 2249 = MDR 1963, 38 = FamRZ 1963, 37 = ZMR 1963, 12; OLG Hamm OLGZ 1969, 380 = DNotZ 1970, 37 = Rpfleger 1969, 396; Grundlegend BGHZ 125, 69 = DNotZ 1994, 881 = Rpfleger 1994, 347; BayObLG DNotZ 1993, 603 = MittBayNot 1993, 208; eingrenzend – wohl zu Unrecht – OLG Zweibrücken MittBayNot 1994, 136 m abl Anm *Wolf* MittBayNot 1994, 117; AG Duisburg-Ruhrort DAVorm 1983, 530; *Hagen* WM 1983, 640.

39 BGHZ 125, 60 = DNotZ 1994, 881 = Rpfleger 1994, 347. Zum Pfändungsschutz beim Alteinteil BGH NotBZ 2008, 25 m Anm *Otto*.

40 BGH DNotZ 1964, 299; BGH DNotZ 1982, 45 = NJW 1981, 2568; BGH NJW-RR 1990, 1283; BGH DNotZ 1996, 640 = NJW 1995, 1349; BGHZ 53, 41 = DNotZ 1970, 249 = Rpfleger 1970, 59; BGH NJW 1962, 2249 = FamRZ 1963, 37; OLG Hamm OLGZ 1973, 174 = DNotZ 1973, 376 = Rpfleger 1973, 98; *Haegele* DNotZ 1976, 13 mwN; *Hagen* WM 1983, 640. Dem Übernehmer ist Eigentum und nicht nur ein Nutzungsrecht am Grundbesitz zu verschaffen *Eckard* AgrarR 1975, 136. Der volle Unterhalt muss geschuldet sein BGH ZEV 2001, 30; OLG Düsseldorf Rpfleger 2001, 542.

41 OLG Düsseldorf JMBlNW 1961, 232.

42 BGHZ 73, 211 = DNotZ 1979, 499 = Rpfleger 1979, 56; BGH DNotZ 1964, 299; BGH DNotZ 1982, 45 = NJW 1981, 2568; BGH NJW-RR 1990, 1283; BGH DNotZ 1996, 640 = NJW 1995, 1349; BGHZ 53, 41 = DNotZ 1970, 249 = Rpfleger 1970, 59; BGH NJW 1962, 2249 = FamRZ 1963, 37; BGH DNotZ 1982, 45; RGZ 60, 48; RGZ 152, 104 = JW 1935, 3040; RGZ 162, 52 = DR 1940, 332; BayObLG DNotZ 1975, 132 = DNotZ 1975, 243 u 314; OLG Köln Rpfleger 1992, 431; OLG Königsberg OLGE 2, 509; OLG Hamm OLGZ 1973, 174 = DNotZ 1973, 376 = Rpfleger 1973, 98; KG MDR 1960, 234; OLG Düsseldorf MittRhNotK 1972, 708; OLG Kiel SchlHA 1973, 21; OLG Köln DNotZ 1990, 513; LG Kiel SchlHA 1957, 307; LG Bamberg MittBayNot 1992, 144; AG Duisburg-Ruhrort DAVorm 1983, 530; *Soergel-Stürner* § 1105 Rn 27; *MüKo-Joost* § 1105 Rn 43; *Demharter* § 49 Rn 3; *Schöner/Stöber* Rn 1323; *Hagen* WM 1983, 640; *Drischler* Rpfleger 1983, 229; *Hagena* BWNotZ 1975, 73; *Nieder* BWNotZ 1975, 3; *Böhringer* BWNotZ 1987, 129.

43 *Böhringer* BWNotZ 1987, 129; *Sprau-Ott,* Justizgesetze in Bayern, Art 7 AGBGB Rn 7; BayObLG BayObLGZ 1964, 344 = RdL 1965, 51; BayObLG DNotZ 1993, 603 = NJW-RR 1993, 984 = MittBayNot 1993, 208 = Rpfleger 1993, 443 und 1994, 334; dazu ablehnend LG Mainz RNotZ 2001, 113 m krit Anm *Keim*; LG Bamberg MittBayNot 1992, 144; AG Aachen Rpfleger 1991, 106; *Wulff* RdL 1952, 113; *Böhringer* MittBayNot 1988, 103, 104.

Eigentumswohnung[44]). Bei diesem wird die Bestellung eines Wohnrechts und die Gewährung einer Rente auf dem Grundstück als ausreichend angesehen.[45]

17 Das Leibgeding kann nicht nur **vertragsmäßig** vereinbart, sondern auch durch **Verfügung von Todes wegen zugewendet** werden.[46]

18 **Unerheblich** ist, ob die Bestellung des Leibgedings iVm der **Überlassung eines Grundstücks** oder Guts erfolgt.[47] Dann müssen aber die Umstände ergeben, dass es sich um ein Leibgeding handeln kann (zB Familienzugehörigkeit des Berechtigten, langjährige Dienstleistungen, Hingabe von Vermögen zum Erwerb des Grundstücks, sonstige persönliche Beziehungen zwischen dem Berechtigten und dem Verpflichteten).[48]

3. Abgrenzungsfragen

19 Kein Leibgedingsvertrag liegt nach BGH vor, wenn hoch betagte Eltern den Erlös aus dem Verkauf ihres landwirtschaftlichen Pachtbetriebs an Tochter und Schwiegersohn zum Bau eines Hauses geben und mit ihnen vereinbaren, dass die Eltern in dem Haus von ihnen beherbergt und verpflegt werden sollen.[49]

20 Das Wohn- und Grundstücksbenutzungsrecht im Zusammenhang mit der unterstellten Verpflichtung zur Versorgung und Pflege sowie Rentenvereinbarungen rechtfertigen es für sich allein nicht, in einem Grundstücksüberlassungsvertrag auch einen Leibgedingsvertrag zu sehen.[50] Tritt nämlich bei einer Versorgungsvereinbarung der Charakter eines gegenseitigen Vertrags mit beiderseitigen etwa gleichwertig gedachten Leistungen in den Vordergrund, handelt es sich nicht um einen Altenteilsvertrag.[51] Es genügt auch nicht, wenn das Wohnrecht und die Versorgungsleistungen für einen am Überlassungsvertrag nicht beteiligten Dritten ausbedungen werden.[52]

21 Auch wenn der Charakter des gegenseitigen Vertrags mit beiderseitigen, etwa gleichwertig gedachten Leistungen in einer schuldrechtlichen Versorgungsvereinbarung in den Vordergrund tritt, kann im Allgemeinen nicht angenommen werden, es handle sich um eine Leibgedingsvereinbarung.[53] Der Umstand allein, dass eine Geldrente auf die Lebenszeit des Berechtigten beschränkt ist und von ihm zur Bestreitung seines Lebensunterhalts verwendet werden mag, reicht als Merkmal eines Leibgedings allein nicht aus. Die bloße **Verrentung des Kaufpreises** genügt also für ein Leibgeding nicht.[54] Denn wo nur wirtschaftliche Interessen die Beteiligten zusammenführen, persönliche Beziehungen aber nicht bestehen, kann es sich nicht um einen Leibgedingsvertrag handeln.[55]

4. Nicht begriffsnotwendige Merkmale

22 a) Die Bestellung auf **Lebenszeit** des Berechtigten ist nicht erforderlich. Es genügt, wenn auf Umstände abge-

---

44 OLG Düsseldorf DNotZ 1977, 305.
45 *Drischler* Rpfleger 1983, 229; *Hagena* BWNotZ 1975, 73; LG Göttingen NJW-RR 1988, 327. Kritisch LG Duisburg MittRhNotK 1989, 194 und OLG Köln Rpfleger 1992, 431 bei Einfamilienhaus-Übergabe.
46 RGZ 162, 52; BGH LM PrAGBGB Art 15 Nr 6; BGH NJW 1953, 182; KG MDR 1960, 234; OLG Hamm OLGZ 1973, 174 = DNotZ 1973, 376 = Rpfleger 1973, 98; OLG Schleswig Rpfleger 1980, 348; *Staudinger-Frank* Vorbem 57 zu §§ 1030 ff; *Demharter* § 49 Rn 3; *Lüdtke-Handjery* DNotZ 1985, 334; *Nieder* BWNotZ 1975,
47 RGZ 162, 57 = HRR 1935, Nr 1070; BGH NJW 1962, 2249 = FamRZ 1963, 37; BGHZ 58, 57 = DNotZ 1972, 487 = Rpfleger 1972, 88; BGH Rpfleger 1994, 347 = NJW 1994, 1158; KG DNotZ 1933, 585; BayObLGZ 1975, 132 = DNotZ 1975, 622 = Rpfleger 1973, 243 u 314; OLG Schleswig Rpfleger 1980, 348; LG Bamberg MittBayNot 1992, 144 und 1993, 154; *Soergel-Stürner* § 1105 Rn 27; *KEHE-Eickmann* § 49 Rn 2; *Demharter* § 49 Rn 3; *Schöner/Stöber* Rn 1323; *Sprau-Ott*, Justizgesetze in Bayern, Art 7 AGBGB Rn 9. Anders nur im Rahmen des Art 96 EGBGB, aber trotzdem keine Übergabe eines landwirtschaftlichen Betriebs notwendig (dazu BGHZ 58, 57 = DNotZ 1972, 487 = Rpfleger 1972, 88; BayObLGZ 1975, 132 = DNotZ 1975, 132 = Rpfleger 1975, 243 u 314).
48 *Böhringer* BWNotZ 1987, 129; *ders* MittBayNot 1988, 103, 105; OLG Schleswig Rpfleger 1980, 348; *Schöner/Stöber* Rn 1339 (dazu auch Rdn 86, 114). Vgl auch Rdn 114.
49 BGH LM Art 14 PrAGBGB Nr 3 = MDR 1960, 915 = DB 1960, 1214.
50 BGH NJW-RR 2007, 1390 = Rpfleger 2007, 614 = WM 2007, 2018; BGH DNotZ 1964, 749; BGH DNotZ 1982, 45 = NJW 1981, 2568; BGH NJW-RR 1990, 1283 = FamRZ 1990, 1083; BGH DNotZ 1982, 697 = WM 1982, 208; BGH NJW-RR 1989, 451 = WM 1989, 70 = MittBayNot 1989, 81; *Hagen* WM 1983, 64.
51 BGH NJW-RR 2007, 1390 = Rpfleger 2007, 614 = WM 2007, 2018; BGH DNotZ 1982, 45 = NJW 1981, 2568.
52 BGH FamRZ 1963, 37 = NJW 1962, 2249; *Drischler* Rpfleger 1983, 229.
53 BGH DNotZ 1964, 749; BGH DNotZ 1982, 45 = NJW 1981, 2568; BGH NJW-RR 1990, 1283 = FamRZ 1990, 1083; BGHZ 53, 41 = DNotZ 1970, 249 = Rpfleger 1969, 59; BGH MittBayNot 1989, 81 = NJW-RR 1989, 451 = WM 1989, 70; *Hagen* WM 1983, 640; *Soergel-Stürner* § 1105, Rn 27.
54 KG MDR 1960, 234; OLG München MDR 1953, 434; LG Göttingen Rpfleger 1960, 341; *Drischler* Rpfleger 1983, 229. Zur Verrentung von Kaufpreisen *Koenen* MittRhNotK 1994, 329.
55 OLG Hamm DNotZ 1970, 659 = Rpfleger 1969, 397.

stellt ist, welche die Versorgung des Berechtigten berühren (zB Heirat, Wiederverheiratung, Tod).[56] Die Bestellung des Rechts für eine **bestimmte Zeit** würde also genügen.[57]

b) Das **Alter** des Berechtigten, verwandtschaftliche Bande.[58] **23**

c) Der überlassene Grundbesitz braucht die Existenzgrundlage des Erwerbers nicht zu bilden, die Gründung **24** einer **Teilexistenz** genügt.[59]

d) Die vereinbarten Leistungen brauchen nicht die **vollständige Versorgung** des Berechtigten zu bilden.[60] **25** Aus diesem Grunde sollte auch der Ausdruck »Altenteil« nicht gebraucht werden.

e) Übergabe eines **landwirtschaftlichen Betriebs** (anders nur im Rahmen des Art 96 EGBGB)[61] nicht erfor- **26** derlich. Unerheblich ist, ob das Vertragsgrundstück auch gewerblich genutzt wird oder zu einer gewerblichen Nutzung geeignet ist.

f) Ein **Wohnungsrecht** braucht im Leibgeding nicht unbedingt vereinbart zu sein. Der Leibgedingsberech- **27** tigte wohnt manchmal auch neben der Hofstelle auf seinem eigenen zurückbehaltenen Grundstück.[62]

g) Die Bestellung eines Leibgedings braucht nicht unmittelbar in einem **Übergabevertrag** erfolgen, das Recht **28** kann auch **später bestellt** werden, wenn nur ein innerer Zusammenhang besteht, wobei wirtschaftliche Gesichtspunkte mitentscheidend sein können[63] (nur Art 96 EGBGB setzt Grundstücksübertragung voraus).[64]

Eine **gefestigte Rechtsmeinung**[65] über die notwendigen Merkmale eines Leibgedingsvertrags haben Recht- **29** sprechung und Schrifttum zwischenzeitlich entwickelt.

Über das **hessische Einsitzrecht** vgl OLG Frankfurt. Ein reines Wohnrecht (Einsitzrecht) begründet nach LG **30** Kassel[66] kein Leibgeding.

IV. Rechtsnatur des Leibgedings

1. Kein einheitliches Recht

Das schuldrechtlich vereinbarte Leibgeding wird wegen der Vielgestaltigkeit der darin enthaltenen Versor- **31** gungsleistungen regelmäßig durch eine **Vielzahl von Einzelrechten** gesichert und setzt sich idR aus mehreren dinglichen Rechten zusammen (beschränkte persönliche Dienstbarkeiten, Reallasten, Nießbrauch). Eine geradezu typische Zusammenfassung dinglicher Rechte zum Zwecke der Versorgung des Übergebers stellt die Verbindung eines Wohnungsrechts mit einer Reallast dar.

---

56 BGH FamRZ 1963, 37 = NJW 1962, 2249; BayObLG BayObLGZ 1970, 100 = Rpfleger 1970, 202 = DNotZ 1970, 415; OLG Hamm OLGZ 1973, 174 = DNotZ 1973, 376 = Rpfleger 1973, 98; OLG Hamm Rpfleger 1986, 270 m krit Anm *Fuchs*; AG Naila Rpfleger 1962, 17; OLG Oldenburg Rpfleger 1978, 411 = MittRhNotK 1978, 185; *Staudinger-Amann* Einl 34 zu §§ 1105–1112; *Haegele* DNotZ 1976, 13. Missverständlich BayObLGZ 1975, 132 = DNotZ 1975, 132 = Rpfleger 1975, 243 u 314.
57 *Böhringer* BWNotZ 1987, 129.
58 OLG Nürnberg RdL 1967, 183; OLG Hamm OLGZ 1969, 380 = DNotZ 1970, 37 = Rpfleger 1969, 396; OLG Köln DNotZ 1990, 513 (auch zum Begriff »Nachrücken«); *Soergel-Stürner* § 1105 Rn 27.
59 BGH DNotZ 1964, 749; BGH DNotZ 1982, 45 = NJW 1981, 2568; BGH NJW-RR 1990, 1283 = FamRZ 1990, 1083; BGHZ 53, 41 = DNotZ 1970, 249 = Rpfleger 1979, 59; BGH MittBayNot 1989, 81 = NJW-RR 1989, 451 = WM 1989, 70; OLG Hamm OLGZ 1986, 270 m krit Anm *Fuchs*; LG Bamberg MittBayNot 1992, 144; OLG Köln Rpfleger 1992, 431; *Böhringer* BWNotZ 1987, 129; *Soergel-Stürner* § 1105 Rn 27; *Wolf* MittBayNot 1994, 117. Zu streng OLG Zweibrücken MittBayNot 1994, 136 = NJW-RR 1994, 209 = DNotZ 1994, 893; grundlegend jetzt BGH DNotZ 1994, 881 = Rpfleger 1994, 347.
60 BayObLGZ 1964, 344 = DNotZ 1965, 434; OLG Hamm OLGZ 1973, 174 = DNotZ 1973, 376 = Rpfleger 1973, 98; *Staudinger-Amann* Einl 35 zu §§ 1105–1112.
61 RGZ 162, 52; MüKo-*Joost* § 1105 Rn 43. Ebenso LG Bamberg MittBayNot 1993, 154; *Wolf* MittBayNot 1994, 117; **aA** LG Aachen Rpfleger 1991, 106.
62 LG Bonn MittRhNotK 1976, 573.
63 RGZ 162, HRR 1935 Nr 1070; *Hagena* BWNotZ 1975, 73; *Haegele* DNotZ 1976, 13; *Nieder* BWNotZ 1975, 3; *Böhringer* BWNotZ 1987, 129. Nur Art 96 EGBGB setzt Grundstücksübertragung voraus. Vgl im Übrigen Rn 18.
64 BGH NJW 1962, 2249 = FamRZ 1963, 37; BayObLGZ 1975, 132 = DNotZ 1975, 622 = Rpfleger 1975, 243 u 314; *Böhringer* BWNotZ 1987, 129.
65 RGZ 152, 104 = JW 1935, 3040; RGZ 162, 52; BGHZ 58, 57 = DNotZ 1972, 487 = Rpfleger 1972, 88; BGHZ 53, 41 = DNotZ 1970, 249 = Rpfleger 1970, 59; BGH NJW 1962, 2249 = FamRZ 1963, 37; BayObLGZ 1970, 100 = DNotZ 1970, 415 = Rpfleger 1970, 202; BayObLGZ 1964, 344 = DNotZ 1965, 434; BayObLGZ 1972, 232; OLG Hamm OLGZ 1973, 174 = DNotZ 1973, 376 = Rpfleger 1973, 98; OLG Düsseldorf MittRhNotK 1972, 708; OLG Schleswig SchlHA 1957, 74 = DNotZ 1957, 258 Ls; *Demharter* § 49 Rn 3, 4; *Nieder* BWNotZ 1975, 3; *Böhringer* BWNotZ 1987, 129; *ders* MittBayNot 1988, 103.
66 ZMR 1976, 189, 213 = WuM 1975, 77; Rpfleger 1960, 404.

32   Diese dinglichen Rechte bilden **keine rechtliche Einheit**, sondern bleiben selbständige Sachenrechte.[67] Allerdings wird in der Praxis das Leibgeding in wirtschaftlicher Hinsicht als eine Einheit angesehen. Die funktionelle Einheit überwindet dabei die rechtstechnische Zerlegung in verschiedene Rechtsarten.[68] In mancher Hinsicht behandelt allerdings die Rechtsprechung das Leibgeding wie ein einheitliches dingliches Recht.[69]

33   Mit der Eintragung des Leibgedings entsteht kein einheitliches dingliches Recht eigener Art (Typenzwang im Sachenrecht).[70] Das Gesetz kennzeichnet in § 49 das Leibgeding nicht als untrennbares dingliches Gesamtrecht und auch **nicht als Erweiterung der dinglichen Rechte des BGB**. Der geschlossene Kreis dinglicher Rechte wird durch die Sonderbehandlung des Leibgedings im Grundbuchverfahren nicht erweitert. Dem BGB ist das Leibgeding als Recht am Grundstück unbekannt. Jedes einzelne Recht innerhalb des Leibgedingsvertrags unterliegt seinen **eigenen** gesetzlichen Bestimmungen und muss selbständig eintragungsfähig sein. Nicht übersehen werden soll allerdings, dass bei einem solchen Rechtsbegriff gewisse rechtliche Besonderheiten anerkannt werden.[71]

2. Schuldrechtlicher Vertrag

34   Die Vereinbarung des Leibgedings ist ein ausschließlich schuldrechtlicher Vertrag, zu dessen dinglicher Sicherung nur die im BGB genannten dinglichen Rechte zur Verfügung stehen. Die Eintragung eines Leibgedings im Grundbuch begründet daher kein Leibgedingsrecht, sie setzt vielmehr die Vereinbarung eines solchen voraus und dient der dinglichen Sicherung der von diesem umfassten Einzelrechte. Daher hat das Grundbuchamt, bevor es von dem Bezugnahmeprivileg des § 49 Gebrauch macht, nicht nur die Bewilligung leibgedingsfähiger Einzelrechte zu **prüfen**, sondern auch, ob die Zusammenfassung dieser dinglichen Rechte möglich ist.[72]

35   Die Praxis unterscheidet oftmals nicht hinreichend genau zwischen dem schuldrechtlichen Inhalt solcher Leibgedingsverträge und ihrer dinglichen Ausgestaltung mittels der allein im BGB festgelegten Sachenrechte. So ist nicht Voraussetzung der vereinfachten Eintragung nach § 49, dass eine Zweckbestimmung des Übergabegrundstücks und seine Eignung zur Sicherung wenigstens eines Teils der wirtschaftlichen Existenz des Übernehmers vorliegen muss.[73] Unter dem Begriff Leibgeding versteht man in erster Linie den schuldrechtlichen Versorgungsvertrag, auf den sich allein auch die **landesrechtlichen Dispositivnormen** beziehen. Die in den Landesrechten näher ausgestalteten Leibgedingsrechte entstehen nicht außerhalb des Grundbuchs als dingliches Recht; es handelt sich nur um einen schuldrechtlichen Anspruch auf Einräumung eines solchen Rechts. Dies ist wichtig, weil § 9 EGZVG nur für eingetragene Rechte gilt.[74]

36   Die Vereinbarung eines Leibgedings mit lediglich obligatorischer Wirkung ist deshalb zulässig, ja geboten (vgl Art 96 EGBGB). Die **dingliche Sicherung** des Leibgedings ist wohl die Regel, aber nicht begriffsnotwendig und auch keine zwingende Voraussetzung, mag auch ein Anspruch auf diese bestehen.[75]

3. Zusammensetzung des Leibgedings

37   Es kann auch ein dingliches Recht allein[76] oder mehrere gleiche dingliche Rechte oder verschiedene dingliche Rechte das Leibgeding bilden. Stets ist aber erforderlich, dass das Recht **Leibgedingscharakter** hat.[77] Da das Leibgeding einen Ausgleich dafür bieten soll, dass der Übergeber das Gut schon zu Lebzeiten übergibt und dadurch idR unterhaltsbedürftig wird oder werden kann, sind Leibgedingsvereinbarungen in erster Linie darauf ausgerichtet, die Lebensbedürfnisse des Leibgedingsberechtigten zu befriedigen. Üblicherweise wird daher im

---

67   KGJ 40, 251; BayObLGZ 1975, 132 = DNotZ 1975, 132 = Rpfleger 1975, 243 u 314; BayObLGZ 1983, 113 = DNotZ 1985, 41 = Rpfleger 1983, 308; OLG Schleswig RdL 1961, 186; MüKo-*Joost* § 1105 Rn 45; *Schöner/Stöber* Rn 1324. Missverständlich *Drischler* RpflJB 1991, 196, 197.

68   *Westermann* § 75; *Feldmann* JurBüro 1973, 181; *Nieder* BWNotZ 1975, 3.

69   *Nieder* BWNotZ 1975, 3.

70   KG JW 1932, 1564; BayObLGZ 1975, 132 = DNotZ 1975, 132 = Rpfleger 1975, 243 u 314; OLG Celle Rpfleger 1968, 92; OLG Hamm OLGZ 1973, 174 = DNotZ 1973, 376 = Rpfleger 1973, 98; *Nieder* BWNotZ 1975, 3; *Schöner/Stöber* Rn 1324 Missverständlich *Drischler* RpflJB 1991, 196, 197.

71   *Böhringer* MittBayNot 1988, 103, 106.

72   BayObLGZ 1975, 132 = DNotZ 1975, 622 = Rpfleger 1975, 243 u 314.

73   BGH DNotZ 1994, 881 = Rpfleger 1994, 347.

74   OLG Celle Rpfleger 1968, 92; *Schöner/Stöber* Rn 1323; *Böhringer* MittBayNot 1988, 103, 106; *Drischler* RpflJB 1991, 196.

75   BGHZ 53, 41 = DNotZ 1970, 249 = Rpfleger 1970, 59; *Reichert* BWNotZ 1962, 117; OLG Celle Rpfleger 1968, 92; *Schöner/Stöber* Rn 1323. Zu Leistungsstörungen beim Leibgeding *Mayer* MittBayNot 1990, 149; BayObLG BayObLGZ 1989, 479 = MittBayNot 1990, 168.

76   LG Frankenthal Rpfleger 1989, 324; *Böhringer* BWNotZ 1987, 129; aber auch BGH NJW-RR 1989, 451 = WM 1989, 70 = MittBayNot 1989, 81.

77   RGZ 152, 104; BayObLGZ 1975, 132 = DNotZ 1975, 622 = Rpfleger 1975, 243 u 314; OLG Schleswig BWNotZ 1957, 198; LG Ravensburg BWNotZ 1957, 158; *Reichert* BWNotZ 1962, 117.

Übergabevertrag eine vollständige Versorgung des Leibgedingsberechtigten (= Übergeber) vereinbart, die **wesentliche Kernpunkte**[78] dieser Vereinbarung umfassen:

- ein Wohnrecht in dem »Altenteilerhaus« oder in mehreren Zimmern des Hofwohngebäudes mit der Verpflichtung des Übernehmers, für die Reinigung und die Instandhaltung zu sorgen; ferner das Recht, Anlagen und bestimmte Gebäudeteile sowie den Garten benutzen zu dürfen,
- das Recht auf Beköstigung am Tisch des Übergebers oder nach Wahl des Übergebers in seinen Wohnräumen,
- das Recht auf ein bestimmtes Taschengeld und ggf auf Kleidung, Schuhzeug, Bettwäsche,
- das Recht auf Wart (Hege) und Pflege in alten und kranken Tagen,[79]
- das Recht auf Zahlung von Krankenkassenbeiträgen, Rezeptgebühren,
- die Verpflichtung des Erwerbers (Übernehmers), die Beerdigungskosten, Grabsteinskosten zu bezahlen und die Grabpflege vorzunehmen,
- das Recht, bestimmte bewegliche Gegenstände des Übernehmers (zB Gefriertruhe, Werkzeuge, Fahrzeuge) mitbenützen zu dürfen,
- das Recht, bestimmte Naturalien fordern zu können.

Gelegentlich wird in Übergabeverträgen neben den Leibgedingsansprüchen noch ein Abstandsgeld, ein »Übergabeschilling« oder Notgroschen für den Übergeber ausbedungen.[80] Möglich ist auch die Vereinbarung, dass an den Übergeber ein bestimmter Geldbetrag zu zahlen ist, falls der übergebende Besitz versteigert oder an einen Dritten übertragen wird. Dieser Anspruch auf den bedingten Übergabeschilling (Abstandsgeld) ist in aller Regel nicht vererblich; für ihn kann eine Sicherungshypothek bestellt werden,[81] vgl Rdn 74, 83.

V. Landesrechtliche Vorschriften

Nach **Art 96 EGBGB** bleiben die landesrechtlichen Vorschriften über einen mit der Überlassung eines Grundstücks in Verbindung stehenden Leibgedingsvertrags unberührt, soweit sie das aus dem Vertrag sich ergebende Schuldverhältnis für den Fall regeln, dass nicht besondere Vereinbarungen getroffen werden.[82] **38**

Die schuldrechtliche Seite des Leibgedingsverhältnisses unterliegt der **freien** Vereinbarung der Parteien. Soweit die Beteiligten keine besonderen Leibgedingsvereinbarungen treffen, greifen gemäß Art 96 EGBGB die landesrechtlichen Vorschriften ein.[83] Diese Bestimmungen enthalten dispositive Normen[84] und regeln lediglich die schuldrechtlichen Beziehungen der Parteien aus einem mit der Überlassung eines Grundstücks in Verbindung stehenden Leibgedingsvertrag. Nur die landesrechtlichen Vorschriften über den materiellrechtlichen Inhalt von **39**

---

78 Die Beispiele bei *Lüdtke-Handjery* DNotZ 1985, 348 wurden erweitert vgl *Grässlin-Böhringer* Kap 6 H; *Böhringer* MittBayNot 1988, 103, 106.

79 BGH DNotI-Report 2003, 119; BGH DNotZ 2002, 702 m Anm Krauß = WM 2002, 598; Mayer MittBayNot 2002, 152; *Kornexl* ZEV 2002, 117.

80 So auch *Lüdtke-Handjery* DNotZ 1985, 364.

81 Ebenso *Lüdtke-Handjery* DNotZ 1985, 365; *Eckhardt* AgrarR 1977, 138; BayObLGZ 1970, 100 = DNotZ 1970, 415 = Rpfleger 1970, 202; KEHE-*Eickmann* § 49 Rn 3.

82 Landesrechtliche Vorschriften: *Baden-Württemberg:* BaWüAGBGB vom 26.11.1974 (BWGBl S 498). *Bayern:* BayAGBGB vom 20.09.1982 (GesBl 1982, 803); DNotZ 1983, 6; OLG München DNotZ 1954, 102 m krit Anm *Ring;* BayObLG BayObLGZ 1974, 386 = MittBayNot 1975, 24; BayObLGZ 1989, 479 = MittBayNot 1990, 168; BayObLGZ 1994, 12 = Rpfleger 1995, 332; *Mayer* MittBayNot 1990, 149. *Berlin:* PrAGBGB vom 20.09.1899 (PrGS S 177). *Bremen:* BremAGBGB vom 18.07.1899 (BremGBl S 61), zuletzt geändert durch Gesetz vom 07.11.1977 (BremGBl S 361). *Hamburg:* HambAGBGB vom 14.07.1899 (Amtsbl S 341) in der Fassung der Bekanntmachung vom 01.07.1958 (HambGVBl S 196), zuletzt geändert durch Gesetz vom 15.10.1973 (HambGVBl S 423). *Hessen:* HessAGBGB vom 18.12.1984 (GVBl S 344). *Niedersachsen:* NdsAGBGB vom 04.03.1971 (NdsGVBl S 73). Zum niedersächsischen Recht *Riggers* JurBüro 1971, 816. *Nordrhein-Westfalen:* PrAGBGB vom 20.09.1899 (PrGS S 177) iVm dem Gesetz vom 28.11.1961 (NWGV S 321). *Daniels/Hintzen* MittRhNotK 1986, 166; *Custodis* MittRhNotK 1986, 177 = Rpfleger 1987, 233; LG Köln und LG Duisburg jeweils Rpfleger 1987, 362. Rechtsprechung: BGH WM 1982, 208; OLG Düsseldorf Rpfleger 1986, 366 m krit Anm *Meyer-Stolte.* *Rheinland-Pfalz:* RhPfAGBGB vom 18.11.1976 (RhPfGVBl S 259). *Saarland:* ehemals bayerische Landesteile: BayAGBGB vom 09.06.1899 in der Fassung des Gesetzes Nr 965 vom 28.02.1973 (SaarABl S 210); ehemals preußische Landesteile: PrAGBGB vom 20.09.1899 in der Fassung des Gesetzes Nr 965 vom 28.02.1973 (SaarABl S 210). Vgl auch das 1. Rechtsbereinigungsgesetz vom 08.04.1970 (SaarABl S 377). *Schleswig-Holstein:* SchlHolstAGBGB vom 27.09.1974 (SchlHGVBl S 357) in der Fassung der VO vom 04.09.1984 (SchlHGVBl S 165). Dazu auch *Staudinger-Amann* Vorbem 39 zu § 1105, EGBGB Art 96; *Palandt/Bassenge* Art 96 EGBGB Rn 2 ff.Zur Praxis der Hofübergabe in Altbayern *Vedal* AgrarR 1980, 93; in *Hessen: Moog* AgrarR 1980, 158; in Niedersachsen *Hessler* AgrarR 1981, 302; in Schleswig-Holstein *Wehner* AgrarR 1981, 219; allgemein: *Lüdtke-Handjery* DNotZ 1985, 332; *Weber* BWNotZ 1987, 1.

83 *Feldmann* JurBüro 1973, 179. Zum Wegfall der Geschäftsgrundlage bei tiefen Zerwürfnissen BGH NJW-RR 1995, 77.

84 BGH DNotZ 1964, 749; BGH DNotZ 1982, 45; BGH DNotZ 1982, 45; BGH NJW-RR 1990, 1283; OLG Hamm Rpfleger 1959, 381; *Reichert* BWNotZ 1962, 119, 125.

Leibgedingsverträgen setzen gemäß Art 96 EGBGB den Zusammenhang mit einer Grundstücksüberlassung (auch hier nicht notwendig Hofübergabe) voraus.[85]

40 Lediglich die schuldrechtliche, nicht die dingliche Seite des Leibgedings ist der Regelung durch Landesgesetzgebung vorbehalten. Die dingliche Sicherung der ausbedungenen Einzelrechte des Leibgedings untersteht dem BGB (§ 873 BGB).[86] Die Landesgesetzgebung kann jedoch den Inhalt des Vertrags nur, soweit eine besondere Vereinbarung nicht vorliegt, bestimmen, auch nicht Vorschriften darüber erlassen, unter welchen Voraussetzungen der Vertrag überhaupt zustandekommt. Der Landesgesetzgeber ist zu Vorschriften über die **Form** des Leibgedingsvertrags nicht berechtigt.

41 Dingliche Sicherung[87] eines unter Art 96 EGBGB fallenden Leibgedings bildet die Regel, ist aber nicht begriffsnotwendig, mag auch ein Anspruch darauf bestehen.[88]

VI. Auslegungsfragen

42 Ein Leibgedingsrecht unterliegt hinsichtlich der Auslegung dem Grundsatz von **Treu und Glauben** nach § 242 BGB und ist daher den veränderten Zeitverhältnissen anzupassen.[89] Kann der Altenteiler sein Wohnungsrecht wegen Pflegebedürftigkeit nicht mehr ausüben, stellt sich die Frage, ob und wie die Altenteilsleistungen nach einem Umzug in ein Altenpflegeheim unter dem Gesichtspunkt des Wegfalls der Geschäftsgrundlage anzupassen sind.[90] Dies gilt auch von dem Inhalt der Leistungen; auch sie sind nach der praktischen Durchführung auszulegen (zB Ansprüche, die sich auf Krankheit und Pflegebedürftigkeit beziehen).[91] Hat der Übernehmer im Übergabevertrag die Verpflichtung übernommen, das Leibgeding dinglich zu sichern, so betrifft diese Pflicht das Leibgeding in seinem jeweils sich aus § 242 BGB ergebenden Umfang.[92] Ob ein Anspruch auf dingliche Sicherung eines Leibgedings besteht, richtet sich nach den Vertragsverhältnissen bzw nach dem Landesrecht.[93] Die Eintragung einer Vormerkung ist zulässig.[94] Da das Leibgeding höchstpersönlicher Art ist, entfällt die Möglichkeit **gutgläubigen Erwerbs** und damit eigentlich die Eintragung eines **Amtswiderspruchs** nach § 53.[95] Es gilt jedoch § 893 BGB auch für das Leibgeding und insoweit ist ein Amtswiderspruch zu bejahen.[96]

VII. Kreis der berechtigten Personen

43 Die Leibgedingsleistungen können von dem Übergeber nicht nur für sich, sondern **auch für andere Personen**[97] oder nur für diese ausbedungen werden. Es können in Betracht kommen:

44 a) der Ehegatte des Übergebers,[98]

45 b) möglich ist auch das Leibgeding für mehrere Berechtigte, die nicht Ehegatten zu sein brauchen,[99]

85 BayObLGZ 1975, 132 = DNotZ 1975, 622 = Rpfleger 1975, 243 u 314; OLG München DNotZ 1954, 102; BGB-RGRK-*Rothe* Vorbem 5 zu § 1105; *Nieder* BWNotZ 1975, 3.

86 OLG Frankfurt OLGZ 1972, 175 = DNotZ 1972, 353 = Rpfleger 1972, 20; OLG Hamm OLGZ 1973, 174 = DNotZ 1973, 376 = Rpfleger 1973, 98.

87 *Hartung* Rpfleger 1978, 48; *Schöner/Stöber* Rn 1323.

88 BGH NJW 1962, 2249 = FamRZ 1963, 37; BayObLGZ 1975, 132 = DNotZ 1975, 622 = Rpfleger 1975, 243 u 314; *Reichert* BWNotZ 1962, 119.

89 BGHZ 40, 337 = NJW 1964, 861; BGH BGHZ 25, 293 = RdL 1957, 297 = NJW 1957, 1798; BayObLGZ 1970, 100 = DNotZ 1970, 415 = Rpfleger 1970, 202; BayObLG BayObLGZ 1974, 386 = MittBayNot 1975, 25; OLG Celle RdL 1950, 305; OLG Hamm RdL 1951, 106; OLG Schleswig SchlHA 1957, 110; OLG Schleswig MDR 1966, 1002 = MittBayNot 1967, 29; OLG Oldenburg AgrarR 1973, 370; OLG Celle RdL 1950, 305; 1954, 103; 1958, 183; *Staudinger-Amann* Einl 40 zu §§ 1105–1112; BGB-RGRK-*Rothe* Vorbem 5 zu § 1105; *Dressel* RdL 1970, 58; *v. Hertzberg* MittRhNotK 1988, 55; *Sprau-Ott* Justizgesetze in Bayern, Art 17 AGBGB Rn 9, 10.

90 Dazu OLG Koblenz RNotZ 2007, 36; OLG Köln WM 1995, 590; OLG Köln FamRZ 1998, 431; OLG Celle NJW-RR 1999, 10; OLG Oldenburg NJW-RR 1994, 1041.

91 OLG Celle NdsRpfl 1966, 240; OLG Schleswig DNotZ 1962, 203 Ls.

92 OLG Schleswig SchlHA 1961, 242.

93 OLG Celle Rpfleger 1968, 92.

94 OLG Celle NdsRpfl 1965, 245.

95 BayObLGZ 1954, 141; *Rahn* BWNotZ 1957, 119; *Klingenstein* BWNotZ 1959, 46; *Schöner/Stöber* Rn 404.

96 KEHE-*Eickmann* § 53 Rn 4; OLG Frankfurt Rpfleger 1979, 418 zur Grunddienstbarkeit.

97 *Nieder* BWNotZ 1975, 7; *Böhringer* MittBayNot 1988, 103, 106.

98 BGH NJW 1962, 2249 = FamRZ 1963, 37; *Güthe-Triebel* § 49 Anm 20.

99 OLG Hamm Rpfleger 1959, 381; die einzelnen Landesgesetze zu Art 96 EGBGB sehen dies vor. Zum Ledigbund bei dinglichen Rechten *Scheld* Rpfleger 1983, 2.

c) Abkömmlinge und sonstige Angehörige des Übergebers,[100]   **46**

d) familienfremde Personen (Nichtverwandte oder entfernte Verwandte),[101]   **47**

e) nicht notwendig ist ein Verwandtschaftsverhältnis zwischen dem Berechtigten und dem Verpflichteten.[102]   **48**

Stets notwendig sind aber **persönliche** Beziehungen zwischen dem Berechtigten und dem Verpflichteten.[103]   **49**
Überlassungsverträge mit einer juristischen Person begründen idR keine Altenteilsrechte.[104]

Die begünstigten Personen können aufgrund des Übergabevertrags **selbständige**, in das Grundbuch eintra-   **50**
gungsfähige Rechte erwerben oder aber ihre Rechtsposition stellt mit den dem Übergeber vorbehaltenen
Rechten ein **einheitliches** Leibgeding dar, sodass sie nicht besonders eingetragen werden könnte.[105] Es ist
meistens die Absicht der Vertragspartner, die Versorgung der **Kinder** des Übergebers auch über dessen Tod
hinaus zu sichern.[106] Das ist insbesondere dann anzunehmen, wenn die den Kindern eingeräumten Rechte bis
zu bestimmten Zeitpunkten – Heirat oder Wegzug oder Vollendung eines bestimmten Lebensalters – gelten
sollen. In solchen Fällen ist der Übernehmer idR verpflichtet, auch diesen Kindern eine den übernommenen
Pflichten und Leistungen entsprechende Reallast oder beschränkte persönliche Dienstbarkeit an dem übernommenen Grundbesitz zu bestellen. Dabei ist aber bei der Absicherung des Leibgedings für den Übergeber und
der Rechte der anderen Personen auf das Rangverhältnis aller Rechte untereinander zu achten (meist Gleichrang gewollt).

Zulässig ist es, dass das Leibgeding erst **nach dem Tode** des Erstberechtigten dem anderen in voller Höhe oder   **51**
teilweise weiter zustehen soll. Es handelt sich um ein einheitliches Leibgeding für die nacheinander berechtigten Personen,[107] vgl dazu Rdn 99, 103 bis 107.

Anders ist es, wenn sich der Übernehmer **verpflichtet** hat, nach dem Tode des Leibgedingsberechtigten einem   **52**
anderen (zB dem Ehegatten des Übergebers oder den Geschwistern des Übernehmers) ein **weiteres Leibge-**
ding neu zu bestellen. Abgesichert werden kann dieser Anspruch durch **Vormerkung**. Möglich wäre auch die
gleichzeitige Bestellung mehrerer zeitlich aufeinander folgender bedingter oder befristeter Rechte, vgl dazu
Rdn 99, 103 bis 107.

VIII. Zeitdauer und Höchstpersönlichkeit des Leibgedings

Im Allgemeinen muss sich das Leibgeding aus solchen Rechten zusammensetzen, die **auf die Lebenszeit des**   **53**
Berechtigten beschränkt sind und daher unter § 23 fallen. Zulässig ist jedoch, dass einzelne Reallastleistungen
(zB Grabpflege) erst mit dem Tod des Leibgedingsberechtigten entstehen und vererblich sind.[108]

Als höchstpersönliches Recht ist das Leibgeding **nicht übertragbar.**[109] Die Nichtübertragbarkeit erstreckt   **54**
sich auch auf diejenigen Bestandteile des Leibgedings, die in an sich übertragbaren Reallasten bestehen.[110] Die
Verbindung von Dienstbarkeiten und Reallasten zu einem Leibgeding lässt auch bei nicht ausdrücklicher Vereinbarung den Ausschluss der Übertragbarkeit für die Reallastleistungen vermuten. Insbesondere ist bei einem
Leibgeding, das sich aus Natural- und Geldleistungen zusammensetzt, regelmäßig (falls keine abweichende
Bestimmung getroffen ist) auch der Anspruch auf die Geldleistungen nicht übertragbar. Dasselbe gilt von den
an die Stelle der in beschränkten persönlichen Dienstbarkeiten bestehenden Leibgedingsleistungen getretenen

---

100 BGH NJW 1962, 2249 = FamRZ 1963, 37; OLG Hamm Rpfleger 1959, 381; OLG Hamm OLGZ 1969, 380 =
 DNotZ 1970, 37 = Rpfleger 1969, 396; OLG Nürnberg RdL 1967, 183; LG München MittBayNot 1918, 126;
 Güthe-Triebel § 49 Rn 20.
101 BayObLG Rpfleger 1961, 127; *Mümmler* Rpfleger 1962, 3; *Nieder* BWNotZ 1975, 3.
102 RG JW 1924, 813; BayObLGZ 1975, 132 = DNotZ 1975, 622 = Rpfleger 1975, 243 u 314; *Lüdtke-Handjery* DNotZ
 1985, 338 mwN; OLG Köln DNotZ 1990, 513.
103 OLG Schleswig Rpfleger 1980, 348 mwN; *Schöner/Stöber* Rn 1323; offen gelassen bei BGH 1964, 749; BGH DNotZ
 1982, 45; BGH DNotZ 1982, 45; BGH NJW-RR 1990, 1283; vgl auch Rdn 13.
104 OLG Oldenburg MDR 1967, 764 = RdL 1967, 72; *Sprau-Ott,* Justizgesetze in Bayern, Art 7 AGBGB Rn 22.
105 *Nieder* BWNotZ 1975, 8.
106 OLG Hamm Rpfleger 1959, 381.
107 RGZ 76, 90; KG OLGE 40, 52; KG DNotZ 1937, 330; *Lüdtke-Handjery* DNotZ 1985, 334.
108 So auch KG HRR 1933 Nr 1353 = DNotZ 1933, 584; ausführlich: *Riggers* JurBüro 1965, 964. Zur Vererblichkeit
 einer Reallast BayObLG BayObLGZ 1983, 113 = Rpfleger 1983, 308 = FamRZ 1983, 1282 = BWNotZ 1983, 124
 = MittBayNot 1983, 170 = DNotZ 1985, 41 = AgrarR 1984, 72. Dazu auch OLG Hamm OLGZ 1988, 181 = NJW-
 RR 1988, 1101 = Rpfleger 1988, 247.
109 BayObLGZ 1975, 132 = DNotZ 1975, 622 = Rpfleger 1975, 243 u 314; BayObLG Rpfleger 1990, 61; *Güthe-Triebel*
 § 49 Anm 20; *Bauer/von Oefele-Wegmann* § 49 Rn 46; *Bengel-Simmerding* § 49 Rn 2; *Hartung* Rpfleger 1978, 48; KEHE-
 Eickmann § 53 Rn 4.
110 BayObLG BayObLGZ 1967, 480 = DNotZ 1968, 493 = Rpfleger 1968, 220 = MDR 1968, 498; KGJ B 5, 39.

Ansprüchen auf Geldersatz.[111] Das OLG Karlsruhe ist der Ansicht, dass diese Geldrente mangels Absicherung durch eine Reallast nicht mehr der Grundstückserwerber schuldet und eine Überleitung auf den Sozialhilfeträger ausscheidet.[112]

55 Hat das Leibgeding **nur Geldleistungen** zum Gegenstand, dann ist der Ausschluss der Übertragbarkeit nach §§ 399, 413 BGB nicht als gewollt anzusehen und die Ansprüche sind abtretbar.[113] **Wart- und Pflegerechte**[114] sind dagegen nicht übertragbar; personenbezogen, unteilbar und nicht übertragbar ist ebenso die Pflicht zur Instandhaltung von Kleidung und Wäsche sowie zur **Verköstigung**.[115]

IX. Einzelrechte des Leibgedings

1. Allgemeines

56 Das LG Ravensburg[116] bezeichnet als Leibgeding den zusammenfassenden Ausdruck für **verschiedenartige dingliche Rechte**, wie **Dienstbarkeiten, Nießbrauch** und **Reallasten**, aber auch die Zusammenfassung gleichartiger derartiger Rechte (zB von mehreren Reallasten, wobei aber vorausgesetzt wird, dass das einzelne Recht **Leibgedingscharakter** hat und nicht nur etwa einen gewöhnlichen Versorgungsanspruch mit dinglicher Wirkung beinhaltet). Was im Einzelnen vorliegt, ist nach Inhalt, Entstehung und Zweckbestimmung zu entscheiden, wobei als wesentliche Anhaltspunkte die Beziehungen in Betracht kommen, in denen der Berechtigte zu der das Recht einräumenden Person oder zu dem mit dem Recht belasteten Grundstück steht oder gestanden hat.

57 Das Leibgeding setzt sich daher idR aus einer **Mehrheit** von **dinglichen Rechten** zusammen (beschränkte persönliche Dienstbarkeiten, Reallasten,[117] Nießbrauch[118]). Diese Rechtspositionen müssen nicht »expressis verbis« in Übereinstimmung mit dem BGB angegeben werden.[119] § 49 erweitert den geschlossenen Kreis dinglicher Rechte nicht.[120]

58 Im Allgemeinen muss das Leibgeding sich aus solchen Rechten zusammensetzen, die auf die Lebenszeit des Berechtigten beschränkt sind und daher unter § 23 fallen. Es können jedoch einzelne Realleistungen erst mit dem Tode des eingetragenen Berechtigten entstehen und vererblich sein (zB Grabpflege).[121] Welche der Rechtsformen gewollt ist, hängt nicht so sehr von der Bezeichnung des Rechts ab.[122]

59 Die Leibgedingsvereinbarungen können im Einzelnen einen so vielfältigen Inhalt haben, dass eine vollständige Aufzählung der gegebenen Möglichkeiten hier nicht erfolgen kann.

---

111 KG KGJ 40, 250; OLGE 34, 193; JW 1935, 2439 = DNotZ 1936, 399; OLG Dresden OLGE 31, 343; KG Recht 1908 Nr 930; BayOblGZ 34, 195; *Meder* BWNotZ 1982, 36. Zur Frage, wie sich vertragliche Versorgungsleistungen auswirken, wenn der Berechtigte Sozialhilfe oder Leistungen nach dem BVG erhält: *Germer* BWNotZ 1983, 73; LG Münster NJW 1984, 1188; *Helwich* Rpfleger 1983, 226. Die dem Altenteiler zu erbringenden Geldleistungen sind nur bedingt pfändbar (§ 850b ZPO). Bezieht der Altenteiler Sozialhilfe, so kann der Träger der Sozialhilfe Ansprüche des Altenteilers aus dem Übergabevertrag auf sich überleiten, wobei ggf Naturalleistungen in Geldleistungen umzuwandeln sind (§ 90 BSHG), *Lüdtke-Handjery* DNotZ 1985, 349; LG Duisburg Rpfleger 1984, 97 = DNotZ 1984, 571 = DAVorm 1984, 922 und NJW-RR 1987, 1349; LG Göttingen NJW-RR 1988, 327; OLG Düsseldorf NJW-RR 1988, 326. Übergeleitete dingliche Rechte dürfen nicht ohne Zustimmung des Sozialhilfeträgers im Grundbuch gelöscht werden, andernfalls das Grundbuch unrichtig wird LG Duisburg Rpfleger 1984, 97.
112 DNotI-Report 1999, 104.
113 RGZ 140, 64; OLG Hamm DNotZ 1976, 229 = Rpfleger 1975, 357.
114 BGH NJW 1957, 1798 = FamRZ 1958, 24 = DNotZ 1958, 329; BayObLG OLGZ 1975, 622 = BayOblGZ 1975, 191 = BayJMBl 1975, 164 = DNotZ 1975, 619 = Rpfleger 1975, 300 u 348 = MDR 1975, 941 = MittBayNot 1975, 167 m Anm *Schmidt* = RdL 1975, 319; OLG München DNotZ 1939, 359.
115 *Meder* BWNotZ 1982, 36.
116 GBPrErl v 14.02.1975 BWNotZ 1957, 158.
117 Darreichung von Geld und anderen vertretbaren Sachen, insbesondere von Naturalien, Brennstoffen ua.
118 BayOblGZ Z 1983, 113 = DNotZ 1985, 41 = Rpfleger 1983, 308; *Weirich* DNotZ 1986, 5.
119 So auch OLG Zweibrücken DNotZ 1997, 327 = MittBayNot 1996, 211 = MittRhNotK 1996, 229.
120 BGH DNotZ 1994, 881 = Rpfleger 1994, 347 = MittBayNot 1994, 217 = MittRhNotK 1994, 145 = NJW 1994, 1158.
121 KG JFG 1, 439; DNotZ 1933, 584 = HRR 1933 Nr 1353; BayObLG NJW-RR 1988, 464 = Rpfleger 1988, 98; OLG Hamm OLGZ 1988, 181 = NJW-RR 1988, 1101 = Rpfleger 1988, 247; LG Coburg Rpfleger 1983, 145; AG Naila Rpfleger 1962, 17; *Demharter* § 49 Rn 5.
122 OLG Hamm DNotZ 1976, 229 = Rpfleger 1975, 357.

2. Beschränkte persönliche Dienstbarkeiten

Soll im Rahmen eines Leibgedings[123] ein dingliches **Recht zum Wohnen** bestellt werden, so stehen dafür – abgesehen von den Rechtsinstituten des Wohnungseigentums und des Dauerwohnrechts nach dem WEG, die hier nicht in Betracht kommen – folgende 3 Formen zur Verfügung: **60**

– eine beschränkte persönliche Dienstbarkeit nach § 1093 BGB (Wohnungsrecht), wenn dem Berechtigten das Recht eingeräumt werden soll, ein bestimmtes Gebäude oder einen bestimmten Teil eines Gebäudes unter Ausschluss[124] des Eigentümers als Wohnung zu benutzen. **61**

– eine beschränkte persönliche Dienstbarkeit nach §§ 1090 bis 1092 BGB, wenn nur die Mitbenutzung zum Wohnen ohne Ausschluss des Eigentümers gewollt ist[125] und **62**

– eine Reallast nach § 1105 BGB (»Wohnungsreallast«), wenn der Eigentümer verpflichtet sein soll, nicht lediglich die Benutzung von Räumen zu Wohnzwecken zu dulden, sondern Wohnraum durch positive, wiederkehrende Leistung zur Verfügung zu stellen (zu gewähren) und in gebrauchsfähigem Zustand zu erhalten, wobei dies aber nur allgemein – nicht an bestimmten Gebäuden oder Gebäudeteilen, wohl aber lediglich auf das belastete Grundstück bezogen – und nicht unter Ausschluss des Eigentümers geschehen darf.[126] Es wird zudem verlangt, dass die Räume, an denen Wohnung zu gewähren ist, noch nicht konkret feststehen. Die Gewährung einer Wohnung stellt keine einmalige Handlung dar, vielmehr handelt es sich um eine Verpflichtung, die sich während der Dauer der Reallast ständig perpetuiert. Ein Wohnrecht kann durch Reallast abgesichert werden, allerdings nur ersatzweise für den Fall der Zerstörung der einem zuvor bestellten Wohnungsrecht unterliegenden Räume. Die Verpflichtung eines Grundstückseigentümers zur Stellung einer Ersatzwohnung im Falle der Zerstörung der dem Wohnungsrecht unterliegenden Räume kann somit grundsätzlich durch eine Reallast abgesichert werden. Auch im Rahmen eines Leigedings kann eine Wohnungsreallast vereinbart werden,[127] sogar als alleiniger Inhalt eines Leibgedings.[128] **63**

Die Beantwortung der Frage, welche dieser Rechtsformen im Einzelfalle gewollt ist, hängt nicht so sehr von der Bezeichnung des Rechts als vielmehr davon ab, wie nach dem Wortlaut, Sinn und Zweck der Erklärungen die Rechte und Pflichten der Vertragspartner im Einzelnen beschaffen sein sollen.[129] Wesentliche Kriterien für die **Abgrenzung** sind ua, ob das Wohnrecht an bestimmten[130] Räumen bestehen soll (dann kommt nur eine beschränkte persönliche Dienstbarkeit nach § 1093 BGB oder nach §§ 1090–1092 BGB, keinesfalls eine Reallast in Betracht), ob der Eigentümer von der Benützung ausgeschlossen sein soll (dann nur Wohnungsrecht nach § 1093 BGB) und ob er das Wohnen nur dulden, oder aber den Wohnraum gewähren soll (im ersten Falle nur eine Dienstbarkeit[131] nach §§ 1090–1093 BGB, im letzteren Falle nur eine Reallast). **64**

Da sich das Wohnungsrecht über § 1093 Abs 3 BGB auf **unbebaute Teile** des belasteten Grundstücks erstrecken kann, wenn nur das Wohnen der Hauptzweck der Gesamtnutzung ist, verbleiben im Leibgeding für die einfache beschränkte persönliche Dienstbarkeit nur die Fälle der ausschließlichen **Benutzung oder Mitbenutzung** von selbständigen, nicht mit Wohnräumen bebauten Grundstücken sowie die bloße Mitbenützung einer Wohnung ohne Ausschluss des Eigentümers.[132] **65**

Ein dingliches Wohnrecht kann im Rahmen eines Leibgedings bereits **vor Errichtung der davon betroffenen Räume** eingetragen werden. Das Grundbuchamt wird aber, um nicht einer andauernd gegenstandslosen Eintragung Vorschub zu leisten, idR die Vorlage einer Baubescheinigung verlangen.[133] **66**

123 OLG Hamm DNotZ 1976, 229 = Rpfleger 1975, 357; wegen Abgrenzungsfragen BayObLG Rpfleger 1981, 353 = MDR 1981, 759 = JurBüro 1981, 1879 = MittBayNot 1981, 186 = MittRhNotK 1981, 188; *Böhringer* BWNotZ 1987, 129.

124 Eine Wohnungsreallast neben einem Wohnungsrecht ist nicht überflüssig und schließt sich auch nicht aus, LG Braunschweig RNotZ 2002, 177 = NdsRpfl 2001, 457.

125 OLG Hamm DNotZ 1962, 402; BayObLG 1964, 1; *Böhringer* BWNotZ 1987, 129. Gutachten DNotI-Report 2002, 91. Eine Kombination als Mitbenutzungsrecht und Wohnungsrecht in einem einheitlichen Recht ist möglich, OLG Düsseldorf FGPrax 1997, 171 = DNotI-Report 1997, 206 = MittRhNotK 1997, 358 = Rpfleger 1997, 472.

126 BayObLG MDR 1981, 759 = Rpfleger 1981, 353; *Ring* DNotZ 1954, 104; *Hieber* DNotZ 1950, 369; *Reichert* BWNotZ 1962, 124; LG Aachen Rpfleger 1986, 211; *Böhringer* BWNotZ 1987, 129.

127 OLG Oldenburg Rpfleger 1978, 411; *Böhringer* BWNotZ 1987, 129, 131; *Ring* DNotZ 1954, 104, 106.

128 *Böhringer* BWNotZ 198, 13, 131.

129 OLG Hamm DNotZ 1962, 404; *Ring* DNotZ 1954, 106; *Reichert* BWNotZ 1962, 117 u 124.

130 BayObLG DNotZ 1988, 587 = MDR 1988, 581 = WuM 1988, 164 = MittBayNot 1988, 127 = MittRhNotK 1988, 119 = NJW-RR 1988, 982.

131 Die Begriffe erläutern LG Braunschweig RNotZ 2002, 177 = NdsRpfl 2001, 457. Zur Setzung von Bedingungen iS eines Wahlrechts BayObLG DNotZ 1988, 587 = NJW-RR 1988, 982.

132 Ein Nebeneinander von Wohnungsrecht des Eigentümers und dem eines Dritten ist ausgeschlossen KG MDR 1985, 499 = Rpfleger 1985, 185.

133 OLG Hamm DNotZ 1976, 229 = Rpfleger 1975, 357; BayObLG BayObLGZ 1956, 94 = NJW 1956, 871 = DNotZ 1956, 483 = Rpfleger 1956, 285; MüKo-*Joost* § 1093 Rn 18; *Haegele* Rpfleger 1975, 115.

67 Eine beschränkte persönliche Dienstbarkeit (zB Wohnungsrecht) kann **einziger Inhalt** des Leibgedings sein,[134] eine Rentenreallast dagegen nicht.[135]

68 Im Einzelnen können zB bei den Dienstbarkeiten geregelt werden:
- freier Umgang auf dem »Gewese«,[136]
- freier Umgang im Haus, Hof und Garten,[137]
- freies Wohnungsrecht für Lebensdauer,[138]
- Gewährung einer Wohnung mit standesmäßiger Unterhaltung.
- Aus der Eintragungsbewilligung muss deutlich hervorgehen, ob es sich um eine Wohnungsreallast oder ein Wohnungsrecht iS von § 1093 BGB handelt,[139]
- Mitbenutzungsrecht von Räumen,[140] sanitären Anlagen,[141]
- Mitbenutzung eines Stallgebäudes,[142]
- Nutzungsrecht des Gartens,[143]
- Wegerecht,[144]
- Wohnrecht ist für Leibgeding nicht begriffsnotwendig,[145]
- Wohnungsrecht und persönliche Pflege,[146]
- Wohnungsrecht und Geldrente,[147]
- Wohnungsrecht, Hege und Pflege, Beköstigung,[148]
- Wohnungsrecht mit freier Heizung und Vorgartenbenutzung.[149]

3. Reallasten

69 Inhalt einer Leibgedingsreallast kann gemäß § 1105 BGB nur eine vom obligatorischen Grundgeschäft unabhängige dingliche Belastung sein, aufgrund deren an den Begünstigten **wiederkehrende Leistungen aus dem Grundstück** zu entrichten sind. Es muss sich dabei nicht nur um ständig oder regelmäßig wiederkehrende Leistungen handeln.[150] Fast alle, in einem positiven Geben oder Tun zu erbringenden wiederkehrenden Leistungen, die der Umwandlung in eine Geldforderung fähig sind, können zum Inhalt der Leibgedingsreallast gemacht werden.

70 Ausnahmsweise für den Fall, dass **einmalige Leistungen** neben wiederkehrenden Leistungen zu einem Leibgeding gehören, haben Rechtsprechung und Literatur auch ihre Sicherung durch Reallasten zugelassen. Es

---

134 RGZ 152, 104; BayObLGZ 1975, 132 = DNotZ 1975, 622 = Rpfleger 1975, 243 u 314; OLG München SeuffBl 73, 589; OLG Hamm Rpfleger 1986, 270 m krit Anm *Fuchs; Staudinger-Frank* Vorbem 58 zu §§ 1030 ff; *Nieder* BWNotZ 1975, 3; *Böhringer* BWNotZ 1987, 129; LG Frankenthal Rpfleger 1989, 324.
135 *Nieder* BWNotZ 1975, 3.
136 OLG Celle RdL 1970, 96 m Anm *Seidensticker; Schöner/Stöber* Rn 1333.
137 BGHZ 58, 57 = DNotZ 1972, 487 = Rpfleger 1972, 88; KG JW 1932, 1564.
138 OLG München RpflJB 1908, 128.
139 OLG Oldenburg Rpfleger 1978, 411 = MittRhNotK 1978, 185; BayObLG DNotZ 1988, 587 = NJW-RR 1988, 982.
140 BGHZ 58, 57 = DNotZ 1972, 487 = Rpfleger 1972, 88. Zum Mitbenutzungsrecht der zum gemeinsamen Gebrauch der Bewohner eines Wohnhauses bestimmten Anlagen und Einrichtungen LG Verden NdsRpfl 1965, 84.
141 OLG Schleswig Rpfleger 1980, 348.
142 LG Verden NdsRpfl 1965, 84.
143 KG JW 1932, 1564; LG Bremen DNotZ 1970, 109 = Rpfleger 1970, 243 = JurBüro 1970, 88 = MittBayNot 1970, 52.
144 KG JW 1937, 2606; AG Duisburg-Ruhrort DAVorm 1983, 530.
145 LG Bonn MittRhNotK 1976, 573.
146 OLG Düsseldorf MittRhNotK 1972, 708.
147 LG Kiel SchlHA 1957, 307; AG Duisburg-Ruhrort DAVorm 1983, 530; AG Duisburg-Ruhrort NJW-RR 1987, 1349.
148 RGZ 162, 52.
149 RGZ 152, 109 = JW 1935, 3040. Zur Kostentragungspflicht beim Wohnungsrecht: BayObLGZ 1980, 176 = DNotZ 1981, 124 = MittBayNot 1980, 154 = Rpfleger 1980, 385; *Schöner/Stöber* Rn 1248, 1251; *Amann* DNotZ 1982, 403; *Böhringer* BWNotZ 1987, 129 wN; OLG Schleswig DNotZ 1966, 429 = SchlHA 1966, 67; *Kraiss* BWNotZ 1972, 10. Die im Zusammenhang mit der Ausübung des Wohnungsrechts entstehenden Kosten (zB für Heizung und Müllabfuhr) können dinglicher Inhalt des Rechts sein, völlig unabhängige Grundstückskosten dagegen nicht BayObLG MittBayNot 1988, 234; vgl auch LG Neubrandenburg Rpfleger 1994, 293; OLG Schleswig DNotZ 1994, 895 = Rpfleger 1995, 13 = NJW-RR 1994, 1359 = MittBayNot 1994, 545; LG Trier MittBayNot 1994, 545; LG Itzehoe Rpfleger 1994, 159.
150 BayObLGZ 1970, 100 = DNotZ 1970, 415 = Rpfleger 1970, 202; LG Aachen Rpfleger 1986, 211. Zeitlich begrenzte Reallasten sind auch in Nordrhein-Westfalen zulässig: LG Köln Rpfleger 1987, 362 = NJW-RR 1987, 1414, 2857 = MittRhNotK 1987, 105; LG Duisburg Rpfleger 1987, 362 = MittRhNotK 1987, 279; LG Aachen Rpfleger 1987, 452 = MittRhNotK 1987, 280; LG Münster Rpfleger 1989, 56 m Anm *Streuer;* **aA** OLG Düsseldorf Rpfleger 1986, 366.

handelt sich dabei um für das Leibgeding typische Leistungen aus dem Grundstück, die ihrer Natur nach nur einmalig zu erbringen sind (zB Übernahme der **Begräbniskosten**). Solche Leistungen sind wegen des fehlenden Merkmals der Wiederkehr keine Reallasten iS des BGB, die Einbeziehung in das Leibgeding ist aber gleichwohl – aufgrund Gewohnheitsrechts – möglich.[151] Für einmalige Leistungen, denen diese Beziehung fehlt (zB **einmalige Bauleistungen**) wird die Möglichkeit der Bestellung einer Reallast verneint.[152]

Der für die Eintragung von dinglichen Rechten geltende **Bestimmtheitsgrundsatz** lässt sich zwangsläufig bei **71** der Reallast – auch aus historischen Gründen – nicht streng durchführen. Alle Leistungen müssen **zumindest bestimmbar**[153] sein, wobei außerhalb des Grundbuchs und der Eintragungsbewilligung liegende Umstände herangezogen werden können, soweit sie nachprüfbar sind und auf sie im Grundbuch oder in der Eintragungsbewilligung hingewiesen ist.[154] Die höchstmögliche Belastung muss aber nicht mit einem bestimmten Betrag angegeben werden. Anerkannt sind Reallasten zur »Unterhaltung« eines Bauwerkes, Weges, Zaunes, einer Brücke oder anderer Anlagen oder die Übernahme der Kosten hierfür als hinreichend bestimmt.[155] Einzelheiten und Umfang der Leistungen (zB Wart und Pflege, Versorgung in Krankheitsfällen) bestimmen sich nach den Verhältnissen der Beteiligten, nach **Herkommen** und **Ortsüblichkeit**, auch wenn diese Grundsätze für die Bestimmung der Leistung nicht ausdrücklich in der Eintragungsbewilligung angegeben, aber doch sonstwie erkennbar sind.[156] Meist wird im Rahmen eines unter Art 96 EGBGB fallenden Leibgedingsvertrags nach Landesrecht auf die Begriffe »**Standesgemäßheit**«[157] und »Ortsüblichkeit« sowie »Zumutbarkeit«[158] verwiesen, also auf nachprüfbare Bestimmungen zur Feststellung des Umfangs der Realleistungen. Fraglich ist, ob der sachenrechtliche Bestimmtheitsgrundsatz dann noch gewahrt ist, was neuerdings eher verneint wird.[159] Auch **Geldleistungen** müssen hinreichend bestimmt sein.[160] An die Bestimmbarkeit der Leistungshöhe sind jedoch keine zu hohen Anforderungen zu stellen, um den Grundbuchverkehr nicht unnötig zu erschweren.[161] Die aus der Reallast folgenden Ansprüche können ihrem Umfang nach auch von einer künftigen Entwicklung abhängig gemacht werden, wenn sie auch für diesen Fall mit ausreichender Genauigkeit bestimmbar bleiben und vor allem nachrangigen Berechtigten schon bei der Bestellung ihrer Rechte einen Überblick über den möglichen künftigen Umfang der ihrem Recht vorgehenden Reallast ermöglichen. Für die Bestimmung des Leistungsumfangs können auch außerhalb der Eintragung liegende Umstände herangezogen werden, soweit auf sie verwie-

151 KG JFG 1, 439; KG OLGE 43, 9; BayObLGZ 1970, 100 = DNotZ 1970, 415 = Rpfleger 1970, 202; BayObLGZ 1983, 113 = DNotZ 1985, 41 = Rpfleger 1983, 308; BayObLGZ 1983, 113 = DNotZ 1985, 41 = Rpfleger 1983, 308; BayObLG NJW-RR 1988, 464 = Rpfleger 1988, 98; OLG Köln Rpfleger 1991, 200; OLG Hamm OLGZ 1988, 181 = NJW-RR 1988, 1101 = Rpfleger 1988, 247; OLG Hamm OLGZ 1973, 174 = DNotZ 1973, 376 = Rpfleger 1973, 98; OLG Hamm OLGZ 1988, 181 = NJW-RR 1988, 1101 = Rpfleger 1988, 247; LG Coburg Rpfleger 1983, 145; AG Naila Rpfleger 1962, 17; *Schöner/Stöber* Rn 376, 1329; kritisch dazu MüKo-*Joost* § 1105 Rn 21, 23. Die Zulassung der Absicherung kann nur mit dem überlieferten Gewohnheitsrecht begründet werden KEHE-*Eickmann* § 49 Rn 3; *Meyer-Stolte* Rpfleger 1986, 366.
152 RG JW 1901, 293; RGZ 162, 52; OLG Oldenburg Rpfleger 1978, 411; KG DNotZ 1932, 520.
153 BGHZ 130, 342, 345 = DNotZ 1996, 93 = NJW 1995, 2780 = Rpfleger 1996, 61; KG Rpfleger 1984, 347 = MDR 1984, 848 = JurBüro 1985, 586 = DNotZ 1985, 707 = OLGZ 1984, 425 = MittBayNot 1985, 79; KG DNotZ 1932, 520; BayObLGZ BayObLGZ 1953, 201 = Rpfleger 1955, 14 = DNotZ 1954, 98; BayObLG Rpfleger 1984, 387; BayObLGZ 1993, 228 = DNotZ 1993, 743 = Rpfleger 1993, 485 = NJW-RR 1993, 1171; OLG Düsseldorf NJW 1957, 1766 = MittRhNotK 1957, 848; OLG Frankfurt Rpfleger 1988, 247; *Staudinger-Amann* § 1105 Rn 11, 12; MüKo-*Joost* § 1105 Rn 29; BGB-RGRK-*Rothe* § 1105 Rn 12; *Demharter* Anh zu § 44 Rn 75.
154 BGH NJW-RR 1989, 1098; LG Aachen MittRhNotK 1990, 23.
155 OLG Düsseldorf DNotI-Report 2004, 54 = DNotZ 2004, 638.
156 BGH BGHZ 22, 54 = NJW 1957, 23 = DNotZ 1957, 200 = Rpfleger 1957, 12; KG DNotZ 1932, 520; BayObLG BayObLGZ 1953, 201 = Rpfleger 1955, 14 = DNotZ 1954, 98; OLG Düsseldorf NJW 1957, 1766 = MittRhNotK 1957, 848; LG Würzburg MittBayNot 1975, 99 mwN; *v. Hertzberg* MittRhNotK 1988, 55; LG Braunschweig NdsRpfl 1971, 233; *Schöner/Stöber* Rn 1339; *Böhringer* MittBayNot 1988, 103, 109; LG München I MittBayNot 1990, 244. Differenzierend OLG Oldenburg NJW-RR 1991, 1174 = Rpfleger 1991, 450.
157 BayObLGZ 1953, 201 = Rpfleger 1955, 14 = DNotZ 1954, 98; BayObLG MittBayNot 1987, 94 = Rpfleger 1987, 356; BayObLG MittBayNot 1993, 370 = Rpfleger 1993, 443 BayObLG MittBayNot 1987, 94; OLG Oldenburg NJW-RR 1991, 1174 = Rpfleger 1991, 450; *Schepp* MittRhNotK 1987, 282; *Sprau-Ott,* Justizgesetze in Bayern, Art 16 AGBGB Rn 14; *Amann* MittRhNotK 1979, 219.
158 BGHZ 130, 342, 345 = NJW 1995, 2780 = DNotZ 1996, 93 = FGPrax 1995, 186.
159 BayObLG DNotZ 1993, 743 = NJW-RR 1993, 1171 = Rpfleger 1993, 485; OLG Hamm Rpfleger 1988, 404; OLG Frankfurt Rpfleger 1988, 247; LG Wuppertal MittRhNotK 1985, 127.
160 LG Memmingen MDR 1981, 766; OLG Frankfurt Rpfleger 1988, 247. Zur Überleitung von Unterhaltsansprüchen auf den Sozialhilfeträger OLG Düsseldorf Rpfleger 1986, 392; LG Duisburg DNotZ 1984, 571. Zum »Unterhalt im Notfall« OLG Düsseldorf MittRhNotK 1990, 167. Zur Verrentung von Kaufpreisen *Koenen* MittRhNotK 1994, 329.
161 BGH WM 1989, 956; BGH NJW 1990, 2380 = BB 1990, 1585 = Rpfleger 1990, 452; BayObLG DNotZ 1980, 94 = Rpfleger 1980, 141; BayObLG DNotZ 1986, 94; BayObLG DNotZ 1993, 743 = Rpfleger 1993, 485; KG DNotZ 1932, 520; OLG Oldenburg NJW-RR 1991, 1174 = Rpfleger 1991, 450.

sen wird und soweit sie im Einzelfall nachprüfbar sind.[162] Wertsicherungsklauseln, die auf einer Veränderung etwa des Verbraucherpreisindex für Deutschland beruhen, stehen in Anwendung dieser Grundsätze der zivilrechtlichen Bestimmbarkeit nicht entgegen. Demzufolge wird die hinreichende Bestimmbarkeit der Höhe einer Reallast bei der Anknüpfung an verschiedene objektive Maßstäbe noch angenommen, etwa an amtliche **Lebenshaltungskostenindizes**[163] oder bestimmte Beamtengehälter[164] und sogar noch bei Sozialrente[165] und an den zu einem standesgemäßen Unterhalt des Berechtigten erforderlichen Geldbetrag und bei ortsüblich erzielbarer Nettomiete aus dem übergebenen Anwesen.[166] Zu verneinen ist dagegen die ausreichende Bestimmbarkeit der Leistungshöhe bei der Bezugnahme auf mehr im Bereich eines Beteiligten liegende, veränderbare Umstände, etwa bei der Anknüpfung an eine Änderung der persönlichen wirtschaftlichen Verhältnisse eines Vertragsteils ohne Angabe der einzelnen – für die Änderung maßgebenden Umstände.[167] In einem solchen Fall richtet sich die jeweilige Leistungshöhe nicht mehr nach objektiv feststehenden, dem Einfluss der Beteiligten weitgehend entzogenen bindenden Bezugsgrößen. Stets muss das Einwirkungsrecht der Beteiligten durch objektive und damit auch für Dritte nachprüfbare Kriterien begrenzt sein.[168] Die Anforderungen an den Bestimmtheitsgrundsatz dürfen nicht überspannt, andererseits aber vor allem im Hinblick auf die Interessen der nachrangig Berechtigten im Rahmen einer etwaigen Zwangsvollstreckung nicht zu großzügig bemessen werden. Problematisch ist, ob auch die Abänderbarkeit nach § 323 ZPO zum dinglichen Inhalt der Reallast gemacht werden kann. Die **Abänderungsklausel** des § 323 ZPO (ohne jegliche Differenzierung) ist mangels ausreichender Bestimmtheit und Bestimmbarkeit nicht eintragungsfähig;[169] die Reallast kann in diesem Fall aber ohne diese Abänderungsmöglichkeit zur Eintragung bewilligt werden, was aber in der Erklärung der Beteiligten

162 BGH DNotZ 1991, 802; BayObLG DNotZ 1994, 180 = Rpfleger 1994, 333; OLG Frankfurt Rpfleger 1988, 247; OLG Düsseldorf MittRhNotK 1990, 218.

163 BGH DNotI-Report 2004, 63 (für Vollstreckbarkeit); BGH BGHZ 61, 209 = DNotZ 1974, 90 = NJW 1973, 1838 = Rpfleger 1973, 355 = MDR 1973, 920 = BB 1973, 1140; BGH DNotZ 1996, 645; BayObLG NJW 1969, 1674 = DNotZ 1969, 492; OLG Düsseldorf OLGZ 1967, 461 = DNotZ 1968, 354; OLG Frankfurt Rpfleger 1988, 247; *Schmitz-Falckenberg* MittRhNotK 1963, 466; *Koenen* MittRhNotK 1994, 329; zur Erbbauzinsreallast BayObLG DNotI-Report 1996, 137; OLG Hamm NJW-RR 1999, 1176. Zu den Rechtsgrundlagen für Wertsicherungsklauseln ab 01.01.1999 bis zum Inkrafttreten des Preisklauselgesetzes 2007 DNotI-Report 1998, 195; zur Rechtslage ab 2007 *Kirchhoff* DNotZ 2007, 913; *Wilsch* NotBZ 2007, 431.

164 BGH BGHZ 22, 54 = DNotZ 1957, 200 = Rpfleger 1957, 12; BGH WM 1989, 956; BGH NJW 1990, 2380 = = Rpfleger 1990, 452; verneinend bei Rentenschuld OLG Braunschweig NdsRpfl 1954, 101. Als Bezugsgröße muss aber ein bestimmtes Beamtengehalt angegeben werden, so auch OLG Oldenburg NJW 1961, 2161 = DNotZ 1962, 250 (auch wegen bestimmter Handwerkerlöhne); OLG Hamm NJW 1963, 1502 = DNotZ 1964, 346 = Rpfleger 1964, 343 m Anm *Haegele*; *Röll* DNotZ 1962, 243; *Meyer-Stolte* Rpfleger 1984, 463; Dazu auch *Schöner/Stöber* Rn 3264. Zum Nettomietwert LG Nürnberg-Fürth MittBayNot 1992, 278.

165 LG Oldenburg Rpfleger 1984, 462 m krit Anm *Meyer-Stolte*. Die Entscheidung ist bedenklich, weil zweifelhaft ist, was mit »Sozialrente« gemeint ist, so auch *Meyer-Stolte* Rpfleger 1984, 462; LG Kassel Rpfleger 1993, 63 (Sachbezugsverordnung). Zum Mietspiegel OLG Düsseldorf Rpfleger 1989, 231 = MittRhNotK 1989, 115; zum Nettomietwert LG Nürnberg-Fürth MittBayNot 1982, 181; KG DNotZ 1985, 707.

166 BayObLGZ 1953, 201 = Rpfleger 1955, 14 = DNotZ 1954, 98; BayObLG MittBayNot 1987, 94 = Rpfleger 1987, 356; BayObLG MittBayNot 1993, 370 = Rpfleger 1993, 443; *Amann* MittBayNot 1979, 219; *Böhringer* MittBayNot 1988, 103, 109; LG München I MittBayNot 1990, 244.

167 BGH NJW-RR 1989, 1098; BayObLGZ 1953, 201 = DNotZ 1954, 98 = Rpfleger 1955, 14; BayObLG DNotZ 1980, 94 = Rpfleger 1980, 141; BayObLG DNotZ 1986, 94; BayObLG DNotZ 1993, 743 = Rpfleger 1993, 485; KG OLGE 43, 227; OLG Frankfurt Rpfleger 1988, 247. Standesgemäßer Unterhalt und Leistungsfähigkeit des übergebenen Grundstücks genügt nach BayObLG MittBayNot 1987, 93 = Rpfleger 1987, 356; BayObLG NJW-RR 1993, 984 = Rpfleger 1993, 443 als Anpassungsmaßstab, zustimmend: *Schepp* MittRhNotK 1987, 282; *v. Hertzberg* MittRhNotK 1988, 55; LG München I MittBayNot 1990, 244.

168 BGH NJW 1990, 2380 = Rpfleger 1990, 452; KG DNotZ 1985, 707 = Rpfleger 1984, 347; OLG Hamm NJW-RR 1999, 1176. Zum »Unterhalt im Notfall« OLG Düsseldorf MittRhNotK 1990, 167.

169 BayObLG DNotZ 1980, 94 = MDR 1980, 238 = MittBayNot 1979, 233 = Rpfleger 1980, 141 (Ls); BayObLG DNotZ 1986, 94; BayObLG Rpfleger 1993, 485 = NJW-RR 1993, 1171 = DNotZ 1993, 743 = MittBayNot 1993, 290; BayObLG DNotZ 1994, 180; BayObLG MittBayNot 1987, 94; OLG Frankfurt Rpfleger 1988, 247; OLG Düsseldorf NJW 1957, 1766 = MittRhNotK 1957, 848; OLG Hamm OLGZ 1988, 260 = NJW-RR 1988, 333 = Rpfleger 1988, 404; OLG Hamm OLGZ 1987, 400 = Rpfleger 1988, 57; OLG Hamm Rpfleger 1988, 404; LG Kleve MittRhNotK 1980, 9; LG Wuppertal MittRhNotK 1985, 127; LG Kassel (zitiert bei Rpfleger 1988, 57/58); *Amann* MittBayNot 1979, 219; *Schöner/Stöber* Rn 1297f, *Ebeling* RpflStud 1983, 45; *Sprau-Ott*, Justizgesetze in Bayern, Art 16 Rn 14; Art 17 Rn 11 AGBGB. Differenzierend LG Augsburg MittBayNot 1985, 259; BayObLG Rpfleger 1987, 356 Ls = MittBayNot 1987, 94 = MittRhNotK 1987, 280. Zur Abgrenzung zwischen Rente und dauernder Last im Hinblick auf § 323 ZPO *Fischer* BB 1988, 782; zur Absicherung durch Reallast *Schepp* MittRhNotK 1987, 982. Zur dauernden Last in Übergabeverträgen *Klein-Blenkers* MittRhNotK 1994, 341; *Spiegelberger* MittBayNot 1995, 104; *Fischer* MittBayNot 1996, 137; Praxishinweise DNotI-Report 1995, 111; DNotI-Report 2000, 42; BFH DNotI-Report 1995, 110; BFH BB 1992, 1617 und 1993, 2284; BFH MittRhNotK 1994, 357 = BB 1994, 1984.

einen deutlichen Ausdruck finden muss.[170] Die Abänderbarkeit nach § 323 ZPO kann nur Bestandteil einer schuldrechtlichen Verpflichtung und nicht Inhalt der Reallast sein. Eine Bezugnahme auf den »standesgemäßen Unterhalt« genügt nicht den Anforderungen der Bestimmbarkeit, insoweit ist zumindest der Betrag anzugeben, der erforderlich ist, damit die Begünstigten ihren standesmäßigen Unterhalt befriedigen; darüber hinaus ist zu spezifizieren, aus welchen Einkünften, insbesondere welchen Einkommensarten, der Betrag bestritten wird.[171] Der Anspruch auf Anpassung einer Barrente »gemäß § 323 ZPO« kann nur dann durch Eintragung einer Vormerkung gesichert werden, wenn das Höchstmaß des vorgemerkten Erhöhungsbetrages ausreichend bestimmbar ist.[172] Eine dingliche Zwangsvollstreckungsunterwerfung kann bei der Reallast nicht eingetragen werden.[173] Wertsicherungsklauseln als Automatikklauseln nach § 3 PreisklauselG sind (Bezugnahme auf Eintragungsbewilligung genügt) eintragbar,[174] Spannungsklauseln nur, wenn die sonstigen grundbuchrechtlichen Voraussetzungen (zB Bestimmung der Bezugsgröße) vorliegen. Der Anspruch auf Anpassung der Geldrente im Rahmen eines Leibgedings kann nicht vorgemerkt werden.[175] Eine nur schuldrechtliche Anpassungsklausel kann auch nicht zum Inhalt der Reallast gemacht werden.[176]

Ob die Eintragung einer Rentenreallast neben den wiederkehrenden Einzelleistungen auch die infolge Zahlungsverzugs aufgrund einer **Verfallklausel** an die Stelle künftiger Rentenleistungen tretende **einmalige Kapitalzahlung** umfasst und sichert, ist bestritten.[177] Verneint man dies, kommt nur eine Sicherungshypothek für die einmalige Abfindung in Betracht. Vgl auch Rdn 83. Das OLG Zweibrücken[178] hält die Eintragung einer Reallast zur Sicherung betagter Ansprüche auch dann für zulässig, wenn die Zahlung wiederkehrender Leistungen erst nach dem Tode des schuldrechtlich und dinglich verpflichteten Grundstückseigentümers beginnen soll.

Zum dinglichen Inhalt einer Reallast kann eine Vereinbarung gemacht werden, wonach das Stammrecht in der Zwangsversteigerung **abweichend von § 12 ZVG** den Vorrang vor einzelnen Leistungen hat.[179]

Eine Reallast kann **einziger** Inhalt[180] des Leibgedings sein.

72

---

170 *Sprau-Ott,* Justizgesetze in Bayern, Art 16 Rn 1; Art 17 Rn 11 AGBGB; *v. Hertzberg* MittRhNotK 1988, 55; *Amann* MittBayNot 1979, 219.

171 BayObLG DNotZ 1993, 743 = NJW-RR 1993, 1171 = Rpfleger 1993, 485; OLG Hamm Rpfleger 1988, 404; OLG Frankfurt Rpfleger 1988, 247; LG Wuppertal MittRhNotK 1985, 127.

172 OLG Hamm NJW-RR 1988, 333 = Rpfleger 1988, 57; OLG Düsseldorf DNotZ 1989, 578 = Rpfleger 1989, 321; OLG Zweibrücken NJW-RR 2000, 1408 = FGPrax 2000, 56 = MittBayNot 2001, 77 m Anm *von Oefele* = MittRhNotK 2000, 119.

173 BayObLG BayObLGZ 1959, 83 = DNotZ 1959, 402 = NJW 1959, 1876; *Schöner/Stöber* Rn 1304; *Hieber* DNotZ 1959, 390; *Ebeling* RpflStud 1983, 45; *v. Hertzberg* MittRhNotK 1988, 55; *Schmitz-Falckenberg* MittRhNotK 1963, 466.

174 BGH DNotZ 1991, 803 mwN; *Schöner/Stöber* Rn 1305; OLG Celle Rpfleger 1984, 462; OLG Hamm OLGZ 1988, 260 = JMBlNW 1988, 173 = NJW-RR 1988, 333 = Rpfleger 1988, 404 = JurBüro 1988, 1016; großzügig LG Oldenburg Rpfleger 1984, 462 m krit Anm *Meyer-Stolte.* Zur Rechtslage vor dem 14.09.2007: Zur Genehmigungsfähigkeit ostdeutscher Lebenshaltungspreisindizes *Wiedemann-Lang* DtZ 1992, 273.

175 OLG Celle DNotZ 1977, 548; OLG Hamm OLGZ 1988, 260 = NJW-RR 1988, 333 = Rpfleger 1988, 404; OLG Hamm OLGZ 1987, 400 = Rpfleger 1988, 57 = NJW-RR 1988, 333 = AgrarR 1988, 79. Zur Vormerkung für eine Reallast OLG Düsseldorf DNotZ 1989, 578 = Rpfleger 1989, 231 = MittRhNotK 1989, 115.

176 OLG Hamm OLGZ 1988, 260 = NJW-RR 1988, 333 = Rpfleger 1988, 404.

177 **Dafür** AG Schwandorf Rpfleger 1991, 149 m zust Anm *Meyer-Stolte.* **Verneinend** OLG Köln Rpfleger 1991, 200 = DNotZ 1991, 807; BayObLG DNotZ 1970, 415 = Rpfleger 1970, 202; KG KGJ 53 A 166; nach dieser Meinung müssen zwei dingliche Rechte eingetragen werden: die Reallast und eine die Kapitalzahlung sichernde Hypothek – der Gedanke an die Überfrachtung des Grundbuchs liegt nicht fern.

178 MDR 1992, 160.

179 BayObLGZ 1990, 282 = DNotZ 1991, 805 = MDR 1991, 154 = NJW-RR 1991, 407 = Rpfleger 1991, 50 = MittRhNotK 1990, 276 = MittBayNot 1991, 77.

180 *Staudinger-Frank* Vorbem 58 zu §§ 1030 ff; **aA** *Nieder* BWNotZ 1975, 3 bei einer Rentenreallast mangels örtlicher Bindung des Berechtigten an das belastete Grundstück.

73 **Wiederkehrende Leistungen:**
- a) Aufbringung von Mitteln für Arzt, Heilmittel,[181]
- b) Aufwartung und Pflege in kranken und gesunden Tagen,[182]
- c) Beköstigungspflicht, Beköstigung,[183]
- d) Bereitstellung von Schlepper und Anhänger zur Ausführung von Besorgungen,[184]
- e) Erhaltung eines bestimmten Zustandes auf dem belasteten Grundstück[185] (zB eines Zaunes),[186]
- f) freie Verpflegung,[187]
- g) Geldrente,[188] betagte Geldrente,[189] Leibrente,[190]
- h) Gewährung einer lebenslangen Geldrente,[191]
- i) Gewährung von Kleidung und Wäsche,[192]
- k) Grabbelegungspflege (vgl bei einmaligen Leistungen),[193]
- l) Grabstätte,[194]
- m) Hege und Pflege,[195]
- n) Heizung,[196] Gebrauchswasser,[197]
- o) Instandhaltung von Kleidung und Wäsche,[198]
- p) Krankenhausaufenthaltskosten,[199] Heimunterbringungskosten,[200]

181 LG Würzburg MittBayNot 1975, 99; OLG Oldenburg AgrarR 1974, 178.
182 BGH NJW 1962, 2249 = FamRZ 1963, 37; BGH DNotZ 1958, 329 = NJW 1957, 1798; BGH MittBayNot 1990, 356; BGHZ 130, 342, 345 = DNotZ 1996, 93 = FGPrax 1995, 186 = NJW 1995, 2780 = Rpfleger 1996, 61; OLG Düsseldorf MittRhNotK 1972, 708; OLG Frankfurt Rpfleger 1988, 247; BayObLG MittRhNotK 1987, 280 = MittBayNot 1987, 94 = Rpfleger 1987, 356 Ls. Die Begrenzung der Pflicht zur Wart und Pflege, soweit für den Übernehmer zumutbar, ist uU reallastfähig, dies gilt auch für die Definition der Zumutbarkeit nach den Pflegestufen des PflegeVG, *Amann* DNotI-Report 1995, 62. Zur Wart und Pflege auch *Waldner/Ott* MittBayNot 1996, 177; BayObLG Rpfleger 1993, 443 = NJW-RR 1993, 984 = MittBayNot 1993, 370; OLG Hamm Rpfleger 1993, 488; OLG Stuttgart DJ 1995, 49 = DNotZ 1995, 317; BayObLG DNotZ 1994, 180; jetzt BGHZ 130, 342 = NJW 1995, 2780 = DNotZ 1996, 93 = FGPrax 1995, 186. Zur Pflege nach dem PflegeVG *Mayer* ZEV 1995, 269. Zur Umwandlung des Anspruchs auf Hege und Pflege OLG Hamm DNotZ 1999, 719. Dem Begriff »Wart und Pflege« kommt nicht nur die Bedeutung der Krankenpflege zu, dies ist nur ein Teilaspekt. Dem Begriff kommt schon seit dem Mittelalter auch die Bedeutung des »Aufpassens, Sorgens, Betreuens, Hegens, sich mit was abgeben, zu. Die Bedeutung der Wendung »Art und Pflege« kann daher nicht auf das Grundbedürfnis von Nahrungszufuhr und Hygiene beschränkt werden; auch bei einer Aufnahme in ein Alten- oder Pflegeheim (Einzelheiten OLG Düsseldorf RNotZ 2005, 485).
183 RG JW 1901, 293; RG Gruchot 46, 131; RGZ 162, 52; OLG Oldenburg MittRhNotK 1978, 185 = Rpfleger 1978, 411; LG Würzburg MittBayNot 1975, 99; *Meder* BWNotZ 1982, 36.
184 Wird dann vereinbart sein, wenn sich der Übergeber Grundstücke zurückbehalten hat und diese selbst bewirtschaften möchte (zB Baumwiese, Wald).
185 *Reichert* BWNotZ 1962, 117, 121; *Nieder* BWNotZ 1975, 6.
186 KG OLGE 43, 9; BayObLGZ 1973, 21; *Meyer-Stolte* Rpfleger 1986, 366. Zum Höchstbetrag bei Reallast auf Instandhaltung eines Gebäudes OLG Düsseldorf DNotI-Report 2004, 54 = DNotZ 2004, 638.
187 OLG Hamm OLGZ 1969, 380 = DNotZ 1970, 37 = Rpfleger 1969, 396.
188 RGZ 140, 60; RGZ 152, 104 = JW 1935, 3030; KGJ 22 A 303; OLG Schleswig DNotZ 1975, 720; OLG Nürnberg RdL 1967, 330. Abfindungszahlung in Form einer Rente für den Fall, dass der Leibgedingsberechtigte den Hof verlässt: *Schöner/Stöber* Rn 1330; AG Duisburg-Ruhrort DAVorm 1983, 530 und NJW-RR 1987, 1349. Wegen der Abänderungsklausel § 323 ZPO LG Wuppertal MittRhNotK 1985, 127.
189 OLG Zweibrücken Rpfleger 1991, 496.
190 BGH DNotZ 1992, 297 = MDR 1991, 1171.
191 *Nieder* BWNotZ 1975, 3; dazu auch OLG Düsseldorf Rpfleger 1986, 366 m krit Anm *Meyer-Stolte*; LG Köln Rpfleger 1987, 362; LG Duisburg NJW-RR 1987, 2857 = Rpfleger 1987, 362; *Custodis* MittRhNotK 1986, 177 = Rpfleger 1987, 233 = *Daniels/Hintzen* MittRhNotK 1986, 166; *v. Hertzberg* MittRhNotK 1988, 55.
192 BGH NJW 1962, 2249 = FamRZ 1963, 37; OLG Oldenburg MittRhNotK 1978, 185 = Rpfleger 1978, 411.
193 *Schöner/Stöber* Rn 1327; BayObLG NJW-RR 1988, 464 = Rpfleger 1988, 98 = BWNotZ 1988, 21 = MittRhNotK 1988, 116 = AgrarR 1988, 122; OLG Hamm OLGZ 1988, 181 = NJW-RR 1988, 1101 = Rpfleger 1988, 247.
194 KG HRR 1933 Nr 1353 = DNotZ 1933, 584; BayObLGZ 1983, 113 = DNotZ 1985, 41 = Rpfleger 1983, 308; BayObLG NJW-RR 1988, 464 = Rpfleger 1988, 98; OLG Hamm OLGZ 1988, 181 = NJW-RR 1988, 1101 = Rpfleger 1988, 247; ferner allgemein BGH LM Nr 1 zu § 1105 BGB.
195 RGZ 162, 52; BGHZ 58, 57 = DNotZ 1972, 487 = Rpfleger 1972, 88; BGH DNotZ 1958, 329 = NJW 1957, 1798; BGHZ 130, 342 = FGPrax 1995, 186 = DNotZ 1996, 93 = Rpfleger 1996, 61; BayObLG OLGZ 1975, 622 = DNotZ 1975, 619 = Rpfleger 1975, 300 u 348; OLG Nürnberg RdL 1967, 183; OLG Düsseldorf MittRhNotK 1972, 708; *Schöner/Stöber* Rn 1327; *Weirich* DNotZ 1986, 5; OLG Schleswig SchlHA 1956, 334; LG München I MittBayNot 1990, 244.
196 OLG Hamm OLGZ 1969, 380 = DNotZ 1970, 37 = Rpfleger 1969, 396.
197 BayObLG DNotZ 1993, 595.
198 *Meder* BWNotZ 1982, 36.
199 OLG Schleswig SchlHA 1956, 334.
200 LG München I MittBayNot 1990, 244.

q) Lieferung von bestimmten Naturalien[201] (zu »Martini« eine Gans), Kartoffellieferung,[202] Weizenlieferung,[203] Gas, elektrische Energie, Holz, Kohlen,[204]

r) Prämienzahlung zu Krankenkassen, Versicherungen, Rezeptgebühren,

s) Taschengeld[205] (klare Aussage in der Eintragungsbewilligung darüber, ob der Längstlebende der Übergeber ungekürzt das Taschengeld weiter erhalten soll),

t) Verköstigung,[206]

u) Verpflegung, Pflege und Betreuung einer Person,[207] Erbringung persönlicher Leistungen (Waschen, Putzen, Flicken, Erledigung von Besorgungen),

v) Versorgung mit Strom, Wasser und Heizung,[208]

x) Versorgung in Krankheitsfällen,[209] im Alters- und Pflegeheim.

Einmalige, absicherbare Reallastleistungen:

a) Ausrichtung einer Hochzeit,[210]

b) Ausstattung für die Geschwister des Übernehmers,[211]

c) Begräbniskosten des Übergebers,[212]

d) Gleichstellungsgelder an die Geschwister des Übernehmers,[213]

e) Grabmalkosten,[214]

f) Hingabe von Tieren oder Naturalien bei Verheiratung der Geschwister des Übernehmers,[215]

g) Spekulationsklausel[216] (es gilt das gleiche wie für Veräußerungserlösanteil),

h) Veräußerungserlösanteil.[217] Vertraglich ausbedungener Anspruch auf einen Teil eines Veräußerungserlöses. Der Anspruch stellt sich als eine Ergänzung des Leibgedings dar, vor allem des unbedingt zu gewährenden Übergabepreises (Gutsabstandsgeldes)[218] in Form eines bedingten Übergabepreises in Geld (Übergabeschilling). Diese bedingte Übergabepreisforderung ist zwar nur eine einmalige Leistung, gehört aber innerlich zum Leibgeding und ergänzt es,

i) Wiederaufbaupflicht eines zerstörten Wohnhauses.[219]

74

---

201 KG JW 1932, 1564; *Reichert* BWNotZ 1962, 121; *Meyer-Stolte* Rpfleger 1986, 366.

202 KG KGJ 22 A 303.

203 OLG Schleswig DNotZ 1975, 720.

204 *Schöner/Stöber* Rn 1327; OLG Frankfurt Rpfleger 1972, 20; LG München II MittBayNot 1968, 317; *Linde* BWNotZ 1980, 29.

205 BGHZ 58, 57 = DNotZ 1972, 487 = Rpfleger 1972, 88; KG JW 1932, 1564; OLG Frankfurt Rpfleger 1973, 394; *Weirich* DNotZ 1986, 5.

206 RG JW 1901, 293; RGZ 162, 52; OLG Oldenburg Rpfleger 1978, 411; KG DNotZ 1932, 520.

207 BGH 58, 57 = DNotZ 1972, 487 = Rpfleger 1972, 88; BGH NJW 1995, 2780 = FGPrax 1995, 186 = DNotZ 1996, 93; KG DNotZ 1932, 520; OLG Düsseldorf MittRhNotK 1972, 708; OLG Zweibrücken MittBayNot 1996, 213 = MittRhNotK 1996, 229; LG Bremen DNotZ 1970, 109 = Rpfleger 1970, 243; LG Köln MittRhNotK 1969, 654; LG Aachen Rpfleger 1986, 211; *Schöner/Stöber* Rn 1327.

208 OLG Frankfurt OLGZ 1972, 175 = DNotZ 1972, 353 = Rpfleger 1972, 20; OLG Schleswig Rpfleger 1980, 348; BayObLG DNotZ 1993, 595.

209 LG Würzburg MittBayNot 1975, 99; LG München MittBayNot 1990, 244.

210 KG JFG 1, 439; KG OLGE 43, 9; BayObLGZ 1970, 100 = DNotZ 1970, 415 = Rpfleger 1970, 202; OLG Köln Rpfleger 1991, 200.

211 KG OLGE 43, 9; BayObLGZ 1970, 100 = DNotZ 1970, 415 = Rpfleger 1970, 202; OLG Hamm OLGZ 1973, 174 = DNotZ 1973, 376 = Rpfleger 1973, 98; *Schmitz-Falckenberg* MittRhNotK 1963, 466; OLG Köln Rpfleger 1991, 200.

212 OLG Hamm OLGZ 1973, 174 = DNotZ 1973, 376 = Rpfleger 1973, 98; OLG Hamm OLGZ 1988, 181 = NJW-RR 1988, 1101 = Rpfleger 1988, 247; KEHE-*Eickmann* § 49 Rn 3; *Schöner/Stöber* Rn 376, 1329; BayObLGZ 1970, 100 = DNotZ 1970, 415 = Rpfleger 1970, 202; BayObLGZ 1983, 113 = DNotZ 1985, 41 = Rpfleger 1983, 308; BayObLG NJW-RR 1988, 464 = Rpfleger 1988, 98; KG OLGE 43, 9; LG Coburg Rpfleger 1983, 145; AG Naila Rpfleger 1962, 17; *Meyer-Stolte* Rpfleger 1986, 366; OLG Köln Rpfleger 1991, 200.

213 BayObLGZ DNotZ 1970, 415 = Rpfleger 1970, 202; KEHE-*Eickmann* § 49 Rn 3; *Demharter* § 49 Rn 6; *Nieder* BWNotZ 1975, 3; *Weirich* DNotZ 1986, 5.

214 BayObLGZ 1970, 100 = DNotZ 1970, 415 = Rpfleger 1970, 202; BayObLGZ 1983, 113 = DNotZ 1985, 41 = Rpfleger 1983, 308; BayObLG NJW-RR 1988, 464 = Rpfleger 1988, 98; *Soergel-Stürner* § 1105 Rn 24; KEHE-*Eickmann* § 49 Rn 3; *Demharter* § 49 Rn 6; AG Naila Rpfleger 1962, 17; LG Coburg Rpfleger 1983, 145.

215 KG JFG 1, 439; *Güthe-Triebel* § 49 Anm 20.

216 Vgl *Nieder* BWNotZ 1975, 3; *Weirich* DNotZ 1986, 5.

217 Vgl *Nieder* BWNotZ 1975, 3; *Weirich* DNotZ 1986, 5; *Schöner/Stöber* Rn 1329. Zur Auslegung einer Spekulationsklausel: BGH MDR 1979, 656; BGHZ 91, 154 = MDR 1984, 841; BGH DNotZ 1986, 242 = MDR 1986, 39.

218 *Winkler* MittBayNot 1979, 57.

219 *Reichert* BWNotZ 1962, 120.

75 **Einmalige, nicht absicherbare Leistungen:**[220]
  a) einmalige Bauleistungen: Bau einer Straße,
  b) Herstellung einer Wasserleitung.
  c) einmalige Geldabfindung für gesamtes Leibgeding (Absicherung nur durch Sicherungshypothek oder Grundschuld, dazu Rdn 83).

4. Nießbrauch

76 Ein Nießbrauch fällt ebenfalls unter den Begriff Leibgeding. Er ist jedoch **nicht uneingeschränkt** leibgedings-fähig. Es muss differenziert werden zwischen dem Nießbrauch am **gesamten** überlassenen Grundbesitz oder an einem Teil des mit einem Leibgeding belasteten Grundbesitzes.

77 Ein Nießbrauch allein genügt dem Begriff des Leibgedings mangels örtlicher Bindung des Berechtigten nicht.[221] Es ist zu unterscheiden:

78 a) umfasst der Nießbrauch **nicht den gesamten** mit dem Leibgeding belasteten Grundbesitz, so fällt der Nießbrauch neben anderen Einzelrechten unter den Begriff des Leibgedings und ist leibgedingsfähig.[222]

79 b) Der anlässlich einer Grundstücksübergabe am **gesamten** Vertragsobjekt (also nicht an einem von mehreren Grundstücken oder nur an einem Grundstücksteil) bestellte Nießbrauch kann nicht als Leibgeding im Grundbuch eingetragen werden (sog **Total-Nießbrauch**), da dieser Nießbrauch kein Recht zur Sicherung der Leistungsansprüche mit Versorgungscharakter darstellt, sondern der Sicherung einer eigenwirtschaftli-chen Tätigkeit des Nießbrauchers auf dem überlassenen Grundbesitz dient.[223] Allerdings ist nach einer Min-dermeinung stets der Gesamtzusammenhang des Leibgedingsvertrags und der wirtschaftlichen Verhältnisse des Eigentümers zu berücksichtigen, sodass dann unter Umständen der Total-Nießbrauch doch Einzelrecht eines Leibgedings sein kann.[224]

80 Grundsätzlich gilt aber: Ein Total-Nießbrauch ist als **einziges** Recht eines Leibgedings **nicht** leibgedingsfähig iS von § 49.[225]

5. Grunddienstbarkeiten

81 Leibgedingsleistungen sind höchstpersönliche Rechte. Ihrer Natur nach können sie nicht einem jeweiligen Eigentümer eines Grundstücks zustehen, sondern lediglich einer bestimmten – namentlich bezeichneten – Per-son oder mehreren Personen. Die Grunddienstbarkeit ist daher **nicht leibgedingsfähig.**[226]

6. Dauerwohnrecht

82 Das Dauerwohnrecht passt nicht in den Rahmen eines Leibgedings. Das Dauerwohnrecht ist veräußerlich und vererblich, Merkmale, die für ein Leibgeding regelmäßig nicht gewollt sind. Eine weitere Einschränkung bedeutet die zwingende Rechtsvorschrift des § 33 Abs 1 S 2 WEG. Das Dauerwohnrecht erscheint als zweck-mäßige Form der Wohnungssicherung für einen Leibgedingsberechtigten **ungeeignet.**[227] Es ist aus Gründen des Rechts und der Vernunft **nicht zu empfehlen.**

---

220 RGZ 57, 331; BayObLGZ 1970, 100 = DNotZ 1970, 415 = Rpfleger 1970, 202; KGJ 20 A 91; 53 A 166; OLG Celle OLGE 26, 102; OLG Köln Rpfleger 1991, 200; LG Aachen Rpfleger 1986, 211; *Soergel-Stürner* § 1105 Rn 25; MüKo-*Joost* § 1105 Rn 23; vgl aber *Schöner/Stöber* Rn 1329.

221 OLG Schleswig SchlHA 1961, 194; OLG Hamm OLGZ 1969, 380 = DNotZ 1970, 37 = Rpfleger 1969, 396; LG München I MittBayNot 1972, 294 m krit Anm *Promberger*; *Staudinger-Frank* Vorbem 58 zu §§ 1030 ff; *Nieder* BWNotZ 1975, 7; LG Oldenburg Rpfleger 1982, 298 m krit Anm *Hornung*.

222 KG OLGE 40, 52; BayObLGZ 1970, 100 = DNotZ 1970, 415 = Rpfleger 1970, 202; OLG Schleswig DNotZ 1957, 258; KEHE-*Eickmann* § 49 Rn 3; *Demharter* § 49 Rn 4; *Schöner/Stöber* Rn 1328; *Nieder* BWNotZ 1975, 7; zweifelnd *Reichert* BWNotZ 1960, 119; nicht differenzierend *Feldmann* JurBüro 1973, 179.

223 BGHZ 53, 41 = DNotZ 1970, 249 = Rpfleger 1970, 59; BayObLGZ 1975, 132 = DNotZ 1975, 622 = Rpfleger 1975, 243 u 314; OLG Hamm OLGZ 1969, 380 = DNotZ 1970, 37 = Rpfleger 1969, 396; LG München I MittBay-Not 1972, 294; LG Ravensburg BWNotZ 1957, 158; *Staudinger-Amann* Einl 36 zu §§ 1105–1112; *Palandt/Bassenge* BGB Art 96 EGBGB Rn 3; *Demharter* § 49 Rn 4; KEHE-*Eickmann* § 49 Rn 3; *Schöner/Stöber* Rn 1328; *Haegele* DNotZ 1976, 13; *Nieder* BWNotZ 1975, 7; *Faber* BWNotZ 1978, 155; *Böhringer* MittBayNot 1988, 103, 111; **aA** *Riggers* Jur-Büro 1965, 961.

224 So *Staudinger-Frank* Vorbem 59 zu §§ 1030 ff und *Hornung* Rpfleger 1982, 298.

225 BayObLGZ 1975, 132 = DNotZ 1975, 622 = Rpfleger 1975, 243 u 314.

226 So auch *Staudinger-Amann* Einl 36 zu §§ 1105–1112; *Hartung* Rpfleger 1978, 49; *Schöner/Stöber* Rn 1332; *Bauer/von Oefele-Wegmann* § 49 Rn 6; *Riggers* JurBüro 1965, 962; *Sprau-Ott*, Justizgesetze in Bayern, Art 16 AGBGB Rn 8; **aA** *Güthe-Triebel* § 49 Rn 20; BayObLGZ 1975, 132 = DNotZ 1975, 622 = Rpfleger 1975, 243 u 314 verweist wegen der möglichen Einzelrechte auf die §§ 1018–1093 BGB, ohne sonstige Hinweise für die Zulässigkeit zu geben.

227 *Reichert* BWNotZ 1962, 125; *Riggers* JurBüro 1965, 962; *Schöner/Stöber* Rn 1332; *Sprau-Ott*, Justizgesetze in Bayern, Art 16 AGBGB Rn 9.

7. Sicherungshypothek

Für die dingliche Sicherung einer einmaligen Abfindung anstelle der Leibgedingsleistungen wird nur die selbständige Sicherungshypothek für das allein zulässige Rechtsinstitut erachtet, weil es sich hierbei um einen **Ersatzanspruch** für den Wegfall der anderen Berechtigungen, also um ein neues Recht anstelle der anderen Rechte handle. Die Verpflichtung kann nicht als Nebenbestimmung beim Leibgeding eingetragen werden.[228]   **83**

Anders ist es bei **Umwandlung** eines Wohnrechts in einen dinglichen Geldrentenanspruch.[229] Es handelt sich   **84**
um eine **Inhaltsänderung**, vgl dazu Rdn 121 bis 124. Nach § 90 BSHG können Naturalleistungen aus Altenteilsverträgen in Geldrentenansprüche umgewandelt werden.[230]

X. Eintragung des Leibgedings

1. Allgemeines

Die Eintragung des Leibgedings muss die Angabe enthalten, dass es sich um ein **Leibgeding** handelt, die   **85**
Bezeichnung des oder der **Berechtigten** und die Bezugnahme auf die **Eintragungsbewilligung**. Die Eintragung anderer Angaben wird durch Bezugnahme nicht ersetzt.

Das Grundbuchamt hat über den Umfang der Bezugnahme auf die Eintragungsbewilligung zu entscheiden,   **86**
wobei die Grenzen der Zulässigkeit der Bezugnahme zu beachten sind. Es hat auch zu prüfen, ob für die in dem Inbegriff Leibgeding zusammengefassten dinglichen Rechte jeweils die Eintragungsvoraussetzungen gewahrt sind.[231] Fraglich ist, ob die **soziale Motivation**[232] **zu prüfen ist**, wobei dies allerdings äußerst schwierig sein wird; es dürfte genügen, wenn der Antragsteller die Umstände und Beziehungen formlos angibt.[233] Vgl Rdn 114.

2. Bezeichnung als Leibgeding

Erforderlich ist die Angabe, dass ein Leibgeding in Frage steht.[234] Nicht erforderlich ist, dass gerade der Aus-   **87**
druck Leibgeding oder gleichstehende Ausdrücke gebraucht werden.[235] Die Rechtsnatur des Rechts als eines Leibgedings muss sich aus der Eintragung oder der in Bezug genommenen Eintragungsbewilligung mit genügender **Deutlichkeit** ergeben, sonst entsteht die Gefahr, dass entgegen der angestrebten Klarheit eine »Verwirrung« des Grundbuchs »zu besorgen ist«. Zweckmäßig ist es, die gesetzlichen Ausdrücke zu verwenden, da dies im Interesse der Klarheit ist. Die **nähere Bezeichnung** der einzelnen Rechte (wie Wohnungsrecht, Geldrente usw) ist dann im Grundbuch **entbehrlich**,[236] vorausgesetzt, auf die Eintragungsbewilligung wird Bezug genommen. Nicht eine Vielzahl von Einzelrechten wird im Grundbuch vermerkt, vielmehr wird ein Inbegriff unter einer zusammenfassenden Bezeichnung eingetragen. Die das Leibgeding bildenden Einzelrechte können verschiedenen Rang haben.[237]

Unzulässig wäre die Eintragung Reallast bestehend in Leibgedingsrecht und Wohnungsrecht.[238]   **88**

3. Belastete Grundstücke

Die Anwendung des § 49 bereitet keine rechtlichen Schwierigkeiten, wenn das Leibgeding auf einem **einzigen**   **89**
Grundstück eingetragen werden soll.

---

228 BayObLGZ 1970, 100 = DNotZ 1970, 415 = Rpfleger 1970, 202; KGJ 53 A 166; OLG Celle OLGE 26, 102; OLG Köln Rpfleger 1991, 200 = DNotZ 1991, 807; AG Schwandorf Rpfleger 1991, 149; *Demharter* § 49 Rn 6; dazu *Schöner/Stöber* Rn 1330; *Riggers* JurBüro 1965, 963. Vgl Rdn 37.
229 KG JW 1934, 2997 = DNotZ 1934, 862; *Schöner/Stöber* Rn 1342.
230 LG Duisburg DAVorm 1983, 530; DAVorm 1984, 922 = DNotZ 1984, 571 = NJW-RR 1987, 1349.
231 OLG Hamm DNotZ 1976, 229 = Rpfleger 1975, 357; OLG Köln Rpfleger 1992, 431; *Böhringer* BWNotZ 1987, 129.
232 OLG Schleswig Rpfleger 1980, 348; LG Aachen Rpfleger 1991, 106; *Schöner/Stöber* Rn 1339; *Böhringer* BWNotZ 1987, 129; *ders* MittBayNot 1988, 103. Zum sozialen Zweck des Altenteils *Kahle* Rpfleger 1990, 233.
233 Ausführlich dazu *Böhringer* BWNotZ 1987, 129 (132).
234 OLG Köln Rpfleger 1992, 431; *Demharter* § 49 Rn 8.
235 RGZ 152, 129; OLG Hamm DNotZ 1976, 229 = Rpfleger 1975, 357; *Drischler* Rpfleger 1983, 229; *Böhringer* BWNotZ 1987, 129.
236 BGH Rpfleger 1994, 347 = MDR 1994, 478 = NJW 1994, 1158 = MittRhNotK 1994, 145 = MittBayNot 1994, 217; OLG Frankfurt OLGZ 1972, 175 = DNotZ 1972, 353 = Rpfleger 1972, 20; OLG Hamm OLGZ 1988, 181 = NJW-RR 1988, 1101 = Rpfleger 1988, 247; KEHE-*Eickmann* § 49 Rn 4; *Demharter* § 49 Rn 9; *Böhringer* BWNotZ 1987, 129.
237 *Sprau-Ott*, Justizgesetze in Bayern, Art 16 AGBGB Rn 20; LG Traunstein MittBayNot 1980, 65.
238 WürttZ 1933, 199.

90 Ein Leibgeding zur **Gesamthaft** gibt es als solches nicht, sondern nur einzelne Rechte, nach deren Erstreckungsmöglichkeit das einheitliche Leibgeding voll oder beschränkt auch auf mehreren Grundstücken eingetragen werden kann.

91 Die Möglichkeit einer Belastung mehrerer Grundstücke mit einem Leibgeding zur Gesamthaft wird von der Rechtsnatur der in ihm verbundenen Einzelrechte bestimmt. Für **Reallasten** ist diese Möglichkeit unbedingt zu bejahen, zumal es nicht darauf ankommt, ob zB bestimmte zu liefernde Naturalien auf dem belasteten bzw mitbelasteten Grundstück erzeugt werden.[239] Für im Leibgeding enthaltene **Nießbrauchsrechte** ist die Gesamtbelastung zu verneinen.[240] Auch kann eine in einem Leibgeding enthaltene **beschränkte persönliche Dienstbarkeit** nicht zur Gesamthaft auf solchen Grundstücken eingetragen werden, auf denen sich keine für die Benützung in Frage kommenden Einrichtungen, Flächen, Gebäude oder Wege befinden. Besonders bedeutend ist dies bei den Wohnungsrechten. Es ist in der Eintragungsbewilligung für ein Leibgeding darauf zu achten, dass das in ihm enthaltene Wohnungsrecht auf solchen Grundstücken nicht lasten darf, auf denen es mangels Wohnung nicht lasten kann[241] (also nicht auf Ackerland, Wiese, Waldflächen usw). Deshalb wurde und wird von einem Teil der Literatur verlangt, dass im Eintragungsvermerk in diesen Fällen die Grundstücke, auf denen das Wohnungsrecht mangels Wohnung nicht lasten kann, ausdrücklich auszuklammern[242] sind, etwa durch die Worte »*das im Leibgeding enthaltene Wohnungsrecht lastet nur auf dem Grundstück Flst …*« oder »*Mitbelastet, jedoch nicht mit Wohnungsrecht, ist das Grundstück Flst …*«.

92 Der BGH hält die **Einschränkungsklausel** für Nicht-Gesamtrechte im Eintragungsvermerk für überflüssig.[243] Wenn mit dem Leibgeding mehrere Grundstücke belastet werden, so ist auch die Vorschrift des § 48 zu beachten. Es fragt sich aber, ob im Hinblick auf den Zweck des § 49 die Mithaftungsverhältnisse im Grundbuch vermerkt werden müssen. Der **BGH verneint** dies aus praktischen Gründen. Man muss zugeben, dass bei einer Eintragung ohne diese Einschränkungsklausel wohl kein Schaden entstehen kann, da aus dem Eintrag in Verbindung mit der Eintragungsbewilligung genau hervorgeht, welche Belastung gewollt ist.[244] Es ist im Übrigen selbstverständlich, dass eine beschränkte persönliche Dienstbarkeit nur auf dem Grundstück lastet, auf dem sie ausgeübt werden kann. § 49 geht als besondere Regelung der Bestimmung § 48 vor. Die Vorschrift des § 49 will die Überfüllung des Grundbuchs vermeiden. Heute sollte auch im Bereich des Grundbuchwesens der Gedanke der Rationalisierung Zugang finden. Es dient der Vereinfachung und Beschleunigung der Eintragungsvorgänge, wenn man die Einschränkungsklausel nicht mit einträgt. Diesen praxisnahen Überlegungen wird von KEHE-*Eickmann*[245] und *Haegele*[246] entgegengehalten, dass der Gegenstand der Belastung stets unmittelbar im Grundbuch (auch im Falle des § 49) einzutragen sei. Dem kann im Falle des § 49 nicht gefolgt werden. Der **Mithaftungsvermerk** bzw die Einschränkungsklausel im Grundbucheintrag wird **nicht für erforderlich** gehalten.[247]

93 In der **Eintragungsbewilligung** muss aber deutlich zu erkennen sein, auf welchen Grundstücken die dinglichen Einzelrechte des Leibgedings lasten. Aus dieser Urkunde müssen die Belastungs- und Mithaftungsverhältnisse genau ersichtlich sein;[248] aus der Entscheidung des BGH[249] kann nichts Gegenteiliges entnommen werden. Je kürzer der Eintragungstext im Grundbuch gefasst wird, um so wichtiger ist die **genaue Festlegung der Einzelrechte** des Leibgedings in der Eintragungsbewilligung, insbesondere hinsichtlich der Bezeichnung der Grundstücke, auf denen die im Leibgeding zusammengefassten Einzelrechte lasten.[250] Sind unter einer laufen-

---

239 OLG Celle DNotZ 1952, 479; OLG Oldenburg MDR 1952, 750; OLG Schleswig SchlHA 1955, 157; OLG Hamm DNotZ 1976, 229 = Rpfleger 1975, 357; MüKo-*Joost* § 1105 Rn 46.
240 MüKo-*Pohlmann* § 1030 Rn 45; *Löscher* § 49 Rn 4.
241 BGHZ 58, 57 = DNotZ 1972, 487 = Rpfleger 1972, 88; KG JW 1937, 2606 = HRR 1937, 1406; BayObLG DNotZ 1976, 227; OLG Hamm OLGZ 1972, 175 = DNotZ 1972, 353 = Rpfleger 1972, 20; OLG Hamm DNotZ 1976, 229 = Rpfleger 1975, 357; OLG Oldenburg Rpfleger 1978, 411 = MittRhNotK 1978, 185; LG Kassel Rpfleger 1960, 404 m Anm *Haegele*; MüKo-*Joost* § 1105 Rn 46; *Nieder* BWNotZ 1975, 3; *Hartung* Rpfleger 1978, 48; *Schöner/Stöber* Rn 1334, 1248; 1248a. Anlagen und Einrichtungen, zu deren Benutzung das Wohnungsrecht berechtigt, können sich außerhalb des Gebäudes befinden BayObLG DNotZ 1986, 148 = Rpfleger 1985, 186 = BayObLGZ 1985, 31 = MittBayNot 1985, 72 = MittRhNotK 1985, 17 = BayJMBl 1985, 84.
242 Dazu KEHE-*Eickmann* § 49 Rn 6; vgl auch *Böhringer* BWNotZ 1987, 129.
243 BGHZ 58, 57 = DNotZ 1972, 487 = Rpfleger 1972, 88; ebenso: OLG Hamm OLGZ 1972, 175 = DNotZ 1972, 353 = Rpfleger 1972, 20; OLG Hamm DNotZ 1976, 229 = Rpfleger 1975, 357; OLG Oldenburg Rpfleger 1978, 411 = MittRhNotK 1978, 185; *Staudinger-Amann* Einl 37 zu §§ 1105–1112; *Soergel-Stürner* § 1105 Rn 28; *Demharter* § 49 Rn 9; *Feldmann* JurBüro 1973, 179; *Hartung* Rpfleger 1978, 49; aA KG JW 1937, 2606; KEHE/*Eickmann* § 49 Rn 6.
244 So auch *Reichert* BWNotZ 1962, 118; *Böhringer* MittBayNot 1988, 103, 112.
245 § 49 Rn 6.
246 Rpfleger 1960, 404; 1975, 195.
247 Jetzt überwiegende Meinung; vgl dazu OLG Hamm DNotZ 1973, 376 = Rpfleger 1973, 98; OLG Hamm DNotZ 1976, 229 = Rpfleger 1975, 357; *Feldmann* JurBüro 1973, 179 und *Reichert* BWNotZ 1962, 132; *Schöner/Stöber* Rn 1334.
248 OLG Hamm OLGZ 1973, 174 = DNotZ 1973, 376 = Rpfleger 1973, 98; OLG Hamm DNotZ 1976, 229 = Rpfleger 1975, 357; *Schöner/Stöber* Rn 1334.
249 Vgl BGHZ 58, 57 = DNotZ 1972, 487 = Rpfleger 1972, 88; *Staudinger-Amann* Einl 37 zu §§ 1105–1112.
250 Jetzt hM; *Reichert* BWNotZ 1962, 132.

den Nummer im Grundbuch sämtliche oder jedenfalls eine Mehrzahl von Flurstücken gebucht (= Grundstück im Rechtssinne), so muss in der Eintragungsbewilligung eindeutig angegeben werden, auf welchen Flurstücken das einzutragende Recht (zB Wohnungsrecht) ausgeübt werden soll, notfalls ist über eine Zwischenverfügung die Angabe des mit dem Wohnungsrecht zu belastenden Flurstücks zu fördern.[251]

4. Bezeichnung des Berechtigten

a) Allgemeines. Der **Berechtigte** muss stets in das Grundbuch **selbst eingetragen** werden, denn nur zur **94** näheren Bezeichnung der Rechte und ihres näheren Inhalts ist die Bezugnahme auf die Eintragungsbewilligung zulässig. Berechtigter kann wegen der höchstpersönlichen Natur des Leibgedings nur eine bestimmte **natürliche Person** sein. Die Bezeichnung des Berechtigten richtet sich nach den sonst im Grundbuchrecht geltenden Grundsätzen.

b) Mehrere Berechtigte. **95**

– Für mehrere Berechtigte können **inhaltsgleiche** Leibgedingsrechte bestellt werden, die rechtlich **selbständig** sind;[252] sie beschränken sich gegenseitig (wechselseitig) in der Ausübung. Wenn dies der Fall ist (zB Leibgeding für Übergeber und Leibgeding für Ehegatten oder Kinder des Übergebers oder Leibgeding für Geschwister des Übernehmers), so sind diese Rechte für die Berechtigten im Grundbuch getrennt einzutragen;[253] auf das Rangverhältnis der Rechte (idR Gleichrang) untereinander ist zu achten. Stirbt ein idR Berechtigter, bleiben die Rechte der anderen im bisherigen Umfang bestehen. Wird bei solchen selbständigen Leibgedingsrechten ein Rentenanspruch geteilt und jedem Berechtigten in seinem Leibgeding eine bestimmte Quote zugesprochen, soll aber im Falle des Todes eines Berechtigten der andere Berechtigte (zB der überlebende Ehegatte) die Summe der beiden Rententeilbeträge erhalten, muss dies in der Vereinbarung zum Ausdruck kommen. Dies ist möglich durch eine aufschiebend bedingte Änderung des Leistungsumfangs des Rechts des anderen (überlebenden) Berechtigten. Diese Vereinbarung gehört dann zum Inhalt eines jeden Leibgedings. Es handelt sich also nicht um zusätzliche selbständige Rechte mit zusätzlicher Eintragung im Grundbuch.[254]

– Möglich ist aber auch eine **rechtliche Verbindung** der mehreren Berechtigten.[255] Die Verbindung kann **96** bestehen als **Gesamtberechtigung** nach § 428 BGB[256] oder als **Mitberechtigung** nach § 432 BGB, bei Ehegatten als Berechtigte je nach dem Güterstand zudem auch als **Gesamthandsverhältnis (Gesamtgut der Gütergemeinschaft).**[257] Die zwischen den Leibgedingsberechtigten bestehende Ehe kann nicht allein als das für die Beteiligung maßgebende Rechtsverhältnis sein.

In Gütergemeinschaft lebenden Ehegatten[258] kann entweder ein Leibgeding gemeinsam bestellt werden, das sodann **97** zum Gesamtgut gehört, oder es können rechtlich verbundene Berechtigungen nach §§ 428, 432 BGB eingeräumt werden, wenn das Leibgeding ins Sondergut fällt (wurde nur einem Ehegatten bestellt). Wurde das Leibgeding den Ehegatten gemeinschaftlich bestellt, können die Ehegatten nicht als Gesamtgläubiger nach § 428 BGB eingetragen werden.[259] Werden die Leibgedingsrechte für jeden Ehegatten selbständig oder nur für einen Ehegatten bestellt, fallen sie ins **Sondergut** und das Leibgeding ist für jeden Ehegatten allein einzutragen. Diese Sondergüter können durch Ehevertrag in **Vorbehaltsgüter** umgewandelt werden und sodann in der Art einer Gesamtberechtigung gemäß § 428 BGB miteinander verknüpft werden,[260] vgl dazu auch § 47 Rdn 115, 116.

Ob ranggleiche selbständige Leibgedingsrechte oder eine rechtliche Verbindung zur Berechtigten gewollt ist, **98** muss notfalls durch **Auslegung** des Vertrags ermittelt werden. Eine Regel, wonach im Zweifel selbständige

---

251 So auch *Hartung* Rpfleger 1978, 48.
252 OLG Frankfurt Rpfleger 1973, 395; *Nieder* BWNotZ 1975, 8.
253 OLG Hamm Rpfleger 1959, 381; *Böhringer* MittBayNot 1988, 103, 107.
254 *Meder* BWNotZ 1982, 39.
255 BGHZ 73, 211 = DNotZ 1979, 499 = Rpfleger 1979, 56.
256 BayObLGZ 1975, 191 = DNotZ 1975, 619 = Rpfleger 1975, 300 u 348; OLG München JFG 18, 132; OLG Hamm OLGZ 1988, 181 = Rpfleger 1988, 247; LG Osnabrück Rpfleger 1974, 263; *Meder* BWNotZ 1982, 36.
257 BGHZ 73, 211 = DNotZ 1979, 499 = Rpfleger 1979, 56; OLG Frankfurt Rpfleger 1973, 395; *Soergel-Gaul*, 12. Auf., BGB § 1416 Rn 6; *Sprau-Ott*, Justizgesetze in Bayern, Art 22 AGBGB Rn 3–5; *Böhringer* MittBayNot 1988, 103, 107.
258 BayObLGZ 1967, 480 = DNotZ 1968, 493 = Rpfleger 1968, 220; KG DNotZ 1935, 322; OLG Frankfurt Rpfleger 1973, 394.
259 BayObLGZ 1967, 480 = DNotZ 1968, 493 = Rpfleger 1968, 220; *Staudinger-Frank* § 1030 Rn 47; *Staudinger-Mayer* § 1090 Rn 6; *Schöner/Stöber* Rn 1246; *Dammertz* MittRhNotK 1970, 95; *Sprau-Ott*, Justizgesetze in Bayern, Art 22 AGBGB Rn 3–5. Möglich ist aber eine Vereinbarung, dass das Recht, welches Ehegatten derzeit in Gütergemeinschaft zusteht, ihnen bei einer einvernehmlichen Aufhebung der Gütergemeinschaft als Gesamtberechtigte nach § 428 BGB zustehen soll. Trotz Wandel des Gemeinschaftsverhältnisses bleibt es ein einziges Recht, so auch *Amann* MittBayNot 1990, 225, 228.
260 BayObLGZ 1967, 480 = DNotZ 1968, 493 = Rpfleger 1968, 220; OLG Frankfurt Rpfleger 1973, 394; *Sprau-Ott*, Justizgesetze in Bayern, Art 22 AGBGB Rn 3–5.

Rechte gewollt sind, besteht nicht. Es gibt auch keinen Grundsatz, dass eine Gesamtgläubigerschaft iS von § 428 BGB im Zweifel vereinbart ist.[261]

99 In vielen Übergabeverträgen ist zu lesen, dass dem **Längstlebenden** die Ansprüche aus dem Leibgeding **»ungeschmälert« zustehen** sollen.[262] Im Wege der Vertragsauslegung kann entnommen werden, dass das Leibgeding zunächst den Ehegatten als Gesamtberechtigte nach § 428 BGB bzw zum Gesamtgut der Gütergemeinschaft gehört, und nach dem Tod eines Ehegatten der andere allein der Rechtsträger sein soll. Legt man den Vertrag so aus, dass zwei Rechte eingeräumt sind (das eine Recht steht dem Gesamtgut zu und erlischt mit dem Tod eines Ehegatten, das zweite Recht ist aufschiebend bedingt durch den Tod des Ehegatten und ist dem längstlebenden Ehegatten eingeräumt), dann müssen die beiden Rechte im Grundbuch eingetragen werden,[263] vgl im Übrigen Rdn 103 bis 107.

100 Zu beachten ist, dass jedes einzelne Recht innerhalb eines Leibgedings seinen **eigenen gesetzlichen Bestimmungen** unterliegt; daraus folgt, dass auch für jedes Recht selbständig untersucht werden muss, in welchem Verhältnis eine Mehrheit von Berechtigten stehen kann. Es sind also je nach Art des einzelnen Rechts verschiedene Arten der Gläubigermehrheit denkbar.[264] Mehrere Arten von Gläubigermehrheiten bei einem einzigen Leibgeding sind zwar nicht unbedingt wünschenswert, aber rechtlich auch nicht ausgeschlossen und bereiten in der Grundbuchpraxis auch keine Schwierigkeiten.[265]

101 Soll ein Recht für mehrere gemeinschaftlich eingetragen werden, so hat die Eintragung in der Weise zu erfolgen, dass das für die Gemeinschaft maßgebliche Verhältnis bezeichnet wird, § 47. Eine Ausnahme besteht für das Leibgeding, wenn es im Grundbuch unter dem Sammelbegriff Leibgeding eingetragen wird. Bei dem mit § 47 in engem Zusammenhang stehenden § 49 ist die **Weglassung** der Bezeichnung des zwischen den Berechtigten bestehenden Verhältnisses im Grundbuch nur dann unschädlich, wenn in diesem auf die Eintragungsbewilligung Bezug genommen ist.[266] Dies gilt selbst dann, wenn die Gemeinschaftsverhältnisse bei den einzelnen Rechten verschieden sind. In der Bewilligung muss das Anteilsverhältnis genau angegeben werden. Der Meinung des BGH[267] ist uneingeschränkt zuzustimmen.

102 Werden dagegen die **einzelnen Rechte**, aus denen sich das Leibgeding zusammensetzt, **eingetragen**, so verbleibt es bei der Regel, dass die gemeinschaftlichen Rechte unter Angabe des Rechtsverhältnisses iS von § 47 eingetragen werden müssen; die vereinfachte Eintragung ist in solchen Fällen unzulässig und unwirksam.[268] Besser ist es in einem solchen Falle, für jeden Berechtigten ein gesondertes Recht im Gleichrang mit dem anderen Recht zu bestellen.

103 **c) Sukzessivberechtigung/Alternativberechtigung.** Bei der sog »Sukzessivberechtigung[269]« sind zwei verschiedene Fälle zu unterscheiden. Zum einen werden darunter inhaltliche Regelungen verstanden, nach denen ein Recht oder ein Anspruch zunächst zwei Berechtigten (idR Ehegatten) gemeinschaftlich zusteht, beim Tode eines Berechtigten aber zum alleinigen Recht des Überlebenden wird. Hier ist die Entstehung eines voll wirksamen Rechts oder Anspruchs in der Person beider Berechtigter als gemeinschaftliches Recht möglich; nur beim vorzeitigen Tod eines der Berechtigten (Ausfall der Bedingung für seinen eigenen Rechtserwerb und aufschiebende Bedingung für den alleinigen Rechtserwerb des anderen) entsteht das Recht oder der Anspruch für einen Berechtigten allein. Zulässig und häufig vorkommend ist also die Bestellung eines Leibgedings für

---

261 OLG Oldenburg DNotZ 1957, 317 m Anm *Saage*; LG Osnabrück Rpfleger 1974, 263 = MittBayNot 1974, 267; GBPrErl JuMBW BWNotZ 1957, 333; KG Rpfleger 1985, 185.

262 OLG Hamm OLGZ 1988, 181 = NJW-RR 1988, 1101 = Rpfleger 1988, 247.

263 Im Einzelnen *Amann* MittBayNot 1990, 225.

264 KGJ 49, 21 = JW 1932, 2445 = HRR 1933 Nr 15; *Nieder* BWNotZ 1975, 8; ausführlich *Meder* BWNotZ 1982, 36.

265 *Meder* BWNotZ 1982, 39.

266 BGHZ 73, 211 = DNotZ 1979, 499 = Rpfleger 1979, 56; BayObLGZ 1975, 191 = DNotZ 1975, 619 = Rpfleger 1975, 300 u 348; OLG Frankfurt Rpfleger 1973, 394; OLG Hamm OLGZ 1988, 181 = NJW-RR 1988, 1101 = Rpfleger 1988, 247; KEHE-*Eickmann* § 49 Rn 5.

267 BGHZ 73, 211 = DNotZ 1979, 499 = Rpfleger 1979, 56 mwN; *Schöner/Stöber* Rn 1335; OLG Frankfurt Rpfleger 1976, 417; BayObLGZ 1975, 191 = DNotZ 1975, 619 = Rpfleger 1975, 300 u 348; LG Osnabrück Rpfleger 1974, 263; **aA** KG OLGE 29, 40 und HRR 1930 Nr 739.

268 BGHZ 73, 211 = DNotZ 1979, 499 = Rpfleger 1979, 56; *Haegele* BWNotZ 1969, 117; *Schöner/Stöber* Rn 1337.

269 Vgl zu § 47 Rdn 142, 144, 235, 255. Zur Sukzessivberechtigung beim Rückübertragungsanspruch § 47 Rdn 255; *Wicke* Rpfleger 2005, 601; OLG Hamm DNotZ 2006, 293; OLG Frankfurt ZErb 2005, 350; BayObLG Rpfleger 2003, 352; BayObLG DNotZ 2002, 293 = Rpfleger 2002, 135; BayObLG MittBayNot 2002, 396; BayObLG Rpfleger 1999, 529; LG Duisburg Rpfleger 2005 m Anm *Wicke*; LG Bayreuth MittBayNot 2006, 147; *Westermeier* Rpfleger 2003, 347; *Giehl* MittBayNot 2002, 158.

mehrere, insbesondere ein Leibgeding für Eheleute des Inhalts, dass das Leibgeding zuerst beiden zusteht, nach dem Tode des einen dem Überlebenden allein.[270]

Zum anderen versteht man unter der sog »Sukzessivberechtigung« die Regelung, dass das Recht zunächst **einem** Berechtigten **allein** zusteht und mit dessen Tod ipso jure einem anderen Berechtigten.[271]

Entscheidend für beide Arten der Sukzessivberechtigung ist, dass trotz Sukzession auf der Gläubigerseite die Identität des Anspruchs gewahrt bleibt.[272] Tritt dagegen ein eigener (wenn auch nur bedingter) Anspruch des späteren Berechtigten von Anfang an oder zu einem späteren Zeitpunkt **neben** den Anspruch des bzw der Erstberechtigten, so handelt es sich um eine Alternativberechtigung, dh um zwei Ansprüche, deren beider Schutz nur durch zwei Rechte erreicht werden kann. Diesen Unterschied im Einzelfall zu erkennen, ist nicht einfach.

Bezieht man auflösende Bedingungen (Tod eines Berechtigten) oder aufschiebende Bedingungen (Überleben eines Berechtigten) auf das Recht (und nicht nur auf die Gestaltung des Gemeinschaftsverhältnisses) selbst, so kristallisiert sich ein erlöschendes und ein neu entstehendes Recht heraus, also mehrere Rechte, letztlich handelt es sich um eine sog »**Alternativberechtigung**«. Das Leibgeding kann auf Lebenszeit des Übergebers und danach, falls der Ehegatte des Übergebers diesen überlebt, für den überlebenden Ehegatten auf Lebenszeit begründet werden.[273] Dies führt zur gleichzeitigen Eintragung eines unbedingten Rechts für den Übergeber und eines aufschiebend bedingten Rechts (Bedingung ist Tod des Übergebers) für den überlebenden Ehegatten.[274] Für den Fall des Todes des Leibgedingsberechtigten kann das Leibgeding gleichzeitig (aufschiebend bedingt) auch für einen weiteren Berechtigten bestellt werden, also zunächst für A, nach dessen Tod für B.[275] Zulässig ist demnach die Bestellung **mehrerer** Leibgedingsrechte **zeitlich hintereinander bedingt oder befristet**; es kann also auch ein zweites Leibgeding für die namentlich bezeichneten Erben des ersten Leibgedingsberechtigten aufschiebend bedingt bestellt werden,[276] vgl dazu auch § 47 Rdn 235 ff. **104**

Die beiden Fälle der Sukzessivberechtigung sind streng von der sog »Alternativberechtigung« zu unterscheiden. Bei letzterer kann der Anspruch als vollwirksames Recht nur entweder für den einen oder den anderen entstehen.[277]

In all den Fällen der Alternativberechtigung liegt **keine Gemeinschaft** mehrerer Berechtigter vor. Bei der Alternativberechtigung bestehen von vornherein zwei verschiedene Ansprüche für beide Berechtigte mit der Maßgabe, dass zunächst nur einer von ihnen die Leistung verlangen kann, und dass der Anspruch des anderen Berechtigten aufschiebend bedingt durch das Erlöschen des Anspruchs des ersten Berechtigten ist. Die Eintragung als einheitliches Leibgeding für die nacheinander Berechtigten wurde aber nach früherer Meinung für **105**

---

270 BayObLG BayObLGZ 1984, 252 = DNotZ 1985, 702 = Rpfleger 1985, 55 = MittRhNotK 1984, 239 = BayJMBl 1985, 38 = MittBayNot 1985, 22; OLG Zweibrücken Rpfleger 1985, 284 = MittRhNotK 1985, 122; OLG Köln MittRhNotK 1984, 218 in Ergänzung zu OLG MittRhNotK 1974, 255; OLG Hamm OLGZ 1988, 181 = NJW-RR 1988, 1101 = Rpfleger 1988, 247; LG Köln Rpfleger 1982, 17; LG Oldenburg Rpfleger 1974, 263 = MittBayNot 1974, 266; RGZ 76, 89; LG Traunstein MittBayNot 1978, 161 je für Hyp.; KG JW 32, 2445 für beschränkte persönliche Dienstbarkeit; KG DNotZ 1937, 330 f Vorm; LG Aachen MittRhNotK 1978, 172; *Schöner/Stöber* Rn 1370; *Meder* BWNotZ 1982, 36; ausführlich *Amann* MittBayNot 1990, 225, 226; *Liedel* Rpfleger 1991, 855; *Grziwotz* MittBayNot 1993, 74; Gutachten DNotI-Report 1995, 121 und 1996, 189; *Koenen* MittRhNotK 1994, 329.

271 OLG Köln MittRhNotK 1984, 218; MittRhNotK 1997, 84; LG Schweinfurt DNotZ 1983, 616 Ls; KG JW 1932, 2245 = HRR 1933 Nr 15; KGJ 49, 21; KG DNotZ 1937, 330; RG RGZ 76, 89; RGZ 128, 246, 249; LG Traunstein MittBayNot 1978, 61; BayObLGZ 1984, 252 = DNotZ 1985, 702 = Rpfleger 1985, 55; *Haegele* BWNotZ 1969, 117; *Amann* MittBayNot 1990, 225, 226. Der Meinung des BayObLG DNotZ 1991, 892 = MittBayNot 1990, 243 = MittRhNotK 1990, 217 kann nicht zugestimmt werden; wie hier auch LG Landshut Rpfleger 1992, 338; ausführliche Stellungnahmen von *Liedel* DNotZ 1991, 855 und *Amann* MittBayNot 1990, 225. Vgl auch *Grziwotz* MittBayNot 1993, 74. Das BayObLG ist wieder zu seiner ursprünglichen Meinung zurückgekehrt DNotZ 1996, 366 m Anm *Liedel* = DNotI-Report 1995, 89 = Rpfleger 1995, 498 = FGPrax 1995, 96 = MittRhNotK 1995, 179. Dazu auch *Rastätter* BWNotZ 1994, 29; Gutachten DNotI-Report 1995, 121 und 1996, 189; BayObLG Rpfleger 1993, 328 = FamRZ 1993, 173 = MittBayNot 1993, 84; *Lichtenberger* ZEV 1995, 296; *Streuer* Rpfleger 1994, 337.

272 LG Landshut Rpfleger 1992, 338; *Amann* MittBayNot 1990, 225, 226.

273 KG OLGE 40, 53; *Demharter* § 49 Rn 11.

274 *Haferland* RpflStud 1982, 19; BayObLG MittBayNot 1990, 243 = BWNotZ 1991, 71; BayObLG BayJMBl 1992, 292; abgrenzend LG Landshut MittBayNot 1992, 276.

275 RGZ 59, 289; RGZ 76, 90; KG JR 1925 Nr 880; RGZ 119, 214; JW 1928, 499; KG KGJ 49, 21 = JW 1932, 2445 = HRR 1933 Nr 15; OLG Oldenburg DNotZ 1957, 317; OLG Köln OLGZ 1966, 231 = DNotZ 1966, 607; *Staudinger-Mayer* § 1090 Rn 7; *Soergel-Stürner* § 1105 Rn 5.

276 BayObLGZ 13, 143; KG JW 1929, 730; BayObLG NJW 1966, 56 = MDR 1966, 146; LG Traunstein NJW 1963, 2207 = DNotZ 1963, 344 = BWNotZ 1963, 219; OLG Köln MittRhNotK 1997, 84. Auf den Bestimmtheitsgrundsatz ist aber zu achten. Eingehend Gutachten DNotI-Report 1996, 189; *Grziwotz* MittBayNot 1993, 74; BayObLG Rpfleger 1993, 328 = FamRZ 1993, 173 = MittBayNot 1993, 84.

277 BayObLGZ 1984, 252 = DNotZ 1985, 702 = Rpfleger 1985, 55; BayObLG MittBayNot 1990, 243 = BWNotZ 1991, 71; *Amann* MittBayNot 1990, 225.

zulässig gehalten. Das RG und KG[278] haben herausgestellt, dass bei einer echten Sukzessivberechtigung **nicht eine Mehrheit von Rechten** vorliegt, sondern ein einziges Recht, das nur nacheinander mehreren Berechtigten zusteht. Diese Sukzessivberechtigung muss im Grundbuch eingetragen werden, denn wegen der Person des Berechtigten kann nicht auf die Eintragungsbewilligung Bezug genommen werden.[279] Dies gilt auch dann, wenn ein Recht für Ehegatten in Gütergemeinschaft in der Form bestellt wird, dass es zunächst zum Gesamtgut gehört, das Recht aber nach dem Tod des Erststerbenden der Ehegatten sodann dem längstlebenden Ehepartner zusteht.[280] Nach einem Erlass des Württembergischen Justizministeriums genügt insoweit Bezugnahme auf die Eintragungsbewilligung, obwohl ansonsten Bedingungen und Befristungen unmittelbar im Grundbuch eingetragen werden müssen. Auch das OLG Schleswig ist dieser Meinung.[281]

106 Unzulässig ist dagegen die Eintragung eines Leibgedings für eine bestimmte Person und deren **Rechtsnachfolger oder Erben**, da das Leibgeding nicht übertragbar ist.[282] Der Besteller kann sich nur **schuldrechtlich verpflichten**, das Recht dem Rechtsnachfolger neu zu bestellen.[283] Dieser Weg ist dann zu wählen, wenn man es nicht vorzieht, von vornherein gleich für alle in Frage kommenden Personen jeweils ein Leibgeding zu bestellen, wobei Beginn und Ende bedingt oder befristet sind.[284]

107 Ein Leibgeding kann später **inhaltlich dahin geändert werden**, dass es dem Berechtigten teilweise lebenslang, teilweise nach dem Tod des ursprünglich Berechtigten zustehen soll (zB bis zu seiner Wiederverheiratung); damit wird bei dem ursprünglichen Leibgeding eine einschränkende Inhaltsänderung vorgenommen, für den anderen Berechtigten ein neues Recht eingetragen.[285] Ein Nießbrauch für Gesamtberechtigte kann durch Inhaltsänderung in einen Sukzessiv-Nießbrauch geändert werden.[286]

5. Bezugnahme auf die Eintragungsbewilligung

108 **a) Allgemeines.** Die Vorschrift des § 49 enthält ihrem Wortlaut nach eine Erweiterung des § 874 BGB: Während danach die Bezugnahme auf die Eintragungsbewilligung nur zur näheren Bezeichnung des Inhalts eines Rechts möglich ist, wird sie hier unter bestimmten Voraussetzungen zur **Bezeichnung der Rechte** selbst zugelassen.[287] § 49 vereinfacht nur die Grundbucheintragung; was dort entfallen darf, muss sich stets in bezugnahmefähiger Form aus der Eintragungsbewilligung ergeben. Durch § 49 soll eine Überfüllung der Grundbücher vermieden werden. § 49 enthält materielles Recht.

109 **b) Bezeichnung der Einzelrechte.** Aus dem Bestimmtheitsgrundsatz folgt, dass in der Eintragungsbewilligung die Einzelrechte des Leibgedings so genau zu bezeichnen sind, dass der **Umfang der Belastung** des Grundstücks jederzeit festgestellt werden kann.[288] Die Rechtspositionen brauchen aber nicht »expressis verbis« nach dem BGB angegeben werden.[289] Bei Reallasten lässt sich der Bestimmtheitsgrundsatz aber zwangsläufig nicht streng durchführen. Die Reallastleistungen brauchen in der Eintragungsbewilligung nicht im Einzelnen bezeichnet zu werden; es **genügt Bestimmbarkeit** aufgrund von Umständen, die auch außerhalb des Grundbuchs und der Grundakten liegen können, wenn sie nur nachprüfbar sind und von der Eintragungsbewilligung angedeutet werden.[290] Selbstverständlich müssen die Leistungen aber so bestimmbar sein, dass die eintretende

278 RGZ 76, 90; KG OLGE 40, 53; KG DNotZ 1937, 330; KGJ 49, 21 = JW 1932, 2445 = HRR 1933 Nr 15.
279 *Meder* BWNotZ 1982, 40; *Amann* MittBayNot 1990, 225, 229 mwN.
280 BayObLG BayZ 1929, 162; *Meder* BWNotZ 1982, 40; LG Schweinfurt MittBayNot 1982, 69. Formulierungsvorschlag bei *Amann* MittBayNot 1990, 225, 229: »*Reallast für A und B in Gütergemeinschaft, bedingt für jeden allein, gemäß Bewilligung vom ...*«; ebenso *Rastätter* BWNotZ 1994, 29.
281 Württ Justizministerium WürttZ 1929, 195; 1927, 43; OLG Schleswig SchlHA 1961, 194. § 49 gestattet dies; so zu Recht auch *Amann* MittBayNot 1990, 225, 229.
282 RGZ 119, 214; *Staudinger-Mayer* § 1090 Rn 3; *MüKo-Joost* § 1092 Rn 2. Dazu auch *Amann* MittBayNot 1990, 225.
283 RGZ 76, 90; 119, 211, BGHZ 28, 100 = NJW 1958, 1677 = MDR 1958, 838 und 1959, 31 m Anm *Thieme*; KG DNotZ 1937, 331.
284 LG Traunstein DNotZ 1963, 344 = NJW 1963, 2207; *Amann* MittBayNot 1990, 225.
285 KG JW 1939, 1012 = DFG 1939, 155; JFG 20, 6.
286 LG Schweinfurt DNotZ 1983, 616 Ls.
287 BGHZ 58, 57 = DNotZ 1972, 487 = Rpfleger 1972, 88; BGHZ 73, 211 = DNotZ 1979, 499 = Rpfleger 1979, 56; OLG Köln Rpfleger 1992, 431.
288 BGHZ 58, 57 = DNotZ 1972, 487 = Rpfleger 1972, 88; *Nieder* BWNotZ 1975, 8; *Schöner/Stöber* Rn 1338; *Böhringer* BWNotZ 1987, 129.
289 OLG Zweibrücken MittBayNot 1996, 211 = MittRhNotK 1996, 229.
290 BGH DNotZ 1996, 93 = NJW 1995, 2780; KG DNotZ 1932, 520; BayObLG BayObLGZ 1953, 201 = DNotZ 1954, 98 = Rpfleger 1955, 14; OLG Celle RdL 1950, 280; OLG Düsseldorf NJW 1957, 1766 = MittRhNotK 1957, 848; OLG Hamm OLGZ 1973, 174 = DNotZ 1973, 376 = Rpfleger 1973, 98; OLG Zweibrücken MittBayNot 1996, 211 = MittRhNotK 1996, 229. *Staudinger-Amann* § 1105 Rn 12; *KEHE-Eickmann* § 49 Rn 4; *Demharter* § 49 Rn 10; *Schöner/Stöber* Rn 1338; *Schmitz-Falkenberg* DNotZ 1968, 430.

Höchstbelastung in Geld ausgedrückt werden kann.[291] Hinsichtlich der Begriffe »standesgemäß« und »ortsüblich« vgl Rdn 71. Leistungsverweigerungseinreden aus dem schuldrechtlichen Versorgungsvertrag sind beim Leibgeding in das Grundbuch eintragbar.[292]

c) Angabe des Gemeinschaftsverhältnisses. Da die Verfügungsbefugnis der einzelnen Berechtigten je nach   **110** dem in Betracht kommenden Gemeinschaftsverhältnis verschieden sein kann, erfordert der Bestimmtheitsgrundsatz des formellen Grundbuchrechts, dass das Gemeinschaftsverhältnis in der Eintragungsbewilligung im Einzelnen **genau angegeben** wird, widrigenfalls die Eintragungsbewilligung unvollständig ist.[293] Die einzelnen Berechtigten, die an den Einzelrechten des Leibgedings berechtigt, ja sogar nur bezüglich einzelner Rechte berechtigt sein können, müssen im Grundbuch und in der Eintragungsbewilligung aufgeführt werden. Das Gemeinschaftsverhältnis kann hinsichtlich der einzelnen Teilrechte verschieden sein. Zulässig ist auch, dass von verschiedenen Rechten eines auch nur einem der Berechtigten alleine zusteht.

d) Angabe der belasteten Grundstücke. Auch aus der Eintragungsbewilligung muss sich klar ergeben, auf   **111** welchen Grundstücken die einzelnen Rechte lasten; dagegen gilt für die Eintragung die Buchungserleichterung des § 49, sodass **kein Mithaftungsvermerk** eingetragen werden muss,[294] vgl Rdn 90 bis 93.

e) Inhaltsänderungen. Das Bezugnahmeprivileg gilt auch bei einer sonst unzulässigen nachträglichen   **112** **Umwandlung eines Einzelrechts** innerhalb des Leibgedings gegen ein anderes. Diese Umwandlung wird als Inhaltsänderung angesehen; bei der Eintragung dieser Inhaltsänderung im Grundbuch genügt, dass der Inhalt des Rechts geändert ist unter Bezugnahme auf die Eintragungsbewilligung. Diese Änderungsbewilligung muss die neue Rechtsposition dann zweifelsfrei angeben, vgl dazu Rdn 121 bis 124.

f) Bedingungen und Befristungen. Bedingte und befristete Rechte müssen im Grundbuch als »bedingt«   **113** oder »befristet« bezeichnet werden.[295] Bezugnahme ohne Erwähnung im Eintragungsvermerk ist unzulässig.[296] Bedingungen und Befristungen sind nicht Inhalt eines Rechts, sondern betreffen ihren rechtlichen Bestand. Sofern die Einzelrechte des Leibgedings einzeln im Grundbuch eingetragen werden, verbleibt es bei diesen Grundsätzen. Werden dagegen die Einzelrechte mit dem Inbegriff Leibgeding im Grundbuch eingetragen, so kann zur Angabe von Bedingungen und Befristungen der Einzelrechte des Leibgedings auf die Eintragungsbewilligung Bezug genommen werden.[297] Das Bezugnahmeprivileg des § 49 umfasst auch diesen **Ausnahmetatbestand**. Wenn schon die Einzelrechte bei Verwendung des Sammelbegriffs Leibgeding im Grundbuch selbst nicht eingetragen werden müssen, so braucht auch die Begrenzung der Einzelrechte nicht im Eintragungsvermerk des Leibgedings verlautbart werden, selbstverständlich aber in der Eintragsbewilligung. Ist bei Bestellung eines Rechts für mehrere Berechtigte bestimmt, dass es beim Tod eines Berechtigten ungeschmälert dem Überlebenden verbleibt, so genügt nach einem Erlass des Württembergischen Justizministeriums[298] insoweit zu Recht die Bezugnahme auf die Bewilligung.[299]

g) Ermessensentscheidung. Inwieweit das Grundbuchamt im Einzelfall von der Bezugnahme Gebrauch   **114** macht, steht in seinem Ermessen; eine **Bindung an Anträge** oder auch nur Fassungsvorschläge **besteht nicht.** Eintragungen im Grundbuch sollen, um dieses übersichtlich zu halten und nicht übermäßig zu belasten (dies gilt besonders für das Leibgeding) möglichst knapp und klar gefasst sein.[300] Durch eine zulässige Bezugnahme wird die Eintragungsbewilligung Inhalt der Eintragung. Das Grundbuchamt ist nicht verpflichtet, wegen des

---

291 KGJ 22 A 304; KG HRR 1932 Nr 758; BayObLG BayObLGZ 1959, 305 = DNotZ 1960, 148 = MDR 1960, 50; *Soergel-Stürner* § 1105 Rn 11; *Schöner/Stöber* Rn 1338.
292 OLG Hamm FGPrax 1998, 9 = MittBayNot 1998, 348.
293 BGHZ 73, 211 = DNotZ 1979, 499 = Rpfleger 1979, 56; OLG Frankfurt Rpfleger 1973, 394; *Böhringer* BWNotZ 1987, 129.
294 BGHZ 58, 57 = DNotZ 1972, 487 = Rpfleger 1972, 88; OLG Hamm OLGZ 1973, 174 = DNotZ 1973, 376 = Rpfleger 1973, 98; OLG Hamm DNotZ 1976, 229 = Rpfleger 1975, 357; OLG Hamm DNotZ 1973, 376 = Rpfleger 1973, 98; OLG Hamm DNotZ 1976, 229 = Rpfleger 1975, 357; OLG Oldenburg Rpfleger 1978, 411 = MittRhNotK 1978, 185; *Soergel-Stürner* § 1105 Rn 28.
295 Die Eintragung eines Rechts als mehrfach auflösend und aufschiebend bedingt ist möglich. Diese Problematik tritt z.B. bei einem Wohnungsrecht auf, das erlöschen soll, wenn der Berechtigte seinen Zahlungsverpflichtungen nicht nachkommt, bei verspäteter Zahlung das Recht aber wieder besteht; denkbar wäre die Bedingung, dass mit ihrem Eintritt das Recht nicht ganz erlischt, sondern nur für gewisse Zeiträume, im übrigen aber fortbesteht, MüKo-*Falckenberg*, § 1018 Rn 7 BGB.
296 KG DNotZ 1956, 555; BayObLG Rpfleger 1967, 12; BayObLG Rpfleger 1973, 134.
297 OLG Schleswig SchlHA 1961, 196; *Staudinger-Amann* Einl 37 zu §§ 1105–1112; *Soergel-Stürner* § 1105 Rn 28; *Reichert* BWNotZ 1962, 126; **aA** *Nieder* BWNotZ 1975, 5, 8.
298 WürttZ 1929, 195; 1927, 43.
299 *Soergel-Stürner* § 874 Rn 6; **aA** bei abweichendem Sachverhalt GBPrErl JuMBW BWNotZ 1966, 110.
300 BayObLG Rpfleger 1981, 189 mwN.

formellen Konsensprinzips (§ 19) das Leibgeding allein aufgrund der Eintragungsbewilligung einzutragen; es hat vielmehr noch die **soziale Motivation** zu prüfen.[301] Es genügt, wenn der Antragsteller die Umstände und Beziehungen formlos angibt. Eine bloße, nicht durch Tatsachenvortrag untermauerte Behauptung genügt nicht. Zugunsten eines vernünftigen Verfahrensablaufes hat das Grundbuchamt in besonderem Maße auf prima-facie- und Anscheinsbeweise zurückzugreifen. Die von der Rechtsprechung zum Nachweis der Entgeltlichkeit im Falle der Verfügung eines Testamentsvollstreckers oder Vorerben entwickelten Beweiserleichterungen (Berücksichtigung der Lebenserfahrung) greifen auch hier Platz. Danach würde es zum Nachweis der Voraussetzungen des Leibgedings gegenüber dem Grundbuchamt genügen, dass der Verpflichtete die Umstände und Beziehungen, welche die Annahme eines Leibgedings rechtfertigen, im Einzelnen angibt und dass diese verständlich und der Wirklichkeit gerecht werdend erscheinen. Die Lockerung der strengen Beweisanforderungen ist dort geboten, wo es praktisch nicht möglich ist, Urkunden beizubringen.[302] Auch der BGH[303] ist für eine großzügige Handhabung und betont, dass der mit § 49 bezweckte Entlastungs- und Vereinfachungseffekt zu teuer erkauft würde, wenn das Grundbuchamt jeweils umständlich Ermittlungen und Wertungen darüber anstellen müsste, ob die Gesamtheit der Vereinbarungen etwa den Charakter eines Austauschvertrags trägt und ob das zu belastende Grundstück, wenn es gleichzeitig dem Schuldner der Versorgungsleistungen überlassen werde, diesem mindestens teilweise die wirtschaftliche Existenz sichern solle und sichern könne.[304] Für die mit § 49 angestrebte Entlastung des Grundbuchs ist es unerheblich, welche schuldrechtliche Vereinbarungen die Beteiligten neben der dinglichen Absicherung des Versorgungsberechtigten getroffen haben. Vielmehr würde nach BGH der Entlastungs- und Vereinfachungseffekt zu teuer erkauft, wenn das GBA jeweils umständliche Ermittlungen und Wertungen darüber anstellen müsste, ob die Gesamtheit der Vereinbarungen etwa den Charakter eines Austauschvertrages trägt und ob das zu belastende Grundstück, wenn es gleichzeitig dem Schuldner der Versorgungsleistungen überlassen wird, diesem mindestens teilweise die wirtschaftliche Existenz sichern soll und sichern kann. Derartige Ermittlungen, die sich ua auch auf den Verkehrswert erstrecken müssten, würden das GBA mit Aufgaben belasten, die dem formellen Grundbuchrecht fremd sind und zu einer vermeidbaren Verzögerung und Verteuerung des Verfahrens führen würden. Deshalb ist die Prüfung der sozialen Motivation im Grundbucheintragungsverfahren sehr zurückhaltend vorzunehmen und der Bogen des Nachweises nicht zu überspannen.

Ist eine Reallast zugunsten von Eheleuten als Gesamtgläubiger zur Eintragung bewilligt und stirbt ein Berechtigter vor der Grundbucheintragung, so kann der andere Ehegatte, der Alleinerbe geworden ist, die Eintragung beantragen, ohne eine neue Bewilligung beibringen zu müssen.[305]

6. Eintragungsmuster

115 »Leibgeding für Max Müller, Bauer und seine Ehefrau Hilde Müller geb. Maier in Au. Zur Löschung des Rechts genügt der Nachweis des Todes der Berechtigten. Bezug: Bewilligung vom … Eingetragen am …«

7. Eintragung anderer Angaben

116 Die Eintragung anderer Angaben kann wie auch sonst durch Bezugnahme auf die Eintragungsbewilligung **nicht ersetzt** werden (zB die Bestimmung eines von der gesetzlichen Vorschrift abweichenden Rangverhältnisses, der Rangvorbehalt).

8. Wertersatzklausel

117 Wird ein Grundstück mit einem Leibgeding belastet, für welches nach den für die Zwangsversteigerung[306] geltenden Vorschriften dem Berechtigten im Falle des Erlöschens durch den Zuschlag der Wert aus dem Erlös zu ersetzen ist (§ 92 ZVG), so kann der **Höchstbetrag des Ersatzes** bestimmt werden. Zweckmäßigerweise wird der Höchstbetrag des Wertersatzes in das Grundbuch eingetragen (§ 882 BGB).[307]

118 Zur Eintragung der Klausel genügt **Bewilligung des Eigentümers**, wenn die Eintragung des Höchstbetrags gleichzeitig mit der Eintragung des Leibgedings erfolgt. Die nachträgliche Festsetzung des Höchstbetrags bedarf nur der **Bewilligung des Leibgedingberechtigten**, nicht auch des Grundstückseigentümers.[308]

---

301 OLG Schleswig Rpfleger 1980, 348; LG Aachen Rpfleger 1991, 106; *Schöner/Stöber* Rn 1339; *Böhringer* BWNotZ 1987, 129. Dazu auch Rdn 86. Zum sozialen Zweck des Altenteils *Kahlke* Rpfleger 1990, 233.
302 Ebenso *Schöner/Stöber* Rn 1339; *Böhringer* BWNotZ 1987, 129.
303 BGHZ 125, 69 = DNotZ 1994, 881 = Rpfleger 1994, 347.
304 So BGH NJW-RR 2007, 1390 = Rpfleger 2007, 614 = WM 2007, 2018.
305 LG Düsseldorf MDR 1987, 153.
306 § 9 EGZVG ist zu beachten; *Drischler* Rpfleger 1983, 229; LG Arnsberg Rpfleger 1984, 427; BGH Rpfleger 1984, 364.
307 *Demharter* § 49 Rn 12; *Riggers* JurBüro 1965, 961; *Schöner/Stöber* Rn 1340.
308 Ähnlich wie die Vorlöschungsklausel; *Schöner/Stöber* Rn 1340.

Die Klausel bedarf der **ausdrücklichen Eintragung** in das Grundbuch. Bezugnahme auf die Eintragungsbe- 119
willigung genügt insoweit nicht.[309] Die Eintragung erfolgt bei gleichzeitiger Eintragung mit dem Leibgeding in
der Hauptspalte, bei späterer Eintragung in der Veränderungsspalte.

Eintragungsmuster 120

»Der Höchstbetrag des Ersatzes für den Fall des Erlöschens durch Zuschlag ist auf ... EUR festgesetzt«.

XI. Inhaltsänderungen

Im Allgemeinen ist es nicht zulässig, ein dingliches Recht am Grundstück in ein solches anderer Art umzuwan- 121
deln, da dies im Gesetz nicht vorgeschrieben ist.[310] § 49 bezieht sich aber sowohl auf Neueintragungen als auch
auf **nachträgliche Änderungen** des Inhalts des Leibgedings. Es können nicht nur die einzelnen Rechte, aus
denen sich das Leibgeding zusammensetzt, inhaltlich geändert werden, sondern es kann auch ein solches Recht
nachträglich durch ein anderes **ersetzt** (zB ein Wohnungsrecht durch einen Geldrentenanspruch), wenn nur
das Gesamtrecht weiterhin als Leibgeding anzusehen ist. Es handelt sich bei einer Auswechslung immer noch
um eine nachträgliche Inhaltsänderung (Einigung und Eintragung im Grundbuch).[311] Die Inhaltsänderung
ersetzt die sonst notwendige Aufhebung des einen und Neubestellung des anderen Rechts.[312] Stets muss aber
das neue Recht ein dingliches Recht sein, das unter den Begriff des Leibgedings fallen kann.[313]

Auch die **Löschung einzelner im Leibgeding enthaltener dinglicher Rechte** ist nur im Wege der Inhalts- 122
änderung des Leibgedings möglich.[314]

Es genügt der **Vermerk der Inhaltsänderung in der Veränderungsspalte** unter Bezugnahme auf die Ände- 123
rungsbewilligung.[315] Die formlose materiellrechtliche Einigung von Gläubiger und Eigentümer ist mittels
Bewilligung in der Form des § 29 Eintragungsgrundlage.[316]

Das Leibgeding wird hinsichtlich der Inhaltsänderung als einheitliches dingliches Recht angesehen. Die in der 124
Nebenspalte eingetragenen Vermerke haben nach früher hM kraft ihrer räumlichen Stellung im Grundbuch im
Verhältnis zu anderen Rechten ohne weiteres den gleichen Rang wie das in der Hauptspalte eingetragene
Recht, falls nicht gemäß § 879 Abs 3 BGB ein abweichender Rang eingetragen wird. Das veränderte (neue)
Recht kann jedoch den **Rang des Hauptrechts** nur dann haben, wenn die **gleich- oder nachstehenden
Berechtigten zustimmen.** Im Verhältnis zu diesen handelt es sich insoweit um eine Rangänderung gemäß
§ 880 BGB. Die Zustimmung der gleich- und nachrangigen Berechtigten ist nur erforderlich, wenn sich ihre
Rechtstellung **verschlechtern** würde.[317] Fehlt eine erforderliche Zustimmung, so beeinflusst dies jedoch das
Rangverhältnis des neuen Rechts, nicht jedoch die Wirksamkeit der Inhaltsänderung und hat nach früher hM
zur Folge, dass in der Nebenspalte gleichzeitig der Nachrang des geänderten (neuen) Rechts gegenüber den
inzwischen eingetragenen Rechten gemäß § 879 Abs 3 BGB vermerkt wird.[318] Es handelt sich um einen von
Amts wegen einzutragenden **Klarstellungsvermerk.**[319] Im Übrigen beeinträchtigt der Rangvermerk die
Übersichtlichkeit des Grundbuchs nicht in dem Maße, dass der Antrag auf Eintragung der Inhaltsänderung aus
diesem Grunde zurückgewiesen werden müsste. Zum Erfordernis der Anbringung von Rangvermerken § 41
Rdn 46–54 und § 48 Rdn 103.

---

309 *Schöner/Stöber* Rn 1340.
310 KG JW 1934, 2997 = DNotZ 1934, 862 = HRR 1935 Nr 179; KGJ 53, 166; JFG 1, 414; *Nieder* BWNotZ 1975, 8.
311 KG JW 1934, 2997 = DNotZ 1934, 862; BayObLGZ 1975, 132 = DNotZ 1975, 622 = Rpfleger 1975, 243 u
     314*Soergel-Stürner* § 1105 Rn 28; *Demharter* § 49 Rn 10; *Hesse-Fischer-Saage* § 49 Bem II; *Schöner/Stöber* Rn 1341; *Sprau-
     Ott,* Justizgesetze in Bayern, Art 16 AGBGB Rn 21; dagegen *Riggers* JurBüro 1975, 1431; LG Schweinfurt DNotZ
     1983, 616 Ls.
312 So auch *Soergel-Stürner* § 1105 Rn 28.
313 KG JW 1923, 1038; BayObLGZ 1975, 132 = DNotZ 1975, 622 = Rpfleger 1975, 243 u 314; *Schöner/Stöber* Rn 1341;
     zur Änderung eines Leibgedings s auch BGH DNotZ 1958, 329 = NJW 1957, 1798; BGB-RGRK-*Augustin* § 874
     Rn 7; *Dressel* RdL 1970, 58; *Kraker* BWNotZ 1958, 189; *Wöhrmann* RdL 1949, 187.
314 BGH DNotZ 1958, 329 = NJW 1957, 1798; BayObLGZ 1975, 191 = DNotZ 1975, 619 = Rpfleger 1975, 300 u
     348; BGHZ 58, 57 = DNotZ 1972, 487 = Rpfleger 1972, 88. Am Rangrücktritt eines Leibgedings zugunsten eines
     Grundpfandgläubigers ist der aus dem Leibgeding verpflichtete Eigentümer nicht beteiligt und braucht deshalb nicht
     zuzustimmen, BayObLG MittBayNot 1984, 46; *Soergel-Stürner* § 880 Rn 13. Zur Inhaltsänderung beim Wohnungs-
     recht vgl WürttZ 1933, 199.
315 BayObLGZ 1975, 132 = DNotZ 1975, 622 = Rpfleger 1975, 243 u 314; *Soergel-Stürner* § 1105 Rn 28; BGB-RGRK-
     Augustin § 877 Rn 2.
316 *Sprau-Ott,* Justizgesetze in Bayern, Art 16 AGBGB Rn 21.
317 *Staudinger-Gursky* § 877 Rn 3; *MüKo-Wacke* § 877 Rn 9; BGB-RGRK-*Augustin* § 877 Rn 7; *Palandt/Bassenge* § 877
     Rn 7; *Nieder* BWNotZ 1975, 8. Zur Zustimmung im ähnlichen Fall des WEG: BGHZ 91, 343 = Rpfleger 1984, 408;
     OLG Zweibrücken Rpfleger 1986, 93.
318 LG Traunstein MittBayNot 1980, 65; *MüKo-Wacke* § 877 Rn 9; *Schöner/Stöber* Rn 1341.
319 Dazu LG Chemnitz Rpfleger 2006, 319 = MittBayNot 2006, 335 = NotBZ 2006, 217 = NotBZ 2006, 288 mAnm
     Holzer = RNotZ 2006, 192. Allgemein zum Klarstellungsvermerk *Holzer* ZfIR 2005, 165; *Böhringer* NotBZ 2004, 13.

XII. Löschung

1. Allgemeines

125 Die Löschung des Leibgedings richtet sich nach §§ 22 bis 24.[320] Die Löschungserleichterung[321] des § 23 Abs 2 kann auch bei einem Leibgeding eingetragen werden, sofern wenigstens bei einem **Einzelrecht Rückstände** möglich sind. Ob Rückstände beim Leibgeding möglich oder ausgeschlossen sind, ist nach Lage des Einzelfalles aus dem Inhalt des dinglichen Rechts zu entnehmen.

126 Besteht das Leibgeding nur aus einem **Wohnungsrecht**, so ist eine Löschungserleichterung eintragungsfähig, sofern Rückstände von Leistungen (zB Pflicht des Bestellers zur Erhaltung der guten Bewohnbarkeit oder Benutzbarkeit als dinglicher Inhalt) möglich sind. Rückstände sind möglich, wenn zwischen dem Grundstückseigentümer und dem Wohnungsberechtigten als Nebenleistungspflicht des Eigentümers eine Unterhaltspflicht als dinglicher Inhalt des Wohnungsrechts vereinbart wird, so zB wenn der Wohnungsberechtigte gemeinsame Einrichtungen des Hauses mitbenutzen darf und der Eigentümer sich verpflichtet, die vom Wohnungsrecht betroffenen Räume, also auch die Gemeinschaftsanlagen und Einrichtungen in einem jederzeit gut bewohnbarem und beheizbarem Zustand zu halten.[322] Dies ist auch der Fall, wenn das Landesrecht über den Leibgedingsvertrag eingreift. Meistens enthalten die Landesrechte bei Wegzug des Leibgedingsberechtigten die Regelung, dass eine Geldrente zu zahlen ist.[323] Nach OLG Hamm[324] ist wegen der Geldrente bei Aufgabe des Wohnungsrechts die Löschungsklausel eintragbar. Das OLG Karlsruhe verneint eine Absicherung dieser ersatzweise zu zahlenden Geldrente durch Wohnungsrecht und verlangt dafür eine Reallast.[325] Beim – reinen – Wohnungsrecht nach § 1093 BGB (ohne landesrechtliche Bestimmungen) ist bestritten, ob Rückstände möglich sind.[326]

127 Enthält das Leibgeding **Nutzungsrechte** (zB des Gartens) und Pflegeverpflichtungen, so können sich Rückstände ergeben.[327] Üblicherweise enthält das Leibgeding mindestens ein Einzelrecht, bei dem Rückstände nicht ausgeschlossen werden können[328] (zB Zahlungspflichten, Unterhalts- und Pflegeverpflichtungen).

128 Können Rückstände beim Leibgeding nicht ausgeschlossen werden, so kommt der formellrechtlichen Natur der **Vorlöschungsklausel** des § 23 Abs 2 durchaus Bedeutung zu.[329] Die Eintragung der Vorlöschungsklausel

---

320 *Bengel-Simmerding* § 49 Rn 4; *Soergel-Hartmann,* 12 Aufl, Art 96 Rn 6 EGBGB. Die Löschung lediglich einzelner im Leibgeding enthaltener dinglicher Rechte ist nur im Wege der Inhaltsänderung des Leibgedings möglich, § 877 BGB; vgl BGH DNotZ 1958, 329 = NJW 1957, 1798; *Soergel-Stürner* § 1105 Rn 28.

321 Zur Löschung eines Wohnungsrechts »auf die Dauer des ledigen und besitzlosen Standes« BayObLG Rpfleger 1983, 61 = MDR 1983, 227 = JurBüro 1983, 1389 = BWNotZ 1983, 17 = AgrarR 1983, 97. Zusammenfassende Darstellung bei *Lülsdorf* MittRhNotK 1994, 129. Landesrechtlich besteht bei einem Wegzug des Altenteilers ein Geldrentenanspruch, deshalb ist die Vorlöschklausel eintragungsfähig, wenn im Rahmen eines Altenteils ein Wohnungsrecht bestellt worden ist.

322 OLG Düsseldorf FGPrax 2003, 111 = Rpfleger 2003, 351 = NJW-RR 2003, 957; OLG Frankfurt NJW-RR 1989, 146; OLG Düsseldorf FGPrax 1995, 11 = Rpfleger 1995, 248 = MittRhNotK 1994, 347; LG Braunschweig RNotZ 2002, 177 = NdsRpfl 2001, 457.

323 BayObLG DNotZ 1980, 157 = Rpfleger 1980, 20; OLG Hamm DNotZ 1999, 719; LG Regensburg ZMR 2006, 317; *Staudinger-Amann* Einl 39 zu §§ 1105–1112; *Palandt/Bassenge* Art 96 EGBGB Rn 5; *KEHE-Dümig* § 23 Rn 23, 50; *Schöner/Stöber* Rn 1342; *Haegele* Rpfleger 1975, 155; *Gantzer* MittBayNot 1972, 7; *Sprau-Ott,* Justizgesetze in Bayern, Art 16 Rn 22, Art 18 Rn 4 ff AGBGB. Vgl allgemein dazu OLG Hamm MDR 1983, 756; *Böhringer* BWNotZ 1987, 129. LG Duisburg MittRhNotK 1989, 194.

324 Rpfleger 2001, 402.

325 DNotI-Report 1999, 104.

326 *KEHE-Dümig* § 23 Rn 24; *Haegele* Rpfleger 1975, 155 mwN; *Amann* DNotZ 1982, 403 mwN; BayObLG BayObLGZ 1979, 373 = DNotZ 1980, 157 = Rpfleger 1980, 20; BayObLG BWNotZ 1983, 17; BayObLGZ 1983, 113 = DNotZ 1985, 41 = Rpfleger 1983, 308. Zum rückstandsfähigen Rechtsinhalt: OLG Hamm MittRhNotK 1996, 300; OLG Düsseldorf FGPrax 1995, 11 = MittRhNotK 1994, 346 = Rpfleger 1995, 248; differenzierend: *Schöner/Stöber* Rn 1268. Zur Inhaltsänderung beim Wohnungsrecht: BayObLG BayObLGZ 1980, 176 = DNotZ 1981, 124 = Rpfleger 1980, 385; LG Traunstein Rpfleger 1986, 365; LG Gießen Rpfleger 1986, 174; *Amann* DNotZ 1982, 403.

327 BayObLG Rpfleger 1990, 504 = DNotZ 1990, 295 = MittBayNot 1990, 307; LG Bremen DNotZ 1970, 109 = Rpfleger 1970, 243.

328 LG Bremen DNotZ 1970, 109 = Rpfleger 1970, 243; *Staudinger-Amann* Einl 37 zu §§ 1105–1112; *Demharter* § 23 Rn 9; *Schöner/Stöber* Rn 1268, 1270, 1343, 1344, 1350; *Riedel* JurBüro 1979, 156. Unzulässig ist die Eintragung der Vorlöschklausel bei einer Sicherungshypothek, wenn diese nicht auf die Lebenszeit des Gläubigers befristet ist, LG Aachen MittRhNotK 1995, 180. Bei einer nicht vererblichen Reallast ist die Vorlöschklausel zulässig, OLG Köln Rpfleger 1994, 292 MittRhNotK 1994, 149; *Lülsdorf* MittRhNotK 1994, 129.

329 BGH Rpfleger 1992, 287 = MittBayNot 1992, 193 (allgemein); KG HRR 1933 Nr 1353 = DNotZ 1933, 584; BayObLG BayObLGZ 1983, 113 = DNotZ 1985, 41 = Rpfleger 1983, 308; BayObLG NJW-RR 1988, 464 = Rpfleger 1988, 98; *Ertl* MittBayNot 1992, 195; ausführlich *Böttcher* MittRhNotK 1987, 219; *ders* RpflStud 1991, 104. Allgemein zur Vorlöschungsklausel BGH NJW 1996, 59 = DNotZ 1996, 453 (*Lülsdorf*) = Rpfleger 1996, 100 = MittBayNot 1996, 26 = MittRhNotK 1996, 51; *Wufka* MittBayNot 1996, 156; *Rastätter* BWNotZ 1994, 135; *Tiedtke* DNotZ 1992, 539; *Lülsdorf* MittRhNotK 1994, 129.

ist dann empfehlenswert. Wird im Rahmen eines Altentils die Pflicht zur Tragung der Beerdigungskosten und eine Grabunterhaltungspflicht vereinbart, so kann insoweit eine Vorlöschungsklausel nicht eingetragen werden,³³⁰ da diese Rechte nicht auf die Lebenszeit des Berechtigten beschränkt sind (Löschungsbewilligung des Erben des Berechtigten nötig). Ist zB eine Reallast nicht auf die Lebenszeit des Berechtigten beschränkt, so kann der Löschungserleichterungsvermerk nicht eingetragen werden (so zB nicht bei einer vererblichen Reallast).³³¹ Hieraus folgt, dass die im vorliegenden Fall für das Leibgeding allgemein eintragbare Vorlöschungsklausel jedenfalls auf die Löschung dieser Reallasten nicht angewendet werden kann. Möglich ist natürlich, dass diese Reallasten auflösend bedingt durch den Tod des Berechtigten gestaltet werden; im Grundbuch kann dies beim Leibgeding und der Vorlöschungsklausel vermerkt werden – Bezugnahme auf die Bewilligung genügt hier ausnahmsweise, vgl dazu Rdn 113, 122. Entsteht die Reallast aber erst mit dem Tod des Längstlebenden eines Ehepaares als Alteilsberechtigte, so ist die Vorlöschungsklausel eintragbar.³³² Dies gilt für den Fall, dass das Alteil für die übergebenden Eltern als Gesamtgläubiger nach § 428 BGB eingetragen und als Inhalt vereinbart wurde, dass nach dem Tode des Erstversterbenden der Eltern die Rechte dem Überlebenden bis zu dessen Tod allein uneingeschränkt zustehen. Die Auslegung dieser Regelung ergibt, dass das Recht, die Beerdigung des Erstversterbenden und die Herrichtung sowie Pflege von dessen Grabstätte auf Kosten des Reallastverpflichteten zu verlangen, dem überlebenden Mitberechtigten bis zu dessen Tod allein zustehen und erst mit seinem Tod auf seine Erben übergehen soll. Daraus ergibt sich, dass eine Reallast hinsichtlich der Beerdigungs- und Grabpflegeleistungen erst mit dem Tod des Erstversterbenden, und zwar in der Person des Überlebenden entstehen und erst in dessen Person vererblich sein soll. Insoweit liegt daher eine aufschiebend bedingte Reallast vor, wobei die Bedingung in dem Tod eines Berechtigten liegt. Wird dem Grundbuchamt der Tod des Erstverstorbenen durch eine Sterbeurkunde nachgewiesen, so steht damit fest, dass eine auf die Erben des Zuerstverstorbenen übergangene Reallast bezüglich der Beerdigungs- und Grabpflegeleistungen nicht begründet worden ist, das Grundbuch hinsichtlich der Mitberechtigung des Erstverstorbenen unrichtig ist und damit auf Grund der Sterbeurkunde als Unrichtigkeitsnachweis gemäß § 22 gelöscht werden kann.³³³

Wird die Vorlöschungsklausel gleichzeitig mit der Eintragung des Leibgedings eingetragen, so genügt die Eintragungsbewilligung des **Eigentümers**. Die Bewilligung des Leibgedingsberechtigten zur Eintragung ist nur für den Fall erforderlich, dass die Vorlöschungsklausel nachträglich eingetragen werden soll. Dieser Ansicht des BGH ist zuzustimmen.³³⁴ **129**

2. Löschungsbewilligung

Ist im Grundbuch das Leibgeding für mehrere Berechtigte als **Gesamtberechtigte** eingetragen, so müssen alle Berechtigte die Löschung bewilligen.³³⁵ **130**

Wird aufgrund einer eingetragenen Vorlöschungsklausel gelöscht, so tritt durch die Löschung allein ein Verlust des materiellen Rechts auf Leistungsrückstände nicht ein; die Rückstände verlieren auch nicht ihre dingliche Sicherung. Beseitigt wird nur das »Eingetragensein«, ohne dass das dingliche Recht (für die Rückstände) zum Erlöschen käme. **131**

---

330 BayObLGZ 1997, 121 = DNotZ 1998, 66 = Rpfleger 1997, 373; BayObLG FGPrax 1997, 91 = MittBayNot 1997, 225 = NotBZ 1997, 71; LG Coburg Rpfleger 1983, 145; *Soergel-Stürner* § 1105 Rn 28; *Demharter* § 23 Rn 9; *Schöner/Stöber* Rn 1344; *Lülsdorf* MittRhNotK 1994, 129; *Frank* MittBayNot 1997, 217. Differenzierend OLG Hamm OLGZ 1988, 181 = NJW-RR 1988, 1101 = Rpfleger 1988, 247 = JMBlNW 1988, 163 = JurBüro 1988, 1018 = MittRhNotK 1988, 118. Zur Umdeutung von Löschungserleichterungen in eine Löschungsvollmacht, *Amann* DNotZ 1998, 6; sehr streng BayObLG DNotZ 1999, 508 = NotBZ 1998, 237 = MittBayNot 1999, 74 m abl Anm *Amann*. Dazu auch *Wufka* MittBayNot 1996, 156; *Frank* MittBayNot 1997, 217.
331 OLG Düsseldorf DNotI-Report 2002, 134 = Rpfleger 2000, 618; BayObLG DNotI-Report 1998, 235; DNotI-Gutachten DNotI-Report 2000, 29.
332 OLG Hamm OLGZ 1988, 181 = NJW-RR 1988, 1101 = Rpfleger 1988, 247.
333 *Böttcher* RpflStud 1991, 105.
334 BGH BGHZ 66, 341 = LM § 23 GBO Nr 1 = NJW 1976, 962 = Rpfleger 1976, 206 = DNotZ 1976, 491 = BWNotZ 1976, 118; so auch *Faber* BWNotZ 1978, 155; *Schöner/Stöber* Rn 376. Zum bisherigen Meinungsstand *Haegele* Rpfleger 1975, 155.
335 BayObLGZ 1975, 191 = DNotZ 1975, 619 = Rpfleger 1975, 300 u 348; BayObLG BayObLGZ 1983, 113 = Rpfleger 1983, 308 = DNotZ 1985, 41 = BWNotZ 1983, 124 = MittBayNot 1983, 170; BayObLG DNotZ 1968, 493 und 1975, 609; *Schöner/Stöber* Rn 1344; hierzu auch *Meder* BWNotZ 1982, 36; *Ebeling* RpflStud 1987, 60; BayObLG MittBayNot 1983, 233. Zur Löschung beim übergeleiteten Leibgeding (§ 90 BSHG) LG Duisburg DNotZ 1984, 571 = DAVorm 1984, 922 = Rpfleger 1984, 97. Zur Befugnis eines Gesamtgläubigers, Löschungsbewilligung zu erteilen: HansOLG Bremen OLGZ 1987, 29; LG Düsseldorf MDR 1987, 153.

3. Eintragung

132 Die Vereinbarung der Vorlöschungsklausel § 23 Abs 2 bedarf der **unmittelbaren Eintragung** in das Grundbuch. Bezugnahme auf die Eintragungsbewilligung ist nicht möglich.[336]

4. Eintragungsmuster

133 *»Zur Löschung des Rechts genügt der Nachweis des Todes des Berechtigten«.*

XIII. Verletzung des § 49

134 § 49 bringt gegenüber §§ 874, 877 BGB Erleichterungen. Die Vorschrift hat daher **nicht nur formell-, sondern auch materiellrechtliche Bedeutung.**

135 § 49 gestattet die Weglassung der Bezeichnung der einzelnen Rechte nur, wenn im Eintragungsvermerk auf die Eintragungsbewilligung Bezug genommen ist. **Fehlt die Bezugnahme auf die Eintragungsbewilligung,** so ist die Eintragung unwirksam und inhaltlich unzulässig iS des § 53.[337]

136 Eine **unzulässige** Bezugnahme wirkt nicht als Eintragung.[338] Ihre rechtlichen Folgen sind verschieden: Fehlt wegen der unzulässigen Bezugnahme ein wesentlicher Teil der Eintragung, so ist die ganze Eintragung unwirksam (zB die Bezeichnung des Berechtigten).[339] Die Eintragung ist entweder inhaltlich unzulässig und nach § 53 zu löschen oder das Recht ist nicht eingetragen.[340] Bei teilweiser Unwirksamkeit der Eintragung entscheidet die Einigung, ob das Grundbuch richtig ist; möglich ist eine nachträgliche Einigung über den Bestand des Rechts nach Maßgabe des wirksam eingetragenen Teils.[341]

137 Bei der Eintragung des Leibgedings muss sich aus der **Eintragungsbewilligung** ergeben, aus welchen dinglichen Einzelrechten sich das Leibgeding zusammensetzt und auf welchen Grundstücken diese lasten.[342] Mit Hilfe der Bezugnahme können nicht Rechte, die nicht eintragbar sind, zum Inhalt des Grundbuchs gemacht werden.[343] Es liegt dann eine inhaltlich unzulässige Eintragung vor.

---

336 BGHZ 66, 341 = DNotZ 1976, 491 = Rpfleger 1976, 206; *Schöner/Stöber* Rn 376. Zur Vorlöschungsklausel auch OLG Köln Rpfleger 1985, 290 = MittRhNotK 1985, 196.
337 Ein Amtswiderspruch kann aber nicht eingetragen werden; JuMBW BWNotZ 1966, 110 mwN.
338 RGZ 89, 159; BGH WM 1961, 800; *Palandt/Bassenge* § 874 Rn 7.
339 RGZ 88, 83; MüKo-*Wacke* § 874 Rn 14.
340 BGB-RGRK-*Augustin* § 874 Rn 6; *Soergel-Stürner* § 874 Rn 2; *Erman-Hagen/Lorenz* § 874 Rn 8.
341 RGZ 108, 148; BGB-RGRK-*Augustin* § 874 Rn 6.
342 Vgl dazu Rdn 108 bis 113.
343 *Soergel-Stürner* § 874 Rn 2.

§ 50 (Teilschuldverschreibungen für den Inhaber)

(1) Bei der Eintragung einer Hypothek für Teilschuldverschreibungen auf den Inhaber genügt es, wenn der Gesamtbetrag der Hypothek unter Angabe der Anzahl, des Betrags und der Bezeichnung der Teile eingetragen wird.

(2) Diese Vorschrift ist entsprechend anzuwenden, wenn eine Grundschuld oder eine Rentenschuld für den Inhaber des Briefes eingetragen und das Recht in Teile zerlegt werden soll.

Schrifttum

Böhringer, Die Hypothek für Inhaberschuldverschreibungen – ein »exotisches dingliches Recht«, BWNotZ 1988, 25; *Bürgner,* Beiträge zum Recht der Inhabergrundschuld, Gruchot 57, 281 ff; *Harnier,* Bestellung und Wechsel eines Treuhänders nach §§ 1187, 1189 BGB, JW 1913, 1021; *Haegele,* Der Treuhänder im Grundstücksverkehr, JurBüro 1969, 395 und KTS 1960, 145; *Huhn,* Die wirtschaftliche und rechtliche Natur der Hypothek für Forderungen aus Inhaber- und Orderpapieren, Diss Leipzig 1935; *Müller,* Die Rechtsstellung des Treuhänders im Falle der §§ 1187–1189 BGB, Diss Erlangen 1910; *Siebert,* Das rechtsgeschäftliche Treuhandverhältnis (1959, Nachdruck der 2. Aufl 1933); *Werneburg,* Die Wertpapierhypothek, insbesondere die Hypothek aus Inhaberschuldverschreibungen, ZBlFG 20, 297; *Zeiser,* Inhabergrund- und –rentenschulden sowie Inhaber- und Orderhypotheken, Rpfleger 2006, 577.

I. Bedeutung

Nach **§ 1187 BGB** kann auch für die Forderung aus einer Schuldverschreibung auf den Inhaber, aus einem Wechsel oder aus einem anderen Papier, das durch Indossament übertragen werden kann, eine **Sicherungshypothek** bestellt werden. Dass eine solche Hypothek wie jede Hypothek nachträglich bestellt werden kann, ist selbstverständlich. Ebenso kann für jede Teilschuldverschreibung eine selbständige Hypothek eingetragen werden.[1] In §§ 1187 bis 1189 BGB ist die nähere Regelung getroffen. Für **Grund- und Rentenschulden** gilt dasselbe, §§ 1191 ff BGB. **1**

In der **Praxis** wurde die Wertpapierhypothek mehr und mehr abgelöst durch eine Grundschuld, die der Eigentümer – meist der Anleiheschuldner – zugunsten eines **Treuhänders** der Anteilsinhaber als Sicherung der Anleihe bestellt.[2] Heute spielt die Inhaberhypothek keine Rolle mehr.[3] **2**

II. Normzweck

§ 50 steht im Zusammenhang mit den §§ 1187–1189 BGB, wonach für Forderungen aus Inhaberschuldverschreibungen (§§ 793 ff BGB) nur Sicherungshypotheken bestellt werden können. § 50 gestattet für den bestimmten Fall die Zusammenfassung mehrerer Hypotheken zu einer einheitlichen Hypothek. Wird von Anfang an eine Mehrzahl von Teilschuldverschreibungen ausgegeben, so ist zugelassen, dass die mehreren zu deren Sicherung bestellten Einzelhypotheken zu einer **einheitlichen Eintragung** zusammengefasst werden.[4] Es liegt in diesem Falle nicht eine einzige einheitliche Hypothek vor, sondern es handelt sich um mehrere einzelne Hypotheken wegen verschiedener Forderungen verschiedener Gläubiger, die nur der **Vereinfachung der Grundbuchführung** halber zu einer einzigen Eintragung zusammengefasst werden. Die **Einheit** ist also nur eine **formelle**, keine materielle. Dies ist die herrschende Meinung.[5] Für Grund- und Rentenschulden gilt dies sinngemäß. **3**

---

1 Ebenso *Zeiser,* Rpfleger 2006, 577.
2 *Soergel-Konzen* § 1187 Rn 1; *Palandt/Bassenge* § 1187 Rn 1; *Staudinger-Wolfsteiner* § 1187 Rn 3. Zum Nachweis der Treuhändereigenschaft LG Hamburg Rpfleger 1981, 62.
3 MüKo-*Eickmann* § 1187 Rn 1; AK-BGB-*Winter* § 1189 Rn 3; *Böhringer* BWNotZ 1988, 25.
4 KGJ 35 B 29; 38 B 68; 50, 198; 53, 210; KG OLGE 19, 287; 44, 174; KG JFG 1, 490; KG JFG 3, 428; BGB-RGRK-*Thumm* § 1187 Rn 1; *Demharter* § 50 Rn 2.
5 KG KGJ 38 B, 68/50, 199/53, 213; OLGE 19, 287; JFG 3, 429; OLG Dresden OLGE 4, 192; *Güthe-Triebel* § 50 Bem 2; *Hesse-Saage-Fischer* § 50 Bem II 1; *Staudinger-Wolfsteiner* § 1187 Rn 13; BayObLGZ 21, 49.

4 Darüberhinaus enthält § 50 in **Erweiterung des § 1115 BGB** Bestimmungen über den Inhalt der Eintragung, soweit diese die Angabe des Geldbetrags betrifft. Es wird auch allgemein vom Bestimmtheitsgrundsatz der GBO abgewichen.[6] Ein bestimmter Gläubiger kann und braucht bei Inhaberrechten nicht angegeben werden.

5 § 50 will nur eine **Erleichterung** für den Grundbuchverkehr schaffen. Die Zusammenfassung der Teilschuld-verschreibungshypotheken in einer Eintragung ist **praktisch**, weil die Bedingungen aller Hypotheken idR gleich sind.[7]

III. Eintragungsvoraussetzungen

1. Staatliche Genehmigung

6 Zu beachten ist, dass für die Ausgabe von Inhaberschuldverschreibungen staatliche Genehmigung erforderlich ist, außer sie sind vom Bund oder einem Land oder nicht im Inland ausgestellt. **Orderpapiere** bedürfen **nicht** der staatlichen Genehmigung, auch wenn sie mit einem Blankoindossament versehen sind. Über die Form der Schuldverschreibung auf den Inhaber vgl § 793 BGB; wegen der kaufmännischen Orderpapiere s näher die Kommentare zum HGB.

7 Die staatliche Genehmigung war bis 31.12.1990 dem **Grundbuchamt** vor der Eintragung **nachzuweisen**.[8] Gleichgültig ist, ob die Inhaberpapiere im Zeitpunkt der Hypothekenbestellung bereits im Verkehr waren oder nicht. Das Grundbuchamt kann verlangen, dass die Genehmigungsurkunde in Urschrift oder Ausfertigung oder in beglaubigter Abschrift vorgelegt wird **(Form des § 29)**. Zu ihrer Wirksamkeit bedarf die Genehmigung allerdings keiner Form.

8 **Zuständig** zur Erteilung der Genehmigung ist der zuständige Bundesminister im Einvernehmen der obersten Landesbehörde.[9]

2. Vorlage der Urkunden

9 Die **Eintragung der Hypothek** soll nach § 43 nur erfolgen, wenn die Urkunde (Wertpapier) vorgelegt wird; die Eintragung ist auf der **Urkunde** zu **vermerken**. Bestritten ist, ob das Wertpapier bei der Ersteintragung dem Grundbuchamt vorzulegen ist,[10] oder erst bei späteren Eintragungen,[11] da es sich um eine Eintragung bei der Hypothek handelt.

10 Nach dem Sprachgebrauch der GBO wird unter »*Eintragungen bei einer Hypothek*« stets Folgeeintragungen, niemals aber Ersteintragungen verstanden. Auch aus praktischen Erwägungen ist auf die Urkundevorlage bei der Ersteintragung zu verzichten: die Wertpapiere werden meistens noch nicht gedruckt vorliegen. Als Ausnahmevorschrift ist § 43 auch nicht erweiternd auszulegen.

IV. Geltungsbereich des Abs 1

1. Allgemeines

11 § 50 betrifft die Hypothek für **Teilschuldverschreibungen auf den Inhaber**. Es muss sich also um Teilschuldverschreibungen handeln. Abs 1 spricht lediglich von Teilschuldverschreibungen auf den Inhaber, nicht auch wie § 1187 BGB und § 43 von **idossablen Teilschuldverschreibungen** und die für sie bestellte **Orderhypothek**. Trotzdem gilt Abs 1 auch für diese Fälle.[12] Dies ist allgemeine Auffassung.[13]

---

6 *Demharter* § 50 Rn 1; KEHE-*Eickmann* § 50 Rn 1; *Böhringer* BWNotZ 1988, 25.

7 *Hesse-Saage-Fischer* § 50 Bem 2.

8 *Staudinger-Wolfsteiner* § 1187 Rn 2; *Erman-Wenzel* § 1188 Rn 1; MüKo-*Eickmann* § 1188 Rn 6; *Demharter* § 43 Rn 2; **aM** *Planck-Strecker* § 1188 Bem 1 d; *Wolff-Raiser* § 152 Fn 4; BGB-RGRK-*Thumm* § 1187 Rn 4 (richtig für Rechtslage ab 1.01.1991).

9 § 3 Ges über die staatl Genehmigung der Ausgabe von Inhaber- und Orderschuldverschreibungen vom 26.06.1954, BGBl I 147 mit Änderung BGBl I 1986, 2443. Zuständig zur Erteilung der staatlichen Genehmigung nach § 795 Abs 1 BGB ist nach dem Gesetz über die staatliche Genehmigung der Ausgabe von Inhaber- und Orderschuldverschreibungen vom 26.06.1954 (BGBl I 147), zuletzt geändert durch Gesetz vom 16.12.1986 (BGBl I 2443), der zuständige Bundesminister.

10 so auch *Staudinger-Wolfsteiner* § 1187 Rn 11, § 1195 Rn 5; *Soergel-Konzen* § 1187 Rn 2; *Palandt/Bassenge* § 1187 Rn 3; *Demharter* § 43 Rn 1; *Güthe-Triebel* § 43 Bem 7; *Bauer/von Oefele-Weber* § 43 Rn 10.

11 OLG Colmar OLGE 6, 105; *Werneburg* ZBlFG 1920, 300, mit weiteren Gründen *Hesse-Saage-Fischer* § 43 Bem II 3; *Planck-Strecker* § 1188 Bem 1 d; *Kretschmar* ZBlFG 1903, 431; MüKo-*Eickmann* § 1187 Rn 10; KEHE-*Herrmann* § 43 Rn 5; *Böhringer* BWNotZ 1988, 25.

12 Ebenso *Zeiser*, Rpfleger 2006, 577.

13 KG KGJ 22 B 28; 35 B 29; OLGE 19, 287; 44, 174 = JFG 3, 426; OLG Dresden OLGE 4, 192; *Güthe-Triebel* § 50 Bem 3; *Hesse-Saage-Fischer* § 50 Bem II 2; *Demharter* § 50 Rn 2; *Staudinger-Wolfsteiner* § 1187 Rn 13; *Wolff-Raiser* § 152 Fn 5; BGB-RGRK-*Thumm* § 1187 Rn 1; MüKo-*Eickmann* § 1187 Rn 3; KEHE-*Eickmann* § 50 Rn 1; *Bengel-Simmerding* § 50 Rn 2; *Zeiser*, Rpfleger 2006, 577.

Auf **Höchstbetragshypotheken** findet dagegen § 50 Abs 1 **keine Anwendung**. Es genügt bei ihnen die Eintragung des Höchstbetrags ohne Angabe der Anzahl und des Betrags der Teile und deren Bezeichnung.[14]   **12**

Wie sich aus dem Gesetzeswortlaut ergibt, gilt § 50 Abs 1 nur, wenn **Teil**schuldverschreibungen in Frage stehen. Handelt es sich nicht um die Bestellung einer **Hypothek für die Gläubiger** solcher Schuldverschreibungen, sondern um eine **Sicherungshypothek zugunsten der Bank** zur Sicherung der in der Eintragungsbewilligung bezeichneten Anleihe, uU wegen eines Teilbetrags, so kommt § 50 Abs 1 nicht zur Anwendung, sondern § 1115 BGB, da keine Abweichung von dem Normalfall vorliegt.[15] Ziffernmäßige Angabe des Teilbetrags genügt, wenn für einen Teilbetrag nicht eine Wertpapierhypothek für die Gläubiger der Teilschuldverschreibung, sondern eine nicht unter § 1187 BGB fallende Hypothek für die Bank bestellt wird.[16]   **13**

2. Inhalt der Eintragung nach Abs 1

Es genügt die Eintragung des **Gesamtbetrags der Hypothek** unter Angabe der Anzahl, des Betrages und der Bezeichnung der Teile. Die Eintragung kann entweder in der in § 50 Abs 1 angegebenen Weise vorgenommen werden oder aber dadurch, dass für jeden Teil eine besondere selbständige Hypothek eingetragen wird, die dann den Anforderungen des § 1115 BGB genügen muss (es wird als Geldbetrag der Forderung der Betrag der betreffenden Teilschuldverschreibung angegeben). Diese einzelnen **Hypotheken** für die Teilschuldverschreibungen haben bei Eintragung **als Einzelrechte gleichen Rang**, sofern nichts anderes bestimmt ist.[17]   **14**

Wird von der Sonderregelung des Abs 1 Gebrauch gemacht, so ist in der Grundbucheintragung als **Besonderheit zu § 1115 BGB** zu beachten, dass der **Gläubiger nicht mit seinem Namen bezeichnet** werden kann und braucht.[18] Es **genügt** als Gläubigerbezeichnung   **15**
a) **bei Inhaberpapieren:** »*der Inhaber*« (bei genauer Bezeichnung des Papiers),
b) **bei Wechseln:** *der erste Wechselnehmer* (namentlich) oder »*jeder durch Indossament ausgewiesene Inhaber des Papiers*«.[19] Bei **späterer Eintragung** des Legitimierten muss die Verfügungsberechtigung durch eine **ununterbrochene Reihe von Indossamenten** in der Form des § 29 nachgewiesen sein.[20]

Die Schuldverschreibung, der Wechsel oder das sonstige durch Indossament übertragbare Papier sind in der Eintragung **genau zu bezeichnen**.[21] Die Hypothek muss unmittelbar für das Recht aus dem Inhaber- oder Orderpapier bestellt sein.   **16**

Die Eintragung muss den **Geldbetrag der Forderung** enthalten. Bei Mehrheit der Ansprüche bestehen so viele selbständige Hypotheken, wie Papiere ausgegeben sind. § 50 gestattet die Zusammenfassung zu einer einheitlichen Hypothek in einem **einzigen Eintragungsvermerk**. Dabei ist der Gesamtbetrag der Hypothek unter gleichzeitiger Angabe der Anzahl, des Betrages und der Bezeichnung der Teilschuldverschreibungen einzutragen. Diese Bezeichnung erfolgt idR nach Serien, Buchstaben oder Nummern.[22]   **17**

Für die übrigen Eintragungserfordernisse gilt § 1115 BGB uneingeschränkt, insbesondere Angabe des Zinssatzes, des Geldbetrags der Nebenleistungen, der Zulässigkeit der Bezugnahme auf die Eintragungsbewilligung.   **18**

Die Bezeichnung als »Sicherungshypothek« ist nicht erforderlich, § 1187 S 2 BGB. Die Forderung muss so bezeichnet werden, dass die Sonderform der Hypothek erkenntlich ist. Eine Eintragung als **Verkehrshypothek** lässt gleichwohl eine Sicherungshypothek entstehen.[23]   **19**

---

14 HM; KG OLGE 45, 237 = JFG 4, 425 = JR 1926 Nr 1530; *Staudinger-Wolfsteiner* § 1187 Rn 8; *Westermann* § 128; *Löscher* § 39; *KEHE-Eickmann* § 50 Rn 1; *Demharter* § 50 Rn 3; *Zeiser* Rpfleger 2006, 577.
15 RGZ 113, 223 = JFG 4, 1; OLG Dresden JFG 3, 429; BayObLGZ 24, 344 = OLGE 45, 102 = JFG 3, 436 = JW 1926, 993; *Güthe-Triebel* § 50 Bem 3, 5.
16 RGZ 113, 233; *Planck-Strecker* § 1188 Bem 1 c.
17 *Bauer/von Oefele-Wegmann* § 50 Rn 4; *Demharter* § 50 Rn 6.
18 *Demharter* § 50 Rn 5.
19 OLG Dresden KGJ 22, 29; OLGE 4, 191; KG KGJ 35, 31; BayObLG JW 1926, 993; *Kretschmar* ZBlFG 2, 634; *Böhringer* BWNotZ 1988, 25. Es bleibt bei der Regel des § 1115 BGB.
20 *Staudinger-Wolfsteiner* § 1187 Rn 16; *Erman-Wenzel* § 1187 Rn 6; *Palandt/Bassenge* § 1187 Rn 4; *Soergel-Konzen* § 1187 Rn 2; *Böhringer* BWNotZ 1988, 25.
21 KG RJA 2, 147; KGJ 35, 31; *Zeiser*, Rpfleger 2006, 577.
22 KG HRR 1927 Nr 1294; KG JFG 3, 426; KGJ 38 B 70; OLG Dresden JFG 3, 435; *Staudinger-Wolfsteiner* § 1187 Rn 13, 14; *Böhringer* BWNotZ 1988, 25.
23 *Staudinger-Wolfsteiner* § 1187 Rn 7.

3. Eintragungsmuster

20 **Inhaberschuldverschreibungen (Abs 1)**[24]

»Sicherungshypothek für zweihunderttausend Euro nebst 4 % Jahreszinsen zur Sicherung der von der XY AG ausgegebenen 1000 Stück Teilschuldverschreibungen auf den Inhaber zu je 200,- EUR, Reihe A von 1 bis 1000 gemäß Bewilligung vom . . . eingetragen am . . .«

21 **Orderschuldverschreibungen**[25]

»Sicherungshypothek für zweihunderttausend Euro nebst 4 % Jahreszinsen zur Sicherung der von der XY AG ausgegebenen, auf die A-Bank oder deren Order gestellten 1000 Stück Teilschuldverschreibungen zu je 200,- EUR, Reihe A Nr 1 bis 1000. Eingetragen für die A-Bank in München oder die durch Indossament ausgewiesenen Inhaber gemäß Bewilligung vom . . . eingetragen am . . .«

V. Geltungsbereich des Abs 2

1. Allgemeines

22 Für **Inhabergrundschulden** und **Inhaberrentenschulden** (§§ 1195, 1199 BGB), die in **Teile** zerlegt sind oder nachträglich zerlegt werden, gilt § 50 Abs 1 entsprechend. Bei der Eintragung genügt also auch hier Angabe des Gesamtbetrages der Hypothek, verbunden mit der Angabe der Anzahl, des Betrages und der Bezeichnung der Teile. Die **Zerlegung** ist bei der Eintragung und auch später zulässig.[26] Solange sie nicht erfolgt ist, gelten für die Eintragung die allgemeinen Vorschriften des § 1115 BGB. Inhabergrund- und Inhaberrentenschulden können nur als **Briefrechte** eingetragen werden, §§ 1195 S 1 und 1199 BGB. Die Ausstellung von Grund- oder Rentenschuldbriefen an Order ist unzulässig. Wegen der Briefbildung vgl § 70 Abs 2. Trotz zulässiger Sammelbuchung ist für jeden Teil von Amts wegen ein **besonderer Brief zu bilden**.

23 Der **Grundschuldbrief**, der für eine Inhabergrundschuld erstellt wird, ist ein Inhaberpapier, aber nicht Inhaberschuldverschreibung, er verbrieft ein Sachenrecht. Auf den Brief finden jedoch die Vorschriften über Schuldverschreibungen auf den Inhaber (§§ 793 bis 806 BGB) entsprechende Anwendung (§ 1195 S 2 BGB).[27] Fehlt die staatliche Genehmigung, ist der in den Verkehr gelangte Brief nichtig (§ 795 Abs 2 BGB).

2. Eintragungsmuster

24 *»Grundschuld zu fünfhunderttausend Euro nebst 6 % Jahreszinsen zerlegt in 500 Teile zu je 1000,- EUR bezeichnet mit den Nummern 1 bis 500. Eingetragen für die Inhaber der Briefe gemäß Bewilligung vom . . . am . . .«*

VI. Grundbuchvertreter

1. Eintragungsvoraussetzungen

25 Bei einer Wertpapierhypothek iS des § 1187 BGB – insbesondere bei einer solchen für Teilschuldverschreibungen – ist der jeweilige Gläubiger aus dem Grundbuch meist nicht ersichtlich; die Ermittlung würde ungewöhnliche und unangemessene **Schwierigkeiten** bereiten. Als **Treuhänder** kann jede natürliche oder juristische Person, auch ein Gläubiger, **nicht** aber der **Schuldner** bestellt werden.[28]

26 Die Vertrauensperson des § 1189 BGB ist rechtsgeschäftlich bestellter Vertreter der Gläubiger (übliche Bezeichnung für ihn: »*Grundbuchvertreter*«). Die Bestellung bedarf der **Eintragung** in das Grundbuch. Die Eintragung ist **rechtsbegründend**, erst mit ihr beginnt die Vertretungsmacht.[29] Wird der Grundbuchvertreter bereits bei Errichtung der Hypothek bestellt, so ist zu seiner Eintragung lediglich die Bewilligung des Eigentümers erforderlich, § 19, § 1188 BGB.[30] Dagegen bedarf es zu seiner **nachträglichen Bestellung** (Inhaltsänderung der Hypothek) oder für eine spätere Abänderung der Befugnisse des Vertreters der Zustimmung des Eigentümers und des Gläubigers (bei Inhaberhypotheken sämtlicher Gläubiger der Teilschuldverschreibungen), §§ 873, 877 BGB,[31] sofern bei Erstbestellung keine andere Regelung vorgesehen ist (zB Bestellung des Nachfolgers durch bisherigen Vertreter oder Dritten).[32] Einzutragen ist der Name des Vertreters, und zwar in das Grundbuch

---

24 KEHE-*Eickmann* § 50 Rn 2; *Böhringer* BWNotZ 1988, 25.
25 KEHE-*Eickmann* § 50 Rn 3; *Böhringer* BWNotZ 1988, 25.
26 Ebenso *Zeiser* Rpfleger 2006, 577.
27 *Staudinger-Wolfsteiner* § 1195 Rn 6.
28 KG KGJ 30, 284; *Schöner/Stöber* Rn 2108; zum Nachweis der Treuhändereigenschaft LG Hamburg Rpfleger 1981, 62.
29 KGJ 43, 309.
30 *Staudinger-Wolfsteiner* § 1189 Rn 10; MüKo-*Eickmann* § 1189 Rn 13 sieht die Bestellung des Grundbuchvertreters nicht als Inhalt der Hypothek nach § 873 BGB an und lässt lediglich im Falle des § 1188 BGB die Bewilligung des Eigentümers genügen, während sonst die Bewilligung vom Gläubiger als Betroffener erforderlich sei.
31 RGZ 90, 217; KG KGJ 30, 284; 45, 275; 51, 304; RJA 6, 162; 11, 229; *Palandt/Bassenge* § 1189 Rn 2; *Werneburg* ZBlFG 20, 312; *Schöner/Stöber* Rn 2108; *Böhringer* BWNotZ 1988, 25.
32 KGJ 51, 304; *Palandt/Bassenge* § 1189 Rn 2.

selbst; **Bezugnahme** auf die Eintragungsbewilligung ist **nicht möglich**.[33] Es ist im Eintrag deutlich erkennbar zu machen, dass es sich nicht um den Gläubiger, sondern um den Gläubigervertreter handelt.[34] Auch der **Umfang der Vertretungsbefugnis** des Grundbuchvertreters muss eingetragen werden; jedoch ist nach § 874 BGB **Bezugnahme möglich**.[35] Die Eintragung erfolgt in Spalte 7 der Abt III. Erst mit Eintragung beginnt die Vertretungsmacht. Für den eingetragenen Vertreter spricht die Vermutung des § 891 BGB. Die Eintragung ist auf der Urkunde über die Inhaber- und Orderforderung zu **vermerken**, soweit es sich nicht um die Ersteintragung der Hypothek handelt, § 43.

Das **Recht des Gläubigers zur Verfügung über die Hypothek** und zu ihrer Geltendmachung wird durch **27**
die Bestellung eines Vertreters nicht berührt. Gehen die seitens des Vertreters und der Gläubiger vorliegenden Verfügungen auseinander, so muss das Grundbuchamt dem zuerst eingegangenen Antrag entsprechen, bei gleichzeitigem Antragseingang sind beide Anträge zurückzuweisen.[36] Ob sich die Vertretungsbefugnis im Rahmen der Bestellung und der Eintragung nur auf das dingliche oder auch auf das persönliche Recht bezieht, ist bestritten.[37] Dem Vertreter steht die Befugnis zur Benennung eines Nachfolgers nicht unmittelbar zu, es kann ihm aber dieses Recht ausdrücklich verliehen werden.[38] Die Vertreterstellung erlischt durch Abberufung, Kündigung, Tod oder Verlust der Geschäftsfähigkeit des Vertreters sowie durch Erlöschen des zugrunde liegenden Rechtsverhältnisses, nicht aber durch Eröffnung des Insolvenzverfahrens über das Vermögen des Vertreters. Die Eintragung des Erlöschens der Rechte des Vertreters in das Grundbuch ist keine wesentliche Voraussetzung für die Beendigung der Vertretung. Die Löschung der eingetragenen und die Eintragung des neuen Vertreters im Grundbuch darf erst vorgenommen werden, wenn die Abberufung diesen beiden gegenüber und die Bestellung des neuen Vertreters in der Form des § 29 nachgewiesen ist. Der neue Vertreter kann nicht selbst seine Eintragung herbeiführen.[39] Der Wechsel der Person des Hypothekengläubigers lässt den Bestand der Vertretungsmacht unberührt.

2. Eintragungsmuster

»*Als Gläubigervertreter nach § 1189 BGB ist . . . bestellt. Eingetragen am . . .*« *oder* »*Zum Vertreter der jeweiligen Gläubi-* **28**
ger ist . . . bestellt«.

VII. Fehlerhafte Eintragungen

§ 50 enthält im Gegensatz zu § 1115 BGB, dessen Verletzung Nichtigkeit zur Folge hat, **nur Ordnungsvor-** **29**
schriften.[40] Das Grundbuchamt hat § 50 zu beachten, auch wenn diese gesetzliche Bestimmung nur formelle, **keine materielle Wirkung** hat.[41] Die Verletzung der Vorschrift bedeutet eine Amtspflichtverletzung und kann zur Amtshaftung führen.

Das **Fehlen** der genauen Angaben des Gläubigers (namentlich) im Eintragungsvermerk im Rahmen des § 50 **30**
macht die Eintragung nicht inhaltlich unzulässig.

Ist die Sicherungshypothek für einen **realen Teil einer Anleihe** bestellt, so müssen aus der Eintragung die **31**
durch die Hypothek gesicherten Teilschuldverschreibungen – im Gegensatz zu den nicht dinglich gesicherten – eindeutig hervorgehen, auch wenn ein Vertreter nach § 1189 BGB bestellt ist; andernfalls ist die Eintragung inhaltlich unzulässig.[42]

Handelt es sich nicht um die Bestellung einer Hypothek für die Gläubiger von Teilschuldverschreibungen, son- **32**
dern um eine Sicherungshypothek zugunsten der Bank zur Sicherung der in der Eintragungsbewilligung bezeichneten Anleihe, uU wegen eines Teilbetrages, so kommt § 50 Abs 1 nicht zur Anwendung, sondern § 1115 BGB, da keine Abweichung vom Normalfall vorliegt.[43]

---

33 RG RGZ 113, 231 = JFG 13, 285; *Staudinger-Wolfsteiner* § 1189 Rn 11.
34 Zu den Einzelheiten der Eintragung des Treuhänders vgl BayObLG NJW 1965, 538 = DNotZ 1965, 684 = BWNotZ 1965, 133; OLG Frankfurt OLGZ 1972, 179; LG Koblenz DNotZ 1971, 97 = Rpfleger 1971, 22; LG Wiesbaden Rpfleger 1968, 393. Zur Löschung des Treuhändervermerks *Werneburg* ZBlFG 20, 316.
35 BayObLGZ 20, 349 = OLGE 41, 182; KG RJA 15, 229; *Staudinger-Wolfsteiner* § 1189 Rn 11; MüKo-*Eickmann* § 1189 Rn 13; *Schöner/Stöber* Rn 2107; *Böhringer* BWNotZ 1988, 25.
36 *Schöner/Stöber* Rn 2108.
37 *Schöner/Stöber* Rn 2109; im ersteren Sinne: BGB-RGRK-*Thumm* § 1189 Rn 2; *Staudinger-Wolfsteiner* § 1189 Rn 22 – dieser Meinung ist der Vorzug zu geben, gleichwohl kann man der anderen Meinung zugute halten, dass diese besondere Vollmacht selbständig zu beurteilen ist.
38 KG KGJ 13, 111; 16, 304; 45, 275.
39 *Schöner/Stöber* Rn 2110.
40 Vgl Rdn 3.
41 *Güthe-Triebel* § 50 Bem 2, 5; *Demharter* § 50 Rn 11; *Löscher* § 39.
42 KG JFG 3, 424 = OLGE 44, 174; OLG Dresden JFG 3, 436; *Staudinger-Wolfsteiner* § 1187 Rn 14; *Palandt/Bassenge* § 1187 Rn 3; *Demharter* § 50 Rn 11; *Bauer/von Oefele-Wegmann* § 50 Rn 8.
43 RGZ 113, 223 = JFG 4, 1; OLG Dresden JFG 3, 429; BayObLGZ 24, 344 = OLGE 45, 102 = JFG 3, 436 = JW 1926, 993; *Staudinger-Wolfsteiner* § 1187 Rn 5; *Güthe-Triebel* § 50 Bem 3, 5; *Demharter* § 50 Rn 11.

§ 51 (Vor- und Nacherbenvermerk)

Bei der Eintragung eines Vorerben ist zugleich das Recht des Nacherben und, soweit der Vorerbe von den Beschränkungen seines Verfügungsrechts befreit ist, auch die Befreiung von Amts wegen einzutragen.

Schrifttum

Becher, Kein Anwartschaftsrecht des Ersatznacherben, NJW 1969, 1463; *Beck,* Teilungsanordnung und Nacherbfolge, DNotZ 1961, 572; *Becker/Klinger,* Die Rechtsstellung des Nacherben bei Eintritt der Nacherbfolge, NJW-Spezial 2005, 445; *Bergermann,* Rechtsfragen über Vor- und Nacherbschaft, MittRhNotK 1972, 743; *Bestelmeyer,* Erbfälle mit Nachlassgegenständen in der ehemaligen DDR (Besonderheiten bei Nacherbfolge und Testamentsvollstreckung) Rpfleger 1992, 229; »Herrschende Meinungen« im Bereich des Nacherbenrechts, Rpfleger 1994, 189; *Björner/Fasting,* Die Vorerbschaft bei Immobilienvermögen – Fluch oder Segen?, DWW 2007, 357; *Bokelmann,* Letztwillige Verfügungen und ihre Auslegung durch den Rechtspfleger im Grundbuch, Rpfleger 1971, 337; *Bokelmann,* Nachweis des Erbrechts des Nacherben für Grundbucheintragung, Rpfleger 1974, 1; *Brox,* Bestimmung des Nacherben oder des Gegenstands der Zuwendung durch den Vorerben, FS Bartholomeyczik, 1973, S 41; *Coing,* Die unvollständige Regelung der Nacherbfolge, NJW 1975, 521; *Deimann,* Eintragung des Nacherbenrechts nach erfolgter Nachlaßauseinandersetzung zwischen den Vorerben, Rpfleger 1978, 244; *Diederichsen,* Ersatzerbfolge oder Nacherbfolge, NJW 1965, 671; *Dillmann,* Verfügungen während der Vorerbschaft, RNotZ 2002, 1; *Frank,* Nacherbeneinsetzung unter Vorbehalt anderweitiger Verfügungen des Vorerben, MittBayNot 1987, 231; *Fröhler,* Das Vorausvermächtnis zu Gunsten des Vorerben und der Erbnachweis vor sowie ab Eintritt des Nacherbfalls, BWNotZ 2005, 1; *Gantzer,* Rechtsgeschäfte zur Aufhebung der Vor-Nacherbschaft, MittBayNot 1993, 67; *Haegele,* Zur Vererblichkeit des Anwartschaftsrechts eines Nacherben, Rpfleger 1967, 161; *Haegele,* Rechtsfragen zur Vor- und Nacherbschaft, Rpfleger 1971, 121; *Haegele,* Zur Vor- und Nacherbschaft, BWNotZ 1974, 89; *Haegele,* Wiederverheiratungsklauseln, Rpfleger 1976, 73; *Haegele,* Nacherben- und Testamentsvollstreckervermerk bei einem Mitglied an einer BGB-Gesellschaft, Rpfleger 1977, 50; *Herrmann,* Einsetzung eines Nacherben unter der Bedingung, dass der Vorerbe nicht letztwillig anders verfügt, AcP 155, 434; *Johannsen,* Die Rechtsprechung des BGH auf dem Gebiete des Erbrechts: Einsetzung eines Nacherben, WM 1970, 2; 1973, 537; 1977, 274; 1979, 605; 1982, Sonderbeilage 2, S 9 ff; 1985, Sonderbeilage 1, S 14 ff; *Jung,* Nacherbenvermerk trotz Unanwendbarkeit des § 2113 BGB, Rpfleger 1995, 9, ders, Unentgeltliche Verfügungen des Testamentsvollstreckers und des befreiten Vorerben, Rpfleger 1999, 204; *Kanzleiter,* Der »unbekannte« Nacherbe, DNotZ 1970, 326; *Keim,* Die Vollmacht über den Tod hinaus bei Vor- und Nacherbschaft, DNotZ 2008, 175; *Kempf,* Die Anwartschaften des Nacherben und des Ersatznacherben, NJW 1961, 1797; *Kessel,* Eingriffe in die Vorerbschaft, MittRhNotK 1991, 137; *Köster,* Vor- und Nacherbfolge im Erbscheinsverfahren, Rpfleger 2000, 90 und 133; *Lutter,* Zur Beschränkung des Vorerben im Gesellschaftsrecht, ZGR 1982, 108; *Maurer,* Fragen des (Eigen-)Erwerbs von Nachlassgegenständen durch den Vor- oder Nacherben, DNotZ 1981, 223; *Mayer,* Der verhinderte Nacherbe, MittBayNot 1994, 111; *Mezger,* Kann der Erblasser die Übertragung des dem Nacherben zustehenden Anwartschaftsrechts ausschließen?, AcP 152, 382; *Neuschwander,* Unentgeltliche Verfügungen des befreiten Vorerben, BWNotZ 1977, 85; *Paschke,* Nacherbenschutz in der Vorerben-Personengesellschaft, ZIP 1985, 129; *Reimann,* Die vorweggenommene Nacherbfolge, Rpfleger 1951, 578; *Ripfel,* Die Nacherbschaft bei Wiederverheiratung des überlebenden Ehegatten, Rpfleger 1951, 578; *Roggendorf,* Surrogationserwerb bei Vor- und Nacherbschaft, MittRhNotK 1981, 29; *Rohlff,* Nießbraucher und Vorerbe als Testamentsvollstrecker, DNotZ 1971, 518; *Schaub,* Nacherbenvermerk bei Grundstücken im Gesamthandsvermögen, ZEV 1998, 372; *Schiedermair,* Die Übertragung der Rechte des Nacherben, AcP 139, 129; *K. Schmidt,* Nacherbenschutz bei Vorerbschaft an Gesamthandsanteilen, FamRZ 1976, 683; *S. Schmidt,* Die Nachfolge in das Anwartschaftsrecht des Nacherben, BWNotZ 1966, 139; *Schwarz,* Zur Auslegung von Grundbuchanträgen, ZNotP 2002, 140; *Spellenberg,* Schenkungen und unentgeltliche Verfügungen zum Nachteil des Erben oder Pflichtteilsberechtigten, FamRZ 1974, 350; *Stiegeler,* Die Nacherbeneinsetzung, abhängig vom Willen des Vorerben, BWNotZ 1986, 25; *Wehrstedt,* Der »unfreie« befreite Vorerbe, MittRhNotK 1999, 103; *Wilhelm,* Wiederverheiratungsklausel, bedingte Erbeinsetzung und Vor- und Nacherbfolge, NJW 1990, 2857; *Wolf,* Dingliche Surrogation und Wertersatz bei der Nacherbschaft, JuS 1981, 14; *Zawar,* Der bedingte oder befristete Erwerb von Todes wegen, DNotZ 1986, 515; *Zawar,* Der auflösend bedingte Vollerbe, NJW 1988, 16.

I. Normzweck

Vorerbe und Nacherbe sind in zeitlicher Folge als Erben Gesamtrechtsnachfolger des Erblassers; der Vorerbe ist **1** Erbe auf Zeit. Als solcher kann er grundsätzlich über Nachlassgegenstände verfügen (§ 2112 BGB). Diese freie Verfügungsgewalt ist nur in den gesetzlich geregelten Fällen eingeschränkt. Im Interesse des Nacherben ist in § 2113 Abs 1 BGB bestimmt, dass Verfügungen des Vorerben über Grundstücke oder über Rechte an Grundstücken (zur Kündigung und Einziehung eines Grundpfandrechts vgl § 2114 BGB) bei Eintritt des Nacherbfalls insoweit unwirksam sind, als sie die Rechte des Nacherben vereiteln oder beeinträchtigen; Gleiches gilt, wenn der Vorerbe über Nachlassgegenstände unentgeltlich verfügt (§ 2113 Abs 2 BGB). Der Erblasser kann den Vorerben von den Verfügungsbeschränkungen nach §§ 2113 Abs 1 und 2114 BGB befreien, nicht aber von der Verfügungsbeschränkung nach § 2113 Abs 2 BGB (§ 2136 BGB). Die Verfügungsgewalt des Vorerben kann nur noch durch zusätzliche Anordnung einer Testamentsvollstreckung beschränkt werden; Einschränkungen anderer Art sind mit dinglicher Wirkung nicht möglich, der Erblasser kann also nicht andere als die in § 2113 BGB genannten Gegenstände einer dinglich wirkenden Verfügungsbeschränkung unterwerfen (§ 137 BGB). Der in § 2113 BGB verwendete Verfügungsbegriff entspricht der allgemeinen Definition der dinglichen Verfügung, also Aufhebung, Belastung, inhaltliche Änderung, Übertragung oder Aufgabe eines Rechts; auch Verfügungen zur Erbauseinandersetzung unter Mitvorerben fallen unter § 2113 BGB.

Diese **Verfügungsbeschränkungen**[1] des Vorerben wirken nicht gegenüber einem Gutgläubigen (§ 2113 **2** Abs 3 BGB). Sie müssen daher, um den Nacherben vor einem gutgläubigen Erwerb zu schützen, im Grundbuch eingetragen werden. Dies geschieht durch den bei der Grundbucheintragung des Vorerben von Amts wegen zu buchenden Nacherbenvermerk. Er verlautbart also nicht das Nacherbenrecht, sondern die Verfügungsbeschränkungen, denen der Vorerbe unterliegt.[2]

Wegen des Verfügungsrechts des Vorerben (§ 2112 BGB) führt der Nacherbenvermerk zu **keiner Grundbuch- 3 sperre**,[3] s Rdn 124. Der Vermerk kündigt vielmehr die auf den Nacherbfall hinausgeschobene, absolute Unwirksamkeit der Verfügungen des Vorerben iS von § 2113 BGB an. Dabei handelt es sich nicht um eine schwebende Unwirksamkeit, sondern um eine Rechtslage, die mit der bei einem anfechtbaren Rechtsgeschäft vor der Anfechtung vergleichbar ist.[4] Weil sich niemand auf eine »terminierte Unwirksamkeit« einlassen kann,

---

1 KG DA 1944, 194.
2 BGHZ 84, 196 = NJW 1982, 2499 = DNotZ 1983, 315 = Rpfleger 1982, 333.
3 KGJ 52 A 142; KG JFG 14, 340 = HRR 1937 Nr 85; OLG Düsseldorf Rpfleger 1957, 413; BayObLGZ 1968, 104 = Rpfleger 1968, 221 und Rpfleger 1974, 355.
4 BGHZ 52, 269 = NJW 1969, 2043 = DNotZ 1970, 32 = Rpfleger 1969, 346.

führt der Nacherbenvermerk in der Praxis zu einer Gestaltung, bei der die Wirksamkeit der Verfügung des Vorerben bei Eintritt des Nacherbfalls sichergestellt ist (Löschung des Nacherbenvermerks nach Zustimmung des Nacherben bzw auf Nachweis der entgeltlichen Verfügung beim befreiten Vorerben), s Rdn 161 ff.

II. Materiellrechtlicher Überblick

1. Vor- und Nacherbe

4   Die Nacherbschaft des BGB beruht stets auf einer Verfügung von Todes wegen, auch im Falle des § 2065 Abs 2 BGB; eine gesetzliche Vor- und Nacherbschaft gibt es nicht. Auf Grund der Auslegungsregeln der §§ 2104, 2105 BGB und bei bedingten Erbeinsetzungen kann sich eine so genannte konstruktive, dh vom Erblasser »an sich« nicht beabsichtigte Nacherfolge ergeben.[5] Nacherbe ist, wer vom Erblasser in der Weise als Erbe eingesetzt ist, dass zuvor ein anderer, der Vorerbe, erbt (stufenweise Erbfolge § 2100 BGB). Der Nacherbe hat während der Vorerbfolge kein dingliches Recht an den Nachlassgegenständen, kann daher nicht als Eigentümer im Grundbuch eingetragen werden.

5   **a) Nacherbe und Ersatzerbe.** Vom Nacherben zu unterscheiden ist der **Ersatzerbe.** Er wird nur Erbe, wenn der ursprünglich eingesetzte Erbe mit Wirkung auf den Erbfall weggefallen ist (zB wegen Vorversterbens, Ausschlagung, Anfechtung, Erbunwürdigkeit). Der Nacherbe ist im Zweifel zugleich Ersatzerbe. Lässt sich nicht klären, ob der Erblasser Nacherbfolge oder Ersatzerbfolge gewollt hat, ist die Anordnung einer Ersatzerbfolge anzunehmen; eine Auslegung des Testaments ist vorzunehmen.[6, 7]

6   **b) Anwartschaft des Nacherben.** Das **Erbrecht des Nacherben** entsteht zu einem nach dem Erbfall liegenden Zeitpunkt oder Ereignis (Nacherbfall). Dann endet die Erbenstellung des Vorerben und der Nacherbe wird unmittelbar Erbe des Erblassers. Zwischen Erbfall und Nacherbfall hat der Nacherbe kein dingliches Recht an den einzelnen Nachlassgegenständen, sondern eine **Anwartschaft,** s Rdn 147.

7   **c) Ersatznacherbe.** Der Erblasser kann auch einen **Ersatznacherben** einsetzen; nach der Auslegungsregel des § 2069 BGB können dies die Abkömmlinge des Nacherben sein.[8] § 2069 BGB oder eine damit übereinstimmende ausdrückliche Ersatznacherbeinsetzung kommen nicht in Betracht, wenn der Nacherbe ausschlägt und den Pflichtteil verlangt[9] oder wenn der Nacherbe seine Anwartschaft auf den Vorerben gegen eine Abfindung überträgt, die mindestens seinem Pflichtteil entspricht,[10] s Rdn 86 und 155.

8   **d) Vererblichkeit des Nacherbenrechts oder Ersatznacherbfolge.** Verstirbt der Nacherbe zwischen Erbfall und Nacherbfall, so stellt sich die Frage, ob der Erblasser die **Vererblichkeit des Anwartschaftsrechts** des Nacherben iS von § 2108 Abs 2 BGB **oder Ersatznacherbfolge** gewollt hat. Im Zweifel ist von der Vererblichkeit des Nacherbenrechts auszugehen.[11]

9   Im Einzelfall kann jedoch nach dem Inhalt der letztwilligen Verfügung bei Tod des Nacherben vor Eintritt des Nacherbfalls nicht die Vererblichkeit, sondern eine **Ersatznacherbfolge** dem wirklichen oder mutmaßlichen Erblasserwillen entsprechen,[12] etwa bei ausdrücklicher Einsetzung eines Ersatznacherben[13] oder eines weiteren Nacherben[14] oder bei ausschließlicher Einsetzung engster Familienangehöriger.[15] Von einer die Vererblichkeit ausschließenden Ersatznacherbfolge kann jedoch nicht ohne weiteres ausgegangen werden, wenn ein Abkömmling des Nacherben iS von § 2069 BGB als Ersatznacherbe in Betracht kommt.[16] Maßgebend sind dann die Umstände des Einzelfalls, wobei eine vom Erblasser gewünschte Familienbindung seines Vermögens für eine Ersatznacherbfolge der Abkömmlinge des Nacherben und eine von ihm gewollte Verwertbarkeit der Anwartschaft des Nacherben für die Vererblichkeit spricht; denkbar ist auch eine »mittlere Lösung« dahin, dass

---

5   Dazu *Enzensberger/Roth* NJW-Spezial 2008, 7.
6   Zur Vor- und Nacherbeinsetzung für den Fall der Kinderlosigkeit eines Miterben OLG Hamm Rpfleger 2008, 138.
7   *Diederichsen* NJW 1965, 671; *Kanzleiter* DNotZ 1970, 326.
8   OLG Bremen, Rpfleger 1970, 433.
9   BGHZ 33, 60; OLG Frankfurt OLGZ 1971, 208 = Rpfleger 1970, 391; OLG Stuttgart OLGZ 1982, 271 = Rpfleger 1982, 106.
10 LG München II MittBayNot 1980, 29.
11 OLG Köln OLGZ 1968, 91; OLG Hamm OLGZ 1976, 180 = NJW 1976, 575 (Leitsatz) = Rpfleger 1976, 132; *Johannsen* WM 1977, 276.
12 Zur Feststellungslast BayObLG Rpfleger 1983, 11 (Leitsatz).
13 BayObLGZ 1961, 132 = NJW 1961, 1678.
14 OLG Zweibrücken Rpfleger 1977, 305.
15 OLG Oldenburg Rpfleger 1989, 106 = MittRhNotK 1989, 143.
16 OLG Köln MittRhNotK 1990, 223.

die Vererblichkeit erst bei einer Weitervererbung an Erbeserben des Nacherben entfällt, die zB weder Abkömmlinge noch Schwiegerkinder des Erblassers sind.[17]

Ein vererbliches Anwartschaftsrecht unterliegt bis zum Nacherbfall auch einer vom Nacherben angeordneten Testamentsvollstreckung oder Vor- und Nacherbfolge.[18]   **10**

e) Mehrfache Nacherbfolge. Der Erblasser kann in den Grenzen des § 2109 BGB eine **mehrfache Nach-**   **11** **erbfolge** anordnen. Der erstrangige Nacherbe steht dabei den weiteren Nacherben wie ein Vorerbe gegenüber,[19] s Rdn 176.

f) Beschränkte Nacherbfolge. Die Nacherbfolge kann auf den Erbteil eines Miterben, auf den Bruchteil   **12** eines Erbteils oder auf den Bruchteil der Erbschaft eines Alleinerben **beschränkt** werden.[20]

g) Bedingtes Nacherbenrecht. Das Nacherbenrecht kann auch **aufschiebend bedingt** (zB bei Straf- oder   **13** Wiederheiratsklauseln, s Rdn 16 und 18) oder **auflösend bedingt** (zB bei eigener, anderweitiger letztwilliger Verfügung des Vorerben s Rdn 14) angeordnet sein.[21] Der Vorerbe ist nach Ausfall der aufschiebenden Bedingung oder nach Eintritt der auflösenden Bedingung unbeschränkter Vollerbe, der, nachträglich betrachtet, den Beschränkungen des Vorerben nie unterworfen war; seine Verfügungen iS von §§ 2113, 2114 BGB sind dann endgültig wirksam. Bis dahin muss es jedoch beim Nacherbenvermerk verbleiben, weil bei bedingter oder befristeter Nacherbfolge die Beschränkungen des Vorerben solange gelten, als nicht feststeht, dass der Vorerbe tatsächlich Vollerbe ist;[22] davon kann der Erblasser nur im Rahmen von §§ 2110 Abs 2, 2136 BGB befreien, s Rdn 70.

Hat der Erblasser den **Vorerben ermächtigt**, die Nacherbfolge dadurch hinfällig werden zu lassen, dass er für   **14** seine Person **anderweitig von Todes wegen verfügt** (auflösende Bedingung), so verstößt dies nicht gegen § 2065 BGB;[23] zum Nacherbenvermerk s Rdn 80. Der Erblasser kann den Bedingungseintritt auch so gestalten, dass er durch den Vorerben bereits durch Rechtsgeschäft unter Lebenden herbeigeführt werden kann; der Eintritt der auflösenden Bedingung muss aber nach der Gestaltung der Ermächtigung im Testament den gesamten Nachlass erfassen.[24]

Die **gesetzlichen Erben** gelten als Vorerben bzw Nacherben, wenn der eingesetzte Erbe noch unbestimmt   **15** oder sein Erbrecht aufschiebend oder auflösend bedingt oder befristet ist, ohne dass der Erblasser weiteres zur Erbfolge bestimmt hat (§§ 2104, 2105 BGB).

h) Auslegungsfragen. Die **Auslegung** vor allem privatschriftlicher Testamente kann die Anordnung einer   **16** Nacherbfolge ergeben, ohne dass dieser Ausdruck vom Erblasser ausdrücklich gebraucht worden ist.[25] Dies ist

---

17 BGH NJW 1963, 1150; BGH IV ZR 125/71, zitiert bei *Johannsen* WM 1977, 276; OLG Köln OLGZ 1968, 91; OLG Hamm OLGZ 1976, 180 = NJW 1976, 575 (Leitsatz) = Rpfleger 1976, 132; OLG Zweibrücken Rpfleger 1977, 305; OLG Oldenburg MittRhNotK 1989, 143 = Rpfleger 1989, 106; *Staudinger-Avenarius* § 2108 Rn 13 ff; *Soergel-Harder/ Wegmann* § 2108 Rn 3 ff; *BGB-RGRK-Johannsen* § 2108 Rn 9; *MüKo-Grunsky* § 2102 Rn 9; *Palandt/Edenhofer* § 2108 Rn 3 und 4; *Schmidt* BWNotZ 1966, 139; *Haegele* Rpfleger 1967, 161 und 1971, 133; *Johannsen* WM 1970, 7.
18 RGZ 103, 354; *S. Schmidt* BWNotZ 1966, 139.
19 OLG Hamm Rpfleger 1975, 134; OLG Zweibrücken Rpfleger 1977, 305.
20 BayObLGZ 1961, 200, MüKo-*Grunsky* § 2100 Rn 16; *Staudinger-Avenarius* § 2100 Rn 6 und 7.
21 Zu den Fallgestaltungen *Enzensberger/Roth* NJW-Spezial 2008, 7.
22 HM RGZ 156, 181; BGHZ 96, 198 = NJW 1988, 59 = DNotZ 1986, 541 m Anm *Zawar* = FamRZ 1986, 155 = MittBayNot 1986, 93 = BWNotZ 1986, 64 = Rpfleger 1986, 15 (dazu, insbesondere zum auflösend bedingten Vollerben, *Zawar* NJW 1988, 16); KG HRR 1939 Nr 1302; BayObLGZ 1961, 200; BayObLGZ 1966, 227; OLG Braunschweig Rpfleger 1991, 204; *Staudinger-Kanzleiter* § 2269 Rn 39 ff; *Schöner/Stöber* Rn 3527; *Kanzleiter* DNotZ 1970, 326; *Haegele* Rpfleger 1976, 73; *Zawar* DNotZ 1986, 515; *Wilhelm* NJW 1990, 2857; **aA** MüKo-*Musielak* § 2269 Rn 58 ff und *Buchholz*, Erbfolge und Wiederverheiratung, 1986, S 55 ff.
23 BGHZ 2, 35 = NJW 1951, 959; BGHZ 15, 199; BGHZ 59, 220 = NJW 1972, 1987 = Rpfleger 1972, 435; BGH NJW 1981, 2051 = DNotZ 1981, 766 = FamRZ 1981, 349 = MittBayNot 1981, 81 = MDR 1981, 475 (zweifelnd); KG DNotZ 1956, 195; OLG Hamm OLGZ 1973, 103 = Rpfleger 1972, 445; OLG Hamm Rpfleger 1976, 132; Bay-ObLGZ 2001, 203; BayObLGZ 1982, 331 m Anm *Haegele*; OLG Frankfurt Rpfleger 1997, 262; OLG Oldenburg FamRZ 1991, 862 = NdsRpfl 1991, 114 = NJW-RR 1981, 646 = MDR 1991, 539; BayObLG Rpfleger 1991, 356 (Ls); *Soergel-Loritz* § 2065 Rn 18; *Staudinger-Otte* § 2065 Rn 19 ff; *MüKo-Leipold* § 2065 Rn 16; *Palandt/Edenhofer* § 2065 Rn 8, 9; *Haegele* Rpfleger 1971, 132; *Zawar* DNotZ 1986, 515 und DNotZ-Sonderheft Notartag 1989, 116; *Frank* MittBayNot 1987, 231; **aA** *Stiegeler* BWNotZ 1986, 25; hierzu auch OLG Frankfurt DNotZ 2001, 143 m Anm *Kanzleiter* und *Ivo* DNotZ 2002, 260 = FamRZ 2000, 1607= ZEV 2001, 316.
24 OLG Hamm FamRZ 2000, 446 = FGPrax 2000, 29 = NJW-RR 2000, 78 = MittBayNot 2000, 47 MittRhNotK 1999, 312 = ZEV 2000, 197 m Anm *Loritz*.
25 *Staudinger-Avenarius* § 2100 Rn 15 ff; *Enzensberger/Roth* NJW-Spezial 2008, 7.

insbesondere denkbar, wenn der Erblasser **Straf- oder Verwirkungsklauseln** angeordnet[26] oder wenn er einen **Nießbrauch** zugewendet hat. Im letztgenannten Fall kann die Anordnung einer Vor- und Nacherbfolge vorliegen, wenn der so Bedachte eine dem Eigentümer gleichstehende Stellung haben und zu Verfügungen über den Nachlass berechtigt sein soll.[27] Bei einem größeren Nachlass können **erbschaftssteuerliche Erwägungen** des Erblassers gegen eine Vor- und Nacherbfolge sprechen.[28]

17 Häufig setzen sich Eheleute gegenseitig als Erben ein und bestimmen, dass der beiderseitige Nachlass nach dem Tod des überlebenden Ehegatten an einen Dritten fallen soll. Hier ist nach der Auslegungsregel des § 2269 Abs 1 BGB davon auszugehen, dass der überlebende Ehegatte Vollerbe (nicht Vorerbe) des zuerstverstorbenen Ehegatten ist und dass der Dritte nur den überlebenden Ehegatten beerbt, also nicht Nacherbe des zuerstverstorbenen Ehegatten ist **(Berliner Testament)**. Maßgebend ist jedoch der Wille beider Eheleute, der im Einzelfall auch die Anordnung einer Vor- und Nacherbfolge ergeben kann.[29]

18 Ist bestimmt, dass der überlebende Ehegatte bei seiner **Wiederheirat**[30] die Erbschaft mit den Kindern teilen muss, so liegt eine bedingte Nacherbfolge (Rdn 13) vor. Eine Vermutung spricht dann dafür, dass der überlebende Ehegatte die Stellung eines befreiten Vorerben hat;[31] nach BGH[32] soll dies jedoch nur gelten, wenn der Wortlaut des Testaments Anhaltspunkte für besonderes gegenseitiges Vertrauen der Eheleute enthält. Jedenfalls sind die Schutzvorschriften der §§ 2113 ff BGB auch zu Gunsten des aufschiebend bedingt eingesetzten Nacherben anzuwenden.[33]

19 Im Einzelfall kann statt einer Nacherbfolge die Anordnung eines aufschiebend bedingten **Vermächtnisses** gewollt sein; der überlebende Ehegatte wäre dann Vollerbe,[34] s Rdn 74.

2. Gegenstand der Nacherbschaft

20 Der Nacherbfolge unterliegen alle Nachlassgegenstände, auch eine Reichsheimstätte,[35] nach der Auslegungsregel des § 2110 Abs 1 BGB auch ein Erbteil, der dem Vorerben infolge Wegfalls eines Miterben zufällt, und Surrogate iS von § 2111 BGB, nach der Auslegungsregel des § 2110 Abs 2 BGB jedoch nicht ein **Vorausvermächtnis für den Vorerben** (Rdn 35). Neben den dinglichen Rechten nach dem BGB werden auch die Vormerkung sowie eine Erklärung nach § 915 BGB erfasst, auch die Baulast.[36] Nachlassfremde Gegenstände kann der Vorerbe nicht in die Vorerbschaft einbeziehen,[37] auch nicht als befreiter Vorerbe oder mit Zustimmung des Nacherbentestamentsvollstreckers; eine dingliche Zuweisung von Gegenständen seines freien Vermögens kann der Vorerbe nicht der Erbschaftsmasse zuweisen. Erwirbt der Vorerbe ein Recht und beantragt er mit seiner Eintragung zugleich die des Nacherben, so ist vom Grundbuchamt nicht zu prüfen, ob das Recht gem. § 2111 BGB tatsächlich der Nacherfolge unterliegt, denn das Grundbuchamt ist nicht berechtigt und nicht verpflichtet, Rechte des Vorerben entgegen seinem eigenen Antrag wahrzunehmen; weiß dagegen das Grundbuchamt, dass sich die Nacherbfolge auf das Recht nicht erstreckt, so ist der Antrag des Vorerben abzulehnen.[38]

21 **a) Surrogation.** Die **Surrogation** soll sicherstellen, dass auch bei Veränderungen des Nachlasses zwischen Erbfall und Nacherbfall Ersatzstücke, soweit sie nicht dem Vorerben als Nutzung zustehen, mit dinglicher Wirkung zum Nachlass und damit bei Eintritt des Nacherbfalls dem Nacherben gehören, sodass dieser nicht auf Ersatzansprüche gegen den Vorerben angewiesen ist.[39] Erfolgt ein originärer Grunderwerb nach landesrechtlichem Uferrecht durch Landanschwemmung, verlassene Flußbette, entstandene Inseln, so kann ein Surrogationstatbestand vorliegen.

---

26 *Haegele* JurBüro 1969, 1; *Wacke* DNotZ 1990, 403.
27 BGH Rpfleger 1952, 181, BayObLG FamRZ 1981, 403 = Rpfleger 1981, 64; *Staudinger-Avenarius* § 2100 Rn 15 ff.
28 BayObLGZ 1960, 154 = NJW 1960, 1765; *MüKo-Grunsky* § 2100 Rn 10.
29 BayObLG MDR 1990, 1118 = Rpfleger 1991, 5; BayObLG FamRZ 1992, 1476 = NJW-RR 1992, 200 = Rpfleger 1992, 11; *Staudinger-Kanzleiter* § 2269 Rn 6 ff.
30 *Leipold* FamRZ 1988, 352.
31 Str: KG JFG 13, 155; BayObLGZ 1961, 200 und 1966, 227; OLG Hamm DNotZ 1972, 96; *Staudinger-Avenarius* § 2136 Rn 22; *MüKo-Grunsky* § 2136 Rn 4; **differenzierend** *Staudinger-Kanzleiter* § 2269 Rn 46; *Johannsen* WM 1970, 9; KEHE-*Eickmann* § 51 Rn 10 (kritisch).
32 BGH FamRZ 1961, 275.
33 Gutachten DNotI-Report 2004, 49.
34 *Haegele* Rpfleger 1976, 73.
35 LG Verden RdL 1951, 296.
36 VGH Mannheim Die Justiz 1989, 443 = NJW 1990, 268.
37 Dazu OLG Stuttgart OLGZ 1973, 262 = DNotZ 1974, 365; OLG Köln NJW-RR 1987, 267 = Rpfleger 1987, 60 und 150. Dazu auch BGHZ 40, 115 = DNotZ 1964, 623 = NJW 1963, 2320.
38 KG JW 1933, 2776; OLG München JFG 22, 143.
39 BGH FamRZ 1983, 1018 = NJW 1983, 2874 = Rpfleger 1983, 441; BGHZ 40, 115 = NJW 1963, 2320 = DNotZ 1964, 623; *MüKo-Grunsky* § 2111 Rn 1; *Roggendorf* MittRhNotK 1981, 29.

Beim Surrogationserwerb mit Mitteln des Nachlasses ist kein formal enger, sondern ein **wirtschaftlicher** 22
Maßstab anzulegen.[40] Mit dieser Begründung hat der BGH eine **Eigentümergrundschuld am Grundstück**
des Vorerben, das nicht zum Nachlass gehört, zur Vorerbschaft gerechnet; die Grundschuld war nach Verrech-
nung einer durch sie gesicherten Forderung des Nachlasses gegen den Vorerben mit seinem Auseinandersetz-
zungsguthaben entstanden.[41]

b) Nacherbenvermerk am Surrogat. Wird ein Ersatzstück im Grundbuch eingetragen und ist die Surroga- 23
tionseigenschaft für das Grundbuchamt erkennbar, ist ein **Nacherbenvermerk** ebenso von Amts wegen zu
buchen wie bei einem ursprünglichen Nachlassgegenstand und zwar wegen § 2113 Abs 2 BGB auch dann,
wenn der Vorerbe befreit ist.[42] Sonst genügt die Bewilligung des Vorerben zur Eintragung des Nacherbenvermerks. Die Voraussetzungen der Surrogation sind dem Grundbuchamt dann nicht nachzuweisen. Zum Nachweis eines behaupteten Surrogationserwerbs ist auch nicht unbedingt die Vorlage eines Erbscheins notwendig,
die Erklärung des Erwerbers in der Auflassung genügt; der Erbschein gibt nämlich keine Auskunft darüber, ob
ein Grundstück mit Nachlassmitteln erworben worden ist oder nicht.[43] Die Eintragung des Nacherbenvermerks
ist jedoch abzulehnen, wenn das Grundbuchamt weiß, dass eine Surrogation nicht eingetreten ist,[44] s Rdn 33.

Oftmals werden bei Schenkungen an nächste Angehörige Rückfallklauseln und Rücknahmerechte vereinbart.
Ist der Beschenkte der Vorerbe, so fragt sich, ob im Falle eines Rückfalls der aus der Vorerbschaft ausgeschiedene Nachlassgrundbesitz wieder als Surrogat zurück in den Nachlass fließt. Bei einer solchen Fallkonstellation
werden die Grundbuchämter wohl den Nacherbenvermerk nicht löschen, ebenso keinen Testamentsvollstreckervermerk.[45]

Die Eintragung eines Nacherbenvermerks anlässlich einer Surrogation wird vor allem in Betracht kommen bei 24
Grundstücken oder Rechten an Grundstücken, die ein Vorerbe aus einer **Nachlassteilung** erwirbt.[46] Ist die
Nachlassteilung endgültig wirksam iS von § 2113 BGB (mit Zustimmung der Nacherben oder wegen Entgelt-
lichkeit bei befreiten Vorerben, s Rdn 142) und sind die einzelnen Vorerben mit unterschiedlicher Nacher-
folge belastet, so ist der Nacherbenvermerk beim erwerbenden Mitvorerben nur bezüglich der ihn betreffenden
Nacherben einzutragen; sonst sind in den Vermerk alle Nacherben aufzunehmen.[47]

c) Teilweise Surrogation. Übernimmt ein Mitvorerbe bei der Nachlassteilung Nachlassverbindlichkeiten 25
oder die Verpflichtung zu Ausgleichszahlungen, so kann sich hieraus ergeben, dass die von ihm erworbenen
Gegenstände **nur zum Teil Surrogat** sind; dann kann nur bezüglich dieses Teils ein Nacherbenvermerk eingetragen werden.[48] Beispiel: M und F sind im Grundbuch als je hälftige Grundstückseigentümer eingetragen. Auf
den Tod von F wird M Vorerbe und S und T Nacherbe. M überträgt mit Zustimmung der Nacherben das
Grundstück an E und behält sich ein Rückforderungsrecht vor. Später macht M von diesem Recht Gebrauch
und erwirbt das Grundstück wieder zurück. Die teilweise Mittelsurrogation wirkt sich auch auf die Fassung des
Nacherbenvermerks aus.[49]

Entsprechendes gilt, wenn der **Vorerbe** ein zu seinem freien Vermögen gehörendes **Grundstück mit Nach-** 26
lassmitteln bebaut; das Grundstück gehört dann anteilig zum Nachlass.[50]

---

40 Dazu *Roggendorff* MittRhNotK 1981, 29.
41 BGHZ 40, 115 = NJW 1963, 2320 = DNotZ 1964, 623. Vgl auch BGH FamRZ 1993, 1311 = NJW 1993, 3198 =
   MittRhNotK 1993, 257 = Rpfleger 1993, 493 = ZEV 1994, 138 m Anm *Voit* = EWiR 1994, 253 m Anm *Reimann*.
42 RGZ 89, 53; OLG München JFG 18, 109 = HRR 1938, 1285.
43 LG Berlin Rpfleger 2005, 188.
44 KG JFG 7, 270; OLG München JFG 22, 143.
45 Einzelheiten *Reimann* DNotZ 2007, 579, 590.
46 RGZ 89, 57; BGH DNotZ 2001, 392 = NJW-RR 2001, 217 = RNotZ 2001, 166 m Anm *Keim* = NJW-RR 2001,
   217 = Rpfleger 2001, 79 = ZEV 2001, 19; BGH FamRZ 1959, 111 = MDR 1959, 290; BGHZ 40, 115 = NJW 1963,
   2320 = DNotZ 1964, 623; OLG München JFG 18, 109 = HRR 1938 Nr 1285 und JFG 22, 143; BayObLG FamRZ
   2005, 1279 = MittBayNot 2005, 239 = NJW-RR 2005, 233 = NotBZ 2005, 80 = Rpfleger 2005, 142; BayObLG
   FamRZ 1997, 1029 = MDR 1997, 650 = MittBayNot 1997, 237; BayObLGZ 1986, 20 = FamRZ 1987, 104 = NJW-
   RR 1986, 1070 = Rpfleger 1986, 470; KG DNotZ 1993, 607 = NJW-RR 1993, 268 = OLGZ 1993, 70 = Rpfleger
   1993, 236; OLG Hamm DNotI-Report 2002, 125 = FamRZ 2003, 484 = FGPrax 2002, 239 = NJW-RR 2002, 1518
   = Rpfleger 2002, 617 = ZEV 2003, 31; LG Hanau Rpfleger 1986, 433; LG Köln MittRhNotK 1988, 21; *Staudinger-
   Avenarius* § 2111 Rn 27; *Deimann* Rpfleger 1978, 244; *Schöner/Stöber* Rn 3520; **aA** *Beck* DNotZ 1961, 572.
47 BayObLG DNotZ 1983, 320 = Rpfleger 1982, 467 m Anm *Streuer* = BWNotZ 1982, 146; KEHE-*Herrmann* § 40
   Rn 6; *Deimann* Rpfleger 1978, 244.
48 RGZ 89, 60; BGH NJW 1977, 1631 = DNotZ 1977, 745; OLG Frankfurt Rpfleger 1980, 228; *Wolf* JuS 1981, 14; *Roggendorff* MittRhNotK 1981, 29.
49 Dazu DNotI-Gutachten Fax-Abruf-Nr 11474.
50 BHG NJW 1977, 1631 = DNotZ 1977, 745; *Johannsen* WM 1979, 605. Kritisch *Peters* NJW 1977, 2075; *Roggendorff*
   MittRhNotK 1981, 29.

27 Verkauft der Vorerbe ein Nachlassgrundstück unter Vorbehalt einer **Kaufpreishypothek,** so ist bei dieser der Nacherbenvermerk einzutragen.[51] Auch bei einem Erwerb des Vorerben im Wege der Nachlassauseinandersetzung mit seinen Miterben kommt die Eintragung des Nacherbenvermerks in Betracht.[52]

28 **d) Eigentümergrundschuld als Surrogat oder als freies Vermögen des Vorerben.** Eine Hypothek am Grundstück des Vorerben zur Sicherung einer Forderung des Erblassers gegen den Vorerben wird mit dem Erbfall zur **Eigentümergrundschuld** (§ 1177 BGB), die **als Surrogat** iS von § 2111 BGB zur Vorerbschaft gehört und beim Nacherbfall wieder zur Hypothek wird (§ 2143 BGB).[53]

29 Wird eine Forderung, die an einem zur Vorerbschaft gehörenden Grundstück hypothekarisch gesichert ist, **mit Nachlassmitteln** getilgt, so gehört die entsprechende Eigentümergrundschuld als Surrogat zur Vorerbschaft;[54] zahlt der Vorerbe mit eigenen Mitteln,[55] fällt vielmehr in sein freies Vermögen; Eintragungsvermerk: »*Diese Hypothek ist zur Eigentümergrundschuld geworden und als solche mit Zinsen seit dem . . . umgeschrieben auf . . . Die Grundschuld gehört nicht zum Nachlass des . . .«.*

30 Sichert die Hypothek keine Nachlassverbindlichkeit und tilgt der persönliche Schuldner, ohne einen Ersatzanspruch gegen den Grundstückseigentümer (Nachlass) zu haben (§§ 1163 Abs 1 S 2, 1164 BGB), so gehört die Eigentümergrundschuld zur Vorerbschaft als Erwerb auf Grund eines zur Erbschaft gehörenden Rechts (Eigentum).[56]

31 Die im **Grundbuch** nicht verlautbarte **Eigentümergrundschuld** wird als zur Vorerbschaft gehörend betrachtet.[57] Gleiches gilt, wenn die Eigentümergrundschuld ohne ausdrückliches Zufügen des Namens des Eigentümers im Grundbuch eingetragen wird, weil sich hier der zu Lasten des Eigentums gebuchte Nacherbenvermerk auch auf die Eigentümergrundschuld bezieht; deshalb ist hier die Eintragung eines Nacherbenvermerks bei der Eigentümergrundschuld überflüssig und damit unzulässig.[58] Der Nacherbenvermerk ist jedoch bei der Eigentümergrundschuld zu buchen, wenn diese ausdrücklich auf den Namen des Vorerben eingetragen wird, weil hier der Zusammenhang mit dem zu Lasten des Eigentums gebuchten Nacherbenvermerk nicht mehr ersichtlich ist.

32 Zahlt der Vorerbe eine an einem Nachlassgrundstück hypothekarisch gesicherte Forderung gegen den Nachlass mit eigenen Mitteln (zB aus einer vom Erblasser abgeschlossenen Lebensversicherung[59]), so steht ihm die **Eigentümergrundschuld als freies Vermögen** zu, weil dann keine Surrogation eingetreten ist.[60] Diese Eigentümergrundschuld kann der Vorerbe ohne Zustimmung des Nacherben löschen lassen.[61] Es besteht eine Vermutung, dass der Vorerbe eine Nachlassverbindlichkeit mit Mitteln des Nachlasses getilgt hat.[62] Weist jedoch der Vorerbe die Zahlung mit eigenen Mitteln nach, so kann er bei Eintragung der Eigentümergrundschuld vermerken lassen: »*Die Grundschuld gehört nicht zu dem Vermögen, das der vom Erblasser angeordneten Nacherbfolge unterliegt«.*[63] Wenn der Nachweis nicht iS von § 22 Abs 1 geführt werden kann, so ist die Bewilligung des Nacherben erforderlich. War die abgelöste Forderung eine Nachlassverbindlichkeit, so wird die Eigentümergrundschuld mit dem Nacherbfall gemäß §§ 2126, 2124 Abs 2, 1164 BGB zur Hypothek, die die auf den früheren Vorerben übergegangene Forderung gegen den Nachlass sichert.

---

51 OLG München JFG 18, 109 = HRR 1938 Nr 1285.
52 KG OLGZ 1993, 27 = DNotZ 1993, 607 = NJW-RR 1963, 268 = Rpfleger 1993, 236; BayObLGZ 1986, 208 = FamRZ 1987, 104 = NJW-RR 1986, 1070 = Rpfleger 1986, 470; BayObLG JurBüro 1984, 751 = Rpfleger 1984, 142 (Ls); OLG Hamm DNotI-Report 1995, 48 = FamRZ 1995, 961 = FGPrax 1995, 7 = NJW-RR 1995, 1289 = Mitt-BayNot 1995, 404 m Anm *Herrmann* = Rpfleger 1995, 209 = ZEV 1995, 1289 m Anm *Graf.*
53 *Staudinger-Marotzke* § 1976 Rn 4; weiterer Fall bei MüKo-*Siegmann* § 1976 Rn 4.
54 KG JFG 8, 355.
55 KGJ 50, 210; BGH FamRZ 1993, 1311 = NJW 1993, 3198 = MittRhNotK 1993, 257 = Rpfleger 1993, 493 = ZEV 1994, 138 m Anm *Voit* = EWiR 1994, 253 m Anm *Reimann;* BGH DNotZ 1995, 699 = EWiR 1994, 253 m Anm *Reimann* = FamRZ 1993, 1311 = MittRhNotK 1993, 257 = NJW 1993, 3198 = Rpfleger 1993, 493 = ZEV 1994, 1116 m Anm *Voit;* OLG Celle NJW 1953, 1265.
56 BGB-RGRK-*Johannsen* § 2111 Rn 5; *Staudinger-Avenarius* § 2111 Rn 26.
57 KG JFG 1, 485.
58 KG JFG 8, 355.
59 S § 167 Abs 2 VVG; *Eickmann* GBVerfR, S 252; *Palandt/Grüneberg* § 330 BGB Rn 2.
60 BGH FamRZ 1993, 1311 = NJW 1993, 3198 = MittRhNotK 1993, 257 = Rpfleger 1993, 493 = ZEV 1994, 138 m Anm *Voit* = EWiR 1994, 253 m Anm *Reimann;* KGJ 50 A 210; KG JFG 15, 187; OLG München JFG 21, 81; OLG Celle NJW 1953, 1265; *Staudinger-Avenarius* § 2111 Rn 26; dazu auch BGB-RGRK-*Johannsen* § 2111 Rn 5.
61 KGJ 50, 216; KG JFG 15, 188; OLG München JFG 21, 84.
62 KGJ 43 A 264 und 50 A 215.
63 KG JFG 8, 355.

e) Keine Einbeziehung von freiem Vermögen in den Nachlass. Außerhalb der Regelung des § 2111 **33** BGB kann ein Gegenstand nicht der Vorerbschaft zugeordnet werden;[64] dem steht im Hinblick auf §§ 2113 bis 2115 BGB und § 137 BGB der erbrechtliche Typenzwang entgegen.[65] Auch kann der Vorerbe einen zur Vorerbschaft gehörenden Gegenstand nicht in der Weise zu seinem freien Vermögen machen, dass er ihn mit einem Gegenstand seines **freien Vermögens austauscht**.[66]

f) Übertragung in freies Vermögen des Vorerben. Der **Vorerbe kann** jedoch unter Mitwirkung des **34** Nacherben einen Nachlassgegenstand **in sein freies Vermögen übertragen**.[67] Fraglich ist, ob dazu eine Einigung zwischen Vorerbe und Nacherbe in der Form des § 925 BGB notwendig ist, die entweder als Hin- und Rückauflassung[68] zu betrachten ist oder als Übertragung des bedingten Herausgabeanspruchs des Nacherben auf den Vorerben.[69] Weil dabei mit Zustimmung des Nacherben über einen einzelnen Nachlassgegenstand verfügt wird, ist die Zustimmung eines Ersatznacherben (Rdn 47) nicht notwendig.[70] Nach anderer Ansicht soll mit Zustimmung der Nacherben (ohne die Ersatznacherben) die Überführung von einzelnen Nachlassgegenständen durch eine Auseinandersetzung (entsprechend § 2042 BGB mit Vollzug nach §§ 873, 925 BGB) zwischen der **Mit-Vorerbengemeinschaft** und dem Nacherben in das Vermögen des Vorerben ohne Nachlassbindung möglich sein,[71] der Nacherbenvermerk ist sodann im Wege der Grundbuchberichtigung nach § 22 zu löschen bzw. kann auf die Eintragung eines Nacherbenvermerks im Zusammenhang mit der Eigentumsumschreibung verzichtet werden. Dabei wird man davon ausgehen können, dass der Nacherbe gem § 2120 BGB verpflichtet ist, an der Vereinbarung mitzuwirken, da hierdurch eine Nachlassverbindlichkeit erfüllt wird.[72] Beim Vorhandensein eines **alleinigen Vorerben** kann ohne förmliches Verfügungsgeschäft der Vorerbe mit Zustimmung des Nacherben (ohne die Ersatznacherben) einen Nachlassgegenstand in sein eigenes freies Vermögen überführen[73] (sog. Eigenerwerb des Vorerben als Insichverfügung mit Zustimmung des Nacherben und mit Wahrung des Publizitätserfordernisses durch Vorlage der Erklärung des Nacherben oder aber zu deuten als Auseinandersetzungsvereinbarung zwischen Vor- und Nacherbe oder als Freigabeerklärung des Nacherben – alle Erklärungen bedürfen grundbuchverfahrensrechtlich der Form des § 29). Diskutiert wird – weil praxisnah – auch eine echte Freigabe des Nacherben ähnlich der Freigabeerklärung des Testamentsvollstreckers oder Insolvenzverwalters.[74] Zur Übertragung eines Nachlassgegenstands auf den Nacherben s Rdn 41.

g) Vorausvermächtnis nach § 2110 Abs 2 BGB. Ist dem Vorerben ein **Vorausvermächtnis** zugewendet, **35** so ist der Vermächtnisgegenstand nach der Auslegungsregel des § 2110 Abs 2 BGB nicht dem Nacherbenrecht unterworfen.[75] Der alleinige Vorerbe erwirbt den Vermächtnisgegenstand mit dem Vorerbfall ohne weiteres als freies Vermögen (dingliche Zuordnung wird ohne Erfüllungshandlung publiziert durch Grundbuchberichtigung); er wird also bei einem Vermächtnisgrundstück im Wege der Grundbuchberichtigung als Eigentümer eingetragen (Auflassung und rechtsändernde Grundbucheintragung sind nicht erforderlich[76]). Ein Nacherbenvermerk darf nicht eingetragen werden,[77] weil sich die Nacherbfolge nach § 2110 Abs 2 BGB nicht auf den Vorausvermächtnisgegenstand erstreckt. Das Vorausvermächtnis wird dem Grundbuchamt entweder durch beurkundete Verfügung von Todes wegen (in dem der Vorerbe ausdrücklich mit Namen benannt ist) mit Eröff-

---

64 BGHZ 40, 125 = NJW 1963, 2320 = DNotZ 1964, 623; *Soergel-Harder/Wegmann* § 2111 Rn 10.

65 *Staudinger-Avenarius* § 2111 Rn 7.

66 OLG Stuttgart OLGZ 1973, 262 = DNotZ 1974, 365; OLG Köln NJW-RR 1987, 267 = MittRhNotK 1987, 80 = Rpfleger 1987, 60 m Anm *Ludwig* Rpfleger 1987, 155; *Maurer* DNotZ 1981, 223 (Hilfslösungen); *Roggendorf* MittRhNotK 1981, 29.

67 MüKo-*Grunsky* § 2113 Rn 15.

68 So *Maurer* DNotZ 1981, 223. Begrifflich ist aber eine Auflassung des Vorerben an sich selbst ausgeschlossen. *Bauer/von Oefele-Schaub* § 51 Rn 188 sieht als Ausweg nur den Weg der Doppelübereignung zwischen Vor- und Nacherben, wobei zunächst eine Veräußerung an den Nacherben oder einen Dritten erfolgt und danach eine Rückübereignung an den Vorerben zu seinem freien Vermögen.

69 KG JFG 11, 121 = HRR 1933 Nr 1202.

70 *Maurer* DNotZ 1981, 223.

71 BGH DNotZ 2001, 392 = RNotZ 2001, 166 m Anm *Keim* = NJW-RR 2001, 217 = Rpfleger 2001, 79 = ZEV 2001, 19. Dazu auch: *Grunsky* LM 3/2001 § 2111 BGB Nr 11; *Schöner/Stöber* Rn 3529a; *Bauer/von Oefele-Schaub* § 51 Rn 186; *Pöting* MittBayNot 2007, 273, 278; *Dumoulin* DNotZ 2003, 571; *Keim* DNotZ 2003, 832.

72 Gutachten DNotI-Report 2007, 57.

73 BayObLG DNotZ 2005, 790 = FamRZ 2005, 1862 = MittBayNot 2005, 508 = NJW-RR 2005, 956 = NotBZ 2005, 216 = Rpfleger 2005, 421 = RNotZ 2005, 366; *Litzenburger*, in: *Bamberger/Roth* § 2113 Rn 23. Dazu auch: *Grunsky* LM 3/2001 § 2111 BGB Nr 11; *Schöner/Stöber* Rn 3529a; *Bauer/von Oefele-Schaub* § 51 Rn 186; *Dumoulin* DNotZ 2003, 571; *Keim* DNotZ 2003, 832. Dazu auch *Dillmann* RNotZ 2002, 1, 22; *Gantzer* MittBayNot 1993, 67.

74 Vgl *Keim* DNotZ 203, 822; BGHZ 163, 32 = NJW 2005, 2015 = Rpfleger 2005, 465.

75 *Staudinger-Avenarius* § 2110 Rn 7; MüKo-*Grunsky* § 2110 Rn 3; *Klinger/Roth* NJW-Spezial 2008, 391.

76 BGHZ 32, 60 = NJW 1960, 960 = DNotZ 1960, 553. Das Vorausvermächtnis an den alleinigen Vorerben als Vindikationslegat weicht vom allgemeinen Grundsatz des Damnationslegats ab; BGHZ 32, 60 = NJW 1960, 959.

77 OLG München JFG 23, 300; LG Fulda Rpfleger 2005, 664; *Bestelmeyer* Rpfleger 2006, 526, 531.

nungsprotokoll oder durch Erbschein nachgewiesen, in dem ausdrücklich anzugeben ist, dass sich das Nacherbenrecht nicht auf den vermachten Gegenstand erstreckt.[78] Ein Verzicht des Nacherben auf den Nacherbenvermerk bewirkt keine dingliche Eigentumsänderung.

36 Häufig wünscht der Erblasser die **Beschränkung der Vor- und Nacherbfolge auf** seinen **Grundbesitz,** während der übrige Nachlass freies Vermögen des Vorerben sein soll. Er kann dies dadurch erreichen, dass er dem Vorerben alle Nachlassgegenstände, ausgenommen Grundbesitz, als Vorausvermächtnis zuwendet, auf das sich das Recht der Nacherben nicht erstreckt. Die Vor- und Nacherbfolge beschränkt sich dann im Ergebnis auf den Grundbesitz.[79] Im Erbschein wird jedoch nicht eine Erbfolge in den Grundbesitz bezeugt, sondern das durch Nacherbfolge beschränkte Erbrecht des Vorerben mit der Feststellung, dass alle Nachlassgegenstände dem Vorerben als Vorausvermächtnis zugewendet worden sind, auf das sich das Recht der Nacherben nicht erstreckt, ausgenommen Grundstücke.

3. Verfügungsmacht des Vorerben

37 **a) Verfügungsbeschränkungen nach § 2113 BGB.** Das Recht des Vorerben, über Nachlassgegenstände zu verfügen (§ 2112 BGB), ist nach § 2113 Abs 1 BGB bei Grundstücken und Rechten an Grundstücken[80] und nach § 2113 Abs 2 BGB bei unentgeltlichen Verfügungen (Rdn 136) nicht ausgeschlossen, aber dadurch eingeschränkt, dass die Verfügungen bei Eintritt des Nacherbfalls insoweit absolut unwirksam sind, als sie die Rechte des Nacherben vereiteln oder beeinträchtigen.[81] Dabei ist bei **§ 2113 Abs 1 BGB** eine **rechtliche** und bei **§ 2113 Abs 2 BGB** eine **wirtschaftliche Betrachtungsweise** (Rn 130) darüber maßgebend, welche Verfügung die Rechte des Nacherben vereitelt oder beeinträchtigt.[82] Die Rechte des Nacherben sind deshalb im Rahmen des § 2113 Abs 1 BGB auch dann vereitelt, wenn dem Nachlass bei der Veräußerung eines Grundstücks eine reichliche Gegenleistung als Surrogat zugeflossen ist. Der Grundbuchberichtigungsanspruch des Nacherben bei Eintritt der Nacherbfolge wegen einer gem. § 2113 BGB unwirksamen Grundstücksverfügung des Vorerben kann nicht durch eine Vormerkung gesichert werden.[83]

38 **b) Schuldrechtliches Rechtsgeschäft.** Das einer Verfügung zugrunde liegende **schuldrechtliche Rechtsgeschäft** des Vorerben bedarf keiner Zustimmung des Nacherben;[84] stimmt der Nacherbe dennoch zu, so liegt darin die Zustimmung zur Verfügung des Vorerben in Erfüllung des schuldrechtlichen Geschäfts.

39 Verfügung iS von § 2113 BGB ist auch die Bestellung einer **Vormerkung** durch den Vorerben;[85] zur Behandlung im Grundbuch s Rdn 108 und 133.

40 **c) Keine Grundbuchsperre.** Das **Grundbuch** ist **nicht gesperrt,** weder bei entgeltlichen Verfügungen des Vorerben über Grundstücke oder Rechte an Grundstücken noch bei unentgeltlichen Verfügungen, s Rdn 3. Das Grundbuchamt hat den Eintragungsanträgen des Vorerben ohne Rücksicht auf das Recht des Nacherben stattzugeben, gleichgültig ob es sich um eine befreite oder nicht befreite Vorerbschaft, um ein entgeltliches oder unentgeltliches Geschäft handelt;[86] zum Sonderfall des Erbbaurechts s Rdn 109.

41 **d) Zustimmung des Nacherben.** Verfügungen des Vorerben (entgeltliche über Grundstücke oder Rechte an Grundstücken oder unentgeltliche) können durch **Zustimmung (Einwilligung oder Genehmigung) des Nacherben** in entsprechender Anwendung von §§ 183 und 185 BGB endgültig wirksam werden.[87] Endgültig wirksam sind deshalb auch Verfügungen des Vorerben zugunsten des Nacherben selbst, auch unentgeltliche.[88]

---

78 KG JFG 21, 122 = DNotZ 1940, 410 = DFG 1940, 27; OLG Hamm DNotI-Report 1996, 174 = MittBayNot 1996, 381 = NJW-RR 1996, 1230 = Rpfleger 1996, 504. Einzelheiten bei *Fröhler* BWNotZ 2005, 1.
79 *Bergermann* MittRhNotK 1972, 794; *Zawar* DNotZ 1986, 523; **aA** *Emper* NJW 1982, 87.
80 Ebenso bei Verfügungen über Schiffe (Schiffsbauwerke), über Schiffshypotheken (*Staudinger-Avenarius* § 2113 Rn 49) und über ein Registerpfandrecht an einem Luftfahrzeug (§ 98 Abs 2 LuftfzRG, BGBl 1959 I 57).
81 BGHZ 52, 269 = NJW 1969, 2043 = DNotZ 1970, 32 = Rpfleger 1969, 346.
82 MüKo-*Grunsky* § 2113 Rn 11.
83 OLG Oldenburg NJW-RR 2002, 728.
84 BGHZ 52, 269 = NJW 1969, 2043 = DNotZ 1970, 32 = Rpfleger 1969, 346.
85 MüKo-*Grunsky* § 2113 Rn 7 mwN.
86 KG JW 1936, 2749; OLG München JFG 14, 340; OLG Düsseldorf Rpfleger 1957, 413.
87 BGHZ 40, 115 = NJW 1963, 2320 = DNotZ 1964, 623; BayObLG DNotZ 1993, 404 = Rpfleger 1993, 148 = MittRhNotK 1992, 314; BayObLGZ 1995, 55 = DNotZ 1996, 50 = FGPrax 1995, 19 = MittBayNot 1995, 216 = NJW-RR 1995, 1032.
88 LG Tübingen BWNotZ 1981, 143; LG Oldenburg DNotZ 1982, 370; MüKo-*Grunsky* § 2113 Rn 15; *Schöner/Stöber* Rn 3478; *Eble-Haegele* Rpfleger 1970, 419 zur Anwendung von § 1365 BGB in diesem Fall.

Hat der nicht befreite Vorerbe mit Zustimmung des Nacherben oder der befreite Vorerbe entgeltlich verfügt, **42** so **scheidet der Nachlassgegenstand aus dem Nachlass aus**.[89] Gleiches gilt bei den weiteren in Rdn 88 genannten Vorgängen. Die Eintragung des Nacherbenvermerks ist dann nicht mehr sinnvoll. Sie muss daher, wenn der Erwerber ohne Zwischeneintragung des Vorerben (§ 40) eingetragen wird, unterbleiben oder der Nacherbenvermerk wird auf Antrag als gegenstandslos gelöscht, s Rdn 87 und 169. Anstelle des ausgeschiedenen Gegenstands gehört die Gegenleistung als Surrogat zum Nachlass, s Rdn 21.

Erforderlich ist die **Zustimmung aller Nacherben**,[90] auch der **bedingt eingesetzten Nacherben** (Rdn 13) **43** und bei mehrfacher Nacherbfolge der **weiteren Nacherben** (Rdn 11).[91] Nicht erforderlich ist die Zustimmung des Ersatznacherben.[92]

Wird der Vorerbe durch den Nacherben beerbt, tritt Heilung nur dann ein, wenn die unbeschränkbare Erben- **44** haftung eingetreten ist.[93]

Der Nacherbe ist verpflichtet, einem Vertrag über den Verkauf eines Nachlassgegenstandes zuzustimmen, wenn **45** andernfalls das Grundstück enteignet und dabei eine Entschädigung erzielt werden würde, die wesentlich geringer ist als der bei einem freiwilligen Verkauf zu erzielende Erlös. Verpflichtet sich der Nacherbe zur Abgabe der Zustimmung, so bedarf diese der notariellen Beurkundung.[94]

Der Erblasser kann den Nacherben verpflichten, bestimmten unentgeltlichen Verfügungen des Vorerben zuzu- **46** stimmen; § 2113 Abs 2 BGB wird unter Aufrechterhaltung des Nacherbenrechts insoweit ausgeschaltet.[95] Nicht zulässig ist jedoch ein Vermächtnis des Erblassers, der Nacherbe habe allen Verfügungen des Vorerben zuzustimmen.[96]

e) Keine Zustimmung des Ersatznacherben. Der **Ersatznacherbe** hat bis zum Wegfall des Nacherben **47** nur eine bedingte Anwartschaft und noch keine Rechte und Pflichten, er muss deshalb weder im Fall des § 2113 Abs 1 BGB noch bei unentgeltlichen Verfügungen des Vorerben zustimmen,[97] auch dann nicht, wenn der Vorerbe an den Nacherben, auch unentgeltlich, veräußert.[98] Der Ersatznacherbe rückt erst mit dem Ersatzfall in die Rechtsstellung des Nacherben ein; es sind auf ihn die Rechtssätze der Ersatzerbschaft, nicht der Nacherbschaft anzuwenden.

f) Pfleger für unbekannte Nacherben. Ist der **Nacherbe unbekannt**, so muss er von einem Pfleger nach **48** § 1913 BGB vertreten werden, der der Genehmigung des Vormundschaftsgerichts bedarf;[99] Zustimmung auch eines Ersatznacherben ist nicht nötig. Dies gilt nicht, wenn der Erblasser seine ehelichen Kinder als Nacherben eingesetzt hat,[100] s Rdn 95.

Hat der Erblasser **nicht näher bezeichnete Abkömmlinge des Vorerben als Nacherben** eingesetzt, so sind **49** bereits vorhandene Abkömmlinge bekannt und deshalb im Erbschein und im Nacherbenvermerk namentlich

---

89 KG JFG 12, 274; BayObLG DNotZ 1983, 320 = Rpfleger 1982, 467.

90 BayObLG DNotZ 1983, 318 = FamRZ 1982, 1139 = Rpfleger 1982, 277; aA *Dumoulin* DNotZ 2003, 571.

91 OLG Hamm Rpfleger 1975, 134; MüKo-*Grunsky* § 2113 Rn 16.

92 BayObLG DNotZ 2005, 790 = MittBayNot 2005, 508 = NJW-RR 2005, 956 = NotBZ 2005, 216 = Rpfleger 2005, 421 = RNotZ 2005, 366.

93 BayObLG DNotZ 1998, 138 = FamRZ 1998, 710 = MittBayNot 1997, 44 = Rpfleger 1997, 156; BayObLG DNotZ 1998, 206 = FamRZ 1997, 1363 = FGPrax 1997, 135 = MittBayNot 1997, 238 = MittRhNotK 1997, 266 = NJW-RR 1997, 1239 = Rpfleger 1997, 429 = ZEV 1997, 452.

94 BGH DNotZ 1972, 498 = FamRZ 1972, 455 = Rpfleger 1972, 166.

95 OLG Düsseldorf DNotI-Report 1999, 147 = DNotZ 2001, 140 m krit Anm *Ludwig* DNotZ 2001, 102 = FamRZ 2000, 571 = FGPrax 1999, 184 = NJW-RR 2000, 375 = MittBayNot 2000, 45 = Rpfleger 1999, 541 = ZEV 2000, 29.

96 *Dillmann* RNotZ 2002, 1, 19.

97 RGZ 145, 316; BGHZ 40, 115 = NJW 1963, 2320 = DNotZ 1964, 623; KG JFG 21, 251; BayObLG DNotZ 2005, 790 = MittBayNot 2005, 508 = NJW-RR 2005, 956 = NotBZ 2005, 216 = Rpfleger 2005, 421 = RNotZ 2005, 366; BayObLG DNotZ 1993, 404 = MittRhNotK 1992, 314 = Rpfleger 1993, 148; BayObLG 1959, 493 = NJW 1960, 965; OLG Stuttgart BWNotZ 1957, 152; OLG Frankfurt DNotZ 1970, 691; LG Oldenburg Rpfleger 1979, 102 und DNotZ 1982, 370; *Kanzleiter* DNotZ 1970, 326 und 693.

98 BayObLG DNotZ 1993, 404 = MittRhNotK 1992, 314 = Rpfleger 1993, 148; LG Tübingen BWNotZ 1981, 143; LG Oldenburg DNotZ 1982, 370; *Schöner/Stöber* Rn 3478.

99 BayObLG DNotZ 1998, 206 = FamRZ 1997, 1363 = FGPrax 1997, 135 = MittBayNot 1997, 238 = MittRhNotK 1997, 266 = NJW-RR 1997, 1239 = Rpfleger 1997, 429 = ZEV 1997, 452; BayObLGZ 1959, 493 = NJW 1960, 965; OLG Hamm OLGZ 1969, 406 = NJW 1969, 1490 = DNotZ 1970, 360 = Rpfleger 1969, 347; OLG Hamm Rpfleger 1984, 312; BayObLG DNotZ 1983, 318 = FamRZ 1982, 1139 = Rpfleger 1982, 277; BayObLG FamRZ 1991, 1114 = Rpfleger 1991, 356.

100 OLG Frankfurt OLGZ 1985, 411 = MittRhNotK 1986, 23 = Rpfleger 1986, 51 m Anm*Meyer-Stolte*.

zu nennen neben weiteren Abkömmlingen des Vorerben, die etwa bis zum Nacherbfall nachgeboren werden (»*Nacherben sind A und B sowie weitere beim Nacherbfall vorhandene Abkömmlinge des Vorerben X*«).[101] Aus den in Rdn 94 genannten Gründen können jedoch im Erbschein und damit im Nacherbenvermerk nur die beim Erbfall vorhandenen Abkömmlinge namentlich genannt werden. Damit sind in diesem Fall neben bekannten auch unbekannte Nacherben vorhanden. Ein Pfleger nach § 1913 BGB vertritt alle beim Erbfall noch nicht bekannten Nacherben, also auch als Nacherben eingesetzte Kinder des Vorerben, die nach dem Erbfall geboren wurden.[102] Die namentlich genannten Nacherben werden vom Pfleger nicht vertreten, sondern müssen bei einer Zustimmung selbst handeln.[103]

Zum Erbnachweis s Rdn 94 und zur Bezeichnung im Nacherbenvermerk s Rdn 98.

50   Sind die **gesetzlichen Erben bei Wiederheirat des Vorerben** als Nacherben eingesetzt, so sind sie insgesamt unbekannt, weil erst beim Nacherbfall die gesetzlichen Erben und damit der Kreis der Nacherben feststeht; vorher besteht auch keine Nacherbenanwartschaft (§ 2074 BGB);[104] hier kann deshalb nur der Pfleger zustimmen.

51   **g) Familien-/vormundschaftsgerichtliche Genehmigung zur Nacherbenzustimmung.** Die von einem gesetzlichen Vertreter des Nacherben erteilte Zustimmung bedarf der familien-/**vormundschaftsgerichtlichen Genehmigung**, wenn ein Vormund/Pfleger/Betreuer handelt (§§ 1821, 1812, 1908i und 1915 BGB).[105] Die gerichtliche Genehmigung zu der Zustimmung ist immer dann erforderlich, wenn auch die Verfügung, der zugestimmt wird, genehmigungsbedürftig wäre. Bei Eltern ist die Genehmigung nur bei Verfügungen über ein Grundstück oder über ein Recht an einem Grundstück, ausgenommen ein Grundpfandrecht, notwendig (§§ 1643, 1821 BGB).[106]

52   **h) Vorerbe als gesetzlicher Vertreter des Nacherben.** Ist der **Vorerbe zugleich gesetzlicher Vertreter** des Nacherben, so ist er (nach § 181 BGB) an der Vertretung bei der Zustimmung des Nacherben auch dann gehindert, wenn die Zustimmung gegenüber dem Vertragsgegner erklärt wird;[107] es ist deshalb ein Ergänzungspfleger notwendig, soweit der Minderjährige nicht durch einen Pfleger für unbekannte Nacherben nach § 1913 BGB vertreten wird, s Rdn 49. Eines Ergänzungspflegers bedarf es nicht, wenn der minderjährige Nacherbe zusammen mit seinem gesetzlichen Vertreter (Vorerbe) zugleich Miterbe (Vollerbe) ist und der gesetzliche Vertreter mit Genehmigung des Familien/Vormundschaftsgerichts ein Grundstück veräußert.[108]

53   **i) Testamentsvollstreckung.** Ist ein **Testamentsvollstrecker nach § 2222 BGB** vorhanden, so muss dieser und nicht der Nacherbe zustimmen. Sind die Nacherben unbekannt, so sollte der Erblasser einen solchen Testamentsvollstrecker (TV) bestimmen, um so die Erschwernisse aus einer Pflegschaft nach § 1913 BGB und aus einer vormundschaftsgerichtlichen Genehmigung zu vermeiden.[109] Der alleinige Vorerbe kann jedoch nicht zugleich TV iS von § 2222 BGB sein.[110]

54   Bei Anordnung einer **allgemeinen Testamentsvollstreckung** ist zu klären, ob sie nur den Vorerben betrifft (Testamentsvollstreckung für die Vorerbschaft) oder Testamentsvollstreckung für die Nacherbschaft besteht(hier

101   OLG Köln MittRhNotK 1988, 44; LG Frankfurt Rpfleger 1984, 271; BayObLG FamRZ 1991, 1114 = Rpfleger 1991, 356.

102   Str BayObLGZ 1959, 493 = NJW 1960, 965; OLG Oldenburg NdsRpfl 1966, 59; BayObLG DNotZ 1983, 318 = FamRZ 1982, 1139 = Rpfleger 1982, 277 (offen gelassen); *Palandt/Edenhofer* § 2104 Rn 5; *Haegele* Rpfleger 1971, 123; **aA** *Staudinger-Avenarius* § 2104 Rn 17; MüKo-*Grunsky* § 2104 Rn 7; *Soergel-Harder/Wegmann* § 2104 Rn 5; *Bergermann* MittRhNotK 1972, 762; *Kanzleiter* DNotZ 1970, 326.

103   BayObLGZ 2002, 208 = FamRZ 2003, 479 = NJW-RR 2003, 649 = Rpfleger 2003, 82 m Anm *Zorn* = ZEV 2003, 295; OLG Hamm OLGZ 1969, 406 = NJW 1969, 1490 = DNotZ 1970, 360 = Rpfleger 1969, 347; OLG Hamm Rpfleger 1984, 312; OLG Hamm DNotI-Report 1997, 158 = FamRZ 1997, 1368 = FGPrax 1997, 128 = MittBayNot 1997, 240 = NJW-RR 1997, 1095 = MittRhNotK 1997, 263; *Schöner/Stöber* Rn 3512; *Demharter* § 51 Rn 39.

104   KG OLGZ 1972, 82 = Rpfleger 1971, 354.

105   OLG Hamm OLGZ 1969, 406 = NJW 1969, 1490 = DNotZ 1970, 360 = Rpfleger 1969, 347; OLG Hamm Rpfleger 1984, 312; BayObLG DNotZ 1983, 318 = FamRZ 1982, 1139 = Rpfleger 1982, 277.

106   LG Berlin Rpfleger 1987, 457.

107   Str MüKo-*Grunsky* § 2113 Rn 15; *Palandt/Edenhofer* § 2113 Rn 6; *Coing* NJW 1985, 8, unter Hinweis auf BGHZ 77, 7 = NJW 1980, 1577 = DNotZ 1981, 22 = Rpfleger 1980, 336; *Schöner/Stöber* Rn 3484; **aA** OLG Hamm DNotZ 2003, 635 = ZEV 2004, 249; OLG Hamm OLGZ 1965, 82 = NJW 1965, 1489 = DNotZ 1966, 102 = Rpfleger 1966, 48; LG Berlin Rpfleger 1987, 457; *Soergel-Harder/Wegmann* § 2113 Rn 11. Wenn bei einem minderjährigen Nacherben nur ein Elternteil Vorerbe ist, ist auch der andere Elternteil von der Vertretung ausgeschlossen, BayObLG MittRhNotK 1974, 498 = MittBayNot 1974, 155.

108   BayObLGZ 1995, 55 = DNotZ 1996, 50 = FamRZ 1995, 1297 = FGPrax 1995, 19 mzust Anm *Bestelmeyer* = NJW-RR 1995, 1032.

109   BayObLGZ 1989, 183 = DNotZ 1990, 56 = FamRZ 1989, 1123 = MittBayNot 1989, 320 = NJW-RR 1989, 1096 = Rpfleger 1989, 412; *Kanzleiter* DNotZ 1970, 337; *Haegele* Rpfleger 1957, 148; 1969, 349 und 1971, 123.

110   RGZ 77, 178; OLG Karlsruhe MDR 1981, 943; **aA** *Rohloff* DNotZ 1971, 518.

tritt die Testamentsvollstreckung erst nach Eintritt der Nacherbfolge in Kraft und besteht für den Nacherben während der gesamten Dauer der Nacherbschaft) oder nur den Nacherben (vor dem Nacherbfall iS von § 2222 BGB) oder beide (Testamentsvollstreckung für Vor- und Nacherbschaft) betrifft. Die Verfügungsbeschränkungen des § 2113 BGB gelten für den TV nicht, wenn er für die Erben insgesamt (Vor- und Nacherben) eingesetzt ist;[111] dies ist jedoch zweifelhaft, wenn der TV nur den Vorerben betrifft, zumal ihm dann im Zweifel die Befugnisse nach § 2222 BGB nicht zustehen (Rdn 53).[112] Der TV kann Nachlassgegenstände entgeltlich mit der Wirkung freigeben, dass sie freies Vermögen des Vorerben werden,[113] s Rdn 34.

j) Ohne Zustimmung des Nacherben wirksame Verfügungen. Die Zustimmung des Nacherben ist nicht **55** notwendig bei Verfügungen (auch deren Absicherung durch Vormerkung) in **Erfüllung einer vom Erblasser eingegangenen Verbindlichkeit**,[114] wenn hierüber eine äußerlich und inhaltlich einwandfreie notarielle Urkunde vorliegt; die Erfüllung muss dann vom Nacherben hingenommen werden und beeinträchtigt deshalb seine Rechte letztlich nicht.[115] Sonst kann auf die Zustimmung des Nacherben nicht verzichtet werden; gegebenenfalls ist er nach § 2120 BGB zustimmungspflichtig.

k) Vermächtniserfüllung, Teilungsanordnung und Erbauseinandersetzung. Die Erfüllung einer letzt- **56** willigen Verfügung stellt keine unentgeltliche Verfügung dar; der Nachweis der Entgeltlichkeit muss in diesem Fall nicht in der Form des § 29 geführt werden.[116] Ein **Vermächtnis**[117] oder eine **Teilungsanordnung**[118] können ohne Zustimmung des Nacherben nur erfüllt werden, wenn der Vorerbe zur Erfüllung von § 2113 Abs 1 BGB **befreit** ist; regelmäßig kann eine entsprechende stillschweigende Anordnung des Erblassers angenommen werden, außer der Vorerbe erfüllt das Vermächtnis oder die Teilungsanordnung vorzeitig;[119] nach OLG Celle[120] ist zur Erfüllung eines fälligen Vermächtnisses die Zustimmung des Nacherben nicht erforderlich. Die Befreiung muss jedoch im Sinne von § 35 Abs 1 nachgewiesen werden;[121] bei Erfüllung von privatschriftlich angeordneten Vermächtnissen ist nach noch hM[122] daher stets ein Erbschein notwendig, aus dem die angeordnete Befreiung ersichtlich ist; für den Nachweis eines Vermächtnisses bei Testamentsvollstreckung wird allerdings all-

111 BGHZ 40, 115 = NJW 1963, 2320 = DNotZ 1964, 623; BayObLG BWNotZ 1991, 142 = FamRZ 1991, 984 = MittBayNot 1991, 122 = MittRhNotK 1991, 124 = Rpfleger 1991, 194 (Ls).

112 BayObLGZ 1959, 128 = NJW 1959, 1920 = DNotZ 1960, 430; MüKo-*Zimmermann* § 2222 Rn 9; *Haegele-Winkler* 10. Aufl Rn 160.

113 KG JFG 11, 121 = HRR 1933 Nr 1202.

114 KG HRR 1934 Nr 172; BayOblG NJW-RR 2001, 1665; OLG Düsseldorf FGPrax 2003, 151.

115 **HM** KG HRR 1934 Nr 172; BayOblG NJW 1974, 312 = NJW 1974, 2323 = DNotZ 1975, 417 = Rpfleger 1974, 355; BayObLG FamRZ 1992, 728; OLG Hamm Rpfleger 1984, 312; *Staudinger- Avenarius* § 2113 Rn 53; BGB-RGRK-*Johannsen* § 2113 Rn 5; *Soergel-Harder/Wegmann* § 2113 BGB Rn 14; *Palandt/Edenhofer* § 2113 Rn 5; **aA** MüKo-*Grunsky* § 2113 Rn 13.

116 OLG Karlsruhe FGPrax 2005, 219 = NJW-RR 2005, 1097 = Rpfleger 2005, 598; BayObLG FamRZ 1989, 787 = NJW-RR 1989, 587 (je zur Testamentsvollstreckung).

117 OLG Celle OLGR Celle 2004, 488 = NdsRpfl 2005, 38 = RNotZ 2005, 365 = ZflR 2005, 35; OLG Düsseldorf DNotZ 2001, 140 m Anm *Ludwig* DNotZ 2001, 102 = FamRZ 2000, 571 = FGPrax 1999, 184 = NJW-RR 2000, 375 = Rpfleger 1999, 541 = ZEV 2000, 29 m Anm *Wübben*; OLG Düsseldorf DNotZ 2003, 637 = Rpfleger 2003, 495 = RNotZ 2003, 397 = ZEV 2003, 296 m Anm *Ivo* zum grundbuchrechtlichen Nachweis der Vermächtniserfüllung; OLG Hamm Rpfleger 1984, 312; OLG Hamm DNotI-Report 1996, 174 = MittBayNot 1996, 381 = NJW-RR 1996, 1230 = Rpfleger 1996, 504; BayObLGZ 2001, 120 = DNotZ 2001, 808 = FamRZ 2002, 135 = MittBayNot 2001, 403 = NJW-RR 2001, 1665 = Rpfleger 2001, 408 = NotBZ 2001, 304 m Anm *Gergaut* = ZEV 2001, 403.

118 OLG Hamm FamRZ 1995, 961 = FGPrax 1995, 7 = MittBayNot 1995, 404 = MittRhNotK 1995, 102 = NJW-RR 1995, 1289 = Rpfleger 1995, 209; LG Hanau Rpfleger 1986, 433. Die Teilungsanordnung darf nicht vorzeitig, dh vor Fälligkeit erfüllt werden, BayObLGZ 1974, 312 = Rpfleger 1974, 355; abweichend LG Kassel DNotZ 1957, 159.

119 KG JFG 22, 98; BayObLGZ 1974, 312 = NJW 1974, 2323 = DNotZ 1975, 417 = Rpfleger 1974, 355; OLG Hamm Rpfleger 1984, 312; LG Hanau Rpfleger 1986, 433; *Staudinger-Avenarius* § 2113 Rn 53; dazu auch MüKo-*Grunsky* § 2113 Rn 13; *Beck* DNotZ 1961, 572; *Deimann* Rpfleger 1978, 244; OLG Hamm DNotI-Report 1996, 174 = MittBayNot 1996, 381 = NJW-RR 1996, 1230 = Rpfleger 1996, 504; OLG Hamm DNotI-Report 1995, 46 = FamRZ 1995, 961 = FGPrax 1995, 7 = MittBayNot 1995, 404 m Anm *Hermann* = MittRhNotK 1995, 102 = NJW-RR 1995, 1289 = Rpfleger 1995, 209 = ZEV 1995, 336 m Anm *Graf*.

120 OLGR Celle 2004, 488 = NdsRpfl 2005, 38 = ZflR 2005, 35.

121 OLG Hamm Rpfleger 1984, 312.

122 OLG Hamm Rpfleger 1984, 312; BayObLGZ 1974, 312 = NJW 1974, 2323 = DNotZ 1975, 417 = Rpfleger 1974, 355; offen gelassen von BayObLGZ 2001, 120 = DNotZ 2001, 808 = FamRZ 2002, 135 = MittBayNot 2001, 403 = NotBZ 2001, 303 m Anm *Gergaut* = Rpfleger 2001, 408 = ZEV 2001, 403; **aA** *Schöner/Stöber* Rn 3520a; *Bauer/von Oefele-Schaub* § 51 Rn 151; *Deimann* Rpfleger 1978, 244; dazu auch OLG Hamm NJW-RR 1996, 1230 = Rpfleger 1984, 312.

gemein eine praxisnähere Ansicht vertreten, was auch sachgerechter erscheint,[123] vgl § 52. Die neuere Rechtsprechung[124] hält die beigezogenen Nachlassakten oder eine zu den Grundakten eingereichte beglaubigte Abschrift eines privatschriftlichen Testaments mit Eröffnungsprotokoll für genügend und verlangt auch bei einem nicht befreiten Vorerben für die Vermächtniserfüllung keine Zustimmung des Nacherben.[125] Diese Ansicht wird den Erfordernissen des Rechtsverkehrs gerecht und vermeidet Erschwerungen im Grundbuchverfahren.

Der Vorerbe kann nicht einem von mehreren Nacherben eine Zuwendung machen, die den Wert des Nacherbteils nicht übersteigt und auf seinen Nacherbteil anzurechnen ist. Solche Anrechnungsbestimmungen sind dem Vorerben versagt. Er kann nicht in die Auseinandersetzung, die allein Sache der Nacherben ist, eingreifen und diese vorwegnehmen.[126]

Eine Erbauseinandersetzung mit Grundstücksübertragung unter nicht befreiten Vorerben kann gemäß § 2113 Abs 1 BGB nur unter Zustimmung des Nacherben (nicht auch des Ersatznacherben) erfolgen, weil sie ansonsten im Falle des Eintritts der Nacherbfolge insoweit unwirksam wäre, als sie das Recht des Nacherben vereiteln oder beeinträchtigen würde. Setzen sich befreite Vorerben über den Nachlass auseinander, ist eine Grundstücksverfügung immer dann als vollentgeltlich anzusehen, wenn der Miterbe durch die Übertragung des Grundbesitzes dasjenige erhält, was wertmäßig seiner Erbquote entspricht, oder wenn für einen etwaigen Mehrwert eine Ausgleichszahlung erbracht wird; denn die Gegenleistung für die Übertragung des Grundstücks ist die Aufgabe des Auseinandersetzungsanspruchs des erwerbenden (Vor-) Miterben am Nachlass. Eine vollentgeltliche Verfügung bei einer Auseinandersetzung von Mitvorerben führt nicht zur vollständigen Beseitigung der Nacherbenbindung. Soweit ein Vorerbe nämlich durch die Auseinandersetzung ein Grundstück aus dem Nachlass erwirbt, unterliegt es gem § 2311 BGB wiederum der Nacherbenbeschränkung hinsichtlich der nach im eingesetzten Nacherben, weil er es mit Mitteln aus dem Nachlass (seinem Auseinandersetzungsanspruch) erworben hat. Alle Gegenstände, die der Vorerbe bei einer Nachlassauseinandersetzung erhält, sind Surrogate, sofern die Miterben bei der Auseinandersetzung unter Mitwirkung der Nacherben nicht ausdrücklich etwas anderes vereinbaren, zB dass der Mitvorerbe, dem das Grundstück übertragen wird, den Grundstückswert vollständig aus seinem Eigenvermögen an die Erbengemeinschaft zahlt.[127] Daraus folgt, dass Zug um Zug mit dem entsprechenden Eigentumserwerb nach § 51 von Amts wegen ein Nacherbenvermerk im Grundbuch einzutragen ist.[128]

Der Vorerbe kann nachlasszugehörige Grundstücke unter Beseitigung der Nacherbenbindung in sein Eigenvermögen überführen, vgl Rdn 34.

57 Lebt der **Nacherbe in Gütergemeinschaft**, so ist die Zustimmung des Nacherben ausreichend; der **Ehegatte muss nicht zustimmen**.[129]

58 Die Zustimmung des Nacherben ist auch dann erforderlich, wenn die Verfügung der Durchführung eines Erbauseinandersetzungsvertrags dient.

59 **l) Erblasservollmacht.** Der Erblasser kann eine **Vollmacht über seinen Tod hinaus** erteilen.[130] Der Bevollmächtigte handelt für alle, die vom Erblasser Erbrechte herleiten, also nicht nur für den Vorerben, sondern auch

---

123 OLG Düsseldorf DNotZ 2003, 637 = RNotZ 2003, 397 = Rpfleger 2003, 495 = ZEV 2003, 296 m Anm *Ivo* zum grundbuchrechtlichen Nachweis der Vermächtniserfüllung Rpfleger 2003, 495; OLG Hamm DNotI-Report 1996, 174 = MittBayNot 1996, 381 = NJR-RR 1996, 1230 = Rpfleger 1996, 504; BayObLGZ 2001, 118 = DNotZ 2001, 808 = FamRZ 2002, 135 = MittBayNot 2001, 403 = NJW-RR 2001, 1665 = NotBZ 2001, 303 m Anm *Gergaut* = Rpfleger 2001, 408 = ZEV 2001, 403; *Schöner/Stöber* Rn 3520a; *Bauer/von Oefele-Schaub* § 51 Rn 151.

124 OLG Celle OLGR Celle 2004, 488 = NdsRpfl 2005, 38 = RNotZ 2005, 365 = ZfIR 2005, 35; OLG Düsseldorf DNotZ 2003, 637 = RNotZ 2003, 397 = Rpfleger 2003, 495 = ZEV 2003, 296 m Anm *Ivo* zum grundbuchrechtlichen Nachweis der Vermächtniserfüllung Rpfleger 2003, 495; OLG Hamm DNotI-Report 1996, 174 = MittBayNot 1996, 381 = NJW-RR 1996, 1230 = Rpfleger 1996, 504; *Deimann* Rpfleger 1978, 244. Ausdrücklich offen gelassen von BayObLG DNotZ 2001, 808 = MittBayNot 2001, 403, ob es das Vorliegen eines Privattestaments in Abweichung zu seiner früheren Rechtsprechung als ausreichend ansehen würde.

125 OLGR Celle 2004, 488 = NdsRpfl 2005, 38 = ZfIR 2005, 35.

126 **AA** OLG Braunschweig FamRZ 1995, 443; Gutachten DNotI-Report 1996, 17.

127 BGH MDR 1959, 290; KG OLGZ 1993, 27 = DNotZ 1993, 607 = NJW-RR 1963, 268 = Rpfleger 1993, 236; BayObLG Rpfleger 2005, 142 = NJW-RR 2005, 233; BayObLG Rpfleger 1984, 142; Bestelmeyer Rpfleger 2006, 526, 530; *Pöting* MittBayNot 2007, 273, 278.

128 *Bestelmeyer* Rpfleger 2006, 526, 530.

129 LG Frankenthal FamRZ 1983, 1130 = MittBayNot 1983, 176.

130 *Staudinger-Reimann* Rn 53 ff vor § 2197; *Palandt/Edenhofer* Rn 9 vor § 2197; *Haegele* Rpfleger 1968, 345.

für den Nacherben.[131] Die Gegenmeinung übersieht, dass sowohl der Vorerbe als auch der Nacherbe die Vollmacht für seine Person widerrufen kann.[132] Auf ein der postmortalen Vollmacht zugrunde liegendes Rechtsverhältnis, das den Nacherben vor Eintritt des Nacherbfalls nicht berührt, kommt es nicht an, weil die Vollmacht auch isoliert (ohne das Bestehen eines Rechtsverhältnisses) erteilt und widerrufen werden kann.[133] Verfügt der Bevollmächtigte, ohne dass der Nacherbe widerrufen hat, so darf kein Nacherbenvermerk eingetragen werden.[134] Eine **dem Vorerben erteilte Vollmacht erlischt** jedoch **mit dem Erbfall durch Konsolidation**, weil der Vorerbe sonst über § 2136 BGB hinaus befreit wäre.[135]

m) Vollmacht des Vorerben. Eine **vom Vorerben erteilte Vollmacht** wird grundsätzlich mit Eintritt des   **60** Nacherbfalls unwirksam, da der Nacherbe nicht Rechtsnachfolger des Vorerben ist.[136] Etwas anderes gilt allerdings, wenn der Nacherbe der Bevollmächtigung zugestimmt hat.[137, 138]

n) Konvaleszenz. Die Verfügung des Vorerben ist wirksam, wenn sie sich auf die Zeit bis zur Nacherbfolge   **61** beschränkt (zB Wohnungsrecht auf Lebenszeit des Vorerben) oder wenn eine **Konvaleszenz** nach § 185 Abs 2 BGB eintritt, insbesondere wenn der Vorerbe, der ohne Zustimmung des Nacherben iS von § 2113 BGB verfügt hat, vom Nacherben beerbt wird mit unbeschränkter Haftung für Nachlassverbindlichkeiten.[139]

o) Hofvorerbe. Soweit das Recht des **Hofvorerben**, den weiteren Hoferben zu bestimmen, reicht, kann er   **62** im Wege der vorweggenommenen Erbfolge durch Übergabevertrag mit Genehmigung des Landwirtschaftsamts verfügen, wobei die Beschränkungen des § 2113 Abs 1 BGB nicht gelten.[140] Im Bereich der Höfeordnung genügt für den Antrag eines Beteiligten, das Grundbuchamt um Löschung des eingetragenen Hofvermerks zu ersuchen, wenn nur bestimmte Personen als Nacherben in Betracht kommen, und diese alle (aber ohne Mitwirkung der Ersatznacherben), wie auch der Vorerbe, die Hofaufgabeerklärung abgegeben haben.[141]

p) Anteil an einem Gesamthandsvermögen. Fraglich ist, ob § 2113 BGB auf dann anwendbar ist, wenn   **63** ein Grundstück Bestandteil eines **Gesamthandsvermögens** ist und über das Grundstück verfügt werden soll, denn Gegenstand der Nacherbfolge ist der Gesamthandsanteil und nicht das zum Gesamthandsvermögen gehörende Grundstück. Gehört zur Vorerbschaft ein **Anteil an einem Gesamthandsvermögen**, so ist § 2113 Abs 1 und 2 BGB nach hM auf Verfügungen über zum Gesamthandsvermögen gehörende Gegenstände nicht anzuwenden, wenn der Vorerbe zugleich der einzige weitere Gesamthänder ist oder wenn zur Vorerbschaft ein Anteil an einer Personengesellschaft, Partnerschaftsgesellschaft, Gütergemeinschaft, Erbengemeinschaft gehört.[142] Eine direkte Anwendung des § 2113 BGB scheidet aus, die analoge Anwendung wird im Interesse der Rechtsklarheit und Rechtssicherheit abgelehnt.[143] Bei Abwägung der Interessen ist den Drittinteressen Vorrang vor den Interessen der Nacherben zu gewähren. Eine Beschränkung der Rechte der Miterben stellt ein größe-

---

131 *Keim* DNotZ 2008, 175, 185; **str** KG JFG 12, 274; OLG Stuttgart OLGZ 1973, 264 = DNotZ 1974, 365; *Schöner/Stöber* Rn 3488; *Haegele* Rpfleger 1968, 345; **aA** KEHE-*Eickmann* § 51 Rn 12; *Palandt/Edenhofer* § 2112 Rn 4; *Staudinger-Avenarius* § 2112 Rn 34; BGB-RGRK-*Johannsen* § 2112 Rn 7; MüKo-*Grunsky* § 2112 Rn 8; *Bauer/von Oefele-Schaub* § 51 Rn 64.

132 KGJ 36 A 171.

133 *Staudinger-Reimann* Rn 71 ff vor § 2197.

134 KG JFG 12, 278; *Demharter* § 51 Rn 15; *Schöner/Stöber* Rn 3509.

135 KGJ 43 A 157, *Staudinger-Behrends* § 2112 Rn 33.

136 *Keim* DNotZ 2008, 175, 184.

137 *Keim* DNotZ 2008, 175, 185.

138 KG NJW 1957, 754; SchlHOLG SchlHA 1962, 174.

139 RGZ 110, 94; OLG München DNotZ 1971, 544; *Staudinger-Avenarius* § 2113 Rn 23 ff.

140 OLG Hamm OLGZ 1986, 9 = RdL 1985, 299 = Rpfleger 1985, 489.

141 BGH FamRZ 2004, 1196 = NJW-RR 2004, 1233 = NotZ 2004, 508 = Rpfleger 2004, 474 = ZEV 2004, 335 = ZNotP 2004, 373; vgl aber auch BGH AgrarR 1992, 78 m Anm *Faßbender* AgrarR 1992, 190 = FamRZ 1991, 1289 = MittRhNotK 1992, 26 = NJW-RR 1991, 1282 = Rpfleger 1992, 17.

142 BGH NJW 1978, 698 = Rpfleger 1978, 52; BGH NJW 1976, 893 = DNotZ 1976, 554 = NJW 1976, 892 = Rpfleger 1976, 205; vgl auch OLG Hamburg NJW-RR 1994, 1231; OLG Zweibrücken FGPrax 1998, 46 = NJW-RR 1998, 666 = Rpfleger 1998, 156 = ZEV 1998, 354; BayObLGZ 1994, 177 = FamRZ 1995, 379 = MittBayNot 1994, 447 = NJW-RR 1994, 1360 = Rpfleger 1995, 105; BayObLG DNotI-Report 1996, 22 = MittBayNot 1996, 214 = Rpfleger 1996, 150 = ZEV 1996, 64 m Anm *Kanzleiter; Dillmann* RNotZ 2002, 1, 15; kritisch *Neuschwander* BWNotZ 1977, 85; auch *Schmidt* FamRZ 1976, 683; *Ludwig* DNotZ 2000, 67. AA *Staudenmaier* NJW 1965, 380. Allgemein ablehnend *Schaub* ZEV 1998, 372. Eingehend Gutachten DNotI-Report 2005, 92; *Schaub* ZEV 2007, 325.

143 BGH DNotI-Report 2007, 79 = DNotZ 2007, 700 = MittBayNot 2007, 328 = NJW 2007, 2114 m Anm *Keim* = NotBZ 2007, 214 = RNotZ 2007, 414 = Rpfleger 2007, 383 m krit Anm *Armbruster* = Rpfleger 2007, 459 m Anm *Dümig* = ZNotP 2007, 227 (Bestätigung von OLG Stuttgart FGPrax 2006, 249 = Rpfleger 2007, 136 m Anm *Böhringer* Rpfleger 2007, 260 = RNotZ 2007, 223 = ZERB 2006, 389). Ausführlich *Custodis*, Zur Berechtigung des Vorerben, über Gesamtgutgegenstände zu verfügen, Jubiläums-FS des Rheinischen Notariats, 1998, S 163; eingehend *Dillmann* RNotZ 2002, 1, 15.

res »Übel« dar. Die Verfügungsbeschränkungen des § 2113 BGB würden sich sonst zu Lasten der anderen Gesamthänder auswirken.[144] Deshalb darf auch kein Nacherbenvermerk eingetragen werden.[145] Dagegen hält *Jung*[146] mit guten Gründen die Eintragung eines inhaltlich auf den bisherigen Anteil des Erblassers an dem Gesamthandsvermögen beschränkten Nacherbenvermerk für erforderlich, damit der Nacherbe nach Eintritt des Nacherbfalls bei Verfügungen durch den Erben des Vorerben geschützt ist; der Nacherbenvermerk soll aber bis zum Nacherbfall keine Wirkung haben, insbesondere keine Verfügungsbeschränkung ausdrücken. Auch in den neuen Bundesländern besteht nach § 8 Abs 2 S 2 Hs 2 EGZGB eine ähnliche Rechtslage, wenn die Testamentserrichtung vor dem 01.01.1976 erfolgte und der Erbfall zwischen dem 01.01.1976 und vor dem 03.10.1990 eintrat.[147] In diesem Fall besteht keine Verfügungsbeschränkung des § 2113 BGB; der Vorerbe kann wie ein Vollerbe uneingeschränkt verfügen, auch unentgeltliche Verfügungen vornehmen. Die Befangenheit des Grundstücks zum Nachlass wird durch einen besonderen Nacherbenvermerk verlautbart: »*Nacherbfolge ist angeordnet. Die Nacherbfolge tritt ein mit dem Tod des Vorerben. Nacherben sind … Ersatzerben sind … Der Vorerbe ist in seiner Verfügungsbefugnis nicht beschränkt* (oder: *Der Vorerbe unterliegt keinen Verfügungsbeschränkungen*)«. Grundsätzlich hat nämlich das Grundbuch – wie auch der Erbschein – nicht nur die Funktion, die Verfügungsbeschränkungen des Vorerben zu verlautbaren, vielmehr auch den Rechtsverkehr darauf hinzuweisen, dass der Nachlass ein Sondervermögen darstellt und das betreffende Grundstück Bestandteil eines solchen Sondervermögens ist.[148] Wird der Gesamthandsanteil jedoch bei einer Auseinandersetzung durch Grundstücksmiteigentum ersetzt, so muss daran (Surrogat) ein Nacherbenvermerk gebucht werden.[149]

64 Weitere Einzelfälle:[150] von zwei Miterben wird einer Vorerbe des anderen;[151] ein Miterbe ist Vorerbe und Testamentsvollstrecker;[152] wenn jemand einen Miterben als Vorerbe und sodann die übrigen Miterben ohne Nacherbfolge beerbt;[153] ein Gesellschafter einer GbR beerbt seinen einzigen Mitgesellschafter als Vorerbe;[154] eine GbR wird mit dem Vorerben eines Gesellschafters fortgesetzt;[155] eine GbR wird gegen den Willen des Nacherben auseinandergesetzt.[156] Fraglich ist die Anwendung von § 51, wenn einer von mehreren Miterben durch einen Vorerben beerbt wird.[157] § 51 ist anwendbar, wenn bei einer Bruchteilsgemeinschaft ein Miteigentümer Vorerbe des anderen wird.[158] Wird einer von zwei Miterben eines Miteigentumsanteils an einem Grundstück durch den anderen Miterben, der zugleich Eigentümer der übrigen Miteigentumsanteile ist, zum Vorerben eingesetzt, so kann er als Alleinerbe ohne die Beschränkungen eines Vorerben nur über den Miteigentumsanteil verfügen, dessen Miterbe er war, nicht aber auch über die übrigen Miteigentumsanteile.[159] Bei der Übertragung des mit der Nacherbfolge belasteten Erbteils auf einen »unbelasteten« Miterben ist die Erbengemeinschaft durch Konsolidation erloschen, so dass der Erwerber Alleineigentümer des Nachlassgrundstücks geworden ist, sind die

---

144 BGH NJW 1976, 893 = DNotZ 1976, 554 = Rpfleger 1976, 205; BGH NJW 1978, 698 = Rpfleger 1978, 52; OLG Köln NJW-RR 1987, 267 = Rpfleger 1987, 60 und 155; *Staudinger-Behrends* § 2113 Rn 10–16, MüKo-*Grunsky* § 2113 Rn 3 u 4; *Soergel-Harder/Wegmann* § 2113 Rn 4; *Haegele* Rpfleger 1977, 50; BayObLG Rpfleger 1996, 150 = DNotI-Report 1996, 22= MittBayNot 1996, 214 = ZEV 1996, 64 m Anm *Kanzleiter*; **aA** K. Schmidt FamRZ 1976, 683.

145 OLG Köln NJW-RR 1987, 267 = Rpfleger 1987, 60 und 155 m Anm *Ludwig*; BayObLG DNotZ 1989, 182 = Rpfleger 1988, 525; *Staudinger-Avenarius* § 2113 Rn 16; MüKo-*Grunsky* § 2113 Rn 3; **aA** *Jung* Rpfleger 1995, 9.

146 Rpfleger 1995, 9.

147 *Böhringer* Rpfleger 2007, 260; *Schmid* BWNotZ 1996, 144; *Bestelmeyer* Rpfleger 1992, 229, 233; *Wandel* BWNotZ 1991, 1, 28; *Demharter* § 51 Rn 4; ablehnend KEHE-*Eickmann* § 51 Rn 34; *Köster* Rpfleger 1991, 97.

148 So *Bestelmeyer* Rpfleger 1992, 229, 233.

149 BayObLG DNotZ 1989, 182 = Rpfleger 1988, 525.

150 BGH DNotI-Report 2007, 79 = MittBayNot 2007, 328 = NJW 2007, 2114 m Anm *Keim* = Rpfleger 2007, 383 m krit Anm *Armbruster* = Rpfleger 2007, 459 m Anm *Dümig* = ZNotP 2007, 227 (Bestätigung von OLG Stuttgart FGPrax 2006, 249 = Rpfleger 2007, 136 m Anm *Böhringer* Rpfleger 2007, 260 = RNotZ 2007, 223 = ZERB 2006, 389); BayObLGZ 2002, 148 = MittBayNot 2002, 405 = NJW-RR 2002, 1237 = Rpfleger 2002, 265.

151 BGH NJW 1978, 698 = Rpfleger 1978, 52 = MittBayNot 1978, 62; BayObLGZ 2002, 148 = FGPrax 2002, 153 = MittBayNot 2002, 405 = Rpfleger 2002, 565 = NJW-RR 2002, 1237; vgl auch LG Aachen Rpfleger 1991, 301.

152 OLG Zweibrücken FGPrax 1998, 46 = NJW-RR 1998, 666 = Rpfleger 1998, 156 = ZEV 1998, 354.

153 BayObLGZ 1994, 177 = Rpfleger 1995, 105.

154 OLG Köln NJW-RR 1987, 267 = Rpfleger 1987, 60 und 155; aA *Ludwig* Rpfleger 1987, 155.

155 *Haegele* Rpfleger 1977, 50; kritisch *Ludwig* Rpfleger 1987, 155.

156 OLG Hamburg NJW-RR 1994, 1231.

157 Verneinend: BGH DNotI-Report 2007, 79 = DNotZ 2007, 700 = MittBayNot 2007, 328 = NotBZ 2007, 214 = Rpfleger 2007, 383 m krit Anm *Armbruster* = Rpfleger 2007, 459 m Anm *Dümig* = ZNotP 2007, 227; OLG Stuttgart FGPrax 2006, 249 = Rpfleger 2007, 136 m Anm *Böhringer* Rpfleger 2007, 260 = RNotZ 2007, 223 = ZERB 2006, 389; bejahend OLG Hamm OLGZ 1984, 335 = MittBayNot 1984, 260 = MittRhNotK 1984, 221 = Rpfleger 1985, 21; verneinend BayObLGZ 1994, 177 = MittBayNot 1994, 447 = NJW-RR 1994, 1360 = Rpfleger 1995, 105; offen gelassen von OLG Zweibrücken FGPrax 1998, 46 = NJW-RR 1998, 666 = Rpfleger 1998, 156 = ZEV 1998, 354. Dazu auch OLG Saarbrücken DNotZ 2000, 64 m Anm *Ludwig* = FamRZ 2000, 122 = Rpfleger 1999, 440 = ZEV 2000, 27 m Anm *Schaub*.

158 BGH MittBayNot 1973, 28.

159 BayObLGZ 2002, 148 = FGPrax 2002, 153 = MittBayNot 2002, 405 = Rpfleger 2002, 565 = NJW-RR 2002, 1237.

Interessen des Vorerben auf Erwerb »freier« Nachlassgegenstände und dem Sicherungsinteresse des Nacherben vorzunehmen.[160]

Fraglich ist, ob es bei der Anwendung von § 2113 BGB und bei der Eintragung des Nacherbenvermerks bleibt, **65** wenn zur Vorerbschaft ein **Erbteil** gehört[161] und der Vorerbe nicht zugleich der einzige weitere Miterbe ist; die anderen Miterben können hier die Aufhebung der Erbengemeinschaft betreiben und sich so den aus § 2113 BGB ergebenden Nachteilen entziehen.

Gleiches gilt, wenn **Miteigentum** an einem Grundstück teilweise zum Nachlass, teilweise zum freien Vermö- **66** gen des Vorerben gehört.[162]

Erwirbt dagegen bei schlichter Miteigentümergemeinschaft nach § 741 BGB ein Miteigentümer den weiteren **67** Miteigentumsanteil als Vorerbe hinzu, so wird die Verfügung über das Grundstück im ganzen durch das Nacherbenrecht nicht insgesamt beeinträchtigt; eingeschränkt nach § 2113 BGB ist nur die Verfügung über den zum Nachlass gehörenden Miteigentumsanteil, nicht auch die Verfügung über den anderen Bruchteils-Miteigentumsanteil,[163] den der »Allein«eigentümer zB durch ein Grundpfandrecht belasten könnte.

q) Vorerbe und Gütergemeinschaft. Vereinbart der Vorerbe Gütergemeinschaft, so liegt darin keine **68** Verfügung iS von § 2113 BGB; die Rechte der Nacherben werden dadurch nicht berührt.[164] Vgl auch Rdn 63.

Wird der überlebende Ehegatte (nur) alleiniger Vorerbe, so vereinigen sich zwar beide Gesamtgutanteile in einer Person; dies führt allerdings nicht zum liquidationslosen Fortfall der Gesamthand, sondern sie erlischt erst nach Auseinandersetzung. Die Verfügungsbeschränkung des § 2113 BGB gilt nicht, wenn ein in Gütergemeinschaft lebender Ehegatte von dem Überlebenden als alleinigem Vorerben beerbt wird. Der überlebende Ehegatte kann danach ohne Rücksicht auf eine Befreiung von den Verfügungsbeschränkungen des Vorerben über den zum ehemaligen Gesamtgut gehörenden Grundbesitz verfügen, auch unentgeltlich; er benötigt hierzu keine Zustimmung der Nacherben.[165]

r) Übertragung des Erbteils eines Mitvorerben. Überträgt ein Miterbe seinen Erbteil, so steht dies **69** einer Verfügung über ein im Nachlass vorhandenes Grundstück iS von § 2113 BGB auch dann nicht gleich, wenn es sich um den einzigen Nachlassgegenstand handelt; der Erwerber erwirbt den Erbteil, belastet mit dem Nacherbenrecht. Der Nacherbenvermerk bleibt bestehen.[166] Erwirbt ein Miterbe, der nur den Status des Vorerben hat, den Erbteil eines anderen Vollerben mit Mitteln der Vorerbschaft, so ist der Nacherbenvermerk auch bezüglich des Erwerbs einzutragen, da Surrogation gemäß § 2111 BGB eintritt.

Anders ist es nur, wenn der Erwerb mit Eigenmitteln des Vorerben erfolgt.[167]

s) Befreiter Vorerbe. Der Erblasser kann den **Vorerben** im Rahmen des § 2136 BGB von Beschränkungen **70** und Verpflichtungen **befreien**, insbesondere von den Verfügungsbeschränkungen des § 2113 Abs 1 BGB. Eine bestimmte Wortwahl ist dazu nicht vorgeschrieben, wenn nur der Befreiungswille deutlich zum Ausdruck kommt, ggf. durch Auslegung der letztwilligen Verfügung.[168] Lässt sich einem notariellen Testament im Wege der Auslegung zweifelsfrei entnehmen, dass die Beteiligte im Grundbuchverfahren befreite Vorerbin ist, ist die Vorlage eines Erbscheins für die Eintragung der befreiten Erbin in das Grundbuch nicht erforderlich.[169]

Die Auslegung einer letztwilligen Verfügung kann auch eine **stillschweigende Befreiung** des Vorerben erge- **71** ben, etwa wenn die Nacherbschaft dadurch bedingt ist, dass der Vorerbe ohne leibliche Nachkommen ver-

---

160 So OLG Saarland DNotZ 2000, 64 m Anm *Ludwig* = FamRZ 2000, 122 = Rpfleger 1999, 440 = ZEV 2000, 27 m Anm *Schaub*.

161 BGH DNotI-Report 2007, 79 = MittBayNot 2007, 328 = Rpfleger 2007, 383 m krit Anm *Armbruster* = Rpfleger 2007, 459 m Anm *Dümig* = ZNotP 2007, 227; OLG Stuttgart FGPrax 2006, 249 = Rpfleger 2007, 136 m Anm *Böhringer* Rpfleger 2007, 260 = RNotZ 2007, 223 = ZERB 2006, 389; aA OLG Hamm OLGZ 1984, 335 = MittBayNot 1984, 260 = MittRhNotK 1984, 221 = Rpfleger 1985, 21; dazu auch LG Aachen Rpfleger 1991, 301; OLG Zweibrücken FGPrax 1998, 46 = NJW-RR 1998, 666 = Rpfleger 1998, 156 = ZEV 1998, 354; zweifelnd BayObLGZ 1994, 177 = FamRZ 1995, 379 = MittBayNot 1994, 447 = NJW-RR 1994, 1360 = Rpfleger 1995, 105; *Bauer/von Oefele-Schaub* § 51 Rn 61.

162 BGH WM 1973, 41 = MittBayNot 1973, 28.

163 BayObLGZ 2002, 148 = FGPrax 2002, 153 = MittBayNot 2002, 405 = Rpfleger 2002, 565 = NJW-RR 2002, 1237; BayObLG MittBayNot 1973, 28 = WM 1972, 41; OLG Braunschweig FamRZ 1995, 443.

164 BayObLGZ 1989, 114 = FamRZ 1989, 899 = NJW-RR 1989, 836 = Rpfleger 1989, 328.

165 Gutachten DNotI-Report 2005, 92.

166 BayObLG DNotZ 1983, 320 = Rpfleger 1982, 467; LG Oldenburg Rpfleger 1979, 102.

167 OLG Saarbrücken DNotZ 2000, 64 m Anm *Ludwig* = FamRZ 2000, 122 = ZEV 2000, 27 = Rpfleger 1999, 440.

168 BGH FamRZ 1970, 192; OLG Karlsruhe BWNotZ 2007, 44; BayObL FamRZ 2005, 65; BayObLGZ 1960, 437= DNotZ 1961, 155 = NJW 1960, 407; BayObLGZ 1966, 231; LG Mannheim MDR 1960, 497.

169 LG München I Rpfleger 2007, 316; OLG Schleswig (Entscheidung v 19.07.2006) NJOZ 2006, 3888.

stirbt[170] oder sich wieder verheiratet (Rdn 18). Setzen sich kinderlose Ehegatten als Vorerben ein, so kann nicht von einer stillschweigend angeordneten Befreiung ausgegangen werden, wenn die Nacherbschaft unbedingt angeordnet ist.[171]

72 Bezüglich § 2113 Abs 2 BGB ist jedoch **keine Befreiung** möglich. Unentgeltliche Verfügungen (Rdn 136) sind daher auch beim befreiten Vorerben der auf den Eintritt des Nacherbfalls aufgeschobenen Unwirksamkeit unterworfen. Denkbar ist jedoch, dass ein einzelner Nachlassgegenstand dem Vorerben als Vorausvermächtnis (§ 2110 Abs 2 BGB) zugewendet ist und dass deshalb § 2113 Abs 2 BGB nicht gilt,[172] s Rdn 35 und 36.

III. Eintragung des Nacherbenvermerks

1. Allgemeines

73 Die Nacherbeneinsetzung bedeutet eine Verfügungsbeschränkung des Vorerben. Zur Verhinderung gutgläubigen Erwerbs vom Vorerben ist die Eintragung eines Schutzvermerks (Nacherbenvermerk) für den Nacherben erforderlich und durch die **amtswegige Grundbucheintragung** gefördert. Voraussetzungen für die Eintragung des Nacherbenvermerks sind
- das Bestehen der Nacherbschaft,
- die Zugehörigkeit des Rechts, bei dem der Nacherbenvermerk gebucht werden soll, zur Vorerbschaft, wobei neben Grundstücken, Grundstücksrechten sowie Rechten daran (zB Pfandrecht an einer Hypothek) auch **Vormerkungen** und **Widersprüche** in Betracht kommen,
- das Eingreifen der Verfügungsbeschränkungen der §§ 2113 und 2114 BGB,
- die Eintragung der Vorerben.

Bei einer Vormerkung käme z B die Eintragung eines Nacherbenvermerks in Betracht, wenn der Vorerbe ein Grundstück veräußert und sich ein Rückforderungsrecht am Grundstück vorbehält und dieser Anspruch nun durch Vormerkung gesichert werden soll. Der Nacherbenvermerk bringt die Nacherbengebundenheit des Rückforderungsrechts zum Ausdruck. Unterliegt nur ein Teil des Rückübertragungsanspruchs der Nacherbschaft, so ist fraglich, wie eine nur teilweise Mittelsurrogation wirkt, dazu Rdn 25.

74 § 51 gilt auch bei **altrechtlichen** Verfügungsbeschränkungen,[173] nicht jedoch bei **Nachvermächtnissen**, weil diese nach §§ 2191, 2174 BGB nur schuldrechtliche Ansprüche und keine Verfügungsbeschränkungen zu Lasten des Beschwerten begründen;[174] der Übereignungsanspruch ist durch Vormerkung sicherbar bei Voreintragung des Vorvermächtnisnehmers.[175]

2. Eintragung des Vorerben

75 Die Eintragung des Vorerben hat die Eintragung eines Nacherbenvermerks zur Folge, gleichgültig, ob der Vorerbe auf eigenen Antrag oder auf Antrag eines Dritten (zB Nachlasspfleger, Testamentsvollstrecker, Nachlassgläubiger) oder auf Grund des Ersuchens einer Behörde oder von Amts wegen (nach § 18 Abs 2) eingetragen worden ist.

76 Der **Nacherbe** hat keinen unmittelbaren Grundbuchberichtigungsanspruch iS von § 894 BGB auf Eintragung des Vorerben. Er **kann** daher die Eintragung des Vorerben erst beantragen und damit die **Eintragung des Nacherbenvermerks nur erreichen**, wenn er einen Titel über seinen Anspruch iS von § 895 BGB auf Grundbuchberichtigung durch Eintragung des Vorerben erlangt hat (§ 14).[176]

77 Wird zur Eintragung des Vorerben ein Erbschein benötigt, so kann dieser vom Nacherben nicht beantragt werden.[177] Hat der Nacherbe einen entsprechenden Vollstreckungstitel, so kann er nach § 792 ZPO den zur Grundbuchberichtigung notwendigen Erbnachweis vom Nachlassgericht verlangen, insbesondere einen Erbschein beantragen.

78 Wird der **Vorerbe** nach §§ 39 Abs 2, 40 **nicht voreingetragen**, so wird der Schutz des Nacherben dadurch gewährleistet, dass entsprechende Vorgänge im Grundbuch nur eingetragen werden dürfen, wenn die Zustim-

170 OLG Hamm DNotZ 1972, 96; BayObLGZ 1960, 437 = DNotZ 1961, 155 = NJW 1960, 407; BayObLG FamRZ 1981, 403 = Rpfleger 1981, 64 (Ls); OLG Braunschweig MDR 1956, 296; *Staudinger-Avenarius* § 2136 Rn 18 ff.
171 BGH WM 1970, 221.
172 *Staudinger-Avenarius* § 2136 Rn 6; *BGB-RGRK-Johannsen* § 2136 Rn 5.
173 KGJ 34 A 238.
174 RG WarnJ 1910 Nr 157; KGJ 34 A 238; *Bühler* BWNotZ 1967, 174; *Zawar* DNotZ 1986, 515; *ders* NJW 1988, 16.
175 Vgl BGHZ 114, 16 = DNotZ 1992, 247 = EWiR 1991, 569 m Anm *Skibbe* = FamRZ 1991, 690 = JZ 1991, 986 m Anm *Leipold* = MittRhNotK 1991, 313 = NJW 1991, 1736; *Bengel* NJW 1990, 1826.
176 RGZ 61, 228; KGJ 52 A 144; LG Berlin Rpfleger 1974, 234; *Schöner/Stöber* Rn 3505 a; **aA** *Meyer-Stolte* Rpfleger 1974, 234; KEHE-*Eickmann* § 51 Rn 13; *Bauer/von Oefele-Schaub* § 51 Rn 67.
177 BGH FamRZ 1980, 346 = NJW 1980, 1393 = Rpfleger 1980, 182.

mung des Nacherben vorliegt oder entbehrlich ist oder wenn der Nacherbe zugleich auf die Eintragung des Nacherbenvermerks verzichtet.[178] Sonst muss das Grundbuchamt entgegen §§ 39 Abs 2, 40 Abs 1 die Voreintragung des Vorerben verlangen, die dann auch zur Eintragung des Nacherbenvermerks führt, s Rdn 132.

Eine Eintragung des Nacherbenvermerks ohne Eintragung des Vorerben ist unzulässig;[179] fraglich ist, ob er gemäß § 53 Abs 1 S 2 von Amts wegen wieder zu löschen wäre.[180]

3. Eintragung von Amts wegen

Wird der Vorerbe im Grundbuch eingetragen, so muss der Nacherbenvermerk **von Amts wegen** und **gleich-** **79** **zeitig** miteingetragen werden (Durchbrechung des Antragsprinzips, § 13); dies gilt auch bei der Eintragung eines Surrogats im Grundbuch (Rdn 23). Der Vorerbe kann nach §§ 82 ff gezwungen werden, den Berichtigungsantrag zu stellen.

Der Vermerk ist auch dann geboten, wenn das **Nacherbenrecht bedingt ist** (Rdn 13); entfällt die Nacher- **80** benfolge, wenn der Vorerbe anderweitig von Todes wegen verfügt (Rdn 14), so entfällt der Nacherbenvermerk jedoch vor dem Tod des Vorerben auch dann nicht, wenn er erbvertraglich verfügt hat.[181]

Der Erblasser kann die Eintragung des **Nacherbenvermerks nicht ausschließen (nicht verbieten)**, weil der **81** Vermerk zumindest die Verfügungsbeschränkung nach § 2113 Abs 2 BGB verlautbaren muss, von der er nicht befreien kann;[182] ein solches Verbot steht dem Erblasser nach § 2136 BGB nicht zu. Eine entsprechende Anordnung des Erblassers kann evtl als Vorausvermächtnis iS von § 2110 Abs 2 BGB, auf das sich das Nacherbenrecht nicht erstreckt, ausgelegt werden, s Rdn 35.

Der Vorerbe kann nicht beantragen, ihn ohne Vermerk des Nacherbenrechts einzutragen. Ergibt die Testa- **82** mentsauslegung Nacherbfolge und **verlangt der Antragsteller seine Eintragung als unbeschränkter Erbe**, so darf das Grundbuchamt den Nacherbenvermerk nicht von Amts wegen eintragen, weil die Eintragung als Vorerbe nicht beantragt war. Es muss dann durch Zwischenverfügung ein Erbschein über das angebliche Vollerbrecht des Antragstellers verlangt werden.[183] Grundsätzlich ist aber zu beachten, dass die Rechtsfrage der Testamentsauslegung vom Grundbuchamt zu entscheiden ist, ehe überhaupt ein Erbschein verlangt werden kann.

Ein **unterbliebener Nacherbenvermerk kann** so lange **nachgeholt werden**, als das zum Nachlass gehö- **83** rende Recht nicht auf einen Dritten umgeschrieben worden ist.[184] Dies gilt jedoch nicht, wenn der Erbe auf Grund Testamentsauslegung als Vollerbe eingetragen wurde und erst später wegen einer anderen Auslegung ohne neue Tatsachen oder ohne ersichtliche Unrichtigkeit des Grundbuchs als Vorerbe behandelt werden soll;[185] gegebenenfalls ist ein Amtswiderspruch zu erwägen.[186] Zum Fall der Einziehung und Neuerteilung eines Erbscheins s Rdn 103. Wurde ein zum Nachlass gehörendes Grundstück vom Vorerben belastet, so ist die Nachholung ebenfalls möglich, um einen etwaigen weiteren gutgläubigen Erwerb auszuschließen. Eine Nachholung von Amts wegen scheidet jedoch aus, wenn der Erbe auf Grund Testamentsauslegung als Vollerbe eingetragen wurde und erst später wegen einer anderen Auslegung ohne neue Tatsachen oder ohne ersichtliche Unrichtigkeit des Grundbuchs als Vollerbe behandelt werden soll.[187]

Nach einer Umschreibung auf einen Dritten ist die Eintragung eines **Amtswiderspruchs** geboten, wenn die **84** Voraussetzungen des § 53 vorliegen;[188] hat der Dritte jedoch gutgläubig erworben (§ 2113 Abs 3 BGB), liegen die Voraussetzungen für die Eintragung eines Amtswiderspruchs nicht vor, denn in diesem Fall hätte der Nacherbe auch keinen Grundbuchberichtigungsanspruch nach § 894 BGB gegen den Dritterwerber. Zum Widerspruch bezüglich eines vom Vorerben vor Eintragung des Nacherbenvermerks bestellten Grundpfandrechts s Rdn 107.

---

178 OLG Hamm MittBayNot 1995, 404 = MittRhNotK 1995, 102 = NJW-RR 1995, 1289 = Rpfleger 1995, 209; BayObLGZ 1989, 183 = DNotZ 1990, 56 = FamRZ 1989, 1123 = MittBayNot 1989, 320 = NJW-RR 1989, 1096 = Rpfleger 1989, 412; aA *Bestelmeyer* Rpfleger 1994, 189.

179 Vgl BayObLGZ 1995, 362 = DNotZ 1996, 99 = FamRZ 1996, 381 = FGPrax 1996, 32 und 85= NJW-RR 1996, 1167 = Rpfleger 1996, 148 = ZEV 1996, 151 m Anm *Schaub* (zum Testamentsvollstreckervermerk).

180 Verneinend *Bestelmeyer* ZEV 1996, 261.

181 OLG Braunschweig Rpfleger 1991, 204; LG Dortmund DNotZ 1969, 306 = Rpfleger 1969, 17; *Schöner/Stöber* Rn 3527; *Bauer/von Oefele-Schaub* § 51 Rn 85; dazu auch OLG Hamm ZNotP 1999, 444 = MittBayNot 2000, 47 = MittRhNotK 1999, 313.

182 RGZ 61, 228.

183 OLG Hamm Rpfleger 1975, 134; OLG Stuttgart OLGZ 1975, 148 = Rpfleger 1975, 135; LG Hannover MittRhNotK 1987, 167; **aA** KEHE-*Eickmann* § 51 Rn 3.

184 OLG Hamm OLGZ 1976, 180 = NJW 1976, 575 = Rpfleger 1976, 132.

185 KG JW 1934, 2931 = HRR 1935 Nr 184; BayObLG DNotZ 1983, 320 = Rpfleger 1982, 467.

186 KGJ 52, 145.

187 BayObLG DNotZ 1983, 320 = Rpfleger 1982, 467.

188 KGJ 52 A 140/145; KG JFG 21, 251; OLG Zweibrücken Rpfleger 1977, 305.

85 Ist der **Nacherbfall eingetreten**, so **kann der Nacherbenvermerk nicht mehr gebucht werden**, weil die Verfügungsbeschränkungen des § 2113 BGB entfallen sind; deshalb ist ein Amtswiderspruch wegen des fehlenden Nacherbenvermerks ausgeschlossen.[189] Die Rechte des zum Vollerben gewordenen früheren Nacherben können jedoch durch gutgläubigen Erwerb bedroht sein; er kann deshalb seine Eintragung durch Grundbuchberichtigung und bei Eintragungen eines Dritten einen **Widerspruch** auf Grund einstweiliger Verfügung (§ 899 BGB) verlangen.[190] Liegen bei der Unterlassung oder Löschung des Nacherbenvermerks die Voraussetzungen des § 53 vor, so ist zur Vermeidung von Schadensersatzansprüchen gegen den Fiskus[191] die Eintragung eines Amtswiderspruchs gegen das Recht eines Dritten (nicht auf Eintragung des Nacherbenvermerks[192]) möglich; zur Formulierung des Widerspruchs s Rdn 107.

86 Hat der Nacherbe den Pflichtteil geltend gemacht und erhalten, **ohne auszuschlagen**, so ist der Nacherbenvermerk dennoch einzutragen, weil das Nacherbenrecht immer noch besteht.[193] Schlägt er die Erbschaft aus, um den Pflichtteil zu verlangen, sind dem Grundbuchamt Ermittlungen verwehrt; es ist ein Erbschein zu verlangen, der den Wegfall der Nacherbfolge bezeugt.[194]

4. Nacherbenvermerk entfällt

87 Die Eintragung eines Nacherbenvermerks kommt nicht in Betracht, wenn der Vorerbe ohne seine Voreintragung (§ 40) endgültig wirksam iS von § 2113 BGB verfügt hat, entweder mit Zustimmung des Nacherben oder entgeltlich als befreiter Vorerbe, s Rdn 132.

88 Gleiches gilt, wenn Verfügungsbeschränkungen iS von §§ 2113, 2114 BGB nicht eingreifen, weil ein Vorausvermächtnis iS von § 2110 Abs 2 BGB vorliegt (Rdn 35), weil ein Hofvorerbe im Rahmen seines Rechts, den weiteren Hoferben zu bestimmen, verfügt (Rdn 62), weil zur Vorerbschaft ein Gesamthandsanteil gehört (Rdn 63) oder weil ein Bevollmächtigter des Erblassers handelt, der über den Tod hinaus bevollmächtigt ist (Rdn 59).

5. Nachweis der Vor- und Nacherbfolge

89 Die Pflicht des Grundbuchamtes, den Nacherbenvermerk von Amts wegen einzutragen, bedeutet nicht, dass das Grundbuchamt die Nacherbfolge auch von Amts wegen zu ermitteln habe. Der Nachweis der Nacherbfolge obliegt vielmehr dem Antragsteller, wobei bloße Angaben der Beteiligten nicht genügen.[195]

90 Der Nachweis kann nach § 35 entweder durch **Erbschein** oder durch **öffentlich beurkundete Verfügung von Todes wegen mit Eröffnungsprotokoll** erbracht werden.

91 Eine letztwillige Verfügung muss vom Grundbuchamt ausgelegt werden. Ist die **Auslegung** rechtlich schwierig, so darf das Grundbuchamt deshalb noch keinen Erbschein verlangen, sondern nur, wenn sich begründete Zweifel ergeben, die durch weitere tatsächliche Ermittlungen geklärt werden können,[196] vgl auch bei § 35. Können auch im Erbschein die Namen der Nacherben mit Rücksicht auf die noch fehlende Bestimmtheit der Berufenen nicht angegeben werden, kann ein Erbschein nicht verlangt werden;[197] werden ihre Namen später festgestellt, ist ausnahmsweise Ergänzung des Nacherbenvermerks zulässig.[198]

92 Liegt ein Erbnachweis iS von § 35 Abs 1 S 2 vor und ist es aus tatsächlichen Gründen zweifelhaft, ob eine befreite Vorerbschaft vorliegt, so kann der Erbschein vermieden werden, wenn der Nacherbe dem Rechtsgeschäft zustimmt.[199]

189 KGJ 49 A 178; OLG Hamm OLGZ 1991, 137 = FamRZ 1991, 113 = MittBayNot 1990, 361 = MittRhNotK 1990, 278 = Rpfleger 1991, 59 und 243 m Anm *Alff* und Rpfleger 1991, 299 m Anm *Brinkmann*.
190 KGJ 49 A 178; OLG Hamm OLGZ 1991, 137 = FamRZ 1991, 113 = MittBayNot 1990, 361 = MittRhNotK 1990, 278 = Rpfleger 1991, 59 m Anm *Alff* Rpfleger 1991, 243 und Anm *Brinkmann* Rpfleger 1991, 299.
191 *Demharter* § 53 Rn 2.
192 **AA** *Alff* Rpfleger 1991, 244.
193 BayObLGZ 1973, 274 = DNotZ 1974, 235 = Rpfleger 1973, 433.
194 BayObLG DNotI-Report 2000, 78 = MittBayNot 2000, 328 = MittRhNotK 2000, 212 = NJW-RR 2000, 1391 = Rpfleger 2000, 324.
195 KGJ 40 A 190; KG JW 1933, 2776; OLG München JFG 22, 143; BayObLG JurBüro 1984, 751.
196 OLG Köln MittRhNotK 1988, 44; OLG Hamm DNotI-Report 1997, 63 = FGPrax 1997, 48 = MittBayNot 1997, 105 = MittRhNotK 1997, 192 = NJW-RR 1997, 646 = Rpfleger 1997, 210 = ZEV 1997, 206; BayObLG BayObLGR 1995, 9 = DNotZ 1995, 249 = FamRZ 1995, 899 = MittBayNot 1995, 58 m Anm *Hohmann* = Rpfleger 1995, 249 = ZEV 1995, 229; BayObLGZ 1982, 449 = DNotZ 1984, 502 = Rpfleger 1983, 104; BayObLGZ 1989, 8 = DNotZ 1989, 574 = FamRZ 1989, 900 = NJW-RR 1989, 585 = Rpfleger 1989, 278; OLG Frankfurt OLGZ 1981, 30 = Rpfleger 1980, 434.
197 BayObLGZ 1982, 449 = DNotZ 1984, 502 = Rpfleger 1983, 104; OLG Hamm DNotZ 1966, 108.
198 *Bauer/von Oefele-Schaub* § 51 Rn 71; vgl auch *Kanzleiter* DNotZ 1970, 326.
199 OLG Hamm DNotZ 1972, 96.

Ist zweifelhaft, ob der **überlebende Ehegatte Vollerbe oder Vorerbe** ist, so kann das Grundbuchamt auf **93** einen Erbschein verzichten, wenn der überlebende Ehegatte bei seinem Antrag auf Eintragung als Vorerbe die Eintragung des Nacherbenvermerks bewilligt; Voraussetzung ist jedoch, dass dem Grundbuchamt ein Erbnachweis iS von § 35 Abs 1 S 2 vorgelegt wird, aus dem sich die für die Eintragung des Nacherbenvermerks notwendigen Angaben entnehmen lassen.[200]

Liegt ein Erbnachweis nach § 35 Abs 1 S 2 vor und sind die **Nacherben beim Erbfall teils bekannt, teils** **94** **unbekannt** (zB Kinder des Vorerben, s Rdn 49), so soll das Grundbuchamt zur namentlichen Bezeichnung der bekannten Nacherben einen **Erbschein** nicht verlangen können, wenn die Nacherben auch auf Grund tatsächlicher Ermittlungen nicht genauer bezeichnet werden können als in der vorliegenden öffentlichen Urkunde.[201] Ein Erbschein kann so erteilt werden, dass darin neben der allgemeinen Bezeichnung der unbekannten Nacherben (zB Abkömmlinge des Vorerben) namentlich die Nacherben genannt werden,[202] die beim Erbfall bereits vorhanden waren; der Erbschein kann nämlich die Erbfolge und die Nacherben nur so beschreiben, wie sich die Verhältnisse beim Erbfall darstellen.[203] In diesem Rahmen kann sichergestellt werden, dass die beim Erbfall lebenden Nacherben nicht von einem Pfleger nach § 1913 BGB vertreten werden müssen, s Rdn 49.

Hat der **Erblasser seine ehelichen Kinder als Nacherben** eingesetzt, so ist fraglich, ob im Fall des § 35 **95** Abs 1 S 2 eine eidesstattliche Versicherung der Witwe über das Fehlen weiterer Kinder einen Erbschein und eine Pflegschaft für unbekannte Nacherben ersetzen kann.[204]

6. Ort der Eintragung

Der Nacherbenvermerk ist, wenn er ein Grundstück, ein Wohnungseigentum oder ein grundstücksgleiches **96** Recht betrifft, in Abt II Sp 3 (§ 10 Abs 1b GBV) einzutragen. Betrifft er Eintragungen in Abt II oder Abt III, so ist er dort zu buchen und zwar bei Abt II in Sp 5 und bei Abt III in Sp 7 (§ 10 Abs 5a und § 11 Abs 6 GBV). Bei der Umschreibung eines in Abt II oder III bereits gebuchten Rechts auf den Vorerben können die Umschreibung und der Nacherbenvermerk zusammengefasst werden (s Muster in GBV Anl 2a Abt II Nr 3 Sp 7). Übersichtlicher und damit ebenfalls zulässig ist es, den Nacherbenvermerk bei einer Neueintragung für den Vorerben in Abt II Sp 3 bzw in Abt III Sp 4 dort zu buchen und nicht in der möglicherweise räumlich weit entfernten Veränderungsspalte.[205] Ein an falscher Stelle gebuchter Nacherbenvermerk ist wirksam eingetragen; ist er in Abt I gebucht, so verschafft er dem Nacherben jedoch kein Eigentumsrecht.[206]

7. Inhalt des Vermerks

Ratsam ist es, die Worte »Vorerbe« und »Nacherbe« bei der Formulierung des Eintragungstextes zu verwenden, **97** um Zweifel und Irrtümer auszuschließen. Anzugeben sind die Anordnung der Nacherbfolge, die Voraussetzungen ihres Eintritts (zB Wiederheirat oder Tod des Vorerben), die Person des Nacherben, auch bei bedingter Nacherbfolge,[207] des Ersatznacherben[208] und die Person der weiteren Nacherben,[209] nicht der Erwerber der Nacherbenanwartschaft.[210] Der Nacherbe muss möglichst genau iS von § 15 GBV bezeichnet werden.[211]

Sind die **Nacherben** auf Grund des vorliegenden Erbnachweises **teils bekannt, teils unbekannt**, so sind die **98** bekannten Nacherben namentlich anzugeben und das mögliche Hinzutreten weiterer noch unbekannter Nacherben;[212] Beispiel: *»Nacherben sind A und B sowie weitere beim Nacherbfall vorhandene Kinder des Vorerben X. Bezüglich eines jeden Nacherben sind seine Abkömmlinge Ersatznacherben«*; zum Erbnachweis s Rdn 94.

---

200 KG DR 1944, 194.
201 KGJ 42 A 224; OLG Hamm DNotZ 1966, 108 = Rpfleger 1966, 19; BayObLGZ 1982, 449 = DNotZ 1984, 502 = Rpfleger 1983, 104; OLG Hamm DNotI-Report 1997, 63 = FGPrax 1997, 48 = MittBayNot 1997, 105 = MittRhNotK 1997, 192 = NJW-RR 1997, 646 = Rpfleger 1997, 210 = ZEV 1997, 206 begnügt sich mit eidesstattlicher Versicherung; *Meikel-Roth* § 35 Rdn 133 ff.
202 OLG Köln MittRhNotK 1988, 44; LG Frankfurt Rpfleger 1984, 271.
203 *Palandt/Edenhofer* § 2353 Rn 1.
204 Bejahend: OLG Frankfurt OLGZ 1985, 411 = MittRhNotK 1986, 23 = Rpfleger 1986, 51 mabl Anm*Meyer-Stolte*; verneinend: *Meikel-Roth* § 35 Rdn 120.
205 *Demharter* § 51 Rn 22.
206 KGJ 50 A 211.
207 KG HRR 1939 Nr 103; OLG Hamm OLGZ 1976, 180 = NJW 1976, 575 (Leitsatz) = Rpfleger 1976, 132; OLG Braunschweig Rpfleger 1991, 204; LG Dortmund DNotZ 1969, 306 = Rpfleger 1969, 17.
208 OLG Hamm DNotZ 1966, 108 = Rpfleger 1966, 19; OLG Hamm DNotZ 1970, 688; OLG Frankfurt DNotZ 1970, 691; KG JW 1938, 1411; BayObLGZ 1960, 410; OLG Frankfurt DNotZ 1970, 691; *Kanzleiter* DNotZ 1970, 693.
209 OLG Hamm Rpfleger 1975, 134; OLG Zweibrücken Rpfleger 1977, 305; BayObLGZ 1982, 449 = DNotZ 1984, 502 = Rpfleger 1983, 104.
210 BayObLG Rpfleger 1985, 183; BayObLG FamRZ 1991, 1476 = NJW-RR 1992, 200 = Rpfleger1992, 11.
211 OLG Hamm DNotZ 1966, 108 = Rpfleger 1966, 19; BayObLGZ 1982, 449 = DNotZ 1984, 502 = Rpfleger 1983, 104.
212 MüKo-*Mayer* § 2363 Rn 14; *Kanzleiter* DNotZ 1970, 326.

99 Ist der Nacherbe verstorben und sein Anwartschaftsrecht nach § 2108 Abs 2 BGB vererblich (Rdn 8), so sind die **Erben des Nacherben im Nacherbenvermerk** nicht namentlich zu nennen, sondern nur allgemein als Erben des verstorbenen Nacherben (»Nacherben sind die Erben des X«).[213] Ist das Anwartschaftsrecht des Nacherben nicht vererblich, so ist dies im Nacherbenvermerk ebenso anzugeben wie im Erbschein.[214]

100 Bei mehreren Nacherben sind wie im Erbschein **keine Erbquoten** anzugeben.[215]

101 Ein **Nacherbenvermerk ohne Angaben über die Person des Nacherben** ist **inhaltlich unzulässig**, ohne jede Rechtswirkung und von Amts wegen zu löschen; eine Ergänzung ist nicht zulässig (zur Nachholung s Rdn 83).[216]

102 Im Nacherbenvermerk sind weiter anzugeben die **Befreiung des Vorerben** insgesamt oder von den Verfügungsbeschränkungen der §§ 2113 Abs 1 und 2114 BGB (andere Befreiungen, als die in §§ 2113 und 2114 BGB genannten, sind für den Grundbuchverkehr ohne Bedeutung[217]) und eine **Testamentsvollstreckung iS von § 2222 BGB**,[218] nicht jedoch eine Testamentsvollstreckung zu Lasten des Nacherben für die Zeit nach dem Nacherbfall, weil sie vorher weder den Vorerben noch den Nacherben betrifft,[219] s Rdn 53 und 54.

103 Ist die Befreiung im Grundbuch eingetragen, so kann das Grundbuchamt ohne Vorliegen neuer Tatsachen oder ersichtlicher Unrichtigkeit des Grundbuchs das Vorliegen der Befreiung nicht verneinen;[220] eventuell ist ein Amtswiderspruch zu erwägen, s Rdn 83. Wurde ein Erbschein, der die Befreiung ausweist, eingezogen und ein neuer Erbschein ohne die Befreiung erteilt, so ist dadurch die auch für das Grundbuchamt geltende Vermutung des § 891 BGB[221] noch nicht widerlegt und deshalb bis zum Antrag auf Grundbuchberichtigung von der Befreiung auszugehen.[222]

104 Eine Eintragung durch **Bezugnahme** ist allenfalls bezüglich der Voraussetzungen für den Eintritt des Nacherbfalls möglich,[223] nicht jedoch bezüglich aller weiteren Angaben, insbesondere nicht zur Bezeichnung der Nacherben und Ersatznacherben,[224] nicht wegen eines TV-Vermerks und nicht wegen angeordneter Befreiungen. Bei Verfügungsbeschränkungen nach § 5 ErbbauRG oder § 12 WEG wird Bezugnahme weitergehend zugelassen, weil sie materiellrechtlich wirksam als Inhalt des Erbbaurechts bzw des Sondereigentums durch Bezugnahme eingetragen werden können;[225] diese Begründung trifft jedoch auf den Neuerbenvermerk nicht zu.

105 **Muster eines Nacherbenvermerks** bei einer Wiederverheiratungsklausel:[226]

»Der Erblasser X hat bzgl der Hälfte seines Nachlasses Nacherbfolge für den Fall der Wiederheirat seiner Ehefrau F angeordnet. Nacherben sind A und B. Ersatznacherben sind die Abkömmlinge eines Nacherben. Das Recht der Nacherben ist nicht vererblich. F ist iSv § 2136 BGB befreit«.

Zum Nacherbenvermerk bei **Eigentümergrundschulden** s Rdn 31 und 32.

8. Rangfragen

106 Zwischen dem Nacherbenvermerk und Rechten am Grundstück besteht **kein materiellrechtliches Rangverhältnis** iSv § 879 BGB.[227] Ein gutgläubiger Erwerb zu Lasten des Nacherben iS von §§ 2113 Abs 3, 892 Abs 1 S 2 BGB ist jedoch ausgeschlossen, wenn der Nacherbenvermerk zu dem nach § 892 Abs 2 BGB maßge-

---

213 S *Schmidt* BWNotZ 1966, 139; s auch OLG Hamm OLGZ 1976, 180 = NJW 1976, 575 (Leitsatz) = Rpfleger 1976, 132; BayObLG FamRZ 1992, 1476 = NJW-RR 1992, 200 = Rpfleger 1992, 11.
214 RGZ 154, 330, OLG Köln NJW 1955, 633.
215 KG OLGE 32, 81; MüKo-*Mayer* § 2363 Rn 9.
216 OLG Zweibrücken Rpfleger 1977, 305.
217 KGJ 44 A 80; *Palandt/Edenhofer* § 2136 Rn 6.
218 KGJ 40 A 198 und KG JW 1938, 1411.
219 KG JFG 10, 72; **aA** KG JW 1938, 1411 = HRR 1938 Nr 677a; *Schöner/Stöber* Rn 3502.
220 KG JW 1934, 2931 = HRR 1935 Nr 184; BayObLG DNotZ 1983, 320 = Rpfleger 1982, 467.
221 BayObLG NJW-RR 1989, 718 = Rpfleger 1989, 399.
222 LG Freiburg Rpfleger 1981, 145; KEHE-*Eickmann* § 51 Rn 10; **aA** *Meyer-Stolte* Rpfleger 1981, 146; vgl auch BayObLG MittBayNot 1970, 161; KEHE-*Herrmann* § 35 Rn 51 ff.
223 Dazu MüKo-*Wacke* § 874 Rn 7; *Haegele* BWNotZ 1975, 31.
224 RGZ 89, 152, KGJ 45 A 254; SchlHOLG SchlHA 1958, 178.
225 BayObLGZ 1979, 227 = DNotZ 1979, 50 = Rpfleger 1979, 384.
226 *Haegele* Rpfleger 1976, 73; weiteres Muster in Anlage 2a GBV Abt III Nr 3 Spalte 7.
227 RGZ 135, 384; KG OLGZ 1993, 27 = DNotZ 1993, 607 = NJW-RR 1993, 268 = Rpfleger 1993, 236; KG HRR 1934 Nr 199 = JW 1933, 2708; KG JFG 13, 111 = HRR 1935 Nr 1525 = JW 1935, 3560; OLG Saarbrücken BWNotZ 1995, 170 m Anm *Bühler* = EWiR 1995, 447 m Anm *Demharter* = FGPrax 1995, 135 = MittRhNotK 1995, 25 = Rpfleger 1995, 404; dazu auch *Frank* MittBayNot 1996, 271; OLG Hamm Rpfleger 1957, 19; OLG Hamm OLGZ 1965, 82 = NJW 1965, 1489 = DNotZ 1966, 102 = Rpfleger 1966, 48; OLG Hamburg DNotZ 1967, 376; OLG Hamm OLGZ 1989, 156 = MittBayNot 189, 154 = MittRhNotK 1989, 118 = NJW-RR 1989, 717 = DNotZ 1990, 46 = Rpfleger 1989, 232; KEHE-*Eickmann* § 51 Rn 16; *Demharter* § 51 Rn 25; **aA** *Hesse-Saage-Fischer* § 51 Anm III 2; *Hesse* DFG 1938, 85.

benden Zeitpunkt im Grundbuch eingetragen ist. Deshalb gilt auch bei der Eintragung des Nacherbenvermerks im Verhältnis zu anderen Eintragungen ein **formelles Rangverhältnis** iS von §§ 17, 45 (**»Wirksamkeitsreihenfolge«**).[228]

Wird der **Nacherbenvermerk** deshalb **nach einem vom Vorerben bestellten Grundpfandrecht eingetragen**, so stellt der Vermerk als solcher das Grundpfandrecht ebenso wenig in Frage wie ein nach Eintragung eines Grundpfandrechts gebuchter Widerspruch gegen das Eigentum. Gegebenenfalls ist der Nacherbenvermerk beim Grundpfandrecht durch **Widerspruch** iS von § 899 BGB bzw § 53 zu verlautbaren, s Rdn 84.[229] **Eintragungsbeispiel:** »*Widerspruch für den Nacherben A des Erblassers B wegen einer möglichen Unwirksamkeit bei Eintritt des Nacherbfalls (Ableben des Vorerben C). Ersatznacherben sind die Abkömmlinge des A.*« **107**

9. Wirksamkeitsvermerk

Die Eintragbarkeit und das Erfordernis der Eintragung eines Wirksamkeitsvermerks bei einem Nacherbenvermerk ergibt sich daraus, dass zwischen einem Nacherbenvermerk und einem Recht an einem Grundstück kein materiell-rechtliches Rangverhältnis besteht und deshalb nicht ohne Weiteres zu ersehen ist, ob der Nacherbenvermerk nach dem eingetragenen Recht eingetragen worden ist. Hat der Vorerbe ein Recht am Grundstück oder eine Vormerkung (Rdn 39) bestellt, die bei Eintritt des Nacherbfalls eintreten würden, so kann die Eintragung eines deklaratorischen **Wirksamkeitsvermerks** verlangt werden (»*Das Recht / Die Vormerkung ist bei Eintritt des Nacherbfalls iSv Abt II Nr . . . wirksam*«). Damit ist verlautbart, dass der vorhandene Nacherbenvermerk gegenüber diesem Recht keine Unwirksamkeit iS von § 2113 BGB anzeigt, also verlautbart wird, dass das bestellte Recht dem Nacherben gegenüber wirksam ist.[230] Der Vermerk ist bei gleichzeitiger Eintragung mit dem Recht bei diesem selbst zu buchen, sonst in der zum Recht gehörenden Veränderungsspalte, also nicht in der zum Nacherbenvermerk gehörenden Veränderungsspalte.[231] Verlautbart wird nämlich die Wirksamkeit des vom Vorerben bestellten Rechts und keine Veränderung des Nacherbenvermerks. **108**

Bestellt der Vorerbe ein **Erbbaurecht**, so kann dieses, abweichend von dem in Rdn 3 genannten Grundsatz (keine Grundbuchsperre), im Grundbuch nur eingetragen werden, wenn bei nicht befreiter Vorerbschaft der Nacherbe zugestimmt hat[232] und bei befreiter Vorerbschaft die Entgeltlichkeit nachgewiesen ist;[233] sonst wäre das Erbbaurecht im Nacherbfall eintretender Unwirksamkeit unzulässig (Verstoß gegen § 1 Abs 4 ErbbauRG). Der Nacherbenvermerk stellt den nach § 10 ErbbauRG gebotenen ersten Rang des Erbbaurechts in Frage.[234] Unter den genannten Voraussetzungen ist die erforderliche Rangstelle des Erbbaurechts trotz des eingetragenen Nacherbenvermerks gewahrt. Wird der Nacherbenvermerk nicht gelöscht, was wegen weiterer Verfügungen des Vorerben über das Grundstück sinnvoll ist, so muss beim Erbbaurecht kein Wirksamkeitsvermerk eingetragen werden, weil das Erbbaurecht im Gegensatz zu anderen Grundstücksverfügungen des Vorerben nur unter den genannten Voraussetzungen eingetragen werden darf. **109**

Gehört ein Grundstücksrecht nicht zur Vorerbschaft, so kann die Eintragung eines Wirksamkeitsvermerks verlangt werden (bezüglich einer Eigentümergrundschuld s Rdn 32). **110**

Die Eintragung des Wirksamkeitsvermerks bedarf einer **Bewilligung des Nacherben** (ohne Ersatznacherben[235]) bzw eines **Nachweises der Grundbuchunrichtigkeit.** Der Wirksamkeitsvermerk wird auf Antrag eingetragen; ein Antrag auf Eintragung eines Vorranges eines dinglichen Rechts vor dem Nacherbenvermerk ist entsprechend auszulegen.[236] **111**

---

228 BayObLG BayObLGR 1997, 49 = FamRZ 1997, 1363 = FGPrax 1997, 135 = Rpfleger 1997, 429; KG HRR 1934 Nr 199 = JW 1933, 2708; KG JFG 13, 111 = HRR 1935, Nr 1525 = JW 1935, 3560; KEHE-*Eickmann* § 45 Rn 8; *Demharter* § 45 Rn 14–18; *Böttcher* Rpfleger 1983, 49.

229 **Str** dazu MüKo-*Wacke* § 892 Rn 46 mit weiteren Nachweisen, *Medicus* AcP 163, 13; *Alff* Rpfleger 1991, 244; **aA** RGZ 129, 124; KG JFG 16, 234; *Demharter* § 51 Rn 25.

230 BayObLG DNotZ 1998, 206 = FamRZ 1997, 1363 = FGPrax 1997, 135 = MittBayNot 1997, 238 = MittRhNotK 1997, 266 = NJW-RR 1997, 1239 = Rpfleger 1997, 429 = ZEV 1997, 452; Gutachten DNotI-Report 2006, 125.

231 KG JFG 13, 111 = HRR 1935 Nr 1525 = JW 1935, 3560; OLG Hamm Rpfleger 1957, 19; BayObLG DNotZ 1998, 206 = FamRZ 1997, 1363 = FGPrax 1997, 135 = MittBayNot 1997, 238 = MittRhNotK 1997, 266 = NJW-RR 1997, 1239 = Rpfleger 1997, 429 = ZEV 1997, 452; *Demharter* § 51 Rn 25; *Haegele* Rpfleger 1957, 20; **aA** LG Düsseldorf Rpfleger 1950, 38.

232 BGHZ 52, 269 = NJW 1969, 2043 = DNotZ 1970, 32 = Rpfleger 1969, 346; OLG Hamm OLGZ 1965, 82 = NJW 1965, 1489 = DNotZ 1966, 102 = Rpfleger 1966, 48; **aA** OLG Hamburg DNotZ 1967, 373; *Winkler* DNotZ 1970, 651.

233 OLG Hamm OLGZ 1989, 156 = MittBayNot 1989, 154 = MittRhNotK 1989, 118 = NJW-RR 1989, 717 = DNotZ 1990, 46 = Rpfleger 1989, 232.

234 OLG Hamm OLGZ 1989, 156 = MittBayNot 1989, 154 = MittRhNotK 1989, 118 = NJW-RR 1989, 717 = DNotZ 1990, 46 = Rpfleger 1989, 232.

235 LG Bonn RNotZ 2005, 365.

236 KG JFG 13, 111; OLG Hamm Rpfleger 1957, 19.

10. Verzicht auf Eintragung des Nacherbenvermerks

112 Der Erblasser kann die Eintragung des Nacherbenvermerks nicht ausschließen. Der Vorerbe kann nicht beantragen, bei der Eintragung der Erbfolge den Nacherbenvermerk nicht miteinzutragen. Der Nacherbe kann
allerdings, ohne das Nacherbenrecht auszuschlagen, auf die Eintragung des Nacherbenvermerks bei einem
Nachlassgegenstand mit der Maßgabe verzichten, dass dieser Gegenstand dennoch in der Vorerbschaft verbleibt.[237] Das Nacherbenrecht besteht dann trotz der Nichteintragung oder Löschung des Nacherbenvermerks
unverändert fort. Es ist jedoch der Gefahr des Untergangs durch gutgläubigen Erwerb preisgegeben. Das Recht
des Nacherben gilt für das Grundbuchamt als nicht vorhanden[238] und ist vom Grundbuchamt nicht mehr zu
beachten. Der Verzicht kann bei Bestellung eines Testamentsvollstreckers für den Nacherben (§ 2222 BGB) nur
von diesem erklärt werden.[239] Wird der Verzicht widerrufen, so ist der Vermerk nicht nachträglich von Amts
wegen einzutragen, erforderlich ist ein Antrag[240] auf Eintragung des Nacherbschaftsvermerks. Veräußert der
Vorerbe ein zum Nachlass gehörendes Recht mit Zustimmung des Nacherben, unterbleibt die Eintragung des
Nacherbenvermerks ebenfalls.[241]

113 Die **Verzichtserklärung** (Löschungsbewilligung) bedarf der Form des § 29 und ist gegenüber dem Grundbuchamt abzugeben; sie wird mit ihrem Eingang beim Grundbuchamt unwiderruflich.[242]

114 Zum Verzicht auf die Eintragung des gesamten Nacherbenvermerks ist die **Zustimmung aller Nacherben**,
auch bedingter[243] oder weiterer Nacherben, **und der Ersatznacherben**[244] notwendig (vgl auch Rdn 162);
letzteres gilt insbesondere auch bei einer Übertragung der Nacherbenanwartschaft auf den Vorerben (Rdn 152).

115 Sind die Nacherben oder die Ersatznacherben unbekannt, so müssen sie beim Verzicht von einem **Pfleger
nach § 1913 BGB** vertreten werden, s Rdn 48. Der Pfleger für unbekannte Nacherben bedarf zum Verzicht
der **Genehmigung des Vormundschaftsgerichts**. Ohne diese Genehmigung reicht seine Vertretungsmacht
nicht aus, den Verzicht zu erklären, weil daraus über einen anschließenden gutgläubigen Erwerb ein sonst nur
mit Zustimmung des Nacherben und vormundschaftsgerichtlicher Genehmigung (Rdn 51) wirksames Rechtsgeschäft zustandekommen kann.[245] Gleiches gilt für Eltern eines minderjährigen Nacherben im Rahmen von
§§ 1643, 1821 BGB, s Rdn 51. Der Pfleger für unbekannte Ersatznacherben bedarf dieser Genehmigung nicht,
weil die Gefahr der Umgehung eines genehmigungspflichtigen Rechtsgeschäfts nicht besteht (der Ersatzerbe
muss den Verfügungen des Vorerben nicht zustimmen, s Rdn 47).

116 Der **Verzicht** kann auch nur **von einzelnen Nacherben** ausgesprochen und, auf sie beschränkt, im Grundbuch vermerkt werden.[246]

117 Ein **Testamentsvollstrecker** iS von § 2222 BGB kann ebenfalls auf die Eintragung des Nacherbenvermerks
verzichten. Ein Verzicht der Nacherben ist dann nicht erforderlich. Einen etwa im Verzicht liegenden Verstoß
gegen § 2216 Abs 1 BGB mit möglichen Schadensersatzfolgen hat das Grundbuchamt nicht zu beachten,[247]
Zweckmäßigkeitsgründe für den Verzicht sind vom Grundbuchamt nicht zu prüfen.

---

237 RGZ 151, 395; KGJ 52 A 166; KG JFG 21, 251 = DNotZ 1940, 286; OLG Frankfurt Rpfleger 1980, 228; Bay-
ObLGZ 1989, 183 = NJW-RR 1989, 1096 = DNotZ 1990, 56 = FamRZ 1989, 1123 = MittBayNot 1989, 320=
Rpfleger 1989, 412; OLG Hamm MittRhNotK 1995, 404 = MittRhNotK 1995, 102 = NJW-RR 1995, 1289 =
Rpfleger 1995, 209; aA *Bestelmeyer* Rpfleger 1994, 189: das Grundbuchamt mache durch die im Zuge der Eintragung
des Vorerben (als Vollerbe) unterlassene Nichtverlautbarung des Nacherbenrechts das Grundbuch wissentlich unrichtig,
was das Legalitätsprinzip verbiete.
238 KGJ 52 A 166; KG JFG 21, 251 = DNotZ 1940, 286; OLG Frankfurt Rpfleger 1980, 228.
239 BayObLGZ 1989, 183 = DNotZ 1990, 56 = FamRZ 1989, 1123 = MittBayNot 1989, 320 = NJW-RR 1989, 1096
= Rpfleger 1989, 412.
240 Ebenso *Schöner/Stöber* Rn 3507; *Bauer/von Oefele-Schaub* § 51 Rn 84.
241 OLG Colmar OLG 18, 222; JFG 12, 277.
242 KG JFG 21, 251 = DNotZ 1940, 286.
243 BGHZ 40, 119 = DNotZ 1964, 623; KG JFG 21, 251 = DNotZ 1940, 286; OLG Köln NJW 1955, 634; OLG Hamm
DNotZ 1955, 538 = Rpfleger 1956, 159; BayObLGZ 1970, 137 = NJW 1970, 1794 = DNotZ 1970, 686 = Rpfleger
1970, 344; BayObLGZ 1960, 410; OLG Frankfurt DNotZ 1970, 691 = Rpfleger 1971, 146; OLG Hamm NJW 1970,
1606 = DNotZ 1970, 688 = Rpfleger 1970, 242; OLG Oldenburg MDR 1962, 57; *Kanzleiter* DNotZ 1970, 693; *Haegele* Rpfleger 1971, 130 ff; **aM** *Becher* NJW 1969, 1463.
244 OLG Hamm DNotZ 1955, 538; *Reimann* DNotZ 2007, 579, 581.
245 KG HRR 1931 Nr 838.
246 *Schöner/Stöber* Rn 3508; KEHE-*Eickmann* § 51 Rpfleger 17.
247 KG DNotZ 1930, 480; OLG München JFG 20, 297; BayObLGZ 1989, 183 = FamRZ 1989, 1123 = MittBayNot
1989, 320 = NJW-RR 1989, 1096 = DNotZ 1990, 56 = Rpfleger 1989, 412; OLG Frankfurt Rpfleger 1980, 228;
Haegele BWNotZ 1974, 114.

11. Zwangsversteigerung und Insolvenzverfahren

§ 2115 S 1 BGB steht einer **Teilungsversteigerung** iS von § 180 ZVG nicht entgegen;[248] der Nacherbenvermerk ist dann auf Grund des Zuschlagsbeschlusses zu löschen.[249] Betreibt der Gläubiger des Vorerben die Teilungsversteigerung, so verstößt dies grundsätzlich gegen Treu und Glauben.[250]   **118**

Bei Eröffnung eines Insolvenzverfahrens über das Vermögen des Nacherben ist der Insolvenzvermerk gemäß § 32 InsO dem Nacherbenvermerk beizuschreiben[251] und zwar bei gleichzeitiger Eintragung unmittelbar beim Nacherbenvermerk, sonst in der für den Nacherbenvermerk maßgebenden Veränderungsspalte.   **119**

Nach § 2115 BGB sind Verfügungen, die im Wege der Zwangsvollstreckung, der Arrestvollziehung oder durch den Insolvenzverwalter erfolgen, bei Eintritt der Nacherbfolge insoweit unwirksam, als sie das Recht des Nacherben vereiteln oder beeinträchtigen würden. Es besteht ein Zugriffsschutz zu Gunsten der Nacherben. Eine Zwangs- oder Arresthypothek kann zwar eingetragen werden, bewirkt jedoch bei Eintritt des Nacherbfalls nichts, weil sie als Grundbucheintragung zu löschen wäre.[252]

12. Rechtsmittel

Beschwerde mit dem Ziel der Löschung des Nacherbenvermerks ist **zulässig**. § 71 Abs 2 steht nicht entgegen, weil sich an die Eintragung des Nacherbenvermerks als solchem kein gutgläubiger Erwerb anschließen kann;[253] deshalb kann gegen den Nacherbenvermerk auch kein Amtswiderspruch eingetragen werden.[254] Gegen Ablehnung eines Antrags auf Löschung des Nacherbenvermerks ist Beschwerde unbeschränkt zulässig.[255]   **120**

Richtet sich dagegen die **Beschwerde gegen** die Eintragung der **Befreiung** des Vorerben, so ist diese nur mit dem Ziel auf Eintragung eines **Widerspruchs** zulässig, weil hier möglicherweise die Verfügungsbeschränkungen des Vorerben nur teilweise aus dem Grundbuch ersichtlich sind und damit ein gutgläubiger Erwerb möglich ist.[256]   **121**

Ist die **Eintragung des Nacherbenvermerks unterblieben**, so kann der Nacherbe, solange der Vorerbe nicht verfügt hat, Beschwerde mit dem Ziel erheben, den Nacherbenvermerk einzutragen,[257] s Rdn 83. Sonst ist die Beschwerde nur dahin zulässig, einen Amtswiderspruch einzutragen, s Rdn 107; dies gilt zur Abwehr eines gutgläubigen Erwerbs auch nach Eintritt des Nacherbfalls, s Rdn 85. Wurde der Nacherbenvermerk gelöscht, ist Beschwerde mit dem Ziel der Eintragung eines Amtswiderspruchs zulässig, der auch noch nach Eintritt der Nacherbfolge eingetragen werden kann.[258]   **122**

Bei einer unrichtigen Bezeichnung des Nacherben ist auch der Vorerbe **beschwerdeberechtigt**[259] und auch weitere Gesamthandseigentümer, die nicht mit Nacherbfolge belastet sind.[260] Ein weiterer **Hofnacherbe** hat kein vererbliches Anwartschaftsrecht und hat deshalb gegen die Löschung des Nacherbenvermerks **kein Beschwerderecht**.[261]   **123**

IV. Behandlung der Verfügungen des Vorerben durch das Grundbuchamt[262]

1. Nacherbenvermerk ist gebucht

Der Nacherbenvermerk schützt den Nacherben und dessen Erben[263] davor, dass Verfügungen des Vorerben gegenüber dem Nacherben keine Wirksamkeit entfalten. Gutgläubiger Erwerb unmittelbar vom Vorerben wie auch späterer gutgläubiger Erwerb vom Erwerber scheidet aus.[264] Deshalb ist auch nach Eintritt des Nacherbfalls   **124**

---

248 BayObLGZ 1965, 212 = NJW 1965, 1966.
249 OLG Hamm OLGZ 1969, 63 = NJW 1969, 516 = Rpfleger 1968, 403.
250 OLG Celle NJW 1968, 801.
251 SchlHOLG SchlHA 1958, 178.
252 Eingehend zur Vor- und Nacherbschaft bei der Verwaltung von Wohnungseigentum *Köhler* ZWE 2007, 186.
253 BayObLG DNotZ 1983, 318 mwN = FamRZ 1982, 1139 = Rpfleger 1982, 277.
254 KGJ 34, 238; OLG Hamm Rpfleger 1957, 415.
255 BayObLG DNotZ 1983, 318 = FamRZ 1982, 1139 = Rpfleger 1982, 277.
256 OLG Hamm OLGZ 1971, 448 = DNotZ 1971, 422 = Rpfleger 1971, 255.
257 OLG Hamm OLGZ 1976, 180 = NJW 1976, 575 (Leitsatz) = Rpfleger 1976, 132.
258 AA OLG Hamm OLGZ 1991, 137 = FamRZ 1991, 113 = Rpfleger 1991, 59 m abl Anm *Alff* Rpfleger 1991, 243 und Anm *Brinkmann* Rpfleger 1991, 300. Wie hier *Demharter* § 51 Rn 30.
259 KG OLGE 2, 258.
260 OLG München DFG 1944, 112.
261 OLG Oldenburg SchlHA 1966, 59.
262 *Schöner/Stöber* Rn 3489 ff.
263 KG JW 1936, 2749.
264 OLG Braunschweig FamRZ 1995, 443.

keine Vormerkung zur Sicherung des Anspruchs des Nacherben auf Grundbuchberichtigung möglich.[265] Wegen des Verfügungsrechts des Vorerben nach § 2112 BGB ist das **Grundbuch nicht gesperrt**, s Rdn 3. Das Grundbuchamt kann daher Verfügungen des Vorerben, ausgenommen Löschungen (Rdn 127), vollziehen ohne Rücksicht darauf, ob der Vorerbe befreit ist oder nicht und ob die Verfügungen entgeltlich oder unentgeltlich sind.[266] Der Nacherbenvermerk bleibt bestehen[267] und muss gegebenenfalls mitübertragen werden.

125 Bestellt der nicht befreite Vorerbe mit Zustimmung des Nacherben oder der befreite Vorerbe entgeltlich ein Grundpfandrecht oder eine Vormerkung, so kann bei diesen ein Wirksamkeitsvermerk eingetragen werden, s Rdn 108.

126 Wegen § 1 Abs 4 ErbbauRG kann die Bestellung eines Erbbaurechts durch einen nicht befreiten Vorerben nur mit Zustimmung des Nacherben und durch einen befreiten Vorerben nur bei Nachweis der Entgeltlichkeit eingetragen werden, s Rdn 109.

2. Löschung eines Rechts

127 Hier gelten die vorstehend beschriebenen Grundsätze nicht, weil die Löschung des Rechts entweder nach § 40 Abs 1 ohne Voreintragung des Vorerben und damit ohne Nacherbenvermerk erfolgt oder unter gleichzeitiger Löschung des Nacherbenvermerks. Der Nacherbe wäre also nicht vor einem gutgläubigen Erwerb iS von §§ 2113 Abs 3, 892 Abs 1 BGB geschützt,[268] s Rdn 132.

128 Der **nicht befreite Vorerbe** kann deshalb eine Löschung eines Grundstücksrechts nur erreichen, wenn sie das Recht des Nacherben weder vereitelt noch beeinträchtigt. Dazu ist in der Regel die Zustimmung des Nacherben notwendig[269] oder es muss einer der anderen, unten in Nr 3 genannten Fälle vorliegen. Nach hM ist die Anbringung eines »modifizierten« Löschungsvermerks bei dem zu löschenden Rechts nicht möglich.[270]

129 Besondere Umstände des Einzelfalls können eine Löschung ohne Zustimmung des Nacherben zulässig sein lassen, weil die Löschung die Rechte des Nacherben nicht berührt, etwa die **Löschung eines letztrangigen Grundpfandrechts** an einem zur Vorerbschaft gehörenden Grundstück[271] oder die Löschung einer zum freien Vermögen des Vorerben gehörenden Eigentümergrundschuld (Rdn 30).

130 Der Vorerbe kann zum Nachlass gehörende **Eigentümergrundschulden** (s Rdn 28 bis 30), denen andere Rechte im Rang gleichstehen oder nachgehen, nicht ohne Zustimmung des Nacherben löschen lassen, weil dadurch eine Rangposition aufgegeben und damit das Nacherbenrecht beeinträchtigt würde.[272]

131 **Beim befreiten Vorerben** setzt die Löschung voraus, dass dem Grundbuchamt die **Entgeltlichkeit** des Geschäfts dargetan ist, s Rdn 144. Wenn ein Grundpfandrecht gelöscht wird, so genügt die Erklärung des Vorerben in der Löschungsbewilligung, er habe den gesicherten Betrag erhalten.[273] Für die Entgeltlichkeit spricht, dass der befreite Vorerbe, wenn der Einzelfall keine anderen Gesichtspunkte ergibt, ein größeres Interesse an der entgeltlichen Verfügung hat (er kann das Entgelt verbrauchen) als an der unentgeltlichen, weil er nach § 2138 Abs 2 BGB haftbar gemacht werden kann.[274] Dieser Erfahrungssatz wird der Offenkundigkeit der Entgeltlichkeit gleichgestellt,[275] s Rdn 144. Die Entgeltlichkeit ist auch offenkundig bei einer Löschung durch den befreiten Vorerben in Erfüllung einer Verbindlichkeit (zB aus §§ 1179 oder 1179a BGB)[276] oder weil die

265 OLG Oldenburg NJW-RR 2002, 728 = ZEV 2003, 33.
266 RGZ 102, 334; OLG Düsseldorf Rpfleger 1957, 413; *Haegele* Rpfleger 1971, 127.
267 KGJ 52 A 140.
268 RGZ 102, 334; BayObLGZ 2001, 118 = DNotZ 2001, 808 = FamRZ 2002, 135 = MittBayNot 2001, 403 = NJW-RR 2001, 1665 = Rpfleger 2001, 408 = NotBZ 2001, 304 m Anm *Gergaut* = ZEV 2001, 403; *Haegele* Rpfleger 1971, 127; **aA** MüKo-*Grunsky* § 2113 Rn 18, *Bestelmeyer* Rpfleger 1994, 191 und Rpfleger 2005, 80; *Maenner* LZ 1925, 13.
269 RGZ 102, 332. Abweichend OLG Hamburg ZMR 2004, 772 = Rpfleger 2004, 617 m nm *Hintzen/Alff* und Anm *Bestelmeyer* Rpfleger 2005, 80; *Bestelmeyer* Rpfleger 2006, 526, 531.
270 Bejahend *Bestelmeyer* Rpfleger 2006, 526, 531; *ders.* Rpfleger 2005, 80 mit Formulierungsvorschlägen. Auch in der ehem. DDR kannte man bei der Entschuldung von Bauern eine »bedingte Löschung« von Grundpfandrechten, vgl *Meikel/Böhringer*, § 46 Rdn 304.
271 KG JFG 15, 187 = HRR 1937 Nr 1016; OLG München JFG 21, 81 = HRR 1940 Nr 540; LG Hildesheim MDR 1961, 692; *Demharter* § 51 Rn 34.
272 BayObLGZ 2001, 118 = FamRZ 2002, 135 = DNotZ 2001, 808 = MittBayNot 2001, 403 = NJW-RR 2001, 1665 = NotBZ 2001, 303 m Anm *Gergaut* = Rpfleger 2001, 408 = ZEV 2001, 403; KG JFG 15, 187; OLG München JFG 21, 81; *Palandt/Edenhofer* § 2113 Rn 14.
273 LG Köln JMBlNRW 1951, 160; *Staudinger-Avenarius* § 2113 Rn 96; **aA** KGJ 41 A 180; LG Stade NdsRpfleger 1975, 219; LG Aachen Rpfleger 1986, 260; KEHE-*Eickmann* § 51 Rn 24; *Schöner/Stöber* Rn 3494.
274 BayObLGZ 1956, 54 = NJW 1956, 992 = DNotZ 1956, 304.
275 KEHE-*Eickmann* § 51 Rn 24.
276 OLG Saarbrücken DNotZ 1950, 66.

Löschung vom Gläubiger eines gleichzeitig neu eingetragenen Grundpfandrechts verlangt wird.[277] Umstritten ist die Frage, ob im Falle der Löschung einer Nachlasshypothek die Quittung des befreiten Vorerben als Entgeltlichkeitsnachweis genügt.[278]Verbleiben Zweifel an der Entgeltlichkeit, so muss der Nacherbe zustimmen.[279]

3. Nacherbenvermerk ist nicht gebucht

Ist ein Recht ohne Nacherbenvermerk kraft Erbrechts eingetragen, so kann das Grundbuchamt in unmittelbarer und entsprechender Anwendung des § 891 BGB davon ausgehen, dass Nacherbenrechte nicht bestehen.[280] Nach § 40 kann die Übertragung eines Rechts ohne Voreintragung des Vorerben und damit ohne Buchung des Nacherbenvermerks eingetragen werden. Wenn auch der Ersterwerber dann nicht gutgläubig erwerben kann,[281] so kann sich doch ein **gutgläubiger Erwerb zu Lasten des Nacherben** anschließen. Das Grundbuchamt muss daher von Amts wegen die Rechte des Nacherben dadurch wahren,[282] dass es die Zustimmung des Nacherben (Rdn 41) oder den Verzicht des Nacherben auf Eintragung des Nacherbenvermerks (Rdn 112)[283] oder beim befreiten Vorerben den Nachweis der Entgeltlichkeit verlangt (Rdn 144). Sonst muss das Grundbuchamt entgegen § 40 durch Zwischenverfügung auf die Voreintragung des Vorerben (mit Buchung des Nacherbenvermerks von Amts wegen) bestehen; notfalls ist der Antrag des Vorerben zurückzuweisen.[284] Dies gilt auch bei Vollzug einer zwischen mehreren Miterben vereinbarten **Nachlassteilung**,[285] s Rdn 24 und 25.

Gleiches gilt bei Eintragung einer vom Vorerben bestellten **Vormerkung**,[286] weil sonst die Verfügungsbeschränkungen iS von § 2113 BGB gegenüber der Vormerkung bei gutgläubigem Erwerb eines Zessionars[287] entfallen können (§ 2113 Abs 3 BGB).

Eintragungen auf Grund der Bewilligung des Erblassers oder eines Nachlasspflegers sind auch gegenüber dem Nacherben wirksam und können deshalb ohne weiteres iS von § 40 vollzogen werden,[288] weil die Verfügungen dieser Personen auch den Nacherben binden. Gleiches gilt für Verfügungen des Hofvorerben (Rdn 62), des Bevollmächtigten des Erblassers (Rdn 59) und des Testamentsvollstreckers, wenn er den Vorerben und den Nacherben betrifft (Rdn 54).

4. Entgeltliche Verfügungen des befreiten Vorerben

Unentgeltliche Verfügungen[289] (zB Veräußerung und Belastung von Grundstücken, auch mit einer Vormerkung) des befreiten Vorerben (Rdn 70–72) sind bei Eintritt des Nacherbfalls unwirksam (§ 2113 Abs 2 BGB), die Unwirksamkeit ist absoluter Natur, so dass sich nach Eintritt des Nacherbfalls jeder auf sie berufen kann;[290] entgeltliche Verfügungen sind wirksam, ohne dass der Nacherbe[291] oder ein Testamentsvollstrecker iS von § 2222 BGB[292] zustimmen müsste; ein Teilungsverbot des Erblassers steht dem nicht entgegen.[293] Das GBA muss deshalb bei Löschung eines Grundstücksrechts (Rdn 131), bei fehlendem Nacherbenvermerk (Rdn 87), bei

132

133

134

135

277 KGJ 41 A 180; KG HRR 1930 Nr 223.
278 Einerseits LG Köln JMBlNW 1951, 160; andererseits LG Stade NdsRpfl 1975, 219.
279 LG Aachen Rpfleger 1986, 260.
280 RG HRR 1935 Nr 184 gegen KGJ 52, 168.
281 BGH NJW 1970, 943 = DNotZ 1970, 412 = Rpfleger 1970, 162; vgl auch *Schaub* ZEV 1996, 152.
282 RGZ 56, 214; *Meikel-Böttcher* § 40 Rdn 7.
283 BayObLGZ 1989, 183 = FamRZ 1989, 1123 = MittBayNot 1989, 320 = NJW-RR 1989, 1096 = DNotZ 1990, 56 = Rpfleger 1989, 412; OLG Hamm MittRhNotK 1995, 404 = MittRhNotK 1995, 102 = NJW-RR 1995, 1289 = Rpfleger 1995, 209.
284 *Meikel-Böttcher* § 40 Rdn 7; *Hill* MDR 1959, 359; *Haegele* Rpfleger 1971, 121.
285 *Deimann* Rpfleger 1978, 245.
286 *Schöner/Stöber* Rn 3482.
287 *Palandt/Bassenge* § 885 Rn 12 und 13.
288 KEHE-*Eickmann* § 51 Rn 27.
289 Einzelheiten bei *Spellenberg* FamRZ 1974, 350 und *Neuschwander* BWNotZ 1977, 85. Die Ausnahmetatbestände von Schenkungen mit einer sittlichen Pflicht oder einer auf den Anstand zu nehmenden Rücksicht dürften im Grundbuchverkehr wohl kaum nachweisbar sein, jedenfalls nicht aus öffentlichen Urkunden iSv § 29; die Kriterien sollten überdies sehr eng ausgelegt werden.
290 BGHZ 52, 269 = DNotZ 1970, 32 = NJW 1968, 2043. Die Eintragung des Dritten auf Grund der mit Eintritt der Nacherbfolge unwirksamen Vorerbenverfügung begründet Grundbuchunrichtigkeit zum Nachteil des Nacherben; dieser hat Anspruch auf Grundbuchberichtigung nach § 894 BGB auf seinen Antrag hin, § 13, mit Berichtigungsbewilligung des Dritten (§§ 19, 22, 29) oder auf Grund Unrichtigkeitsnachweises, was wohl praktisch nie gelingt.
291 BayObLG DNotZ 1983, 320 = Rpfleger 1982, 467; OLG Hamm DNotI-Report 1996, 174 = NJW-RR 1996, 1230 = Rpfleger 1996, 504 = MittBayNot 1996, 380; OLG Hamm DNotI-Report 1999, 121 = FGPrax 1999, 130 = MittRhNotK 1999, 248 = Rpfleger 1999, 385.
292 *Haegele* Rpfleger 1957, 148; *Schöner/Stöber* Rn 3486.
293 BayObLG DNotZ 1983, 320 = Rpfleger 1982, 467.

Löschung des Nacherbenvermerks (Rdn 161) oder bei Eintragung eines Wirksamkeitsvermerks (Rdn 108) die **Entgeltlichkeit** der Verfügung des befreiten Vorerben **prüfen**, außer der Nacherbe hat zugestimmt (Rdn 41).

136 Eine **unentgeltliche Verfügung** iS von § 2113 Abs 2 BGB liegt vor, wenn der Vorerbe im Zeitpunkt ihrer Vornahme,[294] objektiv betrachtet, ohne gleichwertige Gegenleistung ein Opfer aus der Erbmasse bringt und, subjektiv betrachtet, entweder weiß, dass für dieses Opfer der Erbmasse keine gleichwertige Gegenleistung zufließt, oder dies bei ordnungsmäßiger Verwaltung hätte erkennen müssen; dabei kommt es auf das wirtschaftliche Ergebnis an und nicht darauf, ob zwischen den Beteiligten Einigkeit über die Unentgeltlichkeit bestand oder ob der Empfänger die Pflichtverletzung des verfügenden Vorerben gekannt hat.[295] Die Entgeltlichkeit darf nicht nur an objektiven Merkmalen (zB dem vom Gutachterausschuss ermittelten Verkehrswert) gemessen werden, sondern es ist bei Abwägung von Leistung und Gegenleistung auch das dem Vorerben im vorgenannten Rahmen zustehende Ermessen zu berücksichtigen.[296] Verkäufe zum so genannten Freundschaftspreis sind in vollem Umfang unwirksam, wenn beide Kaufparteien wissen, dass der Wert des verkauften Gegenstandes nicht dem Verkehrswert entspricht.[297]

137 Eine **teilweise unentgeltliche Verfügung** ist einer voll unentgeltlichen gleichzusetzen; sie ist jedoch insoweit wirksam, als der Nacherbe Herausgabe nur gegen Rückerstattung des Erlangten verlangen kann.[298] Eine unentgeltliche Verfügung liegt nicht nur bei – gemischten – Schenkungen des Vorerben vor, sondern grundsätzlich auch bei sog. **ehebedingten oder unbenannten Zuwendungen**, die der Vorerbe seinem Ehegatten macht.[299]

138 Der Entgeltlichkeit steht nicht entgegen, dass die **Gegenleistung noch nicht bewirkt** ist[300] oder dass der befreite Vorerbe das Nachlassgrundstück mit Grundpfandrechten belastet, um so dem **Erwerber die Finanzierung des Kaufpreises** zu **ermöglichen**.[301]

139 Entgeltlichkeit setzt voraus, dass die **Gegenleistung**[302] **dem Nachlass zufließt** und nicht Dritten oder den im Zeitpunkt der Verfügung vorhandenen Nacherben (sie könnten beim Nacherbfall nicht zur Erbfolge kommen, wenn ihr Anwartschaftsrecht nicht vererblich ist).[303] Eine Entgeltlichkeit ist auch dann gegeben, wenn die Gegenleistung allgemein dem Vermögen des befreiten Vorerben zugute kommt.[304] Wird der befreite Vorerbe tatsächlich Schuldner einer Darlehensverbindlichkeit, zu deren Absicherung ein Grundpfandrecht bestellt wird, so ist diese Verfügung gegenüber der darlehensgewährenden Bank entgeltlich.[305]

140 Fließt die Gegenleistung dem Vorerben selbst, nicht dem Nachlass zu (zB eine **Leibrente**), so liegt Entgeltlichkeit vor, wenn er von § 2134 BGB befreit ist.[306] Soweit die Rente jedoch über den Tod des Vorerben (Nacherbfall) hinaus bezahlt wird, steht sie als Surrogat dem Nacherben zu; sonst verfügt der Vorerbe unentgeltlich.[307]

---

294 BayObLGZ 1957, 285 = DNotZ 1958, 89.
295 BGH FamRZ 1984, 258 = NJW 1984, 366 = MDR 1984, 384 mwN; BayObLGZ 1956, 54 = NJW 1956, 992 = DNotZ 1956, 304; OLG Hamm DNotZ 1971, 492 = Rpfleger 1971, 147; BayObLG DNotZ 1989, 182 = Rpfleger 1988, 25; OLG Hamm OLGZ 1991, 137 = FamRZ 1991, 113 = MittBayNot 1990, 361 = MittRhNotK 1990, 278 = Rpfleger 1991, 59 m Anm *Alff* Rpfleger 1991, 243 und Anm *Brinkmann* Rpfleger 1991, 300.
296 BayObLGZ 1956, 54 = NJW 1956, 992 = DNotZ 1956, 304; KG OLGZ 1968, 337 = Rpfleger 1968, 224.
297 BGH DNotZ 1985, 482 = NJW 1985, 382 = Rpfleger 1985, 114; *Björner/Fasting* DWW 2007, 357.
298 BGH NJW 1985, 382 = DNotZ 1985, 482 = FamRZ 1985, 176 = Rpfleger 1985, 114; BayObLG DNotZ 1989, 182 = Rpfleger 1988, 525; OLG Frankfurt JurBüro 1980, 377 = MittBayNot 1980, 77 = Rpfleger 1980, 107; OLG Hamm OLGZ 1991, 137 = FamRZ 1991, 113 = MittBayNot 1990, 361 = MittRhNotK 1990, 278 = Rpfleger 1991, 59 m Anm *Alff* Rpfleger 1991, 243 und Anm *Brinkmann* Rpfleger 1991, 299; OLG Hamm DNotI-Report 2002, 125 = FamRZ 2003, 484 = FGPrax 2002, 239 = NJW-RR 2002, 1518 = Rpfleger 2002, 617 = ZEV 2003, 31.
299 BGHZ 116, 167 = DNotZ 1992, 513 = BWNotZ 1992, 150 m Anm *Langenfeld* = EWiR 1992, 261 m Anm *Kollhosser* = FamRZ 1992, 300 = JuS 1992, 611 m Anm *Hohloch* = MittBayNot 1992, 150 = NJW 1992, 564; vgl auch *Klinghöffer* NJW 1993, 1097.
300 KG DNotZ 1972, 176 = Rpfleger 1972, 58.
301 OLG Hamm OLGZ 1969, 403 = NJW 1969, 1492 = DNotZ 1969, 675 = Rpfleger 1969, 349; *Lahnert* BWNotZ 1964, 197.
302 BayObLG DNotZ 1983, 320 = Rpfleger 1982, 467; BayObLGZ 1986, 208 = FamRZ 1987, 104 = MittBayNot 1986, 266 = NJW-RR 1986, 1070 = Rpfleger 1986, 470 (für TV); OLG Hamm DNotI-Report 2002, 125 = FamRZ 2003, 484 = FGPrax 2002, 239 = NJW-RR 2002, 1518 = Rpfleger 2002, 617 = ZEV 2003, 31.
303 BGHZ 7, 274 = NJW 1953, 219 = DNotZ 1953, 97; OLG Frankfurt Rpfleger 1977, 170; *Johannsen* WM 1970, 3; *Brinkmann* Rpfleger 1991, 300; **aA** *Wolf* JuS 1981, 14.
304 BGH NJW 1985, 382 = DNotZ 1985, 482 = FamRZ 1985, 176 = Rpfleger 1985, 114; BayObLG DNotZ 1989, 182 = Rpfleger 1988, 525.
305 Ausführlich *Wehrstedt* MittRhNotK 1999, 103.
306 BGH NJW 1977, 1631 = DNotZ 1977, 745; BGH NJW 1985, 382 = DNotZ 1985, 482 = FamRZ 1985, 176 =Rpfleger 1985, 114. Dazu auch OLG Düsseldorf Rpfleger 2008, 299.
307 OLG Hamm OLGZ 1991, 137 = FamRZ 1991, 113 = MittBayNot 1990, 361 = MittRhNotK 1990, 278 = Rpfleger 1991, 59 m Anm *Alff* Rpfleger 1991, 243 und m abl Anm *Brinkmann* Rpfleger 1991, 299.

Veräußert der befreite Vorerbe gegen eine Leibrente, so ist für die Entgeltlichkeit der Kapitalwert der Rente im Zeitpunkt des Vertragsabschlusses auch dann maßgebend, wenn der Vorerbe wider Erwarten kurz darauf verstorben ist.[308] Unentgeltlichkeit liegt jedoch vor, wenn die Leibrente nicht angemessen dinglich gesichert ist, etwa wegen eines Rangvorbehalts der zu einem nennenswerten Ausfall der dinglichen Sicherung führen kann.[309] Dies gilt entsprechend für die dingliche Sicherung einer gestundeten Gegenleistung.

Veräußerung unter **Vorbehalt des Nießbrauchs** ist entgeltlich, wenn die Kapitalisierung des Nießbrauchs und der Wert der weiteren Gegenleistung insgesamt ein angemessenes Entgelt darstellen.[310] **141**

Eine **Nachlassteilung** zwischen Vorerben ist entgeltlich, wenn ein Vorerbe wertmäßig dabei nicht mehr erhält, als ihm auf Grund seiner Erbquote gebührt[311] oder wenn ein Vorerbe angemessen abgefunden wird;[312] zur Surrogation s Rdn 24 und 25. **142**

Der Verzicht des befreiten Vorerben auf das Eigentum zu DDR-Zeiten ist gegenüber den Nacherben wirksam, wenn es sich um ein praktisch unverkäufliches Mietwohngrundstück gehandelt hat, das nur Kosten verursachte.[313] **143**

5. Nachweis der Entgeltlichkeit

Bei der Prüfung der Entgeltlichkeit muss beachtet werden, dass ein rechnerisch genauer Nachweis[314] derselben in aller Regel nicht möglich ist. Es ist **schwierig, die Entgeltlichkeit in der Form des § 29 nachzuweisen**. Deshalb hat die Rechtsprechung schon seit langem anerkannt, dass das Grundbuchamt berechtigt und verpflichtet sein soll, bei der Prüfung dieser Frage die Regeln der Lebenserfahrung und der Wahrscheinlichkeit anzuwenden[315] und in den Begriff der Unentgeltlichkeit zusätzlich das subjektive Tatbestandsmerkmal aufgenommen.[316] Die Lockerung der Beweisanforderungen ist jedoch nur dort geboten, wo es praktisch unmöglich ist, Urkunden iSv § 29 beizubringen;[317] sie gilt nicht, wenn die Möglichkeit des Nachweises durch öffentliche Urkunden gegeben ist. Zur Erleichterung des Grundbuchverkehrs werden der **Offenkundigkeit** der Entgeltlichkeit die Fälle gleichgestellt, in denen die Unentgeltlichkeit bei freier Würdigung nach Sachlage ausgeschlossen ist. Dabei dürfen auch Wahrscheinlichkeitserwägungen angestellt werden, die sich auf allgemeine Erfahrungssätze stützen. Insbesondere kann bei einem zweiseitigen Geschäft des **befreiten** Vorerben mit einem unbeteiligten Dritten, das beiderseitige Verpflichtungen auslöst, Entgeltlichkeit angenommen und davon ausgegangen werden, dass ein Geschäft, das sich nach seiner urkundlichen Fassung als entgeltlich kennzeichnet, kein Scheingeschäft ist, sondern der Wirklichkeit gerecht wird;[318] es spricht der erste Anschein für Entgeltlichkeit.[319] Diese ist bei einem Kaufvertrag mit einer Person, die mit dem Vorerben weder verwandt oder verschwägert, noch verheiratet ist, regelmäßig anzunehmen, sodass es eines auf ein Wertgutachten gestützten Nachweises in derartigen Fällen nicht bedarf.[320] An den Nachweis der Entgeltlichkeit dürfen dabei nicht zu geringe Anforderungen gestellt werden.[321] **Bei verwandtschaftlichen Beziehungen** zwischen dem Vorerben und seinem Ver-

---

308 BayObLGZ 1957, 285 = DNotZ 1958, 89; *Johannsen* WM 1970, 4.
309 OLG Hamm DNotZ 1971, 492.
310 Zum Wohnungsrecht OLG Hamm DNotZ 1971, 492 = Rpfleger 1971, 147; **aA** *Johannsen* WM 1970, 4 unter Hinweis auf BGH IV ZR 101/51 (unveröffentlicht) und OLG Frankfurt Rpfleger 1977, 170.
311 BayObLGZ 1986, 208 = MittBayNot 1986, 266 = NJW-RR 1986, 1070 = Rpfleger 1986, 470.
312 BayObLG DNotZ 1983, 320 = Rpfleger 1982, 467.
313 BGH FamRZ 1999, 1347 = NJW 1999, 2037 = Rpfleger 1999, 331.
314 OLG München DNotI-Report 2005, 63 = DNotZ 2005, 697 = FGPrax 2005, 193 = NotBZ 2005, 221.
315 OLG Düsseldorf Rpfleger 2008, 299; KG DNotZ 1933, 607; *Dillmann* RNotZ 2002, 1, 14.
316 BayObLGZ 1956, 54= NJW 1956, 992 = DNotZ 1956, 304; OLG München DNotI-Report 2005, 63 = DNotZ 2005, 697 = FGPrax 2005, 193 = NotBZ 2005, 221.
317 BGHZ 57, 84; OLG München DNotI-Report 2005, 63 = DNotZ 2005, 697 = FGPrax 2005, 193 = NotBZ 2005, 221.
318 RGZ 69, 257; BayObLG DNotZ 1989, 182 = Rpfleger 1988, 525; BayObLGZ 1956, 54 = NJW 1956, 992 = DNotZ 1956, 304; KG DNotZ 1993, 607 = NJW-RR 1993, 268 = OLGZ 1993, 270 = Rpfleger 1993, 236; KG OLGZ 1968, 337 = Rpfleger 1968, 224; OLG Hamm DNotI-Report 1999, 121 = FGPrax 1999, 130 = MittRhNotK 1999, 248 = Rpfleger 1999, 385; OLG Hamm OLGZ 1969, 403 = NJW 1969, 1492 = DNotZ 1969, 675 = Rpfleger 1969, 349; OLG Frankfurt JurBüro 1980, 377 = MittBayNot 1980, 77 = Rpfleger 1980, 107; BayObLG DNotZ 1989, 182 = Rpfleger 1988, 525; OLG Hamm OLGZ 1991, 137 = FamRZ 1991, 113 = MittBayNot 1990, 361 = MittRhNotK 1990, 278 = Rpfleger 1991, 59 m Anm *Alff* Rpfleger 1991, 243 und Anm *Brinkmann* Rpfleger 1991, 299; *Hill* MDR 1959, 359.
319 OLG München DNotI-Report 2005, 63 = DNotZ 2005, 697 = FGPrax 2005, 193 = NotBZ 2005, 221.
320 OLG Düsseldorf Rpfleger 2008, 299.
321 OLG Hamm MittBayNot 1996, 381 = NJW-RR 1996, 1230 = Rpfleger 1996, 504; OLG Hamm OLGR Hamm 1995, 153 = FGPrax 1995, 14.

tragspartner muss das Grundbuchamt jedoch die **Entgeltlichkeit sorgfältig prüfen;**[322] sie kann nicht ohne Weiteres als offenkundig bzw als im Sinne eines gewöhnlichen Laufs der Dinge als nachgewiesen angesehen werden. Bei einem persönlichen Näheverhältnis des verfügenden Vorerben zum Erwerber (Lebensgefährte des Vorerben) ist die (vollständige) Entgeltlichkeit durch Vorlage von Wertgutachten und/oder Verwendungsnachweise zu belegen; von Amts wegen darf das Grundbuchamt allerdings nicht ermitteln bzw übe die Entgeltlichkeit des Geschäfts Gutachten einholen.[323]

145 Ist der **Nacherbe minderjährig** und ist die Entgeltlichkeit der Verfügung des befreiten Vorerben nachgewiesen oder wird sie vom Nacherben bescheinigt (tatsächliches Zugeständnis), so ist dazu keine familiengerichtliche Genehmigung nötig;[324] dies gilt jedoch nicht, wenn Zweifel an der Bescheinigung bestehen oder wenn der Verfügung des Vorerben ausdrücklich zugestimmt wird,[325] s Rdn 51.

146 Das **Grundbuchamt** muss sich bei der Prüfung der Entgeltlichkeit auf eine freie Würdigung des aus den vorgelegten Urkunden ersichtlichen Sachverhalts beschränken. Die Beweismittelbeschränkung des § 29 gilt für den Entgeltlichkeitsnachweis nicht. Das Grundbuchamt muss auf der Basis der vorliegenden Unterlagen selbständig beurteilen, ob Anhaltspunkte für eine Unentgeltlichkeit gegeben sind. Es ist **weder berechtigt noch verpflichtet, Ermittlungen und Beweiserhebungen eigenständig anzustellen.**[326] Entgegen diesem Verbot erhobene Beweise dürfen nicht verwertet werden.[327] Dies schließt jedoch nicht aus, dass es bei Zweifeln an der Entgeltlichkeit den Beteiligten durch **Zwischenverfügung** die Vorlage eines Sachverständigengutachtens[328] aufgibt.[329] Tatsachen, die beim Grundbuchamt gerichtskundig sind, dürfen berücksichtigt werden; in den Grundakten vorhandene Unterlagen sind beizuziehen.[330] Die Regeln über die Lebenserfahrung und der Wahrscheinlichkeit dürfen herangezogen werden.[331] Zweifel an der Entgeltlichkeit müssen nicht vom Grundbuchamt geklärt werden; es kann dann die Zustimmung des Nacherben verlangen, wenn der Nacherbenvermerk gelöscht oder nicht gebucht werden soll.[332] Gleichwohl ist eine allzu ängstliche, auch die entferntesten Möglichkeiten noch berücksichtigende Betrachtungsweise nicht angezeigt;[333] an den Nachweis sind keine übertrieben hohe, aber auch keine zu niedrige Anforderungen zu stellen;[334] der Grundstücksverkehr darf durch unangebrachte Bedenken nicht gehemmt werden. Allerdings genügen bloße Behauptungen des Vorerben nicht (vgl auch die gleichartige Problematik bei Testamentsvollstreckung, § 52). Wird die Unentgeltlichkeit der Verfügung des Vorerben durch die Natur der Sache ausgeschlossen, so ist ihre Entgeltlichkeit als offenkundig nach § 29 anzusehen.[335] Offenkundigkeit ist anzunehmen, wenn bei vernünftiger Würdigung der Sachlage Zweifel am Vortrag des Vorerben nicht ersichtlich sind, so zB bei zweiseitigem Rechtsgeschäft mit einem nicht ersichtlich dem Vorerben nahe stehenden Dritten, das beiderseitige Verpflichtungen auslöst.[336]

---

322 OLG München DNotI-Report 2005, 63 = DNotZ 2005, 697 = FGPrax 2005, 193 = NotBZ 2005, 221; OLG Hamm DNotZ 1971, 422; OLG Frankfurt Rpfleger 1977, 170; OLG Frankfurt JurBüro 1980, 377 = MittBayNot 1980, 77 = Rpfleger 1980, 107; OLG Braunschweig Rpfleger 1991, 204.

323 OLG Düsseldorf Rpfleger 2008, 299.

324 KGJ 33 A 43; AG Bremen Rpfleger 1969, 93.

325 KGJ 33 A 43; KG OLGZ 1968, 337 = Rpfleger 1968, 224.

326 KG OLGZ 1968, 337 = Rpfleger 1968, 224; OLG Frankfurt JurBüro 1980, 377 = MittBayNot 1980, 77 = Rpfleger 1980, 107; OLG Braunschweig Rpfleger 1991, 204.

327 *Dillmann* RNotZ 2002, 1, 15 in Anlehnung an die Prüfungspflichten zu §§ 1365 und 2205 BGB.

328 Dazu OLG München DNotI-Report 2005, 63 = DNotZ 2005, 697 = FGPrax 2005, 193 = NotBZ 2005, 221 m krit Anm *Demharter.* Im Rahmen der freien Beweiswürdigung kann das Gutachten berücksichtigt werden.

329 *Haegele* Rpfleger 1968, 225; **aA** OLG Braunschweig Rpfleger 1991, 204; LG Freiburg BWNotZ 1982, 17.

330 KG OLGZ 1968, 337 = Rpfleger 1968, 224; OLG Hamm DNotZ 1972, 96.

331 OLG München DNotI-Report 2005, 63 = DNotZ 2005, 697 = FGPrax 2005, 193 = NotBZ 2005, 221; OLG Hamm OLGZ 1991, 137 = FamRZ 1991, 113 = MittBayNot 1990, 361 = MittRhNotK 1990, 278 = Rpfleger 1991, 59 m Anm *Alff* Rpfleger 1991, 243 und Anm *Brinkmann* Rpfleger 1991, 299; OLG Hamm MittBayNot 1996, 381 = NJW-RR 1996, 1230 = Rpfleger 1996, 504; OLG Hamm DNotI-Report 1999, 121 = FGPrax 1999, 130 = MittRhNotK 1999, 248 = Rpfleger 1999, 385.

332 LG Aachen Rpfleger 1986, 260.

333 OLG München DNotI-Report 2005, 63 = DNotZ 2005, 697 = FGPrax 2005, 193 = NotBZ 2005, 221; ebenso *Demharter* § 52 Rn 23; KEHE-Eickmann § 51 Rn 24; *Bauer/von Oefele-Schaub* § 51 Rn 150; *Böhringer* BWNotZ 2003, 150; *ders* Rpfleger 1990, 337; *ders.* Rpfleger 2005, 225; *Schmenger* BWNotZ 2004, 97 (zum ähnlichen Fall bei Verfügungen des Testamentsvollstreckers).

334 Ebenso *Demharter* FGPrax 2005, 195. Vgl OLG Hamm MittBayNot 1996, 381 = NJW-RR 1996, 1230 = Rpfleger 1996, 504.

335 OLG Hamm DNotI-Report 1999, 121 = FGPrax 1999, 130 = MittRhNotK 1999, 248 = Rpfleger 1999, 385; OLG Hamm MittBayNot 1996, 381 = NJW-RR 1996, 1230 = Rpfleger 1996, 504; BayObLG DNotZ 1969, 317; OLG Frankfurt JurBüro 1980, 77 = MittBayNot 1980, 77 = Rpfleger 1980, 107; LG Bremen Rpfleger 1993, 235 m Anm *Meyer-Stolte.*

336 Ebenso KEHE-*Eickmann* § 51 Rn 24; OLG Braunschweig Rpfleger 1991, 204.

V. Verfügungen über das Nacherbenrecht

1. Übertragung und Belastung

Vor Eintritt des Nacherbfalls steht dem Nacherben ein **Anwartschaftsrecht** zu, das im Zweifel vererblich ist **147** (Rdn 8). Dieses Nacherbenrecht kann sowohl vom alleinigen Nacherben als auch vom Mitnacherben übertragen werden[337] und zwar auf den Vorerben, auf einen Mitnacherben oder auf einen Dritten. Gleiches gilt von einer Verpfändung oder Pfändung.[338] Ein Testamentsvollstrecker iS von § 2222 BGB kann das Nacherbenrecht nicht übertragen.[339] Die Übertragung ist im Erbschein nicht anzugeben.[340] Verfügungen über das Anwartschaftsrecht bzw. der Erwerber werden aber im Grundbuch eingetragen.

Der Erblasser kann die **Vererblichkeit** des Nacherbenrechts ausschließen (§ 2108 Abs 2 BGB), nicht aber seine **148** **Übertragbarkeit**; dies würde gegen § 137 BGB verstoßen.[341] Er kann aber bestimmen, dass das Nacherbenrecht entfällt, wenn es übertragen wird (auflösende Bedingung).[342] Dies kann jedoch nicht schon aus der Anordnung einer Ersatznacherbfolge abgeleitet werden.[343]

Weil das Nacherbenrecht übertragbar ist, ist es auch **verpfändbar**.[344] **149**

Verfügungen des Nacherben über sein Anwartschaftsrecht bedürfen der Form des § 2033 Abs 1 BGB.[345] **150**

Ist eine Zustimmung des Nacherben zu Verfügungen des Vorerben erforderlich, so tritt bei Übertragung des **151** Nacherbenrechts der Rechtsnachfolger des Nacherben an dessen Stelle.[346]

2. Erwerb des Nacherbenrechts durch den Vorerben

Der Nacherbe kann sein Anwartschaftsrecht auch auf den Vorerben übertragen. Erwirbt der Vorerbe das Nach- **152** erbenrecht, so wird er **nur Vollerbe, wenn keine Ersatznacherben und keine weiteren Nacherben** bestimmt sind oder wenn auch sie ihr Recht auf den Vorerben übertragen haben; dem Vorerben kann dann ein Erbschein ohne Nacherbenvermerk erteilt werden.[347] Sonst bleiben die Rechte der Ersatznacherben bzw der weiteren Nacherben von der Übertragung des Nacherbenrechts auf den Vorerben unberührt und verdrängen die Rechte des Vorerben als Erwerber des Nacherbenrechts, wenn der Nacherbe vor Eintritt des Nacherbfalls weggefallen ist (Ausschlagung, Anfechtung, Erbunwürdigkeit) oder wenn er bei fehlender Vererblichkeit vor Eintritt des Nacherbfalls verstorben ist; entsprechendes gilt bei Eintritt einer weiteren Nacherbfolge. Der **Ersatznacherbe** und der **weitere Nacherbe bedürfen** deshalb bei einer Übertragung des Nacherbenrechts weiterhin **des Schutzes durch den Nacherbenvermerk**; eine Löschung des Nacherbenvermerks gegen den Willen des Ersatznacherben kommt in solchen Fällen nicht in Betracht.

Der Vermerk über das Recht der Ersatznacherben oder der weiteren Nacherben kann daher nur gelöscht wer- **153** den, wenn auch die Bewilligung der Ersatznacherben oder weiterer Nacherben vorliegt oder wenn der Vorerbe auch deren Anwartschaftsrecht erworben hat.[348]

Dies gilt nicht, wenn der Erblasser den Wegfall des Ersatznacherbenrechts ausdrücklich für den Fall bestimmt **154** hat, dass der Nacherbe seine Anwartschaft auf den Vorerben überträgt.[349]

Eine stillschweigende Ersatznacherbeinsetzung iS von § 2069 BGB ist nicht anzunehmen, wenn der Nacherbe **155** seine Anwartschaft auf den Vorerben gegen eine Abfindung überträgt, die mindestens seinem Pflichtteil entspricht;[350] hier kann deshalb auch der Vermerk über das Recht des Ersatznacherben ohne weiteres gelöscht

---

337 RGZ 101, 185; RGZ 145, 316; OLG Frankfurt Rpfleger 1980, 228; MüKo-*Grunsky* § 2100 Rn 27 ff, *Staudinger-Avenarius* § 2100 Rn 75; *Schiedermair* AcP 139, 129.
338 RGZ 103, 358; JFG 6, 274.
339 KG JW 1937, 1553 = HHR 1937, 931.
340 BayObLG FamRZ 2001, 350 = FGPrax 2001, 207.
341 **Str** OLG Köln NJW 1955, 634; *Staudinger-Avenarius* § 2100 Rn 76; *Mezger* AcP 152, 382; **aA** RGZ 170, 163; *Soergel-Harder/Wegmann* § 2108 Rn 5; MüKo-*Gursky* § 2100 Rn 27.
342 *Kanzleiter* DNotZ 1970, 695.
343 OLG Köln NJW 1955, 634.
344 RGZ 80, 377; MüKo-*Grunsky* § 2100 Rn 27.
345 RGZ 170, 163; KG DNotZ 1954, 389; OLG Frankfurt Rpfleger 1980, 228.
346 Zur Insolvenz des Nacherben OLG Schleswig SchlHA 1958, 178.
347 KG JFG 18, 223 = JW 1938, 3118.
348 KG JFG 18, 223 = JW 1938, 3118; KG JFG 21, 251 = DNotZ 1940, 286; OLG Köln NJW 1955, 634; BayObLGZ 1970, 137 = NJW 1970, 1794 = DNotZ 1970, 686 = Rpfleger 1970, 344; OLG Frankfurt DNotZ 1970, 691 = Rpfleger 1971, 146; OLG Hamm NJW 1970, 1606 = DNotZ 1970, 688 = Rpfleger 1970, 242; *Kanzleiter* DNotZ 1970, 693; *Haegele* Rpfleger 1971, 130 ff; **aM** *Bestelmeyer* Rpfleger 1994, 191; *Becher* NJW 1969, 1463.
349 *Kanzleiter* DNotZ 1970, 697.
350 LG München II MittBayNot 1980, 29.

werden. Dies gilt auch, wenn der Nacherbe ausschlägt und den Pflichtteil verlangt,[351] auch bei einer ausdrücklichen mit § 2069 BGB übereinstimmenden Ersatznacherbeinsetzung.[352]

156 Die Übertragung des Nacherbenrechts bedarf keiner Zustimmung des Ersatznacherben,[353] das Recht des Ersatznacherben bleibt davon aber unberührt.[354] Hat er dennoch zugestimmt, so liegt darin nicht ohne weiteres auch die Übertragung seiner Anwartschaft auf den Vorerben, die diesen zum Vollerben werden ließe.[355]

157 Verfügungen des Vorerben iS von § 2113 Abs 1 BGB, die er nach dem Erwerb des Nacherbenrechts und vor seinem etwaigen Wegfall vorgenommen hat, sind ohne Zustimmung des Ersatznacherben wirksam, weil diese Zustimmung ohne Rücksicht auf die Übertragung des Nacherbenrechts nicht notwendig ist (Rdn 47); deshalb kann beim Vollzug einer solchen Verfügung der Nacherbenvermerk gelöscht werden.[356]

3. Pfändung

158 Das Nacherbenrecht ist auch pfändbar,[357] wobei die Pfändung beim alleinigen Nacherben mit der Zustellung an ihn (§ 857 Abs 2 ZPO) und beim Vorhandensein mehrerer Nacherben mit der Zustellung an alle übrigen Nacherben als Drittschuldner wirksam wird.[358] Es muss das Nacherbenrecht als solches gepfändet werden; die Pfändung von Hilfsansprüchen des Nacherben genügt nicht.[359] Eine Zustellung an den Vorerben ist nur bei der Pfändung von Hilfsansprüchen, die sich gegen ihn richten, notwendig, nicht aber bei der Pfändung des Nacherbenrechts als solchem, weil der Vorerbe nicht Drittschuldner ist;[360] dennoch ist die **Zustellung an den Vorerben** aus praktischen Gründen **empfehlenswert**.[361] Ist zu einer Verfügung des Vorerben die Zustimmung des Nacherben erforderlich, so ist neben der Zustimmung des Nacherben auch noch die des Pfandgläubigers notwendig.[362]

159 Versteigert der Gerichtsvollzieher ein gepfändetes Nacherbenrecht (§ 857 Abs 5 ZPO), so geht dieses mit dem Zuschlag auf den Meistbietenden über, ohne dass die Form des § 2033 Abs 1 BGB eingehalten werden muss.[363]

4. Eintragung im Grundbuch

160 Hat ein Dritter das Nacherbenrecht erworben, so ist dessen Zustimmung zu Verfügungen des Vorerben iS von § 2113 BGB notwendig; bei Verpfändungen oder Pfändungen bedarf es zu solchen Verfügungen neben der Zustimmung des Nacherben wegen § 1276 BGB iVm § 804 Abs 2 ZPO auch der Zustimmung des Pfandgläubigers.[364] Deshalb müssen **Übertragung, Pfändung oder Verpfändung** des Nacherbenrechts **beim Nacherbenvermerk eingetragen** werden können[365] und zwar in Sp 5 der Abt II bzw in Sp 7 der Abt III des Grundbuchs (§ 10 Abs 5a und § 11 Abs 6 GBV).

VI. Löschung des Nacherbenvermerks

1. Überblick

161 Bei der Löschung eines Nacherbenvermerks ist zu unterscheiden, ob sie auf Grund Löschungsbewilligung oder auf Grund Unrichtigkeitsnachweises erfolgen soll. Vor Eintritt des Nacherbfalls wird der Nacherbenvermerk nur gelöscht, wenn der Nacherbe auf den Nacherbenvermerk verzichtet oder wenn er die Löschung bewilligt oder wenn er einer Verfügung des Vorerben zustimmt oder wenn nachgewiesen oder offenkundig ist, dass der Nacherbenvermerk von Anfang an unwirksam war oder nachträglich gegenstandslos geworden ist, etwa infolge einer entgeltlichen Verfügung des befreiten Vorerben. Verfügt der Vorerbe über ein Grundstück oder über ein Recht an einem Grundstück, so rechtfertigt dies noch nicht die Löschung des Nacherbenvermerks, s Rdn 124.

---

351 BGHZ 33, 60; OLG Frankfurt OLGZ 1971, 208 = Rpfleger 1970, 391.
352 OLG Stuttgart OLGZ 1982, 271 = Rpfleger 1982, 106.
353 OLG Köln NJW 1955, 633; BayObLG NJW 1970, 1794; MüKo-Grunsky § 2100 Rn 27.
354 BayObLGZ 1970, 137 = NJW 1970, 1794 = DNotZ 1970, 686 = Rpfleger 1970, 344; OLG Hamm NJW 1970, 1606 = DNotZ 1970, 688 = Rpfleger 1970, 242; *Soergel-Harder/Wegmann* § 2100 BGB Rn 15; *Kempf* NJW 1961, 1797; *Kanzleiter* DNotZ 1970, 696.
355 *Haegele* Rpfleger 1971, 131.
356 BayObLGZ 1970, 137 = NJW 1970, 1794 = DNotZ 1970, 686 = Rpfleger 1970, 344; *Haegele* Rpfleger 1971, 130.
357 KG JFG 6, 273; MüKo-*Grunsky* § 2100 Rn 32.
358 KGJ 42 A 228.
359 KGJ 42 A 228.
360 KGJ 42 A 235.
361 MüKo-*Grunsky* § 2100 Rn 32.
362 KGJ 42, 240.
363 KG JFG 6, 273.
364 KGJ 42 A 239.
365 RGZ 83, 434; KGJ 42 A 239.

Die Löschung ist auch durch Nichtübertragung (§ 46 Abs 2) möglich.[366]

Nach Eintritt des Nacherbfalls ist zur Löschung ein Erbnachweis iS von § 35 über das Erbrecht des Nacherben notwendig (Rdn 173 ff).

Antragsberechtigt sind der Vorerbe (vor Eintritt der Nacherbfolge), der Nacherbe und der Grundstückseigentümer (Gläubiger des Grundstücksrechts), zu dessen Gunsten die Löschung erfolgen soll.

2. Löschung auf Bewilligung des Nacherben

Die Löschungsbewilligung (Form: § 29) des Nacherben ist als Verzicht auf den Schutz gegen gutgläubigen **162** Erwerb aufzufassen. Liegt der Löschung ein **Verzicht** des Nacherben auf Eintragung des Nacherbenvermerks zugrunde, **ohne gleichzeitige Veräußerung des Nachlassgegenstands**[367] durch den Vorerben, so müssen **alle** diejenigen die Löschung bewilligen, deren Mitwirkung beim Verzicht notwendig ist, insbesondere auch ein Ersatznacherbe (Rdn 114). Für unbekannte oder noch nicht geborene oder gezeugte Nacherben ist ein Abwesenheitspfleger nach § 1913 BGB zu bestellen. Durch Auslegung des Testaments ist zu klären, ob von der Nacherbeneinsetzung ausschließlich leibliche Kinder erfasst sind; einer Bestellung eines Pflegers bedarf es nicht, wenn offenkundig ist, dass keine (weiteren) Nacherben vorhanden sind und bei lebensnaher Betrachtung auch nicht mehr hinzutreten können.[368] Eine eidesstattliche Versicherung hierüber wird für zulässig gehalten,[369] zumindest dann, wenn andere Erklärungen keine größere Richtigkeitsgewähr haben. Das Grundbuchamt hat dann die Rechtslage so zu behandeln, wie wenn ein Nacherbe nicht vorhanden wäre.[370] Von mehreren Nacherben kann jeder auf den in der Eintragung liegenden Schutz verzichten; in einem solchen Fall kann der Nacherbenvermerk gelöscht werden, wohl aber eingetragen werden zB durch die Grundbuchfassung: «X hat auf die Eintragung des Nacherbenrechts verzichtet.» X wird sodann in der Eintragung rot unterstrichen (§ 17 GBV). Ein Pfleger[371] nach § 1913 BGB gibt die Löschungsbewilligung[372] ab und vertritt dabei alle beim Erbfall noch nicht bekannten Nacherben, also auch als Nacherben eingesetzte Kinder[373] des Vorerben, die nach dem Erbfall geboren wurden.[374] Die namentlich genannten Nacherben werden vom Pfleger nicht vertreten, sondern müssen bei einer Zustimmung selbst handeln.[375]

Enthält die Löschungsbewilligung zugleich die **Zustimmung des Nacherben zu einer Verfügung** des Vorer- **163** ben iS von §§ 2113, 2114 BGB, so genügt die Bewilligung des Nacherben oder weiterer Nacherben (auch bedingt eingesetzter Nacherben und Nachnacherben)[376] bzw eines etwa notwendigen gesetzlichen Vertreters, der im Rahmen der §§ 1643, 1915, 1821 BGB der Genehmigung des Familien-/Vormundschaftsgerichts bedarf[377] (Rdn 41 ff); die Löschungsbewilligung eines Ersatznacherben ist dann entbehrlich, weil seine Zustimmung zur endgültigen Wirksamkeit der Verfügung des Vorerben nicht notwendig ist (Rdn 47).[378] Ist der minderjährige Nacherbe zusammen mit dem seinem gesetzlichen Vertreter und Vorerben zugleich Miterbe und verkauft

---

366 LG Verden Rpfleger 1952, 341.
367 *Bestelmeyer* Rpfleger 1994, 189 hält die isolierte Löschung des Vermerks nicht für zulässig.
368 OLG Hamm FGPrax 1997, 128 = MittBayNot 1997, 240 = ZEV 1997, 208 (Vorerbin war 66 Jahre alt und kinderlos).
369 *Demharter* § 51 Rn 39; *Bauer/von Oefele-Schaub* § 51 Rn 120.
370 KGJ 52, 166; OLG Frankfurt Rpfleger 1980, 228.
371 Zur Pflegerbestellung *Bauer/von Oefele-Schaub* § 51 Rn 120.
372 Vgl OLG Hamm FamRZ 1997, 1368 = FGPrax 1997, 128 = MittBayNot 1997, 240 = NJW-RR 1997, 1095 = ZEV 1997, 208; BayObLG DNotZ 1998, 206 = FamRZ 1997, 1363 = FGPrax 1997, 135 = MittBayNot 1997, 238 = MittRhNotK 1997, 266 = NJW-RR 1997, 1239 = Rpfleger 1997, 429.
373 Eidesstattliche Versicherung der Nacherben, dass sie die einzigen Kinder des Vorerben sind, reicht nicht aus, BayObLG DNotZ 1983, 318 = FamRZ 1982, 1139 = Rpfleger 1982, 277; *Demharter* § 51 Rn 39. Anders ist es nach OLG Frankfurt OLGZ 1985, 411 = MittRhNotK 1986, 23 = Rpfleger 1986, 51 m Anm *Meyer-Stolte* für den Fall, dass die Kinder der Vorerbin aus deren Ehe mit dem Erblasser eingesetzt sind.
374 Str BGH MDR 1968, 484; BayObLG DNotZ 1959, 493 = NJW 1960, 965; OLG Oldenburg NdsRpfleger 1966, 59; BayObLG DNotZ 1983, 318 = FamRZ 1982, 1139 = Rpfleger 1982, 277 (offen gelassen); *Palandt/Edenhofer* § 2104 Rn 5; *Haegele* Rpfleger 1971, 123; **aA** *Staudinger-Avenarius* § 2104 Rn 17; *MüKo-Grunsky* § 2104 Rn 7; *Bergermann* MittRhNotK 1972, 762; *Kanzleiter* DNotZ 1970, 326.
375 OLG Hamm OLGZ 1969, 406 = NJW 1969, 1490 = DNotZ 1970, 360 = Rpfleger 1969, 347; *Schöner/Stöber* Rn 3512; *Demharter* § 51 Rn 39. Zum Fall, dass der Erbschein die bekannten Nacherben als »derzeit« vorhandene Nacherben ausweist, OLG Hamm DNotI-Report 1997, 158 = FamRZ 1997, 1368 = FGPrax 1997, 128 = MittBayNot 1997, 240 = NJW-RR 1997, 1095 = MittRhNotK 1997, 263.
376 BayObLG DNotZ 1983, 318 = FamRZ 1982, 1139 = Rpfleger 1982, 277.
377 BayObLG DNotZ 1983, 318 = FamRZ 1982, 1139 = Rpfleger 1982, 277. Die gerichtliche Genehmigung zu der Zustimmung ist immer dann erforderlich, wenn auch die Verfügung, der zugestimmt wird, genehmigungsbedürftig wäre.
378 BayObLGZ 1970, 137 = DNotZ 1970, 686 = NJW 1970, 1794 = Rpfleger 1970, 344; BayObLG DNotZ 1993, 404 = MittRhNotK 1992, 314 = Rpfleger 1993, 148; kritisch *Bokelmann* Rpfleger 1971, 343. Vgl auch *Heider* ZEV 1995, 1; *Haegele* Rpfleger 1971, 130.

und veräußert er durch seinen gesetzlichen Vertreter mit Genehmigung des Familien-/Vormundschaftsgerichts ein zur Erbschaft gehörendes Grundstück, so ist der gesetzlicher Vertreter von der Erklärung der Zustimmung des Nacherben und der Bewilligung der Löschung des Nacherbenvermerks nicht ausgeschlossen.[379]

164 **Überträgt ein Mitvorerbe seinen Erbteil**, so ändert dies am Nacherbenrecht nichts; der Nacherbenvermerk bleibt davon unberührt und kann deshalb nicht gelöscht werden,[380] s Rdn 69.

165 Erwirbt der Vorerbe das Anwartschaftsrecht des Nacherben, so kann der Nacherbenvermerk bezüglich des Nacherbenrechts etwa vorhandener Ersatznacherben oder weiterer Nacherben nur gelöscht werden, wenn der Vorerbe auch diese Anwartschaftsrechte erwirbt (Rdn 153 bis 155).

166 Der Vermerk über das Recht der Ersatznacherben oder der weiteren Nacherben kann – ohne dass eine Verfügung des Vorerben vorliegt – nur gelöscht werden, wenn auch die Bewilligung der Ersatznacherben oder weiterer Nacherben vorliegt oder wenn der Vorerbe auch deren Anwartschaftsrecht erworben hat.[381]

167 Die Bewilligung des Nacherben kann nicht durch ein nach Landesrecht geregeltes Unschädlichkeitszeugnis ersetzt werden.

3. Löschung wegen Unrichtigkeit des Grundbuchs

168 Zur Löschung des Nacherbenvermerks genügt auch der Unrichtigkeitsnachweis,[382] wenn das Grundstück endgültig aus dem Nachlass ausgeschieden ist. Die **Grundbuchrichtigkeit** kann **von Anfang an** vorliegen, weil Verfügungsbeschränkungen iS von §§ 2113, 2114 BGB bezüglich eines bestimmten Nachlassgegenstands nicht gegeben waren (Vorausvermächtnis nach § 2110 Abs 2 BGB, Rdn 35, Anteil an Gesamthandsvermögen, Rdn 63) oder weil das Nacherbenrecht nie bestand, zB weil ein unrichtiger Erbschein erteilt wurde, infolge irriger Testamentsauslegung oder unter Außerachtlassung des § 2210 Abs 2 BGB[383] oder die Nacherbenanordnung wegen § 2306 BGB unwirksam war.[384] In diesem Fall ist ein unrichtiger Erbschein einzuziehen und die Unrichtigkeit des Grundbuchs durch Vorlage eines neuen Erbscheins nachzuweisen,[385] s Rdn 103.

169 Der **Nacherbenvermerk** wird **nachträglich gegenstandslos**, wenn der Vorerbe endgültig wirksam iS von § 2113 BGB verfügt hat,[386] entweder mit Zustimmung[387] des Nacherben (Rdn 41 ff)[388] oder weil diese Zustimmung entbehrlich ist (Verfügung eines Bevollmächtigten des Erblassers, Rdn 59, oder in Erfüllung einer Erblasserschuld, Rdn 55, oder zur Erfüllung eines Vermächtnisses bzw einer Teilungsanordnung, Rdn 56) oder weil der Nacherbfall nicht mehr eintreten kann (zB Erwerb aller Nacherbenanwartschaften durch den Vorerben, Rdn 152, oder weil der Nacherbe die Nacherbschaft ausgeschlagen hat und auch keine Ersatznacherben berufen sind) oder weil der befreite Vorerbe entgeltlich verfügt hat (Rdn 135 ff).[389]

---

379 BayObLGZ 1995, 55 = DNotZ 1996, 50 = FamRZ 1995, 1297 = FGPrax 1995, 19 = NJW-RR 1995, 1032.

380 BayObLG DNotZ 1983, 320 = Rpfleger 1982, 467; LG Oldenburg Rpfleger 1979, 102.

381 KG JFG 18, 223 = JW 1938, 3118; KG JFG 21, 251 = DNotZ 1940, 286; OLG Köln NJW 1955, 634; BayObLGZ 1970, 137 = NJW 1970, 1794 = DNotZ 1970, 686 = Rpfleger 1970, 344; OLG Frankfurt DNotZ 1970, 691 = Rpfleger 1971, 146; OLG Hamm NJW 1970, 1606 = DNotZ 1970, 688 = Rpfleger 1970, 242; *Kanzleiter* DNotZ 1970, 693; *Haegele* Rpfleger 1971, 130 ff; **aM** *Bestelmeyer* Rpfleger 1994, 191; *Becher* NJW 1969, 1463.

382 BayObLG DNotZ 1989, 182 = Rpfleger 1988, 525; BayObLG DNotZ 1983, 318; BayObLG BWNotZ 1991, 152; BayObLG DNotZ 1993, 404 = MittRhNotK 1992, 314 = Rpfleger 1993, 148; OLG Frankfurt JurBüro 1980, 377 = MittBayNot 1980, 77 = Rpfleger 1980, 107; OLG Hamm OLGZ 1991, 137 = FamRZ 1991, 113 = MittBayNot 1990, 361 = MittRhNotK 1990, 278 = Rpfleger 1991, 59 m Anm *Alff* Rpfleger 1991, 243 und Anm *Brinkmann* Rpfleger 1991, 300; OLG Hamm Rpfleger 1984, 312; KG OLGZ 1968, 337; *Reimann* DNotZ 2007, 579, 584.

383 OLG München JFG 23, 300.

384 Vgl *Kessel* MittRhNotK 1989, 137.

385 BayObLG MittBayNot 1970, 161; Einzelheiten bei KEHE-*Herrmann* § 35 Rn 51 ff.

386 Mit Grundbuchvollzug ist der Nacherbenvermerk unrichtig und auf Antrag wegen Unrichtigkeit zu löschen, vgl *Deimann* Rpfleger 1978, 244; *Beck* DNotZ 1961, 573.

387 Durch die Zustimmung der Nacherben wird das Grundbuch hinsichtlich des Nacherbenvermerks unrichtig, die Löschung des Nacherbenvermerks kann auf Grund Vorlage der Urkunde, in der die Nacherben zugestimmt haben, erreicht werden, BayObLG DNotZ 1993, 404 = MittRhNotK 1992, 314 = Rpfleger 1993, 148; BayObLGZ 1995, 55 = DNotZ 1996, 50 = FGPrax 1995, 19 = NJW 1995, 1032. Der Nacherbe hat in solchen Fällen nicht zuzustimmen, da die Verfügung wirksam ist; seine Löschungsbewilligung ist nicht notwendig, zu Recht *Reimann* DNotZ 2007, 579, 584.

388 BayObLG DNotZ 1983, 318 = FamRZ 1982, 1139 = Rpfleger 1982, 277; BayObLG Rpfleger 1991, 194; KG OLGZ 1993, 270 = DNotZ 1993, 607 = NJW-RR 1993, 268 = Rpfleger 1993, 236.

389 BayObLGZ DNotZ 1983, 320 = Rpfleger 1982, 467; BayObLG DNotZ 1989, 182 = Rpfleger 1988, 525; OLG Hamm OLGZ 1991, 137 = FamRZ 1991, 113 = MittBayNot 1990, 361 = MittRhNotK 1990, 278 = Rpfleger 1991, 59 m Anm *Alff* Rpfleger 1991, 243 und *Brinkmann* Rpfleger 1991, 300; BayObLG DNotI-Report 2000, 78 = MittBayNot 2000, 328 = MittRhNotK 2000, 212 = NJW-RR 2000, 1391 = Rpfleger 2000, 324.

Der Nacherbenvermerk wird nach **Ablauf von 30 Jahren** seit dem Erbfall unwirksam; der Vorerbe erhält **170**
damit im Zeitpunkt des Fristablaufs die Rechtsstellung eines Vollerben und geht in sein freies Vermögen
über.[390] Liegt ein Fall des § 2109 Abs 2 S 2 BGB vor, so ist zur Löschung des Nacherbenvermerks die Bewilligung des Nacherben erforderlich.[391] Bewilligung des Nacherben ist auch erforderlich, wenn die Nacherbfolge
nicht mit Zeitablauf, sondern – vgl § 2109 Abs 1 Satz 2 Nr 1 BGB – mit Eintritt eines Ereignisses in der Person
des zurzeit des Erbfalls lebenden Vor- oder Nacherben (zB Tod, Wiederverheiratung) eintritt oder – vgl § 2109
Abs 1 Satz 2 Nr 2 BGB – wenn Geschwister zu Nacherben berufen sind.[392]

Der **Unrichtigkeitsnachweis** ist grundsätzlich in der Form des § 29 zu führen. Weil dies bezüglich der Ent- **171**
geltlichkeit der Verfügungen eines befreiten Vorerben auf praktische Schwierigkeiten stößt, ist der Nachweis
insoweit offenkundig, als er auf Regeln der Lebenserfahrung und der Wahrscheinlichkeit gestützt werden kann
(Rdn 144).

Vor der Löschung des Nacherbenvermerks aufgrund Unrichtigkeitsnachweises hat der Nacherbe grundsätzlich **172**
Anspruch auf **rechtliches Gehör**, ggf ist ein Pfleger für unbekannte Nacherben (§ 1913 BGB) einzuschalten.[393] Das Grundbuchamt hat dem Nacherben oder seinen Erben nämlich bei Grundbuchberichtigungen gem.
§ 22 rechtliches Gehör zu gewähren.[394]

4. Löschung nach dem Nacherbfall

Wurde von dem Vorerben überhaupt keine Verfügung vorgenommen und ist der Nacherbfall eingetreten, so **173**
kann der Nacherbenvermerk wegen Unrichtigkeit gelöscht werden. Dazu ist ein **Erbschein**[395] **nach dem**
Erblasser notwendig, der die Nacherbfolge ausweist; eine Sterbeurkunde über den Vorerben in Verbindung
mit der Nacherbenvermerk ist auch dann nicht ausreichend, wenn der Nacherbe im Nacherbenvermerk
namentlich bezeichnet ist,[396] wobei gleichzeitig der durch den Eintritt des Nacherbfalls unrichtig gewordene
Erbschein für den Vorerben einzuziehen ist. Damit genügen nicht mehr der für den Vorerben erteilte Erbschein
und der Nachweis des Eintritts der Voraussetzungen der Nacherbfolge. Ergibt sich die Nacherbfolge eindeutig
aus einem notariellen Testament, reicht die Vorlage des Testaments mit Eröffnungsprotokoll in Verbindung mit
dem in der Form des § 29 zu erbringenden Nachweis über den Eintritt der Nacherbfolge aus.[397]

Die Zustimmung der Ersatznacherben ist nach dem nachgewiesenen Eintritt der Nacherbfolge und Annahme **174**
der Erbschaft durch den Nacherben nicht mehr erforderlich, weil der Ersatznacherbfall nicht mehr eintreten
kann.[398]

Liegt ein Erbschein vor, wonach der überlebende Ehegatte Alleinerbe ist, auflösend bedingt durch seine Wie- **175**
derheirat (Rdn 13), so kann nach dem Tod des überlebenden Ehegatten der **Nichteintritt der Wiederheirat**
sich aus einer eidesstattlichen Versicherung und anderen Umständen ergeben und damit beim Grundbuchamt
offenkundig sein.[399]

Ist **weitere Nacherbfolge** angeordnet, so muss das Grundbuchamt anlässlich der Umschreibung vom Vorerben **176**
auf den ersten Nacherben von Amts wegen die Eintragung eines Nacherbenvermerks für den weiteren Nacherben prüfen.[400]

---

390 OLG Köln RNotZ 2008, 300.
391 *Schöner/Stöber* Rn 3517; KEHE-*Eickmann* § 51 Rn 30; *Bokelmann* Rpfleger 1971, 337; siehe auch BayObLG FamRZ
1990, 320 = NJW-RR 1990, 199 = Rpfleger 1990, 165.
392 KEHE-*Eickmann* § 51 Rn 30; *Bauer/von Oefele-Schaub* § 51 Rn 162; *Bokelmann* Rpfleger 1971, 337.
393 BayObLGZ 1994, 177 = Rpfleger 1995, 105; BayObLGZ 1973, 272 = DNotZ 1974, 235 = Rpfleger 1973, 433;
OLG Hamm Rpfleger 1984, 312; *Haegele* Rpfleger 1971, 130; BayObLG Rpfleger 1995, 105 = FamRZ 1995, 379;
aA KEHE-*Eickmann* § 51 Rn 28 (Anhörung empfehlenswert); LG Berlin MdR 1981, 152 (Anhörung nur im Zweifelsfall).
394 BayObLG MittBayNot 2005, 21 = Rpfleger 2005, 21.
395 Der Erbschein hat die Angabe zu enthalten, wann der Nacherbfall eingetreten ist, BayObLGZ 1965, 77; BayObLG
DNotZ 1998, 138 = FamRZ 1998, 710 = MittBayNot 1997, 44 = Rpfleger 1997, 156; OLG Stuttgart DNotZ 1979,
104, andernfalls ist er nicht verwendbar LG Ellwangen BWNotZ 1992, 174.
396 BGHZ 84, 196 = NJW 1982, 2499 = DNotZ 1983, 315 = Rpfleger 1982, 333; OLG Hamm DNotZ 1981, 57 =
Rpfleger 1980, 347; hierzu auch BayObLGZ 2000, 167 = DNotZ 2001, 385 = FamRZ 2001, 43 = FGPrax 2000, 179
= NJW-RR 2000, 1545 = ZEV 2000, 456 = ZNotP 2000, 391; BayObLG MittRhNotK 1982, 143 jedenfalls für den
Fall, dass die Nacherben nicht namentlich bezeichnet sind; *Bokelmann* Rpfleger 1971, 340 und 1974, 1; **aA** KG JFG 1;
366; KG DNotZ 1956, 195; *Schepp* MittRhNotK 1982, 173; *Haegele* Rpfleger 1971, 121; *ders*. Rpfleger 1976, 73; *Rip-*
fel BWNotZ 1959, 186.
397 *Bauer/von Oefele-Schaub* § 51 Rn 32.
398 AA *Schwarz* ZNotP 2002, 140.
399 So LG Bochum Rpfleger 1987, 197.
400 OLG Hamm Rpfleger 1975, 134.

177 Auch nach Umschreibung auf den Nacherben[401] kann eine vom befreiten Vorerben wirksam vorgenommene Verfügung im Grundbuch vollzogen werden.[402]

5. Löschung auf Antrag oder von Amts wegen

178 Die Löschung des Nacherbenvermerks erfolgt grundsätzlich nicht von Amts wegen,[403] sondern nur auf **Antrag** des Vorerben oder des Nacherben oder desjenigen, zu dessen Gunsten der Vorerbe endgültig wirksam verfügt hat.

179 Beantragt der (Nach)Erbe nach Eintritt des Nacherbfalls die Umschreibung eines Rechts auf ihn, so ist fraglich, ob hierin zugleich ein Antrag auf Löschung des Nacherbenvermerks enthalten ist,[404] was wohl im Wege der Auslegung naheliegend sein kann und zu bejahen ist, wenn der Vorerbe keine Verfügungen vorgenommen (eingetragen oder bewilligt und beantragt) hat. Diese Situation kann vom Grundbuchamt zweifelsfrei festgestellt werden. Anders ist es bei vorgenommenen Verfügungen (zB Grundstücksbelastung) des Vorerben, weil sich zu Lasten des Nacherben ohne dessen Mitwirkung nach Eintritt des Nacherbfalls ein gutgläubiger Erwerb ergeben kann, der nach § 2113 BGB unwirksam ist,[405] s Rdn 85.

180 Dies ist auch bei einer **nach §§ 84 ff möglichen Löschung**[406] des Nacherbenvermerks zu beachten. Bei den Falllagen in Rdn 63 wäre ein Nacherbenvermerk zu Unrecht eingetragen worden, es könnte dann Gegenstandslosigkeit aus rechtlichen Gründen iSv § 84 GBO gegeben sein. Der Weg der §§ 84 ff GBO wird bei einem Nacherbenvermerk also nur ausnahmsweise in Betracht kommen, wenn ein dringendes öffentliches Bedürfnis an der Klarheit des Grundbuchs besteht. Wohl keine amtswegige Löschung kann erfolgen, wenn ein Vorerbe ein Grundstück auf den Nacherben übertragen hat und zwischen Auflassung und Eigentumsumschreibung auf den Nacherben eine Grundstücksbelastung eingetragen worden ist.[407]

181 Auf Grund eines **Unschädlichkeitszeugnisses** kann ein Nacherbenvermerk nicht gelöscht werden.[408]

182 Wird ein Antrag auf Löschung des Nacherbenvermerks abgelehnt, so ist dagegen **Beschwerde** zulässig.[409] Zur Beschwerde gegen die Löschung des Nacherbenvermerks s Rdn 122.

---

401 S *Meikel-Böttcher* § 40 Rn 10.
402 LG Aachen DNotZ 1968, 172 (Ls) = MittRhNotK 1967, 217.
403 BayObLGZ 1973, 272 = DNotZ 1974, 235 = Rpfleger 1973, 433.
404 Verneinend: BayObLGZ 1952, 255; *Demharter* § 51 Rn 45; bejahend KG JFG 1, 366; KEHE-*Eickmann* § 51 Rn 29; *Schöner/Stöber* Rn 3525a; *Bauer/von Oefele-Schaub* § 51 Rn 157; *Schwarz* ZNotP 2002, 140; *Haegele* Rpfleger 1971, 130.
405 KGJ 49 A 177; *Schöner/Stöber* Rn 3525b; *Bauer/von Oefele-Schaub* § 51 Rn 158; *Alff* Rpfleger 1991, 243; *Schwarz* ZNotP 2002, 140.
406 Dazu BayObLGZ 1952, 255.
407 Gutachten DNotI-Report 1993, 2.
408 LG Frankfurt Rpfleger 1986, 472.
409 BayObLG DNotZ 1983, 318 = FamRZ 1982, 1139 = Rpfleger 1982, 277.

§ 52 (Testamentsvollstreckervermerk)

Ist ein Testamentsvollstrecker ernannt, so ist dies bei der Eintragung des Erben von Amts wegen miteinzutragen, es sei denn, daß der Nachlaßgegenstand der Verwaltung des Testamentsvollstreckers nicht unterliegt.

Schrifttum

Böhringer, Auswirkungen der erbrechtlichen »Teilung« Deutschlands auf den Grundstücksverkehr, DNotZ 2004, 694; *ders,* Analoge Anwendung des § 878 BGB bei Wegfall der Verfügungsmacht des Verwalters kraft Amtes, BWNotZ 1984, 137; *Böttcher,* Beeinträchtigungen der Verfügungsbefugnis, Rpfleger 1983, 49; *ders,* Verfügungsentziehungen, Rpfleger 1983, 187; *Damrau und Hörer,* Testamentsvollstreckervermerk bei Gesellschaftsanteilen, BWNotZ 1990, 16 und 69; *Haegele,* Nacherben- und Testamentsvollstrecker-Vermerk bei Mitglied an einer BGB-Gesellschaft?, Rpfleger 1977, 50; *Häussermann,* Überlassung von Nachlassgegenständen durch den Testamentsvollstrecker, § 2217 Abs 1 BGB, BWNotZ 1967, 234; *Haegele,* Auseinandersetzungen durch den Testamentsvollstrecker, Rpfleger 1957, 147; *ders,* Der Testamentsvollstrecker und das Selbstkontrahierungsverbot des § 181 BGB, Rpfleger 1958, 370; *ders,* Recht des Testamentsvollstreckers zu unentgeltlichen Verfügungen und zur Erbteilung bei Dauervollstreckung, BWNotZ 1962, 260; *ders,* Familienrechtliche Fragen um den Testamentsvollstrecker, Rpfleger 1963, 330; *ders,* Zu den Verfügungsrechten eines Testamentsvollstreckers, Rpfleger 1972, 43; *Heil,* Erwerberschutz bei Grundstücksveräußerung durch Testamentsvollstrecker, RNotZ 2001, 269; *Jung,* Unentgeltliche Verfügungen des Testamentsvollstreckers und des befreiten Vorerben, Rpfleger 1999, 204; *Keim,* Gekauft ist nicht geschenkt – Der Nachweis der Entgeltlichkeit von Verfügungen des Testamentsvollstreckers im Grundbuchverkehr, ZEV 2007, 470; *Kraiss,* Testamentsvollstrecker und Vermächtnis, BWNotZ 1986, 12; *Lübtow,* Insichgeschäfte des Testamentsvollstreckers, JZ 1960, 151; *Mattern,* Insichgeschäfte des Testamentsvollstreckers, BWNotZ 1961, 149; *Müller,* Zur Heilung der fehlenden Verfügungsbefugnis eines Testamentsvollstreckers, JZ 1991, 370; *ders,* Zur Unentgeltlichkeit der Verfügung als Schranke der Verfügungsmacht des Testamentsvollstreckers, WM 1982, 466; *Neuschwander,* Testamentsvollstrecker und unentgeltliche Verfügung, BWNotZ 1978, 73; *Reithmann,* Testamentsvollstreckung und postmortale Vollmacht als Instrument der Kautelarjurisprudenz, BB 1984, 1394; *Rohlff,* Nießbraucher und Vorerbe als Testamentsvollstrecker, DNotZ 1971, 518; *Schaub,* Unentgeltliche Verfügungen des Testamentsvollstreckers, ZEV 2001, 257; *Schmenger,* Testamentsvollstreckung im Grundstücksverkehr, BWNotZ 2004, 97; *Schneider,* Zur Antragsbefugnis und zu den Eintragungsgrundlagen im Grundbuchberichtigungsverfahren bei angeordneter Testamentsvollstreckung, MittRhNotK 2000, 283; *Zahn,* Testamentsvollstreckung im Grundbuchverkehr, MittRhNotK 2000, 89.

Übersicht

I. Bedeutung der Vorschrift

1. Verfügungsentzug des Erben

Steht die Verwaltung eines Nachlassgegenstandes dem Testamentsvollstrecker zu, ist dem **Erben die Verfü-** **1** **gungsbefugnis entzogen** (§ 2211 Abs 1 BGB). Es handelt sich um eine Verfügungsentziehung des oder der Erben mit dinglicher Wirkung. Die Verfügungsentziehung beginnt bereits mit dem Erbfall, zu ihrer Entstehung ist es also nicht erforderlich, dass der Testamentsvollstrecker das Amt bereits angenommen hat. Auch die Ernennung durch das Nachlassgericht (§ 2200 BGB) oder einen Dritten (§ 2198 BGB) muss noch nicht erfolgt sein.[1] Andererseits fällt ein der Testamentsvollstreckung unterliegender Nachlass mit Eröffnung des Insolvenzverfahrens über das Vermögen des Erben in die Insolvenzmasse.[2]

2   § 52 ist entsprechend anwendbar für den Fall, dass **Testamentsvollstreckung für einen Vermächtnisnehmer** angeordnet wird, soweit und sofern die Testamentsvollstreckung sich auf die Verwaltung des vermachten Gegenstandes bezieht,[3] sofern dem Testamentsvollstrecker die Verfügungsbefugnis zustehen soll.[4]

3   Kommt **ausländisches Erbrecht** zur Anwendung, so kann ein Testamentsvollstreckervermerk nur dann eingetragen werden, wenn nach ausländischem Recht eine vergleichbare Verfügungsbeschränkung besteht.[5]

2. Verhinderung von gutgläubigem Erwerb vom Erben

2. Schutz vor gutgläubigen Erwerb vom Erben

4   § 2211 Abs 2 BGB lässt die **Möglichkeit gutgläubigen Erwerbs Dritter** zu, die auf den Grundbuchstand vertrauen (§§ 892, 893 BGB). Gegen diese Gefahr muss der Testamentsvollstrecker geschützt werden. Das Gesetz bietet ihm diesen Schutz durch § 52 GBO. Das Grundbuchamt hat von Amts wegen bei der Eintragung des oder der Erben das Bestehen der Testamentsvollstreckung im Grundbuch miteinzutragen, dies gilt auch beim Surrogationserwerb.[6] Dadurch wird dem Rechtsverkehr gegenüber zum Ausdruck gebracht, dass dem oder den Erben die Verfügungsbefugnis über den Nachlassgegenstand entzogen ist. Ein gutgläubiger Erwerb ist **nach Eintragung des Testamentsvollstreckervermerks nicht mehr möglich**, da er die Wirkung einer Verfügungsbeschränkung iS des § 892 Abs 1 S 2 BGB hat.[7]

II. Voraussetzung der Eintragung des Testamentsvollstreckervermerks

1. Anordnung in letztwilliger Verfügung

5   Der Erblasser muss die **Testamentsvollstreckung in einer Verfügung von Todes wegen angeordnet** haben. Die Anordnung kann durch Testament (§ 2197 BGB) oder durch einseitige Verfügung im Erbvertrag (§§ 2278 Abs 2, 2299 Abs 1 BGB) erfolgen.

6   Die Benennung der **Person des Testamentsvollstreckers** kann in der Verfügung von Todes wegen erfolgen. Der Erblasser kann aber auch das Nachlassgericht um Ernennung des Testamentsvollstreckers ersuchen (§ 2200 BGB) oder die Bestimmung einem Dritten überlassen (§ 2198 BGB). Dieser Dritte kann auch der Notar sein, der die Verfügung von Todes wegen beurkundet. § 27 BeurkG steht nicht entgegen. Der Alleinerbe kann nicht sein eigener Testamentsvollstrecker sein, weil er sich iS des § 2211 Abs 1 BGB in seiner eigenen Verfügungsbefugnis beschränken kann.[8] Der **Alleinerbe oder alleinige Vorerbe** kann aber dann einziger Testamentsvollstrecker sein, wenn er Vermächtnisse zu erfüllen hat,[9] ansonsten stets dann, wenn er Mittestamentsvollstrecker ist. Der Nacherbe kann den Vorerben als Testamentsvollstrecker beschränken.[10] Möglich ist auch, dass alle Vorerben gleichzeitig ein Testamentsvollstreckerkollegium bilden.[11]

2. Nachweise

7   Das Amt des Testamentsvollstreckers beginnt mit der **Annahme** (§ 2202 Abs. BGB). Zur Eintragung des Testamentsvollstreckervermerks im Grundbuch genügt es, dass die Testamentsvollstreckung besteht. Die **Person des Testamentsvollstreckers braucht noch nicht festzustehen**. Die Ernennung durch das Nachlassgericht oder die Bestimmung durch einen Dritten und die Annahme des Amtes durch den Testamentsvollstrecker können also der Eintragung nachfolgen.

---

1   BGHZ 25, 275282;48, 214; BayObLGZ 1982, 59 = FamRZ 1982, 1138 = Rpfleger 1982, 226; *Lange-Kuchinke* § 31 V 4 m Anm 148; *Palandt/Edenhofer* § 2211 BGB Rn 2.
2   BGH Rpfleger 2006, 469.
3   BGHZ 13, 203.
4   BayObLGZ 1990, 82 = DNotZ 1991, 548 = FamRZ 1990, 913 = NJW-RR 1990, 844 = Rpfleger 1990, 365.
5   BayObLGZ 1990, 51 = DNotZ 1991, 546 = FamRZ 1990, 669 = NJW-RR 1990, 906 = Rpfleger 1990, 363 (zur Rechtslage in der Schweiz). Ein »executor« nach US-Recht ist nicht Testamentsvollstrecker, BayObLGZ 1980, 42 = Rpfleger 1980, 140. Zur Entlassung des Testamentsvollstreckers durch deutsche Gerichte bei Geltung ausländischem Erbstatut (Florida) BayObLG FGPrax 2005, 69 = NJW-RR 2005, 594 = ZEV 2005, 168.
6   OLG Hamm JuS 2001, 921 (*Hohloch*) = ZEV 2001, 275.
7   *Lange-Kuchinke* § 31 II 1 Anm 28 mwN.
8   BayObLG Rpfleger 2005, 86; *Bestelmeyer* Rpfleger 2006, 526, 531; a.A. *Adams* ZEV 1998, 321 und ZEV 2005, 206.
9   BGH DNotZ 2005, 700 = FamRZ 2005, 614 = MittBayNot 2005, 507 = NJW-RR 2005, 591 = Rpfleger 2005, 258 = ZEV 2005, 204 m Anm *Adams*; kritisch *Bestelmeyer* Rpfleger 2006, 526, 531; *ders.* FamRZ 2005, 1830; aA allgemein RGZ 77, 177; OLGZ 1967, 361; KG JW 1933, 2915.
10   BayObLG NJW 1959, 1920; KGJ 52, 78.
11   DNotI-Gutachten DNotI-Report 2007, 35.

Beantragt also zB der Erbe, wozu er berechtigt ist,[12] seine Eintragung als Eigentümer im Grundbuch unter Vorlage eines mit dem Testamentsvollstreckervermerk versehenen Erbscheins, muss die Eigentumsänderung und die Eintragung des Testamentsvollstreckervermerks im Grundbuch vollzogen werden, auch wenn die Person des Testamentsvollstreckers noch nicht feststeht. Hieraus folgt aber,[13] dass zum Nachweis der Testamentsvollstreckung der mit dem Testamentsvollstreckervermerk (§ 2364 BGB) versehene **Erbschein stets ausreicht**.[14] Weitere Nachweise, insbesondere ein **Testamentsvollstreckerzeugnis**, sind daneben nicht erforderlich.[15]   **8**

Der Testamentsvollstreckervermerk im Erbschein hat Beschränkungen des Testamentsvollstreckers zu enthalten.[16] Ein Testamentsvollstreckerzeugnis reicht allein zum Nachweis der Erbfolge nicht aus.[17]   **9**

Beantragt der in einem **Privattestament** ernannte Testamentsvollstrecker unter Vorlage des mit dem Testamentsvollstreckervermerk versehenen Erbscheins die Berichtigung des Grundbuchs auf den Erben, so braucht er den Nachweis, dass er Testamentsvollstrecker ist, **nicht in der Form des § 35 Abs 2 GBO** zu führen, er kann nicht schlechter gestellt sein als derjenige, der als Bevollmächtigter einen reinen Antrag stellt und seine Vollmacht formlos nachweisen kann.[18]   **10**

Der Testamentsvollstrecker kann daher in diesem Fall den Nachweis seines Amtes durch Vorlage einer Abschrift des Privattestaments mit Eröffnungsprotokoll des Nachlassgerichts und der schriftlichen Annahmeerklärung (Form des § 29 ist nicht erforderlich) bezüglich des Amtes mit Eingangsvermerk des Nachlassgerichts führen.[19] Die **Amtsannahmeerklärung** des Testamentsvollstreckers kann auch in einem nachlassgerichtlichen Protokoll (zB Protokoll über die Eröffnung des Testaments) enthalten sein.   **11**

Ist die **Erbfolge und die Anordnung der Testamentsvollstreckung in einer notariellen oder sonstigen öffentlichen Verfügung von Todes wegen** (vgl § 35) enthalten, genügt die Vorlage einer beglaubigten Abschrift. Zusätzlich muss eine beglaubigte Abschrift des Eröffnungsprotokolls vorgelegt und die Annahme des Amtes (schriftliche Annahmeerklärung und Bestätigung des Nachlassgerichts über den Eingang dieses Schriftstücks) nachgewiesen werden. Es ist anerkannt, dass das Nachlassgericht eine mit Dienstsiegel versehene Bescheinigung[20] über die Tatsache der Annahme des Amtes als Testamentsvollstrecker ausstellen kann, damit der Testamentsvollstrecker gegenüber dem Grundbuchamt den Nachweis seiner Verfügungsbefugnis in der Form des § 29 GBO erbringen kann, obwohl eine solche Bescheinigung gesetzlich nirgends festgelegt ist.   **12**

Wenn die Beurteilung der Verfügungsbefugnis zweifelhaft oder unklar ist und tatsächliche Ermittlungen anzustellen wären, kann das Grundbuchamt ein Testamentsvollstreckerzeugnis verlangen;[21] rechtliche Schwierigkeiten allein rechtfertigen die Verweisung auf das nachlassgerichtliche Verfahren nicht.

Ist die **Erbfolge in einer notariellen oder sonstigen öffentlichen Verfügung von Todes wegen enthalten, die Anordnung der Testamentsvollstreckung dagegen in einem Privattestament**, so genügt es, wenn das notarielle Testament mit Eröffnungsprotokoll und ein Testamentsvollstreckerzeugnis vorgelegt werden.   **13**

Eine Verweisung auf die beim gleichen Gericht geführten Nachlassakten ist zulässig; aus den **Nachlassakten** muss sich aber ergeben, dass der Testamentsvollstrecker das Amt angenommen hat.   **14**

Wird der Testamentsvollstrecker durch das Nachlassgericht (§ 2200 BGB) ernannt oder durch einen Dritten bestimmt (§§ 2198, 2199 BGB) bestimmt, so müssen dem Grundbuchamt diese Tatsachen in der Form des § 29 nachgewiesen werden; ernennt das Nachlassgericht den Testamentsvollstrecker, ist gem. § 81 FGG auch noch ein Rechtskraftzeugnis vorzulegen.   **15**

Das **Testamentsvollstreckerzeugnis allein genügt niemals** zur Eintragung des Testamentsvollstreckervermerks, da er nur zusammen mit der Eintragung des Erben gebucht werden kann, der Erbe aber stets zu seiner Eintragung gemäß § 35 Abs 1 eines Erbscheines oder einer notariellen oder sonstigen öffentlichen Verfügung von Todes wegen mit Eröffnungsprotokoll bedarf.[22]   **16**

---

12 So überzeugend *Bertsch* Rpfleger 1968, 178 und LG Stuttgart BWNotZ 1998, 146 = Rpfleger 1998, 243; *Schneider* MittRhNotK 2000, 283; **aA** KEHE-*Herrmann* § 13 Rn 63; *Demharter* § 13 Rn 50; KG KGJ 51, 216; OLG München JFG 20, 273.
13 **AA** KG DNotZ 1956, 196; *Demharter* § 52 Rn 11; KEHE-*Eickmann* § 52 Rn 4.
14 Ebenso *Schmenger* BWNotZ 2004, 97, 103; *Schneider* MittRhNotK 2000, 283.
15 *Schneider* MittRhNotK 200, 283; aA *Demharter* § 52 Rn 11.
16 So auch LG Mönchengladbach Rpfleger 1982, 382 m Anm *Heinen* und Rpfleger 1982, 426 m Anm *Sigloch*; MüKo-*Mayer* § 2364 Rn 15; *Backs* DFG 1940, 50 ff; *Deubner* JuS 1961, 37.
17 KGJ 50, 167; *Demharter* § 52 Rn 11.
18 *Demharter* § 30 Rn 8 (zur Vollmacht).
19 Zur Bescheinigung des Nachlassgerichts über die Amtsannahme KG OLG 40, 49.
20 KG OLG 28, 293; 38, 136; 40, 49; *Bauer/von Oefele-Schaub* § 52 Rn 16; *Schöner/Stöber* Rn 3462.
21 KGJ 50, 167.
22 Dazu OLG Köln Rpfleger 1992, 342.

17 Die **bloße Erklärung des Antrag stellenden Erben oder Testamentsvollstreckers**, es bestehe Testaments-vollstreckung, genügt ebenfalls nicht.[23]

3. Betroffensein eines Nachlassgegenstandes

18 Der **Nachlassgegenstand**, hinsichtlich dessen die Eintragung des Erben beantragt wird, **muss der Verwaltung des Testamentsvollstreckers unterliegen**, maßgebend ist hierfür die Verfügung von Todes wegen. Falls der Erblasser keine besonderen Anordnungen getroffen hat, bezieht sich das Verwaltungsrecht des Testaments-vollstreckers auf den gesamten Nachlass (§ 2205 S 1 BGB). Der Erblasser kann aber das Verwaltungsrecht auf einen einzigen Gegenstand oder eine Gruppe von Gegenständen beschränken (§ 2208 Abs 1 BGB). Möglich ist es insbesondere auch, nur einzelne oder eine Gruppe von Erbteilen der Testamentsvollstreckung zu unterstellen oder umgekehrt einzelne Erbteile von der Anordnung der Testamentsvollstreckung auszunehmen.[24]

19 Sind keine Beschränkungen im Testamentsvollstreckerzeugnis angegeben, hat das Grundbuchamt davon auszugehen, dass solche auch nicht bestehen bzw. die angegebenen Beschränkungen nur im Umfang der gemachten Angaben bestehen;[25] die Vermutungswirkung des § 2368 Abs 3 iVm § 2365 BGB gilt auch gegenüber dem Grundbuchamt. Sind aus dem **Zeugnis keine Beschränkungen** zu entnehmen, so hat das Grundbuchamt von der gesetzlichen Verfügungsbefugnis nach § 2205 S 2 und 3 BGB auszugehen. Hat allerdings das Grundbuchamt einen anderen Kenntnisstand[26] oder **konkrete Zweifel** über die durch im Testamentsvollstreckerzeugnis dargestellte Verfügungsbefugnis, so kann es Zwischenverfügung erlassen, weil die Vermutung des § 2368 BGB dann nicht gilt. Das Grundbuchamt kann die Eintragung nur ablehnen, wenn es auf Grund feststehender Tatsachen zu der Überzeugung gelangt, dass das Grundbuch durch die Eintragung unrichtig würde.[27]

20 Der Erblasser kann anordnen, dass ein **Vermächtnisgegenstand**, also auch ein Grundstück, grundstücksgleiches Recht, Recht an einem Grundstück oder grundstücksgleichen Recht, auch nach Erfüllung des Vermächtnisses **in der Verwaltung des Testamentsvollstreckers bleibt**.[28] Dies hat sich aus dem Testamentsvollstreckerzeugnis oder der Verfügung von Todes wegen zu ergeben. Ist eine Voreintragung des Erben vor Erfüllung des Vermächtnisses erfolgt und dabei der Testamentsvollstreckervermerk von Amts wegen eingetragen worden, so bleibt dieser Vermerk nach Vermächtniserfüllung bestehen und ist gegebenenfalls auf ein neues Grundbuch-blatt mitzuübertragen. Ist die Voreintragung des Erben im Hinblick auf § 40 unterblieben, so ist der Testaments-vollstreckervermerk von Amts wegen mit der Eintragung des Vermächtnisnehmers als Berechtigtem mitzuvoll-ziehen.[29]

21 Ein Nachlassgegenstand kann auch im Wege der **dinglichen Surrogation** in die Verwaltung des Testaments-vollstreckers gelangen.[30] Bei einer Erbengemeinschaft ist § 2041 BGB direkt, bei einem Alleinerben analog anzuwenden.[31] In solchen Fällen ist der Surrogationserwerb mit Nachweis nach § 35 auf die Erben in Erbenge-meinschaft und gleichzeitig von Amts wegen ein Testamentsvollstreckervermerk einzutragen. Dingliche Surro-gation tritt auch ein, wenn der Verwaltungstestamentsvollstrecker ein zum Nachlass gehörendes Grundstück veräußert, den Erlös unter den beiden minderjährigen Miterben – je zur Hälfte – aufteilt und alsdann für den einen Miterben, teils mit Nachlassmitteln, teils mit Kreditmitteln, ein Wohnungseigentum erwirbt. Die Vertei-lung des Erlöses unter den beiden Miterben hat keinesfalls dessen Ausscheiden aus dem Nachlass zur Folge. Hierin ist auch keine Freigabe iS des § 2217 Abs 1 BGB zu sehen.[32] Für die Erben kann auch eine Grundschuld auf dem Grundstück eines Bürgen eingetragen werden zur Sicherung eines noch vom Erblasser gewährten Dar-

23 KGJ 40, 193; KGJ 50, 166; KG DNotZ 1956, 197; KEHE-*Eickmann* § 52 Rn 4; *Demharter* § 52 Rn 11.
24 BGH NJW 1962, 912.
25 BayObLG DNotI-Report 1998, 221 = FamRZ 1999, 474 = MittBayNot 1999, 82 = NJW-RR 1999, 1463 = Rpfle-ger 1999, 25 = ZEV 1999, 67.
26 BayObLGZ 2004 Nr 68 = FGPrax 2005, 56 = Rpfleger 2005, 247; BayObLGZ 1990, 82 = DNotZ 1991, 548 = FamRZ 1990, 913 = NJW-RR 1990, 844 = Rpfleger 1990, 365; BayObLG FamRZ 1991, 984 = MittBayNot 1991, 122 = MittRhNotK 1991, 124 = Rpfleger 1991, 194.
27 BayObLGZ 2004 Nr 68 = FGPrax 2005, 56 = Rpfleger 2005, 247.
28 BGH DNotZ 1954, 399 ff.
29 *Kraiss* BWNotZ 1986, 12; BayObLGZ 1990, 82 = DNotZ 1991, 548 = FamRZ 1990, 913 = NJW-RR 1990, 844 = MittBayNot 1990, 253 = Rpfleger 1990, 365.
30 OLG Hamm JuS 2001, 921 (*Hohloch*) = ZEV 2001, 275; BayObLGZ 1991, 390 = DNotZ 1993, 399 m Anm *Weidlich* = FamRZ 1992, 604 = NJW-RR 1992, 328 = Rpfleger 1992, 62 und 349 m Anm *Streuer*; BayObLGZ 1990, 51 = DNotZ 1991, 546 = FamRZ 1990, 669 = NJW-RR 1990, 906 = Rpfleger 1990, 363.
31 RGZ 138, 132; *Lange-Kuchinke* § 41 VI 3; *Schöner/Stöber* Rn 3426; *Kipp-Coing* § 68 III 1; *v. Lübtow* S 946; differenzie-rend *Schlüter* § 42 VIII.
32 So zutreffend *Streuer* Rpfleger 1992, 350 und *Weidlich* DNotZ 1993, 403 in ihrer jeweils abl Anm zu BayObLGZ 1991, 390 = DNotZ 1993, 399 = FamRZ 1992, 604 = NJW-RR 1992, 328 = Rpfleger 1992, 62 (zu pauschal). Dazu auch BGHZ 98, 48 = DNotZ 1987, 116 = FamRZ 1986, 799 = NJW 1986, 2431 = Rpfleger 1986, 384; BGHZ 108, 187 = DNotZ 1989, 183 = FamRZ 1989, 1168 = NJW 1989, 3152 = Rpfleger 1989, 462.

lehens, auch hier können die Erben nur zusammen mit einem Testamentsvollstreckervermerk eingetragen werden; ist der Testamentsvollstrecker der Bürge und Eigentümer des zu belastenden Grundstücks, so ist er handlungsbefugt, wenn er vom Erblasser vom Verbot des § 181 BGB befreit worden ist.

Die **Funktion des Testamentsvollstreckervermerks** besteht darin, den guten Glauben an die Verfügungsbe- **22**
fugnis des Erben zu zerstören.[33] Die Eintragung des Testamentsvollstreckervermerks hat **bei allen der Verwaltung des Testamentsvollstreckers unterliegenden Nachlassgegenständen** zu erfolgen, also bei Grundstücken, grundstücksgleichen Rechten, Grundstücksrechten und Rechten an solchen Rechten, sowie bei Vormerkungen, Widersprüchen und Verfügungsbeeinträchtigungen. So weit der Nachlass der Verwaltung des Testamentsvollstreckers durch Erblasseranordnung entzogen ist (§ 2208 BGB), ist die Eintragung des Testamentsvollstreckervermerks unzulässig.

Das **Grundbuchamt hat zu prüfen**, ob ein Nachlassgegenstand der Verwaltung des Testamentsvollstreckers **23**
unterliegt. Ein Erbschein, dessen Testamentsvollstreckervermerk keine Einschränkungen enthält, genügt als Nachweis dafür, dass sämtliche Nachlassgegenstände der Testamentsvollstreckung unterliegen. Ob ein Gegenstand durch Surrogation unter die Verwaltung des Testamentsvollstreckers gelangt, hat das Grundbuchamt an Hand der vorgelegten Urkunden zu prüfen. Bloße Erklärungen der Beteiligten genügen nicht, da ein Gegenstand nicht durch rechtsgeschäftliche Erklärungen der Testamentsvollstreckung unterworfen werden kann.

Ist einem nicht befreiten **Vorerben** bei Anordnung von Testamentsvollstreckung ein Grundstück im Wege des **24**
Vorausvermächtnisses nach § 2110 Abs 2 BGB zugewendet worden, ist bei Eintragung des Eigentumsübergangs im Grundbuch weder ein Nacherbenvermerk noch ein Testamentsvollstreckervermerk einzutragen, es sei denn, der Erblasser hätte die Testamentsvollstreckung auch bezüglich des ausgesetzten Vermächtnisses gem. § 2223 BGB angeordnet.[34]

Gehört zum Nachlass, für den Testamentsvollstreckung angeordnet ist, ein Anteil an einer **BGB-Gesellschaft** **25**
und gehört dieser Gesellschaft ein Grundstück, so ist bei Eintragung der Erben als Gesellschafter kein Testamentsvollstreckervermerk im Grundbuch einzutragen, der GbR-Anteil »als solcher« unterliegt nicht der Verfügungsbefugnis des oder der Erben, sondern der Verführungsbefugnis des Testamentsvollstreckers.[35] Entsprechendes gilt für die **Offene Handelsgesellschaft, EWIV** und die **Kommanditgesellschaft**, auch bezüglich eines Kommanditanteils.[36]

III. Eintragung des Testamentsvollstreckervermerks

1. Amtswegige Eintragung

Die Eintragung erfolgt **von Amts wegen** (Durchbrechung des Antragsgrundsatzes, § 13 GBO). Ein Antrag ist nicht **26**
erforderlich, erfolgt ein solcher dennoch, so hat er nur den Charakter einer Anregung oder eines Hinweises.

Der Vermerk lautet:

»*Testamentsvollstreckung ist angeordnet. Eingetragen am . . .*« oder bei Beschränkung auf ein bestimmtes Grundstück »*Testamentsvollstreckung ist angeordnet, beschränkt auf Grundstück Gemarkung . . . Flst. 1000*« oder »*Testamentsvollstreckung ist angeordnet, mit Ausnahme für Grundstück Gemarkung . . . Flst. 1000*«.

Die häufig auch vorgeschlagene Fassung »*Ein Testamentsvollstrecker ist ernannt*«, ist unscharf, da sie nicht genü- **27**
gend unterscheidet zwischen der Institution Testamentsvollstreckung und der Person des Vollstreckers.

Nicht einzutragen ist der Name des Testamentsvollstreckers[37] **und der Umfang seiner Vertretungs-** **28**
macht. Nachlassgericht und Aktenzeichen des Nachlassverfahrens sind ebenfalls nicht zu bezeichnen.

Auch die **Beschränkungen der Befugnisse des Testamentsvollstreckers** sind grundsätzlich nicht einzutra- **29**
gen.[38] Sie ergeben sich aus dem Testamentsvollstreckerzeugnis oder der öffentlichen Verfügung von Todes wegen und sind vom Grundbuchamt bei jeder Verfügung des Testamentsvollstreckers zu prüfen. Im Testamentsvollstreckervermerk ist jedoch zum Ausdruck zu bringen, wenn die Testamentsvollstreckung sich nicht auf den

---

33 OLG Frankfurt WM 1993, 803.
34 LG Fulda Rpfleger 2005, 664.
35 LG Leipzig Rpfleger 2008, 492.
36 Dazu BGH DNotI-Report 1996, 43 = FamRZ 1996, 409 = FGPrax 1996, 110 = MittBayNot 1996, 118 = NJW 1996,
    1284 = Rpfleger 1996, 289 = MittBayNot 1996, 118 m Anm *Weidlich*; BGHZ 108, 187 = DNotZ 1990, 183 m Anm
    Reimann = FamRZ 1989, 1168 = NJW 1989, 3152 = Rpfleger 1989, 462; BGHZ 98, 48 = DNotZ 1987, 116 = NJW
    1986, 2431 = Rpfleger 1986, 384; BayObLGZ 1990, 306 = FamRZ 1991, 485 = NJW-RR 1991, 361 = Rpfleger
    1991, 58; LG Hamburg, Rpfleger 1979, 26; *Haegele* Rpfleger 1977, 50; *Damrau* BWNotZ 1990, 69; **aA** *Hörer* BWNotZ
    1990, 16.
37 KGJ 50, 168; KGJ 36, 190.
38 KGJ 36, 190.

gesamten, im Grundbuch eingetragenen Gegenstand bezieht. Bestand zB zwischen **Ehegatten Gütergemein-schaft** und hat der erststerbende Teil von ihnen Testamentsvollstreckung angeordnet, so ist im Testamentsvoll-streckervermerk zum Ausdruck zu bringen, dass die Testamentsvollstreckung sich nicht auf das ganze **Gesamt-gut der beendeten Gütergemeinschaft** bezieht, sondern nur auf den Anteil des Erblassers und damit jetzt der Erben.

2. Ort der Eintragung im Grundbuch

30 Die Eintragung erfolgt nicht nur bei Grundstücken, grundstücksgleichen Rechten, Grundstücksrechten und Rechten an solchen, sondern auch bei Vormerkungen, Widersprüchen und Verfügungsbeschränkungen. Der Testamentsvollstreckervermerk ist einzutragen bei Grundstücken **in Abt II** Spalten 1 bis 3,[39] bei den für den Erben eingetragenen Rechten an Grundstücken in der Veränderungsspalte in Abt. II Spate 3 und bei Hypothe-ken, Grundschulden und Rentenschulden **in Abt III** Spalte 4. Im Übrigen wird auf die Kommentierung zu § 51 verwiesen.

31 Bei einem **Nacherbenvermerk** nach § 51 ist zusätzlich zu vermerken, dass zur Ausübung der Rechte und zur Erfüllung der Pflichten des Nacherben gemäß § 2222 BGB Testamentsvollstreckung angeordnet ist.[40] Auch in diesem Fall ist der Name des Testamentsvollstreckers nicht einzutragen, auch nicht eine Erweiterung oder Beschränkung seiner Befugnisse. Die Anwendung des § 2205 BGB auf den Nacherbentestamentsvollstrecker bedeutet nur, dass damit verhindert werden soll, dass er Rechte der Nacherben unentgeltlich preisgibt. Es ist nicht seine Aufgabe zu verhindern, dass der Vorerbe etwas unentgeltlich weggibt, solange das Nacherbenrecht nicht betroffen wird; somit kann der Nacherbentestamentsvollstrecker seine Zustimmung zu unentgeltlichen Verfügungen des Vorerben erteilen, allerdings muss das dem Nacherben zufließende Entgelt angemessen sein.[41] Dauert die Testamentsvollstreckung über den Eintritt des Nacherbfalles hinaus als (normale) Testamentsvollstre-ckung an, ist auch dies bereits bei der Eintragung des Vorerben und Buchung des Nacherbenvermerks im Grundbuch – und zwar im Anschluss an den Nacherbenvermerk – kundzutun, obwohl zum Zeitpunkt der Buchung das Grundstück der Verwaltung des Testamentsvollstreckers noch nicht unterliegt.[42]

3. Kein Verzicht auf Vermerk möglich

32 Der Erblasser kann die Eintragung des Testamentsvollstreckervermerks **nicht verbieten**, hat er es trotzdem getan, ist zu prüfen, ob nicht etwa ein Ausschluss des Verwaltungsrechts vorliegt.[43] Der Testamentsvollstrecker kann auf die Eintragung des Vermerks **nicht verzichten**,[44] wohl aber kann er Nachlassgegenstände aus seiner Verwaltung **freigeben**; soweit eine solche Freigabe nachgewiesen wird, unterbleibt die Eintragung des Testa-mentsvollstreckervermerks.[45]

33 Mit der Eintragung des Vermerks wird das Verfügungsrecht des Testamentsvollstreckers gegen gutgläubigen Erwerb vom Erben geschützt. Die Eintragung erfolgt nur, wenn die Eintragung des oder der Erben erfolgt ist. Die Eintragung des Testamentsvollstreckervermerks ist daher unzulässig, wenn sie isoliert ohne die Eintragung des oder der Erben erfolgt ist.[46] Fraglich ist aber, ob eine Amtslöschung nach § 53 Abs 1 S 2 zu erfolgen hat.[47]

34 Ein Antrag des Erben oder des Testamentsvollstreckers, den oder die Erben ohne den Testamentsvollstrecker-vermerk einzutragen, würde das Grundbuch unrichtig machen und ist daher zurückzuweisen.

35 Ein Testamentsvollstreckervermerk kommt dann nicht in Betracht, wenn die Verfügung des Erben von der Zustimmung des Testamentsvollstreckers abhängig sein soll, dem die Verwaltung des Nachlasses nicht zusteht, dann handelt es sich um eine Verfügungsbeschränkung der Erben, die nur als solche eintragbar ist.[48]

---

39 § 10 GBV.
40 KGJ 40, 198; KG JW 1938, 1411.
41 Zum Meinungsstand *Keim* ZEV 2007, 470.
42 KG JW 1938, 1411.
43 Dazu *Zahn* MittRhNotK 2000, 89; *Schmenger* BWNotZ 2004, 97.
44 OLG München JFG 20, 294.
45 KGJ 40, 212. Zur irrtümlichen Freigabe BGHZ 12, 101.
46 BayObLGZ 1995, 363 = DNotZ 1996, 99 = FGPrax 1996, 32 = NJW-RR 1996, 1167 = Rpfleger 1996, 148 = ZEV 1996, 150; **aA** *Bestelmeyer* ZEV 1996, 261.
47 Verneinend *Demharter* § 52 Rn 13; offen gelassen von BayObLGZ 1995, 365 = DNotZ 1996, 99 = FamRZ 1996, 381 = FGPrax 1996, 32 = MittBayNot 1996, 33 = NJW-RR 1996, 1167 = Rpfleger 1996, 148 = ZEV 1996, 150. Dazu auch *Schaub* ZEV 1996, 151; *Bestelmeyer* ZEV 1996, 261.
48 BayObLGZ 1990, 82 = DNotZ 1991, 548 = FamRZ 1990, 913 = NJW-RR 1990, 844 = MittBayNot 1990, 253 = Rpfleger 1990, 365.

4. Überlassung des Nachlassgegenstandes an Erben

Der oder die Erben können ohne Testamentsvollstreckervermerk eingetragen werden, wenn der Testaments- **36**
vollstrecker gemäß § 2217 Abs 1 BGB in der Form des § 29 Abs 1 S 1[49] erklärt, er überlasse dem oder den
Erben den **Nachlassgegenstand zur freien Verfügung**.[50] Die Freigabe ist nach h. M. ein einseitiges abstraktes Rechtsgeschäft des Testamentsvollstreckers und kann nur an alle Miterben erfolgen.[51] Die **Überlassungser-
klärung bedarf keiner besonderen Form**, vor allem nicht der Form der Auflassung nach § 925 BGB, grundbuchverfahrensrechtlich ist jedoch die Form des § 29 zu beachten,[52] weitere Nachweise sind dem Grundbuchamt nicht vorzulegen. Auch später kann der Testamentsvollstrecker den Nachlassgegenstand freigeben;[53] der
Vermerk ist auf Antrag des Testamentsvollstreckers oder des Erben zu löschen. Mit der Freigabe erlischt das
Recht des Testamentsvollstreckers zur Verwaltung der überlassenen Gegenstände und damit auch sein Verfügungsrecht endgültig; die Erben erlangen am überlassenen Gegenstand das freie Verfügungsrecht (**Wechsel des
Verfügungsberechtigten**).

Die **Freigabe ist eine Verfügung und wirkt dinglich**, auch wenn sie pflichtwidrig ist. Die Frage der Pflicht- **37**
widrigkeit ist vom Grundbuchamt nicht zu prüfen.[54] Eine Mitwirkung von Vermächtnisnehmern und sonstigen
Nachlassgläubigern ist jedenfalls bei einer im Einverständnis der Erben erfolgten Überlassung von Nachlassgegenständen nicht erforderlich.[55]

5. Nachholung eines unterbliebenen Vermerks

Wurde die Eintragung des Testamentsvollstreckervermerks bei der Eintragung des oder der Erben unterlassen, **38**
so kann er **nachgeholt** werden. Ist inzwischen jedoch der Rechtsübergang auf einen Dritten eingetragen worden, ist eine Nachholung nicht mehr möglich; hier kommt nur noch ein Amtswiderspruch in Betracht, soweit
die Voraussetzungen des § 53 Abs 1 S 1 vorliegen.[56] Bei bloßer **Belastung** – zB des Eigentums mit einem
beschränkten dinglichen Recht eines Dritten, an einem Nachlassgrundstück ein Grundpfandrecht, an einer
Nachlasshypothek ein Pfandrecht – ist die Nachholung des Testamentsvollstreckervermerks noch möglich.

In einem solchen Fall besteht auch ein Rechtsschutzbedürfnis dafür, bei dem wirksam bestellten beschränkten ding- **39**
lichen Recht – gutgläubiger Erwerb gemäß § 892 BGB vorausgesetzt – einen Wirksamkeitsvermerk in Bezug auf
die Testamentsvollstreckung einzutragen. Der Inhaber eines solchen beschränkten dinglichen Rechts hat einen
Anspruch auf Abgabe einer entsprechenden Eintragungsbewilligung durch den Testamentsvollstrecker.

6. Rechtsmittel

Gegen die Eintragung des Testamentsvollstreckervermerks kann **Beschwerde** mit dem Antrag auf Löschung **40**
eingelegt werden.[57] Ist die Eintragung unterblieben und die Nachholung noch möglich, ist Beschwerde mit
dem Ziel der Eintragung eines Widerspruchs zulässig; ist die Eintragung nicht mehr möglich, kann gleichwohl
die Eintragung eines Widerspruchs begehrt werden.

IV. Wirkungen des Testamentsvollstreckervermerks

1. Verfügungsentzug für den Erben

Der Testamentsvollstreckervermerk schützt den Testamentsvollstrecker nicht nur gegen Verfügungen des Erben **41**
(§ 2211 Abs 2, § 892 Abs 1 S 2 BGB), sondern bewirkt für den Erben eine **Grundbuchsperre**, weil diesem die
Verfügungsbefugnis völlig entzogen ist. Die Verfügungsbeschränkung des Erben besteht bereits vom Erbfall an,
nicht erst ab Annahme des Amtes durch den Testamentsvollstrecker.[58] Das Grundbuchamt hat die Eintragung
gemäß § 891 BGB solange als maßgebend anzusehen, bis ihm Tatsachen bekannt werden, die ihre Unrichtigkeit
ergeben, zu Suchaktionen und der Überprüfung früherer Eintragungen ist das Grundbuchamt nicht verpflich-

---

49 OLG Hamm Rpfleger 1973, 133. Ist ein Notar Testamentsvollstrecker, genügt seine Eigenurkunde nicht, OLG Düssel-
    dorf DNotZ 1989, 638 = Rpfleger 1989, 58.
50 *Häussermann* BWNotZ 67, 234 mwN; *Lange* JuS 1970, 101; OLG Hamm OLGZ 1973, 258 = DNotZ 1973, 428 =
    Rpfleger 1973, 133.
51 Zum Meinungsstand *Zahn* MittRhNotK 2000, 89, 109.
52 OLG München DNotI-Report 2005, 158 = Rpfleger 2005, 661.
53 Die Freigabe ändert am Fortbestand der Erbengemeinschaft am freigegebenen Gegenstand nichts, LG Berlin WM 1961,
    313.
54 KG KGJ 40, 207; **aA** *Waldmann* DFG 1944, 37.
55 Ausführlich *Schöner/Stöber* Rn 3459; *Keim* ZEV 2007, 470.
56 KG DNotZ 1956, 195.
57 KGJ 40, 199.
58 BGHZ 25, 275; BayObLGZ 1982, 59 = FamRZ 1982, 1138 = Rpfleger 1982, 226.

tet.[59] Verfügungen des Erben über das Grundstück oder das Recht, bei dem der Testamentsvollstreckervermerk eingetragen ist, kann das Grundbuchamt nicht mehr vollziehen. Es handelt sich hier nicht um ein relatives Verfügungsverbot, sondern um eine absolute **Verfügungsentziehung**; der Erbe hat keine Verfügungsbefugnis. Verfügt der Erbe trotzdem, so verfügt er als Nichtberechtigter, § 185 BGB findet Anwendung.

42 Testamentsvollstrecker und Erbe gemeinsam können über einen Nachlassgegenstand stets verfügen,[60] auch dann, wenn der Erblasser durch Anordnung von Todes wegen eine Verfügung verboten hat.[61] Solange der Vermerk eingetragen ist (§ 891 BGB), hat das Grundbuchamt Eintragungsanträge, die auf einer Bewilligung (§ 19) oder, soweit der Nachweis der Einigung gemäß § 20 zu führen ist, auf einem Verfügungsgeschäft des Erben beruhen, zumindest zwischenzuverfügen (§ 18) zur Beibringung der Zustimmung bzw. Freigabeerklärung des Testamentsvollstreckers bzw. des Nachweises, dass die Testamentsvollstreckung beendet ist, jeweils in der Form des § 29.

2. Verfügungsberechtigung des Testamentsvollstreckers

43 Der Testamentsvollstrecker hat den Nachlass in Besitz zu nehmen und zu verwalten (§§ 2205, 2216 BGB). Das Verwaltungsrecht hat auch ein **allgemeines Verfügungsrecht** des Testamentsvollstreckers zur Folge, und zwar auch dann, wenn er nur zur Verwaltung berufen ist. Die Verfügungsberechtigung steht nur dem Testamentsvollstrecker zu. Der Testamentsvollstrecker hat seine Verfügungsbefugnis durch **Testamentsvollstreckerzeugnis** (in Urschrift oder Ausfertigung,[62] beglaubigte Abschrift genügt nicht) oder durch Vorlage einer beglaubigten Abschrift der Verfügung von Todes wegen samt Niederschrift über die deren Eröffnung sowie einer Bescheinigung des Nachlassgerichts über die Amtsannahme[63] nachzuweisen. Verfügungen des Testamentsvollstreckers, die einer ordnungsgemäßen Verwaltung widersprechen, hat das Grundbuchamt gleichwohl durch Grundbucheintragung zu vollenden.

44 Die **Verfügungsbeschränkungen der §§ 1365, 1424–1426 BGB** gelten für den Testamentsvollstrecker nicht.[64] Die Verfügungsbefugnis des Testamentsvollstreckers wird auch nicht beeinträchtigt, wenn **Vor- und Nacherbschaft** angeordnet wurde[65] oder der Miterbe unter **elterlicher Sorge, Betreuung oder Vormundschaft** steht.[66] Ist ein Testamentsvollstrecker auch **Generalbevollmächtigter** des Erblassers über dessen Tod hinaus, so unterliegt er, wenn er als Bevollmächtigter tätig wird, nicht den Beschränkungen, denen ein Testamentsvollstrecker unterworfen ist.[67]

45 Das Verfügungsrecht des Testamentsvollstreckers bezieht sich nicht auf den **Erbanteil eines Miterben**; über diesen kann der Miterbe allein verfügen (§ 2033 BGB).[68] Die **Pfändung des Miterbenanteils** (§ 859 Abs 2 ZPO) ändert an der Verwaltungs- und Verfügungsbefugnis des Testamentsvollstreckers über die einzelnen Nachlassgegenstände nichts.[69]

46 Möglich ist eine Anordnung des Erblassers, wonach dem Testamentsvollstrecker die **Verfügungsbefugnis über bestimmte Gegenstände entzogen** wird. Ebenso ist eine Anordnung zulässig, wonach über Nachlassgegenstände in bestimmter Weise zu verfügen ist. Fraglich ist, ob letztere Erblasseranordnung dinglich wirkt. Das LG Ellwangen[70] verneint dies.

47 Verliert der Testamentsvollstrecker bei einem »gestreckten« Veräußerungs-/Belastungsvorgang nach der dinglichen Einigung aber vor Grundbucheintragung der Verfügung die Verfügungsbefugnis, so ist fraglich, ob das

---

59 KGJ 40, 199.
60 BGHZ 40, 115 = DNotZ 1964, 623 = NJW 1963, 2320.
61 BGHZ 56, 275 = DNotZ 1972, 86 = NJW 1971, 1805 = Rpfleger 1971, 349.
62 BayObLGZ 1990, 82 = DNotZ 1991, 548 = FamRZ 1990, 913 = NJW-RR 1990, 844 = MittBayNot 1990, 253 = Rpfleger 1990, 365
63 KG OLG 40, 49.
64 *Staudenmaier/Haegele* Rpfleger 1960, 385 und Rechtspfleger 1963, 330; aA AG Delmenhorst FamRZ 1959, 249.
65 Dazu BGHZ 40, 115 = DNotZ 1964, 623 = NJW 1963, 2320; BayObLGZ 1958, 304 und 1959, 129; OLG Neustadt NJW 1956, 1881.
66 BGH ZEV 2006, 262 = NJW-Spezial 2006, 302; OLG Hamburg DNotZ 1983, 381 = MDR 1982, 849; BayObLG FamRZ 1991, 984 = MittBayNot 1991, 122 = Rpfleger 1991, 194 = MittRhNotK 1991, 124.
67 BGH DNotZ 1963, 305 = NJW 1962, 1718 = Rpfleger 1962, 438 m Anm *Haegele*; *Haegele* Rpfleger 1968, 347; *Spitzbarth* BB 1962, 851.
68 BGH FamRZ 1984, 780 = NJW 1984, 2464 = Rpfleger 1984, 357 = MittBayNot 1984, 196; LG Essen Rpfleger 1960, 57 m Anm *Haegele*.
69 BayObLGZ 1982, 459 = FamRZ 1983, 840 = Rpfleger 1983, 112; auch *Ernsthaler* Rpfleger 1988, 94.
70 BWNotZ 2003, 147 m Anm *Böhringer*. Bejahend BGH Rpfleger 1984, 357 = NJW 1984, 2464 (in einem Schadenersatzprozess) mit kritischer Betrachtung durch *Lehmann* AcP 188 (1988), 1; OLG Zweibrücken DNotZ 2001, 399 m Anm *Winkler* = RNotZ 2001, 589 m Anm *Lettmann* = Rpfleger 2001, 173 = ZEV 2001, 274 (zum Auseinandersetzungsverbot).

Grundbuchamt bei Kenntnis der Sachlage die Eintragung noch vornehmen darf, weil ja grundsätzlich bis zum letzten Erwerbstatbestand die Verfügungsbefugnis vorliegen muss. **§ 878 BGB ist nach überwiegender Literaturmeinung entsprechend anwendbar.**[71] Solange allerdings die Rechtsprechung[72] § 878 BGB nicht analog anwendet, besteht im Rechtsverkehr das Risiko, dass eine sichere und gültige Rechtseintragung nicht erreicht wird, falls das Amt des Testamentsvollstreckers nach Abgabe der Bewilligung und Eingang des Antrags beim Grundbuchamt endet.[73] Dem sorgsamen Notar bleibt bei einem Kaufvertrag wohl nichts anderes übrig, als nach erfolgter Eigentumsumschreibung im Grundbuch eine Auskunft des Nachlassgerichts darüber einzuholen, ob der Testamentsvollstrecker noch im Amt ist und sich vom Testamentsvollstrecker erneut das Testamentsvollstreckerzeugnis vorzulegen zu lassen, bevor er den Kaufpreis dem Veräußerer übermittelt und die Eigentumsvormerkung des Käufers zur Löschung beantragt.[74]

Mit der Beendigung des Testamentsvollstreckeramts erlischt auch eine von dem Testamentsvollstrecker erteilte **Vollmacht,**[75] das Testamentsvollstreckerzeugnis wird von selbst kraftlos. Eine Gutglaubenswirkung erstreckt sich nicht auf den Fortbestand des Amtes. **48**

3. Beschränkungen des Verfügungsrechts des Testamentsvollstreckers

Das Verfügungsrecht des Testamentsvollstreckers ist grundsätzlich unbeschränkt; allerdings bestehen folgende Beschränkungen mit unmittelbar dinglicher Wirkung, von denen der Erblasser den Testamentsvollstrecker nicht befreien kann. **49**

a) Selbstkontrahierungsverbot. § 181 BGB – Verbot von In-sich-Geschäften – findet auf den Testamentsvollstrecker entsprechende Anwendung, der Erblasser kann jedoch Befreiung erteilen. In der Ernennung eines Miterben zum Testamentsvollstrecker liegt idR die Gestattung derjenigen In-sich-Geschäfte, die im Rahmen ordnungsgemäßer Verwaltung des Nachlasses liegen,[76] wobei strenge Anforderungen zu stellen sind.[77] Seine Eigenschaft als Miterbe hindert den Testamentsvollstrecker auch nicht an der Durchführung der Nachlassauseinandersetzung. Für einen Testamentsvollstrecker, der nicht Miterbe oder sonst letztwillig bedacht ist (zB durch ein Vermächtnis, das er an sich erfüllen kann), gilt § 181 BGB uneingeschränkt, der Erblasser kann ihm insoweit keine Befreiung erteilen, weil er den Testamentsvollstrecker nicht von den Verpflichtungen der ordnungsgemäßen Verwaltung befreien kann.[78] **50**

Rechtsgeschäfte, die der Erfüllung einer Nachlassverbindlichkeit dienen, kann der Testamentsvollstrecker vornehmen. Dazu zählen: Erfüllung einer Erblasserschuld. Eine solche liegt auch vor, wenn der Erblasser einen Grundstücksveräußerungsvertrag abgeschlossen hat und vor der Auflassung verstirbt.[79] Weiter: Erfüllung eines Grundstücksvermächtnisses an sich selbst;[80] der Testamentsvollstrecker kann hierbei dem Grundbuchamt die Erfüllung der Nachlassverbindlichkeit dadurch nachweisen, dass er auf die Nachlassakten verweist, wenn diese beim gleichen Amtsgericht geführt werden, sowie auf die in diesen Akten enthaltene letztwillige Verfügung mit Vermächtnisanordnung. Werden die Nachlassakten bei einem anderen Amtsgericht geführt, hat er eine beglaubigte Abschrift der letztwilligen Verfügung, die dieses Vermächtnis enthält, und eine Bescheinigung, dass sich weitere letztwillige Verfügungen – in denen etwa ein Widerruf der entsprechenden Anordnung enthalten sein könnte – nicht im Nchlass befinden, vorzulegen. **51**

71 *Staudinger/Gursky* § 878 Rn 56; *MüKo/Wacke* § 878 Rn 13; *Bauer/von Oefele-Kössinger* § 19 Rn 173; *Schöner/Stöber* Rn 124, 3464a; *Böhringer* BWNotZ 1984, 137 und 1985, 102; *Däubler* JZ 1963, 591; *Heil* RNotZ 2001, 269; *Schaub* ZEV 2000, 49; *Zahn* MittRhNotK 2000, 89, 108; aA die hM in der Rechtsprechung: OLG Celle DNotZ 1953, 158 = NJW 1953, 945; BayObLG NJW 1956, 1279; BayObLG DNotI-Report 1998, 221 = FamRZ 1999, 474 = MittBayNot 1999, 82 = NJW-RR 1999, 1463 = Rpfleger 1999, 25 = ZEV 1999, 67 m Anm *Reimann* = ZfIR 1999, 104; BayObLG MittBayNot 1975, 228; BayObLGZ 1956, 172; OLG Brandenburg OLG-NL 1995, 127 = VIZ 1995, 365 = ZOV 1995, 135; OLG Frankfurt OLGZ 1980, 100 = Rpfleger 1980, 63; OLG Köln MittRhNotK 1981, 139 (für den staatlichen Verwalter); LG Neubrandenburg MDR 1995, 491 = KTS 1995, 437 (für den Konkursverwalter); LG Osnabrück KTS 1972, 202; AG Starnberg FamRZ 1999, 743 = ZEV 1999, 311; *Demharter,* § 52 Rn 18.
72 OLG Köln MittRhNotK 1981, 139 mwN; OLG Frankfurt OLGZ 1980, 10; BayObLG MittBayNot 1975, 228; anders wohl LG Neubrandenburg MDR 1995, 491; OLG Brandenburg VIZ 1995, 365.
73 So *Schmenger* BWNotZ 2004, 97, 119.
74 Zu dieser Kaufvertragsgestaltung *Kesseler* ZNotP 2008, 118.
75 KGJ 41, 79; *Demharter* § 52 Rn 19.
76 BGHZ 30, 67 = DNotZ 1959, 480 = NJW 1959, 1429 = Rpfleger 1960, 88; *Haegele* Rpfleger 1958, 370; *v. Lübtow* JZ 1960, 151.
77 Ausführlich *Haegele* Rpfleger 1958, 370; *v Lübtow* JZ 1960, 151; *Mattern* BWNotZ 1961, 149; *Kirstgen* MittBayNot 1988, 219.
78 So *v Lübtow* JZ 1960, 151. Dazu auch BGHZ 30, 67 = DNotZ 1959, 480 = NJW 1959, 1429 = Rpfleger 1960, 88; AG Starnberg FamRZ 1999, 743 = ZEV 1999, 311.
79 Ausführlich *Bauer/von Oefele-Schaub* § 52 Rn 83.
80 BayObLG DNotZ 1983, 176.

52 **b) Unentgeltliche oder teilweise unentgeltliche Verfügungen.** Solche kann der Testamentsvollstrecker gemäß § 2205 S 3 BGB – von Pflicht- und Anstandsschenkungen abgesehen[81] – nicht vornehmen. Der Begriff der Unentgeltlichkeit ist der gleiche wie in § 51. Der Erblasser kann den Testamentsvollstrecker von dieser Einschränkung **nicht befreien.** Unentgeltlichkeit setzt voraus, dass aus dem Nachlass ein Wert hingegeben, ein Opfer gebracht wird, ohne dass die dadurch eintretende Verringerung des Nachlasses durch Zuführung eines entsprechenden Vermögensvorteils ausgeglichen wird.[82] Unentgeltlich ist die Verfügung des Testamentsvollstreckers dann nicht, wenn sie in **Erfüllung einer letztwilligen Verfügung** des Erblassers vorgenommen wird;[83] der Nachweis der Entgeltlichkeit muss in diesem Fall nicht in der Form des § 29 geführt werden. Verfügungen sind auch dann im vollen Umfang unwirksam, wenn sie nur **teilweise unentgeltlich** getroffen worden sind.[84]

53 Die Entgeltlichkeit einer Verfügung des Testamentsvollstreckers auf Grund eines eine angemessene Gegenleistung vorsehenden gegenseitigen Vertrages setzt nicht voraus, dass diese **Leistung bereits bewirkt** ist,[85] denn das Grundbuchamt ist nicht in der Lage, eine umfassende Prüfung durchzuführen,[86] ob der Testamentsvollstrecker seiner Pflicht zur ordnungsmäßigen Verwaltung nachkommt. Die Adäquanz der Gegenleistung wird durch eine Vorleistung nicht berührt.

54 Eine entgeltliche Verfügung liegt auch dann vor, wenn der Testamentsvollstrecker bei einem **Grundstücksverkauf** das Grundstück vor Auflassung an den Käufer mit Hypotheken oder Grundschulden bis zur Höhe des Kaufpreises belastet, die der Sicherung von Darlehen dienen, die der Käufer zur Bezahlung des Kaufpreises aufnimmt. Fraglich ist, ob der Testamentsvollstrecker über die Höhe des Kaufpreises hinaus das Kaufgrundstück belasten kann, wenn der Käufer zusätzliche Mittel – etwa zur Renovierung des Kaufobjekts – benötigt, denn auch diese Belastung erfolgt aufgrund des synallagmatischen Kaufvertrages und einer entsprechenden Zweckerklärung bei dem Grundpfandrecht, demnach nicht aufgrund einer Schenkung.[87]

55 Zur Gewährung einer **Grundstücksausstattung**, einer unbenannten Zuwendung unter Ehegatten oder zur Übergabe eines Betriebes oder eines Hofes (zu üblich ermäßigten Preisen) ist der Testamentsvollstrecker nur befugt, wenn ihm vom Erblasser eine entsprechende Verpflichtung letztwillig auferlegt worden ist,[88] andernfalls haben die Erben bei einer solchen Verfügung mitzuwirken.

56 Die **Vereinigung von Nachlassgrundstücken** ist keine unentgeltliche Verfügung des Testamentsvollstreckers. Wird ein (belastetes oder unbelastetes) Nachlassgrundstück als Bestandteil einem anderen unbelasteten Nachlass-(Haupt)Grundstück **zugeschrieben**, so ist dies keine unentgeltliche Verfügung; ist allerdings das Hauptgrundstück mit Grundpfandrechten belastet, führt die Rechtsfolge des § 1131 BGB dazu, dass die Verfügung als unentgeltlich anzusehen ist.[89]

57 Die Eintragung einer **Eigentümergrundschuld** für die nach § 35 legitimierten Erben in Erbengemeinschaft mit Testamentsvollstreckervermerk ist wirksam.[90] Bei der Belastung eines Nachlassgrundstücks mit einer **Fremdgrundschuld** hat der Testamentsvollstrecker die Beweggründe für die Belastung und deren Zweck im Einzelnen darzulegen[91] (so zB die Darlehensvaluta fließe in den Nachlass und nicht an einen Dritten), wobei das Grundbuchamt auch allgemeine Lebenserfahrungssätze berücksichtigen darf[92] und so zu einer Grundbucheintragung kommen kann. Gleiches gilt von der **Abtretung einer Eigentümer-Grundschuld** an einen Dritten. Für sich selbst kann der Testamentsvollstrecker am Nachlassgrundstück keine Grundschuld bestellen, eine solche trotzdem eingetragene Grundschuld kann von einem gutgläubigen Dritten nach § 892 BGB erworben werden. Die **Löschung** einer zum Nachlass gehörenden Eigentümergrundschuld ist dann eine unentgeltliche Verfügung, wenn dem nachrangigen Gläubiger kein Löschungsanspruch nach § 1179a BGB zusteht bzw. bei einer Grundschuld die Rückgewähransprüche nicht an diesen abgetreten sind.[93] Wenn sich aus der in den Grundakten befindlichen Grundschuldbestellungsurkunde eine solche Abtretung ergibt, sind weitere Darlegungen des Testa-

---

81 Dem Grundbuchamt wird wohl ein solcher Ausnahmefall nicht in der Form des § 29 nachgewiesen werden können; dazu auch LG Hamburg Rpfleger 2005, 665.
82 BGHZ 57, 84 = DNotZ 1972, 90 = NJW 1971, 2264 = Rpfleger 1972, 49.
83 OLG Karlsruhe Rpfleger 2005, 598 = BWNotZ 2005, 146.
84 KG OLGZ 1968, 337; KG DNotZ 1972, 176.
85 KG Rpfleger 1972, 58; *Keim* ZEV 2007, 470.
86 *Keim* ZEV 2007, 470.
87 So auch *Keim* ZEV 2007, 470.
88 Dazu *Keller* BWNotZ 1970, 50.
89 KG JW 1938, 679.
90 *Haegele* BWNotZ 1969, 262; *Keim* ZEV 2007, 470; *Zahn* MittRhNotK 2000, 89, 112.
91 Die bloße Erklärung des Testamentsvollstreckers, er habe den vollen Gegenwert aus der Grundschuld für den Nachlass erhalten, sollte genügen, ebenso *Keim* ZEV 2007, 470.
92 KG HRR 1938 Nr 519 = DNotZ 1938, 310 = JW 1938, 949; LG Aachen Rpfleger 1984, 98; *Keim* ZEV 2007, 470; *Zahn* MittRhNotK 2000, 89, 112.
93 KG DNotZ 1968, 669.

mentsvollstreckers zur Entgeltlichkeit nicht erforderlich.[94] Gleiches gilt für Freigabeerklärungen und Rangrücktritte. Bei **letztrangig eingetragener Eigentümergrundschuld** stellt die Löschungsbewilligung kein unentgeltliches Verfügungsgeschäft dar. Erst bei der **Ausnutzung eines Rangvorbehalts** stellt sich das Problem der Unentgeltlichkeit der Verfügung. Bei der Löschung von Rechten (Vorkaufsrecht, Reallast, Vormerkung) zugunsten des Erblassers in Abt. II des Grundbuchs muss dagegen vom Testamentsvollstrecker im Einzelnen dargelegt werden, welche angemessene Vermögensvorteile für den Nachlass dem gegenüber stehen.[95]

4. Zustimmung der Erben/Vermächtnisnehmer

Rechtsfolge des Verstoßes gegen das Verbot des § 2205 BGB ist, dass die Verfügung des Testamentsvollstreckers **58** **schwebend unwirksam** ist. Mit Zustimmung sämtlicher Erben (auch etwaiger Nacherben,[96] auch gestaffelter Nacherben, nicht jedoch etwaiger Ersatznacherben[97]) und der Vermächtnisnehmer sind jedoch unentgeltliche Verfügungen möglich.[98] In jedem Fall ist dann die Erbenstellung dem Grundbuchamt gegenüber nachzuweisen[99] und zwar mit dem Erbnachweis nach § 35. Zuzustimmen haben nur diejenigen Vermächtnisnehmer, deren Vermächtnisforderung noch nicht voll erfüllt ist;[100] auch dann, wenn sich das Vermächtnis nicht auf den von der Verfügung betroffenen Nachlassgegenstand bezieht oder von wirtschaftlich untergeordneter Bedeutung ist. Der Nachweis der Vermächtnisnehmereigenschaft erfolgt durch Bezugnahme auf die Nachlassakten.[101] Bei einem Grundstücksvermächtnis ist die Erfüllung durch Grundbuchvollzug der Auflassung nachweisbar, bei anderen Vermächtnisgegenständen wird eine Erfüllung wohl kaum in der Form des § 29 nachweisbar sein. Von **sonstigen Nachlassgläubigern und Auflagebegünstigten** ist die Zustimmung nicht notwendig.[102] Soweit **Vor- und Nacherbfolge** besteht, müssen sämtliche Vor- und Nacherben zustimmen,[103] nicht jedoch etwaige Ersatznacherben. Auch ein **Vergleich** kann im Einzelfall eine unentgeltliche Verfügung enthalten, die unwirksam ist. Sie wird wirksam, wenn Erben und Vermächtnisnehmer zustimmen. Der Erbe kann hierzu gemäß § 2206 Abs 2 BGB verpflichtet sein.[104] Für den Testamentsvollstrecker ist es ratsam, die Einwilligung des Erben zu dem Vergleich einzuholen.[105]

Oftmals werden bei Schenkungen an nächste Angehörige Rückfallklauseln und Rücknahmerechte vereinbart. Ist der Beschenkte der Vorerbe, so fragt sich, ob im Falle eines Rückfalls der aus der Vorerbschaft ausgeschiedene Nachlassgrundbesitz wieder als Surrogat zurück in den Nachlass fließt. Bei einer solchen Fallkonstellation werden die Grundbuchämter wohl den Nacherbenvermerk nicht löschen, ebenso keinen Testamentsvollstreckervermerk.[106]

Die Zustimmung bedarf im Grundbuchverfahren der **Form des § 29**. Der Nachweis der Erbfolge ist gemäß **59** §§ 35, 36 zu führen.[107] Zum Nachweis, wer Vermächtnisnehmer ist, genügt die Vorlage der Verfügung von Todes wegen, die auch ein Privattestament sein kann. Werden die Nachlassakten beim gleichen Amtsgericht geführt, so kann das Grundbuchamt die **Nachlassakten beiziehen** zur Prüfung, welche Vermächtnisnehmer vorhanden sind.[108] Andernfalls wird es von den Beteiligten die Vorlage von vom Nachlassgericht beglaubigten Testamentsabschriften verlangen müssen, versehen mit einer Bescheinigung des Nachlassgerichts, dass weitere Verfügungen von Todes wegen sich nicht in den Nachlassakten befinden.[109]

---

94 *Keim* ZEV 2007, 470.
95 BayObLG DNotZ 1996, 20 = FamRZ 1996, 111 = Rpfleger 1995, 452 (für Rückauflassungsvormerkung).
96 Sind diese noch nicht bekannt, muss im Zweifel – mit Genehmigung des Vormundschaftsgerichts – oder ein nach § 2222 BGB ernannter Testamentsvollstrecker mitwirken. Dazu auch LG Oldenburg Rpfleger 1981, 197.
97 Dazu BGHZ 56, 275 = DNotZ 1972, 86; *Reimann* DNotZ 2007, 579, 585 mwN.
98 BGHZ 56, 275 = DNotZ 1972, 86; BGHZ 57, 84 = DNotZ 1972, 90 = NJW 1971, 2264 = Rpfleger 1972, 49; BayObLGZ 1986, 208 = FamRZ 1987, 104 = NJW-RR 1986, 1070 = MittBayNot 1986, 266 = Rpfleger 1986, 470; BayObLG FamRZ 1989, 668 = MittBayNot 1989, 163 = NJW-RR 1989, 587 = Rpfleger 1989, 200 = BWNotZ 1989, 87; *Reimann* DNotZ 2007, 579, 585 mwN.
99 OLG Karlsruhe Rpfleger 2005, 598 = BWNotZ 2005, 146; LG Hamburg Rpfleger 2005, 665; *Reimann* DNotZ 2007, 579, 587 mwN.
100 *Haegele* BWNotZ 1974, 109, 115; *ders* Rpfleger 1972, 43. AA *Neuschwander* BWNotZ 1978, 73 (nur Zustimmung der Erben ohne die Vermächtnisnehmer).
101 Ebenso *Reimann* DNotZ 2007, 579, 587.
102 BayObLGZ 1986, 208 = FamRZ 1987, 104 = MittBayNot 1986, 266 = Rpfleger 1986, 470.
103 BGHZ 57, 84 = DNotZ 1972, 90 = NJW 1971, 2264 = Rpfleger 1972, 49.
104 BGH DNotZ 1992, 507 = FamRZ 1991, 188 = NJW 1991, 842 = MittRhNotK 1991, 153 = JZ 1991, 727 m Anm *Bork*.
105 Ebenso *Demharter* § 52 Rn 21.
106 Einzelheiten *Reimann* DNotZ 2007, 579, 590.
107 OLG Karlsruhe Rpfleger 2005, 598; LG Hamburg Rpfleger 2005, 665.
108 *Haegele* Rpfleger 1972, 43.
109 Ebenso *Schöner/Stöber* Rn 3439.

5. Prüfungspflicht des Grundbuchamts

60   Das Grundbuchamt hat stets **sorgfältig zu prüfen,** ob sich der Testamentsvollstrecker in den Grenzen seiner Verfügungsbefugnis gehalten hat, also die Entgeltlichkeit einer Verfügung.[110] Allerdings ist bei einem Grundstücksveräußerungsvertrag zu unterscheiden. Bewilligt der Testamentsvollstrecker die Eintragung einer Eigentumsvormerkung für den Erwerber, so ist das Grundbuchamt nicht berechtigt, die zu sichernde Forderung auf ihren Bestand zu überprüfen. Es genügt vielmehr, dass der zu sichernde Anspruch vormerkungsfähig ist. Nur wenn das Grundbuchamt aus den vorgelegten Urkunden und aus ihm sonst bekannten Umständen mit Sicherheit erkennt, dass der zu sichernde Anspruch nicht entstanden ist und auch künftig nicht mehr entstehen kann, ist die beantragte Eintragung einer Eigentumsvormerkung abzulehnen; bloße Zweifel an der Wirksamkeit des Grundstücksveräußerungsvertrags können die Beanstandung des Eintragungsantrags nicht rechtfertigen (Wertgutachten liegt unter Kaufpreis). Bei der Eintragung einer **Eigentumsvormerkung** stellt sich die Frage der »Unentgeltlichkeit« erst im Falle eines Antrags auf Eintragung der Eigentumsänderung.[111]

Der **Nachweis der Entgeltlichkeit** braucht nicht in der Form des § 29 geführt zu werden. Das Grundbuchamt hat in **freier richterlicher Beweiswürdigung** den gesamten Sachverhalt zu würdigen.[112] Das Grundbuchamt hat nach allgemeinen Erfahrungssätzen die Entgeltlichkeit zu beurteilen; übertriebene Ängstlichkeit ist nicht am Platze, denn der Rechtsverkehr soll durch unangebrachte Bedenken nicht gehemmt werden.[113] Eine entgeltliche Verfügung ist immer dann anzunehmen, wenn der Testamentsvollstrecker die einzelnen Beweggründe für seine Verfügung und deren wirtschaftliche und rechtliche Auswirkungen dem Grundbuchamt vorträgt (zB privatschriftliche Erklärung), die von ihm vorgetragenen Tatsachen bei vernünftiger Würdigung eine wirksame Verfügung erkennen lassen und begründete Zweifel an der Pflichtmäßigkeit der Handlung nicht ersichtlich sind.[114] Von diesem Erfahrungssatz hat das Grundbuchamt auszugehen, etwas anderes müsste das Grundbuchamt beweisen.

61   Der **Nachweis der Entgeltlichkeit** braucht demnach ausnahmsweise nicht in der Form des § 29 GBO geführt zu werden.[115] Die Gleichwertigkeit von Leistung und Gegenleistung bzw. deren Einschätzung durch die Vertragspartner sind Tatsachen, die (außer in Urteilen) in öffentlichen Urkunden nicht belegt werden können. Die Grundbuchpraxis hilft hier, indem sie ausnahmsweise andere Beweismittel zulässt und im Grundbucheintragungsverfahrens ihre inhaltliche Richtigkeit bewertet. Diese **Durchbrechung des Formalismus** des Grundbuchverfahrens macht zwar Verfügungen des Testamentsvollstreckers überhaupt erst möglich, liefert aber die Vornahme der Grundbucheintragung der materiellen Prüfung durch das Grundbuchamt aus, was sie für die Vertragspartner weniger vorhersehbar macht.

62   Insbesondere bei Kaufverträgen mit einem **unbeteiligten Dritten** (Nichterben) und in solchen Urkunden selbstredend vereinbarten Modalitäten der Kaufpreiszahlung darf das Grundbuchamt davon ausgehen, dass das Rechtsgeschäft, das sich nach seiner urkundlichen Fassung als entgeltlich kennzeichnet, kein Scheingeschäft ist, sondern der Wirklichkeit gerecht wird. Eine anders lautende Annahme hat das Grundbuchamt zu beweisen. Bloße Vermutungen des Grundbuchamts in dieser Richtung genügen nicht. Das Grundbuchamt ist weder berechtigt noch verpflichtet, **Ermittlungen und Beweiserhebungen** anzustellen.[116] Ob bei Zweifeln an der Entgeltlichkeit das Grundbuchamt den Beteiligten durch Zwischenverfügung die Vorlage einer Schätzung aufgeben kann, bleibt deshalb fraglich. Nach h.M. kann das Grundbuchamt verlangen, dass der Testamentsvollstrecker die **Beweggründe** für die Verfügung substantiiert vorträgt und dass diese verständlich und der Wirklichkeit gerecht werden erscheinen, der Vortrag schlüssig wirkt. Eine privatschriftliche (nicht an § 29 GBO gebundene) Erklärung des Testamentsvollstreckers, die diesen Anforderungen entspricht, genügt.[117] Soweit nicht besondere Umstände vorliegen, ist den Erklärungen des Testamentsvollstreckers kein Misstrauen entgegen

---

110   OLG Karlsruhe Rpfleger 2005, 598; LG Ellwangen Rpfleger 2003, 147 m zust Anm *Böhringer.*

111   OLG Zweibrücken Rpfleger 2007, 194 = FG Prax 2007, 11 = NotBZ 2007, 34 mwN; *Böhringer* BWNotZ 2006, 118; BayObLG DNotZ 2003, 710. Strenger *Keim* ZEV 2007, 470.

112   BayObLG Rpfleger 1970, 22; BayObLG FamRZ 1989, 668 = MittBayNot 1989, 163 = NJW-RR 1989, 587 = Rpfleger 1989, 200 = BWNotZ 1989, 87.

113   *Demharter* § 52 Rn 24; *Bauer/von Oefele-Schaub* § 52 Rn 87; *Böhringer* Rpfleger 2005, 225, 228; *ders* BWNotZ 2003, 150; *ders* Rpfleger 1990, 337, 340.

114   KG JFG 7, 284; KG JFG 18, 161; KG Rpfleger 1968, 189; BayObLGZ 1969, 283 = Rpfleger 1970, 22; BayObLG FamRZ 1989, 668 = MittBayNot 1989, 163 = NJW-RR 1989, 587 = Rpfleger 1989, 200 = BWNotZ 1989, 87; OLG Karlsruhe Rpfleger 2005, 598.

115   *Schöner/Stöber* Rn 159; *Demharter* § 29 Rn 23; *ders* § 52 Rn 25; *Böhringer* Rpfleger 1990, 337, 340.

116   KG Rpfleger 1968, 224; OLG Frankfurt Rpfleger 1980, 107; OLG Braunschweig Rpfleger 1991, 204; *Keim* ZEV 2007, 470.

117   BayObLG FamRZ 1989, 668 = NJW-RR 1989, 587 = Rpfleger 1989, 200; BayObLGZ 1986, 208, 211 = FamRZ 1987, 104 = MittBayNot 1986, 266 = NJW-RR 1986, 1070 = Rpfleger 1986, 470; KG DNotZ 1968, 669 = Rpfleger 1968, 189; KG DNotZ 1954, 470; *Bauer/von Oefele-Schaub* § 52 Rn 85; KEHE-*Eickmann* § 52 Rn 16; *Keim* ZEV 2007, 470.

zu bringen; das Grundbuchamt muss allerdings in der Lage sein, die Entgeltlichkeit nach allgemeiner Erfahrung zu beurteilen.[118]

Keinesfalls ausreichend ist die bloße **Behauptung der Entgeltlichkeit** durch den Testamentsvollstrecker.[119] Das Grundbuchamt kann und muss daher eintragen, falls ihm nicht Anhaltspunkte für eine unentgeltliche Verfügung des Testamentsvollstreckers bekannt sind, und zwar aus der Urkunde und aus allgemeinen Erwägungen heraus.[120] Das Grundbuchamt darf die Eintragung nur dann nicht vornehmen, wenn es positive Kenntnis davon hat, dass das Grundbuch unrichtig werde.[121] Die bei dieser Prüfung oft zu **beobachtende Ängstlichkeit** der Grundbuchführer ist nicht am Platz. Der Gesetzgeber will die Verschleuderung von Nachlasswerten verhindern, aber er will nicht, dass der Rechtsverkehr durch unangebrachte Bedenken gehemmt wird.[122] Das Grundbuchamt darf keine zu hohen Hürden aufstellen, denn sonst ist der Testamentsvollstrecker nicht handlungsfähig. Zu Recht weist *Keim*[123] darauf hin, dass die Vermutung zu gelten habe, dass der Preis beim Verkauf nach Marktgesetzen zustande gekommen ist und der Testamentsvollstrecker an Dritte nichts unnötig verschleudert.   **63**

Nur wenn auf Grund konkreter Anhaltspunkte in solchen Fällen **berechtigte Zweifel** an der Verfügungsbefugnis bestehen, kann das Grundbuchamt Zwischenverfügung erlassen. Auch das Grundbuchamt hat von dem Grundsatz auszugehen, dass der Testamentsvollstrecker prinzipiell verfügungsbefugt ist; Abweichendes hat derjenige (auch das Grundbuchamt) zu beweisen, der sich hierauf beruft. Tätigt der Testamentsvollstrecker allerdings Rechtsgeschäfte mit einem dem Testamentsvollstrecker oder Erben nahe stehenden Dritten, gelten diese Erfahrungssätze nicht uneingeschränkt. Andererseits genügen bloße, nicht durch Tatsachenvortrag untermauerte **Behauptungen** des Testamentsvollstreckers, die Verfügung sei entgeltlich, nicht.[124]   **64**

Vom Grundbuchamt nicht zu prüfen ist, ob der Testamentsvollstrecker im Innenverhältnis zum Kreditgeber des Käufers seiner Pflicht zur ordnungsgemäßen Verwaltung gemäß § 2216 Abs 1 BGB nachgekommen ist. Zu dieser Pflicht gehört, durch Vereinbarung mit dem Kreditgeber sicherzustellen, dass die zur Kaufpreisfinanzierung bestellten Grundpfandrechte nur zu diesem Zweck valutiert werden können.[125] Der Testamentsvollstrecker hat dem Grundbuchamt substantiiert darzutun und nachzuweisen, dass die Auszahlungsansprüche aus dem dem Grundpfandrecht zu Grunde liegenden Kreditverhältnis dem Nachlass zustehen und dass Kredite an den Nachlass tatsächlich ausgereicht werden.[126] Unwirksam ist aber die Grundpfandrechtsbestellung, wenn der Testamentvollstrecker und nicht der Nachlass die Valuta erhält.   **65**

Wie der Testamentsvollstrecker eine in die Erbschaftsmasse gelangte Gegenleistung verwendet, ist für die Prüfung der Entgeltlichkeit der Verfügung nicht bedeutend.[127] Das Grundbuchamt darf in der Regel keine weiteren Erklärungen des Testamentsvollstreckers über den Verbleib der Gegenleistung fordern, es sei denn, nach dem Vertrag soll sie ausdrücklich einem Dritten oder einem einzelnen Miterben direkt zufließen;[128] bei einer vertraglich geregelten Schuldablösung erlangt der Nachlass allerdings eine Gegenleistung durch Befreiung von den Verbindlichkeiten gegenüber dem abgelösten Gläubiger, so dass das Grundbuchamt nichts beanstanden kann.

Ein Testamentsvollstrecker, der vorleistet – zB die Auflassung erklärt, ohne dass die Kaufpreiszahlung erfolgt ist – kann jedoch im Einzelfall seine Pflicht zur ordnungsgemäßen Verwaltung des Nachlasses gemäß § 2216 Abs 1 BGB verletzen und damit gemäß § 2219 BGB schadensersatzpflichtig werden. Dies hat jedoch das Grundbuchamt nicht zu prüfen.   **66**

Stellt das Grundbuchamt nachträglich fest, dass es die erforderliche Prüfung der Entgeltlichkeit versäumt hat, so hat es von Amts wegen die nötigen Feststellungen nachzuholen, ob eine unentgeltliche Verfügung vorliegt. Überwiegt die Wahrscheinlichkeit der Unrichtigkeit des Grundbuchs, darf das Grundbuchamt einen Amtswi-

---

118 *Zahn* MittRhNotK 2000, 89, 107; *Keim* ZEV 2007, 470.
119 BayObLGZ 1986, 208 = NJW-RR 1986, 1070 = Rpfleger 1986, 470; *Leesmeister* RpflStud. 2000, 41.
120 BGHZ 57, 84, 95 = NJW 1971, 2267.
121 BayObLG NJW 1956, 992; OLG Hamm DNotZ 1955, 76.
122 Ebenso *Demharter* § 52 Rn 24; *Bauer/von Oefele-Schaub* § 52 Rn 87; *Böhringer* Rpfleger 2005, 225, 228; *ders* Rpfleger 1990, 337, 340; *Keim* ZEV 2007, 470.
123 ZEV 2007, 470 mit dem Zitat »Gekauft ist nicht geschenkt« (Quelle: *Schmidt-Wiegand*, Deutsche Rechtsregeln und Rechtssprichwörter, 1996, S 191).
124 BayObLGZ 1986, 210 = FamRZ 1997, 104 = Rpfleger 1986, 470 = MittBayNot 1986, 266.
125 Wegen der Möglichkeiten hierzu wird auf *Kraiss/Bolz*, Notarielle Urkunden im Grundstücksrecht, 2. Auflage, S 20 verwiesen. S hierzu auch *Ertl* MittBayNot 1989, 53 mwN.
126 Gutachten DNotI-Report 2002, 151; *Haegele* Die Justiz 1953, 139.
127 KG HRR 1938 Nr 519 = DNotZ 1938, 310 = JW 1938, 949; OLG München JFG 19, 245; LG Aachen Rpfleger 1984, 98.
128 BGHZ 7, 274 = NJW 1953, 219 (zur gleichen Situation bei Verfügungen des Vorerben); *Keim* ZEV 2007, 470.

derspruch nach § 53 eintragen. Bloße Vermutungen und gedachte Möglichkeiten reichen nicht aus, auch nicht ein non liquet.[129]

Wird eine Verfügung trotz fehlenden entgeltlichen Rechtsgrundes im Grundbuch vollzogen, so kommt es zu keinem gutgläubigen Erwerb, weil § 2205 BGB nicht die Befugnis zu unentgeltlichen Verfügungen schützt.[130]

V. Löschung des Testamentsvollstreckervermerks

1. Voraussetzungen

67 Die Löschung des Testamentsvollstreckervermerks kann nur auf **Unrichtigkeitsnachweis** erfolgen; eine abstrakte Berichtigungsbewilligung des Testamentsvollstreckers genügt nicht,[131] auch nicht mit Zustimmung der Erben. Gibt der Testamentsvollstrecker allerdings ein Grundstück aus seiner Verwaltung frei, so genügt seine Freigabeerklärung.[132] Beantragt und bewilligt der Testamentsvollstrecker die Löschung einer zugunsten des Erblassers (Berechtigten) eingetragenen Rückauflassungsvormerkung, ohne dass eine Gegenleistung gegenübersteht, hat er dem Grundbuchamt nachzuweisen, dass der Erbe der Löschung zustimmt oder dass das Grundbuch aufgrund des Todes des Berechtigten unrichtig geworden ist.[133] Erben und Testamentsvollstrecker können die Beendigung der Testamentsvollstreckung nicht vereinbaren.[134] Durch Übertragung aller Erbteile auf eine Person kann eine Testamentsvollstreckung erlöschen, zB wenn nur eine Auseinandersetzungsvollstreckung angeordnet war.[135]

Die Löschung des Testamentsvollstreckervermerks erfolgt **auf Antrag**, den der Erbe (jeder Miterbe allein) oder der Testamentsvollstrecker stellen kann; doch ist auch eine Löschung von Amts wegen **gemäß § 84 möglich**.[136]

2. Unrichtigkeitsgründe:

68 Der Nachweis der Unrichtigkeit kann durch **Urkunden, die der Form des § 29 entsprechen**, geführt werden.[137] Die Unrichtigkeit kann auf folgendem beruhen:

69 **a) Ausscheiden des Grundstücks oder Rechts aus dem Nachlass.** Eine wirksame, durch den Testamentsvollstrecker erklärte **Auflassung**, durch die das Grundstück aus dem Nachlass ausscheidet. Entsprechendes gilt für ein Recht an einem Grundstück (zB wirksame Abtretung bzw. Aufhebung). Veräußert der Testamentsvollstrecker in Erfüllung eines Vermächtnisses ein Nachlassgrundstück, so endet die Testamentsvollstreckung mit dem Eigentumswechsel, auch wenn Nachvermächtnisse angeordnet sind.[138] Auch die wirksame Veräußerung eines Grundstücks durch einen **postmortalen Bevollmächtigten** bringt die Testamentsvollstreckung an diesem Grundstück zum Erlöschen.

70 Setzen Testamentsvollstrecker und Erben gemeinsam den Nachlass bei Grundstücken derart (teilweise) **auseinander**, dass sie das Gesamthandseigentum der Erbengemeinschaft in Bruchteilseigentum der Erben umwandeln, so ist der Testamentsvollstreckervermerk im Grundbuch zu löschen, auch wenn die Voraussetzungen des § 2217 BGB nicht erfüllt sind.[139] Dies gilt allerdings nur dann, wenn keine Dauervollstreckung angeordnet ist. Erfüllt der Testamentsvollstrecker eine ausdrückliche Anordnung des Erblassers, so liegt keine unentgeltliche Verfügung vor, wobei es unerheblich ist, ob der Gegenstand dem Empfänger als Erbe im Wege einer Teilungsanordnung oder als Vorausvermächtnis oder aber als bloßer Vermächtnisnehmer zukommt, wenn nur aus dem (auch privatschriftlich möglichen) Testament hervorgeht, dass er den Gegenstand erhalten soll. Der Testamentsvollstrecker hat in der Urkunde die Umstände darzulegen, aus denen die Deckungsgleichheit der Verfügung über

---

129 Zum Meinungsstand OLG Frankfurt Rpfleger 1980, 228; OLG Düsseldorf Rpfleger 1976, 313; OLG Zweibrücken Rpfleger 1968, 88; *Keim* ZEV 2007, 470; *Zahn* MittRhNotK 2000, 89, 107.

130 OLG Hamm ZEV 2001, 275 (allerdings für bewegliche Sachen); *Hohloch* JuS 2001, 921; *Keim* ZEV 2007, 470.

131 HM; so OLG Hamm Rpfleger 1958, 15; LG Köln MittRhNotK 1986, 50; AG Starnberg Rpfleger 1985, 57; *Schöner/Stöber* Rn 3473; *Demharter* § 52 Rn 27; *Winkler* Rn 283; MüKo-*Zimmermann* § 2205 Rn 97; *Palandt/Edenhofer*, Einführung vor § 2197 BGB Rn 6; *Weidlich* MittBayNot 2007, 513; *Schelter* DNotZ 1992, 683; Gutachten DNotI-Report 2001, 21; **aA**: KEHE-*Eickmann* § 52 Rn 17.

132 *Weidlich* MittBayNot 2007, 513.

133 BayObLG BayObLGR 1995, 33 = DNotZ 1996, 20 = FamRZ 1996, 111 = Rpfleger 1995, 452 = DNotI-Report 1995, 90 und 102.

134 OLG Hamm Rpfleger 1958, 15 m Anm *Haegele* = BWNotZ 1958, 82 (nur Leitsatz).

135 Einzelheiten *Weidlich* MittBayNot 2007, 513; OLG Frankfurt MittBayNot 2007, 511.

136 *Schöner/Stöber* Rn 3475.

137 OLG München DNotI-Report 2005, 158 = Rpfleger 2005, 661.

138 LG Aachen MittRhNotK 1987, 26 = Rpfleger 1986, 306.

139 BGHZ 56, 275 = DNotZ 1972, 86 = NJW 1971, 1805 = Rpfleger 1971, 349 m Anm *Haegele*.

den Nachlassgegenstand mit der Testamentsanordnung hervorgeht.[140] Wirkt der Testamentsvollstrecker darin mit, ein zum Nachlass gehörendes Grundstück in Vollzug einer **Teilungsanordnung** auf einen Miterben zu übertragen, so ist der eingetragene Testamentvollstreckervermerk nach OLG Hamm[141] gleichwohl dann nicht zu löschen, wenn durch letztwillige Verfügung gem. § 2209 BGB die Fortdauer der Testamentsvollstreckung nach Erledigung der ihm sonst zugewiesenen Aufgaben an dem Erbteil dieses Miterben angeordnet ist.

Erklärt der Testamentsvollstrecker in Vollzug des Teilungsplanes die Auflassung eines Grundstückes an einen   **71**
Erben auf Rechnung seines Erbteiles – also nicht unentgeltlich –, so genügt es, wenn beide dies in der notariellen Urkunde feststellen und der Nachweis der Erbengemeinschaft in der Form des § 35 erfolgt. Einer Vorlage des Teilungsplanes bedarf es nicht, da es nicht Aufgabe des Grundbuchamtes ist, diesen auf seine Ausgewogenheit oder Billigkeit zu überprüfen.[142]

Auch ist die Anhörung der Erben zum Teilungsplan gemäß § 2204 Abs 2 BGB weder zu versichern, geschweige denn nachzuweisen.[143]

b) Erklärung gemäß § 2217 Abs 1 BGB. Eine Erklärung gemäß § 2217 Abs 1 BGB, durch die der Testa-   **72**
mentsvollstrecker einen Gegenstand frei gibt und den Erben zur Verfügung überlässt. Die für das Grundbuchverfahren erforderliche Klarheit und Bestimmtheit einer Freigabeerklärung muss jedoch vorliegen.[144]

c) Beendigung der Testamentsvollstreckung. Diese kann eintreten: **73**
aa) Bei auflösend befristeter oder auflösend bedingter Anordnung durch **Ablauf der Frist oder Eintritt der Bedingung,** zB bei Erreichen eines bestimmten Lebensalters des Erben oder bei Beschränkung der Testamentsvollstreckung auf die Lebensdauer des Testamentsvollstreckers.[145]
bb) Bei **Dauervollstreckung** (§ 2209 BGB), wenn seit dem Erbfall 30 Jahre verstrichen sind und keiner der Ausnahmetatbestände des § 2210 BGB vorliegt.
cc) Durch Entstehen der **Amtsunfähigkeit** gemäß § 2225 BGB iVm § 2201 BGB. Die nachträgliche Amtsunfähigkeit entsteht durch Eintritt der Geschäftsunfähigkeit oder durch Bestellung eines Betreuers für die Vermögensangelegenheiten durch das Vormundschaftsgericht. Die Bestellung eines vorläufigen Betreuers genügt.[146] Die Betreuung muss sich nicht auf alle Vermögensangelegenheiten erstrecken.[147]
dd) Durch **Tod** gemäß § 2225 BGB.
ee) Durch **Kündigung** gemäß § 2226 BGB.
ff) Durch **Entlassung** gemäß § 2227 BGB. Das Amt endet mit der Bekanntgabe des Beschlusses des Nachlassgerichts durch Zustellung gemäß § 16 Abs 2 FGG. Die nach § 81 Abs 2 FGG zulässige sofortige Beschwerde hat keine aufschiebende Wirkung. Wird der Entlassungsbeschluss vom Beschwerdegericht aufgehoben, so bleiben Rechtsgeschäfte des Testamentsvollstreckers zwischen dem Entlassungsbeschluss des Nachlassgerichts und dem Aufhebungsbeschluss des Beschwerdegerichts wirksam analog § 32 FGG.[148] Das Beschwerdegericht kann gemäß § 24 Abs 3 FGG vorläufig anordnen, dass der Testamentsvollstrecker zunächst weiter amtieren kann.
gg) Durch **Erledigung sämtlicher** dem Testamentsvollstrecker zugewiesenen **Aufgaben.**[149] Nachweis durch Offenkundigkeit[150] oder (neuen) Erbschein ohne Testamentsvollstreckervermerk oder Freigabeerklärung des Testamentsvollstreckers.[151] Besteht die Aufgabe des Testamentsvollstreckers in einer Auseinandersetzungsvollstreckung, so führt die Vereinigung aller Erbteile in einer Hand zu einer Aufgabenerledigung und damit zur Beendigung der Testamentsvollstreckung. Ist die Testamentsvollstreckung an die Person eines Miterben, zB an die Minderjährigkeit eines Miterben gekoppelt, so kann eine Erbteilsveräußerung das Erlöschen der Testamentsvollstreckung bewirken.[152]

---

140 OLG Karlruhe NJW-RR 2005, 1097; *Keim* ZEV 2007, 470.
141 DNotI-Report 2002, 142 = MittBayNot 2002, 406 = RNotZ 2002, 579 = Rpfleger 2002, 618.
142 *Zahn* MittRhNotK 2000, 83 (111) **aA** *Kehrer/Bühler/Tröster* § 3 C Anm 91.
143 *Haegele,* Die Justiz 1955, 217.
144 Dazu OLG Frankfurt MittBayNot 2007, 511; OLG München MittBayNot 2006, 427.
145 LG Mönchengladbach MittRhNotK 1980, 10.
146 BayObLGZ 1995, 313 = DNotZ 1996, 102 = FamRZ 1995, 962 = MittBayNot 1994, 545 = NJW-RR 1995, 330 = Rpfleger 1995, 160 = ZEV 1995, 63 m Anm *Damrau.*
147 **AA** *Soergel-Damrau* § 2201 Rn 1, der nur einen Entlassungsgrund iS des § 2227 BGB annimmt.
148 *Soergel-Damrau* § 2227 BGB Rn 21; *Jansen* § 18 FGG Rn 31; BayObLGZ 1959, 131 = NJW 1959, 1920; KG RJA 16, 67.
149 OLG München, DNotI-Report 2005, 158 = Rpfleger 2005, 661; BayObLGZ 1953, 360; OLG Hamm Rpfleger 1958, 15 m Anm *Haegele;* Gutachten DNotI-Report 2001, 21.
150 OLG Hamm Rpfleger 1958, 15.
151 OLG München DNotI-Report 2005, 158 = Rpfleger 2005, 661; Gutachten DNotI-Report 2001, 21.
152 *Bengel/Reimann,* Handbuch der Testamentsvollstreckung, 3. Aufl., VII Rn 52a; *Weidlich* MittBayNot 2007, 513.

74 Voraussetzung für die Beendigung der Testamentsvollstreckung in den Fällen lit cc), dd), ee) und ff) und damit der Löschung des Vermerks ist jedoch, dass kein Ersuchen an das Nachlassgericht gemäß § 2200 BGB oder ein Ernennungsrecht eines Dritten gemäß § 2198 BGB bezüglich eines Nachfolgers vorliegt.[153] Auch darf kein Ersatztestamentsvollstrecker[154] benannt sein. Fällt nur einer von zwei Testamentsvollstreckern weg, so endet die Testamentsvollstreckung nicht, der andere Testamentsvollstrecker ist dann allein verfügungsberechtigt.[155]

75 Ein Zeugnis des Nachlassgerichts darüber, dass das Amt eines Testamentsvollstreckers fortdauert, ist nicht zulässig.[156]

76 Durch Vereinbarung zwischen dem Erben und dem Testamentsvollstrecker kann die Testamentsvollstreckung nicht beendet werden.[157]

Ist in dem Testamentsvollstreckerzeugnis eine Befristung der Testamentsvollstreckung angegeben, so kann nach Fristablauf damit der Beweis beim Grundbuchamt angetreten werden, dass jetzt der Vermerk gelöscht werden kann.[158]

Die zur Löschung des Testamentsvollstreckervermerks im Grundbuch erforderlichen Nachweise beschränken sich demnach nicht auf eine Freigabeerklärung des Testamentsvollstreckers oder die Vorlage eines mit einem Unwirksamkeitsvermerk versehenen Testamentsvollstreckerzeugnisses oder eines Erbscheins, in dem kein Testamentsvollstreckervermerk enthalten ist. Auch durch die Vorlage öffentlicher oder öffentlich beglaubigter Urkunden kann das Erlöschen der Testamentsvollstreckung nachgewiesen werden und zwar selbst dann, wenn ein gegenteiliger Erbschein oder ein gegenteiliges Testamentsvollstreckerzeugnis vorliegt.[159]

77 **d) Die Testamentsvollstreckung hat nie bestanden.** Wurde zB auf Grund eines unrichtigen Testamentsvollstreckerzeugnisses oder irriger Testamentsauslegung der Vermerk eingetragen, so bestand die Testamentsvollstreckung nie. Hier ist der Nachweis zur Löschung des Vermerks durch einen Erbschein ohne Testamentsvollstreckervermerk zu führen. Der Erbschein mit dem Testamentsvollstreckervermerk ist einzuziehen, nicht nur zu berichtigen; dies gilt auch dann, wenn die Testamentsvollstreckung zunächst bestand, aber später nach Erbscheinserteilung beendet wurde.[160]

---

153 RGZ 156, 76; *Weidlich* MittBayNot 2007, 513. Die Benennung des Nachfolgers erfolgt durch Erklärung gegenüber dem Nachlassgericht in öffentlich-beglaubigter Form und ist unwiderruflich (bestr, DNotI-Gutachten Fax-Abruf-Nr 12141); aA *Säcker* ZEV 2006, 288.

154 OLG München DNotI-Report 2005, 158 = Rpfleger 2005, 661; OLG Hamm JuS 2001, 921 (*Hohloch*) = ZEV 2001, 275; BayObLGZ 1994, 313 = DNotZ 1996, 102 = FamRZ 1995, 962 = NJW-RR 1995, 330 = Rpfleger 1995, 160 = ZEV 1995, 63.

155 KG DNotZ 1955, 597.

156 *Bestelmeyer* ZEV 1997, 316 (sowie ZEV 1997 Heft 9 Beihefter nach S 368) mit umfangreichen Nachweisen.

157 OLG Hamm Rpfleger 1958, 15; Gutachten DNotI-Report 2001, 21.

158 BayObLGZ 1990, 56 = Rpfleger 1990, 363.

159 Ebenso *Weidlich* MittBayNot 2006, 390; dazu auch OLG München MittBayNot 2006, 427.

160 OLG Hamm DNotZ 1984, 52.

§ 53 (Amtswiderspruch und Amtslöschung)

(1) Ergibt sich, daß das Grundbuchamt unter Verletzung gesetzlicher Vorschriften eine Eintragung vorgenommen hat, durch die das Grundbuch unrichtig geworden ist, so ist von Amts wegen ein Widerspruch einzutragen. Erweist sich eine Eintragung nach ihrem Inhalt als unzulässig, so ist sie von Amts wegen zu löschen.

(2) Bei einer Hypothek, einer Grundschuld oder einer Rentenschuld bedarf es zur Eintragung eines Widerspruchs der Vorlegung des Briefes nicht, wenn der Widerspruch den in § 41 Abs 1 Satz 2 bezeichneten Inhalt hat. Diese Vorschrift ist nicht anzuwenden, wenn der Grundschuld- oder Rentenschuldbrief auf den Inhaber ausgestellt ist.

Schrifttum

Abramenko, Die Umdeutung unwirksamer Eintragungen von Sondereigentum in Sondernutzungsrechte, Rpfleger 1998, 313; *Baldus/Stremnitzer*, Zur Vormerkungsfähigkeit künftiger Vermächtnisansprüche bei dauerhafter Testier- und Geschäftsunfähigkeit des Erblassers, DNotZ 2006, 598; *Behrens*, Zur Grundbuchfähigkeit der GbR, ZfIR 2008, 1; *Bestelmeyer*, Inhaltlich unzulässige Grundbucheintragungen bei nachträglichen Veränderungen des Grundbuchinhalts, Rpfleger 1997, 7; *ders*, Die Rechtsfolgen eines ohne gleichzeitige Verlautbarung der Erbfolge im Grundbuch eingetragenen Nacherben- oder Testamentsvollstreckervermerks, ZEV 1996, 80; *Bielicke*, Immobiliarrechtsfähigkeit der Gesellschaft bürgerlichen Rechts – »Widerstand ist zwecklos!« – Folgen für das Grundbuchverfahren, Rpfleger 2007, 441; *Biermann*, Widerspruch und Vormerkung, 1901; *Böhringer*, Beanstandung von AGB-Klauseln durch das Grundbuchamt, BWNotZ 1980, 129; *ders*, Die Auslegung von Grundbuch-Verfahrenserklärungen, Rpfleger 1988, 389; *ders*, Inhaltliche unzulässige Grundbucheintragungen und Umdeutung von Grundbucherklärungen, MittBayNot 1990, 12; *ders*, Zur Grundbuchfähigkeit der Wohnungseigentümergemeinschaft, Rpfleger 2006, 53; *L Böttcher/Blasche*, Die Grundbuchfähigkeit der GbR im Lichte der aktuellen Rechtsentwicklung, NZG 2007, 121; *R Böttcher*, Das Rangverhältnis im Grundbuchverfahren, BWNotZ 1988, 73; *ders*, Die Prüfungspflicht des Grundbuchgerichts, Rpfleger 1990, 486; *ders*, Unterschiedliche Rangverhältnisse innerhalb einer Reallast ?, RpflStud 2005, 24; *ders*, Grundbuchberichtigung beim Ausscheiden aus einer Erbengemeinschaft oder GbR, Rpfleger 2007, 437; *Brünger*, Eigentumswohnungen auf teilweise fremdem Grundstück, MittRhNotK 1987, 269; *Bub/Petersen*, Zur Teilrechtsfähigkeit der Wohnungseigentümergemeinschaft, NJW 2005, 2590; *Canaris*, Die Verdinglichung obligatorischer Rechte, FS Flume I (1978), 371; *Du Chesne*, Die Einheit des Widerspruchs aus § 54 GBO, JW 1912, 276; *Demharter*, Wohnungseigentum und Überbau, Rpfleger 1983, 133; *ders*, Guter Glaube an Gemeinschaftsordnungen, DNotZ 1991, 28; *ders*, Guter Glaube und Glaubhaftmachung, Rpfleger 1991, 41; *ders*, Ist die BGB-Gesellschaft jetzt grundbuchfähig?, Rpfleger 2001, 329; *ders*, Ein noch ungelöstes Problem: Die Grundbuchfähigkeit der BGB-Gesellschaft, NJW-Sonderheft (BayObLG) 2005, 18; *Derleder*, Die Rechtsfähigkeit von Wohnungseigentümergemeinschaften für externe Verpflichtungen und Rechte – Teil 2, ZWE 2002, 250; *Dümig*, Die rechtsfähige GbR als »mehrere« iSd § 47 GBO – ein tertium des Grundbuchrechts? ZfIR 2002, 796; *ders*, Grundbuchfähigkeit der Gesellschaft bürgerlichen Rechts infolge Anerkennung ihrer Rechts- und Parteifähigkeit, Rpfleger 2002, 53; *ders*, Fehler bei der Eintragung von Zwangshypotheken, Rpfleger 2004, 1 ff; *ders*, Spaltung einer Reallast in Stammrecht und Einzelleistungen, MittBayNot 2002, 153; *Eickmann*, Allgemeine Geschäftsbedingungen und Freiwillige Gerichtsbarkeit, Rpfleger 1978, 1; *ders*, Die Gewinnung der Entscheidungsgrundlagen im Grundbuchverfahren, Rpfleger 1979, 169; *ders*, Widerspruch und Grundbuchberichtigung bei Nichtigkeit nach §§ 1365, 1366 BGB, Rpfleger 1981, 213; *ders*, Besondere Verfahren der Grundbuchordnung, RpflStud 1984, 1; *ders*, Grundbuchfähigkeit der Gesellschaft bürgerlichen Rechts, ZfIR 2001, 433; *ders*, Der Rang der Reallast, NotBZ 2004, 262; *Ertl*, Muss das Grundbuchamt den gutgläubigen Erwerb aus der Konkursmasse verhindern? MittBayNot 1975, 204; *ders*, Rechtsgrundlagen der Vormerkung für künftige und bedingte Ansprüche, Rpfleger 1977, 345; *ders*, Prüfung des schuldrechtlichen Anspruchs vor Eintragung und Amtslöschung der Auflassungsvormerkung, Rpfleger 1979, 361; *ders*, Antrag, Bewilligung und Einigung im Grundstücks- und Grundbuchrecht, Rpfleger 1980, 41; *ders*, Gutgläubiger Erwerb von Sondernutzungsrechten, FS Hanns Seuss (1987) 151; *ders*, AGB-Kontrolle von Gemeinschaftsordnungen der Wohnungseigentümer durch das Grundbuchamt, DNotZ 1981, 149; *ders*, Dienstbarkeit oder Nießbrauch – was ist zulässig? MittBayNot 1988, 53; *ders*, dingliche und verdingliche Vereinbarungen über den Gebrauch des Wohnungseigentums, DNotZ 1988, 4; *Flik*, Gilt die Vermutung des § 891 BGB auch in den neuen Bundesländern? DtZ 1996, 74; *Filipp*, Inhalt und Umfang beschränkter persönlicher Dienstbarkeiten am Beispiel von Leitungsrechten, MittBayNot 2005, 185; *Foerste*, Grenzen der Durchsetzung von Verfügungsbeschränkung und Erwerbsverbot im Grundstücksrecht, 1986; *Frank*, Zur grundbuchmäßigen Behandlung von Stellplätzen in Doppelgaragen, MittBayNot 1994, 512; *Furtner*, Gutgläubiger Erwerb einer Vormerkung? NJW 1963, 1484; *Gleichmann*, Sondereigentumsfähigkeit von Doppelstockgaragen, Rpfleger 1988, 10; *Grebe*, Rechtsgeschäftliche Änderungsvorbehalte im Wohnungseigentumsrecht, DNotZ 1987, 8; *Habermeier*, Die Zwangshypotheken der Zivilprozessordnung, 1989; *Hager*, Die Vormerkung, JuS 1990, 428; *ders*, Verkehrsschutz durch redlichen Erwerb (1990); *Heil*, Das Grundeigentum der Gesellschaft bürgerlichen Rechts – res extra commercium?, NJW 2002, 53; *ders*, Zum Belastungsgegenstand von Nutzungs-Dienstbarkeiten, insbesondere Wohnungsrechten, RNotZ 2003, 445; *Heinsheimer*, Zwei Beträge zur Lehre vom Widerspruch, Gruchot 69 (1928), 421; *Hepting*, Der Gutglaubensschutz bei Vormerkungen für künftige Ansprüche, NJW 1987, 865; *Herold*, Wie wirken im Grundbuchrecht die Verfügungsbeschränkungen zugunsten bestimmter Personen? SächsArch 1 (1906), 481; *Heßeler/Kleinhenz*, Der weite Weg zur Grundbuchfähigkeit der GbR, NZG 2007, 250; *Hieber*, § 140 BGB und das Grundbuch, DNotZ 1954, 303; *Hildesheim*, Die vorhergenommene Erbfolge im Anwendungsbereich des § 892 BGB, Rpfleger 1997, 12; *Höckelmann/Sauren*, Die Sondereigentumsfähigkeit nicht überdachter Garagenplätze eines Gebäudes, Rpfleger 1999, 14; *Holderbaum*, Zulässigkeit und Wirkungen ranggleicher Auflassungsvormerkungen, JZ 1965, 712; *Holzer*, Klarstellungsvermerk im Grundbuchverfahren – Die Richtigstellung unklar gefasster Eintragungen durch das Grundbuchamt, ZfIR 2005, 165; *ders*, Die Richtigstellung des Grundbuchs (2005); *Hügel*, Die Teilrechtsfähigkeit der Wohnungseigentümergemeinschaft und ihre Folgen für die notarielle Praxis, DNotZ 2005, 753; *Hügel*, Das unvollendete oder substanzlose Sondereigentum, ZMR 2004,

549; *Hurst*, »Mit-Sondereigentum« und »abgesondertes Miteigentum«, noch ungeklärte Probleme des Wohnungseigentumsgesetzes? Versuch einer systematischen Einordnung, DNotZ 1968, 131; *Imberg*, Die Tätigkeit des Grundbuchamtes von Amts wegen, MittRhNotK 1968, 398; *Jaschke*, Gesamthand und Grundbuchrecht, 1991; *Joost*, Sachenrechtliche Zulässigkeit wettbewerbsbeschränkender Dienstbarkeiten, NJW 1981, 308; *Jungwirth*, Der vereinbarte Rang von Grundstücksrechten, 1990; *Kanzleiter*, Aufgabe des Miteigentumsanteils an einem Grundstück durch Verzicht nach § 928 BGB? NJW 1996, 905; *Keller*, Amtswiderspruch nach § 53 Abs 1 S 1 GBO, RpflStud 1992, 161; *ders*, Muss das Grundbuchamt die Wirksamkeit einer Verfügung gegen die Eigentumsvormerkung beachten? – grundbuchrechtliche Überlegungen zum Wirksamkeitsvermerk, BWNotZ 1998, 25; *Kempf*, Zur Rechtsnatur der Vormerkung, JuS 1961, 22; *Kesseler*, Risiken der Rangbescheinigung wegen des nur eingeschränkten Vertrauens auf den Inhalt des Grundbuchs – ein von der Rechtsprechung kreiertes Problem?, ZNotP 2004, 338; *Klingenstein*, Amtswiderspruch gem § 53 GBO bei unübertragbaren Rechten? BWNotZ 1959, 46; *Knöfel*, Rechtszuordnung und Publizität – Teilnahme der Gesellschaft bürgerlichen Rechts am Grundstückverkehr, AcP 2005, 645; *Knöpfle*, Die Vormerkung, JuS 1981, 157; *Köther*, Der Umfang der Prüfungspflicht im Grundbuchrecht, insbesondere zur Pflicht, das Grundbuch richtig zu halten und zur Mitwirkung des Grundbuchamts beim gutgläubigen Erwerb vom Nichtberechtigten, Diss Würzburg 1982; *Krauel*, Die Anwendung der Vorschriften des Bürgerlichen Gesetzbuchs über den Eigentumserwerb vom Nichtberechtigten beim Miteigentum (1907); *Kremer*, Die Gesellschaft bürgerlichen Rechts im Grundbuchverkehr, RNotZ 2004, 239; *Kretzschmar*, Kann die sich aus den Grundakten ergebende Unrichtigkeit des Grundbuchs ein Eintragungshinderis bilden? Gruchot Beitr 49 (1905), 1; *Kupisch*, Auflassungsvormerkung und guter Glaube, JZ 1977, 486; *Langenfeld*, Die Gesellschaft bürgerlichen Rechts nach Maßgabe der geänderten Rechtsprechung des BGH, BWNotZ 2003, 1; *Lautner*, Rechtsfähigkeit ohne Grundbuchfähigkeit? Das Dilemma der Außengesellschaft bürgerlichen Rechts im Grundstücksrecht, MittBayNot 2005, 93; *Lenenbach*, Guter Glaube des Grundbuchamtes als ungeschriebene Voraussetzung des Gutglaubenserwerbs? NJW 1999, 923; *Lichtenberger*, Vormerkung zur Sicherung künftiger oder bedingter Ansprüche, NJW 1977, 1755; *Lickleder*, Die Eintragung eines Rechtshängigkeitsvermerks im Grundbuch, ZZP 114 (2001), 195; *Lindemeier*, Die Belastung des Gesamthandanteils im Grundbuch des zum Gesamthandsvermögen gehörenden Grundstücks, DNotZ 1999, 876; *Ludwig*, Grenzüberbau bei Wohnungs- und Teileigentum, DNotZ 1983, 411; *ders*, Die Auflassungsvormerkung und der noch zu benennende Dritte, NJW 1983, 2792; *ders*, Die Auflassungsvormerkung und der noch zu benennende Dritte, Rpfleger 1986, 345; *ders*, Die gutgläubig erworbene Vormerkung und der anschließende Erwerb des vorgemerkten Rechts, DNotZ 1987, 403; *Lüdtke-Handjery*, Ranggleiche Auflassungsvormerkungen, Betrieb 1974, 517; *Lüke*, Auflassungsvormerkung und Heilung des formnichtigen Kaufvertrages, JuS 1971, 341; *Lutter*, Die Grenzen des so genannten Gutglaubenschutzes im Grundbuch AcP 164 (1964), 122; *Mai*, Die Veräußerung der streitbefangenen Sache und die Eintragung eines Rechtshängigkeitsvermerks im Grundbuch, BWNotZ 2003, 108; *Maier*, Die Richtigstellung versehentlich fehlerhafter Grundbucheinträge, WürttNotV 1951, 85; *Mauch*, Gutgläubiger Erwerb akzessorischer Sicherungsrechte, BWNotZ 1994, 139; *Mayer*, Nochmals: Gutgläubiger Erwerb der Vormerkung NJW 1963, 2263; *Medicus*, Vormerkung, Widerspruch und Beschwerde, AcP 1963 (1964), 1; *Meinerzhagen*, Vormerkung zur Sicherung eines postmortal bedingten Anspruchs, Rpfleger 1998, 51; *Merle*, Die Sondereigentumsfähigkeit von Garagenstellplätzen auf dem nicht überdachten Oberdeck eines Gebäudes, Rpfleger 1977, 196; *Michalski*, Die Funktion des Grundbuchs im System öffentlicher Beschränkungen, MittBayNot 1988, 204; *Milzer*, Parkplätze, Freizeitwohnanlagen und Senioren-WG – Traditionelle und weniger traditionelle Anwendungsfelder des § 1010 BGB, ZNotP 2006, 290; *Nagel*, Grundeigentum und Grundbucheintragung der GbR?, NJW 2003, 1646; *Naendrup*, Gläubigerkonkurrenz bei fehlerhaften Zwangsvollstreckungsakten, ZZP 85 (1972), 311; *Neef*, Zur Eintragungsfähigkeit sicherungsvertraglicher Einreden bei der Grundschuld (2004); *Noack*, Sondereigentumsfähigkeit von Doppelstockgaragen, Rpfleger 1976, 5; *Preuß*, Die Vormerkungsfähigkeit von Übertragungsansprüchen auf den Todesfall, DNotZ 1998, 602; *Ott*, Das Sondernutzungsrecht im Wohnungseigentum (2000); *ders*, Zur Grundbuchfähigkeit der GbR und des nicht eingetragenen Vereins, NJW 2003, 1223; *Quack*, Beschränkte persönliche Dienstbarkeiten zur Sicherung planungsrechtlicher Zweckbindungen, Rpfleger 1979, 281; *Rahn*, Widerspruch gegen Vormerkung, BWNotZ 1957, 117; *ders*, Hat § 892 Abs 2 BGB Bedeutung für das Grundbuchverfahren? Justiz 1966, 258; *ders*, Gutglaubensschutz und Rechtsnatur der Vormerkung, BWNotZ 1970, 25; *Raiser*, Rechtsfähigkeit der Wohnungseigentümergemeinschaft? ZWE 2001, 173; *Rastätter*, Raumeigentum und Grenzüberbau, BWNotZ 1986, 79; *Reeb*, Die Tatbestände der sogenannten Nichtvekehrsgeschäfte; *Reinicke*, Der Schutz des guten Glaubens bei Erwerb der Vormerkung, NJW 1964, 2373; *Riedel*, Prüfungsrecht und Prüfungspflicht des Grundbuchbeamten, BlGBW 1966, 221; *ders*, Zur Anwendung der §§ 133, 157, 242 BGB im Grundbuchverfahren, Rpfleger 1966, 356; *Riedl*, Prüfungsrecht und Prüfungspflicht im Grundbuchwesen, Diss Köln 1962; *Rimmelspacher*, Vormerkung zur Sicherung des Anspruchs auf Abtretung einer vorläufigen Eigentümergrundschuld, JuS 1971, 14; *Ripfel*, Zur Frage des Prüfungsrechts des Grundbuchamts nach § 139 BGB, Rpfleger 1963, 140; *Ritzinger*, Das formelle Konsensprinzip als Schranke des Prüfungsrechts und der Prüfungspflicht des Grundbuchamts, BWNotZ 1981, 6; *Röll*, Dienstbarkeiten und Sondernutzungsrechte nach § 15 Abs 1 WEG, Rpfleger 1978, 352; *ders*, Das AGB-Gesetz und die Aufteilung in Wohnungseigentum, DNotZ 1978, 720; *ders*, Wohnungseigentum und Grenzüberbau, MittBayNot 1982, 172; *ders*, Grenzüberbau, Grunddienstbarkeiten und Wohnungseigentum, MittBayNot 1983, 5; *ders*, Gutgläubiger Erwerb von Wohnungseigentum, FS Hanns Seuss (1987), 233; *ders*, Das Eingangsflurproblem und der gutgläubige Erwerb von Wohnungseigentum, MittBayNot 1988, 22; *ders*, Garagenstellplätze und Gebäudeeigenschaft, DNotZ 1992, 221; *Rühl*, Materiell-rechtliche Prüfungspflichten im Eintragungsverfahren, 1990; *Ruhwinkel*, Erwerb von Grundstückseigentum durch Gesellschaften bürgerlichen Rechts oder: partes pro toto, MittBayNot 2007, 92; *Sauren*, Begründung von Sondereigentum an Einstellplätzen in Doppelgaragen? MittRhNotK 1982, 213; *ders*, Mitsondereigentum – eine Bilanz, DNotZ 1988, 667; *Schalhorn*, Muss eine unvollständige Eintragung im Grundbuch als unzulässig gelöscht werden oder ist sie entsprechend dem gestellten Antrag und der vorgelegten Bewilligung nachträglich zu vervollständigen? JurBüro 1973, 1028; *Schippel-Brambring*, AGB-Gesetz und notariell beurkundete Formularverträge, DNotZ 1977, 131; *Schlenker*, Die Bedeutung des AGBGB im Grundbuch-Antragsverfahren, Diss Tübingen 1982; *Schmenger*, Begründung, Änderung, Übertragung und Erlöschen von Sondernutzungsrechten, BWNotZ 2003, 73; *ders*, Hindernisse beim Entstehen von Sondereigentum, ZNotP 2005, 283; *Schmid*, Allgemeine Geschäftsbedingungen und Inhaltskontrolle im Grundbuchverfahren, BB 1979, 1639; *ders*, Inhaltskontrolle von AGB durch das Grundbuchgericht, Rpfleger 1987, 133; *Schmidt*, Inhaltskontrolle und Grundbuchverfahrensrecht, MittBayNot 1978, 89 = MittRhNotK 1978, 89; *ders*, Teilungserklärung als AGB? BauR 1979, 187; *ders*, Gegenstand und Inhalt des Sondereigentums, MittBayNot 1985, 237; *Schmidt,* Überprüfung Allgemeiner Geschäftsbedingungen durch das Grundbuchamt, MittBay-Not 1982, 57; *Schmitz,* Wegweiser durch das Grundbuchverfahren, JUS 1994, 962; *Schnauder,* Die Relativität der Sondernutzungsrechte, FS Bärmann und Weitnauer (1990), 567; *W. Schneider,* Sondernutzungsrechte im Grundbuch, Rpfleger 1998, 9, 53; *ders,* Zur Grundbucheintragung von Regelungen der Wohnungseigentümer, ZfIR 2002, 108; *Schönfeld,* Verfügungsbeschränkungen und öffentlicher Glaube des Grundbuchs, JZ 1959, 140; *Stadler,* Der Rang im Immobiliarsachenrecht − ein immer noch ungelöstes Problem? ACP 189 (1989), 425; *Stemmler,* Die Rückwirkung der Löschung des Widerspruchs, Diss Leipzig 1929; *Stoltenberg,* Rechtsfähigkeit nicht rechtsfähiger Vereine, MDR 1989, 494; *Stöber,* Grundbuchfähigkeit der BGB-Gesellschaft − Rechtslage nach der neuen BGH-Entscheidung, MDR 2001, 544; *Streuer,* Rangdarstellung durch Rangvermerke, Rpfleger 1985, 388; *Strumpp,* Auflassungsvormerkung zur Sicherung des Anspruchs auf Übertragung einer der Lage nach zu bestimmenden Teilfläche, Rpfleger 1973, 389; *Taupitz,* Rechtsprobleme der teilweisen Unrichtigkeit des Grundbuches, WM 1983, 1150; *Tiedtke,* Gutgläubiger Erwerb im bürgerlichen Recht, im Handels- und Wertpapierrecht sowie in der Zwangsvollstreckung, 1985; *Tröster,* Die grundbuchliche Behandlung des Ersuchens nach § 19 ZVG bei Vorliegen unerledigter Eintragungsanträge, Rpfleger 1985, 337; *Trupp,* Die Rechtsnatur der Vormerkung in veränderter Sichtweise, JR 1990, 184; *Ulbrich,* Rechtsprobleme des Rangrücktritts und des Rangvorbehalts in der notariellen Praxis, MittRhNotk 1995, 289; *Ulmer,* AGBG und einseitig gesetzte Gemeinschaftsordnungen von Wohnungseigentümern, FS Weitnauer (1980), 205; *Vassel,* Das Grundbucheintragungsverfahren und die materielle Richtigkeit des Grundbuches, Diss Marburg 1970; *Vierling/Mehler/Gotthold,* Die kostenlose Alternative zum Wirksamkeitsvermerk: Der bedingte Rangvorbehalt, MittBayNot 2002, 375; *Vogt,* Die Eintragung der Gesellschaft bürgerlichen Rechts unter ihrem Namen im Grundbuch, Rpfleger 2003, 491; *Gerhard Wagner,* Grundbuchfähigkeit der Gesellschaft bürgerlichen Rechts, ZIP 2005, 637; *Klaus Wagner,* Zur Grundbuchfähigkeit der Außen-GbR, ZNotP 2006, 408; *Walter,* Liegenschaftsrechte außerhalb des Grundbuchs? JA 1981, 322; *Walter-Maier,* Die Sicherung von Bezugs- und Abnahmeverpflichtungen durch Dienstbarkeiten, NJW 1988, 377; *Weimar,* Die Umdeutung unzulässiger Eintragungen im Grundbuch, WM 1966, 1098; *Weitnauer,* Die Tiefgarage auf dem Nachbargrundstück, ZfBR 1982, 97; *ders,* Verdingliche Schuldverhältnisse, FS Larenz (1983), 705; *Wenzel,* Öffnungsklauseln und Grundbuchpublizität im Wohnungseigentumsrecht, ZNotP 2004, 170; *Wertenbruch,* Die Parteifähigkeit der GbR – die Änderungen für die Gerichts- und Vollstreckungspraxis, NJW 2002, 324; *H. P. Westermann,* Verdeckte Nachverpfändung von Grundstücken, zugleich ein Beitrag zur Konversion im Grundstücksrecht, NJW 1970, 1023; *Wiegand,* Der öffentliche Glaube des Grundbuchs, JuS 1975, 205; *Wilsch,* Teilrechtsfähigkeit der Wohnungseigentümergemeinschaft und Grundbuchverfahren, RNotZ 2005, 536; *Wittkowski,* Die Lehre vom Verkehrsgeschäfte, 1990; *Woerle,* Zulässigkeit der Grundbuchberichtigung von Amts wegen, JW 1934, 3172; *Wulf,* Zur Auslegung von Grundbucherklärungen, MittRhNotK 1996, 41; *Wunner,* Gutglaubensschutz und Rechtsnatur der Vormerkung, NJW 1969, 130; *Zörban,* Möglichkeiten des gutgläubigen Erwerbs einer Vormerkung, Diss Mainz 1996; *Zeitler,* Rangrücktritt hinter ein Recht mit Rangvorbehalt, Rpfleger 1974, 176; *Zimmer,* Erwiderung zum Aufsatz von Baldus/Stremnitzer DNotZ 2006, 598 ff., DNotZ 2006, 724; *Zimmermann,* Können dingliche Vorkaufsrechte im Gleichrang bestellt werden? Rpfleger 1980, 326; *ders,* Belastung von Wohnungseigentum mit Dienstbarkeiten, Rpfleger 1981, 333.

Übersicht

I. Normzweck

§ 53 befasst sich mit zwei unterschiedlichen Fallgruppen fehlerhafter Eintragungen: 1

Hat das Grundbuchamt vorschriftswidrig eine Eintragung vorgenommen, durch die das Grundbuch **unrichtig**   2
geworden ist – weil es eine in Wirklichkeit nicht bestehende Rechtslage verlautbart –, so hat eine solche Eintragung zwar für sich genommen keine materiellen Rechtswirkungen. Es besteht aber die Gefahr, dass die Eintragung im Hinblick auf den öffentlichen Glauben des Grundbuchs einem Gutgläubigen gegenüber Wirksamkeit erlangt (§§ 892, 893 BGB), außerdem drohen Rechtsverluste durch Ersitzung oder Verjährung (§§ 900, 901 BGB). Um dies und die daraus dem Staat drohenden Regressansprüche auszuschließen, sieht Abs 1 S 1 die Eintragung eines Amtswiderspruchs – mit den Wirkungen aus § 892 Abs 1 S 1, 900 Abs 1 S 2, 902 Abs 2 BGB – vor.[1]

Das Gesetz geht andererseits wegen des damit verbundenen Eingriffs in die Rechtstellung des (buchmäßig)   3
Berechtigten nicht so weit, dem Grundbuchamt die Beseitigung der unrichtigen Eintragung von Amts wegen zu gestatten; es ist ggf Sache der Beteiligten, unter den Voraussetzungen des § 22 ein Berichtigungsverfahren zu betreiben. Nach herkömmlicher Ansicht zu § 22 kommt allerdings eine Grundbuchberichtigung nicht in Betracht, wenn das Grundbuchamt bei der Eintragung die »ihm bekannte Rechtslage unrichtig beurteilt« hatte (§ 22 Rdn 8). Diese Praxis hat jedoch eigentlich nach Wortlaut, Regelungszusammenhang und Sinn (des § 22 wie auch des § 53) keine Grundlage.[2] Soweit teilweise der Standpunkt vertreten wird, eine Grundbuchberichtigung nach § 22 komme überhaupt nur für solche Eintragungen in Betracht, die der Möglichkeit des gutgläubigen Erwerbs unterliegen,[3] findet auch dies im Gesetz keine Stütze. Es gibt durchaus[4] auch »Unrichtigkeiten ohne die Möglichkeit eines gutgläubigen Erwerbs«.

Mit der 6. Aufl[5] bleibt zu erwägen, ob de lege ferenda Amtswidersprüche weitergehend auch gegen am öffentli-   4
chen Glauben des Grundbuchs nicht teilnehmende Eintragungen unter dem Gesichtspunkt zugelassen werden sollten, dass derartige Eintragungen wegen des ihnen im Rechtsverkehr entgegengebrachten Vertrauens erhebliche Gefahrenquellen für das Publikum darstellen können. Abzulehnen ist nach dem Gesetzeszweck eine analoge Anwendung des Abs 1 S 1 auf Fälle des Grundbuchvollzugs bei lediglich unsicherer Sach- und Rechtslage.[6]

Eine **ihrem Inhalt nach unzulässige Eintragung** ist rechtlich bedeutungslos, steht nicht unter dem Schutz   5
des öffentlichen Glaubens und kann nicht Grundlage weiterer Eintragungen sein.[7] Um aber einerseits Unkundige vor Täuschungen zu bewahren und andererseits das Grundbuch zu entlasten, ist die Kennzeichnung der Bedeutungslosigkeit solcher Eintragungen im öffentlichen Interesse angebracht; sie erfolgt nach Abs 1 S 2 im Wege der Löschung von Amts wegen.[8]

Entsprechend den mit Abs 1 verfolgten Zwecken regelt Abs 2 in Anlehnung an die in §§ 41, 42 aufgestellten   6
Grundsätze die **Briefvorlage** vor Eintragung eines Widerspruchs.

---

1 Denkschr z E II in: *Hahn-Mugdan* 169, 170; RGZ 88, 83, 55. BGHZ 25, 15, 25 = NJW 1957, 1229 = JZ 1957, 627 m Anm *Baur* = Rpfleger 1958, 310; BGH NJW 1985, 3070 = Rpfleger 1985, 189; BayObLG Rpfleger 1980, 194, 295; 1981, 397, 398; BayObLGZ 1987, 231, 233.

2 Zweifelnd OLG Celle Rpfleger 1990, 112, 113; wie hier: *Dümig* ZflR 2005, 240, 242; KEHE-*Dümig* § 20 Rn 22.

3 OLG FfM ZflR 2005, 254, 255; *Bauer/v. Oefele-Kohler* § 22 Rn 1; **aA** KG FGPrax 1997, 212 = NJW-RR 1998, 447; KEHE-*Dümig* § 22 Rn 20; *Dümig* ZflR 2005, 240, 242.

4 **Entg** *Hügel/Holzer* Rn 25.

5 Bem 6 im Anschluss an *Hesse-Saage-Fischer* § 53 Anm II 1 aE; OLG Hamm Rpfleger 1957, 117, 120.

6 OLG Dresden VIZ 2000, 430 = NJW-RR 2000, 1113 (Ls).

7 BGH NJW 1995, 2851, 2854; BayObLG Rpfleger 1986, 372; BayObLGZ 1987, 390, 393; BayObLGZ 1995, 399, 403 = Rpfleger 1996, 240; KG JFG 14, 102, 113.

8 Mot z E I in: Entwurf einer Grundbuchordnung und Entwurf eines Gesetzes betreffend die Zwangsvollstreckung in das unbewegliche Vermögen, 94; Denkschr (Fn 1), 170; RGZ 88, 21, 27; 88, 83, 86.

II. Gemeinsames für beide Tatbestände

1. Vorliegen einer Eintragung

7   **a) Begriff.** Gemeint ist ein vollendeter und nach öffentlich-rechtlichen Grundsätzen (formell) **wirksamer Eintragungsakt,** der den »Inhalt« des Grundbuchs (Rdn 11 ff) betrifft. Auch eine Löschung ist eine Eintragung, und demnach gehört auch die Löschungsfiktion bei unterlassener Mitübertragung eines Rechts gemäß § 46 Abs 2 hierher;[9] ebenso die Anlegung des Loseblattbuchs[10] die erstmalige Anlegung eines Grundbuchblatts (vgl § 125 S 2). Eintragung ist auch die Vereinigung von Grundstücken und die Zuschreibung als Bestandteil.[11]

8   **b) Äußerlich formgerechte Verlautbarung.** Von vornherein **auszunehmen** sind Veränderungen am Grundbuchtext, die sich schon äußerlich nicht als formgerechte Verlautbarung eines eingetragenen Rechts darstellen, wie etwa Bleistiftvermerke,[12] eine unbefugt vorgenommene Radierung,[13] aber auch die bloße »Rötung« (§§ 17 Abs 2 S 1+3, 19 Abs 2 GBV), weil sie keine Löschung, sondern nur ein buchungstechnisches Hilfsmittel ist, um das Grundbuch übersichtlich zu halten;[14] letztere kann im Verfahren nach der jeweils geltenden Geschäftsanweisung rückgängig gemacht werden.[15]

9   **c) Vollendeter Eintragungsakt.** Der Eintragungsakt kann Rechtswirkungen erst mit seiner **Vollendung** haben, also beim **Papiergrundbuch** mit Unterzeichnung[16] des Eintragungsvermerks durch die beiden dafür zuständigen Beamten (§§ 44 Abs 1 S 2 u 3, 12c Abs 2 Nr 2–4 GBO, 3 Nr 1h RPflG), was auch an verschiedenen Tagen geschehen kann.[17] Sind mehrere Spalten auszufüllen, braucht nur die letzte unterzeichnet zu werden.[18] Bis zur Leistung der zweiten Unterschrift kann der Eintragungsvermerk nach der jeweils geltenden Geschäftsanweisung berichtigt werden. Beim **maschinell geführten Grundbuch** gelten für das Wirksamwerden der Eintragung die Regelungen des § 129 (ergänzt durch § 75 GBV iVm § 62 GBV), die den verwendeten technischen Verfahren angepasst sind und eine gleichartige Sicherheit bieten sollen (s § 129 Rdn 5 ff).

10   **d) Öffentlich-rechtlich wirksamer Eintragungsakt.** Die Eintragung muss im Übrigen **nach öffentlich-rechtlichen Maßstäben wirksam** sein. Die Ansicht,[19] auch nichtige Eintragungen müssten dem Inhalt des Grundbuchs zugerechnet werden und unter Gutglaubenschutz stehen, ist mit dem Verständnis der Grundbucheintragung als eines dem Staat nur unter gewissen Mindestvoraussetzungen zurechenbaren Hoheitsakts, an den erst der öffentliche Glaube anknüpfen kann, nicht vereinbar. Auch wenn der Grundbucheintragung materiell kein Verwaltungsakt, sondern ein Rechtspflegeakt ist (§ 44 Rdn 39), gelten, soweit nicht spezielle Vorschriften der GBO oder des FGG vorliegen, für die Frage, welche Verfahrensfehler zur Nichtigkeit führen, die für Verwaltungsakte bestehenden Grundsätze[20] entsprechend. Nichtigkeit kommt also nur ausnahmsweise bei besonders schwerwiegenden Mängeln in Betracht (vgl § 44 VwVfG). Hierher gehört die Vornahme einer Eintragung durch eine Privatperson, einen Ruhestandsbeamten, einen ausschließlich mit Justizverwaltungsangelegenheiten betrauten Beamten (§ 44 Rdn 47), die Unterzeichnung durch den UrkB anstelle des Rpflegers (§ 44 Rdn 44)[21] und – unter dem Gesichtspunkt absoluter sachlicher und funktioneller Unzuständigkeit[22] – jede Eintragungstätigkeit durch eine andere Behörde als das Amtsgericht (§ 44 Rdn 43), ebenso eine durch Zwang oder Drohung mit Leibes- oder Lebensgefahr abgenötigte Eintragung (§ 44 Rdn 48).[23] Dass die Drohung generell dem Zwang gleichgesetzt werden kann, wird im Hinblick auf die im Verwaltungsverfahrensgesetz getroffene Regelung (§ 44 VwVfG mit Umkehrschluss aus § 48 Abs 2 S 3 Nr 1 VwVfG)[24] nicht anzunehmen sein. Im Übrigen sind Buchungen unter Verstoß gegen die örtliche, die funktionelle (Richter statt Rpfleger, Richter/Rpfleger statt UrkB; vgl § 44 Rdn 44) oder die geschäftsplanmäßige Zuständigkeit ebenso gültig wie die eines nicht wirksam ernannten, kraft Gesetzes ausgeschlossenen (§ 11 BBG) oder geschäftsunfähigen, getäuschten oder bestochenen Beamten (§ 44 Rdn 48).[25] Die Geltung der Eintragung wird auch nicht dadurch berührt, dass eine wirksame

---

9   BGH Rpfleger 1988, 353, 354; BayObLG NJW 2003, 3785; LG Aachen DNotZ 1984, 767; KEHE-*Eickmann* Rn 2.
10   Vgl OLG Hamm Rpfleger 2003, 349 = DNotZ 2003, 355.
11   BayObLGZ 1971, 194, 198; KGJ 31, 243.
12   LG München DNotZ 1954, 485.
13   OLG Frankfurt OLGZ 1982, 56 = Rpfleger 1981, 479.
14   KG HRR 1932 Nr 1657.
15   BayObLGZ 1961, 23, 26 = NJW 1961, 1263.
16   Zu d Anforderungen OLG Zweibrücken FGPrax 2000, 92.
17   OLG Köln Rpfleger 1980, 477.
18   OLG Celle DNotZ 1971, 305 = Rpfleger 1971, 184; *Demharter* § 44 Rn 64.
19   *Lutter* AcP 164, 122 ff, 152.
20   MüKo-*Wacke* § 891 Rn 2; *Staudinger-Ertl* BGB, 12. Aufl, § 873 Rn 170.
21   KEHE-*Eickmann* § 44 Rn 9.
22   Vgl *Stelkens-Bonk-Sachs* VwVfG 6. Aufl § 44 Rn 108, 164.
23   BGHZ 7, 64 = NJW 1952, 1289 m Anm *Hoche.*
24   Vgl *Stelkens-Bonk-Sachs* VwVfG 6. Aufl § 44 Rn 113.
25   *Staudinger-Gursky* § 873 Rn 271.

Eintragungsverfügung fehlt.[26] Soweit unter diesen allgemeinen öffentlich-rechtlichen Gesichtspunkten Eintragungen wirkungslos sind, müssen sie von Amts wegen beseitigt werden, ohne dass die GBO dies ausdrücklich zu erwähnen brauchte[27] (§ 44 Rdn 51). Eintragungen vor dem 3. Oktober 1990 im Bereich der neuen Bundesländer sind grundsätzlich als wirksam zu behandeln (vgl Art 18, 19 Einigungsvertrag, § 15 VerwRehaG).[28]

2. Den Inhalt des Grundbuchs betreffende Eintragung

a) Begriff. Die Eintragung muss den »**Inhalt**« des Grundbuchs[29] betreffen, also auf den **Rechtsstand des** **11** **verzeichneten Grundstücks** als Gegenstand des **öffentlichen Glaubens** Bezug haben[30] oder für dieses in sonstiger Weise von **rechtlicher Bedeutung** sein.[31] Was eingetragen ist, ergibt sich aus dem **Eintragungsvermerk** in Verbindung mit der – zulässigerweise (§ 874 BGB; vgl Rdn 31, 105) – in Bezug genommenen **Eintragungsbewilligung.** Einen Vorrang des Eintragungsvermerks vor der Bewilligung gibt es in diesem Rahmen unter dem Gesichtspunkt des öffentlichen Glaubens des Grundbuchs nicht.[32] Ein Widerspruch zwischen (klar gefasster) Eintragung und Eintragungsbewilligung ist nur rechtserheblich, soweit sich die Bezugnahme auf letztere erstrecken kann.[33] Dementsprechend kommt gutgläubiger Erwerb einer Grunddienstbarkeit, die nach dem Eintragungsvermerk auf einem anderen Grundstück lastet, als in der Eintragungsbewilligung bezeichnet, mit dem herrschenden Grundstück, nach Maßgabe des Grundbuchinhalts des dienenden Grundstücks, in Betracht;[34] anders kann es sein, wenn die Eintragung als solche auslegungsbedürftig ist (Rdn 31) oder ein unüberbrückbarer Widerspruch zwischen dem Eintragungsvermerk und der zulässigen Beschreibung des Ausübungsbereichs in der Eintragungsbewilligung besteht.[35] Da die unzulässige Bezugnahme nicht als Eintragung wirkt, kann das in der Eintragungsbewilligung Enthaltene insoweit nicht Gegenstand eines Amtswiderspruchs sein; erst recht nicht, soweit die Bezugnahme eine rein schuldrechtliche Vereinbarung betrifft.[36] Bei wirksamer Bezugnahme hat dagegen eine etwaige Unrichtigkeit der Urkunde die Unrichtigkeit des Grundbuchs zur Folge; es ist dann genauso vorzugehen, wie wenn der Eintragungsvermerk falsch wäre.[37] Fehlt der Eintragung infolge unzulässiger Bezugnahme auf die Eintragungsbewilligung ein wesentlicher Teil, so kann der Eintragungsvermerk als ganzer inhaltlich unzulässig sein und der Amtslöschung unterliegen (Rdn 117, 134). Nicht zum Grundbuchinhalt gehören die Eintragungen auf Hypotheken-, Grund- und Rentenschuldbriefen. Brief und Grundbuch müssen übereinstimmen. Diesem Zweck dienen die §§ 41, 42. Bei einem Widerspruch geht der Grundbuchinhalt vor; ein gutgläubiger Erwerb aufgrund des Briefinhalts kommt nicht in Betracht.

b) Maßgebliches Grundbuchblatt. Maßgebliches »**Grundbuch**« ist das **für das betroffene Grundstück** **12** **angelegte Grundbuchblatt** (§ 3 Abs 1 S 2): dabei kommt es für das Bestehen und den Inhalt subjektiv-dinglicher Rechte auf das Grundbuchblatt des belasteten Grundstücks an;[38] für grundstücksgleiche Rechte, die wie das Erbbaurecht zugleich Belastungen eines Grundstücks sind, in Bezug auf Bestand und Rang auf das Blatt des belasteten Grundstücks, im Übrigen – etwa für Veräußerung und Belastung – auf das für sie besonders angelegte Blatt.[39] Besonderes gilt für das selbständige Gebäudeeigentum im Bereich der neuen Bundesländer: Für Belastungen des Gebäudes ist auch das Grundstücksgrundbuch das für die §§ 892, 893 BGB maßgebliche Grundbuch.[40] Der Verzicht auf eine Überbaurente (§ 914 Abs 2 S 2 BGB) muss auf dem Grundbuchblatt des rentenpflichtigen Grundstücks eingetragen sein.[41] Für gesamtwirksame Verfügungen über ein Gesamtrecht kommt es auf alle betroffenen Grundbücher an;[42] desgleichen bei Aufteilung in Wohnungseigentum für die Frage, ob eine Dienstbarkeit – als Voraussetzung für die inhaltliche Zulässigkeit der Eintragung (Rdn 120) – das gemeinschaftliche Grundstück belastet, (unabhängig von einem Gesamtvermerk nach § 4 Abs 1 WGV) auf die

---

26 OLG Frankfurt DNotZ 1961, 659 = Rpfleger 1961, 397; OLG Neustadt DNotZ 1961, 149 = Rpfleger 1961, 17.
27 *Wolff-Raiser* § 36 I 1 b.
28 Z Ganzen näher *Flik* DtZ 1996, 74.
29 Zu unterscheiden v engeren Begriff »Inhalt des Rechtes« iS d § 874 BGB; vgl BayObLG NJW-RR 1998, 1025.
30 RGZ 116, 177, 180; RGRK-*Augustin* § 892 Rn 48 ff, 62 ff; MüKo-*Wacke* § 892 Rn 6 ff.
31 Zu d unterschiedl Wirkungen v GB-Eintragungen s *Staudinger-Ertl* BGB, 12. Aufl, Vorbem zu § 873–902 Rn 81 ff.
32 **AA** *Reuter* MittBayNot 1994, 115 f.
33 RG DNotZ 1932, 721; BayObLG Rpfleger 1987, 101, 102; OLG Düsseldorf OLGZ 1983, 352, 353; OLG Hamm Rpfleger 1989, 448; *Demharter* Rpfleger 1987, 498.
34 BayObLGZ 1986, 513 = Rpfleger 1987, 101, 102.
35 Vgl BayObLGZ 1986, 513, 517, 518 = Rpfleger 1987, 101, 102 (offengel).
36 OLG FfM FGPrax 1997, 211 = NJW-RR 1997, 1447.
37 KG DNotZ 1937, 444.
38 BayObLG DNotZ 1987, 621 = Rpfleger 1987, 101, 102; OLG Hamm Rpfleger 2003, 349 = DNotZ 2003, 355.
39 RG JW 1929, 745; BayObLGZ 1969, 284, 292; BayObLG DNotZ 1980, 103 = Rpfleger 1979, 381; BayObLG Rpfleger 1987, 101, 102; OLG Dresden JFG 2, 304, 306; OLG Frankfurt Rpfleger 1979, 418; KG OLGE 30, 15, 16; *Erman-Hagen* v §§ 891–893 Rn 6, 7; MüKo-*Wacke* § 892 Rn 13, 14; RGRK-*Augustin* § 892 Rn 49, 73.
40 *Palandt/Bassenge* Art 233 § 2c EGBGB Rn 3.
41 BayObLGZ 1998, 152 = FGPrax 1998, 167 = Rpfleger 1998, 468.
42 Vgl *Alff* Rpfleger 1999, 373, 378.

Eintragungen in allen Wohnungsgrundbüchern.[43] Vgl auch Rdn 105. Wegen der Eintragung von Bergwerkseigentum im Bergbaugrundbuch s Rdn 54. Eintragungen auf einem falschen Grundbuchblatt können bezogen auf das in Rede stehende Grundstück nicht die gewollten Eintragungswirkungen und Gutglaubensschutz herbeiführen.[44] Sie sind dort, wo sie hingehören, nachzuholen, falls die Eintragungsgrundlagen dies noch rechtfertigen, und im falschen Grundbuch von Amts wegen im Wege »einfacher Berichtigung« zu löschen, allerdings nur, wenn sie sich zweifelsfrei auf den Gegenstand eines anderen Grundbuchs beziehen; sonst muss ggf ein Amtswiderspruch erfolgen.[45] Dazu gehört der Fall, dass eine Grundstücksparzelle versehentlich auf einem falschen Grundbuchblatt als Bestand vorgetragen ist; hier besteht die Möglichkeit gutgläubigen Rechtserwerbs.[46] Widersprüchliche Doppelbuchungen schließen – wie bei sonstigem widersprüchlichen Grundbuchinhalt[47] (Rdn 105, 121) – einen gutgläubigen Erwerb aus.[48] Wegen ihrer Behandlung siehe § 38 GBV. Im Falle der Umschreibung eines Grundbuchblatts (§§ 28 ff GBV) ist unbeschadet des Verfahrensziels, nur die äußere Unübersichtlichkeit, nicht inhaltliche Unklarheiten zu beheben, also keine Inhaltsänderungen vornehmen,[49] für den »Inhalt« des Grundstücks allein auf das neue Grundbuchblatt, so wie es sich aus sich heraus als »umgeschrieben« darstellt, abzustellen, ohne dass das geschlossene Grundbuchblatt seine Eigenschaft Grundbuch zu sein, ganz verliert.[50] Werden Eintragungen auf dem richtigen Grundbuchblatt an unrichtiger Stelle vorgenommen, so ist dies unschädlich[51] (aber von Amts wegen richtig zu stellen); eine Ausnahme besteht nur, wo das Gesetz eine bestimmte Stelle im Grundbuch als Wirksamkeitsvoraussetzung vorschreibt, wie etwa für den Rangvorbehalt nach § 881 Abs 2 BGB.

13 **c) Abgrenzung zu Eintragungen tatsächlicher Art**. Die Rechtsverhältnisse des Grundstücks und damit der »Inhalt« des Grundbuchs sind **nicht** betroffen bei Eintragungen **rein tatsächlicher Art,** sie können ohne weiteres von Amts wegen richtig gestellt werden[52] (§ 22 Rdn 85). Dazu gehören insb die Angaben im Bestandsverzeichnis, die nur der Beschreibung des in seinen Grenzen feststehenden Grundstücks dienen, also über Lage, Größe (Flächenmaß), Wirtschaftsart und vorhandene Baulichkeiten,[53] ebenso Verlautbarungen über persönliche oder geschäftliche Verhältnisse des eingetragenen Berechtigten.[54] Im rein »Tatsächlichen«, nur auf Zweckmäßigkeitsgesichtspunkten beruhend, liegt auch die Buchung mehrerer selbständiger Grundstücke auf einem gemeinschaftlichen Grundbuchblatt.[55] Ähnliches gilt für die Umstellung der Währungsangabe auf Euro, die keine Grundbuchberichtigung ieS beinhaltet (s § 26a Abs 1 GBMaßnG).[56]

14 Nicht um rein tatsächliche Umstände handelt es sich bei den aus dem Kataster entnommenen Bestandsangaben, die erst die rechtliche Kennzeichnung des Grundstücks ermöglichen, also über Gemarkung, Flurstück u Abgrenzung der eingetragenen Fläche.[57] Zur rechtlichen Kennzeichnung gehört bspw, dass ein im Bestandsverzeichnis unter der Nummer eines Grundstücks gebuchtes Flurstück zu diesem Grundstück gehört und dass einem Grundstück eine bestimmte Teilfläche vom Nachbargrundstück zugemessen oder zugeschrieben worden ist.[58] Hat sich eine Änderung des Gegenstandes des Eigentums (Sachverhältnisses) durch ein Bodenordnungsverfahren, etwa eine Flurbereinigung,[59] ergeben, so kann allerdings kein gutgläubiger Erwerb im Vertrauen auf das Grundbuch, das noch das frühere Sachverhältnis ausweist, stattfinden (Rdn 61); ebenso wenig bei Grenzveränderungen an Gewässern nach Anlandung und Überflutungen.[60] Rechtlicher Natur ist die verlautbarte

---

43 Vgl aber – möglicherweise **aA** – BayObLG MittBayNot 1995, 288 m abl Anm *Amann* aaO S 267.
44 BayObLGZ 1988, 127; *Demharter* § 3 Rn 10; KEHE-*Eickmann* § 3 Rn 3; *Güthe-Triebel* § 3 Rn 34; *Staudinger-Gursky* § 873 Rn 277.
45 Mißverständl – iS regelmäßiger Notwendigkeit eines Amtswiderspruchs – 6. Aufl Bem 10.
46 *Lutter* AcP 164, 122, 153 Fn 105.
47 OLG Köln NJW-RR 1998, 1630 = Rpfleger 1998, 333.
48 RGZ 56, 58; KG JFG 18, 180; OLG Stuttgart BWNotZ 1978, 124; *Staudinger-Gursky* § 873 Rn 279.
49 KG JW 1933, 2154 f, KEHE-*Eickmann* § 28 GBV Rn 1.
50 Vgl *Wolfsteiner* Rpfleger 1993, 273.
51 BayObLGZ 1995, 413, 417.
52 BayObLGZ 1959, 152, 162; 1969, 284, 288; BayObLG MittBayNot 1988, 38; *Imberg* MittRhNotK 1968, 398; krit zu der Abgrenzung *Woerle* JW 1934, 3172.
53 BayObLGZ 1956, 94, 101 = NJW 1956, 871; BayObLGZ 1971, 1, 4; BayObLGZ 1976, 106, 109 = Rpfleger 1976, 251; BayObLG MittBayNot 1988, 38.
54 MüKo-*Wacke* § 892 Rn 26.
55 KG OLGE 5, 188; RGRK-*Augustin* § 890 Rn 12.
56 *Böhringer* DNotZ 1999, 692, 700 f.
57 BGH Rpfleger 2006, 181 = NJW-RR 2006, 662; RGZ 73, 125, 129; BayObLGZ 1976, 106, 110 = Rpfleger 1976, 251; BayObLG Rpfleger 1980, 294; OLG Frankfurt OLGZ 1985, 156 = Rpfleger 1985, 229; LG Nürnberg MDR 1976, 666; MüKo-*Wacke* § 892 Rn 12; *Baur* § 23 II 2 a; *Lutter* AcP 164, 122, 137.
58 RG JW 1911, 458; KG OLGE 8, 213.
59 Vgl BayObLGZ 1982, 455 = MittBayNot 1983, 64 m Anm *Haiduk* BayObLG RdL 1983, 268; LG Schweinfurt Rpfleger 1975, 312 m Anm *Bengel*.
60 BGHZ 110, 148, 155 = NJW 1990, 3263, 3265; BayObLGZ 1987, 410; BayObLGZ NJW-RR 2000, 1258 = ZflR 2001, 161, 162; OLG Oldenburg NdsRpfl 1991, 175 = Rpfleger 1991, 412.

Selbständigkeit eines (abgeteilten) Grundstücks,[61] die Abgrenzung des Sondereigentums vom Gemeinschaftseigentum im Aufteilungsplan[62] und das Bestehen eines Sondernutzungsrechts (Rdn 51). Nicht bloß tatsächlicher Natur ist der WEG-Aufteilungsplan auch insoweit, als er eine bestimmte bauliche Gestaltung zugrunde legt, von deren Ausführung die Entstehung des Sondereigentums abhängig sein kann,[63] oder soweit er darauf aufbaut, dass das Grundstück und sämtliche Gebäudeteile eigentumsmäßig verbunden seien, etwa im Falle eines Grenzüberbaus; eine andere Frage ist, ob Gutglaubenserwerb in Betracht kommt (Rdn 60).

d) Abgrenzung zu rein deklaratorischen Vermerken. Denselben Regeln wie rein tatsächliche Angaben **15** unterliegen ausschließlich **hinweisende (deklaratorische) Vermerke.** Sie stehen nur aus Zweckmäßigkeitsgründen im Grundbuch und gehören nicht zu seinem »Inhalt«. In Frage kommen Vermerke über von ihrer Eintragung unabhängige absolute Verfügungsverbote und öffentliche Lasten, Beschränkungen oder Vorkaufsrechte, Hinweise auf bodenrechtliche Verfahren, etwa der Umlegungsvermerk (§ 54 Abs 1 S 2 BauGB[64]), der Vermerk über die Einleitung des Enteignungsverfahrens (§ 108 Abs 6 BauGB),[65] der in Art 6 § 2 Abs 3 des Gesetzes zur Aufhebung des Reichsheimstättengesetzes vorgeschriebene Vermerk über die Weitergeltung des § 17 Abs 2 S 2 des früheren Reichsheimstättengesetzes,[66] ebenso wie jetzt der Heimstättenvermerk selbst,[67] und grundsätzlich alle unnötigen und unerheblichen Vermerke (Rdn 104). Auch der Hofvermerk dient nur der Klarstellung;[68] ist er auf Ersuchen des Landwirtschaftsgerichts eingetragen, so ist das Grundbuchamt allerdings nicht befugt, später die Voraussetzungen dieses Ersuchens nachzuprüfen und die Löschung anzuordnen.[69] Ähnlich zu behandeln sind die in Abt I Spalte 4 enthaltenen **am öffentlichen Glauben des Grundbuchs nicht teilnehmenden Angaben über die Grundlage der Eintragung**[70] und nur für das Grundbuchverfahren bedeutsame Vermerke, wie etwa über die mit dem Eigentum verbundenen subjektiv-dinglichen Rechte gemäß § 9 Abs 1 (§ 9 Rdn 41).[71] Naturgemäß anders ist es bei den im öffentlichen Recht gründenden Zustimmungsvorbehalten für Behörden, die nach dem Gesetz Verfügungen über das Grundstück hindern sollen, wenn sie in das Grundbuch eingetragen sind; etwa im Sonderungsverfahren nach dem Bodensonderungsgesetz für die Sonderbehörde (§ 6 Abs 4 BoSoG), im Flurbereinigungsverfahren nach dem Landwirtschaftsanpassungsgesetz (§ 13 S 2 GBBerG iVm § 6 Abs 4 BoSoG) oder für das Bundesamt zur Regelung **offener** Vermögensfragen (§ 11e VermG).

e) Wirksamkeitsvermerke. Zu Unrecht wird zuweilen den sog **Wirksamkeitsvermerken**, die dazu dienen, **16** aus dem Grundbuch ersichtlich zu machen, dass ein eingetragenes Recht gegenüber einer Verfügungsbeschränkung[72] (s § 26 Rdn 21) – und auch einer Vormerkung[73] – oder gegenüber dem Nacherben (s § 51 Rdn 108) wirksam ist, lediglich deklaratorische Bedeutung beigemessen.[74] Es handelt sich um Vermerke, die bewirken können, dass das Grundbuch mit der materiellen Rechtslage im Einklang steht und ohne die das Grundbuch unrichtig sein kann.[75] Mithin scheidet die Anwendung des § 53 weder für den Fall, dass eine Eintragung ohne gleichzeitigen Wirksamkeitsvermerk erfolgt ist,[76] noch für den Fall der Eintragung eines Wirksamkeitsvermerks von vornherein aus. Siehe jedoch zur Nachholung Rdn 21 und zur »Klarstellungs-« Beschwerde § 71 Rdn 49.

---

61 BayObLG MittBayNot 1981, 125; BayObLG Rpfleger 1995, 495 = DNotZ 1996, 31.

62 BayObLG Rpfleger 1980, 294, 295; *Ludwig* DNotZ 1983, 411, 424; z gutgl Erwerb v Wohnungseigentum auch *Röll* MittBayNot 1988, 22.

63 Vgl OLG Düsseldorf OLGZ 1988, 239; OGL Karlsruhe Justiz 1983, 307.

64 BGH NJW 1987, 3260; 3261.

65 KG OLGE 12, 166; MüKo-*Wacke* § 899 Rn 5; *Schröter-Breuer* BauGB § 108 Rn 11.

66 Vgl OLG Hamm Rpfleger 1995, 501 m Anm *Knees*; OLG Düsseldorf FGPrax 1996, 172.

67 OLG Hamm FGPrax 1996, 44.

68 OLG Celle AgrarR 1980, 286; LG Aachen RNotZ 2005, 487 mAnm *Gehse*; *Lange/Wulff/Lüdtke-Handjery* HöfeO 8. Aufl § 1 Rn 120 ff.

69 SchlHOLG SchlH Anz 1965, 169.

70 BGHZ 7, 64 = NJW 1952, 1289; BayObLGZ 2002, 30 = Rpfleger 2002, 303; vgl auch OLG Celle NJW 1957, 1842.

71 BayObLG Rpfleger 1987, 101, 102; OLG Frankfurt Rpfleger 1979, 418; *Demharter* § 9 Rn 14.

72 Vgl BayObLGZ 2003, 226 = ZNotP 2004, 24.

73 Z Zulässigkeit BGHZ 141, 169 = NJW 1999, 2275 = Rpfleger 1999, 983 = DNotZ 1999, 1000 m Anm *Schubert* aaO S 967 = MittRhNotK 1999, 279 m Anm *H. Schmidt* (auf Vorl OLG Hamm Rpfleger 1999, 68; **geg** OLG Köln DNotZ 1998, 311 = Rpfleger 1998, 106); BayObLG DNotZ 1998, 207; OlG München BWNotZ 2002, 12 m Anm *Lehmann*; OLG Saarbrücken FGPrax 1995, 135 = BWNotZ 1995, 170 m Anm *Bühler* aaO u Anm *Demharter* EWiR 1995, 447; OLG Saarbrücken MittBayNot 1996, 451; *Staudinger-Gursky* § 883 Rn 22; *Demharter* § 22 Rn 19; *Blank* ZfIR 2001, 419; *Frank* MittBayNot 1996, 271; *ders* MittBayNot 1998, 228; *Gursky* DNotZ 1998, 273; *Lehmann* NJW 1993, 1558; *Vierling/Trostberg/Gotthold* MittBayNot 2005, 375, 376.

74 Vgl KEHE-*Keller* Einl J 25; BGHZ 141, 169, 171: »...klarstellender Vermerk«.

75 *Frank* MittBayNot 1998, 228 f; *Keller* BWNotZ 1998, 25, 27 f; vgl auch *Vierling/Mehler/Gotthold* MittBayNot 2005, 375, 376.

76 *Demharter* EwiR 1995, 447; *Keller* BWNotZ 1998, 25, 27; *Schubert* DNotZ 1999, 967, 984; wohl **and** BGHZ 141, 170, 171 für d dortigen Fall.

3. Tatbestände außerhalb des Regelungsbereichs des § 53

17 **a) Unterbliebene oder unvollständige Erledigung eines Eintragungsantrags.** Das sind zunächst die Fälle, in denen eine beantragte Eintragung **ganz oder teilweise unterblieben und nachholbar** ist.

18 **aa) Nichterledigung.** Die **Nichterledigung** eines Eintragungsantrags oder -ersuchens insgesamt; die Eintragung muss vorgenommen werden, soweit die Eintragungsunterlagen sie (noch) rechtfertigen. Um Unrichtigkeit des Grundbuchs (Rdn 63 ff) handelt es sich insoweit nicht.[77]

19 **bb) Unvollständige Erledigung.** Die **unvollständige Erledigung** des Eintragungsantrags. Der unterbliebene Teil der Eintragung ist auch hier grundsätzlich – iS einer neuen selbständigen Eintragung (§ 71 Rdn 67)[78] – nachzuholen, wenn die Unvollständigkeit lediglich (»quantitativ«)[79] den Umfang des eingetragenen Rechts betrifft; bspw wenn bei einer Hypothek der Kapitalbetrag zu niedrig oder Zinsen und Nebenleistungen überhaupt nicht oder, was dem gleichkommt, in inhaltlich unzulässiger Weise eingetragen wurden.[80] Wegen des teilweise nicht eingetragenen Kapitalbetrages wird in der Hauptspalte ein neuer Eintrag vorgenommen, weil eine Erweiterung des eingetragenen Rechts unzulässig wäre.[81] Sonst wird die Ergänzung in der Veränderungsspalte vermerkt. War inzwischen eine Eintragung erfolgt, die der Neueintragung entgegensteht, so kann diese nur nachrangig erfolgen. Voraussetzung für die Nachholung ist, dass die Eintragungsgrundlagen insoweit noch gegeben sind, insb also dem Bewilligenden noch die Verfügungsbefugnis über das betroffene Recht zusteht.[82] Als in dem beschriebenen Sinne nachholbar ist auch die unterbliebene Eintragung von Sondernutzungsrechten bei der Eintragung von Wohnungseigentumsrechten anzusehen.[83]

20 Bezieht die Unvollständigkeit sich (»qualitativ«[84]) auf den Inhalt des Rechts,[85] so kommt eine nachträgliche Ergänzung grundsätzlich nicht in Betracht (s auch Rdn 22). Dies gilt zB, wenn eine vereinbarte Bedingung oder Befristung[86] oder bei einer Hypothek die Briefausschließung fehlen. Der Antrag ist erledigt; in der Nachholung läge eine Berichtigung der abgeschlossenen Eintragung. Hier ist von Amts wegen nur noch – falls das Grundbuch insoweit unrichtig ist[87] – ein Amtswiderspruch zulässig. Eine Korrektur durch Löschung der Bedingung lässt die Praxis aber zu, wenn ein unbedingt gewolltes Recht mit diesem Zusatz eingetragen worden ist (§ 22 Rdn 15).[88]

21 **cc) Unterbliebene Rangvermerke.** Umstritten ist, wo nach dieser Unterscheidung (Rdn 19, 20) die Fälle einzuordnen sind, in denen das Grundbuchamt versehentlich einen vereinbarten **Rangvermerk** oder einen **Rangvorbehalt** (§§ 879 Abs 3, 881 BGB) **nicht eingetragen** hat.[89] Richtiger Ansicht nach ist die nachträgliche Ergänzung abzulehnen.[90] Der Rang ist jedenfalls in einem weiteren Sinne dem Inhalt des Rechts zuzuordnen.[90] Er entsteht, falls ein abweichender Rangvermerk unterbleibt, mit »formaler Rechtskraft«[91] – also durch in der Grundbucheintragung liegende Rechtsgestaltung – nach der Reihenfolge, wie sie sich aus § 879 Abs 1 BGB ergibt; maßgeblich für das wirkliche Rangverhältnis dürfte dabei letztlich immer der tatsächliche Eintragungszeitpunkt sein (str; vgl § 45 Rdn 214 f[92]). Die Vornahme einer im Hinblick auf § 129 bedenklichen rückdatierenden Buchung im maschinell geführten Grundbuch rechtfertigt von vornherein keinen Amtswiderspruch, wenn der GB-Rpfleger einen früher eingegangenen Eintragungsantrag zwar an einem in der Vergangenheit liegenden Datum aber vor einem später eingegangenen Antrag erledigt hat.[93] Im Übrigen sind Verstöße gegen §§ 17, 45 als bloße Ordnungsvorschriftverletzungen unerheblich[94] und machen das Grundbuch – ebenso

---

77 BayObLG 32, 1, 7; BayObLG Rpfleger 1982, 176; z Ganzen auch *Maier* WürttNV 1951, 85.
78 KGJ 42, 258; *Haegele* Rpfleger 1971, 237, 239; vgl auch *Hügel/Holzer* Rn 28: »konstitutiver Berichtigungsvermerk«.
79 KEHE-*Eickmann* Rn 22 (bis 3. Aufl).
80 KGJ 52, 256, 258.
81 RGZ 143, 426; KG JFG 16, 248 = JW 1937, 3157.
82 OLG Hamm DNotZ 1954, 208; OLG Hamm ZflR 1998, 52.
83 Vgl OLG Frankfurt NJW-RR 1996, 1168.
84 KEHE-*Eickmann* Rn 22 (bis 3. Aufl).
85 Vgl auch d Abgrenzung b *Hügel/Holzer* Rn 28.
86 LG Bielefeld Rpfleger 1999, 22.
87 Vgl RGZ 106, 109, 113; MüKo-*Wacke* § 873 Rn 52; *Soergel-Stürner* § 873 Rn 24.
88 *Staudinger-Gursky* § 873 Rn 183.
89 F Nachholung: *Güthe-Triebel* Rn 6; *Demharter* Rn 14; KEHE-*Briesemeier* § 71 Rn 35; *Soergel-Stürner* § 881 Rn 6 (s aber *ders* Rn 12); **aA** KEHE-*Eickmann* (bis 3.Aufl) Rn 22.
90 BayObLG 1956, 456, 461; OLG Hamm OLGZ 1981, 129, 132; OLG Zweibrücken Rpfleger 1985, 54.
91 BayObLG Rpfleger 1976, 302, 303; *Böttcher* BWNotZ 1988, 73, 74.
92 Vgl *Soergel-Stürner* § 879 Rn 10; *Böttcher* BWNotZ 1988, 73, 75; *Stadler* AcP 102 (1989), 427, 444, 458; **and** Ansatz b *Jungwirth* aaO S 36 ff, 114 f: »einigungsunabhängiges Skriptursystem«; dagegen *Staudinger-Kutter* § 879 Rn 27 f.
93 OLG Köln RNotZ 2007, 616 = Rpfleger 2006, 646.
94 RGZ 57, 277, 280; BGHZ 21, 98 = NJW 1956, 1314; BayObLG DNotZ 1977, 367, 370 = Rpfleger 1976, 302; *Böttcher* BWNotZ 1988, 73, 75.

wenig wie die Missachtung von § 18 Abs 2[95] – nicht unrichtig,[96] ebenso wenig wie grundsätzlich die Abweichung von einer Rangvereinbarung der Parteien,[97] soweit nicht gemäß § 139 BGB ausnahmsweise (Rdn 33) das Recht wegen der Abweichung des eingetragenen Ranges von der Einigung als insgesamt nicht entstanden anzusehen ist.[98] Überträgt daher ein Beteiligter seinen Grundbesitz unentgeltlich unter dem Vorbehalt eines Wohnungsrechts und diverser durch Vormerkung zu sichernder Rückforderungsrechte, so kann darin zwar zwanglos eine stillschweigende Rangbestimmung im Verhältnis zu vom Erwerber zu bestellender Grundpfandrechte gesehen werden; trägt das Grundbuchamt aber die letzteren im Rang vor den Veräußererrechten ein, so ergibt sich bezüglich des Rangs keine Unrichtigkeit des Grundbuchs.[99] Dieselben Grundsätze gelten für den unterbliebenen Rangvorbehalt[100] (Einzelheiten s § 45 Rdn 211 ff[101]). Nicht so eindeutig ist es – trotz wirtschaftlicher Vergleichbarkeit –, wenn bei Eintragung eines Grundpfandrechts die gleichzeitige Eintragung eines sog **Wirksamkeitsvermerks** gegenüber einer bereits verzeichneten Auflassungsvormerkung (Rdn 16) unterblieben ist. Es käme die Annahme einer Grundbuchunrichtigkeit, mithin ein Amtswiderspruch, in Betracht;[102] die Praxis lässt aber die Nachholung und eine entsprechende »Klarstellungs«-Beschwerde zu (§ 71 Rdn 49).[103] Aus der konstitutiven Wirkung der Eintragung hinsichtlich des Ranges folgt, dass nachträgliche Veränderungen nur im Wege der Rechtsänderung aufgrund neuer Eintragungsbewilligung des zurücktretenden Berechtigten erfolgen können;[104] diese Konsequenz lässt sich nicht mit dem Versuch der Aufteilung der ursprünglich vorgelegten Eintragungserklärung in zwei Erklärungen – etwa auf Eintragung einer Hypothek und zugleich auf eine Rangänderung[105] – vermeiden. Grundbuchunrichtigkeit, uU also ein Amtswiderspruch, kommt andererseits in Betracht, wenn die Eintragung den wirklichen Rang nicht richtig angibt,[106] also etwa falsch datiert ist[107] bzw die räumliche Reihenfolge der zeitlichen Aufeinanderfolge nicht entspricht.[108] Dasselbe gilt bei Eintragung mit besonderen Rangvermerken entgegen der dinglichen Einigung (str).[109] Oder wenn es sich um eine berichtigende Eintragung eines nicht eintragungbedürftigen Rechts, dessen Rang sich nach dem Entstehungszeitpunkt richtet,[110] oder um die Eintragung eines anderen Rechts vor einem solchen, nicht eintragungbedürftigen Recht handelt; etwa einer Sicherungshypothek nach § 848 Abs 2 S 2 ZPO ohne Berücksichtigung einer für den Verkäufer zu bestellenden – vorrangigen[111] – Restkaufgeldhypothek,[112] einer vom Grundstückserwerber bewilligten Grundschuld vor einer Sicherungshypothek, die infolge Pfändung des Anwartschaftsrechts an der Auflassung mit dem Eigentumsübergang kraft Gesetzes entstanden ist,[113] oder der Abtretung einer Teilbriefgrundschuld mit Rangbestimmung ohne Beachtung der außerhalb des Grundbuchs eingetretenen Rangänderung der Teilgrundschuld.[114]

dd) Abgrenzung der unvollständigen zur rechtlich unvollkommenen Eintragung. Mit den erörterten **22** Fällen überschneiden sich die, in denen das antragsgemäß Eingetragene wegen Fehlens vom Gesetz geforderter wesentlicher Angaben **rechtlich unvollkommen** und damit das Grundbuch unrichtig (dazu Rdn 23–27) oder

---

95 BayObLGZ 1998, 275 = DNotZ 1999, 671.
96 BayObLG Rpfleger 1995, 16; OLG Frankfurt FGPrax 1995, 17; OLG Celle JW 1933, 1228; KG OLGE 36, 148; 38, 9; KGJ 34, 291; OLG Köln Rpfleger 2006, 646, 647; *Sorgel-Stürner* § 879 Rn 12; *Demharter* Rpfleger 1993, 442 f.
97 RGZ 73, 173, 175; BayObLG DNotZ 1977, 367, 370 = Rpfleger 1976, 302; KG JFG 8, 287, 289 (geg KGJ 34, 289); KG JW 1935, 712; missverständl OLG Düsseldorf JR 1950, 686.
98 Vgl *Palandt-Bassenge* § 879 Rn 17; MüKo-*Wacke* § 879 Rn 31; *Staudinger-Kutter* § 879 Rn 68. *Böttcher* BWNotZ 1988, 73; *Streuer* Rpfleger 1985, 388; ein anderes Regel-Ausnahme-Verhältnis gilt im Prozess: vgl BGH NJW-RR 1990, 206; OLG München MittBayNot 1994, 329 m Anm *Amann*.
99 Zutr *Bestelmeyer* Rpfleger 2006, 318; **geg** OLG München Rpfleger 2006, 68, 69.
100 KG JFG 8, 287, 289; *Demharter* § 45 Rn 35; *Soergel-Stürner* § 881 Rn 6; *Staudinger-Kutter* § 881 Rn 10; MüKo-*Wacke* § 881 Rn 9.
101 Zum Ganzen auch *Ulbrich* MittRhNotK 1995, 289, 307.
102 *Demharter* EWiR 1995, 447, 448.
103 BGHZ 141, 169, 171 = FGPrax 1999, 128, 129.
104 Vgl KG HRR 1930 Nr 780; KG JFG 12, 290 = JW 1935, 2645; *Soergel-Stürner* § 881 Rn 12.
105 So aber *Güthe-Triebel* Rn 6.
106 *Demharter* Rpfleger 1993, 442.
107 § 44 Rdn 50.
108 RG HRR 1935 Nr 1016; KGJ 41, 220, 223; *Erman-Hagen* § 879 Rn 8; *Palandt-Bassenge* § 879 Rn 8; *Staudinger-Kutter* § 879 Rn 37; *Soergel-Stürner* § 879 Rn 6; *Böttcher* BWNotZ 1988, 73, 75.
109 BayObLG DNotZ 1977, 367, 370 = Rpfleger 1976, 302; BayObLG Rpfleger 1982, 266 (Ls); OLG Brandenbg FGPrax 2002, 49 = Rpfleger 2002, 135; OLG Düsseldorf DNotZ 1995, 559, 560; OLG FfM FGPrax 1995, 17; KG HRR 1935 Nr 114; KG JW 1936, 1475; *Palandt-Bassenge* § 879 Rn 17; *Soergel-Stürner* § 879 Rn 15; *Staudinger-Kutter* § 879 Rn 71; **aA** *Bauer/v Oefele-Knothe* § 45 Rn 25; *Böttcher* BWNotZ 1988, 73, 76; *Streuer* Rpfleger 1985, 388, 389, 391: Rang der Rangvermerks.
110 Vgl *Palandt-Bassenge* § 879 Rn 2.
111 BayObLG Rpfleger 1972, 182; KG JFG 4, 346.
112 LG Frankenthal Rpfleger 1985, 231.
113 Vgl BayObLG Rpfleger 1994, 162.
114 OLG Hamm Rpfleger 1988, 58 m zust Anm *Muth*; abl *Schmid* Rpfleger 1988, 136.

die Eintragung sogar inhaltlich unzulässig ist (Beispiel: Grunddienstbarkeit ohne Angabe des Inhalts im Eintragungsvermerk,[115] Rdn 117). Letzterenfalls wäre eine nachträgliche Vervollständigung verboten (ordnungswidrig).[116] Andererseits ist anerkannt, dass ein ordnungswidriger Nachtragsvermerk zu einer inhaltlich zulässigen Eintragung führen kann,[117] wenn nicht der aktuelle Stand des Grundbuchs einer solchen Vervollständigung entgegensteht[118] und der alte und der neue Vermerk im Grundbuch als einheitliche, zusammenhängende Eintragung erscheinen.[119] Die »Heilung« hat keine rückwirkende Kraft,[120] insb ist als die für den Rang maßgebende Eintragung iS des § 879 BGB nur die ergänzende Eintragung zu betrachten.[121] Wirkungslos ist ein Nachtragsvermerk, wenn er seinerseits inhaltlich unzulässig ist: So kann ein entgegen § 10 ErbbauRG nicht an erster Rangstelle eingetragenes Erbbaurecht nicht durch Eintragung rangändernder Vermerke über die Einräumung der ersten Rangstelle zur Entstehung gebracht[122] und nicht die inhaltlich unzulässige Eintragung einer Gesamtzwangshypothek dadurch wirksam gemacht werden, dass sie auf allen Grundstücken mit Ausnahme eines derselben gelöscht wird,[123] im letzteren Fall auch nicht durch den weiteren Vermerk, die Hypothek sei kraft Gesetzes auf den Eigentümer übergegangen[124] (für den Fall der Abtretung s aber Rdn 107).

23   **ee) Weglassen von Amts wegen gebotener Vermerke.** Für unterbliebene, aber **von Amts wegen gebotene Vermerke** (§§ 46 Abs 2, 47, 48, 51, 52) gilt der Grundsatz, dass eine Verpflichtung zur Nachholung besteht, solange der Tatbestand gegeben ist, an den das Gesetz die Eintragung von Amts wegen anknüpft.[125] Im Einzelnen ist zu beachten:

24   Unterbleibt die **Mitübertragung eines Rechts** und gilt dieses daher als gelöscht § 46 Abs 2, so besteht wegen der (Buch-)Rechtswirkungen der Löschung nicht die Möglichkeit einer Nachholung der Übertragung von Amts wegen, sondern ggf nur die eines Amtswiderspruchs;[126] unbedenklich ist dagegen die nachträgliche Übertragung von Vermerken, die nur hinweisende Charakter haben (Rdn 15).[127]

25   Die Angaben über die Anteile der Berechtigten in Bruchteilen oder des **für die Gemeinschaft maßgeblichen Rechtsverhältnisses** bei Eintragung eines Rechts für mehrere gemeinschaftlich (§ 47) sind von Amts wegen nachholbar, wenn sie von Anfang an in den Eintragungsgrundlagen enthalten waren und kein Grund für die Annahme einer zwischenzeitlich eingetretenen Rechtsänderung vorliegt;[128] die in der bisherigen Unvollständigkeit der Eintragung liegende Grundbuchunrichtigkeit[129] ist aus sich heraus für jedermann erkennbar, sodass insoweit ein gutgläubiger Erwerb ausscheidet (Rdn 59).[130] Sind die Voraussetzungen für eine Ergänzung nicht gegeben, so kommt nur eine Berichtigung auf Antrag nach Maßgabe des §§ 22 in Betracht.

26   Der versehentlich unterbliebene **Mitbelastungsvermerk** (§ 48) ist grundsätzlich nachholbar, jedoch nicht mehr, wenn das Recht an dem Grundstück, bei dem die Mithaftung nicht vermerkt wurde, auf einen Dritten übergegangen ist; denn die Nichteintragung steht wie die Löschung unter dem öffentlichen Glauben.[131] Gibt es hinreichende Anhaltspunkte für Bösgläubigkeit des Erwerbers, so kommt ein Amtswiderspruch in Betracht.[132]

---

115 OLG Hamm DNotZ 1954, 207.
116 BayObLG JFG 4, 349, 351; BayObLG MittBayNot 1996, 288 = Rpfleger 1995, 455; KGJ 44, 182; 46, 200; KG JFG 9, 194; OLG Karlsruhe NJW 1958, 1189; *Schalhorn* JurBüro 1973, 1028; **aA** wohl *Eickmann* RpflStud 1984, 1, 10: Klarstverm.
117 KGJ 46, 200; KG JFG 9, 194; 14, 102, 103; OLG Hamm DNotZ 1954, 207, 208; OLG Hamm ZflR 1998, 52; *Streuer* Rpfleger 1988, 513, 517.
118 Vgl OLG Hamm DNotZ 1954, 207 f; OLG Hamm ZflR 1998, 52 f.
119 Vgl BayObLGZ 1953, 64; KG JFG 9, 194.
120 OLG Hamm DNotZ 1954, 207, 208.
121 OLG Hamm DNotZ 1954, 207, 208; *Streuer* Rpfleger 1988, 513, 518; KG JFG 8, 392; 9, 194.
122 OLG Hamm NJW 1976, 2023 = Rpfleger 1976, 131; *Ingenstau* § 10 Rn 28.
123 KG DNotV 1930, 246.
124 KG JFG 14, 102, 104.
125 OLG Hamm Rpfleger 1976, 1232, 134.
126 BGH NJW 1994, 2947, 2948; BayObLGZ 1988, 124, 127; KGJ 27, 115, 116; 46, 210, 211; *Demharter* § 46 Rn 20; KEHE-*Eickmann* Rn 2.
127 KGJ 27, 115, 118.
128 OLG Hamm DNotZ 1965, 408, 410.
129 RG JW 1934, 2612; BayObLGZ 1990, 188, 190 = MittRhNotK 1990, 249; KGJ 50, 149, 151; OLG Hamm DNotZ 1965, 408, 409.
130 RG JW 1934, 2612; *Güthe-Triebel* Rn 11; KEHE-*Eickmann* Rn 3.
131 KG HRR 1934 Nr 278.
132 KEHE-*Eickmann* § 48 Rn 2.

Der Grundsatz der Nachholbarkeit bis zu einem Dritterwerb gilt auch für den weggelassenen **Nacherben-** 27
oder Testamentsvollstreckervermerk (§§ 51, 52).[133]

Nach dem Eintritt des Nacherbfalls kommt die Ergänzung um den Nacherbenvermerk nicht mehr in
Betracht.[134]

b) Den Inhalt der Eintragung nicht berührende Richtigstellungen. aa) Nicht richtig gefasste Eintra-
gungen. Nicht unter § 53 fällt auch die nur **nicht richtig**, zum Beispiel die **unklar gefasste** Eintragung. Sie 28
darf, wenn sie Umfang und Inhalt eines eingetragenen Rechts nicht in einer Weise verlautbart, die Zweifel ausschließt,[135] ihr aber im Wege der Auslegung (Rdn 31) oder etwa durch Umdeutung (Rdn 34) ein eindeutiger
Sinn mit zulässigem Inhalt entnommen werden kann, von Amts wegen[136] durch einen **Klarstellungsvermerk**
richtig gestellt werden (Einl G 106 ff).[137] Um bloße Klarstellung handelt es sich auch bei der Richtigstellung der
Bezeichnung eines zweifelsfrei zu ermittelnden Berechtigten und bei Namensberichtigungen, soweit sie die
Identität nicht berühren[138] (s auch § 22 Rdn 86); auch bei der Richtigstellung des Grundbuchs nach Umwandlung einer OHG in eine KG[139] oder einer BGB-Gesellschaft in eine Personenhandelsgesellschaft.[140] Diese Möglichkeit besteht nicht, wenn das Grundbuchamt infolge eines Versehens ein Grundstück nicht auf den Namen
des Erwerbers, sondern eines Dritten eingetragen hat.[141] Für die Verbesserung bloßer Schreibversehen (Rdn 29;
§ 22 Rdn 84) kommt die Eintragung eines Klarstellungsvermerks nicht in Betracht.[142] Die **Grenze zulässiger**
Klarstellung wird **überschritten**, soweit die Ergänzung die Eintragung nicht nur hinsichtlich ihrer Verlautbarung, sondern **sachlich ändert oder berichtigt**[143] – also etwa durch Zusätze erst inhaltlich zulässig macht
(Rdn 22) – und so in Wirklichkeit in das Recht selbst eingreift. Bspw lässt sich eine zwischen den Beteiligten
bestehende Ungewissheit über die Zugehörigkeit eines Raums zum eingetragenen Stockwerkeigentum nicht
auf diesem Wege bereinigen.[144] Von Klarstllung kann auch keine Rede sein, wenn der Vermerk lediglich dazu
dient, wegen Zweifeln einer rechtswirksamen Auflassung alternativ den Erwerb des Eigentums auf der Grundlage einer vorsorglich wiederholten zweiten Auflassung zusätzlich im Grundbuch zu verlautbaren.[145] Besteht
einerseits die Möglichkeit einer Klarstellung, andererseits die Gefahr, dass dadurch in Rechte Dritter eingegriffen wird, müssen die Beteiligten wegen der Frage einer etwaigen Berichtigung auf den Prozessweg verwiesen
werden.[146]

bb) Offensichtliche Unrichtigkeiten. Mit der »Klarstellung« überschneidet sich die Richtigstellung von 29
Schreib- und Rechenfehlern oder sonstigen **offensichtlichen Unzulänglichkeiten** (s auch § 22 Rdn 84),
die ebenfalls von Amts wegen zu erfolgen hat. Nicht mehr eine solche Richtigstellung oder eine Klarstellung
(Rdn 28), sondern eine von § 22 abhängige Grundbuchberichtigung steht dagegen in Frage, wenn eine im Eintragungsvermerk enthaltene, eindeutige und nicht auslegungsfähige, mithin im Hinblick auf den öffentlichen
Glauben des Grundbuchs allein maßgebliche Bezeichnung des herrschenden Grundstücks einer Grunddienstbarkeit unter Berufung auf einen Schreibfehler mit der Eintragungsbewilligung in Einklang gebracht oder
wegen offensichtlich fehlerhafter Bezeichnung schon in der Eintragungsbewilligung verändert werden soll.[147]

---

133 BayObLG 11, 172, 174; KG OLGE 5, 432; OLG Hamm Rpfleger 1976, 132; *Demharter* § 51 Rn 20; KEHE-*Eickmann*
    § 52 Rn 7; *Haegele* Rpfleger 1971, 121, 129 Fn 65; z Eintragung eines Widerspruchs KG OLGE 40, 122; KGJ 52, 140,
    146.
134 KGJ 49, 177; OLG Zweibrücken Rpfleger 1977, 305; OLG Hamm OLGZ 1991, 137, 143 = Rpfleger 1991, 59, 60;
    Demharter § 51 Rn 20.
135 BayObLG NJW-RR 2004, 738 = ZNotP 2004, 23.
136 Holzer ZflR 2005, 165, 174f.
137 RGZ 132, 112; BayObLGZ 1961, 23 = NJW 1961, 1263; BayObLGZ 1988, 124, 126; OLG Hamm OLGZ 1985,
    273 = Rpfleger 1985, 286 m Anm *Meyer-Stolte*, KGJ 47, 198, 201; OLG Frankfurt DNotZ 1970, 250; OLG Karlsruhe
    BWNotZ 1986, 70; OLG Stuttgart Rpfleger 1981, 355; *Eickmann* RpflStud 1984, 1; umfassend neuerdings: *Holzer*
    ZflR 2005, 165.
138 BayObLGZ 1961, 23 = NJW 1961, 1263; BayObLG Rpfleger 1976, 250; KG OLGE 7, 197; 8, 309; KG JFG 8, 241;
    z Ermittlung d Berechtigten einer Grunddienstbarkeit aus d Vorteil vgl OLG Frankfurt Rpfleger 1980, 185; LG Lübeck
    SchlHAnz 1964, 129 m Anm *Scheyhing*, 163.
139 BayObLG DB 1998, 1402.
140 LG München MittBay Not 2001, 482 m Anm *Limmer*.
141 OLG Frankfurt Rpfleger 1964, 116.
142 BayObLG NJW-RR 2004, 738 = ZNotP 2004, 23.
143 BayObLG NJW-RR 2004, 738 = ZNotP 2004, 23; LG Chemnitz MittBayNot 2006, 335 = Rpfleger 2006, 319.
144 OLG Stuttgart Rpfleger 1981, 355.
145 BayObLG MittBayNot 2002, 114.
146 RGZ 113, 223, 231.
147 Jedenf nach Veräußerung d dienenden Grundst: BGHZ 123, 297 = Rpfleger 1994, 157, 159 auf – weitergehende –
    Vorl BayObLGZ 1992, 204 geg OLG Düsseldorf Rpfleger 1987, 496 = DNotZ 1988, 122; BayObLG DNotZ 1997,
    335; BayObLG DNotZ 1998, 295 = NJW-RR 1997, 1511; vgl auch RG DNotV 1932, 721, 722; *Demharter* Rpfleger
    1987, 479.

Nicht haltbar erscheint angesichts der eindeutigen Regelungen der §§ 22, 53 die Annahme, Richtigstellungen von Amts wegen seien in allen Fällen statthaft, in denen die Möglichkeit ausgeschlossen ist, dass infolge fehlerhafter Eintragungen Rechte kraft guten Glaubens entstanden oder erloschen sind.[148]

4. Etwaigen Maßnahmen nach § 53 vorangehende Prüfungen

30 **a) Auslegung.** Bevor von einer unzulässigen oder unrichtigen Grundbucheintragung die Rede sein kann, bedarf es der **Auslegung** der Eintragung und ggf der im Eintragungsverfahren abgegebenen Grundbucherklärungen, uU auch der zugrunde liegenden dinglichen Einigung.

31 **aa) Auslegung der Grundbucheintragung.** Die Eintragung unterliegt an sich der Auslegung nach Maßgabe der §§ 133, 157 BGB[149] (Einl G Rdn 92 ff); auch eine **ergänzende Auslegung** ist nicht ausgeschlossen.[150] Wegen des Erfordernisses der Klarheit und Bestimmtheit des Grundbuchs,[151] um jedem Beteiligten möglichst eindeutig Aufschluss über die dingliche Rechtslage zu geben, gibt es jedoch Einschränkungen, die im Wesentlichen dahin gehen, dass der für die Auslegung zur Verfügung stehende Stoff praktisch auf das Grundbuch und die Eintragungsunterlagen beschränkt ist und damit der Erklärungsinhalt mehr als sonst vom Willen der ursprünglich Beteiligten losgelöst und objektiviert wird. Nach der allgemein in der Rspr verwendeten Formel muss auf Wortlaut und Sinn abgestellt werden, wie er sich unter Berücksichtigung der Eintragungszeit[152] aus dem Grundbuchinhalt selbst und aus der etwa in Bezug genommenen Eintragungsbewilligung für einen unbefangenen Betrachter als nächstliegende Bedeutung ergibt;[153] Umstände, die außerhalb dieser Urkunden liegen, können zur Auslegung nur herangezogen werden, wenn und soweit sie für jedermann ohne weiteres erkennbar sind,[154] also uU die offenkundigen örtlichen Verhältnisse[155] zZt der Rechtsbestellung (wie sich aus dieser Definition ergibt, trifft es nicht zu, dass[156] derartige Umstände nur bei einer Verweisung hierauf in der Eintragungsbewilligung herangezogen werden können). Dabei verlangt die Erkennbarkeit für jedermann nicht Erkennbarkeit durch Einsicht ins Grundbuch und die Grundakten; vielmehr bezieht sie sich gerade auf andere Erkenntnismittel, wie etwa Festellung des bestehenden Zustands im Zeitpunkt der Eintragung.[157] Nach Ansicht des BGH[158] kann auch die tatsächliche Handhabung seit der Rechtsbestellung Anhaltspunkte geben. Dagegen sollen für die Auslegung einer im Grundbuch eingetragenen Zweckbestimmung eines Teileigentums nicht in Bezug genommene Baupläne und Beschreibungen nicht brauchbar sein.[159] Streitig ist, ob die Eintragungsbewilligung mit ihren Verweisungen auch dann zur Auslegung herangezogen werden kann, wenn die Bezugnahme insoweit nicht statthaft war. In der Rspr[160] und von der hM wird dies verneint[161] (s auch Einl G Rdn 103), weil nur der Grundbuchvermerk auszulegen sei, also nur die zulässigerweise darin in Bezug genommenen Urkunden diesem gleichstünden. Zwingend ist das nicht.[162] Was Gegenstand der Auslegung ist (Rdn 11) und welche Unterlagen als für die Auslegung maßgeblich herangezogen werden können, sind zweierlei Fragen.[163] Die Publikumsfunktion des Grundbuches und das Interesse dritter Personen, die die geschaffene Rechtslage gegen sich gelten lassen müssen, verbieten es nicht, bei der Auslegung uneingeschränkt alle Urkunden mit einzubeziehen, auf die Eintragungsvermerk und in Bezug genommene Eintragungsbewilligung verweisen und die den

---

148 OLG Hamburg DNotZ 1955, 148, 150; *Woerle* JW 1934, 3172, 3174; offengel v BGHZ 123, 297, 302 f = Rpfleger 1994, 157, 158 f; BayObLG DNotZ 1998, 295 = NJW-RR 1997, 1511.
149 *Riedel* Rpfleger 1966, 356.
150 BGHZ 160, 354 = NJW 2004, 3413; BayObLGZ 1978, 194, 196; BayObLG Rpfleger 1985, 288.
151 BGHZ 88, 302, 306 = Rpfleger 1984, 70; BayObLG Rpfleger 1989, 361, 362; KG OLGZ 1982, 131, 135.
152 BayObLGZ 1987, 121, 129.
153 RGZ 136, 232, 234; BGHZ 44, 171 = NJW 1965, 2340; BGH MDR 1966, 135; BGHZ 47, 190, 196 = NJW 1967, 1611; BGHZ 59, 205, 208 = NJW 1972, 1464; BGH LM BGB § 1018 Nr 27 = WM 1978, 1131; BGH Rpfleger 1985, 101; BGHZ 88, 302, 306; BGHZ 92, 18, 21; BGHZ 113, 376, 378; BGH NJW 1996, 289, 290; BayObLG Rpfleger 1976, 250; BayObLG NJW-RR 1988, 140; BayObLG Rpfleger 1989, 361, 362; BayObLG DNotZ 1990, 175, 176; OLG Frankfurt Rpfleger 1980, 280; OLG Hamm Rpfleger 1988, 404, 405; KG OLGZ 1982, 131, 135.
154 OLG Karlsruhe BWNotZ 2006, 65.
155 Vgl BGH DNotZ 1971, 95, 97; BGH NJW 1985, 385; aber auch BGH LM BGB § 1018 Nr 11 = NJW 1965, 393, 394; OLG Düsseldorf DNotZ 1988, 122 = Rpfleger 1987, 496 m abl Anm *Demharter*; OLG Düsseldorf NJW-RR 1996, 1228; s auch BGH NJW 1976, 417 (kein Gutglaubensschutz b geänderten Verhältnissen).
156 Wie *Staudinger-Ertl*, BGB, 12. Aufl, § 873 Rn 167 meint.
157 BayObLG DNotZ 1989, 568 f; Rpfleger 2005, 21.
158 BGH NJW 1960, 673; BGH WM 1966, 254, 255; BGH NJW 1976, 417, 418; BGH NJW-RR 1988, 1229, 1230.
159 OLG Stuttgart DWE 1988, 139.
160 BayObLG Rpfleger 1980, 62; BayObLGZ 1984, 239, 243; Rpfleger 1987, 107, 102; 2002, 563 = FGPrax 2002, 151; KG DR 1942, 1796; OLG Düsseldorf DNotZ 1958, 155, 157; OLG Frankfurt Rpfleger 1980, 185.
161 MüKo-*Wacke* § 873 Rn 53 Fn 146; RGRK-*Augustin* § 873 Rn 53; *Demharter* Rn 4; *Demharter* Rpfleger 1987, 497.
162 S auch d Hinweis in BGHZ 123, 297, 301 = Rpfleger 1994, 157, 158.
163 Vgl OLG Hamm DNotZ 1962, 402, 404 = Rpfleger 1962, 59.

Grundakten beigefügt sind, also jedermann jederzeit zugänglich gemacht werden können.[164] Damit steht im Einklang, dass die Rspr bei der Auslegung Abreden als Bestandteil der eintragungsbewilligung selbst dann berücksichtigt, wenn sie nach deren weiterem Text »nicht zur Eintragung in das Grundbuch bestimmt« sein sollten.[165] Nach dem Grundsatz, dass dort, wo wesentliche Bestandteile wirklich fehlen, das Fehlende nicht durch Auslegung hinzugefügt werden kann,[166] wäre es allerdings nicht möglich, über die erwähnten, nicht zum eigentlichen Eintrag gehörenden Unterlagen diesen um etwas zu ergänzen, was in ihm selbst keinerlei – auch nur unvollkommenen – Ausdruck gefunden hat. Ist der Eintragungsvermerk in sich widerspruchsvoll oder unklar, so entscheidet bei zulässiger Bezugnahme auf die Eintragungsbewilligung deren Wortlaut darüber, was als Eintrag zu gelten hat.[167] Bei unterschiedlichen Angaben in der Teilungserklärung und einem beigefügten Lageplan über die Grenzen zwischen zwei Sondernutzungsflächen ist die Darstellung im Lageplan maßgebend.[168] Wenn der aus einer Grunddienstbarkeit Berechtigte durch die Angabe der Parzellennummer des herrschenden Grundstücks im Grundbuch eindeutig bezeichnet ist, kommt eine abweichende Auslegung anhand der Eintragungsbewilligung und der tatsächlichen Verhältnisse nicht in Betracht.[169] Ebenso wenig ist Raum für eine Auslegung mit Blick auf die Eintragungsbewilligung, wenn der Belastungsgegenstand einer Vormerkung im Grundbuch eindeutig bezeichnet ist.[170]

bb) Auslegung der zugrunde liegenden Erklärungen bzw der dinglichen Einigung. Die Grundsätze **32** über die Einschränkung der Auslegung gelten nicht nur für die Eintragung selbst, sondern naturgemäß auch für die Grundbucherklärungen[171] im Eintragungsverfahren[172] (teilw abw Einl G Rdn 95), einschließlich der darauf bezogenen Vollmachten,[173] und auch für die Auslegung der zugrunde liegenden dinglichen Einigung durch das Grundbuchamt.[174] Letzteres gilt unbeschadet der (zu bejahenden) Frage, ob in einem Prozess zwischen den Vertragspartnern bzw ihren Rechtsnachfolgern für die Auslegung der dinglichen Einigung etwas anderes gilt;[175] dem Grundbuchamt sind allemal die genannten Grenzen gesetzt.[176]

b) Behandlung teilweise unrichtiger oder unzulässiger Eintragungen. Ergibt sich nach Auslegung, dass **33** eine Eintragung **teilweise** unzulässig oder unrichtig[177] ist, stellt sich für das Grundbuchamt die Frage, inwieweit sich dies auf den Rest auswirkt. Die materiell-rechtliche **Vermutung** des § 139 BGB für Gesamtnichtigkeit **kommt** hier – wenn auch die Vorschrift als grundsätzlich einschlägig erklärt wird[178] – **praktisch kaum zum Zuge**.[179] Bei inhaltlicher Unzulässigkeit eines Teils bleibt die Resteintragung unberührt, wenn sie für sich den wesentlichen Erfordernissen genügt[180] und nicht wesensmäßig etwas ganz anderes beinhaltet als das, worauf die

---

164 IdS *Bauer/v Oefele-Meincke* Rn 26; *Palandt-Bassenge* § 873 Rn 15; *Staudinger-Gursky* § 873 Rn 259 ff; wohl auch Bay-ObLG Rpfleger 1976, 250; weitergehend (alle d Eintragung zugrunde liegenden Urkunden) *Planck-Strecker* § 873 Anm IV 2b aE.
165 BGH WM 1969, 661.
166 OLG Hamm DNotZ 1962, 402, 404; vgl auch OLG Köln Rpfleger 1982, 463, 464.
167 BGH Rpfleger 1998, 104 = ZflR 1997, 734; KG DNotZ 1956, 555.
168 BayObLG DNotZ 2000, 469 = ZflR 2000, 289.
169 BGHZ 123, 297 = Rpfleger 1994, 157, 159; OLG München FGPrax 2006, 247.
170 BGH Rpfleger 1998, 104 = ZflR 1997, 734.
171 Definition: *Wulf* MittRhNotK 1996, 41, 42 f.
172 BGH WM 1984, 537 mwN; BayObLGZ 1977, 189, 191 = Rpfleger 1977, 360; Rpfleger 1987, 156, 157; DNotZ 1998, 752; OLG Bremen NJW 1965, 2403; OLG München NJW-RR 2006, 963 = Rpfleger 2006, 394 (mat unwirks Rangrücktrittsvereinb als Rangbest iS d § 45 Abs 3 GBO); *Staudinger-Gursky* § 873 Rn 59; *Wulf* MittRhNotK 1996, 41, 43 ff.
173 BayObLG MittBayNot 1996, 287; DNotZ 1998, 750; FGPrax 2004, 209 = Rpfleger 2004, 563; OLG Hamm FG Prax 2005, 240; OLG Schleswig Rpfleger 1996, 402.
174 BayObLG Rpfleger 1974, 222; BayObLG MittBayNot 1994, 319; OLG Frankfurt Rpfleger 1978, 213; *Palandt-Bassenge* § 873 Rn 10; **aA** *Staudinger-Gursky* § 873 Rn 59 – abgesehen von der Auflassung, Rn 62.
175 Vgl BGH NJW 2002, 1038; BayObLGZ 1996, 149, 152; OLG Köln MittRhNotK 1981, 186; OLG Schleswig FGPrax 1998, 9; MüKo-*Wacke* § 873 Rn 38; RGRK-*Rothe* § 1018 Rn 29; *Palandt-Bassenge* § 873 Rn 10; *Staudinger-Gursky* § 873 Rn 59, 61; *Westermann* DNotZ 1958, 259; **and** BGHZ 60, 226, 231 = NJW 1973, 846; BGH WM 1975, 498, 499; BGH Rpfleger 1991, 49; *Wolff-Raiser* § 38 II 3.
176 MüKo-*Wacke* § 873 Rn 38; RGRK-*Augustin* § 873 Rd 53.
177 Dazu *Taupitz* WM 1983, 1150.
178 RGZ 119, 211, 214; BGH WM 1985, 876, 878; BGH NJW-RR 1990, 206; BayObLG Rpfleger 1980, 277; Bay-ObLGZ 1998, 70 = FGPrax 1998, 88 = ZflR 1998, 359; *Ripfel* Rpfleger 1963, 140, 141 Fn 12; vgl aber für d GB-Eintragungsverf BayObLG 30, 239; BayObLGZ 1952, 24, 28; KG JFG 1, 318, 322; **and** für d GB-Berichtigungsverf BayObLG NJW-RR 1990, 722 f; BayObLG Rpfleger 1997, 151; BayObLG ZNotP 1998, 499.
179 D Bedeutung d Vorschr geht allg zurück; vgl *Roth* JZ 1989, 411, 419; ähnl *Bauer/v Oefele-Meincke* Rn 27.
180 RGZ 113, 223, 229; BGH NJW 1966, 1656 = DNotZ 1967, 106; BGH WM 1968, 402; 1968, 1087; BayObLGZ 1973, 21, 27; BayObLGZ 1994, 203, 208 – allerdings zu eng, was den Umfang des zulässigen Teils der Eintragung angeht – zutreffend demgegenüber BGHZ 129, 1, 5; vgl Rdn 134; KGJ 38, 262, 268; 42, 256; 43, 223; KG HRR 1931 Nr 126.

Eintragung als Ganze abzielte (Rdn 134; bezogen auf den Rest kann allerdings Grundbuchunrichtigkeit vorliegen, Rdn 139). Auch soweit es darum geht, ob bei Teilunwirksamkeit der Rest etwa unrichtig ist, wird die Vermutung des § 139 BGB regelmäßig nach der Lebenserfahrung als widerlegt anzusehen sein.[181] Im Übrigen sind die Übergänge zwischen § 139 BGB und § 140 BGB fließend; zumindest solange bei einer teilw Nichtübereinstimmung von Einigung und Eintragung die Möglichkeit einer Umdeutung des nichtigen Teils der dinglichen Einigung besteht, spricht die Vermutung des § 891 BGB für das Eingetragene.[182]

34 **c) Umdeutung.** Einer **Umdeutung** entsprechend § 140 BGB sollen nach hM zwar die Erklärungen im Grundbucheintragungsverfahren und die der vorgenommenen Eintragung zugrunde liegende dingliche Einigung zugänglich sein[183] (Einl G Rdn 132 ff), nicht jedoch – wegen ihrer Eigenschaft als Hoheitsakt und wegen der Publizität des Grundbuchs – die vollzogene Eintragung als solche.[184] Gegen die generelle Verneinung jeder Heilung einer sonst unwirksamen Eintragung auf diesem Wege sind jedoch zunehmend Bedenken erhoben worden[185] (s auch Einl G Rdn 140), die berechtigt erscheinen. § 140 BGB steht in einem inneren Zusammenhang mit den Bestimmungen der §§ 133, 139, 157 BGB,[186] dh Auslegung iS einer Willensermittlung und Umdeutung iS einer Aufrechterhaltung des Geschäfts nach dem hypothetischen Willen lassen sich nicht absolut gegeneinander abgrenzen;[187] auch die Anwendungsbereiche der §§ 139 und 140 BGB gehen ineinander über.[188] Der Grundsatz, dass das Grundbuchamt eine Eintragung nicht als unwirksam behandeln darf, solange die Zweifel sich als anderweit behebbar darstellen,[189] insb die Möglichkeit einer Auslegung besteht – notfalls im ordentlichen Prozess, auf den das Grundbuchamt die Beteiligten uU verweisen muss[190] –, gebieten in Ausnahmefällen auch die Aufrechterhaltung des Eingetragenen iS eines Ersatzrechts, wenn ein solches sich – unter dem gebotenen objektivierten Blickwinkel – wegen augenfälliger inhaltlicher und wirtschaftlicher Ähnlichkeit als mögliches minus oder aliud aufdrängt.[191] Dass die Eintragung ein Hoheitsakt ist, steht der Umdeutung nicht grundsätzlich entgegen, wie die Regelung des § 47 VwVfG zeigt,[192] aber auch nicht die Publizität des Grundbuchs: Dieses schafft dafür, dass Eingetragenes als unwirksam behandelt werden müsste, keinen Vertrauenstatbestand; das Publikum muss mit einer Umdeutung im Prinzip genauso rechnen[193] wie mit einer die Eintragung aufrecht erhaltenen Auslegung. In der Rspr ist die Umdeutung von Grundbucheintragungen auch keineswegs immer abgelehnt worden.[194] Wenn man aber die Umdeutung einer Grundbucheintragung grundsätzlich in Betracht zieht, muss man ihr (entgegen Einl G Rdn 140[195]) auch eine »Rückwirkung« zusprechen. In der

181 Vgl KGJ 42, 256, 260, 261; 43, 223, 226; MüKo-*Eickmann* § 1116 Rn 30; z Entkräftung d § 139 BGB b Mängeln d Begründung v Wohnungseigentum vgl BayObLG NJW 1974, 152 = Rpfleger 1974, 111.
182 OLG Stuttgart OLGZ 1979, 21, 24; vgl auch RGZ 108, 146, 149; 123, 169, 171.
183 Dazu RGZ 108, 146; 123, 169, 171; BayObLG JFG 4, 347, 348; BayObLGZ 1953, 333 = NJW 1953, 1914 = DNotZ 1954, 30 = Rpfleger 1954, 45; BayObLGZ 1983, 118, 125 = Rpfleger 1983, 346; BayObLG DNotZ 1998, 752; BayObLG ZNotP 1998, 498; OLG Bremen OLGZ 1988, 10; OLG Düsseldorf DNotZ 1977, 305; OLG Hamm Rpfleger 1957, 117; OLG Hamm JMBlNRW 1959, 66; KG OLGZ 1967, 324 = NJW 1967, 2358 = DNotZ 1968, 95 = Rpfleger 1968, 50 m Anm *Riedel*; KG NJW 1968, 508; OLG Köln JMBlNRW 1982, 76; OLG Stuttgart OLGZ 1979, 21; *Baur* JZ 1957, 629; *Hieber* DNotZ 1954, 303; *Krampe* 290 ff, 292.
184 BayObLG 25, 390 = JW 1927, 1432 m Anm *Stillschweig*; BayObLGZ 1961, 63 = DNotZ 1961, 587 = Rpfleger 1962, 406, 407; BayObLG DNotZ 1998, 295, 298; OLG Hamm JMBlNRW 1959, 66; OLG Karlsruhe NJW 1958, 1189; MüKo-*Mayer-Maly* § 140 Rn 7; *Staudinger-Dilcher* § 140 Rn 18; RGRK-*Augustin* § 873 Rn 49; *ders* § 879 Rn 42; RGRK-*Krüger-Nieland/Zöller* § 140 Rn 6; *Staudinger-Gursky* § 873 Rn 265; *Abramenko* Rpfleger 1998, 313; *Krampf* 293; *Weimar* WM 1966, 1098; *H. P. Westermann* NJW 1970, 1023, 1026, 1027; vgl auch *Heil* RNotZ 2003, 445, 449.
185 LG Darmstadt Rpfleger 2004, 349; MüKo-*Wacke* § 873 Rn 55 m Anm 147; grundsätzl zust *Staudinger-Ertl*, BGB, 12. Aufl, § 873 Rn 168; wohl auch *Palandt-Heinrichs* § 140 Rn 1; wie hier *Bauer/v Oefele* Rn 28; KEHE-*Dümig* Einl C 31 ff; *Dümig* ZflR 2007, 31; *Schmenger* BWNotZ 2003, 73, 75: Umdeutung v unzul begr Sondereigentum in Sondernutzungsrecht; vgl auch *Wufka* MittBayNot 1996, 156, 161 ff.
186 BGHZ 19, 269 = NJW 1956, 297; *Larenz* Allgemeiner Teil, § 23 III.
187 Vgl *Krampf*, 286 ff.
188 Vgl *Ermann-Hagen* § 873 Rn 21.
189 BGH WM 1968, 1087.
190 RGZ 113, 223, 230; BayObLGZ 1961, 23 = NJW 1961, 1263.
191 Beispiel: Einl G Rdn 141 ff; MüKo-*Wacke* § 873 Rn 55; § 883 Rn 6; § 885 Rn 24; § 892 Rn 65; *Larenz* Allgem Teil d Bürgerlichen Rechts, § 23 III.
192 Dazu näher *Ludemann-Windthorst* BayVBl 1995, 357; z Umdeutung v Verwaltungsakten durch d Gericht: BVerwG DVBl 1984, 431; *Weyreuter* DÖV 1985, 126.
193 **AA** wohl OLG Hamm JMBlNRW 1959, 66, 67.
194 Vgl RGZ 104, 122, 124; OLG Jena JW 3929, 1319 m Anm *Stillschweig*, KG DR 1942, 1796; OLG Hamm Rpfleger 1957, 117, 118; LG Regensburg MittBayNot 1990, 43; s auch BayObLGZ 1961, 23 = NJW 1961, 1263, 1265; BayObLG MDR 1981, 145; BayObLGZ 1983, 118, 123, 124 = DNotZ 1983, 754 = Rpfleger 1983, 346; KG DR 1942, 1790; OLG Köln MittRhNotK 1996, 61; wie selbstverständl prüfen Umdeut d Teilungserkl im WEG-Verf: BayObLG ZflR 2000, 132 f; OLG Hamm OLGZ 1992, 174, 177; OLG Hamm FGPrax 1996, 176, 177 f.
195 *Staudinger-Ertl* BGB, 12. Aufl, § 873 Rn 168, der prakt doch keine Umdeutung d Eingetragenen befürwortet, sondern nur d Erledigung d dann noch offenen (umzudeutenden) Eintragungsantrags ex nunc; s *Ertl* MittBayNot 1988, 53, 61.

»Rückwirkung« einer Konversion, die nach richtigem Verständnis kraft Gesetzes eintritt,[196] liegt gerade (auch) ihr Sinn. Aus dieser Sicht ist die Ersetzung der bisherigen Eintragung durch das Grundbuchamt aufgrund Umdeutung eine Richtigstellung (»Berichtigung«) (Rdn 28, 29), jedoch keine Grundbuchberichtigung iS von § 22.[197] Nicht haltbar erscheint die Ablehnung der Umdeutung einer Eintragung, bei der sich Eintragungsvermerk (dingliches Vorkaufsrecht) und Eintragungsbewilligung (Vormerkung zur Sicherung eines Anspruchs aus einem persönlichen Vorkaufsrecht) widersprechen, in eine Auflassungsvormerkung allein mit der Begründung, es fehle angesichts einer wirksam bewilligten Auflassungsvormerkung an einem nichtigen Rechtsgeschäft iS des § 140 BGB:[198] Nach dem Gedanken der Umdeutung gilt es doch, die »nichtige« **Grundbucheintragung** mit konvertiertem Inhalt aufrechtzuhalten. Nicht in Betracht kommt naturgemäß eine Umdeutung durch das Grundbuchamt, wenn die Verhältnisse so unklar sind, dass ein entsprechend den Anforderungen des Grundbuchverkehrs eindeutiges Ergebnis anhand des verwertbaren Materials (vgl Rdn 31) nicht gefunden werden kann.[199]

5. Anlass und Umfang der Amtsprüfung ordnungswidriger Eintragungen

a) Anlass zur Überprüfung. Das Grundbuchamt ist **nicht verpflichtet, die vorhandenen Eintragungen** 35 **ohne besonderen Anlass auf ihre inhaltliche Zulässigkeit und Richtigkeit zu überprüfen.**[200] Einen Grund zur Nachprüfung bietet zB die Anregung eines Beteiligten oder die Umschreibung eines Grundbuchblatts (vgl § 29 S 1 GBV). Nach der **Vermutung des § 891 BGB**, die auch für das Grundbuchamt gilt[201] (abgesehen von Rdn 84), hat dieses ein verzeichnetes eintragungsfähiges Recht, und zwar in den sich aus dem Liegenschaftskataster ergebenden Grenzen,[202] als bestehend hinzunehmen – nicht die rechtlichen Verhältnisse des als Inhaber Eingetragenen.[203] Das gilt grundsätzlich auch bezüglich der Eintragungen vor dem 3. Oktober 1990 im Bereich der neuen Bundesländer.[204] Umstände, die außerhalb der für den Eintragungsvorgang maßgeblichen Urkunden liegen, bleiben für das Grundbuchamt bei Anwendung dieser Vermutung grundsätzlich außer Betracht.[205] Das Grundbuchamt hat auch keinen Anlass, die Eintragung selbst dadurch zu untergraben, dass es die Eintragungsunterlagen nachträglich durchgeht und nunmehr anders auslegt;[206] etwas anderes gilt bei Bekanntwerden neuer[207] Umstände, die die Unrichtigkeit der Eintragung ergeben, oder wenn zutage tritt, dass die frühere Auslegung zugrunde liegender Urkunden rechtlich – also gemessen an den anerkannten Auslegungsregeln – nicht vertretbar[208] war.

b) Besonderheiten bei Eintragungen auf Anweisung des Beschwerdegerichts. Kein Recht zur Nach- 36 prüfung und zu Maßnahmen nach § 53 steht, solange der Tatbestand unverändert ist, dem Grundbuchamt bezüglich Eintragungen zu, die es **auf Anweisung des Beschwerdegerichts** vorgenommen hatte; das würde seiner Stellung gegenüber der Rechtsmittelinstanz widersprechen[209] (z Bindungswirkung der Beschwerdeentscheidung § 77 Rdn 43 f). Die Eintragung eines Amtswiderspruchs – wegen einer Gesetzesverletzung des Beschwerdegerichts[210] – oder die Amtslöschung kann insoweit grundsätzlich nur im Wege der weiteren Beschwerde erwirkt werden[211] (§ 71 Rdn 8; § 78 Rdn 7, 10).

---

196 *Palandt-Heinrichs* § 140 Rn 1; wohl auch *Larenz* Allgem Teil d Bürgerlichen Rechts, § 23 III; *Krampe* 286; aus der – umstr – Äußerung BGHZ 19, 269 = NJW 1956, 297, Umdeutung u ergänzende Auslegung seien rechtsgestaltende Aufgaben d Gerichts, lässt sich nichts Gegenteiliges entnehmen.

197 LG Regensburg MittBayNot 1990, 43, 44.

198 So aber BayObLG MittBayNot 1995, 460, 461.

199 *Böhringer* MittBayNot 1990, 12, 16.

200 RG JW 1936, 1211; BayObLGZ 1960, 447, 453; 1964, 210, 212; BayObLG Rpfleger 1978, 316; *Hügel/Holzer* Rn 5.

201 BayObLGZ 1972, 46, 48 = Rpfleger 1972, 182; WM 1983, 1270; Rpfleger 1989, 396 (Ls b *Plötz* 396 ff); Rpfleger 1992, 56 m Anm *Bestelmeyer* Rpfleger 1993, 279; BayObLGZ 1995, 413, 417; OLG Frankfurt Rpfleger 1991, 361; KG JFG 14, 386; KG NJW 1973, 56 = Rpfleger 1973, 21; OLG Köln FGPrax 1996, 5 = MittRhNotK 1995, 321; OLG Stuttgart Justiz 1983, 306; vgl auch BayObLGZ 1973, 246, 250 = Rpfleger 1973, 429; Rpfleger 1983, 17.

202 BGH Rpfleger 2006, 181 = NJW-RR 2006, 662.

203 OLG Frankfurt NJW-RR 1997, 401 = Rpfleger 1997, 105; OLG Hamm Rpfleger 1995, 153.

204 S im Einzelnen: *Flik* DtZ 1996, 74.

205 OLG Köln Rpfleger 1985, 435.

206 BayObLG Rpfleger 1982, 467, 468; KG JW 1934, 2931; SchlHOLG SchlHAnz 1962, 174.

207 BayObLG Rpfleger 1989, 396 (Ls b *Plötz* 396 ff).

208 OLG Hamm DNotZ 1967, 686; OLG Frankfurt Rpfleger 1976, 132.

209 BayObLG 9, 560; KG JFG 3, 264, 267 unt Aufg v KG OLGE 7, 375.

210 BGHZ 106, 108, 111; BayObLGZ 1987, 431, 434; BayObLG NJW-RR 1989, 1495, 1496; OLG Hamm MittBayNot 1990, 361, 362; *Demharter* Rn 20.

211 RGZ 70, 234; BGHZ 105, 108, 111; BayObLGZ 1961, 23 = NJW 1961, 1263 = DNotZ 1961, 317; BayObLG Rpfleger 1980, 64; BayObLGZ 1987, 434.

37 **c) Amtsermittlung, Feststellungslast.** Sieht das Grundbuchamt berechtigten Anlass zur Prüfung, kann und muss es nach der insoweit anders als im Antragsverfahren geltenden Regel des § 12 FGG[212] (ab 01.09.2009 § 26 FamFG) die erforderlichen **Ermittlungen von Amts** wegen anstellen, also bspw Beteiligte anhören, Urkunden beiziehen,[213] uU auch Zeugen vernehmen. Das Grundbuchamt hat dabei die nach pflichtgemäßem Ermessen zu treffende Wahl zwischen formloser Ermittlung (Freibeweis) und Strengbeweis (str);[214] jedenfalls im Zusammenhang mit der Eintragung eines Amtswiderspruchs[215] ist der Freibeweis unproblematisch und regelmäßig geboten. Die Ermittlungspflicht hält sich allerdings in dem Rahmen, der dem Grundbuchamt durch die Art seiner Tätigkeit bestimmt ist. Insb wenn es um die Feststellung der Unwirksamkeit einer Eintragung und deren Löschung geht, kann es nicht seine Aufgabe sein, abschließend alle tatsächlichen Zweifelsfragen zu klären und einem Rechtsstreit vorzugreifen.[216] Bleiben die von Amts wegen anzustellenden Untersuchungen ohne Ergebnis, gelten die Beweislastregeln des materiellen Rechts.[217] So gilt im Verfahren nach § 53 auch die Vermutung des § 1117 Abs 3 BGB (str).[218] Zum Grad der Gewissheit beim Amtswiderspruch Rdn 83, 84, bei der Amtslöschung Rdn 108.

6. Beteiligte des Amtsverfahrens (Einl F 22 ff)

38 Am Verfahren nach § 53 formell Beteiligter ist, wer ein solches Verfahren ausdrücklich anregt.[219] Materiell Beteiligte sind diejenigen, deren Rechte und Pflichten unmittelbar beeinflusst werden können; im Amtswiderspruchsverfahren also der eingetragene Buchberechtigte, jeder, der an dem unrichtig eingetragenen Recht ein Recht hat, und der, zu dessen Gunsten der Amtswiderspruch einzutragen ist,[220] im Amtslöschungsverfahren der Buchberechtigte, dessen Recht gelöscht werden soll, jeder, der daran ein Recht hat, und der Eigentümer.[221]

7. Rechtliches Gehör

39 Alle formell und materiell Beteiligten (Rdn 38) haben im Verfahren nach § 53 grundsätzlich Anspruch auf rechtliches Gehör. Im Amtswiderspruchsverfahren braucht die Anhörung allerdings nicht vor der Eintragung zu erfolgen, weil dadurch der Verfahrenszweck gefährdet sein könnte.[222] Wenn die Löschung einer Eintragung wegen inhaltlicher Unzulässigkeit beabsichtigt wird, müssen dagegen die davon rechtlich Betroffenen immer vorher gehört werden. Zwar enthält die GBO darüber keine Vorschriften. Unter dem Gesichtspunkt des insoweit unmittelbar anzuwendenden Art 103 Abs 1 GG[223] besteht jedoch eine Pflicht zum rechtlichen Gehör. Wenn auch eine Eintragung mit unzulässigem Inhalt dem Eingetragenen kein grundbuchmäßiges Recht einräumt, so verschafft sie ihm jedenfalls insoweit eine verfahrensrechtliche Position, als er vor einer etwaigen Amtslöschung seines »Rechts« am Verfahren zu beteiligen (und nach einer etwaigen Löschung beschwerdebefugt ist). Einerseits ergibt sich aus der Eintragung immerhin der »amtliche« Schein eines Rechts, der auch von erheblicher wirtschaftlicher Bedeutung sein kann. Andererseits ist nicht von vornherein auszuschließen, dass nach einer Stellungnahme des Berechtigten – etwa auch in Richtung auf eine Auslegung oder Umdeutung (Rdn 31, 34) – das Grundbuchamt seine rechtliche Beurteilung ändern wird.[224] Die Rspr sieht die Anhörungspflicht mittlerweile auch als eine Selbstverständlichkeit an.[225] Das BVerfG hat zwar – was schwer verständlich ist – ausgesprochen, Art 103 Abs 1 GG sei nicht auf das Verfahren vor dem Rpfleger anwendbar.[226] Im Hinblick auf den

---

212 BayObLGZ 1952, 28; OLG Frankfurt Rpfleger 1979, 418, 420; OLG Hamm Rpfleger 1957, 117, 119; OLG Oldenburg Rpfleger 1966, 174, 175; KGJ 48, 194.

213 BayObLGZ 1986, 513, 520 = Rpfleger 1987, 101, 103; z Beweisaufnahme u Beweiswürdigung *Eickmann* Rpfleger 1979, 169.

214 Hinw b § 77 Rdn 21; **aA** Einl F 86: grundsätzl Strengbeweis im GB-Verfahren; ebenso f Amtslöschung: *Eickmann* GBVerfR, Rn 22.

215 *Eickmann* GBVerfR, Rn 22.

216 OLG Hamm Rpfleger 1957, 117, 119; vgl auch RGZ 113, 223, 231.

217 Vgl OLG Köln Rpfleger 1982, 463, 464; BayObLG JR 1986, 157 m Anm *Kuntze*; allgem z Feststellungslast: *Eickmann* Rpfleger 1979, 169, 174.

218 MüKo-*Eickmann* § 1117 Rn 32; *Palandt-Bassenge* § 1117 Rn 4 **geg** OLG Oldenburg Rpfleger 1966, 174.

219 *Eickmann* FS Winter (1982), 8, 25; *ders* RpflStud 1984, 1, 3.

220 *Eickmann* FS Winter (1982), 8, 19, 20, 21; *ders* RpflStud 1984, 1, 3.

221 *Eickmann* FS Winter (1982), 8, 21, 22; *ders* RpflStud 1984, 1, 3.

222 *Eickmann* GBVerfR, Rn 25, *Eickmann* Rpfleger 1982, 449, 452; vgl auch BVerfGE 7, 95, 99; 9, 89, 98; BGH Rpfleger 1984, 363.

223 BVerfGE 24, 56, 62; BayObLG Rpfleger 1995, 105; *Leibholz-Rinck* GG Art 103 Rn 3; *Eickmann* Rpfleger 1982, 449 ff; *Ertl* Rpfleger 1979, 361, 363; *ders* Rpfleger 1980, 1, 9; **aA** für d Verf vor dem Rpfleger BVerfGE 101, 397 = NJW 2000, 1709 = FGPrax 2000, 103.

224 Vgl KGJ 49, 146.

225 Vgl BayObLG JurBüro 1989, 1273, 1275; BayObLGZ 1990, 212, 216; BayObLG Rpfleger 2005, 21.

226 BVerfGE 101, 397 = NJW 2000, 1709 = Rpfleger 2000, 205; **krit** *Eickmann* Rpfleger 2000, 245; *Dümig* Rpfleger 2000, 248, 249; *E. Schneider* Rpfleger 2000, 519; *Habscheid* Rpfleger 2001, 209; *Kraiß* BWNotZ 2000, 94; *Mielke* BayVBl 2004, 520, 525f.

aus dieser Sicht allemal eingreifenden rechtstaatlichen Grundsatz eines fairen Verfahrens[227] ergibt sich jedoch in der praktischen Rechtsanwendung kein Unterschied.

8. Entscheidung

a) Ausnahmsweise Vorbescheid. Vor einer Amtslöschung kann entgegen der hM[228] in besonderen Ausnahmefällen ein **Vorbescheid** entspr dem Erbscheinsverfahren[229] in Betracht kommen (§ 18 Rdn 26 ff, 29; § 71 Rdn 28), wie die Rspr dies auch vereinzelt[230] praktiziert hat. Wegen der Anfechtbarkeit § 71 Rdn 28. **40**

b) Entscheidungsalternativen. Sind die Voraussetzungen eines Amtswiderspruchs oder der Amtslöschung nicht gegeben und war niemand formell beteiligt, so stellt das Grundbuchamt das Verfahren formlos, etwa durch einen Aktenvermerk, ein. Bei formeller Beteiligung Außenstehender (Rdn 38) müssen diese förmlich, also durch Beschluss **beschieden** werden.[231] Sind die Voraussetzungen eines Amtswiderspruchs oder der Amtslöschung gegeben, so erfolgt die entsprechende Eintragungsverfügung (Rdn 88 ff, 138). Wegen der Bekanntmachung der vollzogenen Eintragungsverfügung s § 55. **41**

c) Kosten. Maßnahmen nach § 53 lösen keine Gerichtsgebühren aus. Waren an dem Verfahren mehrere Personen mit widerstreitenden Interessen und Anregungen formell beteiligt, so kommt eine Kostenentscheidung nach § 13a Abs 1 S 1 FGG[232] in Betracht.[233] **42**

9. Haftung

Da der Grundbuchbeamte nach § 53 Abs 1 S 1 oder 2 verfahren **muss**, sobald deren Voraussetzungen gegeben sind, können sich aus einem Unterlassen oder einer Verzögerung der erforderlichen Maßnahmen Regressansprüche wegen Amtspflichtverletzung ergeben. **43**

III. Amtswiderspruch

1. Gegenstand

a) Unter dem öffentlichen Glauben des Grundbuchs stehende Eintragungen. Der Widerspruch kommt nur in Betracht gegen den »Inhalt« (Rdn 11 ff) des Grundbuchs betreffende Eintragungen (Rdn 7 ff), **aus denen für die Betroffenen Rechtsnachteile infolge der Vorschriften über den Schutz des öffentlichen Glaubens des Grundbuchs entstehen können**.[234] Auch Löschungen zählen hierher,[235] mithin auch der Fall des § 46 Abs 2.[236] Es kommt insoweit darauf an, ob das gelöschte Recht zur Erhaltung seiner Wirksamkeit gegenüber dem öffentlichen Glauben der Eintragung bedarf.[237] Ausgeschlossen ist etwa die Anwendung des § 892 BGB nach Maßgabe des Art 233 § 5 Abs 2 S 1 EGBGB, wenn ein Wege- und Überfahrtsrecht bereits zu den Zeiten der DDR in das Grundbuch eingetragen war, dann aber – vor oder nach dem Beitritt – versehentlich gelöscht oder nicht auf ein anderes Grundbuch mitübertragen wurde.[238] **Nicht** als gelöscht gilt eine Grunddienstbarkeit, die statt in Abt II beim Grundstück im Bestandsverzeichnis eingetragen war, dadurch, dass das Grundstück nach Zurückführung auf das Liegenschaftskataster auf dem selben Grundbuchblatt ohne den auf die Grunddienstbarkeit hinweisenden Vermerk vorgetragen wird.[239] Nicht mehr in Betracht kommen kann ein Widerspruch gegen das nicht mehr bestehende gelöschte Recht.[240] Auch die erstmalige Anlegung eines Grundbuchblatts steht in diesem Zusammenhang einer Eintragung gleich, weil der Inhalt des angelegten **44**

227 BVerfGE 101, 397 = NJW 2000, 1709 = Rpfleger 2000, 205.
228 BGH NJW 1980, 1521 = Rpfleger 1980, 273; BayObLG NJW-RR 1994, 1429; BayObLG NJW-RR 2001, 1258 = ZfIR 2001, 161; OLG Frankfurt Rpfleger 1978, 306; OLG Hamm JMBlNRW 1961, 275; KG JFG 12, 268, 271; OLG Karlsruhe Rpfleger 1993, 192; OLG Stuttgart Justiz 1990, 299; OLG Zweibrücken FGPrax 19997, 127 = Rpfleger 1997, 428; *Demharter* § 71 Rn 18; KEHE-*Briesemeister* § 71 Rn 60.
229 BGHZ 20, 255 = NJW 1956, 987.
230 KGJ 49, 146; LG Freiburg BWNotZ 1980, 61; LG Memmingen Rpfleger 1990, 251 m Anm *Minkus* vgl OLG Saarbrücken OLGZ 1972, 129; LG Koblenz Rpfleger 1997, 158; idS *Eickmann* GBVerfR, Rn 414; *v Schuckmann* FS Winter (1982), 43, 57 ff; *Hähnlein* 81, 83, 131 f; *Kahlefeld* BWNotZ 1998, 60.
231 *Eickmann* GBVerfR, Rn 404; *ders* RpflStud 1984, 1, 7.
232 Betr – entg *Bauer/v Oefele-Meincke* Rn 89, 129 – Erstattung außergerichtl Kosten.
233 *Eickmann* GBVerfR, Rn 404; *ders* RpflStud 1984, 1, 7.
234 BGHZ 25, 16 = NJW 1957, 1229 = JZ 1959, 627 m Anm *Baur* = Rpfleger 1958, 310; BayObLGZ 1987, 231, 235.
235 BayObLG Rpfleger 1981, 397, 398; BayObLG Rpfleger 1987, 101; ThürOLG FGPrax 1997, 172.
236 BGHZ 104, 139, 143; BayObLG NJW 2003, 3785; KEHE-*Eickmann* Rn 2.
237 KG Rpfleger 1975, 68.
238 BGH ZOV 204, 20 = Rpfleger 2004, 152.
239 BayObLGZ 1995, 413.
240 OLG Stuttgart Justiz 1969, 136.

Blattes dem öffentlichen Glauben unterliegt (s § 125 S 2).[241] Ebenso kann die Umschreibung auf ein neues Grundbuchblatt zu – wenn auch ordnungswidrigen – Änderungen des Grundbuch-«Inhalts« führen (Rdn 12).

45 **b) Nicht gegen rein tatsächliche oder deklaratorische Eintragungen.** Heraus fallen von vornherein die **Eintragungen tatsächlicher** (Rdn 13) oder **deklaratorischer Art** (Rdn 15) bzw nur die Fassung der Eintragung betreffende, klarstellende oder offenbare Unrichtigkeiten beseitigende Vermerke (Rdn 28, 29).

46 **c) Nicht gegen inhaltlich unzulässige Eintragungen.** Auszunehmen sind weiterhin die **inhaltlich unzulässigen** Eintragungen (Rdn 101 ff), weil der öffentliche Glaube des Grundbuchs sich auf sie nicht erstreckt; sie haben keine materielle Wirkung,[242] gelten als nicht eingetragen.[243] Ein Widerspruch wäre zwecklos.[244]

47 **d) Nicht gegen gegenstandslos gewordene Eintragungen.** Ein Widerspruch kommt auch nicht (mehr) in Betracht, wenn die Eintragung, gegen die er sich richten sollte, **gegenstandslos** geworden ist. So soll er sich erübrigen gegen die unberechtigte Löschung einer Vormerkung aus Anlass einer Grundbuchumschreibung, wenn der Voreintrag sowie der Löschungsvermerk in das neue Grundbuchblatt nicht übernommen worden sind[245] (bedenklich, weil das Grundbuch infolge des materiellen Weiterbestehens der Vormerkung unrichtig ist und die Gefahr insoweit gutgläubig lastenfreien Erwerbs und damit einer Haftung des Staates droht).

48 **e) Nicht gegen einen Gutglaubenserwerb hindernde Eintragungen.** Ins Leere ginge ein Widerspruch gegenüber Eintragungen, die **nicht die Möglichkeit eines Gutglaubenserwerbs gewähren,** sondern im Gegenteil einen solchen gerade **verhindern** sollen. Dazu gehören: **Verfügungsbeschränkungen** wie Veräußerungsverbote,[246] Erbteilspfändung und -verpfändung,[247] Zwangsversteigerungs- bzw -verwaltungsvermerke,[248] Testamentsvollstreckervermerke[249] und Nacherben- oder Ersatzerbenvermerke[250] (nicht der Vermerk über eine befreite Vorerbschaft, die Eintragung der Befreiung des Vorerben kann gutgläubigen Erwerb ermöglichen und deshalb Gegenstand eines Widerspruchs sein[251]), aber auch[252] eine zum Inhalt des Wohnungseigentums gehörende Veräußerungsbeschränkung nach § 12 Abs 1 WEG (einen Gutglaubenserwerb im positiven Sinne zugänglich sein kann dagegen für sich genommen eine Regelung nach § 12 Abs 2 S 2 WEG). **Widersprüche** nach § 899 BGB bzw § 53 Abs 1 S 1[253] oder öffentlich-rechtlichen Vorschriften, zB §§ 7 Abs 2 GrdstVG, 23 Abs 3 BauGB. Zustimmungsvorbehalte für Behörden (vgl etwa § 6 Abs 4 BoSoG; § 13 S 2 GBBerG; § 13c VermG). Widersprüche und Vormerkungen gemäß § 18 Abs 2 als verfahrensrechtliche Schutzvermerke (§ 18 Rdn 114, 131). Der Mitbelastungsvermerk nach § 48.[254] Rechtshängigkeitsvermerke.[255]

49 **f) Gegen Vormerkungen?** Ob die Eintragung einer **Vormerkung** (§ 883 BGB) einen Rechtserwerb aufgrund öffentlichen Glaubens ermöglicht und damit widerspruchsfähig ist, wird unterschiedlich beurteilt.[256]

---

241 KG JFG 12, 268 = JW 1935, 2037; OLG Köln OLGZ 1982, 141, 142.
242 RGZ 113, 223, 231; 130, 64, 67; BGH NJW 1995, 2851, 2854; BGHZ 130, 159, 170 = Rpfleger 1996, 19; BGH Rpfleger 2005, 17 = ZfIR 2004, 1006; BayObLGZ 1987, 390, 398 = DNotZ 1988, 316; BayObLG MittBayNot 1995, 288.
243 MüKo-*Wacke* § 891 Rn 3; fragl ist, ob ihnen m *Staudinger-Ertl* BGB, 12. Aufl, Vorbem z §§ 873–902 Rn 95 jede »formelle« Wirkung abgesprochen werden kann; s auch Rdn 39.
244 OLG München JFG 14, 105, 113; z »aliud-Verhältnis« zwischen GB-Unrichtigkeit u inhaltl Unzulässigkeit vgl auch *Schmid* Rpfleger 1987, 133, 137.
245 BayObLGZ 1961, 63 = Rpfleger 1962, 406.
246 BayObLG 15, 325; KG DNotV 1930, 491.
247 KG HRR 1934 Nr 1055; z Wirkung vgl BayObLGZ 1959, 50, 56 = NJW 1959, 1780 = Rpfleger 1960, 157.
248 KGJ 26, 77, 79; KG HRR 1930 Nr 1509.
249 KGJ 40, 199.
250 BayObLGZ 1957, 285, 288; BayObLGZ 1970, 137, 139 = Rpfleger 1970, 344 = NJW 1970, 1794; BayObLG DNotZ 1983, 318; OLG Hamm OLGZ 1976, 180; OLG Oldenburg NdsRpfl 1947, 86; OLG Zweibrücken NJW-RR 1998, 666.
251 OLG Hamm OLGZ 1971, 448 = Rpfleger 1971, 255.
252 **Entg** LG Wiesbaden.
253 RGZ 117, 346, 352; BayObLGZ 1952, 24, 26; 1978, ·157, 158 = DNotZ 1978, 626; BayObLG Rpfleger 1982, 470; BayObLG NJW-RR 1998, 1025; KG JFG 10, 221; OLG Hamm JMBlNRW 1965, 269; OLG Hamm Rpfleger 1973, 440; OLG Stuttgart OLGZ 1979, 300.
254 KG HRR 1934 Nr 278.
255 OLG München NJW-RR 2000, 384; OLG Schleswig Rpfleger 1994, 455; OLG Stuttgart OLGZ 1979, 300, 301 = DNotZ 1980, 106; OLG Stuttgart Rpfleger 1997, 15; OLG Zweibrücken OLGZ 1989, 260, 262.
256 Z d Fragenkreis insb: *Canaris* FS Flume I (1978), 381, 387; *ders* JuS 1969, 80; *Furtner* NJW 1963, 1484; *Hager* JuS 1990, 429, 437; *Hepting* NJW 1987, 865; *Kempf* JuS 1961, 22; *Kupisch* JZ 1977, 486; *Ludwig* DNotZ 1987, 403, 424, 425; *Mauch* BWNotZ 1994, 139, 146; *Mayer* NJW 1963, 2363; *Medicus* AcP 163, 1; *Rahn* BWNotZ 1970, 25; *Reinicke* NJW 1964, 2373; *Tempel* JuS 1965, 26, 28; *Tiedtke* 106 ff; *Wiegand* JuS 1975, 205; *Wunner* NJW 1969, 113; *Zärban* Diss; im Übrigen d Kommentare z §§ 883, 885 BGB.

Unproblematisch sind die Fälle, in denen der vorgemerkte Anspruch nicht besteht: Ein gutgläubiger Erwerb der Vormerkung scheidet wegen ihrer strengen Akzessorietät[257] aus, also auch die Möglichkeit eines darauf gegründeten Amtswiderspruchs.[258] Im Übrigen kann für einen Amtswiderspruch nach seiner Zweckrichtung nur Raum sein, wenn man einen gutgläubigen »Zweit«-Erwerb der Vormerkung bejaht, also bei Abtretung eines bestehenden Anspruchs, für den eine Vormerkung eingetragen, aber etwa wegen Bösgläubigkeit des Erst-erwerbers[259] oder mangels Bewilligung[260] nicht wirksam geworden war (einen redlichen Ersterwerb, der sich mit Eintragung vollendete, könnte der Widerspruch ohnehin nicht mehr verhindern[261]). In dieser Richtung hat sich der BGH gegen die wohl überwiegende Meinung entschieden.[262] Die Rechtsnatur der Vormerkung, die dem geschützten Anspruch in gewissem Umfang dingliche Wirkung verleiht, und dem geschützten Anspruch in gewissem Umfang dingliche Wirkung verleiht, und ein praktisches Bedürfnis[263] sprechen für diese Rspr; die dagegen erhobenen, eher rechtstechnisch/konstruktiven, auch nicht zwingenden Bedenken – vor allem das, bei der Abtretung erfolge der Erwerb der Vormerkung kraft Gesetzes (§ 401 BGB) als »Anhängsel« des Anspruchs und daher nicht durch Rechtsgeschäft[264] –, könnten angesichts des Umstands, dass die Vormerkung sich ohne-hin nicht in einer alle Zweifelsfragen lösenden Weise in überkommene rechtliche Kategorien einordnen lässt, in den Hintergrund treten. Das Grundbuchamt muss jedenfalls unter dem Gesichtspunkt drohender Amtshaf-tungsansprüche und deren Vorbeugung durch den Amtswiderspruch die BGH-Rspr als Faktum beachten.[265] Macht man sich aber diesen Standpunkt zu eigen, müsste man – entgegen der überwiegenden Rspr[266] – auch Amtswidersprüche gegen aufgrund einstweiliger Verfügung eingetragene Vormerkungen, bei denen der zugrunde liegende Anspruch nicht in Frage steht, zulassen;[267] denn bei diesem Ausgangspunkt steht auch die Weiterübertragung einer gerichtlich verfügten (statt bewilligten) Vormerkung unter dem Schutz des guten Glaubens,[268] nicht anders als die Abtretung eines erzwungenen Vollrechts, etwa einer Zwangshypothek.[269]

g) Gegen die Löschung von Verfügungsbeschränkungen, Widersprüchen und Vormerkungen. Die **50** **Löschung** von Verfügungsbeschränkungen und Vormerkungen unterliegt dagegen uneingeschränkt dem öffentlichen Glauben und kann Gegenstand eines Amtswiderspruchs sein[270] (die Löschung eines Nacherbenver-merks jedoch nicht mehr nach Eintritt des Nacherbfalls, Rdn 69). Umstritten ist dies bezüglich der Löschung

---

257 BGHZ 143, 175, 179; 150, 138, 142; BGH ZfIR 2006, 424, 425.
258 BGHZ 25, 16, 23 = JZ 1959, 627 mAnm *Baur* = Rpfleger 1958, 310; BayObLG BWNotZ 1988, 165, 166; Rpfleger 1993, 58; ZfIR 1999, 678; Rpfleger 2000, 9; OLG Brandenburg Rpfleger 2002, 138; OLG Düsseldorf NJW-RR 2000, 1686; KG OLGZ 1969, 202 = NJW 1969, 138; OLGZ 1978, 122, 124 = MDR 1977, 500; OLG Köln ZfIR 2002, 201; MüKo-*Wacke* § 883 Rn 64.
259 Dazu BGH BGHZ 25, 16, 23.
260 Vgl BayObLG Rpfleger 2000, 9; OLG Brandenb Rpfleger 2002, 138; *Erman-Hagen* § 883 Rn 28; beachtl – im Erg aber abzulehnen – *Trupp* JR 1990, 184, 186: der Bewilligung komme keine konstitutive Rolle für d Wirksamk d Vor-merk zu.
261 *Medicus* AcP 163, 1, 7; *Knöpfle* JuS 1981, 157, 166; *Mayer* NJW 1963, 2263.
262 BGHZ 25, 16; **iE wie BGH:** MüKo-*Wacke* § 883 Rn 66; RGRK-*Augustin* § 883 Rn 19; *Westermann-Eickmann* § 101 IV: *E. Wolf*, SachR, § 13 B IV c 1, C II b; *Furtner* NJW 1963, 1484; *Kempf* JuS 1961, 22; *Wunner* NJW 1969, 113, 118; *Hager* JuS 1990, 429, 438 f – jedoch gekoppelt an die Eintragung des Zessionars; **dagegen:** *Palandt-Bassenge* § 885 Rn 20; *Staudinger-Gursky* § 892 Rn 46, 47; *Soergel-Stürner* § 893 Rn 8; *Baur* SachR, § 20 V 1 b; *Holzer/Kramer* GBR Rn 143; *Canaris* FS Blume I S 389; *Knöpfle* JuS 1981, 166; *Mauch* BWNotZ 1994, 139, 147 f; *Mayer* NJW 1963, 2263; *Medicus* AcP 1963, 8; *Rahn* BWNotZ 1970, 25; *Reinicke* NJW 1969, 2373.
263 Dazu MüKo-*Wacke* § 883 Rn 66 m Fn 306.
264 So schon *Zunft* JW 1929, 2497; *Rahn* BWNotZ 1957, 117, 121; auch *Baur* § 20 V 1a b; *Palandt-Bassenge* § 885 Rn 20; näher liegt, m MüKo-*Wacke* § 883 Rn 66 rechtsgeschäftl Erwerb einer Einheit aus Anspruch u akzessorischer Vormer-kung anzunehmen; *Trupp* (JR 1990, 184, 188) verdrängt d Bedenken mit d These, d Grundsätze d gutgl Erwerbs dingl Rechte fänden insoweit keine Anwendung.
265 S auch *Eickmann* RpflStud 1984, 1, 4.
266 BayObLG Rpfleger 1987, 57; BayObLG Rpfleger 1987, 407; KG Rpfleger 1962, 211, 212; **aA** LG Köln NJW-RR 2001, 306.
267 Ebenso *Bauer/v Oefele-Meincke* Rn 36.
268 *Furtner* NJW 1963, 1484; *Tempel* JuS 1965, 26; noch weiter – gutgl Ersterwerb – geht MüKo-*Wacke* § 883 Rn 70; abl *Medicus* AcP 163, 16 m Fn 54 a.
269 Dazu BGHZ 64, 194 = NJW 1975, 1282, 1283 = Rpfleger 1975, 246, 247; BayObLGZ 1975, 398, 402 = Rpfleger 1976, 66; BayObLG Rpfleger 1982, 98, 99.
270 RGZ 129, 184; 132, 419; BGHZ 60, 46 = NJW 1973, 323; BayObLGZ 1961, 63 = Rpfleger 1962, 406; BayObLG 1987, 231, 233 = Rpfleger 1987, 450, 451; KG OLGE 11, 1; OLG Frankfurt Rpfleger 1980, 228; OLG Frankfurt FG Prax 1998, 128 = Rpfleger 1998, 421.

eines Widerspruchs.[271] Entscheidender Gesichtspunkt ist, ob der Widerspruch gegenüber demjenigen, der die Rechtswidrigkeit der Löschung kennt, seine Wirkungen behält (und deshalb ggf das Grundbuch insoweit unrichtig ist). Das ist nach dem Sinn- und Regelungszusammenhang des § 892 Abs 1 S 1 BGB und wegen der Ähnlichkeit der Wirkungen des Widerspruchs mit denen einer Verfügungsbeschränkung zu bejahen.[272] Bei diesem Ausgangspunkt gibt es auch keine durchgreifenden Zweckmäßigkeitsgründe dafür, etwa anstelle des Widerspruchs gegen die Löschung nur einen neuen Widerspruch einzutragen (vgl § 71 Rdn 54). Erwogen wird, ob die Löschung eines Widerspruchs oder einer Vormerkung gemäß § 18 Abs 2 ähnlich zu beurteilen ist.[273] Die anders geartete Rechtsnatur derartiger Vermerke, die nicht der Sicherung eines privatrechtlichen Anspruchs, sondern des öffentlich-rechtlichen Anspruchs des Antragstellers auf endgültige Bescheidung seines Antrags dienen,[274] und der Vergleich zur Rechtslage bei förmlicher Zurückweisung des Antrags (bei der jede Vormerkungswirkung erlischt und der Schutzvermerk infolgedessen gelöscht werden muss, § 18 Abs 1 S 2), legen jedoch nahe, bei unberechtigter Löschung eine Fortwirkung außerhalb des Grundbuchs zu verneinen, mithin auch die Notwendigkeit eines Amtswiderspruchs.

51 **h) Behandlung »Verdinglichter Vereinbarungen«. aa) Grundsätzliches.** Noch nicht abschließend geklärt ist die Frage der Möglichkeit eines Gutglaubenserwerbs bezogen auf sog **»verdinglichte Vereinbarungen«** (s § 22 Rdn 7),[275] nämlich ihrem Ursprung nach schuldrechtliche Absprachen, die durch Eintragung in das Grundbuch – soweit zulässig[276] – mit dinglicher Wirkung versehen werden; etwa gem § 2 ErbbauRG zum Inhalt des Erbbaurechts gemachte Regelungen, die nach § 10 Abs 2 WEG zum Inhalt des Sondereigentums erhobene Gemeinschaftsordnung einer Wohnungseigentümergemeinschaft (Einl C Rdn 133)[277] oder bei der Hypothekenbestellung auf die zugrunde liegende Forderung bezogene schuldrechtliche Verpflichtungen, die sich mittelbar auf das dingliche Recht selbst auswirken. Zum Teil wird die Anwendung der §§ 892, 893 BGB auf zum Inhalt des Erbbaurechts gemachte Vereinbarungen bzw auf die Gemeinschaftsordnung abgelehnt, weil dadurch keine dinglichen Rechte im eigentlichen Sinne begründet würden.[278] Der sich ausweitenden Gegenansicht[279] ist jedoch im Grundsatz der Vorzug zu geben. Die Konsequenz daraus, dass durch die »verdinglichte Vereinbarung« zwar kein selbständiges dingliches Recht begründet, aber der Inhalt oder Umfang eines dinglichen Rechts bestimmt wird, muss nach geltendem Recht auch die Eröffnung eines gutgläubigen Erwerbs jedenfalls insoweit sein, als durch eine derartige vom Gesetz gewollte Inhaltsbestimmung dem Berechtigten eine konkrete, auf Dauer angelegte – einem dinglichen Recht angenäherte – Rechtsmacht verschafft wird (wie etwa durch ein als Inhalt des Sondereigentums eingetragenes Sondernutzungsrecht[280]). Im Zweifel gilt, dass § 892 BGB Gutglaubensschutz nicht nur für den Erwerb des dinglichen Rechts als solchen, sondern auch hinsichtlich seines gesamten Inhalts bewirkt.[281] Zumindest eine analoge Anwendung des § 893 BGB wäre in diesem

---

271 **Dafür:** BayObLG Rpfleger 1976, 421 (Ls b *Stangelmaier* 420 ff); BayObLGZ 1978, 15, 16; 1989, 136, 139; KG HRR 1933 Nr 1131; 1934 Nr 1223 (Aufg v KGJ 43, 240; 49, 179; 50, 171 m Hinw auf RGZ 129, 184 u RGZ 132, 419, die jedoch d Vormerkung betreffen; anders noch KG HRR 1931 Nr 674); *Demharter* Rn 9; KEHE-*Eickmann* Rn 3 (vgl auch KEHE-*Dümig* § 22 Rn 76); *Güthe-Triebel* Rn 14; **aA** MüKo-*Wacke* § 899 Rn 6; RGRK-*Augustin* § 899 Rn 19; *Soergel-Stürner* § 899 Rn 12; *Staudinger-Gursky* § 899 Rn 57; wohl nur aus Zweckmäßigkeitsgründen befürworten d Eintragung eines neuen Widerspruchs *Erman-Hagen* § 899 Rn 3; *Palandt-Bassenge* § 899 Rn 8; *Westermann-Eickmann* § 89 III 3.
272 Dafür auch MüKo-*Wacke* § 892 Rn 47; § 899 Rn 31; *Soergel-Stürner* § 899 Rn 12; **aA** (konsequent): KGJ 49, 179; KG HRR 1931 Nr 674; RGRK-*Augustin* § 899 Rn 19; *Staudinger-Gursky* § 899 Rn 57; *Biermann* 97, 127; *Heinsheimer* Gruchot 69 (1927), 415 Fn 1; *Stemmler* 41.
273 Vgl KG DNotZ 1973, 33 = Rpfleger 1972, 174; KEHE-*Herrmann* § 18 Rn 91.
274 KG DNotZ 1973, 33 = Rpfleger 1972, 174.
275 KEHE-*Dümig* § 22 Rn 50; *Canaris* FS Flume, 371; *Weitnauer* FS Larenz (1983), 705; *ders* DNotZ 1990, 385, 388; *Lange* MittRhNotK 1982, 241; vgl BayObLG MittBayNot 1992, 333, 334; OLG Hamm Rpfleger 1994, 60.
276 Zu d Grenzen, etwa b Wohnungsrecht, BayObLGZ 1980, 176 = DNotZ 1981, 124 = Rpfleger 1980, 385.
277 Vgl BGHZ 88, 302, 304; BayObLG Rpfleger 1982, 63; OLG Hamm Rpfleger 1994, 60; *Demharter* DNotZ 1991, 28.
278 *Staudinger-W. Ring* § 2 ErbbauVO Rn 6; RGRK-*Räfle* § 2 ErbbauVO Rn 5; AK-BGB-*Finger* § 2 ErbbauVO Rn 6; v *Oefele* Handbuch des Erbbaurechts, Rn 37; *Ertl* DNotZ 1979, 265, 273, 275 (vgl aber *ders* FS Seuss, 151, 161; *ders* DNotZ 1988, 4, 20); wohl zust *Ulmer* FS Weitnauer (1980), 204, 226; wohl auch *Schmidt* MittBayNot 85, 237, 242; z WEG; *Demharter* DNotZ 1991, 28, 35; *ders* MittBayNot 1995, 34 ff; *Lüke* DNotZ 1996, 676, 677, 679; *Schnauder* FS Bärmann u Weitnauer (1990), 567 ff.
279 *Bauer/v Oefele-Meincke* Rn 38; Z WEG: RGRK-*Augustin* § 10 WEG Rn 23; *Bärmann-Pick-Merle* § 8 Rn 32; *Röll* FS Seuss 233, 238; wohl auch, weil nur beschr Beschwerde zulassend, BayObLG Rpfleger 1982, 63; v BayObLG FGPrax 1999, 2 f = Rpfleger 1999, 178 f offengel; einschränkend *Weitnauer-Lüke* § 10 Rn 31; § 15 Rn 35; *Weitnauer* DNotZ 1990, 385, 388; vgl auch *Ertl* FS Seuss, 151, 161; *ders* zu ErbbVO: *Staudinger-J. Ring* 11. Aufl §§ 5, 6, 7 ErbbVO Rn 9; zu beidem; *Schlenker*, 38 ff m Fn 22–32; *Staudinger-Gursky* § 892 Rn 178a.
280 OLG Stuttgart OLGZ 1986, 35 = NJW-RR 1986, 315; BayObLG DNotZ 1990, 381 m Anm *Weitnauer* = Rpfleger 1989, 503 (Ls); BayObLG Rpfleger 1991, 308; *Bärmann-Pick-Merle* § 15 Rn 22; *Sandweg* BWNotZ 1995, 29, 34; **aA** *Schnauder* FS Bärmann u Weitnauer (1990), 567, 593, 598; vgl auch *Ertl* FS Seuss, 151, 161; *ders* DNotZ 1988, 4, 20; *Röll* FS Seuss, 233, 239; vgl auch *Weitnauer-Lüke* § 15 Rn 35; *Weitnauer* DNotZ 1990, 385 ff.
281 OLG FfM FGPrax 1997, 214 f; *Staudinger-Gursky* § 892 Rn 33; *W. Schneider* ZfIR 2002, 108, 114.

Umfang in Betracht zu ziehen.[282] Allemal geht der Schutz des § 892 Abs 1 S 1 BGB dahin, dass bei einem erworbenen Wohnungseigentumsrecht Vereinbarungen mit Wirksamkeit gegenüber dem Sonderrechtsnachfolger über den im Grundbuch angewiesenen Bestand hinaus **nicht** getroffen sind:[283] Ein Wohnungseigentümer kann nach der Löschung eines für ihn eingetragenen Sondernutzungsrechts dem Sonderrechtsnachfolger eines anderen Wohnungseigentümers seine Berechtigung nicht mehr gemäß § 10 Abs 2 WEG entgegenhalten.[284] Im Falle einer Bestandsabschreibung ohne Übernahme einer vereinbarten Konkurrenzklausel kann also im Blick auf die damit verbundene Grundbuchunrichtigkeit (vgl § 46 Abs 2) ein Amtswiderspruch zugunsten des Berechtigten der Klausel in Betracht kommen.[285]

bb) Gutglaubensschutz bei aus sich heraus bedenklichen Bestimmungen? Gutglaubensschutz kommt **52** allerdings **nicht** in Betracht, wenn der Inhalt der zum Bestandteil der Eintragung gewordenen Vereinbarung objektiv **gesetzwidrig** ist. Dies steht außer Frage bei zweifelsfrei nicht eintragungsfähigem Inhalt, also einer Eintragung, die als inhaltlich unzulässig zu löschen wäre (Rdn 100 ff), muss aber auch gelten, wenn die Eintragung sich insoweit nach ihrem Gesamteindruck aus sich heraus als **objektiv bedenklich (makelhaft)**, und damit für einen unbefangenen Betrachter als **möglicherweise unwirksam** darstellt. Ein solcher Fall kann etwa vorliegen, wenn sich rechtliche Bedenken gegen die Eintragung unter dem Gesichtspunkt des § 138 BGB (Sittenwidrigkeit) aufdrängen, die Eintragung jedoch vorerst aufrecht erhalten bleibt, weil dem Grundbuchamt eine abschließende Beurteilung insoweit nicht zukommt (Rdn 108). Eine derartige Sicht hätte sich bspw angeboten bezüglich einer vereinbarten Vorfälligkeitsentschädigung, die vor dem Hintergrund des – zwischenzeitlich durch § 609a BGB ersetzten – § 247 BGB als unzulässige Kündigungsbeschränkung gem § 134 BGB unwirksam,[286] im Einzelfall aber auch wirksam (Abs 2 S 2) sein konnte.[287] Für solche auf den ersten Blick rechtlich zweifelhaften Eintragungen passt der Schutzgedanke der Gutglaubensvorschriften nicht, weil der Erwerber von Anfang an damit rechnen muss, dass sich spätestens in einem Prozess die Unwirksamkeit ergeben wird. Nicht anders ist es bei unklaren, aber auslegungsfähigen Eintragungen, bei denen gegenüber nicht am Bestellungsvertrag Beteiligten nur der letztlich durch Auslegung ermittelte Rechtsinhalt maßgeblich ist,[288] oder Eintragungen, denen erst durch Umdeutung ein zulässiger Inhalt entnommen werden kann (Rdn 34). Damit steht im Einklang, dass der gute Glaube sich nicht auf das Nichterkennen der wahren rechtlichen Bedeutung einer Eintragung bezieht, die ein kraft gesetzlicher Veränderungen rechtlich unmöglich gewordenes Rechtsverhältnis kundgibt.[289] In all diesen Fällen ist der Erwerber nicht schutzbedürftiger, als wenn eine Grundbuchunrichtigkeit vorliegt, die für jeden Dritten erkennbar ist (dazu Rdn 59).

cc) Gutglaubensschutz bei einseitig vorformulierten Bedingungen (AGB). Ähnlich könnte die Frage **53** zu beantworten sein, ob **einseitig vorformulierte** und **gegen das AGBG**[290] oder **gegen die Maßstäbe des § 242 BGB verstoßende Bedingungen** als Bestandteil der Eintragungsbewilligung und damit ggf der Eintragung selbst dem öffentlichen Glauben des Grundbuchs unterliegen (z Prüfungspflicht des GBA Rdn 74). Wohl überwiegend wird dies verneint,[291] jedoch ist die Begründung zweifelhaft. Aus der Feststellung, dass insoweit keine inhaltlich unzulässige Eintragung vorliegt (Rdn 102), sondern nur das Grundbuch unrichtig ist (Rdn 68), ergibt sich die Antwort noch nicht ohne weiteres im bejahenden Sinne, wie teilweise als selbstverständlich angenommen wird.[292] Abzulehnen ist andererseits die Argumentation, die Möglichkeit gutgläubigen Erwerbs sei gegeben, weil die Unwirksamkeit nach §§ 307 ff BGB nicht wie bei Verstößen gegen zwingendes Recht generell, sondern nur gegenüber dem »Verwender« eintrete.[293] Die Besonderheiten der Wirkung des AGBG liegen – abgesehen von der teilweisen Ausweitung des Gesetzes auch auf bestimmte Vertragsbedingungen, die keine AGB im engen Sinne sind, durch § 310 Abs 3 BGB[294] – nicht in einer etwa nur relativen Unwirksamkeit, sondern darin, dass die Unwirksamkeit, wenn sie auch ggf nicht allgemein und für sich aus inhaltlichen Mängeln folgt, aus Bedenken gegen den Inhalt der Vereinbarung bei bestimmten Abschlussmängeln (iwS) – durch

---

282 Für d Sondernutzungsrecht: *Ertl* FS Seuss, 151, 161; *ders* DNotZ 1988, 4, 20.
283 OLG Hamm Rpfleger 1994, 60 f; *Demharter* DNotZ 1991, 28, 29.
284 BGHZ 145, 133, 137 = NJW 2000, 3643 f = LM GBO § 19 Nr 13 m Anm *Stürner/Dittmann* = BWNotZ 2001, 89 m Anm *Böhringer*; *Böttcher* BWNotZ 1996, 80, 92; *Demharter* FGPrax 1996, 6, 7; *W. Schneider* Rpfleger 19998, 53, 56.
285 Vgl OLG Hamm Rpfleger 1994, 60 f.
286 BGHZ 79, 163 = NJW 1981, 814 = Rpfleger 1981, 226 m Anm *Eickmann*.
287 Vgl BGHZ 82, 182 = NJW 1982, 431 = Rpfleger 1982, 140; BGH NJW 1982, 432.
288 *Palandt-Bassenge* § 892 Rn 12.
289 RGZ 98, 215, 219.
290 Neuerdings §§ 305–310 BGB idF d Ges v 26. November 2001 (BGBl I 3138).
291 *Ertl* DNotZ 1981, 149, 164; *Schlenker* 112; *Schmid* BB 1979, 1641; *ders* Rpfleger 1987, 133, 138; *Ulmer* FS Weitnauer (1980), 105, 226; **aA** *Schöner/Stöber* Rn 214 m Fn 44; *Staudinger-Gursky* § 892 Rn 178.
292 So die v *Ertl* DNotZ 1981, 149, 158 zit Stimmen; *ders* Rpfleger 1980, 1, 8; *Schmidt* MittBayNot 1978, 89, 96; **aA** *Schmid* Rpfleger 1987, 133, 138.
293 *Ertl* Rpfleger 1980, 1, 8; *ders* DNotZ 1981, 149, 159.
294 Dazu *Palandt-Heinrichs* Überbl v § 305 Rn 9.

das Stellen einseitig vorformulierter Bedingungen – iS von absoluter Nichtigkeit durchschlägt. Aus dem Grundbuch allein lässt sich nicht abschließend ersehen, ob (einem Nichtkaufmann) einseitig gestellte, vorformulierte oder einzeln ausgehandelte Vertragsbedingungen vorliegen. Zeigt die in Bezug genommene Eintragungsbewilligung jedoch die typischen Merkmale von AGB – etwa das vorgedruckte Hypothekenbestellungsformular einer Bank –, so spricht der erste Anschein für das Vorliegen der Voraussetzungen des § 305 Abs 1 BGB.[295] Bereits dieses äußere, jedem die **Möglichkeit** eines Unwirksamkeits-Verdikts für den Fall einer gerichtlichen Inhaltskontrolle vor Augen führende Bild der Grundbucheintragung dürfte es verbieten, die betreffende Klausel als Bestandteil des dinglichen Rechts dem öffentlichen Glauben des Grundbuchs zu unterstellen;[296] denn das Grundbuch weist insoweit keine eindeutige Rechtslage aus, sondern es lässt ein Risiko erkennen. Die Nachteile für den Erwerber durch den Ausschluss eines Gutglaubenserwerbs in diesem Bereich wären im Übrigen begrenzt, weil die Inhaltskontrolle nach §§ 307–309 BGB sich praktisch auf das dispositive Recht ergänzende oder von ihm abweichende Nebenabreden beschränkt, die Hauptleistungen also regelmäßig unberührt bleiben werden (vgl § 307 Abs 3 S 1 BGB).[297] Umgekehrt würde der Zweck des AGBG, den typisch schwächeren Vertragspartner zu schützen und die Vertragsgerechtigkeit wieder herzustellen,[298] bei Erstreckung des gutgläubigen Erwerbs auch zur Eintragung gehörende, aber als AGB erscheinende Klauseln inhaltsbestimmender Art wesentlich ausgehöhlt. Ob der Weg, dem Grundbuchamt im Eintragungsverfahren insoweit eine umfassende Prüfungspflicht aufzubürden (dazu Einl H Rdn 116 ff), notwendig und geeignet ist, um dieser Gefahr zu begegnen, erscheint zweifelhaft. Nach dem hier vertretenen Standpunkt wäre die Inhaltskontrolle von AGB durch das Grundbuchamt jedenfalls von untergeordneter Bedeutung.[299] Die im Zusammenhang mit der diesbezüglichen Diskussion gewonnenen Erkenntnisse, unter welchen Voraussetzungen im Eintragungsverfahren vom Vorliegen von AGB auszugehen ist, könnten aber für die Beurteilung, ab wann eine Eintragung nach ihrem äußeren Erscheinungsbild außerhalb des öffentlichen Glaubens des Grundbuchs liegende AGB enthält, übernommen werden. Da der Bereich, in dem die Praxis eine Inhaltskontrolle vor der Eintragung in Betracht zieht, und der, in dem nach den vorliegenden Ausführungen ein gutgläubiger Erwerb ausscheidet, übereinstimmen, bestünde kein Anlass mehr für die Furcht vor Amtswidersprüchen in »unübersehbarer und unkontrollierbarer Zahl«.[300]

54 **i) Nicht eintragungsbedürftige, aber eintragungsfähige Rechte. Nicht eintragungsbedürftige,** jedoch **eintragungsfähige** Rechte können nach ihrer Eintragung – sei es positiv, sei es negativ nach späterer Löschung – Gutglaubenserwerb ermöglichen. Das gilt etwa für eine Sicherungshypothek gemäß § 1287 S 2 BGB oder § 848 Abs 2 ZPO,[301] entgegen der früheren Rspr[302] aber auch für altrechtliche Dienstbarkeiten.[303] Es besteht kein Grund, sie, wenn sie einmal eingetragen sind, nicht den allgem Regeln zu unterwerfen. Dementspr wird in Bayern, solange für das Gewässergrundstück kein Grundbuch angelegt ist, der gute Glaube an die Eintragungen im Fischerei-Grundbuch hinsichtlich Bestand, Inhalt und Umfang eines Fischereirechts geschützt.[304] War die altrechtliche Dienstbarkeit dagegen niemals im Grundbuch eingetragen, so scheidet gutgläubiger lastenfreier Erwerb gemäß Art 187 Abs 1 S 1 EGBGB aus[305] – zu beachten ist allerdings der Vorbehalt des Art 187 Abs 2 S 1 EGBGB für den Landesgesetzgeber[306] –, und eine Sicherung durch Widerspruch ist überflüssig.[307]

---

295 BayObLGZ 1979, 434 = NJW 1980, 2818 = Rpfleger 1980, 105, 357; *Böhringer* BWNotZ 1980, 129, 130; *Eickmann* Rpfleger 1978, 7, 8; *Schöner/Stöber* Rn 215; *Ulmer/Brandner/Hensen-Ulmer* § 1 Rn 61.

296 Ähnl *Bauer/v Oefele* Rn 38.

297 Vgl *Ulmer/Brandner/Hensen-Ulmer* § 1 Rn 7; d Prüfg nach § 3 AGBG umfasste aber über »die Hauptleistungspflicht nicht ändernde Nebenabreden« hinaus d »Leistungsbeschreibung«, vgl BGHZ 130, 150, 153 f = JZ 1996, 368 m Anm *Preuss*; jetzt § 305c Abs 1, § 307 Abs 2 S 2 BGB nF.

298 Dazu *Ulmer/Brandner/Hensen-Ulmer* Einl Rn 28 ff; *Palandt-Heinrichs* Einf v § 1 AGBG Rn 6, 7.

299 Vgl auch *Schöner/Stöber* Rn 215 ff.

300 So *Schmidt* MittBayNot 1978, 89, 96.

301 MüKo-*Wacke* § 892 Rn 15; RGRK-*Augustin* § 892 Rn 25, 26.

302 RGZ 62, 99; 93, 63; RG Recht 1927 Nr 340; zust *Schiffhauer* Rpfleger 1975, 187, 195.

303 BGHZ 104, 139 = NJW 1988, 2037 = Rpfleger 1988, 355, 354; BayObLGZ 1995, 413, 412, 417; OLG Düsseldorf MittRhNotK 1998, 95; LG Bayreuth MittBayNot 1987, 200 m Anm *Schmidt*; *Erman-Hagen* v §§ 891–893 Rn 5; MüKo-*Wacke* § 892 Rn 16; *Palandt-Bassenge* Art 187 EGBGB Rn 2; RGRK-*Augustin* § 892 Rn 25; *Soergel-Hartmann* 11. Aufl Art 187 EGBGB Rn 3; *Soergel-Stürner* § 892 Rn 9; *Staudinger-Gursky* § 892 Rn 40; *Staudinger-Kanzleiter/Hönle* Art 187 EGBGB Rn 2; *Lutter* AcP 164, 122, 134.

304 BayObLGZ 1990, 226 = MittBayNot 1990, 309 (Aufg v BayObLG 15, 74).

305 BGHZ 104, 139; BayObLG Rpfleger 1979, 381 = DNotZ 1980, 103.

306 Weg landesrechtl Regelungen vgl *Staudinger-Kanzleiter/Hönle* Art 187 EGBGB Rn 8 ff.

307 *Staudinger-Gursky* § 899 Rn 22; **aA** für § 899 BGB, falls Eintragung gem Art 187 Abs 1 S 2 EGBGB verlangt wird, OLG Kiel, OLGE 4, 292; *Palandt-Bassenge* Art 187 EGBGB Anm 2; *Soergel-Hartmann* 11. Aufl Art 187 EGBGB Rn 3; *Staudinger-Kanzleiter/Hönle* Art 187 EGBGB Rn 5.

j) Bergwerkseigentum. Auf das im Grundbuch eingetragene Bergwerkseigentum, ein grundstücksgleiches **55** Recht,[308] sind grundsätzlich die für Grundstücke geltenden Vorschriften des BGB anzuwenden. Danach ist ein **gutgläubigber Erwerb** von Bergwerkseigentum oder von einem Recht an ihm nach § 892 BGB möglich, die Eintragung mithin einem Amtsiderspruch zugänglich. Gutgläubiger Erwerb kann sich jedoch **nicht** an die **Löschung** von Bergwerkseigentum anschließen (Amtswiderspruch hiergegen scheidet also aus), weil dieses zwar wie ein Grundstück ein eigenes Grundbuchblatt erhält, jedoch nicht – wie etwa das Erbbaurecht – zugleich als Grundstücksbelastung in das für den Umfang des gutgläubig-lastenfreien Erwerbs des Grundeigentums maßgebliche (Rdn 12) Grundstücksgrundbuch eingetragen wird.[309]

k) Nicht-Existenz einer eingetragenen Gläubigerin. Existiert die eingetragene Gläubigerin eines einge- **56** tragenen Rechts als Rechtsubjekt überhaupt nicht, so scheidet ein gutgläubiger Erwerb des Rechts aus.[310] Für die Eintragung eines Amtswiderspruchs besteht kein Anlass.

l) Nicht übertragbare Rechte. Gegen die Eintragung **nicht übertragbarer Rechte,** wie etwa eines Leib- **57** gedinges oder eines Wohnungsrechts, soll nach weit verbreiteter Ansicht kein Widerspruch veranlasst sein.[311] Dagegen werden jedoch mit Recht insoweit Bedenken erhoben,[312] als sich an die Eintragung jedenfalls Rechtsverluste gemäß § 893 BGB (bei Leistungen an den Eingetragenen statt an den wahren Berechtigten) und durch Ersitzung (§ 900 BGB) anschließen könnten, ein Widerspruch insoweit also durchaus Zweck hätte. Selbst wenn man der hM folgt, ist ein Amtswiderspruch allemal gegen eine für eine juristische Person eingetragene beschränkte persönliche Dienstbarkeit möglich, weil das Recht unter den Voraussetzungen des § 1059a BGB übertragbar ist (§ 1092 Abs 2 BGB[313]); desgleichen gegen Rechte der in dem neu eingeführten § 1092 Abs 3 BGB genannten Art.[314] Gegenüber der Löschung einer Eintragung dieser Art kommt der Amtswiderspruch nach allgem Regeln in Betracht.[315]

m) Verzicht gemäß § 928 Abs 1 BGB. Keinem Gutglaubensschutz unterliegt mangels eines Verkehrsge- **58** schäfts der Erwerb eines Grundstücks gemäß § 928 Abs 2 BGB aufgrund eines **eingetragenen Verzichts des Eigentümers** (Abs 1) auf das Eigentum; ein Amtswiderspruch gegen die Eintragung des Verzichts scheidet also aus.[316] Zum – inhaltlich unzulässigen – Verzicht auf einen Miteigentumsanteil Rdn 120.

n) Jedermann als unrichtig erkennbare Eintragungen. Kein Anlass für einen Amtswiderspruch zur Ver- **59** hinderung gutgläubigen Erwerbs besteht, wenn die **Grundbuchunrichtigkeit für jeden Dritten ohne weiteres erkennbar** ist. Das ist zB der Fall, wenn bei Eintragung eines gemeinschaftlichen Rechts die durch § 47 vorgeschriebenen Angaben unterblieben sind,[317] oder bei einer Unrichtigkeit bzgl des Ranges (Rdn 21) durch nachträgliche Eintragungen in einen freigelassenen Raum, die aus der zutreffenden Datumsangabe zu ersehen ist (str).[318] Genau genommen fehlt es in diesen Fällen schon an einer »Unrichtigkeit« iS einer objektiven Rechtsscheinbasis.[319]

o) Eintragungen entgegen den realen Grundstücksverhältnissen. Raum für gutgläubigen Erwerb/Amts- **60** widerspruch zur Verhinderung ist **nicht** gegeben, wenn und soweit die Begründung des eingetragenen Rechts an den **realen örtlichen oder rechtlichen Gegebenheiten des Grundstücks** gescheitert ist, auf die sich der öffentliche Glaube des Grundbuchs nicht bezieht. Etwa wenn bei einer WEG-Anlage die Bauausführung so wesentlich vom Aufteilungsplan abweicht, dass nach der Rspr[320] kein Sondereigentum, sondern Gemeinschafts-

---

308 *Palandt/Bassenge* Überbl v § 873 Rn 3.
309 OLG Frankfurt Rpfleger 1996, 336.
310 KG FGPrax 1997, 212 = NJW-RR 1998, 447; OLG FfM ZfIR 2005, 245 mAnm *Dümig* aaO S 240f.
311 BayObLGZ 1954, 141, 149; wohl auch OLG Köln DNotZ 1958, 487; KG Rpfleger 1975, 68; *Demharter* Rn 8; MüKo-*Wacke* § 899 Rn 4.
312 KEHE-*Eickmann* Rn 4; *ders* Rpfl-Stud 1984, 1, 7; *Palandt-Bassenge* § 899 Rn 4; *Staudinger-Gursky* § 899 Rn 23; *Klingenstein* BWNotZ 1959, 46.
313 BayObLG BayVBl 1981, 630 = Rfpleger 1982, 14 (Ls); BayObLG MittBayNot 1991, 79 = Rpfleger 1991, 193 (Ls b *Plötz*).
314 Gesetz z Änderung d beschränkt persönlichen Dienstbarkeiten vom 17.07.1996 (BGBl I 990); dazu *Bassenge* NJW 1996, 2777; *Heller-Schulten* VIZ 1996, 503.
315 KG Rpfleger 1975, 68.
316 OLG Zweibrücken OLGZ 1981, 139, 141; *Palandt-Bassenge* § 928 Rn 4.
317 RG JW 1934, 2612.
318 *Böttcher* BWNotZ 1988, 73, 75; *Eickmann* RpflStud 1982, 74, 76; *Schmitz* JUS 1994, 962, 965; **aA** MüKo-*Wacke* § 879 Rn 18.
319 Vgl *Staudinger-Gursky* § 899 Rn 22.
320 BGHZ 109, 179, 184 = DNotZ 1990, 377, 379; OLG Düsseldorf OLGZ 1977, 467; 1978, 239, 249; OLG Hamm Rpfleger 1986, 374, 376; OLG Hamm NJW-RR 1991, 335; OLG Frankfurt OLGZ 1989, 50.

eigentum entsteht; der gute Glaube an das Vorhandensein in der Natur wird nicht geschützt.[321] **Gutglaubenserwerb und Amtswiderspruch** kommen dagegen in Betracht, soweit lediglich **Mängel im rechtsgeschäftlichen Gründungsakt** vorliegen;[322] aber auch, wenn die Wohnungsanlage baulich im Wesentlichen dem Aufteilungsplan entspricht, dieser jedoch eine unrichtige Abgrenzung des Sondereigentums vom Gemeinschaftseigentum ausweist.[323] Wenn die Baulichkeiten der Wohnungsanlage die Grundstücksgrenze überschreiten und der übergebaute Teil in das Eigentum des Nachbargrundstücks fällt, scheidet gutgläubiger Erwerb der übergebauten Gebäudeteile aus (str).[324]

61 **p) Eintragungen in Widerspruch zum öffentlichen Recht.** Steht das Eingetragene **nicht in Einklang mit öffentlich-rechtlichen Beschränkungen oder Umgestaltungen mit sachenrechtlicher Wirkung außerhalb des Grundbuchs** (s Rdn 14), besteht ebenfalls **keine** Möglichkeit eines Gutglaubenserwerbs und deshalb auch nicht die Notwendigkeit eines Amtswiderspruchs nach § 53 (unbeschadet etwaiger Widersprüche nach besonderen gesetzlichen Vorschriften): zB bei Verstößen gegen eine Verfügungs- oder Veränderungssperre[325] oder bei Missachtung durch ein Flurbereinigungs- oder Umlegungsverfahren bewirkter Änderungen des Sachverhältnisses im Wege der Surrogation.[326]

62 **q) Dingliche Unterwerfungsklausel.** Gutgläubiger Erwerb kann sich auch **nicht** an die bei einem Grundpfandrecht gemäß § 800 Abs 1 S 2 ZPO eingetragene **Unterwerfung unter die sofortige Zwangsvollstreckung** anschließen, weil sie nur ein prozessuales Nebenrecht ist.[327] War dagegen die Unterwerfungsklausel zunächst zutreffend im Grundbuch eingetragen worden und ist dann zu Unrecht gelöscht worden, so droht insoweit wegen der Vollständigkeitsfiktion des Grundbuchs ein von der sofortigen verfahrensrechtlichen Zugriffsmöglichkeit befreiter gutgläubiger Erwerb und es kommt ein Amtswiderspruch in Betracht.[328]

2. Unrichtigkeit des Grundbuchs

63 **a) Unrichtigkeit. aa) Definition.** Durch die Eintragung muss das Grundbuch unrichtig geworden sein. Ordnungswidrig erfolgte Eintragungen, bei denen das Grundbuch richtig wird oder bleibt, sind also von vornherein außer Betracht zu lassen;[329] dies gilt vor allem bei Verstößen gegen verfahrensrechtliche Vorschriften, bei deren Nichtbeachtung das eingetragene Recht gleichwohl gültig entsteht (etwa bei einem Verstoß gegen § 16 Abs 2,[330] bei fehlerhafter Nichteintragung einer Amtsvormerkung nach § 18 Abs 2[331] im Zusammenhang mit der Erledigung eines Eintragungsantrags, einer Eigentumsumschreibung ohne Vorlage einer Unbedenklichkeitsbescheinigung des Finanzamts oder der Eintragung eines Dauerwohnrechts ohne Nachweis der in § 32 Abs 3 WEG geforderten Vereinbarungen[332] oder bei Herbeiführung einer Rechtsänderung durch Grundbucheintragung ohne Antrag bei Vorliegen ihrer sonstigen Voraussetzungen[333]). Erst recht kann keine Rede von Unrichtigkeit sein bei einer Eintragung, die allein durch eine wirksame Bezugnahme auf die Eintragungsbewilligung statt durch einen – möglicherweise praktisch zweckmäßigeren – besonderen Eintragungsvermerk erfolgt ist.[334] **Der Begriff Unrichtigkeit ist grundsätzlich derselbe wie in § 894 BGB (und in § 22).** Es muss also ein Widerspruch zwischen Grundbuchinhalt und wirklicher Rechtslage vorliegen. Daran fehlt es auch dann, wenn die Rechtslage sich erst durch gutgläubigen Erwerb so ergeben hat wie im Grundbuch verlautbart; so ist beispielsweise gegen die Eintragung eines neuen Eigentümers und die gleichzeitige Löschung des Nacherbenvermerks kein Amtswiderspruch einzutragen, wenn zwar die Nacherbfolge im Grundbuch unrichtig verlautbart war, der Erwerber bei Stellung des Eintragungsantrags aber gutgläubig war und das Grundbuchamt die

---

321 OLG Düsseldorf OLGZ 1988, 239, 241; *Palandt-Bassenge* § 2 WEG Rn 7; RGRK-*Augustin* § 7 WEG Rn 17, 18.
322 BGHZ 109, 179, 183; dazu *Röll* MittBayNot 1990, 85, 86, 87.
323 BayObLG Rpfleger 1980, 12.
324 *Ludwig* DNotZ 1983, 411, 424; *Brünger* MittRhNotK, 1978, 269, 276, 277; **aA** *Demharter* Rpfleger 1983, 133, 136; vgl auch *Röll* MittBayNot 1982, 172.
325 Vgl BayObLG DNotZ 1988, 784, 785 m Anm *Sieveking*.
326 Amtswiderspr lehnt – m and Begr – ab LG Schweinfurt Rpfleger 1975, 112 m Anm *Bengel*; offengel in BayObLGZ 1982, 455, 459 = MittBayNot 1983, 64, 65 m Anm *Haiduk*; BayObLG RdL 1983, 268.
327 KG HRR 1931 Nr 1704 = DNotV 1932, 30; OLG München JFG 15, 259, 261 = RR 1937 Nr 1033 = DNotZ 1937, 895; MüKo-*Wacke* § 892 Rn 25; *Staudinger-Gursky* § 892 Rn 34; *Stein-Jonas-Münzberg* § 800 Rn 3.
328 KG HRR 1937 Nr 1657 = JW 1937, 3037; **aA** – vermeintl konsequent – *Gursky* § 892 Rn 34; der Rechtsgedanke d § 325 Abs 2 ZPO spricht aber für den hier vertretenen Standpunkt.
329 BayObLG Rpfleger 1995, 16; KG OLGE 11, 1; OLG Hamm JMBlNRW 1961, 274.
330 OLG Hamburg Rpfleger 2004, 617, 619.
331 And anscheinend OLG München Rpfleger 2007, 314 = FGPrax 2007, 63; hiergeg zutr Anm *Bestelmeyer* Rpfleger 2007, 463 u *Zeiser* FGPrax 2007, 158.
332 OLG Düsseldorf Rpfleger 1977, 446.
333 BGHZ 141, 347 = Rpfleger 1999, 437; BayObLG ZfIR 2004, 643.
334 Vgl OLG München DNotZ 2007, 47 = Rpfleger 2007, 70, 71.

Eintragung vollzogen hat.[335] Durch eine **Löschung** ist das Grundbuch unrichtig geworden, wenn das betroffene Recht durch die Eintragung entstanden, das Grundbuch also durch die Eintragung des Rechts nicht unrichtig geworden war.[336] Unrichtigkeit kann auch in einer **Unvollständigkeit** der Eintragung – soweit nicht nachholbar (Rdn 19 ff, 22) – liegen, zB wenn eine vereinbarte Bedingung nicht in den Eintragungsvermerk aufgenommen[337] oder ein zum Nachlass gehörendes Grundstück aufgrund einer Verfügung des Vorerben ohne vorherige Eintragung des Nacherbenvermerks auf einen Dritten umgeschrieben worden ist.[338] Zur etwaigen Unrichtigkeit bezüglich des Rangs einer Eintragung Rdn 21.

Aus der grundsätzlichen Verknüpfung mit § 894 BGB folgt andererseits, dass die Unrichtigkeit nur insoweit von **64** Bedeutung ist, als daraus einer **bestimmten Person ein Berichtigungsanspruch** erwächst.[339] Ein solcher scheidet wegen des Vorranges der Restitutionsansprüche des VermG aus, wenn ein Veräußerungsgeschäft in der früheren DDR mit Mängeln behaftet ist, die einen Unrechtstatbestand des VermG begründen oder mit ihm in einem inneren Zusammenhang stehen (s Rdn 75). **Keine** Grundbuchunrichtigkeit ieS wird angenommen bei einer im Verhältnis zum Vormerkungsberechtigten[340] oder Verbotsgeschützten[341] nur **relativ unwirksamen** Eintragung (§ 22 Rdn 82). Zur Unrichtigkeit führt dagegen die Eintragung einer dem Vormerkungsberechtigten gegenüber wirksamen Verfügung ohne Wirksamkeitsvermerk (Rdn 16).[342] Absolut unwirksam mit der Folge der Grundbuchunrichtigkeit ist die Änderung der Gemeinschaftsordnung durch den teilenden Alleineigentümer ohne die Zustimmung des Berechtigten einer Auflassungsvormerkung auf Erwerb eines Wohnungseigentums[343] (eines Amtswiderspruchs bedarf es jedoch schon wegen der eingetragenen Auflassungsvormerkung nicht[343]). Auch ist § 53 nach **seinem Schutzzweck jedenfalls entspr anwendbar**, wenn ein **gerichtliches Veräußerungsverbot** (§ 888 Abs 2 BGB)[344] oder **Erwerbsverbot**[345] vom Grundbuchamt missachtet worden und – ersteres – nicht zumindest gleichzeitig im Grundbuch eingetragen worden ist, weil die Gefahr gutgläubigen Erwerbs auf Kosten des Verbotsgeschützten (§§ 892, 135, 136 BGB) droht;[346] nicht betroffen ist der Schutzzweck, wenn eine Eintragung entgegen einem eingetragenen Veräußerungsverbot erfolgt ist.[347] Verfügt der befreite Vorerbe durch Löschungsbewilligung unentgeltlich über eine Grundschuld, ohne dass die Zustimmung des Nacherben vorliegt, so ist – vorerst – eine Unrichtigkeit des Grundbuchs nicht gegeben, weil die Verfügung nicht vor dem Eintritt des Nacherbfalls unwirksam sein kann (str).[348] Wird bei der Anlegung des Loseblattgrundbuchs die Beschränkung der Belastung mit einer Grunddienstbarkeit auf eine Teilfläche nicht übernommen, so wird das Grundbuch unrichtig; an die Veräußerung des herrschenden Grundstücks kann sich ein gutgläubiger Erwerb in Ansehung der Grunddienstbarkeit anschließen.[349] Bei einer **WEG-Anlage** führt die **Abweichung der tatsächlichen Bauausführung von der Teilungserklärung** (zB Aufhebung der Abgeschlossenheit[350]) grundsätzlich **nicht** zur Unrichtigkeit des Grundbuchs.[351] Anderes kommt nur in Betracht bei Abweichungen in einer Weise, die es unmöglich machen, die errichteten Räume einer im Aufteilungsplan ausgewiesenen Raumeinheit zuzuordnen; dann entsteht insoweit wegen fehlender Bestimmbarkeit der Abgrenzung kein Sondereigentum sondern nur gemeinschaftliches Eigentum[352] und das Grundbuch ist – unbeschadet eines weiterexistierenden Anwartschaftsrechts hinsichtlich Sondereigentum – insoweit unrichtig (str).[353] Gleichwohl kommt insoweit ein Amtswiderspruch nicht in Betracht, weil kein gutgläubiger Erwerb droht (Rdn 60).

Ohne Bedeutung ist unter dem Gesichtspunkt einer etwaigen **Unrichtigkeit** des Grundbuchs die Streitfrage, **65** **ob die Gesellschaft bürgerlichen Rechts** nach Anerkennung ihrer Rechtsfähigkeit durch die Rechtspre-

---

335 OLG Hamm FGPrax 1999, 130 = Rpfleger 1999, 385.
336 Vgl BayObLGZ 1995, 249, 255 = Rpfleger 1996, 64.
337 RGZ 106, 109, 113.
338 KGJ 52, 140; *Haegele* Rpfleger 1971, 121, 129.
339 KG OLGE 31, 306; KG JFG 11, 207, 210; KG DNotZ 1956, 195, 198; OLG Hamm DNotZ 1968, 246.
340 Vgl OLG Hamm Rpfleger 1993, 281 mAnm *Demharter* aaO S 442; OLG Hamm FGPrax 1996, 210; LG Flensburg MittBayNot 1999, 382.
341 *Bestelmeyer* Rpfleger 2006, 120, 121 in abl Anm z LG Hamburg aaO S 10 mAnm Alff.
342 *Demharter* § 22 Rn 10, 19.
343 BayObLG DNotZ 1999, 667 = FGPrax 1999, 2 = Rpfleger 1999, 178.
344 Vgl BayObLG Rpfleger 2003, 776 = MittBaNot 2003, 41 mAnm *Heinemann*.
345 Vgl BayObLGZ 1997, 55; OLG Hamm NJW-RR 2001, 1086; *Palandt-Bassenge* § 888 Rn 11 mwN.
346 Vgl BayObLG 22, 312, 314; OLG Hamm OLGZ 1970, 438, 441; KG JFG 1, 383; *Palandt-Bassenge* § 888 Rn 10, 11; *Habscheid* FS Schiedermair (1976) 245, 254.
347 LG Frankenthal Rpfleger 1981, 438, 349.
348 OLG Hamburg Rpfleger 2004, 617, 619 m insow **abl** Anm *Hintzen/Alff*.
349 OLG Hamm Rpfleger 2003, 349 = DNotZ 2003, 355.
350 BGHZ 146, 241, 246 = NJW 2001, 1212, 1213.
351 OLG Zweibrücken FGPrax 2006, 103, 104.
352 BGH NJW 2004, 1798, 2000; BayObLG DNotZ 1999, 212, 214; OLG Düsseldorf OLGZ 1988, 239; OLG Zweibrücken FGPrax 2006, 103, 104.
353 OLG Karlsruhe Justiz 1983, 307; RGRK-*Augustin* § 7 WEG Rn 17; *Sorgel-Stürner* § 7 WEG Rn 10; **aA** *Palandt-Bassenge* § 2 WEG Rn 7; *Merle* WE 1989, 116.

chung[354] auch »**grundbuchfähig**« (= eintragungsfähig[355]) ist (zur Frage der inhaltlichen <Un->Zulässigkeit s Rdn 114): Ob die einzelnen Gesellschafter mit dem Zusatz »als GbR« eingetragen sind oder die GbR selbst eingetragen sein sollte – in jedem Fall ist (aus der neueren Sicht der Rspr des BGH) unzweifelhaft zum Ausdruck gebracht, dass das Eigentum an der Liegenschaft bzw ein an ihr verzeichnetes dingliches Recht (iS der materiellen Rechtsinhaberschaft) nicht den Gesellschaftern, sondern der Gesellschaft selbst zusteht.[356] Da aber die Eintragung auch im zweiten Fall – selbst wenn bei unterstellter Grundbuchunfähigkeit der GbR unter Verletzung gesetzlicher Vorschriften zustande gekommen – der wirklichen Rechtslage entspricht,[357] kann sie nicht unrichtig[358] sein, und es ist kein Raum für einen Amtswiderspruch.[359]

66   Aus dem Zweck des § 53 Abs 1 S 1 ergibt sich die Einschränkung, dass **nur die ursprüngliche, von Anfang an bestehende Unrichtigkeit einen Amtswiderspruch rechtfertigt**. Es scheiden also insb die Fälle aus, in denen ein eingetragenes Recht nachträglich außerhalb des Grundbuchs von einem anderen erworben wird. An anfänglicher Unrichtigkeit fehlt es auch, wenn eine Arresthypothek nach ungenutztem Ablauf der Zustellungsfrist des § 929 Abs 3 S 2 ZPO (wenn auch rückwirkend) wieder unwirksam wird.[360] Desgleichen wenn eine Zwangshypothek oder eine in Vollziehung einer einstweiligen Verfügung eingetragene Vormerkung zur Sicherung eines Anspruchs auf Einräumung einer Sicherungshypothek durch die – nachfolgende – Eröffnung des Insolvenzverfahrens (schwebend) unwirksam (str)[361] und dadurch das Grundbuch unrichtig wird.[362] Schon mangels anfänglicher Unrichtigkeit (regelmäßig auch mangels Verletzung gesetzlicher Vorschriften) scheidet ein Amtswiderspruch aus. Erfolgt dagegen die Eintragung einer Zwangshypothek erst nach Eröffnung der Gesamtvollstreckung, so kommt, wenn die weiteren Erfordernisse gegeben sind, ein Amtswiderspruch in Betracht.[363]

67   Grundbuchunrichtigkeit ist **ausgeschlossen**, soweit **inhaltliche Unzulässigkeit** vorliegt (Rdn 46).[364] Sie kommt jedoch in Betracht, wenn zwar einzelne, aber nicht alle Merkmale der inhaltlichen Unzulässigkeit vorliegen, so etwa, wenn das Grundbuchamt unter Verstoß gegen § 867 Abs 2 ZPO eine zweite Zwangshypothek eingetragen hat, ohne dass sich dies allein aus dem Grundbuchblatt des zweiten Grundstücks ergibt (Amtslöschung also ausscheidet, Rdn 105). Missverständlich ist es, den Begriff der Grundbuchunrichtigkeit bei der Abgrenzung zur inhaltlich unzulässigen Eintragung (Rdn 101 ff) mit der Möglichkeit eines Gutglaubenserwerbs zu verknüpfen.[365] Grundbuchunrichtigkeit kann vielmehr ausnahmsweise auch bei materiell unwirksamen Eintragungen gegeben sein, die keinem gutgläubigen Erwerb zugänglich sind; wenn deshalb ein Amtswiderspruch ausscheidet (Rdn 44 ff), erfüllt eine derartige Eintragung noch nicht die besonderen Tatbestandselemente einer inhaltlich unzulässigen Eintragung (s Rdn 53, 68, 70).

68   **bb) Grundbuchunrichtigkeit bei Eintragung AGBG-widriger Klauseln?** Grundbuchunrichtigkeit (nicht inhaltliche Unzulässigkeit, Rdn 102) kann darin liegen, dass die in Bezug genommene Eintragungsbewilligung

---

354 BGHZ 146, 341 = ZIP 2001, 330 mAnm *Ulmer* aaO S 585 = EwiR 2001, 342 mAnm *Prütting*.

355 Z Begriff vgl nur § 15 GBV Rdn 34; *Lautner* MittBayNot 2005, 93, 94 mwN.

356 BGH NJW 2006, 3716 = DNotZ 2007, 118 mAnm *Vollmer* = FGPrax 2007, 7(Ls) mAnm *Demharter* = = Rpfleger 2007, 23 mAnm *Dümig* = ZflR 2006, 2007, 99, 100 mAnm *Kazemi*; *Lautner* MittBayNot 2005, 93, 94 f; MittBayNot 2006, 37 f; vgl auch *Heil* DNotZ 2004, 379, 380 f; Ruhwinkel MittBayNot 2007, 92 f, 96; **and** (überholter) Ansatz iS einer »Grunderwerbsunfähigkeit« der GbR bei BayObLGZ 2002, 330 = Rpfleger 2003, 52 mAnm *Dümig* aaO S 80; DNotZ 2004, 378 mAnm *Heil* = Rpfleger 2004, 93 = MittBayNot 2004, 201 mAnm *Weigl*; FGPrax 2004, 269 = Rpfleger 2005, 19 = MittBayNot 2005, 143 mAnm *Lautner* aaO S 93;; vgl auch OLG München MittBayNot 2006, 496 mAnm *Lautner*.

357 So zutr *Lautner* MittBayNot 2005, 93, 94; z Grunderwerbsfähigkeit der GbR vgl auch *Böttcher* Rpfleger 2007, 437, 440 f.

358 Vgl aber (wohl aA) *Heil* DNotZ 2004, 379, 382.

359 Wie ihn *Lautner* Mitt BayNot 2005, 93, 94 gleichwohl in Betracht zieht.

360 S den Fall BayObLG Rpfleger 1993, 397.

361 Z § 7 Abs 3 S 1 GesO: BGHZ 130, 347 = NJW 1995, 2715, 514 = ZIP 1996, *1425* m Anm *Mittlehner*; BGHZ 142, 208, 213 = ZflR 1999, 698; z § 88 InsO: BGH Rpfleger 2006, 253 mAnm *Demharter* aaO S 256 u *Bestelmeyer* aaO S 338 = ZIP 2006, 1174 mAnm *Keller*; **aA** Bestelmeyer aaO S 391; *Demharter* aaO S 256; jew mwN: Eigentümergrundschuld entspr § 868 ZPO.

362 BGHZ 144, 181 = NJW 2000, 2427 = Rpfleger 2000, 384; OLG Brandenburg DtZ 1997, 33; OLG Dresden FG Prax 1999, 167 = Rpfleger 1999, 442; OLG Jena FGPrax 1996, 88 = ZIP 1996, 467; KG ZIP 1996, 645.

363 Zu d Fragenkreis *Bestelmeyer* DtZ 1997, 274, 280; *Böhringer* DtZ 1996, 258, 260; *Braun* EWiR 1996 § 7 GesO 1/97; *Haarmeyer* EwiR 1996 1996 § 7 GesO 8/96; *Holzer* ZIP 1996, 780, 781 f; *Keller* FGPrax 1996, 167; *ders* Rpfleger 1997, 45, 48 f; *Lüke* EwiR 1996 § 7 GesO 2/96; *Mitlehner* ZIP 1995, 1428, 1429; *Pape* KTS 1996, 231, 241 ff; *Paulus* EWiR 1996 § 7 GesO 2/96; *Soehring* WuB VI G.

364 Insow missverständl BGHZ 171, 350 Rdn 4 = Rpfleger 2007, 383, 384.

365 *Böttcher* Rpfleger 1990, 408, 409.

gegen das AGBG[366] **verstoßende Klauseln** enthält.[367] *Ertl*[368] meint dagegen, in derartigen Fällen führten Einigung und Eintragung zu einem richtigen Grundbuch, weil der AGBG-Verstoß keine sachenrechtlichen Wirkungen gegen Dritte auslöse, sondern nur »relative« Unwirksamkeit der betreffenden Klausel im Verhältnis zwischen den Vertragsparteien; dem Vertragspartner des Verwenders stünden nur Einwendungen gegen die Ausübung des dinglichen Rechts zu. Diese Ansicht findet jedoch im Gesetz keine Stütze.[369] Die Vorschriften des AGBG sind für den Fall des Verstoßes eindeutig auf eine absolute Unwirksamkeit iS von Nichtigkeit angelegt.[370] Soweit sie im Sachenrecht – innerhalb des rechtsgeschäftlicher Disposition zugänglichen Rahmens – Anwendung finden, können die Rechtsfolgen keine anderen sein.[371] Eine andere Frage ist, ob soweit das Grundbuch bezüglich AGBG-widriger Klauseln unrichtig ist, überhaupt Gutglaubenserwerb drohen kann (dazu Rdn 53).

b) Noch bestehende Grundbuchunrichtigkeit. Die Grundbuchunrichtigkeit muss noch **zZt der Eintra-** 69 **gung des Amtswiderspruchs** bestehen; ein solcher ist also ausgeschlossen, wenn das Grundbuch wieder richtig geworden ist[372] Das kann zB geschehen durch Genehmigung des Berechtigten oder Nachholung der vormundschaftsgerichtlichen oder einer sonstigen behördlichen Genehmigung (uU auch durch deren Fiktion, zB gemäß § 7 Abs 3 GrdstVG); hat die Genehmigung rückwirkende Kraft, ist ein zwischenzeitlicher Wechsel in der Person des Eigentümers, der die Eintragung bewilligte, unschädlich.[373] Ebenso kann das Grundbuch richtig werden durch **Zuschlag in der Zwangsversteigerung**[374] oder durch einen zwischenzeitlichen **gutgläubigen rechtsgeschäftlichen Erwerb.**[375] § 325 ZPO findet auf Verfahren nach § 53 keine Anwendung.[376] Ist an einer ohne erforderliche Teilungsgenehmigung als selbständigem Grundstück eingetragenen Teilfläche Wohnungseigentum begründet und dies mit einer Reallast oder Dienstbarkeit belastet worden, so tritt mit einem gutgläubigen Erwerb des Wohnungseigentums durch einen Dritten die bis dahin noch nicht vorhandene notwendige Selbständigkeit des belasteten Grundstücks ein.[377] Auch kann durch die Eintragung von Auflassungsvormerkungen und Grundschulden an einzelnen der neu gebildeten Grundstücke das Grundbuch Kraft guten Glaubens der Begünstigten hinsichtlich der Teilung insgesamt richtig werden.[378] Für einen gutgläubigen Erwerb gemäß § 892 BGB ist allerdings kein Raum, wenn der Erwerb nicht durch ein **»Verkehrsgeschäft«**[379] erfolgte. Um ein solches handelt es sich nicht beim Rechtsübergang aufgrund eines Überlassungsvertrages in vorweggenommener Erbfolge.[380] Ebenso wenig, wenn Gesellschafter Bürgerlichen Rechts, die fälschlicherweise als Eigentümer im Grundbuch eingetragen sind, ihre Gesellschaftsanteile an einen Dritten veräußern.[381] Die Grundstücksübertragung auf einen Dritten zur Erfüllung eines Vermächtnisses stellt dagegen ein Verkehrsgeschäft dar.[382] Desgleichen die rechtsgeschäftliche Übertragung eines Miteigentumsanteils unter Miteigentümern, und zwar auch dann, wenn die Miteigentümer das Grundstück gemeinschaftlich erworben hatten und der einen weiteren Anteil erwerbende Miteigentümer bei jenem Erwerbsgeschäft daher in gleicher Weise wie der veräußernde

---

366 §§ 305–310 BGB idF d Ges v 26.11.2001 (BGBl I 3138).
367 BayObLGZ 1979, 434 = NJW 1980, 2818; Rpfleger 1980, 105; OLG Hamm DNotZ 1979, 752 = Rpfleger 1979, 405; OLG Köln Rpfleger 1990, 405, 406 m Anm *Böttcher; Bauer/v Oefele-Meincke* Rn 55; *Eickmann* Rpfleger 1978, 1, 8; *Schmitz* MittBayNot 1982, 57, 59.
368 *Ertl* Rpfleger 1980, 1, 8, 9; *ders* DNotZ 1981, 149, 159; ihm folgt *Nieder* NJW 1984, 329, 338.
369 Auch nicht in d v *Ertl* (Fn 267) herangezogenen Entscheidungen BGH DNotZ 1980, 475; OLG Hamm DNotZ 1979, 752, 758.
370 *Palandt-Heinrichs* Vorbem v § 8 AGBG Rn 7; *Ulmer/Brandner/Hensen-Brandner* § 9 Rn 50; *Wolf-Horn-Lindacher* § 9 Rn 150; z Verhältnis § 9 AGBG – § 242 BGB *Wolf* aaO Rn 24 ff.
371 In Rpfleger 1980, 1, 8, befürw *Ertl* d Eintrag eines Widerspr gem §§ 1157, 899 BGB, also einen GB-Unrichtigk voraussetzenden Rechtsbehelf; geg *Ertl* (Fn 267) im Übrigen *Schlenker* 84 ff.
372 BayObLG Rpfleger 1981, 397; BayObLGZ 1987, 213, 234 = Rpfleger 1987, 450, 451; OLG Hamm Rpfleger 1991, 59, 60 = MittRhNotK 1990, 278, 280; KGJ 53, 192; KG JFG 13, 228, 232; OLG Stuttgart Justiz 1969, 137.
373 Vgl OLG Hamm NJW 1961, 560.
374 RGZ 65, 98; BayObLG Rpfleger 1981, 397.
375 BGHZ 64, 194 = NJW 1975, 1282; BGH DNotZ 1990, 377; BayObLG Rpfleger 1980, 108; 1980, 294, 295; BayObLG MittBayNot 1981, 125; BayObLG Rpfleger 1986, 471, 472; BayObLGZ 1995, 399, 406 = Rpfleger 1996, 240, 241; OLG Frankfurt Rpfleger 1979, 418, 420; OLG Hamm DNotZ 1954, 256; OLG Hamm MittRhNotK 1999, 248; OLG München JFG 17, 293, 297; KG JFG 13, 228, 229; OLG Köln Rpfleger 1982, 463, 464; 1985, 129, 230; OLG Stuttgart BWNotZ 1981, 85.
376 OLG Stuttgart BWNotZ 1981, 85.
377 BayObLG MittBayNot 1981, 125.
378 BayObLG Rpfleger 1995, 495 = DNotZ 1996, 32.
379 BGH WM 1999, 746, 748; NJW-RR 2006, 1242, 1245; NJW 2007, 3204 = ZfIR 2007, 849 Anm *Grießenbeck*.
380 RGZ 123, 52, 56; 136, 148, 150; BayObLG NJW-RR 1986, 882; BayObLGZ 1987, 231, 235; 1990, 226, 233 = MittBayNot 1990, 309, 312; OLG Zweibrücken FGPrax 1999, 208 = Rpfleger 2000, 10; LG Bielefeld Rpfleger 2001, 200; MüKo-*Wacke* § 892 Rn 37; **aA** LG Bielefeld Rpfleger 1999, 22; *Hildesheim* Rpfleger 1997, 12, 14; *Olzen* 287 ff.
381 BGH NJW 1997, 860.
382 OLG Naumburg NJW 2003, 3209.

Miteigentümer von der Nichtigkeit des Ersterwerbs betroffen war (str).[383] Der gutgläubige Erwerb von Grundpfandrechten an einem eingetragenen, nicht entstandenen Erbbaurecht macht das Grundbuch nicht richtig; das Erbbaurecht gilt nur zugunsten des gutgläubigen Erwerbs als existent, für den Grundstückseigentümer kann daher ein Amtswiderspruch gegen das Erbbaurecht eingetragen werden.[384] Bei zu Unrecht als volkseigen gebuchten Grundstücken nahm die aus § 8 VZOG in der vor dem 22. Juli 1997 geltenden Fassung folgende Buchposition der verfügungbefugten Stelle am öffentlichen Glauben des Grundbuchs teil und ermöglichte gutgläubigen Erwerb.[385] Die Umschreibung des betroffenen Rechts auf einen Dritten, ohne dass ein gutgläubiger Erwerb stattgefunden hätte, oder der Umstand, dass ein Dritter sonst Rechte daran erworben hat, hindern den Amtswiderspruch nicht.[386] Kommt ein Amtswiderspruch gegen ein Briefgrundpfandrecht in Betracht und liegt der Brief nicht vor, so braucht das Grundbuchamt die Möglichkeit eines gutgläubigen Erwerbs außerhalb des Grundbuchs nicht zu erwägen (vgl § 53 Abs 2 S 1; Rdn 145).[387] Allgem zur Feststellungslast bei Möglichkeit gutgläubigen Erwerbs Rdn 85. Gegen die Löschung eines Nacherbenvermerks kann nach Eintritt der Nacherbfolge kein Widerspruch mehr eingetragen werden, weil der frühere Nacherbe allein verfügungbefugt ist.[388]

70   Wird eine **Zwangshypothek** trotz Fehlens von Vollstreckungsvoraussetzungen eingetragen, so entsteht sie zwar zunächst nicht und das Grundbuch ist unrichtig (str).[389] Sie wird aber – mit dem Range der Eintragung, § 879 Abs 2 BGB (str)[390] – begründet und die Grundbuchunrichtigkeit entfällt, wenn der (heilbare) Mangel behoben wird. Regelmäßig nicht in Rede steht Grundbuchunrichtigkeit, wenn gegenüber dem Gläubiger der Zwangshypothek ausschließlich fehlendes Eigentum des eingetragenen Vollstreckungsschuldners geltend gemacht wird; der wahre Eigentümer ist in diesem Fall grundsätzlich auf die Drittwiderspruchsklage nach § 771 ZPO angewiesen[391] (vgl § 71 Rdn 82).

71   Eine **erloschene Auflassungsvormerkung** kann nach Auffassung des BGH[392] durch **erneute Bewilligung** – ohne Grundbuchberichtigung und inhaltsgleiche Neueintragung – wieder zur Sicherung eines neuen deckungsgleichen Anspruchs verwendet werden. Folgt man dieser dogmatisch sehr fragwürdigen und mit dem Gebot der Rechtssicherheit im Grundbuchverfahren nur schwer zu vereinbarenden,[393] aber praktisch richtungweisenden Entscheidung, so ist eine einmal eingetretene Grundbuchunrichtigkeit ab der neuen Bewilligung wieder beseitigt.

3. Verletzung gesetzlicher Vorschriften

72   **a) (Verletztes) Gesetz. aa) Allgemein.** Gesetzliche Vorschriften sind verletzt, wenn bei der Eintragung **zu beachtende Rechtsnormen nicht richtig angewendet** worden sind, auch etwa durch falsche Beurteilung des Sachverhalts bei an sich zutreffender Einschätzung der rechtlichen Voraussetzungen.[394] Weiter kommen in Betracht Schreib- und Rechenfehler oder sonstige Unrichtigkeiten (soweit sie nicht so offensichtlich sind, dass sie ohne weiteres »berichtigt« werden können, Rdn 29). Ob die verletzte Norm dem formellen oder dem materiellen Recht angehört, ist unerheblich, ebenso ob sie zwingendes Recht oder eine bloße Ordnungsvor-

---

383   BGH NJW 2007, 3204 = ZfIR 2007, 849 Anm *Grießenbeck*; KG HRR 1927 Nr 1325; OLG Stuttgart WürttZ 1927, 181, 182; *Staudinger/Gursky* § 892 Rn 114 ff; MüKo/*Schmidt* § 747 Rn 27 f; *Palandt/Bassenge* § 892 Rn 8; *Krauel* S 38; *Reeb* S 24; *Tiedke* S 90 f; *Hager* S 164 ff; *Wittkowski* S 149 ff; **aA** BayObLG BayZ 1927, 364; KG JW 1927, 2521 f m abl Anm *Meyerowitz* JW 1928, 522; KG HRR 1928 Nr 1833; OLG Köln LZ 1930, 1128; *Soergel/Hadding* § 747 Rn 3; *Soergel/Stürner* 11 Aufl § 892 Rn 24; *Münch-Komm/Wacke* § 892 Rn 41; *Wolff/Raiser* SachR 10 Aufl § 45 Fn 19; *v Mangold* AcP 134 (1931) 81, 89; *Sternberg* JW 1930, 836.
384   BayObLGZ 1986, 294 = Rpfleger 1986, 471.
385   BGH VIZ 1998, 519, 521; 2004, 362, 363; NJW-RR 2006, 1242.
386   KG JFG 13, 228.
387   *Eickmann* RpflStud 1984, 1, 5; BayObLGZ 1995, 399 = Rpfleger 1996, 240, 241.
388   OLG Hamm OLGZ 1991, 137, 143 = Rpfleger 1991, 59, 60.
389   BayObLGZ 1975, 398 = Rpfleger 1976, 66, 68; Rpfleger BayObLG Rpfleger 1995, 106 = BayVBl 1995, 29; KG JFG 21, 89, 92 = HRR 1940 Nr 452; OLG Frankfurt Rpfleger 1981, 312, 313; SchlHOLG NJW-RR 1988, 700; *Thomas-Putzo* § 867 Rn 10; *Stein-Jonas-Münzberg* § 867 Rn 14; **aA** – Zwangshypothek entstehe auflösend bedingt – *Baumbach-Hartmann* § 867 Rn 12; *Zöller-Stöber* § 867 Rn 21; *Dümig* Rpfleger 2004, 1, 10; vgl auch *Furtner* MDR 1964, 460.
390   BayObLGZ 1975, 398 = Rpfleger 1976, 66, 68; BayObLG Rpfleger 1995, 106; OLG Hamm NJ-RR 1998, 87; SchlHOLG NJW-RR 1988, 700; KG JFG 21, 89, 92 = HRR 1940 Nr 452 (Aufg v KGJ 53, 189); *Hagemann* Rpfleger 1982, 165, 169; *Stein-Jonas-Münzberg* § 867 Rn 14, 15; *Thomas-Putzo* § 867 Rn 10; **aA** *Furtner* MDR 1964, 460, 462; *Naendrup* ZZP 85 (1972), 311, 324, 327.
391   *Dümig* Rpfleger 2004, 1, 15; vgl auch BGH Rpfleger 2007, 134 m Anm *Dümig*.
392   BGHZ 143, 175 = LM BGB § 883 Nr 27 m Anm *Stürner-Heggen* = NJW 2000, 805 m Anm *Zimmer* aaO 2978 = DNotZ 2000, 639 m Anm *Wacke* = Rpfleger 2000, 153 m Anm *Streuer* = MittBayNot 2000, 104 m Anm *Demharter* u Anm *Amann* aaO 197 = ZIP 2000, 288 m Anm *Grunsky* EwiR 2000, 285 = JR 2001, 58 m Anm *Schubert* = ZfIR 2000, 121 m Anm *Volmer* aaO 207.
393   Z **Kritik** s insbes *Amann* MittBayNot 2000, 197; *Demharter* MittBayNot 2000, 106; *Schubert* JR 2001, 61; *Volmer* ZfIR 2000, 207; *Zimmer* NJW 2000, 2978.
394   KGJ 40, 167.

schrift ist. Dazu zählen etwa die GBV und die WGV, jedoch nicht rein innerdienstliche Anweisungen.[395] Nicht einschlägig ist § 53, wenn sich nur allgemeine Organisationsmängel im Amtsgericht ausgewirkt haben.

Wegen des Umfangs der Prüfungspflicht im Grundbucheintragungsverfahren Einl H Rdn 21 ff;[396] sie geht **73** genauso weit wie das Prüfungsrecht (Einl H 2). Das Grundbuchamt hat nicht nur die Pflicht, Eintragungen abzulehnen, die nach seiner sicheren Kenntnis das Grundbuch unrichtig machen würden;[397] es hat vielmehr auch darauf zu achten, dass die Unrichtigkeit nicht in eine neue Eintragung übernommen und damit weiterhin verlautbar wird.[398] Deshalb darf bspw nach Anordnung der Ausführung eines Flurbereinigungsplans die Auflassung eines Altgrundstücks nicht eingetragen werden, solange das Grundbuch nicht auf den neuen Rechtszustand berichtigt ist;[399] bei einem Verstoß kommt gleichwohl ein Amtswiderspruch nicht in Betracht,[400] weil wegen des Surrogationsgrundsatzes und der Wirksamkeit der Umgestaltung außerhalb des Grundbuchs aufgrund öffentlichen Rechts (Rdn 61) gutgläubiger Erwerb am Altgrundstück ausgeschlossen wäre. Ob das Grundbuchamt bei Eintragung eines im Umlegungsverfahren (§§ 45 ff BauGB) zugeteilten Grundstücks auf entsprechende Zuteilungsanordnung der Umlegungsstelle einen Dritten (etwa Käufer) ohne rechtsgeschäftlichen Übertragungsakt an Stelle des Eigentümers des Einwurfsgrundstücks eintragen darf, ist streitig.[401] Außer dem Fall, dass der betroffene Eigentümer einer entsprechenden Regelung der Umlegungsstelle ausdrücklich zugestimmt hatte, dürfte dies zu verneinen[402] und durch eine solche Eintragung das Grundbuch auch unrichtig geworden sein. Dazu, ob das Grundbuchamt Grundbuchunrichtigkeit »übersehen« darf und muss, um gutgläubigen Erwerb zu ermöglichen, Rdn 87, 94.

Besondere Bedeutung hat die Frage nach dem Umfang der Prüfungspflicht im Hinblick auf eine Inhaltskon- **74** trolle zu den Eintragungsunterlagen gehörender, einseitig vorformulierter AGB, insbes nach §§ 305–310 BGB;[403] auch im Zusammenhang mit der Diskussion, ob das AGB-Recht unmittelbar oder analog auf die Gemeinschaftsordnung einer Wohnungseigentümergemeinschaft Anwendung findet[404] oder ob sich die inhaltliche Kontrolle unter Berücksichtigung der Besonderheiten des Einzelfalls am am Maßstab von Treu und Glauben (§ 242) auszurichten hat.[405] Dazu näher Einl H Rdn 116 ff. Speziell unter dem Blickwinkel des § 53 ist zu erörtern – spielt allerdings mittelbar auch in die Argumentation um die Prüfungspflicht gegenüber AGB hinein –, ob eine AGBG-widrige Eintragung etwa inhaltlich unzulässig ist (Rdn 102) oder das Grundbuch unrichtig macht (Rdn 68) und inwieweit letzterenfalls Gutglaubenserwerb in Betracht kommt (Rdn 53).

bb) Eintragungen in den Neuen Bundesländern vor und nach dem Beitritt. Die unzutreffende **75** Buchung von Grundstücken als volkseigen kann – außerhalb des Anwendungsbereichs des VermG – die Unrichtigkeit (Rdn 63) des Grundbuchs zur Folge gehabt haben.[406] Sonst kann jedoch schon wegen des Vorrangs der Restitutionsvorschriften des VermG ein Amtswiderspruch nicht auf solche Mängel des Veräußerungsgeschäftes gestützt werden, die einen Unrechtstatbestand des VermG begründen oder mit ihm in einem inneren

---

395 BayObLG Rpfleger 1956, 311, 313.

396 Beachtl dazu d grunds Gegenposition v *Reithmann* MittBayNot 1989, 17, 18; *Rühl* 197 ff, 251, 252.

397 BGHZ 35, 135, 139 = Rpfleger 1961, 233 m Anm *Haegele*; BayObLGZ 1979, 434, 437 = NJW 1980, 2818 = Rpfleger 1980, 105; BayObLGZ 1982, 455, 459; BayObLGZ 1997, 139; BayObLGZ 1998, 275, 278; OLG Hamburg DNotZ 1999, 741 m Anm *Stöber*.

398 BayObLGZ 1982, 455, 459 = MittBayNot 1983, 64, 65 m Anm *Haiduk*.

399 BayObLGZ 1982, 455, 459 = MittBayNot 1983, 64, 65 m Anm *Haiduk*.

400 *Offengel* v BayObLGZ 1982, 455, 459 = MittBayNot 1983, 64, 65; BayObLG RdL 1983, 268.

401 **Bejahend** OLG Zweibrücken Rpfleger 2003, 122 = DNotZ 2003, 281 m zust Anm *Grziwotz*; OLG Hamm Rpfleger 1996, 338 = MittBayNot 1996, 452 mAnm *Grziwotz* aaO S 454; **aA** *Maaß* ZNotP 2003, 362.

402 IdS *Maaß* ZNotP 2003, 362, 366 ff.

403 Vgl BayObLGZ 1979, 434, 437 = NJW 1980, 2818 = Rpfleger 1980, 105 = MittBayNot 1980, 9; BayObLG Rpfleger 1981, 297; 1981, 396; BayObLGZ 1983, 44, 47; OLG Hamm DNotZ 1979, 173; OLG Stuttgart Rpfleger 1979, 18 = DNotZ 1979, 21; OLG Celle DNotZ 1979, 622 m Anm *Schöner*; *Schöner/Stöber* Rn 211 ff; *Staudinger-Gursky* § 873 Rn 42; *Böhringer* BWNotZ 1980, 129; *Eickmann* Rpfleger 1978, 1; *Köther* 136 ff; *Reithmann* MittBayNot 1989, 17, 18; *Schippel-Brambring* DNotZ 1977, 131, 156; *Schlenker* 1 ff, 110 ff; *Schmid* BB 1979, 1639; *ders* Rpfleger 1987, 133; *Schmidt* MittBayNot 1978, 89 = MittRhNotK 1978, 89; *Schmitz* MittBayNot 1982, 57.

404 **Nein:** BayObLG NJW-RR 1992, 83; OLG FfM FGPrax 1998, 85 = Rpfleger 1998, 336; *Bärmann/Pick/Merle* § 8 Rn 16; *MüKo-Röll* § 10 WEG Rn 26 ff; *Weitnauer-Lüke* § 7 Rn 25 ff; *Ertl* DNotZ 1981, 149; *Röll* DNotZ 1978, 720, 721; *Schmidt* BauR 1979, 187, 192; *Weitnauer* Betrieb 1981, Beil Nr 4/81 z Heft 9; *ders* DNotZ 1989, 430; **ja:** *Böttcher* Rpfleger 1990, 161, 162; *Eickmann* Rpfleger 1978, 1, 4, 5; *Schlenker* 50 ff; *Ulmer* FS Weitnauer 1980, 205, 264 ff; **offen** BGHZ 99, 90 = NJW 1987, 650; 151, 164, 173 f = DNotZ 2002, 945; BGH MittBayNot 2007, 43, 44; OLG Karlsruhe Rpfleger 1987, 412.

405 BGHZ 99, 90 = NJW 1987, 650; 151, 164, 173 f = DNotZ 2002, 945; BGH MittBayNot 2007, 43, 44; BayObLGZ 1972, 314, 319 = Rpfleger 1972, 423; BayObLGZ 1988, 287 = DNotZ 1989, 428 m Anm *Weitnauer* = Rpfleger 1990, 160 m Anm *Böttcher*; BayObLG DNotZ 1996, 37 = NJW-RR 1996, 1037; OLG Karlsruhe Rpfleger 1987, 412; LG Regensburg Rpfleger 1991, 244 m Anm *Schmid*.

406 Vgl BGH NJW-RR 2006, 1142.

Zusammenhang stehen.[407] Eine Gesetzesverletzung (Rdn 72 ff) kann auch in der fehlerhaften Anwendung des DDR-Rechts bei Eintragungen vor dem 3. Oktober 1990 gelegen haben;[408] da sich hieraus für sich jedoch kein Amtshaftungsanspruch gegen die Bundesrepublik Deutschland ergeben kann, greift der Gesetzeszweck des § 53 Abs 1 S 2 (Rdn 2) allein deswegen noch nicht ein. Erfolgte nach der Wiedervereinigung eine Eigentumseintragung aufgrund Ersuchens der zuständigen Behörde und mit einem Rechtsträgernachweis, so scheidet ein Amtswiderspruch regelmäßig mangels weiterer Prüfungspflichten des GBA aus;[409] nichts anderes gilt, wenn durch Beschluss eines staatlichen Notariats festgestellt worden war, dass der Erblasser von der DDR beerbt worden sei, und daraufhin das Grundeigentum im Grundbuch auf »Eigentum des Volkes« umgetragen wurde.[410]

76   **cc) Ausländisches Recht.** Auch die **Nichtanwendung oder unrichtige Anwendung ausländischen Rechts** ist eine Gesetzesverletzung, wenn das Grundbuchamt sich die erforderlichen Kenntnisse nicht verschafft hatte.[411] Dazu ist das Grundbuchamt im Rahmen des Möglichen auch im Antragsverfahren verpflichtet. Erst wenn dieser Weg versagt, kann es die Hilfe des Antragstellers in Anspruch nehmen.[412] Die Eintragung eines Ehegatten als Alleineigentümer darf das GBA aber nur ablehnen, wenn es sichere Kenntnis davon hat, dass das Grundbuch dadurch im Hinblick auf das geltende Güterrecht unrichtig würde; die bloße Möglichkeit, dass dies geschieht, verpflichtet das GBA nicht, das maßgebende Güterrecht zu erforschen.[413]

77   **b) Verletzung als objektiver Pflichtenverstoß.** Verletzung gesetzlicher Vorschriften bedeutet einen **objektiven Pflichtenverstoß** des Grundbuchbeamten, also des Rpflegers, Richters oder Grundbuchführers (wegen Eintragungen auf Weisung des Beschwerdegerichts Rdn 36). Dies besagt einerseits, dass den Grundbuchbeamten subjektiv **kein Verschulden** zu treffen braucht,[414] dass aber andererseits nicht schon jede Nichtübereinstimmung der Eintragung mit dem Recht eine Eintragung unter Verletzung gesetzlicher Vorschriften beinhaltet.[415] Maßgeblich kann im Hinblick auf den Normzweck des § 53 (Rdn 2) und den das Amtshaftungsrecht beherrschenden objektiven Sorgfaltsmaßstab nur sein, ob das Grundbuchamt nach der seinerzeit gegebenen Rechtslage und auf der Grundlage des ihm vorgetragenen – sei es auch unzutreffenden – Sachverhalts die Rechtslage richtig beurteilt hat; die Vorschrift ist in einem solchen Falle nur anwendbar, wenn das Grundbuchamt die Unrichtigkeit des Tatbestandes gekannt hat oder diese ihm bei gehöriger Prüfung erkennbar gewesen wäre.[416] Eine Gesetzesverletzung ist bspw nicht gegeben, wenn das Grundbuchamt den Eigentumserwerb aufgrund einer bei Erbauseinandersetzung erklärten Auflassung eingetragen hat, nachdem die Erbfolge durch Erbschein nachgewiesen war, der sich später als unrichtig erweist, sofern diese Unrichtigkeit des Erbscheins dem Grundbuchamt nicht bekannt war und sich auch nicht feststellen lässt, dass sie ihm bei gehöriger Aufmerksamkeit nicht hätte entgehen können.[417] Diese Grundsätze müssen auch gelten, wenn dem Grundbuchamt nicht erkennbar gefälschte Urkunden vorgelegt worden waren.[418]

78   Hatte das Grundbuchamt vor der Eintragung eine **Urkunde auszulegen,** so kann von einer fehlerhaften Beurteilung der Rechtslage und damit einer Gesetzesverletzung so lange **nicht** die Rede sein, als die Auslegung **rechtlich vertretbar,** also insb mit den **anerkannten Auslegungsregeln** vereinbar war; eine nachträgliche andere Auslegung von Eintragungsunterlagen rechtfertigt also für sich nie einen Amtswiderspruch.[419] Nach dem

---

407   OLG Naumburg ZflR 1997, 691 m Anm *Kohler* EwiR § 53 GBO 1/97 u *Freiberg* ZOV 1998, 141; OLG Naumburg FGPrax 1999, 1; Vgl BVerfG JZ 1997, 406 m Anm *Hess*; BGHZ 118, 34; BGH NJW 1995, 1833; BGH NJW 1995, 2707; BGH DtZ 1997, 162; *Flik* DtZ 1996, 74, 75; *Tropf* DtZ 1996, 2 ff.
408   Vgl LG Erfurt Rpfleger 1997, 158.
409   LG Neubrandenburg Rpfleger 1994, 57.
410   Vgl OLG Naumburg FGPrax 2000, 90.
411   KEHE-*Eickmann* Rn 5; MüKo-*Wacke* § 899 Rn 16; RGRK-*Augustin* § 899 Rn 24.
412   KG JFG 20, 171, 178.
413   BayObLGZ 1992, 82 = DNotZ 1994, 575; BayObLG MittBayNot 2001, 221 m Anm *Riering;* OLG Hamm Mitt-RhNotK 1996, 364; OLG Karlsruhe Rpfleger 1994, 248.
414   RG JFG 3, 4; BGHZ 30, 255 = NJW 1959, 1635 = Rpfleger 1960, 122 (geg VorlBeschl OLG Hamm NJW 1953, 1728); BayObLG 23, 158; 24, 61; KGJ 53, 177; OLG Düsseldorf JMBlNRW 1967, 222; OLG Hamm Rpfleger 1960, 405; OLG Hamm OLGZ 1967, 109 = DNotZ 1967, 686.
415   So aber *Vassel* 93, allerd m d Einschränkung, dass § 53 ausscheide, soweit d Verfahrensvorschriften d GBO eingehalten seien.
416   Außer Fn 414: BayObLG Rpfleger 1987, 152 (Ls b *Goerke* 149 ff); OLG Freiburg DNotZ 1952, 94; OLG Frankfurt Rpfleger 1979, 106; KGJ 40, 167, 172; KG JW 1932, 1064; KG DNotZ 1972, 18, 19; *Schöner/Stöber* Rn 401; *Demharter* Rn 22; KEHE-*Eickmann* Rn 7; teilw abw *Vassel* 87 ff, 89, 93.
417   OLG Frankfurt Rpfleger 1979, 106.
418   KG DNotV 1932, 521; **aA** *Vassel* 89 Fn 4.
419   BayObLGZ 24, 344; OLG München JFG 14, 105; OLG Dresden OLGE 40, 58; KG JW 1934, 2931; KG DNotZ 1972, 176; OLG Hamm OLGZ 1967, 109 = DNotZ 1967, 686; OLG Hamm DNotZ 1968, 631; OLG Frankfurt Rpfleger 1976, 132; SchlHOLG SchlHAnz 1962, 174; *Holzer/Hügel* Rn 16.

vorstehenden Verständnis des § 53 liegt aber **auch bei einer vertretbaren Auslegung des Gesetzes** durch das GBA keine Gesetzesverletzung vor.[420]

Keine anderen Maßstäbe gelten, soweit das Grundbuchamt (auch) als **Vollstreckungsorgan**[421] tätig geworden **79** ist (§ 18 Rdn 48 ff), auch soweit dies auf Ersuchen einer Behörde geschehen ist.[422] Das LG Saarbrücken[423] befürwortet allerdings einen Amtswiderspruch wegen Gesetzesverletzung, wenn die Eintragung einer Zwangshypothek erfolgt war, obwohl ein Einstellungsbeschluss vorlag, von dem das Grundbuchamt jedoch keine Kenntnis noch Anhaltspunkte für sein Vorliegen hatte. Aus § 53 nach seinem herkömmlichen Verständnis und Zweck ist dies schwerlich zu entnehmen.[424] Das berechtigte Interesse des Schuldners an effektivem Rechtsschutz mag für diesen einen Anspruch begründen, dass auf seine Beschwerde in erweiterter Anwendung des § 71 Abs 2 S 2 ein Widerspruch eingetragen wird (z dieser Frage § 71 Rdn 3, 7, 82). Die gesetzlichen Voraussetzungen für ein Tätigwerden des Grundbuchamts von Amts wegen sind damit jedenfalls noch nicht gegeben.

c) Maßgeblicher Zeitpunkt. Maßgeblicher Zeitpunkt dafür, ob gesetzliche Vorschriften »verletzt« worden **80** sind, ist der der **Eintragung**[425] Bei einem Wandel der Rspr kommt es also nicht auf die jetzige, sondern die damalige allgemeine Auffassung an (das galt etwa für eingetragene, später vom BGH[426] wegen Verstoßes gegen den zwischenzeitlich aufgehobenen § 247 Abs 1 BGB für grundsätzlich unwirksam erklärte Vereinbarungen über Vorfälligkeitsentschädigungen[427]). Mit diesem Grundsatz und dem Zweck des § 53, Schadensersatzansprüchen wegen Amtspflichtverletzung bei der Vornahme von Eintragungen vorzubeugen, ist die Auffassung unvereinbar, bei Gesetzesänderungen mit rückwirkender Kraft müsse die Rechtslage rückblickend nach diesem Gesetz beurteilt, dh die – unrichtig gewordene – Eintragung wie eine objektiv pflichtwidrig vorgenommene Eintragung behandelt werden.[428] Insoweit einen Amtswiderspruch zuzulassen, besteht kein Grund. Unter diesem Gesichtspunkt ist es beispielsweise bedenklich, Amtswidersprüche einzutragen, soweit das GBA bei Grundstücken aus der Bodenreform[429] – aufgrund seinerzeit vertretbarer Rechtsauffassung[430] – die Miteigentumsteile der Erben des verstorbenen Neubauern unabhängig von den Erbquoten nach gleichen Teilen angesetzt hatte.[431]

d) Beispiele. Beispiele von Gesetzesverletzungen: Unrichtige Beurteilung der Verkehrsfähigkeit des **81** Rechts und der Verfügungsbefugnis des Veräußernden, insb die Missachtung von Verfügungsverboten und Eintragungshindernissen. Wegen der damit zusammenhängenden Fragen s einerseits § 17 Rdn 22, § 18 Rdn 90 ff, Anhang §§ 19, 20 Rdn 58 ff; andererseits § 53 Rdn 87, 94. Ungenügende Prüfung bei der Veräußerung durch den Testamentsvollstrecker, ob dieser etwa unentgeltlich verfügt[432] oder unter Verstoß gegen § 181 BGB an sich selbst aufgelassen hat; dies ist nicht der Fall, wenn dem Testamentsvollstrecker vermächtnisweise die Möglichkeit des Erwerbs des Grundstücks zugewendet worden war.[433] Lastenfreie Abschreibung eines von einer Auflassungsvormerkung nicht betroffenen Grundstücksteils, ohne dem Vormerkungsberechtigten rechtliches Gehör zu gewähren.[434] Nichtberücksichtigung von zutage getretenen Zweifeln an der Geschäftsfähigkeit[435] eines Beteiligten bzw an der Rechtsfähigkeit eines Vereins oder einer Stiftung oder an der Vollmacht eines Vertreters;

---

420 LG Lübeck JurBüro 1973, 652; *Demharter* Rn 21; *Bauer/v.Oefele-Meincke* Rn 57; **aA** *Hügel/Holzer* Rn 16, der z Unrecht die (rückblickende) Rechtsauffassung des Beschwerdegerichts allein für maßgeblich hält.

421 Dazu BGHZ 27, 310 = NJW 1958, 1090; OLG Hamm Rpfleger 1973, 440; OLG Köln OLGZ 1967, 499; *Balser-Bögner-Ludwig*; *Habermeier*, 21 ff; z Umfang d Prüfungspflicht bspw: BayObLGZ 1956, 218 = Rpfleger 1957, 22; BayObLGZ 1975, 398 = Rpfleger 1976, 66; BayObLG Rpfleger 1982, 466; BayObLG Rpfleger 1983, 187; 1984, 232; 1989, 396 (Ls b *Plötz* 396 ff); OLG Frankfurt OLGZ 1981, 261 = Rpfleger 1981, 312; OLG Hamm Rpfleger 1983, 392 m Anm *Münzberg* Rpfleger 1984, 276; OLG Hamm OLGZ 1988, 270, 271; KG Rpfleger 1988, 359; OLG Köln Rpfleger 1991, 149; LG Wuppertal Rpfleger 1988, 153.

422 Z Prüfungspflicht: BayObLG Rpfleger 1982, 98, 99; OLG Hamm JMBlNRW 1960, 107.

423 LG Saarbrücken Rpfleger 1975, 328.

424 Ebenso *Bauer/v Oefele-Meincke* Rn 58.

425 RGZ 108, 176, 179; BGHZ 30, 255 = NJW 1959, 1635 = Rpfleger 1960, 122; OLG Frankfurt 1979, 106; OLG Hamm Rpfleger 1960, 405; KG DNotZ 1972, 19.

426 BGHZ 79, 163 = NJW 1981, 814 = Rpfleger 1981, 226.

427 Dazu *Eickmann* Rpfleger 1981, 227; *ders* RpflStud 1984, 1, 6.

428 So aber BayObLGZ 23, 158; 23, 186; 24, 61; zust KEHE-*Eickmann* Rn 7; *ders* RpflStud 1984, 1, 6; *Bauer/v Oefele-Meincke* Rn 65; **aA** LG Ffm NJW 1953, 587 mAnm *Krüger*; *Schöner/Stöber* Rn 401 m Fn 20; *Demharter* Rn 22.

429 Vor Einfügung d Art 233 § 11 Abs 2 S 2, Hs 2 EGBGB durch Art 11 Abs 3i bb RegVBG v 20.12.1993 (BGBl I S 2182).

430 Vgl Grundbuch-Info d BMin d Justiz Nr 1, S 31 ff.

431 **AA** LG Leipzig Rpfleger 1994, 16; vgl auch OLG Jena Rpfleger 1995, 343; LG Brandenburg Rpfleger 1994, 161; w Hinw z d Fragenkreis b *Keller* FGPrax 1997, 1, 3.

432 OLG Zweibrücken Rpfleger 1968, 88.

433 BayObLG Rpfleger 1982, 344.

434 BayObLG Rpfleger 1999, 485 = MittBayNot 1999, 478.

435 Z Prüfungspflicht insoweit OLG FfM NJW-RR 2006, 450.

anders, wenn negative Anhaltspunkte in der betreffenden Richtung nicht vorhanden waren.[436] Umschreibung eines Rechts unter Missachtung eines durch einstweilige Verfügung ergangenen Erwerbsverbots.[437] Ebenso, wenn das Grundbuchamt bei der Löschung eines Grundpfandrechts über ein gerichtliches Löschungsverbot hinwegsieht.[438] Unzureichende Überprüfung der Identität des Erklärenden, wobei das Grundbuchamt allerdings den Beweisregeln des Urkundsbeweises Rechnung zu tragen hat.[439] Eintragungen ohne die erforderliche Zustimmung Dritter oder behördlicher Genehmigungen;[440] etwa Missachtung des § 1365 BGB trotz Vorliegens konkreter Anhaltspunkte[441] dafür, dass die Verfügung das ganze oder nahezu das ganze Vermögen des Verfügenden betrifft.[442] Wenn bei unklarer Eintragungsbewilligung Klarstellung durch Zwischenverfügung unterbleibt.[443] Abweichungen von der Eintragungsbewilligung, wie etwa bei der Eintragung der Miterben als Eigentümer unter Nichtbeachtung des gleichzeitig gestellten Verlangens auf Eintragung der Testamentsvollstreckung,[444] eines Rechts selbst statt der bewilligten Vormerkung oder umgekehrt[445] oder eines unbedingten Rechts statt eines bedingten.[446] Eintragung einer vom (unentgeltlichen) Grundstückserwerber für einen Dritten bestellten Grundschuld unter Missachtung einer stillschweigenden Rangbestimmung im Übergabevertrag mit vorbehaltenen Rechten für den Übergeber;[447] hierdurch wird allerdings keine GB-Unrichtigkeit bewirkt (Rdn 21).[448] Eintragung eines mit der Eintragungsbewilligung nicht in Einklang stehenden Rangvermerks: Werden in einem Grundstücksveräußerungsvertrag vom Erwerber zugunsten des Veräußerers Rechte an dem aufgelassenen Grundstück bestellt – etwa Reallast plus Wohnungsrecht plus Vormerkung zur Sicherung des Anspruchs auf Eintragung der Reallast –, so widerspricht es regelmäßig dem Willen der Vertragsschließenden, dass bei dem Vollzug des Vertrages im Grundbuch ein vom Auflassungsempfänger zugunsten eines Dritten erstelltes Grundpfandrecht mit dem Rang vor den Rechten des Veräußerers eingetragen wird;[449] anders, wenn die Eintragungsbewilligung ausdrücklich eine dementsprechende unmittelbar dinglich wirkende Rangbestimmung enthält.[450] Eintragung der Erbfolge bezüglich eines Grundstücks, das nicht zum Nachlass, sondern zum Gesamtgut einer fortgesetzten Gütergemeinschaft gehört.[451] Wenn das einer Eintragung zugrunde liegende Rechtsgeschäft gegen ein gesetzliches Verbot (§ 134 BGB) verstößt – worunter die Verletzung bauordnungsrechtlicher Vorschriften jedoch grundsätzlich nicht fällt[452] – oder zweifelsfrei ein vom Verbot erfasstes Umgehungsgeschäft[453] vorliegt. Eintragung trotz sicherer Kenntnis, dass das Grundbuch damit unrichtig wird, auch wenn das Grundbuchamt sich die entsprechenden Tatsachengrundlagen – unzulässigerweise – durch Amtsermittlung verschafft hatte.[454] Eintragung eines Eigentumswechsels ohne den gemäß § 28 Abs 1 S 2 BauGB erforderlichen Nachweis, dass ein Vorkaufsrecht nicht besteht oder nicht ausgeübt wird.[455] Ungenügende Ermittlungen über den wirklichen Eigentümer bei Anlegung eines Grundbuchblattes.[456] Eintragung auf Ersuchen einer Behörde, für das diese nicht zuständig war, zB wenn das Vollstreckungsgericht nach § 130 ZVG auch um die Löschung nach dem Zuschlag eingetragener Hypotheken ersucht hat;[457] anders bei einem versehentlichen Ersuchen einer an sich zuständigen Behörde, etwa des Vollstreckungsgerichts um Löschung nach § 91 ZVG

---

436 RG JFG 3, 1; BayObLG Rpfleger 1974, 396; OLG Hamm Rpfleger 1960, 405; OLG Stuttgart Rpfleger 1960, 338.

437 BayObLGZ 1997, 55 = Rpfleger 1997, 304.

438 LG Hamburg Rpfleger 2006, 10 mAnm *Alff*.

439 OLG Celle NJW-RR 2006, 448.

440 Bspw: BayObLG DNotZ 1990, 381; OLG Hamm Rpfleger 1983, 519; OLG Köln Rpfleger 1978, 441, z Teilungsgenehmigung nach § 19 BauGB: BayObL MittBayNot 1981, 125.

441 Sonst keine Ermittlungspflicht d GBA.

442 BGHZ 35, 135 = NJW 1961, 1301 = Rpfleger 1961, 233; BGHZ 43, 174, 178 = NJW 1965, 909; NJW 1980, 2350 = Rpfleger 1980, 423; BayObLG Rpfleger 1981, 62; Rpfleger 2000, 265; OLG Jena Rpfleger 2001, 298; OLG München RNotZ 2007, 105; OLG Schleswig FGPrax 2005, 105 = MittBayNot 2006, 38 mAnm (z d subj Tatbestandsvoraussetzungen); *Eickmann* Rpfleger 1981, 213.

443 *Demharter* Rn 21.

444 KG DNotZ 1956, 195.

445 BayObLG 23, 67, 73.

446 Z Unrichtigkeit i d Fall RGZ 106, 109, 113; z Folgen f d Gesamteintragung Rdn 33.

447 OLG München Rpfleger 2006, 68, 69.

448 *Bestelmeyer* Rpfleger 2006, 318, 319; **geg** OLG München Rpfleger 2006, 68, 69.

449 BayObLG DNotZ 1977, 367 = Rpfleger 1976, 302.

450 BayObLG Rpfleger 1982, 334.

451 BayObLG 24, 156.

452 KG JFG 18, 54.

453 Vgl – hier im Erg wohl nicht haltbar – LG Flensburg ZflR 2000, 567 m Anm *Grziwotz*.

454 Vgl BayObLG Rpfleger 1973, 429.

455 Dazu BGH NJW 1979, 875 = Rpfleger 1979, 97; BayObLG Rpfleger 1986, 52; OLG Köln Rpfleger 1982, 338.

456 OLG Hamm DNotZ 1968, 246; OLG Hamm Rpfleger 1980, 229; OLG München JFG 17, 293; OLG Oldenburg NdsRpfl 1975, 17.

457 KG ZBlFG 7, 713; z Prüfungspflicht b Eintragungsersuchen BGHZ 19, 335, 358 = NJW 1956, 463; BayObLG Rpfleger 1982, 98; OLG Hamm Rpfleger 1978, 374; OLG Frankfurt Rpfleger 1974, 436; 1976, 313.

Streck

übernommener Hypotheken.[458] Übersehen eines offenkundigen Widerspruchs zwischen dem Eintragungsersuchen einer Behörde und den dessen Grundlage bildenden Anlagen.[459] Eintragung des Erben eines Verfolgten als Eigentümer ohne entsprechende Rückerstattungsanordnung der zuständigen Behörde.[460] Eintragung der Zwangshypothek ohne hinreichende Prüfung der Voraussetzungen der Zwangsvollstreckung, etwa der Identität der im Vollstreckungstitel angegebenen Parteien mit dem Gläubiger der Hypothek und dem Eigentümer des zu belastenden Grundstücks,[461] oder derjenigen einer Sicherungsvollstreckung.[462] Eintragung unter Nichtanwendung eines verfassungswidrigen nachkonstitutionellen Gesetzes, solange das BVerfG dieses nicht für nichtig erklärt hat.[463] **Keine** Gesetzesverletzung liegt vor: Bei Eintragung unter Heranziehung einer Bodenverkehrsgenehmigung,[464] die später widerrufen wurde.[465] Bei Eintragung von Verfügungen über ein geteiltes Grundstück (nach Wegfall des Erfordernisses der Teilgenehmigung[466]) ohne Prüfung der »Planmäßigkeit« (vgl § 19 Abs 2 BauGB nF) der Teilung.[467] Bei Umschreibung ohne den Nachweis, dass eine vorgelegte bodenverkehrsrechtliche Genehmigung nach § 19 BauGB aF[468] unanfechtbar war (str).[469] Die Unanfechtbarkeit einer für die Veräußerung land- und forstwirtschaftlicher Grundstücke für erforderlich[470] gehaltenen Grundstücksverkehrsgenehmigung darf iS von § 7 Abs 1 GrdStVG mit Erteilung einer uneingeschränkten Genehmigung regelmäßig als nachgewiesen angesehen werden.[471] Eintragung einer Eigentumsvormerkung ohne Prüfung des Bestehens des zu sichernden Anspruchs.[472] Im Falle der Eintragung eines Grundstücks als Volkseigentum durch ein DDR-Grundbuchamt (Liegenschaftsdienst) auf Ersuchen der zuständigen Behörde und aufgrund eines Rechtsträgernachweises.[473] Wenn das Grundbuchamt bei der Eintragung einer Pfändung keine Ermittlungen anstellt, ob die an den Drittschuldner zugestellten Beschlussabschriften mit der vorgelegten Ausfertigung des Pfändungs- und Überweisungsbeschlusses übereinstimmen.[474]

4. Ursachenzusammenhang zwischen Gesetzesverletzung, Eintragung und Grundbuchunrichtigkeit

Die **Gesetzesverletzung muss für die Eintragung ursächlich gewesen sein** – dh die Eintragung wäre bei ordnungsgemäßer Behandlung nicht erfolgt –, und die **Unrichtigkeit muss ihrerseits auf der Eintragung beruhen.** Nicht erforderlich soll dagegen sein, dass die **Gesetzesverletzung** für die Unrichtigkeit des Grundbuchs **ursächlich** war[475] (Beispiel:[476] Eintragung einer Hypothek aufgrund privatschriftlicher Eintragungsbewilligung. Unrichtig wird das Grundbuch nicht »durch« diese Verletzung, sondern dadurch, dass eine Einigung zwischen dem Eigentümer und dem Gläubiger nicht vorliegt; dennoch Amtswiderspruch). Demgegenüber fordert *Baur*[477] wie selbstverständlich, dass die Unrichtigkeit des Grundbuchs »durch« den Verfahrensverstoß herbeigeführt worden sein müsse (Beispiel, ebenfalls zutreffend: Das Grundbuchamt lässt sich nicht die – tatsächlich gegebene – Vertretungsbefugnis des Vorstandes einer AG nachweisen, der eine Hypothek bewilligt hat. Das zu sichernde Darlehen wird nie ausgezahlt, sodass in Wirklichkeit eine Eigentümergrundschuld besteht; kein

82

---

458 KG OLGE 6, 99; KG JW 1937, 3176; KG Rpfleger 1975, 68.
459 OLG München RdL 1953, 215.
460 OLG Düsseldorf JMBlNRW 1961, 201.
461 BayObLGZ 1956, 218, 220 = Rpfleger 1957, 22; BayObLGZ 1975, 398, 403 = Rpfleger 1976, 66; BayObLG Rpfleger 1982, 466; BayObLG Rpfleger 1983, 407; BayObLG Rpfleger 2002, 261; z Erfordernis der Zustellung v Titel u Vollstreckungsklausel OLG Hamm Rpfleger 1989, 378; OLG Karlsruhe Justiz 1991, 56; KG Rpfleger 1988, 359; OLG Schleswig NJW-RR 1988, 700; z Zug-um-Zug-Vollstr OLG Hamm Rpfleger 1983, 393.
462 OLG Hamm NJW-RR 1997, 87.
463 OLG Oldenburg Rpfleger 1985, 188.
464 §§ 19 BauGB aF; nach § 22 BauGB nF nur noch allenfalls begrenzte Genehmigungsbedürftigkeit.
465 AG Wedel Rpfleger 1961, 243.
466 Vgl LG Traunstein Rpfleger 2005, 423 mAnm *Dümig.*
467 Zutr *Dümig* Rpfleger 2005, 423; **geg** *Wiessatty* aaO S 310 f.
468 Genehmigungsbedürftig jetzt allenfalls noch nach § 22 BauGB nF.
469 OLG Hamm Rpfleger 1974, 68; *Schöner/Stöber* Rn 3837; *Fassbender* DNotZ 1973, 358, 362; *Steiner* Rpfleger 1981, 469, 471; *Wolfsteiner* Rpfleger 1973, 162; **aA** LG Schweinfurt Rpfleger 1972, 409; *Haegele* Rpfleger 1972, 390, 393.
470 Z Prüfungspflicht d GBA eines OLG FfM Rpfleger 1980, 297 m abl Anm *Meyer-Stolte*; andrers OLG Zweibrücken FGPrax 1999, 3 = Rpfleger 1999, 179.
471 BGHZ 94, 24 = Rpfleger 1985, 234 auf Vorl BayObLG Rpfleger 1985, 10 geg OLG Frankfurt DNotZ 1965, 502.
472 BayObLG DNotZ 2003, 710 = Rpfleger 2003, 573.
473 LG Neubrandenburg Rpfleger 1994, 57.
474 BayObLG Rpfleger 2005, 1.
475 KG DNotZ 1956, 195, 196; *Bauer/v Oefele-Meincke* Rn 67; *Demharter* Rn 25; KEHE-*Eickmann* Rn 8; *Güthe-Triebel* Rn 15; *Eickmann* RpflStud 1984, 1, 5, 6; vgl hierzu auch *Keller* RpflStud 1992, 161, 163 f.
476 *Güthe-Triebel* Rn 15; *Eickmann* RpflStud 1984, 1, 5.
477 *Baur/Stürner* § 16 VI 2 e bb.

Amtswiderspruch[478]). Beide Formulierungen treffen nicht den Kern. **Entscheidend ist, ob die durch die vorschriftswidrige Eintragung geschaffene Buchlage dem Schutzzweck der verletzten Vorschriften widerspricht.**[479] Die Grundbuchunrichtigkeit braucht nicht unbedingt auf einer Gesetzesverletzung bei Vornahme gerade derjenigen Eintragung zu beruhen, gegen die sich der Widerspruch richten soll; ein Amtswiderspruch kann vielmehr auch dann eingetragen werden, wenn das Grundbuchamt bei der Eintragung eines Rechtsvorgängers des jetzt eingetragenen Berechtigten das Gesetz verletzt hat, vorausgesetzt, dass die Unrichtigkeit des Grundbuchs mangels gutgläubigen Erwerbs des nunmehr eingetragenen fortbesteht.[480]

5. Erforderlicher Grad der Gewissheit

83 **a) Beweis der Gesetzesverletzung.** Die **Gesetzesverletzung** muss zur Überzeugung des Grundbuchamts **feststehen**;[481] bloße Zweifel und Bedenken rechtfertigen nach dem Zweck des § 53 Abs 1 S 1 noch keinen Amtswiderspruch. Letzterenfalls ist auch kein Raum für eine analoge Anwendung des § 53, etwa bei tatsächlicher Unsicherheit, ob ein (zugleich im Grundbuch vollzogener) Grundstückserwerb gemeinschaftswidrig ist.[482]

84 **b) Glaubhaftmachung der Grundbuchunrichtigkeit.** Dagegen braucht die **Unrichtigkeit** des Grundbuchs nur **glaubhaft**[483] zu sein, es genügt also eine (überwiegende) Wahrscheinlichkeit geringeren Grades als beim Vollbeweis. Denn es handelt sich um eine nur vorläufige rechtliche Maßnahme, und auch der Widerspruch nach § 899 BGB aufgrund einstweiliger Verfügung erfordert nur Glaubhaftmachung der Unrichtigkeit; für den Amtswiderspruch kann, soll nicht der Schutzzweck des § 53 verfehlt werden, nichts anderes gelten.[484] Dass die Grundbuchunrichtigkeit glaubhaft ist, kann sich zB aus den Gründen eines Urteils ergeben.[485] Die Annahme der Unrichtigkeit muss auf konkrete Tatsachen gestützt sein. Bloße Vermutungen und gedachte Möglichkeiten reichen nicht aus, auch nicht ein non liquet; wenn ebenso viel für die Richtigkeit wie für die Unrichtigkeit des Grundbuchs spricht, kommt ein Amtswiderspruch nicht in Betracht.[486] Die Vermutungswirkung des § 891 BGB (Rdn 35) entfällt nicht schon durch die Feststellung, dass das Grundbuchamt die Eintragung unter Verletzung gesetzlicher Vorschriften vorgenommen hat.[487] Ist andrerseits (auch) die Unrichtigkeit des Grundbuchs glaubhaft, so greift die Vermutung für die Richtigkeit des Grundbuchs nicht mehr Platz; andernfalls wäre § 53 Abs 1 S 1 praktisch gegenstandslos.[488] Es gelten im Übrigen die Beweislastregeln des materiellen Rechts (Rdn 37); also kann auch die Vermutung des § 1117 Abs 3 BGB zum Tragen kommen (str),[489] aber nicht iS einer Vermutung, dass das Grundpfandrecht dem den Brief vorlegenden Eigentümer zustehe.[490] Zur Amtsermittlungspflicht Rdn 37.

85 **c) Feststellungslast bei Möglichkeit gutgläubigen Erwerbs.** Ist nach der Umschreibung eines in Wirklichkeit nicht bestehenden Rechts auf einen Dritten oder der Belastung desselben zugunsten eines Dritten **die Möglichkeit gutgläubigen Erwerbs in Betracht zu ziehen** (Rdn 69), so hat das Grundbuchamt die Pflicht, in dieser Richtung **von Amts wegen** (Rdn 37) **Ermittlungen anzustellen**.[491] Bleiben diese ohne Ergebnis, so wirken sich die **§§ 892, 893 BGB zugunsten des Erwerbers** und zu Lasten des bisherigen wahren Berechtigten aus (Rdn 35). Die Eintragung eines Amtswiderspruchs muss also unterbleiben solange nicht aufgrund konkreter Anhaltspunkte die Bösgläubigkeit des Erwerbers glaubhaft erscheint.[492] Die Meinung, die Eintragung eines Amtswiderspruchs müsse schon zulässig sein, wenn dem Grundbuchamt unbekannt sei, ob der Dritte gut-

---

478 **AA** *Bauer/v Oefele-Meincke* Rn 67 m Fn 194.
479 Vgl *Güthe-Triebel* Rn 15.
480 KG JFG 13, 228.
481 Nachw Fn 428.
482 OLG Dresden VIZ 2000, 430 = NotBZ 2000, 60 mAnm *Suppliet*.
483 BayObLG 23, 216; BayObLGZ 1952, 24, 27; 1971, 336, 339; Rpfleger 1981, 397, 398; 1982, 344; 1982, 466; DNotZ 1982, 254, 256; 1983, 369, 370; AgrarR 1983, 319; WM 1984, 1270, 1271; BayObLGZ 1985, 401, 402; 1986, 513, 515 = DNotZ 1987, 621; DNotZ 1990, 381, 383; BayObLGZ 1995, 249, 254 = Rpfleger 1996, 63, 64; OLG Hamm Rpfleger 1957, 117, 118; 1960, 405; 1980, 229; MittBayNot 1990, 361, 362; FGPrax 2006, 146, 147 = RNotZ 2006, 424, 425; KG JFG 1, 310; 7, 250, 253; KG DNotZ 1956, 195; OLG Oldenburg Rpfleger 1966, 174; OLG Stuttgart Justiz 1969, 137; 1983, 306, 307.
484 *Demharter* Rn 28; KEHE-*Eickmann* Rn 8.
485 BayObLG Rpfleger 1987, 152 (Ls b *Goerke* 149 ff).
486 OLG Düsseldorf Rpfleger 1976, 313; OLG Frankfurt Rpfleger 1980, 228, 229.
487 BayObLG Rpfleger 2000, 266 = MittBayNot 2000, 72.
488 OLG Stuttgart Justiz 1983, 306, 307.
489 MüKo-*Eickmann* § 1117 Rn 33; *Palandt-Bassenge* § 1117 Rn 4 geg OLG Oldenburg Rpfleger 1966, 174.
490 OLG Hamm RNotZ 2006, 124.
491 BayObLGZ 1986, 513, 520 = Rpfleger 1987, 101, 103; BayObLGZ 1987, 231, 235; KGJ 48, 194; OLG Frankfurt Rpfleger 1979, 418, 420; OLG Köln Rpfleger 1982, 463, 464; OLG Hamm FGPra 1999, 130.
492 KG NJW 1973, 56 = Rpfleger 1973, 21 m Nachw aus seiner Rspr; OLG Köln Rpfleger 1982, 463, 464; LG Aachen DNotZ 1984, 767; wohl auch BayObLG Rpfleger 1980, 108, 109; 1980, 294, 295; *Bauer/v Oefele-Meincke* Rn 88.

oder bösgläubig war, weil das Grundbuchamt regelmäßig mit bösgläubigem Erwerb rechnen müsse,[493] ist nicht damit zu vereinbaren, dass (auch) im Grundbuchverfahren – jedenfalls nach Umschreibung[494] – guter Glaube des Erwerbers vermutet wird; Bedenken, dass anderenfalls die Eintragung des Amtswiderspruchs zu Lasten des wahren Berechtigten zu sehr erschwert würde, lässt sich praktisch dadurch Rechnung tragen, dass man an die Glaubhaftmachung, dass der Dritte die Grundbuchunrichtigkeit gekannt habe, nicht übermäßig hohe Anforderungen stellt. Mit diesen Grundsätzen und dem Zeck des § 53 unvereinbar ist umgekehrt der Standpunkt,[495] nur wenn Bösgläubigkeit des Erwerbers mit Sicherheit feststünde, wäre glaubhaft gemacht, dass das Grundbuch weiterhin unrichtig geblieben ist. In den Fällen, in denen als positive Voraussetzung des Entstehens der Grundbuchunrichtigkeit und der darauf gegründeten Eintragung eines Amtswiderspruchs ein früherer gutgläubiger Erwerb glaubhaft sein muss.[496] ist allerdings die Ansicht[497] zu beachten: Da ein gutgläubiger Erwerb so lange »als nachgewiesen« anzusehen sei, bis die Kenntnis des Erwerbers von der Grundbuchunrichtigkeit und damit seine Bösgläubigkeit festgestellt werde, sei ein gutgläubiger Erwerb bis zu dieser Feststellung »erst recht als glaubhaft« anzusehen. Zwar überzeugt die Begründung nicht, denn ob gutgläubiger Erwerb glaubhaft gemacht ist, also mehr für ihn als gegen ihn spricht, ist aufgrund einer konkreten Beweiswürdigung, nicht anhand einer starren Vermutung zu beantworten. Gleichwohl ist das Ergebnis vertretbar. Der eigentliche Grund für eine idS differenzierende Behandlung jener Fallgruppe liegt letztlich nicht in begrifflich-logischen Besonderheiten, sondern darin, den Schutzzweck des § 53 möglichst weitgehend zum Zuge kommen zu lassen.

6. Eintragung des Amtswiderspruchs

a) Von Amts wegen. Sie erfolgt **von Amts wegen** (Rdn 37). Ein dahin gehender »Antrag« eines Beteiligten **86** hat nur die Bedeutung einer Anregung. Ggf hat das Grundbuchamt auch dann einen Amtswiderspruch einzutragen, wenn der Antragsteller Grundbuchberichtigung[498] oder in der irrigen Meinung, die Eintragung sei ihrem Inhalt nach unzulässig, deren Löschung verlangt;[499] nicht jedoch gegen den erkennbaren Willen dessen, der allein als Berechtigter des Widerspruchs (Rdn 88) in Betracht kommt, weil dieser sofort wieder die Löschung veranlassen könnte (Rdn 97). Auch im Wege der Erinnerung (§ 71 Rdn 13) bzw der Beschwerde kann verlangt werden, dass das Grundbuchamt angewiesen wird, einen Widerspruch einzutragen (§ 71 Abs 2 S 2). Die Eintragung eines Amtswiderspruchs ist weder dadurch ausgeschlossen, dass eine Behörde berechtigt ist, um Eintragung eines Widerspruchs zu ersuchen,[500] noch dadurch, dass bereits ein Widerspruch gleichen Inhalts auf anderer Grundlage, etwa aufgrund einstweiliger Verfügung, eingetragen ist; gegenüber diesem, der nach § 25 GBO gelöscht werden kann, bietet der Amtswiderspruch einen weitergehenden Schutz.[501]

b) Zeitpunkt und Verhältnis zu vorliegenden Eintragungsanträgen. Der Widerspruch ist **einzutragen,** **87** **sobald der Fehler bemerkt wird und die weiteren gesetzlichen Voraussetzungen gegeben sind.** Bereits vorliegende Eintragungsanträge gehen nicht vor, weil § 17 für von Amts wegen zu bewirkende Eintragungen nicht gilt (§ 17 Rdn 16; **str**);[502] auch ein Eintragungsantrag, der, falls er vollzogen würde, den öffentlichen Glauben des Grundbuchs für sich hätte, geht entgegen einer teilweise vertretenen Ansicht[503] nicht vor. Letztere Ansicht findet im geltenden Grundbuchverfahrensrecht keine Stütze. Aus dem Zweck des § 53 GBO, zur Vermeidung von Schadensersatzansprüchen gegen den Fiskus die Folgen einer Gesetzesverletzung des Grundbuchamts zugunsten des wahren Berechtigten abzuwenden, ergibt sich das Gegenteil (und auch unter verfassungsrechtlichem Blickwinkel[504] eine Rechtfertigung für die unterschiedliche Behandlung im Vergleich zum Antrag auf Eintragung eines Widerspruchs gemäß § 899 BGB, die sich nach § 17 richtet); bei dieser Betrachtungsweise wird auch nicht etwa der Schutz des etwaigen Gutglaubenserwerbs eines Dritten in das »Belieben«[505] des Grundbuchamts gestellt. Eine Eintragungsreihenfolge in dem Sinne, dass alle vor der Eintragungsverfügung

---

493 BayObLG 24, 224; *Güthe-Triebel* Rn 22; *Du Chesne* JW 1912, 276.
494 KG NJW 1973, 56 = Rpfleger 1973, 21; *Demharter* Rpfleger 1991, 41, 42.
495 So aber BayObLGZ 1987, 228, 234 = Rpfleger 1987, 450, 451; **aA** *Demharter* Rn 28; *Demharter* Rpfleger 1991, 41, 42.
496 S d Fälle: BayObLGZ 1985, 401 = NJW-RR 1986, 380 = DNotZ 1986, 357; BayObLGZ 1986, 513, 516 = Rpfleger 1987, 101, 102; BayObLG MittBayNot 1991 = Rpfleger 1991, 193 (Ls b *Plötz*).
497 *Demharter* Rn 28; *Demharter* Rpfleger 1991, 41, 42; Zust *Bauer/v* Oefele-Meincke Rn 234.
498 BayObLG 32, 385, 386.
499 RG JFG 3, 1, 3; vgl auch RGZ 60, 279, 284.
500 BayObLGZ 1955, 314, 321 = DNotZ 1956, 189.
501 KG JFG 12, 301, 303 = HRR 1935 Nr 671; OLG Hamm MittRhNotK 1996, 364, 365; MüKo-*Wacke* § 899 Rn 16.
502 *Bauer/von Oefele-Wilke* § 17 Rn 8, 13; *Bauer/v Oefele-Meincke* Rn 75, 90; *Demharter* § 17 Rn 2; KEHE-*Herrmann* § 17 Rn 5; *Hügel/Holzer* Rn 45; *Rühl* 224; *Dümig* Rpfleger 2004, 1, 11 ff, 16.
503 MüKo-*Wacke* § 892 Rn 70; KEHE-*Eickmann* Rn 9; *Eickmann* RpflStud 1984, 1, 8; *Foerste*, 107, 112, 113, 144; *Kohler* 118 Fn 299; s schon *Kretzschmar* Gruchot Beitr 49 (1905), 1, 5; *Lenenbach* NJW 1999, 923, 925; *Reuter* MittBayNot 1994, 115, 116; *Rieger* BWNotZ 2001, 79, 81; **aA** *Dümig* Rpfleger 2004, 1, 16.
504 Mit d *Eickmann* RpflStud 1984, 1, 8 argumentiert; s demgegenüber auch Rdn 94 m Fn 552.
505 *Eickmann* RpflStud 1984, 1, 8.

hinsichtlich des Amtswiderspruchs eingegangenen Vorgänge noch »unbelastet« durch den Widerspruch zu vollziehen wären,[506] dürfte sich nicht einmal dann konstruieren lassen, wenn man das Grundbuchamt für berechtigt halten wollte, trotz positiver Kenntnis der Grundbuchunrichtigkeit durch Eintragung einen Rechtserwerb über § 892 BGB herbeizuführen (dazu Rdn 94).[507]

88   **c) Inhalt. aa) Berechtigter.** Bei der Eintragung muss ein **bestimmter**[508] **Berechtigter** bezeichnet werden, dh der, dessen Recht durch die Eintragung betroffen wird, gegen die sich der Widerspruch richtet, dem also ggf der **Berichtigungsanspruch nach § 894 BGB** zusteht;[509] selbst wenn ein Dritter zur Ausübung ermächtigt (dazu § 71 Rdn 132 ff) bzw wirtschaftlich allein an dem Widerspruch interessiert ist.[510] Bei Eintragungen im Zusammenhang mit einer Baulandumlegung Ausnahmen zuzulassen, besteht kein Grund.[511] Gläubiger des Berichtigungsanspruchs ist gewöhnlich ein nicht eingetragener wahrer Berechtigter; es kann aber auch der eingetragene wahre Berechtigte sein, der die Löschung eines Widerspruchs erreichen möchte, dessen Eintragung der vermeintliche Berechtigte zu Unrecht erwirkt hat.[512] Ist das Grundbuch wegen fehlender Genehmigung einer Behörde unrichtig, so darf die Behörde auch dann nicht als berechtigt bezeichnet werden, wenn sie befugt wäre, um die Eintragung eines Widerspruchs aufgrund besonderer Vorschrift, etwa § 23 Abs 3 BauGB, zu ersuchen.[513] Werden durch die unrichtige Eintragung **mehrere Personen** betroffen, so sind alle als Berechtigte einzutragen.[514] Nicht als Berechtigter eintragbar ist der Auflassungsempfänger, wenn das Grundbuchamt versehentlich an seiner Stelle einen Dritten als Erwerber in das Grundbuch eingetragen hat; es kommt nur ein Widerspruch zugunsten des Veräußerers in Betracht,[515] ebenso wenn das Grundbuchamt ohne Berücksichtigung eines gemeindlichen Vorkaufsrechts einen Erwerber als Eigentümer eingetragen hat.[516] Weder steht für den Fall der Eintragung eines nach materiellem Recht unwirksamen Verzichtes auf den Anteil an einer Bruchteilsgemeinschaft an einem Grundstück den übrigen Miteigentümern ein Berichtigungsanspruch nach § 894 BGB zu,[517] noch den übrigen Wohnungseigentümern, wenn ein Wohnungseigentümer über sein Wohnungseigentum ohne erforderliche (§ 12 WEG) Zustimmung des Verwalters verfügt hat;[518] letzterenfalls ist auch nicht der Verwalter Berechtigter eines Widerspruchs.[519] Ob bei nach §§ 1365, 1366 BGB mangels Zustimmung des anderen Ehegatten unwirksamen Verfügungen der Widerspruch zugunsten beider Ehegatten[520] oder des verfügenden Ehegatten allein[521] eingetragen wird, ist streitig. Letztere Ansicht trifft zu, weil nur das dingliche Recht des Verfügenden betroffen ist. Das Argument, die Eintragung auch des anderen Ehegatten sei erforderlich, weil sonst der verfügende Ehegatte als alleiniger Berechtigter den Widerspruch jederzeit wieder löschen lassen könnte,[522] überzeugt nicht; aus § 1368 BGB ist zu folgern, dass die Löschung ohne Zustimmung des anderen Ehegatten nicht erfolgen dürfte (Rn 88).[523] Falsch – allerdings nicht inhaltlich unzulässig,[524] weil auslegungs- und klarstellungsfähig – wäre jedenfalls die Eintragung allein des nicht verfügenden Ehegatten als Berechtigten des Widerspruchs. Bezeichnet der Amtswiderspruch keinen Berechtigten und lässt sich dieser auch nicht im Wege der Auslegung ermitteln, so bleibt er wirkungslos und ist als inhaltlich unzulässig zu löschen (Rdn 114).[525] Wird allerdings – an sich vorschriftswidrig – in einem besonderen Vermerk die fehlende Angabe des Berechtigten nachgeholt, so kann darin dennoch für die Zukunft eine insgesamt zulässige Eintragung liegen (Rdn 22). Ist zwar ein Berechtigter eingetragen, ergibt sich aber, dass diesem kein Berichtigungsan-

506 *Eickmann* RpflStud 1984, 1, 8.
507 *Staudinger-Gursky* § 892 Rn 176; *Keller* RpflStud 1992, 161, 166 f.
508 Ausnahmsweise ein noch Unbekannter; vgl BayObLGZ 1994 = NJW-RR 1995, 272 f; *Bauer/v Oefele* Rn 72.
509 BGH NJW 1962, 963 = DNotZ 1962, 399; BGH Rpfleger 1970, 280; BGH NJW 1985, 370 = DNotZ 1986, 145 = Rpfleger 1985, 189; BayObLG Rpfleger 1974, 313 (auch z Ausnahme b Widerspruch gem § 23 Abs 3 BBauG); OLG Hamm DNotZ 1968, 246; OLG Hamm OLGZ 1978, 304; KG OLGE 29, 315, 316; KG JFG 6, 318, 319.
510 *Palandt-Bassenge* § 899 Rn 10; *Staudinger-Gursky* § 899 Rn 47.
511 BGH NJW 1985, 370 = DNotZ 1986, 145 = Rpfleger 1985, 189 geg Vorl Beschl OLG Frankfurt Rpfleger 1985, 9.
512 BGH NJW 1969, 93; NJW-RR 2006, 1142.
513 BayObLGZ 1955, 314, 321 = DNotZ 1956, 189; BayObLG Rpfleger 1974, 313; KG JW 1925, 1779; KG JFG 9, 178.
514 BayObLGZ 1954, 141, 149; KGJ 52, 140, 147.
515 Vgl OLG Frankfurt Rpfleger 1964, 116 m Anm *Haegele*; *Dieckmann* FS Schiedermair (1976), 93, 104 Fn 30.
516 BayObLG NJW 1983, 1567 = Rpfleger 1983, 344 (Ls).
517 KG OLGZ 988, 359 = NJW 1989, 42.
518 OLG Hamm NJW-RR 2001, 1525 = FG Prax 2001, 98; OLG Düsseldorf NJW-RR 2004, 524.
519 OLG Hamm FGPrax 2001, 98.
520 BGH NJW 1989, 1609; BayObLGZ 1987, 431 = FamRZ 1988, 503; OLG Hamm NJW 1960, 436 = Rpfleger 1959, 349; *Bauer/v Oefele-Meincke* Rn 73; MüKo-*Gernhuber* § 1365 Rn 66.
521 *Eickmann* Rpfleger 1981, 213, 216; *Staudinger-Gursky* § 899 Rn 47.
522 So BayObLGZ 1987, 431, 434 = FamRZ 1988, 503.
523 Insow zust, bei sonst aA *Bauer/v Oefele-Meincke* Rn 73.
524 **AA** *Eickmann* Rpfleger 1981, 213, 216.
525 BGH NJW 1962, 963 = DNotZ 1962, 399; BGH NJW 1985, 370 = DNotZ 1986, 145 = Rpfleger 1985, 189.

spruch zusteht (wenn auch möglicherweise einem anderen), so muss der Amtswiderspruch auf Beschwerde des Betroffenen gelöscht werden.[526]

bb) Berichtigungsanspruch. Weiteres inhaltliches Erfordernis ist, dass der Vermerk angibt, **gegen welche** **89** **Unrichtigkeit** der Widerspruch sich richtet; ein Widerspruch »gegen die Unrichtigkeit des Grundbuchs« reicht nicht aus.[527] Andererseits braucht eine besondere Begründung des Berichtigungsanspruchs nicht zu erfolgen, sodass die Angabe eines unrichtigen Grundes unschädlich wäre.[528]

cc) Umfang des Widerspruchs. Es sind **so viele Widersprüche** einzutragen, **als Unrichtigkeiten** – mit **90** der Möglichkeit darauf bezogenen Gutglaubenserwerbs – in Frage kommen.[529] Andererseits begrenzt der Umfang der Unrichtigkeit auch die Widerspruchsmöglichkeit: Hat bspw das Grundbuchamt ein durch eine Erklärung an zwei Grundstücken bestelltes Grundpfandrecht bei diesen eingetragen und ergibt sich, dass das Recht mangels Verfügungsbefugnis des Schuldners auf dem einen Grundstück nicht hätte eingetragen werden dürfen, so ist ein Widerspruch nur auf dem für dieses Grundstück gebildeten Grundbuchblatt einzutragen, nicht auch bei dem anderen Grundstück, das der Schuldner wirksam belasten konnte.[530] Möglich ist auch ein nur auf eine Teilfläche eines Grundstücks bezogener Amtswiderspruch, etwa nach einer Umschreibung, wenn sie vom Auflassungswillen nicht erfasst war.[531]

dd) Form. Wegen der **Stelle der Eintragung** des Amtswiderspruchs und der **Form** gilt dasselbe wie für **91** sonstige Widersprüche (§§ 12, 19 GBV). Fassungsbeispiel: Der eingetragene Nichteigentümer A veräußert das Grundstück an den bösgläubigen B. Dieser bestellt dem bösgläubigen C eine Hypothek. Es sind zugunsten des wahren Grundstückseigentümers E zwei Widersprüche einzutragen:[532] *»Widerspruch gegen die Eintragung des* *Eigentums des B zugunsten des E von Amts wegen eingetragen am . . .«* sowie *»Widerspruch gegen die Eintragung der* *Hypothek Nr . . . zugunsten des E von Amts wegen eingetragen am . . .«*.[533]

7. Wirkungen des Amtswiderspruchs

a) Allgemeines. Die Wirkungen des Amtswiderspruchs sind **dieselben wie die eines Widerspruchs nach** **92** **§ 899 BGB**.[534] Er verleiht demjenigen, zu dessen Gunsten er vermerkt wird, kein selbständiges Recht am Grundstück oder eine Verfügungsbefugnis über das vom Widerspruch betroffene Recht, wie er umgekehrt – in Bezug auf den eingetragenen Berechtigten – nicht die Wirkung einer Verfügungsbeschränkung hat.[535] Er führt für sich (s aber Rdn 94) nicht zu einer Sperre des Grundbuchs und entkräftet nicht die Vermutung des § 891 BGB.[536] Das Grundbuchamt darf nicht etwa eine Hypothek schon aufgrund der Zustimmung des durch den Widerspruch geschützten wahren Eigentümers löschen, bevor dieser als solcher eingetragen ist (§§ 27, 39 Abs 1).[537] Durch die Eintragung des Widerspruchs wird lediglich **ein Recht für den Fall, dass es außerhalb des Grundbuchs** **besteht und nachgewiesen werden kann, gegen spätere rechtsgeschäftliche Verfügungen gesichert,** indem die Richtigkeits- und Vollständigkeitsvermutung des Grundbuchs als Anknüpfungspunkt für einen gutgläubigen Dritterwerb zerstört wird.[538] Hinzu kommen die **rechtserhaltenden Wirkungen des Widerspruchs** **gemäß §§ 900 Abs 1 S 3 BGB** (Verhinderung einer Buchersitzung), **902 Abs 2 BGB** (Verhinderung der Verjährung eines nicht eingetragenen Rechts) und **§ 927 Abs 3 BGB** (Verhinderung des Rechtsausschlusses durch Aufgebotsverfahren). In der Zwangsversteigerung führt der Widerspruch wie die Vormerkung zu einer Berücksichtigung im geringsten Gebot, als sei das gesicherte Recht eingetragen, § 48 ZVG.

b) Widerspruch als Löschungshindernis. Wenn auch der Widerspruch **weitere Verfügungen über das** **93** **betreffende Recht grundsätzlich nicht hindert,** so bedeutet dies doch nicht, dass der Eingetragene es auch ohne weiteres löschen lassen könnte, denn mit der Löschung des Rechts würde auch der Widerspruch rückwir-

---

526 OLG Hamm DNotZ 1968, 246, 248.
527 KGJ 43, 243, 253.
528 KG JFG 2, 291, 293 = OLGE 44, 56, 59; *MüKo-Wacke* § 899 Rn 17; *Staudinger-Gursky* § 899 Rn 49.
529 *Du Chesne* JW 1912, 276; *MüKo-Wacke* § 899 Rn 24.
530 BayObLGZ 1960, 457 = DNotZ 1961, 198.
531 Z Berichtigungsanspruch vgl BGH Rpfleger 1986, 210.
532 Vgl *Du Chesne* JW 1912, 276.
533 Weg weiterer Fassungsbeisp s *Güthe-Triebel* Rn 23; z Widerspruch geg in d Bestandsverz übernommene katastermäßige Größenangaben KG OLGE 10, 80.
534 BGHZ 25, 16, 25 = NJW 1957, 1229 = JZ 1959, 627 m Anm *Baur* = Rpfleger 1958, 310; KGJ 47, 182; KGJFG 9, 178; dazu *MüKo-Wacke* § 899 Rn 22 ff; *Staudinger-Gursky* § 899 Rn 3 ff.
535 RGZ 117, 346, 352.
536 RG HRR 1932 Nr 317; BGH LM BGB § 891 Nr 3 = MDR 1967, 749; BGH LM BGB § 891 Nr 5 = JZ 1970, 373.
537 KG OLGE 8, 188, 190 = KGJ 26, 250, 254.
538 RGZ 117, 346, 352; OLG Karlsruhe NJW 1986, 3212.

kend jede Wirkung verlieren; eine Löschung des Rechts selbst unter Aufrechterhaltung des Widerspruchs wäre unzulässig (str).[539] So ist zur Aufhebung einer Hypothek, bei der ein Widerspruch zugunsten des ehemaligen Eigentümers eingetragen ist, die Zustimmung des Widerspruchsberechtigten jedenfalls dann erforderlich, wenn der Widerspruch sich auf Nichtvalutierung der Hypothek gründet.[540]

c) Exkurs: Behandlung eines Eintragungsantrags bei positiv erkannter Grundbuchunrichtigkeit.

94 Außerhalb der eigentlichen Wirkungen des Amtswiderspruchs liegt es – und kommt deshalb auch in Betracht, wenn (noch) kein Amtswiderspruch eingetragen ist –, **dass das Grundbuchamt falls die Unrichtigkeit des Grundbuchs nicht nur glaubhaft, sondern ihm positiv bekannt ist oder es eine nicht eingetragene absolute[541] Verfügungsbeschränkung (Verfügungsentziehung) kennt, einen Eintragungsantrag zurückweisen oder nach § 18 behandeln muss** (str).[542] Nach der in neuerer Zeit[543] im Vordringen befindlichen Gegenansicht soll dagegen das Grundbuchamt verpflichtet sein, einem Eintragungsantrag in solchen Fällen zu entsprechen, wenn die Voraussetzungen für einen gutgläubigen Erwerb aufgrund der beantragten Eintragung gemäß § 892 BGB vorliegen,[544] jedenfalls soweit der Erwerber selbst den Antrag gestellt hat;[545] nur diese, auch den kommenden Erwerb schützende Verfahrensweise werde dem Normzweck des § 892 Abs 2 BGB gerecht (Einl H Rdn 78 ff). Die Kritik an der Rspr und früher hM überzeugt jedoch nicht.[546] Der sonst nicht in Zweifel gezogene Grundsatz, dass im Grundbucheintragungsverfahren die Verfügungsbefugnis/Bewilligungsberechtigung des Veräußernden bei Vornahme der Eintragung (die bei rechtsändernden Eintragungen ein Teil der Verfügung ist) vorhanden sein muss,[547] soweit nicht nach § 878 BGB der hierfür maßgebliche Zeitpunkt vorverlegt ist,[548] gilt auch hier. Für ein anderes Vorgehen, mit dem das Grundbuchamt dem Verfügungsempfänger bewusst entgegen der vor dem grundbuchmäßigen Vollzug gegebenen Rechtslage auf Kosten des wahren Rechtsinhabers zu einem Rechtserwerb verhelfen könnte, bedürfte es einer besonderen gesetzlichen (auch verfahrensrechtlichen) Legitimation. Aus der materiell-rechtlichen Vorschrift des § 892 BGB, die erst an die vollzogene Eintragung anknüpft, ergibt sich eine solche nicht. Die Behauptung, wenn es um die Anwendung dieser Vorschrift gehe, schwebe dem Gesetzgeber »immer primär der Schutz des Dritten« vor,[549] ist, soweit damit mehr gesagt werden soll als unmittelbar dem Gesetzestext entnommen werden kann, unbewiesen. § 892 BGB

---

539 *Weber* DNotV 1907, 241, 252; z Widerspruch als Belastung iSd § 876 BGB vgl *Soergel-Stürner* § 876 Rn 1; *Staudinger-Ertl* BGB, 12. Aufl, § 876 Rn 5, 7; **aA** *Staudinger-Gursky* § 899 Rn 13.

540 KG HRR 1928 Nr 1463 = DNotV 1928, 577; *Sorgel-Stürner* § 899 Rn 10; MüKo-*Wacke* § 899 Rn 25; **aA** *Staudinger-Gursky* § 899 Rn 13; *Staudinger-Gursky* § 876 Rn 7.

541 Außer Betracht bleibt d bes Problematik einer »Grundbuchsperre« bei relativen Verfügungsbeschränkungen (Verfügungsverboten); dazu einers (GBA muss stets beachten) BayObLG Rpfleger 2003, 776 = MittBayNot 2004, 41 m krit Anm Heinemann; anders Anhang §§ 19, 20 Rdn 141, 168; *Eickmann* 166 ff; *Foerste* 61 ff; *Kohler* 108 ff.

542 RGZ 71, 38; BayObLG 1954, 97, 99 = NJW 1954, 1120 = DNotZ 1954, 394; BayObLGZ 1994, 66 = Rpfleger 1994, 453 = MittBayNot 1994, 324, 325; Rpfleger 2003, 776 = MittBayNot 2004 mAnm *Heinemann*; OLG Düsseldorf MittBayNot 1975, 224; OLG Karlsruhe FGPrax 1998, 3 = Rpfleger 1998, 68; KGJ 40, 279 u in stRspr, zuletzt OLGZ 1973, 76, 80 = NJW 1973, 56 = DNotZ 1973, 301 = Rpfleger 1973, 21; OLG München JFG 16, 144, 149; OLG Schleswig FG Prax 2004, 264; OLG Zweibrücken FGPrax 1997, 127; vgl auch OLG Frankfurt Rpfleger 1991, 361; *Bauer/v Oefele-Kössinger* § 19 Rn 233 ff, 237, 242 ff; *Bauer/v Oefele-Meincke* Rn 90; *Demharter* § 13 Rn 12; § 19 Rn 59; § 22 Rn 52; *Hügel/Holzer* Rn 45; KEHE-*Munzig* § 19 Rn 99; *Güthe-Triebel* Vorbem § 13 Rn 70; *Palandt-Bassenge* § 892 Rn 34; RGRK-*Augustin* § 892 Rn 125; *Soergel-Stürner* § 892 Rn 17 (zweifelnd Fn 26); *Stöber*, GBO-Verfahren und Grundstückssachenrecht 2. Aufl 320, 327, 343 *Kuhn-Uhlenbruck* § 15 Rn 19; *Jäger-Henckel* § 7 Rn 19; § 15 Rn 113; *Rahn* NJW 1959, 97; *ders* Justiz 1966, 258; *Schönfeld* JZ 1959, 140, 141; im Ergebnis auch *Hager* Verkehrsschutz durch redlichen Erwerb (1990) S 428 ff.

543 So aber auch schon *Kretschmar* Gruchot Beitr 49 (1905), 1, 4; **aA** *Herold* SächsArch 1 (1906), 481, 492, 493.

544 *Ertl* MittBayNot 1975, 204; MüKo-*Wacke* § 892 Rn 70; *Staudinger-Gursky* § 892 Rn 176, 202; *Eickmann* GBVerfR, Rn 155; *Habscheid* FGG, § 41, III 1; *ders* ZZP 1977, 199; *Müller* SachR, Rn 1127; *Böttcher* BWNotZ 1985, 102; *ders* Rpfleger 1990, 337, 344; *ders* BWNotZ 1990, 4, 5; *Böttcher* Rpfleger 1983, 187, 190, 191; *ders* Rpfleger 1985, 381, 386, 388; *Foerste* 65, 103; *Köther* 153, 184; *Keller* RpflStud 1992, 161, 166; *Kesseler* ZNotP 2004, 338, 339 ff unter Berufung auf die Motive; *Lenenbach* NJW 1999, 923; *Rademacher* MittRhNotK 1983, 90; *Rieger* BWNotZ 2001, 79, 87, 88; *Ripfel* Justiz 1966, 49, 51; *Rühl*, 208 ff, 244, 245, 252 (er erkennt allerd nicht d Legalitätsprinzip in v d hM angenommenen Umfang an); AK-BGB-*L. v Schweinitz* §§ 892, 893 Rn 94, 95; vgl auch LG Koblenz Rpfleger 1997, 158 m Anm *Bestelmeyer* aO, 428.

545 *Ertl* Rpfleger 1980, 41, 44, 45.

546 Wenngleich *Böttcher* Rpfleger 1991, 272, und *Böhringer* NJ 1993, 259 m Fn 14d Meinungsumschwung schon f »abgeschlossen« hielten; hierzu *Hintzen* Rpfleger 1996, 86; bemerkenswert demgegenüber d Umkehr v KEHE-*Munzig* § 19 Rn 99z »tradtionnellen Lehre«.

547 Abweichend *Rühl* 226 ff, 229, 244; d Bewilligungs- u Einigungsberechtigung müsse unter Berücksichtigung v §§ 883 Abs 2 u 888 BGB nur d Erwerber gegenüber gegeben sein.

548 BGH NJW 1963, 36 = DNotZ 1963, 433; BayObLG Rpfleger 190, 476; OLG Frankfurt OLGZ 1980, 100 = Rpfleger 1980, 63.

549 *Eickmann* GBVerfR Rn 406.

schützt den Erwerber nicht gegen Änderungen des Grundbuchbestandes nach Antragstellung,[550] sei es, dass das Grundbuch noch aufgrund früher eingegangener Anträge – oder unter Verstoß gegen §§ 17, 45 – berichtigt wird, sei es, dass noch ein Widerspruch eingetragen wird (wobei für den Amtswiderspruch nicht die Reihenfolge des § 17 gilt, Rdn 87). Muss der Antragsteller aber mit einem seinen Erwerb durchkreuzenden Amtswiderspruch immer rechnen, so doch auch damit, dass der Inhalt des Grundbuchs, wie er sich bei Antragstellung dargestellt hat, vor der Umschreibung als unrichtig aufgedeckt wird. Gefährdet ist der Erwerber auch noch dadurch, dass gegen ihn vor der Umschreibung ein gerichtliches Erwerbsverbot erwirkt werden kann, wenn man dieses nicht unumstritten (s § 18 Rdn 36), in der Praxis aber wohl kaum verzichtbare Rechtsinstitut anerkennt: dann liegt zweifelsfrei ein vom Grundbuchamt zu beachtendes Eintragungshindernis vor.[551] Nicht einmal rechtspolitisch ist der Weg der Gegenansicht unbedingt gefordert. Genauso anerkennenswert – und unter dem Schutz des Art 14 GG stehend[552] erscheint ein Bedürfnis, dem wahren Berechtigten sein Recht zu erhalten, solange sich nicht nach materiellem Recht der Erwerb seitens eines gutgläubigen Dritten voll verwirklicht hat. Hinzu kommt das Bedenken, dass sich aus den dem Grundbuchamt im Eintragungsverfahren vorgelegten Unterlagen nicht beurteilen lässt, ob der Erwerber gut- oder bösgläubig ist. Eine Vermutung der Gutgläubigkeit des Erwerbers gibt es in diesem Verfahrensstadium, anders als nach vollzogener Eintragung, streng genommen nicht. Selbst wenn man eine solche befürwortet,[553] bleibt fraglich, welche konkreten Anhaltspunkte[554] für die Entkräftung ausreichen sollen. Wer umgekehrt[555] diesem Problem durch die Annahme ausweicht, das Grundbuchamt dürfe die Eintragung nicht einmal ablehnen, wenn es von der Bösgläubigkeit des Erwerbers überzeugt sei, verstößt gegen den anerkannten Grundsatz, dass dem Grundbuchamt eine Eintragung, die mit Sicherheit zur Unrichtigkeit des Grundbuchs führen würde, verboten ist (Einl H Rdn 30).

8. Beseitigung des Amtswiderspruchs

a) Im Grundbuchberichtigungsverfahren und auf Beschwerde. Wenn das Grundbuchamt den Amtswiderspruch nachträglich als ungerechtfertigt erkennt, folgt – abgesehen von dem Fall, dass der Widerspruch inhaltlich unzulässig ist – im Gegensatz zu §§ 18 Abs 2 S 2, 76 Abs 2 **keine Löschung von Amts wegen;** sie muss vielmehr von dem durch den Widerspruch Beeinträchtigten herbeigeführt werden. Das kann **auf Antrag im Berichtigungsverfahren nach § 22** geschehen. Außerdem ist die **(unbeschränkte) Beschwerde** gegen die Eintragung des Amtswiderspruchs mit dem Ziel der Löschung gegeben;[556] die Beschränkungen des § 71 Abs 2 gelten nicht, weil der Widerspruch keine unter dem öffentlichen Glauben des Grundbuchs stehende Eintragung ist (Rdn 48; § 71 Rdn 52).   **95**

b) Erforderlicher »Nachweis«. Zur Löschung auf Beschwerde – sei es unmittelbar gegen die Eintragung des Amtswiderspruchs, sei es gegen die Zurückweisung des Löschungsantrags[557] – wie auch zur Löschung wegen »nachgewiesener« Unrichtigkeit (§ 22 Abs 1 S 1), reicht die Darlegung aus, **dass die Voraussetzungen der Eintragung eines Amtswiderspruchs nicht gegeben** seien. Wenn also der vom Widerspruch Betroffene geltend macht, dass das Grundbuch entgegen dem Widerspruch richtig sei, genügt hier dort für die Löschung, **dass sich die Unrichtigkeit nicht (mehr) als glaubhaft, also überwiegend wahrscheinlich darstellt;**[558] ungenau ist die Formulierung,[559] im Berichtigungsverfahren sei der Nachweis der Unrichtigkeit des Widerspruchs zu fordern. Ein Löschungsgrund ist es auch, wenn sich herausstellt, dass bei der Eintragung des vom Amtswiderspruch betroffenen Rechts in Wahrheit eine Gesetzesverletzung nicht vorgefallen war, mag auch Grundbuchunrichtigkeit vorliegen,[560] oder wenn dem eingetragenen Berechtigten des Amtswiderspruchs ein Grundbuchberichtigungsanspruch nicht zusteht, selbst wenn eine andere Person den Berichtigungsanspruch hat.[561]   **96**

---

550 RGZ 123, 19, 21; RG HRR 1931 Nr 1313; *Erman-Hagen* § 892 Rn 8; *Palandt-Bassenge* § 892 Rn 28.
551 RGZ 117, 287, 291; 120, 118, 119; BGH NJW 1983, 565 = DNotZ 1983, 231; BayObLG Rpfleger 1978, 306; BayObLG BWNotZ 1982, 90; BayObLGZ 1997, 55; OLG Hamm DNotZ 1970, 661; z Löschungsantragsverbot vgl LG Hamburg Rpfleger 2006, 10 mAnm *Alff* u *Bestelmeyer* aaO S 121; **aA** *Böttcher* BWNotZ 1993, 25.
552 Z verfassungsrechtl Problematik d Überbewertung gutgl Erwerbs vgl *Peters,* Der Entzug des Eigentums an beweglichen Sachen durch gutgläubigen Erwerb (1991), 17 ff, 39.
553 MüKo-*Wacke* § 892 Rn 70; *Eickmann* GBVerfR Rn 157.
554 ISv *Eickmann* GBVerfR Rn 157.
555 Wie *Foerste* 104, 144.
556 BayObLG 29, 347; BayObLGZ 1952, 24, 26; 1978, 157, 158; BayObLG Rpfleger 1982, 470; BayObLGZ 1986, 294, 297; OLG Düsseldorf Rpfleger 2001, 230; OLG Hamm OLGZ 67, 342 = DNotZ 1968, 246; OLG Hamm OLGZ 1968, 209 = NJW 1968, 1289 = DNotZ 1968, 631; OLG Hamm OLGZ 1978, 304; OLG Frankfurt OLGZ 1985, 156, 157; OLG Düsseldorf Rpfleger 1976, 313; KG JFG 10, 221.
557 OLG Hamm OLGZ 1968, 209.
558 *Demharter* Rn 41; vgl BayObLGZ 1952, 24, 27; 1978, 15, 17; BayObLG DNotZ 1988, 167; OLG Düsseldorf Rpfleger 1976, 313; OLG Düsseldorf Rpfleger 2001, 230; KG JFG 10, 221.
559 OLG Brandenburg OLGR 1995, 73; KEHE-*Eickmann* Rn 13.
560 OLG Hamm JMBlNRW 1965, 269.
561 OLG Hamm OLGZ 1967, 342 = DNotZ 1968, 246.

97 **c) Löschung auf Berichtigungsbewilligung.** Ohne weiteres auf Antrag zu löschen ist der Amtswiderspruch, wenn der Geschützte eine entsprechende **Berichtigungsbewilligung** abgibt, weil dadurch der ursächliche Zusammenhang zwischen der unrichtigen Eintragung und der Entstehung des Schadens unterbrochen und einer möglichen Amtshaftung der Boden entzogen ist.[562] Deshalb kann, wenn die Löschung daraufhin erfolgt ist, nicht noch einmal ein Amtswiderspruch mit demselben Inhalt eingetragen werden.[563] Wird durch die Löschung des Amtswiderspruchs die Rechtsstellung eines dritten betroffen – etwa im Falle des § 1365 BGB, wenn der Amtswiderspruch nicht auch zugunsten des anderen Ehegatten eingetragen ist (Rdn 88) –, muss er der Löschung ebenfalls zustimmen; ebenso je nach Zweckrichtung des Gesetzes eine Behörde, wenn der Amtswiderspruch wegen Fehlens einer Genehmigung erfolgt war.[564]

9. Wirkung der Löschung des Amtswiderspruchs

98 Mit der – rechtmäßigen (sonst Rdn 50; § 71 Rdn 54) – Löschung **verliert der Amtswiderspruch seine Wirkung.** Ob in jedem Falle rückwirkend, ist streitig;[565] allemal bei Löschung aufgrund Bewilligung, richtiger Ansicht nach auch bei Löschung auf Anordnung des Beschwerdegerichts kann einem zwischenzeitlich an § 892 Abs 1 BGB gescheiterten Erwerbsvorgang nicht mehr zur Wirksamkeit zugunsten des Gutgläubigen verholfen werden.[566]

10. Schicksal des Amtswiderspruchs nach Beseitigung der Grundbuchunrichtigkeit

99 Die Berichtigung des Grundbuchs erfolgt unter den Voraussetzungen des § 22. Der Amtswiderspruch ist im Zusammenhang damit **nicht zwangsläufig zu löschen,** sondern nur, wenn der Antrag auf Grundbuchberichtigung bzw die Berichtigungsbewilligung sich auch auf ihn beziehen. Das ist nicht ohne weiteres der Fall, weil der Amtswiderspruch gegenüber einem zwischenzeitlichen Erwerb Bedeutung haben kann. Es kommt also auf den Einzelfall an; der maßgebliche Wille ist durch Auslegung der abgegebenen Erklärungen festzustellen. Wird der Amtswiderspruch bei der Grundbuchberichtigung mangels der genannten Voraussetzungen nicht gelöscht, erweist er sich aber, da kein Zwischenerwerb stattgefunden hat, als gegenstandslos, so ist er gemäß § 19 Abs 2, 3 GBV zu röten; er kann auch im Verfahren nach § 84 als gegenstandslos gelöscht werden.[567]

IV. Amtslöschung

1. Allgemeines

100 Amtslöschung ist geboten bei **Eintragungen, die ihrem Inhalt nach unzulässig und deshalb rechtlich bedeutungslos** sind. Dazu, was unter Eintragung zu verstehen ist, Rdn 7 ff; Vermerke, die nicht darunter fallen, etwa rein tatsächlichen oder hinweisenden Charakters, lassen sich ohnedies von Amts wegen beseitigen oder richtig stellen (Rdn 13, 15). Soweit gesagt wird, bei § 53 Abs 1 S 2 handele es sich nur um einen gesetzlich geregelten »Fall der Klarstellung« (vgl Rdn 28 f),[568] ist zu beachten, dass die Amtslöschung nach dem gesetzlichen System eine – der beschränkten Beschwerde nach § 71 Abs 2 S 2 unterliegende (Rdn 141; § 71 Rdn 77) –, den »Inhalt« des Grundbuchs betreffende, »Eintragung« darstellt, während der Klarstellungsvermerk nach seiner (lediglich »richtigstellenden«) Natur grundsätzlich unbeschränkt anfechtbar ist (§ 71 Rdn 48). Jede Eintragung, auch ein Teil derselben, kann der Amtslöschung nach Abs 1 S 2 unterliegen; mit Ausnahme der Löschung: Sie kann schon begrifflich keinen unzulässigen Inhalt haben.[569]

2. Inhaltliche Unzulässigkeit

101 **a) Definition.** Sie liegt nicht schon dann vor, wenn die Eintragung nicht hätte vorgenommen werden dürfen, dh »unzulässigerweise« erfolgt ist[570] und dadurch möglicherweise mit der Rechtslage nicht übereinstimmt (Grundbuchunrichtigkeit, Rdn 63) oder gar nur gegen Ordnungsvorschriften oder Gebote der Zweckmäßigkeit oder Übersichtlichkeit verstößt.[571] **Maßgeblich ist** vielmehr, **ob die Eintragung einen Rechtszustand**

---

562 BGH NJW 1985, 3070 = Rpfleger 1985, 189.
563 KG OLGE 36, 179; KG HRR 1933 Nr 142.
564 KG JW 1928, 1779; KG JFG 1, 392, 399; KG HRR 1935 Nr 131; *Demharter* Rn 41 MüKo-*Wacke* § 899 Rn 29; *Staudinger-Gursky* § 899 Rn 47, 62.
565 Hinw b *Staudinger-Gursky* § 899 Rn 58.
566 *Bauer/v Oefele-Meincke* Rn 94; *Staudinger-Gursky* § 899 Rn 58; **aA** *Stemmler* 9 ff; generell f Rückwirkung: MüKo-*Wacke* § 899 Rn 31; f allg ex-nunc-Wirkung: *Wolff-Raiser* § 47 IV 3.
567 Vgl LG Nürnberg DNotZ 1956, 607.
568 *Holzer* ZfIR 2005, 165, 170 im Anschl an KGJ 46, 200, 204.
569 BayObLGZ 1961, 23, 26 = NJW 1961, 1263, 1265.
570 *Demharter* Rn 42.
571 RGZ 118, 162, 164; 120, 110; BayObLG Rpfleger 2002, 140.

oder –vorgang verlautbart, den es nicht geben kann,[572] ob also eine Eintragung mit dem ihr (ggf durch Auslegung, Rdn 31) zu entnehmenden Inhalt **rechtlich überhaupt ausgeschlossen ist und deshalb kein Recht begründen kann.** Das ist bspw **nicht** der Fall: Wenn nur einzelne Eintragungsvoraussetzungen – etwa auch vollstreckungsrechtlicher Art – fehlen.[573] Bei Eintragung einer Verfügung des Eigentümers trotz Beschlagnahme des Grundstücks oder der Teilungserklärung für Wohnungseigentum vor Errichtung des Gebäudes, obwohl nach öffentlichem Recht ein Bauverbot besteht;[574] einer Buchhypothek ohne den Vermerk über die Ausschließung der Brieferteilung;[575] einer Forderungsauswechslung gemäß § 1180 BGB, wobei der Kapitalbetrag der neuen Forderung den der alten übersteigt;[576] der Abtretung eines an sich übertragbaren Rechts, dessen Übertragbarkeit von den Beteiligten durch Vereinbarung ausgeschlossen war. Wenn entgegen § 15 GBV ein Einzelkaufmann mit seiner Firma statt mit seinem bürgerlichen Namen in das Grundbuch eingetragen ist.[577] Bei Eintragung einer Zwangssicherungshypothek unter Verstoß gegen das Verbot der Doppelsicherung an ein und demselben Grundstück.[578] Bei Eintragung einer BGB-Gesellschaft ohne Angabe der einzelnen Gesellschafter (str; Rdn 114). Bei ordnungswidriger nachträglicher Eintragung einer Hypothek auf einem zunächst ohne sie abgeschriebenen Trennstück.[579] Bei vorschriftswidriger Eintragung eines einheitlichen Grundpfandrechts mit Teilen verschiedenen Ranges[580] oder einer Unterwerfungserklärung wegen des letztrangigen Teilbetrages einer Grundschuld,[581] durch die im Ergebnis seine Aufteilung des Rechts in zwei selbständige Teile bewirkt wird. Bei »vom Gesetz nicht vorgesehener«,[582] materiellrechtlich aber zutreffender und in keiner Weise schädlicher Eintragung eines Testamentsvollstreckungsvermerks ohne gleichzeitige Eintragung der Erben (vgl § 52).[583] Durch nach hM nicht gebotene[584] Angabe eines Gemeinschaftsverhältnisses (§ 47) bei Eintragung eines dinglichen Vorkaufsrechts oder bei einer Vormerkung zur Sicherung eines schuldrechtlichen Vorkaufsrechts bzw eines Wiederkaufsrechts für mehrere Berechtigte. Bei jeder ordnungswidrigen Nachholung von Vermerken (Rdn 22). Nicht jeder Verstoß gegen den Grundsatz, dass der Rechtsstand des Grundbuchs nicht bloß im Endziel richtig, sondern in allen Entwicklungsstufen klar und verständlich wiedergegeben werden soll,[585] führt zur inhaltlichen Unzulässigkeit. Letztere ist aber gegeben, wenn und soweit die Eintragung wesentliche Entwicklungsstufen darstellt, die es rechtlich nicht geben kann.

b) Inhaltliche Unzulässigkeit AGBG–widriger Klauseln? Nach dieser Definition und nach dem Zweck des Gesetzes lässt sich die teilweise vertretene Ansicht (auch Einl H Rdn 115)[586] nicht halten, soweit die in Bezug genommene Eintragungsbewilligung **gegen das AGBG**[587] verstoßende AGB enthalte, liege eine inhaltliche unzulässige Eintragung vor. Nicht jede »Gesetzeswidrigkeit« bedeutet inhaltliche Unzulässigkeit.[588] Vertragsbedingungen, gegenüber denen das AGBG eingreift, sind nicht allgem verboten,[589] sondern ihre Unwirksamkeit knüpft ggf an besondere Umstände des Vertragsschlusses an, wobei noch Unterschiede bestehen, je nachdem welcher Personenkreis auf der Gegenseite des Verwenders der AGB beteiligt war. Der Umstand, dass insoweit richtiger Ansicht nach kein gutgläubiger Erwerb möglich ist (Rdn 53), verschafft[590] der Eintragung ebenfalls noch nicht die besonderen Merkmale einer inhaltlich unzulässigen Eintragung (Rdn 53, 63, 68). Hier kann also nichts anderes gelten als bspw bei einer Eintragung, die eine nach § 134, 127 Abs 1

102

---

572 BayObLGZ 1987, 390, 393; BayObLG Rpfleger 2002, 140.

573 BayObLG 15, 371, 375; BayObLGZ 1975, 398 = Rpfleger 1976, 66; BayObLG Rpfleger 1996, 63, 64.

574 BGH Rpfleger 1990, 159.

575 Dazu *Palandt-Bassenge* § 1116 Rn 3; MüKo-*Eickmann* § 1116 Rn 30.

576 RG JW 1934, 479.

577 Vgl BayObLG Rpfleger 1988, 309.

578 Zu d Frage vgl OLG Köln FGPrax 1996, 13.

579 KG OLGE 40, 57.

580 OLG Zweibrücken Rpfleger 1985, 54.

581 Dazu OLG Hamm OLGZ 1984, 48 = Rpfleger 1984, 60; OLG Hamm NJW 1987, 1090; OLG Köln JurBüro 1984, 1422.

582 BayObLGZ 1995, 363 = FG Prax 1996, 32.

583 **AA** anscheinend BayObLGZ 1995, 363 = FG Prax 1996, = ZEV 1996, 150 m zust Anm *Schaub*; hiergeg zutr *Bestelmeyer* ZEV 1996, 261; vgl aber *Demharter* FGPrax 1997, 161, 163.

584 BGHZ 136, 327 = FGPrax 1998, 5 = Rpfleger 1997, 377 m Anm *Streuer* aaO 154 u *Demharter* MittBayNot 1998, 16 (auf Vorl KG FGPrax 1997, 130 = Rpfleger 1997, 377 geg BayObLGZ 1967, 275 = Rpfl ger 1968, 52.

585 BGHZH 16, 101; BayObLG DNotZ 2003, 49; OLG Köln RNotZ 2006, 616 = Rpfleger 2006, 646, 647.

586 *Böttcher* Rpfleger 1989, 408, 409; *Schlenker* 112; *Schmid* BB 1979, 1639, 1641; *ders* Rpfleger 1987, 133, 137; *Eickmann* GBVerfR Rn 279, der zugleich v GB-Unrichtigkeit spricht; **aA** *Bauer/v Oefele-Meincke* Rn 117; *Demharter* § 19 Rn 43, § 53 Rn 48; KEHE-*Dümig* Einl C 76; s auch *Staudinger-Gursky* § 873 Rn 43.

587 Jetzt §§ 305–310 BGB idF d Ges v 26.11.2001 (BGBl I 3138).

588 Entg *Schmid* Rpfleger 1987, 133, 139.

589 BayObLGZ 1979, 434 = NJW 1980, 2818; OLG Hamm DNotZ 1979, 752, 754; OLG Köln Rpfleger 1989, 405 m abl Anm *Böttcher*; *Palandt-Heinrichs* Vorbem v § 307 Rn 15.

590 Entg Anh § 18 Rn 126; *Böttcher* Rpfleger 1989, 408, 409.

S 2 BGB aF grundsätzlich unwirksame[591] Vereinbarung einer Vorfälligkeitsentschädigung verlautbart: Weil es Fälle der wirksamen Vereinbarung einer derartigen Entschädigung gibt, ist die Eintragung als Nebenleistung einer Hypothek nicht generell ausgeschlossen, sondern nur im Einzelfall unrichtig (Rdn 52).[592] Nicht inhaltlich unzulässig, weil trotz § 1142 BGB im Falle des Zusammentreffens des Grundstückseigentümers mit dem persönlichen Schuldner möglich, ist auch das vereinbarte Aufrechnungsverbot hinsichtlich der Hypothekenforderung (str).[593] Ähnliches gilt bei allen ihrem Inhalt nach möglicherweise, aber nicht aus sich heraus unbedingt gesetz- oder sittenwidrigen Vereinbarungen. Eine andere Frage ist, ob das Eingetragene nicht hier wie dort – sei es als auf den ersten Blick makelhaftes Rechtsgeschäft – außerhalb des Bereichs des Gutglaubensschutzes gemäß § 892 BGB liegt (Rdn 52, 53).

103   **c) Gegenstandslose Eintragungen.** **Nicht** um inhaltliche Unzulässigkeit handelt es sich, wenn die Eintragung **durch eine spätere Eintragung gegenstandslos** wird, zB eine Auflassungsvormerkung durch Eintragung des Vormerkungsberechtigten als Eigentümer oder die Eintragung eines Pfandrechts oder sonstigen Nebenrechts durch Löschung des Hauptrechts. Die Beseitigung erfolgt ggf im Verfahren nach § 22 oder nach § 84 ff.

104   **d) Überflüssige Eintragungen.** **Nicht ohne weiteres** als inhaltlich unzulässig zu behandeln sind **unnötige oder überflüssige Eintragungen.** Dies ist allerdings grundsätzlich der Fall, wenn ein eingetragenes, vermeintlich durch Vertrag begründetes Recht als Ganzes in Wirklichkeit nur eine Berechtigung wiederholt, die sich schon aus dem Gesetz ergibt (Rdn 118). Anders ist es dagegen bei einzelnen, eigentlich unnötigen Zusätzen über Inhalt und Umfang, etwa der Eintragung gesetzlicher Zinsen oder eines gesetzlichen Rangverhältnisses;[594] oder bei Teilung eines Grundstücks, für dessen jeweiligen Eigentümer eine Dienstbarkeit besteht, der Vermerk der Teilung des herrschenden Grundstücks auf dem Blatt des belasteten Grundstücks.[595] Derartige Zusätze dürfen stehen bleiben; der Grundsatz, dass das Grundbuch von überflüssigen Eintragungen freizuhalten ist,[596] darf – jedenfalls wenn die Eintragung einmal erfolgt ist – nicht überspannt werden, und kurze Vermerke, die der Beseitigung etwaiger Zweifel oder auch nur der Erleichterung bei der Lektüre des Grundbuchs und der Ermittlung der sich daraus ergebenden Rechtslage dienen und keine Unübersichtlichkeit oder Überfüllung des Grundbuchs zur Folge haben, können in manchen Fällen – über den praktisch als notwendig anerkannten **Wirksamkeitsvermerk**[597] (Rdn 16) und den eigentlichen **Klarstellungsvermerk** (Rdn 28) hinaus – sogar angebracht sein.[598] Den in der Rspr-Praxis anerkannten[599] Rechtshängigkeitsvermerk (Rdn 48) hält *Lickleder* für eine überflüssige Neubildung, die das Gesetz nicht vorsehe und auch nicht vorzusehen brauche.[600] Selbst wenn diese – auch im Übrigen nicht überzeugende[601] – These zuträfe, wäre die Aufforderung,[602] solche Vermerke von Amts wegen zu löschen, überzogen. Keinen Grund für eine Amtslöschung dürfte es etwa auch geben bei – nicht vorgesehener (str)[603] – Eintragung des Verzichts auf eine Überbaurente (vgl § 914 Abs 2 S 2 BGB) auch beim rentenberechtigten Grundstück. Dasselbe gilt für eine überflüssige Bezugnahme auf die Eintragungsbewilligung, wenn der Eintragungsvermerk die Eintragung erschöpfend kennzeichnet.[604] Wegen öffentlich-rechtlicher Beschränkungen Rdn 112. Handelt es sich jedoch um einen Zusatz, der etwas sachenrechtlich Unerhebliches wiedergibt – zB die Eintragung der Vertreter einer juristischen Person oder ihrer Vertretungsbefugnis, eines Zustellungsbevollmächtigten oder eines Treuhandverhältnisses –, so ist er, nicht etwa die ganze Eintragung (Rdn 134), inhaltlich unzulässig und zu löschen (str).[605] Dasselbe hat zu gelten für die Eintragung der Pfändung des Anteils einer BGB-Gesellschaft am Gesellschaftsvermögen[606] (Rdn 120) oder des Anspruchs eines

---

591   BGHZ 79, 163 = NJW 1981, 814 = Rpfleger 1981, 226.
592   *Eickmann* Rpfleger 1981, 227.
593   LG Köln DNotZ 1956, 601; KEHE-*Hermann* § 16 Rn 4; vgl; **aA** LG Aachen Rpfleger 1988, 99; *Schöner/Stöber* Rn 2074; *Eickmann* Rpfleger 1973, 341, 344.
594   KGJ 35, 325; 53, 152; vgl auch BayObLG DNotZ 1980, 94, 95.
595   BayObLGZ 1995, 153 = DNotZ 1996, 24, 26.
596   RGZ 119, 211, 213; BayObLGZ 1953, 251; 1995, 153, 155; BayObLG Rpfleger 1993, 189, 190.
597   **Nicht** zusätzl z bereits eingetr Rangvermerk: LG Darmstadt BWNotZ 2006, 43.
598   RGZ 132, 106, 112; BayObLG DNotZ 1980, 34; BayObLGZ 1995, 153, 156 = DNotZ 1996, 24, 26.
599   Vgl BayObLG NJW-RR 2003, 234; Rpfleger 2004, 691; *Mai* BWNotZ 2003, 108, 110 (Verhältnis z Widerspruch).
600   ZZP 144 (2001), 195, 208.
601   UA hinsichtl d Annahme (*Lickleder* ZZP 114 <2001>, 195, 205), d (prozessuale) Vorschr d § 325 Abs 2 ZPO greife nur ein, wenn nach mat Recht ein Erwerb v Nichtber stattgefunden habe.
602   *Lickleder* ZZP 114 (2001), 195, 208.
603   BayObLG 1998, 152 = FGPrax 1998, 167 = Rpfleger 1998, 468; **aA** OLG Bremen Rpfleger 1965, 55; KG Rpfleger 1968, 52; *Palandt-Bassenge* § 914 Rn 3.
604   OLG FfM FGPrax 1997, 211 = ZfIR 1997, 763.
605   KG JFG 3, 399; OLG Saarbrücken OLGZ 1967, 112; LG Düsseldorf Rpfleger 1977, 167; **AA** *Holzer* ZfIR 2005, 165, 169.
606   OLG Hamm Rpfleger 1987, 196.

Miteigentümers auf Aufhebung der Miteigentümergemeinschaft,[607] weil trotz des gegenteiligen Anscheins daran keine materiellen oder formellen Rechtswirkungen anknüpfen. Unter diesem Gesichtspunkt auch die Eintragungsfähigkeit der Vorpfändung einer Hypothek in Frage gestellt worden;[608] angesichts dessen, dass die Vorpfändung ein auflösend bedingtes Pfandrecht begründet, jedoch zu Unrecht.

3. Maßgebliche Fundstelle für die Beurteilung

Die inhaltliche Unzulässigkeit muss sich ohne weitere Hilfsmittel **aus dem Inhalt der Eintragung selbst** 105
ergeben, also **aus dem Eintragungsvermerk und ggf der in Bezug genommenen Eintragungsbewilligung, soweit eine solche Bezugnahme zulässig ist** (§§ 874, 1115 Abs 2 2. Halbs BGB[609]). Bei Eintragung von Rechten im Vollstreckungswege tritt an die Stelle der Eintragungsbewilligung der Vollstreckungstitel.[610] Eintragungsvermerk und Eintragungsbewilligung gelten insoweit als Einheit, die als Ganzes gelesen und gewürdigt werden muss.[611] Ist der Eintragungsvermerk in sich widerspruchsvoll oder unklar, so entscheidet der Wortlaut der Eintragungsbewilligung darüber, was als Inhalt der Eintragung zu gelten hat;[612] vorausgesetzt, das Recht ist im Eintragungsvermerk wenigstens einigermaßen richtig, wenn auch unzulänglich[613] schlagwortartig bezeichnet (Rdn 117) und der Widerspruch dazu ist nicht unüberbrückbar. Bezeichnet dagegen der Eintragungsvermerk das Recht und seinen wesentlichen Inhalt eindeutig, so bleiben anders lautende Angaben in der Eintragungsbewilligung mangels Zulässigkeit der Bezugnahme insoweit außer Betracht.[614] Das gilt auch, wenn der Eintragungsvermerk das dingliche Recht umfassend kennzeichnet und nur überflüssigerweise auf die Eintragungsbewilligung Bezug nimmt, die ihrerseits in einer Urkunde mit schuldrechtlichen Abreden steht.[615] Ist dagegen die Eintragungsbewilligung in zulässiger Weise in Bezug genommen und stehen diese und der Eintragungsvermerk in einem durch Auslegung nicht aufzulösenden Widerspruch zueinander, so liegt eine inhaltlich unzulässige Eintragung vor (Rdn 121).[616] Bei der Prüfung, ob ein eingetragenes Gesamtrecht inhaltlich unzulässig ist, stellen die Grundbuchblätter sämtlicher belasteter Grundstücke »das Grundbuch« dar.[617] Ähnliches gilt für die Frage, ob bei der Aufteilung in Wohnungseigentum eine Dienstbarkeit das im gemeinschaftlichen Eigentum stehende Grundstück oder – in inhaltlich unzulässiger Weise – ein einzelnes Wohnungseigentum belastet (s Rdn 12, 120). Die Eintragung einer zweiten Zwangshypothek unter Verletzung von § 867 Abs 2 ZPO ist nur dann inhaltlich unzulässig, wenn sich der Verstoß allein aus dem Grundbuchblatt des zweiten Grundstücks ergibt[618] (andernfalls Grundbuchunrichtigkeit, Rdn 63). **Aus außerhalb des Grundbuchs liegenden Umständen kann inhaltliche Unzulässigkeit nicht hergeleitet werden.**[619] Deshalb fällt zB die Eintragung einer an sich gegen § 137 BGB verstoßenden Verfügungsbeschränkung nicht hierunter, wenn nicht aus der Eintragung selbst hervorgeht, dass es sich um ein rechtsgeschäftliches Verbot handelt;[620] nicht ohne weiteres auch die Eintragung einer Heizzentrale in einer WEG-Anlage als Sondereigentum, was sie zwar regelmäßig nicht sein wird, ausnahmsweise aber doch sein kann.[621] Ausgeschlossen ist daher auch schon deshalb die Qualifizierung der Eintragung einer möglicherweise unter Verstoß gegen § 19 Abs 2 BauGB nF vorgenommenen Grundstücksteilung als inhaltlich unzulässig.[622] Umgekehrt können allerdings außerhalb des Grundbuchs liegende, für jedermann ohne weiteres erkennbare Umstände (und nach dem hier vertretenen Standpunkt in gewissem Umfang auch unzulässigerweise in Bezug genommene Erklärungen in der Eintragungsbewilligung) unter Umständen eine **Auslegung** des Eingetragenen ermöglichen (vgl Rdn 31), bei der dieses rechtlich haltbar erscheint. Beim Wohnungseigentum ist die bescheinigte Abgeschlossenheit vom Grundbuchamt nur in den

---

607 AG Siegen Rpfleger 1988, 249 m Anm *Tröster*.
608 *Hintzen* Rpfleger 1991, 242, 243, Anm z OLG Köln aaO 241.
609 RGZ 88, 83, 86; 113, 228; RGJFG 3, 1;BayObLG Rpfleger 1957, 217, 224 = DNotZ 1958, 409, 413; BayObLGZ 1975, 398, 403 = Rpfleger 1976, 66; BayObLG Rpfleger 1981, 190; BayObLG MDR 1981, 142; BayObLG Rpfleger 1986, 372; BayObLGZ 1991, 139, 141; OLG Hamm OLGZ 1993, 43, 45; OLG Hamm FGPrax 1998, 82 = Rpfleger 1998, 241; KGJ 53, 210, 212; KG JFG 1, 490, 495.
610 BayObLGZ 1975, 398, 401 f; BayObLGZ 1995, 249, 253 = Rpfleger 1993, 63, 64.
611 RGZ 88, 380, 386; 113, 228; BayObLG Rpfleger 1987, 101 = DNotZ 1987, 102; BayObLGZ 1981, 117 = Rpfleger 1981, 295; OLG Hamm Rpfleger 1989, 448.
612 KG DNotZ 1956, 555.
613 Vgl BayObLG DNotZ 1990, 175, 176 = Rpfleger 1989, 361, 362.
614 BayObLG DNotZ 1987, 102 = Rpfleger 1987, 101; OLG Düsseldorf OLGZ 1983, 352, 353; OLG Hamm Rpfleger 1989, 448.
615 OLG FfM FGPrax 1997, 211 = NJW-RR 1997, 1447.
616 BayObLG NJW-RR 2005, 1178 = Rpfleger 2005, 419.
617 KG HRR 1929 Nr 2139 = DNotV 1930, 246.
618 BayObLG Rpfleger 1986, 372; LG München Rpfleger 1989, 96.
619 OLG Köln Rpfleger 1988, 14.
620 KG OLGE 11, 1.
621 Vgl einers BGHZ 73, 302 = NJW 1979, 2391 = Rpfleger 1979, 255; BayObLG Rpfleger 1980, 230; LG Bonn Rpfleger 1984, 14; anders BGH NJW 1975, 688; BayObLG ZflR 2000, 798 = MittBayNot 2000, 558.
622 Zutr *Dümig* Rpfleger 2005, 423; **geg** *Wiessatty* aaO S 310 f.

Fällen in Frage zu stellen, in denen aufgrund der Eintragungsunterlagen unschwer beurteilt werden kann, dass es an der Abgeschlossenheit mangelt.[623]

4. Für die Beurteilung maßgeblicher Zeitpunkt

106 **a) Grundsatz.** Grundsätzlich hat die Prüfung **aufgrund des zZt der Vornahme der Eintragung geltenden Rechts** zu erfolgen;[624] soweit es auf die Auslegung der Eintragung ankommt, sind der seinerzeit übliche Sprachgebrauch und allgemein die damalige Verkehrsübung und -auffassung zu berücksichtigen.[625] Nachträgliche Gesetzesänderungen machen weder zunächst unzulässige Eintragungen zulässig noch zunächst zulässige Eintragungen unzulässig. **Anders** ist es allerdings, **wenn das Gesetz** – soweit verfassungsrechtlich zulässig – **rückwirkende Kraft hat.**[626] An der gegenteiligen Ansicht der 6. Aufl, die auch insoweit ausnahmslos auf die Rechtslage bei Eintragung abstellen will,[627] wird nicht festgehalten: Ergibt sich aus einem neuen (verfassungsmäßigen) Gesetz, dass ein eingetragenes Recht als von Anfang an rechtlich unmöglich oder nicht eintragungsfähig, also völlig wirkungslos angesehen werden soll, tritt der Zweck der gesetzlichen Anordnung der Amtslöschung uneingeschränkt zu. Dass nach der hier vertretenen Ansicht einem rückwirkenden Gesetz bezogen auf die Frage der Zulässigkeit der Eintragung eine andere Bedeutung zukommt als bei der, ob die Eintragung unter Verletzung gesetzlicher Vorschriften erfolgt ist (Rdn 80), ist kein Widerspruch, sondern durch die unterschiedlichen Prüfungsgegenstände erklärlich. Der weitere Gesichtspunkt, dem Grundbuchamt könne nicht zugemutet werden, bei jeder Gesetzesänderung die Grundbucheintragungen darauf zu überprüfen, ob Amtslöschungen veranlasst seien, trifft so nicht zu: eine derartige Pflicht hat das Grundbuchamt nicht (Rdn 35). Auch die Gefahr einer Staatshaftung für den Fall, dass das Grundbuchamt eine Amtslöschung wegen inhaltlicher Unzulässigkeit aufgrund rückwirkenden Gesetzes vornehmen sollte, ist nicht übermäßig, weil die Amtslöschung nur dann in Betracht gezogen werden kann, wenn die Rückwirkung und die daraus folgende Unwirksamkeit als zweifelsfrei erkannt wird. Auswirkungen vergleichbar einer rückwirkenden Gesetzesänderung kann auch eine nachträgliche Änderung der Rspr haben, wenn jetzt das Eingetragene anders als früher als nicht mehr eintragungsfähig angesehen wird; es sei denn, die frühere Rspr hätte Gewohnheitsrecht begründet.[628] In letzterem Sinne kann für die Frage, ob die Kennzeichnung einer Grunddienstbarkeit im Eintragungsvermerk deren Inhalt hinreichend umschreibt (s Rdn 117), auf die diesbezüglichen allgemeinen Anforderungen im Zeitpunkt der Eintragung abgestellt werden.[629]

107 **b) Ausnahmen.** Weitere **Ausnahmen** von dem Grundsatz, dass Eintragungen, die zZt ihrer Vornahme inhaltlich zulässig bzw unzulässig waren, dies auch später bleiben, kommen bei **nachträglichen Veränderungen der Rechtslage durch Verfügungen über den eingetragenen Gegenstand oder Veränderungen des übrigen Grundbuchinhalts** in Betracht: So wird mit dem Erlöschen einer auf einem in Wohnungseigentum aufgeteilten Grundstück lastenden Dienstbarkeit an einem versteigerten Eigentumsanteil die Dienstbarkeit auch auf den nicht versteigerten Eigentumsanteilen inhaltlich unzulässig und muss gelöscht werden, weil Dienstbarkeiten nicht an ideellen Miteigentumsanteilen bestehen können (Rdn 120). Wird ein mit einem Wohnungsrecht belastetes Grundstück in Wohnungseigentum aufgeteilt und anschließend das Wohnungsrecht bei einzelnen Wohnungseigentumsrechten gelöscht, so kann sich daraus eine inhaltlich unzulässige Belastung des Gemeinschaftseigentums ergeben.[630] Umgekehrt kann die ursprüngliche Unzulässigkeit auch durch spätere Vorgänge (ex nunc) entfallen. So etwa, wenn eine Eintragung, der ein wesentlicher Bestandteil gefehlt hat, durch einen späteren – sei es auch ordnungswidrigen, wenn nur seinerseits inhaltlich zulässigen – Zusatzvermerk vervollständigt worden ist, wodurch die inhaltliche Unzulässigkeit »geheilt« worden sein kann (Rdn 22). Die Eintragung, dass eine inhaltlich unzulässige Gesamtzwangshypothek kraft Gesetzes als Grundschuld auf den Eigentümer übergegangen sei, ist ihrem Inhalt unzulässig (Rdn 120); wird aber die Eigentümergrundschuld nach Abtretung durch den Eigentümer auf einen Dritten umgeschrieben, so ist diese Eintragung nunmehr inhaltlich zulässig.[631] »Heilung« idS kann schon durch Schließung des bisherigen, die inhaltlich unzulässige Ein-

---

623 OLG Hamm FGPrax 1998, 82 = Rpfleger 1998, 241.
624 RGZ 98, 215, 220; BayObLG NJW-RR 1998, 879 = Rpfleger 1998, 334; KG OLGZ 1977, 6, 8; *Demharter* Rn 50; KEHE-*Eickmann* Rn 18; *Schöner/Stöber* Rn 419.
625 BayObLG Rpfleger 1976, 250; 1981, 479.
626 BayObLG 11, 498, 501; BayObLGZ 1953, 165, 172 = Rpfleger 1953, 446, 450; KG OLGE 21, 19, 23; KGJ 52, 228, 231; KG OLGZ 77, 6, 8; *Demharter* Rn 50; vgl auch RGZ 98, 215, 220; **aA** *Schöner/Stöber* Rn 419; wohl auch *Bauer/v Oefele-Meincke* Rn 105.
627 6. Aufl Bem 60.
628 Vgl *Reuter* Rpfleger 1986, 285, 288, 289.
629 OLG Hamm NJW-RR 1995, 914; vgl auch – unter d Gesichtspunkt d Vertrauens auf d Rechtsgültigkeit von lange Zeit unangefochten bestehenden Grundbucheintragungen – BayOLG Rpfleger 1986, 292; BayObLG DNotZ 1994, 888, 889.
630 Vgl OLG Hamm FGPrax 2000, 132 = ZfIR 2001, 293.
631 KG JFG 14, 102; hierzu näher *Bestelmeyer* Rpfleger 1997, 7 f: Umdeutung.

tragung enthaltenden Grundbuchblatts und Anlegung eines neuen Grundbuchblatts, das aus sich heraus einen möglichen Rechtszustand ausweist, eintreten.[632] Die grundlegenden Bedenken, die *Bestelmeyer*[633] hiergegen anbringt, dürften im Ergebnis unbegründet sein. Selbst wenn man in dem Übertragungsvermerk als solchem einen rein deklaratorischen Akt sieht,[634] führt doch der Gesamtvorgang zu einem aus der Sicht des Publikums Vertrauensschutz beanspruchenden, sich allein nach dem neu angelegten Grundbuchblatt richtenden Grundbuch-»Inhalt« (vgl Rdn 12).[635]

5. »Nachweis« der inhaltlichen Unzulässigkeit

Voraussetzung für die einschneidende Maßnahme der Amtslöschung ist, dass sich die inhaltliche Unzulässigkeit **108** der Eintragung **mit Sicherheit** – aus ihr selbst (Rdn 105) – ergibt. Bloße Zweifel, etwa bei umstrittener rechtlicher Lösung, genügen nicht,[636] ebenso wenig Unklarheiten, etwa aus dem Zusammenhang von Eintragungsvermerk und Eintragungsbewilligung, solange die Möglichkeit besteht, sie auf anderem Wege zu beseitigen.[637] Es muss also insbes jede Möglichkeit einer Auslegung (Rdn 31 ff) und nach der hier vertretenen Auffassung (Rdn 34) einer Umdeutung iS einer bestimmten,[638] zulässigen Bedeutung, die notfalls durch das Prozessgericht festzustellen wäre, ausgeschlossen sein.[639] Von inhaltlicher Unzulässigkeit kann also zB dann noch keine Rede sein, wenn die Möglichkeit des Vorhandenseins eines Gewohnheitsrechts, das die Eintragung rechtfertigt, besteht.[640] Auch dann nicht, wenn die Frage der Eintragungsfähigkeit eine umfassende wertende Beurteilung unter Berücksichtigung der Umstände des Einzelfalles vor dem Hintergrund eines unbestimmten Rechtsbegriffs wie »Sittenwidrigkeit« (§ 138 Abs 1 BGB) oder »Treu und Glauben« (§ 242 BGB) erfordert, die dem Grundbuchamt regelmäßig nicht zukommt.[641] Grund für eine Beschränkung des Grundbuchamts bei der Verwerfung einer Eintragung besteht aber nicht bei offensichtlichem Widerspruch zu einem gesetzlichen Verbot (§ 134 BGB) oder bei zweifelsfreiem Verstoß des Eingetragenen gegen die Sittenordnung im Objektiven. Unter diesem Blickwinkel dürfte bspw nicht eintragungsfähig bzw zu löschen sein die Vereinbarung in einem Erbbaurechtsvertrag, dass ein Heimfallanspruch des Grundstückseigentümers entstehe, wenn einer der jeweiligen Erbbauberechtigten nicht einer bestimmten Kirche angehöre;[642] wirksam ist dagegen die Vereinbarung eines Heimfallanspruchs für den Fall kirchenfeindlicher Betätigung des Erbbauberechtigten oder seiner mit ihm in Hausgemeinschaft lebenden Angehörigen.[643]

Hat **zwischen den Beteiligten ein Prozess** stattgefunden, so ist das Grundbuchamt an ein rechtskräftiges **109** Urteil des Zivilgerichts, das die Unwirksamkeit der Eintragung, etwa Nichtigkeit wegen Sittenwidrigkeit verneint, gebunden.[644]

6. Gruppierungen inhaltlich unzulässiger Eintragungen

Die unzulässigen Eintragungen lassen sich in folgende vier Hauptgruppen unterteilen (s auch Einl C Rdn 47 ff, **110** 75 ff):

a) Seiner Art nach allgemein nicht Eintragungsfähiges. Verhältnisse, die ihrer Art nach allgemein 111 von der Aufnahme in das Grundbuch ausgeschlossen sind. Hierher gehören Eintragungen, die entweder gar kein Recht, sondern eine Tatsache oder zwar ein Recht, aber nicht ein dingliches Recht, sondern ein persönliches Recht zu Gegenstand haben, oder dingliche Rechte, die nicht eintragungsfähig sind.

---

632 Vgl BayObLGZ 1996, 399, 405 = Rpfleger 1996, 240 = MittBayNot 1996, 104.
633 *Bestelmeyer* Rpfleger 1997, 9 ff.
634 Im Fall BayObLGZ 1996, 399 lag eher ein Vorgang mit dem Ziel, das Grundbuch zu berichtigen (Teilabhilfe im Erinnerungsverfahren), vor.
635 IdS wohl auch OLG Hamm Rpfleger 1994, 60, 61.
636 BayObLGZ 1987, 359, 363 = DNotZ 1988, 313; BayObLGZ 1989, 442, 445 = DNotZ 1991, 254, 255; BayObLG Rpfleger 2002, 140; KG JW 1931, 3455; **aA** – wohl überholt – f Zweifel an d privatrechtl Natur eines eingetr Rechts BayObLG 11, 498; BayObLG Rpfleger 1978, 316.
637 RGZ 113, 223, 231; BGH WM 1968, 1087, 1088.
638 OLG Hamm DNotZ 1970, 417.
639 RGZ 113, 223, 231; 117, 323, 327; 130, 64, 67; BayObLGZ 1961, 24, 35; BayObLG DNotZ 1990, 175, 176 = Rpfleger 1989, 362, 363; OLG Hamm DNotZ 1970, 417.
640 Vgl – z Wohnungsbesetzungsrecht als Dienstbarkeit – BayObLG Rpfleger 1982, 215.
641 BayObLGZ 1979, 434, 437 = NJW BGB) oder »Treu und Glauben« (§ 242 BGB) erfordert, die dem Grundbuch 1980, 2818 = Rpfleger 1980, 105; BayObLG MDR 1981, 759; BayObLGZ 1985, 290, 295; OLG Köln Rpfleger 1989, 405 mit krit Anm *Böttcher*.
642 OLG Braunschweig Rpfleger 1975, 399; **aA** LG München Rpfleger 1983, 268 m Anm *Sperling*.
643 OLG Braunschweig Rpfleger 1975, 399; OLG Oldenburg Rpfleger 1979, 383.
644 OLG Zweibrücken OLGZ 1984, 385.

112 **Beispiele:** Mietrecht.[645] Schuldrechtliches Ankaufs- oder Widerkaufsrecht;[646] anders das dingliche Widerkaufsrecht nach § 20 RSiedlG.[647] Satzung einer aus zahlreichen Miteigentümern bestehenden Interessentengemeinde, weil sie in erster Linie das Organisationsstatut darlegt, nicht den Rechtszustand der Grundstücke.[648] Rein schuldrechtliche Pflichten als Inhalt einer Grunddienstbarkeit;[649] eintragbar sind dagegen Regelungen über die Lasten- und Kostentragung hinsichtlich eines gemeinschaftlichen Gegenstands im Rahmen des § 1010 BGB (str).[650] Überlassung der Nießbrauchsausübung gemäß § 1059 S 2 BGB;[651] möglich ist dagegen die Eintragung der Pfändung des Nießbrauchs (§ 857 Abs 3 ZPO; str).[652] Abtretung der Rechte aus der Ausübung eines subjektiv-dinglichen Vorkaufsrechts.[653] Eintragung der Umwandlung eines Grundstücksrechts in ein solches anderer Art als »Veränderung« des eingetragenen Rechts, zB beschränkte persönliche Dienstbarkeit in Grunddienstbarkeit oder umgekehrt[654] (aber: uU Auslegung/Umdeutung, Rdn 31, 34). Vereinbarungen der Miteigentümer über Maßnahmen zur Ausführung der Teilung (weil keine Verwaltung[655]). Nicht eintragungsbedürftig (§ 10 Abs 4 WEG), nach hM auch nicht eintragungsfähig, sind Mehrheitsbeschlüsse der Wohnungseigentümer,[656] auch soweit solche Beschlüsse vereinbarungsersetzend wirken (str); sei es, dass dies in der zugrunde liegenden Vereinbarung/Teilungserklärung für zulässig erklärt ist (»Öffnungsklauseln«),[657] sei es, dass sie – was allerdings nach der jüngst geänderten Rechtsprechung des BGH bei gesetzes- oder vereinbarungen änderndem Inhalt in Zukunft wegen der Nichtigkeit solcher Beschlüsse entfällt[658] – mangels Anfechtung wirksam zu einer an sich vereinbarungsbedürftigen Regelung geführt haben.[659] Näher läge, die Eintragungsfähigkeit entspr § 10 Abs 2 WEG zum Schutz der (Sonder-) Rechtsnachfolger zu bejahen.[660] Da die Bedenken hiergegen wesentlich verfahrensrechtlicher Natur sind,[661] dürfte jedenfalls die Amtslöschung der einmal erfolgten Eintragung, soweit es sich nicht um nichtige Beschlüsse handelt, ausscheiden. Nachweislich **auf öffentlichem Recht beruhende** Nutzungsrechte Privater an Grundstücken öffentlicher Rechtsträger, wie Gemeindebenutzungsrecht;[662] die Praxis beläßt solche Rechte andererseits im Grundbuch, solange ihre öffentlich-rechtliche Natur nicht klar zutage tritt. Öffentliche Lasten, deren Eintragung gesetzlich weder angeordnet noch zugelassen ist (§ 54).[663] Öffentlich-rechtliche Beschränkungen werden von einer im Vordringen befindlichen Ansicht auch bei Fehlen einer gesetzlichen Anordnung als eintragungsfähig angesehen, soweit dies zu ihrer Sichtbarkeit im Rechtsver-

---

645 RGZ 54, 233; OLG Hamm DNotZ 1957, 314.

646 BGH LM BGB § 497 Nr 6 = JZ 1965, 215; BayObLGZ 1967, 275, 277 = Rpfleger 1968, 52; BayObLG JFG 4, 349; BayObLGZ 1961, 63 = DNotZ 1961, 587 = Rpfleger 1962, 406.

647 Dazu KG OLGZ 1977, 6.

648 OLG Hamm Rpfleger 1973, 138 (Ls).

649 Vgl – z Abgrenzung – BayObLGZ 1990, 8, 10 = DNotZ 1991, 257.

650 BayObLG Rpfleger 1993, 59 = MittBayNot 1992, 335; **geg** OLG Hamm DNotZ 1973, 546 = Rpfleger 1973, 167.

651 BGHZ 55, 111, 115 = NJW 1971, 422; KG JFG 1, 411.

652 BGHZ 62, 133 = NJW 1974, 796 = Rpfleger 1974, 186; RGZ 74, 78, 85; OLG Köln NJW 1962, 1621; LG Bonn Rpfleger 1979, 349; **aA** KGJ 48, 212 (vgl aber – z Pfändbarkeit eines dingl Wohnungsrechts – KG NJW 1968, 1882 = Rpfleger 1968, 329); SchlHOLG SchlHAnz 1956, 202.

653 BayObLG Rpfleger 1971, 215.

654 KG JFG 1, 414; LG Zweibrücken Rpfleger 1975, 248.

655 OLG Köln Rpfleger 1971, 217.

656 BGHZ 127, 99, 104 = MittBayNot 1995, 32 m Anm *Demharter*; BayObLGZ 1984, 101 = Rpfleger 1983, 348; OLG Frankfurt Rpfleger 1979, 315; OLG Frankfurt OLGZ 1980, 160 = Rpfleger 1980, 231; MüKo-*Röll* § 7 WEG Rn 5; *Palandt-Bassenge* § 10 WEG Rn 13; RGRK-*Augustin* § 10 WEG Rn 40; *Demharter* DNotZ 1991, 28, 35; *Tasche* DNotZ 1973, 453; **aA** LG Bielefeld Rpfleger 1981, 355 mAnm *Röll*; *Bärmann/Pick/Merle* § 10 Rn 64; *Soergel-Stürner* § 10 WEG Rn 11; *Volmer* ZflR *2000, 931, 940*; differenzierend *Weitnauer-Lüke* § 10 Rn 32, 51, 57; *W. Schneider* ZflR 2002, 108, 122.

657 *Weitnauer-Lüke* § 10 Rn 51; *Grabe* DNotZ 1987, 5, 16, 19; *ders* DNotZ 1988, 275, 279; vgl auch KG DWE 1991, 72, 73 m Anm *Riecke*, 60; *W. Schneider* ZflR 2002, 108, 112 ff, 122.

658 BGHZ 145, 158 = NJW 2000, 3500 = MDR 2000, 1367 m Anm *Riecke* = MittRhNotK 2000, 390 m Anm *Wudy* aaO S 383 = ZflR 2001, 877 m Anm *Lüke* aaO u *Demharter* EWiR 2000 § 23 WEG 1/2000 (teilw **Aufg** v BGHZ 54, 65, Abgr z BGZ 127, 99 u 129, 329) auf Vorl KG ZflR 2000, 137 geg OLG Düsseldorf FGPrax 1999, 13; zu d AbgrFragen *W. Schneider* ZfBR 2002, 108 mwN.

659 Vgl *Bärmann/Pick/Merle* § 10 Rn 63; *Palandt-Bassenge* § 10 WEG Rn 19, 19 a; *Müller* Praktische Fragen des Wohnungseigentums, Rn 382.

660 Vgl Einl C Rdn 182; *Böttcher* ZflR 1997, 321, 326; *Lüke* DNotZ 1997, 960, 964, 966; *H. Müller* FS Bärmann u Weitnauer (1990), 505, 512; weitergehend – Eintragungsbedürftigkeit v auf Grund Öffnungsklausel gefasster Beschlüsse – *Wenzel* ZNotP 2004, 170, 176.

661 Vgl *W. Schneider* ZflR 2002, 108, 115 ff; *Fisch* MittRhNotK 1999, 213, 230 f.

662 BayObLGZ 1960, 447, 453; 1964, 210, 212; 1970, 45, 49 = Rpfleger 1970, 168 (Ls); BayObLG Rpfleger 1978, 316; BayObLG MittBayNot 1990, 33 = Rpfleger 1990, 54 (Ls b *Plötz* 54 ff).

663 KG JFG 15, 95; weg d Bedenken geg diese Regelung s *Palandt-Bassenge* Einl v § 854 Rn 18; *Eickmann* GBVerfR, 1. Kap § 1 II 6; *Ertl* MittBayNot 1979, 214, 217; *Quack* Rpfleger 1979, 281, 283; *Walter* JA 1981, 322, 328.

kehr erforderlich erscheint;[664] die hM betont dagegen – de lege lata grundsätzlich mit Recht –, dass öffentlich-rechtliche Erscheinungen nur eintragungsfähig seien, wenn dies besonders angeordnet ist.[665] Anerkannt war in der Rspr die Eintragungsfähigkeit eines – noch mit dinglicher Wirkung versehenen – Vorkaufsrechts nach § 24 BBauG 1960.[666] Dagegen soll das Vorkaufsrecht nach dem BayNatSchG nicht eingetragen werden können.[667] Dieser Fragenkreis braucht hier nicht abschließend behandelt zu werden (dazu Einl B Rdn 14; Einl C Rdn 5, 6), denn eine Löschung vorgenommener Eintragungen der zuletzt genannten Art kommt schon nach denselben Grundsätzen, wie sie für unnötige Eintragungen gelten (Rdn 104), regelmäßig nicht in Betracht. Nicht inhaltlich unzulässig ist der Rechtshängigkeitsvermerk (s Rdn 104).[668]

b) Mit nicht vom Gesetz gebotenem Inhalt. aa) Allgemeine Abgrenzung. Eintragungen, die ein an sich eintragungsfähiges Recht nicht mit dem vom Gesetz gebotenen Inhalt verlautbaren, also insbesondere, wenn die Eintragung des betreffenden Rechts unvollständig ist und daher wesentliche Bestandteile fehlen. **113**

bb) Beispiele: Eintragung eines Widerspruchs ohne Angabe des Berichtigungsanspruchs.[669] Rechte, Vormerkungen, Widersprüche oder Veräußerungsverbote, die den Begünstigten nicht – auch nicht im Wege der Auslegung – ersehen lassen, oder mit der Angabe eines Berechtigten, der, wie die Eintragung aus sich heraus erkennen lässt,[670] weder eine natürliche noch eine juristische Person sein kann.[671] Die Person des Berechtigten einer Grunddienstbarkeit kann sich allerdings uU schon hinreichend genau aus dem Vorteil ergeben, den die Dienstbarkeit dem jeweiligen Eigentümer eines anderen Grundstücks gewährt.[672] Nicht hierher gehört auch die Angabe eines falschen Berechtigten.[673] Dem Fehlen der Angabe des Begünstigten will das BayObLG[674] gleichstellen, wenn eine öffentlich-rechtliche Verfügungs- und Veränderungssperre nach Art 27 BayEG fälschlicherweise zugunsten einer bestimmten Behörde eingetragen ist, weil der Eintragungsvermerk damit eine nur relative Verfügungsbeschränkung vortäusche. Dem kann nicht gefolgt werden;[675] die beanstandete Eintragung wäre bei sachgerechter Auslegung insgesamt haltbar gewesen, allenfalls hätte die Löschung des Zusatzes »... zugunsten des Landratsamtes N.« angeordnet werden dürfen. **Nicht** inhaltlich unzulässig ist eine nach dem Beitritt der früheren DDR erfolgte berichtigende Eintragung von »Eigentum des Volkes« unter Angabe eines Rechtsträgers, die dazu dienen soll, in einer Übergangszeit bis zur endgültigen Zuordnung durch einen Bescheid nach dem VZOG das Grundstück verkehrsfähig zu halten (str)[676] (vgl auch Rdn 75). **114**

cc) Speziell: Grundbuch(un-)fähigkeit von BGB-Gesellschaft, Wohnungseigentümergemeinschaft und anderen Personenmehrheiten? Nach herkömmlicher Auffassung war nicht eintragbar eine BGB-Gesellschaft unter ihrem Namen ohne Angabe der einzelnen Gesellschafter.[677] Nachdem jedoch der BGH zwischenzeitlich die **Rechtsfähigkeit der (Außen-)GbR** und ihre Parteifähigkeit im Zivilprozess anerkannt hat,[678] mag zwar die »Grundbuchfähigkeit« dieser Gesellschaft noch überwiegend von den Gerichten und **115**

664 Einl B Rdn 14 ff; KEHE-*Keller* Einl J 31; *Staudinger-Ertl*, BGB, 12. Aufl, Vorbem zu §873–902 Rn 62, 86, 88; AK-BGB-*v Schweinitz* v §873 ff Rn 47; *Eickmann* GBVerfR, Rn 7; *Michalski* MittBayNot 88, 204, 208; *Schöner* MittBayNot 1984, 17, 18.
665 RGZ 55, 270, 273; BayObLG 21, 296, 300; BayObLGZ 1960, 447, 451; BayObLG Rpfleger 1978, 316; KG DNotZ 1937, 897; *Schöner/Stöber* Rn 3 m Fn 6, Rn 27; *Erman-Hagen* v §873 Rn 5; *Palandt-Bassenge* Überbl v §873 Rn 9; *Soergel-Stürner* v §873 Rn 27; RGRK-*Augustin* v §873 Rn 12; MüKo-*Wacke* §873 Rn 4; *Sieveking* DNotZ 1988, 785, 787.
666 KG NJW 1962, 1446 = Rpfleger 1962, 267.
667 BayObLGZ 2000, 224 = Rpfleger 2000, 543 = FGPrax 2000, 215 = MittBayNot 2000, 555 m Anm *Frank*.
668 **AA** *Lickleder* ZZP 114 (2001), 195, 208f.
669 KG OLGE 8, 109; 9, 342, 344.
670 RGZ 88, 83; RG JFG 3, 1; OLG Jena OLGE 21, 20.
671 RGZ 89, 152, 159; BGH NJW 1962, 963 = DNotZ 1962, 399; BGH NJW 1985, 3070 = DNotZ 1986, 145 = Rpfleger 1985, 189; BayObLG 32, 377, 380; BayObLGZ 1953, 80, 83; KGJ 39, 210; 45, 230, 231.
672 OLG Frankfurt Rpfleger 1980, 185; LG Lübeck SchlHAnz 1964, 129 m Anm *Scheyhing* 163.
673 RGZ 113, 223, 230; BayObLG 24, 344.
674 BayObLG DNotZ 1988, 784.
675 Wie *Sieveking* DNotZ 1988, 785, aufzeigt.
676 KG FGPrax 1996, 223 = Rpfleger 1996, 104; wohl **aA** – jedenfalls iS einer Ordnungswidrigkeit solcher Einträge – OLG Rostock Rpfleger 2004, 475 m **abl** Anm *Böhringer*.
677 BayObLG Rpfleger 1985, 353; OLG Hamm Rpfleger 1973, 25; OLG Düsseldorf FGPrax 1997, 90.
678 BGHZ 146, 341 = BGH NJW 2001, 1056 = Rpfleger 2001, 246; vgl auch BVerfG JZ 2003, 43 mAnm *Stürner*.

einem Teil der Lehre abgelehnt werden (sehr str);[679] die dafür angeführten Gründe – unter dem Gesichtspunkt unzureichender Registerpublizität – sind jedoch nicht »inhaltlicher« (vgl Rdn 101), sondern nur ordnungsrechtlicher Art[680] und rechtfertigen jedenfalls nicht die Amtslöschung einer einmal vorgenommenen Eintragung (str):[681] Es führt nichts daran vorbei, dass die GbR nach der neueren BGH-Rechtsprechung Eigentümerin eines Grundstücks bzw Inhaberin von beschränkten dinglichen Rechten an einem solchen sein kann[682] und demzufolge die ggf vorgenommene Eintragung der GbR der wirklichen Rechtslage (= materielle Rechtsinhaberschaft der GbR) entspräche[683] (s auch Rdn 65). Inhaltlich unzulässig war nach herkömmlicher Sicht auch eine Zwangshypothek oder ein sonstiges dingliches Recht für die »Gemeinschaft der Wohnungseigentümer«;[684] nachdem mittlerweile der **WEG-Gemeinschaft (Teil-)Rechtsfähigkeit** zuerkannt worden ist (§ 10 Abs 6, 7 WEG nF[685]), geht die Entwicklung jedoch, wie durch diese geänderte Sicht auch ausdrücklich mit bezweckt,[686] in die die gegenteilige Richtung.[687] Allemal als inhaltlich unbedenklich angesehen wird jedenfalls in letzter Zeit die Eintragung einer Zwangshypothek für den Verwalter einer WEG, wenn dieser nur in dem zu Grunde liegenden Vollstreckungstitel, mag er ihn auch als gewillkürter Verfahrensstandschafter erstritten haben, als Gläubiger ausgewiesen ist.[688] Nicht eintragungsfähig ist der nicht rechtsfähige Verein (str),[689] mit Ausnahme der politischen Parteien im Hinblick auf § 3 ParteienG,[690] nicht jedoch der Orts- oder Bezirksverbände derselben.[691] Nicht unter Berufung auf die »Sitztheorie« in Frage gestellt werden kann heute die Rechtsfähigkeit (Grundbuchfähigkeit) einer in einem EG-Mitgliedsstaat wirksam gegründeten Kapitalgesellschaft, auch wenn ihr tatsächlicher Verwaltungssitz in Deutschland liegt.[692] Auch die Eintragungsfähigkeit der Vor-GmbH ist anerkannt.[693]

116 dd) Fallgruppe: Unzureichende Bestimmtheit bzw Bestimmbarkeit des Rechts. So die Eintragung einer Sicherungshypothek für den Besitzer von Schuldverschreibungen eines Teils einer Anleihe ohne genaue

---

679 BayObLGZ 2002, 330 = NJW 2003, 70 mAnm *Ott* aaO S 1223 u *Nagel* aaO S 1646 = Rpfleger 2003, 78 mAnm *Dümig* = NZG 2003, 26 mAnm aaO S 117; BayObLG DNotZ 2004, 378 mAnm *Heil* = MittBayNot 2004, 201 mAnm *Weigl*; Rpfleger 2005, 19 = MittBayNot 2005, 143 mAnm *Lautner* aaO S 93; OLG Celle NJW 2006, 2194 = ZfIR 2006, 26 mAnm *Knöfel* u Replik *Volmer* aaO S 475; vgl auch OLG München MittBayNot 2006, 496 mAnm *Lautner*; LG Aachen Rpfleger 2003, 496; NRotZ 2006, 348, 349; LG Berlin Rpfleger 2004, 283; LG Dresden NotBZ 2002, 384; Einl F Rn 53; § 15 GBV Rn 30c; *Böttcher* NJW 2008, 2088, 2094. *Berger* in: *Schreiber*, Immobilienrecht, 1. Kap.RdNr 71; *Rombach* aaO 7. Kap.RdNr 84a; *Böhringer* BWNotZ 2002, 42; *Christoph* MittBayNot 2001, 197, 198; *Demharter* Rpfleger 2001, 329, 331; NJW-Sonderheft (BayObLG) 2005, 18, 23; *Derleder* ZWE 2002, 250; *Heil* NJW 2002, 2158; DNotZ 2003, 379; 2004, 379; Kremer RNotZ 2004, 239, 245; *Lautner* MittBayNot 2005, 93, 100; Münch DNotZ 2001, 535; *K.Schmidt* NJW 2001, 993, 1002; *Ruhwinkel* MittBayNot 2007, 92, 96; *Stöber* MDR 2001, 544 f; **aA** OLG Stuttgart FGPrax 2007, 66 mAnm *Demharter* = RNotZ 2007, 106 = NZG 2007, 263 m zust Anm *Heßeler/Kleinhenz* aaO S 250; *Behrens* ZfIR 2008, 1,5; *Bielicke* Rpfleger 2007, 441; *L.Böttcher/Blasche* NZG 2007, 121, 125; *Habersack* BB 2001, 477, 479; *Dümig* Rpfleger 2002, 53; ZfIR 2002, 796; *Eickmann* ZfIR 2001, 433; *Knöfel* AcP 2005, 645, 686; *Nagel* NJW 2003, 1646; *Ott* NJW 2003, 1223; *Sprau* BGHReport 2001, 240 f; *Ulmer/Steffek* NJW 2002, 330, 338; *G.Wagner* ZIP 2007, 637; *Kl.Wagner* ZNotP 2006, 408, 414; *Wertenbruch* NJW 2002, 324, 329; vgl auch *Schemmann* DNotZ 2001, 244, 250; *Ulmer* ZIP 2001, 2001, 585, 595.

680 Z Beisp *Heil* DNotZ 2003, 379: »…massive Bedenken des formalen Rechts, des Verkehrsschutzes und der Praktikabilität…«.

681 IE wie hier – aber z Unrecht für Amtswiderspruch – *Lautner* MittBayNot 2005, 93, 94, 100; **and** BayObLG Rpfleger 2005, 19 = MittBayNot 2005, 143 mAnm *Lautner* aaO S 93.

682 BGH NJW 2006, 3716 = DNotZ 2007, 118 mAnm *Vollmer* = FGPrax 2007, 7(Ls) mAnm *Demharter* = = Rpfleger 2007, 23 mAnm *Dümig* = ZfIR 2006, 2007, 99, 100 mAnm *Kazemi*; z Grunderwerbsfähigkeit d GbR *Böttcher* Rpfleger 2007, 437, 440 f mwN.

683 *Lautner* MittBayNot 2005, 93, 94 f.

684 BayObLGZ 1984, 239 = DNotZ 1985, 424 = Rpfleger 1985, 102; 2004, 385 = FGPrax 2005, 102, 103; OLG Köln Rpfleger 1994, 496; vgl auch BGH NJW 1998, 3279; BayObLG NJW-RR 2002, 445; NJW 2002, 1506; *Ott* ZMR 2002, 97; **krit** *Raiser* ZWE 2001, 173; *Sauren* Rpfleger 2002, 194.

685 WEG-ÄndG v 26.03.2007 (BGBl I S 37) im Anschl an BGHZ 163, 154 = Rpfleger 2005, 521 mAnm *Dümig* = ZfIR 2005, 506 mAnm *Lüke* = ZMR 2005, 547 mAnm *Häublein*.

686 Vgl BGHZ 163, 154, 169 f.

687 LG Hamburg Rpfleger 2006, 10 m Anm *Demharter* aaO S 120; *Böhringer* Rpfleger 2006, 53, 54 ff; *Bub/Petersen* NJW 2005, 2590, 2592; *Demharter* NZM 2005, 601; *Hügel* DNotZ 2005, 753, 767 ff; *Lautner* MittBayNot 2006, 37; *Wilsch* RNotZ 2005, 536, 537 f.

688 BGH NJW 2001, 3627 = JZ 2002, 357 m Anm *Münzberg* = Rpfleger 2002, 17 m Anm *Sauren* aaO 194 = ZfIR 2001, 1029 m Anm *Demharter* aaO 957; auf Vorl KG FGPrax 2001, 96 geg OLG Celle Rpfleger 1986, 484; OLG Köln Rpfleger 1988, 526; aA Voraufl Rn 105 mwN.

689 Vgl LG Hagen Rpfleger 2007, 26; w Hinw Einl F Rdn 49.

690 OLG Zweibrücken NJW-RR 2000, 749 = Rpfleger 1999, 531; LG Berlin Rpfleger 2003, 291; **aA** LG Koblenz Rpfleger 1999, 387.

691 OLG Celle NJW 2004, 1743 = RNotZ 2004, 465; OLG Zweibrücken Rpfleger 1986, 12 = NJW-RR 1986, 181.

692 BayObLGZ 2002, 413 = Rpfleger 2003, 241 im Anschl an EuGH NJW 2002, 3614 = Rpfleger 2003, 131.

693 *Böhringer* Rpfleger 2005, 225, 227.

Bezeichnung der durch die Hypothek gesicherten Teilschuldverschreibungen.[694] Die Eintragung von Zwangshypotheken für Anteile des Gesamtbetrags mehrerer Forderungen ohne konkrete Zuordnung gemäß § 867 Abs 2 S 1 ZPO.[695] Eine Auflassungsvormerkung für eine Teilfläche, wenn nur die Größe derselben angeben wird, nicht aber deren Lage auf dem Grundstück.[696] Wird anlässlich einer Grundstücksüberlassung eine Leibrente vereinbart, so ist – abgesehen von dem Bedenken, dass es sich um eine nur schuldrechtliche Anpassungsklausel handelt[697] – jedenfalls nicht ausreichend bestimmbar eine Klausel als Inhalt der zur Sicherung des Leibrentenversprechens bestellten Reallast, jeder Vertragsteil könne *»bei Änderung der wirtschaftlichen Verhältnisse eine Abänderung des vereinbarten Betrages verlangen (§ 323 ZPO)«*;[698] ein so formulierter Anpassungsanspruch kann auch nicht durch die Eintragung einer Vormerkung gesichert werden.[699] Nicht hinreichend bestimmbar ist eine Geldrentenreallast, deren Höhe sich lediglich nach den Kosten der vom Berechtigten auszuwählenden Mietwohnung richtet.[700] Erbbaurecht ohne nähere Bezeichnung der wenigstens ungefähren Art und des Umfangs der zulässigen Bebauung; ausreichend ist jedoch – ebenso wie für die Ausübungsstelle eines Vorkaufsrechts[701] – die Bestimmung, auf dem Grundstück *»Gebäude aller Art in Übereinstimmung mit dem zu erstellenden Bebauungsplan«* errichten zu dürfen.[702] Wohnungsrecht ohne bestimmte Bezeichnung des für die ausschließende Benutzung in Betracht kommenden Gebäudeteils;[703] ausreichend ist die Bestimmung, dass das Recht nach Wahl des Eigentümers an unterschiedlichen Gebäudeteilen ausgeübt werden kann.[704] Ungenügende Beschreibung des Inhalts des Sondereigentums und seiner Abgrenzung vom Gemeinschaftseigentum anhand des Aufteilungsplans bei der Begründung von Wohnungseigentum.[705] In sich widersprüchliche Unterteilung bisherigen Wohnungs- und Teileigentums.[706] Eintragung mehrerer Sondernutzungsrechte ohne Abgrenzung der Sondernutzungsflächen auf der vorgesehenen Gesamtfläche[707] (Ausreichend ist dagegen die Zuweisung einer bestimmten Fläche zur Sondernutzung unter Ausschluss eines *»bereits angelegten, befestigten* Zugangs *zum Haus«*[708]). Eintragung einer Auflassungsvormerkung ohne ausreichende Bezeichnung der betroffenen, noch zu vermessenden Teilfläche, etwa durch Bezugnahme auf in der Natur vorhandene Merkmale[709] oder auf eine mit der Urkunde verbundene Lagerskizze,[710] oder ungenügende inhaltliche Beschreibung des Anspruchs auf Einräumung von Sondereigentum in einer Wohnanlage.[711] Unzulässig, weil Bestimmbarkeit nicht auf Dauer gewährleistend, ist die Bezugnahme auf einen örtlichen Mietspiegel zur näheren Bestimmung des Inhalts eines entgeltlichen Nießbrauchs.[712] Nießbrauch auf die Dauer eines derzeit bestehenden Mietverhältnisses.[713] Dienstbarkeit, wonach die Nutzung des Wohnraums nur *»im Rahmen der Bewirtschaftung des landwirtschaftlichen Betriebes«* zulässig bleiben soll.[714] Bestimmbar sind dagegen eine Unterlassungsdienstbarkeit unter Hinweis auf Art 6a BayNatSchG (Eingriffe in Natur und Landschaft)[715] und als Inhalt einer Reallast eine persönliche Pflegepflicht, *»soweit sie den Übernehmern unter Berücksichtigung dieser beruflichen und familiären Verhältnisse, insbesondere unter Berücksichtigung der Betreuung von Kindern der Übernehmer und nach deren körperlichen Tätigkeiten und ihrem Vermögen zur Pflege nach ihrer Ausbildung und ihren Kenntnissen zumutbar ist«.*[716] Bei einer Leitungsdienstbarkeit, die im Bereich der Ausübungsstelle ein

---

694 KG JFG 3, 424.
695 OLG Zweibrücken ZfIR 2002, 244.
696 BayObLG FG Prax 1998, 48 = Rpfleger 1998, 241.
697 OLG Hamm Rpfleger 1988, 404, 405.
698 BayObLG DNotZ 1980, 94 = Rpfleger 1980, 141 (Ls); OLG Frankfurt Rpfleger 1988, 247; OLG Hamm Rpfleger 1988, 404, 405; wegen notw Ergänzungen vgl BayObLG AgR 1994, 321.
699 OLG Hamm OLGZ 1988, 400 = NJW-RR 1988, 333 = Rpfleger 1988, 57; OLG Oldenburg Rpfleger 1992, 450.
700 KG MittBayNot 1987, 79.
701 BayObLGZ 1997, 161 = FGPrax 1997, 169 = NJW-RR 1998, 86.
702 BGH Rpfleger 1987, 361.
703 BayObLGZ 1964, 1 = DNotZ 1965, 166; OLG Hamm DNotZ 1962, 402 = Rpfleger 1962, 59.
704 LG Ansbach MittBayNot 1989, 448.
705 OLG Hamm OLGZ 1977, 264 = DNotZ 1977, 308; vgl auch OLG Frankfurt Rpfleger 1978, 380 (Ls).
706 BayObLGZ 1998, 39 = NJW-RR 1998, 735.
707 OLG Hamm ZfIR 2001, 61 = Rpfleger 2000, 385.
708 BayObLG Rpfleger 1998, 107 = MittBayNot 1998, 36.
709 BayObLG Rpfleger 1982, 335.
710 BGH NJW 1972, 2270 = Rpfleger 1972, 437; BayObLG DNotZ 1981, 560 = Rpfleger 1981, 232; BayObLG MittBayNot 1981, 245 = MDR 1982, 240; BayObLG DNotZ 1983, 440 = Rpfleger 1982, 17; *Strumpf* Rpfleger 1973, 389.
711 Vgl BayObLG 1974, Rpfleger 1974, 261; weniger streng – Bestimmungsrecht d Vormerkungsberechtigten – BayObLGZ 1992, 40, 43 = Rpfleger 1992, 292.
712 BayObLG Rpfleger 1979, 382.
713 BayObLG Rpfleger 1984, 405.
714 BayObLG Rpfleger 1990, 14.
715 LG München II MittBayNot 2004, 366.
716 BGHZ 130, 342 = FGPrax 1996, 186 = Rpfleger 1996, 61 (auf Vorl OLG Stuttgart geg BayObLG DNotZ 1994, 180).

Bauverbot enthält, forderte die früher hM, der allerdings der BGH entgegengetreten ist,[717] eine rechtsgeschäftliche Festlegung der Ausübungsstelle. Raum für eine Amtslöschung besteht insoweit so oder so praktisch nie, weil eine rechtsgeschäftliche Festlegung der Ausübungsstelle jedenfalls dann vorliegt, wenn die Eintragungsbewilligung sich auf eine bereits verlegte Leitung bezieht;[718] es kann also, wenn die Eintragungsbewilligung über die Ausübungsstelle nichts weiter sagt, jedenfalls von einer sich aus der Eintragung als solcher ergebenden inhaltlichen Unzulässigkeit keine Rede sein. Ein rechtsgeschäftlich in der Ausübung auf einen Grundstücksteil beschränktes Fahrrecht muss zwar die Ausübungsstelle eindeutig bezeichnen;[719] es ist aber nicht schon inhaltlich unzulässig, wenn es an einer Angabe über die Wegbreite fehlt.[720] Mangelnde Konkretisierung des Bauwerks beim Erbbaurecht.[721] Unzureichende Angabe – wenigstens in der Eintragungsbewilligung[722] – beim Altenteil, aus welchen dinglichen Einzelrechten es sich zusammensetzt und auf welchem Grundstück die Einzelrechte lasten sollen.[723] Die Eintragung nur des Höchstbetrages einer Zwangssicherungshypothek[724] oder des Höchstzinssatzes einer Grundschuld ohne Verlautbarung über den Mindestsatz[725] und nach überkommenen Grundsätzen die Angabe eines variablen **Zinssatzes** ohne Höchstsatz;[726] die Umstellung des Gesetzes auf den Basiszinssatz (§ 288 Abs 1 S 2 bzw Abs 2 BGB) rechtfertigt es jedoch, bei der Eintragung rechtsgeschäftlich vereinbarter variabler Zinsen in das Grundbuch nicht mehr die Angabe eines Höchstzinssatzes zu verlangen, soweit sich der variable Zinssatz aus der Bezugnahme auf eine gesetzlich bestimmte Bezugsgröße ergibt.[727] Fehlende Angabe zum Anfangszeitpunkt der Verzinsung bei Rangvorbehalt für ein verzinsliches Grundpfandrecht;[728] es gilt aber der Zeitpunkt der Eintragung des Grundpfandrechtes als Mindestinhalt (Rdn 134). Angabe bei der Hypothek, die Geldsumme sei ab dem Zeitpunkt der Auszahlung des Darlehens zu verzinsen (str),[729] es sei denn der Auszahlungstag ist kalendermäßig festgelegt.[730] Mangelnde Klarstellung im Eintragungsvermerk, ob, wenn die Höhe der Nebenleistung einer Hypothek durch einen Mindestzinssatz des Betrages der Hauptforderung ausgedrückt wird, die Nebenleistung jährlich oder monatlich zu zahlen ist.[731] Dingliche Unterwerfungsklausel bei einer Höchstbetragshypothek, wenn sie sich nicht auf eine ziffernmäßig bestimmte Teilsumme des Höchstbetrages erstreckt.[732] Unterwerfungserklärung mit ungenügend bestimmtem Zahlungsanspruch; es reicht allerdings aus, wenn ein bedingter wie unbedingter Zinsanspruch in einem sich daraus ergebenden Höchstzinssatz zusammengefasst ist und sich der Schuldner »bis zu« diesem Höchstzinssatz der Zwangsvollstreckung unterwirft.[733] Grunddienstbarkeit unter der auflösenden Bedingung, dass bestimmte Verträge aus einem Grund aufgelöst werden, der der »Sphäre« eines der Vertragspartner zuzurechnen sei[734] (Hinreichend bestimmbar ist dagegen die auflösende Bedingung für ein Wohnungsrecht, dass *»der Berechtigte das Anwesen nicht nur vorübergehend verlässt«*[735]). Regelung in der Teilungserklärung über die Entziehung des Wohnungseigentums ua wegen *»schwerer persönlicher Misshelligkeiten«*[736] (Genügend bestimmt jedoch eine Vormerkung, die den Rückübereignungsan-

717 BGHZ 90, 181 = NJW 1984, 2210 = Rpfleger 1984, 227 m Anm *Böttcher* geg OLG Celle VorlBeschl Rpfleger 1983, 386; wie OLG Celle aaO; OLG Celle NdsRpfl 1978, 57; 1982, 198; OLG Hamm OLGZ 1967, 456; 1981, 270 = NJW 1981, 1632; dagegen – b landwirtschaftl Grundstücken – OLG Bremen NJW 1965, 2403; vgl auch BGH NJW 1981, 1781 = Rpfleger 1981, 286; KG NJW 1973, 1128; OLG Oldenburg Rpfleger 1979, 199; MüKo-*Falckenberg* § 1018 Rn 14, 15.
718 OLG Celle NdsRpfl 1982, 198; vgl auch BGH NJW 1982, 1039; OLG Oldenburg Rpfleger 1979, 199.
719 BGH NJW 1981, 1781; BGHZ 90, 181, 183.
720 OLG Stuttgart Rpfleger 1991, 198.
721 BayObLG DNotZ 1990, 177, 178 = Rpfleger 1989, 361, 362; OLG Frankfurt Rpfleger 1975, 305; OLG Frankfurt OLGZ 1983, 165, 170.
722 BGHZ 58, 57 = NJW 1972, 540 = Rpfleger 1972, 39; z Reichweite d § 49s BGHZ 125, 69 = NJW 1994, 1158 (auf Vorl OLG Hamm geg OLG Köln Rpfleger 1992, 431).
723 OLG Hamm Rpfleger 1973, 98; 1975, 357; OLG Zweibrücken MittBayNot 1996, 211; LG Aachen MittRhNotK 1996, 282.
724 LG Saarbrücken Rpfleger 2003, 416.
725 BGH NJW 1975, 1314 = Rpfleger 1975, 296.
726 KG OLGZ 1971, 450 = Rpfleger 1971, 316.
727 BGH NJW 2006, 1341 mAnm *Zimmer* aaO S 1325 = Rpfleger 2006, 313 mAnm *H. Wagner* aaO u *Klawikowski* Rpfleger 2007, 388 = ZflR 2006, 372 mAnm *Clemente* = MittBayNot 2006, 501 mAnm *Kesseler* aaO S 468; auf Vorl OLG Hamm FGPrax 2006, 3 = ZIP 2005, 2200; **geg** OLG Schleswig FGPrax 2003, 58 = Mitt BayNot 2003, 295 m Anm *Wolfsteiner*; OLG Celle OLGReport 2004, 476.
728 BGHZ 129, 1 (auf Vorl BayObLGZ 1994, 203 geg OLG Frankfurt DNotZ 1990, 743).
729 BayObLGZ 1995, 271; **aA** KG HRR 1930, 1547; LG Aachen MittRhNotK 1985, 3.
730 BayObLGZ 1999, 199 = DNotZ 2000, 62 = ZflR 2000, 229.
731 OLG Frankfurt Rpfleger 1978, 409.
732 BayObLG NJW 1954, 1808; OLG Oldenburg DNotZ 1957, 669; OLG Frankfurt Rpfleger 1977, 220.
733 BGHZ 88, 62 = Rpfleger 1983, 408.
734 BayObLG Rpfleger 1985, 488.
735 BayObLGZ 1997, 246 = FGPrax 1997, 210.
736 OLG Düsseldorf ZflR 2000, 558.

spruch des Schenkers im Fall »*groben Undanks*« des Erwerbers sichern soll [str][737]. Vormerkung zur Sicherung eines Rückübertragungsanspruchs für den Fall, dass der jeweilige Eigentümer »*Sympathisant*« einer bestimmten Sekte oder Vereinigung ist.[738]

ee) Weitere Fallgruppe: Eintragungen mit einer über das nach § 874 BGB zulässige Maß hinausgehende Bezugnahme auf die Eintragungsbewilligung. Etwa, wenn der Wesenskern einer Dienstbarkeit im Eintragungsvermerk nicht wenigstens schlagwortartig angesprochen wird *(»Wegerecht«, »Wasserleitungsrecht«, »Hochspannungsleitungsrecht«, »Tankstellendienstbarkeit«, »Tankstellenbetriebsverbot«, »Wohnungsbenutzungsrecht«, »Wohnungsbesetzungsrecht«, »Baubeschränkung und Wohnungsnutzungsgebot«).*[739] Übertriebene Anforderungen sind nicht zu stellen.[740] Die Bezeichnung als »*Grunddienstbarkeit*«,[741] »*Benutzungsrecht*«[742] oder »*Dienstbarkeit/Nutzungsbeschränkung*«[743] reicht normalerweise nicht aus; nicht unzulässig ist jedoch die Bezeichnung »*Benutzungsrecht*« im Eintragungsvermerk für eine Elt-Gesellschaft, mangels sonstiger Anhaltspunkte ist im Zusammenhang mit der Bezeichnung des Berechtigten von einem Hochspannungsleitungsrecht auszugehen;[744] ebenso kann die »*Grunddienstbarkeit zugunsten des jeweiligen Eigentümers der ... Bahneinheit*« als zur Eisenbahnstreckenführung berechtigend verstanden werden,[745] oder das »*Benützungsrecht für die Deutsche Reichsbahn-Gesellschaft*« als Berechtigung zur Errichtung und Unterhaltung von Stromleitungen.[746] Soll eine Grunddienstbarkeit über das im Eintragungsvermerk bezeichnete Geh-, Fahr- und Leitungsrecht hinaus noch die Befugnis geben, den betreffenden Grundstücksstreifen einzuzäunen und das Eingangstor allein zu benutzen, so kann dies nicht durch Bezugnahme auf die Eintragungsbewilligung Rechtsinhalt werden.[747] Fehlende Angabe des Zinssatzes einer verzinslichen Hypothek im Eintragungsvermerk (§ 1115 Abs 1 BGB); aus der insoweit gegebenen inhaltlichen Unzulässigkeit folgt allerdings nur, dass das Grundstück nicht für Zinsen haftet, die Eintragung im Übrigen ist als die eines unverzinslichen Rechts gültig[748] (s Rdn 134). Eintragung einer unter einer Bedingung bestellten Dienstbarkeit ohne Aufnahme der Bedingung in den Eintragungsvermerk: dann ist im Grundbuch ein unbedingtes Recht eingetragen, entstanden ist aber nur ein bedingtes Recht, es liegt teilweise Grundbuchunrichtigkeit vor.[749] Eine Mischform der Eintragung mit Angaben im Eintragungsvermerk, bei denen die Bezugnahme auf die Eintragungsbewilligung genügt hätte, führt nicht zur inhaltlichen Unzulässigkeit.[750]

c) Mit vom Gesetz nicht erlaubtem Inhalt. Hierzu gehören Rechte mit einem **Inhalt**, der eindeutig **nicht über das hinausgeht, was sich schon aus dem Gesetz ergibt**.[751] So etwa die Duldungspflicht gegenüber einem Überbau gemäß § 912 BGB; anders, wenn das Überbaurecht nach Inhalt und Umfang abweichend geregelt wird[752] oder Zweifel über die gesetzliche Duldungspflicht beseitigt werden sollen,[753] einschließlich eines Verzichts auf Überbaurente bei einem rechtmäßigen Überbau.[754] Zu weitgehend erscheint dabei die Forderung, die Kennzeichnung dessen, was über das Gesetz hinausgehen soll, müsse – zumindest schlagwortartig – im Eintragungsvermerk erfolgen, dürfe also nicht einer Bezugnahme auf die Eintragungsbewilligung überlassen bleiben;[755] es müsste wie sonst auch ausreichen, wenn der Eintragungsvermerk den Wesenskern des Rechts iS einer

117

118

---

737 BGHZ 151, 116 = FGPrax 2002, 196 mAnm *Demharter* (auf Vorl BayObLGZ 2001, 190 = DNotZ 2001, 803 mAnm *Schippers* **geg** OLG Hamm Rpfleger 2000, 449); OLG Düsseldorf FGPrax 2002, 203.

738 LG Düsseldorf Rpfleger 2006, 648.

739 BGHZ 35, 378 = NJW 1961, 2157 = Rpfleger 1961, 394; BayObLGZ 1958, 323, 327 = Rpfleger 1959, 22; BayObLGZ 1973, 184 = Rpfleger 1973, 298; BayObLG MDR 1981, 142; BayObLG Rpfleger 1981, 295; OLG Düsseldorf DNotZ 1958, 155; OLG Hamm DNotZ 1954, 207; OLG Köln Rpfleger 1980, 467 (soweit LG Köln Rpfleger 1981, 294 Löschung eines »Wohnungsnutzungsgebots« anordnet, m Recht abl *Meyer-Stolte* aaO, 295); OLG Köln Rpfleger 1982, 463; KG JW 1936, 3477; KG OLGZ 1975, 301; OLG Nürnberg OLGZ 1978, 79.

740 BayObLG Rpfleger 1989, 361, 362.

741 BayObLG ZflR 1998, 52.

742 BayObLGZ 1990, 35 = DNotZ 1991, 258; OLG Karlsruhe FGPrax 2005, 8 = Rpfleger 2005, 79.

743 BayObLG DNotZ/BayObLGZ 1995, 413, 421; OLG Köln Rpfleger 1980, 467; OLG Düsseldorf NJW-RR 1996, 15 = MittRhNotK 1995, 319.

744 BayObLG Rpfleger 1981, 479.

745 KG OLGZ 1975, 301.

746 BayObLG NJW-RR 1986, 882 = Rpfleger 1986, 296.

747 OLG Nürnberg NJW-RR 2000, 1257.

748 RGZ 113, 223, 229.

749 BayObLG NJW-RR 1998, 1025.

750 BayObLG Rpfleger 2002, 140.

751 RGZ 119, 211, 213; 130, 350, 354; BGH LM BGB § 912 Nr 1; BayObLGZ 1962, 290, 293; BayObLGZ 1980, 232, 239; BayObLG Rpfleger 1989, 401, 402; OLG Hamm FGPrax 2006, 145, 146; KG JFG 3, 329, 330; OLG Köln Rpfleger 1982, 463; OLG Köln Rpfleger 1990, 409, 410.

752 BayObLG Rpfleger 1976, 180; KG JFG 3, 329, 330.

753 OLG Düsseldorf OLGZ 1978, 19 = Rpfleger 1978, 16; Rpfleger 1990, 288 = MittRhNotK 1991, 18.

754 LG Köln RNotZ 2006, 289.

755 So aber OLG Köln Rpfleger 1982, 463 m Anm *Meyer-Stolte*.

rechtlich zulässigen Berechtigung anspricht und die in Bezug genommene Eintragungsbewilligung mit ihren ergänzenden Angaben das Rechtsschutzbedürfnis an der Eintragung klarstellt. Eintragung einer beschränkt persönlichen Dienstbarkeit für eine OHG mit dem Zusatz »*und deren Rechtsnachfolger*«.[756] Eintragung einer Löschungsvormerkung bei einem Grundpfandrecht mit einem sich bereits aus § 1179a Abs 1 S 1 BGB ergebenden Inhalt; dem steht gleich, wenn nach dem In-Kraft-Treten der Vorschrift ein Grundstück einer schon vor diesem Zeitpunkt auf einem anderen Grundstück ruhenden Hypothek oder Grundschuld unterstellt wird.[757] Bei Bestehen eines öffentlich-rechtlichen Bauverbots ist ein gleich lautendes privatrechtliches Bauverbot eintragungsfähig;[758] dies gilt nicht, wenn das öffentlich-rechtliche Bauverbot wiederum durch eine Baulast ausgeschaltet ist.[759] In dem letzten Bereich ist allerdings die Grenze zwischen einer inhaltlichen Unzulässigkeit einer privatrechtlichen Dienstbarkeit und dem bloßen Fehler eines Rechtsschutzinteresses an der Eintragung einer solchen so fließend,[760] dass eine Amtslöschung im Zweifel unterbleiben sollte.

119 **Nicht** inhaltlich unzulässig ist die Eintragung einer Gemeinschaftsordnung als Gesamtregelung, wenn sie auch mit dem Gesetz deckungsgleiche Bestimmungen enthält.[761] Von den lediglich eine bereits kraft Gesetzes bestehende Verpflichtung wiederholenden, unzulässigen Eintragungen sind abzugrenzen unnötige, aber sachenrechtlich beachtliche Zusätze (Rdn 104).

120 **Sonstige Beispiele:** Eintragung eines bedingten Eigentumsübergangs. Bestellung einer Grundschuld an einem aus mehreren Flurstücken bestehenden Grundstück in der Weise, dass sie im Falle der Veräußerung einzelner Flurstücke an diesen erlösche[762] (weil es sich um ein zugleich unbedingtes wie bedingtes Geschäft handele; nicht unbedenklich, denn praktisch verringert sich doch nur der Umfang des Haftungsgegenstandes im Falle des Eintritts der Bedingung). Zuschreibung eines Grundstücks als Bestandteil zu mehreren Grundstücken.[763] Zuschreibung von Gebäudeeigentum in den neuen Bundesländern zu dem mit ihm belasteten Grundstück;[764] anders (zulässig) jedoch im umgekehrten Fall,[765] ebenso wie nach hM die Zuschreibung eines Grundstücks zu einem Erbbaurecht als Bestandteil.[766] Bei Eintragung einer Grundschuld mit Rang vor einer Auflassungsvormerkung Wirksamkeitsvermerk zusätzlich zu dem eingetragenen Rangvermerk.[767] Rangrücktritt eines Rechts hinter ein Recht und zugleich hinter den bei diesem eingetragenen Rangvorbehalt,[768] weil der Rangvorbehalt kein Recht am Grundstück ist; zu erwägen wäre allerdings eine Umdeutung (Rdn 34) des letzteren Teils der Eintragung in einen weiteren Rangvorbehalt. Hypothek am Anteil eines Miterben vor Nachlassauseinandersetzung,[769] ebenso an dem Anteil eines Ehegatten an einem Gesamtgutgrundstück.[770] Eintragung der Höhe der Anteile einzelner Gesellschafter einer GbR, wie auch von Veränderungen der Anteilshöhe.[771] Eintragung eines Insolvenzvermerks betreffend das Vermögen eines BGB-Gesellschafters in das Grundbuch der GbR (str).[772] Insolvenzvermerk in dem Grundbuch, in dem der Schuldner und Dritte als BGB-Gesellschaft eingetragen sind.[773] Zusätzliches Verpfändungsverbot neben einem – grundsätzlich zulässigen – vertraglichen Ausschluss der Abtretbarkeit eines durch Vormerkung gesicherten Anspruchs.[774] Nach hM die Pfändung des Anteils eines BGB-Gesellschafters am Gesellschaftsvermögen, weil sie die Gesellschafter nicht hindert, über zum Gesell-

---

756 OLG Hamm FGPrax 2001, 55.
757 BGHZ 80, 119 = NJW 1981, 1503 = Rpfleger 1981, 228; auf Vorl BayObLG DNotZ 1980, 316; geg OLG Düsseldorf WM 1979, 874; OLG Düsseldorf MittRhNotK 1979, 157; OLG Köln WM 1979, 875.
758 BayObLG Rpfleger 1989, 401, 402 m Anm *Quack*; *Quack* Rpfleger 1979, 281; vgl auch BGH Rpfleger 1983, 478 m Anm *Quack*; **aA** für d Fall einer sich aus dem aktuellen Bebauungsplan ergebenden Beschränkung OLG Hamm FGPrax 1979, 171.
759 OLG Hamm Rpfleger 1976, 95.
760 Vgl OLG Hamm FGPrax 1994, 171 m Hinw auf BGH DNotZ 1996, 771.
761 LG Bielefeld Rpfleger 1986, 472.
762 BayObLG Rpfleger 1978, 409.
763 KG HRR 1941 Nr 602.
764 OLG Jena Rpfleger 1998, 195.
765 LG Mühlhausen Rpfleger 1998, 196; LG Dresden Rpfleger 1999, 27.
766 Gutachten DNotI-Report 2006, 111, 112 mwN; offengel v BayOlGZ 1999, 63 = Rpfleger 1999, 327.
767 LG Darmstadt Rpfleger 2004, 482.
768 *Zeitler* Rpfleger 1974, 176.
769 RGZ 88, 21, 27; BayObLGZ 1952, 231, 246.
770 BayObLG 15, 371.
771 OLG München Rpfleger 2005, 530 mAnm *Demharter* = MittBayNot 2006, 35 mAnm *Lautner*.
772 OLG Dresden Rpfleger 2003, 96 = NJW-RR 2003, 46; OLG Rostock Rpfleger 2004, 94 = NJW-RR 2004, 260 = EWiR 2004, 73 m **abl** Anm *Undritz*; iE zust *Demharter* FG Prax 2004, 145; **aA** LG Dessau ZInsO 2001, 626; LG Hamburg ZIP 1986, 1590; LG Neubrandenburg ZInsO 2001, 425.
773 LG Leipzig Rpfleger 2000; **aA** LG Hamburg ZIP 1986, 1590.
774 OLG Köln RNotZ 2004, 263.

schaftsvermögen gehörende Gegenstände zu verfügen (§ 725 Abs 2 BGB[775]); zulässig ist dagegen die Eintragung der im Gesellschaftsvertrag vorgesehenen oder im Einverständnis aller Gesellschafter vorgenommenen Verpfändung[776] (str) von oder der Bestellung eines Nießbrauchs an Gesellschaftsanteilen (str)[777] sowie allgem der (Ver-)-Pfändung von Miterbenanteilen,[778] die sämtlich eine Verfügungsbeschränkung auch bezüglich der einzelnen zum Gesellschaftsvermögen bzw zum Nachlass gehörenden Gegenstände bewirken. Eintragung einer Vfg über eine künftige Eigentümergrundschuld.[779] Pfändung einer vorläufigen Eigentümergrundschuld.[780] Höchstbetragshypothek für eine fest bestimmte Forderung.[781] Zwangs- oder Arresthypothek unter 500 DM (§ 866 Abs 3 ZPO),[782] soweit dies nicht auf einer Verteilung gemäß § 867 Abs 2 ZPO beruht (str).[783] Zwangs- oder Arresthypothek als Gesamthypothek;[784] wobei, wenn auf einem Grundstück des Schuldners schon eine Sicherungshypothek in voller Forderungshöhe eingetragen ist, alle künftigen Eintragungen aufgrund derselben Forderung gegen das Verbot verstoßen und – soweit dies aus ihrem Grundbuchblatt ersichtlich (Rdn 105) – zu löschen sind.[785] Zulässig ist dagegen die Eintragung einer Gesamtsicherungshypothek gegen den Ersteher auf Ersuchen des Versteigerungsgerichts;[786] § 867 Abs 2 ZPO ist auch nicht auf eine durch einstweilige Verfügung angeordnete Vormerkung für eine Bauhandwerkersicherungshypothek an mehreren Grundstücken anwendbar,[787] richtiger Ansicht nach – weil der Zweck (Schutz ds Schuldners) nicht zutrifft – auch nicht für die gleichzeitige Belastung von Grundeigentum und Gebäudeeigentum in den neuen Bundesländern.[788] Eintragung, dass eine Gesamtzwangshypothek kraft Gesetzes auf den Eigentümer übergegangen sei; anders nach Abtretung und Umschreibung auf einen Dritten.[789] Eintragung einer »Ausfallzwangshypothek«.[790] Laufende Zinsen bei der Arresthypothek. Eintragung des Sicherungszwecks bei einer Sicherungsgrundschuld (hM).[791] Dienstbarkeit an ideellem Bruchteil eines Grundstücks.[792] Deshalb muss nach dem Erlöschen einer auf einem in Wohnungseigentum aufgeteilten Grundstück lastenden Dienstbarkeit an einem versteigerten Miteigentumsanteil die Dienstbarkeit auch auf den nicht versteigerten Eigentumsanteilen als unzulässig gelöscht werden.[793] Anders soll es sein, wenn nach dem Inhalt der Dienstbarkeit nur die Ausübung eines Rechts ausgeschlossen wird.[794] Nach Aufteilung eines mit einem Wohnungsrecht belasteten Grundstücks in Wohnungseigentum Löschung des Rechts bei einzelnen Wohnungseigentumsrechten trotz sich auch auf – durch Sondernutzungsrecht überdecktes – Gemeinschaftseigentum erstreckenden Ausübungsbereichs.[795] Haben Mehrere ein Grundstück zu Miteigentum zu je einem Bruchteil gekauft und ist zur Sicherung des Eigentumsverschaffungsanspruchs eine entsprechende Vormerkung eingetragen, so ist der Rangrücktritt eines einzelnen Berechtigten mit einer Vormerkung zur

775 BayObLG NJW-RR 1990, 361; OLG Düsseldorf Rpfleger 2004, 417 = FGPrax 2004, 98; OLG Hamm Rpfleger 1987, 196 (klarstellend z OLG Hamm OLGZ 1977, 283 = Rpfleger 1977, 136); OLG Zweibrücken Rpfleger 1982, 413; LG Hamburg Rpfleger 1982, 142; *Baumbach-Hartmann* § 859 Anm 1 B b; *Stein-Jonas-Münzberg* § 859 Rn 10; *Zöller-Stöber* § 859 Rn 4; *Jaschke* 97; **aA** KG HRR 1927 Nr 2181 = DNotV 1928, 575; soweit Übertragbarkeit d Gesellschaftsanteils im Gesellschaftsvertrag zugelassen: *Rupp-Fleischmann* Rpfleger 1984, 223, 226.

776 OLG Düsseldorf Rpfleger 2004, 417 = FGPrax 2004, 98; LG Hamburg Rpfleger 1982, 142; **aA** *Rupp-Fleischmann* Rpfleger 1984, 223, 227; *Jaschke* 97.

777 OLG Hamm Rpfleger 1977, 136; **aA** *Jaschke*, 100.

778 BayObLGZ 1959, 50, 56 = NJW 1959, 1780 = Rpfleger 1960, 157; OLG Frankfurt Rpfleger 1979, 205; OLG Zweibrücken Rpfleger 1982, 413; *Rupp-Fleischmann* Rpfleger 1984, 226, 227; **aA** *Jaschke*, 97; z Ganzen *Lindemeier* DNotZ 1999, 876.

779 RGZ 145, 343, 353 unter Aufg v RG JW 1933, 2764; BayObLG MittBayNot 1996, 435.

780 OLG Karlsruhe FGPrax 2006, 53 = Rpfleger 2006, 182.

781 KG DR 1942, 1796, auch z Möglichk d Umdeutung in gewöhnl Sicherungshypothek.

782 RGZ 60, 279, 284; BayObLGZ 1975, 398, 403 = Rpfleger 1976, 66.

783 *Baumbach-Hartmann* § 867 Anm 3 A; *Thomas-Putzo* § 867 Anm 6 b; **aA** *Reuter* Rpfleger 1986, 285.

784 RGZ 163, 121, 125; BGH NJW 1991, 2022; KGJ 40, 310, 49, 232; BayObLGZ 1975, 398, 403 = Rpfleger 1976, 66; BayObLG Rpfleger 1986, 372; OLG Düsseldorf Rpfleger 1990, 60; KG HRR 1929 Nr 2139.

785 OLG Düsseldorf Rpfleger 1990, 60.

786 OLG Düsseldorf Rpfleger 1989, 339.

787 OLG Frankfurt Rpfleger 1995, 500 = FGPrax 1995, 138.

788 OLG Brandenburg, Rpfleger 1997, 60 = FGPrax 1997, 9; OLG Jena FGPrax 1997, 208 = DtZ 1997, 391; LG Leipzig Rpfleger 1996, 285; **aA** LG Chemnitz Rpfleger 1995, 456 m Anm *Wanek*; abweichend auch – Verteilung d Ford auf Gebäude und Grundstück entg § 78 Abs 1 S 1 SachRBerG – *Böttcher* Rpfleger 1996, 307; *Böhringer* Grundbuchrecht-Ost Rn 72.

789 KG JFG 14, 102.

790 OLG Stuttgart Rpfleger 1971, 191.

791 BGH NJW 1986, 53; *Palandt/Bassenge* § 1191 Rn 13; *Gaberdiel* DNotZ 2005, 718 f; **aA** *Neef* S 142 ff, 145.

792 BGHZ 36, 187, 189 = NJW 1962, 633; BayObLG NJW 1975, 59 = Rpfleger 1975, 22; BayObLGZ 1991, 139, 142 = DNotZ 1992, 670; BayObLG MittBayNot 1995, 288; **aA** f (Mit-) Benutzungs-Dienstbarkeiten (Wohnungsrechte) *Heil* RNotZ 2003, 445, 447.

793 KG JW 1933, 626; KG DNotZ 1975, 105 = Rpfleger 1975, 68; OLG Frankfurt Rpfleger 1979, 149; LG Freiburg BWNotZ 1980, 61; *Schiffbauer* Rpfleger 1975, 187, 194.

794 OLG Hamm Rpfleger 1980, 468, 469; LG Bochum Rpfleger 1982, 372; **krit** *Zimmermann* Rpfleger 1981, 333.

795 OLG Hamm FGPrax 2000, 132 = ZfIR 2001, 293.

Sicherung des Anspruchs auf Übertragung eines Miteigentumsanteils ausgeschlossen.[796] Ein ideeller Miteigentumsanteil kann grundsätzlich nicht mit einem Erbbaurecht belastet werden; es gibt aber gute Gründe für eine Zulassung eines Gesamterbbaurechts am ideellen Miteigentumsanteil eines Zuwegungsgrundstücks.[797] Unzulässig ist eine Quotenbelastung von Alleineigentum (§ 1114 BGB),[798] auch im Zusammenhang mit einer darauf abzielenden Vorratsteilung; zulässig dagegen, dass der Alleineigentümer einer Doppelgarage künftige Miteigentumsanteile an dieser gesondert belastet, wenn die Anteile kraft Gebrauchsregelung bestimmten Eigentumswohnungen zu dienen bestimmt sind und deshalb bei diesen im Wohnungsgrundbuch eingetragen werden.[799] **Verzicht auf Miteigentumsanteil** (str)[800] und Verzicht auf Wohnungseigentum (str).[801] Eine Verwaltungs- und Benutzungsregelung für eine durch Grunddienstbarkeit gesicherte Tiefgaragenanlage, die sich unter Grundstücken befindet, wenn die Eintragung lediglich im Grundbuch des herrschenden Grundstücks (Einfahrtsrampe hierzu), das im Eigentum aller an der Tiefgaragenanlage Beteiligten steht, vorgenommen wird.[802] Wohnungsrecht an einem selbständig als Teileigentum gebuchten Tiefgaragenstellplatz.[803] Widerspruch gegen einen Widerspruch oder gegen jemand, der im Grundbuch nicht mehr als Berechtigter eingetragen ist.[804] Nacherbenvermerk an einem Grundstück in Händen einer ungeteilten Erbengemeinschaft, von der ein Mitglied in Vor- und Nacherbschaft vererbt hat (str).[805] Eintragung eines mit dem Gläubiger der Forderung nicht identischen Hypothekengläubigers; unbedenklich ist dagegen eine Hypothek für einen von mehreren Gesamtgläubigern.[806] Nicht mehr möglich ist nach der Neuregelung des Rechts der Löschungsvermerkung eine neu einzutragende Löschungsvormerkung für den gegenwärtigen Gläubiger eines nachstehenden Grundpfandrechts unabhängig von der Inhaberschaft an dem dinglichen Recht oder zugunsten des jeweiligen Inhabers eines gleich- oder nachrangigen Rechts.[807] Dingliche Unterwerfungsklausel für eine Reallast.[808] Neue Belastung eines Realverbandsanteils entgegen § 10 Abs 2 S 2. Hs NdsRealverbandG. Neueintragung eines beschränkten Fischereirechts (Art 11 BayFischG).[809] Widerspruch[810] oder Vormerkung[811] zur Sicherung des Rückübertragungsanspruchs nach § 3 VermG[812] (bei Eintragung aufgrund einstweiliger Verfügung aber uU umdeutbar in ein Verfügungsverbot[813]). Wirksamkeitsvermerk (Rdn 16) zusätzlich zu einem bereits eingetragenen Rangvermerk.[814] Rechtshängigkeitsvermerk aufgrund eines lediglich schuldrechtlichen rechtshängigen Auflassungsanspruchs.[815] Überleitung (§ 90 BSHG) eines Wohnungsrechts.[816]

121 **d) Widersprüchliche oder völlig unklare Eintragungen. Eintragungen, die in wesentlichen Punkten widersprechende Angaben enthalten oder so unklar sind, dass nicht ersehen werden kann, was**

---

796 BayObLGZ 1998, 187 = Rpfleger 1999, 21.
797 *Diekgräf* DNotZ 1996, 338, 351.
798 OLG Zweibrücken Rpfleger 1990, 15; vgl auch OLG Oldenburg JurBüro 1996, 273.
799 BayObLGZ 1974, 466 = Rpfleger 1975, 90.
800 BGHZ 115, 1 = Rpfleger 1991, 495; OLG Celle NJW-RR 2000, 227; OLG Düsseldorf NJW-RR 2001, 233; OLG Hamm NJWE-MietR 1996, 61; KG NJW 1989, 42; erneut BGH Rpfleger 2007, 457 = BGHReport 2007, 855 mAnm *Grziwotz* = ZfIR 2008, 19 mAnm *Heinemann* (**geg** OLG Düsseldorf Vorl Rpfleger 2007, 193 = ZMR 2007, 208); **aA** MüKo/*Kanzleiter* § 928 Rn 3; *Westermann/Gursky/Eickmann* Sachenrecht (§ 86.1; *Kanzleiter* NJW 1996, 905; *Reichard* FS Otte (2005), 265, 284; *Schnorr*, Die Gemeinschaft (§§ 741–758 BGB), S 284 ff.
801 BGH Rpfleger 2007, 537 = NJW 2007, 600 mAnm *Demharter* aaO S 2548 (**geg** OLG Düsseldorf Vorl NZM 2007, 219); BayObLGZ 1991, 90 = Rpfleger 1991, 247; OLG Celle ZfIR 2003, 1040 = MDR 2004, 29; OLG Düsseldorf FGPrax 2001, 8 = NJW-RR 2001, 233; OLG Zweibrücken ZMR 2003, 137; *Palandt-Bassenge* § 928 Rn 1; RGRK-*Augustin* § 928 Rn 2; *Staudinger-Huber* § 747 Rn 14; *Weitnauer* § 3 RdNr 90; **aA** *Bärmann/Pick/Merle* § 3 Rn 79 f; MüKo-*Kanzleiter* § 928 Rn 2; *Staudinger-Ertl*, BGB, 12. Aufl, § 928 Rn 6.
802 BayObLG DNotZ 1980, 364 = Rpfleger 1979, 420.
803 BayObLG Rpfleger 1987, 62.
804 BayObLG 28, 633.
805 Allerdings GB-Unrichtigkeit annehmend: BGHZ 171, 350 = BGHReport 2007 mAnm *Muscheler/Drolshagen* = Rpfleger *2007, 383* m Anm *Armbruster* aaO u *Dümig* aaO S *459* (auf Vorl OLG Stuttgart FGPrax 2006, 249 = Rpfleger 2007 (Ls) mAnm *Böhringer* aaO S 260 **geg** OLG Hamm OLGZ 1984, 335 = Rpfleger 1985, 21).
806 Dazu BGHZ 29, 363 = NJW 1959, 984 = Rpfleger 1959, 154.
807 KG Rpfleger 1980, 342 einers; BayObLGZ 1980, 128, 131 = NJW 1981, 2582 = Rpfleger 1980, 341 anders.
808 BayObLG 11, 577; BayObLGZ 1959, 83, 86 = DNotZ 1959, 402; KG DNotZ 1958, 203, 207.
809 BayObLGZ 1990, 226, 233 = MittBayNot 1990, 309, 312.
810 **AA** KrG Bad Salzungen DtZ 1991, 147.
811 **AA** BezG FfO DtZ 1991, 250; KrG Wernigerode DtZ 1991, 96.
812 BezG Dresden DtZ 1991, 250; 1991, 302; BezG Meiningen DtZ 1991, 251; KG DtZ 1991, 191; LG Berlin DAZ 1991 § 13; *Kohler* NJW 1991, 465, 469 f; *Keller* FGPrax 1997, 12.
813 Z diesem vgl BGH VIZ 1994, 128; KG DtZ 1991, 191; BezG Erfurt DtZ 1991, 252; BezG Magdeburg ZIP 1991, 546; *Kohler* NJW 1991, 465, 470; *Keller* FGPrax 1997, 1, 2.
814 LG Darmstadt BWNotZ 2006, 43.
815 OLG Braunschweig MDR 1992, 74; OLG Stuttgart Rpfleger 1997, 15 = FGPrax 1996, 208.
816 OLG Braunschweig FGPrax 1995, 224.

eigentlich eingetragen ist.[817] Zum Widerspruch zwischen Eintragungsvermerk und Eintragungsbewilligung Rdn 105. Zu widersprüchlichen Doppelbuchungen Rdn 12. Zur fehlenden Bestimmtheit auch Rdn 114.

Zunächst ist allerdings zu prüfen, ob der Eintragung durch Auslegung (Rdn 31) oder ggf auch im Wege einer Umdeutung (Rdn 34)[818] ein bestimmter Sinn gegeben werden kann, der die Zweifel oder den anscheinend vorhandenen Widerspruch löst und die Eintragung als solche mit dem gesetzlich gebotenen oder wenigstens erlaubten Inhalt erkennen lässt.[819] Dieser Sinn ist durch einen Klarstellungsvermerk (Rdn 28) zum Ausdruck zu bringen; besteht allerdings die Möglichkeit, dass durch einen solchen Vermerk in die Rechte Dritter eingegriffen wird, muss das Grundbuchamt es den Beteiligten überlassen, im Prozesswege eine Richtigstellung herbeizuführen.[820] **122**

Beispiele: Unauflöslicher Widerspruch zwischen Teilungserklärung und Aufteilungsplan bei Wohnungseigentum.[821] Eintragung, die dieselben Räume sowohl als Sondereigentum als auch als Gemeinschaftseigentum darstellt.[822] Bezeichnung von Sondereigentum einerseits als »*Wohnung*«, andrerseits als Hobbyraum(Teileigentum).[823] Als Grunddienstbarkeit (auch an einem näher bestimmten Teil der belasteten Grundstücksfläche) ein »*Nutzungsrecht… für den jeweiligen Eigentümer des Grundstücks…*«.[824] Grunddienstbarkeit (Bebauungsbeschränkung) unter Verwendung des Begriffs »*Ausnutzungsziffer*«.[825] Vorkaufsrecht, das nur ausgeübt werden kann, wenn und soweit das Grundstück als »*Untersuchungsgebiet*« ausgewiesen wird.[826] Grunddienstbarkeit, wonach eine auf dem Grundstück befindliche Gleisanlage von dem Inhaber des herrschenden Grundstücks »*in zumutbarer Weise*« benutzt werden darf.[827] Dienstbarkeit mit der Verpflichtung, auf dem belasteten Grundstück nur Einrichtungen entsprechend den Festsetzungen eines Bebauungsplans zu schaffen, die unmittelbar oder mittelbar dem Fremdenverkehr dienen.[828] Beschränkte persönliche Dienstbarkeit, wonach der Eigentümer des dienenden Grundstücks alle Maßnahmen an dem auf dem Grundstück stehenden Gebäude zu unterlassen hat, »*die den allgemein anerkannten Grundsätzen der Denkmalspflege widersprechen*«.[829] Nießbrauch in der Weise, dass der Berechtigte unter bestimmten Voraussetzungen an den Eigentümer eine Miete zu zahlen hat, »*die dem durchschnittlichen Satz des örtlichen Mietspiegels entspricht*«.[830] Bei einem Nießbrauchsrecht, das mehreren Berechtigten nach Maßgabe des § 428 BGB zustehen soll, der bloße Zusatz »*als Gesamtberechtigte*«.[831] **123**

e) Unzulässige Inhalte bei einzelnen Rechten. (s auch Einl C Rdn 49 ff, 75 ff) **124**

aa) Dienstbarkeit. Dass auf dem zu belastenden Grundstück keine anderen Erzeugnisse als die des Dienstbarkeitsberechtigten verkauft oder vertrieben werden dürfen;[832] als zulässig behandelt dagegen die Rspr ständig Dienstbarkeiten – zur Absicherung schuldrechtlicher Getränkebezugsverpflichtungen – des Inhalts, dass auf dem belasteten Gaststättengrundstück keine Getränke vertrieben oder ohne Zustimmung des Berechtigten keine Gaststätte betrieben werden darf[833] (nicht unbedenkl unter dem Gesichtspunkt des § 117 BGB[834]). Unzulässig ist die Dienstbarkeit, die **im Hauptinhalt auf eine positive Handlungsverpflichtung gerichtet** ist[835] **125**

---

817 RGZ 113, 223, 231; 130, 64, 67; BayObLGZ 1961, 63, 65 = NJW 1961, 1263, 1265; BayObLGZ 1987, 390 = DNotZ 1988, 316 = Rpfleger 1988, 102; BayObLG Rpfleger 1989, 361; 1991, 193 (Ls b *Plötz*); BayObLGZ 1998, 39 = NJW-RR 1998, 735 = Rpfleger 1998, 242; OLG Hamm DNotZ 1970, 417; OLG Frankfurt Rpfleger 1976, 250.
818 OLG Hamm DNotZ 1970, 417.
819 BayObLG Rpfleger 1976, 250.
820 RGZ 113, 223; s auch OLG Stuttgart Rpfleger 1981, 355.
821 OLG Hamm DNotZ 2003, 945.
822 BayObLG Rpfleger 1988, 256 = MittBayNot 1988, 126.
823 BayObLGZ 1998, 39 = NJW-RR 1998, 735 = Rpfleger 1998, 242.
824 OLG Karlsruhe BWNotZ 2006, 65.
825 OLG Frankfurt Rpfleger 1980, 280.
826 BayObLG Rpfleger 1978, 435 (Ls).
827 OLG Frankfurt OLGZ 1983, 34 = Rpfleger 1983, 61.
828 BayObLG NJW 1982, 1054 = Rpfleger 1982, 60.
829 OLG Düsseldorf Rpfleger 1979, 305.
830 LG Nürnberg-Fürth Rpfleger 1979, 199.
831 BGH NJW 1981, 176 = Rpfleger 1980, 464; auf Vorl OLG Frankfurt Rpfleger 1980, 417 geg OLG Düsseldorf MittRhNotK 1974, 488; BayObLG Rpfleger 1996, 21; KG Rpfleger 1985, 435.
832 BGHZ 29, 244 = NJW 1959, 670; BGH NJW 1981, 343; LG Siegen Rpfleger 1983, 100; beachtl Krit b *Joost* NJW 1981, 308.
833 BGHZ 74, 293, 296 = BGH NJW 1979, 2150 = Rpfleger 1979, 375; BGH NJW 1981, 343; BGH NJW 1985, 247 = Rpfleger 1985, 354; BGH NJW 1988, 2364 = DNotZ 1988, 572 m Anm *Amann*, 581; BayObLGZ 1985, 290; BayObLG DNotZ 1998, 122; OLG München NJW-RR 2004, 112.
834 Vgl *Joost* NJW 1981, 308, 312; *MüKo-Joost* § 1090 Rn 15 ff; *Michalski* MittBayNot 204; 210; and – zul Sicherungsdienstbarkeit – *Soergel-Stürner* § 1018 Rn 30 ff; *Walter-Maier* NJW 1988, 377, 384, 388; Filipp MittBayNot 2005, 185, 186 189.
835 BayObLG NJW-RR 2005, 1178 = Rpfleger 2005, 419; OLG München ZfIR 2007, 30 mAnm *Dümig*.

(aber: Auslegung <etwa in Reallast>,[836] Umdeutung Rdn 31 ff, Rdn 34, Rdn 108, Rdn 122). Gleiches müsste eigentlich gelten, wenn die auf Unterlassung formulierte Pflicht wirtschaftlich praktisch zweifelsfrei auf eine bestimmte Handlungsverpflichtung hinausliefe. Insoweit in Betracht kommende tatsächliche Zwänge sieht die Rechtsprechung jedoch nicht als ausschlaggebend an: Etwa bei der Verpflichtung des Eigentümers, die Beheizung seines Anwesens mit festen und flüssigen Brennstoffen zu unterlassen, mag auch erkennbar nur eine Wärmeenergieversorgung über bestimmte vom Dienstbarkeitsberechtigten zu liefernde Energiequelle in Frage kommen (str).[837] Unbedenklich ist danach ein »*Verbot der Beheizung mit anderen Brennstoffen als Flüssiggas, ausgenommen offenes Kaminfeuer*«.[838] Die Rspr lässt auch eine Dienstbarkeit zu, durch die dem Eigentümer untersagt wird, sein Grundstück oder Wohnungseigentum zu anderen Zwecken als einem einzigen, etwa zum Betrieb einer Werkstatt für Behinderte,[839] zu benutzen, ebenso eine Dienstbarkeit, wonach eine Eigentumswohnung nur als Ferienwohnung bewirtschaftet werden darf (sog Ferienparkbetriebsrecht).[840] Die Verpflichtung des Fischereiberechtigten, Fischkarten auszustellen, kann nicht Inhalt einer beschränkten persönlichen Dienstbarkeit an einem stelbständigen Fischereirecht sein.[841] Ebenso unzulässig: Ein **Grundstück in beliebiger Weise** »*dauernd zu benutzen*«[842] oder unter Ausschluss des Eigentümers »*zu nutzen oder nutzen zu lassen*«, auch bezogen auf einen Grundstücksteil,[843] weil es sich bei einem so umfassenden Nutzungsrecht in Wirklichkeit um einen Nießbrauch handelte (beachte aber: Auslegung/Umdeutung vor Amtslöschung, Rdn 31, 34); ein in diesem Sinne schon formal umfassendes Nutzungsrecht[844] wird allerdings noch nicht durch die Bestellung einer Grunddienstbarkeit begründet, die zur Nutzung eines Teils eines Hauses berechtigt (zB Kellerrecht[845]), oder auch zur Nutzung einzelner Räume eines Wohnungseigentums zu Wohnzwecken (str).[846] Unbedenklich (auch genügend bestimmt) ist ein Mitbenutzungsrecht am gesamten Grundstück.[847] Anders (unzulässig): **Dienstbarkeit, die den Eigentümer von jeder wirtschaftlich sinnvollen Nutzung des Grundstücks ausschließt** (str),[848] nicht nur an Teilflächen;[849] zB des Inhalts, dass dem Berechtigten die Nutzung der gesamten Grundstücksfläche mit einem geplanten Freizeitraum überlassen werde,[850] oder zugunsten der übrigen Wohnungseigentumsrechte mit der Verpflichtung, die Wohnung der Wohnungseigentümergemeinschaft unentgeltlich zur ausschließlichen Benutzung als Hausmeisterwohnung zur Verfügung zu stellen;[851] das hindert nicht, das Recht zur Benutzung eines KFZ-Stellplatzes als Dienstbarkeit an einem Teileigentum selbst dann einzutragen, wenn das Sondereigentum nur aus dem Stellplatz besteht.[852] Beschränkte persönliche Dienstbarkeit zugunsten eines Bergbauunternehmens, die sich nicht auf einen Bergschadensverzicht beschränkt, sondern auch eine modifizierte Duldungsverpflichtung des Grundstückseigentümers umfasst, an einem Wohnungseigentum.[853] Nicht genügend bestimmt soll sein Dienstbarkeit für Bergbau-Unternehmen, dass von Bergwerken, Anlagen und Grundstücken ausgehende Einwirkungen zu dulden sind, ohne dass aus dem Grundeigentum sich ergebende Unterlassungs- und Schadensersatzansprüche erhoben werden können[854] (zweifelhaft, weil auslegungsfähig).

---

836 OLG München ZflR 2007, 30 mAnm *Dümig*.
837 BGH MittBayNot 1984, 126 = WM 1984, 820, 821; OLG München FGPrax 2005, 104 = Rpfleger 2005, 308; **and** d früh ständ Rspr d BayObLG z »Wärmediensbarkeiten«: BayObLGZ 1976, 218, 222 = DNotZ 1977, 303 = Rpfleger 1976, 397; BayObLG DNotZ 1982, 251; BayObLG Rpfleger 1983, 12 (Ls b *Goerke* 9 ff); BayObLGZ 1985, 193, 198; zweifelnd BayObLG DNotZ 1986, 231, 234; dazu auch *Walter-Maier* NJW 1988, 377, 381.
838 OLG Zweibrücken FGPrax 2001, 176.
839 BayObLGZ 1985, 285 = DNotZ 1986, 231 m Anm *Ring* = Rpfleger 1986, 10.
840 BGH DNotZ 2003, 196 = Rpfleger 2003, 410; allg z Fremdenverkehrsdienstbarkeiten *Kristic* MittBayNot 2003, 263.
841 BayObLG Rpfleger 1988, 237 (Ls b *Plötz* 237 ff).
842 BayObLGZ 1986, 54 = DNotZ 1986, 622 m Anm *Kanzleiter*.
843 BayObLGZ 1986, 54 = DNotZ 1986, 622 m Anm *Kanzleiter*; BayObLG MDR 2003, 684 = ZflR 2003, 597; OLG Zweibrücken Rpfleger 1982, 98; weg d Abgrenzung z zul Nutzung »in einzelnen Beziehungen« vgl LG Regensburg Rpfleger 1987, 295 m Anm *Dietzel*.
844 Dazu KG OLGZ 1991, 385 = Rpfleger 1991, 441.
845 BayObLG Rpfleger 2005, 247.
846 **AA** KG FGPrax 1995, 226 m **abl** Anm *Demharter*.
847 OLG FfM NJW-RR 1997, 1474 = Rpfleger 1985, 393; OLG Schleswig NJW-RR 1996, 1106; OLG Zweibrücken FGPrax 1998, 6 = ZflR 1997, 662.
848 BayObLG 1965, 180, 181 = JR 1966, 26 m Anm *Jansen*; BayObLGZ 1979, 444, 448 = DNotZ 1980, 540; BayObLG MittBayNot 1985, 125 (zweifelnd BayObLGZ 1987, 259 = Rpfleger 1988, 62; offengel v BayObLGZ 1989, 442, 445 = DNotZ 1991, 254, 255); OLG Frankfurt DNotZ 1987, 393; OLG Hamm Rpfleger 1981, 105; KG 39, 215, 217; OLG Köln Rpfleger 1982, 61; OLG Zweibrücken Rpfleger 1982, 98; MüKo-*Falckenberg* § 1018 Rn 28; *Palandt-Bassenge* § 1018 Rn 15; aA *Ertl* MittBayNot 1988, 53, 64; *Kanzleiter* DNotZ 1986, 624; *Schöner* DNotZ 1982, 216; *Demharter* FGPrax 1995, 227, 228; vgl auch *Staudinger-Ring* § 1018 Rn 44: dem Eigentümer müsse nur eine irgendwie geartete Nutzung verbleiben.
849 Dann unbedenklich: BGH NJW 1992, 1101 = Rpfleger 1992, 338 m Anm *Schoch*.
850 OLG Köln Rpfleger 1982, 61.
851 BayObLG Rpfleger 1980, 150.
852 BayObLGZ 1987, 359 = Rpfleger 1988, 62 = MittBayNot 1988, 33.
853 OLG Hamm DNotZ 2006, 623 = FGPrax 2006, 145.
854 OLG Hamm Rpfleger 1986, 274.

Dagegen wahrt den Bestimmtheitsgrundsatz ein umfassender Verzicht auf die Ausübung von Rechten gegenüber den Einwirkungen aus dem Betrieb der auf dem herrschenden Grundstück errichteten Anlagen(Immissionsduldungsverpflichtung).[855] **Unterlassungspflicht, die keine Veränderung in der Art der tatsächlichen Benutzung mit sich bringt, sondern nur die rechtliche Verfügungsfreiheit beschränkt**, zB das Verbot, ein Hotelgrundstück zu einem anderen Zweck als zur Fortführung des Hotels an Dritte zu überlassen;[856] die Verpflichtung, das Grundstück und darauf errichtete gastronomische Einrichtungen ausschließlich für Zwecke des gewerblichen Fremdenverkehrs zu verwenden[857] – anders, zulässig, das Verbot, ein Grundstück *»zu anderen beruflichen oder gewerblichen Zwecken als denen eines fremdenverkehrsgewerblichen Beherbergungsbetriebs mit ständig wechselnder Belegung zu nutzen«*[858] –, oder das Versprechen gegenüber der Gemeinde, das Grundstück nicht ohne ein anderes und nur mit Zustimmung der Genehmigungsbehörde für den Bodenverkehr zu veräußern;[859] ebenso ist unzulässig die Bestimmung, ein zu errichtendes Haus dürfe zu Wohnzwecken nur im Rahmen der Bewirtschaftung des landwirtschaftlichen Betriebes dienen,[860] oder die Anordnung zugunsten der öffentlichen Hand, der Eigentümer habe jede Nutzung einer in einem Wohnhaus zu errichtenden Wohnung durch Dritte zu unterlassen, (nur) die Nutzung durch den Eigentümer sei gestattet.[861] Nicht dazu (bloße Beschränkung der rechtlichen Verfügungsfreiheit) gehört, wenn infolge der dem Eigentümer auferlegten Beschränkung des tatsächlichen Gebrauchs auch seine rechtliche Verfügungsmacht eingeschränkt wird,[862] wie bei Wohnungsbesetzungsrechten,[863] die für eine juristische Person auch ohne Befristung gültig sind.[864] Unzulässig ist ein dingliches Wohnungsrecht (§ 1093 BGB) für einen Dritten und den Eigentümer – unbeschadet der Mitbenutzungsrechte nach § 1093 Abs 3 BGB[865] – als Mit-[866] oder Gesamtberechtigte;[867] jedoch haltbar, soweit gesamthänderische Rechtsausübung in Betracht kommt.[868] Verpflichtungen mit aus sich heraus sittenwidrigem Inhalt, wenn dies offenkundig ist (sonst Rdn 108). Beschränkte persönliche Dienstbarkeit und Wohnungsrecht als einheitliches Recht[869] (aber Auslegung, Umdeutung, Rdn 108). Vereinbarungen eines Entgelts als dinglicher Inhalt etwa eines Wohnungsrechts,[870] auch wenn das Entgelt in der Übernahme der Grundstückslasten durch den Wohnungsberechtigten liegt.[871] Umgekehrt kann die Übernahme von Kosten für Schönheitsreparaturen, Strom, Wasser, Abwasser und Heizung als bloße Nebenleistung des Eigentümers zu einem dinglichen Wohnrecht als dessen Inhalt eingetragen werden;[872] »Rückstände« (vgl § 23) sind insoweit aber auch nur bei Einbeziehung solcher Leistungen in den dinglichen Inhalt des Rechts denkbar.[873] Wohnungsrecht an einem Gartengrundstück, auch nicht als Gesamtwohnungsrecht mit einem bebauten Grundstück.[874] Übertragung einer beschränkten persönlichen Dienstbarkeit, durch die ein Brunnenrecht gesichert wird (kein Falls des § 1092 Abs 3 S 1 BGB).[875] Zum Sondernutzungsrecht als Belastungsgegenstand einer Dienstbarkeit Rdn 130. Löschungserleichterung (§ 23) für die Verpflichtung bei der Vereinbarung eines Wohnrechts, das Gebäude fertigzustellen[876]

bb) Erbbaurecht. An nicht erster Rangstelle (§ 10 Abs 1 S 1 ErbbauRG).[877] Inhaltsvereinbarung, dass der Erbbauberechtigte zur Aufteilung des Erbbaurechts in Wohnungserbbaurechte (Vorratsteilung)[878] oder zur Vermietung eines Bauwerks.[879] der Zustimmung des Eigentümers bedürfe. Ausschluss der Zustimmung zur Belas- **126**

---

855 BayObLG FGPrax 2004, 203 = DNotZ 2004, 928.
856 BayObLG Rpfleger 1981, 105.
857 BayObLG Rpfleger 1982, 60.
858 BayObLGZ 1985, 193; *Ertl* MittBayNot 1985, 177.
859 OLG Frankfurt Rpfleger 1978, 306; OLG Schleswig ZfIR 1997, 548.
860 BayObLGZ 1980, 232; BayObLG Rpfleger 1981, 352; MittBayNot 1982, 121; Rpfleger 1990, 14, 15 = MittBayNot 1990, 34 m Anm *Ertl* (Abgrenzung z BayObLGZ 1989, 89 = Rpfleger 1989, 401).
861 BayObLG Rpfleger 1982, 273.
862 OLG Düsseldorf Rpfleger 1979, 304.
863 BayObLG Rpfleger 1989, 401, 402 m Anm *Quack*.
864 BayObLG FGPrax 2000, 134 = DNotZ 2000, 140 = Rpfleger 2000, 384; OLG München MittBayNot 1999, 479.
865 Vgl OLG Saarbrücken MittRhNotK 1995, 220 = FGPrax 1995, 222.
866 OLG Düsseldorf MittRhNotK 1997, 358.
867 KG Rpfleger 1985, 85.
868 LG Lüneburg NdsRpfl 1990, 154, 155.
869 OLG Düsseldorf FGPrax 1997, 171 = Rpfleger 1997, 472.
870 BGH BB 1968, 767; BayObLGZ 1979, 273, 278; BayObLGZ 1988, 268 = Rpfleger 1988, 522, 523.
871 BayObLGZ 1988, 268 = Rpfleger 1988, 522, 523 (Abgrenzung z BayObLGZ 1980, 176).
872 BayObLGZ 1979, 372; OLG Schleswig DNotZ 1994, 885; LG Kassel Rpfleger 2003, 414.
873 LG Düsseldorf RNotZ 2005, 119.
874 OlG Zweibrücken FGPrax1998, 84 = ZfIR 1998, 210; LG Koblenz Rpfleger 1998, 1979.
875 OLG München FGPrax 2006, 102 = RNotZ 2006, 285.
876 OLG Düsseldorf FGPrax 2003, 111 = NJW-RR 2003, 957.
877 OLG Hamm Rpfleger 1976, 131.
878 OLG Celle Rpfleger 1981, 22.
879 BayObLG Rpfleger 2002, 140.

tung für bestimmte Fälle im Voraus als dinglicher Inhalt.[880] Übernahme der Verkehrssicherungspflicht als Inhalt des Rechts.[881] Inhaltsvereinbarung bei der Bestellung eines Untererbbaurechts, wonach der Untererbbauberechtigte zur Veräußerung und Belastung des Untererbbaurechts der Zustimmung des Grundstückseigentümers bedarf.[882] Zulässig: Beschränkung der Ausübungsstelle auf einen realen Grundstücksteil.[883] Nach dem bis zum In-Kraft-Treten des SachRÄndG[884] geltenden Recht musste der Erbbauzins für die ganze Erbbauzeit im Voraus bestimmt sein. Es war weder eine Gleitklausel nach statistischem Index (§ 9 Abs 2 S 1 ErbbauRG), noch eine Vormerkung zur Sicherung des schuldrechtlichen Anspruchs auf Neufestsetzung des Erbbauzinses inhaltlich zulässig, wohl aber eine Vormerkung für den nach Durchführung der Anpassung sich ergebenden Anspruch auf Inhaltsänderung der Reallast auch für mehrfache Erhöhungen.[885] Seit der Änderung der ErbbauRG (§ 9 Abs 2 S 2 ErbbauRG aF) konnte Inhalt einer Erbbauzins-Reallast nicht nur die Verpflichtung des Erbbauberechtigten bzw des Eigentümers zu einer Anpassung des Erbbauzinses unter gewissen Voraussetzungen sein[886] sondern auch eine echte automatisch wirkende Gleitklausel.[887] Diese Möglichkeit ist wiederum durch die Neufassung des § 9 Abs 2 ErbbauRG[888] für die Zukunft entfallen. Unberührt bleibt die Zulässigkeit einer Vormerkung zur Sicherung des Anspruchs auf Erhöhung des Erbbauzinses (§ 9a ErbbauRG). Deren Eintragung setzt hinreichende Bestimmbarkeit der schuldrechtlichen Anpassungspflicht zumindest in dem Sinne voraus, dass eine Bezugsgröße zur Bewertung des Erhöhungsverlangens festgelegt ist.[889] Diesem Erfordernis genügt bei einem Erbbaurecht für gewerbliche Zwecke, wenn auf eine wesentliche Veränderung der allgemeinen wirtschaftlichen Verhältnisse, die sich aus einer Änderung der Lebenshaltungskosten, der Grundstück- und Baupreise sowie der Löhne und Gehälter ergibt, abgestellt wird.[890]

127   **cc) Nießbrauch.**   Bei gleichzeitigem Ausschluss des Berechtigten von den Nutzungen der Sache und einem Besitzrecht, das ihm unter Ausklammerung des Bestellers die Ziehung der Nutzungen ermöglicht.[891] Beschränkung des Nutzungsziehungsrechts an einem bebauten Grundstück auf einzelne Teile des Gebäudes,[892] etwa dergestalt, dass sich der Eigentümer die Nutzungen einer bestimmten Wohnung in dem auf dem Grundstück errichteten Gebäude vorbehält.[893] Unbedenklich ist dagegen ein Nießbrauch an einer realen Teilfläche des Grundstücks[894] oder die Einschränkung des Nießbrauchs in der Weise, dass der Nießbraucher von den Nutzungen eines Grundstücks lediglich eine Quote erhalten soll.[895] Inhaltliche Gestaltungen des Nießbrauchs, durch die dem Eigentümer gegenüber dem Nießbraucher mit dinglicher Wirkung Leistungsverpflichtungen auferlegt werden sollen.[896] Genauso wenig kann die Aufforstungspflicht des Nießbrauchers nach gestattetem Kahlhieb mit dinglicher Wirkung abgedungen werden.[897] Eintragung eines anlässlich einer Grundstücksübergabe zugunsten des Übergebers am gesamten Vertragsobjekt bestellten Nießbrauchs als *»Leibgedinge«*[898] (es bleibt aber die Frage einer Auslegung oder Umdeutung, Rdn 31, 34). Regelung, die dem Nießbraucher gestattet, auf einer unbebauten Teilfläche ein Gebäude zu errichten (dinglich unwirksame Abbedingung des § 1037 Abs 1 BGB).[899] Untergegangen sein soll der Nießbrauch am Anteil einer Gesellschaft bürgerlichen Rechts, deren Gesellschaftsvermögen aus einem Grundstück bestanden hatte, nach der Übertragung sämtlicher Mitglied-

---

880   BayObLG FGPrax 1999, 211 = Rpfleger 2000, 61.
881   BayObLG FGPrax 1999, 211 = Rpfleger 2000, 61.
882   LG Augsburg MittBayNot 1995, 211 (Ls).
883   OLG Hamm FGPrax 2006, 2 = Rpfleger 2006, 9.
884   V 21.09.1994 (BGBl I 2457).
885   BGHZ 61, 209 = NJW 1973, 1838 = Rpfleger 1973, 355; BGH DNotZ 1987, 360 m Anm *Wufka*; BayObLGZ 1977, 93 = Rpfleger 1978, 55; OLG Celle Rpfleger 1981, 398; zur Bestimmbarkeit OLG Hamm Rpfleger 1995, 499.
886   Dazu BayObLGZ 1996, 114 = DNotZ 1996, 144 = MittRhNotK 1996, 277 m Anm *Wilke*.
887   BayObLGZ 1996, 159 = Rpfleger 1996, 506 m Anm *Streuer* aaO S 18 = DNotZ 1997, 147 m Anm *von Oefele*; **aA** – numerus clausus dingl Rechte – *Volmer* ZflR 1997, 452.
888   Art 11a EuroEG v 09.06.1998 (BGBl I 1242).
889   OLG Zweibrücken NJW-RR 2000, 1409 = FGPrax 2000, 56 = MittBayNot 2001, 77 m Anm *von Oefele*.
890   OLG Hamm FGPrax 1999, 128 = DNotZ 1999, 823 = Rpfleger 1999, 325.
891   OLG Hamm Rpfleger 1983, 144.
892   RGZ 164, 196, 199 ff; BGH NJW 2006, 1881 = Rpfleger 2006, 386.
893   BayObLGZ 1979, 361 = Rpfleger 1980, 17.
894   DNotI-Report 2006, 81.
895   BGH DNotZ 2004, 140 = ZflR 2004, 20.
896   BayObLGZ 1972, 64 = Rpfleger 1973, 55; 1985, 6 = MittRhNotK 1985, 498; LG Bonn RhNotZ 2004, 232.
897   BayObLG Rpfleger 1977, 407.
898   BayObLG Rpfleger 1975, 314.
899   KG Rpfleger 1992, 14.

schaftsreche auf einen einzigen Erwerber, weil hierdurch die Gesellschaft erloschen sei (bedenkl und str).[900] Rangvermerk bei Bruchteilsnießbrauchsrechten an Teilen eines Miteigentumsanteils.[901]

dd) Reallast. Erbbauzins-Reallast nur zugunsten bestimmter Miteigentumsanteile am mit dem Erbbaurecht **128** belasteten Grundstück.[902] Verfallklausel als Inhalt einer Reallast, nach der der Berechtigte unter bestimmten Voraussetzungen anstelle wiederkehrender Leistungen ihre Ablösung durch eine einmalige Leistung verlangen kann (bedenklich).[903] Vereinbarung als dinglicher Inhalt der Reallast, wonach das Stammrecht in der Zwangsversteigerung abweichend von § 12 ZVG Vorrang vor rückständigen Raten haben soll.[904] Löschungserleichterungsklausel bei einer Reallast, die die Kosten der Beerdigung und der Grabpflege zum Gegenstand hat[905] (s auch Rdn 133 aE). In Nordrhein-Westfalen: Zeitlich unbegrenzte Abgaben und Leistungen, die keine wiederkehrende Geldrenten sind, als Reallasten (str).[906] **Nicht** inhaltlich unzulässig ist die Eintragung einer Einrede der erfüllten persönlichen (zB Unterhalts-) Verpflichtung.[907] Für die Eintragung einer Reallast genügt, dass die Höhe der Leistung bestimmbar ist.[908] Löschungserleichterungsklausel (§ 23) im Zusammenhang mit Reallast, die die Kosten der Beerdigung und der Grabpflege zum Gegenstand hat.[909]

ee) Dingliches Vorkaufsrecht. Mit fest bestimmtem Kaufpreis,[910] allerdings nur hinsichtlich dieser Vereinbarung, der Rest kann unrichtig sein (Rdn 139).[911] Mehrere Grundstücke belastendes Gesamtvorkaufsrecht[912] (uU **129** aber auslegbar/umdeutbar in mehrere einzelne Vorkaufsrechte[913]). Ob mehrere Vorkaufsrechte mit gleichem Rang[914] eingetragen werden können, ist streitig. Mit der hM[915] ist dies unbeschadet denkbarer Kollisionen, die aber nicht auftreten müssen, zu bejahen (anders Einl C 324).

ff) Wohnungs- und Teileigentum. An einem Objekt, das nach dem WEG nicht Gegenstand von Sondereigentum sein kann[916] (s aber Rdn 105 aE); so an einer Doppelhaushälfte unter Einbeziehung der konstruktiven **130** Teile,[917] an einem außerhalb des Gebäudes liegenden Abstellplatz[918] (ggf aber umdeutbar in Sondernutzungsrecht, verbunden mit der Zuschreibung der auf den Parkplatz entfallenden Miteigentumsanteile auf die übrigen Anteile des Berechtigten[919]), nach OLG Celle[920] auch an einem Pkw-Abstellplatz im Gebäude, der nur von drei Wänden umgeben, an der Ausfahrtseite dagegen offen ist, ohne dass eine Zugangssperre besteht. **Anders** (son-

---

900 OLG Düsseldorf DNotZ 1999, 440 mAnm *Kanzleiter* = JuS 1999, 917 mAnm *K Schmidt* = EWiR 1998, 1023 mAnm *Aderholt*; **aA** (beachtl) LG Hamburg Rpfleger 2005, 663 = NZG 2005, 926 mAnm *Baumann* aaO S 919; offengel v OLG Schlewig FGPrax 2006, 54, 55.

901 LG München MittBayNot 2003, 492 mAnm *Frank*.

902 BayObLGZ 1990, 212 = DNotZ 1991, 398.

903 BayObLG DNotZ 1970, 415; KGJ 53, 166, 168; OLG Köln Rpfleger 1991, 200 = DNotZ 1991, 807; *Schöner/Stöber* Rn 3247; **aA** AG Schwandorf Rpfleger 1991, 149; MüKo-*Joost* § 1105 Rn 12; *Ripfel* DNotZ 1969, 84, 89.

904 BGH NJW 2004, 361 mAnm *Böttcher* RpflStud 2005, 24 = DNotZ 2004, 615 mAnm *Amann* aaO S 599 = MittBayNot 2004, 189 mAnm *Dümig* aaO S 153 = RNotZ 2004, 32 mAnm *Oppermann* aaO S 84 = EWiR 2004, 431 mAnm *Holzer*; **geg** BayObLGZ 1990, 282 = Rpfleger 1991, 50.

905 BayObLGZ 1998, 250 = NJW-RR 1999, 1320 = MittBayNot 1999, 74 mAnm *Amann*.

906 OLG Köln MittRhNotK 1995, 349 = Rpfleger 1995, 190; **aA** f Unterhaltungsverpfl, d als unselbst Teil einer Grunddienstbark eintragbar wären: LG Hagen 2005, 21 m **abl** Anm *Jurksch*; LG Münster Rpfleger 1989, 56 m **abl** Anm *Streuer*.

907 OLG Hamm FGPrax 1998, 9 = ZflR 1998, 356; LG Augsburg MittBayNot 2005, 47.

908 OLG Düsseldorf FGPrax 2004, 58 = ZflR 2004, 376 mAnm *Volmer*.

909 BayObLGZ 1998, 250 = MittBayNot 1999, 74 mAnm *Amann*.

910 RGZ 104, 122: 154, 355, 358; KGJ 43, 223.

911 KGJ 43, 223.

912 BayObLGZ 1951, 618, 620 = DNotZ 1953, 262, 263 m Anm *Weber*; BayObLGZ 1958, 196, 204; 1974, 365, 368 = Rpfleger 1975, 23; KG JFGErg 18, 146.

913 *Schöner/Stöber* Rn 1400; *Erman-Küchenhoff* § 1094 Rn 2.

914 F nachrang Vorkaufsrechte vgl BGHZ 35, 146 = NJW 1961, 1669.

915 OLG Hamm OLGZ 1989, 257, 258 = NJW-RR 1989, 912 = Rpfleger 1989, 362; LG Düsseldorf Rpfleger 1981, 479; LG Landshut MittBayNot 1979, 60; *Demharter* Anh z § 44 Rn 82; KEHE-*Keller* Einl K 15; *Schöner/Stöber* Rn 1403; *Palandt-Bassenge* § 1094 Rn 1; RGRK-*Rothe* § 1094 Rn 3; *Staudinger/Mayer-Maly* § 1094 Rn 19; *Holderbaum* JZ 1965, 712; *Lüdtke-Handjery* Betrieb 1974, 517; *Promberger* MittBayNot 1974, 145; **aA** LG Darmstadt MDR 1958, 35; MüKo-*H. P. Westermann* § 1094 Nr 8; *Soergel-Stürner* § 1094 Rn 4; **vermittelnd** – (nur) zulässig, wenn Kollision durch entspr inhaltl Ausgestaltung ausgeschl – AG Gemünden MittBayNot 1974, 145; *Zimmermann* Rpfleger 1980, 326; *ders* Rpfleger 1981, 480.

916 Wichtige Beisp b *Schmenger* ZNotP 2005, 283.

917 OLG Düsseldorf FGPrax 2004, 267 = Rpfleger 2004, 692.

918 BayObLG Rpfleger 1986, 217; BayObLG WE 1988, 184; OLG Frankfurt Rpfleger 1977, 312; 1978, 380; OLG Frankfurt OLGZ 1984, 32, 33; OLG Hamm Rpfleger 1975, 27.

919 LG Regensburg MittBayNot 1990, 43; dazu *Böhringer* MittBayNot 1990, 12 ff.

920 OLG Celle DNotZ 1992, 231 = NJW-RR 1991, 1489 = Rpfleger 1991, 364; **aA** *Röll* DNotZ 1992, 221, 223.

derrechtsfähig): Pkw-Abstellplätze auf dem nicht überdachten Oberdeck eines Parkhauses (str).[921] Unzulässig soll nach hM Sondereigentum an einem Stellplatz auf der mechanischen Hebebühne einer Doppelstockgarage sein;[922] der Vorzug wäre der Gegenansicht[923] zu geben, die dem Sinn und Zweck des § 3 WEG und praktischen Bedürfnissen eher gerecht wird. Sondereigentum an Zugängen zum Gemeinschaftseigentum,[924] zB zu einer gemeinschaftlichen Heizungsanlage;[925] anders, wenn der betr Raum von seiner Lage und Beschaffenheit nach Teilungserklärung und Aufteilungsplan nicht dem ständigen Mitgebrauch aller Eigentümer unterliegt, wie zB ein Spitzboden.[926] Unauflösbarer Widerspruch zwischen Teilungserklärung und Aufteilungsplan.[927] Seit dem In-Kraft-Treten des § 1 Abs 4 WEG Wohnungseigentum, bei dem Sondereigentum mit Miteigentum an mehreren Grundstücken verbunden wird Inhaltlich unzulässig ist Wohnungseigentum an Gebäudeeigentum in den neuen Bundesländern (str).[928] Sondereigentum ohne Verbindung mit einem bestimmten Miteigentumsanteil (»isoliertes Sondereigentum«).[929] Soweit die Begründung von Sondereigentum wegen Verstoßes gegen zwingende gesetzliche Vorschriften unwirksam ist, entstehen »isolierte Miteigentumsanteile«,[930] und die Grundbucheintragung, die Sondereigentum ausweist, ist in diesem Punkt inhaltlich unzulässig; gleichwohl kann die Amtslöschung wegen der Verpflichtung der Wohnungseigentümer zur nachträglichen Anpassung[931] untunlich sein. Eine Eintragung, die sich als Unterteilung eines Wohnungseigentums darstellt, aber nicht alle Räume des geteilten Sondereigentums wieder als Sondereigentum ausweist[932] bzw die Unterteilung durch einen Wohnungseigentümer, durch die bisheriges Sondereigentum als Gemeinschaftseigentum ausgewiesen wird (str).[933] Unterteilung, soweit bisher im Gemeinschaftseigentum stehende Räume als Sondereigentum ausgewiesen werden;[934] jedenfalls dann, wenn sich hierbei Unterteilungserklärung und Unterteilungsplan – durch Bezugnahme der Eintragung sowohl auf die ursprüngliche Eintragungsbewilligung als auch auf die Eintragungsbewilligung für die Unterteilung – widersprechen.[935] Als Inhalt des Sondereigentums vorweggenommene Zustimmung oder Ermächtigung zur Umwandlung von Gemeinschaftseigentum in Sondereigentum oder umgekehrt(str);[936] desgleichen die vorweggenommene Ermächtigung zur Neubegründung von Sondernutzungsrechten ohne Zustimmung der dinglich Berechtigten.[937] »Mitsondereigentum« oder »gemeinschaftliches Sondereigentum« einer Gruppe von Wohnungseigentümern an wesentlichen Bestandteilen des Gebäudes,[938] abgeschlossenen

921 OLG Frankfurt Rpfleger 1977, 312; OLG Frankfurt OLGZ 1984, 32 = Rpfleger 1983, 482 (nicht auf ebenerdig gelegenem u von d Umgebung nicht abgegrenzten Dach einer Tiefgarage); OLG Hamm FGPrax 1998, 82 = Rpfleger 1998, 241; OLG Köln DNotZ 1984, 700 m Anm *Schmidt* = Rpfleger 1984, 464 m Anm *Sauren*; LG Braunschweig Rpfleger 1981, 398; *Hökelmann-Sauren* Rpfleger 1999, 14, 16; *Merle* Rpfleger 1977, 196; *Röll* DNotZ 1992, 221, 225; *Schmidt* MittBayNot 1985, 237, 240; **aA** LG Aachen Rpfleger 1984, 184 m Anm *Sauren*; LG Lübeck Rpfleger 1976, 252; *Palandt-Bassenge* § 3 WEG Rn 7; *Weitnauer* § 3 Rn 62.

922 BayObLGZ 1974, 466 = DNotZ 1976, 28 = Rpfleger 1975, 90; BayObLG DNotZ 1995, 622 = Rpfleger 1995, 346; OLG Düsseldorf MittBayNot 1978, 85; OLG Jena Rpfleger 2005, 309 = BWNotZ 2006, 43; *Noack* Rpfleger 1976, 5; *Böttcher* ZflR 1997, 321, 327; *Palandt-Bassenge* § 3 WEG Rn 7; *Weitnauer* § 5 Rn 29.

923 *Gleichmann* Rpfleger 1988, 10, 13; *Linderhaus* MittRhNotK 1978, 86; *Sauren* MittRhNotK 1982, 213; *Frank* MittBayNot 1994, 512, 513; vgl *Häublein* MittBayNot 2000, 112; s auch d Erwägungen OLG Hamm Rpfleger 1983, 19.

924 BayObLG Rpfleger 1986, 220; OLG Hamm Rpfleger 1986, 374, 375.

925 BayObLG Rpfleger 1999, 387.

926 BayObLGZ 1991, 165 = NJW-RR 1992, 81; BayObLG NJW-RR 1995, 908; BayObLG NJW-RR 2001, 801; vgl OLG Saarbrücken MittRhNotK 1998, 361.

927 OLG Hamm DNotZ 2003, 945.

928 OLG Jena FGPrax 1996, 17 = Rpfleger 1996, 194; *Hügel* DtZ 1996, 66, 67; **aA** *Heinze* DtZ 1995, 195.

929 BGH NJW 1986, 2759, 2760; BayObLGZ 1987, 390 = Rpfleger 1988, 103; BayObLGZ 1995, 399, 403 (**geg** *Röll* MittBayNot 1958, 22, 24).

930 *Palandt/Bassenge* § 3 WEG Rn 4 mwN; krit hierzu *Hügel* ZMR 2004, 549 (Anwartschaft).

931 Vgl BGHZ 109, 179 = Rpfleger 1990, 62; BGH NJW 2004, 1798; BayObLGZ 1995, 399, 405 = Rpfleger 1996, 240, 241; OLG Hamm Rpfleger 2007, 137.

932 BayObLG Rpfleger 1988, 256 = MittBayNot 1988, 126.

933 BayObLGZ 1987, 390, 394 = Rpfleger 1988, 102, 103; BayObLGZ 1995, 399, 402 = Rpfleger 1995, 240; **aA** *Röll* DNotZ 1993, 158; *Böttcher* BWNotZ 1996, 80, 87: d GB weise m Gemeinschaftseigentum einen möglichen – ledigl unrichtigen – Rechtszustand aus; indessen fehlt es an einem rechtlich mögl Umwandlungsvorgang.

934 BayObLG 1998, 70 = FGPrax 1998, 88; BayObLG MittBayNot 1999, 599 f;

935 BGH Rpfleger 2005, 17 = BGHReport 2004, 1609 m Anm *Demharter*.

936 BGH NJW 2003, 2165 = DNotZ 2003, 536; BayObLGZ 1997, 233 = DNotZ 1998, 379 = Rpfleger 1998, 19; BayObLGZ 2000, 1 = FGPrax 2000, 60 = ZflR 2000, 718; BayObLG Rpfleger 2000, 544; BayObLGZ 2001, 279 = DNotZ 2002, 149 = Rpfleger 2002, 140; BayObLG NJW-RR 2004, 443; KG FGPrax 1998, 94; **aA** *Röll* WE 1993, 16; *ders* MittBayNot 1998, 77; *ders* ZWE 2000, 446.

937 BayObLGZ 2004, 306 = DNotZ 2005, 390 mAnm *Röll* = ZflR 2005, 325 mAnm *Lüke* = ZWE 2005, 225 mAnm *F Schmidt* aaO S 315.

938 SchlHOL FGPrax 2007, 169.

Räumen oder sonstigen nur einem Teil der Miteigentümer dienenden Einrichtungen;[939] möglich ist dagegen »Nachbareigentum«, also »Mitsondereigentum« der angrenzenden Wohnungseigentümer an Trennwänden zwischen ihren Eigentumswohnungen oder im Grenzbereich liegenden Abwasserleitungen.[940] Umwandlung von Wohnungserbbaurechten in Wohnungseigentum durch bloße Aufhebung des Erbbaurechts durch die Wohnungserbbauberechtigten/Miteigentümer.[941] Übertragung eines Sondernutzungsrechts, welches den Gebrauch des Gemeinschaftseigentums betrifft, auf einen außen stehenden Dritten[942] oder auf den einzelnen Bruchteil eines Wohnungs- oder Teileigentümers, der gemeinschaftlich mit anderen Berechtigter eines Sondereigentums ist (str).[943] Jedoch sieht die Rechtsprechung teils allgemein die Begründung von Sondernutzungsrechten an Sondereigentum als unzulässig an (str).[944] Nach hM die Belastung einer Wohnungseigentum mit einer Dienstbarkeit, deren Ausübungsbereich (auch) das Sondernutzungsrecht am gemeinschaftlichen Eigentum ist (zweifelhaft);[945] mit der Einräumung eines entsprechenden Wohnungsrechts soll aber die alleinige Nutzungsbefugnis am dem zur Sondernutzung zugewiesen Teil kraft Gesetzes auf den Wohnungsberechtigten mitübertragen werden,[946] so dass schon deshalb kein Anlass für eine Amtslöschung besteht (vgl Rdn 104). Unbedenklich ist die Belastung von Wohnungseigentum mit Dienstbarkeiten, wenn sich die Ausübung auf den Gebrauch des Sondereigentums beschränkt.[947] Sondernutzungsrecht, das auch bauliche Veränderungen einschließt, die an sich der Zustimmung aller Wohnungseigentümer bedürfen.[948] Ein Sondernutzungsrecht braucht sich nicht auf einzelne Nutzungsarten zu beschränken, es kann den Gebrauch der anderen insoweit ganz ausschließen;[949] umgekehrt fordert aber das Gesetz für ein eintragungsfähiges Sondernutzungsrecht nicht den Ausschluss der übrigen Wohnungseigentümer von anderen Nutzungsarten.[950] Als Inhalt des Sondereigentums Vorkaufsrecht der anderen Wohnungseigentümer (str)[951] oder Rechte zur Benutzung eines Nachbargrundstücks.[952] Eine bestimmte Anzahl in ihrer Ausübung auf je eine Woche beschränkte »Dauernutzungsrechte« (§ 31 WEG) an einem Hotelappartement.[953] Bestimmung in der Teilungserklärung, wonach der Erwerber durch Zwangsversteigerung für Wohngeldrückstände des Voreigentümers haftet (vgl § 56 S 2 ZVG).[954] Ist das im gemeinschaftlichen Eigentum der Wohnungseigentümer stehende Grundstück mit einem Wegerecht belastet, muss die Grunddienstbarkeit in sämtlichen Wohnungsgrundbüchern in der Weise eingetragen werden, dass die Belastung des ganzen Grundstücks (vgl Rdn 120) erkennbar ist (§ 4 WGV). Das heißt aber nicht,[955] dass schon dann eine inhaltlich unzulässige Eintragung vorliegt, wenn das Wegerecht zwar in allen Wohnungseigentumsgrundbüchern eingetragen ist,

---

939 BGH NJW 1995, 2851, 2853; BayObLGZ 1981, 407, 409 = DNotZ 1982, 246; BayObLGZ 1987, 390 = DNotZ 1988, 316 = Rpfleger 1988, 102, 103; BayObLGZ 1995, 399, 403 = Rpfleger 1996, 240; BayObLG MittBayNot 2000, 230; OLG Düsseldorf Rpfleger 1975, 308; MüKo-*Röll* § 5 WEG Rn 10, 21; *Weitnauer* § 3 Rn 32; *Palandt-Bassenge* § 3 WEG Rn 4; *Soergel-Stürner* § 5 WEG Rn 4; **aA** LG Kempten MittBayNot 1975, 166; *Bärmann-Pick-Merle* § 5 Rn 66; *Hurst* DNotZ 1968, 131, 153.

940 OLG Zweibrücken Rpfleger 1987, 106 = ZMR 1987, 102; *Sauren* DNotZ 1988, 667, 673; offen BayObLGZ 1981, 407, 409 = DNotZ 1982, 246 mwN; BayObLGZ 1987, 390, 397 = DNotZ 1988, 316, 319 = Rpfleger 1988, 102, 103: **aA** *Palandt-Bassenge* § 3 WEG Rn 4.

941 BayObLG Rpfleger 1999, 327 = MittBayNot 1999, 375 m Anm *Rapp.*

942 BGHZ 73, 145, 147 = NJW 1969, 548 = Rpfleger 1979, 57.

943 KG Rpfleger 2004, 347 = DNotZ 2004, 634 m **abl** Anm *Häublein.*

944 Vgl BayObLGZ 1994, 195 = Rpfleger 1995, 67 = MittBayNot 1994, 438 mAnm *Frank* aaO S 512 u *F Schmidt* MittBay Not 1995, 115; OLG FfM Rpfleger 2000, 212 = MittBayNot 2000, 440 mAnm *vOefele* aaO S 441= NotBZ 2000, 349 mAnm *Hügel;* OLG Jena FGPrax 2000, 7 = MittBayNot 2000, 441 mAnm *vOefele* = NotZB 2000, 349 mAnm *Hügel* → ZWE 2000, 223 mAnm *F Schmidt* aaO S 207; aA *Milzer* ZNotP 2006, 290, 294 mwN.

945 BayObLGZ 1974, 396 = Rpfleger 1975, 22; BayObLG DNotZ 1990, 496 m **krit** Anm *Amann;* BayObLG Rpfleger 1997, 431 = DNotZ 1998, 125 m krit Anm *Ott;* BayObLG FGPrax 1998, 6 = DNotZ 1998, 384 = Rpfleger 1998, 68; OLG Düsseldorf OLGZ 1986, 413 = Rpfleger 1986, 376; KG OLGZ 1976, 257 = Rpfleger 1976, 18; OLG Karlsruhe Rpfleger 1975, 356; OLG Zweibrücken FGPrax 1999, 44 = NJW-RR 1999, 1389; *Ertl* DNotZ 1979, 267, 274; **aA** *Röll* Rpfleger 1978, 352; z Ganzen DNotIReport 1999, 165 mwN.

946 BayObLG FGPrax 1998, 6 = DNotZ 1998, 384 = Rpfleger 1998, 68.

947 BGHZ 107, 289, 292; BayObLGZ 1974, 396, 398 = Rpfleger 1975, 22; BayObLGZ 1976, 218, 222 = Rpfleger 1976, 397; KG OLGZ 1976, 257 = Rpfleger 1976, 180; OLG Karlsruhe Rpfleger 1975, 356; LG Göttingen NJW-RR 1997, 1105; *Zimmermann* Rpfleger 1981, 33; dazu, ob d Ausüb d Dienstb nur einen Wohnungseig od d Gemeinschaftseigentum betr, *Amann* DNotZ 1990, 498, 499.

948 KG Rpfleger 1983, 20.

949 BayObLG Rpfleger 1981, 299; BayObLG MittBayNot 1999, 180; KG Rpfleger 1983, 20.

950 **AA** OLG Naumburg FG Prax 1998, 92 m abl Anm *Demharter* FGPrax 1999, 46; OLG Jena Rpfleger 1999, 70.

951 OLG Bremen Rpfleger 1977, 313; OLG Celle NJW 1955, 953 = DNotZ 1955, 320; *Weitnauer-Lüke* § 10 Rn 38; **aA** *Bärmann-Pick-Merle* § 12 Rn 62.

952 BayObLG Rpfleger 1979, 420; OLG Frankfurt Rpfleger 1975, 179; OLG Hamburg Rpfleger 1980, 112; OLG Hamm FGPrax 1997, 59.

953 OLG Stuttgart Rpfleger 1987, 107.

954 BGHZ 99, 358 = Rpfleger 1987, 208.

955 **AA** anscheinend BayObLG Rpfleger 1995, 288 = MittBayNot 1995, 288.

es aber an einem Gesamtvermerk fehlt.[956] Zur Eintragung von Mehrheitsbeschlüssen der Wohnungseigentümer Rdn 112.

131 Inhaltliche Unzulässigkeit der Eintragung von Teileigentum wird auch in Betracht gezogen, wenn sich aus den Eintragungsunterlagen ergibt, dass die Wohnanlage aufgrund eines **Grenzüberbaus** sich teilweise auf ein Nachbargrundstück erstreckt,[957] jedenfalls wenn der Überbau nicht in Ausübung einer Grunddienstbarkeit erfolgt ist.[958] Im Hinblick darauf, dass sich im Falle eines rechtmäßigen oder entschuldigten Überbaus das Eigentum vom aufzuteilenden Grundstück auf den Überbau erstrecken kann,[959] das Grundbuch also nicht zweifelsfrei aus sich heraus eine absolut unwirksame Wohnungseigentum-Begründung verlautbart, liegen jedenfalls die Voraussetzungen für eine Löschung wegen inhaltlicher Unzulässigkeit nicht vor. Ähnliches gilt für den Fall von **Abweichungen der Bauausführung vom Aufteilungsplan**: Ob und in welcher Ausgestaltung das Gebäude tatsächlich errichtet wird, ist bei im Übrigen inhaltlich zulässiger Eintragung des Wohnungs- oder Teileigentums grundsätzlich ohne Einfluss auf dessen Wirksamkeit;[960] anders ist es nur dann, wenn bei der Bauausführung vom Aufteilungsplan in der Abgrenzung von Sondereigentum zu gemeinschaftlichem Eigentum oder von Sondereigentum mehrerer Eigentümer untereinander in einer Weise abgewichen wird, die es unmöglich macht, die errichteten Räume einer in dem Aufteilungsplan ausgewiesenen Raumeinheit zuzuordnen, mit der Folge, dass insoweit kein Sondereigentum, sondern nur gemeinschaftliches Eigentum entsteht.[961] Selbst im letzteren Fall ist – nach dem Stand des Grundbuchs – **kein Raum für eine Amtslöschung** (z Frage einer Grundbuchunrichtigkeit s Rdn 64).

132 gg) **Vormerkung.** Wenn sich aus der Eintragung iVm der Eintragungsbewilligung (§ 883 Abs 2 BGB) zweifelsfrei ergibt, dass der zu sichernde Anspruch nicht unter die in § 883 Abs 1 BGB genannten schuldrechtlichen Ansprüche auf eine – eintragungsfähige – dingliche Rechtsänderung fällt oder sonst nicht vormerkungsfähig ist.[962] **Künftige** Ansprüche genießen nach häufig gebrauchter Definition Vormerkungsschutz, wenn bereits der Rechtsboden für ihre Entstehung durch ein rechtsverbindliches Angebot oder Abkommen so weit vorbereitet ist, dass die Entstehung des Anspruchs nur noch vom Willen des demnächst Berechtigten abhängt,[963] genauer dann, wenn eine vom Verpflichteten nicht mehr einseitig zu beseitigende Bindung an das Rechtsgeschäft besteht.[964] Die Eintragung von Vormerkungen zur Sicherung – auch mehrfach[965] – **bedingter** Ansprüche wird diesen Einschränkungen grundsätzlich nicht unterworfen. Bei ihnen ist die geforderte, ausreichend gefestigte Rechtsgrundlage grundsätzlich ohne weiteres gegeben;[966] selbst dann, wenn der Eintritt der Bedingung vom Verhalten des Verpflichteten oder Berechtigten abhängt (Potestativbedingung[967]), etwa von dem Angebot der für die Ausübung eines durch Vermächtnis begründeten Ankaufsrechts vom Erblasser vorgesehenen Gegenleis-

---

956 Zutr *Amann* MittBayNot 1995, 267, 270: Möglichkeit d Auslegung als Dienstbarkeit am Grundstück.

957 OLG Hamm OLGZ 1977, 264 = DNotZ 1977, 308, 311 = Rpfleger 1976, 317; **einschränkend** OLG Hamm Rpfleger 1984, 98 m Anm *Ludwig,* 266; z d Fragenkreis Gutachten DNotI-Report 2007, 1.

958 OLG Stuttgart DNotZ 1983, 444 = Rpfleger 1982, 375; **vgl** *Schöner/Stöber* Rn 2817; *Demharter* Rpfleger 1983, 133; *Rastätter* BWNotZ 1986, 79; *Röll* MittBayNot 1982, 172; *ders* MittBayNot 1983, 5; *Ludwig* DNotZ 1983, 411- 424; *ders* BWNotZ 1984, 133; *ders* BWNotZ 1986, 79; *Weitnauer* ZfBR 1982, 97.

959 BGHZ 62, 141 = NJW 1974, 794 = DNotZ 1974, 439; BGH NJW 1982, 756 = DNotZ 1982, 43; OLG Hamm Rpfleger 1984, 98, 99; OLG Karlsruhe DNotZ 1986, 753 m Anm *Ludwig* = BWNotZ 1986, 84; LG Stade Rpfleger 1987, 63.

960 BGH NJW 1990, 1111, 1112; BGHZ 146, 241, 246 = NJW 2001, 1212, 1213; BayObLG DNotZ 1999, 212; KG ZfIR 2001, 745; OLG Zweibrücken FGPrax 2006, 103, 104.

961 BGH NJW 2004, 1798, 1800 = ZNotP 2004, 147 mAnm *Schmengler* aaO S 283; BayObLG DNotZ 1999, 212; OLG Zweibrücken FGPrax 2006, 103, 104.

962 RGZ 55, 270; 145, 343, 355; BayObLGZ 1977, 103 = NJW 1977, 1781 = Rpfleger 1977, 251; BayObLG Rpfleger 1981, 190; OLG Hamm DNotZ 1956, 151; *Ertl* Rpfleger 1979, 361, 363.

963 RGZ 151, 75; BGH LM BGB § 883 Nr 13; NJW 1981, 446 = Rpfleger 1981, 55; BGHZ 149, 1 = NJW 2002, 213; NJW 2006, 2408, 2409 = MittBayNot 2007, 45 mAnm *Amann* aaO S 13; BayObLGZ 1977, 103 = NJW 1977, 1781 = Rpfleger 1977, 251; BayObLGZ 1977, 247, 249 = Rpfleger 1978, 14; DNotZ 1996, 374 m Anm *Liedel* = MittBayNot 1995, 207; OLG Celle MittRhNotK 1976, 15, 17; KG NJW 1971, 1319.

964 BayObLG Rpfleger 1977, 361; 1989, 190, 191; KG DR 1943, 802; KG Rpfleger 1992, 243, 245; OLG Oldenburg Rpfleger 1987, 294 m krit Anm *Kerbusch,* 449; *Ertl* Rpfleger 1977, 345, 346, 354; *ders* Rpfleger 1978, 16; *ders* Rpfleger 1979, 361, 363; vgl auch *Geimer* DNotZ 1977, 662; *Lichtenberger* NJW 1977, 1755, 1759.

965 Vgl BGHZ 134, 182 = NJW 1997, 861 = Rpfleger 1997, 208; dazu *Meinerzhagen* Rpfleger 1998, 51.

966 BayObLGZ 1977, 247 = NJW 1978, 166 = Rpfleger 1978, 14 m Anm *Ertl* (Abkehr v BayObLGZ 1974, 118; 1976, 297; 1977, 103); BayObLGZ 1977, 268, 271 = Rpfleger 1978, 135; BayObLGZ 1978, 287, 290 = Rpfleger 1978, 442; BayObLG Rpfleger 1981, 190; BayObLG Rpfleger 1989, 190; BayObLG DNotZ 1996, 374 m Anm *Liedel* = MittBayNot 1995, 207; OLG Hamm DNotZ 1978, 356 = Rpfleger 1978, 137; OLG Zweibrücken OLGZ 1981, 167 = Rpfleger 1981, 189.

967 OLG Hamm Rpfleger 1978, 137.

tung.[968] Ob die recht begrifflich erscheinende, auch nicht immer eindeutige[969] Unterscheidung zwischen bedingten und künftigen Ansprüchen immer der entscheidende Abgrenzungsmaßstab für die erforderliche Verfestigung der Rechtsposition des Vormerkungsberechtigten sein kann, ist allerdings zu bezweifeln.[970] Eindeutige **Bestimmbarkeit** der geschuldeten Leistung[971] ist Voraussetzung. Daran fehlt es bei einem Ankaufsrecht betr noch zu bildendes Wohnungseigentum, wenn sich dem Vertrag nur die dem Kaufgegenstand zuzuordnenden Räume und der Kaufpreis entnehmen lassen,[972] aber **nicht** bei einem Rückübereignungsanspruch im Fall »*groben Undanks*« des Erwerbers (Rdn 114). Die Bestimmung der Leistung kann auch einem Dritten überlassen werden.[973] Nicht zur Amtslöschung einer Auflassungsvormerkung berechtigt ein Verstoß gegen den Beurkundungszwang des § 313 BGB.[974] Zwar vermag ein formnichtiger Grundstückskaufvertrag keine Ansprüche zu erzeugen, die eine tragfähige Rechtsgrundlage für eine Vormerkung bilden können;[975] die Eintragung verlautbart aber in diesem Falle aus sich heraus keinen nicht vormerkbaren Anspruch (Rdn 105). Ebenso wenig ist grundsätzlich Raum für eine Amtslöschung, wenn Eintragungsvermerk und -bewilligung den **Schuldgrund** nicht angeben, dh den schuldrechtlichen Anspruch weder nach seinem Typ noch hinsichtlich seiner Entstehungsvoraussetzungen näher bezeichnen; letzteres wird von der Rspr **für die Wirksamkeit der Eintragung**[976] regelmäßig **nicht** gefordert, wenn nur (Berechtigter, Verpflichteter und Leistungsgegenstand angegeben sind und) bei mehreren in Betracht kommenden gleichartigen Ansprüchen der wirklich Vorgemerkte zumindest durch Auslegung sicher festgestellt werden kann.[977]

Weitere Einzelfälle inhaltlich unzulässiger Vormerkungen: Für erbrechtliche Ansprüche vor dem Tod   133
des Erblassers[978] (vormerkungsfähig ist dagegen der Anspruch aus einem Schenkungsversprechen von Todes wegen, wenn die Schenkung mit der Eintragung der Vormerkung vollzogen wird;[979] ebenso der aus einem Rück- bzw Nachvermächtnis, sofern der Vermächtnisnehmer als Beschwerter im Grundbuch eingetragen ist;[980] ebenso, wenn sich ein Grundstückseigentümer gegenüber dem von ihm erbvertraglich eingesetzten Erben verpflichtet, das Grundstück nicht ohne dessen Zustimmung zu veräußern oder zu belasten und bei einem Verstoß gegen diese Verpflichtung das Eigentum auf den als Erbe Eingesetzten zu übertragen,[981] mag die Bedingung für den Rückauflassungsanspruch auch erst nach dem Tod des Verpflichteten eintreten und der Eintritt der Bedingung von einem Verhalten des Rechtsnachfolgers abhängig sein;[982] auch eine in einem Grundstücksüberlassungsvertrag enthaltene Abrede, wonach der Erwerber das Grundstück, sofern er vor dem Veräußerer verstirbt und es nicht an einen oder mehrere seiner ehelichen Abkömmlinge fällt, zurückgeben oder an einen Dritten weitergeben muss, stellt eine entgeltliche, unter Lebenden wirksame und durch Vormerkung sicherbare schuldrechtliche Vereinbarung dar[983]). Für den Auflassungsanspruch aufgrund eines Übergabevertrages, mit dem sich der Übernehmer zur späteren Übergabe des Anwesens auf eines seiner Kinder verpflichtet, wenn sich die Vertragsschließenden das Recht vorbehalten haben, die Verpflichtung ohne Zustimmung der Kinder wieder aufzuheben.[984] Vormerkung auf Bestellung einer Reallast, die den jeweiligen Eigentümer verpflichtet (weil Vormerkung einen schuldrechtlichen Anspruch nur sichern, nicht begründen, kann; aber haltbar als Vormerkung,

---

968   BGHZ 148, 187 = LM BGB § 883 Nr 31 m Anm *Assmann* = NJW 2001, 2883 = DNotZ 2001, 805 m Anm *Schippers*.
969   Dazu BayObLG Rpfleger 1989, 190; *Ertl* Rpfleger 1988, 345, 349; *Lichtenberger* NJW 1977, 1755, 1756.
970   Vgl *Soergel-Stürner* § 883 Rn 6: »... der bedingte Anspruch ist ein Unterfall des künftigen Anspruchs ...«; *Baur* § 20 II 2; *Hepting* NJW 1987, 865, 867, 871.
971   Z Bestimmtheitserfordern f Grundstücksteilflächen vgl BGH NJW-RR 1999, 1030 = DNotZ 2000, 121 m Anm *v Campe* aaO 109 u *Kanzleiter* NJW 2000, 1919.
972   OLG Düsseldorf DNotZ 1996, 39.
973   OLG Düsseldorf Rpfleger 1996, 503 = DNotZ 1997, 162.
974   Wohl **aA** *Ertl* Rpfleger 1979, 361, 363; KEHE-*Erber-Faller* Einl G 35.
975   BGHZ 54, 56, 64 = NJW 1970, 1541 = DNotZ 1970, 596; BGH DNotZ 1983, 484; **aA** *Lüke* JuS 1971, 341.
976   **and** für d Erfordernis d »näheren Bezeichnung« d Anspruchs im Eintragungsverf OLG Köln FGPrax 2005, 103, 104; LG Bonn MittBayNot2005, 47.
977   RGZ 133, 267; BGH LM BGB § 883 Nr 1 = NJW 1952, 62 (Ls); KG OLGZ 1969, 202 = NJW 1969, 138; OLGZ 1972, 113 = Rpfleger 1972, 94 m Hinw auf seine früh abw Rspr; OLG Köln FGPrax 2005, 103, 104.
978   BGHZ 12, 115 = DNotZ 1954, 264 mAnm *Hieber* = JZ 1954, 436 mAnm *Coing*; BGH FamRZ 1967, 470; OLG Düsseldorf FGPrax 2003, 110; OLG Hamm Rpfleger 1966, 366; s aber *Baldus/Stremnitzer* DNotZ 2006, 598: Erwägungen z Vormerkungsfähigkeit künft Vermächtnisansprüche b dauerhafter Geschäftsunfähigkeit d Erblassers; Erwiderung *Zimmer* DNotZ 2006, 724.
979   *Preuß* DNotZ 1998, 602, 620.
980   BayObLG Rpfleger 1981, 190, 191.
981   BayObLGZ 1978, 287 = DNotZ 1979, 27 = Rpfleger 1978, 442; keine unzulässige Umgehung d § 137 S 1 BGB: BGHZ 134, 182, 186 = FG Prax 1997, 56 = Rpfleger 1997, 208, 209.
982   BGHZ 134, 182 = Rpfleger 1997, 208 = FG Prax 1997, 46 m Anm *Demharter* ZEV 1997, 79 = (auf Vorl BayObLGZ 1996, 183 = Rpfleger 1997, 59 geg OLG Hamm Rpfleger 1995, 208 = DNotZ 1995, 315 m Anm *Amann*); OLG Düsseldorf MittRhNotK 1996, 231.
983   LG Aschaffenburg Rpfleger 1973, 426.
984   BayObLGZ 1976, 297 = Rpfleger 1977, 60.

die lediglich den derzeitigen Eigentümer sichert).[985] Für einen Anspruch auf Eintragung einer Zwangshypothek nach §§ 866, 867 ZPO[986] oder zur Sicherung eines rechtsgeschäftlichen Verfügungsverbots.[987] Für den künftigen Anspruch des Eigentümers gegen den Gläubiger einer Sicherungshypothek auf Grundbuchberichtigung dahin, dass der Eigentümer nach Entstehen einer Eigentümergrundschuld als deren Inhaber eingetragen wird (weil der Berichtigungsanspruch nur ein dinglicher und auch nicht auf eine Rechtsänderung errichteter Anspruch ist).[988] Für einen (verfahrensrechtlichen) Anspruch auf Eintragung der Pfändung einer künftigen Eigentümergrundschuld nach deren Entstehung.[989] Verpflichtet sich der Eigentümer, die wegen nicht entstehender Forderung endgültig bei ihm verbleibende Eigentümergrundschuld an den Hypothekengläubiger abzutreten, so soll zu dessen Gunsten eine Abtretungsvormerkung eingetragen werden können, wenn dem Grundbuchamt in der Form des § 29 nachgewiesen wird, dass sich die mit der Eintragung entstandene vorläufige Eigentümergrundschuld in eine endgültige verwandelt hat;[990] danach wäre die insoweit einmal vollzogene Eintragung jedenfalls niemals unzulässig, weil die Möglichkeit der Umwandlung in eine endgültige Eigentümergrundschuld aus der Eintragung selbst nicht auszuschließen ist. Unzulässig ist dagegen die Eintragung einer Auflassungsvormerkung an einem im Eigentum einer ungeteilten Erbengemeinschaft stehenden Nachlassgrundstück aufgrund der Bewilligung eines Miterben, der sich gegenüber einem Dritten zur Übertragung des ihm bei der Nachlassauseinandersetzung zufallenden Miteigentumsanteils verpflichtet hat.[991] Nicht vormerkungsfähig ist auch der Anspruch auf Auflassung einer Teilfläche des gemeinschaftlichen Eigentums einer Wohnungsanlage in einem einzelnen Wohnungsgrundbuch.[992] Für einen Anspruch auf Auflassung eines Grundstücks oder Grundstücksteils kann nicht eine Vormerkung an einem Miteigentumsanteil eingetragen werden.[993] Allgemein soll der Eigentümer einen ideellen Bruchteil rechtsgeschäftlich nicht mit einer Auflassungsvormerkung belasten können.[994] Das ist nicht unbedenklich. Jedenfalls kann der, der durch Hinzuerwerb eines ideellen Bruchteils Alleineigentümer eines Grundstücks wird, den hinzuerworbenen ideellen Bruchteil dann mit einer Auflassungsvormerkung belasten, wenn der restliche, ihm bereits zustehende Miteigentumsanteil ebenfalls mit einer Vormerkung belastet ist.[995] Möglich ist eine Vormerkung für noch nicht gezeugte Abkömmlinge aufgrund eines zu ihren Gunsten abgeschlossenen Vertrages.[996] Verpflichtet sich jemand in einem echten Vertrag zugunsten Dritter zur Übertragung eines Grundstücks an einen vom Versprechensempfänger noch zu benennenden Dritten, dann ist nur der Anspruch des Versprechensempfängers (§ 335 BGB) auf Übereignung an den Dritten, nicht jedoch der Anspruch des noch unbestimmten Dritten vormerkungsfähig.[997] Unbedenklich ist eine (einheitliche) Rückauflassungsvormerkung für mehrere Veräußerer als gemeinschaftlich Berechtigte »analog §§ 461, 472 BGB«[998] oder als Gesamtberechtigte gem § 428 BGB[999] und dann für den Überlebenden allein;[1000] ebenso eine Vormerkung, die den Rückübereignungsanspruch des Schenkers im Falls groben Undanks des Erwerbern sichern soll;[1001] ebenso zur Sicherung des Rückübereignungsanspruchs des Veräußerers für den Fall, dass der Erwerber bis zur Bebauung des Grundstücks seiner Verkehrssicherungspflicht (Straßenreinigungs-, Mäh- und Streupflicht) nicht nachkommt, nicht jedoch – mangels Bestimmbarkeit –, für den Fall, dass der Erwerber »das Grundstück nicht in einem ordnungsgemäßen Zustand hält«.[1002] Für mehrere rechtlich selbständige Ansprüche kann nicht eine einheitliche Vormerkung eingetragen werden[1003] (aber: uU Auslegung/Umdeutung, Rdn 31, 34). Eine Auflassungsvormerkung kann nach der Rechtsprechung des BGH nicht mit dem Inhalt eingetragen werden, dass zu ihrer Löschung der Nachweis des Todes des Berechtigten genügt (vgl §§ 23, 24 Rdn 42–46), sei es,

---

985 OLG München Rpfleger 2007, 312 = ZflR 2007, 802.
986 BayObLG 21, 274; KGJ 47, 171, 172.
987 OLG Hamm DNotZ 1956, 151.
988 BayObLGZ 1975, 39 = DNotZ 1976, 106 = Rpfleger 1975, 243 (Ls).
989 RGZ 56, 10, 14; BayObLGZ 1975, 39, 42; KGJ 33, 272.
990 BayObLGZ Rpfleger 1969, 316 = DNotZ 1970, 155 = Rpfleger 1970, 24; **krit** *Rimmelspacher* JuS 1971, 14.
991 BayObLG Rpfleger 1977, 239 (Ls).
992 BayObLG Rpfleger 1974, 261.
993 BayObLGZ 1986, 511 = Rpfleger 1987, 154.
994 OLG Düsseldorf MittBayNot 1976, 137.
995 BayObLG DNotZ 2005, 292 = Rpfleger 2005, 78.
996 LG Passau RNotZ 2003, 569 = MittBayNot 2004, 362 mAnm *Metzger*.
997 BGH NJW 1983, 1543 = DNotZ 1983, 484 = Rpfleger 1983, 169; BayObLG DNotZ 1987, 101, 102; 1997, 153 = Rpfleger 1996, 502; LG Ravensburg Rpfleger 1989, 320; **aA** *Ludwig* NJW 1983, 279; *ders* Rpfleger 1986, 345, 348; *ders* Rpfleger 1989, 321, 323.
998 LG Karlsruhe Rpfleger 2005, 602 = BWNotZ 2006, 18; vgl auch OLG Düsseldorf MittRhNotK 1983, 49.
999 OLG Hamm DNotZ 2006, 293.
1000 LG Köln Rpfleger 1982, 17; LG Duisburg Rpfleger 2005, 600 mAnm *Wicke*.
1001 BGH JZ 2003, 211 m Anm *Wacke* S 179; BayObLGZ 2001, 190 = Rpfleger 2001, 539 = DNotZ 2001, 803 m Anm *Schippers* aaO S 757; Vorl **geg** OLG Hamm Rpfleger 2000, 449.
1002 OLG Zweibrücken FGPrax 2005, 9 = MittBayNot 2005, 146.
1003 BayObLGZ 1984, 252 = Rpfleger 1985, 55; BayObLG ZflR 1999, 681.

Streck

dass die Vormerkung sich auf die Lebenszeit des Berechtigten beschränkt,[1004] sei es dass die Vormerkung ohne zeitliche Begrenzung bestellt worden ist.[1005] Die (eingetragene) **Löschungserleichterungsklausel** ist nicht nur als überflüssig (Rdn 104) und »ordnungswidrig«,[1006] sondern als inhaltlich unzulässig zu behandeln, selbst wenn man[1007] eine Umdeutung der zugrunde liegenden Urkunden in die Bevollmächtigung des Berechtigten zur Abgabe einer Löschungsbewilligung für möglich hält.

7. Teilweise Unzulässigkeit

Ist ein Teil einer Eintragung inhaltlich unzulässig, so ist **dieser Teil zu löschen,** zB nicht eintragbare laufende **134** Zinsen bei einer Höchstbetragshypothek[1008] oder eine im Gesetz nicht vorgesehene dingliche Unterwerfungsklausel bei einer Reallast;[1009] bei eingetragenen Rangvorbehalten zugunsten eines verzinslichen Grundpfandrechts, die keine Angaben zum Zeitpunkt des Zinsbeginns in der Eintragung enthalten, gilt hinsichtlich des Zinsbeginns der Zeitpunkt der Eintragung des Grundpfandrechts als Mindestinhalt der Erklärung.[1010] Es macht grundsätzlich keinen Unterschied, ob der Anteil sich im Eintragungsvermerk oder in der in Bezug genommenen Eintragungsbewilligung befindet. **Veranlassung zur Amtslöschung der gesamten Eintragung besteht nur, wenn der Rest für sich nicht den wesentlichen Erfordernissen einer wirksamen Eintragung genügt**[1011] **oder wesensmäßig etwas ganz anderes beinhaltet als das, worauf die Eintragung als ganze abzielte** (vgl – auch zur etwaigen Verknüpfung mit einer Grundbuchunrichtigkeit – Rdn 33, 139). Die gesamte Eintragung wäre bspw unzulässig, wenn eine Hypothek mit der Maßgabe eingetragen wäre, dass sich der Gläubiger nur an die Nutzungen halten dürfe. Kein Grund besteht, eine öffentlich-rechtliche Verfügungs- und Veränderungssperre nach Art 27 BayEnteigG, die fälschlicherweise zugunsten des Landratsamts eingetragen ist, insgesamt als inhaltlich unzulässig zu löschen (Rdn 114).[1012]

8. Durchführung der Amtslöschung

a) Beseitigung von Amts wegen. Die Beseitigung der inhaltlich unzulässigen Eintragung erfolgt **von Amts** **135** **wegen** (Rdn 35 ff); der Antrag eines Beteiligten hat nur die Bedeutung einer Anregung. So kann bspw das Landgericht auf Beschwerde die Löschung anordnen, wenn der Beschwerdeführer in der Annahme, es liege ein Fall des Abs 1 S 1 vor, nur die Eintragung eines Amtswiderspruchs beantragt hat.[1013]

Ausnahmsweise kann das Grundbuchamt auch veranlasst sein, **von einer Amtslöschung – vorerst – abzu-** **136** **sehen;** zB wenn die Begründung von Wohnungseigentum (teilweise) fehlgeschlagen, die Miteigentümer jedoch zur Mitwirkung an einer Gestaltung, die zu einer insgesamt zulässigen Eintragung führt, verpflichtet sind (Rdn 130).

b) Durch Löschung. Die inhaltlich unzulässige Eintragung **muss gelöscht** werden; sie darf nicht in eine **137** Eintragung anderen Inhalts »berichtigt«[1014] oder zu einer zulässigen Eintragung vervollständigt werden. Ordnungswidrige Umschreibung oder Ergänzung kann allerdings im Ergebnis zu einer inhaltlich zulässigen Eintragung führen (Rdn 22). Spätere Eintragungen vermögen – soweit sie nicht die inhaltliche Unzulässigkeit ex nunc entfallen lassen (Rdn 107) – die Amtslöschung nicht zu hindern. Die Löschung muss im Gegenteil, da eine inhaltlich unzulässige Eintragung nicht die Grundlage weiterer Eintragungen sein kann, **mit allen an sie anschließenden Eintragungen** erfolgen.[1015]

1004 BGHZ 117, 390 = NJW 1992, 1683 (mit OLG Düsseldorf auf Vorl BayObLGZ 1991, 288); LG Kleve RNotZ 2004, 266.
1005 BGHZ 130, 385 = FG Prax 1995, 225 = DNotZ 1996, 452 m Anm *Lülsdorf* aaO u *Demharter* ZEV 1996, 33 (geg OLG Köln Rpfleger 1994, 345 auf Vorl BayObLGZ 1994, 309).
1006 Vgl BGHZ 117, 390, 392 = NJW 1992, 1683, 1684.
1007 Wie *Wufka* MittBayNot 1996, 156 vorschlägt; **abl** BayObLGZ 1997, 121 = FGPrax 1997, 91 = DNotZ 1998, 66 m Anm *Amann* aaO 6 u *Frank* MittBayNot 1997, 217; BayObLGZ 1998, 250 = Rpfleger 1999, 71 = MittBayNot 1999, 74 m Anm *Amann.*
1008 KG OLGE 13, 231.
1009 BayObLG 11, 577; BayObLGZ 1959, 83, 86 = DNotZ 1959, 402; KG DNotZ 1958, 203, 207.
1010 BGHZ 129, 1, 5 = Rpfleger 1995, 343; **aA** BayObLG 1994, 203, 207 = MittBayNot 1994, 439, 441: wirksamer Vorbehalt nur für ein unverzinsliches Grundpfandrecht.
1011 BGH NJW 1966, 1656; BGH WM 1968, 1078; BayObLGZ 1998, 70 = FGPrax 1998, 88 = ZfIR 1998, 359.
1012 **AA** BayObLG DNotZ 1988, 784 m abl Anm *Sieveking.*
1013 RGZ 60, 279, 284.
1014 BayObLGZ 1953, 80, 85.
1015 BayObLG Rpfleger 1986, 372; BayObLGZ 1987, 390, 398, 399 = DNotZ 1988, 316, 319 = Rpfleger 1988, 102, 104; BayObLGZ 1998, 70, 76 = FGPrax 1998, 88 = ZfIR 1998, 359; KG JFG 14, 102, 103; OLG Hamm DNotZ 1954, 207, 208.

138 **c) Form.** Hinsichtlich der **Form,** des **Inhalts** und der **Stelle** des **Löschungseintrags** gelten die **allgemeinen Regeln** (s § 46). Die Eintragung kann etwa lauten: *»Als inhaltlich unzulässig von Amts wegen gelöscht am . . .«*

9. Weiteres Verfahren nach Amtslöschung

139 **a) Etwaige Grundbuchunrichtigkeit bei Teillöschung.** Die Löschung (eines Teils) einer Eintragung **kann die verbleibende Eintragung unrichtig machen,** etwa wenn diese sich mit der zugrunde liegenden dinglichen Einigung nicht mehr deckt.[1016] Das kann nach § 139 BGB zu beurteilen sein[1017] (Rdn 33). Gegebenenfalls muss, wenn die weiteren Voraussetzungen gegeben sind, ein Amtswiderspruch erfolgen. So kommt, wenn ein Nacherbenvermerk mangels Bezeichnung des Berechtigten gelöscht wird, ein Amtswiderspruch gegen die Eintragung des Vorerben als Grundstückseigentümer in Betracht.[1018]

140 **b) Erledigung des zugrunde liegenden Eintragungsantrags.** Außerdem hat die Löschung einer Eintragung ggf zur Folge, dass **der zugrunde liegende Eintragungsantrag sich als noch unerledigt darstellt.**[1019] Er ist, soweit der Antrag und die weiteren Eintragungsunterlagen dies (noch) rechtfertigen und der jetzige Grundbuchstand nicht entgegensteht, durch Vornahme einer wirksamen Eintragung an nächst offener Rangstelle zu vollziehen.

10. Rechtsmittel

141 Gegen die Amtslöschung ist nach allgemeinen Grundsätzen die **Beschwerde** mit dem Ziel **der Eintragung eines Amtswiderspruchs** gegeben (§ 71 Abs 1 S 2; § 71 Rdn 13, 40, 77).[1020]

V. Briefvorlage bei Amtswiderspruch und Amtslöschung (Abs 2)

1. Allgemeine Regel

142 Es gilt der **Grundsatz der §§ 41 Abs 1 S 1, 42,** wonach bei einem Briefrecht eine Eintragung nur erfolgen soll, wenn dem Grundbuchamt der Brief vorliegt, auf dem dann die betreffende Eintragung zu vermerken ist (§ 62 Abs 1).

2. Bei Amtslöschung

143 Hierfür sieht Abs 2 **keine Ausnahme** vor;[1021] das Grundbuchamt hat gemäß § 62 Abs 1 S 1 den Besitzer des Briefs zur Vorlegung anzuhalten.

3. Bei Amtswiderspruch

144 **a) Vorlagepflicht.** Auch im Fall der Eintragung eines Amtswiderspruchs bedarf es der **Vorlegung stets, wenn der Grund- oder Rentenschuldbrief auf den Inhaber ausgestellt ist oder wenn der Widerspruch einen anderen als den in § 41 Abs 1 S 1 bezeichneten Inhalt hat,** sich also nicht gegen den Bestand oder Inhalt einer Grundschuld, sondern etwa gegen die Wirksamkeit einer eingetragenen Abtretung richtet.[1022]

145 **b) Ausnahmen.** Dagegen ist zur Eintragung eines Amtswiderspruchs die – vorherige – Vorlegung des Briefs **nicht** erforderlich, wenn es sich um einen **Hypothekenbrief** oder um einen **nicht auf den Inhaber ausgestellten Grund- oder Rentenschuldbrief** handelt und wenn **der Widerspruch sich darauf gründet, dass die Hypothek, Grundschuld oder Rentenschuld oder die Forderung, für die die Hypothek bestellt ist, nicht bestehe oder einer Einrede unterliege oder dass die Hypothek, Grund- oder Rentenschuld unrichtig eingetragen sei.** In diesen Fällen hat das Grundbuchamt die Einreichung des Briefs nachträglich herbeizuführen, notfalls durch Zwang (§ 62 Abs 2 S 2[1023]), und anschließend den Widerspruch dort zu vermerken. Diese Regelung durchbricht den Grundsatz, dass das Grundbuchamt vor der Eintragung eines Amtswiderspruchs die Möglichkeit eines gutgläubigen Erwerbs auszuschließen hat (Rdn 69, 85).[1024]

1016 BGH NJW 1966, 1656 = DNotZ 1967, 106, 107; BGH WM 1968, 1087, 1088; BayObLG ZfIR 1998, 359 f; BayObLG MittBayNot 1998, 256; KGJ 42, 256.
1017 Vgl BayObLG ZfIR 1998, 359.
1018 OLG Zweibrücken Rpfleger 1977, 305.
1019 BayObLGZ 1991, 139, 143; BayObLG MittBayNot 1998, 257f; KGJ 39, 248, 256; OLG Hamm Rpfleger 1976, 131, 132.
1020 BayObLGZ 1953, 80, 83; BayObLGZ 1961, 23, 26 = NJW 1961, 1263; KG OLGE 44, 174; KG OLGZ 1975, 301, 302; KG Rpfleger 1975, 68.
1021 KGJ 42, 175, 178.
1022 Vgl KGJ 38, 294, 297.
1023 KG JFG 7, 408.
1024 BayObLGZ 1995, 399, 406 = Rpfleger 1995, 240, 241.

§ 54 (Öffentliche Lasten)

Die auf einem Grundstück ruhenden öffentlichen Lasten als solche sind von der Eintragung in das Grundbuch ausgeschlossen, es sei denn, daß ihre Eintragung gesetzlich besonders zugelassen oder angeordnet ist.

Schrifttum

Albrecht/Teifel, Auswirkungen der Wertausgleichsregelung im neuen Bundes-Bodenschutzgesetz auf die Kreditsicherung durch Grundstücke, Rpfleger 1999, 366; *Bemboom,* Die Grundsteuer im Zwangsversteigerungsverfahren, KKZ 1987, 108; *Drischler,* Die Grundsteuer in der Zwangsversteigerung, Rpfleger 1984, 340; *ders,* Baulasten und Zwangsversteigerung, NVwZ 1985, 736; *ders,* Baulasten in der Zwangsversteigerung, Rpfleger 1986, 289; *Elsner,* Grundsteuer in der Zwangsversteigerung, BB 1985, 452; *Fischer,* Rechtliche Gestaltung und Probleme der öffentlichen Grundstückslast, NJW 1955, 1583; *Gassner,* Fiskalprivilegien für steuerliche Nebenansprüche im Rahmen des § 10 Abs 1 Nr 3 ZVG; *Harst,* Probleme der Baulast in der notariellen Praxis, MittRhNotK 1984, 229; *Grziwotz,* Erschließungsbeiträge und sonstige Anliegerbeiträge in Bayern: Regelung im Grundstückskauf und Grunderwerbsteuer, MittBayNot 2003, 200; *Hornung,* Grundsteuer und Zwangsversteigerung, KKZ 1988, 205; *Jäger,* Zur Zulässigkeit der Begründung öffentlich-rechtlicher Grundstückslasten aufgrund landesrechtlicher Vorschriften, DVBl 1979, 24; *Lorenz,* Zu den privatrechtlichen Folgen der nachbarrelevanten Baulast, NJW 1996, 2612; *Masloh,* Zivilrechtliche Aspekte der öffentlich-rechtlichen Baulast, NJW 1995, 1993; *Mayer,* Bundes-Bodenschutzgesetz und Bodenschutzlastenvermerk in Grundbuch und Zwangsversteigerung, RpflStud 1999, 108; *Messer,* Die Haftung des Grundstückserwerbers für Anliegerbeitragsschulden des Veräußerers, NJW 1978, 1406; *Michalski,* Die Funktion des Grundbuchs im System öffentlich-rechtlicher Beschränkungen, MittBayNot 1988, 204; *Mümmler,* Die Baulast im Zwangsversteigerungsverfahren JurBüro 1982, 1456; *Riewald,* Hypotheken für öffentliche Lasten, JW 1930, 2366; *ders,* Der rechtliche Inhalt der öffentlichen Grundstückslast, JW 1932, 499; *Sachse,* Das Spannungsverhältnis zwischen Baulastenverzeichnis und Grundbuch, NJW 1979, 195; *Schürmann,* Die Baulast im Grundstücksverkehr, FS Rhein Notariat, S 81; *Schmittat,* Die Ablösung von Erschließungsbeiträgen in Grundstücksverträgen mit Gemeinden, DNotZ 1991, 288; *Sievers,* Säumniszuschläge und Kosten in der Rangklasse 3 des § 10 ZVG, Rpfleger 2006, 522; *Schreiber,* Die öffentlichen Grundstückslasten nach § 10 Ziff 3 ZVG und ihre Rangverhältnisse, Rpfleger 1951, 118; *Steenbock,* Wesen und Inhalt von öffentlichen Lasten, Kommunale Steuerzeitschrift 1977, 209; *Steinkamp,* Das Verhältnis von Baulast und Dienstbarkeit, MittRhNotK 1998, 117; *Stoltenberg,* Öffentliche Lasten in der Zwangsversteigerung, RpflJB 1988, 370; *Waldmann,* Zum Verwaltungszwangsverfahren und Ablösungsrecht, DJ 1942, 404.

I. Allgemeines

1. Normzweck

§ 54 ist durch die GBOÄndVO vom 05.08.1935 in die GBO eingefügt worden. Er **schließt** die **öffentlichen** **1** **Lasten** eines Grundstücks als solche **von der Eintragung** in das Grundbuch im Regelfall **aus**, weil diese zur Erhaltung ihrer Wirksamkeit gegenüber dem öffentliche Glauben des Grundbuchs der Eintragung nicht bedürfen[1] und deshalb aus dem Grundbuch fern zu halten sind. Ihre Eintragung würde bei Unkundigen nur den falschen Eindruck erwecken, das Grundbuch sei für Bestand und Umfang dieser Lasten maßgebend. Darüber

---

1 RGZ 86, 35; ferner *Böttcher* Rn 18; *Dassler/Schiffhauer* Rn 15; *Steiner-Eickmann* Rn 36; *Stöber* Rn 7 je zu § 52 ZVG.

hinaus wäre die Eintragung einer öffentlichen **Grundstückslast als solche** im Hinblick auf ihre aus § 10 Abs 1 Nr 3 ZVG sich ergebende bevorzugte Rangstelle, die hinsichtlich des Hauptrechts grundsätzlich nicht verloren gehen kann (wohl aber hinsichtlich der sich daraus ergebenden Ansprüche auf die einzelnen Beitragsleistungen), zwecklos.

2. Entstehungsgeschichte

2 Bis zur Neufassung der GBO im Jahre 1935 war die Eintragung öffentlicher Grundstückslasten reichsrechtlich nicht geregelt. Es gab hierüber nur landesrechtliche Bestimmungen,[2] deren Vorschriften nicht ausreichend waren und zu zahlreichen Zweifeln Anlass gaben. Um eine klare, einheitliche Regelung zu schaffen, wurde die Bestimmung des § 54 in die GBO aufgenommen.[3]

II. Gegenstand der Regelung

1. Begriff der öffentlichen Grundstückslast

3 Die Vorschrift des § 54 besagt, dass eine öffentliche Last auf dem Grundstück, worauf sie ruht, **nicht** in das Grundbuch **eingetragen** werden kann. Klärungsbedürftig ist darum zunächst, was unter dem Rechtsbegriff der öffentlichen Grundstückslast zu verstehen ist.

4 Eine gesetzliche Definition hierfür fehlt. Der Begriff wird, obwohl auch beispielsweise für die Regelungen des § 436 BGB und des § 10 Abs 1 Nr 3 ZVG bedeutsam, als bekannt vorausgesetzt. Nach allgemeiner Ansicht liegt dann eine **öffentliche Grundstückslast** vor, wenn es sich um eine im öffentlichen Recht des Bundes oder eines Bundeslandes **kraft Gesetzes oder Satzung** einer Körperschaft (zB Gemeinde, Landkreis) geschaffene **Abgabeverpflichtung** handelt, die in Geld durch wiederkehrende oder einmalige Leistungen zu erfüllen ist und bei der die **dingliche Haftung des Grundstücks** besteht. Daneben kann – was in aller Regel zutrifft, aber für die Charakterisierung als öffentliche Grundstückslast keine Rolle spielt – noch die persönliche Zahlungspflicht des Schuldners gegeben sein.[4]

5 **Nicht erforderlich** ist es, eine öffentliche **Grundstückslast** unbedingt **als solche zu bezeichnen**. Im Regelfall erfolgt dies zwar ausdrücklich in einer entsprechenden Bestimmung (Gesetz oder Satzung), jedoch genügt es für die Zuordnung im Einzelfall, wenn sich die Eigenschaft aus der rechtlichen Ausgestaltung der Zahlungspflicht und aus der Beziehung zum Grundstück ergibt. **Unabdingbar** muss aber aus Gründen der Klarheit und Rechtssicherheit aus der gesetzlichen Regelung eindeutig hervorgehen, dass die **Abgabeverpflichtung auf dem Grundstück lastet** und demzufolge nicht nur eine persönliche Haftung des Abgabeschuldners, sondern (auch) eine dingliche Haftung des Grundstücks besteht. Zweifel in dieser Hinsicht schließen eine Berücksichtigung der Zahlungspflicht als öffentliche Last aus.[5]

6 Maßgebend für die Begründung einer öffentlichen Grundstückslast ist stets eine durch Bundes- oder Landesgesetz – je nach Zuständigkeit (vgl Art 70 ff GG) – zumindest dem Grundsatz nach festgelegte Beitragspflicht, bevor dann entsprechend dieser gesetzlichen Ermächtigung durch Rechtsverordnung Durchführungsbestimmungen zur näheren Ausgestaltung getroffen werden können. Eine **konstitutive Begründung** öffentlicher Grundstückslasten lediglich **im Verordnungswege** (und in den auf Rechtsverordnung beruhenden Satzungen) ist **nicht** möglich. Bei der Einführung von öffentlichen Lasten durch den Landesgesetzgeber ist dieser im Übrigen gehalten, das sachenrechtliche System der Privatrechtsordnung zu beachten. Die konkurrierende Gesetzgebung des Bundes gemäß Art 72 Abs 1, 74 Abs 1 Nr 1 GG hindert ihn insoweit an einem Abweichen.[6] Wenn eine Vorschrift des öffentlichen Rechts eine Beitragspflicht für öffentliche Einrichtungen begründet, unabhängig davon, ob der Schuldner Grundstückseigentümer ist, so muss in ihr, falls die Verpflichtung den Charakter einer öffentlichen Last haben soll und damit eine Heranziehung des jeweiligen Eigentümers des belasteten Grundstücks infrage kommt, dies unmissverständlich zum Ausdruck gebracht sein.

7 Öffentliche Grundstückslasten entstehen, wie bereits erwähnt, nur kraft Gesetzes und haben ihren Ursprung, wie die Bezeichnung »öffentlich« schon andeutet, ausschließlich im **öffentlichen Recht**. Sie können nicht auf privatrechtlicher Grundlage begründet werden und sind mithin einer vertragsmäßigen Bestellung entzogen. Ihr weiteres Schicksal als Belastung des haftenden Grundstücks richtet sich dagegen nach Privatrecht, dh es finden

---

2 ZB für das ehemalige Preußen Art 11 Abs 1 preuß AGGBO, der vielfach in die Ausführungsbestimmungen anderer Länder übernommen wurde.
3 Vgl *Hesse-Saage,* Vorträge über das neue Grundbuchrecht; *Saage* JW 1935, 2772; *Hesse* 2 ZAkDR 1936, 815.
4 RGZ 66, 318; 127, 135; BGH BB 1961, 770; BGH KTS 1971, 192 = LM ZVG 10 Nr 3 = MDR 1971, 205 = *Warn* 1970, 647; BGH KTS 1981, 595 = LM ZVG § 10 Nr 4 = MDR 1981, 1002 = NJW 1981, 2127 = Rpfleger 1981, 349 = WM 1981, 910 = ZIP 1981, 777; BGH KTS 1988, 826 = NJW 1989, 107 = Rpfleger 1988, 541; BayObLGZ 1999, 252; ferner *Riewald* JW 1932, 449; *Fischer* NJW 1955, 1583.
5 BGH KTS 1988, 826 (Fn 4); LG Aachen NJW-RR 1993, 1488.
6 BVerfGE 45, 297, 338.

auf die öffentlichen Lasten grundsätzlich die Vorschriften über die privaten Grundstücksbelastungen entsprechende Anwendung,[7] soweit dem nicht die rechtliche Besonderheit der öffentlich-rechtlichen Forderungen entgegensteht. So geht beispielsweise die Eigenschaft als öffentliche Grundstückslast nicht dadurch verloren, dass über die Höhe der Abgabeverpflichtung in einem Verwaltungsgerichtsverfahren ein Vergleich geschlossen wird.[8]

Eine Einschränkung des Rechtsverkehrs ergibt sich vor allem insoweit, als die **Abtretung** einer öffentlich-rechtlichen Forderung aus einer öffentlichen Grundstückslast **an Privatpersonen unzulässig** ist.[9] Als Ausnahme kommt nur in Betracht der gesetzliche Forderungsübergang bei Begleichung einer fremden Schuld gem § 268 BGB (Zur Ablösung s im weiteren Rdn 82 f). Die Zulassung einer unbeschränkten Abtretung derartiger Forderungen würde die Position des Schuldners in unvertretbarer Weise beeinträchtigen und zur Veränderung des Inhalts der Forderung führen, weil die sich aus dem öffentlich-rechtlichen Rechtsverhältnis zwischen dem Staat oder einem sonstigen Hoheitsträger ergebenden Schutzbestimmungen wie zB Erlass, Stundung, Teilzahlung der Forderung, keine Anwendung mehr fänden, so dass die Abtretung an Privatpersonen mE bereits an der entsprechend geltenden Norm des § 399 BGB scheitern dürfte. **8**

In der Zwangsversteigerung und Zwangsverwaltung stehen nunmehr alle öffentlichen Grundstückslasten, gleichgültig ob sie auf Bundes- oder Landesrecht beruhen, **einander im Range gleich** (§ 10 Abs 1 Nr 3, 155 Abs 2 ZVG). Eine Ausnahme gilt noch hinsichtlich der zwischenzeitlich bedeutungslos gewordenen Hypothekengewinnabgabe, die gemäß § 112 Abs 1, § 114 LAG den anderen öffentlichen Grundstückslasten innerhalb derselben Rangklasse des § 10 Abs 1 ZVG im Range nachgeht. **9**

Ansonsten sind alle Sondervorschriften aufgehoben und demzufolge ist die Vorrangermächtigung für das Landesrecht nach § 4 Abs 1 EGZVG gegenstandslos. Wegen eines möglicherweise bestehenden Befriedigungsvorrechts beschränkter, dinglicher Rechte s Rdn 54. **Außerhalb der Immobiliarvollstreckung** haben die öffentlichen Grundstückslasten **kein Vorrecht**. Die Bestimmungen §§ 1121 ff BGB sind weder unmittelbar noch entsprechend anwendbar.[10] Allerdings erstrecken sich bei Pfändungen wegen Ansprüchen aus öffentlichen Lasten diese durch Ges v 09.03.1934[11] in dem dort bezeichneten Umfang mit bevorzugtem Befriedigungsrecht auf die Miet- und Pachtzinsforderungen aus dem Grundstück.[12] **10**

2. Öffentliche Grundstückslasten im Einzelnen

Eine vollständige Aufzählung aller in Frage kommender öffentlicher Lasten ist nicht möglich. Es sollen hier nur die wichtigsten genannt werden. **11**

a) Bundes- bzw Reichsrecht.

Abgeltungslast

12

Durch die VO über die Aufhebung der Gebäudeentschuldungssteuer vom 31.07.1942[13] mit DVO vom 31.7./28.12.1942[14] wurde deren Ablösung mit dem 10fachen Jahresbetrag angeordnet. Nach § 2 VO ruhte dieser Abgeltungsbetrag nebst Zinsen als öffentliche Last auf dem Grundstück. Eine Ablösung durch ein Bankdarlehen war möglich, wobei dieses dann durch eine Abgeltungshypothek an erster Stelle der Rangklasse des § 10 Abs 1 Nr 4 ZVG zu sichern war und mit Eintragung die Abgeltungslast zum Erlöschen brachte. Mit Ende 1964 in den alten Bundesländern sowie mit Ende 1995 in den neuen Bundesländern sind nach § 23 iV mit § 36a S 1 GBMaßnG[15] restliche nicht im GB eingetragene Abgeltungslasten erloschen. Seit diesen vorgenannten Zeitpunkten können auch keine Abgeltungshypotheken mehr in das GB eingetragen werden (§§ 22, 36a S 1 GBMaßnG). Eingetragene Abgeltungshypotheken haben Vorrang vor allen anderen am Grundstück bestehenden Rechten, erlöschen jedoch kraft Gesetzes, und es entstehen keine Eigentümerrechte, soweit Zahlungen darauf geleistet werden (§ 8 Abs 3 DVO 1942). Im Übrigen besteht für Abgeltungshypotheken ein vereinfachtes Löschungsverfahren (§ 24 GBMaßnG).

---

7 KG JW 1937, 3159; RGZ 146, 317 = RStBl 1935, 737; RGZ 150, 58; *Riewald* JW 1932, 450; vgl auch *Palandt-Bassenge* Einl vor § 854 Rn 18.
8 BGH KTS 1971, 192 (Fn 4).
9 Vgl *Waldmann* DJ 1942, 406; *Fischer* NJW 1955, 1586.
10 *Münzberg* bei *Stein-Jonas* § 865, Rn 38; *Kehrer-Bühler-Tröster* Notar u GB, I § 5 F I 4; bei Betreiben der Zwangsversteigerung oder Zwangsverwaltung aus Ansprüchen der öffentl Last richtet sich der Beschlagnahmeumfang nach §§ 20 Abs 2, 21, 148 ZVG.
11 RGBl 1934 I S 181; geändert am 19.06.2001, BGBl I S 1149 (1171).
12 Vgl amtl Begründung DJ 1934, 338; s hierzu ausführlich *Stöber* Forderungspfändung Rn 239–246.
13 RGBl 1942, I 501.
14 RGBl 1942, I 503, 740.
15 Zur Änderung des § 36a GBMaßnG s BGBl 1995 I 897.

13 Bodensanierung

Nach dem am 01.03.1999 in Kraft getretenen Bundesbodenschutzgesetz[16] hat bei einem kontaminierten Grundstück, falls der Grundstückseigentümer, oder ein sonst Verpflichteter nicht unverzüglich die festgestellten Altlasten beseitigt, die zuständige Behörde **Maßnahmen zur Sicherung und Sanierung** zu ergreifen. Für einen insoweit erfolgten Einsatz öffentlicher Mittel kann dann die Behörde, soweit sich dadurch der Wert des Grundstücks erhöht, von dem Eigentümer einen Wertausgleich fordern (§ 25 Abs 1 BBodSchG).[17] Der Ausgleichsbetrag ruht als öffentliche Last auf dem Grundstück (§ 25 Abs 6 S 1 BBodSchG). Fällig wird der als einmalige Leistung zu erbringende Betrag nach seiner Festsetzung durch die zuständige Behörde (§ 25 Abs 3 BBodSchG), was den Abschluss der Sicherung und Sanierung voraussetzt. Zum insoweit ins GB einzutragenden **Bodenschutzlastvermerk** s Rdn 52.

14 Erschließungskosten

Nach § 127 Abs 1 BauGB können die Gemeinden zur Deckung ihres anderweitig nicht gedeckten Aufwandes für Erschließungsanlagen einen **Erschließungsbeitrag** erheben. Infolge der Änderung von Art 74 Abs 1 Nr 18 GG[18] ist die konkurrierende Gesetzgebungskompetenz des Bundes für das Recht der Erschließungsbeiträge entfallen. Dieser Bereich unterliegt nunmehr der ausschließlichen Gesetzgebung der Länder. Allerdings ist durch Art 125a Abs 1 S 1 GG ausdrücklich die Fortgeltung der §§ 127 ff BauGB als Bundesrecht angeordnet, soweit es nicht durch Landesrecht, also beispielsweise durch die Kommunalabgabengesetze der einzelnen Länder ersetzt wird (Art 125a Abs 1 S 2 GG). Zu den **Erschließungsanlagen** zählen nach § 127 Abs 2 BauGB die zum Anbau bestimmten Straßen, Wege und Plätze, öffentliche Fuß- und Wohnwege, Sammelstraßen, Parkflächen, Grünanlagen sowie Anlagen zum Schutz von Baugebieten gegen schädliche Umwelteinwirkungen.

15 Der **Erschließungsaufwand** umfasst die Kosten für den Erwerb und die Freilegung der Flächen für die Erschließungsanlagen, ihre erstmalige Herstellung einschließlich der Einrichtungen für ihre Entwässerung und Beleuchtung, die Übernahme von Anlagen als gemeindliche Erschließungsanlagen, sowie den Wert der von der Gemeinde aus ihrem Vermögen bereitgestellten Flächen im Zeitpunkt der Bereitstellung, § 128 Abs 1 BauGB, wobei insoweit gemäß Abs 2 der vorgenannten Bestimmung nach Landesrecht Sonderregelungen möglich sind.

16 Hinsichtlich der **Anliegerbeiträge,** die nach den jeweiligen Kommunalabgabegesetzen der einzelnen Länder zu dem erweiterten Kreis der Erschließungskosten zu zählen sind, siehe im Weiteren die Ausführungen unter Rdn 32 ff.

17 Der Erschließungsbeitrag ruht ab dem Zeitpunkt seines Entstehens als öffentliche Last auf dem Grundstück bzw Erbbaurecht bzw Wohnungs- oder Teileigentum (§ 134 Abs 2 BauGB). Die **Beitragspflicht entsteht** grundsätzlich mit der endgültigen Herstellung der Erschließungsanlagen (§ 133 Abs 2 BauGB),[19] wobei die Gemeinden die Merkmale der endgültigen Herstellung einer Erschließungsanlage durch Satzung regeln können (§ 132 Ziff 4 BauGB). Die endgültige Herstellung und damit der Erlass eines Beitragsbescheides setzt regelmäßig den Grunderwerb, einen gültigen Bebauungsplan, eine Erschließungssatzung,[20] die vollständige bauliche Fertigstellung und das Vorliegen aller Rechnungen[21] voraus. Nach § 133 Abs 3 BauGB können auch **Vorausleistungen** auf den Erschließungsbeitrag verlangt werden. Voraussetzung ist aber insoweit ebenfalls der Erlass einer Ortssatzung über die Erhebung von Erschließungsbeiträgen.[22] Dabei ruhen auch die mit Vorausleistungsbescheid festgestellten Forderungen als öffentliche Last nach § 134 Abs 2 BauGB auf dem Grundstück.[23] Das gilt aber nicht, wenn die Vorauszahlungsverpflichtung vertraglich vereinbart wurde.[24]

18 Der Beitragsbescheid ist durch Zustellung bekannt zu machen. Derjenige, der im Zeitpunkt der Bekanntmachung Eigentümer des Grundstücks ist, haftet persönlich als Schuldner. Mehrere Beitragspflichtige haften als Gesamtschuldner. Die **Fälligkeit** des Erschließungsbeitrags als öffentliche Last tritt gemäß § 135 Abs 1 BauGB grundsätzlich gleichzeitig mit der Fälligkeit der persönlichen Verpflichtung einen Monat nach Zustellung des Beitragsbescheides ein. Dabei ist aber zu unterscheiden zwischen Bruchteils- und Gesamthandseigentum. Bei Bruchteilseigentum kann die Fälligkeit für jeden ideellen Miteigentumsanteil gesondert eintreten, entsprechend der Bekanntmachung des Beitragsbescheides an den betreffenden Miteigentümer. Bei Gesamthandseigentum ist, da die öffentliche Grundstückslast nur einheitlich fällig werden kann, von dem zeitlich letzten Fälligkeitstermin gegenüber dem der Gesamthand angehörenden Miteigentümer auszugehen.

---

16 BBodSchG, BGBl 1999, 502.
17 Zum Wertausgleich im Einzelnen s *Albrecht/Teifel* Rpfleger 1999, 366; *Mayer* RpflStud 1999, 108; *Sorge* MittBayNot 1999, 232.
18 Änderung dch G v 27.10.1994, BGBl I S 3146.
19 Vgl BVerwG NJW 1985, 2568; BGH DNotZ 1976, 360 = NJW 1976, 1314.
20 BVerwG NJW 1975, 1426.
21 BVerwG 49, 131.
22 BVerwG MDR 1967, 779 = NJW 1967, 1101 = BWNotZ 1967, 213; BVerwGE 26, 247 = ZMR 1978, 349.
23 OVG-NW KTS 1983, 153.
24 BVerwG, DVBl 1982, 543 = KSt Z 1982, 190 = NVwZ 1982, 377.

Zur Vermeidung unbilliger Härten kann die Gemeinde die Zahlung des Erschließungsbeitrags **in Raten** oder 19
in Form einer **Rente** zulassen. Die Zahlung soll jedoch grundsätzlich nicht über zwei Jahre hinaus erstreckt
werden. Bei Verrentung ist der Erschließungsbeitrag in eine Schuld umzuwandeln, die in höchstens zehn Jahresleistungen zu entrichten ist (§ 135 Abs 2 und 3 BauGB). Auch der **verrentete Beitrag** ist öffentliche
Grundstückslast. Dabei genießen in der Zwangsversteigerung des Grundstücks nur die laufenden (vgl § 13
Abs 1 ZVG) und die zwei Jahre rückständigen Leistungen einschließlich Zinsen aus dem geschuldeten Restbetrag den Vorrang nach § 10 Abs 1 Nr 3 ZVG. Die Zinsen werden abweichend von dem noch nicht bereinigten
Wortlaut des § 135 Abs 3 S 3 u 4 BauGB nicht mehr nach dem Diskontsatz der Deutschen Bundesbank
bestimmt, sondern durch den Basiszinssatz nach § 247 BGB.[25]

Flurbereinigung 20

Die am Flurbereinigungsverfahren Beteiligten nach § 10 Nr 1 FlurbG[26] bilden eine Teilnehmergemeinschaft
(§ 16 FlurbG). Die einzelnen Teilnehmer können dabei gemäß § 19 FlurbG zur Zahlung von Beiträgen und
Vorschüssen herangezogen werden. Die **Beitrags- und Vorschusspflicht** ruht als öffentliche Last auf den im
Flurbereinigungsgebiet liegenden Grundstücken, jedoch haften diese jeweils nur dinglich in Höhe der auf sie
entfallenden Anteile der berechneten Geldbeiträge, wobei dies gleichermaßen für die in bestimmten Fällen zu
zahlenden Ausgleichs- und Erstattungsbeiträge gilt (§ 20 FlurbG). Auch Eigentümern von Grundstücken, die
nicht zum Flurbereinigungsgebiet gehören, aber durch Anlagen wesentliche Vorteile haben, kann ein entsprechender Anteil an Unterhaltungskosten auferlegt werden, der als öffentliche Last auf deren Grundstücken lastet
(§ 42 Abs 3 S 3 FlurbG). Ferner können nichtbeteiligte Grundstückseigentümer, die von der Flurbereinigung
wesentliche Vorteile haben, einen **Beitrag zu den Ausführungskosten** schulden, der ebenfalls als öffentliche
Last auf den Grundstücken ruht, für die er festgesetzt ist (§ 106 FlurbG).

Grundsteuer 21

Nach § 1 GrStG[27] können die Gemeinden (Städte) von dem in ihrem Gebiet liegenden Grundbesitz Grundsteuern erheben. Zum Grundbesitz id Sinne gehören auch Erbbaurechte, sonstige grundstücksgleiche Rechte
sowie Wohnungs- und Teileigentumsrechte. Gemäß § 12 GrStG lastet die **Grundsteuer** als öffentliche Last auf
dem Grundbesitz, dh soweit Bruchteilseigentum besteht auch an den ideellen Anteilen. Ansonsten besteht
neben dieser **dinglichen Haftung** für den Grundstückseigentümer, Erbbauberechtigten usw eine **persönliche** Haftung für die Steuerschuld (vgl § 10 GrStG), die sich bei entsprechender Belastung daneben auch auf den
Nießbraucher sowie bei vollständiger oder teilweiser Übereignung des Steuergegenstandes auch für einen
bestimmten Zeitraum ganz oder teilweise auf den Erwerber erstreckt (vgl § 11 GrStG). Die **Fälligkeit** der
Grundsteuer, die gewöhnlich für das Kalenderjahr festgesetzt wird (§ 27 GrStG), und damit auch die Fälligkeit
der öffentlichen Last, richtet sich nach § 28 GrStG. Sie wird regelmäßig zu je einem Viertel des Jahresbetrages
am 15. 2., 15. 5., 15. 8. und 15. 11. oder auf Antrag in einem Jahresbetrag am 1. 7. fällig. Bei Kleinbeträgen
können die Gemeinden abweichende Fälligkeiten bestimmen.

Hypothekengewinnabgabe 22

Die an die frühere Stelle der Umstellungsgrundschuld getretene Hypothekengewinnabgabe (HGA) ruhte nach
§ 111 Abs 1 LAG als einheitliche öffentliche Last auf dem Grundstück. Im täglichen Grundbuchverkehr hat die
HGA keine praktische Bedeutung mehr.

Die an den Grundstücken der **neuen Bundesländer** eingetragenen Reichsmarkhypotheken sind nicht abge- 23
wertet worden, so dass Umstellungsgrundschulden nicht zur Entstehung gelangten und damit auch **keine
HGA.** Im Wege der Umstellung der auf Mark der ehemaligen DDR lautenden Forderungen und Verbindlichkeiten zum 01.07.1990 im Verhältnis 2:1 auf Deutsche Mark[28] ist für die alten Reichsmarkrechte ebenso ein
Umrechnungsbetrag von einer DM zu zwei RM getreten.

Knappschaftsbeitrag 24

Nach § 148 Abs 2 RknappschG[29] gehörten Knappschaftsbeiträge bei der Zwangsversteigerung und Zwangsver-
waltung eines Bergwerkseigentums, eines unbeweglichen Bergwerksanteils einer selbständigen Kohlenabbau-
Gerechtigkeit oder eine Salzabbau-Gerechtigkeit zu den öffentlichen Lasten dieser Objekte. Sie spielen keine
Rolle mehr.

---

25 S dazu § 2 Abs 1 des Gesetzes zur Aufhebung des Diskontsatz-Überleitungs-Gesetzes vom 26.03.2002, BGBl I S 1219,
    1220, verkündet als Art 4 des am 04.04.2002 in Kraft getretenen Versicherungskapitalanlagen-Berwertungsgesetzes.
26 Ges v 16.03.1976, BGBl I S 546 mit Änderungen.
27 Ges v 07.08.1973, BGBl 1973 I 965 mit Änderungen.
28 Vgl insoweit den Vertrag über die Schaffung einer Währungs-, Wirtschafts- und Sozialunion v 18.05.1990, BGBl 1990
    II 537 = GBl 1990 I 332, Art 10 Abs 5 und Anlage I Art 7 § 1 Abs 1 unter Ausnahme von gewissen Ansprüchen wie
    Renten sowie weiterer wiederkehrender Leistungen.
29 ReichsknappschaftsG vom 01.07.1926, BGBl III, 822–1, außer Kraft mit Wirkung vom 01.01.1992 gemäß Art 83
    Nr 3 des RentenreformG v 18.12.1989, BGBl I 2261.

25 Landesrentenbankrente

Die zugunsten der Deutschen Siedlungs- und Landesrentenbank bestehenden Landesrentenbankrenten standen den öffentlichen Lasten des Grundstücks gleich und gingen den bestehenden dinglichen Rechten im Rang vor (§ 14 Abs 1 LandesrentenbankG, § 6 HeuerlingswohnungenVO iVm § 1 Abs 2 HeuerlingswohnungenDVO),[30] jedoch nur dann, wenn sie bis spätestens 30.03.1980 in das Grundbuch eingetragen wurden (vgl WobauÄndG 1980, Art 4 Abs 2, Art 5 § 4 Abs 2).[31] Sie haben keine Bedeutung mehr.

26 Rentenbankreallast

An land- und forstwirtschaftlich oder zu gärtnerischen Zwecken genutzten Grundstücken kann zugunsten der Landwirtschaftlichen Rentenbank eine aus der Rentenbankgrundschuld durch Umwandlung entstandene Rentenbankreallast bestehen, die als öffentliche Grundstückslast anzusehen ist.[32] Eine praktische Bedeutung kommt ihr nicht mehr zu, weil die diesbezüglichen Zahlungsansprüche längst abgewickelt wurden.

27 Schornsteinfeger-Gebühr

Die **Kehr- und Überprüfungsgebühren** des Schornsteinfegers sind gemäß § 25 Abs 4 SchfG[33] öffentliche Lasten des Grundstücks. Dabei besteht die dingliche Haftung des Grundstücks für **Gebühren der Bau- und Gebrauchsabnahme** sowie für **Auslagen** (zB Wegegelder) und die zu erhebende **Mehrwertsteuer.** Ansprüche auf Verzugszinsen werden durch § 25 Abs 4 SchfG nicht begründet.[34] Auch bei Aufteilung in Wohnungseigentum sind die Kehr- und Überprüfungsgebühren öffentliche Last des gesamten im Miteigentum aller Wohnungseigentümer stehenden Grundstücks. Daher haften die Wohnungseigentümer samtverbindlich für anfallende Gebühren und dies auch dann, wenn der Kaminkehrer die gebührenpflichtigen Tätigkeiten an im Sondereigentum stehenden Anlagen vorgenommen hat.[35]

28 Umlegungsbeitrag

Durch Umlegung können von der Gemeinde die im Geltungsbereich eines Bebauungsplans liegenden Grundstücke in der Weise neugeordnet werden, dass nach Lage, Form und Größe für die bauliche und sonstige Nutzung zweckmäßig gestaltete Grundstücke entstehen und damit eine Erschließung und Neugestaltung eines bestimmten Gebietes durchgeführt werden kann (vgl § 45 BauGB). Die im nach §§ 57 ff BauGB durchzuführenden Verfahren in einem **Umlegungsplan festgesetzten Geldleistungen,** welche der verpflichtete Eigentümer oder Erbbauberechtigte zum Zweck des Ausgleichs für den verhältnismäßigen Mehrwert eines zugeteilten Grundstückes, für bauliche Anlagen, Anpflanzungen und sonstige Einrichtungen zu leisten hat, ruhen als öffentliche Last auf dem Grundstück bzw Erbbaurecht (§ 64 Abs 3 BauGB). Umlegungsbeiträge sind regelmäßig einmalig zu entrichtende Beträge, die mit der Bekanntmachung des In-Kraft-Tretens des Umlegungsplans fällig werden (§§ 64 Abs 2, 71 BauGB). Die Gemeinde als die Berechtigte der Geldleistungen kann nach ihrem pflichtgemäßen Ermessen die Fälligkeit der Ausgleichsleistungen für Mehrwerte (§§ 57–61 BauGB) bis zu längstens 10 Jahren hinausschieben und ferner die Begleichung dieser Ansprüche in wiederkehrenden Leistungen anordnen.

29 Ebenso handelt es sich bei **Geldleistungen, die im Zuge einer Grenzregelung** und im Rahmen einer vereinfachten Umlegung (§ 80 BauGB) für Wertveränderungen der Grundstücke oder als Wertunterschied ausgetauschter Grundstücke zu zahlen sind, um öffentliche Grundstückslasten, wenn insoweit die Gemeinde Gläubigerin der Leistung ist (§ 81 Abs 2 S 4 mit § 64 Abs 3 BauGB). Die **öffentlichen Lasten** sind gemäß den Ausnahmeregelungen der § 64 Abs 6, § 81 Abs 2 BauGB **im Grundbuch zu vermerken** (siehe hierzu die Ausführungen unter Rdn 53).

30 Wasser- und Bodenverbandsbeitrag

Verbandsbeiträge der Mitglieder oder Nutznießer eines Wasser- oder Bodenverbandes sind öffentliche Abgaben. Die Beitragspflicht der dinglichen Verbandsmitglieder ruht als öffentliche Last auf den Grundstücken, Bergwerken und Anlagen, mit denen dingliche Verbandsmitglieder an dem Verband teilnehmen (§ 29 WVG).[36]

31 b) Landesrecht. Nach dem Recht der einzelnen Bundesländer sind in einer Vielzahl von Gesetzesbestimmungen **gewisse Abgaben** ausdrücklich als öffentliche Grundstückslasten deklariert oder zumindest rechtlich

---

30 LandesrentenbankG vom 07.12.1939 BGBl III 7625–2 mit Änderungen; Heuerlingswohnungen-Verordnung vom 10.03.1937, BGBl III 2330–7 mit Änderungen; Heuerlingswohnungen DVO v 27.01.1938, BGBl III 2330-7-2 mit Änderungen.

31 WohnungsbauänderungsG 1980 vom 20.02.1980, BGBl I 159, 167.

32 §§ 2, 3d Ges v 11.05.1949, WiGBl S 77 mit Änderungen iVm DVO v 25.05.1949 WiGBl 80.

33 Ges v 15.09.1969, BGBl I 1969, 1634.

34 BVerwG NJW-RR 1994, 972.

35 Vgl *Stöber* ZVG, § 44 Rn 5.29 b.

36 WasserverbandsG v 12.02.1991, BGBl I 405.

so gestaltet, dass sie als solche angesehen werden. Gläubiger dieser Ansprüche sind grundsätzlich die Gemeinden oder Gemeindeverbände, die Land- oder Stadtkreise sowie sonstige öffentlich-rechtliche Gebietskörperschaften.

Zur Begründung der dinglichen Haftung des Grundstücks für die vorerwähnten öffentlich-rechtlichen Ansprüche ist immer eine **gesetzliche Ermächtigung** erforderlich. Nur wenn diese Rechtsgrundlage vorhanden ist, die zumindest im Ansatz zu bestimmen hat, dass eine Leistungsverpflichtung – unabhängig von der persönlichen Haftung des Abgabeschuldners – als öffentliche Grundstückslast ausgestaltet werden kann, ist die Basis für eine dahingehende Qualifikation geschaffen. Dem Landesgesetzgeber steht es insoweit nur zu, unter Beachtung der sachenrechtlichen Gesetzgebungskompetenz des Bundes nach Art 74 Abs 1 Nr 1 GG, den Rahmen des § 10 Abs 1 Nr 3 ZVG dahingehend auszufüllen, dass er bestimmte Abgaben als öffentliche Lasten auf einem Grundstück ruhend erklärt, nicht aber, dass er Regelungen über die rechtliche Behandlung der öffentlichen Lasten in der Immobiliarzwangsvollstreckung und ihren Inhalt trifft.[37] Die Bestimmung der dinglichen Haftung kann auch, soweit nicht das Landesgesetz dies bereits selbst festlegt, dadurch erfolgen, dass das Gesetz eine Ermächtigung enthält, wonach die Abgabe in einer hierzu ergehenden Gemeindesatzung als öffentliche Last ausgewiesen werden kann. Die **Satzung** hat dann ferner die Modalitäten der Erhebung, dh den Kreis der Abgabepflichtigen, den die Abgabe begründenden Tatbestand, den zugrunde liegenden Maßstab und den Gebührensatz der Abgabe zu bezeichnen sowie den Zeitpunkt der Entstehung und die Fälligkeit der Schuld zu enthalten. Entsprechendes gilt für als öffentliche Grundstückslasten ausgewiesene **Beiträge, Gebühren, Leistungen, Steuern, Umlagen oder sonstwie bezeichnete Ansprüche**.[38] Bei Abgaben von wirtschaftlichen Gemeindeunternehmen, die beispielsweise für die Versorgung mit Energie und Trinkwasser, die Abfall- und Abwasserbeseitigung sowie die Straßenreinigung erhoben werden, dürfte eine Ausweisung als öffentliche Grundstückslasten nur dann möglich sein, wenn das Unternehmen in öffentlich-rechtlicher Organisationsform geführt wird.[39] Erfolgt die Unternehmensführung auf privatrechtlicher Grundlage (zB als AG oder GmbH) wird das Entgelt für erbrachte Leistungen privatrechtlich geschuldet, so dass ihm bereits der Charakter einer öffentlichen Abgabe fehlt und demzufolge in aller Regel auch kein Ruhen als öffentliche Last auf einem Grundstück in Frage kommt.

Als öffentliche Grundstückslasten sind in landesrechtlichen Bestimmungen der einzelnen Bundesländer unter anderem ausgewiesen:

Baden-Württemberg 32

§ 31 Abs 2 BadWürtt AGGVG[40] nennt als öffentliche Grundstückslasten die Beiträge nach dem Kommunalabgabengesetz sowie die Kirchensteuern, die aus den Grundsteuermessbeträgen erhoben werden (s § 3 BadWürtt KiStG).[41] Beiträge iS der §§ 20 und 33 BadWürtt KAG,[42] sind
– die Anschlussbeiträge zur teilweisen Deckung der Kosten für die erstmalige Anschaffung oder Herstellung öffentlicher Einrichtungen sowie die Kosten des Ausbaus, zu denen die Kosten der Erweiterung, Verbesserung und Erneuerung hergestellter Einrichtungen oder beitragsrechtlich verselbständigter Teileinrichtungen zählen. Weiter umfassen die Beiträge die angemessene Verzinsung des um Zuweisungen und Zuschüsse Dritter sowie Vorausleistungen gekürzten Anlagekapitals bis zur Inbetriebnahme der Anlage. Auch Vorauszahlungen auf die künftige Beitragsschuld genießen den gleichen Status.
– die Erschließungsbeiträge für Erschließungsanlagen von Anbaustraßen, Wohnwegen, Sammelstraßen und –wege, Parkflächen, Grünanlagen und Kinderspielplätze sowie Lärmschutzanlagen.

Nach § 27 KAG ruhen die Beiträge und die Vorauszahlungen als öffentliche Last auf dem Grundstück und im Falle des Bestehens eines Erbbaurechts sowie bei einem Wohnungs- oder Teileigentum auf diesem.

Bayern 33

Gemäß Art 29 BayAGGVG[43] zählen die Beiträge für Tierlebensversicherung und Schlachtviehversicherung, die bei einem landwirtschaftlichen Grundstück für die Versicherung des zum Zubehör gehörenden Viehes an die Bayerische Landestierversicherungsanstalt zu entrichten sind zu den öffentlichen Grundstückslasten.

---

37 Vgl *Jäger* DVBl 1979, 24, 27; unrichtig insoweit die Ausführungen von *Messer* NJW 1978, 1406, 1408 ff, dass die in den Kommunalabgabengesetzen der Länder getroffenen Bestimmungen über die Ausweisung von Anliegerbeiträgen als öffentliche Lasten mangels Gesetzgebungsbefugnis der Länder nichtig seien.
38 Vgl hierzu BGH NJW 1981, 2127 = Rpfleger 1981, 349 u BGH NJW 1989, 107 = Rpfleger 1988, 541 (Fn 4).
39 Vgl dazu *Stöber* § 10 ZVG Rn 69.
40 Ges v 16.12.1975, GBl S 686 mit Änderungen.
41 BadWürtt KirchensteuerG v 15.06.1978, GBl S 370 mit Änderungen.
42 KommunalabgabenG des Landes Baden Württemberg gem. Art. 1d. G. v 17.03.2005, GBl S 206.
43 Ges v 23.06.1981, BayRS 300-1-1 J mit Änderungen.

Die Beitragsregelung des Art 5 BayKAG[44] erfasst
- Beiträge zur Deckung des Aufwands für die Herstellung, Anschaffung, Erweiterung oder Verbesserung öffentlicher Einrichtungen (Investitionsaufwand), auch wenn diese aus der Zeit vor In-Kraft-Treten der Abgabesatzung stammen. Zum Investitionsaufwand gehört ferner der Wert der von der Gebietskörperschaft aus ihrem Vermögen bereitgestellten Sachen und Rechte im Zeitpunkt der Bereitstellung. Auch können Vorauszahlungen auf die Beitragsschuld verlangt werden, die das Privileg der öffentlichen Grundstückslast genießen.

Der Beitrag ruht nach Art 5 Abs 7 KAG als öffentliche Last auf dem Grundstück oder Erbbaurecht, wie auch auf einem Wohnungs- oder Teileigentum, wobei insoweit nur eine Beitragspflicht entsprechend dem Miteigentumsanteil besteht. Die öffentliche Last erlischt nicht, solange die persönliche Schuld besteht.

34 Gemäß Art 70 Abs 2 BayAGBGB[45] erlischt jedoch die Haftung des Grundstücks für die aus öffentlichen Lasten zu zahlenden Beträge hinsichtlich der fälligen wiederkehrenden Leistungen mit dem Ablauf von zwei, hinsichtlich fälliger einmaliger Leistungen mit dem Ablauf von vier Jahren nach dem Eintritt des Zeitpunkts, von dem an die Leistung gefordert werden kann, sofern das Grundstück nicht vorher beschlagnahmt worden ist. Jedoch haftet das Grundstück nicht über den Zeitpunkt hinaus, in dem die persönliche Schuld erlischt.

35 **Berlin**

Nach Art 1, 2 Berl (früher Preuß) AGZVG[46] zählen zu den öffentlichen Lasten eines Grundstücks
- Beiträge und Leistungen zur Erfüllung der Deichpflicht.
- Gemeinsame Lasten, dh nicht auf einem privatrechtlichen Titel beruhende Abgaben und Leistungen, für die das Grundstück nach Gesetz oder Verfassung haftet; dazu gehören namentlich:
- Abgaben und Leistungen, die aus dem Kommunal-, Kirchen-, Pfarr- oder Schuldverband entspringen oder an Kirchen, Pfarren, Schulen, Kirchen- oder Schuldienste zu entrichten sind.
- Beiträge, die aus der Verpflichtung zu öffentlichen Wege-, Wasser- oder Uferbauten entstehen.
- Beiträge an gemeinnützige Zwecke verfolgende Körperschaften des öffentlichen Rechts zur Versicherung gegen den durch Brand, Hagelschlag oder Viehsterben entstehenden Schaden.

Das Berliner Gesetz über Gebühren und Beiträge (GebührG) weist keine Ansprüche als öffentliche Grundstückslasten aus.[47]

36 **Brandenburg**

Nach §§ 7–10a Bbg KAG[48] sind öffentliche Grundstückslasten
- Beiträge der Wasser-, Boden- und Zweckverbände.
- Beiträge (Verwaltungs- und Benutzungsgebühren) zum Ersatz des Aufwandes für die Herstellung, Anschaffung, Erweiterungen, Erneuerungen und Verbesserungen der für den öffentlichen Verkehr gewidmeten Straßen, Wege und Plätze sowie Beiträge für sonstige öffentliche Einrichtungen und Anlagen und dies auch für Teile davon (Kostenspaltung).
- Besondere Wegebeiträge als Ersatz von Mehraufwendungen für nicht dem öffentlichen Verkehr gewidmete Straßen und Wege.
- Die Gemeinden können ferner bestimmen, dass Aufwand und Kosten für Grundstücksanschlüsse an Versorgungsleistungen und Abwasserbeseitigungsanlagen zu den öffentlichen Einrichtungen oder Anlagen gehören und demzufolge als öffentliche Grundstückslasten zu behandeln sind.
- Der Behandlung der Beiträge gleichgestellt sind Vorauszahlungen auf die künftige Beitragsschuld.

Die Beiträge ruhen nach § 8 Abs 10 KAG als öffentliche Last auf dem jeweils durch die Maßnahmen begünstigten Grundstück oder Erbbaurecht.

37 **Bremen**

Nach § 5 Brem AGZPO/InsO/ZVG[49] zählen zu den öffentlichen Lasten eines Grundstücks
- Leistungen zur Erfüllung der Deichpflicht.
- Reallasten, welche den Grundbesitzern als Mitgliedern politischer oder kirchlicher Gemeinden zu den gemeinschaftlichen Einrichtungen obliegen.
- Verbindlichkeiten in Beziehung auf Straßen, Wege, Leinpfade, Flüsse, Fleete, Brücken, Siele, Kanalisationsanlagen und dergl, die nach Gesetz, Satzung oder Herkommen auf dem Grundstück ruhen.

---

44 Bayrisches Kommunalabgabengesetz v 4.04.1993, Bay GVBl S 264 mit Änderungen (BayRS 2024-1-I).
45 Ges v 20.09.1982, BayRS 400-1-J mit Änderungen.
46 Ges v 23.09.1899, GVBl für Berlin Sonderband I Nr 3210-2 mit Änderungen.
47 Ges v 22.05.1957 GVBl Berlin S 516 mit Änderungen.
48 Kommunalabgabengesetz für das Land Brandenburg i. d. F. d. Bek. v 31.03.2004, Bbg GVBl I S 104 mit Änderungen.
49 Ges v 19.03.1963 GVBl Brem S 51 mit Änderungen = Sammlung III 310-a-1.

Nach § 17 BremGebBeitrG[50] können die Gemeinde folgende Beiträge erheben: **38**
- Beiträge zum Bau von Straßen, Wegen und Plätzen die dem öffentlichen Verkehr gewidmet sind, soweit nicht das BauGB anzuwenden ist.
- Beiträge auf Ersatz des Aufwandes für die Herstellung, Anschaffung, Erweiterung und Verbesserung öffentlicher Einrichtungen und Anlagen. Der Aufwand erfasst auch den Wert, den die von der Gemeinde für die Einrichtung oder Anlage bereitgestellten eigenen Grundstücke bei Beginn der Maßnahme haben.

Die Beiträge ruhen gemäß § 21 BremGEBBeitrG als öffentliche Last auf dem Grundstück bzw Erbbaurecht.

Darüber hinaus enthalten verschiedene Ortsgesetze Bestimmungen, wonach gewisse Beiträge als dingliche Lasten deklariert sind (zB § 1 Abs 2 das Gesetz betreffend Kanalbeiträge,[51] § 7 Abs 2 Ortsgesetz über die Erhebung von Kanalbeiträgen in der Stadtgemeinde Bremen;[52] § 7 Abs 2 Ortsgesetz über die Erhebung von Beiträgen für die Erweiterung und Verbesserung von Erschließungsanlagen).[53]

Hamburg **39**

Gemäß §§ 3, 4 Hamb AGZVG[54] sind öffentliche Grundstückslasten
- die Beiträge für die Wasserversorgung durch die Hamburger Wasserwerke GmbH
- und die Kosten der Be- und Entwässerung im Marschgebiet[55]
- sowie nach § 23 Sielabgaben[56] die Beiträge für den Sielbau und den Sielanschluss; Benutzergebühren und die Aufwendungen für darüber hinausgehende Leistungen sowie Kosten der Geländeerschließung; ebenso die durch Vertrag begründete Verpflichtung, Kosten für die Herstellung öffentlicher Sielanlagen zu tragen.

Das Hamb AbgabenG[57] weist keine Ansprüche als öffentliche Grundstückslasten aus.

Hessen **40**

Nach Art 2 Hess AG ZPO/ZVG[58] zählen zu den öffentlichen Lasten eines Grundstücks insbesondere
- Abgaben und Leistungen, die auf der Zugehörigkeit zu einer Gemeinde oder einem Gemeindeverband beruhen.
- Kirchenspielumlagen sowie Abgaben und Leistungen, die aus dem Kirchen- und Pfarrverband entspringen oder an Kirchen, Pfarreien oder Kirchendienste zu entrichten sind.
- Beiträge, die an Stiftungen, Anstalten und Körperschaften des öffentlichen Rechts, die einen gemeinnützigen Zweck verfolgen, sowie an öffentlich-rechtliche Genossenschaften zur Verbesserung der Bodenverhältnisse zu entrichten sind.
- Beiträge und Gebühren zu öffentlichen Wegen, Wasser- und Uferbauten.

Nach §§ 11, 12 HessKAG[59] gehören an Beitragspflichten hierzu
- Beiträge zur Deckung des Aufwands für die Schaffung, Erweiterung und Erneuerung öffentlicher Einrichtungen. Zum Aufwand gehört auch der Wert, den die von der Gemeinde oder dem Landkreis bereitgestellten eigenen Grundstücke haben. Ferner teilweise der bei einem Um- und Ausbau von Straßen, Wegen und Plätzen über die Unterhaltung und Instandsetzung hinausgehende Aufwand. Ebenso zu berücksichtigen wie die Beitragsschuld sind auch Vorauszahlungen auf diese.
- Aufwendungen für die Herstellung, Erneuerung, Veränderung und Beseitigung sowie die Kosten für die Unterhaltung eines Grundstücksanschlusses an Versorgungsleitungen und Entwässerungsanlagen.

Die Beiträge ruhen nach § 11 Abs 11 KAG als öffentliche Last auf dem Grundstück oder auf einem bestehenden Erbbaurecht.

Mecklenburg-Vorpommern **41**

Öffentliche Grundstückslasten sind nach §§ 7–10 KAG-M-V:[60]
- Beiträge zur Deckung des Aufwandes für die Herstellung, den Aus- und Umbau, die Verbesserung, Erweiterung und Erneuerung der notwendigen öffentlichen Einrichtungen und Anlagen.

---

50 Bremisches Gebühren- und Beitragsgesetz v 16.07.1979, Brem GBl S 279.
51 Ges v 28.12.1956, GVBl Brem S 157 = II 2130-f-3.
52 Ges v 10.05.1976, GVBl Brem S 125 = II 2130-f-6.
53 Ges v 12.06.1973, GVBl Brem S 127 = II 2130-c-3.
54 Ges v 17.03.1969, GVBl Hamb S 33 mit Änderungen = III 3101–1.
55 Vgl § 10 des Ges v 7.03.1936, Sammlg d hambg Landrechts 3210-d.
56 Ges idF v 21.01.1986, GVBl Hamb S 7, 33 mit Änderungen = II 2135-2.
57 Ges v 17.02.1976, GVBl Hamb S 45 mit Änderungen = III 610-1.
58 Ges v 20.12.1960 Hess GVBl S 238 mit Änderungen = BS II 210-15.
59 Hessisches Kommunalabgabengesetz v 17.03.1970 Hess GVBl S 225 mit Änderungen = BS III 334-7.
60 Kommunalabgabengesetz Mecklenburg-Vorpommern i. d. F. v 12.04.2005, M-V GVOBl S 146 mit Änderungen.

- Besondere Wegebeiträge für Straßen, Wege und Plätze, die ungeachtet ihrer Widmung kostspieliger gebaut oder ausgebaut werden, weil sie im Zusammenhang mit der Bewirtschaftung oder Ausbeutung von Grundstücken oder im Zusammenhang mit einem gewerblichen Betrieb außergewöhnlich beansprucht werden.
- Kosten des erforderlichen Aufwands für den Anschluss eines Grundstücks an Versorgungs- und Entwässerungsleitungen.
- Angemessene Vorausleistungen auf die künftige Beitragsschuld sind dieser gleichgestellt.

Die Beiträge ruhen nach § 7 Abs 6 KAG als öffentliche Lasten auf dem jeweils durch die Maßnahmen begünstigten Grundstück, Erbbaurecht, dinglichen Nutzungsrecht sowie an einem Wohnungs- oder Teileigentum, wobei insoweit nur eine Beitragspflicht entsprechend dem Miteigentumsanteil besteht.

42   Niedersachsen

Gemäß Art 1, 2 Niedersächs (früher Preuß) AGZVG[61] zählen zu den öffentlichen Grundstückslasten die bereits zum Berliner AGZVG aufgeführten Abgaben und Leistungen (siehe Rdn 35) sowie ferner Beiträge zur Entschädigung oder zu den Kosten der Schutzanlagen, die den Eigentümer gefährdeter oder gefahrbringender Grundstücke auferlegt sind nach Maßgabe des LWaldG.[62]

Einschlägige Beitragsleistungen sind nach §§ 6–8 Niedersächs KAG[63]
- die Beiträge zur Deckung des Aufwands für die Herstellung, Anschaffung, Erweiterung, Verbesserung und Erneuerung öffentlicher Einrichtungen.
- Ferner auch Beiträge für den Grunderwerb, die Freilegung und für nutzbare Teile einer Einrichtung sowie die angemessenen Vorausleistungen auf die künftige Beitragsschuld.
- Besondere Wegebeiträge für nicht dem öffentlichen Verkehr gewidmete Straßen und Wege zum Ersatz von erforderlichen Mehraufwendungen bei deren Herstellung oder Ausbau (s insoweit die Ausführungen bei Rdn 41).
- Kosten für Haus- und Grundstücksanschlüsse (dazu zählen der Aufwand für Herstellung, Erneuerung, Veränderung und Beseitigung sowie die Kosten für die Unterhaltung).

Die Beiträge ruhen nach § 6 Abs 9 KAG als öffentliche Lasten auf dem jeweils durch die Maßnahmen begünstigten Grundstück, Erbbaurecht, dinglichen Nutzungsrecht, Wohnungs- oder Teileigentum.

43   Nordrhein-Westfalen

Nach Art 1, 2 NW (früher Preuß) AGZVG[64] zählen zu den öffentlichen Grundstückslasten die bereits zum Berliner AGZVG genannten Abgaben und Leistungen (siehe Rdn 35).

Einschlägige Beitragsleistungen nach §§ 8–10 NWKAG[65] sind
- Die von Gemeinden und Gemeindeverbänden für die Mitgliedschaft in einem Wasser- und Bodenverband oder in einem Zweckverband zu zahlende Beiträge und Umlagen zum Ersatz des Aufwandes für die Herstellung, Anschaffung und Erweiterung öffentlicher Einrichtungen und Anlagen, bei Straßen, Wegen und Plätzen – soweit nicht das BauGB anzuwenden ist –, auch für deren Verbesserung, jedoch ohne die laufende Unterhaltung und Instandsetzung. Der Aufwand kann auch den Wert umfassen, den die von der Gemeinde oder dem Gemeindeverband für die Einrichtung oder Anlage bereitgestellten eigenen Grundstücke bei Beginn der Maßnahme haben.
- Ferner die angemessenen Vorauszahlungen auf die künftige Beitragsschuld nach Beginn der Durchführung der Maßnahme.
- Besondere Wegebeiträge für nicht dem öffentlichen Verkehr gewidmete Straßen und Wege zum Ersatz von Mehraufwendungen für den Bau und Ausbau.
- Der Kostenersatz für den Aufwand zur Herstellung, Erneuerung, Veränderung und Beseitigung von Haus- und Grundstücksanschlüssen an Versorgungs- und Abwasserleitungen sowie für die Kosten der Unterhaltung.

Die Beiträge ruhen gemäß § 8 Abs 9 KAG als öffentliche Last auf dem Grundstück und im Falle des Bestehens eines Erbbaurechts auf diesem.

---

61 Ges v 23.09.1899, GVBl Nds Sonderband III S 172 mit Änderungen.
62 Landeswaldgesetz v 19.07.1978 Nds GVBl S 595 mit Änderungen.
63 Niedersächsisches Kommunalabgabengesetz v 11.02.1992, Nds GVBl S 29 mit Änderungen –VORIS 20310 01 oo oo 000 –.
64 Ges v 23.09.1899 mit Änderungen SGV NW – Nr 321.
65 Kommunalabgabengesetz für das Land Nordrhein-Westfalen v 21.10.1969, GV.NRW S 712 mit Änderungen, SGV NRW 610.

Rheinland-Pfalz 44

Nach Art 4 RhlPf AGZPO/ZVG[66] sind öffentliche Lasten eines Grundstücks, soweit sie nicht bereits in anderen Rechtsvorschriften als solche bestimmt sind, Abgaben und Leistungen, die auf dem Grundstück lasten und nicht auf einer privatrechtlichen Verpflichtung beruhen.

Dazu können nach §§ 7, 10, 10a, 11 RhlPf KAG[67] kommunale Gebietskörperschaften erheben:
– Einmalige und wiederkehrende Beiträge sowie grundstücksbezogene Benutzungsgebühren als Gegenleistung für die Inanspruchnahme öffentlicher Einrichtungen und Anlagen.
– Einmalige oder wiederkehrende Beiträge für die Herstellung und den Ausbau öffentlicher Straßen, Wege und Plätze sowie selbständiger Parkflächen und Grünanlagen (Verkehrsanlagen).
– Einmalige Beiträge für die Herstellung und den Ausbau öffentlicher Immissionsschutzanlagen.
– Wiederkehrende Beiträge für Investitionsaufwendungen und Unterhaltungskosten von Feld-, Weinbergs- und Waldwegen sowie von Dränagen und für die jährlichen Kosten des Feld- und Weinbergschutzes, einschließlich Zins und Tilgung von Krediten für die Finanzierung der Investitionsaufwendungen.
– Vorausleistungen auf die endgültige Beitragsschuld.

Die Beiträge und grundstücksbezogenen Benutzungsgebühren ruhen gemäß § 7 Abs 7, § 10 Abs 8 und § 10a Abs 7 KAG als öffentliche Last auf dem Grundstück.

Saarland 45

Nach Art 42 Saarl AGJusG[68] sind öffentliche Lasten eines Grundstücks iS des § 10 Abs 1 Nr 3 und § 156 Abs 1 ZVG, soweit sie nicht bereits in anderen Rechtsvorschriften als solche bestimmt sind, Abgaben und Leistungen die auf dem Grundstück lasten und nicht auf einer privatrechtlichen Verpflichtung beruhen.

Nach §§ 8–10 Saarl KAG[69] zählen dazu
– Beiträge zum Ersatz des Aufwandes für die Herstellung, Anschaffung, Erweiterung, Verbesserung oder Erneuerung öffentlicher Einrichtungen.
– Ferner Beiträge für den Grunderwerb und die Freilegung. Zulässig ist ebenso die satzungsmäßige Bestimmung der Umwandlung einer einmalig zu zahlenden Beitragsschuld auf Antrag hin in wiederkehrende Leistungen, aufgeteilt auf die Dauer von höchstens 10 Jahren, die dann Leistungen iS des § 10 Abs 1 Nr 3 ZVG gleichstehen. Ebenso können für Verkehrsanlagen Beiträge in wiederkehrender Form erhoben werden.
– Der Aufwand für die Herstellung, Erneuerung, Veränderung und Beseitigung sowie die Kosten für die Unterhaltung eines Haus- und Grundstücksanschlusses an Versorgungs- und Entsorgungsanlagen.
– Besondere Wegebeiträge für nicht dem öffentlichen Verkehr gewidmete Straßen und Wege zum Ersatz kostspieliger Mehraufwendungen bei der Herstellung oder dem Ausbau.
– Angemessene Vorauszahlungen auf die künftige Beitragsschuld stehen dieser gleich.

Die Beiträge ruhen gemäß § 8 Abs 12 und § 8a Abs 6 KAG als öffentliche Last auf dem Grundstück oder auf dem Erbbaurecht. Für kommunale Zweckverbände, die zur Erhebung von Gebühren, Beiträgen und sonstigen Abgaben berechtigt sind, gelten die Vorschriften entsprechend (§ 16 KAG).

Sachsen 46

Nach §§ 17, 20, 24, 31–33 SächsKAG[70] sind öffentliche Lasten eines Grundstücks
– die Beiträge zur angemessenen Ausstattung, zum Ausbau oder zur Erneuerung öffentlicher Einrichtungen, bei denen Grundstücke durch die Möglichkeit des Anschlusses an die Einrichtung nicht nur vorübergehende Vorteile erwachsen (§ 17 KAG).
– Zusätzliche Beiträge, wenn die öffentliche Einrichtung nachhaltig, nicht nur unerheblich über das normale Maß hinaus in Anspruch genommen wird (§ 22 KAG).
– Beiträge zur Deckung des Aufwands für die Anschaffung, Herstellung oder den Ausbau inklusive Erweiterung, Verbesserung und Erneuerung von Straßen, Wegen und Plätzen (Verkehrsanlagen) sowie Immissionsschutzanlagen und Lärmschutzanlagen bei Schallminderung um mindestens 3 dB(A). Beitragsfähig ist dabei vor allem der Aufwand für Anschaffung, Herstellung und Ausbau von Fahrbahnen, Gehwegen, Radwegen unselbständigen Parkierungsflächen, unselbständigen Grünflächen mit Bepflanzung, Beleuchtung und Entwässerung sowie der Wert der vom Beitragsberechtigten aus seinem Vermögen bereitgestellten Sachen und Rechte im Zeitpunkt der Bereitstellung und die vom Personal des Beitragsberechtigten erbrachten Werk- und Dienstleistungen (§§ 26, 27 KAG).

66 Ges v 30.08.1974 mit Änderungen RhlPf GVBl S 371 = BS I 3210-2.
67 Kommunalabgabengesetz Rheinland-Pfalz v 20.06.1995, RhlPf GVBl S 175 mit Änderungen.
68 Saarl JustizausführungsG v 05.02.1997, ABl S 258 mit Änderungen.
69 Saarländisches Kommunalabgabengesetz i. d. F. v 29.05.1998, Saarl ABl S 691 mit Änderungen.
70 Sächsisches Kommunalabgabengesetz v 26.08.2004, Sächs GVBl S 418 mit Änderungen.

- Besondere Wegebeiträge für Straßen und Wege, die nicht dem öffentlichen Verkehr gewidmet sind und die abweichend von ihrer gewöhnlichen Bestimmung kostspieliger gebaut oder ausgebaut werden müssen (§ 32 KAG).
- Der Gesonderte Aufwendungsersatz für Herstellung, Erneuerung, Veränderung und Beseitigung sowie für die Unterhaltung der Haus- oder Grundstücksanschlüsse an Versorgungsleitungen und Abwasserbeseitigungsanlagen durch satzungsmäßige Bestimmung der Gemeinden (§ 33 KAG).

Die Beiträge ruhen gemäß § 24 iVm §§ 31, 32 KAG als öffentliche Last auf dem Grundstück und im Falle seines Bestehens auf dem Erbbaurecht oder einem sonstigen Nutzungsrecht sowie einem Wohnungs- oder Teileigentum.

47 Sachsen-Anhalt

Öffentliche Grundstückslasten sind gemäß §§ 6–8 KAG-LSA[71]
- die Beiträge zur Deckung des Aufwandes für die erforderliche Herstellung, Anschaffung, Erweiterung, Verbesserung und Erneuerung öffentlicher leitungsgebundener Einrichtungen und Verkehrsanlagen (Straßen, Wege, Plätze sowie selbständige Grünanlagen und Parkeinrichtungen).
- Ferner der Aufwand für den Grunderwerb, die Freilegung sowie für nutzbare Teile einer Einrichtung. Der Aufwand umfasst weiter den Wert, den die von der Gemeinde oder dem Landkreis für die Einrichtung bereitgestellten Grundstücke im Zeitpunkt der Bereitstellung haben.
- Den Beiträgen gleichgestellt sind Vorauszahlungen auf die künftige Beitragsschuld.
- Besondere Wegebeiträge für nicht dem öffentlichen Verkehr gewidmete Straßen und Wege infolge erforderlich werdender Mehraufwendungen bei ihrer Herstellung oder ihrem Ausbau.
- Kosten für die Herstellung, Erneuerung, Veränderung und Beseitigung sowie für die Unterhaltung eines Grundstücksanschlusses an Versorgungsleitungen und Abwasseranlagen.

Durch Satzung kann bestimmt werden, dass für Investitionsaufwendungen anstelle einmaliger Beiträge von dem Beitragspflichtigen wiederkehrende Beiträge erhoben werden.

Die Beiträge ruhen nach § 6 Abs 9 KAG als öffentliche Last auf dem Grundstück, bei Bestehen eines Erbbaurechts oder von Wohnungs- oder Teileigentum auf diesem.

48 Schleswig-Holstein

Nach Art 1, 2 Schlesw-Holst AGZVG[72] zählen zu den öffentlichen Grundstückslasten die bereits zum Berliner AGZVG dargestellten Abgaben und Leistungen (siehe Rdn 35) und ergänzend diejenigen Beiträge zur Entschädigung oder zu den Kosten der Schutzanlagen nach Maßgabe des Waldgesetzes für das Land Schleswig-Holstein.[73]

Zu den einschlägigen Beitragsleistungen gehören gemäß § 8 SchlHKAG:[74]
- Die Beiträge zur Deckung des Aufwandes für die Herstellung sowie den Ausbau und Umbau notwendiger öffentlicher Einrichtungen.
- Der Aufwand für den Anschluss eines Grundstücks an Versorgungs- oder Entwässerungsleitungen. Zum Aufwand gehören auch der Wert der Grundstücke, die der Träger der Maßnahme einbringt, sowie die Kosten Dritter, der sich die abgabeberechtigte Körperschaft bedient.
- Besondere Straßenbeiträge zur Deckung der Mehrkosten für Baumaßnahmen an nicht dem öffentlichen Verkehr gewidmeten Straßen infolge außergewöhnlicher Abnutzung.

Die Beiträge ruhen nach § 8 Abs 7 KAG als öffentliche Last auf dem Grundstück, bei Bestehen eines Erbbaurechts oder von Wohnungs- oder Teileigentum auf diesem.

49 Thüringen

Gemäß §§ 7, 7a ThürKAG[75] gehören zu den öffentlichen Lasten eines Grundstücks
- die Beiträge zur Deckung des Aufwandes für die Herstellung, Anschaffung, Erweiterung, Verbesserung oder Erneuerung öffentlicher Einrichtungen. Der Investitionsaufwand umfasst auch den Wert der von der Kommune aus ihrem Vermögen bereitgestellten Sachen und Rechte im Zeitpunkt der Bereitstellung.
- Ferner die für die Erweiterung oder Verbesserung von Ortsstraßen und beschränkt öffentlichen Wegen erhobenen Beiträge, soweit nicht Erschließungsbeiträge nach dem BauGB zu erheben sind. Auch für die vor In-Kraft-Treten der Abgabesatzung hergestellten, erweiterten, verbesserten oder erneuerten öffentlichen

---

71 Kommunalabgabengesetz des Landes Sachsen-Anhalt i. d. F. d. Bek. v 13.12.1996 LSA GVBl S 405 mit Änderungen.
72 Ges v 23.09.1899, SchlH GS S 291 mit Änderungen, SchlH GS II 310-2.
73 Ges v 18.03.1971, GVOBl SchlH S 94, GS III 791-4.
74 Kommunalabgabengesetz des Landes Schleswig-Holstein i. d. F. d. Bek. v 10.01.2005, SchlH GVOBl S 27.
75 Thüringer Kommunalabgabengesetz i. d. F. d. Bek. v 19.09.2000, Thür GVBl S 301 mit Änderungen u. unter Berücks. d. Thüringer Wassergesetzes v 17.12.2004, GVBl S 889.

Einrichtungen können Beiträge erhoben werden. Durch Satzung ist bestimmbar, dass anstelle einmaliger Beiträge die jährlichen Investitionsaufwendungen der zu Abrechnungseinheiten zusammengefassten öffentlichen Straßen, Wege und Plätze (Verkehrsanlagen) nach Abzug des Gemeindeanteils als wiederkehrende Beiträge verteilt werden.

Die Beiträge ruhen nach § 7 Abs 11 KAG als öffentliche Last auf dem jeweils von den Maßnahmen begünstigten Grundstück, Erbbaurecht dinglichen Nutzungsrechts bzw auf dem Wohnungs- oder Teileigentum. Die öffentliche Last erlischt nicht solange die persönliche Schuld besteht.

3. Ausschluss der öffentlichen Lasten von der Grundbucheintragung

Die **öffentlichen Grundstückslasten als solche** sind, von wenigen Ausnahmen abgesehen (dazu nachfolgend **50** Rdn 51), von der **Eintragung ausgeschlossen.** Der Sinn dieser Regelung liegt darin begründet, dass diese Rechte kraft Gesetzes entstehen und nicht dem öffentlichen Glauben des Grundbuchs unterliegen, eine Eintragung daher nicht nur überflüssig, sondern grundsätzlich **unzulässig** ist. Bei der Zwangsversteigerung des betroffenen Grundstücks bleibt die öffentliche Grundstückslast als solche – unabhängig davon, wer der bestrangig betreibende Gläubiger ist (vgl § 44 ZVG) – außerhalb des geringsten Gebots bestehen und erlischt mithin durch die Erteilung des Zuschlags nicht.[76] Belanglos für den Ausschluss der Eintragung der öffentlichen Grundstückslast als solche ist deshalb auch die Frage, inwieweit **bereits fällige Leistungen** aus ihr noch das Vorrecht des § 10 Abs 1 Nr 3 ZVG genießen oder, weil es sich um ältere Rückstände handelt, diese in die Rangklasse des § 10 Abs 1 Nr 7 ZVG zurückgefallen sind.

4. Ausnahmen vom Eintragungsverbot

Das Verbot des § 54 greift nicht Platz, wenn nach dessen Halbs 2 die **Eintragung** einer öffentlichen Grund- **51** stückslast in das Grundbuch **gesetzlich besonders zugelassen** oder **angeordnet** ist. Ein die Eintragung zulassendes oder anordnendes Gesetz kann ein Bundes- bzw Reichsgesetz oder Landesgesetz sein. Das einschlägige Landesrecht ist gemäß § 136 iVm Art 55 EGBGB aufrechterhalten. Nach Landesrecht ist es auch künftig im Rahmen dieses Vorbehalts möglich, durch Einzelbestimmung die Eintragung einer ganz bestimmten öffentlichen Last anzuordnen oder besonders zuzulassen. Der Erlass allgemeiner landesrechtlicher Bestimmungen mit dem Ziel, die Eintragung öffentlicher Lasten generell festzulegen, würde dagegen an § 54 scheitern. Die ausnahmsweise Eintragung öffentlicher Grundstückslasten im Grundbuch hat nicht die Wirkung, dass dem öffentlichen Glauben des Grundbuchs unterstellt wird, es sei denn, dass im Einzelfall ausdrücklich etwas anderes bestimmt ist Im Übrigen aber hat die Eintragung, da hierdurch die rechtliche Natur der öffentlichen Last nicht geändert wird, nur deklaratorische Bedeutung.[77]

Als Ausnahme von dem Grundsatz des § 54 hat das Bundesministerium der Justiz von der in § 25 Abs 6 S 2 **52** BBodSchG enthaltenen gesetzlichen Ermächtigung Gebrauch gemacht und durch die Verordnung über die Eintragung des Bodenschutzlastvermerks[78] geregelt, wie im GB auf das Vorhandensein eines als öffentliche Last ausgestalteten Wertausgleichsbetrag zur Sicherung und Sanierung durch öffentliche Mittel hinzuweisen ist. Hierzu wurde die Grundbuchverfügung durch die Bestimmungen §§ 93a und 93b ergänzt. Dort ist in § 93a GBV grundsätzlich bestimmt, dass öffentliche Lasten auf einem Grundstück in Abteilung 2 des GB einzutragen sind. Des weiteren regelt dann die Vorschrift des § 93b Abs 1 GBV speziell die **Eintragung des Bodenschutzlastvermerks**, durch wörtliche Vorgabe des einzutragenden Inhalts. Die Eintragung wie auch die Löschung des Vermerks nach Erlöschen der Last hat auf Ersuchen der zuständigen Behörde zu erfolgen (§ 93 Abs 2 GBV).

Ferner kommen als praktisch bedeutsame Ausnahmen für die gesetzlich angeordnete Eintragung öffentlicher **53** Lasten im Grundbuch **Vermerke für Geldleistungen nach einem Umlegungsplan** sowie für **Geldleistungen nach einem Grenzregelungsbeschluss** infrage, sofern die Gemeinde Gläubigerin der Geldleistungen ist (§ 64 Abs 6, § 81 Abs 2 BauGB).

5. Befriedigungsvorrechte

Das nach § 117 Abs 1 S LAG früher im GB eintragbare Vorrecht von beschränkten dinglichen Rechten gegen- **54** über einer als öffentliche Last fortbestehenden Hypothekengewinnabgabe ist bedeutungslos geworden. Bedeutung kommt dagegen dem nach §§ 64 Abs 4, 81 Abs 2 BauGB möglichen Befriedigungsvorrecht **gegenüber** dem als öffentliche Last auf dem Grundstück ruhenden **Umlegungs-** sowie **Grenzregelungsausgleichsbeitrag** zu. Danach kann Grundpfandrechten, die zur Sicherung von Krediten für die Errichtung von Neubauten,

---

76 RGZ 86, 357, KG JFG 14, 435.
77 hM; **aA** *Lutter* AcP 164, 122, der davon ausgeht, dass § 892 BGB gegen solche öffentliche Lasten wirkt, die bereits (einmal) im GB eingetragen wurden.
78 Gesetz v. 18.03.1999, BGBl I, S 497.

dem Wiederaufbau zerstörter Gebäude oder dem Ausbau oder der Erweiterung bestehender Gebäude oder der Durchführung notwendiger außerordentlicher Instandsetzungen an Gebäuden dienen, ein Befriedigungsvorrecht vor der öffentlichen Last oder einem Teil derselben für den Fall der Zwangsvollstreckung in das Grundstück eingeräumt werden. Damit wird das Vorrecht nach § 10 Abs 1 Nr 3 ZVG bei einer Zwangsversteigerung nicht hinfällig, doch kann es die Gemeinde gegenüber bevorrechtigten Grundpfandrechtsgläubigern nicht mehr ausüben (relativer Rang!). Das Befriedigungsvorrecht entsteht und besteht außerhalb des Grundbuchs. Zwar sind nach §§ 64 Abs 6, 81 Abs 2 BauGB die öffentlichen Lasten im Grundbuch zu vermerken. Eine **Eintragung des Vorrangs** – da gesetzlich nicht angeordnet oder zugelassen – **erfolgt** jedoch **nicht**.

6. Frühere Eintragungen

55 § 54 bezieht sich nur auf Eintragungen nach dem 01.01.1900. Eine vor diesem Zeitpunkt erfolgte Eintragung einer öffentlichen Last, die nach dem damaligen Recht zulässig war, ist auch weiterhin als zulässig und wirksam anzusehen.[79] Dagegen sind nach dem 01.01.1900 erfolgte Eintragungen öffentlicher Grundstückslasten nach § 53 zu löschen, soweit nicht die Ausnahme des § 54 Hs 2 greift. Eine öffentliche Last, die unter Geltung des früheren Rechts zulässigerweise eingetragen war, dann aber – gleichviel ob zu Recht oder zu Unrecht – gelöscht wurde, darf nicht wieder eingetragen werden; eine trotzdem erfolgte Wiedereintragung ist als inhaltlich unzulässig von Amts wegen zu löschen.[80]

7. Verstöße gegen das Eintragungsverbot

56 Eine entgegen der Vorschrift des § 54 Hs 1 erfolgte **Eintragung einer öffentlichen Last als solche** ist stets **inhaltlich unzulässig** und deshalb nach § 53 Abs 1 S 2 von Amts wegen zu löschen.

57 Soweit eine öffentliche Last ausnahmsweise in das Grundbuch eingetragen werden kann, ist die Eintragung eines **Rangvermerks** grundsätzlich **inhaltlich unzulässig,** weil öffentliche Grundstückslasten kraft Gesetzes allen anderen beschränkten dinglichen Rechten vorgehen und mithin kein »Rang« iS der §§ 879 ff BGB und des § 45 GBO besteht. Auch scheidet idR eine Abänderung des Vorrangs auf rechtsgeschäftlichem Wege aus.[81] Allerdings kann der Gesetzgeber bei eintragbaren öffentlichen Grundstückslasten die Eintragung eines Rangvermerks im Grundbuch besonders zulassen oder anordnen und sie damit dem Rangsystem des BGB und der GBO unterstellen.

III. Sicherung von Leistungen aus der öffentlichen Grundstückslast

1. Allgemeines

58 § 54 Hs 1 verbietet für den Regelfall, dass öffentliche Grundstückslasten **als solche** in das Grundbuch eingetragen werden. Davon zu unterscheiden ist jedoch, inwieweit die aus einer öffentlichen Last sich ergebende **Leistungspflicht** in einer dem Grundbuchrecht angepassten rechtlichen Form **in das Grundbuch Aufnahme finden kann,** insbesondere ob die auf Grund der öffentlichen Last geschuldeten einzelnen Leistungen durch Grundpfandrechte gesichert werden können. Hierüber enthält § 54 keinerlei Bestimmung. Eine diesbezügliche Eintragung ist auch nicht wegen ihres Zusammenhangs mit der öffentlichen Last als solcher grundsätzlich auszuschließen; ihre Zulässigkeit richtet sich vielmehr nach allgemeinen Rechtsgrundsätzen. Hinsichtlich der zu sichernden Leistungen ist zunächst zu differenzieren zwischen einer **Sicherung durch Hypothek oder Grundschuld.** Des weiteren ist bedeutsam, ob die Sicherung an dem Grundstück erfolgt, auf dem die öffentliche Last ruht, oder an einem anderen Grundstück des (auch persönlich) haftenden Schuldners. Entscheidend ist ferner, wenn es um die Belastung des Grundstücks geht, auf dem die öffentliche Last ruht, ob es sich um bevorrechtigte Leistungen iS des § 10 Abs 1 Nr 3 ZVG handelt oder um nichtbevorrechtigte Leistungen, dh ältere Rückstände nach § 10 Abs 1 Nr 7 ZVG.

2. Sicherung durch Hypothek

59 a) **Verkehrshypothek.** Gegen die entsprechende Anwendung der Vorschriften privat-rechtlich entstandener dinglicher Rechte auf die öffentliche Grundstückslast bestehen nach allgemeiner Ansicht **grundsätzlich keine Bedenken,** so dass auch prinzipiell die Sicherung einer öffentlich-rechtlichen Forderung durch eine Hypothek für zulässig erachtet wird. Nicht mit dem Wesen der öffentlich-rechtlichen Forderung vereinbar ist jedoch die Folge des § 1138 BGB, der bei Eintragung einer Verkehrshypothek die §§ 891–899 BGB auch in Ansehung der Forderung zur Anwendung bringt, wodurch für den Rechtsverkehr im Hinblick auf § 1153 Abs 2 BGB eine tatsächlich nicht bestehende Forderung fingiert wird. Da bei der öffentlichen Grundstückslast, die vom Bestand

---

79 KG JFG 11, 289.
80 KG JFG 15, 95.
81 KG JFG 14, 435.

der Forderung abhängig ist, eine dingliche Haftung nur solange besteht, als Leistungen aus ihr gefordert werden können, kommt für sie eine entsprechende Anwendung von § 1138 BGB nicht infrage. Was aber für die öffentliche Last selbst gilt, muss konsequenterweise auch für die aus ihr geschuldeten Leistungen gelten, mit dem Ergebnis, dass für derartige Forderungen die Eintragung einer **Verkehrshypothek ausscheidet.** Hat dagegen der Grundstückseigentümer zum Zwecke der Erfüllung seiner aus einer öffentlichen Grundstückslast entspringenden Verpflichtung ein **selbständiges Schuldversprechen** nach § 780 BGB abgegeben, so kann für die hieraus resultierenden Forderungen ohne weiteres eine Hypothek sowohl an dem Grundstück, aus dessen öffentlicher Last sie geschuldet wird, als auch an einem anderen Grundstück eingetragen werden.

b) Sicherungshypothek. Kein Hinderungsgrund besteht für die Sicherung öffentlich-rechtlicher Forderungen durch eine **Sicherungshypothek,** da diese für ihre Existenz stets das Bestehen der Forderung voraussetzt (§§ 1184, 1185 BGB). | **60**

Die Ablehnung der Eintragung einer Sicherungshypothek mit dem Argument, dass entsprechend dem Grundsatz, wonach die Eintragung zweier selbständiger Hypotheken für diese Forderung nicht zulässig ist – gleichviel ob die Hypotheken auf demselben Grundstück oder auf verschiedenen Grundstücken eingetragen werden[82] –, dies gleichermaßen für das Zusammentreffen von Hypothek und öffentlicher Grundstückslast zu gelten habe, erweist sich als nicht stichhaltig. Richtig ist, dass bei Sicherung einer Forderung durch zwei selbständige Hypotheken, die Übertragung **einer** Hypothek allein, selbst unter Beachtung aller Voraussetzungen des § 1154 BGB, an § 1153 BGB scheitern würde, wenn nicht auch die andere Hypothek mit übertragen würde. Da jedoch die vorgenannten Bestimmungen für die öffentliche Grundstückslast **nicht gelten,** ist der Übergang der Hypothek nicht davon abhängig, dass auch die dingliche Last auf den Erwerber übertragen wird, wobei eine Abtretung der dinglichen Last an Privatpersonen – wie schon unter Rdn 8 ausgeführt – überhaupt nicht möglich ist. Ferner besteht, im Gegensatz zu zwei selbständigen Verkehrshypotheken, auch keine Gefahr der Vervielfachung der Forderung aus der öffentlichen Last kraft öffentlichen Glaubens (§§ 1138, 892 BGB), weil es sich bei dem einzutragenden Recht nur um eine Sicherungshypothek handelt.[83] Unter Berücksichtigung der nachfolgend erörterten Einschränkungen kann daher zur Sicherung von Ansprüchen aus einer öffentlichen Grundstückslast eine Sicherungshypothek sowohl am Grundstück, auf dem die Last ruht, als auch auf einem anderen Grundstück eingetragen werden. | **61**

aa) Für bevorrechtigte und nichtbevorrechtigte Ansprüche. Für die **hypothekarische Sicherung** öffentlich-rechtlicher Forderungen **auf dem Grundstück, auf dem die öffentliche Last ruht,** ist ferner bedeutsam, ob es sich um bevorrechtigte oder nicht bevorrechtigte Ansprüche handelt. | **62**

(1) Bevorrechtigte Ansprüche. Dies sind **Ansprüche,** die in der Zwangsversteigerung in der Rangklasse des § 10 Abs 1 Nr 3 ZVG zu befriedigen sind. Hierzu zählen **einmalige Leistungen,** also öffentliche Grundstückslasten, die nach ihrer Anspruchsgrundlage bei Fälligkeit in einem Betrag zu leisten sind (Beispiel: Erschließungsbeitrag, § 127 BauGB) und **deren Fälligkeit** zum Zeitpunkt der Zuschlagserteilung **nicht mehr als vier Jahre zurückliegt.** Der Wegfall der Bevorrechtigung durch Zeitablauf kann von dem Gläubiger dadurch verhindert werden, dass er innerhalb der 4-Jahresfrist wegen seines Anspruchs aus der dinglichen Last die **Beschlagnahme des haftenden Grundstücks** durch Anordnung der Zwangsversteigerung oder durch Beitritt zu einem bereits anhängigen Verfahren erwirkt. Für die Bestimmung »der aus den letzten vier Jahren rückständigen Beträge« (vgl § 10 Abs 1 Nr 3 Hs 1 ZVG) ist stets von dem Tag der eingetretenen (= ursprünglichen – siehe Rdn 65 –) Fälligkeit der einmalig zu entrichtenden Leistung auszugehen, wobei für die Anwendung des § 13 ZVG, der schon von seinem Wortlaut her nur für wiederkehrende Leistungen zutrifft, kein Raum ist.[84] | **63**

Zu den bevorrechtigten Ansprüchen zählen ferner **wiederkehrende Leistungen,** also Beträge aus öffentlichen Grundstückslasten, die nach ihrer Anspruchsgrundlage (regelmäßig oder unregelmäßig) wiederkehrend für bestimmte Zeitabschnitte zu entrichten sind. Den Vorrang genießen diese Leistungen jedoch nur wegen der **laufenden Beträge** und der **Rückstände aus den letzten 2 Jahren.** Die Abgrenzung der laufenden Beträge von den Rückständen und damit auch die Bestimmung der noch bevorrechtigten 2-Jahresrückstände erfolgt gemäß § 13 ZVG. | **64**

Die Fristen des § 10 Abs 1 ZVG können weder durch Vereinbarung oder Stundung noch durch Vollstreckungsaufschub (vgl § 258 AO) verlängert werden. Der **Verlust des Vorrechts** nach § 10 Abs 1 Nr 3 ZVG kann deshalb auch nicht dadurch verhindert werden, dass eine Stundung vor der ursprünglichen Fälligkeit durch Vereinbarung oder einseitige Bewilligung des Gläubigers erfolgt.[85] | **65**

---

82 KGJ 35, A 314; 53, 214.
83 Vgl dazu KG JFG 18, 17 = JW 1938, 2831 = HRR 1938, Nr 1429.
84 Vgl *Böttcher* Rn 45; *Stöber* Rn 6.4 u. 6.17 je zu § 10 ZVG. **AA** *Dassler-Muth* Rn 21, *Steiner-Hagemann* Rn 95 je zu § 10 ZVG; *Stoltenberg* RpflJb 1988, 370.
85 S dazu *Stöber* ZVG, § 10 Rn 6.20 und § 13 Rn 2.8; ebenso *Böttcher* ZVG, § 13 Rn 13.

66 Da die bevorrechtigten Ansprüche öffentlicher Grundstückslasten im Falle der Zwangsversteigerung mit ihrer Rangklasse § 10 Abs 1 Nr 3 ZVG stets vor den in die Rangklasse § 10 Abs 1 Nr 4 (uU Nr 6) ZVG fallenden Grundpfandrechten zu befriedigen sind, wäre die Eintragung einer unbedingten Hypothek für derartige Leistungen zwecklos und widersinnig. Andererseits muss aber dem Sicherungsbedürfnis des bevorrechtigten Gläubigers insoweit Rechnung getragen werden, als seine Ansprüche durch Zeitablauf einen Verlust des Vorrechts erleiden, weil er sonst zur Vermeidung dieser Folge gezwungen wäre, auch zur Unzeit die Zwangsversteigerung oder Zwangsverwaltung des belasteten Grundstücks zu betreiben. Dem Gläubiger ist es ferner nicht zuzumuten, in derartigen Fällen mit der Eintragung bis zum Erlöschen des Vorrechts für die einzelnen Leistungen zu warten. Deshalb kann schon vorher die Sicherung bevorrechtigter Ansprüche durch eine **aufschiebend bedingte oder** an einen **Anfangstermin geknüpfte Sicherungshypothek** erfolgen.[86] Die Hypothek entsteht dann erst mit Eintritt der Bedingung oder des Anfangstermins (= Wegfall des Vorrechtes), ihr Rang bestimmt sich aber gemäß § 879 BGB nach der Eintragung des Rechts.[87] Eintragbar ist auch eine **unbedingte Höchstbetragshypothek** (§ 1190 BGB), wenn deren, der Höhe nach noch unbestimmter Kreis von zu sichernden Forderungen, auf die im Falle einer Zwangsversteigerung nicht bevorrechtigten Einzelleistungen beschränkt wird.

67 Die Eintragung einer **unbedingten Sicherungshypothek für bevorrechtigte Leistungen ist inhaltlich unzulässig** und von Amts wegen zu löschen (§ 53 Abs 1 S 2), soweit die Eintragung selbst oder die in Bezug genommene Eintragungsbewilligung die Bevorrechtigung erkennen lässt.[88] Eine solche Eintragung bleibt auch dann inhaltlich unzulässig und wirkungslos, wenn das Vorrecht durch Zeitablauf wegfällt. Ausnahmsweise steht der Eintragung einer unbedingten Sicherungshypothek für Straßenherstellungskosten nichts im Wege, wenn Gemeinde und Grundstückseigentümer vor In-Kraft-Treten des BBauG (jetzt: BauGB) einen Vertrag über die Errichtung der Straße und die Leistungsverpflichtung des Eigentümers geschlossen haben.[89]

68 Für die Zuordnung von Ansprüchen zu den bevorrechtigten und damit entscheidend **für** ihre **eingeschränkte Sicherungsmöglichkeit** ist **nur** die Regelung des **§ 10 Abs 1 Nr 3 ZVG maßgebend.** Außer Betracht bleibt insoweit, dass in der Zwangsverwaltung nach § 155 Abs 2 ZVG das Vorrecht der Rangklasse 3 nur für die laufenden wiederkehrenden Leistungen gilt.

69 Im Übrigen besteht das **Befriedigungsvorrecht nur bei rechtzeitiger Anmeldung** (und evtl Glaubhaftmachung) der Ansprüche im Zwangsversteigerungsverfahren, dh spätestens im Versteigerungstermin vor Beginn der Bietzeit (§§ 37 Nr 4, 45 Abs 1, 66 Abs 2 ZVG). Ansonsten erleiden die Ansprüche einen Rangverlust und werden allen anderen Ansprüchen bei der Erlösverteilung im Range nachgesetzt (§ 110 ZVG).

70 Die **Zwangsvollstreckung** wegen Leistungen aus einer öffentlichen Grundstückslast erfolgt **nach** den **Verwaltungszwangsverfahren.** Dabei kann für die zu vollstreckende Forderung auch eine Sicherungshypothek auf dem Grundstück des Schuldners eingetragen werden (vgl § 322 Abs 1 S 2 AO iVm § 866 Abs 1 ZPO sowie die sonstigen Verwaltungsvollstreckungsgesetze des Bundes und der Länder, die regelmäßig entsprechende Regelungen enthalten oder auf die Bestimmungen der AO verweisen). Soweit es sich jedoch um **bevorrechtigte Ansprüche gemäß § 10 Abs 1 Nr 3 ZVG** handelt, kann eine **Sicherungszwangshypothek nur unter der aufschiebenden Bedingung** in das Grundbuch eingetragen werden, **dass das Vorrecht wegfällt** (§ 322 Abs 5 AO). Die Forderung muss auch bei der Verwaltungsvollstreckung 750 Euro übersteigen (§ 322 Abs 1 S 2 AO iVm § 866 Abs 3 ZPO). Abzustellen ist dabei auf die vollstreckbare Forderung bei Eintragung der Zwangshypothek. Selbst wenn später die aufschiebende Bedingung nur für einen Teilbetrag unter 750 Euro eintritt, ändert dies nichts am Fortbestand der nunmehr unbedingten Sicherungshypothek für die reduzierte Forderung. Die Situation ist insoweit die gleiche wie bei einem vorläufig vollstreckbaren Anspruch, der nachträglich bis auf einen Restbetrag unter das Limit des § 866 Abs 3 ZPO aufgehoben wird.

71 **(2) Nichtbevorrechtigte Ansprüche.** Dabei handelt es sich um Rückstände von mehr als vier Jahren bei einmaligen Leistungen und von mehr als zwei Jahren bei wiederkehrenden Leistungen, sofern nicht rechtzeitig vor Fristablauf die Beschlagnahme des Grundstücks durch den Gläubiger selbst erwirkt wurde. Diese Ansprüche haben in der Zwangsversteigerung bei rechtzeitiger Anmeldung und evtl Glaubhaftmachung ein Recht auf Befriedigung in Rangklasse § 10 Abs 1 Nr 7 ZVG, wobei sie aber durch eigenständiges Betreiben des Verfahrens noch in die Rangklasse 5 aufrücken können. Für derartige Leistungen an öffentlichen Grundstückslasten kann zweifelsohne eine **unbedingte Sicherungshypothek** eingetragen werden.

72 Soweit die sonstigen vollstreckungsrechtlichen Voraussetzungen vorliegen, ist ebenso die Eintragung einer unbedingten Sicherungszwangshypothek (Mindestbetrag über 750 Euro) möglich (§ 322 Abs 1 AO und sonstige VerwaltungsvollstrG iVm §§ 866, 867 ZPO).

---

86 S dazu auch LG Köln Rpfleger 1962, 104 zur Absicherung von Vorauszahlungsansprüchen nach § 133 Abs 3 BauGB.
87 KG JFG 18, 75, BayObLGZ 1956, 122.
88 Vgl RGZ 88, 83.
89 BayObLGZ 1962, 290 = NJW 1962, 2157.

Keinen Bedenken begegnet es, wenn es um die Sicherung teils bevorrechtigter, teils nichtbevorrechtigter Leis- 73
tungen geht, **eine einheitliche Sicherungshypothek** einzutragen. Jedoch muss sich aus der Grundbucheintragung unmittelbar ergeben, dass das Recht im Umfang der bevorrechtigten Leistungen aufschiebend bedingt ist.

bb) Sicherung der Ansprüche an anderen Grundstücken. Andere Grundstücke des Schuldners als dasje- 74
nige, auf welchem die öffentliche Grundstückslast ruht, können gleichfalls zur Sicherung von Leistungen aus der dinglichen Last herangezogen werden. Der Eintragung einer **unbedingten Sicherungshypothek** steht dabei nichts im Wege, weil die geschuldeten Leistungen insoweit nur persönliche Forderungen darstellen, die an einem solchen Grundstück ohne hypothekarische Sicherung in der Zwangsversteigerung oder Zwangsverwaltung im Falle des Betreibens des Gläubigers wegen dieser Ansprüche lediglich in Rangklasse § 10 Abs 1 Nr 5 ZVG zu berücksichtigen wären. Darauf, ob die Leistungen an dem für die öffentliche Last dinglich haftenden Grundstück bevorrechtigt oder nichtbevorrechtigt sind, kommt es nicht an.

cc) Mehrfache Sicherung. Probleme können sich noch daraus ergeben, dass sowohl auf dem mit einer 75
öffentlichen Last belasteten als auch an einem anderen Grundstück eine hypothekarische Sicherung der öffentlich-rechtlichen Leistungen angestrebt wird. **Unzulässig** ist es insoweit, wegen derselben Forderung **rechtsgeschäftlich selbständige Sicherungshypotheken** an jedem der Grundstücke einzutragen.[90] **Möglich** ist die Eintragung natürlich, wenn beide Rechte zu einer **Gesamthypothek** verbunden werden.

Nicht zulässig ist ferner die Eintragung von **Sicherungszwangshypotheken** an mehreren Grundstücken 76
ohne Verteilung der Forderung (§ 322 Abs 1 AO und sonst VerwaltungsvollstrG iVm § 867 Abs 2 ZPO). Die Verteilung muss auch dann erfolgen, wenn es sich bei der Belastung des einen Grundstücks um eine aufschiebend bedingte Sicherungshypothek und bei den anderen um eine unbedingte Sicherungshypothek handelt.[91] Ebenso bedarf es einer Verteilung der Forderung in analoger Anwendung von § 867 Abs 2 ZPO, wenn die Sicherungszwangshypothek für dieselbe öffentlich-rechtliche Forderung **erst später** an einem weiteren Grundstück zur Eintragung gelangen soll.[92] Die Verteilung hinsichtlich des bereits haftenden Grundstücks kann durch teilweise Aufhebung (Löschung) des Rechts bzw durch teilweisen Verzicht erfolgen, wobei zur Wirksamkeit die Eintragung im Grundbuch erforderlich ist.

Als **zulässig** erachtet wird dagegen, weil das gesetzliche Vollstreckungsrecht des § 867 ZPO keine diesbezügli- 77
che Einschränkung enthält, **neben** einer bereits **rechtsgeschäftlich** bestellten **Sicherungshypothek** an einem Grundstück die Eintragung einer **Sicherungszwangshypothek** für dieselbe Forderung an einem anderen Grundstück herbeizuführen.[93] Allerdings begegnet die Eintragung einer Zwangshypothek als selbständiges Einzelrecht neben einer bereits rechtsgeschäftlich bestellten Hypothek Bedenken, da eine Übertragung der doppelt gesicherten Forderung als Folge des § 1153 Abs 2 BGB auch die Übertragung beider Hypotheken erforderlich macht. Zu fordern ist daher zumindest, wenn man die Zulässigkeit der Doppelhypothek bejaht, die Eintragung eines Mithaftvermerks bei beiden Rechten analog § 48 GBO.

3. Sicherung durch Grundschuld

Keinen Beschränkungen unterliegt die Eintragung einer Grundschuld, die der Sicherstellung der Ansprüche 78
aus einer öffentlichen Grundstückslast dient.[94] Ohne Belang ist dabei
– welches Grundstück belastet werden soll (das für die öffentliche Last haftende Grundstück oder ein anderes);
– welcher Art die zu sichernden Ansprüche sind (bevorrechtigte oder nichtbevorrechtigte öffentlich-rechtliche Forderungen);
– ob dem Grundbuchamt der Sicherungszweck bekannt ist.

Der abstrakte Charakter der Grundschuld (vgl § 1191 BGB) bewirkt die uneingeschränkte Zulässigkeit dieser Sicherungsmöglichkeit. Zulässig ist ferner zur Sicherung öffentlich-rechtlicher Ansprüche, ein **Pfandrecht an** einer **Eigentümergrundschuld** einzutragen.[95]

Probleme für die Zulässigkeit einer Grundschuldeintragung ergeben sich letztlich auch nicht daraus, dass für die 79
zu sichernde öffentlich-rechtliche Forderung bereits eine (Zwangs-)Hypothek eingetragen wurde. Die Grundschuld kann in diesen Fällen, da sie ja von der Forderung losgelöst ist, sowohl an dem bereits mit einer Hypothek belasteten, als auch an einem anderen Grundstück eingetragen werden.

---

90 Vgl RGZ 70, 245.
91 S dazu die Entsch d OLG Stuttgart NJW 1971, 898, mit der die Eintr einer Ausfallzwangshypothek abgelehnt wird.
92 RGZ 98, 106; 163, 121.
93 RGZ 98, 106; BayObLG MittBayNot 1991, 26 = Rpfleger 1991, 53.
94 Vgl BVerwG RDL 1970, 83 = ZMR 1970, 149.
95 KGJ 34, 271.

4. Nebenleistungen

80 Für gewisse steuerliche Nebenleistungen (vgl § 3 Abs 4 AO) zu Ansprüchen aus öffentlichen Grundstückslasten, die der Abgabenordnung unterliegen (zB Zinsen §§ 233 ff AO, Säumniszuschläge § 240 AO) kann gleichermaßen, wie für die öffentliche Last selbst und die daraus resultierenden Ansprüche, ein Befriedigungsvorrecht nach § 10 Abs 1 Nr 3 ZVG bestehen, sofern für diese Nebenleistungen eine **dingliche Haftung** gegeben ist und nicht lediglich eine persönliche Haftung des Abgabeschuldners vorliegt (vgl § 1 Abs 3 AO).[96] So bestimmt etwa § 12 GrStG nicht nur für die Grundsteuer sondern gleichermaßen auch für die vorerwähnten Nebenleistungen ihre Zuordnung als öffentliche Last.[97] Auch notwendige Kosten (§ 788 ZPO), die durch eine die Befriedigung der dinglichen Ansprüche aus dem Grundstück bezweckende Rechtsverfolgung entstanden sind, genießen gemäß § 10 Abs 2 ZVG das Vorrecht, das den Ansprüchen aus der öffentlichen Last zukommt.

81 Jedoch fallen derartige **Nebenleistungen und Kosten** nicht unter das Verbot des § 54, da sie selbst **keine öffentlichen Grundstückslasten** sind und nur die öffentliche Last als solche von der Eintragung ausgeschlossen ist. Die Sicherung dieser Ansprüche durch Grundpfandrechte unterliegt ansonsten den gleichen Grundsätzen, die für die Sicherung von Leistungen aus öffentlichen Grundstückslasten gelten.

5. Ablösung von Ansprüchen aus der öffentlichen Grundstückslast

82 Sobald die Zwangsversteigerung aus Ansprüchen einer öffentlichen Last mit Vorrang vor einem hierdurch gefährdeten Berechtigten betrieben wird, kann dieser von seinem Ablösungsrecht nach § 268 Abs 1 BGB Gebrauch machen. Mit Ablösung geht dabei auch eine evtl Bevorrechtigung der Ansprüche (in Rangklasse § 10 Abs 1 Nr 3 ZVG) auf den Ablösenden über, da das Vorrecht mit der Forderung verbunden ist und nicht mit der Person des Gläubigers.[98]

83 Will dann allerdings der **ablösende Privatberechtigte** wegen der auf ihn übergegangenen Ansprüche die Zwangsvollstreckung betreiben, wozu bei Vollstreckung in ein Grundstück auch die Eintragung einer Sicherungshypothek gehört (§ 866 Abs 1 ZPO), so kann er dies nicht im Rahmen des Verwaltungszwangsverfahrens tun,[99] sondern muss vielmehr hierzu im ordentlichen Rechtsweg einen **Titel auf Duldung der Zwangsvollstreckung** erwirken.[100] Die für die Sicherung der öffentlich-rechtlichen Ansprüche vor Übergang bestehenden Beschränkungen gelten dann ebenso für Eintragungen zugunsten des Ablösungsberechtigten. Mithin kann **für bevorrechtigte Leistungen,** deren dingliche Haftung sich von Anfang an auf das mit der öffentlichen Last belastete Grundstück beschränkte, lediglich eine **aufschiebend bedingte oder an einen Anfangstermin geknüpfte Sicherungshypothek** eingetragen werden.

IV. Die Baulast

1. Begründung

84 In sämtlichen Bundesländern – mit Ausnahme von Bayern und Brandenburg – wurde in den jeweils übereinstimmenden Landesbauordnungen das Rechtsinstitut der **Baulast** geschaffen.[101] Sie ist eine im Bauordnungsrecht geregelte öffentlich-rechtliche Verpflichtung eines Grundstückseigentümers gegenüber der Baubehörde Eine Baulast wird **begründet** durch die Abgabe einer freiwilligen Erklärung des Grundstückseigentümers, die der Schriftform bedarf. Ferner muss die Unterschrift des Grundstückseigentümers entweder öffentlich beglaubigt oder vor der Bauaufsichtsbehörde geleistet oder von ihr anerkannt werden. Soweit das betroffene Grundstück im Eigentum mehrerer steht, bedarf es der übereinstimmenden Erklärung aller Miteigentümer. Betrifft

---

96 *Steiner-Hagemann* Rn 98, *Stöber* Rn 6.14 je zu § 10 ZVG; *Beckmann* KKZ 1989, 171.

97 Vgl *Stöber* Handb ZVG Rn 74; Unzutreffend *Sievers*, Rpfleger 2006, 522, der nicht zwischen dingl. Haftung u. der persönl Haftung des Steuerschuldners unterscheidet.

98 Vgl BGH NJW 1956, 1197; RGZ 135, 25; 146, 317; 150, 58; KG JW 1937, 1381 m Anm *Mentzel*; OLG Hamm Rpfleger 1987, 75.

99 RGZ 135, 25 und 146, 317 (Fn 98); *Stöber* HRP, Zwangsvollstreckung i d unbewegliche Vermögen Rn 100.

100 *Korintenberg/Wenz*, § 10 ZVG Anm 3; *Jaeckel-Güthe*, § 23 ZVG Rn 13; *Stöber* § 15 ZVG Rn 20.14 u 20.26.

101 Zur Baulast und dem Baulastenverzeichnis im Einzelnen s wie folgt: Baden-Württemberg: §§ 71, 72 LBO v 08.08.1995, GBl S 617 mit Änderungen; Berlin: § 82 BauO Bln v 29.09.2005, geändert dch § 9 G. v. 07.06.2007, GVBl S 222; Bremen: § 85 Brem LBO v 27.03.1995, GVBl S 211; Hamburg: § 79 HBauO v 01.07.1986, GVBl S 183 mit Änderungen; Hessen: § 75 HBO v 18.06.2002, GVBl I S 274 mit Änderungen; Mecklenburg-Vorpommern: § 83 LBauO M-V v 18.04.2006, GVBl M-V Fassung v 10.02.2003, zul. geändert dch Art 3d. G v. 12.07.2007 Nds GVBl S 324; Niedersachsen: §§ 92, 93 NBauO Fassung v 10.02.2003, zul. geändert dch Art 3d. G v. 12.07.2007 Nds GVBl S 324; Nordrhein-Westfalen: § 83 BauO NW Bek. d. Neufassung v 01.03.2000 zul. geändert 13.03.2007, GVBl NRW S 133; Rheinland-Pfalz: § 86 LBauO Fassung v 24.11.1998, GVBl S 365 mit Änderungen; Saarland: § 83 LBO v 18.02.2004, Art. 1 d. G. Nr 1544 mit Änderungen; Sachsen: § 83 SächsBO v 28.05.2004, GVBl S 200; Sachsen-Anhalt: § 82 BauO LSA v 20.12.2005, GVBl S 769; Schleswig-Holstein: § 89 LBO SchlH Fassung v 10.1.200, Gl.Nr 2130-9 mit Änderungen; Thüringen: § 80 ThürBO v 03.06.1994, GVBl S 553i.d. Fassung v. 16.03.2004.

die Baulast ein Erbbaurecht, so hat die Erklärung der Erbbauberechtigte abzugeben; soll Gegenstand der Baulast das Sondereigentum eines Wohnungseigentums sein, so genügt die Erklärung dieses Wohnungseigentümers. Eine Verpflichtung des Grundstückseigentümers für die Übernahme einer Baulast kann sich auch als Nebenpflicht aus dem durch eine Grunddienstbarkeit entstandenen gesetzlichen Begleitschuldverhältnis ergeben.[102]

2. Inhalt

Inhalt der Baulasterklärung kann nur sein, dass sich der Eigentümer gegenüber der Baubehörde, über bestehende baurechtliche Vorschriften hinaus, zu einem auf sein Grundstück bezogenes **Tun, Dulden oder Unterlassen öffentlich-rechtlich verpflichtet.** An zulässigen Verpflichtungen kommen beispielsweise infrage die Ausweisung einer bestimmten Anzahl von Stellplätzen, die Gewährung der Zufahrt zur öffentlichen Straße bei einem gefangenen Grundstück, die Übernahme der einzuhaltenden Bauabstandsfläche, wenn der Grundstücksnachbar bis an die Grundstücksgrenze bauen will, die baurechtliche Gewährleistung des Bestandes eines Gebäudes, das auf mehreren Grundstücken errichtet wird, die Sicherstellung, dass das Grundstück nur einer bestimmten Nutzung oder Bebauung zugeführt werden darf, wie etwa als Sanatorium oder Altenheim sowie auch bei bestimmten Wohngebäuden die Errichtung ausreichend großer Spielplätze für Kinder zu garantieren. Die Baulast schafft also vornehmlich ein dem öffentlichen Recht unterliegendes Rechtsverhältnis zwischen dem Grundstückseigentümer als Baulastverpflichteten und der die Bauaufsicht ausübenden Gebietskörperschaft als Baulastberechtigten, womit letztere ihrer Verpflichtung nachkommt Hindernisse auszuräumen, die ansonsten zur Versagung einer Baugenehmigung führen würden. **85**

Die durch verwaltungsrechtliche Rechtsprechung vertretene Ansicht, wonach Inhalt einer Baulast auch ein **dinglich wirkendes Veräußerungsverbot** sein könne,[103] ist **abzulehnen.** Die Begründung hierfür, es handle sich um ein zulässiges gesetzliches Verbot iS des § 134 BGB, weil eine Baulast einer öffentlich-rechtlichen Bestimmung des Baurechts gleichzustellen sei, ist unzutreffend, da die Baulast durch **rechtsgeschäftliche** Erklärung des Eigentümers, die dieser freiwillig abgibt, zustande kommt und somit ein gemäß § 137 S 1 BGB unwirksames rechtsgeschäftliches Veräußerungsverbot vorliegt. Selbst bei Einordnung als behördliches Veräußerungsverbot iS des § 136 BGB, was nicht zutrifft, kann es mangels GB-Eintragung Dritten gegenüber keine Wirkungen entfalten (§ 135 Abs 2 § 892 BGB).[104] **86**

3. Ansprüche gegen den Baulastverpflichteten

Da die Verpflichtung lediglich öffentlich-rechtlicher Natur ist, kann nur die zuständige Bauaufsichtsbehörde unmittelbare Rechte aus einer Baulast herleiten. Dem durch die Baulast begünstigten **Grundstückseigentümer** erwachsen durch diese dagegen **keine unmittelbaren Ansprüche.**[105] Er hat lediglich gegenüber der Bauaufsichtsbehörde einen Anspruch auf ermessensfehlerfreie Entscheidung über die Durchsetzung der Baulastverpflichtung.[106] Um insoweit selbst einen Anspruch gegen den Baulastverpflichteten zu haben, bedarf es für den Eigentümer des Nachbargrundstücks der Bestellung deckungsgleicher Dienstbarkeiten bei Duldungs- und Unterlassungsverpflichtungen, die ihm dann die Möglichkeit des Vorgehens aus § 1004 BGB über §§ 1027, 1090 Abs 2 BGB eröffnen, und von Reallasten bei Verpflichtungen zu aktivem Tun, um dann gegebenenfalls aus § 1107 iVm § 1147 BGB vorgehen zu können. Andererseits kann sich als Voraussetzung für die Bebauung eines Grundstücks trotz des Bestehens einer Grunddienstbarkeit, aus dem diesem Recht zugrunde liegenden Schuldverhältnis ein Anspruch auf Bestellung einer Baulast gleichen Inhalts ergeben.[107] **87**

4. Baulastenverzeichnis

Die Baulast ist in das bei der Bauaufsichtsbehörde geführte **Baulastenverzeichnis** einzutragen. Die Eintragung wirkt rechtsbegründend, setzt allerdings voraus, dass der sich verpflichtende Grundstückseigentümer bei der Bestellung der Baulast die Verfügungsbefugnis über sein Grundstück besitzt. Ist ihm diese zB durch die Eröffnung eines Insolvenzverfahrens oder infolge angeordneter Testamentsvollstreckung entzogen, kann er auch eine Baulast nicht wirksam bestellen. Zur Wirksamkeit bedürfte es dann der Mitwirkung des Insolvenzverwalters oder des Testamentsvollstreckers. Ebenfalls (relativ) unwirksam (§§ 135, 136 BGB) ist die Baulastbegründung, wenn gegen den Eigentümer ein zugunsten einer bestimmten Person erlassenes Veräußerungsverbot (zB § 938 **88**

---

102 BGHZ 106, 348 = NJW 1989, 1607.
103 OVG Lüneburg NJW 1985, 1796; OVG Hamburg NJW 1987, 915.
104 Vgl insoweit auch *Schöner/Stöber* Rn 3197; *Harst* MittRhNotK 1984, 229, 230.
105 BGHZ 79, 201 = NJW 1981, 980; BGHZ 88, 97 = NJW 1984, 124; BGH NJW 1985, 1952; OLG Hamburg Rpfleger 1980, 112; OVG Lüneburg NJW 1984, 380; OLG Düsseldorf NVwZ-RR 1989, 607; OVG Münster NVwZ-RR 1994, 410; OVG Berlin MDR 1994, 481 = NJW 1994, 2971.
106 OVG Berlin MDR 1994, 481 (Fn 98); OVG Lüneburg NJW 1996, 1363; *Lorenz* NJW 1996, 2612.
107 BGH NJW 1990, 192 = Rpfleger 1990, 58; zur Abgrenzung der Grunddienstbarkeit und Baulast s auch OLG Frankfurt NVwZ 1988, 1162; *Steinkamp* MittRhNotK 1998, 117.

Abs 2 ZPO) besteht. Lediglich von deklaratorischer Bedeutung sind die Eintragungen von Baulasten nach der Bauordnung von Baden-Württemberg. Eine Baulast kann aus dem Baulastenverzeichnis auch wieder **gelöscht** werden. Die Aufgabe der Baulast erfordert stets einen schriftlichen **Verzicht** der Bauaufsichtsbehörde.

Neben dem Baulastenverzeichnis enthält das Liegenschaftskataster nachrichtlich Hinweise auf Baulasten im **Automatisierten Liegenschaftsbuch** und zukünftig auch als flächenhafte Objekte in ALKIS.

5. Rechte Dritter

89 Nach der zumeist in den Bauordnungen der einzelnen Länder enthaltenen Formulierung **entsteht** die **Baulast unbeschadet bestehender Rechte Dritter** am Grundstück. Dies kann nur so verstanden werden, dass derartige Rechte durch die Baulast keine Beeinträchtigung erfahren dürfen. Nicht geklärt ist insoweit, wie die Baulast Bestandskraft gegenüber am Grundstück bestehenden dinglichen Rechten haben soll, insbesondere gegenüber Grundpfandrechten, wenn sich die **später begründete Baulast** wertmindernd auf das Belastungsobjekt auswirkt. Hier muss zu Recht bezweifelt werden, dass eine derartige Baulast ohne Zustimmung der betroffenen dinglich Berechtigten rechtswirksam entstehen kann.[108] Ebenso kann eine nachträglich bestellte Baulast gegenüber einem durch Auflassungsvormerkung gesicherten Erwerber des Grundstücks nur wirksam sein, wenn dieser zugestimmt hat.[109] Ebenfalls Bedenken begegnet die vom BVerwG getroffene Entscheidung, wonach vorbehaltlich anderer landesrechtlicher Regelung die Baulast von einer Versteigerung des belasteten Grundstücks generell unberührt bleibt und durch den Zuschlag nicht erlischt.[110] Dies kann wohl nicht zutreffen, wenn das Versteigerungsverfahren durch einen bereits vor Entstehung der Baulast im GB eingetragenen Grundpfandrechtsgläubiger betrieben wird, der dann infolge des geringeren Meistgebots durch die sich aus der fortbestehenden Baulast ergebenden Wertminderung einen Ausfall bei der Erlösverteilung erleidet. Aus diesem Grund ist auch dazu festzustellen, dass eine Baulast ohne erforderliche Zustimmung beeinträchtigter dinglicher Rechte nicht wirksam bestellt werden kann.[111] Auf den Gesichtspunkt, dass hinsichtlich einer bestehenden Baulast § 52 Abs 1 S 2 ZVG keine Anwendung findet, kommt es daher nicht an.[112]

6. Ausgestaltung und sachenrechtliche Einordnung

90 Ansonsten ist die Baulast als **öffentlich dingliches Recht ausgestaltet,** das mit den genannten Einschränkungen wie eine öffentliche Grundstückslast allen beschränkten dinglichen Rechten vorgeht und gegenüber jedem Rechtsnachfolger wirkt. Eine **Eintragung in das GB erfolgt nicht** und ist im Hinblick auf § 54 GBO auch nicht möglich. Der Erwerber eines Grundstücks kann sich deshalb nicht auf § 892 BGB berufen und demzufolge auch nicht gutgläubig das Grundstück frei von einer bestehenden Baulast erwerben. Jedem Käufer eines Grundstücks ist daher dringend anzuraten, vor Abschluss des Kaufvertrags nicht nur Einsicht in das GB, sondern auch in das Baulastenverzeichnis zu nehmen. Aus sachenrechtlicher Sicht gesehen ist sowohl die Baulast als ein außerhalb des GB entstehendes Recht, wie auch die nur im Baulastenverzeichnis vorzunehmende konstitutive Eintragung,[113] das dadurch praktisch die Funktion eines »Nebengrundbuchs« erhält, höchst fragwürdig, weil sie für den Grundstückseigentümer und für den Inhaber beschränkter dinglicher Rechte erhebliche und oftmals nicht vorhersehbare Risiken beinhalten.[114] Unter Beachtung des numerus clausus des Sachenrechts könnten vor allem die bei Baulasten zugunsten anderer (fremder) Grundstücke eingegangenen Verpflichtungen ebenso ohne weiteres durch Grunddienstbarkeiten für den jeweiligen Eigentümer des herrschenden (= begünstigten) Grundstücks oder durch beschränkte persönliche Dienstbarkeiten bzw Reallasten zugunsten der die Bauaufsicht führenden Gebietskörperschaften abgesichert werden.[115]

Nicht zu den vorerwähnten **Baulasten** gehören die Straßenbaulast, welche die Verpflichtung eines Hoheitsträgers zum Bau und zur Unterhaltung von Straßen beinhaltet, sowie die Kirchenbaulast.

---

108 Vgl *Schöner/Stöber* Rn 3200; *Harst* MittRhNotK 1984, 229, 234.
109 *Drischler* Rpfleger 1991, 234.
110 BVerwG KTS 1993, 314 = MDR 1993, 539 = NJW 1993, 480 = Rpfleger 1993, 208 u 361 (Anm *Alff*).
111 Vgl *Böttcher* § 56 ZVG Rn 7; *Stöber* § 66 ZVG Rn 6.4; *Lohre* NJW 1987, 880; *Alff* Rpfleger 1993, 362.
112 So OVG Hamburg MDR 1993, 762 = Rpfleger 1993, 209; OVG Berlin MDR 1994, 481 (Fn 98).
113 Zum Spannungsverhältnis zwischen Baulastenverzeichnis und Grundbuch s *Sachse* NJW 1979, 195.
114 Zu den Problemen der Baulast s *Harst* MittRhNotK 1984, 229; *Michalski* MittBayNot 1988, 209, *Drischler* Rpfleger 1986, 289; *Masloh* NJW 1995, 1993.
115 Vgl *Schöner/Stöber* Rn 3201.

§ 55 (Bekanntmachung der Eintragungen)

(1) Jede Eintragung soll dem den Antrag einreichenden Notar, dem Antragsteller und dem eingetragenen Eigentümer sowie allen aus dem Grundbuch ersichtlichen Personen bekanntgemacht werden, zu deren Gunsten die Eintragung erfolgt ist oder deren Recht durch sie betroffen wird, die Eintragung eines Eigentümers auch denen, die für eine Hypothek, Grundschuld, Rentenschuld, Reallast oder ein Recht an einem solchen Recht im Grundbuch eingetragen ist.

(2) Steht ein Grundstück in Miteigentum, so ist die in Absatz 1 vorgeschriebene Bekanntmachung an den Eigentümer nur gegenüber den Miteigentümern vorzunehmen, auf deren Anteil sich die Eintragung bezieht. Entsprechendes gilt bei Miteigentum für die in Absatz 1 vorgeschriebene Bekanntmachung an einen Hypothekengläubiger oder sonstigen Berechtigten von der Eintragung eines Eigentümers.

(3) Veränderungen der grundbuchmäßigen Bezeichnung des Grundstücks und die Eintragung eines Eigentümers sind außerdem der Behörde bekanntzumachen, welche das in § 2 Abs 2 bezeichnete amtliche Verzeichnis führt.

(4) Die Eintragung des Verzichts auf das Eigentum ist der für die Abgabe der Aneignungserklärung und der für die Führung des Liegenschaftskatasters zuständigen Behörde bekanntzumachen. In den Fällen des Artikels 233 § 15 Abs 3 des Einführungsgesetzes zum Bürgerlichen Gesetzbuch erfolgt die Bekanntmachung nur gegenüber dem Landesfiskus und der Gemeinde, in deren Gebiet das Grundstück liegt; die Gemeinde unterrichtet ihr bekannte Berechtigte oder Gläubiger.

(5) Wird der in § 9 Abs 1 vorgesehene Vermerk eingetragen, so hat das Grundbuchamt dies dem Grundbuchamt, welches das Blatt des belasteten Grundstücks führt, bekanntzumachen. Ist der Vermerk eingetragen, so hat das Grundbuchamt, welches das Grundbuchblatt des belasteten Grundstücks führt, jede Änderung oder Aufhebung des Rechts dem Grundbuchamt des herrschenden Grundstücks bekanntzumachen.

(6) Die Bekanntmachung hat die Eintragung wörtlich wiederzugeben. Sie soll auch die Stelle der Eintragung im Grundbuch und den Namen des Grundstückseigentümers, bei einem Eigentumswechsel auch den Namen des bisherigen Eigentümers angeben. In die Bekanntmachung können auch die Bezeichnung des betroffenen Grundstücks in dem in § 2 Abs 2 genannten amtlichen Verzeichnis sowie bei einem Eigentumswechsel die Anschrift des neuen Eigentümers aufgenommen werden.

(7) Auf die Bekanntmachung kann ganz oder teilweise verzichtet werden.

(8) Sonstige Vorschriften über die Bekanntmachung von Eintragungen in das Grundbuch bleiben unberührt.

Schrifttum

Bauch, Zu den Mitteilungspflichten des Grundbuchamts nach § 55 GBO, MittBayNot 1983, 155; *Böhringer,* Das grundbuchamtliche Benachrichtigungsverfahren nach Art 233 § 13 nF EGBGB; *Demharter,* Neue Mitteilungspflichten des Grundbuchamts, FGPrax 1995, 216; *ders,* Das Zentralgrundbuch – mehr Licht als Schatten?, Rpfleger 2007, 121; *Dempewolf,* Benachrichtigungsvollmacht als Sicherung, MDR 1957, 458; *Haegele,* Zur Benachrichtigung der Beteiligten in Grundbuchsachen, BlGBW 1953, 328; *ders,* Benachrichtigung in Grundbuchsachen, BWNotZ 1977, 81; *Holzer,* Die Richtigstellung des Grundbuchs, 2005; *Joachim,* Grundbuchliche Benachrichtigung von Dienstbarkeitsberechtigten bei Eigentumswechsel?, Rpfleger 1963, 107; *Löscher,* Die Bekanntmachungsvollmacht, JurBüro 1962, 249; *Schneider,* Überlegungen zur Einführung eines »Zentralgrundbuches«, Rpfleger 2003, 70; *Weber,* Die Verantwortlichkeit des Notars für die Überwachung der richtigen Erledigung der Grundbuchanträge, DNotZ 1974, 393.

Übersicht

I. Allgemeines

1. Normzweck

1 Die Bestimmung ist lediglich eine **Ordnungsvorschrift,** die den berechtigten Interessen der Beteiligten Rechnung tragen soll, von Veränderungen des Grundbuchstandes alsbald Kenntnis zu erlangen, ohne selbst das Grundbuch einsehen zu müssen. Die auf das RegVBG zurückgehende Fassung des § 55 und die damit verbundene Aufnahme von Mitteilungspflichten, die vormals in § 39 Abs 1, 2, 4 und § 41 der Grundbuchverfügung enthalten waren, umfasst die Bestimmung nunmehr alle wesentlichen Grundzüge der Informationsbeziehungen, ohne jedoch die auf anderen bundes- oder landesrechtlichen Vorschriften beruhenden Benachrichtigungspflichten einzuschränken (vgl § 55 Abs 8). Geregelt ist, welcher Kreis von Personen und Stellen zu benachrichtigen ist und auf welche Weise die Benachrichtigung zu erfolgen hat.

2 Ergänzt wird die Vorschrift des § 55 durch die Bestimmungen der §§ 55a und 55b sowie für Fälle der Bekanntmachung der Umschreibung eines GB-Blattes und der Benachrichtigung bei Änderung zur Zuständigkeit für die Führung des GB-Blattes durch §§ 39, 40 und 42 GBV. Hinsichtlich weiterer bestehender Bekanntmachungsvorschriften s Rdn 49 ff.

2. Entstehungsgeschichte

3 Maßgeblich für die Schaffung des § 55 war, dass im Hinblick auf die Verschiedenheit der Landesgesetze es seinerzeit für zweckmäßig erachtet wurde, in einer reichsgesetzlichen Ordnungsvorschrift, wenigstens im beschränkten Umfang die Benachrichtigungspflicht festzulegen und ansonsten aber eine etwaige Ausdehnung dieser Pflicht der Landesgesetzgebung bzw den einzelnen Landesjustizverwaltungen zu überlassen (Mot, 95). Grundlage für die in der Grundbuchordnung vom 24.03.1987[1] enthaltene Erstfassung des § 55 bildete insbesondere die Grundbuchordnung für Preußen und Waldeck, die für die Benachrichtigung des Eigentümers im § 57 und für die Benachrichtigung von Eintragungen der 2. und 3. Abteilung in den §§ 121–123 eigene Vorschriften enthielt.[2] Die Bestimmung, dass die Eintragung eines neuen Eigentümers auch den Grundpfandrechtsgläubigern usw mitzuteilen ist, war mit Rücksicht auf das erhebliche wirtschaftliche Interesse der in Betracht kommenden Berechtigten durch das Ges v 14.07.1905[3] eingefügt worden. Das RegisterverfahrenbeschleunigungsG vom 20.12.1993[4] bewirkte eine beträchtliche Ausweitung der Vorschrift und führte mit der Neufassung der GBO am 26.05.1994 auch zur nunmehrigen Fassung des § 55. Eine Erweiterung stellt dabei die generelle Benachrichtigung des Notars dar, wenn er den Antrag eingereicht hat (Abs 1). Ferner ist der Kreis der zu Benachrichtigenden im Falle von Miteigentum am Grundstück nunmehr eindeutig eingegrenzt (Abs 2). Die früher in der GBV enthaltenen und aus ihr übernommenen Mitteilungspflichten in mehr oder weniger ergänzter bzw erweiterter Form dienen der Erhaltung der Übereinstimmung von GB und Liegenschaftskataster (Abs 3), der Unterrichtung bei Eintragung des Verzichts auf das Eigentum (Abs 4), der Verständigung innerhalb des GB-Verfahrens infolge eingetragenem Vermerk nach § 9 Abs 1 (Abs 5) sowie der Festlegung der Mitteilungsmodalitäten für die GB-Eintragungen (Abs 6). Der erklärbare Verzicht auf Bekanntmachung (Abs 7) stellt klar, dass weiterhin die Vorschriften über die Benachrichtigung als verfahrensrechtliche Regelungen grundsätzlich der Disposition der Beteiligten unterliegen.

II. Benachrichtigungspflichten nach § 55

1. Gegenstand der Bekanntmachung

4 **Jede Eintragung** in das Grundbuch ist bekannt zu machen, wobei es unerheblich ist, ob es sich um Eintragungen auf Antrag oder von Amts wegen handelt. Wie sich jedoch aus der systematischen Einordnung von § 55 als Vorschrift des zweiten Abschnitts der GBO ergibt, gilt sie einschränkend nur für sich **auf Rechtsverhältnisse**

---

1 RGBl S 139.
2 Vgl *Hahn-Mugdan,* Band 5, Materialien zur GBO 1897, S 167, 168.
3 RGBl 707.
4 BGBl I S 2182.

beziehende Eintragungen rechtsändernder oder berichtigender Art.[5] Auf Eintragungen tatsächlicher Natur sowie auf lediglich hinweisende Vermerke findet § 55 idR keine Anwendung.[6] An die das amtliche Verzeichnis nach § 2 Abs 2 führende Behörde sind aber kraft ausdrücklicher Bestimmungen die Veränderungen der grundbuchmäßigen Beschreibung des Grundstücks, die Eintragung eines Eigentümers sowie der Verzicht auf das Eigentum mitzuteilen. Ob und inwieweit der Eigentümer und sonstige Beteiligte von den nicht unter den zweiten Abschnitt fallenden Eintragungen Nachricht erhalten, steht im Ermessen des GBA oder bleibt der Regelung in anderen Bestimmungen, insbesondere der des Landesrechts, überlassen. Da jedoch nach § 55 Abs 6 in die Bekanntmachung auch die Bezeichnung des betroffenen Grundstücks aufgenommen werden *kann,* empfiehlt es sich schon aus Gründen der Kontrolle und Entlastung, nicht allzu kleinlich zu verfahren. **Änderungen und Berichtigungen des Bestandsverzeichnisses** werden darum dem **Eigentümer** generell zur Kenntnis zu bringen sein, wie auch dem Antragsteller die auf seinen Antrag erfolgten Eintragungen mitzuteilen sind, selbst wenn sie nur tatsächlicher Art sind. Dies folgt bereits aus dem allgemeinen Grundsatz, dass über eine bearbeitete Eingabe ein Bescheid zu erteilen ist.

Andere Amtshandlungen als Eintragungen fallen nicht unter § 55. Für die Mitteilung von Zwischenverfügungen und Zurückweisungsbeschlüssen gelten § 18 und § 16 FGG. Eintragungsverfügungen werden nicht mitgeteilt. Hatte jedoch bei Grundstücken der früheren DDR, die im GB als solche aus der Bodenreform gekennzeichnet waren, derjenige der nach Art 233 § 11 Abs 2 EGBGB Eigentümer ist, vor dem 03.10.2000 die Eintragung einer Verfügung beantragt oder beantragen lassen, so hatte das GBA dem Landesfiskus jeweils eine Abschrift der Eintragungsverfügung zu übersenden (Art 233 § 13 EGBGB). Antragsteller neben dem Grundstückseigentümer konnte jeder Begünstigte der Verfügung und natürlich der Notar sein (vgl §§ 13, 15 GBO).[7] **5**

2. Die zu benachrichtigenden Beteiligten

a) Notar. Der den **Eintragungsantrag einreichende Notar** erhält stets, wenn dieser Antrag die Grundlage **6** der vorgenommenen Eintragung war, eine Benachrichtigung. Ohne Belang ist dabei, ob er kraft Ermächtigung nach § 15 den Antrag selbst gestellt oder ihn lediglich als Bote übergeben hat (§ 55 Abs 1). Hat der Notar lediglich beurkundet oder beglaubigt ohne selbst einen Antrag einzureichen, ist er nicht zu benachrichtigen. Zur Antragsermächtigung des Notars siehe im Übrigen Rdn 27 ff.

b) Antragsteller. Hierunter ist neben dem, der nach § 13 Abs 1 S 2 einen Antrag stellt, auch derjenige zu verstehen, der nach § 14 die Berichtigung des Grundbuchs beantragt hat. Antragsteller ist ferner eine Behörde, welche um Eintragung ersucht (§ 38).[8] Wird von **mehreren** ein Eintragungsantrag gestellt, so erhält jeder gesondert Nachricht. Wer als Nichtberechtigter einen Antrag gestellt hat, erhält als am Verfahren formell Beteiligter dann eine Mitteilung über die erfolgte Eintragung, wenn diese auf Antrag eines anderen Berechtigten vorgenommen wurde.[9] Derjenige, welcher eine von Amts wegen vorzunehmende Eintragung anregt, ist nicht als Antragsteller iS von § 55 anzusehen. Er ist jedoch aus Zweckmäßigkeitsgründen zu benachrichtigen, da er zumindest einen Anspruch auf Bescheid über die Behandlung seiner Eingabe hat. Hat der Notar gemäß **§ 15 GBO** einen Eintragungsantrag gestellt und zugleich auch einen eigenen Antrag des Antragsberechtigten als Bote überbracht, so erhält **nur der Notar** eine Eintragungsnachricht.[10] Gleiches gilt, selbst wenn der Antrag stellende Notar ausdrücklich um die unmittelbare Übersendung der Mitteilung an die Beteiligten bittet.[11] **7**

Ist jemand bereits als Antragsteller zu benachrichtigen so **entfällt** ihm gegenüber eine **weitere (nochmalige)** **8** **Benachrichtigungspflicht,** die sich daraus ergeben kann, dass er ferner zu den ansonsten im Rahmen des § 55 Abs 1 zu benachrichtigenden Beteiligten gehört.[12]

Eine Verbindung des Eintragungsantrags mit dem Antrag auf Benachrichtigung dergestalt, dass der Eintragungs- **9** antrag nur erledigt werden darf, wenn zugleich dem Antrag auf Benachrichtigung eines bestimmten Beteiligten entsprochen wird, wäre nach § 16 Abs 1 unzulässig, und dem Eintragungsantrag könnte demzufolge nicht stattgegeben werden.[13] § 16 Abs 2 kann nicht zur Anwendung kommen, da dieser nur eine zulässige Verbindung von Eintragungsanträgen vorsieht. Zur Benachrichtigung bei gesetzlicher und rechtsgeschäftlicher Stellvertretung, insbesondere wenn der Notar den Eintragungsantrag gemäß § 15 gestellt hat, s Rdn 21 ff und 27 ff.

---

5 *Schöner/Stöber* Rn 298.
6 *Demharter* § 55 Rn 3.
7 S *Böhringer* Rpfleger 1998, 1 sowie MiZi XVIII/18.
8 KG OLGE 36, 182 = KGJ 49, 239 = RJA 15, 236.
9 *Bauch* MittBayNot 1983, 155; *Schöner/Stöber* Rn 299.
10 BayObLGZ 1988, 307 = DNotZ 1989, 367 = JurBüro 1989, 213 = MDR 1989, 170 = MittBayNot 1989, 89 Rpfleger 1989, 147.
11 OLG Köln Rpfleger 2001, 123.
12 OLG Zweibrücken DNotZ 1969, 358 m krit Anm *Schmidt* = Rpfleger 1968, 154 m zust Anm *Haegele* = JurBüro 1968, 331 = BayNotZ 1968, 187; *Schöner/Stöber* Rn 302; *Demharter* Rn 10; KEHE-*Eickmann* Rn 2 (1a) je zu § 55; **aA** *Bauch* MittBayNot 1983, 155.
13 Vgl OLG Düsseldorf Rpfleger 1984, 311.

10 **c) Eigentümer.** Jede auf dem Blatte seines Grundstücks bewirkte **Eintragung** ist dem **eingetragenen Eigentümer,** auch wenn er nicht der wahre Eigentümer sein sollte, mitzuteilen. Die Benachrichtigung hat unabhängig davon zu erfolgen, ob die vorgenommene Eintragung die Rechte des Eigentümers berührt oder nicht.

Ist dem Grundbuchamt die Unrichtigkeit des Grundbuchs in Bezug auf das Eigentum bekannt und kennt es ferner Namen und Anschrift des wahren Eigentümers, so ist es berechtigt – aber nicht verpflichtet – diesen neben dem Eingetragenen zu benachrichtigen. Bei Tod des eingetragenen Eigentümers ergeht Mitteilung an die Erben, sofern Kenntnis vom Erbgang besteht und die Anschriften der Erben bekannt oder leicht zu ermitteln sind; weitergehende Nachforschungen hat das Grundbuchamt insoweit nicht anzustellen.

11 Von Eintragungen, die lediglich den **ideellen Bruchteil eines Miteigentümers** betreffen, zB die Eintragung eines Vorkaufsrechts (§ 1095 BGB), einer Reallast (§ 1106 BGB) oder eines Grundpfandrechts (§ 1114 BGB, § 864 Abs 2 ZPO) auf einem Miteigentumsanteil, ist nur der eingetragene Eigentümer des hiervon betroffenen Anteils zu benachrichtigen, nicht jedoch die übrigen Miteigentümer (§ 55 Abs 2 S 1).[14] Als Belastungsgegenstand, bei dem die Eintragung erfolgt, ist insoweit nur der als rechtlich selbständig zu behandelnde Miteigentumsanteil anzusehen. Im Falle einer **Erbteilsübertragung** durch einen Miterben müssen dagegen alle übrigen Miterben von der – wenn auch nur deklaratorisch bedeutsamen – Grundbucheintragung verständigt werden, weil sich insoweit die Benachrichtigungspflicht nach § 55 Abs 1 aus der betroffenen Rechtsstellung der eingetragenen Gesamthandsgemeinschaft ergibt.

12 **d) Begünstigter.** Der Begriff des Begünstigten ist hier derselbe wie in § 13 Abs 1 S 2. Es kommen daher für die Benachrichtigung nur die **Beteiligten** in Betracht, **die durch die Eintragung unmittelbar einen Vorteil erlangen.** Zu diesen gehören aber auch die Berechtigten, die einen Anspruch auf Berichtigung des Grundbuchs aus § 894 BGB haben. Von der Löschung einer Hypothek erhält deshalb ein nachrangiger Berechtigter regelmäßig keine Mitteilung, obwohl dadurch seine Rangstellung verbessert wird. Er ist jedoch dann zu benachrichtigen, wenn die Löschung erkennbar zu seinen Gunsten erfolgt,[15] also beispielsweise in Durchsetzung eines bestehenden vormerkungsgesicherten Löschungsanspruchs gegenüber dem Eigentümer (§§ 1179, 1179a BGB).

13 Voraussetzung für die Benachrichtigung ist ferner, dass der Begünstigte **aus dem Grundbuch ersichtlich** ist. Bei Rechtsänderungen, die außerhalb des Grundbuchs eintreten (zB durch Erbfolge oder Abtretung eines Grundpfandrechtes mittels Briefübergabe, §§ 1154, 1192 Abs 1 BGB), besteht kein Anspruch auf Verständigung. Von einer vom Eigentümer bewilligten Zinserhöhung einer Briefhypothek erhält deshalb der eingetragene Gläubiger und nicht sein Zessionar oder Erbe Mitteilung. Ist dem Grundbuchamt ein derartiger Rechtsübergang aber bekannt, weil etwa der Erwerber sich zu den Grundakten ausgewiesen hat, so ist es berechtigt – nicht verpflichtet –, auch den nicht eingetragenen wahren Berechtigten zu benachrichtigen.

14 **e) Betroffener.** Der Begriff des Betroffenseins iS von § 55 entspricht dem des § 19. Es sind daher die **unmittelbar und die mittelbar Betroffenen** zu benachrichtigen. Mit der Verständigung auch der nur mittelbar Betroffenen wird dem Umstand Rechnung getragen, dass diese die Eintragung idR ebenso zu bewilligen haben; eine Einschränkung der Mitteilungspflicht entsprechend § 13 Abs 1 S 2 auf die unmittelbar Betroffenen wäre deshalb nicht sachgerecht. Bei einem Rangrücktritt einer Hypothek ist beispielsweise auch derjenige zu benachrichtigen, dem ein Pfandrecht oder ein Nießbrauch an der Hypothek zusteht.

15 **Nicht betroffen** (auch nicht begünstigt) werden die Grundpfandgläubiger von Eintragungen, die lediglich eine Berichtigung der Bestandsangaben (zB Änderung in der Bezeichnung des Grundstücks) zum Gegenstand haben.[16] Ebenso gilt ein Nacherbe, dessen Nacherbenrecht im Grundbuch vermerkt ist, als nicht betroffen, wenn der Vorerbe auf ein Nachlassgrundstück eine Hypothek eintragen lässt.[17] Von der Löschung eines zur Nacherbschaft gehörenden Grundpfandrechts muss der eingetragene Nacherbe dagegen benachrichtigt werden. Die Eintragung des Zwangsversteigerungs- und Zwangsverwaltungsvermerks ist nur dem Eigentümer und dem Vollstreckungsgericht (vgl § 19 ZVG), nicht jedoch den dinglichen Berechtigten mitzuteilen. Sie werden davon nicht betroffen, weil ihre Rechte vorgehend eingetragen bzw gesichert sind. Ihre Rechtsstellung in einem solchen Zwangsvollstreckungsverfahren ist, da sie nach § 9 Nr 1 ZVG ohne Anmeldung als Verfahrensbeteiligte gelten und von allen Entscheidungen des Vollstreckungsgerichts zu unterrichten sind, ausreichend gesichert.

---

14 *Demharter* § 55 Rn 11; *Schöner/Stöber* Rn 300.
15 KG OLGE 16, 167 = KGJ 31, A 346.
16 BayObLG 1930, 97.
17 KG OLGE 8, 227 = KGJ 28, A 152; RG 61, 374/379.

f) Grundpfandrechtsgläubiger und Reallastberechtigte sowie Inhaber von Rechten an diesen Rechten. Von der **Eintragung eines Eigentümers** sind auch diejenigen zu verständigen, für welche eine Hypothek, Grundschuld, Rentenschuld, Reallast oder ein Recht an einem solchen Recht (Pfandrecht, Nießbrauch) im Grundbuch eingetragen ist. Da zur Eintragung des (neuen) Eigentümers regelmäßig eine Bewilligung der Inhaber der vorgenannten Rechte nicht in Frage kommt, war früher streitig, ob diese zu den Betroffenen zu zählen sind und bereits aus diesem Grunde von einem Wechsel im Eigentum zu benachrichtigen wären. Der Gesetzgeber hat insoweit den Interessen dieser Berechtigten Rechnung getragen, als § 55 Abs 1 ihre **Benachrichtigung** vom Eigentumswechsel **ausdrücklich vorschreibt** (s dazu auch Rdn 3). 16

Diese Benachrichtigungspflicht besteht jedoch nur bezüglich eines Eigentumswechsels am Belastungsgegenstand. Wenn ein Grundpfandrecht oder eine Reallast lediglich an einem ideellen Anteil eines Miteigentümers zur Eintragung gelangte, so ist eine Änderung der Eigentumsverhältnisse bei den nicht belasteten Miteigentumsanteilen nicht mitteilungspflichtig (vgl § 55 Abs 2 S 1). **Keine Nachricht** von einem Eigentumswechsel erhalten die Berechtigten von **Dienstbarkeiten, Nießbrauchs-** und **Vorkaufsrechten.**[18] 17

g) Katasteramt. Der Katasterbehörde oder der sonst das amtliche Verzeichnis nach § 2 Abs 2 führenden Behörde sind alle Veränderungen der grundbuchmäßigen Bezeichnung eines Grundstücks, Erbbaurechts, Wohnungs- oder Teileigentums, Wohnungs- oder Teilerbbaurechts und die eines dinglichen Nutzungsrechts iS des § 1 Nr 2a GGV sowie hinsichtlich aller vorgenannten Objekte die Eintragung eines Eigentümers (Inhabers) und die Eintragung des Verzichts auf das Eigentum (vgl § 928 BGB) bekannt zu machen (S § 55 Abs 3, 4 S 1 GBO, § 15 Nr 2 EGGVG und MiZi XVIII/1, 2). 18

h) Aneignungsberechtigter. Bei Eintragung des Verzichts auf das Eigentum ist neben dem Katasteramt auch der nach § 928 Abs 2 BGB aneignungsberechtigte **Landesfiskus** zu verständigen (§ 55 Abs 4 S 1). Unberührt bleiben jedoch nach Art 129 EGBGB landesrechtliche Vorschriften, nach welchen das Recht zur Aneignung an einem aufgegebenen Grundstück an Stelle des Fiskus einer bestimmten anderen Person zusteht. Für den Fall, dass auf das Eigentum an einem Grundstück verzichtet wird, das im Gebiet der früheren DDR liegt und aus der Bodenreform stammt, regelt sich das Recht der Aneignung nicht nach § 928 BGB sondern nach Art 233 § 15 Abs 3 EGBGB. Vom eingetragenen Verzicht sind in diesem Falle der **Landesfiskus und** die **Gemeinde**, in deren Gebiet das Grundstück liegt, zu verständigen (§ 55 Abs 4 S 2 GBO und MiZi XVIII/2). 19

i) Grundbuchamt. Wird bei **Rechten, die dem jeweiligen Eigentümer zustehen,** auf dem GB-Blatt des herrschenden Grundstücks ein **Vermerk nach § 9 Abs 1** eingetragen, so ist dies dem GBA, welches das Blatt für das dienende Grundstück führt, bekannt zu machen. Kommt es nach Eintragung des Vermerks zur Änderung oder Aufhebung des am dienenden Grundstück eingetragenen Rechts, so ist davon das GBA, welches das Blatt für das herrschende Grundstück führt, zu verständigen (§ 55 Abs 5 GBO und MiZi XVIII/3). Erfolgt bei **Gesamtrechten** (§ 48) die Eintragung einer Veränderung nur bei einem oder mehreren der belasteten Grundstücke, nicht jedoch bei allen, so sind, wenn die Grundbücher für die dienenden Grundstücke bei verschiedenen GB-Ämtern geführt werden, die GB-Ämter für die übrigen belasteten Grundstücke gemäß § 55a Abs 2 zu verständigen (s auch MiZi XVIII/4). 20

3. Bekanntmachung an Bevollmächtigte

a) Rechtsgeschäftlich bestellter Vertreter. So wie jeder Antragsteller eine Grundbucheintragung selbst oder durch einen **Bevollmächtigten** beantragen kann, steht es ihm als Beteiligten auch frei, einen Dritten zu ermächtigen, Zustellungen oder Benachrichtigungen für ihn in Empfang zu nehmen. Die **Zulässigkeit** einer solchen **Vollmacht** ergibt sich zum einen aus § 55 Abs 8, der die Benachrichtigung generell der freivertraglichen Vereinbarung unterstellt, und zum anderen aus den vollstreckungsrechtlichen Bestimmungen der §§ 5 und 19 Abs 2 ZVG, die ausdrücklich von der Möglichkeit der Bestellung eines Zustellungsbevollmächtigten oder eines sonst empfangsberechtigten Beteiligtenvertreters ausgehen. Das Grundbuchamt hat daher die vom Berechtigten einem Dritten erteilte Vollmacht, für ihn Eintragungsmitteilungen entgegenzunehmen, zu beachten und das Vorhandensein einer solchen Vollmacht in den Grundakten in geeigneter Weise zu vermerken.[19] Praktisch bedeutsam werden solche Benachrichtigungsvollmachten insbesondere bei den außerhalb des Grundbuchs vorgenommenen Abtretungen von Eigentümerbriefgrundschulden, da nur so sichergestellt wird, dass der nicht eingetragene wahre Gläubiger des Rechts von Änderungen der Grundstücksverhältnisse Nachricht 21

---

18 *Bauer/v Oefele-Meincke* Rn 13, *Demharter* Rn 14 je zu § 55; *Schöner/Stöber* Rn 301. **AA** nur *Joachim* Rpfleger 1963, 107 hins Dienstbarkeitsberechtigter zu § 55 aF.
19 BayObLG MittBayNot 1989, 209 = NJW-RR 1989, 718.

erhält.[20] Das Grundbuchamt ist in solchen Fällen gehalten, solange die Vollmacht nicht widerrufen wurde, vorgeschriebene Benachrichtigungen an den Bevollmächtigten zu übersenden.[21] Soweit das Grundbuchamt dies **ablehnt**, steht dem Bevollmächtigten hiergegen ein eigenes Beschwerderecht gegen die Entscheidung des Rechtspflegers (§ 71 Abs 1 GBO iVm § 11 Abs 1 RPflG) bzw ein Erinnerungsrecht gegen die Entscheidung des Urkundsbeamten zu.[22]

22 Ist die **Vollmacht nur zum Zweck der Abgabe einer für die Grundbucheintragung erforderlichen Erklärung erteilt worden,** so hat das Grundbuchamt die Benachrichtigung grundsätzlich dem Berechtigten selbst zu übermitteln. Umfasst die Vollmacht (auch) die Antragstellung, so wird die Benachrichtigung idR dem Bevollmächtigten zuzuleiten sein, da § 55 Abs 1 von der Verständigung des Antragstellers und nicht der des Antragsberechtigten ausgeht, wobei im Allgemeinen nicht anzunehmen ist, dass die Vollmacht nur zur Abgabe des Antrags erteilt wurde.

23 Bei einer **Sicherungshypothek für Inhaber- und Orderpapiere** (§ 1187 BGB) sowie bei einer **Inhabergrundschuld** (§ 1195 BGB) kann nach § 1189 BGB ein Grundbuchvertreter bestellt werden. Ein solchermaßen bestellter Vertreter ist nach außen hin kein echter Treuhänder, sondern ein rechtsgeschäftlich bestellter Bevollmächtigter des jeweiligen Gläubigers.[23] Allerdings ist seine Rechtsstellung ansonsten vom Willen des Gläubigers unabhängig. Vorgeschriebene Benachrichtigungen haben insoweit stets an den Grundbuchvertreter zu erfolgen.

24 Wenn dem Grundbuchamt die Bestellung eines Vertreters oder Zustellungsbevollmächtigten zu den Grundakten angezeigt wird, ist dies in das **Wohnungsblatt** (Muster 11 AktO)[24] aufzunehmen (§ 21 Nr 5 S 2 AktO).[25]

25 Eine Benachrichtigungspflicht dahingehend, dass der **Verwalter einer Wohnungseigentümergemeinschaft** über jeden in das Wohnungseigentumsgrundbuch eingetragenen Eigentumswechsel durch das GBA in Kenntnis zu setzen ist, besteht nicht,[26] da der Verwalter nicht zu den nach § 55 GBO rechtlich betroffenen Personen gehört. Die einem Wohnungseigentumsverwalter über § 27 WEG zugewiesenen Aufgaben und Befugnisse ermächtigen ihn auch nicht ohne besondere Bevollmächtigung für einzelne Wohnungseigentümer Eintragungsanträge zu stellen und Vollzugsmitteilungen hierüber in Empfang zu nehmen.

26 **b) Gesetzliche Vertretung.** Liegt dem Grundbuchamt eine durch den gesetzlichen Vertreter (zB Eltern, Vormund, Betreuer, Pfleger) abgegebene Erklärung zum Vollzug vor, so muss diesem auch die Eintragungsnachricht übermittelt werden. Aber selbst dann, wenn keine vom gesetzlichen Vertreter abgegebene Erklärung vorliegt, ist grundsätzlich nicht der Beteiligte selbst (als Eigentümer, Betroffener oder unmittelbar Begünstigter), sondern dessen Vertreter zu benachrichtigen. Soweit jedoch in Ausnahmefällen einem **beschränkt Geschäftsfähigen** (§ 106 BGB) in Grundbuchsachen die volle Verfahrensfähigkeit zusteht und er selbst Erklärungen abgibt (zB bei lediglich rechtlich vorteilhaften Geschäften § 107 BGB oder Grundstücksgeschäften im Rahmen des § 112 BGB), erhält er und nicht sein gesetzlicher Vertreter die Benachrichtigung.

27 **c) Antragsermächtigung des Notars.** Hat der beurkundende oder beglaubigende Notar kraft der nach § 15 vermuteten Vertretungsbefugnis namens eines oder aller Antragsberechtigten einen Antrag gestellt, so hat das Grundbuchamt die Eintragungsnachrichten nur an den Notar zu richten und **nicht auch noch an den oder die vertretenen Antragsberechtigten**.[27] Ihnen steht kein Anspruch auf unmittelbare Übersendung der Eintragungsnachricht durch das GBA zu.

20 Zur Benachrichtigungsvollmacht allgemein: *Dempewolf* Betrieb 1956, 177 und MDR 1957, 458; *Löscher* JurBüro 1962, 249; *Haegele* Rpfleger 1971, 289 und BWNotZ 1977, 81; Zur Zulässigkeit im Einzelnen: LG Ellwangen BWNotZ 1968, 124; AG Maulbronn BWNotZ 1968, 125; AG Neuenburg BWNotZ 1968, 125; OLG Stuttgart BWNotZ 1974, 17 = DNotZ 1974, 618 = NJW 1974, 705 = OLGZ 1974, 113 = Rpfleger 1974, 110 = Justiz 1973, 435; LG Frankenthal MittBayNot 1972, 69 = Rpfleger 1972, 26 m Anm *Haegele* = WM 1972, 59; LG Mannheim MDR 1972, 247 = MittBayNot 1972, 16 = WM 1971, 1431; gegenteiliger Ansicht nur AG Stuttgart-Bad Cannstatt Justiz 1968, 145.
21 KGJ 34, 328; BayObLG DNotZ 1990, 739.
22 OLG Stuttgart OLGZ 1973, 422 = Rpfleger 1974, 110.
23 RGZ 150, 289, 290.
24 Zu seiner Bedeutung s RGZ 157, 94.
25 Bundeseinheitliche Fassung der AktO durch Erlasse des Bundes und der einzelnen Länder eingeführt, s Neufassung d GenAktVfg 1974 mit Änderungen.
26 So zu Recht *Demharter* Rpfleger 2007, 125; ander4s wohl *v Oefele* WE 2002 und *Schneider* Rpfleger 2003, 71
27 RGZ 110, 361; BGHZ 28, 109 = DNotZ 1958, 557 = NJW 1958, 1532; KG DNotZ 1933, 372; OLG Zweibrücken DNotZ 1969, 358 m Anm *Schmidt* = Rpfleger 1968, 154 m Anm *Haegele;* OLG Düsseldorf Rpfleger 1984, 311; BayObLGZ 1988, 307 = DNotZ 1989, 367 = MDR 1989, 170 = Rpfleger 1989, 147; OLG Düsseldorf DNotI-Report 1997, 243 = MittRhNotK 1997, 262 = Rpfleger 1997, 474; **AA** LG Schwerin NotBZ 2003 m Anm *Biermann-Ratjen;* LG Saarbrücken DNotI-Report 2001, 85 = RNotZ 2001, 213; LG Potsdam NotBZ 2002, 386.

Darauf, dass **neben** dem Notar ein von ihm vertretener Antragsberechtigter selbst einen Eintragungsantrag gestellt hat, kommt es insoweit nicht an.[28] Eine Benachrichtigung lediglich des den Antrag stellenden Berechtigten ist in solchen Fällen unzureichend[29] und stellt einen Verstoß gegen § 55 Abs 1 dar. Ansonsten sind diejenigen von mehreren Antragsberechtigten – sofern sie zum Kreis der zu Benachrichtigenden gehören –, für die der Notar von seinem Antragsrecht nach § 15 keinen Gebrauch gemacht hat, unmittelbar vom Grundbuchamt zu unterrichten.[30]

Eine **Einschränkung der** nach § 15 bestehenden **Vollmacht** dahingehend, dass der Notar zwar den Eintragungsantrag stellen könne, jedoch nicht zur Entgegennahme der Eintragungsnachricht berechtigt sein soll, ist unwirksam.[31] Die Vollmachtsvermutung des § 15 kann nur insgesamt widerlegt, nicht aber partiell auf einzelne mit dem Eintragungsverfahren verbundene Handlungen beschränkt werden, so dass auch insoweit die Bekanntmachung an den Notar zu erfolgen hat.[32] Ist die **Antragsermächtigung des Notars widerrufen**, was auch noch nachträglich möglich ist, aber der Form des § 29 Abs 1 S 1 GBO bedarf (§ 31 S 3 GBO), so sind die Eintragungsmitteilungen den Beteiligten selbst zuzuleiten. Der Widerruf ist jedoch nur beachtlich, wenn er vor Eingang des Eintragungsantrags beim GBA erfolgt ist. Danach kann lediglich der Eintragungsantrag zurückgenommen werden, wobei die Rücknahme gleichfalls der Form des § 31 GBO entsprechen muss.[33] **28**

Tritt der **Notar nur als Bote** auf, der die Eintragungsanträge von Beteiligten an das Grundbuchamt weiterleitet, so hat neben dem Notar, dem eine Vollzugsmitteilung zukommen muss, damit er weiß, ob er noch etwas zu veranlassen hat,[34] auch der Antragsteller ein eigenes Recht, von der Erledigung seines Antrags unterrichtet zu werden.[35] **29**

Wurden zunächst die Anträge vom Notar nur als Bote vorgelegt und stellt dieser nun **nachträglich gemäß § 15** für einen, mehrere oder alle Beteiligte gleichfalls **Vollzugsantrag**, so ist, ungeachtet des Streits, ob der Antrag des Notars und der von diesen Beteiligten gestellte Eintragungsantrag jeweils unabhängig voneinander zu beurteilen ist[36] oder ob eine Übernahme des Verfahrens durch den Notar und somit nur ein nach § 15 gestellter Beteiligtenantrag angenommen wird,[37] die Eintragungsnachricht **lediglich** dem **Notar** zu übermitteln, soweit er als Vertreter zumindest eines Antragstellers fungiert.[38] **30**

Die weitere Unterrichtung der Antragsteller obliegt dann dem Notar. Erhält der Notar solchermaßen für einen Antragsteller die Eintragungsnachricht, so ist dieser selbst auch dann nicht zu benachrichtigen, wenn ihm ansonsten in seiner Eigenschaft als Eigentümer, Begünstigter oder Betroffener eine Eintragungsnachricht zukommen würde, weil er bereits als Antragsteller (über den Notar als seinen Vertreter) benachrichtigt wird und es eine Häufung von Bekanntmachungspflichten, die den gleichen Inhalt zum Gegenstand haben, nicht gibt (s hierzu Rdn 8 und die dort zitierten Nachweise). **31**

d) Verfügungsentziehung durch Insolvenz, Testamentsvollstreckung oder Nachlassverwaltung. Eine besondere Rechtsstellung nehmen der Insolvenzverwalter, der Testamentsvollstrecker wie auch der Nachlassverwalter ein. Sie üben ihr Amt, jedenfalls nach hM, aus **eigenem Recht** und im **eigenem Namen** aus.[39] **32**

Falls eine Immobilie oder ein Recht an einer Immobilie in die **Insolvenzmasse** fällt und es sich also nicht um insolvenzfreie Rechte handelt wie zB um ein Wohnungsrecht nach § 1093 BGB, wo keine Ausübung des Rechts durch Dritte nach § 1092 Abs 1 S 2 BGB gestattet ist oder um vom Verwalter aus der Masse freigegebene Objekte bzw Rechte, hat das GBA, wenn ihm die Eröffnung des Insolvenzverfahrens bekannt ist, unabhängig davon, ob bereits ein Antrag auf Eintragung des Insolvenzvermerks gestellt wurde (vgl § 32 InsO), **sämtliche** ansonsten gemäß § 55 an den Schuldner vorzunehmende **Benachrichtigungen dem Insolvenzverwalter** zu übermitteln (vgl § 80 Abs 1 InsO). Gleiches gilt im Falle eines Verbraucherinsolvenzverfahrens **33**

---

28 KGJ 38, 194, 200.
29 RGZ 110, 361 = Fn 27; KGJ 38, 196; OLG München JFG 18, 20.
30 S hierzu BayObLGZ 1988, 307 aaO.
31 OLG Jena FGPrax 2002, 150 = Rpfleger 2002, 516; LG Bielefeld Rpfleger 2002, 142; OLG Köln MittBayNot 2001, 319 = NotBZ 2001, 153 = Rpfleger 2001, 123; LG Koblenz MittBayNot 1997, 38 = NJW-RR 1997, 720 = Rpfleger 1996, 449.
32 OLG Düsseldorf Rpfleger 2001, 124.
33 BayObLG DNotZ 1984, 643 = Rpfleger 1984, 96; OLG Zweibrücken Rpfleger 1984, 265.
34 S Begründung zum RegVBG BT-Drucks v 12.08.1993, 12/5553 S 68.
35 Ebenso *Demharter* § 55 Rn 10. **aA** *Bauer/v Oefele-Meincke* § 55 Rn 7.
36 So die hM; s insoweit BayObLGZ 1955, 48, 53 und BGHZ 71, 349 = DNotZ 1978, 696 = Rpfleger 1978, 365.
37 So *Schöner/Stöber* Rn 183 mwN.
38 KGJ 38, 194, 200 = Fn 28; KEHE-*Herrmann* Rn 38; *Demharter* Rn 19 ze zu § 15; BayObLGZ 1988, 307 = Fn 27.
39 Vgl zur sog »Amtstheorie« für die rechtliche Stellunga) des Insolvenzverwalters (s insoweit die Rechtsprechung zur identischen Rechtsstellung des Konkursverwalters): RGZ 29, 29; 97, 109, 120, 192; BGHZ 32, 118; 35, 117;b) des Testamentsvollstreckers: RGZ 56, 330, zuletzt 138, 136; 144, 401; 155, 353; BGHZ 13, 205;c) des Nachlassverwalters: RGZ 135, 307.

(vgl §§ 311 ff InsO) für den in einem solchen Verfahren an Stelle des Insolvenzverwalters zu bestellenden **Treu-händer** (§ 313 InsO). Der Insolvenzverwalter ist ferner von Eintragungen zu benachrichtigen, wenn im Rahmen eines bestätigten Insolvenzplans dessen Überwachung angeordnet wurde und Rechtsgeschäfte über Immobilien und Rechte an ihnen der Zustimmung des Insolvenzverwalters unterstellt wurden (vgl §§ 260, 263 InsO). Die Überwachung ist im Übrigen nach § 267 Abs 3 S 2 iVm § 32 InsO in das GB einzutragen.

34 Ist im **Insolvenzeröffnungsverfahren** dem Schuldner ein allgemeines oder ein spezielles auf Immobilien beschränktes Verfügungsverbot auferlegt und (demzufolge) ein **vorläufiger Insolvenzverwalter** bestellt worden (§ 21 Abs 1, Abs 2 Nr 1, 2 InsO), so ist die Verfügungsbeschränkung im GB einzutragen (vgl § 23 Abs 3 iVm § 32 InsO) und der vorläufige Insolvenzverwalter neben dem Schuldner von den Eintragungen zu verständigen. Die Mitteilung an den Schuldner kann in diesen Fällen nicht unterbleiben, weil das Verfügungsverbot nur rechtsgeschäftliche Verfügungen erfasst und ein etwa daneben bestehendes Vollstreckungsverbot nach § 21 Abs 2 Nr 3 InsO unbewegliche Gegenstände ausdrücklich ausnimmt, die Rechtsposition des Schuldners also insoweit (zunächst) nicht berührt. Auch eine zusätzlich angeordnete vorläufige Postsperre (§ 21 Abs 4 InsO) ändert daran nichts.

35 Ist **Testamentsvollstreckung angeordnet** und hat der Testamentsvollstrecker eine zur Eintragung in das GB erforderliche Erklärung abgegeben, so sind sowohl er **selbst** (kraft seines Verwaltungs- und Verfügungsrechts, § 2205 BGB), als auch die **Erben** (als Rechtsinhaber) zu benachrichtigen. Die vorherige Eintragung des Testamentsvollstreckervermerks (§ 52) ist kein Erfordernis für einen Anspruch des Testamentsvollstreckers auf Benachrichtigung.

36 Bei einer zur Befriedigung der Nachlassgläubiger angeordneten **Nachlassverwaltung** (§§ 1975–1992 BGB) steht die Verwaltungs- und Verfügungsbefugnis ausschließlich dem Nachlassverwalter zu (§ 1984 BGB). Ferner ist auf dessen Antrag hin, wenn zum Nachlass eine Immobilie gehört, die Verfügungsbeschränkung des Erben in das GB einzutragen.[40] Auch der Nachlassverwalter hat einen Anspruch auf Benachrichtigung.

4. Verzicht auf die Bekanntmachung

37 Der vollständige oder teilweise Verzicht auf die Bekanntmachung einer Eintragung ist zulässig (§ 55 Abs 8; s auch § 17 Abs 3 ErbbauRG). Die Verzichtserklärung unterliegt nicht der Vorschrift des § 29, da sie keine zur Eintragung erforderliche Erklärung darstellt; sie kann daher formlos erfolgen. Wird sie mündlich abgegeben, so sollte stets ein Vermerk hierüber zur Grundakte genommen werden. Der Verzicht **wirkt nur für die Person des Verzichtenden.** Wenn bei der Beurkundung anwesende Beteiligte auf die Bekanntmachung der Eintragung verzichten, so erstreckt sich ein solcher Verzicht grundsätzlich nicht auf andere Beteiligte, die später dem beurkundeten Geschäft zugestimmt haben.[41] Der von einem Notar zulässigerweise erklärte Verzicht auf Benachrichtigung erstreckt sich, falls er einen Eintragungsantrag nach § 15 ohne Einschränkung gestellt hat, auf alle Antragsberechtigten.

5. Feststellung der zu verständigenden Beteiligten

38 Der Bekanntmachung von Eintragungen an die in § 55 genannten Personen erfolgt grundsätzlich nur insoweit, als sie aus dem Grundbuch ersichtlich sind. Zur Feststellung der **Anschriften** der Empfangsberechtigten sind vornehmlich die Grundakten, das Wohnungsblatt (§ 21 Nr 5 AktO) und sonstige dem Grundbuchamt zur Verfügung stehende Nachrichten, etwa der Postvermerk auf einem als unzustellbar zurückgekommenen Brief, heranzuziehen. Auch Ermittlungen einfacher Art können angestellt werden; zu weiterem ist das Grundbuchamt nicht verpflichtet (s hierzu Rdn 10). Vor allem sollte beachtet werden, dass Eintragungen in das Grundbuch zumeist in einem Antragsverfahren erfolgen, in dem regelmäßig keine Amtsermittlungen vorzunehmen sind. Bei Unbestellbarkeit hat der **für die Verfügung** der Bekanntmachung **zuständige Rechtspfleger** (§§ 39, 40 GBV, § 35 BayGBGA, § 3 Nr 1h RPflG) oder der in den **Einzelfällen zuständige Urkundsbeamte** (§ 12c Abs 2 Nr 2 bis 4), nochmals zu überprüfen, ob nicht ein Fehler bei der Übermittlung der Nachricht unterlaufen ist. Sollte dies nicht der Fall sein, wird die Vollzugsmitteilung zu den Grundakten genommen und bei einem ev späteren bekannt werden der Anschrift dem Empfangsberechtigten zugesandt.[42]

39 Ist der im Grundbuch **Eingetragene nicht** oder nicht mehr **der wahre Berechtigte** (zB bei unwirksamer Auflassung, bei Erwerb eines Briefrechtes gemäß § 1154 BGB oder im Falle einer Gesamtrechtsnachfolge), so ist das Grundbuchamt berechtigt, an Stelle des Eingetragenen bzw neben diesem den wahren Berechtigten zu benachrichtigen, wenn ihm die wirkliche Rechtslage zuverlässig bekannt ist.

---

40 Streitig ist insoweit nur die Antragsbefugnis des Nachlassgerichts; befürwortet wird sie von *Staudinger-Marotzke* Rn 13 zu § 1984 BGB und KEHE-*Eickmann* Rn 18 zu § 38. Kein Antragsrecht gewähren *Palandt-Edenhofer* Rn 2 und MüKo-*Siegmann* Rn 2 je zu § 1984 BGB weil es für ein Eintragungsersuchen nach § 38 GBO an einer entsprechenden Vorschrift mangelt.

41 LG Ravensburg Prüfungserlass BWNotZ 1957, 159.

42 Vgl dazu auch *Schöner/Stöber* Rn 303; *Demharter* Anm 25 und KEHE-*Eickmann* Rn 5 je zu § 55 GBO.

6. Inhalt der Bekanntmachung

Inhaltlich muss die Benachrichtigung die **Eintragung wörtlich wiedergeben** (§ 55 Abs 6 S 1). Die Bekannt- **40** machung *soll* dabei auch den in § 55 Abs 6 S 2 näher bezeichneten Inhalt haben, und sie *kann* ferner die Angaben gemäß § 55 Abs 6 S 3 enthalten. Der Entwurf der vom Rechtspfleger oder Urkundsbeamten zu verfügenden Benachrichtigung (s Rdn 38) ist zu den Grundakten zu nehmen. Dies entfällt, wenn zur Mitteilung ein Vordruck verwendet wird. Jedoch muss stets in den Grundakten vermerkt werden, welche Eintragungen mitgeteilt worden sind, sowie an wen und wann die Bekanntmachung erfolgt ist; bei Verwendung eines Vordrucks ist auch seine Bezeichnung (Nummer) anzugeben (§ 33 Abs 2b GBGeschO; § 35 BayGBGA).

7. Form und Ausführung der Bekanntmachung

Da die GBO keine Regelungen zur **Form** enthält, sind grundsätzlich die allgemeinen Vorschriften des FGG **41** anzuwenden. In Frage kommt die Bestimmung des § 16 Abs 2 S 2 FGG, wonach die Benachrichtigung durch einfachen Brief oder durch Aushändigung an den Erschienenen zu erfolgen hat. Mündliche (telefonische) Mitteilung genügt nicht. Einer förmlichen Zustellung, wenn nicht ausnahmsweise der Lauf einer Frist beginnen soll, bedarf es nicht. Die Bekanntmachung kann auch zu Protokoll erfolgen, wobei dem Anwesenden auf Verlangen eine Abschrift zu erteilen ist (§ 16 Abs 3 FGG).[43] Maschinell erstellte Eintragungsmitteilungen müssen nicht unterschrieben werden, jedoch ist auf ihnen zu vermerken, dass sie auch ohne Unterschrift wirksam sind (§ 42 S 1, 2 GBV). Soweit die Kenntnisnahme durch den Empfänger allgemein sichergestellt ist, können Benachrichtigungen auch durch Bildschirmmitteilung oder in anderer Weise elektronisch erfolgen (§ 42 S 3 GBV). Besondere Vorschriften über die Form der Bekanntmachung in den Fällen des § 39 Abs 3 (früher Abs 4) GBV bleiben unberührt (§ 55 Abs 8 und § 33 Abs 2c GBGeschO).

Ausgeführt wird die Bekanntmachung, die in der Regel der Rechtspfleger[44] oder ansonsten der Urkundsbe- **42** amte zu verfügen hat, durch die **Geschäftsstelle** (§ 33 Abs 1 GBGeschO). Sie ist möglichst zu beschleunigen (§ 33 Abs 3 GBGeschO).

8. Bedeutung der Benachrichtigung

Der **Empfänger** der Mitteilung des Grundbuchamts **hat** diese **sorgfältig zu prüfen,** ob die Eintragung **43** unrichtig, unvollständig oder nicht erfolgt ist, und bei Anhaltspunkten für eine Amtspflichtverletzung das GBA durch **Gegenvorstellungen** auf Fehler hinzuweisen.[45] Eine zumutbare Mitwirkung des benachrichtigten Beteiligten erfordert ferner, dass dieser sich bei Unklarheiten und Zweifelsfällen zur Klärung der Sachlage unverzüglich an das Grundbuchamt wendet. Auch das Ausbleiben einer Benachrichtigung kann, jedenfalls nach Ablauf einer angemessenen Vollzugsfrist, eine Erkundigungs- bzw Erinnerungspflicht des Antragstellers auslösen. Die Versäumung dieser Pflichten ist uU als Unterlassen des rechtzeitigen Gebrauchs eines Rechtsmittels iS des § 839 Abs 3 BGB zu werten, der bei anzurechnendem Verschulden des geschädigten Beteiligten – wobei hier im Einzelfall auf den Bildungsgrad und die Geschäftserfahrenheit des Betroffenen abzustellen ist – möglicherweise den Verlust eines an sich bestehenden Schadensersatzanspruchs zur Folge haben kann.[46]

Nicht eindeutig geklärt ist, inwieweit im Rahmen der Überwachung des Vollzugs der **Notar** verpflichtet ist, **44** eingehende Eintragungsmitteilungen in sachlicher Hinsicht zu prüfen. Zweifelsfrei gehört dies zu seinen Amtspflichten, wenn er die Überwachung ausdrücklich übernommen hat. Stellt der Notar aufgrund gesetzlicher Vollmacht des § 15 den Eintragungsantrag, gehört es zu seinen Obliegenheiten, die ihm zugehenden Mitteilungen des GBA zu überprüfen.[47] Aber auch dann, wenn der Notar den von einem Antragsberechtigten selbst gestellten Eintragungsantrag lediglich als Bote weiterleitet, erhält er, wenn nicht ausdrücklich verzichtet wird, stets eine Vollzugsmitteilung (vgl § 55 Abs 1). Da nach der amtlichen Begründung für diese Regelung der Notar deshalb in jedem Falle zu verständigen ist, weil er wissen muss, ob er noch etwas zu veranlassen hat (s Rdn 29), erstreckt sich seine Sorgfaltspflicht auch in diesem Falle nicht nur auf die ordnungsgemäße Weiterleitung des Antrags an das GBA, sondern ebenfalls auf die Überwachung des Vollzugs und damit auf die Kontrolle der Vollzugsmitteilungen.

Die Fertigung von Eintragungsnachrichten dient ganz allgemein gesehen auch dem **Schutz des Grundbuch- 45 amts.** Zur Abwendung von Schaden oder zumindest um einen aus Amtpflichtverletzung entstandenen Scha-

43 *Demharter* Rn 6, KEHE-*Eickmann* Rn 4 je zu § 55.
44 BayObLGZ 1988, 307, 308 (Fn 7a).
45 BGH Betrieb 1984, 771 = DNotZ 1984, 511 m Anm *Zimmermann* = JZ 1984, 537 = MDR 1984, 656 = NJW 1984, 1748 = WM 1984, 364; BayObLGZ 1988, 310; OLG Köln Rpfleger 2001, 123.
46 RGZ 138, 116; RG JW 1935, 772; RG JW 1936, 1891; BGHZ 28, 104 = DNotZ 1958, 557 = JR 1959, 178 = NJW 1958, 1532.
47 *Schöner/Stöber* Rn 188, KEHE-*Eickmann* Rn 7 zu § 55; *Keidel-Kuntze-Winkler* Rn 32 ff, *Jansen* Anm 12 je zu 53 BeurkG; **aA** *Weber* DNotZ 1974, 393; *Reithmann* DNotZ 1975, 332.

den möglichst einzugrenzen, sollte auf die ordnungsgemäße Übermittlung von Benachrichtigungen stets ein besonderes Augenmerk gerichtet werden.

9. Verletzung des § 55

46 Die Bestimmung des § 55 ist **nur** eine **Ordnungsvorschrift.** Ihre Nichtbeachtung hat daher auf die Wirksamkeit der Eintragung keinen Einfluss. Wird trotz bestehender Benachrichtigungspflicht eine Eintragungsmitteilung durch das Grundbuchamt **verweigert** oder trotz entsprechendem Antrag nicht an den Betroffenen sondern nur an den tätig gewordenen Notar übermittelt, so steht dem Berechtigten gegen die Entscheidung des im Regelfall zuständigen Rechtspflegers die **Beschwerde** zu (§ 71 Abs 1 GBO iVm § 11 Abs 1 RPflG), und soweit ausnahmsweise eine Entscheidung des Urkundsbeamten vorliegt die **Erinnerung,** über die der GBRichter zu befinden hat (§ 12c Abs 4 RPflG). Dies gilt auch dann, wenn der Beschwerde- bzw Erinnerungsführer schon auf andere Weise von der Eintragung Kenntnis erlangt hat.[48] Eine der Beschwerde zugängliche Entscheidung liegt auch dann vor, wenn das GBA die Eintragungsmitteilung nicht wie beantragt an die Betroffenen, sondern nur an den tätig gewordenen Notar übermittelt. Beschwerdeberechtigt sind insoweit nur die übergangenen Betroffenen. Der Notar hat aus eigenem Recht keine Beschwerdebefugnis.[49]

47 Dagegen stellt das bloße **Unterbleiben** einer Eintragungsbekanntmachung keine beschwerdefähige Entscheidung des Grundbuchamts dar.[50] Eine in der Eintragungsverfügung des Rechtspflegers etwa getroffene Anweisung, die Eintragung nur dem Notar mitzuteilen und nicht auch unmittelbar dem Beteiligten, ist daher nur eine interne Maßnahme des Grundbuchamts, die, solange sie dem übergangenen Beteiligten nicht bekannt gemacht wurde, nicht angefochten werden kann.[51]

48 Die Nichtbeachtung des § 55 (Unterlassung der Benachrichtigung, unrichtige Benachrichtigung) kann auch einen **Schadensersatzanspruch** gegen den Fiskus auslösen. Der Anspruch ist jedoch idR dann unbegründet, wenn der Beteiligte anderweitig von der Eintragung Kenntnis erlangt hat. Zur Bedeutung der Benachrichtigung s Rdn 43.

III. Weitere Bekanntmachungsvorschriften

49 Neben der Regelung des § 55 und der ihn ergänzenden §§ 55a, 55b bestehen noch weitere Vorschriften des Bundes und der Länder, welche Mitteilungspflichten für Grundbucheintragungen beinhalten. Zu nennen sind hier zunächst die nach den Bestimmungen der §§ 39, 40 GBV vorgeschriebenen Benachrichtigungen. Insoweit wird auf die Kommentierung zur Grundbuchverfügung verwiesen.

50 Im Übrigen ist der größte Teil der ansonsten zu beachtenden Benachrichtigungspflichten in dem bundeseinheitlichen Teil sowie in den jeweiligen Landesteilen der Anordnung über die Mitteilungen in Zivilsachen **(MiZi),** Abschnitt XVIII, enthalten (s hierzu auch Einl zu §§ 39 ff GBV).

An Benachrichtigungen kommen dabei vor allem in Betracht:

51 1. Mitteilungen an das **Vollstreckungsgericht** über sämtliche Grundbucheintragungen nach Eintragung des Beschlagnahmevermerks in einem Zwangsversteigerungs- oder Zwangsverwaltungsverfahren (§ 19 Abs 3, § 146 Abs 1 ZVG; vgl MiZi XVIII/6).[52]

52 2. Mitteilungen an die **Enteignungsbehörde** über Eintragungen im Grundbuch der betroffenen Grundstücke während eines Enteignungsverfahrens nach §§ 104 ff BauGB sowie nach §§ 28 ff LBG[53] und nach dem WasSG[54] (§ 108 Abs 6 S 3 BauGB; § 20 Abs 2 WasSG iVm § 31 Abs 5 LBG, vgl MiZi XVIII/7).[55]

53 3. Mitteilungen an die als Umlegungsstelle fungierende **Gemeinde** über alle Grundbucheintragungen bei den betroffenen Grundstücken während eines Umlegungsverfahrens (§ 54 Abs 2 BauGB; vgl MiZi XVIII/8).

54 4. Mitteilungen an die **Flurbereinigungsbehörde** über Eintragungen in den Abteilungen 1, 2 und 3 der Grundbücher der an einem Flurbereinigungsverfahren beteiligten Grundstücke (§ 12 Abs 3 FlurbG; vgl MiZi

48 KGJ 28, A 152.
49 OLG Naumburg FGPrax 2003, 109.
50 BayObLGZ 1988, 307.
51 BayObLGZ 1988, 307; OLG Naumburg FGPrax 2003, 109.
52 Zu den Mitteilungspflichten des GBA bei angeordneter Zwangsversteigerung s *Hagemann* Rpfleger 1984, 397, 400.
53 Gesetz über die Landbeschaffung für Aufgaben der Verteidigung – LandbeschaffungsG v 23.02.1957, BGBl I S 134 mit Änderungen.
54 Wassersicherstellungsgesetz v. 24.08.1965, BGBl I S 1225.
55 Für Bayern s die Sondervorschriften zur Anordnung über Mitteilungen in Zivilsachen in der Neufassung v 11.05.1998 (JMBl 64, 112) und §§ 36, 38 Bay GBGA, ferner s Art 27 Abs 4 S 2 des Ges über die entschädigungspflichtige Enteignung (BayEG) i d F v 25.07.1978, BayRS 2141-1-I.

XVIII/9).[56] Wird ein **Bodenordnungsverfahren** durchgeführt, so sind für die Feststellung und Neuordnung der Eigentumsverhältnisse die Vorschriften §§ 53 ff LwAnpG und des FlurbG anzuwenden (§ 63 Abs 2 LwAnpG),[57] dh der Flurneuordnungsbehörde sind bis zum Wirksamwerden der Schlussfeststellung alle GB-Eintragungen der Abteilungen 1–3 mitzuteilen (vgl MiZi XVIII/17).

5. Über den Rahmen der §§ 55 Abs 1 bis 3, 5 bis 8, 55a und 55b hinaus, die ansonsten auch auf der Erbbau- **55** recht als grundstücksgleiches Recht Anwendung finden, sind nach § 17 Abs 1, 2 ErbbauRG bekannt zu machen:
- an den **Grundstückseigentümer** jede Eintragung im Erbbaugrundbuch;
- an die **im Erbbaugrundbuch eingetragenen dinglichen Berechtigten:** die Eintragung von Verfügungsbeschränkungen des Erbbauberechtigten;
- an den **Erbbauberechtigten:** die Eintragung eines Grundstückseigentümers, die Eintragung von Verfügungsbeschränkungen des Grundstückseigentümers sowie die Eintragung eines Widerspruchs gegen die Eintragung des Eigentümers (vgl MiZi XVIII/10).

Auf die vorgenannten Bekanntmachungen kann verzichtet werden, § 17 Abs 3 ErbbauRG (s insoweit auch die Ausführungen zum Verzicht nach § 55 Abs 8 Rdn 37).

6. Mitteilungen an den **Fideikommisssenat des Oberlandesgerichts** von allen Eintragungen, die Grundstü- **56** cke oder Rechte betreffen, bei denen der Fideikommissvermerk oder das Recht des Nacherben eingetragen ist (§ 41 DVO zum Ges über das Erlöschen der Familienfideikommisse und sonstiger gebundener Vermögen;[58] vgl MiZi XVIII/11). Diese Mitteilungspflicht besteht nicht in Brandenburg, Bremen, Hamburg, Niedersachsen, Nordrhein-Westfalen, Saarland und Thüringen.

7. Mitteilungen an die **Forstaufsichtsbehörde** von der Eintragung des Schutzforstvermerks sowie von allen **57** späteren, den Schutzforst betreffenden Eintragungen (§ 2 Abs 4 SchutzforstVO;[59] vgl MiZi XVIII/12).

8. Mitteilungen über **58**
a) die Eintragung eines neuen Bergwerkseigentümers (§ 17 Abs 4 BBergG)[60]
b) alle Eintragungen im GB der von einem Grundabtretungsverfahren nach §§ 77 ff BBergG betroffenen Grundstücke (§ 106 Abs 1 BBergG) an
- das Landesamt für Geologie, Rohstoffe und Bergbau in **Baden-Württemberg**;
- das Bay Staatsministerium für Wirtschaft, Verkehr und Technologie in **Bayern**;
- das Regierungspräsidium Darmstadt-SUA Wiesbaden für **Hessen**;
- das jeweilige Bergamt in Mecklenburg-Vorpommern und Sachsen-Anhalt;
- das Oberbergamt in **Brandenburg** und zugleich auch für **Berlin**;
- das gemeinsame Landesbergamt für Bremen, Hamburg, Niedersachsen und Schleswig-Holstein;
- die Bezirksregierung Arnsberg für **Nordrhein-Westfalen**;
- das jeweilige Oberbergamt in **Rheinland-Pfalz und Saarland**;
- das Sächsische Oberbergamt für **Sachsen**;
- das Thüringer Landesbergamt für **Thüringen**.

(vgl MiZi XVIII/13 und/15).

9. Mitteilungen an die **Gemeinde** über alle bis zur Löschung des Sanierungs- bzw Entwicklungsvermerks erfolg- **59** ten Grundbucheintragungen derjenigen Grundstücke, bei denen städtebauliche Sanierungsmaßnahmen durchgeführt werden (§ 143 Abs 2 S 3 bzw § 165 Abs 9 S 4 jeweils iVm § 54 Abs 2 BBauG; vgl MiZi XVIII/14).

10. Bei Eintragungen im GB des mit einem **dinglichen Nutzungsrecht** belasteten oder von einem **Gebäu- 60 deeigentum** betroffenen Grundstücks sowie bei Eintragung im GebäudeGB-Blatt ist hinsichtlich der vom GBA vorzunehmenden Mitteilungen **§ 17 ErbbauRG sinngemäß** anzuwenden (vgl dazu Rdn 55). Dem Grundstückseigentümer sind jedoch Eintragungen im GebäudeGB nur mitzuteilen, wenn das Recht dort eingetragen ist oder gleichzeitig eingetragen wird (s § 14 GGV).

11. Von der Eintragung und Löschung eines Hofvermerks sowie der Abtrennung eines einzelnen Grundstücks **61** vom Hof (§ 7 Abs 3 HöfeVfO) hat das GBA den **Eigentümer,** das **Landwirtschaftsgericht** und die **Genehmigungsbehörde nach dem GrstVG** zu benachrichtigen (§ 9 HöfeVfO).

---

56 Für Bayern s die Sondervorschriften zur MiZi (Fn 46) und Nr 7 ff der Gem Bek zur Zusammenarbeit der Flurbereinigungsdirektionen mit den GB-Ämtern und den Notaren im Verfahren nach dem FlurbG und bei der Baulandumlegung v 12.08.1981, JMBl 146.
57 Landwirtschaftsanpassungsgesetz i d Fassung vom 03.07.1991, BGBl I S 1418.
58 DVO v 20.03.1939, RGBl I S 509.
59 VO über den Waldschutz bei Fideikommissauflösung v 21.12.1939, RGBl I S 2459; für Niedersachsen aufgehoben gem Art I § 1 Nr 18a d Ges v 21.06.1972, NiedersGVBl S 309 – aufgr § 4d Ges zur Änderung des Fideikommiss- und Stiftungsrechts v 28.12.1950, BGBl S 820.
60 BundesbergG v 13.08.1980, BGBl I S 1310 mit Änderungen.

62 12. Den für die Feststellung des Einheitswerts zuständigen **Finanzbehörden** ist für Zwecke der Einheitsbewertung und der **Grundsteuer** (§ 29 Abs 4 BewG)[61] mitzuteilen:

a) Die Eintragung eines neuen Eigentümers oder Erbbauberechtigten sowie bei einem anderen als rechtsgeschäftlichen Erwerb deren Anschrift. Ausgenommen von der Mitteilungspflicht sind Fälle des Erwerbs nach den Vorschriften des Zuordnungsrechts.

b) Die Eintragung der Begründung von Wohnungs- oder Teileigentum, eines Erbbaurechts sowie eines Wohnungs- oder Teilerbbaurechts.

In den Fällen zu b) ist gleichzeitig der Tag des Eingangs des Eintragungsantrags beim GBA mitzuteilen. Bei einer Eintragung aufgrund Erbfolge ist das Jahr anzugeben, in dem der Erblasser verstorben ist. Die Mitteilungen können der Finanzbehörde über die für die Führung des Liegenschaftskatasters zuständige Behörde oder über eine sonstige Behörde, die das amtliche Verzeichnis der Grundstücke nach § 2 Abs 2 führt, zugeleitet werden (§ 29 Abs 4 BewG). Soweit das GBA diese Mitteilung vornimmt, hat es die Betroffenen vom Inhalt der Mitteilungen zu unterrichten (vgl MiZi XVIII/5). Eine Unterrichtung kann unterbleiben, soweit den Finanzbehörden Umstände aus dem GB, den Grundakten oder aus dem Liegenschaftskataster mitgeteilt werden (§ 29 Abs 5 S 2 BewG).

---

61 BewertungsG idF v 1.02.1991, BGBl I S 230 mit Änderungen, erweitert gemäß Art 22 Nr 2 des JahressteuerG v 11.10.1995, BGBl I S 1250.

§ 55a (Austausch von Abschriften zwischen Grundbuchämtern)

(1) Enthält ein beim Grundbuchamt eingegangenes Schriftstück Anträge oder Ersuchen, für deren Erledigung neben dem angegangenen Grundbuchamt auch noch ein anderes Grundbuchamt zuständig ist oder mehrere andere Grundbuchämter zuständig sind, so kann jedes der beteiligten Grundbuchämter den anderen beteiligten Grundbuchämtern Abschriften seiner Verfügungen mitteilen.

(2) Werden bei Gesamtrechten (§ 48) die Grundbücher bei verschiedenen Grundbuchämtern geführt, so sind die Eintragungen sowie die Verfügungen, durch die ein Antrag oder Ersuchen auf Eintragung zurückgewiesen wird, den anderen beteiligten Grundbuchämtern bekanntzugeben.

Die Vorschrift des § 55a ist in Ergänzung zu § 55 durch das RegVBG in die GBO aufgenommen worden und bildet die Rechtsgrundlage für die verfahrensmäßig notwendige Informationsbeziehung, wenn **mehrere GB-Ämter durch einen Eintragungsvorgang** betroffen sind. Eine sachgerechte Erledigung von derartigen Anträgen oder Ersuchen erfordert, dass jedes beteiligte GB-Amt davon Kenntnis erlangt, in welcher Weise die übrigen GB-Ämter entschieden haben. Dies geschieht am einfachsten dadurch, dass sich die beteiligten GB-Ämter jeweils eine Abschrift ihrer Verfügung übermitteln. Die getroffene Verfügung kann eine Zurückweisung, eine Zwischenverfügung oder eine Eintragung sein. Bedeutsam dürfte das Mitteilungserfordernis nach § 55a Abs 1 insbesondere in den Fällen eines Zuständigkeitswechsels durch Vereinigung oder Bestandteilszuschreibung von Grundstücken oder Grundstücksteilen sein (vgl § 25 GBV). **1**

Mehr Bedeutung hat wohl in der Praxis die Notwendigkeit einer gegenseitigen Benachrichtigung der beteiligten GB-Ämter infolge Belastung mehrerer in verschiedenen Bezirken liegender Grundstücke mit einem **Gesamtrecht** (§ 55a Abs 2). Gemäß § 48 muss auf dem Blatte jedes Grundstücks die Mitbelastung der übrigen, auch wenn sie nachträglich erfolgt, von Amts wegen erkennbar gemacht werden. Daher war es unumgänglich für die insoweit erforderliche Verständigung aller in solchen Fällen beteiligten GB-Ämter, eine gesetzliche Grundlage zu schaffen. Mitzuteilen sind dabei sowohl die Eintragungen als auch die Zurückweisung von Eintragungsanträgen oder -ersuchen. Das bei der Eintragung von Gesamtrechten zu beachtende Verfahren ist in § 30 GBGeschO und § 34 BayGBGA näher geregelt. **2**

§ 55b (Keine Informationspflicht des Betroffenen)

Soweit das Grundbuchamt aufgrund von Rechtsvorschriften im Zusammenhang mit Grundbuch-eintragungen Mitteilungen an Gerichte oder Behörden oder sonstige Stellen zu machen hat, muß der Betroffene nicht unterrichtet werden. Das gleiche gilt im Falle des § 55a.

1   § 55b ist in Ergänzung zu § 55 durch das RegVBG eingefügt worden. Das GB-Verfahren sieht vielfach im Zusammenhang mit GB-Eintragungen Mitteilungen an Behörden, Gerichte und sonstige Stellen vor. So sind zB Änderungen im Bestandsverzeichnis, die Eintragung von Eigentümern oder Erbbauberechtigten sowie der eingetragene Verzicht auf das Grundstückseigentum an das Katasteramt mitzuteilen (vgl § 55 Abs 3, 4, § 17 Abs 1 ErbbauRG). Außerdem sind beispielsweise in einem Zwangsversteigerungsverfahren dem Vollstreckungs-gericht (§ 19 Abs 3 ZVG), in einem Umlegungs- oder Sanierungsverfahren der Gemeinde (§§ 54 Abs 2, 143 Abs 4 BauGB) oder in einem Enteignungsverfahren der Enteignungsbehörde (§ 108 Abs 6 BauGB) sämtliche GB-Eintragungen mitzuteilen. Ferner sehen § 55 Abs 5 und § 55a Mitteilungen an andere GB-Ämter vor.

2   In allen diesen Fällen bedarf es nach § 55b **keiner Unterrichtung** des Eigentümers oder sonstiger Betroffener von der Vornahme solcher Mitteilungen. Auch bei Maßnahmen zur Erhaltung der Übereinstimmung von GB und Kataster besteht kein Bedürfnis zur Unterrichtung, weil es sich dabei um die ordnungsgemäße Fortführung von zwei öffentlichen und sachlich in Wechselwirkung stehenden Registern handelt und bei Zwangsversteige-rungsverfahren und den anderen erwähnten Verfahren entfällt die Unterrichtung deshalb, weil sämtliche Betroffenen an diesen Verfahren sowieso beteiligt sind und auf diesem Weg bereits Kenntnis erlangen. Ebenso wenig kann bei Mitteilungen innerhalb eines GB-Verfahrens (§§ 55 Abs 5, 55a) oder im Falle eines Verzichts auf das Eigentum (§ 55 Abs 4) ein Interesse der Beteiligten bzw des früheren Eigentümers an der Unterrichtung über Mitteilungen an Gerichte und Behörden gesehen werden. Die Regelung des § 55b entbindet zwar das GBA von einer Informationspflicht, lässt jedoch andererseits die Möglichkeit offen, wobei sich dies nur auf Einzel-fälle beschränken wird, die Beteiligten nach eigenem Ermessen in Kenntnis zu setzen.

Dritter Abschnitt
Hypotheken-, Grundschuld-, Rentenschuldbrief

§ 56   (Erteilung und wesentlicher Inhalt des Hypothekenbriefes)

(1) Der Hypothekenbrief wird von dem Grundbuchamt erteilt. Er muß die Bezeichnung als Hypothekenbrief enthalten, den Geldbetrag der Hypothek und das belastete Grundstück bezeichnen sowie mit Unterschrift und Siegel oder Stempel versehen sein.

(2) Der Hypothekenbrief ist von der für die Führung des Grundbuchs zuständigen Person und dem Urkundsbeamten der Geschäftsstelle zu unterschreiben. Jedoch kann statt des Urkundsbeamten der Geschäftsstelle ein von der Leitung des Amtsgerichts ermächtiger Justizangestellter unterschreiben.

Schrifttum

Bestelmeyer, Der nichtige »scheinmaschinelle« Grundpfandrechtsbrief, Rpfleger 2009, 1; *Bruhn,* Zu Inhalt und Form von Hypotheken-Bestellungsurkunden, Rpfleger 1957, 101; *Busch,* Das Recht der Hypothekenschuldurkunde, ZBlFG 12, 693, 729, 773; *Dennler,* Der Hypothekenbrief des neuen Rechts, SeuffBl 68, 153, 177; *Fischer,* Der Hypothekenbrief im neuen Recht, ArchBürgR 14, 233; *Fuchs,* Zur Vereinfachung der Grundkreditformulare, DNotZ 1969, 133; *Grund,* Besprechung von Vordrucken in Grundbuchsachen, WürttNotV 1953, 222; *Hamm,* Bemerkungen und Vorschläge zur Vereinfachung der heute üblichen Grundkreditformulare, DNotZ 1964, 324; *Hufnagel,* Buchhypothek oder Briefhypothek, HuW 1948, 5; *Kollhosser,* Grundbegriffe und Formularpraktiken im Grundpfandrecht, JA 1979, 61; *Oberneck,* Das formelle Reichsgrundbuchrecht, Gruchot 43, 867 (898); *Raiser,* Das Rektapapier, ZHR 101, 13; *Schäfer,* Kritische Bemerkungen zu Vordrucken im Realkreditgeschäft, BWNotZ 1957, 123; *Schäfer,* Zur Verwendbarkeit moderner Bürogeräte bei der Herstellung von Briefen über Grundpfandrechte, Justiz 1957, 161; *Scherer,* Ist der Hypothekenbrief ein Wertpapier?, BayZ 1910, 228; *Schütz,* Der Hypothekenbrief im Bankverkehr, ZfKrW 1949, 378; *Schweitzer,* Bemerkungen und Vorschläge zur Vereinfachung der heute üblichen Grundkreditformulare, DNotZ 1964, 332; *Weimar,* Der Hypothekenbrief, MDR 1968, 206; *Zimmermann,* Die Begriffe »Siegel« und »Stempel« in der freiwilligen Gerichtsbarkeit, Rpfleger 1971, 164.

Übersicht

I. Einleitung

1. Rechtsnatur und Bedeutung des Grundpfandrechtsbriefs

1 **a) Die Rechtsnatur des Briefs.** Der Hypotheken-, Grundschuld- oder Rentenschuldbrief ist ein Sachenrechtspapier, da er (auch bei der Hypothek) keine schuldrechtliche Forderung, sondern ein dingliches Recht verbrieft.[1] Er stellt wegen seiner materiellrechtlichen Funktion (vgl Rdn 5 ff) nicht nur eine bloße Beweisurkunde dar, sondern hat darüber hinaus auch erhebliche rechtliche und wirtschaftliche Bedeutung. Da die Ausübung des durch ihn verbrieften privaten dinglichen Rechts die Innehabung der Urkunde voraussetzt (vgl §§ 1154, 1069, 1274, 1160 BGB, 126 ZVG, 41, 42 GBO),[2] ist der Grundpfandrechtsbrief zu den **Wertpapieren** zu zählen.[3] Dass es sich bei dem Brief nicht um eine konstitutive Urkunde handelt (das Grundpfandrecht entsteht – als Eigentümerrecht – bereits durch Einigung und Eintragung, §§ 1117, 1163 Abs 2 BGB),[4] steht seiner Einordnung als Wertpapier nicht entgegen. Bei der Beurteilung des Wertpapiercharakters einer Urkunde ist nämlich alleine ausschlaggebend, dass das Recht ohne die Urkunde weder geltend gemacht noch übertragen werden kann.[5] Da nicht der Brief, sondern nur das Grundbuch öffentlichen Glauben genießt,[6] ist der Brief allerdings kein skripturrechtliches Wertpapier (Wertpapier des öffentlichen Glaubens).[7] Der Brief kann allenfalls den guten Glauben zerstören (§ 1140 BGB, vgl § 41 Rn 2).[8] Der Briefbesitz erzeugt auch keine Anscheinsvollmacht zugunsten des unbefugten Briefbesitzers für den Empfang des Darlehensvaluta.[9]

2 Der Grundpfandrechtsbrief ist ein **Rektapapier**, da er eine bestimmte Person als Berechtigten bezeichnet (Ausnahme: § 1195 BGB).[10] Das Eigentum am Brief kann nicht wie eine bewegliche Sache selbständig übertragen werden, sondern folgt dem Recht des Gläubigers. Wem das dingliche Recht zusteht, dem gehört auch der Brief (§ 952 Abs 2 BGB).[11] Solange ein Eigentümerrecht besteht (§§ 1163, 1177 BGB) ist der Eigentümer des Grundstücks daher auch Eigentümer des Briefs. Ist eine Hypothek von vornherein nur teilweise valutiert oder nur ein Teil der gesicherten Forderung zurückgezahlt worden, so steht der Brief nach Maßgabe der betragsmäßigen Anteile von Eigentümergrundschuld und Gläubigerrecht im Miteigentum von Grundstückseigentümer

---

1 *Wolff-Raiser* § 142 IV.
2 So die herrschende Definition des Wertpapierbegriffs, vgl *Hueck-Canaris,* Recht der Wertpapiere, § 1 I; *Wolff-Raiser* § 65 III Fn 13.
3 OLG Düsseldorf DNotZ 1981, 642, 644; *Staudinger-Wolfsteiner* § 1116 Rn 2; *Planck-Strecker* § 1116 Anm 5; *MüKo-Eickmann* § 1116 Rn 5; *Palandt-Bassenge* § 1116 Rn 2; *Güthe-Triebel* Vorbem 13 zu § 56; *Wolff-Raiser* § 142 III.
4 *Staudinger-Wolfsteiner* § 1116 Rn 2, 9; *Wolff-Raiser* § 142 II.
5 *MüKo-Eickmann* § 1116 Rn 5; *Güthe-Triebel* Vorbem 13 zu § 56; *Wolff-Raiser* § 142 III Fn 7.
6 RG RGZ 76, 373, 378; 129, 125, 128; KG KGJ 38 A, 294, 298; *Staudinger-Wolfsteiner* § 1116 Rn 25, § 1140 Rn 1; *MüKo-Eickmann* § 1140 Rn 5, 6; *Palandt-Bassenge* § 1116 Rn 2; *Planck-Strecker* § 1140 Anm 1.
7 *Staudinger-Wolfsteiner* § 1116 Rn 2; *Güthe-Triebel* Vorbem 13 zu § 56; *Westermann* § 106 IV; *Wolff-Raiser* § 142 VII.
8 KG KGJ 44, 256, 262 = RJA 12, 256; OLG Dresden OLGE 12, 168; *Staudinger-Wolfsteiner* § 1116 Rn 25, § 1140 Rn 2; *Planck-Strecker* § 1140 Anm 2; *MüKo-Eickmann* § 1140 Rn 7–9; *Wolff-Raiser* § 142 VII.
9 *Neumann-Duesberg* BB 1966, 308.
10 *Staudinger-Wolfsteiner* § 1116 Rn 3; *MüKo-Eickmann* § 1116 Rn 7; *Hueck-Canaris* (Fn 2) § 2 III 1b; *Wolff-Raiser* § 142 VI.
11 RG RGZ 91, 155, 157; WarnR 1917 Nr 56; BayObLG BayObLGZ 33, 12, 16; *Staudinger-Wolfsteiner* § 1116 Rn 4; *MüKo-Eickmann* § 1116 Rn 7; *Palandt-Bassenge* § 1116 Rn 2; *Wolff-Raiser* § 65 III 3, § 142 III.

und Hypothekengläubiger.[12] Der Grundsatz, dass das Eigentum am Brief dem Inhaber des verbrieften Rechts zusteht (§ 952 Abs 2 BGB), gilt jedoch nicht uneingeschränkt. Eine Ausnahme gilt bei Inhabergrundschulden und Inhaberrentenschulden (§§ 1195, 1199 BGB), da die Urkunde in diesen Fällen kein Akzessorium des dinglichen Rechts, sondern umgekehrt das Eigentum am Brief das zuständigkeitsbestimmende Recht darstellt (vgl § 42 Rdn 7).[13] Fehlt es an einem Rechtsinhaber (zB wenn der Brief bereits vor der Eintragung der Hypothek gebildet wird oder weil das dingliche Recht trotz erfolgter Grundbucheintragung nicht entstanden ist), so kann § 952 Abs 2 BGB ebenfalls nicht zum Zuge kommen. In diesem Fall steht der Brief im Eigentum des Staates.

Aus der grundsätzlichen rechtlichen Abhängigkeit des Briefs vom dinglichen Recht folgt, dass der **Brief nicht** **3** **Gegenstand besonderer dinglicher Rechte** sein kann.[14] Die Begründung eines Pfandrechts am Brief kann daher nur iVm der Verpfändung des verbrieften Rechts erfolgen.[15] Die Einräumung eines sich lediglich auf den Brief beziehenden dinglichen Zurückbehaltungsrechts (etwa nach § 369 HGB) ist ausgeschlossen.[16] Dagegen ist die Begründung eines schuldrechtlichen Zurückbehaltungsrechts zulässig, weil dadurch kein dingliches Recht am Brief entsteht, sondern lediglich das persönliche Recht auf Herausgabe zeitweise und bedingt ausgeschlossen wird.[17]

Der Grundpfandrechtsbrief kann nicht selbständiger Gegenstand der Zwangsvollstreckung sein. Die Wirksamkeit **4** der **Pfändung** des verbrieften Rechts ist jedoch von der Übergabe des Briefs an den Pfändungsgläubiger abhängig (§§ 830 Abs 1, 857 Abs 6 ZPO). Die aufgrund des Pfändungsbeschlusses erfolgende Wegnahme des Briefs durch den Gerichtsvollzieher steht dabei der freiwilligen Übergabe gleich (sog Hilfspfändung,[18] vgl §§ 830 Abs 1 S 2, 883 ZPO, 156 GVGA). Befindet sich der Brief nicht im Besitz des Vollstreckungsschuldners und ist der besitzende Dritte weder zur Herausgabe noch zur ohne Mitwirkung des Vollstreckungsschuldners möglichen[19] Einräumung des qualifizierten (also des die alleinige tatsächliche Verfügungsgewalt des Vollstreckungsschuldners ausschließenden) Mitbesitzes[20] bereit, so muss der Gläubiger den Herausgabeanspruch des Schuldners pfänden und sich zur Einziehung überweisen lassen (§ 886 ZPO). Da die Pfändung und Überweisung zur Einziehung der Briefübergabe nicht gleichsteht,[21] muss der Vollstreckungsgläubiger den gepfändeten Anspruch einklagen und die Herausgabe aufgrund des Urteils durch Vollstreckung nach § 883 ZPO erzwingen.[22]

b) Die materiellrechtliche und verfahrensrechtliche Bedeutung des Briefs. aa) Materiellrechtliche **5** **Bedeutung.** In materiellrechtlicher Hinsicht hat der Grundpfandrechtsbrief verschiedene Funktionen zu erfüllen. Dabei kommt es teilweise zu einer Durchbrechung des Eintragungsgrundsatzes (§ 873 Abs 1 BGB).

Während zur Entstehung des dinglichen Rechts nur Einigung und Eintragung erforderlich sind, ist der **Erwerb** **6** des Rechts durch den Gläubiger von der Briefübergabe abhängig (§ 1117 Abs 1 BGB). Bis zur Briefübergabe steht das dingliche Recht dem Eigentümer zu (§§ 1163 Abs 2, 1177 BGB).

Die **Übertragung** eines Grundpfandrechts setzt neben den erforderlichen rechtsgeschäftlichen Erklärungen **7** auch die Übergabe des Briefs voraus (§ 1154 Abs 1 S 1 BGB; Ausnahme: § 1159 BGB für rückständige Nebenleistungen). Gleiches gilt für die **Belastung** des Briefrechts mit Nießbrauchs- oder Pfandrechten (§§ 1069 Abs 1, 1274 Abs 1 BGB). Dass die Schriftform der Abtretungs- bzw Belastungserklärung des Gläubigers durch die Grundbucheintragung ersetzt werden kann (§ 1154 Abs 2 BGB), ändert am Erfordernis der Briefübergabe nichts. Die Übergabe des Briefs kann auch nicht durch die Übergabe eines den Brief für kraftlos erklärenden Ausschlussurteils ersetzt werden (vgl § 41 Rdn 68, 77).[23]

---

12 RG RGZ 59, 313, 318; 69, 36, 40.
13 *Planck-Brodmann* § 952 Anm 3 b; *Palandt-Bassenge* § 952 Rn 3; *Biermann* § 952 Anm 2.
14 Mot BGB III, 744; Prot BGB III, 645; RG RGZ 51, 83, 85; 66, 24, 27; 91, 155, 157; 148, 202, 203; 149, 93, 95; OLG Düsseldorf DNotZ 1981, 642, 646.
15 RG RGZ 66, 24, 27; 68, 277, 282; 149, 93, 95.
16 RG RGZ 51, 83, 86; 66, 24; 149, 93, 95; HRR 1934 Nr 113.
17 Mot BGB III, 744; Prot BGB III, 645; RG RGZ 51, 83, 87; 66, 24; 68, 277, 282; 68, 386, 389; 91, 155, 158; 148, 202; BGH WM 1965, 408; OLG Düsseldorf DNotZ 1981, 642, 646.
18 Vgl *Stöber* Rn 705 ff, 1821 ff.
19 OLG Frankfurt NJW 1955, 1483; *Stöber* Rn 1819; **aA** KG KGJ 35 A, 297, 299 = OLGE 15, 12; DNotV 1930, 242 = HRR 1929 Nr 1968; *Tempel* JuS 1967, 120.
20 Vgl RG RGZ 85, 431, 439; OLG Frankfurt NJW 1955, 1483; *Stöber* Rn 1812, 1819, 1820.
21 RG RGZ 63, 214, 218; Gruchot 54, 1023; KG OLGE 11, 111; 29, 217; KGJ 35 A, 297, 299 = OLGE 15, 12; KGJ 44, 275, 278; DNotV 1930, 242 = HRR 1929 Nr 1968; JW 1938, 900; *Stöber* Rn 1823; **aA** *Tempel* JuS 1967, 121.
22 RG RGZ 63, 214, 218; BGH NJW 1979, 2045 = MDR 1979, 922; KG KGJ 40, 322, 327; 44, 275, 278; OLG Dresden OLGE 16, 308; *Staudinger-Wolfsteiner* § 1116 Rn 8, § 1154 Rn 64; *MüKo-Eickmann* § 1154 Rn 38; *Zöller-Stöber*, ZPO, § 830 Rn 6; *Stöber* Rn 1823; *Hintzen-Wolf* Rpfleger 1995, 94, 96/97.
23 KG KGJ 45, 294 = RJA 13, 255; OLGE 38, 10 = RJA 15, 319; DNotV 1931, 481 = HRR 1931 Nr 1708; BayObLG BayObLGZ 1987, 97, 100 = Rpfleger 1987, 363; Rpfleger 1988, 477, 478 (insoweit in BayObLGZ 1988, 148 nicht abgedruckt); *Staudinger-Wolfsteiner* § 1154 Rn 43; *Wolff-Raiser* § 136 Fn 16.

8 Für den im Grundbuch eingetragenen Gläubiger eines Briefgrundpfandrechts gilt die **Vermutung des § 891 BGB** nur, wenn er den Brief besitzt (vgl § 41 Rdn 1).[24]

9 Beim Vorliegen bestimmter Voraussetzungen wird der **Schutz des öffentlichen Glaubens** des Grundbuchs durch den Briefbesitz iVm anderen Erklärungen und Urkunden erweitert (§ 1155 BGB). Der unrichtige Brief selbst genießt jedoch keinen öffentlichen Glauben. Bei der Nichtübereinstimmung von Grundbuch und Brief ist vielmehr der richtige Grundbuchinhalt maßgeblich (keine positive Buchfunktion des Briefs, vgl § 41 Rdn 2).[25] Umgekehrt ist der richtige Briefinhalt aber in der Lage, den guten Glauben an den Inhalt des Grundbuchs zu zerstören, sodass ein redlicher Erwerb im Fall der Unrichtigkeit des Grundbuchs nicht möglich ist (§§ 1140, 1157 BGB; sog negative Buchfunktion des Briefs, vgl § 41 Rdn 2).[26]

10 Zur Wirksamkeit der **Pfändung** eines Briefgrundpfandrechts ist die Übergabe des Briefs an den Pfändungsgläubiger erforderlich (§§ 830 Abs 1, 857 Abs 6 ZPO, vgl Rdn 4).

11 Der Brief ist zwar kein Präsentationspapier in dem Sinn, dass seine Vorlegung zur **Geltendmachung** des dinglichen Rechts zwingend erforderlich wäre. Nach § 1160 BGB kann der Geltendmachung des Rechts (bzw der Forderung, § 1161 BGB) aber widersprochen werden, wenn der Gläubiger den Brief auf Verlangen nicht vorlegt.

12 Die gegenüber dem Eigentümer ausgesprochene **Kündigung oder Mahnung** des Rechts ist unwirksam, wenn der Gläubiger den Brief nicht vorlegt und der Grundstückseigentümer die Kündigung oder Mahnung aus diesem Grund unverzüglich zurückweist (§ 1160 Abs 2 BGB). Das Gleiche gilt nach § 1161 BGB für die Kündigung oder Mahnung der Hypothekenforderung.

13 Hat der Grundstückseigentümer den Gläubiger vollständig befriedigt, so kann er die Aushändigung des Briefs verlangen (§ 1144 BGB, sog **Einlösungspapier**,[27] vgl auch §§ 1150, 1167 BGB). Bei teilweiser Befriedigung ist der Gläubiger verpflichtet, diese auf dem Brief zu vermerken und den Brief zum Zweck der Berichtigung des Grundbuchs oder der Teillöschung des Rechts dem Grundbuchamt oder zum Zweck der Herstellung eines Teilbriefs für den Eigentümer der zuständigen Behörde oder einem zuständigen Notar vorzulegen (§ 1145 BGB).

14 bb) Verfahrensrechtliche Bedeutung. In verfahrensrechtlicher Hinsicht ist der Briefbesitz vor allem für den Nachweis der **Bewilligungsberechtigung** des Grundpfandrechtsgläubigers von Bedeutung (vgl § 41 Rdn 1, 47 ff, § 42 Rdn 17). Im Zwangsversteigerungsverfahren dürfen auf den Hauptanspruch entfallende Beiträge nur bei Vorlegung des Briefs ausgezahlt werden (§ 126 ZVG).

2. Die Brieferteilung und ihre Ausschließung

15 **a) Die ursprüngliche Brieferteilung (-ausschließung). aa) Die gesetzliche Ausschließung der Brieferteilung.** Im Zeitpunkt der Grundbuchanlegung bestehende Briefhypotheken sind Buchhypotheken iS des BGB (Art 192 EGBGB). Die Übergangsvorschriften der Art 193 und 195 EGBGB sind heute nahezu bedeutungslos. Landesrecht gilt nur noch in Teilen von *Baden-Württemberg* (zu Art 193 EGBGB vgl §§ 51, Abs 1 Nr 1, 7, Abs 2; 52 BaWüAGBGB vom 26.11.1974, GBl 498, und zwar Art 39 BaAGBGB idF vom 13.10.1925, GVBl 281, für Baden, sowie Art 214 WüAGBGB vom 28.07.1899, RegBl 423, idF des Art 311 WüAGBGB vom 29.12.1931, RegBl 545, für Württemberg) sowie in *Hamburg* (zu Art 195 EGBGB vgl §§ 49, 50 HbgAGBGB idF vom 01.07.1958, GVBl 195).

---

24 RG WarnR 1917 Nr 56; KG JW 1939, 562; OLGZ 1973, 76, 79 = NJW 1973, 56 = DNotZ 1973, 301 = Rpfleger 1973, 21; BayObLG BayObLGZ 1973, 246, 250 = MittBayNot 1973, 366 = DNotZ 1974, 93 = MDR 1974, 137 = Rpfleger 1973, 429; MittBayNot 1978, 108; Rpfleger 1983, 13; 1983, 17 = MittBayNot 1982, 247; MittBayNot 1989, 209 = Rpfleger 1989, 396 (LS) = NJW-RR 1989, 718 = DNotZ 1990, 739; NJW-RR 1991, 1398 = MittBayNot 1991, 256 *(Amann)* = Rpfleger 1991, 354 (LS) = Rpfleger 1992, 56 = Rpfleger 1993, 279 *(Bestelmeyer)*; OLG Frankfurt Rpfleger 1979, 205; ZfIR 2005, 254; OLG Köln FGPrax 1996, 5 = MittBayNot 1996, 40; OLG Hamm Rpfleger 2002, 565 = FGPrax 2002, 193; *MüKo-Wacke* § 891 Rn 43; *MüKo-Eickmann* § 1117 Rn 33; *Planck-Strecker* Rn 342a; *Haegele* Rpfleger 1975, 153; *Oberneck* Gruchot 43, 867, 905; *Burkhardt* BWNotZ 1987, 111, 112; *Böttcher* Rpfleger 1990, 486, 489; *Ertl* DNotZ 1990, 684, 699; **aA** KG KGJ 22 A, 309, 310; *Biermann* § 891 Anm 2 a; *Güthe-Triebel* § 19 Rn 33; kritisch auch *Staudinger-Gursky* § 891 Rn 34.

25 RG RGZ 76, 373, 378; 129, 125, 127; KG KGJ 38 A, 294, 298; *Staudinger-Wolfsteiner* § 1116 Rn 25, § 1140 Rn 1; *Planck-Strecker* § 1140 Anm 1; *MüKo-Eickmann* § 1140 Rn 5, 6.

26 KG KGJ 44, 256, 262 = RJA 12, 256; OLG Dresden OLGE 12, 168; *Staudinger-Wolfsteiner* § 1116 Rn 25, § 1140 Rn 1, 2; *Planck-Strecker* § 1140 Anm 2; *MüKo-Eickmann* § 1140 Rn 7–9; *Wolff-Raiser* § 142 VII.

27 *Güthe-Triebel* Vorbem 15 zu § 56; *Wolff-Raiser* § 142 V.

Bei Sicherungshypotheken ist die Erteilung eines Briefs **kraft Gesetzes** ausgeschlossen (§ 1185 Abs 1 BGB). Daraus folgt, dass auch die Wertpapierhypothek (§ 1187 BGB), die Höchstbetragshypothek (§ 1190 Abs 3 BGB), die Zwangshypothek (§ 866 ZPO) und die Arresthypothek (§ 932 ZPO) nur als Buchrechte bestellt werden können. Des Weiteren ist die Brieferteilung kraft gesetzlicher Vorschrift bei der Abgeltungshypothek (§ 8 Abs 3 S 2 der DVO zur VO über die Aufhebung der Gebäudeentschuldungssteuer vom 31.07.1942, RGBl I, 503), bei Aufwertungshypotheken im Betrag von unter 500 GM (Art 6 der DVO zum AufwG vom 29.11.1925, RGBl I, 392) und in den Fällen des Art 22 der 7. DVO zum SchRegG vom 30.04.1935 (RGBl I, 572) sowie des Art 4 Abs 2 Nr 2 der 9. DVO zum SchRegG vom 24.11.1937 (RGBl I, 1305) für unzulässig erklärt. Über Umstellungsgrundschulden durfte nach § 4 der 2. DVO vom 08.08.1949 (WiGBl 233) zum LASG (HypSichG) vom 02.09.1948 (WiGBl 87) ebenfalls kein Brief erteilt werden. Eine Ausnahme galt nur für Umstellungsgrundschulden, die auf den Eigentümer übergegangen waren.[28] Soweit es nicht bereits aufgrund landesrechtlicher Vorschriften beseitigt war, wurde das Verbot der Neubestellung von Briefrechten (§ 35 der 2. KMaßnVO vom 27.09.1944, RGBl I, 229) durch Art 8 Abs 2 Nr 39 REinhG vom 12.09.1950 (BGBl 455) aufgehoben.

In den **neuen Bundesländern** ist zu beachten, dass nach dem 31.12.1975 begründete ZGB-Hypotheken (§§ 452 ff ZGB) nur als Buchrechte bestellt werden konnten und der Briefausschluss daher nicht im Grundbuch verlautbart werden musste. Vor dem 01.01.1976 begründete Briefrechte blieben dagegen auch nach dem In-Kraft-Treten des ZGB Briefrechte (§ 6 Abs 1 EGZGB), sofern über sie nicht nach dem In-Kraft-Treten des ZGB verfügt werden sollte (§ 6 Abs 2 EGZGB) und sie zu diesem Zweck durch Erklärung des Gläubigers in ein Buchrecht umzuwandeln waren. Soweit Verfügungen über Grundpfandrechte in Frage stehen, ist vom Grundbuchamt somit stets zu prüfen, ob es sich bei dem betreffenden Recht um ein nicht in ein ZGB-Buchrecht umgewandeltes Uraltrecht als Briefrecht, ein dergestalt umgewandeltes Uraltrecht als Buchrecht, ein ZGB-Buchrecht oder um ein Neurecht handelt.

bb) Die rechtsgeschäftliche Ausschließung der Brieferteilung. Die **rechtsgeschäftliche** Ausschließung **16** der Brieferteilung setzt **materiellrechtlich** Einigung und Eintragung voraus (§ 1116 Abs 2 BGB). Sind auf der Eigentümer- und/oder Gläubigerseite mehrere Personen beteiligt, so ist die Einigung aller Beteiligten erforderlich (so zB, wenn das zu belastende Grundstück im Alleineigentum einer Person steht, wenn ein Gesamtrecht an Grundstücken mit verschiedenem Eigentumsverhältnis begründet wird oder wenn das Recht einer Mehrzahl von Gläubigern zustehen soll). Soll eine bereits eingetragene Buchhypothek auf ein anderes Grundstück erstreckt werden, so kann auch ohne ausdrückliche Erklärung der Beteiligten als selbstverständlich davon ausgegangen werden, dass die entstehende Gesamtbelastung als Buchrecht gewollt ist.[29] Die Vereinbarung der Unübertragbarkeit der Forderung lässt wegen der vielfältigen Bedeutung des Briefs (vgl Rdn 5 ff) für sich allein noch nicht den Schluss zu, dass die Erteilung eines Briefes ausgeschlossen sein soll.[30] Die in Verbindung mit der Ausschließung der Brieferteilung getroffene Vereinbarung, dass der Gläubiger berechtigt sein soll, jederzeit die Erteilung eines Briefs zu verlangen, kann nicht dinglicher Inhalt der Hypothek sein.[31] Der entsprechende schuldrechtliche Anspruch des Gläubigers auf Umwandlung der Hypothek in ein Briefrecht ist jedoch durch Vormerkung sicherbar. Das Gleiche gilt für den Anspruch auf Umwandlung eines Briefrechts in ein Buchrecht.[32] Bei Inhabergrundschulden und -rentenschulden (§§ 1195, 1199 BGB) ist die Ausschließung der Brieferteilung unzulässig.

Formellrechtlich ist zur Eintragung der Ausschließung der Brieferteilung lediglich die Bewilligung des **17** Grundstückseigentümers (bei mehreren: aller Eigentümer) erforderlich, da der Gläubiger noch kein Recht am Grundstück erworben hat, welches durch die Eintragung iS des § 19 betroffen werden könnte.[33] Die dingliche Einigung über die Ausschließung der Brieferteilung ist dem Grundbuchamt nicht nachzuweisen (§ 19).[34]

Die Ausschließung der Brieferteilung muss **ausdrücklich** im Grundbuch eingetragen werden. Eine Bezug- **18** nahme auf die Eintragungsbewilligung (§ 874 BGB) ist nicht zulässig.[35] Üblich sind vor allem Formulierungen wie »Buchhypothek« oder »Hypothek ohne Brief«. Die Eintragungsformel »*Die Erteilung eines Briefes ist ausgeschlossen*« ist in den amtlichen Mustern zwar noch vorgesehen (vgl Anl 1 zur GBV Abt III Nr 4), wegen ihrer Länge aber nicht mehr gebräuchlich. Die in der Anlage zur GBV enthaltenen Muster sind für das Grundbuchamt nicht verbindlich, da sie weder die Bedeutung einer Rechtsverordnung noch den Charakter einer Dienst-

---

28 OLG Bremen NJW 1951, 846 = DNotZ 1951, 560; *Demharter* Rn 6; *v. Spreckelsen* DNotZ 1952, 457, 468.
29 RG RGZ 77, 175, 177 = JW 1912, 38.
30 Vgl *Huth* ZBlFG 08, 138.
31 KG KGJ 21 A, 117, 120 = RJA 2, 36.
32 OLG Dresden SeuffBl 72, 172; *Staudinger-Wolfsteiner* § 1116 Rn 41.
33 KG KGJ 20 A, 97 = RJA 1, 22; KGJ 24 A, 91; *Staudinger-Wolfsteiner* § 1116 Rn 29; MüKo-*Eickmann* § 1116 Rn 40; *Güthe-Triebel* § 19 Rn 36 mwN.
34 KG OLGE 1, 414.
35 *Staudinger-Wolfsteiner* § 1116 Rn 30; *Westermann* § 96 B 2.

anweisung haben. Die Beteiligten haben demzufolge keinen mit Beschwerde verfolgbaren Anspruch darauf, dass sich das Grundbuchamt an den Wortlaut der in den Mustern wiedergegebenen Eintragungen hält. Entsprechende in der Praxis mitunter vorkommende dienstliche Anweisungen sind unbeachtlich (§ 9 RpflG). Zur Divergenz zwischen Einigung und Eintragung hinsichtlich der Rechtsnatur der Hypothek als Buch- oder Briefrecht vgl § 41 Rdn 11–13.

19 **cc) Die Brieferteilung von Amts wegen.** Sofern die Brieferteilung weder rechtsgeschäftlich noch kraft Gesetzes ausgeschlossen ist, wird der herzustellende Grundpfandrechtsbrief vom Grundbuchamt **von Amts wegen** erteilt.[36] Da das Gesetz vom Briefhypothek (-grundschuld, -rentenschuld) als Regelfall und vom Buchrecht als Ausnahmeform des dinglichen Rechts ausgeht (§§ 1116 Abs 1, Abs 2 S 1, 1192 Abs 1, 1199 BGB), kann der Gläubiger, der gegen den Eigentümer ein Urteil auf Bestellung bzw Bewilligung »einer Hypothek« erwirkt hat (§ 894 ZPO), nur die Eintragung eines Briefrechts verlangen.[37] Aus dem gleichen Grund muss eine Hypothekenvormerkung beim Fehlen einer abweichenden Bestimmung in ein Briefrecht umgeschrieben werden.[38] Bei Zinserhöhungen wird für die erhöhten Nebenleistungen kein besonderer Brief gebildet. Dies gilt nicht nur, wenn sich die Erhöhung im Rahmen des § 1119 BGB bewegt, sondern auch, wenn sie nicht im Rang des Hauptrechts erfolgt.[39]

b) Die nachträgliche Brieferteilung (-ausschließung). aa) Die nachträgliche Ausschließung der
20 **Brieferteilung.** Die nachträgliche Ausschließung der Brieferteilung unterliegt als Inhaltsänderung (Umwandlung) des Rechts denselben materiellrechtlichen Voraussetzungen wie die ursprüngliche Ausschließung der Brieferteilung (§ 1116 Abs 2 S 2, 3 BGB). Sind an dem Briefrecht Rechte Dritter begründet worden (Nießbrauch oder Pfandrecht), so ist neben der zwischen dem Eigentümer und dem Gläubiger erfolgenden Einigung auch die Zustimmung der Drittberechtigten erforderlich (§§ 1116 Abs 2 S 2, HS 2, 876 BGB). Formellrechtlich muss die nachträgliche Ausschließung der Brieferteilung nicht nur vom Eigentümer, sondern auch vom Gläubiger bewilligt werden, da beide von der Umwandlung iS des § 19 betroffen sind.[40] Diese Bewilligungen können in übereinstimmenden, wegen § 30 formbedürftigen (§ 29) Antrag von Eigentümer und Gläubiger auf Eintragung der Ausschließung der Brieferteilung erblickt werden.[41] Hinzu tritt die Bewilligung evtl vorhandener Drittberechtigter als mittelbar Betroffene (§§ 876 BGB, 19 GBO). Der aus Anlass der Umwandlung vorgelegte Brief (vgl § 41 Rdn 33) ist nach der Eintragung der Ausschließung der Brieferteilung unbrauchbar zu machen (§ 69).

21 **bb) Die nachträgliche Aufhebung der Ausschließung der Brieferteilung.** Für die nachträgliche Aufhebung der Ausschließung der Brieferteilung gelten die gleichen Regeln wie für die nachträgliche Vereinbarung der Briefausschließung (§ 1116 Abs 3 BGB) Dies gilt sowohl für die materiellrechtlichen Voraussetzungen der Umwandlung als auch für die verfahrensrechtlichen Eintragungsvoraussetzungen. Bei der Umwandlung einer Sicherungshypothek in eine Verkehrshypothek entsteht ein Buchrecht, ohne dass es hierfür einer besonderen Vereinbarung nach § 1116 Abs 3 BGB bedarf.[42] Ein im Zuge der Umwandlung zu erteilender Brief ist mangels einer anders lautenden Aushändigungsbestimmung an den Hypothekengläubiger auszuhändigen (§ 60 Abs 1).

3. Übergangs- und Landesrecht

22 Neben den Vorschriften der §§ 56 ff und der §§ 47 ff GBV ist Landesrecht nicht mehr anzuwenden. § 97 GBO aF (1898), welcher der Landesgesetzgebung die Anordnung vorbehielt, dass der in § 57 GBO aF bezeichnete Auszug aus dem Grundbuch noch andere als die dort vorgeschriebenen Angaben zu enthalten habe und dass, wenn sich der Betrag des Rechts verringert, auf dem Brief vermerkt werden solle, für welchen Betrag das Recht noch besteht, ist durch Art 1 Nr 25 der GBOÄndVO vom 05.08.1935 (RGBl I, 1065) aufgehoben worden. An seine Stelle sind die §§ 47 ff GBV getreten.

---

36 KG KGJ 46, 196 = RJA 14, 64. Für die Überlegung, ob der Notar anlässlich der ursprünglichen Briefgrundpfandrechtsbestellung im Anwendungsbereich des § 15 ermächtigt ist, einen »Antrag auf Brieferteilung« zu stellen, ist somit kein Raum (so aber OLG Düsseldorf Rpfleger 1974, 224; LG Frankenthal JurBüro 1989, 819; KEHE-*Herrmann* § 15 Rn 27).
37 KG KGJ 21 A, 171.
38 KG Gruchot 58, 1019.
39 OLG Dresden OLGE 1, 481; *Güthe-Triebel* Vorbem 10 zu § 56.
40 KG KGJ 20 A, 97 = RJA 1, 22; KGJ 21 A, 117 = RJA 2, 36; BayObLG BayObLGZ 1987, 97, 99 = Rpfleger 1987, 363; *Staudinger-Wolfsteiner* § 1116 Rn 39; MüKo-*Eickmann* § 1116 Rn 42; *Planck-Strecker* § 1116 Anm 3.
41 Vgl KG KGJ 28 A, 151.
42 KG KGJ 28 A, 133, 135; OLG Dresden OLGE 29, 371; RJA 8, 282; *Palandt-Bassenge* § 1186 Rn 2; MüKo-*Eickmann* § 1186 Rn 10 (mit ausführlicher Begründung); *Westermann* § 110 IV; **aA** *Planck-Strecker* § 1186 Anm 3, § 1116 Anm 2; widersprüchlich *Staudinger-Wolfsteiner* § 1116 Rn 43 (Briefrecht) gegenüber § 1186 Rn 6 (Buchrecht).

Die in einer vor dem In-Kraft-Treten des Grundbuchrechts errichteten Urkunde bestellte Hypothek war nach 23
diesem Zeitpunkt als Briefrecht einzutragen (vgl Art 192 Abs 1 S 1 EGBGB).[43] Nach der früheren PrGBO vom
05.05.1872 ausgestellte Hypothekenbriefe gelten als Hypothekenbriefe des BGB und der GBO (Art 33 § 1
Abs 1 S 1 PrAGBGB vom 20.09.1899, GS 177). Eine Ausnahme gilt für Kautionshypotheken (vgl Art 33 § 1
Abs 2 PrAGBGB iVm Art 192 Abs 1 S 2 EGBGB, § 1185 Abs 1 BGB). Über das in Teilen von **Baden-Württemberg** und in **Hamburg** geltende Landesrecht vgl § 41 Rdn 10. Zur Rechtslage in den **neuen Bundesländern** vgl Rdn 27, 29, 30 und 41.

II. Allgemeines

1. Normzweck und Norminhalt

In § 56 Abs 1 S 1 ist die **Zuständigkeit** für die Erteilung des Hypothekenbriefs geregelt. Obwohl sich die 24
Zuständigkeit des Grundbuchamts eigentlich schon aus § 1117 Abs 2 BGB ergibt, erschien es im Hinblick auf
die in § 61 Abs 1 geregelte Zuständigkeit für die Herstellung von Teilbriefen empfehlenswert, die Zuständigkeitsfrage durch eine ausdrückliche Vorschrift zu regeln.[44]

Wie sich aus dem Wortlaut der Vorschrift ergibt (»muss«), ist in **§ 56 Abs 1 S 2** der **wesentliche Inhalt** des 25
Hypothekenbriefs bestimmt. Die für die Gültigkeit des Briefs unwesentlichen inhaltlichen Erfordernisse sind in
den §§ 57 und 58 geregelt. Die genannten Vorschriften beruhen auf der Überlegung, dass der Hypothekenbrief
die Verkehrsfähigkeit der Hypothek erhöhen soll und dass er diesen Zweck nur erfüllen kann, wenn er über das
dingliche Recht möglichst ebenso umfassend wie das Grundbuch selbst Auskunft gibt.[45] Auch wurde es wegen
der Bedeutung des Briefs (vgl Rdn 5 ff) für notwendig erachtet, die Brieferteilung gewissen Formvorschriften
zu unterwerfen, damit die Urkunde im Rechtsverkehr ohne weiteres als Hypothekenbrief erkennbar ist.[46]

2. Entstehungsgeschichte

Die für die Brieferteilung maßgebenden §§ 124–127 PrGBO hatten zwischen wesentlichen und nicht wesentli 26
chen Erfordernissen des Briefs noch keine Unterscheidung getroffen. Aus Anlass der Neuordnung des Grundbuchrechts sollte durch die Formalisierung der Briefherstellung vor allem im Hinblick auf die nach dem jeweiligen Landesrecht zu erwartende unterschiedliche Gestaltung der Grundbuchmuster einer uneinheitlichen
Handhabung und der Gefahr der Erteilung von nicht gesetzmäßigen (nichtigen) Briefen vorgebeugt werden.[47]
Im Entw I § 56 war die Bezeichnung der Hypothek und des belasteten Grundstücks unter Bezugnahme auf das
Grundbuchblatt (jetzt nur noch Sollinhalt nach § 57 Abs 1 S 1) sowie die Angabe des Datums (hierzu vgl
Rdn 43) noch als wesentlicher Inhalt des Briefs vorgesehen. Der Entw II § 54 entsprach bereits dem Gesetz
gewordenen § 56. Einem in der Kommission gestellten Antrag, die nachträgliche Veränderung des Geldbetrags
der Hypothek durch einen Vermerk neben dem ursprünglichen Hypothekenbetrag kenntlich zu machen,
wurde durch die Aufnahme eines Vorbehalts für die Landesgesetzgebung (damals § 97) entsprochen (jetzt § 48
GBV).[48] Bei der Neufassung der GBO durch die GBOÄndVO vom 05.08.1935 (RGBl I, 1065) ist § 56 unverändert geblieben. Durch Art 2 Nr 3 des Gesetzes zur Änderung sachenrechtlicher, grundbuchrechtlicher und
anderer Vorschriften vom 22.06.1977 (BGBl I, 998) wurden in den früheren § 56 S 2 (jetzt: § 56 Abs 1 S 2) mit
Wirkung vom 01.01.1978 die Worte »oder Stempel« eingefügt. Diese Änderung bringt eine Arbeitserleichterung
für die Grundbuchämter mit sich.[49] Durch Art 1 Nr 21 des RegVBG vom 20.12.1993 (BGBl I, 2182) wurden
die bisherigen funktionellen Zuständigkeitsvorschriften des § 3 Abs 1, 3 AVOGBO vom 08.08.1935 (RGBl I,
1089) als § 56 Abs 2 in die GBO übernommen, während der bisherige Wortlaut des § 56 als nunmehriger § 56
Abs 1 unverändert blieb.

III. Die Zuständigkeit für die Brieferteilung, § 56 Abs 1 S 1

1. Die sachliche Zuständigkeit

Für die Erteilung des Hypothekenbriefs ist nach § 56 Abs 1 S 1 **ausschließlich** das Grundbuchamt zuständig. 27
Grundbuchamt ist das Amtsgericht (§ 1 Abs 1 S 1). Das Grundbuchamt führt die Bezeichnung des Amtsgerichts, ohne den Zusatz »Grundbuchamt« zu verwenden (§ 1 Abs 1 GBOGeschO vom 25.02.1936, DJ 350).
Dies ergibt sich auch aus den Mustern Anl 3–8 zur GBV. In **Bayern** ist der Zusatz *»Grundbuchamt«* jedoch vor-

---

43 BayObLG BayObLGZ 6, 493; 10, 261; 10, 458.
44 D 60.
45 Mot 99; RG RGZ 77, 423, 425; *Staudinger-Wolfsteiner* § 1116 Rn 10; *Planck-Strecker* § 1116 Anm 4.
46 Mot 97.
47 Mot 98.
48 KB zu § 54, vgl *Hahn-Mugdan* (Mat) V, 223.
49 BT-Drucks 8/89 S 7; 8/359 S 12; *Kissel* NJW 1977, 1762; *Stöber* Rpfleger 1977, 400.

geschrieben und somit auch auf dem Brief anzubringen (Nr 1.1.1 BayGBGA vom 16.10.2006, JMBl 182).[50] Für **Baden-Württemberg** blieb die Bestimmung des Zeitpunkts, in welchem § 1 Abs 1 in diesem Bundesland in Kraft tritt, bei der Vereinheitlichung des Grundbuchrechts vorbehalten (vgl Art 8 Abs 1, 3 GBOÄndVO vom 05.08.1935, RGBl I, 1065; nunmehr: § 143 Abs 1 S 1 GBO). Solange diese Bestimmung nicht getroffen ist, werden die Grundbücher von den Grundbuchämtern geführt (§ 1 Abs 1, 3 BaWüLFGG vom 12.02.1975, GBl 116). Das Grundbuchamt führt die Bezeichnung der Gemeinde, in der es errichtet ist (§ 1 BaWüGBVO vom 21.05.1975, GBl 398). In den **neuen Bundesländern** wurden die Hypothekenbriefe vorbehaltlich späterer bundesgesetzlicher Regelung zunächst von den am 02.10.1990 zuständigen oder sonstigen durch Landesrecht bestimmten Stellen in ihrer Eigenschaft als Grundbuchamt erteilt (Anl I Kap III Sachgeb B Abschn III Nr 1 Buchst a S 1 EinigungsV, BGBl 1990 II, 951, 952). Diese Übergangsvorschriften sind spätestens mit Wirkung vom 01.01.1995 nach § 144 Abs 2 S 1, 3 außer Kraft getreten.

28 In § 61 Abs 1 ist die Zuständigkeit für die Herstellung von **Teilbriefen** geregelt.

2. Die örtliche Zuständigkeit

29 Das Grundbuchamt ist für die in seinem Bezirk liegenden Grundstücke und in diesem Rahmen auch für die Erteilung des Hypothekenbriefs zuständig (§ 1 Abs 1 S 2; vgl auch § 1 Abs 2 iVm § 5 FGG). Ausnahmen von diesem Grundsatz können sich bei der Führung eines gemeinschaftlichen Grundbuchblatts (§ 4 Abs 2) sowie bei der Vereinigung oder Bestandteilszuschreibung von Grundstücken (§§ 5 Abs 1 S 2, 6 Abs 1 S 2) ergeben. Die Zuständigkeit für die Bildung von Gesamthypothekenbriefen ist in § 59 Abs 2 geregelt. Zur Rechtslage in den **neuen Bundesländern** vgl Rdn 27.

3. Die funktionelle Zuständigkeit

30 Für die Ausstellung des Hypothekenbriefs sind nach § 56 Abs 2 S 1 iVm § 3 Nr 1h RpflG vom 05.11.1969 (BGBl I, 2065) der Rechtspfleger und der Urkundsbeamte der Geschäftsstelle zuständig. Anstelle des Urkundsbeamten kann seit dem 01.02.1964 auch ein vom Behördenvorstand (nunmehr: ein von der Leitung des Amtsgerichts) ermächtigter Justizangestellter tätig werden (§ 3 Abs 3 AVOBGO, §§ 29 Nr 2, 37 GBMaßnG vom 20.12.1963, BGBl I, 986; nunmehr: § 56 Abs 2 S 2 GBO). Dass der Grundbuchrichter einen Hypothekenbrief unterzeichnet (so noch der überholte Wortlaut des früheren § 3 Abs 1 AVOGBO), wird angesichts der Vollübertragung der Grundbuchangelegenheiten auf den Rechtspfleger (§ 3 Nr 1h RpflG) nicht mehr vorkommen. Soweit nach § 5 RpflG überhaupt noch eine Beteiligung des Richters im Grundbuchverfahren in Betracht kommt, wird die betreffende Eintragung des Grundpfandrechts und die hierdurch veranlasste Brieferteilung dennoch vom Rechtspfleger vorgenommen.[51] In den **neuen Bundesländern** richtete sich die Zuständigkeit der Bediensteten des Grundbuchamtes und die Zahl der erforderlichen Unterschriften zunächst nach den Bestimmungen, die am 02.10.1990 für die zur Grundbuchführung berufenen Stellen bestanden hatten oder die in dem jeweiligen Land später erlassen wurden. Die funktionellen Zuständigkeitsvorschriften der §§ 1–4 AVOGBO waren demzufolge nicht anzuwenden (Anl I Kap III Sachgeb B Abschn III Nr 1 Buchst a S 2, 3, Nr 2 EinigungsV, BGBl 1990 II, 952; zur insoweit modifizierten Anwendung des RpflG vgl Anl I Kap III Sachgeb A Abschn III Nr 3 EinigungsV, BGBl 1990 II, 927). Diese Übergangsvorschriften wurden durch das RegVBG vom 20.12.1993 (BGBl I, 2182) in veränderter Form in die GBO übernommen (§ 144 Abs 1 Nr 1 S 2–4; nach den betreffenden landesrechtlichen Bestimmungen [vgl § 144 Rdn 63 ff] wird der Brief in den neuen Bundesländern nur von einer Person unterzeichnet). Insbesondere konnten – durch Rechtsverordnung des Bundesministeriums der Justiz mit Zustimmung des Bundesrates verlängerbar – bis zum Ablauf des 31.12.1999 auch Personen mit der Vornahme von Amtshandlungen betraut werden, die den Grundbuchämtern aufgrund von Dienstleistungsverträgen auf Dauer oder vorübergehend zugeteilt wurden (§ 144 Abs 4). Zu den sog Bereichsrechtspflegern (§§ 34, 34a RpflG) vgl § 144 Rdn 82 ff.

31 **Übergangsregelungen** bestanden in der Zeit vom 01.04.1936 bis 30.04.1937 bzw bis 01.07.1958 (§§ 1, 2 Abs 2 der VO vom 30.03.1937, RGBl I, 428 und § 31 RpflG idF vom 08.02.1957, BGBl I, 18) sowie in **Bayern** vom 08.05.1945 bis 30.09.1948 (VO vom 17.06.1948, GVBl 117). Sie betrafen die Tätigkeit von nicht zum Urkundsbeamten bestellten Beamten der Geschäftsstelle, von Justizangestellten sowie von Justizbeamten, welche die Voraussetzungen des § 2 RpflG nicht erfüllt haben.

32 In **Baden-Württemberg** treten die Bestimmungen über die funktionelle Zuständigkeit der Grundbuchbeamten erst zusammen mit § 1 Abs 1 in Kraft (§ 19 AVOGBO iVm Art 8 Abs 1, 3 GBOÄndVO, nunmehr § 143 Abs 1 GBO, vgl Rdn 27). Grundbuchbeamte sind bis zu diesem Zeitpunkt die Notare und Notarvertreter für die im Notariatsbezirk gelegenen Grundbuchämter (§ 29 Abs 1 S 1 BaWüLFGG vom 12.02.1975, GBl 116) sowie – im badischen Landesteil – die den Notariaten durch besondere Anordnung des Justizministeriums

---

50 Zur Kritik an dieser Regelung vgl *Meikel-Böttcher* § 1 Rdn 13.
51 *Demharter* § 1 Rn 18 und § 44 Rn 63; KEHE-*Eickmann* § 44 Rn 7.

zugewiesenen Rechtspfleger (§§ 17 Abs 3, 29 Abs 1 S 2 BaWüLFGG, 35 RpflG). In den Fällen, bei denen nach Bundesrecht der Richter oder Rechtspfleger gemeinsam mit dem Urkundsbeamten zuständig ist, ist der Notar (Notarvertreter, Rechtspfleger) Grundbuchbeamter als Einzelperson (§ 29 Abs 2 S 2 BaWüLFGG). Da eine Mitwirkung eines Urkundsbeamten somit nicht in Frage kommt, ist nur die Unterschrift des Notars (Notarvertreters, Rechtspflegers) erforderlich (vgl auch § 6 BaWüGBVO vom 21.05.1975, GBl 398).[52]

IV. Die wesentlichen Erfordernisse des Hypothekenbriefs, § 56 Abs 1 S 2

Ein gültiger Hypothekenbrief liegt nur vor, wenn die in § 56 Abs 1 S 2 genannten Erfordernisse erfüllt sind. **33**

1. Die Bezeichnung als Hypothekenbrief

Diesem Erfordernis ist bereits dadurch genügt, dass sich die Bezeichnung als »*Hypothekenbrief*« an irgendeiner **34** Stelle des Brieftextes befindet. Sie muss demnach nicht notwendig in der Überschrift des Briefs enthalten sein.[53] Lediglich durch die **Ordnungsvorschrift** des § 47 GBV ist angeordnet, dass die Bezeichnung als »*Deutscher Hypothekenbrief*« einen Teil der Briefüberschrift bildet (vgl die Briefmuster nF Anl 3–8 zur GBV).

2. Die Angabe des Geldbetrags der Hypothek

Gültigkeitsvoraussetzung des Briefs ist lediglich, dass der Brief irgendeinen Geldbetrag enthält. In welcher (zB **35** ausländischer) Währung die Angabe erfolgt, ist unerheblich.[54] Zwar erfolgt die Angabe des Geldbetrags in Übereinstimmung mit der Grundbucheintragung, sodass § 28 S 2 entsprechende Anwendung findet. Dabei ist aber zu berücksichtigen, dass die analoge Anwendung der **Ordnungsvorschrift** des § 28 S 2 nicht dazu führen kann, dass die geforderte Angabe in einer der dort bezeichneten Währungen zu einer Gültigkeitsvoraussetzung des Hypothekenbriefs wird.[55] Ist vor der nachträglichen Umwandlung eines Buchrechts in ein Briefrecht bereits ein Teilbetrag der Hypothek gelöscht worden, so wird lediglich der Restbetrag in den Brief aufgenommen. Entsprechendes gilt bei sonstigen vor der Brieferteilung erfolgten Änderungen, die eine Teilung der Forderung iS des § 1151 BGB zur Folge gehabt haben (zB eine Teilabtretung oder Teilbelastung). Hier ist lediglich der von der Verbriefung betroffene Betrag der infolge der Teilung nunmehr selbständigen Hypothek anzugeben. In diesen Fällen handelt es sich daher weder um die Bildung eines Teilhypothekenbriefs (§ 61) noch um die Neuerteilung eines Briefs iS des § 68. Bei wertbeständigen Hypotheken tritt die Art und Menge der Ware oder Leistung, deren Preis als Maßstab gewählt ist, an die Stelle des Geldbetrags (§ 3 des Gesetzes über wertbeständige Hypotheken vom 23.06.1923, RGBl I, 407). Briefe über Rechte, die im Grundbuch zu löschen sind, weil der Antrag auf Eintragung der Aufwertung nicht rechtzeitig gestellt wurde, sind mit Ablauf des 31.03.1931 kraftlos geworden. Das Gleiche gilt mit Ablauf des 31.12.1931 für Briefe über Rechte, bei denen der Geldbetrag des Rechts zu diesem Zeitpunkt noch in einer damals nicht mehr geltenden inländischen Währung angegeben war (§ 8 GBBerG vom 18.07.1930, RGBl I, 305).

3. Die Bezeichnung des belasteten Grundstücks

An die erforderliche Grundstücksbezeichnung ist lediglich die Anforderung zu stellen, dass sich das belastete **36** Grundstück (Erbbaurecht, Wohnungseigentum usw) eindeutig und zweifelsfrei aus dem Inhalt des Briefs ergeben muss.[56] Eine Bezeichnung des Grundstücks nach dem Inhalt des Grundbuchs ist nicht Voraussetzung für die Gültigkeit des Briefs.[57] Die **Ordnungsvorschrift** des § 57 Abs 1 S 2 verlangt in ihrer jetzigen Fassung nurmehr die Angabe der laufenden Nummer, unter der das belastete Grundstück im Bestandsverzeichnis des Grundbuchs verzeichnet ist. Seit der Änderung des § 57 Abs 2a aF (vgl § 57 aF Rdn 2 und dortige Fn 1) und der Aufhebung des § 58 Abs 2 aF (vgl § 58 Rdn 2) ist eine Bezugnahme auf den mit dem Brief verbundene Schuldurkunde zum Zweck der Bezeichnung des belasteten Grundstücks nicht mehr möglich (vgl § 58 Rdn 29).[58] Wegen der Bezeichnung der Grundstücke bei Gesamtrechten vgl § 59 Rdn 10, 11.

---

52 OLG Karlsruhe Justiz 1979, 336 (für die Grundbucheintragung).
53 Mot 98; *Güthe-Triebel* Rn 4; irreführend daher *Demharter* Rn 9.
54 *Güthe-Triebel* Rn 5; unklar *Demharter* Rn 10 (»*grundsätzlich in geltender Währung*«).
55 *Hügel-Kral* Rn 13; *Güthe-Triebel* Rn 5.
56 Die von *Bauer/von Oefele-Weber* in Rn 7 kolportierte Auffassung von *Güthe-Triebel* Rn 6, wonach eine »*allgemein übliche*« Bezeichnung des Grundstücks genügt (Beispiel: »*Das alte Pferd*«), begegnet im Hinblick auf den Bestimmtheitsgrundsatz zumindest in dieser Allgemeinheit Bedenken.
57 *Güthe-Triebel* Rn 6; *Demharter* Rn 11; ungenau: *Schöner/Stöber* Rn 2017 (»*Bezeichnung des belasteten Grundstücks nach Maßgabe des § 57 GBO*«).
58 Zum früheren Recht vgl BayObLG BayObLGZ 26, 227 = JW 1927, 2527 (*Reinhard*).

4. Die Unterschrift

37   Die Unterschrift der Grundbuchbeamten ist eine wesentliche Voraussetzung für die Gültigkeit des Hypothekenbriefs. Sie muss eigenhändig erfolgen und ist mit dem vollen Familiennamen zu leisten. Nach allgemeiner, nicht zwingend vorgeschriebener Übung wird die Unterschrift des Rechtspflegers links von der des Urkundsbeamten (bzw des ermächtigten Angestellten) angebracht. Die Beifügung der jeweiligen Amtsbezeichnung ist ebenso wie bei der Grundbucheintragung[59] nicht erforderlich. Dies gilt auch für die Bezeichnung »Rechtspfleger«, da es sich bei der Unterzeichnung des Briefs nicht um die »Aufnahme« einer Urkunde iS des § 12 RpflG handelt.[60] Hinzugefügte Amtsbezeichnungen sind aber unschädlich. Die lesbare Wiederholung der Namen der Grundbuchbeamten in Maschinenschrift ist zwar zweckmäßig (vgl zB die AV des NdsJM vom 11.07.1956, NdsRpfl 1956, 138), aber nicht notwendig. Eine mechanische Vervielfältigung der Unterschrift ist nur bei der Bildung von Inhaberteilgrundschuld- oder -rentenschuldbriefen zulässig (§§ 70 Abs 2 GBO iVm 1195 S 2, 1199 Abs 1, 793 Abs 2 S 2 BGB).[61] Ein **maschineller Brief** muss in Abweichung vom herkömmlichen manuellen Herstellungsverfahren nicht von Hand unterschrieben werden. Er muss jedoch mit dem Namen des Bediensteten, der die Herstellung des Briefs veranlasst hat und mit dem Vermerk »*Maschinell hergestellt und ohne Unterschrift gültig*« versehen sein (§ 87 GBV).

38   **Fehlt die Unterschrift** bzw eine von mehreren Unterschriften, so ist der Brief nichtig.[62] Dem Fehlen einer Unterschrift ist die gegen § 56 Abs 1 S 1 verstoßende Unterzeichnung durch den Angehörigen eines anderen Gerichts als des Amtsgerichts oder einer **sachlich unzuständigen Behörde** (Landratsamt, Finanzamt usw) gleichzusetzen, so zB, wenn ein Richter (Rechtspfleger, Urkundsbeamter) des Landgerichts einen Hypothekenbrief unterschreibt.[63] Dies folgt aus der in § 56 Abs 1 S 1 geregelten ausschließlichen amtsgerichtlichen Zuständigkeit des Grundbuchamts (vgl Rdn 27).[64] Auch der Verstoß gegen die **funktionelle Zuständigkeit** führt wegen des zwingenden Charakters der Vorschrift des § 56 Abs 2 zur Ungültigkeit des Hypothekenbriefs.[65] Nichtig ist der Hypothekenbrief demnach, wenn bei der Unterzeichnung weder ein Rechtspfleger noch ein Richter beteiligt ist (vgl § 8 Abs 1 RpflG), wenn ein nicht mit Rechtspflegeraufgaben betrauter Verwaltungsbeamter des gehobenen Justizdienstes anstelle des Rechtspflegers bei der Brieferteilung mitwirkt[66] oder wenn ein nicht iS des § 56 Abs 2 S 2 ermächtigter Justizangestellter bei der Unterzeichnung des Briefs tätig wird. Im letztgenannten Fall ist zu beachten, dass die nach § 44 Abs 1 S 2 HS 2 mögliche Ermächtigung von Angestellten zur Leistung von Grundbuchunterschriften für sich alleine noch keine zur Unterzeichnung von Grundpfandrechtsbriefen erforderliche Ermächtigung iS von § 56 Abs 2 S 2 beinhaltet. Selbstverständlich ist der Brief auch dann ungültig, wenn **derselbe** Rechtspfleger (Richter) **beide** Unterschriften leistet. Außerhalb der in § 56 Abs 2 iVm § 3 Nr 1h RpflG vorgesehenen Unterzeichnungsmöglichkeiten ist der Hypothekenbrief wirksam, wenn er von zwei Rechtspflegern (§ 8 Abs 5 RpflG), zwei Richtern (§ 8 Abs 1, 5 RpflG),[67] einem Rechtspfleger und einem Richter (§ 8 Abs 1, 5 RpflG)[68] sowie einem Richter und einem Urkundsbeamten bzw einem iS von § 56 Abs 2 S 2 ermächtigten Justizangestellten (§ 8 Abs 1 RpflG) unterschrieben wird. Ein an sich ohne Unterschrift gültiger **maschineller Brief** (vgl Rdn 37) ist als solcher nichtig, wenn er unter Nichteinhaltung der Formerfordernisse des § 87 S 2 GBV **von Hand** unterschrieben wird (arg § 130 S 1 HS 1), und zwar auch dann, wenn dabei die Förmlichkeiten des § 56 beachtet wurden (vgl Rdn 56, 68; zur gleich gelagerten Problematik bei der Siegelung bzw Stempelung vgl Rdn 40). Allerdings kann ein dergestalt »misslungener« nichtiger maschineller Brief als herkömmlich hergestellter Brief gültig sein, wenn er von Hand unterschrieben *und* von Hand gesiegelt bzw gestempelt wurde,[69] weil die ordnungswidrige Nichtverwendung der amtlichen Briefmuster auf die materielle Gültigkeit des Briefs keinen Einfluss hat und sogar ein von Hand geschriebener Brief gültig wäre, sofern er sämtliche Mindestvoraussetzungen für einen wirksamen Brief iS des § 56 erfüllt. Zur allgemeinen Gefahr der Nichtigkeit von »scheinmaschinellen« Briefen vgl Rdn 54 ff.

---

59 *Güthe-Triebel* § 44 Rn 7; *Demharter* § 44 Rn 64; *KEHE-Eickmann* § 44 Rn 7. Zur Lesbarkeit der Unterschrift vgl OLG Zweibrücken Rpfleger 2000, 267 mwN.

60 **AA** ohne Begründung *Hügel-Kral* Rn 15; *Schöner/Stöber* Rn 2020.

61 *Güthe-Triebel* Rn 7; *KEHE-Eickmann* Rn 3; *Demharter* § 70 Rn 6.

62 KG KGJ 46, 196, 198 = RJA 14, 64; *Güthe-Triebel* Rn 7; *Demharter* Rn 12.

63 KGJ 50, 91, 93 (für den Fall der Erbscheinserteilung durch das Beschwerdegericht); *Güthe-Triebel* Rn 7 und § 1 Rn 9; *Demharter* Rn 13 und § 1 Rn 25, 26; *Predari* Anm 2. Zur Unwirksamkeit der Unterschrift einer Privatperson vgl OLG Brandenburg VIZ 1996, 724.

64 BGH BGHZ 24, 48 = NJW 1957, 832; BayObLG RJA 9, 73; KG KGJ 50, 91, 93 (vgl Fn 63); *Güthe-Triebel* Rn 7 und § 1 Rn 9; *Demharter* Rn 13 und § 1 Rn 25, 26; *Predari* Anm 2; **aA** (für das Handeln eines sachlich unzuständigen Gerichts) *Meikel-Böttcher* § 1 Rdn 14; *Bauer/von Oefele-Waldner* § 1 Rn 5, 6; *KEHE-Eickmann* § 1 Rn 4 (anders jedoch in § 56 Rn 4).

65 *Güthe-Triebel* Rn 7 (zu § 3 AVOGBO).

66 OLG Frankfurt NJW 1968, 1289; *KEHE-Eickmann* § 1 Rn 22.

67 Vgl OLG Hamm Rpfleger 1971, 107; *KEHE-Eickmann* § 1 Rn 17, 18; *Demharter* § 1 Rn 19; **aA** (durch das In-Kraft-Treten des RpflG überholt) *Güthe-Triebel* § 1 Rn 16.

68 Vgl die Nachweise in Fn 67.

69 Ebenso *Hügel-Kral* Rn 18, wo aber nicht zwischen der Nichtigkeit des maschinellen Briefs und der Gültigkeit als herkömmlich hergestellter Brief unterschieden wird.

Die Unterschrift eines **örtlich unzuständigen** oder **kraft Gesetzes von der Amtsausübung ausgeschlos-** **39**
senen Grundbuchbeamten berührt die Wirksamkeit des Hypothekenbriefs nicht (§ 7 FGG).[70] Auch ein Verstoß
gegen die in der Geschäftsverteilung geregelte Zuständigkeit ist unschädlich (§ 22d GVG).[71] Daraus folgt, dass
jeder Rechtspfleger (Richter), Urkundsbeamter oder iS von § 56 Abs 2 S 2 ermächtigter Justizangestellter eines
Amtsgerichts einen Hypothekenbrief wirksam unterzeichnen kann. Eine unter Zwang oder Drohung geleistete
Unterschrift ist unwirksam[72] und lässt daher keinen gültigen Hypothekenbrief entstehen. Dagegen ist der von
einem unzurechnungsfähigen Grundbuchbeamten unterschriebene Hypothekenbrief wirksam ausgestellt.[73]

5. Siegel oder Stempel

Seit der durch Art 2 Nr 3 des Gesetzes vom 22.06.1977 (BGBl I, 998) erfolgten Änderung des § 56 S 2 aF **40**
(jetzt: § 56 Abs 1 S 2) ist für die herkömmliche (also nicht-maschinelle) Briefherstellung neben dem Prägesiegel
nunmehr auch die Verwendung eines Farbdruckstempels zugelassen. Für die Siegelung ist die Einprägung des
amtsgerichtlichen Dienstsiegels mittels Trockenstempel ausreichend. Das sog Oblatensiegel ist nur erforderlich,
wenn mehrere Urkunden miteinander zu verbinden sind.[74] In **Baden-Württemberg** ist das Siegel des Notariats auch das Siegel des Grundbuchamts (§ 28 BaWüLFGG vom 12.02.1975, GVBl 116). **Maschinell herge-**
stellte Briefe müssen in Abweichung von § 56 Abs 1 S 2 nicht mehr von Hand mit einem Siegel oder Stempel
versehen sein. Dafür muss der erforderliche Siegel- oder Stempelaufdruck entweder bereits auf dem Briefformular vorhanden sein oder auf diesem in maschineller Form angebracht werden (§ 87 S 3 GBV). In diesem
Zusammenhang kann sich die Frage stellen, ob ein Brief als gültig angesehen werden kann, wenn der Siegel-
oder Stempelaufdruck nicht von vornherein auf dem Briefformular vorhanden ist oder die erforderliche Siegelung oder Stempelung nicht im Wege des maschinellen »Aufdrucks«, sondern unter Verwendung des Prägesiegels oder Stempels (entgegen § 87 S 3 GBV) *von Hand* erfolgt. Entsprechend der gleich gelagerten Problematik
bei der Unterschriftsleistung (vgl Rdn 38) muss diese Frage verneint und ein auf die geschilderte Weise hergestellter Brief daher als nichtig angesehen werden (vgl Rdn 56, 68). Gleichwohl kann ein solcher »misslungener«
nichtiger maschineller Brief als herkömmlich hergestellter Brief gültig sein (vgl Rdn 38 aE). Zur allgemeinen
Gefahr der Nichtigkeit von »scheinmaschinellen« Briefen vgl Rdn 54 ff.

V. Das Verfahren bei der Ausstellung des Hypothekenbriefs

Außerhalb der GBO ist das Verfahren für die Herstellung des Hypothekenbriefs in den §§ 47–53 GBV, den **41**
§§ 36–38 GBOGeschO sowie den entsprechenden landesrechtlichen Vorschriften geregelt (für **Bayern** vgl
Nr 6.1 BayGBGA vom 16.10.2006, JMBl 182; vgl auch die AVRJM vom 20.07.1936, DJ 1103; zur Anwendbarkeit der für die Briefherstellung maßgeblichen Vorschriften der GBV in den **neuen Bundesländern** vgl
§ 105 GBV: Die §§ 47–53 GBV sind nach § 105 Abs 1 Nr 1 GBV stets anzuwenden; die Bestimmung des § 59
GBV für die Herstellung von Briefen bei belasteten Erbbaurechten gelangt nach Maßgabe des § 105 Abs 1
Nr 4 GBV zur Anwendung; die Bildung von Briefen bei belastetem Wohnungs- und Teileigentum hat aufgrund der 3. VO zur Änderung der VO zur Durchführung der SchRegO und zur Regelung anderer Fragen
des Registerrechts vom 30.11.1994 – BGBl I, 3580; 1995 I, 16 – in Anwendung der §§ 5, 10 Abs 2 WEGGBV
zu erfolgen). Nach übereinstimmenden, aufgrund des § 52 Abs 2 GBV erlassenen Regelungen der Landesjustizverwaltungen dürfen für die Ausfertigung (= Urschrift) der Briefe nur die von der Bundesdruckerei in Berlin
hergestellten und gelieferten amtlichen Vordrucke A, B und C verwendet werden (für **Bayern** vgl Nr 6.1.2
BayGBGA). Die äußere Form der Briefe ergibt sich aus den der GBV beigefügten (noch nicht auf Euro umgestellten) Mustern Anlagen 3–8 (vgl § 52 Abs 1 GBV). Die Beteiligten haben einen im Beschwerdeweg verfolgbaren Anspruch darauf, dass sich das Grundbuchamt an diese **äußere Form** der Briefe hält.[75] Dagegen können
sie nicht verlangen, dass das Grundbuchamt für den **Inhalt** der Hypothekenbriefs einen den Mustern entsprechenden Wortlaut wählt.[76] Insoweit gilt nichts anderes als für die Probeeintragungen nach den Mustern Anl 1,
2 und 9 zur GBV (§§ 22, 31, 58 GBV hierzu vgl Rdn 18).

70 *Meikel-Böttcher* § 1 Rdn 23; *Güthe-Triebel* Rn 7 und § 1 Rn 28; *Demharter* § 1 Rn 23 und § 11 Rn 5; KEHE-*Eickmann* § 1
   Rn 9 und § 11 Rn 6; *Schöner/Stöber* Rn 51, 52; *Hesse* DFG 1936, 25; *Hoche* NJW 1952, 1289; *Wolff-Raiser* § 36 I 1b Fn
   2 a.
71 *Meikel-Böttcher* § 1 Rdn 56; KEHE-*Eickmann* § 1 Rn 24; *Demharter* Rn 13 und § 1 Rn 24; *Hügel-Kral* Rn 16.
72 BGH BGHZ 7, 64 = NJW 1952, 1289 (*Hoche*) = LM Nr 1 zu § 892 BGB (*Pritsch*).
73 KEHE-*Eickmann* § 44 Rn 10; *Planck-Strecker* § 892 Anm I 7; *Hoche* NJW 1952, 1289; *Josef* Recht 1913, 731; *Josef* JW
   1929, 1862; *Wolff-Raiser* § 36 I 1b Fn 2 a.
74 BayObLG BayObLGZ 1974, 55 = Rpfleger 1974, 160 (unter ausführlicher Erörterung der Begriffe »Siegel« und »Stempel« anhand der Entstehungsgeschichte der GBO sowie unter Hinweis auf die teilweise abweichenden Entscheidungen
   KG KGJ 20 A, 14; 43, 23); KEHE-*Eickmann* Rn 3; *Demharter* Rn 16; *Hügel-Kral* Rn 19; vgl auch *Dennler* SeuffBl 65,
   354, *Schmitt* SeuffBl 65, 497 und *Zimmermann* Rpfleger 1971, 164.
75 KG KGJ 53, 223; *Demharter* Rn 17; *Hügel-Kral* Rn 10.
76 KEHE-*Eickmann* § 52 GBV Rn 1; *Hügel-Kral* Rn 10; *Hesse-Saage-Fischer* § 52 GBVfg Anm I.

42   Nach § 36 Abs 1 GBOGeschO ist zunächst ein bei den Grundakten verbleibender **Briefentwurf** zu fertigen. Die Übertragung in die Ausfertigung (= Urschrift) darf erst erfolgen, nachdem der Rechtspfleger den Entwurf zum Zeichen der Billigung mit seinem Namenszeichen versehen hat. Auf jeden Fall hat der Rechtspfleger zur Vermeidung grober Fahrlässigkeit neben dem Entwurf auch die Ausfertigung (= Urschrift) des Briefs auf Richtigkeit und Vollständigkeit zu prüfen.[77] Die Herstellung einer zweiten Urschrift oder von beglaubigten Abschriften des Briefs ist unzulässig.[78] Die Geschäftsnummer oder Vermerke über die geschäftliche Erledigung (zB Absendungsvermerke) gehören nicht auf den Brief (§ 36 Abs 3 GBOGeschO und für **Bayern** Nr 6.1.1.4 BayGBGA). Die Erteilung des Briefs wird im Grundbuch nicht vermerkt (Ausnahme: § 68 Abs 3). Dagegen muss der Ausschluss der Brieferteilung ausdrücklich im Grundbuch eingetragen werden (§ 1116 Abs 2 S 3 BGB, vgl Rdn 18).

43   Eine **Datierung** des Briefs ist im Gegensatz zum Entw I § 56 nicht ausdrücklich vorgeschrieben. Da sie in § 56 nicht unter den wesentlichen Erfordernissen des Hypothekenbriefs aufgezählt ist, kann die Datierung des Briefs allenfalls als durch Ordnungsvorschrift angeordnet angesehen werden.[79] Die §§ 57 ff GBO, 47 ff GBV enthalten keine Vorschrift über die Datierung des Briefs. Sie ist aber in den der GBV beigefügten Mustern Anl 3–8 als selbstverständlich vorgesehen. Der Tag der Briefherstellung sollte zweckmäßigerweise mit demjenigen der Grundbucheintragung übereinstimmen (so die überwiegende Praxis). Es ist aber auch zulässig, einen späteren Tag (keinen früheren[80]) für die Angabe des Datums zu wählen. So ist in den Mustern Anl 3–8 zur GBV immer ein späteres Datum als das der Grundbucheintragung angegeben. Nicht gefolgt werden kann jedoch der Auffassung, dass als Ausstellungsdatum des Briefs normalerweise immer der Tag gewählt werden sollte, an dem der Rechtspfleger den ihm zur Prüfung vorgelegten Briefentwurf (§ 36 GBOGeschO) abgezeichnet hat.[81] Der Brief hat das Datum des Tages zu tragen, an dem er ausgestellt (= unterschrieben) wurde.

Die nunmehr in den §§ 87–89 GBV vorgesehene **maschinelle Herstellung von Grundpfandrechtsbriefen** beruht auf dem Grundgedanken, die bislang für die Herstellung oder Ergänzung von Briefen notwendigen manuellen Tätigkeiten zum größten Teil entbehrlich zu machen (vgl Rdn 37, 40, § 57 nF Rdn 14, § 57 aF Rdn 35, § 58 Rdn 28, § 59 Rdn 1, 4, 12, § 61 Rdn 59, 61 und § 62 Rdn 24). Dabei darf jedoch nicht übersehen werden, dass die bedienerlos aus dem Eintragungsvorgang über angeschlossene Drucker erfolgende versandfertige Herstellung von Briefen die Gefahr des Missbrauchs in sich birgt. Die wohlbedachte ursprüngliche Überlegung, dieser Gefahr mittels einer speziell für die Herstellung von Briefen vorgesehenen zusätzlichen Zugangsberechtigung begegnen zu wollen, ist durch die Aufhebung des ursprünglichen § 87 S 4 GBV jedoch endgültig aufgegeben worden (vgl Art 2 Nr 18 der VO über GebäudeGB und andere Fragen des Grundbuchrechts vom 15.07.1994, BGBl I, 1606). Ob dies richtig war, muss bezweifelt werden.

VI. Die Verletzung des § 56

1. Die Folgen des Gesetzesverstoßes

44   Der von einem anderen Gericht als dem Amtsgericht (zB von einem Landgericht) oder von einer sachlich unzuständigen Behörde (Landratsamt, Finanzamt usw) hergestellte Brief ist nichtig und somit kein Hypothekenbrief iS des BGB.[82] Die Erteilung durch ein örtlich unzuständiges Grundbuchamt berührt die Gültigkeit des Briefs hingegen nicht.[83] Beim Fehlen eines der in § 56 Abs 1 S 2 genannten wesentlichen Erfordernisse ist der Hypothekenbrief ungültig.[84] Die Nichtigkeit des Briefs hat auf die Wirksamkeit der Grundstücksbelastung keinen Einfluss, sodass die Hypothek trotz der Nichtbeachtung des § 56 als Briefrecht entsteht.[85] Da ein nichtiger Brief im Rechtsverkehr aber nicht die Wirkung hervorrufen kann, die das Gesetz dem gültigen Brief beimisst, ist eine wirksame Verfügung über die Hypothek oder deren Pfändung nicht möglich.[86] Eine weitere Folge der

---

77   RG RGZ 77, 423 = JW 1912, 195; *KEHE-Eickmann* Rn 3; *Hesse-Saage-Fischer* Anm I; *Schöner/Stöber* Rn 2020.
78   *Güthe-Triebel* Rn 3.
79   *Güthe-Triebel* Rn 7; **aA** *Achilles-Strecker* Anm 2 d; vgl auch KG KGJ 23 A, 162 = OLGE 4, 325.
80   *Güthe-Triebel* Rn 7; *Demharter* Rn 15; *Oberneck* § 126 B 6; *Schöner/Stöber* Rn 2020.
81   So aber KG KGJ 23 A, 162 = OLGE 4, 325; *Güthe-Triebel* Rn 7; *Demharter* Rn 15; *Hügel-Kral* Rn 17; *Schöner/Stöber* Rn 2020.
82   BGH BGHZ 24, 48 = NJW 1957, 832; BayObLG RJA 9, 73; KG KGJ 50, 91, 93 (für den Fall der Erbscheinserteilung durch das Beschwerdegericht); *Güthe-Triebel* Rn 7 und § 1 Rn 9; *Demharter* Rn 13 und § 1 Rn 25, 26; *Hügel-Kral* Rn 16; *Predari* Anm 2; **aA** (für das Handeln eines sachlich unzuständigen Gerichts) *Meikel-Böttcher* § 1 Rdn 14; *Bauer/von Oefele-Waldner* § 1 Rn 5, 6; *KEHE-Eickmann* § 1 Rn 4 (anders jedoch in § 56 Rn 4).
83   *Meikel-Böttcher* § 1 Rdn 23; *Güthe-Triebel* Rn 7 und § 1 Rn 28; *Demharter* § 1 Rn 23; *Hügel-Kral* Rn 16; *KEHE-Eickmann* § 1 Rn 9; *Schöner/Stöber* Rn 51; *Hesse* DFG 1936, 25; *Hoche* NJW 1952, 1289; *Wolff-Raiser* § 36 I 1b Fn 2 a.
84   KG ZBIFG 02, 434; KG KGJ 46, 196, 198 = RJA 14, 64; *Staudinger-Wolfsteiner* § 1116 Rn 11; *Güthe-Triebel* Rn 9; *KEHE-Eickmann* Rn 4; *Demharter* Rn 18; *Hesse-Saage-Fischer* Anm IV.
85   KG KGJ 46, 196, 198 = RJA 14, 64; *Staudinger-Wolfsteiner* § 1116 Rn 11; *Güthe-Triebel* Rn 9; *KEHE-Eickmann* Rn 4; *Demharter* Rn 18.
86   KG aaO (Fn 85).

Ungültigkeit des Briefs ist, dass der Gläubiger die Hypothek trotz einer mit dem Eigentümer nach § 1117 Abs 2 BGB getroffenen Vereinbarung nicht einmal erwerben kann, weil die Übergabe eines nicht existenten Briefs begrifflich nicht denkbar ist.[87] Bis zur Herstellung eines gültigen Briefs bleibt das Recht im Fall des § 1117 Abs 2 BGB daher eine Eigentümergrundschuld, ansonsten so lange, bis ein gültiger Brief erteilt und übergeben wird (§§ 1117 Abs 1, 1163 Abs 2, 1177 Abs 1 S 1 BGB). Bereits dieser Umstand zeigt, dass bei der Brieferteilung begangene und die Nichtigkeit des Briefs bewirkende Amtspflichtverletzungen des Grundbuchamts leicht zum Entstehen von Schadensersatzansprüchen gegen den Staat führen können.

2. Die Beseitigung der Nichtigkeit des Briefs

a) Die »Neu«erteilung eines gültigen Briefs. Erlangt das Grundbuchamt Kenntnis von der Nichtigkeit **45** eines erteilten Hypothekenbriefs, so hat es ihn **von Amts wegen** einzuziehen (§ 12 FGG) und unbrauchbar zu machen (§ 69).[88] Bestehen Zweifel an der Gültigkeit eines Briefs, so sind zunächst die zur Aufklärung des Sachverhalts erforderlichen Amtsermittlungen anzustellen.[89] Ergeben die Nachforschungen, dass ein nichtiger Brief erteilt wurde, so ist er vom Briefbesitzer einzufordern. Dabei können auch Zwangsmaßnahmen gegen den nicht herausgabebereiten Briefbesitzer ergriffen werden (§ 33 FGG).[90] Das vorstehend geschilderte Verfahren zur Wiedererlangung des Briefs ist entsprechend anzuwenden, wenn über eine Buchhypothek versehentlich ein Brief erteilt wurde (hierzu vgl auch § 41 Rdn 9).

Anstelle des nichtigen Briefs ist von Amts wegen ein den gesetzlichen Erfordernissen entsprechender »neuer« **46** Brief zu erteilen (zu dessen Aushändigung vgl Rdn 80, 81). Dies stellt allerdings keine Brieferneuerung iS der §§ 67 und 68 dar, da es sich bei dem wirksamen Brief um den **ersten** Brief über die Hypothek handelt. Von der Erteilung eines wirksamen ersten Briefs über die Hypothek kann abgesehen werden, wenn die Eintragung der nachträglichen Ausschließung der Brieferteilung oder die Löschung der Hypothek erfolgen soll. Da die Bewilligungsberechtigung des Eigentümers im Fall der Nichtigkeit des erteilten Hypothekenbriefs außer Frage steht (vgl Rdn 44 aE), würde die Herstellung eines wirksamen Briefs ausschließlich zum Zweck der anschließenden Unbrauchbarmachung erfolgen (arg § 41 Abs 2 S 2; vgl § 41 Rdn 46, 72).[91]

b) Die Ergänzung des nichtigen Briefs. Anstelle der Neuerteilung eines ordnungsgemäßen Briefs besteht **47** auch die Möglichkeit, die Nichtigkeit **von Amts wegen** durch eine Ergänzung des ungültigen Briefs zu beseitigen.[92] Ob die Nichtigkeit auf einem Verstoß gegen die sachliche Zuständigkeit oder auf dem Fehlen eines wesentlichen inhaltlichen Erfordernisses beruht, ist unerheblich. Die Ergänzung erfolgt durch die Anbringung von Zusatzvermerken. Der Zusatzvermerk ist (entspr § 56 Abs 1 S 1) vom Grundbuchamt anzubringen. Er muss die Angabe enthalten, auf deren Fehlen die Nichtigkeit des Briefs beruht. Außerdem ist er von den zuständigen Beamten zu unterschreiben und (entspr § 56 Abs 1 S 2) mit Siegel oder Stempel zu versehen. Die unterzeichnenden Grundbuchbeamten brauchen dabei aber nicht mit den Beamten identisch zu sein, welche den nichtigen Brief unterschrieben haben.[93]

Ist der Brief wegen des Fehlens einer (oder beider) Unterschrift(en) nichtig, so bedarf es nicht der Anbringung **48** eines zusätzlichen Vermerks. Es genügt vielmehr die bloße Nachholung der Unterschrift(en).[94] Dabei ist allerdings der Tag der Unterzeichnung anzugeben, damit der Zeitpunkt der wirksamen Brieferteilung festgestellt werden kann. Die Nachholung von Unterschriften ist auch zulässig, wenn die Nichtigkeit des Briefs auf einem Verstoß gegen die funktionelle Zuständigkeit beruht. Dass sich damit im Höchstfall vier Unterschriften auf dem Brief befinden, ist unschädlich.

Die Beseitigung von Mängeln durch Ergänzung des nichtigen Briefs bewirkt keine Heilung mit rückwirkender **49** Kraft, sondern macht den Brief in jedem Fall nur **ex nunc** gültig.[95] Zur Aushändigung des ergänzten Briefes vgl Rdn 80, 81.

---

87 RG RGZ 64, 308, 313; 66, 206, 210; 84, 314, 316; OLG Breslau SeuffA 57 Nr 78.
88 *Güthe-Triebel* § 67 Rn 10 und § 69 Rn 5.
89 KG KGJ 46, 196 = RJA 14, 64 unter Fortführung von KG KGJ 38 A, 291 = OLGE 18, 225; *Güthe-Triebel* Rn 9; *Demharter* Rn 19.
90 KG KGJ 38 A, 283 = OLGE 21, 26 = RJA 10, 79; OLGE 44, 163 = HRR 1925 Nr 504 = JW 1925, 1775 (*Arnheim*); *Güthe-Triebel* § 67 Rn 10; *Recke* JW 1937, 2073, 2076 Fn 18.
91 *Bauer/von Oefele-Weber* Rn 10; *Hügel-Kral* Rn 22; *Güthe-Triebel* Rn 9.
92 *Güthe-Triebel* Rn 9; *Demharter* Rn 18.
93 Vgl KG HRR 1936 Nr 18.
94 *Demharter* Rn 12; *Hügel-Kral* Rn 22; **aA** ohne Begründung *Schöner/Stöber* Rn 2017.
95 *Demharter* Rn 18; *Hügel-Kral* Rn 22; *Hesse-Saage-Fischer* Anm IV.

VII. Rechtsmittel

1. Zuständigkeitsmängel

50   Die von einem örtlich unzuständigen Grundbuchamt vorgenommene Herstellung eines gültigen Hypothekenbriefs (§ 7 FGG) ist mit Beschwerde angreifbar. Ihr Erfolg bewirkt aber lediglich, dass dem unzuständigen
Grundbuchamt die weitere Bearbeitung der Angelegenheit für die Zukunft entzogen wird.[96] Eine Aufhebung
des bisherigen Verfahrens und damit ein Ungültigwerden des wirksam erteilten Briefs erfolgt nicht.[97]

51   Hat ein nach dem Geschäftsverteilungsplan unzuständiger Rechtspfleger an der Brieferteilung mitgewirkt, so hat
dies auf die Gültigkeit des Hypothekenbriefs keinen Einfluss (vgl § 22d GVG).[98] Ob die demzufolge wirksame
Brieferteilung mit der Begründung angefochten werden kann, es habe nicht der gesetzliche Richter (Rechtspfleger) entschieden,[99] erscheint zweifelhaft.

2. Herstellung und Inhalt des gültigen Briefs

52   Mit dem Hypothekenbrief stellt das Grundbuchamt eine Urkunde her, die nicht nur das dingliche Recht
und einen bestimmten Teil des Grundbuchinhalts bezeichnet, sondern auch wegen ihrer materiellrechtlichen
Funktion (vgl Rdn 5 ff) im Rechtsverkehr von erheblicher Bedeutung ist. Da die mit der Verbriefung eines
Rechts zusammenhängenden grundbuchamtlichen Willensäußerungen Entscheidungen iS des § 71 Abs 1
darstellen, kann sowohl die Erteilung als auch der Inhalt und die Ergänzung des Briefs (zB nach den §§ 57
Abs 2, 57 Abs 3 aF, 62) mit Beschwerde angefochten werden.[100] Beschwerdeberechtigt ist, wer eine dingliche
Berechtigung an der verbrieften Hypothek erworben und durch die Verfahrensweise des Grundbuchamts
eine Beeinträchtigung erlitten hat (in der Regel der Hypothekengläubiger – bei mehreren Gläubigern jeder
einzelne – bzw ein Nießbraucher oder Pfandrechtsgläubiger).[101] Auch dem Eigentümer steht ein Beschwerderecht gegen den Inhalt des Hypothekenbriefs zu.[102] Die Beschwerde kann jedoch in keinem Fall darauf
gestützt werden, dass die Herstellung des Briefs nicht hätte erfolgen dürfen bzw der Inhalt des Briefs Unrichtiges wiedergebe, weil bereits die der Brieferteilung zugrunde liegende Grundbucheintragung unzulässigerweise vorgenommen worden bzw unrichtig sei. Dies wäre eine nach § 71 Abs 2 S 1 unzulässige Beschwerde
gegen die Grundbucheintragung.[103]

3. Nichtiger Brief

53   Gegen die Weigerung des Grundbuchamts, von Amts wegen zum Zweck der Einziehung eines nichtigen Briefs
tätig zu werden (etwa, weil es den Brief für gültig hält), ist Beschwerde zulässig. Umgekehrt kann auch die Einziehung des vom Grundbuchamt für nichtig gehaltenen Briefs mit der Begründung angefochten werden, dass
der Brief gültig ist. In diesem Fall ist allerdings nur der Briefbesitzer beschwerdeberechtigt, von welchem das
Grundbuchamt den Brief herausverlangt.[104] Wurde der eingezogene Brief vom Grundbuchamt bereits
unbrauchbar gemacht (§ 69), so ist Beschwerde mit dem Ziel zulässig, dass das Grundbuchamt einen neuen
Brief mit dem Inhalt des bisherigen Briefs erteilt.[105]

VIII. Der nichtige »scheinmaschinelle« Grundpfandrechtsbrief[106]

1. Die mit der Nichtigkeit von Briefen verbundenen Gefahren

54   Die Erteilung eines nichtigen Briefs bewirkt, dass das betreffende Grundpfandrecht zwar materiellrechtlich als
Eigentümerbriefrecht entsteht (§§ 1117 Abs 1, 1163 Abs 2, 1177 Abs 1 S 1 BGB), es vom eingetragenen Gläubiger aber mangels Briefübergabe auch beim Vorliegen einer Vereinbarung nach § 1117 Abs 2 BGB materiellrechtlich nicht als Fremdrecht erworben und es auch nicht abgetreten oder gepfändet werden kann, weil die
Übergabe eines im Rechtssinne nicht existenten Briefs begrifflich nicht denkbar ist (vgl Rdn 44). Die mit die-

---

96   KG KGJ 30, A, 4 = OLGE 12, 192 = RJA 6, 85; *Güthe-Triebel* § 1 Rn 29; KEHE-*Eickmann* § 1 Rn 9; vgl auch *Meikel-
Böttcher* § 1 Rdn 23.
97   **AA** (überholt) OLG Colmar KGJ 30 A, 289 = RJA 6, 1.
98   *Meikel-Böttcher* § 1 Rdn 56; KEHE-*Eickmann* § 1 Rn 24; *Demharter* Rn 13 und § 1 Rn 24.
99   So *Meikel-Böttcher* § 1 Rdn 56.
100 KG KGJ 52, 215 = OLGE 39, 249 = RJA 16, 318; JFG 12, 324; 15, 158; HRR 1936 Nr 18; BayObLG Bay-
ObLGZ 26, 227 = JW 1927, 2527 (*Reinhard*); BayObLGZ 1974, 55, 56 = Rpfleger 1974, 160; *Güthe-Triebel* § 71
Rn 14; KEHE-*Briesemeister* § 71 Rn 36; *Demharter* Rn 20 und § 71 Rn 13.
101 *Hügel-Kral* Rn 22; *Güthe-Triebel* § 71 Rn 21.
102 KG DNotV 1929, 239.
103 KG KGJ 25 A, 163, 164; *Güthe-Triebel* § 71 Rn 14.
104 *Güthe-Triebel* § 71 Rn 21.
105 KG HRR 1931 Nr 2060; *Güthe-Triebel* § 71 Rn 14; KEHE-*Briesemeister* § 71 Rn 36; *Demharter* § 71 Rn 13.
106 Zur gesamten Problematik vgl *Bestelmeyer* Rpfleger 2009, 1.

ser Rechtslage verbundenen immensen Haftungsgefahren aufgrund fehlerhafter grundbuchamtlicher Briefherstellung liegen auf der Hand. Im Hinblick auf die maschinelle Grundbuchführung stellt sich daher die im Folgenden zu untersuchende Frage, was überhaupt unter einem »maschinellen Brief« im Rechtssinne zu verstehen ist und unter welchen Voraussetzungen von der Herstellung eines gültigen maschinellen Briefs ausgegangen werden kann.

2. Die unterschiedlichen Formerfordernisse bei herkömmlicher und maschineller Briefherstellung

Herkömmlich hergestellte Briefe müssen, um gültig zu sein, die zwingenden Wirksamkeitsvoraussetzungen des **55** § 56 erfüllen. Demgegenüber ist in § 87 S 1–3 GBV bestimmt, dass Briefe, »wenn sie maschinell hergestellt werden«, abweichend von § 56 Abs 1 S 2 nicht von Hand unterschrieben und von Hand gesiegelt oder gestempelt werden müssen, sondern dass sie anstelle der Unterschrift den Namen des Bediensteten tragen, der die Herstellung des Briefs veranlasst hat, dass sie des weiteren mit dem Vermerk »Maschinell hergestellt und ohne Unterschrift gültig« versehen sind und dass sie schließlich mit dem Aufdruck des Siegels oder Stempels des Grundbuchamts versehen sein oder versehen werden müssen. Aus der Formulierung »wenn sie maschinell hergestellt werden«, folgt zweifelsfrei, dass die in § 87 S 2 und 3 GBV genannten Förmlichkeiten nur für Briefe gelten, bei welchen es sich im Rechtssinne um maschinelle Briefe handelt und dass für im Rechtssinne nichtmaschinelle herkömmliche Briefe demzufolge weiterhin ausschließlich die nach § 87 S 1 GBV für maschinelle Briefe nicht einschlägigen Wirksamkeitsvoraussetzungen des § 56 erfüllt sein müssen.

Hieraus folgt, dass die Wirksamkeitsvoraussetzungen des § 87 S 2 und 3 GBV im Verhältnis zu denjenigen des **56** § 56 kein Minus, sondern ein Aliud darstellen und dass ein Brief im Hinblick auf die Einhaltung der jeweiligen Formerfordernisse demzufolge nur entweder nach § 56 als herkömmlicher Brief oder nach § 87 GBV als maschineller Brief formwirksam sein, sich die jeweilige Formwirksamkeit aber nicht aus einer kumulativen Anwendung beider Normen ergeben kann, indem man einen Formmangel nach der einen Norm durch die »ergänzende« Anwendung der jeweils anderen Norm auszugleichen versucht. Dies bedeutet, dass ein Brief, der unter Nichteinhaltung der Formerfordernisse des § 87 S 2 und 3 GBV gefertigt wurde, als »scheinmaschineller« Brief selbst dann nichtig ist, wenn er von Hand unterschrieben und/oder von Hand gesiegelt oder gestempelt und damit unter Beachtung der Formerfordernisse des § 56 gefertigt wurde, weil ein solcher Brief schon aufgrund der Nichteinhaltung der in § 87 S 2 und 3 GBV genannten Förmlichkeiten kein maschineller Brief im Rechtssinne sein kann (vgl Rdn 38, 40, 68). Gleichwohl kann ein solcher »misslungener« nichtiger maschineller Brief als herkömmlich hergestellter Brief gültig sein, sofern er sämtliche Wirksamkeitsvoraussetzungen des § 56 erfüllt, er also insbesondere von Hand unterschrieben und von Hand gesiegelt oder gestempelt ist (vgl Rdn 38, 40). Dagegen ist es im umgekehrten Fall ausgeschlossen, dass ein herkömmlich hergestellter nichtiger Brief als maschineller Brief wirksam sein kann, weil die herkömmliche Herstellung eines Briefs dessen nichtmaschinelle Fertigung begrifflich voraussetzt und § 87 GBV daher von vornherein nicht zur Anwendung kommen kann, ganz abgesehen davon, dass ein herkömmlich hergestellter Brief die Förmlichkeiten des § 87 GBV von vornherein nicht erfüllt. Für die bei herkömmlicher und maschineller Briefherstellung zu beachtenden Formerfordernisse bedeutet dies im Ergebnis, dass es für die Beantwortung der Frage, welche Förmlichkeiten bei der Herstellung eines konkreten Briefes einzuhalten sind (entweder nur diejenigen des § 56 oder nur diejenigen des § 87 GBV), alleine darauf ankommt, ob dieser konkrete Brief in herkömmlicher oder in maschineller Weise gefertigt wurde. Klar ist insoweit, dass jeder nichtmaschinell hergestellte Brief zwangsläufig ein herkömmlich hergestellter Brief sein muss und ein herkömmlich hergestellter Brief nicht gleichzeitig ein maschineller Brief sein kann. Auch die unterschiedliche Art und Weise der Briefherstellung führt somit zu der entscheidenden Abgrenzungsfrage, unter welchen Voraussetzungen überhaupt von einem »maschinellen Brief« im Rechtssinne ausgegangen werden kann.

3. Der rechtliche Begriff des »maschinellen Briefs«

a) Keine ausdrückliche gesetzliche Definition. Die Vorschriften der GBO und der GBV enthalten keine **57** ausdrückliche Regelung zu der Frage, unter welchen Voraussetzungen ein Grundpfandrechtsbrief als »maschineller Brief« im Rechtssinne zu gelten hat, sondern die einschlägigen Normen der GBV (§§ 87–89) setzen die Herstellung eines maschinellen Briefs bereits voraus (§ 87 S 1 GBV: ». . . wenn sie maschinell hergestellt werden«; § 88 S 1 GBV: ». . . wenn er maschinell hergestellt wird«; § 89 S 1 GBV: »Bei einem maschinell hergestellten Brief . . .«). Damit fehlt es an einer ausdrücklichen gesetzlichen Definition des Begriffs des »maschinell hergestellten Briefes«.

b) Das entscheidende Merkmal der Bedienerlosigkeit. Mangels einer ausdrücklichen gesetzlichen Definition **58** tion kann sich der rechtliche Begriff des »maschinellen Briefes« nur aus einer systembedingten Gesamtschau der Vorschriften über das maschinelle Grundbuch erschließen. Danach ist unter »maschineller Herstellung« zu verstehen, dass die Briefe mit dem Programm des maschinell geführten Grundbuchs unter Verwendung der bei der Grundbucheintragung eingegebenen und abgespeicherten Eintragungsdaten angefertigt werden, wobei die entsprechenden Programme alle in § 64 GBV geregelten Anforderungen erfüllen müssen.[107] Das bedeutet insbesondere, dass die Herstellung der Briefe ausschließlich programmgesteuert und automatisiert ablaufen und einer Einzelfallprüfung durch den Menschen entzogen sein muss,[108] weil sich die Tatsache, dass der Brief mit dem Inhalt der Grundbucheintragung übereinstimmt, bereits aus den Anforderungen an die Sicherheit der Programme zu ergeben hat.[109] Damit ist die systemimmanente **Bedienerlosigkeit** des Briefherstellungsvorgangs das entscheidende Merkmal für die Definition des rechtlichen Begriffs des »maschinellen Briefs«. Ein maschineller Brief im Rechtssinne kann somit nur vorliegen, wenn er bedienerlos aus dem Eintragungsvorgang über angeschlossene Drucker versandfertig hergestellt wird (vgl Rdn 43).

59 **Die Einhaltung dieser Erfordernisse vermag das IT-Verfahren SolumSTAR nicht zu gewährleisten**, weil es unstreitig nicht nur umfassende manuelle Benutzereingriffe zum Zweck der Änderung der vom System vorgegebenen Briefinhalte ermöglicht, sondern solche manuellen Nachbearbeitungen und Änderungen nach übereinstimmenden Stellungnahmen der grundbuchrechtlichen Praxis wegen der Untauglichkeit der Verfügung gestellten Software und der vom System vorgegebenen Brieftexte auch erforderlich sind, um überhaupt Grundpfandrechtsbriefe herstellen zu können, die inhaltlich den gesetzlichen Anforderungen entsprechen (vgl nachfolgend Rdn 60), wozu natürlich nicht nur die Muss-Inhalte des § 56 Abs 1 S 2, sondern auch die Soll-Inhalte des § 57 Abs 1 S 1 und 2 und die durch andere Normen vorgeschriebenen ursprünglichen Briefvermerke und Briefinhalte gehören (vgl § 61 Abs 2 für Teilbriefe, § 68 Abs 1 für Brieferneuerungen, die in den §§ 59, 66 geregelten Besonderheiten für Gesamtbriefe und gemeinschaftliche Briefe sowie den in § 67 Rdn 25 nebst Anhang zu § 67 genannten Sonderfall der Herstellung eines neuen Briefs nach Bildung einer Einheitshypothek). Hieraus folgt im Ergebnis, dass die Briefe bei der Verwendung des Verfahrens SolumSTAR nicht bedienerlos *mit dem System*, sondern mit der jederzeitigen Möglichkeit der manuellen Veränderung und in einer nicht unerheblichen Anzahl von Fällen auch nach einer solchen erfolgten erforderlichen manuellen Veränderung der vorgegebenen Briefinhalte lediglich *unter Zuhilfenahme des Systems* im Sinne seiner Verwendung als bloße Druckerkomponente gefertigt werden, was bewirkt, dass es sich bei diesen Briefen trotz ihrer äußeren Erscheinungsform im Rechtssinne nicht um maschinelle, sondern in Wahrheit um herkömmlich hergestellte Briefe handelt, die nach § 56 Abs 1 S 2 zur Vermeidung einer Formnichtigkeit von Hand unterschrieben und von Hand gesiegelt oder gestempelt werden müssen. Beim System SolumSTAR handelt es sich demnach aufgrund seiner im Bereich der Briefherstellung unübersehbaren Mängel lediglich um ein durch vorbelegte Textbausteine unterstütztes bloßes Textprogramm zur Fertigung und zum Ausdruck von Briefen, das keine Herstellung von »maschinellen Briefen« im Rechtssinne ermöglicht.

60 **c) Stellungnahmen der Grundbuchpraxis.** Im Internet (www.rechtspflegerforum.de) hat im Zeitraum von Mai bis Dezember 2007 eine umfassende Diskussion über Fragen des maschinellen Grundpfandrechtsbriefs stattgefunden, an der sich Rechtspfleger aus den Bundesländern beteiligt haben, in welchen das System SolumSTAR bereits verwendet wird. Dabei wurden in der **weit überwiegenden Mehrheit** der Stellungnahmen folgende Rechtsauffassungen vertreten: Mittels des Arbeitsplatzdruckers des Grundbuchführers hergestellte Briefe seien keine maschinellen Briefe im Rechtssinne (Nordrhein-Westfalen). Das SolumSTAR-System werde nur als Druckermedium benutzt, die Briefe würden wie bisher von Hand unterschrieben und von Hand gesiegelt oder gestempelt, sodass es sich insoweit nicht um maschinelle Briefe im Rechtssinne handle (Bayern, Berlin). Die vom System SolumSTAR vorgegebenen Brieftexte müssten manuell nachbearbeitet werden. Von einer bedienerlosen Herstellung könne daher keine Rede sein (Bayern, Nordrhein-Westfalen). Weil das Gesetz den Begriff des »maschinellen Briefs« nicht näher definiere, würden Briefe nach wie vor nur auf herkömmlichem Wege hergestellt, weil man diesbezüglich keine Experimente beginnen möchte (Bayern, Brandenburg). Mit dem System SolumSTAR hergestellte Briefe seien keine maschinellen Briefe im Rechtssinne (Bayern, Brandenburg, Niedersachsen). Teilbriefe iS des § 61 müssten vom Grundbuchführer selbst erstellt werden und könnten daher keine maschinellen Briefe sein (Nordrhein-Westfalen). Bei Gesamtbriefen iS des § 59 sei eine manuelle Nachbearbeitung des Briefinhaltes aufgrund der Unbrauchbarkeit des vorgegebenen Textes unumgänglich (Nordrhein-Westfalen, Niedersachsen). Bereits aus der Möglichkeit der manuellen Nachbearbeitung ergebe sich, dass es sich bei SolumSTAR-Briefen nicht um maschinelle Briefe handle (Nordrhein-Westfalen). Aufgrund der manuellen Abänderbarkeit des Briefinhalts seien zumindest Zweifel daran angebracht, ob man bei den von mit dem System SolumSTAR hergestellten Briefen von »maschinellen Briefen« sprechen könne. Die praktizierte Herstellungsweise spreche mehr für ein Textprogramm zum Ausdruck von Briefen, unterstützt durch vorbelegte Textbausteine (Bundesland unbekannt). In einer **Minderheit** der Stellungnahmen wurde aber auch die Auffassung vertreten, dass es sich bei SolumSTAR-Briefen um maschinelle Briefe im Rechtssinne handle (Bayern, Niedersachsen), und zwar zumindest dann, wenn die Briefinhalte im Einzelfall nicht manuell nachbearbeitet werden müssten (Nordrhein-Westfalen). Insgesamt wurde in der genannten Diskussion deutlich,

---

107 *Meikel-Engel* § 87 GBV Rdn 3.
108 *Meikel-Engel* § 64 GBV Rdn 8.
109 *Meikel-Engel* § 87 GBV Rdn 7.

dass in der Rechtspflegerschaft zu dieser Frage divergierende Ansichten vertreten werden, dass man aber **ganz überwiegend** auf dem Standpunkt steht, dass es die mit der Erteilung von nichtigen Briefen verbundenen Gefahren äußerst ratsam erscheinen lassen, Grundpfandrechtsbriefe nach wie vor nur auf herkömmliche Weise und demzufolge unter Vermeidung jeglicher Nichtigkeitsbedenken in jedem Fall formwirksam herzustellen. Dieser Einschätzung ist uneingeschränkt zuzustimmen.

d) Unzulässige und unzutreffende landesrechtliche Auffassungen. aa) Nordrhein-Westfalen. Am 02.10.2007 ist in Nordrhein-Westfalen die AV des JM-NRW vom 28.08.2007 (JMBl 217) als NRW-GBGA in Kraft getreten (§ 33 NRW-GBGA). In § 21 Abs 2 dieser NRW-GBGA, der nach § 22 Abs 1 NRW-GBGA auch für Teilbriefe entsprechende Anwendung findet, ist folgendes geregelt: **61**

¹Die mit dem IT-Verfahren SolumSTAR erstellten Grundpfandrechtsbriefe sind maschinell hergestellte Grundpfandrechtsbriefe im Sinne des § 87 GBV. ²Sie haben neben dem Vermerk über die maschinelle Herstellung des Briefes den Namen der Rechtspflegerin bzw des Rechtspflegers oder der Grundbuchführerin bzw des Grundbuchführers zu enthalten, die bzw der die Herstellung des Briefs veranlasst hat. ³Werden bei der Herstellung des Briefes Änderungen gegenüber dem Eintragungstext vorgenommen, ist die Vorlage an die Rechtspflegerin bzw den Rechtspfleger erforderlich; der Brief ist dann mit deren bzw dessen Namen zu versehen.«

§ 21 Abs 2 S 1 NRW-GBGA ist zweifelsfrei wegen Überschreitung der den Landesregierungen durch § 93 GBV verliehenen Ermächtigung **nichtig**, weil lediglich in der GBO und in der GBV »nicht geregelte weitere Einzelheiten des Verfahrens« über die maschinelle Grundbuchführung einer Regelung durch Landesrecht zugänglich sind und das Landesrecht demzufolge nicht bestimmen kann, ob und unter welchen Voraussetzungen ein hergestellter Grundpfandrechtsbrief bundesrechtlich als ein »maschineller Brief« zu gelten hat (Art 31 GG).¹¹⁰ Die in Grundbuchsachen tätigen Rechtspfleger des genannten Bundeslandes sind daher befugt und gehalten, die betreffende nichtige Norm der NRW-GBGA in sachlicher Unabhängigkeit zu ignorieren (§ 9 RpflG).   **62**

Auch die Regelungen des § 21 Abs 2 S 2 und 3 NRW-GBGA erscheinen rechtlich zweifelhaft, weil die Vorschriften über das maschinelle Grundbuch aufgrund der nunmehrigen Entbehrlichkeit von Briefunterschriften bundesweit zur alleinigen funktionellen Zuständigkeit des Rechtspflegers für die Erteilung von maschinellen Grundpfandrechtsbriefen geführt haben¹¹¹ und hieraus folgt, dass es sich bei dem »Bediensteten« iS des § 87 S 2 GBV, »der die Herstellung des Briefs veranlasst hat«, entgegen der in einem Rundschreiben des JM-NRW vom 28.08.2007 (Az. 3850-I.58) vertretenen Auffassung nur um den Rechtspfleger und keinesfalls um den Urkundsbeamten oder den Grundbuchführer handeln kann, weil letztere die Herstellung des Briefs im Rechtssinne nicht *veranlassen*, sondern den Brief lediglich *auf Veranlassung* des für die maschinelle Brieferteilung nunmehr alleine zuständigen Rechtspflegers herstellen. Des weiteren unterliegt das JM-NRW in seinem genannten Rundschreiben dem Irrtum, dass es sich bei dem durch den Grundbuchführer ausgedruckten Brief im technischen Sinne (lediglich) um eine »Ausfertigung« des eigentlichen Briefs handle, weswegen »im Ergebnis keine Bedenken bestehen, den Brief mit dem Namen der Urkundsbeamtin bzw des Urkundsbeamten auszufertigen.« Diese Argumentation verkennt nämlich, dass die herkömmliche Bezeichnung als »Ausfertigung« schon von jeher für das **Original** des Briefes verwendet wurde, dass es dementsprechend nur eine Urschrift (= das Original) des Briefes geben kann (vgl Rdn 42) und dass die Schlussfolgerung, eine »Ausfertigung« des Briefes könne wie jede andere Ausfertigung einer Originalurkunde auch nur mit dem Namen des Urkundsbeamten versehen sein, demzufolge jeder rechtlichen Grundlage entbehrt. Schließlich führt auch die in den Vorschriften der §§ 44 Abs 1 S 1 und 130 S 1 HS 2 GBO und des § 74 Abs 1 S 1 GBV verwendete Terminologie des »Veranlassens« nicht dazu, dass der Urkundsbeamte oder der Grundbuchführer als »Veranlasser« der Briefherstellung angesehen werden kann.¹¹² Diese Normen gelten nach ihrem eindeutigen Wortlaut und ihrer systematischen Stellung innerhalb der GBO und der GBV nämlich lediglich für die Eintragung im **Grundbuch**, während es für die Herstellung von Grundpfandrechtsbriefen (§§ 56 ff GBO, §§ 47 ff GBV) an entsprechenden Vorschriften fehlt und insbesondere auch die für die Herstellung von maschinellen Briefen maßgeblichen Normen der §§ 87–89 GBV keine diesbezüglichen Regelungen enthalten. Damit verbleibt es für Grundpfandrechtsbriefe nach derzeitiger Rechtslage dabei, dass ihre Herstellung im Rechtssinne ausschließlich vom Rechtspfleger »veranlasst« werden kann. Es kommt im vorliegenden rechtlichen Kontext somit nicht mehr darauf an, dass die   **63**

---

110 Auf einen diesbezüglichen schriftlichen Hinweis vom 12.09.2007 hat das JM-NRW mit Schreiben vom 22.10.2007 (Az. 3850-I.58) die Ansicht vertreten, dass § 21 Abs 2 S 1 GBGA lediglich eine »Klarstellung und keine eigenständige Regelung« enthalte. Angesichts des eindeutigen Wortlauts der genannten Norm ist diese Rechtsauffassung nicht nachvollziehbar.

111 Eine Änderung der Rechtslage im Sinne einer nunmehrigen alleinigen Rechtspflegerzuständigkeit für die Erteilung von maschinellen Briefen ist durch die Vorschriften über das maschinelle Grundbuch allerdings nur insoweit eingetreten, als ein herkömmlicher Brief in den betreffenden Bundesländern zwei Unterschriften tragen muss, um gültig zu sein. Das war und ist in den neuen Bundesländern und in Baden-Württemberg nicht der Fall (vgl Rdn 30, 32).

112 So aber das JM des Bundeslandes Rheinland-Pfalz in einem Rundschreiben vom 30.11.2007, Az. 1512 E 07 – 3 – 6.

(nur) für Eintragungen im Grundbuch mögliche Beibehaltung der Aufgabentrennung zwischen verfügender und veranlassender Person nach § 74 Abs 1 S 3 GBV außerdem eine gesonderte Rechtsverordnung der jeweiligen Landesregierung voraussetzen würde.

64   Aus den vorstehenden Ausführungen ergibt sich, dass iS des § 87 S 2 GBV ein falscher »Veranlasser« der Briefherstellung auf dem Brief genannt wird, sofern es sich dabei nur um den Namen des Urkundsbeamten oder des Grundbuchführers handelt. Soweit man eine Herstellung maschineller Briefe entgegen der hier vertretenen Auffassung nach derzeitiger Rechtslage überhaupt für möglich hält, dürfte dieser Mangel aber gleichwohl nicht zur Nichtigkeit eines (unterstellt vorliegenden) maschinellen Briefs führen, weil es nicht an der von § 87 S 2 GBV geforderten Angabe des Namens des Veranlassers der Briefherstellung als solcher fehlt, sondern diese Angabe lediglich inhaltlich unrichtig ist. Es würde wohl zu weit führen, einer solchen im Rechtsverkehr nicht erkennbaren Falschangabe die weitgehende Rechtsfolge der Nichtigkeit des Briefs beizumessen. Ungeachtet dessen bleibt aber festzuhalten, dass ein (unterstellt vorliegender) maschineller Brief, der die genannte Falschangabe enthält, jedenfalls ordnungswidrig erstellt ist und dass unter Außerachtlassung zweifelhafter landesrechtlicher Regelungen (zB § 21 Abs 2 S 2 NRW-GBGA) daher nur der Name des zuständigen Rechtspflegers als »Veranlasser« der Briefherstellung auf dem Brief zu erscheinen hat.

65   Die Fehlinterpretation des Begriffs des »Veranlassens« im Hinblick auf die Herstellung von Grundpfandrechtsbriefen und die Falschbezeichnung der Briefurschrift bzw. des Originalbriefs als »Ausfertigung« durch das JM-NRW legen die Vermutung nahe, dass die GBGA des Landes Nordrhein-Westfalen von Bediensteten der Verwaltung erarbeitet wurde, die mit den Feinheiten des Grundbuchverfahrensrechts und mit grundbuchrechtlichen und grundbuchtechnischen Abläufen nicht ausreichend vertraut sind. Hierfür spricht auch, dass die NRW-GBGA mit ihrem § 26 Abs 2 eine Vorschrift enthält, die ihre Anwendbarkeit aufgrund ihres Inhalts selbst torpediert. Als Ausnahme vom grundsätzlichen Zustellungserfordernis des § 26 Abs 1 NRW-GBGA sieht Abs 2 dieser Norm nämlich vor, dass die Übersendung eines Grundpfandrechtsbriefs »beim Vorliegen einer Vereinbarung gemäß § 1117 Abs 2 BGB« gegen Empfangsbescheinigung erfolgen kann. Auch unter Berücksichtigung des Umstands, dass die Grundpfandrechtsbestellungsurkunden üblicherweise den Passus enthalten, wonach zwischen Eigentümer und Gläubiger eine Vereinbarung iS des § 1117 Abs 2 BGB getroffen sei, spricht für diese Ausnahme nichts, weil die materiellrechtliche Vereinbarung nach § 1117 Abs 2 BGB von der einseitigen verfahrensrechtlichen Aushändigungsbestimmung iS des § 60 Abs 2 strikt zu unterscheiden ist und die avisierte Ausnahme schon deshalb nicht zum Zuge kommen kann, weil die Eintragung eines Grundpfandrechts nach § 19 GBO auf einseitige Bewilligung des Eigentümers erfolgt und dem Grundbuchamt daher die darüber hinaus erforderliche zusätzliche und noch dazu nach § 29 formbedürftige Gläubigererklärung für den notwendigen verfahrensrechtlichen Nachweis der Vereinbarung nach § 1117 Abs 2 BGB überhaupt nicht vorliegen kann (vgl § 60 Rdn 55). Damit erscheint die Norm des § 26 Abs 2 NRW-GBGA von vornherein als obsolet, zumal der Brief auch beim formgerechten Nachweis einer solchen materiellrechtlichen Vereinbarung dem Eigentümer auszuhändigen ist, sofern er keine einseitige verfahrensrechtliche Aushändigungsbestimmung zugunsten des Gläubigers iS des § 60 Abs 2 getroffen hat (vgl § 60 Rdn 55–57).

66   **bb) Rheinland-Pfalz.** Das JM des Bundeslandes Rheinland-Pfalz hat sich in einem Rundschreiben vom 30.11.2007 (Az. 1512 E 07 – 3 – 6) mit Fragen der maschinellen Briefherstellung befasst. In diesem Schreiben werden folgende im Wortlaut wiedergegebene Rechtsauffassungen vertreten: **These 1:** Die unter Verwendung des in SolumSTAR hinterlegen Textbausteins »GSBRIEF« erstellten Briefe sind maschinelle Briefe iS des § 87 GBV. **These 2:** Die Briefe sind von Hand mit dem Dienststempel zu versehen (§ 87 S 3 GBV), weil in Solum-STAR derzeit noch kein elektronisches Siegel hinterlegt ist. Der maschinell hergestellte Brief muss nicht von Hand mit einem Siegel oder Stempel versehen werden (§ 87 S 1 GBV); er kann es aber weiterhin. **These 3:** Die Herstellung des Briefes hat derjenige veranlasst, der den Brief tatsächlich herstellt; das ist in aller Regel der Urkundsbeamte der Geschäftsstelle. **These 4:** Der Begriff »maschinelle Herstellung« darf nicht zu eng ausgelegt werden. Insbesondere ist eine maschinelle Herstellung nicht gleichbedeutend mit einer bedienerlosen, vollautomatischen, dh jegliche Benutzereingriffe ausschließenden, selbsttätig durch das EDV-Programm gesteuerten Herstellung. Manuelle Eingriffe des Benutzers zur Programmsteuerung (wie zB die Auswahl der notwendigen Menüpunkte), aber auch eine zwingende textliche Nachbearbeitung des Briefvermerks (zB um einen im Eintragungstext enthaltenen Rangvermerk, der nicht Gegenstand des Briefvermerks ist, zu entfernen) bleiben auch bei der maschinellen Briefherstellung nach § 87 S 1 GBV grundsätzlich zulässig. Eine Nachbearbeitung des vom System vorgeschlagenen Briefvermerks hat jedenfalls dann keine Auswirkungen auf die Anwendung von § 87 S 1 GBV, solange dadurch nicht die Prägung des Briefes durch den Einsatz der elektronischen Datenverarbeitung aufgehoben wird, dh seine maschinelle Herstellung unberührt bleibt. **These 5:** Nach dem Sinn und Zweck von § 89 GBV, nämlich das Anbringen nachträglicher Briefvermerke unter Einsatz moderner IT-Technik zu vereinfachen und insoweit die Arbeitsweise der Grundbuchämter zu rationalisieren, erfasst diese Bestimmung gleichermaßen die Herstellung von Vermerken auf dem vorgelegten Brief, ohne einen ergänzten neuen Brief zu erteilen. Auch solche Briefvermerke müssen nicht unterschrieben werden, wenn sie maschinell hergestellt werden. Sie tragen in entsprechender Anwendung von § 87 S 2 GBV anstelle der Unterschrift den Namen des Bediensteten, der den Briefvermerk hergestellt hat, sowie den Vermerk »Maschinell hergestellt und ohne Unterschrift gültig« und sind von Hand mit dem Dienststempel zu versehen (§ 87 S 3 GBV).

Nichts von alldem ist zutreffend: Die These, wonach es sich bei SolumSTAR-Briefen um maschinelle Briefe um Rechtssinne handelt (Rdn 66, These 1), unterstellt, was es erst zu prüfen gilt. Außerdem stünde diese verbindliche rechtliche Einschätzung aus den in Rdn 62 genannten Gründen nicht einmal dem Landesgesetzgeber zu, sodass sie der Landesjustizverwaltung des Bundeslandes Rheinland-Pfalz in Form eines an alle Amtsgerichte gerichteten bloßen Rundschreibens erst recht nicht zusteht. Es handelt sich daher insoweit lediglich um die Kundgabe einer für die unabhängigen Gerichte in keiner Weise bindenden Auffassung der Ministerialbürokratie des betreffenden Bundeslandes. **67**

Die unter Berufung auf § 87 S 3 GBV vertretene Ansicht, wonach ein (unterstellt vorliegender) maschineller Brief auch wirksam von Hand gesiegelt oder gestempelt werden könne (Rdn 66, These 2), ist offensichtlich unzutreffend, weil gerade diese Norm fordert, dass der »Aufdruck« des Siegels oder Stempels entweder bereits im maschinellen Vordruck vorgesehen sein oder er in **maschineller** Weise mittels des Druckers bei der Herstellung des Briefes mit ausgedruckt werden muss.[113] Die vom JM des Bundeslandes Rheinland-Pfalz erörterte Frage, ob ein maschineller Brief auch von Hand gesiegelt oder gestempelt werden kann, ist somit bereits ein Widerspruch in sich, weil ein dergestalt hergestellter Brief schon wegen § 87 S 3 GBV von vorneherein kein maschineller Brief im Rechtssinne sein kann (vgl Rdn 56). Aber auch wenn man die Problematik der Siegelung oder Stempelung als eine bloße Formfrage ansieht, kann keine Rede davon sein, dass ein maschineller Brief wirksam von Hand gesiegelt oder gestempelt werden kann, zum einen, weil § 87 S 1 GBV die Anwendung von § 56 Abs 1 S 2 ausdrücklich ausschließt, zum anderen, weil § 87 S 3 nicht die Siegelung oder Stempelung *des Briefs*, sondern den maschinellen »Aufdruck« des Siegels oder Stempels *auf dem Brief* verlangt und aus beidem folgend, weil die Wirksamkeitsvoraussetzungen des § 87 S 2, 3 GBV im Verhältnis zu denjenigen des § 56 kein Minus, sondern ein Aliud darstellen (vgl Rdn 56). Damit aber ist ein von Hand gesiegelter oder gestempelter Brief unabhängig davon **nichtig**, ob es sich bei ihm überhaupt um einen »maschinellen Brief« im Rechtssinne handelt oder ob zwar ein solcher vorliegt, bei seiner Herstellung aber die Formerfordernisse des § 87 GBV nicht eingehalten wurden (vgl Rdn 38, 40, 56). Da in Rheinland-Pfalz derzeit noch kein elektronisches Siegel hinterlegt ist, das bei der Herstellung maschineller Briefe Verwendung finden könnte (vgl Rdn 66), kann es in dem betreffenden Bundesland somit nach aktueller Rechtslage **überhaupt keine gültigen maschinellen Grundpfandrechtsbriefe** geben, weil alle bisher erteilten oder künftig zu erteilenden »scheinmaschinellen« Briefe ausnahmslos (form)nichtig sind. Die Frage, unter welchen Voraussetzungen überhaupt ein »maschineller Brief« im Rechtssinne vorliegt, ist im Bundesland Rheinland-Pfalz nach derzeitiger Rechtslage somit völlig bedeutungslos. Wirksame Grundpfandrechtsbriefe können demnach in diesem Bundesland derzeit nur auf herkömmliche Weise unter Beachtung der Wirksamkeitsvoraussetzungen des § 56 hergestellt werden. Die bisher erteilten oder künftig zu erteilenden nichtigen »scheinmaschinellen« Briefe erfüllen diese Wirksamkeitserfordernisse mangels von Hand geleisteter Unterschriften nicht und können daher auch nicht als herkömmlich hergestellte Briefe wirksam sein (vgl Rdn 56). **68**

Die Annahme, wonach auch der Urkundsbeamte der Geschäftsstelle oder der Grundbuchführer alleiniger »Veranlasser« der Briefherstellung iS des § 87 S 2 GBV sein könne (Rdn 66, These 3), ist aus den in Rdn 63 genannten Gründen unzutreffend. **69**

Der Auffassung, dass eine maschinelle Briefherstellung im Rechtssinne nicht den bedienerlosen und von manuellen Änderungsmöglichkeiten unbeeinflussten maschinellen Ausdruck des Briefes voraussetze (§ 66, These 4), kann aus den in den Rdn 58–60 genannten Gründen nicht gefolgt werden. Der Vollständigkeit halber ist zu bemerken, dass bei der Neueintragung eines Grundpfandrechts in Spalte 4 der Abt III des Grundbuchs eingetragene Rangvermerke entgegen der Ansicht des JM des Landes Rheinland-Pfalz nach hM sehr wohl zum ursprünglichen Briefinhalt zählen[114] und dass sich das JM mit seiner abweichenden Auffassung sogar im Widerspruch zur obergerichtlichen Rechtsprechung des eigenen Bundeslandes befindet.[115] Es muss sehr zu denken geben, dass die Justizverwaltung eines Bundeslandes in Form eines an alle Amtsgerichte versandten Rundschreibens ohne jeden Hinweis auf abweichende herrschende Rechtsprechung und Literatur vorgeblich allgemein gültige rechtliche Thesen verbreitet, die sich für jeden Kenner der Materie schon auf den ersten Blick als unzutreffend erweisen. **70**

---

113 *Meikel-Engel* § 87 GBV Rdn 5; *Demharter* Rn 16.
114 OLG Zweibrücken Rpfleger 1980, 109 = MittRhNotK 1980, 77 (LS); OLG Oldenburg WM 1982, 494 = NdsRpfl 1980, 264; LG Köln MittRhNotK 1979, 194 (*Grundmann*); *Meikel-Bestelmeyer* § 57 Rdn 4, 5; *Bauer/von Oefele-Weber* § 57 Rn 4; **aA** KEHE-*Eickmann* § 57 Rdn 4; *Demharter* § 57 Rdn 3; *Missling* Rpfleger 1980, 332. Bei **Rangvorbehalten** verhält es sich nicht anders: BayObLG MittBayNot 1979, 113; *Meikel-Bestelmeyer* § 57 Rdn 4, 5; *Bauer/von Oefele-Weber* § 57 Rn 4; **aA** *Missling* Rpfleger 1980, 334.
115 OLG Zweibrücken Rpfleger 1980, 109 = MittRhNotK 1980, 77 (LS).

71 Schlicht abwegig ist schließlich die Ansicht, wonach nachträgliche Vermerke auf (angeblich) maschinellen oder herkömmlich hergestellten Briefen im Falle der Nichterteilung eines neuen ergänzten Briefs (§ 89 GBV) in entsprechender Anwendung von § 87 S 2 GBV nicht von Hand unterschrieben, sondern lediglich von Hand gesiegelt bzw gestempelt und mit dem Namen des Veranlassers der Briefergänzung sowie mit dem in § 87 S 2 GBV genannten Vermerk versehen werden müssen (Rdn 66, These 5). Dass dies nicht richtig sein kann, ergibt sich nämlich schon daraus, dass die §§ 87 und 89 GBV nach ihrem eindeutigen Wortlaut nur auf die Neuerteilung von Briefen anwendbar sind und es daher im Hinblick auf die gesetzlichen Formerfordernisse für nach § 57 Abs 2 und § 62 Abs 1 S 1 HS 1 veranlasste nachträgliche Briefergänzungen völlig unstreitig bei denjenigen des § 62 Abs 1 S 1 HS 2 verbleibt, sodass nachträgliche Briefvermerke selbstverständlich nach wie vor von Hand unterschrieben und von Hand gesiegelt oder gestempelt werden müssen. Es ist aufgrund dieser eindeutigen Gesetzeslage nicht nachvollziehbar, wie sich insoweit überhaupt eine andere Rechtsauffassung vertreten lässt, es sei denn, die Landesjustizverwaltung des Bundeslandes Rheinland-Pfalz würde sich angesichts der aus der Grundbuchpraxis geäußerten schwerwiegenden Bedenken im Hinblick auf die Wirksamkeit von maschinellen Briefen mit Rücksicht auf drohende Amtshaftungsansprüche nicht scheuen, für ihre unzutreffende gegenteilige Auffassung auch offensichtlich unrichtige rechtliche Erwägungen ins Feld zu führen.

4. SolumSTAR-Briefe als nichtige »scheinmaschinelle« Briefe

72 Aus den bisherigen Ausführungen ergibt sich, dass mit dem System SolumSTAR hergestellte Briefe keine »maschinellen Briefe« im Rechtssinne sind. Sie sind demnach als »scheinmaschinelle« Grundpfandrechtsbriefe nichtig und können auch nicht als herkömmlich hergestellte Briefe wirksam sein, weil sie nicht von Hand unterschrieben und/oder nicht von Hand gesiegelt oder gestempelt sind. Eine theoretisch denkbare und auf den Zeitpunkt der Briefherstellung zurückwirkende Heilung der Nichtigkeit durch eine entsprechende gesetzliche Heilungsvorschrift erscheint aus rechtlichen Gründen nicht möglich, weil dadurch in bereits erworbene Rechtspositionen der Grundstückseigentümer eingegriffen würde, die infolge der Nichtigkeit der Briefe zu Gläubigern von Eigentümerbriefrechten geworden sind.

5. Konsequenz: Bundesweit keine wirksamen maschinellen Briefe

73 Aus der Nichtigkeit der SolumSTAR-Briefe ergibt sich die unausweichliche Konsequenz, dass es im gesamten Bundesgebiet derzeit keine wirksamen maschinellen Grundpfandrechtsbriefe geben kann, weil davon auszugehen ist, dass auch die in den drei »Nicht-SolumSTAR-Bundesländern« zum Einsatz kommenden oder angedachten Systeme (FOLIA in Schleswig-Holstein und Baden-Württemberg sowie ARGUS in Mecklenburg-Vorpommern) keine bedienerlose Herstellung von Grundpfandrechtsbriefen im beschriebenen Sinne gewährleisten (werden). Im Hinblick auf die unübersehbare Vielzahl von mittlerweile erteilten »scheinmaschinellen« Briefen sind daher die in Rdn 54 aufgezeigten negativen Rechtsfolgen eingetreten. Dies beruht allerdings ausschließlich auf dem Umstand, dass sich die in ihrer Realisierung und rechtlichen Durchführung unzureichend durchdachten EDV-Vereinfachungsbestrebungen dem geltenden Recht unterzuordnen haben und nicht umgekehrt. Soweit die Landesjustizverwaltungen dies aus naheliegenden haftungsrechtlichen Erwägungen unter Negierung der berechtigten Bedenken der Grundbuchpraxis anders sehen möchten, darf nicht übersehen werden, dass die Verteidiger der maschinellen Briefherstellung im Ergebnis mit denjenigen identisch sind, welche auch für die Einführung der im Hinblick auf eine wirksame maschinelle Briefherstellung untauglichen IT-Systeme verantwortlich zeichnen und dass die rechtliche Überzeugungskraft der von ihnen vorgebrachten Argumente daher schon deshalb von vornherein begrenzt erscheint, weil sich niemand zum Richter in eigener Sache machen kann.

6. Alternative: SolumSTAR-Briefe als wirksame maschinelle Briefe

74 Sofern man entgegen der hier vertretenen Rechtsauffassung der Ansicht zuneigt, dass SolumSTAR-Briefe oder unter Verwendung anderer IT-Systeme hergestellte Briefe grundsätzlich wirksame maschinelle Grundpfandrechtsbriefe im Rechtssinne sein können, so sind diese Briefe in folgenden Fällen gleichwohl als maschinelle Briefe nichtig:

a) Rheinland-Pfalz: Alle hergestellten SolumSTAR-Briefe sind nichtig, weil sie von Hand gesiegelt oder gestempelt sind. Diese Briefe können mangels von Hand geleisteter Unterschriften auch nicht als herkömmlich hergestellte Briefe wirksam sein (vgl Rdn 68).

b) Bundesweit: SolumSTAR-Briefe sind nichtig, soweit sie unter Nichtbeachtung der Förmlichkeiten des § 87 S 2, 3 GBV erteilt wurden. Solche Briefe können nur als herkömmliche Briefe wirksam sein, wenn sie von Hand unterschrieben und von Hand gesiegelt oder gestempelt sind (vgl Rdn 38, 40, 56).

7. Die Beseitigung der Nichtigkeit des Briefs

a) Neuerteilung eines gültigen oder Ergänzung des nichtigen Briefs. Soweit SolumSTAR-Grund- **75**
pfandrechtsbriefe oder mittels anderer IT-Systeme hergestellte Briefe nach den bisherigen Ausführungen
nichtig sind, kann diese Nichtigkeit auf zweierlei Weise beseitigt werden, und zwar entweder durch die mit
aktueller Datierung erfolgende Neuerteilung eines herkömmlich hergestellten Briefs unter gleichzeitiger
Unbrauchbarmachung des »scheinmaschinellen« nichtigen Briefs (vgl Rdn 45, 46) oder durch einen nachträglich auf dem nichtigen Brief anzubringenden Ergänzungsvermerk mit aktuellem Datum, der von Hand
zu unterschreiben und von Hand zu siegeln oder zu stempeln ist (vgl Rdn 47, 48), wodurch der nichtige
Brief aber lediglich ex nunc gültig wird (vgl Rdn 49). Beide Verfahrensweisen setzen allerdings voraus, dass
der nichtige »scheinmaschinelle« Grundpfandrechtsbrief beim Grundbuchamt eingereicht wird.

Diese Briefvorlegung stößt jedenfalls dann nicht auf Schwierigkeiten, soweit nichtige Briefe nach § 41 zum **76**
Zweck der Vornahme von Folgeeintragungen bei dem Briefrecht oder aus Anlass einer nach § 57 Abs 2 auf
Antrag vorzunehmenden Briefergänzung ohnehin von den Beteiligten vorgelegt werden. Soweit bei Folgeeintragungen die Prüfung der Bewilligungsberechtigung des im Grundbuch eingetragenen Gläubigers oder eines
späteren Zessionars in Frage steht, ist allerdings zu beachten, dass diese das Recht mangels Briefübergabe iS des
§ 1117 BGB noch nicht erworben haben können (vgl Rdn 44, 54). Das entstandene Grundpfandrecht ist vielmehr nach § 1163 Abs 2 BGB ein Briefrecht des Eigentümers, der das Grundpfandrecht seinerzeit bestellt
hat.[116] Es kann also infolge eines Eigentümerwechsels inzwischen auch zum Fremdrecht geworden sein, weil
auch eine evtl beabsichtigte und in den notariellen Veräußerungsurkunden regelmäßig vorgesehene spätere
Übertragung etwaiger Eigentümerrechte an den Erwerber des Grundbesitzes im Hinblick auf das nicht wirksam
verbriefte Recht materiellrechtlich an der fehlenden Briefübergabe scheitern musste. Wenn der Briefeinreicher
allerdings die Wirksamkeit des Briefes behauptet, um seiner behaupteten Rechtsinhaberschaft und seiner hieraus folgenden Bewilligungsberechtigung Nachdruck zu verleihen, muss das Grundbuchamt im betreffenden
Eintragungsverfahren sowohl im Hinblick auf die in Frage stehende Bewilligungsberechtigung des Einreichers
(§ 19) als auch in Bezug auf die Eintragungsvoraussetzung der Vorlegung eines gültigen Briefs (§ 41) sachlich
über die Wirksamkeit oder Nichtigkeit des Briefs befinden.

Soweit nichtige Briefe nicht von Beteiligten im Zusammenhang mit anderen grundbuchamtlichen Verfahren **77**
vorgelegt werden, hat das Grundbuchamt deren Einreichung **von Amts wegen** und notfalls unter Anwendung
von Zwangsmaßnahmen iS des § 33 FGG in die Wege zu leiten (vgl Rdn 45). Es darf allerdings nicht übersehen
werden, dass nach der hier vertretenen Auffassung seit dem In-Kraft-Treten der §§ 87–89 GBV eine unermess-
liche Vielzahl von nichtigen »scheinmaschinellen« Briefen erteilt wurde und ein solches amtswegiges Einforde-
rungsverfahren die Grundbuchämter angesichts angespannter personeller Ressourcen vor nahezu unlösbare
Probleme stellen würde. Gleichwohl dürfte zu dieser Verfahrensweise aufgrund des über dem Staat schwebenden Damoklesschwertes der Amtshaftung in unabsehbaren monetären Größenordnungen keine realistische
Alternative bestehen.[117] Die hierfür zu klärende Frage, wem wann welcher Brief erteilt und ausgehändigt
wurde, lässt sich anhand der bei den Grundbuchämtern geführten und dauerhaft aufzubewahrenden »Nachwei-
sungen« über den Verbleib von Grundpfandrechtsbriefen beantworten (für **Bayern** vgl Nr 6.3.2 BayGBGA).

b) Bevorzugte Ergänzung des nichtigen Briefs. Unter Berücksichtigung der Tatsache, dass es voraussicht- **78**
lich streitig werden wird, ob es sich bei SolumSTAR-Briefen oder mittels anderer IT-Systeme hergestellten
Briefen um wirksame maschinelle Briefe im Rechtssinne handelt, sollten die Grundbuchämter zur Beseitigung
einer (evtl) Nichtigkeit dieser Briefe vorsorglich nicht den Weg der Herstellung eines neuen Briefs unter
Unbrauchbarmachung des alten Briefs, sondern denjenigen der Ergänzung des bisherigen Briefs beschreiten.
Diese Verfahrensweise hat gegenüber der Herstellung eines neuen Briefs den unbestreitbaren Vorteil, dass der
Ergänzungsvermerk nichts schadet, wenn der »nichtigkeitsverdächtige« Brief entgegen der hier vertretenen
Auffassung von Anfang an wirksam sein sollte, dass er den Brief aber gleichzeitig ex nunc wirksam macht, wenn
die ursprüngliche Brieferteilung nichtig war. Demgegenüber würde die Herstellung eines neuen Briefs unter
Umständen bewirken, dass ein in Wahrheit wirksamer Brief unbrauchbar gemacht wird und die vermeintliche
Erteilung eines »ersten« Briefs über das Grundpfandrecht demzufolge im Rechtssinne eine Briefeneuerung iS
der §§ 67, 68 darstellt, die nach § 68 Abs 1 und 3 sowohl auf dem Brief als auch im Grundbuch vermerkt werden müsste.

---

116 Diese materielle Berechtigung eines vormaligen Grundstückseigentümers kommt sogar ziemlich häufig vor, nämlich in
    den Fällen, bei welchen der Veräußerer auf Rechnung des Erwerbers bereits im Vormerkungsstadium ein Finanzie-
    rungsgrundpfandrecht bestellt. Es sind also nicht nur die Fallgestaltungen erfasst, bei denen der Grundpfandrechtsbestel-
    ler mit dem Grundstückseigentümer identisch ist und den Grundbesitz dann irgendwann später veräußert.
117 Damit verkehrt sich die mit den §§ 87–89 GBV verbundene Intention, mit der Möglichkeit der Herstellung von
    maschinellen Briefen einen Rationalisierungseffekt zu erreichen, in ihr exaktes Gegenteil.

79   Der auf dem bisherigen Brief anzubringende Ergänzungsvermerk könnte etwa wie folgt lauten:

»Nachträglich von Hand unterzeichnet und von Hand gesiegelt bzw gestempelt am . . .«

Wie aus dem Vermerk selbst hervorgeht, ist er von Hand mit den erforderlichen Unterschriften zu versehen und von Hand zu siegeln oder zu stempeln. Damit erfüllt der Brief nunmehr die zwingenden Formerfordernisse des § 56, sodass er mit der Anbringung des genannten Vermerks als nunmehr herkömmlich hergestellter Grundpfandrechtsbrief gültig und eine evtl Nichtigkeit des bisherigen Briefs mit ex-nunc-Wirkung geheilt wird.

8. Die Aushändigung des neu erteilten oder ergänzten Briefs

80   Nach erfolgter Neuerteilung eines herkömmlich hergestellten wirksamen Briefs unter gleichzeitiger Unbrauchbarmachung des bisherigen nichtigen Briefs oder nach der zu bevorzugenden »heilenden« Ergänzung des nichtigen Briefs stellt sich die Frage, wem der neu erteilte oder ergänzte Brief auszuhändigen ist. Da es sich bei dem neu erteilten oder ergänzten Brief im Rechtssinne nicht um einen »neuen« Brief iS der §§ 67 und 68, sondern um den ursprünglichen »ersten« (gültigen) Brief über das betreffende Grundpfandrecht handelt (vgl Rdn 46, 78), liegt an sich der Schluss nahe, dass der betreffende Brief nach § 60 Abs 1 Alt 1 grundsätzlich dem Eigentümer des belasteten Grundstücks auszuhändigen ist, sofern dieser anlässlich der Eintragung des Grundpfandrechts nicht nach § 60 Abs 2 formgerecht bestimmt hatte, dass der Brief nicht ihm, sondern dem eingetragenen Gläubiger auszuhändigen ist. Eine solche Aushändigungsbestimmung des Eigentümers wäre mangels seinerzeitiger wirksamer Briefherstellung nämlich noch nicht »verbraucht« und daher immer noch verfahrensrechtlich verwendbar, und zwar auch dann, wenn das Eigentum am belasteten Grundstück zwischenzeitlich aufgrund Sonderrechtsnachfolge (bei mehreren Eigentümern auch »teilweise«) auf Dritte übergegangen ist. Denn Gläubiger des mangels Briefübergabe mit der Eintragung des Grundpfandrechts entstandenen Eigentümerrechts ist in diesem Fall nicht der derzeitige Eigentümer, sondern der vormalige Eigentümer, der das Grundpfandrecht seinerzeit bestellt hat und dem das ursprüngliche Eigentümerrecht infolge Eigentümerwechsels nunmehr als Fremdrecht zusteht (vgl Rdn 76). Hieraus folgt zugleich, dass der Brief beim Nichtvorliegen einer Aushändigungsbestimmung iS des § 60 Abs 2 nicht dem derzeitigen, sondern dem grundpfandrechtsbestellenden seinerzeitigen Eigentümer auszuhändigen wäre, weil es dem Normzweck des § 60 entspricht, dem Gläubiger des Eigentümerrechts die Möglichkeit einzuräumen, dem eingetragenen Gläubiger das Grundpfandrecht nur Zug um Zug gegen Auszahlung der Darlehensvaluta zu verschaffen (vgl § 60 Rdn 1). Sowohl die mit diesem Normzweck korrespondierende Voraussetzung der materiellen Rechtsinhaberschaft als auch das Erfordernis des Empfangs der Darlehensvaluta sind bei zwischenzeitlichem Eigentümerwechsel nämlich nicht in der Person des derzeitigen, sondern in der Person des vormaligen grundpfandrechtsbestellenden Eigentümers erfüllt. Dies gilt insbesondere auch für die häufige Fallgestaltung, bei welcher der Eigentümer im Zuge der Veräußerung des Grundbesitzes noch vor dem Eigentumsübergang auf Rechnung des Erwerbers ein Finanzierungsgrundpfandrecht bestellt und die dem Erwerber gewährte Darlehensvaluta infolge Abtretung der Auszahlungsansprüche seitens des kreditgebenden Gläubigers unmittelbar an den Veräußerer ausgekehrt wird. Aber auch wenn eine solche Abtretung der Auszahlungsansprüche nicht oder nur für einen Teil der Darlehensvaluta vorliegen sollte, ist das Ergebnis kein anderes, weil das nach § 1163 Abs 2 BGB zur Entstehung gelangende Eigentümerrecht nur demjenigen zustehen kann, der im Zeitpunkt der Eintragung des Grundpfandrechts Eigentümer des belasteten Grundbesitzes ist.

81   Trotz dieser materiellrechtlichen und verfahrensrechtlichen Gegebenheiten erscheint die Anwendung des § 60 Abs 1 Alt 1 im vorliegenden Fall nicht sachgerecht. Im Gegensatz zum normalen Briefaushändigungsverfahren besteht im Fall der Beseitigung der Nichtigkeit eines Briefs nämlich die Besonderheit, dass der nichtige Brief von einem Dritten (meist vom eingetragenen Gläubiger) zum Zweck der Herstellung eines gültigen Briefs beim Grundbuchamt **eingereicht** wird. Es greift somit der allgemeine und auch für eingereichte gültige Briefe geltende Grundsatz, dass für das Verfahren nicht mehr benötigte Urkunden an denjenigen zurückzugeben sind, der sie eingereicht hat und dass das Grundbuchamt dabei nicht zu prüfen hat, ob der Einreicher aufgrund seiner materiellen Rechtsinhaberschaft oder aus sonstigen Gründen zum Besitz des Briefs berechtigt ist (vgl § 60 Rdn 89, 90). Dass der Einreicher bei dieser Verfahrensweise im Fall der zu bevorzugenden Ergänzung des nichtigen Briefs anstelle des eingereichten nichtigen Briefs nunmehr einen gültigen Brief zurückerhält, vermag an der Anwendung dieses Grundsatzes nichts zu ändern, weil es sich bei dem durch Ergänzung wirksam gewordenen Brief im körperlichen Sinne immer noch um die eingereichte Urkunde handelt, welche durch die erfolgte nichtigkeitsbeseitigende Ergänzung lediglich in ihrer rechtlichen Qualifikation eine Änderung erfahren hat. Hieraus folgt zugleich, dass es für die Frage, wem der gültige Brief auszuhändigen ist, nicht darauf ankommen kann, ob das Grundbuchamt für die Beseitigung der Nichtigkeit des Briefs die zu bevorzugende Ergänzung des nichtigen Briefs oder die alternativ zur Verfügung stehende Möglichkeit der Neuerteilung eines wirksamen Briefs unter gleichzeitiger Unbrauchbarmachung des nichtigen Briefs wählt. Denn im letztgenannten Fall handelt es sich bei dem »neuen« Brief lediglich um ein Surrogat für den eingereichten und unbrauchbar gemachten nichtigen Brief, für welches keine anderen Aushändigungskriterien als für die eingereichte Urkunde gelten können, weil die Person des Briefempfängers nicht davon abhängen kann, ob das Grundbuchamt für die Beseitigung der Nichtigkeit des Briefs zufällig den einen oder den anderen Weg einschlägt. Damit ist im Ergebnis festzuhalten, dass die für eingereichte gültige Briefe geltenden Aushändigungskriterien (vgl § 60 Rdn 89 ff) auch für Briefe zum Zuge kommen, die im Rechtssinne zwar die »ersten« wirksamen Briefe über die betreffenden Grundpfandrechte sind, aber im Wege der Ergänzung oder Neuerteilung verfahrensrechtlich an die Stelle von eingereichten nichtigen Briefen treten. Die Vorschrift des § 60 ist auf eingereichte nichtige Briefe daher ebensowenig anwendbar wie auf vorgelegte gültige Briefe (vgl § 60 Rdn 89).

9. Die Vermutung des § 1117 Abs 3 BGB bei späterer Briefvorlage

Wird der nach erfolgter Beseitigung der Nichtigkeit ausgehändigte wirksame Brief später wieder vom ersteingetragenen Fremdgläubiger beim Grundbuchamt eingereicht, so gilt für die Prüfung seiner Bewilligungsberechtigung die auch vom Grundbuchamt zu beachtende[118] Übergabevermutung des § 1117 Abs 3 BGB, sofern der grundpfandrechtsbestellende Eigentümer seinerzeit eine Aushändigungsbestimmung iS des § 60 Abs 2 zugunsten des eingetragenen Gläubigers getroffen hatte oder der Eigentümer in der zur Eintragung des Grundpfandrechts führenden Bewilligung durch einseitige Geständniserklärung[119] bestätigt hatte, dass mit dem eingetragenen Gläubiger eine Vereinbarung nach § 1117 Abs 2 BGB getroffen wurde. Ist beides nicht der Fall, so kann das Grundbuchamt nur von der Bewilligungsberechtigung des ersteingetragenen Fremdgläubigers ausgehen, wenn in der Form des § 29 nachgewiesen wird, dass zwischen dem grundpfandrechtsbestellenden Eigentümer und dem eingetragenen Gläubiger eine Vereinbarung nach § 1117 Abs 2 BGB vorlag oder wenn der formgerechte Nachweis der nachträglich erfolgten Briefübergabe geführt wird,[120] weil dem Grundbuchamt aufgrund der ursprünglichen nichtigen Brieferteilung verfahrensrechtlich davon ausgehen muss, dass anlässlich der Bestellung des Grundpfandrechts keine rechtswirksame Briefübergabe an den eingetragenen Gläubiger erfolgt sein kann. Aus dem gleichen Grund gilt die Vermutung des § 1117 Abs 3 BGB auch nicht für einen briefeinreichenden Zessionar, weil mangels Existenz eines gültigen Briefes im Zeitpunkt der misslungenen Abtretung des Rechts im Verhältnis zwischen Zedent und Zessionar keine wirksame Briefübergabe stattgefunden hat. Etwas anderes gilt nur, wenn die Abtretung des Rechts erst nach der Beseitigung der Nichtigkeit des Briefs erfolgt ist und nach den vorstehenden Grundsätzen davon ausgegangen werden kann, dass zugunsten des ersteingetragenen Fremdgläubigers bereits vor dem Zeitpunkt der Abtretung eine wirksame Briefübergabe und ein damit einher gehender dinglicher Rechtserwerb erfolgt ist, der den ersteingetragenen Fremdgläubiger rechtlich in die Lage versetzte, das erworbene Grundpfandrecht mittels Übergabe eines gültigen Briefs wirksam abzutreten.

82

10. Künftige Briefherstellung und nachträgliche Briefergänzung

Die mit der Herstellung von »scheinmaschinellen« Briefen verbundenen Gefahren im Hinblick auf eine drohende Nichtigkeit dieser Briefe lassen es ratsam erscheinen, dass die Grundbuchämter künftig zu erteilende Grundpfandrechtsbriefe ohne die in § 87 S 2 und 3 GBV genannten Angaben und Vermerke vorsorglich nur noch auf herkömmlichem Wege herstellen (§§ 56 ff) und diese auf manuellem Wege oder unter Verwendung von Druckern gefertigten Briefe insbesondere von Hand unterschrieben und von Hand gesiegelt oder gestempelt werden (hierzu vgl auch die in Rdn 60 zitierten Stellungnahmen der Grundbuchpraxis, wonach etliche Grundbuchämter aus Gründen der Vorsicht schon seit jeher so verfahren und wegen der in Frage stehenden Nichtigkeitsproblematik »absichtlich« keine vorgeblich maschinellen Briefe herstellen). Außerdem verbleibt es bei herkömmlicher Briefherstellung natürlich auch bei der Anwendbarkeit der Vorschriften der §§ 58, 59 Abs 2, 61 Abs 2 S 3 GBO und des § 50 GBV (anders: § 87 S 4 und § 88 GBV).

83

Bei Einreichung eines herkömmlich hergestellten oder eines bereits im Rechtsverkehr befindlichen »scheinmaschinellen« Briefs aus Anlass einer anstehenden Folgeeintragung (§§ 41, 62) oder einer auf Antrag vorzunehmenden Briefergänzung (§ 57 Abs 2) haben die betreffenden Briefergänzungen konsequenterweise nicht durch eine die Ergänzung berücksichtigende Neuerteilung des Briefs iS des § 89 GBV, sondern ebenfalls ausschließlich auf herkömmliche Weise zu erfolgen (§ 62 Abs 1 HS 2, Abs 2). Des weiteren ist im Zuge der Briefergänzung noch räumlich vor dem eigentlichen Ergänzungsvermerk der in Rdn 79 genannte Vermerk zum Zwecke der Heilung einer etwaigen Nichtigkeit des Briefs anzubringen. Bei dieser Verfahrensweise erübrigt sich auch

84

---

118 RGZ 93, 44; KG KGJ 30 A, 266, 267; 32 A, 287 = RJA 7, 138; KGJ 40, 278, 281; KG OLGE 38, 10 = RJA 15, 319, 320; BayObLGZ 1987, 97, 100 = Rpfleger 1987, 363; *Staudinger-Wolfsteiner* § 1117 Rn 30; MüKo-*Eickmann* § 1117 Rn 31, 32; *Meikel-Bestelmeyer* § 41 Rdn 50; *Planck-Strecker* § 1117 Anm 2 b; *Güthe-Triebel* § 22 Rn 38 und § 39 Rn 22.

119 Zum Nachweis von Eintragungsvoraussetzungen durch der Form des § 29 entsprechende einseitige Geständniserklärungen vgl *Demharter* § 29 Rn 10 mwN).

120 Auch diese beiden Nachweise können durch der Form des § 29 entsprechende einseitige Geständniserklärungen des grundpfandrechtsbestellenden Eigentümers geführt werden (vgl Fn 118).

eine Antwort auf die naheliegende und wohl zu bejahende Frage, ob ein nichtiger »scheinmaschineller« Brief auch alleine durch eine auf herkömmliche Weise erfolgte Briefergänzung mittels des auf ihm angebrachten und von Hand unterschriebenen sowie von Hand gesiegelten oder gestempelten Ergänzungsvermerks ex nunc wirksam würde.

11. Amtshaftung

85 Die Erteilung von nichtigen »scheinmaschinellen« Grundpfandrechtsbriefen kann wegen der in den Rdn 44 und 54 dargestellten negativen Rechtsfolgen in einer Vielzahl von Fällen zum Entstehen von Schadensersatzansprüchen gegen den Staat führen (Art 34 S 1 GG, § 839 BGB). Dies gilt umso mehr, als es sich bei der Nichtigkeit von »scheinmaschinellen« Briefen im Gegensatz zu der nur ganz vereinzelt vorkommenden Nichtigkeit von herkömmlich hergestellten Briefen um ein in haftungsrechtlicher Hinsicht äußerst problematisches Massenphänomen handelt. Da es demzufolge mit an Sicherheit grenzender Wahrscheinlichkeit zu entsprechenden Haftungsfällen kommen wird, stellt sich die Frage, ob sich der auf Schadensersatz in Anspruch genommene jeweilige Landesfiskus bei den für die Briefherstellung verantwortlichen Bediensteten des jeweiligen Grundbuchamts im Wege des Rückgriffs schadlos halten kann (Art 34 S 2 GG). Dies ist zu verneinen, weil ein Rückgriff nur möglich ist, wenn dem betreffenden Beamten im Zusammenhang mit der nichtigen Briefherstellung zumindest ein grob fahrlässiges Verhalten zur Last gelegt werden könnte. Diese Voraussetzung ist nicht erfüllt, weil es nicht im Verantwortungsbereich der Bediensteten der Grundbuchämter (insbesondere der Rechtspfleger) liegt, wenn der Gesetzgeber einerseits Normen in Kraft setzt, welche die Herstellung von maschinellen Briefen ermöglichen sollen, es der Dienstherr aber andererseits versäumt, die hierfür erforderlichen technischen Voraussetzungen zu schaffen und den Grundbuchämtern ein den gesetzlichen Anforderungen entsprechendes EDV-System zur Verfügung zu stellen. Zudem ist dem Vorwurf der groben Fahrlässigkeit schon deshalb die Grundlage entzogen, weil die jeweiligen Landesjustizverwaltungen entweder per Verordnung oder in Rundschreiben an alle Gerichte des betreffenden Bundeslandes die Rechtsauffassung vertreten, dass mittels Verwendung des Systems SolumSTAR (und anderer IT-Systeme) wirksame maschinelle Grundpfandrechtsbriefe hergestellt werden könnten (vgl Rdn 61 ff, 66 ff) und es nicht zu Lasten der mit der Briefherstellung befassten Bediensteten der Grundbuchämter gehen kann, wenn sich diese zur Grundlage ihres dienstlichen Handelns gemachte Rechtsauffassung als unzutreffend erweist.

12. Berücksichtigung der Nichtigkeit in anderen Verfahren

86 Die Nichtigkeit von Grundpfandrechtsbriefen kann auch in außergrundbuchamtlichen Verfahren erhebliche Bedeutung erlangen. Man denke etwa an den häufig vorkommenden Fall, dass ein (vermeintlicher) Grundpfandrechtsgläubiger zum Zwecke der Zuteilung des Versteigerungserlöses einen nichtigen Brief beim Vollstreckungsgericht vorlegt.[121] Obwohl der wahre Gläubiger des Grundpfandrechts bei Erteilung eines nichtigen Briefs nicht im Rechtssinne unbekannt ist (vgl Rdn 76), wird dem Vollstreckungsgericht in diesen Fällen wohl nichts anderes übrig bleiben, als den auf das Recht entfallenden Erlös unter Hilfszuteilung nach § 126 Abs 2 S 1 ZVG zu hinterlegen, zumal ein früherer Grundstückseigentümer, der das Grundpfandrecht bestellt hat und der nunmehr Fremdgläubiger der von ihm erworbenen ursprünglichen Eigentümergrundschuld geworden ist, am Verfahren überhaupt nicht im formellen Sinne beteiligt ist, weil es nicht gegen ihn, sondern gegen den derzeitigen Grundstückseigentümer angestrengt wurde. Bereits dieses eine von vielen denkbaren Beispielen zeigt, dass die Nichtigkeit von Grundpfandrechtsbriefen auch außerhalb grundbuchamtlicher Verfahren ungeahnte Weiterungen nach sich ziehen kann.

13. Die Rechtsstellung des eingetragenen Gläubigers

87 **a) Materielle Rechtslage.** Die materielle Rechtslage im Fall der Erteilung eines nichtigen Grundpfandrechtsbriefs lässt sich dahingehend zusammenfassen, dass der im Grundbuch eingetragene Gläubiger das Grundpfandrecht (auch beim Vorliegen einer Vereinbarung iS des § 1117 Abs 2 BGB) nicht erwerben, es nicht abtreten oder belasten und es auch nicht gepfändet werden kann (vgl Rdn 44, 54), sondern dass es dem Grundstücksei-

---

121 Ob der Brief im Versteigerungsverfahren schon zu einem früheren Zeitpunkt (insbesondere zum Nachweis des Antragsrechts des Gläubigers) vorzulegen ist, kann im Rahmen der Erlösverteilung offen bleiben. Es ist in diesem Zusammenhang aber darauf hinzuweisen, dass die Vermutung der Rechtsinhaberschaft (§ 891 BGB) für den Gläubiger eines Briefrechts nur gilt, wenn er auch den Brief besitzt (vgl § 41 Rdn 1 mwN in Fn 1, 2). Entgegen einer weit verbreiteten Praxis der Versteigerungsgerichte ist daher zu fordern, dass die Gläubiger von Briefrechten den Brief zum Nachweis ihrer Rechtsinhaberschaft schon im Zusammenhang mit ihrer ersten Verfahrenshandlung (Antragstellung, Beitritt, Forderungsanmeldung usw) beim Vollstreckungsgericht vorzulegen haben, weil nicht ersichtlich ist, weshalb die für Briefrechte allseits anerkannten rechtlichen Besonderheiten im Versteigerungsverfahren keine Geltung haben sollten. Folgt man dieser Ansicht, so vorverlagert sich die Problematik der Nichtigkeit von Grundpfandrechtsbriefen bereits auf den Zeitpunkt der jeweiligen ersten Verfahrenshandlung des Gläubigers.

gentümer (bei zwischenzeitlich erfolgtem Eigentümerwechsel als Fremdrecht) zusteht, der das Grundpfandrecht seinerzeit bestellt hat (vgl Rdn 76). Hieran anknüpfend stellt sich die Frage, auf welchem Wege der eingetragene Gläubiger das Grundpfandrecht im Falle der Beseitigung der Nichtigkeit des Briefs im materiellrechtlichen Sinne erwerben kann. Dass der eingetragene Gläubiger den zum Zwecke der Beseitigung der Nichtigkeit beim Grundbuchamt eingereichten nichtigen Brief in Form eines ergänzten wirksamen oder neu erteilten gültigen Briefs zurückerhält (vgl Rdn 81), reicht für einen solchen materiellrechtlichen Erwerb des Grundpfandrechts für sich alleine nicht aus, weil es immer noch an der für den Rechtserwerb erforderlichen Briefübergabe iS des § 1117 Abs 1 S 1 BGB fehlt. Etwas anderes gilt nur, wenn der grundpfandrechtsbestellende Eigentümer mit dem Gläubiger eine Vereinbarung iS des § 1117 Abs 2 BGB getroffen hatte (dann: auf die Eintragung des Rechts zurückwirkender Rechtserwerb des Gläubigers, vgl § 60 Rdn 23) oder wenn eine verfahrensrechtliche Aushändigungsbestimmung des grundpfandrechtsbestellenden Eigentümers iS des § 60 Abs 2 vorlag (dann: Rechtserwerb des Gläubigers mit Erhalt des gültigen Briefs durch Übersendung seitens des Grundbuchamts, vgl § 60 Rdn 9). Liegt weder eine Vereinbarung nach § 1117 Abs 2 BGB noch eine verfahrensrechtliche Aushändigungsbestimmung nach § 60 Abs 2 vor, so ist es für den Rechtserwerb des Gläubigers erforderlich und ausreichend, wenn er sich nach dem Erhalt des gültigen Briefes mit dem grundpfandrechtsbestellenden Eigentümer (der nicht der aktuelle Grundstückseigentümer sein muss) dahingehend einigt, dass der Gläubiger nunmehr rechtmäßiger Besitzer des Briefes sein soll (§ 1117 Abs 1 S 2 BGB iVm § 929 S 2 BGB). In diesem Fall erwirbt der den gültigen Brief besitzende Gläubiger das Grundpfandrecht mit dem Zustandekommen dieser dinglichen Einigung (vgl § 60 Rdn 10). Hat der eingetragene Gläubiger das Grundpfandrecht inzwischen (mangels Briefübergabe unwirksam) als Nichtberechtigter abgetreten, so kann der Zessionar das Grundpfandrecht nur erwerben, wenn es vorher der eingetragene Gläubiger dinglich erworben hat (§ 185 Abs 2 S 1 Alt 2 BGB) oder wenn der grundpfandrechtsbestellende Eigentümer die Abtretung in seiner Eigenschaft als wahrer Rechtsinhaber genehmigt (§ 185 Abs 2 S 1 Alt 1 BGB). Im erstgenannten Fall kann der Zessionar das Recht aufgrund des stattfindenden Durchgangserwerbs des Zedenten ebenso wie der Zedent selbst nur ex nunc erwerben, während er es im letztgenannten Fall ohne Durchgangserwerb des Zedenten bereits (und frühestens) im Zeitpunkt der gültigen Briefherstellung erwerben kann, sofern der Zedent mit dem Zessionar eine von der Genehmigung des grundpfandrechtsbestellenden Eigentümers mitumfasste Vereinbarung nach § 1117 Abs 2 BGB getroffen hat. Ob und zu welchem Zeitpunkt der eingetragene Gläubiger oder ein Zessionar das Recht erwirbt, bestimmt sich aufgrund der für eine Briefübergabe zur Verfügung stehenden rechtlichen Alternativen somit immer nach den Umständen des Einzelfalls (§ 1117 Abs 1 S 1 BGB; § 1117 Abs 1 S 2 BGB iVm §§ 929 S 2, 930, 931 BGB; § 1117 Abs 2 BGB).

b) Verfahrensrechtliche Überlegungen. In verfahrensrechtlicher Hinsicht ist allen Besitzern von nichtigen »scheinmaschinellen« Grundpfandrechtsbriefen zu empfehlen, diese Briefe zum Zweck der Neuerteilung eines auf herkömmliche Weise hergestellten gültigen Briefs oder zum Zweck der zu bevorzugenden Anbringung des in Rdn 79 formulierten »heilenden« Ergänzungsvermerks beim zuständigen Grundbuchamt einzureichen. Sodann erhalten die Einreicher von nichtigen Briefen auf die eine oder andere Weise einen gültigen Brief mit den in Rdn 87 beschriebenen materiellen Rechtsfolgen vom Grundbuchamt zurück (vgl Rdn 81). **88**

IX. Grundpfandrechtsbriefrelevante Vertretungsfragen

1. Die Neufassung des § 13 FGG

a) Wesentlicher Inhalt der Vorschrift. Durch Art 10 des RDG vom 12.12.2007 (BGBl I, 2840) wurde § 13 FGG mit Wirkung vom 01.07.2008 neu gefasst. Die Norm führt im Vergleich zum früheren Rechtszustand sowohl zu Erleichterungen als auch zu Erschwernissen bei der verfahrensrechtlichen Vertretung der Beteiligten. Zu den Erleichterungen zählt insbesondere, dass die Vollmacht außerhalb des Anwendungsbereichs des § 29 nur noch in einfacher Schriftform vorzulegen ist (§ 13 Abs 5 S 1 FGG; anders § 13 S 3 FGG aF, nach welchem das Grundbuchamt befugt war, bei Zweifeln an der Identität des Vollmachtgebers einen förmlichen Vollmachtsnachweis zu verlangen). Des Weiteren ist der Mangel (also auch die Nichtvorlage) der Vollmacht außerhalb des Anwendungsbereichs des § 29 nicht mehr von Amts wegen zu berücksichtigen, wenn ein Notar oder ein Rechtsanwalt als Bevollmächtigter auftritt, sodass es in diesen Fällen genügt, wenn das Bestehen der Vollmacht lediglich behauptet und der Vertretene namhaft gemacht wird (§ 13 Abs 5 S 4 FGG). Demgegenüber erschwert § 13 Abs 2 FGG die verfahrensrechtliche Vertretung, indem er die zulässige Vertretung durch Bevollmächtigte auf den dort genannten Personenkreis beschränkt. Soweit danach nicht vertretungsbefugte Personen als Vollmachtnehmer auftreten, ist das Gericht gehalten, diese Bevollmächtigten durch unanfechtbaren Beschluss zurückzuweisen (§ 13 Abs 3 S 1 FGG), wobei die bis zur Zurückweisung der Vollmacht vorgenommenen Verfahrenshandlungen des Bevollmächtigten und die an ihn erfolgten Zustellungen und Mitteilungen aber wirksam bleiben (§ 13 Abs 3 S 2 FGG). **89**

b) Anwendungsbereich der Vorschrift. aa) Problembereiche. Die zunächst recht harmlos daherkommende Neufassung des § 13 FGG wirft bei näherer Betrachtung im Hinblick auf die Vertretung im Grundbuch- **90**

verfahren ungeahnte und bis dato ungelöste Probleme auf. Insbesondere wird kontrovers darüber diskutiert, ob die Vorschrift nicht nur auf den Eintragungsantrag, sondern auch auf die **Eintragungsbewilligung** und andere Erklärungen anwendbar ist, die im Rechtssinne die Grundlage für eine Eintragung im Grundbuch darstellen, was bejahendenfalls erhebliche Auswirkungen auf die üblichen Durchführungsvollmachten von Notariatsangestellten, aber auch auf die Vertretung durch General- und Vorsorgebevollmächtigte hätte.[122] Eine analoge Problemstellung ergibt sich für den Anwendungsbereich des ebenfalls neugefassten § 79 ZPO, und zwar insbesondere im Hinblick darauf, ob die **Unterwerfung unter die sofortige Zwangsvollstreckung** (auch nach § 800 ZPO) zulässigerweise nur noch von den nach § 79 Abs 2 ZPO privilegierten Bevollmächtigten erklärt werden kann.[123] Außerdem ergeben sich Schwierigkeiten bei der **Grundbucheinsicht** durch Bevollmächtigte und für die Frage, ob auch bloße **Empfangsvollmachten** (zB im Hinblick auf Grundpfandrechtsbriefe) vom Anwendungsbereich des § 13 FGG erfasst werden.

91 **bb) Abgrenzung: Verfahrenshandlungen und Verfahrenserklärungen.** Ausgangspunkt für die Klärung der genannten Fragen ist die selbstverständliche und mitunter außer acht gelassene Tatsache, dass sich der Anwendungsbereich des § 13 FGG begrifflich nur auf die Vertretung *im* Verfahren, nicht aber auf ein Vertreterhandeln *außerhalb* des Verfahrens erstrecken kann.[124] Bereits aus dieser Feststellung und dem hieran anknüpfenden eindeutigen Wortlaut des § 13 Abs 3 S 2 FGG folgt ebenso zwanglos wie zwingend, dass nur reine **Verfahrenshandlungen** vom Anwendungsbereich des § 13 FGG erfasst sein können, wozu insbesondere der Eintragungsantrag (hierzu vgl aber auch § 29 Rdn 39), die Antragsänderung und die Antragsrücknahme, die Einlegung der Beschwerde und die Beschwerderücknahme sowie die schriftsätzliche Vertretung im Verfahren gehören. Von diesen Verfahrenshandlungen strikt zu trennen sind jedoch die Erklärungen, die *außerhalb* des Verfahrens abgegeben und lediglich zum Grundbuchvollzug eingereicht werden, die aber keine Verfahrenshandlungen darstellen, auch wenn es sich bei ihnen (wie bei der Eintragungsbewilligung) im Rechtssinne um **Verfahrenserklärungen** handelt. Wann und unter welchen Voraussetzungen eine Verfahrenserklärung wirksam wird (die Eintragungsbewilligung ua mit ihrem Eingang beim Grundbuchamt), hat nämlich nichts mit der zu verneinenden Frage zu tun, ob es sich bei der Erklärung der Bewilligung durch einen Bevollmächtigten auch um eine Vertretung des Vollmachtgebers *im* Verfahren handelt. Damit löst sich auch die Problematik der von einem Vertreter erklärten Unterwerfung unter die sofortige Zwangsvollstreckung (auch nach § 800 ZPO). Sie wird nicht *in* einem gerichtlichen Verfahren im Anwendungsbereich der ZPO, sondern außerhalb eines solchen Verfahrens zu notarieller Urkunde erklärt, sodass die personellen Beschränkungen des § 79 Abs 2 ZPO nicht Platz greifen. Die Unterwerfung ist zwar eine prozessuale Erklärung, aber keine Prozesshandlung, ebenso wenig wie die Bewilligung eine Verfahrenshandlung darstellt, obwohl sie im Rechtssinne Verfahrenserklärung ist.

92 Obwohl die Nichtanwendbarkeit des § 13 FGG auf die Eintragungsbewilligung nach den Ausführungen in Rdn 91 bereits aus der gebotenen Unterscheidung zwischen Verfahrenshandlungen und Verfahrenserklärungen folgt, verbietet sich die Anwendung des § 13 FGG auf die Eintragungsbewilligung aber auch noch aus anderen Erwägungen. Wie sollte es etwa zu erklären sein, dass ein Bevollmächtigter zwar (unstreitig) befugt ist, die für eine Rechtsänderung erforderlichen materiellrechtlichen Erklärungen abzugeben, er gleichzeitig aber nicht berechtigt sein soll, die entsprechende verfahrensrechtliche Eintragungsbewilligung zu erklären? Wie will man die Anwendbarkeit des § 13 FGG auf die Eintragungsbewilligung begründen, wenn die Bewilligung zwar durch einen Vertreter erklärt wird, diese Bewilligung aber erst Jahre später zur Grundlage eines Eintragungsverfahrens gemacht wird? Wie will man zu einer Anwendung des § 13 FGG auf die Eintragungsbewilligung gelangen, wenn diese schon vor ihrer Einreichung beim Grundbuchamt durch ihre Aushändigung an den Begünstigten oder einen Dritten wirksam geworden ist? Wie will man begründen, dass § 13 FGG einerseits auf materiellrechtliche Erklärungen (unstreitig) keine Anwendung findet, dass die Vorschrift aber andererseits nun auf einmal auf die Bewilligung anwendbar sein soll, nur weil sich die herrschende Ansicht vor Jahren dahingehend geändert hat, dass die Eintragungsbewilligung keine rechtsgeschäftliche materielle Willenserklärung, sondern eine Verfahrenserklärung (aber eben keine Verfahrenshandlung) darstellt? Will man § 13 FGG etwa auch auf die von einem Vertreter erklärte Auflassung anwenden, weil die Auflassung im Anwendungsbereich des § 20 GBO nicht nur materiellrechtlichen Charakter hat, sondern aufgrund des verfahrensrechtlichen Erfordernisses ihrer Vorlegung gleichzeitig auch eine zur Eintragung des Eigentumsübergangs erforderliche Erklärung darstellt? Müssen erteilte Vollmachten zur Erklärung von Eintragungsbewilligungen wegen § 13 Abs 5 S 1 FGG nur noch in einfacher Schriftform nachgewiesen werden, wenn diese Vorschrift entweder insgesamt oder überhaupt nicht anwendbar ist? Müssen an Notare oder Rechtsanwälte erteilte Vollmachten zur Erklärung von Eintragungsbewilligungen überhaupt nicht mehr nachgewiesen werden, weil der Mangel der Vollmacht nach § 13 Abs 5 S 4 FGG nicht mehr von Amts wegen zu berücksichtigen ist und die Vorschrift wiederum entweder insgesamt oder überhaupt nicht anwendbar ist? All diese Fragen zeigen, welche seltsamen und absurden Blüten konsequenter-

---

122 Zu diesen Fragen vgl das Rundschreiben Nr 24/2008 der BNotK vom 05.09.2008 (Az. mm-cb/T VII 21/S 20/E 22) und das ergänzende Rundschreiben Nr 26/2008 der BNotK vom 12.09.2008 (Az. mm-jb/T VII 21/S 20/E 22).
123 Auch zu dieser Frage nimmt die BNotK in den beiden in Fn 122 genannten Rundschreiben Stellung.
124 Wenn im Gericht nicht geraucht werden darf, bedeutet das nicht, dass auch draußen nicht geraucht werden darf!

weise aus der (unterstellten) Anwendbarkeit des § 13 FGG auf die Eintragungsbewilligung erwachsen würden und dass die diesbezügliche Diskussion daher in Wahrheit um ein **Scheinproblem** geführt wird, weil sich die Frage nach der Anwendbarkeit des § 13 FGG bereits aufgrund der gebotenen strikten Unterscheidung zwischen Verfahrenshandlungen und Verfahrenserklärungen beantwortet. Dem entspricht für den Anwendungsbereich § 79 ZPO die nicht minder gebotene Unterscheidung zwischen Prozesshandlung und prozessualer Erklärung.

Folgt man der hier vertretenen Auffassung, so lösen sich nahezu alle erörterten Anwendungsprobleme in Wohl-   **93**
gefallen auf: Die Vorschrift des § 13 FGG ist auf die Eintragungsbewilligung und alle sonstigen zu einer Grundbucheintragung erforderlichen Erklärungen insgesamt nicht anwendbar. Für diese Erklärungen gilt daher weder
die Vertretungsschranke des § 13 Abs 2 FGG noch die Formerleichterung für den Nachweis der Vollmacht bzw
die Entbehrlichkeit des Vollmachtsnachweises bei Bevollmächtigung eines Notars oder Rechtsanwalts (§ 13
Abs 5 S 1, 4 FGG). Das bedeutet für die genannten Erklärungen im Ergebnis, dass sich durch die Neufassung
des § 13 FGG im Vergleich zu der vor dem 01.07.2008 bestehenden Rechtslage nichts geändert hat. Die Beteiligten sind bei der Auswahl des Bevollmächtigten nach wie vor völlig frei und die betreffenden Vollmachten
sind nach wie vor in der Form des § 29 nachzuweisen, und zwar auch dann, wenn ein Notar oder Rechtsanwalt
als Bevollmächtigter auftritt. Hieraus folgt, dass die bisher üblichen Durchführungsvollmachten für Notariatsangestellte problemlos beibehalten werden können. Eine Einschränkung im Grundbuchverfahren besteht nur
insoweit, als diese nicht zum Personenkreis des § 13 Abs 2 FGG gehörenden Bevollmächtigten keine Eintragungsanträge mehr stellen können (vgl Rdn 91), sodass die an das Grundbuchamt gerichteten Vorlageschreiben
künftig vom Notar selbst zu unterzeichnen sind, sofern dies nach regional unterschiedlicher Handhabung nicht
auch schon bisher der Fall war.[125] Aber auch wenn der bevollmächtigte Notariatsangestellte (oder irgendein
anderer bevollmächtigter Dritter) den Eintragungsantrag selbst stellen sollte, »repariert« sich der auf § 13 Abs 2
FGG beruhende Vollmachtsmangel aufgrund der Besonderheiten des Grundbuchrechts quasi von selbst. Der
Eintragungsantrag wird nämlich bereits wirksam, wenn er einer zur Entgegennahme zuständigen Person vorgelegt wird und im Zeitpunkt dieser Vorlage beim Grundbuchamt eingeht (§ 13 Abs 2 S 2). Nach der späteren
Weiterleitung der Grundakten durch die Geschäftsstelle an den für die Eintragung zuständigen Rechtspfleger ist
somit für eine Zurückweisung des Bevollmächtigten iS des § 13 Abs 3 S 1 BGB kein Raum mehr, weil der von
einem nicht zur Vertretung befugten Bevollmächtigten gestellte Antrag bereits wirksam geworden ist und nach
§ 13 Abs 3 S 2 FGG als Verfahrenshandlung auch wirksam bleibt. Gleichwohl sollten die Notare aber natürlich
gesetzesmäßig handeln und Antragstellungen durch bevollmächtigte Notariatsangestellte künftig nicht mehr
zulassen.

cc) Der Sonderfall der Empfangsvollmacht. Die Bevollmächtigung zur Empfangnahme von Unterlagen   **94**
(zB von Grundpfandrechtsbriefen, Grundbuchauszügen usw) wird nicht vom personellen Anwendungsbereich
des geänderten § 13 FGG erfasst, weil sich die bloße Empfangsvollmacht nicht auf eine in § 13 Abs 3 S 2 FGG
vorausgesetzte aktive oder passive Vertretung im rechtsgeschäftlichen oder verfahrensrechtlichen Willen, sondern lediglich auf den Realakt der Entgegennahme von Unterlagen erstreckt und die von der Vorschrift geregelten personellen Einschränkungen und Erleichterungen daher nach dem Normzweck nicht Platz greifen.
Dies hat zur Folge, dass ungeachtet des § 13 Abs 5 S 4 FGG auch zugunsten von Notaren und Rechtsanwälten
erteilte Empfangsvollmachten nach § 13 Abs 5 S 1 FGG in einfacher Schriftform nachzuweisen sind[126] und
darüber hinaus auch jeder beliebige Dritte ohne die personellen Einschränkungen des § 13 Abs 2 FGG wirksam
zur Empfangnahme von Unterlagen bevollmächtigt werden kann.[127] Wollte man dies anders sehen, wäre es zB
einem Betreuer nicht mehr möglich, seinen Nachbarn zu bevollmächtigen, vom Gericht geprüfte und dort
nicht mehr benötigte Rechnungslegungsunterlagen für ihn beim Vormundschaftsgericht abzuholen. Es bedarf
keiner Erörterung, dass dies (ebenso wie für eine Vielzahl von anderen denkbaren Fallgestaltungen) schwerlich
zutreffend sein kann.

---

125 So ist es etwa in Bayern nahezu durchweg üblich, dass das Vorlageschreiben auch dann vom Notar unterzeichnet wird,
wenn die Eintragungsbewilligung (oder Auflassung) von einem bevollmächtigten Notariatsangestellten erklärt wurde.

126 Die Bevollmächtigung des Notars zur Empfangnahme eines neu hergestellten oder nicht von ihm selbst vorgelegten
Grundpfandrechtsbriefs wird nicht vom Anwendungsbereich des § 15 erfasst (vgl § 60 Rdn 31 und die dortigen Nachweise in Fn 79).

127 Für die Grundbucheinsicht durch Bevollmächtigte hat dies zur Konsequenz, dass der vom Bevollmächtigten in schriftlicher oder mündlicher Form gestellte Einsichtsantrag nach seinem erfolgten Eingang beim Grundbuchamt nicht nur
nicht mehr zurückgewiesen werden kann (vgl Rdn 93), sondern dass dem Bevollmächtigten dann auch der Grundbuchauszug auszuhändigen bzw zu übersenden ist, zumal der Bevollmächtigte den Antrag, die erbetenen Unterlagen an
ihn selbst auszuhändigen, nicht (mehr) für den Eigentümer, sondern kraft Bevollmächtigung (bereits) aus eigenem
Recht stellt.

2. Spezifische briefrechtsrelevante Vertretungsfragen

95 Die in den Rdn 89–94 erörterten Vertretungsfragen haben vielfältige Auswirkungen auf das mit Grundpfand-rechtsbriefen befasste grundbuchamtliche Verfahren. Diese Auswirkungen sind wie folgt bei den einzelnen Vor-schriften erörtert: § 57 Rdn 14 (Verweisung auf § 57 aF Rdn 33: Antrag auf Ergänzung des Briefs); § 57 aF Rdn 33 (Antrag auf Ergänzung des Briefs); § 58 Rdn 15 (Erklärung des Eigentümers zum Nachweis der Nicht-ausstellung einer Schuldurkunde); § 60 Rdn 31–34, 89 (Empfangsvollmacht); § 60 Rdn 52, 59, 92, 94 (Aushän-digungsbestimmung); § 61 Rdn 28 (Antrag auf Teilbriefbildung); § 66 Rdn 9 (Gläubigerantrag auf Erteilung eines gemeinschaftlichen Briefs); § 66 Rdn 11 (Eigentümerzustimmung zum Antrag des Gläubigers); § 66 Rdn 18 (Gläubigerantrag auf Auflösung der Briefgemeinschaft); § 67 Rdn 15 (Antrag auf Erteilung eines neuen Briefs).

§ 57 (Nicht wesentlicher Inhalt des Hypothekenbriefs)

(1) Der Hypothekenbrief soll die Nummer des Grundbuchblatts und den Inhalt der die Hypothek betreffenden Eintragungen enthalten. Das belastete Grundstück soll mit der laufenden Nummer bezeichnet werden, unter der es im Bestandsverzeichnis des Grundbuchs verzeichnet ist. Bei der Hypothek eingetragene Löschungsvormerkungen nach § 1179 des Bürgerlichen Gesetzbuchs sollen in den Hypothekenbrief nicht aufgenommen werden.

(2) Ändern sich die in Absatz 1 Satz 1 und 2 bezeichneten Angaben, so ist der Hypothekenbrief auf Antrag zu ergänzen, soweit nicht die Ergänzung schon nach anderen Vorschriften vorzunehmen ist.

Schrifttum

Bestelmeyer, Die grundbuchmäßige Euro-Umstellung von Grundpfandrechten, Rpfleger 1999, 368 und Rpfleger 1999, 524; *Böhringer,* Vermerk nachträglicher Eintragungen auf »neuen« Grundpfandrechtsbriefen, Rpfleger 1987, 446; *ders,* Auswirkungen des Euro auf den Grundbuchverkehr, DNotZ 1999, 692; *Burkhardt,* Grundpfandrechtsbriefergänzung bei lastenfreier Abschreibung?, BWNotZ 1987, 111; *Gaberdiel,* Vermerk nachträglicher Rangänderungen auf (neuen) Grundpfandrechtsbriefen?, Rpfleger 1980, 89; *Kissel,* Änderung sachen- und grundbuchrechtlicher Vorschriften, NJW 1977, 1760; *Missling,* Rangvermerk auf (neuen) Grundpfandrechtsbriefen, Rpfleger 1980, 332; *Ottersbach,* Der Euro im Grundbuch, Rpfleger 1999, 51; *Rellermeyer,* Umstellung von Rechten im Grundbuch auf Euro, Rpfleger 1999, 522; *ders,* Einführung des Euro, Rpfleger 1999, 45; *Stöber,* Löschungsvormerkung und gesetzlich vorgemerkter Löschungsanspruch, Rpfleger 1977, 399, 425.

I. Allgemeines

§ 57 wurde durch Art 2 Nr 4 des Gesetzes vom 22.06.1977 (BGBl I, 998) mit Wirkung vom 01.01.1978 neu gefasst. Während bei § 57 aF die Überlegung im Vordergrund stand, dass der Brief die für den Bestand und die Sicherheit der Hypothek maßgebenden Verhältnisse zweifelsfrei kundtun und dadurch die Grundbucheinsicht bis zu einem gewissen Grad entbehrlich machen soll (vgl § 57 aF Rdn 1),[1] bezweckt die Neufassung eine wesentliche Entlastung, Beschleunigung und Vereinfachung des Grundbuchverkehrs.[2] Da man sich zur gänzlichen Abschaffung der Briefrechte nicht durchringen konnte, wurde der **nicht wesentliche Inhalt** der nach dem 31.12.1977 herzustellenden Hypothekenbriefe erheblich verringert. Dabei musste beachtet werden, dass die Bedeutung des Briefs für außerhalb des Grundbuchs erfolgende Rechtsänderungen erhalten bleibt. Die sich **unmittelbar** auf die Hypothek beziehenden Eintragungen sind daher nach wie vor in den Brief aufzunehmen (vgl den insoweit identischen Wortlaut von § 57 Abs 1 S 1 und des § 57 Abs 2a aF). Wegen der sonstigen für die Hypothek bedeutsamen und in § 57 Abs 2 b–d aF bezeichneten Grundbucheintragungen sind die Beteiligten nunmehr jedoch auf Grundbuchblattabschriften angewiesen.[3] Es wird daher nicht mehr angenommen werden können, dass denjenigen kein Mitverschulden trifft, der sich ausschließlich auf den Inhalt des Briefs verlässt.[4] Die bisherigen Briefmuster (abgedruckt im Anhang zu § 57 aF) wurden durch die neu gefassten und als Anlagen 3–8 zur GBV bzw als Anlage 4 zur WEGGBV abgedruckten Briefmuster ersetzt (VO zur Änderung der GBVfg und der WEGGBVfg vom 01.12.1977, BGBl I, 2313).

1

---

1 Vgl die Nachweise in Fn 2 zu § 57 GBO aF.
2 BT-Drucks 8/89 S 7; 8/359 S 12; *Kissel* NJW 1977, 1760; *Stöber* Rpfleger 1977, 400; 1977, 432.
3 BT-Drucks 8/89 S 16 ff; *Kissel* NJW 1977, 1762; *Gaberdiel* Rpfleger 1980, 90; *Missling* Rpfleger 1980, 333.
4 So noch RG JW 1929, 772 (für § 57 GBO aF noch vor dessen Änderung in Abs 2a durch § 27 Nr 2 GBMaßnG vom 20.12.1963, BGBl I, 986; hierzu vgl § 57 aF Fn 1).

II. Die nicht wesentlichen Erfordernisse eines nach dem 31.12.1977 erteilten Hypothekenbriefs

1. Die Angabe der Nummer des Grundbuchblatts, § 57 Abs 1 S 1

2   Die Angabe der Grundbuchblattnummer war bereits nach früherem Recht vorgeschrieben. Es kann daher auf die Ausführungen zu (§ 57 Abs 1 aF; § 57 aF Rdn 4) verwiesen werden. An die Stelle der alten Briefmuster (Anhang zu § 57 aF) sind die neu gefassten Anlagen 3–8 zur GBV getreten.

2. Die Angabe des Inhalts der die Hypothek betreffenden Eintragungen, § 57 Abs 1 S 1, 3

3   Der Inhalt der die Hypothek betreffenden Eintragungen war bereits nach dem mit § 57 Abs 1 S 1 im Wortlaut identischen § 57 Abs 2a aF in den Brief aufzunehmen. Abgesehen von der Ausnahme des § 57 Abs 1 S 3 (vgl Rdn 6) müssen »neue« Briefe daher die gleichen Angaben wie die vor dem 01.01.1978 hergestellten Briefe enthalten (hierzu vgl § 57 aF Rdn 6, 7).[5] Nach § 47 S 2 GBV idF der VO vom 01.12.1977 (BGBl I, 2313) ist die laufende Nummer, unter der die Hypothek in Abteilung III des Grundbuchs eingetragen ist, in der Briefüberschrift in Buchstaben zu wiederholen (hierzu vgl die Muster Anl 3–8 zur GBV).

4   Nach dem In-Kraft-Treten der Neufassung des § 57 ist die Frage aufgeworfen worden, ob sich auf die Hypothek beziehende **Rangvermerke** noch in nach dem 31.12.1977 zu erteilende Grundpfandrechtsbriefe aufgenommen werden müssen. Gegen die Aufnahme solcher Rangvermerke wird eingewandt, dass der Brief infolge des Wegfalls der Angaben über im Rang vorgehende oder gleichstehende Rechte (§ 57 Abs 2d aF) keine ursprüngliche Rangaussage mehr enthalte und somit im Hinblick auf den Rang der verbrieften Hypothek völlig neutral sei.[6] Diese Annahme ist nicht zutreffend. Vor der Gesetzesänderung ist nicht bestritten worden, dass Rangvermerke nach § 57 Abs 2a aF in den Brief aufgenommen werden müssen.[7] Soweit mangels Vorhandensein von Zwischenrechten ein Rangvermerk auf dem über das begünstigte Recht erteilten Brief ausnahmsweise für entbehrlich gehalten wurde,[8] beruhte dies auf dem Umstand, dass der Vorrang der verbrieften Hypothek vor dem im Rang zurücktretenden Recht bereits dadurch zum Ausdruck kam, dass das zurücktretende Recht nicht nach § 57 Abs 2d aF als im Rang vorgehend auf dem Brief vermerkt wurde (zur Kritik an dieser Auffassung vgl § 57 aF Rdn 6).[9] Dieser Ansicht ist nunmehr infolge des durch die Neufassung des § 57 bedingten Wegfalls der in § 57 Abs 2d aF bezeichneten Angaben die Grundlage entzogen worden. War somit bereits nach § 57 Abs 2a aF in jedem Fall die Aufnahme von Rangvermerken in den Brief erforderlich, so ist nicht einzusehen, warum sich angesichts des gleichen Wortlauts der §§ 57 Abs 2a aF und 57 Abs 1 S 1 die Rechtslage plötzlich geändert haben soll.[10] Es kann vor allem keine Rede davon sein, dass ein auf einem nach dem 31.12.1977 erteilten Brief angebrachter Rangvermerk sinnlos ist.[11] Der in den Brief übernommene Rangvermerk bringt zum Ausdruck, dass ein von § 879 Abs 1 BGB abweichendes Rangverhältnis vorliegt.[12] Welche Rechte an der Rangänderung beteiligt sind oder der verbrieften Hypothek im Übrigen im Rang vorgehen oder gleichstehen, entnimmt der Gläubiger aus der wegen der fehlenden positiven Buchfunktion des Briefs (§ 1140 BGB, vgl § 41 Rdn 2 und § 56 Rdn 9) auch vor der Neufassung des § 57 in jedem Fall eingeholten Grundbuchblattabschrift.[13] Damit hat der Gläubiger einen vollständigen Überblick über die Rangverhältnisse an dem belasteten Grundstück. Wenn hiergegen eingewandt wird,[14] es sei nicht einzusehen, warum eine (nicht auf dem Brief erscheinende) Rangbestimmung anders behandelt werde als eine Rangänderung, so wird dabei zweierlei übersehen. Wird die bei der Eintragung von mehreren Rechten vorliegende Rangbestimmung durch ausdrückliche Grundbuchvermerke zum Ausdruck gebracht (vgl § 879 Abs 3 BGB, § 45 Abs 3 GBO), so sind diese Rangvermerke selbstverständlich nach § 57 Abs 1 S 1 (ebenso wie nach § 57 Abs 2a aF) in den Brief zu übernehmen. Erfolgt die Eintragung der Rangbestimmung ohne die Verwendung von Rangvermerken, sondern unter Zuhilfenahme der Grundsätze des § 879 Abs 1 BGB (räumliche bzw zeitliche Aufeinanderfolge der Eintragungen), so rechtfertigt sich die

---

5   BayObLG MittBayNot 1979, 113; OLG Zweibrücken Rpfleger 1980, 109 = MittRhNotK 1980, 77 (LS); OLG Oldenburg WM 1982, 494 = NdsRpfl 1980, 264.

6   LG Krefeld Rpfleger 1979, 139 = MittRhNotK 1979, 193 = NJW 1979, 1309 (LS); MüKo-*Eickmann* § 1116 Rn 46; KEHE-*Eickmann* § 62 Rn 2; *Missling* Rpfleger 1980, 332.

7   KG OLGE 9, 345 = RJA 4, 177; KGJ 35 A, 294; KGJ 45 A, 291, 293 = RJA 13, 257; JFG 13, 415 = JW 1936, 2751 = HRR 1936 Nr 1126; *Güthe-Triebel* Rn 6; *Horber* (14.) Anm 3 A a.

8   KG JFG 13, 415 = JW 1936, 2751 = HRR 1936 Nr 1126; wegen weiterer Nachweise vgl § 57 aF Fn 17.

9   Entsprechendes galt nach der in Fn 8 zitierten Auffassung auch für den Gleichrangsvermerk. Ein solcher war nach § 57 Abs 2a aF nicht veranlasst, weil der Gleichrang bereits aus dem durch § 57 Abs 2d aF vorgeschriebenen Vermerk hervorging.

10   BayObLG MittBayNot 1979, 113; OLG Zweibrücken Rpfleger 1980, 109 = MittRhNotK 1980, 77 (LS); OLG Oldenburg WM 1982, 494 = NdsRpfl 1980, 264.

11   So aber *Missling* Rpfleger 1980, 333 Fn 24 und (für § 62) LG Krefeld Rpfleger 1979, 139 = MittRhNotK 1979, 193 = NJW 1979, 1309 (LS); MüKo-*Eickmann* § 1116 Rn 46; KEHE-*Eickmann* § 62 Rn 2.

12   OLG Zweibrücken und OLG Oldenburg je aaO (Fn 10).

13   OLG Oldenburg aaO (Fn 10).

14   *Missling* Rpfleger 1980, 333 Fn 24.

unterschiedliche Behandlung der Rangbestimmung im Verhältnis zur Rangänderung dadurch, dass bei dieser Art des Vollzugs der Rangbestimmung überhaupt **keine Eintragung** (eines Rangvermerks) iS des § 57 Abs 1 S 1 bzw des § 57 Abs 2a aF vorliegt. Der Hinweis, bei rangneutralen Briefen müsse ohnehin mit Abweichungen von den in § 879 Abs 1 BGB enthaltenen rangrechtlichen Grundsätzen gerechnet werden,[15] geht fehl, da er die erst zu prüfende und angeblich aufgrund des § 57 Abs 1 S 1 bestehende Rangneutralität von nach dem 31.12.1977 erteilten Briefen bereits voraussetzt. Schließlich ist für die vorliegende Streitfrage auch nicht von Bedeutung, ob der Rang zum Inhalt der Hypothek gehört,[16] da § 57 Abs 1 S 1 ja gerade nicht auf den Inhalt der Hypothek, sondern auf den »Inhalt der die Hypothek betreffenden **Eintragungen**« abstellt.

Zusammenfassend ist daher festzustellen, dass die bei der Ersteintragung der Hypothek jeweils in Abteilung III **5** Spalte 4 des Grundbuchs enthaltenen **Rangvermerke und Rangvorbehalte** nach § 57 Abs 1 S 1 zum ursprünglichen Inhalt der nach dem 31.12.1977 erteilten Briefen zählen.[17] Im Fall der nachträglichen Briefer-teilung gilt dies auch für die in den Veränderungsspalten des Grundbuchs (Abt III Sp 5–7) eingetragenen Rang-vermerke und Rangvorbehalte. Nach dem Wegfall der in § 57 Abs 2d aF bezeichneten Angaben kommt es bei der Aufnahme von Rangvermerken nicht mehr darauf an, ob Zwischenrechte vorhanden sind (hierzu vgl § 57 aF Rdn 6). Zur Vorlegung (§ 41) und Ergänzung (§ 62) von »neuen« Briefen bei nachträglich erfolgenden Rangänderungen vgl die ausführliche Stellungnahme in § 41 Rdn 23–28.

Obwohl sie zu den die Hypothek betreffenden Eintragungen iS des § 57 Abs 1 S 1 gehören, sind **Löschungs-** **6** **vormerkungen** nach § 57 Abs 1 S 3 nicht mehr in den Hypothekenbrief aufzunehmen. Wegen der evtl auf Antrag vorzunehmenden Briefergänzung hinsichtlich nachträglich eingetragener Löschungsvormerkungen vgl Rdn 13.

3. Die Bezeichnung des belasteten Grundstücks, § 57 Abs 1 S 2

Während die gültige Herstellung des Briefs nach § 56 Abs 1 S 2 lediglich die eindeutige und zweifelsfreie **7** Bezeichnung des belasteten Grundstücks voraussetzt (vgl § 56 Rdn 36), muss der Belastungsgegenstand nach § 57 Abs 1 S 2 mit der **laufenden Nummer** bezeichnet werden, unter der er **im Bestandsverzeichnis** des Grundbuchs verzeichnet ist. Nach den §§ 59 GBV, 5 WEGGBV idF der VO vom 01.12.1977 (BGBl I, 2313) ist kenntlich zu machen, wenn die Hypothek an einem Erbbaurecht oder einem Wohnungs- bzw Teileigentum lastet (zur Rechtslage in den **neuen Bundesländern** vgl § 56 Rdn 41). Nach den Briefmustern Anl 3–8 zur GBV ist der auf dem Brief anzubringende Vermerk etwa wie folgt zu fassen:

»Belastungsgegenstand:

Das im Bestandsverzeichnis des Grundbuchs unter Nr 1 verzeichnete Grundstück (Wohnungseigentum, Erbbaurecht usw).«

Ist ein in Abt I des Grundbuchs oder ein nach § 3 Abs 3 gebuchter Miteigentumsanteil belastet, so ist dies in **8** dem Briefvermerk in geeigneter Weise zum Ausdruck zu bringen:

»Belastungsgegenstand:

Das im Bestandsverzeichnis des Grundbuchs unter Nr 1 verzeichnete Grundstück sowie der unter Nr 2 verzeichnete Grund-stücksmiteigentumsanteil.«

oder:

»Belastungsgegenstand:

Der in Abt I Nr 1a bezeichnete Miteigentumsanteil an dem im Bestandsverzeichnis des Grundbuchs unter Nr 1 verzeichne-ten Grundstück.«

---

15 *Missling* aaO (Fn 14).
16 **AA** *Missling* Rpfleger 1980, 334, der ohne Begründung und in Widerspruch zur einhelligen Ansicht (Fn 7) für die frü-here Rechtslage irrtümlich davon ausgeht, dass Rangangaben ausschließlich nach § 57 Abs 2d aF und nicht auch nach § 57 Abs 2a aF auf dem Brief zu vermerken waren (unrichtig daher auch *Unterreitmayer* Rpfleger 1960, 82, 84; vgl hierzu § 57 aF Fn 17).
17 **Für Rangvermerke:** OLG Zweibrücken Rpfleger 1980, 109 = MittRhNotK 1980, 77 (LS); OLG Oldenburg WM 1982, 494 = NdsRpfl 1980, 264; LG Köln MittRhNotK 1979, 194 (*Grundmann*); ebenso (für § 62) LG Bielefeld Jur-Büro 1980, 757 (*Muth*) = MittRhNotK 1980, 111; *Staudinger-Kutter* § 880 Rn 23; *Palandt-Bassenge* § 880 Rn 3; *Bauer/ von Oefele-Weber* Rn 4; *Hügel-Zeiser* § 45 Rn 65; *Hügel-Kral* Rn 3; *Schöner/Stöber* Rn 2568; *Gaberdiel* Sparkasse 1977, 281, 284 und Rpfleger 1980, 89; **aA** *Missling* Rpfleger 1980, 332; *Demharter* Rn 3; KEHE-*Eickmann* Rn 4 und (für § 62) LG Krefeld Rpfleger 1979, 139 = MittRhNotK 1979, 193 = NJW 1979, 1309 (LS); MüKo-*Eickmann* § 1116 Rn 46; KEHE-*Eickmann* § 62 Rn 2; *Demharter* § 62 Rn 3. **Für Rangvorbehalte:** BayObLG MittBayNot 1979, 113; *Bauer/von Oefele-Weber* Rn 4; **aA** *Missling* Rpfleger 1980, 334.

9   Seit der Änderung des § 57 Abs 2a aF (vgl § 57 aF Rdn 2 und dortige Fn 1) und der Aufhebung des § 58 Abs 2 aF (vgl § 58 Rdn 2) kann der Belastungsgegenstand nicht mehr durch eine Bezugnahme auf die mit dem Brief verbundene Schuldurkunde bezeichnet werden (vgl § 58 Rdn 29).[18]

III. Entfallene Erfordernisse

10   Die Bezeichnung des belasteten Grundstücks »nach dem Inhalt des Grundbuchs« (§ 57 Abs 2b aF) und die Angaben über den Grundstückseigentümer (§ 57 Abs 2c aF) sowie die der verbrieften Hypothek im Range vorgehenden oder gleichstehenden Eintragungen (§ 57 Abs 2d aF) sind nicht mehr erforderlich.

IV. Die nachträgliche Ergänzung von nach dem 31.12.1977 hergestellten Hypothekenbriefen, § 57 Abs 2

1. Die Änderung der in § 57 Abs 1 S 1 und 2 bezeichneten Angaben

11   Nach § 57 Abs 2 ist der Brief auf Antrag zu ergänzen, wenn sich die in § 57 Abs 1 S 1 und 2 bezeichneten und im Brief enthaltenen Angaben ändern. Die neue Fassung der Vorschrift stellt im Gegensatz zu § 57 Abs 3 aF klar, dass eine Briefergänzung auf Antrag nur in Betracht kommt, soweit das Grundbuchamt nicht bereits aufgrund anderer Vorschriften zur Aktualisierung des Briefinhalts verpflichtet ist. Änderungen, die von Amts wegen auf dem Brief zu vermerken sind, werden daher von § 57 Abs 2 nicht erfasst (über die in Betracht kommenden Amtseintragungen vgl § 57 aF Rdn 36). Eine Abweichung vom früheren Rechtszustand ist mit dieser Einschränkung aber nicht verbunden (vgl § 57 aF Rdn 29).

12   Eine Briefergänzung nach § 57 Abs 2 kommt insbesondere in Frage, wenn sich die Nummer des Grundbuchblatts oder die laufende Nummer des Belastungsgegenstandes im Bestandsverzeichnis geändert haben. Bei Änderungen des Inhalts der die Hypothek betreffenden Eintragungen ist § 57 Abs 2 nur anwendbar, soweit der Brief nicht bereits von Amts wegen (insb nach § 62) zu ergänzen ist (vgl § 57 aF Rdn 29). Ob die Änderung der in § 57 Abs 1 S 1 und 2 bezeichneten Angaben die Rechtsstellung des Gläubigers verbessert, verschlechtert oder unberührt lässt, ist für die Anwendung des § 57 Abs 2 ohne Bedeutung (vgl § 57 aF Rdn 29). Zur **Euro-Umstellung** von Grundpfandrechten vgl § 41 Rdn 111 ff.

13   Soweit bei der verbrieften Hypothek nachträglich eine **Löschungsvormerkung** eingetragen wird, ist diese nicht von Amts wegen auf dem Brief zu vermerken (§ 62 Abs 1 S 2). Fraglich ist, ob eine solche nachträglich eingetragene Löschungsvormerkung bei entsprechender Antragstellung nach § 57 Abs 2 auf dem Brief nachgetragen werden kann. Aus § 57 Abs 1 S 3 kann nicht entnommen werden, dass eine Ergänzung auf Antrag nicht möglich sein soll,[19] da § 57 Abs 1 nur die Angaben vorschreibt, die der Brief bei seiner Herstellung zu enthalten hat. Der Umstand, dass § 57 Abs 2 nicht auf § 57 Abs 1 S 3 verweist, kann ebenfalls nicht als Argument gegen die Zulässigkeit einer Briefergänzung nach § 57 Abs 2 ins Feld geführt werden. Das Fehlen der Verweisung ist nämlich bereits durch die Überlegung gerechtfertigt, dass eine Ergänzung von nicht zum ursprünglichen Briefinhalt zählenden Angaben ohnehin begrifflich ausgeschlossen ist. Eine in § 57 Abs 2 enthaltene Verweisung auf § 57 Abs 1 S 3 wäre demnach sinnlos. Nach dem Wortlaut und dem Aufbau des § 57 müssten nachträglich eingetragene Löschungsvormerkungen somit auf Antrag nach § 57 Abs 2 auf dem Brief vermerkt werden, da sie zu den die Hypothek betreffenden Eintragungen iS des § 57 Abs 1 S 1 gehören. Dies wurde bei der Neufassung des § 57 entweder übersehen oder man ging irrtümlich davon aus, dass sich die Unzulässigkeit einer Briefergänzung nach § 57 Abs 2 bereits mit hinreichender Deutlichkeit aus § 57 Abs 1 S 3 ergibt. Dennoch ist im Ergebnis der Auffassung zu folgen, welche die Zulässigkeit einer Briefergänzung nach § 57 Abs 2 verneint.[20] Bereits aus der Begründung zum ÄndG vom 22.06.1977 (BGBl I, 998) ergibt sich, dass Löschungsvormerkungen überhaupt nicht mehr in den Grundpfandrechtsbrief aufgenommen werden sollen.[21] In § 57 Abs 1 S 3 wurde daher bestimmt, dass Löschungsvormerkungen nicht zum ursprünglichen Briefinhalt zählen. Außerdem wurde in § 41 Abs 1 S 3 auf die bei der nachträglichen Eintragung von Löschungsvormerkungen an sich notwendige Briefvorlegung verzichtet und § 62 (Abs 1 S 2) dahingehend geändert, dass der Brief insoweit auch nicht mehr von Amts wegen zu ergänzen ist. Dass auch eine nachträgliche Aufnahme von Löschungsvormerkungen in den Brief nicht mehr in Frage kommen sollte, zeigt vor allem die Übergangsregelung des Art 8 § 2 S 2 des Gesetzes vom 22.06.1977 (BGBl I, 998), wonach Löschungsvormerkungen sogar auf »**alten**« Briefen auch auf Antrag nicht mehr vermerkt werden sollen (hierzu vgl § 57 aF Rdn 31). Aufgrund dieser Umstände muss davon ausgegangen werden, dass der unbefriedigende Aufbau des § 57 entweder auf einem redaktionellen Versehen oder auf einer der häufigen Ungenauigkeiten des Gesetzgebers beruht. Es wäre auch wenig folgerichtig, wollte man bei der Herstellung von Briefen auf die Aufnahme von Löschungsvormerkungen verzichten (§ 57 Abs 1 S 3) und

---

18 Zum früheren Recht vgl BayObLG BayObLGZ 26, 227 = JW 1927, 2527 *(Reinhard)*.
19 So aber *Demharter* Rn 8; KEHE-*Eickmann* Rn 4.
20 Vgl Fn 19.
21 BT-Drucks 8/89 S 16 ff.

wegen später eingetragener Löschungsvormerkungen zugleich eine nachträgliche Briefergänzung zulassen (§ 57 Abs 2). Löschungsvormerkungen sind daher auch auf Antrag nicht nach § 57 Abs 2 auf »neuen« Briefen zu vermerken.[22] Angesichts des nicht zufrieden stellenden Aufbaus des § 57 sollte dessen Abs 1 S 3 entfallen und im gleichen Wortlaut als Abs 3 angefügt werden.

2. Ergänzungsantrag und Ergänzungsvermerk

Durch die Neufassung des § 57 hat sich am Antragserfordernis für eine Ergänzung des Briefs im Vergleich zum früheren Rechtszustand nichts geändert. Auch hinsichtlich des Ergänzungsvermerks (Fassung, Inhalt usw) ist die Rechtslage im Wesentlichen unverändert geblieben. Es kann daher im Grundsatz auf die Ausführungen in § 57 aF Rdn 33–35 verwiesen werden. Ergänzend ist lediglich zu bemerken, dass neben der Siegelung nunmehr auch die **Stempelung** des Ergänzungsvermerks zugelassen ist (entspr § 62 Abs 1 S 1 HS 2). Nach der Einführung des maschinell geführten Grundbuchs können Briefergänzungen iS des § 49 GBV auch in der Weise erfolgen, dass – unter Unbrauchbarmachung des bisherigen Briefs – ein entsprechend ergänzter und **maschinell hergestellter neuer Brief** erteilt wird (§ 89 GBV). Dieses Verfahren kommt aus den in § 57 aF Rdn 35, § 61 Rdn 54, 59, 61 und in § 62 Rdn 24 genannten Gründen jedoch nur bei der Ergänzung von nach dem 31.12.1977 erteilten Briefen in Betracht. Vor dem 01.01.1978 erteilte Briefe sind demnach – wie bisher – auf herkömmliche Weise zu ergänzen.[23]

14

V. Die Verletzung des § 57; Rechtsmittel

Die Neufassung der Norm hat nichts an ihrem Charakter als **Ordnungsvorschrift** geändert. Wegen der Folgen eines Verstoßes gegen § 57 und der in Betracht kommenden Beschwerdegründe kann daher auf die Ausführungen in § 57 aF Rdn 38, Rdn 39 sowie in § 56 Rdn 50 ff Bezug genommen werden.

15

---

22 Im Ergebnis ebenso *Demharter* Rn 8 und KEHE-*Eickmann* Rn 4.
23 Ebenso nunmehr *Hügel-Kral* Rn 10 im Anschluss an die hier vertretene Auffassung.

Vorbemerkung zu § 57 aF GBO

1 Soweit in § 57 aF die Abkürzung GBVfg bzw WEGGBVfg beibehalten wird, beruht dies darauf, dass eine Verweisung auf die Anlagen bzw die Vorschriften der **alten** GBVfg bzw. WEGGBVfg erfolgt. Diese Abkürzungen behalten daher ihre Gültigkeit.

§ 57 aF (Nicht wesentlicher Inhalt des Hypothekenbriefs)

(1)

Der Hypothekenbrief soll die Nummer des Grundbuchblatts und einen Auszug aus dem Grundbuch enthalten.

(2) In den Auszug sollen, und zwar in nachstehender Reihenfolge, aufgenommen werden:

a) der Inhalt der die Hypothek betreffenden Eintragungen *und, soweit zur Ergänzung einer Eintragung auf eine Urkunde Bezug genommen ist, auch der Inhalt dieser Urkunde; im Falle des § 1115 Abs 2 des Bürgerlichen Gesetzbuchs braucht der Inhalt der Satzung nicht aufgenommen zu werden;*[1]

b) die Bezeichnung des belasteten Grundstücks nach dem Inhalt des Grundbuchs;

c) die Bezeichnung des Eigentümers;

d) die kurze Bezeichnung des Inhalts der Eintragungen, welche der Hypothek im Range vorgehen oder gleichstehen, unter Angabe des Zinssatzes, wenn er fünf vom Hundert übersteigt.

(3) Der Auszug ist auf Antrag zu ergänzen, wenn sich der Inhalt des Grundbuchs ändert.

Schrifttum

Dettmar, Materielle und formelle Funktion des Rangs im Grundstückssachenrecht, Diss. Marburg, 1977; *Diester,* Wiedergabe von Verfügungs- und Veräußerungsbeschränkungen bei Bildung des Briefs für eine Grundschuld an einem Wohnungseigentum und Wohnungserbbaurecht, Rpfleger 1968, 41; *Grunsky,* Rangfragen bei dinglichen Rechten, Diss. Tübingen, 1963; *Hesse,* Der Rang von Verfügungsbeschränkungen, DFG 1938, 85; *Schneider,* Rangfähigkeit und Rechtsnatur der Vormerkung, DNotZ 1982, 523; *Unterreitmayer,* § 880 Abs 4 BGB und die Wiedergabe des Rangverhältnisses auf dem Hypothekenbrief, Rpfleger 1960, 82.

---

1 Der zweite Teil von HS 1 sowie HS 2 wurden durch § 27 Nr 2 GBMaßnG vom 20.12.1963 (BGBl I, 986) mit Wirkung vom 01.02.1964 aufgehoben.

I. Allgemeines

1. Normzweck und Norminhalt

Im Gegensatz zu § 56 sind in § 57 Abs 1 und 2 aF die für die Gültigkeit des Hypothekenbriefs unwesentlichen   **1**
Erfordernisse des Briefs geregelt. Die Vorschrift beruht auf dem Grundgedanken, dass der Brief neben seinem
zwingend erforderlichen Inhalt (§ 56) auch die für den Bestand und die Sicherheit der Hypothek maßgebenden
Verhältnisse zweifelsfrei kundtun und damit die Grundbucheinsicht bis zu einem gewissen Grad entbehrlich
machen soll.[2] Durch § 57 Abs 3 aF sollte sichergestellt werden, dass nicht nur unter § 62 fallende und von Amts
wegen zu vermerkende Eintragungen »bei der Hypothek«, sondern auch sonstige Veränderungen des die Hypothek betreffenden ursprünglichen Grundbuchinhalts aus dem Brief ersichtlich sind.[3] Eine Ergänzung des Briefs
von Amts wegen wurde für den Anwendungsbereich des § 57 Abs 3 aF abgelehnt, weil dadurch die Arbeitsbelastung der Grundbuchämter und die Verantwortlichkeit der Grundbuchbeamten gesteigert werden würde.[4]

2. Entstehungsgeschichte

§ 57 aF wurde durch die GBOÄndVO vom 05.08.1935 (RGBl I, 1065) teilweise neu gefasst. § 57 Abs 2a aF wurde   **2**
durch § 27 Nr 2 GBMaßnG vom 20.12.1963 (BGBl I, 986) zum Zweck der Arbeitserleichterung für die Grundbuchämter vereinfacht.[5] Dieses Anliegen hat auch zu der durch Art 2 Nr 4 des Gesetzes vom 22.06.1977 (BGBl I,
998) erfolgten Neufassung des § 57 und damit zu einer erheblichen Reduzierung des Briefinhalts geführt.[6]

3. Verbleibender Anwendungsbereich

Nach Art 8 § 2 S 1 des Gesetzes vom 22.06.1977 (BGBl I, 998) ist § 57 aF für die auf Antrag erfolgende Ergän-   **3**
zung von **vor dem 01.01.1978** hergestellten Briefen weiter anwendbar. Die Notwendigkeit dieser Regelung
ergibt sich aus der Überlegung, dass eine Ergänzung des Inhalts von »alten« Briefen nach § 57 nF nicht mehr
möglich ist.[7] Angesichts langer Tilgungslaufzeiten und der üblichen Wiedervalutierung von Grundschulden ist
§ 57 aF wohl noch über Jahrzehnte hinaus von Bedeutung. Im Hinblick auf die Neufassung der §§ 41, 57
und 62 ist in Art 8 § 2 S 2 des ÄndG zur Erleichterung des Grundbuchverkehrs folgerichtig bestimmt, dass die
Aufnahme einer Löschungsvormerkung in den Brief auch im Weg der durch einen Antrag veranlassten nachträglichen Ergänzung nicht mehr in Betracht kommt.

II. Die nicht wesentlichen Erfordernisse eines bis zum 31.12.1977 erteilten Hypothekenbriefs

1. Die Angabe der Nummer des Grundbuchblatts, § 57 Abs 1 aF

Da das Grundbuchblatt als »das Grundbuch« iS des BGB anzusehen ist (§ 3 Abs 1 S 2), schreibt § 57 Abs 1 aF   **4**
vor, dass die Grundbuchblattnummer auch in den seinen Inhalt aus dem Grundbuch ableitenden Hypothekenbrief aufgenommen werden soll. Nach den im Anhang abgedruckten (alten) Mustern zur GBVfg (Anl 3–8 aF)
erfolgt die Angabe der Grundbuchblattnummer an der dafür im Vordruck vorgesehenen Stelle der Briefüberschrift. Die Angabe der materiell-rechtlich bedeutungslosen Grundbuchbandnummer ist weder in § 57 aF noch
in einer anderen Ordnungsvorschrift vorgesehen. Sie ist daher – obwohl in der Praxis üblich – streng genommen nicht notwendig. Aus Zweckmäßigkeitsgründen wird sich aber auch die Angabe der Bandnummer empfehlen. Das zeigen auch die im Anhang abgedruckten (alten) Muster Anl 3–8 aF zur GBVfg, welche sämtlich
die Bandnummer enthalten. Im Zuge der Einführung des maschinellen Grundbuchs ist die Bandnummer mittlerweile aber weitgehend entfallen.

2. Die Aufnahme eines Grundbuchauszugs in den Brief

Da eine vollständige oder wörtliche Abschrift des Grundbuchblattes die Übersichtlichkeit des Briefs und damit   **5**
auch den Rechtsverkehr beeinträchtigen würde[8], braucht der Brief nach § 57 Abs 1 aF nur einen **Auszug** aus
dem Grundbuch zu enthalten. Der Inhalt des Auszugs und die Reihenfolge, in der die einzelnen Angaben in
den Auszug aufzunehmen sind, werden durch § 57 Abs 2 aF geregelt. Im Einzelnen bezieht sich der Grundbuchauszug auf folgende Angaben in nachstehender Reihenfolge:

---

2 Mot 99; RG RGZ 77, 423, 425 = JW 1912, 195; JW 1929, 772; KG OLGE 9, 345 = RJA 4, 177; KGJ 35 A, 294; JFG
  12, 324 = JW 1934, 2998 = HRR 1934 Nr 1604; JFG 13, 415, 417 = JW 1936, 2751 = HRR 1936 Nr 1126; JFG 15,
  158, 160 = HRR 1937 Nr 824; JFG 16, 286, 289 = JW 1937, 3239 = DNotZ 1938, 265.
3 Mot 104, 105.
4 KB zu § 55, vgl *Hahn-Mugdan* (Mat) V, 223.
5 Vgl die Begründung zum GBMaßnG BT-Drucks 4/351 S 17.
6 BT-Drucks 8/89 S 7; 8/359 S 12; *Stöber* Rpfleger 1977, 400; 1977, 432.
7 *Stöber* Rpfleger 1977, 432.
8 Mot 99.

6 **a) Die Angabe des Inhalts der die Hypothek betreffenden Eintragungen, § 57 Abs 2a aF.** Sämtliche **Eintragungen,** die die Hypothek betreffen, sind in den Brief aufzunehmen. Dazu gehören nicht nur die eigentlichen Eintragungsvermerke über die Hypothek (Abt III Sp 4), sondern auch die sich unmittelbar auf die Hypothek beziehenden Belastungen (Nießbrauch, Pfandrecht[9]), Vormerkungen,[10] Widersprüche[11] sowie Verfügungsbeschränkungen,[12] Nacherben-[13] und Testamentsvollstreckungsvermerke.[14] Auch der zugunsten der Hypothek im Verhältnis zu Verfügungsbeschränkungen eingetragene Wirksamkeitsvermerk sowie der nach § 48 im Grundbuch einzutragende Mitbelastungsvermerk (vgl § 59 Rdn 10, 11) sind in den Brief zu übernehmen. Eine Löschungsvormerkung war nur in dem über das **betroffene** Recht zu erteilenden Brief aufzunehmen.[15] Wird einer einzutragenden Hypothek von einem bereits eingetragenen Recht der Vorrang eingeräumt, so muss der Vorrang in dem über das **vortretende** Recht herzustellenden Brief auch dann vermerkt werden, wenn keine Zwischenrechte vorhanden sind.[16] Der abweichenden Ansicht[17] ist zuzugestehen, dass sich der Vorrang des einzutragenden Rechts bereits aus der Tatsache ergibt, dass das zurücktretende Recht im Brief nicht unter den im Rang vorgehenden oder gleichstehenden Rechten (§ 57 Abs 2d aF) aufgeführt wird. Dem ist aber entgegenzuhalten, dass deshalb nicht einfach vom eindeutigen Wortlaut des § 57 Abs 2a aF abgewichen werden kann.[18] Vor allem aber ist bedeutsam, dass nur durch die Aufnahme eines ausdrücklichen Rangvermerks in den Brief unzweideutig zum Ausdruck gebracht wird, dass das verbriefte Recht den ihm zustehenden Rang durch eine **Rechtsänderung** erlangt hat. Die Aufnahme des zurücktretenden Rechts in den nach § 57 Abs 2d aF anzubringenden Vermerk könnte – bei Nichtanbringen des Rangvermerks nach § 57 Abs 2a aF – für den objektiven Betrachter nämlich ebenso gut deshalb unterblieben sein, weil es vor der Eintragung des verbrieften Rechts bereits gelöscht war (vgl Rdn 17). In den Brief über das im Rang **zurücktretende** Recht ist der Rangvermerk in jedem Fall aufzunehmen. Ein Rangvorbehalt ist in dem über das betroffene Recht zu erteilenden Brief wiederzugeben.[19]

7 In den Brief muss lediglich der **Inhalt** der die Hypothek betreffenden Eintragungen aufgenommen werden. Die wörtliche Wiedergabe der Eintragungen ist nicht vorgeschrieben. Dennoch wird sich die Aufnahme des vollen Wortlauts des Eintragungsvermerks vor allem dann als zweckmäßig erweisen, wenn die Brieferteilung bereits aus Anlass der Hypothekeneintragung erfolgt.[20] Bei nachträglicher Erteilung oder Neuerteilung des Briefs genügt es, den Inhalt der relevanten Eintragungen in einem Vermerk zusammenzufassen. Bereits wieder gegenstandslos gewordene Eintragungen (zB über gelöschte Teilbeträge, erledigte Zwischenabtretungen, geänderte Zins- und Zahlungsbestimmungen) können weggelassen werden. Die Wiedergabe der einzelnen Eintragungsvermerke ist in keinem Fall erforderlich.[21] Da der Brief lediglich die Aufgabe hat, den im Zeitpunkt seiner Ausstellung bestehenden Rechtszustand zu bezeugen (vgl § 68 Rdn 4, 5), sind insbesondere die hinfällig gewordene ursprüngliche Ausschließung der Brieferteilung und die zur Brieferteilung führende nachträgliche Aufhebung der Briefausschließung nicht in den Brief aufzunehmen.[22] Der Berechtigte einer Löschungsvormerkung war in dem über das von der Vormerkung betroffene Recht zu erteilenden Brief nicht anzugeben. Es genügte vielmehr der Vermerk: »*(Zwei) Löschungsvormerkung(en) gemäß Bewilligung vom ... eingetragen am ...*«.[23]

9 **AA** ohne Begründung V[[OCR]](6.) Rn 6.
10 *Demharter* Rn 3 und *Horber* (14.) Anm 3 A a.
11 Vgl Fn 10.
12 BayObLG BayObLGZ 1980, 255 = Rpfleger 1980, 429 (für den bei einer Eigentümergrundschuld einzutragenden Konkursvermerk); KG JFG 12, 324, 326 = JW 1934, 2998 = HRR 1934 Nr 1604.
13 KG KGJ 38 A, 299; KEHE-*Eickmann* Rn 4 und (1.) Rn 3; *Demharter* Rn 3 und *Horber* (14.) Anm 3 A a; *Güthe-Triebel* Rn 6.
14 KEHE-*Eickmann, Demharter, Horber* und *Güthe-Triebel* je aaO (Fn 13).
15 KG KGJ 21 A, 175; KGJ 30 A 282 = RJA 6, 164; JFG 12, 324 = JW 1934, 2998 = HRR 1934 Nr 1604; BayObLG BayObLGZ 34, 343, 346 = HRR 1935 Nr 128; BayObLGZ 1952, 35 = DNotZ 1952, 367 = Rpfleger 1952, 422 (*Haegele*); LG Karlsruhe BWNotZ 1960, 196; *Güthe-Triebel* Rn 10.
16 KG OLGE 9, 345 = RJA 4, 177; KGJ 35 A, 291 = RJA 13, 257; vgl auch KG JFG 16, 286 = JW 1937, 3239 = DNotZ 1938, 265; OLG Zweibrücken Rpfleger 1980, 109 = MittRhNotK 1980, 77 (LS); OLG Oldenburg WM 1982, 494 = NdsRpfl 1980, 264; *Güthe-Triebel* Rn 6.
17 KG JFG 13, 415 = JW 1936, 2751 = HRR 1936 Nr 1126; KEHE-*Eickmann* (1.) Rn 3; *Horber* (14.) Anm 3 A a; Voraufl (6.) Rn 6, 15; *Fechner* Recht 1904, 599; *Unterreitmayer* Rpfleger 1960, 82, 84, der die Auffassung vertritt, Rangvermerke seien ohnehin nur in dem durch § 57 Abs 2d vorgeschriebenen Vermerk aufzunehmen. Diese Ansicht widerspricht dem eindeutigen Wortlaut des § 57 Abs 2a, d (»*die Hypothek betreffend*« im Gegensatz zu »*der Hypothek vorgehend oder gleichstehend*«). Wie hier KG KGJ 45, 291, 294 = RJA 13, 257.
18 KG OLGE 9, 345 = RJA 4, 177; KGJ 35 A, 294.
19 BayObLG MittBayNot 1979, 113; *Unterreitmayer* Rpfleger 1960, 82, 84.
20 KG OLGE 9, 345 = RJA 4, 177; JFG 13, 415, 417 = JW 1936, 2751 = HRR 1936 Nr 1126; JFG 16, 286, 289 = JW 1937, 3239 = DNotZ 1938, 265 (zu § 62); *Hügel-Kral* Rn 2; *Güthe-Triebel* Rn 5.
21 KG JFG 13, 415, 417 = JW 1936, 2751 = HRR 1936 Nr 1126; *Güthe-Triebel* Rn 5; *Demharter* Rn 5 und *Horber* (14.) Anm 3 A c.
22 *Güthe-Triebel* Rn 5.
23 Vgl LG Karlsruhe BWNotZ 1960, 196.

Soweit zur Ergänzung einer Eintragung auf eine Urkunde (zB die Eintragungsbewilligung) Bezug genommen wurde, muss der Inhalt dieser Urkunde seit der durch § 27 Nr 2 GBMaßnG erfolgten Änderung des § 57 Abs 2a aF[24] nicht mehr in den Brief aufgenommen werden. Die Wiederholung der Bezugnahme im Brief ist ausreichend. Nach den Mustern Anl 3–8 aF zur GBVfg (Anhang) erhält der nach § 57 Abs 2a aF auf dem Brief anzubringende Vermerk die Überschrift »*Inhalt der Eintragung*«. Zum Inhalt der Eintragungen iS des § 57 Abs 2a aF gehört auch das Datum des Eintragungsvermerks. Die Unterschrift(en) des (der) Grundbuchbeamten sind aber wegzulassen.[25]

b) Die Bezeichnung des belasteten Grundstücks nach dem Inhalt des Grundbuchs, § 57 Abs 2b aF. Während § 56 Abs 1 S 2 jede eindeutige und zweifelsfreie Bezeichnung des belasteten Grundstücks als Voraussetzung für die Gültigkeit des Briefs genügen lässt (vgl § 56 Rdn 36), verlangt die **Ordnungsvorschrift** des § 57 Abs 2b aF die Bezeichnung des Belastungsgegenstandes nach dem **Inhalt des Grundbuchs.** Darunter ist nicht die Angabe der Grundbuchblattnummer (diese ist bereits nach § 57 Abs 1 aF erforderlich), sondern die Bezeichnung nach dem Inhalt des Bestandsverzeichnisses und damit nach dem amtlichen Grundstücksverzeichnis iS des § 2 Abs 2 zu verstehen.[26] In den Brief sind demnach alle Angaben aufzunehmen, die sich in den Spalten 1–4 des Bestandsverzeichnisses befinden, also die laufende Nummer des Bestandsverzeichnisses, die Gemarkung, das Kartenblatt (Flur), die Parzellennummer (Flurstück), Angaben über Steuerbücher (Katasterbücher) sowie über Wirtschaftsart, Lage und Größe des Grundstücks (vgl das im Anhang abgedruckte Muster Anl 3 aF zur GBVfg). Ist nur ein Grundstücksbruchteil (§ 3 Abs 3) belastet, so muss dies besonders hervorgehoben werden. Besteht das belastete Grundstück aus mehreren im Grundbuch nicht einzeln aufgeführten Teilen (vgl § 6 Abs 4 GBV), so genügt die Angabe der Gesamtbezeichnung (zB Landgut, vgl § 6 Abs 4 S 5 GBV). Bestandteile des Grundstücks (zB Gemeinderechte) werden in den Brief nur aufgenommen, soweit sie bei der grundbuchmäßigen Bezeichnung des Grundstücks im Bestandsverzeichnis des Grundbuchs angegeben sind. Der auf dem Blatt des herrschenden Grundstücks eingetragene Vermerk über das Bestehen von subjektiv-dinglichen Rechten (§§ 9 GBO iVm 1018, 1094, 1105 BGB, 9 ErbbauRG) ist daher in den Brief zu übernehmen (vgl § 96 BGB). Bei Überbau- und Notwegrenten kommt ein solcher Grundbuchvermerk und damit auch die Aufnahme in den Brief wegen den §§ 914 Abs 2, 917 Abs 2 BGB aber nur in Betracht, wenn die Rentenhöhe vertraglich festgestellt ist. Seit der Änderung des § 57 Abs 2a aF (vgl Rdn 2 und Fn 1) und der Aufhebung des § 58 Abs 2 aF (vgl § 58 Rdn 2) kann eine Bezugnahme auf die mit dem Brief verbundene Schulurkunde zum Zweck der Bezeichnung des belasteten Grundstücks nicht mehr erfolgen (vgl § 58 Rdn 29).[27]

Bei der Belastung eines **Erbbaurechts** ist der Inhalt der nach § 56 Abs 1 a–d GBV im Bestandsverzeichnis des Erbbaugrundbuchs eingetragenen Vermerke in den Brief zu übernehmen (§ 59 GBVfg idF vor der Änderung durch die VO vom 01.12.1977, BGBl I, 2313), also die Bezeichnung als »Erbbaurecht«, die Bezeichnung des belasteten Grundstücks, der Inhalt des Erbbaurechts, die Angabe des Grundstückseigentümers sowie evtl Änderungen dieser Vermerke. Die Angabe der genannten Vermerke kann nicht dadurch ersetzt werden, dass mit dem Brief eine beglaubigte Abschrift des Bestandsverzeichnisses des Erbbaugrundbuchs verbunden wird (arg §§ 49, 50 GBV, die nur für nachträgliche Ergänzungen gelten). Soweit bei der Eintragung des Inhalts des Erbbaurechts auf die Eintragungsbewilligung Bezug genommen werden kann (§ 14 Abs 1 S 3 ErbbauRG), ist auch im Brief eine Bezugnahme ausreichend. Dies gilt in materiellrechtlicher Hinsicht trotz § 56 Abs 2 GBV auch für Verfügungsbeschränkungen (§ 5 ErbbauRG) einschließlich etwaiger Ausnahmen.[28] Wenn die Verfügungsbeschränkungen und/oder etwaige Ausnahmen entgegen § 56 Abs 2 GBV ordnungswidrig nicht ausdrücklich im Grundbuch eingetragen wurden, sind sie demzufolge konsequenterweise auch nicht in den Brief zu übernehmen, weil der Brief keinen anderen Inhalt als das Grundbuch haben kann.

Bei belastetem **Wohnungs- und Teileigentum** werden die nach § 57 Abs 2b aF vorgesehenen Angaben durch die Aufnahme des Inhalts der nach § 3 Abs 1 a–c WGV in das Bestandsverzeichnis der Wohnungs- und Teileigentumsgrundbücher aufzunehmenden Vermerke ersetzt (Miteigentumsanteil in Bruchteilsangabe, Grundstücksbezeichnung, gegenständliche und inhaltliche Beschreibung des Sondereigentums, Beschränkung des Miteigentums durch die übrigen Sondereigentumsrechte; § 5 WEGGBVfg idF vor der Änderung durch die VO vom 01.12.1977, BGBl I, 2313). Entsprechendes gilt für die Briefbildung bei der Belastung von Wohnungs- und Teilerbbaurechten (§ 8 WGV). Die inhaltliche Wiedergabe der Vermerke kann nicht dadurch ersetzt werden, dass dem Brief eine Ausfertigung der Urkunde über die Begründung des Wohnungs- und Teileigentums (§§ 3, 8 WEG) beigeheftet wird. Das Gleiche gilt für die Verbindung mit einer beglaubigten Abschrift des Bestandsverzeichnisses des Wohnungs- oder

8

9

10

---

24 Vgl Fn 1.
25 *Güthe-Triebel* Rn 5; *Turnau-Förster* Anm B 1.
26 *Güthe-Triebel* Rn 7.
27 Zum früheren Recht vgl BayObLG BayObLGZ 26, 227 = JW 1927, 2527 (*Reinhard*).
28 BayObLGZ 1979, 230 = Rpfleger 1979, 384; LG Marburg Rpfleger 1968, 26 (*Haegele*); LG Itzehoe Rpfleger 2000, 495; MüKo-*von Oefele* § 5 ErbbauVO (jetzt: ErbbauRG) Rn 2; *Palandt-Bassenge* § 5 ErbbauVO (jetzt: ErbbauRG) Rn 1; *Bauer/von Oefele-Maaß* AT VI Rn 125; *Demharter* Anh zu § 8 Rn 40; hierzu vgl auch OLG Saarbrücken Rpfleger 1968, 57 mit Ausführungen zur Rechtslage vor der Streichung des § 59 S 2 GBVfg aF durch die VO vom 27.07.1970 (BAnz Nr 145); *Diester* Rpfleger 1968, 41, 42.

Teileigentumsgrundbuchs (arg §§ 49, 50 GBV, vgl Rdn 9). Die wegen des Gegenstands und des Inhalts des Sondereigentums zulässige Bezugnahme auf die Eintragungsbewilligung (§ 7 Abs 3 WEG) ist auch im Brief möglich. Dies gilt in materiellrechtlicher Hinsicht trotz § 3 Abs 2 WGV auch für Verfügungsbeschränkungen (§§ 12, 30 Abs 3 S 2 WEG) einschließlich etwaiger Ausnahmen.[29] Insoweit ist die Rechtslage keine andere als bei einer Verfügungsbeschränkung nach § 5 ErbbauRG (hierzu vgl Rdn 9 aE).

11 **c) Die Bezeichnung des Eigentümers, § 57 Abs 2c aF.** In den Brief sind immer nur die Angaben über den **im Grundbuch eingetragenen** Eigentümer aufzunehmen. Das gilt auch dann, wenn das Grundbuchamt von einem zwischenzeitlich außerhalb des Grundbuchs erfolgten Eigentumswechsel oder von einer bestehenden Grundbuchunrichtigkeit Kenntnis hat. Ist der eingetragene Eigentümer nicht (mehr) der materiell Berechtigte, so stellt sich die Frage nach dem Inhalt des Briefs allerdings nur, wenn feststeht, dass die Hypothek als solche überhaupt eingetragen und damit auch der Brief erteilt werden kann (vgl §§ 19, 39, 40). Änderungen, die nicht zu einer Grundbuchunrichtigkeit iS des § 894 BGB führen (zB des Namens, Standes, Berufs oder Wohnorts) können vom Grundbuchamt berücksichtigt werden, sofern sie mit hinreichender Sicherheit bekannt sind.[30]

12 Steht das belastete Grundstück im Eigentum mehrerer Personen, so sind nicht nur die Namen sämtlicher Miteigentümer, sondern auch die nach § 47 vorgeschriebenen Angaben (Höhe der Bruchteile oder Gesamthandsverhältnis) in den Brief zu übernehmen.[31] Dies gilt allerdings nicht, wenn die Hypothek nur an dem Bruchteil eines Miteigentümers lastet (§ 1114 BGB) oder wenn zwar mehrere Miteigentumsanteile belastet sind, diese aber wegen der Nichtbelastung eines oder mehrerer Miteigentumsanteile von Bruchteilseigentümern nicht das gesamte Eigentum ausmachen. In diesem Fall wäre die Aufnahme der Namen der übrigen Miteigentümer und der Höhe ihrer Bruchteile sinnlos, weil sie für das die Hypothek betreffende Rechtsverhältnis ohne Bedeutung und somit nicht von Interesse sind.[32] Eine Ausnahme besteht nur, soweit in den Brief nach § 57 Abs 2d aF im Rang vorgehende oder gleichstehende Rechte aufzunehmen sind, welche an anderen Miteigentumsanteilen lasten.[33] In diesem Fall werden die erforderlichen Eigentümerangaben aber nicht nach § 57 Abs 2c aF vermerkt, sondern in dem nach § 57 Abs 2d aF anzubringenden Vermerk zum Ausdruck gebracht (vgl Rdn 21).

13 Bei belastetem Wohnungs- oder Teileigentum sind die Wohnungs- bzw Teileigentümer (vgl §§ 1 WGV, 9 GBV), beim Erbbaurecht die Erbbauberechtigten (vgl § 57 GBV) anzugeben.

14 **d) Die kurze Bezeichnung der im Rang vorgehenden oder gleichstehenden Eintragungen, § 57 Abs 2d aF. aa) Eintragungen.** Während in § 57 Abs 2a aF die Aufnahme von die Hypothek unmittelbar betreffenden **Eintragungen** in den Brief geregelt ist, schreibt § 57 Abs 2d aF vor, dass auch solche Eintragungen in den Brief zu übernehmen sind, die für die Hypothek nur mittelbar von Bedeutung sind. Dies beruht auf der Überlegung, dass der Brief nicht nur über die Hypothek als solche, sondern auch über alle für ihren Bestand oder ihre Sicherheit bedeutsamen Umstände Auskunft geben soll (vgl Rdn 1).[34] Eintragungen, die für die Hypothek keine rechtliche, sondern nur tatsächliche oder wirtschaftliche Bedeutung haben, werden in den Brief jedoch nicht aufgenommen. In jedem Fall ist bei der Entscheidung, ob eine Eintragung in den Brief aufzunehmen ist, sorgfältige Prüfung und besondere Vorsicht geboten.[35]

15 **bb) Rangfähige Eintragungen. (1)** Nach dem Wortlaut des § 57 Abs 2d aF sind nur solche Eintragungen in den Brief zu übernehmen, die zu der Hypothek in einem **Rangverhältnis** stehen. Eine dem Gesetzeswortlaut entsprechende Beschränkung auf iS von § 879 BGB rangfähige Eintragungen würde jedoch entgegen dem Normzweck (vgl Rdn 1) dazu führen, dass für den Bestand und die Sicherheit der Hypothek wesentliche Umstände auf dem Brief nicht erscheinen. So könnten insbesondere im Verhältnis zu Grundstücksrechten **nicht rangfähige** Eintragungen, zB sich nicht unmittelbar auf die Hypothek beziehende **Widersprüche**[36] und

---

29 *Palandt-Bassenge* § 12 WEG Rn 5; *Bauer/von Oefele-von Oefele* AT V Rn 237, 238; *Demharter* Anh zu § 3 Rn 51; hierzu vgl auch OLG Saarbrücken Rpfleger 1968, 57 mit Ausführungen zur Rechtslage vor der Streichung des § 5 S 2 WEGGBVfg aF durch die VO vom 15.07.1959 (BAnz Nr 137); LG Kempten Rpfleger 1968, 58; *Diester* Rpfleger 1968, 41; 1968, 207; *Weitnauer* Rpfleger 1968, 205.

30 *Güthe-Triebel* Rn 8; *Horber* (14.) Anm 3 C a.

31 *Güthe-Triebel* Rn 8; *Horber* (14.) Anm 3 C b; *Predari* Anm 2 b.

32 *Henle-Schmitt* Anm 6; **aA** *Güthe-Triebel* Rn 8; *Predari* Anm 2 b; *Hesse-Saage-Fischer* Anm III 3; *Thieme* Anm 3 c; KEHE-*Eickmann* (1.) Rn 5; *Horber* (14.) Anm 3 C b; Voraufl (6.) Rn 12.

33 *Henle-Schmitt* Anm 6.

34 Vgl Fn 2.

35 RG JW 1929, 772.

36 RG RGZ 129, 124, 127; WarnR 1931 Nr 106; MüKo-*Wacke* § 879 Rn 5; *Soergel-Stürner* § 879 Rn 2; *Planck-Strecker* § 879 Anm 7 f; *Palandt-Bassenge* § 879 Rn 5; *Demharter* § 45 Rn 11; *Maenner* § 9 Fn 14; *Westermann* § 73 III 2; *Medicus* AcP 163, 13; *Grunsky* (Diss) S 57 ff; *Dettmar* (Diss) S 91–97; **aA** (rangfähig) *Kretzschmar* § 879 Anm 5; *Fuchs* Bd I, § 899 Anm 6; *Güthe-Triebel* § 45 Rn 13; *Hesse-Saage-Fischer* § 45 Anm II 1; *Thieme* § 45 Anm 7; *Hesse* DFG 1938, 88 ff.

Vormerkungen[37] sowie das Eigentum betreffende **Verfügungsbeschränkungen**[38] (also auch Nacherben-,[39] Testamentsvollstreckungs-, Zwangsversteigerungs-,[40] Insolvenz- und Reichsheimstättenvermerke[41]) nicht auf dem Brief vermerkt werden. Dieses unbefriedigende Ergebnis lässt sich nur durch eine entsprechende Anwendung des § 57 Abs 2d aF vermeiden. Die Analogie erstreckt sich auf alle Fälle, bei denen die grundbuchmäßige Darstellung des räumlichen oder zeitlichen Vorgehens der jeweiligen nicht rangfähigen Eintragung im Verhältnis zur Hypothek geeignet ist, materiellrechtliche Bedeutung zu erlangen. Die entsprechende Anwendung des § 57 Abs 2d aF findet ihre Rechtfertigung vor allem in einem Vergleich mit der im Anwendungsbereich des § 45 bestehenden ähnlichen Problematik. Dort wird der Notwendigkeit, das Aufeinandertreffen von rangfähigen Rechten mit nicht rangfähigen Eintragungen grundbuchmäßig zum Ausdruck zu bringen, in ebenfalls analoger Anwendung des § 45 zu Recht durch die Anerkennung eines sog (evtl auch nur deklaratorischen) Wirksamkeitsvermerks Rechnung getragen.[42] Dem entspricht im Geltungsbereich des § 57 Abs 2d aF das Erfordernis, das räumliche oder zeitliche Vorgehen der nicht rangfähigen Eintragungen im Verhältnis zur Hypothek auch im Brief zu verlautbaren.[43] Man sollte es (ebenso wie im Bereich des § 45) jedoch vermeiden, dies als die Verlautbarung eines »formellen« Rangverhältnisses zu bezeichnen.[44] Dieser Ausdruck ist irreführend, da er zu der falschen Annahme verleitet, es existiere ein vom materiellen Rangverhältnis iS des § 879 BGB abweichender »formeller Rang« von Grundbucheintragungen.[45]

Soweit nach den vorstehenden Ausführungen eine Aufnahme von nicht rangfähigen Eintragungen in den Brief **16** in Betracht kommt, kann im Brief mangels Rangverhältnis natürlich kein »Rang«vermerk angebracht werden (etwa des Inhalts, dass ein das Eigentum betreffender Nacherbenvermerk der Hypothek »im Rang vorgeht«).[46] Vielmehr ist das Zusammentreffen der Hypothek mit nicht rangfähigen Eintragungen auf andere Weise (zB durch die Angabe des Eintragungsdatums einer Verfügungsbeschränkung) zum Ausdruck zu bringen. Wird trotzdem ein »Rang«vermerk verwendet, so ist dies unschädlich. Das Grundbuchamt sollte jedoch um eine juristisch einwandfreie Ausdrucksweise bemüht sein und solche Ungenauigkeiten vermeiden. Gelangt ein mit einer Briefhypothek belastetes Grundstück in das Eigentum eines Vorerben und wird eine von diesem bewilligte Erweiterung der Hypothek (zB eine Zinserhöhung) im Grundbuch eingetragen, so ist auf dem Brief nicht nur die Erweiterung des Rechts zu vermerken (§ 62), sondern es muss auch der inzwischen im Grundbuch eingetragene (§ 51) und im Verhältnis zur Erweiterung der Hypothek bedeutsame Nacherbenvermerk nachgetra-

---

37 LG Lüneburg Rpfleger 2004, 214; *Planck-Strecker* § 879 Anm 7 f; *Schneider* DNotZ 1982, 523; *Grunsky* (Diss) S 55; *Schubert* DNotZ 1999, 967; *Stadler* AcP 89, 425; *Schulz* RNotZ 2001, 541; *Skidzun* Rpfleger 2002, 9; *Lehmann* NotBZ 2002, 205 und vor allem *Dettmar* (Diss) S 68–82 (mit ausführlicher und überzeugender Begründung); **aA** (rangfähig) die hM: RG RGZ 124, 200, 202 = JFG 6, 14; RGZ 142, 331, 334; BGH NJW 1986, 576, 578; KG KGJ 22 A, 311; 39 A, 198; JFG 6, 358; JFG 10, 224 = HRR 1933 Nr 193 = DNotV 1933, 243; JFG 11, 342, 344 = JW 1933, 1418 = HRR 1933 Nr 1030 = DNotV 1933, 507; JW 1932, 3722 = HRR 1933 Nr 148 = DNotV 1932, 776; Rpfleger 1965, 14 = NJW 1964, 1479 = DNotZ 1965, 293; BayObLG BayObLGZ 25, 391 = JFG 4, 350; OLG Frankfurt Rpfleger 1980, 185; OLG Köln Rpfleger 1992, 497; OLG München BWNotZ 2002, 12; OLG Bremen Rpfleger 2005, 529; LG Hannover Rpfleger 1977, 310; LG Bonn Rpfleger 1982, 138; MüKo-*Wacke* § 879 Rn 4; *Palandt-Bassenge* § 879 Rn 5; *Güthe-Triebel* § 45 Rn 13; *Demharter* § 45 Rn 11; *Blank* ZfIR 2001, 419.

38 RG RGZ 135, 378, 384; KG RJA 14, 67; KGJ 51, 295, 298; JW 1933, 2708 = HRR 1934 Nr 199; JFG 12, 295 = JW 1935, 2752 = HRR 1935 Nr 1311; JFG 13, 111 = JW 1935, 3560 = HRR 1935 Nr 1525; JFG 16, 234 = JW 1937, 2972; OLG Hamm Rpfleger 1957, 19; OLGZ 1965, 82 = NJW 1965, 1489 = Rpfleger 1966, 48 = DNotZ 1966, 102; *Soergel-Stürner* § 879 Rn 2; MüKo-*Wacke* § 879 Rn 6; *Palandt-Bassenge* § 879 Rn 6; *Demharter* § 45 Rn 11; *Böttcher* Rpfleger 1983, 49, 55; **aA** (rangfähig) KG JFG 4, 337 = OLGE 45, 198 = JR 1926 Nr 16; *Güthe-Triebel* § 45 Rn 13; *Hesse-Saage-Fischer* § 45 Anm II 1; *Thieme* § 45 Anm 7; *Hesse* DFG 1938, 85.

39 KG RJA 14, 67; KGJ 38 A, 299, 301; JFG 11, 347 = HRR 1933 Nr 1133; JW 1933, 2708 = HRR 1934 Nr 199; JFG 13, 111 = JW 1935, 3560 = HRR 1935 Nr 1525; JFG 16, 234 = JW 1937, 2972; OLG Hamm Rpfleger 1957, 19; OLGZ 1965, 82 = NJW 1965, 1489 = Rpfleger 1966, 48 = DNotZ 1966, 102; OLG Hamburg DNotZ 1967, 373, 376; LG Düsseldorf Rpfleger 1950, 38 *(Bänder)* = NJW 1951, 81 = DNotZ 1950, 140; MüKo-*Wacke* § 879 Rn 6; *Soergel-Stürner* § 879 Rn 2; **aA** (rangfähig) *Güthe-Triebel* § 45 Rn 13.

40 KG JFG 12, 295 = JW 1935, 2752 = HRR 1935 Nr 1311; OLG Schleswig SchlHA 1974, 59; MüKo-*Wacke* § 879 Rn 6; *Soergel-Stürner* § 879 Rn 2; *Tröster* Rpfleger 1985, 337, 338; **aA** (rangfähig) *Güthe-Triebel* § 45 Rn 13.

41 OLG Hamm DNotZ 1956, 309.

42 KG RJA 14, 67; KGJ 38 A, 299, 301; JW 1933, 2708 = HRR 1934 Nr 199; JFG 12, 295, 299 = JW 1935, 2752 = HRR 1935 Nr 1311; JFG 13, 111 = JW 1935, 3560 = HRR 1935 Nr 1525; JFG 16, 234, 237 = JW 1937, 2972; OLG Stuttgart WürttZ 1904, 322; OLG Hamm Rpfleger 1957, 19 *(Haegele)*; MüKo-*Wacke* § 879 Rn 6; *Palandt-Bassenge* § 879 Rn 6; *Demharter* § 45 Rn 18.

43 RG JW 1929, 772 (für Vormerkung); KG JFG 12, 324 = JW 1934, 2998 = HRR 1934 Nr 1604 (für Vormerkung und Verfügungsbeschränkung); KG KGJ 38 A, 299; JFG 11, 347 = HRR 1933 Nr 1133; HRR 1933 Nr 1691; JFG 13, 111 = JW 1935, 3560 = HRR 1935 Nr 1525 (für Nacherbfolge); Mot 99; *Predari* Anm 2 b; *Henle-Schmitt* Anm 9 (für Widerspruch) und zu allem *Güthe-Triebel* Rn 10.

44 So aber *Demharter* § 45 Rn 18.

45 Hierzu vgl ausführlich *Dettmar* (Diss) S 117–123.

46 KG JFG 11, 347, 350 = HRR 1933 Nr 1133 (für Nacherbenvermerk); JFG 15, 158 = HRR 1937 Nr 824 (für Entschuldungsrente); *Güthe-Triebel* Bd 2, Nachtrag zu § 57 Rn 10, 11 auf S 2315 (zu S 1106).

gen werden.[47] Wird die Wirksamkeit der Hypothek durch eine nicht rangfähige Eintragung (zB eine Verfügungsbeschränkung) nicht berührt (etwa bei entgeltlicher Bestellung der Hypothek durch den befreiten Vorerben), so braucht der Nacherbenvermerk bzw die sonstige nicht rangfähige Eintragung nicht in den Brief aufgenommen zu werden.[48] Die nicht rangfähige Eintragung ist nämlich bereits in dem nach § 57 Abs 2a aF als »Inhalt der die Hypothek betreffenden Eintragungen« anzubringenden Wirksamkeitsvermerk erwähnt (vgl Rdn 6). Für eine entsprechende Anwendung des § 57 Abs 2d aF besteht demnach insoweit kein Bedürfnis.

17   **(2)** Eintragungen im **Bestandsverzeichnis** und in der **Abteilung I** des Grundbuchs stehen zu der Hypothek in keinem Rangverhältnis. Sie sind deshalb im Rahmen des § 57 Abs 2d aF nicht in den Brief aufzunehmen (vgl aber § 57 Abs 2b, c aF). **Gelöschte Rechte** haben keinen Rang, sofern sie materiellrechtlich erloschen sind.[49] Sie sind daher nicht (auch nicht als »gelöscht«) in den Brief zu übernehmen.[50] Dies gilt auch, wenn das Grundbuchamt (zB im Fall einer unrechtmäßig erfolgten Löschung) sichere Kenntnis davon hat, dass das gelöschte Recht materiellrechtlich noch fortbesteht.[51] Denn § 57 aF stellt nur auf *»einen Auszug aus dem Grundbuch«* und auf *»Eintragungen«* ab. Gelöschte Rechte sind aber gerade nicht eingetragen und somit auch nicht Inhalt des Grundbuchs. Allerdings muss das Grundbuchamt in einem solchen Fall prüfen, ob es gegen eine verfahrensrechtlich zu Unrecht erfolgte Löschung noch vor der Eintragung der zu verbriefenden Hypothek einen Amtswiderspruch (§ 53 Abs 1 S 1) einzutragen hat (vgl § 17 Rdn 13). Bejaht es diese Frage, so muss der eingetragene Widerspruch in entsprechender Anwendung des § 57 Abs 2d aF in den über die einzutragende Hypothek herzustellenden Brief aufgenommen werden.

18   **cc) Im Rang vorgehende oder gleichstehende Eintragungen. (1)** In den Brief sind nur Rechte aufzunehmen, die der zu verbriefenden Hypothek **im Range vorgehen oder gleichstehen.** Da der Brief nur die im Zeitpunkt seiner Herstellung bestehende Rechtslage verlautbart (vgl § 68 Rdn 4, 5), kommt es für die Beurteilung des Rangverhältnisses nicht auf den ursprünglichen Grundbuchstand an, sondern es sind auch alle zwischenzeitlich erfolgten Rangänderungen zu berücksichtigen. So ist zB die Hypothek Abt III Nr 1 nicht in den über die Hypothek Abt III Nr 3 zu bildenden Brief aufzunehmen, wenn dem Recht Nr 3 der Vorrang vor dem Recht Nr 1 eingeräumt wurde (allerdings muss der Rangvermerk nach § 57 Abs 2a aF in den über das im Rang vortretende Recht zu bildenden Brief aufgenommen werden, vgl Rdn 6). Das Zwischenrecht Nr 2 muss wegen der eingeschränkten dinglichen Wirkung der Rangänderung (vgl § 880 Abs 5 BGB)[52] aber trotzdem in dem über das Recht Nr 3 herzustellenden Brief als im Range vorgehend vermerkt werden.[53] Aus demselben Grund kommt eine Aufnahme des Zwischenrechts Nr 2 in den evtl über das Recht Nr 1 nachträglich zu erteilenden Brief nicht in Betracht.[54]

19   Bei der für § 57 Abs 2d aF notwendigen Beurteilung des Rangverhältnisses sind die Besonderheiten zu beachten, die sich aus dem **Rangrücktritt bzw Rangvortritt mehrerer Rechte** ergeben. Sind mehrere Rechte im Rang zurückgetreten, so behalten sie untereinander ihre bisherige Rangordnung bei. Dabei kommt es nicht darauf an, ob die Rangrücktritte gleichzeitig oder sukzessive erklärt und im Grundbuch eingetragen worden sind.[55] Beim Rangvortritt mehrerer Rechte bleibt ihr bisher untereinander bestehendes Rangverhältnis hingegen nur gewahrt, wenn die Rangänderungen gleichzeitig im Grundbuch vollzogen wurden.[56] Findet der Rang-

---

47   KG KGJ 38 A, 299; *Güthe-Triebel* Rn 10.
48   KG JFG 11, 347 = HRR 1933 Nr 1133; *Güthe-Triebel* Rn 6.
49   Absolut hM; **aA** nur *Dettmar* (Diss) S 227–289, der in verblüffend konsequenter Fortführung der hM nicht nur der Neueintragung, sondern auch der Löschung eines Rechts formale Rechtskraftwirkung im Hinblick auf den Rang zuerkennt. Auf diesem Weg vermeidet er das Entstehen von relativen Rangverhältnissen. Außerdem ist er für die Begründung des Erwerbs der durch die Löschung verloren gegangenen Rangpositionen durch in der Folgezeit neu eingetragene Rechte nicht auf die Anwendung des § 892 BGB angewiesen.
50   KG HRR 1925 Nr 1139; *Güthe-Triebel* Rn 10; *Horber* (14.) Anm 3 D; KEHE-*Eickmann* (1.) Rn 4; *Hesse-Saage-Fischer* Anm 4; *Thieme* Anm 3 d.
51   KG HRR 1925 Nr 1139; *Thieme* Anm 3 d; hierzu vgl auch KG KGJ 38 A, 299, 302: Der Hypothekenbrief darf nicht mehr, nicht weniger und vor allem nichts anderes als den Grundbuchinhalt verlautbaren.
52   Das Rangverhältnis zum Zwischenrecht bleibt unverändert, vgl *Palandt-Bassenge* § 880 Rn 7.
53   **AA** *Unterreitmayer* Rpfleger 1960, 83, der der Rangänderung zwischen den Rechten Nrn 1 und 3 in Verkennung der in Fn 52 dargestellten Rechtslage auch die Wirkung beimisst, dass das Recht Nr 3 auch dem Recht Nr 2 im Rang vorgeht. Er geht daher bereits von falschen Voraussetzungen aus.
54   RG ZBlFG 14, 350; *Güthe-Triebel* Rn 11.
55   RG RGZ 64, 100, 105/106; 79, 170, 174; KG KGJ 42, 265 = RJA 11, 297; KGJ 53, 179; MüKo-*Wacke* § 880 Rn 15; *Planck-Strecker* § 880 Anm II 4 c; *Palandt-Bassenge* § 880 Rn 5; *Laue* Gruchot 55, 234; *Fuchs* JherJb 51, 469; *Henle* Recht 1904, 597; *Wilisch* Recht 1904, 625; **aA** (Gleichrang bei gleichzeitigem Rücktritt) *Kretzschmar* Recht 1904, 516; *Wege* JherJb 51, 39 ff sowie (unterschiedlicher Rang bei nicht gleichzeitigem Rücktritt) LG Siegen DNotZ 1964, 615; *Soergel-Stürner* § 880 Rn 19.
56   KG KGJ 47, 189 (unter Aufgabe von KG KGJ 20 A, 181 = RJA 1, 128); JFG 8, 306, 312 = HRR 1931 Nr 408; MüKo-*Wacke* § 880 Rn 15; *Planck-Strecker* § 880 Anm II 4 c; *Soergel-Stürner* § 880 Rn 18; *Palandt-Bassenge* § 880 Rn 5; **aA** KG KGJ 20 A, 181 = RJA 1, 128; OLG Dresden SeuffA 61 Nr 155 (S 272); *Wege* JherJb 51, 39, 48 ff; *Fuchs* JherJb 51, 469; *Kretzschmar* Recht 1904, 516.

vortritt nicht gleichzeitig statt, so geht das zuerst aufgerückte Recht der später im Rang vortretenden Post ohne Rücksicht auf ihr ursprünglich untereinander bestehendes Rangverhältnis im Range vor.[57]

Für die Darstellung des Rangverhältnisses auf dem Brief ist auch die Vorschrift des **§ 880 Abs 4 BGB** zu beach- **20** ten. Nach § 880 Abs 4 BGB geht der dem vortretenden Recht eingeräumte Vor- oder Gleichrang dadurch verloren, dass das zurücktretende Recht kraft Gesetzes erlischt. Das vorgerückte Recht tritt in diesem Fall wieder an seine frühere Rangstelle zurück, während die Zwischenberechtigten entsprechend im Rang aufrücken. Wird das zurücktretende Recht hingegen durch Rechtsgeschäft aufgehoben, so bleibt dem vorgetretenen Recht sein Rang erhalten. Dies gilt allerdings nur solange, wie das zurückgetretene Recht ohne die rechtsgeschäftliche Aufhebung bestanden hätte. Hat zB ein Nießbraucher einer Hypothek den Vorrang eingeräumt, so bleibt der Vorrang bestehen, wenn der Nießbraucher auf sein Recht verzichtet, aber er erlischt, wenn der Nießbraucher nach dem Verzicht stirbt.[58] Wird eine im Rang zurückgetretene auflösend bedingte Hypothek rechtsgeschäftlich aufgehoben, so behält das vorgetretene Recht zunächst seinen Vorrang; es verliert ihn aber, wenn die Bedingung eintritt. Erlischt das vorgetretene Recht (sei es durch Rechtsgeschäft, sei es kraft Gesetzes), so verliert der Rangrücktritt seine Wirkung und das zurückgetretene Recht erhält wieder seinen ursprünglichen Rang.[59]

(2) Lastet die Hypothek nur an einem **Miteigentumsanteil** (§ 1114 BGB), so sind als im Range vorgehend **21** oder gleichstehend nur die Rechte zu erwähnen, die denselben Miteigentumsanteil belasten. Die ausschließlich an anderen Miteigentumsanteilen eingetragenen Rechte sind mangels Bestehen eines Rangverhältnisses grundsätzlich nicht in den Brief zu übernehmen.[60] Eine Ausnahme gilt allerdings, wenn zwischen den an verschiedenen Anteilen lastenden Rechten Belastungen eingetragen sind, die auf beiden oder allen Miteigentumsanteilen ruhen und dem Briefrecht im Rang vorgehen oder gleichstehen. Da die Sicherheit der Briefhypothek in diesem Fall auch durch die auf anderen Anteilen lastenden Rechte eine Beeinträchtigung erfahren kann, ist aufgrund des Normzwecks (vgl Rdn 1) die entsprechende Anwendung des § 57 Abs 2d aF geboten.[61] Die Aufnahme eines **Rang**vermerks (etwa des Inhalts, dass der Nießbrauch am Hälftemiteigentumsanteil des Miteigentümers A der am Hälftemiteigentumsanteil des Miteigentümers B lastenden Hypothek »im Rang vorgeht«), kommt mangels Bestehen eines Rangverhältnisses aber natürlich nicht in Frage.[62] Soweit nach den vorstehenden Ausführungen die Aufnahme von nur an anderen Miteigentumsanteilen lastenden Rechten in den Brief in Betracht kommt, sind auch die **Eigentümer** dieser Anteile zu bezeichnen, da diese aus dem nach § 57 Abs 2c aF anzubringenden Briefvermerk nicht hervorgehen (vgl Rdn 12).

Sind mehrere im Rang vorgehende oder gleichstehende Rechte nach § 57 Abs 2d aF auf dem Brief zu vermer- **22** ken, so ist das zwischen diesen Rechten bestehende Rangverhältnis nicht im Brief anzugeben.[63]

Bei im Range vorgehenden oder gleichstehenden Rechten in der **Veränderungsspalte** des Grundbuchs **23** bewirkte Eintragungen (zB Vormerkungen, Verfügungsbeschränkungen, Nießbrauchs- und Pfandrechte) sind grundsätzlich nicht in den Brief aufzunehmen.[64] Dies galt für eine Löschungsvormerkung auch dann, wenn sie zugunsten des Gläubigers der Hypothek eingetragen war, über welche der Brief erteilt wurde.[65] Ausnahmen gelten für vorgemerkte oder eingetragene Erweiterungen (zB Zinserhöhungen) des Rechts und vor allem für Widersprüche. Letztere sind in den Brief bereits dann aufzunehmen, wenn sie mittelbar für die zu verbriefende Hypothek von Bedeutung sind.[66]

(3) Sind in Abt II und Abt III des Grundbuchs (bzw in einer dieser Abteilungen) keine im Rang vorgehenden **24** oder gleichstehenden Rechte vorhanden, so ist dies im Brief zu vermerken, obwohl es nicht ausdrücklich vor-

---

57 KG KGJ 20 A, 181 = RJA 1, 128; KGJ 47, 189; JFG 8, 306 = HRR 1931 Nr 408; MüKo-*Wacke* § 880 Rn 15; *Planck-Strecker* § 880 Anm II 4 c; *Soergel-Stürner* § 880 Rn 18; *Palandt-Bassenge* § 880 Rn 5.

58 Beispiel nach *Wolff-Raiser* § 42 Fn 20.

59 KG HRR 1928 Nr 40; JFG 8, 294, 298; BayObLG BayObLGZ 1981, 44, 49; MüKo-*Wacke* § 880 Rn 18; *Palandt-Bassenge* § 880 Rn 7; *Planck-Strecker* § 880 Anm II 4 a.

60 KG KGJ 52, 213 = OLGE 39, 249 = RJA 16, 318; *Horber* (14.) Anm 3 D; *Güthe-Triebel* Rn 11; *Predari* Anm 2 b; KEHE-*Eickmann* (1.) Rn 6; *Hesse-Saage-Fischer* Anm III 4; *Thieme* Anm 3 d; *Henle-Schmitt* Anm 10; *Förster* Recht 1904, 90; **aA** KG KGJ 26 A, 304 = OLGE 7, 198 = RJA 4, 36; *Falkmann* ZBlFG 05, 300.

61 KG KGJ 26 A, 304 = OLGE 7, 198 = RJA 4, 36 (dem allerdings nicht gefolgt werden kann, soweit es die »vorsorgliche« Aufnahme der einen anderen Anteil belastenden Rechte auch schon zu einem Zeitpunkt befürwortet, in dem noch keine Zwischenrechte der genannten Art bestehen); *Güthe-Triebel* Rn 11; *Predari* Anm 2 b; KEHE-*Eickmann* (1.) Rn 6; *Henle-Schmitt* Anm 10.

62 Unklar *Güthe-Triebel* Rn 11 aE und *Horber* (14.) Anm 3 D, die auch hier von »vorgehenden oder gleichstehenden Rechten« sprechen.

63 KG RJA 11, 152; *Güthe-Triebel* Rn 12; *Horber* (14.) Anm 3 D.

64 *Güthe-Triebel* Rn 10; *Horber* (14.) Anm 3 D.

65 KG JFG 12, 324 = JW 1934, 2998 = HRR 1934 Nr 1604; BayObLG BayObLGZ 1952, 35 = DNotZ 1952, 367 = Rpfleger 1952, 422 (*Haegele*); *Güthe-Triebel* Rn 10; *Hesse-Saage-Fischer* Anm III 4; *Horber* (14.) Anm 3 D.

66 *Predari* Anm 2 b; *Henle-Schmitt* Anm 9; **aA** ohne Begründung *Güthe-Triebel* Rn 10.

geschrieben ist.[67] Am zweckmäßigsten ist der Vermerk: *»Vorgehende oder gleichstehende Eintragungen: Keine«* (vgl die im Anhang abgedruckten alten Briefmuster Anl 5–7 aF zur GBVfg). Ein zusätzliches grundbuchamtliches Negativzeugnis des Inhalts, dass am Tag der Ausstellung des Briefs keine weiteren rangrelevanten Eintragungen erfolgt sind, können die Beteiligten nicht verlangen.[68]

25   **(4)** Eine im Grundbuch eingetragene Entschuldungsrente (vgl Art 53, 54 der 7. DVO zum SchRegG vom 30.04.1935, RGBl I, 572) ist ohne Rangvermerk in den Hypothekenbrief aufzunehmen.[69] Der Entschuldungsvermerk (vgl §§ 80, 81 SchRegG vom 01.06.1933, RGBl I, 331) wurde nach Art 8 der 9. DVO zum SchRegG vom 24.11.1937 (RGBl I, 1305) ebenfalls auf dem Hypothekenbrief vermerkt. Löschungsvermerke nach § 13 der 2. DVO zum HypSichG[70] vom 08.08.1949 (WiGBl 233) wurden seit dem In-Kraft-Treten des LAG nicht mehr in den Brief übernommen.[71] Auf den Hypothekengewinnabgabevermerk ist § 57 Abs 2d aF nicht anzuwenden (§ 111d Abs 2 LAG idF vom 01.10.1969, BGBl I, 1909). Die Eintragung oder Löschung eines Umstellungsschutzvermerks ist im Brief ebenfalls nicht zu verlautbaren (§§ 6 S 2, 11 GBMaßnG vom 20.12.1963, BGBl I, 986).

26   **dd) Kurze Bezeichnung der Eintragungen.** Die im Range vorgehenden oder gleichstehenden Eintragungen sind kurz **ihrem Inhalt nach** zu bezeichnen.[72] Die an sich nicht notwendige wörtliche Wiedergabe des Eintragungsvermerks kann sich aber im Einzelfall (zB bei verwickelten Eintragungen aus früherer Zeit) empfehlen. Eine in der Eintragung über die vorgehenden oder gleichstehenden Rechte enthaltene Bezugnahme auf Eintragungsunterlagen (zB die Bewilligung) muss im Brief nicht wiederholt werden.[73] Die Angabe des Eintragungsdatums ist nur erforderlich, wenn es für den Bestand des (zB befristeten) vorgehenden oder gleichstehenden Rechts von Bedeutung ist (vgl die im Anhang abgedruckten alten Briefmuster Anl 3, 4 und 6 aF zur GBVfg). Der Gläubiger eines im Rang vorgehenden oder gleichstehenden Rechts wird nicht in den Brief aufgenommen. Bei Grundpfandrechten ist neben der Rechtsart und dem Betrag auch der Zinssatz anzugeben, sofern er 5 % übersteigt. Mit einem Zinssatz bis zu 5 % muss der Gläubiger des verbrieften Rechts wegen § 1119 BGB ohnehin rechnen. Die Angabe anderer Nebenleistungen als Zinsen ist nicht vorgeschrieben.

27   Bei den meisten in Abt II des Grundbuchs enthaltenen und nach § 57 Abs 2d aF zu vermerkenden Eintragungen wird eine kurze schlagwortartige Bezeichnung genügen, zB *»Vorkaufsrecht«, »Leibgeding«, »Geh- und Fahrtrecht«, »Nießbrauch«* oder *»Wohnungsrecht«.* Bei Widersprüchen, Vormerkungen und Verfügungsbeschränkungen empfiehlt es sich, neben der Art der Eintragung etwas ausführlicher anzugeben, zB *»Widerspruch gegen das Eigentum des A«* oder *»Auflassungsvormerkung (Teilfläche)«.* Nach dem Inhalt der im Anhang abgedruckten Briefmuster Anl 3, 4 aF zur GBVfg ist außer der Bezeichnung der dem Briefrecht vorgehenden und gleichstehenden Eintragungen auch die Abteilung und die laufende Nummer anzugeben, unter der die in Frage kommenden Rechte im Grundbuch eingetragen sind. Außerdem ist zu vermerken, ob die Rechte der verbrieften Hypothek im Range vorgehen oder gleichstehen. Das Rangverhältnis zwischen mehreren im Rang vorgehenden oder gleichstehenden Rechten wird nicht angegeben (vgl Rdn 22).

III. Die nachträgliche Ergänzung von bis zum 31.12.1977 hergestellten Hypothekenbriefen, § 57 Abs 3 aF

1. Die Voraussetzungen der Ergänzung

28   Die nachträgliche Ergänzung eines »**alten**« Briefs setzt die Änderung des Inhalts des Grundbuchs und einen entsprechenden Ergänzungsantrag voraus.

29   **a) Die Änderung des Inhalts des Grundbuchs.** Nicht jede Änderung des Grundbuchinhalts führt dazu, dass der Brief auf Antrag zu ergänzen ist. Änderungen, die ohnehin **von Amts wegen** (zB nach § 62) auf dem Brief zu vermerken sind, werden von § 57 Abs 3 aF nicht erfasst.[74] In diesen Fällen besteht für ein Antragsrecht der Beteiligten auch kein Bedürfnis, weil die Briefergänzung bei Verletzung der Amtspflicht im Beschwerdeweg erzwungen werden kann. Eine Briefergänzung nach § 57 Abs 3 aF kommt vielmehr nur dann in Betracht,

---

67   KG KGJ 21 A, 173; *Güthe-Triebel* Rn 11; *Horber* (14.) Anm 3 D.
68   KG KGJ 23 A, 162 = OLGE 4, 324; *Güthe-Triebel* Rn 11.
69   KG JFG 15, 158 = HRR 1937 Nr 824.
70   HypSichG vom 02.09.1948 (WiGBl 87).
71   Die genannte 2. DVO zum HypSichG wurde durch § 373 Nr 2 LAG vom 14.08.1952 (BGBl I, 446) mit Wirkung vom 01.09.1952 aufgehoben.
72   *Güthe-Triebel* Rn 9; *Horber* (14.) Anm 3 D; KEHE-*Eickmann* (1.) Rn 6; *Hesse-Saage-Fischer* Anm III 4.
73   *Güthe-Triebel* Rn 9.
74   KG RJA 11, 152; JFG 12, 286, 288 = JW 1937, 3239 = DNotZ 1938, 265; BayObLG MittBayNot 1979, 113; LG Krefeld Rpfleger 1979, 139 = MittRhNotK 1979, 193 = NJW 1979, 1309 (LS); *Güthe-Triebel* Rn 12; *Demharter* Rn 8 und § 62 Rn 4; *Horber* (14.) Anm 4 a; KEHE-*Eickmann* Rn 5, § 62 Rn 4 und (1.) Rn 7; *Hügel-Kral* Rn 6; *Hesse-Saage-Fischer* Anm IV; *Thieme* Anm 4; *Henle-Schmitt* Anm 11; *Schöner/Stöber* Rn 2027, 2028.

wenn die Änderung des Grundbuchs eine Angabe betrifft, die bei der Herstellung des Briefs nach § 57 Abs 2 aF in den Auszug aus dem Grundbuch aufgenommen wurde,[75] also zB die Änderung von im Bestandsverzeichnis des Grundbuchs enthaltenen Angaben (§ 57 Abs 2b aF), ein Eigentumswechsel (§ 57 Abs 2c aF) oder die Löschung von im Rang vorgehenden oder gleichstehenden Eintragungen (§ 57 Abs 2d aF). Eine Änderung des Inhalts der die Hypothek betreffenden Eintragungen (§ 57 Abs 2a aF) kann nur zu einer Briefergänzung iS des § 57 Abs 3 aF führen, soweit die Ergänzung nicht bereits von Amts wegen zu erfolgen hat (vgl Rdn 36). So kann zB die Ausnützung eines bei dem verbrieften Recht eingetragenen Rangvorbehalts nur auf Antrag auf dem über das betroffene Recht erteilten Brief vermerkt werden (vgl § 41 Rdn 18). Ob eine Änderung des Grundbuchinhalts die Rechtsstellung des Gläubigers verbessert, verschlechtert oder unberührt lässt, ist für die Anwendung des § 57 Abs 3 aF unerheblich. Wird der verbrieften Hypothek der Vorrang vor einem nach § 57 Abs 2d aF in den Auszug aufgenommenen Recht eingeräumt, so kann neben der bereits nach § 62 von Amts wegen zu vermerkenden Vorrangseinräumung (vgl § 41 Rdn 23 ff, insbes Rdn 26) nach § 57 Abs 3 aF auch die dem zurücktretenden Recht vor der Rangänderung zustehende Rangposition zum Ausdruck gebracht werden, weil das zwischen den der verbrieften Hypothek im Rang vorgehenden oder gleichstehenden Rechten bestehende Rangverhältnis nicht aus dem Brief hervorgeht (vgl Rdn 22).[76] Eintragungen, die sich bei den im Rang vorgehenden oder gleichstehenden Rechten in der Veränderungsspalte des Grundbuchs befinden, können im Fall ihrer Änderung nur ausnahmsweise zu einer nach § 57 Abs 3 aF vorzunehmenden Briefergänzung führen (vgl Rdn 23).

Auf die Änderung der Nummer des Grundbuchblattes ist § 57 Abs 3 aF nach seinem Wortlaut nicht anwendbar, da er nur die Änderung der nach § 57 Abs 2 aF in den Brief aufzunehmenden Angaben regelt. Angesichts der materiellrechtlichen Bedeutung des Grundbuchblattes (§ 3 Abs 1 S 2!) und der Tatsache, dass § 57 Abs 3 aF demgegenüber auch die Ergänzung des Briefs im Fall der Änderung von völlig unwichtigen Angaben (zB Beschriebsänderungen) erlaubt, ist eine entsprechende Anwendung des § 57 Abs 3 aF auf die Änderung der Grundbuchblattnummer geboten.[77]   **30**

§ 62 Abs 1 S 2 nF bestimmt, dass **Löschungsvormerkungen** nicht mehr von Amts wegen auf dem über das betroffene Recht erteilten Brief vermerkt werden. Um den mit dieser Änderung verfolgten Zweck (Entlastung der Grundbuchämter) nicht zu gefährden, ist in Art 8 § 2 S 2 des ÄndG vom 22.06.1977 (BGBl I, 998) ausdrücklich bestimmt, dass Löschungsvormerkungen auch auf Antrag nicht mehr aufgrund der Vorschrift des § 57 Abs 3 aF in den Brief aufzunehmen sind.   **31**

Der **gesetzliche Vorrang** von nach der Brieferteilung erfolgenden Eintragungen (zB der vormaligen Heimstätteneigenschaft oder einer Hauszinssteuerablösungshypothek) darf nicht von Amts wegen (§ 62), sondern nur auf Antrag auf dem Brief vermerkt werden.[78] Der Vorrang einer Abgeltungshypothek wird auf den Briefen über die im Rang nachstehenden Rechte ebenfalls nur auf Antrag vermerkt, weil die Rangänderung bei den zurücktretenden Rechten nach § 9 Abs 2 der DVO zur VO über die Aufhebung der Gebäudeentschuldungssteuer vom 31.07.1942 (RGBl I, 503) nicht einzutragen ist.[79] Das Gleiche gilt für eine Erhöhung des Hypothekenkapitals nach § 7 des Gesetzes über die Durchführung einer Zinsermäßigung bei Kreditanstalten vom 24.01.1935 (RGBl I, 45) iVm Art 5 Abs 3 der hierzu ergangenen 2. DVO vom 26.03.1935 (RGBl I, 470).[80]   **32**

b) Ein Antrag auf Ergänzung des Briefs. Im Anwendungsbereich des § 57 Abs 3 aF erfolgt die Ergänzung des Hypothekenbriefs nur auf Antrag (über von Amts wegen vorzunehmende Ergänzungen vgl Rdn 36). Antragsberechtigt ist jeder Briefbesitzer, ohne dass er sich als Hypothekengläubiger legitimieren müsste.[81] Es besteht kein Bedürfnis, vom Antragsteller einen Nachweis seiner Rechtsinhaberschaft zu fordern, da durch die Aktualisierung des Briefinhalts niemand in seinen Rechten beeinträchtigt werden kann.[82] Aus dem Umstand, dass das Gesetz (im Gegensatz zu § 13 Abs 1 S 2) den Kreis der Antragsberechtigten nicht bestimmt, ist zu folgern, dass für das Antragsrecht außer dem selbstverständlichen Erfordernis der Briefinnehabung keine weiteren   **33**

---

75 *Güthe-Triebel* Rn 12; *Horber* (14.) Anm 4 a.
76 KG RJA 11, 152; *Güthe-Triebel* Rn 12.
77 *Güthe-Triebel* Rn 12; *Predari* Anm 4; KEHE-*Eickmann* Rn 5 und (1.) Rn 7; *Horber* (14.) Anm 4 a; *Hesse-Saage-Fischer* Anm IV.
78 KG JFG 11, 342, 347 = JW 1933, 1418 = HRR 1933 Nr 1030 = DNotV 1933, 507; OLG Hamburg JW 1934, 3147 (*Scholz,* betr Hauszinssteuerablösungshypothek); KG KGJ 53, 208 (betr Reichsnotopferhypothek). Nicht richtig daher SchlHOLG Rpfleger 1974, 400, soweit es die Ablehnung eines Antrags (§ 57!), die Heimstätteneigenschaft auf dem Brief zu vermerken, unter ausschließlicher Berufung auf § 62 als gerechtfertigt ansieht (hierzu vgl auch § 41 Rdn 29 Fn 71).
79 Die Eintragung von Abgeltungshypotheken ist allerdings seit dem 01.01.1965 nicht mehr zulässig (§ 22 GBMaßnG).
80 KG-Gutachten JW 1936, 825, 827 = DJ 1936, 103.
81 *Staudinger-Wolfsteiner* § 1116 Rn 13; *Güthe-Triebel* Rn 13; *Demharter* Rn 9 und *Horber* (14.) Anm 4 b; KEHE-*Eickmann* Rn 5 und (1.) Rn 7; *Hügel-Kral* Rn 7; *Henle-Schmitt* Anm 11; *Hesse-Saage-Fischer* Anm IV; *Thieme* Anm 4; *Bauer/von Oefele-Weber* Rn 8; **aA** *Achilles-Strecker* Anm 4; *Predari* Anm 4; *Turnau-Förster* Anm 2.
82 Mot 105.

Voraussetzungen erfüllt sein müssen.[83] Der Ergänzungsantrag bedarf keiner besonderen Form, da es sich bei dem Antrag nicht um eine zu einer Grundbucheintragung erforderliche Erklärung handelt (§§ 30, 29).[84] Für die Antragsvollmacht genügt nach der am 01.07.2008 in Kraft getretenen Neufassung des § 13 FGG durch Art 10 des RDG vom 12.12.2007 (BGBl I, 2840) nunmehr ebenfalls ausnahmslos die einfache Schriftform (§ 13 Abs 5 S 1 FGG; anders § 13 S 3 FGG aF, nach welchem das Grundbuchamt bei Zweifeln an der Identität des Vollmachtgebers einen förmlichen Vollmachtsnachweis verlangen konnte). Wer nach § 13 Abs 2 FGG nicht zur Vertretung befugt ist, kann aufgrund Vollmacht gleichwohl einen wirksamen Antrag stellen, weil die Zurückweisung der Vollmacht durch das Grundbuchamt erst nach dem Eingang des (dann bereits wirksam gewordenen) verfahrensauslösenden Antrags möglich ist (§ 13 Abs 3 S 2 FGG). Für den Nachweis der Vollmacht ist § 13 Abs 5 S 4 FGG zu beachten. Danach ist der Mangel (also auch die Nichtvorlage) der Vollmacht seit dem 01.07.2008 nicht mehr von Amts wegen zu berücksichtigen, wenn ein Notar oder ein Rechtsanwalt als Bevollmächtigter bei der Antragstellung auftritt, sodass es in diesen Fällen genügt, wenn das Bestehen der Vollmacht lediglich behauptet und der Vertretene namhaft gemacht wird.

2. Der Ergänzungsvermerk

34 Die Briefergänzung darf erst erfolgen, wenn der Rechtspfleger den zu fertigenden Entwurf zum Zeichen der Billigung mit seinem Namenszeichen versehen hat (§ 36 Abs 1 GBOGeschO, hierzu vgl § 56 Rdn 42). Der Ergänzungsvermerk ist im Anschluss an den letzten vorhandenen Vermerk auf den Brief oder (bei Raummangel) auf einen mit dem Brief unter Verwendung von Schnur und Siegel zu verbindenden besonderen Bogen zu setzen (vgl §§ 49, 50 GBV, §§ 1 Abs 2b, c, 36 Abs 2c, 37 Abs 1 GBOGeschO). Der Vermerk muss zur Vermeidung der Nichtigkeit der Ergänzung von den zuständigen Beamten unterschrieben werden und mit Siegel oder Stempel[85] versehen sein (entspr § 62 Abs 1 S 1 HS 2, Abs 2). Wegen der Datierung des Vermerks und der Heilung von die Nichtigkeit der Ergänzung herbeiführenden Mängeln vgl § 56 Rdn 43 und 47 ff. Wegen des Verfahrens bei der Ergänzung von Gesamtbriefen vgl § 59 Abs 1 S 2 GBO, § 37 Abs 2d GBOGeschO, Nr 6.1.3.3 BayGBGA sowie § 59 Rdn 17.

35 Der Inhalt der Ergänzung hängt davon ab, welche nach § 57 Abs 2 aF in dem Brief enthaltene Angabe sich geändert hat. Es ist zulässig, mehrere Änderungen in einem Vermerk zusammenzufassen, der sich auf die Wiedergabe des Ergebnisses beschränkt.[86] Eine Rötung des durch den Ergänzungsvermerk überholten Briefinhalts ist weder vorgeschrieben noch zweckmäßig (vgl § 59 Rdn 14). Wegen der Rückgabe des zum Zweck der Ergänzung eingereichten Briefs vgl § 60 Rdn 89 ff. Nach der Einführung des maschinell geführten Grundbuchs können Briefergänzungen iS des § 49 GBV auch in der Weise erfolgen, dass – unter Unbrauchbarmachung des bisherigen Briefs – ein entsprechend ergänzter und **maschinell hergestellter neuer Brief** erteilt wird (§ 89 GBV). Da ein solcher neuer Brief in Anwendung der §§ 56 und 57 idF des Gesetzes vom 22.06.1977 (BGBl I, 998) jedoch nur mit »abgekürztem Inhalt« erteilt werden kann (vgl § 68 Rdn 6), ist es begrifflich ausgeschlossen, dass ein neuer maschineller Brief die Änderung der in § 57 aF bezeichneten Angaben in geeigneter Form verlautbart (vgl Rdn 3). Aus diesen Gründen ist § 89 GBV auf die Ergänzung von vor dem 01.01.1978 erteilten (alten) Briefen nicht anwendbar.[87] Die Ergänzung solcher Briefe kann demzufolge nur auf herkömmliche Weise erfolgen (hierzu vgl auch § 57 nF Rdn 14, § 61 Rdn 54, 59, 61 und § 62 Rdn 24).

IV. Die von Amts wegen vorzunehmende Briefergänzung

36 Soweit Briefergänzungen bereits von Amts wegen vorzunehmen sind, ist § 57 Abs 3 aF nicht anwendbar (vgl Rdn 29). Es kommen vor allem folgende Fälle in Betracht:
– Eintragungen »bei der Hypothek« (§ 62);
– Briefvermerke nach den §§ 61 Abs 4, 63, 65, 68 Abs 1 GBO, 48 GBV;
– Die Anbringung von Zusatzvermerken zur Beseitigung einer auf der Verletzung der §§ 56 und 61 beruhenden Nichtigkeit des Briefs (vgl § 56 Rdn 47–49 und § 61 Rdn 66);
– Die Vervollständigung oder Nachholung von Angaben, die bei der Brieferteilung entgegen den §§ 57 und 61 überhaupt nicht oder unrichtig in den Brief übernommen worden sind (vgl Rdn 38 und § 61 Rdn 66);[88]
– Die Berichtigung von Schreibfehlern oder offensichtlichen Unrichtigkeiten (entspr § 319 ZPO).

---

83 *Güthe-Triebel* Rn 13.
84 *Güthe-Triebel* Rn 13; *Demharter* Rn 9 und *Horber* (14.) Anm 4 b; *Hügel-Kral* Rn 7.
85 Da eine Briefergänzung nach § 57 Abs 3 aF nur noch nach dem 31.12.1977 in Betracht kommt, ist für die Form des Vermerks bereits die neue Rechtslage dargestellt.
86 KG JFG 16, 286, 288 = JW 1937, 3239 = DNotZ 1938, 265; KEHE-*Eickmann* Rn 5 und (1.) Rn 7; *Hesse-Saage-Fischer* Anm IV.
87 Ebenso nunmehr *Hügel-Kral* Rn 10 im Anschluss an die hier vertretene Auffassung.
88 *Thieme* Anm 4.

Bei der Berichtigung von Mängeln, die dem Brief ursprünglich anhaften, brauchen die tätig werdenden **37** Grundbuchbeamten nicht mit denjenigen identisch zu sein, welche den unvollständigen, unrichtigen oder nichtigen Brief hergestellt haben.[89] Soweit eine Briefergänzung von Amts wegen veranlasst ist, hat ein evtl gestellter Antrag lediglich die Bedeutung einer Anregung. Ob bei der Grundbuchumschreibung (§§ 28 ff GBV) anfallende Änderungen von Amts wegen oder nur auf Antrag auf dem Brief vermerkt werden, richtet sich nach den allgemeinen Vorschriften (§§ 57 Abs 3 aF, 62 usw). Die Neuerteilung eines Briefs wird jedenfalls nur auf Antrag vorgenommen.[90] Zum Zweck der Einforderung von Briefen im Rahmen des Umschreibungsverfahrens (vgl § 39 Abs 3 S 4 GBV) stehen dem Grundbuchamt keine Zwangsmittel iS des § 33 FGG zur Verfügung.[91]

V. Die Verletzung des § 57 aF; Rechtsmittel

Da es sich bei den in § 57 Abs 1 und 2 aF bezeichneten Angaben »nur« um den nicht wesentlichen Inhalt des **38** Hypothekenbriefs handelt, ist der Brief trotz Verletzung dieser Vorschriften gültig, sofern er den zwingenden Erfordernissen des § 56 entspricht. Die Unvollständigkeit des Briefs kann aber zum Entstehen von Schadensersatzansprüchen gegen den Staat führen.[92] Hat das Grundbuchamt die nach § 57 Abs 1 und 2 aF erforderlichen Angaben unrichtig oder unvollständig in den Brief übernommen, so sind sie von Amts wegen zu berichtigen bzw zu ergänzen (vgl Rdn 36).[93] Zu diesem Zweck hat das Grundbuchamt den Brief vom Briefbesitzer einzufordern und die Vorlegung des Briefs erforderlichenfalls durch die Anwendung von Zwangsmaßnahmen iS des § 33 FGG zu erzwingen (vgl § 56 Rdn 45). Für die Annahme, solche Zwangsmaßnahmen seien nur zulässig, sofern die Gefahr von Amtshaftungsansprüchen bestehe,[94] fehlt es an einer gesetzliche Grundlage.

Hat das Grundbuchamt von Amts wegen eine Briefergänzung vorgenommen, die nach § 57 Abs 3 aF nur auf **39** Antrag zulässig ist, so kann **Beschwerde** mit dem Ziel eingelegt werden, dass das Grundbuchamt einen neuen Brief mit dem bisherigen Inhalt (also ohne den unzulässigerweise auf dem Brief angebrachten Ergänzungsvermerk) erteilt. Beschwerdeberechtigt ist der Antragsberechtigte iS des § 57 Abs 3 aF (hierzu vgl Rdn 33). Wegen der sonstigen Beschwerdegründe vgl § 56 Rdn 50 ff.

---

89 KG HRR 1936 Nr 18.
90 KG JW 1934, 433.
91 *Hügel-Kral* Rn 11; *Güthe-Triebel* § 39 GBVfg (Anm zu Abs 3); *Demharter* § 62 Rn 15.
92 RG RGZ 77, 423 = JW 1912, 195; JW 1929, 772.
93 *Hügel-Kral* Rn 11; *Thieme* Anm 4; *Horber* (14.) Anm 3 D.
94 *Hügel-Kral* Rn 11.

VI. Anhang zu § 57 aF (Briefmuster Anl 3–8 zur GBVfg aF und Anl 4 zur WEGGBVfG aF)

40   **Muster Anlage 3 zur GBVfg aF (Hypothekenbrief)**

*) Linien im Original = rot

Muster
(Vorderseite)

Deutscher Hypothekenbrief

über

die in dem Grundbuche von *Trienach (Amtsgericht Schonberg)*

Band *3*   Blatt *86*   Abteilung III Nr.   *3*

Noch gültig für
1000 R.A.
Schonberg, den 9. Juli 1945.
Schon   Meyer

eingetragenen   *1 700 Reichsmark.*   ¹)

*)

Inhalt der Eintragung: ¹)

Nr. 3: 1 700 (eintausendsiebenhundert) Reichsmark Kaufpreisforderung mit fünf vom Hundert jährlich verzinslich für die Sprachlehrerin Frieda Meister in Golm.

Der jeweilige Eigentümer ist der sofortigen Zwangsvollstreckung unterworfen. Vorbehalten ist der Vorrang für eine Hypothek von zweitausend Reichsmark nebst fünf vom Hundert Zinsen. Unter Bezugnahme auf die in anliegender Schulddurkunde enthaltene Eintragungsbewilligung vom 1. Dezember 1941 eingetragen am 16. Februar 1942.

¹) Nunmehr DM

(2. Seite)

Belastetes Grundstück:

Das im Bestandsverzeichnis unter Nr. 1 verzeichnete, in der Gemarkung Trienach gelegene Wohnhaus mit Hausgarten, Viktoriastraße Nr. 18, Kartenblatt 1 Parzelle $\frac{312}{43}$, Grundsteuermutterrolle Art. 96, Gebäudesteuerrolle Nr. 38. Größe: 6 a 95 qm.

Eigentümer:

Bankbeamter Gottlieb Meyer in Trienach.

Vorgehende oder gleichstehende Eintragungen: [1]

Zweite Abteilung: Nr. 1: ein Nießbrauch auf die Dauer von zehn Jahren, eingetragen am 29. September 1937.

Dritte Abteilung: Nr. 1: 5 000 (fünftausend) Reichsmark.

Nr. 2: 1 500 (eintausendfünfhundert) Reichsmark.

im Range vorgehend.

Schonberg, den 17. Februar 1942.

Das Amtsgericht, Abt. 2

(Siegel)

Hoffmann *Kummer*

Der vorbehaltene Vorrang vor diesem Recht ist der Post Abt. III Nr. 4 (2 000 RM) eingeräumt.

Mit den Zinsen seit dem 1. April 1944 abgetreten an den Kaufmann Hubert Rabe in Gransee unter Rückumwandlung der zunächst als Grundschuld auf den Eigentümer übergegangenen Post in eine Hypothek für ein mit fünf vom Hundert verzinsliches Darlehen von eintausend-

---

[1]) Nunmehr *DM*

(3. Seite)

siebenhundert Reichsmark. Der jeweilige Eigentümer ist der sofortigen Zwangsvollstreckung unterworfen. Unter Bezugnahme auf die in anliegender Schuldurkunde enthaltenen Eintragungsbewilligungen vom 25. März 1944 im Grundbuch eingetragen am 14 April 1944.

Schonberg, den 15. April 1944.

Das Amtsgericht, Abt. 2

(Siegel)

Schön *Meyer*

Dem belasteten Grundstück ist am 14. November 1944 die im Bestandsverzeichnis unter Nr. 3 verzeichnete, in der Gemarkung Golm gelegene Wiese am Zernsee, Kartenblatt 1 Parzelle 66, Grundsteuermutterrolle Art. 18, Größe 6 a 28 qm, als Bestandteil zugeschrieben worden. Infolge der Zuschreibung ist das belastete Grundstück unter Nr. 4 des Bestandsverzeichnisses, wie folgt, neu eingetragen worden:

Das in der Gemarkung Trienach gelegene Wohnhaus mit Hausgarten, Viktoriastraße Nr. 18, Kartenblatt 1 Parzelle $\frac{312}{43}$, Grundsteuermutterrolle Art. 96, Gebäudesteuerrolle Nr. 38 und die in der Gemarkung Golm gelegene Wiese am Zernsee, Kartenblatt 1 Parzelle 66, Grundsteuer-mutterrolle Art. 18.

— Gesamtgröße 13 a 23 qm. —

Als Eigentümer des Grundstücks ist seit dem 1. September 1942 der Kaufmann Alexander Preuß in Trienach eingetragen.

Die dieser Post vorgehende, in Abt. III Nr. 2 eingetragene Post von 1 500 R.M. ist in Höhe von 500 R.M. gelöscht.

Schonberg, den 13. März 1945.

(Siegel)

                                    Das Amtsgericht, Abt. 2

                                    Schön   Meyer

(4. Seite)

Von den vorstehenden 1 700 R.M. sind 700 (siebenhundert) Reichsmark nebst den Zinsen seit dem 1. Juli 1945 mit dem Vorrange vor dem Rest abgetreten an den Ingenieur Fritz Raspel in Eiche. Die Abtretung ist am 7. Juli 1945 im Grundbuch eingetragen. Für den abgetretenen Betrag ist ein Teilhypothekenbrief hergestellt.

Schonberg, den 9. Juli 1945.

(Siegel)

                                    Das Amtsgericht, Abt. 2

                                    Schön   Meyer

Muster Anlage 4 zur GBVfg aF (Teilhypothekenbrief)

*) Linien im Original = rot

Muster
(Vorderseite)

Deutscher Teilhypothekenbrief
über *)

700 Reichsmark Teilbetrag der in dem Grundbuche von *Triemach*

(*Amtsgericht Schonberg*) Band 3 Blatt 86 Ab-

teilung III Nr. 3

eingetragenen   1700 Reichsmark.

Der bisherige Brief über die Hypothek von *1700 Reichsmark* lautet wie folgt:

Deutscher Hypothekenbrief
über

die in dem Grundbuche von *Triemach (Amtsgericht Schonberg)* Band 3 Blatt 86 Abteilung III Nr. 3 eingetragenen 1700 Reichsmark *)

Inhalt der Eintragung:

Nr. 3: 1700 (eintausendsiebenhundert) Reichsmark Kaufpreisforderung mit fünf vom Hundert jährlich verzinslich für die Sprachlehrerin Frieda Meister in Golm. Der jeweilige Eigentümer ist der sofortigen Zwangsvollstreckung unterworfen. Vorbehalten ist der Vorrang für eine Hypothek von zweitausend Reichsmark nebst fünf vom Hundert Zinsen. Unter Bezugnahme auf die in anliegender Schulddurkunde enthaltene Eintragungsbewilligung vom 1. Dezember 1941 eingetragen am 16. Februar 1942.

¹) Nunmehr DM

(2. Seite)

Belastetes Grundstück:

Das im Bestandsverzeichnis unter Nr. 1 verzeichnete, in der Gemarkung Triemach gelegene Wohnhaus mit Hausgarten, Viktoriastraße Nr. 18, Kartenblatt 1 Parzelle $\frac{312}{43}$, Grundsteuermutterrolle Art. 96, Gebäudesteuerrolle Nr. 38. Größe: 6 a 95 qm.

Eigentümer:

Bankbeamter Gottlieb Meyer in Trienach.

Vorgehende oder gleichstehende Eintragungen: [1]

Zweite Abteilung: Nr. 1: ein Nießbrauch auf die Dauer von zehn Jahren, ein-
getragen am 29. September 1937

Drittc Abteilung: Nr. 1: 5 000 (fünftausend) Reichsmark

Nr. 2: 1 500 (eintausendfünfhundert) Reichsmark

im Range vorgehend.

Schonberg, den 17. Februar 1942.

Das Amtsgericht, Abt. 2

(Siegel)

gez. Hoffmann   *gez. Kummer*

Der vorbehaltene Vorrang vor diesem Recht ist der Post Abt. III Nr. 4 (2 000 R.M.) ein-
geräumt.

Mit den Zinsen seit dem 1. April 1944 abgetreten an den Kaufmann Hubert Rabe in Gransee
unter Rückumwandlung der zunächst als Grundschuld auf den Eigentümer übergegangenen
Post in eine Hypothek für ein mit fünf vom Hundert verzinsliches Darlehn von eintausend-

---

[1] Nunmehr *DM*

(3. Seite)

riebenhundert Reichsmark. Der jeweilige Eigentümer ist der sofortigen Zwangsvollstreckung
unterworfen. Unter Bezugnahme auf die in anliegender Schuldurkunde enthaltenen Ein-
tragungsbewilligungen vom 25. März 1944 im Grundbuch eingetragen am 14. April 1944.

Schonberg, den 15. April 1944.

Das Amtsgericht, Abt. 2

(Siegel)

gez. Schön   *gez. Meyer*

Dem belasteten Grundstück ist am 14. November 1944 die im Bestandsverzeichnis unter Nr. 3 verzeichnete, in der Gemarkung Golm gelegene Wiese am Zernsee, Kartenblatt 1 Parzelle 66, Grundsteuermutterrolle Art. 18, Größe 6 a 28 qm, als Bestandteil zugeschrieben worden. Infolge der Zuschreibung ist das belastete Grundstück unter Nr. 4 des Bestandsverzeichnisses wie folgt neu eingetragen worden:

Das in der Gemarkung Trienach gelegene Wohnhaus mit Hausgarten, Viktoriastraße Nr. 18, Kartenblatt 1 Parzelle $\frac{312}{43}$, Grundsteuermutterrolle Art. 96, Gebäudesteuerrolle Nr. 38 und die in der Gemarkung Golm gelegene Wiese am Zernsee, Kartenblatt 1 Parzelle 66, Grundsteuermutterrolle Art. 18.

— Gesamtgröße 13 a 23 qm. —

Als Eigentümer des Grundstücks ist seit dem 1. September 1942 der Kaufmann Alexander Preuß in Trienach eingetragen.

Die dieser Post vorgehende, in Abt. III Nr. 2 eingetragene Post von 1 500 RM ist in Höhe von 500 RM gelöscht.

Schonberg, den 13. März 1945.

Das Amtsgericht, Abt. 2

(Siegel)

gez. Schön *gez. Meyer*

———

(4. Seite)

Die vorstehende Abschrift stimmt mit der Urschrift überein.

Von den 1 700 RM sind 700 (siebenhundert) Reichsmark nebst den Zinsen seit dem 1. Juli 1945 mit dem Vorrange vor dem Rest abgetreten an den Ingenieur Fritz Raspel in Eiche. Die Abtretung ist am 7. Juli 1945 im Grundbuch eingetragen.

Über diese 700 (siebenhundert) Reichsmark ist dieser Teilhypothekenbrief hergestellt worden.

Schonberg, den 9. Juli 1945.

Das Amtsgericht, Abt. 2

(Siegel)

Schön *Meyer*

———

Muster Anlage 5 zur GBVfg aF (Hypothekenbrief über eine Gesamthypothek)

*) Linien im Original = rot

Muster

(Vorderseite)

Deutscher Hypothekenbrief

über

die in dem Grundbuche von   *Buchhain (Amtsgericht Seefeld)*

Band   *1*   Blatt   *10*   Abteilung III Nr.   *3*

und ebenda Band   *1*   Blatt   *11*   Abteilung III Nr.   *2*

eingetragene Gesamthypothek von   *7 000 Reichsmark.*   [1]

Inhalt der Eintragungen: [1]

7 000 (siebentausend) Reichsmark Darlehn mit sechs vom Hundert jährlich ver~~~~~~~~~~ *)
für die Ehefrau Maria ~~~~~~ geb. Weiß in Jüterbog. D~~~~~~~~ Eigentümer ist der
sofortigen Zwangsvollstreckung unterworfen. ~~~~ Bezugnahme auf die in anliegender
Schuldurkunde enthal~~~~ Eintragungsbewilligung vom 15. F~~~~~ 1939 eingetragen am
15. ~~~~ 1939.

Belastete Grundstücke:

1. Buchhain Band 1 Blatt 10:

    1. Das im Bestandsverzeichnis unter Nr. 1 eingetragene, in der Gemarkung Buchhain
    gelegene Landgut Neuhof, Grundsteuermutterrolle Art. 13, Gebäudesteuerrolle Nr. 27;
    Größe: 141 ha 67 a 09 qm.

[1] Nunmehr *DM*

(2. Seite)

    2. Das im Bestandsverzeichnis unter Nr. 2 eingetragene, aus folgenden Teilen bestehende
    Grundstück:

       a) der in der Gemarkung Brühl gelegene Garten im Dorfe, Kartenblatt 2 Parzelle 110,
       Grundsteuermutterrolle Art. 130;

       b) der ebenda gelegene Acker im Mittelfelde, Kartenblatt 2 Parzelle 111, Grund-
       steuermutterrolle Art. 130;

       c) die ebenda gelegene Wiese am Kirchhof, Kartenblatt 2 Parzelle 112, Grund-
       steuermutterrolle Art. 130.

       — Gesamtgröße: 1 ha 10 a 53 qm. —

3. Die im Bestandsverzeichnis unter Nr. 3 eingetragene, in der Gemarkung Buchhain gelegene Wiese am Nuthefluß, Kartenblatt 3 Parzelle 66, Grundsteuermutterrolle Art. 13; Größe: 15 a 06 qm.

II. *Buchhain Band 1 Blatt 11:*

Das im Bestandsverzeichnis unter Nr. 1 eingetragene, in der Gemarkung Buchhain gelegene Wohnhaus mit Hofraum, Dorfstraße Nr. 4, Kartenblatt 3 Parzelle 73, Grundsteuermutterrolle Art. 14, Gebäudesteuerrolle Nr. 20; Größe: 25 a 08 qm.

Eigentümer:

Zu I und II: *Kaufmann Friedrich Gerber in Buchhain.*

Vorgehende oder gleichstehende Eintragungen: [1]

Auf Nr. I, 1:

Zweite Abteilung: Nr. 1: Vorkaufsrecht

Dritte Abteilung: Nr. 2: 3 000 (dreitausend) Reichsmark

Auf Nr. I, 2:

Zweite Abteilung: Nr. 2: 200 (zweihundert) Reichsmark jährliche Rente

Dritte Abteilung: Nr. 1: 5 000 (fünftausend) Reichsmark

Nr. 2: 3 000 (dreitausend) Reichsmark

} sämtlich im Range vorgehend.

---

[1] Nunmehr *DM*

(8. Seite)

Auf Nr. I, 3:

Zweite Abteilung:
Dritte Abteilung: } Keine.

Auf Nr. II:

Zweite Abteilung:
Dritte Abteilung: } Keine.

Seefeld, den 17. Mai 1939.

(Siegel)

Das Amtsgericht

Richter   Müller

Die Post ist durch Erbfolge auf den Bäckermeister Karl Gruhn in Jüterbog übergegangen.

Nacherbe des Bäckermeisters Karl Gruhn ist beim Tode des Vorerben der Bäckergeselle Emil Gruhn in Treuenbrietzen. Der Nacherbe ist auf dasjenige eingesetzt, was von der Erbschaft bei dem Eintritt der Nacherbfolge übrig sein wird. Im Grundbuch eingetragen am 15. Mai 1940.

Seefeld, den 17. Mai 1940.

(Siegel)

Das Amtsgericht

Richter   Müller

Das im Grundbuche von Buchhain Band 1 Blatt 11 unter Nr. 1 des Bestandsverzeichnisses eingetragene mithaftende Grundstück ist am 28. Juli 1940 auf das Grundbuchblatt Buchhain Band 1 Blatt 10 unter Nr. 4 des Bestandsverzeichnisses übertragen und mit dem ebenda unter Nr. 3 des Bestandsverzeichnisses eingetragenen Grundstück vereinigt worden. Nr. 3 und Nr. 4 sind unter Nr. 5 wie folgt eingetragen worden:

Das in der Gemarkung Buchhain gelegene Wohnhaus mit Hofraum, Dorfstraße Nr. 4, Kartenblatt 3 Parzelle 73, Grundsteuermutterrolle Art. 13, Gebäudesteuerrolle Nr. 20 und die

(4. Seite)

ebenda gelegene Wiese am Nuthefluß, Kartenblatt 3 Parzelle 66, Grundsteuermutterrolle Art. 13 — Gesamtgröße: 40 a 14 qm —.

Von der vorgehenden, auf dem Grundstück Nr. I 2 ruhenden Post Abteilung III Nr. 1 sind am 15. Dezember 1939 eintausend Reichsmark gelöscht.

Seefeld, den 29. August 1940.

(Siegel)

Das Amtsgericht

Richter   Müller

Die Hypothek ist am 2. Januar 1941 gelöscht.

Seefeld, den 5. Januar 1941.

(Siegel)

Das Amtsgericht

Richter   Müller

Muster Anlage 6 zur GBVfg aF (Gemeinschaftlicher Hypothekenbrief)

Muster
(Vorderseite)

Deutscher Hypothekenbrief

über [1]

die in dem Grundbuche von *Trienach (Amtsgericht Schonberg)*

Band __3__ Blatt __86__ Abteilung III Nr. __1 und 2__

eingetragenen *5000 und 1000 Reichsmark*

zusammen __6 000 Reichsmark.__

Inhalt der Eintragungen: [1]

Nr. 1: 5000 (fünftausend) Reichsmark Darlehen mit vier vom Hundert jährlich verzinslich für den Bankier Max Wechsler in Golm. Unter Bezugnahme auf die in anliegender Schuldurkunde enthaltene Eintragungsbewilligung vom 5. Januar 1939 eingetragen am 14. Januar 1939.

Nr. 2: 1000 (eintausend) Reichsmark Darlehen mit fünf vom Hundert jährlich verzinslich für den Bankier Max Wechsler in Golm. Der jeweilige Eigentümer ist der sofortigen Zwangsvollstreckung unterworfen. Unter Bezugnahme auf die in anliegender Schuldurkunde enthaltene Eintragungsbewilligung vom 21. März 1940 eingetragen am 5. April 1940.

[1] Nunmehr *DM*

(2. Seite)

Belastetes Grundstück:

Das im Bestandsverzeichnis unter Nr. 1 eingetragene, in der Gemarkung Trienach gelegene Wohnhaus mit Hausgarten, Viktoriastraße Nr. 18, Kartenblatt 1 Parzelle $\frac{312}{43}$, Grundsteuermutterrolle Art. 96, Gebäudesteuerrolle Nr. 38.

— Größe: 6 a 95 qm —

Eigentümer:

Kaufmann Alexander Preuß in Trienach.

Vorgehende oder gleichstehende Eintragungen: [1]

Zweite Abteilung: Nr. 1: Nießbrauch auf die Dauer von zehn Jahren eingetragen am 29. September 1937. Im Range vorgehend.

Dritte Abteilung: Keine.

Dieser Brief tritt für beide Hypotheken an die Stelle des bisherigen Briefes.

Auf dem bisherigen Briefe über die Post Nr. 2 findet sich folgender Vermerk:

,,Mit Preuß ist vereinbart, daß, pünktliche Zinszahlung vorausgesetzt, die Hypothek nicht vor dem 1. April 1945 gekündigt werden darf.

Golm, 6. Juni 1941

(gez.) Max Wechsler.''

Schonberg, den 9. September 1943.

Das Amtsgericht, Abt. 2

(Siegel)

Hoffmann   Kummer

---

[1] Nunmehr *DM*

Muster Anlage 7 zur GBVfg aF (Grundschuldbrief)

Muster
(Vorderseite)

Deutscher Grundschuldbrief

über

die in dem Grundbuche von *Trienach (Amtsgericht Schonberg)*

Band *3* Blatt *86* Abteilung III Nr. *5*

eingetragenen *1 000 Reichsmark.* [1]

Inhalt der Eintragung: [1]

Nr. 5: 1 000 (eintausend) Reichsmark Grundschuld mit fünf vom Hundert jährlich seit dem 1. April 1943 verzinslich, für den Rentner Herbert Müller in Berlin-Pankow. Die Zinsen sind am 1. April und 1. Oktober eines jeden Jahres zahlbar. Die Grundschuld wird drei Monate nach Kündigung fällig. Die Kündigung darf nur zum Schluß eines Kalendervierteljahrs erfolgen, seitens des Gläubigers frühestens zum 31. März 1946.

Eingetragen am 23. März 1944.

Belastetes Grundstück:

Der im Bestandsverzeichnis unter Nr. 2 eingetragene, in der Gemarkung Trienach gelegene Garten bei den Fichten, Kartenblatt 2 Parzelle 77, Grundsteuermutterrolle Art. 96. Größe: 4 a 12 qm.

Eigentümer:

Kaufmann Alexander Preuß in Trienach.

[1] Nunmehr *DM*

(2. Seite)

Vorgehende oder gleichstehende Eintragungen:

Zweite Abteilung: Keine.

Dritte Abteilung: Keine.

Schonberg, den 25. März 1944.

(Siegel)

Das Amtsgericht, Abt. 2
Schön   Meyer

Muster Anlage 8 zur GBVfg aF (Rentenschuldbrief)

⋆) Linien im Original = rot

Muster
(Vorberfeite)

Deutscher Rentenschuldbrief

über

die in dem Grundbuche von   *Buchhain (Amtsgericht Seefeld)*

Band   *1*   Blatt   *10*   Abteilung III Nr.   *5*

eingetragene Rentenschuld von   **300 Reichsmark.**   ¹)

Inhalt der Eintragung: ¹)   ⋆)

Nr. 5: 300 (dreihundert) Reichsmark, vom 1. Juni 1938 an jährlich am 1. Juni zahlbare Rentenschuld, ablösbar mit sechstausend Reichsmark für die Gemeinde Seefeld. Eingetragen am 1. Juni 1939.

Belastetes Grundstück:

Das im Bestandsverzeichnis unter Nr. 1 eingetragene, in der Gemarkung Buchhain gelegene Landgut Neuhof, Grundsteuermutterrolle Art. 13, Gebäudesteuerrolle Nr. 27; Größe: 141 ha 67 a 09 qm.

Eigentümer:

Kaufmann Friedrich Gerber in Buchhain.

¹) Nunmehr *DM*

(2. Seite)

Vorgehende oder gleichstehende Eintragungen: [1]

Zweite Abteilung: Nr. 1: Vorkaufsrecht

Dritte Abteilung: Nr. 2: 3 000 (dreitausend) Reichsmark

                 Nr. 3: 7 000 (siebentausend) Reichsmark

                 Nr. 4: Vormerkung über 500 (fünfhundert) Reichsmark

                 im Range vorgehend.

Seefeld, den 3. Juni 1939.

   (Siegel)   *Das Amtsgericht*

                          Richter   *Müller*

Die Rentenschuld ist gelöscht am 25. Juli 1941.

Seefeld, den 25. Juli 1941.

   (Siegel)   *Das Amtsgericht*

                          Richter   *Müller*

---

[1] Nunmehr *DM*

Muster Anlage 4 zur WEGGBVfg aF (Probeeintragungen in einen Hypothekenbrief bei Aufteilung des belasteten Grundstücks in Wohnungseigentumsrechte unter Anlegung von besonderen Wohnungsgrundbüchern)

Muster
(Vorderseite)

Gruppe   Nr. . . . . .

Deutscher Hypothekenbrief
über

100 000 Deutsche Mark

eingetragen in dem Grundbuche von Trienach (Amtsgericht Schonberg) Band 3 Blatt 86 Abteilung III Nr 3.

Inhalt der Eintragung:

Nr 3: 100 000 (einhunderttausend) Deutsche Mark Darlehen für die Spar- und Darlehenskasse in Schonberg mit sechseinhalb vom Hundert jährlichen Zinsen. Unter Umständen sind siebeneinhalb vom Hundert jährlich sowie ein einmaliger Zuschlag von höchstens zweieinviertel vom Hundert des ursprünglichen Darlehensbetrages zu zahlen. Unter Bezugnahme auf die in anliegender Schulddurkunde enthaltene Eintragungsbewilligung vom 29. September 1954 eingetragen am 18. Oktober 1954.

Belastetes Grundstück:

Das im Bestandverzeichnis unter Nr 1 verzeichnete, in der Gemarkung Trienach gelegene Wohnhaus mit Garten, Viktoriastraße Nr 18, Flur 1, Flurstück $\frac{512}{43}$, Liegenschaftsbuch Nr 96, Gebäudebuch Nr 38, Größe 6 a, 95 qm.

(2. Seite)

Eigentümer:

1. Bankbeamter Gottlieb Meyer in Trienach	zu $^{23}/_{100}$ Anteilen,
2. Witwe Pauline Scheuer geb. Schulze in Trienach	zu $^{27}/_{100}$ Anteilen,
3. Rechtsanwalt Heinrich Müller in Schonberg	zu $^{23}/_{100}$ Anteilen,
4. Kaufmann Erich Schmidt in Köln	zu $^{27}/_{100}$ Anteilen.

Vorgehende oder gleichstehende Eintragungen

Zweite Abteilung: k e i n e
Dritte Abteilung: k e i n e

Schonberg, den 18. Oktober 1954.

(Siegel)

Das Amtsgericht, Abt 2
Hofmann   Kummer

Für jeden der genannten Miteigentumsanteile an dem Grundstück ist am 27. September 1955 ein Wohnungsgrundbuch angelegt worden; im Bestandsverzeichnis dieser Wohnungsgrundbücher ist jeweils eingetragen, daß der Miteigentumsanteil gemäß den Aufteilungsplan mit dem Sondereigentum an einer bestimmten Wohnung (einschließlich der Nebenräume) verbunden und durch die zu den anderen Miteigentumsanteilen gehörenden Sondereigentumsrechte beschränkt worden ist; wie folgt

(3. Seite)

| Mit-eigentum | Wohnungsgrundbuch von Trienach | | Wohnungs einschl. Nebenräume | |
	Band	Blatt	örtl. Lage der Wohnung	Nr des Aufteilungs-plans für Wohnung und Nebenräume
zu a)	4	87	Erdgeschoß rechts	1
zu b)	4	88	Erdgeschoß links	2
zu e)	4	89	1. Stock rechts	3
zu d)	4	90	1. Stock links	4

Jeder Wohnungseigentümer bedarf zur Veräußerung des Wohnungseigentums der Zustimmung der Mehrheit der übrigen Wohnungseigentümer. Im übrigen ist wegen des Gegenstandes und des Inhalts des Sondereigentums auf die Eintragungsbewilligung vom 28. Juli 1955 Bezug genommen.

Die Hypothek ist als Gesamthypothek in die dritte Abteilung unter Nr 1 der vorgenannten Wohnungsgrundbücher übertragen worden. Das Grundbuch von Trienach Band 3 Blatt 86 ist geschlossen worden*).

Schonberg, den 27. September 1955

(Siegel)

Das Amtsgericht, Abt 2

Hofmann   Kummer

Bem*): Dieser Satz ist im Falle 6 Satz 2 der Verfügung über die grundbuchmäßige Behandlung der Wohnungseigentumssachen vom 1. August 1951 zu streichen.

§ 58 (Verbindung der Schuldurkunde mit dem Hypothekenbrief)

(1) Ist eine Urkunde über die Forderung, für welche eine Hypothek besteht, ausgestellt, so soll die Urkunde mit dem Hypothekenbrief verbunden werden. Erstreckt sich der Inhalt der Urkunde auch auf andere Angelegenheiten, so genügt es, wenn ein öffentlich beglaubigter Auszug aus der Urkunde mit dem Hypothekenbrief verbunden wird.

(2) Zum Nachweis, daß eine Schuldurkunde nicht ausgestellt ist, genügt eine darauf gerichtete Erklärung des Eigentümers.

Schrifttum

Bückle, Der bezugnahmelose Grundschuldbrief, DNotZ 1936, 844; *Labbé,* Verbindung des Hypothekenbriefs mit einer vollstreckbaren Ausfertigung der Schuldurkunde?, DNotZ 1957, 647; *Ripfel,* Die Verbindung von Urkunden mit Grundschuldbriefen ist unzulässig, Justiz 1957, 87; *Schmidt,* Verbindung des Hypothekenbriefs mit einer vollstreckbaren Ausfertigung der Schuldurkunde?, DNotZ 1957, 14, 648; *Tröster,* Der bezugnahmelose Grundschuldbrief, Rpfleger 1961, 73.

I. Allgemeines

1. Normzweck und Norminhalt

1 Obwohl das Vorhandensein einer Schuldurkunde nach materiellem Recht keine Voraussetzung für die Hypothekenbestellung darstellt, schreibt § 58 vor, dass eine ausgestellte Schuldurkunde anlässlich des Hypothekeneintragungsverfahrens vorgelegt und aus Zweckmäßigkeitsgründen mit dem Brief verbunden werden muss. Die Verbindung von Brief und Schuldurkunde soll verhindern, dass über die Hypothek und die gesicherte Forderung missbräuchlich gesondert verfügt wird (vgl § 1153 BGB).[1]

2. Entstehungsgeschichte

2 Während im Entw I § 58 noch vorgesehen war, dass die Eintragungsbewilligung und die in ihr in Bezug genommenen Urkunden mit dem Brief zu verbinden sind, kehrte der Entw II § 56 in Anlehnung an § 122 PrGBO zu dem im früheren preußischen Recht geltenden Grundsatz zurück, wonach nur die Schuldurkunde den Gegenstand der Verbindung bildet. Nachdem die Vorschrift durch die GBOÄndVO vom 05.08.1935 (RGBl I, 1065) sachlich unverändert blieb, wurde § 58 Abs 2 aF durch § 27 Nr 3 GBMaßnG vom 20.12.1963 (BGBl I, 986) aufgehoben. Die aufgehobene Vorschrift sah in Abweichung von § 57 Abs 2a in dessen bis zum In-Kraft-Treten des GBMaßnG geltenden Fassung[2] vor, dass der Inhalt der mit dem Brief verbundenen Schuldurkunde nicht in den auf dem Brief wiederzugebenden Auszug aus dem Grundbuch aufgenommen werden muss. § 58 Abs 2 aF, der zwecklose Wiederholungen auf dem Brief vermeiden sollte,[3] wurde durch die aufgrund des GBMaßnG erfolgte Änderung des § 57 Abs 2a aF gegenstandslos. Durch seine aus diesem Grund erfolgte Aufhebung[4] wurde aus dem früheren § 58 Abs 3 der nunmehrige § 58 Abs 2.

---

1 D 61; KG OLGE 3, 364 = RJA 2, 196; KGJ 25 A, 319 = OLGE 6, 206 = RJA 3, 207; KGJ 37 A, 312; KGJ 53, 226 = OLGE 41, 174; JW 1936, 1081 = HRR 1936 Nr 359 = DNotZ 1936, 277; OLG Düsseldorf NJW 1961, 2263 = MittBayNot 1962, 9 = DNotZ 1962, 194 (LS) = BWNotZ 1962, 30 (LS) = ZMR 1962, 278 (LS) = JMBlNRW 1962, 124; *Oberneck* Gruchot 43, 910.

2 Vgl § 57 aF Rdn 2 Fn 1, 5.

3 D 62; vgl hierzu die Kritik von *Güthe-Triebel* § 57 Rn 6.

4 Vgl BT-Drucks 4/351 S 17.

II. Das Vorhandensein einer Schuldurkunde als Voraussetzung für die Verbindung mit dem Brief, § 58 Abs 1 S 1

1. Die Notwendigkeit der Verbindung

Die Anwendung des § 58 setzt lediglich voraus, dass im **Zeitpunkt der Brieferteilung** eine Schuldurkunde vorhanden ist.[5] Es ist also nicht erforderlich, dass die Schuldurkunde bereits vor oder gleichzeitig mit der Erklärung der Eintragungsbewilligung ausgestellt wurde. Selbst wenn die Ausstellung der Schuldurkunde erst nach der Eintragung der Hypothek erfolgt ist, muss sie mit dem noch zu erteilenden Brief verbunden werden. Dagegen ist die Verbindung unzulässig, wenn eine ursprünglich vorhanden gewesene Schuldurkunde von den Beteiligten noch vor Brieferteilung wieder aufgehoben wurde. Ist zum maßgebenden Zeitpunkt eine Schuldurkunde vorhanden, so muss sie in allen Fällen mit dem Brief verbunden werden. Ein Verzicht der Beteiligten auf die Verbindung ist nicht möglich.[6] Auch wenn sich die Beschaffung der Urkunde als schwierig erweist, kann nicht von der Verbindung abgesehen werden. In diesem Fall müssen die Beteiligten wenigstens für die Vorlegung einer beglaubigten Abschrift der Schuldurkunde sorgen (vgl Rdn 25).[7] Ist auch das nicht möglich (zB bei Verlust der Urkunde, wenn Ausfertigungen oder beglaubigte Abschriften nicht existieren), so darf der Brief ohne Verbindung mit der Schuldurkunde nur unter der Voraussetzung erteilt werden, dass die Unmöglichkeit der Beibringung oder die von den Beteiligten erklärte Aufhebung der an sich vorhandenen Schuldurkunde in entsprechender Anwendung des § 58 Abs 2 nachgewiesen wird (vgl Rdn 16).[8] Die nachträgliche Ausstellung einer neuen Schuldurkunde ist in diesen Fällen nicht erforderlich.[9] Sofern eine Brieferteilung ohne Urkundenverbindung in Betracht kommt, ist ein entsprechender Briefvermerk als überflüssig und unzweckmäßig abzulehnen. Es besteht kein Bedürfnis, die ordnungsgemäße Briefherstellung auf dem Brief zu bescheinigen, weil sich bereits aus § 58 Abs 2 ergibt, dass es nicht in allen Fällen einer Urkundenverbindung bedarf.[10] Wegen der Verbindung der Schuldurkunde bei maschinellen Briefen vgl Rdn 28. **3**

2. Die Schuldurkunde

a) Begriffsbestimmung. aa) § 58 erfasst nur Urkunden, die über die der Hypothek zugrunde liegende **persönliche Forderung** errichtet wurden. Aus welchem Schuldverhältnis die Forderung stammt (zB aus Darlehens- oder Kaufvertrag, Bürgschaftserklärung, Schuldversprechen, Schuldanerkenntnis, Vermächtnis, Schenkungsversprechen usw), ist unerheblich.[11] Es muss sich im Hinblick auf § 1113 BGB allerdings um eine Geldforderung handeln. Nicht notwendig ist hingegen, dass der Eigentümer des Pfandobjekts mit dem persönlichen Schuldner identisch ist (vgl § 1143 BGB). **4**

bb) Ob Abänderungsurkunden, die keine Änderung des Schuldgrundes enthalten, sondern nur in Bezug auf den **Inhalt der Forderung** von der ursprünglichen Schuldurkunde abweichen (zB wegen geänderter Zins- und Zahlungsbestimmungen), mit dem Brief zu verbinden sind, hängt vom Zeitpunkt der Änderung ab. Erfolgt die Änderung **vor** der Erteilung des Briefs,[12] so ist sowohl die ursprüngliche Schuldurkunde als auch die Abänderungsurkunde mit dem herzustellenden Brief zu verbinden, da nur beide Urkunden zusammen den vollständigen Inhalt der Forderung wiedergeben. Findet die Änderung hingegen erst **nach** der Brieferteilung statt, so ergibt sich der Inhalt der Änderung bereits aus dem nach § 62 auf dem Brief anzubringenden Ergänzungsvermerk. Eine Verbindung der Abänderungsurkunde mit dem Brief kommt in diesem Fall nicht in Betracht, da sie weder vorgeschrieben noch sachlich geboten ist.[13] Auffassungen, die die Verbindung in das Ermessen des Grundbuchamts stellen[14] oder gar zur Pflicht machen,[15] sind seit In-Kraft-Treten des GBMaßnG überholt. Seit diesem Zeitpunkt (01.02.1964) ist es infolge der Änderung des § 57 Abs 2a aF nämlich nicht mehr erforderlich, den Inhalt von Bezugnahmen in den Brief aufzunehmen (vgl § 57 aF Rdn 2 und dortige Fn 1, 5). Damit stellt sich auch die für die vorgenannten Ansichten bedeutsame Frage nicht mehr, ob die in dem nach § 62 auf den **5**

---

5 *Güthe-Triebel* Rn 9.
6 *Hügel-Kral* Rn 6; *Güthe-Triebel* Rn 9.
7 KG JFG 8, 226, 230 = HRR 1931 Nr 1457; *Predari* Anm 3; *Güthe-Triebel* Rn 8, 9; *Demharter* Rn 7.
8 KG OLGE 3, 364 = RJA 2, 196; *Güthe-Triebel* Rn 9; *Henle-Schmitt* Anm 9; *Henle* Recht 1912, 78.
9 *Güthe-Triebel* Rn 9.
10 **AA** *Bauer/von Oefele-Weber* Rn 10; *Güthe-Triebel* Rn 9.
11 *Güthe-Triebel* Rn 3. Widersprüchlich *Bauer/von Oefele-Weber* Rn 3 (letztwillige Vermächtnisverfügungen: ja; Testamente: nein).
12 Auf den falschen Zeitpunkt abstellend *Demharter* Rn 10 (Eintragung der Hypothek); *KEHE-Eickmann* Rn 1 (Begründung der Hypothek); unrichtig auch *Schöner/Stöber* Rn 2018 (ohne Differenzierung nach dem Zeitpunkt der Änderung).
13 *Staudinger-Wolfsteiner* § 1116 Rn 15; *KEHE-Eickmann* Rn 1; *Demharter* Rn 10; *Bauer/von Oefele-Weber* Rn 3; *Hügel-Kral* Rn 3; *Schöner/Stöber* Rn 2018.
14 KG KGJ 53, 224 = OLGE 41, 174; *Güthe-Triebel* Rn 3; *Hesse-Saage-Fischer* Anm I; Voraufl (6.) Rn 3.
15 KG KGJ 30 A, 276 = OLGE 11, 3 = RJA 6, 75; KGJ 33 A, 262, 267 = OLGE 14, 64 = RJA 7, 271; KGJ 34 B, 22; *Henle-Schmitt* Anm 2.

Brief zu setzenden Ergänzungsvermerk durch die Bezugnahme auf die Eintragungsbewilligung enthaltene Wiedergabe des Inhalts der Bezugnahme durch die Verbindung mit der Abänderungsurkunde ersetzt werden kann (muss).[16]

6   cc) Hat die Abänderungsurkunde die **Änderung des Schuldgrundes** zum Gegenstand (Forderungsauswechslung, § 1180 BGB), so ist neben dem Zeitpunkt der Änderung auch von Bedeutung, ob eine vollständige oder nur eine teilweise Auswechslung der Forderung stattfindet.

7   (1) Sofern nicht die Erteilung eines neuen Briefs beantragt wird, ist die bisherige Schuldurkunde im Fall der nach der Brieferteilung erfolgenden **vollständigen Forderungsauswechslung** vom Brief abzutrennen (§ 65 Abs 2) und die neue Schuldurkunde mit dem Brief zu verbinden (vgl § 65 Rdn 11). Daraus ergibt sich, dass im Fall der vor der Brieferteilung stattfindenden vollständigen Forderungsauswechslung nur die neue Schuldurkunde mit dem Brief verbunden wird.

8   (2) Bei nur **teilweiser Ersetzung der Forderung** kommt es neben dem Zeitpunkt der Forderungsauswechslung vor allem darauf an, ob mit der Forderungsauswechslung ein Gläubigerwechsel verbunden ist.

9   **Fall 1:** Teilweise Forderungsauswechslung **nach** Brieferteilung.

Ist der Gläubiger der neuen Forderung mit dem Gläubiger der Restforderung identisch, so wird die bisherige Schuldurkunde nicht vom Brief abgetrennt. Sofern für die neue Forderung nicht die Erteilung eines neuen Briefs beantragt wird (§ 65 Abs 2), ist auch die neue Schuldurkunde mit dem bisherigen Brief zu verbinden (vgl § 65 Rdn 11). Steht die neue Forderung nicht dem Gläubiger der Restforderung zu, so ist es entgegen der herrschenden Meinung[17] nicht für zulässig zu erachten, dass für die neue Forderung **von Amts wegen** ein neuer selbständiger Brief erteilt wird. Vielmehr ist über den ausgewechselten Forderungsbetrag auf Antrag ein Teilbrief zu erteilen (zur Begründung sowie zur Behandlung des Briefs und der Schuldurkunde vgl § 61 Rdn 19).[18]

10   **Fall 2:** Teilweise Forderungsauswechslung **vor** Brieferteilung.

Stehen beide Forderungen demselben Gläubiger zu, so sind beide Schuldurkunden mit dem herzustellenden Brief zu verbinden. Ist die teilweise Forderungsauswechslung hingegen mit einem Gläubigerwechsel verbunden, so liegen von vornherein zwei selbständige Hypotheken vor. In diesem Fall sind daher zwei Briefe zu erteilen, wobei mit jedem Brief die zu ihm gehörende Schuldurkunde zu verbinden ist.

11   dd) § 58 ist nur auf **Schuldurkunden** anwendbar. **Andere Urkunden** dürfen mit dem Brief nicht verbunden werden. Dies gilt vor allem für Urkunden, die ausschließlich dingliche oder verfahrensrechtliche Erklärungen (zB die Eintragungsbewilligung) enthalten.[19] Auch Urkunden über die Verpflichtung zur Hypothekenbestellung,[20] über die Verteilung einer Gesamthypothek (§ 64)[21] sowie über Abtretungs- und Verpfändungserklärungen (bzw Pfändungsbeschlüsse)[22] werden von § 58 nicht erfasst (vgl auch § 37 Abs 3 GBOGeschO). Legitimationsurkunden (zB Erbscheine, Vollmachten, Zeugnisse usw) sind ebenfalls nicht mit dem Brief zu verbinden.[23]

12   b) Die Form der Urschrift der Schuldurkunde. Dass die Schuldurkunde schriftlich abgefasst sein muss, bedarf keiner Erörterung. Darüber hinaus ist die Einhaltung einer bestimmten Form verfahrensrechtlich nicht vorgeschrieben, da § 29 auf die Schuldurkunde keine Anwendung findet.[24] Angesichts der in der Praxis üblichen Zusammenfassung von Schuldbekenntnis, Eintragungsbewilligung (§§ 19, 29) und dinglicher Unterwerfungsklausel (§§ 794 Abs 1 Nr 5, 800 ZPO) wird aber in der Regel eine notarielle Urkunde vorliegen. In jedem Fall muss die Schuldurkunde den **Formvorschriften des materiellen Rechts** entsprechen (vgl zB § 518 Abs 1 BGB für Schenkungsversprechen und §§ 2231 ff BGB für Testamente).[25] Ist diese Form nicht eingehalten, so darf die Schuldurkunde nicht mit dem Brief verbunden werden (über die Zulässigkeit der Eintragung der Hypothek vgl Rdn 13).[26]

---

16 *Demharter* Rn 10.
17 *Güthe-Triebel* § 65 Rn 5; *Demharter* § 65 Rn 5; *Predari* § 65 Anm 2; Voraufl (6.) § 65 Rn 5; ähnlich *Hesse-Saage-Fischer* § 65 Anm II und *Thieme* § 65 Anm 2, welche die Zulässigkeit einer Teilbriefbildung ebenfalls verneinen, einen neuen selbständigen Brief aber nur auf Antrag erteilen wollen.
18 *Henle-Schmitt* § 65 Anm 10; *Turnau-Förster* § 65 Anm A 1.
19 *Güthe-Triebel* Rn 3; *Demharter* Rn 2; KEHE-*Eickmann* Rn 1; *Hügel-Kral* Rn 4; *Thieme* Anm 5; *Hesse-Saage-Fischer* Anm I.
20 *Henle-Schmitt* Anm 2.
21 *Güthe-Triebel* Rn 3; *Henle-Schmitt* Anm 2.
22 KG KGJ 25 A, 319 = OLGE 6, 206 = RJA 3, 207; KGJ 33 A, 262 = OLGE 14, 64 = RJA 7, 271; *Güthe-Triebel* Rn 3; *Demharter* Rn 2; *Hügel-Kral* Rn 4; *Henle-Schmitt* Anm 2.
23 *Güthe-Triebel* Rn 3; *Demharter* Rn 2; *Hügel-Kral* Rn 4; *Thieme* Anm 5; *Henle-Schmitt* Anm 2.
24 *Hügel-Kral* Rn 6; *Güthe-Triebel* Rn 4; *Predari* Anm 5; *Henle-Schmitt* Anm 2.
25 *Hügel-Kral* Rn 6; *Güthe-Triebel* Rn 4.
26 *Hügel-Kral* Rn 6; *Güthe-Triebel* Rn 4; *Predari* Anm 5.

c) Die Prüfung der Schuldurkunde durch das Grundbuchamt. Um sicherzustellen, dass die richtige **13** Urkunde mit dem Brief verbunden wird, hat das Grundbuchamt anhand der Eintragungsbewilligung zu prüfen, ob die in der vorgelegten Schuldurkunde bezeichnete Forderung mit der Hypothekenforderung identisch ist. Eine weitergehende Prüfung hat grundsätzlich nicht zu erfolgen. Eine Ausnahme gilt nur, wenn zur Überzeugung des Grundbuchamts feststeht, dass die in der Schuldurkunde bezeichnete Hypothekenforderung nicht besteht und auch nicht mehr entstehen kann. Dies ist zB der Fall, wenn das schuldrechtliche Rechtsverhältnis (etwa wegen Nichteinhaltung von zwingenden Formvorschriften, vgl Rdn 12) nichtig ist und die von den Beteiligten beabsichtigte Hypothekenforderung aus diesem Grund nicht wirksam begründet wurde.[27] Das Grundbuchamt darf sich in solchen Fällen nicht damit begnügen, die Schuldurkunde nicht zur Briefbildung zu verwenden, sondern es muss die Eintragung der Hypothek ablehnen.[28] Da feststeht, dass das dingliche Recht nur als sog endgültige Eigentümergrundschuld entstehen und fortbestehen kann, würde das Grundbuch durch die Eintragung des Rechts als Hypothek mit Sicherheit unrichtig werden.[29] Eine Eintragung, die mit Sicherheit zu einer Grundbuchunrichtigkeit iS des § 894 BGB führt, darf das Grundbuchamt aufgrund des materiellen Legalitätsprinzips aber nicht vornehmen.[30] Ist die Hypothekeneintragung bereits erfolgt (zB weil das Grundbuchamt vom Nichtbestehen der Hypothekenforderung zum Zeitpunkt der Eintragung noch keine Kenntnis hatte), so ist der Brief ohne Schuldurkunde herzustellen.[31] Fraglich ist allerdings, ob ein **Hypotheken**brief erteilt werden kann. Da zur Überzeugung des Grundbuchamts feststeht, dass durch die erfolgte Grundbucheintragung keine Hypothek, sondern eine (endgültige) Eigentümergrundschuld entstanden ist, lässt sich die Herstellung eines Hypothekenbriefs nicht auf die Vermutung des § 891 BGB stützen. Dagegen würde die Bildung eines **Grundschuld**briefs der materiellen Rechtslage entsprechen. Dennoch erscheint die Herstellung eines Grundschuldbriefs nicht als zulässig. Der Grundpfandrechtsbrief hat die Aufgabe, das dingliche Recht in Übereinstimmung mit dem Grundbuch auszuweisen. Ebenso wenig wie dem Grundbuchamt die Befugnis zusteht, die als unrichtig erkannte Hypothekeneintragung von Amts wegen zu berichtigen (vgl § 22 Abs 1), kann ihm das Recht zuerkannt werden, diese Berichtigung de facto durch eine entsprechende Gestaltung des Briefinhalts vorzunehmen. Im Übrigen würde die Erteilung eines Grundschuldbriefs folgerichtig dazu führen, dass das Grundbuchamt den Grundstückseigentümer unter Missachtung des Grundbuchinhalts als Gläubiger des dinglichen Rechts in den Brief aufzunehmen hätte. Dies kann keinesfalls als zulässig angesehen werden. Es kommt daher nur die Erteilung eines Hypothekenbriefs in Frage.

3. Der Nachweis des Nichtvorhandenseins einer Schuldurkunde, § 58 Abs 2

a) Aus § 58 Abs 2 ergibt sich, dass das Gesetz für das Nichtvorhandensein einer Schuldurkunde einen **Nach-** **14** **weis** verlangt. Dies beruht auf der berechtigten Annahme, dass über die Hypothekenforderung im Regelfall eine Schuldurkunde ausgestellt wird. Daraus folgt für das Grundbuchverfahren, dass bis zum Nachweis des Gegenteils vom Vorhandensein einer Schuldurkunde auszugehen ist. An sich könnte der Nachweis der Nichtausstellung einer Schuldurkunde nur durch übereinstimmende Erklärungen von Eigentümer **und** Gläubiger erbracht werden. § 58 Abs 2 lässt jedoch zur Erleichterung des Hypothekenverkehrs eine entsprechende Erklärung des ohnehin die Hypothekeneintragung bewilligenden Grundstückseigentümers genügen.[32] Wie sich aus dem Wortlaut des § 58 Abs 2 ergibt (»genügt«), wird durch diese Beweiserleichterung ein anderweitiger Nachweis für die Nichtausstellung einer Schuldurkunde aber keineswegs ausgeschlossen.[33] Andererseits ist das Grundbuchamt aber auch nicht an die Erklärung des Eigentümers gebunden. Ist dem Rechtspfleger die Unrichtigkeit der Eigentümererklärung bekannt, so muss er die Vorlegung der Schuldurkunde verlangen.[34]

---

27 Was *Güthe-Triebel* (Rn 3) und *Henle-Schmitt* (Anm 2) fälschlicherweise als »nichtige Forderung« bezeichnen.

28 *Planck-Strecker* § 1113 Anm 6; *Predari* Anm 5; *Hesse-Saage-Fischer* Anm I; *Güthe-Triebel* Rn 3; *Thieme* Anm 2; *Hügel-Kral* Rn 5; *Demharter* Rn 9.

29 Denn die Hypothek sichert grundsätzlich nicht den Rückgewähr- oder Bereicherungsanspruch des Gläubigers (**hM:** RG JW 1911, 653; OLG Hamm JW 1934, 1865; *Planck-Strecker* § 1113 Anm 5l, § 1163 Anm 3 b, *Staudinger-Wolfsteiner* § 1113 Rn 25; BGB-RGRK-*Thumm* § 1163 Rn 8; *Büdenbender* JuS 1996, 665; **aA** *Westermann* § 96 A II 3; *Heck* § 84 II 4; *Klinkhammer/Rancke* JuS 1973, 666). Jedenfalls müsste ein entsprechender Parteiwille in der Einigung zum Ausdruck kommen (BGH NJW 1968, 1134 – für Pfandrecht –; OLG Hamburg MDR 1968, 756 – für Höchstbetragshypothek –; MüKo-*Eickmann* § 1113 Rn 72).

30 Nicht richtig daher *Henle-Schmitt* Anm 2, die meinen, gerade aus § 1163 Abs 1 S 1 BGB folge, dass die Eintragung vorgenommen werden muss.

31 *Güthe-Triebel* Rn 3; *Demharter* Rn 9.

32 D 62.

33 *Güthe-Triebel* Rn 9.

34 KG OLGE 3, 364 = RJA 2, 196; *Güthe-Triebel* Rn 9; *Henle-Schmitt* Anm 9; *Hesse-Saage-Fischer* Anm IV.

15 **b)** Zur **Form der Erklärung** des Eigentümers wird allgemein die Ansicht vertreten, dass § 29 keine Anwendung findet, weil es sich bei der Erklärung nicht um eine **Eintragungs**voraussetzung handle.[35] Nur wenn fraglich sei, ob die Erklärung tatsächlich vom Eigentümer herrührt, könne nach dem Ermessen des Grundbuchamts ein förmlicher Nachweis iS des § 29 verlangt werden.[36] Diese Ansicht ist nicht zutreffend. Ihre Befürworter übersehen, dass der fehlende Nachweis der Nichtausstellung einer Schuldurkunde nicht nur zur Verweigerung der Brieferteilung, sondern auch zur Ablehnung der **Eintragung** der Hypothek führt (vgl Rdn 18). Damit liegt eine zur Eintragung der Hypothek erforderliche Erklärung vor, die wie die Vollmacht zur Abgabe der Erklärung der Form des § 29 Abs 1 S 1 bedarf.[37] Im Übrigen kann man der herrschenden Ansicht den Vorwurf der Inkonsequenz nicht ersparen, da sie die Einhaltung der Form des § 29 nicht für erforderlich hält, bei fehlendem Nachweis der Nichtausstellung einer Schuldurkunde aber zugleich für die Ablehnung der Hypothekeneintragung eintritt.[38]

16 **c)** Auf den Nachweis, dass die **Schuldurkunde verloren gegangen** ist und eine neue Urkunde nicht ausgestellt wurde, ist § 58 Abs 2 entsprechend anzuwenden.[39] Das Gleiche gilt für die durch die Beteiligten erfolgte Aufhebung einer ursprünglich vorhanden gewesenen Schuldurkunde. Im **Einzelfall** wird man einer entsprechenden Versicherung des Gläubigers dieselbe Beweiskraft wie einer Erklärung des Eigentümers zuerkennen können.[40]

17 **d)** Ist das **Nichtvorhandensein einer Schuldurkunde** oder die Unmöglichkeit ihrer Beschaffung nachgewiesen, so wird der Brief nach Maßgabe der §§ 56 und 57 erstellt. Die nachträgliche Ausstellung einer Schuldurkunde ist nach geltendem Recht nicht erforderlich (vgl Rdn 1). Ein klarstellender Briefvermerk des Inhalts, dass eine Schuldurkunde nicht vorhanden ist, hat nicht zu erfolgen (vgl Rdn 3 aE).

III. Das Verfahren des Grundbuchamts bei Nichtvorlegung der Schuldurkunde und fehlendem Nachweis ihrer Nichtausstellung

18 Wird die Schuldurkunde weder vorgelegt noch der Nachweis ihrer Nichtausstellung erbracht, so darf der Hypothekenbrief nicht erteilt werden. Da der Hypothekenbrief in der Regel von Amts wegen hergestellt wird (vgl § 56 Rdn 19), sind insoweit keine Maßnahmen iS des § 18 zu ergreifen. Es genügt, wenn die Briefherstellung einfach unterbleibt. Dagegen muss die **Eintragung der Hypothek** von der Vorlegung der Schuldurkunde oder von der Erbringung des Nachweises ihrer Nichtausstellung abhängig gemacht werden.[41] Da eine Briefhypothek ohne Brief nicht verkehrsfähig ist (vgl § 56 Rdn 5 ff, 44), hat die Unzulässigkeit der Brieferteilung zur Folge, dass auch die Briefhypothek als solche nicht eingetragen werden kann. Ein **Brief**recht, bei dem die Erteilung eines Briefs (durch § 58) gesetzlich verboten ist, wäre auch schwer vorstellbar. Damit regelt § 58 nicht nur die Zulässigkeit der Brieferteilung, sondern die Vorschrift enthält mittelbar auch eine **Verfahrensvoraussetzung für die Eintragung der Hypothek.** Wird daher innerhalb der mit Zwischenverfügung gesetzten Frist weder die Schuldurkunde vorgelegt noch der Nachweis ihrer Nichtausstellung erbracht, so ist der Antrag auf Eintragung der Briefhypothek zurückzuweisen. Den Beteiligten bleibt aber unbenommen, nach der Erfüllung der Verfahrensvoraussetzung des § 58 erneut die Eintragung des Briefrechts oder (nach Abänderung der Eintragungsbewilligung) die Eintragung eines Buchrechts zu beantragen.

IV. Die Verbindung der Schuldurkunde mit dem Brief

1. Die verfahrensrechtlich erforderliche Form der Schuldurkunde

19 **a)** Aus dem Wortlaut des § 58 (»die Urkunde«) ergibt sich, dass im Regelfall die **Urschrift** der Schuldurkunde mit dem Brief zu verbinden ist.[42] Durch die Einheit von Brief und Schuldurkunde lässt sich am sichersten verhindern, dass über die Hypothek und die Forderung gesondert verfügt wird (vgl Rdn 1).[43]

---

35 *Güthe-Triebel* § 29 Rn 5; *Bauer/von Oefele-Weber* Rn 10; *Predari* Anm 4; *Demharter* Rn 3 und § 29 Rn 6; *KEHE-Eickmann* Rn 3; *Achilles-Strecker* Anm 2; *Hesse-Saage-Fischer* Anm IV und § 29 Anm II 1; *Turnau-Förster* Anm 11; *Schöner/Stöber* Rn 1937; *Oberneck* § 126 B 8.

36 *Güthe-Triebel* § 29 Rn 5; *Bauer/von Oefele-Weber* Rn 10; *Demharter* § 29 Rn 6; *Hesse-Saage-Fischer* Anm IV.

37 D 62: »Auf die Erklärung findet selbstverständlich der § 28 (jetzt § 29) Anwendung.« ebenso *Hügel-Kral* Rn 15; *Henle-Schmitt* Anm 9 und § 29 Anm 3; *Förster* S 204; *Thieme* Anm 6 und wohl auch KG OLGE 3, 364 = RJA 2, 196.

38 So vor allem *Bauer/von Oefele-Weber* Rn 13; *Güthe-Triebel* Rn 13; *Demharter* Rn 12; *KEHE-Eickmann* Rn 3; *Predari* Anm 4; *Hesse-Saage-Fischer* Anm IV; *Schöner/Stöber* Rn 1937.

39 *Güthe-Triebel* Rn 9; *KEHE-Eickmann* Rn 3; *Henle-Schmitt* Anm 9; ähnlich KG OLGE 3, 364 = RJA 2, 196, das den »Nachweis« des Verlustes fordert, ohne dazu Stellung zu nehmen, wie dieser Nachweis zu führen ist.

40 Großzügiger *Güthe-Triebel* Rn 9, die eine Gläubigererklärung grundsätzlich für ausreichend halten.

41 *Staudinger-Wolfsteiner* § 1116 Rn 14; *KEHE-Eickmann* Rn 3; *Demharter* Rn 12; *Hügel-Kral* Rn 15; *Güthe-Triebel* Rn 13; *Predari* Anm 4; *Hesse-Saage-Fischer* Anm IV; *Schöner/Stöber* Rn 1937; **aA** *Henle-Schmitt* Anm 5 und *Henle* Recht 1912, 78, welche die Eintragung der Hypothek auch für zulässig halten, wenn kein Brief erteilt werden kann.

42 KG JW 1936, 1081 = HRR 1936 Nr 359 = DNotZ 1936, 277; *KEHE-Eickmann* Rn 1; *Demharter* Rn 4; *Hügel-Kral* Rn 8; *Thieme* Anm 3; *Hesse-Saage-Fischer* Anm I.

43 *Güthe-Triebel* Rn 4.

b) Der Grundsatz, dass die Urschrift der Schuldurkunde mit dem Brief verbunden werden muss, lässt sich nicht immer verwirklichen. Es bestehen daher Ausnahmefälle, bei denen eine Ausfertigung oder eine beglaubigte Abschrift der Schuldurkunde der Urschrift gleichsteht. **20**

aa) Erstreckt sich der Inhalt der Urkunde auch auf andere Angelegenheiten, so genügt es, wenn ein **öffentlich beglaubigter Auszug** aus der Urkunde mit dem Hypothekenbrief verbunden wird (§ 58 Abs 1 S 2). Dabei entfällt das Erfordernis der öffentlichen Beglaubigung des Auszugs nicht deshalb, weil die Urschrift der Schuldurkunde nur privatschriftlich abgefasst ist.[44] § 58 Abs 1 S 2 trägt dem berechtigten Interesse des Schuldners Rechnung, dem Hypothekengläubiger und dem Rechtsverkehr personenbezogene Angaben oder schuldrechtliche Vereinbarungen nur insoweit zu offenbaren, als sie mit der Hypothek in Zusammenhang stehen. Die Verbindung eines öffentlich beglaubigten Urkundenauszugs mit dem Brief kommt vor allem in Betracht, wenn die Schuldurkunde in Erbauseinandersetzungs-, Übergabe- oder Kaufverträgen enthalten ist oder wenn sie mehrere Hypothekenforderungen zum Gegenstand hat.[45] Auch die häufig vorkommende urkundliche Zusammenfassung von Schuldbekenntnis, dinglichen Erklärungen und Eintragungsbewilligung gehört hierher.[46] Ebenso kommt die Verbindung mit einem Auszug aus einem Testament in Frage, welches neben anderen erbrechtlichen Bestimmungen auch eine der Hypothek zugrunde liegende Vermächtnisanordnung enthält. **21**

§ 58 Abs 1 S 2 erklärt die Verbindung mit einem Auszug aus der Urkunde für **ausreichend,** schreibt sie aber nicht zwingend vor.[47] Ob die vollständige Urkunde oder nur ein Auszug mit dem Brief verbunden wird, liegt seit dem In-Kraft-Treten des BeurkG vom 28.08.1969 (BGBl I, 1513) im Ermessen der Antragsteller. Da die allgemeine Beurkundungszuständigkeit der Amtsgerichte seit diesem Zeitpunkt (01.01.1970, § 71 BeurkG) entfallen ist (vgl §§ 55 ff BeurkG, insbes § 57 Abs 5 Nr 2 BeurkG betr die Aufhebung der §§ 128, 167–183, 191, 198, 200 Abs 2 FGG), ist das Grundbuchamt nicht mehr befugt, öffentliche Auszüge iS des § 58 Abs 1 S 2 selbst herzustellen.[48] Legen die Antragsteller daher die vollständige Urkunde vor, so muss sie vom Grundbuchamt auch dann mit dem Brief verbunden werden, wenn die Verbindung mit einem Urkundenauszug möglich wäre. Reichen die Beteiligten dagegen von vornherein einen öffentlich beglaubigten Urkundenauszug ein, so kann das Grundbuchamt nicht verlangen, dass die Urschrift der Gesamturkunde vorgelegt wird. Es ist vielmehr verpflichtet, den vorgelegten Auszug mit dem Brief zu verbinden. Etwas anderes gilt nur, wenn sich Anhaltspunkte dafür ergeben, dass der eingereichte Urkundenauszug nicht sämtliche für die Forderung maßgebenden Bestimmungen enthält. Fehlt in dem sich auf den Urkundenauszug beziehenden Beglaubigungsvermerk lediglich die Angabe, dass die Urkunde keine weiteren Bestimmungen über die Forderung enthält (vgl § 42 Abs 3 BeurkG), so genügt eine entsprechende nachträgliche (wegen § 29 siegelungsbedürftige) Bestätigung des Notars. **22**

bb) Ist die Schuldurkunde in einer **gerichtlichen oder notariellen Niederschrift** enthalten, so verbleibt die Urschrift der Urkunde in den Gerichtsakten bzw in der Verwahrung des Notars. In diesen Fällen kann daher nur eine Ausfertigung, eine beglaubigte Abschrift oder (in den Fällen des § 58 Abs 1 S 2) eine auszugsweise Ausfertigung bzw ein beglaubigter Auszug der Urkunde mit dem Hypothekenbrief verbunden werden.[49] Entsprechendes gilt, wenn das der Hypothek zugrunde liegende Schuldverhältnis durch die in einer Verfügung von Todes wegen (Testament oder Erbvertrag) enthaltene Anordnung begründet wurde. Da die Urschrift der letztwilligen Verfügung in jedem Fall in den Nachlaßakten verbleibt, genügt die Verbindung mit einer vom Urkundsbeamten der Geschäftsstelle hergestellten Ausfertigung oder beglaubigten Abschrift der Verfügung von Todes wegen (vgl §§ 48 S 2 iVm 51 Abs 3 BeurkG).[50] Auch eine **vollstreckbare Ausfertigung** der Schuldurkunde kann mit dem Hypothekenbrief verbunden werden.[51] Dies ist aber nur möglich, wenn die Urkunde die Zwangsvollstreckung (lediglich) gegen den **persönlichen Schuldner** ermöglicht (§ 794 Abs 1 Nr 5 ZPO). Die vollstreckbare Ausfertigung gegen den jeweiligen Eigentümer des belasteten Grundstücks darf der Notar im Hinblick auf das Eintragungserfordernis des § 800 Abs 1 S 2 ZPO nämlich erst nach erfolgter Hypothekeneintragung und damit notwendigerweise auch nach der Herstellung des Briefs erteilen. Aus diesem Grund kann dem Grundbuchamt anlässlich des Hypothekeneintragungsverfahrens zunächst nur eine einfache Ausfertigung der Schuldurkunde vorgelegt werden, welche erst nach der Eintragung der Hypothek und ihrer Verbindung mit dem Brief in eine vollstreckbare Ausfertigung umgewandelt werden darf.[52] Ist nach den vorstehenden Aus- **23**

---

44 *Hügel-Kral* Rn 9; *Güthe-Triebel* Rn 5.
45 D 61; *Hügel-Kral* Rn 9; *Güthe-Triebel* Rn 5; *Demharter* Rn 4; hierzu vgl auch KG KGJ 34 B, 20.
46 *Hügel-Kral* Rn 9; *Güthe-Triebel* Rn 5; *Busch* ZBlFG 12, 707.
47 *Hügel-Kral* Rn 9; *Güthe-Triebel* Rn 5; *Demharter* Rn 4.
48 Zur früheren Rechtslage vgl KG KGJ 37 A, 311, *Güthe-Triebel* Rn 5 und die Voraufl (6.) Rn 15: Ermessen des Grundbuchamts, ob es bei vorliegender vollständiger Schuldurkunde selbst einen Auszug fertigt und mit dem Brief verbindet.
49 KG JW 1936, 1081 = HRR 1936 Nr 359 = DNotZ 1936, 277; OLG Dresden SächsOLG 33, 73; *Hügel-Kral* Rn 10; *Güthe-Triebel* Rn 6; KEHE-*Eickmann* Rn 2; *Hesse-Saage-Fischer* Anm II; *Thieme* Anm 3; *Demharter* Rn 5.
50 Eine Ausfertigung kann allerdings nur bei öffentlichen Testamenten oder Erbverträgen erteilt werden.
51 KG JW 1936, 1081 = HRR 1936 Nr 359 = DNotZ 1936, 277; *Hügel-Kral* Rn 10; *Güthe-Triebel* Rn 3; *Demharter* Rn 5; KEHE-*Eickmann* Rn 2; *Herold* SächsArch 08, 206; *Schmidt* DNotZ 1957, 14; 1957, 648; *Labbé* DNotZ 1957, 647.
52 *Henle-Schmitt* Anm 4; *Schmitt* BayNotZ 1905, 22.

führungen die Verbindung mit einer vollstreckbaren Ausfertigung der Schuldurkunde möglich, so bedeutet dies aber nicht, dass sie zwingend erforderlich wäre. Es liegt vielmehr im Ermessen des Hypothekengläubigers, ob er sich die vollstreckbare Ausfertigung gesondert aushändigen lässt und dem Grundbuchamt nur eine einfache Ausfertigung oder eine beglaubigte Abschrift der vollstreckbaren Urkunde zur Verbindung mit dem Brief vorlegt. Das Grundbuchamt hat die ihm jeweils zum Vollzug eingereichte Urkunde zu akzeptieren.[53]

24 **cc)** Der Grundsatz, dass die Urschrift der Schuldurkunde den Gegenstand der Verbindung darstellt, lässt sich nicht durchführen, wenn die Schuldurkunde mit mehreren Briefen zu verbinden ist. Bei der Herstellung eines Teilhypothekenbriefs wird eine mit dem bisherigen Brief verbundene Schuldurkunde in beglaubigter Abschrift mit dem Teilbrief verbunden (§ 61 Abs 2 S 3, vgl § 61 Rdn 54). Im Fall der Verteilung einer Gesamthypothek auf die einzelnen Grundstücke ist für jedes Grundstück ein neuer Brief zu erteilen (§ 64). Die mit dem bisherigen Gesamtbrief verbundene Schuldurkunde wird abgetrennt und mit einem der neuen Briefe verbunden. Mit den übrigen neuen Briefen sind beglaubigte Abschriften der Schuldurkunde zu verbinden (vgl § 64 Rdn 16). Das Gleiche gilt, wenn über eine Hypothek, die mehreren Personen in Höhe bestimmter Summen oder nach Bruchteilen zusteht, von vornherein mehrere Briefe zu bilden sind (vgl § 61 Rdn 10, 11). Auch hier werden mit einem Brief die Urschrift und mit den anderen Briefen beglaubigte Abschriften der Schuldurkunde verbunden. In den genannten Fällen sind die Beteiligten nicht verpflichtet, dem Grundbuchamt die erforderliche Anzahl von beglaubigten Schuldurkundenabschriften zum Zweck ihrer Verbindung mit den Briefen vorzulegen. Das Grundbuchamt hat die fehlenden Abschriften vielmehr selbst herzustellen bzw zu beschaffen.[54]

25 **dd)** Erweist sich die Verbindung der Schuldurkundenurschrift mit dem Brief aus **besonderen Gründen** als unmöglich, so ist die Verbindung mit einer **beglaubigten Abschrift** der Schuldurkunde zulässig.[55] Ein solcher Fall ist zB gegeben, wenn die von den Beteiligten vorgelegte und sich in der Verwahrung des Grundbuchamts befindende Urschrift der Schuldurkunde noch vor ihrer Verbindung mit dem Brief beschädigt oder vernichtet wird.[56] Ist die mit dem Brief bereits verbundene Urschrift der Schuldurkunde verloren gegangen oder beschädigt worden, so kann auf formlosen Antrag des Gläubigers eine evtl noch vorhandene Ausfertigung oder eine beglaubigte Abschrift der Schuldurkunde mit dem Brief verbunden werden.[57] Das Gleiche gilt, wenn Brief **und** Schuldurkunde abhanden gekommen oder beschädigt worden sind und ein neuer Brief erteilt werden soll.[58] In diesem Fall ist es zulässig, eine beglaubigte Abschrift der nach § 15 GBOGeschO zu den Grundakten genommenen beglaubigten Abschrift der Schuldurkunde mit dem neuen Brief zu verbinden (vgl § 68 Rdn 7).

26 **ee)** Die Verbindung einer **unbeglaubigten Abschrift** der Schuldurkunde mit dem Brief ist in jedem Fall unzulässig. In diesem Fall ist der Verlust der ursprünglichen und die Nichtausstellung einer neuen Schuldurkunde entspr § 58 Abs 2 nachzuweisen, damit der Brief ohne Schuldurkunde erteilt werden kann (vgl Rdn 3, 16).

27 **ff)** Im Zusammenhang mit der Unmöglichkeit der Beibringung von Schuldurkunden kann auch die **VO über die Ersetzung zerstörter oder abhanden gekommener gerichtlicher oder notarischer Urkunden vom 18.06.1942 (RGBl I, 395)** Bedeutung erlangen. Ist die Urschrift einer von einem Gericht oder einem Notar aufgenommenen oder ausgestellten Urkunde oder einer gerichtlichen Entscheidung ganz oder teilweise zerstört worden oder abhanden gekommen und besteht Anlass, sie wiederherzustellen, so wird die Urschrift, wenn noch eine Ausfertigung oder eine beglaubigte Abschrift vorhanden ist, durch eine beglaubigte Abschrift dieser Ausfertigung oder beglaubigten Abschrift ersetzt (§ 1 Abs 1 VO). Auf der Ersatzurkunde ist zu vermerken, dass sie an die Stelle der zerstörten oder abhanden gekommenen Urschrift tritt (§ 1 Abs 2 S 1 VO). Ist eine Ausfertigung oder beglaubigte Abschrift nicht vorhanden, so kann das Gericht oder der Notar den Inhalt der Urkunde durch Beschluss feststellen. In diesem Fall tritt der Beschluss an die Stelle der Urschrift (§ 3 Abs 1 VO). Für die Ersetzung der Urschrift ist das Gericht oder der Notar zuständig, von dem die Urkunde aufgenommen oder ausgestellt worden ist (§ 4 Abs 1 S 1 VO). Hat ein Urkundsbeamter der Geschäftsstelle die Urkunde aufgenommen oder ausgestellt oder die Entscheidung erlassen, so ist er auch für die Ersetzung der Urschrift zuständig (§ 4 Abs 2 VO). Die Amtsgerichte sind auch für die Wiederherstellung von Urkunden zuständig, die von den Dienststellen der Bundeswehr bzw der früheren Wehrmacht im Bereich der freiwilligen Gerichtsbarkeit aufgenommen oder ausgestellt sind oder sich in dauernder gerichtlicher Verwahrung befinden (§ 8 VO). Für Hypotheken-, Grundschuld- und Rentenschuldbriefe gilt die VO nicht (vgl § 67 Rdn 20). Außerdem ist darauf hinzuweisen, dass die VO nach § 57 Abs 10 BeurkG vom

---

53 KG aaO (Fn 51); *Schmidt* DNotZ 1957, 14.
54 KG OLGE 43, 14; *Hügel-Kral* Rn 11; *Güthe-Triebel* Rn 3; KEHE-*Eickmann* Rn 1; **aA** KG KGJ 34 B, 20, 23, welches sich mit dieser Frage allerdings nur unter dem Gesichtspunkt der Kostenpflichtigkeit der Herstellungs- und Beglaubigungstätigkeit des Grundbuchamts befasst.
55 KG JFG 8, 226, 230 = HRR 1931 Nr 1457; LG Darmstadt HessRspr 1908, 125; *Demharter* Rn 7; *Predari* Anm 3; *Güthe-Triebel* Rn 8.
56 *Güthe-Triebel* Rn 8.
57 *Güthe-Triebel* Rn 8 und § 67 Rn 10; *Turnau-Förster* Anm 3 a; *Förster* S 214.
58 *Güthe-Triebel* Rn 8.

28.08.1969 (BGBl I, 1513) auf Urkunden, die unter die §§ 1 und 68 BeurkG fallen, seit dem 01.01.1970 (§ 71 BeurkG) nicht mehr anzuwenden ist. Für diese Urkunden gilt § 46 BeurkG.[59]

2. Die Form der Verbindung

Die Verbindung der Schuldurkunde mit dem Hypothekenbrief erfolgt unter Verwendung von Schnur und Siegel (§ 50 GBV). Heutzutage ist die Verwendung des sog Oblatensiegels üblich (vgl § 1 Abs 2c GBOGeschO). Auch nach der Änderung des § 56 durch Art 2 Nr 3 des Gesetzes vom 22.06.1977 (BGBl I, 998) ist es nicht zulässig, für die in § 50 GBV vorgeschriebene Verbindung einen Stempel an Stelle des Prägesiegels zu verwenden (§ 1 Abs 2b GBOGeschO).[60] Die Verbindung der Schuldurkunde mit dem Brief erfolgt am einfachsten in der Weise, dass das Ende der Schnur, mit der die Schuldurkunde an den Brief geheftet wird, in das Siegel des Hypothekenbriefs hineingezogen wird. Die Farbe der Schnur (Schwarz-Weiß-Rot) ist durch § 37 Abs 1 GBOGeschO vorgegeben. Es bestehen aber auch landesrechtliche Sondervorschriften (zB für **Bayern** Nr 6.1.4 BayGBGA: Weiß-Blau). Von der mit dem Brief verbundenen Schuldurkunde ist eine beglaubigte Abschrift zu den Grundakten zu nehmen (§ 15 GBOGeschO). Ein **maschinell hergestellter Brief** muss nach § 88 S 1 GBV in Abweichung von § 58 nicht mit einer evtl vorhandenen Schuldurkunde verbunden werden. Der anstelle der unterbleibenden Urkundenverbindung nach § 88 S 2 GBV zwingend vorgeschriebene Aufdruck »Nicht ohne Vorlage der Urkunde für die Forderung gültig« ist allerdings schon deshalb unsinnig und irreführend, weil die Verbindung von Schuldurkunde und Brief noch nie eine Voraussetzung für die Gültigkeit des Briefs darstellte (vgl Rdn 1, 31). Offensichtlich ist der Gesetzgeber mittlerweile nicht einmal mehr in der Lage, selbst einfachste Sachverhalte in einigermaßen richtiger Formulierung wiederzugeben.   **28**

3. Der Einfluss der Verbindung auf den Inhalt des Briefs

Nach der Änderung des § 57 Abs 2a aF (vgl § 57 aF Rdn 2 und dortige Fn 1) und der Aufhebung des § 58 Abs 2 aF (vgl Rdn 2) sind keine Ausnahmevorschriften mehr vorhanden, die zur Bezeichnung der nach den §§ 56 und 57 in den Brief aufzunehmenden Angaben eine Bezugnahme auf den Inhalt der beigehefteten Schuldurkunde gestatten. Eine Verweisung auf die angeheftete Schuldurkunde zum Zweck der Abkürzung des Briefinhalts ist daher nicht mehr zulässig.[61] Dafür besteht auch kein Bedürfnis mehr, da zur näheren Bezeichnung des Inhalts der die Hypothek betreffenden Eintragungen nunmehr auch im Briefvermerk auf die Eintragungsbewilligung Bezug genommen werden kann (vgl § 57 aF Rdn 7).   **29**

V. Die Aufhebung der Verbindung

Die Abtrennung der Schuldurkunde vom Brief kommt in Betracht, wenn die Hypothek kraft Gesetzes oder aufgrund rechtsgeschäftlicher Vereinbarung in eine Grundschuld oder Rentenschuld umgewandelt und der bisherige Brief beibehalten wird (§ 65 Abs 1). Das Gleiche gilt, wenn die Hypothekenforderung vollständig durch eine andere Forderung ersetzt und ein neuer Brief nicht erteilt werden soll (§ 65 Abs 2, vgl Rdn 7). Die Abtrennung der Schuldurkunde hat auch zu erfolgen, wenn die Hypothek gelöscht (§ 69 S 2) oder die Schuldurkunde – was jederzeit zulässig ist[62] – durch eine andere, sich auf dieselbe Hypothekenforderung beziehende Schuldurkunde ersetzt wird. Schließlich wird die Verbindung vom Vollstreckungsgericht aufgehoben, wenn es den Brief im Rahmen des Zwangsversteigerungsverfahrens unbrauchbar macht (vgl § 127 Abs 1 S 1 ZVG).   **30**

VI. Die Verletzung des § 58; Rechtsmittel

§ 58 ist »nur« eine **Ordnungsvorschrift**.[63] Eine trotz des Vorhandenseins einer Schuldurkunde ohne Urkundenverbindung erfolgende nicht-maschinelle Brieferteilung berührt daher weder die Gültigkeit der Grundbucheintragung noch die Wirksamkeit des Hypothekenbriefs. Aus dem gleichen Grund hat es auf die Gültigkeit des Briefs auch keinen Einfluss, wenn das Grundbuchamt die Schuldurkunde nachträglich grundlos vom Hypothekenbrief abtrennt. Ist die Verbindung mit dem Brief unterblieben, so ist das Versäumte von Amts wegen nachzuholen.[64] Ebenso ist eine zu Unrecht gelöste Verbindung von Amts wegen wiederherzustellen.[65] In beiden Fällen ist die unrichtige Handlungsweise des Grundbuchamts mit **Beschwerde** angreifbar.[66]   **31**

---

59 Zum verbleibenden Geltungsbereich der VO vom 18.06.1942 (RGBl I, 395) – insbes für gerichtliche Entscheidungen und Vergleiche – sowie zum Ablauf des Verfahrens vgl *Jansen*, FGG, § 46 BeurkG Anm 11 ff.

60 BT-Drucks 8/89 S 15; *Hügel-Kral* Rn 13; *Schöner/Stöber* Rn 2018; *Kissel* NJW 1977, 1762.

61 Zum früheren Recht vgl BayObLG BayObLGZ 26, 227 = JW 1927, 2527 (*Reinhard*).

62 OLG Dresden SächsOLG 33, 73; *Güthe-Triebel* § 67 Rn 10.

63 KG OLGE 4, 82; JFG 8, 226, 230 = HRR 1931 Nr 1457; *Staudinger-Wolfsteiner* § 1116 Rn 14; *Güthe-Triebel* Rn 13; KEHE-*Eickmann* Rn 4; *Demharter* Rn 13; *Hesse-Saage-Fischer* Anm V; *Thieme* Anm 6; *Turnau-Förster* Anm 4; *Busch* ZBlFG 12, 705; *Henle* Recht 1912, 79.

64 *Demharter* Rn 12; *Hügel-Kral* Rn 16.

65 **AA** *Bauer/von Oefele-Weber* Rn 13 und *Güthe-Triebel* Rn 13, die einen entsprechenden Antrag für erforderlich halten.

66 OLG Düsseldorf NJW 1961, 2263 = MittBayNot 1962, 9 = DNotZ 1962, 194 (LS) = BWNotZ 1962, 30 (LS) = ZMR 1962, 278 (LS) = JMBlNRW 1962, 124; vgl auch KG KGJ 47, 311.

§ 59 (Gesamthypothekenbrief)

(1) Über eine Gesamthypothek soll nur ein Hypothekenbrief erteilt werden. Er ist nur von einer für die Führung des Grundbuchs zuständigen Person und von einem Urkundsbeamten der Geschäftsstelle oder ermächtigten Justizangestellten (§ 56 Abs 2) zu unterschreiben, auch wenn bezüglich der belasteten Grundstücke insoweit verschiedene Personen zuständig sind.

(2) Werden die Grundbücher der belasteten Grundstücke von verschiedenen Grundbuchämtern geführt, so soll jedes Amt für die Grundstücke, deren Grundbuchblätter es führt, einen besonderen Brief erteilen; die Briefe sind miteinander zu verbinden.

Schrifttum

Saage, Die grundbuchliche Behandlung von Gesamtrechten, DFG 1938, 109.

I. Allgemeines

1. Normzweck

1 In § 48 ist bestimmt, dass das Bestehen eines Gesamtrechts bei jedem belasteten Grundstück von Amts wegen im Grundbuch kenntlich zu machen ist. Da der Mitbelastungsvermerk als Inhalt der die Hypothek betreffenden Eintragungen in den Brief zu übernehmen ist (§ 57 Abs 1 S 1, vgl § 57 aF Rdn 6), wäre nicht nur aus den jeweiligen Grundbucheintragungen, sondern auch aus den hinsichtlich jedes Belastungsgegenstandes erteilten einzelnen Briefen ersichtlich, dass eine Gesamtbelastung vorliegt. Trotz dieser Tatsache kann die Existenz von mehreren Briefen zu Täuschungen im Rechtsverkehr führen, da die Möglichkeit besteht, dass der Mitbelastungsvermerk übersehen wird oder sich der Gläubiger irrtümlich nicht alle Briefe aushändigen lässt.[1] Diese Gefahren lassen sich am sichersten abwenden, indem man die Zusammengehörigkeit aller die Gesamthypothek betreffenden Eintragungen durch die Erteilung eines **einheitlichen** Gesamthypothekenbriefs zum Ausdruck bringt (§ 59 Abs 1 S 1). Die umständlichere Lösung, mehrere Briefe zu erteilen und diese sodann miteinander zu verbinden,[2] ist auf die Fälle beschränkt, bei denen die Erteilung eines einheitlichen Briefs wegen der Zuständigkeit verschiedener Grundbuchämter nicht in Betracht kommt (§ 59 Abs 2). Unerfindlich bleibt allerdings, weshalb die genannte Intention des Gesetzgebers im Anwendungsbereich des § 59 Abs 2 bei maschinell hergestellten Briefen nach § 87 S 4 GBV nicht (mehr) zum Zuge kommen soll (vgl Rdn 4).

2. Norminhalt und Anwendungsbereich

2 **a)** Da § 59 die Erteilung von Gesamthypothekenbriefen regelt, muss es sich bei der zu verbriefenden Hypothek um ein **Gesamtrecht** iS des § 1132 BGB handeln. Diese Voraussetzung ist nicht nur gegeben, wenn mehrere Grundstücke oder Miteigentumsanteile (§ 747 S 1 BGB)[3] belastet werden, sondern auch, wenn alle Bruchteilseigentümer durch gemeinsames Handeln am ganzen Grundstück eine Hypothek bestellen (§ 747 S 2 BGB).[4] Wegen weiterer Fälle des Entstehens eines Gesamtrechts vgl § 64 Rdn 2.

---

1 Mot 100; D 52.

2 So noch § 125 PrGBO für alle Fälle, bei denen ein Gesamtbriefrecht auf verschiedenen Grundbuchblättern eingetragen wurde.

3 RG RGZ 52, 360; 146, 363, 365; KG KGJ 30 A, 258, 260 = ZBlFG 6, 25; OLG Frankfurt Rpfleger 1961, 240 = DNotZ 1961, 411; *Kretzschmar* JW 1915, 771.

4 RG RGZ 146, 363, 365; BGH NJW 1961, 1352 = DNotZ 1961, 407 = Rpfleger 1961, 353 = MDR 1961, 673 = LM § 1132 BGB Nr 1; BGHZ 40, 115, 120 = NJW 1963, 2320; KG JFG 16, 345, 347 = JW 1938, 230; OLG Frankfurt aaO (Fn 3); OLG Hamburg MDR 1960, 321; *Staudinger-Wolfsteiner* § 1132 Rn 17, § 1114 Rn 2; MüKo-*Eickmann* § 1132 Rn 20, § 1114 Rn 3; *Palandt-Bassenge* § 1114 Rn 1; *Demharter* § 48 Rn 4; KEHE-*Eickmann* § 48 Rn 3; *Stillschweig* JW 1914, 7; **aA** Planck-*Strecker* § 1132 Anm 1 a; *Güthe-Triebel* § 48 Rn 3; *Meikel* Recht 1914, 346; *Kretzschmar* JW 1915, 771; *Levy* Gruchot 59, 87 ff, 301 ff.

b) § 59 Abs 1 S 1 erklärt für den Fall, dass die Grundbücher der belasteten Grundstücke von **demselben** **3** **Grundbuchamt** geführt werden, nur die Erteilung eines einheitlichen Hypothekenbriefs für zulässig. Dass die Grundstücke denselben Eigentümern gehören oder im gleichen Grundbuch**bezirk** liegen, ist für die Anwendbarkeit des § 59 Abs 1 S 1 nicht erforderlich.[5] Dagegen setzt die Vorschrift voraus, dass hinsichtlich der einzelnen Pfandobjekte eine **gleichzeitige** Brieferteilung möglich ist.[6] Die Herstellung eines einheitlichen Hypothekenbriefs kommt daher insbes in Betracht, wenn eine Briefhypothek von vornherein als Gesamtrecht bestellt oder wenn eine Gesamtbuchhypothek in ein Briefrecht umgewandelt wird. Die nachträgliche Erstreckung eines Briefrechts auf ein bei demselben Grundbuchamt gebuchtes Grundstück ist in § 63 geregelt. In diesem Fall ist entweder der bisherige Brief zu ergänzen oder (auf Antrag) ein neuer Brief zu erteilen.[7] Die Erteilung eines neuen Briefs richtet sich nach § 59 Abs 1 S 1 (vgl § 68 Rdn 8 aE).

c) Sofern die Grundbücher der belasteten Grundstücke von **verschiedenen Grundbuchämtern** geführt wer- **4** den, hat jedes Grundbuchamt für die in seinem Bezirk belegenen Grundstücke einen besonderen Hypothekenbrief zu erteilen. Anschließend sind die Briefe miteinander zu verbinden **(§ 59 Abs 2).** Dass diese Verbindung bei **maschinell hergestellten Briefen** nach § 87 S 4 GBV entbehrlich sein soll, ist angesichts des Normzwecks (vgl Rdn 1) nicht nachvollziehbar und lässt sich bestenfalls mit einem im EDV-Bereich des öfteren anzutreffenden und sachliche Erwägungen nicht berücksichtigenden »Vereinfachungswahn« des Gesetzgebers erklären. Im Gegensatz zu § 59 Abs 1 S 1 ist die Vorschrift des § 59 Abs 2 auch anwendbar, wenn die Briefe (zB im Fall der nachträglichen Mitbelastung) für die einzelnen Grundstücke zu verschiedenen Zeiten erteilt werden.[8] Da § 63 nur für die Pfandunterstellung von bei demselben Grundbuchamt gebuchten Grundstücken gilt, ist somit kein Fall denkbar, bei dem eines der beteiligten Grundbuchämter von der Pflicht zur Herstellung eines besonderen Briefs entbunden wäre. Wird ein mit einem Gesamtrecht belastetes Grundstück infolge eines Zuständigkeitswechsels an ein anderes Grundbuchamt abgegeben, so bleibt der bisherige einheitliche Hypothekenbrief iS des § 59 Abs 1 S 1 unverändert bestehen. § 59 Abs 2 ist auf diesen Fall nicht anwendbar.[9] Nur bei einer evtl beantragten Briefrenuerung ist nach § 59 Abs 2 zu verfahren (vgl § 68 Rdn 8).

d) § 59 Abs 1 S 1 und Abs 2 können auch **nebeneinander anwendbar** sein. Wenn zB ein beim Grundbuch- **5** amt A und zwei beim Grundbuchamt B gebuchte Grundstücke belastet werden sollen, so erteilt das Grundbuchamt B einen einheitlichen Hypothekenbrief iS des § 59 Abs 1 S 1 welcher mit dem vom Grundbuchamt A nach § 59 Abs 2 herzustellenden besonderen Brief zu verbinden ist.

e) § 59 ist entsprechend anzuwenden, wenn ein **Teilhypothekenbrief** über ein Gesamtrecht zu erteilen ist (vgl **6** § 61 Rdn 35).

f) Zu beachten ist, dass sich § 59 nicht auf die Erteilung eines **gemeinschaftlichen Briefs** über mehrere Ein- **7** zelhypotheken bezieht. Dieser Fall ist in § 66 geregelt.

II. Die Gestaltung des Gesamthypothekenbriefs

1. Die Grundbücher der belasteten Grundstücke werden von demselben Grundbuchamt geführt, § 59 Abs 1

Da sich die Herstellung eines einheitlichen Gesamthypothekenbriefs iS des § 59 Abs 1 nach den allgemeinen **8** Vorschriften der §§ 56–58 GBO und der §§ 47 ff GBV richtet, braucht im folgenden nur auf die sich aus der Eigenart des Gesamtrechts ergebenden Besonderheiten des Gesamtbriefs eingegangen zu werden.

Zur Erteilung des Gesamthypothekenbriefs sind die Grundbuchbeamten (Rechtspfleger, Urkundsbeamter, **9** ermächtigter Justizangestellter) zuständig, denen die Erledigung des Antrags auf Eintragung des Gesamtrechts zugewiesen ist. Fällt die Erledigung des Eintragungsantrags an sich in den Zuständigkeitsbereich verschiedener Grundbuchbeamter (so in der Regel, wenn die belasteten Grundstücke in verschiedenen Grundbuchbezirken liegen), so ist die letztlich maßgebende **Zuständigkeit** anhand des in der Geschäftsverteilung enthaltenen Abgrenzungskriteriums festzustellen (vgl § 5 GBOGeschO, Nr 1.2 BayGBGA).[10] Es genügt, wenn der Brief

---

5 *Hügel-Kral* Rn 1; *Güthe-Triebel* Rn 3.

6 D 62; *Hügel-Kral* Rn 2; *Güthe-Triebel* Rn 3; *Demharter* Rn 1; *Predari* Anm 1; KEHE-*Eickmann* Rn 1.

7 Vgl D 62, 63.

8 *Güthe-Triebel* Rn 11; *Demharter* Rn 1.

9 Es kann daher nicht die Rede davon sein, dass in einem solchen Fall »entgegen § 59« eine Gesamthypothek mit lediglich einem Brief an in verschiedenen Grundbuchamtsbezirken belegenen Grundstücken entsteht (so aber KEHE-*Eickmann* § 48 Rn 17).

10 Die in der Geschäftsverteilung erfolgte Festlegung der »Zuständigkeit des Rechtspflegers, dem der Antrag auf Eintragung des Gesamtrechts zuerst vorgelegt wird«, kann wegen des Gebots der Feststellbarkeit des gesetzlichen Richters (Rechtspflegers, vgl Art 101 Abs 1 S 2 GG) nicht als zulässiges Abgrenzungskriterium angesehen werden (aA *Güthe-Triebel* § 48 Rn 12; *Saage* DFG 1938, 110; jedoch jeweils ohne Erörterung der hier aufgezeigten Problematik).

von den hiernach zuständigen Grundbuchbeamten unterschrieben wird (§ 59 Abs 1 S 2 iVm § 56 Abs 2, eingefügt durch das RegVBG vom 20.12.1993, BGBl I, 2182).

10 Nach dem in Anlage 5 zur GBV abgedruckten Muster enthält der Briefkopf die Bezeichnung als »Deutscher
Hypothekenbrief«, den Geldbetrag der Hypothek (§ 56 Abs 1 S 2), die Bezeichnung als »Gesamthypothek«,[11] sämtliche in Betracht kommende Grundbuchbezirke, alle einschlägigen Grundbuchband-[12] und -blattnummern
(§ 57 Abs 1 S 1) sowie die laufenden Nummern der Hypothekeneintragung(en); letztere sind in Buchstaben zu
wiederholen (§ 47 S 2 GBV). Der Inhalt der die Hypothek betreffenden Eintragungen ist nach Maßgabe des
§ 57 Abs 1 S 1 in den Brief aufzunehmen. Sofern der einheitliche Brief nicht selbst einen besonderen Brief iS
des § 59 Abs 2 darstellt (vgl Rdn 5, 11), ist die Wiedergabe des im Grundbuch eingetragenen Mithaftvermerks
entbehrlich, da sich alle belasteten Grundstücke bereits aus dem übrigen Inhalt des einheitlichen Briefs ergeben.[13] Ein die Gesamtbelastung klarstellender Vermerk ist überflüssig.[14] Die Bezeichnung der belasteten Grundstücke hat jeweils mit der laufenden Nummer zu erfolgen, unter der sie im Bestandsverzeichnis des Grundbuchs
verzeichnet sind (§ 57 Abs 1 S 2).

2. Die Grundbücher der belasteten Grundstücke werden von verschiedenen Grundbuchämtern geführt, § 59 Abs 2

11 Zunächst erteilt jedes Grundbuchamt für das Grundstück seines Bezirks einen **besonderen Brief.** Liegen
mehrere der gesamthaftenden Grundstücke im Bezirk eines Grundbuchamts, so hat dieses für alle in seinem
Bezirk gelegenen Grundstücke einen einheitlichen Brief iS des § 59 Abs 1 S 1 herzustellen. Die Erteilung des
Briefs richtet sich jeweils nach den §§ 56, 57 GBO, 47 GBV. Da diese allgemeinen Vorschriften für jeden einzelnen der nach § 59 Abs 2 zu erteilenden besonderen Briefe gelten, ist als Inhalt der die Hypothek betreffenden Eintragungen (§ 57 Abs 1 S 1) auch der sich auf die im Bezirk der anderen Grundbuchämter liegenden
Grundstücke beziehende Mithaftvermerk in den Brief zu übernehmen. Der Vermerk der Mitbelastung auf den
einzelnen Briefen wird durch die Verbindung der Briefe somit nicht entbehrlich gemacht.[15]

12 Wegen der nach § 59 Abs 2 vorgeschriebenen **Verbindung** der von den verschiedenen Grundbuchämtern ausgestellten Briefe empfiehlt es sich im Allgemeinen, die einzelnen Briefe erst auszustellen, nachdem die Eintragungen auf sämtlichen beteiligten Grundbuchblättern übereinstimmend vollzogen sind. Im Einzelfall kann
jedoch auch ein anderes Verfahren geboten sein (vgl § 37 Abs 2a GBOGeschO, Nr 6.1.3.1 BayGBGA). Darüber, **welches Grundbuchamt** die Verbindung der Briefe vorzunehmen hat, lässt sich keine allgemeine Regel
aufstellen. Die beteiligten Grundbuchämter haben sich zur Klärung dieser Frage untereinander zu verständigen,
damit die Verbindung in einer dem Einzelfall angepassten und möglichst zweckmäßigen Weise erfolgen kann
(vgl § 37 Abs 2b GBOGeschO, Nr 6.1.3.2 BayGBGA). Geht aus den Antragsunterlagen hervor, dass bei den
übrigen Grundbuchämtern noch kein Eintragungsantrag gestellt wurde und dass das zuerst angegangene
Grundbuchamt den Antrag nach Erledigung der ihm obliegenden Amtsgeschäfte an die anderen Grundbuchämter weiterleiten soll (vgl § 21 Abs 2 GBOGeschO, Nr 3.1.3.2–4 BayGBGA), so ist es am zweckmäßigsten,
wenn das zuerst mit der Angelegenheit befasste Grundbuchamt unter Beachtung des in § 30 GBOGeschO
(Nr 3.2.5 BayGBGA) geregelten Verfahrens sogleich den Brief erteilt und diesen zusammen mit den Antragsunterlagen an eines der übrigen Grundbuchämter übersendet. Sind mehr als zwei Grundbuchämter beteiligt, so
sollten sich diese darauf verständigen, dass einem der Grundbuchämter sämtliche von den übrigen Grundbuchämtern ausgestellten Briefe zum Zweck der Verbindung übersandt werden. Dieses Grundbuchamt hat dann
auch die **Schuldurkunde** mit den nach § 59 Abs 2 zusammengefassten Briefen zu verbinden. Im Übrigen wird
die Schuldurkunde zweckmäßigerweise von dem Grundbuchamt beigeheftet, welches den ersten Brief
erteilt.[16] Bei der Beteiligung von mehr als zwei Grundbuchämtern ist es aber genauso möglich, dass das Grundbuchamt A den von ihm erteilten und evtl bereits mit der Schuldurkunde verbundenen Brief an das Grundbuchamt B übersendet, welches die Verbindung mit dem eigenen Brief vornimmt und die nunmehr nach § 59
Abs 2 verbundenen Urkunden an das Grundbuchamt C weiterleitet, welches seinerseits wie Grundbuchamt B
verfährt. Im Fall der nachträglichen Mitbelastung ist die Verbindung der Briefe von dem Grundbuchamt vorzunehmen, in dessen Bezirk das neu belastete Grundstück gebucht ist (§ 37 Abs 2c GBOGeschO). Die Verbindung der einzelnen Briefe hat stets unter Verwendung von Schnur und Siegel zu erfolgen (§ 50 GBV, hierzu vgl
§ 58 Rdn 28). Von verschiedenen Grundbuchämtern hergestellte maschinelle Grundpfandrechtsgesamtbriefe
müssen in Abweichung von § 59 Abs 2 nicht miteinander verbunden werden (§ 87 S 4 GBV; zur Kritik an die-

---

11 Die Bezeichnung als »Gesamthypothek« ist nicht durch Ordnungsvorschrift angeordnet, sondern lediglich in dem insoweit unverbindlichen Muster Anlage 5 zur GBV vorgesehen.
12 Wegen der an sich nicht notwendigen Angabe der Bandnummer vgl § 57 aF Rdn 4.
13 *Hügel-Kral* Rn 4; KEHE-*Eickmann* Rn 1; ebenso *Güthe-Triebel* Rn 5, *Bauer/von Oefele-Weber* Rn 4 und *Demharter* Rn 2
   unter ausschließlicher Berufung auf den nichtamtlichen Inhalt des Musters Anl 5 zur GBV.
14 **AA** KEHE-*Eickmann* Rn 1.
15 *Hügel-Kral* Rn 6; *Güthe-Triebel* Rn 11; *Saage* DFG 1938, 121.
16 *Hügel-Kral* Rn 6; *Güthe-Triebel* Rn 11; *Demharter* Rn 3.

ser Rechtslage vgl Rdn 1, 4). Dies gilt jedoch nur, wenn sämtliche der von den verschiedenen Grundbuchämtern erteilten Briefe in maschineller Form hergestellt wurden. Wird nur einer dieser Briefe in herkömmlicher Form hergestellt, ist die nach § 59 Abs 2 vorgeschriebene Verbindung aller Briefe demnach nicht entbehrlich (arg § 87 S 1 GBV: »wenn sie maschinell hergestellt werden«).

III. Die Behandlung des Gesamtbriefs bei nachträglichen Veränderungen des Gesamtrechts

1. Das Erlöschen der Mithaft

Scheiden Grundstücke aufgrund einer Pfandfreigabeerklärung oder kraft Gesetzes aus der Gesamthaft aus (vgl §§ 1173 Abs 1, 1174 Abs 1, 1175 Abs 1 S 2, Abs 2 BGB), so hängt die Art der Behandlung des Gesamtbriefs davon ab, ob es sich um einen einheitlichen Brief iS des § 59 Abs 1 S 1 oder um mehrere nach § 59 Abs 2 miteinander verbundene Briefe handelt. **13**

a) Ist nur ein **einheitlicher Hypothekenbrief** vorhanden (**§ 59 Abs 1 S 1**), so ist das im Grundbuch eingetragene Erlöschen der Mithaft nach § 62 Abs 1 S 1 auf dem Brief zu vermerken. In dem Musterfall Anlage 5 zur GBV hätte der Ergänzungsvermerk etwa folgenden Wortlaut: »*Die Mithaft in Waslingen Blatt 31 ist erloschen. Eingetragen am . . .*«. Da § 17 Abs 3 GBV nur für Rötungen im Grundbuch gilt und eine Rötung auf dem Brief nur in § 48 GBV vorgesehen ist, hat eine rote Unterstreichung der sich auf das aus der Gesamthaft ausgeschiedene Grundstück beziehenden Angaben nicht zu erfolgen.[17] Aus dem gleichen Grund braucht (sofern die Hypothek durch das Erlöschen der Mithaft zu einer Einzelhypothek geworden ist) das Wort »*Gesamthypothek*« in der Überschrift des Briefs nicht gerötet und durch das Wort »*Hypothek*« ersetzt zu werden.[18] Die Vornahme der genannten Rötungen ist demnach nicht durch Ordnungsvorschrift angeordnet. Eine Rötung aus Zweckmäßigkeitsgründen ist nicht erforderlich, da sich der Inhalt der Rechtsänderung bereits vollständig aus dem nach § 62 Abs 1 S 1 auf den Brief zu setzenden Vermerk ergibt. Auch das in Anlage 3 zur GBV abgedruckte Briefmuster sowie das alte Briefmuster Anlage 5 zur GBVfg (abgedruckt im Anhang zu § 57 aF) sehen keine Rötung der überholten Briefvermerke vor. **14**

b) Sind **mehrere Hypothekenbriefe** miteinander verbunden (**§ 59 Abs 2**), so ist das im Grundbuch des aus der Haftung ausgeschiedenen Grundstücks eingetragene Erlöschen der Mithaft von dem zuständigen Grundbuchamt nach § 62 Abs 1 S 1 auf dem von ihm hergestellten Brief zu vermerken. Auf den übrigen Briefen wird von den jeweils zuständigen Grundbuchämtern lediglich das Erlöschen der Mithaft vermerkt. Eine Unbrauchbarmachung des von dem Erlöschen der Mithaft betroffenen Briefs hat nur zu erfolgen, wenn der Brief die Hypothek lediglich an einem (nunmehr aus der Mithaft entlassenen) Grundstück verbrieft oder wenn es sich bei diesem Brief zwar um einen einheitlichen Hypothekenbrief iS des § 59 Abs 1 handelt (vgl Rdn 5), die Hypothek aber an allen im Brief genannten Grundstücken erloschen ist (vgl § 69 Rdn 5).[19] In diesen Fällen ist der von der Löschung betroffene und (entspr §§ 69 GBO, 53 GBV) unbrauchbar zu machende Brief von den übrigen Briefen abzutrennen. Die evtl mit den Briefen verbundene Schuldurkunde (§ 58) wird nicht zurückgegeben, sondern bleibt mit den übrigen Briefen verbunden.[20] **15**

2. Die Verteilung der Gesamthypothek

Im Fall der Verteilung einer Gesamthypothek (vgl §§ 1132 Abs 2, 1172, 1175 BGB) ist nach § 64 für jedes Grundstück ein neuer Brief zu erteilen. Wegen der Einzelheiten des Verfahrens vgl § 64 Rdn 15 ff. **16**

3. Sonstige Veränderungen des Gesamtrechts

In den von Rdn 13–16 nicht erfassten Fällen der Veränderung eines Gesamtrechts richtet sich die Ergänzung des Gesamtbriefs nach den allgemeinen Vorschriften der §§ 62 Abs 1 S 1, 57 Abs 2 (bzw § 57 Abs 3 aF bei »alten« Briefen). Sofern mehrere Briefe ausgestellt sind (§ 59 Abs 2), ist jedes Grundbuchamt für die Ergänzung des von ihm erteilten Briefs zuständig. In diesem Fall hat das Grundbuchamt, bei welchem der Brief eingereicht wird, die Briefverbindung zu lösen und die einzelnen Briefe unter Hinweis auf den gestellten Eintragungsantrag mit einer Bescheinigung über die Vollzähligkeit des Gesamtbriefs an die übrigen beteiligten Grundbuchämter zu übersenden. Nach erfolgter Ergänzung der Einzelbriefe werden diese zum Zweck der Wiederherstellung des Gesamtbriefs wieder an das absendende Grundbuchamt zurückgesandt. Sind nur zwei Grundbuchämter zuständig, so hat das zuerst mit der Sache befasste Grundbuchamt den von ihm hergestellten Einzelbrief zu ergänzen **17**

---

17 KEHE-*Eickmann* § 48 GBV Rn 1; **aA** ohne Begründung *Demharter* Rn 5 und »im Interesse der Klarheit« *Hügel-Kral* Rn 11 (anders aber in § 57 Rn 9).
18 **AA** *Demharter* Rn 5; *Hügel-Kral* Rn 11 (anders aber in § 57 Rn 9).
19 *Hügel-Kral* Rn 12; *Güthe-Triebel* Rn 12 und § 69 Rn 3, 10; *Demharter* Rn 7; KEHE-*Eickmann* Rn 4; **aA** *Henle-Schmitt* § 69 Anm 2.
20 *Hügel-Kral* Rn 12; *Demharter* Rn 7.

und die Verfahrensunterlagen anschließend ohne Verbindung der Briefe an das andere Grundbuchamt zur weiteren Bearbeitung und Wiederherstellung des Gesamtbriefs weiterzuleiten (§ 37 Abs 2d GBOGeschO, Nr 6.1.3.3 BayGBGA).

IV. Die Verletzung des § 59; Rechtsmittel

18   Da es sich bei § 59 »nur« um eine **Ordnungsvorschrift** handelt, hat die Erteilung von verschiedenen Briefen (Verstoß gegen § 59 Abs 1 S 1) bzw die unterbliebene Verbindung von mehreren nicht ausschließlich maschinell hergestellten Einzelbriefen (Verstoß gegen § 59 Abs 2) keinen Einfluss auf die Wirksamkeit der Grundbucheintragung oder die Gültigkeit der Briefe.[21] Das Entstehen von Schadensersatzansprüchen gegen den Staat ist zwar möglich, wird aber in der Regel durch den Umstand ausgeschlossen sein, dass die ordnungswidrig erteilten Einzelbriefe als »Inhalt der die Hypothek betreffenden Eintragungen« (§ 57 Abs 1 S 1) den Mithaftvermerk enthalten und damit den Charakter der Hypothek als Gesamtrecht verlautbaren.[22]

19   Gegen eine mit § 59 in Widerspruch stehende Brieferteilung ist **Beschwerde** zulässig. Da sich Herstellung und Inhalt des Gesamtbriefs (bzw der Einzelbriefe) nach den allgemeinen Vorschriften der §§ 56–58 richten, kann wegen der insoweit bestehenden Beschwerdemöglichkeiten auf die dortigen Ausführungen Bezug genommen werden (vgl § 56 Rdn 50 ff, § 57 aF Rdn 38, 39, § 57 nF Rdn 15 und § 58 Rdn 31). Im Anwendungsbereich des § 59 Abs 2 kann die Entscheidung eines der zuständigen Grundbuchämter von den anderen Grundbuchämtern nicht mit der Sachbeschwerde angefochten werden.[23]

---

21   *Hügel-Kral* Rn 15; *Güthe-Triebel* Rn 14; *Demharter* Rn 10.
22   *Hügel-Kral* Rn 15; *Güthe-Triebel* Rn 14.
23   KG KGJ 52, 102 = OLGE 41, 28; *Hügel-Kral* Rn 16; *Güthe-Triebel* Rn 14; *Demharter* Rn 9.

§ 60 (Aushändigung des Hypothekenbriefs)

(1) Der Hypothekenbrief ist dem Eigentümer des Grundstücks, im Falle der nachträglichen Erteilung dem Gläubiger auszuhändigen.

(2) Auf eine abweichende Bestimmung des Eigentümers oder des Gläubigers ist die Vorschrift des § 29 Abs 1 Satz 1 entsprechend anzuwenden.

Schrifttum

Bendix, Berechtigt der Besitz des Hypothekenbriefs den Grundstückseigentümer zur Verfügung über die auf seinem Grundstück für einen Dritten eingetragene Briefhypothek?, SeuffBl 67, 535; *Bestelmeyer,* »Herrschende Meinungen« im Bereich des Nacherbenrechts, Rpfleger 1994, 189; *ders,* Löschung einer Zwangshypothek infolge Eröffnung der Gesamtvollstreckung?, DtZ 1997, 274; *Bock,* Die Auswirkung der Konkurseröffnung und des Veräußerungsverbots nach § 106 I 3 KO auf den Grundbuchverkehr, Diss. Bonn, 1980; *Böttcher,* Schutz vor ungerechtfertigten Verfügungsgeschäften im Grundstücksrecht – durch ein gerichtliches Erwerbsverbot?, BWNotZ 1993, 25; *Buschmann,* Widerruf von Erklärungen an das Grundbuchamt über die Aushändigung eingereichter Hypothekenbriefe, DR 1941, 630; *Derleder,* Zur Bedeutung der Aushändigungsabrede nach § 1117 Abs 2 BGB bei der Übertragung der Briefgrundpfandrechte, DNotZ 1971, 272; *Eickmann,* Konkurseröffnung und Grundbuch, Rpfleger 1972, 77; *Foerste,* Grenzen der Durchsetzung von Verfügungsbeschränkung und Erwerbsverbot im Grundstücksrecht, Grundbuchsperre und gutgläubiger Erwerb (1986); *Habscheid,* Richterliches Erwerbsverbot und Grundbuchrecht, FS Schiedermair (1976), 245; *Heydrich,* Das einstweilige Erwerbsverbot an Grundstücken in der Praxis, MDR 1997, 796; *Hubernagel,* Das Erwerbsverbot als Verfügungsverbot, Gruchot 73, 36; *Knoke,* Zur Lehre vom relativen Veräußerungsverbot, FGabe Güterbock (1910), 401; *Kohler,* Das Verfügungsverbot gemäß § 938 Abs 2 ZPO im Liegenschaftsrecht (1984); *Martinius,* Über die Zulässigkeit der Zurücknahme der Bestimmung des Eigentümers in Betreff der Aushändigung des Hypothekenbriefs an den Gläubiger (§ 60 Abs 2 GBO) nach deren Eingange bei dem Grundbuchamt und die sich an die Zurücknahme knüpfenden Gefahren, Gruchot 44, 382; *Münzel,* Gerichtliche Erwerbsverbote durch einstweilige Verfügung, DNotV 1928, 282; *von Prittwitz und Gaffron,* Besitz und Eigentum am Grundschuldbrief bei Abtretung der Grundschuld, NJW 1957, 85; *Reinicke/Tiedtke,* Geheißerwerb von Briefgrundschulden, NJW 1994, 345.

I. Allgemeines

1. Normzweck und Norminhalt

1 Eine **von vornherein als Briefrecht bestellte Hypothek** erwirbt der Gläubiger erst, wenn ihm der Brief vom Grundstückseigentümer übergeben wird (§ 1117 Abs 1 S 1 BGB). Bis zur Aushändigung des Briefs steht das Grundpfandrecht dem Eigentümer zu (§§ 1163 Abs 2, 1177 Abs 1 S 1 BGB). Diese materiellrechtliche Regelung soll den Eigentümer vor Verfügungen des Gläubigers zugunsten gutgläubiger Dritter schützen und ihm die Möglichkeit geben, dem Gläubiger die Hypothek nur Zug um Zug gegen Auszahlung der Valuta einzuräumen.[1] Um diesen Schutz des Eigentümers zu gewährleisten, schreibt § 60 Abs 1 vor, dass der vom Grundbuchamt hergestellte Hypothekenbrief an den Grundstückseigentümer auszuhändigen ist.[2] Nach § 1117 Abs 2 BGB kann die Übergabe des Hypothekenbriefs aber auch durch die Vereinbarung ersetzt werden, dass der Gläubiger berechtigt sein soll, sich den Brief vom Grundbuchamt aushändigen zu lassen. Da es in diesem Fall für den Rechtserwerb des Gläubigers nicht auf den Zeitpunkt der Briefaushändigung ankommt (vgl Rdn 21), kann der Eigentümer in der Form des § 29 Abs 1 S 1 bestimmen, dass der Brief nicht ihm, sondern dem Gläubiger oder einem Dritten ausgehändigt werden soll (§ 60 Abs 2). In diesem Zusammenhang darf aber nicht übersehen werden, dass das Sicherungsbestreben der Kreditinstitute und das wirtschaftliche Übergewicht der Geldgeber mittels des in § 1117 Abs 2 BGB vorgesehenen Weges in Abweichung vom gesetzlichen Regelfall weitgehend die Vorleistung des Eigentümers durchgesetzt haben (zur **AGB-Problematik** vgl Rdn 47 ff).[3]

2 Nach § 60 Abs 1 ist ein **nachträglich erteilter Brief** an den Gläubiger auszuhändigen, sofern dieser nicht eine abweichende (formbedürftige) Bestimmung trifft (§ 60 Abs 2). Diese Regelung wird übereinstimmend damit begründet, dass im Fall der Umwandlung einer Buchhypothek in eine Briefhypothek feststehe, dass der Gläubiger Eigentümer des zu bildenden Briefs wird (§ 952 Abs 2 BGB).[4] Diese Annahme entspricht zwar der Vermutung des § 891 BGB, ist aber angesichts der Möglichkeit, dass das Darlehen nicht zur Auszahlung kommt (§§ 1163 Abs 1, 1177 Abs 1 S 1 BGB), nicht in jedem Fall zutreffend. Die Regelung erweist sich aber aus einem anderen Grund als sachgerecht. Im Gegensatz zur Rechtslage bei der ursprünglichen Bestellung eines Briefrechts ist der Eigentümer im Fall der nachträglichen Erteilung eines Hypothekenbriefs nämlich nicht schutzwürdig. Wenn der Eigentümer die Umwandlung in ein Briefrecht nicht bewilligt, kann die Rechtsänderung nicht eingetragen werden und der Gläubiger erhält keinen Brief.[5] Bewilligt er aber die Eintragung der Umwandlung, so ist es nicht gerechtfertigt, dass sich seine Rechtsstellung im Vergleich zum vor der Umwandlung bestehenden Rechtszustand zu Lasten des Gläubigers verbessert. Solange ein Buchrecht eingetragen ist, kann der eingetragene Gläubiger zugunsten gutgläubiger Dritter über die Hypothek verfügen (§§ 891, 892, 1138 BGB). Würde der Brief im Fall der Umwandlung an den Eigentümer ausgehändigt, so wäre eine Verfügung des lediglich buchberechtigten Gläubigers mangels Briefbesitz ausgeschlossen (vgl § 41 Rdn 1, § 56 Rdn 1, 7). Demgegenüber entspricht die durch die Aushändigung des Briefs an den Gläubiger geschaffene Besitzlage dem materiellen Rechtsverhältnis, wie es bereits vor der Umwandlung des Buchrechts bestanden hat.[6] Dem Gläubiger bleibt seine Verfügungsmöglichkeit erhalten, während der Eigentümer auch weiterhin nach den §§ 894, 899 BGB gegen die unrichtige Grundbucheintragung vorgehen muss.

---

1 Prot BGB III, 729.
2 Mot 192.
3 *Staudinger-Wolfsteiner* § 1117 Rn 6; MüKo-*Eickmann* § 1117 Rn 7; *Westermann* § 96 A II 4 c; *Derleder* DNotZ 1971, 272, 273.
4 D 63; *Güthe-Triebel* Rn 2; *Bauer/von Oefele-Weber* Rn 1; *Demharter* Rn 1.
5 Bei Darlehensbuchhypotheken kann sich der Eigentümer außerdem nach § 1139 BGB schützen.
6 Mot 103.

§ 60 ist auch anwendbar, wenn durch die Eintragung der Hypothek überhaupt kein dingliches Recht (also **3** weder Eigentümergrundschuld noch Fremdgrundpfandrecht) entstanden ist, da die Vorschrift lediglich das Vorhandensein eines Briefs, nicht aber die Existenz eines dinglichen Rechts voraussetzt. Grund hierfür ist, dass es – abgesehen von Ausnahmen (vgl § 53 GBO) – grundsätzlich Sache der Beteiligten ist, die aus einer Grundbuchunrichtigkeit resultierenden Gefahren zu beseitigen. Im Übrigen regelt § 60 nur die Aushändigung von neu gebildeten Hypothekenbriefen. Auf die **Rückgabe von beim Grundbuchamt eingereichten Briefen** ist die Vorschrift nicht anwendbar (hierzu und zur Möglichkeit der entsprechenden Anwendung des § 60 Abs 2 vgl Rdn 89 ff).[7]

2. Entstehungsgeschichte

Nach § 122 PrGBO war der über eine aufgrund der Bewilligung des Eigentümers eingetragene Hypothek **4** gebildete Brief an den Grundstückseigentümer auszuhändigen. Eine selbständige Empfangsberechtigung des Gläubigers war dem preußischen Recht fremd. Die Möglichkeit einer Aushändigung des Briefs an den Gläubiger oder einen Dritten wurde wegen des Fehlens einer entsprechenden Verfahrensvorschrift lediglich mit der Überlegung gerechtfertigt, dass das Grundbuchamt den Wünschen der Beteiligten nach Möglichkeit zu entsprechen habe.[8] Der empfangsberechtigte Eigentümer hatte demnach die Befugnis, andere Personen zur Entgegennahme des Briefs zu bevollmächtigen oder auch ohne eine solche Vollmacht als empfangsberechtigt zu bezeichnen. Da eine solche Aushändigungsbestimmung die alleinige Empfangsberechtigung des Eigentümers aber nicht beeinträchtigte, konnte sie jederzeit widerrufen werden.[9]

Der Gedanke einer **selbständigen Empfangsberechtigung des Gläubigers** findet sich erstmals im Entw I **5** § 60 (1889).[10] Danach war der Brief dem Eigentümer auszuhändigen, sofern er nicht »die Aushändigung an den Gläubiger **bewilligt** hat«. Wenn die Aushändigungsbestimmung des Eigentümers in den Motiven[11] auch etwas ungenau als »Ergänzung der Eintragungsbewilligung« und als Erklärung mit »rechtsgeschäftlichem Charakter« bezeichnet wird, so kommt doch klar zum Ausdruck, dass die Aushändigungsbestimmung nicht als bloßer Antrag, sondern (entsprechend § 19) als Bewilligung verstanden wurde.[12] Diese Auffassung führte notwendigerweise dazu, die Aushändigungsbewilligung hinsichtlich (Un)Widerruflichkeit und Form denselben Regeln wie die Eintragungsbewilligung iS des § 19 zu unterwerfen. Dieses Verständnis von der Rechtsnatur der Aushändigungsbestimmung kommt im Entw II § 58 nur noch unvollständig zum Ausdruck, da der vorstehend zitierte Passus des Entw I § 60 gestrichen und der Begriff »Bewilligung« durch die wenig aussagekräftige Bezeichnung »Bestimmung« ersetzt wurde. Dass mit dieser veränderten Fassung aber keine Änderung des Inhalts der Vorschrift verbunden sein sollte, ergibt sich zweifelsfrei aus der Beibehaltung der Formvorschrift und der Tatsache, dass die Streichung vorgenommen wurde, weil es sich von selbst verstehe, dass eine abweichende Bestimmung des Empfangsberechtigten zulässig sei.[13] Durch die GBOÄndVO vom 05.08.1935 (RGBl I, 1065) hat § 60 keine sachliche Änderung erfahren.

II. Die materiellrechtliche Regelung (§ 1117 BGB)

1. Allgemeines

Bis zur **Übergabe des Briefs** steht die eingetragene Hypothek dem Eigentümer als Grundschuld zu (§§ 1117 **6** Abs 1 S 1, 1163 Abs 2, 1177 Abs 1 S 1 BGB). Solange die Briefübergabe nicht erfolgt oder durch ein Übergabesurrogat iS der §§ 1117 Abs 1 S 2, 930, 931, 1117 Abs 2 BGB ersetzt ist, ist das Grundbuch in doppelter Hinsicht unrichtig, da es nicht nur den Gläubiger als Berechtigten des dinglichen Rechts bezeichnet, sondern auch eine Hypothek statt einer Grundschuld verlautbart.[14] Da der Gläubiger ohne Brief über die Hypothek aber nicht verfügen kann (vgl § 1154 Abs 1 S 1 BGB), sind mit dieser Buchlage keine Gefahren für den Eigentümer verbunden.

Sind auf der Eigentümerseite **mehrere** Personen beteiligt (zB bei Bruchteils- oder Gesamthandseigentum an **7** einem Grundstück sowie bei der Bestellung einer Gesamthypothek an den Grundstücken verschiedener Eigentümer), so müssen bei der Briefübergabe bzw den Übergabesurrogaten sämtliche Eigentümer mitwirken.[15] Ist dies nicht der Fall, so stellt sich die Frage, ob die Hypothek wenigstens an den Miteigentumsanteilen bzw an

7 *Güthe-Triebel* Rn 8; *Demharter* Rn 9; KEHE-*Eickmann* Rn 6.
8 KG KGJ 31 A, 341, 345; KGJ 38 A, 283, 285 = OLGE 21, 26 = RJA 10, 79.
9 KG KGJ 38 A, 283, 285 = OLGE 21, 26 = RJA 10, 79; *Willenbücher* PrGBO, § 122 Anm 5; *Turnau* PrGBO, § 122 Anm 8.
10 Hierzu vgl auch die (allerdings missverständlichen) Äußerungen von *Johow* im Entw aus dem Jahre 1883 (Begr S 281).
11 Mot 102.
12 Prot BGB III, 646 ff, 729; KG KGJ 38 A, 283, 286/287 = OLGE 21, 26 = RJA 10, 79; *Arnheim* Anm 1.
13 D 63.
14 *Staudinger-Wolfsteiner* § 1117 Rn 8; MüKo-*Eickmann* § 1117 Rn 6; *Wolff-Raiser* § 133 V 1.
15 RG RGZ 52, 360; *Staudinger-Wolfsteiner* § 1117 Rn 11; MüKo-*Eickmann* § 1117 Rn 13; *Wolff-Raiser* § 133 V 1 Fn 21.

den Grundstücken der mitwirkenden Eigentümer entsteht. Ist kein einheitliches Rechtsgeschäft gewollt (was insbes bei der Gestattung von grundbuchmäßigem Teilvollzug anzunehmen ist), so ist diese Frage ohne weiteres zu bejahen. Stellen sich die Parteivereinbarungen hingegen als ein einheitliches Rechtsgeschäft dar, so ist in entsprechender Anwendung des § 139 BGB zu prüfen, ob die getroffene Regelung **subjektiv** in der Weise zerlegt werden kann, dass ein selbständiger rechtswirksamer Teil des Rechtsgeschäfts verbleibt.[16] Ist dies der Fall, so ist von einem teilweisen Entstehen der Hypothek auszugehen.[17] Die Annahme, ein Entstehen der Hypothek an den Miteigentumsanteilen oder Grundstücken der bei der Briefübergabe oder den Übergabesurrogaten mitwirkenden Eigentümer sei nur möglich, sofern der Gläubiger nach § 1175 Abs 1 S 2 BGB auf sein Recht an den anderen Miteigentumsanteilen oder Grundstücken verzichtet,[18] ist als petitio principii abzulehnen, da sie begrifflich den vorherigen Erwerb des gesamten Rechts voraussetzt.[19]

8   Der Erwerb der Hypothek durch den Gläubiger setzt in jedem Fall voraus, dass die zu sichernde Forderung zum Zeitpunkt der Briefübergabe oder ihrer Ersetzung bereits entstanden ist (§ 1163 Abs 1 S 1 BGB). Das **Eigentum am Brief** steht immer dem Inhaber des dinglichen Rechts zu (§ 952 Abs 2 BGB; eine Ausnahme gilt allerdings bei Inhabergrundschulden und -rentenschulden, vgl § 56 Rdn 2). Auch Miteigentum von Eigentümer und Gläubiger (zB bei Teilvalutierung) ist möglich (wegen Einzelheiten vgl § 56 Rdn 2). Fehlt es an einem Rechtsinhaber (etwa für die Zeit zwischen Briefherstellung und Grundbucheintragung, wenn der Brief bereits vor der Eintragung gebildet wurde, oder weil das dingliche Recht trotz Grundbucheintragung nicht entstanden ist), so steht der Brief im Eigentum des Staates (vgl § 56 Rdn 2).

2. Die einzelnen Erwerbstatbestände

9   **a) Die unmittelbare Briefaushändigung (§ 1117 Abs 1 S 1 BGB iVm § 929 S 1 BGB).** Wie sich aus der in § 1117 Abs 1 S 2 BGB enthaltenen Verweisung auf § 929 S 2 BGB ergibt, umfasst die Briefübergabe neben dem Realakt der Besitzverschaffung auch ein rechtsgeschäftliches Element der Einigung.[20] Es muss daher dem übereinstimmenden Willen von Eigentümer und Gläubiger entsprechen, dass der Gläubiger zum Zweck der Erlangung seiner Gläubigerstellung an dem Grundpfandrecht erhält. Der Rechtsübergang auf den Gläubiger wird daher weder dadurch herbeigeführt, dass sich der Gläubiger ohne Zustimmung des Eigentümers einseitig den Briefbesitz verschafft, noch dadurch, dass ein vom Eigentümer zur Aushändigung nicht ermächtiger Dritter (zB das Grundbuchamt entgegen § 60 Abs 1) den Brief an den Gläubiger übergibt.[21] Ebenso wenig genügt es, wenn ein den Brief für kraftlos erklärendes Ausschlussurteil anstelle des Briefes übergeben wird (vgl § 41 Rdn 68, 77).[22] Dagegen erwirbt der Gläubiger die Hypothek, wenn ihm das Grundbuchamt den Brief aufgrund einer Bestimmung des Eigentümers aushändigt (§ 60 Abs 2). In diesem Fall findet der Rechtsübergang auf den Gläubiger im Zeitpunkt der Briefübergabe statt,[23] sofern die Hypothek bereits valutiert ist. Wurde der Eigentümer zur Bestellung einer Hypothek verurteilt, gilt die Briefübergabe nach § 897 ZPO bereits im Zeitpunkt der Wegnahme des Briefs durch den Gerichtsvollzieher als erfolgt.[24]

10   **b) Die Briefübergabe brevi manu traditio (§ 1117 Abs 1 S 2 BGB iVm § 929 S 2 BGB).** Ist der Brief bereits im unmittelbaren Besitz des Gläubigers, ohne dass ein Rechtserwerb nach § 1117 Abs 1 S 1 BGB stattgefunden hat (zB bei einem Verstoß des Grundbuchamts gegen § 60 Abs 1), so genügt – Valutierung vorausgesetzt – für den Erwerb der Hypothek durch den Gläubiger, dass dieser sich mit dem Eigentümer dahingehend

---

16   RG RGZ 59, 175, 176; 62, 186, 187; 114, 38, 39; 133, 15; 141, 104, 108; BGH BGHZ 3, 206, 209 = NJW 1952, 20; BGHZ 24, 345, 349 = NJW 1957, 1357; BGHZ 53, 174, 179 = NJW 1970, 752; DNotZ 1975, 152, 153; *MüKo-Busche* § 139 Rn 23, 24, 26; *Flume* § 32, 2b; *Gerhardt* JuS 1970, 326, 328; vgl auch *Pierer von Esch*, Teilnichtige Rechtsgeschäfte, 1968, S 53 ff; *Pawlowski*, Rechtsgeschäftliche Folgen nichtiger Willenserklärungen, 1966, S 175 ff.

17   BGH DNotZ 1975, 152, 153; **aA** (unter Nichtberücksichtigung der Vorschrift des § 139 BGB) RG RGZ 52, 360; *Staudinger-Wolfsteiner* § 1117 Rn 11 (im Widerspruch zu den grundsätzlichen gegenteiligen Ausführungen in § 1132 Rn 8; der dort erhobene Vorwurf, die »wirkliche« Welt würde sich »in der Eintragungspraxis der Grundbuchämter freilich nur selten widerspiegeln«, läuft im Ergebnis darauf hinaus, den Grundbuchämtern die selbstverständliche Beachtung der formellen Regeln des Grundbuchverfahrensrechts vorzuhalten); *MüKo-Eickmann* § 1117 Rn 13.

18   RG RGZ 52, 360; *Staudinger-Wolfsteiner* § 1117 Rn 11.

19   *MüKo-Eickmann* § 1117 Rn 13.

20   *Staudinger-Wolfsteiner* § 1117 Rn 2; *MüKo-Eickmann* § 1117 Rn 12.

21   RG RGZ 75, 221, 224; WarnR 1915 Nr 172; BGH NJW-RR 1993, 369 = Rpfleger 1993, 278 = WM 1993, 285 = ZIP 1993, 98; *Staudinger-Wolfsteiner* § 1117 Rn 2; *MüKo-Eickmann* § 1117 Rn 12; *Palandt-Bassenge* § 1117 Rn 2. Zur Briefübergabe durch Dritte auf Geheiß und zu BGH aaO vgl *Reinicke/Tiedtke* NJW 1994, 345.

22   KG KGJ 45, 294 = RJA 13, 255; OLGE 38, 10 = RJA 15, 319; DNotV 1931, 481 = HRR 1931 Nr 1708; BayObLG BayObLGZ 1987, 97, 100 = Rpfleger 1987, 363; BayObLG Rpfleger 1988, 477, 478 (insoweit in BayObLGZ 1988, 148 nicht abgedruckt); *Staudinger-Wolfsteiner* § 1154 Rn 43; *Wolff-Raiser* § 136 Fn 16.

23   RG RGZ 66, 97, 100; 77, 106, 108; 89, 152, 160; 135, 206, 208; KG KGJ 25 A, 153, 154; *Staudinger-Wolfsteiner* § 1117 Rn 4; *Palandt-Bassenge* § 1117 Rn 2.

24   BayObLG Rpfleger 1998, 32.

einigt, nunmehr rechtmäßiger Besitzer des Briefs sein zu sollen.[25] Das Gleiche gilt, wenn der Brief (zB entgegen § 60 Abs 1) in den unmittelbaren Besitz eines Dritten gelangt ist und dieser dem Gläubiger den mittelbaren Besitz vermittelt.[26] Damit ein Rechtserwerb durch den Gläubiger stattfinden kann, muss die maßgebliche Besitzstellung zeitlich mit der wirksamen Einigung iS des § 929 S 2 BGB zusammentreffen. Die Einigung kann der Besitzerlangung durch den Gläubiger auch vorausgehen (sog antizipierte brevi manu traditio), muss beim Besitzerwerb aber noch fortbestehen.[27] Ist der Eigentümer unmittelbarer Besitzer des Briefs, so ist ein Erwerb der Hypothek durch den Gläubiger aufgrund der §§ 1117 Abs 1 S 2, 929 S 2 BGB ausgeschlossen.[28] Ein Erwerb des unmittelbar besitzenden Gläubigers vom mittelbar besitzenden Eigentümer ist hingegen möglich.[29]

c) Die Briefübergabe mittels Vereinbarung eines Besitzkonstituts (§ 1117 Abs 1 S 2 BGB iVm § 930 BGB). Die zum Rechtserwerb des Gläubigers erforderliche Übergabe des Briefs kann auch durch die Vereinbarung eines Besitzmittlungsverhältnisses iS des § 868 BGB ersetzt werden. Der hierfür erforderliche unmittelbare oder mittelbare[30] (Eigen-)[31]Besitz des Eigentümers muss im Zeitpunkt des beabsichtigten Rechtsübergangs vorliegen.[32] **11**

Solange der **Brief noch nicht hergestellt** ist, kann ein Erwerb der Hypothek durch den Gläubiger aufgrund der §§ 1117 Abs 1 S 2, 930 BGB nicht erfolgen. Eigentümer und Gläubiger haben allerdings die Möglichkeit, durch die Vereinbarung eines antizipierten Besitzkonstituts bereits die Grundlage für den später stattfindenden Rechtserwerb des Gläubigers zu schaffen. Zu welchem Zeitpunkt die Hypothek in diesem Fall auf den Gläubiger übergeht, hängt neben der erforderlichen Valutierung vor allem vom Inhalt des vorweggenommenen Besitzmittlungsverhältnisses und vom Zeitpunkt der Briefherstellung ab. Ist vereinbart, dass die Vermittlung des mittelbaren Briefbesitzes vom Erwerb des **unmittelbaren** Besitzes durch den Eigentümer abhängig sein soll, so erwirbt der Gläubiger die Hypothek, wenn das Grundbuchamt den Brief an den Eigentümer aushändigt (§ 60 Abs 1).[33] Da der Eigentümer nach erfolgter Eintragung der Hypothek als Berechtigter der Eigentümergrundschuld (§§ 1117 Abs 1 S 1, 1163 Abs 2, 1177 Abs 1 S 1 BGB) aufgrund eines neben den durch § 60 geschaffenen öffentlich-rechtlichen Beziehungen zwischen ihm und dem Justizfiskus bestehenden **privatrechtlichen** verwahrungsähnlichen Rechtsverhältnisses aber bereits mit der Herstellung des Briefs zum **mittelbaren** Briefbesitzer wird (hierzu vgl ausführlich Rdn 63 ff), ist es auch möglich, das vorweggenommene Besitzkonstitut auf den Zeitpunkt der Briefherstellung zu beziehen. In diesem Fall erwirbt der Gläubiger die Hypothek bereits mit der Herstellung des Briefs, da er durch das Konstitut zum zweitstufigen mittelbaren Eigenbesitzer des Briefs wird, während der Eigentümer erststufigen mittelbaren Fremdbesitz erwirbt (§ 871 BGB).[34] Dies gilt aber nur dann, wenn der Brief gleichzeitig mit der Eintragung der Hypothek hergestellt wird oder wenn die Brieferteilung der Grundbucheintragung nachfolgt. Ist der Brief bereits vor der Eintragung der Hypothek hergestellt worden, so hat der Eigentümer bis zum Vollzug der Eintragung mangels Rechtsinhaberschaft noch keinen mittelbaren Besitz erworben, welcher Gegenstand eines antizipierten Konstituts sein könnte (vgl Rdn 8). Daraus folgt, dass der Gläubiger den Briefbesitz aufgrund der §§ 1117 Abs 1 S 2, 930 BGB keinesfalls vor der Eintragung der Hypothek erwerben kann. Das bedeutet zugleich, dass ein Direkterwerb der Hypothek durch den Gläubiger auch dann ausscheidet, wenn die Brieferteilung der Grundbucheintragung vorausgeht oder mit dieser zeitlich zusammenfällt. Da die Ersetzung der Briefübergabe nach den §§ 1117 Abs 1 S 2, 930 BGB wegen des hierfür erforderlichen mittelbaren Besitzes des Eigentümers auch dessen Rechtsinhaberschaft voraussetzt, findet immer ein **Zwischenerwerb des Eigentümers** statt (§§ 1117 Abs 1 S 1, 1163 Abs 2, 1177 Abs 1 S 1 BGB). Diese wenn auch nur dem Erwerb des Gläubigers dienende und während des genannten Zwischenstadiums bestehende Eigentümergrundschuld ist daher dem Vollstreckungszugriff der Gläubiger des Eigentümers ausgesetzt. Aus dem Zwischenerwerb des Eigentümers folgt des weiteren, dass die Vorschrift des § 878 BGB (anders als beim Übergabeersatz nach § 1117 Abs 2 BGB, vgl Rdn 22) im Fall des über das Vermögen des Eigentümers eröffneten Insolvenzverfahrens zugunsten des Gläubigers nicht anwendbar ist (hierzu vgl auch Rdn 19). Im Hinblick auf den Zeitpunkt des Rechtserwerbs durch den Gläubiger können die vorgenannten Rechtsfolgen im Übrigen auch mittels Abtretung des künftigen privatrechtlichen Herausgabeanspruchs des Eigentümers gegen den Justizfiskus herbeigeführt werden (§§ 1117 Abs 1 S 2, 931 BGB, hierzu vgl Rdn 15 ff).[35] **12**

---

25 *Staudinger-Wolfsteiner* § 1117 Rn 3; *MüKo-Eickmann* § 1117 Rn 15.
26 RG RGZ 103, 151, 153; JW 1938, 1394 = HRR 1938 Nr 655; BGH BGHZ 56, 123, 128.
27 RG RGZ 83, 223, 230; 135, 366, 367; BGH WM 1964, 614, 615; NJW 1976, 1539, 1540; *MüKo-Quack* § 929 Rn 102, 103, 159; *Planck-Brodmann* § 929 Anm 3 b; *Palandt-Bassenge* § 929 Rn 9, 22; *E. Wolf* § 5 A III h; **aA** *Wolff-Raiser* § 66 I 4, II.
28 RG RGZ 126, 21, 25.
29 BGH WM 1971, 410; *Wolff-Raiser* 66 II.
30 Prot BGB III, 204; RG RGZ 11, 57; 26, 182; JW 1909, 130, 131; LZ 1920, 236; *MüKo-Quack* § 930 Rn 22; *Palandt-Bassenge* § 930 Rn 7.
31 *MüKo-Quack* § 930 Rn 22; *E. Wolf* § 5 VI C.
32 RG RGZ 56, 52, 54; *MüKo-Quack* § 930 Rn 22; *Palandt-Bassenge* § 930 Rn 7.
33 *MüKo-Eickmann* § 1117 Rn 16; *Palandt-Bassenge* § 1117 Rn 2.
34 *MüKo-Quack* § 930 Rn 22; *Palandt-Bassenge* § 930 Rn 7.
35 Vgl RG WarnR 1920 Nr 163; *Palandt-Bassenge* § 930 Rn 7, 10–12, § 931 Rn 2, 3, 5.

13 Ist die Eintragung der Hypothek erfolgt und der **Brief bereits hergestellt,** dem Eigentümer vom Grundbuchamt aber noch nicht ausgehändigt worden, so kommt – sofern bereits valutiert ist – ein Rechtserwerb des Gläubigers entweder mit dem Erwerb des unmittelbaren Briefbesitzes durch den Eigentümer (antizipiertes Konstitut im Hinblick auf den künftigen unmittelbaren Besitz des Eigentümers) oder im Zeitpunkt der Vereinbarung des Besitzmittlungsverhältnisses (Konstitut bezüglich des bereits bestehenden mittelbaren Besitzes des Eigentümers) in Betracht. Auch in diesem Fall haben Eigentümer und Gläubiger die Möglichkeit, den Rechtserwerb des Gläubigers mittels Abtretung des aus dem zwischen Eigentümer und Justizfiskus bestehenden verwahrungsähnlichen Rechtsverhältnis resultierenden privatrechtlichen Herausgabeanspruchs herbeizuführen (§ 1117 Abs 1 S 2, 931 BGB; hierzu vgl Rdn 15 ff).

14 Ist der **Brief dem Eigentümer bereits ausgehändigt** worden, so vollzieht sich – Valutierung vorausgesetzt – der Rechtserwerb durch den Gläubiger mangels Vereinbarung eines anderen Zeitpunkts mit dem Zustandekommen des Besitzmittlungverhältnisses.[36]

d) Die Briefübergabe mittels Abtretung des Herausgabeanspruchs (§ 1117 Abs 1 S 2 BGB iVm § 931
15 BGB). Bei der durch die Abtretung des Herausgabeanspruchs erfolgenden Ersetzung der zum Rechtserwerb des Gläubigers erforderlichen Briefübergabe ist zu unterscheiden, ob sich der Brief bereits im Besitz eines Dritten oder noch beim Grundbuchamt befindet (wegen der Übergabe eines besitzlos gewordenen Briefs vgl § 67 Rdn 12 sowie die Nachweise in § 67 Fn 13).

16 Ist der Brief vom Grundbuchamt unter Verstoß gegen § 60 Abs 1 oder aufgrund einer Aushändigungsbestimmung des Eigentümers **an einen Dritten ausgehändigt** worden, so erwirbt der Gläubiger die Hypothek mit der Abtretung des dem Eigentümer gegen den Dritten aus vertraglichem Besitzmittlungsverhältnis (§ 870 BGB) oder kraft Gesetzes (zB aufgrund der §§ 812, 823, 861 BGB) zustehenden Herausgabeanspruchs. Der Herausgabeanspruch des Eigentümers nach § 985 BGB ist kein der Abtretung zugänglicher Herausgabeanspruch iS des § 931 BGB.[37] Hat der den Brief besitzende Dritte infolge einer mit dem Eigentümer vereinbarten Teilabtretung einen Teil des dinglichen Rechts erworben, so steht dem Eigentümer trotz seines Miteigentums am Brief (§§ 1163 Abs 1, 1177 Abs 1 S 1, 952 Abs 2 BGB, vgl § 56 Rdn 2) im Gegensatz zu dem Teilgläubiger, der dem Zessionar anlässlich einer Teilabtretung den Besitz am gesamten Stammbrief verschafft hat,[38] kein Anspruch auf Einräumung des Mitbesitzes am Brief zu. Er kann vielmehr nur die Vorlegung des Briefs an das Grundbuchamt zum Zweck der Grundbuchberichtigung oder der Bildung eines Teilbriefs verlangen (§§ 896, 749, 752, 1152, 1145, 1150, 1167, 1168 Abs 3 BGB).[39] Da dieser Vorlegungsanspruch keinen Herausgabeanspruch iS des § 931 BGB darstellt, kann seine Abtretung dem eingetragenen Gläubiger den übrigen Teil des Rechts nicht verschaffen.[40]

17 Ist der den Brief besitzende Dritte im Fall der **Pfändung** der nach den §§ 1117 Abs 1, 1163 Abs 2, 1177 Abs 1 S 1 BGB entstandenen **Eigentümergrundschuld** weder zur Herausgabe des Briefs[41] noch zur Einräumung des qualifizierten Mitbesitzes bereit (vgl § 56 Rdn 4), so kann der Vollstreckungsgläubiger erst nach der Pfändung des Herausgabeanspruchs des Vollstreckungsschuldners gegen den Dritten vorgehen. Die Pfändung und Überweisung zur Einziehung (vgl § 886 ZPO)[42] steht allerdings der Abtretung des Herausgabeanspruchs nicht gleich, da sie nicht die Übertragung des Rechts auf den Gläubiger bewirkt, sondern diesen lediglich berechtigt, das gepfändete Recht im eigenen Namen und im eigenen Interesse geltend zu machen.[43] Der Vollstreckungsgläubiger ist daher darauf angewiesen, den gepfändeten Anspruch im Weg der Klage zu verfolgen und die Herausgabe des Briefs aufgrund des stattgegebenen Urteils durch Vollstreckung nach § 883 ZPO zu erzwingen.[44]

36 MüKo-*Eickmann* § 1117 Rn 16.
37 **HM:** MüKo-*Quack* § 931 Rn 8, 18; MüKo-*Medicus* Vorbem zu § 985 Rn 6; *Staudinger-Gursky* § 985 Rn 2 ff mwN; *Palandt-Bassenge* § 931 Rn 3.
38 *von Prittwitz und Gaffron* NJW 1957, 85, 86.
39 Mot BGB III, 759; RG RGZ 59, 313, 318; 69, 36, 41; Gruchot 54, 1022; Recht 1911 Nr 1563; *Staudinger-Wolfsteiner* § 1145 Rn 1, 2; MüKo-*Eickmann* § 1145 Rn 1; *Palandt-Bassenge* § 1145 Rn 1.
40 RG RGZ 69, 36, 43; OLG Oldenburg Rpfleger 1970, 101; *Palandt-Bassenge* § 931 Rn 3; MüKo-*Quack* § 931 Rn 7; *von Prittwitz und Gaffron* NJW 1957, 85, 86.
41 Die Hinterlegung des Briefs unter Verzicht auf das Recht zur Rücknahme steht der Herausgabe gleich, RG RGZ 135, 272, 274 = JW 1932, 3182 (*Rosenberg*); KG KGJ 44, 275, 279; *Stöber* Rn 1816.
42 Die Überweisung an Zahlungs Statt ist wegen § 849 ZPO nicht möglich.
43 RG RGZ 63, 214, 218; Gruchot 54, 1022; KG OLGE 11, 111; 29, 217; KGJ 35 A, 297, 299; 44, 275, 278; DNotV 1930, 242 = HRR 1929 Nr 1968; JW 1938, 900; *Stöber* Rn 1823; **aA** *Tempel* JuS 1967, 117, 121/122.
44 RG RGZ 63, 214, 218; BGH NJW 1979, 2045 = MDR 1979, 922; KG KGJ 40, 322, 327; 44, 275, 278; OLG Dresden OLGE 16, 308; *Staudinger-Wolfsteiner* § 1116 Rn 8, § 1154 Rn 64; MüKo-*Eickmann* § 1154 Rn 38; *Zöller-Stöber*, ZPO, § 830 Rn 6; *Stöber* Rn 1823; *Hintzen/Wolf* Rpfleger 1995, 94, 96/97.

Schwierigkeiten bereitet die rechtliche Konstruktion der Abtretungs- und Pfändungsvorgänge, solange sich der **18** hergestellte **Brief noch beim Grundbuchamt** befindet. Eine Mindermeinung[45] geht davon aus, dass mit Ausnahme des Eigentümer-Besitzer-Verhältnisses (§§ 985, 952 Abs 2 BGB) keine privatrechtlichen Rechtsbeziehungen zwischen dem Grundbuchamt und dem Rechtsinhaber bestehen. Sie sieht daher den nach § 60 gegen das Grundbuchamt gerichteten **öffentlich-rechtlichen** Anspruch auf Briefaushändigung als Gegenstand der Abtretung bzw Pfändung an. Demgegenüber stellt die herrschende Ansicht[46] zutreffenderweise auf einen neben dem nach § 60 gegebenen öffentlich-rechtlichen (nicht abtretbaren und unpfändbaren) Aushändigungsanspruch bestehenden **privatrechtlichen** Herausgabeanspruch des Rechtsinhabers gegen den Staat (Justizfiskus) aus einem verwahrungsähnlichen Rechtsverhältnis ab (zur Erörterung der Streitfrage vgl die ausführlichen Stellungnahmen in Rdn 55 ff, 63 ff und 72 ff). Wird dieser privatrechtliche Herausgabeanspruch des Eigentümers erst nach erfolgter Briefherstellung abgetreten (§§ 1117 Abs 1, 1163 Abs 2, 1177 Abs 1 S 1, 952 Abs 2, 870 BGB), so erwirbt der Gläubiger die (valutierte) Hypothek im Zeitpunkt der Abtretung. Die Abtretung des genannten Herausgabeanspruchs des Eigentümers ist aber auch bereits vor der Herstellung des Briefs möglich.[47] In diesem Fall erwirbt der Gläubiger die bereits eingetragene und valutierte Hypothek nach den für die Abtretung von künftigen Forderungen geltenden Grundsätzen aber erst mit der Herstellung des Briefs, da eine Vermittlung des mittelbaren Besitzes durch das Grundbuchamt zu einem früheren Zeitpunkt nicht möglich ist.[48] Dies ist für den Gläubiger aber immer noch günstiger, als wenn lediglich eine Aushändigungsbestimmung zu seinen Gunsten vorliegt (§ 60 Abs 2: Hypothekenerwerb mit Briefaushändigung, vgl Rdn 9). In den vorgenannten Fällen kann der Rechtserwerb des Gläubigers im Übrigen auch mittels Vereinbarung eines (evtl antizipierten) Besitzkonstituts herbeigeführt werden (§§ 1117 Abs 1 S 2, 930 BGB, hierzu vgl Rdn 12, 13).

Wie bei der Ersetzung der Briefübergabe nach den §§ 1117 Abs 1 S 2, 930 BGB ist auch beim Übergabeersatz **19** durch Abtretung des Herausgabeanspruchs zu beachten, dass ein Erwerb des mittelbaren Briefbesitzes durch den Gläubiger vor Eintragung der Hypothek ausscheidet, weil mittelbarer Besitz und abtretbarer Herausgabeanspruch des Eigentümers erst bestehen, wenn dieser das dingliche Recht als Eigentümergrundschuld erworben hat (vgl Rdn 8, 12). Demzufolge findet auch hier ein **Zwischenerwerb des Eigentümers** statt, welcher seinen Gläubigern den Zugriff auf die Eigentümergrundschuld ermöglicht (§§ 1117 Abs 1 S 1, 1163 Abs 2, 1177 Abs 1 S 1 BGB). Ein Direkterwerb der Hypothek durch den Gläubiger (anders als beim Vorliegen einer Vereinbarung nach § 1117 Abs 2 BGB, vgl Rdn 22) nicht möglich. Dies hat zur Folge, dass § 878 BGB dem Gläubiger im Fall des über das Vermögen des Eigentümers eröffneten Insolvenzverfahrens nicht zum Erwerb der Hypothek verhelfen kann (vgl Rdn 12).

e) Die Briefübergabe mittels Vereinbarung nach § 1117 Abs 2 BGB. Die Übergabe des Briefs an den **20** Gläubiger kann durch die (gut von der verfahrensrechtlichen Aushändigungsbestimmung nach § 60 Abs 2 zu unterscheidende) materiellrechtliche Vereinbarung ersetzt werden, wonach der Gläubiger berechtigt sein soll, sich den Brief vom Grundbuchamt aushändigen zu lassen (§ 1117 Abs 2 BGB). Die Vorschrift des § 1117 Abs 2 BGB beruht auf dem Grundgedanken, dass sich der Rechtserwerb des Gläubigers durch zeitliche Verschiebungen bei der Herstellung und Aushändigung des Briefs nicht über Gebühr verzögern soll.[49] In der Kreditpraxis führt die Bestimmung aber leider meist zu einem Verzicht des Eigentümers auf den mit § 1117 Abs 1 S 1 BGB bezweckten Schutz (vgl Rdn 1, zur AGB-Problematik vgl Rdn 47 ff).

Da die Vereinbarung nach § 1117 Abs 2 BGB die Briefübergabe ohne weiteres ersetzt, ist es nicht erforderlich, **21** dass der Brief zum Zeitpunkt der Vereinbarung bereits hergestellt ist.[50] Da die Ersatzabrede (ebenso wie die Übergabesurrogate der §§ 1117 Abs 1 S 2, 930, 931 BGB) dem Gläubiger den mittelbaren Briefbesitz verschaffen soll und Besitz an einer nicht zur Entstehung gelangten Sache nicht denkbar ist, ändert dies aber nichts

---

45 MüKo-*Eickmann* § 1117 Rn 17, 26, 27, 34; KEHE-*Eickmann* Rn 5; *Derleder* DNotZ 1971, 272, 278; ähnlich *Palandt-Bassenge* § 1117 Rn 2 unter nicht zutreffender Berufung auf RG SeuffA 92 Nr 152 (hierzu vgl Fn 46).
46 Prot BGB III, 729; RG RGZ 66, 97, 99; RG SeuffA 92 Nr 152 (indem es den Herausgabeanspruch im Zusammenhang mit der Rechtsinhaberschaft erörtert und § 60 unerwähnt lässt. Im Übrigen war die Aushändigungsbestimmung im entschiedenen Fall wegen Geschäftsunfähigkeit des Eigentümers nichtig, sodass ein öffentlich-rechtlicher Anspruch auf Briefaushändigung für den aus der Bestimmung Begünstigten ohnehin nicht bestand); KG KGJ 40, 322, 324; 44, 275, 277; OLGE 11, 113; *Hügel-Kral* Rn 6, 6.1; *Demharter* Rn 13; *Güthe-Triebel* Rn 2; *Bauer/von Oefele-Weber* Rn 1; *Stöber* Rn 1827; ebenso KG KGJ 31 A, 341, 342 und DNotV 1912, 588, 591/592 (für beim Grundbuchamt eingereichte Briefe).
47 RG SeuffA 92 Nr 152; MüKo-*Eickmann* § 1117 Rn 17; *Palandt-Bassenge* § 1117 Rn 2.
48 Vgl BGH BGHZ 30, 238, 240; 88, 205, 206; WM 1973, 489; NJW 1995, 1668, 1671; MüKo-*Eickmann* § 1117 Rn 17; *Palandt-Grüneberg* § 398 Rn 11; *Derleder* DNotZ 1971, 272, 279.
49 Prot BGB III, 729.
50 RG RGZ 64, 308, 313 = JW 1907, 13; RGZ 66, 206, 210 = JW 1907, 514; RGZ 84, 314, 316; *Staudinger-Wolfsteiner* § 1117 Rn 13, 14; MüKo-*Eickmann* § 1117 Rn 21; *Palandt-Bassenge* § 1117 Rn 3; *Wolff-Raiser* § 133 V I; *Derleder* DNotZ 1971, 272, 279.

daran, dass für den Rechtserwerb des Gläubigers letztendlich die **Herstellung des Briefs erforderlich** ist.[51] Die Vereinbarung nach § 1117 Abs 2 BGB kann daher nur zum Erfolg führen, wenn das Grundbuchamt rechtlich in der Lage ist, den Brief zu erteilen. Wird der Brief schließlich vom Grundbuchamt hergestellt, so wird der hierdurch stattfindende Erwerb des mittelbaren Besitzes durch die in § 1117 Abs 2 BGB enthaltene **Fiktion**[52] (frühestens) auf den Zeitpunkt vorverlegt, in dem die Voraussetzungen für die Erteilung des Briefs beim Grundbuchamt (erstmals) vorgelegen haben.[53] Hierfür kommt frühestens der Zeitpunkt der Hypothekeneintragung in Betracht, da vorher kein zu verbriefendes Recht existiert.

22 Sofern die Vereinbarung bereits vor der Eintragung des dinglichen Rechts getroffen wird, erwirbt der Gläubiger die valutierte Hypothek bereits mit der Eintragung des Rechts, ohne dass vorher eine Eigentümergrundschuld und damit mittelbarer Briefbesitz des Eigentümers zur Entstehung gelangt.[54] Im Gegensatz zum Rechtserwerb des Gläubigers aufgrund der Übergabesurrogate iS der §§ 1117 Abs 1 S 2, 930, 931 BGB (hierzu vgl Rdn 12, 19) findet demnach ein **Direkterwerb des Gläubigers** statt. Dies hat zur Folge, dass § 878 BGB im Fall der Insolvenz des Eigentümers zugunsten des Gläubigers anwendbar ist. Kommt die Vereinbarung nach § 1117 Abs 2 BGB erst nach der Eintragung (und Darlehensvalutierung) der Hypothek zustande, so findet der Rechtserwerb durch den Gläubiger mangels Vereinbarung eines anderen Zeitpunkts mit dem Wirksamwerden der Abrede statt.[55] Unabhängig vom Zeitpunkt des Zustandekommens der Vereinbarung ist es aber für den Erwerb der Hypothek durch den Gläubiger ohne Bedeutung, ob ihm der Brief auch **tatsächlich ausgehändigt** wird.[56] Die durch das Grundbuchamt infolge Beachtung des § 60 Abs 1 oder wegen eines Verstoßes gegen § 60 Abs 2 an den Eigentümer oder einen Dritten erfolgende Aushändigung des Briefs vermag den Erwerb der Hypothek durch den Gläubiger somit nicht mehr zu beeinträchtigen.

23 Entsprechend der Rechtslage im Fall einer zunächst entstehenden Eigentümergrundschuld wird der Gläubiger als Rechtsinhaber (Valutierung vorausgesetzt) mit vollzogener Eintragung der Hypothek und erfolgter Herstellung des Briefs (bzw dem nachträglichen Zustandekommen der Ersatzabrede) zum Eigentümer (§ 952 Abs 2 BGB) und **mittelbaren Besitzer** des Briefs (vgl Rdn 12, 63 ff).[57] Soweit dem Hypothekengläubiger die Rechtsstellung als mittelbarer Besitzer nur unter der Voraussetzung zugestanden wird, dass eine den Gläubiger begünstigende Aushändigungsbestimmung des Eigentümers iS des § 60 Abs 2 vorliegt,[58] kann dem nicht gefolgt werden. Wäre diese Ansicht richtig, so könnte der Gläubiger die Hypothek trotz einer vorliegenden Vereinbarung nach § 1117 Abs 2 BGB im Fall des Fehlens einer Aushändigungsbestimmung iS des § 60 Abs 2 mangels Briefübergabe nicht erwerben, da er weder den unmittelbaren (der Brief befindet sich ja noch beim Grundbuchamt!) noch den mittelbaren Besitz am Brief erlangt hätte.[59] Dieses Ergebnis steht in eindeutigem Widerspruch zum Wortlaut des § 1117 Abs 2 BGB, wonach die Briefübergabe durch die dingliche Aushändigungsvereinbarung ersetzt wird (vgl Rdn 21). Da ein Rechtserwerb durch den Gläubiger nach § 1117 Abs 1 S 1 BGB in jedem Fall die Verschaffung des Briefbesitzes voraussetzt, kommt (solange sich der Brief beim Grundbuchamt befindet) als Ersatz für die Briefübergabe nur die Erlangung des mittelbaren Besitzes in Betracht. Diesen Erwerb des mittelbaren Besitzes durch den Gläubiger vermag die Mindermeinung im Fall des Nichtvorliegens einer Aushändigungsbestimmung des Eigentümers iS des § 60 Abs 2 nicht zu begründen. Aber selbst wenn man diese wohl unausräumbaren Bedenken außer Betracht lassen und die Möglichkeit eines ohne Erlangung des Briefbesitzes stattfindenden Rechtserwerbs des Gläubigers aufgrund der Vorschrift des § 1117 Abs 2 BGB in Betracht ziehen wollte, so würde die Mindermeinung dazu führen, dass der Gläubiger ein nicht verkehrsfähiges Recht erworben hätte. Denn solange sich der Brief noch beim Grundbuchamt befindet, könnte der Gläubiger seine Hypothek mangels eigenen mittelbaren Briefbesitzes und mangels öffentlich-rechtlicher Empfangsberechtigung (§ 60) nicht nach Maßgabe der §§ 1154 Abs 1 S 1 Hs 2, 930, 931 BGB abtreten. Auch für einen Übergabeersatz

---

51 RG RGZ 64, 308, 313 = JW 1907, 13; RGZ 66, 206, 210 = JW 1907, 514; RGZ 84, 314, 316; OLG Breslau SeuffA 57 Nr 78. Im Fall der Erteilung eines **nichtigen** Briefes ist ein Rechtserwerb durch den Gläubiger trotz vorliegender Vereinbarung nach § 1117 Abs 2 BGB somit nicht möglich (vgl § 56 Rdn 44).
52 KG NJW 1975, 879; *Wörbelauer* DNotZ 1965, 518, 523.
53 Lehrreich vor allem die den Entscheidungen RG RGZ 84, 314 und BayObLG BayObLGZ 1987, 97, 102 = Rpfleger 1987, 363 zugrunde liegenden Zessionsfälle, bei denen die sich auf den neu zu erteilenden Brief beziehenden Vereinbarungen nach § 1117 Abs 2 BGB scheiterten, weil der abhanden gekommene bisherige Brief noch nicht für kraftlos erklärt worden war.
54 RG RGZ 64, 308, 313 = JW 1907, 13; RGZ 66, 206, 210 = JW 1907, 514; RGZ 81, 424, 425; 89, 152, 161; KG KGJ 25 A, 153; 40, 322, 324; NJW 1975, 879; *Wolff-Raiser* § 133 V 1; *Derleder* DNotZ 1971, 272, 279.
55 MüKo-*Eickmann* § 1117 Rn 22; *Palandt-Bassenge* § 1117 Rn 3.
56 RG RGZ 64, 308, 313 = JW 1907, 13; RGZ 66, 206, 209 ff = JW 1907, 514; RGZ 89, 152, 161; JW 1908, 547; KG KGJ 25 A, 153, 155; NJW 1975, 879; MüKo-*Eickmann* § 1117 Rn 25; *Staudinger-Wolfsteiner* § 1117 Rn 13, 14; *Palandt-Bassenge* § 1117 Rn 3; *Wolff-Raiser* § 133 Fn 24.
57 Prot BGB III, 729; RG RGZ 64, 308, 313 = JW 1907, 13; RGZ 66, 97, 99; 69, 36, 43; 84, 314, 315; JW 1908, 547; KG KGJ 40, 322, 324; OLG Breslau SeuffA 57 Nr 78.
58 MüKo-*Eickmann* § 1117 Rn 24.
59 Wie sich aus den Bemerkungen in Rdn 21 ergibt, fingiert § 1117 Abs 2 BGB nicht den Besitzerwerb als solchen, sondern lediglich den **Zeitpunkt** des Besitzerwerbs.

nach den §§ 1154 Abs 1 S 1 Hs 2, 1117 Abs 2 BGB wäre erforderlich, dass der Zedent zu irgendeinem Zeitpunkt selbst Besitzer des Briefs geworden ist (vgl Rdn 64). Des weiteren ist zu beachten, dass die Aushändigungsbestimmung nach § 60 Abs 2 nur die Übertragung des **unmittelbaren** Besitzes bezweckt und auf den zeitlich vor der körperlichen Übergabe des Briefs stattfindenden Rechtserwerb (§ 1117 Abs 1 S 2, Abs 2 BGB) und die durch diesen Erwerb bereits geschaffene Besitzstellung keinen Einfluss hat. Schließlich besitzt das Grundbuchamt den Brief im Rahmen des zwischen ihm und dem Rechtsinhaber bestehenden **privatrechtlichen** verwahrungsähnlichen Rechtsverhältnisses stets für den Briefeigentümer (vgl Rdn 64).[60] Ob diesem der Brief aufgrund einer mit dem privatrechtlichen Anspruch übereinstimmenden **öffentlich-rechtlichen** Empfangsberechtigung auch ausgehändigt werden darf, ist eine ganz andere Frage und hat mit der aus der privatrechtlichen Rechtsbeziehung folgenden Besitzstellung nichts zu tun (vgl Rdn 71). Der Erwerb des mittelbaren Briefbesitzes durch den Gläubiger setzt im Fall des § 1117 Abs 2 BGB somit nicht voraus, dass dem Gläubiger auch der öffentlich-rechtliche Aushändigungsanspruch nach § 60 zusteht.

Vereinzelt wird vertreten,[61] dass die Erwerbsformen nach den §§ 1117 Abs 1 S 2, 931 BGB und nach § 1117   **24** Abs 2 BGB nicht als alternativ anzusehen seien, sondern dass die Erwerbsmöglichkeit nach § 1117 Abs 2 BGB nur eine für die Zeit vor Briefherstellung **besonders geregelte Form der Rechtsverschaffung durch Abtretung des Herausgabeanspruchs** iS der §§ 1117 Abs 1 S 2, 931 BGB darstelle. Dieser Auffassung kann nicht gefolgt werden. Sie stützt sich nämlich ausschließlich auf die Annahme, dass § 1117 Abs 2 BGB im Hinblick auf den Zeitpunkt des Rechtserwerbs durch den Gläubiger nur die »Abtretung des künftigen Herausgabeanspruchs« privilegiere, während beide Erwerbsformen in dieser Hinsicht zum gleichen Ergebnis führten, sofern sie nach Briefherstellung vereinbart werden.[62] Im bürgerlichen Recht ist es jedoch nicht ungewöhnlich, dass der (angeblich) gleiche Rechtserfolg mittels verschiedener rechtlicher Konstruktionen erreicht werden kann. Allein aus der Tatsache des Bestehens solcher **verschiedener** Konstruktionen den zwingenden Schluss zu ziehen, dass die Gestaltungsmöglichkeit A (§ 1117 Abs 2 BGB) wegen des durch sie herbeigeführten (angeblich) identischen Rechtserfolgs notwendigerweise einen Unterfall der Konstruktion B (§§ 1117 Abs 1 S 2, 931 BGB) darstellen müsse, ist nicht schlüssig. Des weiteren wird übersehen, dass der Zessionar die Forderung im Fall der Abtretung eines künftigen Anspruchs (hier über § 931 BGB) nur unter der Voraussetzung und erst im Zeitpunkt ihrer Entstehung erwirbt. Letzteres bedeutet nämlich, dass der Gläubiger die Hypothek aufgrund der §§ 1117 Abs 1 S 2, 931 BGB trotz erfolgter Grundbucheintragung frühestens mit der Herstellung des Briefs erwerben kann, da ein Herausgabeanspruch gegen das Grundbuchamt zu einem früheren Zeitpunkt noch nicht besteht (vgl Rdn 18). Es bedurfte daher einer besonderen Vorschrift, um den Rechtserwerb des Gläubigers auf den Zeitpunkt der Grundbucheintragung vorverlegen zu können. Schließlich darf als wesentlicher Gesichtspunkt nicht unberücksichtigt bleiben, dass sich durch die Abtretung des künftigen Herausgabeanspruchs kein Direkterwerb des Gläubigers erreichen lässt. Vielmehr ist stets ein Zwischenerwerb des Eigentümers vorgeschaltet (vgl Rdn 19). Im Gegensatz dazu ermöglicht § 1117 Abs 2 BGB den über § 1117 Abs 1 BGB nicht herbeiführbaren Direkterwerb des Gläubigers (vgl Rdn 22). Aus diesen Unterschieden und der Systematik des Gesetzes (§ 1117 Abs 1 S 2/Abs 2) lässt sich nur der Schluss ziehen, dass § 1117 Abs 2 BGB keine systemwidrige Erweiterung der §§ 398, 931 BGB, sondern einen **selbständigen, neben den §§ 929–931 (§ 1117 Abs 1 S 2) BGB stehenden Erwerbstatbestand** beinhaltet.[63] § 1117 Abs 2 BGB privilegiert somit nicht die »Abtretung eines künftigen Herausgabeanspruchs«, sondern ermöglicht einen direkten Rechtserwerb des Gläubigers bereits zum Zeitpunkt der Grundbucheintragung (Fiktion: Briefübergabe vor Briefherstellung, vgl Rdn 21). Diese Rechtsfolgen lassen sich durch die Abtretung des künftigen Herausgabeanspruchs (§§ 1117 Abs 1 S 2, 931 BGB) aber gerade nicht erreichen.

III. Die Aushändigung eines neu erteilten Hypothekenbriefs

Wem der hergestellte Brief auszuhändigen ist, hängt vom Zeitpunkt der Brieferteilung und damit in erster   **25** Linie davon ab, ob die Hypothek von vornherein als Briefrecht bestellt oder erst nachträglich in ein solches umgewandelt wird. Außerdem ist von Bedeutung, ob eine Aushändigungsbestimmung des nach § 60 Abs 1 Empfangsberechtigten vorliegt.

1. Fehlende Aushändigungsbestimmung (Regelfall des § 60 Abs 1)

a) Ursprüngliche Brieferteilung. Wird die Hypothek **von vornherein als Briefrecht** bestellt, so ist der   **26** hergestellte Hypothekenbrief dem Grundstückseigentümer auszuhändigen (§ 60 Abs 1 Alt 1). Um eine

---

60 KG KGJ 40, 322, 325.
61 *Derleder* DNotZ 1971, 272, 282; ähnlich MüKo-*Eickmann* § 1117 Rn 27; *Biermann* § 1117 Anm 1 a; *Wolff-Raiser* § 133 V 1.
62 *Derleder* DNotZ 1971, 272, 282.
63 RG RGZ 66, 206, 210 = JW 1907, 514; OLG Düsseldorf NJW-RR 2002, 711 = RNotZ 2001, 406 (wonach eine Vereinbarung nach § 1117 Abs 2 BGB auch nicht iS des § 931 BGB ausgelegt werden kann); *Staudinger-Wolfsteiner* § 1117 Rn 18; *Erman-Wenzel* § 1117 Rn 6; *Palandt-Bassenge* § 1117 Rn 3; *Martinius* Gruchot 44, 382.

ursprüngliche Brieferteilung iS dieser Vorschrift handelt es sich auch dann, wenn eine als Buchrecht eingetragene Hypothek infolge einer zwischen Einigung und Eintragung bestehenden Divergenz als Briefrecht entsteht (vgl § 41 Rdn 12) und die Brieferteilung aus diesem Grund nach erfolgter Grundbuchberichtigung erst »nachträglich« erfolgt. Zur Aushändigung eines gültigen Briefs nach einer erfolgten Beseitigung der Nichtigkeit eines Briefs infolge Einreichung des nichtigen Briefs und zur Vermutung des § 1117 Abs 3 BGB bei späterer Einreichung des nunmehr gültigen Briefs vgl § 56 Rdn 80–82.

27 Der Brief ist auch dann an den Eigentümer auszuhändigen, wenn der Gläubiger nachweist, dass dieser wegen der bereits erfolgten Valutierung der Hypothek zur Briefübergabe oder zur Einwilligung in die unmittelbare Aushändigung des Briefs an den Gläubiger verpflichtet ist.[64] Das Gleiche gilt, wenn die Eintragung der Briefhypothek aufgrund eines die Bewilligung des Eigentümers ersetzenden Urteils erfolgt (§ 894 ZPO),[65] und zwar selbst dann, wenn das Urteil gleichzeitig (nicht notwendig ausdrücklich[66]) die Verpflichtung des Eigentümers zur Briefübergabe ausspricht.[67] Die schuldrechtliche Verpflichtung des Eigentümers zur Briefaushändigung ist für das Grundbuchamt im Anwendungsbereich des § 60 bedeutungslos. Es ist nicht einzusehen, warum sich hieran etwas ändern soll, nur weil diese Verpflichtung durch ein Urteil bestätigt wird.

28 Auch die **rechtskräftige Verurteilung** des Eigentümers zur Abgabe einer Erklärung iS des § 1117 Abs 2 BGB berechtigt das Grundbuchamt nicht, den Brief abweichend von § 60 Abs 1 an den Gläubiger auszuhändigen.[68] Die Überlegung, dass eine rechtskräftige Verurteilung zur Abgabe einer materiellrechtlichen Erklärung zugleich alle zur Verwirklichung des mit der Erklärung beabsichtigten materiellen Rechtserfolgs **erforderlichen** Verfahrenserklärungen ersetzt, führt zu keinem anderen Ergebnis, da auch die freiwillig zustandegekommene Vereinbarung nach § 1117 Abs 2 BGB lediglich die Funktion hat, den Rechtserwerb des Gläubigers mittels Verschaffung des mittelbaren Besitzes herbeizuführen, nicht aber dazu dienen soll, dem Gläubiger auch den unmittelbaren Briefbesitz zu verschaffen (vgl Rdn 55 ff). Demzufolge kommt es für den Rechtserwerb des Gläubigers iS § 1117 Abs 2 BGB nicht mehr auf die Aushändigung des Briefs an (vgl Rdn 22).[69] Da die Erlangung des unmittelbaren Briefbesitzes für den Rechtserwerb durch den Gläubiger somit nicht mehr von materiellrechtlicher Bedeutung ist, kann in einer Verurteilung zum Abschluss einer Vereinbarung iS des § 1117 Abs 2 BGB auch keine Verurteilung zur Abgabe einer Aushändigungsbestimmung iS des § 60 Abs 2 erblickt werden.[70] Es bleibt demnach festzuhalten, dass eine Aushändigung des Briefs an den Gläubiger nur in Betracht kommt, wenn sich das Urteil ausdrücklich auf die Erklärung einer Aushändigungsbestimmung iS des § 60 Abs 2 bezieht.[71] Im Übrigen übersieht die Gegenmeinung, dass der nach ihrer Ansicht gegenüber dem Grundbuchamt zu führende Nachweis der materiellrechtlichen Vereinbarung ohnehin nicht allein durch die Vorlegung eines Urteils mit dem soeben auf eine Eigentümererklärung iS des § 1117 Abs 2 BGB bestehenden Inhalt geführt werden könnte, da es bezüglich der in der Klageerhebung enthaltenen materiellrechtlichen Erklärung des Gläubigers an der Form des § 29 mangelt.

29 Sofern der Gläubiger die verbriefte Hypothek infolge der Vereinbarung eines Übergabesurrogats bereits erworben hat (§§ 1117 Abs 1 S 2, 930, 931, 1117 Abs 2 BGB), ist der Grundstückseigentümer wegen der am Brief bestehenden Eigentümerstellung des Gläubigers **zur Herausgabe des Briefs verpflichtet** (§§ 952 Abs 2, 985 BGB). Im Übrigen wird ein gegen den Grundstückseigentümer gerichteter Anspruch des Gläubigers auf Aushändigung des Briefs in aller Regel aufgrund des der Hypothekenbestellung zugrunde liegenden Schuldverhältnisses bestehen. Bis zur Auszahlung der Valuta kann dem Eigentümer allerdings ein Zurückbehaltungsrecht zustehen.[72] Ist der Brief nach § 60 Abs 1 an den Eigentümer auszuhändigen, so kann der Anspruch des Gläubigers auf Verschaffung der Hypothek noch durch die Eintragung einer Vormerkung gesichert werden.[73] Im Fall der Pfändung der mangels Briefübergabe mit der Eintragung der Hypothek entstandenen Eigentümergrundschuld (§§ 1117 Abs 1 S 1, 1163 Abs 2, 1177 Abs 1 S 1 BGB) kann sich der eingetragene Buchgläubiger gegenüber dem Pfändungsgläubiger nicht darauf berufen, dass der Eigentümer ihm gegenüber zur Übergabe des Briefs vertraglich verpflichtet sei.[74]

64 KG KGJ 21 A, 171, 173 = OLGE 2, 276; *Güthe-Triebel* Rn 4; *Demharter* Rn 4; *Henle-Schmitt* Anm 2 a.
65 KG aaO (Fn 64); *Hügel-Kral* Rn 7; *Güthe-Triebel* Rn 4; *Demharter* Rn 4; *Hesse-Saage-Fischer* Anm II 1; *Henle-Schmitt* Anm 2 a; *Predari* Anm 2; KEHE-*Eickmann* Rn 3; *Biermann* § 1117 Anm 3.
66 BayObLG Rpfleger 1998, 32.
67 *Henle-Schmitt* Anm 2 a; *Biermann* § 1117 Anm 3; **aA** *Derleder* DNotZ 1971, 272, 275 unter Hinweis auf die Voraufl (6.) Rn 3, welche sich ihrerseits allerdings zu Unrecht auf KG aaO (Fn 64) beruft.
68 **AA** KG KGJ 21 A, 171 = OLGE 2, 276; *Staudinger-Wolfsteiner* § 1117 Rn 10; MüKo-*Eickmann* § 1117 Rn 28; *Erman-Wenzel* § 1117 Rn 6; KEHE-*Eickmann* Rn 3.
69 Vgl die Nachweise in Fn 56.
70 **AA** MüKo-*Eickmann* § 1117 Rn 28 und KEHE-*Eickmann* Rn 3, wo jedoch jeweils das (hier entscheidende) Verhältnis zwischen § 1117 Abs 2 BGB und § 60 Abs 2 GBO nicht untersucht wird.
71 *Henle-Schmitt* Anm 2 a.
72 *Staudinger-Wolfsteiner* § 1117 Rn 4.
73 KG OLGE 7, 367; *Güthe-Triebel* § 25 Rn 7; *Oberneck* § 126 A 3; **aA** *Bendix* SeuffBl 67, 535.
74 RG RGZ 63, 14; 73, 415; *Henle-Schmitt* Anm 2 a; *Staudinger-Wolfsteiner* § 1117 Rn 24; *Fuchs* BayZ 1907, 274; vgl auch *Bendix* BayZ 1907, 189, 274.

Wegen der nach § 1117 Abs 1 S 2, Abs 2 BGB gegebenen und daher nicht auszuschließenden Möglichkeit **30** eines Rechtserwerbs durch den Gläubiger kann sich der den Brief beim Grundbuchamt vorlegende Eigentümer nicht unter Berufung auf die Vermutung des § 1117 Abs 3 BGB durch den Nachweis als Gläubiger des Rechts legitimieren, dass ihm das Grundbuchamt den Brief anlässlich der Bestellung der Hypothek aufgrund der Vorschrift des § 60 Abs 1 ausgehändigt hat.[75] Das Gleiche gilt, wenn sich der hergestellte und nach § 60 Abs 1 an den Eigentümer auszuhändigende Brief noch beim Grundbuchamt befindet.[76] Von der **Bewilligungsberechtigung des Eigentümers** kann in diesen Fällen vielmehr nur ausgegangen werden, wenn er in geeigneter Form (zB durch löschungsfähige Quittung, Anerkenntniserklärung des Gläubigers, Abtretungserklärung, Urteil usw) nachweist, dass der eingetragene Gläubiger die Hypothek entweder von vornherein nicht erworben hat oder dass das dingliche Recht außerhalb des Grundbuchs auf ihn übergegangen ist (hierzu vgl § 41 Rdn 49).[77]

Hat der nach § 60 Abs 1 empfangsberechtigte Eigentümer jemanden (auch den Gläubiger!) **zur Empfang-** **31** **nahme des Briefs bevollmächtigt,** so handelt es sich hierbei nicht um eine Bestimmung iS des § 60 Abs 2, da die Aushändigung des Briefs nicht an den Gläubiger (in seiner Eigenschaft als Gläubiger) oder einen Dritten, sondern an den (vertretenen) Eigentümer erfolgt. Die Vollmacht bedarf daher (anders als die Vollmacht zur Ausübung des Bestimmungsrechts, vgl Rdn 59) nicht der Form des § 29 Abs 1 S 1. Es genügt vielmehr, wenn dem Grundbuchamt die Erteilung der Vollmacht in einfacher Schriftform nachgewiesen wird (§ 13 Abs 5 S 1 FGG). Einen öffentlich beglaubigten Vollmachtsnachweis kann das Grundbuchamt nach der Neufassung des § 13 FGG durch Art 10 des RDG vom 12.12.2007 (BGBl I 2840) nicht mehr verlangen (§ 13 Abs 5 S 1 FGG; anders § 13 S 3 FGG aF, nach welchem das Grundbuchamt bei Zweifeln an der Identität des Vollmachtgebers einen förmlichen Vollmachtsnachweis verlangen konnte). Der vom Eigentümer oder vom Bevollmächtigten gestellte Antrag, den Brief aufgrund der Vollmacht an den Vertreter des Eigentümers auszuhändigen, ist ebenfalls nicht nach § 29 formbedürftig.[78] Die vorstehenden Grundsätze für den Vollmachtsnachweis gelten auch für die Empfangnahme des Briefs durch den **Notar,** da die entsprechende Bevollmächtigung nicht vom Anwendungsbereich des § 15 erfasst wird.[79] Die am 01.07.2008 in Kraft getretene und in Rdn 58 erörterte Neufassung des § 13 FGG hat an dieser Rechtslage nichts geändert, weil sich die bloße Empfangsvollmacht nicht auf eine in § 13 Abs 3 S 2 FGG vorausgesetzte aktive und passive Vertretung im rechtsgeschäftlichen oder verfahrensrechtlichen Willen, sondern lediglich auf den Realakt der Entgegennahme von Unterlagen erstreckt und die von der Vorschrift geregelten personellen Einschränkungen und Erleichterungen daher nach dem Normzweck nicht Platz greifen, sodass ungeachtet des § 13 Abs 5 S 4 FGG auch zugunsten von Notaren und Rechtsanwälten erteilte Empfangsvollmachten nach § 13 Abs 5 S 1 FGG in einfacher Schriftform nachzuweisen sind und darüber hinaus auch jeder beliebige Dritte ohne die personellen Einschränkungen des § 13 Abs 2 FGG wirksam zur Empfangnahme des Briefs bevollmächtigt werden kann. Beantragt der Bevollmächtigte, den Brief unmittelbar an den Gläubiger oder einen Dritten zu übersenden, so liegt darin keine Ausübung des Bestimmungsrechts iS des § 60 Abs 2. Da das Grundbuchamt nicht zu überwachen hat, ob der Vertreter außerhalb des Grundbuchverfahrens im Rahmen seiner Vollmacht gehandelt und sich mit den Beteiligten über die Abkürzung des Übersendungsweges verständigt hat, ist dem Verlangen des Bevollmächtigten ohne weitere Prüfung stattzugeben.[80] Entsprechendes gilt für den Fall, dass der aus einer Aushändigungsbestimmung iS des § 60 Abs 2 Begünstigte die Aushändigung des Briefs an einen Dritten wünscht.

Steht der **Belastungsgegenstand im Eigentum mehrerer Personen** (zB bei Bruchteils- oder Gesamthands- **32** eigentum sowie bei der Bestellung einer Gesamthypothek, wenn die Haftungsobjekte verschiedenen Eigentümern gehören), so ist der hergestellte Brief allen Eigentümern gemeinsam auszuhändigen. Da das In-Verkehr-Bringen von verschiedenen Briefen über dieselbe Hypothek unzulässig ist (vgl § 59), lässt sich die Aushändigung nur in der Weise durchführen, dass einer der Eigentümer oder ein Dritter (zB der Notar) dazu ermächtigt wird, den Brief für alle Eigentümer in Empfang zu nehmen. Solange die erforderlichen Vollmachten (in einfacher Schriftform vgl Rdn 31) nicht vorliegen, darf das Grundbuchamt den Brief nicht an einen der Eigentümer herausgeben.[81] Leben die Eigentümer im Güterstand der **Gütergemeinschaft** und gehört das Grundstück zum Gesamtgut, so ist maßgebend, wer das Gesamtgut verwaltet (§ 1422 BGB). Ist der **Eigentümer nicht**

75 KG KGJ 22 A, 309 = OLGE 3, 362; OLG Hamm NotBZ 2006, 180 = RNotZ 2006, 124; *Staudinger-Scherübl* (12.) § 1117 Rn 31; *Palandt-Bassenge* § 1117 Rn 4; *Martinius* Gruchot 44, 382, 385; **aA** (unrichtig) *Staudinger-Wolfsteiner* § 1117 Rn 8, 9, 31.
76 *Martinius* Gruchot 44, 382, 385.
77 KG KGJ 22 A, 309 = OLGE 3, 362; BayObLG BayObLGZ 33, 12; OLG Hamm Rpfleger 2002, 565 = FGPrax 2002, 193; OLG Hamm NotBZ 2006, 180 = RNotZ 2006, 124; *Palandt-Bassenge* § 1117 Rn 4; *Staudinger-Scherübl* (12.) § 1117 Rn 31, § 1163 Rn 30, 65; *Henle-Schmitt* Anm 4 c; *Güthe-Triebel*, Legitimationsfragen, Stichwort »Übergabe des Hypothekenbriefs«, Anm 2c aE (Bd 2, S 2040); *Martinius* Gruchot 44, 382, 385; **aA** (unrichtig) *Staudinger-Wolfsteiner* § 1117 Rn 8, 9, 31.
78 KG KGJ 30 A, 272 = RJA 6, 78; *Henle-Schmitt* Anm 2 b.
79 KG KGJ 23 A, 163; 44, 170, 173/174; KEHE-*Eickmann* Rn 2; *Henle-Schmitt* Anm 2 b; *Schöner/Stöber* Rn 2025.
80 *Hügel-Kral* Rn 14; *Demharter* Rn 6.
81 *Hügel-Kral* Rn 7; *Henle-Schmitt* Anm 2 b.

geschäftsfähig, so ist der Brief nicht ihm selbst, sondern seinem gesetzlichen Vertreter auszuhändigen. Das Gleiche gilt, wenn der Eigentümer durch einen zur Vermögensverwaltung befugten Pfleger oder Betreuer vertreten wird. Wegen der entsprechenden Anwendung der Vorschriften über die Ersatzzustellung (§ 16 Abs 2 S 1 FGG iVm §§ 178 ff ZPO) vgl Rdn 87.

33 **b) Nachträgliche Brieferteilung.** Wird eine Buchhypothek **nachträglich in ein Briefrecht umgewandelt** (§ 1116 Abs 3 BGB), so ist der herzustellende Brief an den eingetragenen Hypothekengläubiger auszuhändigen (zur Empfangsvollmacht vgl Rdn 31). Dass § 60 Abs 1 Alt 2 für die Bestimmung des Empfangsberechtigten auf die Buchberechtigung abstellt, ergibt sich eindeutig aus der Formulierung der Vorschrift, die für den Regelfall der Bestellung eines Fremdrechts von der Personenverschiedenheit von Grundstückseigentümer und Hypothekengläubiger ausgeht. Demzufolge ist der Brief in Übereinstimmung mit dem Normzweck (vgl Rdn 2) auch dann an den eingetragenen Gläubiger auszuhändigen, wenn der Eigentümer nachweist, dass der Gläubiger das ursprünglich bestellte Buchrecht (zB mangels Valutierung) nicht erworben hatte. Dem Eigentümer darf der Brief daher nur ausgehändigt werden, wenn er entweder die Grundbuchberichtigung erreicht oder wenn der eingetragene Gläubiger eine Aushändigungsbestimmung iS des § 60 Abs 2 getroffen hat.[82] Dies entspricht der Rechtslage im Fall der ursprünglichen Brieferteilung, wonach der Brief mangels abweichender Aushändigungsbestimmung auch dann an den Eigentümer auszuhändigen ist, wenn der Gläubiger sowohl die Valutierung der Hypothek als auch eine materiellrechtliche Vereinbarung iS des § 1117 Abs 2 BGB nachweist (vgl Rdn 27, 28, 55 ff). Ist die Hypothek im Zuge der Umwandlung abgetreten worden, so ist der Brief an den **bisherigen** Gläubiger auszuhändigen, sofern nicht eine anders lautende Aushändigungsbestimmung des Zedenten vorliegt.[83] Zur Aushändigung eines gültigen Briefs nach einer erfolgten Beseitigung der Nichtigkeit eines Briefs infolge Einreichung des nichtigen Briefs und zur Vermutung des § 1117 Abs 3 BGB bei späterer Einreichung des nunmehr gültigen Briefs vgl § 56 Rdn 80–82.

34 Bei einer **Mehrheit von Gläubigern** (Gesamthands-, Bruchteils- oder Gesamtberechtigung) ist der Brief allen Gläubigern gemeinsam auszuhändigen. Das Grundbuchamt darf den Brief daher nur an einen der Gläubiger oder einen Dritten (zB den Notar) herausgeben, wenn dieser (in einfacher Schriftform, vgl Rdn 31) nachweist, dass er von den übrigen bzw allen Gläubigern zur Empfangnahme des Briefs bevollmächtigt wurde (vgl Rdn 32 zur ähnlichen Situation bei der Aushändigung des Briefs an eine Eigentümermehrheit). Ist es bei bestehender Bruchteilsberechtigung zur Erteilung von selbständigen Stammbriefen über den Anteil eines jeden Gläubigers gekommen (vgl § 61 Rdn 10), so sind die Einzelbriefe an den jeweiligen Berechtigten des verbrieften (Bruchteils)Rechts auszuhändigen. Wegen der Rechtslage bei bestehender Gütergemeinschaft, bei erfolgter Bevollmächtigung eines Dritten zur Empfangnahme des Briefs sowie bei fehlender Geschäftsfähigkeit des Gläubigers kann auf die entsprechend anwendbaren Ausführungen zur Briefaushändigung an den Eigentümer Bezug genommen werden (vgl Rdn 31, 32).

2. Vorliegende Aushändigungsbestimmung (Ausnahmefall des § 60 Abs 2)

35 **a) Die Rechtsnatur der Aushändigungsbestimmung.** Die Aushändigungsbestimmung iS des § 60 Abs 2 ist – ebenso wie die Eintragungsbewilligung (§ 19)[84] – eine einseitige Erklärung mit ausschließlich **verfahrensrechtlichem** Charakter, deren Wirksamwerden und Widerruflichkeit sich demzufolge nach den für die Eintragungsbewilligung geltenden Grundsätzen beurteilt.[85] Nachdem sich zur Rechtsnatur der Eintragungsbewilligung (§ 19) die rein verfahrensrechtliche Lösung durchgesetzt hat, kann auch im Anwendungsbereich des § 60 Abs 2 nicht mehr an der Auffassung festgehalten werden, wonach die Aushändigungsbestimmung in unmittelbarer oder entsprechender Anwendung des § 130 BGB wirksam und unwiderruflich wird, sobald sie in Urschrift, Ausfertigung oder beglaubigter Abschrift und mit dem Willen des Bestimmungsberechtigten entweder beim Grundbuchamt eingereicht oder dem laut Aushändigungsbestimmung Begünstigten übergeben wird.[86] Da sich die zutreffende Ansicht zur Wirksamkeit und Widerruflichkeit der Aushändigungsbestimmung in Begründung und Ergebnis zu Recht an der Beantwortung der entsprechenden Rechtsfragen im Anwendungsbereich des § 19 orientiert,[87] muss eine Änderung der herrschenden Auffassung zur Rechtsnatur der Eintragungsbewilligung auch im Rahmen des § 60 Abs 2 berücksichtigt werden. Daraus folgt, dass die im Grund-

82 **AA** *Bauer/von Oefele-Weber* Rn 2 (ohne Hinweis auf die hier vertretene abweichende Auffassung); *Güthe-Triebel* Rn 3.
83 OLG Dresden ZBlFG 5, 724; *Hügel-Kral* Rn 8; *Güthe-Triebel* Rn 3; *Demharter* Rn 3.
84 Absolut hM seit BGH BGHZ 84, 202 = NJW 1982, 2817 = Rpfleger 1982, 414 = DNotZ 1983, 309 = ZIP 1982, 1245 = MDR 1982, 838 und OLG Düsseldorf Rpfleger 1981, 177. Einen Überblick über die Entwicklung des Meinungsstandes geben *Staudinger-Ertl* (12.) § 873 Rn 125 ff, KEHE-*Munzig* § 19 Rn 14 ff und *Nieder* NJW 1984, 329, 331. Wegen weiterer Rechtsprechungs- und Literaturnachweise vgl *Demharter* § 19 Rn 13.
85 MüKo-*Eickmann* § 1117 Rn 36; KEHE-*Eickmann* Rn 3.
86 So noch KG KGJ 38 A, 283 = OLGE 21, 26 = RJA 10, 79; KGJ 43, 146; JFG 8, 226 = HRR 1931 Nr 1457; *Güthe-Triebel* Rn 7 und (zu § 19) BayObLG BayObLGZ 1975, 398, 404 = Rpfleger 1976, 66; OLG Frankfurt DNotZ 1970, 162.
87 Zur Entstehungsgeschichte der Vorschrift vgl Rdn 4, 5 sowie KG KGJ 38 A, 283 = OLGE 21, 26 = RJA 10, 79.

buchverfahrensrecht ungeregelten Fragen (zB nach der Wirksamkeit und Widerruflichkeit der Erklärung) wegen der ausschließlich verfahrensrechtlichen Funktion der Aushändigungsbestimmung zunächst nach den allgemeinen Verfahrensgrundsätzen der freiwilligen Gerichtsbarkeit und nach den für sie passenden Grundsätzen des allgemeinen Verfahrensrechts zu beurteilen sind. Nur wenn das gesamte Verfahrensrecht schweigt, ist eine analoge Heranziehung von Vorschriften und Grundsätzen des materiellen Rechts für zulässig zu erachten.[88] Die grundsätzliche analoge Anwendbarkeit von Vorschriften des bürgerlichen Rechts[89] kann daher ebenso wenig befürwortet werden wie die Auffassung welche teilweise materielles Recht und teilweise Verfahrensrecht angewendet sehen möchte.[90]

b) Wirksamkeit und Widerruflichkeit der Aushändigungsbestimmung[91]**. aa) Die einzelnen Wirksamkeitstatbestände.** Die von dem Bestimmungsberechtigten in der Form der §§ 60 Abs 2, 29 Abs 1 S 1 erklärte Aushändigungsbestimmung wird wirksam, wenn sie dem Grundbuchamt vorgelegt oder dem von der Bestimmung Begünstigten bzw einem Dritten ausgehändigt wird oder wenn sie dem Begünstigten bzw Dritten wegen seines originären gesetzlichen Aushändigungsanspruchs von der jeweiligen Urkundsperson nicht vorenthalten werden darf. **36**

(1) Fall 1: Die Vorlage der Aushändigungsbestimmung beim Grundbuchamt. Die **Aushändigungsbestimmung wird wirksam,** wenn sie dem Grundbuchamt noch vor dem Zugang eines etwaigen (nach § 29 formbedürftigen) Widerrufs entweder vom Bestimmungsberechtigten selbst oder mit dessen Einverständnis im Rahmen eines anhängigen und eine Briefherstellung und -aushändigung nach sich ziehenden Eintragungsverfahrens oder erst nach erfolgter Grundbucheintragung, aber noch vor Briefaushändigung vorgelegt wird.[92] Wird die Erklärung dem Grundbuchamt nicht vom Bestimmungsberechtigten selbst, sondern von dem aus der Aushändigungsbestimmung Begünstigten oder einem Dritten vorgelegt, so kann der Nachweis des für das Wirksamwerden der Bestimmung notwendigen Einverständnisses des Bestimmungsberechtigten nur durch die Vorlegung einer Urkundenausfertigung (§§ 8, 47 BeurkG) oder der Urschrift der Vermerkurkunde (§ 39 BeurkG) geführt werden. Die Vorlegung einer beglaubigten Abschrift genügt nur, wenn das Einverständnis des Bestimmungsberechtigten mit der Verwendung der Aushändigungsbestimmung auf andere Weise erkennbar wird.[93] Nimmt der Bestimmungsberechtigte bei eigener Antragstellung lediglich auf eine sich bereits in beglaubigter Abschrift beim Grundbuchamt befindende und nicht von ihm selbst vorgelegte Eintragungsbewilligung Bezug, so kann von seinem Einverständnis nur ausgegangen werden, wenn die Aushändigungsbestimmung in der Bewilligungsurkunde enthalten ist und der Bestimmungsberechtigte bei seiner Antragstellung in irgendeiner Form zum Ausdruck bringt, dass nicht nur die Bewilligung als solche, sondern auch die Aushändigungsbestimmung mit seinem Einverständnis als vorgelegt gelten soll. Ist die beim Grundbuchamt in beglaubigter Abschrift vorliegende und nicht vom Bestimmungsberechtigten eingereichte Aushändigungsbestimmung in einer eigenen Urkunde niedergelegt, so ist das erforderliche Einverständnis des Bestimmungsberechtigten nicht nachgewiesen, wenn er lediglich die gesondert erklärte Bewilligung (§ 19) selbst vorgelegt oder bei seiner Antragstellung nur auf die sich bereits beim Grundbuchamt befindende Bewilligungsurkunde Bezug genommen hat. **37**

Die durch Grundbuchvorlage wirksam gewordene **Aushändigungsbestimmung ist unwiderruflich,** solange das Eintragungsverfahren andauert und der herzustellende Brief noch nicht an den Empfangsberechtigten ausgehändigt wurde.[94] Die von der bisher herrschenden Ansicht[95] vertretene Auffassung, der Einreicher **38**

---

88 *Staudinger-Ertl* (12.) § 873 Rn 128; KEHE-*Dümig* Einl A 24; KEHE-*Munzig* § 19 Rn 27; *Eickmann,* GBVerfR, Rn 127; *Habscheid,* FG, § 41 II 2; *Ertl* Rpfleger 1980, 41, 46.

89 So *Jauernig-Jauernig* § 873 Anm IV 2 b; *Heck* § 38, 7.

90 So *Güthe-Triebel* § 19 Rn 7 ff; Voraufl (6.) § 19 Rn 15 ff.

91 Die in den Fn 88–90 und 92 ff enthaltenen Nachweise beziehen sich idR auf die Wirksamkeit und Widerruflichkeit der Eintragungsbewilligung. Die hierfür einschlägigen Regeln gelten für die Aushändigungsbestimmung entsprechend.

92 OLG Jena Rpfleger 2001, 298; LG Oldenburg Rpfleger 1983, 102; *Staudinger-Ertl* (12.) § 873 Rn 133; KEHE-*Munzig* § 19 Rn 166, 170; *Ertl* DNotZ 1967, 339, 348; im Ergebnis ebenso BayObLG BayObLGZ 1975, 398, 404 = Rpfleger 1976, 66. Ist dem Grundbuchamt noch vor dem Eingang der Aushändigungsbestimmung ein formgerechter Widerruf des Bestimmungsberechtigten zugegangen, so muss es davon ausgehen, dass der Widerruf auch gegenüber dem die Aushändigungsbestimmung vorlegenden Begünstigten oder Dritten rechtzeitig erfolgt ist. In diesem Fall muss der Begünstigte oder Dritte demnach in der Form des § 29 belegen, dass ihm die Aushändigungsbestimmung noch vor dem Widerruf des Bestimmungsberechtigten zugegangen ist (LG Oldenburg aaO).

93 BayObLG DNotZ 1994, 182; *Staudinger-Ertl* (12.) § 873 Rn 133; KEHE-*Munzig* § 19 Rn 170; *Demharter* § 19 Rn 26; *Schöner/Stöber* Rn 107; *Ertl* DNotZ 1967, 339, 350; Rpfleger 1980, 41, 47; *Rademacher* MittRhNotK 1983, 105, 110.

94 RG RGZ 66, 97, 102; 93, 248, 251; KG KGJ 38 A, 283 = OLGE 21, 26 = RJA 10, 79; KGJ 40, 322, 326; JFG 8, 226, 230 = HRR 1931 Nr 1457; OLG Jena Rpfleger 2001, 298; *Staudinger-Ertl* (12.) § 873 Rn 133; KEHE-*Munzig* § 19 Rn 171; *Predari* Anm 3; *Güthe-Triebel* Rn 7; *Thieme* Anm 3; *Hügel/Kral* Rn 10, 17; *Demharter* Rn 8; *Hesse-Saage-Fischer* Anm II 4; *Buschmann* DR 1941, 630; *Utermarck* DJZ 1911, 876; **aA** (früher:) KG OLGE 11, 111; OLG Königsberg OLGE 14, 102; *Turnau-Förster* Anm 6; *Achilles-Strecker* Anm 1 c; *Biermann* § 1117 Anm 1 a; *Henle-Schmitt* Anm 7; *Martinius* Gruchot 44, 382.

95 KG KGJ 44, 170; *Demharter* § 10 Rn 15; Voraufl (6.) § 10 Rn 9, 15; vgl auch *Hieber* DNotZ 1956, 172, 177, der zwar von einem öffentlich-rechtlichen Verwahrungsverhältnis ausgeht, über die analoge Anwendung des § 695 BGB aber zu den gleichen Ergebnissen wie die bisher hM gelangt.

könne die von ihm vorgelegte Urkunde aufgrund eines bürgerlich-rechtlichen Verwahrungsvertrags[96] während des Verfahrens selbst dann jederzeit mit Widerrufswirkung vom Grundbuchamt zurückverlangen (§ 695 BGB), wenn die Rückgabe der Urkunde bewirkt, dass die beantragte Eintragung und/oder eine der Bestimmung entsprechende Aushändigung des Briefs nicht mehr zulässig ist, kann angesichts der Tatsache, dass sich zur Rechtsnatur der Eintragungsbewilligung die rein verfahrensrechtliche Ansicht durchgesetzt hat (vgl Rdn 35), nicht mehr aufrechterhalten werden. Richtig ist vielmehr, ein die privatrechtlichen Rechtsbeziehungen überlagerndes öffentlich-rechtliches Verwahrungsverhältnis anzunehmen, welches das Grundbuchamt berechtigt, die Rückgabe der Urkunde an den Einreicher zu verweigern, sofern und solange ein zur Briefstellung und Briefaushändigung führendes (Eintragungs)Verfahren anhängig ist.[97] Ist der Eintragungsantrag lediglich von dem Einreicher der Urkunde gestellt worden, so kann in seinem bloßen Verlangen, die Urkunde an ihn zurückzugeben, noch keine Rücknahme des Eintragungsantrags erblickt werden.[98]

39 Wird die Aushändigungsbestimmung bereits beim Grundbuchamt eingereicht, **bevor** das eine Brieferteilung nach sich ziehende Eintragungsverfahren durch die Stellung eines Eintragungsantrags eingeleitet ist, so ist das Grundbuchamt nicht verpflichtet, die eingereichte Urkunde bis zur Antragstellung aufzubewahren.[99] Es ist jedoch zweckmäßig, die Urkunde für kürzere Zeit zu verwahren, wenn mit der Stellung des Antrags in absehbarer Zeit zu rechnen ist.[100] In diesem Fall wird die Aushändigungsbestimmung mit ihrer Vorlage an das Grundbuchamt zwar wirksam, bleibt aber **bis zur Antragstellung widerruflich.**[101] Die Zuerkennung eines Widerrufsrechts beruht auf der Überlegung, dass die Aushändigungsbestimmung ihre durch Grundbuchvorlage eingetretene Wirksamkeit wieder verliert, wenn das Eintragungsverfahren durch Antragsrücknahme oder Zurückweisung endet (vgl Rdn 42) und dass es deshalb auch möglich sein muss, die bereits **vor** Antragstellung eingetretene Wirksamkeit der Bestimmung wieder zu beseitigen. Der Widerruf der durch Grundbuchvorlage wirksam gewordenen und noch widerruflichen Aushändigungsbestimmung erfolgt durch eine gegenüber dem Grundbuchamt abzugebende und der Form des § 29 Abs 1 S 1 entsprechende Erklärung des Bestimmungsberechtigten. Für die **Formbedürftigkeit des Widerrufs** spricht, dass die Einhaltung der Form des § 29 Abs 1 S 1 bereits eine Voraussetzung für die Wirksamkeit der Bestimmung darstellt und dass eine Erklärung, die der Bestimmung ihre Bedeutung für die Entscheidung des Grundbuchamts über die Person des rechtmäßigen Briefempfängers entziehen soll, gleichfalls dieser Form entsprechen muss.[102] Im Übrigen ist sogar die Rücknahme des formlosen Eintragungsantrags von der Einhaltung der Form des § 29 abhängig (§ 31). Durch den Widerruf verliert die Aushändigungsbestimmung ihre Wirksamkeit. Dies gilt auch für den Fall, dass die Bestimmung nicht an den Einreicher zurückgegeben wird, sondern beim Grundbuchamt verbleibt. Der im Anschluss an das künftige Antragsverfahren hergestellte Brief ist daher entsprechend der Regel des § 60 Abs 1 auszuhändigen. Da die vor der Stellung des Eintragungsantrags erfolgende Rückgabe der Urkunde die Wirkungen der Grundbuchvorlage wieder beseitigt, wird die Aushändigungsbestimmung auch ohne Widerruf unwirksam, wenn sie dem Einreicher auf dessen Verlangen wieder zurückgegeben wird. Die widerrufene oder an den Einreicher zurückgegebene Bestimmung ist aber nicht dauernd nichtig, sondern nur vorübergehend wirkungslos. Die zurückgegebene oder beim Grundbuchamt verbliebene Aushändigungsbestimmung kann daher mit dem Willen des Bestimmungsberechtigten in einem späteren Eintragungs- und Briefaushändigungsverfahren wieder verwendet werden.[103]

40 Ist bereits ein zur Brieferteilung führendes **Eintragungsverfahren anhängig,** so ist die durch Grundbuchvorlage wirksam gewordene (vor, nach oder gleichzeitig mit der Antragstellung beim Grundbuchamt eingereichte) Aushändigungsbestimmung unwiderruflich, solange das Eintragungsverfahren andauert.[104]

41 Endet das Eintragungsverfahren durch **Eintragung,** so bleibt die Aushändigungsbestimmung bis zur erfolgten Briefaushändigung unwiderruflich. Das Grundbuchamt hat sie daher zur Grundlage seiner Entscheidung über die Person des rechtmäßigen Briefempfängers zu machen. Mit erfolgter Briefaushändigung hat die Bestimmung ihren Zweck erfüllt.

---

96 Vgl KG KGJ 25 A, 322, 324 = OLGE 5, 286; KGJ 39 A, 162, 164; 43, 268, 271; 44, 170, 171; JFG 8, 226, 228 = HRR 1931 Nr 1457.

97 RG JW 1934, 2842, 2843 (für die Einreichung von Urkunden im Zwangsversteigerungsverfahren); KEHE-*Eickmann* § 10 Rn 9; KEHE-*Munzig* § 19 Rn 171, 173; *Eickmann,* GBVerfR, Rn 189, 190; *Ertl* DNotZ 1967, 339, 350/351; *Nieder* NJW 1984, 329, 332.

98 RG RGZ 60, 392, 396; KEHE-*Herrmann* § 31 Rn 4; *Demharter* § 31 Rn 5.

99 KG OLGE 23, 317; BayObLG BayObLGZ 1957, 229 = Rpfleger 1957, 351; Rpfleger 1975, 360 (jeweils zu der hier nicht einschlägigen Aufbewahrungspflicht nach § 10 GBO). Vgl auch § 23 GBOGeschO und Nr 3.1.4 BayGBGA.

100 *Güthe-Triebel* § 10 Rn 10; KEHE-*Eickmann* § 10 Rn 8; *Demharter* § 10 Rn 13.

101 KEHE-*Eickmann* § 10 Rn 9. Dies gilt natürlich nur, wenn die Unwiderruflichkeit nicht bereits durch die Aushändigung der Bestimmung (vgl Rdn 43, 44) oder die Erfüllung von der Aushändigung gleichstehenden Tatbeständen (vgl Rdn 45) eingetreten ist.

102 *Martinius* Gruchot 44, 382, 388/392.

103 OLG Frankfurt NJW-RR 1995, 785; KEHE-*Munzig* § 19 Rn 169, 172, 173; *Demharter* § 19 Rn 114.

104 *Staudinger-Ertl* (12.) § 873 Rn 133; KEHE-*Munzig* § 19 Rn 171.

Wird das Eintragungsverfahren hingegen durch **Antragsrücknahme** oder **Zurückweisung** des Antrags been- **42**
det, so verliert die Bestimmung ihre Wirksamkeit, sofern sie nicht durch die bereits erfolgte Aushändigung
der Bestimmung (vgl Rdn 43) oder die Erfüllung von der Aushändigung gleichstehenden Tatbeständen (vgl
Rdn 45) weiter wirksam bleibt. Die Rückgabe der Aushändigungsbestimmung an den Einreicher ist keine
Voraussetzung für den Verlust ihrer Wirksamkeit. Ist der Bestimmungsberechtigte einziger Antragsteller, so
kann er die Wirksamkeit der bereits durch Grundbuchvorlage unwiderruflich gewordenen Bestimmung beseitigen, indem er seinen Eintragungsantrag zurücknimmt. Hiergegen kann sich der durch die Aushändigungsbestimmung Begünstigte (zB der künftige Hypothekengläubiger, der über die risikolose Auszahlung der Darlehensvaluta zu entscheiden hat) nur durch eigene Antragstellung (auch über § 15!) schützen.[105] Hat er einen
eigenen Eintragungsantrag gestellt, so bleibt die Aushändigungsbestimmung wirksam und unwiderruflich, da
die Rücknahme des vom Bestimmungsberechtigten gestellten Antrags nicht zur Beendigung des Eintragungsverfahrens führt. Der im Anschluss an die erfolgte Grundbucheintragung hergestellte Brief ist daher an den in
der Aushändigungsbestimmung bezeichneten Empfangsberechtigten auszuhändigen. Dabei kommt es nicht
darauf an, wer die Aushändigungsbestimmung beim Grundbuchamt eingereicht hat.[106] Ist das Eintragungsverfahren hingegen durch die Rücknahme oder Zurückweisung **aller** gestellten Anträge beendet worden, so darf
die hierdurch unwirksam gewordene und evtl beim Grundbuchamt verbliebene Bestimmung ohne das Einverständnis des Bestimmungsberechtigten nicht zur Grundlage der grundbuchamtlichen Entscheidung über eine
Briefaushändigung gemacht werden, welche im Anschluss an ein späteres, neu eingeleitetes Eintragungsverfahren zu erfolgen hat.[107] Dies gilt nicht nur, wenn das neue Eintragungsverfahren von dem durch die Bestimmung
Begünstigten oder einem Dritten, sondern auch, wenn es von dem Bestimmungsberechtigten selbst eingeleitet
wird. Denn in dessen bloßer Bezugnahme auf die evtl beim Grundbuchamt verbliebene Eintragungsbewilligung kann kein Einverständnis erblickt werden, wonach die in der Bewilligungsurkunde enthaltene oder in
gesonderter Urkunde vorliegende Aushändigungsbestimmung in dem neuen Verfahren Verwendung finden
darf. Das Gleiche gilt, wenn der Bestimmungsberechtigte dem Grundbuchamt zwar eine Eintragungsbewilligung (ohne Aushändigungsbestimmung) vorlegt, sich die in einer anderen Bewilligungsurkunde enthaltene
oder in gesonderter Urkunde erklärte Aushändigungsbestimmung aufgrund eines bereits (ohne Eintragung)
beendeten Eintragungsverfahrens aber noch beim Grundbuchamt befindet. Eine beim Grundbuchamt verbliebene Aushändigungsbestimmung darf demnach in einem neuen Verfahren nur Verwendung finden, wenn dies
dem erklärten Willen des Bestimmungsberechtigten entspricht. Einer solchen Verwendung steht nichts im
Wege, da die Bestimmung durch die ohne Eintragung erfolgende Beendigung des früheren Eintragungsverfahrens nicht dauernd nichtig, sondern nur vorübergehend wirkungslos geworden ist.[108] Aus dem gleichen Grund
wird die durch Antragsrücknahme oder Zurückweisung unwirksam gewordene und an den Einreicher zurückgegebene Aushändigungsbestimmung durch erneute Grundbuchvorlage wieder wirksam und entsprechend den
vorstehenden Grundsätzen unwiderruflich.

(2) Fall 2: Die Aushändigung der Bestimmung. Als Verfahrenserklärung kann die Aushändigungsbestim- **43**
mung nicht nur gegenüber dem Grundbuchamt, sondern auch gegenüber dem von der Bestimmung Begünstigten und gegenüber jedem Dritten wirksam abgegeben werden.[109] Wäre neben dem Grundbuchamt nur der
Begünstigte empfangsberechtigt, so wäre dieser im Fall der an einen Dritten erfolgenden Aushändigung bis zur
Grundbuchvorlage der Bestimmung nicht gegen einen Widerruf des Bestimmungsberechtigten geschützt.[110]

Wirksam und unwiderruflich wird die Aushändigungsbestimmung nur unter der Voraussetzung, dass der **44**
Begünstigte oder Dritte noch vor dem Zugang eines etwaigen (nach § 29 formbedürftigen) Widerrufs eine

---

105 KEHE-*Eickmann* § 10 Rn 9; *Ertl* DNotZ 1967, 339, 351/352.
106 Zur ähnlichen (zu bejahenden) Frage, ob die von dem seinen Antrag zurücknehmenden Einreicher vorgelegten
     Urkunden im **fortdauernden** Eintragungsverfahren zugunsten eines weiteren Antragstellers, der keine Urkunden vor-
     gelegt hat, verwendet werden dürfen vgl KG KGJ 24 A, 91, 95; 34 A, 312, 316 = OLGE 15, 391; JFG 8, 226, 229 =
     HRR 1931 Nr 1457; OLG Hamm Rpfleger 1989, 148, 149; KEHE-*Eickmann* § 10 Rn 9; KEHE-*Munzig* § 19 Rn 171;
     KEHE-*Herrmann* § 31 Rn 15; *Demharter* § 31 Rn 13, § 19 Rn 114; *Güthe-Triebel* § 13 Rn 37, 39; *Ertl* DNotZ 1967,
     339, 349; *Nieder* NJW 1984, 329, 332.
107 Zur identischen Problematik bei der Eintragungsbewilligung vgl BGH aaO (Fn 84) gegen KG JFG 8, 226, 229 =
     HRR 1931 Nr 1457; OLG Düsseldorf Rpfleger 1981, 177; OLG Hamm Rpfleger 1989, 148, 149; BayObLG Rpfle-
     ger 1983, 13; *Staudinger-Ertl* (12.) § 873 Rn 133; KEHE-*Munzig* § 19 Rn 172; *Demharter* § 31 Rn 13, § 19 Rn 114;
     Schöner/Stöber Rn 107; *Ertl* Rpfleger 1982, 409; *Nieder* NJW 1984, 331.
108 KEHE-*Munzig* § 19 Rn 169, 172; *Demharter* § 19 Rn 114. Die Aushändigung des Briefs kann daher auch auf eine
     bereits vor Jahrzehnten erklärte Bestimmung gestützt werden, sofern die Bestimmungsberechtigung in der Person des
     Erklärenden unverändert fortbesteht (BayObLG DNotZ 1994, 182; OLG München FGPrax 2007, 106; jeweils zur
     Eintragungsbewilligung).
109 OLG Frankfurt NJW-RR 1995, 785; OLG Hamm Rpfleger 1989, 148, 149; *Staudinger-Ertl* (12.) § 873 Rn 134;
     KEHE-*Munzig* § 19 Rn 174; *Schöner/Stöber* Rn 107; *Ertl* DNotZ 1967, 339, 353ff; *Eickmann* Rpfleger 1972, 78; *Nieder*
     NJW 1984, 329, 332; **aA** *Demharter* § 19 Rn 26 (keine Abgabe der Erklärung gegenüber Dritten).
110 Zum umgekehrten Fall (Aushändigung an den Begünstigten/Schutz des Dritten) vgl KEHE-*Munzig* § 19 Rn 174.

Urkundenausfertigung (§§ 8, 47 BeurkG) oder die Urschrift der Vermerkurkunde (§ 39 BeurkG) vom Bestimmungsberechtigten ausgehändigt bekommt. Die Aushändigung einer beglaubigten Abschrift der Aushändigungsbestimmung reicht nicht aus, weil es auf den Besitz der Urkunde ankommt.[111] Sowohl der Bestimmungsberechtigte als auch der Empfänger der Urkunde können sich bei der Aushändigung der Bestimmung nach allgemeinen Grundsätzen vertreten lassen. Eine entsprechende Aushändigungs- bzw Empfangsermächtigung wird von der gesetzlichen Vermutung des § 15 jedoch nicht erfasst.[112] Jeder Besitzer der Urschrift oder einer Ausfertigung der Aushändigungsbestimmung ist berechtigt, die ihm ausgehändigte Urkunde dem Grundbuchamt im Rahmen des zur Brieferteilung führenden Eintragungsverfahrens vorzulegen.[113] Hat der Bestimmungsberechtigte die Urschrift oder eine Ausfertigung der Aushändigungsbestimmung ausgehändigt, so kann er die durch die Aushändigung eingetretene Wirksamkeit der Bestimmung nicht mehr durch eine Widerrufserklärung in der Form des § 29 beseitigen. Die durch die Aushändigung unwiderruflich gewordene Bestimmung wird vielmehr nur wirkungslos, wenn es dem Bestimmungsberechtigten gelingt, die ausgehändigte Urschrift und alle weggegebenen Ausfertigungen zurückzuerlangen.[114] Erst mit der Rückgabe der letzten ausgehändigten Urkunde verliert die Aushändigungsbestimmung ihre Wirksamkeit, sofern sie nicht wegen erfolgter Grundbuchvorlage (vgl Rdn 37 ff) oder des Vorliegens von der Aushändigung gleichstehenden Umständen (vgl Rdn 45) weiter wirksam bleibt. Die durch Rückgängigmachung der Aushändigung wirkungslos gewordene Aushändigungsbestimmung kann aber durch erneute Aushändigung wieder wirksam und unwiderruflich werden. Enthält die Urkunde außer der Aushändigungsbestimmung noch andere Erklärungen (zB die Eintragungsbewilligung), welche wirksam bleiben sollen, so müssen die Urschrift und alle erteilten Ausfertigungen der Urkunde mit einem der Form des § 29 entsprechenden Vermerk versehen werden, aus dem die durch die Rückgabe der Urkunde herbeigeführte Unwirksamkeit der Aushändigungsbestimmung hervorgeht.[115] Sofern der Vermerk in einer eigenen Urkunde niedergelegt ist, muss er unter Verwendung von Schnur und Siegel mit der bisherigen Urkunde verbunden werden.

45 **(3) Fall 3: Tatbestände, die der Aushändigung der Bestimmung gleichstehen.** Gesetzliche Tatbestände, die dem von der Aushändigungsbestimmung Begünstigten oder einem Dritten einen **unwiderruflichen originären gesetzlichen Anspruch** auf die Aushändigung der Urschrift oder einer Ausfertigung der eine Aushändigungsbestimmung enthaltenden Urkunde gewähren, stehen der Aushändigung gleich, da der Bestimmungsberechtigte die von der jeweiligen Urkundsperson vorzunehmende Aushändigung an den Anspruchsinhaber nicht verhindern kann.[116] Die Aushändigungsbestimmung wird demnach **wirksam und (bleibt) unwiderruflich,** sobald ein solcher (nicht durch den – auch nachträglich möglichen – Verzicht des Berechtigten beseitigter) Anspruch zur Entstehung gelangt.[117] Hierher gehören vor allem die Ansprüche auf Erteilung bzw Aushändigung der Urschrift der Niederschrift (§§ 45 Abs 1, 8 BeurkG) der Urschrift der Vermerkurkunde (§§ 45 Abs 2, 39 BeurkG), der Ausfertigung oder vollstreckbaren Ausfertigung eines gerichtlichen Urteils oder Vergleichs (§§ 794 Abs 1 Nr 1, 795, 724 ff, 299 ZPO), der Urschrift oder Ausfertigung konsularischer Urkunden (§ 10 Abs 3 Nrn 4, 5 KonsularG) und der Ausfertigung der Niederschrift (§§ 51 Abs 1, 8 BeurkG), sofern diese Ansprüche nicht von den Beteiligten nach Maßgabe des § 51 Abs 2 BeurkG ausgeschlossen oder eingeschränkt wurden. Die vom Bestimmungsberechtigten ausgehende und an die Urkundsperson gerichtete Anweisung, dem aus der Bestimmung Begünstigten oder einem Dritten eine Ausfertigung zu erteilen (§ 51 Abs 2 BeurkG), führt nicht zur Wirksamkeit und Unwiderruflichkeit der Aushändigungsbestimmung, da es sich hierbei nicht um einen originären

---

111 *Staudinger-Ertl* (12.) § 873 Rn 134; KEHE-*Munzig* § 19 Rn 175; *Ertl* DNotZ 1967, 339, 354; Rpfleger 1980, 41, 47; 1982, 407, 408; *Eickmann* Rpfleger 1972, 78. Wenn das OLG Frankfurt DNotZ 1970, 162 (ähnlich OLG Saarbrücken MittBayNot 1993, 398, 401 und BayObLG DNotZ 1994, 182) und *Demharter* § 19 Rn 26 (zur Eintragungsbewilligung) meinen, die Bestimmung werde auch mit der Aushändigung einer beglaubigten Abschrift wirksam, sofern die Aushändigung nach dem Willen der Beteiligten zum Zweck der Herbeiführung der Wirksamkeit der Erklärung erfolgt ist, so übersehen sie, dass die kraft Gesetzes eintretende Bindungswirkung nicht von einer Parteivereinbarung oder Willenskundgebung abhängig sein kann. Wie hier BGH BGHZ 46, 398 = NJW 1967, 771 = Rpfleger 1967, 142 *(Haegele)* = DNotZ 1967, 370 *(Wörbelauer)*; LG Oldenburg Rpfleger 1983, 102; *Staudinger-Ertl* (12.) § 873 Rn 103; KEHE-*Munzig* § 19 Rn 175; *Schöner/Stöber* Rn 107; *Ertl* Rpfleger 1980, 41, 47; 1982, 407, 408 Fn 27.
112 BGH DNotZ 1963, 433, 435; OLG München DNotZ 1966, 283 *(Ertl)*; KEHE-*Munzig* § 19 Rn 177; *Ertl* DNotZ 1967, 339, 354 Fn 58.
113 *Wolff-Raiser* § 33 IV Fn 7; *Ertl* DNotZ 1967, 339, 354.
114 *Staudinger-Ertl* (12.) § 873 Rn 134; KEHE-*Munzig* § 19 Rn 176; *Schöner/Stöber* Rn 107.
115 KEHE-*Munzig* § 19 Rn 171.
116 KG KGJ 49, 149; OLG Frankfurt DNotZ 1970, 162, 163; *Staudinger-Ertl* (12.) § 873 Rn 108, 135; KEHE-*Munzig* § 19 Rn 179; *Becker-Berke* DNotZ 1959, 516, 527; *Ertl* DNotZ 1967, 339, 359/360; Rpfleger 1982, 407, 409; *Eickmann* Rpfleger 1972, 78; *Reithmann* DNotZ 1984, 124; *Rademacher* MittRhNotK 1983, 110; **aA** *Staudinger-Seufert* (11.) § 873 Rn 47d; *Westermann* § 76 I 5.
117 OLG Hamm Rpfleger 1989, 148, 149; *Staudinger-Ertl* (12.) § 873 Rn 108, 135; KEHE-*Munzig* § 19 Rn 179; *Demharter* § 19 Rn 24; *Ertl* DNotZ 1967, 339, 357 ff; Rpfleger 1982, 407, 409; *Eickmann* Rpfleger 1972, 78; *Nieder* NJW 1984, 329, 332. In diesem Fall ist es demzufolge auch ausreichend, wenn die Aushändigungsbestimmung dem Grundbuchamt lediglich in beglaubigter Abschrift zugeht (BayObLG DNotZ 1994, 182; *Demharter* aaO).

gesetzlichen Anspruch, sondern um einen vom freien Willensentschluss des Bestimmungsberechtigten abgeleiteten Ausfertigungsanspruch handelt.[118] Die Anweisung kann daher bis zur Erteilung der Ausfertigung widerrufen werden. Auch die freiwillig errichtete vollstreckbare Urkunde über die Unterwerfung unter die sofortige Zwangsvollstreckung gewährt keinen unwiderruflichen originären gesetzlichen Anspruch auf Erteilung der zur Vollstreckungsklausel notwendigen einfachen Ausfertigung (arg § 51 Abs 2 BeurkG).[119] Schließlich wird die Aushändigungsbestimmung auch nicht dadurch wirksam, dass der Bestimmungsberechtigte seine Erklärung ausdrücklich als »unwiderruflich« bezeichnet. Die kraft Gesetzes eintretende Bindungswirkung einer Erklärung ist einer abweichenden Parteivereinbarung nicht zugänglich.[120]

bb) Die Unwiderruflichkeit der Bestimmung und ihre Bedeutung im Rechtsverkehr. Die nach den **46** vorstehenden Grundsätzen eintretende Unwiderruflichkeit der Aushändigungsbestimmung entspricht einem praktischen Bedürfnis. Eine Ungleichbehandlung von Eigentümer und Gläubiger kann im Fall der **ursprünglichen Brieferteilung** vor allem nicht darin erblickt werden, dass sich der Eigentümer bei Nichtvalutierung der Hypothek durch die zugunsten des Gläubigers getroffene Aushändigungsbestimmung der Gefahr einer Gläubigerverfügung und damit eines gutgläubigen Erwerbs Dritter aussetzt (Buchberechtigung und Briefbesitz des Gläubigers!), während er trotz des über § 60 Abs 1 erlangten Briefbesitzes selbst nicht in der Lage ist, zugunsten redlicher Dritter über das infolge Valutierung und wegen des Vorliegens einer Vereinbarung nach § 1117 Abs 2 BGB vom Gläubiger bereits erworbene Recht zu verfügen (vgl Rdn 30 und § 41 Rdn 49). Es muss nämlich berücksichtigt werden, dass sich der Eigentümer vollständig sichern kann, indem er eine Erklärung nach § 60 Abs 2 erst nach erfolgter Valutierung der Hypothek abgibt. Macht er von dieser Möglichkeit keinen Gebrauch, so kann er sich hinterher nicht beklagen, wenn er an seiner Aushändigungsbestimmung festgehalten wird. Im Gegensatz dazu könnte sich der Gläubiger, der den durch die Hypothek gesicherten Kredit im Vertrauen auf die vorliegende Aushändigungsbestimmung bereits ausgezahlt hat, nicht gegen einen Widerruf der Bestimmung durch den Eigentümer schützen.[121] Im Fall der **nachträglichen Brieferteilung** sind die Verfügungsmöglichkeiten im Verhältnis zwischen dem Zedenten und dem Zessionar, an den der Brief aufgrund einer Aushändigungsbestimmung des Zedenten ausgehändigt werden soll, anders verteilt. Hier könnte der infolge bereits erfolgter Übertragung der Hypothek nur noch buchberechtigte Zedent nach Widerruf der Aushändigungsbestimmung und anschließender Inbesitznahme des Briefs zugunsten redlicher Dritter verfügen. Die Unwiderruflichkeit der Bestimmung erweist sich demnach auch hier als sachgerecht.

cc) Aushändigungsbestimmung und Allgemeine Geschäftsbedingungen. Wie die Ausführungen zum **47** Normzweck zeigen (vgl Rdn 1), liegt der Vorschrift des § 60 Abs 1 eine **gezielte Interessenabwägung des Gesetzgebers** zugrunde. Dass eine anlässlich der Hypothekenbestellung in Allgemeinen Geschäftsbedingungen zugunsten des Gläubigers getroffene und für den bestimmungsberechtigten Eigentümer notwendigerweise rechtlich nachteilige Aushändigungsbestimmung mit wesentlichen Grundgedanken der §§ 60 Abs 1 GBO, 1117 Abs 1 S 1, 1163 Abs 2 BGB unvereinbar ist, kann somit nicht ernsthaft bestritten werden. Eine unter Verwendung von Allgemeinen Geschäftsbedingungen des Gläubigers erklärte Aushändigungsbestimmung des Eigentümers ist daher **nach § 307 Abs 2 Nr 1 BGB (früher § 9 Abs 2 Nr 1 AGBG) unwirksam** und kann nicht zur Briefaushändigung an den in der Aushändigungsbestimmung bezeichneten Empfangsberechtigten führen.[122] Eine wirksame Aushändigungsbestimmung kann vielmehr nur durch Individualerklärung getroffen werden.

Die Tatsache, dass es sich bei der Aushändigungsbestimmung um eine einseitige verfahrensrechtliche Erklärung **48** handelt, steht einer Inhaltskontrolle trotz der von § 305 Abs 1 S 1 BGB geforderten »**Vertragsbedingungen**« nicht entgegen. Die Aushändigungsbestimmung steht (ebenso wie die Eintragungsbewilligung) mit der dinglichen Einigung über die Hypothekenbestellung nämlich in einem unmittelbaren rechtlichen und wirtschaftlichen Zusammenhang. Da die Inhaltskontrolle von AGB verhindern soll, dass der Verwender das von ihm allein in Anspruch genommene Recht zur inhaltlichen Ausgestaltung und Abwicklung des Vertragsverhältnisses zum

---

118 BGH BGHZ 46, 398 = NJW 1967, 771 = Rpfleger 1967, 142 *(Haegele)* = DNotZ 1967, 370 *(Wörbelauer)*; *Staudinger-Ertl* (12.) § 873 Rn 135; *KEHE-Munzig* § 19 Rn 180; *Daimer* DNotZ 1952, 443; *Becker-Berke* DNotZ 1959, 516, 527; *Ertl* DNotZ 1967, 339, 361; 1967, 562; **aA** RG DNotZ 1932, 249; 1939, 331; OLG Bremen DNotZ 1956, 215; OLG München DNotZ 1966, 283 *(Ertl)*.

119 BGH aaO (Fn 118); KG JW 1929, 1891; OLG Kiel MDR 1948, 222; OLG Celle NJW 1954, 1733; OLG München DNotZ 1954, 552 *(Hornig)*; OLG Frankfurt HRR 1928 Nr 1830; DNotZ 1970, 162; LG Lüneburg NJW 1974, 506; *Staudinger-Ertl* (12.) § 873 Rn 135; *KEHE-Munzig* § 19 Rn 180; *Jansen* DNotZ 1966, 267, 275; *Ertl* DNotZ 1969, 650, 663; Rpfleger 1980, 41, 47; **aA** OLG Naumburg JW 1931, 1100 = DNotV 1931, 532; *Josef* JW 1929, 1891; *Wolpers* DNotZ 1951, 277; *Röll* DNotZ 1970, 144, 147.

120 BGH aaO (Fn 118); OLG München DNotZ 1966, 283 *(Ertl)*; LG Oldenburg Rpfleger 1983, 102; *Staudinger-Ertl* (12.) § 873 Rn 103, 135; *KEHE-Munzig* § 19 Rn 180; *Schöner/Stöber* Rn 107; *Wörbelauer* DNotZ 1965, 518, 530; *Ertl* DNotZ 1967, 339, 358; *Rademacher* MittRhNotK 1983, 105, 109.

121 KG KGJ 38 A, 283, 290 = OLGE 21, 26 = RJA 10, 79; *Güthe-Triebel* Rn 7.

122 AG Starnberg, Beschl vom 01.04.1985 (Herrsching 3870/3, 4 für Hypothek) und vom 22.05.1985 (Herrsching 3870/8 für Grundschuld).

Nachteil des anderen Teils missbraucht,[123] können vom Anwendungsbereich des § 305 Abs 1 S 1 BGB nur solche (»echte«) einseitige Rechtsgeschäfte (zB nach § 657 BGB) ausgenommen werden, für die die Einseitigkeit der Festsetzung der rechtsgeschäftlichen Bedingungen wesenseigentümlich ist.[124] Dass die mit Wirkung vom 1.01.2002 in das BGB eingestellten AGB-Vorschriften im Rahmen ihres Schutzzwecks auch einseitige Erklärungen des Kunden erfassen, zeigen vor allem die Klauselverbote der §§ 308 Nr 1 und 309 Nr 12 b BGB.[125] Daraus folgt, dass der Gesetzgeber eine streng technisch-formale Argumentation verworfen hat.[126] Die Anwendbarkeit des § 305 Abs 1 S 1 BGB auf einseitige Erklärungen setzt daher lediglich voraus, dass sie der Verwender zum Zweck der Ausgestaltung von Vertragsbeziehungen vorformuliert hat.[127] Wegen der Verwirklichung des mit den AGB-Vorschriften bezweckten Kundenschutzes kann es vor allem nicht angehen, dabei zwischen materiellrechtlichen und grundbuchrechtlichen Regelungen zu unterscheiden.[128] Aufgrund des besonders stark ausgeprägten Sachzusammenhangs zwischen dem dinglichen Einigungsvertrag und der meist in der Bewilligungsurkunde erklärten Briefaushändigungsbestimmung ist vielmehr in Übereinstimmung mit der herrschenden Meinung davon auszugehen, dass § 305 Abs 1 S 1 BGB nicht nur auf die Eintragungsbewilligung,[129] sondern auch auf die Aushändigungsbestimmung unmittelbar anzuwenden ist.

49 Der hier vertretenen Auffassung von der Unwirksamkeit der Aushändigungsbestimmung lässt sich auch nicht entgegenhalten, dass die Anwendbarkeit des § 307 Abs 2 Nr 1 BGB im vorliegenden Fall bereits nach § 307 Abs 3 S 1 BGB ausgeschlossen sei. Denn selbst wenn sich die Inanspruchnahme dinglicher Vertragsfreiheit im Einzelfall lediglich als **Wahl einer vom Gesetz ausdrücklich ermöglichten Alternative** darstellt (so zB auch im Fall einer Vereinbarung nach § 1117 Abs 2 BGB), unterliegt eine auf diese Weise vom dispositiven Recht abweichende AGB-Vereinbarung der Inhaltskontrolle nach den §§ 307–309 BGB. Auch eine Abrede, die eine im Gesetz zugelassene und ausgeformte dispositive Gestaltungsmöglichkeit (hier § 60 Abs 2) verwirklicht, kann nämlich – sofern sie in AGB getroffen ist – iS des § 307 Abs 3 S 1 BGB von einem übergeordneten Leitgedanken der infolge der Abrede nicht zum Zuge gekommenen gesetzlichen Grundregelung (hier § 60 Abs 1) abweichen.[130] Das Gleiche gilt, wenn eine gesetzliche Vorschrift bestimmte äußerste Grenzen zieht, welche die Parteien bei der Gestaltung ihrer vertraglichen Beziehungen zu beachten haben, andererseits aber den Beteiligten einen Bereich überlässt, innerhalb dessen sie ihre rechtsgeschäftlichen Vereinbarungen frei gestalten können. In diesem Fall unterliegt eine Klausel, die sich in diesem Bereich bewegt, der Inhaltskontrolle nach den §§ 307–309 BGB. Zwar handelt es sich dann um eine nicht um eine »von Rechtsvorschriften abweichende« Klausel iS des § 307 Abs 3 S 1 Alt 1 BGB, wohl aber um eine solche, die bestehende Rechtsvorschriften ergänzt (§ 307 Abs 3 S 1 Alt 2 BGB!) und daher nach den §§ 307–309 BGB überprüft werden kann.[131] § 307 Abs 3 S 1 BGB schließt daher nur solche Klauseln von der Inhaltskontrolle nach den §§ 307–309 BGB aus, die den Inhalt einer nicht abbedungenen gesetzlichen Grundregelung des dispositiven Rechts wiedergeben. Anderenfalls würden die AGB-Vorschriften zu einer angesichts des § 306 Abs 2 BGB ohnehin leer laufenden Überprüfung des ohne abweichende Parteivereinbarung geltenden dispositiven Gesetzesrechts führen.[132] Vertragsbedingungen, die eine vom Gesetz ausdrücklich ermöglichte Alternative zum dispositiven Recht wahrnehmen, unterliegen dagegen der Inhaltskontrolle.[133] Denn eben diese Alternative würde, da ihre Geltung ja eine besondere Vereinbarung

---

123 *Heinrichs* NJW 1977, 1505, 1506; *Schmid* Rpfleger 1987, 133; *Schlenker*, Die Bedeutung des AGBG im Grundbuchantragsverfahren, Diss. Tübingen, 1982, S 48.

124 *Eickmann* Rpfleger 1978, 2; *Schmid* Rpfleger 1987, 133/134; *Schlenker* aaO (Fn 123) S 49.

125 *Palandt-Heinrichs* § 305 Rn 6; *Heinrichs* NJW 1977, 1505, 1506; *Stürner* JZ 1977, 639; *Schmid* Rpfleger 1987, 133, 134; *Schlenker* aaO (Fn 123) S 49; unrichtig daher *Schippel* und *Brambring* (DNotZ 1977, 131), deren gegenteilige Ansicht sich weder mit den vormaligen §§ 10 Nr 1 und 11 Nr 15b AGBG auseinandersetzt noch in ihrer Auslegung am Schutzzweck des AGBG legitimiert wird.

126 **AA** *Dietlein* JZ 1977, 637.

127 BGH BGHZ 98, 28; NJW 1999, 1864; OLG Frankfurt BB 1976, 1245; *Palandt-Heinrichs* § 305 Rn 6; *Heinrichs* NJW 1977, 1505, 1506; *Stürner* JZ 1977, 431; *Schmid* Rpfleger 1987, 133, 134; *Ulmer* FGabe Weitnauer, 1980, S 213 Fn 38; *Schlenker* aaO (Fn 123) S 49; **aA** (unter Verkennung der Funktion der Eintragungsbewilligung) *Fehl*, Systematik des Rechts der AGB, 1979 S 136 ff.

128 *Stürner* JZ 1977, 431, 639; *Schmid* Rpfleger 1987, 133, 134; *Schlenker* aaO (Fn 123) S 49.

129 Der AGB-Charakter der Eintragungsbewilligung wird bejaht von: OLG Celle Rpfleger 1979, 261 = DNotZ 1979, 622; OLG Stuttgart DNotZ 1979, 21 = NJW 1979, 222; OLG Hamm MittBayNot 1979, 173; LG Stuttgart BWNotZ 1978, 12; LG Berlin, Beschl vom 15.01.1979 (84 T 133/78); LG Darmstadt, Beschl vom 15.10.1979 (5 T 926/79); MüKo-*Kötz* (3.) AGBG, § 1 Rn 4; *Schmid* BB 1979, 1639, 1641; Rpfleger 1987, 133; *Eickmann* Rpfleger 1978, 4; *Heinrichs* NJW 1977, 1506; *Stürner* JZ 1977, 431, 639; BWNotZ 1978, 2; *Ulmer*, FGabe Weitnauer, 1980, S 213 Fn 38; *Schlenker* aaO (Fn 123) S 46–50, 103, 104; **aA** *Schöner/Stöber* Rn 213; *Dietlein* JZ 1977, 637; *Schippel* und *Brambring* DNotZ 1977, 131, 139 ff; zu Unrecht offen gelassen von BayObLGZ 1979, 434 = DNotZ 1980, 357 = Rpfleger 1980, 105 (hierzu vgl *Schmid* Rpfleger 1987, 133, 143). Wegen weiterer Nachweise zur AGB-Kontrolle im Grundbuchverfahren vgl *Meikel-Böttcher* Einl H Rdn 114 ff und KEHE-*Dümig* Einl C 75 ff.

130 BGH BGHZ 100, 179; 106, 45; *Palandt-Grüneberg* § 307 Rn 66; *Schmid* Rpfleger 1987, 133, 140.

131 MüKo-*Kötz* (3.) AGBG, § 8 Rn 2; *Löwe* BB 1980, 1243 mwN; *Schmid* Rpfleger 1987, 133, 140.

132 BGH NJW 1984, 2161.

133 BGH aaO (Fn 130); *Palandt-Grüneberg* § 307 Rn 66; *Schlenker* aaO (Fn 123) S 92; *Schmid* Rpfleger 1987, 133, 140.

voraussetzt, im Fall der Klauselnichtigkeit nicht automatisch über § 306 Abs 2 BGB eingreifen. Ihre Wahl führt somit nicht lediglich zu einer deklaratorischen »Nacherzählung« des bei Klauselnichtigkeit gemäß § 306 Abs 2 BGB ohnehin geltenden dispositiven Rechts, sondern hat echten Regelungsgehalt.[134] Damit ist § 307 Abs 2 Nr 1 BGB sowohl auf die einseitige Briefaushändigungsbestimmung nach § 60 Abs 2 als auch auf die gut von ihr zu unterscheidende materiellrechtliche Briefaushändigungsvereinbarung nach § 1117 Abs 2 BGB anwendbar.[135]

Im Gegensatz zur **Rechtslage im Hypothekeneintragungsverfahren** kann eine Prüfungsbefugnis des Grundbuchamts nach § 307 BGB (früher § 9 AGBG) im Briefaushändigungsverfahren von vornherein nicht zweifelhaft sein, da die Bestimmung der Person des Empfangsberechtigten unmittelbar vom Vorliegen einer wirksamen Aushändigungsbestimmung beeinflusst wird.[136] Wird dem Grundbuchamt eine unwirksame AGB-Aushändigungsbestimmung vorgelegt, so hat es die Beteiligten förmlich auf seine Absicht hinzuweisen, den herzustellenden Brief nicht an den aus der Aushändigungsbestimmung Begünstigten, sondern an den in § 60 Abs 1 bezeichneten Empfangsberechtigten aushändigen zu wollen. Durch dieses Verfahren wird den Beteiligten die Möglichkeit gegeben, die ihren Wünschen entsprechende Briefaushändigung noch durch die nachträgliche Vorlegung einer Individualbestimmung zu erreichen. Wird gegen die förmliche Ankündigung des Grundbuchamts Beschwerde eingelegt, so ist der hergestellte Brief bis zum Abschluss des Beschwerdeverfahrens in Urkundenverwahrung zu nehmen (vgl Rdn 97). **50**

dd) Die Anfechtung der Aushändigungsbestimmung. Eine Anfechtung der Aushändigungsbestimmung kann weder in unmittelbarer noch in analoger Anwendung der Vorschriften des bürgerlichen Rechts erfolgen.[137] Als Verfahrenshandlung kann die Aushändigungsbestimmung nach den vorstehenden Grundsätzen allenfalls widerrufen werden oder ihre Wirksamkeit verlieren. **51**

c) Die Person des Bestimmungsberechtigten. Bestimmungsberechtigt ist, wer nach der Regel des § 60 Abs 1 die Aushändigung des hergestellten Briefs beanspruchen kann. Hiernach ist der Eigentümer bestimmungsberechtigt, wenn die Hypothek von vornherein als Briefrecht bestellt wird, während das Bestimmungsrecht im Fall der nachträglichen Erteilung des Briefs dem Gläubiger zusteht. Da es sich somit um ein alleiniges Bestimmungsrecht der Eigentümer- oder Gläubigerseite handelt, ist die Ausübung des Bestimmungsrechts nicht von der Zustimmung des jeweils nicht bestimmungsberechtigten Teils abhängig.[138] Liegt dem Grundbuchamt eine Aushändigungsbestimmung des Bestimmungsberechtigten vor, so darf es von den Beteiligten nicht noch den zusätzlichen Nachweis einer materiellrechtlichen Vereinbarung iS des § 1117 Abs 2 BGB verlangen.[139] Der **Notar** ist im Rahmen der nach § 15 vermuteten Vollmacht nicht berechtigt, eine von der Regel des § 60 Abs 1 abweichende Aushändigungsbestimmung zu treffen.[140] Da die Bestimmung auch dann eine selbständige Erklärung darstellt, wenn sie im Antrag enthalten ist, bedarf er hierfür vielmehr einer besonderen Vollmacht (wegen der Form erteilter Vollmachten vgl Rdn 59). Die am 01.07.2008 in Kraft getretene Neufassung des § 13 FGG durch Art 10 des RDG vom 12.12.2007 (BGBl I 2840) hat an diesem Erfordernis einer besonderen und nach § 29 formbedürftigen Notarvollmacht nichts geändert. Die Aushändigungsbestimmung ist (ebenso wie die Eintragungsbewilligung) zwar eine verfahrensrechtliche Erklärung, aber keine Verfahrenshandlung. Für die Vollmacht zur Erklärung der Briefaushändigungsbestimmung kann somit nichts anderes gelten als für die Vollmacht zur Erklärung einer Eintragungsbewilligung (vgl Rdn 5). Eine Anwendung des § 13 FGG nF auf diese Vollmachten kommt daher nicht in Betracht. Sie sind demzufolge nach wie vor in der Form des § 29 nachzuweisen, und zwar auch dann, wenn sie einem Notar oder Rechtsanwalt erteilt wurden. **52**

d) Inhalt und Wirkung der Bestimmung. Inhalt der Eigentümerbestimmung ist, dass der Brief dem Gläubiger oder einem Dritten ausgehändigt werden soll, während die Gläubigerbestimmung die Briefaushändigung an den Eigentümer oder einen Dritten zum Gegenstand hat.[141] Die Aushändigungsbestimmung bewirkt, dass der **öffentlich-rechtliche** Anspruch auf Aushändigung des Briefs (vgl Rdn 65 ff) nicht mehr dem Bestim- **53**

---

134 BGH NJW 1984, 2161; MüKo-*Kötz* (3.) AGBG, § 8 Rn 1, 2; *Schmid* Rpfleger 1987, 133, 140; *Schlenker* aaO (Fn 123) S 92, 93; unrichtig *Schmid* MittBayNot 1978, 95 ff.
135 Unrichtig daher LG München II, Beschl v 24.07.1985 (6 T 955/85) und MüKo-*Eickmann* § 1117 Rn 20.
136 Auch im Eintragungsverfahren wurde eine Prüfungsbefugnis des Grundbuchamts nach § 9 AGBG (jetzt: § 307 BGB) von der hM zu Recht bejaht. Vgl hierzu *Meikel-Böttcher* Einl H Rdn 114 ff und die eingehenden und mit reichhaltigen Belegen und Nachweisen versehenen Untersuchungen von *Schlenker* (Fn 123) und *Schmid* Rpfleger 1987, 133.
137 OLG Jena Rpfleger 2001, 298; BayObLG ZflR 2003, 682; KEHE-*Munzig* § 19 Rn 182; *Demharter* § 19 Rn 115.
138 *Güthe-Triebel* Rn 4.
139 *Güthe-Triebel* Rn 5; *Demharter* Rn 5.
140 RG HRR 1932 Nr 267; KGJ 30 A, 272, 275; *Bauer/von Oefele-Weber* Rn 4; *Bauer/von Oefele-Wilke* § 15 Rn 27; *Meikel-Böttcher* § 15 Rdn 31; *Hügel-Kral* Rn 12; *Güthe-Triebel* Rn 4 und § 15 Rn 15; KEHE-*Eickmann* Rn 2; *Demharter* Rn 4 und § 15 Rn 15; *Schöner/Stöber* Rn 184, 2025; **aA** KEHE-*Herrmann* § 15 Rn 28.
141 *Güthe-Triebel* Rn 5; *Demharter* Rn 5.

mungsberechtigten, sondern dem von der Aushändigungsbestimmung Begünstigten zusteht. Das Grundbuchamt hat daher einem Antrag des Begünstigten zu entsprechen, der auf unmittelbare Aushändigung des Briefs an einen Dritten gerichtet ist. Materiellrechtlich hat die Aushändigungsbestimmung im Gegensatz zu der Vereinbarung nach § 1117 Abs 2 BGB keine Wirkung. Der Gläubiger erwirbt das dingliche Recht daher erst mit der durch das Grundbuchamt erfolgenden Aushändigung des Briefs, sofern die Hypothek nicht bereits valutiert und die Briefübergabe nicht schon zu einem früheren Zeitpunkt nach Maßgabe des § 1117 Abs 1 S 2, Abs 2 BGB ersetzt worden ist (vgl Rdn 9).

54 Die Aushändigungsbestimmung muss **nicht unbedingt ausdrücklich erklärt** werden, sondern kann auch in anderen formgerechten (§ 60 Abs 2) Verfahrenserklärungen des Bestimmungsberechtigten enthalten sein. So ist bei der Zug um Zug mit der Eigentumsumschreibung erfolgenden Bestellung einer Kaufpreisrestgeldhypothek mangels gegenteiliger Willensäußerung der Beteiligten jedenfalls bei einem vorliegenden Vorbehalt iS des § 16 Abs 2 davon auszugehen, dass der über die Hypothek zu bildende Brief nicht dem Käufer (also dem Eigentümer iS des § 60 Abs 1), sondern dem bisherigen Grundstückseigentümer in seiner Eigenschaft als Hypothekengläubiger ausgehändigt werden soll.[142] Wollte man den Brief in einem solchen Fall an den Erwerber des Grundstücks aushändigen, so würde der Vorbehalt angesichts der zum Hypothekenerwerb erforderlichen Briefübergabe seine Schutzfunktion für den Veräußerer verlieren.

55 Im Fall der ursprünglichen Brieferteilung (§ 60 Abs 1 Alt 1) stellt sich die Frage, ob das Grundbuchamt den Brief an den Gläubiger auszuhändigen hat, wenn zwar keine Eigentümerbestimmung iS des § 60 Abs 2 vorliegt, aber das **Bestehen einer Vereinbarung nach § 1117 Abs 2 BGB in der Form des § 29 Abs 1 S 1 nachgewiesen** wurde.[143] Die diesbezüglichen Stellungnahmen in Rechtsprechung und Literatur sind nicht einheitlich. Übereinstimmung besteht nur insoweit, als die Vereinbarung nach § 1117 Abs 2 BGB und die Bestimmung nach § 60 Abs 2 wegen ihres unterschiedlichen Einflusses auf den Zeitpunkt des **materiellen** Rechtserwerbs durch den Gläubiger gut voneinander zu unterscheiden sind. Die Frage, welche **verfahrensrechtlichen** Konsequenzen hieraus gezogen werden müssen, wenn es zu entscheiden gilt, wem der Brief auszuhändigen ist, wird jedoch unterschiedlich beantwortet. In der Rechtsprechung[144] wird teilweise die Auffassung vertreten, dass der Brief auch ohne vorliegende verfahrensrechtliche Aushändigungsbestimmung des Eigentümers an den Gläubiger auszuhändigen ist, sofern dem Grundbuchamt die **Vereinbarung** nach § 1117 Abs 2 BGB (also Eigentümer- **und** Gläubigererklärung) in der Form des § 29 Abs 1 S 1 nachgewiesen wird.[145] Ein Teil des Schrifttums[146] versucht das Problem zu lösen, indem es die Aushändigungsbestimmung als in der Vereinbarung nach § 1117 Abs 2 BGB enthalten ansieht und die Formvorschrift des § 29 Abs 1 S 1 wegen der Einseitigkeit der verfahrensrechtlichen Aushändigungsbestimmung nur auf die Erklärung des Eigentümers angewendet wissen will. Demgegenüber steht die herrschende Meinung auf dem Standpunkt, dass eine der Form des § 29 Abs 1 S 1 entsprechende materiellrechtliche Vereinbarung nach § 1117 Abs 2 BGB für das Grundbuchamt bedeutungslos ist und dass der Brief daher nur an den Gläubiger ausgehändigt werden dürfe, wenn dem Grundbuchamt eine von der Regel des § 60 Abs 1 abweichende formale verfahrensrechtliche Aushändigungsbestimmung des Eigentümers iS des § 60 Abs 2 vorliegt.[147]

56 Die Frage, welcher Ansicht zu folgen ist, lässt sich nur beantworten, wenn man die Funktion der §§ 1117 Abs 2 BGB, 60 Abs 2 GBO und das Nebeneinander von privatrechtlichen und öffentlich-rechtlichen Aushändigungsansprüchen einer näheren Betrachtung unterzieht. Dabei fällt auf, dass die beiden genannten Vorschriften völlig verschiedene Ziele verfolgen. **§ 1117 Abs 2 BGB bezweckt,** dass sich der Rechtserwerb des Gläubigers durch evtl zeitliche Verschiebungen bei der Herstellung und Aushändigung des Briefs nicht über Gebühr verzögert (vgl Rdn 20).[148] Zur Erreichung dieses Zwecks wird der bereits vor Briefherstellung zustandegekommenen materiellrechtlichen Vereinbarung nach § 1117 Abs 2 BGB im Wege der Fiktion die Wirkung beigelegt,

---

142 AG Essen Rpfleger 1957, 23 (abl *Bruhn*); *Schöner/Stöber* Rn 2022. Es erscheint daher fraglich, ob das Grundbuchamt in dem vom OLG Hamm (Rpfleger 1980, 483) entschiedenen Fall richtig gehandelt hat.

143 Die gleiche Fragestellung ergibt sich im Fall der nachträglichen Brieferteilung, wenn die Hypothek im Zuge der Umwandlung abgetreten wird und eine Vereinbarung nach § 1117 Abs 2 BGB zwischen Zedent und Zessionar vorliegt. Die Ausführungen in Rdn 55–57 gelten daher entsprechend.

144 KG KGJ 21 A, 171, 172 = OLGE 2, 276; KGJ 25 A, 153, 155.

145 Ebenso *Bock* (Diss.) S 50 (unter unrichtiger Berufung auf KG NJW 1975, 878 = Rpfleger 1975, 89, da sich diese Entscheidung nur mit der Frage beschäftigt, ob im Fall des Vorliegens der Voraussetzungen der §§ 878 und 1117 Abs 2 BGB **eingetragen** werden darf) und *Eickmann* Rpfleger 1972, 81 (der gleichzeitig nicht widerspruchsfrei, aber richtigerweise betont, dass bei einem Widerspruch zwischen dem öffentlich-rechtlichen und dem privatrechtlichen Anspruch auf Briefaushändigung für das Grundbuchamt nur das öffentliche Recht, also § 60 Abs 1, maßgebend ist).

146 *Hügel-Kral* Rn 11; *Güthe-Triebel* Rn 5; *Bauer/von Oefele-Weber* Rn 5; *Henle-Schmitt* Anm 5 a; *von Prittwitz und Gaffron* NJW 1957, 86.

147 KG KGJ 38 A, 283, 288 = OLGE 21, 26 = RJA 10, 79; KGJ 40, 322, 325; MüKo-*Eickmann* § 1117 Rn 27, 38, 40; *Staudinger-Wolfsteiner* § 1117 Rn 18; *Palandt-Bassenge* § 1117 Rn 3; KEHE-*Eickmann* Rn 4, 5; *Hesse-Saage-Fischer* Anm II 2; *Martinius* Gruchot 44, 382, 392/393.

148 Prot BGB III, 729.

dass die Briefübergabe bereits zu einem Zeitpunkt als erfolgt gilt, in dem der Brief noch gar nicht existiert (vgl Rdn 21). Mit der Herstellung des Briefs wird der Gläubiger der valutierten Hypothek zum Eigentümer (§ 952 Abs 2 BGB) und **mittelbaren** Besitzer des Briefs (vgl Rdn 23). Für den aufgrund einer Vereinbarung nach § 1117 Abs 2 BGB erfolgenden Erwerb der Hypothek durch den Gläubiger ist aber nicht Voraussetzung, dass er den **unmittelbaren** Besitz am Brief erlangt (vgl Rdn 22). Im Gegensatz zu der materiellrechtlichen Vereinbarung nach § 1117 Abs 2 BGB hat die verfahrensrechtliche Bestimmung nach **§ 60 Abs 2** die Funktion, dem Gläubiger den **öffentlich-rechtlichen** Anspruch auf Briefaushändigung und damit den **unmittelbaren** Besitz am Brief zu verschaffen. Sie bezweckt demzufolge nicht, dem Gläubiger zum Erwerb des mittelbaren Besitzes zu verhelfen. Ebenso wenig hat die Aushändigungsbestimmung Einfluss auf den materiellen Rechtserwerb. Selbst wenn das Grundbuchamt den Brief aufgrund einer vorliegenden Eigentümerbestimmung an den Gläubiger aushändigt, kann das dingliche Recht mangels Valutierung dennoch als Eigentümergrundschuld entstanden sein. Umgekehrt kann der Gläubiger die Hypothek im Fall der Aushändigung des Briefs an den Eigentümer infolge Valutierung und Übergabeersatz (§§ 1117 Abs 1 S 2, 930, 931, 1117 Abs 2 BGB) bereits erworben haben.

Die Vereinbarung nach **§ 1117 Abs 2 BGB** führt somit zu **privatrechtlichen Rechtsbeziehungen** zwischen **57** Gläubiger und Grundbuchamt, wobei der dem Gläubiger aus einem verwahrungsähnlichen Rechtsverhältnis zustehende Herausgabeanspruch die Grundlage für rechtsgeschäftliche Verfügungen (zB die Abtretung nach Maßgabe der §§ 1154 Abs 1 S 1 HS 2, 931 BGB) und den Gegenstand der Zwangsvollstreckung (zB einer Pfändung) darstellt (vgl Rdn 63, 64). Demgegenüber regelt § 60, wem der **öffentlich-rechtliche Briefaushändigungsanspruch** gegen das Grundbuchamt zusteht (vgl Rdn 65 ff). Widersprechen sich aber öffentlich-rechtlicher und privatrechtlicher Herausgabeanspruch, so geht das öffentliche Recht im Grundbuchverfahren nach allgemeiner Auffassung vor.[149] Das Grundbuchamt ist daher gegenüber dem Gläubiger des privatrechtlichen Herausgabeanspruchs zum Besitz berechtigt[150] und muss den nach § 60 bestehenden öffentlich-rechtlichen Anspruch durch Aushändigung des Briefs erfüllen. Für die hier zu beurteilende Frage bedeutet dies, dass eine der Form des § 29 Abs 1 S 1 entsprechende Vereinbarung nach § 1117 Abs 2 BGB auf die grundbuchamtliche Entscheidung im Briefaushändigungsverfahren **keinen** Einfluss haben kann.[151] Für das Grundbuchamt ist vielmehr nur die von der Regel des § 60 Abs 1 abweichende (im Problemfall nicht vorliegende) formale verfahrensrechtliche Aushändigungsbestimmung iS des § 60 Abs 2 maßgebend. Es hat den Brief daher an den Eigentümer auszuhändigen (§ 60 Abs 1 Alt 1). Der Gläubiger ist darauf angewiesen, seine schuldrechtlichen oder dinglichen Ansprüche auf Herausgabe des Briefs notfalls im Klageweg gegen den Eigentümer durchzusetzen.

Der Bestimmungsberechtigte kann dem Grundbuchamt nicht nur eine unmittelbare Aushändigungsanweisung iS **58** des § 60 Abs 2 erteilen, sondern er hat auch die Möglichkeit, die **Aushändigungsbestimmung inhaltlich wie eine Vereinbarung** iS des § 1117 Abs 2 BGB auszugestalten. Macht er von dieser Möglichkeit Gebrauch, so ändert dies aber nichts daran, dass es sich bei seiner Erklärung im Gegensatz zu der in Rdn 55 ff erörterten Fallgestaltung nicht um eine materiellrechtliche Vereinbarung, sondern um eine einseitige verfahrensrechtliche Bestimmung handelt. Geht die Aushändigungsbestimmung demnach lediglich dahin, dass der von der Bestimmung Begünstigte berechtigt sein soll, sich den Brief vom Grundbuchamt aushändigen zu lassen, so ist die Aushändigung des Briefs an den Begünstigten noch von einem formlosen Aushändigungsantrag des in der Bestimmung bezeichneten Empfangsberechtigten abhängig.[152] Der öffentlich-rechtliche Anspruch auf Briefaushändigung (§ 60 Abs 2) steht dem Empfangsberechtigten somit erst zu, wenn er diesen Antrag gestellt hat. Hingegen ist der Erwerb der öffentlich-rechtlichen Empfangsberechtigung nicht vom Vorliegen einer inhaltsgleichen materiellrechtlichen Vereinbarung nach § 1117 Abs 2 BGB abhängig. Wird der Aushändigungsantrag von einem Bevollmächtigten des Empfangsberechtigten gestellt, so genügt es, wenn dem Grundbuchamt die Erteilung der Vollmacht in einfacher Schriftform nachgewiesen wird,[153] (§ 13 Abs 5 S 1 FGG idF von Art 10 des RDG vom 12.12.2007, BGBl I 2840,

---

149 KG KGJ 31 A, 341; 38 A 283, 288 = OLGE 21, 26 = RJA 10, 79; KGJ 40, 322, 325; DNotV 1912, 588, 591; OLG Düsseldorf OLGZ 1969, 208 = Rpfleger 1969, 65 = DNotZ 1969, 295 = MDR 1969, 490 = BWNotZ 1969, 113 (LS); MüKo-*Eickmann* § 1117 Rn 27, 38, 39, § 1116 Rn 37; KEHE-*Eickmann* Rn 4, 5; *Güthe-Triebel* Rn 2; *Derleder* DNotZ 1971, 272, 275; *Eickmann* Rpfleger 1972, 81.

150 MüKo-*Eickmann* § 1117 Rn 27, 40; KEHE-*Eickmann* Rn 5.

151 Dies gilt natürlich auch, wenn die zum Zustandekommen einer Vereinbarung nach § 1117 Abs 2 BGB notwendige Eigentümererklärung gemäß § 894 ZPO durch ein rechtskräftiges Urteil ersetzt wird (hierzu vgl Rdn 28).

152 KG KGJ 30 A, 272, 274/275 = RJA 6, 78; *Güthe-Triebel* Rn 5; *Hesse-Saage-Fischer* Anm II 3; *Demharter* Rn 5; für Formbedürftigkeit des Antrags *Martinius* Gruchot 44, 382, 394. *Hügel-Kral* (Rn 13) verwechselt diese Fallgestaltung allerdings mit der unmittelbaren Aushändigungsbestimmung nach § 60 Abs 2, bei welcher natürlich kein zusätzlicher Briefaushändigungsantrag erforderlich ist.

153 Der Nachweis einer mündlich erteilten Vollmacht ist nach der Neufassung des § 13 FGG nicht mehr ausreichend (so aber noch *Demharter* Rn 5). Zur früheren Rechtslage vgl KG KGJ 30 A, 272, 275 = RJA 6, 78; *Güthe-Triebel* Rn 5. Die Auffassung, dass überhaupt kein Vollmachtnachweis erforderlich sei (*Bauer/von Oefele-Weber* Rn 5), war nach alter Rechtslage unrichtig und erweist sich wegen § 13 Abs 5 S 4 FGG nach neuer Rechtslage nur für die Bevollmächtigung von Notaren und Anwälten als zutreffend.

in Kraft seit 01.07.2008; anders § 13 S 3 FGG aF, nach welchem das Grundbuchamt bei Zweifeln an der Identität des Vollmachtgebers einen förmlichen Vollmachtsnachweis verlangen konnte). Wer nach § 13 Abs 2 FGG nicht zur Vertretung befugt ist, kann aufgrund Vollmacht gleichwohl einen wirksamen Antrag stellen, weil die Zurückweisung der Vollmacht durch das Grundbuchamt erst nach dem Eingang des (dann bereits wirksam gewordenen) Aushändigungsantrags möglich ist (§ 13 Abs 3 S 2 FGG). Tritt ein Notar oder ein Rechtsanwalt bei der Stellung des Aushändigungsantrags als Bevollmächtigter des Empfangsberechtigten auf, so ist der Mangel (also auch die Nichtvorlage) der Vollmacht seit dem 01.07.2008 nicht mehr von Amts wegen zu berücksichtigen (§ 13 Abs 5 S 4 FGG), sodass es in diesen Fällen genügt, wenn das Bestehen der Vollmacht lediglich behauptet und der Vertretene namhaft gemacht wird.

59 **e) Die Form der Bestimmung.** Da die Aushändigungsbestimmung nach § 60 Abs 2 dem Formerfordernis des § 29 Abs 1 S 1 unterliegt, muss sie in einer öffentlichen oder öffentlich beglaubigten Urkunde enthalten sein. Wird die Bestimmung im Antrag auf Eintragung der Hypothek getroffen, so muss dieser formgerecht erklärt werden (arg § 60 Abs 2).[154] Diese Grundsätze gelten auch für eine Vollmacht zur Abgabe der Bestimmungserklärung.[155] Dies ergibt sich zwar nicht aus § 30, weil es sich nicht um eine Vollmacht zur Abgabe einer zur Eintragung erforderlichen Erklärung handelt, folgt aber ohne weiteres aus der Überlegung, dass durch das Formerfordernis des § 60 Abs 2 sichergestellt werden soll, dass die von der Regel des § 60 Abs 1 abweichende Aushändigung des Briefs letztlich auf eine Erklärung des Bestimmungsberechtigten zurückgeht. Dieser Zweck, nämlich die Feststellung der Personenidentität von Bestimmungsberechtigtem und Erklärendem, würde unterlaufen, wenn ein angeblich Bevollmächtigter das Bestimmungsrecht aufgrund einer formlosen Vollmacht ausüben könnte.[156] Die Vollmacht bedarf nach den Ausführungen in Rdn 52 infolge der Nichtanwendbarkeit des § 13 FGG nF auch dann der Form des § 29 Abs 1 S 1, wenn sie einem **Notar** erteilt wird, da eine über den Rahmen des § 15 hinausgehende rechtsgeschäftlich erteilte Vollmacht immer in der Form des § 29 nachgewiesen werden muss.[157] Von der Vollmacht zur Abgabe der Bestimmungserklärung ist die nicht vom Anwendungsbereich des § 29 erfasste und in einfacher Schriftform zulässige Vollmacht zur Empfangnahme des Briefs zu unterscheiden (vgl Rdn 31).

3. Die Rechtsnatur des Anspruchs gegen das Grundbuchamt auf Briefaushändigung

60 Bei der Beantwortung der Frage nach der Rechtsnatur der gegen das Grundbuchamt gerichteten Herausgabeansprüche ist zwischen privatrechtlichen und öffentlich-rechtlichen Ansprüchen zu unterscheiden. Dies soll an folgendem **Beispiel** verdeutlicht werden:

61 Der Grundstückseigentümer bestellt seinem Darlehensgläubiger eine Briefhypothek. Neben der dinglichen Einigung über die Hypothekenbestellung (§ 873 BGB) ist auch eine materiellrechtliche Vereinbarung iS des § 1117 Abs 2 BGB zustandegekommen. Das zu sichernde Darlehen ist bereits ausbezahlt. Alsdann wird die Hypothek im Grundbuch eingetragen und der Brief gebildet. Eine von der Regel des § 60 Abs 1 (Aushändigung des Briefs an den Eigentümer) abweichende Aushändigungsbestimmung iS des § 60 Abs 2 ist nicht getroffen worden.

62 **a) Der privatrechtliche Herausgabeanspruch des Briefeigentümers.** Da im Beispielsfall alle gesetzlichen Voraussetzungen für die Entstehung der Hypothek (als Fremdrecht) erfüllt sind,[158] hat der Gläubiger die Hypothek im Zeitpunkt der Grundbucheintragung erworben. Damit hat der Gläubiger auch das Eigentum am Brief (§§ 952 Abs 2 BGB) und den **privatrechtlichen** Herausgabeanspruch nach § 985 BGB erlangt. Diesen gegen den Justizfiskus gerichteten Herausgabeanspruch muss das Grundbuchamt aber nicht erfüllen, weil der öffentlich-rechtliche Herausgabeanspruch (§ 60 Abs 1) dem Grundstückseigentümer zusteht. Da bei einem Widerspruch zwischen öffentlich-rechtlichem und privatrechtlichem Anspruch immer das öffentliche Recht vorgeht,[159] ist das Grundbuchamt für den Grundstückseigentümer gegenüber dem Gläubiger als Briefeigentümer zum Besitz berechtigt (§ 986 BGB)[160] und muss den Brief in Erfüllung des öffentlich-rechtlichen Anspruchs an den Grundstückseigentümer aushändigen. Der Briefeigentümer muss sich um die Herausgabe des Briefs somit selbst kümmern und seine diesbezüglichen Ansprüche gegen den Grundstückseigentümer notfalls einklagen.

---

154 *Hügel-Kral* Rn 16; *Güthe-Triebel* Rn 6.
155 *Hügel-Kral* Rn 16; *Güthe-Triebel* Rn 6; KEHE-*Eickmann* Rn 4; *Demharter* Rn 7.
156 *Güthe-Triebel* Rn 6.
157 Zur ähnlichen Rechtslage beim gemischten Antrag vgl *Demharter* § 30 Rn 8, 9; KEHE-*Herrmann* § 15 Rn 36, § 30 Rn 8, 9; *Güthe-Triebel* § 30 Rn 8 (unklar aber *Güthe-Triebel* § 15 Rn 15 unter unzutreffender Berufung auf KG KGJ 30 A, 272, 275 = RJA 6, 78, welches sich lediglich mit dem formlos möglichen Notarantrag auf Aushändigung des Briefs an den aus der Bestimmung Begünstigten und nicht mit einer vom Notar erklärten Aushändigungsbestimmung befasst).
158 Einigung und Eintragung (§ 873 BGB), Briefübergabe (§ 1117 Abs 2 BGB) und Valutierung (§ 1163 Abs 1 S 1 BGB).
159 Vgl die Nachweise in Fn 149.
160 MüKo-*Eickmann* § 1117 Rn 27, 40; KEHE-*Eickmann* Rn 5.

b) Der privatrechtliche Herausgabeanspruch aus einem verwahrungsähnlichen Rechtsverhältnis.
aa) Meinungsstand. Sobald der Hypothekenbrief wirksam hergestellt ist, gelangt er in das Eigentum des **63** dinglichen Rechtsinhabers (§ 952 Abs 2 BGB). Aus dem Umstand, dass durch die Brieferteilung privatrechtliche Beziehungen zwischen dem Rechtsinhaber und dem Justizfiskus begründet werden (arg § 985 BGB), leitet die **herrschende Meinung**[161] die grundbuchamtliche Verpflichtung ab, den hergestellten Brief für dessen Eigentümer zu verwahren. Da diese Verwahrungspflicht unabhängig von der in § 60 geregelten öffentlich-rechtlichen Briefaushändigungsverpflichtung bestehe, könne sie nur auf einem dem **Privatrecht** angehörenden verwahrungsähnlichen Rechtsverhältnis beruhen, welches dem Briefeigentümer den **mittelbaren Besitz** am Brief verschafft.[162] Aus diesem verwahrungsähnlichen Rechtsverhältnis ergebe sich für den (insoweit durch das Grundbuchamt vertretenen) Justizfiskus die privatrechtliche Verpflichtung, den Hypothekenbrief an den Briefeigentümer auszuhändigen. Da der nach § 60 bestehende öffentlich-rechtliche Aushändigungsanspruch weder abtretbar noch pfändbar sei, könne allein dieser privatrechtliche Anspruch des Rechtsinhabers auf Aushändigung des Briefs als taugliches Rechtsobjekt von Abtretungs- und Pfändungsvorgängen anerkannt werden. Demgegenüber nimmt eine **Mindermeinung**[163] an, dass es für die Annahme eines neben dem öffentlich-rechtlichen Aushändigungsanspruch bestehenden privatrechtlichen Herausgabeanspruchs keinerlei Anhaltspunkte gebe. Es spreche nämlich nichts dagegen, den in § 60 geregelten **öffentlich-rechtlichen** Herausgabeanspruch als tauglichen Gegenstand von privatrechtlichen Verfügungen oder Zwangsvollstreckungsmaßnahmen anzusehen. Die Verkehrsfähigkeit der Hypothek sei auf diesem Wege auch bereits zu einem Zeitpunkt gewährleistet, in dem sich der hergestellte Brief noch beim Grundbuchamt befindet. Ein Bedürfnis für ein Nebeneinander von öffentlich-rechtlichen und privatrechtlichen Herausgabeansprüchen könne daher (mit Ausnahme von § 985 BGB) nicht anerkannt werden. Für die Durchführung der Übertragungs- und Pfändungsvorgänge stehe somit nur der öffentlich-rechtliche Aushändigungsanspruch zur Verfügung.

bb) Stellungnahme. Den Kritikern der herrschenden Meinung ist zuzugeben, dass auch öffentlich-rechtliche **64** Beziehungen als Rechtsverhältnisse iS des § 868 BGB in Betracht kommen.[164] Vor diesem Hintergrund erscheint die Annahme, der Rechtsinhaber könne die Hypothek als mittelbarer Besitzer des sich noch beim Grundbuchamt befindenden Briefs auch ohne gleichzeitig bestehenden privatrechtlichen Herausgabeanspruch nach Maßgabe der §§ 1154 Abs 1 S 1 HS 2 iVm 1117 Abs 1 S 2, 930, 931, 1117 Abs 2 BGB übertragen, zunächst plausibel. Bei dieser Beweisführung wird aber übersehen, dass als mittelbarer Briefbesitzer dann aber natürlich nur der Gläubiger des **öffentlich-rechtlichen** Herausgabeanspruchs (§ 60!) in Betracht kommt, weil die privatrechtliche Vereinbarung nach § 1117 Abs 2 BGB nach der Argumentation der Mindermeinung als solche nicht geeignet sein kann, dem Hypothekengläubiger den mittelbaren Briefbesitz zu verschaffen (vgl Rdn 23).[165] Hierfür ist vielmehr ein Rechtsverhältnis (§ 868 BGB) zwischen dem Grundbuchamt und dem Hypothekengläubiger erforderlich. Ein solches Rechtsverhältnis besteht nach Auffassung der Kritiker der herrschenden Meinung aber ausschließlich auf öffentlich-rechtlicher Grundlage (§ 60). Daraus folgt in konsequenter Fortführung der Mindermeinung, dass der Hypothekengläubiger aufgrund der Briefübergabefiktion des § 1117 Abs 2 BGB im Beispielsfall zwar das dingliche Recht, aber mangels Vorliegen einer Aushändigungsbestimmung des Eigentümers weder den unmittelbaren noch den mittelbaren Besitz am Brief erwerben könnte.[166] Dem kann schon deshalb nicht gefolgt werden, weil eine durch den Eigentümer erfolgende **Briefübergabe** iS des § 1117 Abs 1 S 1 BGB **ohne entsprechenden Besitzerwerb** des Hypothekengläubigers nicht denkbar ist. Außerdem wäre wohl schwer erklärbar, wie es möglich sein soll, dass der Eigentümer als Gläubiger des öffentlich-rechtlichen Anspruchs trotz gemäß § 1117 Abs 2 BGB ersetzter Übergabe noch mittelbarer Besitzer des Briefs ist. Aber selbst wenn man von diesen Einwänden absehen wollte, würde ein auf die genannte Weise ausgestalteter und für möglich gehaltener Rechtserwerb im Beispielsfall dazu führen, dass der Gläubiger die Hypothek nicht abtreten kann, solange sich der Brief noch beim Grundbuchamt befindet.[167] Das kann ebenfalls nicht richtig sein. Aus der in § 1154 Abs 1 S 1 HS 2 BGB enthaltenen Verweisung auf § 1117 BGB ergibt sich, dass bei der Abtretung einer Hypothek hinsichtlich des Briefbesitzes grundsätzlich dieselben Übertragungsformen

---

161 KG KGJ 40, 322, 324; *Hügel-Kral* Rn 6; *Güthe-Triebel* Rn 2; *Demharter* Rn 13; *Arnheim* Anm 1; *Thieme* Anm 2; ebenso (für beim Grundbuchamt eingereichte Briefe) KG KGJ 31 A, 341, 342; 43, 268, 271; DNotV 1912, 588, 591/592.

162 Vgl die Nachweise in Fn 57.

163 MüKo-*Eickmann* § 1117 Rn 17, 26, 27, 34; KEHE-*Eickmann* Rn 5; *Derleder* DNotZ 1971, 272, 278.

164 *Palandt-Bassenge* § 868 Rn 6.

165 Konsequent MüKo-*Eickmann* § 1117 Rn 24, der für die Erlangung des mittelbaren Besitzes durch den Hypothekengläubiger trotz einer vorliegenden Vereinbarung nach § 1117 Abs 2 BGB noch zusätzlich eine Aushändigungsbestimmung des Eigentümers nach § 60 Abs 2 GBO fordert.

166 Der nach Auffassung der Mindermeinung alleine zur Vermittlung des mittelbaren Besitzes geeignete öffentlich-rechtliche Herausgabeanspruch nach § 60 steht im Beispielsfall ja dem Grundstückseigentümer zu.

167 Das Gleiche gilt für alle anderen Fallgestaltungen, bei denen sich der hergestellte Brief noch beim Grundbuchamt befindet, sofern der öffentlich-rechtliche Herausgabeanspruch nach § 60 nicht dem dinglichen Rechtsinhaber zusteht (so zB, wenn eine Eigentümergrundschuld entstanden ist, aber eine Eigentümerbestimmung nach § 60 Abs 2 zugunsten des Gläubigers vorliegt. In diesem Fall könnte der Eigentümer sein Recht nicht abtreten).

wie bei der durch den Eigentümer erfolgenden Briefübergabe zur Verfügung stehen.[168] Bei einer durch den Hypothekengläubiger beabsichtigten Abtretung des Rechts scheidet eine Übergabe iS der §§ 1117 Abs 1 S 2, 929 S 2 BGB im Beispielsfall von vornherein aus, weil sich der Brief noch beim Grundbuchamt befindet und der Zessionar somit nicht unmittelbarer Besitzer des Briefs sein kann. Ebenso wenig kommt ein Übergabeersatz iS der §§ 1117 Abs 1 S 2, 930, 931 BGB in Betracht, da der Hypothekengläubiger nach der Mindermeinung mangels Existenz eines privatrechtlichen Herausgabeanspruchs nicht mittelbarer Besitzer des Briefs ist, sofern der öffentlich-rechtliche Aushändigungsanspruch dem Grundstückseigentümer zusteht. Schließlich ist auch ein Übergabeersatz nach § 1117 Abs 2 BGB ausgeschlossen, weil der Gläubiger (ausgehend von der Mindermeinung) als Rechtsinhaber und Zedent trotz der für seinen eigenen Erwerb fingierten Briefübergabe (§ 1117 Abs 2 BGB) noch keinen **für einen Durchgangserwerb erforderlichen** übertragbaren Briefbesitz erlangt hat. Dem Ausschluss der Übertragbarkeit der Hypothek steht dabei nicht entgegen, dass ein Übergabeersatz nach § 1117 Abs 2 BGB bei der Abtretung der Hypothek auch dann für möglich gehalten wird, wenn der Brief noch gar nicht existiert.[169] Die Anerkennung dieser Übertragungsmöglichkeit beruht nämlich darauf, dass die herrschende Meinung zugunsten des Rechtsinhabers vom Bestehen eines privatrechtlichen Herausgabeanspruchs aufgrund eines verwahrungsähnlichen Rechtsverhältnisses und damit von einem mit der Briefherstellung stattfindenden Erwerb des mittelbaren (und damit **übertragbaren**) Besitzes ausgeht. Da die Mindermeinung die Existenz eines privatrechtlichen Herausgabeanspruchs des Rechtsinhabers (mit Ausnahme von § 985 BGB) bestreitet und der Gläubiger im Beispielsfall auch aufgrund der öffentlich-rechtlichen Rechtsbeziehung keinen mittelbaren Briefbesitz erwirbt (Regelfall des § 60 Abs 1 Alt 1!), kann diese Argumentation der Mindermeinung jedoch folgerichtig nicht zugute kommen. Damit steht fest, dass eine Übertragung der Hypothek durch den Rechtsinhaber nach der Mindermeinung im Beispielsfall nicht möglich ist, solange sich der hergestellte Brief noch beim Grundbuchamt befindet.[170] Da ein Grundpfandrecht zu diesem Zeitpunkt aber unter denselben Voraussetzungen übertragbar sein muss wie eine Hypothek, bei der sich der Brief in den Händen eines Dritten befindet, welcher als unmittelbarer Besitzer Schuldner eines Herausgabeanspruchs ist (arg § 1154 Abs 1 S 1 HS 2 BGB),[171] kann dieser Auffassung nicht gefolgt werden (hierzu vgl bereits Rdn 23). Da eine Zession der Hypothek durch den Gläubiger nur erfolgen kann, wenn er (zumindest) den für einen Durchgangserwerb erforderlichen mittelbaren Briefbesitz erworben hat und dieser Besitzerwerb nach der Mindermeinung scheitert, wenn dem Rechtsinhaber nicht der öffentlich-rechtliche Aushändigungsanspruch nach § 60 zusteht, ist vielmehr mit der herrschenden Meinung von der **Existenz eines neben dem öffentlich-rechtlichen Anspruch bestehenden privatrechtlichen Herausgabeanspruchs** auszugehen. Auf einem anderen Weg ist es nicht möglich, dem Rechtsinhaber sowohl einen verkehrsfähigen[172] Herausgabeanspruch als auch den mittelbaren Briefbesitz zu verschaffen. Daraus folgt zugleich, dass nur der dem Rechtsinhaber zustehende und gegen den Justizfiskus gerichtete **privatrechtliche** Herausgabeanspruch als Verfügungs- und Vollstreckungsobjekt in Betracht kommen kann. Dies gilt selbstverständlich auch dann, wenn dem Rechtsinhaber im Einzelfall **auch** der öffentlich-rechtliche Aushändigungsanspruch nach § 60 zustehen sollte. Soweit es hiernach auf den privatrechtlichen Anspruch des Rechtsinhabers ankommt, leitet das Grundbuchamt seinen Briefbesitz aus dem zwischen ihm und dem Rechtsinhaber bestehenden verwahrungsähnlichen Rechtsverhältnis ab. Auf privatrechtlicher Ebene besitzt das Grundbuchamt seinen Brief somit immer für den Rechtsinhaber in dessen Eigenschaft als Briefeigentümer.[173] Die Frage, wem der Brief nach § 60 auszuhändigen ist (**öffentlich-rechtlicher** Anspruch), hat damit nichts zu tun. Das Grundbuchamt ist (ebenso wie beim Herausgabeanspruch nach § 985 BGB) gegenüber dem Rechtsinhaber zum Besitz berechtigt und hat den Brief an den Gläubiger des öffentlich-rechtlichen Anspruchs auszuhändigen. Ist der Rechtsinhaber mit dem Empfangsberechtigten nicht identisch, so muss er seine Ansprüche gegen den Briefbesitzer notfalls im Klageweg verfolgen.

---

168 Damit erweist sich auch die Annahme von *Staudinger-Wolfsteiner* (§ 1117 Rn 18 aE) als unrichtig, wonach der Gläubiger sein Recht nur nach Maßgabe der §§ 1154, 931 BGB abtreten könne.

169 Der Zessionar erwirbt – Briefherstellung vorausgesetzt – die Hypothek frühestens zu dem Zeitpunkt, in dem die Voraussetzungen für die Bildung des Briefs beim Grundbuchamt (erstmals) vorgelegen haben (Durchgangserwerb); vgl RG RGZ 64, 308, 313 = JW 1907, 13; RGZ 66, 206, 210 = JW 1907, 514; RGZ 84, 314, 316; JW 1935, 2430; KG KGJ 40, 278, 281; 45, 294, 299; OLG Breslau SeuffA 57 Nr 78; BayObLG BayObLGZ 1987, 97, 102 = Rpfleger 1987, 363; *Staudinger-Wolfsteiner* § 1117 Rn 20; *Palandt-Bassenge* § 1154 Rn 7 (unter Hinweis auf überholte abweichende Auffassungen, die eine Rückwirkung des Erwerbs auf einen früheren Vereinbarungszeitpunkt zulassen wollen); *Derleder* DNotZ 1971, 272, 273/274.

170 Dementsprechend wäre auch eine Pfändung der Hypothek nicht möglich, da dem Vollstreckungsschuldner (= Rechtsinhaber) der öffentlich-rechtliche Briefaushändigungsanspruch nicht zusteht, sein schuldrechtlicher Anspruch auf Bestellung der Hypothek (zu Voraussetzungen und Wirkungen der Pfändung dieses Anspruchs vgl OLG Hamm Rpfleger 1980, 483) bereits durch Erfüllung erloschen ist und auch ein anderer pfändbarer Anspruch nicht existiert.

171 *Derleder* DNotZ 1971, 272, 278.

172 Der Anspruch aus § 985 BGB ist einer Abtretung iS der §§ 1154, 931 BGB nicht zugänglich (vgl Fn 37).

173 KG KGJ 40, 322, 325.

c) Der öffentlich-rechtliche Herausgabeanspruch (§ 60). Der in § 60 geregelte und gegen das Grund- **65** buchamt gerichtete Anspruch auf Aushändigung des Briefs ist öffentlich-rechtlicher Natur[174] und im Gegensatz zu dem sich aus dem verwahrungsähnlichen Rechtsverhältnis ergebenden privatrechtlichen Herausgabeanspruch **weder abtretbar noch pfändbar.**[175] Auch hat das Entstehen des öffentlich-rechtlichen Herausgabeanspruchs nicht zur Folge, dass der nach § 60 Empfangsberechtigte mit der Herstellung des Briefs zum mittelbaren Briefbesitzer wird. Das lässt sich im Beispielsfall (Rdn 61) vor allem damit begründen, dass ansonsten unzulässiger mittelbarer Nebenbesitz[176] beider Anspruchsgläubiger, nämlich des Grundstückseigentümers (als Gläubiger des öffentlich-rechtlichen Anspruchs) und des Rechtsinhabers (als Gläubiger des privatrechtlichen Anspruchs) entstünde. Im Übrigen könnte (Abtretbarkeit vorausgesetzt) die durch den Grundstückseigentümer erfolgende Abtretung des öffentlich-rechtlichen Herausgabeanspruchs und die hierin liegende Übertragung des (unterstellt möglichen) mittelbaren Nebenbesitzes[177] im Beispielsfall ohnehin nicht zu einem gutgläubigen Erwerb des dinglichen Rechts führen.[178] Die Vermutung des § 891 BGB würde für den Grundstückseigentümer außerdem schon deshalb nicht gelten, weil er im Grundbuch nicht als Hypothekengläubiger eingetragen ist (vgl Rdn 30 und § 41 Rdn 49).

Sofern dem Rechtsinhaber in Abweichung vom Beispielsfall auch der öffentlich-rechtliche Herausgabeanspruch **66** zusteht, besteht für die **Abtretbarkeit** dieses Anspruchs kein Bedürfnis, weil die Verkehrsfähigkeit der Hypothek bereits durch die Existenz des privatrechtlichen Anspruchs aus dem zwischen Grundbuchamt und Rechtsinhaber bestehenden verwahrungsähnlichen Rechtsverhältnis gewährleistet ist. Außerdem besteht für die Abtretbarkeit des öffentlich-rechtlichen Herausgabeanspruchs auch deswegen keine praktische Notwendigkeit, weil der nach § 60 Empfangsberechtigte mittels des in § 60 Abs 2 vorgesehenen Weges ohnehin die Möglichkeit hat, die selbständige Empfangsberechtigung eines Dritten zu begründen. Nur handelt es sich dabei nicht um eine **vertragliche Zession** des öffentlich-rechtlichen Anspruchs, sondern um eine **einseitige Erklärung** des Empfangsberechtigten. Diese Erklärung bewirkt keinen Übergang des Anspruchs, sondern ersetzt die bisherige Empfangsberechtigung (ex nunc) durch einen neu begründeten Anspruch. Sie beinhaltet demnach keine Zession, sondern **beseitigt** die bisherige Empfangsberechtigung. Dies ergibt sich auch aus der Tatsache, dass ein Abtretungsvertrag ohnehin nicht einseitig widerrufen werden könnte und dass deshalb einer Diskussion über die Widerruflichkeit der Aushändigungsbestimmung (hierzu vgl Rdn 36 ff) von vornehein der Boden entzogen wäre.

Eine **Pfändung** des öffentlich-rechtlichen Anspruchs ginge als Hilfspfändung (vgl § 56 Rdn 4) ohnehin ins **67** Leere, falls der Gläubiger des öffentlich-rechtlichen Anspruchs nicht mit dem Rechtsinhaber identisch ist. Ist er aber Rechtsinhaber, so genügt die Pfändung des privatrechtlichen Herausgabeanspruchs (zu diesen Fragen vgl Rdn 72 ff).

d) Denkbare Fallgestaltungen: Doppelgläubigerschaft oder Kollision von Ansprüchen. Welchem Ver- **68** fahrensbeteiligten die einzelnen Herausgabeansprüche zustehen, hängt davon ab, ob es sich um eine ursprüngliche (§ 60 Abs 1 Alt 1) oder um eine nachträgliche (§ 60 Abs 1 Alt 2) Brieferteilung handelt.

Ist die eingetragene Hypothek im Fall der **ursprünglichen Brieferteilung** mangels Ersetzung der Briefübergabe **69** oder wegen Nichtvalutierung als Eigentümergrundschuld entstanden, so stehen die privatrechtlichen Herausgabeansprüche nach § 985 BGB und aus dem verwahrungsähnlichen Rechtsverhältnis dem Grundstückseigentümer zu. Sofern er keine abweichende Bestimmung iS des § 60 Abs 2 getroffen hat, ist er auch der Gläubiger des öffentlich-rechtlichen Herausgabeanspruchs (§ 60 Abs 1 Alt 1). Hat der eingetragene Hypothekengläubiger das Recht infolge Briefübergabeersatz und Valutierung bereits erworben, so stehen ihm auch die genannten privatrechtlichen Herausgabeansprüche zu. Gläubiger des öffentlich-rechtlichen Herausgabeanspruchs ist er hingegen nur unter der Voraussetzung, dass der Grundstückseigentümer eine Aushändigungsbestimmung zu seinen Gunsten getroffen hat (§ 60 Abs 2).

---

174 KG KGJ 38 A, 283, 288 = OLGE 21, 26 = RJA 10, 79; KGJ 40, 322, 325; 44, 275, 277; OLG Düsseldorf OLGZ 1969, 208 = Rpfleger 1969, 65 = DNotZ 1969, 295 = MDR 1969, 490 = BWNotZ 1969, 113 (LS); OLG Neustadt Rpfleger 1960, 156; MüKo-*Eickmann* § 1116 Rn 37, § 1117 Rn 17, 26, 34, 38; KEHE-*Eickmann* Rn 5; *Güthe-Triebel* Rn 2; *Demharter* Rn 13; *Derleder* DNotZ 1971, 272, 278; *Eickmann* Rpfleger 1972, 77, 81.

175 KG KGJ 40, 322, 327; 44, 275, 278; OLG Düsseldorf aaO (Fn 174); OLG Neustadt Rpfleger 1960, 156; *Hügel-Kral* Rn 6.1; *Güthe-Triebel* Rn 2; *Demharter* Rn 13; *Hesse-Saage-Fischer* Anm III; *Tempel* JuS 1967, 117, 122; **aA** MüKo-*Eickmann* § 1117 Rn 17, 26, 27, 42–44; *Derleder* DNotZ 1971, 272, 278.

176 Für die Unzulässigkeit des mittelbaren Nebenbesitzes die **hM:** RG RGZ 119, 152, 153; 135, 75, 79; 138, 265, 267; BGH BGHZ 28, 16, 27; 50, 45, 50; MüKo-*Joost* § 868 Rn 18–20; *Palandt-Bassenge* § 868 Rn 2; *Zunft* NJW 1957, 445; JZ 1959, 279; *Tiedtke* WM 1978, 446; *Picker* AcP 88, 511, 533; *Eichler* II/1, 24 Fn 48; **aA** *Pohle* MDR 1956, 732; *Paulus* JZ 1957, 41; *Henke* JZ 1959, 202; *Lange* JuS 1969, 162; *Probst* ZHR 101, 199, 215; *Wolff-Raiser* § 8 II; *Westermann* § 19 II 4; *Brem,* Der Nebenbesitz, Diss. Marburg, 1976, S 97 ff, 107 ff.

177 Etwa zum Zweck der Übertragung der angeblich entstandenen Eigentümergrundschuld (§§ 1192 Abs 1, 1154 Abs 1 S 1 HS 2, 1117 Abs 1 S 2, 931 BGB).

178 Dies entspricht der vergleichbaren Rechtslage im Anwendungsbereich des § 934 BGB. Hierzu vgl MüKo-*Joost* § 868 Rn 19; MüKo-*Quack* § 934 Rn 4; *Palandt-Bassenge* § 868 Rn 2–5; *Westermann* § 48 III.

70 Im Fall der **nachträglichen Brieferteilung** entstehen die privatrechtlichen Herausgabeansprüche ebenfalls in der Person des (wahren) Rechtsinhabers. Im Normalfall ist das der eingetragene Hypothekengläubiger (vgl § 1154 Abs 3 BGB), ausnahmsweise aber auch der Grundstückseigentümer (bei nicht entstandener oder zwischenzeitlich erloschener Forderung, § 1163 Abs 1 BGB) oder der Zessionar, dem die Hypothek im Zuge der Umwandlung abgetreten wurde (§§ 1154 Abs 1 S 1 HS 2 iVm 1117 Abs 1 S 2, 930, 931, 1117 Abs 2 BGB). Dagegen steht der öffentlich-rechtliche Herausgabeanspruch immer dem **eingetragenen** Hypothekengläubiger zu (vgl Rdn 2, 33), sofern dieser nicht eine abweichende Bestimmung iS des § 60 Abs 2 getroffen hat. Dies gilt auch, wenn die Hypothek im Zuge der Umwandlung abgetreten wird. In diesem Fall muss der Brief daher an den bisherigen Gläubiger ausgehändigt werden.[179]

71 Sofern sich der öffentlich-rechtliche und die privatrechtlichen **Herausgabeansprüche nicht in einer Hand** befinden, ist die Kollision der Ansprüche in der Weise zu lösen, dass das Grundbuchamt gegenüber dem Gläubiger der privatrechtlichen Herausgabeansprüche zum Besitz berechtigt ist und sich bei der Aushändigung des Briefs ausschließlich an der durch § 60 vorgegebenen Rechtslage orientiert. Der Brief ist daher immer an den Gläubiger des öffentlich-rechtlichen Anspruchs auszuhändigen. Es geht jedoch nicht an, dieses Ergebnis erreichen zu wollen, indem man dem Rechtsinhaber wegen der ihm nicht zustehenden öffentlich-rechtlichen Empfangsberechtigung überhaupt keinen privatrechtlichen Herausgabeanspruch zugesteht (also bereits dessen Existenz verneint).[180] Diese Ansicht steht im Widerspruch zu den §§ 952 Abs 2, 985, 868 BGB und würde dazu führen, dass der Rechtsinhaber die Hypothek nicht abtreten kann, weil er mangels eines abtretbaren Herausgabeanspruchs selbst keinen übertragbaren mittelbaren Briefbesitz erworben hätte (hierzu vgl bereits Rdn 64). Auch eine Pfändung der Hypothek wäre nicht möglich, wenn man dem Rechtsinhaber keinen privatrechtlichen Herausgabeanspruch zugesteht (vgl Fn 170).

4. Die Pfändung des privatrechtlichen Herausgabeanspruchs aus dem verwahrungsähnlichen Rechtsverhältnis

72 Wie die Untersuchung zur Rechtsnatur der gegen das Grundbuchamt gerichteten Herausgabeansprüche ergeben hat, kann als Gegenstand der Pfändung nur der **privatrechtliche** Herausgabeanspruch aus dem zwischen dem Grundbuchamt und dem Rechtsinhaber bestehenden verwahrungsähnlichen Rechtsverhältnis angesehen werden (vgl Rdn 64). Aus der in § 952 Abs 2 BGB zum Ausdruck kommenden rechtlichen Abhängigkeit des Briefs vom dinglichen Recht folgt, dass der Brief nicht Gegenstand besonderer dinglicher Rechte sein kann.[181] Er ist daher auch kein selbständiges Objekt der Zwangsvollstreckung (vgl § 56 Rdn 3, 4). Eine isolierte Pfändung des dem Rechtsinhaber zustehenden und gegen das Grundbuchamt gerichteten privatrechtlichen Herausgabeanspruchs ist somit nicht möglich. Der Herausgabeanspruch ist einer Zwangsvollstreckung vielmehr nur im Rahmen der **Pfändung des verbrieften dinglichen Rechts** zugänglich. Eine Pfändung des Herausgabeanspruchs durch Gläubiger des Grundstückseigentümers ist daher nur möglich, solange das dingliche Recht noch dem Vollstreckungsschuldner zusteht (Eigentümergrundschuld, §§ 1163, 1177 Abs 1 S 1 BGB).[182] Im Rahmen einer Zwangsvollstreckung gegen den eingetragenen Hypothekengläubiger kann der Herausgabeanspruch dementsprechend nur wirksam gepfändet werden, wenn dieser die Hypothek bereits erworben hat.[183]

73 Die Pfändung des privatrechtlichen Herausgabeanspruchs wird erforderlich, wenn sich die zur Wirksamkeit der Hypothekenpfändung notwendige Briefübergabe (§ 830 Abs 1 ZPO) nicht verwirklichen lässt, weil sich der **Brief im Besitz eines nicht herausgabebereiten Dritten** befindet.[184] Allein durch die Pfändung und die zur Einziehung erfolgende Überweisung des Herausgabeanspruchs (vgl § 886 ZPO) ist die erforderliche Übergabe des Hypothekenbriefs aber noch nicht als bewirkt anzusehen. Die Überweisung zur Einziehung führt nämlich nicht zur rechtsgeschäftlichen Übertragung des Herausgabeanspruchs, sondern hat lediglich zur Folge, dass der

---

179 OLG Dresden ZBlFG 05, 724; *Hügel-Kral* Rn 8; *Güthe-Triebel* Rn 3; *Demharter* Rn 3.

180 Unrichtig und nicht konsequent KG KGJ 40, 322, 326 (ebenso *Bauer/von Oefele-Weber* Rn 1; *Güthe-Triebel* Rn 2), welches dem Eigentümer trotz bestehender Eigentümergrundschuld einen privatrechtlichen Briefaushändigungsanspruch verweigert, sofern er eine Aushändigungsbestimmung zugunsten des Gläubigers getroffen hat. Ebenso wird zu Unrecht ein privatrechtlicher Herausgabeanspruch des Gläubigers verneint, wenn dieser die Hypothek zwar erworben, wegen § 60 Abs 1 aber keinen öffentlich-rechtlichen Anspruch auf Aushändigung des Briefs hat.

181 Mot BGB III, 744; Prot BGB III, 645; RG RGZ 51, 83, 85; 66, 24, 27; 91, 155, 157; 148, 202, 203; 149, 93, 95; OLG Düsseldorf DNotZ 1981, 642, 646.

182 Solange mangels Briefübergabe noch kein Eigentümerrecht besteht, kann die bestehende Geldforderung des künftigen Hypothekengläubigers von dessen Gläubigern nach Maßgabe des § 829 ZPO gepfändet werden (hierzu vgl OLG Hamm Rpfleger 1980, 483 mwN).

183 KG KGJ 44, 275, 277; *Stöber* Rn 1826–1828; ungenau KEHE-*Eickmann* Rn 5; anders auch MüKo-*Eickmann* § 1117 Rn 44 (allerdings unter Zugrundelegung des öffentlich-rechtlichen Briefaushändigungsanspruchs).

184 Dritter in diesem Sinne ist auch das Grundbuchamt, KG KGJ 40, 322; 44, 275, 278; OLGE 11, 111; 25, 188.

Pfändungsgläubiger den Anspruch des Vollstreckungsschuldners im eigenen Namen geltend machen kann.[185] Das Pfandrecht gelangt somit erst zur Entstehung, wenn das herausgabebereite Grundbuchamt den Brief an den Pfändungsgläubiger aushändigt. Hierbei ist aber zu berücksichtigen, dass das Grundbuchamt den Brief nur an den Gläubiger des **öffentlich-rechtlichen** Herausgabeanspruchs aushändigen darf und wegen der Dominanz des öffentlich-rechtlichen Anspruchs gegenüber dem Gläubiger des privatrechtlichen Anspruchs (und damit auch gegenüber dessen Pfändungsgläubigern) zum Besitz berechtigt ist (vgl Rdn 62, 64 aE, 71). Dies bedeutet zugleich, dass der Pfändungsgläubiger die Herausgabe des Briefs wegen der privatrechtlichen Natur des von ihm gepfändeten Anspruchs nicht im Weg der Beschwerde erzwingen kann. Die Grundbuchbeschwerde ist nämlich nur zur Verfolgung des öffentlich-rechtlichen Aushändigungsanspruchs zulässig (vgl Rdn 97).[186] Die Pfändung kann demnach nur zum Erfolg führen, wenn dem Vollstreckungsschuldner nicht nur der privatrechtliche, sondern auch der öffentlich-rechtliche Herausgabeanspruch gegen das Grundbuchamt zusteht.[187] Das Grundbuchamt darf den Brief aber nur an den Pfändungsgläubiger herausgeben, wenn das Bestehen eines sich mit dem öffentlich-rechtlichen Anspruch deckenden privatrechtlichen Herausgabeanspruchs (also die **Rechtsinhaberschaft** des Vollstreckungsschuldners) nachgewiesen ist.[188] Sofern sich öffentlich-rechtlicher und privatrechtlicher Herausgabeanspruch nicht in einer Hand befinden, geht die Pfändung ins Leere. Da das Grundbuchamt den Brief in diesem Fall nicht an den Pfändungsgläubiger aushändigt, findet keine zur Wirksamkeit der Hypothekenpfändung erforderliche Briefübergabe statt. Gibt das Grundbuchamt den Brief in einem solchen Fall aber freiwillig an den Pfändungsgläubiger heraus, so führt diese ordnungswidrige Aushändigung zum Entstehen des Pfandrechts.[189] Bei der Aushändigung des Hypothekenbriefs ist daher **äußerste Vorsicht** geboten. Das Grundbuchamt darf den Brief vor allem nicht an einen Pfändungsgläubiger des Grundstückseigentümers herausgeben, wenn eine Aushändigungsbestimmung zugunsten des lediglich buchberechtigten Hypothekengläubigers getroffen ist. Ebenso wenig ist es berechtigt, den Brief an einen Pfändungsgläubiger des Hypothekengläubigers auszuhändigen, wenn der öffentlich-rechtliche Herausgabeanspruch dem nichtberechtigten Grundstückseigentümer zusteht. Wegen der Möglichkeit der Rückforderung eines unter Verletzung des § 60 ausgehändigten Briefs vgl Rdn 98 ff.

5. Der Einfluss des Insolvenzverfahrens auf die Briefaushändigung

74 Schwierigkeiten bei der Bestimmung der Person des rechtmäßigen Briefempfängers können auftreten, wenn über das Vermögen eines der Verfahrensbeteiligten das Insolvenzverfahren eröffnet wird. Diesbezügliche Probleme ergeben sich für das Grundbuchamt aber nur, wenn es noch vor der Briefaushändigung von der Eröffnung des Insolvenzverfahrens Kenntnis erlangt. Anderenfalls ist es ohnehin nicht in der Lage, die sich aufgrund der Eröffnung des Insolvenzverfahrens ergebenden Besonderheiten zu berücksichtigen. Im folgenden werden die Fallgestaltungen beispielhaft erläutert, die sich bei der Erteilung des Briefs anlässlich einer Hypothekenbestellung im Fall der **Eigentümer**insolvenz ergeben können. Dabei wird zum Zweck der Abgrenzung von Rechtsentstehung (Eigentümergrundschuld) und Rechtsübergang (Fremdrecht Hypothek) immer davon ausgegangen, dass die Hypothek zum Zeitpunkt der Grundbucheintragung bereits valutiert ist.

75 **a) Fehlende Aushändigungsbestimmung (Regelfall des § 60 Abs 1).** Hat der vom Insolvenzverfahren betroffene Eigentümer keine Aushändigungsbestimmung zugunsten des Gläubigers getroffen, so ist das Grundbuchamt verpflichtet, den hergestellten Brief an den **Insolvenzverwalter** auszuhändigen (vgl §§ 80, 148 InsO).[190] Sofern nicht bereits ein Rechtserwerb des Gläubigers nach den §§ 81, 91 InsO iVm den §§ 1117 Abs 1 S 2, 930, 931, 892 BGB bzw aufgrund des § 91 InsO iVm den §§ 1117 Abs 2, 878, 892 BGB oder nach § 81 InsO iVm den §§ 1117 Abs 2, 892 BGB stattgefunden hat, hat der Insolvenzverwalter noch die Möglichkeit, den Übergang des Rechts auf den Gläubiger durch die Nichtaushändigung des Briefs zu verhindern. Hat es der eingetragene Gläubiger versäumt, sich seinen Anspruch auf Einräumung der Hypothek durch die Eintragung einer Vormerkung sichern zu lassen (vgl § 106 InsO),[191] so kann er aufgrund seines schuldrechtlichen Anspruchs auf Bestellung der Hypothek nicht die Aushändigung des Briefs verlangen, sondern nur eine Geldforderung zur Insolvenzmasse anmelden.[192]

---

185 RG RGZ 63, 214, 218; Gruchot 54, 1023; KG OLGE 11, 111; 29, 217; KG KGJ 35 A, 297, 299; 44, 275, 278; DNotV 1930, 242 = HRR 1929 Nr 1968; *Stöber* Rn 1823; **aA** *Tempel* JuS 1967, 121.
186 KG KGJ 31 A 341, 342; 40, 322, 326; *Güthe-Triebel* Rn 14; *Demharter* Rn 14.
187 KG KGJ 40, 322, 327; 44, 275, 277; OLG Neustadt Rpfleger 1960, 156; OLG Düsseldorf aaO (Fn 174); *Demharter* Rn 13; *Stöber* Rn 1826, 1827; ebenso (allerdings von der Pfändbarkeit des öffentlich-rechtlichen Anspruchs ausgehend) MüKo-*Eickmann* § 1117 Rn 42; KEHE-*Eickmann* Rn 5.
188 *Tempel* JuS 1967, 117, 122, *Stöber* Rn 1827.
189 KG KGJ 44, 275, 278; OLG Düsseldorf aaO (Fn 174); OLG Hamm Rpfleger 1980, 483; OLG Frankfurt NJW 1955, 1483; *Stöber* Rn 1812, 1816.
190 *Eickmann* Rpfleger 1972, 77, 81.
191 Über das in diesem Fall bestehende Absonderungsrecht vgl KG OLGE 7, 367; *Staudinger-Wolfsteiner* § 1117 Rn 25; *Bendix* Gruchot 49, 297.
192 RG RGZ 77, 106, 109; *Staudinger-Wolfsteiner* § 1117 Rn 25.

76 Auch wenn der Gläubiger die Hypothek vom »gerade noch Berechtigten« (§ 878 BGB) oder kraft guten Glaubens (§ 892 BGB) bereits erworben hat, muss der Hypothekenbrief an den Insolvenzverwalter ausgehändigt werden. Der hiergegen von einigen Autoren für den Erwerb nach § 1117 Abs 2 BGB vorgetragene, aber auch für die Übergabesurrogate nach den §§ 1117 Abs 1 S 2, 930, 931 BGB geltende Einwand, der Brief müsse an den Gläubiger ausgehändigt werden, weil dieser bereits das Eigentum am Brief erworben habe (§ 952 Abs 2 BGB),[193] ist nicht stichhaltig. Das Abstellen auf die **privatrechtlichen** Herausgabeansprüche beruht auf einer unzulässigen Vermengung von materiellem Recht und Verfahrensrecht und führt zu einem Verstoß gegen § 60 Abs 1 (vgl Rdn 62, 64 aE, 71). Das Grundbuchamt hat sich bei seiner Entscheidung über die Person des Briefempfängers vielmehr ausschließlich an der in § 60 geregelten öffentlich-rechtlichen Empfangsberechtigung zu orientieren. Dass der Gläubiger den ausgehändigten Brief nach § 985 BGB vom Insolvenzverwalter herausverlangen kann, ist für das grundbuchamtliche Aushändigungsverfahren ohne Bedeutung.

77 **b) Vorliegende Aushändigungsbestimmung (Ausnahmefall des § 60 Abs 2).** Hat der vom Insolvenzverfahren betroffene Eigentümer nach § 60 Abs 2 bestimmt, dass der Hypothekenbrief an den Gläubiger ausgehändigt werden soll, so ist die Entscheidung des Grundbuchamts über die Person des Briefempfängers davon abhängig, ob die Aushändigungsbestimmung trotz der durch die Eröffnung des Insolvenzverfahrens eingetretenen absoluten Verfügungsbeschränkung (§ 80 InsO) noch wirksam geworden ist. Ob die Hypothek mit ihrer Eintragung als Eigentümergrundschuld entstanden ist oder ob sie der Gläubiger bereits als Fremdrecht erworben hat, spielt (ebenso wie im Regelfall des § 60 Abs 1) für die Entscheidung des Grundbuchamts im Briefaushändigungsverfahren hingegen keine Rolle.

78 Der Brief ist an den **Insolvenzverwalter** auszuhändigen, wenn die Aushändigungsbestimmung wegen des über das Vermögen des Eigentümers eröffneten Insolvenzverfahrens **nicht mehr wirksam** werden konnte. Dies ist der Fall, wenn die Insolvenzeröffnung **vor** oder **gleichzeitig** mit dem Zeitpunkt erfolgte, in dem die Aushändigungsbestimmung nach den in Rdn 37–45 dargestellten Grundsätzen wirksam werden würde.[194] Auf den Zeitpunkt der Abgabe der Erklärung durch den Eigentümer kann nicht abgestellt werden, da eine entsprechende Anwendung des § 130 Abs 2 BGB auf den Verlust der Verfügungsbefugnis ausscheidet.[195]

79 Ist das Insolvenzverfahren hingegen erst eröffnet worden, **nachdem** die Aushändigungsbestimmung nach den in Rdn 37–45 beschriebenen Voraussetzungen **wirksam geworden** ist, so hat das Grundbuchamt den Brief an den **Gläubiger** auszuhändigen, da es an die wirksame Bestimmung des Eigentümers gebunden ist.[196] Die Streitfrage, ob das Grundbuchamt die Hypothek überhaupt eintragen darf, wenn ein Erwerb des Rechts durch den Gläubiger erkanntermaßen nur noch kraft guten Glaubens möglich ist (hierzu vgl § 17 Rdn 22), spielt in diesem Zusammenhang keine Rolle, da sich die Frage, an wen der Brief auszuhändigen ist, erst stellt, wenn die Hypothek – sei es zu Recht oder zu Unrecht – im Grundbuch eingetragen wurde. Die Kenntnis des Grundbuchamts von eigenem Fehlverhalten im Eintragungsverfahren darf jedenfalls keinen Einfluss auf die Entscheidung im Briefaushändigungsverfahren nehmen. Die Entscheidung über die Person des Briefempfängers hat sich vielmehr ausschließlich nach der durch § 60 vorgegebenen Verfahrenslage zu richten. Dies gilt auch dann, wenn das Grundbuchamt zu der Überzeugung gelangt, dass nur noch ein gutgläubiger Rechtserwerb durch den Gläubiger in Betracht kommt und dass es durch eine an den Gläubiger erfolgende Briefaushändigung (= Übergabe iS des § 1117 Abs 1 S 1 BGB!) zu diesem Erwerb beitragen würde. Die Gegenansicht[197] negiert nicht nur die bestehende Bindung des Grundbuchamts an die wirksame Aushändigungsbestimmung des Eigentümers, sondern sie übersieht auch, dass das Legalitätsprinzip hier von vornherein nicht zum Zuge kommen kann, weil das Grundpfandrecht bereits eingetragen ist und sich die Frage nach einer evtl Unrichtigkeit des Grundbuchs in dem der Grundbucheintragung zeitlich nachgelagerten Briefaushändigungsverfahren somit gar nicht mehr stellen kann. Da die Vorschrift des § 60 im Gegensatz zu der Bestimmung des § 1117 Abs 2 BGB (Zweck: Verschaffung des dinglichen **Rechts!**) lediglich die Funktion hat, dem jeweiligen Empfangsberechtigten den unmittelbaren Brief**besitz** zu verschaffen (vgl Rdn 56), darf das Grundbuch evtl materiellrechtliche Folgen seiner Entscheidung im vorliegenden Fall nicht berücksichtigen. Es ist Sache des Insolvenzverwalters, einen Rechtserwerb des Gläubigers zu Lasten der Insolvenzmasse zu verhindern.

---

193 So *Staudinger-Wolfsteiner* § 1117 Rn 25; *Eickmann* Rpfleger 1972, 77, 81; *Bock* (Diss.) S 50. Die Entscheidung KG NJW 1975, 878 = Rpfleger 1975, 89 befasst sich nicht mit der Briefaushändigung, sondern lediglich mit der Frage, ob das Grundbuchamt die Hypothek im Fall des Vorliegens der Voraussetzungen des § 878 BGB **einzutragen** hat.

194 Entgegen *Staudinger-Wolfsteiner* § 1117 Rn 25 und *Eickmann* Rpfleger 1972, 77, 81 kommt daher nicht nur der Zeitpunkt des Zugangs der Erklärung an das Grundbuchamt in Betracht.

195 BGH BGHZ 27, 366 = NJW 1958, 1286; MüKo-*Einsele* § 130 Rn 43; *Flume* § 14, 2; *Enneccerus-Nipperdey* § 159 I 2; *Eickmann* Rpfleger 1972, 77, 81.

196 *Eickmann* Rpfleger 1972, 77, 81 und *Staudinger-Wolfsteiner* § 1117 Rn 25, welcher der Bestimmung nach § 60 Abs 2 allerdings zu Unrecht eine materiellrechtliche Bedeutung in dem Sinn beilegt, dass bei ihrem Vorliegen das Entstehen eines Eigentümerrechts ausgeschlossen sei.

197 *Bock* (Diss.) S 50.

6. Die vom Bestimmungsberechtigten beabsichtigte Verhinderung der Briefaushändigung an den aus der Aushändigungsbestimmung Begünstigten

Liegt eine wirksame Aushändigungsbestimmung des Bestimmungsberechtigten vor, so stellt sich angesichts der **80** Unwiderruflichkeit seiner Erklärung die Frage, ob er die durch das Grundbuchamt erfolgende Aushändigung des Briefs an den aus der Bestimmung Begünstigten noch auf irgendeinem Weg verhindern kann. Eine solche Verhinderung der Briefaushändigung wird der Bestimmungsberechtigte vor allem ins Auge fassen, wenn sein meist mit dem aus der Bestimmung Begünstigten identischer Vertragspartner gegen schuldrechtliche Vereinbarungen aus dem zwischen den Beteiligten bestehenden Rechtsverhältnis verstößt (so zB der Gläubiger, der abredewidrig die Auszahlung des Darlehens an den Eigentümer verzögert). Bei der durch das Grundbuchamt erfolgenden Aushändigung des Briefs an den Gläubiger (= Übergabe iS des § 1117 Abs 1 S 1 BGB!) setzt sich der Eigentümer nämlich entweder der Gefahr aus, dass der Gläubiger das dingliche Recht erwirbt, ohne auf diesen Rechtserwerb bereits einen Anspruch zu haben, oder er muss (bei Nichtvalutierung) befürchten, dass der den Brief besitzende Gläubiger zugunsten gutgläubiger Dritter über die eingetragene Hypothek verfügt. Dieselbe Interessenlage besteht im Fall der nachträglichen Brieferteilung (§ 60 Abs 1 Alt 2), wenn der Gläubiger im Zuge der Umwandlung über die Hypothek (zB durch Abtretung) verfügt und eine Aushändigungsbestimmung zugunsten des Erwerbers getroffen hat. Welcher Vorgehensweisen sich der Bestimmungsberechtigte bedienen kann, um die genannten Nachteile abzuwenden, ist im folgenden am Fall der **ursprünglichen** Brieferteilung dargestellt (§ 60 Abs 1 Alt 1). Dabei ist aber stets zu beachten, dass die Bemühungen zur Verhinderung der Briefaushändigung zum Zweck der Vereitelung des materiellen Rechtserwerbs des Gläubigers ins Leere laufen, wenn eine getroffene Vereinbarung nach § 1117 Abs 2 BGB im Fall der valutierten Hypothek oder im Fall der Grundschuldbestellung dazu führt, dass der Gläubiger das Recht bereits mit der Grundbucheintragung erwirbt und die prozessualen Gegenmaßnahmen des Eigentümers erst nach diesem Zeitpunkt ansetzen.

a) Die Rechtslage vor der Eintragung der Hypothek. Sein Ziel, die Aushändigung des Briefs an den **81** Gläubiger zu vereiteln, kann der Eigentümer nur erreichen, wenn es ihm gelingt, bereits die **Eintragung** der Hypothek zu verhindern. Denn ohne Hypothekeneintragung kommt es nicht zur Herstellung und damit auch nicht zur Aushändigung eines Hypothekenbriefs.

Ist die Aushändigungsbestimmung bereits vor dem Antrag auf Eintragung der Hypothek beim Grundbuchamt **82** eingegangen, so kann sich der Eigentümer schützen, indem er von seinem bis zur Antragstellung bestehenden Widerrufsrecht Gebrauch macht (vgl Rdn 39).

Ist der bereits beim Grundbuchamt eingegangene Antrag auf Eintragung der Hypothek nur vom Eigentümer **83** gestellt worden, so kann dieser die Eintragung des Rechts verhindern, indem er seinen Eintragungsantrag zurücknimmt. Durch die auf diese Weise herbeigeführte Beendigung des Eintragungsverfahrens verliert die unwiderruflich gewordene Aushändigungsbestimmung ihre Wirksamkeit (vgl Rdn 42). Da die Aushändigungsbestimmung ohne das Einverständnis des Eigentümers in einem neuen Verfahren nicht verwendet werden darf (vgl Rdn 42), kann dieser sicher sein, die Briefaushändigung verhindert zu haben, sofern die Bestimmung nicht durch Aushändigung (vgl Rdn 43 ff) oder die Erfüllung von der Aushändigung gleichstehenden Tatbeständen (vgl Rdn 45 ff) wirksam geblieben ist.

Hat auch der Gläubiger einen Antrag auf Eintragung der Hypothek gestellt (§ 15!), so ist die Rücknahme (nur) **84** des Eigentümerantrags nicht geeignet, das Eintragungsverfahren zu beenden. In diesem Fall bleibt die Aushändigungsbestimmung daher wirksam und unwiderruflich (vgl Rdn 42). Das hat zur Folge, dass das Grundbuchamt den im Anschluss an die aufgrund des Gläubigerantrags erfolgte Eintragung der Hypothek gebildeten Brief an den Gläubiger auszuhändigen hat. Dies gilt selbst dann, wenn es dem Eigentümer mittels einer einstweiligen Verfügung gelingt, rechtzeitig (also noch vor erfolgender Briefaushändigung bzw im Fall des § 1117 Abs 2 BGB bei valutierter Hypothek oder bei Grundschuldbestellung notwendigerweise sogar noch vor erfolgender Eintragung des Rechts) ein **Erwerbsverbot** gegen den Gläubiger zu erwirken (§§ 935, 938 Abs 2 ZPO). Obwohl es sich hierbei um ein dinglich wirkendes und in die Erwerbsfähigkeit des Gläubigers eingreifendes Verbot handelt,[198] ist das Grundbuchamt nämlich nach richtiger (wenn auch nicht herrschender) Ansicht wegen der lediglich relativen Wirkung des Erwerbsverbots nicht berechtigt, den Eintragungsantrag des Gläubigers zurückzuweisen. Der in § 17 Rdn 22 dargestellte unterschiedliche grundbuchverfahrensrechtliche Einfluss von absoluten und relativen Verfügungsbeschränkungen hat gezeigt, dass das Grundbuchamt die Eintragung der auf einer verbotswidrigen Verfügung beruhenden Rechtsänderung nur verweigern darf, wenn die konkrete Verfügungsbeschränkung zum Wegfall von Eintragungsvoraussetzungen oder – bei dennoch vollzogener Eintragung – zur Grundbuchunrichtigkeit iS des § 894 BGB führt. Diese Voraussetzung ist nur erfüllt, wenn der Betroffene einer **absoluten** Verfügungsbeschränkung unterliegt. Eine **relative** Verfügungsbeschränkung hat nämlich weder den Verlust der Verfügungsbefugnis auf Seiten des Betroffenen zur Folge (vgl § 17 Rdn 22), noch führt sie im Fall

---

198 RG RGZ 117, 287, 290; KG JFG 1, 379, 381 = JW 1923, 764; JFG 1, 383, 385 = OLGE 43, 165; JFG 18, 192 = JW 1938, 2984; Rpfleger 1962, 177 = DNotZ 1962, 400; OLG Hamm OLGZ 1970, 438 = DNotZ 1970, 661 = Rpfleger 1970, 343; BayObLG Rpfleger 1978, 306.

der Eintragung einer verbotswidrigen Rechtsänderung zu einer Grundbuchunrichtigkeit iS des § 894 BGB (arg § 888 Abs 2 BGB).[199] Übertragen auf das Erwerbsverbot bedeutet dies, dass eine Grundbuchunrichtigkeit iS des § 894 BGB und ein Verlust des Antragsrechts auf Seiten des Erwerbers nur eintreten können, wenn man den gegen ein Erwerbsverbot verstoßenden Rechtserwerb wegen vollständiger Entziehung der dinglichen Erwerbsfähigkeit als **absolut** unwirksam ansieht.[200] Eine solche weitreichende Wirkung von gerichtlichen Erwerbsverboten könnte jedoch nur anerkannt werden, wenn sie vom materiellen Recht angeordnet wäre. Da es an dieser Voraussetzung fehlt, ist heute allgemein anerkannt, dass die mit einem Erwerbsverbot kollidierende Verfügung zu einem lediglich gegenüber dem Verbotsgeschützten (und damit nur relativ) unwirksamen Rechtserwerb durch den Begünstigten führt.[201] Dies entspricht auch der ursprünglichen reichsgerichtlichen Konzeption, die Wirkung des in richterlicher Rechtsfortbildung entwickelten Erwerbsverbots in Analogie zu den Vorschriften der §§ 135 und 136 BGB und damit zu der bei relativen Verfügungsbeschränkungen bestehenden Rechtslage zu bestimmen.[202] Diese billigenswerte **Analogie zum Recht der relativen Verfügungsbeschränkungen** kann aber konsequenterweise nur dazu führen, die Beseitigung der Eintragung des relativ unwirksamen Erwerberrechts ausschließlich auf dem in § 888 Abs 2 BGB bezeichneten Weg zuzulassen.[203] Es stellt daher einen inneren Widerspruch dar, wenn die herrschende Meinung[204] einerseits von der lediglich relativen Wirkung eines Erwerbsverbots ausgeht, für die Beseitigung der verbotswidrigen Grundbucheintragung aber andererseits die Anwendung der §§ 894 und 899 BGB (sowie des § 53 Abs 1 S 1) befürwortet.[205] Da ein relatives Verfügungsverbot auf die Wirksamkeit der materiellen und verfahrensrechtlichen Erklärungen des Betroffenen keinen Einfluss hat (vgl § 17 Rdn 22), ist es im Rahmen der für die Feststellung der Wirkungen eines Erwerbsverbots durchzu-

---

199 RG RGZ 132, 419, 424; BayObLG NJW-RR 1987, 1416; OLG Hamm NJW-RR 1993, 529; OLG Hamm FGPrax 1996, 210 (jeweils für vormerkungswidrige Verfügungen); LG Frankenthal Rpfleger 1981, 438; *Staudinger-Gursky* § 873 Rn 131; *MüKo-Wacke* § 888 Rn 2, 20, § 894 Rn 17; *Palandt-Bassenge* § 888 Rn 2, § 894 Rn 2; *KEHE-Munzig* § 19 Rn 110; *Böttcher* Rpfleger 1985, 381, 386; *Bestelmeyer* Rpfleger 2006, 120; *Knoke* FGabe Güterbock (1910) S 410; **aA** RG RGZ 132, 145, 149 (für Anwendung des § 894 BGB im Hinblick auf eine nicht von § 888 Abs 2 BGB erfasste Verfügungsbeschränkung iS der §§ 17, 19 Teil I Titel 4 des PrAllgLR); LG Hamburg Rpfleger 2006, 10 (für Anwendung des § 894 BGB in Bezug auf das Verbot, einen Löschungsantrag zu stellen oder aufrecht zu erhalten); BGH NJW 1995, 2715 = ZIP 1995, 1425 (*Mitlehner*) = WiB 1995, 797 = EWiR 1995, 881 = Rpfleger 1995, 514 = WM 1995, 1695 (für analoge Anwendung des § 894 BGB im Geltungsbereich des vormaligen § 7 Abs 3 S 1 GesO). Die Ausführungen des BGH zur lediglich »eingeschränkten Geltendmachung« des (analog) aus § 894 BGB abgeleiteten Anspruchs zeigen jedoch, dass der Grundberichtigungsanspruch auch im dortigen Fall nicht das geeignete Mittel zur angemessenen Wahrung sämtlicher Beteiligteninteressen sein kann. Die vom BGH aufgezeigte Problematik lässt sich jedenfalls über die in § 888 Abs 2 BGB ausgesprochene Rechtsfolge einer wesentlich eingängigeren und konsequenteren Lösung zuführen. Zur angeblichen Grundbuchunrichtigkeit iS des § 894 BGB als Rechtsfolge des § 7 Abs 3 S 1 GesO vgl auch OLG Jena Rpfleger 1996, 363; 1996, 517; OLG Brandenburg DtZ 1997, 33; *Böhringer* DtZ 1996, 258; *Pape* DtZ 1997, 2; *Keller* FGPrax 1996, 167; *Keller* Rpfleger 1997, 45 sowie (kritisch und mit alternativen Lösungsvorschlägen) *Bestelmeyer* DtZ 1997, 274. Zur ähnlichen Rechtslage bei der Rückschlagsperre des § 88 InsO vgl BGHZ 166, 74 = Rpfleger 2006, 253 = NZI 2006, 224 = ZInsO 2006, 261 = ZIP 2006, 479 = EWiR 2006, 317 (*Gundlach/Frenzel*) = ZfIR 2006, 437 (*Volmer*). Diese Entscheidung wird ebenfalls zu Recht stark kritisiert (*Demharter* Rpfleger 2006, 256; *Alff/Hintzen* ZInsO 2006, 481; *Bestelmeyer* Rpfleger 2006, 388; hierzu vgl auch *Hügel-Wilsch* »Insolvenzrecht und Grundbuchverfahren« Rn 98 ff; *Böttcher* NotBZ 2007, 86; *Keller* ZIP 2006, 1174 und ZfIR 2006, 499; *Wilsch* JurBüro 2006, 396).

200 So anscheinend die durch RG RGZ 177, 287; 120, 118 überholten Entscheidungen des KG JFG 2, 320, 323 = OLGE 43, 65 = JW 1923, 763 = DNotV 1923, 160 (unter unrichtiger Definition des Begriffs »relative Unwirksamkeit«) und KG JFG 1, 383, 385 = OLGE 43, 165 (in der falschen Annahme, dass auch eine relative Verfügungsbeschränkung zur absoluten Unwirksamkeit der verbotswidrigen Verfügung führt).

201 RG RGZ 117, 287, 291/292; 120, 118, 120; OLG München OLGZ 1969, 196; OLG Hamm OLGZ 1970, 438 = DNotZ 1970, 661 = Rpfleger 1970, 343; *MüKo-Armbrüster* § 136 Rn 8, 9; BGB-RGRK-*Augustin* § 888 Rn 24; *Palandt-Bassenge* § 888 Rn 11; *Demharter* § 19 Rn 97; *Stein-Jonas-Grunsky* ZPO, § 938 Rn 26; *Wolff-Raiser* § 38 Fn 36; *Heck* § 41, 7; *Hubernagel* Gruchot 73, 40 ff; *Foerste* 122–132; *Böttcher* NotBZ 1993, 25, 31.

202 RG RGZ 117, 287, 291/292; 120, 118, 120 (zur Begründung der Analogie vgl ausführlich *Foerste* 117–132); kritisch *Habscheid* FS Schiedermair (1976) S 245, 254 und MüKo-*Armbrüster* § 136 Rn 9, welche das Erwerbsverbot nicht als Pendant zum Veräußerungsverbot, sondern als selbständiges Rechtsinstitut ansehen möchten.

203 Ebenso RG RGZ 132, 419, 424; BayObLG NJW-RR 1987, 1416 und *Palandt-Bassenge* § 888 Rn 2 (für vormerkungswidrige Verfügungen); BGB-RGRK-*Augustin* § 888 Rn 24; *v. Schweinitz* DNotZ 1990, 749/750; *Böttcher* BWNotZ 1993, 25, 32; *Bestelmeyer* Rpfleger 2006, 120; **aA** RG RGZ 132, 145, 149 (für Anwendung des § 894 BGB im Hinblick auf eine nicht von § 888 Abs 2 BGB erfasste Verfügungsbeschränkung iS der §§ 17, 19 Teil I Titel 4 des PrAllgLR); LG Hamburg Rpfleger 2006, 10 (für Anwendung des § 894 BGB in Bezug auf das Verbot, einen Löschungsantrag zu stellen oder aufrecht zu erhalten); BGH NJW 1995, 2715 = ZIP 1995, 1425 = WiB 1995, 797 = EWiR 1995, 881 = Rpfleger 1995, 514 = WM 1995, 1695 (für analoge Anwendung des § 894 BGB im Geltungsbereich des vormaligen § 7 Abs 3 S 1 GesO; hierzu sowie zur Rückschlagsperre des § 88 InsO vgl bereits Fn 199).

204 KG JFG 1, 383, 385 = OLGE 43, 165; BayObLG BayObLGZ 22, 312, 314; OLG Hamm OLGZ 1970, 438 = DNotZ 1970, 661 = Rpfleger 1970, 343; *Palandt-Bassenge* § 888 Rn 11; *MüKo-Wacke* § 888 Rn 23; *Demharter* § 19 Rn 97.

205 Ebenso *Staudinger-Gursky* § 888 Rn 70 und *Böttcher* BWNotZ 1993, 25, 32/33. Besonders deutlich wird dieser Widerspruch, wenn das OLG Hamm aaO (Fn 204) von einer Grundbuchunrichtigkeit iS des § 894 BGB ausgeht, weil wegen der §§ 136, 135 BGB »im Verhältnis zum Veräußerer« (!) kein Eigentumsübergang stattfindet.

führenden Analogie auch nicht folgerichtig, wenn die herrschende Meinung die Anwendbarkeit des § 878 BGB verneint[206] und sich darüber hinaus auf den Standpunkt stellt, dass dem Erwerber sein Antragsrecht durch eine einstweilige Verfügung mit dinglicher Wirkung (und der Folge der Zurückweisung seines Antrags) entzogen wird. Hinzu kommt, dass die herrschende Meinung in ihrer praktischen Durchführung zu unhaltbaren Ergebnissen führt. Im Fall der Unbegründetheit der einstweiligen Verfügung läuft der Erwerber nach der Zurückweisung seines Eintragungsantrags nämlich Gefahr, durch Zwischenverfügungen seines Vertragspartners irreparable Rechts- oder Rangverluste zu erleiden.[207] Um diesen von der herrschenden Meinung nicht wahrgenommenen Gefahren zu begegnen, ist – abgesehen von den gegen die Zulässigkeit von Erwerbsverboten vorgetragenen und ernst zu nehmenden grundsätzlichen Bedenken[208] – vorgeschlagen worden, den Eintragungsantrag des Erwerbers nicht zurückzuweisen, sondern ihn vorerst nicht zu erledigen.[209] Da eine Aussetzung des Eintragungsverfahrens nicht zulässig ist, wäre dies nur in der Form möglich, dass das Grundbuchamt den Erwerberantrag durch Zwischenverfügung beanstandet und die Frist zur Behebung des (nur nach der hM bestehenden!) Eintragungshindernisses bis zur rechtskräftigen Entscheidung im Hauptprozess ausdehnt.[210] Diese Handhabung würde auch die Möglichkeit eröffnen, den Erwerberantrag beim Eingang von weiteren (vollzugsreifen) Eintragungsanträgen durch einen Schutzvermerk iS des § 18 Abs 2 zu sichern.[211] Obwohl diese Lösungsversuche praktisch gangbar erscheinen, sind sie als dem Wesen einer lediglich relativ wirkenden Beschränkung widersprechend abzulehnen. Da keine Rechtsgrundlage ersichtlich ist, die es als zulässig erscheinen lässt, ein durch eine einstweilige Verfügung angeordnetes Erwerbsverbot materiell- und verfahrensrechtlich anders als ein ebenfalls mittels einstweiliger Verfügung erlassenes relatives Verfügungsverbot zu behandeln, ist davon auszugehen, dass die Anordnung des Erwerbsverbots nichts an der Wirksamkeit der dinglichen und verfahrensrechtlichen Erklärungen des Erwerbers ändert. Da somit keine Eintragungshindernisse bestehen, hat das Grundbuchamt den verbotswidrigen Erwerb unabhängig von der Frage im Grundbuch zu vollziehen, ob die Voraussetzungen für eine gleichzeitige oder nachträgliche Eintragung des Erwerbsverbots vorliegen (hierzu Rdn 86).[212] Durch die Eintragung des Erwerberrechts wird das Grundbuch nicht iS des § 894 BGB unrichtig. Die Eintragung eines Widerspruchs (§ 899 BGB, § 53 Abs 1 S 1) scheidet daher aus. Die im Grundbuch zugunsten des Erwerbers eingetragene Rechtsänderung ist vielmehr (nur) gegenüber dem Verbotsgeschützten (relativ)

---

206 So vor allem (statt vieler) RG RGZ 120, 118, 120; KG JFG 1, 379, 382 = JW 1923, 764; JFG 1, 383, 385 = OLGE 43, 165; Rpfleger 1962, 177 = DNotZ 1962, 400; BayObLG BayObLGZ 1997, 55 = Rpfleger 1997, 304 = FGPrax 1997, 89 = MDR 1997, 595; *Palandt-Bassenge* § 878 Rn 2, § 888 Rn 11; *Oberneck* JW 1928, 2462; *Wolff-Raiser* § 38 Fn 37. Richtigerweise ist § 878 BGB anzuwenden, wenn das Erwerbsverbot erst nach dem Eintritt der Bindung an die Einigung und erfolgter Antragstellung zugestellt wurde. Ebenso MüKo-*Wacke* § 878 Rn 27, § 888 Rn 24; *Staudinger-Gursky* § 878 Rn 65, 66 (als hilfsweise Überlegung auf dem vom Autor kritisierten Boden der hM); *Münzel* DNotV 1928, 282 ff; JW 1929, 107, 108; *Habscheid* FS Schiedermair (1976) S 251; *Böttcher* BWNotZ 1993, 25, 32.

207 MüKo-*Wacke* § 888 Rn 23 Fn 78; KEHE-*Munzig* § 20 Rn 70; *Oberneck* JW 1928, 2462; *Staudinger-Gursky* § 878 Rn 66, § 888 Rn 71; *Böttcher* BWNotZ 1993, 25, 33. Unverständlich ist daher die Annahme des Kammergerichts (MDR 1994, 727, 728), wonach dem Erwerber durch die im entschiedenen Fall erfolgte Wiederanordnung des zunächst vom Landgericht aufgehobenen Erwerbsverbots jedenfalls für die Dauer des Berufungsverfahrens kein Schaden entstehen könne. Die in dieser Behauptung zum Ausdruck kommende Nichtberücksichtigung der Möglichkeit von schädlichen und materiell wirksamen Zwischenverfügungen des Veräußerers zeugt jedenfalls nicht von profunder Kenntnis des materiellen Grundstücksrechts.

208 *Staudinger-Gursky* § 888 Rn 71; MüKo-*Wacke* § 888 Rn 23–25; KEHE-*Munzig* § 20 Rn 70; *Flume* § 17, 6e; *Larenz* AT § 23 IV; *Reinicke,* Rechtsfolgen formwidrig abgeschlossener Verträge (1969) S 15 ff; *Häsemeyer,* Die gesetzliche Form der Rechtsgeschäfte (1971) S 255 ff; *Wolff-Raiser* § 38 Fn 36, § 41 I 1 (»kühne Rechtsfortbildung im freiester Rechtsprechung«); *Münzel* DNotV 1928, 282; JW 1929, 107 und vor allem *Habscheid* FS Schiedermair (1976) S 245 ff, der auf schwerwiegende Ungereimtheiten in der Argumentation der hM aufmerksam macht und (ebenso wie *Foerste* 137–142 und *Böttcher* BWNotZ 1993, 25, 31, 33/34) vorschlägt, das Erwerbsverbot als Mittel zur vorläufigen Suspendierung der jeweiligen dinglichen Erklärung zu verstehen (S 254), dabei für eine ansonsten verdienstvolle Untersuchung aber von der bedenklichen und nicht überprüften These ausgeht (S 255), dass ein Weg gefunden werden müsse, um die Eintragung des verbotswidrigen Erwerbs zu verhindern. Den gegen die Zulässigkeit von Erwerbsverboten vorgetragenen Bedenken kann jedenfalls Rechnung getragen werden, indem man ihre Anordnung nur im Ausnahmefall und bei schwerwiegendem Absicherungsinteresse des Verfügenden zulässt (MüKo-*Armbrüster* § 136 Rn 9; MüKo-*Wacke* § 888 Rn 25; *Beer,* Die relative Unwirksamkeit [1975] S 172).

209 MüKo-*Wacke* § 888 Rn 23 Fn 78; *Münzel* DNotV 1928, 282; *Oberneck* JW 1928, 2462.

210 OLG Dresden JFG 3, 301, 305; *Staudinger-Gursky* § 878 Rn 65, 66.

211 *Staudinger-Gursky* § 878 Rn 65, 66; KEHE-*Munzig* § 20 Rn 70.

212 Ebenso *Kohler* 133 Fn 369; *Böttcher* BWNotZ 1993, 25, 33 (**aA** jedoch für ein Erwerbsverbot mit Suspendierungswirkung; vgl Fn 208). Hierzu vgl auch *Hubernagel* Gruchot 73, 36, 45 und den von einer Grundbuchunrichtigkeit iS des § 894 BGB ausgehenden und daher nicht realisierbaren Denkansatz von *Wieczorek-Schütze,* ZPO, § 938 Anm B II a 2, der gleichzeitig mit der Eintragung des Erwerbers einen Amtswiderspruch eintragen will (hiergegen mit Recht OLG Hamm OLGZ 1970, 438 = DNotZ 1970, 661 = Rpfleger 1970, 343), sowie den aus dem gleichen Grund nicht umsetzbaren und in seiner Wirkung vergleichbaren Lösungsvorschlag (vgl KEHE-*Munzig* § 20 Rn 70), wonach gleichzeitig mit dem verbotswidrigen Erwerb ein bereits vor dem Grundbuchvollzug des Erwerbs durch einstweilige Verfügung erwirkter Widerspruch eingetragen werden soll.

unwirksam. Der Verbotsgeschützte kann durch die Eintragung des Erwerbsverbots im Grundbuch vor gutgläubigem Dritterwerb geschützt werden (vgl Rdn 86) und muss durch die Geltendmachung der relativen Unwirksamkeit selbst dafür sorgen, dass der ursprüngliche Grundbuchinhalt wieder hergestellt wird (§ 888 Abs 2 BGB analog).[213] Die Eintragung der Hypothek kann durch die Anordnung eines Erwerbsverbots somit nicht verhindert werden. Daraus folgt, dass das Erwerbsverbot auch nicht geeignet ist, die durch Grundbuchvorlage eingetretene Wirksamkeit und Unwiderruflichkeit der Aushändigungsbestimmung des Eigentümers zu beseitigen.

85 Die Aushändigung des Briefs an den Gläubiger kann der Eigentümer auch nicht durch das Erwirken einer **einstweiligen Verfügung** verhindern, durch die dem Grundbuchamt auferlegt wird, mit dem noch zu bildenden Brief entgegen § 60 Abs 2 zu verfahren. Eine sich auf diese Weise direkt an das Grundbuchamt wendende einstweilige Verfügung ist unzulässig und für das Grundbuchamt unbeachtlich, da sie in die Rechte des Rechtspflegers eingreift, welcher in sachlicher Unabhängigkeit und eigener Verantwortung (§ 9 RpflG) darüber zu entscheiden hat, ob die ihm zur Kenntnis gebrachte einstweilige Verfügung der Briefaushändigung an den Gläubiger entgegensteht.[214] Ebenso wenig ist das Prozessgericht rechtlich in der Lage, die Wirksamkeit der nach Verfahrensrecht unwiderruflich gewordenen Aushändigungsbestimmung des Eigentümers zu suspendieren. Hierfür besteht auch kein Bedürfnis. Der Eigentümer, der eine unwiderrufliche Aushändigungsbestimmung zugunsten des Gläubigers getroffen hat, kann sich hinterher nicht beklagen, wenn er an seiner (vielleicht voreilig und unvorsichtigerweise getroffen) Bestimmung festgehalten wird. Er könnte sich ja vollständig sichern, indem er keine Erklärung nach § 60 Abs 2 abgibt und den Brief erst Zug um Zug gegen Valutierung der Hypothek an den Gläubiger aushändigt (vgl Rdn 46). Der Eigentümer kann daher nicht als schutzwürdig angesehen werden. Er bedarf auch keines Schutzes, da der Rechtserwerb des Gläubigers und der drohende gutgläubige Erwerb Dritter durch das Erwirken bzw die Eintragung des Erwerbsverbots im Grundbuch verhindert werden kann (vgl Rdn 86).

86 **b) Die Rechtslage nach der Eintragung der Hypothek.** Ist es dem Eigentümer nicht mehr gelungen, die Eintragung der Hypothek zu verhindern, so kann er wegen der Unwiderruflichkeit der Aushändigungsbestimmung auch gegen die nach § 60 Abs 2 erfolgende Aushändigung des Briefs an den Gläubiger nichts mehr unternehmen. Es besteht mittels einstweiliger Verfügung weder die Möglichkeit, die Wirksamkeit der Aushändigungsbestimmung vorläufig außer Kraft zu setzen, noch ist es zulässig, dem Grundbuchamt die Aushändigung des Briefs an den Gläubiger zu verbieten (vgl Rdn 85). Dem Eigentümer bleibt somit nur übrig, den drohenden Rechtserwerb des Gläubigers rechtzeitig (also noch vor erfolgender Briefaushändigung bzw. im Fall des § 177 Abs 2 BGB bei valutierter Hypothek oder bei Grundschuldbestellung notwendigerweise sogar noch vor erfolgender Eintragung des Rechts) durch das Erwirken eines **Erwerbsverbots** zu verhindern (vgl Rdn 84). Sofern nicht ohnehin ein gerichtliches Eintragungsersuchen nach § 941 ZPO ergeht, sollte er in Anbetracht eines evtl möglichen gutgläubigen Erwerbs Dritter – zur Sicherheit sogar unabhängig von einem gerichtlichen Ersuchen – nicht versäumen, beim Grundbuchamt unverzüglich die (nach der Voreintragung des verbotswidrigen Erwerbs mögliche)[215] Eintragung des Erwerbsverbots zu beantragen (wegen des Zeitpunkts der Antragstel-

---

213 BGB-RGRK-*Augustin* § 888 Rn 24; *v. Schweinitz* DNotZ 1990, 749/750; *Böttcher* BWNotZ 1993, 25, 32; hierzu vgl auch *Kohler* 133 Fn 369; *Hubernagel* Gruchot 73, 36, 49; *Staudinger-Seufert* (11.) § 888 Rn 9a aE sowie die ausführliche Darstellung des Meinungsstandes bei *Staudinger-Gursky* § 878 Rn 65, 66, § 888 Rn 70, 71 und § 892 Rn 195.

214 RG JW 1927, 2204, 2205; RG RGZ 120, 118, 119; KG JFG 2, 320, 322 = OLGE 43, 65; OLG Dresden ZBlFG 01, 244; LG Wuppertal MittRhNotK 1961, 264 = DNotZ 1962, 192 (LS); *Böttcher* BWNotZ 1993, 25, 28 mwN; **aA** KG KGJ 38 A, 283, 290 = OLGE 21, 26 = RJA 10, 79 und OLG Hamburg RJA 11, 48, letzteres mit der nicht haltbaren Begründung, dass das Grundbuchamt einer Anordnung des »stärkeren« Prozessgerichts unbedingt Folge zu leisten habe. Mit dieser Argumentation wird der Grundsatz des Verbots der Überprüfung der sachlichen Richtigkeit der Entscheidung des Prozessgerichts mit dem Prinzip verwechselt, wonach durch einstweilige Verfügung nur gegen den Antragsgegner (keinesfalls gegen Dritte!) ein Ge- oder Verbot ausgesprochen werden kann.

215 RG RGZ 117, 287, 294/295; 120, 118; KG JFG 18, 192, 195/196 = JW 1938, 2984; *Baur-Stürner* § 15 IV 2 c; *Böttcher* BWNotZ 1993, 25, 32. Die gelegentlich anzutreffende Aussage, ein Erwerbsverbot sei mangels (Vor)Eintragung des Betroffenen nicht eintragungsfähig (so BayObLG BayObLGZ 1997, 55 = Rpfleger 1997, 304 = FGPrax 1997, 89 = MDR 1997, 595; *Demharter* § 19 Rn 97; KEHE-*Herrmann* § 18 Rn 19; *Bauer/von Oefele-Kössinger* § 19 Rn 76), ist demnach in dieser Allgemeinheit nicht zutreffend. Zum Erfordernis der Voreintragung des verbotswidrigen Erwerbs vgl auch LG Tübingen BWNotZ 1984, 39 (Erwerbervormerkung genügt!); *Staudinger-Gursky* § 888 Rn 70; BGB-RGRK-*Augustin* § 888 Rn 24; MüKo-*Wacke* § 888 Rn 23; *Palandt-Bassenge* § 888 Rn 11; *Planck-Strecker* Vorbem VII 2d zu § 873 mwN; *Hubernagel* Gruchot 73, 36, 45; *Kohler* 133 Fn 369; *Habscheid* FS Schiedermair (1976), 249, 250; *Weng*, Erwerbsverbot im Sachenrecht (Diss. Tübingen, 1976), 64; *Foerste* 120, 140. Wurde der Antrag auf Eintragung des Erwerbsverbots bereits vor dem Antrag auf Eintragung des verbotswidrigen Erwerbs gestellt, so kann ersterer frühestens gleichzeitig mit letzterem vollzogen werden (vgl § 17 Rdn 40). Zur vergleichbaren Rechtslage bei der Behandlung eines frühzeitig gestellten Antrags auf Eintragung eines Widerspruchs vgl *Staudinger-Gursky* § 899 Rn 39 mwN. Zweifelhaft ist allerdings, ob das Grundbuchamt den Verfügungsempfänger in einem solchen Fall (nicht des § 888 Abs 2 BGB, sondern des § 894 BGB!) überhaupt eintragen darf (vgl *Staudinger-Gursky* § 899 Rn 12 zur insoweit identischen Problematik, wenn der Widerspruch bereits eingetragen ist und der Widerspruchsbetroffene eine Eintragung bewilligt). Soweit man mit den in Fn 208 genannten Autoren entgegen der hier vertretenen Auffassung ein Erwerbsverbot mit Suspendierungswirkung für zulässig hält, ist eine Eintragung des Erwerbsverbots konsequenterweise allerdings mangels zulässiger Voreintragung des verbotswidrigen Erwerbs ausgeschlossen (Ausnahme: bei Erwerbervormerkung, vgl LG Tübingen aaO).

lung und der verfahrensrechtlichen Behandlung des Antrags vgl § 17 Rdn 40). Die Eintragung des Erwerbsverbots scheitert insbesondere nicht daran, dass Eintragungen »bei der Hypothek« nach § 41 Abs 1 S 1 von der Vorlegung des Hypothekenbriefs abhängig (vgl § 41 Rdn 33) und auf diesem zu vermerken sind (§ 62). Zwar darf der anlässlich der Hypothekeneintragung hergestellte und sich daher noch beim Grundbuchamt befindende Brief nur dann als iS des § 41 vorgelegt angesehen werden, wenn der Gläubiger des öffentlich-rechtlichen Aushändigungsanspruchs (= Hypothekengläubiger, § 60 Abs 2!) sein Einverständnis mit der Verwendung des Briefs erklärt (vgl § 41 Rdn 41).[216] Dieses Einverständnis des Gläubigers wird aber durch die einstweilige Verfügung des Prozessgerichts ersetzt.[217] Da die Grundbucheintragung keine Voraussetzung für die mit der innerhalb der Vollziehungsfrist (§§ 929 Abs 2, 936 ZPO) erfolgenden Zustellung der einstweiligen Verfügung eintretende Wirksamkeit des Erwerbsverbots darstellt, kann der Gläubiger die Hypothek im Verhältnis zum Verbotsgeschützten bei rechtzeitiger Erwirkung des Erwerbsverbots aber auch dann nicht erwerben, wenn ihm das Grundbuchamt den Brief ohne vorgängige Eintragung des bereits wirksam gewordenen Erwerbsverbots aushändigt. Allerdings besteht in diesem Fall die Gefahr, dass der eingetragene Gläubiger zugunsten gutgläubiger Dritter über die Hypothek verfügt. Da das Grundbuch durch die Eintragung des von dem Erwerbsverbot betroffenen Hypothekengläubigers nach zutreffender Ansicht nicht iS des § 894 BGB unrichtig geworden ist (vgl Rdn 84), kann dieser Gefahr auch nicht durch die nach § 41 Abs 1 S 2 ohne Briefvorlegung mögliche Eintragung eines Widerspruchs begegnet werden. Sofern das Erwerbsverbot noch nicht im Grundbuch eingetragen wurde, ist der Eigentümer zu seiner Sicherung somit darauf angewiesen, unverzüglich und möglichst frühzeitig die Eintragung des Erwerbsverbots zu betreiben (hierzu vgl § 17 Rdn 40) und/oder seinen Anspruch auf Herausgabe und Vorlegung des Briefs im Prozessweg gegen den eingetragenen Hypothekengläubiger durchzusetzen. Ist das Erwerbsverbot im Grundbuch eingetragen worden, so ist es nach § 62 Abs 1 auf dem noch nicht ausgehändigten bzw vorgelegten Brief zu vermerken.

7. Die Form der Briefaushändigung

Das Verfahren des Grundbuchamts bei der Aushändigung des Briefs richtet sich mangels anderweitiger Bestimmungen der Landesjustizverwaltungen über die Versendungsart (§ 49a S 2, 3 GBV) nach § 38 GBOGeschO und § 49a S 1 GBV (für Bayern vgl Nr 6.1.5 BayGBGA, für Hessen den RdErl vom 01.03.1978, JBMl 241 und für Niedersachsen die AV vom 09.07.1969, NdsRpfl 172). Danach erfolgt die Aushändigung an der Amtsstelle gegen Quittung, die Übersendung durch die Post mittels Zustellungsurkunde oder als Einschreibesendung gegen Rückschein und die Aushändigung durch Vermittlung des Gerichtswachtmeisters gegen schriftliches Empfangsbekenntnis des Empfängers. Auf dem Umschlag bzw Rückschein ist die Geschäftsnummer des Grundbuchamts anzugeben. Zu beachten ist vor allem, dass sich ein Nachweis über die Aushändigung bei den Grundakten befinden muss. Die Bitte des Empfangsberechtigten um Übersendung des Briefs bedarf nicht der Form des § 29. Die Aushändigung des für einen verheirateten Empfangsberechtigten bestimmten Briefs an dessen mit ihm in häuslicher Gemeinschaft lebenden Ehegatten durch die Post oder den Gerichtswachtmeister ist in der Regel auch ohne besondere Empfangsvollmacht zulässig und führt dazu, dass die Wirkungen der Aushändigung (zB nach § 60 Abs 2 iVm § 1117 Abs 1 S 1 BGB!) in der Person des Empfangsberechtigten eintreten.[218] Aber auch im Übrigen erscheint es sachgerecht, die Regeln über die Ersatzzustellung (§ 16 Abs 2 S 1 FGG iVm §§ 178 ff ZPO) entsprechend anzuwenden.

Ob der Brief bis zur Bezahlung der in der Angelegenheit erwachsenen Kosten nach § 10 KostO zurückbehalten werden darf,[219] erscheint zweifelhaft. Zum einen kommt bei neu hergestellten Briefen allenfalls eine entsprechende Anwendung des § 10 KostO in Betracht, da es sich bei dem hergestellten Original des Hypothekenbriefs nicht um eine Ausfertigung oder Abschrift oder eine eingereichte Urkunde handelt. Zum anderen ist zu beachten, dass der Hypothekenbrief nicht auf Antrag, sondern von Amts wegen zu erteilen ist (vgl § 56 Rd19). Auf von Amts wegen zu erteilende und auszuhändigende Urkunden findet § 10 KostO aber keine Anwendung.[220] Es bleibt somit nur übrig, bereits die Eintragung der Hypothek von der Erbringung eines Vorschusses abhängig zu machen (§ 8 Abs 2 KostO). Dieser Weg wird in der Praxis (von Ausnahmefällen abgesehen) zu Recht nicht beschritten.

87

88

216 RG HRR 1932 Nr 1795; KG OLGE 44, 163 = HRR 1925 Nr 504 = JW 1925, 1775 *(Arnheim)*; JFG 8, 226, 231 = HRR 1931 Nr 1457; BayObLG BayObLGZ 1952, 38 = Rpfleger 1952, 422 *(Haegele)* = DNotZ 1952, 367; *Güthe-Triebel* § 41 Rn 10; KEHE-*Herrmann* § 41 Rn 10; *Demharter* § 41 Rn 7.
217 Das Gleiche gilt, wenn sich der Brief anlässlich der Eintragung einer Abtretung oder Belastung der Hypothek bereits beim Grundbuchamt befindet und der jeweilige Rechtserwerb durch den Erlass eines Erwerbsverbots verhindert werden soll.
218 RG RGZ 135, 206.
219 So *Demharter* Rn 12. Wie hier *Hügel-Kral* Rn 29.
220 *Hartmann*, KostG, § 10 KostO Rn 3.

IV. Die Rückgabe eines eingereichten Briefs

1. Der Einreicher des Briefs als Empfangsberechtigter

89 § 60 ist nicht anwendbar, wenn ein bereits erteilter, aber später aus irgendeinem Grund wieder beim Grundbuchamt eingereichter Brief[221] auszuhändigen ist. In einem solchen Fall gilt vielmehr der allgemeine Grundsatz, dass für die Akten und das Verfahren nicht (mehr) benötigte Urkunden nach erfolgtem Gebrauch an denjenigen zurückzugeben sind, der sie im eigenen Namen eingereicht hat.[222] Wurde der Brief im fremden Namen vorgelegt, so ist er an den Beteiligten zurückzugeben, in dessen Namen er überreicht worden ist.[223] Etwas anderes gilt nur, wenn die den Brief im fremden Namen einreichende Person zur Empfangnahme des Briefs bevollmächtigt ist (zur Form der Empfangsvollmacht und zur Empfangsbevollmächtigung eines Notars oder Rechtsanwalts vgl Rdn 31). Wird der Brief zB von einem nicht mit besonderer Empfangsvollmacht ausgestatteten **Notar** erkennbar im Namen des Hypothekengläubigers überreicht, so ist er unmittelbar an den Gläubiger zurückzugeben.[224] Dagegen ist der Brief dem Notar auszuhändigen, wenn dieser nicht nur den Brief vorlegt, sondern auch (zB nach § 15) die Eintragung beantragt, zu deren Vollzug der Brief benötigt wird (vgl § 41 GBO).[225] In diesem Fall hat der Vertretene aber stets die Möglichkeit, die Rückgabe des Briefs an sich selbst zu verlangen.[226] Ist die Briefvorlegung zwangsweise durchgeführt worden, so ist der Beteiligte als Einreicher zu betrachten, gegen den der Zwang (zB durch einstweilige Verfügung) ausgeübt wurde.[227] Ein neu gebildeter Teilbrief ist – ebenso wie der Stammbrief – dem Einreicher des Stammbriefs auszuhändigen (vgl § 61 Rdn 62).[228] Zur Aushändigung eines gültigen Briefs nach einer erfolgten Beseitigung der Nichtigkeit eines Briefs infolge Einreichung des nichtigen Briefs und zur Vermutung des § 1117 Abs 3 BGB bei späterer Einreichung des nunmehr gültigen Briefs vgl § 56 Rdn 80–82.

90 Ob der jeweilige **Einreicher zum Besitz des Briefs berechtigt** ist, hat das Grundbuchamt nicht zu prüfen.[229] Selbst wenn das Grundbuchamt positive Kenntnis von dem fehlenden Besitzrecht des Einreichers hat, darf es die Aushändigung des Briefs nicht verzögern, da die materielle Berechtigung am Brief nichts mit der Frage zu tun hat, an wen der Brief aufgrund der bestehenden öffentlich-rechtlichen Beziehungen ausgehändigt werden muss.[230] Da für das Grundbuchamt nur die öffentlich-rechtliche Empfangsberechtigung maßgebend ist,[231] kann der mit dem Einreicher nicht identische Briefeigentümer seinen Herausgabeanspruch (§ 985 BGB) nicht durchsetzen. Das Grundbuchamt ist ihm gegenüber zum Besitz berechtigt.[232]

2. Die abweichende Aushändigungsbestimmung des Empfangsberechtigten

91 Der empfangsberechtigte Einreicher des Briefs kann bestimmen, dass der Brief nicht ihm, sondern einer anderen Person ausgehändigt werden soll. Eine solche einseitige verfahrensrechtliche Aushändigungsbestimmung ist vom Grundbuchamt zu beachten.[233] Der Nachweis einer materiellrechtlichen Vereinbarung über die Briefaushändigung (zB nach den §§ 1154 Abs 1 S 1 HS 2, 1117 Abs 2 BGB) darf das Grundbuchamt darüber hinaus nicht verlangen. Selbst wenn eine solche Vereinbarung vorgelegt würde, wäre sie für das Grundbuchamt unbeachtlich (vgl Rdn 55 ff).

---

221 Über die Aufbewahrung von eingereichten Briefen vgl § 23 Abs 2 GBOGeschO und Nr 3.1.4 BayGBGA.

222 RG WarnR 1912 Nr 390 = Gruchot 56, 802; HRR 1932 Nr 473; KG KGJ 23 A, 163; 25 A, 322 = OLGE 5, 286; KGJ 31 A, 341; 39 A, 162; 40, 322, 323; 43, 271; 44, 170, 171; OLGE 44, 163 = HRR 1925 Nr 504 = JW 1925, 1775 *(Arnheim)*; JW 1937, 114 = HRR 1937 Nr 111; OLG Frankfurt Rpfleger 1977, 169, 170; *Güthe-Triebel* Rn 8; *Hügel-Kral* Rn 19; KEHE-*Eickmann* Rn 6; *Demharter* Rn 9; *Henle-Schmitt* Anm 4 a; *Josef* ZBlFG 06, 550; *Derleder* DNotZ 1971, 272, 276. Unrichtig daher *Staudinger-Wolfsteiner* § 1168 Rn 17, welcher die Empfangsberechtigung entgegen der (nicht zitierten) absolut hM aus der nicht maßgeblichen materiellen Rechtsinhaberschaft ableiten will.

223 KG KGJ 31 A, 341; 40, 322, 323; OLGE 44, 163 = HRR 1925 Nr 504 = JW 1925, 1775 *(Arnheim)*; JW 1937, 114 = HRR 1937 Nr 111.

224 KG KGJ 23 A, 163; 31 A, 341, 343.

225 KG JW 1937, 114 = HRR 1937 Nr 111; offen gelassen von OLG Hamm Rpfleger 1989, 173.

226 *Demharter* § 62 Rn 21.

227 *Demharter* § 62 Rn 22.

228 KG KGJ 43, 268, 271; DNotV 1912, 586, 588; *Güthe-Triebel* Rn 8; *Hügel-Kral* Rn 20; *Demharter* Rn 9 und § 61 Rn 26.

229 KG KGJ 25 A, 322 = OLGE 5, 286; JW 1937, 114 = HRR 1937 Nr 111.

230 KG KGJ 43, 268, 272; *Güthe-Triebel* § 62 Rn 16; **aA** KG KGJ 31 A, 341, 343, welches in einem solchen Fall den gesetzwidrigen Vorschlag macht, den Brief für kurze Zeit zurückzubehalten, damit der Berechtigte Zeit gewinnt, um seine Ansprüche gerichtlich durchzusetzen.

231 Der privatrechtliche Herausgabeanspruch aus dem verwahrungsähnlichen Rechtsverhältnis steht im Gegensatz zur Rechtslage bei der Herstellung des Briefs immer dem Einreicher zu (KG KGJ 31 A, 341, 342; 40, 322, 323; unrichtig daher *Staudinger-Wolfsteiner* § 1168 Rn 17; hierzu vgl Fn 222).

232 Zur Begründung vgl Rdn 64 aE; ebenso KEHE-*Eickmann* Rn 5, 6; MüKo-*Eickmann* § 1117 Rn 27, 40; **aA** nur *Derleder* DNotZ 1971, 272, 280.

233 KG KGJ 31 A, 341, 345; *Derleder* DNotZ 1971, 272, 276.

Die abweichende Aushändigungsbestimmung des Briefeinreichers bedarf nach einer weit verbreiteten 92
Ansicht[234] nicht der **Form des § 29 Abs 1 S 1,** weil die nur für die ursprüngliche Briefaushändigung geltende
Vorschrift des § 60 Abs 2 auf die Aushändigung eines beim Grundbuchamt eingereichten Briefs nicht entsprechend angewendet werden könne. Das gleiche soll für die Vollmacht zur Abgabe der Erklärung und den jederzeit zulässigen Widerruf der Bestimmung gelten. Ein der Form des § 29 Abs 1 S 1 entsprechender Nachweis
wurde bisher jeweils nur für notwendig erachtet, wenn der Rechtspfleger Zweifel an der Echtheit der Unterschrift hat und aus diesem Grund die Einhaltung der Form verlangt (was nach der Neufassung des § 13 FGG
aufgrund Art 10 des RDG vom 12.12.2007 [BGBl I 2840] seit dem 01.07.2008 ohnehin nicht mehr möglich
ist; anders noch § 13 S 3 FGG aF). Dem kann in dieser Allgemeinheit nicht zugestimmt werden. Es darf nämlich nicht unberücksichtigt bleiben, dass auch in Fällen, bei denen ein bereits erteilter Brief beim Grundbuchamt eingereicht wird, ein **unabweisbares Bedürfnis für die Unwiderruflichkeit der Aushändigungsbestimmung des Einreichers** bestehen kann. Ein solches Bedürfnis ist immer dann anzuerkennen, wenn der aus
der Aushändigungsbestimmung begünstigte Vertragspartner des Briefeinreichers darüber zu entscheiden hat, ob
er seine Gegenleistung für die Erweiterung oder den Erwerb eines dinglichen Rechts angesichts der bisher
noch nicht erfolgten Briefübergabe (vgl §§ 1154, 1069, 1274 BGB) bereits risikolos erbringen kann. Dies kann
er nur dann, wenn der Einreicher nicht mehr in der Lage ist, die Aushändigung des Briefs nach getroffener
Aushändigungsbestimmung zu verhindern. Umgekehrt kann sich der Einreicher gegen einen Rechtsverlust
schützen, indem er keine für ihn nachteilige Erklärung über die Aushändigung des Briefs abgibt. Die Parallelität
der Interessen im Vergleich zur Rechtslage bei der Aushändigung eines gerade hergestellten Briefs (vgl Rdn 46)
ist so offenkundig, dass es verwundern muss, die infolgedessen zwingend gebotene **analoge Anwendung des
§ 60 Abs 2** und die daraus folgende Unwiderruflichkeit der Aushändigungsbestimmung des Briefeinreichers im
neueren Schrifttum nahezu nicht vertreten zu sehen. Die Analogie muss wegen des Erfordernisses der Vergleichbarkeit der Interessenlage der Beteiligten aber auf Fallgestaltungen beschränkt bleiben, bei denen
– die vorgenommene Grundbucheintragung eine dingliche Rechtsänderung verlautbart, zu deren Herbeiführung die Übergabe des Hypothekenbriefs erforderlich ist,

und

– der Einreicher des Briefs mit der Person identisch ist, welche in materiell-rechtlicher Hinsicht den Brief-
 übergeber darstellt,

und

– dieser den Brief vorlegende Beteiligte bestimmt, dass der Brief nicht ihm, sondern dem von der Rechtsänderung Begünstigten oder einem Dritten ausgehändigt werden soll.[235]

Liegen die drei genannten Voraussetzungen vor, so ist die Aushändigungsbestimmung des Briefeinreichers
unwiderruflich[236] und bedarf (ebenso wie die Vollmacht zur Abgabe der Erklärung) der Form des § 29 Abs 1
S 1.

Legt der **Grundstückseigentümer** den Brief vor und bestimmt er, dass der Brief dem Gläubiger ausgehändigt 93
werden soll, so ist § 60 Abs 2 insbesondere bei der Pfandunterstellung, der Erhöhung von Nebenleistungen und
bei die Haftung des Grundstücks verschärfenden Inhaltsänderungen entsprechend anzuwenden, da (Briefbesitz
des Eigentümers!) zum betreffenden Rechtserwerb die Übergabe des Hypothekenbriefs erforderlich ist (§ 1117
Abs 1 S 1 BGB).[237] Hat der **Gläubiger** den Brief beim Grundbuchamt eingereicht, so bedarf es einer Analogie
vor allem bei der Abtretung und Belastung der Hypothek (§§ 1154, 1069, 1274 BGB), wenn der Brief aufgrund einer Bestimmung des Gläubigers an den Zessionar, Nießbraucher oder Pfandrechtsgläubiger ausgehändigt werden soll.[238]

Sind die in Rdn 92 bezeichneten **Voraussetzungen für eine Analogie zu § 60 Abs 2 nicht erfüllt,** so ist 94
mit der herrschenden Meinung davon auszugehen, dass die Aushändigungsbestimmung des Briefeinreichers
(ebenso wie die entsprechende Vollmacht) **formlos getroffen und widerrufen** werden kann.

Ob die (formlose oder in analoger Anwendung des § 60 Abs 2 formbedürftige) Aushändigungsbestimmung des 95
Briefeinreichers zum Zuge kommt, hängt in der Regel davon ab, ob der Brief auch zur Durchführung des die
Briefvorlegung auslösenden Grundbuchgeschäfts benötigt und verwendet wurde. Meist hat die Aushändigungs-

---

234 KG KGJ 31 A, 341, 345; *Güthe-Triebel* Rn 8; *Hesse-Saage-Fischer* Anm IV; *Predari* Anm 5; *Hügel-Kral* Rn 21; KEHE-
 Eickmann Rn 6; *Demharter* Rn 10; *Bauer/von Oefele-Weber* Rn 8; *Arnheim* Anm 8; *Thieme* Anm 6; Voraufl (6.) Rn 13;
 Derleder DNotZ 1971, 272, 276.
235 Ebenso *Buschmann* DR 1941, 630 (für den Fall der Abtretung der Hypothek); *Schmid* Rpfleger 1988, 136, 137; **aA**
 (noch weitergehend) *Turnau-Förster* Anm 3 und *Förster* S 212, die § 60 Abs 2 **generell** entsprechend anwenden wollen.
236 Wirksamwerden und Widerruflichkeit der Bestimmung richten sich nach den bereits in Rdn 36–45 dargestellten
 Grundsätzen.
237 Ob die Briefübergabe bei bereits bestehendem Briefbesitz des Gläubigers entbehrlich ist oder nach § 1117 Abs 1 S 2
 BGB iVm § 929 S 2 BGB (erneut) zu erfolgen hat, bedarf hier keiner Entscheidung.
238 Entsprechendes gilt bei der Eigentümergrundschuld, wenn der Eigentümer den Brief vorlegt.

bestimmung nämlich zum Inhalt, dass der Brief »nach Erledigung«, »nach Vollzug«, »nach Eintragung der Rechtsänderung« oder »nach Briefergänzung« nicht an den Einreicher, sondern an den Begünstigten oder einen Dritten ausgehändigt werden soll. In einem solchen Fall darf das Grundbuchamt den Brief nur dann nach Maßgabe der Bestimmung aushändigen, wenn die Bedingung, nämlich die Erledigung des jeweiligen Grundbuchgeschäfts, eingetreten ist.[239] Ist dies nicht der Fall (zB bei Rücknahme oder Zurückweisung des gestellten Antrags), so ist der Brief an den Einreicher zurückzugeben. Aber auch wenn die Aushändigungsbestimmung einen ausdrücklichen Vorbehalt der genannten Art nicht enthält, wird in der Regel anzunehmen sein, dass der Einreicher die Aushändigung des Briefs an den aus seiner Bestimmung Begünstigten nur für den Fall wünscht, dass das Grundbuchgeschäft, zu dessen Erledigung der Brief benötigt wird, auch zur Durchführung gelangt. Anderenfalls hätte es der Vorlegung des Briefs und damit auch der Aushändigungsbestimmung ja von vornherein nicht bedurft.

V. Die Verletzung der Aushändigungskriterien; Rechtsmittel

96 Da es sich bei § 60 »nur« um eine **Ordnungsvorschrift** handelt, hat seine Nichtbeachtung weder die Unwirksamkeit der Grundbucheintragung noch die Nichtigkeit des Hypothekenbriefs zur Folge. Auch die Aushändigung eines eingereichten Briefs an einen nicht Empfangsberechtigten hat keinen Einfluss auf die Gültigkeit von Eintragung und Brief. Eine Briefübergabewirkung iS der §§ 1117 Abs 1 S 1, 1154, 1069 und 1274 BGB kann die ordnungswidrige Aushändigung des Briefs an einen nicht Empfangsberechtigten allerdings nicht entfalten (wegen einer Ausnahme bei der Briefaushändigung an einen Pfändungsgläubiger vgl Rdn 73).[240] Dessen ungeachtet kann die unter Verletzung der Aushändigungskriterien erfolgte Hinausgabe des Briefs leicht zum Entstehen von Schadensersatzansprüchen gegen den Staat führen (zB wegen eines aufgrund einer Verfügung des Briefempfängers eingetretenen gutgläubigen Erwerbs oder wegen Prozesskosten, die dem Empfangsberechtigten bei der Verfolgung seines Anspruchs auf Wiedererlangung bzw Herausgabe des Briefs entstanden sind).

97 Alle die Aushändigung von hergestellten oder eingereichten Briefen betreffenden Entscheidungen des Grundbuchamts sind mit **Beschwerde** anfechtbar.[241] Dies gilt auch für die ablehnende Entscheidung über den Antrag eines die Briefherausgabe verlangenden Dritten, mit dem sich dieser gegen die Aushändigung des Briefs an den Einreicher wendet.[242] Zu beachten ist allerdings, dass die Grundbuchbeschwerde nur zur Verfolgung des **öffentlich-rechtlichen** Aushändigungsanspruchs zulässig ist. Der **privatrechtliche** Herausgabeanspruch kann nur im Weg der Klage gegen den Justizfiskus geltend gemacht werden.[243] Beantragt der Gläubiger des privatrechtlichen Anspruchs,[244] dass das Grundbuchamt über die Herausgabe des Briefs eine sachliche Entscheidung trifft, so hat das Grundbuchamt dieses Verlangen wegen seiner im Hinblick auf die privatrechtlichen Rechtsbeziehungen fehlenden Entscheidungsbefugnis lediglich abzulehnen.[245] Hat das Grundbuchamt dennoch sachlich entschieden, so kann die Beseitigung dieser Entscheidung im Weg der Beschwerde verlangt werden.[246] Besteht unter den Beteiligten Streit über die **öffentlich-rechtliche** Empfangsberechtigung, so hat das Grundbuchamt als das zur Entscheidung über diese Rechtsfrage zuständige Gericht über die Aushändigung des Briefs unter Berücksichtigung aller verfahrensrechtlich relevanten Gesichtspunkte sachlich zu befinden. Die Rechtsinhaberschaft am Brief, das materielle Besitzrecht und evtl bestehende privatrechtliche Herausgabeansprüche hat das Grundbuchamt hierbei nicht zu berücksichtigen (vgl Rdn 71). Bis zur Entscheidung über die Aushändigung ist der Brief einstweilen in Urkundenverwahrung zu nehmen (vgl § 23 GBOGeschO, Nr 3.1.4 BayGBGA).[247] Dies wird sich vor allem dann empfehlen, wenn die förmliche Ankündigung des Grundbuchamts, dass es den Brief einem bestimmten Beteiligten aushändigen werde, mit Beschwerde angegriffen wurde.

98 Hat das Grundbuchamt einen hergestellten oder eingereichten Brief unter Verletzung der Aushändigungskriterien an eine nicht empfangsberechtigte Person ausgehändigt, so hat es den **Brief von dem Empfänger zurückzufordern** und die Rückgabe ggf nach § 33 FGG zu erzwingen.[248] Ein entsprechendes Tätigwerden des Grundbuchamts kann der Empfangsberechtigte im Weg der Beschwerde erzwingen.[249] Er kann das Grund-

239 *Buschmann* DR 1941, 631.
240 KG OLGE 44, 163 = HRR 1925 Nr 504 = JW 1925, 1775 *(Arnheim)*; *Staudinger-Wolfsteiner* § 1117 Rn 2; MüKo-*Eickmann* § 1117 Rn 12; *Palandt-Bassenge* § 1117 Rn 2; *Hügel-Kral* Rn 26.
241 KG aaO (Fn 240).
242 KG KGJ 25 A, 322 = OLGE 5, 286.
243 KG KGJ 31 A, 341, 342; 40, 322, 326; *Güthe-Triebel* Rn 2; *Hügel-Kral* Rn 24; *Demharter* Rn 14.
244 Gleiches gilt für den Pfandgläubiger, der den privatrechtlichen Herausgabeanspruch gepfändet hat.
245 KG KGJ 43, 1.
246 KG KGJ 43, 1; *Güthe-Triebel* Rn 2.
247 KG KGJ 40, 322, 328; *Güthe-Triebel* Rn 10; *Hügel-Kral* Rn 25; *Demharter* Rn 15.
248 KG KGJ 38 A, 283, 290 = OLGE 21, 26 = RJA 10, 79; OLGE 44, 163 = HRR 1925 Nr 504 = JW 1925, 1775 *(Arnheim)*; OLG Düsseldorf aaO (Fn 174); OLG Frankfurt Rpfleger 1977, 169; *Güthe-Triebel* Rn 10; *Hügel-Kral* Rn 27; KEHE-*Eickmann* Rn 7; *Demharter* Rn 17; *Recke* JW 1937, 2073, 2076 Fn 18; **aA** KG OLGE 23, 318.
249 OLG Düsseldorf aaO (Fn 174) und KG aaO (Fn 248).

buchamt aber auch von der Pflicht zur Rückforderung des Briefs entbinden, indem er der Aushändigung an die nicht empfangsberechtigte Person nachträglich in der Form des § 29 Abs 1 S 1 (arg § 60 Abs 2) zustimmt.

Das Grundbuchamt darf den Empfänger nur zur Rückgabe des Briefs anhalten, wenn feststeht, dass dieser **99** **noch Besitzer** des Briefs ist und die Herausgabe ausschließlich von seinem freien Willen abhängt.[250] Diese Voraussetzung kann auch gegeben sein, wenn der Empfänger inzwischen nurmehr **mittelbarer** Besitzer des Briefs ist. In einem solchen Fall muss das Besitzmittlungsverhältnis aber so beschaffen sein, dass es den Empfänger in die Lage versetzt, sich den unmittelbaren Besitz wieder zu verschaffen (so zB beim Verwahrungsvertrag, nicht aber im Fall der Verpfändung der dem Empfänger zustehenden Hypothek).[251] Ob der Empfänger noch im Besitz des Briefs ist, muss das Grundbuchamt durch Amtsermittlungen feststellen.[252] Wendet der Empfänger gegen das Rückgabeverlangen des Grundbuchamts ein, den Brief nicht mehr zu besitzen, so ist er zwar verpflichtet, den Besitzverlust glaubhaft zu machen,[253] nicht aber, die Person namentlich zu benennen, an die er den Brief übergeben hat. Denn im Gegensatz zu dem in § 62 Abs 2 geregelten Fall (vgl § 62 Rdn 32) richtet sich der infolge eines Verstoßes gegen die Aushändigungskriterien entstandene öffentlich-rechtliche Rückforderungsanspruch des Grundbuchamts ausschließlich gegen den nicht empfangsberechtigten Briefempfänger.[254] Das Grundbuchamt ist daher unter keinen Umständen berechtigt, den Brief von einem Dritten einzufordern.[255] Unter Berücksichtigung dieser Tatsache kann kein berechtigtes Interesse des Grundbuchamts bestehen, den Namen des nunmehrigen Briefbesitzers zu erfahren. Ob der Dritte ein Recht zum Besitz des Briefs hat, ist unerheblich.

Der nicht empfangsberechtigte Briefempfänger kann sich gegenüber dem Rückforderungsverlangen des **100** Grundbuchamts nicht auf ein ihm zustehendes **Besitzrecht am Brief** berufen. Dies gilt auch dann, wenn das Besitzrecht des Empfängers auf einem dinglichen Recht beruht.[256] Der Ansicht, wonach für die Berechtigung des grundbuchamtlichen Rückgabeverlangens zwischen einem bereits vor der ordnungswidrigen Briefaushändigung für den Empfänger bestehenden (dann Rückforderungsrecht des Grundbuchamts) und einem erst durch die unrichtige Briefaushändigung zugunsten des Empfängers entstehenden[257] (dann kein Rückforderungsrecht des Grundbuchamts) dinglichen Recht unterschieden werden müsse,[258] kann nicht gefolgt werden. Sie übersieht, dass die privatrechtlichen Interessen des Empfängers auch im letztgenannten Fall hinter seine öffentlich-rechtliche Verpflichtung zur Rückgabe des Briefs zurücktreten müssen.[259] Des weiteren berücksichtigt sie nicht, dass von einem unzulässigen Eingriff in »wohlerworbene Parteirechte« nicht die Rede sein kann. Der Empfänger, der durch die ordnungswidrige Aushändigung des Briefs ein dingliches Recht erworben hat, geht seines dinglichen Rechts nämlich trotz der an das Grundbuchamt erfolgenden Rückgabe des Briefs nicht verlustig. Die hier vertretene Auffassung wird schließlich auch durch die Überlegung unterstützt, dass dem nicht empfangsberechtigten Empfänger auch deswegen kein Recht zur Verweigerung der Rückgabe des Briefs zustehen kann, weil er mangels eigener Empfangsberechtigung auch keinerlei Möglichkeit gehabt hätte, seinerseits die Herausgabe des noch beim Grundbuchamt befindlichen Briefs an den Empfangsberechtigten zu verhindern bzw an sich selbst zu erzwingen. Es bleibt daher daran festzuhalten, dass der unrechtmäßige Empfänger des Briefs in jedem Fall zur Rückgabe des Briefs an das Grundbuchamt verpflichtet ist.[260] Hat das Grundbuchamt den Brief vom unrechtmäßigen Empfänger zurückerlangt, so hat es den **Brief an den Empfangsberechtigten auszuhändigen.**

---

250 KG KGJ 38 A, 283, 291 = OLGE 21, 26 = RJA 10, 79; JFG 14, 99, 100 = JW 1936, 2750 = DNotZ 1936, 819 = DJ 1936, 1165.
251 KG KGJ 38 A, 291, 293 = OLGE 18, 225; JFG 14, 99 = JW 1936, 2750 = DNotZ 1936, 819 = DJ 1936, 1165.
252 KG KGJ 38 A, 291 = OLGE 18, 225.
253 So überzeugend (zu § 62 Abs 2) KG JFG 14, 99 = JW 1936, 2750 = DNotZ 1936, 819 = DJ 1936, 1165; **aA** (zu § 62 Abs 2) KG KGJ 38 A, 291 = OLGE 18, 225, wo aber nicht berücksichtigt sein kann, dass im Anwendungsbereich des § 60 aufgrund der vorher erfolgten ordnungswidrigen Aushändigung feststeht, dass der Empfänger den Brief vom Grundbuchamt erhalten hat.
254 KG JFG 14, 99 = JW 1936, 2750 = DNotZ 1936, 819 = DJ 1936, 1165.
255 *Güthe-Triebel* Rn 10; *Hügel-Kral* Rn 27.
256 *Güthe-Triebel* Rn 10; *Hügel-Kral* Rn 27; *Predari* Anm 7; KEHE-*Eickmann* Rn 7.
257 So vor allem, wenn das Grundbuchamt den Brief entgegen § 60 dem Pfändungsgläubiger aushändigt und dadurch das Pfandrecht entsteht (§ 830 ZPO; hierzu vgl Rdn 73).
258 OLG Düsseldorf aaO (Fn 174) und KG aaO (Fn 248).
259 So bereits (zu § 62 Abs 2) KG aaO (Fn 254).
260 Ebenso *Güthe-Triebel* Rn 10; *Bauer/von Oefele-Weber* Rn 10; *Predari* Anm 7 und KEHE-*Eickmann* Rn 7, wobei letzterer aber übersieht, dass es infolge des die privatrechtlichen Interessen des Empfängers verdrängenden öffentlich-rechtlichen Herausgabeanspruchs des Grundbuchamts nicht darauf ankommen kann, ob dem Empfänger seine mangelnde Empfangsberechtigung bekannt war; **aA** OLG Düsseldorf aaO (Fn 174) und KG aaO (Fn 248); unentschieden OLG Frankfurt Rpfleger 1977, 169.

§ 61 (Teilhypothekenbrief)

(1) Ein Teilhypothekenbrief kann von dem Grundbuchamt oder einem Notar hergestellt werden.

(2) Der Teilhypothekenbrief muß die Bezeichnung als Teilhypothekenbrief sowie eine beglaubigte Abschrift der im § 56 Abs 1 Satz 2 vorgesehenen Angaben des bisherigen Briefes enthalten, den Teilbetrag der Hypothek, auf den er sich bezieht, bezeichnen sowie mit Unterschrift und Siegel oder Stempel versehen sein. Er soll außerdem eine beglaubigte Abschrift der sonstigen Angaben des bisherigen Briefes und der auf diesem befindlichen Vermerke enthalten. Eine mit dem bisherigen Brief verbundene Schuldurkunde soll in beglaubigter Abschrift mit dem Teilhypothekenbrief verbunden werden.

(3) Wird der Teilhypothekenbrief vom Grundbuchamt hergestellt, so ist auf die Unterschrift § 56 Abs 2 anzuwenden.

(4) Die Herstellung des Teilhypothekenbriefes soll auf dem bisherigen Briefe vermerkt werden.

Schrifttum

Abel, Teilabtretung von Briefgrundschulden und vorläufigen Eigentümergrundschulden aus Briefhypotheken, NJW 1966, 2044; *Baur,* Gestufter Mitbesitz am Brief bei Teilgrundpfandrechten, NJW 1967, 22; *Flecken,* Teilhypothek und Teilhypothekenbrief, Diss. Erlangen, 1936; *Hummel,* Mitbesitz und Besitzkonstitut bei Grundschuldteilabtretungen ohne Briefübergabe, NJW 1965, 2376; *Kehrer,* Die teilweise Abtretung von Grundschulden und die Übergabe des Grundschuldbriefs, BWNotZ 1964, 177; *Lahnert,* Grundschuldteilabtretung und Briefübergabeersatz in der Praxis der Kreditsicherung, BWNotZ 1964, 15; *von Prittwitz und Gaffron,* Besitz und Eigentum am Grundschuldbrief bei Abtretung der Grundschuld, NJW 1957, 85; *Rahn,* Teilabtretung von Briefgrundschulden ohne Bildung eines Teilbriefs, Sparkasse 1965, 328.

I. Allgemeines

1. Normzweck und Norminhalt

Nach dem Akzessorietätsgrundsatz bewirkt die Teilung der Hypothekenforderung auch eine Teilung des dinglichen Rechts. Da durch die Teilung der Forderung demnach **selbständige Hypotheken** entstehen,[1] musste bei Briefrechten eine praktikable Möglichkeit geschaffen werden, über die selbständigen Teilrechte voneinander unabhängig verfügen zu können. Das Bedürfnis für eine selbständige Verbriefung der vormals unselbständigen Teilrechte wird vor allem bei Rechtsänderungen deutlich, zu deren Wirksamkeit die Übergabe des Hypothekenbriefs erforderlich ist (vgl §§ 1154 Abs 1, 1069 Abs 1, 1274 Abs 1 BGB, § 830 Abs 1 ZPO). Wäre die Bildung von Teilbriefen nämlich nicht möglich, so könnten Verfügungen über ein Teilrecht nur mittels Übergabe des Stammbriefs (dh durch die Einräumung von Allein- oder Mitbesitz)[2] vollzogen werden. Dieses Verfahren würde den Rechtsverkehr unnötig komplizieren und erschweren.[3] Um diese Unzuträglichkeiten zu vermeiden, lässt das materielle Recht im Fall der Teilung der Hypothekenforderung die Bildung von Teilbriefen zu (§ 1152 S 1 BGB). Im Anschluss hieran regelt § 61 die Zuständigkeit für die Herstellung des Teilhypothekenbriefs (§ 61 Abs 1) und bestimmt seine wesentlichen (§ 61 Abs 2 S 1, Abs 3) und nicht wesentlichen (§ 61 Abs 2 S 2, 3, Abs 4) Erfordernisse. **1**

Die **Regelung der Zuständigkeit** in § 61 Abs 1 beruht auf der Überlegung, dass die Herstellung eines Teilbriefs aufgrund des Inhalts des Stammbriefs (vgl § 56 Abs 1 S 1) erfolgt und deshalb eine Kenntnis des Grundbuchinhalts nicht voraussetzt. Im Gegensatz zur Rechtslage bei der Herstellung des Stammbriefs ist es daher nicht erforderlich, die ausschließliche Zuständigkeit des Grundbuchamts zu begründen. Vielmehr ist es zur Erleichterung des Hypothekenverkehrs angebracht, die Zuständigkeit für die Herstellung von Teilbriefen sachgerecht zu erweitern.[4] **2**

In § 61 Abs 2–4 ist der notwendige **Inhalt des Teilbriefs** geregelt. Dabei wird wie beim Stammbrief (vgl §§ 56–58) zwischen für die Gültigkeit des Briefs wesentlichen und nicht wesentlichen Erfordernissen unterschieden. Die Anbringung des die Herstellung des Teilbriefs ausweisenden Vermerks auf dem bisherigen Stammbrief (§ 61 Abs 4) wird im Gegensatz zum Entw I § 61 Abs 2[5] nur durch Ordnungsvorschrift sichergestellt, um die infolge einer Nichtigkeit des Teilbriefs für den Erwerber des Teilrechts auftretenden Härten (kein Rechtserwerb mangels Übergabe eines gültigen Briefs, kein Gutglaubensschutz) zu vermeiden.[6] **3**

2. Entstehungsgeschichte

Eine Regelung über die Zuständigkeit für die Bildung von Teilbriefen war zunächst im Entw I BGB § 1122 Abs 1 S 1 enthalten. Diese Vorschrift wurde in den Entw II GBO § 59 Abs 1 übernommen, der außerdem **4**

---

1 RG RGZ 52, 360, 361; 75, 245, 249; 86, 218, 220; 131, 88, 91; 141, 379, 385; KG KGJ 39 A, 271, 274; OLG Zweibrücken Rpfleger 1985, 54; LG Frankenthal Rpfleger 1983, 142; *Palandt-Bassenge* § 1151 Rn 1; *Staudinger-Wolfsteiner* § 1151 Rn 1, 7; MüKo-*Eickmann* § 1151 Rn 4.
2 Wegen der Unzulässigkeit von ungleichstufigem Mitbesitz vgl BGH BGHZ 85, 263 = Rpfleger 1983, 60 mwN.
3 Vgl Mot BGB III, 761.
4 D 64; Mot BGB III, 759.
5 Vgl Mot 104.
6 D 64; Prot BGB III, 666.

einige wesentliche Erfordernisse für die Gültigkeit des Teilbriefs aus dem Entw I GBO § 61 zu unwesentlichen Erfordernissen abschwächte (Abs 2 S 2 und Abs 3 – nun Abs 4 –) und die Verbindung des Briefs mit einer beglaubigten Abschrift der Schuldurkunde (Abs 2 S 3) als nicht wesentliches Erfordernis hinzufügte. Ein in der Kommission im Hinblick auf den Entw II § 66 Abs 3 (jetzt § 68 Abs 3) gestellter Antrag, die Gültigkeit des Teilbriefs von dem Vermerk seiner Erteilung im Grundbuch abhängig zu machen, wurde zu Recht als systemwidrig abgelehnt, weil es dem Wesen des Briefrechts entspricht, dass bestimmte Rechtsänderungen nicht aus dem Grundbuch ersichtlich sind und sich die Teilung des Rechts bei eintragungsbedürftigen Rechtsänderungen ohnehin aus dem Grundbuch ergibt. Im Übrigen geht der Vergleich mit § 68 Abs 3 schon deshalb fehl, weil diese Vorschrift bezweckt, den Rechtsverkehr davon in Kenntnis zu setzen, dass aufgrund des alten Briefs keine Rechtsgeschäfte mehr vorgenommen werden können.[7] Da der Stammbrief für den Restbetrag des Rechts seine Gültigkeit behält (vgl § 48 Abs 2 GBV), trifft diese Zielsetzung für den Fall der Erteilung eines Teilbriefs nicht zu.

5 § 61 ist durch die GBOÄndVO vom 05.08.1935 (RGBl I, 1065) nicht geändert worden. Durch Art 2 Nr 5 des Gesetzes zur Änderung sachenrechtlicher, grundbuchrechtlicher und anderer Vorschriften vom 22.06.1977 (BGBl I, 998) wurden mit Wirkung vom 01.01.1978 in Abs 2 S 1 die Worte »oder Stempel« eingefügt, um eine Beschleunigung und Vereinfachung des Grundbuchverkehrs zu erreichen.[8] Durch das RegVBG vom 20.12.1993 (BGBl I, 2182) wurde § 61 entsprechend der Neufassung des § 56 geändert. Im neu eingefügten Abs 3 wird für das wesentliche Erfordernis der grundbuchamtlichen Unterschrift (Abs 2 S 1) nunmehr ausdrücklich auf die Norm des § 56 Abs 2 verwiesen. Dementsprechend wurde aus dem bisherigen Abs 3 der nunmehrige Abs 4. Außerdem wurde die Verweisung in Abs 2 S 1 (nunmehr auf § 56 Abs 1 S 2) berichtigt und die bisherige Zuständigkeit der Gerichte für die Herstellung von Teilbriefen in Abs 1 beseitigt (hierzu vgl Rdn 37).

II. Die materiellrechtliche und verfahrensrechtliche Bedeutung des Teilhypothekenbriefs

6 Der Teilhypothekenbrief tritt für den Teil, auf den er sich bezieht, vollständig an die Stelle des bisherigen Stammbriefs (§ 1152 S 2 BGB), welcher nur für den restlichen Teil der Hypothek seine Gültigkeit behält. Alle für den Hypothekenbrief bestehenden Normen gelten daher auch für den Teilbrief.[9] Der Teilbrief kann daher bei weiteren Teilungen der Forderung auch Stammbrief iS der §§ 1152 BGB, 61 GBO sein. Der Teilhypothekenbrief gilt für die Teilhypothek somit als gewöhnlicher Hypothekenbrief.

7 Soll über das Teilrecht verfügt werden, so brauchen die hierfür seitens des Hypothekengläubigers erforderlichen dinglichen und verfahrensrechtlichen Erklärungen (zB nach den §§ 873, 875, 877 BGB, § 19 GBO) nur vom Gläubiger der Teilhypothek abgegeben werden. Eine Zustimmung des Gläubigers des verbleibenden Stammrechts oder etwaiger Gläubiger weiterer Teilrechte ist nicht erforderlich.[10] Dementsprechend ist dem bei einer Verfügung oder der Pfändung des Teilrechts bestehenden Briefübergabeerfordernis durch die Übergabe des Teilbriefs genügt. Da der Teilbrief für den verbrieften Teil auch in verfahrensrechtlicher Hinsicht an die Stelle des Stammbriefs tritt, muss bei sich ausschließlich auf das Teilrecht beziehenden Eintragungen nur der Teilbrief vorgelegt, ergänzt oder unbrauchbar gemacht werden (§§ 41, 62, 69). Der ursprüngliche Stammbrief oder etwaige andere Teilbriefe sind nicht vorzulegen (vgl § 41 Rdn 44). Etwas anderes gilt nur, wenn die Teilung der Hypothek noch nicht im Grundbuch verlautbart wurde. Soll daher die anlässlich der Bildung des Teilbriefs materiell- und verfahrensrechtlich nicht immer notwendige grundbuchmäßige Teilung des Rechts (meist im Weg der Grundbuchberichtigung) herbeigeführt werden, so ist nicht nur der Teilbrief, sondern auch der Stammbrief vorzulegen[11] (vgl § 41 Rdn 33 aE, § 41 Rdn 4; zur Notwendigkeit der Eintragung der mit einer Teilabtretung verbundenen Rangänderung der Teilrechte vgl Rdn 50 und Fn 33). Das Gleiche gilt, wenn bei der grundbuchmäßig noch nicht geteilten Hypothek eine Folgeeintragung zu vollziehen ist, die sich nur auf das Teilrecht bezieht. In diesem Fall muss sogar die durch Eintragung der Teilung erfolgende Grundbuchberichtigung vorausgehen, um die Folgeeintragung zu ermöglichen (§ 39).[12] Die Ausnahmevorschrift des § 39 Abs 2 ändert daran nichts, da sie nur die Eintragung der persönlichen Berechtigung des Teilgläubigers entbehrlich macht, nicht aber über die fehlende Voreintragung des Teilrechts hinwegsieht.

---

7 KB zu § 59, vgl *Hahn-Mugdan* (Mat) V, 224.

8 BT-Drucks 8/89 S 7; 8/359 S 12; *Kissel* NJW 1977, 1762; *Stöber* Rpfleger 1977, 400.

9 Mot BGB III, 762.

10 Mot BGB III, 761, 762; *Staudinger-Wolfsteiner* § 1152 Rn 11.

11 KG KGJ 30 A, 236 = OLGE 10, 444 = RJA 6, 63; OLG Hamm OLGZ 1988, 17 = Rpfleger 1988, 58, 60; *Staudinger-Wolfsteiner* § 1152 Rn 10; *Palandt-Bassenge* § 1152 Rn 3; *Güthe-Triebel* Rn 16, § 62 Rn 11 und § 41 Rn 10.

12 KG und *Staudinger-Wolfsteiner* je aaO (Fn 11).

III. Die Voraussetzungen für die Herstellung eines Teilbriefs

Die Voraussetzungen für die Bildung eines Teilbriefs ergeben sich aus den §§ 1152 BGB und 61 GBO. Materi- **8** ellrechtlich ist demnach die Existenz eines Briefrechts (§ 1152 S 1 BGB), das Vorhandensein eines Stammbriefs (§ 1152 S 2 BGB: »bisheriger Brief«) sowie die Teilung der Forderung (§ 1152 S 1 BGB) erforderlich. Hinzu treten die verfahrensrechtlichen Voraussetzungen des Antrags (arg § 1152 S 1 BGB: »kann«) und der Vorlegung des Stammbriefs (arg § 61 Abs 4).

1. Die Existenz eines Briefrechts und das Vorhandensein eines Stammbriefs

§ 1152 BGB macht die Herstellung eines Teilbriefs nicht nur davon abhängig (S 1), dass die geteilte Forderung **9** durch ein Briefrecht gesichert wird (hierzu vgl § 41 Rdn 9 ff und § 56 Rdn 15 ff), sondern setzt außerdem voraus (S 2), dass über dieses Briefrecht bereits ein Brief (der sog Stammbrief) erteilt wurde. Da der Teilbrief für den durch ihn verbrieften Teil des Rechts an die Stelle des bisherigen Briefes tritt (§ 1152 S 2 BGB), kann er bei nochmaliger Teilung des durch ihn verbrieften Teilrechts selbst zum Stammbrief werden.

Ist ein **Stammbrief nicht vorhanden**, so ist die Erteilung eines Teilbriefs ausgeschlossen. Bei der teilweisen **10** Umwandlung einer Buchhypothek in eine Briefhypothek kann daher für den umgewandelten Teil nur ein selbständiger (Stamm)Brief iS der §§ 56–59 hergestellt werden.[13] Auch im Fall der Zerlegung einer Buchhypothek in mehrere Briefhypotheken sind über die einzelnen Teile selbständige Briefe zu erteilen.[14] Die Bildung eines Teilbriefs kommt somit nur in Betracht, wenn die Zerlegung der Umwandlung zeitlich nachfolgt. In diesem Fall ist zum Zeitpunkt der Teilung bereits ein Stammbrief für das umzuwandelnde Recht vorhanden. Eine gleichzeitige Erteilung von Stammbrief und Teilbrief ist hingegen ausgeschlossen.[15] Dies würde eine unzulässige Umgehung des § 1152 BGB darstellen.[16] Wird eine Briefhypothek von vornherein für mehrere Bruchteilsgläubiger bestellt, so ist sowohl (im Regelfall) die Erteilung eines selbständigen Briefs für die Anteile **aller** Gläubiger, als auch (auf besonderen Antrag) die Bildung von selbständigen Stammbriefen über den Anteil **eines jeden** Gläubigers zulässig.[17]

Ist ein **Stammbrief vorhanden**, so bedeutet das noch nicht, dass die Bildung eines Teilbriefs in jedem Fall **11** einer Forderungsteilung erfolgen kann. Der Stammbrief kann vielmehr nur dann die Grundlage für die Herstellung eines Teilbriefs bilden, wenn die durch ihn erfolgte Verbriefung der von der Teilung betroffenen Gesamtforderung im Zeitpunkt der Herstellung des Stammbriefs als zulässig anzusehen war. Das Vorliegen dieser Voraussetzung kann vor allem zweifelhaft sein, wenn die Teilung der Forderung bereits von vornherein bestanden hat (vgl Rdn 13). Dies liegt in dem Umstand begründet, dass in bestimmten Fällen der ursprünglichen Forderungsteilung von vornherein selbständige dingliche Rechte entstehen, die im Grundbuch gesondert eingetragen und daher auch durch selbständige Stammbriefe verbrieft werden müssen. Hierzu zählt zB die Eintragung einer Hypothek, von der ein Teilbetrag von vornherein mit einem Nießbrauch oder einem Pfandrecht belastet oder von Anfang an für mehrere Gläubiger zu bestimmten Beträgen bestellt werden soll. Ebenso gehören hierher die Fälle, bei denen die zugleich mit der Hypothek erfolgende Eintragung eines Rangvorbehalts (§ 881 BGB) oder einer Vollstreckungsunterwerfung (§ 800 ZPO) nur einen (rangmäßig bestimmten, vgl Rdn 18) Teilbetrag des dinglichen Rechts betrifft. Des weiteren ist die Erteilung eines einheitlichen Stammbriefs unzulässig, wenn Teilbeträge der einzutragenden Hypothek von vornherein mit unterschiedlichem Rang ausgestaltet sind.[18] Dabei spielt es keine Rolle, ob sich der besondere Rang des Teilbetrags (wie zB bei der Vollstreckungsunterwerfung bezüglich eines letztrangigen Teilbetrags) lediglich innerhalb des Gesamtbetrags der Teilhypotheken auswirkt oder ob er auch im Verhältnis zu einem anderen Grundstücksrecht zum Zuge kommt. Die Erteilung eines einheitlichen und alle Forderungsteile umfassenden Stammbriefs ist demnach immer dann ausgeschlossen, wenn die ursprüngliche Teilung der Hypothekenforderung zur Folge hat, dass von vornherein nur die Eintragung von mehreren selbständigen dinglichen Rechten zulässig ist.

In der Praxis kommt es jedoch mitunter vor, dass **mehrere** dingliche Rechte unter **einer** Nummer in der **12** Abteilung III des Grundbuchs zu einer unzulässigen (wenn auch materiellrechtlich wirksamen) einheitlichen Eintragung zusammengefasst werden und dass es aufgrund dessen zur ordnungswidrigen Erteilung eines einheitlichen Briefs kommt. Das Grundbuchamt hat den Stammbrief daher nicht nur auf seine formelle Ordnungsmäßigkeit (hierzu vgl Rdn 32), sondern auch daraufhin zu prüfen, ob die Erteilung eines einheitlichen

---

13 KG KGJ 39 A, 271, 274; JFG 6, 386, 391; 21, 8, 10 = DR 1940, 117 = DNotZ 1940, 37.
14 KG aaO (Fn 13).
15 KG JFG 21, 8, 10 = DR 1940, 117 = DNotZ 1940, 37; *Güthe-Triebel* Rn 11; KEHE-*Eickmann* Rn 3.
16 *Güthe-Triebel* Rn 11.
17 KG KGJ 7, 153; JFG 21, 8 = DR 1940, 117 = DNotZ 1940, 37; *Hügel-Kral* Rn 4; *Güthe-Triebel* Rn 11; *Demharter* Rn 8; KEHE-*Eickmann* Rn 3.
18 Wegen der Unzulässigkeit dieser rangrechtlichen Konstruktion vgl OLG Zweibrücken Rpfleger 1985, 54; LG Frankenthal Rpfleger 1983, 142.

Stammbriefs zum damaligen Herstellungszeitpunkt überhaupt erfolgen durfte. Ist dies zu bejahen, zB bei Teilvalutierung der Hypothek (§ 1163 Abs 1 S 1 BGB) oder im Fall der Herstellung eines einheitlichen Briefs für Bruchteilsgläubiger (vgl Rdn 10), so steht der Bildung eines Teilbriefs nichts im Wege. War die seinerzeitige Erteilung eines einheitlichen Stammbriefs hingegen nicht zulässig, so ist der Stammbrief ungeachtet seiner Wirksamkeit unbrauchbar zu machen (§ 69) und für jeden Forderungsteil ein selbständiger Stammbrief iS der §§ 56–59 zu erteilen. Dabei sind die zwischenzeitlich auf dem Brief (zB nach § 62) angebrachten Vermerke für jeden Forderungsteil gesondert auf die neuen Briefe zu übertragen. Im Anschluss hieran ist zu prüfen, ob die Voraussetzungen für eine Teilbriefbildung vorliegen. Das kann nur der Fall sein, wenn die Teilung eines nunmehr selbständig verbrieften Forderungsteils in Frage steht. Damit wird nicht gegen den in Rdn 10 erläuterten Grundsatz verstoßen, wonach die Erteilung von Stammbrief und Teilbrief nicht gleichzeitig erfolgen darf. Denn es war ja bereits ein (wenn auch ordnungswidrig erteilter) Stammbrief vorhanden. Dagegen kann ein sich lediglich auf die ursprüngliche Teilung der Forderung gründender Antrag (zB auf Eintragung einer Abtretung des gesamten Teilrechts) nicht zur Teilbriefbildung führen, weil der betreffende Teil mittlerweile bereits selbständig durch einen Stammbrief verbrieft ist.

2. Die Teilung der Forderung (Hypothek)

13 **a) Der Begriff und der maßgebende Zeitpunkt der Teilung.** Eine Teilung der Forderung iS des § 1152 BGB liegt vor, wenn die Forderung aufgrund Rechtsgeschäftes oder kraft Gesetzes in Teile zerlegt wird, die sich im Verhältnis zueinander durch ihre besonderen rechtlichen Beziehungen oder durch die Art und den Umfang der mit ihnen verbundenen Rechte als selbständig darstellen.[19] Dabei ist es unerheblich, ob die Teilung auf Veränderungen in der Person des Gläubigers bzw der Begründung von dinglichen Rechten an Teilen der Forderung beruht (sog **subjektive Teilung**) oder ob ihre Ursache in der Vereinbarung von Sonderbestimmungen anderer Art (sog **objektive Teilung**) zu finden ist.[20] Gleichgültig ist ferner, ob die Teilung bereits von Anfang an bestanden hat (**ursprüngliche Teilung**) oder ob sie nachträglich erfolgt bzw erst für die Zukunft beabsichtigt ist (**nachträgliche bzw zukünftige Teilung**).[21] In bestimmten Fällen der ursprünglichen Teilung scheitert die Bildung eines Teilbriefs aber an dem Umstand. dass kein zulässigerweise erteilter Stammbrief vorhanden ist (vgl Rdn 11, 12).

b) Die Arten der Forderungs- bzw Hypothekenteilung. aa) Veränderungen in der Person des Gläubigers und Begründung von dinglichen Rechten an Teilen der Forderung bzw Hypothek
14 **(sog subjektive Teilung).** Unter den Begriff der **subjektiven Teilung** fallen alle ursprünglich bereits vorhanden gewesenen oder nachträglich eintretenden Zerlegungen der Forderung, die ihre Ursache darin haben, dass entweder die Forderung (Hypothek) als solche mehreren bzw verschiedenen Gläubigern zusteht oder dingliche Rechte an Teilen der Forderung (Hypothek) zur Entstehung gelangen. Eine subjektive Teilung liegt demnach immer dann vor, wenn der die Teilung auslösende Sachverhalt die Rechtsinhaberschaft an der Forderung bzw den an ihr begründeten dinglichen Rechten betrifft. Diese Voraussetzung ist zB gegeben bei der Bestellung einer Hypothek für Bruchteilsgläubiger (wobei eine Teilbriefbildung allerdings nur in Betracht kommt, wenn ein alle Bruchteile umfassender Stammbrief vorhanden ist, vgl Rdn 10),[22] beim Übergang der einem Einzelgläubiger zustehenden Forderung an mehrere Gläubiger zu bestimmten Summen oder auf eine Bruchteilsgemeinschaft[23] (zur Gesamthandsgemeinschaft vgl Rdn 21), bei der Pfändung, Abtretung oder Belastung eines Teilbetrags der Forderung (zur Eintragung einer Vormerkung vgl Rdn 20), beim gesetzlichen Übergang eines Forderungsteils auf den Eigentümer (vgl §§ 1143, 1145, 412, 401, 1153 Abs 1, 1173 Abs 1, 1177 Abs 2 BGB) oder einen Dritten (vgl §§ 1150, 1145, 268 Abs 3 S 1, 774 Abs 1 S 1, 412, 401, 1153 Abs 1 BGB) sowie bei einem unter Beibehaltung des Charakters des dinglichen Rechts als Hypothek, aber ohne gleichzeitigen Erwerb eines Teils der ursprünglichen Forderung stattfindenden gesetzlichen Übergang eines Hypothekenteils auf den Eigentümer (vgl §§ 1173 Abs 2, 1182, 1177 Abs 2 BGB) oder den persönlichen Schuldner (vgl §§ 1164, 1167, 1145, 1174 BGB). Auch wenn ein **Teil der Hypothek als Grundschuld** entsteht (§§ 1163 Abs 1 S 1, 1177 Abs 1 S 1 BGB) oder durch Rechtsgeschäft (§ 1198 BGB) bzw kraft Gesetzes (§§ 1168 Abs 1, 3, 1145, 1163 Abs 1 S 2, 1177 Abs 1 S 1 BGB) in eine Grundschuld umgewandelt wird, liegt ein Fall der subjektiven Teilung vor (über die Nichtanwendbarkeit des § 65 in diesen Fällen vgl § 65 Rdn 4). Dass die Forderung in diesen Fällen bestehen bleibt (§ 1168 Abs 1 BGB), teilweise erlischt (§ 1163 Abs 1 S 2 BGB) oder sogar nur teilweise zur Entstehung gelangt (§ 1163 Abs 1 S 1 BGB), steht der Annahme einer »Teilung der Forderung« iS des § 1152

---

19 RG RGZ 66, 266, 271; KG KGJ 27 A, 151, 153 = OLGE 9, 347 = RJA 4, 170; OLG Dresden JFG 3, 429, 434.
20 Die Begriffsbildung (»subjektive/objektive Teilung«) geht auf *Güthe-Triebel* (Rn 4, 5) zurück.
21 Mot BGB III, 761; OLG Oldenburg Rpfleger 1970, 100, 101; *Hügel-Kral* Rn 5; *Güthe-Triebel* Rn 10; *Demharter* Rn 5; *Staudinger-Wolfsteiner* § 1152 Rn 2; MüKo-*Eickmann* § 1152 Rn 5; *Biermann* § 1152 Anm 1 a.
22 *Güthe-Triebel* Rn 11.
23 KG KGJ 39 A, 268; *Hügel-Kral* Rn 6; *Güthe-Triebel* Rn 4; *Demharter* Rn 4; KEHE-*Eickmann* Rn 2; *Staudinger-Wolfsteiner* § 1151 Rn 4.

BGB nicht entgegen. Es kann nämlich keinem Zweifel unterliegen, dass sich an der Gültigkeit des bisherigen Hypothekenbriefs für den durch ihn verbrieften Gesamtbetrag der Hypothek nicht deshalb etwas ändern kann, weil ein Teil der Hypothek als Grundschuld entsteht bzw in eine solche umgewandelt wird. Der bisherige **Hypotheken**brief verbrieft daher nicht nur die restliche Teilhypothek, sondern (unter falscher Bezeichnung) auch die entstandene Teilgrundschuld.[24] Da sich aus der in § 1192 Abs 1 BGB enthaltenen Verweisung auf die Vorschriften des Hypothekenrechts ergibt, dass § 1152 BGB auch zur Anwendung gelangt, wenn ein Teil des Rechts Grundschuld ist,[25] steht der Bildung eines Teil**grundschuldbriefs** aufgrund des bisher beide Rechte verbriefenden Stammhypothekenbriefs nichts im Wege.[26] Die Erteilung eines selbständigen Grundschuldbriefs ist somit nur auf dem in § 67 bezeichneten Weg möglich.

Wird ein **Teil** einer Tilgungshypothek einschließlich getilgter Beträge **abgetreten**, so bestehen keine Bedenken dagegen, einen einheitlichen Teilhypothekenbrief für den gesamten abgetretenen Betrag zu erteilen. Die Zulässigkeit dieses Verfahrens folgt aus dem Umstand, dass die selbständigen dinglichen Rechte (Teilhypothek und Teilgrundschuld) bereits zulässigerweise vom bisherigen Stammbrief verbrieft werden. Die Herstellung eines Teilhypothekenbriefs und eines (separaten) Teilgrundschuldbriefs ist somit zwar möglich, aber nicht notwendig.[27] Tritt der Hypothekengläubiger einen Teil seines Rechts an den Eigentümer ab, so kann über den abgetretenen Teilbetrag nur dann ein Teilgrundschuldbrief gebildet werden, wenn die erforderliche Briefübergabe bereits durch die Einräumung von Besitz am Stammbrief erfolgt ist. Ist diese Voraussetzung nicht erfüllt, so vollzieht sich die Umwandlung des Rechts in eine Grundschuld (§ 1177 Abs 1 BGB) erst mit der Übergabe des Teilbriefs.[28] In diesem Fall ist daher ein Teilhypothekenbrief herzustellen. Im Gegensatz dazu muss ein Teilgrundschuldbrief gebildet werden, wenn der Eigentümer einen Teilbetrag der auf ihn übergegangenen Grundschuld (§ 1177 Abs 1 BGB) unter Umwandlung in eine Hypothek abtreten will, die notwendige Eintragung der Umwandlung im Grundbuch aber noch nicht erfolgt ist.[29] **15**

Eine subjektive Teilung der Forderung ist auch dann gegeben, wenn eine Abtretung von **künftigen Zinsen oder sonstigen Nebenleistungen** erfolgt, die Gläubigerstellung am Kapital aber unverändert bleibt.[30] In diesem Fall ist der Teilbrief nicht für die abgetretenen Zinsbeträge, sondern für das Zinsrecht als solches zu erteilen.[31] Das Gleiche gilt, wenn sich der Gläubiger bei der Abtretung der Hypothek (zB durch Begründung eines Nießbrauchs, vgl § 1069 BGB) das Zinsrecht vorbehält.[32] Wegen rückständiger Nebenleistungen und Kosten iS des § 1118 BGB vgl Rdn 23. Die Bildung eines Teilbriefs aufgrund subjektiver Teilung der Forderung ist des weiteren möglich, wenn der Eigentümer einen Teil der Hypothek erwirbt, indem er den Gläubiger wegen Zinsen oder Nebenleistungen befriedigt, die später als im Kalendervierteljahr der Befriedigung oder in dem folgenden Vierteljahr fällig werden (§ 1145 Abs 1 S 2, Abs 2 S 1 BGB). **16**

Im Fall der **teilweisen Forderungsauswechslung** (§ 1180 BGB) kann von einer subjektiven Teilung der Forderung iS des § 1152 BGB nur gesprochen werden, wenn die neue Forderung (sei es ursprünglich oder infolge späterer Abtretung) nicht dem Gläubiger der Restforderung zusteht (hierzu vgl Rdn 19). **17**

bb) Sonstige Sonderbestimmungen für Teile der Forderung bzw Hypothek (sog objektive Teilung). Da die **Veränderung in der Person des Gläubigers kein Begriffsmerkmal der Teilung** darstellt (vgl Rdn 13), ist eine Teilbriefbildung auch dann möglich, wenn für einzelne Teilbeträge der Forderung Sonderbestimmungen getroffen werden, durch die weder die Zuordnung des Rechts an den Gläubiger berührt, noch ein dingliches Recht an einem Hypothekenteil begründet wird. Eine sich dergestalt auf das Rechtsobjekt Forderung (Hypothek) beziehende Teilung erfolgt zB durch die Aufhebung einer Hypothekenvereinigung (Teilung einer sog Einheitshypothek), vor allem aber durch im Hinblick auf bestimmte Forderungsteilbeträge vereinbarte Änderungen des Zinssatzes, der Fäl- **18**

24 RG RGZ 59, 313, 318; 69, 36, 40; KG KGJ 40, 339 = OLGE 21, 40; JFG 21, 306, 310 = DR 1940, 1574 = HRR 1940 Nr 1197 = DNotZ 1941, 347; JW 1938, 900; OLG Braunschweig OLGE 41, 37.
25 KG KGJ 40, 339 = OLGE 21, 40; RJA 11, 138; *Hügel-Kral* Rn 9; *Demharter* Rn 7.
26 Voraussetzung für die Erteilung eines Teilgrundschuldbriefs ist natürlich stets, dass die durch Rechtsgeschäft oder kraft Gesetzes erfolgte teilweise Umwandlung der Hypothek in eine Grundschuld bereits im Grundbuch eingetragen wurde (KG KGJ 40, 339, 340 = OLGE 21, 40; RJA 11, 138, 140; JFG 21, 306, 308 ff = DR 1940, 1574 = HRR 1940 Nr 1197 = DNotZ 1941, 347). Hierzu vgl auch § 58 Rdn 13.
27 KG JFG 21, 306 = DR 1940, 1574 = HRR 1940 Nr 1197 = DNotZ 1941, 347.
28 KG KGJ 29 A, 179.
29 KG RJA 11, 138; *Güthe-Triebel* Rn 30. Soweit in den in Rdn 15 erörterten Fallgestaltungen die Erteilung eines Teilgrundschuldbriefs in Betracht kommt, setzt seine Erteilung stets voraus, dass die teilweise Umwandlung der Hypothek in eine Grundschuld im Grundbuch eingetragen wurde (vgl Fn 26).
30 RG RGZ 86, 218; MüKo-*Eickmann* § 1152 Rn 3; *Böttcher* Rpfleger 1984, 85, 88; *Hügel-Kral* Rn 11.
31 RG RGZ 86, 218; KG HRR 1931 Nr 2060.
32 RG RGZ 86, 218; *Güthe-Triebel* Rn 12; *Demharter* Rn 6.

ligkeit, der Kündigungsvereinbarungen, sonstiger Zins- und Zahlungsbestimmungen oder des **Rangs**.[33] Auch die sich auf einen erst-, letzt-, mittel- oder gleichrangigen Teilbetrag beziehende Eintragung eines **Rangvorbehalts** (§ 881 BGB) oder der **Unterwerfung unter die sofortige Zwangsvollstreckung** (§§ 794 Abs 1 Nr 5, 800 ZPO) beruht auf einer Teilung iS des § 1152 BGB, da die Unterwerfung (bzw der Rangvorbehalt) zu Lasten eines rangmäßig bestimmten[34] Teilbetrags begrifflich die Existenz anders- oder gleichrangiger (selbständiger) Teilrechte voraussetzt.[35] Die von der zur Vollstreckungsunterwerfung vertretenen Gegenansicht[36] dargestellten, aus der Rechtsnatur der Vollstreckungsunterwerfung (Prozesshandlung) abgeleiteten Argumente sind nicht stichhaltig, da es (wie bei der Bestellung eines Rangvorbehalts) zunächst darauf ankommt, auf rechtsgeschäftlichem Weg (Teilung des Grundpfandrechts) eine dingliche Rechtsposition zu schaffen, welche dann Gegenstand der Prozesshandlung (bzw des Rangvorbehalts) sein soll. Es geht somit nicht um die Frage, ob der Inhalt des Grundpfandrechts durch eine Prozesshandlung verändert wird – was zu verneinen wäre –, sondern um die Notwendigkeit, durch ein Rechtsgeschäft die materiellrechtliche Voraussetzung dafür zu schaffen, dass die Prozesshandlung (bzw der Rangvorbehalt) überhaupt zum Zuge kommen und im Grundbuch verlautbart werden kann (§§ 881 Abs 2 BGB, 800 ZPO). Der erhobene Vorwurf, die herrschende Meinung vermöge nicht zwischen materiellem Recht und prozessualer Rechtslage zu unterscheiden, fällt daher auf die Gegenansicht zurück.[37]

c) Fallgestaltungen, die keine Teilung der Forderung bzw Hypothek zum Gegenstand haben. aa) Rechts-
19 **geschäftliche Ersetzung eines Teils der Forderung durch eine andere Forderung.** Die rechtsgeschäftliche **Ersetzung eines Teils der Forderung durch eine andere Forderung** (§ 1180 BGB) bewirkt unstreitig keine Teilung iS des § 1152 BGB, sofern beide Forderungen (Restforderung und neue Forderung) demselben Gläubiger zuste-

---

33 KG KGJ 9, 268; 27 A, 151, 153 = OLGE 9, 347 = RJA 4, 170; JFG 14, 146 = JW 1937, 113; OLG Dresden JFG 3, 429, 434; OLG Hamm OLGZ 1984, 48 = Rpfleger 1984, 60 = DNotZ 1984, 489 = MittBayNot 1984, 33 = MittRhNotK 1984, 101 = JurBüro 1984, 144 = ZIP 1984, 227; Rpfleger 1987, 59 = DNotZ 1988, 233 *(Wolfsteiner)* = NJW 1987, 1090; Rpfleger 1992, 340 (hierzu vgl *Meyer-Stolte* Rpfleger 1992, 386); OLG Köln JurBüro 1988, 1422 = MittRhNotK 1985, 105; OLG Zweibrücken Rpfleger 1985, 54; BayObLG Rpfleger 1985, 434; BayObLGZ 1985, 141 = DNotZ 1985, 476 = Rpfleger 1985, 355 = MittBayNot 1985, 122; OLG Celle Rpfleger 1990, 378; LG Frankenthal Rpfleger 1983, 142; *Wolfsteiner* DNotZ 1988, 235; **aA** nur LG Augsburg Rpfleger 1984, 348 (abl *Bauch*) und MüKo-*Wacke* § 880 Rn 9. Dabei ist entgegen OLG Hamm OLGZ 1988, 17 = NJW-RR 1988, 461 = Rpfleger 1988, 58 *(Muth)* = DNotZ 1988, 249, OLG Düsseldorf NJW-RR 1991, 685 = Rpfleger 1991, 240 = DNotZ 1992, 310, MüKo/*Wacke* § 880 Rn 9, MüKo-*Eickmann* § 1151 Rn 7 und *Demharter* § 45 Rn 47 an der Auffassung festzuhalten, wonach die im Fall der ohne Teilbriefbildung und ohne Grundbucheintragung erfolgenden Teilabtretung einer Hypothek (§ 1154 Abs 1 S 1 BGB) beabsichtigte Rangänderung der jeweiligen Hypothekenteilbeträge nicht (wie die Abtretung) außerhalb des Grundbuchs wirksam wird, sondern nach § 880 Abs 2 S 1 BGB der Grundbucheintragung bedarf *(Palandt-Bassenge* § 1151 Rn 2; *Staudinger-Wolfsteiner* § 1151 Rn 10; *Soergel-Stürner* § 880 Rn 13; *Meikel-Böttcher* § 45 Rdn 113; *Hügel-Zeiser* § 45 Rn 53; *Schmid* Rpfleger 1988, 136 mwN; *Bestelmeyer* Rpfleger 1992, 151; *Ulbrich* MittRhNotK 1995, 289, 292; *Schöner/Stöber* Rn 2412; hierzu vgl vor allem *Oberneck* § 134, 5).

34 Enthält die jeweilige Erklärung keine Angabe über den Rang des betroffenen Teilbetrags, so kann nur ein gleichrangiger Teilbetrag gemeint sein. Die Auffassung des BayObLG (BayObLGZ 1985, 141 = DNotZ 1985, 476 = Rpfleger 1985, 355 = MittBayNot 1985, 122), wonach bei fehlender Bestimmung des Rangs des von der Vollstreckungsunterwerfung betroffenen Teilbetrags keine Teilung der Hypothek stattfindet, beruht auf einer unzutreffenden Gleichsetzung von einheitlichem Rang (eines einheitlichen Rechts) und Gleichrang (von begriffsnotwendig mehreren Rechten). Insbesondere bleibt unberücksichtigt, dass es auch im Fall fehlender rangmäßiger Bestimmung des betroffenen Teilbetrags zum Entstehen von rangselbständigen (nämlich gleichrangigen) Teilbeträgen kommt. Diese rangrechtliche Konstruktion setzt aber voraus, dass mehrere selbständige (gleichrangige Teil-)Rechte an die Stelle des vormals rangeinheitlichen Rechts treten (vgl insbesondere KG JFG 14, 146, 148 = JW 1937, 113, welches die Vorinstanz ob ihrer ungenauen Ausdrucksweise kritisiert: Teile eines einheitlichen Rechts hätten nicht gleichen Rang, sondern kein Teil der einheitlichen Hypothek stehe in einem Rangverhältnis zu einem anderen Teil desselben einheitlichen Rechts! Diese zutreffende Kritik muss sich auch das BayObLG entgegenhalten lassen.). Ob die mit der hier erörterten Fallgestaltung vergleichbare Vollstreckungsunterwerfung bezüglich »eines zuletzt zu zahlenden Teilbetrags« ohne begriffsnotwendige Teilung des Grundpfandrechts erfolgen kann (so BGH BGHZ 108, 372 = NJW 1990, 258 = Rpfleger 1990, 16 = ZIP 1989, 1449 = WM 1989, 1760; BGH Rpfleger 2007, 488; OLG Hamm Rpfleger 1987, 59 = DNotZ 1988, 233 m Anm *Wolfsteiner* = NJW 1987, 1090; LG Hamburg MDR 1986, 156; LG Lübeck MDR 1986, 1037; LG Waldshut-Tiengen Rpfleger 1995, 14; *Palandt-Bassenge* § 1151 Rn 1; *Hügel-Kral* Rn 15; *Demharter* Rn 5), darf aus den vorgenannten Gründen ebenfalls bezweifelt werden (wie hier OLG Bremen Rpfleger 1989, 526; OLG Celle Rpfleger 1990, 378 – für den Fall, dass ein Gläubiger die Zwangsversteigerung aus einem nicht vorher rangselbständigten »erstrangigen« Teilbetrag seines Grundpfandrechts betreibt –; zweifelnd auch KEHE-*Munzig* § 19 Rn 80 und *Wolfsteiner* DNotZ 1988, 234, 236 ff; 1990, 589; 2007, 678; Hierzu vgl auch *Zimmer/Pieper* NotBZ 2007, 319).

35 *Staudinger-Wolfsteiner* Einl zu §§ 1113 ff Rn 128; *Hügel-Kral* Rn 12. Zur Vollstreckungsunterwerfung vgl OLG Hamm (mit Ausnahme der Entscheidung Rpfleger 1992, 340), OLG Köln, BayObLG und *Wolfsteiner* je aaO (Fn 33); jeweils für rangmäßig bestimmte Grundpfandrechtsteilbeträge); zum geteilten Rang vgl OLG Zweibrücken und LG Frankenthal je aaO (Fn 33) sowie KG und OLG Celle ja aaO (Fn 34).

36 *Muth* JurBüro 1984, 9; 1984, 175; Rpfleger 1990, 380.

37 Ebenso OLG Köln aaO (Fn 33).

hen. Die teilweise Forderungsauswechslung hat in diesem Fall lediglich zur Folge, dass die nach wie vor einheitliche Hypothek[38] künftig zwei oder mehrere verschiedene Forderungen sichert. Die Herstellung eines Teilbriefs kommt daher nicht in Betracht. Die Behandlung des bisherigen Briefs richtet sich vielmehr nach § 65 (vgl § 65 Rdn 7). Anders ist die Rechtslage hingegen, wenn die neue Forderung (sei es ursprünglich oder infolge späterer Abtretung) **nicht** dem Gläubiger der Restforderung zusteht. Nach Ansicht der herrschenden Meinung ist in diesem Falle wegen Nichtanwendbarkeit des § 65 (vgl § 65 Rdn 7) **von Amts wegen** ein neuer selbständiger Brief über den ausgewechselten Betrag zu erteilen.[39] Diese Auffassung findet im Gesetz keine Stütze. Vor allem geht der Einwand der herrschenden Meinung fehl, dass im Fall der Fortführung des bisherigen Briefs ein gemeinschaftlicher Brief vorliege, ohne dass die Voraussetzungen des § 66 gegeben seien. Dass diese Argumentation nicht stichhaltig ist, ergibt sich bereits daraus, dass der Gesetzgeber in den von § 61 erfassten Fällen (Teilbriefbildung nur auf Antrag!) selbst davon ausgeht, dass die Fortführung des bisherigen Briefs trotz der erfolgten Teilung der Hypothek in mehrere selbständige dingliche Rechte zulässig ist. In Anbetracht dieser Tatsache ist es nicht gerechtfertigt, die mit einem Gläubigerwechsel verbundene teilweise Forderungsauswechslung anders als die Teilabtretung oder das teilweise Nichtentstehen bzw Erlöschen der Forderung zu behandeln.[40] Im Übrigen ist es inkonsequent, bei teilweiser Umwandlung der Hypothek in eine Grundschuld (vgl § 65 Abs 1 iVm §§ 1177 Abs 1, 1198 BGB) eine Teilbriefbildung zuzulassen, sie im Fall der mit einem Gläubigerwechsel verbundenen teilweisen Forderungsauswechslung (vgl § 65 Abs 2 iVm § 1180 Abs 2 BGB) aber für unzulässig zu erklären.[41] Aus diesen Gründen ist die Anwendbarkeit des § 61 entgegen der herrschenden Meinung auch im letztgenannten Fall zu bejahen.[42] Der bisherige Brief ist daher nach § 62 zu ergänzen, sofern kein Antrag auf Herstellung eines Teilbriefs gestellt wird. Außerdem ist die neue Schuldurkunde mit dem Brief zu verbinden. Die bisherige Schuldurkunde bleibt mit dem Brief verbunden. Im Fall der Teilbriefbildung muss die neue Schuldurkunde mit dem Teilbrief verbunden werden.

bb) Eintragung einer Vormerkung. Bei der **Eintragung einer Vormerkung** (zB zur Sicherung des Anspruchs auf Abtretung eines rangmäßig bestimmten Teilbetrags der Hypothek) ist eine Teilung iS des § 1152 BGB nur anzunehmen, wenn die Vormerkung von vornherein nur an einem Teilbetrag der Hypothek begründet werden soll. Bezieht sich hingegen lediglich der schuldrechtliche Anspruch auf einen Teilbetrag der Hypothek, so findet durch die Eintragung der am Gesamtbetrag der Hypothek bestellten Vormerkung (noch) keine Teilung iS des § 1152 BGB statt. **20**

cc) Übergang der Hypothek auf eine Gesamthandsgemeinschaft. Der Übergang der Hypothek auf eine **Gesamthandsgemeinschaft** bewirkt keine Teilung iS des § 1152 BGB, da die Einheit der Forderung erhalten bleibt.[43] Zu beachten ist allerdings, dass eine Gesamthandsgemeinschaft auch an einer Bruchteilsgemeinschaft beteiligt sein kann. Die zugunsten einer Bruchteilsgemeinschaft erfolgende Bestellung oder Übertragung einer Hypothek stellt einen Fall der ursprünglichen bzw nachträglichen Teilung der Forderung dar (vgl Rdn 10, 14). **21**

dd) Verteilung einer Einzelhypothek. Wird eine **Einzelhypothek** im Fall der Teilung des belasteten Grundstücks auf die neu gebildeten Grundstücke **verteilt**, so ist für die Bildung von Teilbriefen kein Raum. Da es keinen Unterschied machen kann, ob die Verteilung bereits anlässlich der Grundstücksteilung oder erst nach dem aus der Teilung resultierenden Entstehen eines Gesamtrechts erfolgt, ist vielmehr die Vorschrift des § 64 entsprechend anzuwenden (vgl § 64 Rdn 3).[44] Für die durch die Verteilung entstehenden Einzelhypotheken sind daher **von Amts wegen** neue selbständige Briefe zu erteilen. Nicht zulässig ist es, eine Hypothek in der Weise zu teilen, dass über jedes der belasteten Grundstücke bzw über jeden Miteigentumsanteil am Grundstück ein Teilhypothekenbrief für den Gesamtbetrag der Forderung hergestellt wird.[45] **22**

38 Dies gilt auch, wenn sich die Forderungen gegen verschiedene Schuldner richten (RG RGZ 126, 272, 277 ff = JW 1930, 827 mit abl Anm *Reinhard*; RG HRR 1934 Nr 1679; BayObLG BayObLGZ 1964, 32, 35; **aA** *Güthe-Triebel* § 66 Rn 3, die irrigerweise davon ausgehen, dass die teilweise Forderungsauswechslung eine Teilung des dinglichen Rechts bewirkt; differenzierend *MüKo-Eickmann* § 1113 Rn 32, 33).

39 *Hügel-Kral* Rn 14; *Güthe-Triebel* § 65 Rn 5; *Bauer/von Oefele-Weber* Rn 5; *Demharter* § 65 Rn 5; *Predari* § 65 Anm 2; Voraufl (6.) § 65 Rn 5; ähnlich *Hesse-Saage-Fischer* § 65 Anm II und *Thieme* § 65 Anm 2, welche die Zulässigkeit einer Teilbriefbildung ebenfalls verneinen, einen neuen selbständigen Brief aber nur auf Antrag erteilen wollen.

40 Ebenso RG RGZ 75, 245, 249 (eine Entscheidung, die unter dem Gesichtspunkt der Zulässigkeit einer Teilbriefbildung von der Literatur noch nicht gewürdigt wurde).

41 Vgl *Demharter* Rn 7 und § 65 Rn 3, 4 gegenüber § 65 Rdn 5; *Güthe-Triebel* Rn 4 gegenüber § 65 Rdn 3–5; Voraufl (6.) Rn 6 gegenüber § 65 Rdn 3–5.

42 *Henle-Schmitt* § 65 Anm 10; *Turnau-Förster* § 65 Anm A 1.

43 *Hügel-Kral* Rn 16; *Güthe-Triebel* Rn 7 (allerdings unter unrichtiger Berufung auf RG RGZ 52, 361).

44 KG KGJ 27 A, 151 = OLGE 9, 347 = RJA 4, 170; *Hügel-Kral* Rn 18; *Güthe-Triebel* Rn 9.

45 RG RGZ 52, 360, 361.

23 **ee) Rückstände von Zinsen und anderen Nebenleistungen.** Soweit die Forderung auf **Rückstände von Zinsen und anderen Nebenleistungen** oder auf die Erstattung von Kosten iS des § 1118 BGB gerichtet ist, bestimmt sich ihre Übertragung nach den für die Übertragung von Forderungen geltenden allgemeinen Vorschriften (§§ 1159 Abs 1, 398 ff BGB). Da sachenrechtliche Grundsätze somit nicht anwendbar sind, kommt die Bildung eines Teilbriefs selbst dann nicht in Betracht, wenn die genannten (Forderungsteile (zB durch Abtretung, Verpfändung oder Pfändung) vom Kapital getrennt werden.[46] Das Gleiche gilt, wenn der Eigentümer den Gläubiger wegen allein nach § 1145 Abs 1 S 2, Abs 2 S 1 BGB privilegierter Nebenleistungen befriedigt oder wenn sich die Rückstandshypothek aus einem anderen Grund mit dem Eigentum in einer Person vereinigt. Diese Umstände führen nämlich nicht zu einem teilweisen Übergang der Hypothek auf den Eigentümer (hierzu vgl Rdn 14), sondern bewirken ein teilweises Erlöschen der Hypothek (§§ 1145 Abs 3, 1178 Abs 1 BGB). Wegen künftiger Nebenleistungen vgl Rdn 16.

24 **ff) Rangänderung/Ausnutzung eines Rangvorbehalts.** Bei der Rangänderung oder der Ausnutzung eines Rangvorbehalts kann es beim Vorhandensein von Zwischenrechten wegen der unterschiedlichen Beträge von vor- und zurücktretenden sowie vorbehaltenen und belasteten Rechten für Teilbeträge der Hypothek zum Entstehen von **relativen Rangverhältnissen** kommen (§§ 880 Abs 5, 881 Abs 4 BGB).[47] Hierdurch findet jedoch nur scheinbar eine Teilung der Hypothek statt. Wenn zB das Recht Abt III Nr 1 (15000 EURO) hinter das Recht Abt III Nr 3 (6000 EURO) zurücktritt und ein Zwischenrecht Abt III Nr 2 (10000 EURO) vorhanden ist, so hat das hierdurch entstehende relative Rangverhältnis (Befriedigungsreihenfolge: III/3: 6000 EURO, III/1a: 9000 EURO, III/2: 10000 EURO, III/1b: 6000 EURO) seine Ursache darin, dass der Rangänderung zwischen den Rechten Abt III Nrn 1 und 3 keine absolute Wirkung zukommt. Das nicht an der Rangänderung beteiligte Recht Abt III Nr 2 behält vielmehr seinen Vorrang gegenüber dem Recht Abt III Nr 3 und seinen Nachrang im Verhältnis zu dem Recht Abt III Nr 1. Es ergibt sich somit die Situation, dass die Rechte Abt III Nrn 1 und 3 ihre Rangposition zwar im vollen Umfang getauscht haben, aber mit ihrem jeweiligen Gesamtbetrag im Verhältnis zu dem Recht Abt III Nr 2 rangmäßig unverändert bleiben. Von einer rangrechtlichen Teilung des Rechts Abt III Nr 1 iS des § 1152 BGB kann daher keine Rede sein.[48]

3. Ein Antrag auf Erteilung eines Teilbriefs

25 **a) Das Antragserfordernis.** Die Herstellung von Teilbriefen erfolgt **nicht von Amts wegen.** Dies beruht darauf, dass die Bildung eines Teilbriefs weder materiellrechtliche Voraussetzung, noch zwingende Folge einer Forderungsteilung ist (arg § 1152 S 1 BGB: »kann«). Da mit dem Stammbrief ein ausreichendes Übergabeobjekt vorhanden ist,[49] gilt dies selbst in den Fällen, bei denen die Wirksamkeit der für die Teilung der Forderung ursächlichen Rechtsänderung von der Übergabe des Hypothekenbriefs abhängig ist (vgl §§ 1154 Abs 1, 1069 Abs 1, 1274 Abs 1 BGB, § 830 ZPO). Demnach ist die Eintragung einer die Teilung der Forderung herbeiführenden Rechtsänderung sowohl materiellrechtlich als auch verfahrensrechtlich nicht von der Bildung eines Teilbriefs abhängig. Das Grundbuchamt ist daher nicht befugt, die Eintragung der Rechtsänderung nur deshalb zu verweigern, weil kein Antrag auf Erteilung eines Teilbriefs gestellt wurde.[50] Ebenso wenig ist es dem Grundbuchamt erlaubt, die Herstellung eines Teilbriefs von der vorherigen Eintragung der die Teilung bewirkenden Rechtsänderung abhängig zu machen, da eine Teilbriefbildung auch für erst künftig beabsichtigte Teilungen der Forderung (bzw Hypothek) zulässig ist (vgl Rdn 13).

26 Machen die Beteiligten von der Möglichkeit der Herstellung eines Teilbriefs keinen Gebrauch, so bleibt der bisherige Stammbrief für den Gesamtbetrag der Hypothek gültig, obwohl die Forderungsteilung die Zerlegung der Hypothek in mehrere selbständige dingliche (Teil)Rechte bewirkt.[51] Ist mit der Forderungsteilung (zB im Fall der Teilabtretung) ein Gläubigerwechsel verbunden, so entsteht Miteigentum am Stammbrief im Verhältnis der den einzelnen Gläubigern zustehenden Beträge (§ 952 Abs 2 BGB, vgl § 56 Rdn 2). Sofern die für die Teilung der Forderung ursächliche Rechtsänderung im Grundbuch eingetragen wird, ist lediglich der ursprüngliche Stammbrief zu ergänzen (§ 62). Dies gilt auch im Fall einer von § 65 erfassten (vgl § 65 Rdn 4) teilweisen Umwandlung der Hypothek in eine Grundschuld. Es bestehen nämlich keine Bedenken dagegen, auch die infolge der Umwandlung entstandene Teilgrundschuld als durch den bisherigen **Hypotheken**brief verbrieft anzusehen (vgl Rdn 14). Für die Annahme, im Fall der teilweisen rechtsgeschäftlichen oder kraft Gesetzes erfol-

---

46 OLG Braunschweig OLGE 15, 338; MüKo-*Eickmann* § 1152 Rn 4 mwN; *Hügel-Kral* Rn 19.
47 Statt vieler vgl *Staudinger-Kutter* § 880 Rn 33, 34, 47 und § 881 Rn 33 ff.
48 *Hügel-Kral* Rn 20; **aA** zu Unrecht *Bauch* Rpfleger 1983, 350, der nicht berücksichtigt, dass das Bestehen eines relativen Rangverhältnisses ja gerade die fehlende rangmäßige Teilung des betreffenden Rechts (im Beispiel Abt III Nr 1) voraussetzt.
49 RG RGZ 69, 36, 39; KG KGJ 44, 280, 285; JW 1938, 900; OLG Hamburg OLGE 9, 314.
50 KG KGJ 21 A, 330 = RJA 2, 83; KGJ 24 A, 132, 134 = OLGE 4, 186; *Güthe-Triebel* Rn 13, 15; KEHE-*Eickmann* Rn 4.
51 RG RGZ 59, 313, 318; 69, 36, 40; KG KGJ 44, 280, 285; JW 1938, 900; JFG 21, 306, 310 = DR 1940, 1574 = HRR 1940 Nr 1197 = DNotZ 1941, 347; *Hügel-Kral* Rn 2; *Güthe-Triebel* Rn 10, 36; *Demharter* Rn 2.

genden Umwandlung der Hypothek in eine Grundschuld sei in Abweichung vom Antragserfordernis **von Amts wegen** ein Teilgrundschuldbrief herzustellen, ist daher eine Rechtsgrundlage nicht zu erblicken.[52]

Die selbständige Verbriefung eines Teilrechts kann nicht nur in der Form eines Teilbriefs erfolgen. Es besteht **27** vielmehr auch die Möglichkeit, unter Unbrauchbarmachung des Stammbriefs (§ 69) für **jeden** Teil des dinglichen Rechts einen selbständigen Brief zu erteilen (§ 67).[53]

b) Die Form des Antrags. Da die Eintragung der die Forderungsteilung bewirkenden Rechtsänderung nicht **28** von der Herstellung eines Teilbriefs abhängig ist, handelt es sich bei dem Antrag auf Erteilung eines Teilbriefs nicht um eine zur Eintragung erforderliche Erklärung. Der Antrag unterliegt daher nicht dem Formerfordernis des § 29. Zur Form der Antragsvollmacht, zur Bevollmächtigung eines Notars oder Rechtsanwalts und zur Problematik bei der Bevollmächtigung von nach § 13 Abs 2 FGG nicht vertretungsbefugten Personen aufgrund der am 01.07.2008 in Kraft getretenen Neufassung des § 13 FGG durch Art 10 des RDG vom 12.12.2007 (BGBl I 2840) vgl § 57 aF Rdn 33 und § 60 Rdn 58.

c) Die Antragsberechtigung. aa) Das Antragsrecht des bisherigen Gläubigers. Antragsberechtigt ist **29** zunächst der **bisherige Gläubiger**, von dessen Hypothek ein Teil abgetrennt wird. War die Hypothek bereits geteilt und wird das entstandene Teilrecht nochmals zerlegt, so kommt nur dem Gläubiger des Teilrechts ein Antragsrecht zu. Der Gläubiger des Stammrechts als vormaliger Gläubiger des nunmehr selbständigen Teilrechts ist weder antragsberechtigt, noch ist die Erteilung des Teilbriefs auf Antrag des bisherigen Gläubigers des zerlegten Teilrechts von seiner Zustimmung abhängig. Dies gilt auch dann, wenn das Teilrecht des antragsberechtigten bisherigen Gläubigers noch nicht selbständig durch einen Teilbrief verbrieft war. Der Gläubiger des Stammrechts kann allenfalls als »*früherer bisheriger Gläubiger*« beantragen, für das nunmehr zerlegte Teilrecht des bisherigen Gläubigers einen Teilbrief herzustellen. Die Zustimmung des Erwerbers des Teilrechts, etwaiger anderer Teilhypothekengläubiger oder des Grundstückseigentümers (vgl § 1152 S 1 HS 2 BGB) ist zur Erteilung eines Teilbriefs auf Antrag des bisherigen Gläubigers nicht erforderlich.[54]

bb) Das Antragsrecht des neuen Gläubigers. Der neue Gläubiger ist nur unter der Voraussetzung antrags- **30** berechtigt, dass er das Teilrecht bereits dinglich erworben hat.[55] Ein schuldrechtlicher Anspruch auf den Erwerb des Teilrechts gewährt noch keine Antragsberechtigung.[56] Dass die Erteilung des Teilbriefs auf Antrag des neuen Gläubigers nicht der Zustimmung des Grundstückseigentümers oder etwa vorhandener anderer Teilrechtsgläubiger bedarf, entspricht der Rechtslage bei der Herstellung des Teilbriefs auf Antrag des bisherigen Gläubigers (vgl Rdn 29). Umstritten ist hingegen, ob die Erteilung des Teilbriefs von der **Zustimmung des bisherigen Gläubigers** abhängig ist. Die bejahende Ansicht[57] hält diese (formfreie)[58] Zustimmung nur für entbehrlich, wenn der bisherige Gläubiger kraft gesetzlicher Vorschrift zur Vorlegung des Stammbriefs zum Zweck der Herstellung eines Teilbriefs verpflichtet ist (§§ 1145, 1150, 1167, 1168 BGB). Dem kann aus materiellrechtlichen und verfahrensrechtlichen Erwägungen nicht gefolgt werden. Da dem neuen Gläubiger ein Antragsrecht nur zusteht, wenn er das Teilrecht bereits dinglich erworben hat, kann der bisherige Gläubiger in seiner Eigenschaft als nunmehriger Inhaber der Teilresthypothek materiellrechtlich nicht von der Erteilung eines Teilbriefs über den ihm nicht mehr zustehenden Teil der Hypothek beeinträchtigt werden. Aber auch aus verfahrensrechtlichen Gründen besteht keine Veranlassung, die Erteilung des Teilbriefs von der Zustimmung des bisherigen Gläubigers abhängig zu machen. Denn der neue Gläubiger muss sein Antragsrecht ohnehin durch die Widerlegung der Vermutung des § 891 BGB entsprechend § 22 Abs 1 S 1 nachweisen. Kann er diesen Nachweis führen (zB durch Vorlegung des Stammbriefs – vgl § 1117 Abs 3 BGB – sowie einer der Form des § 29 entsprechenden Abtretungserklärung), so steht fest, dass der bisherige Gläubiger nicht mehr dinglich berechtigt ist. Gelingt der Unrichtigkeitsnachweis nicht, so ist verfahrensrechtlich ohnehin von der dinglichen Berechtigung des »bisherigen« Gläubigers und demzufolge von dessen alleinigem Antragsrecht auszugehen. Aus diesen Gründen ist der Auffassung zuzustimmen, welche eine Zustimmung des bisherigen Gläubigers zur Erteilung eines Teilbriefs auf Antrag des neuen Gläubigers **in keinem Fall** für erforderlich hält.[59]

---

52 KG KGJ 40, 339, 340 = OLGE 21, 40; JFG 21, 306, 310 = DR 1940, 1574 = HRR 1940 Nr 1197 = DNotZ 1941, 347; *Demharter* § 65 Rn 3; **aA** Voraufl (6.) § 65 Rn 3; *Güthe-Triebel* § 65 Rn 3 (allerdings in Widerspruch zu den dortigen Ausführungen in § 61 Rn 4).
53 *Hügel-Kral* Rn 22; *Güthe-Triebel* Rn 22.
54 *Güthe-Triebel* Rn 14.
55 KG DNotV 1930, 241; *Hügel-Kral* Rn 24; *Demharter* Rn 9; *Güthe-Triebel* Rn 15; KEHE-*Eickmann* Rn 5.
56 *Hügel-Kral* Rn 24; *Güthe-Triebel* Rn 15.
57 *Hesse-Saage-Fischer* Anm II 4; MüKo-*Eickmann* § 1152 Rn 7 (anders aber nunmehr KEHE-*Eickmann* Rn 5); *Turnau-Förster* § 1152 Anm 2.
58 Vgl KG KGJ 40, 339 = OLGE 21, 40, welches die Streitfrage aber ausdrücklich offen lässt.
59 *Palandt-Bassenge* § 1152 Rn 2; *Staudinger-Wolfsteiner* § 1152 Rn 4; *Planck-Strecker* § 1152 Anm 3 b; *Biermann* § 1152 Anm 1 a; *Hügel-Kral* Rn 27; *Güthe-Triebel* Rn 15; *Bauer/von Oefele-Weber* Rn 15; KEHE-*Eickmann* Rn 5; *Demharter* Rn 10; *Predari* Anm 5.

31 **cc) Das Antragsrecht von Nießbrauchern, Verpfändungs- und Pfändungsgläubigern.** Auch **Nießbraucher, Verpfändungs- und Pfändungsgläubiger** sind antragsberechtigt, sofern der Nießbrauch oder das Pfandrecht bereits wirksam an einem Teil des ursprünglichen Stammrechts entstanden ist.[60] Der Pfändungsgläubiger ist aber auch dann antragsberechtigt, wenn (mangels eines Anspruchs auf Einräumung des Besitzes oder Mitbesitzes am Stammbrief) der Schuldner oder ein den Brief besitzender Dritter den Stammbrief zum Zweck der Bildung eines Teilbriefs für den Pfändungsgläubiger beim Grundbuchamt vorlegt und der Gläubiger sich das Recht auf Bildung des Teilbriefs durch Pfändungsbeschluss hat überweisen lassen.[61]

4. Die Vorlegung des Stammbriefs

32 Die Notwendigkeit der Vorlegung des Stammbriefs ergibt sich daraus, dass die Herstellung des Teilbriefs auf dem bisherigen Brief zu vermerken ist (§ 61 Abs 4). Daher ist der Antrag auf Bildung eines Teilbriefs abzulehnen, wenn der Stammbrief nicht vorgelegt wird.[62] Wenn der Antrag auf Herstellung des Teilbriefs mit einem die Stammhypothek betreffenden Eintragungsantrag verbunden ist, muss der Stammbrief ohnehin bereits aufgrund der Vorschrift des § 41 vorgelegt werden.[63] Der vorgelegte Stammbrief ist auf seine **formelle Ordnungsmäßigkeit** zu prüfen (vgl Rdn 64 und § 41 Rdn 46). Etwa vorhandene Mängel des Stammbriefs müssen behoben werden, da die Herstellung eines Teilbriefs auf der Grundlage eines fehlerhaften Stammbriefs nicht erfolgen darf.

33 Bei dem Stammbrief handelt es sich in der Regel um den ursprünglich über die gesamte Hypothek erteilten Brief. War jedoch die Hypothek bereits geteilt und soll nunmehr eines der Teilrechte weiter zerlegt werden, so ist der bereits über den von der Teilung betroffenen Hypothekenteil hergestellte Teilbrief als Stammbrief anzusehen (vgl Rdn 6, 9). Die Vorlegung vorhandener anderer Teilbriefe oder des ursprünglichen Stammbriefs ist in diesem Fall nicht erforderlich. Letzterer ist aber dann vorzulegen, wenn die anlässlich der Herstellung des bereits vorhandenen Teilbriefs unterbliebene (weil nicht erforderliche) grundbuchmäßige Teilung des ursprünglichen Stammrechts beantragt ist (vgl Rdn 7 und § 41 Rdn 33 aE, § 41 Rdn 44).[64] Bei dem nach § 3 der DVO vom 12.09.1927 (RGBl I, 299) im Fall des § 17 AufwG zu erteilenden Brief handelt es sich nicht um einen Teilbrief, sondern um einen selbständigen Brief. Die Vorlegung des ursprünglichen Briefs ist daher nicht erforderlich.[65]

IV. Die Zuständigkeit für die Erteilung eines Teilbriefs (§ 61 Abs 1)

1. Allgemeines

34 Die in § 61 Abs 1 geregelte Zuständigkeit bezieht sich nur auf die in § 61 Abs 2 und 4 bezeichneten Tätigkeiten. Soweit andere Normen einen Vermerk auf dem Stammbrief oder dem Teilbrief vorschreiben, ist ausschließlich die dort geregelte Zuständigkeit maßgebend. Dies gilt vor allem für die in § 62 vorgesehenen Briefergänzungsvermerke, deren Anbringung ausschließlich dem Grundbuchamt vorbehalten ist. Dabei handelt es sich vor allem um Vermerke über die grundbuchmäßig erfolgte Teilung der Hypothek (zB die Eintragung einer Teilabtretung). Die entsprechenden Vermerke auf dem Stammbrief und dem Teilbrief sind demnach auch dann vom Grundbuchamt anzubringen, wenn der Teilbrief von einem Notar oder einem Konsularbeamten hergestellt wird.[66] Da den nach § 62 vorgeschriebenen Vermerken notwendigerweise eine Grundbucheintragung vorausgeht, ist das Grundbuchamt im Rahmen der für die Eintragung erforderlichen Briefvorlegung (§ 41) verpflichtet, die **formelle Ordnungsmäßigkeit** des eingereichten Stamm- bzw Teilbriefs zu prüfen (vgl § 41 Rdn 46; zur Prüfung des Stammbriefs vgl auch Rdn 32, 64).

2. Die zuständigen Behörden

35 **a) Das Grundbuchamt.** Dass zur Herstellung eines Teilbriefs nur das Grundbuchamt zuständig ist, welches das Grundbuch über das belastete Grundstück führt (vgl § 1 Abs 1, 2),[67] ist selbstverständlich und daher in § 61 Abs 1 nicht ausdrücklich hervorgehoben. Das zuständige Grundbuchamt ist allerdings nicht in jedem Fall mit

---

60 *Hügel-Kral* Rn 25. Für das Pfändungspfandrecht vgl OLG Oldenburg Rpfleger 1970, 101; KG JW 1938, 900; HRR 1929 Nr 1968 = DNotZ 1930, 242; *Demharter* Anh zu § 26 Rn 30.
61 KG KGJ 40, 339, 340 = OLGE 21, 40; OLG Oldenburg Rpfleger 1970, 101.
62 RG WarnR 1912 Nr 291; KG JFG 6, 386, 387.
63 KG KGJ 30 A, 236 = OLGE 10, 444 = RJA 6, 63.
64 *Hügel-Kral* Rn 21. Missverständlich *Güthe-Triebel* Rn 16 und die Voraufl (6.) Rn 16, wo jeweils zu Unrecht die Vorlegung des ursprünglichen Stammbriefs auch dann für erforderlich gehalten wird, wenn das Stammrecht grundbuchmäßig unverändert bleiben soll.
65 KG JFG 6, 386.
66 *Hügel-Kral* Rn 29, 40, 49; *Güthe-Triebel* Rn 18, 30, 31, 34; *Demharter* Rn 12, 22, 24.
67 *Demharter* Rn 11.

dem Grundbuchamt identisch, das den Stammbrief erteilt hat. Ist ein Grundbuchbezirk (zB im Zuge der Gebietsreform) in die Zuständigkeit eines anderen Grundbuchamts übergegangen, so ist das übernehmende Grundbuchamt zur Erteilung von Teilbriefen auch dann (alleine) zuständig, wenn der Stammbrief noch vom abgebenden Grundbuchamt hergestellt wurde. Soll ein Teilbrief über ein Gesamtrecht hergestellt werden, das an in verschiedenen Grundbuchamtsbezirken belegenen Grundstücken lastet, so findet die Zuständigkeitsvorschrift des § 59 Abs 2 entsprechende Anwendung (vgl § 59 Rdn 6). Wegen der funktionellen Zuständigkeit und der Rechtslage in den neuen Bundesländern sowie in Baden-Württemberg vgl § 56 Rdn 27, 30–32.

b) Ein Notar. Die Herstellung von Teilbriefen kann durch jeden deutschen Notar erfolgen, und zwar unab- **36** hängig davon, ob sich das belastete Grundstück innerhalb seines Amtsbezirks befindet (vgl § 20 Abs 2 BNotO; für Baden-Württemberg vgl § 3 Abs 1 BaWüLFGG vom 12.02.1975, GBl 116). Wird der Notar außerhalb seines Amtsbezirks tätig, so hat dies auf die Gültigkeit des Briefs keinen Einfluss. Nur ein im Ausland hergestellter Teilbrief wäre unwirksam (§ 11 Abs 3 BNotO).

c) Die vormalige Zuständigkeit von Gerichten (§ 61 Abs 1 aF). Die nunmehr durch Art 1 Nr 23a des **37** RegVBG vom 20.12.1993 (BGBl I, 2182) beseitigte Zuständigkeit von Gerichten für die Herstellung von Teilbriefen (vgl Rdn 5) war durch das BeurkG vom 28.08.1969 (BGBl I, 1513) nicht beeinträchtigt worden. Der sich zur früheren Rechtslage auf die Generalklausel des § 56 Abs 4 BeurkG stützenden Gegenansicht[68] konnte nicht gefolgt werden. Für die bis zum In-Kraft-Treten des RegVBG weiterhin bestehende Zuständigkeit der Gerichte sprach zunächst, dass § 61 Abs 1 aF durch das BeurkG keine Änderung erfahren hatte, während die in § 29 geregelte gerichtliche Beurkundungszuständigkeit ausdrücklich durch § 57 Abs 6 und 7 des BeurkG beseitigt wurde. Da es sich im Übrigen – wovon sogar § 57 Abs 17 Nr 2a BeurkG und § 16 BNotO ausgehen – bei der Herstellung von Teilbriefen (§ 20 Abs 2 BNotO) nicht um Beurkundungen iS des BeurkG handelt,[69] konnte die Zuständigkeitsvorschrift des § 61 Abs 1 aF von der nur für gerichtliche und notarielle Beurkundungen und Beglaubigungen sowie für Erklärungen vor einem Gericht oder einem Notar geltenden Generalklausel des § 56 Abs 4 BeurkG von vornherein nicht erfasst werden. Dies ergab sich auch aus Art 43 BayAGGVG vom 23.06.1981 (GVBl 189). Die dort enthaltene Regelung, wonach die bayerischen Gerichte nur noch als Grundbuchämter für die Herstellung von Teilbriefen zuständig waren, wäre nämlich sinnlos gewesen, wenn die in § 61 Abs 1 aF bezeichnete Zuständigkeit der Gerichte ohnehin nicht mehr bestanden hätte. Schließlich wurde die hiernach gegebene Zuständigkeit der Gerichte für die Herstellung von Teilbriefen auch nicht durch den Wegfall des Art 141 EGBGB (vgl § 57 Abs 4 Nr 2 BeurkG) beeinträchtigt, da es sich bei § 61 Abs 1 aF um eine bundesrechtliche Vorschrift handelte und es daher für die besagte Zuständigkeit keiner weiteren Rechtsgrundlage bedurfte. Im Übrigen war in § 59 BeurkG geregelt, dass bundesrechtliche Vorschriften unberührt bleiben, soweit im BeurkG selbst nicht anderweitige Bestimmungen getroffen wurden. Die in § 61 Abs 1 aF enthaltene Zuständigkeitsregelung war demzufolge weder ausdrücklich aufgehoben worden, noch wurde sie von der Generalklausel des § 56 Abs 4 BeurkG erfasst. Demnach war bis zum In-Kraft-Treten des RegVBG davon auszugehen, dass die gerichtliche Zuständigkeit für die Herstellung von Teilbriefen unverändert fortbestand. Welche Gerichte zuständig waren, bestimmte sich nach den einschlägigen landesrechtlichen Vorschriften.[70]

d) Konsularbehörden. Konsularbeamte (Berufskonsularbeamte oder Honorarkonsularbeamte) sind aufgrund **38** der ihnen kraft Gesetzes verliehenen allgemeinen Beurkundungsbefugnis zur Herstellung von Teilbriefen zuständig (vgl die §§ 1, 2, 10, 18, 19, 20, 24 KonsularG vom 11.09.1974, BGBl I, 2317, § 7 Nr 2 des Gesetzes vom 07.04.1900, RGBl 213, und § 7 Nr 2 der VO vom 31.07.1925, RGBl II, 735). Die den Berufskonsuln oder den an einer konsularischen Behörde tätigen Beamten nach § 37a des Gesetzes vom 08.11.1967 (BGBl 137) erteilten besonderen Ermächtigungen sind spätestens mit Ablauf des 11.12.1977 erloschen (§§ 28 Abs 2, 31 KonsularG).

V. Die Herstellung des Teilbriefs

1. Allgemeines

Der Teilbrief wird entsprechend praktischer Übung in der Regel für den vom Stammrecht abgezweigten Teil **39** der Hypothek hergestellt. Es ist aber genauso möglich, den Teilbrief (zB im Fall einer Teilabtretung) für den dem bisherigen Gläubiger verbleibenden Restbetrag zu erteilen und den Stammbrief als Brief für den abgetrennten Teil der Hypothek zu verwenden.[71] Da der Stammbrief nicht zugleich Teilbrief sein kann (arg § 61 Abs 4), ist es aber nicht zulässig, den Stammbrief als Teilbrief zu verwenden und ihn als solchen zu bezeich-

---

68 KEHE-*Eickmann* (4.) Rn 7; *Demharter* Rn 11.
69 *Soergel-Mayer* § 1 BeurkG Rn 4.
70 Vgl Mot 104.
71 KG KGJ 10, 115; *Hügel-Kral* Rn 30; *Güthe-Triebel* Rn 22.

nen.[72] Ob ein Teil**hypotheken**brief oder ein Teil**grundschuld**brief zu erteilen ist, richtet sich nach der Rechtslage zum Zeitpunkt der Teilbriefherstellung (vgl Rdn 14, 15 und Fn 26, 30). Wegen des Verfahrens bei der Herstellung eines (Teil)Hypothekenbriefs kann auf die Ausführungen in § 56 Rdn 41, 42 verwiesen werden. Der Zwang zur Verwendung der von der Bundesdruckerei in Berlin hergestellten amtlichen Briefvordrucke (vgl § 52 Abs 2 GBV) gilt auch für die zur Teilbriefbildung zuständigen Notare.[73] Wegen der äußeren Form des Teilbriefs vgl das als Anlage 4 zur GBV abgedruckte Briefmuster (zum alten Recht vgl das Briefmuster Anlage 4 im Anhang zu § 57 aF).

2. Die Erfordernisse des Teilhypothekenbriefes (§ 61 Abs 2–4)

40 Wie bei der Herstellung eines gewöhnlichen Hypothekenbriefs (§§ 56–58) wird auch beim Teilhypothekenbrief zwischen für die Gültigkeit des Briefs wesentlichen (§ 61 Abs 2 S 1, Abs 3) und nicht wesentlichen (§ 61 Abs 2 S 2, 3, Abs 4) Erfordernissen unterschieden.

41 **a) Wesentliche Erfordernisse (§ 61 Abs 2 S 1, Abs 3). aa) Die Bezeichnung als Teilhypothekenbrief.** Für die Gültigkeit des Briefs genügt es, wenn sich die Bezeichnung als »*Teilhypothekenbrief*« an irgendeiner Stelle (zB im Text) des Briefs befindet. Lediglich durch die Ordnungsvorschrift des § 47 GBV idF der VO vom 01.12.1977 (BGBl I, 2313) ist bestimmt, dass die Worte »*Deutscher (Teil)Hypothekenbrief*« in der Überschrift des Briefes enthalten sein müssen (hierzu vgl auch das Muster Anl 4 zur GBV und § 56 Rdn 34).

42 **bb) Eine beglaubigte Abschrift der in § 56 Abs 1 S 2 vorgesehenen Angaben des bisherigen Briefs.** Die beglaubigte Abschrift des Stammbriefs muss die Bezeichnung des Stammbriefs als »*Hypothekenbrief*«, den Geldbetrag der Hypothek, die Bezeichnung des belasteten Grundstücks und die Angaben über die Unterschrift und Siegelung bzw Stempelung des Stammbriefs enthalten (hierzu vgl § 56 Rdn 34–40). Die beglaubigte Abschrift dieser Angaben kann zweckmäßigerweise mit der beglaubigten Abschrift der sonstigen Angaben des bisherigen Briefes und der sich auf ihm befindenden Vermerke verbunden werden. Auf diese Weise wird der gesamte Stammbrief im Zusammenhang abgeschrieben und die Abschrift beglaubigt (vgl den Vermerk im Muster Anl 4 zur GBV: »*Die vorstehende Abschrift stimmt mit der Urschrift überein.*«). Dieses Verfahren hat den Vorteil, dass es zugleich die für die Gültigkeit des Briefs nicht wesentlichen Erfordernisse des § 61 Abs 2 S 2 erfüllt (hierzu vgl Rdn 46, 47). Zu beachten ist allerdings, dass der auf dem Stammbrief anzubringende Vermerk (vgl Rdn 51) über die Eintragung der die Teilung herbeiführenden Rechtsänderung nicht mitabgeschrieben und beglaubigt werden darf.[74] Die Eintragung der Rechtsänderung ist nach § 62 vielmehr unmittelbar auf dem Teilbrief zu vermerken. Diesem Erfordernis würde die lediglich mittelbare (weil abschriftliche) Wiedergabe des sich auf dem Stammbrief befindenden Vermerks nicht genügen. Ein Verstoß gegen § 62 würde die Gültigkeit des Teilbriefs allerdings nicht berühren.

43 **cc) Die Bezeichnung des Teilbetrags der Hypothek, auf den sich der Teilbrief bezieht.** Nach dem als Anlage 4 zur GBV abgedruckten Briefmuster ist der Teilbetrag der Hypothek ein Bestandteil der Überschrift des Teilbriefs. Dabei ist nicht der ursprüngliche Betrag des Stammrechts, sondern der zu verbriefende Teilbetrag in das schraffierte Betragsfeld der Briefüberschrift einzusetzen.[75] Außerdem erscheint der Teilbetrag im sog Herstellungsvermerk (vgl Rdn 52). Für die Gültigkeit des Teilbriefs ist es aber ausreichend, wenn der Teilbetrag der Hypothek an irgendeiner Stelle des Briefs angegeben ist.

44 **dd) Die Unterschrift.** Wegen des Erfordernisses der Unterschrift(en) und der funktionellen Zuständigkeit der Grundbuchbeamten kann (auch im Hinblick auf maschinell herzustellende Briefe, § 87 GBV) auf die Ausführungen in § 56 Rdn 30–32, 37–39 verwiesen werden. Wird der Teilbrief nicht vom Grundbuchamt hergestellt, so genügt die Unterschrift des Ausstellers (Notar, Konsul). Für den nach § 62 vorgeschriebenen Vermerk über die Eintragung der die Teilung herbeiführenden Rechtsänderung (vgl Rdn 51) gelten hingegen die allgemeinen grundbuchrechtlichen Vorschriften (zwei Unterschriften; wegen der in den neuen Bundesländern und in Baden-Württemberg bestehenden Ausnahmen vgl § 56 Rdn 30, 32). Ein Verstoß gegen § 62 hätte jedoch auf die Gültigkeit des Teilbriefs keinen Einfluss. Die im Entw I § 61 Abs 1 noch als wesentliches Erfordernis vorgesehene **Datierung** des Teilbriefs ist nicht ausdrücklich vorgeschrieben. Sie kann allenfalls als durch **Ordnungsvorschrift** angeordnet angesehen werden (vgl § 56 Rdn 43).

45 **ee) Siegel oder Stempel.** Wegen der erforderlichen Siegelung bzw Stempelung wird (auch im Hinblick auf maschinell herzustellende Briefe, § 87 GBV) auf die Ausführungen in § 56 Rdn 40 Bezug genommen. Sofern die Teilung der Hypothek im Grundbuch eingetragen wurde, muss ein nicht vom Grundbuchamt hergestellter

---

72 *Hügel-Kral* Rn 30; *Güthe-Triebel* Rn 22.
73 KEHE-*Eickmann* § 52 GBV Rn 2.
74 *Güthe-Triebel* Rn 24; *Demharter* Rn 15.
75 Anders noch das alte Briefmuster Anl 4 zu GBVfg aF (abgedruckt bei § 57 aF Rdn 40).

Teilbrief mit zwei Siegeln bzw Stempeln versehen sein. Neben dem Siegel (Stempel) der ausstellenden Behörde ist in diesem Fall nämlich noch die Siegelung (Stempelung) des vom Grundbuchamt anzubringenden Eintragungsvermerks erforderlich (§ 62 Abs 1 S 1); ein dem grundbuchamtlichen Vermerk anhaftender Mangel berührt die Gültigkeit des Teilbriefs jedoch nicht.

b) Nicht wesentliche Erfordernisse (§ 61 Abs 2 S 2, 3, Abs 4). aa) Eine beglaubigte Abschrift der sonstigen Angaben des bisherigen Briefs (§ 61 Abs 2 S 2). Bei den »sonstigen Angaben« des bisherigen **46** Briefs handelt es sich um die in § 57 bezeichneten nicht wesentlichen Erfordernisse des Stammbriefs. Der Inhalt der mit dem bisherigen Brief verbundenen Schuldurkunde gehört nicht zu den »sonstigen Angaben« iS des § 61 Abs 2 S 2 (vgl Rdn 54). Sofern der Stammbrief vor dem 01.01.1978 hergestellt wurde, muss ein nach diesem Zeitpunkt zu erteilender Teilbrief eine beglaubigte Abschrift der nicht wesentlichen Erfordernisse des Stammbriefs iS des § 57 aF enthalten. Die Angaben des bisherigen Briefs werden zweckmäßigerweise in der in Rdn 42 dargestellten Form in den Teilbrief aufgenommen. Stimmen diese Angaben mit dem Inhalt des Grundbuchs nicht überein, so stellt sich die Frage, ob sie ungeachtet ihrer Unrichtigkeit in den Teilbrief zu übernehmen sind oder ob eine **von Amts wegen** erfolgende vorherige Berichtigung des Stammbriefs für zulässig erachtet werden kann. Es ist zu unterscheiden: Stimmt der Inhalt des bisherigen Briefs nicht mit dem Grundbuchinhalt überein, weil die erforderlichen Angaben bei der ursprünglichen Erteilung des Stammbriefs entgegen § 57 überhaupt nicht oder unrichtig in den Brief aufgenommen wurden, so ist das Grundbuchamt (nicht andere zur Herstellung eines Teilbriefs zuständige Behörden!) verpflichtet, den Inhalt des Stammbriefs von Amts wegen richtig zu stellen (vgl § 57 aF Rdn 36, 38). Beruht die Nichtübereinstimmung hingegen darauf, dass sich der Grundbuchinhalt seit der Herstellung des Stammbriefs verändert hat, so ist eine Berichtigung des Stammbriefs **nur auf Antrag** zulässig (§ 57 Abs 2 nF bzw § 57 Abs 3 aF iVm Art 8 § 2 des Gesetzes vom 22.06.1977, BGBl I, 998). Ist ein solcher Antrag nicht gestellt, so müssen die unrichtigen Angaben des Stammbriefs in den Teilbrief übernommen werden.[76] Antragsberechtigt ist jeder Besitzer des Stammbriefs, ohne dass er sich als Rechtsinhaber legitimieren müsste (vgl § 57 aF Rdn 33). Es ist nicht mit § 57 Abs 2 (bzw § 57 Abs 3 aF) vereinbar, im vorliegenden Fall nur dem bisherigen Gläubiger des Stammrechts ein Antragsrecht zuzugestehen.[77]

bb) Eine beglaubigte Abschrift der auf dem bisherigen Brief befindlichen Vermerke (§ 61 Abs 2 S 2). Bei **47** den entsprechend der in Rdn 42 geschilderten Verfahrensweise vom Stammbrief in den Teilbrief zu übernehmenden Vermerken kann es sich um **amtliche Vermerke** (zB nach den §§ 57 Abs 2 nF, 57 Abs 3 aF, 62) oder um **Privatvermerke** handeln. Nicht zu den amtlichen Vermerken in diesem Sinne zählt der durch § 62 vorgeschriebene Vermerk über die Eintragung der die Hypothekenteilung verursachenden Rechtsänderung (vgl Rdn 42). Wegen der sich im Fall der Nichtübereinstimmung von amtlichen Vermerken und Grundbuchinhalt ergebenden Fragen kann auf die entsprechend anwendbaren Ausführungen in Rdn 46 verwiesen werden. Zu den Privatvermerken gehören vor allem Vermerke, aus denen sich die Unrichtigkeit des Grundbuchs oder ein Widerspruch gegen die Richtigkeit des Grundbuchs ergibt (§ 1140 BGB). Hierzu zählen zB Angaben über eine teilweise Befriedigung des Gläubigers (§§ 1145 Abs 1 S 2, 1150, 1167 BGB) oder den teilweisen Verzicht des Gläubigers auf die Hypothek (§ 1168 Abs 3 BGB). Auch Einreden iS des § 1157 BGB (vgl § 41 Rdn 85) können mittels eines Privatvermerks in den Brief aufgenommen werden. Wegen der **Form** von Privatvermerken vgl § 41 Rdn 53 und § 68 Rdn 12, 13.

cc) Der Teilungsvermerk. Nach dem als Anlage 4 zur GBV abgedruckten amtlichen Briefmuster soll die für **48** die Teilung der Hypothek ursächliche Rechtsänderung auf dem Teilbrief vermerkt werden. Dieser zweckmäßige, aber weder durch § 61 noch durch die GBV vorgeschriebene Vermerk ist im Anschluss an die in Rdn 41–47 bezeichneten Angaben auf dem Teilbrief anzubringen, und zwar auch dann, wenn die die Teilung herbeiführende Rechtsänderung (zB mangels Eintragungsbedürftigkeit oder in Fällen der zukünftigen Teilung) nicht im Grundbuch eingetragen wird. Im genannten (noch nicht auf EURO umgestellten) Briefmuster hat der Teilungsvermerk folgenden (aktualisierten) Wortlaut:

»Von den 20000 EURO sind 5000 (fünftausend) EURO nebst den Zinsen seit dem 1. Juli 1981 mit dem Vorrange vor **49** *dem Rest abgetreten an den Ingenieur Hans Müller, geboren am 14. Januar 1958, Waslingen.«*

Dieser im amtlichen Briefmuster behandelte Fall einer Teilabtretung hat dazu geführt, dass der Teilungsvermerk **50** in der Literatur des öfteren als »Übertragungsvermerk« bezeichnet wird.[78] Da der Gläubigerwechsel kein Begriffsmerkmal der Teilung darstellt (vgl Rdn 13, 18), sollte eine solche Bezeichnung jedoch vermieden werden. Des weiteren ist zu beachten, dass der das Rangverhältnis zwischen den Teilrechten betreffende Teil des

---

76 *Hügel-Kral* Rn 37; *Güthe-Triebel* Rn 28; *Demharter* Rn 19.
77 So aber *Güthe-Triebel* Rn 28 in Widerspruch zu den dortigen Ausführungen in § 57 Rn 13; ähnlich die Voraufl (6.) Rn 27 gegenüber § 57 Rn 20.
78 Vgl zB *Güthe-Triebel* Rn 30 und die Voraufl (6.) Rn 29.

Mustervorschlags kein Bestandteil des Teilungsvermerks ist. Vielmehr handelt es sich hierbei um die durch § 62 vorgeschriebene Verlautbarung der im Grundbuch eingetragenen und im Gegensatz zur Abtretung wegen § 880 Abs 2 S 1 BGB in jedem Fall eintragungsbedürftigen Rangänderung (hierzu vgl Fn 33!). Für diese Ergänzung des Briefs (der Inhalt **beider** Rechtsänderungen wird im in Rdn 51 wiedergegebenen Eintragungsvermerk des Mustervorschlags nicht wiederholt!) ist auch dann das Grundbuchamt zuständig, wenn der Teilbrief von einer anderen zuständigen Behörde hergestellt wird (vgl Rdn 51). Die Anbringung des bloßen Teilungsvermerks fällt dagegen stets in den Zuständigkeitsbereich der den Teilbrief herstellenden Behörde.[79]

51   **dd) Der Eintragungsvermerk (§ 62).** Der auf den Teilbrief zu setzende Vermerk über die Eintragung der die Teilung herbeiführenden Rechtsänderung ist nicht durch § 61, sondern durch § 62 vorgeschrieben. Er stellt daher streng genommen (ebenso wie der Teilungs- und der Herstellungsvermerk) kein nicht wesentliches Erfordernis des Teilbriefs dar. Im amtlichen Briefmuster (abgedruckt als Anlage 4 zur GBV) lautet der (nach Maßgabe der in Rdn 50 enthaltenen Ausführungen mit dem Teilungsvermerk vermengte) Vermerk: »*Die Abtretung und die Rangänderung sind am 7. Juli 1981 im Grundbuch eingetragen.*« Die genaue Bezeichnung der Rechtsänderungen ergibt sich im Musterfall bereits aus dem (dann aber vom Grundbuchamt anzubringenden!) Teilungsvermerk. Für die durch § 62 vorgeschriebene Briefergänzung ist ausschließlich das Grundbuchamt zuständig. Andere für die Herstellung von Teilbriefen zuständige Stellen dürfen den Eintragungsvermerk nicht anbringen.

52   **ee) Der Herstellungsvermerk.** Im Anschluss an den Eintragungsvermerk soll der Teilbrief von der ausstellenden Behörde mit einem ausdrücklichen Vermerk über seine Herstellung versehen werden. Dieser Vermerk ist aber ebenso wie der Teilungsvermerk lediglich in dem amtlichen (noch nicht auf EURO umgestellten) Briefmuster (Anlage 4 zur GBV) vorgesehen: »*Über diese 5000 (fünftausend) EURO ist dieser Teilhypothekenbrief hergestellt worden.*«

53   **ff) Der Vermerk der Herstellung des Teilbriefs auf dem Stammbrief (§ 61 Abs 4).** Die Herstellung des Teilbriefs ist nach § 61 Abs 4 auf dem Stammbrief zu vermerken. Wegen Einzelheiten vgl Rdn 55–58. Ein Zusatz auf dem Teilbrief, dass seine Herstellung auf dem Stammbrief ordnungsgemäß vermerkt wurde, ist nicht erforderlich (anders noch der Entw I § 61 Abs 2 HS 2).

54   **gg) Die Verbindung einer beglaubigten Abschrift der Schuldurkunde mit dem Teilbrief (§ 61 Abs 2 S 3).** In Anlehnung an die Vorschrift des § 58 Abs 1 bestimmt § 61 Abs 2 S 3, dass eine mit dem bisherigen Brief verbundene Schuldurkunde in beglaubigter Abschrift mit dem Teilbrief verbunden werden soll. Da der Antragsteller nicht zur Vorlegung der zur Verbindung notwendigen beglaubigten Abschrift der Schuldurkunde verpflichtet ist, muss das Grundbuchamt die beglaubigte Abschrift notfalls selbst herstellen (vgl § 58 Rdn 24 aE).[80] Der Inhalt der Schuldurkunde gehört nicht zu den »sonstigen Angaben« des bisherigen Briefs iS des § 61 Abs 2 S 2. Demzufolge ist es nicht zulässig, den Inhalt der Schuldurkunde in die beglaubigte Abschrift dieser Angaben miteinzubeziehen. Dieses ordnungswidrige Verfahren würde vor allem dazu führen, dass die in gewissen Fällen (§§ 65, 69) vorgesehene Abtrennung und Rückgabe der Schuldurkunde nicht mehr möglich wäre.[81] Die infolgedessen gesondert herzustellende beglaubigte Abschrift der Schuldurkunde ist unter Verwendung von Schnur und Siegel mit dem Teilbrief zu verbinden (§ 50 GBV, vgl § 58 Rdn 28). Andere Urkunden als Schuldurkunden werden mit dem Teilbrief ebenso wenig verbunden wie mit dem Stammbrief (vgl § 58 Rdn 11). Ein **maschinell hergestellter Teilbrief** muss nach § 88 S 1 GBV nicht mit einer beglaubigten Abschrift der Schuldurkunde verbunden werden. Er muss jedoch den Aufdruck »*Nicht ohne Vorlage der Urkunde für die Forderung gültig*« enthalten (§ 88 S 2 GBV; zur Kritik an dieser Regelung vgl § 58 Rdn 28). Soweit die Herstellung des Teilbriefs zum Anlass genommen wird, einen nach dem 31.12.1977 auf herkömmliche Weise hergestellten Stammbrief in maschineller Form neu zu erteilen (vgl § 89 GBV), führt diese Verfahrensweise zu dem eigenartigen Ergebnis, dass der neue Teilbrief ohne Schuldurkunde erteilt wird, während der Stammbrief weiterhin mit einer Schuldurkunde verbunden bleibt. Bei vor dem 01.01.1978 erteilten »alten« Stammbriefen lässt sich diese Diskrepanz ohnehin nicht vermeiden (vgl Rdn 59, 61, § 57 nF Rdn 14, § 57 aF Rdn 35 und § 62 Rdn 24). Auch diese Ungereimtheiten zeigen, dass die Vorschriften über maschinelle Grundpfandrechtsbriefe wenig durchdacht sind.

---

79   *Hügel-Kral* Rn 39; *Güthe-Triebel* Rn 30.
80   KG OLGE 43, 14; *Hügel-Kral* Rn 42; *Güthe-Triebel* Rn § 58 Rn 3; KEHE-*Eickmann* § 58 Rn 1; **aA** KG KGJ 34 B, 20, 23 (zu einer Kostenfrage; hierzu vgl § 58 Fn 54).
81   KG KGJ 22 A, 176 = OLGE 2, 496 = RJA 2, 141.

3. Die Behandlung des Stammbriefs

a) Der Vermerk der Herstellung des Teilbriefs auf dem Stammbrief (§ 61 Abs 4). Die den Teilbrief 55
herstellende Behörde hat die Erteilung des Teilbriefs nach § 61 Abs 4 auf dem Stammbrief zu vermerken. Um
den Erwerber eines Teilrechts vor den Folgen einer für ihn nicht erkennbaren Nichtigkeit des Teilbriefs zu
schützen, ist die Anbringung des Vermerks auf dem Stammbrief im Gegensatz zum Entw I § 61 Abs 2 nur
durch **Ordnungsvorschrift** sichergestellt (hierzu vgl Rdn 3, 4). § 61 Abs 4 gewährt dem Grundbuchamt
jedoch nicht das Recht, die Vorlegung des Stammbriefs zu erzwingen.[82] Für eine grundbuchamtliche Befugnis
zur Anwendung von Zwangsmaßnahmen besteht allerdings auch kein Bedürfnis, weil ein mittelbarer Zwang
zur Einreichung des Stammbriefs bereits damit verbunden ist, dass dem Antrag auf Herstellung des Teilbriefs
ohne Vorlegung des Stammbriefs nicht entsprochen werden kann (vgl Rdn 32).

In dem (noch nicht auf EURO umgestellten) Briefmuster (Anlage 3 zur GBV) ist der auf dem Stammbrief 56
anzubringende (aktualisierte) Vermerk nicht nur mit dem Eintragungsvermerk kombiniert, sondern er enthält
auch Elemente des auf den Teilbrief zu setzenden Teilungsvermerks:

»Von den vorstehenden 20000 EURO sind 5000 (fünftausend) EURO nebst den Zinsen seit 01.07.1981 mit dem Vor- 57
range vor dem Rest abgetreten an den Ingenieur Hans Müller, geboren am 14. Januar 1958, Waslingen. Die Abtretung und
die Rangänderung sind am 7. Juli 1981 im Grundbuch eingetragen (kombinierter Teilungs- und Eintragungsver-
merk). Für den abgetretenen Betrag ist ein Teilhypothekenbrief hergestellt (eigentlicher Herstellungsvermerk).«

Der vorstehende Vermerk kann in dieser Form allerdings nur Verwendung finden, wenn der Teilbrief vom 58
Grundbuchamt hergestellt wird. Wird der Teilbrief von einer anderen zuständigen Stelle erteilt, so muss der
Eintragungsvermerk vom hierfür ausschließlich zuständigen Grundbuchamt (§ 62 Abs 1) gesondert auf dem
Brief angebracht werden. Wegen der Datierung, Unterschrift und Siegelung (Stempelung) des Herstellungsver-
merks kann auf die entsprechend anwendbaren Ausführungen in Rdn 44 und 45 Bezug genommen werden. Im
Grundbuch wird die Herstellung des Teilbriefs nicht vermerkt (vgl Rdn 4).

b) Der Vermerk des Restbetrags auf dem Stammbrief (§ 48 Abs 2 GBV). Im Fall der Teilbriefbildung 59
ist nach § 48 Abs 2 GBV auf dem Stammbrief zum Ausdruck zu bringen, auf welchen (Rest)Betrag sich der bisherige Brief noch bezieht. Dies geschieht in der Weise, dass neben den in der Briefüberschrift enthaltenen
ursprünglichen Betrag des Briefs in sog **»Nochgültigkeitsvermerk«** gesetzt wird (vgl das Briefmuster Anlage
3 zur GBV). Der Wortlaut des Vermerks ergibt sich aus § 48 Abs 1 GBV: *»Noch gültig für (Angabe des Betrags).«*
Der ursprüngliche Betrag des Briefs ist rot zu unterstreichen. Die Anbringung des Nochgültigkeitsvermerks
erfolgt durch die Behörde, die den Teilbrief herstellt. Wegen der Datierung des Vermerks und der erforderlichen Anzahl von Unterschriften vgl Rdn 44. Eine Siegelung bzw Stempelung des Vermerks ist nicht vorgeschrieben, aber zweckmäßig.

Die gebotene Anbringung des Nochgültigkeitsvermerks kann nach den §§ 48, 89 GBV zum Anlass genommen
werden, den (auch auf herkömmliche Weise hergestellten) Stammbrief in **maschineller Form** mit aktualisiertem Inhalt neu zu erteilen (hierzu vgl auch Rdn 54). Dieses Verfahren ist jedoch nur zulässig, wenn der bisherige Brief nach dem 31.12.1977 hergestellt wurde (vgl Rdn 54 und 61, § 57 aF Rdn 14, § 57 aF Rdn 35 sowie
§ 62 Rdn 24).

Ist der Betrag des Stammbriefs einmal auf die beschriebene Weise reduziert worden, so ist es **nicht mehr** 60
möglich, ihn später wieder zu erhöhen.[83] Die Frage nach der Zulässigkeit einer solchen Erhöhung kann
sich vor allem stellen, wenn aus irgendeinem Grund (sei es aufgrund Rechtsgeschäft oder kraft Gesetzes) eine
Rechtslage entsteht, durch der der seinerzeitige Teilungsgrund wieder entfällt. Dies ist zB der Fall, wenn ein an
einem Teilbetrag der Hypothek bestellter Nießbrauch wieder erlischt, wenn ein abgetretener gleichrangiger
Teilbetrag der Hypothek wieder an den ursprünglichen Gläubiger zurückübertragen oder wenn die sich auf
einen Teilbetrag der Hypothek beziehende Rangänderung durch eine erneute Rangänderung wieder rückgängig gemacht wird. Ebenso sind Fallgestaltungen denkbar, bei denen sich die Teilrechte nicht in der Person des
ursprünglichen Gläubigers vereinigen, so zB, wenn der Zessionar, dem bereits ein Teilbetrag der Hypothek
übertragen wurde, später auch noch den Restbetrag der ursprünglich einheitlichen Hypothek erwirbt. In all
diesen Fällen kann der Gläubiger des vormals einheitlichen Rechts ein Interesse daran haben, die nunmehr
durch zwei Briefe (Stammbrief und Teilbrief) verkörperten Teilrechte künftig wieder einheitlich verbrieft zu
sehen. Da – wie erwähnt – eine Erhöhung des einmal betragsmäßig reduzierten Stammbriefs ausscheidet, kann
er dieses Ziel nur erreichen, indem er nach § 67 die Erteilung eines neuen Briefs beantragt. Die Frage, ob es
sich dabei um einen einheitlichen Brief oder einen gemeinschaftlichen Brief iS § 66 handelt, ist in § 66
Rdn 3 erläutert. Der Gläubiger kann natürlich auch die Erteilung von mehreren neuen selbständigen Briefen
beantragen (vgl Rdn 27). Stammbrief und Teilbrief(e) sind in beiden Fällen unbrauchbar zu machen (§ 69).

---

82 *Hügel-Kral* Rn 45; *Güthe-Triebel* Rn 34.
83 *Hügel-Kral* Rn 48; *Güthe-Triebel* Rn 36.

61 **c) Der Eintragungsvermerk (§ 62).** Sofern die für die Teilung der Hypothek ursächliche Rechtsänderung im Grundbuch eingetragen wird, ist der Stammbrief vom Grundbuchamt nach Maßgabe des § 62 zu ergänzen. Wenn das Grundbuchamt den Teilbrief selbst herstellt, wird der Eintragungsvermerk zweckmäßigerweise mit dem nach § 61 Abs 4 vorgeschriebenen Herstellungsvermerk verbunden (vgl Rdn 56–58). Das Grundbuchamt kann die nach § 62 erforderliche Briefergänzung zum Anlass nehmen, den bisherigen (auch auf herkömmliche Weise hergestellten) Stammbrief in **maschineller Form** mit aktualisiertem Inhalt neu zu erteilen (§§ 49, 89 GBV). Dieses Verfahren kommt aber nur in Betracht, wenn der bisherige Brief nach dem 31.12.1977 hergestellt wurde (§ 57 aF Rdn 14, § 57 aF Rdn 35, § 62 Rdn 24).

VI. Die Aushändigung des Stammbriefs und des Teilbriefs

62 Für die Aushändigung des Stammbriefs gelten die allgemeinen Grundsätze über die Rückgabe von beim Grundbuchamt eingereichten Briefen (hierzu vgl § 60 Rdn 89 ff). Dementsprechend ist der Stammbrief mangels abweichender Aushändigungsbestimmung an denjenigen zurückzugeben, der ihn beim Grundbuchamt eingereicht hat. Auch der neu erteilte Teilbrief ist an den Einreicher des Stammbriefs auszuhändigen, sofern keine anders lautende Aushändigungsbestimmung vorliegt.[84] Ansonsten würde der Einreicher infolge der Reduzierung des Betrags des Stammbriefs weniger zurückerhalten, als er dem Grundbuchamt vorgelegt hat. Die vorstehenden Grundsätze gelten entsprechend, wenn der bisherige Stammbrief in Anwendung des § 89 GBV in maschineller Form mit aktualisiertem Inhalt neu erteilt wird. Der neu erteilte Stammbrief ist daher an den Einreicher des bisherigen Stammbriefs »zurück«zugeben.

VII. Die Verletzung des § 61

1. Verletzung wesentlicher Vorschriften

63 Wird der Teilbrief von einer **sachlich unzuständigen Stelle** erteilt oder fehlt ihm ein **wesentliches** Erfordernis, so ist er **nichtig** und damit kein Hypothekenbrief iS des BGB. Das Teilrecht bleibt zwar Briefhypothek, ist aber mangels gültiger Verbriefung in seiner Verkehrsfähigkeit gehemmt. Etwas anderes gilt nur, wenn die Herstellung des Teilbriefs auf dem Stammbrief entgegen § 61 Abs 4 nicht vermerkt und auch die Minderung des Betrags (entgegen § 48 Abs 2 GBV) nicht erfolgt ist. In diesem Fall ist der Stammbrief nach wie vor auch für das Teilrecht gültig (vgl Rdn 26).[85]

64 Eine etwaige Ungültigkeit des Stammbriefs macht auch den Teilbrief ungültig.[86] Fehlt daher bereits dem Stammbrief ein wesentliches Erfordernis (§ 56 Abs 1 S 2), so hat dies die Unwirksamkeit des (im Übrigen ordnungsgemäß hergestellten) Teilbriefs zur Folge. Der Stammbrief muss daher vor der Herstellung des Teilbriefs sorgfältig auf seine Ordnungsmäßigkeit geprüft werden (hierzu vgl auch Rdn 12, 32).

2. Verletzung nicht wesentlicher Vorschriften

65 Fehlt dem Teilbrief lediglich ein **nicht wesentliches** Erfordernis, so hat dieser Mangel auf die Gültigkeit des Teilbriefs keinen Einfluss. Das Gleiche gilt, wenn die Herstellung des Teilbriefs entgegen § 61 Abs 4 nicht auf dem Stammbrief vermerkt wurde. Hat die den Teilbrief herstellende Behörde weder den Nochgültigkeitsvermerk (§ 48 Abs 2 GBV), noch den Herstellungsvermerk (§ 61 Abs 4) auf dem Stammbrief angebracht, so kann es leicht zum Entstehen von Schadensersatzansprüchen kommen. Da in diesem Fall zwei wirksame Briefe über dasselbe (Teil)Recht vorhanden sind,[87] kann ein gutgläubiger Dritter aufgrund der Übergabe des Stammbriefs die gesamte (vormals einheitliche) Hypothek erwerben, sofern sich die Teilung des Rechts mangels Eintragungsbedürftigkeit der Rechtsänderung (zB einer Teilabtretung) nicht aus dem Grundbuch ergibt.[88]

3. Die Beseitigung von Mängeln

66 Hat das Grundbuchamt bei der Herstellung des Teilbriefs oder der Behandlung des Stammbriefs gegen § 61 verstoßen, so hat es den Brief (Stamm- und/oder Teilbrief) vom Briefbesitzer einzufordern. Erforderlichenfalls ist der Briefbesitzer durch die Anwendung von Zwangsmitteln (§ 33 FGG) zur Vorlegung des jeweiligen Briefs anzuhalten (vgl § 56 Rdn 45, § 57 aF Rdn 38). Alsdann ist der mangelhafte Brief von Amts wegen zu berichtigen (vgl § 57 aF Rdn 36). Dabei ist unerheblich, ob der Mangel auf dem Fehlen eines wesentlichen oder eines nicht wesentlichen Erfordernisses des jeweiligen Briefs beruht. Im Fall der Nichtigkeit des Teilbriefs ist entweder ein neuer (gültiger) Teilbrief zu erteilen oder die Nichtigkeit durch die Ergänzung des bisher ungültigen Briefs mit ex-nunc-Wirkung zu beseitigen (vgl § 56 Rdn 45–49).

---

84 KG KGJ 43, 268, 271; DNotV 1912, 586; *Hügel-Kral* Rn 50; *Güthe-Triebel* § 60 Rn 8; *Demharter* Rn 26 und § 60 Rn 9.
85 *Güthe-Triebel* Rn 37.
86 *Hügel-Kral* Rn 51; *Demharter* Rn 28.
87 Mot 104.
88 *Hügel-Kral* Rn 52.

§ 62 (Vermerk späterer Eintragungen auf dem Brief)

(1) Eintragungen, die bei der Hypothek erfolgen, sind von dem Grundbuchamt auf dem Hypothekenbrief zu vermerken; der Vermerk ist mit Unterschrift und Siegel oder Stempel zu versehen. Satz 1 gilt nicht für die Eintragung einer Löschungsvormerkung nach § 1179 des Bürgerlichen Gesetzbuchs.

(2) Auf die Unterschrift ist § 56 Abs 2 anzuwenden.

(3) In den Fällen des § 53 Abs 1 hat das Grundbuchamt den Besitzer des Briefes zur Vorlegung anzuhalten. In gleicher Weise hat es, wenn in den Fällen des § 41 Abs 1 Satz 2 und des § 53 Abs 2 der Brief nicht vorgelegt ist, zu verfahren, um nachträglich den Widerspruch auf dem Brief zu vermerken.

Schrifttum

Bestelmeyer, Die grundbuchmäßige Euro-Umstellung von Grundpfandrechten, Rpfleger 1999, 368 und Rpfleger 1999, 524; *Böhringer,* Vermerk nachträglicher Eintragungen auf »neuen« Grundpfandrechtsbriefen, Rpfleger 1987, 446; *ders,* Löschung von Grundpfandrechten in den neuen Ländern, Rpfleger 1995, 139; *ders,* Auswirkungen des Euro auf den Grundbuchverkehr, DNotZ 1999, 692; *Burkhardt,* Grundpfandrechtsbriefergänzung bei lastenfreier Abschreibung?, BWNotZ 1987, 111; *Gaberdiel,* Vermerk nachträglicher Rangänderungen auf (neuen) Grundpfandrechtsbriefen, Rpfleger 1980, 89; *Missling,* Rangvermerk auf neuen Grundpfandrechtsbriefen, Rpfleger 1980, 332; *Ottersbach,* Der Euro im Grundbuch, Rpfleger 1999, 51; *Recke,* Kann das Grundbuchamt die Vorlegung des Hypothekenbriefs verlangen und erzwingen, wenn die Hypothek infolge einer Zwangsversteigerung erloschen ist?, JW 1937, 2073; *Rellermeyer,* Umstellung von Rechten im Grundbuch auf Euro, Rpfleger 1999, 522; *ders,* Einführung des Euro, Rpfleger 1999, 45.

I. Allgemeines

1. Normzweck und Norminhalt

Aus dem Wesen des Grundpfandrechtsbriefs ergibt sich die Notwendigkeit, die **Übereinstimmung von** **1** **Grundbuch und Brief** zu erhalten (vgl § 41 Rdn 2).[1] Aus diesem Grund schreibt § 62 vor, dass alle bei der Hypothek erfolgten Eintragungen auf dem Brief zu vermerken sind, und zwar auch dann, wenn die Eintragun-

---

1 Mot 65; D 64; KG KGJ 51, 308, 310 = OLGE 37, 218 = JW 1918, 827 *(Stillschweig)..*

gen im Einzelfall nicht von der Vorlegung des Briefs abhängig waren (§ 62 Abs 3 S 2). Um die Briefergänzung auch in den letztgenannten Fällen zu gewährleisten, ist dem Grundbuchamt die Befugnis eingeräumt worden, den Besitzer des Briefs zur Vorlegung anzuhalten. Die durch das Gesetz vom 22.06.1977 (BGBl I, 998) mit Wirkung vom 01.01.1978 erfolgten Änderungen bezwecken eine Entlastung, Beschleunigung und Vereinfachung des Grundbuchverkehrs.[2] Die **Ergänzung von Inhaber- und Orderpapieren** richtet sich nach der Sondervorschrift des § 43 Abs 1 HS 2.

2. Entstehungsgeschichte

2 Im Entw I § 31 Abs 2 war zunächst lediglich vorgesehen, dass der Brief in den in § 31 Abs 1 S 1 und 2 des Entwurfs (heute § 41 Abs 1 S 1 und 2) bezeichneten Fällen ergänzt werden soll. Nachdem man die Notwendigkeit erkannt hatte, die §§ 31 Abs 1 S 1, 2, 31 Abs 2 und 54 des Entwurfs (heute die §§ 41 Abs 1 S 1, 2, 42 S 1, 53 Abs 2 S 1, § 62 Abs 3) miteinander in Einklang zu bringen, wurde die grundbuchamtliche Befugnis zur Einforderung des Briefs in den Entw II § 60 Abs 2 aufgenommen. Ihm entspricht der heutige § 62 Abs 3. Durch die GBOÄndVO vom 05.08.1935 (RGBl I, 1065) hat die Vorschrift keine sachliche Änderung erfahren. Durch Art 2 Nr 6 des Gesetzes vom 22.06.1977 (BGBl I, 998) wurden in § 62 Abs 1 HS 2 die Worte »oder Stempel« eingefügt (vgl auch § 56 Abs 1 S 2 und § 61 Abs 2 S 1). Außerdem wurde in dem neu angefügten § 62 Abs 1 S 2 bestimmt, dass Löschungsvormerkungen nicht mehr auf dem Brief zu vermerken sind. Diese Vorschrift stellt eine folgerichtige Fortführung der ebenfalls neu geschaffenen Regelung des § 41 Abs 1 S 3 dar. Aufgrund der Einfügung des § 62 Abs 2 durch das RegVBG vom 20.12.1993 (BGBl I, 2182) wurde aus dem bisherigen Abs 2 der nunmehrige § 62 Abs 3.

II. Die auf dem Brief anzubringenden Eintragungsvermerke (§ 62 Abs 1)

1. Der Gegenstand des nachträglichen Briefvermerks

3 Nach § 62 Abs 1 S 1 sind alle Eintragungen auf dem Brief zu vermerken, die bei der Hypothek erfolgt sind.

4 **a) Eintragungen. aa) Eintragungen iS des § 62.** § 62 ist nur auf Grundbucheintragungen anwendbar, die sich auf ein die Hypothek betreffendes **Rechtsverhältnis** beziehen. Grundbuchvermerke, die lediglich eine **Tatsache** verlautbaren, werden demnach von der Vorschrift nicht erfasst. Da der Eintragungsbegriff des § 62 somit mit demjenigen des § 41 identisch ist, kann wegen der in Betracht kommenden Eintragungen auf die Ausführungen in § 41 Rdn 15–30 verwiesen werden (wegen Löschungsvormerkungen vgl Rdn 17; wegen der **Euro-Umstellung** von Grundpfandrechten vgl § 41 Rdn 111 ff). Ergänzend ist darauf hinzuweisen, dass auch die vollständige Löschung der Hypothek oder die nachträgliche Ausschließung der Brieferteilung auf dem jeweils nach § 69 unbrauchbar zu machenden Brief zu vermerken ist (vgl § 69 Rdn 12; wegen der Briefergänzung im Fall der trotz Löschung der Hypothek gebotenen Weiterführung des Briefs vgl § 17 Rdn 38 und § 69 Rdn 6). Dies ergibt sich aus dem eindeutigen Wortlaut der §§ 46 Abs 1, 62 Abs 1 S 1 GBO, 53 Abs 1 GBV.[3] Die anstehende Unbrauchbarmachung des Briefs ändert daher nichts am Erfordernis der Briefergänzung. Dies gilt auch dann, wenn die Löschung der Hypothek nicht mittels Eintragung eines ausdrücklichen Löschungsvermerks, sondern nach § 46 Abs 2 durch Nichtmitübertragung des Rechts auf ein anderes Grundbuchblatt erfolgt (hierzu vgl Rdn 9 und § 41 Rdn 16). Bei dem Grundbuchvermerk über die Erteilung eines neuen Briefs (§ 68 Abs 3) handelt es sich hingegen um eine Eintragung iS des § 62 (vgl § 68 Rdn 17). Die streitige Frage, ob **Rangänderungen** auch auf nach dem 31.12.1977 hergestellten (sog neuen) Grundpfandrechtsbriefen nach § 62 zu vermerken sind, ist zu bejahen (hierzu vgl § 41 Rdn 23–28, wegen der Aufnahme von Rangvermerken in den ursprünglichen Briefinhalt vgl § 57 nF Rdn 4, 5 und – für alte Briefe – § 57 aF Rdn 6).

5 **bb) Nicht unter § 62 fallende Briefvermerke.** Briefvermerke, die nicht auf Eintragungen im Grundbuch beruhen, werden von § 62 nicht erfasst. Hierzu zählen vor allem folgende Arten von Vermerken:

6 **(1) Vermerke, die durch grundbuchrechtliche Normen vorgeschrieben sind.** Neben den in den §§ 61 Abs 4, 68 Abs 1 GBO und § 48 GBV bezeichneten Vermerken handelt es sich hierbei vor allem um die auf den §§ 56, 57 und 61 beruhende Vervollständigung oder Nachholung von Angaben, die bei der ursprünglichen Brieferteilung unter Verstoß gegen die genannten Normen entweder überhaupt nicht oder unrichtig in den Brief aufgenommen wurden (vgl § 57 aF Rdn 36). Die entsprechend § 319 ZPO erfolgende Beseitigung von Schreibfehlern oder offensichtlichen Unrichtigkeiten (vgl § 57 aF Rdn 36) wird nur dann von § 62 erfasst, wenn die genannten Berichtigungen auch im Grundbuch vorzunehmen sind und wenn sich die Beseitigung der bezeichneten Mängel auf einen nach § 62 bereits auf dem Brief angebrachten Eintragungsvermerk bezieht.[4]

---

2 BT-Drucks 8/89 S 7; 8/359 S 12; *Kissel* NJW 1977, 1762; *Stöber* Rpfleger 1977, 400.

3 *Hügel-Kral* Rn 1; *Güthe-Triebel* Rn 2 und § 69 Rn 9; *Bauer/von Oefele-Weber* Rn 2; *Demharter* § 69 Rn 6; *Thieme* Anm 2; *Predari* Anm 1; *Hesse-Saage-Fischer* Anm II; **aA** (für den Fall der Löschung) *Sass* ZBlFG 06, 831; *Henle-Schmitt* Anm 1 und § 69 Anm 3 (unter verfehltem Hinweis auf die *nicht vergleichbare* Rechtslage im Anwendungsbereich des § 127 Abs 1 S 1 ZVG; hierzu vgl Mot 305 zu Entw I ZVG § 169 und nachfolgend Rdn 13).

4 *Hügel-Kral* Rn 4; *Bauer/von Oefele-Weber* Rn 2. Unpräzise *Güthe-Triebel* Rn 2 aE, die anscheinend *alle* Berichtigungen der genannten Art unter § 62 subsumieren wollen.

Bestelmeyer

(2) Privatvermerke. Welche Privatvermerke auf den Brief gesetzt werden können, ergibt sich aus den Ausführungen in § 61 Rdn 47. Wegen der Form von Privatvermerken vgl § 41 Rdn 53 und § 68 Rdn 12, 13. **7**

(3) Vermerke von Behörden. Hierunter fallen nur Vermerke, die von einer anderen Behörde als dem Grundbuchamt auf dem Brief angebracht werden. Es kommen vor allem Vermerke von Notaren, Gerichtsvollziehern oder Vollstreckungsgerichten in Betracht. Über den Sonderfall des § 127 Abs 1 S 2 ZVG vgl Rdn 15, 16. **8**

b) Eintragungen »bei der Hypothek«. Eine Briefergänzung nach § 62 kommt nur in Frage, wenn eine Grundbucheintragung »bei der Hypothek« erfolgt ist. Dabei handelt es sich um diejenigen Eintragungen, deren grundbuchmäßiger Vollzug nach § 41 im Grundsatz von der Briefvorlegung abhängig ist (hierzu vgl § 41 Rdn 31–39; wegen der **Euro-Umstellung** von Grundpfandrechten vgl_§ 41 Rdn 111 ff). Als Eintragung »bei der Hypothek« ist demnach nicht nur die durch ausdrücklichen Vermerk verlautbarte, sondern auch die durch Nichtmitübertragung (§ 46 Abs 2) erfolgte Löschung bzw Pfandfreigabe anzusehen (vgl § 41 Rdn 16, 33).[5] Soweit dieser Auffassung im Hinblick auf nach dem 31.12.1977 hergestellte Briefe entgegengehalten wird, dass der Vollzug einer **Pfandfreigabe** infolge des Wegfalls des § 57 Abs 2b aF und der hieraus resultierenden brieflichen Nichtangabe der Größe des belasteten Grundstücks generell nicht mehr als »Eintragung bei der Hypothek« angesehen werden könne,[6] wird übersehen, dass die gleich gelagerte Rechtsfrage nach der Notwendigkeit des Vermerks von nachträglichen Rangänderungen auf neuen Briefen (Wegfall des § 57 Abs 2d aF!) von der Rechtsprechung[7] im Anwendungsbereich des § 62 Abs 1 längst in Übereinstimmung mit der hier vertretenen Meinung bejaht wurde (hierzu vgl ausführlich § 41 Rdn 27, 28).[8] Richtig ist somit lediglich, dass eine Briefergänzung nach § 57 Abs 2 nF ausscheidet. Dies beruht aber nicht auf dem Umstand, dass es an einer Änderung der in § 57 Abs 1 S 1 und 2 bezeichneten Angaben fehlt, sondern liegt bereits darin begründet, dass § 57 Abs 2 nF (ebenso wie § 57 Abs 3 aF) auf Eintragungen iS des § 62 Abs 1 von vornehrein nicht anwendbar ist (»... soweit nicht die Ergänzung schon nach anderen Vorschriften vorzunehmen ist«).[9] **9**

Wegen Änderungen des ursprünglichen Briefinhalts, die **nicht** auf einer Eintragung »bei der Hypothek« beruhen, ist eine **Briefergänzung nur auf Antrag** möglich (§ 57 Abs 2 nF, § 57 Abs 3 aF).[10] Soweit nach der Brieferteilung erfolgende Eintragungen der Hypothek kraft Gesetzes im Rang vorgehen (zB Hauszinssteuerablösungs- bzw Abgeltungshypotheken), ist die Ergänzung vor dem 01.01.1978 hergestellten Briefen ebenfalls nur auf Antrag zulässig (§ 57 Abs 3 aF). Das Gleiche gilt für die durch § 7 des Gesetzes vom 24.01.1935 (RGBl I, 45) iVm Art 5 Abs 3 der 2. DVO vom 26.03.1935 (RGBl I, 470) eingetretenen Rechtsänderungen. Zu diesen Rechtsfragen vgl § 57 aF Rdn 32. **10**

c) Der Sonderfall des § 127 ZVG. aa) Der Anwendungsbereich des § 127 ZVG. § 127 Abs 1 ZVG lautet: **11**

»Wird der Brief über eine infolge der Versteigerung erloschene Hypothek, Grundschuld oder Rentenschuld vorgelegt, so hat das Gericht ihn unbrauchbar zu machen. Ist das Recht nur zum Teil erloschen, so ist dies auf dem Briefe zu vermerken. Wird der Brief nicht vorgelegt, so kann das Gericht ihn von dem Berechtigten einfordern.«

§ 127 Abs 1 S 1 ZVG ist nur auf Rechte anwendbar, die **durch den Zuschlag** erloschen sind. Rechte, die nicht zur Entstehung gelangt oder unabhängig vom Zuschlag erloschen sind (§ 130 Abs 2 ZVG), werden von der Vorschrift nicht erfasst.[11] § 127 Abs 1 S 2 ZVG findet entsprechende Anwendung, wenn eines von mehreren Rechten erlischt, über die ein gemeinschaftlicher Brief iS der §§ 66, 70 gebildet ist.[12] Des weiteren ist § 127 Abs 1 S 2 ZVG analog anzuwenden, wenn ein durch einen einheitlichen Brief iS der §§ 59 Abs 1, 63, 70 verbrieftes Gesamtrecht nicht vollständig erlischt, sondern bezüglich eines oder mehrerer Grundstücke bestehen **12**

---

5 OLG Rostock KGJ 29 A, 282 = OLGE 10, 97 = RJA 5, 200. Für nach dem 31.12.1977 erteilte Briefe: *Hügel-Kral* Rn 1, 2; *Böhringer* Rpfleger 1987, 446, 447; *Burkhardt* BWNotZ 1987, 111. Ebenso (»beachtliche Gründe«) nunmehr wohl auch *Bauer/von Oefele-Weber* Rn 6 Fn 10.

6 OLG Celle Rpfleger 1985, 398 = WM 1985, 1041 = ZIP 1985, 1261 *(Gaberdiel)*; *Demharter* Rn 3; KEHE-*Eickmann* Rn 2.

7 BayObLG MittBayNot 1979, 113; OLG Oldenburg WM 1982, 494 = NdsRpfl 1980, 264; OLG Hamm OLGZ 1985, 23 = Rpfleger 1985, 17 = MittRhNotK 1985, 44; wegen weiterer Nachweise vgl § 41 Fn 64.

8 Damit steht zugleich fest, dass das OLG Celle (Fn 6) gegen § 79 Abs 2 GBO verstoßen hat. Bedenklich muss vor allem stimmen, dass sich der Senat offensichtlich nicht einmal bewusst war, gegen eine im Anwendungsbereich des § 62 Abs 1 bereits gefestigte obergerichtliche Rechtsprechung zu entscheiden.

9 KG RJA 11, 152; JFG 16, 286, 288 = JW 1937, 3239 = DNotZ 1938, 265; BayObLG MittBayNot 1979, 113; LG Krefeld Rpfleger 1979, 139 = NJW 1979, 1309 (LS) = MittRhNotK 1979, 193; *Güthe-Triebel* Rn 6 und § 57 Rn 12; *Demharter* Rn 4 und § 57 Rn 8; KEHE-*Eickmann* Rn 4 und § 57 Rn 5; *Schöner/Stöber* Rn 2027, 2028.

10 LG Bromberg PosMSchr 1901, 41; *Hügel-Kral* Rn 3.

11 *Güthe-Triebel* Rn 5; *Jaeckel-Güthe*, ZVG, § 127 Rn 1; *Stöber*, ZVG, § 127 Rn 2 (2.4).

12 *Jaeckel-Güthe*, ZVG, § 127 Rn 4; *Steiner-Eickmann*, ZVG, § 127 Rn 12.

bleibt.[13] Eine Unbrauchbarmachung iS des § 127 Abs 1 S 1 ZVG kommt beim teilweisen Erlöschen eines Gesamtrechts nur in Betracht, wenn es nach § 59 Abs 2 verbrieft ist und sich der Inhalt eines der miteinander verbundenen Briefe ausschließlich auf den erloschenen Teil des Gesamtrechts bezieht.[14]

bb) Die Anwendbarkeit des § 62. (1) Nach vollständiger Löschung der Hypothek im Grundbuch
13 **(Fall des § 127 Abs 1 S 1 ZVG). Fall 1:** Aus § 127 Abs 1 S 2 ZVG ergibt sich, dass das Vollstreckungsgericht im Zuge der Unbrauchbarmachung keinen Vermerk auf dem Brief anbringt.[15] Trotz dieses Umstandes ist § 62 nicht mehr anwendbar, sofern das Vollstreckungsgericht den **Brief bereits unbrauchbar gemacht** hat. Denn dann ist ein Brief im Rechtssinn, auf dem die erfolgte Löschung vermerkt werden könnte, nicht mehr vorhanden.[16] Daraus folgt aber nicht, dass das Vollstreckungsgericht nicht verpflichtet ist, den unbrauchbar gemachten Brief an das Grundbuchamt weiterzuleiten. Da das ZVG keine Vorschriften über die Verwahrung von unbrauchbar gemachten Briefen enthält, verbleibt es insoweit bei den einschlägigen grundbuchrechtlichen Vorschriften. Aus der in § 53 Abs 2 GBV enthaltenen Bestimmung, dass unbrauchbar gemachte Briefe zu den Sammelakten des Grundbuchamts zu nehmen sind, lässt sich ein mit Beschwerde verfolgbarer Anspruch des Grundbuchamts auf Herausgabe des vom Vollstreckungsgericht unbrauchbar gemachten Briefs ableiten. Demnach ist das Vollstreckungsgericht nicht befugt, den unbrauchbar gemachten Brief zu vernichten, an den Einreicher zurückzugeben oder bei den Zwangsversteigerungsakten zu verwahren.[17] Dem lässt sich nicht entgegenhalten, dass § 131 ZVG eine Ausnahme von der Briefvorlegungspflicht (§ 41) enthält.[18] Denn § 131 ZVG besagt lediglich, dass die Vorlegung des Briefs keine Eintragungsvoraussetzung darstellt. Die Frage, ob das Vollstreckungsgericht aus einem anderen Grund zur Übersendung des unbrauchbar gemachten Briefs an das Grundbuchamt verpflichtet ist, wird von der Vorschrift hingegen nicht geregelt.[19]

14 **Fall 2:** Hat das Vollstreckungsgericht die Vorschrift des § 127 Abs 1 S 1 ZVG nicht beachtet und infolgedessen den **Brief noch nicht unbrauchbar gemacht,** so sind die §§ 62 und 69 anwendbar. Das Grundbuchamt ist daher verpflichtet, die im Grundbuch erfolgte Löschung des Rechts auf dem Brief zu vermerken (§ 62) und diesen anschließend unbrauchbar zu machen (§ 69). Da der Brief jedoch wegen § 131 ZVG zur Eintragung der Löschung in der Regel nicht vorliegt, stellt sich die Frage, wie das Grundbuchamt seine Amtspflichten erfüllen soll. Da eine analoge Anwendung des § 62 Abs 3 nicht in Betracht kommt, hat das Grundbuchamt mangels gesetzlicher Ermächtigung kein Recht, die Vorlegung des Briefs durch die Anwendung von Zwangsmaßnahmen (§ 33 FGG) gegen den Briefbesitzer (Vollstreckungsgericht oder Dritter) herbeizuführen.[20] Für eine entsprechende Anwendung des § 62 Abs 3 besteht vor allem deshalb kein Bedürfnis, weil das Grundbuchamt die Möglichkeit hat, seiner Amtspflicht zur Ergänzung und Unbrauchbarmachung des Briefs zu genügen, indem es das Vollstreckungsgericht im Weg der Beschwerde anhält, seinerseits den Brief unter Anwendung von Zwangsmaßnahmen zum Zweck der Unbrauchbarmachung vom Briefbesitzer einzufordern (§ 127 Abs 1 S 3 ZVG) und ihn nach erfolgter Unbrauchbarmachung an das Grundbuchamt weiterzuleiten (arg § 53 Abs 2 GBV, vgl Rdn 13). Diese Verfahrensweise setzt allerdings voraus, dass das Vollstreckungsgericht berechtigt ist, den Briefbesitzer durch die Anwendung von Zwangsmaßnahmen iS des § 33 FGG zur Vorlegung des Briefs zu veranlassen. Eine solche Befugnis wird dem Vollstreckungsgericht nach einer nicht selten anzutreffenden Auffassung jedoch nicht zuerkannt.[21] Diese Ansicht verdient indes keine Zustimmung.[22] Sie beruft sich[23] bereits zu Unrecht auf die Motive zum Entw I § 169 ZVG,[24] da § 127 Abs 1 S 3 ZVG erst durch den Entw II ZVG eingefügt wurde. Durch die letztgenannte Vorschrift ist dem Vollstreckungsgericht in Abweichung vom Entw I ZVG die gesetzliche Befugnis zur Einforderung des Briefs eingeräumt worden. Wenn das Grundbuchamt im Rahmen

---

13 RG RGZ 157, 287, 290 = Recht 1938 Nr 5967 = JW 1938, 1969.
14 *Jaeckel-Güthe,* ZVG, § 127 Rn 5.
15 *Güthe-Triebel* § 69 Rn 9; *Bauer/von Oefele-Weber* § 69 Rn 9a; **aA** (Vermerk zweckmäßig) *Steiner-Eickmann,* ZVG, § 127 Rn 8; *Stöber,* ZVG, § 127 Rn 2 (2.2); *Böttcher,* ZVG, § 127 Rn 3.
16 Nicht richtig daher *Jaeckel-Güthe,* ZVG, § 127 Rn 9; wie hier, allerdings mit anderer Begründung (»Vermerk zwecklos«) KG KGJ 51, 308, 310 = OLGE 37, 218 = JW 1918, 827 *(Stillschweig)*..
17 *Stöber,* ZVG, § 127 Rn 2 (2.3); *Recke* JW 1937, 2075; ähnlich *Drischler* RpflJB 1962, 322, 337; **aA** (Verwahrung bei den Versteigerungsakten) *Steiner-Eickmann,* ZVG, § 127 Rn 23; *Böttcher,* ZVG, § 127 Rn 7.
18 So aber KG KGJ 51, 308, 310 = OLGE 37, 218 = JW 1918, 827 *(Stillschweig)*..
19 *Jaeckel-Güthe,* ZVG, § 127 Rn 9.
20 RG RGZ 83, 290, 293 = JW 1914, 152 = RJA 13, 124; KG KGJ 51, 308, 310 = OLGE 37, 218 = JW 1918, 827 *(Stillschweig);* OLG München JFG 23, 87, 89 = HRR 1942 Nr 163 = DFG 1942, 7 = Recht 1942 Nr 534; *Demharter* Rn 16; *Güthe-Triebel* § 69 Rn 9; *Thieme* Anm 5; **aA** LG Allenstein, Beschl v 09.01.1936, Az 4c T 644/1935; *Hesse-Saage-Fischer* Anm V; *Steiner-Eickmann,* ZVG, § 127 Rn 7; *Recke* JW 1937, 2073.
21 *Stöber,* ZVG, § 127 Rn 2; *Jaeckel-Güthe,* ZVG, § 127 Rn 6; *Steiner-Eickmann,* ZVG, § 127 Rn 2, 6; *Böttcher,* ZVG, § 127 Rn 2; *Drischler* RpflJB 1962, 322, 337.
22 Ebenso *Hügel-Kral* Rn 10; *Bauer/von Oefele-Weber* § 69 Rn 8; *Güthe-Triebel* § 69 Rn 8; *Henle,* ZVG, § 127 Anm 6; *Meyerhoff,* ZVG, § 127 Anm 6; *Recke* JW 1937, 2075 Fn 9.
23 So insb *Jaeckel-Güthe,* ZVG, § 127 Rn 6 und *Steiner-Eickmann,* ZVG, § 127 Rn 2.
24 Mot 304.

des § 62 Abs 3 Zwangsmaßnahmen iS des § 33 FGG zum Zweck der Herbeischaffung des Briefs ergreifen kann, so ist nicht ersichtlich, warum dem Vollstreckungsgericht diese aus dem grundbuchamtlichen Verfahren abgeleitete und daher nicht unmittelbar auf § 33 FGG beruhende Befugnis im Anwendungsbereich des § 127 Abs 1 S 3 ZVG nicht zustehen soll. Dass dem Vollstreckungsgericht im Gegensatz zum Grundbuchamt (§ 62 Abs 3) nicht die Verpflichtung (»hat«) auferlegt, sondern lediglich die Befugnis (»kann«) zur Einforderung des Briefs eingeräumt wurde, ist unerheblich. Ausschlaggebend ist alleine, dass das Vollstreckungsgericht zur Briefeinforderung **berechtigt** ist.

(2) Nach Teillöschung der Hypothek im Grundbuch (Fall des § 127 Abs 1 S 2 ZVG). Fall 1: Ist das **15** teilweise Erlöschen des Rechts vom Vollstreckungsgericht nach § 127 Abs 1 S 2 ZVG **auf dem Brief vermerkt** worden, so ändert dies nichts an der Notwendigkeit der in § 62 vorgesehenen Briefergänzung. Es trifft nämlich nicht zu, dass die nach § 62 erforderliche Ergänzung des Briefs durch den vollstreckungsgerichtlichen Vermerk nach § 127 Abs 1 S 2 ZVG ersetzt wird.[25] Die herrschende Gegenansicht[26] lässt außer acht, dass § 127 Abs 1 S 2 ZVG nur die Änderung der **materiellen** Rechtslage auf dem Brief vermerkt sehen will (das Erlöschen eines Rechts ist auch ohne grundbuchmäßige Löschung möglich!), während § 62 ausschließlich auf die Änderung der **Buchlage** abstellt. Demzufolge ist eine erfolgte Löschung auch dann nach § 62 auf dem Brief zu vermerken, wenn das Recht außerhalb des Grundbuchs materiellrechtlich bestehen bleibt. Da die §§ 62 GBO und 127 Abs 1 S 2 ZVG somit völlig verschiedene Anwendungsbereiche haben, kann der Vermerk nach § 127 Abs 1 S 2 ZVG nicht geeignet sein, die durch § 62 vorgeschriebene Briefergänzung zu ersetzen. Aus diesem Grund ist das Vollstreckungsgericht verpflichtet, den Brief nach der Anbringung des in § 127 Abs 1 S 2 ZVG bezeichneten Vermerks an das Grundbuchamt weiterzuleiten.[27] Letzteres kann die Herausgabe des Briefs notfalls im Weg der Beschwerde (also nicht durch die Anwendung von Zwangsmaßnahmen iS des § 33 FGG) erzwingen. Nach der grundbuchamtlichen Anbringung des Vermerks über die im Grundbuch eingetragene Teillöschung (§ 62) und des in § 48 GBV vorgesehenen Nochgültigkeitsvermerks[28] ist der Brief vom Grundbuchamt an denjenigen Beteiligten auszuhändigen, welcher ihn beim Vollstreckungsgericht eingereicht hat. Hierfür gelten die allgemeinen Grundsätze über die Aushändigung eingereichter Briefe (vgl § 60 Rdn 89 ff). Ist dem Grundbuchamt die Person des Briefeinreichers nicht bekannt, so kann es den Brief auch an das Vollstreckungsgericht zurückgeben.

Fall 2: Hat das Vollstreckungsgericht den **Brief nicht ergänzt**, so steht dem Grundbuchamt keine Befugnis **16** zu, die Vorlegung des Briefs zum Zweck der Anbringung der vorgeschriebenen Vermerke (§§ 62 GBO, 48 GBV) durch die Anwendung von Zwangsmaßnahmen iS des § 33 FGG herbeizuführen. Es hat nur die Möglichkeit, das Vollstreckungsgericht im Weg der Beschwerde zu veranlassen, den Brief zum Zweck der Nachholung des ordnungswidrig nicht angebrachten Vermerks (§ 127 Abs 1 S 2 ZVG) und der anschließenden Weiterleitung des Briefs an das Grundbuchamt selbst vom Briefbesitzer einzufordern (§ 127 Abs 1 S 3 ZVG). Sofern dieser die Herausgabe des Briefs verweigert, ist das Vollstreckungsgericht berechtigt, Zwangsmaßnahmen iS des § 33 FGG zu ergreifen (hierzu vgl bereits Rdn 14). Der Vermerk des Vollstreckungsgerichts hat in etwa folgenden Wortlaut: »*Die Hypothek ist infolge Zwangsversteigerung des Grundstücks in Höhe eines Teilbetrags von 2000 (zweitausend) Euro erloschen.*« Auf die Form des Vermerks ist die Bestimmung des § 62 Abs 1 S 1 HS 2 entsprechend anzuwenden.[29] Eine Abweichung vom grundbuchamtlichen Verfahren ist insoweit gegeben, als der Vermerk nur vom Rechtspfleger des Vollstreckungsgerichts unterschrieben wird.[30] In Konsequenz der in Rdn 15 vertretenen Auffassung von den unterschiedlichen Anwendungsbereichen der §§ 62 GBO und 127 Abs 1 S 2 ZVG kann das Grundbuchamt nicht als berechtigt angesehen werden, einen fehlenden Vermerk nach § 127 Abs 1 S 2 ZVG in eigener Zuständigkeit nachzuholen.[31] Es ist daher verpflichtet, künftige Eintragungen »bei der Hypothek« (§ 41 Abs 1 S 1) unter Hinweis auf die fehlende formelle Ordnungsmäßigkeit des Briefs abzulehnen und zunächst die Nachholung des Vermerks zu veranlassen (vgl § 41 Rdn 46).

---

25 *Hügel-Kral* Rn 8, 9; *Stöber,* ZVG, § 127 Rn 2; *Jaeckel-Güthe,* ZVG, § 127 Rn 9; offen gelassen bei *Bauer/von Oefele-Weber* Rn 5.

26 KG KGJ 51, 308 = OLGE 37, 218 = JW 1918, 827 *(Stillschweig)*; *Güthe-Triebel* Rn 5; *Demharter* Rn 7; *Sass* ZBlFG 06, 831; *Recke* JW 1937, 2075.

27 *Jaeckel-Güthe,* ZVG, § 127 Rn 9; **aA** (Rückgabe des Briefs an den Einreicher) *Steiner-Eickmann,* ZVG, § 127 Rn 24.

28 Für die Anbringung des Nochgültigkeitsvermerks ist das Vollstreckungsgericht ebenfalls nicht zuständig, weil § 48 GBV den Vollzug der Teillöschung im Grundbuch voraussetzt; **aA** – insoweit konsequent – KG, *Güthe-Triebel, Demharter* und *Recke* je aaO (Fn 26).

29 *Demharter* Rn 10; *Thieme* Anm 4; *Jaeckel-Güthe,* ZVG, § 127 Rn 3.

30 *Hügel-Kral* Rn 6, 13; *Demharter* Rn 10; *Thieme* Anm 4; *Stöber,* ZVG, § 127 Rn 2 (2.2); *Jaeckel-Güthe,* ZVG, § 127 Rn 3.

31 **AA** KG KGJ 51, 308, 310 = OLGE 37, 218 = JW 1918, 827 *(Stillschweig)*; *Hügel-Kral* Rn 10 in Widerspruch zu den dortigen Ausführungen in Rn 9, wo zu Recht betont wird, dass der Vermerk des Vollstreckungsgerichts nicht geeignet sei, den grundbuchamtlichen Vermerk nach § 62 zu ersetzen. Das gilt dann aber natürlich auch umgekehrt.

17 **d) Ausnahmen.** Die Eintragung oder Löschung eines **Umstellungsschutzvermerks** und die nach dem 31.12.2001 erfolgende **Euro-Umstellung** von Grundpfandrechten wird nach den §§ 6 S 2, 11 GBMaßnG bzw. nach § 26a Abs 1 S 5 GBMaßnG vom 20.12.1963 (BGBl I, 986) auf Grundpfandrechtsbriefen nicht vermerkt (nach den Ausführungen in § 41 Rdn 114 wird die Euro-Umstellung aber ohnehin nicht vom Anwendungsbereich der §§ 41 und 62 GBO erfasst). Auch **Löschungsvormerkungen** werden seit dem 01.01.1978 nicht mehr auf den Briefen vermerkt (§ 62 Abs 1 S 2 iVm Art 8 § 4 Abs 1 des Gesetzes vom 22.06.1977, BGBl I, 998; hierzu vgl auch § 57 aF Rdn 31 und § 57 Rdn 6, 13). Ausnahmen gelten allerdings für Löschungsvormerkungen, welche bei Inhabergrundschulden (-rentenschulden) oder bei Inhaber- und Orderhypotheken zur Eintragung gelangen (vgl § 42 Rdn 8, 19 und § 43 Rdn 12, 15).

2. Die Zuständigkeit für die Anbringung des Ergänzungsvermerks

18 Die durch § 62 vorgeschriebene Briefergänzung kann nur von dem zuständigen Grundbuchamt vorgenommen werden. Dies gilt auch dann, wenn ein zu ergänzender Teilbrief nicht vom Grundbuchamt, sondern von einer anderen zuständigen Behörde (vgl § 61 Abs 1) hergestellt wurde (vgl § 61 Rdn 51). Durch § 62 Abs 1 S 1 HS 1 wird somit eine ausschließliche Zuständigkeit des Grundbuchamts begründet. Die Briefergänzung hat **von Amts wegen** zu erfolgen.

3. Ort, Inhalt und Form der Briefergänzung

19 **a) Der Ort des Vermerks.** Die Briefergänzung darf erst erfolgen, wenn der Rechtspfleger den zu fertigenden Ergänzungsentwurf zum Zeichen der Billigung mit seinem Namenszeichen versehen hat (§ 36 Abs 1 GBO-GeschO; hierzu vgl § 56 Rdn 42). Der Ergänzungsvermerk ist im Anschluss an den letzten vorhandenen Vermerk auf den Brief oder (bei Raummangel) auf einen mit dem Brief unter Verwendung von Schnur und Siegel zu verbindenden besonderen Bogen zu setzen (§§ 49, 50 GBV, §§ 1 Abs 2b, c, 36 Abs 2c, 37 Abs 1 GBOGeschO). Da § 49 GBV auf alle Arten von Nachtragsvermerken Anwendung findet, kann für die Berichtigung von Schreibfehlern oder anderen inhaltlichen Mängeln des Briefs nichts anderes gelten.[32] Keinesfalls darf der Ergänzungsvermerk auf der mit dem Brief verbundenen Schuldurkunde (§ 58) angebracht werden. Sind mehrere Eintragungen gleichzeitig auf dem Brief zu vermerken, so hat dies in der Reihenfolge zu geschehen, die der räumlichen oder zeitlichen Aufeinanderfolge der Grundbucheintragungen entspricht.[33] Dies gilt selbst dann, wenn die grundbuchmäßige Aufeinanderfolge der Eintragungen auf einem Verstoß gegen § 17 beruht. Ansonsten würden Grundbuch und Brief nicht mehr übereinstimmen.[34] Wegen der Zusammenfassung mehrerer Ergänzungen in einem einheitlichen Vermerk vgl Rdn 21.

20 **b) Der Inhalt des Vermerks.** Der Ergänzungsvermerk hat die Aufgabe, die infolge der vorgenommenen Grundbucheintragung nicht mehr gegebene Übereinstimmung von Grundbuch und Brief wieder herzustellen. Daraus folgt, dass der Vermerk den Inhalt der erfolgten Grundbucheintragung wiederzugeben hat. Eine wörtliche Wiedergabe des Eintragungsvermerks ist jedoch nicht vorgeschrieben. Um Fehler und Ungenauigkeiten zu vermeiden, empfiehlt es sich allerdings, den Eintragungsvermerk möglichst im Wortlaut in den Brief zu übernehmen.[35] Ist in dem Grundbuchvermerk auf die Eintragungsbewilligung Bezug genommen worden (§ 874 BGB), so muss der Inhalt der Bewilligung nicht in den Brief aufgenommen werden. Es genügt, wenn die Bezugnahme im Ergänzungsvermerk wiederholt wird (vgl § 57 aF Rdn 7). Von den Beteiligten eingereichte **Abänderungsurkunden** dürfen nur dann mit dem Brief verbunden werden, wenn sie eine Änderung des Schuldgrundes zum Gegenstand haben (vgl § 58 Rdn 6 ff). Betrifft die Abänderungsurkunde lediglich den Inhalt der Forderung, so ist eine Verbindung mit dem Brief nicht möglich (vgl § 58 Rdn 5). Ebenso wenig ist es zulässig, den Briefvermerk über eine erfolgte Verpfändung der Hypothek durch die Verbindung der Verpfändungsurkunde mit dem Brief zu ersetzen. Der erforderliche Vermerk über die Eintragung der Verpfändung muss allerdings keine näheren Angaben über den Inhalt des Pfandrechts enthalten.[36]

21 Sind **mehrere Eintragungen** gleichzeitig auf dem Brief zu vermerken, so hat dies in der Weise zu geschehen, dass jede Eintragung einzeln in den Brief übernommen wird. Es ist aber auch zulässig, die Eintragungen in einem einheitlichen Briefvermerk zusammenzufassen. Dabei ist allerdings darauf zu achten, dass die räumliche oder zeitliche Aufeinanderfolge der einzelnen Grundbucheintragungen in dem Briefvermerk zum Ausdruck kommt (vgl Rdn 19). Die Zusammenfassung mehrerer Eintragungen in einem einheitlichen Ergänzungsver-

---

32 *Hügel-Kral* Rn 11; **aA** *Bauer/von Oefele-Weber* Rn 8, *Güthe-Triebel* Rn 8 und *Thieme* Anm 4, die es für zweckmäßig halten, den Berichtigungsvermerk **neben** der zu berichtigenden Stelle des Briefs anzubringen.

33 *Hügel-Kral* Rn 11; *Güthe-Triebel* Rn 8; *Demharter* Rn 9; *Thieme* Anm 4.

34 *Güthe-Triebel* Rn 8.

35 KG JFG 13, 415, 417 = JW 1936, 2751 = HRR 1936 Nr 1126; JFG 16, 286, 289 = JW 1937, 3239 = DNotZ 1938, 265.

36 KG KGJ 33 A, 262 = OLGE 14, 64 = RJA 7, 271.

merk darf vor allem nicht dazu führen, dass eine der im Grundbuch eingetragenen Rechtsänderungen **überhaupt nicht** auf dem Brief erscheint. So ist es zB nicht zulässig, mehrere auf dem Brief zu vermerkende **Rangänderungen** dergestalt in den Brief zu übernehmen, dass die Ranglage lediglich in ihrem Endergebnis wiedergegeben wird. Der Ergänzungsvermerk muss vielmehr jede einzelne Rangänderung verlautbaren.[37] Bei dem Vermerk einer Rangänderung auf dem Brief über eines der beteiligten Rechte bedarf es keines ausdrücklichen Hinweises, dass die erforderliche Grundbucheintragung (§ 880 Abs 2 S 1 BGB) auch bei dem anderen an der Rangänderung beteiligten Recht erfolgt ist. Der Briefvermerk über die erfolgte Rangänderung des verbrieften Rechts beinhaltet vielmehr gleichzeitig die Aussage, dass die Rangänderung bei allen an der Rechtsänderung beteiligten Rechten eingetragen wurde.[38] Gelangt ein mit einer Briefhypothek belastetes Grundstück in das Eigentum eines Vorerben und wird eine von diesem bewilligte Erweiterung der Hypothek (zB eine Zinserhöhung) im Grundbuch eingetragen, so ist auf vor dem 01.01.1978 hergestellten Briefen nicht nur die Erweiterung des Rechts zu vermerken (§ 62), sondern es muss auch der inzwischen in Abt II des Grundbuchs eingetragene (§ 51) und im Verhältnis zur Erweiterung der Hypothek bedeutsame Nacherbenvermerk nachgetragen werden (§ 57 Abs 2d aF analog; vgl § 57 aF Rdn 15, 16).[39]

Eine **Rötung** von durch die Briefergänzung überholten Briefvermerken hat nicht zu erfolgen, weil § 17 Abs 3 **22** GBV nur für Rötungen im Grundbuch gilt und eine Rötung auf dem Brief nur in § 48 GBV vorgesehen ist.[40] Eine Rötung aus Zweckmäßigkeitsgründen ist nicht erforderlich, da sich Art und Umfang der im Grundbuch eingetragenen Rechtsänderung bereits vollständig aus dem Ergänzungsvermerk ergeben. Auch das in Anlage 3 zur GBV abgedruckte Briefmuster sowie das alte Briefmuster Anlage 5 zur GBVfg (abgedruckt im Anhang zu § 57 aF) sehen keine Rötung von überholten Briefvermerken vor.

c) Die Form des Vermerks. Der Ergänzungsvermerk ist nach § 62 Abs 1 S 1 HS 2, Abs 2 mit Unterschrift **23** und Siegel oder Stempel zu versehen (hierzu vgl § 56 Rdn 30–32, 37–40; ergänzend ist darauf hinzuweisen, dass die in § 56 Rdn 38 und 39 bezeichneten Unterschriftsmängel nicht die Ungültigkeit des Hypothekenbriefs, sondern lediglich die Nichtigkeit der Brief**ergänzung** zur Folge haben). Die **Datierung** des Ergänzungsvermerks kann als durch **Ordnungsvorschrift** angeordnet angesehen werden (vgl § 56 Rdn 43). Wegen des Verfahrens bei der Ergänzung von Gesamtbriefen vgl § 59 Rdn 13–17. Die Form des nach § 127 Abs 1 S 2 ZVG vom Vollstreckungsgericht anzubringenden Briefvermerks ist in Rdn 16 erörtert.

d) Die Sonderform der Briefergänzung nach § 89 GBV. Bei einem maschinell hergestellten Brief für ein **24** im maschinell geführten Grundbuch eingetragenes Recht können sämtliche in den §§ 48 und 49 GBV vorgesehenen Briefergänzungen auch in der Weise erfolgen, dass ein entsprechend ergänzter neuer Brief in maschineller Form erteilt wird (§ 89 S 1 GBV). Dies gilt auch, wenn es sich bei dem zu ergänzenden Brief nicht um einen maschinellen, sondern um einen in herkömmlicher Weise hergestellten Brief handelt (§ 89 S 2 GBV). Da ein neuer Brief jedoch nur in Anwendung der §§ 56 und 57 idF des Gesetzes vom 22.06.1977 (BGBl I, 998) und somit lediglich mit reduziertem Inhalt erteilt werden kann (vgl § 68 Rdn 6), ist es begrifflich ausgeschlossen, dass ein neuer Brief den bisherigen Inhalt von vor dem 01.01.1978 hergestellten Briefen in geeigneter und vollständiger Form verlautbart. Daraus folgt, dass § 89 GBV auf die Ergänzung von vor dem 01.01.1978 erteilten »alten« Briefen nicht anwendbar ist und dass die Ergänzung solcher Briefe auch weiterhin nur auf herkömmlichem (manuellem) Wege erfolgen kann (vgl § 57 Rdn 14, § 57 aF Rdn 35, § 61 Rdn 61). Soweit nach den vorstehenden Ausführungen die Erteilung eines neuen maschinellen Briefs in Betracht kommt, ist der bisherige Brief einzuziehen und unbrauchbar zu machen (§ 89 S 3 GBV). Da ein neuer maschineller Brief auch ohne Verbindung mit der Schuldurkunde (§ 58) erteilt werden kann (§ 88 S 1 GBV), ist eine etwa mit dem Brief verbundene Schuldurkunde abzutrennen und (nur) an den Beteiligten zurückzugeben, dem der Anspruch auf die Aushändigung des bisherigen (nicht erneuerten) Briefs zugestanden hätte (hierzu vgl § 60 Rdn 89 ff, 96 ff). Die demgegenüber in § 89 S 4 GBV vorgesehene Rückgabe der Schuldurkunde an den »Antragsteller« (was soll bei mehreren Antragstellern geschehen?) beruht somit auf der Verkennung geltenden Rechts.

Der in Anwendung von § 89 GBV neu erteilte maschinelle Brief muss nach § 88 S 2 GBV mit dem Aufdruck »*Nicht ohne Vorlage der Urkunde für die Forderung gültig*« versehen werden. Dieser (wohl auf die Legitimation des Gläubigers abzielende) Vermerk ist in seinem von § 88 S 2 vorgesehenen Wortlaut schon deshalb unsinnig und irreführend, weil die Verbindung von Schuldurkunde und Brief (schon von jeher) keine Voraussetzung für die Gültigkeit des Briefs darstellt (vgl § 58 Rdn 1, 28, 31). Angesichts der auch im Übrigen festzustellenden schwerwiegenden Ungereimtheiten der gesetzlichen Regelung (vgl § 56 Rdn 37, 38, 40, 43, 54 ff, § 57 Rdn 14, § 57 aF Rdn 35, § 58 Rdn 28, § 59 Rdn 1, 4, 12, § 61 Rdn 54, 59, 61) können die Vorschriften über maschinelle Grundpfandrechtsbriefe (§§ 87 bis 89 GBV) nur als völlig missglückt bezeichnet werden. Dies gilt

---

37 KG JFG 16, 286 = JW 1937, 3239 = DNotZ 1938, 265.
38 KG OLGE 31, 344; *Güthe-Triebel* Rn 2; **aA** *v. d. Trenck* JW 1915, 1214.
39 KG KGJ 38 A, 299; *Güthe-Triebel* § 57 Rn 10.
40 *Hügel-Kral* § 57 Rn 9; KEHE-*Eickmann* § 48 GBV Rn 1.

umso mehr, als davon ausgegangen werden muss, dass eine Vielzahl der bisher erteilten vorgeblichen maschinellen Briefe als sog »scheinmaschinelle« Briefe nichtig sind (vgl § 56 Rdn 54 ff).

III. Die Beschaffung des Briefs

1. Die Vorlegung durch den Antragsteller

25 In der Regel darf eine Eintragung »bei der Hypothek« nur vorgenommen werden, wenn der Brief vom Antragsteller oder der ersuchenden Behörde vorgelegt wird (§ 41 Abs 1 S 1; vgl § 41 Rdn 40 ff). Wird der Brief nicht vorgelegt, so hat das Grundbuchamt die Beteiligten durch Zwischenverfügung zur Vorlegung des Briefs anzuhalten. Nach fruchtlosem Ablauf der gesetzten Frist ist der gestellte Antrag bzw das behördliche Ersuchen zurückzuweisen. In den Fällen des § 41 Abs 1 S 1 ist das Grundbuchamt demnach nicht berechtigt, den Briefbesitzer von Amts wegen zur Vorlegung des Briefs zu veranlassen (vgl § 41 Rdn 45).[41]

2. Die Beschaffung von Amts wegen

26 **a) Allgemeines.** Das Grundbuchamt ist nur dann berechtigt und verpflichtet, den Brief von Amts wegen zu beschaffen, wenn eine entsprechende **gesetzliche Ermächtigung zur Briefeinforderung** besteht. Da der Briefbesitzer in diesen Fällen **kraft Gesetzes zur Vorlegung des Briefs verpflichtet** ist, kann das Grundbuchamt seinem Verlangen nach Einreichung des Briefs durch die Anwendung von Zwangsmaßnahmen iS des § 33 FGG Nachdruck verleihen. Ist eine gesetzliche Grundlage für die Einforderung des Briefs hingegen nicht vorhanden, so ist der Briefbesitzer nicht verpflichtet, einer Aufforderung des Grundbuchamts zur Vorlegung des Briefs Folge zu leisten. In diesen Fällen ist die Anwendung von Zwangsmitteln iS des § 33 FGG **nicht** zulässig. Ein mittelbarer Zwang zur Briefvorlegung besteht allerdings insofern, als weitere Eintragungen »bei der Hypothek« mangels formeller Ordnungsmäßigkeit des Briefs erst nach Nachholung der durch § 62 vorgeschriebenen Briefergänzung erfolgen können (vgl § 41 Rdn 46). In keinem Fall ist das Grundbuchamt berechtigt, die Beteiligten zwangsweise dazu anzuhalten, ein Aufgebotsverfahren zum Zweck der Kraftloserklärung eines abhanden gekommenen Briefs zu betreiben.[42]

27 **b) Die Fälle der Vorlegungspflicht. aa) Die Notwendigkeit einer gesetzlichen Ermächtigung.** Der Briefbesitzer ist nur dann zur Vorlegung des Briefs verpflichtet, wenn das Grundbuchamt zur Einforderung des Briefs gesetzlich ermächtigt ist. Für eine solche gesetzliche Ermächtigung des Grundbuchamts besteht nur insoweit ein Bedürfnis, als Eintragungen »bei der Hypothek« von Amts wegen vorzunehmen sind oder die Eintragung einer Rechtsänderung entgegen der Regel des § 41 Abs 1 S 1 nicht von der Vorlegung des Briefs abhängig ist. In allen übrigen Fällen muss der Brief ohnehin vom Antragsteller oder der ersuchenden Behörde vorgelegt werden (vgl Rdn 25).

28 **bb) Einzelfälle.** Im Einzelnen ist eine grundbuchamtliche Befugnis zur Einforderung des Briefs in folgenden Vorschriften vorgesehen:

29 **(1) § 62 Abs 3 iVm den §§ 53, 41 Abs 1 S 2.** Hat das Grundbuchamt unter Verletzung gesetzlicher Vorschriften eine Eintragung vorgenommen, durch die das Grundbuch unrichtig geworden ist, so ist von Amts wegen ein Widerspruch im Grundbuch einzutragen (§ 53 Abs 1 S 1). Inhaltlich unzulässige Eintragungen müssen von Amts wegen gelöscht werden (§ 53 Abs 1 S 2). Da die Regel des § 41 Abs 1 S 1 auch auf Amtseintragungen Anwendung findet (vgl § 41 Rdn 15), ist in § 62 Abs 3 bestimmt, dass das Grundbuchamt in diesen Fällen **von Amts wegen** für die erforderliche Vorlegung des Briefs zu sorgen hat. Außerdem hat es den Brief von Amts wegen einzufordern, wenn die ohne Briefvorlegung mögliche Eintragung eines Widerspruchs iS des § 41 Abs 1 S 2 erfolgt ist. Auf die Fälle des Erlöschens von Rechten im Zwangsversteigerungsverfahren ist § 62 Abs 3 S 2 nicht entsprechend anwendbar (vgl Rdn 14–16). Der **Zeitpunkt der Briefeinforderung** bestimmt sich danach, ob die Vornahme der jeweiligen Grundbucheintragung von der Vorlegung des Briefs abhängig ist. Demnach ist der Brief im Fall des § 53 Abs 1 S 2 stets **vor** der Eintragung der Amtslöschung zu beschaffen. Dagegen darf der Brief im Fall des § 53 Abs 1 S 1 nur dann vor der Eintragung des Amtswiderspruchs angefordert werden, wenn es sich nicht um einen Widerspruch mit dem in § 41 Abs 1 S 2 bezeichneten Inhalt handelt (§ 53 Abs 2). Bei einem Widerspruch iS des § 41 Abs 1 S 2 ist die Einforderung des Briefs somit in jedem Fall erst **nach** erfolgter Grundbucheintragung zulässig.[43]

30 **(2) §§ 88 Abs 1, 99.** Da die in den Amtsverfahren zur Löschung gegenstandsloser Eintragungen (§§ 84 ff) und zur Klarstellung der Rangverhältnisse (§§ 90 ff) vorzunehmenden Eintragungen (§§ 87, 111) nach § 41 Abs 1

---

41 KG KGJ 30 A, 282 = RJA 6, 164.
42 KG HRR 1928 Nr 245; OLG Braunschweig JFG 4, 439.
43 KG JFG 7, 408 = HRR 1930 Nr 44.

S 1 von der Vorlegung des Briefs abhängig sind, räumen die §§ 88 Abs 1 und 99 dem Grundbuchamt die Befugnis ein, die Grundpfandrechtsbriefe von Amts wegen einzufordern. Die Beschaffung der Briefe hat **vor** der jeweiligen Grundbucheintragung zu erfolgen.

(3) Sonstige Vorschriften. Eine Befugnis des Grundbuchamts zur nachträglichen Einforderung des Briefs ist **31** in einer Reihe von Fällen vorgesehen, bei denen die vorzunehmende Grundbucheintragung in Abweichung von der Regel des § 41 Abs 1 S 1 ausnahmsweise nicht von der Vorlegung des Briefs abhängig ist. Es handelt sich dabei um folgende Vorschriften: §§ 9, 12, 27 GBBerG vom 18.07.1930, RGBl I, 305 (betr **Aufwertung**; vgl § 41 Rdn 98, § 67 Rdn 3, 21; hierzu vgl auch Art 6 der DVO zum AufwG vom 29.11.1925, RGBl I, 392); § 2 der 3. VO vom 09.02.1924, RGBl II, 40 sowie Art 2 der 4. VO vom 30.06.1924, RGBl II, 145, zur Ausführung des Gesetzes vom 23.06.1923, RGBl II, 284, über das Zusatzabkommen vom 25.03.1923, RGBl II, 286, zum deutsch-schweizerischen Abkommen zum Schutze Schweizer Gläubiger vom 06.12.1920, veröffentlicht aufgrund des Gesetzes vom 09.12.1920, RGBl 2023 (betr **Schweizer Goldhypotheken**; vgl § 41 Rdn 99); § 25 Abs 2 der VO vom 27.09.1932, RGBl I, 473, § 53 Abs 2 SchRegG vom 01.06.1933, RGBl I, 331, und § 3 der VO vom 30.05.1932, RGBl I, 252 (betr **landwirtschaftliche Vermittlungs- und Entschuldungsverfahren**; vgl § 41 Rdn 100); Art 42 S 2 BayAGGVG vom 23.06.1981, GVBl 188 (betr **Enteignung, Gemeinheitsteilung, Ablösung von Dienstbarkeiten und anderer Rechte**; vgl § 41 Rdn 104); Art 38 § 8 Abs 3 PrAGBGB vom 20.09.1899, GS 177, und § 9 Abs 3 des Gesetzes vom 04.08.1904, GS 235 (betr **Kohlen- und Salzabbaugerechtigkeiten**; vgl § 41 Rdn 106) sowie Art 26 PrAGGBO vom 26.09.1899, GS 307 (betr **Ersuchen des Oberbergamts**; vgl § 41 Rdn 107).

cc) Das Verfahren zur Beschaffung des Briefs. In den Fällen der Vorlegungspflicht hat das Grundbuchamt **32** den Briefbesitzer zur Vorlegung des Briefs aufzufordern. Die Aufforderung muss wegen der Zulässigkeit der Beschwerde erkennen lassen, aus welchem Grund und zu welchem Zweck die Vorlegung des Briefs verlangt wird.[44] Wird der Brief daraufhin **freiwillig vorgelegt**, so ist er zu ergänzen und an den Einreicher zurückzugeben (zur Rückgabe des Briefs vgl Rdn 38). Ist der Brief nicht aufgrund einer Aufforderung des Grundbuchamts, sondern aus anderer Veranlassung beim Grundbuchamt eingereicht worden (zB wegen einer anstehenden Briefergänzung iS des § 57 Abs 2), so ist es ohne weiteres zulässig, ihn nach § 62 zu ergänzen.[45] Wird der Brief nicht freiwillig eingereicht, so hat das Grundbuchamt den Briefbesitzer durch die Anwendung von Zwangsmaßnahmen (§ 33 FGG) zur Vorlegung des Briefs anzuhalten. Da sich Zwangsmaßnahmen zulässigerweise nur gegen den **gegenwärtigen Besitzer** des Briefs richten können, ist die Person des Briefbesitzers von Amts wegen zu ermitteln (§ 12 FGG).[46] Steht die Person des Briefbesitzers fest, so ist zu beachten, dass eine grundbuchamtliche Einforderung des Briefs nur in Betracht kommt, wenn die Herausgabe des Briefs ausschließlich vom freien Willen des Briefbesitzers abhängig ist.[47] Ein **mittelbarer** Besitzer des Briefs kann daher nur dann zur Briefvorlegung angehalten werden, wenn er aufgrund des Besitzmittlungsverhältnisses in der Lage ist, sich den unmittelbaren Besitz wieder zu verschaffen (so zB beim Verwahrungsvertrag, § 695 BGB).[48] Diese Voraussetzung ist zB bei der Verpfändung der dem mittelbaren Briefbesitzer zustehenden Hypothek nicht erfüllt. In diesem Fall ist der Brief daher vom unmittelbaren Briefbesitzer (Pfandrechtsgläubiger) einzufordern. Soweit die zur Briefvorlegung aufgeforderte Person einwendet, den Brief nicht mehr zu besitzen, ist sie verpflichtet, den Besitzverlust glaubhaft zu machen.[49] Des weiteren muss der frühere Briefbesitzer dem Grundbuchamt die Person benennen, an die er den Brief weitergegeben hat (wegen einer Ausnahme vgl aber auch § 60 Rdn 99). Solange der vormalige Besitzer des Briefs die ihm mögliche Aufklärung zur Ermittlung seines Besitznachfolgers verweigert, kann er sich dem grundbuchamtlichen Vorlegungs- und Zwangsverfahren nicht entziehen.[50]

Wird der **Brief dem Grundbuchamt vorgelegt** (sei es infolge des Einforderungsverfahrens, sei es aus anderer **33** Veranlassung), so ist er nach § 62 Abs 1 S 1 zu ergänzen. Zu einem anderen Zweck darf der Brief nur verwendet werden, wenn der Einreicher des Briefs damit einverstanden ist.[51] Der Brief darf daher in einer anderen Angelegenheit nicht als iS des § 41 vorgelegt angesehen werden (vgl § 41 Rdn 41). Auch ist es nicht zulässig, nicht

---

44 *Hügel-Kral* Rn 19; *Güthe-Triebel* Rn 15 und § 71 Rn 14; *Demharter* Rn 17 und § 71 Rn 13.
45 OLG Dresden OLGE 12, 168.
46 KG KGJ 38 A, 291 = OLGE 18, 225.
47 KG KGJ 26 A, 15; KGJ 38 A, 283, 291 = OLGE 21, 26 = RJA 10, 79; KGJ 38 A, 291, 293 = OLGE 18, 225; JFG 14, 99, 100 = JW 1936, 2750 = DNotZ 1936, 819 = DJ 1936, 1165.
48 KG KGJ 38 A, 291, 293 = OLGE 18, 225; JFG 14, 99, 100 = JW 1936, 2750 = DNotZ 1936, 819 = DJ 1936, 1165; vgl auch KGJ 26 A, 15.
49 So überzeugend KG KGJ 26 A, 15, 17; JFG 14, 99, 101 = JW 1936, 2750 = DNotZ 1936, 819 = DJ 1936, 1165; **aA** KG KGJ 38 A, 291, 294 = OLGE 18, 225; *Demharter* Rn 18; KEHE-*Eickmann* Rn 5. Wie hier *Bauer/von Oefele-Weber* Rn 17; *Hügel/Kral* Rn 21.
50 Vgl Fn 49.
51 KEHE-*Eickmann* Rn 6.

unter § 62 fallende Vermerke auf dem Brief anzubringen. Nach erfolgter Ergänzung ist der Brief an den Einreicher zurückzugeben (zur Rückgabe des Briefs vgl Rdn 38).

34 **c) Fälle der Briefvorlegung ohne Zwang. aa) Fehlen einer gesetzlichen Ermächtigung.** In anderen als den gesetzlich bestimmten Fällen ist der Briefbesitzer nicht verpflichtet, den Brief beim Grundbuchamt einzureichen. Es steht vielmehr im Belieben des Briefbesitzers, ob er einer Bitte des Grundbuchamts um Vorlegung des Briefs nachkommen will. Da eine Vorlegungspflicht nicht besteht, ist das Grundbuchamt nicht zur Anwendung von Zwangsmitteln iS des § 33 FGG befugt (vgl Rdn 26). Im Fall der Vorlegung des Briefs richtet sich das grundbuchamtliche Verfahren nach den in Rdn 33 dargestellten Grundsätzen.

35 **bb) Einzelfälle.** Ein Zwang zur Vorlegung des Briefs kann mangels gesetzlicher Einforderungsermächtigung insbesondere in folgenden Fällen nicht ausgeübt werden:

36 **(1) Der Fall der Verletzung des § 62 Abs 1 S 1.** Hat das Grundbuchamt eine bei der Hypothek erfolgte Eintragung entgegen § 62 Abs 1 S 1 nicht auf dem Brief vermerkt, so ist eine freiwillige Vorlegung des Briefs zum Zweck der Nachholung der Briefergänzung wünschenswert und jederzeit möglich. Das Grundbuchamt ist aber nicht befugt, den Brief unter Anwendung von Zwangsmaßnahmen vom Briefbesitzer einzufordern (vgl § 41 Rdn 60; wegen einer Ausnahme vgl aber auch § 69 Rdn 11).[52] Dabei spielt es keine Rolle, ob die Grundbucheintragung entgegen § 41 ohne Briefvorlegung erfolgt ist oder ob der vorgelegte Brief überhaupt nicht bzw fehlerhaft ergänzt wurde.

37 **(2) Sonstige Fallgestaltungen.** Zwangsmaßnahmen zur Vorlegung des Briefs dürfen vor allem in den Fällen nicht ergriffen werden, bei denen dem Grundbuchamt keine gesetzliche Ermächtigung zur Einforderung des Briefs eingeräumt wurde, obwohl die bei der Hypothek vorzunehmende Grundbucheintragung in Abweichung von § 41 Abs 1 S 1 kraft gesetzlicher Vorschrift ausnahmsweise nicht von der Briefvorlegung abhängig ist. Es handelt sich hierbei um die Grundbucheintragungen iS der §§ 131, 158 Abs 2 ZVG (vgl § 41 Rdn 92, 93), der §§ 21, 23, 32, 33, 200, 215, 277 InsO (vgl § 41 Rdn 94), des § 105 Abs 1 Nr 6 und Nr 6 S 6 GBV und des § 4 Abs 7 HypAblöseVO vom 10.06.1994, BGBl I, 1253 (vgl § 41 Rdn 102), des Art 41 PrAGZVG vom 23.09.1899, GS 291 (vgl § 41 Rdn 110), der §§ 6, 33 PrEnteignungsG vom 11.06.1874, GS 221 (vgl § 41 Rdn 109), des Art 21 Nr 4 PrAGBGB vom 20.09.1899, GS 177 (vgl § 41 Rdn 108) sowie um Eintragungen aufgrund eines Unschädlichkeitszeugnisses (vgl § 41 Rdn 103; eine grundbuchamtliche Befugnis zur nachträglichen Einforderung des Briefs besteht nur in Hamburg: § 41 Abs 2 HbgAGBGB idF vom 01.07.1958, GVBl 195). Auch in den Fällen des § 127 Abs 1 S 1, 2 ZVG (hierzu vgl Rdn 14–16, 29) und des § 39 Abs 3 S 4 GBV (Grundbuchumschreibung)[53] ist das Grundbuchamt nicht berechtigt, Zwangsmaßnahmen gegen den Besitzer des Briefs zu ergreifen.

IV. Die Rückgabe des eingereichten Briefs

38 Die mit der Rückgabe eines beim Grundbuchamt eingereichten Briefs zusammenhängenden Rechtsfragen sind bereits in § 60 Rdn 89 ff und 96 ff ausführlich dargestellt worden. Darauf wird verwiesen. Wegen der Aushändigung von im Anwendungsbereich des § 89 GBV neu hergestellten maschinellen Briefen vgl Rdn 24.

V. Die Verletzung des § 62

39 Bei § 62 handelt es sich trotz seiner missverständlichen Formulierung (*»sind … zu vermerken«*) »nur« um eine **Ordnungsvorschrift**. Seine Nichtbeachtung berührt daher weder die Wirksamkeit der Grundbucheintragung[54] noch die Gültigkeit des Briefs. Der Verstoß gegen § 62 führt wegen der Nichterzwingbarkeit der nachträglichen Briefvorlegung (vgl Rdn 36) aber regelmäßig dazu, dass sich Grundbuch- und Briefinhalt nicht mehr decken. Aufgrund dieser Nichtübereinstimmung von Grundbuch und Brief können leicht Schadensersatzansprüche gegen den Staat entstehen. Dagegen kann der unrichtige Brief nicht zu einem gutgläubigen Erwerb verhelfen (vgl § 41 Rdn 2).

---

52 RG RGZ 83, 290 = JW 1914, 152 = RJA 13, 124; KG KGJ 38 A, 294 = OLGE 21, 12; KGJ 53, 219; OLGE 10, 442; JFG 11, 342; OLG Dresden JFG 7, 413; LG Berlin DNotZ 1937, 328; **aA** KG KGJ 21 A, 147; KGJ 21 A, 286; *Predari* Anm 3; *Becker* BadNotZ 1907, 15; *Recke* JW 1937, 2073, 2076 (hierzu vgl auch § 41 Fn 160).

53 *Hügel-Kral* Rn 18; *Demharter* Rn 15; *Güthe-Triebel* § 39 GBVfg (Anm zu Abs 3).

54 Mot BGB III, 616.

§ 63 (Nachträgliche Mitbelastung eines anderen Grundstücks)

Wird nach der Erteilung eines Hypothekenbriefs mit der Hypothek noch ein anderes, bei demselben Grundbuchamt gebuchtes Grundstück belastet, so ist, sofern nicht die Erteilung eines neuen Briefes über die Gesamthypothek beantragt wird, die Mitbelastung auf dem bisherigen Brief zu vermerken und zugleich der Inhalt des Briefes in Ansehung des anderen Grundstücks nach § 57 zu ergänzen.

I. Allgemeines

1. Normzweck und Norminhalt

§ 63 soll verhindern, dass über eine Gesamthypothek mehrere Briefe gebildet werden müssen.[1] Damit verfolgt **1** die Vorschrift den gleichen Zweck wie § 59 (vgl § 59 Rdn 1). Die vom Gesetzgeber angestrebte Erteilung eines einheitlichen Gesamthypothekenbriefs lässt sich bei dem auf einer nachträglichen Mitbelastung beruhenden Entstehen eines Gesamtrechts entweder durch die Ergänzung des bisherigen Briefs oder durch die Herstellung eines neuen einheitlichen Briefs erreichen. Da die Erteilung eines neuen Briefs höhere Kosten verursacht (vgl § 71 Abs 1 S 1 KostO gegenüber § 71 Abs 2 S 3 KostO), stellt die Ergänzung des bisherigen Briefs die gesetzliche Regel dar.[2]

2. Entstehungsgeschichte

Nachdem das preußische Recht eine dem § 63 entsprechende Vorschrift nicht enthielt, war die Behandlung des **2** Briefs im Fall der nachträglichen Mitbelastung auch im Entw I § 59 nicht ausdrücklich geregelt. Nur aus der Begründung zu § 59 ergab sich, dass in diesem Fall ein besonderer Brief zu erteilen und mit dem bisherigen Brief zu verbinden sei (vgl Entw I § 59 S 3).[3] Die in den Entw II eingestellte Vorschrift (§ 61) entspricht dem heutigen § 63. Die durch die GBOÄndVO vom 05.08.1935 (RGBl I, 1065) erfolgte unwesentliche Änderung des Gesetzestextes ist sachlich ohne Bedeutung.

II. Die Voraussetzungen des § 63

1. Das Vorhandensein eines Briefs

§ 63 ist nur anwendbar, wenn die Hypothek vor der Eintragung der Mitbelastung bereits verbrieft war. Bei dem **3** vorhandenen Brief kann es sich um einen Einzelbrief oder um einen Gesamtbrief iS des § 59 handeln (zur Anwendbarkeit des § 63 im Fall des § 59 Abs 2 vgl Rdn 5). Ist ein Brief noch nicht oder nicht mehr vorhanden, so findet § 63 keine Anwendung. Die Brieferteilung richtet sich in diesem Fall unmittelbar nach § 59 (so zB, wenn eine Buchhypothek unter gleichzeitiger Mitbelastung eines anderen Grundstücks in eine Briefhypothek umgewandelt wird). Wegen der Notwendigkeit der Vorlegung des Briefs vgl Rdn 7.

2. Die nachträgliche Mitbelastung eines anderen Grundstücks

Aus dem Wortlaut des § 63 ergibt sich, dass die Vorschrift nur zur Anwendung kommt, wenn eine nachträgli- **4** che Mitbelastung zum **Entstehen eines Gesamtrechts iS des § 1132 BGB** führt. Daraus folgt, dass Fallgestaltungen von § 63 nicht erfasst werden, bei denen eine nachträgliche Mitbelastung entweder nicht vorliegt oder bei denen zwar eine nachträgliche Mitbelastung erfolgt, diese Mitbelastung aber nicht das Entstehen eines Gesamtrechts zur Folge hat. So ist § 63 mangels Vorliegen einer Mitbelastung nicht anwendbar, wenn lediglich

---

1 D 62, 63.
2 D 63.
3 Mot 101.

eine Vormerkung zur Sicherung des Anspruchs auf Mitbelastung im Grundbuch eingetragen wird.[4] Das Gleiche gilt, wenn ein bereits belasteter Grundstücksteil als selbständiges Grundstück auf das bisherige Grundbuchblatt oder ein bereits belastetes selbständiges Grundstück (bzw ein schon belasteter Grundstücksteil) auf ein anderes Grundbuchblatt übertragen wird.[5] Denn in diesen Fällen geht es nicht um das Entstehen eines Gesamtrechts durch nachträgliche Mitbelastung, sondern entweder um das auf einer Teilung des belasteten Grundstücks beruhende Zustandekommen oder die Aufrechterhaltung einer bereits bestehenden Gesamtbelastung (vgl – auch zum umstrittenen Verhältnis zwischen § 57 Abs 2 und § 62 – § 41 Rdn 20–22). Wird dem bereits belasteten Grundstück ein anderes Grundstück (bzw ein Grundstücksteil) als Bestandteil zugeschrieben oder ein bisher unbelastetes Grundstück gleichzeitig mit der Nachverpfändung mit dem belasteten Grundstück vereinigt, so ist § 63 trotz des Vorliegens einer kraft Gesetzes (§ 1131 BGB) oder rechtsgeschäftlich erfolgenden nachträglichen Mitbelastung nicht anwendbar,[6] weil in beiden Fällen kein Gesamtrecht iS des § 1132 BGB entsteht (vgl § 41 Rdn 22).[7]

3. Die Buchung des neu belasteten Grundstücks bei demselben Grundbuchamt

5   § 63 kommt nur zur Anwendung, wenn die Grundbücher für das bereits mit der Hypothek belastete und für das neu belastete Grundstück bei **demselben Grundbuchamt** geführt werden. Unerheblich ist, ob die Grundstücke demselben Grundbuchbezirk (Gemarkung) angehören. Ist das neu belastete Grundstück hingegen bei einem anderen Grundbuchamt gebucht, so richtet sich die Brieferteilung nach § 59 Abs 2 (vgl § 59 Rdn 4). In diesem Fall muss daher ein besonderer Brief erteilt und mit dem bisherigen Brief verbunden werden (wegen des Verfahrens vgl § 59 Rdn 11, 12). War die Hypothek bereits vor der nachträglichen Mitbelastung als Gesamtrecht nach § 59 Abs 2 verbrieft, so kommt § 63 nur für den Brief zur Anwendung, welcher über das mit dem neu belasteten Grundstück bei demselben Grundbuchamt gebuchte Grundstück erteilt ist.[8]

III. Das Verfahren des Grundbuchamts

6   Sofern kein Antrag auf Erteilung eines neuen Briefs gestellt wird, ist die Mitbelastung auf dem bisherigen Brief zu vermerken und der Inhalt des Briefs bezüglich des neu belasteten Grundstücks nach § 57 zu ergänzen. Die Vervollständigung des bisherigen Briefs stellt damit den gesetzlichen Regelfall dar.

1. Die Erteilung eines neuen Briefs

7   Ein neuer Brief wird – mit Ausnahme der in § 89 GBV vorgesehenen Neuerteilung (hierzu vgl § 62 Rdn 24) – nur auf formlosen Antrag erteilt (wegen der Antragsberechtigung vgl § 67 Rdn 10 ff). Dem Antrag kann nur stattgegeben werden, wenn der bisherige Brief oder (in den Fällen der §§ 1162, 1170, 1171 BGB) das Ausschlussurteil vorgelegt wird (§ 67). Im Übrigen ist die Vorlegung des Briefs bzw Ausschlussurteils nach § 41 Abs 1 S 1, Abs 2 S 1 bereits zur Eintragung der Mitbelastung erforderlich (vgl § 41 Rdn 19, 33).

8   Die Erteilung des Briefs erfolgt nach Maßgabe der §§ 56–58, 59 Abs 1. Für die Erteilung des Briefs sind die Grundbuchbeamten zuständig, in deren Grundbuchbezirk das neu belastete Grundstück liegt. Der neue Brief hat die Angabe zu enthalten, dass er an die Stelle des bisherigen Briefs tritt (§ 68 Abs 1). Nach den §§ 1140, 1145 und 1157 BGB für das Rechtsverhältnis zwischen dem Eigentümer und dem Gläubiger bedeutsame Vermerke sind auf den neuen Brief zu übertragen (§ 68 Abs 2). Die Erteilung des neuen Briefs ist im Grundbuch zu vermerken (§ 68 Abs 3). Der bisherige Brief ist unbrauchbar zu machen (§ 69 S 1). Die mit dem bisherigen Brief verbundene Schuldurkunde ist abzutrennen und mit dem neuen Brief zu verbinden (§§ 58, 69 S 2). Wegen der Behandlung der Schuldurkunde im Falle der Briefneuerteilung im Verfahren nach § 89 GBV vgl § 58 Rdn 28 und § 62 Rdn 24.

2. Die Ergänzung des bisherigen Briefs

9   **a) Der Inhalt des Ergänzungsvermerks.** Wird ein Antrag auf Erteilung eines neuen Briefs nicht gestellt und auch nicht nach § 89 GBV verfahren (hierzu vgl § 62 Rdn 24), so ist der bisherige Brief **von Amts wegen**

---

4   KG KGJ 44, 250 = OLGE 26, 159 = RJA 12, 267.
5   *Hügel-Kral* Rn 4; KEHE-*Eickmann* § 48 Rn 12, 13; *Demharter* Rn 3; **aA** *Bauer/von Oefele-Weber* Rn 4 für den Fall der Übertragung eines bereits belasteten Grundstücks(teils) auf ein anderes Grundbuchblatt. Diese Auffassung verkennt, dass etwas, was bereits belastet ist, begrifflich nicht »nachträglich mitbelastet« werden kann.
6   *Hügel-Kral* Rn 5; *Demharter* Rn 4; *Thieme* Anm 2; *Predari* Anm 3; *Henle-Schmitt* Anm 3; **aA** (im Widerspruch zum Wortlaut des § 63) *Bauer/von Oefele-Weber* Rn 4 und *Güthe-Triebel* Rn 5. Im genannten Fall der Vereinigung bleibt es aber für die Pfanderstreckung natürlich beim Erfordernis der Briefergänzung nach § 62, während im Fall der Bestandteilszuschreibung von Amts wegen überhaupt kein Vermerk auf dem Brief angebracht wird.
7   KG KGJ 30 A, 178 = RJA 6, 73; JFG 22, 284, 286 = HRR 1941 Nr 683 = DNotZ 1941, 349 = DR 1941, 1557; *Staudinger-Wolfsteiner* § 1131 Rn 6; *Planck-Strecker* § 1131 Anm 4a (jeweils für die Bestandteilszuschreibung).
8   *Hügel-Kral* Rn 7; *Güthe-Triebel* Rn 7.

zu vervollständigen. Der auf dem bisherigen Brief anzubringende Ergänzungsvermerk besteht aus zwei rechtlich voneinander zu trennenden Bestandteilen. Zunächst ist die im Grundbuch eingetragene Mitbelastung nach **§ 62 Abs 1 S 1** auf dem Brief zu vermerken. Der Vermerk lautet etwa:

»Nachtrag:

Infolge Pfandunterstellung ist die Hypothek im Grundbuch von Wangen (AG Starnberg) Blatt 300 in Abt III Nr 1 (eins) an dem im Bestandsverzeichnis des Grundbuchs unter Nr 1 verzeichneten Grundstück[9] eingetragen worden. Eingetragen am ...«

Sodann ist der Brief in Ansehung des neu belasteten Grundstücks hinsichtlich der nach § 57 erforderlichen Angaben zu ergänzen. Da § 57 Abs 1 S 1 und 2 nF nur die Angabe der Nummer des Grundbuchblatts und die Bezeichnung des belasteten Grundstücks mit der laufenden Nummer des Bestandsverzeichnisses verlangt und sich der Inhalt der die Hypothek betreffenden Eintragungen ohnehin aus dem bisherigen Briefinhalt ergibt, ist auf **nach** dem 31.12.1977 hergestellten Briefen kein zusätzlicher Vermerk mehr notwendig. Anders ist die Rechtslage hingegen bei der Ergänzung von **vor** dem 01.01.1978 erteilten Briefen. Nach Art 8 § 2 des Gesetzes zur Änderung sachenrechtlicher, grundbuchrechtlicher und anderer Vorschriften vom 22.06.1977 (BGBl I, 998) hat die Ergänzung solcher Briefe nach § 57 aF zu erfolgen. Dies bedeutet, dass ein vor dem 01.01.1978 hergestellter Brief bezüglich des neu belasteten Grundstücks auch in Ansehung der nach § 57 Abs 2 aF erforderlichen Angaben ergänzt werden muss. Der entsprechende (gesamte) Vermerk lautet etwa wie folgt: **10**

»Nachtrag:

Infolge Pfandunterstellung ist die Hypothek im Grundbuch von Wangen (AG Starnberg) Blatt 300 in Abt III Nr 1 an dem im Bestandsverzeichnis des Grundbuchs unter Nr 1 verzeichneten Grundstück der Gemarkung Wangen, Flst.-Nr 100, In Wangen, Grünland, zu 1,0450 ha, eingetragen worden. Als Eigentümer dieses Grundstücks ist Hans Huber, geboren am ..., Wangen, eingetragen. Im Rang vorgehende oder gleichstehende Rechte sind an dem neu belasteten Grundstück nicht eingetragen. Eingetragen am ...«

b) Ort und Form des Ergänzungsvermerks. Der Ergänzungsvermerk ist im Anschluss an den letzten vorhandenen Vermerk auf den Brief oder (bei Raummangel) auf einen mit dem Brief unter Verwendung von Schnur und Siegel zu verbindenden besonderen Bogen zu setzen (§§ 49, 50 GBV, §§ 1 Abs 2b, c, 36 Abs 2c, 37 Abs 1 GBOGeschO; wegen Einzelheiten vgl § 62 Rdn 19). Sodann ist der Vermerk in unmittelbarer[10] bzw entsprechender[11] Anwendung des § 62 Abs 1 S 1 HS 2, Abs 2 mit Unterschrift und Siegel oder Stempel zu versehen (vgl § 56 Rdn 37–40). Die **Datierung** des Vermerks ist als durch **Ordnungsvorschrift** angeordnet anzusehen (vgl § 56 Rdn 43). **11**

IV. Die Verletzung des § 63; Rechtsmittel

§ 63 ist »nur« eine **Ordnungsvorschrift.** Ein vom Grundbuchamt begangener Gesetzesverstoß berührt daher weder die Wirksamkeit der Grundbucheintragung (Mitbelastung) noch die Gültigkeit des Briefs. Selbst ein unzulässigerweise ohne Antrag erteilter neuer Brief ist wirksam. In diesem Fall kann allerdings Beschwerde mit dem Ziel der Erteilung eines Briefs mit dem Inhalt des unbrauchbar gemachten bisherigen Briefs eingelegt werden. Dies ist vor allem von Bedeutung, wenn es sich bei dem bisherigen Brief um einen sog »alten« (also vor dem 01.01.1978 hergestellten) Brief mit ausführlicher Darstellung der die Hypothek betreffenden Rechtsverhältnisse (§ 57 aF) gehandelt hat. Der auf Beschwerde hergestellte Brief ist sodann nach Maßgabe des § 63 zu ergänzen. Der unzulässigerweise erteilte neue Brief wird unbrauchbar gemacht. Die abzutrennende Schuldurkunde ist mit dem aufgrund Beschwerde hergestellten Brief zu verbinden (§§ 58, 69 S 2). **12**

---

9 Die Notwendigkeit der Grundstücksbezeichnung ergibt sich bereits aus § 56 Abs 1 S 2.
10 Bezüglich des Vermerks der Mitbelastung nach § 62 (vgl Rdn 9).
11 Im Hinblick auf die Ergänzung nach § 57 (vgl Rdn 10 und § 57 aF Rdn 34).

§ 64 (Verteilung einer Gesamthypothek)

Im Falle der Verteilung einer Gesamthypothek auf die einzelnen Grundstücke ist für jedes Grundstück ein neuer Brief zu erteilen.

I. Allgemeines

1 Durch die Verteilung einer Gesamthypothek auf die einzelnen Grundstücke (§§ 1132 Abs 2, 1172, 1175 BGB) entstehen im Regelfall Einzelhypotheken für selbständige Teilforderungen.[1] § 64 trägt dieser Rechtslage Rechnung und soll verhindern, dass der Gesamtbrief für die Einzelrechte weitere Verwendung findet. Dieses Verbot der Weiterverwendung des bisherigen Briefs beruht auf dem Gedanken, dass selbständige Einzelrechte im Interesse des Rechtsverkehrs möglichst auch unabhängig voneinander verbrieft werden sollen.[2]

II. Die Voraussetzungen des § 64

1. Das Vorhandensein einer Gesamthypothek

2 § 64 findet nur Anwendung, wenn es sich bei dem zu verteilenden Recht um eine **Gesamthypothek iS des § 1132 BGB** handelt. Eine Gesamthypothek entsteht insbes durch die ursprüngliche oder im Weg der Nachverpfändung erfolgende Belastung mehrerer Grundstücke, durch die Belastung mehrerer Miteigentumsanteile (§ 747 S 1 BGB),[3] durch die Belastung eines Grundstücks seitens aller Bruchteilseigentümer (§ 747 S 2 BGB),[4] durch die Auswechslung der mehreren Einzelhypotheken zugrunde liegenden selbständigen Forderungen gegen eine einheitliche Forderung,[5] durch die Teilung eines belasteten Grundstücks in mehrere selbständige Grundstücke[6] sowie durch die Umwandlung von an dem belasteten Grundstück bestehenden Alleineigentum in Bruchteilseigentum (so zB bei der Begründung von Wohnungseigentum oder der Veräußerung eines Miteigentumsanteils bzw des gesamten Grundstücks an mehrere Miteigentümer).[7]

3 Im Fall der Verteilung einer **Einzelhypothek** auf die durch Teilung des belasteten Grundstücks entstandenen selbständigen Grundstücke ist § 64 entsprechend anzuwenden, da es keinen Unterschied machen kann, ob die Verteilung bereits anlässlich der Grundstücksteilung oder erst nach dem aus der Teilung resultierenden Entstehen eines Gesamtrechts erfolgt.[8] Für die Bildung von Teilbriefen ist daher kein Raum (vgl § 61 Rdn 22).

---

1 RG RGZ 113, 223, 233; BGH Betrieb 1976, 866 = WM 1976, 585.
2 D 64, 65.
3 RG RGZ 52, 360; 146, 363, 365; BGH NJW 1989, 831 = DNotZ 1989, 609; KG KGJ 30 A, 258, 260 = ZBlFG 06, 25; OLG Frankfurt Rpfleger 1961, 240 = DNotZ 1961, 411; *Kretzschmar* JW 1915, 771.
4 RG RGZ 146, 363, 365; BGH NJW 1961, 1352 = DNotZ 1961, 407 = Rpfleger 1961, 353 = MDR 1961, 673 = LM § 1132 BGB Nr 1; BGHZ 40, 115, 120 = NJW 1963, 2320; KG JFG 16, 345, 347 = JW 1938, 230; OLG Frankfurt aaO (Fn 3); OLG Hamburg MDR 1960, 321; *Staudinger-Wolfsteiner* § 1132 Rn 17, § 1114 Rn 2; MüKo-*Eickmann* § 1132 Rn 20, § 1114 Rn 3; *Palandt-Bassenge* § 1114 Rn 1; *Demharter* § 48 Rn 4; KEHE-*Eickmann* § 48 Rn 3; *Bauer/von Oefele-Wegmann* § 48 Rn 24; *Stillschweig* JW 1914, 7; **aA** *Planck-Strecker* § 1132 Anm 1 a; *Güthe-Triebel* § 48 Rn 3; *Meikel* Recht 1914, 346; *Kretzschmar* JW 1915, 771; *Levy* Gruchot 59, 87 ff, 301 ff.
5 KG JFG 10, 228.
6 KG KGJ 30 A 258, 260 = ZBlFG 06, 25; BayObLG JW 1927, 274; OLG Frankfurt DNotZ 2000, 778 = MittBayNot 2000, 323.
7 RG RGZ 146, 363, 365; KG aaO (Fn 3, 4); OLG Dresden JFG 11, 237; OLG Frankfurt aaO (Fn 3); *Staudinger-Wolfsteiner* § 1132 Rn 18; MüKo-*Eickmann* § 1132 Rn 23; *Bauer/von Oefele-Wegmann* § 48 Rn 19; *Demharter* und KEHE-*Eickmann* je aaO (Fn 4); **aA** *Meikel, Güthe-Triebel* und *Kretzschmar* je aaO (Fn 4); *Eccius* Gruchot 46, 728; *Lang* AcP 89, 255.
8 KG KGJ 27 A, 151 = OLGE 9, 347 = RJA 4, 170.

2. Die Verteilung der Gesamthypothek

a) Der Begriff der Verteilung. Unter Verteilung versteht man die Zerlegung einer Gesamthypothek in mehrere betragsmäßig reduzierte Hypotheken, die für nunmehr selbständige Teilforderungen an den verschiedenen Grundstücken lasten[9] und den Betrag des vormaligen Gesamtrechts in ihrer Gesamtsumme nicht überschreiten dürfen.[10] Sofern sich die Verteilung auf alle belasteten Grundstücke erstreckt, gelangen selbständige Einzelhypotheken im Rang des vormaligen Gesamtrechts[11] zur Entstehung.[12] Bleiben hingegen mehrere Grundstücke von der Verteilung ausgenommen, so bleibt die Hypothek in Höhe des nicht verteilten Betrages als Gesamtrecht an den Grundstücken bestehen, die von der Verteilung nicht betroffen sind.[13] Grundstücke, auf welche trotz vollständiger Verteilung des Gesamtrechts ein Betrag nicht zugeteilt wird, scheiden aus dem Pfandverband aus.[14] Bezüglich der in die Verteilung einbezogenen Grundstücke erlischt die Hypothek jeweils in Höhe des die Zuteilung übersteigenden Betrags;[15] Eigentümerrechte gelangen nicht zur Entstehung.[16] Wegen der Verteilung einer Einzelhypothek im Fall der Teilung des belasteten Grundstücks vgl Rdn 3.   **4**

Nicht unter den Begriff der Verteilung fällt die Löschung eines Teilbetrags der Gesamthypothek auf allen belasteten Grundstücken, da die Hypothek in Höhe des Restbetrags Gesamtrecht bleibt. Wegen des Fortbestehens der Hypothek als Gesamtrecht liegt auch keine Verteilung vor, wenn die Hypothek auf einem von mindestens drei belasteten Grundstücken vollständig oder hinsichtlich eines Teilbetrags gelöscht wird. Sind nur zwei Grundstücke mit der Gesamthypothek belastet, so hat die vollständige oder teilweise Löschung der Hypothek an einem der Grundstücke zwar zur Folge, dass die Hypothek in ihrer Gesamtheit oder in Höhe des auf dem einen Grundstück gelöschten Teilbetrags zur Einzelhypothek wird. Dies ist aber nicht Folge einer Verteilung, sondern materiellrechtliche Konsequenz der Löschung. § 64 ist daher auf diese Fallgestaltung nicht anwendbar. Die Behandlung des Briefs bzw der Briefe (§ 59 Abs 2) in den Fällen des Erlöschens der Mithaft richtet sich vielmehr nach den allgemeinen Vorschriften (§§ 62, 69 GBO, 48 GBV; hierzu vgl § 59 Rdn 13–15).   **5**

b) Die Zulässigkeit der Verteilung. aa) Der Fall des § 1132 BGB. Nach § 1132 Abs 2 S 1 BGB ist der Gläubiger einer **Gesamthypothek** berechtigt, den Betrag der Forderung in der Weise auf die einzelnen Grundstücke zu verteilen, dass jedes Grundstück nur noch für den zugeteilten Betrag haftet. Materiellrechtlich erfordert die Verteilung eine hierauf gerichtete Erklärung des Gläubigers, die Zustimmung etwaiger Drittberechtigter (so zB, wenn die Hypothek mit einem Nießbrauch oder mit einem Pfandrecht belastet ist) und die Eintragung der Verteilung in das Grundbuch (§§ 1132 Abs 2 S 2, 875, 876 BGB). Eine ausdrückliche grundbuchmäßige Löschung des die einzelnen Zuteilungen jeweils übersteigenden Geldbetrags ist nicht erforderlich.[17] Verfahrensrechtlich bedarf es eines Antrags (§ 13) und der Bewilligung des Gläubigers sowie evtl vorhandener Drittberechtigter (§ 19). Eine Zustimmung bzw Bewilligung der Eigentümer der belasteten Grundstücke nach den §§ 1183 BGB, 27, 19 GBO ist nicht erforderlich, da das jeweils in Höhe des die Zuteilung übersteigenden Betrags stattfindende Erlöschen der Hypothek kein unmittelbares Ziel, sondern eine rechtsnotwendige Folge der Verteilung ist.[18] Dies gilt auch dann, wenn die erloschenen Teilbeträge durch ausdrücklichen Vermerk im Grundbuch gelöscht werden. Grundbuchrechtlich handelt es sich bei der Verteilung um eine in den Spalten 5–7 der Abt III einzutragende Veränderung des Rechts iS des § 11 Abs 6 GBV.[19] Die verfahrensrechtlich erforderliche Eintragung des Erlöschens der Mithaft (§ 48 Abs 2) ist ebenfalls in der Veränderungsspalte vorzunehmen.[20]   **6**

bb) Der Fall des § 1172 BGB. In den **Fällen des § 1163 BGB** steht eine Gesamthypothek den Eigentümern der belasteten Grundstücke gemeinschaftlich zu (§ 1172 Abs 1 BGB). Ein **Eigentümergesamtrecht** entsteht demnach bei Nichtaushändigung des Briefs (§ 1163 Abs 2 BGB) sowie beim Nichtentstehen oder Erlöschen der   **7**

---

9 RG RGZ 113, 223, 233; BGH Betrieb 1976, 866 = WM 1976, 585.
10 Prot BGB III, 628.
11 OLG Celle ZfIR 1997, 604.
12 BGH NJW 2000, 1861.
13 BayObLG BayObLGZ 1981, 95, 99 = Rpfleger 1981, 326 = MittBayNot 1981, 152; *Güthe-Triebel* Rn 3; *Demharter* Rn 3.
14 *Staudinger-Wolfsteiner* § 1132 Rn 64. Zur Verteilung unter Löschung eines Teilbetrags und teilweiser Pfandfreigabe vgl OLG Düsseldorf MittRhNotK 1995, 315.
15 RG RGZ 70, 91, 93/94 = RJA 10, 53; BGH NJW 2000, 1861; *Palandt-Bassenge* § 1132 Rn 11.
16 MüKo-*Eickmann* § 1132 Rn 43.
17 RG RGZ 70, 91, 93 = RJA 10, 53; BayObLG BayObLGZ 1981, 95, 101 = Rpfleger 1981, 326 = MittBayNot 1981, 152; MüKo-*Eickmann* § 1132 Rn 48; KEHE-*Eickmann* § 11 GBV Rn 28; *Schöner/Stöber* Rn 2682; **aA** *Güthe-Triebel* Rn 4; Voraufl (6.) Rn 6.
18 RG RGZ 70, 91 = RJA 10, 53; KG KGJ 37 A, 307; 47, 207, 209 = OLGE 31, 352 = RJA 14, 210; BayObLG SeuffBl 72, 253; OLG Düsseldorf MittRhNotK 1995, 315; *Staudinger-Wolfsteiner* § 1132 Rn 62; MüKo-*Eickmann* § 1132 Rn 40, 48; *Hügel-Kral* Rn 5, 7; *Demharter* § 27 Rn 8; KEHE-*Munzig* § 27 Rn 7; *Güthe-Triebel* § 27 Rn 7; *Baer* ZBlFG 14, 578; *v. Jakubezky* Gruchot 46, 65; **aA** KG OLGE 3, 225 = RJA 2, 240; vgl auch *Hagemann* ZBlFG 14, 214.
19 MüKo-*Eickmann* § 1132 Rn 48; KEHE-*Eickmann* § 11 GBV Rn 8 (a, bb).
20 *Demharter* § 48 Rn 38; KEHE-*Eickmann* § 48 Rn 18; *Güthe-Triebel* § 48 Rn 27.

Forderung (§ 1163 Abs 1 BGB). Letzteres ist vor allem gegeben bei der gemeinsamen Befriedigung des Gläubigers durch alle Eigentümer,[21] bei der durch den Erlass des Ausschlussurteils herbeigeführten Befriedigung des Gläubigers (§ 1171 Abs 2 BGB)[22] sowie im Fall der Rückzahlung der Forderung durch den nicht dinglich haftenden persönlichen Schuldner, wenn dieser gegenüber den Eigentümern nicht ersatzberechtigt ist.[23] Ein Eigentümergesamtrecht iS des § 1172 Abs 1 BGB kann aber auch entstehen, wenn der nicht dinglich haftende persönliche Schuldner zwar in voller Höhe ersatzberechtigt ist, die einzelnen Eigentümer aber nur anteilig für einen bestimmten Teilbetrag haften. In diesem Fall erwirbt der persönliche Schuldner an jedem Grundstück eine Einzelhypothek in Höhe des jeweils erstattungspflichtigen Teilbetrags. Bezüglich des überschießenden Betrags entsteht ein Eigentümergesamtrecht im Rang nach der jeweiligen Ersatzhypothek des persönlichen Schuldners (§§ 1163 Abs 1 S 2, 1174, 1172 Abs 1, 1176 BGB).[24] Die Eigentümer müssen sich bei der Verteilung des Gesamtrechts den Betrag der auf ihr Grundstück entfallenen Ersatzhypothek anrechnen lassen (§ 1174 Abs 2 BGB).[25] Kann der persönliche Schuldner einen **teilweisen** Ersatz von **allen** Eigentümern fordern, so erwirbt er die Hypothek in Höhe des Erstattungsanspruchs an allen Grundstücken. In Höhe des Mehrbetrags wird die Hypothek zum Gesamtrecht sämtlicher Eigentümer.[26] Steht dem persönlichen Schuldner sein Anspruch auf **teilweisen** Ersatz hingegen nicht gegen alle, sondern nur gegen **einen** oder **einige** Eigentümer zu, so geht die Hypothek lediglich am Grundstück des oder der erstattungspflichtigen Eigentümer in Höhe des Erstattungsanspruchs auf ihn über. In diesem Fall erlischt die Hypothek im Umfang des Erstattungsanspruchs an den Grundstücken, deren Eigentümer nicht ersatzpflichtig sind (§ 1174 Abs 1 BGB). In Höhe des Restbetrags wird die Hypothek zum Eigentümergesamtrecht.[27] Bei der Verteilung ist § 1174 Abs 2 BGB zu beachten.

8 **Kein** gemeinschaftliches Eigentümerrecht iS des § 1172 BGB entsteht, wenn der Gesamtrechtsgläubiger durch einen von mehreren Eigentümern befriedigt wird (§ 1173 BGB). Ein Gesamtrecht kann in diesem Fall nur entstehen, wenn dem zahlenden Eigentümer ein Ersatzanspruch gegen den bzw die anderen Eigentümer zusteht (§ 1173 Abs 2 BGB). Da dieses Gesamtrecht nur von dem zahlenden Eigentümer erworben wird, kann es bereits in unmittelbarer Anwendung des § 1132 Abs 2 BGB verteilt werden. Das Gleiche gilt, wenn alle belasteten Grundstücke demselben Eigentümer gehören.[28]

9 Sofern die Gesamthypothek von den Eigentümern der belasteten Grundstücke iS des § 1172 Abs 1 BGB gemeinschaftlich erworben wird, verwandelt sie sich kraft Gesetzes in eine Eigentümergesamtgrundschuld (§ 1177 Abs 1 S 1 BGB), welche den einzelnen Eigentümern in Bruchteilsgemeinschaft zusteht.[29] Die Höhe der Anteile der einzelnen Eigentümer berechnet sich jeweils nach dem Wertverhältnis, in welchem die einzelnen belasteten Grundstücke zu dem Wert aller belasteten Grundstücke stehen (§ 1172 Abs 2 BGB).[30] Für die Berechnung der Anteile ist der Zeitpunkt der Entstehung des Eigentümergesamtrechts maßgebend.[31] Erwerben die Eigentümer nur einen Teilbetrag der Hypothek, so geht das Eigentümergesamtrecht der Gläubigerresthypothek im Range nach (§ 1176 BGB).

10 Jeder der an dem Gesamtrecht beteiligten Eigentümer kann nach § 1172 Abs 2 BGB mangels anderweitiger Vereinbarung verlangen, dass die Hypothek an seinem Grundstück auf den Teilbetrag, der dem Verhältnis des Werts seines Grundstücks zu dem Wert aller Grundstücke entspricht, nach § 1132 Abs 2 BGB beschränkt und ihm in dieser Beschränkung zugeteilt wird. Vom gesetzlichen Verteilungsmaßstab abweichende (schuldrechtliche) Vereinbarungen über die Auseinandersetzung der Gemeinschaft sind zwar jederzeit möglich, können aber

---

21 Eine gemeinsame Befriedigung durch alle Eigentümer kann insbesondere auch vorliegen, wenn die einzelnen Eigentümer die geschuldete Leistung im zeitlichen Zusammenhang in Einzelbeträgen erbringen. Hierzu vgl RG DRW 1939, 936; MüKo-*Eickmann* § 1172 Rn 7; *Palandt-Bassenge* § 1172 Rn 2, § 1173 Rn 3; *Staudinger-Wolfsteiner* § 1172 Rn 3.

22 MüKo-*Eickmann* § 1171 Rn 11, § 1172 Rn 7, § 1175 Rn 3; *Staudinger-Wolfsteiner* § 1171 Rn 7, § 1173 Rn 6, § 1175 Rn 12.

23 MüKo-*Eickmann* § 1174 Rn 3; *Staudinger-Wolfsteiner* § 1174 Rn 11.

24 Str, vgl MüKo-*Eickmann* § 1174 Rn 6 mwN.

25 Zur Berechnungsmethode vgl MüKo-*Eickmann* § 1174 Rn 11, 12 und *Staudinger-Wolfsteiner* § 1174 Rn 6–8 mwN.

26 *Staudinger-Wolfsteiner* § 1174 Rn 4.

27 *Staudinger-Wolfsteiner* § 1174 Rn 5; *Wolff-Raiser* § 148 VII 2.

28 MüKo-*Eickmann* § 1172 Rn 4.

29 RG JW 1938, 3236 = HRR 1938 Nr 1593; BGH NJW-RR 1986, 233 = Rpfleger 1986, 58 = DNotZ 1986, 476; KG JFG 16, 345, 348 = JW 1938, 230; OLG Frankfurt Rpfleger 1961, 240 = DNotZ 1961, 411; *Staudinger-Wolfsteiner* § 1172 Rn 6; *Münch-Komm-Eickmann* § 1172 Rn 11; *Palandt-Bassenge* § 1172 Rn 3; *Westermann* § 109 V 2; *Güthe-Triebel* § 22 Rn 14; *Walter* BayNotV 1926, 175; **aA** *Biermann* § 1172 Anm 1 b; *Wolff-Raiser* § 148 VII 1 Fn 23 (Gesamthandsgemeinschaft); *Planck-Strecker* § 1172 Anm 3 b; *Oberneck* § 151 (7); *Dorst* RhNotZ 1918, 62 (Gemeinschaft besonderer Art).

30 Zur Berechnungsmethode vgl *Staudinger-Wolfsteiner* § 1172 Rn 15–18 und MüKo-*Eickmann* § 1172 Rn 14–17 je mwN.

31 Prot BGB III, 629; *Planck-Strecker* § 1172 Anm 4 b; *Staudinger-Wolfsteiner* § 1172 Rn 17; MüKo-*Eickmann* § 1172 Rn 15; *Westermann* § 109 V 2; *Lang* AcP 89, 298; **aA** *Biermann* § 1172 Anm 2 c; *Oberneck* § 151 (7); *Wolff-Raiser* § 148 VII 1 Fn 24; *Güthe-Triebel* § 22 Rn 14 (Zeitpunkt der Verteilung).

erst nach dem Entstehen des Eigentümergesamtrechts im Grundbuch eingetragen werden.[32] Die vollständige Auseinandersetzung der Bruchteilsgemeinschaft führt zur Zerlegung des Eigentümergesamtrechts in einzelne voneinander unabhängige Eigentümergrundschulden.[33] Demgegenüber bewirkt eine Teilauseinandersetzung, dass der die Aufteilung verlangende Eigentümer an seinem Grundstück eine selbständige Eigentümergrundschuld erwirbt, während die Gemeinschaft zwischen den übrigen Eigentümern in Ansehung des nach Abzug des zugeteilten Betrags verbleibenden Restbetrags des Gesamtrechts fortbesteht.[34] Die Verteilung wird nach § 1172 Abs 2 BGB in entsprechender Anwendung der für eine Verteilung iS des § 1132 Abs 2 BGB geltenden Grundsätze durchgeführt (vgl bereits Rdn 6). Hierzu ist die sachenrechtliche Verteilungserklärung und die verfahrensrechtliche Bewilligung der Eigentümer aller Grundstücke erforderlich.

cc) Der Fall des § 1175 Abs 1 S 1, Abs 2 BGB. Verzichtet der Gläubiger auf die Gesamthypothek, so fällt sie den Eigentümern der belasteten Grundstücke gemeinschaftlich zu (§ 1175 Abs 1 S 1 HS 1 BGB). Das Gleiche gilt, wenn der unbekannte Gläubiger im Weg des Aufgebotsverfahrens mit seinem Recht an allen belasteten Grundstücken ausgeschlossen wird (§§ 1175 Abs 2, 1170 BGB). Die in diesen Fällen entstandene **Eigentümergesamtgrundschuld** (§ 1177 Abs 1 S 1 BGB) ist auf Verlangen eines jeden Eigentümers nach Maßgabe der §§ 1172 Abs 2, 1132 Abs 2 BGB auf die einzelnen Grundstücke zu verteilen (§ 1175 Abs 1 S 1 HS 2 BGB). Sofern sich der Verzicht bzw der Ausschluss des Gläubigerrechts nur auf einen Teilbetrag der Hypothek bezieht, geht das Eigentümergesamtrecht der Restgesamthypothek im Range nach (§ 1176 BGB). Erstreckt sich der Verzicht bzw Ausschluss nicht auf alle belasteten Grundstücke, so kommt von vornherein keine Verteilung iS der §§ 1175 Abs 1 S 1 HS 1, 1172 Abs 2, 1132 Abs 2 BGB in Betracht. Da die Hypothek in diesem Fall nach § 1175 Abs 1 S 2, Abs 2 BGB an den vom Verzicht (Ausschluss) erfassten Grundstücken erlischt, gelangt kein Eigentümergesamtrecht zur Entstehung. **11**

3. Das Vorhandensein eines Briefs

Da § 64 die Erteilung von **neuen** Briefen im Auge hat, ist die Vorschrift nur anwendbar, wenn die zu verteilende Gesamthypothek bereits verbrieft ist und sich im Zuge der Verteilung an ihrem Charakter als Briefrecht auch nichts ändert. Demzufolge kommt § 64 nicht zur Anwendung, wenn das Briefrecht aus Anlass der Verteilung in ein Buchrecht umgewandelt wird. Im umgekehrten Fall ergibt sich die Verpflichtung des Grundbuchamts zur Erteilung von selbständigen Briefen bereits unmittelbar aus den §§ 56 ff. **12**

Bei dem vorhandenen Brief kann es sich um einen Gesamtbrief (§ 59), einen nach § 63 vervollständigten Einzelbrief oder um einen gewöhnlichen Einzelbrief handeln.[35] Letzteres ist zB der Fall, wenn das Gesamtrecht durch die Teilung eines belasteten Einzelgrundstücks entstanden ist (vgl Rdn 3) und der Brief mangels Antrag nicht nach § 57 Abs 2 (bzw § 57 Abs 3 aF) ergänzt wurde. **13**

4. Die Vorlegung des Briefs

Die Erteilung neuer Briefe setzt die Vorlegung des bisherigen Briefs voraus, da dieser entweder zu ergänzen oder unbrauchbar zu machen ist (vgl Rdn 17). Im Übrigen ist die Vorlegung des bisherigen Briefs bereits zur Eintragung der Verteilung in das Grundbuch erforderlich (§ 41 Abs 1 S 1). Die Briefvorlegung wird in den Fällen der §§ 1162, 1170, 1171 BGB jeweils durch die Vorlegung des Ausschlussurteils ersetzt (§ 41 Abs 2 S 1; zum Nachweis der Bewilligungsberechtigung des Gläubigers vgl § 41 Rdn 75–78). Wird der Brief bzw das Ausschlussurteil nicht vorgelegt, so ist der Antrag auf Eintragung der Verteilung nach fruchtlosem Ablauf der Zwischenverfügungsfrist zurückzuweisen. In diesem Fall scheidet die Erteilung neuer Briefe aus, weil die Wirksamkeit der Verteilung materiellrechtlich von ihrer Eintragung in das Grundbuch abhängig ist (§§ 1132 Abs 2, 1172 Abs 2, 1175 Abs 1 S 1 HS 2, 875 BGB). **14**

III. Das Verfahren des Grundbuchamts

1. Die Erteilung der neuen Briefe

Im Fall der Verteilung einer Gesamthypothek werden **von Amts wegen** neue Briefe für alle Grundstücke erteilt, auf deren Grundbuchblatt infolge der Verteilung eine Einzelhypothek an die Stelle des bisherigen Gesamtrechts tritt. Da es sich bei den neuen Briefen um selbständige Briefe handelt, ist die Erteilung von Teil- **15**

---

32 *Staudinger-Wolfsteiner* § 1172 Rn 23; *MüKo-Eickmann* § 1172 Rn 17; *Palandt-Bassenge* § 1172 Rn 6; *Güthe-Triebel* § 22 Rn 14.

33 *Staudinger-Wolfsteiner* § 1172 Rn 12.

34 *Staudinger-Wolfsteiner* § 1172 Rn 14; *Palandt-Bassenge* § 1172 Rn 4; *Planck-Strecker* § 1172 Anm 4 c; **aA** *Lang* AcP 89, 296 ff.

35 *Hügel-Kral* Rn 8; *Güthe-Triebel* Rn 6.

briefen ausgeschlossen (vgl § 61 Rdn 22).[36] Genauso wenig ist es zulässig, den bisherigen Gesamtbrief oder einen der nach § 59 Abs 2 miteinander verbundenen Briefe als Einzelbrief für ein in die Verteilung miteinbezogenes Grundstück weiterzuverwenden.[37]

16 Für die Herstellung der nach den §§ 56 ff zu erteilenden neuen Briefe ist ausschließlich das Grundbuchamt zuständig (§ 56 Abs 1 S 1). Die neuen Briefe haben jeweils die Angabe zu enthalten, dass sie für den durch sie verbrieften Teilbetrag des vormaligen Gesamtrechts an die Stelle des bisherigen Briefs treten (§ 68 Abs 1). Außerdem sind die nach den §§ 1140, 1145 und 1157 BGB für das Rechtsverhältnis zwischen dem Eigentümer und dem Gläubiger bedeutsamen Vermerke auf die neuen Briefe zu übertragen (§ 68 Abs 2). Die Erteilung der neuen Briefe ist im Grundbuch zu vermerken (§ 68 Abs 3). Hinsichtlich der Anwendbarkeit des § 58 ist zu unterscheiden: Handelt es sich (zB wegen § 1177 Abs 1 S 1 BGB) bei den neuen Briefen um **Grundschuld**briefe, so kommt eine Verbindung der bisherigen Schuldurkunde mit den neuen Briefen mangels Vorhandensein einer Forderung nicht in Betracht (vgl § 70 Rdn 6). Sind hingegen neue **Hypotheken**briefe zu erteilen, so kommt es darauf an, ob der bisherige Gesamtbrief unbrauchbar zu machen (§ 69) oder lediglich nach § 62 zu ergänzen ist (vgl Rdn 17). Im ersten Fall wird die mit dem bisherigen Gesamtbrief verbundene Schuldurkunde mit einem der neuen Briefe verbunden; mit den anderen neuen Briefen ist jeweils eine beglaubigte Abschrift der Schuldurkunde zu verbinden (vgl § 58 Rdn 24).[38] Ist der bisherige Gesamtbrief lediglich zu ergänzen, so kommt eine Abtrennung der mit ihm verbundenen Schuldurkunde nicht in Betracht. In diesem Fall besteht nur die Möglichkeit, beglaubigte Abschriften der Schuldurkunde mit den neuen Briefen zu verbinden. Die Urkunde über die Verteilung der Hypothek wird mit den Briefen nicht verbunden. Wegen der Behandlung der Schuldurkunde bei der im Verfahren nach § 89 GBV erfolgenden Brieferneuerung vgl § 58 Rdn 28 und § 62 Rdn 24.

2. Die Behandlung des bisherigen Briefs

17 Sofern sich die Verteilung der Gesamthypothek auf alle belasteten Grundstücke erstreckt, ist der bisherige Gesamtbrief unbrauchbar zu machen (§ 69 S 1; über den Verbleib der Schuldurkunde vgl Rdn 16). Bleiben hingegen mehrere Grundstücke von der Verteilung ausgenommen, so wird der bisherige Brief als Gesamtbrief weitergeführt, weil die Hypothek an diesen Grundstücken als Gesamtrecht fortbesteht (vgl Rdn 4). In diesem Fall wird der bisherige Brief demnach nicht unbrauchbar gemacht, sondern nach Maßgabe der §§ 62 Abs 1 GBO, 48 Abs 1 GBV ergänzt.

3. Die Aushändigung der Briefe

18 Da die neuen Briefe an die Stelle eines bisherigen Briefs treten, sind sie dem Beteiligten auszuhändigen, der dem Grundbuchamt den bisherigen Gesamtbrief vorgelegt hat (vgl § 60 Rdn 89).[39] Eine abweichende Aushändigungsbestimmung des Empfangsberechtigten bedarf nur dann der Form des § 29 Abs 1 S 1, wenn die in § 60 Rdn 91 ff beschriebenen Voraussetzungen für eine entsprechende Anwendung des § 60 Abs 2 erfüllt sind. Die vorstehenden Grundsätze gelten auch für die Rückgabe des infolge nicht vollständiger Verteilung weiterzuführenden bisherigen Gesamtbriefs.

IV. Die Verletzung des § 64; Rechtsmittel

19 Bei § 64 handelt es sich um eine **Ordnungsvorschrift**. Sowohl die Gültigkeit des Gesamtbriefs als auch die Wirksamkeit der Verteilung werden demnach nicht dadurch berührt, dass das Grundbuchamt den bisherigen Gesamtbrief weiterführt, ohne neue Briefe zu erteilen. Die vom Grundbuchamt ordnungswidrig unterlassene Herstellung der neuen Briefe kann aber mit Beschwerde erzwungen werden.

---

36 KG KGJ 27 A, 151 = OLGE 9, 347 = RJA 4, 170.
37 D 65.
38 Über die Behandlung der vollstreckbaren Ausfertigung der Schuldurkunde vgl *Schöner/Stöber* Rn 2683.
39 *Hügel-Kral* Rn 13; **aA** zu Unrecht *Bauer/von Oefele-Weber* Rn 9 in Widerspruch zu § 67 Rn 14 und *Güthe-Triebel* Rn 9 in Widerspruch zu § 67 Rn 12. Es ist kein Grund ersichtlich, weshalb die Hinausgabe der Briefe in Abweichung von den für beim Grundbuchamt eingereichte Briefe geltenden Aushändigungskriterien erfolgen sollte.

§ 65 (Umwandlung der Hypothek; Forderungsauswechslung)

(1) Tritt nach § 1177 Abs 1 oder nach § 1198 des Bürgerlichen Gesetzbuchs eine Grundschuld oder eine Rentenschuld an die Stelle der Hypothek, so ist, sofern nicht die Erteilung eines neuen Briefes beantragt wird, die Eintragung der Rechtsänderung auf dem bisherigen Brief zu vermerken und eine mit dem Brief verbundene Schuldurkunde abzutrennen.

(2) Das gleiche gilt, wenn nach § 1180 des Bürgerlichen Gesetzbuchs an die Stelle der Forderung, für welche eine Hypothek besteht, eine andere Forderung gesetzt wird.

I. Allgemeines

Da die Hypothek und die Grundschuld (Rentenschuld) inhaltlich verschiedene Rechte sind, soll die im Grundbuch verlautbarte Umwandlung der Hypothek in eine Grundschuld (Rentenschuld) auch auf dem Brief zum Ausdruck kommen.[1] Dieses Ziel lässt sich entweder durch die Erteilung eines neuen Briefs oder die Ergänzung des bisherigen Briefs erreichen. Wegen des für die Neuerteilung eines Briefs aufgestellten Antragserfordernisses stellt die Ergänzung des bisherigen Briefs die gesetzliche Regel dar (§ 65 Abs 1). **1**

Eine Forderungsauswechslung bewirkt keine Umwandlung der Hypothek in ein anderes dingliches Recht, sondern führt zu einer Änderung der ihr aufgrund des Akzessorietätsgrundsatzes notwendigerweise zugrunde liegenden Forderung. Wegen dieser bedeutsamen Änderung der tatsächlichen Grundlage der Hypothek werden die für eine Umwandlung der Hypothek in eine Grundschuld (Rentenschuld) geltenden Grundsätze auch auf den Fall der Forderungsauswechslung für anwendbar erklärt (§ 65 Abs 2). **2**

II. Der Anwendungsbereich des § 65

1. Allgemeine Voraussetzungen der Anwendbarkeit

Die Anwendbarkeit des § 65 setzt in allen Fällen voraus, dass es sich bei der von der Umwandlung oder der Forderungsauswechslung betroffenen Hypothek um ein Briefrecht handelt. Des weiteren ist erforderlich, dass die von § 65 erfasste **Rechtsänderung im Grundbuch eingetragen** wurde. Dies gilt auch im Anwendungsbereich des § 1177 Abs 1 BGB, obwohl die Eintragung der erfolgten Rechtsänderung im Gegensatz zu den von den §§ 1198 und 1180 BGB geregelten Fällen hier nur berichtigenden Charakter hat.[2] **3**

2. Die von § 65 erfassten Fallgestaltungen

a) Der Fall des § 1177 Abs 1 BGB. Vereinigt sich die Hypothek mit dem Eigentum in einer Person, ohne dass dem Eigentümer auch die Forderung zusteht, so verwandelt sich die Hypothek **kraft Gesetzes** in eine Grundschuld (§ 1177 Abs 1 S 1 BGB; so zB in den Fällen der §§ 1163, 1168 Abs 1, 418 Abs 1, 1170 Abs 2 S 1, 1172 Abs 1, 1175 Abs 1 S 1, 1176 Abs 2 BGB; ebenso nach den §§ 1171 Abs 2 S 1, 1173 Abs 1 BGB, sofern der Eigentümer der persönliche Schuldner ist). Steht dem Eigentümer hingegen auch die Forderung zu (zB im Fall des § 1143 Abs 1 S 1 BGB), so findet keine Umwandlung der Hypothek in eine Grundschuld statt (§ 1177 Abs 2 BGB). Eine Anwendung des § 65 kommt daher nicht in Betracht. Hat sich eine Hypothek nur teilweise in eine Grundschuld verwandelt, so findet § 65 ebenfalls keine Anwendung. In diesem Fall ist vielmehr (auf Antrag) ein Teilgrundschuldbrief zu erteilen (§ 61). Wird ein Antrag auf Herstellung eines Teilbriefs nicht gestellt, so bestehen keine Bedenken dagegen, die Teilgrundschuld als durch den bisherigen Hypothekenbrief verbrieft anzusehen (vgl § 61 Rdn 14).[3] Demnach ist es unzulässig, den nicht beantragten Teilbrief von Amts wegen zu erteilen (vgl § 61 Rdn 26).[4] **4**

---

1 D 65.

2 D 65.

3 RG RGZ 59, 313, 318; 69, 36, 40; KG KGJ 40, 339 = OLGE 21, 40; JFG 21, 306, 310 = HRR 1940 Nr 1197 = DR 1940, 1574 = DNotZ 1941, 347; JW 1938, 900; OLG Braunschweig OLGE 41, 37.

4 KG KGJ 40, 339 = OLGE 21, 40; JFG 21, 306, 310 = HRR 1940 Nr 1197 = DR 1940, 1574 = DNotZ 1941, 347; *Demharter* Rn 3; *Bauer/von Oefele-Weber* Rn 4; **aA** Voraufl (6.) Rn 3; *Güthe-Triebel* Rn 3 (allerdings in Widerspruch zu den dortigen Ausführungen in § 61 Rn 4).

5 **b) Der Fall des § 1198 BGB.** Nach § 1198 BGB kann eine Hypothek **rechtsgeschäftlich** in eine Grundschuld umgewandelt werden. Die Zulässigkeit der Umwandlung in eine Rentenschuld ergibt sich daraus, dass diese lediglich eine Unterart der Grundschuld darstellt (§ 1199 Abs 1 BGB). Wegen der Rechtslage bei teilweiser Umwandlung kann auf die Ausführungen in Rdn 4 verwiesen werden.

6 **c) Der Fall des § 1180 BGB.** Die einer Hypothek zugrunde liegende Forderung kann nach § 1180 Abs 1 S 1 BGB rechtsgeschäftlich durch eine andere Forderung ersetzt werden (sog **Forderungsauswechslung**). Sofern die neue Forderung nicht dem bisherigen Gläubiger zusteht, ist die Forderungsauswechslung mit einem Wechsel des Hypothekengläubigers verbunden (§ 1180 Abs 2 BGB). Wenn der Eigentümer eine ihm nach § 1177 Abs 1 S 1 BGB zugefallene Eigentümergrundschuld unter Umwandlung in eine Hypothek zur Sicherung einer neuen Forderung abtritt, so handelt es sich hierbei nicht um eine Forderungsauswechslung iS des § 1180 BGB, sondern lediglich um eine rechtsgeschäftliche Umwandlung einer Grundschuld in eine Hypothek (hierzu vgl § 70 Rdn 19).

7 Wird nur ein **Teil** der bisherigen Forderung durch eine andere Forderung ersetzt, so kommt § 65 nur zur Anwendung, wenn beide Forderungen (Restforderung und neue Forderung) **demselben** Gläubiger zustehen.[5] Ist dies nicht der Fall, so ist es entgegen der hM[6] nicht für zulässig zu erachten, dass für die neue Forderung **von Amts wegen** ein **neuer selbständiger** Brief erteilt wird. Vielmehr ist über den ausgewechselten Betrag auf Antrag ein Teilbrief zu erteilen (zur Begründung sowie zur Behandlung des Briefs und der Schuldurkunde vgl § 61 Rdn 19).[7]

3. Nicht von § 65 erfasste Fallgestaltungen

8 Die von § 65 erfassten Rechtsänderungen sind in der Vorschrift **abschließend** aufgezählt. Auf andere Rechtsvorgänge ist § 65 daher nicht anwendbar. Dies gilt vor allem für die Umwandlung einer Briefhypothek in eine Buch- oder Sicherungshypothek (§§ 1116 Abs 2 S 2, 3, 1185 Abs 1, 1186 BGB) bzw einer Buch- oder Sicherungshypothek in eine Briefhypothek (§§ 1116 Abs 3, 1186 BGB). In diesen Fällen ist der bisherige Brief unbrauchbar zu machen (§ 69) bzw ein erster Brief über die Hypothek zu erteilen (§ 56 ff).

III. Das Verfahren des Grundbuchamts

1. Allgemeines

9 Sofern kein Antrag auf Erteilung eines neuen Briefs gestellt wird, ist die im Grundbuch erfolgte Eintragung der Umwandlung bzw Forderungsauswechslung auf dem bisherigen Brief zu vermerken. Die Vervollständigung des bisherigen Briefs stellt somit den gesetzlichen Regelfall dar. Wird eine kraft Gesetzes oder durch Rechtsgeschäft in eine Grundschuld umgewandelte Gesamthypothek auf die einzelnen Grundstücke verteilt, so ist es trotz eines gestellten Antrags auf Erteilung eines neuen Briefs für zulässig zu erachten, die im Grundbuch eingetragene Umwandlung auf dem bisherigen Brief zu vermerken und anschließend die neuen Briefe zu erteilen (§ 64). Der aus Anlass der Umwandlung zu erteilende Gesamtgrundschuldbrief wäre nämlich bei der aufgrund der Verteilung erfolgenden Herstellung der neuen Einzelbriefe sofort wieder unbrauchbar zu machen.[8]

2. Die Erteilung eines neuen Briefs

10 Ein neuer Brief wird – mit Ausnahme der in § 89 GBV vorgesehenen Neuerteilung (hierzu vgl § 62 Rdn 24) – nur auf formlosen Antrag erteilt (über die Antragsberechtigung vgl § 67 Rdn 10 ff). Handelt es sich bei dem bisherigen Brief um einen gemeinschaftlichen Brief iS des § 66, so kann – sofern sämtliche verbriefte Hypotheken von der Rechtsänderung betroffen sind – entweder die Ausstellung eines neuen gemeinschaftlichen Briefs oder die Herstellung neuer selbständiger Briefe beantragt werden.[9] Eine **teilweise** Forderungsauswechslung bewirkt keine Teilung der Hypothek, sofern beide Forderungen (Restforderung und neue Forderung) demselben Gläubiger zustehen (vgl § 61 Rdn 19). Ein Antrag auf Neuerteilung eines Briefs kann in diesem Fall daher nur zum Ziel haben, dass ein Brief über den Gesamtbetrag der Forderungen erteilt wird. Die Erteilung eines neuen Briefs (lediglich) über den ausgewechselten Forderungsbetrag kommt nicht in Betracht.

11 Dem Antrag auf Erteilung eines neuen Briefs kann nur entsprochen werden, wenn der bisherige Brief oder (in den Fällen der §§ 1162, 1170, 1171 BGB) das Ausschlussurteil vorgelegt wird (§ 67). Da § 65 nur anwendbar ist,

---

5 *Güthe-Triebel* Rn 5; *Demharter* Rn 5.
6 *Hügel-Kral* Rn 6; *Güthe-Triebel* Rn 5; *Bauer/von Oefele-Weber* Rn 6; *Demharter* Rn 5; *Predari* Anm 2; *Voraufl* (6.) Rn 5; ähnlich *Hesse-Saage-Fischer* Anm II und *Thieme* Anm 2, welche die Zulässigkeit einer Teilbriefbildung ebenfalls verneinen, einen neuen selbständigen Brief aber nur auf Antrag erteilen wollen.
7 *Henle-Schmitt* Anm 10; *Turnau-Förster* Anm A 1.
8 *Güthe-Triebel* Rn 7.
9 *Güthe-Triebel* Rn 8 und § 66 Rn 16.

wenn die Umwandlung bzw Forderungsauswechslung im Grundbuch eingetragen wurde (vgl Rdn 3), muss der Brief bzw das Ausschlussurteil schon wegen der Vorschrift des § 41 Abs 1 S 1, Abs 2 S 1 vorgelegt werden. Der neue Brief ist nach den §§ 56–59 zu erteilen. Er hat die Angabe zu enthalten, dass er an die Stelle des bisherigen Briefes tritt (§ 68 Abs 1). Die nach den §§ 1140, 1145 und 1157 BGB für das Rechtsverhältnis zwischen dem Eigentümer und dem Gläubiger bedeutsamen Vermerke sind in den neuen Brief zu übernehmen (§ 68 Abs 2). Außerdem ist die Erteilung des neuen Briefs im Grundbuch zu vermerken (§ 68 Abs 3). In den Fällen des § 65 Abs 1 ist der bisherige Brief unbrauchbar zu machen sowie die Schuldurkunde abzutrennen und zurückzugeben (§ 69). Im Fall der vollständigen Forderungsauswechslung (§ 65 Abs 2) muss außerdem die neue Schuldurkunde mit dem neuen Brief verbunden werden (§ 58). Soweit § 65 Abs 2 bei **teilweiser** Forderungsauswechslung überhaupt anwendbar ist (vgl Rd 7), ist sowohl die bisherige als auch die neue Schuldurkunde mit dem neuen Brief zu verbinden (§§ 58, 69 S 2). Wegen der Behandlung der Schuldurkunde bei der im Verfahren nach § 89 GBV erfolgenden Brieferneuerung vgl § 58 Rdn 28 und § 62 Rdn 24.

3. Die Ergänzung des bisherigen Briefs

Wird kein Antrag auf Erteilung eines neuen Briefs gestellt und auch nicht nach § 89 GBV verfahren (hierzu vgl § 62 Rdn 24), so muss die Eintragung der Rechtsänderung von Amts wegen auf dem bisherigen Brief vermerkt werden (§ 62 Abs 1). Der Ergänzungsvermerk ist im Anschluss an den letzten vorhandenen Vermerk auf den Brief oder (bei Raummangel) auf einen mit dem Brief unter Verwendung von Schnur und Siegel zu verbindenden Bogen zu setzen (§§ 49, 50 GBV, §§ 1 Abs 2b, c, 36 Abs 2c, 37 Abs 1 GBOGeschO; wegen Einzelheiten vgl § 62 Rdn 19). Sodann ist der Vermerk mit Unterschrift und Siegel oder Stempel zu versehen (vgl § 56 Rdn 37–40). Die **Datierung** des Vermerks ist als durch **Ordnungsvorschrift** angeordnet anzusehen (vgl § 56 Rdn 43). Im Fall der Umwandlung der Hypothek in eine Grundschuld oder Rentenschuld (§ 65 Abs 1) ist es nicht erforderlich, die Überschrift des Briefs (»Hypothekenbrief«) entsprechend zu ändern.[10] Die mit dem bisherigen Brief verbundene Schuldurkunde ist in den Fällen des § 65 Abs 1 abzutrennen und an den Einreicher des Briefs zurückzugeben (§ 69 S 2). Im Fall der vollständigen Forderungsauswechslung (§ 65 Abs 2) ist zusätzlich erforderlich, dass die neue Schuldurkunde mit dem bisherigen Brief verbunden wird (§ 58). Soweit § 65 Abs 2 bei teilweiser Forderungsauswechslung zur Anwendung kommt (vgl Rdn 7), darf die alte Schuldurkunde nicht von dem bisherigen Brief abgetrennt werden. Vielmehr ist auch die neue Schuldurkunde mit dem bisherigen Brief zu verbinden.[11]

12

IV. Die Verletzung des § 65; Rechtsmittel

Da es sich bei § 65 »nur« um eine **Ordnungsvorschrift** handelt, kann eine vom Grundbuchamt begangene Gesetzesverletzung weder die Wirksamkeit der Grundbucheintragung noch die Gültigkeit des Briefs beeinflussen. Selbst ein unzulässigerweise ohne Antrag erteilter neuer Brief ist wirksam. In diesem Fall kann aber im Weg der Beschwerde verlangt werden, dass das Grundbuchamt einen Brief mit dem Inhalt des unbrauchbar gemachten bisherigen Briefes erteilt (hierzu vgl bereits § 63 Rdn 12).

13

---

10 *Hügel-Kral* Rn 10; *Güthe-Triebel* Rn 10; *Turnau-Förster* Anm B; **aA** *Demharter* Rn 7.
11 KG OLGE 11, 5; LG Berlin I KGBl 12, 45; *Güthe-Triebel* Rn 11; *Turnau-Förster* Anm A 1 c.

§ 66 (Gemeinschaftlicher Brief)

Stehen einem Gläubiger mehrere Hypotheken zu, die gleichen Rang haben oder im Rang unmittelbar aufeinanderfolgen, so ist ihm auf seinen Antrag mit Zustimmung des Eigentümers über die mehreren Hypotheken ein Hypothekenbrief in der Weise zu erteilen, daß der Brief die sämtlichen Hypotheken umfasst.

I. Allgemeines

1 Im Hinblick auf den sachenrechtlichen Bestimmtheitsgrundsatz geht der 3. Abschnitt der GBO von dem Grundsatz aus, dass für jede Hypothek ein eigener Hypothekenbrief zu erteilen ist. In Abweichung von dieser Regel lässt § 66 unter bestimmten Voraussetzungen ausnahmsweise die Erteilung eines gemeinschaftlichen Briefs für **mehrere selbständige** Hypotheken zu. Ob für die gemeinsame Verbriefung von mehreren Hypotheken jemals ein praktisches Bedürfnis bestanden hat, muss jedoch bezweifelt werden.[1] Heutzutage wird jedenfalls von der durch § 66 eingeräumten Möglichkeit der Erteilung von gemeinschaftlichen Briefen nahezu kein Gebrauch mehr gemacht. Als Ausnahmevorschrift ist § 66 im Zweifel eng auszulegen.[2]

II. Die Voraussetzungen für die Herstellung eines gemeinschaftlichen Briefs

1. Das Vorhandensein von mehreren Briefhypotheken

2 Aus den §§ 66 und 70 ergibt sich, dass nur **gleichartige Grundpfandrechte** gemeinschaftlich verbrieft werden dürfen. Für den unmittelbaren Anwendungsbereich des § 66 bedeutet dies, dass es sich bei den zu verbriefenden Rechten sämtlich um **Hypotheken** handeln muss. Eine gemeinschaftliche Verbriefung von Hypotheken und Grundschulden (Rentenschulden) ist daher nicht zulässig. Ob die erforderliche Gleichartigkeit der Rechte gegeben ist, beurteilt sich nach der Rechtslage im Zeitpunkt der Erteilung des gemeinschaftlichen Briefs. Der Herstellung eines gemeinschaftlichen Briefs steht daher nicht entgegen, dass eine der zu verbriefenden Hypotheken vor ihrer Umwandlung (§ 1198 BGB) einmal Grundschuld war. Ebenso ist es für zulässig zu erachten, einen gemeinschaftlichen Brief über Hypotheken verschiedener Art oder über wertbeständige und nicht wertbeständige Hypotheken zu erteilen.[3]

3 Die Herstellung eines gemeinschaftlichen Briefs kommt nur in Betracht, wenn **mehrere Hypotheken** vorliegen. Ob diese Voraussetzung erfüllt ist, beurteilt sich ausschließlich nach der materiellen Rechtslage. Es ist daher nicht erforderlich, dass sich die Existenz mehrerer Hypotheken aus dem Grundbuchinhalt ergibt. Die Erteilung eines gemeinschaftlichen Briefs ist daher nicht nur möglich, wenn die Hypotheken unter verschiedenen laufenden Nummern in Abteilung III des Grundbuchs eingetragen sind, sondern auch, wenn sie ordnungswidrig in einer einzigen Eintragung zusammengefasst wurden.[4] Ebenso liegen mehrere Hypotheken vor, wenn

---

1 *Güthe-Triebel* Rn 1; *Demharter* Rn 1; **aA** D 66.
2 KG KGJ 20 A, 103, 104 = RJA 1, 15; KGJ 39 A, 276, 278; JFG 9, 316, 319 = HRR 1932 Nr 759.
3 *Güthe-Triebel* Rn 3.
4 *Hügel-Kral* Rn 1; *Güthe-Triebel* Rn 3.

der ursprüngliche Gläubiger einer vormals einheitlichen Hypothek einen zunächst abgetretenen Teil der Hypothek zurückerwirbt oder wenn einzelne (bzw sämtliche) Teile einer ursprünglich einheitlichen Hypothek zu verschiedenen Zeiten in die Hand desselben Gläubigers gelangt sind.[5] Für die Annahme, dass sich die durch die Teilung der Hypothekenforderung entstandenen **selbständigen** dinglichen Teilrechte (vgl § 61 Rdn 1) in den genannten Fällen **kraft Gesetzes** wieder zu einer **einheitlichen** Hypothek vereinigen, fehlt jeder gesetzliche Anhaltspunkt.[6] Eine solche Vereinigung lässt sich allenfalls durch die **rechtsgeschäftliche** Zusammenfassung der (Teil)Hypotheken zu einer sog Einheitshypothek herbeiführen. In diesem Fall wäre die Bildung eines gemeinschaftlichen Briefs ausgeschlossen.[7] Dies gilt auch, wenn ein Teil der Hypothekenforderung rechtsgeschäftlich durch eine andere Forderung desselben Gläubigers ersetzt wird. Die teilweise Forderungsauswechslung hat hier nämlich lediglich zur Folge, dass die nach wie vor einheitliche Hypothek künftig zwei bzw mehrere Forderungen sichert (vgl § 61 Rdn 19, § 65 Rdn 10).[8]

Die Erteilung eines gemeinschaftlichen Briefs setzt voraus, dass es sich bei den zu verbriefenden Hypotheken sämtlich um **Briefhypotheken** handelt. Die gemeinschaftliche Verbriefung von Brief- und Buchhypotheken ist unzulässig. Soweit Briefrechte vorliegen, ist es für die Anwendbarkeit des § 66 nicht erforderlich, dass über diese Rechte bereits Briefe erteilt worden sind. Es ist vielmehr ohne weiteres möglich, über die Rechte von vornerein einen gemeinschaftlichen Brief zu erteilen. Dagegen ist es nicht zulässig, dass der gemeinschaftliche Hypothekenbrief für eine der Hypotheken an die Stelle eines bereits vorhandenen Teilbriefs tritt. Dies beruht darauf, dass sich die für diese Hypothek durch § 61 Abs 2 S 1 vorgeschriebene Bezeichnung als Teilhypothekenbrief bei einem gemeinschaftlichen Brief ohne Verwirrungsgefahr nicht verwenden lässt.[9] Der Gläubiger kann die Herstellung eines gemeinschaftlichen Briefs aber ermöglichen, indem er die Erteilung eines selbständigen (Stamm)Briefs über das Teilrecht beantragt (vgl § 61 Rdn 27).[10] Sofern einzelne (nicht alle!) Teile einer vormals einheitlichen Hypothek zu verschiedenen Zeiten in die Hand desselben Gläubigers gelangt sind, kann ein gemeinschaftlicher Teilbrief über die auf den Gläubiger übergegangenen Teilrechte gebildet werden.[11] Ebenso ist es zulässig, einen gemeinschaftlichen Teilbrief aufgrund eines gemeinschaftlichen Stammbriefs zu erteilen. Dies setzt allerdings voraus, dass sämtliche in dem gemeinschaftlichen Stammbrief verbrieften Rechte in gleicher Weise (zB durch die Abtretung eines Teilbetrags an denselben Gläubiger) von der Teilung der Hypothekenforderungen betroffen werden.[12]

4

2. Die Belastung desselben Grundstücks

Eine gemeinschaftliche Verbriefung von mehreren Hypotheken ist nur möglich, wenn die zu verbriefenden Rechte an demselben Belastungsgegenstand (Grundstück, Miteigentumsanteil, Wohnungseigentum usw) eingetragen sind. Diese Voraussetzung ist vor allem erfüllt, wenn mehrere Einzelhypotheken an demselben Grundstück lasten. Die Erteilung eines gemeinschaftlichen Briefs kann aber auch erfolgen, wenn mehrere Gesamthypotheken an denselben Grundstücken eingetragen sind. Dass die von den Gesamtrechten belasteten Grundstücke verschiedenen Eigentümern gehören, steht der gemeinschaftlichen Verbriefung der Gesamtrechte nicht entgegen.[13] Befinden sich die belasteten Grundstücke im Bezirk verschiedener Grundbuchämter, so hat jedes Grundbuchamt einen gemeinschaftlichen Sonderbrief zu erteilen. Diese gemeinschaftlichen Sonderbriefe sind sodann nach § 59 Abs 2 miteinander zu verbinden.[14] Wegen der nach § 88 S 3 GBV nicht erforderlichen Briefverbindung bei der Erteilung von maschinellen Briefen vgl § 59 Rdn 1, 4, 12. Über eine Einzel- und eine Gesamthypothek kann kein gemeinschaftlicher Brief erteilt werden.[15] Außerdem ist die Herstellung eines gemeinschaftlichen Briefs ausgeschlossen, wenn zwar mehrere Gesamthypotheken vorliegen, diese aber nicht alle an denselben Grundstücken lasten.

5

---

5 RG RGZ 145, 47, 50; KG KGJ 26 A, 166 = OLGE 6, 492 = RJA 3, 260.

6 **AA** KG KGJ 46, 233, 240 = OLGE 29, 356; *Hügel-Kral* Rn 2; *Güthe-Triebel* Rn 3; *Bauer/von Oefele-Weber* Rn 3; Voraufl (6.) Rn 4; *Meikel* SeuffBl 72, 371.

7 Insoweit richtig *Güthe-Triebel* Rn 3 und die Voraufl (6.) Rn 1.

8 Dies gilt auch, wenn sich die Forderungen gegen verschiedene Schuldner richten (RG RGZ 126, 272, 277 ff = JW 1930, 827 mit abl Anm *Reinhard;* RG HRR 1934 Nr 1679; BayObLG BayObLGZ 1964, 32, 35; **aA** *Güthe-Triebel* Rn 3, die irrigerweise davon ausgehen, dass die teilweise Forderungsauswechslung eine Teilung des dinglichen Rechts bewirkt; differenzierend MüKo-*Eickmann* § 1113 Rn 32, 33).

9 KG KGJ 20 A, 103 = RJA 1, 15; *Hügel-Kral* Rn 4; *Güthe-Triebel* Rn 3.

10 KG KGJ 39 A, 271; *Hügel-Kral* Rn 4; *Güthe-Triebel* Rn 3; *Demharter* Rn 4; KEHE-*Eickmann* Rn 3.

11 *Güthe-Triebel* Rn 3; *Thieme* Anm 2.

12 *Güthe-Triebel* Rn 3; *Thieme* Anm 2.

13 *Güthe-Triebel* Rn 4; *Demharter* Rn 5.

14 *Güthe-Triebel* Rn 4.

15 *Güthe-Triebel* Rn 4; *Bauer/von Oefele-Weber* Rn 4; *Demharter* Rn 5; *Henle-Schmitt* Anm 4; **aA** *Predari* Anm 2 a.

3. Derselbe Gläubiger

6 Die Erteilung eines gemeinschaftlichen Briefs setzt voraus, dass die zu verbriefenden Hypotheken demselben Gläubiger zustehen. Sofern es sich bei dem Gläubiger um eine Bruchteils- oder Gesamthandsgemeinschaft handelt, muss bei allen Hypotheken dasselbe Gemeinschaftsverhältnis vorliegen. Eine gemeinschaftliche Verbriefung ist daher zB ausgeschlossen, wenn A und B zwar jeweils Hypothekengläubiger sind, ihnen die Hypotheken aber zu unterschiedlich hohen Bruchteilen (zB 1/2–1/2 gegenüber 1/4–3/4) oder als Teil verschiedener Gesamthandsvermögen (zB einer Erbengemeinschaft gegenüber einer BGB-Gesellschaft) zustehen.[16]

4. Gleichrang oder unmittelbar aufeinander folgender Rang der Hypotheken

7 Die Herstellung eines gemeinschaftlichen Briefs ist nur zulässig, wenn die zu verbriefenden Hypotheken entweder gleichen Rang haben oder im Rang unmittelbar aufeinander folgen. Dabei genügt es, wenn das von § 66 geforderte Rangverhältnis im Zeitpunkt der Erteilung des gemeinschaftlichen Briefs besteht. Es spielt daher keine Rolle, ob das vorgeschriebene Rangverhältnis bereits von vornherein bestanden hat oder ob es erst nachträglich (zB durch Rangänderung) zustande gekommen ist. Soweit eine gemeinschaftliche Verbriefung von Gesamtrechten in Frage steht, muss die beschriebene rangrechtliche Voraussetzung bei **allen** belasteten Grundstücken erfüllt sein. Bei der Prüfung, ob das für die Anwendbarkeit des § 66 erforderliche Rangverhältnis vorliegt, ist nicht nur auf das Rangverhältnis in Abteilung III des Grundbuchs abzustellen, sondern es sind auch die in Abteilung II des Grundbuchs eingetragenen Rechte zu berücksichtigen. Die Erteilung eines gemeinschaftlichen Briefs ist daher ausgeschlossen, wenn ein in Abteilung II des Grundbuchs eingetragenes Recht rangmäßig zwischen den zu verbriefenden Hypotheken steht.[17] Dagegen ist es unerheblich, ob den sämtlichen gemeinschaftlich zu verbriefenden Hypotheken andere Rechte im Rang vorgehen oder nachstehen bzw ob andere Rechte in einem Gleichrangsverhältnis zu einer der zu verbriefenden Hypotheken stehen. Da sich das in § 66 geregelte Erfordernis der Gleichheit oder unmittelbaren Aufeinanderfolge des Rangs nur auf die Hauptrechte bezieht, steht der Erteilung eines gemeinschaftlichen Briefs auch nicht entgegen, dass Zinsen oder sonstige Nebenleistungen nicht den Rang (eines) der zu verbriefenden Rechte teilen und aus diesem Grund ganz oder teilweise den Rang nach anderen Rechten erhalten haben.[18] Ein eingetragener Rangvorbehalt, der im Fall seiner Ausnützung dazu führt, dass das vorbehaltene Recht mit absoluter Wirkung rangmäßig zwischen die zu verbriefenden Hypotheken tritt, hat auf die Zulässigkeit der Erteilung eines gemeinschaftlichen Briefs ebenfalls keinen Einfluss. Die Ausnützung des Rangvorbehalts hat allerdings zur Folge, dass die Briefgemeinschaft von Amts wegen aufzuheben ist (vgl Rdn 26).

8 § 66 ist auch anwendbar, wenn die zu verbriefenden Hypotheken an einem **relativen Rangverhältnis** beteiligt sind. Ein solches Rangverhältnis entsteht zB, wenn drei Hypotheken (A, B und C) mit Rang nach § 879 Abs 1 S 1 BGB im Grundbuch eingetragen sind und entweder der Gläubiger der Hypothek A dem Recht C den Vorrang einräumt (§ 880 Abs 5 BGB) oder ein nur dem Recht A eingetragener Rangvorbehalt zugunsten der Hypothek C ausgenützt wird (§ 881 Abs 4 BGB). In diesen Fällen besteht die Besonderheit, dass das an der Rangänderung bzw der Ausnützung des Rangvorbehalts nicht beteiligte Recht B seinen Vorrang gegenüber der Hypothek C sowie seinen Nachrang gegenüber dem Recht A behält. Die zwischen den Hypotheken A und C stattfindende Rangverschiebung ändert wegen der im Verhältnis zu dem Recht B eingeschränkten absoluten Wirkung der dinglichen Rechtsänderung somit nichts an dem Umstand, dass die Rechte A und B sowie B und C nach wie vor im Rang unmittelbar aufeinander folgen. Hinzu kommt, dass das Erfordernis der unmittelbaren Aufeinanderfolge des Rangs nunmehr auch für die an der Rangverschiebung unmittelbar beteiligten Hypotheken A und C erfüllt ist. Die Erteilung eines gemeinschaftlichen Briefs ist daher sowohl über die Rechte A und B als auch über die Hypotheken B und C oder A und C für zulässig zu erachten. Da eine Hypothek nicht zweimal verbrieft werden darf, kommt natürlich nur **eine** der dargestellten Verbriefungsmöglichkeiten in Betracht. Darüber hinaus bestehen aufgrund der geschilderten Rangsituation auch keine Bedenken dagegen, über alle drei Hypotheken einen gemeinschaftlichen Brief zu erteilen.

5. Ein Antrag des Gläubigers

9 Die Erteilung eines gemeinschaftlichen Briefs erfolgt **auf Antrag** des Gläubigers. Stehen die zu verbriefenden Hypotheken mehreren Gläubigern (zB in Bruchteilsgemeinschaft) zu, so muss der Antrag von allen Gläubigern gestellt werden. Der Antrag bedarf keiner besonderen Form (zur Form der Antragsvollmacht, zur personellen Schranke des § 13 Abs 2 FGG und zur Bevollmächtigung eines Notars oder Rechtsanwalts vgl § 57 aF Rdn 33 und § 60 Rdn 58). Sofern der gemeinschaftliche Brief an die Stelle von bereits erteilten Einzelbriefen tritt, sind die bisherigen Briefe (bzw die Ausschlussurteile in den Fällen der §§ 1162, 1170 und 1171 BGB) nicht nur wegen der Vorschrift des § 67, sondern auch zum Nachweis der Antragsberechtigung vorzulegen (hierzu vgl

---

16 *Güthe-Triebel* Rn 2.
17 KG KGJ 39 A, 276.
18 KG JFG 9, 316 = HRR 1932 Nr 759.

§ 67 Rdn 12–14). Werden mehrere Buchhypotheken im Zuge ihrer Umwandlung in Briefrechte abgetreten, so kann einem Antrag des neuen Gläubigers auf Erteilung eines gemeinschaftlichen Briefs daher nur stattgegeben werden, wenn der bisherige Gläubiger entweder eine Aushändigungsbestimmung zugunsten des neuen Gläubigers getroffen (§ 60 Abs 2)[19] oder sich mit der Herstellung des gemeinschaftlichen Briefs einverstanden erklärt hat.[20]

6. Die Zustimmung des Eigentümers

Die Herstellung eines gemeinschaftlichen Briefs ist von der Zustimmung des Eigentümers abhängig. Sofern die **10** gemeinschaftliche Verbriefung von Gesamthypotheken in Frage steht, müssen die Eigentümer sämtlicher belasteter Grundstücke zustimmen. Die Zustimmung ist vorgeschrieben, weil die gemeinschaftliche Verbriefung von selbständigen Hypotheken geeignet ist, berechtigte Belange des Eigentümers zu beeinträchtigen.[21] Vor allem erschwert die Bildung eines gemeinschaftlichen Briefs die Verfügung über eine Eigentümergrundschuld, welche durch die Tilgung einer der gemeinschaftlich verbrieften Hypotheken entstanden ist (§§ 1163 Abs 1 S 2, 1177 Abs 1 S 1 BGB). Der Eigentümer ist wegen des bei rechtsgeschäftlichen Verfügungen bestehenden Erfordernisses der Briefübergabe (vgl zB § 1154 Abs 1 S 1 BGB) nämlich infolge praktischer Erwägungen dazu gezwungen, sich einen neuen selbständigen Brief über sein Recht erteilen zu lassen.

Die Zustimmung des Eigentümers bedarf nicht der **Form** des § 29, weil es sich bei der Zustimmung nicht um **11** eine zu einer Grundbucheintragung erforderliche Erklärung handelt.[22] Hat das Grundbuchamt Zweifel, ob die Zustimmungserklärung vom Eigentümer herrührt, so konnte es jedoch nach bisheriger Auffassung die Vorlegung einer der Form des § 29 entsprechenden Eigentümererklärung verlangen (arg § 13 S 3 FGG aF).[23]

Diese Ansicht lässt sich im Hinblick auf die mit Wirkung vom 01.07.2008 erfolgte Neufassung des § 13 FGG durch Art 10 des RDG vom 12.12.2007 (BGBl I 2840) und der hiermit verbundenen Streichung des § 13 S 3 FGG aF nicht mehr aufrecht erhalten. Auf die Vollmacht zur Erklärung der Eigentümerzustimmung ist § 13 FGG nF anzuwenden, weil es sich bei der Zustimmung des Eigentümers zum Antrag des Gläubigers (ebenso wie bei diesem Antrag selbst) um eine Verfahrenshandlung iS dieser Vorschrift handelt. Zur Form der vom Eigentümer erteilten Zustimmungsvollmacht, zur Bevollmächtigung eines Notars oder Rechtsanwalts und zur Problematik bei der Bevollmächtigung von nach § 13 Abs 2 FGG nicht vertretungsbefugten Personen vgl § 57 aF Rdn 33 und § 60 Rdn 58.

III. Das Verfahren des Grundbuchamts

1. Die Herstellung des gemeinschaftlichen Briefs

a) Die Zuständigkeit. Für die Erteilung des gemeinschaftlichen Briefs ist das Grundbuchamt zuständig (§ 56 **12** Abs 1 S 1). Bei der Herstellung eines gemeinschaftlichen Teilbriefs (vgl Rdn 4) gilt die Zuständigkeitsregel des § 61 Abs 1.

b) Inhalt und Form des gemeinschaftlichen Briefs. Für Inhalt und Form des gemeinschaftlichen Hypo- **13** thekenbriefs gelten die allgemeinen Vorschriften der §§ 56 ff GBO und der §§ 47 ff GBV. Die Besonderheiten des gemeinschaftlichen Briefs bestehen darin, dass die Tatsache der Verbriefung mehrerer Hypotheken bereits in der Überschrift des Briefs zum Ausdruck kommt und dass sich der Inhalt des Briefs auf alle Hypotheken bezieht, die von der gemeinschaftlichen Verbriefung erfasst werden (vgl das als Anlage 6 zur GBV abgedruckte Briefmuster). Bezüglich des Inhalts der die Hypothek betreffenden Eintragungen (§ 57 Abs 1 S 1) ist es zulässig, die evtl für alle Hypotheken gleichen Bedingungen (zB identische Zins- und Zahlungsbestimmungen) im Text des Briefs zusammenzufassen.[24] Soweit der gemeinschaftliche Brief an die Stelle von bereits vorhandenen Einzelbriefen tritt, ist er nach dem gegenwärtigen Inhalt des Grundbuchs zu erteilen (vgl § 68 Rdn 4, 5). Bereits bedeutungslos gewordene Grundbucheintragungen sind daher nicht in den gemeinschaftlichen Brief zu übernehmen.[25] Dagegen müssen Briefvermerke, die nach den §§ 1140, 1145 und 1157 BGB für das Rechtsverhält-

---

19 Zur Notwendigkeit einer Aushändigungsbestimmung in diesem Fall vgl OLG Dresden ZBlFG 05, 274 und § 60 Rdn 33.
20 *Güthe-Triebel* Rn 3.
21 D 66.
22 *Hügel-Kral* Rn 10; *Güthe-Triebel* § 29 Rn 6; *Bauer/von Oefele-Weber* Rn 6; *Hesse-Saage-Fischer* Anm II 5; *Demharter* Rn 8; **aA** *Henle-Schmitt* Anm 6 und *Thieme* Anm 2, die aber übersehen, dass es sich bei dem durch § 68 Abs 3 vorgeschriebenen Grundbuchvermerk nicht um eine Eintragung iS des 2. Abschnitts der GBO handelt (hierzu vgl § 68 Rdn 16, 17 und § 62 Rdn 4).
23 *Hügel-Kral* Rn 10; *Güthe-Triebel* § 29 Rn 5, 6; *Hesse-Saage-Fischer* Anm II 5; *Demharter* § 29 Rn 6 trotz erfolgter Änderung des § 13 FGG auch noch in der 26. Aufl.
24 KG KGJ 38 A, 299, 303.
25 KG KGJ 26 A, 166 = OLGE 6, 493 = RJA 3, 260; RJA 8, 56; KGJ 38 A, 299, 300.

nis zwischen dem Eigentümer und dem Gläubiger in Betracht kommen, von den bisherigen Briefen auf den gemeinschaftlichen Brief übertragen werden (§ 68 Abs 2). Außerdem hat der gemeinschaftliche Brief die Angabe zu enthalten, dass er an die Stelle der bisherigen Briefe tritt (§ 68 Abs 1). War nicht für alle Hypotheken ein bisheriger Brief vorhanden, so ist dies in dem nach § 68 Abs 1 vorgeschriebenen Briefvermerk zum Ausdruck zu bringen. Über die Hypothekenforderungen vorhandene Schuldurkunden sind mit dem gemeinschaftlichen Brief zu verbinden (§ 58). Soweit bisherige Briefe vorhanden waren, werden die mit ihnen verbundenen Schuldurkunden verwendet (§ 69 S 2). Wird der gemeinschaftliche Brief in maschineller Form hergestellt, so ist eine Verbindung mit den Schuldurkunden nicht erforderlich (§ 88 S 1, 2 GBV; hierzu vgl § 58 Rdn 28 und § 62 Rdn 24).

2. Der Vermerk der Brieferteilung im Grundbuch

14 Die Erteilung eines **neuen** Briefs ist nach § 68 Abs 3 im Grundbuch zu vermerken. Ein Vermerk über die Brieferneuerung ist daher nur erforderlich, wenn und soweit der gemeinschaftliche Brief an die Stelle von bisherigen Briefen tritt. Waren keine bisherigen Briefe vorhanden, so ist für einen Grundbuchvermerk iS des § 68 Abs 3 kein Raum.[26] Sofern eine Eintragung nach § 68 Abs 3 erforderlich ist, hat der Vermerk etwa folgenden Wortlaut (Abt III Sp 5–7):

> »1 10000 Euro Über diese Hypotheken ist dem Gläubiger ein
> 2 20000 Euro gemeinschaftlicher Brief erteilt worden. Eingetragen am …«

3. Die Behandlung der bisherigen Briefe

15 Sofern bisherige Briefe vorhanden waren, sind sie sämtlich unbrauchbar zu machen (§ 69 S 1). Die Schuldurkunden sind abzutrennen und mit dem gemeinschaftlichen Brief zu verbinden (§ 69 S 2). Die Verbindung mit den Schuldurkunden unterbleibt nur, wenn der gemeinschaftliche Brief in maschineller Form hergestellt wird (§ 88 S 1, 2 GBV; hierzu vgl Rdn 13, § 58 Rdn 28 und § 62 Rdn 24).

IV. Die Wirkung des gemeinschaftlichen Briefs

16 Die Erteilung eines gemeinschaftlichen Briefs hat keinen materiellrechtlichen Einfluss auf den Bestand der einzelnen Hypotheken. Die Hypotheken bleiben (anders als bei der sog Einheitshypothek, vgl § 67 Rdn 25) **selbständige dingliche Rechte,** welche nach wie vor für sich alleine übertragen, belastet oder aufgehoben werden können.[27] Verfahrensrechtlich tritt der gemeinschaftliche Brief an die Stelle der für die einzelnen Hypotheken erteilten Sonderbriefe. Daraus folgt, dass alle Eintragungen, die sich auf sämtliche der verbrieften Hypotheken beziehen, künftig auf dem gemeinschaftlichen Brief zu vermerken sind (§ 62 Abs 1). Das Gleiche gilt für Grundbucheintragungen, die zwar nur eine oder einzelne der gemeinschaftlich verbrieften Hypotheken betreffen, aber der Weiterführung des gemeinschaftlichen Briefs nicht entgegenstehen (hierzu vgl Rdn 19 ff). Betrifft der nach § 62 Abs 1 auf dem Brief anzubringende Ergänzungsvermerk nicht alle verbrieften Hypotheken, so ist dies entsprechend zum Ausdruck zu bringen. Bei der Teillöschung eines der verbrieften Rechte muss sich auch aus dem sog Nochgültigkeitsvermerk (§ 48 Abs 1 GBV) ergeben, welche Hypothek von der Rechtsänderung betroffen war.[28] Der in diesem Fall neben der in der Briefüberschrift enthaltenen Bezeichnung des Rechts anzubringende Vermerk hat etwa folgenden Wortlaut: »Noch gültig für 10000 Euro und 5000 Euro, zusammen 15000 Euro«.

17 Da es sich bei dem gemeinschaftlichen Brief nicht um einen einheitlichen Brief, sondern lediglich um die Zusammenfassung mehrerer Briefe in einer Urkunde handelt, kann die Erteilung eines Sonderbriefs für eine der gemeinschaftlich verbrieften Hypotheken nur in der Weise erfolgen, dass ein selbständiger Brief hergestellt wird. Die Bildung eines Teilbriefs ist ausgeschlossen, da die gemeinschaftliche Verbriefung der Rechte nichts an der rechtlichen Selbständigkeit der Hypotheken ändert.[29]

---

26 *Hügel-Kral* Rn 15; *Henle-Schmitt* Anm 8; *Bauer/von Oefele-Weber* Rn 11; **aA** *Güthe-Triebel* Rn 11 in Anlehnung an das frühere preußische Recht. Dabei ist aber übersehen, dass die GBO keine Rechtsgrundlage für den befürworteten Grundbuchvermerk enthält.
27 D 66.
28 *Hügel-Kral* Rn 17; *Güthe-Triebel* Rn 13.
29 *Hügel-Kral* Rn 18; *Güthe-Triebel* Rn 13, 25; *Bauer/von Oefele-Weber* Rn 13; *Henle-Schmitt* Anm 9; **aA** zu Unrecht *Achilles-Strecker* Anm 3.

Bestelmeyer

V. Die Auflösung der Briefgemeinschaft

1. Die Auflösung der Briefgemeinschaft auf Antrag des Gläubigers

Der Gläubiger kann jederzeit beantragen, dass für sämtliche oder einzelne der gemeinschaftlich verbrieften **18** Hypotheken ein besonderer Brief erteilt wird (§ 67). Eine erst nach der Herstellung des gemeinschaftlichen Briefs erfolgende »Zurücknahme« des Antrags auf Erteilung des Briefs ist in einen Antrag auf Aufhebung der Briefgemeinschaft umzudeuten.[30] Der Aufhebungsantrag bedarf keiner besonderen Form (zur Form der Antragsvollmacht, zur Bevollmächtigung eines Notars oder Rechtsanwalts und zur Problematik bei der Bevollmächtigung von nach § 13 Abs 2 FGG nicht vertretungsbefugten Personen aufgrund der am 01.07.2008 in Kraft getretenen Neufassung des § 13 FGG durch Art 10 des RDG vom 12.12.2007 [BGBl I 2840] vgl § 57 aFRdn 33 und § 60 Rdn 58). Eine Zustimmung des Eigentümers ist zur Auflösung der Briefgemeinschaft nicht erforderlich.

2. Die von Amts wegen erfolgende Aufhebung der Briefgemeinschaft

Die Briefgemeinschaft ist **von Amts wegen** aufzulösen, wenn eine der verbrieften Hypotheken gelöscht wird **19** oder wenn eine der Voraussetzungen für die Erteilung des gemeinschaftlichen Briefs nachträglich wegfällt (über den Umfang der Auflösung vgl Rdn 27, 28). Zu beachten ist, dass die nachträgliche »Zurücknahme« der zur Erteilung des gemeinschaftlichen Briefs erforderlichen Eigentümerzustimmung nicht zur Aufhebung der Briefgemeinschaft führt, da die Zustimmung des Eigentümers spätestens mit ihrem Eingang beim Grundbuchamt unwiderruflich geworden ist. Für die durch den Wegfall der Voraussetzungen der Brieferteilung bedingte Auflösung der Briefgemeinschaft verbleiben daher folgende Fallgestaltungen:

– Eine der gemeinschaftlich verbrieften Hypotheken geht durch Abtretung oder kraft Gesetzes ganz oder teil- **20** weise auf einen **anderen Gläubiger** über. Die Briefgemeinschaft bleibt aber bestehen, wenn alle gemeinsam verbrieften Hypotheken auf denselben Gläubiger übergehen.

– Eine der Hypotheken wird kraft Gesetzes oder durch Rechtsgeschäft in eine **Grund- oder Rentenschuld** **21** umgewandelt (§§ 1177 Abs 1 S 1, 1198 BGB). Werden sämtliche gemeinsam verbrieften Hypotheken von der gleichen Umwandlung betroffen, so kommt eine Auflösung der Briefgemeinschaft nicht in Betracht. In diesem Fall ist der gemeinschaftliche Brief vielmehr nach § 65 zu behandeln.

– Hinsichtlich sämtlicher oder einzelner der gemeinsam verbrieften Hypotheken wird die **Erteilung des** **22** **Briefs nachträglich ausgeschlossen** (§ 1116 Abs 2 S 2 BGB).

– Eine der gemeinschaftlich verbrieften Einzelhypotheken wird **Gesamthypothek**, während die andere **23** Hypothek Einzelrecht bleibt.

– Sämtliche gemeinsam verbrieften Einzelhypotheken werden **Gesamtrecht**, lasten aber **nicht an denselben** **24** **Grundstücken.** Sind dieselben Grundstücke belastet, so wird die Briefgemeinschaft nicht aufgelöst. Der bestehen bleibende gemeinschaftliche Brief wird vielmehr nach § 63 behandelt, sofern alle belasteten Grundstücke bei demselben Grundbuchamt gebucht sind. Ist dies nicht der Fall, so ist der für die in die Mithaft eintretenden Grundstücke zu erteilende gemeinschaftliche Sonderbrief nach § 59 Abs 2 mit dem bisherigen gemeinschaftlichen Brief zu verbinden (Ausnahme: § 88 S 3 GBV; hierzu vgl § 59 Rdn 1, 4, 12).

– Über einen Teilbetrag einer der gemeinschaftlich verbrieften Hypotheken soll ein **Teilbrief** (§ 61) **oder ein** **25** **neuer Brief** (§ 67) erteilt werden. Im Fall der Teilung einer Hypothek steht es dem Gläubiger frei, ob er die Erteilung eines Teilbriefs oder die Herstellung von selbständigen neuen Briefen über alle Teilhypotheken beantragen will (vgl § 61 Rdn 27). Sofern sich die Teilung nur auf eine oder einzelne der gemeinschaftlich verbrieften Hypotheken bezieht, muss die Briefgemeinschaft unabhängig davon aufgehoben werden, für welche der beiden dargestellten Möglichkeiten sich der Gläubiger entscheidet. Beantragt er die Erteilung eines Teilbriefs, so ist für die betroffene Hypothek zunächst ein selbständiger Stammbrief herzustellen und sodann von diesem der Teilbrief zu erteilen (vgl Rdn 30). Stellt der Gläubiger hingegen einen Antrag auf Erteilung von neuen Briefen für sämtliche Teilrechte, so setzt dieses Verfahren ohnehin die Unbrauchbarmachung des bisherigen Briefs und damit die Auflösung der Briefgemeinschaft voraus (vgl § 61 Rdn 27). Im Fall der Teilung einer der Hypotheken ist die ungeschmälerte Fortführung des gemeinschaftlichen Briefs somit nur möglich, wenn **sämtliche** gemeinsam verbrieften Rechte in gleicher Weise von der Teilung der Hypothekenforderungen betroffen werden. Unter dieser Voraussetzung ist es zulässig, einen gemeinschaftlichen Teilbrief von dem bereits bestehenden gemeinschaftlichen Stammbrief zu erteilen (vgl Rdn 4).

– Es tritt eine **Rangverschiebung** ein, durch welche der von § 66 geforderte Gleichrang oder unmittelbar **26** aufeinander folgende Rang der gemeinschaftlich verbrieften Hypotheken mit absoluter Wirkung verloren geht. Eine solche Rangverschiebung kann entweder durch eine Rangänderung oder durch die Ausnutzung eines Rangvorbehalts herbeigeführt werden. Wegen relativer Rangverhältnisse vgl Rdn 8.

---

30 *Güthe-Triebel* Rn 15. Dies übersehen *Hügel-Kral* Rn 20 und *Bauer/von Oefele-Weber* Rn 15.

3. Der Umfang der Auflösung der Briefgemeinschaft

27 **a) Die gänzliche Auflösung der Briefgemeinschaft.** Die vollständige Beseitigung des gemeinschaftlichen Briefs hat zu erfolgen, wenn sich der Grund für die Auflösung der Briefgemeinschaft auf sämtliche gemeinsam verbriefte Hypotheken bezieht. Dies ist zB der Fall, wenn die mittelrangige von drei gemeinschaftlich verbrieften Hypotheken abgetreten wird oder wenn alle Hypotheken in die Hände verschiedener Gläubiger gelangen. Des weiteren ist die vollständige Auflösung der Briefgemeinschaft erforderlich, wenn nur zwei Hypotheken gemeinsam verbrieft sind und eine der Voraussetzungen für die Erteilung eines gemeinschaftlichen Briefs nachträglich wegfällt (hierzu vgl Rdn 20 ff).

28 **b) Die teilweise Auflösung der Briefgemeinschaft.** Sofern nicht sämtliche der gemeinsam verbrieften Hypotheken von dem Wegfall einer der Voraussetzungen für die Erteilung eines gemeinschaftlichen Briefs betroffen sind, wird der gemeinschaftliche Brief für die nicht betroffenen Hypotheken weitergeführt. Um die Weiterführung des gemeinschaftlichen Briefs zu ermöglichen, müssen aber mindestens zwei Hypotheken übrig bleiben, für welche die Herstellung eines gemeinschaftlichen Briefs nach wie vor möglich wäre. Diese Voraussetzung ist zB gegeben, wenn drei Hypotheken gemeinsam verbrieft sind und die erst- oder drittrangige Hypothek abgetreten oder in ein Buchrecht bzw eine Grundschuld umgewandelt wird, oder wenn der Gläubiger der gemeinsam verbrieften Hypotheken einem viert- oder schlechterrangigen Recht eines anderen Gläubigers den Vorrang vor seiner zweit- oder drittrangigen Hypothek einräumt. In all diesen Fällen wird der gemeinschaftliche Brief für die übrig gebliebenen Hypotheken weitergeführt, ohne dass es hierzu eines (vom Gesetz nicht geforderten) Antrags des Gläubigers bedarf.[31] Auch die Zustimmung des Eigentümers ist zur Weiterführung des gemeinschaftlichen Briefs nicht erforderlich.

4. Das Auflösungsverfahren

29 **a) Die vollständige Beseitigung des gemeinschaftlichen Briefs.** Werden sämtliche gemeinsam verbriefte Hypotheken gelöscht oder in Buchrechte umgewandelt, so ist der gemeinschaftliche Brief unbrauchbar zu machen. Die mit dem Brief verbundenen Schuldurkunden sind abzutrennen und zurückzugeben (§ 69).

30 Bleiben die bisher gemeinsam verbrieften Hypotheken Briefrechte, so führt die Auflösung der Briefgemeinschaft lediglich zu einem Wechsel in der Form der Verbriefung. In diesem Fall müssen der gemeinschaftliche Brief als solcher beseitigt und über die einzelnen Hypotheken selbständige Briefe erteilt werden. Dabei ist es zulässig, den bisherigen gemeinschaftlichen Brief als besonderen Brief für eine der Hypotheken zu verwenden.[32] Wird von dieser Möglichkeit kein Gebrauch gemacht, so ist der gemeinschaftliche Brief unbrauchbar zu machen (§ 69 S 1). Ist ein Teilbrief zu bilden, so ist zunächst der Stammbrief für die betreffende Hypothek herzustellen und von diesem der Teilbrief zu erteilen. Auch in diesem Fall kann der bisherige gemeinschaftliche Brief als Stammbrief verwendet werden.[33] Die neuen Briefe sind jeweils mit dem Vermerk zu versehen, dass sie für die betreffende Hypothek an die Stelle des bisherigen gemeinschaftlichen Briefs treten (§ 68 Abs 1). Die Schuldurkunden sind von dem bisherigen gemeinschaftlichen Brief abzutrennen und jeweils mit dem dazugehörenden neuen Sonderbrief zu verbinden (§§ 58, 69 S 2; Ausnahme: § 88 S 1, 2 GBV; hierzu vgl § 58 Rdn 28 und § 62 Rdn 24). Im Grundbuch ist bei jeder Hypothek zu vermerken, dass an die Stelle des gemeinschaftlichen Briefs ein neuer selbständiger Brief getreten ist (§ 68 Abs 3).

31 **b) Die teilweise Weiterführung des gemeinschaftlichen Briefs.** Sofern eine Aufhebung der Briefgemeinschaft nur wegen einer oder einzelner der gemeinschaftlich verbrieften Hypotheken erforderlich ist, kann der gemeinschaftliche Brief für die verbleibenden Hypotheken weitergeführt werden. In diesem Fall sind die Nummer(n) der Eintragung(en) und der Betrag der ausgeschiedenen Hypothek(en) auf dem gemeinschaftlichen Brief rot zu unterstreichen. Neben der Briefüberschrift ist in entsprechender Anwendung des § 48 Abs 2 GBV zu vermerken, für welche Beträge der gemeinschaftliche Brief noch fortbesteht: »*Noch gültig für 50000 Euro und 20000 Euro, zusammen 70000 Euro.*« Des weiteren muss am Schluss des Briefs (entspr § 61 Abs 4) vermerkt werden, dass und aus welchem Grund die betreffende(n) Hypothek(en) aus der Briefgemeinschaft ausgeschieden ist (sind): »*Dieser Brief gilt nur noch für die Hypotheken Abt III/Nrn 1 und 2. Über die Hypothek Abt III/Nr 3 ist ein besonderer Brief erteilt worden*« (oder: »*Die Hypothek Abt III/Nr 3 ist gelöscht worden*« oder: »*Die Hypothek Abt III/Nr 3 ist in eine Buchhypothek umgewandelt worden*«). Wird für die aus der Briefgemeinschaft ausgeschiedene Hypothek ein neuer Brief erteilt, so ist dies kein Teilbrief, sondern ein selbständiger Brief iS des § 67 (vgl Rdn 17). Auf dem neuen Brief ist daher zu vermerken, dass er für die betreffende Hypothek an die Stelle des bisherigen gemeinschaftlichen Briefs tritt (§ 68 Abs 1). Außerdem muss die Erteilung des neuen Briefs im

---

31 *Hügel-Kral* Rn 24; *Demharter* Rn 16. Unrichtig *Bauer/von Oefele-Weber* Rn 22 und *Güthe-Triebel* Rn 22, die mangels Antrag auf Weiterführung des gemeinschaftlichen Briefs für alle Hypotheken ohne Rechtsgrundlage von Amts wegen selbständige Briefe erteilen wollen.

32 *Hügel-Kral* Rn 23; *Güthe-Triebel* Rn 23; *Predari* Anm 6.

33 *Güthe-Triebel* Rn 23; *Predari* Anm 6.

Grundbuch vermerkt werden (§ 68 Abs 3). Sofern die aus der Briefgemeinschaft ausscheidende Hypothek gelöscht oder in ein Buchrecht umgewandelt wird, ist die sie betreffende Schuldurkunde von dem gemeinschaftlichen Brief abzutrennen und zurückzugeben. Wird die ausscheidende Hypothek hingegen neu verbrieft, so muss die von dem gemeinschaftlichen Brief abgetrennte Schuldurkunde mit dem neuen Brief verbunden werden (§§ 58, 69 S 2; Ausnahme: § 88 S 1, 2 GBV; hierzu vgl § 58 Rdn 28 und § 62 Rdn 24).

VI. Die Verletzung des § 66; Rechtsmittel

Wird ein gemeinschaftlicher Brief gebildet oder beibehalten, obwohl die gesetzlichen Voraussetzungen des § 66 **32** nicht (mehr) erfüllt sind, so kann diese Gesetzesverletzung des Grundbuchamts wegen des Charakters der Norm als **Ordnungsvorschrift** weder die materiellrechtliche Wirksamkeit der betroffenen Hypotheken noch die Gültigkeit des gemeinschaftlichen Briefs beeinflussen.

Sowohl die Erteilung eines gemeinschaftlichen Briefs als auch die Auflösung der Briefgemeinschaft kann beim **33** Vorliegen der jeweiligen gesetzlichen Voraussetzungen durch **Beschwerde** erzwungen werden. Ist ein gemeinschaftlicher Brief unzulässigerweise von Amts wegen erteilt worden, so ist Beschwerde mit dem Ziel der Erteilung von neuen selbständigen Briefen mit dem Inhalt der unbrauchbar gemachten bisherigen Briefe zulässig. Im Zuge der Herstellung der neuen Briefe ist der unzulässigerweise erteilte gemeinschaftliche Brief unbrauchbar zu machen. Die mit dem gemeinschaftlichen Brief verbundenen Schuldurkunden sind abzutrennen und jeweils mit den dazugehörenden neuen Briefen zu verbinden (§§ 58, 69 S 2; Ausnahme: § 88 S 1, 2 GBV; hierzu vgl § 58 Rdn 28 und § 62 Rdn 24).

§ 67 (Erteilung eines neuen Briefs)

Einem Antrage des Berechtigten auf Erteilung eines neuen Briefes ist stattzugeben, wenn der bisherige Brief oder in den Fällen der §§ 1162, 1170, 1171 des Bürgerlichen Gesetzbuchs das Ausschlußurteil vorgelegt wird.

I. Abdruck von Vereinfachungs- und Sondervorschriften

1. § 26 GBMaßnG vom 20.12.1963 (BGBl I, 986) idF des 2. VermRÄndG vom 14.07.1992 (BGBl I, 1257)

1 (1) Einem Antrag des Berechtigten auf Erteilung eines neuen Hypothekenbriefs ist außer in den Fällen des § 67 der Grundbuchordnung auch stattzugeben, wenn der Brief durch Kriegseinwirkung oder im Zusammenhang mit besatzungsrechtlichen oder besatzungshoheitlichen Enteignungen von Banken und Versicherungen in dem in Artikel 3 des Einigungsvertrages genannten Gebiet vernichtet worden oder abhanden gekommen und sein Verbleib seitdem nicht bekannt geworden ist. § 68 der Grundbuchordnung gilt auch hier. Mit der Erteilung des neuen Briefs wird der bisherige Brief kraftlos. Die Erteilung des neuen Briefs ist kostenfrei.

(2) Soll die Erteilung des Briefs nachträglich ausgeschlossen oder die Hypothek gelöscht werden, so genügt an Stelle der Vorlegung des Briefs die Feststellung, daß die Voraussetzungen des Absatzes 1 vorliegen. Die Feststellung wird vom Grundbuchamt auf Antrag des Berechtigten getroffen. Mit der Eintragung der Ausschließung oder mit der Löschung wird der Brief kraftlos. Die Feststellung ist kostenfrei.

(3) Das Grundbuchamt hat die erforderlichen Ermittlungen von Amts wegen anzustellen. Es kann das Kraftloswerden des alten Briefs durch Aushang an der für seine Bekanntmachungen bestimmten Stelle oder durch Veröffentlichung in der für seine Bekanntmachungen bestimmten Zeitung bekannt machen.

(4) Die Vorschriften der Absätze 1 bis 3 gelten für Grundschuld- und Rentenschuldbriefe sinngemäß.

2. Gesetz über die Kraftloserklärung von Hypotheken-, Grundschuld- und Rentenschuldbriefen in besonderen Fällen vom 18.04.1950 (BGBl 88) idF der ÄndG vom 20.12.1952 (BGBl I, 830), vom 25.12.1955 (BGBl I, 867) und vom 29.04.1960 (BGBl I, 297)

2 § 1

(1) Ein Hypothekenbrief über eine Hypothek, mit der ein im Geltungsbereich dieses Gesetzes belegenes Grundstück belastet ist, kann auch dann für kraftlos erklärt werden, wenn er zwar nicht abhanden gekommen oder vernichtet ist, wenn er jedoch von demjenigen, der das Recht aus der Hypothek geltend machen kann, infolge einer im Geltungsbereich dieses Gesetzes nicht rechtswirksamen Maßnahme oder deswegen nicht in Besitz genommen werden kann, weil die Vollstreckung eines rechtskräftigen vollstreckbaren Titels auf Herausgabe des Briefes außerhalb des Geltungsbereiches dieses Gesetzes zu Unrecht verweigert wird.

(2) Dies gilt auch dann, wenn der persönliche Schuldner der durch die Hypothek gesicherten Forderung im Zeitpunkt der Maßnahme seinen Wohnsitz in dem Gebiete hatte, in dem die Maßnahme getroffen worden ist.

§ 2

Auf das Verfahren der Kraftloserklärung sind die für das Aufgebotsverfahren zum Zweck der Kraftloserklärung von Hypothekenbriefen geltenden Vorschriften der Zivilprozeßordnung anzuwenden, soweit in diesem Gesetz nichts anderes bestimmt ist.

§ 3

(1) An die Stelle der Glaubhaftmachung des Verlustes der Urkunde (§ 1007 Nr 2 der Zivilprozeßordnung) tritt die Glaubhaftmachung der in § 1 bezeichneten Tatsachen.

(2) Der Antragsteller soll angeben, was ihm über den Verbleib des Briefes bekannt ist.

§ 4

(1) Die öffentliche Bekanntmachung des Aufgebots erfolgt durch Anheftung an die Gerichtstafel sowie durch einmalige Einrückung in den Bundesanzeiger. Das Gericht kann anordnen, daß die Einrückung auch in andere Blätter und zu mehreren Malen erfolgt.

(2) Ist der Besitzer des Hypothekenbriefes bekannt, so soll ihm das Aufgebot von Amts wegen durch eingeschriebenen Brief mitgeteilt werden.

(3) Die Aufgebotsfrist muß mindestens drei Monate betragen. Der Aufgebotstermin soll nicht über sechs Monate hinaus bestimmt werden.

§ 5

(1) Wer ein Recht aus der Hypothek anmeldet, hat die Tatsachen glaubhaft zu machen, auf die er das Recht stützt, ferner den Hypothekenbrief vorzulegen oder glaubhaft zu machen, daß er dazu außerstande ist. Solange die Anmeldung diesen Erfordernissen nicht entspricht, ist sie nicht wirksam.

(2) Die Anmeldung ist auch dann nicht wirksam, wenn der Anmeldende das Recht aus einer im Bundesgebiet nicht rechtswirksamen Maßnahme herleitet.

(3) Ist keine wirksame Anmeldung erfolgt, so ist das Ausschlußurteil zu erlassen. Das gleiche gilt, wenn dem Anmeldenden gegenüber rechtskräftig festgestellt ist, daß der Antragsteller zum Besitz des Hypothekenbriefes berechtigt ist, und der Antragsteller glaubhaft macht, daß er dessen ungeachtet den Brief nicht erlangen kann.

§ 6

Geht eine Anmeldung ein, die aufgrund des § 5 Abs 1 nicht wirksam ist, so soll das Gericht den Anmeldenden auf den Inhalt des § 5 Abs 1 hinweisen und ihm Gelegenheit geben, binnen einer zu bestimmenden Frist die Anmeldung zu ergänzen.

§ 7

Eine öffentliche Bekanntmachung des Ausschlußurteils und des in § 1017 Abs 3 der Zivilprozeßordnung bezeichneten Urteils findet nicht statt.

§ 8

(1) Die Kraftloserklärung des Hypothekenbriefes erfolgt ohne Aufgebot durch Ausschlußurteil, wenn der Antragsteller glaubhaft macht, daß der unmittelbare Besitzer des Briefes bereit ist, ihm den Brief herauszugeben, jedoch durch eine außerhalb des Bundesgebietes getroffene außergerichtliche Zwangsmaßnahme hieran gehindert ist.

(2) Das gleiche gilt, wenn der Antragsteller einen gegen den gegenwärtigen unmittelbaren Besitzer gerichteten rechtskräftigen vollstreckbaren Titel auf Herausgabe des Hypothekenbriefes vorlegt.

(3) Das ohne Aufgebot ergehende Ausschlußurteil wird ohne mündliche Verhandlung erlassen. Es ist dem Antragsteller und dem im Antrage bezeichneten Besitzer durch eingeschriebenen Brief zuzustellen. Ferner ist es durch Anheftung an die Gerichtstafel sowie seinem wesentlichen Inhalt nach durch den Bundesanzeiger öffentlich bekannt zu machen.

§ 9

Im Verfahren nach den vorstehenden Vorschriften beträgt der Wert des Streitgegenstandes ein Fünftel des Wertes der dem Antragsteller noch zustehenden Hypothek. Das Gericht kann den Wert aus besonderen Gründen anders festsetzen.

§ 10

Das Ausschlußurteil kann nach Maßgabe der §§ 957, 958 der Zivilprozeßordnung auch dann angefochten werden, wenn das Gericht zu Unrecht eine Anmeldung als nicht wirksam oder die Voraussetzungen für den Erlaß des Urteils ohne Aufgebot als gegeben angesehen hat.

§ 11

(1) Ein aufgrund der Vorschriften dieses Gesetzes erwirktes Ausschlußurteil steht im Grundbuchverfahren einem aufgrund des § 1162 des Bürgerlichen Gesetzbuchs erwirkten Ausschlußurteil gleich.

(2) Die Erteilung eines neuen Briefes ist gebührenfrei.

§ 12

Für einen Rechtsstreit, der die Herausgabe des Briefes oder das Recht aus der Hypothek betrifft, ist das Gericht ausschließlich zuständig, in dessen Bezirk das belastete Grundstück gelegen ist.

§ 13

Die Vorschriften dieses Gesetzes über Hypothekenbriefe gelten sinngemäß für Grundschuldbriefe und Rentenschuldbriefe.

§ 14

(1) Die §§ 5 und 6 sind sinngemäß anzuwenden auf das Aufgebotsverfahren zum Zwecke der Ausschließung eines Hypotheken-, Grundschuld- oder Rentenschuldgläubigers nach § 1170 und § 1171 des Bürgerlichen Gesetzbuchs.

(2) Für einen Rechtsstreit, der den Anspruch auf den hinterlegten Betrag betrifft, gilt § 12 sinngemäß.

§ 15

(1) Dieses Gesetz tritt am Tage nach der Verkündung in Kraft. Gleichzeitig tritt die Verordnung des Präsidenten des Zentraljustizamts für die Britische Zone über die Kraftloserklärung von Hypotheken-, Grundschuld- und Rentenschuldbriefen in besonderen Fällen vom 2. September 1949 (Verordnungsblatt für die Britische Zone S 397) außer Kraft.

(2) Anträge auf Grund des § 1 können nur bis zum 31. Dezember 1958 gestellt werden.

(3) § 14 Abs 1 ist nur anzuwenden, wenn das Aufgebotsverfahren bis zum 31. Dezember 1958 beantragt worden ist.

(4) § 12 und § 14 Abs 2 sind nur auf Rechtsstreitigkeiten anzuwenden, die bis zum 31. Dezember 1959 bei Gericht anhängig gemacht sind.

Das Gesetz wurde am 18.04.1950 verkündet.

Drittes Gesetz zur Änderung des Gesetzes über die Kraftloserklärung von Hypotheken-, Grundschuld- und Rentenschuldbriefen in besonderen Fällen vom 29.04.1960 (BGBl I, 297)

§ 1

Das Gesetz über die Kraftloserklärung von Hypotheken-, Grundschuld- und Rentenschuldbriefen in besonderen Fällen vom 18. April 1950 (Bundesgesetzbl S 88) in der Fassung der Änderungsgesetze vom 20. Dezember 1952 (Bundesgesetzbl I S 830) und vom 25. Dezember 1955 (Bundesgesetzbl I S 867) wird wie folgt geändert:

§ 15 Abs 2 bis 4 wird aufgehoben.

§ 2

Anträge auf Grund des in § 1 bezeichneten Gesetzes, die in der Zeit vom 1. Januar 1959 bis zum Inkrafttreten dieses Gesetzes gestellt worden sind, können, soweit die Verfahren noch anhängig sind, nicht wegen des Ablaufs der Frist des bisherigen § 15 Abs 2 zurückgewiesen werden.

§ 3

Dieses Gesetz gilt nach Maßgabe des § 13 Abs 1 des Dritten Überleitungsgesetzes vom 4. Januar 1952 (Bundesgesetzbl I S 1) auch im Land Berlin.

§ 4

Dieses Gesetz tritt am vierzehnten Tage nach seiner Verkündung in Kraft.

Das Gesetz wurde am 29.04.1960 verkündet.

3. §§ 8–12 GBBerG vom 18.07.1930 (RGBl I, 305)

§ 8

(1) Mit Ablauf des 31. Dezember 1931 wird ein Hypothekenbrief kraftlos, der den Geldbetrag der Hypothek dann noch in Mark oder einer anderen nicht mehr geltenden inländischen Währung bezeichnet.

(2) Ist eine Hypothek, deren Geldbetrag im Grundbuch noch in Mark oder einer anderen nicht mehr geltenden inländischen Währung bezeichnet ist, im Grundbuch zu löschen, weil der Antrag, die Aufwertung einzutragen, nicht rechtzeitig gestellt ist, so wird der über die Hypothek erteilte Brief, der auf Mark oder eine andere nicht mehr geltende inländische Währung lautet, schon mit Ablauf des 31. März 1931 kraftlos.

§ 9

Das Grundbuchamt hat den Besitzer eines kraftlos gewordenen Hypothekenbriefs zur Vorlegung des Briefs anzuhalten. Der Brief ist unbrauchbar zu machen. Eine mit dem Briefe verbundene Schuldurkunde ist abzutrennen und zurückzugeben.

Bestelmeyer

§ 10

(1) Dem Berechtigten ist auf Antrag ein neuer Brief an Stelle des kraftlos gewordenen Briefs zu erteilen, es sei denn, daß die Erteilung eines neuen Briefes ausgeschlossen ist.

(2) Die Erteilung eines neuen Briefes gilt als nachträglich ausgeschlossen, wenn der Aufwertungsbetrag der Hypothek 500 Goldmark nicht übersteigt (Artikel 6 der Durchführungsverordnung vom 29. November 1925). Die Ausschließung ist im Grundbuch zu vermerken. Die Befugnis, die Ausschließung der Erteilung des Hypothekenbriefs aufzuheben (§ 1116 Abs 3 BGB), bleibt unberührt.

§ 11

Wird ein neuer Brief erteilt (§ 10), so hat er die Angabe zu enthalten, daß er an die Stelle des bisherigen Briefes tritt. Wird der bisherige Brief vorgelegt, so sind Vermerke, die nach den §§ 1140, 1145, 1157 des Bürgerlichen Gesetzbuchs für das Rechtsverhältnis zwischen dem Eigentümer und dem Gläubiger in Betracht kommen, auf den neuen Brief zu übertragen. Die Erteilung des Briefs ist im Grundbuch zu vermerken. Eine mit dem bisherigen Briefe verbundene Schuldurkunde ist mit dem neuen Briefe zu verbinden.

§ 12

Die Vorschriften der §§ 8 bis 11 finden auf Grundschuldbriefe und Rentenschuldbriefe entsprechende Anwendung.

II. Allgemeines

1. Normzweck und Norminhalt

Da nach der ursprünglichen Erteilung des Hypothekenbriefs aus verschiedenen Gründen ein Bedürfnis für die Herstellung eines neuen Briefs entstehen kann (zB bei Verlust oder Beschädigung des erteilten Briefs), gibt § 67 dem Gläubiger einer Briefhypothek die Möglichkeit, jederzeit die Herstellung eines neuen Briefs zu verlangen.[1] Dabei braucht der Gläubiger dem Grundbuchamt keine Rechenschaft über den Grund der Brieferneuerung abzulegen. Die mit der Erneuerung des Briefs verbundenen Kosten (vgl § 71 Abs 1 S 1 KostO) bieten eine hinreichende Gewähr dafür, dass die Erteilung eines neuen Briefs nur beim Vorliegen eines entsprechenden Bedürfnisses beantragt wird.[2]

4

2. Entstehungsgeschichte

Im Entw I § 64 Abs 1 war ursprünglich vorgesehen, die Erteilung eines neuen Briefs von der Zustimmung des Grundstückseigentümers abhängig zu machen. Dies beruhte auf der Befürchtung, dass die auf dem bisherigen Brief zum Beweis einer außerhalb des Grundbuchs zugunsten des Eigentümers (zB durch Teilzahlung) eingetretenen Rechtsänderung angebrachten Privatvermerke evtl zum Nachteil des Eigentümers nicht in den neuen Brief übernommen werden könnten.[3] Um Verzögerungen bei der Erteilung eines neuen Briefs zu vermeiden, trug der Entw II § 66 Abs 2 (heute § 68 Abs 2) diesen Bedenken Rechnung, indem er dem Grundbuchamt die Verpflichtung auferlegte, derartige Privatvermerke **von Amts wegen** auf den neuen Brief zu übertragen.[4] Da die Interessen des Eigentümers durch diese Regelung ausreichend gewahrt sind, war es nicht mehr erforderlich, die Erteilung eines neuen Briefs von dessen Zustimmung abhängig zu machen (Ausnahme: § 66). Es stand somit nichts mehr im Wege, ausschließlich das Ermessen des Berechtigten über die Notwendigkeit der Brieferneuerung entscheiden zu lassen. Ein in der Kommission gestellter Antrag, eine Brieferneuerung von Amts wegen wenigstens bei Mängeln in der äußeren Beschaffenheit des Briefs zuzulassen, wurde im Lauf der Beratungen wieder zurückgezogen.[5]

5

3. Vereinfachungs- und Sondervorschriften

Mit Rücksicht auf die Kriegs- und Nachkriegsverhältnisse wird die Erteilung eines neuen Briefs durch § 26 GBMaßnG vom 20.12.1963 (BGBl I, 986) idF des 2. VermRÄndG vom 14.07.1992 (BGBl I, 1257, vgl Rdn 1) sowie das Gesetz über die Kraftloserklärung von Hypotheken-, Grundschuld- und Rentenschuldbriefen in besonderen Fällen vom 18.04.1950 (BGBl 88) idF der ÄndG vom 20.12.1952 (BGBl I, 830), vom 25.12.1955 (BGBl I, 867) und vom 29.04.1960 (BGBl I, 297, vgl Rdn 2) erleichtert. Außerdem sind die §§ 8–12 GBBerG vom 18.07.1930 (RGBl I, 305, vgl Rdn 3) zu beachten. Wegen Einzelheiten vgl Rdn 19 ff.

6

1 Mot 106; D 66.
2 D 66; LG Thorn ZBlFG 01, 656.
3 Mot 106.
4 D 66.
5 KB § 65; vgl *Hahn-Mugdan* (Mat) V, 224.

III. Die Voraussetzungen für die Erteilung eines neuen Briefs

7 Die Erteilung eines neuen Hypothekenbriefs darf nur erfolgen, wenn ein entsprechender Antrag gestellt und der bisherige Brief oder ein in den Fällen der §§ 1162, 1170 und 1171 BGB ergangenes Ausschlussurteil vorgelegt wird.

1. Ein Antrag des Berechtigten

8 **a) Das Antragserfordernis.** Die Herstellung eines neuen Briefs erfolgt grundsätzlich **nicht von Amts wegen.** Dies gilt auch, wenn der beim Grundbuchamt eingereichte Brief Mängel in seiner äußeren Beschaffenheit aufweist (vgl Rdn 5). Ist der vorgelegte Brief durch eine Beschädigung (zB infolge Verschmutzung) teilweise unleserlich geworden, so kann das Grundbuchamt den Berechtigten allerdings zur Stellung eines Antrags auf Brieferneuerung zwingen, indem es den eingereichten Brief nicht als formell ordnungsgemäße Urkunde anerkennt (vgl § 41 Rdn 46, 64). Ist der Brief derart beschädigt, dass es sich nicht mehr feststellen lässt, ob es sich bei der vorgelegten Urkunde überhaupt um den fraglichen Brief handelt, so ist er als vernichtet anzusehen und muss durch Ausschlussurteil für kraftlos erklärt werden (§ 1162 BGB, vgl § 41 Rdn 63). In den Fällen der Zerlegung einer Inhabergrundschuld oder Inhaberrentenschuld (§ 70 Abs 2) und der Verteilung einer Gesamthypothek auf die einzelnen Grundstücke (§ 64) sowie bei der Bildung einer Einheitshypothek und dem nachträglichen Wegfall einer der Voraussetzungen für die Erteilung eines gemeinschaftlichen Briefs (§ 66) sind **ausnahmsweise von Amts wegen** neue Briefe zu erteilen (vgl Rdn 25 und § 64 Rdn 1, 15, § 66 Rdn 19 ff und § 70 Rdn 1, 14).

9 Da die Entscheidung über die Notwendigkeit der Brieferneuerung ausschließlich in das Ermessen des Berechtigten gestellt ist (vgl Rdn 5), hat das Grundbuchamt nicht zu prüfen, ob ein rechtliches Interesse an der Ausstellung eines neuen Briefes besteht. Die Brieferneuerung kann aber abgelehnt werden, wenn die ohne ersichtlichen Grund mehrmals hintereinander erfolgende Antragstellung offensichtlich nur den Zweck verfolgt, das Grundbuchamt unnötig zu schikanieren.[6]

10 **b) Die Antragsberechtigung. aa) Der Kreis der Antragsberechtigten.** Nach dem Wortlaut des § 67 darf ein neuer Brief nur auf Antrag »des Berechtigten« erteilt werden. Dies ist in erster Linie der Gläubiger der Hypothek, auch wenn er nicht als solcher im Grundbuch eingetragen ist.[7] Antragsberechtigt sind aber auch diejenigen Personen, welche einen Nießbrauch, ein rechtsgeschäftlich bestelltes Pfandrecht oder ein Pfändungspfandrecht an der Hypothek erworben haben.[8] Schließlich steht das Antragsrecht auch Personen zu, die zwar aufgrund ihres auf eine Grundbucheintragung gerichteten Vollstreckungstitels die mangels Voreintragung des Berechtigten (§ 39 Abs 1) erforderliche Berichtigung des Grundbuchs beantragen können (§ 14), jedoch wegen § 41 Abs 1 S 1, Abs 2 S 1 in den Fällen der §§ 1162, 1170 und 1171 BGB auf die Erteilung eines neuen Briefes angewiesen sind.[9] Das nach § 67 zum Zweck der Brieferneuerung vorzulegende Ausschlussurteil können sich die nach § 14 Antragsberechtigten aufgrund der §§ 792, 896, 1004 Abs 2 ZPO beschaffen.

11 Steht das die Antragsberechtigung begründende Recht (Hypothek, Nießbrauch usw) mehreren Gläubigern zu, so muss der Antrag auf Erteilung eines neuen Briefs von allen Berechtigten gemeinschaftlich gestellt werden. Etwas anderes gilt nur, wenn einer der Berechtigten befugt ist, über das Recht alleine zu verfügen (vgl zB § 1421 S 1 BGB) Da das in § 67 geregelte Antragsrecht nicht zu den Sonderrechten iS des § 2038 BGB gehört, müssen Miterben den Antrag stets gemeinschaftlich stellen.[10] Im Fall der Erneuerung eines Teilbriefs genügt der Antrag des Teilgläubigers. Ein Antrag oder die Zustimmung der Gläubiger des Stammrechts bzw anderer Teilrechte ist nicht erforderlich.

12 **bb) Der Nachweis der Antragsberechtigung.** Die Antragsberechtigung wird durch den Inhalt des Grundbuchs und die Vorlegung des Briefs (bzw des Ausschlussurteils) nachgewiesen. Ein nach § 14 Antragsberechtigter hat die den Nachweis der Grundbuchunrichtigkeit erbringenden Urkunden (bzw die Berichtigungsbewilligung des Betroffenen), den auf eine Grundbucheintragung gerichteten Vollstreckungstitel sowie das Ausschlussurteil vorzulegen. Ist das die Antragsberechtigung begründende Recht (zB ein Nießbrauch an der Hypothek) nicht im Grundbuch eingetragen, so muss die Existenz des außerhalb des Grundbuchs entstandenen Rechts nachgewiesen

---

6 *Güthe-Triebel* Rn 4; *Predari* Anm 14.

7 OLG Rostock KGJ 34 A, 343 = RJA 8, 158; KG KGJ 45, 294 = RJA 13, 255; BayObLG BayObLGZ 1987, 97, 100 = Rpfleger 1987, 363 = DNotZ 1988, 11; BayObLGZ 1987, 345 = NJW-RR 1988, 84 = Rpfleger 1987, 493; BayObLGZ 1988, 148 = Rpfleger 1988, 477 = MittRhNotK 1989, 15; OLG Hamm Rpfleger 1989, 173 (kein Antragsrecht des Notars nach § 15, sondern nur aufgrund besonderer Vollmacht des Gläubigers); diese Rechtsprechung ist aufgrund der am 01.07.2008 in Kraft getretenen Neufassung des § 13 FGG durch Art 10 des RDG vom 12.12.2007 [BGBl I 2840] im Ergebnis überholt).

8 KG OLGE 38, 10 = RJA 15, 319 (für Pfändungsgläubiger).

9 *Güthe-Triebel* § 14 Rn 37; *Demharter* § 14 Rn 18.

10 *Güthe-Triebel* Rn 7; *Predari* Anm 3.

werden. Sofern bereits die Rechtsinhaberschaft des Antragstellers nicht aus dem Grundbuch hervorgeht, ist der außerhalb des Grundbuchs erfolgte Rechtsübergang (zB die Abtretung der Hypothek) zu belegen. In diesem Fall ist nicht nur die Abtretungserklärung vorzulegen, sondern es muss auch nachgewiesen werden, dass die zur Wirksamkeit der Abtretung erforderliche Briefübergabe entweder stattgefunden hat oder nach Maßgabe der §§ 1154 Abs 1 S 1 HS 2, 1117 Abs 1 S 2, Abs 2 BGB ersetzt worden ist.[11] Sofern die Briefübergabe durch die Abtretung des gegen einen Dritten bestehenden Herausgabeanspruchs ersetzt wurde (§§ 1154 Abs 1 S 1 HS 2, 1117 Abs 1 S 2, 931 BGB) und die Übergabevermutung des § 1117 Abs 3 BGB (zB wegen Kraftloserklärung des bisherigen Briefs) nicht zum Zuge kommt, hat sich dieser Nachweis auch darauf zu erstrecken, dass der Brief zum Zeitpunkt der Abtretung noch körperlich vorhanden war und sich im Besitz eines (wenn auch nicht notwendigerweise namentlich bekannten) Dritten befunden hat.[12] Ein Nachweis über das körperliche Vorhandensein des Briefs zum Zeitpunkt der Abtretung ist im Fall der Nichtanwendbarkeit des § 1117 Abs 3 BGB auch dann erforderlich, wenn die Übergabe eines besitzlos gewordenen Briefs durch die (nach hM[13] ausreichende) bloße Einigung der Beteiligten ersetzt wurde.[14] Sofern die Antragsberechtigung durch die Erbringung von Nachweisen über einen außerhalb des Grundbuchs erfolgten Rechtsübergang zu belegen ist, müssen diese Nachweise der Form des analog anzuwendenden § 29 entsprechen.[15]

Im Fall der **Vorlegung des bisherigen Briefs** ist die Antragsberechtigung des Antragstellers auch beim Vorlie- **13** gen der in Rdn 12 genannten Nachweise nur als gegeben anzusehen, wenn feststeht, dass er im Zeitpunkt der Vorlegung auch Besitzer des Briefs war. Im Zweifelsfall sind Erklärungen der Beteiligten über den zum maßgebenden Zeitpunkt bestehenden Briefbesitz zu fordern (vgl § 41 Rdn 48). Hat das Grundbuchamt den Brief bereits in einer anderen Grundbuchsache in Verwahrung, so darf er ihn nur dann als iS des § 67 vorgelegt ansehen, wenn dies offensichtlich dem Willen des Berechtigten entspricht oder wenn dieser sein Einverständnis mit der Erneuerung des Briefs erklärt (vgl § 41 Rdn 41).[16] Da an den Nachweis der Antragsberechtigung dieselben strengen Anforderungen wie an den Nachweis der für eine Grundbucheintragung »bei der Hypothek« erforderlichen Bewilligungsberechtigung zu stellen sind,[17] unterliegen die genannten Erklärungen der Formvorschrift des § 29 (vgl § 41 Rdn 41, 48).

Wer unter **Vorlegung eines Ausschlussurteils** iS des § 1162 BGB in seiner Eigenschaft als Hypothekengläu- **14** biger die Erteilung eines neuen Briefs beantragt, muss entweder als Gläubiger im Grundbuch eingetragen oder als solcher nach Maßgabe der in Rdn 12 dargelegten Grundsätze ausgewiesen sein (vgl § 41 Rdn 77). Da die Übergabe des Ausschlussurteils die für eine Rechtsänderung erforderliche Briefübergabe nicht zu ersetzen vermag (vgl § 41 Rdn 68, 77)[18] und die Briefübergabe bei bloßem Besitz des Ausschlussurteils auch nicht nach § 1117 Abs 3 BGB vermutet wird (vgl § 41 Rdn 68),[19] kann das Gläubigerrecht (und damit die Antragsberechtigung des Gläubigers) alleine durch die Vorlegung des Ausschlussurteils nicht nachgewiesen werden.[20] In den

---

11 BayObLG BayObLGZ 1987, 97, 100 = Rpfleger 1987, 363 = DNotZ 1988, 11; BayObLGZ 1987, 345 = NJW-RR 1988, 84 = Rpfleger 1987, 493; BayObLGZ 1988, 148 = Rpfleger 1988, 477 = MittRhNotK 1989, 15.

12 BayObLG BayObLGZ 1987, 97, 101 = Rpfleger 1987, 363 = DNotZ 1988, 11; BayObLGZ 1987, 345 = NJW-RR 1988, 84 = Rpfleger 1987, 493; BayObLGZ 1988, 148, 149/150 = Rpfleger 1988, 477 = MittRhNotK 1989, 15.

13 *Staudinger-Wiegand* § 931 Rn 9, 17; MüKo-*Quack* § 931 Rn 11; *Erman-Michalski* § 931 Rn 2; *Palandt-Bassenge* § 931 Rn 2; *v. Thur*, Allg Teil I 266; *Heck* § 57 II; *Wolff-Raiser* § 67 II 2; *Westermann* § 41 II 3; *Avenarius* JZ 1994, 511; **aA** OLG Hamburg Recht 1918 Nr 1536; BGB-RGRK-*Pikart* § 931 Rn 9; *Biermann* § 931 Anm 3; *Eichler* II 1, 146 mwN; *Zitelmann* DogmJ 70, 51; *Oertmann* AcP 113, 78; offen gelassen von BayObLG BayObLGZ 1987, 97, 101 = Rpfleger 1987, 363 = DNotZ 1988, 11; BayObLGZ 1987, 345 = NJW-RR 1988, 84 = Rpfleger 1987, 493.

14 BayObLG BayObLGZ 1987, 97, 101 = Rpfleger 1987, 363 = DNotZ 1988, 11; BayObLGZ 1987, 345 = NJW-RR 1988, 84 = Rpfleger 1987, 493.

15 KG OLGE 38, 10 = RJA 15, 319; BayObLG BayObLGZ 1988, 148 = Rpfleger 1988, 477 = MittRhNotK 1989, 15; OLG Hamm FGPrax 1995, 14 = Rpfleger 1995, 292 = MittBayNot 1995, 133 (LS); *Hügel-Kral* Rn 7; KEHE-*Eickmann* Rn 2; ähnlich (Nachweis des Rechtsübergangs »durch Urkunden«) KG KGJ 45, 294 = RJA 13, 255; *Güthe-Triebel* Rn 7; *Bauer/von Oefele-Weber* Rn 6; *Thieme* Anm 2.

16 Entsprechendes gilt, wenn der Einreicher des Ausschlussurteils nicht mit dem Antragsteller iS des § 67 identisch ist (KG KGJ 45, 294, 298 = RJA 13, 255).

17 BayObLG BayObLGZ 1988, 148, 152 = Rpfleger 1988, 477 = MittRhNotK 1989, 15.

18 KG KGJ 45, 294 = RJA 13, 255; OLGE 38, 10 = RJA 15, 319; DNotV 1931, 481 = HRR 1931 Nr 1708; BayObLG BayObLGZ 1987, 97, 100 = Rpfleger 1987, 363 = DNotZ 1988, 11; BayObLG Rpfleger 1988, 477, 478 = MittRhNotK 1989, 15 (insoweit in BayObLGZ 1988, 148 nicht abgedruckt); *Staudinger-Wolfsteiner* § 1154 Rn 43; *Wolff-Raiser* § 136 Fn 16.

19 KG OLGE 38, 10 = RJA 15, 319; BayObLG BayObLGZ 1987, 97, 100 = Rpfleger 1987, 363 = DNotZ 1988, 11; BayObLGZ 1987, 345 = NJW-RR 1988, 84 = Rpfleger 1987, 493; *Palandt-Bassenge* § 1162 Rn 2; KEHE-*Eickmann* Rn 2.

20 OLG Rostock KGJ 34 A, 343 = RJA 8, 158; KG OLGE 38, 10 = RJA 15, 319; BayObLG Rpfleger 1983, 13, 17/18; BayObLGZ 1987, 97, 100 = Rpfleger 1987, 363 = DNotZ 1988, 11; BayObLGZ 1987, 345 = NJW-RR 1988, 84 = Rpfleger 1987, 493; BayObLG Rpfleger 1988, 477, 478 = MittRhNotK 1989, 15 (insoweit in BayObLGZ 1988, 148 nicht abgedruckt); **aA** zu Unrecht *Staudinger-Wolfsteiner* § 1162 Rn 8, da § 67 in seiner personenbezogenen Voraussetzung nicht auf den Besitzer des Ausschlussurteils, sondern ausdrücklich auf den Antrag »des Berechtigten« abstellt.

Fällen der §§ 1170 und 1171 BGB ist die Antragsberechtigung durch den Nachweis zu belegen, wer die Hypothek kraft Gesetzes erworben hat (vgl § 41 Rdn 78).

15 **c) Form und Inhalt des Antrags.** Der Antrag auf Erteilung eines neuen Briefs bedarf keiner besonderen Form (zur Form der Antragsvollmacht, zur Bevollmächtigung eines Notars oder Rechtsanwalts und zur Problematik bei der Bevollmächtigung von nach § 13 Abs 2 FGG nicht vertretungsbefugten Personen aufgrund der am 01.07.2008 in Kraft getretenen Neufassung des § 13 FGG durch Art 10 des RDG vom 12.12.2007 [BGBl I 2840] vgl § 57 aF Rdn 33 und § 60 Rdn 58).[21] Inhaltlich muss der Antrag auf die Erteilung eines neuen Briefs gerichtet sein. Im Fall des § 66 muss die Erteilung eines gemeinschaftlichen Briefs beantragt werden. Sollen Teilrechte selbständig verbrieft werden (vgl § 61 Rdn 27), so muss in dem Antrag zum Ausdruck kommen, dass die Erteilung von mehreren neuen Briefen gewünscht wird.

2. Die Vorlegung des bisherigen Briefs oder eines Ausschlussurteils

16 Die Erteilung eines neuen Briefs darf nur erfolgen, wenn der bisherige Brief oder ein in den Fällen der §§ 1162, 1170 und 1171 BGB ergangenes Ausschlussurteil vorgelegt wird. Durch die Vorlegung dieser Urkunden wird sichergestellt, dass sich nach der Brieferneuerung kein weiterer gültiger Brief mehr im Rechtsverkehr befindet. Außerdem ist durch § 68 Abs 3 gewährleistet, dass der Besitzer eines für kraftlos erklärten oder kraftlos gewordenen Briefs von der Brieferneuerung und der aufgrund des Ausschlussurteils eingetretenen Ungültigkeit des sich in seinen Händen befindlichen Briefs in Kenntnis gesetzt wird.

17 **a) Die Vorlegung des bisherigen Briefs.** Die Vorlegungspflicht bezieht sich nur auf **gültige** Briefe. Ein in den Fällen der §§ 1162, 1170 und 1171 BGB für kraftlos erklärter oder (auch nach § 10 Abs 4 S 1 des GBBerG vom 20.12.1993, BGBl I, 2192, idF des SachRÄndG vom 21.09.1994, BGBl I, 2457) kraftlos gewordener Brief muss daher nicht vorgelegt werden. Das Gleiche gilt für einen Brief, der wegen Verletzung wesentlicher Vorschriften (§§ 56, 61 Abs 2 S 1) nichtig ist, weil es sich bei dem an die Stelle des nichtigen Briefs tretenden Brief nicht um einen neuen Brief iS des § 67, sondern um den **ersten** Brief über die Hypothek handelt (wegen der dessen ungeachtet notwendigen Einforderung des nichtigen Briefs vgl § 56 Rdn 45).[22] Mehrere Briefe sind vorzulegen, wenn die bisherigen Briefe durch einen gemeinschaftlichen Brief ersetzt werden sollen (§ 66) oder wenn die Erteilung von selbständigen Briefen über Teilrechte beantragt wird, die bisher durch Stammbrief und Teilbrief(e) verbrieft sind. Ist ein Brief nach seiner Einreichung beim Grundbuchamt abhanden gekommen oder zerstört worden, so ist er dennoch als iS des § 67 vorgelegt anzusehen (hierzu vgl auch § 41 Rdn 73). Eine Vorlegung der **Schulddurkunde** (§ 58) ist nicht vorgeschrieben. Dem Antrag auf Erteilung eines neuen Briefs ist daher auch dann stattzugeben, wenn die ursprünglich mit dem Brief verbundene Schuldurkunde (zB wegen ihres Abhandenkommens) nicht vorgelegt werden kann.[23] Über die Ersetzung der Schuldurkunde vgl § 58 Rdn 25, 27.

18 **b) Die Vorlegung eines Ausschlussurteils. aa) Die Fälle der §§ 1162, 1170, 1171 BGB.** Die Vorlegung des bisherigen Briefs wird durch die Vorlegung eines Ausschlussurteils ersetzt, wenn der Brief nach § 1162 BGB für kraftlos erklärt worden oder aufgrund eines nach den §§ 1170, 1171 BGB ergangenen Ausschlussurteils kraftlos geworden ist (über diese Fälle vgl die ausführlichen Bemerkungen in § 41 Rdn 62 ff, 69 ff). Ist ein Ausschlussurteil ergangen, so kann die Vorlegung des für kraftlos erklärten oder kraftlos gewordenen Briefs nicht mehr zur Brieferneuerung führen. Es muss vielmehr das Ausschlussurteil vorgelegt werden (über die verfahrensrechtlich erforderliche Form des Ausschlussurteils vgl § 41 Rdn 76). Ein neben dem Ausschlussurteil vorgelegter Brief ist nach § 69 unbrauchbar zu machen.[24]

19 **bb) Vereinfachungs- und Sondervorschriften. (1) § 26 GBMaßnG.** Der an die Stelle des früheren § 8 VereinfVO vom 05.10.1942 (RGBl I, 573) getretene und nach § 36a GBMaßnG auch in den **neuen Bundesländern** anzuwendende § 26 GBMaßnG vom 20.12.1963 (BGBl I, 986) idF des Art 11 § 1 des 2. VermRÄndG vom 14.07.1992 (BGBl I, 1257; vgl Rdn 1) erleichtert die Brieferneuerung, wenn ein Hypothekenbrief durch Kriegseinwirkung oder im Zusammenhang mit besatzungsrechtlichen oder besatzungshoheitlichen Enteignungen von Banken und Versicherungen in dem in Artikel 3 des Einigungsvertrages genannten Gebiet vernichtet worden oder abhanden gekommen und sein Verbleib seitdem nicht bekannt geworden ist.[25] In diesen Fällen wird der bisherige Brief mit der Erteilung des neuen Briefs kraftlos (§ 26 Abs 1 S 3 GBMaßnG). Die Erwirkung und Vorlegung eines Ausschlussurteils ist nicht erforderlich. Wegen der Einzelheiten des Verfahrens vgl § 41 Rdn 65.

---

21 BayObLG BayObLGZ 1988, 148, 150 = Rpfleger 1988, 477 = MittRhNotK 1989, 15; OLG Hamm Rpfleger 1989, 173.

22 *Hügel-Kral* Rn 10; *Güthe-Triebel* Rn 8, 10.

23 KG OLGE 14, 115; wegen einer Ausnahme bei Schuldurkunden nach der PrHypO vom 20.12.1783 vgl *Güthe-Triebel* Rn 8 und Vorbem 4 zu § 56.

24 *Hügel-Kral* Rn 12; *Güthe-Triebel* Rn 9.

25 Zum früheren Recht vgl KG DNotZ 1943, 198; HW 1951, 401; OLG Hamm DNotZ 1952, 583 = MDR 1953, 180 = JMBlNRW 1952, 166; LG Bielefeld NJW 1949, 153 *(Mondrzik)*; LG Lübeck SchlHAnz 1957, 185; *Blocksdorff* HW 1946, 67; 1948, 8; *Hinz* HW 1951, 400; *Israel* HW 1947, 293; *Dohse* HW 1955, 463; *Schindler* HW 1955, 385. Zur Entstehungsgeschichte des § 26 GBMaßnG und zum ehemaligen Landesrecht vgl die Voraufl (6.) § 67 Rn 9.

(2) Gesetz über die Kraftloserklärung von Hypotheken-, Grundschuld- und Rentenschuldbriefen in besonderen Fällen. Nach dem Gesetz über die Kraftloserklärung von Hypotheken-, Grundschuld- und Rentenschuldbriefen in besonderen Fällen vom 18.04.1950 (BGBl 88) idF der ÄndG vom 20.12.1952 (BGBl I, 830), vom 25.12.1955 (BGBl I, 867) und vom 29.04.1960 (BGBl I, 297, vgl Rdn 2) kann ein Grundpfandrechtsbrief in Erweiterung der von § 1162 BGB geregelten Fälle nicht nur für kraftlos erklärt werden, wenn er abhanden gekommen oder vernichtet ist, sondern auch, wenn er von demjenigen, der das Recht aus der Hypothek geltend machen kann, infolge einer im Geltungsbereich des Gesetzes nicht rechtswirksamen Maßnahme nicht in Besitz genommen werden kann oder wenn die Inbesitznahme des Briefes nicht möglich ist, weil die Vollstreckung eines rechtskräftigen vollstreckbaren Titels auf Herausgabe des Briefes außerhalb des Geltungsbereiches des Gesetzes zu Unrecht verweigert wird.[26] Die zunächst zeitlich begrenzte Geltung des Gesetzes (zuletzt bis 31.12.1958) wurde durch das 3. ÄndG vom 29.04.1960 (BGBl I, 297) aufgehoben. Ein aufgrund des Gesetzes erwirktes Ausschlussurteil steht im Grundbuchverfahren einem Ausschlussurteil iS des § 1162 BGB gleich (§ 11 Abs 1 des Gesetzes). Die VO über die Ersetzung zerstörter oder abhanden gekommener gerichtlicher oder notarischer Urkunden vom 18.06.1942 (RGBl I, 395) ist auf die Wiederherstellung von Grundpfandrechtsbriefen nicht anwendbar (vgl § 41 Rdn 64, § 58 Rdn 27). **20**

(3) §§ 8–12 GBBerG (1930). Nach § 8 GBBerG vom 18.07.1930 (RGBl I, 305, vgl Rdn 3, nicht zu verwechseln mit dem GBBerG vom 20.12.1993, BGBl I, 2192, idF des SachRÄndG vom 21.09.1994, BGBl I, 2457) sind über die der Aufwertung unterliegenden Rechte erteilte Briefe kraftlos geworden, sofern der Antrag auf Eintragung der Aufwertung nicht rechtzeitig gestellt[27] oder der Geldbetrag des Rechts nach einem bestimmten Zeitpunkt noch in Mark oder in einer anderen nicht mehr geltenden inländischen Währung angegeben war.[28] Sofern die betreffenden Rechte aufgrund der Wahrung der Antragsfrist (31.03.1931) nicht erloschen waren, konnte dem Berechtigten bei einem sich ergebenden Aufwertungsbetrag von mehr als 500 GM auf dessen formlosen Antrag ein neuer Brief erteilt werden (§ 10 GBBerG). Bezüglich der inhaltlichen Gestaltung des Briefs und der grundbuchmäßigen Verlautbarung der Brieferneuerung war der mit § 68 sachlich übereinstimmende § 11 GBBerG zu beachten. Die Einforderung der kraftlos gewordenen Briefe richtete sich nach § 9 GBBerG (hierzu vgl § 41 Rdn 98, § 62 Rdn 31). Obwohl das GBBerG (1930) infolge Nichtaufnahme in Teil III des BGBl spätestens mit dem Ablauf des 31.12.1968 außer Kraft getreten ist, können die aufgrund der Versäumung der Antragsfrist (31.03.1931) erloschenen Rechte auch heute noch von Amts wegen gelöscht werden (vgl das Schreiben des BJM vom 04.05.1995, MittBayNot 1995, 250). **21**

IV. Die Erteilung eines neuen Briefs

1. Der Gegenstand der Neuerteilung

§ 67 bezieht sich nur auf die Erneuerung des Briefes. Auf die Erteilung einer neuen Schuldurkunde ist die Vorschrift nicht anwendbar (über die Ersetzung der Schuldurkunde vgl § 58 Rdn 25, 27). Auch die erstmalige Erteilung eines Teilbriefs wird von § 67 nicht erfasst; für sie gilt die Sondervorschrift des § 61. **22**

2. Die Zuständigkeit

Für die Erteilung eines neuen Briefs ist ausschließlich das Grundbuchamt zuständig (§ 56 Abs 1 S 1). Dies gilt auch, wenn ein bereits vorhandener Teilbrief durch einen neuen Teilbrief ersetzt werden soll. Im Fall der Erneuerung eines nach § 59 Abs 2 gebildeten Gesamtbriefs ist jedes Grundbuchamt zur Neuerteilung des von ihm seinerzeit hergestellten einzelnen Briefs zuständig. **23**

3. Inhalt und Aushändigung des neuen Briefs

Der neue Brief ist unter Berücksichtigung der §§ 56–59, 61, 63, 65 und 68 zu erteilen (wegen Einzelheiten und der Behandlung des bisherigen Briefs vgl die Bemerkungen zu § 68). Da der neue Brief an die Stelle des bisherigen (eingereichten oder für kraftlos erklärten) Briefes tritt, ist er demjenigen Beteiligten auszuhändigen, der dem Grundbuchamt den bisherigen Brief oder das Anschlussurteil vorgelegt hat (vgl § 60 Rdn 89).[29] Eine abweichende Aushändigungsbestimmung des Empfangsberechtigten bedarf (analog § 60 Abs 2) nur dann der Form des § 29 Abs 1 S 1, wenn die Brieferneuerung mit einer Grundbucheintragung verbunden ist und die in § 60 Rdn 92 beschriebenen Voraussetzungen für eine entsprechende Anwendung des § 60 Abs 2 erfüllt sind.[30] **24**

---

26   Zum Begriff des unmittelbaren Besitzes iS des § 8 des Gesetzes vgl LG Kiel DNotZ 1950, 343 *(Eder)*; LG Nürnberg-Fürth DNotZ 1950, 477; LG Berlin DNotZ 1951, 87; JR 1961, 184; *Fabian* NJW 1952, 925; *Dohse* HW 1955, 463.
27   Kraftloswerden mit Ablauf des 31.03.1931.
28   Kraftloswerden mit Ablauf des 31.12.1931.
29   *Hügel-Kral* Rn 17; *Güthe-Triebel* Rn 12; *Demharter* Rn 10 (unter Aufgabe der bis zur 23. Aufl vertretenen Auffassung).
30   **AA** *Bauer/von Oefele-Weber* Rn 14; *Güthe-Triebel* Rn 12; Vorauf (6.) Rn 10. Die dort befürwortete unmittelbare Anwendung des § 60 Abs 2 verträgt sich aber nicht mit der zugleich getroffenen Feststellung, dass sich die Aushändigung des neuen Briefs nicht nach § 60 Abs 1, sondern nach den für beim Grundbuchamt eingereichte Briefe geltenden Aushändigungskriterien richtet.

V. Die Briefbildung bei der Einheitshypothek

25 Werden mehrere gleichrangige oder unmittelbar im Rang aufeinander folgende Briefhypotheken desselben Gläubigers zu einem einheitlichen Recht zusammengefasst (sog Einheitshypothek), so ist über die von der Vereinigung betroffenen Hypotheken ein neuer einheitlicher Brief zu erteilen. Die Beibehaltung der bisherigen selbständigen Briefe (denkbar zB bei ihrer Verbindung mittels Schnur und Siegel) ist unzulässig (arg § 59 Abs 2).[31] Sie sind daher unbrauchbar zu machen. Die Erteilung eines neuen Briefs ist nur dann nicht erforderlich, wenn über die zu einer Einheitshypothek zusammengefassten Rechte ein gemeinschaftlicher Brief iS des § 66 gebildet war. In diesem Fall genügt es, wenn die Zusammenfassung der Hypotheken nach § 62 Abs 1 S 1 auf dem gemeinschaftlichen Brief vermerkt wird.[32] Soweit die Erteilung eines neuen Briefs erforderlich ist, erfolgt seine Herstellung **von Amts wegen**.[33] Der Inhalt des Briefs richtet sich nach den §§ 56–59 und 68 Abs 1, 2. Die Erteilung des Briefs ist im Grundbuch zu vermerken (§ 68 Abs 3). Der neue Brief ist nach dem gegenwärtigen Inhalt des Grundbuchs zu erteilen (vgl § 68 Rdn 4, 5). Dabei muss aber zum Ausdruck gebracht werden, an welcher Stelle des Grundbuchs die bisherigen Einzelrechte eingetragen sind. Der Inhalt des Einheitshypothekenbriefs ergibt sich aus dem Anhang zu dieser Vorschrift.

VI. Die Verletzung des § 67; Rechtsmittel

26 § 67 ist eine **Ordnungsvorschrift**. Seine Nichtbeachtung hat daher auf die Gültigkeit des neuen Briefs keinen Einfluss. Ist unzulässigerweise von Amts wegen ein neuer Brief erteilt worden, so besteht ein mit Beschwerde verfolgbarer Anspruch darauf, dass das Grundbuchamt einen Brief mit dem Inhalt des unbrauchbar gemachten bisherigen Briefs erteilt (hierzu vgl bereits § 63 Rdn 12).

VII. Anhang zu § 67 (Einheitshypothekenbrief)

27

**Deutscher
Hypothekenbrief**

über

10000,- Euro
Einheitshypothek

eingetragen im Grundbuch von Rednitzhembach (Amtsgericht Schwabach) Blatt 1659, Abteilung III Nr I (1, 2).

Inhalt der Eintragung

Nr I (1, 2): 10000,- (zehntausend) Euro Darlehen der Raiffeisenbank Plöckendorf eG in Plöckendorf, mit bis zu 15% Jahreszinsen, vollstreckbar nach § 800 ZPO. Die Einheitshypothek ist gebildet durch die gemäß Bewilligung vom 18.10.2002 am 29.10.2002 eingetragene Zusammenfassung der bisher in Abteilung III Nr 1 (eins) eingetragenen Hypothek über 4000,- (viertausend) Euro, gemäß Bewilligung vom 02.07.2002 eingetragen am 10.07.2002, und der bisher in Abteilung III Nr 2 (zwei) eingetragenen Hypothek über 6000,- (sechstausend) Euro, gemäß Bewilligung vom 01.08.2002 eingetragen am 8.08.2002, zu einer einheitlichen Hypothek unter Nr I (1, 2).

Belastetes Grundstück

Das im Bestandsverzeichnis des Grundbuchs unter Nr 1 verzeichnete Grundstück.

Dieser Brief tritt für beide bisher selbständigen Hypotheken jeweils an die Stelle der bisherigen Briefe.

Schwabach, den 29. Oktober 2002

Amtsgericht
Grundbuchamt[34]   (Siegel oder Stempel)
Unterschriften

---

31 LG Hamburg DFG 1938, 99 = JW 1938, 1030; *Demharter* Rn 11; KEHE-*Eickmann* § 66 Rn 2; *Schöner/Stöber* Rn 2700; *Saage* DFG 1937, 123; *Recke* DJ 1935, 1729; *Kutzner* DNotZ 1938, 369, 371.

32 *Hügel-Kral* Rn 19; *Demharter* Rn 11; *Saage* DFG 1937, 124.

33 *Hügel-Kral* Rn 18; *Bauer/von Oefele-Weber* Rn 15; *Schöner/Stöber* Rn 2700; aA zu Unrecht *Demharter* Rn 11; KEHE-*Eickmann* § 66 Rn 2 und die Voraufl (6.) Rn 12, wo zwar jeweils richtig betont wird, dass die Weiterführung des bisherigen Briefs **unzulässig** ist, darüber hinaus aber noch zur Erörterung gelangt, ob der (dann ja gar nicht mehr erforderliche!) Antrag auf Erteilung des neuen Briefs in dem Antrag auf Eintragung der Einheitshypothek erblickt werden kann (so LG Hamburg aaO = Fn 31).

34 Der Zusatz »Grundbuchamt« ist (überflüssigerweise) lediglich in Bayern vorgeschrieben (Nr 1.1.1 BayGBGA vom 07.12.1981, JMBl 190).

§ 68 (Inhalt des neuen Briefs)

(1) Wird ein neuer Brief erteilt, so hat er die Angabe zu enthalten, daß er an die Stelle des bisherigen Briefes tritt.

(2) Vermerke, die nach den §§ 1140, 1145, 1157 des Bürgerlichen Gesetzbuchs für das Rechtsverhältnis zwischen dem Eigentümer und dem Gläubiger in Betracht kommen, sind auf den neuen Brief zu übertragen.

(3) Die Erteilung des Briefes ist im Grundbuch zu vermerken.

I. Allgemeines

1. Normzweck, Norminhalt und Anwendungsbereich

§ 68 enthält ergänzende Regelungen für den Inhalt eines neuen Briefs (Abs 1, 2) und bestimmt, dass die Erteilung eines neuen Briefs im Grundbuch zu verlautbaren ist (Abs 3). Die Vorschrift bezieht sich nicht nur auf die Brieferneuerung im Anwendungsbereich des § 67, sondern auch auf alle sonstigen Fälle, bei denen die Erteilung eines neuen Briefs in Betracht kommt.[1] Da der neue Brief nach dem im Zeitpunkt der Brieferneuerung bestehenden aktuellen Grundbuchinhalt erteilt wird und daher inhaltlich nicht in jedem Fall mit dem bisherigen Brief identisch sein kann, ist durch § 68 Abs 1 im Interesse des Rechtsverkehrs sichergestellt, dass die Tatsache der Brieferneuerung aus dem neuen Brief hervorgeht.[2] Die durch § 68 Abs 2 vorgeschriebene Übertragung von nach den §§ 1140, 1145 und 1157 BGB für das Rechtsverhältnis zwischen dem Eigentümer und dem Gläubiger bedeutsamen Vermerken dient dem Schutz des Eigentümers und bezweckt zugleich, dessen noch vom Entw I § 64 Abs 1 geforderte Zustimmung zur Erteilung eines neuen Briefs entbehrlich zu machen (vgl § 67 Rdn 5).[3] § 68 Abs 3 verfolgt den Zweck, den Besitzer des für kraftlos erklärten oder kraftlos gewordenen Briefs von der Brieferneuerung und der eingetretenen Ungültigkeit des bisherigen Briefs in Kenntnis zu setzen (hierzu vgl auch § 61 Rdn 4).[4]   **1**

2. Entstehungsgeschichte

Der Inhalt eines neuen Briefs wurde im Entw I durch die §§ 64 Abs 3, 65 und 66 geregelt. Der an die Stelle dieser Vorschriften getretene Entw II § 66 weicht vom Entw I § 64 Abs 3 insofern entscheidend ab, als er nicht mehr das aktuelle materielle Rechtsverhältnis, sondern den gegenwärtigen Stand des Grundbuchs als für den Inhalt des neuen Briefs maßgebend erklärt (hierzu vgl Rdn 4, 5).[5] Der mit dem Entw II § 66 übereinstimmende § 68 hat durch die GBOÄndVO vom 05.08.1935 (RGBl I, 1065) keine Änderung erfahren.   **2**

3. Sondervorschriften

Sofern ein über ein der Aufwertung unterliegendes Recht erteilter Brief nach § 8 GBBerG vom 18.07.1930 (RGBl I, 305) kraftlos geworden war (vgl § 67 Rdn 3, 21), richtete sich die inhaltliche Gestaltung des neuen Briefs und die Verlautbarung der Brieferneuerung im Grundbuch nach der mit § 68 sachlich übereinstimmenden Vorschrift des § 11 GBBerG. Im Fall einer Brieferneuerung im Anwendungsbereich des § 26 Abs 1 S 1 GBMaßnG vom 20.12.1963 (BGBl I, 986) idF der 2. VermRÄndVO vom 14.07.1992 (BGBl I, 1257) ist § 68 kraft ausdrücklicher gesetzlicher Verweisung entsprechend anzuwenden (§ 26 Abs 1 S 2 GBMaßnG). Wegen der Einzelheiten des Verfahrens nach § 26 GBMaßnG vgl § 41 Rdn 65 und § 67 Rdn 19.   **3**

---

1 KG KGJ 26 A, 166 = OLGE 6, 493 = RJA 3, 260; RJA 8, 56; *Hügel-Kral* Rn 1; *Güthe-Triebel* Rn 3; *Turnau-Förster* Anm 1; KEHE-*Eickmann* Rn 1; *Demharter* Rn 1.
2 D 66, 67.
3 D 66.
4 KB zu § 59, vgl *Hahn-Mugdan* (Mat) V, 224.
5 Vgl Mot 106, 107 einerseits und D 66 andererseits.

II. Der Inhalt des neuen Briefs

1. Die Erteilung des neuen Briefs nach dem gegenwärtigen Stand des Grundbuchs

4   Obwohl § 68 in den Absätzen 1 und 2 zwei Sondervorschriften für den Inhalt eines neuen Briefs enthält, lässt sich aus der Vorschrift nicht entnehmen, welchen allgemeinen inhaltlichen Anforderungen der neue Brief zu entsprechen hat. Da der bisherige Brief im Fall seines Abhandenkommens oder seiner Vernichtung anlässlich der Brieferneuerung nicht vorgelegt werden kann, ist es ausgeschlossen, den bisherigen Brief als Grundlage für die inhaltliche Gestaltung des neuen Briefs zu verwenden. Der Entw I § 64 Abs 3 sah deshalb vor, dass der Inhalt des neuen Briefs der **gegenwärtigen materiellen Rechtslage** entsprechen müsse und dass demzufolge auch außerhalb des Grundbuchs eingetretene Rechtsänderungen zu berücksichtigen seien. Dieses Abstellen auf das materielle Rechtsverhältnis hatte allerdings zur Folge, dass die Erteilung eines neuen Briefs im Fall eines Streits der Beteiligten über die gegenwärtige Rechtslage bis zur Erledigung des zwischen den Beteiligten zu führenden Prozesses nicht erfolgen konnte.[6] Aus diesem Grund erklärt der Entw II § 66 nicht die aktuelle materielle Rechtslage, sondern den **gegenwärtigen Stand des Grundbuchs** zur Grundlage für die inhaltliche Gestaltung des neuen Briefs.[7] Damit die infolge dieser Regelung nunmehr ohne Schwierigkeiten mögliche Brieferneuerung keine schutzwürdigen Interessen des Eigentümers beeinträchtigt, wurde im Entw II § 66 Abs 2 (= § 68 Abs 2) bestimmt, dass die sich auf dem bisherigen Brief befindenden und nach den §§ 1140, 1145 und 1157 BGB bedeutsamen Vermerke **von Amts wegen** auf den neuen Brief zu übertragen sind (vgl Rdn 1 und § 67 Rdn 5).

5   Unter dem **gegenwärtigen Stand des Grundbuchs** ist die Buchlage zu verstehen, wie sie sich im Zeitpunkt der Brieferneuerung für alle zur Herstellung des Briefs erforderlichen Angaben (§§ 56, 57) darstellt. Es dürfen daher nur solche (ursprünglichen oder geänderten) Angaben in den neuen Brief aufgenommen werden, die ihre Gültigkeit noch nicht verloren haben.[8] Einmal bei der Hypothek eingetragen gewesen und zwischenzeitlich wieder gelöschte Vormerkungen, Widersprüche, Pfand- und Nießbrauchsrechte, Verfügungsbeschränkungen, bereits durch neue (eingetragene) Rechtsänderungen überholte Abtretungen oder andere bereits wieder bedeutungslos gewordene Eintragungen sind daher nicht in den neuen Brief zu übernehmen. Ebenso wenig sind Änderungen der materiellen Rechtslage zu berücksichtigen, die sich **außerhalb des Grundbuchs** vollzogen haben.[9] Ermittlungen darüber, ob der Grundbuchinhalt (noch) mit der materiellen Rechtslage übereinstimmt, hat das Grundbuchamt daher nicht anzustellen.[10] Selbst wenn dem Grundbuchamt eine außerhalb des Grundbuchs erfolgte Rechtsänderung bekannt ist, muss es den Brief nach dem gegenwärtigen Grundbuchinhalt herstellen.[11] Ist eine Hypothek außerhalb des Grundbuchs abgetreten worden (§ 1154 Abs 1 BGB), so muss der neue Brief daher auf den Namen des eingetragenen (bisherigen) Gläubigers ausgestellt werden, sofern nicht gleichzeitig die Berichtigung des Grundbuchs erfolgt.[12] Die Voreintragung der Umstellung ist zur Erteilung eines neuen Briefs ebenfalls nicht erforderlich.[13]

2. Die Anwendbarkeit der §§ 56–59, 61, 63, 65

6   Bei dem neu zu erteilenden Brief handelt es sich um einen selbständigen Brief. Er besteht daher nicht in einer Abschrift des bisherigen Briefes, sondern ist nach den §§ 56 und 57 neu herzustellen.[14] Abgesehen von den in § 68 Abs 1 und 2 geregelten Besonderheiten ist der neue Brief somit inhaltlich mit einem Brief identisch, welcher infolge der Umwandlung eines Buchrechts in ein Briefrecht erstmals über die Hypothek erteilt wird. Die Erneuerung eines vor dem 01.01.1978 hergestellten Briefs hat nach den §§ 56 und 57 **nF** zu erfolgen.

7   Eine **Verbindung des neuen Briefs mit der Schuldurkunde (§ 58)** kommt nur in Betracht, wenn auch der zu erneuernde Brief anlässlich seiner Herstellung mit einer Schuldurkunde verbunden worden ist (vgl § 58 Abs 2). War dies der Fall, so ist die Schuldurkunde von dem bisherigen Brief abzutrennen und mit dem neuen Brief zu verbinden (§§ 69 S 2, 58). Ist die ursprünglich mit dem bisherigen Brief verbundene Schuldurkunde nicht mehr vorhanden, so genügt es, wenn eine beglaubigte Abschrift der nach Maßgabe des § 15 GBOGeschO zu den Grundakten genommenen beglaubigten Abschrift der Schuldurkunde mit dem neuen Brief verbunden wird (vgl § 58 Rdn 25).[15] Hat das Grundbuchamt bei der Herstellung des zu erneuernden Briefs gegen § 15

---

6   E I § 64 Abs 3; Mot 107.
7   D 66.
8   KG KGJ 26 A, 166 = OLGE 6, 493 = RJA 3, 260; RJA 8, 56; KGJ 38 A, 299, 300; *Hügel-Kral* Rn 5; *Güthe-Triebel* Rn 5; *Predari* Anm 4; *Demharter* Rn 2.
9   LG Würzburg NJW 1954, 1122; *Hügel-Kral* Rn 6; *Güthe-Triebel* Rn 4, 5; *KEHE-Eickmann* Rn 2; *Demharter* Rn 2.
10 LG Würzburg aaO (Fn 9); *Demharter* Rn 2.
11 LG Würzburg aaO (Fn 9).
12 OLG Rostock KGJ 34 A, 343 = RJA 8, 158.
13 LG Würzburg aaO (Fn 9).
14 *Hügel-Kral* Rn 2; *Güthe-Triebel* Rn 7.
15 *Hügel-Kral* Rn 2; *KEHE-Eickmann* Rn 2; *Demharter* Rn 5.

GBOGeschO verstoßen, so kann der neue Brief ohne Anheftung der Schuldurkunde erteilt werden, wenn der Eigentümer versichert, dass die mit dem bisherigen Brief verbundene Schuldurkunde verloren gegangen ist und nicht durch eine neu ausgestellte Schuldurkunde ersetzt wurde (vgl § 58 Rdn 16).[16] Andere Urkunden als Schuldurkunden dürfen nicht mit dem neuen Brief verbunden werden. Dies gilt vor allem für anlässlich der Brieferneuerung vorgelegte Ausschlussurteile (anders noch § 112 Abs 1 PrGBO).[17] Wird der neue Brief in maschineller Form hergestellt, so ist eine Verbindung mit der Schuldurkunde nicht erforderlich (§ 88 S 1, 2 GBV; hierzu vgl § 58 Rdn 28 und § 62 Rdn 24).

Die **Erneuerung eines Gesamtbriefs** erfolgt nach Maßgabe des § 59. Werden die Grundbücher der belasteten Grundstücke von verschiedenen Grundbuchämtern geführt, so hat das vom Antragsteller um Brieferneuerung ersuchte Grundbuchamt zunächst einen neuen Brief für die in seinem Bezirk gelegenen Grundstücke herzustellen. Anschließend leitet es diesen neuen Brief zusammen mit dem Brieferneuerungsantrag und dem bisherigen Gesamtbrief (samt Schuldurkunde) an das andere Grundbuchamt weiter (vgl § 21 Abs 2 GBOGeschO, Nr 3.1.3.2–4 BayGBGA).[18] Dieses stellt den neuen Brief für die Grundstücke seines Bezirks her, macht den bisherigen Gesamtbrief unter Abtrennung der Schuldurkunde unbrauchbar (§ 69) und verbindet die beiden neuen Briefe (samt Schuldurkunde) miteinander (§ 59 Abs 2; wegen der nach § 88 S 3 GBV nicht erforderlichen Briefverbindung bei der Erteilung von maschinellen Briefen vgl § 59 Rdn 1, 4, 12).[19] Nach Anbringung des in § 68 Abs 3 vorgesehenen Grundbuchvermerks sendet es den neuen Gesamtbrief sodann an das erste Grundbuchamt zurück, welches seinerseits die Erteilung des nunmehr vollständig hergestellten neuen Gesamtbriefs im Grundbuch vermerkt (§ 68 Abs 3) und den neuen Brief an den in § 67 Rdn 24 bezeichneten Empfangsberechtigten aushändigt. Ist die nachträgliche Mitbelastung eines bei demselben Grundbuchamt gebuchten Grundstücks nach § 63 auf dem ursprünglichen Brief vermerkt worden, so hat eine später beantragte Erneuerung des Gesamtbriefs nach Maßgabe des § 59 Abs 1 zu erfolgen.[20] **8**

Bei der **Neuerteilung eines Teilbriefs (§ 61)** ist zu beachten, dass die beglaubigte Abschrift der Angaben des Stammbriefs (§ 61 Abs 2 S 1, 2) mit der in dem bisherigen Teilbrief enthaltenen beglaubigten Abschrift dieser Angaben übereinstimmen muss. Grundbuchmäßige Veränderungen, denen das Stammrecht in der Zwischenzeit unterworfen war, dürfen bei der Fertigung der beglaubigten Abschrift der Angaben des Stammbriefs demnach nicht berücksichtigt werden. Der Grundsatz, dass ein neuer Brief nach dem gegenwärtigen Stand des Grundbuchs zu erteilen ist, hat daher nur für den übrigen Inhalt des neuen Teilbriefs Gültigkeit.[21] **9**

Ist die **Umwandlung der Hypothek in eine Grundschuld** auf dem ursprünglichen Hypothekenbrief vermerkt worden (**§ 65**), so ist der neue Brief im Fall einer späteren Brieferneuerung nicht mehr als Hypothekenbrief, sondern als **Grundschuld**brief zu bezeichnen.[22] **10**

3. Die Sondervorschriften des § 68

a) Der Hinweis auf den bisherigen Brief (§ 68 Abs 1). Der neue Brief hat nach § 68 Abs 1 die Angabe zu enthalten, dass er an die Stelle des bisherigen Briefs tritt. Die Fassung des nach dem Muster Anl 6 zur GBV an den Schluss des neuen Briefs zu setzenden Vermerks hängt davon ab, ob der Umfang des neuen Briefs mit dem des bisherigen Briefs übereinstimmt oder nicht. Deckt sich der Umfang der beiden Briefe, so genügt folgender Vermerk: »*Dieser Brief tritt an die Stelle des bisherigen Briefes.*« Ist der neue Brief seinem Umfang nach nicht mit dem bisherigen Brief identisch, so muss dieser Unterschied in dem Vermerk zum Ausdruck gebracht werden. Im Fall der Verteilung einer Gesamthypothek auf die einzelnen Grundstücke (§ 64) hat der Vermerk etwa folgenden Wortlaut: »*Dieser Brief tritt für den durch ihn verbrieften Teilbetrag von 10000,- Euro und für das im Bestandsverzeichnis des Grundbuchs von Gauting Blatt 5745 unter Nr 1 verzeichnete Grundstück an die Stelle des bisherigen Gesamtbriefs über die im Grundbuch von Gauting in den Blättern 5745–5760 eingetragen gewesene Hypothek von 160000,- Euro.*« Wird ein gemeinschaftlicher Brief erteilt (§ 66), so ist der Vermerk etwa wie folgt zu fassen: **11**

---

16 *Hügel-Kral* Rn 2. Zu allgemein *Güthe-Triebel* Rn 10, die den nach § 58 Abs 2 möglichen Nachweis nicht auf die Fälle beschränken, bei denen sich keine beglaubigte Abschrift der Schuldurkunde bei den Grundakten befindet.

17 *Güthe-Triebel* Rn 10; KEHE-*Eickmann* Rn 2; *Demharter* Rn 5.

18 Ebenso *Hügel-Kral* Rn 3. Abweichend *Bauer/von Oefele-Weber* Rn 6 und *Güthe-Triebel* Rn 7, die meinen, bereits das erste Grundbuchamt könne die Schuldurkunde mit dem von ihm neu erteilten Brief verbinden. Dabei ist übersehen, dass die Unbrauchbarmachung des bisherigen Gesamtbriefs (und damit auch die Abtrennung der Schuldurkunde) die vorherige Neuerteilung sämtlicher Einzelbriefe durch alle beteiligten Grundbuchämter voraussetzt.

19 Ebenso *Hügel-Kral* Rn 3. Abweichend *Bauer/von Oefele-Weber* Rn 6 und *Güthe-Triebel* Rn 7, die zwar die Verbindung der Briefe durch das zweite Grundbuchamt befürworten, die Unbrauchbarmachung des bisherigen Gesamtbriefs aber vom ersten Grundbuchamt vollziehen lassen. Diese Verfahrensweise ist nicht zweckmäßig. Die Bildung des neuen Gesamtbriefs und die Unbrauchbarmachung des bisherigen Gesamtbriefs sollte durch dasselbe Grundbuchamt erfolgen, damit der alte Brief zeitgleich mit der Erstellung des neuen aus der Welt geschafft wird.

20 *Güthe-Triebel* Rn 7.

21 *Hügel-Kral* Rn 4; *Güthe-Triebel* Rn 7; *Predari* Anm 2.

22 *Güthe-Triebel* Rn 7.

»*Dieser Brief tritt für beide Hypotheken jeweils an die Stelle der bisherigen Briefe*« (vgl auch das als Anlage 6 zur GBV abgedruckte Briefmuster). Im Fall der Auflösung der Briefgemeinschaft lautet der auf jedem neuen Brief anzubringende Vermerk: »*Dieser Brief tritt für die durch ihn verbriefte Hypothek an die Stelle des über sie und die Hypothek Abt III Nr ... gebildeten bisherigen gemeinschaftlichen Briefs.*« Ist der bisherige Brief nach Maßgabe der §§ 1162, 1170 oder 1171 BGB ungültig geworden, so ist diese Tatsache zweckmäßigerweise durch eine entsprechende Fassung des Vermerks zum Ausdruck zu bringen: »*Dieser Brief tritt an die Stelle des bisherigen und durch das Ausschlussurteil des Amtsgerichts ... vom ... (Az: ...) für kraftlos erklärten (kraftlos gewordenen) Briefs.*«

12   **b) Die Übertragung bestimmter Vermerke (§ 68 Abs 2).** Für den Fall, dass der bisherige Brief noch vorhanden ist, schreibt § 68 Abs 2 zum Schutz des Eigentümers vor, dass die für das Rechtsverhältnis zwischen dem Eigentümer und dem Gläubiger in Betracht kommenden Vermerke auf den neuen Brief zu übertragen sind. Aus der Verweisung auf die §§ 1140, 1145 und 1157 BGB ergibt sich, dass es sich dabei nur um Briefvermerke handeln kann, aus denen sich die Unrichtigkeit des Grundbuchs (§ 1140 BGB), die teilweise Befriedigung bzw der teilweise Verzicht des Gläubigers (§§ 1145, 1150, 1167, 1168 Abs 3 BGB) oder sog eigentümerbezogene Einreden gegen die Hypothek (§ 1157 BGB, vgl § 41 Rdn 85) ableiten lassen. Vermerke über die in Bezug auf Zinsen, Kosten und sonstige Nebenleistungen erfolgte teilweise Befriedigung des Gläubigers dürfen jedoch nur in den neuen Brief übernommen werden, soweit der Gläubiger nach § 1145 Abs 1 S 2, Abs 2 BGB zu ihrer Anbringung verpflichtet war. Im Übrigen ist es gleichgültig, ob es sich um **amtliche Vermerke** oder um (nicht beurkundete bzw unbeglaubigte) **Privatvermerke** handelt, mit welchem Schreibmaterial (Tinte, Kugelschreiber, Bleistift usw) die Vermerke hergestellt und in welcher Sprache sie verfasst wurden. Ebenso ist unerheblich, ob die Vermerke mit Datum und Unterschrift versehen sind oder ob Zweifel an der Echtheit der Vermerke bestehen (hierzu vgl auch § 41 Rdn 53 mwN).

13   Sofern die auf dem bisherigen Brief angebrachten Vermerke ihre **Rechtswirkung bereits wieder verloren** haben, sind sie nicht auf den neuen Brief zu übertragen. Dabei ist allerdings zu beachten, dass von der Übertragung von Vermerken nur Abstand genommen werden darf, wenn ihre Gegenstandslosigkeit zur Überzeugung des Grundbuchamts feststeht. Da der neue Brief nach dem gegenwärtigen Stand des Grundbuchs erteilt wird, ist dies zB der Fall, wenn eine zunächst nur auf dem Brief vermerkte Rechtsänderung (zB ein teilweiser Übergang der Hypothek auf den Eigentümer) zwischenzeitlich im Grundbuch eingetragen wurde. Des weiteren kann das Grundbuchamt von der Gegenstandslosigkeit eines Vermerks ausgehen, wenn sich aus dem Brief, einer Erklärung des Eigentümers oder aus sonstigen Umständen ergibt, dass die erfolgte Aufhebung bzw Beseitigung eines Vermerks unter Mitwirkung oder mit Billigung des Eigentümers zustande gekommen ist. In allen übrigen Fällen (zB bei bloßer Durchstreichung des Vermerks) muss der Vermerk in den neuen Brief übernommen werden. Dabei ist auf Auffälligkeiten (zB eine Streichung) oder nachträgliche Veränderungen des Vermerks hinzuweisen.

14   Soweit Vermerke zu übertragen sind, empfiehlt es sich, sie **im Wortlaut** auf den neuen Brief zu übertragen.[23] Vor der Wiedergabe des eigentlichen Vermerks erscheint folgender Hinweis angebracht: »*Auf dem bisherigen Brief befindet sich folgender Vermerk: ...*« Ist ein Vermerk ganz oder teilweise unleserlich, so ist das Grundbuchamt berechtigt, den Sachverhalt durch eine Rückfrage bei den Beteiligten oder im Rahmen der mit den Beteiligten durchzuführenden mündlichen Verhandlung aufzuklären und eine Erneuerung bzw Vervollständigung des Vermerks anzuregen.[24] Eine Verpflichtung des Grundbuchamts zur Ermittlung des Wortlauts eines solchen Vermerks besteht jedoch nicht.[25] Unterbleibt die Aufklärung oder führt sie zu keinem Erfolg, so ist auf dem neuen Brief zu vermerken, dass sich auf dem bisherigen Brief ein unleserlicher Vermerk befindet.[26] Ist der Vermerk nur teilweise unleserlich, so ist der entzifferbare Teil unter Weglassung des unleserlichen Teils im Wortlaut auf den neuen Brief zu übertragen. Soweit ein Vermerk wegen (teilweiser) Unleserlichkeit nicht (vollständig) in den neuen Brief übernommen werden kann, ist der Eigentümer von der (teilweisen) Nichtmitübertragung des Vermerks zu verständigen.[27]

III. Der Vermerk der Brieferneuerung im Grundbuch (§ 68 Abs 3)

15   Die Erteilung eines neuen Briefs ist nach § 68 Abs 3 von Amts wegen im Grundbuch zu vermerken. Die nach § 11 Abs 6 GBV in den Spalten 5–7 der Abt III vorzunehmende Eintragung hat etwa folgenden Wortlaut: »*Über die Hypothek ist am ... ein neuer Brief erteilt worden. Eingetragen am ...*« Ist der bisherige Brief durch den Erlass eines Ausschlussurteils ungültig geworden (§§ 1162, 1170, 1171 BGB), so sollte dieser Umstand nicht nur in dem nach § 68 Abs 1 erforderlichen Briefvermerk (vgl Rdn 11), sondern auch in dem durch § 68 Abs 3 vorge-

---

23 *Güthe-Triebel* Rn 9.
24 *Güthe-Triebel* Rn 9; KEHE-*Eickmann* Rn 2; *Demharter* Rn 3.
25 *Demharter* Rn 3; KEHE-*Eickmann* Rn 2.
26 *Güthe-Triebel* Rn 9; KEHE-*Eickmann* Rn 2; *Demharter* Rn 3.
27 *Güthe-Triebel* Rn 9.

schriebenen Grundbuchvermerk zum Ausdruck gebracht werden: *»An Stelle des bisherigen für kraftlos erklärten (kraftlos gewordenen) Briefs ist am … ein neuer Brief erteilt worden. Eingetragen am …«*

Der Grundbuchvermerk über die erfolgte Brieferneuerung wird nicht von der Benachrichtigungspflicht des § 55 erfasst, da er lediglich eine Tatsache verlautbart und somit nur hinweisenden Charakter hat.[28] Es handelt sich daher nicht um eine Eintragung iS des 2. Abschnitts der GBO (vgl § 41 Rdn 17).[29] **16**

IV. Die Behandlung des bisherigen Briefs

Soweit der bisherige Brief dem Grundbuchamt zum Zweck der Brieferneuerung vorgelegt wird, ist er nach § 69 unbrauchbar zu machen. Eine evtl mit dem Brief verbundene Schuldurkunde ist abzutrennen und mit dem neuen Brief zu verbinden (vgl Rdn 7). Ein Vermerk über die Brieferneuerung ist auf dem bisherigen Brief nicht anzubringen (anders noch Entw I § 64 Abs 4). § 62 ist nicht anwendbar, da sich der nach § 68 Abs 3 vorgeschriebene Grundbuchvermerk nicht auf ein die Hypothek betreffendes Rechtsverhältnis bezieht, sondern lediglich eine Tatsache verlautbart (vgl Rdn 16, § 41 Rdn 17, § 62 Rdn 4).[30] Aus Zweckmäßigkeitsgründen ist jedoch zu empfehlen, den Grund für die Unbrauchbarmachung auf dem bisherigen Brief anzugeben. Auf einem an Stelle des bisherigen Briefs vorgelegten Ausschlussurteil ist die erfolgte Brieferneuerung nicht zu vermerken.[31] **17**

V. Die Verletzung des § 68

Da es sich bei § 68 »nur« um eine **Ordnungsvorschrift** handelt, kommt eine auf inhaltlichen Mängeln beruhende Nichtigkeit des neuen Briefs nur in Betracht, wenn bei seiner Erteilung gegen die zwingenden Vorschriften der §§ 56 Abs 1 S 2, 61 Abs 2 S 1 verstoßen wird. Die Nichtbeachtung des § 68 (insbes der Abs 2 und 3) kann aber leicht zum Entstehen von Schadensersatzansprüchen führen. **18**

---

28 KB zu § 59; vgl *Hahn-Mugdan* (Mat) V, 224.
29 Mot 51; D 34; *Hügel-Wilsch* § 55 Rn 1; *Demharter* Rn 6 und § 55 Rn 3 (unter Aufgabe der bis zur 23. Aufl vertretenen Auffassung); widersprüchlich daher *Güthe-Triebel* Rn 11 gegenüber § 55 Rn 22 und *Hügel-Kral* Rn 11 gegenüber Rn 12. Unrichtig auch *Henle-Schmitt* Anm 7, *Bauer/von Oefele-Weber* Rn 10 und *Schöner/Stöber* Rn 2030.
30 *Hügel-Kral* Rn 12; *Demharter* Rn 7 und § 41 Rn 4 (unter Aufgabe der bis zur 23. Aufl vertretenen Auffassung). Unrichtig daher *Bauer/von Oefele-Weber* Rn 11 und *Güthe-Triebel* Rn 12 (in Widerspruch zu § 62 Rn 2 und § 41 Rn 8).
31 *Güthe-Triebel* Rn 12.

§ 69 (Unbrauchbarmachung des Briefs)

Wird eine Hypothek gelöscht, so ist der Brief unbrauchbar zu machen; das gleiche gilt, wenn die Erteilung des Briefes über eine Hypothek nachträglich ausgeschlossen oder an Stelle des bisherigen Briefes ein neuer Hypothekenbrief, ein Grundschuldbrief oder ein Rentenschuldbrief erteilt wird. Eine mit dem bisherigen Brief verbundene Schuldurkunde ist abzutrennen und, sofern sie nicht mit dem neuen Hypothekenbrief zu verbinden ist, zurückzugeben.

I. Allgemeines

1. Normzweck und Norminhalt

1 § 69 regelt, wie mit dem bisherigen Brief und der mit ihm verbundenen Schuldurkunde zu verfahren ist, wenn ein neuer Brief erteilt oder die Hypothek gelöscht bzw in ein Buchrecht umgewandelt wird. Obwohl die Ungültigkeit des bisherigen Briefs in den genannten Fällen bereits aus dem Grundbuch oder dem auf den Brief zu setzenden Vermerk über die Löschung bzw Umwandlung der Hypothek hervorgeht (§§ 68 Abs 3, 62), liegt es im Interesse des Rechtsverkehrs, die Ungültigkeit des Briefs durch dessen Unbrauchbarmachung noch besonders hervorzuheben. Durch dieses Verfahren wird sichergestellt, dass der ungültig gewordene Brief nicht mehr missbräuchlich verwendet werden kann.[1]

2. Entstehungsgeschichte

2 Die Unbrauchbarmachung des Briefs hatte nach den im Entw I enthaltenen Vorschriften (§§ 63, 64 Abs 4) nicht nur zu erfolgen, wenn ein neuer Brief erteilt oder eine Hypothek gelöscht bzw in ein Buchrecht umgewandelt wird, sondern war auch für den Fall vorgesehen, dass eine Umwandlung der Hypothek in eine Grundschuld stattfindet (Entw I § 63 Alt 3). Von dieser Konzeption wich der Entw II § 67 insofern ab, als er den Fall der Umwandlung einer Hypothek in eine Grundschuld ausgliederte und in § 63 (heute § 65) gesondert regelte. Die im Entw II § 67 enthaltene Vorschrift, wonach der unbrauchbar gemachte Brief vom Grundbuchamt aufzubewahren sei, wurde von der Kommission mit Rücksicht auf die in den einzelnen deutschen Ländern bestehenden unterschiedlichen Regelungen über den Verbleib eines unbrauchbar gemachten Briefs gestrichen (wegen der heutigen Rechtslage vgl § 53 Abs 2 GBV und Rdn 15). Im Übrigen stimmt § 69 mit dem Entw II § 67 überein. § 69 ist durch die GBOÄndVO vom 05.08.1935 (RGBl I, 1065) nicht geändert worden.

3. Sondervorschriften

3 **a) § 9 GBBerG (1930).** Ein über ein der Aufwertung unterliegendes Recht erteilter und nach § 8 GBBerG vom 18.07.1930 (RGBl I, 305) kraftlos gewordener Brief (hierzu vgl § 67 Rdn 3, 21) war nach Maßgabe des § 9 GBBerG vom Grundbuchamt einzufordern und entsprechend den für § 69 geltenden Grundsätzen unbrauchbar zu machen (§§ 9 S 2, 3, 11 S 4 GBBerG).

4 **b) § 127 Abs 1 S 1 ZVG.** Ein im Zwangsversteigerungsverfahren vorgelegter und über eine infolge der Versteigerung erloschene Hypothek, Grundschuld oder Rentenschuld erteilter Brief ist vom Vollstreckungsgericht

---

[1] Mot 105; D 67.

unbrauchbar zu machen (§ 127 Abs 1 S 1 ZVG). Dabei stellt die vorherige Löschung des Rechts im Grundbuch keine Voraussetzung für die Unbrauchbarmachung des Briefs dar.[2] Nicht vorgelegte Briefe kann das Vollstreckungsgericht zum Zweck der Unbrauchbarmachung vom Briefbesitzer einfordern (§ 127 Abs 1 S 3 ZVG). Die Streitfrage, ob und ggf inwieweit die §§ 62 und 69 im Geltungsbereich des § 127 Abs 1 ZVG Anwendung finden, ist in § 62 Rdn 13 ff bereits ausführlich erörtert worden. Hat das Vollstreckungsgericht einen Brief entgegen § 127 Abs 1 S 1 ZVG nicht unbrauchbar gemacht, so ist das Grundbuchamt jedenfalls berechtigt, die Unbrauchbarmachung nachzuholen.[3]

II. Die Fälle der Unbrauchbarmachung des Briefs

1. Die Löschung der Hypothek (§ 69 S 1 HS 1)

Eine Unbrauchbarmachung des Briefs wegen Löschung der Hypothek kommt grundsätzlich nur in Betracht, **5** wenn die verbriefte Hypothek **vollständig** gelöscht wird. Eine **Teillöschung** kann nur dann zur Unbrauchbarmachung eines Briefs führen, wenn der gelöschte Teil durch einen selbständigen Brief oder einen Teilbrief verbrieft war. Ist dies nicht der Fall, so wird die Teillöschung auf dem weiter bestehenden Brief durch die Anbringung der durch die §§ 62 Abs 1 GBO, 48 Abs 1 GBV vorgeschriebenen Vermerke zum Ausdruck gebracht. Beim Vollzug einer sich auf eine **Gesamthypothek** beziehenden Pfandfreigabe ist die Unbrauchbarmachung eines Briefs nur denkbar, wenn die belasteten Grundstücke bei verschiedenen Grundbuchämtern gebucht sind (§ 59 Abs 2) und die Hypothek an allen bei demselben Grundbuchamt gebuchten Grundstücken gelöscht wird. In diesem Fall wird natürlich nur der Brief unbrauchbar gemacht, welcher für die von der Pfandfreigabe erfassten Grundstücke erteilt worden war. Sofern die Gesamthypothek durch einen einheitlichen Brief verbrieft ist (§§ 59 Abs 1, 63) und nicht an allen belasteten Grundstücken gelöscht wird, kommt eine Unbrauchbarmachung des Briefs nicht in Frage (vgl § 59 Rdn 14, 15). Auch im Fall der Löschung einer von mehreren durch einen **gemeinschaftlichen Brief** verbrieften Hypotheken wird der bisherige Brief entweder als gemeinschaftlicher Brief (bei mehreren verbleibenden Hypotheken, vgl § 66 Rdn 28, 31) oder als besonderer Brief über eine der übrig gebliebenen Hypotheken weitergeführt (vgl § 66 Rdn 27, 30). Soweit nach den vorstehenden Ausführungen die Unbrauchbarmachung eines Briefs in Betracht kommt, ist es für die Anwendbarkeit des § 69 ohne Bedeutung, ob die Löschung bzw Pfandfreigabe durch einen ausdrücklichen Löschungsvermerk (§ 46 Abs 1) oder durch die Nichtmitübertragung der Hypothek bei der Übertragung eines Grundstücks auf ein anderes Grundbuchblatt (§ 46 Abs 2) verlautbart wird.[4]

Briefe, die trotz der Löschung der Hypothek noch Rechte verbriefen (zB wegen vorbehaltener Zinsen), **6** dürfen wegen ihrer fortdauernden Bedeutung für den Rechtsverkehr nicht unbrauchbar gemacht werden.[5] Dies gilt vor allem in den Fällen, bei denen die grundbuchmäßige Löschung der Hypothek nicht zu einem materiellrechtlichen Erlöschen des Rechts führt (vgl § 17 Rdn 38), wie zB bei der ohne Zustimmung des Nacherben zulässigen (!) Löschung einer Hypothek, bei der ein Nacherbenvermerk im Grundbuch eingetragen ist (hierzu und zu weiteren Fallgestaltungen vgl die ausführlichen Bemerkungen in § 17 Rdn 34–39).

2. Die nachträgliche Ausschließung der Brieferteilung (§ 69 S 1 HS 2)

Eine nachträgliche Ausschließung der Brieferteilung iS des § 69 ist gegeben, wenn eine Briefhypothek in ein **7** Buchrecht oder in eine Sicherungshypothek umgewandelt wird (§§ 1116 Abs 2 S 2, 1186, 1185 Abs 1 BGB).

3. Die Erteilung eines neuen Briefs (§ 69 S 1 HS 2)

Die Unbrauchbarmachung des bisherigen Hypothekenbriefs hat zu erfolgen, wenn an seiner Stelle ein neuer **8** Hypothekenbrief (§§ 63, 64, 65 Abs 2, 66, 67) oder ein Grundschuld- bzw Rentenschuldbrief (§ 65 Abs 1) erteilt wird.

4. Sonstige Fälle der Unbrauchbarmachung von Briefen

Für kraftlos erklärte oder kraftlos gewordene Briefe sind unbrauchbar zu machen, sobald sie dem Grundbuch- **9** amt in Vorlage gebracht werden (vgl § 41 Rdn 73).[6] Das Gleiche gilt für versehentlich (zB über ein Buchrecht) erteilte Briefe (vgl § 41 Rdn 9).[7] Wegen Nichtbeachtung von zwingenden Vorschriften (§§ 56, 61 Abs 2 S 1)

---

2 *Hügel-Kral* Rn 6; *Güthe-Triebel* Rn 6.
3 *Hügel-Kral* Rn 7; *Güthe-Triebel* Rn 7, 9; *Demharter* Rn 5.
4 *Güthe-Triebel* Rn 3.
5 RG RGZ 157, 287, 289 = Recht 1938 Nr 5967 = JW 1938, 1969; KG HRR 1931 Nr 2060.
6 *Hügel-Kral* Rn 6; *Güthe-Triebel* § 41 Rn 30; hierzu vgl auch Mot BGB III, 763; KG KGJ 45, 294, 298 = RJA 13, 255; RJA 13, 270.
7 *Hügel-Kral* Rn 6; *Güthe-Triebel* Rn 4 und § 41 Rn 6; *Predari* Einl § 10 B.

nichtige Briefe sind unbrauchbar zu machen, sofern die Nichtigkeit nicht durch die Anbringung von Zusatzvermerken beseitigt wird (vgl § 56 Rdn 45, 47).[8] Über die Unbrauchbarmachung von Briefen im Anwendungsbereich der §§ 9 GBBerG (1930) und 127 Abs 1 S 1 ZVG vgl Rdn 3, 4.

III. Das Verfahren der Unbrauchbarmachung

1. Die Zuständigkeit

10 Für die Unbrauchbarmachung des Briefs ist das Grundbuchamt zuständig. Dies gilt auch dann, wenn ein nicht vom Grundbuchamt hergestellter Teilbrief unbrauchbar zu machen ist.[9] Über die Zuständigkeit des Vollstreckungsgerichts im Anwendungsbereich des § 127 Abs 1 S 1 ZVG vgl Rdn 4 und § 62 Rdn 13 ff.

2. Die Beschaffung des Briefs

11 In der Regel bereitet die Beschaffung des unbrauchbar zu machenden Briefs keine Schwierigkeiten, weil er nach den §§ 41 Abs 1 S 1 und 67 zum Zweck der Brieferneuerung oder der Eintragung der Löschung bzw der Ausschließung der Brieferteilung ohnehin vorgelegt werden muss. Versehentlich (zB über ein Buchrecht) erteilte oder wegen Nichtbeachtung von Mussvorschriften (§§ 56, 61 Abs 2 S 1) nichtige Briefe sind von Amts wegen zum Zweck der Unbrauchbarmachung vom Briefbesitzer einzufordern (vgl § 41 Rdn 9, § 56 Rdn 45). Nötigenfalls ist die Vorlegung solcher Briefe durch die Anwendung von Zwangsmitteln iS des § 33 FGG herbeizuführen (vgl § 56 Rdn 45).[10] Aus der Verpflichtung des Grundbuchamts, den Brief unbrauchbar zu machen, und aus dem Normzweck des § 69 (vgl Rdn 1) lässt sich ableiten, dass dies auch dann zu gelten hat, wenn die Brieferneuerung oder die Eintragung der Löschung bzw der Ausschließung der Brieferteilung unzulässigerweise ohne Briefvorlegung erfolgt ist oder wenn das Grundbuchamt den unbrauchbar zu machenden Brief versehentlich an den Briefeinreicher zurückgegeben hat. Die bloße Nichtbeachtung der §§ 41, 62 und 67 würde das Grundbuchamt noch nicht berechtigen, den jeweiligen Brief unter Androhung von Zwangsmaßnahmen vom Briefbesitzer einzufordern (vgl § 41 Rdn 60, § 62 Rdn 36). Soweit das Vollstreckungsgericht zur Unbrauchbarmachung von Briefen berufen ist (§ 127 Abs 1 S 1 ZVG), kann es die betreffenden Briefe vom Briefbesitzer einfordern (§ 127 Abs 1 S 3 ZVG). Dabei kann es sich nötigenfalls auch der Zwangsmittel des § 33 FGG bedienen (str, vgl § 62 Rdn 14).

3. Die Behandlung des Briefs

12 **a) Die Ergänzung des Briefs.** Vor der eigentlichen Unbrauchbarmachung ist der Brief mit dem durch § 62 Abs 1 vorgeschriebenen Eintragungsvermerk zu versehen. Im Fall der Löschung der Hypothek lautet der Vermerk: *»Die Hypothek ist am ... gelöscht worden«* (wegen der Erforderlichkeit des Löschungsvermerks vgl § 62 Rdn 4). Wird die Erteilung des Briefs nachträglich ausgeschlossen, so hat der Vermerk etwa folgenden Wortlaut: *»Die Brieferteilung ist nachträglich ausgeschlossen worden. Eingetragen am ...«* oder *»Die Hypothek ist in eine Sicherungshypothek umgewandelt worden. Eingetragen am ...«*

13 Ein Vermerk über die Erteilung eines neuen Briefs ist mangels Anwendbarkeit des § 62 auf dem unbrauchbar zu machenden Brief nicht anzubringen (vgl § 68 Rdn 17). Aus Zweckmäßigkeitsgründen empfiehlt es sich aber, den Grund für die Unbrauchbarmachung auf dem bisherigen Brief anzugeben: *»An Stelle dieses Briefes ist am ... ein neuer Brief erteilt worden.«* Vor dem Vollzug der Unbrauchbarmachung sollte auch auf versehentlich erteilten oder nichtigen Briefen ein klarstellender Vermerk angebracht werden: *»Die Erteilung des Briefs beruht auf einem Versehen, weil die Brieferteilung ausgeschlossen ist (..., weil es sich um eine Sicherungshypothek handelt)«* bzw *»Der Brief ist nichtig.«* Im Fall des § 9 GBBerG-1930 (vgl Rdn 3) lautet der Vermerk: *»Der Brief ist gemäß § 8 Abs 1 (oder 2) des GBBerG vom 18.07.1930 (RGBl I, 305) kraftlos geworden.«* Im Zuge der durch das Vollstreckungsgericht erfolgenden Unbrauchbarmachung eines Briefs (§ 127 Abs 1 S 1 ZVG) wird kein Vermerk auf dem Brief angebracht (vgl § 62 Rdn 13). Die grundbuchmäßige Löschung eines infolge der Versteigerung erloschenen Grundpfandrechts ist jedoch vom Grundbuchamt nach § 62 Abs 1 auf dem Brief zu vermerken, wenn das Vollstreckungsgericht die Vorschrift des § 127 Abs 1 S 1 ZVG nicht beachtet und den Brief deshalb noch nicht unbrauchbar gemacht hat (vgl § 62 Rdn 14).

14 **b) Die Unbrauchbarmachung des Briefs.** Die Unbrauchbarmachung des Briefs erfolgt in der Weise, dass der Vermerk über die erste Eintragung des Rechts durchgestrichen und der Brief mit Einschnitten versehen wird (§ 53 Abs 1 GBV). Dabei ist zu beachten, dass der Brief nicht in mehrere Teile **zerschnitten** werden darf. Die für die Durchstreichung des unter der Überschrift »Inhalt der Eintragung« stehenden Vermerks verwende-

---

8 *Hügel-Kral* Rn 6; *Güthe-Triebel* Rn 5, § 67 Rn 10 und § 56 Rn 9.
9 *Hügel-Kral* Rn 7; *Güthe-Triebel* Rn 7.
10 KG KGJ 38 A, 283 = OLGE 21, 26 = RJA 10, 79; OLGE 44, 163 = HRR 1925 Nr 504 = JW 1925, 1775 *(Arnheim)*; *Güthe-Triebel* § 67 Rn 10; *Demharter* § 56 Rn 19; *Recke* JW 1937, 2073, 2076 Fn 18.

ten Schreibmaterialien müssen Gewähr dafür bieten, dass die Durchstreichung nicht wieder ohne weiteres entfernt werden kann. Die Durchstreichung des Vermerks sollte daher in erster Linie mittels roter oder schwarzer Tinte (Kugelschreiber, Filzstift oä) erfolgen. Einfache Buntstifte oder Bleistifte sollten hingegen nicht verwendet werden.[11] Im Übrigen ist es gleichgültig, in welcher Art und Weise die Durchstreichung vorgenommen wird. In dem als Anlage 8 zur GBV abgedruckten (insoweit unverbindlichen) Briefmuster ist eine Durchkreuzung des Vermerks vorgesehen. Es ist aber genauso zulässig, jede Zeile des Vermerks einzeln durchzustreichen. Sofern nur einer von mehreren nach § 59 Abs 2 miteinander verbundenen Briefen unbrauchbar zu machen ist (vgl Rdn 5), muss er von dem bzw den anderen Brief(en) abgetrennt werden.[12] Auf dem bzw den nach wie vor gültigen Brief(en) ist lediglich das Erlöschen der Mithaft zu vermerken (vgl § 59 Rdn 15).

Ein unbrauchbar gemachter Brief ist nicht zu vernichten oder an den Einreicher zurückzugeben, sondern bei **15** den Sammelakten oder bei den Grundakten aufzubewahren. Ist die erfolgte Unbrauchbarmachung in den Grundakten ersichtlich gemacht, so ist der Brief zusammen mit anderen unbrauchbar gemachten Briefen zu Sammelakten zu nehmen, die für das Kalenderjahr anzulegen und am Schluss des folgenden Kalenderjahres zu vernichten sind. Der Rechtspfleger kann in der Unbrauchbarmachungsverfügung aber auch anordnen, dass der unbrauchbar zu machende Brief über einen bestimmten Zeitraum bei den Grundakten aufzubewahren ist (§ 53 Abs 2 GBV).

4. Die Behandlung der Schuldurkunde

a) Die Abtrennung der Schuldurkunde von dem bisherigen Brief. Nach § 69 S 2 ist die mit einem auf **16** herkömmlichem Wege hergestellten Brief verbundene Schuldurkunde von dem unbrauchbar zu machenden Brief abzutrennen (wegen maschineller Briefe vgl §§ 88 S 1, 2 GBV und hierzu § 58 Rdn 28 sowie § 62 Rdn 24). Dies geschieht in der Weise, dass die nach § 50 GBV zur Verbindung von Brief und Schuldurkunde verwendete Schnur durchgeschnitten wird. Ist nur einer von mehreren nach § 59 Abs 2 miteinander verbundenen Briefen unbrauchbar zu machen, so bleibt die Schuldurkunde mit dem bzw den übrigen Brief(en) verbunden (vgl § 59 Rdn 15).

b) Die Verbindung der Schuldurkunde mit dem neuen Brief. Sofern die Unbrauchbarmachung des bis- **17** herigen Briefs durch die Erteilung eines neuen Briefs veranlasst ist, muss die von dem unbrauchbar gemachten Brief abgetrennte Schuldurkunde mit dem neuen Brief verbunden werden (§§ 58, 69 S 2; Ausnahme: § 88 S 1, 2 GBV; hierzu vgl § 58 Rdn 28 und § 62 Rdn 24). Dies gilt allerdings nur, wenn es sich bei dem neuen Brief um einen Hypothekenbrief handelt (§§ 63, 64, 66, 67). Hat sich die Hypothek in eine Grundschuld oder eine Rentenschuld verwandelt (§ 65 Abs 1), so kommt eine Verbindung der Schuldurkunde mit dem neu zu erteilenden Brief nicht in Betracht (vgl § 70 Rdn 6). Im Fall der Forderungsauswechslung (§ 65 Abs 2) wird nicht die bisherige, sondern die über die neue Forderung ausgestellte Schuldurkunde mit dem neuen Brief verbunden (vgl § 65 Rdn 11). Wird eine Gesamthypothek auf die einzelnen Grundstücke verteilt (§ 64), so kann die von dem bisherigen Brief abgetrennte Schuldurkunde nur mit einem der neu zu erteilenden Briefe verbunden werden. Mit den übrigen neuen Briefen ist eine beglaubigte Abschrift der Schuldurkunde zu verbinden (vgl § 58 Rdn 24, § 64 Rdn 16).

Eine Verbindung der von dem bisherigen Brief abgetrennten Schuldurkunde mit dem neuen Brief kommt **18** nicht in Betracht, wenn die Schuldurkunde aufgrund ihrer äußeren Beschaffenheit (zB infolge Beschädigung oder Beschmutzung) nicht mehr geeignet ist, zum Bestandteil einer amtlichen Urkunde zu werden.[13] Eine solche unbrauchbare Schuldurkunde ist vom Grundbuchamt zum Zweck der Verbindung mit dem neuen Brief durch eine beglaubigte Abschrift der Schuldurkunde zu ersetzen.[14]

c) Die Rückgabe der Schuldurkunde. Die Rückgabe der von dem unbrauchbar gemachten Brief abge- **19** trennten Schuldurkunde erfolgt in allen Fällen, bei denen ihre Verbindung mit einem neuen Brief nicht in Frage kommt. Eine Unbrauchbarmachung der Schuldurkunde hat somit in keinem Fall zu erfolgen.[15] Da die Empfangsberechtigung keine gesetzliche Regelung erfahren hat, ist die Schuldurkunde entsprechend den für die Rückgabe eingereichter Briefe geltenden Grundsätzen an den Einreicher des unbrauchbar gemachten Briefs zurückzugeben (vgl § 60 Rdn 89).[16] Eine abweichende Aushändigungsbestimmung des Empfangsberechtigten bedarf nicht der Form des § 29.[17] Die Übersendung der Schuldurkunde an den jeweiligen Empfangsberechtigten kann durch einfachen Brief erfolgen. Die nur die Aushändigung von Briefen betreffenden

---

11 *Güthe-Triebel* Rn 10.
12 *Hügel-Kral* Rn 11; *Güthe-Triebel* Rn 10.
13 *Güthe-Triebel* Rn 13.
14 *Hügel-Kral* Rn 16; *Henle-Schmitt* Anm 8.
15 *Güthe-Triebel* Rn 12.
16 *Hügel-Kral* Rn 15; *Güthe-Triebel* Rn 14; *Predari* Anm 6.
17 *Hügel-Kral* Rn 15; *Güthe-Triebel* Rn 14.

Vorschriften der §§ 49a GBV, 38 GBOGeschO, Nr 6.1.5 BayGBGA sind auf die Rückgabe der Schuldurkunde nicht entsprechend anzuwenden.

5. Die Behandlung des an Stelle des Briefs vorgelegten Ausschlussurteils

20 Die an sich erforderliche Vorlegung des Briefs wird in den Fällen der Löschung der Hypothek, der nachträglichen Ausschließung der Brieferteilung und der Erteilung eines neuen Briefs durch die Vorlegung eines Ausschlussurteils ersetzt (§§ 41 Abs 2 S 2, 67). Sofern eine Briefvorlegung in den genannten Fällen nicht erfolgt, kommt eine Unbrauchbarmachung des bisherigen Briefs und eine dem § 69 S 2 entsprechende Behandlung der mit ihm verbundenen Schuldurkunde natürlich nicht in Betracht. Das vorgelegte Ausschlussurteil ist weder mit einem neu zu erteilenden Brief zu verbinden, noch ist es mit einem Vermerk zu versehen (vgl § 68 Rdn 7, 17).[18] Auch eine Unbrauchbarmachung des Ausschlussurteils hat nicht zu erfolgen. Es ist vielmehr nach Erledigung der anstehenden Grundbuchgeschäfte an dessen Einreicher zurückzugeben.

IV. Die Wirkungen der Unbrauchbarmachung

21 Ein (auch versehentlich) unbrauchbar gemachter Brief ist kein Brief im Rechtssinn mehr. Er braucht dem Grundbuchamt in den Fällen des § 41 Abs 1 S 1 daher nicht vorgelegt zu werden (vgl § 41 Rdn 9, 44).[19] Die Eintragung eines Widerspruchs gegen das Erlöschen der Hypothek ist somit ohne Vorlegung des infolge der Löschung unbrauchbar gemachten Briefs möglich. Da die gelöschte Hypothek erst bei ihrer Wiedereintragung neu verbrieft wird, kann die Eintragung des Widerspruchs auch ohne Vorlegung eines nach Maßgabe des § 67 zu erteilenden neuen Briefs erfolgen.[20] Ist der Brief über eine nicht gelöschte Hypothek versehentlich unbrauchbar gemacht worden, so muss der (notfalls auf Beschwerde) zu erteilende neue Brief vorgelegt werden (vgl § 41 Rdn 9). Ein beim Grundbuchamt im Rahmen eines Eintragungsverfahrens bereits eingereichter und aus Versehen unbrauchbar gemachter Brief ist allerdings als iS des § 41 Abs 1 S 1 vorgelegt anzusehen. Der Vollzug der in diesem Eintragungsverfahren gestellten Anträge ist daher nicht von der Erteilung eines neuen Briefs oder der Vorlegung eines Ausschlussurteils abhängig (vgl § 41 Rdn 73).[21]

22 Aus der Ungültigkeit des unbrauchbar gemachten Briefs folgt des weiteren, dass auf ihm keine amtlichen »Brief«vermerke mehr angebracht werden dürfen (vgl § 62 Rdn 13). Auch ist es nicht möglich, die Unbrauchbarmachung wieder zu beseitigen. Ein auf dem Brief angebrachter Gültigkeitsvermerk oder das Zukleben der zerschnittenen Stellen ändert somit nichts an der dauernden Ungültigkeit eines unbrauchbar gemachten Briefs.[22] Ein wirksamer Hypothekenbrief kann daher nur im Weg der Neuerteilung hergestellt werden (§ 67).

V. Die Verletzung des § 69; Rechtsmittel

23 § 69 ist »nur« eine **Ordnungsvorschrift.** Seine Verletzung hat daher auf die Wirksamkeit der Grundbucheintragung (Löschung bzw Ausschließung der Brieferteilung) und die Gültigkeit eines neu erteilten Briefs keinen Einfluss. Insbesondere ist der neue Brief auch dann der alleinige und einzig gültige Brief über die Hypothek, wenn der bisherige Brief entgegen § 69 nicht unbrauchbar gemacht wurde.[23] Etwas anderes gilt nur, wenn sich die Brieferneuerung nicht aus dem bisherigen Brief ergibt und das Grundbuchamt die Erteilung des neuen Briefs unter Verstoß gegen § 68 Abs 3 nicht im Grundbuch vermerkt und auf dem neuen Brief (entgegen § 68 Abs 1) auch nicht angegeben hat, dass dieser an die Stelle des bisherigen Briefes tritt. In diesem Fall sind zwei gültige Briefe über dieselbe Hypothek vorhanden. Ein gutgläubiger Erwerb vom nicht berechtigten Besitzer des nicht unbrauchbar gemachten Briefs ist somit möglich. Für den hieraus entstehenden Schaden ist der Staat aufgrund der Amtspflichtverletzung des Grundbuchamts haftbar. Schadensersatzansprüche gegen den Staat können aber auch entstehen, wenn ein zwar ungültiger, aber ordnungswidrig nicht unbrauchbar gemachter Brief wieder in den Verkehr gelangt.

24 Die durch den Rechtspfleger erfolgende Anordnung der Unbrauchbarmachung des Briefs kann mit **Beschwerde** angefochten werden. Ist der Brief bereits unbrauchbar gemacht worden, so kann mit der Beschwerde verlangt werden, dass ein neuer Brief mit dem Inhalt des bisherigen Briefs erteilt wird.[24] Dies ist vor allem von Bedeutung, wenn es sich bei dem unbrauchbar gemachten Brief um einen sog »alten« (also vor dem 01.01.1978 erteilten) Brief mit ausführlicher Darstellung der die Hypothek betreffenden Rechtsverhältnisse gehandelt hat (§ 57 aF; hierzu vgl bereits § 63 Rdn 12).

---

18 *Güthe-Triebel* Rn 9; *Bauer/von Oefele-Weber* Rn 10; *Predari* Anm 6; **aA** *Henle-Schmitt* Anm 3, die einen Vermerk auf dem Urteil für zweckmäßig halten.
19 KG KGJ 48, 226 = RJA 14, 314.
20 *Güthe-Triebel* Rn 15 und § 53 Rn 35; *Turnau-Förster* § 54 Anm A I 7.
21 KG aaO (Fn 19).
22 *Bauer/von Oefele-Weber* Rn 15; *Güthe-Triebel* Rn 15.
23 *Hügel/Kral* Rn 18; *Bauer/von Oefele-Weber* Rn 16; *Güthe-Triebel* Rn 16.
24 KG HRR 1931 Nr 2060.

§ 70 (Grundschuld- und Rentenschuldbrief)

(1) Die Vorschriften der §§ 56 bis 69 sind auf den Grundschuldbrief und den Rentenschuldbrief entsprechend anzuwenden. Der Rentenschuldbrief muß auch die Ablösungssumme angeben.

(2) Ist eine für den Inhaber des Briefes eingetragene Grundschuld oder Rentenschuld in Teile zerlegt, so ist über jeden Teil ein besonderer Brief herzustellen.

I. Allgemeines

1. Normzweck und Norminhalt

Mit Rücksicht auf die gleichartige und vom Charakter des dinglichen Rechts unabhängige Funktion von Grundpfandrechtsbriefen erklärt § 70 Abs 1 S 1 die für den Hypothekenbrief geltenden Vorschriften der §§ 56–69 auf den Grundschuldbrief und den Rentenschuldbrief für entsprechend anwendbar. § 70 Abs 1 S 2 beruht auf dem Umstand, dass die Bestimmung einer Ablösungssumme bei der Bestellung von Rentenschulden zwingend vorgeschrieben ist (§ 1199 Abs 2 BGB). Die Zerlegung einer für den Inhaber des Briefs eingetragenen Grundschuld oder Rentenschuld dient dem Zweck, die Übertragung des Rechts auf eine größere Zahl von Inhabern zu erleichtern.[1] Da die Übertragung von Inhabergrundschulden und Inhaberrentenschulden nicht nach Liegenschaftsrecht, sondern nach dem Recht des Inhaberpapiers und damit nach Mobiliarrecht erfolgt (§§ 1195 S 2, 193 ff BGB, vgl § 42 Rdn 7), kann dieser Zweck nur dadurch erreicht werden, dass für jeden durch die Zerlegung entstehenden Teil der Grundschuld (Rentenschuld) ein besonderer Brief hergestellt wird (§ 70 Abs 2). **1**

2. Entstehungsgeschichte

Im Entw I § 67 war aus Gründen der Vorsicht und Deutlichkeit noch ausdrücklich ausgesprochen, dass der Grundschuldbrief die Bezeichnung als »Grundschuldbrief« enthalten müsse.[2] Im Übrigen wurden die für den Hypothekenbrief geltenden Vorschriften (Entw I §§ 56–66) auf den Grundschuldbrief für entsprechend anwendbar erklärt.[3] Durch den Entw II § 68 wurden die Sonderbestimmungen des heutigen § 70 Abs 1 S 2, Abs 2 hinzugefügt. Bei der Neufassung der Grundbuchordnung durch die GBOÄndVO vom 05.08.1935 (RGBl I, 1065) hat der mit dem Entw II § 68 übereinstimmende § 70 nur eine unwesentliche sprachliche Änderung erfahren. **2**

II. Die für Grundschuld- und Rentenschuldbriefe geltenden Bestimmungen

1. Überblick

§ 70 Abs 1 S 1 erklärt die Vorschriften der §§ 56–69 auf den Grundschuldbrief und den Rentenschuldbrief für entsprechend anwendbar. Auch die Bestimmungen der §§ 47–50 GBV sind auf Grundschuld- und Rentenschuldbriefe entsprechend anzuwenden (§ 51 S 1 GBV). Sonderbestimmungen finden sich in den §§ 70 Abs 1 S 2, Abs 2 GBO und 51 S 2, 52, 53 GBV. **Muster für Grundschuld- und Rentenschuldbriefe** sind in den Anl 7 und 8 zur GBV enthalten. Zum Inhalt von vor dem 01.01.1978 erteilten Grundschuld- und Rentenschuldbriefen vgl die alten Briefmuster Anl 7 und 8 zur GBVfg (abgedruckt im Anhang zu § 57 aF). **3**

---

1 D 67.
2 Mot 108.
3 Hierzu vgl auch Mot BGB III, 784.

2. Die entsprechende Anwendung der §§ 56–69

4 **a) Der Mussinhalt des Briefs (§ 56).** § 56 ist mit der Maßgabe anzuwenden, dass der Brief die Bezeichnung »Grundschuldbrief« oder »Rentenschuldbrief« erhält. Sofern eine Inhabergrundschuld oder eine Inhaberrentenschuld zu verbriefen ist (§§ 1195, 1199 Abs 1 BGB), wird es sich empfehlen, den Brief als »Inhabergrundschuldbrief« oder »Inhaberrentenschuldbrief« zu bezeichnen.[4] Rentenschuldbriefe müssen nach § 70 Abs 1 S 2 auch die Ablösungssumme enthalten (§ 1199 Abs 2 BGB). Die Angabe der Ablösungssumme ist ein wesentliches Erfordernis für die Gültigkeit des Briefs. Ihr Fehlen macht den Brief nichtig. Die Ablösungssumme wird in dem Vermerk »Inhalt der Eintragung« angegeben (vgl das Muster Anl 8 zur GBV). In die Überschrift des Rentenschuldbriefs ist lediglich der Betrag der einzelnen Jahresleistung aufzunehmen (§ 51 S 2 GBV). Bei Inhabergrundschuldbriefen und Inhaberrentenschuldbriefen kann die Unterschrift der Grundbuchbeamten im Weg der mechanischen Vervielfältigung erfolgen (§§ 1195 S 2, 1199 Abs 1, 793 Abs 2 S 2 BGB).[5]

5 **b) Der Sollinhalt des Briefs (§ 57).** § 57 Abs 1 S 1, 2 und Abs 2 sind auf den Inhalt von Grundschuld- und Rentenschuldbriefen uneingeschränkt anwendbar. Dagegen gelangt § 57 Abs 1 S 3 nur bei Namensgrundschulden und Namensrentenschulden zur Anwendung. Bei Inhabergrundschulden und Inhaberrentenschulden kann eine Löschungsvormerkung gegenüber dem Inhaber nämlich nur geltend gemacht werden, wenn sie sich aus dem Brief ergibt (§§ 1195 S 2, 796 BGB; vgl § 42 Rdn 8). Soweit die auf Antrag erfolgende Ergänzung von vor dem 01.01.1978 hergestellten Grundschuld- und Rentenschuldbriefen in Frage steht, ist § 57 aF weiter anzuwenden (Art 8 § 2 S 1 des Gesetzes vom 22.06.1977, BGBl I, 998).

6 **c) Die Verbindung der Schuldurkunde mit dem Brief (§ 58).** § 58 findet auf Grundschuld- und Rentenschuldbriefe keine Anwendung, weil Grundschulden und Rentenschulden nach ihrem zwingenden dinglichen Inhalt von einer etwa bestehenden Forderung unabhängig sind.[6] Eine Schuldurkunde iS des § 58 kann demnach nicht vorhanden sein. Auch sonstige Urkunden (zB die Eintragungsbewilligung) dürfen nicht mit dem Grundschuldbrief verbunden werden.[7]

7 **d) Der Gesamtbrief (§ 59).** Die Bildung von Gesamtgrundschuld- und Gesamtrentenschuldbriefen richtet sich nach der uneingeschränkt anwendbaren Vorschrift des § 59. Da eine Gesamtbelastung iS des § 1132 BGB in jedem Fall die Gleichartigkeit der Grundpfandrechte voraussetzt, ist eine Verbindung von Hypotheken- und Grundschuldbriefen, von Hypotheken- und Rentenschuldbriefen oder von Grundschuld- und Rentenschuldbriefen nicht zulässig.

8 **e) Die Aushändigung des Briefs (§ 60).** Auf die Aushändigung von Grundschuld- und Rentenschuldbriefen ist die Vorschrift des § 60 uneingeschränkt anzuwenden. Wird eine als Buchrecht bestellte Eigentümergrundschuld nachträglich in ein Briefrecht umgewandelt, so ist der Brief mangels Vorliegen einer abweichenden Bestimmung (§ 60 Abs 2) an den Eigentümer als Gläubiger auszuhändigen.

9 **f) Der Teilbrief (§ 61).** Bei der Anwendung des § 61 ist zu unterscheiden:

10 – § 61 Abs 1, Abs 2 S 2, Abs 3 und Abs 4 finden uneingeschränkte Anwendung.

11 – § 61 Abs 2 S 3 ist nicht anwendbar, weil § 58 für Grundschuld- und Rentenschuldbriefe nicht gilt (vgl Rdn 6).

12 – Im Rahmen der grundsätzlich uneingeschränkten Anwendbarkeit des § 61 Abs 2 S 1 ist ergänzend darauf hinzuweisen, dass ein Teilrentenschuldbrief nicht nur den Teilbetrag der einzelnen Jahresleistung, sondern auch den Teilbetrag der Ablösungssumme angeben muss (§ 70 Abs 1 S 2).

13 – In dem durch die §§ 51 S 1, 48 Abs 2 GBV vorgeschriebenen Vermerk ist auf dem eine Rentenschuld verbriefenden Stammbrief neben der Überschrift des Briefs nicht der verbleibende Teilbetrag der Jahresleistung, sondern auch der restliche Teilbetrag der Ablösungssumme anzugeben. Das Gleiche gilt für den sowohl auf dem Stammbrief als auch auf dem Teilbrief anzubringenden Eintragungsvermerk (§ 62 Abs 1 S 1). Der Vermerk nach § 48 Abs 2 GBV hat etwa folgenden Wortlaut: »*Noch gültig für 100 Euro, ablösbar mit 2000 Euro.*«

---

4 *Güthe-Triebel* Rn 3.
5 D 68.
6 OLG Düsseldorf NJW 1961, 2263 = MittBayNot 1962, 9 = DNotZ 1962, 194 (LS) = BWNotZ 1962, 30 (LS) = ZMR 1962, 278 (LS) = JMBlNRW 1962, 124; KG RJA 11, 138, 140; *Güthe-Triebel* Rn 3; *Demharter* Rn 3; KEHE-*Eickmann* Rn 1; *Bückle* DNotZ 1936, 844.
7 LG Heilbronn WürttNotV 1934, 215; *Ripfel* Justiz 1957, 87; **aA** *Tröster* Rpfleger 1961, 73; *Bückle* DNotZ 1936, 844. Seit der Änderung des § 57 Abs 2a aF (vgl § 57 aF Rdn 2 Fn 1) und der Aufhebung des § 58 Abs 2 aF (vgl § 58 Rdn 2) hat die Streitfrage ihre Bedeutung verloren, weil eine Bezugnahme auf eine mit dem Brief verbundene Urkunde zum Zweck der Bezeichnung des belasteten Grundstücks nicht mehr möglich ist (vgl § 57 aF Rdn 36, § 58 Rdn 29) und der Inhalt einer Bezugnahme (§ 874 BGB) nicht mehr in den Brieftext aufgenommen werden muss (vgl § 57 aF Rdn 7).

– In **§ 70 Abs 2** ist angeordnet, dass im Fall der ursprünglichen oder nachträglichen Zerlegung einer Inhaber-   **14**
grundschuld (-rentenschuld) über jeden Teil **von Amts wegen** ein besonderer, selbständiger Brief herzustellen ist. Da es sich hierbei nur um neue Briefe handeln kann, ist die Bildung von Teilbriefen ausgeschlossen.[8]
Der bisherige Brief ist nach § 69 unbrauchbar zu machen. Für die Erteilung der neuen Briefe ist ausschließlich das Grundbuchamt zuständig. Die auf den Briefen anzubringenden Unterschriften der Grundbuchbeamten können im Weg der mechanischen Vervielfältigung erfolgen (§§ 1195 S 2, 1199 Abs 1, 793 Abs 2
S 2 BGB).[9] Zu beachten ist, dass das In-Verkehr-Bringen von Inhabergrundschuld- und Inhaberrentenschuldbriefen bis zum 31.12.1990 von der staatlichen Genehmigung abhängig war (§§ 1195 S 2, 795 BGB
iVm dem Gesetz über die staatliche Genehmigung der Ausgabe von Inhaber- und Orderschuldverschreibungen vom 26.06.1954, BGBl I, 147, geändert durch das Gesetz vom 24.05.1968, BGBl I, 503 sowie das 2.
RBerG vom 16.12.1986, BGBl I, 2441). Ob diese Genehmigung erteilt war, hatte das Grundbuchamt vor
der Grundbucheintragung zu prüfen.[10] Wegen sonstiger mit der Genehmigung zusammenhängender Fragen
sowie zum Außer-Kraft-Treten der genannten Genehmigungsvorschriften vgl § 42 Rdn 6.

g) Nachträgliche Briefvermerke (§ 62). Auf die Ergänzung und Beschaffung des Briefs ist § 62 uneinge-   **15**
schränkt anzuwenden, sofern eine Eintragung bei einer **Namens**grundschuld (Rentenschuld) erfolgt. Bei
Inhabergrundschulden (-rentenschulden) besteht die Besonderheit, dass eine Löschungsvormerkung gegenüber dem Inhaber nur geltend gemacht werden kann, wenn sie sich aus dem Brief ergibt (§§ 1195 S 2, 796
BGB, vgl § 42 Rdn 8). § 62 Abs 1 S 2 findet daher auf für den Inhaber des Briefs eingetragene Grundschulden
und Rentenschulden keine Anwendung. In den Fällen, bei denen es zum Vollzug einer Grundbucheintragung
nach § 42 S 2 der Vorlegung von Inhabergrundschuldbriefen und Inhaberrentenschuldbriefen nicht bedarf, ist
zu beachten, dass eine nachträgliche Ergänzung und damit auch eine nach § 62 Abs 3 S 2 erfolgende Beschaffung des Briefs nicht in Betracht kommt (vgl § 42 Rdn 19).[11] Da sich die Bestellung eines Grundbuchvertreters
(§§ 1192 Abs 1, 1189 BGB) bereits aus dem Inhalt des Briefs ergibt, muss im Rechtsverkehr ohnehin jederzeit
mit Verfügungen des Vertreters gerechnet werden (vgl § 42 Rdn 1). § 62 Abs 3 S 2 ist daher im genannten
Umfang auf Inhabergrundschulden und Inhaberrentenschulden nicht anwendbar.

Bei der auf einer Teilabtretung oder einer Teillöschung beruhenden **Ergänzung eines Rentenschuldbriefs**   **16**
ist darauf zu achten, dass in den durch die §§ 62 Abs 1 S 1 GBO, 48 GBV vorgeschriebenen Vermerken nicht
nur der Teilbetrag der Jahresleistung, sondern auch der Teilbetrag der Ablösungssumme angegeben werden
muss. Im Fall der Teillöschung haben die Vermerke folgenden Wortlaut: *»Die Rentenschuld ist am … in Höhe
einer Jahresleistung von 1000 (eintausend) Euro mit einer Ablösungssumme von 5000 (fünftausend) Euro gelöscht worden«*
(§ 62 GBO) und *»Noch gültig für 500 Euro, ablösbar mit 2500 Euro« (§ 48 GBV).* Bei einer Teilabtretung kommt
die Anbringung eines Vermerks nach § 48 Abs 2 GBV auf dem bisherigen Brief natürlich nur in Betracht, wenn
über den abgetretenen Betrag ein Teilbrief hergestellt wird.

h) Die nachträgliche Mitbelastung eines anderen Grundstücks (§ 63). § 63 findet auf die Behandlung   **17**
von Grundschuld- und Rentenschuldbriefen im Fall der Pfandunterstellung eines bei demselben Grundbuchamt gebuchten Grundstücks uneingeschränkte Anwendung.

i) Die Verteilung eines Gesamtrechts (§ 64). Im Fall der Verteilung einer Gesamtgrundschuld (-renten-   **18**
schuld) auf die einzelnen Grundstücke ist nach der uneingeschränkt anwendbaren Vorschrift des § 64 für jedes
Grundstück ein neuer Grundschuld- bzw. Rentenschuldbrief zu erteilen.

j) Die Umwandlung von Grundschulden und Rentenschulden (§ 65). § 65 ist auf die Umwandlung von   **19**
Grundschulden und Rentenschulden in der folgenden modifizierten Fassung anzuwenden: »Tritt nach den
§§ 1198 und 1203 des Bürgerlichen Gesetzbuchs eine Hypothek oder eine Rentenschuld an die Stelle einer
Grundschuld oder eine Hypothek oder eine Grundschuld an die Stelle einer Rentenschuld, so ist, sofern nicht
die Erteilung eines neuen Briefes beantragt wird, die Eintragung der Rechtsänderung auf dem bisherigen
Briefe zu vermerken. Tritt eine Hypothek an die Stelle einer Grundschuld oder Rentenschuld, so ist eine über
die Hypothekenforderung ausgestellte Schuldurkunde mit dem bisherigen Briefe zu verbinden.« **§ 65 Abs 1
HS 2** (Abtrennung der Schuldurkunde) und **§ 65 Abs 2** (Forderungsauswechslung) finden aus den in Rdn 6
genannten Gründen auf Grundschulden und Rentenschulden keine Anwendung.

---

8 *Hügel-Kral* Rn 7, 16; *Güthe-Triebel* Rn 3; *Demharter* Rn 3; unrichtig KEHE-*Eickmann* Rn 2.
9 D 68.
10 RG RGZ 59, 381, 386; KG KGJ 20 A, 105 = OLGE 1, 104 = RJA 1, 37; *Güthe-Triebel* § 42 Rn 7; *Demharter* Rn 7 und
   § 42 Rn 3; *Staudinger-Scherübl* (12.) § 1195 Rn 9; *Wolff-Raiser* § 155 I, II 1; *Bürgner* Gruchot 57, 295.
11 *Hügel-Kral* Rn 8; *Demharter* § 42 Rn 6; KEHE-*Herrmann* § 42 Rn 4; **aA** *Güthe-Triebel* Rn 3; *Bauer/von Oefele-Weber*
   Rn 2.

20 **k) Der gemeinschaftliche Brief (§ 66).** § 66 ist mit der Maßgabe uneingeschränkt anwendbar, dass mehrere Grundschulden oder mehrere Rentenschulden gemeinschaftlich verbrieft werden können. Da die Erteilung eines gemeinschaftlichen Briefs die Gleichartigkeit der zu verbriefenden Grundpfandrechte voraussetzt, ist eine gemeinschaftliche Verbriefung von Hypotheken und Grundschulden, von Hypotheken und Rentenschulden oder von Grundschulden und Rentenschulden nicht zulässig (vgl § 66 Rdn 2).

21 **l) Die Erteilung eines neuen Briefs (§ 67).** Die Erneuerung von Grundschuld- und Rentenschuldbriefen richtet sich nach der uneingeschränkt anwendbaren Vorschrift des § 67. Bei der Zerlegung von Inhabergrundschulden und Inhaberrentenschulden ist die Sondervorschrift des § 70 Abs 2 zu beachten (hierzu vgl Rdn 14).

22 **m) Der Inhalt des neuen Briefs (§ 68).** Auf den Inhalt des neuen Briefs und die Verlautbarung der Brieferneuerung im Grundbuch findet die Vorschrift des § 68 uneingeschränkte Anwendung.

23 **n) Die Unbrauchbarmachung des Briefs (§ 69).** § 69 S 1 ist auf die Unbrauchbarmachung von Grund- und Rentenschuldbriefen in folgender abgeänderter Fassung anzuwenden: »Wird eine Grundschuld oder eine Rentenschuld gelöscht, so ist der Brief unbrauchbar zu machen; das Gleiche gilt, wenn die Erteilung des Briefes über eine Grundschuld oder eine Rentenschuld nachträglich ausgeschlossen oder an Stelle des bisherigen Grundschuldbriefes ein neuer Grundschuldbrief, ein Rentenschuldbrief oder ein Hypothekenbrief oder an Stelle des bisherigen Rentenschuldbriefes ein neuer Rentenschuldbrief, ein Grundschuldbrief oder ein Hypothekenbrief erteilt wird.« § 69 S 2 findet aus den in Rdn 6 genannten Gründen keine Anwendung.

III. Die Ausstellung von Zins- und Erneuerungsscheinen bei Inhabergrundschulden und Inhaberrentenschulden

24 Die Vorschriften über Schuldverschreibungen auf den Inhaber finden nach den §§ 1195 S 2, 1199 BGB auf Inhaberbriefe entsprechende Anwendung. Demnach ist die Ausstellung von Zins- und Erneuerungsscheinen auch für Zinsansprüche aus Inhabergrundschulden und Inhaberrentenschulden zulässig.[12] Aus dem Wesen und dem dinglichen Charakter der Grundschuld ergibt sich allerdings, dass die Scheine im Fall des Erlöschens der Grundschuld (Rentenschuld) der Zinsverpflichtung in Abweichung von § 803 Abs 1 BGB ihre Kraft verlieren (arg § 875 BGB).[13] Streitig ist, ob die **Ausstellung der Scheine durch das Grundbuchamt oder durch den Eigentümer** des Grundstücks zu erfolgen hat. Gegen eine Zuständigkeit des Grundbuchamts spricht entscheidend, dass die GBO keine gesetzliche Grundlage für die grundbuchamtliche Ausstellung und inhaltliche Gestaltung der Scheine enthält und dass die Voraussetzungen für eine entsprechende Anwendung der für die Herstellung von Grundpfandrechtsbriefen geltenden Bestimmungen (§§ 56 ff) mangels Gesetzeslücke nicht erfüllt sind. Die in § 1195 S 2 BGB ausgesprochene entsprechende Anwendung der §§ 793 ff BGB kann nämlich nur bedeuten, dass mit dem aus der Urkunde verpflichteten Aussteller einer Inhaberschuldverschreibung iS des § 793 BGB nur der Besteller einer Inhabergrundschuld oder Inhaberrentenschuld gemeint sein kann. Daraus folgt, dass das Gesetz die Ausstellung der Scheine in den Zuständigkeitsbereich des Grundstückseigentümers verwiesen hat.[14] Für eine entsprechende Anwendung der §§ 56 ff gibt es daher weder eine rechtliche Grundlage, noch besteht für sie ein Bedürfnis. Aus der demnach gegebenen Zuständigkeit des Grundstückseigentümers ergibt sich, dass sich das Grundbuchamt um das Vorhandensein von Zins- und Erneuerungsscheinen nicht zu kümmern braucht. Eintragungen »bei« Inhabergrundschulden und Inhaberrentenschulden iS der §§ 41 Abs 1 S 1, 42 S 1 und 62 Abs 1 sind daher nicht von der Vorlegung solcher Scheine abhängig.

---

12 *Planck-Strecker* § 1195 Anm 11; *Hügel-Kral* Rn 17; *Demharter* Rn 5; *Güthe-Triebel* Rn 4; *Bauer/von Oefele-Weber* Rn 3; *Zeiser* Rpfleger 2006, 577, 579; **aA** RGRK–*Schuster* § 1195 Anm 3.
13 *Güthe-Triebel* Rn 4; *Bauer/von Oefele-Weber* Rn 3.
14 *Hügel-Kral* Rn 17; *Demharter* Rn 5; *Güthe-Triebel* Rn 4; *Bauer/von Oefele-Weber* Rn 3; *Thieme* Anm 4; KEHE–*Eickmann* Rn 1; *Hesse-Saage-Fischer* Anm II; *Willenbücher* Anm 2; Voraufl (6.) Rn 17; *Zeiser* Rpfleger 2006, 577, 579; **aA** *Henle-Schmitt* Anm 4; *Predari* Anm 2 und § 43 Anm 2; *Biermann* § 1195 Anm 2 g; *Planck-Strecker* § 1195 Anm 11; *Staudinger-Wolfsteiner* § 1195 Rn 11; *Oberneck* § 164 (3a); *Henle* Recht 1912, 79.

Vierter Abschnitt
Beschwerde

Vorbemerkungen zu den §§ 71–81

Schrifttum

M Bauer, Die Gegenvorstellung im Zivilprozess, 1990; *Baumgärtel,* Die Grenzen für eine Zulassung der Gegenvorstellung gegen eine letztinstanzliche Beschwerdeentscheidung, MDR 1968, 970; *Bloching/Kettinger,* Verfahrensgrundrechte im Zivilprozess – Nun endlich das Comeback der außerordentlichen Beschwerde?, NJW 2005, 860; *Demharter,* Müssen alle Entscheidungen der freiwilligen Gerichtsbarkeit mit einer Rechtsmittelbelehrung versehen werden? FGPrax 1995, 217; *Desens,* die subsidiäre Verfassungsbeschwerde und ihr Verhältnis zu den fachgerichtlichen Anhörungsrügen, NJW 2006, 1243; *Dury,* Empfiehlt sich eine Neuordnung des Rechtsmittelzuges in FGG-Verfahren? NJW-Sonderheft BayObLG 2005, 23; *Kayser,* Das Vorlageverfahren nach § 28 II FGG – Vorbild oder Auslaufmodell ?, FGPrax 2004, 166; *Kreft,* »Greifbare Gesetzwidrigkeit«, Gedanken zur Entlarvung eines Phantoms, FS Karin Graßhof (1998), 185; *Kettinger,* Ein Plädoyer gegen die »Beerdigung« von außerordentlichen Rechtsbehelfen, DVBl 2006, 1151; *Kuntze,* Referentenentwurf eines FGG-Reformgesetzes, FGPrax 2005, 185; *Lotz,* Die »greifbare Gesetzeswidrigkeit« – eine den Wertentscheidungen des Grundgesetzes Rechnung tragende Rechtsschöpfung des BGH? NJW 1996, 2130; *Maass,* Der Entwurf für ein »Gesetz zur Reform des Verfahrens in Familiensachen und in den Angelegenheiten der freiwilligen Gerichtsbarkeit« – ein gelungener Versuch einer umfassenden Verfahrensreform? ZNotP 2006, 282; *Pawlowski,* Zu den »außerordentlichen Beschwerden« wegen »greibarer Gesetzeswidrigkeit«, FS E. Schneider (1997), 39; *Philippi,* Die sinngemäße Anwendung von zivilprozessualen Normen im Verfahren der Freiwilligen Gerichtsbarkeit, NJW-Sonderheft BayObLG 2005, 60; *Roth,* Zivilprozessordnung und Rechtsmittelverfahren der Freiwilligen Gerichtsbarkeit, Rpfleger 2006, 1; *U Schäfer,* Abänderbarkeit und Rechtskraft im Verfahren der freiwilligen Gerichtsbarkeit, 1992; *Schmidt,* Die Gegenvorstellung im Erkenntnis- und summarischen Verfahren der ZPO, Diss Bonn 1971; *E Schneider,* Wiederholung der Beschwerde und Gegenvorstellung im Zivilprozeßrecht, DRiZ 1965, 289; *ders,* Ausnahmebeschwerde und Ausnahmeberufung, MDR 2001, 845; *Sternal,* Entwicklungen und Tendenzen bei den außerordentlichen Rechtsbehelfen in Verfahren der freiwilligen Gerichtsbarkeit, FGPrax 2004, 170; *Weis,* Gegenvorstellung bei der Verletzung von Verfahrensgrundrechten, NJW 1987, 1314; *Werner,* Rechtskraft und Innenbindung zivilprozeßualer Beschlüsse, 1983; *Vollkommer,* Beschwerden wegen »greifbarer Gesetzwidrigkeit« nach neuem Recht, NJW-Sonderheft BayObLG 2005, 64; *Zuck,* Die Beseitigung groben prozeßualen Unrechts, JZ 1985, 941.

I. Rechtsmittelzug im Grundbuchverfahren

1. Erinnerung (§ 11 RPflG; § 12 Abs 4 S 1 GBO)

In die Betrachtung der Vorschriften der Grundbuchordnung über die Beschwerde war schon nach früherem **1** Recht praktisch immer **§ 11 RPflG** mit einzubeziehen, weil gegen Entscheidung des Rpflegers, die im Rechtsmittelverfahren regelmäßig zugrunde liegt, unmittelbar nur die als Durchgriffserinnerung ausgestaltete Rpfleger-Erinnerung eröffnet war.[1] Durch § 11 Abs 1 RPflG nF ist jedoch gegen die Entscheidungen des Rpflegers dasselbe Rechtsmittel wie gegen Entscheidungen des Richters eröffnet (§ 71 Rdn 11). Es kommt nur noch die (befristete) Erinnerung an den Richter in den Fällen in Betracht, in denen bei Entscheidung des Richters überhaupt kein Rechtsmittel gegeben wäre (§ 11 Abs 2 S 1 RPflG). Bei Entscheidungen des Urkundsbeamten der Geschäftsstelle bleibt die Erinnerung nach § 12c Abs 4 S 1 GBO vorgeschaltet (§ 71 Rdn 15).

---

1 Dazu 8. Aufl § 71 Rn 11 ff.

2. Beschwerde

2 **a) Erste Beschwerde.** Die Beschwerde ist das Rechtsmittel, mit der die Entscheidung des Gerichts in Grundbuchsachen an das nächsthöhere Gericht gebracht wird. Der 4. Abschnitt der GBO (§§ 71–81) enthält die Regelung des Beschwerdeverfahrens, soweit nicht Sondervorschriften der GBO oder außerhalb derselben eingreifen. Die §§ 71–77 betreffen die Beschwerde, die – »einfach«, also unbefristet (Ausnahmen: Rdn 15 f), und unabhängig von einer Beschwerdesumme – eine weitere Tatsacheninstanz eröffnet. Dabei behandeln die §§ 71–74 die Einlegung der Beschwerde und die §§ 75–77 die Entscheidung über sie.

3 **b) Weitere Beschwerde.** Die §§ 78–81 behandeln die weitere Beschwerde gegen Entscheidungen des LG als Beschwerdegericht über die erste Beschwerde. Zur sog Erstbeschwerde gegen Entscheidungen des LG § 71 Rdn 105. Zur **Neuregelung ab 01.09.2009** siehe Rdn 17, 18.

4 **c) Ausschluss und Eröffnung der Anfechtbarkeit in Ausnahmefällen.** Das Rechtsmittel der (weiteren) Beschwerde ist **nicht immer gegeben.** Ausdrücklich für unanfechtbar erklärt sind Entscheidungen in den §§ 85 Abs 2 Hs 2, 91 Abs 1 S 3, 105 Abs 2 Hs 1 sowie 109 S 2. Die weitere Beschwerde ist ausgeschlossen gegen einstweilige Anordnungen des Beschwerdegerichts (§ 76 Rdn 10).

5 Insoweit sind jedoch die neueren Entwicklungen im Verfahrensrecht zu beachten: Die Rechtsprechung hat zunehmend eine an sich unstatthafte Anfechtung bei »**greifbarer Gesetzeswidrigkeit**« in Betracht[2] gezogen. Diese sollte allerdings auf Ausnahmefälle beschränkt bleiben, in denen es eine Entscheidung zu beseitigen galt, die mit der Rechtsordnung schlechthin unvereinbar ist, weil sie jeder gesetzlichen Grundlage entbehrt und inhaltlich dem Gesetz fremd ist. Im übrigen sollten Entscheidungen in begrenztem Umfang im Wege der »Selbstkontrolle« in derselben Instanz überprüfbar sein (Rdn 9, 23), und dazu war der Instanz, die entschieden hatte, bei Verstoß gegen Verfahrensgrundrechte Gelegenheit zu geben;[3] wenn dann die Vorinstanz nach nochmaliger Prüfung mit ausführlicher Begründung ihren »Rechtirrtum verteidigt« haben sollte, konnte dies nach BGH[4] die außerordentliche Beschwerde statthaft machen. **Nach der Neuregelung des Beschwerderechts der Zivilprozessordnung**[5] vertrat der BGH den Standpunkt, ein außerordentliches Rechtsmittel sei nicht mehr gegeben;[6] wenn die Entscheidung ein Verfahrensgrundrecht des Beschwerdeführers verletze oder aus sonstigen Gründen »greifbar gesetzeswidrig« sei, müsse sie allerdings durch das Gericht, das sie erlassen hat, auf (fristgebundene) Gegenvorstellung korrigiert werden. Im Anschluss an den Beschluss des Plenums des Bundesverfassungsgerichts vom 30. April 2003[7] zur verfassungsrechtlichen Gewährleistung fachgerichtlichen Rechtsschutzes bei Verstößen gegen den Anspruch auf rechtliches Gehör sind dann durch das **Anhörungsrügengesetz**[8] ua die ab 1. Januar 2005 geltenden Bestimmungen des § 29a FGG bzw des § 81 Abs 3 GBO, der die entsprechende Anwendung im GBO-Beschwerdeverfahren anordnet, eingefügt worden (ab **01.09.2009** auch § 44 FamFG).[9] Zu dieser Neuregelung § 81 Rdn 21 f. Noch nicht völlig geklärt ist, ob angesichts dessen, dass der Rechtsbehelf des § 29a FGG (§ 81 Abs 3 GBO) nur die Verletzung des Anspruchs auf rechtliches Gehör betrifft und der Gesetzgeber damit keine Aussage für die Fälle der Verletzung anderer Verfahrensgrundrechte oder einer Verletzung des Willkürverbots treffen wollte,[10] nach dem – eigentlich unvollständig[11] – neu gestalteten Recht insoweit wieder Raum für die außerordentliche Beschwerde ist.[12] Im Blick auf die immerhin das weite Feld des Art 103 GG erfassende positive gesetzliche Regelung über die Anhörungsrüge und das durch die ZPO-Reform geschaffene Rechtsmittelsystem einerseits sowie das aus dem Rechtsstaatsprinzip folgende verfassungsrechtliche Gebot der Rechtsmittelklarheit[13] andererseits ist die **Wiedereinführung einer außerordentli-**

---

2 wN 9. Aufl Rn 5.

3 Vgl BAG MDR 2000, 538; BVerfG DB 2003, 1570 m Anm *Meilicke.*

4 BGH NJW 2002, 754.

5 ZPO-RG v 27.07.2001 (BGBl I 1887).

6 BGHZ 150, 133 = NJW 2002, 1577 = BGH BGHReport 2002, 431 m Anm *Gummer;* ebenso BVerwG NJW 2002, 2657; BayObLGZ 2002, 369, 371; KG MDR 2002, 1086; OLG Karlsruhe FGPrax 2003, 214; OLG Köln NJW-RR 2003, 374; OLG Naumburg NJW-RR 2003, 353.

7 BVerfGE 107, 395 = NJW 2003, 1924 = DVBl 2003, 932 m Anm *Kley* aaO S 1159; wN bei *Kettinger* DVBl 2006, 1151; z Umsetzung s. auch BVerfGE = NJW 2003, 3687.

8 V 09.12.2004, BGBl I S 3220.

9 BT-Drucks 16/6308; 16/9733.

10 BT-Drucks 15/3706 S 14.

11 vgl *Keidel/Meyer-Holz* § 29a Rn 4.

12 **Bejahend:** OLG München(33.ZS) FG Prax 2005, 278; *Bumiller/Winkler* § 29a Rn 2; *Demharter* § 71 Rn 2; *Bloching/Kettinger* NJW 2006, 860, 863; *Kettinger* DVBl 2006, 11; *Vollkommer* NJW-Sonderheft BayObLG 2005, 64, 70; **abl:** BGH MDR 2007, 1276 = WM 2007, 2035; FamRZ 2007, 1315 = NJW-RR 2007, 1295; EwiR 2007, 511 mAnm *Kleine-Cosack;* OLG FfM FGPrax 2004, 75; OLG Jena FGPrax 2006, 116; KG FGPrax 2005, 66; OLG Zweibrücken FGPrax 2005, 233; *Keidel/Meyer-Holz* § 29a Rn 26; *Göbel* FGPrax 2006, 1; vgl auch OLG München (32.ZS) FGPrax 2006, 109 mAnm *Demharter.*

13 BVerfGE 107, 395 = NJW 2003, 395 unter C IV 2; *Desens* NJW 2006, 1243, 1245 ff.

chen Beschwerde, insbesondere wegen »greifbarer Gesetzwidrigkeit«, durch die Gerichte **ohne gesetzliche Grundlage** weiterhin **abzulehnen**. Möglich[14] und zu befürworten ist dagegen außerhalb[15] des Regelungsbereichs des Anhörungsrügengesetzes (§ 81 Abs 3) die (befristete[16]) **Gegenvorstellung** (Rdn 9, 23) beim entscheidenden Gericht, begrenzt auf den Vorwurf, die Entscheidung verletze – andere – Verfahrensgrundrechte oder sei materiell greifbar gesetzeswidrig (objektiv willkürlich). Unberührt bleibt das Recht der Beteiligten, gegen nicht (weiter) anfechtbare Entscheidungen Verfassungsbeschwerde einzulegen (Art 93 Abs 1 Nr 4a GG; § 90 BVerfGG).

d) Anfechtung von Kostenentscheidungen. Für die Anfechtung der **Kostengrundentscheidung** des   **6**
Grundbuchamts gilt § 20a FGG (§ 71 Rdn 98 ff). Bei Beanstandungen des **Kostenansatzes** oder der **Geschäftswertfestsetzung** greifen die Sonderregeln der §§ 14, 31 KostO ein (Erinnerung/Beschwerde; § 71 Rdn 102, 103), gegen die **Kostenfestsetzung** gemäß § 13a Abs 3 FGG gibt es iVm §§ 104 Abs 3 S 1 ZPO, 11 Abs 1 RPflG die sofortige Beschwerde (§ 71 Rdn 104).

e) Besonderheiten in Baden-Württemberg. In **Baden-Württemberg** ist seit dem In-Kraft-Treten des   **7**
Bad-Württ LFGG (§ 1 Rdn 6 ff)[17] gegen die Entscheidung des Grundbuchamts (Notar im Landesdienst) ebenfalls die Beschwerde unmittelbar zum LG gegeben (§ 5 Bad-Württ LFGG). Im Falle der Erinnerung gegen die Entscheidung eines Rpflegers beim Grundbuchamt nach Maßgabe des § 11 Abs 2 S 1 RPflG tritt an die Stelle des Richters der Notar (§ 35 Abs 3 S 2 RPflG). Ebenso richtet sich die Erinnerung gegen die Entscheidung des Ratsschreibers – falls dieser nicht abhilft – an den Notar (§ 33 Bad-Württ LFGG). Über eine Erinnerung gegen den Kostenansatz des Grundbuchamts entscheidet dagegen nach wie vor gemäß § 142 KostO der Amtsrichter.[18]

3. Rechtsmittelbelehrung

Eine Rechtsmittelbelehrung ist nach herkömmlicher Sicht nur erforderlich, soweit das Gesetz sie ausdrücklich   **8**
vorschreibt, wie in § 89 Abs 2. Eine im Vordringen befindliche Meinung fordert sie allerdings in FGG-Verfahren bei befristeten Rechtsmitteln,[19] wobei eine fehlende Rechtsmittelbelehrung allerdings unschädlich sein soll, wenn kein ursächlicher Zusammenhang zwischen Belehrungsmangel und Fristversäumung vorliegt.[20] Sie ist auf jeden Fall zweckmäßig, wenn die Rechtslage schwierig ist und insbesondere, wenn das Rechtsmittel (ausnahmsweise) befristet ist und die Beteiligten nicht durch einen Rechtsanwalt oder Notar vertreten sind. Eine andere Frage ist, ob der Gesetzgeber im Hinblick auf Ausführungen des Bundesverfassungsgerichts[21] Veranlassung sieht, für alle gerichtlichen Entscheidungen der freiwilligen Gerichtsbarkeit eine schriftliche Rechtsmittelbelehrung anzuordnen. **Ab 01.09.2009** wird **§ 39** des Gesetzes über das Verfahren in Familiensachen und in den Angelegenheiten der freiwilligen Gerichtsbarkeit (**FamFG**) gelten:[22]

»Jeder Beschluss hat eine Belehrung über das statthafte Rechtsmittel , den Einspruch, den Widerspruch oder die Erinnerung sowie das Gericht, bei dem diese Rechtsbehelfe einzulegen sind, dessen Sitz und die einzuhaltende Form und Frist zu enthalten.«

II. Andere Rechtsbehelfe

1. Gegen Sachentscheidungen

a) Gegenvorstellung. Die **Gegenvorstellung**[23] ist gerichtet auf eine Überprüfung der ergangenen Entschei-   **9**
dung durch dieselbe Instanz[24] und kommt beim Grundbuchamt in dem Umfang in Betracht, in dem es seine Entscheidung abändern darf (dazu Einl F 116 ff). Sie kann auch die Anregung enthalten, eine offenbare Unrichtigkeit des Entscheidungssatzes entspr § 319 ZPO zu berichtigen (die Möglichkeit der Berichtigung auf diesem

---

14 Zwischen den OBG d Bundes str: Vorl BFH DStR 2007, 2162 **geg** (ua) BGH FamRZ 2007, 1315 = NJW-RR 2007, 1295.
15 Vgl OLG Naumburg FamRZ 2006, 1461; BAG MDR 2006, 225.
16 Vgl BGHZ 150, 133, 137; 159, 14, 18f; BGH NJW 2004, 2529; BGH FamRZ 2006, 695; BSG NJW 2006, 860; OLG Dresden NJW 2006, 851; OLG Dresden MDR 2006, 771; *Keidel/Meyer-Holz* § 29a Rn 28; **aA** BFH NJW 2006, 861.
17 Z früh Recht 7. Aufl § 71 Bem V 8.
18 LG Heilbronn Justiz 1976, 211.
19 BGHZ 150, 390 = FGPrax 2002, 166, z § 45 WEG aF (auf Vorl BayObLGZ 2001, 297 = FGPrax 2002, 14; **geg** OLG Celle NZM 2006, 287, OLG Hamburg ZMR 2001, 845); *Demharter* § 1 Rn 54; *Bauer/v. Oefele-Budde* § 73 Rn 13; *Keidel/Schmidt* § 16 Rn 16.
20 OLG München MDR 2006, 412; OLG Zweibrücken FGPrax 2006, 46.
21 BVerfGE 93, 99, 112 = NJW 1995, 3173, 3175.
22 BT-Drucks 16/6308; 16/9733.
23 Dazu *Zöller-Gummer* § 567 Rn 22 ff.
24 BGH VersR 1982, 598.

Wege nimmt dem betroffenen Beteiligten aber nicht ohne weiteres das Recht, Beschwerde einzulegen[25]). Gegen Beschwerdeentscheidungen kommt eine Gegenvorstellung nur ausnahmsweise in Frage (Rdn 23); sie hat aber durch die neueren Entwicklungen im Verfahrensrecht einen wesentlich größeren Anwendungsbereich erhalten (Rdn 5, 23).

10 **b) Widerspruch (§ 104).** Widerspruch gemäß § 104 als spezieller Rechtsbehelf im Rangklarstellungsverfahren.

2. Rechtsbehelfe des Justizverwaltungsrechts

11 **a) Dienstaufsichtsbeschwerde.** Die **Dienstaufsichtsbeschwerde**[26] iS einer formlosen Anregung an den Dienstvorgesetzten, das dienstliche Verhalten des Grundbuchbeamten zu überprüfen und ggf Maßnahmen der Dienstaufsicht einzuleiten.

12 **b) Antrag auf gerichtliche Entscheidung (§ 23 EGGVG).** Antrag auf gerichtliche Entscheidung **gemäß § 23 ff EGGVG** gegen Justizverwaltungsakte,[27] also nicht auf Gründe des sachlichen oder formellen Grundbuchrechts gestützte Entscheidungen.[28] Zur Abgrenzung § 71 Rdn 21, 89.

III. Verhältnis der §§ 71 ff zu FGG und ZPO

1. Grundsätze

13 Die **§§ 71 ff enthalten grundsätzlich eine erschöpfende Regelung der Grundbuchbeschwerde.** Soweit der Regelungsbereich dieser Vorschriften geht, ist also kein Raum für die Anwendung von Bestimmungen des FGG oder der ZPO. Die Rechtsmittelvorschriften der ZPO gelten selbst dann nicht, wenn das Grundbuchamt bei der Immobiliarvollstreckung – etwa bei der Eintragung einer Zwangshypothek – als Organ der freiwilligen Gerichtsbarkeit, zugleich aber auch als Vollstreckungsorgan handelt; diese Tätigkeit wird von der Praxis[29] in Bezug auf die Rechtsbehelfe einheitlich nach der GBO beurteilt (§ 71 Rdn 7).

14 Unberührt hiervon bleibt, dass – da das Grundbuchverfahren ein Verfahren der freiwilligen Gerichtsbarkeit ist (Einl F Rdn 1, 2) – **die allgemeinen Verfahrensvorschriften der §§ 1–18 FGG anwendbar** sind, soweit nicht die GBO Sonderregeln enthält. In **wesentlich weiterem Umfang** wird das FGG-Recht auf der Grundlage des **am 01.09.2009** in Kraft tretenden **Gesetzes über das Verfahren in Familiensachen und in den Angelegenheiten der freiwilligen Gerichtsbarkeit** (FamFG)[30] für das Grundbuchverfahren und das Beschwerdeverfahren maßgeblich sein (siehe auch Rdn 17 f).

2. Ausnahmen

15 **a) Geltung von Bestimmungen des FGG.** Die **§§ 19 ff FGG gelten, wenn sie ausdrücklich für anwendbar erklärt sind**: In den Fällen der sofortigen Beschwerde nach §§ 105 Abs 2 Hs 2 und 110 Abs 1, nach §§ 2, 4, 14 GBMaßnG und nach § 13 EntschuldungsabwicklungsG. Nicht anwendbar ist das FGG dagegen auf die befristete Beschwerde im Verfahren der Löschung gegenstandsloser Eintragungen (§ 89 Abs 1).

16 Außerdem **greifen die Beschwerdevorschriften des FGG ein, soweit** sie Punkte regeln, die die §§ 71 ff GBO nicht erschöpfend behandeln, also **eine Regelungslücke vorliegt.** Praktisch bedeutet dies, dass jeweils **im Einzelfall zu prüfen** ist, ob sich die **entsprechenden Vorschriften wechselseitig ausschließen oder ergänzen**.[31] So gilt für die Anfechtbarkeit von Kostengrundentscheidungen die Vorschrift des § 20a FGG (Rdn 6; § 71 Rdn 98, Rdn 100). Allg Meinung ist auch, dass § 29 Abs 1 S 3 FGG die Postulationsfähigkeit des Notars zur Einlegung der weiteren Beschwerde auch im Grundbuchbeschwerdeverfahren über §§ 15, 80 Abs 1 S 3 hinaus erweitert;[32] eine im Ergebnis sachgerechte, wenn auch systematisch nicht zweifelsfreie Auslegung. Andererseits soll bzgl der persönlichen Beschwerdeberechtigung § 20 FGG keine Anwendung finden (dogmatisch nicht zwingend, jedoch Rechtspraxis; § 71 Rdn 107).

---

25 BayObLG WE 1988, 36.
26 Abgrenzung z Sachbeschw: BayObLGZ 1986, 412.
27 Z deren Definition näher *Kissel* GVG § 23 EGGVG Rn 28 ff.
28 KEHE-*Briesemeister* vor § 71 Rn 9.
29 Kritisch zu dieser *Habermeier* Die Zwangshypotheken der Zivilprozessordnung, 105 ff, 111, 112.
30 BT-Drucks 16/6308; 16/9733.
31 BayObLGZ 1971, 194, 196.
32 BayObLGZ 1971, 194, 196 = DNotZ 1971, 598 = Rpfleger 1971, 357; 44, 45 = Rpfleger 1972, 142; 1981, 324; BayObLG NJW-RR 1986, 894; *Jansen* DNotZ 1964, 709.

Tiefgreifende Auswirkungen auf die Grundbuchbeschwerde waren von einer – seit 1998 wieder in Gang   **17**
gekommenen – **Reform des FGG**[33] zu erwarten. Die Bundesregierung hat den umfangreichen Entwurf
eines Gesetzes zur Reform des Verfahrens in Familiensachen und in den Angelegenheiten der freiwilligen
Gerichtsbarkeit vorgelegt.[34] Dieser lässt zwar die GBO als eigenständiges Gesetz unangetastet, sieht aber ua
eine Neuregelung des Beschwerdeverfahrens auch in Grundbuchsachen vor. Hier soll zwar die (erste)
Beschwerde weiterhin, anders als für die übrigen FGG-Verfahren vorgesehen, nicht befristet und nicht von
einem Beschwerdewert oder einer Zulassung abhängig sein; als Beschwerdegericht ist jedoch im Zuge der
angestrebten Dreistufigkeit statt des LG das OLG vorgesehen. Außerdem soll unter Übertragung der beabsichtigten Neugestaltung des Rechtsmittelrechts in der freiwilligen Gerichtsbarkeit auch auf das Grundbuchverfahren an Stelle der weiteren Beschwerde (§ 78) einschließlich der Divergenzvorlage (§ 79) die Rechtsbeschwerde zum BGH nach dem Vorbild der §§ 574 ff ZPO eingeführt werden.[35] Eine solche Umgestaltung
erscheint – bei aller Faszination des Gedankens einer Rechtsvereinheitlichung – jedenfalls[36] im Grundbuchbeschwerdeverfahren wenig sinnvoll. Die Distanz zwischen dem (vom Rpfleger verkörperten) Grundbuchamt und dem (in einigen Bundesländern einzigen) Oberlandesgericht wäre groß. Vor allem gibt es keinen
Grund für die Annahme,[37] die zulassungsgebundene Rechtsbeschwerde wäre im Vergleich zu der – im
Grundbuchrecht unbestreitbar effektiven und im Dialog zwischen den OLGs und dem BGH durchaus
fruchtbaren – Divergenzvorlage das wirkungsvollere Instrument zur Herstellung von Rechtseinheit und
Rechtssicherheit.[38]

Mittlerweile ist aber davon auszugehen, dass **am 01.09.2009**[39] **die Reform in Kraft tritt**. Der Bundestag   **18**
hat am 27.06.2008 das FGG-Reformgesetz (FGG-RG), durch das uA §§ 72 f GBO neu gefasst und §§ 78, 80
gestrichen werden, verabschiedet.[40] Der Bundesrat hat dem von ihm für zustimmungsbedürftig gehaltenen[41]
Gesetz am 19.09.2008 zugestimmt. Der Gesetzgeber hat damit dem Ziel einer Harmonisierung des Rechtsmittelrechts in Zivilsachen letztlich den Vorrang eingeräumt. Zu beachten ist die **Übergangsregelung** in Artikel 111 FGG-RG:[42] »*Auf Verfahren, die bis zum Inkrafttreten des Gesetzes zur Reform des Verfahrens in Familiensachen
und in den Angelegenheiten der freiwilligen Gerichtsbarkeit eingeleitet worden sind oder deren Einleitung bis zum Inkrafttreten des Gesetzes zur Reform des Verfahrens in Familiensachen und in den Angelegenheiten der freiwilligen Gerichtsbarkeit
beantragt wurde, sind weiter die vor Inkrafttreten des Gesetzes zur Reform des Verfahrens in Familiensachen und in den
Angelegenheiten der freiwilligen Gerichtsbarkeit geltenden Vorschriften anzuwenden.*«

b) Geltung von Bestimmungen der ZPO. Vorschriften der ZPO sind anwendbar, wenn auf sie unmittel-   **19**
bar (§§ 78, 81 Abs 2) oder mittelbar, über einschlägige Verfahrensvorschriften des FGG,[43] **verwiesen** wird (Beispiel: § 14 FGG bzgl PKH; Einl F 16 ff; § 71 Rdn 96). Wird durch die Verweisung eine Beschwerde eröffnet,
so bedeutet dies nicht ohne weiteres, dass für diese die Beschwerdevorschriften der ZPO gelten. Vielmehr sind
im Zweifel für Verfahren und Instanzenzug die §§ 71 ff (bzw §§ 19 ff FGG)[44] zB bei der Beschwerde
gegen die Zurückweisung eines Befangenheitsgesuchs (§ 71 Rdn 94; § 81 Rdn 18) oder in einem Zwischenstreit über ein Aussageverweigerungsrecht (§ 71 Rdn 95).[45] Anders ist es, wenn und soweit das Rechtsmittel
ausdrücklich nach Maßgabe der ZPO-Vorschriften stattfindet, wie die sofortige Beschwerde gegen die Kostenfestsetzung gemäß § 13a Abs 3 FGG[46] oder die weitere (Rechts-)Beschwerde im Verfahren über den Kostenansatz (§ 14 Abs 5 S 2 KostO). Bei Entscheidungen, die nach der ZPO zu vollstrecken sind, richten sich Rechtsmittel und Verfahren nach jenem Gesetz.[47]

Grundsätzlich stellt das Rechtsmittelsystem der freiwilligen Gerichtsbarkeit eine abschließende Regelung dar,   **20**
die einer Übertragung von Rechtsmitteln aus dem Verfahren der streitigen Gerichtsbarkeit nicht zugänglich
ist.[48] Gleichwohl ist (auch) im Grundbuch-Beschwerdeverfahren im Einzelfall **zu prüfen, ob das Zivilprozessrecht geschriebene oder ungeschriebene allgemeine Rechtssätze oder Rechtsgedanken enthält,**

---

33 Überblicke b *Bahrenfuss* SchlHA 2007, 80; *Kuntze* FGPrax 2005, 185; z früh Entwürfen Voraufl Rn 18 Fn 26 f.
34 EFGG-RG BT-Drucks 16/6308.
35 Art 36 EFGG-RG.
36 Wegen d Bedenken allg vgl nur *Kayser* FGPrax *2004, 166; Kuntze* FGPrax *20051, 185, 188.*
37 Begr z EFG-RG BT-Drucks 16/6308 S 747 f.
38 S auch d Bedenken d BRats BT-Drucks 16/6308 S 923.
39 Art 112 Abs 2 FGG-RG.
40 Art 36 FGG-RG, BT-Drucks 16/6308; 16/9733.
41 BT-Drucks 16/9733.
42 BR-Drucks 309/07.
43 Z Verhältnis FGG-ZPO *Keidel-Kahl* §§ 19–30 Vorb 24; *Jansen-Briesemeister* § 19 Vor §§ 19–30 Rn 13.
44 Näher: *Roth* Rpfleger 2006, 1, 2 ff.
45 Vgl BGHZ 91, 392, 394 f = NJW 1984, 2893.
46 BGHZ 33, 205, 208 = NJW 1961, 29, geg BayObLGZ 1958, 412 = NJW 1958, 908.
47 *Keidel-Kahl* § 19–30 Vorb 24 mwN.
48 Vgl BGH Beschl v 26. März 2007 – NotZ 49/06 –.

die auf dieses Beschwerdeverfahren übertragbar sind.[49] Enthalten die übertragbaren ZPO-Vorschriften abschließende Regeln, so ist andrerseits kaum noch Raum für Ergänzungen im Blick auf das Rechtsmittelsystem der freiwilligen Gerichtsbarkeit. Anders als früher[50] wird heute in der freiwilligen Gerichtsbarkeit – jedenfalls für sog echte Streitverfahren über Leistungsansprüche – die unselbständige Anschlussbeschwerde als statthaft angesehen[51] (für das Grundbuch-Beschwerdeverfahren allerdings ohne praktische Bedeutung). Entspr anwendbar ist § 319 Abs 3 ZPO (str).[52] Unzulässig ist im Grundbuch-(Beschwerde-)Verfahren eine Streitverkündung.[53]

IV. Beschwerdeverfahren

1. Verfahrensgrundsätze

21 Im Beschwerdeverfahren gelten dieselben Verfahrensgrundsätze wie allgemein in Grundbuchverfahren (Einl F Rdn 1 ff), mit der Maßgabe: Für die Einleitung, den Gegenstand und die Begrenzung des Beschwerdeverfahrens gilt die Dispositionsmaxime, dh die Beteiligten verfügen hierüber mit ihren Anträgen an das Beschwerdegericht[54] (§ 77 Rdn 6); im Amtsverfahren ist das Beschwerdegericht allerdings im Rahmen des ihm angefallenen Verfahrensgegenstandes an den Antrag des Beschwerdeführers nicht gebunden (§ 77 Rdn 7). Hinsichtlich der Zulässigkeitsvoraussetzungen des Rechtsmittels gilt der Untersuchungsgrundsatz (§ 77 Rdn 22). Derselbe Grundsatz gilt auch für die Prüfung der Begründetheit, soweit ein Amtsverfahren in Rede steht[55] (Einl F Rdn 89; § 77 Rdn 21). Im Antragsverfahren gilt dagegen der Beibringungsgrundsatz (Einl F Rdn 91; § 77 Rdn 20). Wegen des Gegenstandes des Beschwerdeverfahrens § 74 Rdn 4 ff; § 77 Rdn 3 ff. Zur Anwendung des § 139 ZPO Einl F Rdn 76; § 77 Rdn 23. Zum rechtl Gehör § 77 Rdn 23.

2. Beteiligte des Beschwerdeverfahrens

22 Wie im Verfahren vor dem Grundbuchamt gilt der dualistische Beteiligtenbegriff (Einl F Rdn 22 ff).[56] **Formell Beteiligter** ist stets der Beschwerdeführer,[57] außerdem sind es alle Personen, die zur Wahrnehmung ihrer sachlichen Interessen am Beschwerdeverfahren teilnehmen oder zu ihm hinzugezogen werden. **Materiell Beteiligte** sind diejenigen, deren Rechte[58] und Pflichten durch die Beschwerdeentscheidung unmittelbar beeinflusst werden können.[59] Das Gericht hat sie zum Beschwerdeverfahren hinzuzuziehen, soweit sie nicht schon in anderer Form – etwa durch die Abgabe einer Eintragungsbewilligung – ausreichend zu Wort gekommen sind.[60] Nicht beteiligt zu werden braucht, wer beschwerdeberechtigt ist (§ 71 Rdn 106 ff), jedoch keine Beschwerde eingelegt hat, in dem von einem anderen Berechtigten betriebenen Beschwerdeverfahren; zu weit geht die Ansicht,[61] alle Antragsberechtigten seien ohne Rücksicht auf die Ausübung des Antragsrechts in Bezug auf Mitteilungen vom Verfahrensausgang usw als Beteiligte zu behandeln. Allerdings kann sich aufgrund eines im Beschwerdeverfahren erkennbar werdenden Interessengegensatzes die ursprünglich im Grundbuch-Eintragungsverfahren gegebene streng einseitige Rechtslage ändern und die Beteiligung anderer erforderlich machen.[62] Wegen Unterscheidungen für einzelne Verfahrensarten Einl F Rdn 25 ff. Gesetzlich geregelt wird der Beteiligtenbegriff **ab 01.09.2009** in **§ 7 FamFG**.[63] War ein notwendig am Beschwerdeverfahren zu beteiligender nicht beteiligt, so ist dies ein absoluter Rechtsbeschwerdegrund iS von §§ 551 Nr 5 ZPO, 78 GBO (§ 78 Rdn 28). Wegen der allg Verfahrenshandlungsvoraussetzungen Einl F Rdn 41, 63; § 71 Rdn 153. Zur Verfahrensstandschaft Einl F Rdn 30, 31 und § 71 Rdn 132, 141, 142, 154.

---

49 BGHZ 106, 370, 172; BGH NJW 1990, 1794, 1795; vgl auch *Lindacher* Rpfleger 1966, 199.
50 BGH NJW 1956, 360.
51 BGHZ 71, 314 = Rpfleger 1978, 301, 302; BGH Rpfleger 1979, 98; für d weit Beschwerde: BGHZ 95, 118; and f Beschlussanfechtungsverfahren: KG OLGZ 1991, 305; OLG Zweibrücken FGPrax 2005, 18.
52 BayObLG NJW-RR 1997, 57; f WEG: BGHZ 106, 370; BayObLG NJW 1989, 1281; SchlHOL SchlHAnz 1956, 153; **aA** = OLG Zweibrücken ZMR 1987, 232 = DWE 1987, 63 (Ls); OLG Celle NdsRpfl 1966, 15; OLG Düsseldorf OLGZ 1970, 126; OLG Hamm RzG 1951, 259; KG DFG 1937, 87; KG WM 1960, 1134.
53 BayObLGZ 1980, 8 = Rpfleger 1980, 153.
54 *Bassenge* FGG Einl Rn 52.
55 OLG Hamm Rpfleger 1980, 229, 230 für d GB-Anlegungsverfahren.
56 Dazu *Liermann* FS Baumgärtel (1990), 325, 327; weit Hinw b *Arnold* Rpfleger 1979, 161 ff, 241 ff, 242 Fn 51; z formellen Beteiligtenbegriff d FG *Kollhosser* ZZP 93 (1980), 265, 305, 306; *Kahl*, Beschwerdeberechtigung und Beschwer (1981), 136 ff; *Baur* FS Bosch, 1976, 27, 28; vgl Art 1 (FamFG) §§ 7, 8 EFGG-RG.
57 *Habscheid*, FGG, § 14 II 2; *Jansen-Müther* § 6 Rn 6; vgl Art 1 § 7 Abs 1 EFGG-RG.
58 Rechtsfähigk grds vorausges; vgl OLG Naumburg ZflR 1997, 691; Art 1 § 8 EFGG-RG.
59 *Jansen-Müther* § 6 Rn 6; *Keidel-Zimmermann* § 6 Rn 18; vgl Art 1 § 7 Abs 2 Nr 1 EFG-RG.
60 Vgl OLG Hamm OLGZ 1965, 342, 344; weitergehend iS d Verpflichtung d Gerichts, den mat Beteiligten durch förml Akt d Status formell Beteiligter zu verschaffen – *Liermann* FS Baumgärtel (1990), 325, 332; Art 1 § 7 Abs 2 EFG-RG.
61 Einl F 24; *Huhn* RpflStud 1978, 30, 33; *Eickmann* GBVerfR Rn 14; s auch *Liermann* FS Baumgärtel (1990), 325, 332.
62 BayObLGZ 1972, 397, 399 = Rpfleger 1973, 97.
63 BT-Drucks 16/6308; 16/9733.

V. Verbindlichkeit der Beschwerdeentscheidung

Wenn der Rechtsmittelzug erschöpft ist, erwächst die Entscheidung im Beschwerdeverfahren in formelle **23** Rechtskraft.[64] Materielle Rechtskraft[65] kommt ihr im Allgemeinen nicht zu, weil das Grundbuch-Beschwerdeverfahren kein echtes Streitverfahren ist und die Gründe, die im Rechtsfürsorgeverfahren ausnahmsweise materielle Rechtskraft nahe legen – Sicherheit der getroffenen Regelung für die Zukunft in Vorrang vor individueller Gerechtigkeit und öffentlichem Interesse an ständiger Überprüfung[66] – normalerweise nicht durchgreifen. Unabhängig von der materiellen Rechtskraft entfaltet die Beschwerdeentscheidung jedoch in demselben Verfahren Bindungswirkung für die mit der Sache befassten Gerichte (Innenbindung;[67] § 77 Rdn 43 ff). Hat zB das Grundbuchamt entspr der Anweisung des LG eine beantragte Eintragung vorgenommen, so kann der belastete Eigentümer nicht dadurch die gleichen Rechtsfragen erneut zur Entscheidung bringen, dass er nun den Antrag auf Löschung stellt; ein solcher Antrag ist – auch umgedeutet gemäß § 71 Abs 2 S 2 (§ 71 Rdn 78) – jedenfalls solange unzulässig, als der Sachverhalt, der der Beschwerdeentscheidung zugrunde gelegen hat, sich nicht wesentlich verändert hat oder nicht nachträglich feststeht, dass der Entscheidung offensichtlich ein in maßgeblichen Punkten unrichtiger Sachverhalt zugrunde gelegt worden ist (§ 71 Rdn 80; § 77 Rdn 44).[68] Das Beschwerdegericht kann seine Entscheidung **grundsätzlich nicht mehr ändern** (§ 77 Rdn 41), und eine darauf abzielende Gegenvorstellung ist unzulässig.[69] Wenn allerdings gegen die Beschwerdeentscheidung – wie die des OLG im weiteren Beschwerdeverfahren – kein Rechtsmittel an eine höhere Instanz mehr gegeben ist, sind **bei offenkundigen, schwerwiegenden Gesetzwidrigkeiten Ausnahmen** zu machen, also auch Gegenvorstellungen zuzulassen,[70] um zu **verhindern, dass die Unanfechtbarkeit zu einem groben prozessualen Unrecht**[71] **führt**. In diese Linie gehört, dass einerseits OLG-Beschlüsse, soweit sie die weitere Beschwerde als unzulässig verwerfen, in gewissem Umfang als generell abänderbar behandelt werden (§ 80 Rdn 38) und andererseits nach der Rspr des BVerfG an sich unanfechtbare Gerichtsentscheidungen bei Verstößen gegen die Garantie des gesetzlichen Richters[72] oder bei Verletzung des rechtlichen Gehörs[73] einer »Selbstkontrolle« unterliegen müssen (Rdn 5, 9). Für den Fall der Gehörsverletzung s jetzt § 81 Abs 3[74] iVm § 29a FGG (dazu § 81 Rdn 21, 22). Zur wiederholten Beschwerde § 71 Rdn 171, 172.

---

64 Dazu Einl F Rdn 133; *Keidel-Zimmermann* § 31 Rn 1.
65 Einl F 126 ff; *Keidel-Zimmermann* § 31 Rn 18 ff; *Habscheid* FGG, § 42 II; BayObLG MittBayNot 1995, 288 lässt offen.
66 *Bärmann* FGG, § 22 I 3; *Richter* Die Erledigung der Hauptsache im Verfahren der Freiwilligen Gerichtsbarkeit, Diss 1986, 154 ff.
67 Dazu *Werner* aaO.
68 OLG Frankfurt NJW 1963, 2033 = DNotZ 1964, 497; *Schöner/Stöber* Rn 475; **aA** KEHE-*Briesemeister* § 71 Rn 45.
69 Im Falle sachl Entscheidung d Rechtsbeschwerdegerichts: BayObLGRpfleger 1983, 10 (Ls b *Goerke* 9 ff).
70 Vgl BGH NJW 1995, 2497; BGH NJW 2000, 590; weitere Beisp b *Weis* NJW 1987, 1314, 1315; z Ganzen auch M. *Bauer*, insb S 31 f, 151 f; *Schumann* FS Baumgärtel (1990), 491, 498 ff, 502.
71 BVerfGE 63, 77, 78 ff; näher z d Begriff *Zuck* JZ 1985, 921.
72 Vgl BVerfGE 63, 77, 78 = NJW 1983, 1900.
73 BVerfG Buchholz Nr 402.25 § 33 Nr 1; BVerfG JZ 1984, 941, 942; BVerfG NJW 1987, 1319; BVerfG DB 2003, 1570 m Anm *Meilicke*; BGH NJW 1995, 403; 1995, 2497 = JZ 1996, 374 m Anm *Roth*; BGH NJW 2000, 590; BGH NJW 2002, 754; BAG MDR 2000, 538; OLG Hamm JurBüro 1976, 1119; SchlHOLG JurBüro 1984, 101; *Weis* NJW 1987, 1314.
74 AnhörungsrügenG v 09.12.2004 (GVBl I S 3220).

§ 71 (Zulässigkeit der Beschwerde)

(1) Gegen die Entscheidungen des Grundbuchamts findet das Rechtsmittel der Beschwerde statt.

(2) Die Beschwerde gegen eine Eintragung ist unzulässig. Im Wege der Beschwerde kann jedoch verlangt werden, dass das Grundbuchamt angewiesen wird, nach § 53 einen Widerspruch einzutragen oder eine Löschung vorzunehmen.

Schrifttum

Arens-Lüke, Die Rechtsbehelfe im Zwangsvollstreckungsverfahren, Jura 1982, 455; *Baronin von König,* Anfechtung des Kostenfestsetzungsbeschlusses im Verfahren der freiwilligen Gerichtsbarkeit, Rpfleger 2005, 594; *Baumgärtel,* Die Verwirkung prozeßualer Befugnisse im Bereich der ZPO und des FGG, ZZP 67 (1954), 423; *ders,* Die Zulässigkeit der Wiederholung einer Beschwerde nach Erschöpfung des Instanzenzuges, JZ 1959, 437; *Bassenge,* Antragsrücknahme zwischen den Instanzen im Verfahren der freiwilligen Gerichtsbarkeit, JR 1974, 142; *Bettermann,* Die Beschwer als Rechtsmittelvoraussetzung im deutschen Zivilprozeß, ZZP 82 (1969), 24; *Blomeyer,* Die Beschwerde gegen die Zwischenverfügung, DNotZ 1971, 329; *Bonnet,* Studien zur Beschwerdebefugnis und zum Beschwerdegegenstand in der Freiwilligen Gerichtsbarkeit, Diss Berlin 1968; *Buschmann,* Die Beschwerde in Grundbuchsachen, BlGBW 1968, 167; *Decker,* Die Beschwerdefrist im Pkh-Verfahren der freiwilligen Gerichtsbarkeit, NJW 2003, 2291; *Demharter,* Grundbucheintragungen auf Ersuchen des Prozeßgerichts, Rpfleger 1998, 133; *ders,* Weitere Beschwerde zur Verhinderung einer Grundbucheintragung, MittBayNot 1997, 270; *Dümig,* Fehler bei der Eintragung von Zwangshypotheken, Rpfleger 2004, 1; *ders,* Die Beseitigung einer Eintragung zugunsten eines nicht existierenden Berechtigten, ZfIR 2005, 240; *Furtner,* Die Beschwerde in Grundbuchsachen, DNotZ 1961, 453; *ders,* Die Beschwerdeberechtigung im Verfahren nach dem Gesetz über die freiwillige Gerichtsbarkeit, JZ 1961, 526; *ders.,* Die Erledigung der Hauptsache im Rechtsmittelverfahren, MDR 1961, 188; *ders,* Die Beschwerdeberechtigung nach § 20 FGG, DNotZ 1966, 7; *Gaier,* Rechtsmittelerledigung im Zivilprozeß, JZ 2001, 445; *Göppinger,* Die Erledigung des Rechtsstreits in der Hauptsache, 1958; *Gottwald,* Rechtsmittelzulässigkeit und Erledigung der Hauptsache, NJW 1976, 2250; *Habermeier,* Die Zwangshypothek der Zivilprozeßordnung, 1989; *Habscheid,* Zur Erledigung des Rechtsmittels, NJW 1960, 2132; *Hager,* Die Rechtsbehelfsbefugnis des Prozeßunfähigen, ZZP 97 (1984), 174; *Hähnlein,* Der Vorbescheid im Erkenntnisverfahren der freiwilligen Gerichtsbarkeit, 1990; *Heintzmann,* Die Erledigung des Rechtsmittels, ZZP 87 (1974), 199; *Holzer,* Die Fassungsbeschwerde im Grundbuchrecht, NotBZ 2006, 333; *Hormuth,* Beschwerdeberechtigung und materielle Beteiligung (1976); *Jansen,* Zur Postulationsfähigkeit der Notare im Verfahren der freiwilligen Gerichtsbarkeit, DNotZ 1964, 707; *ders,* Die Beschwerde gegen die Zwischenverfügung – eine Entgegnung – DNotZ 1971, 531; *ders,* Zulässigkeit der Beschwerde gegen die Zurückweisung eines Grundbuchberichtigungsantrags, NJW 1965, 619; *Josef,* Neuere Streitfragen zum Beschwerderecht in der freiwilligen Gerichtsbarkeit, ZBlFG 12, 565 ff; *Kamm,* Beschwerdeberechtigung in der freiwilligen Gerichtsbarkeit und Klagebefugnis im Verwaltungsprozeß, JuS 1961, 146; *Karstendiek,* »Erlaß« von Beschluß, Verfügung und Bescheid, DRiZ 1977, 276; *Kahl,* Beschwerdeberechtigung und Beschwer in der freiwilligen Gerichtsbarkeit, 1981; *Kahlfeld,* Vorbescheid in Grundbuchsachen, BWNotZ 1998, 60; *Kahlke,* Zur Funktion von Beschwer und Rechtsschutzbedürfnis im Rechtsmittelverfahren, ZZP 94 (1981), 423; *Keidel,* Zur Verwirkung des Beschwerderechts im FGG-Verfahren, Rpfleger 1960, 240; *Kleist,* Durchgriffserinnerung und Beschwerde bei Zurückweisung eines Eintragungsantrages bzw Zwischenverfügung gemäß § 18 GBO, MittRhNotK 1985, 133; *Köstler,* Der Antrag auf Löschung einer Grundbucheintragung in der Beschwerde, JR 1987, 402; *Kunz,* Erinnerung und Beschwerde, 1980; *Lindacher,* Beschwerde gegen Nichtbescheidung im Verfahren der freiwilligen Gerichtsbarkeit, FamRZ 1973, 433; *Otte,* Die Beschwerde gegen die Zurückweisung eines Berichtigungsantrages nach § 22 GBO, NJW 1964, 634; *Recke,* Antragsrecht, Beschwerderecht und Vollzugspflicht der Notare in Grundbuchsachen, JW 1938, 3137; *Richter,* Die Erledigung der Hauptsache im Verfahren der freiwilligen Gerichtsbarkeit, Diss Saarbrücken 1986; *Riedel,* Der Antrag im Abhilfe- und Beschwerdeverfahren in Grundbuchsachen, Rpfleger 1969, 149; *E. Schneider,* Zulässigkeit der Untätigkeitsbeschwerde, MDR 2005, 430; *Schreiner,* Das Recht auf Einsicht in das Grundbuch, Rpfleger 1980, 51; *von Schuckmann,* Der Vorbescheid in der freiwilligen Gerichtsbarkeit, FS Hans Winter (1982), 43; *Schulz,* Die Erledigung von Rechtsmitteln, JZ 1983, 331; *Unger,* Die Rechtsmittel im Verfahren der freiwilligen Gerichtsbarkeit nach Reichsrecht, ZZP 37, 401; *Weiss,* Beschränkte Erinnerung gegen Eintragungen im Grundbuch, DNotZ 1985, 524; *Wolff,* Zulässigkeit einer beschränkten Erinnerung gegen Eintragungen im Grundbuch, Rpfleger 1984, 385; *Zimmermann,* Behörden als Beteiligte im Verfahren der freiwilligen Gerichtsbarkeit, Rpfleger 1958, 209; *Zunft,* Die Beschwerde gegen die Eintragung einer Vormerkung, JW 1919, 2497.

Übersicht

I. Normzweck

1 Abs 1 stellt den Grundsatz auf, dass gegen jede Entscheidung des Grundbuchamts die (unbefristete) Beschwerde gegeben ist. Es gibt allerdings einzelne im Gesetz geregelte Fälle, in denen Entscheidungen unanfechtbar sind oder in denen nur eine befristete Beschwerde bzw die sofortige Beschwerde nach den Bestimmungen der FGG zulässig ist (Vor § 71 Rdn 4, 6, 16).

2 Abs 2 schränkt den in Abs 1 aufgestellten Grundsatz gegenüber Eintragungen ein. »Die Rücksicht auf die Rechtsstellung, welche durch die Eintragung für Dritte geschaffen ist«, verbietet hier die (unbeschränkte) Beschwerde.[1] Damit ist gemeint: **Die Beseitigung einer bereits vollzogenen Eintragung durch das Beschwerdegericht soll mit Rücksicht auf das materielle Recht in den Fällen ausgeschlossen sein, in denen möglicherweise aufgrund der Eintragung ein gutgläubiger Erwerb durch einen Dritten stattgefunden – oder sonst die Eintragung gegenüber einem Gutgläubigen Wirksamkeit erlangt[2] – hat**; es soll verhindert werden, dass diesem rechtlichen Vorgang durch die Löschung der Eintragung, die ihn erst ermöglicht hat, nachträglich der Boden entzogen wird.[3] Da im Übrigen die Feststellung, ob ein solcher Rechtserwerb in der Zeit zwischen der Eintragung und der Entscheidung über die Beschwerde eingetreten ist, häufig nicht oder nur schwer möglich ist, schließt das Gesetz die Beschwerde gegen eine Eintragung anscheinend generell aus, soweit sie auf die Beseitigung der Eintragung abzielt. Nach dem Normzweck ist jedoch mit »Eintragung« iS des § 71 Abs 2 nicht jede Einschreibung in das Grundbuch gemeint, sondern nur diejenige, die unter dem Schutz des öffentlichen Glaubens steht. Nicht nur gegen ihrem Inhalt nach unzulässige Eintragungen, wie in Abs 2 S 2 durch den Hinweis auf § 53 ausdrücklich ausgesprochen, sondern bspw gegen alle Eintragungen rein tatsächlicher Art ist daher die Beschwerde uneingeschränkt eröffnet (Rdn 40 ff); ebenso, wenn geltend gemacht wird, ein unzuständiges Rechtspflegorgan habe die Eintragung vorgenommen.[4] Als nicht vom Gesetzeszweck erfasst sieht im Übrigen die Rspr die Beschwerde gegen eine Eintragung an, wenn ausnahmsweise nach dem konkreten Inhalt des Grundbuchs die Möglichkeit eines gutgläubigen Erwerbs für die Vergangenheit wie auch für die Zukunft rechtlich ausgeschlossen ist (Rdn 65).[5]

3 Soweit das Grundbuchamt selbst berechtigt ist, die Wirkungen einer Eintragung von Amts wegen aufzuheben bzw zu beschränken, also in den Fällen des § 53, steht nach dem Zweck des Abs 2 (Rdn 2) nichts im Wege, dass auch das Beschwerdegericht die gleichen Maßnahmen, nämlich Löschung einer unzulässigen Eintragung und Eintragung eines Amtswiderspruchs gegen eine unrichtige Eintragung, anordnet (Abs 2 S 2). Darüber hinaus kann sich nach dem hier vertretenen Standpunkt jedenfalls dann, wenn das Grundbuchamt bei der Eintragung

---

1 Mot z E I in: Entwurf einer Grundbuchordnung und Entwurf eines Gesetzes betreffend die Zwangsvollstreckung in das unbewegliche Vermögen, 110; Denkschr z E II in: *Hahn-Mugdahn*, 175.

2 § 893 BGB.

3 BGHZ 25, 16, 22; BGHZ 64, 194, 200 = NJW 1975, 1282 = Rpfleger 1975, 246; BGHZ 141, 169, 171; OLG Düsseldorf GMBlNRW 1982, 125; OLG Hamm Rpfleger 1971, 255; KGJ 39, 283, 291, 292; geschützt werden soll d Rechtspos eines gutgl Erwerbers, nicht d bloße Buchpos d Eingetragenen, wie *Jansen* NJW 1965, 619, 620 Fn 16, meint; **and** *Otte* NJW 1964, 634, 637: der Sinn d § 71 Abs 2 liege darin, den, der eine berichtigende Eintragung begehre, die nicht schon v Amts wegen vorzunehmen sei, a d erste Instanz zu verweisen.

4 BayObLG 1992, 13 = Rpfleger 1992, 147.

5 BGHZ 64, 194 = NJW 1975, 1282 = Rpfleger 1975, 246.

auch als Vollstreckungsorgan tätig geworden ist, bei verfassungskonformer Auslegung – im Hinblick auf den grundrechtlichen Anspruch auf effektiven Rechtsschutz – die Notwendigkeit ergeben, die Beschwerde mit dem Ziel eines Amtswiderspruchs schon bei glaubhaft gemachter Grundbuchunrichtigkeit zu eröffnen, unabhängig davon, ob dem Grundbuchamt eine Gesetzesverletzung bei der Eintragung vorgeworfen werden kann (Rdn 7, 82). Soweit es um die Eintragung eines Amtswiderspruchs geht, steht zwar aus der Sicht des Grundbuchamts die dem Staat drohende Regreßgefahr im Vordergrund (§ 53 Rdn 2), **in § 71 Abs 2 S 2 geht es aber um die Verwirklichung des Rechtsschutzziels eines Betroffenen:** die Zwecke von § 53 Abs 1 S 1 und § 71 Abs 2 S 2 sind also, obwohl die Vorschriften anscheinend völlig aufeinander abgestimmt sind, nicht in jeder Hinsicht dieselben.

Unberührt bleibt das Recht der durch die Eintragung Betroffenen, beim Prozessgericht Sicherungsmaßnahmen **4** nach § 899 BGB zu veranlassen, auf Zustimmung zur Berichtigung des Grundbuchs zu klagen (§ 894 BGB) oder im Grundbuchverfahren die Berichtigung nach § 22 mit dem Nachweis der Unrichtigkeit zu betreiben. Wegen des Verhältnisses zwischen § 53 und § 22 siehe § 53 Rdn 3. **Zwischen § 22 und § 71 Abs 2 S 1 ist** allerdings ein **Bruch** festzustellen:[6] Erstere Regelung lässt – anders als im ersten Entwurf der GBO, der nur eine Berichtigung mit Bewilligung des Betroffenen erlaubte – die Berichtigung aufgrund Nachweises der Unrichtigkeit zu. In erster Instanz besteht also die Möglichkeit, (auch) die anfängliche Unrichtigkeit einer Eintragung nachzuweisen und diese – ex nunc – beseitigen zu lassen. Eine Regelung, die dies im Beschwerderechtszug verbietet, erscheint als wenig folgerichtig. Sie ist allerdings geltendes Recht, und man kann »damit leben«, wie die bisherige Praxis zeigt (Rdn 76). Zu berücksichtigen ist, dass das formalisierte Grundbuchverfahren ohnehin nicht – auch nicht das Beschwerdeverfahren – dafür bestimmt ist, abschließend und endgültig die materielle Richtigkeit von Eintragungen zu klären, die unter dem öffentlichen Glauben stehen; diese Aufgabe obliegt dem Prozessgericht.[7] Auch in dieser Kompetenzabgrenzung zwischen Grundbuchamt bzw Beschwerdegericht einerseits und Prozessgericht andererseits liegt eine Rechtfertigung für die Beschränkung der Beschwerde in § 71 Abs 2.

§ 71 spricht nur aus, welche Entscheidungen beschwerdefähig sind (Statthaftigkeit der Beschwerde). Eine aus- **5** drückliche Bestimmung, wer befugt ist, Beschwerde einzulegen (persönliche Beschwerdeberichtigung), hat der Gesetzgeber – bewusst[8] – nicht getroffen; dazu Rdn 106 ff. Wegen weiterer Zulässigkeitsvoraussetzungen Rdn 152 ff.

II. Entscheidungen des Grundbuchamts

1. Grundbuchamt

a) Grundsatz. Das Gesetz eröffnet die Beschwerde gegen Entscheidungen (Rdn 17 ff) des Grundbuchamts. **6** Um solche handelt es sich, wenn die betreffende Abteilung des AG **gerade in ihrer Eigenschaft als Grundbuchamt tätig geworden** ist, ohne dass es darauf ankommt, ob die Entscheidung sich auf die GBO oder auf andere vom Grundbuchamt anzuwendende Rechtsnormen stützt.

b) Grundbuchamt im Zwangsvollstreckungsverfahren. Deshalb kommt auch bei Entscheidungen des **7** Grundbuchamts **über Zwangseintragungen** nur die Grundbuch-Beschwerde nach Maßgabe der §§ 11 RPflG, 71 GBO in Betracht, nicht die Erinnerung nach § 766 ZPO oder die (sofortige) Beschwerde nach §§ 567 ff, 793 ZPO (str),[9] auch nicht – etwa gegen einen Amtswiderspruch zur Sicherung eines Restitionsanspruchs – eine Klage zu den Verwaltungsgerichten.[10] Beispiele sind die Eintragung einer Zwangs- oder Arresthypothek,[11] eine Eintragung, die aufgrund eines Pfändungsbeschlusses erfolgt ist[12] oder Eintragungen in Vollzug

---

6 Vgl KGJ 39, 382, 291; *Jansen* NJW 1964, 619, 620; *Köstler* JR 1987, 402; *Otte* NJW 1964, 634, 635.

7 *Weiss* DNotZ 1985, 524, 533, 534.

8 Denksch z E II (Fn 1), 175.

9 RGZ 106, 74, 75; BayObLGZ 1975, 398; BayObLG Rpfleger 1982, 98; 1982, 466; OLG Celle NdsRpfl 1990, 8, 9 = Rpfleger 1990, 112, 113; OLG Ffm OLGZ 1981, 261 = Rpfleger 1981, 312; OLG FfM FGPrax 1998, 205 = ZfIR 1998, 384; OLG Zweibrücken Rpfleger 2001, 174; OLG Zweibrücken ZfIR 2002, 244; KEHE-*Briesemeister* Rn 21; *Stein-Jonas-Münzberg* § 867 Rn 28; *Zöller-Stöber* § 766 Rn 4; § 867 Rn 20; *Balser-Bögner-Ludwig* Anm 3.9 S 53; *Rosenberg-Gaul-Schilken* § 37 IV 4; *Arens-Lüke* Jura 1982, 455, 460; **aA** *Habermeier* 105 ff, 109 ff, 111, 112: geg d Ablehnung d Eintragung nur § 793 ZPO, geg d Eintragung §§ 766, 777 ZPO u § 71 Abs 2 GBO; missverständl *Baumbach-Hartmann* § 830 Rn 17: GB-Beschwerde u »wahlweise« Erinnerung gem § 11 Abs 1 S 1 RPflG; *ders* § 867 Rn 18: sof Beschw gem § 793 ZPO u Beschw nach GBO.

10 OLG Naumburg ZfIR 1997, 691.

11 BGHZ 27, 310; 674, 194; BayObLGZ 1975, 398, 402 = Rpfleger 1976, 66; BayObLG Rpfleger 1982, 98; BayObLG Rpfleger 1993, 397; OLG Hamm Rpfleger 1973, 440; KG OLGZ 1987, 257 = NJW-RR 1987, 592; Rpfleger 1987, 301; KG Rpfleger 1988, 359; OLG Köln OLGZ 1967, 499; OLG Köln Rpfleger 1996, 189; OLG Zweibrücken Rpfleger 2001, 174.

12 BayObLG 15, 413.

einer einstweiligen Verfügung.[13] Das Grundbuchamt handelt zwar insoweit **sowohl als Organ der freiwilligen Gerichtsbarkeit als auch als Vollstreckungsorgan**;[14] es hat die grundbuchrechtlichen Eintragungsvoraussetzungen und die zwangsvollstreckungsrechtlichen Voraussetzungen – soweit nicht Bindung an eine Entscheidung des Prozessgerichts oder des Arrestgerichts gegeben ist[15] – zu prüfen. In Bezug auf **Rechtsmittel** wird diese Tätigkeit des Grundbuchamts jedoch **einheitlich nach der GBO behandelt**. Diese Praxis ist dogmatisch nicht unangreifbar,[16] hat für den Betroffenen jedoch den Vorteil, nicht prüfen zu müssen, ob er gegen die Maßnahme als vollstreckungsrechtliche oder als grundbuchrechtliche Handlung vorgehen soll; andererseits können für ihn wegen der Beschränkung des § 71 Abs 2 Nachteile entstehen, wenn man nicht wenigstens, soweit es um die Eintragung eines Widerspruchs im Beschwerdewege geht, die strikte Voraussetzungsverweisung auf § 53 lockert (Rdn 3, 82).

8 **c) Grundbuchamt wird tätig auf Anweisung des Beschwerdegerichts.** An einer Entscheidung des **Grundbuchamts fehlt es**, wenn es lediglich **auf Anordnung des Beschwerdegerichts** tätig geworden ist. In einem solchen Falle ist, wenn sich nicht die Sachlage nachträglich geändert hat, nur die Entscheidung des Beschwerdegerichts maßgebend und durch weitere Beschwerde anfechtbar[17] (§ 53 Rdn 36; § 78 Rdn 7, 10). Hat dagegen das Beschwerdegericht lediglich eine Zwischenverfügung bestätigt oder die Zurückweisung eines Antrags aufgehoben, so ist gegen die später den Eintragungsantrag ablehnende Entscheidung des Grundbuchamts erneut Beschwerde gegeben[18] (zu beachten ist jedoch die Bindungswirkung der vorausgegangenen Beschwerdeentscheidung; § 78 Rdn 7, 8).

9 **d) Tätiggewordenes Rechtspflegeorgan.** Die betreffende Entscheidung kann vom Richter, Rechtspfleger oder Urkundsbeamten der Geschäftsstelle erlassen sein. Wegen Besonderheiten in Baden-Württemberg Vor § 71 Rdn 7. Ein Erinnerungsverfahren vorgeschaltet ist der Beschwerde nur noch, wenn der UrkBGeschSt entschieden hat (Rdn 11, 15). Im Einzelnen gilt:

10 **aa) Richter.** Entscheidungen **des Richters** unterliegen in dem durch § 71 oder Sondervorschriften (vor § 71-81 Rdn 6, 15 f) gesetzten Rahmen unmittelbar der Beschwerde. Nachdem allerdings das RPflG 1970 sämtliche bis dahin geltenden Richtervorbehalte in Grundbuchsachen beseitigt hat, trifft heute normalerweise – abgesehen von § 4 Abs 2 Nr 1 und § 5 RPflG sowie der Erinnerung über die Art und Weise der Zwangsvollstreckung (§ 20 Nr 17 S 2 RPflG iVm § 766 ZPO) und von Einwendungen, über die besondere Gerichte zu entscheiden haben (zB das Insolvenzgericht nach § 89 Abs 3 S 2 InsO[19]) – der Rpfleger die Entscheidung (§ 3 Nr 1 RPflG). Der Richter im GBA wird mit dieser Entscheidung – nach Abschaffung der Durchgriffserinnerung durch das 3. RPflGÄndG vom 06.08.1998[20] (Rdn 11) – nur noch in dem besonderen Fall, dass sonst keine Anfechtbarkeit gegeben ist, aufgrund einer Erinnerung nach § 11 Abs 2 S 1 RPflG nF (Rdn 12) befasst werden.

11 **bb) Rechtspfleger.** Die Einlegung von Rechtsmitteln gegen Entscheidungen **des Rpflegers** richtet sich nach § 11 RPflG. Dieser lautet[21] auszugsweise:

»(1) Gegen die Entscheidungen des Rechtspflegers ist das Rechtsmittel gegeben, das nach den allgemeinen verfahrensrechtlichen Vorschriften zulässig ist.

(2) Ist gegen die Entscheidungen nach den allgemeinen verfahrensrechtlichen Vorschriften ein Rechtsmittel nicht gegeben, so findet binnen der für die sofortige Beschwerde geltenden Frist vorbehaltlich der Bestimmungen des Absatzes 5 die Erinnerung zulässig. Die Erinnerung ist binnen der für die sofortige Beschwerde geltenden Frist die Erinnerung statt. Der Rechtspfleger kann der Erinnerung abhelfen. Erinnerungen, denen er nich abhilft, legt er dem Richter zur Entscheidung vor. Auf die Erinnerung sind im Übrigen die Vorschriften über die Beschwerde sinngemäß anzuwenden.

(3) Gerichtliche Verfügungen, die nach den allgemeinen Vorschriften der Grundbuchordnung, der Schiffsregisterordnung, des Gesetzes über die Angelegenheiten der freiwilligen Gerichtsbarkeit und den für den Erbschein geltenden Bestimmungen nicht mehr geändert werden können, sind mit derErinnerung nicht anfechtbar.

(4) Das Erinnerungsverfahren ist gerichtsgebührenfrei.[22]«

---

13 OLG Stuttgart BWNotZ 1986, 89 = Justiz 1986, 322; LG Essen Rpfleger 1975, 315.
14 BGHZ 27, 310, 313; BayObLG Rpfleger 1989, 396 (Ls b Plötz 396 ff); **aA** *Habermeier* 65, 109: nur Regeln d Vollstreckungsrechts.
15 Vgl etwa BayObLG Rpfleger 1978, 306; OLG Karlsruhe Rpfleger 1997, 16, 17.
16 S d Kritik v *Habermeier* 105 ff, 111, 112.
17 RGZ 70, 234; BGHZ 106, 108, 110 = Rpfleger 1989, 192; BayObLG 12, 543; KG JFG 3, 264.
18 KG HRR 1993 Nr 1027.
19 Vgl BGH Rpfleger 2005, 520.
20 (BGBl I 2030).
21 3. RPflGÄndG v 06.08.1998 (BGBl I 2030).
22 Auslagen werden erhoben; *Dallmeyer-Eickmann* RPflG § 11 Rn 250.

Wegen der Auslegung und Zweifelsfragen zu dieser Vorschrift wird auf die Kommentare zu § 11 RPflG verwiesen. Damit ist **gegen Entscheidungen des Rpflegers in Grundbuchsachen** im Regelungsbereich des § 71 die **Grundbuchbeschwerde** an das Landgericht – mit ihren herkömmlichen Beschränkungen – eröffnet worden. Dabei ist selbstredend der **Begriff der »Entscheidung«, soweit die Tätigkeit des Rpflegers im Grundbuchamt in Rede steht, derselbe wie in § 71 Abs 1** (Rn 17 ff).Es gelten also uneingeschränkt die §§ 71 ff. Wegen der Zuständigkeit innerhalb des Grundbuchamts im Abhilfeverfahren nach § 75 siehe dort Rn 6. Soweit i.S.des § 11 Abs 1 RPflG gegen die Entscheidung des Grundbuchamts ein Rechtsmittel nach anderen Bestimmungen als den §§ 71 ff in Betracht kommt,richtet sich die Abhilfebefugnis des Rpflegers nach den jeweils einschlägigen Verfahrensvorschriften.[23]

Die **(befristete) Erinnerung** zum Richter derselben Instanz steht gegen Entscheidungen des Rpflegers – aus verfassungsrechtlichen Gründen[24] – offen, wenn die Entscheidung, falls sie der Richter erlassen hätte, ausnahmsweise keinem Rechtsmittel unterläge (§ 11 Abs 2 S 1 RPflG nF; Art 19 Abs 4, 101 Abs 1 S 1 GG[25]). Hierzu gehören die Fälle der §§ 85 Abs 2, 91 Abs 1 S 3, 105 Abs 2 Halbs 1 und 109 S 2. Eine Einschränkung der Anfechtbarkeit einer richterlichen Entscheidung liegt auch in § 20a FGG (Rn 97; Vorbem § 71 Rn 17). Folgerichtig findet Abs 1 dieser Vorschrift auf die Erinnerung gegen die Entscheidung des Rpflegers über den Kostenpunkt keine Anwendung,[26] und die Anfechtbarkeit einer vom Rpfleger erlassenen isolierten Kostenentscheidung ist nicht von der Überschreitung der Wertgrenze des § 20 Abs 2 FGG abhängig.[27] Auch richtet sich die Zulässigkeit der Erinnerung im Kostenfestsetzungsverfahren nicht nach der Beschwerdesumme des § 567 Abs 2 ZPO,[28] und für die Erinnerung gegen die Bewilligung von Prozesskostenhilfe durch den Rpfleger gelten nicht die Einschränkungen des § 127 Abs 2 S 1, Abs 3 ZPO (str).[29] Im Übrigen folgt aus der Verweisung des § 11 Abs 2 S 3 RPflG, dass **die sonstigen Voraussetzungen** – etwa die Beschwerdebefugnis (Rdn 106 ff) – **und Regeln** (insb § 77 Rdn 2 ff) **für die Beschwerde grundsätzlich auch für die Erinnerung gelten**. So steht dem Betroffenen gegen die Kostenfestsetzung des Rpflegers nur dann die Erinnerung zur, wenn der Beschwerdewert nicht erreicht ist, nicht, wenn er die Frist zur Einlegung der sofortigen Beschwerde versäumt hat (str)[30]. Ausnahmen können sich daraus ergeben, dass das Erinnerungsverfahren kein eigentliches Rechtsmittelverfahren ist.[31] So kann, anders als im Beschwerdeverfahren (§ 74 Rdn 6), im Rahmen der Erinnerung ein neuer Antrag gestellt werden.[32] Auch kann der Richter noch nachträglich wirksam Verfahrensmängel beseitigen, etwa eine fehlende Begründung nachschieben.[33] Der Erinnerung nach § 11 Abs 2 RPflG kann der Rpfleger, obwohl der Rechtsbehelf fristgebunden ist, stets abhelfen (Abs 2 S 2). **12**

Da einerseits gegen Entscheidungen des Rpflegers in Grundbuchsachen allgemein die Beschwerde nach Maßgabe des § 71 eröffnet worden ist (§ 11 Abs 1 RPflG), andrerseits der für die Fälle des § 11 Abs 2 RPflG verbleibende Rechtsbehelf der Erinnerung nicht in Betracht kommt gegen »*Verfügungen, die nach den Vorschriften der Grundbuchordnung … wirksam geworden sind und nicht mehr geändert werden können …*« (§ 11 Abs 3 S 1 RPflG), hat sich die alte Streitfrage erledigt, ob die Rpfleger-Erinnerung früheren Rechts auch gegen dem öffentlichen Glauben des Grundbuchs unterliegende Grundbucheintragungen – mit dem beschränkten Ziel der Eintragung eines Amtswiderspruchs – zulässig war.[34] Es gibt jetzt nur noch die (beschränkte) Beschwerde an das Landgericht, der der Rpfleger des Grundbuchamts allerdings gegebenenfalls gem § 75, etwa auch durch die Anordnung eines Amtswiderspruchs, abhelfen kann (s § 75 Rdn 10). **13**

Wenn der **Rpfleger** (in **dieser** Eigenschaft) **ein Geschäft des UrkBGeschSt** wahrgenommen hat, so ist ebenfalls das Rechtsmittel nach § 11 Abs 1 RPflG (Grundbuchbeschwerde) oder die befristete Erinnerung nach **14**

---

23 Vgl *Bassenge-Roth* RPflG § 11 Rn 26 mwN.
24 Amtl Begr BT-Drucks 13/10244, S 7; vgl *Kellermeyer* Rpfleger 1998, 309, 310.
25 Vgl BVerfGE 101, 397 = NJW 2000, 1709 = FGPrax 2000, 103, 105.
26 BayObLG Rpfleger 1986, 392 (Ls b *Goerke* 292 ff); OLG Hamm OLGZ 78, 436 = Rpfleger 1979, 62; OLG Oldenburg NdsRpfl 1988, 30, 31; vgl auch OLG Stuttgart Rpfleger 1984, 199; OLG Brandenburg NJW-RR 2000, 1593.
27 BayObLG Rpfleger 1986, 293 (Ls b *Goerke* 292 ff).
28 BVerfG NJW-RR 2001; OLG Ffm Rpfleger 1978, 149; KG Rpfleger 1978, 29; **aA** AG Miesbach Rpfleger 1985, 164 m abl Anm *Schmidt*.
29 Vgl OLG Hamm Rpfleger 1984, 322; AG Albstadt Rpfleger 1987, 421; *Arnold/Meyer-Stolte/Hansens* § 11 Rn 46; *Bassenge-Roth* RPflG § 11 Rn 12; *Bumiller-Winkler* § 14 Rn 20; **aA** LG Bielefeld Rpfleger 1986, 406; 1987, 433; *Jansen-v.König* § 14 Rn 68; *Keidel-Zimmermann* § 14 Rn 33.
30 OLG Nürnberg MDR 2005, 534; **aA** *Baumbach-Hartmann* § 104 Rn 43, 44: ein Fall d § 11 Abs 2 RPflG liege stets vor, ein konkretes Rechtsmittel unzulässig sei.
31 *Riedel* Rpfleger 1969, 149, 150.
32 BayObLGZ 1992, 131, 132.
33 OLG Düsseldorf JMBlNRW 1971, 21.
34 Vgl 8. Aufl § 71 Rn 23 mwN.

§ 11 Abs 2 RPflG (Rdn 12, 13) gegeben (str);[35] die Anfechtung kann allerdings nicht darauf gestützt werden, der Rpfleger sei nicht zuständig gewesen, dies berührt die Wirksamkeit des Geschäfts nicht (§ 8 Abs 5 RPflG). Hatte ein Beamter des Grundbuchamtes im gehobenen Dienst einen Antrag auf Grundbucheinsicht abgelehnt, ohne dass feststand, ob er als Rpfleger oder als UrkBGeschSt gehandelt hat, so konnte das Landgericht, wenn ihm die Sache vom Grundbuchrichter als Rechtspflegererinnerung vorgelegt wurde, in jedem Fall in der Sache entscheiden, soweit dies entsprechend § 540 ZPO sachdienlich erschien.[36] Eine vergleichbare Handhabung scheidet nach der Beseitigung der Durchgriffserinnerung (Rdn 11) aus: soweit nicht eindeutig eine Entscheidung des Rpflegers in dieser Eigenschaft vorliegt, ist im Falle eines Rechtsmittels eine Sachentscheidung des Grundbuchrichters unentbehrlich.[37]

15 **cc) Urkundsbeamter der Geschäftsstelle.** Der UrkBGeschSt trifft Entscheidungen in unmittelbarer Zuständigkeit kraft eigenen Rechts im Rahmen des § 12c Abs 1, 2; dies kann auch ein Beamter sein, der daneben als Rpfleger tätig ist.[38] **Ab 01.09.2009** gilt ausdrücklich § 12 c Abs 3 S 2 GBO idF des Artikel 36 Nr 2 FGG-RG:[39] »*Handlungen des Urkundsbeamten der Geschäftsstelle sind nicht aus dem Grunde unwirksam, weil sie von einem örtlich unzuständigen Urkundsbeamten vorgenommen worden sind.*« Hat nicht der UrkBGeschSt, sondern statt seiner der Rpfleger entschieden, so gilt § 8 Abs 5 RPflG (Rdn 14). Auch wenn der Richter ein Urkundsbeamten-Geschäft wahrgenommen hat, ist die Entscheidung nicht deshalb unwirksam oder auf Beschwerde[40] aufhebbar.[41] **Wird die Änderung einer Entscheidung des UrkBGeschSt verlangt, so entscheidet,** wenn dieser dem Verlangen nicht entspricht, »**der Grundbuchrichter**« (§ 12c Abs 4 S 1); **dies ist** jedoch nach der Aufhebung der als überholt angesehenen[42] Nr 3[43] des § 4 Abs 2 RPflG[44] und dem damit insgesamt hinreichend zu Tage getretenen Gesamtplan des Gesetzgebers, den Richtervorbehalt hinsichtlich der Entscheidungsbefugnis bei Rechtsbehelfen gegen den UrkBGeschSt – nicht zuletzt im Hinblick auf die größere Sachnähe des Rpflegers in den fraglichen Bereichen[45] – zu beseitigen, richtiger Ansicht nach **der Rpfleger** (str);[46] bei dem von der Gegenansicht[47] beklagten Versäumnis des Gesetzgebers, im Zusammenhang mit der Aufhebung des § 4 Abs 2 Nr 3 RPflG auch § 12c Abs 4 GBO zu ändern, dürfte es sich bei nächstliegendem Verständnis der Vorgänge nur um ein Redaktionsversehen handeln. Die Erinnerung gegen die Entscheidung des UrkBGeschSt ist an keine Frist gebunden. Sie kann schriftlich oder zur Niederschrift des Grundbuchamtes eingelegt werden und bedarf keiner Begründung: es genügt jede Erklärung, die erkennen lässt, dass der Antragsteller sich mit der Entscheidung nicht zufrieden gibt und deren Änderung begehrt. Die Einwendungen können auch auf neue Tatsachen und Beweismittel gestützt und – anders als bei der Beschwerde (§ 74 Rdn 6)- mit einem Antrag verbunden werden. Für die Berechtigung zur Erhebung der Einwendungen gilt dasselbe wie für die Beschwerde (Rdn 106 ff). Die Erinnerung hat keine aufschiebende Wirkung. Der UrkBGeschSt ist befugt, auf die Erinnerung seine Entscheidung abzuändern, ggf nach Gewährung rechtlichen Gehörs für Beteiligte, zu deren Nachteil die Abänderung erfolgen soll. Andernfalls hat der UrkBGeschSt die Sache dem »Grundbuchrichter« (s oben) vorzulegen. Dieser hat dann so zu entscheiden, als ob der UrkBGeschSt noch nicht entschieden hätte. Er ist bei der Prüfung der Einwendungen nicht auf die vom Antragsteller vorgebrachten Gesichtspunkte beschränkt. Hält der »Grundbuchrichter« die Erinnerung für begründet, so hat er ihr abzuhelfen, dh unter Aufhebung der Entscheidung des UrkBGeschSt dem Antrag des Erinnerungsführers stattzugeben. Im anderen Falle hat der »Grundbuchrichter« die Einwendungen zurückzuweisen. Das Verbot der reformatio in peius gilt nicht (§ 75 Rdn 11). Gegen die Entscheidung, die dem Erinnerungsführer bekannt zu machen ist, steht diesem ebenso wie anderen in ihrer Rechtsstellung Betroffenen die Beschwerde nach § 71 offen (§ 12c Abs 4 S 2 iVm § 11 Abs 1 RPflG). Das Erinnerungsverfahren ist gerichtsgebührenfrei (§ 131 Abs 4 S 2 iVm § 131 Abs 1 S 2 KostO).

---

35 *Bassenge-Roth* RPflG § 11 Rn 10; z früheren Recht BayObLGZ 1976, 106, 109; 1982, 29, 30; FGPrax 1997, 13 = Rpfleger 1997, 101 f; KG Rpfleger 1981, 54; Rpfleger 1998, 65; *Demharter* Rn 6; KEHE-*Briesemeister* Rn 10; **aA** – der für d UrkBGeschSt vorgesehene Rechtsbehelf – OLG Hamm Rpfleger 1989, 319; *Bauer/v. Oefele-Budde* Rn 3; *Dallmeyer-Eickmann* RPflG § 8 Rn 36; *Arnold/Meyer-Stolte/Herrmann* § 8 Rn 13.

36 OLG Ffm FGPrax 1997, 84, 85 = NJW-RR 1997, 910 = Rpfleger 1997, 205.

37 Insoweit zutr *Bauer/v. Oefele-Budde* Rn 3; *Demharter* Rn 10.

38 Vgl BayObLGZ 1976, 106, 109.

39 BT-Drucks 16/6308; 16/9733.

40 Vgl BayObLG Rpfleger 1999, 216 = MittRhNotK 1999, 110.

41 OLG Hamm OLGZ 1971, 233 = NJW 1971, 899; KEHE-*Briesemeister* Rn 10.

42 Vgl BT-Drucks 15/1508 S 29.

43 Nur m Rücksicht auf diese Bestimmung war in § 12c Abs 4 GBO die ausdrückliche Erwähnung der richterlichen Zuständigkeit beibehalten worden (vgl Begr z Art 1 Nr 11 RegVBG <§ 12c GBO>, BT-Drucks 12/5553 S 64); *Kellermeyer* Rpfleger 2004, 593.

44 Art 9d 1.JuMoG v. 24.08.2004 (BGBl I 2198); dazu Begr BT-Drucks 15/1508 S 29.

45 BT-Drucks 15/1508 S 29.

46 *Roth* RPflG § 4 Rn 18; *Rellermeyer* Rpfleger 2004, 593.

47 *Bauer/v. Oefele-Budde* Rn 3 mFn 3; *Demharter* § 12c Rn 11; § 71 Rn 10; *ders* DNotZ 2006, 639, 640; *Böttcher* Rpfleger 2007, 231; KEHE-*Eickmann* § 12c Rn 16; widersprüchl *Bauer/v. Oefele-Maaß* § 12 Rn 81, § 12c Rn 18.

Soweit allerdings die Entscheidung des UrkBGeschSt sofort wirksam und unanfechtbar geworden ist (s **16** Rdn 13), kann sie auch aufgrund einer Erinnerung vom Grundbuchrichter nicht mehr geändert werden; dieser muss insb eine vom UrkBGeschSt im Rahmen seiner Zuständigkeit (§ 12c Abs 2 Nrn 2, 3, 4) verfügte und bereits vollzogene Eintragung nach Maßgabe des § 71 Abs 2 beachten. Daraus **folgt** aber **nicht**, wie teilweise angenommen wird,[48] **dass gegen eine solche Eintragung lediglich die (beschränkte) Beschwerde unmittelbar an das LG gegeben wäre.** Die Gegenansicht begründet ihren Standpunkt damit, der Zweck des (jetzt) § 12c Abs 4 GBO, über einen Antrag anstelle des UrkBGeschSt den Grundbuchrichter (s Rdn 15) entscheiden zu lassen, als ob der UrkBGeschSt noch nicht entschieden hätte, könne bei vollzogener Eintragung mit Rücksicht auf die Wirkungen der Eintragung nicht mehr erreicht werden.[49] Indessen ist schon die Prämisse zweifelhaft.[50] Im Übrigen spricht alles dafür, das Beschwerdegericht mit der Entscheidung des UrkBGeschSt erst zu befassen, nachdem der Grundbuchrichter diese umfassend – auch iS von Maßnahmen nach §§ 71 Abs 2 S 2, 53 – überprüft hat. Die Abhilfebefugnis des UrkBGeschSt (vgl § 12c Abs 4 S 1) beschränkt sich in diesem Fall auf Maßnahmen, die die eine ggf unter dem öffentlichen Glauben des Grundbuchs stehende Eintragung als solche unberührt lassen; Anordnungen gem § 53 Abs 1 scheiden aus.[51]

2. Entscheidungen

a) Allgemeines. Grundsätzlich – dh vorbehaltlich des Abs 2 – beschwerdefähig sind nach Abs 1 **alle** Entschei- **17** dungen des Grundbuchamtes. **Entscheidung** in diesem Sinne ist jede für die Außenwelt bestimmte, auf einen sachlichen Erfolg gerichtete, die Rechtsverhältnisse der Beteiligten unmittelbar regelnde Maßnahme, also insb jede Verfügung, die ein Verfahren oder einen Abschnitt innerhalb eines anhängigen Verfahrens abschließt und an die Beteiligten gerichtet ist.[52] Es gelten dieselben Maßstäbe wie für die Verfügung iS von § 19 Abs 1 FGG[53] (bzgl der Außenwirkung, also der Abgrenzung zur rein innendienstlichen Maßnahme, gelten die gleichen Maßstäbe wie für Verwaltungsakte, § 35 S 1 VwVfG). **Um eine Entscheidung in der Sache selbst handelt es sich auch bei der Zwischenverfügung nach § 18**, obwohl sie den Eintragungsantrag noch nicht abschließend erledigt[54] (Rdn 34 ff). Ob die Verfügung sich auf grundbuchrechtliche oder andere materielle bzw verfahrensrechtliche Vorschriften stützt, ist gleichgültig, ebenso ob sie sich auf eine Amtstätigkeit oder auf einen Antrag bezieht.[55] Die äußere Form oder Bezeichnung spielt grundsätzlich keine Rolle. Nicht unterschriebene Entscheidungen des Richters bzw Rpflegers behandelt die Rspr allerdings, selbst wenn sie mit einer Paraphe gezeichnet sind,[56] als bloße Entwürfe;[57] wobei andererseits Einigkeit dahin besteht, dass in einem solchen Fall beispw eine Entscheidung vorliegt, wenn der Rpfleger zwar nicht die Urschrift der Verfügung, wohl aber die Anordnung unterschreibt, mit der er deren Zustellung veranlasst,[58] oder von einer wirksamen Zwischenverfügung ausgegangen werden kann, sobald der Rpfleger der Erinnerung nicht abgeholfen und diese Verfügung unterschrieben hat.[59] Die Praxis der Rechtsprechung, herausgegangene – vom Willen des Grundbuchbeamten getragene – Entscheidungen mangels vollständiger Unterschrift als nicht existent[60] zu behandeln, ist aus der Sicht des Betroffenen, der auch mit nicht unterschriebenen Verlautbarungen des GBA zu rechnen hat (vgl § 42 GBV) und im übrigen die interna des Vorgangs nicht kennt, bedenklich, zumal sonst schon der **äußere Schein** einer Entscheidung für die Anfechtbarkeit ausreichen kann.[61] Die Forderung, es müsse Bekanntgabe an die Beteiligten in der vorgeschriebenen Form erfolgt sein,[62] geht zu weit; dies ist kein Merkmal der Existenz, sondern der Wirksamkeit bzw Rechtmäßigkeit einer Entscheidung. Nur muss feststehen, dass eine inhaltlich bestimmte Regelung mit Außenwirkung ergangen ist, also nicht lediglich ein gerichtsinterner Vorgang oder nur eine vorläufige Meinungsäußerung vorliegt. Die Qualität einer Entscheidung hat – wie sich aus dem Regelungszusammenhang mit Abs 2 ergibt – an sich auch die Grundbucheintragung[63] (Rdn 39 ff).

---

48 BayObLGZ 1976, 106, 109; KEHE-*Briesemeister* RdNr 11; **aA** OLG Oldenburg Rpfleger 1992, 387 = NdsRpfl 1992, 235; *Bauer/v. Oefele-Budde* Rn 3; *Schöner/Stöber* Rn 523 mFn 131; jetzt auch *Demharter* Rn 10; *ders* FGPrax 2007, 106.
49 KEHE-*Briesemeister* Rn 11; vgl auch KG HRR 1932 Nr 1004.
50 Im Zusammenhang m d früheren Rpfleger-Erinnerung: *Weiss* DNotZ 1985, 524, 535.
51 Vgl *Demharter* Rn 10 einers; *Bauer/v. Oefele-Busse* Rn 3 andrers.
52 OLG Hamm OLGZ 1975, 150 = Rpfleger 1975, 134; KEHE-*Briesemeister* Rn 13; *Demharter* Rn 11.
53 Dazu *Keidel-Kahl* § 19 Rn 2.
54 OLG Ffm JurBüro 1980, 1565; KGJ 46, 176, 179.
55 Vgl OLG Düsseldorf OLGZ 1985, 422, 423.
56 OLG Köln Rpfleger 1991, 198.
57 BGH RPfleger 1986, 147; BayObLG Rpfleger 1989, 188; BayObLGZ 1995, 363, 364; OLG Köln OLGZ 1988, 459, 460; OLG Zweibrücken FGPrax 2003, 249.
58 ThürOLG FGPrax 1997, 172.
59 BayObLGZ 1996, 32; OLG Zweibrücken FGPrax 1995, 93; FGPrax 2003, 249.
60 OLG Köln Rpfleger 1991, 198; RNotZ 2006, 616 = Rpfleger 2006, 546.
61 BayObLGZ 1987, 46, 49; 1988, 259, 60.
62 *Kleist* MittRhNotK 1985, 133, 140.
63 *Weiss* DNotZ 1985, 524, 536 geg *Kollhosser* JA 1984, 714, 721, der meint, durch d Eintragung werde nur eine Entscheidung (d Eintragungsverfügung) vollzogen.

18 **b) Abgrenzung – keine Entscheidungen. Nicht** als Entscheidung iS des Abs 1 anfechtbar sind nach dieser Definition:

19 **aa) Untätigkeit des Grundbuchamtes.** Die bloße **Untätigkeit** des Grundbuchamtes: gegen sie gibt es keine Sachbeschwerde[64] sondern nur die Dienstaufsichtsbeschwerde, es sei denn, in der Untätigkeit kann ausnahmsweise eine Verfahrenseinstellung gesehen werden[65] oder es liegt – nach dem Maßstab einer dem Verfahrensgegenstand angemessenen Verfahrensdauer[66] – Willkür und damit Rechtsverweigerung vor.[67] Zweifelhaft ist, inwieweit die **einstweilige Zurückstellung** eines Eintragungsantrags durch das Grundbuchamt der Beschwerde unterliegt. Das KG[68] will nur die Dienstaufsichtsbeschwerde geben. Dagegen werden Bedenken erhoben, weil die Ablehnung einer Sachentscheidung auf unbestimmte Zeit der unbefristeten Aussetzung des Verfahrens und damit einer Rechtsverweigerung gleichkomme.[69] Dem ist in Ausnahmefällen beizupflichten: Wenn die Mitteilung des Grundbuchamtes tatsächlich auf einen dauernden Stillstand des Verfahrens hinausläuft, bekommt sie den Charakter einer Entscheidung und muss nach § 71 anfechtbar sein.[70] Zur Aussetzung Rdn 93. Eine beschwerdefähige Entscheidung liegt nicht darin, dass das Grundbuchamt eine Eintragungsbekanntmachung unterlässt;[71] wohl aber darin, dass das Grundbuchamt die Eintragungsmitteilung nicht – wie beantragt – auch an die Betroffenen, sondern nur an den tätig gewordenen Notar[72] übermittelt (dem Notar fehlt allerdings für eine damit begründete Beschwerde die Beschwerdebefugnis[73]).

20 **bb) Tatsächliche Handlungen.** Rein **tatsächliche Handlungen**, die für sich nicht die Rechtsstellung von Beteiligten berühren, zB die Bekanntgabe einer Entscheidung.

21 **cc) Maßnahmen im äußeren Geschäftsablauf.** Vorgänge, die **die geschäftsmäßige Behandlung** von Grundbuchsachen oder allgemein den **Geschäftsablauf** im Verhältnis zum Publikum betreffen. In diesen Bereichen gehört etwa die Nichtanwesenheit eines Grundbuchbeamten während der Dienststunden, die Verzögerung in der Bearbeitung einer Sache (vgl aber Rdn 18), die Gestaltung der Grundbucheinsicht nur an einzelnen Tagen oder nur zu gewissen Dienststunden. Dasselbe gilt, wenn Auskünfte, auf die kein Rechtsanspruch besteht (sonst: Rdn 90),[74] oder die Einsicht in Grundbücher und Grundakten im Verwaltungswege (§ 35 GeschO) – im Gegensatz zur Einsicht des Grundbuchs nach Maßgabe des § 12 (Rdn 89) – verweigert werden oder wenn ein Notar vergeblich die Übersendung von Grundakten verlangt.[75] In solchen Fällen können Beanstandungen **nur im Justizverwaltungsweg überprüft** werden. Abgesehen von der Dienstaufsichtsbeschwerde (Vor § 71 Rdn 10)[76] kommt gegen Justizverwaltungsakte[77] Antrag auf gerichtliche Entscheidung nach § 23 EGGVG in Betracht (Beispiel: Zurückweisung eines Hinterlegungsantrags gemäß § 10 GBBerG zum Zwecke der Ablösung eines Grundpfandrechts[78]). Dagegen ist die Beschwerde nach § 71 eröffnet, wenn das Grundbuchamt sich bei Vorgängen der genannten Art nicht nur auf Verwaltungsbelange, sondern auf Gründe des sachlichen oder des Verfahrensrechts stützt (s Rdn 89 ff).[79]

22 **dd) Vorgänge im inneren Geschäftsbetrieb.** Entschließungen, die lediglich den **inneren Geschäftsbetrieb** des Grundbuchamtes betreffen und deshalb auch nicht bekannt gegeben zu werden brauchen, sind nicht beschwerdefähig. Dazu zählt **an sich auch die Eintragungsverfügung**, selbst wenn sie den Beteiligten zur Kenntnis gelangt ist (str).[80] Eine ausdrücklich bekannt gemachte Verfügung, mit der das Grundbuchamt etwa eine Amtslöschung angeordnet und nur deren Vollziehung für eine bestimmte Zeit aufgeschoben hat, um Gele-

---

64 BayObLG FamRZ 1985, 1290; BayObLG NJW-RR 1999, 292 = Rpfleger 1998, 67; KG Rpfleger 1971, 180, 181.
65 Vgl *Bassenge FGG* § 19 Rn 8; *Lindacher* FamRZ 1973, 433.
66 BVerfGK 2004 Nr 28; Schneider MDR 2005, 430 geg OLG Rostock MDR 2005, 108; z notwend Erledigungszeit vgl auch BGH JZ 2007, 686, 687 mAnm *Ossenbühl*.
67 OLG Karlsruhe OLGZ 1984, 98, 99.
68 KG JR 1954, 465 = DNotZ 1955, 206.
69 KEHE-*Briesemeister* Vor § 71 Rn 9.
70 W der ähnl Problematik z § 227 ZPO s *Baumbach-Hartmann* § 227 Rn 34 mwN.
71 BayObLGZ 1988, 307 = Rpfleger 1989, 147.
72 Z d Fragenkreis vgl *Böhringer* Rpfleger 2005, 225, 237 mwN.
73 OLG Naumburg FGPrax 2003, 109.
74 BayObLGZ 1967, 347, 348; krit z d Abgrenzung *Lüke* NJW 1983, 1407; vgl auch – allerd d § 12a überholt – KG OLGE 21, 1; KG OLGZ 1986, 308 = NJW-RR 1986, 824 = Rpfleger 1986, 299.
75 KG JFG 18, 283: HRR 1939 Nr 32.
76 W der Abgrenzung z Sachbeschwerde BayObLGZ 1986, 412.
77 Dazu *Kissel*, GVG, § 23 EGGVG Rn 28 ff; *Keidel-Kahl* §§ 19–30 Vorb 38 ff.
78 Vgl KG DNotZ 1996, 561.
79 KGJ 44, 88; KG JFG 18, 283; HRR 1939 Nr 32.
80 KG HRR 1928, Nr 1875; OLG München JFG 16, 144; OLG Oldenburg NdsRpfl 1947, 20; *Demharter* Rn 20; KEHE-*Briesemeister* Rn 59; *Weiss* DNotZ 1985, 524, 525; **aA** § 18 Rn 29.

genheit für ein Rechtsmittel zu geben, wird jedoch mit Recht als anfechtbar angesehen[81] (bedenklich ist es verglichen damit, einen Beschluss, mit dem das Grundbuchamt die Berichtigung des Grundbuchs gemäß Veränderungsnachweis anordnet, nicht als anfechtbare Entscheidung zu behandeln[82]). Praktisch läuft dies auf die Zulassung (der Anfechtung) eines Vorbescheids hinaus (dazu Rdn 28).

Anders als die Eintragungsverfügung des Grundbuchamtes hat die **Anordnung einer Eintragung durch das Beschwerdegericht** Außenwirkung und unterliegt der zunächst unbeschränkten weiteren Beschwerde; erst sobald die angeordnete Eintragung erfolgt ist, tritt die Beschränkung nach § 71 Abs 2 S 2 ein (§ 78 Rdn 10). Umgekehrt liegt im Vollzug der Eintragung auf Anweisung des Beschwerdegerichts keine »Entscheidung« des Grundbuchamtes (Rdn 8).   23

ee) Buchungstechnische Maßnahmen. Nicht beschwerdefähig sind rein **buchungstechnische Maßnahmen**, zB die Rötung für sich allein, weil sie nur ein Hilfsmittel ist, um das Grundbuch übersichtlich zu halten;[83] ebenso Bleistiftvermerke[84] oder unbefugt vorgenommene Radierungen,[85] die nicht als formgerechter Teil der Verlautbarung eines eingetragenen Rechts erscheinen.   24

ff) Verfahrensleitende Maßnahmen. Hierzu gehören eine Entscheidung nur vorbereitende, **verfahrensleitende Maßnahmen**, zB Beweisanordnungen[86] oder die Ablehnung von Beweisanträgen, wie auch die Ablehnung, eine Sache dem BVerfG gemäß Art 100 Abs 1 GG vorzulegen;[87] sie sind nicht selbständig anfechtbar, **es sei denn**, sie griffen schon als solche in nicht unerheblicher Weise unmittelbar in die Rechtsstellung von Beteiligten ein[88] (Rdn 93).   25

gg) Meinungsäußerungen. **Meinungsäußerungen** des Grundbuchamtes, durch die eine Sachentscheidung vorbereitet werden soll: ihnen fehlt es an dem für die Entscheidung maßgebenden Merkmal der Verbindlichkeit.[89] Hierher gehören gutachtliche Auskünfte über die Behandlung beabsichtiger Anträge[90] oder die Ankündigung bestimmter Maßnahmen wie die, eine Eintragung oder eine sonstige Amtstätigkeit vornehmen zu wollen, zB eine Eintragung von Amts wegen löschen zu wollen[91] (s aber auch Rdn 28). Dasselbe gilt, wenn das Grundbuchamt mit einer **Aufklärungsverfügung entsprechend § 139 ZPO**[92] anheim gibt, einen Antrag, dem es glaubt, nicht stattgeben zu können, zurückzunehmen oder einen anderen Antrag einzureichen,[93] oder den Antragsteller auffordert, das einzutragende dingliche Recht inhaltlich zu ändern bzw durch ein anderes zu ersetzen;[94] oder wenn sich die Verfügung des Grundbuchamtes darin erschöpft, dass es auf ein seiner Auffassung nach nicht behebbares Eintragungshindernis hinweist und dem Antragsteller im Rahmen des rechtlichen Gehörs Gelegenheit zur Stellungnahme hierzu gibt.[95] So ist auch die Aufforderung zu beurteilen, Bedenken zu beseitigen, die gegen die Wirksamkeit einer Antragsrücknahme bestehen.[96] In welcher Form derartige Äußerungen erfolgen und bekannt gemacht werden – das mag auch als »Beschluss« geschehen oder mit einer Fristsetzung als »Zwischenverfügung« –, ist unerheblich.[97]   26

---

81 OLG Saarbrücken OLGZ 1972, 129; LG Lübeck NJW-RR 1995, 1420; *Däubler* JuS-Schriftenreihe Nr 4, S 84 Fn 12; vgl auch *Eickmann* GBVerfR, Rn 414; **aA** *Bauer/v. Oefele-Budde* Rn 15; KEHE-*Briesemeister* Rn 60; *Weiss* DNotZ 1985, 524, 525.
82 So aber BayObLG ZfIR 2001, 161 = NJW-RR 2000, 1258; *Demharter* Rn 18.
83 KG HRR 1931, Nr 126.
84 LG München DNotZ 1945, 485.
85 Vgl OLG Ffm OLGZ 1982, 56 = Rpfleger 1981, 479.
86 OLG Köln Rpfleger 90, 353.
87 BayObLG Rpfleger 1988, 240 (Ls b *Plötz* 237 ff), OLG Köln Rpfleger 1990, 353.
88 Z FGG-Beschwerde: BayObLG NJW-RR 1987, 1202 = Rpfleger 1987, 360 (Ls b *Plötz* 356 ff); *Bassenge FGG* § 19 Rn 12, 13; *Jansen-Briesemeister* § 19 Rn 22; *Keidel-Kahl* § 19 Rn 5.
89 BGH NJW 1980, 2521 = Rpfleger 1980, 273 m Anm *Meyer-Stolte*; BayObLG NJW-RR 1999, 292 = Rpfleger 1998, 67; OLG Hamm OLGZ 1979, 419, 420; KEHE-*Briesemeister* Rn 57.
90 OLG Hamm OLGZ 1979, 419, 421; KGJ 37, 218; 48, 171.
91 KG JFG 10, 214; JFG 12, 268 (Aufg v KGJ 49, 146) OLG Zweibrücken FGPrax 1997, 127 = Rpfleger 1997, 428.
92 BayObLG FGPrax 2005, 57, 58 = Rpfleger 2005, 250, 251; OLG Jena FGPrax 2002, 100 = Rpfleger 2002, 355.
93 BGH NJW 1980, 2521 = DNotZ 1980, 741 = Rpfleger 1980, 273 auf Vorl OLG Hamm Rpfleger 1979, 167 (geg OLG Oldenburg Rpfleger 1975, 361); BayObLGZ 1980, 199, 301; BayObLG Rpfleger 1981, 60 (Ls); Rpfleger 1987, 357 (Ls b *Plötz* 357 ff); KG JFG 13, 112 = HRR 1935, Nr 1525; KEHE-*Briesemeister* Rn 57.
94 Vgl BayObLGDNotZ 1982, 438.
95 OLG Ffm Rpfleger 1997, 105 = NJW-RR 1997, 401; LG Mönchengladbach Rpfleger 2002, 201.
96 OLG Ffm JurBüro 1980, 1565; KG HRR 1931 Nr 608.
97 OLG Ffm Rpfleger 1997, 106 = NJW-RR 1997, 401; KG JFG 12, 268 unter Aufg v KGJ 49, 146; KEHE-*Briesemeister* Rn 57.

27 Abzugrenzen ist die unverbindliche Meinungsäußerung von der zur Beseitigung eines Eintragungshindernisses erlassenen[98] Zwischenverfügung nach § 18 (Einzelh Rdn 34 ff).

28 **hh) Vorbescheid.** Ein **Vorbescheid** – also die förmliche Ankündigung einer bestimmten Entscheidung für den Fall, dass nicht innerhalb einer gesetzten Frist Beschwerde eingelegt werde – ist in Grundbuchsachen nach hM nicht zulässig[99] (s aber § 18 Rdn 26 ff, 29; § 53 Rdn 40) – selbst dann nicht, wenn die Löschung einer Eintragung als inhaltlich unzulässig angekündigt wird[100] – und eröffnet auch nicht die Beschwerde (str).[101] Absolut **zwingende Gründe gibt es dafür nicht.** Zwar fehlt es an einer Rechtsgrundlage dafür, dass das Grundbuchamt nach seinem Belieben, statt abschließende Entscheidungen zu treffen und dafür die Verantwortung zu übernehmen, die Beurteilung praktisch den Rechtsmittelinstanzen überlässt. Vor einer Eintragung, insb einer Amtslöschung, kann aber in besonders gelagerten Ausnahmefällen, etwa wenn die Rechtslage zweifelhaft, umstritten und höchstrichterlich ungeklärt ist und sich voraussehen lässt, dass die beabsichtigte Eintragung ohnehin angefochten werden wird, ein Bedürfnis für einen Vorbescheid bestehen. Dass die Anerkennung desselben – ua[102] – im Erbscheinsverfahren[103] (auch dort dogmatisch nicht unbedenklich[104]) nur durch Besonderheiten jenes Verfahrens gerechtfertigt wäre, die es im Grundbucheintragungsverfahren nicht gäbe,[105] ist im Hinblick auf die Wirkungen einer unter öffentlichem Glauben des Grundbuchs stehenden Eintragung zu bezweifeln. Auch im Verhältnis zum – anerkannten[106] – notariellen Vorbescheid ist die unterschiedliche Behandlung[107] bedenklich. Wenn man allerdings Vorbescheide in Grundbuchsachen generell für unzulässig hielte, würde eine Überprüfung in einem Beschwerdeverfahren nicht zur Klärung der Sachfragen, sondern allenfalls zur Aufhebung aus verfahrensrechtlichen Gründen und Rückgabe der Sache an das Grundbuchamt führen.[108] Ein schutzwürdiges Interesse an einem hierauf beschränkten Rechtsmittelverfahren ist jedoch nicht ersichtlich.

29 **ii) Künftige Entscheidungen.** Nicht zulässig ist es, gegen eine möglicherweise **bevorstehende** Entscheidung sog Eventualbeschwerde[109] einzulegen; nur eine existente (erlassene) Entscheidung kann Anfechtungsgegenstand sein. **»Erlass«** einer Entscheidung ist nicht mit der Wirksamkeit iS von § 16 Abs 1 FGG gleichzusetzen, setzt also nicht die Bekanntgabe voraus,[110] ist aber auch noch nicht mit der Abfassung oder Unterzeichnung gegeben. Maßgeblich ist vielmehr, ob das Gericht die Entscheidung aus seiner Verfügungsgewalt entlassen hat **(erstes Hinausgehen)**; das ist bei einem schriftlichen Beschluss gewöhnlich der Zeitpunkt, in dem die Geschäftsstelle für die Zustellung der Entscheidung durch Aushändigung an die Post oder Übergabe in ein Zustellfach Sorge getragen hat.[111] Die Wirkungslosigkeit eines Rechtsmittels für den Fall, dass einem gestellten Antrag nicht stattgegeben wird, entfällt nicht dadurch, dass die Entscheidung später erlassen

---

98 OLG Ffm JurBüro 1980, 1565.
99 BGH NJW 1980, 2521 = Rpfleger 1980, 273; BayObLGZ 1993, 52, 55; 1993, 389, 391 f = NJW-RR 1994, 590; BayObLGZ 1994, 199 = Rpfleger 1995, 333 (Ls b *Meyer-Stolte*) = AgrarR 1994, 334; NJW-RR 2001, 1258 = ZfIR 2001, 161; OLG Hamm JMBlNRW 1961, 275; OLG Karlsruhe Rpfleger 1993, 192; KG JFG 12, 268 unter Aufg v KGJ 49, 146; OLG Stuttgart Justiz 1990, 299; OLG Zweibrücken FGPrax 1997, 127 = Rpfleger 1997, 428; *Bauer/v. Oefele-Budde* Rdr 14; *Demharter* Rn 18; *KEHE-Briesemeister* Rn 60; *Jansen-Briesemeister* § 19 Rn 17; **aA** LG Koblenz Rpfleger 1997, 158; *Eickmann*, GBVerfR, Rn 414; *v. Schuckmann*, FS Winter, 45, 61; *Hähnlein*, 81, 83, 131, 132; *Kahlfeld* BWNotZ 1998, 60; für d Fall d Amtslöschung w inhaltl Unzulässig: LG Freiburg BWNotZ 1980, 61; LG Memmingen Rpfleger 1990, 291 m Anm *Minkus; Bauer/v. Oefele-Meincke* § 53 Rn 118, 126: »in begrenzten Ausnahmefällen«; vgl auch OLG Saarbrücken OLGZ 1972, 129.
100 BayObLGZ 1994, 199 = MDR 1995, 93 = Rpfleger 1995, 333 (Ls b *Meyer-Stolte*).
101 BGH NJW 1980, 2521 = Rpfleger 1980, 273; BayObLGZ 1993, 52, 55; 1994, 199; KG JFG 12, 268; OLG Karlsruhe Rpfleger 1993, 192; *Demharter* Rn 18; *KEHE-Briesemeister* Rn 60; **and** – Unzulässig-, aber Beschwerdefähigkeit d Vorbescheids – BayObLG 171; BayObLGZ 1993, 389, 391 f: für d Fall d Ankündigung d Ernennung eines Testamentsvollstreckers (**hiergeg** OLG Hamm FGPrax 1995, 237 m Anm *Bestelmeyer* = NJW-RR 1995, 1414; dazu auch *Pentz* NJW 1996, 2559); OLG Hamm JMBlNRW 1961, 275; OLG Hamm OLGZ 1984, 283; vgl auch BayObLGZ 1958, 171 = JZ 1958, 542 m Anm *Baur;* KG NJW 1955, 1072 m Anm *Baur;* LG Düsseldorf Rpfleger 1985, 365.
102 Annerkannt ist auch d Vorbesch d Notars; vgl BayObLG FGPrax 1998, 78.
103 Vgl RGZ 137, 226; BGZ 20, 255; krit *Baur* JZ 1958, 543, 544.
104 Vgl *Baur* NJW 1955, 1072; *ders* JZ 1958, 543, 544.
105 Wie BGH NJW 1980, 2521 = DNotZ 1980, 741 = Rpfleger 1980, 273, meint.
106 Vgl *Reithmann* ZNotP 2005, 57; *Everts* ZNotP 2005, 220.
107 Vgl einers OLG Zweibrücken, FGPrax 1997, 127 = Rpfleger 1997, 428; andrers OLG Zweibrücken FGPrax 2001, 88.
108 Nachw Fn 87; vgl auch *Bestelmeyer* FGPrax 1995, 239; **and** – Entscheidung d LG anst d GBA – OLG Hamm JMBlNRW 1961, 275, 276.
109 RGZ 46, 418 OLG Hamm OLGZ 1979, 419 = NJW 1980, 1397 = Rpfleger 1979, 461; KG OLGE 29, 329; KG HRR 1929 Nr 1945; OLG Koblenz NJW-RR 1986, 935.
110 BGH Rpfleger 1984, 62; *Bassenge* FGG § 19 Rn 22.
111 BGH VersR 1974, 365; Rpfleger 1984, 62; Rpfleger 2004, 1053 = NJW-RR 2004, 1574; BayObLG Rpfleger 1981, 144; 1987, 360 (Ls b *Plötz* 365 ff); OLG Zweibrücken Rpfleger 1977, 306; vgl auch – für d ZPO – OLG Koblenz Rpfleger 1982, 295; Koblenz NJW-RR 1986, 935; OLG Köln JMBlNRW 1981, 101, 102; *Karstendiek* DRiZ 1977, 276, 277; *Keidel-Kahl* § 19 Rn 51.

wird.[112] Eine Heilungsmöglichkeit wird von der Rspr allerdings angenommen, wenn die Entscheidung zum Zeitpunkt der Beschwerdeeinlegung bereits gefasst, dh zu den Akten gebracht war.[113] Keine unzulässige Eventualbeschwerde liegt vor, wenn das Rechtsmittel unter der Bedingung eingelegt wird, dass eine den Beschwerdeführer nachteilige, ihm noch unbekannte Entscheidung ergangen sei.[114] Zulässig ist eine Beschwerde auch für den Fall, dass einem Antrag auf Änderung einer schon erlassenen Entscheidung nicht stattgegeben wird, wie mittelbar aus § 18 Abs 2 FGG folgt.[115]

jj) Entscheidungsgründe. Nicht für sich mit der Beschwerde anfechtbar sind die Gründe einer Entscheidung **30** des Grundbuchamts; angreifbar sind sie nur zusammen mit dem Entscheidungssatz, es sei denn, sie beeinträchtigen ausnahmsweise schon für sich einen Beteiligten.[116]

c) Haupt-Entscheidungen im Grundbucheintragungsverfahren. Die **wichtigsten Entscheidungen** **31** **des Grundbuchamtes im Grundbucheintragungsverfahren** sind die Zurückweisung eines Eintragungsantrags, der Erlass einer Zwischenverfügung und die Eintragung als solche; für letztere gelten die Besonderheiten aus Abs 2. Wegen sonstiger Entscheidungen Rdn 83 ff, wegen Kostenentscheidungen Rdn 96 ff.

aa) Zurückweisung eines Eintragungsantrags. Dass sie als Entscheidung der Beschwerde unterliegt, steht **32** außer Frage. Einem Antrag auf Grundbucheintragung steht ein Ersuchen nach § 38 gleich. Auch gegen die Ablehnung eines »Antrags«, iS der Anregung eines Beteiligten an das Grundbuchamt, eine Eintragung von Amts wegen vorzunehmen – wie auch gegen die, ein Grundbuchblatt für ein Grundstück anzulegen (Rdn 83)[117] –, ist die Beschwerde statthaft.[118] Sie wird nicht dadurch ausgeschlossen, dass eine vorausgegangene Zwischenverfügung nicht angefochten[119] oder dagegen erfolglos Beschwerde eingelegt worden war.[120] Besonderheiten gelten – wegen des Verhältnisses zu Abs 2 – für die Beschwerde gegen die Zurückweisung eines Berichtigungsantrags (Rdn 72 ff) und wenn das Grundbuchamt einem Eintragungsantrag nur unvollständig nachgekommen ist (Rdn 66 ff).

Mit der Beschwerde gegen die zurückweisende Entscheidung kann alles vorgetragen werden, was geeignet **33** erscheint, die Gesetzmäßigkeit und Berechtigung des Antrags darzutun und die Gründe, aus denen die Zurückweisung erfolgte, zu widerlegen (§ 77 Rdn 4 ff). Geltend gemacht werden kann etwa, es sei zu Unrecht von der Möglichkeit des § 18 kein Gebrauch gemacht worden[121] oder eine in einer Zwischenverfügung gesetzte Frist sei zu kurz gewesen[122] oder das Grundbuchamt hätte vor der Zurückweisung Gelegenheit zur Zurücknahme des Antrags geben müssen.[123] Löst allerdings das Grundbuchamt die verfahrensrechtliche Einheit mehrerer verbundener Eintragungsanträge unter Verstoß gegen § 16 Abs 2 dadurch auf, dass es einem der Anträge durch Vornahme der beantragten Eintragung stattgibt und den mit einem nicht behebbaren Mangel behafteten anderen Antrag abweist, so kann diese Entscheidung nicht mit Erfolg angegriffen werden (jedoch kann eine Niederschlagung der Gebühren für die Antragszurückweisung in Betracht kommen).[124] Auch kann mit der Beschwerde gegen die Zurückweisung eines Eintragungsantrags nicht (hilfsweise) der Erlass der gleichen Zwischenverfügung verlangt werden, die ursprünglich ergangen, vom Antragsteller jedoch bewusst unbeachtet gelassen, aber auch nicht angegriffen worden war.[125]

bb) Zwischenverfügung nach § 18. Die **Zwischenverfügung,** dh die Bestimmung einer angemessenen **34** Frist zum Zwecke der Beseitigung eines für behebbar gehaltenen Eintragungshindernisses zur Vermeidung der Zurückweisung des Eintragungsantrags (§ 18 Rdn 75 ff),[126] wird allgemein als **beschwerdefähige Entscheidung** behandelt.[127] Sie ist zu unterscheiden von dem – umstrittenen – Vorbescheid (Rdn 28) und von sonstigen, nur unverbindlichen Meinungsäußerungen des Grundbuchamtes (Rdn 26, 27). Keine beschwerdefähige Zwischenverfügung liegt bspw vor, wenn das Grundbuchamt lediglich auf ein seiner Ansicht nach nicht beheb-

---

112 OLG Hamm NJW 1980, 1397 = Rpfleger 1979, 461.
113 KG OLGZ 1977, 129 = Rpfleger 1977, 132; *Bassenge* FGG § 19 Rn 22; *Keidel-Kahl* § 19 Rn 51.
114 KG OLGZ 1977, 129 = Rpfleger 1977, 132.
115 OLG Düsseldorf WM 1952, 463; KGJ 34, 51; KG HRR 1929 Nr 1945.
116 BayObLG HRR 1935 Nr 128; OLG Colmar OLGE 7, 208, 209; KGJ 48, 175; OLG Köln Rpfleger 1986, 184.
117 BayObLGZ 1980, 185, 186; vgl auch OLG Köln OLGZ 1982, 141, 142.
118 KG JFG 14, 418, 421; OLG München JFG 14, 108.
119 OLG Colmar OLGE 8, 153.
120 KGJ 45, 295; 51, 276; KG HRR 1973 Nr 1027.
121 BayObLG Rpfleger 1983, 12 (Ls b *Goerke* 9ff); KGJ 44, 268; 46, 179.
122 KEHE-*Briesemeister* Rn 14.
123 BayObLGZ 1979, 81 = Rpfleger 1979, 210.
124 BayObLGZ 1979, 81 = Rpfleger 1979, 210.
125 OLG Celle DNotZ 1955, 542.
126 OLG Ffm Rpfleger 1974, 193; OLG Ffm JurBüro 1980, 1565.
127 *Schöner/Stöber* Rn 473; *Demharter* Rn 11, 12; KEHE-*Briesemeister* Rn 15.

bares Eintragungshinderniss hinweist und Stellungnahme binnen einer Frist anheim gibt[128] oder wenn es nur rechtliche Möglichkeiten erwägt, die evtl zur Vollziehbarkeit des Eintragungsantrags führen könnten, ohne anzugeben, auf welchem Weg ein seiner Auffassung nach bestehendes Eintragungshinderniss zu beseitigen ist[129] oder wenn es anheim gibt, einen Antrag, dem es nicht glaubt, stattgeben zu können, zurückzunehmen oder einen anderen Antrag einzureichen.[130] Anders ist es, wenn das Grundbuchamt bei mehreren iS von § 16 Abs 2 verbundenen Anträgen auffordert, einen dieser Anträge zurückzunehmen, um das Eintragungsbegehren im Übrigen zum Erfolg zu verhelfen: Dies zielt bezüglich des restlichen Antrags auf Behebung eines Eintragungshindernisses innerhalb einer Frist ab und ist deshalb als Zwischenverfügung anfechtbar,[131] solange die Verbindung nicht durch entsprechenden Antrag oder durch Eintragung des Teils, auf den sich die mangelfreien Anträge beziehen, verfahrensrechtlich gelöst worden ist; im letzteren Fall wird die Beschwerde gegen die die Teilrücknahme anheim gebende Verfügung unzulässig.[132] Eine anfechtbare Zwischenverfügung liegt vor, wenn auf die Einschränkung eines Antrags hingewirkt wird (§ 18 Rdn 77),[133] zB wenn dem Antragsteller anheim gegeben wird, einen Zusatz in der begehrten Eintragung wegfallen zu lassen.[134] Ebenso wenig wie allein durch eine Fristsetzung aus einer bloßen Meinungsäußerung, etwa in Form einer Aufklärungsverfügung, eine Zwischenverfügung oder sonst anfechtbare Entscheidung wird,[135] bedeutet das Fehlen einer Fristsetzung bei einer Zwischenverfügung, die im Übrigen die Ziele des § 18 verfolgt, bereits für sich genommen, dass nur eine Meinungsäußerung vorliege; § 18 Abs 1 S 2 fordert zwar unabdingbar die Bestimmung einer angemessenen Frist zur Behebung des Hindernisses,[136] jedoch nicht mit der Folge, dass ohne die Frist überhaupt keine beschwerdefähige Entscheidung angenommen werden könnte.[137] Eine so geartete Zwischenverfügung ist im Gegenteil anfechtbar, unterliegt allerdings schon wegen dieses Mangels regelmäßig der Aufhebung im Beschwerdewege (Rdn 37). Dasselbe müsste für eine hinausgegangene Zwischenverfügung gelten, die mangels Unterschrift als bloßer Entwurf behandelt wird[138] – wenn nicht die Zwischenverfügung durch unterschriebene Nichtabhilfeverfügung im Erinnerungsverfahren Wirksamkeit erlangt hat.[139]

35 Die Beschwerde kann auch noch **nach Ablauf der in der Zwischenverfügung gesetzten Frist**[140] eingelegt werden, solange nicht das Eintragungshinderniss beseitigt,[141] die Eintragung erfolgt[142] oder der Eintragungsantrag zurückgewiesen[143] ist. **Ab der Eintragung, der Zurückweisung des Eintragungsantrags oder einer anderweitigen Erledigung der Beanstandung ist die Beschwerde gegen die Zwischenverfügung** dagegen – abgesehen von dem Sonderfall der weiteren Beschwerde (Rdn 36) – **gegenstandslos und damit unzulässig** (Erledigung der Hauptsache, Rdn 163 ff); im Falle der Zurückweisung des Eintragungsantrags muss der Beschwerdeführer diesen zurückweisenden Beschluss mit der Beschwerde anfechten. Vereinzelt wird der Standpunkt vertreten, eine innerhalb der in der Zwischenverfügung zur Behebung des Hindernisses gesetzten Frist eingelegte Beschwerde werde nicht dadurch gegenstandslos, dass das Grundbuchamt den Eintragungsantrag zurückweise.[144] Für eine dahingehende Differenzierung ist jedoch kein sachlicher Grund ersichtlich. Gegenstandslosigkeit (Unzulässigkeit) der Beschwerde tritt dagegen nicht ein, wenn durch anderweitige rechtliche oder tatsächliche Entwicklungen bis zum Zeitpunkt der Entscheidung des Beschwerdegerichts die sachliche Berechtigung für die angefochtene Zwischenverfügung entfällt; die Beschwerde erweist sich dann vielmehr zum maßgeblichen Zeitpunkt als begründet, und die Zwischenverfügung ist aufzuheben.[145]

36 Etwas **Besonderes gilt, wenn das Grundbuchamt den Eintragungsantrag erst nach sachlicher Zurückweisung der Beschwerde gegen die Zwischenverfügung aus deren Gründen durch das LG**

---

128 BayObLG DNotZ 1995, 224; OLG Ffm Rpfleger 1997, 105 = NJW-RR 1997, 401.
129 OLG Ffm OLGZ 1974, 347 = DNotZ 1974, 435 = Rpfleger 1974, 193, 194.
130 BayObLG NJW-RR 1993, 15 = FGPrax 1995, 32 m Anm *Keller* aaO 85.
131 BGHZ 71, 349 = Rpfleger 1989, 365; BayObLG DNotZ 1982, 438, 439; OLG Ffm Rpfleger 1978, 165; OLG Ffm NJW-RR 1999, 17 f; OLG Hamm OLGZ 1975, 150 = Rpfleger 1975, 134; KG HRR 1931, Nr 608; 1935 Nr 1525; KEHE-*Briesemeister* Rn 58.
132 KEHE-*Briesemeister* Rn 58; vgl BayObLGZ 1979, 81, 86; KG JFG 13, 111, 116.
133 BayObLG Rpfleger 1976, 180.
134 KG OLGZ 1971, 451 = DNotZ 1971, 415.
135 BayObLGZ 2004, 382 = FG Prax 2005, 57, 58; **geg** *Bauer/v. Oefele-Wilke* § 18 Rn 34 (jedoch wie hier: *Bauer/v. Oefele-Busse* § 71 Rn 12).
136 BayObLG FGPrax 1995, 221.
137 LG Mönchengladbach Rpfleger 2002, 201.
138 BayObLGZ 1995, 363, 364.
139 BayObLGZ 1995, 363, 365; OLG Zweibrücken FGPrax 1995, 93; BayObLGRpfleger 1996, 191 = FGPrax 1996, 15 m Anm *Keller.*
140 KGJ 20, 275; 45, 205.
141 BayObLG Rpfleger 1972, 275.
142 OLG Ffm OLGZ 1970, 284.
143 KGJ 51, 276; KG JW 1936, 2933; KG OLGZ 1971, 452 = DNotZ 1971, 415.
144 KEHE-*Briesemeister* Rn 16; aA *Bauer/v. Oefele-Budde* § 77 Rn 10; *Hügel/Kramer* Rn 129.
145 KEHE-*Briesemeister* Rn 16 mwN.

abgelehnt hat: Dann bleibt wegen der Bindungswirkung der Beschwerdeentscheidung für Grundbuchamt und Beschwerdegericht die weitere Beschwerde gegen die Zwischenverfügung zulässig (§ 78 Rdn 8).

Mit der Beschwerde kann der sachliche Gehalt der angefochtenen Zwischenverfügung, aber auch nur die **37** Unangemessenheit der gesetzten Frist beanstandet und eine neue Frist verlangt werden;[146] fehlt die Fristsetzung, so kann die Zwischenverfügung allein schon aus diesem Grunde mit Erfolg angefochten werden,[147] ebenso wie aus dem Grund, dass die genaue Bezeichnung der Mittel zur Beseitigung des aufgenommenen Eintragungshindernisses fehlt.[148] Nicht anfechten können Beteiligte eine Zwischenverfügung mit dem Ziel der sofortigen Zurückweisung des Eintragungsantrags[149] (näher zur Beschwerdebefugnis Rdn 126).

Enthält eine Zwischenverfügung **mehrere selbständige Beanstandungen**, so ist **jede** einzelne für sich allein **38** eine selbständig anfechtbare Entscheidung.[150] Gegenstand des Beschwerdeverfahrens ist jeweils nur das in dem angefochtenen Teil der Zwischenverfügung angesprochene Eintragungshindernis[151] (§ 77 Rdn 12).

cc) Eintragung gemäß § 71 Abs 2. (1) Abgrenzung des Regelungsbereichs des Abs 2 von Abs 1. An **39** sich hat auch die Grundbucheintragung zweifelsfrei die Qualität einer Entscheidung iS des Abs 1 (Rdn 17).[152] Abs 2 S 1 erklärt die dagegen gerichtete Beschwerde jedoch für unzulässig. **Gemeint ist damit die auf Beseitigung oder Änderung oder im Falle der Löschung auf Wiedereintragung[153] einer Eintragung gerichtete** (»unbeschränkte«) **Beschwerde.** Unberührt bleiben die auf Eintragung eines Amtswiderspruchs oder auf Amtslöschung einer inhaltlich unzulässigen Eintragung gem § 53 gerichtete (»beschränkte«) Beschwerde (Abs 2 S 2; Rdn 77 ff) bzw die Beschwerde mit dem Ziel der Eintragung eines Vermerks auf Ersuchen der zuständigen Behörde nach Sondervorschriften wie §§ 28 Abs 2 S 3 BBauG, 7 Abs 2 GrdstVG. Auf die bloße Anordnung einer Eintragung durch das Beschwerdegericht (Rdn 23) bezieht sich Abs 2 nicht.[154] Besonderes gilt, wenn es um die Ergänzung einer unvollständigen Eintragung geht (Rdn 66 ff) und wenn mit der Beschwerde die Zurückweisung des Antrags, eine Eintragung zu berichtigen, bekämpft wird (Rdn 72 ff).

Das Gesetz sagt nichts darüber, was unter einer »**Eintragung**« zu verstehen ist. Bei einer Auslegung nach dem **40** Zweck des Gesetzes (Rdn 2 ff) fällt nicht jede Einschreibung in das Grundbuch darunter. Vielmehr trifft die Bestimmung **nur solche Buchungen, die unter dem Schutz des öffentlichen Glaubens des Grundbuchs stehen.** Es muss also die Möglichkeit bestehen – und zwar grundsätzlich abstrakt nach der Natur des eingetragenen Rechts (s aber Rdn 65) –, dass sich daran ein gutgläubiger Erwerb (oder eine Rechtsfolge nach §§ 893, 900, 901 BGB) anschließt.[155] **Handelt es sich nicht um eine derartige Eintragung, so ist die Beschwerde unbeschränkt statthaft.** Insgesamt ist »Eintragung« hier dasselbe wie die Eintragung, die gemäß § 53 als Gegenstand eines Amtswiderspruchs in Betracht kommt; es kann daher im Einzelnen auf die dortigen Erläuterungen verwiesen werden (§ 53 Rdn 7 ff).

Zusammenfassend sei **in diesem Zusammenhang wiederholt:**

Es muss ein **vollendeter und nach öffentlich-rechtlichen Grundsätzen wirksamem Eintragungsakt** **41** **vorliegen** (§ 53 Rdn 10 ff). Vorbereitende Anordnungen, wie die Eintragungsverfügung, oder rein buchungstechnische Maßnahmen, wie etwa die bloße Rötung, sind nicht gemeint (sie sind überhaupt keine Entscheidungen iS des Abs 1; Rdn 24). Wird geltend gemacht, ein unzuständiges Rechtspflegeorgan habe die Eintragung vorgenommen, so ist dies mit der unbeschränkten Beschwerde überprüfbar.[156]

In Frage kommen **Eintragungen jeder Art**, zB die Eintragung als Eigentümer,[157] die Umschreibung eines **42** Erbanteils[158] und die Vereinigung von Grundstücken.[159] Auch die **Löschung** ist eine Eintragung,[160] und demnach gehört die Löschungsfiktion des § 46 Abs 2 bei Nichtübertragung eines Rechts ebenso hierher;[161] im

---

146 *Demharter* Rn 35; KEHE-*Briesemeister* Rn 17.
147 OLG Hamm Rpfleger 1975, 134; KG JFG 7, 398; 8, 342; KG DNotZ 1971, 415; KEHE-*Briesemeister* Rn 17.
148 BayObLGZ 1997, 129.
149 BayObLGZ 1980, 37, 40; OLG Ffm OLGZ 1970, 284; KG DR 1943, 705.
150 KG JFG 8, 236, 237; BayObLGZ 1997, 161 = NJW-RR 1998, 86; OLG Jena FGPrax 1997, 169.
151 BayObLGZ 1984, 136, 138; 1986, 208, 213; 1997, 160.
152 *Weiss* DNotZ 1985, 524, 537; abw *Kollhosser* JA 1984, 714, 721: gemeint sei d »vollzogene Eintragungsverfügung«.
153 BayObLGZ 1989, 136, 138.
154 BayObLG NJW 1983, 1567, 1568.
155 BGHZ 25, 16, 22; 64, 194, 196; BayObLGZ 1987, 431, 432; BayObLG Rpfleger 1993, 58, 59; OLG Ffm Rpfleger 1996, 336.
156 BayObLG Rpfleger 1992, 147 m Anm *Meyer-Stolte*.
157 OLG Oldenburg NdsRpfl 1947, 20.
158 KGJ 40, 168.
159 BayObLGZ 1971, 194, 198; KGJ 31, 243.
160 Es kann also keine zul Beschw auf »Löschung der Löschung« geben; vgl aber OLG Celle NdsRpfl 1998, 89f.
161 RG JFG 3, 22; RGZ 110, 70; 113, 234; KG OLGE 1, 427; JFG 4, 368; KGJ 46, 210.

Anwendungsbereich des § 71 Abs 2 Satz 1 kann also mit der Beschwerde nicht die Wiedereintragung des gelöschten Rechts, sondern nur die Eintragung eines Amtswiderspruchs verlangt werden.[162] Auch die erstmalige **Anlegung eines Grundbuchblatts** steht einer Eintragung gleich: § 125 erklärt in Anlehnung an § 71 ausdrücklich die Beschwerde gegen die Anlegung des Grundbuchblatts für unzulässig und schreibt vor, dass auch hier im Wege der Beschwerde die Anweisung an das Grundbuchamt verlangt werden kann, nach § 53 einen Widerspruch einzutragen oder eine Löschung vorzunehmen.

43   Die Eintragung muss den »Inhalt« des Grundbuchs, also die Rechtsverhältnisse des verzeichneten Grundstücks betreffen (Rdn 45; § 53 Rdn 11 ff). Was eingetragen ist, ergibt sich aus dem Eintragungsvermerk iV mit der zulässigerweise in Bezug genommenen Eintragungsbewilligung (§ 874 BGB; § 53 Rdn 11).

44   Da sich Abs 2 S 1 nur auf den rechtlichen Inhalt des Grundbuchs bezieht, **der unter dem Schutz des öffentlichen Glaubens steht**, ist die jeweils angegriffene Eintragung bei der Prüfung der Zulässigkeit der Beschwerde unter diesem Gesichtspunkt zu untersuchen. So gibt es beispielsw keine Einschränkung für eine auf Löschung einer Grundschuld gerichtete Beschwerde mit der Behauptung, die eingetragene Gläubigerin (Gesellschaft) existiere nicht (§ 53 Rdn 54 b).[163] Es besteht auch kein Grund für eine Beschränkung der Beschwerde gegenüber Vermerken, deren Sinn gerade darin liegt, einen Gutglaubenserwerb zu verhindern (Rdn 51). Bei der Löschung eines Rechts kommt es darauf an, ob es zur Erhaltung seiner Wirksamkeit gegenüber dem öffentlichen Glauben des Grundbuchs der Eintragung bedarf.[164]

45   **(2) Fallgruppen zur Abgrenzung.** Im Einzelnen sind unter dem Blickwinkel, ob Abs 2 einschlägig ist oder Abs 1 eingreift, **folgende Fallgruppen** zu unterscheiden:

46   **(aa) Tatsächliche Angaben. Uneingeschränkt anfechtbar** sind rein **tatsächliche Angaben** (§ 53 Rdn 13). Dazu zählen die Angaben im Bestandsverzeichnis über wirtschaftsart, Lage und Größe (Flächenmaß) sowie über vorhandene Baulichkeiten, ebenso Verlautbarungen über persönliche oder geschäftliche Verhältnisse oder die Rechtsform des eingetragenen Berechtigten. Derartige Angaben können, soweit die Identität des Grundstücks bzw des Berechtigten außer Zweifel steht und unverändert bleibt, von Amts wegen richtig gestellt werden, und zwecks Berichtigung dieser Art kann – ebenso wie gegen derartige Berichtigungen – Beschwerde eingelegt werden. In diesen Bereich gehört es auch, wenn der Beschwerdeführer rein grundbuchtechnische Maßnahmen angreift, also etwa die Rückgängigmachung der Anlegung eines gemeinschaftlichen Grundbuchblattes[165] oder der Aufhebung einer Anteilsbuchung gemäß § 3 Abs 3 verlangt.[166] Ebenso sind hierher zu rechnen die Änderung der bisher falschen Schreibweise des Namens des Berechtigten,[167] auch Berichtigungen zur Rechtsform des eingetragenen Rechtsträgers;[168] etwa, wenn eine BGB-Gesellschaft in eine Personenhandelsgesellschaft,[169] eine OHG in eine KG oder eine KG in eine BGB-Gesellschaft[170] umgewandelt wird; wenn anstatt der Firma der Zweigniederlassung irrtümlich die Firma der Hauptniederlassung eingetragen wurde;[171] es der Beschwerde um die Ergänzung der Eintragung einer Erbengemeinschaft durch Beifügung der Namen der einzelnen Erben geht;[172] oder geltend gemacht wird, eine als Berechtigte eingetragene Stiftung sei in Wirklichkeit nicht rechtsfähig, Rechtsträger sei eine dahinter stehende juristische Person.[173] Dazu gehört auch die Umstellung der Währungsangaben auf Euro.[174]

47   Nicht um rein tatsächliche Umstände handelt es sich dagegen bei denjenigen aus dem Kataster entnommenen Bestandsangaben, die rechtliche Kennzeichnung des Grundstücks ermöglichen, also Gemarkung, Flurstück und Abgrenzung der Fläche, die Gegenstand der Eintragung sein soll (§ 53 Rdn 14). Sie unterliegen dem öffentlichen Glauben des Grundbuchs und sind daher nicht (unbeschränkt) beschwerdefähig. Das gilt zB bei einer Parzellen-Verwechslung[175] oder für die Feststellung, dass ein im Bestandsverzeichnis unter der Nummer eines Grundstücks gebuchtes Flurstück zu diesem Grundstück gehört bzw einem Grundstück eine bestimmte Teilfläche vom Nachbargrundstück zugemessen oder zugeschrieben worden ist,[176] für die verlautbare Selbständigkeit eines (abgeteilten) Grundstücks[177] und für die Abgrenzung des Sondereigentums vom Gemeinschaftseigentum.[178]

---

162 OLG Hamburg Rpfleger 2004, 617, 619.
163 KG NJW-RR 1998, 447.
164 KG Rpfleger 1975, 68; OLG Ffm Rpfleger 1996, 336.
165 KG OLGE 5, 188; RGRK-*Augustin* § 890 Rn 12.
166 OLG Düsseldorf Rpfleger 1992, 473; vgl auch OLG Celle Rpfleger 1992, 473; *Wendt* Rpfleger 1992, 457, 458.
167 KG JFG 8, 241.
168 OLG Stuttgart Rpfleger 1960, 338.
169 LG München MittBayNot 2001, 482 m Anm *Limmer*.
170 BayObLGZ 1948–51, 430 = NJW 1952, 28; KG JFG 1, 371.
171 KGJ 32, 199.
172 OLG Colmar OLGE 11, 5.
173 OLG Stuttgart Rpfleger 1960, 338.
174 *Böhringer* DNotZ 1999, 692, 703f.
175 RGZ 133, 281.
176 RG JW 1911, 458; KG OLGE 8, 213.
177 BayObLG MittBayNot 1981, 125; BayObLG DNotZ 1996, 32, 35 = Rpfleger 1995, 495.
178 BayObLG Rpfleger 1980, 294, 295.

(bb) Fassung/Klarstellungen. Nach seinem Sinn **nicht einschlägig** ist Abs 2 auch, wenn der Beschwerdeführer nur **eine andere Formulierung des Textes der Eintragung** verlangt (sog **Fassungsbeschwerde**)[179]
oder eine Klarstellung anstrebt[180] bzw einen **Klarstellungsvermerk** (§ 53 Rdn 28) bekämpft. Wenn ein Klarstellungsvermerk gelöscht worden ist, kann mit der Beschwerde seine Wiedereintragung verlangt werden.[181]
Überhaupt können alle Verbesserungen verlangt werden, die den »Inhalt« des Grundbuchs unberührt lassen; zB
eine korrekte Firmenbezeichnung[182] oder die Änderung einer irrtümlich in einer falschen Abteilung vorgenommenen Buchung.[183]

48

(cc) Deklaratorische Vermerke. Denselben Regeln wie rein tatsächliche Angaben unterliegen ausschließlich
hinweisende (deklaratorische) Vermerke (§ 53 Rdn 15). Darunter fallen unmittelbar **nicht** die sog **Wirksamkeitsvermerke**, auf ihrer Grundlage (wie auch bei ihrem Weglassen) ist gutgläubiger Erwerb möglich(§ 53
Rdn 16). Die Praxis lässt aber ihre Nachholung (vgl Rdn 67) zu, auch eine auf entsprechende »Klarstellung«
(vgl Rdn 48) gerichtete Beschwerde. [184]

49

(dd) Inhaltlich unzulässige Eintragungen. Mit dem Ziel der Löschung anfechtbar sind **inhaltlich unzulässige Eintragungen** (§ 53 Rdn 100 ff), weil sie nicht unter dem Schutz des öffentlichen Glaubens stehen
können. Dies spricht Abs 2 S 2 Alt 2 – überflüssigerweise – ausdrücklich aus.

50

(ee) Gegenstandslose Eintragungen. Unbeschränkt beseitigt werden können an sich auch **gegenstandslose** Eintragungen (§ 53 Rdn 47). Aus den besonderen Regeln der §§ 84 f, 85 Abs 2 folgt jedoch, dass eine
allein auf Gegenstandslosigkeit gestützte Beschwerde gegen eine Eintragung ausgeschlossen ist.

51

(ff) Eintragungen, die Gutglaubenserwerb verhindern sollen. Unbeschränkt anfechtbar sind naturgemäß
Eintragungen, **die einen Gutglaubenserwerb gerade verhindern sollen**, etwa Veräußerungsverbote (auch
das Zustimmungserfordernis nach § 12 Abs 1 WEG als Inhalt des Sondereigentums[185]), Zwangsversteigerungs-
[186] und Zwangsverwaltungsvermerke, Nacherbenvermerke, **Widersprüche** [187] – natürlich auch Amtswidersprüche – oder Rechtshändigkeitsvermerke, auch der Mithaftungsvermerk gemäß § 48[188] (§ 53 Rdn 48); nicht
dagegen der Vermerk über eine befreite Vorerbschaft, denn die Eintragung der Befreiung des Vorerben kann
gutgläubigen Erwerb ermöglichen.[189]

52

(gg) Vormerkung. Streitig ist, ob und inwieweit die Eintragung einer **Vormerkung** (§ 883 BGB) Gutglaubenserwerb ermöglicht. Dazu § 53 Rdn 49.[190] Nach dem dort vertretenen Standpunkt, wonach gutgläubiger
»Zweit«-Erwerb einer eingetragenen Vormerkung in Betracht kommt, wenn der vorgemerkte Anspruch
besteht, ist eine **unbeschränkte Beschwerde gegen die Vormerkung nur zulässig, wenn der Beschwerdeführer geltend macht, der durch die Vormerkung zu sichernde Anspruch bestehe nicht.** Bei diesem
Ausgangspunkt müsste in demselben Umfang auch die Weiterübertragung einer auf einstweiliger Verfügung
beruhenden Vormerkung unter dem Schutz des guten Glaubens stehen (str),[191] also entgegen der Rspr [192] nur
eine beschränkte Beschwerde in Betracht kommen, wenn der vorgemerkte Anspruch nicht in Frage steht, nicht
anders als bei der Abtretung eines erzwungenen Vollrechts, etwa einer Zwangshypothek.[193]

53

---

179 BayObLGZ 1952, 141 f; 1956, 196, 198; 1972, 373 f; 1988, 124, 126; NJW-RR 1991, 88; OLG Braunschweig Rpfle-
     ger 1964, 119; OLG Düsseldorf Rpfleger 1963, 167; DNotZ 1971, 724; OLG Hamm NJW 1967, 934, 935; OLG
     München JFG 15, 168; KG OLGE 20, 396; KGJ 31, 324; 47, 198, 201; JFG 5, 397, 400; 10, 281; 15, 331, 333; DR
     1944, 255; OLG Schleswig SchlHAnz 1964, 163; OLG Stuttgart Rpfleger 1981, 355; *Holzer* NotBZ 2006, 333.
180 BayObLG MittBayNot 2002, 11.
181 BayObLGZ 1988, 124, 126.
182 LG Meiningen ZfIR 1999, 961 = MittRhNotK 2000, 342.
183 KG JFG 15, 331, 333.
184 BGHZ 141, 169, 171 = FGPrax 1999, 128, 129; OLG Saarbrücken FGPrax 1995, 135; *Bauer/v. Oefele-Budde* Rn 54;
     AA, die aufgegeben wird, Voraufl Rn 49.
185 **Unr** LG Wiesbaden Rpfleger1996, 195.
186 KG HRR 1930 Nr 1509; BayObLG FGPrax 1997, 13 = Rpfleger 1997, 101, 102; **unr** *Steiner-Hagemann* § 19 Rn 17;
     Zöller-Stöber § 19 Rn 6.2; für d Löschung ist – entg 6. Aufl – ein Ersuchen d Vollstreckungsgerichts nicht erforderl; vgl
     BayObLG aaO.
187 BayObLGZ 1952, 24, 26; FGPrax 2004, 209 = Rpfleger 2004, 563.
188 KG HRR 1934 Nr 278.
189 OLG Hamm OLGZ 1971, 448 = Rpfleger 1971, 255.
190 Z Ganzen auch *Hügel/Kramer* Rn 149.
191 *Furtner* NJW 1963, 1484, 1485; *Tempel* JuS 1965, 26, 28; weitergehend – gutgl Ersterwerb: MüKo-*Wacke* § 883 Rn 70;
     abl *Medicus* AcP 163, 16 m Fn 549.
192 BayObLG Rpfleger 1987, 57; Rpfleger 1987, 407; KG Rpfleger 1962, 211, 212; **zust** KEHE-*Briesemeister* Rn 26.
193 Dazu BGHZ 64, 194 = NJW 1975, 1282, 1283 = Rpfleger 1975, 246, 247; BayObLGZ 1975, 398, 402 = Rpfleger
     1976, 66; BayObLG Rpfleger 1982, 98, 99; BayObLG Rpfleger 1985, 106.

54 **(hh) Löschung von Verfügungsbeschränkungen pp.** Die **Löschung** von **Verfügungsbeschränkungen und Vormerkungen** unterliegt dagegen uneingeschränkt dem öffentlichen Glauben und demnach nur der auf Eintragung eines Amtswiderspruchs beschränkten Beschwerde,[194] soweit nicht unzweifelhaft die Voraussetzungen für eine Wiedereintragung mit dem früheren Rang vorliegen, also ein zwischenzeitlicher gutgläubiger vormerkungswidriger Rechtserwerb ausgeschlossen ist;[195] die Ansicht,[196] die Beschwerde gegen die Löschung einer Vormerkung sei generell auf Neueintragung zu richten, ist als[197] überholt anzusehen. **Dasselbe gilt** nach hier vertretener Auffassung (§ 53 Rdn 50) gegenüber der **Löschung eines Widerspruchs**; wer[198] eine Beschwerde mit dem Ziel der Wiedereintragung befürwortet, weil ein Widerspruch gegen die Löschung des Widerspruchs keinen Sinn habe, übergeht, dass – was auch im weiteren Amtsprüfungsverfahren nach § 53 Bedeutung haben kann – der neue Widerspruch nur für die Zukunft wirkt, während der Amtswiderspruch gegen die Löschung klarstellt, dass der Widerspruch zu Unrecht gelöscht worden war und derjenige, der während der Eintragung bis zur Löschung des Widerspruchs ein Recht am Grundstück erworben hat, nicht gutgläubig gewesen sein kann.[199] Die Beschwerde gegen die Löschung rein verfahrensrechtlicher Vermerke gemäß § 18 Abs 2 unterliegt keinen Einschränkungen[200] (vgl § 53 Rdn 50); sie wird aber regelmäßig gegenstandslos sein, weil zwischenzeitlichen Eintragungen der Vorrang nicht mehr genommen werden kann.

55 **(ii) Verdinglichte Vereinbarungen.** Nur beschränkte Beschwerdemöglichkeit besteht grundsätzlich in Bezug auf **sog verdinglichte Vereinbarungen**, etwa die Gemeinschaftsordnung der Wohnungseigentümer.[201] Näheres § 53 Rn 50. Entsprechend dem dort Ausgeführten wären derartige Eintragungen allerdings insoweit uneingeschränkt angreifbar, als sie sich nach ihrem Gesamteindruck objektiv als rechtlich bedenklich (makelhaft) aufdrängen (§ 53 Rdn 52) oder es sich auf den ersten Blick um AGB handelt, die gegen das AGBG[202] verstoßen (§ 53 Rdn 53). Eine Beschwerde mit dem Ziel der Löschung hätte allerdings praktisch kaum Sinn, weil die dann zu entscheidenden materiell-rechtlichen Fragen im Grundbuchbeschwerdeverfahren nur ausnahmsweise abschließend geklärt werden könnten.

56 **(jj) Nicht eintragungsbedürftige, eingetragene Rechte.** **Nicht eintragungsbedürftige**, jedoch **eingetragene Rechte**, insb altrechtliche Grunddienstbarkeiten, oder nach Eintragung deren Löschung unterliegen dem Gutglaubenserwerb (s § 53 Rdn 54), mit der Folge, dass **nur eine beschränkte Beschwerde** möglich ist.[203]

57 **(kk) Bergwerkseigentum.** An die Eintragung von Berwerkseigentum kann sich gutgläubiger Erwerb anschließen, nicht aber an die Löschung desselben (§ 53 Rdn 55). Es gibt also ersterenfalls nur die beschränkte, letzterenfalls[204] die unbeschränkte Beschwerde.

58 **(ll) Nicht-Existenz der eingetragenen Gläubigerin.** Wird mit dem Rechtsmittel geltend gemacht, die eingetragene Gläubigerin eines eingetragenen Rechts existiere als Rechtssubjekt überhaupt nicht, so ist mangels Möglichkeit eines gutgläubigen Erwerbs (§ 53 Rdn 56) auf der Grundlage dieses – für die Zulässigkeitsprüfung als wahr zu unterstellenden[205] – Vorbringens die Beschwerde unbeschränkt zulässig.[206] Soweit (im Rahmen der Prüfung der Begründetheit einer solchen Beschwerde) teilweise der Standpunkt vertreten worden ist, eine Grundbuchberichtigung nach § 22 komme überhaupt nur für solche Eintragungen in Betracht, die der Möglichkeit des gutgläubigen Erwerbs unterliegen[207], findet dies im Gesetz keine Stütze (§ 53 Rdn 3).

---

194 BGHZ 60, 46, 51; BGH NJW 1983, 1567, 1568; BayObLG NJW 1983, 1567, 1568.
195 Vgl BayObLGZ 1961, 63; LG Konstanz MittRhNotK 1984, 81; *Palandt-Bassenge* § 886 Rn 8.
196 KG JFG 5, 328 unter Berufung auf KGJ 43, 209; 50, 173.
197 Seit RGZ 129, 184; 132, 419.
198 KEHE-*Kuntze* Rn 32 (bis 4. Aufl; anders: KEHE-*Briesemeister* Rn 32); *Bauer/v. Oefele-Budde* Rn 55 (anders: *Bauer/v. Oefele-Meincke* § 53 Rn 35); eingehend, iErg wie hier, *Hügel/Kramer* Rn 252–154; vgl auch *Westermann-Eickmann* § 89 III 3; v OLG Hamm NJW-RR 1996, 530 offengel.
199 BayObLGZ 1989, 136, 138, 139; KG HRR 1934 Nr 1223; *Demharter* § 53 Rn 31; § 71 Rn 44.
200 Offengel v KG DNotZ 1973, 33.
201 BayObLG Rpfleger 1982, 63; *Bauer/v. Oefele-Budde* Rn 45.
202 jetzt §§ 305–310 BGB idF d Ges v 26. November 2001 (BGBl I 3138).
203 BGHZ 104, 139 = NJW 1988, 2037 = Rpfleger 1988, 353, 354; *Demharter* Rn 51; KEHE-*Briesemeister* Rn 31; w der abw Rsspr d RG § 53 Rdn 54.
204 OLG Ffm Rpfleger 1996, 336, 337; *Demharter* Rn 45.
205 Vgl OLG FfM ZfIR 2005, 254, 255.
206 KG FGPrax 1997, 212 = NJW-RR 1998, 447; OLG FfM ZfIR 2005, 245 mAnm *Dümig* aaO S 240 f.
207 OLG FfM ZfIR 2005, 254, 255; *Bauer/v. Oefele-Kohler* § 22 Rn 1 aA KG FGPrax 1997, 212 = NJW-RR 1998, 447; KEHE-*Dümig* § 22 Rn 20; *Dümig* ZfIR 2005, 240, 242.

(mm) Nicht übertragbare Rechte. In welchem Umfang gegen **nicht übertragbare Rechte** eine   **59**
Beschwerde in Betracht kommt, ist mit der Frage zu beantworten, ob gegen derartige Eintragungen ein Widerspruch veranlasst sein kann. Insoweit wird auf § 53 Rdn 57 verwiesen. Danach kann Abs 2 S 2 einschlägig sein.[208] Gegen die **Löschung** einer solchen Eintragung kommt allemal nur die beschränkte Beschwerde in Betracht.[209]

(nn) Eintragung des Eigentumsverzichts. **Unbeschränkt anfechtbar** ist die Eintragung eines **Verzichts**   **60**
auf das Grundstückseigentum (§ 928 Abs 1 BGB), weil das daran anknüpfende Aneignungsrecht (§ 928 Abs 2 BGB) nur einen originären Rechtserwerb ermöglicht, also nicht § 892 BGB unterliegt (§ 53 Rdn 58).[210]

(oo) Gemeinschaftliches Recht ohne Angaben nach § 47. **Kein Grund für eine Beschränkung des**   **61**
Beschwerderechts besteht, wenn die Beschwerde sich gegen eine **Grundbuchunrichtigkeit wendet, die für jeden Dritten ohne weiteres erkennbar ist**; etwa, wenn bei Eintragung eines gemeinschaftlichen Rechts die durch § 47 vorgeschriebenen Angaben unterblieben sind (§ 53 Rdn 59).[211]

(pp) Eintragungen entgegen realen Grundstücksverhältnissen. **Unbeschränkt** gegeben ist die   **62**
Beschwerde gegen Eintragungen, soweit sie **mit realen Gegebenheiten des Grundstücks unvereinbar** sind, die ihrerseits vom öffentlichen Glauben des Grundbuchs unberührt bleiben (vgl § 53 Rdn 60).

(qq) Eintragungen in Widerspruch zum öffentlichen Recht. **Keinen Beschränkungen** unterliegt die   **63**
Beschwerde auch bezüglich Eintragungen, die in **Widerspruch zu öffentlich-rechtlichen Verfügungssperren oder Umgestaltungen** mit sachenrechtlicher Wirkung stehen (vgl § 53 Rdn 61).

(rr) Vollstreckungsunterwerfung. **Unbeschränkte Beschwerde** gibt es auch gegen die **Eintragung einer**   **64**
Vollstreckungsunterwerfung gemäß § 800 Abs 1 S 2 ZPO, weil diese nur ein prozessuales Nebenrecht ist und keinem gutgläubigen Erwerb unterliegt.[212] Etwas anderes gilt wiederum, wenn die dingliche Unterwerfungsklausel zu Unrecht gelöscht wird (§ 53 Rdn 62).

(ss) Eintragung, bei der nach dem konkreten Grundbuchinhalt ein Gutglaubenserwerb ausgeschlossen ist. Ob eine Eintragung einen Gutglaubenserwerb ermöglicht, ist an sich eine Frage der **abstrakten**   **65**
Natur des eingetragenen Rechts (Rdn 40). Im Einzelfall kann sich jedoch aus dem **konkreten Stand des Grundbuchinhalts** etwas anderes ergeben. So steht zwar die Eintragung einer – inhaltlich zulässigen – Zwangshypothek an sich unter dem öffentlichen Glauben[213] (abgesehen von dem Fall, dass die Forderung fehlt, § 1185 Abs 2 BGB[214]). Lässt sich aber aus dem Grundbuch entnehmen, dass in der Vergangenheit kein gutgläubiger Erwerb stattgefunden haben und wegen eines zwischenzeitlich eingetragenen Amtswiderspruchs auch in der Zukunft nicht stattfinden kann, ist ausnahmsweise die unbeschränkte Beschwerde mit dem Ziel der **Löschung** gegeben.[215] Dies kann allgemein ohne vorherige Eintragung eines Amtswiderspruchs für Zwangshypotheken und sonstige Rechte gelten, bei denen Verfügungen eintragsbedürftig sind.[216]

(3) Sonderprobleme im Bereich zwischen Abs 2 und 1. (aa) Unvollständige Eintragungen. Ist die   **66**
vollzogene Eintragung gemessen am Eintragungsantrag bzw den gesetzlichen Erfordernissen **unvollständig** und betrifft die Unvollständigkeit einen Punkt auf den der öffentliche Glaube des Grundbuchs Anwendung findet – sonst besteht ohne weiteres ein mit der Beschwerde verfolgbarer Ergänzungsanspruch –, so sind zwei Fallgruppen zu unterscheiden:

---

208 Vgl BayObLGZ 1954, 149; BayObLG Rpfleger 1982, 14; BayObLG MittBayNot 1991, 79; *Demharter* Rn 43; KEHE-*Briesemeister* Rn 31.
209 KG Rpfleger 1975, 68.
210 OLG Zweibrücken OLGZ 1980, 139.
211 RG JW 1934, 2612; KEHE-*Briesemeister* Rn 29 m d zweifelh Begr, § 47 sei nur eine Ordnungsvorschrift (immerhin kann Verstoß z GB-Unrichtigkeit führen).
212 BGHZ 108, 372, 375 = NJW 1990, 258, 259; KG DNotV 1932, 30 = HRR 1931 Nr 1704; OLG München JFG 15, 260 = HRR 1937 Nr 1083.
213 BGHZ 64, 194; BayObLG Rpfleger 1982, 98; BayObLG Rpfleger 1995, 106; OLG Celle NdsRpfl 1990, 8, 9: OLG Hamm Rpfleger 1973, 440; OLG Hamm NJW-RR 1998, 87; KG OLGZ 1987, 257 Rpfleger 1987, 301; KG Rpfleger 1988, 359, 360; OLG Köln OLGZ 1967, 499; *Habermeier*, 104.
214 *Habermeier*, 104; BayObLG Rpfleger 1995, 106, 107.
215 BGHZ 64, 194 = NJW 1975, 128 = Rpfleger 1975, 246; OLG Ffm OLGZ 1981, 261, 262 = Rfleger 1981, 312; OLG FfM FGPrax 1998, 205 = ZflR 1998, 384.
216 *Dümig* Rpfleger 2004, 1, 16 m Fn 208.

67   Die Unvollständigkeit betrifft lediglich (»quantitativ«[217]) den **Umfang** des eingetragenen Rechts. Dann kann, soweit die Eintragungsgrundlagen noch gegeben sind – uU mit Rangverlust – Nachholung der unterbliebenen Eintragung erfolgen (§ 53 Rdn 19) und auch mit der Beschwerde verlangt werden. Das zulässige Ziel eines solchen Rechtsmittels ist allerdings nicht eigentlich eine Ergänzung der bisherigen Eintragung, sondern eine neue, selbständige Eintragung.[218]

68   Die Unvollständigkeit bezieht sich (»qualitativ«[219]) auf den **Inhalt** des Rechts (s § 53 Rdn 20; weiteres Beispiel: ein an der Forderung bestehendes Pfandrecht ist nicht miteingetragen worden[220]). In solchen Fällen kommt eine Nachholung grundsätzlich nicht in Frage. Vielmehr ist der Eintragungsantrag als durch die vorgenommene Eintragung erledigt anzusehen, und es kommt nur die Beschwerde mit dem Ziel der Eintragung eines Amtswiderspruchs in Betracht, wenn der Beschwerdeführer geltend macht, das Grundbuch sei infolge der betreffenden Unvollständigkeit der Eintragung unrichtig.[221]

69   Zweifelhaft ist die Einordnung der Fälle, in denen das Grundbuchamt einen vereinbarten **Rangvermerk** oder **Rangvorbehalt** nicht eingetragen hat. Siehe § 53 Rdn 21. Nach dort vertretener Ansicht ist eine nachträgliche Ergänzung abzulehnen.[222] Auch für die Eintragung eines Amtswiderspruchs ist regelmäßig mangels Grundbuchunrichtigkeit kein Raum; es gibt also weder eine unbeschränkte Beschwerde, noch wird normalerweise eine beschränkte Beschwerde im Ergebnis Erfolg haben.[223] Beschwerde mit dem Ziel eines Amtswiderspruchs kommt dagegen in Betracht, wenn der wirkliche Rang nicht richtig ausgewiesen oder ein nicht vereinbarter Rangvorbehalt eingetragen ist (§ 53 Rdn 21). Ähnliches könnte für einen unterbliebenen **Wirksamkeitsvermerk** (§ 53 Rdn 16) gelten. Die Praxis erlaubt jedoch die Nachholung[224] (Rdn 49; § 53 Rdn 21).

70   Eine Verpflichtung des Grundbuchamtes zur Nachholung, mithin auch die darauf gerichtete Beschwerde kommt grundsätzlich in Betracht, wenn bei der Eintragung **von Amts wegen gebotene (§§ 47, 48, 51, 52) Vermerke unterblieben** sind; allerdings nur, solange der Tatbestand gegeben ist, an den das Gesetz die Amtseintragung anknüpft, und bis zu einem Dritterwerb (von da ab allenfalls Amtswiderspruch; § 53 Rdn 23 ff). Eine Nachholung entfällt ganz im Falle des Unterbleibens der Mitübertragung eines Rechts (§ 46 Abs 2); wie gegenüber einem Löschungsvermerk kommt nur die auf Eintragung eines Amtswiderspruchs gerichtete beschränkte Beschwerde in Betracht.

71   Nachträgliche Vervollständigung einer **wegen Fehlens wesentlicher Angaben inhaltlich unzulässigen Eintragung** wäre ordnungswidrig (§ 53 Rdn 22), und sie kann daher auch nicht mit der Beschwerde verfolgt werden.

72   **(bb) Zurückweisung eines Berichtigungsantrags.** Lehnt das Grundbuchamt einen **Antrag auf Berichtigung einer Eintragung ab**, so ist die Frage, inwieweit dagegen die Beschwerde gegeben ist, im Spannungsfeld **zwischen § 71 Abs 1 und Abs 2** zu lösen; teilweise gelten dieselben Regeln wie bei der Zurückweisung eines sonstigen Eintragungsantrags, teilweise greifen die Beschränkungen ein, denen die Beschwerde gegen Eintragungen unterliegt:

73   **Keine Besonderheiten** gelten, wenn der zurückgewiesene »Berichtigungsantrag« lediglich eine **Richtigstellung in tatsächlicher Hinsicht** oder eine **Klarstellung** zum Ziel hat oder Berichtigung **von Eintragungen** verlangt wird, **die nicht unter dem Schutz des öffentlichen Glaubens des Grundbuchs stehen**; die Beschwerde ist wie unmittelbar gegen die Eintragung auch gegen die Zurückweisung des Berichtigungsantrags unbeschränkt zulässig.[225]

74   Unproblematisch sind auch die Fälle, in denen Berichtigung der Eintragung mit der Behauptung verlangt wird, das Grundbuch sei **nachträglich** durch außerhalb des Grundbuchs vor sich gehende Rechtsvorgänge **unrichtig geworden.** Dann richtet sich die Beschwerde gegen die Ablehnung der Berichtigung nicht gegen die Vornahme der Eintragung als solche, sondern dagegen, dass das Grundbuchamt sie trotz der geltend gemachten Änderungen weiter bestehen lässt, und ist daher wie sonst bei der Zurückweisung eines Eintragungsantrags (Rdn 32 ff) **unbeschränkt gegeben.**[226] Um nachträgliche Unrichtigkeit handelt es sich auch bei einer späteren

---

217 KEHE-*Eickmann* § 53 Rn 22 (bis 3. Aufl).
218 KG OLGE 21, 412; KGJ 42, 256, 258; LG Düsseldorf Rpfleger 1963, 50; *Haegele* Rpfleger 1971, 237, 239; *Demharter* Rn 48; KEHE-*Briesemeister* Rn 35; *Hügel/Kramer* Rn 122; *Bauer/V.Oefele-Budde* Rn 54.
219 KEHE-*Eickmann* § 53 Rn 22 (bis 3. Aufl).
220 KG JFG 4, 413, 417; KEHE-*Briesemeister* Rn 35; *Bauer/V.Oefele* Rn 54.
221 *Demharter* Rn 52; wohl auch KEHE-*Briesemeister* Rn 35; *Hügel/Kramer* Rn 123.
222 **AA** *Demharter* Rn 48; KEHE-*Briesemeister* Rn 35 m Fn 120.
223 *Hügel/Kramer* Rn 159.
224 **AA** – unbeschränkte Beschwerde auf Eintragung – BGHZ 141, 169, 171 für d dortigen Fall.
225 BayObLG Rpfleger 1993, 58; OLG Ffm 1996, 336: Löschung eines Bergwerkseigentums.
226 RGZ 110, 65, 71; 110, 87, 89; BayObLG RpflJB 1933, 60; BayObLGZ 1952, 157, 159; BayObLG NJW-RR 1999, 506, 507; KGJ 39, 283; KG JFG 1, 3, 166, 367; 2, 33, 38; *Demharter* Rn 29; KEHE-*Briesemeister* Rn 44.

Gesetzesänderung, auch dann, wenn diese rückwirkende Kraft hat.[227] Ebenso zu beurteilen ist eine Arresthypothek, die mit dem ungenutzten Ablauf der Zustellfrist des §29 Abs 3 S 2 ZPO (allerdings rückwirkend) unwirksam geworden ist.[228]

Unbeschränkt zulässig ist auch die Beschwerde gegen die Zurückweisung eines auf die **Berichtigungsbe-** 75
willigungen aller Betroffenen gestützten Berichtigungsantrags, weil auch ein solcher Antrag nicht die Vornahme der vorliegenden Eintragung beanstandet, sondern sachlich auf eine neue Eintragung abzielt.[229]

Anders werden dagegen in ständiger, wenn auch nicht unumstrittener Rechtspraxis die Fälle behandelt, in 76
denen mit dem Berichtigungsantrag erfolglos **ursprüngliche Unrichtigkeit** der Eintragung geltend gemacht wird: Dann richtet sich das Rechtsmittel in Wahrheit gegen die Vornahme der Eintragung selbst, und in der Zulassung der unbeschränkten Beschwerde liegt eine unstatthafte Umgehung des Abs 2 S 1, gleich, ob die Behauptung, die Eintragung sei von Anfang an unrichtig gewesen, auf die ursprünglichen Eintragungsunterlagen oder auf neue Tatsachen oder Beweise gestützt wird; zulässig ist demnach nur eine auf die Eintragung eines Amtswiderspruchs beschränkte Beschwerde.[230] Das führt allerdings zu dem eigentlich systemwidrigen Ergebnis, dass die Entscheidungsbefugnis des Grundbuchamtes gemäß §22 in Fällen ursprünglicher Unrichtigkeit uU[231] weitergeht als die des Beschwerdegerichts. Dies muss jedoch nach geltendem Recht als Ergebnis dessen hingenommen werden, dass §71 Abs 2 S 1 und §22 – nach Ausweitung letzterer Vorschrift auf Grundbuchberichtigung auch auf Unrichtigkeitsnachweis – nicht vollständig aufeinander abgestimmt sind[232] (Rdn 4). Die Annahme, die Ablehnung eines Berichtigungsantrags sei nach Abs 1 in jedem Falle uneingeschränkt anfechtbar, würde Abs 2 S 1 inhaltlich dahin degradieren, den, der eine berichtigende Eintragung begehrt, die nicht von Amts wegen vorzunehmen ist, in die erste Instanz zu verweisen;[233] die Vorschrift würde also entgegen ihrem Wortlaut und Regelungszusammenhang für solche Fälle praktisch gegenstandslos. Soweit demgegenüber darauf hingewiesen wird,[234] ein im Beschwerdeverfahren weiterverfolgter Berichtigungsantrag könne einen einmal erfolgten gutgläubigen Erwerb nicht gefährden, weil er nicht dazu führe, die Eintragung rückwirkend zu beseitigen, ist festzuhalten, dass zwar eine Beschwerde gegen eine Eintragung iS einer Berichtigung ex nunc denkbar sein mag, vom Gesetz aber gleichwohl ausgeschlossen worden ist. Allemal unhaltbar ist es, aus Abs 2 2. Alt, der sich nach Regelungszusammenhang und Entstehungsgeschichte nur auf Amtslöschungen gemäß §53 bezieht, auf die Statthaftigkeit der Beschwerde mit dem Ziel der Löschung einer Eintragung wegen Grundbuchunrichtigkeit zu schließen.[235] Die Streitfrage hat dadurch an Bedeutung verloren, dass die Rspr aus dem Anwendungsbereich des Abs 2 S 1 die Fälle herausgenommen hat, in denen nach dem konkreten Inhalt des Grundbuchs die Möglichkeit eines gutgläubigen Erwerbs für die Vergangenheit wie auch für die Zukunft ausscheidet (Rdn 2, 65). In den übrigen Fällen mag derjenige, der sich auf einen Berichtigungsanspruch beruft, diesen im Prozesswege weiterverfolgen (§894 BGB), wenn er mit seinem auf den Nachweis der Unrichtigkeit gestützten Berichtigungsantrag beim Grundbuchamt keinen Erfolg hat. Das Grundbuchbeschwerdeverfahren wäre in derartigen Fällen ohnehin für eine abschließende Klärung, ob Grundbuchunrichtigkeit vorliegt, häufig ungeeignet.[236]

(4) Beschränkte Beschwerde gegen eine Eintragung gemäß Abs 2 S 2. (aa) Allgemeines. Von der 77
Regel des Abs 2 S 1, dass die Beschwerde gegen eine Eintragung unzulässig ist, macht S 2 eine Ausnahme.
Danach ist die Beschwerde insoweit zulässig, als mit ihr nicht uneingeschränkt die Beseitigung angestrebt, son-

227 KGJ 39, 283; 51, 143; KG JFG 1, 367; **aA** 6. Aufl Bem 36.
228 Vgl d Fall BayObLG Rpfleger 1993, 397.
229 RGZ 133, 279, 280; BGHZ 108, 372, 373; KGJ 39, 288; 48, 186; KG JFG 3, 406; 4, 404; KG HRR 1928 Nr 1875; *Jansen* NJW 1965, 619.
230 RGZ 55, 404; 88, 90; 110, 65, 71; 110, 87, 90; BayObLG 10, 91; BayObLGZ 1952, 157; BayObLG Rpfleger 1980, 151, 152; 1982, 98, 99; BayObLG DNotZ 1982, 254, 255; BayObLGZ 1986, 317, 319; BayObLG BWNotZ 1988, 165; BayObLG DNotZ 1996, 30; BayObLG NJW-RR 1999, 506, 507; OLG Celle NJW 1955, 1234 = DNotZ 1955, 396; OLG Celle NdsRpfl 1990, 8, 9; OLG Düsseldorf Rpfleger 1963, 287; OLG Ffm Rpfleger 1979, 418; OLG Ffm Rpfleger 1996, 336; OLG Hamm OLGZ 1969, 304; OLG Hamm Rpfleger 1971, 225; OLG Hamm Rpfleger 1993, 486; KGJ 39, 283; KG JFG 5, 327; KG OLGZ 1965, 72 = DNotZ 1965, 683 = Rpfleger 1965, 232; OLG Oldenburg NdsRpfl 1947, 20; OLG Schleswig SchlHAnz 1958, 9; *Bauer/v. Oefele-Budde* Rn 57 ff; *Demharter* Rn 30; KEHE-*Briesemeister* Rn 44; *Jansen* NJW 1965, 619; offengel v BGHZ 64, 194 = NJW 1975, 1282 = Rpfleger 1975, 246; **aA** *Wolff-Raiser* §22 Fn 6; *Deubner* JuS 1961, 397, 398 Fn 14; *Köstler* JR 1987, 402; *Lüke* Fälle zum Zivilverfahrensrecht Bd 2, 128, 129; *Tempel* JuS 1965, 26, 29; *Otte* NJW 1964, 634; *Weirich* GrundstücksR Rn 440 ff, 44; z ält Schrifttum *Güthe-Triebel* Rn 8; gegen d hM auch – mit für d Probleme d praktischen Bewältigung in d neuen Bundesländern beachtl Hinweisen – BezG Gera Rpfleger 1994, 106.
231 Abgesehen v – bedenkl – Beschränkungen d Prüfungsbefugnis, soweit d GBA »die ihm bekannte Rechtslage unrichtig beurteilt« habe, §53 Rdn 3; §22 Rdn 8.
232 *Güthe-Triebel* Rn 8.
233 *Otte* NJW 1964, 634, 637.
234 Vgl *Deubner* JuS 1961, 397, 398 Fn 14; *Otte* NJW 1964, 634, 637; *Tempel* JuS 1965, 26, 29 Fn 7.
235 So aber *Köstler* JR 1987, 402.
236 *Jansen* NJW 1965, 619, 623; *Weiss* DNotZ 1985, 525, 534, 535.

dern das Vorliegen der Voraussetzungen des § 53 behauptet und aufgrund dessen die Eintragung eines Amtswiderspruchs oder die Löschung als inhaltlich unzulässig verlangt wird. Die Ausnahme geht also **grundsätzlich so weit wie der Anwendungsbereich des § 53.**[237] Eine Besonderheit liegt jedoch darin, dass in diesem Rahmen eine vom Beschwerdeführer zu seinem Rechtsschutz durchsetzbare Verpflichtung zur Anordnung einer Amtstätigkeit besteht, zu der das Grundbuchamt sonst nur »angeregt« werden kann. Daraus kann sich auch ein unterschiedlicher Maßstab bei der sachlichen Prüfung ergeben (Rdn 82).

78 **(bb) Auslegung des Beschwerdeantrags.** Die Anweisung des Grundbuchamtes durch das Beschwerdegericht zur Eintragung eines Amtswiderspruchs oder zur Amtslöschung setzt ein entsprechendes **Verlangen voraus, das im Wege der Beschwerde angebracht wird.** Es genügt bspw nicht die erstmalige Geltendmachung eines Widerspruchs mit dem Antrag auf Zurückweisung einer Beschwerde gegen eine Löschungsanordnung, die ein anderer Beteiligter erwirkt hat.[238] Der Beschwerdeantrag braucht **nicht ausdrücklich** auf eine Maßnahme nach § 53 gerichtet zu sein. **Regelmäßig ist anzunehmen, dass der Beschwerdeführer einerseits das Rechtsmittel mit dem zulässigen Inhalt einlegen, andererseits das angestrebte Ziel, die Beseitigung einer Eintragung, die er für falsch hält, auf jede nur rechtlich mögliche Weise erreichen will.**[239] Wenn sich nicht ausnahmsweise aus einer entsprechenden Erklärung oder den Umständen etwas anderes ergibt, wird also in dem Verlangen, eine Eintragung zu beseitigen oder eine gelöschte Eintragung wieder vorzunehmen, zumindest auch (hilfsweise) das Begehren enthalten sein, einen Widerspruch einzutragen.[240] Nichts anderes gilt, wenn die Beschwerde sich – unzulässigerweise (Rdn 76) – gegen die Zurückweisung eines Berichtigungsantrags richtet, mit dem die Löschung einer vollzogenen, angeblich von Anfang an unrichtigen Eintragung verlangt worden war.[241] Eine solche Deutung des Antrags wird erst ausscheiden, wenn schon ein Amtswiderspruch, nicht ohne weiteres jedoch, wenn ein Widerspruch nach § 899 BGB eingetragen ist.[242] Umgekehrt ist, wenn der Beschwerdeführer die Eintragung eines Amtswiderspruchs beantragt, während in Wirklichkeit eine inhaltlich unzulässige Eintragung vorliegt, das Begehren regelmäßig als auf die Amtslöschung der Eintragung gerichtet umzudeuten.[243] Die Löschung wegen inhaltlicher Unzulässigkeit hält sich auch noch im Rahmen des gestellten Beschwerdeantrags, wenn dieser auf eine Löschung im Wege der Grundbuchberichtigung gerichtet war.[244] Vgl auch § 77 Rdn 8.

79 Der Beschwerdeführer kann entweder beschränkte Beschwerde einlegen oder zunächst beim Grundbuchamt die Eintragung eines Amtswiderspruchs anregen. Die Ablehnung der Anregung, einen Amtswiderspruch einzutragen, ist aber nicht neben einer gemäß Abs 2 S 2 eingelegten beschränkten Beschwerde gesondert anfechtbar.[245]

80 Hat das Grundbuchamt **auf Anordnung des LG als Beschwerdegericht eine beantragte Eintragung vorgenommen,** so ist, wenn der Eigentümer mit der Beschwerde einen Antrag auf Löschung der genannten Eintragung stellt, das Rechtsmittel, auch in der Beschränkung nach Abs 2 S 2, grundsätzlich unzulässig, weil es insoweit an einer eigenständigen Sachentscheidung des Grundbuchamtes fehlt (Rdn 8) und der Beschwerdeführer die gleichen Rechtsfragen wie in dem vorausgegangenen Beschwerdeverfahren erneut zur Entscheidung bringt.[246] Es gibt insoweit zwar keine materielle Rechtskraft ieS. Wegen der Bindung des Grundbuchamtes und der tätig gewordenen Beschwerdeinstanzen (Vor § 71 Rdn 23; § 77 Rdn 43 ff; § 80 Rdn 39 ff) an die Beschwerdeentscheidung in dem vorausgegangenen Verfahren ist aber Raum für eine erneute Sachprüfung nur bei veränderter Sachlage oder, wenn vorher ersichtlich von einem unzutreffenden Sachverhalt ausgegangen worden war (§ 77 Rdn 44).

81 **(cc) Sachliche Voraussetzungen für Maßnahmen nach Abs 2 S 2.** Ob ein Amtswiderspruch einzutragen oder die angegriffene Eintragung als inhaltlich unzulässig zu löschen ist, beurteilt sich **grundsätzlich nach den Maßstäben des § 53,** auf den § 71 Abs 2 anscheinend uneingeschränkt Bezug nimmt. Es ist also auf die Erläuterungen zu dieser Vorschrift zu verweisen, jedoch mit der Besonderheit (Rdn 3, 7):

82 Soweit mit der beschränkten Beschwerde die Eintragung eines Amtswiderspruchs begehrt wird, muss ua festgestellt werden, dass die Eintragung unter Verletzung gesetzlicher Vorschriften vorgenommen wurde. Nach allge-

---

237 AA *Köstler* JR 1987, 402, 403.
238 OLG Stuttgart Justiz 1969, 136.
239 BayObLG Rpfleger 1980, 64; BayObLGZ 1987, 231, 235 = Rpfleger 1987, 450, 451; OLG Hamm OLGZ 1977, 267.
240 RGZ 110, 69, 91; RG JFG 3, 26; BayObLG Rpfleger 1980, 64; RdL 1981, 268, 269; KG JFG 12, 301, 303; OLG Naumburg VIZ 2004, 337; *Demharter* Rn 55; KEHE-*Briesemeister* Rn 45; *Riedel* Rpfleger 1969, 149, 154.
241 OLG Braunschweig NdsRpfl 1949, 105.
242 *Demharter* Rn 55; KEHE-*Briesemeister* Rn 46; vgl KG JFG 12, 303.
243 BayObLG 1991, 139, 141; RGZ 60, 279; OLG Hamm OLGZ 1977, 264, 268; KGJ 31, 131.
244 OLG Zweibrücken Rpfleger 1977, 305, 306.
245 BayObLG Rpfleger 1975, 48 (Ls b *Stangelmair* 45 ff) geg OLG München JFG 14, 107.
246 OLG Ffm NJW 1963, 2033 = DNotZ 1964, 497; *Schöner/Stöber* Rn 475; **aA** KEHE-*Briesemeister* Rn 45.

meiner Rechtspraxis[247] (§ 53 Rdn 77) ist dieses Tatbestandselement nicht gegeben, soweit das Grundbuchamt auf den ihm unterbreiteten Sachverhalt das Gesetz richtig angewandt hat, auch wenn dieser Sachverhalt unrichtig war, es sei denn, dass die Unrichtigkeit dem Grundbuchamt bekannt war oder bei gehöriger Prüfung erkennbar gewesen wäre. Überträgt man diese aus § 53 hergeleitete Auslegung uneingeschränkt in den Anwendungsbereich des Abs 2 S 2, so ergibt sich jedenfalls bei Eintragungen mit **vollstreckungsrechtlichem** Bezug ein Konflikt mit dem **Gebot effektiven Rechtsschutzes**, etwa wenn das Grundbuchamt ohne vorherige Anhörung des Schuldners eine Zwangshypothek in Unkenntnis eines Einstellungsbeschlusses eingetragen hat. In einem solchen Fall, aber auch wenn etwa der Gläubiger unerkennbar falsche Vollstreckungsunterlagen vorgelegt hatte, muss es für die Anordnung der Eintragung eines Amtswiderspruchs im Beschwerdewege ausreichen, dass die Eintragung objektiv der Rechtsordnung widerspricht, weil bestimmte, im Allgemeinen in die Prüfungskompetenz des Grundbuchamtes[248] fallende Vollstreckungsvoraussetzungen fehlen oder -hindernisse vorliegen.[249] Darüber hinaus wäre zu erwägen, ob nicht dieser Maßstab im Grundbuchbeschwerdeverfahren[250] – anders als im reinen Amtsverfahren des Grundbuchamtes – generell Geltung erlangen sollte, weil der Normzweck des Abs 2 S 2 insoweit über den des § 53 hinausgeht.[251] Nach Auffassung des BGH,[252] der die Streitfrage nicht allgemein entschieden hat, besteht ein Bedürfnis zur Eintragung eines Widerspruchs im Wege der Beschwerde zur Gewährleistung effektiven Rechtsschutzes jedenfalls nicht schon dann, wenn das GBA eine Zwangshypothek in das Grundbuch eingetragen hat, weil das Grundbuch im Zeitpunkt der Eintragung nicht berichtigt war und das GBA von der Unrichtigkeit des Grundbuchs keine Kenntnis hatte: der wahre Eigentümer kann sein die Veräußerung hinderndes Recht mit der Drittwiderspruchsklage nach § 771 ZPO geltend machen (vgl § 53 Rdn 70).

d) Sonstige nach Abs 1 anfechtbare sachliche Entscheidungen. aa) Anlegung eines Grundbuchblatts. Gegen die **Anlegung eines Grundbuchblatts** kann wie gegen einzelne Eintragungen die beschränkte oder die unbeschränkte Beschwerde in Betracht kommen, je nach dem, ob der Inhalt dem öffentlichen Glauben untersteht – dann § 125 nF[253] – oder nicht (Rdn 42). Die unbeschränkte Beschwerde ist gegeben gegen **die Ablehnung der Anregung**, ein Grundbuchblatt für ein Grundstück anzulegen.[254] **83**

Die Anlegung, Fortführung oder Aufhebung eines **gemeinschaftlichen Grundbuchblatts** (§ 4) ist stets unbeschränkt anfechtbar, weil sie keine »Eintragung« (Rdn 40) ist, sondern eine auf Zweckmäßigkeitserwägungen beruhende Maßnahme ohne materiell-rechtliche Folgen (§ 3 Rdn 25).[255] Ebenso, wenn das Grundbuchamt entgegen dem auf Vereinheitlichung gerichteten Antrag ein Grundstück als selbständiges Grundstück gebucht hat.[256] Dasselbe gilt für die **Schließung eines Grundbuchblatts**.[257] **84**

bb) Brieferteilung. Mit der **Brieferteilung** zusammenhängende Entscheidungen, zB Verfügungen bezüglich seiner Herstellung,[258] seiner Ergänzung, Aushändigung[259] – auch wenn sie ein Dritter anstelle des bisherigen **85**

---

247 Grundlegend BGHZ 30, 295 = NJW 1959, 1635.
248 Dazu BayObLG Rpfleger 1984, 232; BayObLGZ 1983, 187, 189.
249 OLG Celle NdsRpfl 1990, 8, 9 = Rpfleger 1990, 112 m krit Anm *Münzberg* aaO 253 (soweit er meint, d erforderliche Rechtsschutz werde durch die Möglichkeit einer eV gem § 899 BGB oder d GB-Berichtigung gem § 22 gewährleistet, berücksichtigt er nicht, dass d Eintr eines Widerspr aufgrund eV nur in d Reihenfolge d § 17 mögl u GB-Berichtigung nicht im Beschwerdeweg durchsetzbar wäre, vgl Rdn 75); LG Saarbrücken Rpfleger 1975, 328; vgl auch OLG Köln OLGZ 1967, 499; im Erg zust *Dümig* FGPrax 2003, 596; ZfIR 2006, 595 f; Rpfleger 2007, 135; in d Tendenz wohl auch *Hügel/Kramer* RNr 116; **aA** OLG FfM FGPrax 2003, 197 m krit Anm *Dümig*; OLG Hamm JMBlNRW 1960, 107; Rpfleger 2005, 532 = ZfIR 2005, 825 mAnm *Eickmann*; OLG Schleswig Rpfleger 2006, 134 = ZfIR 2006, 593 m krit Anm *Dümig* (unzul BGH-Vorl; s BGH Rpfleger 2007, 134); FGPrax 2007, 210; *Bauer/v. Oefele-Budde* Rn 44; *Demharter* Rn 49; § 53 Rn 23; *Hügel/Holzer* § 53 Rn 24; KEHE-*Eickmann* § 53 Rn 6; KEHE-*Briesemeister* Rn 21; ZfIR 2005, 827.
250 Auch wenn sich dies, da § 71 Abs 2 S 2 nach dem Wortlaut und Regelungszusammenhang maßgeblich an die ursprüngliche Gesetzesverletzung durch d GBA anknüpft – entg *Dümig* FGPrax 2003, 596; ZfIR 2006, 595 f; Rpfleger 2007, 135 – nicht schon allein aus § 74 herleiten lässt.
251 Beachtl LG Saarbrücken Rpfleger 1975, 328, 329: jedes Verfahren müsse d Möglichkeit vorsehen, unterlaufene Fehler in ihm selbst z beseitigen.
252 BGH Rpfleger 2007, 134 m Anm *Dümig*, der aber in diesem Fall missverständl von einer (erst später erkannten) »Fehlerhaftigkeit der Vornahme der Eintragung« spricht, obwohl auch n seiner Ansicht das GBA keinen Fehler begangen hatte.
253 Früher § 16 AVO GBO; dazu KG JFG 12, 268 = KG JW 1935, 2037.
254 BayObLGZ 1980, 185, 186; vgl auch OLG Köln OLGZ 1982, 141, 142.
255 KG OLGE 5, 188 = KGJ 23, 221.
256 RGRK-*Augustin* § 890 Rn 12.
257 KG HRR 1933 Nr 143.
258 BayObLGZ 1974, 55, 56 = Rpfleger 1974, 160.
259 KG OLGE 44, 163 = KG JW 1925, 1775, 1776.

Besitzers verlangt[260] – und Unbrauchbarmachung.[261] Auch gegen den Inhalt des Hypothekenbriefs kommt die Beschwerde in Betracht,[262] auch für den Eigentümer.[263] Soweit die Beschwerde sich allerdings in Wahrheit gegen die Eintragung im Grundbuch richtet, unterliegt sie den Beschränkungen aus Abs 2.[264]

86   **cc) Berichtigungszwangsverfahren.** Die Einleitung und Durchführung des **Berichtigungszwangsverfahrens**, § 82, auch die Ablehnung der Einleitung eines solchen Verfahrens.[265]

87   **dd) Löschung gegenstandsloser Eintragungen.** Feststellungsbeschluss im Verfahren zur **Löschung gegenstandsloser Eintragungen** (§§ 87c, 89), unanfechtbar ist dagegen die Entscheidung über die Einleitung und Durchführung des Verfahrens (§ 85 Abs 2).

88   **ee) Rangordnungsfeststellung.** Rangordnungsfeststellungsbeschluss im **Rangklarstellungsverfahren,** § 110.

89   **ff) Grundbucheinsicht.** **Verweigerung der Einsicht in das Grundbuch** oder der Erteilung einer Abschrift (§§ 12 Abs 1 und 2), auch wenn der Antragsteller einen Auszug in einer bestimmten Form wünscht.[266] Auch die **Gewährung der Grundbucheinsicht** oder die Erteilung einer Abschrift durch das Grundbuchamt an einen Dritten ist eine Entscheidung iS des Abs 1[267] (zur Beschwerdebefugnis des Eigentümers Rdn 119; § 12 Rdn 84). Anders, wenn die Grundbucheinsicht im Verwaltungswege aus verwaltungsmäßigen Erwägungen und nicht aus Gründen des materiellen Rechts oder des Verfahrensrechts verweigert oder gewährt wird, also kein Rechtsanspruch auf Einsicht in Frage steht (Rdn 21). Näheres § 12 Rdn 61 ff. In letzteren Fällen kommt die Dienstaufsichtsbeschwerde in Betracht.[268] Keine anfechtbare Entscheidung ist[269] die seitens des Grundbuchamtes »beabsichtigte Einsichtsgewährung« (vgl Rdn 26 ff).

90   **gg) Grundbuchauskunft.** Für die **Versagung oder Erteilung von Auskünften** gilt dasselbe wie für die Grundbucheinsicht. Um beschwerdefähige Entscheidungen handelt es sich nur, wenn sie aufgrund besonderer Vorschriften zu erteilen sind[270] (neben § 12 jetzt auch §§ 12a, 12b iVm § 12c Abs 4, 5; außerdem zB § 45 Abs 3 S 1 GBVfG iVm § 19 Abs 2 ZVG[271]); sonst ist die Dienstaufsichtsbeschwerde gegeben (Rdn 21, § 12 Rdn 75).[272]

91   **hh) Verwahrung bzw Herausgabe von Urkunden.** Die **Weigerung, eine Urkunde zu verwahren oder herauszugeben** (Näheres bei § 10). Ebenso die **(Ablehnung der) Erteilung einer vollstreckbaren Ausfertigung** einer in den Grundakten befindlichen Urkunde.[273] Anders, wenn es um ein vom Kostenbeamten gemäß § 10 Abs 3 KostO geltend gemachtes Zurückbehaltungsrecht geht; dann ist die Erinnerung/Beschwerde gemäß § 14 Abs 2 ff KostO gegeben (Rdn 103).

92   **e) Zwischenentscheidungen (außer der Zwischenverfügung, Rdn 34). aa) Einstweilige Anordnungen.** Einstweilige Anordnungen des GBA sind wie Endentscheidungen anfechtbar (einstweilige Anordnungen des LG im Beschwerdeverfahren nicht; Rdn 105).

93   **bb) Verfahrensleitende Anordnungen.** Sie unterliegen der Beschwerde nur ausnahmsweise (sonst: Rdn 25), wenn sie bereits unmittelbar und in so erheblicher Weise in Rechte eines Beteiligten eingreifen, dass ihre unmittelbare Anfechtung unbedingt geboten ist.[274] Etwa die Auferlegung einer Verpflichtung zu einem bestimmten Tätigwerden,[275] die Androhung bzw Verhängung von Zwangsmaßnahmen, zB zur Erzwingung

---

260 KG OLGE 5, 285; KGJ 25, 322.
261 KG HRR 1931 Nr 2060.
262 BayObLG 26, 27; KG OLGE 39, 249; KGJ 52, 213, 215.
263 KG DNotV 1929, 239.
264 KGJ 25, 163, 164; KG JFG 15, 158.
265 KG JFG 14, 418 = HRR 1937 Nr 384; KG JFG 14, 448 = HRR 1937 Nr385; KG JR 1953, 185.
266 Vgl BayObLGZ 1982, 29, 30.
267 Vgl BGHZ 80, 126 = Rpfleger 1981, 287.
268 KG JFG 18, 283; *Kollhosser* JA 1984, 558, 564; *Schreiner* Rpfleger 1980, 51, 52; krit z d Unterscheidung *Lüke* NJW 1983, 1407 Fn 1.
269 Geg **Melchert** Rpfleger 1993, 309, 317.
270 BayObLGZ 1967, 347, 352.
271 Dazu RGZ 187, 89, 95.
272 BayObLGZ 1967, 347, 352; KGJ 21, 273; 23, 213.
273 BGH NJW 1967, 1371.
274 KEHE-*Briesemeister* Rn 40a; *Bassenge FGG* § 19 Rn 11; *Keidel-Kahl* § 19 Rn 9; *Jansen-Briesemeister* § 19 Rn 22.
275 OLG Brandenburg MDR 2001, 833.

der – für sich nicht anfechtbaren[276] – Anordnung des persönlichen Erscheinens von Beteiligten,[277] die Ablehnung, eine bestimmte Person als Beteiligte zuzulassen[278] bzw von ihr Erklärungen entgegenzunehmen oder ihr bestimmte vorgeschriebene Benachrichtigungen zu geben;[279] die Weigerung, einen Streitverkündungsschriftsatz zuzustellen;[280] die Aussetzung[281] oder die beschlussmäßige Verneinung einer Unterbrechung[282] des Verfahrens (in letzteren Fällen sofortige Beschwerde: Rechtsgedanke des § 252 ZPO; Rdn 19). Soweit die Statthaftigkeit des Rechtsmittels auf ZPO-Vorschriften gründet, war in diesen Verfahren die weitere Beschwerde vor der Zivilprozessreform[283] nicht statthaft (§ 568 Abs 2 S 1 ZPO aF).[284] Die neuen ZPO-Beschwerdevorschriften eröffnen insoweit eine (**sofortige**) **weitere** (Rechts-)**Beschwerde** – ggf nach Maßgabe der §§ 19 ff FGG – **nur bei Zulassung** durch das Landgericht[285] (s Rdn 94). Zur Anfechtung sog erstinstanzlicher Zwischenentscheidungen des Beschwerdegerichtg Rdn 105. Zur Rechtslage **ab 01.09.2009** Rdn 94.

cc) Zwischenstreitentscheidungen. Anfechtbar sind sog **Zwischenstreitentscheidungen**, insbes über die **94** Berechtigung einer Zeugnisverweigerung (§§ 15 FGG, 387 Abs 3 ZPO), über Ordnungsmittel gegen Zeugen (§§ 15 FGG, 380 Abs 3 ZPO) oder die Ablehnung eines Rpflegers oder Richters (§§ 10 RPflG, 42 ff ZPO[286]; **ab 01.09.2009**: § 6 FamFG[287]). Hierbei richtet sich nur die Statthaftigkeit[288] der (**sofortigen**) **Beschwerde** – einschließlich des »Ob« der Befristung[289] – nach der ZPO, das Beschwerdeverfahren im Übrigen – einschließlich Form,[290] einzuhaltender Frist und Beschwerdebefugnis sowie hinsichtlich des zur Entscheidung über das Rechtsmittel berufenen Gerichts – nach §§ 71 ff, uU ergänzt durch §§ 19 ff FGG (Vor § 71 Rdn 19).[291] Nach bisherigem Recht war in diesen Verfahren die weitere Beschwerde nicht mehr statthaft.[292] Die Zivilprozessreform[293] eröffnet in diesem Bereich eine – allerdings **zulassungsbedürftige** und nur in bestimmten Fällen zuzulassende (§ 574 Abs 2 ZPO nF analog) – Rechtsbeschwerde (zutreffende Bezeichnung im Blick auf die im Beschwerdeverfahren der freiwilligen Gerichtsbarkeit anzuwendenden §§ 22 Abs 1, 29 Abs 2 FGG: **sofortige weitere Beschwerde**[294]) gegen die Entscheidung des Beschwerdegerichts (§ 574 Abs 1 Nr 2 ZPO nF analog). Das Rechtsbeschwerdegericht ist an die Zulassung durch das Beschwerdegericht gebunden, soweit die (weitere) Anfechtbarkeit nicht gesetzlich ausgeschlossen ist; war schon die Erstbeschwerde unzulässig, so besteht keine Bindung an die Zulassung.[295] Zur Entscheidung über eine zugelassene Rechtsbeschwerde (sofortige weitere Beschwerde) ist das OLG zuständig (§ 28 Abs 1 FGG)[296], der BGH nur im Falle einer Vorlage durch das OLG nach § 28 Abs 2 FGG. Ein gesetzlich nicht vorgesehener Instanzenzug zum BGH außerhalb dieses besonderen Vorlegungsverfahrens kann auch nicht durch eine dahingehende Rechtsmittelzulassung durch das OLG eröffnet werden.[297] Auch eine »außerordentliche« Beschwerde kommt neben den in den neueren Verfahrensgesetzen normierten Rechtsmitteln nicht (mehr) in Betracht; der Zulassung eines solchen Rechtsbehelfs verstieße gegen das aus dem Rechtsstaatsprinzip folgende verfassungsrechtliche Gebot der Rechtsmittelklarheit (Näheres Vor § 71 Rdn 5). Gegen die nicht anfechtbare Beschwerdeentscheidung findet allerdings die Anhörungsrüge (§ 81 Abs 3 iVm § 29a FGG)statt (s § 81 Rdn 22). **Ab 01.09.2009 gilt** § 78 GBO idF des Artikel 36 Nr 8 des FGG-Reformgesetzes (FGG-RG; Text: § 78 Rdn 2) iVm §§ 71 bis 74a FamFG[298] (Text: § 80 Rdn 4).

---

276 KG OLGZ 1988, 417.
277 BayObLGZ 1970, 114; 1982, 167, 169; OLG Hamm OLGZ 1989, 15; KG OLGZ 1988, 418.
278 OLG Düsseldorf OLGZ 1971, 282.
279 OLG Stuttgart OLGZ 1973, 422.
280 BayObLGZ 1980, 8, 9.
281 *Bassenge* FGG § 12 Rn 24; *Keidel-Kahl* § 19 Rn 13.
282 OLG Schleswig FGPrax 2006, 67.
283 ZPO-RG v 27.07.2001 (BGBl I 1887).
284 BayObLG WE 1995, 346; *Bassenge* § 12 Rn 24.
285 OLG Düsseldorf NJW-RR 2004, 355.
286 BGHZ 46, 196.
287 BT-Drucks 16/6308; 16/9733.
288 BayObLGZ 2002, 89 = NJW 2002, 3262; 2002, 274 = Rpfleger 2003, 43; *Roth* Rpfleger 2006, 1, 2.
289 *Roth* Rpfleger 2006, 1, 5.
290 BayObLGZ 1977, 97; *Keidel-Zimmermann* § 6 Rn 68.
291 Vgl f d FGG-Verfahren BayObLGZ 2002, 89 = NJW 2002, 3262 mwN.
292 Vgl Voraufl Rn 92.
293 ZPO-RG v 27.07.2001, BGBl I 1887.
294 BGH NJW-RR 2004, 726 = FamRZ 2004, 617; BayObLG NJW 2002, 3262; *Demharter* NZM 2002, 233, 235; vgl auch BGH NJW 2004, 1077 = BGHReport 2004, 838 mAnm *Demharter*; NJW 2004, 3412; NJW 2007, 158 = Rpfleger 2007, 72; *Demharter* Rpfleger 2004, 439; *v.König* Rpfleger 2005, 594, 596; *Roth* Rpfleger 2006, 1, 5.
295 BGHZ 159, 14 = NJW 2004, 2224; BGH NJW-RR 2005, 1009.
296 BGH NJW-RR 2004, 726 = MDR 2004, 645.
297 vgl BGH NJW 2003, 70.
298 BT-Drucks 16/6308; 16/9733.

95 **f) Entscheidungen im Prozesskostenhilfeverfahren.** Es gilt § 14 FGG, der seinerseits auf die Vorschriften der ZPO über die PKH verweist. Aus der Verweisung auf § 127 ZPO ergibt sich, dass die Bewilligung der PKH, soweit sie antragsgemäß erfolgt, abgesehen von dem beschränkten Beschwerderecht der Staatskasse nach § 127 Abs 3 S 1 ZPO, mit der Beschwerde nicht anfechtbar ist – allerdings der Erinnerung unterliegt (Rdn 12) –, während gegen alle sonstigen **ungünstigen Entscheidungen** die (**sofortige**: § 127 Abs 2 S 2 ZPO einerseits, § 22 Abs 1 FGG andrerseits) **Beschwerde** stattfindet. Dabei beträgt die Notfrist für die PKH-Beschwerde in GB-Sachen richtigerweise nicht nur in Verfahren, bei denen auch in der Hauptsache eine Zwei-Wochen-Anfechtungsfrist gilt,[299] sondern generell **zwei Wochen** ab Bekanntgabe, § 22 Abs 1 FGG; im Verfahren der freiwilligen Gerichtsbarkeit verdrängt § § 127 Abs 2 Satz 3 ZPO (Monatsfrist) als besonderes Beschwerderecht nur dann in entsprechender Anwendung diese kurze Frist, wenn andernfalls die Frist zur Anfechtung einer PKH-Entscheidung kürzer wäre als eine ausdrücklich an die einmonatigen Rechtsmittelfristen der ZPO angelegte Anfechtungsfrist in der Hauptsache (str).[300] **Ab 01.09.2009** richtet sich auf Grund des FGG-Reformgesetzes[301] die Anfechtung von im PKH-Verfahren ergangener Beschlüsse ausdrücklich nach §§ 567 bis 572, 127 Abs 2 bis 4 ZPO (§ 79 S 2 FamFG). Ausgeschlossen war nach bisherigem Recht[302] die weitere Beschwerde gegen die PKH ablehnende Entscheidung des Grundbuchamtes durch das LG, aber auch die sog Erstbeschwerde gegen PKH für das Beschwerdeverfahren ablehnende Entscheidungen des LG als Beschwerdegericht.[303] Nach der Zivilprozessreform[304] kann vom Beschwerdegericht gegen seine ablehnende Beschwerdeentscheidung[305] die Rechtsbeschwerde (zweckmäßige Bezeichnung: **sofortige weitere Beschwerde**; Rdn 94) zugelassen werden (§ 574 ZPO nF), ebenso die Rechtsbeschwerde (»sofortige weitere Beschwerde«) gegen die Versagung der PKH durch das Beschwerdegericht für das Beschwerdeverfahren.[306] Die Zulassung der Rechtsbeschwerde darf nur wegen solcher Fragen erfolgen, die das PKH-Verfahren oder die persönlichen Voraussetzungen betreffen,[307] ist aber auch dann für das Rechtsbeschwerdegericht bindend, wenn das LG die mit mangelnder Erfolgsaussicht begründete PKH-Versagung auf eine von ihm selbst für klärungsbedürftig erachtete Rechtsansicht gestützt hat.[308] Zur Entscheidung ist das OLG berufen;[309] eine Entscheidung des BGH kann grundsätzlich auf diesem Wege nicht erzwungen werden (Rdn 94). **Ab 01.09.2009 gilt** § 78 GBO idF des Artikel 36 Nr 8 des FGG-Reformgesetzes (FGG-RG; Text: § 78 Rdn 2) iVm §§ 71 bis 74 a FamFG[310] (Text: § 80 Rdn 4). Gegen die Nichtzulassung der Rechtsbeschwerde ist ein Rechtsmittel nicht gegeben. Der Betroffene kann jedoch ggf mit der Rüge, durch die Entscheidung in entscheidungserheblicher Weise in seinem Anspruch auf rechtliches Gehör (Art 103 Abs 1 GG) verletzt worden zu sein, bei dem Gericht, das die Entscheidung getroffen hat, die Fortführung des Verfahrens verlangen (befristete sog **Anhörungsrüge**), §§ 29a FGG, 81 Abs 3 GBO (§ 81 Rdn 21 f). Grundsätzlich unzulässig ist eine Beschwerde gegen die PKH-Versagung, wenn sie erst nach Abschluss des Rechtszuges, für den PKH begehrt wird, eingelegt worden ist.[311] Soweit die Beschwerde eröffnet ist, gelten für das Verfahren die §§ 71 ff bzw 19 ff FGG (Vor § 71 Rdn 19).[312] Für das PKH-Verfahren einschließlich des Beschwerdeverfahrens gibt es grundsätzlich keine Prozesskostenhilfe.[313]

96 **g) Kostenentscheidungen (iwS). aa) Definition.** Zu unterscheiden sind eigentliche Kosten-(Grund-)Entscheidungen (Rdn 99 ff), Entscheidungen über den Kostenansatz (Rdn 103), den Geschäftswert (Rdn 104) und im Kostenfestsetzungsverfahren (Rdn 105) sowie auf die Kosten bezogene, jedoch als Sachentscheidung zu wertende Anordnungen.

97 **bb) Kostenvorschußanforderung als Zwischenverfügung.** Letzteres – eine Sachentscheidung – liegt vor, wenn das Grundbuchamt **durch Zwischenverfügung die Vornahme einer Eintragung von der vorherigen Einzahlung eines Kostenvorschusses gemäß § 8 Abs 2 KostO abhängig gemacht hat.**[314] Wen-

---

299 Vgl BGH NJW-RR 2004, 1077 = VersR 2004, 1436.
300 Vgl f isolierte Familiensachen d FGG BGH NJW 2006, 2122, 2123 f m umfangr Hinw z Streitstand; *Roth* Rpfleger 2006, 1, 5 mwN.
301 FGG-RG; BT-Drucks 16/6308; 16/9733.
302 Rechtspflege-VereinfG v 17.12.1990 (BGBl I 2847).
303 Voraufl Rn 94 mwN.
304 ZPO-RG v 27.07.2001 (BGBl I 1887).
305 BGH NJW-RR 2004, 1077 = WM 2004, 2225; OLG Frankfurt FGPrax 2003, 175.
306 BayObLGZ 2002, 147 = NJW 2002, 2573; OLG Hamm NJW-RR 2002, 2573 = FGPrax 2002, 227; KG FGPrax 2003, 252; *Jansen-v.König* § 14 Rn 70.
307 BGH NJW 2003, 1126; BGH NJW-RR 2005, 227 = FamRZ 2005, 790.
308 BGH NJW 2003, 1126.
309 BGH NJW-RR 2004, 1077 = BGHReport 2004, 838 mAnm *Demharter.*
310 BT-Drucks 16/6308; 16/9733.
311 BayObLG Rpfleger 1987, 361 (Ls b *Plötz* 346 ff).
312 *Demharter* Rn 56; KEHE-*Briesemeister* Rn 40.
313 BGHZ 91, 311 = MDR 1984, 931 m abl Anm *Waldner;* BayObLG Rpfleger 1987, 361 (Ls b *Plötz* 356 ff); OLG Karlsruhe Justiz 1984, 345; Einzelh b *Zöller-Philippi* § 114 Rn 3; *Baumbach-Hartmann* § 114 Rn 35.
314 LG Düsseldorf Rpfleger 1986, 175 m Anm *Meyer-Stolte;* LG Frankenthal Rpfleger 1984, 312.

det der Antragsteller sich hiergegen, so ist hiergegen stets, auch wegen der Höhe des Vorschusses, die Beschwerde nach den §§ 71–81, seit dem 01.07.2004 einschließlich der weiteren Beschwerde nach § 78 (**ab 01.09.2009** nur bei Zulassung gemäß § 78 GBO idF des Art 36 Nr 8 FGG-RG[315] < Text: § 78 Rdn 2>), eröffnet (§ 8 Abs 3 S 1, 2 KostO nF[316]), unabhängig von einem Beschwerdewert. Das Verfahren über die Beschwerde ist gebührenfrei; Kosten werden nicht erstattet (§ 8 Abs 3 S 3, 4 KostO). Wird der Eintragungsantrag nach vergeblicher Vorschußanforderung zurückgewiesen, so ist hiergegen die Beschwerde unmittelbar nach § 71 ff gegeben.[317]

cc) Kostengrundentscheidung. Um eine **Kostenentscheidung (ieS)** handelt es sich, soweit den Beteiligten durch das Gericht Gerichtskosten (s § 3 Nr 1 KostO) oder die Erstattung außergerichtlicher Kosten anderer Beteiligter (§ 13a FGG) auferlegt werden. Die **Anfechtbarkeit richtet sich nach § 20a FGG** (Vor § 71 Rdn 6, 16). Dessen Beschränkungen gelten jedoch nicht für eine Erinnerung gegen die Entscheidung des Rpflegers (Rdn 12). Rechtsmittel nach der KostO (Rdn 103) sind in diesem Zusammenhang selbst dann nicht gegeben, wenn das Gericht die Kostentragungspflicht aus besonderen Vorschriften der KostO herleitet str).[318] **Ab 01.09.2009** (Inkrafttreten der FGG-Reform) richtet sich die Anfechtung der Kostengrundentscheidung nach §§ 58, 61 bis 63 FamG.[319]

(1) In Zusammenhang mit der Hauptsachenentscheidung. Die **Anfechtung** der im Zusammenhang mit der Entscheidung in der Hauptsache ergangenen Kostenentscheidung ist **unstatthaft, wenn nicht gegen die Entscheidung in der Hauptsache Beschwerde eingelegt wird** (§ 20a Abs 1 S 1 FGG). Im Rahmen einer zulässigen Beschwerde in der Hauptsache kann jedoch von einem gegnerischen Beteiligten ein auf die Kostenentscheidung beschränktes Rechtsmittel eingelegt werden.[320] Zur Unzulässigkeit der Beschwerde insgesamt führt es, wenn sie bezogen auf die Hauptsache zurückgenommen und lediglich gegenüber der Kostenentscheidung aufrechterhalten wird;[321] so auch, wenn das LG eine Beschwerde als unzulässig verworfen hat, weil sie nach Erledigung der Hauptsache nicht auf die Kosten beschränkt worden war, und der Beschwerdeführer eine zunächst unbeschränkt eingelegte weitere Beschwerde später mit Rücksicht auf das in der Vorinstanz eingetretene erledigende Ereignis für erledigt erklärt und nur noch hinsichtlich der für ihn günstige Kostenentscheidung anstrebt.[322] Eine in der Hauptsache eingelegte Beschwerde kann im Einzelfall als missbräuchliche Umgehung angesehen werden, wenn der Beschwerdeführer an der Hauptsachenentscheidung zweifelsfrei kein schutzwürdiges Interesse hat und er sie offensichtlich nur wegen des Kostenpunktes angreift.[323] § 20a Abs 1 FGG wird auch umgangen, wenn ein Beteiligter bewusst von einem Rechtsmittel in der Hauptsache absieht und die Kostenentscheidung über § 16 KostO unter dem Gesichtspunkt unrichtiger Sachbehandlung bekämpft.[324] Zur Hauptsache gehört eine Kostenentscheidung grundsätzlich auch dann, wenn sie in einem getrennten Beschluss und zu einem anderen Zeitpunkt ergeht.[325] **Anders** wenn die Kostenentscheidung erst getroffen wird, nachdem die Hauptsachenentscheidung unanfechtbar geworden ist; dann gilt – vorausgesetzt, eine Beschwerde in der Hauptsache wäre zulässig gewesen[326] – § 20a Abs 2 FGG entsprechend.[327] Oder wenn das Gericht den Erlass einer Kostenentscheidung im Zusammenhang mit der Sachentscheidung überhaupt ablehnt.[328] Oder wenn eine Entscheidung in der Hauptsache ergeht, ohne dass der Antragsteller Gelegenheit zur Erledigterklärung hatte.[329] Der Ausschluss der selbständigen Anfechtung der Entscheidung zum Kostenpunkt kommt auch dann nicht zum Tragen, wenn der Beschwerdeführer geltend macht, es handele sich um eine verfahrensrechtlich unzulässige Kostenentscheidung, oder wenn ein Nichtbeteiligter mit Kosten belastet

315 BT-Drucks 16/6308; 16/9733.
316 KostModG v 05.05.2004 (BGBl I S 718).
317 OLG Hamm Rpfleger 2000, 267.
318 BayObLGZ 1963, 71 = Rpfleger 1963, 208; KEHE-*Briesemeister* Rn 47; *Rohs-Wedewer-Belchaus*, KostO, § 14 Rn 55 mwN; *Forst* Rpfleger 1962, 371; **aA** BayObLGZ 1952, 255, 261; KG JFG ergBd 21, 21.
319 BT-Drucks 16/6308; 16/9733.
320 BayObLGZ 1952, 78, 79; *Jansen-Briesemeister* § 20a Rn 9.
321 BayObLGZ 1967, 286.
322 KG OLGZ 1986, 63.
323 Vgl BGH NJW 1976, 1267.
324 BayObLG Rpfleger 1980, 356.
325 BayObLGZ 1982, 78; 1963, 71; 1973, 90 = Rpfleger 1973, 250; BayObLG Rpfleger 1987, 360 (Ls b *Plötz* 356 ff); OLG Ffm Rpfleger 1978, 138; OLG Hamm JMBlNRW 1964, 275; KG DNotZ 1955, 439; KG Rpfleger 1962, 162; OLG Oldenburg NdsRpfl 1988, 30, 31; OLG Schleswig SchlHAnz 1983, 195; OLG Stuttgart MDR 1960, 235.
326 BayObLG Rpfleger 1987, 360 (Ls b *Plötz* 356 ff); *Bassenge* FGG § 20a Rn 8.
327 BayObLGZ 1973, 90 = Rpfleger 1973, 250; BayObLG JurBüro 1989, 212; OLG Ffm Rpfleger 1978, 138; OLG Hamm JMBlNRW 1952, 217; OLG Hamm Rpfleger 1966, 334; *Bassenge* FGG § 20a Rn 8; *Keidel-Zimmermann* § 20a Rn 14; vgl auch *Jansen-Briesemeister* § 20a Rn 10.
328 Vgl OLG Celle NJW-RR 2003, 1509.
329 BayObLG NJW-RR 2000, 463.

wird;[330] nicht einmal die Beschränkungen des § 20a Abs 2 FGG greifen dann ein,[331] eine Befristung gilt nur, wenn sie für Beschwerden in dem betreffenden Verfahren allgemein vorgesehen ist.[332]

100 **(2) Isolierte Kostenentscheidung.** Ist eine Entscheidung in der Hauptsache **nicht ergangen, so findet gegen die Entscheidung über den Kostenpunkt die sofortige Beschwerde statt**, wenn der Wert des Beschwerdegegenstandes 100 EURO übersteigt (§ 20a Abs 2 FGG). Der Beschwerdewert richtet sich nach dem Kostenersparnis, die der Beschwerdeführer erreichen kann.[333] Für die Verwerfung des Rechtsmittels wegen Nichterreichens des Beschwerdewerts ist eine nachvollziehbare Begründung des festgesetzten Werts erforderlich.[334] Eine isolierte Kostenentscheidung des Grundbuchamtes kommt insb nach Antragsrücknahme oder Erledigung der Hauptsache (Rdn 163 ff, 165) in Betracht, auch wenn – bei Teilerledigung – der Kostenauspruch mit der Kostenentscheidung zur restlichen Hauptsache zu einer einheitlichen Kostenentscheidung zusammengefasst wird.[335] Wäre die Beschwerde gegen eine Entscheidung in der Hauptsache nicht gegeben, so ist auch die isolierte Kostenentscheidung unanfechtbar,[336] es sei denn, einem Nichtbeteiligten werden Kosten auferlegt[337] (letzterenfalls gilt allerdings, anders als Rdn 99 aE, die Befristung des § 20a Abs 2 FGG).

101 § 20a Abs 2 FGG regelt die sofortige Erstbeschwerde. Er **gilt auch** für die **sofortige (weitere) Beschwerde gegen erstmalige, isolierte Kostenentscheidungen des LG** (vgl § 27 Abs 2 FGG). Die Beschwerdesumme muss also erreicht sein.[338] Das Rechtsmittel gewährt nur eine rechtliche Nachprüfung (§ 27 FGG).[339] Betrifft die isolierte Kostenentscheidung aber nur das – nicht nachprüfbare – Verfahren um eine im Beschwerdeverfahren erlassene oder beantragte einstweilige Anordnung (§ 76), so ist ein Rechtsmittel nicht statthaft.[340] **Gegen die Beschwerdeentscheidung des LG** nach isolierter Kostenentscheidung des Grundbuchamtes gibt es **keine weitere** Beschwerde (§ 27 Abs 2 FGG).[341] Wohl aber ist – und zwar unabhängig vom Beschwerdewert – die sofortige weitere Beschwerde gegen die Entscheidung des LG zulässig (wenn auch regelmäßig unbegründet), mit der eine verfahrenswidrig auf den Kostenauspruch des Amtsgerichts beschränkte Beschwerde verworfen wird.[342] Nach der FGG-Reform[343] gelten **ab 01.09.2009** für die (weitere) Anfechtung §§ 58, 61 bis 63 FamFG bzw § 78 GBO idF des Art 36 Nr 8 FGG-RG.

102 **dd) Entscheidungen über den Kostenansatz (§ 14 KostO). Rechtsbehelfe hiergegen**, etwa mit der Begründung, der Kostenansatz entspreche der Höhe nach nicht den gesetzlichen Bestimmungen oder Gebührenbefreiungsvorschriften seien zu Unrecht nicht angewandt worden[344] oder eine nacherhobene Gebühr sei verjährt oder verwirkt,[345] **fallen nicht unter § 71.** Das Gesetz eröffnet für den Kostenschuldner und die Staatskasse die – unbefristete – **Erinnerung**, über die das Gericht, bei dem die Kosten angesetzt sind, entscheidet (§ 14 Abs 2 S 1 KostO).[346] In Kollegialgerichten trifft die Entscheidung über die Erinnerung normalerweise der Einzelrichter (Einzelheiten: § 14 Abs 7 KostO). Auf diese Weise anfechtbar ist auch die Ausübung eines Zurückbehaltungsrechts. Der gebührenrechtlichen Beurteilung des Sachverhalts ist die Rechtsauffassung zugrunde zu legen, von der das Grundbuchamt bei seiner grundbuchmäßigen Behandlung ausgegangen ist.[347] Gegen die Entscheidung nach § 14 Abs 2 KostO ist die **Beschwerde** gegeben, wenn **der Wert des Beschwerdegegenstandes 200 EURO übersteigt** (§ 14 Abs 3 S 1 KostO nF),[348] außerdem, wenn das entscheidende Gericht sie wegen grundsätzlicher Bedeutung **zugelassen** hat (§ 14 Abs 3 S 2 KostO nF; die

---

330 *Bassenge* FGG § 20a Rn 9; *Jansen-Briesemeister* § 20a Rn 12; *Keidel-Zimmermann* § 20a Rn 5a.
331 *Bassenge* FGG § 20a Rn 7; *Jansen-Briesemeister* § 20a Rn 12; *Keidel-Zimmermann* § 20a Rn 13.
332 *Jansen-Briesemeister* § 20a Rn 12.
333 *KEHE-Briesemeister* Rn 53; *Keidel-Zimmermann* § 20a Rn 12.
334 Vgl BayObLG ZflR 2004, 881 (Ls).
335 *Bassenge* FGG § 20a Rn 11; *Jansen-Briesemeister* § 20a Rn 17; *Keidel-Zimmermann* § 20a Rn 8.
336 BayObLG WE 1990, 61 (Ls); OLG Köln OLGZ 1988, 295; *Bassenge* FGG § 20a Rn 9; *Jansen-Briesemeister* § 20a Rn 19; *Keidel-Zimmermann* § 20a Rn 9.
337 BayObLG Rpfleger 1972, 101; *Bassenge* FGG § 20a Rn 11.
338 BayObLGZ 1978, 243, 245; KG OLGZ 1977, 403; KG NJW-RR 1987, 77; OLG Köln Rpfleger 2002, 209; *Bassenge* FGG § 20a Rn 13; *Jansen-Briesemeister* § 20a Rn 21; *Keidel-Zimmermann* § 20a Rn 19.
339 KG OLGZ 1972, 358; *Jansen-Briesemeister* § 20a Rn 21.
340 Vgl BGH NJW-RR 2003, 1075.
341 OLG FfM NJW-RR 2004, 590; Gesetzesbegründung BT-Drucks 11/3621 S 61.
342 OLG Karlsruhe NJW-RR 1998, 84.
343 BT-Drucks 16/6308; 16/9733.
344 RG HRR 1928 Nr 1466; BayObLG 15, 226; BayObLGZ 1955, 114.
345 BayObLG JurBüro 1981, 414 = Rpfleger 1981, 12 (Ls b *Goerke* 10 ff).
346 Wegen d funkt Zuständig f d Entscheidung im GBA – Rpfleger (§ 4 Abs 1 RPflG) – BayObLG Rpfleger 1993, 484, 485; OLG Zweibrücken Rpfleger 1991, 54; 1998, 332; FGPrax 2002, 272; *Bassenge/Roth* RPflG § 4 Rn 9; *Hartmann*, KostenG, § 14 KostO Rn 9, 10; *Meyer-Stolte* Anm z LG Koblenz Rpfleger 1984, 435, 436; f d Entscheidung gegen d Kostenansatz d Beschwerdegerichts § 14 Abs 7 S 1, 2 (Einzelrichter).
347 BayObLGZ 1952, 138.
348 Art 4 Abs 29 KostRMoG v 05.05.2004 (BGBl I 718).

Nichtzulassung ist unanfechtbar, § 14 Abs 4 S 4, Halbs 2 KostO). Der Beschwerdewert richtet sich danach, um welchen Betrag sich der angegriffene Kostenansatz ändern soll.[349] Teilabhilfe mindert den Beschwerdewert nicht (vgl § 14 Abs 4 S 1 Halbs 2 KostO nF[350]). Das Beschwerdegericht entscheidet als weitere Tatsacheninstanz, überprüft also nicht nur auf Ermessensfehler (§ 77 Rdn 2, 11).[351] Gegen die Entscheidung, die ein LG als Beschwerdegericht trifft, ist die **weitere Beschwerde** (nur) statthaft, wenn sie das LG[352] wegen der grundsätzlichen Bedeutung der zur Entscheidung stehenden Frage zugelassen hat (§ 14 Abs 5 S 1 KostO); wobei eine solche Zulassung in der Regel nicht einer fehlerhaften Rechtsmittelbelehrung entnommen werden kann.[353] Es handelt sich um eine reine Rechtsbeschwerde (§ 14 Abs 5 S 2 KostO). Gegen (die Entscheidung über die Erinnerung gegen) den **Kostenansatz des Beschwerdegerichts** ist unter den genannten Voraussetzungen des – nach dem Regelungszusammenhang auch insoweit anwendbaren – § 14 Abs 3 KostO ebenfalls die (erste, Tatsachen-) **Beschwerde** gegeben.[354] Die hiergegen in der Voraufl[355] geäußerten Bedenken werden nicht aufrechterhalten. Beschwerdegericht ist bei der weiteren Beschwerde wie bei der Erstbeschwerde gegen das LG das OLG. Eine (weitere) Beschwerde an den BGH ist ausgeschlossen (§ 14 Abs 4 S 3 KostO). Soweit gegen eine Entscheidung im Zusammenhang mit dem Kostenansatz ein Rechtsmittel nicht gegeben ist, kann noch Raum für die **Anhörungsrüge** sein (§ 157a KostO; vgl auch § 81 Rdn 21 f). Die Verfahren sind gebührenfrei; Kosten werden nicht erstattet (§§ 14 Abs 9, 157a Abs 6 KostO).

ee) Festsetzung des Geschäftswerts. Gegen den Beschluss, mit dem das Gericht – sei es in erster, sei es in der Rechtsmittelinstanz (vgl § 31 Abs 1 KostO) – den Geschäftswert (endgültig[356]) festgesetzt hat, findet für Zahlungspflichtige und die Staatskasse nach § 31 Abs 3 KostO (nF)[357] **befristete Beschwerde** statt (modifizierte sechs-Monats-Frist ab Entscheidung in der Hauptsache, § 31 Abs 3 Satz 3 iVm Abs 1 S 3 KostO, mit Wiedereinsetzungsmöglichkeit, Abs 4 KostO), wenn der **Wert des Beschwerdegegenstands 200 €** übersteigt, sonst im Falle der **Zulassung** durch das Gericht, das die Entscheidung erlassen hat. Der Beschwerdewert richtet sich nach dem Weniger oder Mehr an Kosten bei Ansatz des angestrebten statt des festgesetzten Geschäftswerts.[358] Die ebenfalls **befristete weitere Beschwerde** (§ 31 Abs 3 S 6 KostO: Monatsfrist ab Zustellung) ist nur gegeben, wenn das Landgericht als Beschwerdegericht entschieden und das Rechtsmittel wegen Grundsätzlichkeit zugelassen hat (§ 31 Abs 3 Satz 5 iVm § 14 Abs 5 Satz 1 KostO). Die Nichtzulassung ist unanfechtbar (§ 31 Abs 3 S 5 iVm § 14 Abs 4 S 4, Halbs 2 KostO). Umstritten ist, ob auch dann, wenn das **LG** im Zusammenhang mit einer bei ihm anhängigen Sachbeschwerde den **Wert für das Beschwerdeverfahren** festsetzt, insoweit eine Entscheidung des LG »als Beschwerdegericht« vorliegt,[359] oder ob für den Betroffenen eine – zulassungsfreie, nicht auf eine Rechtsnachprüfung beschränkte, allerdings von der Beschwerdesumme des § 31 Abs 3 S 1 KostO abhängige – sog Erstbeschwerde in Betracht kommt.[360] Nach dem Inhalt und Zusammenhang der Regelungen in § 31 KostO ist der letzteren Ansicht der Vorzug zu geben.[361] § 31 Abs 3 KostO erklärt unter den darin genannten Voraussetzungen ausdrücklich gegen sämtliche gerichtlichen Festsetzungen »nach Abs 1« die Beschwerde für statthaft. Neben dieser generellen Regelung trifft das Gesetz zusätzlich für den Fall, dass das LG als Beschwerdegericht über eine Geschäftswertbeschwerde entschieden hat, die bereits zitierte Sonderregelung. Damit liegt ein geschlossenes klares, von der ZPO unberührtes, Rechtsmittelsystem für die Kosten in FGG-Angelegenheiten vor. Folgerichtig kommt die (Erst-) Beschwerde auch in Betracht, wenn das LG als Rechtsmittelinstanz der Hauptsache von Amts wegen eine Änderung des Geschäftswerts des AG vorgenommen hat.[362] Beschwerdegericht ist bei der weiteren Beschwerde wie bei der Erstbeschwerde gegen das LG das OLG (§ 31 Abs 3 S 5 iVm § 14 Abs 4 S 2 KostO). Eine (weitere) Beschwerde an den BGH ist ausgeschlossen (§ 31 Abs 3 S 5 iVm § 14 Abs 4 S 3 KostO). Soweit gegen eine Entscheidung im Zusammenhang mit der Geschäftswertfestsetzung ein Rechtsmittel nicht

103

---

349 BayObLG Rpfleger 2000, 471 mAnm *Waldner.*
350 Dazu Begr BT-Drucks 15/1971 S 234, 157.
351 BayObLGZ 1988, 80, 85.
352 In voller Besetzung; vgl BGH NJW 2004, 448 = MDR 407.
353 BayObLGZ 2000, 318.
354 *Demharter* § 71 Rn 82.
355 9. Aufl Rn 101.
356 *Hartmann,* KostG, § 31 KostO Rn 41 mwN.
357 Art. 4 Abs 29 KostRMoG v 05.05.2004 (BGBl I 718) iVm Art 33 ZPO-RG v 27.07.2001 (BGBl I 1887).
358 *Demharter* § 71 Rn 87; *Rohs/Wedewer-Waldner* KostO (Dez 2005) § 31 Rn 20.
359 OLG Köln JMBl NW 2004, 143 = OLGR 2004, 112; OLG Naumburg FGPrax 2004, 135 m ablAnm *Denk;* wN 8. Aufl Rn 102 Fn 271.
360 BayObLGZ 2003, 87 = FGPrax 2003, 140; OLG FfM OLGR 1997, 273; OLG München JurBüro 2006, 427; OLG Stuttgart Justiz 1997, 130; OLG Zweibrücken ZMR 2004, 227 = NZM 2001, 245; *Bauer/V.Oefele-Budde* § 78 Rn 8; *Demharter* § 71 Rn 89; *Hartmann,* KostenG, § 31 KostO Rn 41; *Rohs/Wedewer-Waldner* KostO (Dez 2005) § 31 Rn 23; wN 8. Aufl Rn 102 Fn 272, 273.
361 **Entg** Voraufl Rn 102.
362 BayObLG JurBüro 1988, 214 (Ls); WE 1990, 65 (Ls); 1991, 232 (Ls); **aA** KG DNotZ 1972, 564 = Rpfleger 1972, 153, 154.

gegeben ist, kann noch Raum für die **Anhörungsrüge** sein (§ 157a KostO; vgl auch § 81 Rdn 21 f). Die Verfahren sind gebührenfrei; Kosten werden nicht erstattet (§§ 31 Abs 9, 157a Abs 6 KostO).

104 **ff) Kostenfestsetzung. Kostenfestsetzung** entspr §§ 13a Abs 2 FGG (nach FGG-Reform **ab 01.09.2009**: § 85 FamFG[363]), 103–107 ZPO iVm § 21 RPflG erfolgt durch das Grundbuchamt, wenn ein Beteiligter einem anderen gemäß § 13a Abs 1 FGG Kosten zu erstatten hat. Dagegen gibt es wie im Zivilprozess die **sofortige Beschwerde** (§ 11 Abs 1 RPflG). Für das Rechtsmittel – nicht für eine Erinnerung an den Richter (§ 11 Abs 2 S 1 RPflG; Rdn 12) – muss die Wertgrenze von 200 € überschritten sein (§ 567 Abs 2), auch bzgl der verbleibenden Beschwer nach einer Teilabhilfe (hM).[364] Die Streitfrage, ob der Rpfleger nach der Änderung des § 11 RPflG noch Abhilfebefugnis im Kostenfestsetzungsverfahren hatte,[365] ist für die Zukunft durch § 572 Abs 1 ZPO im bejahenden Sinne – überholt.[366] Weitere Beschwerde war nach bisherigem Recht ausgeschlossen (§ 568 Abs 3 ZPO aF). Im Hinblick auf § 574 Abs 1 Nr 2 ZPO nF[367] ist nunmehr eine Rechtsbeschwerde (als **sofortige weitere Beschwerde**; Rdn 94) gegen den Beschluss des Beschwerdegerichts statthaft, wenn dieses sie (unter den Voraussetzungen des Abs 2 dieser Vorschrift) zugelassen hat. Für die Entscheidung ist das OLG, der BGH nur im Fall einer Divergenzvorlage durch das OLG (§ 79 Abs 3; § 28 Abs 3 FGG) zuständig.[368] Gegen die Entscheidung des OLG gibt es kein Rechtsmittel. Gegen nicht anfechtbare Entscheidungen im Kostenfestsetzungsverfahren kommt aber allgemein nach § 321a ZPO (iVm § 29a FGG)[369] die **Anhörungsrüge** in Betracht (vgl auch § 81 Rdn 21 f).

105 **h) »erstinstanzliche« Zwischen-, PKH- und Kostenentscheidungen des LG als Beschwerdegericht.** Gegen **einstw Anordnungen** des LG im Beschwerdeverfahren (§ 76) ist kein Rechtsmittel gegeben (§ 76 Rdn 10); in Betracht kommt allenfalls die Nichtanhörungsrüge (§ 81 Abs 3 iVm § 29a FGG; s § 81 Rdn 22). Für die Anfechtbarkeit von (»erstinstanzlichen«) **Zwischenentscheidungen** (Rdn 93, 94) **des LG als Beschwerdegericht** für seine Instanz,[370] ebenso wie die der **PKH-Versagung im Beschwerdeverfahren** (Rdn 95), gelten jedenfalls nach dem neueren Verfahrensrecht dieselben Regeln wie für diesbezügliche Beschwerdentscheidungen des LG; erforderlich ist also ebenfalls eine Rechtsmittelzulassung durch das LG analog § 574 Abs 1 S 2 ZPO,[371] die gegebenenfalls eine sofortige[372] (»weitere«) Beschwerde (ausschließlich) zum OLG ermöglicht. Dazu Rdn 93, 94, 95. Eine Sonderstellung nimmt in diesem neuen System die **isolierte Kostenentscheidung** (vgl § 71 Rdn 101, 102) **des Beschwerdegerichts** (§ 20a Abs 2 FGG) ein. Diese Entscheidung ist bei Vorliegen der sonstigen Zulässigkeitsvoraussetzungen mit der sofortigen (»weiteren«) Beschwerde – nur – anfechtbar, wenn das Beschwerdergericht erstmals eine Entscheidung über den Kostenpunkt getroffen hat (§§ 27 Abs 2, 29 Abs 2 FGG). Die genannten Rechtsmittel sind sämtlich auf die **Rechtskontrolle** beschränkt. Für eine einfache Erstbeschwerde, die auch eine Überprüfung in tatsächlicher Hinsicht ermöglichte, bliebe danach bei »erstinstanzlichen« Zwischen- und Nebenentscheidungen des LG als Beschwerdegericht allenfalls Raum, soweit diese »unter ausschließlicher Anwendung von FGG-Normen getroffen«[373] worden sind; etwa gegen eine Zwischenverfügung des LG, die unmittelbar und erheblich in Rechte der Beteiligten eingreift [374] (s Rdn 93). Ob dafür nach dem System der neuen Verfahrensvorschriften noch Raum ist und ein Bedürfnis besteht, ist zweifelhaft. Es blieben der **Kostenansatz für das Beschwerdeverfahren** durch das LG (Rdn 103) und dessen **»erstinstanzliche« Wertfestsetzung** (Rdn 104), gegen die richtiger Ansicht nach auf der Grundlage der geltenden Bestimmungen der KostO eine einfache bzw befristete **Erstbeschwerde** in Betracht kommt. Zur Anfechtung bloßer Berichtigungs-Entscheidungen des Beschwerdegerichts § 78

---

363 BT-Drucks 16/6308; 16/9733.

364 *Musielak-Ball* § 567 Rn 21; *Zöller/Gummer* § 71 Rn 46 jew mwN.

365 9. Aufl. Rn 103.

366 *Herbst/Roth* RPflG § 11 Rn 26; *von König* Rpfleger 2005, 594, 596.

367 ZPO-RG v 27.07.2001 (BGBl I 1887).

368 BGH NJW 2004, 1077 = BGHReport 2004, 838 mAnm *Demharter*; NJW 2004, 3412 = Rpfleger 2005, 22; MDR 2004, 466 mAnm *Timme* = Rpfleger 2004, 318 mAnm *Demharter* Rpfleger 2004, 439; NJW 2007, 158 = Rpfleger 2007, 72 auf Vorl OLG Karlsruhe FGPrax 2006, 205 (Aufg v BGH NJW 2006, 2495); FamRZ 2007, 1809; BayObLGZ 2002, 274 = FGPrax 2002, 271; OLG München NJW-RR 2007, 363; *v.König* Rpfleger 2005, 594, 596; *Roth* Rpfleger 2006, 1, 5; wN, insbes z Gang d zeitweilig uneinheitl BGH-Rspr, b *Demharter* FGPrax 2006, 251.

369 AnhörungsrügenG v 09.12.2004 (BGBl I S 3220).

370 Einschließl d Aussetzung: *Jansen-Briesemeister* § 27 Rn 7 mwN; *Bauer/v.Oefele-Budde* Rn 3; vgl auch *Hügel/Kramer* § 78 Rn 15 f.

371 BayObLGZ 2002, 89 = NJW 3262; 2002, 147 = NJW 2002, 2573; OLG Schleswig FGPrax 2006, 67; OLG Stuttgart NJW-RR 2003, 494; *Roth* Rpfleger 2006, 1, 3 f.

372 Vgl BayObLGZ 2002, 89 = NJW 2002, 3262; *Roth* Rpfleger 2006, 1, 5.

373 *Roth* Rpfleger 2006, 1, 4; vgl auch KEHE-*Briesemeister* § 78 Rn 2; *Bauer/v.Oefele-Budde* § 78 Rn 3; *Hügel/Kramer* § 78 Rn 21 f.

374 *Roth* Rpfleger 2006, 1, 3 f m Hinw auf BayObLG FamRZ 2000, 249; 1986, 1236; NJW-RR 1998, 437; NJW 1967, 685.

Rdn 5. **Ab 01.09.2009 (FGG-Reform)** kann gegen einzelne »erstinstanzliche« Entscheidungen des OLG als Beschwerdegericht unter den Voraussetzungen des zukünftigen § 78 Abs 1, 2 (§ 78 Rdn 2) die Rechtsbeschwerde an den BGH statthaft sein.

III. Beschwerdeberechtigung

1. Allgemeine Grundsätze

a) Definition. Anders als im Zivilprozess, wo nur die Parteien oder diesen ausdrücklich Gleichgestellte die Befugnis zur Rechtsmitteleinlegung haben, bedarf es für das Grundbuchbeschwerdeverfahren, in dem der Kreis der Beteiligten nicht so eindeutig eingegrenzt ist, der Aufstellung besonderer Kriterien dazu, wer zur Beschwerdeeinlegung legitimiert ist; denn als Popularbeschwerde ist das Rechtsmittel, ebenso wie die FGG-Beschwerde, nicht gedacht.[375] Es handelt sich letztlich darum, das allgem Rechtsmittelerfordernis der Beschwer – iS einer besonderen Form des Rechtsschutzinteresses[376] – speziell für die Grundbuchbeschwerde zu definieren. Ein enger Zusammenhang besteht mit der Frage, wer (materiell) Beteiligter am Beschwerdeverfahren ist (Vor § 71 Rdn 22). Die Beschwerdeberechtigung gehört, wie heute anerkannt ist,[377] unter dem Blickwinkel der Trennung zwischen Zulässigkeits- und Sachprüfung (s § 77 Rdn 14) zu den **Zulässigkeitsvoraussetzungen** der Beschwerde.

In der GBO ist die Beschwerdeberechtigung nicht geregelt. § 20 FGG soll nach überwiegender Ansicht in Grundbuchsachen weder unmittelbar noch mittelbar Anwendung finden,[378] soweit nicht, wie in §§ 105, 110, die GBO ausdrücklich auf die Vorschriften des FGG verweist. Ob dies nach der Entstehungsgeschichte des Gesetzes[379] und systematisch zwingend ist, könnte man bezweifeln. Erst recht dürfte dies – angesichts des Harmonisierungsanliegens des Gesetzgebers der FGG-Reform – im Blick auf den zukünftigen § 59 FamGG[380], der am 01.09.2009 in Kraft tritt, gelten. Insoweit ist jedoch hinzunehmen, dass die Rechtspraxis seit langem für die Befugnis, im Grundbuchverfahren Beschwerde einzulegen, eigenständige Grundsätze entwickelt hat: Im Allgemeinen wird als **beschwerdeberechtigt jeder** angesehen, **der durch die Entscheidung in seiner Rechtsstellung unmittelbar oder mittelbar beeinträchtigt ist oder wäre, wenn die angefochtene Entscheidung in der behaupteten Weise unrichtig wäre, und deshalb ein rechtliches Interesse an ihrer Beseitigung hat.**[381] Nicht notwendig ist, dass sich die angefochtene Entscheidung direkt gegen denjenigen richtet, der das Rechtsmittel einlegen will.[382] Umgekehrt entfällt die Beschwerdebefugnis nicht ohne weiteres dadurch, dass die erfolgreiche Beschwerde zu einer für den Beteiligten ungünstigeren Rechtsstellung führen könnte (zB bei der Beschwerde des Nichteigentümers gegen die Eintragung, die ihn als Eigentümer ausweist).[383] Besonderheiten gelten im Eintragungsantragsverfahren (Rdn 120 ff) und für die Beschwerde mit dem Ziel der Eintragung eines Amtswiderspruchs (Rdn 128 ff), wo jeweils nur die unmittelbaren Beteiligten ein Beschwerderecht haben. Näher zur »Beeinträchtigung« Rdn 113 f, zur »Rechtsstellung« Rdn 115 f.

b) Maßgeblicher Zeitpunkt. Die Beschwerdeberechtigung muss **im Zeitpunkt der Entscheidung des Beschwerdegerichts** vorhanden sein.[384] War die beeinträchtigte Rechtsstellung also bei Beschwerdeeinlegung vorhanden, ist sie jedoch später weggefallen, so ist die Beschwerde damit gegenstandslos (unzulässig) geworden;[385] sie kann lediglich im Kostenpunkt mit der Behauptung aufrechterhalten werden, die angefochtene Ent-

106

107

108

375 KGJ 52, 103; Denkschr z E II (Fn 1), 176; *Furtner* DNotZ 1961, 453.

376 W der Beziehungen zwischen Rechtsschutzinteresse, Beschwer u Beschwerdebefugnis s *Kahl*, 78, 114.

377 BayObLGZ 1980, 3739; BayObLG Rpfleger 1982, 470; KEHE-*Briesemeister* § 77 Rn 17; *Bassenge* FGG § 20 Rn 2; *Keidel-Kahl* § 20 Rn 16; *Jansen-Briesemeister* § 20 Rn 20; wN b *Kahl*, 80, Fn 5.

378 Statt vieler: BayObLGZ 1990, 151, 154; KG OLGE 41, 28; KG OLGZ 1979, 139, 140; OLG Köln FGPrax 2002, 52 = Rpfleger 2002, 195; *Demharter* Rn 57; KEHE-*Briesemeister* § 71 Rn 63; *Furtner* DNotZ 1961, 453; **aA** *Blomeyer* DNotZ 1971, 329, 346 m Fn 63; *Eickmann*, GBVerfR Rn 416.

379 Allerd wurde § 69 des E I, der m § 20 FGG übereinstimmte, gestrichen; dazu Denkschr z E II (Fn 1), 176.

380 BT-Drucks 16/6308; 16/9733.

381 BGHZ 80, 126 = NJW 1981, 1563 = Rpfleger 1981, 287; BayObLGZ 1953, 125; 1957, 105; 1977, 251, 254; 79, 80, 84 = Rpfleger 1979, 210; BayObLG Rpfleger 1980, 83; 1982, BayObLG BWNotZ 1982, 90, 91; BayObLGZ 1994, 115, 117; OLG Düsseldorf JMBlNRW 1956, 209; OLG Hamm OLGZ 1979, 140; OLG Hamm FGPrax 1995, 181, 182; KGJ 33, 305; KG JFG 14, 448, 449; KG OLGZ 1979, 139, 140; KG Rpfleger 1996, 104, 105; OLG Köln FGPrax 2002, 51 = Rpfleger 2002, 195; OLG Stuttgart OLGZ 1973, 422; *Demharter* § 71 Rn 58; KEHE-*Briesemeister* Rn 64; *Furtner* DNotZ 1961, 453, 454.

382 BayObLG 11, 724, 727; *Furtner* DNotZ 1961, 453, 454.

383 Z Erbscheinsverf vgl OLG Zweibrücken NJW-RR 1987, 7.

384 BGH NJW-RR 2004, 1365; BayObLGZ 1969, 284, 289 = Rpfleger 1970, 26; OLG FfM ZfIR 1997, 763; *Bauer/v. Oefele-Budde* Rn 64; *Demharter*, Rn 62; KEHE-*Briesemeister* Rn 65.

385 BayObLGZ 1969, 284, 287; OLG Hamm FGPrax 1996, 210 m Anm *Demharter* FGPrax 1997, 7; KG OLGE 23, 346, 347; 41, 21, 22.

scheidung sei in der Hauptsache unrichtig gewesen (Rdn 165). Teilweise wird gefordert, die Rechtsstellung, von deren Beeinträchtigung die Beschwerdebefugnis abhängt, müsse schon bei Erlass der angefochtenen Entscheidung, spätestens bei Einlegung des Rechtsmittels gegeben gewesen sein.[386] Es gibt jedoch – anders als wohl im Rahmen des § 20 FGG[387] – keinen zwingenden Grund, ein solches Zulässigkeitserfordernis im Grundbuchbeschwerdeverfahren aufzustellen. Vielmehr ist es auch ausreichend, wenn die durch die Entscheidung des Grundbuchamts nachteilig betroffene Rechtsstellung nachträglich entstanden ist.[388]

109 Das Beschwerderecht steht auch demjenigen zu, der durch **Rechtsnachfolge** in die beeinträchtigte Rechtsstellung eintritt.[389] Stirbt der Beschwerdeführer vor Erledigung der Beschwerde, können also die Erben das Rechtsmittel weiterverfolgen;[390] wobei für den Nachweis der Erbfolge zur Fortführung des Verfahrens anstelle des ursprünglich Beteiligten – unabhängig davon, dass es für den Nachweis der Beschwerdeberechtigung als solcher keiner besonderen Form bedarf[391] – § 35 gilt (str).[392] Veräußert der Eigentümer im Laufe des Beschwerdeverfahrens das betroffene Grundstück, so verliert er sein bisheriges Beschwerderecht mit der Umschreibung des Eigentums;[393] § 265 ZPO gilt nicht.[394] Hat allerdings der Eigentümer des mit einer Eintragung belasteten Grundstücks gegen die Ablehnung der Anregung, Maßnahmen nach § 53 Abs 1 zu ergreifen, Beschwerde eingelegt, so ist – auch ohne ausdrückliche »Antrags«-Änderung – davon auszugehen, dass er nach zwischenzeitlicher Veräußerung des Grundstücks das Beschwerdeverfahren in Verfahrensstandschaft für den neuen Eigentümer führt[395] (richtiger Ansicht nach aber wohl nicht entspr § 265 Abs 2 S 1 ZPO, sondern aufgrund – bei ordnungsgemäßer Verfahrensweise zu verlautbarender und nachzuweisender – gewillkürter Verfahrensstandschaft, vgl Rdn 134).

110 c) **Feststellung der Beschwerdeberechtigung.** Für die Feststellung der Beschwerdeberechtigung gelten nach Rspr und hM[396] folgende Regeln: Grundsätzlich **genügt es nicht, dass der Beschwerdeführer nur behauptet, in seiner Rechtsstellung betroffen zu sein; diese Voraussetzung muss vielmehr tatsächlich gegeben sein.** Bei einem non-liquet insoweit müsste also die Beschwerde verworfen werden. Wenn allerdings die Prüfung der Beschwerdeberechtigung ein Eingehen auf die Sache selbst erfordert, kann das Beschwerdegericht sich eine Tatsachenfeststellung im Rahmen der Zulässigkeitsprüfung sparen. Dies ist der Fall, wenn die Tatsachen, aus denen sich das Betroffensein des Beschwerdeführers ergeben soll, mit denjenigen zusammenfallen, aus denen sich die Rechtswidrigkeit der Entscheidung und damit die Begründetheit des Rechtsmittels ergibt; dann kommt der Grundsatz zum Tragen, dass prozessuale Voraussetzungen keines Nachweises bedürfen, soweit sie mit den sachlichen Streitpunkten identisch sind.[397] Auch hier genügt aber nicht etwa die Behauptung des Beschwerdeführers, in seiner Rechtsstellung beeinträchtigt zu sein; vielmehr muss das tatsächliche Vorbringen, seine Richtigkeit unterstellt, bei zutreffender rechtlicher Würdigung das Betroffensein ergeben.[398]

111 Die Forderung der hM nach objektiver Betroffenheit der Rechtsstellung des Beschwerdeführers oder zumindest schlüssiger Behauptung von Tatsachen, aus denen sich die nachteilige Betroffenheit ergibt, ist beachtlicher Kritik begegnet.[399] Zumindest bei Tatsachenidentität zwischen Beschwerdeberechtigung und -begründetheit wollen einige anstelle schlüssigen Sachvortrags die **ernsthafte Möglichkeit einer nachteiligen Rechtsbetroffenheit** ausreichen lassen,[400] einer Mindermeinung genügt die generelle Möglichkeit einer nachteiligen

---

386 OLG Ffm OLGZ 1970, 283, 284; KEHE-*Briesemeister* Rn 65.

387 Vgl BGH NJW 1958, 1538 (Ls); BGH NJW 1989, 1858; OLG Hamburg WuM 1991, 316; KG OLGE 5, 537 = KGJ 25, 3; OLG Köln FamRZ 1971, 190; *Bassenge* FGG § 20 Rn 11; *Jansen* § 20 Rn 18; *Keidel-Kahl* § 20 Rn 15; *Furtner* DNotZ 1961, 453, 454.

388 OLG Hamm FGPrax 1996, 210, 211; KG OLGE 14, 139, 140 = KGJ 33, 305 in Abgr z KG OLGE 5, 537 = KGJ 25, 3; *Bauer/v. Oefele-Budde* Rn 64; *Furtner* DNotZ 1961, 453, 454.

389 OLG Düsseldorf JR 1952, 405.

390 BGH NJW-RR 1995, 705; KG RJA 11, 174; 13, 84.

391 BGHZ 141, 347 = NJW 1999, 2369.

392 OLG Hamm JMBlNRW 1962, 284; KEHE-*Briesemeister* Rn 66; **aA** *Demharter* Rn 59.

393 KG OLGE 41, 22; OLG Hamm FGPrax 1996, 210 m Anm *Demharter* FGPrax 1997, 7; OLG Ffm 1997, 763.

394 *Bauer/v. Oefele-Budde* Rn 64.

395 BayObLG Rpfleger 1982, 266 (Ls b *Goerke* 265 ff; dazu näher *Demharter* FGPrax 1997, 7, 8); OLG Ffm 1997, 763.

396 BayObLGZ 1973, 84, 86; 1979, 81, 84; 1983, 149, 150; BayObLG Rpfleger 1988, 531, 532; BayObLG NJW-RR 1992, 893; BayObLGZ 2004, 37 = FamRZ 2004, 1818; OLG Düsseldorf FGPrax 2000, 205; KG NJW-RR 2000, 1608; OLG Stuttgart OLGZ 1970, 419, 421 = Rpfleger 1970, 283; OLG Zweibrücken Rpfleger 1977, 305; OLG Zweibrücken OLGZ 1978, 155; KEHE-*Briesemeister* § 77 Rn 13; *Bassenge* FGG § 20 Rn 9; *Jansen-Briesemeister* § 20 Rn 13; *Keidel-Kahl* § 20 Rn 16 ff.

397 BayObLGZ 1973, 84, 86.

398 OLG Stuttgart OLGZ 1970, 155 = Rpfleger 1970, 283; OLG Zweibrücken Rpfleger 1977, 305; OLG Zweibrücken OLGZ 1978, 155.

399 Übers b *Kahl* 85, 93, 116, 119, 128 ff, 239.

400 *Bauer/v. Oefele-Budde* Rn 63; *Bärmann*, FGG, § 29 II 2 d; *Baur-Wolf*, Grundbegriffe des Rechts der freiwilligen Gerichtsbarkeit, 11; *Kissel*, Der Rechtsschutz in der freiwilligen Gerichtsbarkeit, 159, 171; *Kahl*, 114.

Rechtsbetroffenheit.[401] Diese Tendenz ist zu begrüßen.[402] Versteht man die Beschwerdebefugnis ähnlich wie die Klagbefugnis im Verwaltungsprozess,[403] so vermeidet man regelmäßig ein abschließendes Eingehen auf komplexe Sachfragen im Rahmen der Zulässigkeitsprüfung.[404]

Soweit für die Feststellung der Beschwerdebefugnis die Möglichkeit bzw schlüssige Behauptung einer Beeinträchtigung der Rechtsstellung des Beschwerdeführers ausreicht, muss (erst) im Rahmen der Begründetheit der Beschwerde geprüft werden, ob die angefochtene Entscheidung gerade in einer den Beschwerdeführer berührenden Richtung zu beanstanden, dieser also in seiner Rechsstellung tatsächlich beeinträchtigt ist; fehlt es daran, so ist die Beschwerde, selbst wenn Rechtsfehler vorliegen, als unbegründet zurückzuweisen (str).[405] **112**

2. Einzelne Tatbestandsmerkmale der Beschwerdeberechtigung

a) Beeinträchtigung. aa) Materielle Beschwer. Der Beschwerdeführer muss grundsätzlich **materiell** **113** **beschwert**,[406] also durch den Inhalt der Entscheidung des Grundbuchamts **nachteilig** betroffen sein.[407] Zur Entscheidung von Fragen, die lediglich akademische Bedeutung haben, ist das Beschwerdegericht nicht berufen, selbst wenn der Beschwerdeführer mit Rücksicht auf die Möglichkeit künftiger derartiger Fälle ein wirtschaftliches Interesse an der Sache haben mag.[408] **Im Allgemeinen genügt eine mittelbare Beeinträchtigung**[409] (Ausnahmen Rdn 120 ff, 128 ff). Eine solche ist anzunehmen, wenn die Rechtsstellung des Beschwerdeführers durch die Entscheidung des Grundbuchamtes eine ungerechtfertigte Änderung erfährt oder wenn sie hierdurch nicht geändert wird, obwohl dem Beschwerdeführer ein Anspruch auf die Änderung zusteht. Darauf, ob diese Änderung auch eine wirtschaftliche Besserstellung bedeutet, kommt es nicht an. So mag derjenige, der von einer gewünschten Eintragung betroffen ist, der verlierende Teil sein, dennoch ist er beschwerdeberechtigt, wenn seinem Eintragungsantrag nicht stattgegeben wird. Umgekehrt ist eine Beschwer durch eine vollzogene oder vom Beschwerdegericht angeordnete Eintragung selbst dann denkbar, wenn damit dem Eintragungsantrag des Beschwerdeführers voll gefolgt wurde; formelle Beschwer – ungünstige Abweichung von einem Antrag[410] – ist grundsätzlich nicht zusätzlich erforderlich.[411] Regelmäßig wird allerdings das Rechtsschutzbedürfnis an der Beschwerde (Rdn 159 ff) fehlen. Damit steht in Einklang, dass der, dessen Antrag Erfolg hatte, nicht Beschwerde mit dem Ziel einlegen kann, nunmehr einen geänderten Antrag anzubringen (§ 74 Rdn 4, 6); insoweit indiziert das Fehlen der formellen gleichsam die mangelnde materielle Beschwer.

bb) Formelle Beschwer nicht ausreichend. Umgekehrt **reicht formelle Beschwer**[412] **allein** für die **114** Beschwerdebefugnis **regelmäßig nicht aus**; diese folgt also nicht schon aus der Zurückweisung eines Antrags;[413] auch nicht aus einer damit etwa verbundenen Kostenbelastung, wenn der Antragsteller nur durch diese sachlich beschwert ist (s auch den Rechtsgedanken des § 20a Abs 1 S 1 FGG).[414] Anders ist es, wenn ein in Wirklichkeit nicht gestellter Antrag (oder durch das LG eine »Beschwerde«) – unwirksam (§ 77 Rdn 41), aber mit dem äußeren Schein einer wirksamen Entscheidung versehen (s Rdn 17) – förmlich »zurückgewiesen« wird; dem Betroffenen muss die Befugnis zuerkannt werden, eine solche an ihn gerichtete, nicht von ihm veranlasste, Entscheidung aus der Welt zu schaffen.[415] Formelle Beschwer reicht auch, wenn der Antrag ohne Sach-

---

401 *Bonnet* Studien zur Beschwerdebefugnis und zum Beschwerdegegenstand in der Freiwilligen Gerichtsbarkeit 1968, 75, 107, 108; *ders* JU 1972, 229, 232.
402 In dieser Richtung wohl auch BGH LM HöfeO § 18 Nr 6 = RdL 1963, 17; vgl auch BayObLG Rpfleger 1988, 531, 532.
403 Vgl BVerwGE 28, 131; 44, 1, 3 = NJW 1974, 203; BVerfG NJW 1984, 1474; *Eyermann-Fröhler* VwGO, § 42 Rn 120 ff, 130; *Kopp* VwGO, § 42 Rn 37 ff, 40; *Redeker-v. Oertzen* VwGO, § 42 Rn 15.
404 Vgl *Bonnet* JR 1972, 229, 232; *Kahl*, 127.
405 KG OLGZ 1991, 396, 399; *Demharter* § 77 Rn 22; *Bassenge* FGG § 20 Rn 10, § 84 Rn 37; *Jansen-Briesemeister* § 20 Rn 13; vgl auch *Bettermann* ZZP 82 (1969), 24 ff, 68; *Bonnet* JR 1972, 229, 233, 245; **aA** BayObLGZ 64, 40, 47; 1970, 105 = NJW 1970, 1424 m Anm *Jansen*; OLG Saarbrücken FamRZ 1992, 109, 110, 112.
406 *Jansen-Briesemeister* § 20 Rn 12.
407 *Jansen-Briesemeister* § 20 Rn 12; *Keidel-Kahl* § 20 Rn 12.
408 BayObLG 16, 105.
409 BayObLG Rpfleger 1982, 470; KEHE-*Briesemeister* Rn 64; *Furtner* DNotZ 1961, 453, 454.
410 *Jansen-Briesemeister* § 20 Rn 29; *Keidel-Kahl* § 20 Rn 76; § 20 Rn 2, 48 ff, 52.
411 Vgl OLG Hamm Rpfleger 2002, 617; *Güthe-Triebel* Rn 20; f FGG-Beschwerde b Verfahren, deren Gegenst nicht d Disposition d Beteiligten unterliegt: BGHZ 47, 58, 64; BayObLGZ 1966, 408, 411; BayObLGZ 1966, 408, 411; KG NJW 1960, 1158; *Bassenge* FGG § 20 Rn 14; *Bumiller-Winkler* § 20 Rn 43; *Jansen-Briesemeister* § 20 Rn 30; *Keidel-Kahl* § 20 Rn 52; **aA** *Baur* FGG, § 29 A III 2e; *Habscheid* FGG, § 32 II 2a–c.
412 BayObLGZ 1994, 115, 117; OLG Hamm Rpfleger 1995, 501.
413 BGHZ 162, 137 = Rpfleger 2005, 354; BayObLGZ 1969, 284, 288; 1979, 65, 66; BayObLG DNotZ 1989, 438, 439; BayObLGZ 1994, 115, 117; *Demharter* Rn 59; *Jansen-Briesemeister* § 20 Rn 37; *Keidel-Kahl* § 20 Rn 50; **aA** *Kamm* JuS 1961, 146, 151.
414 Vgl BGH NJW 1996, 466, 667; BayObLGZ 1959, 380, 389; 72, 1, 2f; 1994, 115, 117.
415 **AA** OLG Naumburg FGPrax 2000, 3 m im Erg zust Anm *Demharter* aaO S 52.

prüfung mangels Antragsberechtigung[416] oder sonst als unzulässig abgelehnt wurde; denn die verfahrensrechtlichen Voraussetzungen eines Rechtsmittels sind als gegeben anzusehen, soweit sie mit dem Gegenstand dessen, was mit der Beschwerde sachlich gerügt wird, identisch sind[417] (Rdn 110, 156). Auch die Berechtigung zur weiteren Beschwerde ergibt sich ohne weiteres daraus, dass der Beschwerdeführer mit seiner ersten Beschwerde erfolglos geblieben ist (§ 78 Rdn 11). Das Gleiche gilt, wenn ein Dritter infolge einer Verwechslung der Identität als Antragsteller behandelt und beschieden wird; ihm muss das Recht eingeräumt werden, denjenigen Rechtsbehelf geltend zu machen, der zur Beseitigung der gerichtlichen Entscheidung gegeben ist.[418]

115 **b) Rechtsstellung.** Die Rechtsstellung des Beschwerdeführers muss betroffen sein. Es braucht sich nicht um ein subjektives Recht zu handeln, sondern es genügt, dass ein **rechtlich geschütztes Interesse an der Beseitigung der Beeinträchtigung** gegeben ist.[419] Nicht ausreichend ist die Beeinträchtigung bloß wirtschaftlicher, wissenschaftlicher oder sonstiger – wenn auch »berechtigter« – Interessen.[420] Meist geht es um eine **eigene** Rechtsstellung des Beschwerdeführers; wobei die Rechtsfähigkeit des Beschwerdeführers für die Frage der Beschwerdebefugnis zu unterstellen ist[421] (vgl Rdn 156). Wegen der Befugnis Dritter zur Geltendmachung des Beschwerderechts Rdn 141 ff.

116 Die betroffene Rechtsstellung muss grundsätzlich **materieller** Natur sein. Ein Rechtsschutzbedürfnis allein daran, Unkorrektheiten im Verfahren nachprüfen zu lassen, ist abzulehnen.[422] Verfahrensfehler sind vielmehr nur relevant, wenn sie sich im Ergebnis auch auf die materielle Rechtsstellung ausgewirkt haben. Selbst aus der Verletzung rechtlichen Gehörs erwächst für sich genommen einem nur formell Beteiligten[423] wie auch demjenigen, der ein von der Beschwerdebefugnis nicht gedecktes Ziel verfolgt (Rdn 125),[424] kein Beschwerderecht (str).[425]

117 Die Rechtsstellung **braucht nicht privatrechtlicher Natur zu sein**, sie kann sich auch aus öffentlichem Recht ergeben.[426] Es muss sich jedenfalls um eine **im Grundbuchverfahren zu beachtende Position** handeln. Im Vordergrund steht ein wirkliches oder zumindest buchmäßiges dingliches Recht an einem Grundstück oder ein auf Schaffung eines solchen gerichteter Antrag des Berechtigten. Im letzteren Fall kann die Beschwerdeberechtigung auch aus einem schuldrechtlichen Anspruch folgen und in begrenztem Umfang dem Gläubiger des Berechtigten zustehen (§§ 13 Abs 2, 14). Steht dagegen die Beeinträchtigung eines Rechts an einem Grundstück durch eine Entscheidung des Grundbuchamtes in Frage, so gibt die Existenz eines schuldrechtlichen Verschaffungsanspruchs gegen den Berechtigten dem Anspruchsinhaber für sich genommen noch keine Beschwerdebefugnis. So hat bspw der Käufer eines Grundstücks kein Beschwerderecht gegen die Eintragung eines Amtswiderspruchs gegen das Eigentum des Verkäufers. Ebenso wenig kann, wer nur einen schuldrechtlichen Anspruch auf Einräumung eines dinglichen Rechts hat, durch eine Beschwerde die Eintragung desselben Rechts für einen anderen verhindern.[427] Der Inhaber eines schuldrechtlichen Vorkaufsrechts kann nicht, auch wenn er tatsächlicher Nutzer des Grundstücks ist, Beschwerde mit dem Ziel eines Amtswiderspruchs gegen die Eintragung eines neuen Eigentümers einlegen.[428] Wer schuldrechtlich zur Herbeiführung der Löschung einer Auflassungsvormerkung verpflichtet ist, hat nicht schon deshalb eine Beschwerdebefugnis zur Durchsetzung der Löschung wegen Unrichtigkeit.[429] Grundbuchrechtlich betroffen ist auch noch nicht nicht der Zessionar einer durch (Zwangs-)Sicherungsypothek gesicherten Forderung vor der Eintragung der Abtretung in das Grundbuch.[430] Anderseits kann auch der Gläubiger, der die Zwangsversteigerung aufgrund eines nur persönlichen

---

416   Verkannt v LG Berlin NJW-RR 1999, 15.
417   BGH RdL 1963, 103; BayObLG FamRZ 1986, 719; *Jansen-Briesemeister* § 20 Rn 37; *Keidel-Kahl* § 20 Rn 18; *Habscheid* FGG, § 32 II 3; *Kahl*, 71 ff.
418   OLG Ffm NJW-RR 1996, 1168, 1169.
419   BGHZ 80, 126, 127; BayObLGZ 1979, 81, 84 = Rpfleger 1979, 210; OLG Düsseldorf JMBlNRW 1956, 208, 209; KGJ 33, 305, 306; KGJ JFG 5, 352; 14, 448, 449; OLG Stuttgart Justiz 1973, 422; *Demharter* Rn 58; *Habscheid* FGG, § 43 I 2; *Furtner* DNotZ 1961, 453, 454.
420   BGHZ 80, 127 = NJW 1981, 1563 = DNotZ 1982, 240; BayObLGZ 1957, 106; BayObLG Rpfleger 1980, 470; BayObLG DNotZ 1989, 438, 439; BayObLGZ 1994, 115, 117; OLG Ffm NJW-RR 1988, 139 = DNotZ 1988, 707; KG HRR 1932 Nr 1469.
421   BayObLG 2002, 413 = Rpfleger 2003, 241.
422   *Keidel-Kahl* § 20 Rn 10, 11; ähnl auch *Bauer/v. Oefele-Budde* Rn 62.
423   BayObLG Rpfleger 1971, 401, 402; vgl aber auch BayObLG MDR 1985, 151.
424   BayObLG Rpfleger 1983, 12 (Ls b *Goerke* 9ff); BayObLGZ 1998, 59 = FGPrax 1998, 87.
425   BGH NJW 2005, 2149, 2151 (z § 20 FGG); BayObLG MittBayNot 1990, 355, 346; *Demharter* § 77 Rn 9; *Bauer/v. Oefele-Budde* Rn 62; *Keidel-Kahl* § 20 Rn 10; vgl aber auch *Keidel-Kayser* § 12 Rn 154; v BGH AgrarR 1997, 14 offengel.
426   KG OLGE 6, 103 = KGJ 25, 92; KG JFG 12, 344.
427   KG DR 1943, 705.
428   OLG Köln FGPrax 2002, 52; Rpfleger 2002, 195.
429   KEHE-*Briesemeister* Rn 70.
430   BayObLG NJW-RR 1998, 951.

Titels betreibt, im Wege der Grundbuchbeschwerde das Nichtbestehen eines eingetragenen Rechts geltend machen; das folgt aus der zu seinen Gunsten eingetretenen Beschlagnahmewirkung.[431] Der nur Buchberechtigte ist nur insoweit beschwerdeberechtigt, als eine Grundbuchberichtigung in Frage steht.[432] Auch eine Buchposition, die nur deklaratorischer Natur ist, gehört insoweit zur »Rechtsstellung« des Betroffenen (str);[433] ebenso wie die desjenigen, der in der früheren DDR enteignet wurde, gegenüber einer erst nach der Wiedervereinigung erfolgten Umschreibung des Eigentums in Eigentum des Volkes (str).[434] Die Rechtsposition des nicht im Grundbuch Eingetragenen »wahren Berechtigten« ist maßgeblich, wenn sie sich für das Beschwerdegericht wie wie für das Grundbuchamt aus den vorliegenden Urkunden zweifelsfrei ergibt[435]

c) Weitere Beispiele zur Beeinträchtigung der Rechtsstellung. Ja: Des Eigentümers durch das Fehlen **118** bestimmter tatsächlicher Angaben im Bestandsverzeichnis des Grundbuchs, weil daraus im Geschäftsverkehr bedeutende Schlüsse gezogen werden können.[436] Des Vorerben, wenn im Grundbuch als Nacherbe eine unrichtige Person eingetragen ist.[437] Eines Hypothekengläubigers durch Eintragung der Pfändung einer künftigen Eigentümerhypothek, bei der für ihn eine Löschungsvormerkung eingetragen ist.[438] Eines Hypothekengläubigers durch die Eintragung eines Widerspruchs, der sich gegen die Löschung einer ihm vorgehenden Hypothek richtet.[439] Des Eigentümers durch einen Amtswiderspruch gegen die von ihm veranlasste Löschung einer Eigentumsübertragungsvormerkung.[440] Des Eigentümers, wenn ohne seine Zustimmung ein Widerspruch gegen eine angeblich nicht bestehende Hypothek eingetragen wurde, weil seine Anwartschaft auf deren Erwerb gefährdet wird.[441] Des Antragstellers, der geltend macht, das Grundbuchamt hätte den Antrag nicht abweisen dürfen, sondern ihm durch Zwischenverfügung Gelegenheit zur Rücknahme geben müssen.[442] Des Bevollmächtigten des eingetragenen Berechtigten, wenn das Grundbuchamt es ablehnt, ihm vorgeschriebene Benachrichtigungen zu schicken.[443]

Nein: Desjenigen, der auf der Grundlage eines ihm zustehenden Eigentumsübertragungsanspruchs auf Antrag **119** eines Dritten in Vollzug eines Arrests als Eigentümer eingetragen wird, gegen diese Einragung.[444] Des Eigentümers, wenn das Grundbuchamt die Übernahme der ihm vom Katasteramt mitgeteilten Berichtigung sog Aufnahmefehler in das Grundbuch ablehnt, soweit nur öffentliche Interessen berührt sind[445] (zum Beschwerderecht des Katasteramts Rdn 145). Eines Miteigentümers durch die Verfügung eines anderen Miteigentümers über dessen Anteil.[446] Des Eigentümers durch die Eintragung eines Mitbelastungsvermerks nach § 48[447] oder eines Hypothekenpfändungsvermerks.[448] Des Eigentümers eines mit einer Grunddienstbarkeit belasteten Grundstücks durch die von Amts wegen vorgenommene Änderung der Bezeichnung des herrschenden Grundstücks, wenn er das Bestehen der Grunddienstbarkeit nicht angreift,[449] oder wenn die Dienstbarkeit ohne Inhaltsänderung auf einen anderen Berechtigten, etwa von einem Grundstückseigentümer auf einen Wohnungseigentümer, umgeschrieben wird.[450] Des Eigentümers, wenn eine Hypothek mit unrichtigem Rang eingetragen ist oder zu Unrecht auf einen anderen Gläubiger umgeschrieben wurde.[451] Des eingetragenen rechtsgeschäftlichen Grundstückserwerbers durch die Ablehnung der Eintragung eines Zwischenerwerbs durch Gesamtrechtsnachfolge auf der Veräußererseite.[452] Der anderen Wohnungseigentümer bei Löschung eines Sondernutzungsrechts für einen

---

431 KG HRR 1935 Nr 1406.
432 KG OLGE 25, 375.
433 **AA** für d Fall der Löschung des Reichsheimstättenvermerks gemäß Art 6 § 2 Abs 1 u 2 des Gesetzes zur Aufhebung d Reichsheimstättengesetzes v 17. Juni 1993 OLG Hamm FGPrax 1996, 44 f und für d Fall eines Vermerks nach Art 6 § 2 Abs 3 des Gesetzes OLG Hamm Rpfleger 1995, 501 m abl Anm *Knees; OLG* Düsseldorf FGPrax 1996, 172; *Schöner/ Stöber* Rn *3910; KEHE-Briesemeister* Rn 64a.
434 **AA** für d Fall d Beschwerde mit d Ziel, d Eintragung wegen inhaltlicher Unzulässigkeit zu löschen, KG Rpfleger 1996, 104 = FGPrax 1995, 223.
435 Vgl OLG München Rpfleger 2006, 393.
436 BayObLGZ 1976, 106, 109.
437 KG OLGE 2, 258, 259.
438 BayObLG 15, 413.
439 KGJ 47, 210.
440 OLG FfM FGPrax 1998, 128 = Rpfleger 1998, 421.
441 BayObLGZ 1986, 294, 296; KG JFG 5, 352.
442 BayObLGZ 1979, 81.
443 OLG Stuttgart OLGZ 1973, 422.
444 OLG München FGPrax 2006, 202.
445 Wohl weitergehend – bedenkl (s Rdn 134) – LG Aachen Rpfleger 1986, 11.
446 BayObLG Rpfleger 1991, 4 (Ls b *Plötz*); BayObLG Rpfleger 1991, 4 (Ls b *Plötz*); KG HRR 1932 Nr 1469.
447 KG HRR 1935 Nr 278.
448 KG OLGE 30, 22.
449 BayObLG Rpfleger 1976, 291 (Ls b *Stangelmair* Rpfleger 1976, 289 ff).
450 BayObLG Rpfleger 1984, 142 (Ls b *Goerke* Rpfleger 140 ff).
451 KG JW 1935, 3236.
452 SchlHolstOLG FGPrax 2006, 149 = NJW-RR 2006, 1608.

von ihnen.[453] Des **Vormerkungsberechtigten**, der geltend macht, eine Sicherungshypothek sei zu Unrecht eingetragen worden.[454] Desselben, wenn gegen einen im Grundbuch vermerkten Vorrang einer Grundschuld vor der Vormerkung ein Amtswiderspruch eingetragen wurde.[455] Des Berechtigten einer Auflassungsvormerkung durch einen Amtswiderspruch gegen das Eigentumsrecht[456] oder durch die Anordnung, einen Amtswiderspruch gegen die Löschung eines vorrangigen Nießbrauchs einzutragen.[457] Des Käufers von Wohnungseigentum für eine Fassungsbeschwerde mit dem Ziel der näheren Kennzeichnung von Sondereigentumsrechten in der GB-Eintragung.[458] Des Erbbauberechtigten durch einen Amtswiderspruch gegen eine Erbbauzins-Reallast und ein Vorkaufsrecht, die zugunsten des Eigentümers eingetragen sind.[459] Des im Grundbuch vermerkten Nacherben gegen die Anordnung, die vom Vorerben erklärte Auflassung im Grundbuch einzutragen.[460] Des Gläubigers einer nachrangigen Hypothek durch die Eintragung einer Pfändung der davor stehenden Hypothek.[461] Der Hypothekengläubiger kann, wenn dem Antrag des Eigentümers auf Vereinigung zweier Grundstücke stattgegeben worden ist, seine Beschwerdeberechtigung nicht daraus ableiten, dass er im Falle einer Zwangsversteigerung, um seine Hypothek zu retten, das Grundstück ersteigern und dazu einen bedeutend höheren Betrag aufwenden müsse, als wenn die Vereinigung unterblieben wäre, weil insoweit nur seine wirtschaftlichen Belange betroffen sind.[462] Kein Beschwerderecht hat nach Rspr[463] der Grundstückseigentümer gegen die Gewährung der **Grundbucheinsicht durch das Grundbuchamt an einen Dritten** (str; vgl § 12 Rdn 84). Derjenige, zugunsten dessen eine Eintragung hätte erfolgen sollen, ist zur Beschwerde gegen die Löschung einer Amtsvormerkung (Rdn 54) jedenfalls dann nicht befugt, wenn der Eintragungsantrag nicht von ihm gestellt worden war.[464]

3. Beschwerdebefugnis in besonderen Verfahren

a) Zurückweisung eines Eintragungsantrags. aa) Abhängigkeit der Beschwerdebefugnis vom Antragsrecht. Im Verfahren auf Vornahme einer Eintragung auf Antrag eines Beteiligten gilt der **Grundsatz: Die Beschwerdeberechtigung deckt sich mit der Antragsberechtigung.**[465] Die Beschwerdebefugnis folgt also nicht schon aus der Zurückweisung des Antrags (Rdn 114), erst recht nicht, wenn eine erkennbar nicht antragsberechtigte Person eine Eintragung nur angeregt hat, das Grundbuchamt aber dieser Anregung nicht folgt.[466] Vielmehr ist erforderlich, dass der Beschwerdeführer das Antragsrecht hat.[467] Anders, wenn schon das Grundbuchamt den Antrag ohne weitere Sachprüfung mangels Antragsberechtigung abgelehnt hat; dann muss der Beschwerdeführer beim Beschwerdegericht seine Rechtsbehauptung, er sei doch antragsberechtigt, zur sachlichen Nachprüfung stellen können (Rdn 114). Beschwerdeberechtigt ist nicht nur derjenige, dessen Antrag abgelehnt worden ist, sondern **jeder, der berechtigt gewesen wäre, den Antrag kraft eigenen Rechts zu stellen.**[468] Antragsberechtigt ist nach § 13 Abs 1 S 2 jeder, dessen Recht von der Eintragung betroffen wird oder zu dessen Gunsten die Eintragung erfolgen soll. Damit sind nur die unmittelbar Beteiligten gemeint (§ 13 Rdn 35). Nur ausnahmsweise, im Falle des § 14, der unter bestimmten Voraussetzungen dem Gläubiger die Befugnis zur Stellung eines Berichtigungsantrags verleiht, und in den Fällen des § 9 Abs 1 S 2 sowie des § 8 GBMaßnG haben mittelbar Beteiligte ein Antragsrecht. Die Antrags-/Beschwerdeberichtigung muss nicht in grundbuchmäßiger Form (§ 29 Abs 1) nachgewiesen werden (s § 30).[469]

120

---

453   BGHZ 145, 133 NJW 2000, 3643 = DNotZ 2001, 381 = LM GBO § 19 Nr 13 m Anm *Stürner/Dittmann* = BWNotZ 2001, 89 m Anm *Böhringer*; auf Vorl BayObLG FGPrax 2000, 93 = MDR 2000, 472 m Anm *Böhringer* = ZMR 2000, 472 m Anm *Müller* = ZWE 2000, 347 m Anm *Röll* **geg** OLG Düss FGPrax 1995, 187 = Rpfleger 1996, 65.
454   OLG FfM Rpfleger 2007, 69.
455   BayObLG Rpfleger 1982, 470.
456   OLG Brandenburg Rpfleger 2002, 197.
457   BayObLG MittBayNot 1991, 78.
458   OLG Zweibrücken FGPrax 2007, 161.
459   BayObLGZ 1986, 294, 296.
460   BayObLG Rpfleger 1980, 64.
461   KG RJA 11, 50, 51.
462   KG OLGE 12, 145 = KGJ 31, 241.
463   BGHZ 80, 126 = NJW 1981, 1563 = Rpfleger 1981, 287; BayObLG JurBüro 1983, 1383; OLG Stuttgart Rpfleger 1992, 247; vgl BVerfG NJW 2001, 503 m Anm Demharter FGPrax 2001, 52; *Bauer/v. Oefele-Budde* Rn 80.
464   KG OLGZ 1972, 322 = DNotZ 1973, 33 = Rpfleger 1972, 174.
465   BGH FGPrax 1998, 165 = Rpfleger 1998, 148; BayObLGZ 1969, 284; 1980, 37, 39; BayObLG Rpfleger 1991, 107; OLG Ffm OLGZ 1970, 284; OLG Ffm Rpfleger 1988, 184; OLG Hamm OLGZ 1973, 258, 259 = Rpfleger 1973, 133; KGJ 45, 202; KG HRR 1931 Nr 31; OLG Oldenburg NdsRpfl 1965, 206.
466   BayObLGZ 1969, 284, 288.
467   BGHZ 162, 137 = Rpfleger 2005, 354.
468   BayObLGZ 1980, 37, 39; KG OLGZ 1979, 139, 140; *Demharter* Rn 63; *KEHE-Briesemeister* Rn 69.
469   BGHZ 141, 347 = NJW 1999, 2369 = Rpfleger 1999, 1057 auf Vorl OLG Thüringen **geg** KG JW 1936, 1543 u OLG Ffm FG Prax 1997, 11 = Rpfleger 1997, 103; *Demharter* Rn 62; *ders* FGPrax 1997, 46; *KEHE-Hermann* § 13 Rn 67.

Beispiele: Wenn dem Antrag des Eigentümers auf Löschung einer Hypothek nicht stattgegeben wird, ist auch **121** der Hypothekengläubiger, der die Löschung bewilligt hat, beschwerdeberechtigt.[470] Ebenso ist es der Eigentümer, wenn ein Grundpfandrecht mit dem Rang vor einem in Abt II vermerkten Recht eingetragen werden soll.[471] **Nicht** jedoch der Gläubiger eines Grundstückskäufers gegen die Ablehnung der Eintragung des letzteren als Eigentümer, selbst wenn du Gläubiger vorher die Eintragung einer Zwangshypothek beantragt hatte.[472] Nicht der Käufer gegen die Ablehnung der Löschung eines Nacherbenvermerks[473] Nicht der aus einer Eigentumsverschaffungsvormerkung Berechtigte – auch nicht der Käufer, der schon ein Anwartschaftsrecht erworben hat – hinsichtlich eines Grundpfandrechts[474] oder der inhaltlichen Änderung eines Wohnungseigentumsrechts.[475] (Wird aber der zunächst nicht beschwerdebefugte Vormerkungsberechtigte als Eigentümer im Grundbuch eingetragen, so begründet dies seine Beschwerdeberechtigung,[476] wenn nicht der bisherige Eigentümer das Beschwerdeverfahren in Prozessstandschaft für ihn weiterführt, Rdn 109, 132). Nicht der Nachhypothekengläubiger, wenn der Antrag des Eigentümers auf Löschung einer Vorhypothek, die sich in eine Eigentümergrundschuld umgewandelt hatte, abgelehnt wird;[477] es sei denn, der nachfolgende Grundpfandrechtsgläubiger hat Anspruch auf Löschung,[478] wie jetzt aufgrund § 1179a BGB.[479] Nicht der Grundpfandrechtsgläubiger, wenn der Antrag des Eigentümers auf Zuschreibung eines Grundstücks als Bestandteil eines anderen Grundstücks abgelehnt wird,[480] auch dann nicht, wenn beide Grundstücke mit einer Gesamt-Hypothek belastet sind, die sich infolge der Zuschreibung in eine Einzelhypothek verwandeln würde;[481] anders wohl ausnahmsweise, wenn die Zuschreibung nachweislich im Interesse des Gläubigers erfolgen soll.[482] Kein Beschwerderecht hat der Eigentümer, wenn der Antrag des Hypothekengläubigers auf Umschreibung der Hypothek auf einen Dritten abgelehnt wird, auch wenn die Abtretung auf seine Veranlassung geschehen ist oder er geltend macht, der bisherige Gläubiger habe die Hypothek gekündigt oder mit Kündigung gedroht, während der Dritte nicht kündigen würde.[483] Im Eintragungsverfahren betr die Übertragung des Wohnungseigentums ist der WEG-Verwalter nicht beschwerdeberechtigt, selbst wenn die Veräußerung seiner Zustimmung bedarf.[484]

Werden **zwei** Grundbucheintragungen beantragt, von denen die eine nicht ohne die andere erfolgen soll (§ 16 **122** Abs 2), so steht dem Antragsteller, der wegen der Zurückweisung eines der Eintragungsanträge beschwerdebefugt ist, auch wegen der Zurückweisung des anderen Antrags ein Beschwerderecht zu, selbst wenn er bei isolierter Antragstellung insoweit nicht beschwerdeberechtigt wäre.[485]

Von **mehreren Antragsberechtigten** (§ 13 Rdn 76) hat **jeder allein das Beschwerderecht** mit dem Ziel **123** der Aufhebung der Zurückweisung in vollem Umfang, auch soweit der Eintragungsantrag gemeinsam gestellt worden war.[486] Kann der Antrag allerdings nur durch mehrere Beteiligte gestellt werden, sind nur diese gemeinsam antragsberechtigt und beschwerdebefugt.[487]

Wird das **Eintragungsersuchen einer Behörde** zurückgewiesen, so ist nach denselben Grundsätzen nicht nur **124** die Behörde beschwerdebefugt (Rdn 145), sondern **jeder** in dem beschriebenen Sinne **unmittelbar Beteiligte**,[488] mag ihm auch ein Antragsrecht als solches wegen der Alleinzuständigkeit der Behörde für das Eintragungsersuchen (§ 38 Rdn 6) nicht zustehen;[489] richtiger Ansicht nach[490] auch der Eigentümer, wenn das Grundbuchamt aus Rechtsgründen die Übernahme der Berichtigung eines vom Katasteramt mitgeteilten Aufnahmefehlers ablehnt.

---

470 BayObLG SeuffBl 70, 485.
471 OLG Oldenburg NdsRpfl 1997, 305.
472 KG HRR 1931 Nr 31.
473 OLG Hamm FGPrax 1995, 1415; OLG Hamm Rpfleger 1996, 504.
474 OLG Rostock Rpfleger 1995, 15 f m **abl** Anm *Suppliet*; OLG Ffm Rpfleger 1997, 63 = FGPrax 1996, 208; OLG Hamm FGPrax 1996, 210; zu beiden Anm *Demharter* FGPrax 1997, 7; OLG Düsseldorf FGPrax 2007, 9.
475 KG DNotZ 2004, 149.
476 OLG Hamm FGPrax 1996, 210 zu insoweit **abl** Anm – § 265 Abs 2 ZPO entspr – *Demharter* FGPrax 1997, 7, 8f.
477 KGJ 31, 346; KG RJA 11, 50, 51.
478 KGJ 31, 346.
479 *Bauer/v. Oefele-Budde* Rn 68.
480 KGJ 30, 178 KG RJA 6, 73.
481 BayObLGZ 1976, 180, 185.
482 V BayObLGZ 1976, 180, 185 offengel.
483 **AA** *Josef* ZBlFG 12, 565, 571.
484 OLG Ffm Rpfleger 1988 m Anm *Demharter*.
485 OLG Hamm Rpfleger 1996, 504.
486 OLG München JFG 14, 340 = HRR 1937 Nr 85.
487 Vgl – z § 20 FGG – BGH AgrarR 1995, 344, 345; BayObLG Rpfleger 1977, 321; BayObLG MDR 1982, 1030; BayObLGZ 1984, 29; 1986, 289, 290; KG DNotZ 2005, 550.
488 KG OLGE 2, 221: KGJ 21, 96; 41, 253; KG JFG 4, 301, 303; 5, 298, 299; 17, 353, 354.
489 KGJ 41, 253, 255; KG JFG 18, 68, 72.
490 **Entg** LG Aachen Rpfleger 1986, 11.

125 **bb) Begrenzung auf die Durchsetzung des Antrags?** Die Beschwerdebefugnis ist nach herkömmlicher Auffassung im Grundbucheintragungsverfahren mit dem Antragsrecht auch insoweit verknüpft, als sie den Antragsberechtigten **nur zu dem Zweck** eingeräumt ist, **diesem Antragsrecht zum Erfolg zu verhelfen.**[491] Neuerdings hat sich allerdings der BGH – ohne Not – von diesem Grundsatz distanziert.[492] Sieht man einen solchen Grundsatz gleichwohl im Ansatz als gegeben an, so ist zweifelhaft, ob er zu dem Schluss nötig, wenn mit der Beschwerde gegen einen den Eintragungsantrag zurückweisenden Beschluss das Eintragungsbegehren nicht mehr weiterverfolgt, sondern nur noch geltend gemacht wird, das Grundbuchamt hätte den Antrag nicht ablehnen dürfen, es hätte vielmehr mit einer Zwischenverfügung Gelegenheit zur Zurücknahme des Antrags geben müssen, könne die Beschwerdebefugnis nicht (weiterhin) aus dem Antragsrecht hergeleitet werden.[493] Eindeutiger ist dies im folgenden Fall: Lehnt das Grundbuchamt Eintragungsanträge einschließlich nicht gestellter Anträge ab und weist das Landgericht das Grundbuchamt zur Eintragung der gestellten Anträge an, die Beschwerde im Übrigen aber zurück, so ist eine weitere Beschwerde, mit der nur die Aufhebung des zurückweisenden Teils der Beschwerdeentscheidung verlangt wird, mangels Beschwerdeberechtigung unzulässig[494] (§ 78 Rdn 11), denn die Beschwer ist hier, richtig gesehen, bloß formeller Natur[495] (Rdn 114). Von dem genannten Ausgangspunkt her kann es jedenfalls grundsätzlich **nicht Ziel der Beschwerde eines Antragsberechtigten** sein, **die Zurückweisung eines gestellten Eintragungsantrags zu erreichen.** Daraus hat die Rspr weiter gefolgert: Werde auf Beschwerde des Veräußerers eines Grundstücks die Zurückweisung des Antrags auf Eintragung der Auflassung aufgehoben, so sei hiergegen die **weitere Beschwerde eines** – angeblich an dem Grundstück mitberechtigten – **Dritten mit dem Ziel, die zurückweisende Entscheidung des Grundbuchamts wiederherzustellen,** wegen fehlender Beschwerdeberechtigung unzulässig.[496] Hiergegen bestehen jedoch Bedenken. Der Beschwerdeführer leitet seine Beschwerdebefugnis in einem solchen Fall nicht aus seinem Antragsrecht her,[497] sondern daraus, dass die bevorstehende Eintragung seine jetzige Rechtsstellung beeinträchtigen werde. Zwar ist ihm – wie jedem Dritten – nicht die unmittelbare Möglichkeit eröffnet, die beantragte Eintragung vorbeugend zu bekämpfen (Rdn 22).[498] Er hat jedoch ein **Abwehrrecht**, wenn das LG als Beschwerdegericht über die beantragte Eintragung schon eine verbindliche Entscheidung mit Außenwirkung trifft. Dies ist **anerkannt für den Fall, dass das LG das Grundbuchamt zur Eintragung anweist;** dann ist für den Betroffenen bis zum Vollzug die auf Aufhebung dieser Anweisung und Abweisung des Eintragungsantrags[499] und danach die auf Maßnahmen nach § 71 Abs 2 S 2 beschränkte weitere Beschwerde gegeben[500] (Rdn 8, 23; § 78 Rdn 10). Praktisch genauso hat das KG[501] den Fall beurteilt, **dass das LG die zurückweisende Entscheidung des Grundbuchamts aufhebt** und dabei – verfahrensfehlerhaft (vgl § 77 Rdn 11) – nur den Ablehnungsgrund des Grundbuchamts verwirft, diesem im Übrigen aber für die erneute Entscheidung freie Hand lässt. Im Hinblick auf die Bindungswirkung der Beschwerdeentscheidung für das Grundbuchamt (§ 77 Rdn 43 ff)[502] erscheint eine unterschiedliche Behandlung der erörterten Sachverhalte ungerechtfertigt (auch wenig verfahrensökonomisch[503]), im einen wie im anderen Fall liegt eine verfahrensrechtliche Schlechterstellung des von der beantragten Eintragung in Zukunft Betroffenen bereits in dem Ausspruch des LG.[504] Soweit eine Bindungswirkung nicht besteht – etwa wenn die weitere Beschwerde nur Eintragungshindernisse anführt, mit denen das LG sich überhaupt nicht befasst hat –, ist dagegen die Beschwerdebefugnis in solchen Fällen zu verneinen. Der **BGH** hat indessen für den Regelfall der bloß (etwa eine angefochtene Zwischenverfügung) aufhebenden Beschwerdeentscheidung eine **Rechtsbeeinträchtigung** des von der begehrten Eintragung Betroffenen **verneint,**[505] allerdings eine andere Beurteilung für den Fall in Betracht gezogen, dass die Eintragung nach der aufhebenden Entscheidung »nicht nur droht, sondern sicher ist«.[506]

---

491 BayObLGZ 1980, 37, 41; 1987, 431, 433; 1994, 115, 117; OLG Ffm NJW-RR 1996, 1168; OLG München FGPrax 2005, 142 = Rpfleger 2005, 422 = Rpfleger 2005, 422; OLG Stuttgart OLGZ 1968, 335, 337.

492 BGH FGPrax 1998, 148 = Rpfleger 1998, 420 m Anm *Muth* EwiR 1998, 837.

493 V BayObLGZ 1979, 80, 84 offengel.

494 BayObLGZ 1994, 115.

495 BayObLGZ 1994, 115, 118.

496 BayObLGZ 1980, 37; BayObLG Rpfleger 1984, 404 (Ls b *Goerke* 401 ff); OLG München FGPrax 2005, 42; vgl auch BayObLGZ 1987, 431, 433; ebenso KEHE-*Briesemeister* Rn 64a.

497 **AA** BGH NJW 1998, 3347 = FGPrax 1998, 165 = Rpfleger 1998, 420.

498 BayObLGZ 1980, 37, 41.

499 BGH FGPrax 1998, 148 = Rpfleger 1998, 165; BayObLG 34, 65, 68; BayObLGZ 1999, 104 = NJW-RR 1999, 1392; *Demharter* MittBaNot 1997, 270, 272.

500 BGH NJW 1983, 1567; BayObLGZ 1987, 431, 433.

501 KG DNotZ 1972, 176, 177.

502 **Nicht** unbedingt f d LG selbst u d Rechtsbeschwgericht: (§ 77 Rdn 46 f).

503 S den Verfahrensgang in BayObLGZ 1999, 104 = NJW-RR 1999, 1392.

504 Ähnlich *Bauer/v. Oefele-Budde* Rn 67; *Hügel/Kramer* Rn 201.

505 BGH NJW 1998, 3347 = Rpfleger 1998, 420 m Anm *Muth* EwiR 1998, 837 (auf Vorl BayObLGZ 1998, 59 = FGPrax 1998, 87 **geg** OLG Brandenburg FGPrax 1997, 125 = MittBayNot 1997, 293 mAnm *Demharter* aaO S 270); ebenso BayObLGZ 2001, 279 = Rpfleger 2002, 140.

506 BGH FGPrax 1998, 165 = Rpfleger 1998, 148.

b) Erlass einer Zwischenverfügung. Wenn der Eintragungsantrag gemäß § 18 beanstandet worden ist, gilt **126** das zur Zurückweisung eines Antrags Ausgeführte (Rdn 120 ff) mit der Ergänzung: **Nicht angefochten werden kann eine Zwischenverfügung mit dem Ziel der sofortigen Zurückweisung des Eintragungsantrags**; das folgt schon daraus, dass die Zwischenverfügung nur die Androhung enthält, bei Nichtbeseitigung des Hindernisses werde der Eintragungsantrag zurückgewiesen, dagegen nicht entscheidend den Ausspruch, dass im Falle der Beseitigung des Hindernisses dem Eintragungsantrag stattgegeben werde.[507] Außerdem hat die Zwischenverfügung nur eine den Eintragungsantrag fördernde Aufgabe, und deshalb kann auch im Rahmen der Anfechtung nur angestrebt werden, dem Eintragungsantrag zum Erfolg zu verhelfen (s Rdn 125).[508] Hieraus wird geschlossen, weder der Antragsteller noch andere Beteiligte könnten gegen die Aufhebung einer Zwischenverfügung auf Beschwerde nicht ein weiteres Rechtsmittel mit dem − aus der Sicht des Antrags negativen − Ziel einlegen, die aufgehobene Zwischenverfügung wiederherzustellen[509] bzw nach Vornahme der Eintragung einen Amtswiderspruch einzutragen.[510] Das soll bspw für den Veräußerer eines Grundstücks gelten, wenn das LG auf Beschwerde des Erwerbers eine Zwischenverfügung des Grundbuchamtes aufgehoben hat; ihm fehle die Beschwerdebefugnis selbst dann, wenn er, nachdem er den Eintragungsantrag (mit-)gestellt hatte, ein Interesse daran habe, dass die Eintragung unterbleibe.[511] Folgt man dem,[512] so kann die Beschwerdebefugnis insoweit auch nicht allein aus Verletzung rechtlichen Gehörs hergeleitet werden (Rdn 116).[513] Insoweit sind jedoch dieselben Bedenken wie Rdn 125 aus der Bindungswirkung der Beschwerdeentscheidung für das Grundbuchamt (§ 77 Rdn 12, 43 f) und der darin für den Führer der weiteren Beschwerde möglichen verfahrensrechtlichen Schlechterstellung zu erheben; allerdings könnte zulässigerweise nur die Aufhebung der landgerichtlichen Entscheidung verlangt werden.[514] In einem gewissen Widerspruch zu der hM steht, dass sie andererseits mehrfach wie selbstverständlich Beschwerden von Behörden gegen die Aufhebung von Zwischenverfügungen mit dem Ziel, diese wiederherzustellen, zugelassen hat.[515] Wendet sich der Antragsteller gegen die Aufhebung einer Zwischenverfügung mit der Begründung, das Grundbuchamt hätte zur Eintragung angewiesen werden müssen, so ergibt sich hieraus die Beschwerdebefugnis[516] (die weitere Beschwerde ist allerdings nach der bisherigen Rechtspraxis unbegründet; § 77 Rdn 12, 32).

c) Gegen eine Eintragung. Soweit die Eintragung **unbeschränkt anfechtbar** ist (Rdn 40 ff) oder die **127** Beschwerde auf **Löschung wegen inhaltlicher Unzulässigkeit** abzielt (Abs 2 S 2 Alt 2), gelten für die Beschwerdebefugnis die allgemeinen Regeln (Rdn 106 ff, 112 ff). So ist beispw gegen die Eintragung eines Amtswiderspruchs derjenige beschwerdeberechtigt, gegen dessen im Grundbuch verlautbarte Rechtstellung sich der Widerspruch richtet.[517]

Besondere Grundsätze gelten dagegen, soweit nur die **auf Eintragung eines Amtswiderspruchs** **128** **beschränkte Beschwerde** in Betracht kommt, sei es unmittelbar gegen die Eintragung, sei es gegen die Ablehnung einer Berichtigung wegen anfänglicher Unrichtigkeit (Rdn 76),[518] sei es gegen die Ablehnung der Anregung, das Grundbuchamt möge von Amts wegen einen Amtswiderspruch eintragen,[519] sei es gegen die Löschung eines Amtswiderspruchs[520] (Rdn 54). Wegen der Verweisung des § 71 Abs 2 S 2 auf § 53 Abs 1 S 1 und dessen Verknüpfung mit § 894 BGB ist **beschwerdeberechtigt nur, wer, falls die Eintragung unrichtig wäre, einen Anspruch auf Berichtigung des Grundbuchs hätte, zu dessen Gunsten also der**

---

507 BayObLGZ 1980, 37, 40; OLG Ffm OLGZ 1970, 283; KG DR 1943, 705; OLG Stuttgart OLGZ 1968, 335, 337; *Kleist* MittRhNotK 1985, 133, 141.
508 **Abw** BGH NJW 1998, 3347 = Rpfleger 1998, 165 = Rpfleger 1998, 420.
509 BayObLGZ 1980, 37, 40; Rpfleger 1991, 107; DNotZ 1995, 304; BayObLGZ 1998, 59; 1999, 104 = NJW-RR 1999, 1392; ZflR 2002, 141 f; OLG Stuttgart OLGZ 1968, 335, 337; KEHE-*Briesemeister* Rn 18, 64.
510 BayObLGZ 2001, 279 = DNotZ 20002, 149.
511 BayObLGZ 1977, 251; BayObLG Rpfleger 1980, 63.
512 **Im Ergebnis:** BGH NJW 1998, 3347 = Rpfleger 1998, 420 m Anm *Muth* EwiR 1998, 837; auf Vorl BayObLGZ 1998, 59 = FGPrax 1998, 87 **geg** OLG Brandenburg FGPrax 1997, 125 = MittBayNot 1997, 293 m Anm *Demharter* aaO S 270.
513 BayObLGZ 1998, 59 = FGPrax 1998, 87.
514 OLG Brandenburg FGPrax 1997, 125; wie hier: *Hügel/Kramer* Rn 204.
515 OLG Celle NdsRpfl 1949, 70; KG JFG 12, 342, 343; 13, 233.
516 BayObLG NJW-RR 1987, 1204; **aA** BayObLG MittBayNot 2000, 437.
517 BayObLGZ 1986, 294, 296; MittBayNot 1991, 78; OLG Hamm FGPrax 2006, 146 147 = RNotZ 2006, 424.
518 BayObLG NJW 1983, 1567, 1568.
519 BayObLG NJW 1983, 1567, 1568.
520 BayObLG Rpfleger 1976, 421 (Ls b *Stangelmair* 42 ff).

Widerspruch gebucht werden müsste[521] (Einzelheiten § 53 Rdn 88). Das muss der Beschwerdeführer nach hM zumindest schlüssig vortragen (Rdn 110, 111), ein zwischen den Beteiligten hierzu erstandenes rechtskräftiges Urteil ist bindend.[522] Die fehlende Beschwerdeberechtigung eines Beteiligten hindert das GBA aber nicht, nach Zurückverweisung der Sache durch das Beschwerdegericht von Amts wegen einen Amtswiderspruch einzutragen.[523]

129 Die Eintragung eines gegenüber dem **Vormerkungsberechtigten** relativ unwirksamen Rechts führt nicht zur Unrichtigkeit des Grundbuchs iS des § 894 BGB; der Vormerkungsberechtigte ist deshalb nicht berechtigt, im Wege der Beschwerde die Eintragung eines Amtswiderspruchs gegen den Vorrang einer Zwangssicherungshypothek zu erstreben;[524] es sei denn, er macht geltend, die Rechte seien nicht rangrichtig eingetragen.[525] Umgekehrt kann der Inhaber einer Zwangshypothek einen Berichtigungsanspruch auf Löschung einer vorrangigen, aufgrund eines nichtigen Rechtsgeschäfts eingetragenen Auflassungsvormerkung haben.[526]

130 Soweit § 894 BGB den Berichtigungsanspruch nur dem zuerkennt, der durch die Unrichtigkeit des Grundbuchs unmittelbar betroffen ist, die Beschwerdeberechtigung mit dem Ziel der Eintragung eines Amtswiderspruchs also eine unmittelbare Rechtsbeeinträchtigung voraussetzt, gilt unbeschadet des § 14 auch für den **Gläubiger des Berechtigten** kein Sonderrecht; er kann, wenn die Voraussetzungen dieser Vorschrift im Übrigen vorliegen, aus eigenem Recht nur die Grundbuchberichtigung selbst, nicht auch die Eintragung eines Widerspruchs verlangen (§ 14 Rdn 31). Zur Pfändung des Anspruchs des Berechtigten Rdn 133.

131 Dasselbe wie für die Beschwerde mit dem Ziel der Eintragung eines Amtswiderspruchs gilt für die Befugnis zur weiteren Beschwerde gegen eine – noch nicht vollzogene – Anordnung des Beschwerdegerichts, einen Widerspruch zu löschen.[527]

132 Beschwerdebefugt ist in diesem Zusammenhang auch der, dem der Berechtigte den Anspruch auf Grundbuchberichtigung »abgetreten« hat, damit er im eigenen Interesse, allerdings nur zugunsten des Widerspruchsberechtigten,[528] die Berichtigung herbeiführen kann;[529] dabei handelt es sich allerdings der Sache nach nicht um eine selbständige Abtretung des Berichtigungsanspruchs, die unzulässig wäre,[530] sondern um die Ermächtigung zur Geltendmachung im eigenen Namen,[531] also in verfahrensrechtlicher Hinsicht um **gewillkürte Verfahrensstandschaft**.[532] Anerkannt ist dies für den Fall, dass der Testamentsvollstrecker einen einzelnen Miterben (»rück«-) ermächtigt, im Wege der Beschwerde die Eintragung eines Amtswiderspruchs zur Sicherung eines Grundbuchberichtigungsanspruchs der Erbengemeinschaft zu verlangen.[533] Auch abgesehen von diesem Sonderfall gibt es[534] keine durchgreifenden Bedenken gegen die generelle Zulassung einer gewillkürten Verfahrensstandschaft im vorliegenden Bereich, wenn nur das allgem Erfordernis, ein schutzwürdiges Interesse des Ermächtigten an der gerichtlichen Geltendmachung des fremden Berichtigungsanspruchs im eigenen Namen,[535] gegeben ist.[536] Neben dem Ermächtigten bleibt der Anspruchsinhaber selbst legitimiert, den Berichtigungsanspruch und damit auch das Widerspruchsrecht anzubringen.[537]

---

521 RGZ 112, 265; BayObLGZ 1977, 1, 2; BayObLG JurBüro 1981, 753; NJW 1983, 1567, 1568; Rpfleger 1980, 64; BayObLGZ 1987, 231, 233 = Rpfleger 1987, 450; Rpfleger 1988, 519 (Ls b *Plötz* 519 ff); OLG Celle NJW 1963, 1160, 1161; OLG Hamburg Rpfleger 2004, 617, 619; OLG Hamm Rpfleger 1993, 281; FGPrax 2001, 98; KG JFG 11, 210; 18, 55; OLGZ 1972, 323 = Rpfleger 1972, 174,; OLG Köln FGPrax 2002, 52 = Rpfleger 2002, 195; OLG Düsseldorf NJW-RR 2004, 524.
522 BayObLG NJW-RR 1992, 893.
523 *Hinzen/Alff* Rpfleger *2004, 619, 620,* geg OLG Hamburg Rpfleger 2004, 617, 619.
524 BayObLGZ 1987, 231, 235f = Rpfleger 1987, 450f; OLG Hamm Rpfleger 1993, 281, 642 – bei nicht passender Fallgestaltung – m Anm *Demharter* aaO S 642; OLG Hamm FGPrax 1996, 210.
525 *Demharter* Rpfleger 1993, 443.
526 Vgl BGH DB 1997, 161 (Ls).
527 BayObLG NJW 1983, 1567.
528 *Furtner* DNotZ 1961, 453, 458; z Probl d »Ermächtigung zur Selbsteintragung« *Staudinger-Gursky* § 894 Rn 70.
529 RGZ 112, 265; KG OLGZ 1972, 323 = Rpfleger 1972, 174.
530 BGH WM 1972, 384, 385; BGH NJW-RR 1988, 126, 127; *Staudinger-Gursky* § 894 Rn 68.
531 BGH WM 1987, 1407; *Staudinger-Gursky* § 894 Rn 69; *Furtner* DNotZ 1961, 453, 458.
532 F Klage aus § 894 BGB: BGH NJW-RR 1988, 126, 127; *Staudinger-Gursky* § 894 Rn 69.
533 OLG Zweibrücken Rpfleger 1968, 88.
534 **Entg** 6. Aufl Bem 49; KEHE-*Briesemeister* Rn 74.
535 BGH WM 1987, 1406, 1407; *Staudinger-Gursky* § 894 Rn 69.
536 Vgl *Demharter* FGPrax 1997, 7, 8; **geg** OLG Ffm RPfleger 1997, 63 = FGPrax 1996, 208, 209; *Kehrer/Bühler/Tröster/Schön* Notar und Grundbuch Bd 1, 2. Aufl § 6 MI 4 Fn 55: ein Grundbuchantrag dürfe nicht mit Wirkung für einen Dritten gestellt werden.
537 RG JW 1932, 1206; *Staudinger-Gursky* § 894 Rn 69.

Ähnliche Wirkung wie eine rechtsgeschäftlich erteilte Ermächtigung zur Geltendmachung des Berichtigungs- **133** anspruchs hat dessen **Pfändung und Überweisung**[538] (zur Ausübung[539]). Der Gläubiger des Berechtigten kann sich so grundsätzlich die Rechtsmacht zur Erwirkung eines Widerspruchs, mithin auch die Berechtigung für die darauf gerichtete Grundbuchbeschwerde, verschaffen.[540] Eine wesentliche Einschränkung ergibt sich insoweit allerdings daraus, dass die Pfändung des Anspruchs auf Zustimmung zur Löschung eines Rechts unzulässig ist (weil dies nicht zur Befriedigung des Gläubigers führt[541]); es bleiben also nur die Fälle, in denen Grundbuchunrichtigkeit bezüglich der Person der Berechtigten oder der Ausgestaltung des eingetragenen Rechts geltend gemacht wird.

Es kann auch im Rahmen einer **gesetzlichen Verfahrensstandschaft** (Rdn 16) liegen, die Eintragung eines **134** Widerspruchs im Beschwerdeweg zu verlangen. Etwa für einen Ehegatten, wenn der andere über sein ganzes Vermögen verfügt hat (§§ 1365, 1368 BGB[542]). Auch dem Fiskus, den § 53 vor dem Regress schützen soll, hat die Rspr das Recht zugebilligt, mit der Beschwerde einen Amtswiderspruch zu verlangen[543] (allg zur Beschwerdebefugnis von Behörden Rdn 143 ff). Der Verwalter einer WEG-Gemeinschaft kann gemäß § 27 Abs 2 Nr 4 WEG die Eintragung eines Widerspruchs verlangen, wenn das Grundbuch in Wirklichkeit nicht entstandenes Sondereigentum ausweist;[544] Grundlage ist allerdings nicht eine eigenständige Beschwerdeberechtigung oder eine Verfahrensstandschaft, die dem Verwalter im Grundbucheintragungsverfahren ebenso wenig wie ein eigenes Antragsrecht zusteht,[545] sondern die gesetzliche Vertretungsmacht (Rdn 139, 157 f). Kein Beschwerderecht hat der Verwalter gegen die Eintragung des Verzichts eines Wohnungseigentümers auf sein Recht.[546]

Beispiele für **fehlende Beschwerdebefugnis gegen eine Eintragung**: Wenn statt des wahren Eigentümers **135** sich derjenige beschwert, der erst durch die Vornahme einer beantragten Eintragung Eigentümer werden soll.[547] Im Falle der Veräußerung eines Hofgrundstücks durch den Hoferben hat ein als weiterer Hoferbe möglicherweise in Betracht kommender Bruder des Erblassers kein Beschwerderecht wegen der Nichtübertragung eines Nacherbenvermerks bei der Umschreibung eines Teilgrundstücks auf ein anderes Grundbuchblatt, denn bis zum Eintritt der Nacherbfolge hat er noch keine feste Anwartschaft.[548] Durch die Eintragung einer Grundschuld für einen anderen als den wahren Berechtigten wird der Grundstückseigentümer nicht in seinen Rechten beeinträchtigt.[549] Kein Beschwerderecht hat der Eigentümer gegen die Eintragung der Abtretung einer Reallast;[550] ebenso wenig der Inhaber einer Auflassungsvormerkung gegen den vorgemerkten Anspruch beeinträchtigende Grundbucheintragungen[551] oder – bei Wohnungseigentum – gegen eine ohne seine Zustimmung vorgenommene Änderung der Gemeinschaftsordnung.[552] Bei Löschung eines Sondernutzungsrechts aufgrund des Verzichts des begünstigten Eigentümers die übrigen Wohnungseigentümer.[553] Derjenige, zugunsten dessen eine Eintragung hätte erfolgen sollen, ist gegen die Löschung einer Amtsvormerkung nach § 18 aufgrund Antragsrücknahme zur Beschwerde jedenfalls dann nicht befugt, wenn der Eintragungsantrag nicht von ihm gestellt worden war.[554] Ein Wasserverband in Württemberg ist nicht berechtigt, im Wege der Beschwerde die Eintragung eines Widerspruchs gegen das Eigentum eines Dritten an einem Fischereirecht zu verlangen;[555] auch nicht der Anteilsberechtigte an einem Koppelfischereirecht hinsichtlich der Eintragung anderer Anteile.[556] Hat das Grundbuchamt ohne Berücksichtigung eines gemeindlichen Vorkaufsrechts nach § 24 BauGB einen Erwerber als Eigentümer eingetragen, so ist die betroffene Gemeinde wegen der Ablehnung ihrer Anregung,

---

538 *Staudinger-Gursky* § 894 Rn 76.
539 RGZ 94, 5, 10; KGJ 47, 176; OLG Köln OLGZ 1969, 338, 340; *Palandt-Bassenge* § 894 Rn 5; *Staudinger-Gursky* § 894 Rn 75.
540 *Staudinger-Gursky* § 894 Rn 77; generell abl wohl *Furtner* DNotZ 1961, 453, 459.
541 OLG Dresden OLGE 18, 325; *Palandt-Bassenge* § 894 Rn 14; *Staudinger-Gursky* § 894 Rn 75.
542 BGHZ 106, 253, 255 = Rpfleger 1989, 189; BayObLGZ 1987, 431, 433; OLG Hamm Rpfleger 1958, 349 m Anm *Haegele*; *Eickmann* Rpfleger 1981, 213, 216.
543 OLG Colmar OLGE 29, 413.
544 OLG Stuttgart Justiz 1983, 307.
545 OLG Ffm NJW-RR 1988, 139.
546 BayObLG WE 1990, 30.
547 BayObLG BWNotZ 1982, 90.
548 OLG Oldenburg NdsRpfl 1966, 69 = RdL 1966, 59.
549 BGH ZflR 2000, 550.
550 BayObLG Rpfleger 1987, 357 (Ls b *Plötz* 356 ff).
551 BayObLGZ 1987, 231, 235 = NJW-RR 1987, 1416 = Rpfleger 1987, 451 = DNotZ 1988, 157 = MittBayNot 1987, 250; LG Frankenthal Rpfleger 1984, 407.
552 BayObLG FGPrax 1999, 2 = Rpfleger 1999, 178.
553 BGHZ 145, 133 = FGPrax 2001, 7 = Rpfleger 2002, 80.
554 KG OLGZ 1972, 322.
555 LG Ellwangen BWNotZ 1981, 19.
556 BayObLG Rpfleger 1986, 294 (Ls b *Goerke* 292 ff).

hiergegen einen Amtswiderspruch einzutragen, nicht beschwerdeberechtigt.[557] Dasselbe gilt für die weitere Beschwerde gegen eine Anordnung des Beschwerdegerichts, einen Widerspruch zu löschen.[558]

136 **d) Berichtigungszwangsverfahren gemäß § 82.** Bei Ablehnung der Einleitung eines Berichtigungszwangsverfahrens ist beschwerdeberechtigt jeder, dessen Rechtsstellung durch diese Entscheidung beeinträchtigt wird, insb der, dem ein dingliches Recht am Grundstück zusteht, aber auch der, der nur einen Anspruch auf Verschaffung des Eigentums hat;[559] unter dem Gesichtspunkt der Notwendigkeit eines schützenswerten Einzelinteresses (§ 82 Rdn 20) jedoch **nicht** der (zB Titelgläubiger), der die Erben des eingetragenen Eigentümers kennt und darüber hinaus sowohl für die Erbscheinerteilung als auch die Durchführung der Grundbuchberichtigung antragsberechtigt ist.[560]

137 **e) Amtslöschungsverfahren gemäß § 84.** Die Beschwerdebefugnis steht nur dem von der Löschung Betroffenen zu, nicht auch im Falle der Ablehnung dem, der die Löschung im eigenen Interesse beantragt hatte;[561] dieser hat auch kein Recht zur weiteren Beschwerde gegen die die Aufhebung eines Beschlusses des Grundbuchamtes nach §§ 84, 87 Buchstc durch das Beschwerdegericht;[562] der Antrag auf Löschung ist jedoch uU als Antrag auf Berichtigung wegen nachgewiesener Unrichtigkeit des Grundbuchs zu behandeln.[563]

4. Beschränkungen der Beschwerdebefugnis

138 An der Beschwerdebefugnis – genauer: an der Verfahrensbefugnis insoweit (Rdn 154) – **fehlt** es, wenn dem Beschwerdeführer **die Verfügungsmacht hinsichtlich des Vermögensgegenstandes entzogen ist,** auf den sich das Rechtsmittel bezieht. Grundsätzlich kein Beschwerderecht haben also der Erbe bzw der Gemeinschuldner neben dem Testamentsvollstrecker, dem Nachlassverwalter und dem Konkurs- bzw Insolvenzverwalter[564] (für diese: Rdn 141). Der Erbe wird allerdings trotz bestehender Testamentsvollstreckung für befugt gehalten, den Antrag zu stellen, ihn im Wege der Grundbuchberichtigung anstelle des Erblassers im Grundbuch einzutragen.[565] Anders ist es ohnehin, wenn der Testamentsvollstrecker seine Verfügungsmacht überschreitet, zB unentgeltlich veräußert.[566] Beschwerdeberechtigt ist der Gemeinschuldner auch insoweit, als sich das Rechtsmittel auf einen nicht zur Konkursmasse gehörigen Vermögensgegenstand bezieht; auch dann, wenn der Konkursverwalter Löschungsantrag stellt, weil ohne Antrag einer Freigabe aus der Konkursmasse gleichkommt.[567] Dasselbe gilt, wenn der Testamentsvollstrecker dem Erben Grundstücke zur freien Verfügung gemäß § 2217 BGB übergeben hat.[568] Der Testamentsvollstrecker kann auch einen Miterben wirksam ermächtigen, die Eintragung eines Amtswiderspruchs im Wege der Beschwerde zur Sicherung eines etwaigen Grundbuchberichtigungsanspruchs der Erbengemeinschaft im eigenen Namen zu verlangen (Rdn 132).[569]

5. Beschwerdebefugnis von »Vertretern«

139 **a) Abgrenzung.** Keine Frage der Beschwerdebefugnis, sondern des Vorliegens einer allgem Verfahrenshandlungsvoraussetzung ist es, soweit es darum geht, ob derjenige, der in **fremdem Namen** Beschwerde einlegt, vertretungsberechtigt ist (Rdn 157 ff). Zur Vertretungsmacht des Notars Rdn 159 ff.

140 **b) Ausnahmsweise eigenes Beschwerderecht eines Vertreters. Im eigenen Namen** kann der Vertreter nur dann Beschwerde einlegen, **wenn er ein eigenes rechtliches Interesse an der Änderung der Entscheidung hat;** etwa, wenn ihm persönlich Kosten auferlegt worden sind[570] oder das Grundbuchamt es abgelehnt hat, an ihn statt an den eingetragenen Berechtigten vorgeschriebene Benachrichtigungen zu richten.[571] Allein dadurch, dass das Grundbuchamt die Vertretungsbefugnis in Zweifel zieht, erlangt der Vertreter keine

---

557 BayObLG NJW 1983, 1567.
558 BayObLG NJW 1983, 1567, 1568.
559 KG JFG 14, 418 = HRR 1937 Nr 385; 14, 448 = HRR 1937 Nr 384; KG JR 1953, 184, 185; vgl auch BayObLGZ 1994, 158, 163.
560 OLG Hamm Rpfleger 1994, 248, 250; vgl auch OLG Jena FGPrax 1996, 170.
561 BayObLGZ 1973, 272, 273 = Rpfleger 1973, 433.
562 BayObLG DNotZ 1988, 115; KG HRR 1939 Nr 1364.
563 BayObLGZ 1973, 272, 273 = Rpfleger 1973, 433.
564 KGJ 51, 216; OLG Stuttgart BWNotZ 1954, 137; OLG Karlsruhe NJW-RR 2005, 1097 = Rpfleger 2005, 598.
565 LG Stuttgart Rpfleger 1998, 243 mwN.
566 KG DR 1943, 90.
567 BayObLG 32, 379.
568 OLG Hamm Rpfleger 1973, 133.
569 OLG Zweibrücken Rpfleger 1968, 88.
570 OLG Ffm OLGZ 1980, 278.
571 OLG Stuttgart OLGZ 1973, 422; *Bumiller-Winkler* § 20 Rn 6.

eigene Beschwerdeberechtigung;[572] auch dann steht grundsätzlich nur eine Rechtsbeeinträchtigung des Vertretenen in Frage, und es kommt allenfalls eine Beschwerde in dessen Namen in Betracht. Einen Grund, insoweit den gesetzlichen Vertreter anders zu behandeln als den rechtsgeschäftlichen Bevollmächtigten,[573] gibt es nicht. Nichts anderes gilt für den im Rahmen des § 15 tätigen Notar; auch er kann normalerweise nicht im eigenen Namen Beschwerde einlegen,[574] selbst dann nicht, wenn eine von ihm aufgenommene oder beglaubigte Urkunde vom Grundbuchamt beanstandet wird und bei einem ungünstigen Ausgang des Verfahrens Regressansprüche drohen. Ein eigenes Beschwerderecht hat der Notar dagegen bspw gegen die Verletzung seines Rechts auf Grundbucheinsicht aus § 43 Abs 2 GBV (§ 15 Rdn 31).

c) Verfahrensstandschaft (Einl F Rdn 30, 31). **aa) Gesetzliche Verfahrensstandschaft.** Der Testaments- **141**
vollstrecker, der Nachlassverwalter, der Konkursverwalter und der Zwangsverwalter sind als sog Parteien kraft Amtes aufgrund ihrer Amtsstellung im eigenen Namen beschwerdeberechtigt **(gesetzliche Verfahrensstandschaft)**. Soweit ihre Verfügungsbefugnis und das entsprechende Beschwerderecht reicht, besteht eine eigene Beschwerdebefugnis des Erben bzw des Gemeinschuldners oder des Zwangsvollstreckungsschuldners nicht (Rdn 138). Ähnliches gilt für den Fall der Verwaltung des Gesamtguts durch den Mann oder die Frau (§ 1422 BGB). Durch das Recht eines Ehegatten, mit der Beschwerde die Eintragung eines Amtswiderspruchs gegen Verfügungen des anderen Ehegatten über dessen Vermögen im ganzen zu verlangen (Rdn 134), wird nicht das Beschwerderecht des verfügenden Ehegatten als des materiell betroffenen Rechtsinhabers[575] ausgeschlossen.

bb) Gewillkürte Verfahrensstandschaft. Auch eine Beschwerdebefugnis aufgrund **gewillkürter Verfah-** **142**
rensstandschaft ist grundsätzlich anzuerkennen (Rdn 132).

6. Beschwerdebefugnis von Behörden

a) Als Vermögensträger. Keine Besonderheiten gelten für die Beschwerdebefugnis von Behörden, soweit **143**
sie ähnlich **wie Privatpersonen im Grundbuchverfahren ihre eigenen bzw als Organe eines Rechts-**
subjekts dessen vermögensrechtliche **Interessen verfolgen**, sei es auf bürgerlich-rechtlicher, sei es auf öffentlich-rechtlicher Grundlage. Etwa eine öffentliche Sparkasse, die sich als Beteiligte eines Zwangsversteigerungsverfahrens gegen die Nichteintragung des Versteigerungsvermerks wendet[576] oder sich dagegen beschwert, dass bei einer Grundstücksabschreibung ihre Grundschuld nicht wirksam mitübertragen worden sei.[577] Sonstige Kreditanstalten mit behördlichem Charakter,[578] die zB als Grundpfandrechtsgläubiger beteiligt sind; oder der Württembergische Kreditverein als beauftragte Stelle des Finanzamts im Hinblick auf die Eintragung einer Löschungsvormerkung zugunsten einer Hypothekengewinnabgabe nach dem LAG.[579]

b) Als Interessenwahrer für Privatpersonen. Ähnliches gilt, **soweit die Behörde berufen ist, die pri-** **144**
vatrechtlichen Belange eines Beteiligten – im eigenen Namen, zu unterscheiden von der reinen Vertretung (Rdn 157 ff) – **zu wahren**.[580] Es kommt dann zur Frage der Beeinträchtigung eines rechtlichen Interesses (Rdn 113 ff) auf die Person des Betroffenen an. Bspw hat die Rspr der Enteignungsbehörde ein Beschwerderecht zur Durchsetzung der Eintragung eines Vermerks nach § 44 Abs 4 PreußEnteigG zugebilligt.[581]

c) Im Rahmen des § 38. Im Übrigen sind Behörden und Gerichte beschwerdeberechtigt, **soweit sie nach** **145**
dem Gesetz befugt[582] **sind, das Grundbuchamt um eine Eintragung nach § 38 zu ersuchen;**[583] also etwa das Katasteramt im Rahmen der Zurückführung des Grundbuchs auf das Kataster (vgl § 8 Abs 1 ÜbereinstimmungsAV),[584] das Prozessgericht nach § 941 ZPO,[585] das Vollstreckungsgericht nach § 19, § 34 oder § 130

---

572 BayObLGZ 1974, 294, 297; LG Ellwangen BWNotZ 1990, 92; *Demharter* Rn 75; KEHE-*Briesemeister* Rn 73.
573 So 6. Aufl Bem 49.
574 BayObLG NJW-RR 1989, 1496; BayObLG MittRhNotK 1996, 57; OLG Hamm MittRhNotK 1998, 324; KGJ 35, 199.
575 **AA** wohl *Eickmann* FS Winter (1982), 10, 23.
576 KG JR 1954, 465.
577 OLG Ffm OLGZ 1970, 280.
578 Beisp: OLG Düsseldorf OLGZ 1966, 489; OLG Hamm JMBlNRW 1963, 116; OLG Oldenburg NdsRpfl 1965, 206.
579 BayObLGZ 1953, 246, 250.
580 KG JFG 3, 268; 16, 214, 215.
581 KG JFG 3, 268, 271.
582 Dazu *Demharter* Rpfleger 1998, 133.
583 BayObLG RdL 1983, 268; BayObLGZ 1990, 151, 155 = Rpfleger 1990, 421, 422; KGJ 41, 254; KG JFG 5, 298, 299; 14, 435, 436.
584 OLG Düsseldorf Rpfleger 1988, 140 m Anm *Tröster* (Veränderungsnachweise keine »Ersuchen« ieS); OLG Hamm Rpfleger 1985, 396; LG Aachen Rpfleger 1986, 11; **aA** (überholt) KG OLGE 10, 428; KGJ 30, 202; OLG München JFG 14, 436.
585 BayObLG 32, 5; KG OLGE 2, 222.

ZVG,[586] das Gesamtvollstreckungsgericht nach § 6 Abs 2 Nr 4 GesO (jedoch **nicht** auf Löschung einer mit der Eröffnung der Gesamtvollstreckung von Vollstreckungsgläubigern gegenüber gemäß § 7 Abs 3 GesO unwirksam[587] gewordenen Zwangshypothek[588]) bzw das Insolvenzgericht nach 32 Abs 2 S 1 InsO, das Vormundschaftsgericht nach § 54 FGG, die Baugenehmigungsbehörde nach § 23 Abs 3 BauGB und die Genehmigungsbehörde bzw das Landwirtschaftsgericht nach § 7 Abs 2 GrdstVG. Dass uU die ersuchende Stelle und das Grundbuchamt Abteilungen desselben AG sind, ist kein Hindernis. Darauf, ob die Behörde eigene Interessen, die der Allgemeinheit oder nur solche eines privaten Beteiligten wahrzunehmen hat, kommt es grundsätzlich nicht an. Nach allgem Regeln (Rdn 120) ist **die Behörde in diesem Rahmen auch beschwerdebefugt, wenn kein von ihr stammendes Eintragungsersuchen, sondern der Antrag eines Beteiligten zurückgewiesen worden ist,** der – ausnahmsweise – neben der Ersuchensbefugnis der Behörde ein Antragsrecht haben kann (§ 38 Rdn 5, 42). Zum umgekehrten Fall Rdn 124.

146 **d) Darüber hinausgehende selbständige Beschwerdebefugnis.** Darüber hinaus ist die Beschwerdebefugnis von Behörden zu bejahen, **soweit sie durch die Entscheidung des Grundbuchamtes in ihrer besonderen Rechtsstellung, wie sie sich unmittelbar aus dem Gesetz oder zumindest mittelbar aus dem ihnen gesetzlich zugewiesenen Aufgabenkreis ergibt, beeinträchtigt werden.**[589] Bspw liegt ein Eingriff in die Rechtsstellung der Grunderwerbssteuerstelle vor, wenn eine Zwischenverfügung, mit der die Vorlage einer Unbedenklichkeitsbescheinigung verlangt wurde, aufgehoben wird.[590]

147 **Weiter gehend** soll sich nach der Rspr des KG,[591] dem andere Gerichte gefolgt sind,[592] ein Beschwerderecht der Behörde schon daraus ergeben, dass die sachgemäße Erfüllung der ihr zugewiesenen öffentlichen Aufgaben ohne die Möglichkeit einer selbständigen Anfechtung von Grundbuchentscheidungen nicht gewährleistet wäre. Ein so allgemein gehaltene Formel geht jedoch zu weit; sie findet im Gesetz keine Grundlage und führt zu einer Überbewertung staatlicher Aufgaben im Vergleich zu den rechtlich geschützten Interessen Privater, so wie sie im Grundbuchverfahren von diesen geltend gemacht werden können. Insoweit ist die Kritik von *Zimmermann*[593] im Ansatz berechtigt, er geht jedoch seinerseits zu weit, indem er meint, Behörde komme nur ein Beschwerderecht zu, wenn dies im Gesetz ausdrücklich ausgesprochen sei. Vielmehr wird jeweils im Einzelfall zu prüfen sein – wie es in der Praxis auch weitgehend geschieht –, **ob und in welchem Umfang sich aus einer Gesamtschau der jeweiligen Bestimmungen, die den Tätigkeitsbereich der Behörde regeln, eine gerade auch gegenüber dem Grundbuchamt durchsetzbare Berechtigung zur Wahrnehmung der Angelegenheit durch eine Behörde feststellen lässt.** Eine Beeinträchtigung der Rechtsstellung einer Behörde nach diesem Maßstab dürfte insb anzunehmen sein, wenn die Wirksamkeit eines grundbuchmäßig zu vollziehenden Geschäfts von der Genehmigung der Behörde abhängt, das Genehmigungserfordernis im Grundbucheintragungsverfahren jedoch missachtet wird; in solchen Fällen ist es nahe, meint, der Behörde einen »Abwehr«-Anspruch gegenüber Verfügungen zu geben, die den mit dem Genehmigungserfordernis verfolgten gesetzlichen Zielen zuwiderlaufen (Rechtsgedanke der §§ 7 Abs 2 S 1 GrdstVG; 23 Abs 3 BauGB).

148 Im Ergebnis beizutreten ist daher der Rspr, soweit sie **in folgenden Fällen** Behörden ein **Beschwerderecht** gegeben hat: Der Devisenstelle gegen die Aufhebung einer Zwischenverfügung, mit der das Grundbuchamt die Beibringung einer Genehmigung dieser Behörde zur Eintragung einer Grundschuld verlangt hatte.[594] Dem Landeskulturamt gegen die Aufhebung einer Verfügung, mit der ein Antrag auf Eintragung der Auflassung wegen Fehlens der nach den Vorschriften zur Bodenreform erforderlichen Genehmigung des Kulturamts beanstandet worden war.[595] Der Flurbereinigungsbehörde gegen eine den Zwecken des Verfahrens zuwiderlaufende und das Grundbuch unrichtig machende Parzellenabschreibung.[596] Dem Ausgeber einer Heimstätte, soweit er anführte, die Veräußerung der Heimstätte widerspreche dem Zweck des Heimstättegesetzes und sei daher

---

586 BayObLG 14, 258; OLG Dresden JFG 1, 406; KG OLGE 6, 437; KG JR 1954, 465.
587 Vgl BGH Rpfleger 1995, 514.
588 OLG Jena ZIP 1996, 467, 469; *Keller* FGPrax 1996, 167, 169; *ders* Rpfleger 1997, 45, 51 f; **aA** – unter Hinw auf eine Aufsichtspflicht, d aber als solche noch keine Antrags-/Beschwerdeberechtigung begründet, Rdn 148, 149 – *Holzer* ZIP 1996, 780, 783.
589 Vgl KEHE-*Kuntze* Rn 77.
590 KG JFG 13, 233 = HRR 1936 Nr 360 = JW 1936, 197.
591 KG JFG 12, 342; 15, 337; 16, 214, 215.
592 OLG Düsseldorf JMBlNRW 1956, 208, 209; Rpfleger 1988, 140; SchlHOLG SchlHAnz 1964, 242; OLG Zweibrücken OLGZ 1981, 139, 140; LG Verden NdsRpfl 1954, 131; offengel v BayObLG RdL 1983, 268; OLG Celle NdsRpfl 1949, 70; vgl auch BayObLGZ 1990, 151, 155 = Rpfleger 1990, 421, 422.
593 *Zimmermann* Rpfleger 1958, 209; **aA** BayObLGZ 1990, 151, 155 = Rpfleger 1990, 421, 422; **einschränkend** *Bauer/v. Oefele-Budde* Rn 85; *Demharter* Rn 77; KEHE-*Briesemeister* Rn 77.
594 KG JFG 3, 342.
595 OLG Celle NdsRpfl 1949, 70.
596 SchlHOLG SchlHAnz 1964, 242.

unwirksam.[597] Dem Landesamt für Denkmalpflege gegen die Eintragung eines Eigentumsverzichts an einer Burgruine ohne die vorgeschriebene Mitwirkung dieser Behörde.[598] Hier einzureihen wäre[599] ein Beschwerderecht für den Umlegungsausschuss gegen die Eintragung einer ohne seine erforderliche Genehmigung erfolgte Grundschuldbestellung. **Bedenklich** ist die Rspr dagegen, soweit sie Behörden ein Beschwerderecht nicht nur zur »Abwehr« gesetzeswidriger Grundbuchgeschäfte, sondern allein schon zum Zwecke der Förderung von ihnen betreuter Rechtsvorgänge gibt: Dem Kulturamt als Siedlungsbehörde gegen Beanstandungen des Grundbuchamtes gegen die von dem Eigentümer bewilligte und beantragte Eintragung von durch ein Ansiedlungsverfahren vergrößerten Erbhöfen,[600] oder wenn im Rahmen einer Flüchtlingssiedlung mit Genehmigung des Amts die Veräußerung eines einem Realverband gehörenden, im Grundbuch nicht eingetragenen Teilstücks erfolgt, das Grundbuchamt jedoch die Umschreibung von der vorherigen Durchführung eines Grundbuchanlegungsverfahrens abhängig macht.[601] Abzulehnen wäre auch[602] ein Beschwerderecht der Bauordnungsbehörde mit dem Ziel eines Amtswiderspruchs, weil die zugrunde liegende Auflassung in baurechtswidriger Absicht erfolgt und gemäß § 134 BGB nichtig sei; denn, wie im Grundsatz anerkannt ist,[603] begründet ein bloßes Aufsichtsrecht die Beschwerdebefugnis[604] noch nicht. Selbst nach der Formel des KG (Rdn 147) kam **kein** Beschwerderecht in Betracht: Des Oberbergamts mit dem Ziel der Löschung von auf den Blättern der betroffenen Bergwerke gebuchten Freikuxberechtigungen;[605] des Entschuldungsamts gegen eine § 8 SchuldRegG widersprechende Bestandszuschreibung;[606] der Flurbereinigungsbehörde gegen die Ablehnung ihrer Anregung, für ein von der Flurbereinigung betroffenes Grundstück das Grundbuchblatt zu schließen, auf dem nach Eintritt des neuen Rechtszustandes eine Auflassung vollzogen worden ist;[607] eines Wasserverbandes zwecks Eintragung eines Widerspruchs gegen das Eigentum eines Dritten an einem Fischereirecht.[608] Des Amtes zur Regelung offener Vermögensfragen mit dem Ziel der Eintragung eines Sicherungsvermerks für Rückübertragungsansprüche nach dem Vermögensgesetz.[609] Der nach dem Investitionsvorrangesetz zuständigen Behörde mit dem Ziel der Eintragung eines von ihr erlassenen Verfügungsverbots nach § 15 Abs 4 InVorG.[610]

e) Zuständigkeit. Ist ein Beschwerderecht grundsätzlich gegeben, so hängt es von der Behördenorganisation ab, **welche Stelle** die betreffende amtliche Tätigkeit vornehmen darf. Ergibt sich die Zuständigkeit aus dem Gesetz, bedarf es keines besonderen Nachweises (Rdn 158). Nicht ohne weiteres beschwerdebefugt ist die Aufsichtsbehörde als solche für ihr unterstellte Personenkreise und Anstalten (Rdn 148); sie kann normalerweise nur kraft ihres Aufsichtsrechts auf die Einlegung der Beschwerde durch den Betroffenen hinwirken.[611]   **149**

f) Beschwerdebefugnis eines Gerichts. Ein **Beschwerderecht des Gerichts** kommt (außer Rdn 145) in Betracht, wenn es durch ein anderes Gericht an der Erfüllung seiner amtlichen Aufgaben gehindert wird oder dieses ihm gegenüber bestimmte, gesetzlich geschuldete Tätigkeiten verweigert.[612] Das Grundbuchamt hat gegen die Entscheidung höherer Instanzen kein Beschwerderecht;[613] auch nicht gegenüber einem anderen Grundbuchamt, etwa bei einem Streit über den Inhalt des Briefs für eine Gesamthypothek, bei der die belasteten Grundstücke in zwei AG-Bezirken liegen,[614] oder wenn das eine Grundbuchamt das andere um Eintragung eines Mitbelastungs- oder Mithaftungsvermerks »ersucht« (kein Fall des § 38).[615]   **150**

g) Beschwerdebefugnis Beteiligter neben der Behörde. Die Beschwerdebefugnis der Behörde schließt die der Beteiligten nicht aus (Rdn 124);[616] ebenso wenig umgekehrt (Rdn 145).   **151**

---

597 OLG Düsseldorf JMBlNRW 1956, 208, 209.
598 OLG Zweibrücken OLGZ 1981, 139, 140.
599 **AA** jedoch OLG Celle NJW 1963, 1160; geg dies *Haase* NJW 1964, 190.
600 KG JFG 16, 214, 215.
601 LG Verden NdsRpfl 1954, 131.
602 Offengel v KG JFG 18, 54, 56 = JW 1938, 2379.
603 KG OLGE 7, 188; KGJ 20, 10, 13; 32, 254, 245; 42, 184, 187; KG JFG 3, 268, 271; 12, 342, 344; vgl auch OLG Darmstadt RJA 12, 152; OLG Jena ZIP 1996, 467, 469.
604 And als etwa im PersonenstandsR; vgl BGHZ 157, 277, 279f = NJW 2004, 1108.
605 KGJ 20, 10, 11.
606 KG JFG 16, 218 = JW 1937, 3175 = HRR 1938 Nr 9.
607 BayObLG RdL 1983, 268 = AgrarR 1983, 339.
608 LG Ellwangen BWNotZ 1981, 19.
609 KG NJW-RR 1998, 880.
610 LG Berlin NJW-RR 1999, 1.
611 KG OLGE 7, 188; KGJ 20, 10, 13; 31, 225; KG JFG 3, 268, 271; 12, 342, 244.
612 BayObLGZ 1986, 118, 125 = Rpfleger 1986, 303, 305; BayObLGZ 1990, 151, 155 = Rpfleger 1990, 421, 422; OLG Hamburg Rpfleger 1985, 194; KG OLGZ 1975, 63, 66.
613 BayObLG 7, 339; OLG Darmstadt OLGE 4, 2.
614 KG OLGE 41, 28 = KGJ 52, 102.
615 KGJ 52, 102, 105; KEHE-*Herrmann* § 38 Rn 37.
616 KG OLGE 2, 221; KGJ 41, 254; KG JFG 4, 303; 5, 298, 299; 17, 353.

IV. Weitere Zulässigkeitsvoraussetzungen bzw -hindernisse

1. Ausnahmsweise Unstatthaftigkeit der Beschwerde

152 Ausnahmsweise kann sich **aus besonderen Vorschriften die Unstatthaftigkeit** der Beschwerde ergeben: § 85 Abs 2 (unanfechtbar ist auch die Anhebung eines Gegenstandslosigkeitsbeschlusses durch das Beschwerdegericht[617]); §§ 91 Abs 1, 105 Abs 2 Halbs 1 und § 109 S 2; § 319 Abs 3 Halbs 1 ZPO analog (§ 78 Rdn 5).

2. Ausnahmsweise zusätzliche Zulässigkeitserfordernisse

153 Von einer **Zulassung** hängt die Grundbuchbeschwerde nicht ab. Dieses Erfordernis gilt vorwiegend, wie Rdn 93–95, 102–105 dargestellt, für die weitere Beschwerde gegen bestimmte (Zwischen-, PKH-, Kostenansatz-, Geschäftswert-, Kostenfestzungs-) Entscheidungen des Landgerichts als Beschwerdegericht oder für seine Instanz. Auch eine **Beschwerdesumme** ist im allgem nicht vorgeschrieben. Für die Anfechtung isolierter Kostenentscheidungen gilt jedoch § 20a Abs 2 FGG (Rdn 101, 102); vgl auch für Beschwerden gegen den Kostenansatz und den Geschäftswert Rdn 103, 104. Eine **Befristung** gibt es nur, soweit einzelne Bestimmungen eine solche vorsehen oder die Vorschriften über die sofortige Beschwerde nach dem FGG oder der ZPO anwendbar sind (Vor § 71 Rdn 15 ff). Diese Grundsätze dürften für die Beschwerde nach § 71 auch nach der am 01.09.2009 in Kraft tretenden FGG-Reform[618] (unbeschadet der §§ 61, 63 FamFG) gelten; dass die Grundbuchbeschwerde weiterhin unbefristet eingelegt werden kann, ist ausdrücklicher gesetzgeberischer Wille.[619]

3. Allgemeine Verfahrenshandlungsvoraussetzungen

154 **a) Grundsätzliches.** Die allgem Verfahrenshandlungsvoraussetzungen müssen für die Beschwerdeeinlegung aufseiten des Beschwerdeführers grundsätzlich in demselben Umfang gegeben sein wie im Verfahren vor dem Grundbuchamt beim Antragsteller: **Beteiligtenfähigkeit** (Einl F Rdn 41 ff; FGG-Reform: § 8 FamFG),[620] **Verfahrensfähigkeit** (Einl F Rdn 63; FGG-Reform: § 9 FamFG)[621] und **Verfahrensbefugnis**, dh die Befugnis, das Verfahren im eigenen Namen zu führen[622] (wegen Einschränkungen Rdn 138; zur Verfahrensstandschaft Rdn 141, 142) und die **Vertretungsmacht** eines Vertreters im Verfahren (Rdn 157 ff). Wegen der besonderen Anforderungen an die Postulationsfähigkeit bei der weiteren Beschwerde § 80 Rdn 8 ff.

155 Fehlt eine Verfahrenshandlungsvoraussetzung, so ist die Beschwerde ohne Sachprüfung, also **normalerweise als unzulässig,** zu verwerfen.[623]

156 Hat schon das Grundbuchamt wegen des Mangels den zugrunde liegenden Antrag als unzulässig abgewiesen, so ist zweifelhaft, ob, wenn der Beschwerdeführer dies vergeblich angreift, die Beschwerde ihrerseits als unzulässig zu verwerfen[624] oder ob sie als unbegründet zurückzuweisen ist.[625] Von praktischer Bedeutung ist dies nicht; es spricht aber alles dafür, auch im Grundbuchbeschwerdeverfahren den im Verfahrensrecht anerkannten **Grundsatz** anzuwenden, dass **im Rahmen der Prüfung der Verfahrensvoraussetzungen die betroffene Partei zuzulassen ist, sie also auch zur Klärung dieser Frage das zulässige Rechtsmittel einlegen kann.**[626] Umgekehrt ist das Vorhandensein einer Verfahrensvoraussetzung für die Beschwerde auch zu unterstellen, wenn der Beschwerdeführer geltend macht, das Grundbuchamt habe eben diese Voraussetzung bei ihm zu Unrecht bejaht.[627] Darüberhinaus darf immer dann, wenn es von Anfang an an einer Verfahrenshandlungsvoraussetzung fehlte, die Vorinstanz dies aber übersehen oder anders beurteilt und sachlich entschieden hat, **die Beschwerde** – selbst wenn sie nur auf eine sachliche Änderung der Entscheidung abzielt – **nicht als unzulässig** verworfen werden; vielmehr ist sie als zulässig zu behandeln und der **Antrag** unter Aufhebung der Vorentscheidung **als unzulässig abzuweisen.**[628]

b) Legitimation von Vertretern im Beschwerdeverfahren. aa) Bevollmächtigte und gesetzliche Vertreter. Hinsichtlich der **Legitimation von Vertretern** (Einl F Rdn 71 ff) ist für die Beschwerde zu ergänzen:
157 Für Bevollmächtigte gilt § 13 S 3 FGG; sie haben also auf Anordnung des Beschwerdegerichts oder auf Verlan-

---

617 BayObLG NJW-RR 1987, 1200.
618 BT-Drucks 16/6308; 16/9733.
619 BT-Drucks 16/6308 S 327.
620 BayObLG Rpfleger 1982, 20; OLG Naumburg ZfIR 1997, 691.
621 OLG Naumburg ZfIR 1997, 691; z Feststellungslast: OLG Stuttgart NJW 2006, 1887.
622 *Kahl*, 232 m Fn 279; s auch Einl F 29, 30.
623 BayObLG Rpfleger 1982, 20.
624 BayObLGZ 1966, 261, 263; wohl auch *Keidel-Zimmermann* § 13 Rn 44.
625 KG OLGZ 1966, 380 = FamRZ 1966, 321; *Jansen-v.König* § 13 Rn 29.
626 Vgl BGHZ 86, 184, 186; BGH NJW-RR 1986, 157; BayObLGZ 1985, 272, 276; 1998, 195; 2002, 413; OLG Stuttgart NJW-RR 1991, 832; *Jansen-v.König* § 13 Rn 29; *Baumbach-Hartmann* § 56 Rn 13.
627 Für d ZPO: BGH LM ZPO § 11 Nr 2 = Rpfleger 1972, 53; *Stein-Jonas-Leipold* § 56 Rn 16.
628 BGHZ 143, 122, 127 = NJW 2000, 289; OLG Düsseldorf NJW-RR 1997, 1350.

gen eines Beteiligten eine öffentlich beglaubigte Vollmacht vorzulegen. Die Nachfrage kann sich auch auf ein Weniger beschränken, etwa auf eine privatschriftliche Vollmacht;[629] regelmäßig wird dem Gericht diese Form genügen, nur bei begründeten Zweifeln wird Anlass bestehen, eine Beglaubigung der Unterschrift zu verlangen. Andererseits kann das Gericht, wenn kein Nachweisverlangen eines Beteiligten vorliegt, nach seinem Ermessen auch von der Vorlage einer Vollmachtsurkunde absehen; es kann seine Überzeugung vom Bestehen der Vertretungsmacht auf beliebige Art gewinnen und insbesondere bei einem Rechtsanwalt unterstellen, dass er nicht ohne Vollmacht handelt.[630] Selbst gegenüber einem Rechtsanwalt bleibt aber für das Gericht ein Ermessungsspielraum im Rahmen seiner Amtsprüfung.[631] Bedenklich ist die Einl F Rdn 74 vertretene Auffassung, insoweit gelte § 88 Abs 2 ZPO entsprechend; die Vorschrift ist auf den Parteiprozess zugeschnitten und wird von § 13 FGG als Spezialvorschrift überlagert. Fehlt es an der Bevollmächtigung zur Einlegung der Beschwerde, so ist diese, da es an einer Verfahrensvoraussetzung für das Rechtsmittel fehlt, als unzulässig zu verwerfen,[632] was uU auch auf Kosten des als Bevollmächter Handelnden geschehen kann.[633] **Ab 01.09.2009** (Inkrafttreten der FGG-Reform[634]) gelten die §§ 10 bis 12 FamFG.

Entsprechendes wie für den Bevollmächtigten gilt für den **gesetzlichen Vertreter**. Wird eine Behörde im Rahmen ihrer gesetzlichen Zuständigkeit tätig, so bedarf es keines zusätzlichen Nachweises ihrer Vertretungsmacht.[635] Zur Vertretungsmacht des Verwalters einer WEG-Gemeinschaft, die Eintragung eines Widerspruchs zu verlangen, Rdn 134.   **158**

bb) Notar. Der Notar ist ohne besondere Vollmacht zur Beschwerdeeinlegung namens eines Beteiligten – grundsätzlich nicht in eigenem Namen (Rdn 140) – berechtigt, **wenn er im Rahmen der widerlegbaren Vollmachtsvermutung des § 15** (§ 15 Rdn 12)[636] für diesen oder für einen anderen Antragsberechtigten,[637] **den Eintragungsantrag gestellt hat**, sei es auch erst durch Wiederholung eines Antrages des Beteiligten durch eine Erinnerung gegen die Entscheidung des Rpflegers;[638] vorausgesetzt, sein Antrag stimmt mit den Eintragungsbewilligungen der Betroffenen und den sonstigen Eintragungsunterlagen überein.[639] Nach zutr Rspr und hM genügt nicht, dass der Notar berechtigt gewesen wäre, den Eintragungsantrag zu stellen, wenn er dies nicht getan oder, was dem gleichsteht, den Eintragungsantrag nur als Bote vorgelegt hat.[640] *Böttcher* (§ 15 Rdn 36) vertritt die Gegenansicht mit der Begründung die Beschwerdevollmacht gründe sich auf dieselben Voraussetzungen wie die Antragsvollmacht, jedoch nicht auf die Antragstellung. Das überzeugt jedoch nicht. § 15 kann nicht mehr entnommen werden, als dass der Notar berechtigt sein soll, die Eintragung zu beantragen und den aufgrund dieser Berechtigung gestellten Eintragungsantrag im Beschwerdeweg weiterzuverfolgen, also »in höherer Instanz zu wiederholen«.[641] Der Umfang der Beschwerdevollmacht des Notars darf im Übrigen nicht ohne Blick auf § 80 Abs 1 S 2 bestimmt werden,[642] der die Postulationsfähigkeit des Notars für die weitere Beschwerde durch Einreichung einer Beschwerdeschrift zweifelsfrei auf den Fall beschränkt, dass der Notar den Eintragungsantrag gestellt hat (§ 80 Rdn 16); die schriftsätzlich eingelegte weitere Beschwerde eines Notars, der keinen Eintragungsantrag gestellt hatte, müsste also als unzulässig verworfen werden.[643] Diese Regelung spricht dafür, dass das Gesetz in diesem Fall auch für die erste Beschwerde keine Vollmacht des Notars vermuten lässt. Zu berücksichtigen ist auch, dass die weiteren verfahrensrechtlichen Wirkungen, die darauf hinauslaufen, dass dem Notar das Verfahren bis zur Erledigung in die Hand gegeben wird,[644] (nur) daran knüpfen, dass der Notar   **159**

---

629 KGJ 33, 65.
630 OLG Hamm FamRZ 1973, 157; KG JFG 17, 288, 229; *Bassenge* FGG § 13 Rn 9; *Jansen-v. König* § 13 Rn 46.
631 KG JFG 17, 228, 229 = JW 1938, 1834; OLG Ffm OLGZ 1970, 278, 281; OLG Zweibrücken Rpfleger 2001, 174; vgl auch OLG Hamm FamRZ 1973, 157; *Bassenge* FGG § 13 Rn 9; *Jansen-v. König* § 13 Rn 46.
632 OLG Hamm Rpfleger 1986, 367; OLG Hamm MittRhNotK 1996, 330.
633 Vgl BayObLG ZfIR 1999, 699.
634 BT-Drucks 16/6308; 16/9733.
635 BayObLG NJW-RR 1986, 894 = Rpfleger 1986, 294 (Ls b *Goerke* 292 ff).
636 BayObLG NJW-RR 1989, 1495, 1496; BayObLG MittRhNotK 1996, 57; OLG Köln Rpfleger 1982, 98.
637 BayObLG 34, 121.
638 BayObLGZ 1960, 231, 235; 1962, 184, 187; 1967, 70; 1967, 409; BayObLG DNotZ 1981, 758; BayObLG NJW-RR 1986, 894, 895.
639 OLG Hamm Rpfleger 1986, 367.
640 BayObLG 11, 335; 11, 626, 629; 12, 339; 31, 442, 443; BayObLG JFG 9, 199, 201 = HRR 1932 Nr 756; BayObLGZ 1953, 183, 185; 1986, 203, 207; KG OLGE 14, 136; KGJ 32, 284; 35, 199; KG JFG 17, 229; OLG Stuttgart BWNotZ 1985, 170; *Güthe-Triebel* § 15 Rn 22; *Schöner-Stöber* Rn 189; *Bauer/v. Oefele-Budde* § 73 Rn 9; *Demharter* § 15 Rn 19; KEHE-*Briesemeister* Rn 75; *Bassenge* FGG § 13 Rn 10, 10a; *Jansen-v. König* § 13 Rn 52; *Jansen-Briesemeister* § 21 Rn 26; *Haegele* Rpfleger 1974, 417, 420; *Jansen* DNotZ 1964, 707, 708; **aA** *Recke* JW 1938, 3136, 3140.
641 KG OLGE 14, 136 = KGJ 32, 284.
642 Vgl auch *Recke* JW 1938, 3136, 3140: Beschwerderecht als »logische Folge« aus § 80 Abs 1 S 3.
643 OLG München JFG 15, 122 = HRR 1937 Nr 820.
644 Vgl *Jansen* DNotZ 1964, 707, 708.

von seiner Antragsbefugnis Gebrauch macht. Andererseits hilft das Argument,[645] in der Einlegung eines Rechtsmittels könne eine neue Antragstellung gesehen werden, nicht weiter. Denn soweit eine solche Auslegung überhaupt in Betracht kommen sollte, wäre der »neue Antrag« jedenfalls an die erste Instanz gerichtet, und erst nach dessen Entscheidung eröffnete sich der Beschwerdegang. Mit der hier vertretenen Ansicht steht nicht in Widerspruch, dass der Notar die Beschwerde nicht nur im Namen dessen, für den er den Eintragungsantrag gestellt hat, sondern auch für einen anderen Antragsberechtigten einlegen kann.[646] Dass ein Beteiligter selbst einen Eintragungsantrag gestellt hat, lässt die Beschwerdevollmacht des Notars nicht entfallen.[647] Die gesetzliche Beschwerdevollmacht des Notars bezieht sich nicht nur auf die auf den Eintragungsantrag unmittelbar ergehenden Entscheidungen, sondern auch auf die Briefbildung und -aushändigung, die Zurückgabe eingereichter Urkunden, die Benachrichtigungen usw. **Nicht** durch § 15 **gedeckt** ist eine Beschwerde im **Amtsverfahren** des Grundbuchamts, etwa zur Bekämpfung eines Amtswiderspruchs, der sich gegen eine auf Antrag des Notars vorgenommene Eintragung richtet.[648]

160 Die Beschwerdeeinlegung durch den Notar erfolgt auch bei Fehlen eines ausdrücklichen Hinweises im Zweifel für den Beteiligten und nicht in eigenem Namen.[649] Legt der Notar auf der Grundlage des § 15 Beschwerde ein, sollte er angeben, in wessen Namen dies geschieht. Anderenfalls ist, wenn sich nicht aus den Umständen ein bestimmter Beschwerdeführer ergibt, **anzunehmen, dass die Beschwerde namens aller Antragsberechtigten eingelegt wird;**[650] hatte der Notar den Antrag aber nur für einen von mehreren Antragsberechtigten gestellt, so wird dies regelmäßig für die Annahme ausreichen, nur dieser Antragsteller sei Beschwerdeführer.

161 **Außerhalb von** § 15 kann der Notar aufgrund einer **besonderen Vollmacht** für einen Beteiligten Beschwerde einlegen; das Beschwerdegericht hat deshalb vor einer Zurückweisung der Beschwerde stets zu prüfen, ob der Notar etwa aufgrund einer solchen rechtsgeschäftlichen Vollmacht gehandelt hat.[651] Insoweit gelten dieselben Grundsätze wie sonst für Vertreter (Rdn 157), dh die Vollmacht kann sich aus den Umständen ergeben, und idR wird das Beschwerdegericht von der Vorlage einer Vollmachtsurkunde schon deshalb absehen können, weil aufgrund der beruflichen Stellung des Notars anzunehmen ist, dass er nicht ohne Vollmacht auftritt,[652] insb wenn er in der Angelegenheit für den Beschwerdeführer einen Antrag beim Grundbuchamt gestellt hat.[653] Jedenfalls kann die Beschwerde nicht mangels Vollmacht verworfen werden, ohne dass dem Notar vorher Gelegenheit gegeben wird, die Vollmacht nachzuweisen.[654]

4. Rechtsschutzbedürfnis

162 **a) Allgemeines.** Ein **Rechtsschutzinteresse** für die Beschwerde ist regelmäßig mit der Bejahung der Beschwerdebefugnis (Rdn 106 ff) gegeben. Es kann aber **ausnahmsweise fehlen oder entfallen**, wenn das Rechtsmittel völlig unnötig, zweckwidrig oder missbräuchlich eingelegt wird[655] oder sich im Laufe des Beschwerdeverfahrens als sinnlos erweist. So fehlt das Rechtsschutzbedürfnis, wenn der Beschwerdeführer die Geltung der von ihm angefochtenen Entscheidung einfach durch Antragsrücknahme beseitigen könnte.[656] Das ist grundsätzlich in jeder Lage des Verfahrens bis zur formellen Rechtskraft möglich.[657] Die wohl hM[658] will allerdings nach Erlass einer die Instanz abschließenden Entscheidung die Rücknahme nur iVm der Einlegung eines zulässigen Rechtsmittels erlauben; im Hinblick auf den Rechtsgedanken des § 269 Abs 2 ZPO überzeugt dies jedoch nicht.[659] Unzulässig ist grundsätzlich auch eine Beschwerde, mit der der Beschwerdeführer nur einzelne Entscheidungsgründe, nicht jedoch die Sachentscheidung als solche angreift[660] (Rdn 30). **Kein** Recht-

---

645 § 15 Rdn 36.
646 BayObLG 34, 121.
647 *Schöner/Stöber* Rn 189.
648 BayObLG NJW-RR 1989, 1495, 1496; KG ZBlFG 7, 319.
649 OLG FfM DNotZ 1978, 750 = Rpfleger 1978, 411; DNotI-Report 2007, 22; OLG Zweibrücken FGPrax 2000, 208 = Rpfleger 2000, 503.
650 BGH NJW 1980, 3070; BayObLGZ 1976, 408, 409; BayObLG MittRhNotK 1984, 12, 13; BayObLGZ 1985, 153, 154; BayObLG NJW-RR 1986, 894; s auch § 15 Rdn 29.
651 KG JFG 17, 228 = JW 1938, 1834.
652 BayObLG 11, 335; 11, 626; 12, 339; BayObLG JFG 9, 199; BayObLGZ 1974, 112, 114; BayObLG NJW-RR 1986, 894 = Rpfleger 1986, 294 (Ls b *Goerke* 292 ff) = MittBayNot 1986, 139; BayObLG DNotZ 1996, 32, 34 f = MittBayNot 1995, 291; KGJ 32, 287; 35, 200; KG JFG 17, 228, 230 = JW 1938, 1834.
653 BayObLG DNotZ 1981, 442; BayObLG MittRhNotK 1996, 57, 58.
654 BayObLG DNotZ 1996, 32, 34 = Rpfleger 1995, 495, 496.
655 *Keidel-Kahl* § 19 Rn 85 ff; *Bettermann* ZZP 82 (1969), 24, 28, 29; *Kahl*, 133 Fn 282.
656 *Bassenge* FGG § 19 Rn 23a.
657 *Bassenge* FGG Einl Rn 113; *Keidel-Kayser* § 12 Rn 15.
658 OLG Hamm RdL 1961, 204, 206; *Bassenge* FGG Einl Rn 114; *Keidel-Kayser* § 12 Rn 15; *Bärmann* FGG, § 18 I 1a; *Bassenge* JR 1974, 142, 144.
659 KG OLGZ 1972, 64 = NJW 1971, 2270; *Bumiller-Winkler* § 12 Anm 2 b; *Richter*, 197 ff, 203.
660 BayObLG HRR 1935 Nr 128; KGJ 48, 175.

schutzbedürfnis besteht an der Anfechtung völlig **bedeutungsloser** und **überholter** Entscheidungen, weil das Beschwerdegericht zu rein theoretischen Entscheidungen, die für den Beschwerdeführer keinen praktischen Wert haben, nicht berufen ist.[661]

b) Wegfall bei Erledigung der Hauptsache. aa) In Betracht kommende Vorgänge. Im FGG-Verfahren **163** tritt **Erledigung der Hauptsache** ein, wenn der Verfahrensgegenstand durch ein Ereignis, welches eine Veränderung der Sach- und Rechtslage herbeiführt, weggefallen ist, sodass eine Weiterführung des Verfahrens keinen Sinn mehr hat.[662] Die Erledigung der Hauptsache ist in der Beschwerdeinstanz wie in jedem Verfahrensabschnitt als Verfahrenshindernis **von Amts wegen** zu beachten[663] und die Beschwerde ist als **unzulässig zu verwerfen, wenn der Beschwerdeführer sie nicht**, soweit dies geht (Rdn 165), **auf die Kosten beschränkt.**[664] Erledigungserklärungen der Beteiligten sind nicht Voraussetzung, und das Beschwerdegericht ist dazu, ob Erledigung eingetreten ist, an übereinstimmende Erklärungen der Beteiligten nicht gebunden.[665] Im Antragsverfahren wird eine Erledigungserklärung des Antragstellers allerdings meist den Verfahrensgegenstand entfallen lassen, sei es, dass sie vor dem Hintergrund einer tatsächlichen Erledigung erfolgt ist, sei es, dass sie als Antragsrücknahme ausgelegt werden kann, weil der Antragsteller auf keinen Fall mehr eine Sachentscheidung wünscht.[666] Erledigung der Hauptsache soll im Antragsverfahren auch dadurch eintreten, dass der Antrag während des Beschwerdeverfahrens zurückgenommen wird (str).[667] Das trifft wohl nur zu, wenn Antragsteller und Beschwerdeführer nicht identisch sind; um eine Erledigung handelt es sich jedenfalls **nicht**, wenn der beim Grundbuchamt unterlegene Antragsteller seine gegen die Ablehnung gerichtete Beschwerde (oder stattdessen direkt seinen Antrag) zurücknimmt.[668] Eine Fortsetzung des Beschwerdeverfahrens mit dem Ziel der Feststellung der Rechtswidrigkeit der angefochtenen Entscheidung – etwa analog § 113 Abs 1 S 4 VwGO – kommt nicht in Betracht.[669] Auch die geänderte Rechtsprechung des BVerfG zum Rechtsschutz nach Erledigung der Hauptsache[670] betrifft andere Fallgruppen und hat auf die für das Grundbuchbeschwerdeverfahren geltenden Grundsätze keinen Einfluss. **Siehe jedoch für das Verfahren ab 01.09.2009** (Inkrafttreten der FGG-Reform[671]) **§ 62 FamFG.**

Beispiele: Es erledigt sich die Hauptsache hinsichtlich des an das Grundbuchamt gerichteten Antrags, eine **164** beantragte Grundbucheintragung nicht vorzunehmen, mit dem Vollzug des Eintragungsantrags.[672] Bei einer Beschwerde gegen die Zurückweisung eines Antrags, wenn die Eintragung aufgrund eines neuen hindernisfreien Antrags vollzogen worden ist;[673] gegen die Ablehnung der Eintragung eines Rangvorbehalts nach Eintragung des begünstigten Rechts;[674] gegen eine Zwischenverfügung, wenn das Eintragungshindernis beseitigt,[675] zumal wenn der Eintragungsantrag schon vollzogen ist[676] oder nachdem der Antrag durch das Grundbuchamt

---

661 RGZ 43, 426; KG OLGE 5, 439; 10, 437; KGJ 43, 139.
662 BGH Rpfleger 1982, 102, 103; BGHZ 109, 168, 109 = NJW 1990, 1418; BayObLGZ 1986, 310, 311;1987, 348; BayObLG NJW-RR 1988, 198; BayObLG MittBayNot 1991, 78; BayObLG ZflR 2000, 717; OLG Hamm OLGZ 1977, 31, 32; KG OLGZ 1973, 143, 146; *Bassenge* FGG Einl Rn 118; *Keidel-Kahl* § 19 Rn 85m Fn 295; *Jansen-Briese-meister* § 19 Rn 32; *Richter*, 5, 6.
663 BGH Rpfleger 1982, 102, 103; BayObLGZ 1982, 318, 320; BayObLG MittBayNot 1990, 355; OLG Stuttgart OLGZ 1985, 395, 396; *Bassenge* FGG Einl Rn 121; *Keidel-Kahl* § 19 Rn 88.
664 BGH Rpfleger 1982, 102, 103; BGH FamRZ 1987, 470; BayObLGZ 1971, 182, 184; BayObLG NJW-RR 1988, 198; BayObLGZ 1993, 82, 84; BayObLG ZflR 2000, 717; OLG Hamm OLGZ 1977, 31, 32; KG OLGZ 1973, 143 = FamRZ 1973, 42; KG FGPrax 2006, 99; *Bassenge* FGG Einl Rn 129; *Jansen-Briesemeister* § 19 Rn 32; *Keidel-Kahl* § 19 Rn 94.
665 BGH Rpfleger 1982, 102, 103; OLG Stuttgart OLGZ 1985, 395, 396; *Jansen-Briesemeister* § 19 Rn 33; krit *Richter*, 41 ff.
666 *Keidel-Kahl* § 19 Rn 90m Fn 319; vgl aber BGH Rpfleger 1982, 102 = NJW 1982, 2505.
667 BayObLGZ 1975, 233, 234; BayObLG Rpfleger 1978, 315; BayObLGZ 1979, 211, 213; 1982, 318; 1985, 178 = Rpfleger 1985, 331; BayObLGZ 1989, 131; vgl auch OLG Hamm OLGZ 1977, 31; *Bumiller-Winkler* § 12 Rn 31; **aA** – Antragsrücknahme selbst Verfahrensbeendigungsgrund – *Bassenge* FGG Einl Rn 118; *Keidel-Kahl* § 19 Rn 90; *Demharter* ZMR 1987, 201.
668 **AA** BayObLGZ 1975, 233, 234; vgl aber BayObLGZ 1967, 286.
669 BayObLG Rpfleger 1980, 392 = ZZP 94 (1981), 458 m abl Anm *Hager* aaO 407 ff; BayObLG NJW-RR 1988, 198, 199; BayObLGZ 1993, 85f; OLG Köln FamRZ 1971, 190; KG NJW 1983, 690 = OLGZ 1982, 482; *Keidel-Kahl* § 19 Rn 86.
670 Vgl BVerfGE 96, 27, 38 ff = NJW 1997, 2163; BVerfG NJW 1998, 2432.
671 BT-Drucks 16/6308; 16/9733.
672 BayObLG MittBayNot 1998, 339.
673 BayObLG Rpfleger 1995, 333 (Ls b *Meyer-Stolte*).
674 KGJ 39, 193, 198.
675 BayObLG Rpfleger 1982, 275; BayObLGZ 1993, 137, 138; 2001, 153, 156; vgl auch BGHZ 86, 393 = NJW 1983, 1672 = Rpfleger 1983, 270.
676 BayObLG 16, 205; BayObLG Rpfleger 1982, 275; OLG Ffm OLGZ 1970, 283; KG OLGE 5, 439.

endgültig zurückgewiesen worden ist[677] (Rdn 35); gegen eine Vormerkung, nachdem sie in die endgültige Eintragung umgeschrieben ist;[678] gegen einen Rangvermerk, nachdem die Zwangsversteigerung erfolgt und das betreffende Recht untergegangen ist;[679] gegen die Ablehnung der Eintragung einer Vormerkung für einen künftigen Anspruch, wenn die Voraussetzungen, unter denen der zu sichernde Anspruch hätte entstehen sollen, nicht mehr eintreten können;[680] gegen die Eintragung einer Zwangssicherungshypothek, wenn der Schuldner (Eigentümer des belasteten Grundstücks) die ihm zur Abwendung der Zwangsvollstreckung nachgelassene Sicherheit geleistet hat und das Recht als Eigentümergrundschuld auf ihn umschrieben worden ist.[681] **Keine** Unzulässigkeit des Rechtsmittels wegen Erledigung der Hauptsache hat die Rspr angenommen, wenn nach Erlass der angefochtenen Entscheidung die Zuständigkeit für die Führung des Grundbuchamts auf ein anderes Grundbuchamt übergegangen ist;[682] bei Beschwerde auf Vornahme einer Benachrichtigung nach § 55, wenn der Beschwerdeführer von der Eintragung anderweitig Kenntnis erlangt hat;[683] bei Beschwerde gegen eine Zwischenverfügung, mit der der Nachweis der Zustimmung des Ehegatten gemäß § 1365 BGB verlangt wurde, wenn die Zwischenverfügung infolge rechtskräftiger Ehescheidung nicht mehr gerechtfertigt ist;[684] bei Beschwerde gegen die Zurückweisung eines Eintragungsantrags, wenn das Eintragungshindernis nachträglich beseitigt worden ist (Fall des § 74);[685] bei weiterer Beschwerde gegen die Bestätigung einer Zwischenverfügung durch das LG, wenn das Grundbuchamt nach der ersten Beschwerdeentscheidung den Eintragungsantrag aus den in der Zwischenverfügung genannten Gründen endgültig zurückgewiesen hat[686] (§ 78 Rdn 8).

165   **bb) Beschränkung der Beschwerde auf die Kosten.** Hat sich die Hauptsache nach Einlegung der Beschwerde erledigt, so kann der Beschwerdeführer **der Verwerfung des Rechtsmittels,** vorausgesetzt es war bis dahin zulässig,[687] **dadurch entgehen, dass er es** – wozu ihm Gelegenheit zu geben ist[688] – unbedingt[689] **auf den Kostenpunkt beschränkt**[690] (besser: die Hauptsache für erledigt erklärt[691]). In diesem Umfang bleibt die Beschwerde zulässig, unabhängig von einem Beschwerdewert;[692] es handelt sich nicht um einen Fall des § 20a Abs 2 FGG (Rdn 101). Das Beschwerdegericht hat die Erledigung der Hauptsache auszusprechen[693] und über die Kosten in allen Instanzen zu befinden. Die Entscheidung hat sich auf die gerichtlichen wie auf die außergerichtlichen Kosten zu erstrecken;[694] was die Gerichtskosten angeht, ergibt sich die Notwendigkeit daraus, dass sich sonst die Verteilung nicht eindeutig aus den Bestimmungen der KostO entnehmen lässt.[695] Inwieweit der Beschwerdeführer **Gerichtskosten** zu tragen hat, hängt davon ab, ob seine Beschwerde Erfolg gehabt hätte, wenn nicht die Erledigung der Hauptsache eingetreten wäre,[696] und welche Gebührentatbestände jeweils erfüllt wären. **Bei der Prüfung der hypothetischen Erfolgsaussicht der Beschwerde dürfen schwierige Fragen rechtlicher oder tatsächlicher Art offen gelassen werden**; dies entspricht, wenn es nur noch um Kostenfragen geht, der Verfahrensökonomie und einem allgemeinen Rechtsgedanken, der seinen Niederschlag in den §§ 91a ZPO, 13a Abs 1 S 1 FGG gefunden hat.[697] Gerichtgebühren für das Beschwerdeverfahren als solches

---

677   OLG Ffm OLGZ 1970, 283, 284; KGJ 51, 276, 278; KG JW 1936, 29; KG OLGZ 1971, 452 = DNotZ 1971, 415; OLG München JFG 23, 322.
678   *Demharter* § 78 Rn 8.
679   BayObLG 28, 59.
680   KG OLGZ 1972, 113.
681   BayObLG Rpfleger 1995, 333 (Ls b *Meyer-Stolte*).
682   KG JFG 13, 402 = HRR 1936 Nr 1127.
683   KGJ 28, 152, 154.
684   BayObLGZ 1972, 273 = NJW 1972, 2272.
685   BayObLGZ 2001, 153, 15.
686   BGHZ 88, 62, 64 = NJW 1983, 2262 = Rpfleger 1983, 408.
687   BayObLG MittBayNot 1991, 78.
688   BayObLG MDR 1985, 151; BayObLG JurBüro 1988, 611.
689   Vgl BGHZ 106, 359, 368 ff; BGH NJW-RR 2006, 1378 = FamRZz 2006, 1266.
690   RGZ 62, 140, 142; 71, 312, 313; 134, 303, 304; BGHZ 86, 393, 395 = NJW 1983, 1672; BGH Rpfleger 1982, 102, 103; BayObLG Rpfleger 1978, 315; BayObLGZ 1982, 52, 55; 1986, 310, 311, 312 = Rpfleger 1986, 177; BayObLG Rpfleger 1988, 105; BayObLG MittBayNot 1990, 355; OLG Düsseldorf NJW-RR 1997, 1375; OLG Ffm NJW 1962, 213; KG Rpfleger 1959, 385; KG OLGZ 1972, 113; 1974, 364, 365; KG Rpfleger 1988, 359.
691   *Richter*, 234.
692   BayObLG Rpfleger 1978, 315; BayObLG NJW-RR 1997, 1445; KEHE-*Briesemeister* Rn 52; *Bassenge* FGG Einl Rn 129; *Jansen-v.König* § 20a Rn 11; *Keidel-Zimmermann* § 20a Rn 6; **aA** OLG Oldenburg NdsRpfl 1954, 202 = DNotZ 1955, 659.
693   Vgl BGHZ 86, 393, 395 = NJW 1983, 1672 = WM 1983, 504 = Rpfleger 1983, 210.
694   BGHZ 86, 393, 395 = NJW 1983, 1672; BayObLGZ 1963, 80, 81, 82; 68, 164, 167; 68, 195, 199; BayObLG Rpfleger 1978, 315; BayObLG JurBüro 1981, 104; OLG Düsseldorf MDR 1981, 327.
695   BayObLGZ 1963, 80, 81; OLG Düsseldorf NJW-RR 1997, 1375.
696   BGZ 86, 393, 395 = NJW 1983, 1672 = WM 1983, 504 = Rpfleger 1983, 270; BGHZ 66, 297, 300; OLG Düsseldorf NJW-RR 1997, 1375.
697   BGH NJW 1954, 1038; BGHZ 36, 24, 28; BGHZ 67, 343, 345, 346; BGH NJW-RR 2003, 1075; 2004, 1219.

fallen, da es mangels einer Entscheidung in der Hauptsache an einem Gebührentatbestand fehlt,[698] nicht an. Gibt es überhaupt keinen Gebührentatbestand – etwa, wenn sich bei Anfechtung einer Zwischenverfügung die Hauptsache vor Erlass der Beschwerdeentscheidung erledigt hat –, so ist für eine an den Erfolgsaussichten ausgerichtete Kostenentscheidung kein Raum; sie ist auf eine hiergegen statthafte weitere Beschwerde ersatzlos zu streichen.[699] Die Entscheidung über die **Verpflichtung zur Erstattung von Kosten unter mehreren Beteiligten** richtet sich nach § 13a Abs 1 S 1 FGG,[700] wobei unbeschadet der hM, § 91a ZPO finde keine entspr Anwendung,[701] vor allem die Erfolgsaussichten des Rechtsmittels nach dem bisherigen Sachstand zu berücksichtigen sind.[702]

cc) Erledigung der Beschwerde. Von der Erledigung der Hauptsache in der Beschwerdeinstanz ist zu unterscheiden die Streitfrage, ob es auch eine **Erledigung der Beschwerde** geben kann.[703] Zwingende verfahrensrechtliche Bedenken hiergegen gibt es nicht. Erledigung des Rechtsmittels könnte bspw bei einer auf Eintragung eines Amtswiderspruchs gerichteten Beschwerde eintreten, wenn die geltend gemachte Unrichtigkeit des Grundbuchs durch nachträglichen gutgläubigen Erwerb beseitigt wird (§ 53 Rdn 69) oder aus anderen Gründen die Löschung der Eintragung erfolgt. Der Umstand, dass die Erledigung des Rechtsmittels häufig überdeckt sein wird durch die Erledigung des Verfahrensgegenstands insgesamt, begründet nicht den Ausschluss jedes Bedürfnisses,[704] im Einzelfall je nach Sachlage (nur) Rechtsmittelerledigung anzunehmen. Bejaht man eine Erledigung des Rechtsmittels, so heißt dies entgegen der hM[705] nicht, dass zwangsläufig nur über die Kosten des Rechtsmittels zu entscheiden wäre; dem Beschwerdegericht ist vielmehr, wenn die Beschwerde denselben Verfahrensgegenstand berührt, die Entscheidung über die Kosten des gesamten Verfahrens angefallen.[706] **166**

dd) Erledigung der Hauptsache zwischen den Instanzen. Die Möglichkeit einer auf den Ausspruch der Erledigung und den Kostenpunkt beschränkten Beschwerde soll nach ganz überwiegender Auffassung **nicht** bestehen, **wenn sich die Hauptsache nach Erlass der angefochtenen Entscheidung, jedoch vor Einlegung des Rechtsmittels erledigt hat;**[707] sogar dann, wenn sich die Hauptsache vor Erlass der Sachentscheidung der ersten Instanz erledigt hatte, ohne dass dies dem erkennenden Gericht bekannt war.[708] Danach bliebe nur die Verwerfung der Beschwerde, denn die Voraussetzungen für eine gesonderte Anfechtung der Kostenentscheidung (§ 20a Abs 2 FGG; Rdn 101) wären ebenfalls nicht gegeben,[709] und es käme auch kein Rechtsmittel mit dem Ziel der Feststellung der Rechtswidrigkeit der angefochtenen Entscheidung in Betracht (Rdn 163). Der Standpunkt der hM ist jedoch unbefriedigend und verfahrensrechtlich angreifbar (siehe auch für die am 01.09.2009 in Kraft tretende FGG-Reform[710]: § 62 FamFG). Es ist schon zweifelhaft, **167**

---

698 § 131 Abs 1 KostO.
699 BayObLG Rpfleger 1982, 14 (Ls b *Goerke* 12 ff).
700 BayObLGZ 1963, 80, 82; 68, 195; 200; BayObLG Rpfleger 1978, 315; BayObLG NJW-RR 1997, 1445f.
701 *Jansen-v.König;* § 13a Rn 22; § 20a Rn 18; *Keidel-Zimmermann* § 13a Rn 44; OLG Köln Rpfleger 2002, 209.
702 BayObLG Rpfleger 1978, 315; BayObLG NJW-RR 1997, 1445 f; *Keidel-Zimmermann* § 13a Rn 44; vgl auch BGHZ 50, 197, 199; 66, 297, 300.
703 **Bejahend:** BGHZ 34, 203; BGH NJW 1998, 2453 = MDR 1998, 114; BGH NJW-RR 2001, 1007 = JZ 2001, 465; BGH NJW-RR 2006, 142 = MDR 2006, 44; BGH NJW-RR 2007, 411 = MDR 2007, 288; OLG Hamm FamRZ 1987, 1056, 1057; KG FamRZ 1982, 950; KG OLGZ 1986, 358 = MDR 1986, 592; OLG Stuttgart ZZP 1976, 473; LG Bochum ZZP 1984, 215 m Anm *Waldner; Furtner* MDR 1961, 188, 189; *Gaier* JZ 2001, 445, 447; *Heintzmann* ZZP 87 (1974), 212; *Schultz* JZ 1983, 331, 335; *Baumbach-Hartmann* § 91a Rn 196; **verneinend:** OLG Hamm FamRZ 1986, 715, 717; KG FamRZ 1973, 42; 1977, 561, 562; 1982, 951; *Thomas-Putzo* § 91a Rn 8, 29; *Jansen-v.König* § 13a Rn 22; *Jansen-Briesemeister* § 19 Rn 33; *Keidel-Kahl* § 19 Rn 94; *Habscheid,* FFG, § 22 II 5a; *ders* NJW 1960, 2132; *Demharter* ZMR 1987, 201, 203; *Göppinger,* 299 ff; *Richter,* 237 ff, 240; in GB-Sachen: *Bauer/v. Oefele-Budde* § 77 Rn 6; vgl auch – vermittelnd – *Stein-Jonas-Bork* § 91a Rn 52, 53.
704 So *Bauer/v. Oefele-Budde* § 77 Rn 6.
705 BFH DB 1983, 2124; OLG Ffm NJW-RR 1989, 63; OLG Hamburg NJW 1960, 2151; KG OLGZ 1986, 358 = MDR 1986, 592; KG FamZ 1982, 950, 951; SchlHOLG SchlHAnz 1957, 158; *Gaier* JZ 2001, 445, 449.
706 BGH GRUR 159, 102, 103; *Furtner* MDR 1961, 189, 191; *Heintzmann* ZZP 87 (1974), 199, 223, 225; vgl auch *Waldner* ZZP 97 (1984), 216, 220.
707 BGH NJW 1984, 54; BGHZ 109, 108, 110 = NJW 1990, 1418; BayObLGZ 1964, 149, 150; 165, 348, 349; 1970, 120, 122; 1971, 84, 88; 1978, 205 = Rpfleger 1978, 377 = ZfG 1980, 339 m abl Anm *Habscheid,* 441; BayObLG MDR 1985, 151, 152; BayObLG NJW-RR 1988, 198, 199; BayObLG FamRZ 1994, 1190; KG OLGZ 1966, 82; KG OLGZ 1986, 63; OLG Karlsruhe OLGZ 1986, 129; SchlHOLG SchlHAnz 1979, 165; *Demharter* § 1 Rn 56; *Bassenge* FGG Einl Rn 130; *Bumiller-Winkler* § 13a Rn 17; *Jansen-v.König* § 13a Rn 46; *Keidel-Kahl* § 19 Rn 93; *Demharter* ZMR 1987, 201, 203; **aA** (f Streitverf d FG) OLG Celle OLGZ 1979, 133; KG NVwZ 1986, 78; *Habscheid,* FGG, § 22 II 2a; *ders* ZfG 1980, 441; *Hager* ZZP 94 (1981), 407, 423; *Richter,* 217 ff, 222.
708 BayObLG WuM 1987, 238, 239; *Demharter* ZMR 1987, 201, 203, 204; **and** zur weit Beschw bei Erled im BeschwVerf BGH FamRZ 1978, 396; vgl auch BayObLG MDR 1985, 151, 152.
709 *Bassenge* FGG § 20a Rn 6; *Keidel-Zimmermann* § 13a Rn 46; § 19 Rn 95.
710 BT-Drucks 16/6308; 16/9733.

ob man sagen kann, in solchen Fällen sei der Beschwerdeführer durch die angefochtene Verfügung zum Zeitpunkt der Rechtsmitteleinlegung nicht mehr beschwert;[711] nicht an einer (einmal eingetretenen) Beeinträchtigung der Rechtsstellung des Beschwerdeführers fehlt es, sondern ihm sollen unter dem Gesichtspunkt des Rechtsschutzbedürfnisses bei der Beseitigung der Entscheidung Schranken gesetzt werden. Nicht anders als bei Erledigung nach Rechtsmitteleinlegung ist aber ein schutzwürdiges Interesse des Beschwerdeführers anzuerkennen, die für ihn nachteiligen Nebenfolgen der in der Hauptsache gegenstandslos gewordenen Entscheidung zu beseitigen. Dass insoweit keine Rechtsschutzlücke verbleiben sollte, drängt sich insbesondere auch bei einem Vergleich mit den Fällen auf, in denen die Vorinstanz nach erkannter Erledigung der Hauptsache nur eine Kostenentscheidung getroffen hat (Rdn 101), oder in denen eine schon vor der Entscheidung der Vorinstanz eingetretene Erledigung nicht berücksichtigt und sachlich entschieden wird: Dann kann auch nach dem Ausgangspunkt der hM durchaus eine Beschwerde in Betracht kommen, mit der geltend gemacht wird, die Vorinstanz hätte nicht sachlich entschieden, vielmehr die Erledigung beachten und den Beteiligten ggf entsprechende rechtliche Hinweise geben müssen.[712] Der Zulassung einer Beschwerde nach Erledigung zwischen den Instanzen steht auch nicht der Gesetzeszweck des § 20a Abs 1 FGG entgegen: Die Vorschrift soll verhindern, dass bei Bestehenbleiben der Entscheidung zur Hauptsache die höhere Instanz diese nur wegen der Kostenentscheidung nachprüfen muss und dabei in ihren Gründen womöglich in Widerspruch zu der unabänderlich gewordenen Hauptsacheentscheidung der unteren Instanz gerät. Der Rspr kann zwar grundsätzlich beigetreten werden, soweit sie es dem Beschwerdeführer versagt, allein im Kosteninteresse zu dem Zweck Beschwerde einzulegen, im Hinblick auf ein vor der Entscheidung des ersten Gerichts eingetretenes Ereignis die Erledigungserklärung der Hauptsache durch das Beschwerdegericht herbeizuführen.[713] Hat sich jedoch die Hauptsache zwischen den Instanzen erledigt, so ist damit auch die bereits getroffene Hauptsacheentscheidung als solche gegenstandslos; es gibt also keinen Konflikt mit einer unabänderbaren Sachentscheidung. Für den hier vertretenen Standpunkt spricht auch die Entwicklung im Zivilprozessrecht.[714]

5. Verzicht

168 Darunter ist die Erklärung des Beteiligten zu verstehen, sich des Rechts auf Nachprüfung einer gerichtlichen Entscheidung durch das Rechtsmittelgericht begeben zu wollen.[715] Der Verzicht ist abzugrenzen von der Beschwerderücknahme (§ 73 Rdn 19 ff); im Zweifel liegt in dieser nicht zugleich ein Verzicht.[716] Der Verzicht ist nach Erlass der angefochtenen Verfügung zulässig und als einseitige Verfahrenshandlung wirksam, bedarf also nicht der Annahme durch einen anderen Beteiligten.[717] Er kann sowohl gegenüber dem Grundbuchamt als auch gegenüber dem Beschwerdegericht erklärt werden.[718] Einer besonderen Form bedarf er nicht. Ein vorweggenommener einseitiger Verzicht ist dagegen wirkungslos.[719] Bereits vor Erlass der anzufechtenden Entscheidung möglich ist dagegen, ebenso wie danach, ein vertraglicher Verzicht zwischen den Beteiligten.[720] Die Gegenansicht[721] wendet ein, das Grundbuchverfahren sei kein echtes Streitverfahren. Das trägt jedoch die Bedenken nicht; es gibt keinen zwingenden Grund, warum nicht wenigstens im Grundbucheintragungsantragsverfahren die unmittelbar Beteiligten untereinander in dieser Weise über den Verfahrensgegenstand sollten verfügen dürfen.[722] Aus der Natur eines solchen vereinbarten Verzichts folgt allerdings, dass er mit Einverständnis des Gegners widerruflich ist und für den Gegner nur eine (verzichtbare) verfahrensrechtliche Einrede begründet, der der Verzichtende seinerseits uU mit dem Einwand der Arglist begegnen kann.[723] Von dieser Einschränkung abgesehen kann die trotz abgegebener Verzichtserklärung erhobene Beschwerde als unzulässig verworfen werden.[724] Nach der am **01.09.2009** in Kraft tretenden **FGG-Reform**[725] gilt **§ 67 FamGG**.

---

711 *Jansen-v.König* § 20a Rn 11; vgl auch *Keidel-Kahl* § 19 Rn 95.
712 Vgl BGH FamRZ 1978, 396; BayObLG MDR 1985, 151, 152.
713 Vgl – weitergehend – BGH NJW 2004, 1173.
714 Vgl BGH NJW 1975, 539; OLG Hamburg NJW-RR 1989, 570; *Stein-Jonas-Bork* § 91a Rn 51; *Thomas-Putzo* § 91a Rn 28; *Zöller-Vollkommer* § 91a Rn 20, 58; *Gottwald* NJW 1976, 2250.
715 RGZ 161, 350, 355; BGH NJW 1989, 295, 296.
716 Vgl BayObLGZ 1964, 448 = NJW 1965, 539; OLG Karlsruhe JFG 7, 241, 242; KEHE-*Briesemeister* § 73 Rn 11; *Keidel-Kahl* § 19 Rn 108.
717 KG JFG 12, 69 = JW 1935, 2166.
718 KEHE-*Briesemeister* § 73 Rn 13; *Demharter* § 73 Rn 13; w früh abw Ansichten 6. Aufl § 73 Bem 56.
719 BGHZ 48, 88, 96 = NJW 1967, 2061; OLG Ffm DNotZ 1972, 180; OLG Hamm OLGZ 1973, 118.
720 *Bauer/v. Oefele-Budde* § 73 Rn 15; *Demharter* § 73 Rn 13; *Güthe-Triebel* § 73 Rn 10.
721 KEHE-*Briesemeister* § 73 Rn 13.
722 Z Verfügbarkeit d Verfahrensgegenstandes als Anknüpfungspunkt vgl *Keidel-Kahl* § 19 Rn 100.
723 Vgl BGH NJW 1985, 2334 = JurBüro 1985, 1329; *Jansen-Briesemeister* § 21 Rn 36; *Keidel-Kahl* § 19 Rn 103.
724 BGHZ 28, 45, 52; BGH WM 1973, 144; BGH FamRZ 1985, 48; *Jansen-Briesemeister* § 21 Rn 35, 36; *Keidel-Kahl* § 19 Rn 103; **aA** (Zurückweisung als unbegründet) *Güthe-Triebel* § 73 Rn 10.
725 BT-Drucks 16/6308; 16/9733.

6. Verwirkung

Normalerweise ist die Beschwerde nicht befristet (Rdn 153). Auch eine Verwirkung des Beschwerderechts wird **169** in Grundbuchsachen im Allgemeinen ausgeschlossen sein. Allein durch Zeitablauf wird dieser Tatbestand nicht verwirklicht,[726] sondern es müssten ganz besondere Umstände hinzukommen, die einen Vertrauenstatbestand für andere Beteiligte begründet haben.[727] In der 6. Aufl hat *Riedel*[728] gegen die Entscheidung des BGH,[729] die eine Eingabe aus dem Jahr 1966 gegen eine 1907 erfolgte Ablehnung eines Eintragungsantrags betraf, starke Bedenken angemeldet. Diese sollen hier (nur) insoweit aufrechterhalten bleiben, als es in der Tat näher gelegen hätte, eine derartig zeitversetzte »Beschwerde« als neuen Eintragungsantrag statt als ein echtes Rechtsmittel zu behandeln.

Bei der – ausnahmsweise – befristeten Beschwerde ist Verwirkung eher denkbar: Etwa wenn mangels wirksa- **170** mer Zustellung die Beschwerdefrist nicht in Lauf gesetzt worden war, der Beschwerdeberechtigte jedoch trotz Kenntnis von der Entscheidung nichts gegen sie unternommen hat.[730]

7. Verbrauch des Beschwerderechts

a) Durch sachliche Entscheidung über die Beschwerde. Das Beschwerderecht ist verbraucht, wenn **über die** **171** **Beschwerde sachlich entschieden** worden ist; eine Wiederholung der Beschwerde – zu unterscheiden von der Gegenvorstellung (Vor § 71 Rdn 10) – ist unzulässig, auch wenn sie auf neue Tatsachen gestützt wird.[731] Zur Frage der Abänderbarkeit an sich unanfechtbarer (letztinstanzlicher) Beschwerdeentscheidungen Vor § 71 Rdn 23; § 77 Rdn 41; § 80 Rdn 39. Haben mehrere Beteiligte ein eigenständiges Beschwerderecht, so hindert das Vorliegen einer Beschwerdeentscheidung auf das Rechtsmittel eines von ihnen nicht die nachträgliche Beschwerdeinlegung durch einen anderen Beteiligten (er könnte allerdings uU stattdessen auch weitere Beschwerde gegen die Erstbeschwerdeentscheidung einlegen);[732] anders wenn über den Verfahrensgegenstand nur einheitlich entschieden werden kann, etwa wenn die Beschwerde eines von mehreren Antragsberechtigten gegen die Zurückweisung eines Eintragungsantrags zurückgewiesen worden ist. Nicht verbraucht wird das Beschwerderecht durch eine Beschwerdeentscheidung, die nach Rücknahme der Beschwerde in Unkenntnis dieses Vorgangs ergeht und deshalb unwirksam ist.[733]

b) Bei Verwerfung der Beschwerde als unzulässig. Bei **Verwerfung der ersten Beschwerde als unzulässig** **172** ist zu differenzieren: Betraf der tragende Grund der Verwerfung einen behebbaren verfahrensrechtlichen Mangel, so kann die Beschwerde, falls die sonstigen Zulässigkeitsvoraussetzungen (noch) gegeben sind, unter Vermeidung des Fehlers wiederholt werden, zB wenn sie nicht in der vorgeschriebenen Form oder von einer nicht postulationsfähigen Person eingelegt worden war.[734] Diese Möglichkeit besteht nicht, wenn die Verwerfung der Beschwerde – in ihrer Bindungswirkung einer Sachentscheidung vergleichbar – wegen Unstatthaftigkeit, fehlender Beschwerdebefugnis, mangelnder Beschwerdesumme oder wegen Unzuständigkeit erfolgt war.[735] Keiner Wiederholung der Beschwerde bedarf es, wenn eine befristete Beschwerde als verfristet verworfen worden ist, anschließend jedoch Wiedereinsetzung in den vorigen Stand gewährt wird.[736] Im Übrigen kann das Beschwerdegericht, das die Beschwerde als unzulässig verworfen hat, seine Entscheidung grundsätzlich nicht ändern.[737] Als zulässig hat die Rspr[738] allerding die Änderung rein verfahrensrechtlicher Beschlüsse des weiteren Beschwerdegerichts im Falle des Tatsachenirrtums angesehen (allgemein zur Frage der Abänderbarkeit an sich unanfechtbarer <letztinstanzlicher> Beschwerdeentscheidungen Vor § 71 Rdn 23; § 77 Rdn 41; § 80 Rdn 39).

---

726 BGHZ 48, 351 = NJW 1968, 105 = Rpfleger 1968, 49; BayObLGZ 1953, 7; 56, 54, 57; 66, 240; BayObLG NJW-RR
      1989, 136; OLG Ffm MDR 1963, 510 = DNotZ 1964, 306 = Rpfleger 1963, 295; OLG Hamm MDR 1952, 369;
      OLGZ 1973, 405 = Rpfleger 1973, 305; KG OLGZ 1988, 281; OLG Neustadt NJW 1958, 836; *Baumgärtel* ZZP 67
      (1954), 423, 449; *Keidel* Rpfleger 1960, 240.
727 *Bauer/v. Oefele-Budde* § 73 Rn 14 meint, d Antragsrecht im GB-EintragungsVerf sei unverwirkbar; ähnl KEHE-*Briesemeis-
      ter* § 73 Rn 7.
728 § 73 Bem 9; *Riedel* Rpfleger 1969, 149, 151.
729 BGHZ 48, 351 = NJW 1968, 105 = Rpfleger 1968, 69.
730 BGH NJW 1965, 1532 = MDR 1965, 564 = JZ 1965, 362.
731 BayObLGZ 1981, 210, 213 = Rpfleger 1981, 401; BayObLG Rpfleger 1987, 357 (Ls b *Plötz* 356 ff); OLG Ffm Rpfleger
      1974, 237; OLG Hamm JR 1975, 25; OLG München MDR 1983, 585; OLG Stuttgart JZ 1959, 445; *Jansen-Briesemeister*
      § 21 Rn 41; *Keidel-Kahl* §§ 19–30 Vorb 12; *Thomas-Putzo* § 567 Rn 15; *Stein-Jonas-Grunsky* § 567 Rn 20; *Zöller-Gummer*
      § 567 Rn 16; *Baumgärtel* JZ 1959, 437, 438; *Ratte*, 85 ff; *Kunz*, 253; aA f d Fall nachträglicher Veränderung d Verhältnisse
      Schneider DRiZ 1965, 288.
732 *Jansen-Briesemeister* § 20 Rn 19; *Keidel-Kahl* § 19 Vorb 12.
733 BayObLGZ 1965; 347; *Keidel-Schmidt* § 18 Rn 9.
734 BayObLGZ 1964, 278, 281; 1981, 210, 212 = Rpfleger 1981, 401; BayObLG Rpfleger 1995, 333 (Ls b *Meyer-Stolte*); OLG
      Ffm OLGZ 1979, 394; *Jansen-Briesemeister* § 40 Rn 22; *Keidel-Kahl* §§ 19–30 Vorb 12.
735 BayObLGZ 1981, 210 = Rpfleger 1981, 401 = MDR 1981, 942; BayObLG FamRZ 1982, 1129; OLG Colmar OLGE 15,
      271; OLG Hamm JR 1975, 25; *Jansen-Briesemeister* § 21 Rn 41; *Keidel-Kahl* §§ 19–30 Vorb 12.
736 BayObLGZ 1964, 278, 281; *Jansen-Briesemeister* § 21 Rn 40; *Keidel-Kahl* §§ 19–30 Vorb 12; § 22 Rn 28.
737 Vgl *Keidel-Kahl* §§ 19–30 Vorb 12, 11b ff.
738 BayObLGZ 1950/51, 353; 1963, 286; BayObLG Rpfleger 1983, 10 (Ls b *Goerke* 9 ff); OLG Ffm Rpfleger 1970, 715.

§ 72 (Beschwerdegericht)

Über die Beschwerde entscheidet das Landgericht, in dessen Bezirk das Grundbuchamt seinen Sitz hat.

I. Normzweck

1 § 72 regelt die sachliche und örtliche Zuständigkeit des Beschwerdegerichts, und zwar iS einer ausschließlichen Zuständigkeit.

II. Sachliche Zuständigkeit

1. Regel

2 Sachlich zuständig – oder, wenn man diesen Begriff auf erstinstanzliche gerichtliche Handlungen beschränkt,[1] »funktionell« zuständig – für die Entscheidung über die Beschwerde ist (abgesehen von Rdn 3 ausnahmslos[2]) das Landgericht. Innerhalb des LG ist, wie § 81 Abs 1 bestimmt, die Zivilkammer zuständig; welche von mehreren Zivilkammern, ergibt sich aus dem Geschäftsverteilungsplan des LG, § 21e GVG (§ 81 Rdn 4). Zu beachten ist jedoch, dass **im Rahmen der am 01.09.2009 in Kraft tretenden FGG-Reform** – entsprechend der zukünftigen allgemeinen Regelung für Beschwerden nach dem FamFG im Gerichtsverfassungsrecht – auch in Grundbuchsachen das **Oberlandesgericht** als Beschwerdegericht bestimmt und § 72 entsprechend angepasst wird.[3] Übergangsvorschrift: Art 111 FGG-RG (Text: Vor § 71 Rdn 18).

2. Ausnahme: Entschuldungsverfahren

3 Eine besondere sachliche Zuständigkeit ist für Beschwerden gegen Entscheidungen des Grundbuchamts in landwirtschaftlichen Entschuldungssachen gegeben. Gemäß § 13 Abs 2 AbwicklungsG v 25.03.1952[4] entscheiden die Oberlandesgerichte; eine weitere Beschwerde findet nicht statt.[5]

III. Örtliche Zuständigkeit

4 Örtlich zuständig ist das LG, in dessen Bezirk das Grundbuchamt, dessen Entscheidung angefochten ist, seinen Sitz hat, dh das dem AG (Grundbuchamt) nach der Gerichtsorganisation übergeordnete LG. Geht nach Erlass der angefochtenen Entscheidung die Zuständigkeit zur Führung des Grundbuchs an ein anderes Grundbuchamt über, so ist dasjenige LG für die Beschwerdeentscheidung zuständig, das dem nunmehr zuständigen Grundbuchamt übergeordnet ist.[6] Handelt es sich um ein Gesamtrecht auf Grundstücken, die in den Bezirken verschiedener LG liegen, so sind widersprechende Beschwerdeentscheidungen mehrerer LG möglich; sie wären ggf nur durch weitere Beschwerde, notfalls unter Hinwirkung auf eine Vorlegung an den BGH nach § 79 Abs 2, zu beseitigen. Die Bestimmung eines zuständigen Gerichts, wie für die 1. Instanz, kennt die GBO für das Beschwerdeverfahren nicht;[7] ebenso wenig besteht die Möglichkeit der Herbeiführung der Entscheidung des gemeinsamen Obergerichtes in entsprechender Anwendung des Rechtsgedankens aus § 79 Abs 2 GBO, 28 Abs 2 FGG.[8] Die örtliche Zuständigkeit für den Fall einer Beschwerde im Verfahren um Einsicht in (geschlossene) Grundbücher und Grundakten bei anderen als den grundbuchführenden Stellen im Gebiet der ehemaligen DDR (vgl § 12b) richtet sich nach der aufbewahrenden Stelle.[9]

---

1 Vgl § 1 Rdn 12, 31; *Jansen-Müther* vor §§ 3–7 Rn 2, 11 ff, 15; *Bassenge* FGG § 4 Rn 2, 5; *Keidel-Zimmermann* § 7 Rn 26.
2 BayObLGZ 1993, 222, 232 = AgrarR 1994, 333 f; vgl § 78 Rdn 6.
3 Art 36 Nr 6 FGG-RG; BT-Drucks 16/6308; 16/9733.
4 BGBl I 203.
5 Weit Einzelh 6. Aufl § 72 Bem 4.
6 KG JFG 13, 402; *Demharter* Rn 5; KEHE-*Briesemeister* Rn 3.
7 *Demharter* Rn 5; KEHE-*Kuntze* Rn 3.
8 Wie sie *Alff* Rpfleger 1999, 373, 378 befürwortet.
9 Vgl *Demharter* Rn 6.

IV. Beschwerdeentscheidung eines unzuständigen Gerichts

1. Bei örtlicher Unzuständigkeit

Entscheidet über die Beschwerde ein sachlich oder örtlich unzuständiges Gericht, so führt dies auf weitere **5** Beschwerde zur Aufhebung der Beschwerdeentscheidung (siehe auch § 81 Rdn 6). Das Gericht der weiteren Beschwerde verweist dann – wenn nicht ausnahmsweise die Voraussetzungen für eine eigene sachliche Entscheidung über die Beschwerde anstelle des LG vorliegen (§ 80 Rdn 34) – die Sache an das zuständige LG zurück.

2. Bei sachlicher Unzuständigkeit

Für den Fall, dass ein sachlich unzuständiges Gericht entschieden hat, wird teilweise unter Hinweis auf § 32 **6** FGG der Standpunkt vertreten, eine solche Beschwerdeentscheidung sei nicht nur anfechtbar, sondern unwirksam.[10] Dies widerspricht jedoch jedenfalls der neueren Betrachtungsweise im Bereich des FGG, nach der die Nichtigkeit von gerichtlichen Handlungen grundsätzlich nur bei bestimmten Kompetenzüberschreitungen unterschiedlicher Rechtspflegeorgane vorliegt und im Übrigen § 7 FGG entspr gilt.[11]

---

10 *Demharter* Rn 7; **aA** KEHE-*Briesemeister* Rn 6.
11 Vgl BayObLG Rpfleger 1978, 435; OLG Brandenburg FGPrax 2000, 103; *Bassenge* FGG 4 Rn 5; *Jansen-Müther* § 7 Rn 19, 21 ff; *Jansen-v.König* § 32 Rn 7; *Keidel-Zimmermann* § 7 Rn 26 ff, 26 b; *ders* § 32 Rn 8m Fn 8.

§ 73 (Einlegung der Beschwerde)

(1) Die Beschwerde kann bei dem Grundbuchamt oder bei dem Beschwerdegericht eingelegt werden.

(2) Die Beschwerde ist durch Einreichung einer Beschwerdeschrift oder durch Erklärung zur Niederschrift des Grundbuchamts oder der Geschäftsstelle des Beschwerdegerichts einzulegen. Die Beschwerde kann auch entsprechend den Regelungen der Zivilprozessordnung betreffend die Übermittlung von Anträgen und Erklärungen als elektronisches Dokument eingelegt werden.

Schrifttum

Buckenberger, Die Einlegung von Rechtsmitteln mit Hilfe moderner Kommunikationswege, NJW 1983, 1475; *Dästner,* Neue Formvorschriften im Prozessrecht, NJW 2001, 3469; *Ebnet,* Rechtsprobleme bei der Verwendung von Telefax, NJW 1992, 2985; *Kunz-Schmidt,* Das Unterschriftserfordernis für bestimmende Schriftsätze im Zivilprozeß, NJW 1987, 1296; *Liwinska,* Übersendung von Schriftsätzen per Telefax – Zulässigkeit, Beweisbarkeit und Fristprobleme, MDR 2000, 500; *Mankowski,* Zum Nachweis des Zugangs bei elektronischen Erklärungen, NJW 2004, 1901; *Müller-Engelmann,* Die Aufnahme von Erklärungen durch den Rechtspfleger, Rpfleger 1987, 493; *ders,* Rpfl-Jahrbuch 1988, 342; *Pape/Notthoff,* Prozeßrechtliche Probleme bei der Verwendung von Telefax, NJW 1996, 417; *Roßnagel,* Das neue Recht elektronischer Signaturen, NJW 2001, 1817; *Wolf,* Die Verwendung eines Fernkopierers zur Dokumentenübermittlung, NJW 1989, 2592.

I. Normzweck

1 § 73 regelt, bei welcher Stelle (Abs 1) und in welcher Form (Abs 2) die Beschwerde einzulegen ist. Die Beschwerde ist idR unbefristet (Rdn 17). Wegen des Inhalts der Beschwerde § 74 Rdn 2 ff.

II. Zum Empfang der Beschwerde zuständige Stelle

1. Allgemeines

2 Gemäß Abs 1 hat der Beschwerdeführer **die Wahl**, ob er die Beschwerde **bei dem Grundbuchamt**, dessen Entscheidung er anficht, oder **bei dem Beschwerdegericht** (§ 72) einlegt; Einreichung beim Beschwerdegericht kann also auch erfolgen, wenn keine Eilbedürftigkeit besteht. Zweckmäßiger ist allerdings im Hinblick auf § 75 die Einlegung der Beschwerde beim Grundbuchamt.

2. Einlegung bei unzuständiger Stelle

3 Erfolgt die Einlegung bei einem **unzuständigen Grundbuchamt**, einem anderen Gericht als dem Beschwerdegericht (§ 72) oder bei einer anderen Behörde, so wird die Beschwerde (erst) wirksam, wenn sie der zuständigen Stelle zugeleitet wird. Wird die Beschwerdeschrift bei einer gemeinsamen Einlaufstelle[1] mehrerer Gerichte unter der Anschrift eines bestimmten Gerichts abgegeben, so ist sie damit nur bei dem Gericht eingegangen, an das sie gerichtet ist;[2] sie gilt nicht ohne weiteres bei einer zuständigen anderen Stelle, die sich derselben Einlaufstelle bedient, als eingereicht.[3] Die angegangene Justizbehörde ist zur Weiterleitung verpflichtet, wenn die Beschwerde das zuständige GBA oder das Beschwerdegericht erkennen lässt. Bei Abgabe erfolgt entsprechende Nachricht an den Beschwerdeführer. Wird die Beschwerdeschrift nicht weitergeleitet, so ist sie dem Einsender mit der erforderlichen Erläuterung zurückzugeben.

---

1 Z gemeins Fernkopierstelle mehrerer Justizbehörden BayObLGZ 1991, 266.
2 BGH NJW 1983, 123.
3 BGH NJW 1983, 123; BGH VersR 1988, 751; BayObLGZ 1953, 336; BayObLG Rpfleger 1983, 10 (Ls b *Goerke* 9ff); *Keidel-Kahl* § 29 Rn 8.

3. Behandlung der eingelegten Beschwerde durch das Grundbuchamt bzw Beschwerdegericht

Die Beschwerde ist mit einem **Eingangsvermerk** zu versehen (§ 74 Rdn 14). Hilft im Falle der Einlegung **4**
beim Grundbuchamt dieses der Beschwerde nicht ab (sonst: § 75 Rdn 7 ff), so benachrichtigt es hiervon die
Beteiligten und legt die Beschwerde mit den Akten dem LG vor.

Wird die Beschwerde beim LG eingelegt und ist die angefochtene Entscheidung grundsätzlich durch das **5**
Grundbuchamt abänderbar, so wird das **LG** den Vorgang normalerweise **dem Grundbuchamt zur Prüfung
übermitteln, ob Abhilfe erfolgt.** Das LG kann aber auch sofort selbst entscheiden[4] (s auch § 74 Rdn 18).

III. Form der Beschwerdeeinlegung

Die Beschwerde kann in zweierlei Form eingelegt werden: entweder durch Einreichung einer **Beschwerde-** **6**
schrift oder durch **Erklärung zur Niederschrift** des Grundbuchamtes bzw der Geschäftsstelle des Beschwerdegerichts.

1. Einreichung einer Beschwerdeschrift

a) Allgemeine Erfordernisse. Sie kann **durch jedermann** erfolgen; es besteht kein Anhaltszwang (für die **7**
weitere Beschwerde s allerdings § 80 Abs 1 S 2). Auch eine besondere Form ist für die Beschwerdeschrift nicht
vorgeschrieben. Weder § 126 BGB[5] noch § 29[6] oder § 30 GBO sind einschlägig. Die **Schriftlichkeit soll nur
gewährleisten, dass aus dem Schriftstück die Person des Beschwerdeführers, die angefochtene Entscheidung und das Verlangen nach Abhilfe hinreichend zuverlässig entnommen werden können.**
Außerdem muss feststehen, dass es sich nicht nur um einen Entwurf handelt, sondern dass das Schriftstück mit
Wissen und Willen des Berechtigten dem Gericht zugeleitet worden ist.[7] Die Unterschrift (s § 80 Rdn 9) des
Beschwerdeführers oder seines Vertreters – uU auch mit dem Namen des Vertretenen[8] – dient dazu, dies klarzustellen. Für die Wirksamkeit der Beschwerdeeinlegung unbedingt erforderlich ist sie jedoch nicht, wie
heute[9] allg angenommen[10] wird. Erst recht können genügen: Die Unterschrift nur mit einem Vornamen;[11] eine
mechanisch, etwa mit einem Faksimile-Stempel, hergestellte Unterschrift.[12] Grundsätzlich **dasselbe** gilt für die
von einer **Behörde** eingelegte Beschwerde, wenn sie nicht hinreichend namentlich bezeichnet wird.[13] Es muss
nicht etwa der Behördenleiter oder sein Vertreter unterschrieben haben;[14] nicht einmal die eigenhändige
Unterzeichnung durch den zuständigen Sachbearbeiter ist Gültigkeitsvoraussetzung – wenn sich nur aus den
Umständen hinreichend zuverlässig ergibt, dass die Beschwerdeschrift von ihm stammt und mit seinem Willen
an das Gericht gelangt ist[15] –, es genügt eine von der Kanzlei beglaubigte und mit Dienststempel versehene
Abschrift;[16] selbst wenn kein Dienstsiegel beigedrückt ist, reicht dies,[17] wenn im Übrigen alle äußeren Kennzeichen auf eine abgeschlossene Willensäußerung hindeuten.[18] Bei der Prüfung, ob die Beschwerdeschrift von
dem, der als Beschwerdeführer erscheint, stammt, gilt der Amtsermittlungsgrundsatz (§ 12 FGG, str[19]). Das
Gericht ist nicht auf die Ausdeutung des Schriftstücks aus sich heraus beschränkt, kann also auch außerhalb desselben liegende Umstände heranziehen (str).[20] Wiederholt auf eine schriftliche Erinnerung (Beschwerde) gegen
eine Zwischenverfügung das Grundbuchamt die Zwischenverfügung teilweise, so ist zur Zulässigkeit der Erinnerung (Beschwerde) gegen diese zweite Zwischenverfügung die vom Rpfleger festgehaltene fernmündliche
Erklärung des Erinnerungsführers ausreichend, die bereits schriftlich eingereichte Erinnerung solle sich hierauf
erstrecken;[21] eine telefonische Rechtsmitteleinlegung (Rdn 10) liegt darin nicht. In eine Beschwerdeschrift
umgedeutet werden kann eine von einer unzuständigen Stelle aufgenommene Niederschrift (Rdn 15).

4 KEHE-*Briesemeister* Rn 2.
5 BGHZ 23, 297, 300; GmSOGB NJW 1980, 172, 174.
6 BayObLGZ 1959, 220; BayObLG MittBayNot 1982, 242, 243.
7 GmSOGB NJW 1980, 172, 174; BGH JZ 1986, 651; OLG Ffm Rpfleger 1975, 306 m Anm *Vollkommer*.
8 Vgl RGZ 50, 51, 57, 74, 69; BGHZ 45, 193, 195.
9 Z früh Rspr Nachw 6. Aufl § 73 Bem 6.
10 BGHZ 8, 299, 301; BGH NJW 1959, 734; BGH Rpfleger 1960, 399; BayObLG 27, 174; BayObLGZ 1964, 330, 334;
   1987, 275, 277; BayObLG WuM 1991, 313; OLG Ffm Rpfleger 1975, 206 m Anm *Vollkommer*; KG JFG 19, 139; OLG
   Köln Rpfleger 1980, 222, 223.
11 BayObLG Rpfleger 1983, 10 (Ls b *Goerke* 9ff).
12 KEHE-*Briesemeister* Rn RdNr 3.
13 KG JFG 19, 139 (Aufg v KGJ 50, 9).
14 BGH LM JWG § 72 Nr 1; BGHZ 48, 88 = NJW 1987, 2059; BayObLG FamRZ 1985, 475, 476.
15 BayObLGZ 2001, 187.
16 BGHZ 48, 88 = NJW 1967, 2059; BayObLG MittBayNot 1982, 242, 243; KG JW 1927, 2930.
17 GmSOGB NJW 1980, 172 = Rpfleger 1980, 12.
18 *Jansen-Briesemeister* § 21 Rn 6 f.
19 Wie hier *Keidel-Kahl* § 21 Rn 12; **aA** – Beibringungsgrundsatz – *Jansen-Briesemeister* § 21 Rn 7.
20 Vgl OLG Ffm Rpfleger 1975, 306 m Anm *Vollkommer*; *Bauer/v.Oefele-Budde* Rn 4; *Hügel/Kramer* Rn 8.
21 BayObLG MittBayNot 1979, 233 = MDR 1980, 238.

8　**b) Moderne Formen der Beschwerdeschrift.** Im Zusammenhang mit der Entwicklung **moderner Kommunikationsmittel**[22] erkennt die Rechtspraxis als »Beschwerdeschrift« auch an: **Telegramm**, selbst wenn es fernmündlich aufgegeben wird;[23] wobei schon die telefonische Durchsage des Telegramms durch die Postanstalt an das Gericht das Ankunftstelegramm bis zu seinem Eingang ersetzt, wenn eine zur Entgegennahme befugte Person darüber eine den Wortlaut des Telegramms wiedergebende amtliche Notiz fertigt.[24] **Fernschreiben**[25] und **Fernkopie (Telefax;** s § 130 Nr 6 ZPO nF),[26] sei es, dass sie auf einem Empfangsgerät des Gerichts[27] (zB Fernschreibstelle, Faxgerät) eingehen, sei es, dass – wie beim Telebrief[28] – die Fernkopie nach Aufnahme durch das Empfangspostamt dem Gericht durch Postboten überbracht wird; nicht jedoch, wenn Fernschreiben oder Telekopie einem privaten Zwischenempfänger übermittelt und von diesem durch einen Boten dem Gericht weitergegeben werden (str).[29] Elektronische Übertragung einer Textdatei mit eingescannter Unterschrift auf ein Faxgerät des Gerichts **(Computerfax).**[30] Nicht die Übergabe einer Diskette, auf die der Text der Beschwerde nach Diktat gespeichert worden ist.[31]

9　§ 73 Abs 2 S 2[32] eröffnet nunmehr auch die Möglichkeit, die Beschwerde nach Maßgabe des § 130a ZPO[33] in **elektronischer Form (E-Mail)** einzulegen, wenn das elektronische Dokument für die Bearbeitung durch das Gericht geeignet ist. Die entsprechende Einrichtung der Gerichte erfolgt gemäß § 81 Abs 4 S 2 bis 4. Der Hinweis in Abs 2 S 2 auf die Vorschriften der Zivilprozessordnung wird im Zuge der **am 01.09.2009** in Kraft tretenden FGG-Reform durch eine Bezugnahme auf die Regelungen »*des § 14 des Gesetzes über das Verfahren in Familiensachen und in den Angelegenheiten der freiwilligen Gerichtsbarkeit*« ersetzt (Art 36 Nr 7 FGG-RG).[34]

10　Ob Beschwerde **durch Telefon** eingelegt werden kann, ist streitig. Die hM verneint,[35] die Gegenansicht[36] bejaht unter der Voraussetzung, dass ein amtlicher Vermerk über das Telefongespräch aufgenommen wird. Letzterer Ansicht ist nach geltendem Recht zu widersprechen: Von der Einreichung einer Beschwerdeschrift kann insoweit keine Rede sein, weil Voraussetzung dafür ist, dass ein vom Rechtsmittelführer herrührendes Schriftstück als solches dem Gericht zugeht.[37] Beschwerdeeinlegung durch Niederschrift liegt ebenfalls nicht vor (Rdn 17). Trotz einer gewissen Nähe zur Beschwerdeeinlegung durch ein vom Beschwerdeführer fernmündlich aufgegebenes Telegramm besteht auch kein Bedürfnis, jedenfalls in GB-Sachen, für die Zulassung einer telefonischen Rechtsmitteleinlegung.

11　**c) Eingang der Beschwerdeschrift.** Kommt es – in den Ausnahmefällen, in denen die Beschwerde befristet ist (Vor § 71 Rdn 16 ff; § 71 Rdn 153) – auf die Rechtzeitigkeit des Eingangs an, so ist entscheidend, **wann die Beschwerdeschrift tatsächlich in die Verfügungsgewalt des Gerichts gelangt.**[38] Beim Telefax kommt es nach der neueren Rechtsprechung nicht auf den Ausdruck sondern allein darauf an, ob die gesendeten Signale

---

22　Dazu *Buckenberger* NJW 1983, 1475; *Kunz-Schmidt* NJW 1987, 1296; *Wolf* NJW 1989, 2592.
23　RGZ 139, 46, 47; 151, 86; BHZG 24, 297, 300; 79, 314, 316; 87, 63, 65; BayObLG ZMR 85, 214; BayObLGZ 1987, 246, 237.
24　BGH NJW 1953, 25 = Rpfleger 1953, 29 m Anm *Rötelmann* = JZ 1953, 179 m Anm *Schönke*; BGHSt 14, 233 = NJW 1960, 1310 = Rpfleger 1960, 245; OLG Neustadt NJW 1952, 271 = Rpfleger 1951, 621; *Jansen-Brieseimeister* § 17 Rn 6; *Keidel-kahl* § 21 Rn 4, § 22 Rn 13.
25　BGH NJW 1966, 1077; BGHZ 65, 10; 79, 314, 318 = NJW 1981, 618, BGHSt 31, 7 = NJW 1982, 1470; BGH NJW 1986, 1760 = JZ 1986, 651.
26　BGHZ 87, 63 = NJW 1983, 1498; BGH NJW 1989, 589; 1990, 188; BayObLGZ 1990, 71, 73; OLG Ffm JurBüro 1989, 1129; *Wolf* NJW 1989, 2692; *Laghzaoui* MDR 1996, 230.
27　BGH Rpfleger 1986, 264; z gemeins Fernkopierstelle mehrerer Justizbehörden BayObLGZ 1991, 266; z Eingang bei and Behörde BVerfG NJW 1986, 244.
28　BGHZ 87, 63 = NJW 1983, 1498; BFH NJW 1982, 2520; BAG NJW 1984, 199.
29　BGHZ 79, 314; BGH NJW 1986, 1760 = Rpfleger 1986, 264; BAG NJW 1990, 3165; *Pape-Notthoff* NJW 1996, 417, 420; **aA** BayVGH BB 1977, 568; *Buckenberger* NJW 1983, 1475, 1476; *Ebnet* NJW 1992, 2985, 2986; *Wolf* NJW 1989, 2592, 2594.
30　GmS-OGB NJW 2000, 2340 auf Vorl BGH NJW 1998 m Anm *Schwacheim* NJW 1999, 621; BGH NJW 2001, 831.
31　Vgl VG Ffm NJW 1990, 339.
32　Angefügt d Art 5a d Ges z Anpassung d Formvorschriften d Privatrechts u and Vorschriften an d modernen Rechtsgeschäftsverkehr v 13.07.2001 (BGBl I S 1542).
33　Dazu *Dästner* NJW 2001, 3496.
34　BT-Drucks 16/6308; 16/9733.
35　BVerwG NJW 1964, 831; BFH NJW 1965, 174; BGHSt 30, 63 = NJW 1981, 1627 = JR 1982, 210 m Anm *Wolter* (f Berufung in Strafsachen; and für Einspruch gegen Bußgeldbescheid BGHSt 29, 173 = NJW 1980, 1290); OLG FfM FGPrax 2001, 46 = *Bauer/v. Oefele-Budde* Rn 3; KEHE-*Briesemeister* Rn 3; *Bassenge* FGG § 21 Rn 4; *Jansen-Brieseimeiser* § 21 Rn 18; *Zöller-Gummer* § 518 Rn 19; *Thomas-Putzo* § 129 Rn 10
36　*Bumiller-Winkler* § 21 Rn 12; *Keidel-Kahl* § 21 Rn 4; *Rötelmann* Rpfleger 1953, 31; *Stephan* AP ZPO § 129 Nr 1; f StPO-Rechtsmittel: *Wolter* JR 1982, 211, 215.
37　BGHSt 30, 64 = JR 1982, 210; *Wolter* JR 1982, 212; BVerwG NJW 1964, 831, 832; ThürOVG DÖV 2001, 963.
38　BVerfG 52, 203, 209 = NJW 1980, 580; BVerfGE 57, 117, 120 = NJW 1981, 1951; BVerfG NJW 1986, 244; BGH NJW 1981, 1216 (Aufg früh Rspr); BGH NJW 1983, 123.

noch vor Ablauf des letzten Tages der Frist vom Telefaxgerät des Gerichts vollständig empfangen (gespeichert) worden sind.[39] Ein elektronisches Dokument ist eingereicht, wenn sobald die für den Empfang bestimmte Einrichtung des Gerichts es aufgezeichnet hat (Abs 2 S 2 iVm § 130a Abs 3 ZPO). Weder das Ende der Dienstzeit ist maßgeblich,[40] noch die Entgegennahme durch den zust Beamten der GeschSt.[41] Etwaige Fristversäumungen, die auf einer Verzögerung der Empfangnahme der Sendung durch das Gericht beruhen, dürfen dem Beschwerdeführer nicht angelastet werden.[42] War ein Fax-Schreiben bei Gericht eingegangen, so ist ein späteres »Verschwinden« unschädlich.[43] Die Einreichung einer Rechtsmittelschrift in fremder Sprache reicht für die Wahrung einer Rechtsmittelfrist nicht aus.[44]

Die eingegangene Beschwerdeschrift wird zweckmäßigerweise mit einem Eingangsvermerk versehen (Rdn 4). **12** Es handelt sich jedoch **nicht um einen Fall des § 13 Abs 1 S 2,** es sei denn, der Beschwerdeführer verfolgt mit seiner »Beschwerde« erkennbar einen neuen Eintragungsantrag.

2. Erklärung zur Niederschrift

Sie kann beim Grundbuchamt oder bei der Geschäftsstelle des Beschwerdegerichts erfolgen. **13**

a) Beim Grundbuchamt. Beim Grundbuchamt sind der UrkBGeschSt – soweit nicht § 24 Abs 2 RPflG **14** zugunsten des Rpflegers eingreift –, der Rpfleger und der Richter[45] für die Aufnahme der Niederschrift zuständig.[46] Die Aufnahme ist auch wirksam, wenn diese Personen zwar zum AG, aber nicht unmittelbar zum Grundbuchamt gehören. Ausgeschlossen und unwirksam ist die Entgegennahme der Beschwerde durch die Geschäftsstelle eines anderen als des in erster Instanz zuständigen Grundbuchamts oder AG.[47] Zur Aufnahme der weiteren Beschwerde durch das Grundbuchamt § 80 Rdn 20.

b) Bei der Geschäftsstelle des Beschwerdegerichts. Beim Beschwerdegericht hat die Niederschrift an sich **15** durch den UrkBGeschSt zu erfolgen.[48] Insoweit ist allerdings anerkannt, dass die von einer unzuständigen Person aufgenommene Niederschrift als Beschwerdeschrift gelten kann,[49] allemal wenn der Beschwerdeführer das Protokoll unterzeichnet hat, regelmäßig sogar ohne seine Unterschrift.[50] Darüber hinaus ist aus §§ 8 Abs 1 und 5 RPflG zu entnehmen, dass die Vornahme der Beurkundung durch einen Rpfleger oder Richter des Beschwerdegerichts allemal wirksam ist.[51] Bei der Aufnahme der Einlegung und Begründung der weiteren Beschwerde hat ohnehin der Rpfleger die Aufgaben der Geschäftsstelle übernommen (§ 24 Abs 1 Nr 1a RPflG; § 80 Rdn 20), und er soll auch andere Erklärungen, die zur Niederschrift der Geschäftsstelle abgegeben werden können, aufnehmen, wenn dies wegen des Zusammenhangs mit einem von ihm wahrzunehmenden Geschäft wegen rechtlicher Schwierigkeiten oder aus sonstigen Gründen geboten ist (§ 24 Abs 1, Abs 2 RPflG); das kann bei einer Beschwerde etwa der Fall sein, wenn auch die Aufnahme einer Begründung erfolgen soll.[52]

c) Form der Niederschrift. »Zur Niederschrift« bedeutet, dass die zuständige Stelle in ihrer amtlichen **16** Eigenschaft ein **Protokoll über die Einlegung der Beschwerde** durch den Beschwerdeführer verfasst. Für die Form der Niederschrift fehlen bundesrechtliche Vorschriften; das BeurkG findet keine Anwendung.[53] Insoweit wäre Raum für Landesrecht, das insoweit aber ebenfalls schweigt.[54] Aus dem Wesen des Protokolls müssen

---

39 BGH NJW 2006, 2263.
40 BVerfGE 41, 323, 327 = NJW 1976, 747; BVerfGE 42, 128, 131 = NJW 1976, 1255; BVerfG NJW 1986, 244.
41 BVerfGE 52, 203, 209 = NJW 1980, 580; BVerfG NJW 1986, 244.
42 BVerfGE 44, 302, 306 = NJW 1977, 1233; BVerfG NJW 1986, 244.
43 OLG Zweibrücken NJW-RR 2002, 355 = FGPrax 2002, 17.
44 BGHSt 30, 182; BayObLGZ 1986, 537.
45 **AA** wohl *Meyer-Stolte* Rpfleger 1989, 360; näher z d Frage *Hügel/Kramer* Rn 22.
46 RGZ 110, 311, 314; BGH LM FGG § 29 Nr 4 = NJW 1957, 990 = Rpfleger 1957, 346; KEHE-*Briesemeister* Rn 5; *Bauer/v. Oefele-Budde* Rn 6.
47 BGH NJW 1965, 1182; BayObLG 1965, 2; BayObLG Rpfleger 1988, 238 (Ls b *Plötz* 237 ff); 1992, 286; OLG Düsseldorf Rpfleger 1995, 452; OLG Ffm OLGZ 1990, 147, 148; *Keidel-Kahl* § 29 Rn 28.
48 RGZ 110, 311; BGH NJW 1957, 990 = Rpfleger 1957, 346; KG OLGE 1, 189 = KGJ 20, 145; LG Oldenburg NdsRpfl 1982, 85.
49 RGZ 110, 311, 313; BayObLGZ 1987, 275, 276; *Bassenge* FGG § 21 Rn 6; *Keidel-Kahl* § 21 Nr 16; *Jansen-Briesemeister* § 21 Rn 21.
50 BayObLGZ 1987, 272, 277; *Demharter* Rn 9; *Güthe-Triebel* Rn 3; KEHE-*Briesemeister* Rn 6; **aA** LG Oldenburg NdsRpfl 1982, 85.
51 BGHSt 31, 109, 113 = Rpfleger 1982, 411 = MDR 1983, 950; BayObLG Rpfleger 1989, 360 m Anm *Meyer-Stolte*; *Bauer/v. Oefele-Budde* Rn 6; *Demharter* Rn 9; KEHE-*Briesemeister* Rn 5; *Keidel-Kahl* § 21 Rn 5; **aA** BGH NJW 1957, 990 = Rpfleger 1957, 346 (überholt); OLG Stuttgart NJW 1974, 2052; OLG Oldenburg NdsRpfl 1982, 85.
52 KEHE-*Briesemeister* Rn 5.
53 BayObLG FamRZ 1977, 736, 739; *Keidel-Kahl* § 11 Rn 19; KEHE-*Briesemeister* Rn 6.
54 *Jansen-v. König* § 11 Rn 16; *Keidel-Kahl* § 11 Rn 19.

folgende Mindestanforderungen erfüllt sein:[55] Persönliches Erscheinen des Erklärenden vor der Urkundsperson.[56] Angabe von Tag und Ort. Erkennbarkeit des Gerichts, für das der UrkB tätig wird. Bezeichnung des Erklärenden. Inhalt seiner Erklärung. Unterschrift des UrkB.[57] Der **sachliche Inhalt des Protokolls** muss **vom UrkB selbst** in eigener Verantwortung abgefasst sein.[58] Es genügt nicht, dass er eine vom Beschwerdeführer verfasste Schrift unterschreibt, dessen privatem Schriftstück durch Hinzufügen einer Eingangs- und Schlussformel die äußere Form einer Niederschrift gibt oder in das Protokoll nur eine diktierte Erklärung des Beschwerdeführers aufnimmt;[59] die Niederschrift ist in solchen Fällen nur wirksam, wenn festgestellt werden kann, dass der UrkB eine eigene Prüfungstätigkeit entfaltet und sich hierbei für die wörtliche Benutzung des ihm mündlich oder schriftlich Vorgetragenen entschieden hat.[60] Im letzteren Fall kann er den Entwurf des Beschwerdeführers übernehmen.[61] Nimmt der UrkB nur auf eine allgemeine Gesetzesverletzungsrüge des Beschwerdeführers Bezug, so berührt dies die Wirksamkeit der Beschwerdeeinlegung nicht.[62] Die Unterschrift des Beschwerdeführers ist nicht notwendig. Sie sollte aber zweckmäßigerweise verlangt werden, wenn dann der Beschwerdeführer die Unterschrift ausdrücklich verweigert, wird die vom UrkB entworfene Beschwerdeerklärung regelmäßig als so nicht gewollt anzusehen sein.[63]

17   Da für eine Erklärung zur Niederschrift der Erklärende persönlich erscheinen muss, kann eine **telefonische Beschwerdeerklärung nicht** eigentlich **beurkundet** werden.[64] Eine Beschwerdeeinlegung »zur Niederschrift« liegt auch dann nicht vor, wenn die GeschSt einen Aktenvermerk über das Telefonat aufnimmt;[65] selbst dann nicht, wenn das »Protokoll« dem Anrufer vorgelesen und von ihm genehmigt wird (str).[66] Besonders deutlich wird dies bei der weiteren Beschwerde: Für deren Protokollierung ist der Rpfleger zuständig (§ 24 Abs 1 Nr 1a RPflG), während für die Inempfangnahme eines Telefonanrufs die GeschSt, ja auch sonstige Bedienstete,[67] in Betracht kämen. Auch von einer Beschwerdeschrift kann bei einer telefonisch angebrachten Beschwerde keine Rede sein (Rdn 10).

IV. Zeitliche Erfordernisse für die Beschwerdeeinlegung

18   Die Beschwerde ist normalerweise nicht befristet. Selbst für die im Zuge der FGG-Reform ab 01.09.2009 dem OLG zugewiesene Grundbuchbeschwerde[68] hat der Gesetzgeber abweichend von der in § 63 FamFG vorgesehenen (Monats-) Befristung ausdrücklich unter Hinweis auf besondere Gründe (zB die Zeitdauer zur Bereinigung von Eintragungshindernissen; die teils stark zeitverzögerte Feststellung von fehlerhaften Eintragungen)[69] die Unbefristetheit beibehalten. Wegen Ausnahmen Vor § 71 Rdn 16 ff; § 71 Rdn 153. Zur Verwirkung § 71 Rdn 169, 170. Die Beschwerde kann schon vor Bekanntgabe der anzufechtenden Entscheidung eingelegt werden;[70] diese muss aber wenigstens erlassen (existent) sein;[71] § 71 Rdn 29.

V. Wirkung der eingelegten Beschwerde

19   Die Beschwerde hat **keine aufschiebende Wirkung,** außer im Falle des § 76 Abs 2. Sie beeinflusst auch den Grundbuchverkehr im Übrigen nicht, es sei denn, das Beschwerdegericht trifft eine vorläufige Anordnung nach § 76 Abs 1. Die Beschwerde bewirkt also keine Grundbuchsperre und hat als solche auch nicht die Bedeutung eines (neuen) Eintragungsantrags, der die Erledigung späterer Anträge nach § 17 hinderte. Wegen der rangmäßigen Behandlung im Falle einer Beschwerdeentscheidung, die einer Beschwerde gegen die Ablehnung eines Eintragungsantrags stattgibt, § 74 Rdn 14 ff. Die Beschwerde gegen eine Zwischenverfügung hindert nicht die

---

55   W weit Einzelheiten *Jansen-v.König* § 11 Rn 17; *Keidel-Kahl* § 11 Rn 19 ff; allg z Funktion d Rpflegers bei d Aufnahme v Erklärungen *Müller-Engelmann* Rpfleger 1987, 473; *ders* RpflJahrb 1988, 342.
56   OLG Köln Rpfleger 1996, 189; *Jansen-v.König* § 11 Rn 16; *Keidel-Kahl* § 11 Rn 19.
57   BayObLG Rpfleger 1991, 450.
58   *Jansen-Briesemeister* § 21 Rn 19.
59   RGZ 101, 426, 428; RGZ 150, 15; OLG Köln NJW-RR 1995, 968, 969, OLG Köln Rpfleger 1996, 189, 190; KG NJW-RR 1996, 526; *Keidel-Kahl* § 11 Rn 20.
60   RGZ 150, 15 = JFG 13, 222.
61   *Jansen-Briesemeister* § 21 Rn 19.
62   BayObLG Rpfleger 1991, 450; OLG Köln Rpfleger 1990, 40.
63   RGZ 150, 15; RG JW 1931, 3562; KGJ 49, 145; OLG Stuttgart Justiz 1961, 311; vgl aber auch BayObLG Rpfleger 1961, 355.
64   *Keidel-Kahl* § 11 Rn 19m Fn 18.
65   OLG FfM FGPrax 2001, 46 = Rpfleger 2001, 82; OLG Köln OLGR 2001, 341 = ZMR 2001, 76; *Bauer/v. Oefele-Budde* Rn 7; *Bassenge* FGG § 11 Rn 4; *Jansen-Briesemeister* § 21 Rn 18.
66   **AA** *Keidel-Kuntze* § 21 Rn 4; m Bedenken *Jansen-Briesmeister* § 21 Rn 18, 24.
67   Vgl BGH JZ 1953, 179.
68   BT-Drucks 16/6308; 16/9733.
69   BT-Drucks 16/6308 S 327.
70   **AA** 6. Aufl Bem 9.
71   BayObLGZ 1990, 37, 38; LG Karlsruhe BWNotZ 1999, 152; *Keidel-Kuntze* § 21 Rn 21.

endgültige Zurückweisung des Eintragungsantrags durch das Grundbuchamt, solange nicht das Beschwerdegericht entschieden hat. Zulässig und zweckmäßig ist allerdings, die Beschwerdeentscheidung abzuwarten;[72] wird nämlich die Zwischenverfügung auf Beschwerde aufgehoben, so wird dadurch die Antragszurückweisung gegenstandslos (§ 78 Rdn 8). Fehlt es an einer wirksamen Beschwerdeeinlegung, so ist die Entscheidung des Beschwerdegerichts nichtig, kann jedoch angefochten werden.[73]

VI. Rücknahme der Beschwerde

1. Voraussetzungen

Die Beschwerde kann **zurückgenommen** werden, **solange** das **Beschwerdegericht** über sie **noch nicht** **entschieden hat** (ab 01.09.2009: 67 Abs 4 FamFG[74]). Maßgeblich ist der Erlass, also das erstmalige Hinausgehen der Beschwerdeentscheidung (Rd 18), nicht die Bekanntgabe.[75] Kann nicht festgestellt werden, ob der Schriftsatz mit der Zurücknahme vor oder nach dem Erlass der Beschwerdeentscheidung eingegangen ist, ist davon auszugehen, dass dies vorher war.[76] **20**

2. Form

Eine besondere **Form** ist **für die Rücknahme der Beschwerde nicht vorgeschrieben**. Nur wenn gleichzeitig ein Eintragungsantrag zurückgenommen wird, gilt § 31; letzteres ist nicht der Fall bei Rücknahme einer gemäß § 71 Abs 2 beschränkten Beschwerde gegen eine Eintragung, weil das Verlangen, das Grundbuchamt zu einem Amtswiderspruch oder einer Amtslöschung anzuweisen, nur die Bedeutung der Anregung einer Amtstätigkeit hat. In allen übrigen Fällen reicht allemal die Einhaltung der Form für die Einlegung der Beschwerde (§ 73 Abs 2). Notwendig ist nicht einmal diese Form (str);[77] es genügt eine eindeutige, auch mündliche Erklärung gegenüber Beschwerdegericht oder Grundbuchamt. **21**

3. Inhalt

Inhaltliches Erfordernis an die Rücknahmeerklärung ist, dass sie **unbedingt** und vorbehaltlos erklärt werden muss.[78] **22**

4. Folgen der Rücknahme

Infolge wirksamer Rücknahme der Beschwerde **erlischt die Befugnis des Beschwerdegerichts zu einer Entscheidung in der Hauptsache**. Ein Beschluss, durch den das Beschwerdegericht dennoch hierüber entscheidet, ist unwirksam.[79] Bezüglich der Gerichtskosten ergeben sich die Folgen ohne weiteres aus § 131 Abs 1 Nr 1 KostO. Wegen außergerichtlicher **Kosten** von Beteiligten kann eine Erstattungsanordnung nach § 13a Abs 1 S 1 FGG geboten sein. Dabei wird es regelmäßig der Billigkeit entsprechen, dass der Beschwerdeführer nach der Rücknahme seines Rechtsmittels die dem anderen Beteiligten erwachsenen Kosten zu erstatten hat (str);[80] dies wird jedenfalls umso näher liegen, je mehr sich die Beteiligten wie Prozessparteien gegenüberstehen. Zumindest gilt dies, wenn sich bei einer summarischen Prüfung ergibt, dass die Beschwerde wahrscheinlich erfolglos geblieben wäre.[81] Das Beschwerdegericht kann nicht auch die Kostenentscheidung der Vorinstanz ändern.[82] **23**

Die **zurückgenommene Beschwerde** kann – soweit befristet, innerhalb der Frist – **von neuem eingelegt** werden, wenn nicht ausnahmsweise in der Rücknahmeerklärung zugleich ein Verzicht (§ 71 Rdn 168) auf das Rechtsmittel lag. **24**

---

72 KGJ 51, 276.
73 BayObLGZ 1988, 259, 260.
74 BT-Drucks 16/6308; 16/9733.
75 *Demharter* Rn 11; KEHE-*Briesemeister* Rn 9; *Schöner/Stöber* Rn 501; *Jansen-Briesemeister* § 21 Rn 31; *Keidel-Kahl* § 19 Rn 108; **aA** *Güthe-Triebel* Rn 9.
76 BayObLG 1965, 347 = NJW 1966, 458.
77 *Bauer/v. Oefele-Budde* Rn 16; Z FGG-Praxis: BayObLGZ 1958, 213, 215; 1964, 448, 450; 1967, 286, 288; OLG Köln JMBlNRW 1980, 178, 179; *Bassenge* FGG Einl Rn 116; *Jansen-Briesemeister* § 21 Rn 31; *Keidel-Kuntze* § 19 Rn 108; **aA** 6. Aufl § 71 Bem 55; KEHE-*Briesemeister* Rn 10; wohl auch *Demharter* Rn 11.
78 *Jansen-Briesemeister* § 21 Rn 30; *Keidel-Kahl* § 19 Rn 108.
79 BayObLGZ 1965, 347 = NJW 1966, 458.
80 BGHZ 28, 117, 123; OLG München MDR 2005, 563; OLG Stuttgart OLGZ 1983, 171; *Keidel-Zimmermann* § 13a Rn 42; **aA** KG OLGZ 1988, 317; *Bassenge* FGG § 13a Rn 13; *Jansen-v. König* § 13a Rn 20.
81 Vgl *Keidel-Zimmermann* § 13a Rn 42.
82 BayObLGZ 1997, 148.

§ 74 (Inhalt der Beschwerde)

Die Beschwerde kann auf neue Tatsachen und Beweise gestützt werden.

Schrifttum

Habscheid, Streitgegenstand im Zivilprozess und in den Streitverfahren der freiwilligen Gerichtsbarkeit, 1956; *Kornblum,* Für die Zulässigkeit bedingter Rechtsmitteleinlegungen und -begründungen, NJW 2006, 2888; *Kutzner,* Mängel im Grundbuchrecht, insbesondere im Beschwerdeverfahren, DJZ 1934, 1524; *Lappe,* Gegenstandshäufung in der freiwilligen Gerichtsbarkeit, Rpfleger 1985, 421; *Lindacher,* Verfahrensgrundsätze in der freiwilligen Gerichtsbarkeit, JuS 1978, 577; *Richter,* Die Erledigung der Hauptsache im Verfahren der freiwilligen Gerichtsbarkeit, Diss Saarbrücken 1986; *Riedel,* Der Antrag im Abhilfe- und Beschwerdeverfahren in Grundbuchsachen, Rpfleger 1969, 149; *Ripfel,* Die Wirkungen der Beschwerde gemäß § 71 GBO gegen die Zurückweisung eines Grundbuchantrags – Reformbedürftigkeit der bisherigen Regelung, BWNotZ 1964, 141.

I. Normzweck

1 § 74 befasst sich mit dem Inhalt der Beschwerde, sagt aber nur etwas über die Tatsachen und Beweismittel, die zur Begründung angeführt werden können. Zum Inhalt im Übrigen Rdn 2. Die Beschwerde zielt auf eine **Nachprüfung der Entscheidung des Grundbuchamts durch die höhere Instanz in tatsächlicher und rechtlicher Hinsicht** ab. Das **LG** tritt bei seiner Entscheidung grundsätzlich **an die Stelle des Grundbuchamts** (§ 77 Rdn 2 ff). Im Interesse der Vereinfachung und der Beschleunigung des Verfahrens gestattet § 74 aber auch die **Einführung neuer Tatsachen** und **neuer Beweise** in das Beschwerdeverfahren, **nicht** jedoch **eines neuen,** außerhalb des bisherigen Verfahrensgegenstandes liegenden **Antrags.** Andererseits hat im Grundbucheintragungsverfahren die Beschwerdeentscheidung, die aufgrund des neuen Vorbringens ergeht, keine rückwirkende Kraft; die Sachlage ist insoweit nicht anders, als wenn der Beteiligte statt Beschwerde einzulegen beim Grundbuchamt einen neuen, verbesserten Antrag gestellt hätte[1] (Rdn 14 ff). Wegen der mit dieser Regelung verbundenen Rechtsunsicherheiten fordern beachtliche Stimmen, die Beschwerde de lege ferenda zu befristen und ihr dafür aufschiebende Wirkung zu geben.[2] Die aktuelle Tendenz der derzeitigen Reformbestrebungen (dazu Vor § 71 Rdn 5) ist für die GB-Beschwerde jedoch eine andere.

II. Inhalt der Beschwerde

1. Notwendiger Inhalt

2 **a) Allgemeines.** Das Gesetz schreibt dazu ausdrücklich nichts vor. **Erforderlich und genügend ist,** dass die angefochtene Entscheidung, die Person des Beschwerdeführers[3] (wenigstens durch Auslegung[4]) und das Verlangen nach sachlicher Überprüfung durch die Beschwerdeinstanz[5] in hinreichender Klarheit erkennbar werden. Unvollständige oder unrichtige Angaben sind unschädlich, soweit nur das wirklich Gewollte zutage tritt.[6] Vor Erlass der Entscheidung abgegebene und erst danach eingegangene Erklärungen zum Verfahrensgegenstand beinhalten dies nicht.[7] Eine Beschwerde liegt regelmäßig nicht vor, wenn ein Rechtsanwalt »Gegenvorstellung«

---

1 Denkschr z E I (§ 71 Fn 1) 176.
2 KEHE-*Briesemeister* Rn 9; *Ripfel* BWNotZ 1964, 141 ff.
3 RGZ 8, 299; BGHZ 85, 299; BayObLG NJW-RR 1988, 96; BayObLGZ 1984, 29, 31; 1985, 272, 275.
4 BGH 8, 229, 301; BayObLG 1988, 187, 189.
5 BayObLG Rpfleger 1988, 521 (Ls b *Plötz* 519 ff); OLG Rpfleger 1980, 222.
6 Vgl BGH NJW-RR 2006, 1570, 1572.
7 *Bassenge* FGG § 21 Rn 6.

einlegt.[8] Ein bestimmter Beschwerdeantrag oder eine Begründung sind nicht notwendig.[9] Zu beachten ist **ab 01.09.2009** die Sollvorschrift des § 67 Abs 1, 2 FamFG.[10] Im Zweifel ist die Entscheidung des Grundbuchamts insgesamt angefochten; bei der Beschwerde gegen Eintragungen wird das Rechtsmittel regelmäßig mit dem gesetzlich zulässigen Inhalt, soweit § 71 Abs 2 S 2 einschlägig ist mit dieser Beschränkung, gewollt sein (§ 71 Rdn 78).

b) Unbedingte Beschwerde. Aus Gründen der Rechtssicherheit und -klarheit muss die Beschwerde wie jede   3
Verfahrenshandlung, die einen neuen Rechtszug eröffnet, grundsätzlich **bedingungslos** erfolgen[11] (s auch § 71 Rdn 29). Als unzulässig wird daher die Einlegung einer Beschwerde für den Fall angesehen, dass einem gleichzeitigen PKH-Gesuch stattgegeben wird (bedenkl).[12] Zulässig ist dagegen, die Beschwerde von verfahrensinternen Bedingungen, also etwa dem Erfolg oder Misserfolg einer eigenen Verfahrenshandlung bzw einer solchen anderer Beteiligter[13] als einem Vorgang innerhalb des bereits eröffneten Verfahrens abhängig zu machen;[14] so, wenn Beschwerde für den Fall eingelegt wird, dass eine dem Beschwerdeführer nachteilige, ihm noch nicht bekannte Entscheidung ergangen sein sollte[15] oder das Grundbuchamt seine bereits erlassene Entscheidung nicht ändere.[16] Die Unwirksamkeit einer vor dem Erlass der Entscheidung eingelegten Beschwerde wird als durch den späteren Erlass geheilt angesehen, wenn nur die Entscheidung im Zeitpunkt der Beschwerdeeinlegung bereits zu den Akten gebracht war.[17] Zweifelhaft ist, ob[18] Beschwerde unter der Bedingung eingelegt werden kann, dass eine bestimmte Äußerung des Grundbuchamts als abschließende Entscheidung anzunehmen sei; genau genommen bezieht sich eine derartige Bedingung nicht auf einen verfahrensinternen Vorgang, sondern auf ein (Zulässigkeits-)Element, von dem der Erfolg der Beschwerde abhängt,[19] das das Beschwerdegericht also (erst) zu prüfen hat, wenn feststeht, dass eine Beschwerde vorliegt. Das Erfordernis effektiven Rechtsschutzes spricht gleichwohl für die Zulässigkeit.[20] Unbedenklich sind Hilfsanträge der Beschwerde.[21]

2. Beschwerdebegründung

a) Identität des Verfahrensgegenstandes. Zum Gegenstand des Beschwerdeverfahrens kann grundsätzlich   4
nur **dieselbe Sache** gemacht werden, **über die das Grundbuchamt entschieden hat.**[22] Als unzulässig zu verwerfen ist eine Beschwerde, die auf einen neuen oder wesentlich veränderten Verfahrensgegenstand abzielt, der die Angelegenheit zu einer anderen macht als in 1. Instanz,[23] mögen auch veränderte tatsächliche Umstände diese Umstellung jetzt sachlich rechtfertigen.[24] Der neue Verfahrensgegenstand muss, damit den Beteiligten keine Instanz verloren geht, als solcher beim Grundbuchamt eingeführt werden und von diesem beschieden werden, bevor eine Beschwerde in Betracht kommt;[25] ein Aktenvermerk des Grundbuchamts, es helfe nicht ab, ist für sich genommen noch keine der Beschwerde zugängliche Entscheidung.[26]

---

8   BGH VersR 1982, 598.
9   KG OLGE 12, 204; OLG Köln Rpfleger 1980, 222; *Demharter* Rn 5; KEHE-*Briesemeister* Rn 1.
10 Art 1 FGG-RG; BT-Drucks 16/6308; 16/9733.
11 BGHZ 4, 54, 55 = NJW 1952, 102; BGH VersR 1974, 194; BayObLGZ 1987, 46, 49; BayObLG WE 1989, 67; OLG Hamm JurBüro 1968, 247; *Bassenge* FGG Einl 87; *Jansen-Briesemeister* § 21 Rn 30; *Keidel-Kahl* § 21 Rn 8a.
12 BGHZ 4, 54; BGH VersR 1972, 491; NJW-RR 1987, 376; NJW-RR 1990, 67, 68; NJW 2006, 693; KG FamRZ 1981, 484; *Jansen-Briesemeister* § 21 Rn 30; *Zöller-Gummer* § 518 Rn 1; **aA** BayObLG NJW-RR 1990, 1033; *Bassenge* FGG Einl Rn 87; *Stein-Jonas-Grunsky* § 518 Rn 8; *Kornblum* NJW 2006, 2888.
13 *Bassenge* FGG Einl Rn 87; *Zöller-Schneider* vor § 128 Rn 18.
14 BGH NJW 1984, 1240; BayObLGZ 1987, 46, 49; KG OLGZ 1977, 129; *Bassenge* FGG Einl Rn 87; *Jansen-Briesemeister* § 21 Rn 30; *Keidel-Kahl* § 19 Rn 51.
15 BayObLGZ 1987, 46, 50; KG OLGZ 1977, 129 = Rpfleger 1977, 132.
16 KG HRR 1929 Nr 1945 = JGH 34, 49, 51.
17 KG OLGZ 1977, 129 = Rpfleger 1977, 132.
18 Wie KG Rpfleger 1974, 398 annimmt; vgl auch BayObLGZ 1987, 46, 59.
19 Vgl auch OLG Stuttgart NJW 1971, 1090; *Zöller-Greger* vor § 128 Rn 20; *Rosenberg-Schwab-Gottwald* § 65 IV 2, 3d.
20 **AA** *Bauer/v. Oefele-Budde* § 73 Rn 12.
21 *Bassenge* FGG Einl Rn 87.
22 BGH NJW 1980, 891.
23 BGH NJW 1980, 891 = Rpfleger 1980, 99; BayObLG 34, 365 = HRR 1935 Nr 1320; BayObLGZ 1994, 73, 78; OLG Hamm JMBlNRW 1962, 190; OLG Köln OLGZ 1994, 334; KEHE-*Briesemeister* Rn 6; *Jansen-Briesemeister* § 23 Rn 11; *Keidel-Kahl* § 23 Rn 3; *Riedel* Rpfleger 1969, 149, 151.
24 OLG Köln NJW 1963, 541; *Schöner/Stöber* Rn 503 m Fn 87; *Riedel* Rpfleger 1969, 149, 150.
25 BGH 27, 310, 316; BayObLG 14, 445; OLG Dresden OLGE 40, 41; OLG Hamm Rpfleger 1953, 128; KG OLGE 41, 38 = KGJ 52, 124; KGJFG 4, 418, 420; KG HRR 1934, Nr 1056; KEHE-*Briesemeister* Rn 6; *Riedel* Rpfleger 1969, 149, 151.
26 *Bauer/V.Oefele* Rn 6; *Demharter* Rn 6.

5 Dafür, ob **Identität des Verfahrensgegenstandes** vorliegt, gelten im Ansatz durchaus[27] ähnliche Maßstäbe wie für den Streitgegenstand in einem Prozess,[28] jedoch modifiziert im Hinblick auf die teilweise abweichenden Verfahrensmaximen.[29] Im Amtsverfahren ist Verfahrensgegenstand die von einem Beteiligten angeregte bzw vom Grundbuchamt von sich aus in Betracht gezogene gerichtliche Maßnahme.[30] Im Antragsverfahren wird der Verfahrensgegenstand durch den Antrag bestimmt,[31] wobei es für seine Individualisierung uU auch noch auf ein bestimmtes Vorbringen bzw dazu vorgelegte Unterlagen ankommen kann (Rdn 6).

6 **Unzulässig** ist es demnach, mit der Beschwerde **einen neuen, vom Grundbuchamt noch nicht beschiedenen Eintragungs-** (oder sonstigen) **Antrag zu stellen**.[32] Darunter fällt: Wenn in ein Beschwerdeverfahren betr die Ablehnung einer beantragten Grundbuchberichtigung als weiterer Verfahrensgegenstand die Grundbuchberichtigung im Amtsverfahren nach den §§ 82 ff eingeführt wird[33] – und umgekehrt –, oder wenn die Eintragung eines Eigentumswechsels in 1. Instanz aufgrund eines Erbscheins, mit der Beschwerde aber unter Vorlage einer Auflassung beantragt wird;[35] nicht jedoch, wenn ein Berichtigungsantrag statt auf den Nachweis der Grundbuchunrichtigkeit auf eine Berichtigungsbewilligung gestützt wird.[36] Verschiedene Verfahrensgegenstände betreffen den Antrag auf Einsichtnahme in Verzeichnisse nach § 12a Abs 1 S 1 und den Antrag auf Auskunftserteilung aus solchen Verzeichnissen.[37] Zulässig ist – bei teilbarem Verfahrensgegenstand (sonst: § 77 Rdn 26) – die Einschränkung des bisherigen Begehrens,[38] selbst wenn die Zurückweisung des Antrags gerade im Hinblick auf den zurückgenommenen Teil erfolgt war.[39] Etwa bei Ermäßigung des Antrags auf Eintragung einer Hypothek zu einem geringeren, mit der Bewilligung übereinstimmenden Betrag. Wenn der Gläubiger erklärt, dass er anstelle der beantragten Gesamthypothek den Forderungsbetrag auf die einzelnen Grundstücke verteile.[40] Wenn statt der ursprünglich beantragten lastenfreien Zuschreibung einer Grundstücksteilfläche die Eintragung der Auflassung und die Zuschreibung mit der bestehenden Belastung begehrt wird.[41] Wenn der Antragsteller einen Vorbehalt nach § 16 Abs 2 fallen lässt.[42] Zu beachten ist die Formvorschrift des § 31, die allerdings nicht für die teilweise Zurücknahme eines Eintragungsantrags gilt, der schon vom Grundbuchamt abgelehnt worden war.[43]

7 Aus verfahrensökonomischen Gründen sollten **nur wesentliche Antragsänderungen als neuer Antrag** behandelt werden. Insoweit kann bei Änderungen, Erweiterungen und Einschränkungen auch der Rechtsgedanke des § 264 ZPO entsprechende Anwendung finden.[44] Eine andere Frage ist, inwieweit ein im Beschwerdeverfahren zulässigerweise modifizierter Antrag die ursprüngliche Rangwirkung behält (Rdn 14 ff). Nicht zwangsläufig den Verfahrensgegenstand ändern muss der Eintritt eines neuen Antragstellers, etwa bei Rechtsnachfolge.[45]

8 **b) Beschwerdeziel und -gründe**. Die Beschwerde kann gerichtet sein: Auf die völlige Beseitigung der angefochtenen Entscheidung und die Herbeiführung des seitens des Beschwerdeführers von Anfang an angestrebten Erfolges, aber auch auf ein eingeschränktes Ziel, etwa nach Maßgabe des § 71 Abs 2 S 2. Auf Erlass einer Zwischenverfügung statt der erfolgten Antragszurückweisung oder, wenn eine Zwischenverfügung angegriffen wird, auf eine längere Frist als die gesetzte oder das Fallenlassen einzelner Beanstandungen. Auf Aufhebung einer Sachentscheidung mit dem Ziel der Feststellung der Erledigung der Hauptsache unter Beschränkung auf die Kosten, sei es, dass die untere Instanz die Erledigung übersehen hatte,[46] sei es, dass die Erledigung erst nach deren Abschluss eingetreten war (str; vgl § 71 Rdn 165, 167). Unzulässig ist dagegen die Beschwerde gegen eine Zwischenverfügung mit dem Ziel der sofortigen Zurückweisung des Eintragungsantrags (§ 71 Rdn 126).

---

27 *AA Lappe* Rpfleger 1985, 421, 422: in klassischen Angelegenheiten d FG gebe es keinen d Streitgegenstand entspr Verfahrensgegenstand.
28 Dazu: *Baumbach-Hartmann* § 2 Rn 2 mwN; *Stein-Jonas-Schumann* Einl Rn 263 ff.
29 Dazu *Habscheid*, 96, 303; *Lindacher* JuS 1978, 577, 578 ff; *Richter*, 136 ff.
30 *Jansen-Briesemeister* § 22 Rn 11; *Keidel-Kuntze* § 23 Rn 3; *Riedel* Rpfleger 1969, 149, 151.
31 *Keidel-Kahl* § 23 Rn 2a.
32 KGJ 52, 124; BGHZ 27, 316; BayObLG MittRhNotK 1978, 156; BayObLG Rpfleger 1987, 357 (Ls b *Plötz* 356 ff).
33 OLG Hamm Rpfleger 1994, 248f.
34 OLG Jena FGPrax 1996, 170.
35 OLG Hamm Rpfleger 1953, 129.
36 OLG Hamm Rpfleger 1953, 128, 129.
37 KG Rpfleger 1997, 303 = FGPrax 1997, 87.
38 BGHZ 92, 5, 10; BayObLGZ 2000, 76, 81; *Keidel-Kuntze* § 23 Rn 3.
39 KG HRR 1935 Nr 1056 (geg *Güthe-Triebel* Rn 6).
40 KG HRR 1934 Nr 1056.
41 BayObLG DNotZ 1999, 822.
42 BayObLGZ 1974, 365, 367.
43 KG HRR 1934 Nr 1056; *Demharter* Rn 7.
44 Vgl *Bassenge* FGG § 23 Rn 9, 10; *Keidel-Kuntze* § 23 Rn 5 m Schwerpunkt auf Streitverf d FG.
45 *Keidel-Kahl* § 23 Rn 4.
46 BayObLG MDR 1985, 151; **and** BayObLG WuM 1987, 138, 239.

c) Anführung neuer Tatsachen und Beweise mit der Beschwerde. aa) Allgemeine Regeln. Zur   **9**
Begründung der Beschwerde können neue, dh in erster Instanz nicht geltend gemachte und nicht vom Grundbuchamt von Amts wegen berücksichtigte Tatsachen und Beweismittel vorgebracht werden. Das **kann dazu
führen, dass eine zZ ihres Erlasses gerechtfertigte Entscheidung aufgehoben werden muss**[47] **oder
eine seinerzeit nicht berechtigte Entscheidung nachträglich gerechtfertigt wird.** Dass die Tatsachen-
und Beweismittel erst nach Erlass der angefochtenen Entscheidung entstanden oder verfügbar geworden sind,
ist nicht Voraussetzung.[48] Selbstverständlich kann die Beschwerde auch auf eine Änderung der Sachlage gestützt
werden.[49] Die einzige gegenständliche Begrenzung liegt darin, dass der Beschwerdeantrag sich im Rahmen des
bisherigen Verfahrensgegenstandes (Rdn 4 ff) halten muss.

Auch **in zeitlicher Hinsicht gibt es keine Beschränkung:** Neues Vorbringen kann während der gesamten   **10**
Dauer des Beschwerdeverfahrens bis zum Erlass der Beschwerdeentscheidung (§ 77 Rdn 40) erfolgen.[50] Ob die
rechtzeitige Beibringung im Belieben des Antragstellers stand, ist unerheblich.[51] Eine entspr Anwendung der
Präklusionsvorschriften der ZPO ist nicht möglich.[52] Selbst wenn der Vortrag nach Ablauf einer hinreichend
bemessenen Äußerungsfrist eingeht, steht dessen Berücksichtigung nach geltendem Recht nicht im Ermessen
des Beschwerdegerichts.[53] Auch eine kostenrechtliche Sanktion, wie etwa § 97 Abs 2 ZPO, gibt es nicht. Es
können allerdings durch verzögerten Vortrag Rangnachteile entstehen (Rdn 1 ff).

Für das neue Vorbringen braucht, wenn nur eine wirksam eingelegte Beschwerde vorliegt, **nicht die Form**   **11**
des § 73 eingehalten zu werden.[54] Auch Beschwerdegegner oder sonstige Beteiligte haben das Recht zum
neuen Vortrag.[55]

bb) Neue »Tatsachen«. Neue »Tatsachen« bedeutet **tatsächliches Vorbringen aller Art.** Auch die nach-   **12**
trägliche Beseitigung von Eintragungshindernissen gehört dazu. Wird also ein Eintragungsantrag nach § 18
beanstandet und nach Fristablauf vom Grundbuchamt zurückgewiesen, so muss die Beschwerde Erfolg haben,
wenn mit ihr die Beanstandung behoben wird, gleich ob eine Zwischenverfügung zulässig war oder nicht;[56]
etwa durch Beibringung eines vom Grundbuchamt zunächst vergeblich verlangten Grundschuldbriefs,[57] der
erforderlichen Zustimmungserklärung eines Dritten, ob sie nun vor oder nach Erlass der zurückweisenden Entscheidung abgegeben wurde,[58] oder bei einer beantragten Zwangseintragung der Nachweis der Vollstreckungsvoraussetzungen[59] bzw die nachträgliche Verteilung der Forderung bei Zwangshypotheken.[60] Neue »Tatsache«
ist folglich auch die **Einzahlung des Kostenvorschusses** nach vergeblicher darauf gerichteter Zwischenverfügung des Grundbuchamts (§ 8 Abs 2 S 1 KostO) und anschließender Zurückweisung des Eintragungsantrags.[61]

cc) Neue Beweise. Als neue Beweise kommen solche in Betracht, die auch in dem zugrunde liegenden   **13**
Grundbuchverfahren zulässig wären (Einl F Rdn 87 ff, § 77 Rdn 19 ff), im Antragsverfahren also grundsätzlich
nur Urkunden[62] iS des § 29 (§ 77 Rdn 20); im Amtsverfahren besteht diese Beschränkung nicht.

dd) Auswirkungen des neuen Vorbringens auf den Rang des mit der Beschwerde verfolgten Eintra-   **14**
gungsantrags. (1) Zwischenzeitliche Eintragungen zugunsten Dritter. Führt die Beschwerde zur Aufhebung der einen Eintragungsantrag ablehnenden Entscheidung und zur Anweisung des Grundbuchamts, die
Eintragung vorzunehmen, so hat diese Entscheidung des Beschwerdegerichts insoweit **keine Rückwirkung,**
als in der Zwischenzeit – nach der formellen Erledigung des Antrags eben durch die Zurückweisung – zugunsten Dritter vorgenommene Eintragungen in jeder Hinsicht, einschließlich ihres Ranges, Bestand behalten.[63] Im
Hinblick darauf wird es oft zweckmäßiger sein, wenn der Antragsteller neue Tatsachen oder Beweise nicht zur

---

47 BayObLG JurBüro 1989, 378, 379; *Demharter* Rn 10.
48 *Demharter* Rn 10; KEHE-*Briesemeister* Rn 3; *Jansen-Briesemeister* § 23 Rn 2; *Keidel-Kahl* § 23 Rn 6.
49 *Keidel-Kahl* § 23 Rn 6.
50 *Jansen-Briesemeister* § 23 Rn 3; *Keidel-Kahl* § 23 Rn 9.
51 KGJ 52, 125; OLG Braunschweig JFG 10, 219.
52 *Jansen-Briesemeister* § 23 Rn 2.
53 *Jansen-Briesemeister* § 23 Rn 5.
54 *Jansen-Briesemeister* § 23 Rn 3.
55 *Keidel-Kahl* § 23 Rn 7.
56 BGHZ 27, 310, 316 = Rpfleger 1958, 216, 218; OLG Braunschweig JFG 10, 219, 220; KG DR 1941, 935 = HRR
    1941 Nr 603.
57 KG DR 1941, 935 = HRR 1941, 603.
58 KG JFG 1, 301, 304; BayObLG JurBüro 1988, 378, 379.
59 KG JFG 17, 57 = JW 1938, 886 = HRR 1938, Nr 318.
60 BGHZ 27, 310, 316 = Rpfleger 1958, 216, 218; KG HRR 1934 Nr 1056.
61 OLG Braunschweig JFG 10, 219, 220; LG Chemnitz Rpfleger 2005, 422; LG Hannover JurBüro 1973, 904 = NdsRpfl
    1972, 279, 280; LG Düsseldorf Rpfleger 1986, 175 m krit Anm *Meyer-Stolte*; LG Köln MittRhNotK 1985, 216.
62 KG OLGE 1, 382; *Demharter* Rn 10; KEHE-*Briesemeister* Rn 5.
63 RGZ 135, 378, 385; BGHZ 45, 186, 191 = NJW 1966, 1020 = DNotZ 1966, 673; BayObLG Rpfleger 1983, 101.

Begründung einer Beschwerde, sondern zur Stellung eines neuen, verbesserten Antrags beim Grundbuchamt mit der Wirkung der §§ 17, 45 benutzt.

15 **(2) Unerledigte Eintragungsanträge Dritter.** Sind später eingegangene **Eintragungsanträge Dritter noch nicht erledigt**, so ist zu unterscheiden:

16 Beruht der Erfolg der Beschwerde auf **schon dem Grundbuchamt vorliegenden Tatsachen oder Beweismitteln**, so lebt die Rangstellung wieder auf, die dem Eintragungsantrag ab seinem Eingang beim Grundbuchamt zustand (§§ 13, 17); der Antrag ist also vor später eingegangenen, noch nicht erledigten Eintragungsanträgen zu vollziehen.[64] Gleichzubehandeln[65] ist der Fall, in dem die den Vollzug des Eintragungsantrags anordnende Beschwerdeentscheidung zwar aufgrund neuen Vorbringens des Beschwerdeführers ergeht, das Beschwerdegericht jedoch feststellt, das Grundbuchamt hätte dem Antragsteller durch Zwischenverfügung Gelegenheit zu diesem weiteren Vorbringen geben müssen.

17 Anders ist es dagegen, wenn die Beschwerde nur deswegen zum Erfolg geführt hat, weil **neue Tatsachen oder Beweise vorgebracht** wurden: Die Beschwerde war zwar aus Zweckmäßigkeitsgründen zuzulassen, sie ist jedoch, was den Rang angeht, **wie ein neuer Eintragungsantrag zu behandeln**, der als im Zeitpunkt der Beschwerdeeinlegung oder bei noch späterem Vorbringen der entscheidungserheblichen Tatsachen bzw Beweise zu diesem Zeitpunkt gestellt gilt.[66] Dabei will der BGH,[67] wenn die Beschwerde beim LG eingelegt wird, allerdings erst auf den Zeitpunkt abstellen, in dem der Beschwerdeantrag beim Grundbuchamt eingeht, ggf also – wenn das LG über die Beschwerde entscheidet, ohne vorher dem Grundbuchamt die Beschwerde zur Prüfung einer Abhilfe vorzulegen – auf das Datum, zu dem der Beschwerdeantrag mit der Entscheidung des Beschwerdegerichts an das Grundbuchamt gelangt. Diese Ansicht überzeugt jedoch nicht; für sie ist keine zwingende gesetzliche Grundlage erkennbar, sie widerspricht im Gegenteil eher dem Sinn der §§ 73, 74;[68] wäre sie richtig, so dürfte es – entgegen § 73 Rdn 5 – nicht weiter im Ermessen des Beschwerdegerichts liegen, ob es die bei ihm direkt eingelegte Beschwerdeschrift behält oder noch einmal an das Grundbuchamt zurückgibt.

18 **ee) Verfahrensmäßige Behandlung.** Wegen der möglichen Rangwirkungen soll das Grundbuchamt bzw das Beschwerdegericht in entsprechender Anwendung des § 13 Abs 1 S 2 den Eingang der Beschwerdeeinlegung vermerken (§ 73 Rdn 4, 14). Im Übrigen wird es die Aufgabe des Beschwerdegerichts sein, in seiner Beschwerdeentscheidung hinsichtlich des Rangs des zu vollziehenden Eintragungsantrags eindeutige Hinweise zu geben.

---

64 *Demharter* Rn 12; KEHE-*Briesemeister* Rn 9.
65 Im Anschl an KEHE-*Briesemeister* Rn 9.
66 BGHZ 27, 310, 317 = NJW 1958, 1090f; vgl auch BGH ZIP 1997, 1585f m Anm *Stürner* EWiR 1997, 887. OLG Braunschweig JFG 10, 220; KG KGJ 52, 122; KG JFG 17, 55, 59; LG Köln MittRhNotK 1985, 216.
67 BGHZ 27, 310, 317 = NJW 1958, 1090f; ebenso *Demharter* Rn 13; KEHE-*Briesemeister* Rn 9.
68 Wie hier *Bauer/v. Oefele-Budde* Rn 8; *Güthe-Triebel* Rn 7; *Hügel/Kramer* Rn 26; wohl auch KGJ 52, 120, 122 = OLGE 41, 38; KG JFG 17, 57, 59 = HRR 1938 Nr 318.

§ 75 (Abhilfe durch das Grundbuchamt)

Erachtet das Grundbuchamt die Beschwerde für begründet, so hat es ihr abzuhelfen.

Schrifttum

Budde, Die Beschwerde im Grundbuchrecht, Rpfleger 1999, 514; *Kleist,* Durchgriffserinnerung und Beschwerde bei Zurückweisung eines Eintragungsantrages bzw Zwischenverfügung gemäß § 18 GBO, MittRhNotK 1985, 133; *Kramer,* Die Beschwerde im Grundbuchrecht nach dem 3. Gesetz zur Änderung des Rechtspflegergesetzes, ZfIR 1999, 565; *Rellermeyer,* Nochmals: Beschwerde und Abhilfe im Grundbuchrecht, ZfIR 1999, 801; *Riedel,* Der Antrag im Abhilfe- und Beschwerde-verfahren in Grundbuchsachen, Rpfleger 1969, 149; *Ule,* Der Rechtspfleger und sein Richter, 1983; *Weiss,* Beschränkte Erinnerung gegen Eintragungen im Grundbuch, DNotZ 1985, 524.

I. Normzweck

§ 75 ist dem (jetzigen) § 572 ZPO nachgebildet und spricht einen allgemein im FGG-Verfahren geltenden **1** Grundsatz[1] besonders aus. Da im Hinblick auf § 18 Abs 1 FGG das Grundbuchamt in gewissen Grenzen befugt ist, seine Entscheidung nachträglich zu ändern[2] (Einl F 116–120), muss dies um so mehr gelten, wenn gegen eine Entscheidung Beschwerde eingelegt ist. Das Grundbuchamt hat also, wenn die Beschwerde zu ihm gelangt, diese zunächst wie eine Gegenvorstellung zu behandeln.[3] Da heute grundsätzlich der Rpfleger die Grundbuchsachen bearbeitet, muss zur richtigen Handhabung des § 75 stets § 11 RPflG mit herangezogen werden; Näheres Rdn 6.

II. Anwendungsbereich

§ 75 gilt für alle Beschwerden nach § 71 ff, für die regelmäßig unbefristete Beschwerde wie auch für die befris- **2** tete Beschwerde nach § 89. Die Abhilfe wird nicht etwa dadurch gehindert, dass die Beschwerde ausnahmsweise (§ 76 Abs 3) aufschiebende Wirkung hat. Keine Anwendung findet die Vorschrift dagegen, soweit eine sofortige Beschwerde nach besonderen Regelungen der GBO, Spezialvorschriften außerhalb derselben oder unmittelbar nach dem FGG vorliegt (Vor § 71 Rdn 16 ff; § 71 Rdn 153), weil in diesen Fällen eine Abänderung seitens des Grundbuchamts durch § 18 Abs 2 FGG ausgeschlossen ist.

III. Voraussetzungen

1. Vorliegen einer Beschwerde

Es muss eine Beschwerde vorliegen. Ein auf das Abhilfe-Verfahren bezogener besonderer Antrag ist nicht erfor- **3** derlich, kann allerdings zweckmäßig sein; zB wenn der Beschwerdeführer schon in einer teilweisen Abhilfe einen Vorteil sieht. Gleichgültig ist, auf welchem Weg das Grundbuchamt Kenntnis von der Beschwerde erhalten hat (s § 73 Rdn 5). Da der Prüfungsgegenstand derselbe ist wie bei einer Gegenvorstellung, kommt es nicht darauf an, ob die Beschwerde zulässig, also etwa formgerecht und von einem Beschwerdeberechtigten eingelegt worden ist.[4] Es ist auch nicht Voraussetzung für die Abhilfe, dass sich die Beschwerde auf neue Tatsachen oder Beweise (§ 74) stützt. **Gegenstand** der Abhilfeentscheidung ist allerdings nur das, **was in erster Instanz Verfahrensgegenstand war**; also zB nicht ein erst mit der Beschwerde gestellter Hilfsantrag.[5]

Abhilfe kommt nur in Betracht, wenn das Grundbuchamt das mit der Beschwerde verfolgte Begehren **als sach- 4 lich begründet** ansieht, und zwar aus Überzeugung; bloße Zweifel des Grundbuchamts an der Richtigkeit sei-ner bisherigen Beurteilung genügen nicht.[6] Der Grund für die Abhilfe kann darin liegen, dass das Grundbuch-amt sich den Rechtsausführungen des Beschwerdeführers anschließt, wie auch darin, dass der Beschwerdeführer

---

1 *Jansen-Briesemeister* § 23 Rn 30; *Keidel-Schmidt* § 18 Rn 4, 7; *Keidel-Kahl* § 23 Rn 10.
2 BayObLGZ 1972, 273, 277; *Keidel-Schmidt* § 18 Rn 57.
3 Mot z E I (§ 71 Fn 1), 114.
4 *Demharter* Rn 6; *KEHE-Briesemeister* Rn 2.
5 Vgl BGH Rpfleger 2007, 188 = ZIP 2007, 188.
6 *Demharter* Rn 8; *KEHE-Briesemeister* Rn 2.

seinen Antrag verbessert und neue Tatsachen und Beweise (§ 74) vorgebracht hat. Dabei ist für die rechtliche Beurteilung der Stand des Grundbuchs zu dem Zeitpunkt maßgeblich, zu dem das Grundbuchamt die Frage der Abhilfe prüft. Das Grundbuchamt darf daher der Beschwerde gegen die Ablehnung eines Antrags nicht abhelfen, wenn es zu der Ansicht gelangt, dass zwar ursprünglich dem Antrag hätte stattgegeben werden müssen, aber nunmehr der Grundbuchstand die beantragte Eintragung nicht mehr zulässt oder der Eintragungsantrag durch die veränderte Grundbuchlage gegenstandslos geworden ist (Rdn 9; § 74 Rdn 14 ff).

2. Zeitliche Grenzen

5 Hat das Grundbuchamt die Beschwerde dem LG vorgelegt, so bleibt es gleichwohl **zur Abhilfe befugt**, solange das **Beschwerdegericht** noch **keine Entscheidung über die Beschwerde** erlassen hat;[7] dem steht nicht entgegen, dass sich in den Akten bereits eine Nichtabhilfe-Verfügung befindet und auch schon den Beteiligten bekannt gemacht ist, weil auch diese Verfügung abänderbar ist. Nach Erlass der Beschwerdeentscheidung des LG ist das Grundbuchamt daran gebunden (§ 77 Rdn 43 ff), und § 80 Abs 2 verbietet ausdrücklich, der weiteren Beschwerde abzuhelfen.

3. Zuständigkeit innerhalb des Grundbuchamts

6 Wenn – wie im Normalfall – eine Entscheidung des Rpflegers zugrunde liegt, gegen die nach den allgemeinen verfahrensrechtlichen Vorschriften die Beschwerde zulässig ist (s § 11 Abs 1 RPflG), so ist es seine Sache, ob er abhilft (vgl § 1 Abs 1 RPflG). Die nach früherem Recht streitige Frage, ob die Befugnis zur Abänderung nach § 75 nur dem Richter zustehe oder auch eine Abhilfe durch den Rpfleger in Betracht komme,[8] ist mit der Neufassung des § 11 RPflG durch das Dritte Gesetz zur Änderung des Rechtspflegergesetzes vom 6. August 1998[9] in dem Sinne gegenstandslos geworden, dass es eine Abhilfebefugnis des Richters in Bezug auf Entscheidungen des Rpflegers in Grundbuchsachen nicht mehr gibt.[10] Soweit die Gegenansicht sich auf eine angeblich von der Änderung des Rechtspflegergesetzes unberührt gebliebene Abhilfebefugnis des Grundbuchrichters »nach § 75 GBO« beruft,[11] hilft dies schon deshalb nicht weiter, weil § 75 selbst keine Regelung zur funktionellen Zuständigkeit für die Abhilfeentscheidung enthält; sie kann sachgerecht nur aus dem Zusammenspiel des § 75 mit den Vorschriften, die die Zuständigkeit des Rpflegers und des Richters abgrenzen, entnommen werden.[12] Eine andere Frage ist, ob eine eigentlich unzulässige Abhilfeentscheidung des Richters gleichwohl Wirksamkeit erlangen würde. Im Hinblick auf § 8 Abs 1 RPflG ist dies grundsätzlich zu bejahen; die Zuständigkeitsüberschreitung würde – für sich – nach allgemeinen Grundsätzen auch nicht die Aufhebung der Entscheidung in der Rechtsmittelinstanz rechtfertigen.[13] Unproblematisch ist die Änderungsbefugnis (allein) des Richters, wenn ausnahmsweise er nach einer Vorlage des Rpflegers (§ 5 RPflG) die Sache bearbeitet hatte oder seine Entscheidung die Erinnerung gegen eine Entscheidung des UrkBGeschSt betrifft (s § 12c Abs 4 RPflG; s dazu aber § 71 Rdn 15).

Außerhalb des Regelungsbereichs des § 75 liegen das Abhilfeverfahren gem § 11 Abs 2 RPflG bei Entscheidungen des Rpflegers, gegen die nach den allgemeinen verfahrensrechtlichen Vorschriften ein Rechtsmittel nicht gegeben ist (s § 71 Rdn 11), und die Abhilfeprüfung des UrkBGeschSt, wenn gegen dessen Entscheidung Einwendungen erhoben werden (§ 12c Abs 4 RPflG; § 71 Rdn 15).

IV. Abhilfe

1. Prüfung des Grundbuchamts

7 Das Grundbuchamt ist, wenn die Voraussetzungen vorliegen, zur Abhilfe berechtigt und auch **verpflichtet**. Es hat die Beschwerde unter diesem Gesichtspunkt unverzüglich zu prüfen, dabei auch neue Tatsachen und Beweise zu berücksichtigen (§ 74) und, soweit das Verfahren es erfordert, weitere Ermittlungen anzustellen.[14] Zumindest wenn derartiges in Betracht kommt, wird es daher für das LG, falls die Beschwerde bei ihm eingelegt worden ist, regelmäßig nahe liegen, die Beschwerde dem Grundbuchamt zuzuleiten (§ 73 Rdn 5). Das Grundbuchamt kann sich aber auch die Akten vom LG zurückholen.

---

7 Heute allg Meinung: BayObLG 12, 225; BayObLGZ 2001, 153, 155; KGJ 42, 26; KG RzW 1965, 556; OLG Hamm JMBlNRW 1959, 176; LG Wuppertal Rpfleger 1988, 471; *Demharter* Rn 7; KEHE-*Briesemeister* Rn 2; *Bassenge* FGG § 18 Rn 15; *Jansen-Briesemeister* § 18 Rn 18; *Keidel-Schmidt* § 18 Rn 23; **aA** OLG Hamburg OLGE 1, 267.

8 Vgl 8. Aufl Rn 6.

9 BGBl I 2030.

10 BayObLGZ 1999, 248 = Rpfleger 1999, 525 = FGPrax 1999, 210; ThürOLG Rpfleger 2000, 210; *Budde* Rpfleger 1999, 513; *Rellermeyer* ZflR 1999, 801, 804; Bauer/v. Oefele-Budde § 75 Rn 1; *Bassenge/Roth* RPflG § 11 Rn 26; **aA** LG Meiningen ZflR 1999, 326 f 328; LG Meiningen ZflR 2000, 373 f; *Kramer* ZflR 1999, 565f.

11 *Kramer* ZflR 1999, 565f.

12 *Budde* Rpfleger 1999, 326; iErg ebenso KEHE-*Briesemeister* § 75 Rn 4.

13 OLG Zweibrücken Rpfleger 2000, 537; *Kramer* ZflR 1999, 565, 569; *Roth* RPflG § 8 Rn 2.

14 KEHE-*Briesemeister* Rn 3; *Jansen-Briesemeister* § 23 Rn 30.

2. Rechtliches Gehör

Bevor das Grundbuchamt der Beschwerde abhilft, muss es einem etwaigen Gegner rechtliches Gehör gewähren.[15] Zum Gehör des Beschwerdeführers bei Nicht-Abhilfe Rdn 13. **8**

3. Art der Abhilfe

Die Abhilfe kann darin bestehen, dass das Grundbuchamt unter Aufhebung seiner früheren Entscheidung dem Beschwerdeantrag stattgibt, indem es zB die beantragte Eintragung vornimmt, falls nicht der zwischenzeitliche Grundbuchstand entgegensteht (Rdn 4); Bestand und Rang zwischenzeitlich eingetragener Rechte Dritter müssen unberührt bleiben[16] (§ 74 Rdn 14). Wegen des Rangs im Verhältnis zu weiteren Eintragungsanträgen § 74 Rdn 15 ff. Die Aufhebung der einen Antrag zurückweisenden Entscheidung hat auch den Kostenausspruch zu umfassen, auch dann, wenn der Grund für die Abhilfe auf neuem Vorbringen beruht (§ 74 Rdn 10 ff). Wenn das Grundbuchamt die Beschwerde nur für teilweise begründet erachtet, hat es in diesem beschränkten Umfang, soweit der Verfahrensgegenstand teilbar ist, abzuhelfen. So kann zB die Zurückweisung eines Eintragungsantrags durch eine Zwischenverfügung ersetzt werden oder einzelne von mehreren Beanstandungen in einer Zwischenverfügung können fallen gelassen werden, wenn dies, gemessen an dem gesamten Beschwerdebegehrens einen Sinn hat. Die Abhilfe kann sich auch auf eine nicht selbstständig anfechtbare Nebenentscheidung, etwa den Kostenpunkt, beschränken. Liegt ein einheitlicher Beschwerdegegenstand vor, so kann das Grundbuchamt nur diesen entweder in vollem Umfange erledigen oder es muss die Entscheidung insgesamt dem Beschwerdegericht überlassen.[17] Wird zugleich mit der Beschwerdeeinlegung ein neuer Antrag (§ 74 Rdn 4) gestellt, so richtet sich dessen Behandlung nach allgemeinen Regeln; handelt es sich um einen weiteren selbständigen Antrag, ist § 17 einschlägig. **9**

Richtet sich das Rechtsmittel **gegen eine Eintragung** und ist eine Beschwerde nur in dem beschränkten Umfang des § 71 Abs 2 S 2 zulässig, kommt eine Maßnahme nach § 53 Abs 1 in Betracht. Die Abhilfe muss allerdings darauf nicht beschränkt bleiben; das Grundbuchamt hat vielmehr, wenn die Unrichtigkeit des Grundbuchs nachgewiesen ist, auf Antrag die Berichtigung vorzunehmen.[18] Dass die Eintragung in das Grundbuch nicht (allein) aufgrund des § 18 Abs 1 FGG beseitigt werden kann,[19] steht nicht entgegen; Grundlage für die Berichtigung ist § 22 (§ 53 Rdn 3). **10**

Das Grundbuchamt kann seine Entscheidung auch **zuungunsten** des Beschwerdeführers ändern, weil das **Verbot der** sog **reformatio in peius** (§ 77 Rdn 8) in erster Instanz **nicht** eingreift.[20] Das gilt allerdings uneingeschränkt nur für die Abhilfe auf der Grundlage des § 75 durch denjenigen im Grundbuchamt, der die angefochtene Entscheidung erlassen hatte; nicht jedoch, wenn in den Fällen des § 11 Abs 2 S 1 RPflG (§ 71 Rdn 12) der Richter über die ihm vorgelegte Erinnerung gegen die Entscheidung des Rpflegers zu entscheiden hat.[21] Aus dem Hinweis des § 11 Abs 2 S 4 RPflG auf die Vorschriften über die Beschwerde folgt letzterenfalls, dass der Richter das Verbot der Schlechterstellung des Beschwerdeführers in demselben Umfang beachten muss wie das Beschwerdegericht bei der Entscheidung über die Beschwerde. Dem Verbot der r.i.p. unterliegt der GB-Richter[22] hingegen nicht[23] im Falle der Erinnerung gegen die Entscheidung des UrkBGeschSt gem § 12c Abs 4 GBO, weil in dieser Vorschrift eine Verweisung wie in § 11 Abs S 4 RPflG fehlt. **11**

4. Verfahren bei der Abhilfe

Hilft das Grundbuchamt der Beschwerde ab, so hat es die Beteiligten wie sonst über Entscheidungen zu **benachrichtigen** (§ 55; § 16 Abs 2 FGG). Soweit die Abhilfe reicht, ist die Beschwerde gegenstandslos geworden und braucht vom Beschwerdegericht nicht mehr beschieden zu werden. Verlangt der Beschwerdeführer dennoch eine Entscheidung des LG, muss das Rechtsmittel als unzulässig verworfen werden, mag der Beschwerdeführer auch ein besonderes Interesse an einer Beschwerdeentscheidung mit Rücksicht auf künftig mögliche Fälle anführen.[24] Bei unzureichender Verständigung zwischen Grundbuchamt und Beschwerdegericht kann es vorkommen, dass eine **Abbilfeentscheidung des Grundbuchamts und eine Beschwerdeentscheidung des Beschwerdegerichts nebeneinander** ergehen. Dann ist, soweit der Gegenstand derselbe ist, die **zuerst** ergangene Entscheidung maßgebend. Ist dies die Abhilfeentscheidung, so ist die Beschwerdeent- **12**

---

15 *Jansen-Briesemeister* § 23 Rn 30.
16 RGZ 135, 380; BGHZ 45, 191 = NJW 1966, 1019, 1020.
17 KGJ 4, 243.
18 *Demharter* Rn 9; KEHE-*Briesemeister* Rn 5; **aA** wohl *Weiss* DNotZ 1985, 524, 530.
19 OLG Dresden JFG 5, 233; *Jansen-Briesemeister* § 18 Rn 13.
20 KEHE-*Briesemeister* Rn 5; *Jansen-Briesemeister* § 18 Rn 15; *Keidel-Schmidt* § 18 Rn 23; vgl auch KG HRR 1941 Nr 604.
21 Vgl *Jansen-Briesemeister* § 19 Rn 50; *Jansen* DNotZ 1958, 109, 111.
22 Dazu näher § 71 Rdn 15.
23 Insoweit **abw** v 8. Aufl Rn 11.
24 BayObLG 12, 225.

scheidung gegenstandslos und wird zweckmäßigerweise vom Beschwerdegericht für gegenstandslos erklärt; ist es die Beschwerdeentscheidung, so ist die Abhilfeentscheidung überholt und das Grundbuchamt wird sie aufheben.[25] Die Abhilfeentscheidung kann ihrerseits für andere Beteiligte gemäß § 71 ff mit der Beschwerde anfechtbar sein.

V. Verfahren bei Nichtabhilfe

13 Erachtet das Grundbuchamt die Beschwerde nicht für begründet, so legt es diese mit einem entsprechenden Vermerk in den Akten dem Beschwerdegericht vor. Eine besondere Form ist für die zu treffende Entscheidung nicht vorgesehen.[26] Die Bekanntgabe der Nichtabhilfe und der Vorlegung an den Beschwerdeführer oder sonstige Beteiligte ist zwar im eigentlichen Anwendungsbereich des § 75 nicht ausdrücklich vorgeschrieben, die **Verpflichtung zur Unterrichtung der Beteiligten** ergibt sich aber jedenfalls für den Normalfall, dass eine Beschwerde gegen die Entscheidung des Rpflegers vorliegt, schon aus dem Regelungszusammenhang mit § 11 RpflG.[27] Die Nichtabhilfe braucht normalerweise nicht besonders begründet zu werden (str).[28] Nötig ist eine Begründung und deren Bekanntgabe jedoch, wenn in der angefochtenen Entscheidung eine erforderliche Begründung fehlte oder wenn das Grundbuchamt das Beschwerdevorbringen an sich für gerechtfertigt, die angefochtene Entscheidung aber aus einem anderen Rechtsgrund weiterhin für richtig hält, oder wenn mit der Beschwerde neue Tatsachen vorgebracht worden sind, die das Grundbuchamt – uU nach zusätzlichen Ermittlungen – nicht für durchschlagend erachtet.[29] Geht nach dem Erlass einer Entscheidung, dass der Beschwerde nicht abgeholfen wird, und vor der Weiterleitung an das Beschwerdegericht eine weitere Beschwerdebegründung mit neuem Tatsachenvortrag ein, ist erneut über die Abhilfe zu entscheiden.[30] Ein Verstoß kann zur Aufhebung der Entscheidung des Grundbuchamts und zur Zurückverweisung an dieses führen (§ 77 Rdn 33). Sogar die Aufhebung einer gleich lautenden Beschwerdeentscheidung des Beschwerdegerichts – falls dieses die Unterrichtung des Beschwerdeführers insoweit nicht nachgeholt hat – wegen Verletzung rechtlichen Gehörs[31] kann daraus folgen; zumindest die Niederschlagung der Kosten des Beschwerdeverfahrens (§ 16 Abs 1 KostO), wenn der Beschwerdeführer geltend macht, im Falle der Bekanntgabe der Nichtabhilfe und ihrer Begründung hätte er die Beschwerde zurückgenommen.[32] Die Gerichtskosten des Beschwerdeverfahrens sind auch niederzuschlagen, wenn das Grundbuchamt trotz zwischenzeitlicher Beseitigung des Eintragungshindernisses dem Beschwerdegericht die Beschwerde vorgelegt hat.[33] Eine Anfechtung der Nichtabhilfeentscheidung des Grundbuchamts als solcher findet nicht statt;[34] regelmäßig ist daher die gesonderte Anfechtung einer Nichtabhilfeentscheidung nicht als eigenständiges – unzulässiges – Rechtsmittel zu behandeln.[35] Weist das Grundbuchamt die Beschwerde gegen seine Entscheidung selbst zurück, so ist diese Zurückweisung unwirksam; sie kann aber als Nichtabhilfeentscheidung behandelt werden.[36]

25 Einzelh b *Riedel* Rpfleger 1969, 149, 155.
26 OLG Brandenburg MDR 2001, 51.
27 Dazu *Roth* RPflG § 11 Rn 31; *Riedel*, RPflG, § 11 Rn 15 hb.
28 **AA** f § 11 RPflG *Roth* RPflG § 11 Rn 31; zu weitgeh fordern grunds Begründung OLG Düsseldorf Rpfleger 1985, 415; OLG Karlsruhe Justiz 1980, 449; OLG München Rpfleger 1992, 382; LG Stuttgart Rpfleger 1982, 56; LG Wuppertal Rpfleger 1988, 471 m abl Anm d Schriftleit; vgl auch BayObLG Rpfleger 1995, 495 = DNotZ 1996, 32; OLG Hamm Rpfleger 1996, 99.
29 Vgl OLG Brandenburg FamRZ 2003, 48; OLG Köln FamRZ 1986, 487; OLG Hamburg OLGZ 1982, 391 = Rpfleger 1982, 293; OLG Hamm Rpfleger 1986, 483.
30 BGH Rpfleger 1992, 243.
31 Vgl OLG Hamburg OLGZ 1982, 391 = Rpfleger 1982, 293.
32 OLG Ffm JurBüro 1980, 1904.
33 BayObLG Rpfleger 1982, 275.
34 OLG Brandenburg MDR 2001, 51.
35 BayObLG FGPrax 2003, 199 = NJW-RR 2003, 1667; KEHE-*Briesemeister* Rn 5.
36 Vgl OLG München MDR 2001, 236.

§ 76 (Einstweilige Anordnungen des Beschwerdegerichts, aufschiebende Wirkung der Beschwerde)

(1) Das Beschwerdegericht kann vor der Entscheidung eine einstweilige Anordnung erlassen, insbesondere dem Grundbuchamt aufgeben, eine Vormerkung oder einen Widerspruch einzutragen, oder anordnen, daß die Vollziehung der angefochtenen Entscheidung auszusetzen ist.

(2) Die Vormerkung oder der Widerspruch (Absatz 1) wird von Amts wegen gelöscht, wenn die Beschwerde zurückgenommen oder zurückgewiesen ist.

(3) Die Beschwerde hat nur dann aufschiebende Wirkung, wenn sie gegen eine Verfügung gerichtet ist, durch die ein Zwangsgeld festgesetzt wird.

Schrifttum

Böttcher, Zurückweisung und Zwischenverfügung in Grundbuchverfahren, MittBayNot 1987, 9 ff, 65 ff; *Kleist,* Durchgriffserinnerung und Beschwerde bei Zurückweisung eines Eintragungsantrages bzw Zwischenverfügung gemäß § 18 GBO, MittRhNotK 1985, 133; *Riedel,* Der Antrag im Abhilfe- und Beschwerdeverfahren in Grundbuchsachen, Rpfleger 1969, 149.

I. Normzweck

Die Beschwerde hat grundsätzlich keine aufschiebende Wirkung (§ 73 Rdn 19; § 74 Rdn 1); eine Ausnahme **1** lässt nur § 76 Abs 3 zu. Daraus können sich für den Beschwerdeführer, der materiell im Recht ist und mit seiner Beschwerde später obsiegt, Nachteile ergeben. Insb geht im Falle der Zurückweisung eines Eintragungsantrags dessen durch den Eingang beim GB geschaffene Rangstellung (§§ 17, 45) vorläufig verloren, sodass durch den Vollzug einer anderen, nachträglich beantragten Eintragung der mit der Beschwerde erstrebte Erfolg völlig vereitelt werden kann (§ 74 Rdn 14, 15). Zur Abwendung dieser Nachteile sieht § 76 Abs 1 den Erlass einstweiliger Anordnungen durch das Beschwerdegericht vor, und zwar nach der jetzigen Fassung[1] nicht nur für das Grundbucheintragungsverfahren, sondern ganz allgemein. Hauptanwendungsfall bleibt allerdings die Eintragung einer Vormerkung oder eines Widerspruchs im Grundbuch.

II. Einstweilige Anordnungen des Beschwerdegerichts

1. Zuständigkeit

Zuständig zum Erlass einer einstw Anordnung ist das LG als Beschwerdegericht (§ 72); die Entscheidung kann **2** nur durch die Kammer, nicht etwa allein durch den Vorsitzenden, getroffen werden. Das Grundbuchamt ist ohne Anordnung des Beschwerdegerichts grundsätzlich nicht berechtigt, einen Widerspruch oder eine Vormerkung einzutragen oder eine sonstige einstw Anordnung[2] nach Maßgabe des § 76 Abs 1 zu treffen. Unberührt bleibt andererseits die Befugnis des Grundbuchamts zur Abhilfe nach § 75. Als (abschließende)[3] Abhilfemaßnahme kann etwa ein Amtswiderspruch nach § 53 in Betracht kommen (§ 75 Rdn 10). Erlässt das Beschwerdegericht im Zusammenhang mit der Beschwerde gegen eine Zwischenverfügung eine einstw Anordnung, so entbebt dies das Grundbuchamt nicht der Pflicht, ggf nach § 18 Abs 2 zu verfahren, weil die einstw Anordnung des Beschwerdegerichts jederzeit wieder wegfallen kann.

---

1 Z Entstehungsgesch 6. Aufl Bem 1.
2 *Demharter* Rn 1; KEHE-*Briesemeister* RdNr 2; *Bauer/v. Oefele-Budde* Rn 3; Vgl auch § 18 Rdn 74.
3 Nicht einstweilige, entg 8. Aufl Rn 2.

2. Voraussetzungen

3 **a) Zulässige Beschwerde.** Da das Beschwerdegericht zu einer sachlichen Prüfung und Entscheidung nicht befugt ist, wenn die Beschwerde unzulässig ist, muss als Voraussetzung für den Erlass einer einstw Anordnung grundsätzlich eine zulässige Beschwerde vorliegen.[4] Ist allerdings die Zulässigkeitsprüfung sehr umfangreich und noch nicht abgeschlossen und andererseits eine schnelle vorläufige Regelung geboten, so muss es ausnahmsweise ausreichen, wenn das Beschwerdegericht die Zulässigkeit der Beschwerde wenigstens für möglich hält.

4 **b) Zeitliche Grenzen.** Der Erlass einer einstw Anordnung kommt jederzeit »vor der Entscheidung« des Beschwerdegerichts in Betracht. Das Beschwerdegericht ist an einer solchen Maßnahme nicht dadurch gehindert, dass es dem Grundbuchamt noch keine Gelegenheit zur Prüfung gegeben hat, ob dieses der Beschwerde abhelfen will (s § 73 Rdn 5). Nicht mehr möglich ist eine einstw Anordnung, wenn die Beschwerdeentscheidung schon vorliegt, sie kann auch nicht mehr im Rahmen der die Beschwerde sachlich erledigenden Entscheidung oder gleichzeitig mit dieser ergehen;[5] wohl aber ist sie im Blick auf das Gebot der Gewährung effektiven Rechtsschutzes im Rahmen einer bloß aufhebenden und zurückverweisenden Entscheidung zuzulassen.[6] Hat das Beschwerdegericht über die Beschwerde entschieden und ist weitere Beschwerde eingelegt, so kann nur das zur Entscheidung hierüber berufene Gericht eine einstw Anordnung erlassen.[7]

3. Anlass

5 Das Beschwerdegericht »kann« eine einstw Anordnung erlassen, die Maßnahme steht also in seinem **pflichtgemäßen Ermessen.** Anlass dazu wird bestehen, wenn das Beschwerdegericht einerseits über die Beschwerde nicht sofort entscheiden kann, andererseits das Rechtsmittel nicht ohne Erfolgsaussicht, die Wahrung der Rechte des Beschwerdeführers jedoch gefährdet erscheint, es also einen möglichen Schaden abzuwenden gilt.[8] Das Beschwerdegericht entscheidet insoweit von Amts wegen; ein »Antrag« hätte nur die Bedeutung einer Anregung, die vom Beschwerdegericht, wenn es keinen Anlass für eine Maßnahme sieht, regelmäßig nicht einmal besonders beschieden zu werden brauchte. Ein Bedürfnis für eine einstw Anordnung besteht bspw nicht: wenn die Beschwerde ausnahmsweise aufschiebende Wirkung hat, § 76 Abs 3; wenn das Grundbuchamt eine Eintragung erst nach Rechtskraft seiner Entscheidung vornehmen kann, wie in den Fällen der §§ 87 (c), 111; wenn sich an die Eintragung, die den Gegenstand der Beschwerde bildet, kein gutgläubiger Erwerb anschließen kann, etwa weil sie inhaltlich unzulässig ist. Wird in diesen Fällen dennoch eine einstw Anordnung erlassen, so ist sie gleichwohl wirksam. Entgegen mehreren Stimmen[9] ist **bei Beschwerde gegen eine Zwischenverfügung** der Erlass einer einstw Anordnung nicht schon wegen der Verpflichtung des Grundbuchamts entbehrlich, eine Vormerkung oder einen Widerspruch nach § 18 Abs 2 einzutragen, wenn eine andere, dasselbe Recht betreffende Eintragung beantragt wird. Der Beschwerdeführer ist nicht dagegen geschützt, dass das Grundbuchamt den Eintragungsantrag, auf den sich die Zwischenverfügung bezieht, zurückweist und dadurch die Wirkung des § 18 Abs 2 entfällt. Es kann im Einzelfall also durchaus ein Bedürfnis für ein im Wege der einstw Anordnung ausgesprochenes Verbot des Beschwerdegerichts an das Grundbuchamt bestehen, den Eintragungsantrag zurückzuweisen.[10]

4. Inhalt

6 **a) Allgemeines.** Die **Art** der einstw Anordnung steht im Ermessen des Beschwerdegerichts. Es kann jede Maßnahme gewählt werden, die geeignet ist zu verhindern, dass der Beschwerdeführer materiell um seinen Erfolg gebracht wird, bevor eine Entscheidung des Beschwerdegerichts ergangen ist. Als Beispiel erwähnt das Gesetz die Eintragung einer Vormerkung oder eines Widerspruchs, ferner die Anordnung der Aussetzung der Vollziehung der angegriffenen Entscheidung. Außerdem kommen etwa in Betracht: Die Weisung an das Grundbuchamt, einen Hypothekenbrief nicht herauszugeben, oder bei Anfechtung einer Zwischenverfügung das Verbot an das Grundbuchamt, den Eintragungsantrag zurückzuweisen (Rdn 5). Ein Verbot an das Grundbuchamt, der Beschwerde abzuhelfen, um Doppelentscheidungen zu vermeiden,[11] wäre mit § 75 nicht vereinbar.

---

4 LG Ellwangen BwNotZ 1981, 19.
5 KG JW 1931, 1043; KEHE-*Briesemeister* Rn 2.
6 OLG Hamm DNotZ 2003, 355 = Rpfleger 2003, 349; *Bauer/v. Oefele-Budde* Rn 4.
7 KG JFG 5, 238, 230.
8 BayObLG 7, 332; 32, 3; *Demharter* Rn 3; KEHE-*Briesemeister* Rn 3.
9 6. Aufl Bem 5 (and Bem 7); KEHE-*Kuntze* (bis z 3. Aufl) Rn 3; *Riedel* Rpfleger 1969, 149, 155.
10 *Bauer/v. Oefele-Budde* Rn 6; *Demharter* Rn 4; *Böttcher* MittBayNot 1992, 65, 69; *Kleist* MittRhNotK 1985, 133, 142; KEHE-*Briesemeister* Rn 3.
11 Wie es 6. Aufl Bem 7 erörtert.

b) Anordnung einer Vormerkung oder eines Widerspruchs. Die Eintragung einer Vormerkung ist anzu- **7** ordnen, wenn die Beschwerde sich gegen die Zurückweisung eines Antrags auf Eintragung einer Rechtsände- rung richtet, die Eintragung eines Widerspruchs, wenn eine Eintragung oder die Zurückweisung eines Antrags auf Grundbuchberichtigung Gegenstand der Beschwerde ist. Im letzteren Fall ist allerdings Voraussetzung, dass die mit der Beschwerde angegriffene Eintragung nicht ihrem Inhalt nach (zweifelsfrei) unzulässig ist, weil sonst kein Raum für einen Widerspruch ist. Vormerkung und Widerspruch können nebeneinander in Frage kom- men, wenn die Beschwerde mehrere Anträge zum Gegenstand hat; bei ein und demselben Beschwerdegegen- stand ist dies ausgeschlossen. Wenn die Eintragung einer Vormerkung beantragt war, kann die Eintragung einer vorläufigen Vormerkung angeordnet werden; ebenso die eines vorläufigen Widerspruchs, wenn der zugrunde liegende Antrag auf die Eintragung eines Widerspruchs abzielt oder ein solcher nach § 71 Abs 2 S 2 in Frage kommt. Eine Verwechslung bei der Bezeichnung des Sicherungsmittels ist unschädlich.[12] Hinweise zum Vollzug (Rdn 6) können zweckmäßig sein.

Sollen die Vormerkung oder der Widerspruch bei einem Briefrecht eingetragen werden, so bedarf es regelmäßig **8** der **Vorlage des Briefes** (§§ 41, 42). Nicht erforderlich ist die Briefvorlage, wenn die Beschwerde sich gegen die Ablehnung der Eintragung eines Widerspruchs richtet, der sich darauf gründet, dass die Hypothek oder die For- derung, für die sie bestellt ist, nicht bestehe oder einer Einrede unterliege oder dass die Hypothek unrichtig einge- tragen sei; dann gilt § 41 Abs 1 S 2 entsprechend (§ 53 Abs 2 S 1; § 53 Rdn 145). Soweit die Vorlegung des Briefes erforderlich ist, ist dessen Herbeischaffung Sache des Beschwerdegerichts (s aber Rdn 12 aE).

5. Verfahren

a) Form und Bekanntmachung. Die einstw Anordnung ergeht in der Form eines Beschlusses. Sie ist dem **9** Beschwerdeführer und dem Grundbuchamt, das die angefochtene Entscheidung erlassen hat, bekannt zu machen; ebenso sonstigen formell und materiell Beteiligten (Vor § 71 Rdn 22), es sei denn, der Zweck des Ver- fahrens erfordert zunächst den sofortigen Vollzug. Die Auffassung, die Anordnung der Eintragung einer Vor- merkung oder eines Widerspruchs brauche nicht bekannt gemacht zu werden, weil die Beteiligen durch das Grundbuchamt von der Eintragung nach § 55 benachrichtigt würden,[13] wird nicht aufrechterhalten.[14]

b) Kein Rechtsmittel. Gegen einstw Anordnungen nach § 76 oder deren Ablehnung oder Unterlassung ist, **10** solange sie sich im Rahmen des Verfahrensgegenstandes halten[15] und es sich nicht eine verkappte Endentschei- dung handelt, **kein Rechtsmittel** gegeben.[16] Nichts anderes kann – wie heute allg Meinung ist[17] – für die auf- grund einer solchen einstw Anordnung erfolgte Eintragung einer Vormerkung oder eines Widerspruchs durch das Grundbuchamt gelten.

c) Änderung/Aufhebung. Das Beschwerdegericht kann, solange es noch nicht in der Hauptsache entschie- **11** den hat, seine Anordnung entspr § 18 Abs 1 FGG von Amts wegen **jederzeit ändern**, also auch die Löschung der auf seine Weisung vorgenommenen Eintragung einer Vormerkung oder eines Widerspruchs anordnen. Da es sich bei der Vormerkung bzw dem Widerspruch nach § 76 um rein verfahrensrechtliche Vermerke handelt, ist eine Löschung allein auf Bewilligung des Beschwerdeführers oder eines sonstigen Betroffenen nicht möglich.

6. Vollzug der einstweiligen Anordnung auf Vornahme einer Eintragung

Die Eintragung der Vormerkung oder des Widerspruchs aufgrund der einstw Anordnung erfolgt (gerichtsge- **12** bührenfrei; § 69 Abs 2 KostO) durch das Grundbuchamt als Vollzugsorgan des Beschwerdegerichts; es ist an dessen Anordnung gebunden und hat deren Rechtmäßigkeit nicht nachzuprüfen. Im Falle der Beschwerde gegen die Zurückweisung eines Eintragungsantrags hat der Vollzug der einstweiligen Anordnung Vorrang vor weiteren, unerledigten Anträgen.[18] Die Eintragung der Vormerkung oder des Widerspruchs kann allerdings dadurch gegenstandslos werden, dass das Grundbuchamt der Beschwerde abhilft (§ 75). Machen in der Zwi- schenzeit eingetretene Veränderungen des Grundbuchstandes den Vollzug der Anordnung unmöglich, so ist dies dem Beschwerdegericht unverzüglich anzuzeigen; die einstw Anordnung wird dann vom Beschwerdege- richt abzuändern oder aufzuheben sein. Im Übrigen erfolgt die Eintragung durch das Grundbuchamt nach den allg Vorschriften als selbständige Eintragung in der dafür bestimmten Abteilung (§§ 12, 19 GBV). Eine Bezug-

---

12 RGZ 55, 343.
13 6. Aufl Bem 14.
14 IdS auch *Demharter* Rn 8; KEHE-*Briesemeister* Rn 12; *Kleist* MittRhNotK 1985, 133, 143.
15 Sonst Erstbeschwerde: BayObLG Rpfleger 1975, 146; *Bassenge* FGG § 24 Rn 11; *Keidel-Kahl* § 24 Rn 18.
16 BGHZ 39, 168 = NJW 1963, 1306; BayObLG 32, 6; BayObLGZ 1967, 270; BayObLG Rpfleger 1975, 176; BayObLG MDR 1998, 1245 m Anm *E. Schneider*; OLG Celle NdsRpfl 1971, 207; KG OLGZ 1976, 130 = FamRZ 1977, 63; *Demharter* Rn 9.
17 *Bauer/v. Oefele-Budde* Rn 9; *Demharter* Rn 9; KEHE-*Briesemeister* Rn 13; **aA** *Güthe-Triebel* § 71 Rn 9.
18 *Bauer/v. Oefele-Budde* Rn 8.

nahme auf die einstw Anordnung bei der Eintragung im Grundbuch ist ausgeschlossen. Es empfiehlt sich aber, in dem Eintragungsvermerk darauf hinzuweisen, dass die Eintragung auf Anordnung des Beschwerdegerichts erfolgt, etwa: »... *aufgrund der einstw Anordnung des LG ... vom ... eingetragen am ...*«. Aus der Weisungsgebundenheit folgt auch, dass das Grundbuchamt, wenn das Beschwerdegericht von einer an sich notwendigen und von ihm zu veranlassenden Herbeischaffung des Briefs (Rdn 8) abgesehen hat, nicht seinerseits die Eintragung von der Vorlegung abhängig machen darf.[19]

7. Auswirkungen der Beschwerderücknahme bzw -entscheidung

13 **a) Rücknahme oder Zurückweisung der Beschwerde.** Nach Abs 2 erfolgt die Löschung der Vormerkung bzw des Widerspruchs von Amts wegen, wenn die Beschwerde **zurückgenommen** oder **zurückgewiesen** worden ist. Es bedarf also weder eines Antrags noch einer Anordnung des Beschwerdegerichts; dem Beschwerdegericht ist jedoch unbenommen, die Löschung ausdrücklich anzuordnen. Ist die Beschwerde zurückgewiesen, so steht die Einlegung der weiteren Beschwerde der Löschung nicht entgegen; das Gericht der weiteren Beschwerde kann jedoch seinerseits eine einstw Anordnung erlassen. Liegen die Voraussetzungen vor, so wird die Löschung vom Grundbuchamt vorgenommen.

14 **b) Stattgabe der Beschwerde.** Wird der Beschwerde **stattgegeben**, so werden die Vormerkung oder der Widerspruch nach der vom Beschwerdegericht gegebenen Anordnung in die endgültige Eintragung **umgeschrieben** (§ 18 Rdn 139). Die Vormerkung und der Widerspruch werden hierbei als gegenstandslos gerötet, jedoch nicht gelöscht (§ 19 Abs 2 GBV). Spätere Eintragungen sind, soweit sie entgegenstehen, von Amts wegen zu löschen, im Übrigen gehen sie im Range nach (§ 18 Rdn 140 ff). Handelt es sich bei der in der Entscheidung des Beschwerdegerichts angeordneten endgültigen Eintragung um eine Vormerkung bzw einen Widerspruch mit **demselben Inhalt** wie eine die gemäß § 76 Abs 1 angeordnete vorläufige Vormerkung bzw der vorläufige (Amts-) Widerspruch, so ist ebenfalls eine Umschreibung erforderlich,[20] für die es jedoch ausreicht, wenn durch einen Vermerk (in der Veränderungsspalte) die vorläufige Eintragung als endgültig bezeichnet wird, etwa durch den Hinweis, dass das Beschwerdegericht seine einstw Anordnung bestätigt hat; nochmalige Wiederholung der früheren Eintragung ist nicht notwendig.[21] Etwas anderes gilt jedoch, wenn die vorläufige Eintragung sich in einem rein verfahrensrechtlichen Schutzvermerk iS des § 18 Abs 2 erschöpft hatte; dann müssen endgültige Vormerkung bzw Widerspruch neu eingetragen werden.[22]

III. Ausnahmsweise aufschiebende Wirkung der Beschwerde

15 Die Beschwerde, der grundsätzlich keine aufschiebende Wirkung zukommt, hat diese Wirkung ausnahmsweise gemäß Abs 3, wenn sie sich gegen eine Verfügung richtet, durch die ein Zwangsgeld festgesetzt worden ist. Die aufschiebende Wirkung tritt kraft Gesetzes ein; eines Antrags oder einer Anordnung des Beschwerdegerichts bedarf es nicht. Das Beschwerdegericht muss, wenn die Beschwerde unmittelbar bei ihm eingelegt wurde, das Grundbuchamt unverzüglich hiervon benachrichtigen. Die Beschwerde gegen eine Anordnung, mit der ein Zwangsgeld lediglich angedroht wird, fällt nicht unter § 76 Abs 3 und hat keine aufschiebende Wirkung.[23]

---

19 KEHE-*Briesemeister* § 76 Rn 7.
20 Früher str; s 6. Aufl Bem 12.
21 RGZ 113, 234 (überholt: KG OLGE 21, 13 = KGJ 38, 276; KG OLGE 40); *Demharter* Rn 11.
22 Zutr *Bauer/v. Oefele*-Budde Rn 10.
23 BayObLGZ 1970, 240, 241; KEHE-*Briesemeister* Rn 17; *Jansen-Briesemeister* § 24 Rn 6; *Keidel-Kahl* § 24 Rn 6.

§ 77   (Entscheidung über die Beschwerde)

Die Entscheidung des Beschwerdegerichts ist mit Gründen zu versehen und dem Beschwerdeführer mitzuteilen.

Schrifttum

Alff, Bindung an rechtswidrige Eintragungsanweisung des Beschwerdegerichts?, Rpfleger 1999, 373; *Bergen*, Das rechtliche Gehör, BWNotZ 1996, 137; *Böttcher*, Die Beweislehre im Grundbuchverfahren, MittBayNot 1986, 1; *Blomeyer*, Die Beschwerde gegen die Zwischenverfügung, DNotZ 1971, 329; *Frohn*, Rechtliches Gehör und richterliche Entscheidung, 1989; *Gäbelein*, Zur Abänderbarkeit von Entscheidungen, JZ 1955, 260; *Jansen*, Die Beschwerde gegen die Zwischenverfügung (eine Entgegnung), DNotZ 1971, 531; *Josef*, Neuere Streitfragen zum Beschwerderecht in der freiwilligen Gerichtsbarkeit, ZBlFG 12, 565; *Kahl*, Beschwerdeberechtigung und Beschwerde in der freiwilligen Gerichtsbarkeit, 1981; *Keidel*, Der Grundsatz des rechtlichen Gehörs im Verfahren der FG, Diss Köln 1965; *Kleist*, Durchgriffserinnerung und Beschwerde bei Zurückweisung eines Eintragungsantrages bzw Zwischenverfügung gemäß § 18 GBO, MittRhNotK 1985, 133; *Richter*, Strengbeweis und Freibeweis im Verfahren der freiwilligen Gerichtsbarkeit, Rpfleger 1969, 261; *Riedel*, Der Antrag im Abhilfe- und Beschwerdeverfahren in Grundbuchsachen, Rpfleger 1969, 149; *Säcker*, Zum rechtlichen Gehör im Verfahren der freiwilligen Gerichtsbarkeit, NJW 1970, 1666; *Ulrike Schäfer*, Abänderbarkeit und Rechtskraft im Verfahren der freiwilligen Gerichtsbarkeit, 1992; *Schneider*, Probleme bei Aufhebung und Zurückverweisung im Beschwerdeverfahren, MDR 1978, S 24; *Sommerlad*, Die sogenannte Selbstbindung der Rechtsmittelgerichte, NJW 1974, 123; *Tschischgale*, Kostentragung und Kostenerstattung im Verfahren nach dem FGG, Rpfleger 1961, 97; *Unger*, Die Rechtsmittel im Verfahren der freiwilligen Gerichtsbarkeit nach Reichsrecht, ZZP 41 (1911), 143; *Wütz*, Der Freibeweis in der freiwilligen Gerichtsbarkeit, 1970.

Übersicht

I. Normzweck

Über die Prüfungspflicht des Beschwerdegerichts enthält das Gesetz, abgesehen davon, dass sich hier § 74 auswirkt, keine ausdrückliche Regelung (dazu Rdn 2 ff). § 77 stellt für sich genommen nur die Nachprüfbarkeit der Entscheidung des Beschwerdegerichts sicher: Die Begründung ist erforderlich, damit das Gericht der weiteren Beschwerde überprüfen kann, auf welcher tatsächlichen und rechtlichen Grundlage die Beschwerdeent-   **1** scheidung beruht. Dass alle Entscheidungen, die einem Rechtsmittel zugänglich sind, begründet werden müssen, entspricht auch einem verfassungsrechtlichen Gebot.[1] Daraus folgt auch die zwingende Notwendigkeit, die begründete Entscheidung den betroffenen Beteiligten bekannt zu geben.

II. Aufgabe (Prüfungspflicht) des Beschwerdegerichts

1. Grundsatz

2   Unter der Voraussetzung, dass es die Zulässigkeit des Rechtsmittels bejaht (Rdn 14, 15), **tritt das Beschwerdegericht als nächsthöhere Tatsacheninstanz vollständig an die Stelle des Grundbuchamts** (§ 74 Rdn 1). Es prüft also nicht bloß die Entscheidungsgründe des Grundbuchamts nach, sondern es unterzieht das gesamte Sach- und Rechtsverhältnis, wie es sich zZ seiner Entscheidung darstellt, einer neuen Beurteilung.[2]

2. Grenzen

3   **a) Erstinstanzlicher Verfahrensgegenstand.** Die Prüfung des Beschwerdegerichts ist auf das begrenzt, was Gegenstand des Beschwerdeverfahrens sein kann; sie geht also grundsätzlich nicht über den Verfahrensgegenstand hinaus, auf den sich die angefochtene Entscheidung des Grundbuchamts bezieht (§ 74 Rdn 4 ff).

4   **aa) Im Antragsverfahren.** Im **Antragsverfahren** wird der Verfahrensgegenstand durch den **erstinstanzlichen Antrag** bestimmt. Ein neuer Antrag kann nur vom Grundbuchamt beschieden werden (§ 74 Rdn 4). Besteht der Beschwerdeführer auf einer Entscheidung des Beschwerdegerichts über einen solchen neuen Antrag, ist die Beschwerde als unzulässig zu verwerfen.[3]

5   **bb) Im Amtsverfahren.** Im **Amtsverfahren** richtet sich der Verfahrensgegenstand nach der **vom Grundbuchamt eingeleiteten oder bei ihm angeregten Maßnahme** (§ 74 Rdn 5).

6   **b) Bindung an den Antrag des Beschwerdeführers. aa) Antragsverfahren.** Im Antragsverfahren darf die Prüfung des Beschwerdegerichts **nicht über das Beschwerdebegehren des Beschwerdeführers hinausgehen.**[4] Etwa, wenn – bei Teilbarkeit des Verfahrensgegenstandes (sonst: Rdn 26) – der Beschwerdeführer die angefochtene Entscheidung nur teilweise anficht oder seinen bisherigen Antrag einschränkt. Stellt der Beschwerdeführer mit der Beschwerde keinen bestimmten Antrag, ist sein ursprünglich beim Grundbuchamt gestellter Antrag maßgebend. Fehlt es in der Beschwerdeinstanz überhaupt an einem Antrag, gilt die Entscheidung des Grundbuchamts ihrem ganzen Inhalt nach als angefochten, soweit der Beschwerdeführer durch sie beschwert ist. Ggf ist der Beschwerdeantrag auszulegen. So ist in dem Antrag auf Löschung einer für unrichtig gehaltenen Eintragung regelmäßig auch das Verlangen auf Eintragung eines Amtswiderspruchs zu sehen (§ 71 Rdn 78). Ebenso hält sich die Anordnung der Amtslöschung im Rahmen eines Beschwerdebegehrens auf Löschung gemäß § 22[5] wie auch im Rahmen der Anregung, einen Amtswiderspruch einzutragen.[6] Hat der Beschwerdeführer die Aufhebung der einen Eintragungsantrag zurückweisenden Entscheidung beantragt, so kann das Beschwerdegericht stattdessen eine Zwischenverfügung nach § 18 erlassen. Umgekehrt kann es, wenn die Beschwerde auf die Setzung einer Frist anstelle der abweisenden Entscheidung abzielt, auch unmittelbar die beantragte endgültige Eintragung anordnen.[7]

7   **bb) Amtsverfahren.** Im Amtsverfahren ist das Beschwerdegericht im Rahmen des ihm angefallenen Verfahrensgegenstandes **an den Antrag des Beschwerdeführers nicht gebunden.** Dasselbe gilt, soweit in das Antragsverfahren ein Amtsverfahren eingreift, zB wenn Eintragungen nach §§ 18 Abs 2 oder 53 in Betracht kommen, insb im Rahmen der beschränkten Beschwerde nach § 71 Abs 2 S 2 gegen eine Eintragung. Auch über die Reichweite des einzutragenden Amtswiderspruchs entscheidet das Beschwerdegericht ohne Bindung an den Rechtsmittelantrag.[8]

8   **c) Verbot der Schlechterstellung.** Die sog reformatio in peius (r.i.p.) steht in Frage, wenn es darum geht, ob das Rechtsmittelgericht die angefochtene Entscheidung zum Nachteil desjenigen ändern darf, der das Rechts-

---

1   BVerfGE 6, 44; vgl auch BGH NJW 1983, 123; *Lücke* aaO.
2   BGH NJW 1982, 1464, 1465; BayObLG Rpfleger 1967, 11 = DNotZ 1967, 512 (Ls); BayObLGZ 1984, 208, 211; OLG Hamm Rpfleger 1980, 221; KGJ 35, 232; OLG Oldenburg NdsRpfl 1956, 52; *Demharter* Rn 2; KEHE-*Briesemeister* Rn 5; *Jansen-Briesemeister* § 23 Rn 22; *Keidel-Kahl* § 25 Rn 2.
3   KEHE-*Briesemeister* Rn 8.
4   OLG Colmar OLGE 10, 28; OLG Dresden OLGE 40, 41; KG JFG 5, 434; *Demharter* Rn 11; KEHE-*Briesemeister* Rn 8.
5   BayObLG 1973, 86; OLG Zweibrücken Rpfleger 1977, 305, 306.
6   KGJ 49, 190; KG HRR 1927 Nr 2127 (geg KG OLGE 13, 231, 235); OLG Hamm Rpfleger 1957, 117, 118.
7   BayObLG 18, 260.
8   BGHZ 106, 108, 112.

mittel eingelegt hat.[9] Das **Verschlechterungsverbot** gilt im Bereich des FGG wie im Zivilprozess[10] jedenfalls in Angelegenheiten, in denen es sich überwiegend um private Interessen der Beteiligten handelt und die Entscheidung einen Antrag voraussetzt (Antragsverfahren),[11] folglich auch im Grundbucheintragungsantragsverfahren.[12] Zugelassen wird die r.i.p. dagegen in Verfahren, in denen es vornehmlich um öffentliche Interessen geht, insb in Amtsverfahren, auch soweit sie im Zusammenhang mit einem Antragsverfahren stattfinden.[13] Das Verbot der r.i.p. greift also grundsätzlich nicht Platz, wenn das erstinstanzliche Verfahren wegen eines von Amts wegen zu beachtenden Verfahrensmangels unzulässig war.[14] Fehlt zB eine Verfahrensvoraussetzung, so kann das Beschwerdegericht den vom Grundbuchamt sachlich zurückgewiesenen Antrag als unzulässig abweisen.[15] Zweifelhaft ist, inwieweit bei Verstoß gegen von Amts wegen zu beachtende Verfahrensvorschriften das Beschwerdegericht auf Beschwerde des Antragstellers auch den zu seinen Gunsten lautenden, von ihm nicht angefochtenen Teil der Entscheidung der Vorinstanz ändern darf. Entspr neueren Entwicklungen im Zivilprozessrecht[16] dürfte zu unterscheiden sein: Steht lediglich ein behebbarer Verfahrensmangel in Rede, gilt das Verschlechterungsverbot. Handelt es sich um einen nicht heilbaren Verfahrensmangel, so kommt es darauf an, ob dieser so schwerwiegend ist, dass bei einer Abwägung das Verschlechterungsverbot zurücktreten muss. Der Anordnung einer Löschung einer inhaltlich unzulässigen Eintragung bzw der Aufhebung der Anweisung, eine inhaltlich unzulässige Eintragung vorzunehmen, durch das (weitere) Beschwerdegericht steht nicht entgegen, dass die weitere Beschwerde nur auf Änderung der Fassung oder auf Löschung eines Amtswiderspruchs gerichtet war.[17] Das Verbot der r.i.p. hindert das Beschwerdegericht nicht, die Abweisung eines Antrags aus rein verfahrensrechtlichen Gründen auf die Beschwerde des Antragstellers durch eine Sachabweisung zu ersetzen.[18] Dagegen greift das Verschlechterungsverbot ein, wenn das Beschwerdegericht statt zur Eintragung eines Amtswiderspruchs zur teilweisen Löschung eines Rechts an einem Grundstück im Wege der Grundbuchberichtigung angewiesen und nur der Grundstückseigentümer, nicht aber auch der Berechtigte des betroffenen Rechts, weitere Beschwerde eingelegt hat.[19] Ob eine Verschlechterung vorliegt, richtet sich nach dem Tenor, nicht nach den Gründen der Entscheidung, die das Beschwerdegericht, selbst wenn sie für den Beschwerdeführer ungünstiger sein sollten, auswechseln darf.[20] Da das Verbot der r.i.p. sich nur an die Rechtsmittelinstanz wendet, **gilt es nicht im Abhilfeverfahren des Grundbuchamts nach § 75** (wohl aber für den Richter im Erinnerungsverfahren; § 75 Rdn 11). Unbeschadet des Grundsatzes, dass das Verbot der r.i.p. für die erste Instanz nicht eingreift, muss aber **entgegen der im Bereich des FGG vorherrschenden Meinung**[21] auch das **Grundbuchamt dieses Verbot** dann **in begrenztem Umfang beachten,** wenn das Beschwerdegericht die erste Entscheidung aufgehoben und die Sache zurückverwiesen hat: nämlich **insoweit, als im Falle einer eigenen Sachentscheidung des Beschwerdegerichts eine r.i.p ausgeschlossen wäre,**[22] zumal in anderem Zusammenhang anerkannt ist, dass bei Aufhebung und Zurückverweisung wegen eines behebbaren Verfahrensmangels die neue Entscheidung der unteren Instanz nicht zu Ungunsten des Beschwerdeführers von der aufgehobenen Entscheidung abweichen darf.[23] Es wäre also eine unzulässige Verfahrensweise, wenn das Beschwerdegericht nur

---

9   *Keidel-Kahl* § 19 Rn 115; *Zimmermann* Rpfleger 1959, 251 ff.

10 Vgl § 528 S 2 ZPO; dazu *Zöller-Gummer/Heßler* § 528 Rn 24 ff.

11 BGHZ 92, 5, 8; OLG Hamm Rpfleger 1970, 393; *Jansen-Briesemeister* § 25 Rn 15; *Keidel-Kahl* § 19 Rn 115; *Zimmermann* Rpfleger 1959, 551, 556.

12 BayObLGZ 1954, 225, 235; 1967, 408, 410; BayObLG DNotZ 1982, 438, 440; BayObLG Rpfleger 1995, 332 (Ls b *Meyer-Stolte*); BayObLG FGPrax 1997, 13 = Rpfleger 1997, 101, 102; KG JFG 8, 236 = HRR 1936 Nr 1834; OLG Oldenburg NdsRPfl 1951, 198; *Demharter* Rn 30; KEHE-*Briesemeister* Rn 9; *Blomeyer* DNotZ 1971, 329, 343; *Jansen* DNotZ 1971, 531, 537; *Riedel* Rpfleger 1969, 149, 153.

13 BGHZ 92, 5, 8; BayObLGZ 1979, 215, 220; 1984, 239, 246; OLG Bremen OLGZ 1977, 281, 282; OLG Düsseldorf DNotZ 1958, 157; OLG Freiburg RdL 1951, 27; OLG Hamm Rpfleger 1954, 314, 315; OLG Hamm MittBayNot 1973, 79, 90; KG NJW 1955, 229; *Demharter* Rn 30; KEHE-*Kuntze* Rn 9; *Keidel-Kahl* § 19 Rn 115.

14 *Jansen-Briesemeister* § 25 Rn 13; *Keidel-Kahl* § 19 Rn 116.

15 Z ZPO vgl *Zöller-Gummer/Heßler* § 528 Rn 31 f.

16 Vgl BGH NJW 1986, 1494; *Zöller-Gummer/Heßler* § 528 Rn 33.

17 BayObLGZ 1984, 239, 246; BayObLGZ 1991, 139, 41; OLG Hamm MittBayNot 1973, 89, 90; KG JFG 12, 295, 300; OLG Düsseldorf DNotZ 1958, 157; *Demharter* Rn 30; KEHE-*Briesemeister* Rn 9.

18 BayObLG FGPrax 1997, 13 = Rpfleger 1997, 101, 102; f ZPO BGHZ 23, 36, 50; BGH NJW 1988, 1982, 1983; BGHZ 104, 212, 214; 130, 390, 399; OLG Ffm DNotZ 1962, 1920; *Zöller-Gummer/Heßler* § 528 Rn 32.

19 BayObLG Rpfleger 1995, 332 (Ls b *Meyer-Stolte*).

20 BGH NJW 1988, 1982, BayObLGZ 1962, 47, 55; OLG München DFG 1937, 128; *Jansen-Briesemeister* § 25 Rn 12; *Keidel-Kahl* § 19 Rn 119; KEHE-*Briesemeister* Rn 9; *Blomeyer* DNotZ 1971, 329, 347; *Riedel* Rpfleger 1969, 149, 154.

21 OLG München NJW 1952, 629; KEHE-*Briesemeister* Rn 9; *Jansen-Briesemeister* § 25 Rn 29; *Keidel-Kahl* § 19 Rn 120; *Peters* MDR 1952, 137, 141; *Riedel* Rpfleger 1969, 154; *Josef* ZBlFG 12, 565, 578 ff.

22 *Unger* ZZP 41 (1911), 165 Fn 45; f ZPO BGH FamRZ 1989, 957, 958; *Stein-Jonas-Grunsky* § 539 Rn 13; *Thomas-Putzo* § 565 Rn 11; *Bötticher* ZZP 65 (1952), 464, 465; *Kapsa*, Das Verbot der reformatio in pejus im Zivilprozeß (1976), 134 ff; **aA** *Baumbach-Albers* § 538 Rn 25; *Zöller-Gummer/Heßler* § 538 Rn 61.

23 Z ZPO RGZ 58, 248, 256; BGH NJW 1961, 1813, 1814; NJW 1986, 1494, 1495; BGHZ 159, 122 = NJW-RR 2004, 1422.

deshalb von einer an sich möglichen Sachentscheidung absähe und an das Grundbuchamt zurückverwiese, um damit eine Entscheidung iS einer Verschlechterung des Beschwerdeführers zu veranlassen (str).[24] Kein eigentliches Problem der r.i.p., sondern des Beschwerdegegenstandes ist die Frage, ob bei Anfechtung einer Zwischenverfügung über den gesamten Eintragungsantrag entschieden werden kann[25] (Rdn 12). Nicht verboten ist dem Beschwerdegericht, im Zusammenhang mit der Entscheidung über eine angefochtene Zwischenverfügung dem Grundbuchamt belehrende Hinweise zum Nachteil des Beschwerdeführers zu geben.[26]

9   Das Verschlechterungsverbot gilt **nicht** für die **Kostenentscheidung** (s § 308 Abs 2 ZPO),[27] es sei denn, sie ist – wie bei § 20a Abs 2 FGG – zur Hauptsache geworden.[28] Auch nicht für die **Geschäftswertfestsetzung** bzw im **Geschäftswert-Beschwerdeverfahren** (str),[29] weil es hierbei stets auf den richtigen Geschäftswert ankommt (s auch § 31 Abs 1 S 2 KostO). Ausgeschlossen ist eine r.i.p. dagegen im Rechtsmittelverfahren gegen den Kostenansatz gemäß § 14 KostO[30] wie auch im Kostenerstattungsfestsetzungsverfahren gemäß §§ 13a Abs 2 FGG, 103 ff ZPO,[31] weil sich in diesen Verfahren Beteiligte und Staatskasse oder Beteiligte untereinander ähnlich wie bei einem Parteiprozess gegenüberstehen und Interessen Dritter nicht berührt werden.

10   **d) Selbstbindung des Beschwerdegerichts.** Eine weitere Begrenzung für die Nachprüfung ergibt sich aus der Bindung des Beschwerdegerichts an eine eigene frühere Beschwerdeentscheidung in demselben Verfahren (Rdn 46).

3. Prüfungsumfang in einzelnen Verfahren

11   **a) Beschwerde gegen die Zurückweisung eines Eintragungsantrags.** In diesem Falle hat das Beschwerdegericht **anstelle des Grundbuchamts zu prüfen, ob der gestellte Eintragungsantrag begründet ist.** Es darf sich nach allg Meinung nicht etwa auf die Prüfung beschränken, ob die vom Grundbuchamt gegebene Begründung richtig ist, und, wenn es diese verwirft, die weitere Prüfung dem Grundbuchamt zuweisen.[32] Das Beschwerdegericht muss vielmehr weiter untersuchen, ob dem Antrag andere Hindernisse entgegenstehen, und bei Entscheidungsreife das Grundbuchamt zur Eintragung oder zum Erlass einer Zwischenverfügung anweisen (oder selbst eine Zwischenverfügung an den Antragsteller erlassen) oder die Beschwerde zurückweisen.[33] So anerkannt und verfahrensrechtlich anscheinend zwingend dieses Gebot an das Beschwerdegericht auch sein mag, wird dagegen doch in der Praxis häufig verstoßen werden,[34] und zwar aus praktisch durchaus nahe liegenden Gründen, die mit der unterschiedlichen Arbeitsweise des Grundbuchamts einerseits und des Beschwerdegerichts andererseits zusammenhängen: Während ersteres ständig damit befasst ist, in Eintragungsantragsverfahren einzelne Eintragungsvoraussetzungen und -hindernisse durchzuprüfen, hat das Beschwerdegericht damit jeweils nur im Rahmen der konkreten Beschwerdevorgänge zu tun, sich also anhand des Einzelfalles in die Materie einzuarbeiten; es hat deshalb zwangsläufig nicht immer denselben, über die gerade streitige Rechtsfrage hinausgehenden umfassenden Blick. Der strenge Standpunkt der hM, derzufolge eine nur beschränkte Sachprüfung durch das Beschwerdegericht mit anschließender Aufhebung und Zurückverweisung an das Grundbuchamt verfahrensfehlerhaft wäre, sollte daher überdacht werden.[35] Anknüpfungspunkt könnte insoweit der Rechtsgedanke des § 572 Abs 3 ZPO sein, wonach das Beschwerdegericht, wenn es die Beschwerde für begründet erachtet, dem Vordergericht »die erforderliche Anordnung« übertragen kann.[36] Erst recht wird sich das Beschwerdegericht auf die Prüfung einzelner Eintragungshindernisse beschränken dürfen, wenn der Beschwerdeführer zu erkennen gegeben hat, dass er sich gegen andere Beanstandungen des Grundbuchamts nicht wenden, sondern insoweit Abhilfe schaffen will. Hat das Grundbuchamt einen Eintragungsantrag zurückgewiesen, weil eine gesetzte Zwischenfrist fruchtlos verstrichen ist, so muss das Beschwerdegericht auf die Beschwerde auch die Richtigkeit der erlassenen Zwischenverfügung nachprüfen.[37]

---

24   **AA** *Peters* MDR 1952, 137, 141.
25   *Jansen* DNotZ 1971, 531, 537; vgl aber auch BayObLG DNotZ 1982, 438, 440.
26   BayObLGZ 1960, 216, 220; 1967, 408, 410; BayObLG DNotZ 1982, 438, 440; *Riedel* Rpfleger 1969, 149, 154.
27   BayObLG33, 257; BayObLGZ 1958, 41, 49; BayObLG Rpfleger 1979, 318; KG Rpfleger 1959, 385, 326; BayObLG MittBayNot 1991, 79, 80; KEHE-*Briesemeister* Rn 9; *Zimmermann* Rpfleger 1959, 251, 259.
28   *Zimmermann* Rpfleger 1959, 251, 259.
29   BayObLGZ 1979, 223 = Rpfleger 1979, 398 = KostRspr KostO § 31 Nr 27 m Anm *Lappe*; BayObLGZ 1986, 489, 493; 1990, 111, 114 = DNotZ 1990, 667, 670; *Mümmler* JurBüro 1980, 809; teil abw *Lappe* aaO: Verbot der r.i.p., soweit sich nur Staatsbürger u Staatskasse gegenüberstehen.
30   *Korintenberg-Lappe-Bengel-Reimann,* KostO, § 14 Rn 111.
31   OLG Oldenburg JurBüro 1978, 811; OLG Hamm NJW 1972, 2047; *Keidel-Zimmermann* § 13a Rn 67; *Keidel-Kahl* § 19 Rn 116.
32   KGJ 31, 14; KG JFG 1, 301, 304.
33   BayObLG Rpfleger 1967, 11, 12; KG JFG 5, 432, 434; KG DNotZ 1972, 176, 178; OLG Hamm OLGZ 1978, 304.
34   Vgl etwa KG DNotZ 1972, 176.
35   F »großzügigere Beurteilung« insow auch *Bauer/v. Oefele-Budde* Rn 18.
36   Dazu BGHZ 51, 131 = NJW 1969, 1253; KG NJW 1982, 2326 einers; KG NJW-RR 1986, 306 anderers.
37   KG RJA 17, 159.

Streck

b) Beschwerde gegen eine Zwischenverfügung. Der **Standpunkt der hM**[38] lässt sich wie folgt zusammenfassen: Jede einzelne Beanstandung in einer Zwischenverfügung stellt eine anfechtbare Entscheidung dar.[39] **Beschwerdegegenstand ist ausschließlich die jeweils angegriffene konkrete Beanstandung** des Grundbuchamts, nicht der Eintragungsantrag selbst.[40] Hält das Beschwerdegericht die angegriffene Beanstandung für unberechtigt, so darf es also nicht etwa das Grundbuchamt zur Vornahme der beantragten Eintragung anweisen, mögen auch dem Antrag keine Bedenken entgegenstehen.[41] Umgekehrt darf das Beschwerdegericht nicht den Eintragungsantrag zurückweisen oder das Grundbuchamt zur Zurückweisung anweisen, wenn es meint, das vom Grundbuchamt beanstandete oder ein anderes Hindernis hätte zur sofortigen Zurückweisung führen müssen.[42] Auch die Beschwerde kann nicht mit dieser Begründung zurückgewiesen werden.[43] Verstößt das Grundbuchamt gegen den Grundsatz, dass alle behebbaren Hindernisse auf einmal zu bezeichnen sind, so führt das noch nicht zur Aufhebung.[44] Vom Beschwerdegericht aufzuheben ist die Zwischenverfügung allerdings, wenn für deren Erlass kein Raum war, weil der Eintragungsantrag hätte zurückgewiesen werden müssen.[45] Nach diesen Grundsätzen darf das Beschwerdegericht bei Zurückweisung der Beschwerde gegen eine Zwischenverfügung nicht unter Hinweis auf ein anderes Eintragungshindernis offen lassen, ob das in der Zwischenverfügung angesprochene Eintragungshindernis besteht.[46] (Zu unterscheiden von der – unbedenklichen – Aufrechterhaltung der angefochtenen Zwischenverfügung mit anderer rechtlicher Begründung[47]). Wenn mit der Beschwerde nur die Verlängerung einer vom Grundbuchamt nach § 18 gesetzten Frist begehrt wird, ist die sachliche Berechtigung dieser Zwischenverfügung nicht nachzuprüfen.[48] **Umstände, die außerhalb des so beschränkten Beschwerdegegenstandes liegen, darf das Beschwerdegericht nur »wegweisend«, dh ohne Verbindlichkeit für das Grundbuchamt, erörtern**;[49] wobei nicht zu übersehen ist, dass derartige Hinweise praktisch doch einen erheblichen Druck auf das Grundbuchamt auslösen werden, insb auch unter dem Gesichtspunkt einer etwaigen Amtshaftung.[50] So dogmatisch geschlossen diese in der Praxis anerkannten Grundsätze sich auch darstellen, auch gegenüber der Kritik von *Blomeyer*,[51] bleibt dennoch die Frage, ob nicht verfahrensökonomische Überlegungen mit dem Ergebnis Vorrang haben sollten, dass im Falle der Beschwerde gegen eine Zwischenverfügung das Beschwerdegericht nach seinem pflichtgemäßen Ermessen den Eintragungsantrag insgesamt »an sich ziehen« und über ihn entscheiden kann, wenn aus seiner Sicht Entscheidungsreife vorliegt. Dafür spricht, dass in einer Zwischenverfügung immerhin eine – wenn auch nicht abschließende – Antwort des Grundbuchamts auf den Eintragungsantrag liegt, und zwar bei richtiger Verfahrensweise nach einer umfassenden Überprüfung aller Eintragungsvoraussetzungen. Allemal auf einzelne Beanstandungen des Grundbuchamts zu beschränken hat das Beschwerdegericht seine Prüfung allerdings, wenn die Zwischenverfügung des Grundbuchamts mehrere selbständige – also jede für sich die Zurückweisung des Antrags rechtfertigende – Beanstandungen ausspricht, der Beschwerdeführer diese jedoch zT hinnimmt und dadurch seine Bereitschaft zum Ausdruck bringt, die übrigen Auflagen des Grundbuchamts zu erfüllen.[52] Wird ein Eintragungsantrag vor Ablauf der in einer Zwischenverfügung gesetzten Frist zurückgewiesen, so ist dieser Beschluss vom Beschwerdegericht wegen dieses formellen Mangels nur dann aufzuheben, wenn das Eintragungshindernis trotz Abweisung des Antrags innerhalb der in Zwischenverfügung gesetzten Frist behoben wurde.[53] Enthält eine Zwischenverfügung nicht die genaue Bezeichnung der Mittel zur Beseitigung des Eintragungshindernisses, so ist sie schon aus formellen Gründen aufzuheben.[54]

---

38 BayObLGZ 1967, 410; 1984, 136, 138; 1986, 208, 213; KG JFG 8, 236, 237 (geg KG HRR 1930 Nr 1834; KGJ 35, 202; KGJ 51, 295); KG Rpfleger 1965, 366; OLG Oldenburg NdsRpfl 1951, 198; *Demharter* Rn 12 ff; KEHE-*Briesemeister* Rn 12 ff, 16; *Jansen* DNotZ 1971, 531, 532; **aA** *Blomeyer* DNotZ 1971, 329.

39 BayObLGZ 1997, 161 = FGPrax 1997, 169 = NJW-RR 1998, 86.

40 BayObLGZ 1972, 24, 28; 1976, 408; BayObLG Rpfleger 1980, 63; BayObLGZ 1982, 348, 351; 1984, 136, 138; 1986, 208, 212; BayObLG NJW-RR 1989, 142; BayObLGZ 1990, 51, 56; BayObLG NJW-RR 1991, 465; OLG Hamm MittRhNotK 1996, 225; SchlHolstOLG FGPrax 2005, 105 = Rpfleger 2005, 356; *Jansen* DNotZ 1971, 531, 532 m Fn 4.

41 KG Rpfleger 1965, 366.

42 BayObLGZ 1984, 136, 138; KG JFG 8, 236, 239; KG Rpfleger 1993, 236; OLG Oldenburg NdsRPfl 1951, 198; *Jansen* DNotZ 1971, 531, 532 m Fn 5.

43 BayObLG MittBayNot 1983, 171 = DNotZ 1983, 752; *Jansen* DNotZ 1971, 531, 533 m Fn 9; **aA** 6. Aufl § 18 Bem 48 im Anschl an KGJ 51, 295, 296: d Beschw bleibe mangels Beschwer erfolglos.

44 BayObLGZ 1990, 51.

45 BayObLGZ 1970, 163, 165; 1980, 299, 302; 1984, 136, 138; 1991, 97, 102; 1995, 363, 364.

46 BayObLGZ 1972, 24 = DNotZ 1972, 343; BayObLGZ 1976, 289, 292; BayObLG MittBayNot 1983, 171 = DNotZ 1983, 752; BayObLG 1984, 136, 138.

47 BayObLG 1976, 289, 292.

48 *Demharter* Rn 16; KEHE-*Briesemeister* Rn 12; *Jansen* DNotZ 1971, 531, 534.

49 BayObLGZ 1967, 410; BayObLG DNotZ 1983, 752; BayObLG Rpfleger 1989, 99, 100; OLG Ffm Rpfleger 1979, 314; KG JFG 8, 236; KG DNotZ 1972, 176, 177.

50 6. Aufl § 77 Bem 4.

51 *Blomeyer* DNotZ 1971, 329 ff; geg ihn *Jansen* DNotZ 1971, 531 ff.

52 KEHE-*Briesemeister* Rn 15.

53 BayObLG FGPrax 1996, 15 m Anm *Keller* aaO S 85.

54 BayObLGZ 1997, 129.

13 c) **Beschwerde gegen eine Eintragung.** Soweit gegen eine Eintragung die (unbeschränkte) Beschwerde nicht statthaft ist (§ 71 Rdn 39 ff), wird das Rechtsmittel regelmäßig das Ziel des § 71 Abs 2 S 2 haben, eine Maßnahme nach § 53 anzuordnen (§ 71 Rdn 78). Aufgrund dieser Anregung **wird das Verfahren zu einem Amtsverfahren, in dem das Beschwerdegericht unabhängig von dem Antrag und dessen Begründung die Eintragung darauf untersucht, ob ein Amtswiderspruch einzutragen oder die Löschung wegen inhaltlicher Unzulässigkeit anzuordnen ist.**[55] Auch soweit die Beschwerde gegen eine Eintragung mit dem Ziel ihrer Beseitigung zulässig ist, hat die Prüfung, ob überhaupt eine inhaltlich zulässige Eintragung vorliegt, von Amts wegen zu erfolgen.

III. Inhalt der Prüfung

1. Grundsätzliche Reihenfolge

14 Das Beschwerdegericht hat **zunächst zu prüfen, ob die Beschwerde zulässig ist.** Erst wenn es dies bejaht hat, besteht für das Beschwerdegericht Anlass und Berechtigung, auf die sachliche Begründetheit einzugehen.[56] Für den Bereich der ZPO gibt es allerdings beachtliche Stimmen, die den Vorrang der Zulässigkeits- vor der Sachprüfung grundsätzlich ablehnen[57] oder diesen jedenfalls – nach der Schutzfunktion der einzelnen Verfahrensvoraussetzungen – einschränken.[58] Letztere Tendenz – iS einer differenzierenden Beurteilung – könnte auch im FG-Beschwerdeverfahren richtunggebend sein. Zumindest spricht die Verfahrensökonomie dafür, von einer Entscheidung über die Zulässigkeit der Beschwerde abzusehen, wenn diese unverhältnismäßige Schwierigkeiten bereitet, während das Rechtsmittel in sachlicher Hinsicht offensichtlich unbegründet erscheint (str);[59] zumindest dann, wenn lediglich besondere Voraussetzungen des Rechtsschutzinteresses (vgl § 71 Rdn 106, 162) zweifelhaft sind.[60] Ein möglicherweise unzulässiges Rechtsmittel braucht insoweit jedenfalls nicht mehr weiter geprüft zu werden, wenn – bei befristeter Beschwerde innerhalb der Frist – nochmals eine auf das gleiche Ziel gerichtete Beschwerde eingelegt wird, die zu einer Sachprüfung führt.[61] Zu beachten ist auch, dass Zulässigkeitsvoraussetzungen dann als gegeben anzusehen sind, wenn sie von denselben Tatsachen abhängen wie die Begründetheit (§ 71 Rdn 110).

2. Zulässigkeit der Beschwerde

15 Das Beschwerdegericht hat die Zulässigkeit der Beschwerde **von Amts wegen** zu prüfen (s aber auch Rdn 21). Zu beachtende Zulässigkeitsvoraussetzungen bzw -hindernisse sind insb:[62] **Statthaftigkeit** nach § 71 (§ 71 Rdn 17 ff); **formgerechte Beschwerdeeinlegung** (§ 73); **Beschwerdebefugnis** (§ 71 Rdn 106 ff), Vorliegen der allg **Verfahrenshandlungsvoraussetzungen** (§ 71 Rdn 154 ff), **Rechtsschutzbedürfnis** (§ 71 Rdn 162), insb nach Erledigung der Hauptsache (§ 71 Rdn 163 ff); **Verzicht** (§ 71 Rdn 168); **Verwirkung** (§ 71 Rdn 169 f); **Verbrauch** des Beschwerderechts (§ 71 Rdn 171 f).

3. Begründetheit der Beschwerde

16 a) **Umfang der Sachprüfung.** Hält das Beschwerdegericht die Beschwerde für zulässig, tritt es hinsichtlich der materiellen Prüfung **in vollem Umfang an die Stelle des Grundbuchamts** (Rdn 2); es hat das gesamte Sach- und Rechtsverhältnis, soweit es Beschwerdegegenstand ist, von Grund auf neu zu würdigen, ohne Unterschied, ob die maßgeblichen gesetzlichen Bestimmungen zwingender Natur oder nur Ordnungsvorschriften sind.[63] Vorgelegte Urkunden hat es selbständig auszulegen, und, soweit eine Ermessensentscheidung zu treffen ist, eigenes Ermessen auszuüben.[64] Die rechtliche Beurteilung darf nicht in Widerspruch zu einem zwischen den Beteiligten des Grundbuchverfahrens als Prozessparteien ergangenen rechtskräftigen Urteil stehen.[65] Bei Eintragungen auf der Grundlage von Anordnungen des Prozess-, Arrest- oder Vollstreckungsgerichts besteht eine Bindung an Folgeentscheidungen dieser Gerichte.[66]

---

55 KGJ 49, 190; KG HRR 1927 Nr 2127; OLG Hamm Rpfleger 1957, 117, 118.
56 *Jansen-Briesemeister* § 25 Rn 2 f; *KEHE-Briesemeister* Rn 17.
57 *Rimmelspacher* Zur Prüfung von Amts wegen im Zivilprozess, 1966, 51 ff.
58 *Grunsky* ZZP 80 (1967), 55 ff; *Gottwald* NJW 1974, 2241; *Lindacher* ZZP 90 (1977), 131, 144.
59 OLG Hamm MDR 1979, 943; KG NJW 1976, 2353; OLG Köln NJW 1974, 1515; vgl auch BFH BStBl 1977 II 313 und, was d Verhältnis d Prüfung d Rechtsschutzbedürfnisses zur Sachprüfung angeht, BGHZ 130, 390, 399 f; *Baumbach-Hartmann* Grundz § 567 Rn 12; ähnl *Bauer/v. Oefele-Budde* Rn 4; **aA** BAG NJW 1967, 648 m abl Anm *Lindacher*, 1389; OLG Ffm MDR 1978, 236 (Ls); *Rosenberg-Schwab-Gottwald* § 136 I; *Jauernig*, FS Schiedermair (1976), 289 ff.
60 *Rosenberg-Schwab-Gottwald* § 136 I mwN.
61 BayObLGZ 1980, 344 geg OLG Bremen MDR 1955, 365.
62 Allg z Prüfungsreihenfolge bei d FGG-Beschw *Kahl*, 131, 132.
63 BayObLG OLGE 3, 185.
64 *KEHE-Briesemeister* Rn 5; *Keidel-Kahl* § 25 Rn 2.
65 Vgl BayObLGZ 1991, 334, 336; BayObLG DNotZ 1996, 30.
66 Vgl OLG Karlsruhe Rpfleger 1997, 16, 17.

b) Verletzung einer Rechtsposition des Beschwerdeführers. Die Prüfung der Begründetheit der   17
Beschwerde erschöpft sich nicht darin, ob die Entscheidung des Grundbuchamts richtig oder falsch ist. Es muss
letzterenfalls auch – soweit nicht schon bei der Beschwerdebefugnis abgehandelt (§ 71 Rdn 110 f) – festgestellt
werden, **ob die Entscheidung die Rechtsstellung gerade des Beschwerdeführers beeinträchtigt**;[67] sonst
ist die Beschwerde unbegründet (str; s § 71 Rdn 112). Löst das Grundbuchamt die verfahrensrechtliche Einheit
mehrerer verbundener Eintragungsanträge unter Verstoß gegen § 16 Abs 2 dadurch auf, dass es einem der
Anträge durch Vornahme der beantragten Eintragung stattgibt und den anderen, mit einem nicht behebbaren
Mangel behafteten Antrag abweist, so begründet zwar das Vorbringen, das Grundbuchamt hätte mit einer Zwischenverfügung Gelegenheit zur Zurücknahme des Antrags geben müssen, die Beschwerdebefugnis (§ 71
Rdn 118), die Beschwerde bleibt jedoch in der Sache erfolglos, weil nach der Aufhebung der verfahrensrechtli-
chen Einheit der Anträge der noch nicht erledigte Antrag nur durch Zurückweisung erledigt werden kann.[68]

4. Maßgeblicher Zeitpunkt für die rechtliche Prüfung

Grundsätzlich kommt es auf die **Sach- und Rechtslage zum Zeitpunkt des Erlasses der Beschwerdeent-**   18
scheidung an;[69] vor allem sind zwischenzeitlich vollzogene Grundbucheintragungen zu beachten.[70] Für die
Beschwerdebefugnis s § 71 Rdn 108. Ändert sich im Laufe des Beschwerdeverfahrens das Verfahrensrecht, so ist
maßgeblich, ob vor In-Kraft-Treten der Rechtsänderung eine zulässige Beschwerde vorlag (§ 78 Rdn 19).[71]

IV. Verfahren des Beschwerdegerichts

1. Tatsachenfeststellung

a) Grundsatz. Bezüglich der **Beibringung des Tatsachenstoffs**, der **Erhebung und Würdigung von**   19
Beweisen und der Feststellungslast gelten für das Beschwerdegericht **dieselben Grundsätze wie für das**
Grundbuchamt (Einl F Rdn 87 ff).[72]

b) Antragsverfahren. Im **Antragsverfahren** dürfen also keine Ermittlungen von Amts wegen vorgenommen   20
werden,[73] etwa darüber, ob ein Eintragungshindernis nachträglich beseitigt worden ist. Vielmehr hat das
Beschwerdegericht sich auf den Tatsachenstoff zu beschränken, der sich aus dem zugrunde liegenden Antrag
und den dazugehörigen Unterlagen ergibt oder im Beschwerdeverfahren neu vorgetragen wird. **Im Grund-**
bucheintragungsverfahren gilt in der Beschwerdeinstanz in gleicher Weise die Beschränkung auf die hier
zulässigen Beweismittel (s § 29), gegebenenfalls unter Heranziehung von Regeln der Lebenserfahrung und der
Wahrscheinlichkeit.[74] Eine **Beweisaufnahme**, etwa durch die Vernehmung von Zeugen, ist **unzulässig**;[75] das
Ergebnis einer gleichwohl durchgeführten Beweisaufnahme darf für die Sachentscheidung nicht verwertet werden.[76] Unberührt bleibt das Recht und die Pflicht des Gerichts, den Beschwerdeführer zur Aufklärung von
Unklarheiten zu veranlassen (Rechtsgedanke des § 139 ZPO; Rdn 23 aE; ab 01.09.2009: § 28 FamFG[77]) oder
anderen Beteiligten Gelegenheit zu geben, sich zur Beschwerde zu äußern.

c) Amtsverfahren. Im **Amtsverfahren** gilt dagegen § 12 FGG. Das Beschwerdegericht muss also, soweit der   21
Verfahrensstoff einschließlich des Vorbringens in der Beschwerde Anhaltspunkte hierfür aufzeigt,[78] von sich
aus – abgesehen vom Fall der Zurückverweisung (Rdn 33)- zur Feststellung von Tatsachen erforderliche
Ermittlungen anstellen und darf eine Beschwerdeentscheidung erst treffen, wenn es von weiteren Ermittlungen
kein sachdienliches, die Entscheidung beeinflussendes Ergebnis mehr erwarten kann.[79] Dabei hat das Beschwerdegericht die nach pflichtgemäßem Ermessen zu treffende **Wahl zwischen formlosen Ermittlungen (Frei-**

---

67 *Demharter* Rn 22; *Jansen* in Anm z BayObLG NJW 1970, 1424.
68 BayObLGZ 1979, 81.
69 **AA** 6. Aufl Bem 5: Bekanntmachung.
70 *Alff* Rpfleger 1999, 373, 378.
71 BayObLGZ 1989, 282, 284; *Bassenge* FGG § 25 Rn 3.
72 S auch *Wolfsteiner* DNotZ 1987, 67 ff.
73 OLG Hamm FG Prax 1999, 131f = Rpfleger 1999, 385f.
74 Vgl – z Unentgeltlichk einer Verf d befreiten Vorerb – OLG Hamm FGPrax 1995, 14; 2005, 239; OLG München
    DNot2005, 697 = FG Prax 2005, 193 mAnm *Demharter*.
75 BayObLGZ 1989, 113; FGPrax 2004, 209 = Rpfleger 2004, 563.
76 OLG Hamm FGPrax 2005, 239.
77 BT-Drucks 16/6308; 16/9733.
78 Vgl OLG Hamm FGPrax 2006, 146, 148 = RNotZ 2006, 424, 426.
79 OLG Hamm Rpfleger 1980, 229.

beweis) und dem **Strengbeweis nach Maßgabe des § 15 FGG** (str).[80] Die Wahl des Freibeweises, bei dem die Anforderungen an die richterliche Überzeugung nicht herabgesetzt sind,[81] ist ermessensfehlerhaft, wenn dadurch die erforderliche Sachaufklärung nicht zu erreichen ist.[82] Entscheidet sich das Gericht für den Strengbeweis, ist der Grundsatz der Unmittelbarkeit der Beweisaufnahme zu beachten.[83] Die Übertragung einer Zeugenvernehmung auf den Einzelrichter ist dann unzulässig: Die §§ 348 ff, 526 ZPO über den Einzelrichter finden im GB-Beschwerde-Verfahren keine Anwendung (§ 81 Rdn 5). Liegen die Voraussetzungen des § 375 ZPO nicht vor, so kann die Übertragung auf den Einzelrichter auch nicht in eine solche an den beauftragten Richter umgedeutet werden,[84] weil letzteres gegen den Unmittelbarkeitsgrundsatz des § 355 ZPO (iVm § 15 FGG) verstieße.[85] Ein Verzicht der Beteiligten entspr § 295 ZPO auf die Unmittelbarkeit einer förmlichen Beweisaufnahme[86] wäre im Amtsverfahren unbeachtlich.[87] Geht es darum, ob eine bestimmte Eintragung vorliegt (Radierspuren oä), muss sich die ganze Kammer einen persönlichen Eindruck verschaffen.[88] Weder für die formlose Anhörung eines Beteiligten noch für seine förmliche Vernehmung in entsprechender Anwendung von § 448 ZPO ist es erforderlich, dass bereits »einiger Beweis« für die aufzuklärende Tatsache erbracht ist.[89]

22 **Streitig** ist, ob der Amtsermittlungsgrundsatz auch in Bezug auf die für die Zulässigkeit der Beschwerde erheblichen Tatsachen gilt. Die hM[90] wendet § 12 FGG uneingeschränkt an, die Gegenmeinung[91] schließt daraus, dass die Eröffnung des Beschwerdeverfahrens den Beteiligten freigestellt ist, es könne grundsätzlich nicht Pflicht des Gerichts sein, verfahrensrechtliche Mängel des Rechtsmittels durch Ermittlungen und Beweiserhebungen von Amts wegen zu beseitigen.[92] Der hM ist der Vorzug zu geben. Zwar bedeutet das Gebot der Amtsprüfung in diesem Bereich noch nicht per se, dass das Gericht von Amts wegen ermittelt und aufklärt.[93] Für das Beschwerdeverfahren der GBO ist aber § 12 FGG sowohl seinem Wortlaut nach unausweichlich als auch nach dem Zweck des Verfahrens einschlägig. Der Amtsermittlungsgrundsatz wird allerdings faktisch dadurch beschränkt, dass der Beschwerdeführer gehalten ist, durch umfassenden Vortrag an der Aufklärung des Sachverhalts mitzuwirken; schon deshalb, weil ihn im Falle der Nichtaufklärung im Zweifel die Feststellungslast in Bezug auf die Zulässigkeit der Beschwerde trifft, jedenfalls wenn es sich um Zulässigkeitsvoraussetzungen aus seinem Bereich (zB die Beschwerdebefugnis) handelt.[94] Insbesondere trifft bei Vorgängen aus dem höchstpersönlichen Lebensbereich die Beteiligten eine erhöhte Darlegungslast.[95] Bei der Prüfung der Zulässigkeitsvoraussetzungen des Rechtsmittels ist Freibeweis möglich.[96]

2. Rechtliches Gehör

23 Der **verfassungsrechtliche Grundsatz der Gewährung rechtlichen Gehörs** (Art 103 Abs 1 GG) gilt selbstverständlich auch im Beschwerdeverfahren der GBO.[97] Anspruch darauf haben zunächst einmal alle am Beschwerdeverfahren **formell Beteiligten**, also etwa auch der Beschwerdeführer, dessen Rechtsmittel mangels Beschwerdebefugnis (§ 71 Rdn 106 ff) unzulässig ist.[98] Im Übrigen die **materiell Beteiligten** (Vor § 71 Rdn 22), soweit ihre rechtlich geschützten Interessen durch die Beschwerdeentscheidung unmittelbar betroffen würden.[99] Zu hören ist also insbes der Beschwerdegegner, wenn die angefochtene Entscheidung zu seinen

80 BayObLG 1970, 173, 175, 1977, 59, 65; BayObLG Rpfleger 1988, 240 (Ls b *Plötz* 237 ff); BayObLG NJW-RR 1992, 653, 654 = Rpfleger 1992, 190 (Ls b *Plötz* 189 ff) m krit Anm *Pohlmann* aaO, 484; OLG Ffm OLGZ 1972, 120, 127; *Bassenge* FGG § 12 Rn 4; *Jansen-Briesemeister* § 12 Rn 50; *Keidel-Kayser* § 12 Rn 42 m Fn 113, 114; § 15 Rn 3 m Fn 6; **aA** – Vorrang d Strengbew – Einl F Rdn 95; *Eickmann*, GBVerfR Rn 22; *Böttcher* MittBayNot 1986, 3; *Richter* Rpfleger 1969, 266; vgl auch *Nieder* NJW 1984, 336; *Pohlmann* Rpfleger 1992, 484, 485 f; *Smid*, 565 ff, 583; *Wütz*, 76 ff, 123.
81 BGH NJW 1997, 3319.
82 BayObLG Rpfleger 1988, 240 (Ls b *Plötz* 237 ff).
83 BayObLG Rpfleger 1988, 240 (Ls b *Plötz* 237 ff); OLG Karlsruhe NJW-RR 1998, 1771.
84 BayObLG Rpfleger 1987, 360 (Ls b *Plötz* 356 ff).
85 BayObLG Rpfleger 1987, 360 (Ls b *Plötz* 356 ff); OLG Köln OLGZ 1982, 2; OLG Köln JMBlNRW 1983, 47.
86 Im Amtsverf mögl: BayObLG Rpfleger 1987, 360 (Ls b *Plötz* 356 ff).
87 BayObLG Rpfleger 1988, 240 (Ls b *Plötz* 237 ff).
88 OLG Ffm OLGZ 1982, 56.
89 BayObLGZ 1970, 173; OLG Zweibrücken MDR 1998, 1244.
90 BayObLGZ 1959, 472, 476; 1969, 472; 2004, 37 = FamRZ 2004, 1818; OLG Düsseldorf AnwBl 1965, 177; *Keidel-Kayser* § 12 Rn 31; *Habscheid*, FGG, § 32 II 1; *Kahl*, 152.
91 KG NJW 1961, 1208 = Rpfleger 1961, 159; *Jansen-Briesemeister* § 25 Rn 6 ff; vgl auch *ders* § 12 Rn 48.
92 Für d ZPO *Zöller-Vollkommer* § 56 Rn 4.
93 *Keidel-Kayser* § 12 Rn 88.
94 Vgl BayObLGZ 2004, 37 = 1818; OLG Köln MDR 1976, 497; OLG Köln Rpfleger 2002, 195; *Bassenge* FGG § 25 Rn 4.
95 OLG Köln Rpfleger 2002, 195.
96 Vgl – f Berufung im Zivilprozess – BGH NJW 1987, 2875.
97 Vgl BayObLGZ 1973, 97; *Keidel-Kayser* § 12 Rn 135 ff; *Bergen* BWNotZ 1996, 137, 141.
98 *Keidel-Kayser* § 12 Rn 107.
99 BVerfGE 21, 132, 137; 60, 7, 13.

Ungunsten abgeändert werden soll,[100] nicht ohne weiteres dagegen vor der Zurückweisung einer Beschwerde gegen die Ablehnung eines Eintragungsantrags ein Beschwerdeberechtigter, der selbst keine Beschwerde eingelegt hat (str).[101] Zum rechtlichen Gehör gehört nach der Rspr des BVerfG,[102] dass das Gericht **den Vortrag der Beteiligten zur Kenntnis nimmt und in Erwägung zieht,**[103] es den Beteiligten **Gelegenheit gibt, sich zum Verfahrensgegenstand und zum entscheidungserheblichen Sachverhalt zu äußern,**[104] und seiner Entscheidung nur solche Tatsachen und Beweisergebnisse zugrunde legt, zu denen sich die Beteiligten vorher äußern konnten.[105] Kein Anspruch besteht auf ein allg Rechtsgespräch[106] im Beschwerdeverfahren;[107] ein Hinweis braucht also nicht ohne weiteres schon dann erfolgen, wenn das Beschwerdegericht bei unveränderter Sach- und Rechtslage eine andere rechtliche Beurteilung als das Grundbuchamt in Betracht zieht. Gehör in Rechtsfragen ist aber zum Schutz vor Überraschungsentscheidungen zu gewähren; so wenn das Beschwerdegericht beabsichtigt, einen bisher nicht erörterten Gesichtspunkt zur Grundlage seiner Entscheidung zu machen, der dem Verfahren eine für die Beteiligten unerwartete Wendung gibt,[108] die Entscheidung der Vorinstanz mit einer völlig anders gearteten Begründung zu bestätigen[109] oder von einer ständigen Rspr abzuweichen.[110] Setzt das Beschwerdegericht eine Frist zur Erklärung – wozu an sich keine Pflicht besteht[111] –, so darf es nicht vor Fristablauf entscheiden;[112] wenn nicht, hat es vor seiner Entscheidung einen angemessenen Zeitraum zu warten,[113] dessen untere Grenze bei Beteiligung von Rechtsanwälten bei 2 bis 3 Wochen gesehen wird.[114] Bittet der Beschwerdeführer zum Zwecke der Beschwerdebegründung um Akteneinsicht, darf er nicht vorher mit der Beschwerdeentscheidung überrascht werden.[115] Das Beschwerdegericht hat alle Eingänge innerhalb der zu beachtenden Frist zu berücksichtigen,[116] wobei Eingang idS nicht unbedingt Inempfangnahme durch die Geschäftsstelle des Gerichts bedeutet, sondern es ausreicht, dass der Vorgang in die Verfügungsgewalt des Gerichts gelangt (§ 73 Rdn 11).[117] Das Beschwerdegericht hat aber auch Eingänge nach Ablauf einer etwa gesetzten Frist zu beachten, wenn sie erhebliches Vorbringen enthalten; ist die Beschwerdeentscheidung zu diesem Zeitpunkt noch nicht »erlassen«, also zum Zweck der Bekanntmachung an die Beteiligten hinausgegeben (Rdn 40), muss sie angehalten werden.[118] Die Anhörung des Gegners ist entbehrlich, wenn die Beschwerde aufgrund eigenen Vorbringens des Beschwerdeführers zurückgewiesen werden kann.[119] Im Beschwerdeverfahren gilt auch der allgemeine Verfahrensgrundsatz, dass **von einer vorherigen Anhörung abgesehen werden kann, wenn dies erforderlich ist, um nicht den Zweck einer gerichtlichen Maßnahme zu gefährden;**[120] etwa wenn eine Eintragung im Wege der Zwangsvollstreckung begehrt wird oder die Eintragung eines Amtswiderspruchs ansteht (Einl F Rdn 81; § 53 Rdn 39). Überhaupt ist die Gewährung des rechtlichen Gehörs kein Selbstzweck, sie muss vielmehr nach der konkreten Lage des Verfahrens geeignet sein, dieses zu fördern, und zwar iS der richtigen Entscheidung über das Rechtsmittel. Zu weit geht unter diesem Blickwinkel OLG Köln:[121] Ein Aktenvermerk über ein Rechtsgespräch zwischen einem Mitglied der Beschwerdekammer und dem Beschwerdeführer dürfe nicht zur Entscheidungsgrundlage gemacht werden, ohne dass dem Beschwerdeführer der Inhalt bekannt gegeben und ihm Gelegenheit zur Stellungnahme gegeben werde. Eine **vom Grundbuchamt versäumte Anhörung kann in der Beschwerdeinstanz grundsätzlich nachgeholt werden,**[122] im weiteren Beschwerdeverfahren beschränkt sich die Nachholung des rechtlichen Gehörs regelmä-

---

100 OLG Hamm OLGZ 1965, 342, 345.
101 **AA** wohl Einl F Rdn 25; *Eickmann*, GBVerfR Rn 14; *Huhn* RpflStud 1978, 30, 33.
102 Zusammenstellung b *Krause* JZ 1984, 828, 834.
103 BVerfGE 60, 120, 1222.
104 BVerfGE 64, 203, 206.
105 BVerfGE 50, 280, 284.
106 So *Arndt* NJW 1959, 6, 8.
107 BVerfGE FamRZ 1985, 255, 256; BayObLG Rpfleger 1967, 11; BayObLG Rpfleger 1983, 485, 486; BayObLGZ 1988, 422, 424; *Keidel-Kayser* § 12 Rn 133.
108 BayObLGZ 1988, 422, 424.
109 OLG Köln OLGZ 1984, 296.
110 *Keidel-Kayser* § 12 Rn 132.
111 OLG Köln OLGZ 1987, 203 = NJW-RR 1986, 1124; wohl weiterg OLG Köln Rpfleger 1991, 197: regelm sei Fristsetzung geboten.
112 BVerfGE 12, 110, 113; BVerfG NJW 1988, 1773, 1774.
113 BVerfGE 60, 313, 317; BayObLG Rpfleger 1974, 358; OLG Köln OLGZ 1987, 203 = NJW-RR 1986, 1124.
114 OLG Zweibrücken NJW-RR 1987, 576.
115 BayObLG Rpfleger 1987, 360 (Ls b *Plötz* 356 ff).
116 BVerfGE 53, 219; 60, 120, 123.
117 BVerfGE 52, 203, 209; 57, 117, 120, 121.
118 BVerfGE 62, 247, 353; BVerfG NJW 1988, 1963; BGH GRUR 1997, 223; OLG Zweibrücken NJW-RR 1987, 576; BayObLG Rpfleger 1981, 144; BayObLG NJW 1999, 3057.
119 *Zöller-Gummer* § 571 Rn 13.
120 BVerfGE 7, 95, 99; 9, 89, 98.
121 OLG Köln Rpfleger 1981, 398 (Ls).
122 BVerfGE 19, 93, 99.

ßig auf Rechtsfragen,[123] es sei denn, es könnten ausnahmsweise neue Tatsachen verwertet werden (§ 78 Rdn 39 ff).[124] Mit Art 103 Abs 1 GG überschneidet sich die in begrenztem Rahmen auch hier geltende Hinweispflicht entspr § 139 ZPO (Rdn 20; Einl F Rdn 76). Aus dieser erwächst bspw die Pflicht des Beschwerdegerichts, im Falle der Erledigung der Hauptsache dem Beschwerdeführer Gelegenheit zu geben, sein Rechtsmittel auf den Kostenpunkt zu beschränken (§ 71 Rdn 62).[125]

3. Sonstiges

24 Wegen der formell und materiell am Beschwerdeverfahren Beteiligten Vor § 71 Rdn 22. Eine mündliche Verhandlung findet im Antragsverfahren grundsätzlich nicht statt. Im Amtsverfahren kann die mündliche Anhörung von Beteiligten erforderlich werden. Im Rangklarstellungsverfahren ist gemäß § 102 die Abhaltung eines Termins vorgesehen. Eine Aussetzung des Beschwerdeverfahrens ist nicht generell ausgeschlossen;[126] wohl aber im Eintragungsantragsverfahren, etwa um dem Antragsteller Gelegenheit zur Beschaffung weiterer Unterlagen zu geben.[127]

V. Entscheidung des Beschwerdegerichts

1. Verwerfung als unzulässig

25 Sind die Voraussetzungen für eine Sachentscheidung des Beschwerdegerichts nicht gegeben, so ist die Beschwerde als unzulässig zu verwerfen. Bezieht sich die Beschwerde auf mehrere selbständige Gegenstände, so kann es vorkommen, dass sie teilweise als unzulässig verworfen wird und im Übrigen sachlich beschieden wird.

2. Zurückweisung als unbegründet

26 Kann die Beschwerde sachlich keinen Erfolg haben, weil die Entscheidung des Grundbuchamts der materiellen Rechtslage zum Zeitpunkt der Entscheidung des Beschwerdegerichts entspricht oder jedenfalls nicht die Rechtsstellung des Beschwerdeführers beeinträchtigt (Rdn 17), so ist sie als unbegründet zurückzuweisen. Wenn die Beschwerde teilweise begründet ist, wird sie im Übrigen zurückgewiesen. War bei einer dem Antrag zT stattgebenden Entscheidung Beschwerde nur gegen den zurückweisenden Teil erhoben, jedoch wegen Unteilbarkeit des Verfahrensgegenstandes die Beschränkung – nicht ohne weiteres das Rechtsmittel als solches[128] – unzulässig, so hat das Beschwerdegericht die Beschwerde zurückzuweisen und gleichzeitig den nichtangefochtenen Teil der Entscheidung aufzuheben.[129] Unzulässig ist eine bedingte Entscheidung des Beschwerdegerichts. Eine solche soll auch vorliegen (und der weiteren Beschwerde zugänglich sein), wenn das Beschwerdegericht dem Beschwerdeführer durch Beschluss unter Fristsetzung Auflagen »bei Meidung der Zurückweisung der Beschwerde« macht.[130] Dieses Verständnis ist jedoch nicht zwingend; näher läge, in einem solchen »Zwischenbeschluss« nur die unverbindliche Ankündigung einer Entscheidung zu sehen.

3. Stattgabe

27 **a) Aufhebung der Entscheidung des Grundbuchamts.** Wird der Beschwerde stattgegeben, weil das Beschwerdegericht aufgrund seiner Sachprüfung von der Beurteilung der Vorinstanz abweicht, so ist die Entscheidung des Grundbuchamts aufzuheben. Normalerweise erschöpft sich die Beschwerdeentscheidung allerdings nicht in der Aufhebung (s aber Rdn 33), und diese braucht im Tenor nicht ausdrücklich ausgesprochen zu werden, wenn die Entscheidung des Grundbuchamts durch eine andere Entscheidung ersetzt (geändert) wird.

28 **b) Ersetzende Entscheidung des Beschwerdegerichts.** Sie kann, da das Beschwerdegericht an die Stelle des Grundbuchamts tritt, je nach Sachlage eine nur **vorläufige** oder eine **endgültige** Entscheidung sein; im letzteren Falle sind allerdings Ausführungshandlungen wie insb Grundbucheintragungen dem dafür funktionell zuständigen Grundbuchamt zu überlassen.

29 **aa) Vorläufige Entscheidung.** Im Falle der Beschwerde gegen die Ablehnung eines Eintragungsantrags kann das Beschwerdegericht – unter Aufhebung der Entscheidung des Grundbuchamts (Rdn 27)[131] – eine **Zwi-**

---

123 BayObLG Rpfleger 1982, 69; KG OLGZ 66, 90, 98; *Jansen-Briesemeister* § 12 Rn 126 f; *Keidel-Kayser* § 12 Rn 135.
124 *Keidel-Amelung* § 12 Rn 135.
125 BayObLG MDR 1985, 151.
126 And wohl 6. Aufl § 77 Bem 8.
127 KG JFG 3, 381, 383; 5, 432, 535; KG HRR 1930 Nr 1505; KG HRR 1932 Nr 1475 = JW 1932, 2890.
128 BGHZ 92, 5, 10.
129 BayObLGZ 1975, 39, 42.
130 KG HRR 1927 Nr 389.
131 BGHZ 92, 5, 10; KG HRR 1927 Nr 389.

schenverfügung nach § 18 erlassen.[132] Es muss hierbei wie das Grundbuchamt das Hindernis und die Mittel zu seiner Beseitigung sowie die Frist genau angeben. Zweckmäßigerweise wird dem Beschwerdeführer aufzugeben sein, die Behebung des Hindernisses beim Grundbuchamt nachzuweisen.[133] Das Grundbuchamt ist in diesem Fall zur Setzung einer Nachfrist nicht befugt. Anstatt selbst eine Zwischenverfügung zu erlassen, kann das Beschwerdegericht auch dem Grundbuchamt den Erlass einer solchen aufgeben.[134]

bb) Endgültige Entscheidung. Im Übrigen trifft das Beschwerdegericht **nach Ausschöpfung des gesam-** **30** **ten Verfahrensstoffes eine endgültige Entscheidung.** Ihr Inhalt richtet sich nach dem jeweiligen Verfahrensgegenstand. Das kann ausnahmsweise auch eine dem Teilurteil des § 301 ZPO entsprechende Teilentscheidung sein[135] (s § 79 Rdn 35). Hat der Richter der Erinnerung gegen eine Entscheidung des Rpflegers abgeholfen und hebt das Beschwerdegericht die Abhilfeentscheidung auf, so wird dadurch allein die Entscheidung des Rpflegers nicht wieder hergestellt; vielmehr muss das Beschwerdegericht sachlich neu entscheiden.[136] Eine bedingte Entscheidung ist unzulässig (Rdn 26).

(1) Beschwerde im Eintragungsantragsverfahren. Im Falle der begründeten Beschwerde **gegen die** **31** **Zurückweisung eines Eintragungsantrags** weist das Beschwerdegericht das Grundbuchamt an, die Eintragung vorzunehmen. Die Anweisung steht unter dem Vorbehalt, dass nicht inzwischen eingetretene Veränderungen des Grundbuchstandes der Eintragung entgegenstehen und sich beim Grundbuchamt nicht nachträglich zu anderen, bisher nicht geprüften Punkten Bedenken ergeben.[137] Die in der Praxis häufig gebrauchte Wendung, das Grundbuchamt werde angewiesen, unter Aufgabe der erhobenen Beanstandungen über den Eintragungsantrag neu zu entscheiden, geht über einen solchen Vorbehalt hinaus und ist im Regelfall[138] nicht korrekt,[139] solange man das Beschwerdegericht nicht für befugt ansieht, sich auf die Nachprüfung einzelner Eintragungshindernisse zu beschränken (Rdn 11). Bei begründeter Beschwerde **gegen eine Eintragung**, die außerhalb des Regelungsbereichs des § 71 Abs 2 S 1 liegt (§ 71 Rdn 39 ff), weist das LG das Grundbuchamt zur Löschung oder Berichtigung an, sonst zur Eintragung eines Amtswiderspruchs oder zur Amtslöschung wegen inhaltlicher Unzulässigkeit (§ 71 Abs 2 S 2); der Inhalt des Amtswiderspruchs ist vom Beschwerdegericht genau vorzuschreiben.[140] Bei **sonstigen Verlangen** des Beschwerdeführers weist das Beschwerdegericht das Grundbuchamt an, diesen nachzukommen, bspw dem Beschwerdeführer Grundbucheinsicht zu gewähren, den Hypothekenbrief an eine bestimmte Person auszuhändigen, den Inhalt des Briefs abzuändern usw. Die Anweisung muss klar und bestimmt erfolgen.

(2) Beschwerde gegen eine Zwischenverfügung. Bei begründeter Beschwerde **gegen eine Zwischen-** **32** **verfügung** hebt das Beschwerdegericht diese auf und weist das Grundbuchamt an, über den Eintragungsantrag anderweit zu entscheiden; eine Entscheidung des Beschwerdegerichts unmittelbar über den Eintragungsantrag kommt nach der derzeitigen – allerdings zu überdenkenden – Praxis nicht in Betracht (Rdn 12). Ist die Zwischenverfügung nur unvollständig, indem sie nicht sämtliche Wege zur Beseitigung des Eintragungshindernisses nennt, so ist sie vom Beschwerdegericht um die Angabe des weiteren Mittels zu ergänzen.[141] Ermangelt es der Zwischenverfügung aber schon an dem wesentlichen Erfordernis einer Fristsetzung, so unterliegt sie schon deshalb insgesamt der Aufhebung.[142]

cc) Zurückverweisung an das Grundbuchamt. Der Grundsatz, dass eine zulässige und begründete **33** Beschwerde zur eigenen (ersetzenden) Sachentscheidung des Beschwerdegerichts führt (Rdn 28 ff),[143] unterliegt Ausnahmen bei reinen Verfahrensentscheidungen des Grundbuchamts oder wenn das der Sachentscheidung zugrunde liegende **Verfahren** unter so **schwerwiegenden Mängeln** leidet, dass seine erneute (erstinstanzliche) Durchführung geboten erscheint.[144] Dann kommt analog den Verfahrensregeln der ZPO (jetzt: § 538

---

132 KG JFG 3, 384; KG HRR 1927 Nr 389.
133 KG OLGE 42, 157.
134 KG JFG 3, 384; 5, 434.
135 Vgl BGH NJW 1958, 1540; BGH NJW 2000, 3712 = FGPrax 2000, 225.
136 BayObLG Rpfleger 1990, 201; *Demharter* Rn 26.
137 BayObLG 18, 286, 288.
138 Besonderheiten lagen vor bei BGHZ 151, 116 = FGPrax 2002, 196, nicht aber bei BGHZ 171, 350 = Rpfleger 2007, 383 m zutr Anm *Dümig*.
139 *Bauer/v. Oefele-Budde* § 77 Rn 18.
140 KG OLGE 4, 322.
141 BayObLGZ 2000 = DNotZ 2001, 385.
142 BayObLG DNotZ 1998, 508, 510; OLG Hamm Rpfleger 1975, 134.
143 BGHZ 24, 47, 52; BayObLGZ 1962, 42, 46; BayObLG WE 1988, 30, 31; BayObLG Rpfleger 1996, 189; *Keidel-Kahl* § 25 Rn 6.
144 BGH NJW 1982, 520; BayObLGZ 1953, 221; BayObLG WE 1980, 30, 31; KG JFG 17, 286; 23, 193, 194; KEHE-*Briesemeister* Rn 22; *Demharter* Rn 28.

Abs 2 Nr 1 ZPO)[145] und entsprechenden Grundsätzen für die FGG-Beschwerde[146] die **Zurückverweisung an das Grundbuchamt** in Betracht. Um schwerwiegende Verfahrensfehler handelt es sich etwa, wenn das Grundbuchamt keine umfassende Sachprüfung vorgenommen oder im Amtsverfahren erforderliche Ermittlungen unterlassen hat oder wenn eine notwendige Begründung fehlt;[147] nicht wenn sie nur lückenhaft ist.[148] Ein Zurückverweisungsgrund liegt auch vor, wenn das Grundbuchamt die Beschwerde an das Beschwerdegericht vorlegt, obwohl es das Rechtsmittel für teilweise begründet hält, insoweit jedoch (entgegen § 75 Rdn 9) nicht abhilft. Dagegen wäre nach hM **kein Recht zur Zurückverweisung** gegeben, wenn das **Grundbuchamt ohne Verfahrensfehler sachlich entschieden** hatte, der Vorgang jedoch nach der abweichenden Rechtsauffassung des Beschwerdegerichts **noch weiterer Aufklärung** bedarf[149] (Vgl aber Rdn 11 aE). Liegen die Voraussetzungen für eine Zurückverweisung an sich vor, so kann das Beschwerdegericht hiervon absehen und selbst entscheiden, wenn es dies für sachdienlich hält (Rechtsgedanke des § 540 ZPO). Im Einzelfall kann das Beschwerdegericht auch zur Vermeidung einer mit dem Rechtsstaatsgebot des Grundgesetzes nicht im Einklang stehenden Verfahrensverzögerung gehalten sein, von einer Zurückverweisung abzusehen.[150] Im Zusammenhang mit der Zurückverweisung wird das Beschwerdegericht es häufig für geboten erachten, Richtlinien für die weitere Sachbehandlung aufzustellen. Zur Bindungswirkung Rdn 45.

4. Kostenentscheidung

34 Ein Ausspruch über die Gerichtskosten braucht in der Beschwerdeentscheidung normalerweise nicht zu erfolgen, weil sich die Kostenfolge aus dem Gesetz, ergibt: Wird der Beschwerde stattgegeben, so ist das Beschwerdeverfahren gebühren- und auflagenfrei, § 131 Abs 1 S 2, Abs 5 KostO. Ebenso bei Aufhebung der Vorentscheidung und Zurückverweisung an das Grundbuchamt. Wird die Beschwerde als unzulässig verworfen oder zurückgewiesen, entsteht für den Beschwerdeführer die (halbe) Gebühr nach § 131 Abs 1 Nr 1 KostO. Daneben werden von ihm die im Beschwerdeverfahren entstandenen Auslagen erhoben. Sind mehrere unterlegen, so haften sie zu gleichen Teilen.[151] **Notwendig** ist ein Ausspruch über die Gerichtskosten jedoch, **wenn die Kostenfolge sich nicht eindeutig aus der Entscheidung über die Hauptsache iVm den Bestimmungen der KostO** ergibt. So hat, wenn sich die Hauptsache nach Einlegung der Beschwerde erledigt hat und der Beschwerdeführer das Rechtsmittel auf den Kostenpunkt beschränkt, das Beschwerdegericht neben dem Ausspruch der Erledigung der Hauptsache über die Gerichtskosten in allen Instanzen – soweit gesetzliche Gebührentatbestände vorliegen – zu befinden, wobei die Belastung des Beschwerdeführers davon abhängt, ob seine Beschwerde ohne die Erledigung der Hauptsache Erfolg gehabt hätte (§ 71 Rdn 165). Hat sich aber bei Anfechtung einer Zwischenverfügung die Hauptsache vor Erlass der Beschwerdeentscheidung erledigt, so ist mangels eines gesetzlichen Tatbestandes für den Erlass einer an den Erfolgsaussichten ausgerichteten Kostenentscheidung des LG kein Raum; sie wäre auf weitere Beschwerde ersatzlos aufzuheben.[152] Außerdem kann das Beschwerdegericht im Einzelfall Anlass zu der Anordnung haben, Gerichtskosten wegen unrichtiger Sachbehandlung nicht zu erheben (§ 16 KostO); nahe liegt zB die Nichterhebung von Gerichtskosten des Beschwerdeverfahrens, wenn das Grundbuchamt die Erinnerung gegen eine Zwischenverfügung trotz Beseitigung des Eintragungshindernisses dem Beschwerdegericht vorlegt.[153] Das Beschwerdegericht darf, solange bei ihm die Hauptsache anhängig ist, auch Kosten der Vorinstanz niederschlagen (str).[154] Beschweren sich mehrere Beteiligte gegen eine und dieselbe Entscheidung des Grundbuchamts mit demselben Ziel, liegt gebührenrechtlich eine einzige gemeinschaftliche Beschwerde vor.[155] Sind am Beschwerdeverfahren mehrere im entgegengesetzten Sinne beteiligt, ist über Ansprüche auf **Erstattung von Verfahrenskosten nach Maßgabe des § 13a Abs 1 FGG** zu entscheiden.[156] Bei Verwerfung oder Zurückweisung der Beschwerde sind also die außergerichtlichen Kosten des Beschwerdegegners dem Beschwerdeführer aufzuerlegen (§ 13a Abs 1 S 2 FGG).[157] Auch eine Erstattung außergerichtlicher Kosten im Richter/Rpfleger-Ablehnungs-Beschwerdeverfahren unter solchen Beteiligten ist möglich.[158] Zur Kostenentscheidung bei Rücknahme der Beschwerde § 73 Rdn 23. Entscheidet

---

145 Vgl *Baumbach-Hartmann* § 572 Rn 14.
146 *Bassenge* FGG § 25 Rn 11; *Keidel-Kahl* § 25 Rn 7.
147 OLG Ffm MDR 1980, 234.
148 BayObLGZ 1967, 435.
149 KG NJW 1982, 2326, 2327; *Bassenge* FGG § 25 Rn 12; **aA** KG NJW-RR 1986, 306, 308.
150 Vgl BGH MDR 2004, 1371 = NJW-RR 2004, 1537.
151 OLG Köln Rpfleger 1987, 23.
152 BayObLG Rpfleger 1982, 14 (Ls b *Goerke* 12 ff).
153 BayObLG Rpfleger 1982, 275.
154 *Korintenberg-Lappe-Bengel-Reimann* KostO, § 15 Rn 63, 64 mwN; **aA** BayObLGZ 1979, 81, 86 = Rpfleger 1979, 210, 211; *Rohs-Wedewer-Belchaus* KostO, § 16 Rn 17; vgl auch BayObLG Rpfleger 1982, 275, 276.
155 BayObLGZ 1958, 213, 219.
156 Einzelh b *Keidel-Zimmermann* § 13a Rn 6 ff.
157 BayObLG WuM 1987, 237; *Keidel-Zimmermann* § 13 Rn 30, 33.
158 Vgl BGH NJW 2005, 2233 mAnm Kroppenberg aaO S 3112.

das LG entgegen dem Grundbuchamt nach dem Antrag des Beschwerdeführers, so wird Ausgangspunkt der Billigkeitserwägungen sein, dass im Verfahren der FG grundsätzlich jeder Beteiligte seine außergerichtlichen Kosten selbst zu tragen hat.[159] Hat eine Beschwerde nur teilweise Erfolg oder sind gegensätzliche Beschwerden erfolglos geblieben, so will die hM nur § 13a Abs 1 S 1 FGG anwenden,[160] die Gründe, mit denen die teilweise Anwendung des S 2 abgelehnt wird, überzeugen allerdings nicht. § 13a Abs 1 S 1 FGG ist maßgebende Rechtsgrundlage für die Entscheidung über die Erstattung von Kosten zwischen mehreren Beteiligten auch im Falle der Erledigung der Hauptsache[161] (§ 71 Rdn 165). Hebt das Beschwerdegericht die Entscheidung des Grundbuchamts auf und verweist es die Sache zurück (Rdn 33), ist dem Grundbuchamt auch die etwa erforderliche Entscheidung über Kosten des Beschwerdeverfahrens zu überlassen.[162]

Den **Wert des Beschwerdeverfahrens** bestimmt das Beschwerdegericht nach § 131 Abs 2 KostO iVm § 30 KostO. Bei teilweiser Zurückweisung der Beschwerde ist eine Bewertung des durch die Zurückweisung sachlich erledigten Teils als Anknüpfungspunkt für die Gebühr nach § 131 Abs 1 Nr 1 KostO erforderlich. Zur Anfechtbarkeit der Wertfestsetzung des Beschwerdegerichts § 71 Rdn 104.   **35**

VI. Begründung der Entscheidung

§ 77 spricht aus, dass die Entscheidung des Beschwerdegerichts mit Gründen zu versehen ist. Die **Begründung** **36** muss im Hinblick auf § 78 in tatsächlicher und rechtlicher Beziehung so erfolgen, dass das **Gericht der weiteren Beschwerde eine tragfähige Grundlage zur rechtlichen Nachprüfung hat** (Rdn 1).[163] Zusätzlich kann sich aus **Art 103 Abs 1 GG** – je nach Lage des Einzelfalls – die **Verpflichtung** des Beschwerdegerichts ergeben, **sich mit dem Beschwerdevorbringen und der erstinstanzlichen Entscheidung auseinanderzusetzen** und nachvollziehbar darzulegen, warum es bspw der Wertung des AG folgt.[164] Zunächst muss angegeben werden, welcher **Sachverhalt** der Entscheidung zugrunde liegt; die tatsächlichen Feststellungen, die für das Gericht der weiteren Beschwerde bindend sind, müssen diesem erkennbar gemacht werden.[165] Eine Trennung des Sachverhalts von den Gründen ist an sich nicht erforderlich, allerdings zweckmäßig. Ist der Sachverhalt in der Entscheidung des Grundbuchamts richtig dargestellt, so genügt die Bezugnahme auf ihn, ggf unter Hinweis auf zwischenzeitliche Veränderungen.[166] Möglich ist auch die konkrete Bezugnahme auf bestimmte Urkunden oder Aktenteile. Eine allgemeine Bezugnahme auf den Inhalt der Akten reicht dagegen idR nicht aus.[167] Unter den Gründen ieS sind die **Rechtsausführungen** zu verstehen, auf die die Entscheidung gestützt wird. Sie müssen den Sachverhalt würdigen und sich mit den Gründen des Grundbuchamts sowie dem Vorbringen der Beteiligten auseinandersetzen;[168] allgem Redewendungen reichen nicht aus.[169] Umfassende Würdigung der Sach- und Rechtslage bedeutet allerdings nicht, dass das Beschwerdegericht auf jede Einzelheit des Beschwerdevorbringens, das es für unerheblich hält, oder auf alle nach möglicherweise in Betracht kommende Umstände ausdrücklich einzugehen hätte.[170] Legt das Beschwerdegericht einen Eintragungsantrag aus[171] oder trifft es eine Ermessensentscheidung, so muss es die dafür maßgebenden Erwägungen darlegen.[172] Die Bezugnahme auf die zutreffenden Gründe der angefochtenen Entscheidung kann genügen, allerdings nur dann, wenn diese ihrerseits eine ausreichende Begründung enthält und der Beschwerdeführer tatsächlich und rechtlich nichts wesentlich Neues vorgebracht hat.[173]

---

159 *Bassenge* FGG § 13a Rn 11; *Keidel-Zimmermann* § 13a Rn 21, 41.
160 BayObLGZ 1958, 109, 117 = NJW 1958, 1683; BayObLGZ 1959, 33, 37 = NJW 1959, 1495; BayObLGZ 1959, 70, 77 = Rpfleger 1960, 95, 96; BayObLGZ 1959, 140, 145; OLG Braunschweig OLGZ 1974, 434; *Demharter* Rn 34; *Bassenge* FGG § 13a Rn 9; *Keidel-Zimmermann* § 13a Rn 20a; **aA** *Tschischgale* Rpfleger 1961, 97, 103.
161 *Keidel-Zimmermann* § 13a Rn 44 ff.
162 *Keidel-Zimmermann* § 13a Rn 36.
163 BayObLGZ 1984, 197, 199; KGJ 48, 1; 53, 142; OLG Hamm JMBlNRW 1959, 113; OLG Köln MDR 1981, 1028 = Rpfleger 1981, 398 (Ls).
164 OLG Celle NdsRpfl 2003, 253.
165 OLG Hamm JMBlNRW 1959, 113; KGJ 48, 1; 53, 142; OLG Köln Rpfleger 1984, 352; OLG Ffm NJW-RR 1996, 529.
166 KG OLGE 4, 351.
167 BayObLGZ 2000, 147, 149; FamRZ 1984, 201; OLG Jena OLGE 4, 412; KG OLGE 4, 341; OLG Köln OLGZ 1988, 33, 34.
168 KG JW 1927, 721; OLG Köln MDR 1981, 1028; KEHE-*Briesemeister* Rn 24; *Keidel-Kahl* § 25 Rn 12a.
169 OLG Köln MDR 1981, 1028; OLG München HRR 1936 Nr 213.
170 BayObLGZ 1948–51, 412, 419; 1982, 309, 313.
171 SchlHOLG SchlHAnz 1982, 169.
172 *Keidel-Kahl* § 25 Rn 11, 12a.
173 BayObLGZ 1965, 326, 328; 1981, 30, 32; OLG Köln MDR 1981, 1028 = Rpfleger 1981, 398 (Ls missverständl iS völliger Abl); OLG Köln JMBlNRW 1983, 64; KEHE-*Briesemeister* Rn 25; *Demharter* Rn 39; *Keidel-Kahl* § 25 Rn 11.

37 Bezüglich der **Folgen von Verstößen** gegen die Begründungspflicht ist zu unterscheiden: **Fehlen die Gründe überhaupt oder jedenfalls in den für die Entscheidung wesentlichen Punkten**[174] – das kann vorliegen, wenn das Beschwerdegericht keinerlei Tatbestand angibt,[175] einen ganzen Rechtsbehelf übergeht,[176] zu selbständigen, erheblichen Angriffs- oder Verteidigungsmitteln nichts sagt[177] oder etwa einen Eintragungsantrag auslegt, ohne die maßgeblichen Erwägungen hierfür darzulegen[178] –, so ist ein **absoluter Rechtsbeschwerdegrund** iS des § 78 iVm § 547 Nr 6 ZPO gegeben (§ 78 Rdn 27). Bei völligem Fehlen eines Sachverhalts liegt auch die Nichterhebung der Kosten des weiteren Beschwerdeverfahrens nahe.[179] Ist die **Begründung der Beschwerdeentscheidung** nur **lückenhaft**, so handelt es sich um einen **relativen Rechtsbeschwerdegrund**, der zur Aufhebung der Beschwerdeentscheidung führt, wenn sie auf diesem Mangel beruht (§ 78 Rdn 24).[180] Ausgeschlossen ist eine Heilung durch Nachholung von Gründen (Rdn 41).

VII. Herausgabe der Entscheidung

1. Abfassung

38 Die Entscheidung des Beschwerdegerichts ergeht als schriftlich abzufassender **Beschluss**. Als Unterschrift, die nicht aus seiner bloßen Paraphe bestehen darf,[181] genügt die des Vorsitzenden (str);[182] es müssen jedoch wenigstens aus der Beschlussausfertigung die übrigen mitwirkenden Richter ersichtlich sein.[183]

2. Mitteilung

39 § 77 schreibt ausdrücklich nur vor, die mit Gründen versehene Entscheidung dem Beschwerdeführer mitzuteilen. Mit Recht fordert die hM[184] darüber hinaus nach allgem Grundsätzen die Bekanntgabe an alle **am Beschwerdeverfahren formell Beteiligten** und an alle **materiell Beteiligten** (Vor § 71 Rdn 22), deren **Rechtsstellung** durch den Beschluss des Beschwerdegerichts **beeinträchtigt sein kann**. Der Hinweis der Gegenansicht[185] auf die Bekanntmachungspflicht des GBA nach § 55 trägt nicht, weil diese Vorschrift sich auf die Bekanntmachung vollzogener Eintragungen beschränkt; der Rechtsschutz des Beschwerdegegners wäre weitgehend unterlaufen, wenn bspw das Beschwerdegericht im Grundbucheintragungsantragverfahren auf Beschwerde des Antragstellers die Vornahme einer Eintragung durch das Grundbuchamt anordnete, ohne dass dem Beschwerdegegner diese Anordnung und damit die Möglichkeit, eben diese mit der weiteren Beschwerde anzugreifen, eröffnet würde. Für die Form der Mitteilung gilt § 16 Abs 2 FGG. Beginnt mit dem Zugang der Beschwerdeentscheidung (ausnahmsweise) der Lauf einer Frist, so muss die Mitteilung durch Zustellung erfolgen. Dies kommt ua in Betracht, wenn das Beschwerdegericht eine Zwischenverfügung nach § 18 erlässt. Wird der Beteiligte durch einen Bevollmächtigten vertreten, dessen dem Beschwerdegericht vorliegende Vollmacht auch den Empfang von Zustellungen umfasst, muss die Mitteilung an den Bevollmächtigten erfolgen (Rechtsgedanke des § 176 ZPO; str[186]), auch im Falle der vermuteten Vollmacht des Notars.[187] Sodann hat das Beschwerdegericht eine Ausfertigung seiner Entscheidung mit den Akten dem Grundbuchamt zu übersenden; die Urschrift der Beschwerdeentscheidung bleibt beim LG.

3. Existenz und Wirksamkeit

40 »Erlassen«, dh existent geworden, ist die Entscheidung des Beschwerdegerichts mit ihrer ersten **Herausgabe aus der Verfügungsgewalt des Beschwerdegerichts** (§ 71 Rdn 29). Von da ab kann einerseits weitere

---

174 BayObLGZ 1983, 213, 219; BayObLG WE 1989, 32.
175 BGHZ 73, 248; BGH VersR 1981, 1180; OLG Köln OLGZ 1987, 33, 35 = NJW-RR 1987, 223; OLG Zweibrücken NJW-RR 1999, 1174.
176 RGZ 109, 203.
177 BGHZ 39, 333, 337; BGH VersR 1979, 348; BGH FamRZ 1983, 352, 354; *Keidel-Kahl* § 27 Rn 41.
178 Vgl SchlHOLG SchlHAnz 1982, 169 (im konkr Fall nur rel Rechtsbeschwerdegrund; KEHE-*Briesemeister* Rn 26).
179 OLG Köln OLGZ 1987, 33 = NJW-RR 1987, 223.
180 RGZ 109, 201, 204; BayObLGZ 1985, 251; BayObLGZ 1952, 111, 117; SchlHOLG SchlHAnz 1982, 169; KEHE-*Briesemeister* Rn 26; *Jansen-Briesemeister* § 27 Rn 82 f; *Keidel-Kahl* § 25 Rn 12.
181 KG NJW 1988, 2807.
182 BGHZ 9, 22, 24; *Bassenge* FGG Einl Rn 108; *Keidel-Kahl* § 25 Rn 14; *Jansen-Briesemeister* § 25 Rn 34; **aA** *Bumiller-Winkler* § 25 Rn 14; *Rasehorn* NJW 1957, 1866.
183 *Bassenge* FGG Einl Rn 107; *Keidel-Kahl* § 25 Rn 14.
184 KEHE-*Briesemeister* Rn 27; *Demharter* Rn 41; *Keidel-Kahl* § 25 Rn 15.
185 6. Aufl § 77 Bem 18.
186 OLG Hamm Rpfleger 1971, 434; OLG Hamm Rpfleger 1992, 114, 115; KGJ 22, 198, 201; KG Rpfleger 1985, 193; *Jansen* § 16 Rn 30; *Keidel-Schmidt* § 16 Rn 36; *Walchshöfer* Rpfleger 1974, 254; enger – Erklärung d Beteiligten erforderlich, dass nur an d Vertreter zuzustellen sei – *Bassenge* FGG § 16 Rn 13; *Schlegelberger* FGG, § 16 Rn 34; offengel v BGH Rpfleger 1975, 350; vgl auch – z § 55 GBO – OLG Stuttgart Rpfleger 1974, 110.
187 OLG Zweibrücken Rpfleger 1968, 154; *Bassenge* FGG § 16 Rn 13.

Beschwerde eingelegt werden, andererseits kann das Beschwerdegericht die Entscheidung nicht mehr ändern (Rdn 40). Davon zu unterscheiden ist die »Wirksamkeit« der Beschwerdeentscheidung, die gemäß § 16 Abs 1 FGG mit der Bekanntgabe (Rdn 38) eintritt.

4. Unabänderbarkeit

Das Beschwerdegericht kann seine Entscheidung ab deren Existenz (Herausgabe)[188] grundsätzlich nicht mehr **41** ändern, und Gegenvorstellungen sind unzulässig.[189] Dies folgt abgesehen von § 80 Abs 2, der unmittelbar nur die Situation nach Einlegung der weiteren Beschwerde betrifft, daraus, dass die Beschwerdeinstanz abgeschlossen ist und das Beschwerdegericht seine Entscheidungszuständigkeit verloren hat.[190] Eine Änderung ist aber nicht ausgeschlossen bei erstinstanzlichen Entscheidungen und Zwischenentscheidungen des Beschwerdegerichts, die noch über die Entscheidung in der Hauptsache hinaus wirken und nicht der sofortigen Beschwerde unterliegen (sonst § 18 Abs 2 FGG).[191] Das Änderungsverbot gilt im Grundsatz auch bei Verwerfung der Beschwerde als unzulässig,[192] in begrenztem Umfang kommt aber eine Wiederholung der Beschwerde in Betracht (§ 71 Rdn 171, 172). Wegen Besonderheiten bei Verwerfung der weiteren Beschwerde § 80 Rdn 39. Allgemein wegen der verfassungsrechtlich gebotenen Ausnahmen bei letztinstanzlichen Beschwerdeentscheidungen Vor § 71 Rdn 5, 23. Ohne weiteres **zurücknehmen**[193] kann das **Beschwerdegericht seine Entscheidung** jedoch, wenn diese gänzlich **unwirksam** ist; etwa bei versehentlicher Entscheidung über eine nicht existente (nicht eingelegte oder zurückgenommene) Beschwerde.[194] Zu keiner sachlichen Änderung führt und daher ohne weiteres zulässig ist die Bereinigung offenbarer Unrichtigkeiten entspr § 319 ZPO.[195] Auch eine Tatbestandsberichtigung entspr § 320 ZPO[196] oder eine Ergänzung analog § 321 ZPO[197] kommt in Betracht. Ein Beschluss, mit dem das Beschwerdegericht seine Entscheidung unzulässigerweise abändert, ist nichtig; die ursprüngliche Beschwerdeentscheidung bleibt in Kraft.[198]

VIII. Wirkungen der Entscheidung des Beschwerdegerichts

1. Allgemeines

Die Entscheidung des Beschwerdegerichts hat je nach sachlichem Gehalt unterschiedliche Auswirkungen auf **42** das Verfahren beim Grundbuchamt. Eine weitere Tätigkeit des Grundbuchamts ist veranlasst, wenn der Beschwerde ganz oder teilweise stattgegeben wurde. Wird das Grundbuchamt zur Vornahme einer beantragten Eintragung angewiesen, hat diese Entscheidung grundsätzlich keine rückwirkende Kraft; zwischenzeitlich zugunsten Dritter vorgenommene Eintragungen haben Bestand, und der Rang der Eintragungen im Übrigen hängt davon ab, ob die Beschwerde aufgrund von Anfang an oder erst im Beschwerdeverfahren vorgetragener Tatsachen Erfolg hatte (§ 74 Rdn 14 ff). Führt die Beschwerde zur Aufhebung einer Zwischenverfügung, so wird damit auch einer auf dieselben Gründe gestützten Zurückweisung des Eintragungsantrags durch das Grundbuchamt die Grundlage entzogen, und dieses hat letztere Entscheidung von Amts wegen aufzuheben (§ 78 Rdn 8).[199]

---

188 OLG Köln JMBlNRW 1981, 101, 102; and 6. Aufl Bem 24, § 80 Bem 12: ab Bekanntgabe.

189 RGZ 70, 236; BayObLGZ 1978, 128, 129; 1981, 264; OLG Düsseldorf JR 1952, 686; OLG Hamm OLGZ 1971, 84, 86; KGJ 46, 3; KG OLGZ 1966, 608; KEHE-*Briesemeister* Rn 28; *Bassenge* FGG § 18 Rn 17; *Jansen-Briesemeister* § 18 Rn 23; *Keidel-Kayser* § 18 Rn 8; im Grunds zust *Bauer/v. Oefele-Budde* Rn 28; **aA** LG Bonn MDR 1956, 45; *Schmidt* 133 ff, 198: Abänderbarkeit, solange keine weit Beschw eingelegt ist; *Schneider* DRiZ 1965, 288, 290: Abänderbarkeit aufgr neuer Tats; vgl auch *Baumgärtel* MDR 1968, 970.

190 BayObLGZ 1981, 264; f ZPO-Beschw: OLG Hamm JR 1975, 25; *Ratte*, 108 f; *Gäbelein* JZ 1966, 260, 262.

191 *Bassenge* FGG § 18 Rn 17; *Keidel-Schmidt* § 18 Rn 8.

192 BayObLGZ 1950/51, 342; *Keidel-Schmidt* § 18 Rn 8; teilw abw *Bassenge* FGG § 25 Rn 5: bei Tatsachenirrtum Abänderbarkeit bis z Einlegung d weit Beschw.

193 Unbeschadet d Aufhebungsbefugnis d Rechtsbeschwerdegerichts: BayObLGZ 1988, 259, 261; KG Rpfleger 1982, 304.

194 BayObLGZ 1965, 347; *Demharter* Rn 43.

195 BGHZ 106, 370, 372; *Bassenge* FGG § 18 Rn 24; *Keidel-Schmidt* § 18 Rn 8.

196 BayObLG Rpfleger 1989, 187 (Ls b *Plötz* 186 ff); OLG Hamm OLGZ 1965, 228; *Bassenge* FGG § 18 Rn 25; *Keidel-Schmidt* § 18 Rn 64.

197 BayObLGZ 1962, 380, 381; *Demharter* Rn 35; *Bassenge* FGG § 18 Rn 26.

198 BayObLGZ 1978, 129; 1981, 264; *Keidel-Amelung* § 18 Rn 41.

199 BGHZ 88, 62, 64 = Rpfleger 1983, 408; BayObLGZ 1969, 278, 280; 1978, 335, 337; 1986, 54, 55; OLG Ffm Rpfleger 1977, 103; KG HRR 1930 Nr 415; KG OLGZ 1965, 93; OLG Stuttgart BWNotZ 1980, 92.

2. Bindung des Grundbuchamts an die Beschwerdeentscheidung

43 **a) Bei Sachentscheidung.** Aus dem Wesen des Rechtsmittelzuges folgt, dass **das Grundbuchamt an die Sachentscheidung des Beschwerdegerichts gebunden** ist.[200] Das gilt zum einen, wenn das Beschwerdegericht das GBA zu einer bestimmten Ausführungshandlung angewiesen hat; ordnet bspw das Beschwerdegericht eine Eintragung an, so muss das Grundbuchamt diese vornehmen und darf die daraufhin vollzogene Eintragung nicht etwa sofort wieder nach § 53 wegen inhaltlicher Unzulässigkeit löschen oder einen Amtswiderspruch eintragen (§ 53 Rdn 36).[201] Zum andern **darf das Grundbuchamt auch seine eigene, vom Beschwerdegericht bestätigte Entscheidung nicht ändern**, solange der zugrunde liegende Sachverhalt derselbe ist; die maßgebliche Beurteilung ist zu einer solchen des Beschwerdegerichts geworden.[202] Daran fehlt es, und es entsteht keine sachliche Bindung für das Grundbuchamt, wenn das LG die Beschwerde als unzulässig verwirft; bspw gegen eine Zwischenverfügung: dann kann sich das Grundbuchamt bei seiner endgültigen Entscheidung über den Eintragungsantrag von dieser wieder distanzieren.[203]

44 Gegenständlich besteht die Bindung, **soweit das Beschwerdegericht eine Entscheidung getroffen hat;**[204] sie bezieht sich also auf den Entscheidungssatz und die der Entscheidung unmittelbar zugrunde liegende rechtliche Beurteilung. War die Beschwerde gegen eine Zwischenverfügung gerichtet, so betrifft die Bindung nur die auf den Beschwerdegegenstand (Rdn 12) unmittelbar bezogenen Gründe, nicht sonstige wegweisende Erörterungen.[205] Die Bindung ist auf den dem Beschwerdegericht zur Prüfung unterbreiteten Stoff (§ 74 Rdn 4 ff) begrenzt. Wenn bspw der Grundbuchstand sich zwischenzeitlich geändert hat, ohne dass dies dem Beschwerdegericht bekannt oder für es erkennbar war, entfällt die Bindung.[206] Eine Zuwiderhandlung gegen die Rechtsauffassung des Beschwerdegerichts liegt auch nicht vor, wenn die Beschwerdeinstanz ersichtlich von einem falschen Sachverhalt ausgegangen war bzw sich im weiteren Verfahren vor dem Grundbuchamt nachträglich ein anderer, weder von ihm noch vom Beschwerdegericht erörterter und nach damaliger Sachlage auch nicht zu erörternder Gesichtspunkt ergibt,[207] etwa weil erst nachträglich rechtliches Gehör gewährt werden konnte. **Allgemein entfällt die Bindung, soweit sich die Sach- und Rechtslage nach der Entscheidung des Beschwerdegerichts geändert hat.**[208] Keine Bindung besteht auch in einem neuen Verfahren mit einem anderen Verfahrensgegenstand.[209] Beispiele für »dieselbe Sache«: Nach Zurückweisung der Beschwerde gegen eine Zwischenverfügung entscheidet das Grundbuchamt über den Eintragungsantrag. Nach Zurückweisung der Beschwerde gegen die Abweisung eines Eintragungsantrags wiederholt der Antragsteller denselben Antrag.[210] Nach Vornahme einer Eintragung auf Weisung des Beschwerdegerichts erhebt der Betroffene Beschwerde gegen die Eintragung (§ 71 Abs 2 S 2).[211] Neues Verfahren: Wenn der Antragsteller eine vom Beschwerdegericht bestätigte Beanstandung des Grundbuchamts hinnimmt und einen neuen Eintragungsantrag einreicht.[212] Die Hauptsache, wenn das Beschwerdegericht lediglich über eine PKH-Beschwerde entschieden hat.[213]

45 **b) Bei Aufhebung und Zurückverweisung.** Verweist das Beschwerdegericht die Sache an das Grundbuchamt zurück (Rdn 33), hat das Grundbuchamt entspr § 565 Abs 2 ZPO die rechtliche Beurteilung, auf der die Aufhebung beruht, auch seiner Entscheidung zugrunde zu legen.[214] Die Bindung erstreckt sich (nur) auf diejenigen Punkte, deren rechtsirrtümliche Würdigung die Aufhebung unmittelbar herbeigeführt hat; wobei die Aufhebung auf mehrere Gründe gestützt sein kann.[215] In diesem Rahmen sind auch die Richtlinien, die das Beschwerdegericht für die weitere Sachbehandlung geben kann, bindend; nicht jedoch lediglich wegweisende, den Beschwerdegegenstand nicht unmittelbar berührende Ausführungen;[216] auch nicht hinsichtlich der Punkte,

---

200 BayObLGZ 1974, 21 = Rpfleger 1974, 148; KG OLGE 1, 311; 23, 351; *Demharter* Rn 42; KEHE-*Briesemeister* Rn 29; *Alff* Rpfleger 1999, 373, 378.
201 KG JFG 3, 264, 267 = HRR 1926 Nr 168.
202 OLG Hamm OLGZ 1971, 84 = NJW 1970, 2118; KG NJW 1955, 1074.
203 KG OLGZ 1971, 452 = DNotZ 1971, 415.
204 BayObLGZ 1974, 18, 21 = Rpfleger 1974, 148; KGJ 26, 238 = OLGE 7, 209.
205 BayObLGZ 1974, 18, 21 = Rpfleger 1974, 148.
206 *Demharter* § 77 Rn 42; KEHE-*Briesemeister* Rn 29.
207 Vgl BayObLG 18, 286, 288; *Bauer-/v. Oefele-Budde* Rn 28; weiterg KEHE-*Briesemeister* Rn 29; *Böttcher* Rpfleger 1988, 242, 254: wenn d LG eine Rechtsfrage nicht erörtert habe.
208 KG JFG 20, 205; SchlHOLG Rpfleger 2005, 356.
209 Vgl KG NJW 1955, 1074.
210 OLG Hamm OLGZ 1971, 84 = NJW 1970, 2118.
211 BayObLG 9, 560; KG JFG 3, 264 = HRR 1926 Nr 168.
212 Vgl KGJ 43, 141, 143.
213 KG MDR 1965, 670, 671; *Keidel-Kahl* § 27 Rn 69a.
214 BayObLG WE 1988, 30; *Bassenge* FGG § 25 Rn 15.
215 BayObLG WE 1988, 30 mwN.
216 BayObLGZ 1953, 221; 1960, 216, 220; 1974, 18, 21; OLG Bamberg RdL 1957, 20; OLG Celle RdL 1964, 180; OLG Hamm OLGZ 1966, 216; OLG München JFG 23, 194; *Bassenge* FGG § 25 Rn 15; *Keidel-Kahl* § 25 Rn 8.

in denen das Beschwerdegericht, das aus anderen Gründen aufhebt und zurückverweist, dem Grundbuchamt beitritt.[217] Zum Verbot der Schlechterstellung (r.i.p.) nach Aufhebung und Zurückverweisung Rdn 8.

3. Bindung des Beschwerdegerichts

Notwendige Folge der Bindung des Grundbuchamts an die Entscheidung des **Beschwerdegerichts** ist, dass **46** letzteres **in demselben Umfang an seine Beschwerdeentscheidung gebunden** ist, wenn es in einem erneuten Beschwerdeverfahren wieder mit derselben Sache (Rdn 44) befasst wird;[218] etwa auf Beschwerde gegen die Zurückweisung des Eintragungsantrags aus den Gründen einer Zwischenverfügung, die zuvor vom Beschwerdegericht bestätigt worden war (§ 78 Rdn 8). Die Bindung des Beschwerdegerichts hat allerdings keine Grundlage in dem Sonderfall, dass eine Bindung des Gerichts der weiteren Beschwerde mangels Zulässigkeit eines Rechtsmittels an dieses nicht eintreten konnte (Rdn 47).[219] Sie entfällt, wenn die der Beschwerdeentscheidung zugrunde liegende höchstrichterliche Rspr bzw die des übergeordneten Rechtsbeschwerdegerichts sich geändert hat (§ 80 Rdn 42).

4. Bindung des Gerichts der weiteren Beschwerde

Wird die Entscheidung des Beschwerdegerichts **nicht weiter angefochten**, so ist, wenn es in derselben Sache **47** zu einer erneuten Entscheidung des Grundbuchamts und wieder zu einem Beschwerdeverfahren kommt, im Falle der weiteren Beschwerde zwangsläufig auch das OLG als Rechtsbeschwerdegericht an die Rechtsauffassung der früheren Beschwerdeentscheidung in demselben Umfang gebunden wie das LG und das Grundbuchamt (str).[220] Eine Grundlage für eine Bindung des Gerichts der weiteren Beschwerde – und infolgedessen auch schon des LG – ist in Grundbuchsachen allerdings **nicht** gegeben, wenn die erste Beschwerdentscheidung mangels Beschwerdeberechtigung (§ 71 Rdn 106 ff) nicht angefochten werden konnte.[221]

---

217 Vgl BGH FamRZ 2005, 1667 = MDR 2005, 1241 (Abgrenz z BGH NJW 1992, 2831, 2832); *Bassenge* FGG § 25 Rn 15.
218 RGZ 124, 323; BGHZ 15, 122 = NJW 1955, 21; BayObLG 29, 448; BayObLGZ 1974, 18, 21 = Rpfleger 1974, 148; BayObLG WE 1988, 30; BayObLG 1992, 96, 99 = Rpfleger 1992, 432; OLG Hamm OLGZ 71, 84 = NJW 1970, 2118; KG JFG 20, 203; KG DFG 1939, 180; KG NJW 1955, 1074; KG OLGZ 68, 80, 83, KG MDR 80, 766; *Demharter* Rn 43; *Bassenge* FGG § 23 Rn 11; *Keidel-Kahl* § 25 Rn 9; **aA** *Bettermann* NJW 1955, 262; *Sommerlad* NJW 1974, 123.
219 BayObLGZ 2002, 279, 281 f = DNotZ 2002, 149, 151 = Rpfleger 2002, 140.
220 BGHZ 15, 122 = NJW 1955, 21; BGH NJW 1958, 59; BayObLG WE 1980, 30; BayObLG FamRZ 1993, 602, 603; KG OLGZ 1971, 84 = NJW 1970, 2118; KG MDR 1980, 766; *Bassenge* FGG § 25 Rn 17; *Keidel-Kahl* § 27 Rn 60; **aA** *Bettermann* NJW 1955, 262; *Sommerlad* NJW 1974, 123; abw auch BGH WRP 2004, 351 = NJW-RR 2004, 477.
221 BayObLGZ 1999, 104 = NJW-RR 1999, 1392 (Abgr z BayObLGZ 1992, 96 ff); BayObLGZ 2001, 279, 281 f = Rpfleger 2002, 140.

§ 78 (Zulässigkeit der weiteren Beschwerde)

Gegen die Entscheidung des Beschwerdegerichts ist das Rechtsmittel der weiteren Beschwerde zulässig, wenn die Entscheidung auf einer Verletzung des Rechts beruht. Die Vorschriften der §§ 546, 547, 559, 561 der Zivilprozeßordnung sind entsprechend anzuwenden.

Schrifttum

Bettermann, Anfechtung und Kassation, ZZP 88 (1975), 365; *Gottwald*, Die Revisionsinstanz als Tatsacheninstanz, 1975; *Henke*, Rechtsfrage oder Tatfrage – eine Frage ohne Antwort, ZZP 81 (1968), 196; *ders*, Die Tatfrage, 1966; *Kuchinke*, Grenzen der Nachprüfbarkeit tatrichterlicher Würdigung und Feststellung in der Revisionsinstanz, 1964; *May*, Die Auslegung rechtsgeschäftlicher Willenserklärungen im Revisionsverfahren, NJW 1959, 708; *ders*, Auslegung individueller Willenserklärungen durch das Revisionsgericht? NJW 1983, 980; *Nierwetberg*, Die Unterscheidung von Tatfrage und Rechtsfrage, JZ 1983, 237; *Rimmelspacher*, Zur Systematik der Revisionsgründe im Zivilprozeß, ZZP 84 (1971), 41; *Roth*, Zivilprozessordnung und Rechtsmittelverfahren der Freiwilligen Gerichtsbarkeit, Rpfleger 2006, 1; *Schneider*, Die Befugnis des Rechtsbeschwerdegerichts zur Selbstauslegung, MDR 1981, 885; *Tiedtke*, Selbstbindung der Revisionsgerichte, JZ 1995, 275.

I. Normzweck

1 § 78 eröffnet wie § 27 FGG als dritten Rechtszug die weitere Beschwerde iS einer **Rechtsbeschwerde, die eine einheitliche Rechtsanwendung sichern soll**.[1] Dabei ist die Fassung des S 1 missverständlich: Es ist das Ziel der weiteren Beschwerde, aufzuzeigen, dass die Entscheidung des Beschwerdegerichts auf einer Rechtsverletzung.[2] beruht. Die Zulässigkeit des Rechtsmittels hängt aber nicht davon ab, dass es auf eine Rechtsverletzung gestützt wird, schon gar nicht, dass eine solche vorliegt. Ist Letzteres der Fall, so hat die weitere Beschwerde – abgesehen von den Auswirkungen der Verweisung auf § 563 ZPO (Rdn 41) – sachlich Erfolg; wenn nicht, ist sie unbegründet. Die Ausgestaltung der weiteren Beschwerde nach Revisionsgrundsätzen wird durch die Verweisung auf die maßgeblichen Vorschriften der ZPO untermauert. Sie bedarf keiner Zulassung durch das Beschwerdegericht.[3] Auch sonst stellt das Gesetz – abgesehen von der erschwerten Form der Einle-

---

1 *Jansen-Briesemeister* § 27 Rn 2.
2 Gem Art 14 Abs 1d ZPO-RG v 27.07.2001 (BGBl I S 1887) wurde das Wort »Gesetzes« ohne inhaltl Änderung durch »Rechts« ersetzt.
3 BayObLGZ 2004, 370 = FGPrax 2005, 56.

gung (§ 80 Abs 1) – keine besonderen Zulässigkeitsvoraussetzungen für die weitere Beschwerde auf; es gelten grundsätzlich die Vorschriften über die Beschwerde (§ 80 Abs 3). Zum Verfahren und zur Entscheidung des weiteren Beschwerdegerichts § 80 Rdn 30 ff.

Zu beachten ist, dass die Vorschrift im Zusammenhang mit der **am 01.09.2009** in Kraft tretenden FGG-Reform[4] von da ab **folgende neue Fassung** bekommen wird (Art 36 Nr 8 FGG-RG): **2**

§ 78

(1) Gegen einen Beschluss des Beschwerdegerichts ist die Rechtsbeschwerde statthaft, wenn sie das Beschwerdegericht in dem Beschluss zugelassen hat.

(2) Die Rechtsbeschwerde ist zuzulassen, wenn
1. die Rechtssache grundsätzliche Bedeutung hat oder
2. die Fortbildung des Rechts oder die Sicherung einer einheitlichen Rechtsprechung eine Entscheidung des Rechtsbeschwerdegerichts erfordert.

Das Rechtsbeschwerdegericht ist an die Zulassung gebunden.[5]

(3) Auf das weitere Verfahren finden die §§ 71 bis 74 a[6] des Gesetzes über das in Familiensachen und in den Angelegenheiten der freiwilligen Gerichtsbarkeit entsprechende Anwendung.

Die im zukünftigen § 78 Abs 3 GBO in Bezug genommenen §§ 71 bis 74 a FamFG lauten:

§ 71 Frist und Form der Rechtsbeschwerde

(1) Die Rechtsbeschwerde ist binnen einer Frist von einem Monat nach der schriftlichen Bekanntgabe des Beschlusses durch Einreichen einer Beschwerdeschrift bei dem Rechtsbeschwerdegericht einzulegen. Die Rechtsbeschwerdeschrift muss enthalten:
1. die Bezeichnung des Beschlusses, gegen den die Rechtsbeschwerde gerichtet wird und
2. die Erklärung, dass gegen diesen Beschluss Rechtsbeschwerde eingelegt werde.

Die Rechtsbeschwerde ist zu unterschreiben. Mit der Rechtsbeschwerde soll eine Ausfertigung oder beglaubigte Abschrift des angefochtenen Beschlusses vorgelegt werden.

(2) Die Rechtsbeschwerde ist, sofern die Beschwerdeschrift keine Begründung enthält, binnen einer Frist von einem Monat zu begründen. Die Frist beginnt mit der schriftlichen Bekanntgabe des angefochtenen Beschlusses. § 551 Abs. 2 Satz 5 und 6 der Zivilprozessordnung gilt entsprechend.

(2) Die Begründung der Rechtsbeschwerde muss enthalten:
1. Die Erklärung, inwieweit der Beschluss angefochten und dessen Aufhebung beantragt werde (Rechtsbeschwerdeanträge),
2. die Angabe der Rechtsbeschwerdebegründung, und zwar
   a) die bestimmt Bezeichnung der Umstände, aus denen sich die Rechtsverletzung ergibt;
   b) soweit die Rechtsbeschwerde darauf gestützt wird, dass das Gesetz in Bezug auf das Verfahren verletzt sei, die Bezeichnung der Tatsachen, die den Mangel ergeben.

(4) Die Rechtsbeschwerde- und die Begründungsschrift sind den anderen Beteiligten bekannt zu geben.

§ 72 Gründe der Rechtsbeschwerde

(1) Die Rechtsbeschwerde kann nur darauf gestützt werden, dass die angefochtene Entscheidung auf einer Verletzung des Rechts beruht. Das Recht ist verletzt, wenn eine Rechtsnorm nicht oder nicht richtig angewendet worden ist.

(2) Die Rechtsbeschwerde kann nicht darauf gestützt werden, dass das Gericht des ersten Rechtszuges seine Zuständigkeit zu Unrecht angenommen hat.

(3) Die §§ 547, 556 und 560 der Zivilprozessordnung gelten entsprechend.

§ 73 Anschlussrechtsbeschwerde

Ein Beteiligter kann sich bis zum Ablauf einer Frist von einem Monat nach der Bekanntgabe der Begründungsschrift der Rechtsbeschwerde durch Einreichen einer Anschlussschrift bei Rechtsbeschwerdegericht anschließen, auch wenn er auf die Rechtsbeschwerde verzichtet hat, die Rechtsbeschwerdefrist verstrichen oder die Rechtsbeschwerde nicht zugelassen worden ist. Die Anschlussrechtsbeschwerde ist in Anschlussschrift zu begründen und zu unterschreiben. Die Anschließung verliert ihre Wirkung, wenn die Rechtsbeschwerde zurückgenommen oder als unzulässig verworfen wird.

§ 74 Entscheidung über die Rechtsbeschwerde

(1) Das Rechtsbeschwerdegericht hat zu prüfen, ob die Rechtsbeschwerde an sich statthaft ist und ob sie in der gesetzlichen Form und Frist eingelegt und begründet ist. Mangelt es an einem dieser Erfordernisse, ist die Rechtsbeschwerde als unzulässig zu verwerfen.

---

4 BT-Drucks 16/6308; 16/9733.
5 Entspr d geänderten Fassung v § 70 Abs 2 S 2 FamFG; soweit d Gesetzesbeschl v 27.06.2008 mit Art 36 Nr 8 FGG-RG die ursprüngl Fassung (»nicht« gebunden) angenommen hat, liegt offensichtl ein redaktionelles Versehen vor.
6 Entspr d Ergänzung zu § 74 FamFG; wie in vorstehender Fn nur versehentl bei § 78 BGO unterblieben.

(2) Ergibt die Begründung des angefochtenen Beschlusses zwar eine Rechtsverletzung, stellt sich die Entscheidung aber aus anderen Gründen als richtig dar, ist die Rechtsbeschwerde zurückzuweisen.

(3) Der Prüfung des Rechtsbeschwerdegerichts unterliegen nur die von den Beteiligten gestellt Anträge. Das Rechtsbeschwerdegericht ist an die geltend gemachten Rechtsbeschwerdegründe nicht gebunden. Auf Verfahrensmängel, die nicht von Amts wegen zu berücksichtigen sind, darf die angefochtene Entscheidung nur geprüft werden, wenn die Mängel nach § 71 Abs 3 und § 73 Satz 2 gerügt worden sind. §§ 559, 564 der Zivilprozessordnung gelten entsprechend.

(4) Auf das weitere Verfahren sind, soweit sich nicht Abweichungen aus den Vorschriften dieses Unterabschnitts ergeben, die imi ersten Rechtszug geltenden Vorschriften entsprechend anzuwenden.

(5) Soweit die Rechtsbeschwerde begründet ist, ist der angefochtene Beschluss aufzuheben.

(6) Das Rechtsbeschwerdegericht entscheidet in der Sache selbst, wenn diese zur Endentscheidung reif ist. Andernfalls verweist es die Sache unter Aufhebung des angefochtenen Beschlusses und des Verfahrens zur anderweitigen Behandlung und Entscheidung an das Beschwerdegericht oder, wenn dies aus besonderen Gründen geboten erscheint, an das Gericht des ersten Rechtszuges zurück. Die Zurückweisung kann an einen anderen Spruchkörper des Gerichts erfolgen, das die angefochtene Entscheidung erlassen hat. Das Gericht, an das die Sache zurückverwiesen ist, hat die rechtliche Beurteilung, die der Aufhebung zugrunde liegt, auch seiner Entscheidung zugrunde zu legen.

(7) Von einer Begründung der Entscheidung kann abgesehen werden, wenn sie nicht geeignet wäre, zur Klärung von Rechtsfragen grundsätzlicher Bedeutung, zur Fortbildung des Rechts oder zur Sicherung einer einheitlichen Rechtsprechung beizutragen.

§ 74a   Zurückweisungsbeschluss

(1) Das Rechtsbeschwerdegericht weist die vom Beschwerdegericht zugelassene Rechtsbeschwerde durch einstimmigen Beschluss ohne mündliche Verhandlung oder Erörterung im Termin zurück, wenn es davon überzeugt ist, dass die Voraussetzungen für die Zulassung der Rechtsbeschwerde nicht vorliegen und die Rechtsbeschwerde keine Aussicht auf Erfolg hat.

(2) Das Rechtsbeschwerdegericht oder der Vorsitzende hat zuvor die Beteiligten auf die beabsichtigte Zurückweisung der Rechtsbeschwerde und die Gründe hierfür hinzuweisen und dem Rechtsbeschwerdeführer binnen einer zu bestimmenden Frist Gelegenheit zur Stellungnahme zu geben.

(3) Der Beschluss nach Absatz 1 ist zu begründen, soweit die Gründe für die Zurückweisung nicht bereits in dem Hinweis nach Absatz 2 enthalten sind.«

Damit wird ab Inkrafttreten der Neuregelung (nach Maßgabe der Übergangsvorschrift in Art 111 FGG-RG) anstelle der weiteren Beschwerde an das OLG einschließlich Divergenzvorlage zum BGH die **Rechtsbeschwerde an den Bundesgerichtshof** (§ 133 GVG) nach dem Muster des § 70 FamFG eingeführt. Durch die Einführung der Rechtsbeschwerde in §§ 70 ff FamFG soll in der freiwilligen Gerichtsbarkeit eine Harmonisierung des Rechtsmittelrechts nach dem Vorbild der §§ 574 ff ZPO erreicht werden. Die Änderung soll das – so die Entwurfsbegründung[7] – »schwerfällige und zeitintensive« Vorlageverfahren der Oberlandesgericht ersetzen (vgl zu diesen Überlegungen auch Vor § 71 Rdn 17). Wegen der näheren Erläuterung dieser zukünftigen Regelung – soweit diese nicht der Sache nach gleichartige Tatbestände, Grundsätze oder Fragenkreise betrifft wie die geltenden Vorschriften über die weitere Beschwerde in GB-Sachen – wird vorerst auf die Kommentare zu den Bestimmungen über die Rechtsbeschwerde nach der Zivilprozessordnung (§§ 574 ff ZPO) verwiesen.

II. Zulässigkeit der weiteren Beschwerde (bis 31.08.2009 geltendes Recht)

1. Entscheidung des Beschwerdegerichts

3 **a) Entscheidung.** Wegen des Begriffs der Entscheidung siehe § 71 Rdn 17 ff. Sie ist insb von bloßen Meinungsäußerungen und lediglich verfahrensleitenden Maßnahmen abzugrenzen und erst angreifbar, wenn sie als solche rechtlich existent geworden ist (§ 77 Rdn 40). Vorher kann Anfechtbarkeit ausnahmsweise gegeben sein, wenn dem äußeren Anschein nach eine Entscheidung des Beschwerdegerichts ergangen ist; etwa, wenn nach Unterzeichnung eines Beschlusses die Beschwerdekammer die Geschäftsstelle anweist, die Entscheidung noch nicht herauszugeben, weil nochmals beraten werden müsse, der Beschluss jedoch versehentlich den Beteiligten mitgeteilt wird.[8] Für sich nicht anfechtbar sind einzelne Gründe der Entscheidung des Beschwerdegerichts[9] (§ 71 Rdn 30), auch nicht die wegweisenden Grundsätze, mit denen das Beschwerdegericht seine Entscheidung bei Zurückverweisung der Sache an das Grundbuchamt versieht (§ 77 Rdn 33),[10] es sei denn, darin liegt in Verbindung mit der Entscheidungsformel die Anweisung zu einer konkreten Entscheidung.[11] Keine selbständige Entscheidung ist auch die Zurückweisung einer Gegenvorstellung gegen eine bereits getroffene Beschwerdeentscheidung.[12]

---

7 BT-Drucks 16/6308 S 327.
8 OLG Frankfurt NJW 1968, 195.
9 OLG Köln Rpfleger 1986, 184.
10 BayObLG DNotZ 1986, 497 = Rpfleger 1985, 217 (Ls).
11 KG Rpfleger 1993, 236.
12 BGH VersR 1982, 598; *Keidel-Schmidt* § 18 Rn 9.

b) Endentscheidung. aa) Begriff. Wie sich im Kontext mit § 76 ergibt, ist in § 78 die vom Beschwerdege- **4**
richt getroffene **Endentscheidung über die erste Beschwerde** gemeint.[13] Dies kann auch die Entscheidung
über eine Zwischenverfügung des Grundbuchamts wie auch eine eigene Zwischenverfügung des Beschwerdegerichts gemäß § 18 sein (§ 77 Rdn 29), die das Beschwerdeverfahren erledigt. Auch Entscheidungen über
einen Teil des Beschwerdegegenstandes und Zwischenentscheidungen sachlichen Inhalts, zB die Vorabentscheidung über die örtliche Zuständigkeit,[14] gehören dazu; auch die eine in Wirklichkeit nicht eingelegte
Beschwerde zurückweisende Entscheidung;[15] selbstverständlich auch die Entscheidung, mit der das Beschwerdegericht die Beschwerde, statt sie richtigerweise als unzulässig zu behandeln, sachlich bescheidet[16] oder sie zu
Unrecht als unzulässig verwirft,[17] oder mit der es die Sache an das Grundbuchamt zurückverweist.[18] Nicht
jedoch Anordnungen, mit denen das Beschwerdegericht das Beschwerdeverfahren leitet oder die Beschwerdeentscheidung nur vorbereitet.[19] Mit der weiteren Beschwerde **nicht** anfechtbar sind also einstw Anordnungen
des Beschwerdegerichts (oder deren Ablehnung; § 76 Rdn 10); auch nicht die Aussetzung des Beschwerdeverfahrens, soweit sie nicht ausnahmsweise einer endgültigen Entscheidung über die Hauptsache gleichkommt;[20]
auch nicht die Entschließung des Beschwerdegerichts, eine Nichtabhilfeentscheidung des Grundbuchamts aufzuheben und die Sache zur erneuten Entscheidung über die Abhilfe zurückzugeben, statt in der Sache selbst zu
entscheiden.[21] Wegen der Anfechtung »**Erstinstanzlicher« Zwischen-, PKH- und Kostenentscheidungen**
des Beschwerdegerichts siehe **§ 71 Rdn 105**, wegen Entscheidungen nach Erledigung der Hauptsache § 71
Rdn 165 ff.

bb) Anfechtung bloßer Berichtigungs-Entscheidungen des Beschwerdegerichts. Gegen den Beschluss, **5**
durch den der Antrag auf – grundsätzlich zulässige – Berichtigung der Entscheidung des Beschwerdegerichts im
Tatbestand (vgl § 320 Abs 1 ZPO) oder wegen offenbarer Unrichtigkeit (vgl § 319 Abs l ZPO) zurückgewiesen
worden ist, findet entspr §§ 319 Abs 3, 320 Abs 4 S 4 ZPO kein Rechtsmittel statt. Das gilt jedenfalls nach
neuem Recht auch dann, wenn im ersteren Fall die Ablehnung nur aus verfahrensrechtlichen Gründen, selbst
unter Verkennung des Begriffs der offenbaren Unrichtigkeit erfolgte.[22] Gegen den Beschluss, der eine Berichtigung wegen offenbarer Unrichtigkeit ausspricht, findet – anders als gegen einen bloßen Tatbestandsberichti-
gungsbeschluss (§ 320 Abs 4 S 4 ZPO analog) – entspr § 319 Abs 3 ZPO die sofortige Beschwerde statt, für die
im übrigen die §§ 20 ff FGG gelten.[23]

2. Entscheidung des Beschwerdegerichts als Angriffsziel

a) Allgemeines. Mit der weiteren Beschwerde kann nur die Entscheidung des Beschwerdegerichts angefoch- **6**
ten werden, nicht unmittelbar eine solche des Grundbuchamts. **Allein die Reichweite der Beschwerdeentscheidung ist also maßgeblich.** Bezog sich zB die Beschwerde gegen eine Zwischenverfügung nur auf die
Fristsetzung und hat das Beschwerdegericht nur darüber entschieden, so kann die Zwischenverfügung mit der
weiteren Beschwerde nicht über die entschiedene Frage hinaus angefochten werden[24] Ebenso wenig lässt sich
mit der weiteren Beschwerde gegen die Zurückweisung der Beschwerde gegen eine Zwischenverfügung des
Grundbuchamtes eine weitere Beschwerde – unter Übergehung des Landgerichts – gegen eine zwischenzeitlich
ergangene zweite Zwischenverfügung des Amtsgerichts verknüpfen.[25] Zur weiteren Beschwerde gegen eine
Beschwerdeentscheidung, durch die eine Zwischenverfügung aufgehoben worden ist, mit dem Ziel, das
Grundbuchamt zum Vollzug des Eintragungsantrags anzuweisen, Rdn 11.

b) Ausführung der Beschwerdeentscheidung durch das Grundbuchamt. Die Entscheidung des **7**
Beschwerdegerichts bleibt auch maßgeblich, wenn das **Grundbuchamt in Ausführung derselben eine neue
Verfügung erlässt.** Soweit und solange nämlich das Grundbuchamt und damit auch das Beschwerdegericht
selbst an die Beschwerdenentscheidung gebunden sind (§ 77 Rdn 43 ff), muss ein neues Rechtsmittelverfahren

---

13 KG HRR 1930 Nr 1505; KG NJW 1957, 1197; *Demharter* Rn 4; KEHE-*Briesemeister* Rn 2.
14 KG OLGE 42, 116 = KGJ 53, 6; *Bumiller-Winkler* § 27 Anm 1; *Jansen-Briesemeister* § 27 Rn 5.
15 **AA** – m Erstbeschwerde angreifbar – BayObLGZ 1999, 330; KG Rpfleger 1982, 304.
16 BayObLG MDR 1998, 1116.
17 BGHZ 5, 39, 45, 46; BGH WM 1989, 763; BayObLGZ 1993, 253, 255 = NJW-RR 1994, 831.
18 BayObLGZ 1953, 60; OLG Köln JMBlNRW 1969, 71; KEHE-*Briesemeister* Rn 4.
19 *Jansen-Briesemeister* § 27 Rn 7.
20 BayObLGZ 1966, 323; OLG Düsseldorf MDR 1950, 354; OLG Düsseldorf OLGZ 1993, 414, 415; KG JFG 3, 381,
    383; KG NJW 1957, 1197; KG OLGZ 1975, 257, 258; KG NJW-RR 1998, 641; *Bassenge* FGG § 12 Rn 12; *Keidel-
    Kahl* § 27 Rn 1.
21 BayObLG Rpfleger 1996, 189.
22 BGH MDR 2004, 1104 = NJW-RR 2004, 157 m Hinw z früherem Streitstand.
23 *Bassenge* FGG/RPflG § 18 Rn 21.
24 KGJ 20, 275, 276.
25 BayObLG 1993, 228, 232 = AgrarR 1994, 333.

erfolglos bleiben; die Bindung kann nur durch weitere Beschwerde gegen die Beschwerdeentscheidung des LG beseitigt werden.[26] So wenn das Grundbuchamt entspr dem LG-Beschluss eine Eintragung vorgenommen hat[27] oder wenn das LG unter Aufhebung der Antragszurückweisung die Sache zur erneuten Prüfung an das LG zurückverwiesen hat und anschließend das Grundbuchamt unter Befolgung der vom LG aufgestellten Grundsätze den Antrag erneut zurückweist.[28] Erschöpft sich dagegen nach Zurückverweisung durch das LG die Verfügung des Grundbuchamts nicht in der Ausführung der im Beschwerdeverfahren ergangenen Entscheidung, so kommen die weitere Beschwerde gegen den zurückverweisenden Beschluss des LG[29] und die Beschwerde gegen die neue Entscheidung des Grundbuchamts nebeneinander in Betracht. Hat das Grundbuchamt einen Eintragungsantrag zurückgewiesen und das LG auf Beschwerde – verfahrensrechtlich bedenklich (§ 77 Rdn 11) – lediglich den Ablehnungsgrund des Grundbuchamts verworfen und dieses daraufhin nach Prüfung der Voraussetzungen im Übrigen die Eintragung vorgenommen, so ist die weitere Beschwerde (mit dem Ziel der Eintragung eines Amtswiderspruchs, Rdn 10) statthaft; deren Gegenstand beschränkt sich in diesem Fall nicht auf den vom LG geprüften ursprünglichen Ablehnungsgrund des Grundbuchamts.[30]

8 **c) Bestätigung einer Zwischenverfügung des Grundbuchamts.** Auch wenn das Beschwerdegericht eine Zwischenverfügung des Grundbuchamts bestätigt und das Grundbuchamt inzwischen den Eintragungsantrag zurückgewiesen hat, **richtet sich die Zulässigkeit der weiteren Beschwerde nach der Bindungswirkung der ersten Beschwerdeentscheidung** für Grundbuchamt und LG. Eine solche ist gegeben, mithin auch – um sie zu beseitigen – die weitere Beschwerde, falls die Zurückweisung durch das Grundbuchamt aus den Gründen dieser Zwischenverfügung erfolgt ist.[31] Infolge der endgültigen Ablehnung des Eintragungsantrags durch das Grundbuchamt wird nicht die Entscheidung über die weitere Beschwerde gegenstandslos, vielmehr verliert die endgültig ablehnende Entscheidung des Grundbuchamts bei erfolgreicher weiterer Beschwerde gegen die Zwischenverfügung ihre Rechtsgrundlage, sodass das Grundbuchamt sie von Amts wegen aufzuheben hat.[32] Die Zulässigkeit der weiteren Beschwerde gegen die Zwischenverfügung entfällt demnach auch nicht dadurch, dass gegen die endgültige Zurückweisung des Eintragungsantrags durch das Grundbuchamt Beschwerde eingelegt wird.[33]

9 Diese Grundsätze gelten jedoch **nicht**, wenn das Beschwerdegericht die Beschwerde gegen die Zwischenverfügung (oder gegen einen nicht mit der Beschwerde angreifbaren Hinweis auf einen nicht behebbaren Mangel[34]) als unzulässig verworfen, eine das Grundbuchamt bindende Sachentscheidung also nicht getroffen hatte[35] oder wenn das Grundbuchamt den Eintragungsantrag aus einem anderen Grund als dem der angefochtenen Zwischenverfügung zurückweist; vielmehr wird mit der endgültigen Entscheidung des Grundbuchamts die weitere Beschwerde unzulässig (Rdn 14; § 71 Rdn 163 ff), weil im ersten Fall die Beschwerdeentscheidung des LG **keine Bindungswirkung** ausgelöst hat und im zweiten Fall die Zwischenverfügung und die Bindung in der darauf gründende Beschwerdeentscheidung gegenstandslos geworden ist. Dasselbe sollte nach der bisherigen hM[36] gelten, wenn gegen den Beschluss, mit dem das LG die Zwischenverfügung des Grundbuchamts wegen zweier Eintragungshindernisse bestätigt hat, nach Zurückweisung des Eintragungsantrags nur in Bezug auf eine Beanstandung weitere Beschwerde eingelegt wird, weil dieses Rechtsmittel nicht dazu führen könne, die Bindung des Grundbuchamts hinsichtlich des nicht weiter angefochtenen Zwischenverfügungsgrundes zu beseitigen. *Budde*[37] hat jedoch überzeugend darauf hingewiesen, dass im Beschwerdeverfahren gegen die Zurückweisung des Eintragungsantrags das LG genötigt sein kann, auf das andere Eintragungshindernis zurückzugreifen; für diesen Fall hat der Führer der weiteren Beschwerde durchaus ein Interesse an der Beseitigung einer Bindungswirkung der Beschwerdeentscheidung betreffend die Zwischenverfügung. In die zu Rdn 8 (nicht die zu

26 RGZ 70, 234, 236; BayObLG Rpfleger 1980, 64.
27 RGZ 70, 234, 236; BayObLG 34, 65, 68; BayObLG Rpfleger 1980, 64; BayObLGZ 2001, 279 = DNotZ 2002, 149 = Rpfleger 2002, 140; OLG Hamm MittRhNotK 1990, 278, 279; KG JFG 3, 264, 266; KG DNotZ 1972, 176, 177.
28 BayObLG 12, 543; KG OLGE 8, 226; 12, 145, 147.
29 BayObLGZ 1960, 354; KG JW 1938, 2211; *Keidel-Kuntze* § 27 Rn 2.
30 KG DNotZ 1972, 176.
31 RGZ 122, 327, 330; BGHZ 88, 62, 64 Rpfleger 1983, 408; BayObLGZ 1969, 278, 280 = Rpfleger 1970, 22; BayObLGZ 1978, 335, 337; 1986, 54, 55; 1992, 131, 135; 1995, 363; OLG Ffm Rpfleger 1988, 103; Rpfleger 1997, 103 = Rpfleger 1997, 11; OLG Hamm Rpfleger 2002, 353 = FGPrax 2002, 146; OLG Karlsruhe Justiz 1983, 457; KGJ 43, 141; KG HRR 1932 Nr 269; OLGZ 1965, 92, 93; OLG Zweibrücken OLGZ 1975, 405; **unr** OLG München FGPrax 2005, 193 mAnm *Demharter*.
32 BGHZ 88, 62, 64 = Rpfleger 1983, 408; BayObLGZ 1986, 54, 55; 1992, 131, 135; OLG Düsseldorf MittRhNotK 1997, 399; KGJ 43, 141; KG JFG 6, 348, 350; KG OLGZ 1965, 92, 93.
33 KG JFG 6, 348, 350.
34 KG OLGZ 1971, 452 = DNotZ 1971, 415.
35 BGHZ 151, 116, 120 = FGPrax 2002, 196 mAnm *Demharter*; KG OLGZ 1971, 452 = DNotZ 1971, 415; OLG Ffm Rpfleger 1997, 103 = FGPrax 1997, 11; KEHE-*Briesemeister* Rn 5.
36 Im Anschl an KGJ 43, 141; ebenso Voraufl Rn 8 mwN; KEHE-*Briesemeister* Rn 5.
37 *Bauer/v. Oefele-Budde* Rn 10; so jetzt auch *Demharter* Rn 6; *Hügel/Kramer* Rn 39.1.

Rdn 9) erörterte Fallgruppe – Zulässigkeit der weiteren Beschwerde – gehört ohnehin der Fall, dass das Landgericht die erste Beschwerde gegen eine Zwischenverfügung zwar als unzulässig verworfen hat, die Verwerfung jedoch auf dieselben Gründe gestützt worden ist, die in der Zwischenverfügung als Eintragungshindernisse genannt sind.[38]

d) Anordnung einer Eintragung durch das Beschwerdegericht. Hat das Beschwerdegericht das Grundbuchamt zur Vornahme einer Eintragung angewiesen, so ist gegen diese Anordnung bis zum Vollzug der Eintragung uneingeschränkt die weitere Beschwerde statthaft (§ 71 Rdn 23).[39] **Die weitere Beschwerde wird nicht dadurch gegenstandslos, dass das Grundbuchamt die angeordnete Eintragung vornimmt**; sie bleibt vielmehr im Hinblick darauf zulässig, dass sowohl das Grundbuchamt als auch das LG an die Beschwerdeentscheidung des LG gebunden sind und deshalb ein neues Verfahren in erster und zweiter Instanz erfolglos bleiben müsste (Rdn 7; § 77 Rdn 43 ff).[40] **Zu beachten sind jedoch die Auswirkungen des § 71 Abs 2:** Kann sich an die vollzogene Eintragung kein gutgläubiger Erwerb anschließen, so bleibt die weitere Beschwerde mit dem Ziel der Löschung oder der Wiedereintragung nach Löschung statthaft (§ 71 Rdn 40). Etwa gegen die Löschung eines Klarstellungsvermerks (§ 71 Rdn 47) oder die Eintragung eines Widerspruchs (§ 71 Rdn 52); gegen die Eintragung einer Vormerkung nur dann, wenn der Beschwerdeführer geltend macht, ein zu sichernder Anspruch bestehe nicht (§ 71 Rdn 53).[41] Soweit dagegen die Eintragung als Grundlage für einen gutgläubigen Erwerb geeignet ist, kann die weitere Beschwerde nur mit dem Ziel der Eintragung eines Amtswiderspruchs oder der Amtslöschung wegen inhaltlicher Unzulässigkeit weiter verfolgt werden und wird regelmäßig in dieser Richtung auszulegen sein (§ 71 Rdn 78).[42] Mit der gleichen Zielrichtung ist die weitere Beschwerde statthaft, wenn das Grundbuchamt einen Eintragungsantrag zurückgewiesen, das LG auf die erste Beschwerde lediglich den Ablehnungsgrund des Grundbuchamts verworfen und dieses daraufhin nach Prüfung der Voraussetzungen im Übrigen die Eintragung vorgenommen hat (Rdn 7).[43] Ist aufgrund der Anordnung des Beschwerdegerichts ein Widerspruch oder eine Vormerkung gelöscht worden, so kommt grundsätzlich nur ein Amtswiderspruch, nicht die Wiedereintragung, in Betracht (str; näher § 71 Rdn 54).[44]

3. Beschwerdeberechtigung

Für die persönliche Berechtigung zur weiteren Beschwerde gelten dieselben Grundsätze wie für die Beschwerde[45] (§ 71 Rdn 106 ff). **Hatte der Beschwerdeführer bereits Beschwerde eingelegt, so steht ihm regelmäßig schon aus deren Zurückweisung die Befugnis zur weiteren Beschwerde zu,** gleich aus welchem Grund sie erfolgt ist;[46] auch dann, wenn das Beschwerdegericht die erste Beschwerde als unbegründet zurückgewiesen hat, obwohl sie als unzulässig hätte verworfen werden müssen[47] (zur Tenorierung § 80 Rdn 32). Der Grundsatz, dass die Beschwerdeberechtigung für die weitere Beschwerde schon aus der Zurückweisung der Erstbeschwerde folgt, kann allerdings die Beschwerdeberechtigung nicht für den (Ausnahme-)Fall begründen, dass der die Beschwerde zurückweisende Teil der Beschwerdeentscheidung sachlich völlig ins Leere geht, indem er sich in einer bloß formalen Beschwer der Beteiligten erschöpft, nämlich die Zurückweisung nicht gestellter Eintragungsanträge bestätigt, deren Vollzug auch nicht mit der Beschwerde verlangt wurde und auch mit der weiteren Beschwerde nicht verlangt wird;[48] in einem solchen Fall liegt auch in der durch die Beschwerdezurückweisung ausgelösten Kostenfolge gemäß § 131 Abs 1 S 1 Nr 1 KostO keine die Beschwerdeberechti-

10

11

---

38 OLG Ffm Rpfleger 1997, 103 = FGPrax 1997, 11.

39 BayObLG NJW 1983, 1567 = DNotZ 1984, 378; OLG Hamm RNotZ 2006, 424 = FGPrax 2006, 146.

40 RGZ 70, 234, 236; BayObLG 34, 65, 68; BayObLG Rpfleger 1980, 64; BayObLG MittBayNot 1982, 240; OLG Düsseldorf JR 1950, 686; OLG Hamm OLGZ 1978, 304; KG OLGE 41, 33 = KGJ 53, 149; KG JFG 3, 264, 266; KG DNotZ 1972, 176, 177.

41 **AA** *Demharter* Rn 7.

42 RGZ 70, 234, 236; BGH WM 1989, 577, 578; BayObLG 34, 65, 68; BayObLG Rpfleger 1980, 64; BayObLG MittBayNot 1982, 240; OLG Düsseldorf JR 1950, 686; OLG Hamm OLGZ 1978, 304; KG OLGE 41, 33 = KGJ 53, 149; KG JFG 3, 264, 265; KG DNotZ 1972, 176, 177.

43 KG DNotZ 1972, 176.

44 **AA** bzgl Vormerkung KEHE-*Briesemeister* Rn 3 im Anschl an KG JFG 5, 330: Neueintrag aufgr d ursprüngl Antrags an rangber Stelle.

45 BayObLGZ 1980, 37, 39; BayObLGZ 1994, 115, 117; OLG Ffm NJW-RR 1996, 1168; *Demharter* Rn 2; KEHE-*Briesemeister* Rn 27.

46 BGHZ 151, 116, 120 = FGPrax 2002, 196; BayObLGZ 1973, 318, 319; 1978, 205, 206; 1980, 89; 1980, 299, 301; DNotZ 1996, 30; OLG Hamm OLGZ 1984, 54, 55; KG OLGZ 1966, 238, 239; OLG Oldenburg NdsRpfl 1988, 30, 31; KEHE-*Briesemeister* Rn 27.

47 BGHZ 162, 137, 138 f = Rpfleger 2005, 354, 355; BayObLGZ 1961, 200; BayObLG FamRZ 1977, 141; BayObLGZ 1986, 412, 414; BayObLGZ 1993, 253, 255 = NJW-RR 1994, 831; OLG Zweibrücken OLGZ 1981, 396, 397; *Jansen-Briesemeister* § 27 Rn 10.

48 BayObLGZ 1994, 115, 118.

gung begründende rechtliche Beeinträchtigung.[49] Von mehreren mit ihrer Beschwerde gegen die Zurückweisung eines Eintragungsantrags abgewiesenen Antragsberechtigten kann einer allein die weitere Beschwerde einlegen.[50] Auch der Beteiligte, der von seinem Recht zur ersten Beschwerde keinen Gebrauch gemacht hatte, bleibt zur weiteren Beschwerde berechtigt (str);[51] es sei denn, die erste Beschwerde wäre als unzulässig verworfen worden – weil durch eine solche Entscheidung weder die Sache selbst noch Verfahrensrechte eines anderen als des Beschwerdeführers berührt werden[52] –, oder es handelte sich um ein befristetes Rechtsmittel und der Beteiligte hätte mangels fristgerechter Beschwerde sein Beschwerderecht verloren.[53] Andererseits kann die Berechtigung zur weiteren Beschwerde sich daraus ergeben, dass die Beschwerdeentscheidung erstmals eine Beeinträchtigung der Rechtsstellung eines Dritten enthält, indem sie zu seinen Lasten von der Entscheidung des Grundbuchamts abweicht; etwa wenn das Beschwerdegericht auf Beschwerde des Antragstellers das Grundbuchamt zu einer Eintragung anweist.[54] Ordnet etwa das Landgericht die Eintragung eines Amtswiderspruchs gegen die vom Eigentümer veranlasste Löschung einer Eigentumsübertragungsvormerkung an, so ist der Eigentümer berechtigt, weitere Beschwerde mit dem Ziel der Aufhebung der Anordnung einzulegen.[55] Auch ist ein Dritter, der vom Beschwerdegericht infolge einer Verwechslung der Identität als Beschwerdeführer behandelt wird, berechtigt, gegen die das Rechtsmittel zurückweisende Entscheidung weitere Beschwerde einzulegen.[56] Die Beschwerdeberechtigten werden auch durch eine die Sache an das Grundbuchamt zurückverweisende Beschwerdeentscheidung (§ 77 Rdn 33) beschwert.[57] Macht der Antragsteller nach Aufhebung einer Zwischenverfügung durch das Beschwerdegericht geltend, dieses hätte über den Eintragungsantrag entscheiden und das Grundbuchamt zur Eintragung anweisen müssen, so begründet dies die Beschwerdebefugnis für die weitere Beschwerde[58] (die nach der § 77 Rdn 12 dargestellten Praxis aber sachlich keinen Erfolg haben könnte). Unzulässig ist eine weitere Beschwerde, wenn der Antragsteller sich nur dagegen wendet, dass das LG im Zusammenhang mit einer die angefochtene Zwischenverfügung aufhebenden Entscheidung »wegweisend« auf ein anderes Eintragungshindernis hingewiesen hat.[59] Der Antragsteller ist auch nicht beschwerdebefugt gegen eine Entscheidung, mit der das LG auf seine Beschwerde eine Zwischenverfügung aus formellen Gründen aufgehoben hat, weil neben dem in der Zwischenverfügung aufgezeigten ein weiteres, nicht mit Rückwirkung zu beseitigendes Eintragungshindernis bestehe; insoweit fehlt es an einer Bindungswirkung für das GBA.[60] Zur Berechtigung für die weitere Beschwerde bei Aufhebung einer Antragszurückweisung oder einer Zwischenverfügung durch das LG § 71 Rdn 125, 126.

4. Sonstige Zulässigkeitsvoraussetzungen bzw –hindernisse für die weitere Beschwerde

12 **a) Regel.** Die Form der Einlegung der weiteren Beschwerde regelt § 80 Abs 1. Weitere Erfordernisse für die Zulässigkeit, etwa die Anbringung bestimmter Beschwerderügen, eine Beschwerdesumme, besondere Zulassung usw stellt das Gesetz nicht auf; die Vorschriften über die Beschwerde sind entspr anzuwenden (§ 80 Abs 3; § 80 Rdn 27 f).

13 **b) Ausnahmen.** Ausnahmsweise unstatthaft ist die weitere Beschwerde im Falle des § 110 Abs 2 sowie gemäß § 13 Abs 2 AbwicklungsG. Auch eine weitere Beschwerde gegen die Beschwerdeentscheidung des LG nach isolierter Kostenentscheidung des Grundbuchamts ist ausgeschlossen (§ 27 Abs 2 FGG;[61] § 71 Rdn 101).

14 **c) Sonstiges.** Im Übrigen wird auf das in § 71 Rdn 153 ff Gesagte verwiesen, das sinngemäß für die weitere Beschwerde gilt: Insb Rdn 153 (ausnahmsweise Befristung), 154 (Verfahrenshandlungsvoraussetzungen), 162 f (Erledigung der Hauptsache, die auch noch nach der Entscheidung des Beschwerdegerichts eintreten kann[62]), 165 (Beschränkung des Rechtsmittels nach Erledigung der Hauptsache auf die Kosten, auch noch im Rechts-

---

49 BayObLGZ 1994, 115, 117.
50 OLG München JFG 14, 340 HRR 1937 Nr 85.
51 BGHZ 5, 46, 52; *Bauer/v. Oefele-Budde* Rn 12; *Demharter* Rn 2; *KEHE-Briesemeister* Rn 27; *Jansen-Briesemeister* § 27 Rn 23; *Keidel-Kahl* § 27 Rn 10; **aA** BayObLGZ 1986, 496; 1987, 135, 136: nur soweit ihn erstmalig LG-Entsch beschwert.
52 *KEHE-Briesemeister* Rn 27; *Jansen-Briesemeister* § 27 Rn 24.
53 Vgl BGHZ 3, 214; BGH NJW 1961, 124; BGH NJW 1980, 1961; *Jansen-Briesemeister* § 27 Rn 23; *Keidel-Kahl* § 27 Rn 10.
54 BayObLG NJW 1983, 1567, 1568; BayObLGZ 1999, 105.
55 OLG FfM FGPrax 1998, 128 = Rpfleger 1998, 421.
56 OLG Ffm NJW-RR 1996, 1168.
57 *KEHE-Briesemeister* Rn 4; *Keidel-kahl* § 27 Rn 2.
58 BayObLG NJW-RR 1987, 1204; **aA** BayObLG MittBayNot 2000, 437.
59 BayObLG DNotZ 1986, 497 = NJW-RR 1986, 1204; Rpfleger 1986, 217 (Ls).
60 OLG Hamm Rpfleger 2002, 353 = FGPrax 2002, 146.
61 I.d.F. des Rechtspflege-VereinfachungsG v 17.12.1990 (BGBl I 2847, 2859).
62 BGHZ 86, 393, 395 NJW 1983, 1672; KGJ 39, 193, 197, 198.

beschwerdeverfahren[63]). Entfällt das Rechtsschutzbedürfnis für eine Erstbeschwerde, so hat dies grundsätzlich auf die Zulässigkeit der weiteren Beschwerde keinen Einfluss.[64]

III. Begründetheit der weiteren Beschwerde

1. Grundlagen

Die weitere Beschwerde ist **begründet** – nicht nur, wie in § 78 missverständlich formuliert, zulässig –, wenn die Entscheidung zum Nachteil des Beschwerdeführers (§ 71 Rdn 112; § 77 Rdn 17) auf einer Verletzung des Rechts beruht. **15**

Die insoweit in § 78 S 2 für entsprechend anwendbar erklärten §§ 546, 547 (nF)[65] ZPO lauten: **16**

§ 546

Das Recht ist verletzt, wenn eine Rechtsnorm nicht oder nicht richtig angewendet worden ist.

§ 547

Eine Entscheidung ist stets als auf einer Verletzung des Rechts beruhend anzusehen:
1. wenn das erkennende Gericht nicht vorschriftsmäßig besetzt war;
2. wenn bei der Entscheidung ein Richter mitgewirkt hat, der von der Ausübung des Richteramtes kraft Gesetzes ausgeschlossen war, sofern nicht dieses Hindernis mittels eines Ablehnungsgesuchs ohne Erfolg geltend gemacht ist;
3. wenn bei der Entscheidung ein Richter mitgewirkt hat, obgleich er wegen Besorgnis der Befangenheit abgelehnt und das Ablehnungsgesuch für begründet erklärt war;
4. wenn eine Partei in dem Verfahren nicht nach Vorschrift des Gesetzes vertreten war, sofern sie nicht die Prozessführung ausdrücklich oder stillschweigend genehmigt hat;
5. wenn die Entscheidung aufgrund einer mündlichen Verhandlung ergangen ist, bei der die Vorschriften über die Öffentlichkeit des Verfahrens verletzt sind;
6. wenn die Entscheidung entgegen den Bestimmungen dieses Gesetzes nicht mit Gründen versehen ist.

2. Recht

a) Begriff. Gemeint ist jede **Rechtsnorm** (s §§ 546 ZPO, 12 EGZPO, 135 GBO, Art 2 EGBGB),[66] ob Bundesrecht, Landesrecht, ausländisches Recht – § 545 Abs 1 ZPO nF ist nicht für anwendbar erklärt[67] –, Recht der ehemaligen DDR,[68] innerstaatlich in Kraft getretene Staatsverträge[69] oder Europäisches Gemeinschaftsrecht;[70] im Rahmen staatlich verliehener Autonomie erlassene Satzungen öffentlich-rechtlicher Körperschaften oder Anstalten[71] und Gewohnheitsrecht;[72] ob materiellrechtlicher oder verfahrensrechtlicher Natur, zwingendes Recht oder Ordnungsvorschrift.[73] Gesetz im materiellen Sinne sind auch Ausführungsvorschriften, wenn sie das Wesen einer Rechtsverordnung haben[74] – also etwa die GBV[75] –, uU sogar Verwaltungsanordnungen, soweit sie wenigstens die Einhaltung des Gleichheitssatzes gewährleisten sollen,[76] nicht dagegen rein innerdienstliche, die Gerichte nicht bindende Verwaltungsanweisungen.[77] Keine Rechtsnormen ieS sind allg Erfahrungssätze, Denkgesetze und Sprachgebrauch,[78] auch nicht rechtsgeschäftliche Bestimmungen wie allg Geschäftsbedingungen sowie Satzungen von Kapitalgesellschaften, Vereinen und Stiftungen. Sie werden jedoch iS des Revisionsrechts wie Rechtsnormen behandelt, sind also, soweit es um ihre Auslegung oder Anwendung geht, durch das Rechtsbeschwerdegericht voll nachprüfbar[79] (Rdn 36). Im Vordringen, aber nicht zwingend, ist **17**

---

63 BGHZ 86, 393, 395; BGHZ 106, 179, 180.
64 BayObLGZ 1993, 82, 83.
65 Geändert durch Art 14 Abs 2d ZPO-RG v 27.07.2001 (BGBl I S 1887).
66 *Jansen-Briesemeister* § 27 Rn 29; *Keidel-Kahl* § 27 Rn 21; *Stein-Jonas-Grunsky* § 549 Rn 2ff.
67 BGHZ 44, 121, 127; BGH FamRZ 1960, 229, 230; OLG Ffm Rpfleger 1994, 17; OLG Karlsruhe JFG 8, 116; KG JFG 16, 23, 29 (Aufg v KG RJA 17, 70; OLG Stuttgart OLGZ 1982, 257); KEHE-*Briesemeister* Rn 8; *Keidel-Kahl* § 27 Rn 21.
68 *Keidel-Kahl* § 27 Rn 21.
69 BGH NJW 1973, 417.
70 *Keidel-Kahl* § 27 Rn 21.
71 RGZ 64, 214; 74, 403; BGH LM BGB § 242 (Cd) Nr 2; KGJ 53, 203, 204; KEHE-*Briesemeister* Rn 7.
72 BGH NJW 1965, 1862, 1864; KEHE-*Briesemeister* Rn 7; *Keidel-Kuntze* § 27 Rn 21.
73 KG ZBlFG 5, 41, 42.
74 BGH MDR 1970, 210; *Keidel-Kahl* § 27 Rn 21.
75 BayObLGZ 1956, 196, 203; 1957, 322, 328; OLG Hamm Rpfleger 1962, 274; KG RJA 8, 56, 58; KG JFG 4, 307.
76 BGH MDR 1970, 210.
77 BayObLGZ 1974, 55, 57; 1982, 29, 31; KG JFG 18, 283, 285.
78 *Jansen-Briesemeister* § 27 Rn 36.
79 Vgl BGH MDR 1974, 293; BGH Rpfleger 1986, 184; BayObLGZ 1985, 391, 393; *Stein-Jonas-Grunsky* § 549 Rn 12, 13, 34, 35; *Rosenberg-Schwab* § 155 I 4, 5, 7; *Nierwetberg* JZ 1983, 237, 240, 241.

die Forderung, auch Verkehrssitten und Handelsbräuche, die herkömmlich[80] den Tatsachenfragen zugeordnet werden, wie Erfahrungssätze zu behandeln und ihre Revisibilität zu eröffnen.[81]

18   **b) Maßgebliches Recht bei Gesetzesänderung. aa) Grundsatz.** Hat sich die **Gesetzgebung** seit der Beschwerdeentscheidung **geändert**, so hat das Rechtsbeschwerdegericht nach heute allg Auffassung[82] das **neue materielle Recht** anzuwenden, **sofern dieses nach seinem zeitlichen Geltungswillen das streitige Rechtsverhältnis umfasst.** Ob die Entscheidung des Beschwerdegerichts auf einer Verletzung des Gesetzes beruht, kann sich nach dem Sinn der Rechtsbeschwerde nicht danach richten, ob dem Beschwerdegericht subjektiv ein Fehler anzulasten ist, sondern nur danach, inwieweit die Entscheidung – zum gegenwärtigen Zeitpunkt – objektiv mit dem Gesetz in Einklang steht oder nicht.[83]

19   **bb) Änderungen im Verfahrensrecht.** Für das Verfahrensrecht gilt an sich derselbe Ausgangspunkt. Er wird überlagert von dem Grundsatz, dass Änderungen im Verfahrensrecht, wenn keine gegenteiligen Übergangsvorschriften ergangen sind, anhängige Verfahren ergreifen, also regelmäßig auch im Rechtsbeschwerdeverfahren zu berücksichtigen sind.[84] Insb müssen Verfahrensvoraussetzungen nach dem zZ der Entscheidung des Rechtsbeschwerdegerichts geltenden Recht beurteilt werden.[85] Für die Zulässigkeit von Rechtsmitteln kann es allerdings nach dem Grundsatz der Rechtsmittelsicherheit nur auf das zZ der Einreichung geltende Recht ankommen; war das Rechtsmittel danach zulässig, so bleibt es dies auch.[86] Bei **Änderung einer ständigen Rspr zum Verfahrensrecht** kann es geboten sein, diese noch nicht auf das vorausgegangene Verfahren der Vorinstanzen, sondern erst in der Zukunft anzuwenden.[87]

3. Verletzung des Gesetzes

20   **a) Definition.** Das Gesetz ist »**verletzt**«, wenn eine **Rechtsnorm nicht oder nicht richtig angewendet** worden ist; § 78 S 2 mit § 546 ZPO. Eine darauf bezogene Rüge der weiteren Beschwerde wird für diese Feststellung nicht vorausgesetzt (Rdn 12; § 80 Rdn 23). Entscheidend ist der – für das materielle wie auch das Verfahrensrecht von Amts wegen festzustellende – objektive Verstoß gegen die Vorschrift; auf ein Verschulden des Beschwerdegerichts kommt es nicht an (Rdn 18). Eine unrichtige Anwendung des Gesetzes kann in der unzutreffenden Auslegung oder dem Übersehen einer Rechtsnorm[88] wie auch in einer falschen Subsumtion der festgestellten Tatsachen unter eine Rechtsnorm,[89] aber auch im Fehlen einer subsumtionsfähigen Sachverhaltsdarstellung[90] liegen.

21   **b) Nachprüfung der Tatsachenfeststellung. aa) Abgrenzung Rechtsfrage/Tatfrage.** Auch die **Tatsachenfeststellung** des Beschwerdegerichts **kann auf Rechtsfehlern beruhen und ist insoweit revisibel; sonst ist sie für das Beschwerdegericht verbindlich** (§ 78 S 2 iVm § 559 Abs 2 ZPO; Rdn 34). Aus dieser Funktionstrennung ergibt sich die Notwendigkeit der Abgrenzung zwischen Rechtsfrage und Tatfrage;[91] diese ist theoretisch/begrifflich kaum zu bewältigen; praktisch ist sie nach Fallgruppen mit Blick auf den Zweck des Rechtsbeschwerdeverfahrens vorzunehmen (Rdn 31 ff).

22   **bb) Kann- und Sollvorschriften.** Eine enge Verknüpfung der Rechtsanwendung mit tatrichterlicher Beurteilung ist auch bei **Soll-** und **Kann-Vorschriften** gegeben;[92] etwa §§ 3 Abs 3 (§ 3 Rdn 45), 4 Abs 1 (§ 4 Rdn 16), 7 Abs 2 (§ 7 Rdn 59), 61 Abs 1, 82, 82a, 84, § 85. Bestimmungen dieser Art können unterschiedliche Bedeutung haben. Durch (revisible) Auslegung ist zu ermitteln, ob es sich um bloß instruktionelle, die Rechts-

---

80   BGH NJW-RR 1990, 586.
81   *Zöller/Gummer* § 546 Rn 5a mwN; *Oestmann* JZ 2003, 285, 290.
82   BGHZ 9, 101 (Aufg d gegenteiligen Rspr d RG); 10, 286, 288; 36, 348; 55, 188, 191; BayObLG NJW 1953, 826; BayObLGZ 1971, 114; 1977, 200, 202 = Rpfleger 1977, 327, 328; BayObLG DNotZ 1980, 625, 628; BayObLGZ 1980, 347, 349; *Demharter* Rn 10; *KEHE-Briesemeister* Rn 10; *Jansen-Briesemeister* § 27 Rn 37; *Keidel-Kahl* § 27 Rn 22.
83   BGHZ 9, 101, 103; *Stein-Jonas-Grunsky* § 549 Rn 7.
84   BGHZ 8, 379; BGHZ 10, 266, 282; BGH MDR 1955, 157; BGH FamRZ 1978, 227, 228; BayObLG Rpfleger 1977, 327, 328; *KEHE-Briesemeister* Rn 10; *Jansen-Briesemeister* § 27 Rn 38; *Keidel-Kahl* § 27 Rn 23.
85   RG WarnRspr 1926 Nr 167; BGH ZZP 69 (1956), 189, 191; *Jansen-Briesemeister* § 27 Rn 38; vgl auch *Stein-Jonas-Grunsky* § 549 Rn 7.
86   BayObLG Rpfleger 1977, 327, 328; *Jansen-Briesemeister* § 27 Rn 38; *Keidel-Kahl* § 27 Rn 23.
87   Vgl BayObLG NJW-RR 1988, 1151, 1152; OLG Hamm OLGZ 1988, 185, 186.
88   *Jansen-Briesemeister* § 27 Rn 41; *Keidel-Kahl* § 27 Rn 24.
89   *Jansen-Briesemeister* § 27 Rn 42; *Keidel-Kahl* § 27 Rn 24; *Stein-Jonas-Grunsky* § 549 Rn 14; *Zöller-Gummer* § 546 Rn 7.
90   Vgl BayObLGZ 2000, 147.
91   Dazu *Stein-Jonas-Grunsky* § 549 Rn 9 ff; *Zöller-Gummer* § 546 Rn 1 ff; *Henke*, Die Tatfrage, 1966; *ders* ZZP 81 (1968), 196, 321; *Kuchinke* aaO.
92   Dazu *Jansen-Briesemeister* § 27 Rn 33 ff; *Keidel-Kahl* § 27 Rn 26a; *Stein-Jonas-Grunsky* § 549 Rn 8.

sphäre der Beteiligten nicht berührende, also nicht revisible Verfahrensanweisungen[93] handelt oder ob sie – wie grundsätzlich immer bei Normen, die das gerichtliche Verfahren regeln[94] – Außenwirkung haben. Trifft letzteres zu, ist zu prüfen, ob es sich ungeachtet der Fassung um zwingende Vorschriften handelt oder ob dem Tatrichter **(Handlungs-)Ermessen** eingeräumt ist.[95] Im pflichtgemäßen Ermessen des Grundbuchamts bzw des Beschwerdegerichts steht bspw die Zweckmäßigkeit der Fassung einer GB-Eintragung,[96] nach bisheriger, allerdings umstrittener (§ 18 Rdn 32 abgelehnter) Praxis[97] auch die Wahl zwischen der Zurückweisung eines Eintragungsantrags und einer Zwischenverfügung. Besteht ein Ermessensspielraum, so ist eine Gesetzesverletzung ausgeschlossen, solange das Gericht sich innerhalb der ihm dafür gesetzten Grenzen hält; die weitere Beschwerde kann also nicht darauf gestützt werden, die Vorinstanzen hätten von dem ihnen eingeräumten Ermessen keinen sachgemäßen Gebrauch gemacht. Das Rechtsbeschwerdegericht hat aber zu prüfen, ob die Voraussetzungen für eine Ermessensentscheidung vorgelegen haben, ob das Ermessen überhaupt ausgeübt worden ist, ob die Grenzen der Ermessensausübung eingehalten worden sind, ob alle wesentlichen Umstände Beachtung gefunden haben und ob die Handhabung des Ermessens dem Sinn und Zweck des Gesetzes entspricht.[98] Dieselben Grundsätze für die Nachprüfbarkeit gelten im Ergebnis in Fällen, in denen das Gericht »nach billigem Ermessen« (mit sog **Beurteilungsermessen**) zu entscheiden hat, etwa bei der Kostenentscheidung nach § 13a Abs 1 S 1 FGG.[99]

cc) Unbestimmte Rechtsbegriffe. Auch **unbestimmte Rechtsbegriffe**[100] liegen im Grenzbereich der **23** Rechtsfrage zur Tatfrage. Dazu gehören zB »Besorgnis der Verwirrung«[101] (§ 3 Rdn 43), wohl auch »zur Erleichterung des Rechtsverkehrs angezeigt« in § 3 Abs 3a (§ 3 Rdn 45). Die abstrakte Auslegung derartiger Begriffe, aber auch die Subsumtion des festgestellten Sachverhalts unter diese ist grundsätzlich insgesamt Rechtsanwendung; der Vorgang ist also durch das Rechtsbeschwerdegericht regelmäßig uneingeschränkt überprüfbar. Im Bereich der ZPO räumt allerdings die Praxis dem Tatrichter doch in einer Reihe von Fällen einen der revisionsgerichtlichen Nachprüfung nicht zugänglichen, nur auf Rechtsfehler zu überprüfenden Beurteilungsspielraum ein.[102] Für den Bereich des FGG lehnen jedoch Rspr und Kommentare einen Beurteilungsspielraum grundsätzlich ab; sie ziehen einen solchen allenfalls für Ausnahmefälle in Betracht, in denen eine individualisierende Betrachtungsweise eines atypischen Einzelfalls im Vordergrund stehe.[103] Im GB-Recht besteht kein zwingender Anlass weitergehend einen Beurteilungsspielraum des Tatrichters zu befürworten.

4. Ursächlichkeit der Gesetzesverletzung

a) Allgemeines. Die angefochtene Entscheidung muss – falls kein absoluter Rechtsbeschwerdegrund vorliegt **24** (Rdn 27 ff) – **auf der Gesetzesverletzung beruhen**; es muss ein ursächlicher Zusammenhang in dem Sinne bestehen, dass die Beschwerdeentscheidung ohne die Gesetzesverletzung anders (für den Beschwerdeführer günstiger; Rdn 15)[104] ausgefallen wäre.[105] Nicht entscheidend ist, wie das Beschwerdegericht bei Vermeidung des Fehlers tatsächlich entschieden hätte, sondern wie zutreffenderweise hätte entschieden werden müssen (vgl § 561 ZPO).[106] Bei Verfahrensfehlern **reicht für die Aufhebung durch das Rechtsbeschwerdegericht schon aus, dass die Möglichkeit ihrer Ursächlichkeit für die angefochtene Entscheidung nicht ausgeschlossen werden kann;**[107] dasselbe gilt bei materiell-rechtlichen Mängeln, wenn die Sache aus der Sicht des Rechtsbeschwerdegerichts noch nicht entscheidungsreif ist.[108] Auf einer Gesetzesverletzung der ersten Instanz

---

93 *Jansen-Briesemeister* § 27 Rn 34; *Stein-Jonas-Grunsky* § 549 Rn 8.
94 *Jansen-Briesemeister* § 27 Rn 34.
95 *Jansen-Briesemeister* § 27 Rn 34, 57; *Keidel-Kahl* § 27 Rn 26a; 34.
96 BGHZ 35, 378, 383; 47, 41, 46; zweifelnd OLG Ffm Rpfleger 1979, 312, 314.
97 RGZ 126, 109; BayObLGZ 1956, 127; 1979, 85 = Rpfleger 1979, 210; Rpfleger 1988, 408; OLG Düsseldorf Rpfleger 1986, 297; OLG Hamm DNotZ 1970, 663; OLG Jena Rpfleger 1997, 104, 105; *Schöner/Stöber* Rn 429; *Demharter* § 18 Rn 21; **aA** auch KEHE-*Hermann* § 18 Rn 43 ff; KEHE-*Briesemeister* Rn 13.
98 BGH NJW-RR 1990, 1157; BayObLG Rpfleger 1977, 304; BayObLGZ 1989, 292, 296; KEHE-*Briesemeister* Rn 13; *Bassenge* FGG § 27 Rn 16; *Jansen-Briesemeister* § 27 Rn 58.
99 BayObLGZ 1987, 381, 386; BayObLG WE 1989, 32; *Jansen-Briesemeister* § 27 Rn 62 f; *Keidel-Kahl* § 27 Rn 26d.
100 Dazu *Jansen-Briesemeister* § 27 Rn 65 ff; *Keidel-Kahl* § 27 Rn 30 ff; *Stein-Jonas-Grunsky* § 549 Rn 17 ff; *Zöller-Gummer* § 546 Rn 12.
101 BayObLG Rpfleger 1977, 251 unter Aufg seiner früh Rspr; KG Rpfleger 1989, 500, 501.
102 *Stein-Jonas-Grunsky* § 549 Rn 20; *Zöller-Gummer* § 546 Rn 12.
103 BayObLGZ 1982, 363, 367; OLG Hamm OLGZ 1985, 173, 176; KG NJW 1988, 146; OLG Köln NJW-RR 1987, 141; *Bassenge* FGG § 27 Rn 18; *Jansen-Briesemeister* § 27 Rn 65, 67; *Keidel-Kahl* § 27 Rn 31.
104 *Stein-Jonas-Grunsky* § 549 Rn 73.
105 *Jansen-Briesemeister* § 27 Rn 68; *Keidel-Kahl* § 27 Rn 18.
106 *Jansen-Briesemeister* § 27 Rn 68; *Stein-Jonas-Grunsky* § 549 Rn 75; *Zöller-Gummer* § 546 Rn 6; § 547 Rn 1.
107 BayObLG 1948–51, 330, 333; BayObLG Rpfleger 1982, 69, 76; OLG Hamburg OLGZ 1982, 391, 392.
108 *Jansen-Briesemeister* § 27 Rn 68; **aA** *Rosenberg-Schwab-Gottwald* § 143 VI m Fn 57: Feststellung erforderl, ob d richtige Rechtsanwendung z anderem Ergebnis führt; vgl auch *Stein-Jonas-Grunsky* § 549 Rn 76.

kann die Entscheidung des Beschwerdegerichts nur dann beruhen, wenn sie deren Rechtsstandpunkt oder Verfahrensweise übernommen hat, also nicht, wenn das Beschwerdegericht einen Verfahrensfehler des Grundbuchamts nachträglich beseitigt, zB durch Gewährung rechtlichen Gehörs im Beschwerdeverfahren (§ 77 Rdn 23).[109] Verfahrensfehler können auch entspr § 295 ZPO geheilt sein, falls die maßgebliche Vorschrift nur dem Interesse des betroffenen Beteiligten dient.[110]

25 Im Rahmen der erforderlichen Prüfung, ob die Entscheidung des Beschwerdegerichts (möglicherweise) auf der festgestellten Gesetzesverletzung beruht, kann das weitere Beschwerdegericht uU auch neuen Tatsachenvortrag berücksichtigen und veranlassen (Rdn 40): Etwa bei Verletzung der Aufklärungspflicht (§ 12 FGG)[111] oder des rechtlichen Gehörs. Die Frage geht dahin, welche Tatsachen die Beteiligten ohne den Verfahrensverstoß in der Vorinstanz angebracht hätten.[112] Unbeschadet dessen, dass im Rechtsbeschwerdeverfahren eine Amtsprüfung stattfindet, ist es Sache des Beschwerdeführers, hierzu vorzutragen.[113] Aus dieser Sicht gilt die Meinung,[114] im weiteren Beschwerdeverfahren könne rechtliches Gehör im Tatsächlichen nicht nachgeholt werden, jedenfalls nicht ausnahmslos.

26 **b) Der Fall des § 561 ZPO.** An der **Ursächlichkeit** der Gesetzesverletzung für die Entscheidung fehlt es, wenn die Beschwerdeentscheidung sich aus anderen als den vom Beschwerdegericht angeführten Gründen als richtig erweist; soweit nicht absolute Rechtsbeschwerdegründe vorliegen (Rdn 27 ff), gilt § 561 ZPO[115] (Rdn 41).

27 **c) Absolute Rechtsbeschwerdegründe (§ 78 S 2 GBO iVm § 547 ZPO).** In bestimmten Fällen enthebt das Gesetz das Rechtsbeschwerdegericht der Prüfung, ob die Entscheidung des Beschwerdegerichts auf einer Gesetzesverletzung beruht, und stellt eine **unwiderlegliche Vermutung für die Ursächlichkeit** auf.[116] Nach fast einhelliger Ansicht[117] soll auf absolute Rechtsbeschwerdegründe § 561 ZPO (Rdn 41) nicht anwendbar sein; der Verstoß müsste danach stets zur Aufhebung und Zurückverweisung führen. Ob dies Wortlaut und Sinn der Vorschriften zwingend zu entnehmen ist, muss jedoch bezweifelt werden. Im Hinblick darauf, dass die Rechtsbeschwerde ein echtes Rechtsmittel ist und niemals zur Aufhebung allein im Interesse des Gesetzes führen darf,[118] wäre es vertretbar, jedenfalls im Falle des § 547 Nr 6 ZPO das Rechtsbeschwerdegericht entspr §§ 561, 563 Abs 3 ZPO nF durchentscheiden zu lassen, wenn der Sachverhalt – nach der Aktenlage[119] – geklärt ist, also nur noch Rechtsfragen offen stehen.[120] Praktisch ist die Rspr teilweise ähnliche Wege gegangen, indem sie, wenn die Begründung des Beschwerdegerichts sich mit einzelnen Angriffs- oder Verteidigungsmitteln nicht befasst, einerseits (jetzt:) § 547 Nr 6 ZPO für anwendbar erklärt, andererseits zusätzlich geprüft hat, ob der betreffende (übergangene) Punkt überhaupt geeignet war, den vom Rechtsmittelführer erstrebten Erfolg herbeizuführen,[121] oder indem das Revisionsgericht gemäß (jetzt:) § 563 Abs 3 ZPO durchentschieden hat.[122] Der absolute Rechtsbeschwerdegrund muss normalerweise im Beschwerdeverfahren gesetzt worden sein; Fehler aus der ersten Instanz führen nur dann zur Anwendung des § 547 ZPO, wenn sie sich in die Entscheidung des Beschwerdegerichts hinein fortgesetzt haben (vgl Rdn 24). Kein Raum ist für die Anwendung des § 547 ZPO, wenn die weitere Beschwerde unzulässig ist.[123]

---

109 BayObLGZ 1960, 143, 148; OLG Hamburg 1982, 391; *Jansen-Briesemeister* § 27 Rn 70; *Keidel-Kahl* § 27 Rn 19.
110 *Keidel-Kahl* § 27 Rn 15; *Lindacher* Rpfleger 1966, 199.
111 BayObLG Rpfleger 1984, 404 (Ls b *Goerke* 401 ff); *Keidel-Kahl* § 27 Rn 20.
112 *Jansen-Briesemeister* § 27 Rn 69; *Keidel-Kayser* § 12 Rn 152.
113 BayObLGZ 1990, OLG Zweibrücken Rpfleger 2001, 350.
114 BayObLG Rpfleger 1982, 69, 70; *Keidel-Kayser* § 12 Rn 135, 151.
115 *Bumiller-Winkler* § 27 Rn 12; *Keidel-Kahl* § 27 Rn 20; *Rosenberg-Schwab-Gottwald* § 143 VI 1; and dogm Ansatz – § 563 ZPO gelte »trotz kausaler Gesetzesverletzung«: *Bassenge* FGG § 27 Rn 28; *Stein-Jonas-Grunsky* § 563 Rn 1; *Bettermann* ZZP 88 (1975), 365, 372.
116 *Stein-Jonas-Grunsky* § 551 Rn 1.
117 RGZ 48, 28, 31; BGH NJW 1984, 494, 495; KEHE-*Briesemeister* Rn 18; *Bassenge* FGG § 27 Anm III 2a; *Jansen-Briesemeister* § 27 Rn 71 *Keidel-Kuntze* § 27 Rn 20; *Stein-Jonas-Grunsky* § 541 Rn 1; *ders* § 563 Rn 5; *Zöller-Gummer* § 561 Rn 1; offengel v BGH NJW 1981, 1045, 1046; differenzierend *Bettermann* ZZP 88 (1975), 365, 378.
118 Für d Revision: *Stein-Jonas-Grunsky* § 563 Rn 1.
119 Vgl *Demharter* § 77 Rn 3.
120 *Habscheid*, FGG, § 32 III.
121 RGZ 156, 113, 119; RG JW 1930, 705, RGZ 160, 143; BGHZ 39, 338, 339; BGH NJW 1983, 2318, 2320; dazu *Rosenberg-Schwab-Gottwald* § 143 VII.
122 BGH VersR 1979, 348, 349; vgl auch BSG MDR 1995, 1046.
123 BGHZ 2, 278.

Die **Aufzählung in § 547 ZPO ist abschließend**. Kein absoluter Rechtsbeschwerdegrund ist daher die Ver- **28** letzung rechtlichen Gehörs.[124] In diesem Fall erübrigen sich aber regelmäßig Ausführungen dazu, inwieweit die angefochtenen Entscheidung auf dieser Verletzung beruhen kann.[125] Wenn die Gehörsverletzung so weit geht, dass ein Beteiligter zum Verfahren überhaupt nicht hinzugezogen worden ist, kann § 551 Nr 4 ZPO einschlägig sein.[126]

Wegen der einzelnen absoluten Rechtsbeschwerdegründe siehe den Text Rdn 16 und die Kommentare zu **29** § 551 ZPO aF[127] bzw § 547 ZPO nF und § 27 FGG.[128] Ohne Bedeutung ist § 547 Nr 5 ZPO nF, weil in Grundbuchsachen wie allgemein im FGG-Verfahren Vorschriften über die Öffentlichkeit fehlen.[129] Wegen § 551 Nr 3 ZPO iVm der Ablehnung eines Richters § 81 Rdn 20. Wegen Mängeln der Begründung der Beschwerdeentscheidung § 77 Rdn 37.

IV. Grenzen der Prüfung des weiteren Beschwerdegerichts

1. Ausgangspunkt

Das weitere Beschwerdegericht hat im Umfang der Anfechtung (§ 77 Rdn 6) von Amts wegen die Rechtmä- **30** ßigkeit der Entscheidung des Beschwerdegerichts in verfahrensrechtlicher wie in materiell-rechtlicher Hinsicht umfassend, also ohne Beschränkung auf die Entscheidungsgründe des Beschwerdegerichts oder auf einzelne Beschwerdepunkte des Beschwerdeführers, zu prüfen. Seitens des Beschwerdeführers bedarf es keiner Rügen; die Unterscheidung der ZPO zwischen von Amts wegen zu berücksichtigenden Verfahrensmängeln und solchen, die nur auf Rüge zu beachten sind (§§ 559 Abs 2 S 2, 554 Abs 3 Nr 3b ZPO), gibt es hier nicht.[130]

2. Beschränkungen der Nachprüfung

a) Die Vorschrift des § 559 ZPO. **§ 559 ZPO**, den § 78 S 2 für entsprechend anwendbar erklärt, besagt: **31**

(1) Der Beurteilung des Revisionsgerichts unterliegt nur dasjenige Parteivorbringen, das aus dem Tatbestand des Berufungsurteils oder dem Sitzungsprotokoll ersichtlich ist. Außerdem können nur die im § 551 Abs 3 Nr 2 Buchstabe b erwähnten Tatsachen[131] berücksichtigt werden.

(2) Hat das Berufungsgericht festgestellt, dass eine tatsächliche Behauptung wahr oder nicht wahr sei, so ist diese Feststellung für das Revisionsgericht bindend, es sei denn, dass in Bezug auf die Feststellung ein zulässiger und begründeter Revisionsangriff erhoben ist.

Dementsprechend ergeben sich für das Rechtsbeschwerdegericht grundsätzliche Beschränkungen in zweierlei Hinsicht:

aa) Begrenzung des Verfahrensstoffs. Der **Verfahrensstoff, mit dem das Rechtsbeschwerdegericht** **32** **sich befassen darf**, beschränkt sich grundsätzlich auf den, **der dem Beschwerdegericht ausweislich der Gründe seiner Entscheidung** einschließlich in Bezug genommener Akten oder einer ihr zugrunde liegenden Sitzungsniederschrift **vorlag** (Ausnahmen Rdn 39 ff). § 74 gilt nicht. Neues tatsächliches Vorbringen darf also im Rahmen des Rechtsbeschwerdeverfahrens grundsätzlich nicht berücksichtigt werden.[132] Prüfungsgrundlage ist vielmehr regelmäßig der Sachverhalt im Zeitpunkt des Erlasses der Beschwerdeentscheidung.[133] Neue Anträge sind ohnehin ausgeschlossen (§ 74 Rdn 4);[134] zulässig sind jedoch Klarstellungen, aber auch Beschränkungen oder Modifikationen des früheren Antrags, etwa der Austausch von Haupt- und Hilfsantrag,[135] auf der Grundlage des dem Beschwerdegericht unterbreiteten Sachverhalts.[136] Zur Erledigung der Hauptsache im

---

124 BGHZ 27, 169; 43, 47; vgl auch BGH NJW 1984, 494; BayObLGZ 1980, 23, 25 = Rpfleger 1980, 188; BayObLG Rpfleger 1982, 69; BayObLGZ 1988, 356, 358; *Baumbach-Hartmann* § 551 Rn 17; *Stein-Jonas-Grunsky* § 551 Rn 1; *Jansen-Briesemeister* § 27 Rn 71 **aA** v. *Winterfeld* NJW 1961, 849, 853.
125 Vgl BSGE 53, 83 = MDR 1982, 83.
126 BGH NJW 1984, 494; BGH WM 1992, 1838, 1839; BayObLGZ 1988, 356; BayObLG NJW-RR 1992, 150; *Jansen-Briesemeister* § 27 Rn 71; *Kollhosser* ZZP 93 (1980), 265, 306.
127 *Baumbach-Hartmann* § 547 Rn 3 ff; *Stein-Jonas-Grunsky* § 550 Rn 5 ff; *Zöller-Gummer* § 547 Rn 2 ff.
128 *Jansen-Briesemeister* § 27 Rn 72 ff; *Keidel-Kahl* § 27 Rn 37 ff.
129 BayObLGZ 1974, 258, 259 = Rpfleger 1974, 314; BayObLGZ 1988, 436, 437; KEHE-*Briesemeister* Rn 25; *Jansen-Briesemeister* § 27 Rn 81; *Keidel-Kahl* § 27 Rn 36.
130 *Jansen-Briesemeister* § 27 Rn 94; *Keidel-Kahl* § 27 Rn 45.
131 »… soweit die Revision darauf gestützt wird, dass das Gesetz in Bezug auf das Verfahren verletzt sei, die Bezeichnung der Tatsachen, die den Mangel ergeben.«
132 OLG Hamm FGPrax 2006, 146, 148 = RNotZ 2006, 424, 426.
133 BGHZ 14, 398; *Bassenge* FGG § 27 Rn 23.
134 *Jansen-Briesemeister* § 27 Rn 91.
135 F ZPO: BGH WM 1989, 1873, 1875.
136 F ZPO: BayObLGZ 1982, 222, 231; *Stein-Jonas-Grunsky* § 561 Rn 5; *Zöller-Gummer* § 559 Rn 10.

Rechtsbeschwerdeverfahren Rdn 14. Im Eintragungsantragverfahren kann eine Neufassung der Eintragungsunterlagen[137], etwa die Bezugnahme auf bisher nicht benutzte Urkunden[138] vom Rechtsbeschwerdegericht nicht mehr berücksichtigt werden. Mit der weiteren Beschwerde kann nicht gerügt werden, Tatbestandsangaben in der Entscheidung des Beschwerdegerichts seien falsch[139] (zur Tatbestandsberichtigung § 77 Rdn 41). Andererseits besteht keine Bindung bei einer ersichtlich unvollständigen,[140] in sich widerspruchsvollen[141] oder mit den eigentlichen Entscheidungsgründen nicht in Einklang stehenden[142] Sachschilderung des Beschwerdegerichts; wobei jedoch offenbare Unrichtigkeiten in der Fassung der Beschwerdeentscheidung vom Rechtsbeschwerdegericht entspr § 319 ZPO in zutreffendem Sinne berücksichtigt werden können.[143]

33   Unbeschadet dieser Grundsätze hat das Rechtsbeschwerdegericht (abgesehen von Rdn 39 ff) überwiegend **aus Gründen der Verfahrensökonomie** noch folgende Tatsachen zu **berücksichtigen**, soweit sie keiner Beweiswürdigung bedürfen: Allgemeinkundige Tatsachen.[144] Im Zeitpunkt der Entscheidung des Beschwerdegerichts gegebene Tatsachen, die sich unzweideutig aus den Akten ergeben[145] (ohne dass es Aufgabe des Rechtsbeschwerdegerichts sein kann, die gesamten Akten durchzuarbeiten, um erstmals einen brauchbaren Tatbestand zu erstellen[146]). Änderungen im Personenstand bzw der Staatsangehörigkeit.[147] Gerichtsentscheidungen und sonstige Hoheitsakte, selbst wenn sie erst während des Rechtsbeschwerdeverfahrens existent geworden sind und nicht nur die Zulässigkeit des Beschwerdeverfahrens (Rdn 40), sondern die materielle Rechtslage betreffen;[148] zwischenzeitliche Grundbucheintragungen.[149] Sonstige nachträglich eingetretene Umstände, die ohne die Notwendigkeit einer tatrichterlichen Beurteilung als festehend angesehen werden können, soweit nicht schützenswerte Belange eines Beteiligten entgegenstehen.[150]

34   **bb) Bindung an tatsächliche Feststellungen des Beschwerdegerichts.** Die tatsächlichen Feststellungen des Beschwerdegerichts binden das Rechtsbeschwerdegericht, es sei denn, es liegt eine Gesetzesverletzung in Bezug auf das Verfahren bei der Feststellung vor.[151] Letzteres hat das Rechtsbeschwerdegericht von Amts wegen[152] (Rdn 30; § 78 Rdn 23) nachzuprüfen; also im Wesentlichen, ob der Tatrichter in Amtsverfahren den maßgeblichen Sachverhalt nicht ausreichend erforscht (§ 12 FGG) oder in Antragsverfahren vorgelegte Urkunden[153] oder sonstige Beweismittel übergangen oder unzulässigerweise von Amts wegen beschaffte Beweismittel verwertet,[154] bei der Würdigung der Beweismittel wesentliche Umstände unberücksichtigt gelassen, gegen gesetzliche Beweisregeln, Denkgesetze, zwingende Erfahrungssätze oder allgemeinen Sprachgebrauch verstoßen oder ob er die Beweisanforderungen überspannt oder vernachlässigt hat.[155] Ist hingegen der vom Tatrichter gezogene Schluss rechtlich möglich, so ist er nicht mit Erfolg angreifbar, mag auch eine andere Schlussfolgerung ebenso nahe oder sogar näher liegen.[156] Dabei wird nicht vorausgesetzt, dass das Beschwerdegericht sich mit allen möglicherweise in Betracht kommenden Umständen ausdrücklich auseinandergesetzt hat; es genügt, wenn es die wesentlichen, die Entscheidung tragenden Umstände gewürdigt hat und sich daraus ergibt, dass eine sachentsprechende Beurteilung stattgefunden hat[157] (§ 7 Rdn 22). Ebenso wie positive Feststellungen sind auch sonstige tatsächliche Würdigungen des Beschwerdegerichts nur beschränkt nachprüfbar, wie die, ob eine Tatsache glaubhaft gemacht ist,[158] oder der Grad der Begründetheit

---

137   BayObLG Rpfleger 1982, 14 (Ls b *Goerke* 12 ff).
138   BayObLG 12, 706; 13, 68.
139   BGHZ 32, 17; BGH NJW 160, 866; BGH WM 1962, 1289.
140   OLG Köln MDR 1984, 857.
141   BGH NJW 1969, 190 (Ls).
142   BGH VersR 1986, 34.
143   BayObLG WE 1990, 69; OLG Köln JMBlNRW 1983, 64.
144   BayObLGZ 1982, 278, 283; *Bumiller-Winkler* § 27 Anm 3c aa.
145   BayObLGZ 1984, 180 = DNotZ 1985, 567, 568; BayObLGZ 1988, 131, 133; OLG Hamburg Rpfleger 2004, 617, 618; KG OLGZ 1983, 428, 431; *Keidel-Kahl* § 27 Rn 42.
146   Vgl BayObLGZ 2000, 147, 149; OLG Köln Rpfleger 1984, 357; OLG Köln NJW-RR 1987, 223.
147   BGHZ 53, 128, 130; 54, 135.
148   BGHZ 3, 365, 367, 368; BGH NJW 1975, 442; BGH VersR 1980, 822; BGH WarnRspr 1984 Nr 285; BGH WM 1985, 241, 242; BGH WM 1985, 263, 264; BGHZ 85, 288, 290; vgl auch KG OLGZ 1983, 428, 431; *Bassenge* FGG § 27 Rn 25; *Bumiller-Winkler* § 27 Rn 16.
149   BayObLGZ 1983, 301, 303; 1988, 124, 127; KGJ 39, 193, 198.
150   Vgl BGH MDR 2002, 168.
151   *Demharter* Rn 11; KEHE-*Briesemeister* Rn 11; *Jansen-Briesemeister* § 27 Rn 89 ff, 106 ff; *Keidel-Kahl* § 27 Rn 42.
152   *Jansen-Briesemeister* § 27 Rn 94.
153   BayObLGZ 1971, 307, 309.
154   KG OLGE 43, 173; OG OLGZ 1968, 337 = Rpfleger 1968, 224 m Anm *Haegele* (im Ergebnis bedenkl; s auch BayObLGZ 1973, 246, 249 = Rpfleger 1973, 429).
155   BayObLGZ 1976, 67, 73; 82, 309, 312; 1984, 208, 211; OLG Köln MDR 1981, 1028.
156   BayObLGZ 1971, 147, 154; 1982, 309, 313; BayObLG MittRhNotK 1988, 96, 97.
157   BayObLGZ 1982, 309, 313.
158   BayObLG 12, 401; 18, 171; 21, 71, 73.

von Zweifeln an dem Vorliegen erforderlicher Eintragungsvoraussetzungen, etwa an der Geschäftsfähigkeit eines Beteiligten bei Abgabe der Eintragungsbewilligung.[159]

b) Auslegung als Tatfrage. aa) Willenserklärungen. Wie eine Tatfrage (Rdn 21) wird auch die **Auslegung (individueller) materieller Willenserklärungen** und darauf bezogener Urkunden behandelt;[160] etwa einer Auflassung, eines Testaments oder einer Vollmacht, auch soweit sie in einem Prozessvergleich enthalten sind.[161] Wegen Vollmachten, die sowohl zum Abschluss eines materiellrechtlichen Geschäfts als auch zur Abgabe von Grundbucherklärungen ermächtigen, s auch Rdn 38. Die tatrichterliche Auslegung des Beschwerdegerichts ist verbindlich, solange sie nach den Denkgesetzen und der feststehenden Erfahrung möglich ist, mit den gesetzlichen Auslegungsregeln in Einklang steht, dem klaren Sinn und Wortlaut der Erklärung nicht widerspricht und alle wesentlichen Tatsachen berücksichtigt;[162] nur in dieser Richtung und ob der Tatrichter überhaupt eine Auslegung vorgenommen hat, kann das Rechtsbeschwerdegericht eine **rechtliche Nachprüfung** vornehmen, nicht auf sachliche Richtigkeit. Liegt allerdings ein derartiger **Rechtsfehler vor, so ist die Auslegung vom Rechtsbeschwerdegericht selbst vorzunehmen** (Rdn 41).[163] Andererseits ist zu beachten, dass **Grundbucherklärungen** im Eintragungsantragsverfahren grundsätzlich aus sich heraus auszulegen sind, ihr maßgebliches Gewicht also in dem beurkundeten Wortlaut – nach seiner nächstliegenden Bedeutung – liegt[164] und die Auslegung auf dieser Grundlage zu einem zweifelsfreien und eindeutigen Ergebnis führen muss.[165] Dies legt nahe, entgegen der früheren Praxis für derartige Erklärungen einen tatrichterlichen Auslegungs-Freiraum ganz zu verneinen[166] (näher Rdn 38). Eine allemal voll der Nachprüfung des Rechtsbeschwerdegerichts zugängige Frage ist die Auslegungsfähigkeit der Willenserklärung.[167]

35

Wie Rechtsnormen **uneingeschränkt revisibel** sind im Übrigen (auch unabhängig von den Rdn 37, 38 zu behandelnden Tatbeständen) rechtsgeschäftliche Bestimmungen, wenn es sich um **typische**, nicht auf die Beteiligten des konkreten Vorgangs bezogene **Erklärungssachverhalte** handelt; etwa für eine Vielzahl gleichartiger Geschäfte vorformulierte AGB oder eine unter Verwendung eines allgemein verwendeten Formulars abgegebene Teilungserklärung.[168] Ebenso sind die praktisch **wie Normen** wirkenden, lediglich aus ihrem Inhalt heraus zu verstehenden Satzungen von Kapitalgesellschaften, Vereinen oder Stiftungen vom Rechtsbeschwerdegericht frei auszulegen[169] (Rdn 17); ebenso Wohnungseigentümerbeschlüsse mit Dauerrelungen.[170]

36

bb) Verfahrenshandlungen, Hoheitsakte. Keine Bindung des Rechtsbeschwerdegerichts an die Auslegung des Beschwerdegerichts besteht bei **verfahrensrechtlichen Erklärungen** der Beteiligten, also etwa in Bezug darauf, ob ein Grundbuchantrag gestellt ist, welchen Inhalt er hat und ob, soweit er in fremdem Namen

37

---

159 BayObLG Rpfleger 1974, 396.

160 BayObLGZ 1979, 12, 15 = Rpfleger 1979, 424, 425; Rpfleger 1980, 19, 20; 1981, 147; DNotZ 1982, 254, 257; Rpfleger 1982, 344, 345; DNotZ 1983, 44, 45; BayObLGZ 1984, 122, 124; BayObLG Rpfleger 1984, 145; MittBayNot 1985, 20, 21; MittRhNotK 1988, 96, 97; Rpfleger 1989, 190, 191; OLG Düsseldorf DNotZ 1950, 41; OLG Hamm OLGZ 1975, 294, 296; FGPrax 2006, 146, 147 = RNotZ 2006, 424, 425; KG JFG 11, 199, 204; OLG Köln Rpfleger 1982, 261; Rpfleger 1982, 424; *Demharter* Rn 13; KEHE-*Briesemeister* Rn 12; *Keidel-Kahl* § 27 Rn 48; *Schneider* MDR 1981, 885; f d ZPO: *Gottwald*, 245 ff; *Nierwetberg* JZ 1983, 237, 241; krit *May* NJW 1959, 708; *ders* NJW 1983, 980.

161 BGH MDR 1968, 576; BayObLG MittBayNot 1980, 22; BayObLG WE 1992, 180 (Ls).

162 BayObLGZ 1972, 260, 262; 1978, 194, 196; BayObLG Rpfleger 1979, 424, 425; 1980, 19, 20; 1982, 141; BayObLG MittBayNot 1987, 140; BayObLG MittRhNotK 1988, 96.

163 BGHZ 37, 233, 243; BayObLGZ 1971, 307, 309; BayObLG Rpfleger 1975, 26, 27; BayObLG Rpfleger 1980, 111; BayObLGZ 1984, 122, 1124; BayObLG WuM 1987, 34; BayObLG MittBayNot 1987, 140; BayObLG Rpfleger 1987, 157; BayObLG NJW-RR 1988, 330, 331; OLG Zweibrücken MittRhNotK 1996, 59, 60; *Jansen-Briesemeister* § 27 Rn 52 f.

164 BGHZ 88, 302, 306; 92, 18, 21; BGH WuM 1994, 343, 344; BayObLGZ 1977, 177, 189, 191; BayObLG Rpfleger 1979, 222; BayObLG Rpfleger 1982, 1, 4; 1982, 69, 73; 1984, 122, 124; BayObLG Rpfleger 1987, 156, 157; BayObLG NJW-RR 1988, 140, 141; BayObLG MittRhNotK 1996, 54, 55 = DNotZ 1997, 321, 323; KG OLGZ 1982, 131, 134; OLG Zweibrücken MittRhNotK 1996, 59, 60; OLG Zweibrücken DNotZ 1997, 325, 326; OLG Zweibrücken DNotZ 1997, 327, 329 m Anm *Wufka* DNotZ 1997, 331.

165 BayObLG Rpfleger 1996, 332; OLG Zweibrücken DNotZ 1997, 325, 326 m Anm *Wufka* DNotZ 1997, 331.

166 Vgl auch – Auslegung einer Vereinssatzung – BGHZ 96, 245, 250 Rpfleger 1986, 184; OLG Düsseldorf Rpfleger 1989, 374.

167 BayObLGZ 1966, 242, 244; 1979, 12, 15; BayObLG Rpfleger 1984, 145; BayObLG NJW-RR 1988, 330, 331.

168 OLG Köln Rpfleger 1972, 261; vgl auch BGHZ 88, 302, 304, 305 = NJW 1984, 308; BGHZ 92, 18, 21 NJW 1984, 2576; BGHZ 98, 256, 258 = NJW 1987, 319; *Stein-Jonas-Grunsky* § 549 Rn 34; *Zöller-Gummer* § 546 Rn 5.

169 BGHZ 96, 245, 250 Rpfleger 1986, 184; BayObLG NJW-RR 1986, 713; *Keidel-Kahl* § 27 Rn 49; *Stein-Jonas-Grunsky* § 549 Rn 35; *Zöller-Gummer* § 546 Rn 5.

170 BGHZ 139, 288, 292 = NJW 1998, 3713 = Rpfleger 1999, 19; BGHZ 145, 158, 161.

erfolgt, Vollmacht dafür vorliegt.[171] Frei auszulegen hat das Rechtsbeschwerdegericht auch **Entscheidungen von Gerichten**[172] und sonstige **behördliche Willensakte mit Außenwirkung;**[173] nach ständiger Praxis auch **Grundbucheintragungen**[174] einschließlich der darin in Bezug genommenen Eintragungsunterlagen, wie etwa Teilungserklärung, Aufteilungsplan und Gemeinschaftsordnung der Wohnungseigentümer.[175] Soweit es für die Auslegung der Eintragung ausnahmsweise auch auf außerhalb der Urkunden liegende Verhältnisse zZ der Bestellung des Rechts ankommt[176] (§ 53 Rdn 31), ist allerdings nach allg Grundsätzen (Rdn 34) für die erforderlichen Feststellungen die Würdigung des Tatrichters maßgebend.[177] Die – freie – Sinnermittlung des im Grundbuch Eingetragenen kann ggf auch zu einer Umdeutung (vgl § 53 Rdn 34) durch das Rechtsbeschwerdegericht führen.[178]

38 **cc) Eintragungsbewilligung.** Dazu, in welchem Umfang das Rechtsbeschwerdegericht im Grundbucheintragungsverfahren **die Auslegung einer Eintragungsbewilligung** oder einer ihr gleichstehenden Erklärung (etwa gemäß § 27) vor der Eintragung nachprüfen darf, hat es einen Klärungsprozess gegeben. Die Rspr[179] hat früher auf sie als »Willenserklärung« wie selbstverständlich die in Rdn 35 dargestellten Regeln angewendet. Dagegen bestehen jedoch in doppelter Hinsicht Bedenken: Zum einen ist die Eintragungsbewilligung mit ihrem für das Grundbuchamt maßgeblichen Inhalt eine dem Verfahrensrecht angehörende Erklärung (Einl B Rdn 29; § 19 Rdn 36 ff);[180] schon deshalb erscheint die **uneingeschränkte Nachprüfbarkeit** wie beim Eintragungsantrag (Rdn 37) folgerichtig.[181] Zum andern gibt es von der Aufgabenstellung des Rechtsbeschwerdegerichts her keinen Grund, die Eintragungsbewilligung vor der Eintragung in geringerem Umfang nachzuprüfen als nach der Eintragung, soweit diese auf die Eintragungsbewilligung Bezug nimmt (Rdn 37). Mittlerweile hat die Rechtsprechung die Kehrtwendung vollzogen.[182] Nimmt man zutreffend die Revisibilität der Eintragungsbewilligung an, so gilt dies auch, soweit in Frage steht,[183] ob in einer rechtsgeschäftlichen Willenserklärung auch eine Eintragungsbewilligung liegt;[184] es wäre auch konsequent, selbst Vollmachten, die sowohl zum Abschluss eines materiellrechtlichen Geschäfts als auch zur Abgabe von Grundbucherklärungen ermächtigen, soweit die Wirksamkeit der Eintragungsbewilligung im Grundbucheintragungsverfahren von ihnen abhängt, im Rechtsbeschwerdeverfahren uneingeschränkt – allerdings in dem für die Auslegung von Grundbucherklärungen maßgeblichen, objektivierten Sinne (Rdn 35)[185] – nachzuprüfen (str).[186]

---

171 BayObLGZ 1978, 223, 226 = DNotZ 1979, 25, 27; BayObLG Rpfleger 1979, 106; BayObLG Rpfleger 1980, 19, 20; OLG Braunschweig NJW 1961, 1362 NdsRpfl 1961, 173 = DNotZ 1961, 413 (geg OLG Ffm Rpfleger 1958, 222); OLG Hamburg Rpfleger 2004, 617, 618; OLG Hamm DNotZ 1972, 511; OLGZ 1975, 294, 296; 1983, 423, 426 = Rpfleger 1983, 353; Rpfleger 1992, 474; OLG München JFG 13, 348, 350; *Demharter* Rn 15; *KEHE-Briesemeister* Rn 14; *Jansen-Briesemeister* § 27 Rn 56; *Keidel-Kahl* § 27 Rn 49; insoweit **unr** OLG Saarbrücken MittRhNotK 1996, 57, 58.
172 RGZ 153, 254; BGHZ 21, 312; 24, 26; *Demharter* Rn 16.
173 RGZ 102, 3; BGHZ 3, 15; BayObLGZ 1966, 288; MittBayNot 1986, 22; BayObLGZ 1988, 131, 133; Rpfleger 1989, 184 (Ls b *Plötz*:Gemeinderatsbeschluss); *KEHE-Briesemeister* Rn 14.
174 RGZ 136, 234; BGHZ 37, 147, 148; 59, 205, 208; BGH Rpfleger 1985, 101; BayObLGZ 1977, 226, 230; 1978, 214, 217; 1982, 67, 73; 1983, 79, 83; 1984, 122, 124 = DNotZ 1988, 312; NJW-RR 1988, 140, 141; OLG Düsseldorf Rpfleger 1993, 193; OLG Hamm OLGZ 1982, 20, 28; OLG Karlsruhe FGPrax 2005, 8 = Rpfleger 2005, 79; KG OLGZ 1982, 131, 134 = Rpfleger 1982, 22; **aA** – weil individuelle Erklärungen zugrunde lägen – MüKo-*Joost* § 1105 Rn 16.
175 BayObLGZ 1979, 427; 1983, 79 83; 1984, 15, 18; BayObLG NJW-RR 1988, 140; BayObLG ZflR 2000, 135; OLG Hamm OLGZ 1982, 20, 28; DNotZ 2005, 945; KG OLGZ 1982, 131, 134; *Demharter* Rn 17; *KEHE-Briesemeister* Rn 14.
176 Vgl BGH WM 1966, 254, 255; BGH DNotZ 1976, 529; BGH LM BGB § 1018, Nr 16; BGHZ 90, 181, 184; BGH Rpfleger 1986, 101; OLG Düsseldorf DNotZ 1988, 122.
177 Vgl BGH DNotZ 1976, 529.
178 OLG Hamm FGPrax 1996, 176, 177f.
179 BayObLG Rpfleger 1980, 19, 20; BayObLG Rpfleger 1981, 147; BayObLG DNotZ 1983, 44, 45; BayObLGZ 1984, 122, 124; BayObLG Rpfleger 1984, 145; OLG Düsseldorf JR 1950, 685 = DNotZ 1950, 41; OLG Hamm OLGZ 1975, 294, 296; OLG Hamm Rpfleger 1988, 404, 405; KG JFG 11, 199, 204; **aA** *Demharter* Rn 15; *KEHE-Briesemeister* Rn RdNr 14; offengel v BayObLG MittBayNot 1989, 310; OLG Köln NJW-RR 1993, 204.
180 So auch BayObLG Rpfleger 1993, 189; BayObLGZ 1997, 246 = DNotZ 1998, 299; OLG Zweibrücken DNotZ 1997, 327, 329 m Anm *Wufka* aaO, 331, 332; *Demharter* § 19 Rn 12, 13; *KEHE-Munzig* § 19 Rn 17 ff; *Ertl* Rpfleger 1982, 407.
181 So jetzt auch BayObLG Rpfleger 1993, 189; BayObLG DNotZ 1997, 324, 325; OLG Zweibrücken DNotZ 1997, 327, 329 m Anm *Wufka* aaO, 331, 332 (and noch OLG Zweibrücken DNotZ 1997, 325 f); OLG Zweibrücken Rpfleger 1999, 533 = ZflR 2000, 287; v *Oefele-Budde* § 78 Rn 26; *Demharter* Rn 15; *KEHE-Briesemeister* Rn 14.
182 Vgl OLG Hamm FGPrax 2006, 145, 146;
183 Vgl BayObLGZ 1979, 12, 15.
184 Wie hier *Wulf* MittRhNotK 1996, 41, 50f.
185 BayObLG NJW-RR 1987, 792, 793; BayObLG Rpfleger 1991, 365; OLG Hamm FGPrax 2006, 145, 146.
186 Ebenso *Bauer/v. Oefele-Budde* Rn 26; **aA** BayObLG MittBayNot 1995, 293 = Rpfleger 1996, 24, 25 (Ls) = DNotZ 1996, 295.

3. Dem Rechtsbeschwerdegericht zugänglicher tatrichterlicher Bereich

Die Beschränkung des Tatsachenstoffs und die Bindung an die tatsächlichen Feststellungen des Beschwerdege-   **39** richts (Rdn 32 ff) **gelten nicht** bzw sie entfallen, soweit die Gesetzmäßigkeit des Beschwerdeverfahrens in Frage steht bzw wenn das weitere Beschwerdegericht nach Aufdeckung einer Gesetzesverletzung des Beschwerdegerichts selbst eine tatrichterliche Würdigung vorzunehmen hat.

a) Gesetzmäßigkeit des Verfahrens. Bei der Prüfung der **Zulässigkeit der weiteren Beschwerde** und der   **40** Untersuchung, ob durch die Entscheidung des Beschwerdegerichts das **Gesetz in Bezug auf das Verfahren verletzt** ist (§ 551 Abs 3 S 1 Nr 2b ZPO nF), etwa bei der Beurteilung der Zulässigkeit der Erstbeschwerde,[187] und ob die Gesetzesverletzung **für die Entscheidung des Beschwerdegerichts ursächlich** war[188] (Rdn 24 ff) – also auch, ob eine Heilung von Verfahrensmängeln eingetreten ist[189] –, hat das Rechtsbeschwerdegericht alle maßgeblichen, auch neue, Tatsachen von Amts wegen zu berücksichtigen und frei zu würdigen und notfalls auch eigene Ermittlungen anzustellen.[190] Es kann aber auch zur Vornahme weiterer Ermittlungen zurückverweisen; etwa wenn die Verfahrenfähigkeit eines Beteiligten zweifelhaft und tatrichterlich noch nicht geprüft worden ist.[191] Diese Grundsätze greifen, da es um die Zulässigkeit der ersten bzw der weiteren Beschwerde geht, auch ein, wenn die Erledigung der Hauptsache im Beschwerdeverfahren oder vor dem Rechtsbeschwerdegericht in Frage steht, etwa wenn sich durch eine veränderte Sachlage der zugrunde liegende Antrag als überholt oder gegenstandslos erwiesen hat oder erweist.[192] Das Gericht der weiteren Beschwerde kann einen neu eingetretenen verfahrensrechtlichen Umstand in der Weise berücksichtigen, dass die angefochtene Entscheidung nachträglich als in zulässiger Weise erlassen erscheint: Etwa, wenn der zunächst nicht beschwerdebefugte Vormerkungsberechtigte nach Einlegung der weiteren Beschwerde als Eigentümer im Grundbuch eingetragen wird (vgl § 71 Rdn 121, 108 f).[193]

b) Der Fall des § 561 ZPO. Gemäß § 78 S 2 GBO ist § 561 ZPO entsprechend anwendbar; er lautet: **41**

»Ergeben die Entscheidungsgründe zwar eine Gesetzesverletzung, stellt die Entscheidung selbst aber aus anderen Gründen sich als richtig dar, so ist die Revision zurückzuweisen.«

Aus dieser Bestimmung – und der eng damit zusammenhängenden[194] Vorschrift des § 563 Abs 3 ZPO[195] – hat sich die Praxis entwickelt: **Liegt eine Gesetzesverletzung vor, die an sich zur Aufhebung der Entscheidung des Beschwerdeerichts führen müsste, so tritt das Rechtsbeschwerdegericht an die Stelle des Beschwerdegerichts**. Es kann – bei materiellrechtlichen Fehlern auf der Grundlage eines verfahrensfehlerfrei festgestellten Sachverhalts[196] – die materiell unrichtige Entscheidung durch die richtige ersetzen; ebenso kann es im anderen Fall – wenn dem Beschwerdegericht bei der Tatsachenfeststellung Fehler unterlaufen sind – neue Tatsachen berücksichtigen und aufgrund des gesamten Verfahrensstoffs eine selbständige Tatsachenwürdigung vornehmen,[197] insb auch Willenserklärungen selbst auslegen. Fehlen bspw in dem angefochteten Beschluss die Angaben dazu, von welchen Feststellungen das LG ausgeht, so nötigt dieser Mangel nicht zur Aufhebung, wenn das Rechtsbeschwerdegericht die Tatsachen ohne weiteres aus den Akten entnehmen kann (Rdn 33). Die Zurückverweisung an das Beschwerdegericht erübrigt sich nur dann nicht, wenn noch Ermittlungen erforderlich sind, die das Rechtsbeschwerdegericht (abgesehen von Rdn 40) nicht führen darf.[198] Erweist sich aufgrund der neuen Würdigung des Rechtsbeschwerdegerichts die angefochtene Entscheidung als im Ergebnis richtig, ist

187 BayObLGZ 1962, 11, 13; 1964, 137, 140; 1982, 309, 311; 1983, 67, 70; 1985, 158, 161; KG Rpfleger 1961, 159.
188 BayObLG Rpfleger 1984, 404 (Ls b *Goerke* 401 ff).
189 BayObLGZ 1968, 257; vgl auch OLG Hamm FGPrax 1996, 210.
190 BayObLGZ 1961, 137, 140; BayObLGZ 1984, 95, 96; OLG Jena FGPrax 1999, 87; OLG Köln FGPrax 2002, 52 = Rpfleger 2002, 195; *Jansen-Briesemeister* § 27 Rn 93 ff; *Keidel-Kahl* § 27 Rn 51.
191 F ZPO: BGH WM 1986, 58.
192 KGJ 39, 198; OLG Ffm DNotZ 1964, 307; OLG Ffm OLGZ 1970, 283, 384; OLG München JFG 14, 321 = HRR 1937 Nr 244; OLG Zweibrücken OLGZ 1976, 399; *Demharter* Rn 11; KEHE-*Briesemeister* Rn 15.
193 OLG Hamm FGPrax 1996, 210; vgl auch OLG Hamm FGPrax 1995, 237, 238 f = NJW-RR 1995, 1414, 1416.
194 Vgl BayObLGZ 1993, 179, 183 = NJW-RR 1993, 1417, 1418; *Stein-Jonas-Grunsky* § 563 Rn 1; *Bettermann* ZZP 88 (1975), 365, 377, 378; *Rimmelspacher* ZZP 84 (1971, 41, 61).
195 »Das Revisionsgericht hat jedoch in der Sache selbst zu entscheiden, wenn die Aufhebung des Urteils nur wegen Rechtsverletzung bei Anwendung des Gesetzes auf das festgestellte Sachverhältnis erfolgt und nach letzterem die Sache zur Endentscheidung reif ist«; z entspr Anw im FGG-Rechtsbeschwerdeverfahren vgl BayObLGZ 1993, 179, 180 = NJW-RR 1993, 1417.
196 BayObLGZ 1993, 179, 183 = NJW-RR 1993, 1417, 1418.
197 BGHZ 34, 135, 142 = NJW 1961, 1301, 1303 = Rpfleger 1961, 233; BayObLGZ 1971, 309; 1982, 93; BayObLG Rpfleger 1982, 13 (Ls b *Goerke* 12 ff); *Demharter* Rn 18; KEHE-*Briesemeister* Rn 26; *Keidel-Kahl* § 27 Rn 59.
198 *Keidel-Kahl* § 27 Rn 59.

die weitere Beschwerde als unbegründet zurückzuweisen.[199] Das Verbot der Schlechterstellung des Rechtsbeschwerdeführers gilt insoweit nicht, als es auch bei einer Zurückweisung nicht gelten würde[200] (dazu § 77 Rdn 8). Soweit sich danach eine Verschlechterung des Beschwerdeführers verbietet, erschöpft sich die Entscheidung des weiteren Beschwerdegerichts in der Zurückweisung der weiteren Beschwerde.[201] Zum Verfahren und zur Entscheidung des Rechtsbeschwerdegerichts im Übrigen § 80 Rdn 31 ff.

---

199 BGH NJW 1955, 1070; BGHZ 35, 135 = NJW 1961, 1301 = Rpfleger 1961, 233; BayObLGZ 1970, 105, 108; 1982, 90, 93; 1985, 63, 66; BayObLG NJW 1986, 385, 386; OLG Braunschweig NdsRpfl 1956, 96; OLG Oldenburg NJW 1958, 26; *Demharter* Rn 19; KEHE-*Briesemeister* Rn 26.
200 BayObLGZ 1979, 414, 420; vgl auch BayObLG FGPrax 1997, 13 = Rpfleger 1997, 101, 102; *Keidel-Kahl* § 27 Rn 59.
201 Vgl *Jansen-Briesemeister* § 27 Rn 111.

§ 79 (Gericht der weiteren Beschwerde)

(1) Über die weitere Beschwerde entscheidet das Oberlandesgericht.

(2) Will das Oberlandesgericht bei der Auslegung einer das Grundbuchrecht betreffenden bundesrechtlichen Vorschrift von der auf weitere Beschwerde ergangenen Entscheidung eines anderen Oberlandesgerichts, falls aber über die Rechtsfrage bereits eine Entscheidung des Reichsgerichts, des Obersten Gerichtshofs für die britische Zone oder des Bundesgerichtshofs ergangen ist, von dieser abweichen, so hat es die weitere Beschwerde unter Begründung seiner Rechtsauffassung dem Bundesgerichtshof vorzulegen. Der Beschluss über die Vorlegung ist dem Beschwerdeführer mitzuteilen.

(3) In den Fällen des Absatzes 2 entscheidet über die weitere Beschwerde der Bundesgerichtshof.

Schrifttum

Briesemeister, Die Anhörung der Beteiligten vor einem Vorlagebeschluss gem § 28 FGG, FGPrax 2004, 187; *ders,* Die Anhörungsrüge bei BGH-Entscheidungen nach Vorlage eines OLG, FGPrax 2005, 101; *Demharter,* Zur Vorlegungspflicht im Verhältnis BayObLG zum OLG München, FGPrax 2005, 55; *Hanack,* Der Ausgleich divergierender Entscheidungen, 1962; *Kayser,* Das Vorlageverfahren nach § 28 II FGG – Vorbild oder Auslaufmodell? FGPrax 2004, 166; *Kothe,* Richterrecht und Anspruch auf den gesetzlichen Richter, DÖV 1988, 284; *Leisner,* Urteilsverfassungsbeschwerde wegen Nichtvorlage bei Abweichung, NJW 1989, 2446; *Müller,* Das Vorlageverfahren der freiwilligen Gerichtsbarkeit, ZZP 66 (1953) 245; *ders,* Anhörung der Verfahrensbeteiligten bei Vorlage einer Rechtsfrage, NJW 1957, 1016; *E. Schneider,* Verfassungsbeschwerde bei Nichtzulassung der Revision trotz Abweichung, NJW 1977, 1043; *ders,* Rechtsfolgen bei Verstößen gegen Zulassungs- und Vorlagepflichten, MDR 2000, 1408; *Schröder,* Rechtseinheit und richterliche Entscheidungsfreiheit, NJW 1959, 1517; *Stree,* Verfassungsbeschwerde bei Verstoß gegen Vorlegungspflicht? NJW 1959, 2051.

I. Normzweck

Mit Abs 1 wurde die Entscheidung über die weitere Beschwerde grundsätzlich dem OLG zugewiesen. Durch **1** Abs 2, 3[1] soll die Einheitlichkeit der Rspr in Grundbuchsachen gesichert werden. Der Gesetzgeber hat ein Bedürfnis hierfür allerdings nur bezogen auf Bundesrecht (früher Reichsrecht) gesehen. Gemäß Art 8 Abs 3

---

1 Geändert d Art 1 Nr 25 RegVBG v 20.12.1993 (BGBl I 2182, 2187).

Nr 88 RechtseinheitG v 12. September 1950 (BGBl I, 455, 509) hat der BGH die insoweit früher dem RG (bzw dem OGH) zugewiesenen Aufgaben übernommen. Um eine einheitliche Rspr auch innerhalb des BGH herbeizuführen, sehen die §§ 136 und 138 GVG die Anrufung eines Großen Senats und der Vereinigten Großen Senate vor; diese Vorschriften finden nach § 81 Abs 2 in Grundbuchbeschwerdeverfahren entspr Anwendung (dazu § 81 Rdn 7 ff).

2   **Ergänzt** wird § 79 Abs 2 durch **§ 18 Abs 2 des Gesetzes zur Wahrung der Einheitlichkeit der Rechtsprechung der Obersten Gerichtshöfe des Bundes** (§ 81 Rdn 10), wonach das OLG die Sache dem BGH auch vorzulegen hat, wenn es von einer Entscheidung des GemSOGB abweichen will; zur unmittelbaren Anrufung des Gemeinsamen Senats ist das OLG nicht befugt. Von der Entscheidung eines anderen Obersten Gerichtshofs des Bundes als dem BGH darf das OLG abweichen.[2] Wegen Vorlage an das BVerfG Rdn 12, 16; wegen Vorlage an den EuGH Rdn 11.

3   **§ 79 wird** jedoch im Zuge der FGG-Reform **zum 01.09.2009 aufgehoben** (Art Nr 9 des FGG-Reformgesetzes <FGG-RG>; zum Übergangsrecht: Art 111 FGG-RG)[3]. Anstelle der bisherigen weiteren Beschwerde zum OLG einschließlich der Divergenzvorlage zum BGH wird die **Rechtsbeschwerde an den Bundesgerichtshof** nach dem Muster des § 70 FamG eingeführt werden.[4] Wortlaut der neuen Vorschriften: § 78 Rdn 2. Diese Änderung soll das »schwerfällige und zeitintensive«[5] Vorlageverfahren der Oberlandesgerichte an den Bundesgerichtshof ersetzen.[6]

II. Zuständigkeit des OLG (Abs 1)

1. Grundsatz

4   Zur Entscheidung über die weitere Beschwerde ist regelmäßig das **OLG** zuständig, das dem LG, das Beschwerdeinstanz war, übergeordnet ist. Die Möglichkeit der Herbeiführung einer Entscheidung des gemeinsamen Obergerichtes durch LGe im Beschwerdeverfahren in entsprechender Anwendung des Rechtsgedankens aus § 79 Abs 2 GBG, 28 Abs 2 FGG[7] gibt es nicht.

2. Zentrale Zuständigkeiten in einzelnen Bundesländern

5   Unter Ausnutzung des Vorbehalts in § 199 Abs 1 FGG ist jedoch die Entscheidung über die weitere Beschwerde in Grundbuchsachen **in Bayern** – nach Auflösung des bisher zuständigen BayObLG frühestens ab 1. Januar 2005, spätestens ab 01.07.2006[8] – dem **OLG München**[9] und in **Rheinland-Pfalz**[10] dem **OLG Zweibrücken**[11] zentral zugewiesen.

3. Zuständigkeit für Berlin

6   Für Berlin einschl des früheren Ost-Berlin ist das **KG** zuständig.

III. Zuständigkeit des BGH (Abs 2, 3)

1. Voraussetzungen der Vorlage durch das OLG

a) Entscheidung über weitere Beschwerde steht an. aa) Entscheidung im Rechtsbeschwerdeverfahren. Wie sich aus dem Regelungszusammenhang des § 79 Abs 2 ergibt, kann sich die Frage einer Vorlage für das OLG nur im Zusammenhang mit der bevorstehenden Entscheidung über eine weitere Beschwerde, also eine **Rechtsbeschwerde**, stellen, nicht dagegen bei einer ersten Beschwerde gegen Beschlüsse des LG (vgl § 71 Rdn 105), durch die eine zweite Tatsacheninstanz eröffnet wird[12] (Rdn 23).

---

2   *Jansen-Briesemeister* § 28 Rn 15.
3   BT-Drucks 16/6308; 16/9733.
4   BT-Drucks 16/6308; 16/9733.
5   Begr BT-Drucks 16/6308 S 327.
6   Zu den Überlegungen s auch Vor § 71 Rdn 17.
7   Wie bei *Alff* Rpfleger 1999, 373, 378 f einheitl zu vollziehende Eintragungen befürwortet.
8   Art 55 Abs 6 BayAGGVG idF d § 2 BayObLGAuflG v 25.10.2004 (BVBl S 440); z Vorlegungspflichten BayObLG/OLG München *Demharter* FGPrax 2005, 55.
9   Art 11a BayAGGVG.
10   § 4 Abs 3 Nr 3 RhpfGerichtsorganisationsG v 05.10.1977, GVBl 333, idF des ÄndG v 16.09.1982, GVBl 337.
11   Bis z 31.12.1964 OLG Neustadt adW (§ 1d Ges v 15.06.1949, GVBl 225; Ges v 09.08.1962 GVBl 127).
12   RGZ 125, 272; BGHZ 3, 123; 46, 8; BayObLGZ 1966, 328; OLG München JFG 15, 161; OLG Stuttgart DNotZ 1977, 59; *Jansen-Briesemeister* § 28 Rn 5; *Keidel-Kahl* § 28 Rn 10, 11.

bb) Endentscheidung. Nur in Bezug auf die das weitere Beschwerdeverfahren erledigende **Endentscheidung** des Rechtsbeschwerdegerichts kann eine nach § 79 Abs 2 rechtserhebliche Abweichung in Betracht kommen (vgl auch Rdn 24). Keine Vorlegungspflicht besteht also im Zusammenhang mit Zwischenentscheidungen, etwa der Aussetzung des weiteren Beschwerdeverfahrens, oder in Bezug auf neben der Hauptsache ergehende Entscheidungen, wie die Bewilligung von PKH für den dritten Rechtszug[13] oder die Festsetzung des Beschwerdewerts (s auch Rdn 14).[14] Um eine Endentscheidung des Rechtsbeschwerdegerichts geht es dagegen, wenn Gegenstand der weiteren Beschwerde eine Zwischenentscheidung des Grundbuchamts ist.[15]   **8**

b) Auslegung bundesrechtlicher Vorschriften des Grundbuchrechts. aa) Rechtsnormen. Es muss um die Auslegung von Vorschriften, also von **Rechtsnormen**, gehen; der Begriff umschreibt dasselbe wie »Gesetz« in § 78 S 1 (§ 78 Rdn 17). Grundsätzlich nicht gehören dazu rechtsgeschäftliche Bestimmungen. Ihre Auslegung kann nicht zum Gegenstand einer Vorlage gemacht werden; die Vorlage kann in einem solchen Fall auch nicht mit abweichenden Ansichten über die Anwendung allg Auslegungsregeln wie §§ 133, 157 BGB begründet werden,[16] es sei denn, der Streit ginge um den abstrakten Inhalt derartiger Regeln.[17] Mit Rechtsnormen gleichzustellen sind rechtsgeschäftliche Bestimmungen jedoch, wenn sie typisierte, etwa anhand von Mustern erstellte Regelungen enthalten, die in verschiedenen OLG-Bezirken Anwendung finden; zB Vorschriften in WEG-Gemeinschaftsordnungen, die nach ihrem Inhalt allgemein für Wohnungseigentumsanlagen gelten[18] und überall gebräuchliche AGB, auch soweit sie in GB-Erklärungen Eingang gefunden haben. Auch auf Denkgesetze und allg Erfahrungssätze kann sich eine nach § 78 Abs 2 erhebliche Abweichung beziehen.[19]   **9**

bb) Geltendes Recht. Die unterschiedliche Auslegung **geltenden** Rechts muss in Frage stehen; die Pflicht zur Vorlage entfällt also, wenn eine gesetzliche Vorschrift, auf der die frühere Entscheidung beruht, geändert worden ist,[20] es sei denn, die Entscheidung über die zur Vorlage nötigende Frage wäre noch nach früherem Recht zu fällen.[21] Andererseits besteht die Vorlagepflicht auch dann, wenn das OLG von einer Entscheidung zu einem aufgehobenen Gesetz abweichen will, soweit die gleiche Norm ihrem wesentlichen Inhalt nach Bestandteil eines geltenden Gesetzes ist; jedenfalls dann, wenn sich das spätere Gesetz an das außer Kraft gesetzte anschließt oder auf diesem aufbaut.[22]   **10**

cc) Bundesrecht. Es muss sich um **Bundesrecht** handeln. Die Art der Rechtsquelle ist nicht entscheidend; auch Bundesgewohnheitsrecht gehört dazu.[23] Ob Recht aus der Zeit vor dem ersten Zusammentritt des Bundestages als Bundesrecht fortgilt, richtet sich nach Art 124, 125 GG.[24] Besatzungsrecht wie Vorschriften des Kontrollrats, der Alliierten Hohen Kommission und der Zonenbefehlshaber sowie Gesetze des Wirtschaftsrats des Vereinigten Wirtschaftsgebietes sind wie Bundesrecht zu behandeln.[25] Die früher in Berlin gleich lautend in Kraft gesetzten Bundesgesetze standen unter dem Blickwinkel der Vorlegungspflicht dem Bundesrecht gleich.[26] Recht der ehemaligen DDR kann nach dem Beitritt zur BRD unter den in Art 9 Abs 3 des Einigungsvertrages vom 18.09.1990 (BGBl I 885) genannten Voraussetzungen als Bundesrecht fortgelten; um unterschiedliche Auslegung (Rdn 15, 33) als Bundesrecht fortgeltenden DDR-Rechts geht es jedoch nicht, wenn nur die Auswirkungen der betreffenden Regelung auf rechtliche Vorgänge in Frage stehen, die ihre Grundlage in am 3. Oktober 1990 außer Kraft getretenem Recht der DDR hatten.[27] Bei Abweichungen in der Auslegung von Landesrecht kommt eine Vorlage nicht in Betracht, selbst wenn die landesrechtliche Vorschrift auf einem bundesrechtlichen Vorbehalt beruht,[28] eine bundesrechtliche Regelung für entspr anwendbar erklärt[29] oder mit dieser in der grundsätzlichen Regelung übereinstimmt.[30] Daran ändert sich auch nichts, wenn über die landes-   **11**

---

13 *Jansen-Briesemeister* § 28 Rn 9.
14 BayObLGZ 1960, 345, 354 = Rpfleger 1961, 300 m insow abl Anm *Rohs*; *Jansen-Briesemeister* § 28 Rn 9.
15 BGH NJW 1984, 2893; *Jansen-Briesemeister* § 28 Rn 9.
16 BGHZ 88, 203, 304; 92, 18, 20, 21; BGHZ 125, 105, 106 f = NJW 1994, 1159.
17 Vgl BGHZ 123, 297, 30.
18 BGHZ 88, 302, 305; 92, 18, 20, 21; 113, 374, 376; 125, 105, 107.
19 *Keidel-Kahl* § 28 Rn 16.
20 BGH LM GBO § 79 Nr 6 = JZ 1967, 129 = MDR 1967, 752; OLG Ffm NJW 1958, 713; KEHE-*Briesemeister* Rn 7.
21 KG OLGZ 1988, 172.
22 BGHZ 19, 355 = NJW 1956, 463; BGHZ 44, 220, 223; BGH NJW 1993, 3069, 3070; *Demharter* Rn 11.
23 *Jansen-Briesemeister* § 28 Rn 7.
24 Dazu BGHZ 11, 104.
25 BGHZ 1, 9 = NJW 1951, 151; BGHZ 3, 123 = NJW 1953, 23; BGHZ 7, 339 = NJW 1953, 23; KEHE-*Briesemeister* Rn 3; *Keidel-Kahl* § 28 Rn 16.
26 BVerfGE 19, 377, 388; BGHZ 6, 47; *Keidel-Kahl* § 28 Rn 16.
27 OLG Naumburg DtZ 1997, 132, 137; **aA** *Bauer/v Oefele-Budde* Rn 12.
28 BayObLGZ 1948–51, 639, 640 = NJW 1952, 507.
29 KG OLGE 3, 15.
30 BGH LM BayerVO Nr 127 Nr 1.

rechtliche Vorschrift das RG, der OHG oder der BGH entschieden haben.[31] Nichts anderes gilt, wenn die landesrechtliche Vorschrift nach § 549 Abs 1 ZPO revisibel ist.[32] Handelt es sich um Landesrecht, so kann die Vorlage auch nicht mit abweichenden Ansichten über allg Auslegungsregeln bei der Anwendung dieses Rechts begründet werden, weil auf diesem Umweg das Landesrecht selbst zum Gegenstand der Vorlage würde.[33] Keine Vorlagepflicht ergibt sich im Zusammenhang mit der Anwendung ausländischen Rechts[34] oder EG-Gemeinschaftsrechts.[35] Geht es um die Auslegung von Bestimmungen des EWG-Vertrages, die Gültigkeit und Auslegung von Handlungen der Europäischen Gemeinschaft oder die Auslegung von Satzungen der durch den Rat geschaffenen Einrichtungen, so kann das OLG dem EuGH vorlegen (Art 177 Abs 2 EWGV)[36] und ist dazu als grundsätzlich letztinstanzliches Gericht auch verpflichtet, wenn nicht aus anderen Gründen eine Vorlage an den BGH erforderlich ist (Art 177 Abs 3 EWGV; str).[37]

12   Ob **altes Recht als Bundesrecht** fortgilt, hat das OLG in eigener Zuständigkeit umfassend zu prüfen. Es darf nicht vorlegen, um die abschließende Würdigung insoweit dem BGH zu überlassen.[38] Ggf hat schon das OLG Veranlassung zu einer Vorlage an das BVerfG gemäß Art 126 GG, § 86 Abs 2 BVerfGG;[39] eine derartige Vorlage ist allerdings nur bei ernstlichen Zweifeln, ob Bundesrecht vorliegt, geboten,[40] nicht schon, wenn im Schrifttum vereinzelt eine abweichende Meinung vertreten wird, die die am Verfahren Beteiligten jedoch nicht teilen.[41]

13   **dd) Grundbuchrecht.** Es muss sich um Grundbuchrecht handeln. Damit sind alle Bestimmungen gemeint, die das Grundbuchamt bzw im Grundbuchbeschwerdeverfahren das Beschwerdegericht bei der Erfüllung seiner Aufgaben angewendet oder zu Unrecht nicht angewendet hat.[42] Gleichgültig ist, ob die Vorschrift in der GBO oder in einem anderen Gesetz steht und ob sie materiell- oder formellrechtliche Bedeutung hat. Insb für die Grundbucheintragung können die unterschiedlichsten Vorschriften von Bedeutung sein; zB § 866 Abs 3, §§ 857 Abs 1, 2, 848 Abs 2 ZPO;[43] § 932 Abs 3 ZPO.[44] § 180 BGB, 89 ZPO;[45] § 1197 Abs 2 BGB;[46] §§ 8, 10 Abs 2 WEG, 56 S 2 ZVG.[47] Ist eine Regelung aus einem anderen Rechtsgebiet in einer grundbuchrechtlichen Bestimmung für entspr anwendbar erklärt, so ist sie in diesem Zusammenhang ohne weiteres eine das Grundbuchrecht betreffende Vorschrift.

14   Um Grundbuchrecht idS geht es auch bei Vorschriften, die nur eine Zwischen- oder Nebenentscheidung im Grundbuchverfahren betreffen; etwa bei Streit über das Recht eines Zeugen zur Aussageverweigerung,[48] im PKH-Verfahren,[49] im Kostenpunkt nach Erledigung der Hauptsache,[50] bei der Kostengrundentscheidung gemäß § 13a Abs 1 FGG[51] und bei der Kostenfestsetzung nach § 13a Abs 2 FGG.[52] Stets verneint worden ist eine Vorlagemöglichkeit von der Praxis im Verfahren über den Kostenansatz nach § 14 KostO (§ 71 Rdn 102)[53] und die Geschäftswertfestsetzung (§ 31 KostO; § 71 Rdn 104);[54] diese Praxis lässt sich umso mehr aus den neuen Fassungen der §§ 14, 31 KostO herleiten.[55]

---

31 RGZ 67, 345.

32 BGHZ 11, 105 = LM GG Art 125 Nr 1, 2 m Anm *Pritsch* = NJW 1954, 187 m krit Anm *Müller*; BGH NJW 1980, 532; *Demharter* Rn 8; *Jansen-Briesemeister* § 28 Rn 7; *Keidel-Kahl* § 28 Rn 16; s auch *Müller* ZZP 66, 245, 250.

33 BGHZ 88, 302, 304 = NJW 1984, 308.

34 BGH LM FGG § 28 Nr 25 = NJW 1980, 532 = Rpfleger 1979, 254; BayObLGZ 1966, 248, 254.

35 Vgl – z § 121 Abs 2 GVG – BGHSt 33, 76, 36, 92.

36 EuGH NJW 1983, 1257; *Keidel-Kahl* § 28 Rn 45; näher z Vorlegeverfahren *Bleckmann* Europarecht § 5 V.

37 *Keidel-Kahl* § 28 Rn 45; **aA** *Bleckmann* Europarecht § 5 V 1b.

38 BVerfGE 6, 222, 231; BVerfG NJW 1968, 243; and noch BGHZ 11, 104, 105 = NJW 1954, 187 im Anschl an *Müller* ZZP 66, 245, 254.

39 KEHE-*Briesemeister* Rn 5.

40 BVerfGE 4, 369.

41 BGHZ 11, 104, 119 = NJW 1954, 187.

42 RGZ 48, 243; 125, 249; 146, 308, 311; BGH LM BGB § 2013 Nr 14 = NJW 1976, 893 = Rpfleger 1976, 205; BGHZ 86, 393, 95 = NJW 1983, 1672, 1673; BGHZ WM 1989, 220, 221; BGHZ 123, 297, 300; 129, 1, 3; BGH NJW 1997, 861; BGH NJW 2001, 1134.

43 BGH WM 1989, 220, 221.

44 BGH NJW 2001, 1134 = FGPrax 2001, 94, 95.

45 RGZ 146, 311.

46 BGH NJW 1986, 314, 315 = Rpfleger 1986, 9.

47 BGHZ 99, 358, 359.

48 Z § 28 Abs 2 FGG: BGH NJW 1984, 2893.

49 Z § 28 Abs 2 FGG: BGHZ 53, 369, 371 = WM 1970, 798.

50 Z § 28 Abs 2 FGG: BGHZ 134, 308 = NJW 1958, 1493; *Keidel-Kahl* § 28 Rn 15, 23.

51 Z § 28 Abs 2 FGG: BGHZ 31, 92, 94 = NJW 1960, 148; *Keidel-Kahl* § 28 Rn 15.

52 BGHZ 33, 205 = NJW 1961, 29; *Keidel/Meyer-Holz* § 28 Rn 14; **aA** KG NJW 1954, 1939 m abl Anm *Bauknecht*.

53 BGHZ 7, 128 = Rpfleger 1953, 347 m abl Anm *Keidel*; s auch Anm *Rietschel* LM FGG § 13a Nr 3 zu BGHZ 33, 205 in Abgrenzung z BGHZ 7, 128; BayObLGZ 1964, 78, 84; OLG Stuttgart DNotZ 1977, 59.

54 BayObLGZ 1960, 345 = Rpfleger 1961, 300 m abl Anm *Rohs*; BayObLGZ 1961, 223, 228; OLG Bremen Rpfleger 1955, 53, 54; *Keidel-Kahl* § 28 Rn 15.

55 *Keidel/Meyer-Holtz* § 28 Rn 14 einers; *Bauer/v. Oefele-Budde* Rn 6 anders; vgl auch *Jansen-Briesemeister* § 28 Rn 29.

ee) Auslegung des Rechts. Um die Auslegung bundesrechtlicher Grundbuchvorschriften geht es, soweit ihr **15**
Inhalt bzw ihre Gültigkeit[56] oder aber auch die Subsumtion des Tatbestandes unter das Gesetz[57] in Frage steht.

Auch die Verfassungsmäßigkeit einer grundbuchrechtlichen Vorschrift kann Gegenstand der Vorlage sein. Hält **16**
allerdings ein OLG ein nachkonstitutionelles Gesetz, auf dessen Gültigkeit es für die Entscheidung ankommt,
für verfassungswidrig, so hat es das BVerfG selbst anzurufen, nicht etwa im Hinblick auf eine Abweichung nach
§ 79 Abs 2 die Sache dem BGH vorzulegen[58] (Rdn 12).

ff) Offene Rechtsfrage. Die Rechtsfrage muss aus der Sicht des OLG **offen** sein. Dies ist nicht der Fall, **17**
wenn das OLG insoweit an eine bestimmte Rechtsauffassung gebunden ist. Eine Bindung des Rechtsbeschwerdegerichts kann aufgrund einer nicht weiter angefochtenen Beschwerdeentscheidung des LG[59] (§ 77 Rdn 46)
oder durch seine eigene Entscheidung in einem vorausgegangenen weiteren Beschwerdeverfahren[60] (§ 80
Rdn 41) eingetreten sein.[61]

Eine Entscheidung des BGH ist nicht (mehr) erforderlich, sobald die Rechtsfrage, mag sie auch ursprünglich **18**
zur Vorlegung Veranlassung gegeben haben, zweifelsfrei durch Gesetz geregelt ist.[62]

c) Die Vorlegung veranlassende Entscheidungen anderer Gerichte. aa) Allgemeines. Veranlassung für **19**
eine Vorlage können Entscheidungen **anderer OLGe** (Rdn 20 ff) oder des **BGH** (Rdn 29 ff) geben. Die
Voraussetzungen für beide Fallgruppen sind im Einzelnen unterschiedlich geregelt. **Stets muss eine Entscheidung vorliegen**. Nur beiläufige Äußerungen oder nicht verbindliche Empfehlungen für die weitere Behandlung der Sache genügen nicht[63] (Rdn 33). Darauf, wann die andere Entscheidung ergangen ist, kommt es an
sich nicht an;[64] die eines anderen OLG muss allerdings aus der Zeit nach dem In-Kraft-Treten der GBO bzw
des FGG stammen.[65]

bb) Entgegenstehende Entscheidung eines anderen OLG. (1) OLG. Einem **OLG** steht ein Gericht mit **20**
zentraler Zuständigkeit (Rdn 5) gleich. Im Hinblick darauf, dass für das KG schon vor der Herstellung der Einheit Deutschlands eine Vorlegungspflicht bestand (Art 7 Nrn 41, 42 BerlRechtseinheitsG v 09.01.1951, VOBl
99), hatten und haben auch die OLGe der Bundesrepublik ihrerseits bei Abweichungen von früheren Entscheidungen des KG vorzulegen.[66] Seit dem Beitritt der DDR zur BRD ab 03.10.1990 kommen Vorlagen auch
gegen die besonderen Senate der Bezirksgerichte auf dem Gebiet der früheren DDR außerhalb Berlins in
Betracht. Ab der Eingliederung des Saarlandes mit Wirkung vom 01.01.1957 besteht die Vorlagepflicht auch
gegenüber dem OLG Saarbrücken, ebenso wie umgekehrt; dies gilt auch in Bezug auf Entscheidungen des
OLG Saarbrücken vor der Eingliederung, soweit sie zu saarländischem Rechtsvorschriften ergangen waren, die
zu Bundesrecht geworden sind.[67] Unter dem Gesichtspunkt, dass die Vorlagepflicht der Wahrung der Einheitlichkeit der Rspr dienen soll, können Entscheidungen eines OLG keine Bedeutung mehr haben, das (ersatzlos)
nicht mehr besteht[68] oder aus dem Gebiet des Deutschen Reichs ausgeschieden ist[69] oder das vor der Wiederherstellung der deutschen Einheit außerhalb des Bundesgebiets lag.[70]

(2) Anderes OLG. Es muss ein **anderes** OLG entschieden haben. Daran fehlt es, wenn nur ein anderer Senat **21**
desselben OLG entschieden hat; ein Senat eines OLG kann also von der Entscheidung eines anderen Senats
abweichen, ohne dass es einer Vorlage bedarf.[71]

---

56 BGH NJW 1957, 673; *Jansen-Briesemeister* § 28 Rn 10; *Keidel-Kahl* § 28 Rn 13.
57 BGH NJW 1957, 19; *Jansen-Briesemeister* § 28 Rn 10; *Keidel-Kahl* § 28 Rn 13.
58 BVerfGE 6, 222; BVerfG NJW 1968, 243; **aA** *Müller* ZZP 66, 245, 254.
59 BGHZ 15, 122 = NJW 1955, 21.
60 BGH LM FGG § 28 Nr 14 = NJW 1954, 1445; BGHZ 15, 122 = NJW 1955, 21.
61 *Demharter* Rn 16; KEHE-*Briesemeister* Rn 8.
62 BGHZ 15, 207 = NJW 1955, 304 = Rpfleger 1955, 45; BGHZ 18, 800 = NJW 1955, 1878 = Rpfleger 1955, 349;
    KEHE-*Briesemeister* Rn 7.
63 BGH NJW 1954, 1933; BGHZ 96, 198, 201 = NJW RR 1986, 493.
64 BGHZ 5, 344 = NJW 1952, 744 (geg BayObLGZ 1948–51, 314); BGHZ 8, 23, 27; BGHZ 96, 198, 201 = NJW RR
    1986, 493.
65 KGJ 51, 18; *Jansen-Briesemeister* § 28 Rn 16; *Keidel-Kahl* § 28 Rn 21; wohl zweifelnd BGHZ 82, 34, 38 = NJW 1982,
    517.
66 *Demharter* Rn 3; KEHE-*Briesemeister* Rn 10; *Keidel-Kahl* § 28 Rn 9, 22.
67 BGHZ 29, 244 = NJW 1959, 670 = Rpfleger 1959, 123; BGH Rpfleger 1960, 285; KEHE-*Briesemeister* Rn 9; *Keidel-
    Kahl* § 28 Rn 22.
68 OLG München, Beschl v 04.09.2007 – 32 Wx 104/07 – juris; KEHE-*Briesemeister* Rn 8.
69 RGZ 122, 273 bez OLG Colmar; OLG Düsseldorf JMBlNRW 1960, 102; *Jansen-Briesemeister* § 28 Rn 16; *Keidel-Kahl*
    § 28 Rn 22.
70 KEHE-*Briesemeister* Rn 8; *Keidel-Kahl* § 28 Rn 12; **aA** OLG Hamm MDR 1952, 756 betr OLG-Entscheidung vor d
    Trennung d Besatzungszonen in verschiedene Rechtsgebiete; so wohl auch *Müller* ZZP 66, 245; 257.
71 OGHZ 1, 14 = NJW 1947/1948, 554; KG JW 1927, 1161; KEHE-*Briesemeister* Rn 8; *Jansen-Briesemeister* § 28 Rn 16.

22 Nichts anderes gilt, wenn die Zuständigkeit des OLG, auf das die andere Entscheidung zurückgeht, auf das OLG übergegangen ist, das jetzt vor einer Entscheidung steht.[72] So kann das OLG München, ebenso wie bisher das endgültig am 01.07.2006 aufgelöste (Rdn 5)[73] BayObLG, von Entscheidungen bayerischer OLGe abweichen, weil es an deren Stelle getreten ist;[74] wie das BayObLG auch Nachfolgegericht des OLG München war, soweit dieses – ab 01.04.1936 (VO v 23.03.1936, RGBl I 251) – Zentralgericht war und die Nachfolge des früheren Bayerischen Obersten Landesgerichts angetreten hatte.[75] Das KG kann von Entscheidungen des früheren KG abweichen, soweit dieses nach der erwähnten VO Zentralgericht war, weil es auch insoweit Nachfolgegericht ist.[76] Für das OLG Zweibrücken gilt hinsichtlich vorausgegangener Entscheidungen der OLG in Rheinland-Pfalz dasselbe.[77] Umgekehrt können OLGe in anderen Ländern sich nicht deshalb als Nachfolgegerichte früherer Zentralgerichte betrachten, weil diese in dem jetzigen OLG-Bezirk einmal Abweichungsbefugnis ohne Vorlagepflicht hatten.[78]

23 **(3) Entscheidung über eine weitere Beschwerde.** Nur **auf weitere Beschwerde ergangene Entscheidungen** eines anderen OLG kommen in Betracht. Nicht erforderlich ist, dass die weitere Beschwerde sich gerade auf eine Grundbuchangelegenheit bezogen hat; die Entscheidung kann auch in einem sonstigen weiteren Beschwerdeverfahren der freiwilligen Gerichtsbarkeit ergangen sein,[79] soweit es bundesrechtlich geregelt ist.[80] In jedem Falle muss es sich um die Entscheidung (nach dem 01.01.1900, Rdn 19) über eine **Rechtsbeschwerde**[81] gehandelt haben (Rdn 7).[82] Entscheidungen der OLGe über weitere Beschwerden im Zivil- oder Strafprozess kommen ebenso wenig in Betracht wie solche in FGG-Verfahren über Erstbeschwerden iS von Tatsachenbeschwerden (§ 71 Rdn 105).[83] Geboten erscheint die Vorlegung an den BGH jedoch in Bezug auf die Entscheidung, die **im Verfahren gemäß §§ 23 ff EGGVG** ergangen ist,[84] weil jenes Verfahren einem Rechtsbeschwerdeverfahren stark angenähert ist, obwohl es sich auch auf Tatfragen erstrecken kann. Keine Vorlagepflicht begründet die Entscheidung eines anderen OLG gemäß § 159 GVG[85] oder in einem Zuständigkeitsstreit gemäß § 5 FGG.[86]

24 Es muss sich um eine **End**entscheidung des anderen OLG handeln, die das dortige Rechtsbeschwerdeverfahren erledigt hat. Zwischenentscheidungen eines anderen OLG begründen als solche keine Vorlagepflicht (Rdn 8), es sei denn, sie kämen einer Endentscheidung gleich;[87] davon zu unterscheiden ist die Endentscheidung über eine weitere Beschwerde in einem Zwischenstreit; sie kann nach allg Grundsätzen Veranlassung zur Vorlage geben.[88] Ein Vorlagebeschluss ist keine zur Vorlage veranlassende Entscheidung.[89] Soweit die Endentscheidung den Kostenpunkt betrifft oder sich auf diesen beschränkt, kann sie eine Vorlagepflicht begründen; nicht jedoch eine auf weitere Beschwerde nach der KostO ergangene Entscheidung eines anderen OLG über den Kostenansatz oder den Geschäftswert (Rdn 14).

25 **(4) Von mehreren Entscheidungen maßgebliche OLG-Entscheidung.** Wenn **widersprechende** Entscheidungen **eines anderen OLG** – auch verschiedener Senate (Rdn 21), die aber jeweils das OLG repräsentieren[90] – vorliegen, ist für eine Vorlagepflicht die **neueste Entscheidung** maßgebend;[91] selbst dann, wenn jene neueste Entscheidung – etwa weil nicht auf (weitere) Rechtsbeschwerde ergangen (vgl Rdn 23) – keine Vorla-

---

72 OLG München, Beschl v 04.09.2007 – 32 Wx 104/07 – juris.
73 BayObLGAuflG v 25.10.2004 (GVBl S 400); z Vorlegungspflichten BayObLG/OLG München *Demharter* FGPrax 2005, 55.
74 BayObLGZ 1959, 167, 171; 1967, 33, 38; 1973, 84, 89.
75 RGZ 148, 207 = JFG 12, 58; *Demharter* FGPrax 2005, 55.
76 KEHE-*Briesemeister* Rn 10.
77 KEHE-*Briesemeister* Rn 11.
78 RG JW 1937, 679 = JFG 14, 300; RGZ 155, 76, 78; BayObLGZ 1966, 322, 323.
79 RGZ 117, 350; 133, 102.
80 *Jansen-Briesemeister* § 28 Rn 19, 26 (geg BGHZ 17, 108); *Keidel-Kahl* § 28 Rn 23.
81 Z § 28 FGG hält *Jansen-Briesemeier* allg auch Entscheidungen über erste Rechtsbeschwerden gegen LG-Entscheidungen f einschlägig.
82 BGHZ 3, 123, 126 = NJW 1951, 882.
83 *Jansen-Briesemeister* § 28 Rn 25, 27; *Lohrbacher* FGPrax 2004, 282, 283.
84 BGHZ 46, 87 = NJW 1966, 1811 m abl Anm *Dräger* NJW 1967, 352 u *Jessen* NJW 1967, 352, 353; KEHE-*Briesemeister* Rn 12; **aA** *Jansen-Briesemeister* Rn 30.
85 BGH NJW 1974, 702; *Keidel-Kahl* § 28 Rdn 26.
86 BGHZ 48, 228 = NJW 1967, 2253; OLG Köln JMBlNRW 1957, 15, 16; Rpfleger 2003, 368; *Jansen-Briesemeister* § 28 Rn 6.
87 *Bassenge* FGG § 28 Rn 4.
88 BGHZ 7, 389, 392 = NJW 1953, 181; BGH NJW 1984, 2893; *Keidel-Kahl* § 28 Rn 23.
89 BayObLG WE 1991, 293, 294; OLG Köln NJW-RR 1986, 698, 699; OLG Ffm StAZ 1969, 154, 157.
90 BGHZ 111, 199, 201 = NJW 1990, 3073, 3074; *Bauer/v. Oefele-Budde* Rn 7 (anders *ders* 1. Aufl); *Jansen-Briesemeister* § 28 Rn 16.
91 RGZ 148, 179; BGH WM 1959, 53; BGH NJW 1974, 702; BGHZ 111, 199, 201 = NJW 1990, 3073, 3074; *Bauer/v. Oefele-Budde* Rn 7; *Demharter* Rn 12; KEHE-*Briesemeister* Rn 13; *Jansen-Briesemeister* § 28 Rn 16; *Keidel-Kahl* § 28 Rn 17.

gepflicht begründen könnte (str).[92] Der Grundsatz, dass es in diesem Zusammenhang auf die letzte Entscheidung im OLG ankommt, lässt unberührt, dass dann, wenn nach dem Ergehen eines Vorlagebeschlusses ein anderer Senat des vorlegenden OLG eine der Vorlage widersprechende Entscheidung erlässt, die Vorlage nicht ihre Zulässigkeit verliert.[93] Zu beachten ist die Abänderungsbefugnis von Nachfolgegerichten; so sind, wenn die beiden Zentralgerichte KG und OLG München (Rdn 22) frühere Entscheidungen der ihnen zugehörigen OLG abgeändert hatten, nur noch diese Entscheidungen der Zentralgerichte maßgeblich, und es ist nicht mehr auf die abweichenden älteren Entscheidungen vor dem 01.04.1936 zurückzugreifen.[94]

Dem Vorgang, dass das andere OLG seine frühere Ansicht in einer späteren Entscheidung aufgibt, steht nach der Rechtspraxis[95] gleich, wenn das andere OLG auf Anfrage erklärt, dass es an seiner früheren Auffassung nicht mehr festhalte. Dazu dürfte allerdings – analog § 14 S 1 RsprEinhG (Rdn 2) – ein förmlicher Beschluss des für die frühere Entscheidung zuständigen OLG in der nach § 21g GVG vorgeschriebenen Besetzung erforderlich sein.[96]   **26**

Liegen aus dieser Sicht **abweichende Entscheidungen mehrerer OLG** vor, so sind sie **alle** maßgebend. An der Divergenz ändert nichts, dass ein anderes OLG seinerseits unter Verletzung einer Vorlagepflicht entschieden hat.[97]   **27**

(5) Unmaßgeblichkeit des anderen OLG bei Vorliegen einer BGH-Entscheidung. Wie sich schon dem Wortlaut des Abs 2 S 1 entnehmen lässt, nötigt die Entscheidung des anderen OLG **nicht** zu einer Vorlage, wenn das entscheidende OLG zwar davon abweichen, sich jedoch **einer Entscheidung des BGH** (RG, OGH, Rdn 29) **anschließen will**;[98] auch dann nicht, wenn die abweichende Entscheidung des anderen OLG zeitlich nach der Entscheidung des BGH unter Verletzung der Vorlagepflicht ergangen ist[99] (wohl aber dann, wenn zwar das andere OLG mit ausführlicher Begründung eine Abweichung von einer Entscheidung des BGH verneint hat, das entscheidende OLG aber eine Abweichung für gegeben erachtet;[100] und auch dann, wenn das vorlegende OLG zwar an der bisherigen Rechtsprechung des BGH festhalten will, ein anderes OLG jedoch seine hiervon abweichende Ansicht auf einen »allgemeinen Wandel der Rechtsauffassung« stützt und nicht vorgelegt hat[101]). Der Grundsatz, dass eine Sache nicht vorzulegen ist, wenn das OLG zwar die Rechtsauffassung eines anderen OLG nicht teilt, sich aber mit seiner Auffassung im Einklang mit einer Entscheidung des BGH befindet, greift auch durch, wenn ein OLG vorlegt, der BGH jedoch nach dem Vorlagebeschluss die Streitfrage iS des vorlegenden OLG entschieden hat; dann ist der BGH nicht mehr zur Entscheidung über die weitere Beschwerde in der vorgelegten Sache berufen (Rdn 39).[102]   **28**

cc) Entgegenstehende Entscheidung des BGH. (1) BGH (RG, OGH). Einer **BGH-Entscheidung** stehen, wie durch die neue Gesetzesfassung durch das RegVBG (vgl Rdn 1) klargestellt wird, Entscheidungen des **RG** und des **OGH** der brit Zone gleich, als deren Nachfolgegericht der BGH anzusehen ist.[103] Dass die **Entscheidung auf weitere Beschwerde ergangen ist, ist hier nicht Voraussetzung; auch nicht, dass sie ein Verfahren der freiwilligen Gerichtsbarkeit** zum Hintergrund hat; es kann sich auch um einen Beschluss oder ein Urteil in einem Zivil- oder Strafprozess oder einem sonstigen Verfahren handeln.[104] Eine andere Frage ist, ob die Entscheidung die Auslegung grundbuchrechtlicher Vorschriften betrifft (Rdn 13 ff) oder ob sie nur   **29**

92 BGH FamRZ 2004, 1668 = FGPrax 2004, 282 m *abl* Anm *Lohrbacher*; **aA** auch *Bauer/v. Oefele-Budde* Rn 7.
93 BGHZ 111, 199, 201f = NJW 1990, 3073, 3074f.
94 Vgl BayObLGZ 1966, 322; 1967, 13, 19 = Rpfleger 1967, 145, 146.
95 RGZ 156, 19; BGH LM FGG § 28 Nr 23 = NJW 1974, 702; BayObLGZ 1973, 293, 295 = Rpfleger 1974, 17; OLG Ffm Rpfleger 1959, 275, 276; OLG Hamm OLGZ 1973, 426, 428 = Rpfleger 1973, 435, 436; OLG Hamm OLGZ 1976, 172, 174 = Rpfleger 1976, 96; KG JFG 22, 5; KG NJW 1967, 224; KG OLGZ 1970, 198, 206; OLG Köln OLGZ 1970, 364, 369; *Demharter* Rn 13; KEHE-*Briesemeister* Rn 13; *Jansen-Briesemeister* § 28 Rn 17; *Keidel-Kahl* § 28 Rn 22; *Kayser* FGPrax 2004, 166, 167; *Schröder* NJW 1959, 1517, 1521; **aA** *Müller* ZZP 66, 245, 254; *Schulz* MDR 1960, 275, 276.
96 Vgl § 14 S 1 RsprEinhG (§ 81 Rdn 10); *Bauer/v. Oefele-Budde* Rn 7; z §§ 136 ff GVG: *May* DRiZ 1983, 305, 307; *Müller* ZZP 66 (1953), 245, 254.
97 BGHZ 7, 389 = NJW 1953, 181 (geg BayObLGZ 1948–51, 677, 678); BGHZ 15, 87, 90; BGHZ 106, 253, 255.
98 RG JFG 5, 1, 2; BGHZ 5, 356, 358; BGHZ 15, 151 = NJW 1955, 105; BayObLGZ 1964, 231, 236; 1977, 247, 251; BayObLG NJW RR 1986, 1480, 1481; OLG Hamm Rpfleger 1958, 155; OLG Hamm OLGZ 1978, 169, 161; 1978, 169, 171 = Rpfleger 1978, 137, 138; KG OLGZ 1968, 470, 471; OLG Köln OLGZ 1983, 269, 271; OLG Köln Rpfleger 1984, 268; *Demharter* Rn 12; KEHE-*Briesemeister* Rn 14.
99 BGHZ 15, 151 = NJW 1955, 105; OLG Hamm OLGZ 1973, 446, 449 = Rpfleger 1973, 397, 398; OLG Naumburg FGPrax 1998, 1, 3; *Demharter* Rn 12; KEHE-*Briesemeister* Rn 14.
100 BayObLGZ 1994, 309 = MittBayNot 1994, 539; KEHE-*Briesemeister* Rn 14.
101 OLG Karlsruhe FGPrax 1998, 118; *Demharter* Rn 12; **aA** *Jansen-Briesemeister* § 28 Rn 13.
102 BGHZ 5, 356 = NJW 1952, 744; BGH WM 1985, 1325; KEHE-*Briesemeister* Rn 14; vgl auch *Müller* ZZP 66, (1953), 245, 261.
103 BGHZ 5, 344 = NJW 1952, 744; BGHZ 8, 23, 25 = NJW 1953, 182; BGH NJW 1954, 1933.
104 RGZ 65, 277, 279; RG JW 1907, 240; BGH LM HGB § 24 Nr 1 = NJW 1953, 1708 (Ls); BGH NJW 1963, 2348; BGH LM GBO § 53 Nr 5 = NJW 1985, 3070; BGHZ WM 1989, 220, 221.

auf das Gebiet der streitigen Gerichtsbarkeit beschränkte Rechtsfragen zum Gegenstand hat, letzterenfalls wäre kein Raum für eine Vorlage.[105]

30 **(2) Maßgebliche Entscheidung.** Hat **derselbe Senat des BGH seine Auffassung gewechselt**, so ist die **neuere** Entscheidung maßgebend.[106] Liegen einander **widersprechende Entscheidungen verschiedener Senate** vor, so ist die Vorlegung allemal erforderlich;[107] wegen des Verfahrens beim BGH § 81 Rdn 7. Bei Entscheidungen des RG ist zu beachten, dass nach dem 01.09.1935 die Entscheidung eines Senats, der seine frühere Rspr ausdrücklich aufgab, für alle anderen Senate bindend war (Ges v 28.06.1935, RGBl I 844); frühere Entscheidungen sind also in diesen Fällen nicht mehr maßgeblich.[108] Entsprechend Rdn 28 ist kein Raum für eine Vorlage gegen eine Entscheidung des BGH, wenn das OLG sich einer späteren Entscheidung des Großen Senats für Zivilsachen, der Vereinigten Großen Senate oder des GemSOGB anschließen will (s auch Rdn 39).

31 **dd) Entgegenstehende Entscheidung des GemSOGB.** Dafür, ob eine Entscheidung des GemSOGB zu einer Vorlegung nötigt (Rdn 2), gelten die Rdn 29, 30 sinngemäß: Es ist gleichgültig, in welchem Verfahren es zu der Entscheidung gekommen ist. Maßgeblich ist jeweils die neueste Entscheidung.

32 **d) Abweichungsabsicht des vorlegenden OLG. aa) Andere Auslegung derselben Rechtsfrage.** Das OLG muss beabsichtigen, von der Entscheidung eines anderen OLG oder des BGH (RG, OGH) abzuweichen. Eine **Abweichung** liegt vor, wenn über dieselbe Rechtsfrage unterschiedlich entschieden wird. Es braucht nicht genau der gleiche Tatbestand und dieselbe Gesetzesvorschrift betroffen zu sein. Vielmehr reicht es aus, wenn es um einen im Kern gleichen Rechtssatz und dessen Anwendung auf der Grundlage eines im Wesentlichen gleichartigen Sachverhalts geht.[109] Daran fehlt es, wenn die in Betracht kommenden Vergleichsentscheidungen infolge mehrfacher Änderungen der gesetzlichen Regelungen eine andere Rechtsgrundlage betreffen (Rdn 10).[110] Tatbestandsmäßig nicht vergleichbar ist zB eine Versicherung mit lediglich beglaubigter Unterschrift mit einer in öffentlicher Urkunde abgegebenen eidesstattlichen Versicherung, soweit es darum geht, im Rahmen des § 35 Abs 1 S 2 eine Lücke im urkundlichen Nachweis zu füllen.[111] Auch ist nach BGH-Auffassung dieselbe Rechtsfrage nicht schon dann betroffen, wenn unterschiedliche Auswirkungen eines umstrittenen »Rechtsinstituts« in Rede stehen[112] oder sich die Frage einer erweiterten Auslegung des § 71 Abs 1 S 2 zur Gewährleistung eines effektiven Rechtsschutzes[113] in unterschiedlichen Fällen stellt[114] (nach dem Zweck des § 79 Abs 3 nicht unbedenklich). Liegt die Abweichung in Wirklichkeit in einem anderen Gesichtspunkt als dem, den das vorliegende OLG anführt, so macht dies die Vorlage nicht unzulässig.[115]

33 **bb) Andere Entscheidung beruht auf der Auslegung.** Von einer Abweichung kann nur die Rede sein, wenn die ältere Entscheidung gerade **auf der unterschiedlichen Auslegung beruht.**[116] Nur beiläufige Äußerungen oder rechtlich nicht verbindliche Empfehlungen genügen nicht;[117] nicht Ausführungen, die die Entscheidung nicht tragen,[118] insb reine Hilfserwägungen. Es kommt darauf an, ob das damals entscheidende Gericht anders entschieden hätte, wenn es die betreffende Rechtsfrage anders beurteilt hätte.[119] Bei mehreren

---

105 Vgl *Jansen-Briesemeister* § 28 Rn 14; *Keidel-Kahl* § 28 Rn 27.
106 RGZ 148, 179; 158, 50; OLG München JFG 15, 122.
107 BGHSt 5, 136 = NJW 1954, 202; BayObLGZ 1979, 243, 251; *Demharter* Rn 14; KEHE-*Briesemeister* Rn 15; *Jansen-Briesemeister* § 28 Rn 14; *Müller* ZZP 66 (1953), 245, 253; **aA** im Zus m § 121 GVG: OLG Karlsruhe NJW 1954, 1945.
108 RGZ 158, 53; OLG München JFG 16, 122; KEHE-*Briesemeister* Rn 17.
109 RGZ 102, 26; 148, 218; BGHZ 7, 339 = NJW 1953, 23; BGHZ 15, 186, 188; BGHZ 38, 36 = NJW 1962, 2348; BGHZ 54, 132, 134 = NJW 1970, 2160; BGHZ 63, 107 = NJW 1975, 112; BGH NJW 1984, 736; BGHZ 95, 118, 123 = NJW 1985, 2717, 2718; BGHZ 99, 90, 91; 108, 372, 374; BGH NJW 1997, 861; BGH ZflR 1997, 656; BayObLGZ 1979, 434, 444.
110 BGH NJW 1993, 3069.
111 BGH WM 1983, 1157.
112 Z »werdenden Wohnungseigentümergemeinschaft« BGH Rpfleger 1988, 18 m Anm *Sauren*.
113 Vgl OLG Celle Rpfleger 1990, 112 einers; OLG Schleswig Rpfleger 2006, 536 = ZflR 2006, 593 m Anm *Dümig* andrers.
114 BGH Rpfleger 2007, 134 m Anm *Dümig*.
115 BGHZ 125, 105, 106 = NJW 1994, 1159.
116 RGZ 134, 122; 138, 102; BGHZ 21, 234, 236 = NJW 1956, 1516; BGH NJW 1960, 1621; BGHZ 96, 198, 201 = NJW-RR 1986, 493; BayObLGZ 1978, 287, 294 = Rpfleger 1978, 219, 220; BGHZ 99, 90, 91; 108, 372, 374; OLG Bremen NJW 1957, 677; OLG Ffm NJW 1963, 817; OLG Hamm OLGZ 1978, 56, 58; KGJ 35, 204; KG NJW 1958; 1827; KG OLGZ 1966, 117, 119; KG OLGZ 1966, 321, 326; OLG Köln OLGZ 1983, 141, 143; *Schröder* NJW 1959, 1517, 1521.
117 BGH NJW 1954, 1933; BGHZ 21, 236 = NJW 1956, 1516; BGHZ 96, 198, 201 = NJW-RR 1986, 493; BGH NJW-RR 1999, 73; BGH NJW-RR 1998, 1457.
118 BGHZ 96, 198, 201; BGH WM 1989, 312.
119 BGHZ 21, 234, 236 = NJW 1956, 1516; BayObLGZ 1984, 218, 224.

tragenden (auch Hilfs-)Gründen der anderen Entscheidung besteht eine Vorlagepflicht, wenn das vorlegende Gericht von allen Begründungen jener Entscheidung abweichen will.[120] Erfüllt die vom vorlegenden OLG genannte andere Entscheidung diese Voraussetzungen nicht, existiert jedoch eine weitere Entscheidung, durch die das vorlegende Gericht an der von ihm beabsichtigten Entscheidung gehindert gewesen wäre, so ist die Vorlage statthaft.[121]

cc) Abweichung ist für das vorlegende OLG entscheidungserheblich. Umgekehrt muss auch die   **34**
Abweichung in der Beurteilung der strittigen Rechtsfrage **für das vorlegende OLG** im Zusammenhang mit der anstehenden Entscheidung über die weitere Beschwerde **entscheidungserheblich** sein; das allgemeine Interesse, eine Rechtsfrage der Klärung zuzuführen, rechtfertigt nicht die Anwendung des § 79 Abs 2,[122] schon gar nicht, wenn das vorlegende Gericht die von der angeführten Entscheidung behandelte Rechtsfrage offen lassen will.[123] Keinesfalls genügt es, wenn das OLG unter Aufhebung der Beschwerdeentscheidung des LG lediglich unverbindliche Empfehlungen für die weitere Sachbehandlung geben will, die der Entscheidung eines anderen OLG oder des BGH widersprechen würden.[124] **Das OLG muss der Ansicht sein** – und diese, wenn es vorlegt, in seinem Vorlagebeschluss im Einzelnen darlegen[125] –, **dass es bei Befolgung der Auffassung, von der es abweichen will, zu einer anderen Fallentscheideng gelangen würde.**[126] Wäre vom Rechtsstandpunkt des vorlegenden Gerichts ein Antrag als unzulässig zu behandeln, so wäre dies gegenüber dem sonst zu treffenden Ausspruch über die Begründetheit eine andere Fallentscheidung.[127] Bedenklich ist demgegenüber die Ansicht,[128] es stelle keinen entscheidungserheblichen Unterschied insoweit dar, ob das OLG die weitere Beschwerde gegen einen die Beschwerde zurückweisenden Beschluss als unbegründet zurückweise oder mit der Maßgabe, dass die Erstbeschwerde als unzulässig verworfen werde. Legt das OLG die Entscheidungserheblichkeit der Vorlegungsfrage nicht lückenlos dar oder ergibt sich aus seinen Ausführungen sogar, dass es die Rechtsfrage, in deren Beurteilung es von einer anderen Entscheidung abweichen will, für seine Entscheidung als nicht erheblich ansieht, so ist die Vorlage unzulässig.[129] Bringt dagegen das OLG die Entscheidungserheblichkeit im Vorlegungsbeschluss hinreichend zum Ausdruck, so ist seine Rechtsansicht insoweit für den BGH bei der Prüfung der Zulässigkeit der Vorlage bindend[130] (Rdn 39).

2. Umfang der Vorlage

Eine Notwendigkeit, dass der BGH den Verfahrensgegenstand anstelle des vorlegenden Gerichts erledigt,   **35**
besteht nur, **soweit** die Voraussetzungen des § 79 Abs 2 und 3 erfüllt sind. Sind die Vorlagevoraussetzungen nach der Beurteilung des Oberlandesgerichts nur hinsichtlich eines Teils des Verfahrensgegenstandes gegeben und ist es befugt, hinsichtlich des übrigen Teils eine dem Teilurteil des § 301 ZPO entsprechende Teilendentscheidung zu erlassen (§ 77 Rdn 30), so hat es die Vorlage entsprechend zu **beschränken**.[131]

3. Vorlegungsverfahren

a) Vorlage. Liegen die Voraussetzungen zur Vorlage vor, so besteht eine **Vorlagepflicht.** Die frühere Streit-   **36**
frage,[132] ob **den Beteiligten**, wenn das OLG die Vorlage erwägt, **Gelegenheit zur Stellungnahme** gegeben werden muss,[133] ist mittlerweile durch den BGH im – jedenfalls für den Regelfall – bejahenden Sinne entschieden worden;[134] eine diesbezügliche Verletzung des rechtlichen Gehörs durch das vorlegende Gericht wird aber regelmäßig durch die Möglichkeit für die Beteiligten geheilt, gegenüber dem BGH zu den Voraussetzungen

---

120 BGH Rpfleger 1988, 18.
121 BGH WM 1991, 463.
122 BGH LM FGG § 28 Nr 21 = NJW 1968, 1477.
123 BGH NJW-RR 1987, 1036.
124 BGH NJW 1954, 1933; BGHZ 96, 198, 201 = NJW-RR 1986, 493; BGH NJW-RR 1998, 1457; BayObLGZ 1980, 331, 334; 1981, 132, 135; OLG Hamm OLGZ 1983, 257, 265 = Rpfleger 1983, 316, 317.
125 BGHZ 82, 34 = NJW 1982, 517.
126 BGH LM FGG § 28 Nr 21 = NJW 1968, 1477; BGHZ 82, 34; NJW 2006, 1277 = JZ 2006, 141.
127 BGHZ 82, 34, 37 = NJW 1982, 517; BGH WM 1989, 312, 313.
128 BayObLGZ 1981, 270, 276; vgl auch KG WE 1991, 191, 192 aE.
129 BGH LM FGG § 28 Nr 21 = NJW 1968, 1477; BGHZ 82, 34 = NJW 1982, 517; NJW 2006, 1277.
130 RGZ 136, 402, 405; 155, 211, 213; BGHZ 7, 339, 341; BGHZ 71, 314, 315 = NJW 1978, 1977; BGHZ 82, 34 = NJW 1982, 517; BGH WM 1991, 463, 464.
131 BGH NJW 2000, 3712 = FGPrax 2000, 225; BGHZ 156, 279, 285 f = NJW 2003, 3550.
132 S die Nachw Voraufl Rn 34 Fn 118.
133 Voraufl Rn 34: Aus d Anspruch auf rechtl Gehör sei d nicht ohne Weiteres abzuleiten.
134 BGHZ 154, 95 = WM 2003, 1395 = VergabeR 2003, 426 mAnm *Lorbacher* aaO u *Demharter* FGPrax 2003, 108; BGHZ 156, 279 = NJW 2003, 3550 = FGPrax 2004, 9 mAnm *Lorbacher*; dazu *Briesemeister* FGPrax 2004, 187.

einer Vorlage Stellung nehmen zu können (str);[135] für die Möglichkeit einer[136] Nachholung der insoweit unterbliebenen Beteiligung auch noch nach Erlass des Vorlagebeschlusses sprechen die allgemein für das Rechtsbeschwerdeverfahren geltenden Grundsätze (vgl § 80 Rdn 29).[137] Die Vorlage erfolgt in Form eines **Vorlagebeschlusses**, in dem das vorlegende Gericht seine Rechtsauffassung zu begründen hat; es muss die Rechtsfrage genau formulieren und ihre Erheblichkeit für die Entscheidung herausstellen, dh darlegen, zu welcher konkreten Entscheidung es nach seiner Auslegung käme (Rdn 34).[138] § 79 Abs 2 S 3 schreibt die **Mitteilung** des Beschlusses über die Vorlegung nur an den Beschwerdeführer vor. Es entspricht jedoch allg Auffassung, dass unter dem Gesichtspunkt des rechtlichen Gehörs eine Bekanntmachung auch an etwaige sonstige Beteiligte erfolgen muss, um diese in die Lage zu versetzen, gegenüber dem BGH Rechtsausführungen zu machen oder anderweitig auf die Vorlage zu reagieren.[139] Für die Bekanntmachung reicht formlose Übersendung des Beschlusses. Der Vorlagebeschluss ist nicht anfechtbar und kann nach der Vollendung des Vorlegungsakts, also nach Eingang beim BGH,[140] nicht mehr zurückgenommen werden.

37 **b) Verfahren bei anderweitiger Vorlage.** Hat das OLG in einem anderen Beschwerdeverfahren wegen derselben Rechtsfrage bereits vorgelegt oder ist ihm die Vorlage eines anderen OLG bekannt, so braucht es **nicht nochmals** vorzulegen, weil die bevorstehende Entscheidung des BGH eine nochmalige Befassung mit der Vorlagefrage entbehrlich machen könnte (Rdn 39). Das anhängige Vorlageverfahren nötigt das mit derselben Rechtsfrage befasste OLG allerdings zur Aussetzung seines Verfahrens; zwar nicht in jedem Fall,[141] wohl aber dann, wenn damit zu rechnen ist, dass der BGH zu der entscheidungserheblichen Rechtsfrage (erneut) Stellung nehmen wird.

38 **c) Folgen bei Verstoß gegen die Vorlagepflicht.** Nimmt das OLG trotz bestehender Vorlagepflicht keine Vorlage vor, so ist seine Entscheidung über die weitere Beschwerde **gleichwohl wirksam** und kann nicht mit einem Rechtsmittel zum BGH angegriffen werden.[142] Lässt ein OLG die Verpflichtung zur Vorlage aber **willkürlich** außer Acht, so verstößt dies gegen den Grundsatz des gesetzlichen Richters (Art 101 Abs 1 S 2 GG) und rechtfertigt die **Verfassungsbeschwerde**.[143] Von Willkür kann nicht ohne weiteres schon die Rede sein, wenn die Vorlegung irrtümlich unterbleibt, sondern erst dann, wenn die Handhabung des OLG objektiv unter keinem Gesichtspunkt vertretbar, dh bei verständiger Würdigung der das GG beherrschenden Gedanken nicht mehr verständlich erscheint, also offensichtlich unhaltbar ist[144] bzw das Gericht seine Vorlagepflicht grundsätzlich verkannt hat.[145]

4. Entscheidung des BGH

39 **a) Prüfung der Zulässigkeit der Vorlage.** Zunächst hat der BGH **zu prüfen, ob die Voraussetzungen des Abs 2 vorliegen.** In diesem Zusammenhang, also soweit die Zulässigkeit der Vorlage in Rede steht, ist **für den BGH die Ansicht des vorlegenden OLG, es bedürfe für die Fallentscheidung einer Entscheidung der von ihm herausgestellten Streitfrage, bindend,**[146] einschließlich der vom OLG zugrunde gelegten Auslegung von Grundbucherklärungen;[147] vorausgesetzt, das OLG legt in seinem Beschluss im Einzelnen dar, dass es bei Befolgung der Ansicht, von der es abweichen will, zu einer anderen Entscheidung gelangen würde (Rdn 34). Im Übrigen, etwa bei der Frage, ob hinsichtlich der strittigen Rechtsauslegung eine Abweichung vorliegt (Rdn 32), ist der BGH an die Rechtsauffassung des OLG nicht gebunden.[148] Findet der BGH, dass die

---

135 BGHZ 156, 279 **geg** BGHZ 154, 95, 99; krit z Verfahren innerh d BGH *Demharter* FGPrax 2003, 144 f.
136 Von BGHZ 154, 95, 99 im vergaberechtl Beschwerdeverfahren abgelehnte.
137 *Briesemeister* FGPrax 2004, 187, 190 f; z Ganzen auch *Jansen-Briesemeister* § 28 Rn 34; KEHE-*Briesemeister* Rn 21.
138 BGHZ 82, 34, 36 = NJW 1982, 517; BGH LM FGG § 28 Nr 29 = NJW-RR 1986, 802; *Jansen-Briesemeister* § 28 Rn 35; *Keidel-Kahl* § 28 Rn 30.
139 *Demharter* Rn 21; KEHE-*Briesemeister* Rn 21; *Jansen-Briesemeister* § 28 Rn 36; *Keidel-Kahl* § 28 Rn 30; *Müller* ZZP 66 (1953), 245, 258.
140 *Jansen-Briesemeister* § 28 Rn 3; **abw** *Keidel-Kahl* § 28 Rn 31: Bekannt od Eintreffen b BGH; *Müller* ZZP 66, 245, 258: Bekanntg; *Bauer-v. Oefele-Budde* Rn 15: Herausg an d Beteiligt.
141 Vgl BayObLG NJW 1974, 766, 767; BayObLG WE 1991, 293, 294; OLG Ffm StAZ 1969, 154.
142 RGZ 52, 259; RG JFG 13, 192; BGHZ 2, 20 = NJW 1952, 144; *Schröder* NJW 1959, 1517, 1521; **aA** E. *Schneider* MDR 2000, 1408: »Ausnahmerechtsmittel«.
143 BVerfGE 29, 198, 207 = NJW 1970, 2155; BVerfGE 42, 237 = NJW 1976, 2058; BVerfGE 76, 93 = Rpfleger 1988, 13.
144 BVerfGE 42, 237 = NJW 1976, 2158; BVerfGE 73, 339, 366; BVerfGE 76, 93 = Rpfleger 1988, 13; BVerfGE NJW 1988, 1456, 1457; KEHE-*Briesemeister* Rn 25; *Jansen* § 28 Rn 27; *Leisner* NJW 1989, 2446, 2448; *Schneider* NJW 1977, 1043; *Stree* NJW 1959, 2051; wohl strenger – bei Verletzung d Vorlagepflicht regelm Verfassungsbeschw – *Keidel-Kahl* § 28 Rn 35; krit dazu *Bublitz* WM 1980, 99, 100; vgl auch *Kothe* DÖV 1988, 284, 289.
145 BVerfG NJW 2001, 1267 m Anm *Sensburg* aaO S 1259 = BayVBl 2001, 340 m Anm *Lindner*.
146 RGZ 136, 402, 405; 155, 211, 213; BGHZ 7, 339, 331 = NJW 1953, 23; BGHZ 54, 65, 67 = NJW 1970, 1316; BGHZ 71, 314, 315 = NJW 1978, 1977; BGHZ 82, 34; BGH NJW-RR 1986, 802; BGHW 90, 90, 92; 108, 372, 374 = NJW 1990, 258, 259; BGH WM 1996, 673, 674; *Demharter* Rn 20; KEHE-*Briesemeister* Rn 22.
147 BGHZ 117, 390, 391 = MittBayNot 1992, 193, 194.
148 BGHZ 5, 356, 357; 7, 128 = NJW 1952, 1216; BGHZ 7, 339, 341 = NJW 1953, 23; BGHZ 9, 112; 21, 234, 236 f; BGH NJW-RR 1986, 802; BGH NJW-RR 1999, 72; BGH LM FGG § 28 Nr 36; BGH NJW 1993, 3069; BGHZ 125, 105, 106; BGH NJW-RR 2006, 18; BGHZ 166, 141 ff = NJW 2006, 1277, 1278; BGH Rpfleger 2007, 134; KEHE-*Briesemeister* Rn 22; *Jansen-Briesemeister* § 37, Rn 31; *Keidel-Kahl* § 28 Rn 32; *Müller* ZZP 66, 245, 259.

Voraussetzungen des Abs 2 nicht (mehr) gegeben sind, so gibt er die Sache an das OLG zur Entscheidung in eigener Zuständigkeit zurück.[149] So wird auch verfahren, wenn im Zeitpunkt der Entscheidung über die Vorlage[150] bei beabsichtigter Abweichung von einer anderen OLG-Entscheidung der BGH oder bei beabsichtigter Abweichung von einer BGH-Entscheidung der Große Senat für Zivilsachen bzw die Vereinigten Großen Senate (§ 81 Rdn 7 ff) oder der GemSOGB (Rdn 2; § 81 Rdn 10) die Rechtsfrage bereits iS des vorlegenden OLG entschieden haben, weil dann das OLG an der von ihm beabsichtigten Entscheidung nicht mehr durch die bisher entgegenstehende Entscheidung gehindert wird.[151] Anders behandelt der BGH den Fall, dass die Rechtsfrage nach Vorlegung von ihm in einer anderen Sache entgegen der Auffassung des vorlegenden OLG entschieden worden ist: Dann sei an die Stelle der Divergenz zu den Entscheidungen der OLGe eine Divergenz zur Rechtsauffassung des BGH getreten, so dass die Vorlage zulässig bleibe.[152] Praktische Gesichtspunkte sprechen jedoch eher für die Gleichbehandlung beider Fälle, denn auch in der letzteren Lage ist eine erneute Entscheidung des BGH über die Vorlagefrage entbehrlich;[153] andererseits bliebe es dem OLG unbenommen, seine Vorlage, jetzt gerichtet gegen die inzwischen ergangene BGH-Entscheidung, zu erneuern, wenn es dies wirklich noch für sinnvoll ansähe. Keine Auswirkungen auf die Zuständigkeit des BGH hat es jedoch, wenn das vorlegende OLG, das von einem anderen OLG abweichen will, übersehen hat, dass schon eine seiner Auffassung entgegenstehende BGH-Entscheidung existiert.[154] Die Entscheidung, mit der der BGH die Vorlage zurückgibt, erfolgt durch Beschluss, der den Beteiligten bekannt zu machen ist.[155] Durch den Rückgabebeschluss bekommt das OLG die Sache zur freien[156] Entscheidung in eigener Zuständigkeit zurück.

b) Entscheidung über die weitere Beschwerde. Hält der BGH die Voraussetzungen des Abs 2 für gegeben, **40** so entscheidet er über die weitere Beschwerde (Abs 3). **Er tritt insoweit in jeder Hinsicht an die Stelle des OLG**, muss also den Verfahrensgegenstand, der zur Vorlage geführt hatte, ohne Bindung an Auslegungen des OLG vollständig erledigen.[157] Nicht zu entscheiden braucht er jedoch über eine verbundene, eigenständige Sache;[158] auch nicht über abtrennbare Teile eines teilbaren Verfahrensgegenstandes, für die die zur Vorlage verpflichtende Rechtsfrage nach der Beurteilung des vorlegenden Gerichts unerheblich ist;[159] selbst bei gemäß § 16 Abs 2 verbundenen Anträgen (str).[160] Von der Entscheidungszuständigkeit des BGH wird bei einer fristgebundenen Beschwerde auch die Entscheidung über die Erteilung der Wiedereinsetzung in den vorigen Stand umfasst, und das Verfahren des BGH kann auch auf den Wiedereinsetzungsantrag beschränkt werden.[161] Im Zusammenhang mit der von ihm zu treffenden Sachentscheidung im Rechtsbeschwerdeverfahren hat der BGH auch die Zulässigkeit des Rechtsmittels ohne Bindung an das vorlegende OLG selbständig zu prüfen.[162] Er hat ggf auch Landesrecht und ausländisches Recht mitzuwürdigen.[163] Die Vorlagefrage braucht er nicht zu beantworten, wenn es für die Entscheidung über die weitere Beschwerde auf sie nicht ankommt.[164] Die Entscheidung kann eine Vorlage an den Großen Senat, die Vereinigten Großen Senate oder an den GemSOB erforderlich machen (§ 81 Rdn 7 ff). Erledigt sich im Laufe des Vorlegeverfahrens die Hauptsache und wird die weitere Beschwerde auf den Kostenpunkt beschränkt, so trifft der BGH nur eine Kostenentscheidung (§ 71 Rdn 155; § 78 Rdn 14).[165] Zusätzliche Gerichtskosten für das Vorlageverfahren fallen nicht an.

---

149 RGZ 102, 26; BGHZ 5, 356, 357 = LM FGG § 28 Nr 5; BGHZ 9, 113 = NJW 1953, 699; BGHZ 11, 120 = NJW 1954, 190; BGH LM FGG § 28 Nr 23 = NJW 1974, 702; BGH LM GBO § 53 Nr 5 = NJW 1985, 3070, 3071; BGH LM FGG § 28 Nr 29 = NJW-RR 1986, 802; *Demharter* Rn 21; KEHE-*Briesemeister* Rn 24.
150 BGH FamRZ 2007, 1809.
151 BGHZ 5, 356 = LM FGG § 28 NR 5; WM 1955, 891; 1955, 1203; 1985, 1325; FamRZ 2007, 18109; KEHE-*Briesemeister* Rn 14; *Jansen-Briesemeister* § 28 Rn 38; *Keidel-Kahl* § 28 Rn 32; (nur) im prakt Ergebnis zust *Müller* ZZP 66, 245, 261.
152 BGH NJW 2003, 3554 = WM 2004, 683.
153 Wie hier: *Demharter* FGPrax 2004, 144, 145; *Hanack* 31, 332; **aA** *Bauer/v. Oefele-Budde* Rn 16; KEHE-*Briesemeister* Rn 22; *Jansen-Briesemeister* § 28 Rn 39.
154 BGH Rpfleger 1989, 242.
155 *Jansen-Briesemeister* § 28 Rn 38; *Keidel-Kahl* § 28 Rn 32.
156 BayObLGZ 1952, 192, 193.
157 BGHZ 47, 41, 46; 64, 194, 200; BGH LM GBO § 53 Nr 5 = NJW 1985, 3070, 3071; vgl aber BGH 64, 194, 201.
158 BGH LM GBO § 53 Nr 5 = NJW 1985, 3070, 3071.
159 BGH NJW 2000, 3712 = FG Prax 2000, 225; BGHZ 156, 279, 285 f = NJW 2003, 3550.
160 BGHZ 151, 116 = FGPrax 2002, 196 m **abl** Anm *Demharter* , der (ebenso FGPrax 2006, 144; FGPrax 2004, 262, 263) hierin jedoch z Unrecht einen Widerspruch sieht: Es muss nur durch d weitere Verfahren in d Beschwerdeinstanz u beim GBA sichergestellt sein, dass die Eintragungen ggf gemeinsam erfolgen.
161 BGHZ 150, 390, 401 = FGPrax 2002, 166.
162 BGHZ 8, 300; BGH LM FGG § 28 Nr 22 = NJW 1972, 52 = Rpfleger 1972, 13.
163 *Jansen-Briesemeister* § 28 Rn 40.
164 Vgl BGH WM 1974, 972; BGH NJW 1986, 314, 315.
165 BGHZ 86, 393, 395; BGH WM 1989, 309, 310.

§ 80 (Einlegung der weiteren Beschwerde und Verfahren)

(1) Die weitere Beschwerde kann bei dem Grundbuchamt, dem Landgericht oder bei dem Oberlandesgericht eingelegt werden. Wird sie durch Einreichung einer Beschwerdeschrift eingelegt, so muß diese von einem Rechtsanwalt unterzeichnet sein. Der Zuziehung eines Rechtsanwalts bedarf es nicht, wenn die Beschwerde von einer Behörde oder von dem Notar eingelegt wird, der nach § 15 den Eintragungsantrag gestellt hat.

(2) Das Grundbuchamt und das Landgericht sind nicht befugt, der weiteren Beschwerde abzuhelfen.

(3) Im übrigen sind die Vorschriften über die Beschwerde entsprechend anzuwenden.

Schrifttum

Du Chesne, Gilt für die weitere Beschwerde in Grundbuchsachen Anwaltszwang?, JW 1911, 269; *Feuerpeil,* Einheitlicher Behördenbegriff im Grundbuch? Rpfleger 1990, 450; *Habscheid,* Die Vertretungsbefugnis des Notars in Angelegenheiten der vorsorgenden Rechtspflege (§ 24 BNotO), NJW 1964, 1502; *Jansen,* Zur Postulationsfähigkeit der Notare im Verfahren der freiwilligen Gerichtsbarkeit, DNotZ 1964, 707; *Kosack,* Zum Behördenbegriff in der Grundbuchordnung, JR 1958, 8; *Kuntz-Schmidt,* Das Unterschriftserfordernis für bestimmte Schriftsätze im Zivilprozeß, NJW 1987, 1296; *Recke,* Antragsrecht, Beschwerderecht und Vollzugspflicht der Notare in Grundbuchsachen, JW 1938, 3137; *Sommerlad,* Die sogenannte Selbstbindung der Rechtsmittelgerichte, NJW 1974, 123; *Tiedtke,* Die Bindungswirkung revisionsrechtlicher Entscheidung, JZ 1978, 626, 630; *ders,* Selbstbindung der Revisionsgerichte, JZ 1995, 275; *Zimmermann,* Das Behördenprivileg bei Einlegung der weiteren Beschwerde in der freiwilligen Gerichtsbarkeit, Rpfleger 1960, 141.

Übersicht

I. Normzweck

1 Abs 1 regelt die Einlegung der weiteren Beschwerde. Die Vorschrift baut auf der Bestimmung des § 73 für die (erste) Beschwerde auf; um grundlose, nicht von Sachkunde getragene Beschwerden vom Rechtsbeschwerdegericht fern zu halten,[1] verschärft sie jedoch die Anforderungen an die Einreichung einer Beschwerdeschrift, indem sie für den Regelfall die Unterzeichnung durch einen Rechtsanwalt fordert und daneben lediglich die Beschwerdeschrift einer Behörde oder in bestimmten Fällen eines Notars ausreichen lässt. Die Postulationsfähigkeit (Rdn 8) des Notars aus Abs 1 S 3 (Rdn 15 ff) wird noch durch § 29 Abs 1 S 3 FGG erweitert (Rdn 19).

---

1 Denkschr z E II (§ 71 Fn 1), 72.

Abs 2, der den unteren Instanzen untersagt, der weiteren Beschwerde abzuhelfen, will die Rechtseinheit wah- **2** ren.[2] Dazu Rdn 26.

Abs 3 erklärt die Bestimmungen über die Beschwerde (§§ 71 ff) für auf das weitere Beschwerdeverfahren entspr **3** anwendbar, soweit nicht Sonderregelungen getroffen worden sind (Rdn 26 ff).

§ 80 wird jedoch ebenso wie § 79 im Zuge der FGG-Reform **zum 01.09.2009 aufgehoben** (Art Nr 9 des **4** FGG-Reformgesetzes <FGG-RG>; § 78 Rdn 2; § 79 Rdn 3). Anstelle der bisherigen weiteren Beschwerde an das OLG einschließlich der Divergenzvorlage zum BGH wird die Rechtsbeschwerde an den Bundesgerichtshof (§ 133 GVG) nach dem Muster des § 70 FamG eingeführt werden. Bezüglich des weiteren Verfahrens bei einer nach der Reform gem § 78 Abs 1, 2 GBO statthaften Rechtsbeschwerde verweist der neue § 78 Abs 3 auf eine entsprechende Anwendung der §§ 71 bis 74 a[3] FamFG (abgedruckt unter § 78 Rdn 2). Wegen der näheren Erläuterung dieser zukünftigen Regelung – soweit diese nicht der Sache nach gleichartige Tatbestände, Grundsätze oder Fragenkreise betrifft wie die geltenden Vorschriften über die weitere Beschwerde in GB-Sachen – wird vorerst auf die Kommentare zu den Bestimmungen über die Rechtsbeschwerde nach der Zivilprozessordnung (§§ 574 ff ZPO) verwiesen.

II. Einlegung der weiteren Beschwerde

1. Zum Empfang der weiteren Beschwerde zuständige Stelle

Gemäß Abs 1 hat der Bescherdeführer **die Wahl**, ob er die weitere Beschwerde **beim Grundbuchamt, beim** **5** **LG**, das als Bescherdegericht (§ 72) entschieden hat, oder bei dem für die Entscheidung über die weitere Bescherde **zuständigen OLG** (§ 79 Rdn 4 ff) einlegt. Die Einlegung bei einem anderen Gericht, etwa in Bayern statt beim BayObLG bei einem OLG[4] oder beim BGH, ist unzulässig. Das angegangene Gericht ist jedoch regelmäßig zur Weiterleitung verpflichtet, und ab Eingang bei einer der zuständigen Stellen wird das Rechtsmittel wirksam (§ 73 Rdn 3).

2. Form der Einlegung

a) Übersicht. Wie sich aus Abs 3 iVm § 73 Abs 2 ergibt, kann die weitere Beschwerde durch **Einreichung** **6** **einer Beschwerdeschrift** oder durch **Erklärung zur Niederschrift** eingelegt werden. Für erstere Form stellt Abs 1 jedoch zusätzliche Erfordernisse auf (Rdn 8 ff).

b) Einreichung einer Beschwerdeschrift. aa) Grundanforderungen an die Beschwerdeschrift. Eine **7** **Beschwerdeschrift** muss eingereicht werden. Wegen der allg Anforderungen an sie § 73 Rdn 7. Zur Beschwerde-»Schrift« in Form moderner Kommunikationsmittel § 73 Rdn 8 f.

bb) Zusätzliche Erfordernisse. Abs 1 schränkt die Möglichkeit, weitere Beschwerde durch Einreichung **8** einer Beschwerdeschrift einzulegen, – damit die Postulationsfähigkeit[5] – durch das Erfordernis einer **von** **einem Rechtsanwalt unterzeichneten** Beschwerdeschrift ein, das nur unter den besonderen Voraussetzungen von S 3 (Rdn 12 ff) bzw von § 29 Abs 1 S 3 FGG (Rdn 19) entfällt. Dies gilt nicht nur für die eigentliche Beschwerdeschrift, sondern auch für eine gesonderte Beschwerdebegründung.[6] Schriftsätze, die nicht die besonderen gesetzlichen Erfordernisse erfüllen, sind unberücksichtigt zu lassen; die Begründetheit des Rechtsmittels ist allerdings von Amts wegen zu prüfen,[7] und in diesem Rahmen dürfen auch die Ausführungen des Beschwerdeführers gewürdigt werden. Ausnahmsweise kann die Beschwerdeeinlegung insgesamt unwirksam sein, wenn sich aus besonderen Umständen ergibt, dass nach dem Willen des Beschwerdeführers die Einlegung der weiteren Beschwerde von der Berücksichtigung seiner Begründung abhängig sein sollte.[8]

Andererseits beschränkt sich Abs 1 auf das Rechtsmittel des Beschwerdeführers. Die Vorschrift gilt nicht für die Zurücknahme der weiteren Beschwerde (Rdn 25), auch nicht für Erklärungen anderer Beteiligter.[9] Auch für die (Tatsachen-) Beschwerde gegen erstinstanzliche Entscheidungen des LG (sog Erstbeschwerde), soweit noch statthaft (s § 71 Rdn 105), ist Abs 1 S 2 nicht einschlägig.[10]

---

2 Denkschr z E II (§ 71 Fn 1), 72; RGZ 70, 234, 237.
3 S § 78 Rdn 2 Fn 6.
4 BayObLGZ 1953, 71; 1966, 430.
5 KEHE-*Briesemeister* Rn 13; *Jansen-Briesemeister* § 29 Rn 5, 14; *Jansen* DNotZ 1964, 707, 710.
6 BayObLGZ FamRZ 1977, 736, 739; BayObLG JurBüro 1980, 600; **aA** *Demharter* Rn 13.
7 BayObLGZ 1952, 4; BayObLG RdL 1981, 268, 269.
8 Vgl RGZ 150, 15 = JFG 13, 222; OLG Köln Rpfleger 1994, 495 = NJW-RR 1995, 968 (Abgrenz z BayObLGZ 1977, 219, 222); OLG-Report 2004, 125; KG NJW-RR 1996, 526; **krit** z d Praxis *Bauer/v. Oefele-Budde* Rn 11.
9 *Jansen-Briesemeister* § 29 Rn 30; *Keidel-Kahl* § 29 Rn 34.
10 KG JW 1928, 1603.

9 **(1) Von einem Rechtsanwalt unterzeichnet.** Die Beschwerdeschrift muss von einem **Rechtsanwalt** unterzeichnet sein. Jeder bei einem deutschen Gericht zugelassene RA kommt in Betracht.[11] Zur Tätigkeit von RAen aus anderen Staaten siehe § 1 Abs 1 BRAO iVm dem Gesetz über die Tätigkeit europäischer Rechtsanwälte in Deutschland[12] sowie §§ 206, 207 BRAO. Dem RA steht gleich ein amtlich bestellter Vertreter;[13] nicht ein Rechtsbeistand.[14] Ist der RA selbst der Beschwerdeführer oder dessen gesetzlicher Vertreter, so ist er nicht auf die Unterschrift eines anderen RA angewiesen.[15] Die Wirksamkeit der Beschwerdeeinlegung des RA wird durch ein Berufs- oder Vertretungsverbot nicht berührt.[16]

10 Verlangt wird **eigenhändige Vornahme der Unterzeichnung** durch den RA; er soll hierdurch für alle Beteiligten erkennbar die Verantwortung für den Inhalt der Beschwerdeschrift – die nicht von ihm verfasst sein muss[17] – übernehmen.[18] Ausnahmen vom Erfordernis der Eigenhändigkeit der Unterzeichnung ergeben sich allerdings zwangsläufig aus der Zulassung der Beschwerdeeinlegung durch Telegramm oder Fernschreiben (§ 73 Rdn 8);[19] auch in diesen Fällen bleibt es jedoch bei der Notwendigkeit der Unterschrift, dh unter der übermittelten Beschwerdeschrift muss der Name des RA stehen.[20] Bei Übermittlung durch Fernkopie (Telefax) mit Hilfe eines normalen Faxgerätes muss das Original unterschrieben sein;[21] eine eingescannte Unterschrift unter einem auf diesem Weg übermittelten Schriftsatz genügt nicht.[22] Beim Computerfax genügt dagegen die Übertragung der Textdatei mit eingescannter Unterschrift auf ein Faxgerät des Gerichts.[23] Durch die unterschiedliche Behandlung beider Fälle setzt die Rechtsprechung folgerichtig den Grundsatz um, dass auf eine eigenhändige Unterschrift nur dann und insoweit verzichtet wird, als technische Gegebenheiten einen solchen Verzicht erforderlich machen.[24] Für den Fall der Beschwerdeeinlegung durch Computerfax ohne Einscannung der Unterschrift dürfte für ein wirksames Rechtsmittel allein der Hinweis, der Urheber habe wegen der gewählten Übertragungsform nicht unterzeichnen können,[25] im Blick auf § 130 Nr 6 Halbs 2 ZPO nicht ausreichen.[26] § 73 Abs 2 S 2 **nF** ermöglicht nunmehr allgemein die Einlegung der (weiteren) Beschwerde als elektronisches Dokument (§ 73 Rdn 10; wegen der entsprechenden Einrichtung der Gerichte s § 81 Abs 2 S 2 bis 4 **nF**). Bei Wahl der elektronischen Form für die weitere Beschwerdeschrift muss[27] die Datei als Ersatz für die technisch nicht mögliche Unterzeichnung mit einer qualifizierten elektronischen Signatur gem § 2 Nr 3 des Signaturgesetzes versehen werden (§ 73 Abs 2 S 2 iVm § 130a Abs 1 S 2 ZPO). Eigenhändige Unterschrift bedeutet, dass ein **die Identität des Unterschreibenden ausreichend kennzeichnender individueller Schriftzug** vorliegt, der sich als Unterschrift eines Namens darstellt, nicht bloß als Handzeichen (Paraphe) oder sonstige bewusste und gewollte Namensabkürzung,[28] auch wenn der Schriftsatz per Telefax übermittelt wird;[29] lesbar braucht die Unterschrift nicht zu sein, es müssen sich aber wenigstens einzelne Buchstaben zumindest andeutungsweise erkennen lassen.[30] Die Pflicht zur fairen Verfahrensgestaltung gebietet, aus einer unleserlichen Unterschrift erst nach Vorwarnung nachteilige Schlüsse zu ziehen, wenn derselbe Spruchkörper dieselbe Form der Unterschrift längere Zeit nicht beanstandet hat.[31] Eine mechanisch hergestellte Unterschrift (Schreibmaschine, Faksimile-Stempel) genügt nicht.[32] Dass der RA die Beschwerdeschrift persönlich übergibt, stellt keinen Ersatz dar.[33] Ausnahmsweise reicht es aus, wenn ein Beauftragter unter Benutzung einer Blankounterschrift des RA in dessen Abwesenheit die Beschwerdeschrift verfasst.[34] Wirksam ist die Beschwerdeeinlegung auch dann, wenn zwar unter der eigentlichen Rechtsmittelschrift die Unterschrift des RA fehlt, es sich jedoch aus einem damit

11 BayObLGZ 1979, 232, 235; OLG Köln OLGZ 1986, 289.
12 Vom 09.03.2000 (BGBl I 182).
13 KG JW 1927, 2928; vgl – z Anwaltsassessor – BayObLGZ 1957, 292; KEHE-*Briesemeister* Rn 6; *Keidel-Kahl* § 29 Rn 13.
14 BayObLG FamRZ 1981, 917 (Ls).
15 BayObLGZ 1972, 44; 1982, 59, 61; OLG Ffm OLGZ 1980, 278, 279.
16 BayObLGZ 1968, 276, 277; KEHE-*Briesemeister* Rn 6; *Jansen-Briesemeister* § 29 Rn 6; *Keidel-Kahl* § 29 Rn 15.
17 BayObLG 8, 444; BayObLGZ 1948–51, 690, 692; 1973, 184, 185.
18 BGH JZ 1986, 650; BGHZ 97, 283 = NJW 1986, 1759; NJW 2004, 1364; BGH NJW 2006, 3784 = MDR 2007, 481; BayObLGZ 1954, 27, 31.
19 Krit *Kuntz-Schmidt* NJW 1987, 1296.
20 BGH NJW 1966, 1077; BayObLG ZMR 1985, 214; *Bassenge*, FGG, § 29 Rn 6; *Keidel-Kahl* § 29 Rn 27.
21 BGH WM 1989, 1821; *Bassenge*, FGG, § 29 Rn 6; *Wolf* NJW 1989, 2592, 2594.
22 BGH MDR 2007, 481 = NJW-RR 3784.
23 GmS-OGB NJW 2000, 2340; BGH NJW 2001, 831; 2005, 2086.
24 BGH MDR 2007, 481 = NJW-RR 3784.
25 OLG München NJW 2003, 3429.
26 S d Bedenken bei BGH NJW 2005, 3775 (offengel).
27 Vgl *Zöller-Greger* ZPO § 130a Rn 4.
28 Vgl BGH NJW 1982, 1467; VersR 1987, 507; Rpfleger 1992, 118; NJW 2005, 3775.
29 Vgl BAG NJW 1996, 3164 (entgeg d Bedenken BFH NJW 1996, 1432).
30 BGH VersR 1987, 507; BGH NJW 1987, 1333; BGH NJW-RR 1989, 588; 1991, 511.
31 BVerfG Rpfleger 1988, 533; BGH NJW 1999, 60.
32 RGZ 65, 82; BGH NJW 1976, 966; KG HRR 1927 Nr 1457.
33 BGH VersR 1983, 271.
34 BGH NJW 1966, 351.

fest verbundenen Begleitschreiben,[35] der Unterzeichnung eines Beglaubigungsvermerks unter der Abschrift der Beschwerdeschrift[36] oder der handschriftlichen Absenderangabe auf dem Umschlag[37] unzweifelhaft ergibt, dass der RA die Verantwortung für den Inhalt der Beschwerdeschrift übernimmt. Letzteres ist nicht gewährleistet, wenn der RA nur die Unterschrift des Beschwerdeführers beglaubigt; erst recht nicht, wenn er die Beschwerdeschrift zwar unterzeichnet, sie jedoch mit einem Zusatz versehen hat, dass er die uneingeschränkte Übernahme der Verantwortung für den Inhalt des Schriftstücks ablehne.[38]

Der RA, der die Beschwerdeschrift unterzeichnet hat, muss **bevollmächtigter Vertreter** des Beschwerdeführers für die Einlegung der weiteren Beschwerde sein.[39] Abzulehnen ist nach dem Sinn des Gesetzes die Ansicht,[40] der Beschwerdeführer könne die Beschwerdeerklärung unter Vorlegung einer von einem nicht bevollmächtigten RA unterzeichneten Beschwerdeschrift selbst abgeben. Überbringt der Beschwerdeführer die Beschwerdeschrift persönlich, so wird er damit allerdings regelmäßig zu erkennen geben, dass der unterzeichnende RA sein Bevollmächtigter sei; ebenso wie wenn der Beschwerdeführer die Beschwerdeschrift mitunterzeichnet hat. Eine besondere Form für die Vollmacht ist nicht vorgeschrieben. Zur Prüfung der Vollmacht § 71 Rdn 157. **11**

(2) Von einer Behörde eingelegt. Keiner Zuziehung eines RA bedarf es, wenn die weitere Beschwerde **von einer Behörde** eingelegt wird. Der Begriff der Behörde ist grundsätzlich in allen gesetzlichen Vorschriften einheitlich, iS des Staats- und Verwaltungsrechts, aufzufassen. Danach ist eine Behörde »ein in den allg Organismus der Behörden eingefügtes Organ der Staatsgewalt, das dazu berufen ist, unter öffentlicher Autorität für die Erreichung der Zwecke des Staates oder der von ihm geförderten Zwecke tätig zu sein, gleichviel ob das Organ unmittelbar vom Staate oder einer dem Staate untergeordneten Körperschaft zunächst für deren eigene Zwecke bestellt ist, sofern diese Angelegenheiten grundsätzlich zugleich in den Bereich der bezeichneten Zwecke fallen«.[41] Da es keinen durchgreifenden Grund gibt, unter Behörde iS des § 80 etwas anderes zu verstehen als im Rahmen des § 29,[42] kann wegen weiterer Einzelheiten auf § 29 Rdn 333–336 verwiesen werden.[43] Auch ein Gericht kann nach Abs 1 S 2 postulationsfähig sein.[44] **12**

Das Privileg des Abs 1 S 2 gilt ohne Einschränkung, soweit eine Behörde **im Rahmen ihrer Amtsbefugnisse** (vgl § 29 Rdn 133 ff) **in eigenem Namen** weitere Beschwerde einlegt.[45] Bei Beschwerdeeinlegung **in fremdem Namen** greift es ein, soweit die Behörde als Organ bzw gesetzlicher Vertreter[46] oder sonstwie durch Gesetz, Verordnung oder Verwaltungsanordnung zur Vertretung bestellt[47] für eine juristische Person des öffentlichen Rechts oder als Bevollmächtigte einer anderen derart vertretungsbefugten Behörde[48] tätig wird. Ebenso, wenn die Behörde im Namen eines Rechtssubjekts des Privatrechts als dessen gesetzlicher Vertreter auftritt.[49] Dagegen ist das Behördenprivileg **nicht einschlägig für eine aufgrund rechtsgeschäftlicher Vollmacht im Namen einer Privatperson eingelegte weitere Beschwerde;**[50] es sei denn, die Behörde hätte die Vertretungsmacht ersichtlich in Verfolgung eigener (öffentlicher) Zwecke übernommen (str).[51] **13**

---

35 BGH NJW 1986, 1760.
36 BGH LM ZPO § 519 Nr 14; MDR 2004, 1252 = NJW-RR 204, 1364; *Keidel-Kahl* § 29 Rn 14.
37 BSG MDR 1998, 1431.
38 RGZ 65, 81, 82; KEHE-*Briesemeister* Rn 7.
39 KEHE-*Briesemeister* Rn 8; *Keidel-Kahl* § 29 Rn 15.
40 *Bauer/v. Oefele-Budde* Rn 4; *Bassenge*, FGG, § 29 Rn 4; *Jansen-Briesemeister* § 29 Rn 21; *Du Chesne* JW 1911, 269; **aA** *Hügel/Kramer* Rn 12.
41 RGSt 18, 246; BGHZ 3, 116; 25, 186 = NJW 1957, 1673; BGH NJW 1964, 299; BGH WM 1989, 1760; BayObLGZ 1954, 325; BayObLG Rpfleger 1978, 141; BayObLGZ 1985, 141; 1989, 136, 138; OLG Hamm OLGZ 1970, 445, 446; KG JFG 14, 220; OLG Oldenburg MDR 1965, 1002.
42 BGHZ 25, 186 = NJW 1957, 1673, 1674; KEHE-*Briesemeister* Rn 9; *Kosack* JR 1958, 8; *May* NJW 1955, 1480; **aA** OLG Hamburg NJW 1955, 1480; differenzierend *Feuerpfeil* Rpfleger 1990, 450, 451 im Hinbl auf BVerfGE 64, 229 = Rpfleger 1983, 388.
43 Hinw auf die ältere Rspr: Voraufl Rdn 8.
44 Vgl BayObLGZ 1990, 151, 153 = Rpfleger 1990, 421, 422.
45 *Keidel-Kahl* § 29 Rn 20; *Zimmermann* Rpfleger 1960, 141.
46 KEHE-*Briesemeister* Rn 11; *Zimmermann* Rpfleger 1960, 141, 144, 145.
47 *Zimmermann* Rpfleger 1960, 141, 145.
48 BayObLGZ 1956, 339; *Keidel-Kahl* § 29 Rn 21; *Zimmermann* Rpfleger 1960, 141, 145.
49 BGH FamRZ 1957, 360, 361; BayObLGZ 1959, 33, 34; KG Rpfleger 1973, 213; KEHE-*Briesemeister* Rn 11; *Jansen-Briesemeister* § 29 Rn 12; *Keidel-Kahl* § 29 Rn 22; *Zimmermann* Rpfleger 1960, 141, 145, 146.
50 BGHZ 27, 146 = NJW 1958, 1092 = LM FGG § 29 Nr 5 (*Ascher*), wobei d BGH »in eigenen Angelegenheiten« u »in eigenem Namen« gleichsetzt; OLG Hamburg MDR 1953, 689; KG FamRZ 1964, 325; KG OLGZ 1973, 435, 436; vergl LG Kiel DNotZ 1987, 48; *Demharter* Rn 4; KEHE-*Briesemeisster* Rn 11; *Jansen-Briesemeister* § 29 Rn 12; *Keidel-Kahl* § 29 Rn 22; **aA** KG OLGE 34, 236 = KGJ 46, 176; KGJ 53, 203, 204; KG JFG 8, 306, 309; OLG München JFG 17, 295.
51 Vgl – z § 29 Abs 3 – OLG Celle Rpfleger 1984, 61 m Anm *Meyer-Stolte;* abl § 29 Rn 115 m Fn 124.

14 Anders als bei Einlegung durch RA-Schriftsatz schreibt Abs 1 S 2 nicht vor, dass die von einer Behörde stammende weitere Beschwerdeschrift unterzeichnet sein muss.[52] Es gelten also im Übrigen dieselben Erfordernisse wie für die Einlegung der Beschwerde (§ 73 Rdn 7).

15 **(3) Vom Notar eingelegt, der den Eintragungsantrag gestellt hat. Keiner** Hinzuziehung eines RA bedarf es ferner, wenn die weitere Beschwerde **von einem Notar eingelegt** wird, **der nach § 15 den Eintragungsantrag gestellt hat.** Die Befugnisse des amtierenden Notars haben auch der amtlich bestellte Vertreter, der Notarverweser und der Amtsnachfolger.[53] Aus der Verknüpfung mit § 15 folgt, dass es sich im Regelfall um eine weitere Beschwerde des Notars **in fremdem Namen** handelt. Ausnahmsweise kann auch ein Rechtsmittel in eigenem Namen zur Verfolgung eines amtlichen Rechts des Notars in Betracht kommen (§ 71 Rdn 140).[54] Ob der Notar durch seine Tätigkeit im weiteren Beschwerdeverfahren gegen Vorschriften des Standesrechts verstoßen hat, ist für die Wirksamkeit der Rechtsmitteleinlegung ohne Bedeutung.[55] Außerhalb des mit der Antragstellung zusammenhängenden amtlichen Bereichs fehlt dagegen dem Notar die Postulationsfähigkeit für die weitere Beschwerde; etwa, wenn er als Testamentsvollstrecker handelt.[56]

16 Der Notar muss in der Angelegenheit, die Gegenstand des Beschwerdeverfahrens ist, den Eintragungsantrag »nach § 15 GBO« – beim Grundbuchamt, also während der Anhängigkeit des erstinstanzlichen Verfahrens[57] – **tatsächlich gestellt** haben.[58] Dieses Tatbestandsmerkmal ist grundsätzlich genauso zu verstehen wie im Zusammenhang mit der Berechtigung des Notars, Beschwerde einzulegen (§ 71 Rdn 159). Anders als dort genügt es hier jedoch, dass der Notar das Antragsrecht **für sich in Anspruch genommen** hat, gleich ob es ihm zustand oder nicht.[59] (Als zusätzliche Voraussetzung für die Zulässigkeit der weiteren Beschwerde muss allerdings in einem solchen Fall neben dem Formerfordernis des § 80 Abs 1 die Berechtigung des Notars zur Beschwerdeeinlegung gegeben sein.[60]) Wird einem Eintragungsantrag stattgegeben, die Eintragung jedoch später von Amts wegen wieder gelöscht, ohne dass der Amtsnachfolger des Urkundsnotars angehört wurde, so wird dieser als zur Einlegung der weiteren Beschwerde gegen die Amtslöschung legitimiert angesehen, wie wenn er die nachträglich beanstandete Eintragung beim Grundbuchamt selbst beantragt hätte.[61] Dagegen ist Abs 1 S 2 nicht einschlägig, wenn ein Notar im Beschwerdeverfahren den vollzogenen Eintragungsantrag eines anderen Notars mit der Anregung bekämpft, einen Amtswiderspruch einzutragen.[62]

17 Die Beschwerdeschrift des Notars braucht von diesem nicht unterzeichnet zu sein;[63] wenn sich nur aus den Gesamtumständen ergibt, dass das Schriftstück dem Beschwerdegericht mit Wissen und Willen des Notars zugeleitet worden ist und es sich nicht lediglich um einen Entwurf handelt (§ 73 Rdn 8).

18 Die Postulationsfähigkeit des Notars zur Einlegung der weiteren Beschwerde nach Abs 1 S 2 ist zu unterscheiden von der Vollmacht für das weitere Beschwerdeverfahren.[64] Letztere kann sich aus der gesetzlichen Vermutung des § 15 ergeben oder besonders erteilt sein; zur Prüfung des Gerichts § 71 Rdn 157, 161.

19 **(4) Durch einen Notar gem § 29 Abs 1 S 3 FGG eingelegt. Neben § 80 Abs 1 S 3 GBO findet auch die Bestimmung des § 29 Abs 1 S 3 FGG Anwendung[65]** (Vor §§ 71–81 Rdn 15). Eines Rechtsanwalts

---

52 BGHZ 48, 88, 94 = NJW 1967, 2059 (auf Vorl KG NJW 1967, 224 geg OLG Hamm NJW 1956, 1116 = JMBlNRW 1956, 1116); *Jansen-Briesemeister* § 29 Rn 15.
53 BayObLGZ 1948–51, 477, 479; 1961, 23, 17 = DNotZ 1961, 317; BayObLGZ 1962, 16, 18 = DNotZ 1962, 315; BayObLGZ 1969, 89, 92 = Rpfleger 1969, 243.
54 BayObLG 4, 215, 218; BayObLGZ 1972, 44; OLG Ffm OLGZ 1979, 9, 11; KG JFG 17, 259, 260.
55 Z § 29 FGG: BGHZ 54, 275, 281 = NJW 1971, 54 (geg OLG Stuttgart DNotZ 1964, 734; 1964, 738, 741); KEHE-*Briesemeister* Rn 13; *Jansen-Briesemeister* § 29 Rn 16; *Keidel-Kahl* § 29 Rn 24; *Habscheid* NJW 1964, 1502; *Jansen* DNotZ 1964, 707, 711.
56 BayObLGZ 1972, 44 = DNotZ 1972, 372 = Rpfleger 1972, 142.
57 BayObLGZ 1961, 23, 27; 1986, 203, 207; OLG Stuttgart BWNotZ 1985, 170 = Justiz 1985, 351.
58 *Demharter* Rn 6; KEHE-*Briesemeister* Rn 14; z erforderl Eintragungsantrag – Weitergabe als Bote reicht nicht – OLG München JFG 15, 22 = HRR 1937 Nr 820; **aA** *Recke* JW 1938, 3337, 3140.
59 BGHZ 141, 347 f = DNotZ 1999, 734; BayObLGZ 1972, 44 = Rpfleger 1972, 142; BayObLG MittRhNotK 1996, 57, 58; KG HRR 1933 Nr 949; OLG Hamm MittRhNotK 1996, 330; OLG München JFG 20, 128, 130; 23, 322, 324; *Demharter* Rn 5; KEHE-*Briesemeister* Rn 14; unklar BayObLG NJW-RR 1986, 894; s auch BayObLGZ 1986, 203, 207 m d zweifelh Unterscheidung, ob Antrag d Notars aus Rechtsgründen unwirksam oder ob er Antragsrecht für sich in Anspruch genommen hat, d ihm aus tatsächl Gründen nicht zustand.
60 Vgl OLG Hamm MittRhNotK 1996, 330.
61 BayObLGZ 1961, 23, 24 = DNotZ 1961, 317.
62 OLG Neustadt JurBüro 1964, 694.
63 *Bassenge*, FGG, § 29 Anm 2b bb; *Jansen-Briesemeister* § 29 Rn 19.
64 Z Abgrenzung *Jansen-Briesemeister* § 29 Rn 20 f; *Jansen* DNotZ 1964, 707, 710.
65 BayObLGZ 1971, 194 = DNotZ 1971, 598 = Rpfleger 1971, 357; BayObLGZ 1972, 44, 45 = Rpfleger 1972, 142; BayObLGZ 1981, 324, 327; BayObLG MittBayNot 1982, 177; BayObLGZ 1985, 31, 32; KEHE-*Briesemeister* Rn 13; *Jansen* DNotZ 1964, 707, 709.

bedarf es also auch dann nicht, wenn die weitere Beschwerde von einem Notar eingelegt wird, der in der Angelegenheit, deren Erledigung durch gerichtliche Entscheidung im Beschwerdeverfahren betrieben wird,[66] für den Beschwerdeführer einen Antrag bei dem Gericht erster Instanz gestellt hat. Insoweit kann auch eine weitere Beschwerde des Notars in eigenem Namen in Betracht kommen, wenn seine amtlichen Befugnisse betroffen sind.[67] Der Antrag, den der Notar in erster Instanz angebracht hatte, braucht nicht das gerichtliche Verfahren veranlasst zu haben, es genügt irgendein auf das Verfahren bezogener Antrag.[68]

c) Erklärung zur Niederschrift. aa) Zuständigkeit für die Entgegennahme. Für die Aufnahme der **20** Erklärung einer weiteren Beschwerde zur Niederschrift des Gerichts sind **bei dem mit der Sache befassten** (§ 73 Rdn 14)[69] **Grundbuchamt** der Rpfleger, auch der Richter (§ 73 Rdn 14),[70] wegen § 24 S 1 Nr 1 RPflG nicht mehr der UrkBGeschSt, zuständig, **beim LG und OLG** lediglich »die Geschäftsstelle«, dh nur noch[71] der Rpfleger (§ 24 Abs 1 Nr 1 RPflG). Nimmt der UrkBGeschSt oder ein Rpfleger-Anwärter die Beurkundung vor, so ist sie unwirksam[72] und die weitere Beschwerde unzulässig, falls die Niederschrift nicht als Beschwerdeschrift – aus dem gemäß Abs 1 S 2 und 3 privilegierten Personenkreis – gelten kann (§ 73 Rdn 15). Nimmt ein Richter des LG oder OLG vorschriftswidrig die weitere Beschwerde auf, so ist der Protokollierungsvorgang wirksam (§ 8 Abs 1 RPflG; § 73 Rdn 15).[73]

bb) Niederschrift. Wegen der Form »zur Niederschrift« § 73 Rdn 16.[74] Die weitere **Beschwerde muss in 21 der Niederschrift vollständig enthalten sein.** Auf eine Beschwerdeschrift kann nur Bezug genommen werden, soweit sie den Erfordernissen des Abs 1 S 2 entspricht. Andernfalls ist ein Schriftsatz, den der Beschwerdeführer bei Einlegung der weiteren Beschwerde durch Erklärung zu Protokoll des Rpflegers abgibt oder später nachreicht, als Beschwerdebegründung nicht zu berücksichtigen;[75] die Rechtsmitteleinlegung als solche ist jedoch grundsätzlich wirksam (z Ausnahmen Rdn 8). Die Wirksamkeit der weiteren Beschwerdeeinlegung steht außer Frage, wenn der Rpfleger eine Rechtsmittelerklärung des Beschwerdeführers aufnimmt, die ihrerseits nur auf ein Schreiben mit einer allgemeinen Gesetzesverletzungsrüge des Beschwerdeführers verweist.[76]

3. Zeitliche Erfordernisse für die weitere Beschwerde

Es gilt dasselbe wie für die Beschwerde (§ 73 Rdn 17). **22**

4. Inhalt der weiteren Beschwerde

Auch insoweit gelten dieselben Grundsätze wie für die Beschwerde (§ 74 Rdn 2). Weder ist ein bestimmter **23** Beschwerdeantrag oder eine Begründung erforderlich, noch die Angabe der für verletzt gehaltenen Rechtsnorm.[77] Auch soweit es darum geht, ob die tatsächlichen Feststellungen des Beschwerdegerichts verfahrensrechtlich ordnungsgemäß getroffen worden sind, bedarf es keiner Rügen der weiteren Beschwerde, um die Prüfung des Rechtsbeschwerdegerichts zu veranlassen (§ 78 Rdn 34). Andererseits können im Hinblick auf den beschränkten Umfang der Prüfung im Rechtsbeschwerdeverfahren neue Tatsachen und Beweise regelmäßig nicht mehr angebracht werden (§ 78 Rdn 32 ff).

---

66 BayObLGZ 1971, 194, 196; BayObLG DNotZ 1981, 442.
67 BayObLGZ 1972, 1 = Rpfleger 1972, 101; BayObLGZ 1983, 101, 102; OLG Ffm OLGZ 1979, 9, 10 = DNotZ 1979, 117, 118; *Jansen-Briesemeister* § 29 Rn 18; *Keidel-Kahl* § 29 Rn 26.
68 BayObLGZ 1981, 44, 47; 1986, 203, 207; OLG Ffm OLGZ 1979, 9, 10 = DNotZ 1979, 117, 118; *Keidel-Kahl* § 29 Rn 25.
69 OLG Ffm OLGZ 1990, 147, 148.
70 OLG Ffm OLGZ 1990, 147, 148; KEHE-*Briesemeister* Rn 17; **aA** *Meyer-Stolte* Rpfleger 1989, 360; vgl auch – z § 29 FGG – BayObLGZ 1989, 175, 177 = Rpfleger 1989, 360.
71 In Wahrnehmung einer eigenständ Aufg; *Roth* RPflG § 24 Rn 1.
72 BGH NJW 1952, 1396; OLG Düsseldorf Rpfleger 1994, 157; OLG Karlsruhe Rpfleger 1974, 402; KEHE-*Briesemeister* Rn 17.
73 BGHSt 31, 109 = Rpfleger 1982, 411; BayObLG Rpfleger 1989, 360 m Anm *Meyer-Stolte;* BayObLGZ 1989, 175, 177 = Rpfleger 1989, 360; *Demharter* Rn 8; KEHE-*Briesemeister* Rn 17; *Bassenge,* FGG, § 29 Rn 2; *Keidel-Kahl* § 29 Rn 29a; **aA** OLG Stuttgart NJW 1974, 2052.
74 S auch BayObLG Rpfleger 1995, 342; OLG Köln Rpfleger 1990, 14; allg z Funktion d Rpflegers bei d Aufnahme von Erklärungen *Müller-Engelmann* RpflJahrb 1988, 342; *ders* Rpfleger 1990, 493.
75 BayObLGZ 1952, 4; 1977, 219, 222; JurBüro 1980, 600; Rpfleger 1982, 264 (Ls b *Goerke* 264 ff); NJW -RR 2000, 676 = ZMR 2000, 321; OLG Freiburg Rpfleger 1952, 426; OLG Köln Rpfleger 1994, 495; OLG Naumburg OLG-NL 2004, 153 = VIZ 2004, 337; KEHE-*Briesemeister* Rn 18; *Keidel-Kahl* § 29 Rn 29; **aA** *Demharter* Rn 13.
76 OLG Köln OLGZ 1990, 18, 20 = Rpfleger 1990, 14.
77 BayObLGZ 1952, 231, 234; 1953, 120, 122; 1972, 29, 37; 1980, 344, 345.

5. Wirkung der eingelegten weiteren Beschwerde

24 Es gilt das für die Beschwerde Ausgeführte (§ 73 Rdn 19).

6. Rücknahme der weiteren Beschwerde

25 Auch insoweit ist auf das zur ersten Beschwerde Gesagte zu verweisen (§ 73 Rdn 20 ff). Die früher hM, die Rücknahme der weiteren Beschwerde könne nur in einer der Formen des Abs 1 erfolgen,[78] ist – im Anschluss an die FGG-Praxis[79] – als überholt anzusehen.[80]

III. Behandlung der weiteren Beschwerde

1. Keine Abhilfe durch Grundbuchamt und Beschwerdegericht (Abs 2)

26 Grundbuchamt und LG sind nicht befugt, der weiteren Beschwerde abzuhelfen,[81] wenn sie diese für begründet halten (Normzweck: Rdn 2). Aus allg Grundsätzen (Innenbindung) ergibt sich ohnehin, dass das Beschwerdegericht seine Entscheidung ab Existenz (Herausgabe) der Beschwerdeentscheidung nicht mehr ändern kann (§ 77 Rdn 41) und das Grundbuchamt daran gebunden ist (§ 77 Rdn 43). Unberührt bleibt die Möglichkeit des Grundbuchamts, aufgrund eines neuen Sachverhalts seine Entscheidung nachträglich zu ändern.[82]

2. Anwendung der Vorschriften über die Beschwerde (Abs 3)

27 **a) Nicht anwendbare Vorschriften. Keine** Anwendung finden:
- § 71 Abs 1, der durch § 78 ersetzt ist; wobei allerdings im Rahmen der letzteren Vorschrift viele der zu § 71 Abs 1 maßgeblichen Grundsätze ebenfalls gelten, etwa bzgl des Begriffs der Entscheidung, der Beschwerdebefugnis und der Erledigung der Hauptsache (§ 78 Rdn 3, 11, 12, 14). Wegen der Anfechtbarkeit von Kostenentscheidungen (iwS) des Beschwerdegerichts § 71 Rdn 96 ff
- § 72, an dessen Stelle § 79 tritt,
- § 73 Abs 1, stattdessen gilt § 80 Abs 1 S 1,
- § 74 (Rdn 23; § 78 Rdn 32 ff),
- § 75, der durch § 80 Abs 2 ersetzt ist.

28 **b) Entsprechend anwendbare Vorschriften. Entsprechende Anwendung** finden:
- § 71 Abs 2 (§ 78 Rdn 10),
- § 73 Abs 2 (Rdn 7, 20, 21),
- § 76 (Rdn 30),
- § 77 (Rdn 29).

3. Verfahren des Gerichts der weiteren Beschwerde

29 Es gelten – abgesehen von den Beschränkungen der Prüfungsbefugnis in tatsächlicher Hinsicht (§ 78 Rdn 31 ff) – dieselben Grundsätze wie für das Beschwerdeverfahren. Wegen des Verbots der Schlechterstellung § 77 Rdn 8; § 78 Rdn 41. Zum rechtlichen Gehör § 77 Rdn 23; grundsätzlich ist die Nachholung desselben in der Rechtsbeschwerdeinstanz unbedenklich, solange keine weitere Sachaufklärung nötig und zu erwarten ist.[83] S im übrigen § 78 Rdn 25. Eine Aussetzung (vgl § 77 Rdn 24) des Rechtsbeschwerdeverfahrens ist grundsätzlich nicht angängig.[84] Die Beiordnung eines Rechtsanwalts nach § 121 Abs 1 ZPO zur Einlegung der weiteren Beschwerde kommt regelmäßig nicht in Betracht, weil das Rechtsmittel zu Protokoll (Rdn 20, 21) eingelegt werden kann.[85]

4. Entscheidung des Gerichts der weiteren Beschwerde

30 **a) Einstweilige Anordnung.** Gemäß §§ 76, 80 Abs 3 kann das Rechtsbeschwerdegericht in gleicher Weise wie; das Beschwerdegericht eine einstw Anordnung erlassen. Es kann auch anordnen, dass die Löschung einer

---

78 *Güthe-Triebel* Rn 10.
79 BayObLGZ 1958, 213, 215; 1964, 448, 450; 1967, 286, 288; OLG Köln JMBlNRW 1980, 178; *Jansen* § 29 Rn 30; *Keidel-Kuntze* § 29 Rn 34.
80 *Demharter* Rn 14; KEHE-*Briesemeister* Rn 21.
81 Auch nicht d GBA durch Aufhebung seiner angefocht ZwischenVerf; *Bauer/v. Oefele-Budde* Rn 18; **geg** OLG FfM FG Prax 1995, 180.
82 BayObLG NJW-RR 1992, 968; *Bauer/V. Oefele-Budde* Rn 18; *Bassenge* FGG § 29 Rn 15.
83 Vgl BGH NJW 1998, 755; BayObLG FGPrax 2004, 64.
84 BayObLGZ 1978, 16.
85 OLG Köln Rpfleger 1996, 116.

gemäß § 76 Abs 1 vom LG angeordneten Vormerkung bzw eines Widerspruchs, die an sich nach § 76 Abs 2 erfolgen müsste, zu unterbleiben hat. Letztere Anordnung könnte allerdings nur für die Zukunft wirken, also ein zwischenzeitliches, durch die Zurückweisung der ersten Beschwerde bewirktes rangmäßiges Aufrücken späterer Eintragungen nicht wieder beseitigen. Das heißt aber nicht, dass die Anordnung absolut[86] oder jedenfalls bei Vorhandensein nachfolgender Eintragungen stets[87] unzweckmäßig (unzulässig) wäre; sie würde jedenfalls dazu führen, dass kein neuer Vermerk (Vormerkung, Widerspruch), wie er ggf im Hinblick auf weitere bevorstehende Eintragungsanträge Dritter erforderlich wäre, eingetragen werden müsste. Aus Gründen der Klarheit und Rechtssicherheit spricht allerdings viel für eine einstweilige Anordnung des Rechtsbeschwerdegerichts iS einer Neueintragung[88].

b) Endgültige Entscheidung. aa) Verwerfung der weiteren Beschwerde. Ist die weitere Beschwerde **31** nicht formgerecht eingelegt worden (§ 80) oder fehlt es an sonstigen Sachentscheidungsvoraussetzungen (§ 78 Rdn 3 ff), so ist das Rechtsmittel **als unzulässig zu verwerfen** (§ 77 Rdn 25).

bb) Zurückweisung der weiteren Beschwerde. Ist die weitere Beschwerde zulässig, aber nicht begründet **32** (§ 78 Rdn 15), so ist sie zurückzuweisen. Das gilt auch dann, wenn die Entscheidung des Beschwerdegerichts eine Gesetzesverletzung enthält, sich aber aus anderen Gründen als richtig darstellt (§ 563 ZPO; § 78 Rdn 26, 41); so auch, wenn an sich eine Aufhebung der Entscheidung in Betracht gekommen wäre, das Rechtsbeschwerdegericht jedoch aufgrund eigener Tatsachenwürdigung anstelle des Beschwerdegerichts zu demselben Endergebnis gelangt (§ 78 Rdn 41). Hatte das LG eine unzulässige Beschwerde als zulässig behandelt und in der Sache negativ beschieden, so ist die weitere Beschwerde nicht einfach zurückzuweisen,[89] sondern mit der Maßgabe zurückzuweisen, dass die erste Beschwerde als unzulässig verworfen wird[90] (genau genommen wird unausgesprochen die Beschwerdeentscheidung des LG aufgehoben und idS ersetzt[91]). So auch, wenn die Hauptsache sich in der Beschwerdeinstanz erledigt hat, die Beteiligten diesen Umstand jedoch erst nach sachlicher Zurückweisung der Beschwerde dem Rechtsbeschwerdegericht vortragen.[92]

cc) Aufhebung der Entscheidung des Beschwerdegerichts. Ist die Beschwerde begründet (§ 78 Rdn 15), **33** so hebt das Rechtsbeschwerdegericht die Entscheidung des Beschwerdegerichts auf.

(1) Ersetzende Entscheidung. Zugleich nimmt es eine die Beschwerdeentscheidung **ersetzende** – norma- **34** lerweise eine sachliche, uU auch rein verfahrensrechtliche[93] – **Entscheidung** vor, wenn der Sachverhalt genügend geklärt ist und damit das Beschwerdeverfahren nach Auffassung des Rechtsbeschwerdegerichts zur Endentscheidung reif ist.[94] Das kann auch geschehen, wenn das Beschwerdegericht die Beschwerde zu Unrecht als unzulässig verworfen hatte (str).[95] Eine ersetzende Entscheidung des Rechtsbeschwerdegerichts wird nicht dadurch ausgeschlossen, dass das Beschwerdegericht rechtliches Gehör verletzt hatte (§ 78 Rdn 25, 28),[96] wohl aber nach hM in den Fällen des § 547 ZPO (§ 78 Rdn 27), oder wenn die unwirksame Entscheidung eines funktionell unzuständigen Rechtspflegeorgans zu Grunde liegt.[97] Liegt aus der Sicht des Rechtsbeschwerdegerichts Entscheidungsreife vor, so ist kein Ermessen für eine Entscheidung dahin gegeben, die Sache gleichwohl zurückzuverweisen (vgl § 563 Abs 3 ZPO). Wegen des Inhalts einer ersetzenden Endentscheidung § 77 Rdn 28 ff. Soweit der im Rechtsbeschwerdeverfahren verwertbare Tatsachenstoff dies trägt (§ 78 Rdn 31 ff),

---

86 *Bauer/v. Oefele-Budde* § 78 Rn 30.
87 *Demharter* Rn 17; KEHE-*Briesemeister* Rn 24.
88 *Bauer/v.Oefele* § 78 Rn 30; *Hügel/Kramer* Rn 80.
89 So früher BayObLGZ 1948–51, 541, 544, OLG Hamm OLGZ 1969, 303; KG JFG 3, 242.
90 BGHZ 162, 137 = Rpfleger 2005, 354; BayObLGZ 1961, 200, 203; 1969, 284, 287 = Rpfleger 1970, 26; BayObLGZ 1971, 182, 187; Rpfleger 1982, 276; RdL 1983, 268; OLG Ffm NJW-RR 1988, 139; OLG Hamm OLGZ 1972, 382, 284 (Aufg v OLGZ 1969, 303); 1972, 382; 1973, 258, 261; Rpfleger 1993, 281; KG NJW 1962, 2354, 2355; KG OLGZ 1965, 72 = Rpfleger 1965, 232; OLG Karlsruhe NJW-RR 2005, 1097 = Rpfleger 2005, 598; *Demharter* Rn 20; KEHE-*Briesemeister* Rn 26.
91 Insoweit konsequent OLG Karlsruhe OLGE 3, 71; KGJ 37, 218, 280.
92 BayObLG WE 1989, 143.
93 F ZPO: *Zöller-Gummer* § 563 Rn 8 ff.
94 BayObLGZ 1985, 251; KEHE-*Briesemeister* Rn 27.
95 BGH NJW 1982, 2505; BGH NJW 1999, 794 mwN; BayObLGZ 1985, 244, 247; BayObLGZ WuM 1988, 332 (Ls); BayObLG WE 1995, 125; OLG Düsseldorf FamRZ 1963, 528, 530; OLG Ffm NJW-RR 1994, 75, 76; KG NJW 1970, 953 = OLGZ 1970, 285; *Bassenge*, FGG, § 27 Rn 32; *Jansen-Briesemeister* § 27 Rn 121; **aA** BGHZ 64, 194, 201: dem Rechtsbeschwerdegericht stehe nur d Entscheidung über d Zulässigkeit d Erstbeschw zu; vgl auch *Bauer/V. Oefele-Budde* § 78 Rn 31; *Keidel-Kuntze* § 27 Rn 66: regelm sei weg Verlust einer Tatsacheninstanz zurückzuverweisen.
96 F ZurückVerw in jedem Fall wohl OLG Celle NdsRpfl 1961, 245; f regelm ZurückVerw: *Keidel-Kuntze* § 27 Rn 66; vgl auch *Jansen-Briesemeister* § 27 Rn 69.
97 Vgl BGH Rpfleger 2005, 520.

kommt auch der Erlass – auch die Ergänzung[98] und die Wiederherstellung[99] – einer Zwischenverfügung in Betracht;[100] allerdings beispielsw nicht mehr, wenn seit der Entscheidung des Grundbuchamtes neun Monate vergangen sind und das etwa in einem Erwerbsverbot bestehende Eintragungshindernis immer noch gegeben ist.[101]

35   **(2) Zurückverweisung.** Hält die Entscheidung des Beschwerdegerichts der rechtlichen Nachprüfung nicht stand, sind aber – abgesehen von § 551 ZPO (§ 78 Rdn 27) – für die endgültige Entscheidung noch Ermittlungen erforderlich, so kommt eine **Zurückverweisung** in Betracht, wobei zu unterscheiden ist: Sind Punkte betroffen, zu denen das Rechtsbeschwerdegericht ermitteln darf (§ 78 Rdn 40 ff), liegt die Entscheidung, selbst zu ermitteln oder zurückzuverweisen, im pflichtgemäßen Ermessen des Rechtsbeschwerdegerichts. Hat das Rechtsbeschwerdegericht keine Befugnis zu weiteren Ermittlungen, so muss in dem erforderlichen Umfang Zurückverweisung erfolgen.[102]

36   Die Zurückverweisung erfolgt grundsätzlich **an das Beschwerdegericht**, also an die beim LG nach dem Geschäftsverteilungsplan zuständige Kammer; § 563 Abs 1 S 2 ZPO ist nicht anwendbar.[103] Das Rechtsbeschwerdegericht kann auch nach pflichtgemäßem Ermessen **an das Grundbuchamt** zurückverweisen,[104] insb wenn beide Vorentscheidungen auf demselben Rechtsverstoß beruhen; Voraussetzung ist allerdings, dass aus der Sicht des Rechtsbeschwerdegerichts eine Zurückverweisung durch das LG an das Grundbuchamt rechtlich möglich gewesen(dazu § 77 Rdn 33) wäre (str).[105] Weist das Rechtsbeschwerdegericht die Sache zur abschließenden Entscheidung über die Eintragung eines Amtswiderspruchs an das Grundbuchamt zurück, so kann es gleichzeitig gem § 76 dieses zur Eintragung eines vorläufigen Amtswiderspruchs anweisen.[106] Hat das Rechtsbeschwerdegericht die Sache an das LG zurückverwiesen, darf dieses sie nicht seinerseits an das Grundbuchamt zurückverweisen.[107]

37   **(3) Kostenentscheidung.** Es gelten **dieselben Grundsätze wie für die erste Beschwerde** (§ 77 Rdn 34).

5. Form und Wirkung der Entscheidung

38   Die Entscheidung des Gerichts der weiteren Beschwerde ergeht durch Beschluss. Er ist entspr § 77 mit Gründen zu versehen, dem Beschwerdeführer mitzuteilen (§ 77 Rdn 39) und ab Herausgabe existent (§ 77 Rdn 40). Grundsätzlich hat die Entscheidung keine rückwirkende Kraft (§ 74 Rdn 14).

6. Unanfechtbarkeit und grundsätzliche Unabänderbarkeit

39   Gegen die Entscheidung des OLG findet ein **weiteres Rechtsmittel nicht statt**, auch wenn es sich um eine Entscheidung auf eine erste Beschwerde (§ 71 Rdn 105) handelt.[108] Eine gleichwohl eingelegte weitere Beschwerde kann das OLG selbst als unzulässig verwerfen,[109] es sei denn, der Beschwerdeführer besteht trotz Belehrung auf einer Vorlage an den BGH. Das Rechtsbeschwerdegericht kann im Übrigen ebenso wie das Beschwerdegericht (§ 77 Rdn 41) seine Entscheidung, sobald sie existent ist (Rdn 38), **grundsätzlich nicht mehr ändern**, auch nicht auf Gegenvorstellung. Die Praxis hat jedoch seit langem Ausnahmen bei Verwerfung der weiteren Beschwerde als unzulässig gemacht, jedenfalls soweit diese auf einem Tatsachenirrtum beruht.[110] Die Beschränkung der Abänderbarkeit auf derartige »rein verfahrensrechtliche« Beschlüsse[111] ist jedoch nach der weiteren Entwicklung des Verfahrensrechts nicht mehr gerechtfertigt. Auch Sachentscheidungen des Rechtsbeschwerdegerichts sind ausnahmsweise abänderbar. Dies gilt zum einen für den Anwendungsbereich des § 81

---

98   BayObLGZ 2000, 167 = DNotZ 2001, 386; OLG Ffm Rpfleger 1993, 147.
99   OLG Brandenburg FGPrax 1997, 125.
100   BayObLGZ 1984, 126, 128; BayObLG Rpfleger 1997, 304 = FGPrax 1997, 89; KEHE-*Briesemeister* Rn 27.
101   BayObLG Rpfleger 1997, 304.
102   KEHE-*Briesemeister* Rn 27; *Bassenge*, FGG, § 27 Rn 31; *Jansen-Briesemeister* § 27 Rn 120; *Keidel-Kahl* § 27 Rn 66.
103   BayObLG Recht 1912 Nr 1838; BayObLG WuM 1994, 640; OLG München FGPrax 2006, 92; *Demharter* Rn 21; KEHE-*Briesemeister* Rn 27; *Jansen-Briesemeister* § 27 Rn 126.
104   BayObLGZ 1977, 30, 40; BayObLG FamRZ 1982, 638, 639; *Keidel-Kahl* § 27 Rn 66c.
105   BGH NJW 1989, 1860, 1861; 2007, 593, 596; *Bassenge* FGG § 27 Rn 31; *Jansen-Briesemeister* § 27 Rn 126; BayObLGZ 1993, 76, 81; OLG Hamburg NJW-RR 1990, 1289, 1290; **ohne** d Beschränkung: *Bauer/v. Oefele-Budde* § 78 Rn 33; KEHE-*Briesemeister* Rn 27; wohl auch *Demharter* Rn 21; *Keidel-Kahl* § 27 Rn 66c.
106   OLG Hamm Rpfleger 2003, 349 = DNotZ 2003, 355; *Demharter* Rn 17.
107   BayObLG 1991, 14, 16; BayObLG NJW-RR 1999, 452.
108   RGZ 138, 98, 100; BGH WM 1953, 74; BGH NJW-RR 1992, 383; BayObLGZ 1948–51, 540; KG WM 1960, 207.
109   BayObLG Rpfleger 1983, 10 (Ls b *Goerke* 9ff).
110   RGSt 59, 420; BGH NJW 1951, 771 (z § 349 Abs 1 StPO); BayObLGZ 1948–51, 353; 1963, 286; BayObLG Rpfleger 1983, 10 (Ls b *Goerke* 9ff); KG JW 1928, 1603; *Demharter* Rn 22; KEHE-*Briesemeister* Rn 29; *Jansen-Briesemeister* § 29 Rn 43; *Keidel-Schmidt* § 18 Rn 9; *Keidel-Kahl* § 29 Rn 47.
111   *Keidel-Kahl* § 29 Rn 47.

Abs 3 nF iVm 29a FGG **(Anhörungsrüge**; § 81 Rdn 21 f**).** Möglich ist aber auch außerhalb des Regelungsbereichs des Anhörungsrügengesetzes eine (befristete <str>[112]) **Gegenvorstellung**, begrenzt auf den Vorwurf, die Entscheidung verletze – andere – Verfahrensgrundrechte oder sei materiell greifbar gesetzeswidrig (objektiv willkürlich). Dazu Vor § 71 Rdn 5, 8, 23. In dem Umfang, in dem ausnahmsweise Gegenvorstellungen in Betracht kommen, bedürfen sie, da sie nur eine Selbstkontrolle anregen, nicht der für die weitere Beschwerde nach Abs 1 vorgeschriebenen Form.[113] Eine wegen eines Formmangels als unzulässig verworfene weitere Beschwerde kann **erneut eingelegt** werden[114] (allg zur Wiederholung der Beschwerde § 71 Rdn 171, 172).

7. Bindung an die Entscheidung des Rechtsbeschwerdegerichts

a) Bindung des Grundbuchamts und des LG. Das **Grundbuchamt und das LG sind** an den Entscheidungssatz und die der Entscheidung des Rechtsbeschwerdegerichts unmittelbar zugrunde liegende rechtliche Beurteilung **gebunden**, im Falle der Aufhebung und Zurückverweisung entspr § 563 Abs 2 ZPO an die Beurteilung, die unmittelbar zur Aufhebung der Entscheidung des Beschwerdegerichts und zur Zurückverweisung geführt hat.[115] Die Bindung an den zurückverweisenden Beschluss des Rechtsbeschwerdegerichts besteht auch bei verfassungsrechtlichen Bedenken des Beschwerdegerichts.[116] **40**

b) Selbstbindung des Rechtsbeschwerdegerichts. Außerdem tritt als Folge der Bindung der Vorinstanzen in demselben Umfang eine **Selbstbindung des Rechtsbeschwerdegerichts** für den Fall eines erneuten weiteren Beschwerdeverfahrens in derselben Sache ein (§ 77 Rdn 46, 47).[117] **41**

c) Wegfall der Bindung. Die **Bindung** der Vorinstanzen wie auch die Selbstbindung des Rechtsbeschwerdegerichts **entfällt bei Änderung der tatsächlichen Verhältnisse oder bei einer das Verfahren ergreifenden Rechtsänderung**, etwa auch infolge einer Entscheidung des BVerfG.[118] Dasselbe muss gelten, wenn das Rechtsbeschwerdegericht seine der ersten Rechtsbeschwerdeentwicklung zugrunde liegende Rechtsmeinung inzwischen aufgegeben hat (str),[119] weil in diesem Zusammenhang eine Änderung der ständigen Rechtsprechung einer Änderung der Rechtslage gleichsteht.[120] Verneint man im letzteren Fall eine weitere Bindung des Rechtsbeschwerdegerichts, wird man auch keinen Fortbestand der Bindung des Beschwerdegerichts (§ 77 Rdn 46) annehmen können.[121] **42**

---

112 Vgl BGHZ 150, 133, 137; 159, 14, 18f; BGH NJW 2004, 2529; BGH FamRZ 2006, 695; BSG NJW 2006, 860; OLG Dresden NJW 2006, 851; OLG Dresden MDR 2006, 771; *Keidel/Meyer-Holz* § 29a Rn 28; **aA** BFH NJW 2006, 861.

113 *Keidel-Kahl* § 29 Rn 47 m Fn 140.

114 BayObLG Rpfleger 1995, 333 (Ls b *Meyer-Stolte*).

115 *Keidel-Kahl* § 27 Rn 69; f Revisionsrecht: *Stein-Jonas-Grunsky* § 565 Rn 8; *Zöller-Gummer* § 563 Rn 3a; *Tiedtke* JZ 1978, 626, 630.

116 Vgl BGH NJW 2007, 1127 = ZflR 2007, 264.

117 RGZ 124, 322; BGH LM FGG § 28 Nr 14 = NJW 1954, 1445 (Ls); BGHZ 15, 122; *Demharter* Rn 23; KEHE-*Briesemeister* Rn 29; *Keidel-Kahl* § 27 Rn 60; f ZPO: GemSOGB BGHZ 60, 392, 395 = NJW 1973, 1273, 1274; *Baumbach-Hartmann* § 565 Rn 10; *Stein-Jonas-Grunsky* § 565 Rn 12; **aA** *Bettermann* DVBl 1955, 22, 23; *Sommerlad* NJW 1974, 123; für d Revisionsgericht: *Tiedtke* JZ 1995, 275, 280.

118 *Keidel-Kahl* § 27 Rn 60.

119 Entspr GemSOGB BGHZ 60, 392, 397 = NJW 1973, 1273; *Baumbach-Hartmann* § 563 Rn 7; *Zöller-Gummer* § 563 Rn 4; **aA** *Stein-Jonas-Grunsky* § 565 Rn 13.

120 Vgl *Rosenberg-Schwab-Gottwald* § 146 III 4.

121 Z ZPO: *Stein-Jonas-Grunsky* § 565 Rn 6 m Fn 18; *Baumbach-Hartmann* § 563 Rn 4; *Zöller-Gummer* § 563 Rn 4.

§ 81 (Ergänzende Vorschriften)

(1) Über Beschwerden entscheidet bei den Landgerichten eine Zivilkammer, bei den Oberlandesgerichten und dem Bundesgerichtshof ein Zivilsenat.

(2) Die Vorschriften der Zivilprozeßordnung über die Ausschließung und Ablehnung der Gerichtspersonen sowie die Vorschriften der §§ 132 und 138 des Gerichtsverfassungsgesetzes sind entsprechend anzuwenden.

(3) Die Vorschrift des § 29a des Gesetzes über die Angelegenheiten der freiwilligen Gerichtsbarkeit über die Fortführung des Verfahrens bei Verletzung des Anspruchs auf rechtliches Gehör ist entsprechend anzuwenden.

(4) Die Bundesregierung und die Landesregierungen bestimmen für ihren Bereich durch Rechtsverordnungen den Zeitpunkt, vom dem an elektronische Dokumente bei den Gerichten eingereicht werden können, sowie die für die Bearbeitung der Dokumente geeignete Form. Die Landesregierungen können die Ermächtigung durch Rechtsverordnung auf die Landesjustizverwaltungen übertragen. Die Zulassung der elektronischen Form kann auf einzelne Gerichte oder Verfahren beschränkt werden.

Schrifttum

Briesemeier, Die Anhörungsrüge bei BGH-Entscheidungen nach Vorlage eines OLG, FGPrax 2005, 101; *Hanack,* Der Ausgleich divergierender Entscheidungen in den oberen Gerichtsbarkeiten, 1962; *Heussner,* Das Anfrageverfahren vor Anrufung des Großen Senats, DRiZ 1972, 119; *Kollnig,* Zulässigkeit der Beschwerde im Richterablehnungsverfahren? NJW 1967, 2045; *Leisner,* Urteilsverfassungsbeschwerde gegen Nichtvorlage bei Abweichung NJW 1989, 2446; *May,* Verfahrensfragen bei der Divergenzanrufung des Großen Senats DRiZ 1983, 305; *Metzner,* Rechtliches Gehör bei der Selbstablehnung des Richters ZZP 97 (1984), 196; *Miebach,* Der Gemeinsame Senat der Obersten Gerichtshöfe des Bundes, 1971.

I. Normzweck

1 § 81 trifft ergänzende Bestimmungen für das Beschwerdeverfahren. Abs 1 bestimmt, welcher Spruchkörper innerhalb des zur Entscheidung über die erste oder weitere Beschwerde berufenen Gerichts zuständig ist. Abs 2 regelt zweierlei: Im 2. Halbsatz[1] schreibt er zur Wahrung einer einheitlichen Rechtsprechung für das Verfahren vor dem BGH die entspr Anwendung der §§ 132 und 138 GVG[2] vor (Rdn 7 ff), zu denen noch das Gesetz zur Wahrung der Einheitlichkeit der Rechtsprechung der obersten Gerichtshöfe des Bundes – RsprEinheitG – vom 19.06.1968 tritt (Rdn 10). Der 1. Halbsatz verweist wegen der Ausschließung und Ablehnung von Gerichtspersonen im Beschwerdeverfahren auf die Vorschriften der ZPO (Rdn 11 ff). Die Anfügung des (Inhalts des) Abs 4 durch das Gesetz zur Anpassung der Formvorschriften des Privatrechts und anderer Vorschriften an den modernen Rechtsgeschäftsverkehr[3] trägt der Notwendigkeit der Schaffung der entsprechenden Einrichtungen für den Empfang elektronischer Dokumente (s § 73 Abs S 2) bei den Gerichten Rechnung. Der neue Abs 3[4] regelt entsprechend § 29a FGG die Anhörungsrüge.

---

1 Geändert d Art 1 Nr 25 RegVBG v 20.12.1993 (BGBl I 2182, 2187).
2 Geändert d Art 2 Nrn 11, 12, Art 11 Abs 1 Rechtspfleger-VereinfG v 17.12.1990 (BGBl I 2847); vgl *Zöller-Gummer* § 132 GVG Rn 1; *Kissel* NJW 1991, 945, 951.
3 V. 13.07.2001, BGBl I 1542.
4 Ges über d Rechtsbehelfe bei Verletzung des Anspruchs auf rechtliches Gehör v 09.12.2004, BGBl I S 3220.

Als Folge der Neuregelung des FGG-Verfahrens und der Umgestaltung auch des (weiteren) Beschwerdeverfah- **2** rens in Grundbuchsachen **ab 01.09.2009** durch die FGG-Reform (Vor § 71 Rdn 18; § 78 Rdn 2; § 79 Rdn 3; § 80 Rdn 4) wird § 81 zu diesem Zeitpunkt wie folgt geändert werden (Art 36 Nr 10 FGG-RG;[5] Übergangsvorschrift: Art 111 FG-RG): In Abs 1 werden die Wörter »bei den Landgerichten eine Zivilkammer« gestrichen. Grund ist der zukünftige Wegfall der Zuständigkeit der Landgerichte als Beschwerdegerichte. In Abs 2 werden die Wörter »sowie die Vorschriften der §§ 132 und 138 des Gerichtsverfassungsgesetzes« gestrichen; die Bezugnahme auf diese Vorschriften kann entfallen, weil diese in Zukunft im Grundbuchverfahren direkt anwendbar sein werden.[6] In Abs 3 werden – folgerichtig – die Wörter »Die Vorschrift des § 29 a des Gesetzes über die Angelegenheiten der freiwilligen Gerichtsbarkeit« durch die Wörter »Die Vorschriften des § 44 des Gesetzes über das Verfahren in Familiensachen und in den Angelegenheiten der freiwilligen Gerichtsbarkeit« ersetzt.

II. Zuständiger Spruchkörper des Beschwerdegerichts

1. Zivilkammer bzw Zivilsenat

Beim **LG**, das als Beschwerdegericht berufen ist (§ 72), entscheidet eine **Zivilkammer**. Beim **OLG**, das, abge- **3** sehen von landwirtschaftlichen Entschuldungsverfahren (§ 72 Rdn 3), als Gericht der weiteren Beschwerde fungiert, entscheidet ein **Zivilsenat**; ebenso beim BayObLG und beim KG (§ 79 Rdn 5, 6). Auch beim **BGH**, der nach einer Vorlage gemäß § 79 Abs 2, 3 als Rechtsbeschwerdegericht entscheidet (§ 79 Abs 3), wird die Entscheidung von einem **Zivilsenat** getroffen.

2. Geschäftsverteilung

Welche Zivilkammer beim LG bzw welcher Zivilsenat beim OLG und beim BGH für die Entscheidung **4** zuständig ist, ergibt sich aus dem vom Präsidium zu beschließenden (§ 21e GVG) **Geschäftsverteilungsplan** des Gerichts.

3. Besetzung

Die Zivilkammern sind gemäß § 75 GVG mit 3 Mitgliedern einschließlich des Vorsitzenden besetzt, ebenso **5** die Zivilsenate der OLGe, §§ 122 GVG, 10 Abs 1 EGGVG. Entscheidung durch den Vorsitzenden oder ein anderes Mitglied als Einzelrichter anstelle der Kammer bzw des Senats kommt nicht in Betracht (§ 77 Rdn 21);[7] anders als in § 30 Abs 1 S 2 FGG **nF**[8] ist bei der GB-Beschwerde § 526 ZPO (nF)[9] nicht für entsprechend anwendbar erklärt worden. Die Senate des BGH entscheiden in der Besetzung von 5 Mitgliedern einschl des Vorsitzenden (§ 139 GVG). Nicht erforderlich ist, dass die Kammern bzw Senate nur mit der Zahl von Richtern besetzt werden, die regelmäßig bei der Entscheidung mitwirken.[10] Eine Überbesetzung ist in dem Umfang zulässig, wie sie erforderlich ist, um die Bewältigung der der Kammer oder dem Senat geschäftsordnungsmäßig zugeteilten Aufgaben sicherzustellen; die Aufgabenzuweisung muss allerdings so erfolgen, dass der Vorsitzende einen richtunggebenden Einfluss auf die Rechtsprechung der Kammer oder des Senats behält.[11] In dem Geschäftsverteilungsplan für den Spruchkörper, den die diesem angehörigen Richter aufzustellen haben, ist zu bestimmen, nach welchen Grundsätzen die Mitglieder an den Verfahren mitwirken (Mitwirkungsplan; § 21g Abs 2 GVG).[12]

4. Rechtsfolgen bei Verstößen

Trifft ein nach Abs 1 oder nach dem Geschäftsverteilungsplan unzuständiger bzw ein nicht vorschriftsmäßig **6** besetzter Spruchkörper die Beschwerdeentscheidung, so ist diese **nicht unwirksam**, sondern – die des Landgerichts – lediglich anfechtbar (§ 72 Rdn 6).[13] Ist die Kammer nicht ordnungsgemäß besetzt, so liegt ein absoluter Rechtsbeschwerdegrund nach § 78 iVm § 547 Nr 1 ZPO vor; etwa bei einer Beschwerdeentscheidung

---

5   BT-Drucks 16/6308; 16/9733.
6   BT-Drucks 16/6308 S 328.
7   Für FGG nach bisherigem Recht vgl nur BayObLG NJW-RR 1998; OLG Ffm NJW1983, 2335; OLG Naumburg FGPrax 2000, 71; KG OLGZ 1979, 156, 158.
8   IdF d Art 13 Nr 2 ZPO-RG v 27.07.2001 (BGBl I 1887)
9   ZPO-RG v 27.07.2001 (BGBl I 1887).
10 BVerfG NJW 1965, 1219 m abl Anm *Arndt* u zust Anm *Dinslage*; BGHZ 20, 355; *Baumbach-Hartmann* § 16 GVG Rn 7.
11 BGHZ (GSZ) 37, 210; BGHZ 49, 64; *Baumbach-Hartmann* § 122 GVG Rn 2; *ders* § 16 GVG Rn 3.
12 Einzelh b *Baumbach-Hartmann* § 21g GVG Rn 2ff; wegen d Erfordernisse insb im Blick auf Art 101 Abs 1 S 1 GG vgl BVerfG NJW 1997, 97; BGHZ (VGS) 126, 63.
13 KEHE-*Briesemeister* Rn 3; *Keidel-Kahl* § 30 Rn 5.

durch den Einzelrichter (Rdn 5).[14] Ein nach der Zivilprozessreform (Aufhebung des § 551 Nr 4 ZPO aF[15]) nur noch relativer Rechtsbeschwerdegrund ist bei Entscheidung einer zwar richtig besetzten, aber unzuständigen Kammer gegeben.[16] Ein Verstoß gegen den Geschäftsverteilungsplan rechtfertigt die Rüge der Unzuständigkeit des Beschwerdegerichts nicht, wenn er lediglich irrtümlich erfolgt ist; anders, wenn er auf Willkür beruht (§ 79 Rdn 38) und deshalb Art 101 Abs 1 S 2 GG verletzt.[17] Damit steht in Einklang, dass auch das BVerfG die fachgerichtliche Auslegung und Anwendung der einfachrechtlichen Vorschriften, nach denen sich im Einzelfall der gesetzliche Richter bestimmt, lediglich auf Willkür überprüft.[18] Nur mit dieser Einschränkung kommt also nach Abschluss des Instanzenzuges eine Verfassungsbeschwerde in Betracht.

III. Verfahren des BGH zur Wahrung einheitlicher Rechtsprechung

1. Vorlage gemäß § 81 Abs 2 2. Hs iVm §§ 132 und 138 GVG

7   Will ein Zivilsenat des BGH, der im Falle einer Vorlage nach § 79 Abs 2, 3 als Rechtsbeschwerdegericht zu entscheiden hat (§ 79 Rdn 40), von der Entscheidung eines anderen Zivilsenats oder des Großen Senats für Zivilsachen abweichen, so entscheidet der Große Senat für Zivilsachen; die Vereinigten Großen Senate sind berufen bei beabsichtigter Abweichung von der Entscheidung eines Strafsenats, des Großen Senats für Strafsachen oder der früher eingeholten Entscheidung der Vereinigten Großen Senate (§ 132 Abs 1, 2 GVG). Der mit der Rechtsbeschwerde befasste Zivilsenat darf also in diesen Fällen keine abweichende Entscheidung treffen, sondern er **muss** vorlegen; das Unterlassen einer gebotenen Vorlage kann uU Art 101 Abs 1 S 2 GG verletzen (vgl § 79 Rdn 38). Auf die Art der Entscheidung, die von einer anderen abweichen will oder von der abgewichen werden soll, kommt es nicht an.[19] Die Divergenz muss eine **Rechtsfrage**[20] (Abgrenzung zur Tatfrage § 78 Rdn 21) **aus dem revisiblen Recht** betreffen, nicht unmittelbar die Auslegung einer das Grundbuchrecht (§ 79 Rdn 13) betreffenden Vorschrift.[21] Die notwendige Identität der Rechtsfrage ist gegeben, wenn der gleiche Rechtsgrundsatz in Frage steht, mag er auch seinen Niederschlag in mehreren Gesetzesbestimmungen gefunden haben.[22] Die frühere Entscheidung muss auf der darin geäußerten Ansicht zu der Rechtsfrage beruhen[23] (§ 79 Rdn 33), und die Rechtsfrage muss für die beabsichtigte Entscheidung rechtserheblich sein;[24] was entscheidungserheblich ist, bestimmt aber grundsätzlich der vorlegende Senat.[25] Daran fehlt es, wenn die streitige Frage für das konkrete Verfahren — etwa aufgrund der Selbstbindung des Rechtsbeschwerdegerichts (§ 77 Rdn 46, 47; § 80 Rdn 41) — nicht mehr offen ist (vgl § 79 Rdn 17).[26] Die Vorlage erübrigt sich, wenn der andere Senat auf Anfrage seine frühere Ansicht aufgibt (richtigerweise durch eine förmliche Entscheidung in der durch § 21g GVG vorgeschriebenen Besetzung; vgl § 14 RsprEinhG[27]). Der entscheidende Senat darf ohne Anrufung des Großen Senats von der Entscheidung eines anderen Senats und auch des Großen Senats abweichen, wenn er sich der Beantwortung der Rechtsfrage durch den gemeinsamen Senat der obersten Gerichtshöfe oder in Fragen europäischen Gemeinschaftsrechts durch den EuGH anschließen will.[28] Wegen weiterer Einzelheiten siehe die Kommentare zu den §§ 132 und 138 GVG. Weitgehend gelten ähnliche Grundsätze wie für § 79 Abs 2 (§ 79 Rdn 32 ff). Ein wesentlicher Unterschied liegt jedoch darin, dass die Großen Senate und die Vereinigten Großen Senate auf zulässige Vorlage über die Rechtsfrage — aber auch nur über sie (§ 138 Abs 1 GVG) — entscheiden müssen, während im Vorlageverfahren nach § 79 Abs 2 eine Entscheidung des BGH als weiteres Beschwerdegericht unter Offenlassung der Vorlagefrage möglich ist (§ 79 Rdn 40).

---

14 BGH NJW 1989, 229, 230; OLG Ffm NJW 1983, 2335 (Ls); KG OLGZ 1979, 156 = Rpfleger 1979, 230; *Keidel-Kahl* § 30 Rn 7; weit Bsp b *Baumbach-Hartmann* § 547 Rn 6.
15 ZPO-RG v 27.07.2001 (BGBl I 1882).
16 Für d Verhältnis ZK-KfH im Rahmen d § 30 Abs 1 S 2 FGG: RGZ 48, 27; BayObLGZ 1978, 128, 13; BayObLG Rpfleger 1981, 284 (Ls b Goerke 280 ff) OLG FfM OLGZ 1989, 394, 395; *Keidel-Kahl* § 30 Rn 5.
17 BGH NJW 1976, 1688; BGHZ (VGS) 126, 63, 71 = NJW 1994, 1735, 1736; *Stein-Jonas-Grunsky* § 551 Rn 7; *Zöller-Gummer* § 546 Rn 4; *ders* § 21e GVG Rn 53.
18 BVerfGE 19, 38, 43 = NJW 1965, 1323; BVerfGE 29, 198, 207 = NJW 1970, 2155; BVerfGE 31, 145, 169 = NJW 1971, 2122; BVerfG NJW 1988, 1456; dazu *Leisner* NJW 1989, 2446, 2448.
19 *May* DRiZ 1983, 305, 306.
20 *May* DRiZ 1983, 305, 306.
21 *Demharter* Rn 6; KEHE-*Briesemeister* Rn 4.
22 BGHZ 9, 179 = NJW 1953, 821 = LM RVO § 1542 Nr 4 (Delbrück); GmSOGB BGHZ 60, 392; GmSOGB NJW 1984, 1027 (ders »Regelungsinhalt«); *Baumbach-Hartmann* § 132 GVG Rn 5; *Zöller-Gummer* § 132 GVG Rn 4.
23 *Baumbach-Hartmann* § 132 GVG Rn 5; *Zöller-Gummer* § 132 GVG Rn 4.
24 GmS OGB NJW 1980, 162; BGHZ (VGS) 126, 63, 71 = NJW 1994, 1735, 1736; *Baumbach-Hartmann* § 132 GVG Rn 5; *Zöller-Gummer* § 132 GVG Rn 4; näher: *May* DRiZ 1983, 305, 309, 310.
25 BGHZ (VGS) 126, 63, 71 = NJW 1994, 1735, 1736.
26 GmSOGB BGHZ 60, 392; BGH NJW 1986, 1764, 1766; *Zöller-Gummer* § 132 Rn 4.
27 *Heussner* DRiZ 1972, 119, 121, 122; *May* DRiZ 1983, 305, 307.
28 *Baumbach-Hartmann* § 132 GVG Rn 5; *Zöller-Gummer* § 132 GVG Rn 4; *May* DRiZ 1983, 305, 310.

Gemäß § 132 Abs 4 GVG kann der erkennende Senat **in einer Frage von grundsätzlicher Bedeutung vor-** **8**
beugend, ohne dass schon eine Meinungsverschiedenheit mit einem anderen Zivilsenat vorliegt, die Entscheidung des Großen Senats herbeiführen, wenn nach seiner Auffassung die Fortbildung des Rechts oder die Sicherung einheitl Rechtsprechung es erfordert. Wegen Einzelheiten siehe die Kommentare zu dieser Vorschrift. Die
Vorlage nach § 132 Abs 2 GVG geht, wie sich aus dem Zusammenhang der Vorschriften der §§ 132 und 138
GVG ergibt, vor.[29]

Die Großen Senate und die Vereinigten Großen Senate entscheiden ohne mündliche Verhandlung **nur über** **9**
die Rechtsfrage (§ 138 Abs 1 GVG). Treten neue Rechtstatsachen ein − zB eine nach § 31 Abs 1 BVerfGG
verbindliche Entscheidung des BVerfG −, so hat der Große Senat den Parteien zu der neuen Rechtslage rechtliches Gehör zu gewähren; er ist nicht berechtigt, die Sache zu diesem Zweck an den vorlegenden Senat zurückzugeben.[30] Die Entscheidung über die Rechtsfrage ist in der vorliegenden Sache für den erkennenden Senat
bindend (§ 138 Abs 1 S 3 GVG). Im Falle einer Zurückverweisung durch den erkennenden Senat erstreckt sich
die Bindung auf die Gerichte, an die verwiesen wird (§ 80 Rdn 40). Im Übrigen entsteht eine Bindung des
erkennenden Senats und anderer Senate nur im Rahmen des § 132 GVG, für das OLG im Rahmen des § 79
Abs 2.

2. Vorlage an den Gemeinsamen Senat der Obersten Gerichtshöfe

Will ein oberster Gerichtshof in einer Rechtsfrage von der Entscheidung eines anderen Obersten Gerichtshofs **10**
oder des Gemeinsamen Senats abweichen, so entscheidet der **Gemeinsame Senat der Obersten Gerichts-**
höfe des Bundes (§ 2 Abs 1 des Gesetzes zur Wahrung der Einheitlichkeit der Rechtsprechung der Obersten
Gerichtshöfe des Bundes vom 19.06.1968).[31] Da beim BGH die Anrufung des Großen Senats oder der Vereinigten Großen Senate vorgesehen ist (Rdn 7 ff), entscheidet der Gemeinsame Senat erst, wenn der Große Senat
oder die Vereinigten Großen Senate von der Entscheidung eines anderen Obersten Gerichtshofs oder des
Gemeinsamen Senats abweichen wollen (§ 2 Abs 2 RsprEinhG). Der Gemeinsame Senat entscheidet aufgrund
mündlicher Verhandlung nur über die Rechtsfrage (§ 15 Abs 1 RsprEinhG). Die Entscheidung des Gemeinsamen Senats ist in der vorliegenden Sache für das erkennende Gericht bindend (§ 16 RsprEinhG). Das Verfahren
vor dem Gemeinsamen Senat ist kostenfrei; außergerichtliche Kosten werden nicht erstattet (§ 17 RsprEinhG).

IV. Ausschließung und Ablehnung von Gerichtspersonen

1. Regelungsgegenstand

Abs 2 1. Alt verweist wegen der Ausschließung und Ablehnung der Gerichtspersonen im Beschwerdeverfahren **11**
auf die §§ 41 ff ZPO; infolge dieser Sonderregelung findet § 6 FGG keine Anwendung. Wegen Ausschließung
und Ablehnung im Verfahren des GBA § 11 Rdn 5 ff, 19 ff; wegen Rechtsmitteln § 11 Rdn 28, § 71 Rdn 94.

2. Betroffene »Gerichtspersonen«

Gemeint sind in erster Linie die Richter des Beschwerdegerichts. In Betracht kommt auch die Ausschließung **12**
oder Ablehnung eines UrkBGeschSt, etwa wenn es um die Aufnahme der Erklärung der Beschwerde zur Niederschrift geht (§ 73 Abs 2), oder eines Rpflegers im Zusammenhang mit der Aufnahme von Erklärungen über
die Einlegung und Begründung einer Rechtsbeschwerde (§ 24 Abs 1 Nr 1a RPflG). Für den Rpfleger ebenso
wie für den UrkBGeschSt gelten dann die Vorschriften der ZPO genauso wie für den Richter (§§ 10 RPflG,
49 ZPO).

3. Ausschließungsgründe

Entspr **§ 41 ZPO** ist ein Richter kraft Gesetzes von der Ausübung seines Amtes ausgeschlossen in Sachen, in **13**
denen er selbst Beteiligter ist oder bei denen er zu einem der Beteiligten in dem Verhältnis eines Mitberechtigten, Mitverpflichteten oder Regresspflichtigen steht (Nr 1), in Sachen seines Ehegatten, auch wenn die Ehe
nicht mehr besteht (Nr 2), in Sachen einer Person, mit der er in gerader Linie verwandt oder verschwägert, in
der Seitenlinie bis zum dritten Grade verwandt oder bis zum zweiten Grade verschwägert ist oder war (Nr 3),
in Sachen, in denen er als Verfahrensbevollmächtigter oder Beistand eines Beteiligten bestellt oder als gesetzlicher Vertreter eines Beteiligten aufzutreten berechtigt ist oder gewesen ist (Nr 4), in Sachen, in denen er als
Zeuge oder Sachverständiger vernommen ist (Nr 5) sowie in Sachen, in denen er in einer früheren Instanz bei
dem Erlass der angefochtenen Entscheidung mitgewirkt hat, sofern es sich nicht um die Tätigkeit eines beauftragten oder ersuchten Richters gehandelt hat (Nr 6).

---

29 BGH (GSSt) NJW 1986, 1764, 1765.
30 BGHZ (GZS) 13, 265 = NJW 1954, 1073.
31 BGBl I 661; dazu *Miebach* aaO.

4. Ablehnungsgründe

14 **Entspr § 42 Abs 1 ZPO** kann ein Richter sowohl in den Fällen, in denen er von der Ausübung des Richteramtes kraft Gesetzes ausgeschlossen ist, als auch wegen Besorgnis der Befangenheit abgelehnt werden. Die Ablehnung wegen Besorgnis der Befangenheit findet statt, wenn ein Grund vorliegt, der geeignet ist, Misstrauen gegen die Unparteilichkeit des Richters zu rechtfertigen (§ 42 Abs 2 ZPO). Sie muss bei richtigem materiellen Verständnis dieses Rechtsinstituts entgegen gegenteiliger Stimmen aus der Rechtsprechung[32] auch im Verfahren über eine Gegenvorstellung statthaft sein. Maßgebend ist, ob vom Standpunkt des betreffenden Beteiligten aus genügende objektive Gründe vorliegen, die in den Augen eines vernünftigen Menschen geeignet sind, Misstrauen gegen die Unparteilichkeit des Richters zu erregen (»parteiobjektiver Maßstab«).[33] Nicht erforderlich ist, dass der Richter tatsächlich befangen ist; es kommt auch nicht darauf an, ob er sich für befangen hält.[34] Dem Richter etwa unterlaufene Rechtsfehler rechtfertigen eine Ablehnung nur dann, wenn aus diesen auf eine unsachliche Einstellung gegenüber dem Ablehnenden geschlossen werden kann oder die von ihm getroffene Maßnahme auf Willkür beruht.[35] Wegen der umfangreichen Kasuistik siehe die Kommentare zu § 42 ZPO.

5. Verfahren

15 **a) Selbstanzeige.** Die Feststellung des Ausschlusses oder der begründeten Ablehnung eines Richters erfolgt entspr § 48 ZPO von Amts wegen **aufgrund einer Selbstanzeige** des Richters, bei Ausschluss kraft Gesetzes auch ohne eine solche (§ 48 Abs 1 ZPO). Den Richter trifft eine Amtspflicht, ihm bekannte und für begründet gehaltene Ausschließungs- oder Ablehnungsgründe anzuzeigen.[36] Das Verfahren stellt keinen rein innerdienstlichen Vorgang dar; die Beteiligten haben Anspruch auf rechtliches Gehör (§ 48 Abs 2 ZPO aF ist aufgehoben).[37] Ein abgelehnter Richter hat vor Erledigung des Ablehnungsgesuchs nur solche Handlungen vorzunehmen, die keinen Aufschub gestatten (§ 47 ZPO); dazu zählen etwa einstw Anordnungen nach §§ 76, 80 Abs 3.

16 **b) Ablehnungsgesuch (§§ 42 ff ZPO).** Nur einzelne Richter oder alle einzelnen Mitglieder eines Spruchkörpers können abgelehnt werden, nicht das Gericht als ganzes.[38] Das **Ablehnungsrecht steht** entspr § 42 Abs 3 ZPO **jedem am Beschwerdeverfahren formell Beteiligten** (Vor § 71 Rdn 22)[39] **zu.** Es kann verloren gehen, wenn ein Beteiligter sich bei dem Richter in Kenntnis des ihm bekannten Ablehnungsgrundes in eine Verhandlung einlässt oder Anträge stellt (§ 43 ZPO). Unter den Begriff »Verhandlung« fällt jede mündliche Erörterung einer Angelegenheit.[40] Im Grundbuchbeschwerdeverfahren, das regelmäßig schriftlich abläuft, darf der Beteiligte keine weiteren Eingaben machen, ohne den ihm bekannt gewordenen Ablehnungsgrund geltend zu machen.[41] Nach Erlass der die Instanz abschließenden, grundsätzlich nicht mehr abänderbaren Beschwerdeentscheidung (§ 77 Rdn 40, 41) kann die Ablehnung wegen Besorgnis der Befangenheit regelmäßig nicht mehr angebracht werden,[42] auch nicht mit der in der weiteren Beschwerde erhobenen Rüge, der Richter hätte wegen Besorgnis der Befangenheit abgelehnt werden können bzw seine Selbstablehnung erklären müssen.[43] Andererseits wird der Standpunkt vertreten, nach dem Erlass einer Entscheidung zur Hauptsache unter Mitwirkung des abzulehnenden Richters sei die Ablehnung noch möglich, wenn der Ablehnungsgrund aus dem Erlass der Entscheidung oder deren Begründung hergeleitet werde;[44] bzw in diesem Fall oder wenn der Beschwerdeführer erst nach Erlass der landgerichtlichen Entscheidung Ablehnungstatsachen erfahren habe, könne mit der Rechtsbeschwerde die Ablehnung geltend gemacht werden.[45] Ersteres widerspricht jedoch dem Sinn der Ablehnung, den Richter (nur) an der weiteren Mitwirkung in dem betreffenden Verfahren in Zukunft zu hindern, letzteres der – abschließenden – Regelung in § 551 Nr 2 und 3 ZPO (s aber auch Rdn 18).

17 Das Ablehnungsgesuch ist bei dem Gericht, dem der Richter angehört, anzubringen; es kann vor der GeschSt zu Protokoll erklärt werden (§ 44 Abs 1 ZPO). Der Ablehnungsgrund ist glaubhaft zu machen; zur Versiche-

32 OLG Schleswig MDR 2001, 169 m **abl** Anm *E. Schneider;* VGH München NVwZ-RR 2004, 706.
33 BGH MDR 2003, 892 = NJW-RR 2003, 1220; BGH MDR 2007, 669 = NJW-RR 2007, 776; *Baumbach-Hartmann* § 42 Rn 10; *Stein-Jonas-Leipold* § 42 Rn 2; *Zöller-Vollkommer* § 42 Rn 9.
34 *Zöller-Vollkommer* § 42 Rn 9.
35 BayObLG Rpfleger 1988, 98 (Ls b *Plötz* 97 ff); BayObLG Rpfleger 1994, 333 (Ls b *Mayer-Stolte*).
36 *Demharter* Rn 12; *Baumbach-Hartmann* § 48 Rn 2; *Stein-Jonas-Leipold* § 48 Rn 3.
37 Vgl auch BVerfGE 89, 36 = NJW 1993, 2229; BGH NJW 1995, 403; z früheren Auffassung s Voraufl.
38 BGH NJW 1974, 55.
39 OLG Stuttgart BWNotZ 1988, 1499.
40 *Keidel-Kayser* § 6 Rn 61.
41 BayObLG MDR 1988, 1036; *Demharter* Rn 12; KEHE-*Briesemeister* Rn 11; *Bassenge* FGG § 6 Rn 14.
42 BayObLG Rpfleger 1987, 360 (Ls b *Plötz* 356 ff); BayObLG Rpfleger 1993, 327.
43 BGH ZZP 67, 302, 303; BayObLG/1967, 474, 476 = NJW 1968, 802; BayObLGZ 1986, 366; KG OLGZ 1967, 215, 217; 1970, 285, 288.
44 BayObLG FamRZ 1988, 743 = MDR 1988, 500; *Zöller-Vollkommer* § 42 Rn 4; *Bassenge* FGG § 6 Rn 15.
45 *Keidel-Kayser* § 6 Rn 70.

rung an Eides Statt darf der Beteiligte nicht zugelassen werden. Zur Glaubhaftmachung kann auf das Zeugnis des abgelehnten Richters Bezug genommen werden (§ 44 Abs 2 ZPO). Glaubhaft gemacht ist der Ablehnungsgrund, wenn hierfür eine überwiegende Wahrscheinlichkeit besteht; ob der geltend gemachte Grund angesichts gegenteiliger Darstellungen des abgelehnten Richters und übriger Verfahrensbeteiligter glaubhaft gemacht ist, unterliegt der freien Würdigung durch das entscheidende Gericht.[46] Wird ein Richter, bei dem der Beteiligte sich in eine Verhandlung eingelassen hat (Rdn 17), abgelehnt, so ist glaubhaft zu machen, dass der Ablehnungsgrund erst später entstanden oder dem Beteiligten bekannt geworden sei (§ 44 Abs 4 ZPO). Der abgelehnte Richter hat sich über den Ablehnungsgrund dienstlich zu äußern (§ 44 Abs 3 ZPO). Über das Ablehnungsgesuch entscheidet das Gericht, dem der Abgelehnte angehört; wenn dieses Gericht durch das Ausscheiden des abgelehnten Mitglieds beschlussunfähig wird, entscheidet das im Rechtszuge zunächst höhere Gericht (§ 45 Abs 1 ZPO). Der abgelehnte Richter kann jedoch mitentscheiden, wenn der Ablehnungsantrag offensichtlich rechtsmissbräuchlich und deshalb bereits unzulässig ist; etwa wenn er zweifelsfrei lediglich in der Absicht der Verfahrensverzögerung erfolgt ist.[47] Die Entscheidung über das Ablehnungsgesuch ergeht im Grundbuchbeschwerdeverfahren praktisch ausnahmslos ohne mündliche Verhandlung.

6. Rechtsmittel

Gegen den Beschluss, durch den das Ablehnungsgesuch für begründet erklärt wird, findet gemäß § 46 Abs 2 1. Hs ZPO kein Rechtsmittel statt; nach dem eindeutigen Gesetzestext entgegen einer verbreiteten Ansicht[48] auch nicht, wenn dabei das rechtliche Gehör eines anderen Beteiligten verletzt wurde[49] (Vor § 71 Rdn 5). Das Landgericht kann seine Entscheidung im letzteren Fall aber auf Gegenvorstellung nachprüfen (Vor § 71 Rdn 23); der Beteiligte, der es versäumt, sich durch Gegenvorstellung insoweit noch rechtliches Gehör zu verschaffen, kann den Verstoß gegen Art 103 Abs 1 GG nicht mit der weiteren Beschwerde gegen die Sachentscheidung anführen.[50] **Gegen den Beschluss, durch den die Ablehnung eines Richters des LG für** *»unbegründet«* (mitumfasst ist: oder unzulässig[51]) **erklärt wird,** fand früher die sofortige Beschwerde statt (§ 46 Abs 2 ZPO).[52] Nach der ZPO-Reform[53] ermöglicht die entsprechende Anwendung des § 574 ZPO in diesem Fall, ebenso wie gegen eine entsprechende Beschwerdeentscheidung des LG,[54] nur noch eine – **von der Zulassung durch das LG abhängige** – Rechtsbeschwerde **(sofortige <weitere> Beschwerde) an das OLG** (§ 71 Rdn 94).[55] Eine Nichtzulassungsbeschwerde ist für dieses Verfahren im Gesetz nicht vorgesehen. Neue Ablehnungsgründe können im Beschwerdeverfahren nicht vorgebracht werden.[56] Der hier bisher vertretene Standpunkt,[57] das eingelegte Rechtsmittel im Richterablehnungsverfahren bleibe auch zulässig, wenn zwischenzeitlich die Instanz abschließende Entscheidung des Beschwerdegerichts in der Hauptsache ergeht, wird im Hinblick auf die weitere Entwicklung der höchstrichterlichen Rechtsprechung[58] aufgegeben; die sich jetzt durchsetzende Lösung, wonach für eine sofortige Beschwerde gegen die Zurückweisung des Ablehnungsgesuchs regelmäßig das Rechtsschutzinteresse entfällt, wenn – wie hier – ein Rechtsmittel in der Hauptsache statthaft ist, weil in dessen Rahmen auf entsprechende Rügen auch über die Ablehnung zu entscheiden ist[59] (wogegen der Beschwerdeführer der Kostenfolge des § 97 Abs 1 ZPO durch Erklärung der Erledigung der sofortigen Beschwerde entgehen kann), führt zu praktisch sinnvollen Ergebnissen. Nach rechtskräftiger Zurückweisung eines Ablehnungsgesuchs ist diese Zurückweisung für das Rechtsbeschwerdeverfahren in der Hauptsache bindend und nicht mehr nachprüfbar.[60] Zur Erstattung außergerichtlicher Kosten Beteiligter im Beschwerdeverfahren § 71 Rdn 34.

18

46   BGH MDR 2007, 669 = NJW-RR 2007, 776.
47   BGH NJW 1974, 55, 56; OLG Koblenz Rpfleger 1985, 368; BayObLGZ 1995, 183, 186 = Rpfleger 1995, 340 (Ls b *Meyer-Stolte*); *Keidel-Kayser* § 6 Rn 65.
48   OLG Ffm MDR 1979, 940; MDR 1984, 323; OLG FfM OLGZ 1997, 468 = MDR 1997, 940; OLG Oldenburg NJW-RR 1995, 830; *Baumbach-Hartmann* § 46 Rn 7; *Zöller-Vollkommer* ZPO § 46 Rn 13; offen BGH NJW 1995, 403.
49   *Keidel-Kayser* § 6 Rn 68.
50   Vgl BGH NJW 1995, 403.
51   BayObLGZ 1967, 474, 475 = NJW 1968, 802; *Keidel-Kayser* § 6 Rn 68; *Zöller-Vollkommer* § 46 Rn 14.
52   Z früh Rechtszust Voraufl Rn 17.
53   ZPO-RG v 27.07.2001 (BGBl I 1887).
54   BGH NJW-RR 2004, 726 = FamRZ 2004, 617; BGH NJW-RR 2004, 1077 = VersR 2004, 1436.
55   BayObLGZ 2002, 89, 91f = NJW 2002, 3262, 3263; OLG Celle NdsRpfl 2002, 364; *Demharter* Rn 12; KEHE-*Briesemeister* Rn 11; *Jansen-Müther* § 6 Rn 32.
56   BayObLGZ 1985, 307; *Bassenge* FGG § 6 Rn 20; *Keidel-Kayser* § 6 Rn 68.
57   Voraufl Rn 17 m umfangr Hinw z Streitstand Fn 55; vgl auch *Jansen-Müther* § 6 Rn 32.
58   BGH BGH MDR 2007, 288 = NJW-RR 411 (Bestätig v KG MDR 2005, 890).
59   BGH BGH MDR 2007, 288 = NJW-RR 411 (Abgrenz z BGH MDR 2005, 409 = NJW-RR 2005, 294).
60   BGH NJW 1964, 568, 569; BayObLGZ 1985, 307, 312; 1986, 249, 252; 1986, 366, 367; OLG Karlsruhe OLGZ 1978, 224, 225; *Jansen-Briesemeister* § 27 Rn 76; *ders* § 6 Rn 25; *Keidel-Kayser* § 6 Rn 70.

19 Gegen die **Beschwerdeentscheidungen des OLG** im Ablehnungsverfahren ist bisher **kein Rechtsmittel** gegeben (§ 71 Rdn 94),[61] ebensowenig wie gegen dessen Entscheidungen über Ablehnungen in der Beschwerdeinstanz (§ 71 Rdn 105).[62] Eine Rechtsbeschwerde zum BGH ist nach geltendem Recht nicht eröffnet; im Verfahren der freiwilligen Gerichtsbarkeit bewendete es bei der Zuständigkeit der Oberlandesgerichte als Gerichte der weiteren Beschwerde.[63] Gegen die nicht anfechtbare (Beschwerde-) Entscheidung des OLG findet allerdings **die Anhörungsrüge** (§ 81 iVm § 29a FGG) statt[64] (s Rdn 22). Im Übrigen kann unter besonderen Voraussetzungen eine Verfassungsbeschwerde in Betracht kommen.[65] Die Einlegung eines unstatthaften Rechtsmittels gegen die Zurückweisung eines Ablehnungsgesuchs durch Beschluss eines OLG löst eine weitere Wartepflicht des erfolglos abgelehnten Richters gem § 47 Abs 1 ZPO nicht aus.[66]

7. Wirkung der Ausschließung und der begründeten Ablehnung

20 Wirkt ein kraft Gesetzes ausgeschlossener Richter bei einer Entscheidung des Beschwerdegerichts mit, so ist diese nicht aus diesem Grunde unwirksam (§ 7 FGG). Dasselbe gilt für die Mitwirkung eines begründet abgelehnten Richters, selbst wenn der Rahmen des § 47 ZPO überschritten worden ist (§ 11 Rdn 30).[67] Andererseits liegt ein absoluter Rechtsbeschwerdegrund nach § 78 iVm § 547 Nr 2 bzw Nr 3 ZPO (§ 78 Rdn 27 ff) vor, wenn bei der Entscheidung ein ausgeschlossener Richter oder ein Richter mitgewirkt hat, obwohl er abgelehnt und das Ablehnungsgesuch für begründet erklärt war. Mit einem relativen Rechtsbeschwerdegrund (§ 78 Rdn 24) behaftet ist eine Beschwerdeentscheidung des LG unter Mitwirkung eines abgelehnten Richters über den Rahmen des § 47 ZPO hinaus vor rechtskräftiger Entscheidung über die Ablehnung, falls diese nachträglich für begründet erklärt wird.[68] **Im Falle der rechtskräftigen Zurückweisung des Ablehnungsgesuchs ist ein Verstoß gegen § 47 ZPO** dagegen **unbeachtlich.**[69] Verstöße im Zusammenhang mit der weiteren Beschwerdeentscheidung des OLG oder des BGH (§ 79 Abs 2) sind mangels einer weiteren Instanz unanfechtbar. Nur bei Willkür kommt eine Verfassungsbeschwerde im Hinblick auf Art 101 Abs 1 S 2 GG in Betracht.[70]

V. Fortsetzung des Beschwerdeverfahrens

1. Anhörungsrüge entsprechend § 29a FGG

21 Der mit Wirkung vom 1. Januar 2005[71] eingefügte neue Abs 3 des § 81 schreibt ergänzend zu den Bestimmungen über die Beschwerde in GB-Verfahren die **entsprechende Anwendung des** ebenfalls neuen **§ 29a FGG** vor. Dieser lautet:

(1) Auf die Rüge eines durch eine gerichtliche Entscheidung beschwerten Beteiligten ist das Verfahren fortzuführen, wenn
1. ein Rechtsmittel oder ein anderer Rechtsbehelf gegen die Entscheidung oder eine andere Abänderungsmöglichkeit nicht gegeben ist und
2. das Gericht den Anspruch dieses Beteiligten auf rechtliches Gehör in entscheidungserheblicher Weise verletzt hat.

Gegen eine der Entscheidung vorausgehende Entscheidung findet die Rüge nicht statt.

(2) Die Rüge ist innerhalb von zwei Wochen nach Kenntnis von der Verletzung des rechtlichen Gehörs zu erheben; der Zeitpunkt der Kenntniserlangung ist glaubhaft zu machen. Nach Ablauf eines Jahres seit der Bekanntgabe der angegriffenen Entscheidung an diesen Beteiligten kann die Rüge nicht mehr erhoben werden. Formlos mitgeteilte Entscheidungen gelten mit dem dritten Tag nach Aufgabe zur Post als bekannt gegeben. Die Rüge ist schriftlich oder zu Protokoll der Geschäftsstelle bei dem Gericht zu erheben, dessen Entscheidung angegriffen wird. § 29 Abs 1 Satz 2 und 3 finden entsprechende Anwendung, soweit die Entscheidung eines Oberlandesgerichts angegriffen wird. Die Rüge muss die angegriffene Entscheidung bezeichnen und das Vorliegen der in Absatz 1 Satz 1 Nr 2 genannten Voraussetzungen darlegen.

(3) Den übrigen Beteiligten ist, soweit erforderlich, Gelegenheit zur Stellungnahme zu geben.

(4) Ist die Rüge nicht in der gesetzlichen Form oder Frist erhoben, so ist sie als unzulässig zu verwerfen. Ist die Rüge unbegründet, weist das Gericht sie zurück. Die Entscheidung ergeht durch unanfechtbaren Beschluss. Der Beschluss soll kurz begründet werden.

(5) Ist die Rüge begründet, so hilft ihr das Gericht ab, indem es das Verfahren fortsetzt, soweit dies aufgrund der Rüge geboten ist.

---

61 BGH NJW-RR 1992, 383; KEHE-*Briesemeister* Rn 11; *Jansen-Müther* § 6 Rn 32.
62 BGH NJW-RR 2003, 644 = Rpfleger 2003, 239; BGH NJW-RR 2004, 726 = FamRZ 2004, 617.
63 BGH NJW-RR 2004, 726 = FamRZ 2004, 617; BGH NJW-RR 2004, 1077 = VersR 2004, 1436.
64 *Demharter* Rn 12.
65 Vgl BVerfG NJW-RR 2007, 409.
66 BGH WM 2005, 277 = ZIP 2005, 45.
67 *Demharter* Rn 13; KEHE-*Briesemeister* Rn 12; *Keidel-Kayser* § 6 Rn 66.
68 BayObLGZ 1986, 242, 252; BayObLGZ 1993, 52, 56 f; OLG Karlsruhe OLGZ 1978, 224, 225; *Jansen-Briesemeister* § 27 Rn 76; *Keidel-Kayser* § 6 Rn 66; *Stein-Jonas-Bork* § 47 Rn 5.
69 BayVerfG NJW 1982, 1746; BayObLGZ 1986, 249, 252; BayObLG MDR 1988, 500; OLG Karlsruhe OLGZ 1978, 224, 225; KG MDR 1977, 673; *Keidel-Kayser* § 6 Rn 66; *Baumbach-Hartmann* § 47 Rn 9.
70 BVerfGE 31, 145, 167 = NJW 1971, 2122; BayVerfGH NJW 1982, 1746.
71 Ges über d Rechtsbehelfe bei Verletzung des Anspruchs auf rechtliches Gehör v 09.12.2004, BGBl I S 3220.

Streck

2. Regelungsgegenstand

Die Bestimmung trägt zusammen mit entsprechenden Änderungen uA der Zivilprozessordnung auf dem Boden **22** einer weitgehend bereits eingeführten gerichtlichen Praxis den Vorgaben des Bundesverfassungsgerichts[72] über die Notwendigkeit einer gesetzlichen Regelung zur Durchsetzung des (entscheidungserheblich verletzten) Anspruchs auf rechtliches Gehör (Art 103 Abs 1 GG) durch fachgerichtliche Abhilfe in dem jeweils abgeschlossenen Verfahren Rechnung.[73] Wegen Einzelfragen zu § 29a FGG wird auf die Kommentierungen dieser Vorschrift in den FGG-Kommentaren verwiesen. Hervorzuheben ist, dass die Vorschrift – wie sich aus § 29a Abs 1 S 2 FGG ergibt – nur die nicht anfechtbaren und an sich unabänderbaren **Endentscheidungen** des jeweils mit der Sache befassten Gerichts (auch des BGH im Fall d § 79 Abs 3)[74] betrifft. Der Anwendungsbereich der Vorschrift wird also grundsätzlich nicht geöffnet für Zwischen(streit-)Entscheidungen (s § 71 Rdn 93, 94);[75] wohl aber für Entscheidungen über Beschwerden gegen sie[76] bzw solche im letztinstanzlichen Beschwerdeverfahren, ebenso für Entscheidungen in selbständigen Nebenverfahren, wie dem um Prozesskostenhilfe (s § 71 Rdn 96).[77] Die spezielle gesetzliche Regelung des Anhörungsrügengesetzes für eine Selbstkorrektur des entscheidenden Gerichts ist auf Gehörsverletzungen beschränkt. Auf die Geltendmachung von Verstößen auf ein anderes Verfahrensgrundrecht ist sie nicht (analog) anwendbar.[78] Auch eine »außerordentliche Beschwerde« dürfte dann ausgeschlossen sein, nicht aber in jedem Fall die Gegenvorstellung (vgl z diesen Rechtsbehelfen Vor § 71 Rdn 5, 23; § 80 Rdn 39).

VI. Elektronischer Rechtsverkehr

1. Verordnungsermächtigung (Abs 4)

Die Regelung in (jetzt:) Abs 4[79] entspricht § 21 Abs 3 ZPO und § 130a ZPO. Sie dient – auch im Zusammenhang mit § 73 Abs 2 S 2 (= § 21 Abs 2 S 2 FGG, s auch § 130a Abs 1 ZPO) der Erleichterung der Anpassung der Formvorschriften des Privatrechts und anderer Vorschriften an den modernen Rechtsverkehr. **23**

2. Verordnungen des Bundes und der Länder

Die Möglichkeit der Einreichung elektronischer Dokumente besteht beim BGH seit dem 30. November 2001,[80] seit dem 1. September 2007 auf der Grundlage der BGH/BPatGERVO.[81] Verordnungen der Landesregierungen sind ergangen in Baden-Württemberg,[82] Bayern,[83] Berlin,[84] Brandenburg,[85] Hamburg,[86] Rheinland-Pfalz,[87] Sachsen[88] und Thüringen.[89] **24**

---

72 BVerfGE 107, 395 = NJW 2003, 273.
73 Entwurfsbegründung BT-Drucks 15/3706 S 1, 13 ff.
74 *Briesemeier* FGPrax 2005, 101, 102 (m wohl zu weit gehender Forderung nach einer Rechtsmittelbelehrung durch d BGH).
75 BT-Drucks 15/3706 S 16;
76 Vgl BT-Drucks 15/3706 S 14, 16; *Keidel/Meyer-Holz* Rn 8; *Bassenge* FGG § 29a Rn 2.
77 *Bassenge* FGG § 29a Rn 2; *Keidel/Meyer-Holz* Rn 8.
78 Keidel/Meyer-Holz § 29a Rn 27 – z Gesetzesgeschichte ders aaO Rn 1–4; **aA** OVG Lüneburg NJW 2006, 2506.
79 G v 13.07.2001, BGBl I 1542, in Kraft seit 1.08.2002.
80 ERVVOBGH v 26.11.2001 (BGBl I S 3225).
81 V 24.08.2007 (BGBl I S 2130).
82 VO v 15.06.2004 (GVBl S 590) u v 11.12.2006 (GVBl S 393).
83 VO v 15.12.2006 (GVBl S 1084).
84 VO v 19.12.2006 (GVBl S 1167) u v 27.12.2006 (GVBl S 1183).
85 VO v 18.12.2006 (GVBl S 548).
86 VO v 01.08.2006 (GVBl S 455): Weiterübertragung der Ermächtigung auf die Justizbehörde.
87 VO v 12.12.2006 (GVBl S 444).
88 VO v 12.12.2006 (GVBl S 544).
89 VO v 12.06.2006 (GVBl S 560).

Fünfter Abschnitt
Verfahren des Grundbuchamts in besonderen Fällen

Vorbemerkungen zu den §§ 82 bis 115

Schrifttum

Eickmann, Besondere Verfahren der Grundbuchordnung, RpflStud 1984, 1; *Hesse,* Das neue Grundbuchrecht, DJ 1935, 1291; *ders,* Das neue Grundbuchrecht, DNotZ 1935, 700; *Krieger,* Grundbuchbereinigung im neuen Grundbuchrecht, DNotZ 1935, 853; *Saage,* Das neue Grundbuchrecht, JW 1935, 2769, 2772–2774.

I. Inhalt: Drei selbständige Amtsverfahren

1 Die »selbständigen« Amtsverfahren des Grundbuchverfahrensrechts (systematischer Überblick: Einl F 3ff)[1] sind teils in der GBO selbst – in § 53, im fünften Abschnitt (§§ 84 bis 115) und im sechsten Abschnitt (§§ 116 bis 125) – teils in der GBV (in den §§ 25 bis 38: Zuständigkeitswechsel, Umschreibung und Schließung von Grundbuchblättern, Beseitigung einer Doppelbuchung) geregelt. Die im fünften Abschnitt der GBO geregelten Verfahren, nämlich:

– das Verfahren für den Grundbuchberichtigungszwang (§§ 82 bis 83),
– das Verfahren zur Löschung gegenstandsloser Eintragungen (§§ 84 bis 89),
– das Verfahren zur Klarstellung der Rangverhältnisse (§§ 90 bis 115),

haben eine besondere »Qualität«. Sie zielen auf eine **Aktualisierung bzw Bereinigung von Grundbuchinhalten** und sind demgemäß auf die Mitwirkung, mindestens auf die Billigung der Beteiligten angelegt. Es geht darum, die Löschung oder Umgestaltung reformbedürftiger Eintragungen zu erreichen, um damit Quellen möglicher Fehlinformation des Grundbuchs zu beseitigen und auf diese Weise den Rechtsverkehr vor Irreführungen und Komplikationen zu bewahren.[2] Verfahren mit solcher Zielsetzung sind ohne gewisse Einwirkung auf Individualrechte der Beteiligten und ohne gelegentlichen Einsatz von Druckmitteln amtlicherseits nicht voranzutreiben. Die folgenden Verfahrensvorschriften ermächtigen das GBA in Grenzen zu solchen Maßnahmen, sie verpflichten es andererseits zur gewissenhaften Feststellung und Hinzuziehung der Verfahrensbeteiligten.

2 Die Einleitung und Durchführung der Verfahren liegt zwar im Ermessen des GBA, jedoch macht das Gesetz **Unterschiede**, insbesondere:

– Für das Berichtigungszwangsverfahren setzt § 82 nicht mehr voraus als die Kenntnis von einer unter diese Vorschrift fallenden Grundbuchunrichtigkeit; auch unsichere Anhaltspunkte geben regelmäßig Anlass zur Aufnahme von Ermittlungen (dazu § 82 Rdn 10 bis 18).
– Die beiden weiteren Verfahren sollen dagegen nur aus besonderem Anlass eingeleitet werden (vgl § 85 bzw § 90).

II. Entstehung der Vorschriften

3 Die Vorschriften dieses Abschnitts wurden bei der Neufassung der GBO durch die GBÄndVO vom 05.08.1935 (RGBl I 1065) neu eingefügt. Man griff damals auf bewährte landesrechtliche Regelungen zurück. Vorbild für das Berichtigungszwangsverfahren war ua das preuß Recht (§§ 55 ff der GBO vom 5.05.1872).[3] Die beiden anderen Verfahren des Abschnitts gehen zurück auf das Gesetz über die Bereinigung der Grundbücher (GBBerG) vom 18.07.1930 (RGBl I 305), das zwecks Beseitigung der durch die Inflations- und Aufwertungszeit entstandenen Verkomplizierungen des Grundbuchinhalts die Länder ermächtigte, die Löschung gegenstandsloser Eintragungen (§ 22 GBBerG) sowie die Klarstellung unübersichtlicher Rangverhältnisse (§ 24 GBBerG) aufgrund zu schaffender Rechtsvorschriften von Amts wegen zu betreiben. Die meisten Länder machten davon Gebrauch, weitgehend übereinstimmend.[4]

Bei der Novellierung der GBO im Jahre 1935 wurden die §§ 22 und 24 GBBerG aufgehoben und stattdessen die Verfahren dauerhaft in das Grundbuchverfahrensrecht eingebunden, eng angelehnt an die preußischen Vor-

---

1 Grundgedanken zu den Verfahren: *Eickmann* RpflStud 1984, 1ff.
2 *Eickmann* aaO (Fn 1) S 1.
3 Zur diesbezüglichen historischen Entwicklung insbesondere: *Saage* DJ 1935, 1326, 1327–1329; *ders* JW 1935, 996.
4 Vgl *Saage,* JW 1935, 2769, 2773.

schriften. Die §§ 84 bis 89 sind fast wörtlich dem preußischen Ausführungsgesetz zu § 22 GBBerG vom 16.03.1931 (GS 16) nebst DVO entnommen, die §§ 90 bis 115 entsprechen der aufgrund des § 24 GBBerG erlassenen preußischen VO über das Verfahren zur Klarstellung der Rangverhältnisse im Grundbuch vom 16.03.1931 (GS 20).

III. Nachträgliche Änderungen und Ausdehnungen

– Einfügung des § 82a durch die VereinfVO vom 05.10.1942 (RGBl I 573). Dazu § 82 Rdn 2. **4**
– Änderung der §§ 82 und 83 durch § 27 Nr 5 GBMaßnG vom 20.12.1963 (BGBl I 986). Dazu § 82 Rdn 2, § 83 Rdn 1.
– Entsprechend anwendbar sind die §§ 82, 82a nach § 14 S 1 GBBerG vom 20.12.1993 (Art 2 des RegVBG, BGBl I 2182) in den Fällen des Art 234 § 4a Abs 1 S 1 EGBGB. Vorrangig zu beachten sind die verfahrensrechtlichen Sonderbestimmungen in § 14 S 2 und 3 GBBerG.
– Entsprechend anwendbar sind die Vorschriften über den Grundbuchberichtigungszwang ferner gemäß § 78 Abs 1 S 5, 6 SachenRBerG.

I.
Grundbuchberichtigungszwang

§ 82 (Aufforderung zur Antragstellung)

Ist das Grundbuch hinsichtlich der Eintragung des Eigentümers durch Rechtsübergang außerhalb des Grundbuchs unrichtig geworden, so soll das Grundbuchamt dem Eigentümer oder dem Testamentsvollstrecker, dem die Verwaltung des Grundstücks zusteht, die Verpflichtung auferlegen, den Antrag auf Berichtigung des Grundbuchs zu stellen und die zur Berichtigung des Grundbuchs notwendigen Unterlagen zu beschaffen. Das Grundbuchamt soll diese Maßnahme zurückstellen, solange berechtigte Gründe vorliegen.

Schrifttum

Riedel, Verfahren beim Grundbuchberichtigungszwang nach § 82 GBO, JurBüro 1979, 659; *Saage,* Kann das Grundbuchamt die Erben durch Ordnungsstrafen anhalten, den Antrag auf Berichtigung des Grundbuchs zu stellen?, JW 1935, 996; *ders,* Der Grundbuchberichtigungszwang, DJ 1935, 1326; *Schneider,* Zur Antragsbefugnis und zu den Eintragungsgrundlagen im Grundbuchberichtigungsverfahren bei angeordneter Testamentsvollstreckung, MittRhNotK 2000, 283.

I. Norminhalt und -zweck

1. Antragsfreiheit gemäß § 13

1 Ob und wann eine Grundbuchberichtigung veranlasst wird, ist nach geltendem Recht grundsätzlich den Beteiligten zu überlassen; dies folgt aus dem Antragsprinzip des § 13 Abs 1 S 1, das für Grundbuchberichtigungen ebenso gilt wie für rechtsbegründende (konstitutive) Eintragungen. Nach der Erstfassung der GBO galt dieses Prinzip der Antragsfreiheit uneingeschränkt. Die Aufnahme eines Antragszwangsverfahrens nach dem Leitbild früherer Landesrechte wurde bei den ehemaligen Beratungen des Entwurfs ausdrücklich abgelehnt mit der Begründung, ein von Amts wegen zu übender Zwang zur Stellung eines Eintragungsantrages harmoniere nicht mit den Prinzipien des Entwurfs der GBO. Erst mit der GBO-Reform von 1935 wurde den vielfältigen praktischen Bedürfnissen nach alsbaldiger Richtigstellung überholter Eigentumseintragungen durch Einfügung der §§ 82, 83 Rechnung getragen.[1]

---

[1] Dazu eingehend *Saage* NJW 1935, 996; DJ 1935, 1326, 1328.

Für unrichtige Eintragungen sonstiger Rechte ist es grundsätzlich bei der Antragsfreiheit geblieben, werden also länger dauernde Grundbuchunrichtigkeiten in Kauf genommen, wohl weil deren Misslichkeiten (Erschwerung des Grundbuchverkehrs, Gefahr des Rechtsverlustes durch gutgläubigen Erwerb) hier nur einen verhältnismäßig kleinen Interessentenkreis betreffen. Ein Amtsverfahren gibt es für die Löschung gegenstandsloser Eintragungen (§§ 84 bis 89), unterstützt durch § 5 Abs 1 des GBBerG vom 20.12.1993 (Art 2 des RegVBG, BGBl I 2182).

2. Antragspflicht gemäß § 82

Der »Grundbuchberichtigungszwang« kam in der Urfassung des § 82 recht vage zum Ausdruck: »*Besteht begründeter Anlaß zu der Annahme, daß das Grundbuch hinsichtlich der Eintragung des Eigentümers durch Rechtsübergang außerhalb des Grundbuchs unrichtig geworden ist, so kann das Grundbuchamt, wenn die alsbaldige Berichtigung des Grundbuchs angezeigt erscheint, dem Eigentümer oder dem Testamentsvollstrecker, dem die Verwaltung des Grundstücks zusteht, die Verpflichtung auferlegen, den Antrag auf Berichtigung des Grundbuchs zu stellen und die zur Berichtigung des Grundbuchs notwendigen Unterlagen zu beschaffen.*« Den Bedürfnissen entsprechend wurde 1942 mit § 82a eine Bestimmung »nachgeschoben« (vgl Vor § 82 Rdn 4), die bei Undurchführbarkeit oder Erfolglosigkeit des Vorgehens nach § 82 die Berichtigung von Amts wegen erlaubt. Schließlich erhielt § 82 durch das GBMaßnG von 1963 (vgl Vor § 82 Rdn 4) die geltende »verschärfte« Fassung, die dem Einschreitensermessen des GBA klarere Konturen gibt. **Zur funktionellen Bedeutung** der §§ 82 und 82a: **2**

- (1) **Für die Beteiligten:** Die Berichtigung von Eigentümereintragungen **bleibt Antragsgeschäft** iS des § 13 Abs 1 S 1; § 82 ist insofern keine Ausnahmebestimmung. Von Amts wegen findet eine Berichtigung nach § 82a nur in Ausnahmefällen statt. Es bleibt den Beteiligten daher grundsätzlich das Recht zur Initiative »in ihrer Angelegenheit«, nämlich zur Veranlassung der Berichtigung und zur Beschaffung der dazu nötigen Unterlagen.

- (2) **Für das Grundbuchamt:** Ihm wird durch Gesetz die **Ermächtigung** erteilt und zugleich die **Amtspflicht** auferlegt, aus dem Antragsrecht der Beteiligten eine Antragspflicht zu machen. In der geltenden Fassung des § 82 (»so soll das Grundbuchamt«) kommt im Vergleich mit der Urfassung (»so kann das Grundbuchamt«) die Steigerung von der Ermächtigung zur Amtspflicht plastisch zum Ausdruck. Die nach § 82 aufzuerlegende Verpflichtung ist eine verfahrensrechtliche, also **öffentlich-rechtliche Verpflichtung**, deren Erfüllung nach Maßgabe des § 33 FGG erzwingbar ist.[2]

II. Voraussetzungen des Berichtigungszwanges

1. Materiellrechtliche Voraussetzungen

a) Unrichtigkeit in der ersten Abteilung. § 82 bezieht sich nur, aber auch auf **alle Fälle unrichtiger Eigentumseintragungen.** Darunter fallen schon dem Wortlaut nach unrichtige Eigentümereintragungen in Wohnungs- und Teileigentumsgrundbüchern. Die **Ausdehnung** auf unrichtige Inhabereintragungen bei grundstücksgleichen Rechten, für die ein besonderes Grundbuchblatt geführt wird, **insbesondere auf** die Unrichtigkeit der Eintragung des Erbbauberechtigten im Erbbaugrundbuch, entspricht dem Sinn der Vorschrift. Was im folgenden bezüglich der Eigentümereintragung ausgeführt wird, gilt demgemäß für die Eintragung des Erbbauberechtigten entsprechend. Einer weitergehenden Ausdehnung des Anwendungsbereichs, etwa auf beschränkte dingliche Rechte, steht der Ausnahmecharakter der Vorschrift (vgl Rdn 1) entgegen. **3**

b) Rechtsübergang außerhalb des Grundbuchs. Der Normbegriff »Rechtsübergang außerhalb des Grundbuchs« stellt darauf ab, dass ganz oder teilweise eine nach materiellem Recht nicht eintragungsbedürftige Rechtsnachfolge (Personenwechsel), also eine **nachträgliche Grundbuchunrichtigkeit** iS des § 894 BGB, eingetreten sein muss. **4**

aa) Nicht unter § 82 fallen: (1) **Unrichtigkeiten der Bezeichnung** des eingetragenen Eigentümers, einerlei ob von Anfang an gegeben oder nachträglich eingetreten, wie zB eine Änderung des Namens, des Berufs, des Wohnorts usw. Zur Richtigstellung solcher Ungenauigkeiten und wegen weiterer Fälle dieser Art: § 22 Rdn 86. **5**

(2) **Fälle ursprünglicher Unrichtigkeit** des Grundbuchs, deren Symptom es ja gerade ist, dass der eingetragene Rechtsübergang materiellrechtlich nicht eingetreten ist. Wegen der vielfältigen Möglichkeiten: § 22 Rdn 9 bis 21. **6**

bb) Anwendungsfälle für § 82. (1) Die **Erbfolge** ist der praktisch **häufigste Fall** des außerhalb des Grundbuchs stattfindenden Rechtsübergangs (§§ 1922, 1942 BGB). **7**

---

2 KG JR 1953, 185; OLG Frankfurt Rpfleger 1977, 409 und Rpfleger 1978, 413.

8 (2) **Weitere Beispiele:**
- bei einer **Erbengemeinschaft** – außer der Beerbung von Miterben (Erbfolge) – die Übertragung des Anteils eines Miterben auf einen anderen Miterben oder auf einen Dritten gemäß § 2033 Abs 1 BGB (vgl § 22 Rdn 38);
- bei einer **Personenhandelsgesellschaft** (OHG oder KG) und bei einer **Partnerschaftsgesellschaft** treten die durch Gesellschafterwechsel ausgelösten materiellrechtlichen Ab- und Anwachsungsvorgänge im Grundbuch nicht in Erscheinung, solange die Gesellschaft gemäß § 15 Abs 1 Buchst b GBV mit Firma bzw Name und Sitz (also ohne Namhaftmachung der Mitglieder) im Grundbuch zu bezeichnen ist; zur offenen Grundbuchunrichtigkeit infolge Ab- und Anwachsung kann es erst kommen, wenn die Eigenschaft als Handelsgesellschaft (§§ 105 Abs 1, 2, 161 Abs 1 HGB) oder Partnerschaftsgesellschaft (§ 1 PartGG) entfallen ist und deswegen die Löschung im Handelsregister bzw Partnerschaftsregister erfolgt ist (vgl § 22 Rdn 46).
- der Eintritt einer **ehelichen oder fortgesetzten Gütergemeinschaft** gemäß §§ 1416 Abs 2, 1485 BGB; bei letzterer ist auch Anwachsung möglich, falls aus der fortgesetzten Gütergemeinschaft ein Abkömmling durch Tod ohne Hinterlassung von anteilsberechtigten Abkömmlingen oder durch Verzicht ausscheidet (§§ 1490, 1491 BGB);
- die Fälle der Gesamtrechtsnachfolge bei **Umwandlung, Verschmelzung, Spaltung, Vermögensübertragung** nach Maßgabe der einschlägigen Vorschriften (dazu § 22 Rdn 46 ff).

2. Formellrechtliche Voraussetzungen

9 **a) Kein Ersuchensfall des § 38.** Ein Einschreiten des GBA nach § 82 ist von vornherein ausgeschlossen im Anwendungsbereich des § 38, in Fällen also, in denen die Veranlassung der Grundbuchberichtigung aufgrund besonderer gesetzlicher Vorschriften einem gerichtlichen oder behördlichen Ersuchen vorbehalten und somit der privaten Antragstellung entzogen ist (vgl § 38 Rdn 6). Ein Beispielsfall ist das Ersuchen des Vollstreckungsgerichts gemäß § 130 ZVG.[3] Wegen der in Betracht kommenden sonstigen Fälle wird auf die Erläuterungen zu § 38 verwiesen.

10 **b) Feststellung der Grundbuchunrichtigkeit.** Die verfahrensrechtliche Voraussetzung für die Ausübung des Berichtigungszwanges ist heute deutlicher als in der ursprünglichen Fassung des § 82 (vgl Rdn 2). »Begründeter Anlaß zu der Annahme, daß das Grundbuch ... unrichtig geworden ist« – was auch immer unter diesem früheren Normtext zu verstehen war[4] – genügt nicht mehr. Der Wortlaut der geltenden Fassung »Ist das Grundbuch ... unrichtig geworden« macht die Ermächtigung des GBA zur Auferlegung der Berichtigungspflicht deutlich davon abhängig, dass die Grundbuchunrichtigkeit feststeht. Das GBA hat sich nötigenfalls vorab durch Amtsermittlungen und Beweiserhebungen nach Maßgabe des § 12 FGG zu vergewissern. **Aufklärungsziele:**

11 **aa) Gewissheit der Grundbuchunrichtigkeit.** Feststehen muss, dass ein für § 82 relevanter Fall nachträglicher Grundbuchunrichtigkeit vorliegt (dazu Rdn 3 bis 8). Zum Gewissheitsgrad: Einl F 103 mwN. **Glaubhafte Kenntnis,** dh das Vorliegen von Beweisanzeichen mit erheblichem Gewicht,[5] reicht zwar zur Einleitung des registergerichtlichen Zwangsverfahrens gemäß § 132 FGG (weil jenes Spezialverfahren darauf angelegt ist, die endgültige Klärung der Rechtslage herbeizuführen,[6] **reicht** aber **nicht** zur Auferlegung der auf § 33 FGG zielenden Grundbuchberichtigungspflicht. Denn § 33 FGG ist lediglich Vollzugsvorschrift,[7] erlaubt die Anordnung von Erzwingungsmaßnahmen (Beugemitteln) nur unter der Voraussetzung, dass sich die Befugnis, eine Handlung, Unterlassung oder Duldung verlangen (d eine vollziehbare Verpflichtung hierzu begründen) zu können, aus dem Gesetz ergibt.[8] Gerechtfertigt wird der Zwang allein durch § 82 unter der Voraussetzung, dass die Grundbuchunrichtigkeit feststeht.[9]

12 **bb) Bekanntsein des Rechtsnachfolgers.** Die Aufklärung darf nicht mit der Feststellung enden, dass der Eingetragene nicht mehr Eigentümer ist, sondern muss auch den neuen Eigentümer als den nach § 82 zu Verpflichtenden erforschen.

13 (1) **Grundsätzlich anzustreben** ist sichere Kenntnis über die Person des neuen Eigentümers. Denn § 82 rechtfertigt es ebenso wenig wie die §§ 12 und 33 FGG, einen nur mutmaßlichen Berechtigten in die Pflicht zu nehmen und Zwang auszusetzen.[10]

---

3 KG DJ 1936, 905, 906.
4 Vgl die unterschiedlichen Interpretationen bei *Güthe-Triebel* Rn 4, *Hesse-Saage-Fischer* Anm III 1.
5 Dazu speziell: *Bassenge* Rpfleger 1974, 173, 174.
6 BayOblGZ 1978, 319, 322 mwN = Rpfleger 1979, 25, 26.
7 *Bumiller/Winkler* FG § 33 Rn 1.
8 BayObLG aaO (Fn 6) mwN.
9 Ebenso KEHE-*Briesemeister* Rn 5; *Demharter* Rn 9; *Budde* in *Bauer/v Oefele* Rn 6.
10 Übereinstimmung mit KEHE-*Briesemeister* Rn 7 aE; ebenso *Budde* in *Bauer/v Oefele* Rn 7.

Böttcher

(2) **Besonderheit bei Erbfolge:** § 82 umfasst die Befugnis und die Pflicht des GBA zur Amtsermittlung der **14**
Erben eines verstorbenen Eigentümers, falls das Nachlassgericht dies nicht bereits getan und aufgrund von § 83
mitgeteilt hat. Eingeschlossen ist – weitergehend als nach § 35 Abs 1 – die Befugnis zur Würdigung und
Berücksichtigung von Erbeinsetzungen privatschriftlicher letztwilliger Verfügungen. Soweit hierzu gesagt wird,
das GBA sei befugt, die Auflagen zur Berichtigung des Grundbuchs an den »mutmaßlichen« Nachfolger des
eingetragenen Eigentümers zu richten, sofern für die Rechtsnachfolge eine »gewisse Wahrscheinlichkeit«
bestehe,[11] so darf das nicht zu wörtlich genommen werden; denn vage Feststellungen widersprächen dem
Gesetzeszweck (vgl Rdn 13).[12] Verkannt werden darf aber nicht, dass die Erbenfeststellung des GBA oft vorläufigen Charakter trägt, zumal § 35 Abs 1 es dem GBA nur begrenzt gestattet, die Erbfolge endgültig festzustellen.[13] Beruht die Erbfolge auf Gesetz oder auf einem privatschriftlichen Testament oder hängt die Auslegung
eines öffentlichen Testaments von tatsächlichen Ermittlungen ab, so ist nach § 35 Abs 1 zur Grundbuchberichtigung ein Erbschein erforderlich. Die Erbscheinsbeschaffung ist indes nicht Aufgabe des GBA, sondern aufgrund des § 82 dem zu Verpflichtenden aufzuerlegen. Es kann sich ergeben, dass die Erbenfeststellung des GBA
von der des Nachlassgerichts abweicht und dass deshalb jemand nach § 82 verpflichtet wird, der sich letztlich als
Nichterbe erweist, hinnehmbar, wenn vor der Verpflichtungsanordnung hinreichend rechtliches Gehör gewährt
worden ist (dazu Rdn 30).

Ein unnötiger Aufwand für die Zwecke des § 82 ist es zudem, die Mitglieder einer komplexeren Erbengemeinschaft vollzählig aufzuklären; denn es genügt, nur einen der Miterben zur Stellung des Berichtigungsantrages
und Beschaffung der Unterlagen zu verpflichten (dazu Rdn 28). Demgemäß wird es idR genügen, den- oder
diejenigen ausfindig zu machen, von dessen oder deren Erben- oder Miterbenstellung mit größter Wahrscheinlichkeit ausgegangen werden kann. Zur Erbenermittlung kann das GBA in entsprechender Anwendung des
§ 82a S 2 die Hilfe des Nachlassgerichts in Anspruch nehmen.[14] Das GBA darf sich aber an die gesetzlichen
Erben halten, solange beim (anzufragenden) Nachlassgericht das Vorhandensein eines Testaments nicht bekannt
ist und die gesetzlichen Erben dem GBA nicht nachweisen, dass der Erblasser eine letztwillige Verfügung
errichtet hat.[15]

cc) Anlass zur Aufnahme von Ermittlungen. Wann Anlass zur Aufnahme von Ermittlungen besteht, ist **15**
nach § 12 FGG von Amts wegen zu entscheiden. Dem Zweck des § 82 entsprechend wird das GBA nicht nur
auf Anregung (von Behörden, Notaren, Anwälten, Privatpersonen), sondern auch von sich aus Nachforschungen anzustellen haben, sobald es unwahrscheinlich erscheint, dass der Eingetragene noch wirklicher Eigentümer ist. Beispielhaft ist die Situation, dass wegen langer Zeitdauer einer Eigentümereintragung zwischenzeitliches Versterben des Eingetragenen nahe liegt.[16]

dd) Art und Umfang der Ermittlungen. Art und Umfang der Ermittlungen richten sich ebenfalls nach **16**
§ 12 FGG. Es liegt danach **grundsätzlich im pflichtgemäßen Ermessen** des Gerichts, ob es sich zur
Beschaffung des für seine Entscheidung erheblichen Tatsachenstoffs mit formlosen Ermittlungen (»Freibeweis«)
begnügen oder eine förmliche Beweisaufnahme (»Strengbeweis«) durchführen will; verpflichtet zur förmlichen
Beweisaufnahme ist es, wenn durch die sonstigen Ermittlungen eine hinreichend sichere Aufklärung nicht zu
erreichen ist oder wenn das Recht der Beteiligten, an der Wahrheitsermittlung mitzuwirken, auf andere Weise
nicht hinreichend gesichert ist.[17] Ob bzw wann der Freibeweis oder der Strengbeweis zu bevorzugen ist, darüber gibt es unterschiedliche Ansichten (dazu Einl F Rdn 95 bis 97 mwN). Eine einheitliche Regel lässt sich
kaum aufstellen. Maßgebend ist die Art und Schwere des Verfahrens[18] wie auch die Relevanz der zu ermittelnden Umstände. Der Strengbeweis ist nach allgemeiner Ansicht regelmäßig vorzuziehen, wenn es auf die Erweis-
barkeit einer bestimmten Einzeltatsache ankommt, deren Feststellung für die Entscheidung ausschlaggebend
ist.[19]

Im Vorverfahren zu § 82 stehen formlose Ermittlungen im Vordergrund; denn es wird vornehmlich Material **17**
gesammelt, um darüber schlüssig zu werden, ob ein Eingreifen geboten ist oder nicht; eine Beweiserhebung im
eigentlichen Sinne (zur Klärung umstrittener oder zumindest fraglicher Einzeltatsachen) findet dabei selten
statt, zumal nicht das GBA, sondern der zu Verpflichtende die endgültigen Unrichtigkeitsnachweise zu beschaf-

---

11 So OLG Braunschweig Nds Rpfl 1955, 74 in Anlehnung an *Thieme* Anm 2 b.
12 In diesem Sinne auch *Briesemeister* u *Budde* aaO (Fn 10).
13 Darauf weist OLG Braunschweig aaO (Fn 11) zu Recht hin; eingehend dazu *Preissinger* Rpfleger 1992, 427 mwN.
14 Ebenso KEHE-*Briesemeister* Rn 7 und *Demharter* Rn 10 aE im Anschluss an *Hesse* DFG 1943, 19; folgend *Budde* in
    Bauer/v Oefele Rn 7 aE.
15 KG JFG 14, 419, 423 = JW 1937, 479, 480; OLG Frankfurt Rpfleger 1978, 413.
16 *Demharter* Rn 9; KEHE-*Briesemeister* Rn 6; *Budde* in *Bauer/v Oefele* Rn 6.
17 Dazu zB BGHZ 39, 110, 114; BayObLG stRspr, vgl NJW-RR 1992, 653 mwN; NJW-RR 1996, 583; OLG Zwei-
    brücken NJW-RR 1988, 1211; *Schmidt* in *Keidel/Kuntze/Winkler* FG § 15 Rn 3–7; *Bumiller/Winkler* FG § 15 Rn 1–3.
18 So *Eickmann* RpflStud 1984, 1, 3.
19 Wie Fn 17; aufschlussreich: *Pohlmann* Rpfleger 1992, 484 mwN.

fen hat. Selbst die Befürworter eines grundsätzlichen Vorranges des Strengbeweises vor dem Freibeweis gestehen zu, dass in Verfahren, die von Amts wegen einzuleiten und zu betreiben sind, aufklärende Ermittlungen notwendig freier sein müssen als förmliche Beweisverfahren, wenn sie Erfolg haben sollen.[20] Eine förmliche Beweisaufnahme kommt eventuell in Betracht, falls das eröffnete Ermittlungsergebnis (dazu Rdn 30) von den Beteiligten substantiiert in Zweifel gezogen worden ist.[21]

18 **ee) Zurückstellungsgründe.** Ob Zurückstellungsgründe (§ 82 letzter Satz) vorliegen, braucht nicht planmäßig von Amts wegen ermittelt zu werden (dazu Rdn 21). Werden allerdings im Zuge der vorbereitenden Aufklärung des Sachverhalts Umstände bekannt, die eine Zurückstellung der Zwangsmaßnahmen rechtfertigen könnten, so sollten fürsorgerisch die Beteiligten zur Wahrnehmung ihrer Belange darauf aufmerksam gemacht werden, zweckmäßigerweise bei der Voraberöffnung des ermittelten Sachverhalts (dazu Rdn 30).

III. Anwendung des Berichtigungszwanges

1. Einerseits: Einleitungspflicht (§ 82 S 1)

19 **a) Im Allgemeininteresse.** Ist das GBA von dem Eigentumsübergang außerhalb des Grundbuchs überzeugt, so hat es nach jetziger Fassung des § 82 (»soll« statt früher »kann«) die Amtspflicht, das Zwangsverfahren einzuleiten und durchzuführen, es sei denn, dass anerkennenswerte Zurückstellungsgründe (dazu Rdn 22 bis 24) geltend gemacht werden.[22] Die ursprüngliche Fassung des § 82 (vgl Rdn 2) stellte die Verfahrenseinleitung in das Ermessen des GBA[23] und gab zudem durch den Bedingungssatz »wenn die alsbaldige Berichtigung des Grundbuchs angezeigt erscheint« Anlass zu der Annahme, der Rechtsübergang außerhalb des Grundbuchs allein genüge nicht, es müssten stets besondere Umstände hinzutreten, die für die alsbaldige Berichtigung sprächen. Die Novellierung beseitigte die Bedingung und ersetzte die Kann-Vorschrift durch eine Soll-Vorschrift, um den erklärten Willen des Gesetzgebers[24] zum Ausdruck zu bringen, »daß dem außerhalb des Grundbuchs eintretenden Eigentumsübergang grundsätzlich die Berichtigung alsbald folgt«. Grundloses Nichttätigwerden bei festgestellter nachträglicher Unrichtigkeit der Eigentümereintragung ist nach der Neufassung Amtspflichtverletzung mit der Konsequenz einer eventuellen Amtshaftung. Die Bemerkung des LG Ellwangen,[25] dass § 82 GBO aus Zeitmangel äußerst selten angewandt werde, mag in dieser Allgemeinheit der Aussage überspitzt sein; zutreffend ist sicherlich, dass die Grundbuchämter überwiegend nur auf Anregung, insbesondere vom Nachlassgericht gemäß § 83, von sich aus zu wenig die Initiative zur Vorbereitung und Einleitung des Verfahrens ergreifen und insofern dem Pflichtgehalt des § 82 nicht vollauf gerecht werden.

20 **b) Im schützenswerten Einzelinteresse.** Für Einzelne kann das Berichtigungszwangsverfahren nützlich sein, wenngleich es des Allgemeininteresses wegen im Gesetz installiert worden ist und nicht den Zweck hat, das Antragsverfahren und die damit verbundene Last der Beteiligten zur Beschaffung der für die Berichtigung des Grundbuchs erforderlichen Unterlagen zu verdrängen (vgl Rdn 2). Ein »Antrag« auf Einleitung des Amtsverfahrens hat daher die Bedeutung einer Anregung. Gegen deren Ablehnung ist Beschwerde zulässig, mit Aussicht auf Erfolg, wenn ein rechtlich geschütztes Interesse des Beschwerdeführers beeinträchtigt ist (vgl Rdn 40).
- Wer nach § 13 Abs 1 S 2 berechtigt ist, die Grundbuchberichtigung zu beantragen, kann die Einleitung des Amtsverfahrens nach den §§ 82 ff zwar anregen, idR jedoch nicht verlangen, insbesondere um Kosten zu sparen, einer Auseinandersetzung aus dem Wege zu gehen oder dgl.[26] Unter Umständen aber ist ein begründetes individuelles Interesse an der Einleitung des Berichtigungszwangsverfahrens sogar für denjenigen anzuerkennen, der bereits einen Antrag auf Grundbuchberichtigung gestellt hat, insbesondere dann, wenn sein zulässiger Berichtigungsantrag ohne die Mitwirkung eines anderen Beteiligten keinen Erfolg haben kann, weil er aus Rechtsgründen die erforderlichen Nachweise nicht zu beschaffen vermag.[27]
- Wer auf die Amtstätigkeit des GBA angewiesen ist, weil er nicht berechtigt ist, die zur Wahrnehmung seines schützenswerten Interesses nötige Grundbuchberichtigung zu beantragen, hat gegen die Ablehnung der von ihm angeregten Einleitung des Amtsverfahrens ein Beschwerderecht. Anerkannt ist dies beispielsweise für Inhaber eines beschränkten dinglichen Rechts am Grundstück wie auch für diejenigen, denen aus einem Verpflichtungsgeschäft ein Anspruch auf Verschaffung eines dinglichen Rechts gegen den Eigentümer

---

20 In diesem Sinne insb *Richter* Rpfleger 1969, 261, 266; *Kohlhosser* FamRZ 1970, 235, 239; dazu auch *Schmidt* und *Bumiller/Winkler*, aaO (Fn 17).
21 Ebenso *Richter* aaO (Fn 20); eingehend: *Pohlmann* aaO (Fn 19) mwN.
22 Vgl OLG Frankfurt Rpfleger 1977, 409, 410; 1978, 413.
23 Dazu *Güthe-Triebel* Rn 6.
24 Vgl amtl Begr, abgedruckt in MIR (6. Aufl) zu Rn 1.
25 BWNotZ 1977, 177 = JurBüro 1979, 759.
26 Vgl OLG Hamm NJW-RR 1994, 271 = Rpfleger 1994, 248; OLG Jena FGPrax 1996, 170.
27 Vgl BayObLGZ 1994, 158 = NJW-RR 1995, 272 = Rpfleger 1995, 103 (kein Antragsrecht eines Erbteilerwerbers für Erbschein nach verstorbenem Miterben).

zusteht, weil sie jeweils ein rechtlich geschütztes Interesse daran haben, zu wissen, gegen wen sie ihre Ansprüche geltend zu machen haben.[28] Anerkannt ist auch das Anregungs- und Beschwerderecht der (Erbes-)Erben eines Miteigentümers, denen es auf die berichtigende Eintragung der ihnen unbekannten Erben eines verstorbenen Miteigentümers ankommt.[29]

2. Andererseits: Zurückstellungsgründe (§ 82 S 2)

a) Aufgabe der Interessenabwägung. Das GBA »soll« gemäß § 82 bei festgestelltem Eigentumsübergang **21** außerhalb des Grundbuchs von Amts wegen zweierlei:
– einerseits im **Allgemeininteresse** die alsbaldige Grundbuchberichtigung initiieren (Satz 1),
– andererseits im **Individualinteresse** der Beteiligten berechtigten Gründen an der Zurückstellung der Zwangsmaßnahmen Rechnung tragen (Satz 2).

In die damit gebotene Interessenabwägung braucht das Grundbuchamt nach der jetzigen Fassung des § 82 nicht in jedem Fall, sondern nur einzutreten, wenn die Beteiligten Zurückstellungsgründe geltend machen. Es war gerade das Anliegen der Novellierung, gegenüber der bisherigen unscharfen Bestimmung deutlicher zu machen, dass außer der Feststellung der Grundbuchunrichtigkeit vor der Einleitung des Berichtigungszwangs von Amts wegen nicht noch besondere Umstände zu ermitteln sind (vgl Rdn 19). Der Wortlaut der Vorschrift bringt diese (sinnvolle) gesetzgeberische Absicht klar genug zum Ausdruck: Solange keine berechtigten Zurückstellungsgründe »vorliegen«, hat das GBA allein im Allgemeininteresse zu handeln und den Berichtigungszwang voranzutreiben. Das »Vorlegen« von etwaigen Zurückstellungsgründen ist Sache der Beteiligten (vgl Rdn 18);[30] denn es ist zunächst deren Angelegenheit, abzuwägen, ob die Grundbuchberichtigung alsbald erfolgen oder nach Möglichkeit vermieden oder zumindest aufgeschoben werden soll. Diese Abwägung ist nicht unwichtig; selbst in den besonders rückstellungsrelevanten Fällen des § 40 GBO (vgl Rdn 23) kann die verfahrensrechtlich verzichtbare Voreintragung des Erben für die Beteiligten interessant sein, um zB dem potentiellen Erwerber des ererbten Grundstücks den Schutz des öffentlichen Glaubens des Grundbuchs (§ 892 BGB) angedeihen zu lassen. Das GBA ist erst an zweiter Stelle, nachdem von den Beteiligten die Zurückstellung der Zwangsmaßnahmen verlangt oder zumindest gebilligt wird, zur ihm dann nach wie vor obliegenden Abwägung der Allgemein- und Individualinteressen berufen;[31] es hat daher, falls im Zuge der Vorermittlungen Umstände festgestellt werden, die eine Zurückstellung rechtfertigen könnten, nicht kurzerhand zu entscheiden, sondern sich zunächst auf Hinweise an die Beteiligten zu beschränken (vgl Rdn 18).

b) Berechtigte Zurückstellungsgründe. aa) Allgemeines. Allgemein gesagt, wird der amtliche Berichti- **22** gungszwang zurückzustellen sein, wenn bzw solange seine Druck- und Beugemittel unnötig sind, weil die Beteiligten ersichtlich (von Amts wegen zu berücksichtigen) ohne besondere Aufforderung die Grundbuchberichtigung betreiben oder auf (geltend gemachtem) anderem Wege, zB durch anstehende Veräußerung oder wegen einer beabsichtigten Belastung des Grundstücks alsbald dafür sorgen werden, dass das Grundbuch in Abteilung I mit der wirklichen Rechtslage in Übereinstimmung gebracht wird. Denn es ist allemal vorteilhafter, wenn das Gesetzesziel ohne Zwang in angemessener Zeit erreicht wird.[32] Sinnvoll ist es idR, nach dem Eintritt der Grundbuchunrichtigkeit mit dem Ergreifen erster Maßnahmen überhaupt etwas abzuwarten, um den Beteiligten zunächst Zeit zu lassen für eventuelle Überlegungen bzw Planungen; im Anschluss an einen Sterbefall ist ein solches Abwarten ohnehin ein Gebot der Pietät.

bb) § 40. Insbesondere § 40 gibt oft Grund für die zeitweilige Zurückstellung des Berichtigungszwangs. Auf- **23** schub ist zB angebracht, falls glaubwürdig vorgebracht wird, dass nach dem Tode des eingetragenen Eigentümers der nicht eingetragene Erbe oder der Nachlasspfleger oder der verfügungsberechtigte Testamentsvollstrecker das Grundstück in Kürze einem Dritten veräußern wird oder dass eine Erbengemeinschaft im Zuge der bevorstehenden Erbauseinandersetzung das Grundstück auf einen oder mehrere der Miterben übertragen will u dgl. Auch die Zwangsversteigerung ist ohne die vorherige Eintragung des Erben durchführbar (§§ 17 Abs 1, 181 Abs 2 ZVG); ist eine solche in angemessener Zeit zu erwarten, so macht sie den Berichtigungszwang entbehrlich, so dass den Beteiligten unnötiger Aufwand erspart bleibt.[33]

28 Vgl KG JFG 14, 448 = JW 1937, 480.
29 Vgl KG JFG 14, 418 = JW 1937, 479; ähnlich BayObLG aaO (Fn 27).
30 Anderer Ansatz (von Amts wegen zu berücksichtigen): *Budde* in *Bauer/v Oefele* Rn 11.
31 Vgl KEHE-*Briesemeister* Rn 9.
32 KG JFG 14, 448, 450 = JW 1937, 480, 481; Fall berechtigter Ablehnung wegen ungewisser Zeit: LG Ellwangen aaO (Fn 25). *Budde* aaO (Fn 30) will im Hinblick auf § 60 Abs 4 KostO idR zwei Jahre Zeit lassen. Solange sollte jedenfalls mit der Einleitung des Verfahrens (dazu Rn 29) nicht gewartet werden, um die Gebührenvergünstigung als Anreizmittel zu nutzen. Beizupflichten ist OLG Frankfurt Rpfleger 2002, 433 m Anm *Dümig*, dass innerhalb der Zweijahresfrist grundsätzlich keine Veranlassung zur Erzwingung der Grundbuchberichtigung besteht.
33 KG JFG 14, 418, 422 = JW 1937, 479, 480; OLG Düsseldorf MDR 1959, 582.

24 **cc) Überwachung.** Die Überwachung der Erledigung von Zurückstellungen in angemessener Zeit gehört zur Amtspflicht des GBA. Machen die Beteiligten keine ernstlichen Anstalten, von sich aus die unrichtige Eintragung im Grundbuch zu beseitigen, dann müssen sie gemäß § 82 dazu gezwungen werden.[34]

25 **c) Unberechtigte Gründe. aa) Geringwertigkeit des Grundstücks.** Geringwertigkeit des Grundstücks gibt keinen Grund zur völligen Zurückstellung des Berichtigungszwangs; das dafür vorgesehene Sonderrecht in § 35 Abs 3 erübrigt uU die Beschaffung eines Erbscheins oder eines Zeugnisses über die Fortsetzung einer Gütergemeinschaft, aber nicht die Stellung des Berichtigungsantrags. Auch Kostengründe bilden außerhalb des Rahmens von § 35 Abs 3 kein stichhaltiges Argument gegen den Berichtigungszwang.[35]

26 **bb) Berichtigungsantragsverfahren.** Ein Berichtigungsantragsverfahren schließt das Berichtigungszwangsverfahren nicht schlechthin aus. So wird das Verfahren nach § 82 beispielsweise einzuleiten und nötigenfalls auch durchzuführen sein, wenn dem Vollzug eines gestellten Berichtigungsantrages Eintragungshindernisse entgegenstehen, deren Beseitigung dem Antragsteller nicht möglich ist,[36] oder wenn die nötige Beteiligung eines von mehreren Miteigentümern nicht zu erreichen ist.[37] Grundsätzlich ist aber das Zwangsverfahren gegenüber der privaten Initiative zurückzustellen (vgl Rdn 22).

3. Durchführung des Verfahrens

27 **a) Adressat der Verpflichtung.** Die Antragsverpflichtung aufgrund des § 82 setzt die Antragsberechtigung des zu Verpflichtenden nach den allgemeinen Vorschriften voraus (vgl Rdn 2). Wem die Verpflichtung aufzuerlegen ist, bestimmt § 82 ausdrücklich.

28 **IdR ist der »Eigentümer«** zu verpflichten, das ist derjenige, welcher durch Rechtsübergang außerhalb des Grundbuchs anstelle des Eingetragenen Eigentümer geworden ist. Das heißt, dass der von der berichtigenden Eintragung Begünstigte – nicht der nach § 13 Abs 1 S 2 ebenfalls antragsberechtigte Betroffene – verpflichtet werden darf.

Bei einer **Erbengemeinschaft** braucht nur einer der Miterben den Berichtigungsantrag zu stellen (vgl § 13 Rdn 60), der Mitwirkung der übrigen bedarf es auch nicht wegen § 22 Abs 2, weil die Eintragung der Erbfolge artbedingt auf Unrichtigkeitsnachweis erfolgt. Demgemäß genügt es, die Verpflichtung zur Herbeiführung der Berichtigung einem oder einzelnen der Miterben aufzuerlegen.[38] Das GBA wird sich bei der Auswahl von Zweckmäßigkeitsgesichtspunkten leiten lassen.

29 Neben dem **»Testamentsvollstrecker, dem die Verwaltung des Grundstücks zusteht«**, ist nach richtiger Ansicht[39] (vgl § 13 Rdn 56) auch der Erbe berechtigt, die Grundbuchberichtigung zu beantragen. Demzufolge kann aufgrund des § 82 außer dem Testamentsvollstrecker der Erbe verpflichtet werden. Von der erforderlichen Verwaltungszuständigkeit des Testamentsvollstreckers (als dem Regelfall gemäß § 2205 BGB) darf das GBA ausgehen, solange das Gegenteil nicht feststellbar ist.[40] **Mehrere** Testamentsvollstrecker führen, falls der Erblasser nichts anderes bestimmt hat, ihr Amt gemeinschaftlich (§ 2224 Abs 1 BGB) und sind deshalb ggf alle zu verpflichten.[41] Unterliegt das Grundstück – von Anfang an gemäß Erblasserwillen (§ 2208 Abs 1 BGB) oder infolge Freigabe durch den Testamentsvollstrecker (§ 2217 BGB) – nicht oder nicht mehr der Testamentsvollstreckung, so trifft die Verpflichtung zur Grundbuchberichtigung den Erben.

Ein **Nachlassverwalter** oder ein **Nachlassinsolvenzverwalter** kann nur verpflichtet werden, wenn er für die Verwaltung des Grundstücks zuständig ist; dies ist nicht der Fall bei der Erbfolge in den Anteil an einer Personengesellschaft.[42]

30 **b) Gewährung rechtlichen Gehörs.** Vor der Auferlegung der Handlungspflichten gemäß § 82 hat das GBA dem bzw den zu Verpflichtenden rechtliches Gehör zu gewähren, indem es ihn bzw sie **über den maßgeblichen Sachverhalt und die möglichen Zwangsmittel informiert** und ihm bzw ihnen Gelegenheit gibt, dazu Stellung zu nehmen (vgl Einl F Rdn 77 ff mwN). In der Praxis gebräuchliche Formularschreiben, mit denen kurz die rechtliche Situation erläutert und zur (freiwilligen) Antragstellung und Unterlagenbeschaffung

---

34 KG aaO (Fn 32); dazu auch BayObLG Rpfleger 1991, 354 (LS).
35 OLG Hamm aaO (Fn 26) aE.
36 BayObLG aaO (Fn 27).
37 KG aaO (Fn 29).
38 KG aaO (Fn 29); OLG Frankfurt Rpfleger 1987, 413.
39 Dazu LG Stuttgart Rpfleger 1998, 243; *Schneider* MittRhNotK 2000, 283, 284 mwN.
40 Ebenso KEHE-*Briesemeister* Rn 17; *Budde* in *Bauer/v Oefele* Rn 8.
41 OLG München JFG 17, 298.
42 BayObLGZ 1990, 306 = NJW-RR 1991, 361 = Rpfleger 1991, 58; OLG Hamm OLGZ 1993, 147 = Rpfleger 1993, 282.

aufgefordert wird,[43] mögen in den Fällen des § 83, die an nachlassgerichtliche Vorgänge anknüpfen und darauf verweisen, dem Informationsanspruch des Betroffenen genügen. In Fällen jedoch, in denen das GBA von sich aus den Sachverhalt durch formlose Ermittlungen gemäß § 12 FGG zusammengetragen hat (vgl Rdn 16), ist die konkrete Mitteilung des ermittelten Tatsachenmaterials erforderlich (zB durch mündliche Eröffnung, durch Übersendung von Abschriften oder durch Akteneinsicht), mindestens aber dessen inhaltliche Mitteilung, und die Setzung einer angemessenen Frist zur Stellungnahme.[44]

Eine **Anhörung** der Beteiligten erfüllt deren Anspruch auf rechtliches Gehör, sofern sie nicht nur der Erfragung oder Klärung von einzelnen Sachverhaltsumständen dient, sondern den Beteiligten dabei der Sachverhalt, auf den das GBA den Berichtigungszwang zu stützen gedenkt, in Gesamtheit eröffnet wird.[45] Wenn und soweit mitgeteilte Tatsachen von Beteiligten substantiiert bestritten werden, ist eine Überprüfung, eventuell weitere Beweiserhebung nach den Regeln des Strengbeweises nötig (vgl Rdn 16), bevor endgültig über das Einschreiten gemäß § 82 entschieden wird.

c) Auflegung der Verpflichtung. Eine besondere **Form** ist nicht vorgeschrieben für die Entscheidungen **31** des GBA im Berichtigungszwangsverfahren. Ob sie mündlich oder schriftlich, im Briefstil oder in Beschlussform ergehen, stets sind sie »Verfügungen« iS des § 16 Abs 1 FGG, die mit Bekanntmachung an den Betroffenen wirksam werden. Beschlussform ist anzuraten, weil diese den Entscheidungscharakter am konsequentesten darstellt. Bei Einhaltung des vorstehend (Rdn 30) geschilderten Verfahrenswegs dürfte die Angelegenheit so vorgeklärt und »bürgerfreundlich« vorbereitet sein,[46] dass sich danach die Verknüpfung der Verpflichtungsauflage (§ 82) mit der Zwangsgeldandrohung (§ 33 Abs 3 FGG) in einem Beschluss empfiehlt; zulässig ist ein solcher Verbund jedenfalls.[47] Zur Art der Bekanntgabe: Rdn 34 aE.

Konkretisierung der Verpflichtung: § 33 FGG erfordert generell hinreichende Bestimmtheit darüber, wel- **32** ches Tun, Unterlassen oder Dulden von dem Pflichtigen verlangt wird[48] (vgl auch Einl F 136). In Bezug auf § 82 GBO folgt daraus, dass die allgemeine Gesetzesformel »*den Antrag auf Berichtigung des Grundbuchs zu stellen und die zur Berichtigung des Grundbuchs notwendigen Unterlagen zu beschaffen*« deswegen der dem Einzelfall angepassten Konkretisierung bedarf. Das GBA hat mithin in der Verpflichtungsanordnung näher zu bestimmen:

– **welcher Antrag** zur Erfüllung der Verpflichtung zu stellen ist. Dem Verpflichteten ist daher aufzugeben, dass er in dem zu stellenden Antrag den Inhalt der begehrten Berichtigungseintragung aufzuzeigen hat (dazu § 22 Rdn 93).

– **welche Unterlagen** zur Erfüllung der Verpflichtung zu beschaffen sind. Erforderlich sind prinzipiell dieselben Unterlagen wie zur freiwillig beantragten Grundbuchberichtigung gleicher Art; auch die steuerliche Unbedenklichkeitsbescheinigung gehört, außer bei Berichtigung aufgrund Erbfolge (dazu § 22 Rdn 155), dazu. Wegen der Vielfalt der Möglichkeiten (dazu § 22 Rdn 94 ff) ist es nicht nur zweckmäßig,[49] sondern nötig, in der Verpflichtungsanordnung die zur Begründung des zu stellenden Antrags vorzulegenden Unterlagen der Art nach zu beschreiben. Wo es Alternativen gibt, sind sie aufzuzeigen. Angebracht ist es zB, bei voraussichtlich schwierigem Unrichtigkeitsnachweis auf die Möglichkeit der Berichtigungsbewilligung (§ 22 Abs 1) nebst Zustimmung des Einzutragenden (§ 22 Abs 2; Form: § 29) hinzuweisen oder bei vom GBA nicht klärbarer Erbfolge die Beschaffung eines Erbscheins aufzugeben.

– **welche restliche Handlung** noch aussteht, falls ein Teil der Verpflichtung schon erfüllt ist. Liegt der Unrichtigkeitsnachweis bereits vor (zB in den Fällen des § 83), so ist der Rechtsnachfolger nur zur Antragstellung zu verpflichten. Ist der Berichtigungsantrag bereits gestellt, so ist der Antragsteller zur Beschaffung der (zu bezeichnenden) Unterlagen zu verpflichten; der Erlass einer Zwischenverfügung mit Zurückweisungsdrohung widerspräche dem Ziel des § 82.[50]

d) Durchsetzung der Verpflichtung. Sie erfolgt nach Maßgabe des § 33 Abs 1 S 1, Abs 3 S 1 FGG **33** durch – nötigenfalls wiederholte – Androhung, Festsetzung und Einziehung von Zwangsgeld. Dazu: Einl F Rdn 143–148 mwN. Hier noch einige **Zusatzbemerkungen:**

---

43 Etwa dem Muster bei *Schöner/Stöber* Rn 382 entsprechend.
44 Vgl *Schmidt* in *Keidel/Kuntze/Winkler* FG Rn 147 ff und *Bumiller/Winkler* FG Rn 58 ff, je zu § 12 FGG.
45 Dazu *Schmidt* in *Keidel/Kuntze/Winkler* FG Rn 138, 139 und *Bumiller/Winkler* FG Rn 55, jeweils zu § 12 FGG.
46 Vgl *Riedel* JurBüro 1979, 659.
47 BayObLG Rpfleger 1977, 371 mwN.
48 Dazu (wenn auch zu anderen Sachverhalten) BayObLGZ 1970, 240 = Rpfleger 1970, 434; 1974, 351 = Rpfleger 1974, 432; KG FamRZ 1977, 405 = Rpfleger 1976, 398; *Hofmann* Rpfleger 1991, 283; auch *Zimmermann* in *Keidel/Kuntze/ Winkler* FG Rn 11, *Bumiller/Winkler* FG Rn 5, je zu § 33 FGG.
49 So etwa KEHE-*Briesemeister* Rn 18; *Demharter* Rn 21; wie hier *Budde* in *Bauer/v Oefele* Rn 14.
50 OLG München JFG 23, 70; *Briesemeister* und *Budde* aaO (Fn 49).

34 **aa) Zwangsgeldandrohung.** Der Zweckbestimmung, auf die Willensbildung des Pflichtigen einzuwirken, genügt nicht ein unbestimmter Hinweis wie ».. . *müsste gegen Sie ein Zwangsgeld festgesetzt werden«*.[51] Dem Betroffenen ist nicht nur das drohende Zwangsgeld, sondern auch dessen zu erwartende Höhe anzukündigen, um ihn zur Befolgung der gerichtlichen Anordnung möglichst ohne Festsetzung des Zwangsgeldes anzuhalten und ihn über die Konsequenzen der Nichtbefolgung zu informieren. Dazu genügt die Androhung des nach vorausschauendem Ermessen des GBA höchstens zu verhängenden Betrages *(bis zu . . . Euro«)*, das kann je nach Lage des Falles (im Berichtigungszwangsverfahren wohl selten) auch der gesetzlich (nach § 33 Abs 3 S 2 FGG) zulässige Höchstbetrag sein.[52] In Fällen wiederholten Zwangsgeldverfahrens ist jedes einzelne Zwangsgeld mit dem vorgesehenen Betrag besonders anzudrohen, bevor es festgesetzt werden darf; eine summarische Vorabandrohung in der Art, dass der Pflichtige bei fortgesetztem Ungehorsam mehrfach einem Zwangsgeld in bestimmter Höhe verfällt, genügt nicht.[53] Die Androhung eines weiteren Zwangsgeldes braucht nicht, kann aber sogleich mit der Festsetzung des vorher angedrohten Zwangsgeldes erfolgen. Bei jeder Zwangsgeldandrohung ist darauf zu achten, dass

– der **Gegenstand der Verpflichtung** (dazu Rdn 32) dem Betroffenen entweder bereits bekannt gemacht ist oder zusammen mit der Zwangsgeldandrohung bekannt gemacht wird; am effektivsten dürfte der Verbund von Verpflichtungsauferlegung und Zwangsgeldandrohung sein (dazu Rdn 31);

– eine **angemessene Frist** bis zur Festsetzung des angedrohten Zwangsgeldes gewährt wird, damit dem Verpflichteten ausreichend Zeit bleibt zur Auflagenerfüllung. Zweckdienlich ist die Fristbestimmung in der Androhungsverfügung, möglich ist sie auch in der früheren Verpflichtungsanordnung.[54] Die mit der Fristsetzung verbundene Androhung bedarf der Zustellung,[55] mit Zustellungsurkunde gemäß § 16 Abs 2 FGG an den abwesenden Betroffenen, durch Eröffnung zu Protokoll gemäß § 16 Abs 3 FGG an den anwesenden Betroffenen.[56]

35 **bb) Zwangsgeldfestsetzung.** Sie folgt nicht zwangsläufig der Androhung. Es liegt vielmehr grundsätzlich im pflichtgemäßen Ermessen des Gerichts, ob es sich (nach Würdigung der tatsächlichen Verhältnisse im Festsetzungszeitpunkt) zur Festsetzung entschließt oder nicht.[57] Seinem Beugezweck gemäß ist das Zwangsgeld nur gerechtfertigt bei schuldhafter Nichtbefolgung und Fortbestand der zu erzwingenden Verpflichtung.[58] Am nötigen Verschulden des Pflichtigen fehlt es,[59] falls er durch Umstände, die außerhalb seines Willens liegen (zB durch Krankheit) an der Befolgung der Anordnung gehindert war,[60] oder wenn die Nichtbefolgung auf einem entschuldbaren Missverständnis oder dem Verschulden eines Dritten beruht.[61] Am nötigen Fortbestand der Verpflichtung fehlt es, falls die Grundbuchunrichtigkeit inzwischen behoben ist (zB aufgrund Antragstellung und Unterlagenbeschaffung eines anderen) oder es sich im Nachhinein herausstellt, dass die Auflage den Falschen getroffen hat (zB wegen Fehlbeurteilung oder infolge Fortentwicklung der Rechtslage). Von den vorstehenden Voraussetzungen sind die objektiven (Nichterfüllung und Fortbestand der Verpflichtung) idR unschwer aus den Akten feststellbar, werden die subjektiven (schuldhafte Nichtbefolgung) ohne besonderen Anlass (zB Geltendmachung von Entschuldigungsgründen) von Amts wegen nicht aufzuklären sein, zumal ihnen durch nachträgliche Aufhebung oder Herabsetzung der Zwangsgeldfestsetzung (dazu Rdn 39) Rechnung getragen werden kann.[62] Zu beachten ist, dass aufgrund ausdrücklicher Vorschrift (§ 33 Abs 1 S 3 FGG) bei jeder Zwangsgeldfestsetzung dem Beteiligten zugleich die Kosten des Verfahrens (§ 119 Abs 5 KostO) aufzuerlegen sind; erst dieser Kostenausspruch schafft der Staatskasse den Kostenschuldner gemäß § 3 Nr 1 KostO, eine Kostenhaftung kraft Gesetzes (§ 2 Nr 2 KostO) besteht nicht, auch nicht für die Auslagen.[63]

36 **cc) Festsetzungsbetrag.** Der Festsetzungsbetrag darf den angedrohten Betrag nicht über- aber unterschreiten; er ist nach den tatsächlichen Umständen zur Zeit der Festsetzung zu bemessen, insbesondere unter angemessener Berücksichtigung des Verschuldens des Verpflichteten. Es wäre unstatthaft, das Zwangsgeld kurzerhand auf den angekündigten Betrag festzusetzen, ohne die ersichtlichen aktuellen Umstände in Erwägung zu ziehen.[64]

---

51 BayObLGZ 1973, 293, 296 = Rpfleger 1974, 17.
52 BGH NJW 1973, 2288 = Rpfleger 1973, 422; *Hofmann* aaO (Fn 48).
53 OLG Karlsruhe OLGZ 1970, 248; BayObLGZ 1976, 112 = Rpfleger 1976, 250; OLG Frankfurt FamRZ 1980, 933.
54 *Zimmermann* in *Keidel/Kuntze/Winkler* FG Rn 22c, *Bumiller/Winkler* FG Rn 11, je zu § 33 FGG.
55 BayObLGZ 1973, 293 = aaO (Fn 51).
56 Zu den Erfordernissen OLG Düsseldorf NJW-RR 1995, 977; OLG Saarbrücken FGPrax 1995, 251.
57 Vgl KG FamRZ 1972, 42; OLG Hamm OLGZ 1975, 386, 388 = FamRZ 1975, 639; *Hofmann* aaO (Fn 48).
58 BayObLGZ 1974, 351, 353 = Rpfleger 1974, 432; außerdem Fn 57.
59 Dazu *Zimmermann* in *Keidel/Kuntze/Winkler* FG Rn 19, je zu § 33 FGG.
60 KG JFG 22, 115, 118 mwN.
61 KG DFG 1937, 163.
62 So offenbar KG JFG 22, 115.
63 Zum gleich gelagerten § 138 FGG: KGJ 29 B 10; *Keidel* Rpfleger 1955, 243; *Winkler* in *Keidel/Kuntze/Winkler* FG Rn 3, je zu § 138 FGG.
64 BGH NJW 1973, 2288, 2289 = aaO (Fn 52).

Abzustellen ist insbesondere auf die Stärke des auf Missachtung der gerichtlichen Anordnung gerichteten Willens des Verpflichteten, der durch die Zwangsgeldfestsetzung gebeugt werden soll, zu messen ggf an Art und Ausmaß des Verschuldens gegenüber bereits begangenen Zuwiderhandlungen sowie etwa daran, ob das Zwangsgeld erstmalig verhängt wird oder früher verhängte Zwangsgelder sich bereits als wirkungslos erwiesen haben; daneben sind aber auch die wirtschaftlichen Verhältnisse des Verpflichteten zu berücksichtigen, da sich nach ihnen bemisst, wie empfindlich das Zwangsgeld auf ihn wirken wird.[65]

IV. Abänderbarkeit und Anfechtbarkeit der Entscheidungen

1. Änderbarkeit der Entscheidungen

a) Im Allgemeinen. Das GBA ist gemäß § 18 Abs 1 FGG befugt und ggf verpflichtet,[66] von sich aus seine **37** Entscheidungen abzuändern oder aufzuheben (vgl Einl F 116), Abänderungsverbote (vgl Einl F 117 bis 120) kommen im Berichtigungszwangsverfahren nicht in Betracht (zur Zwangsgeldfestsetzung speziell: Einl F 137 mwN).

b) Zwangsgeldandrohung und -festsetzung im Besonderen. Die **Zwangsgeldandrohung** kann, **38** braucht aber nicht förmlich abgeändert oder aufgehoben zu werden, falls sie sich als ungerechtfertigt erweist. Es genügt, das angedrohte Zwangsgeld überhaupt nicht oder niedriger festzusetzen.[67]

Die **Zwangsgeldfestsetzung** ist aufzuheben oder herabzusetzen, wenn sich nachträglich herausstellt, dass sie **39** aus einem der angeführten Gründe (vgl Rdn 35, 36) nicht oder nicht in der bisherigen Höhe gerechtfertigt war oder dass durch Veränderung der Umstände ihr Grund nachträglich weggefallen ist; ein bereits gezahltes oder beigetriebenes Zwangsgeld ist dann zu erstatten.[68] Die Aufhebbarkeit »wegen veränderter Umstände« (zB wegen Erfüllung oder Wegfalls der Verpflichtung) setzt aber voraus, dass die Veränderung vor »Verbrauch« des Zwangsgeldbeschlusses (durch Einziehung des Zwangsgeldes) eingetreten (wenn auch erst später bekannt geworden) ist.[69] Die Aufhebung des Zwangsgeldfestsetzungsbeschlusses erstreckt sich grundsätzlich auch auf den Kostenausspruch,[70] erfolgt die Aufhebung allerdings wegen »veränderter Umstände«, insbesondere wegen Erfüllung der zu erzwingenden Verpflichtung, so ist es gerechtfertigt, den Kostenpunkt von der Aufhebung auszunehmen.[71]

2. Anfechtbarkeit der Entscheidungen

a) Rechtsmittel. Die §§ 71 ff der GBO – nicht die §§ 19 ff FGG – sind maßgeblich für die Beschwerde in **40** Grundbuchangelegenheiten (dazu Vor § 71 Rdn 14 ff), und zwar im Berichtigungszwangsverfahren (vgl § 71 Rdn 86, 136). Anfechtbar sind für den jeweils Betroffenen beispielsweise die Einleitung des Verfahrens – dazu zählen nicht informierende bzw aufklärende Hinweise (vgl Rdn 30), sie bilden keine beschwerdefähige Entscheidung[72] (vgl § 71 Rdn 25) –, die Ablehnung einer Verfahrenszurückstellung oder -aussetzung, die auf § 82 gestützte Anordnung der Verpflichtung, die sich auf § 33 FGG gründende Zwangsgeldfestsetzung, aber auch bereits die Zwangsgeldandrohung (dazu Einl F Rdn 147). Anfechtbar ist auch die Ablehnung einer Anregung zur Verfahrenseinleitung, vorausgesetzt, dass der Abgewiesene ein rechtlich geschütztes Interesse hat (dazu Rdn 20). Auch nach Bezahlung des Zwangsgeldes ist Beschwerde gegen den Festsetzungsbeschluss zulässig.[73]

b) Hinweis auf § 76. Die Beschwerde hat grundsätzlich keine aufschiebende Wirkung, stattdessen kann das **41** Beschwerdegericht gemäß § 76 im Einzelfall die einstweilige Anordnung treffen, dass die Vollziehung der angefochtenen Entscheidung auszusetzen ist. Dies gilt auch bei Anfechtung von Entscheidungen im Berichtigungszwangsverfahren. Einzig die Beschwerde gegen die Zwangsgeldfestsetzung hat gemäß § 76 Abs 3 aufschiebende Wirkung (dazu Einl F Rdn 147).

---

65 Grundsätze laut BayObLGZ 1974, 351, 354 = Rpfleger 1974, 432.
66 OLG Frankfurt Rpfleger 1977, 409, 410.
67 *Zimmermann* in *Keidel/Kuntze/Winkler* FG Rn 23, je zu § 33 FGG.
68 *Zimmermann* in *Keidel/Kuntze/Winkler* FG Rn 24, je zu § 33 FGG; str (jedenfalls für formell rechtskräftige Zwangsgeldbeschlüsse, § 139 FGG, § 84 KO), dazu BayObLG Rpfleger 1979, 215 mwN; Gegenargumente: *Uhlenbruck* Rpfleger 1982, 351.
69 BayObLGZ 1955, 124, 130 = Rpfleger 1955, 239, 240 (zu §§ 132 ff FGG, aber verallgemeinerbar).
70 *Zimmermann* in *Keidel/Kuntze/Winkler* FG § 33 FGG Rn 30.
71 OLG München DFG 1938, 79; *Winkler* in *Keidel/Kuntze/Winkler* FG Rn 4, je zu § 138 FGG.
72 *Budde* in *Bauer/v Oefele* Rn 17.
73 BayObLGZ 1973, 293 = Rpfleger 1974, 17.

§ 82a   (Berichtigung von Amts wegen)

Liegen die Voraussetzungen des § 82 vor, ist jedoch das Berichtigungszwangsverfahren nicht durchführbar oder bietet es keine Aussicht auf Erfolg, so kann das Grundbuchamt das Grundbuch von Amts wegen berichtigen. Das Grundbuchamt kann in diesem Fall das Nachlaßgericht um Ermittlung des Erben des Eigentümers ersuchen.

I. Normzweck

1 Die Möglichkeit der Berichtigung von Amts wegen wurde nachträglich in die GBO eingefügt (vgl Vor § 82 Rdn 3) mit dem Ziel, die möglichst rasche Richtigstellung unzutreffend gewordener Eigentümereintragungen auch dann zu erreichen, wenn der Berichtigungszwang nach § 82 GBO versagt. Die Erweiterung der Amtsbefugnis ist dem GBA durch § 82a allerdings nicht als Alternative zu § 82, sondern als »Reserve« erteilt worden. In erster Linie setzt die GBO auf die nötigenfalls zu erzwingende Initiative der Beteiligten.

II. Voraussetzungen der Amtsberichtigung

1. Gleiche Ausgangslage wie bei § 82

2 § 82a geht zunächst von der gleichen Rechtslage aus wie § 82. Die Floskel »Liegen die Voraussetzungen des § 82 vor« bedeutet, dass
- die Unrichtigkeit der Eintragung eines Eigentümers oder eines Erbbauberechtigten durch Rechtsübergang außerhalb des Grundbuchs eingetreten und vom GBA hinreichend festgestellt sein muss (dazu § 82 Rdn 3 bis 18) und
- Zurückstellungsgründe nicht oder nicht mehr vorliegen dürfen (dazu § 82 Rdn 22 bis 26).

2. Besondere Voraussetzungen des § 82a

3 Die Berichtigung von Amts wegen ist ein Behelf, nicht alternativ, sondern subsidiär gegenüber dem Vorgehen nach § 82.[1] Abgesehen vom minderen Grad des hoheitlichen Eingriffs in die Privatsphäre der Beteiligten, bietet das Verfahren gemäß § 82 den Vorteil, dass es auf die Beschaffung der regulären Eintragungsunterlagen (zB des Erbfolgenachweises nach Maßgabe des § 35) ausgerichtet ist.[2] Zu Recht ist deswegen die Zulässigkeit der Amtsberichtigung durch § 82a an besondere Vorbedingungen geknüpft. Ob sie im Einzelfall gegeben sind, ist anfangs oft nicht sicher zu übersehen. Im Zweifel ist nach § 82 vorzugehen. Zur Berichtigung von Amts wegen kann nachträglich übergegangen werden, sobald sich die spezifischen Zulässigkeitsbedingungen des § 82a herausstellen, nämlich:

4 **a) Undurchführbarkeit des Zwangsverfahrens. aa) Begriff.** Undurchführbarkeit ist nicht mit Unmöglichkeit der Durchführung gleichzusetzen. Eine vorübergehende Hemmung des Berichtigungszwangsverfahrens kann ausreichen zur Rechtfertigung der Amtsberichtigung nach § 82a.[3] Allerdings überlappt sich eine derartige Situation mit der Möglichkeit der Aussetzung des Verfahrens nach § 82 (vgl § 82 Rdn 22 bis 24). Welcher der beiden Wege im Einzelfall zu beschreiten ist, liegt im Ermessen[4] des GBA; auf die voraussichtliche Hemmnisdauer wird abzustellen sein. Zweckmäßigkeitserwägungen dürfen nur in Grenzfällen Berücksichtigung finden.[5]

---

1 BayObLG Rpfleger 1973, 262, 263 = DNotZ 1974, 315, 316.
2 *Hesse-Saage-Fischer* Anm II 2.
3 *Hesse-Saage-Fischer* Anm II 2 a; KEHE-*Briesemeister* Rn 4.
4 »Abwägung« nach *Budde* in *Bauer/v Oefele* Rn 5 (Wahl zwischen Verfahren nach § 82 und Amtsberichtigung nach § 82a an sich keine Frage der Ermessensausübung).
5 KG JR 1953, 184, 185; KEHE-*Briesemeister* Rn 4.

bb) Gründe. Gleichgültig ist, worauf die Undurchführbarkeit des Berichtigungszwangsverfahrens zurückzu-   5
führen ist, ob auf:
– **Gründe objektiver Art**, wenn zB ein festgestellter Rechtsübergang nicht in der Form des § 29 nachweisbar
  ist, weil weder die nötigen Original- noch Ersatzurkunden zu beschaffen sind, und die Möglichkeit einer
  Berichtigungsbewilligung (dazu § 22 Rdn 101 bis 111) nach der Sachlage ausscheidet.[6]
– **Gründe subjektiver Art**, wenn zB der ermittelte Rechtsnachfolger unbekannten Aufenthalts ist oder sich
  an einem Ort aufhält, an dem die deutsche Gerichtsbarkeit versagt.[7]

b) Aussichtslosigkeit des Zwangsverfahrens. Die Grenze zwischen Undurchführbarkeit und Aussichtslo-   6
sigkeit ist fließend. Ein Fall der Aussichtslosigkeit ist es zB, wenn der (an sich mögliche) Zwangsgeldeinzug
wegen bekannter Vermögenslosigkeit des Pflichtigen keinen Erfolg bringt oder voraussichtlich keinen Erfolg
bringen wird.

III. Durchführung der Amtsberichtigung

1. Verfahrensbetrieb

a) Erweiterter Umfang der Amtsermittlung. Amtsermittlungen bis zur Eintragungsreife verlangt   7
§ 82a vom GBA, insofern weitergehend als § 82 (vgl § 82 Rdn 10 ff). Für die erweiterte Amtsermittlungspflicht
ist § 12 FGG maßgebend, gelten deshalb nicht die für das (erzwungene) Antragsverfahren prägenden Grundsätze, insbesondere nicht der Beibringungsgrundsatz (dazu § 29 Rdn 5 mwN) und nicht der Grundsatz der
Beweismittelbeschränkung (dazu § 29 Rdn 7 mwN). Stattdessen hat das GBA nach eigenem Ermessen darüber
zu befinden, mit welchen Mitteln es sich die nötige Überzeugung von der Richtigkeit der letztlich vorzunehmenden Eintragung verschafft; es trägt hierfür sozusagen die Feststellungslast (vgl Einl F 106). Da es um die
Gewinnung von Entscheidungsgrundlagen für eine nicht nur vorläufige Eintragung (Grundbuchberichtigung)
geht, ist nach den Regeln des Strengbeweises zu verfahren (dazu Einl F 86 ff), jedoch ohne Beschränkung auf
den Urkundenbeweis.

Ob **das GBA selbst oder mit Hilfe des Nachlassgerichts** die Erbfolge aufklärt, ist nach § 82a grundsätzlich   8
Ermessensfrage. Eine Einschränkung ist allerdings zu machen für den Fall, dass das GBA von einem bereits vorliegenden, jedoch von ihm für unrichtig gehaltenen Erbschein abzuweichen gedenkt. Es darf dann nicht ohne
weiteres das Ergebnis eigener Erkenntnisse zur Grundlage der Amtsberichtigung machen, sondern hat dem Primat des Nachlassgerichts für die nachlassrechtliche Beurteilung Rechnung zu tragen, hat diesem deshalb Gelegenheit zu geben, den bisherigen Erbschein einzuziehen und einen neuen zu erteilen (dazu § 35 Rdn 56 bis 58,
91 bis 94). Das GBA kann dies allerdings nur anregen, § 82a gibt ihm nicht die Befugnis, das Nachlassgericht
um die Erbscheineinziehung zu ersuchen.[8]

**b) Ermittlungsersuchen an das Nachlassgericht. aa) Ersuchensbefugnis des Grundbuchamts kraft
§ 82a S 2**. Die Ersuchensbefugnis des GBA kraft § 82a S 2 unterscheidet sich wesentlich von der allgemeinen   9
(auch dem GBA zustehenden) Befugnis zum Rechtshilfeersuchen (§ 2 FGG iVm §§ 157 bis 168 GVG), insbesondere darin, dass nicht nur ein anderes Gericht, sondern auch die Nachlassabteilung desselben Gerichts
ersucht werden kann, und darin, dass das Ersuchen nicht auf Vornahme einer bestimmten einzelnen Amtshandlung, sondern auf die Einleitung eines Verfahrens gerichtet ist, innerhalb dessen das Nachlassgericht die erforderlichen Ermittlungen und Beweiserhebungen auf der Grundlage des § 12 FGG nach eigenem Ermessen zu
treffen hat.[9]

bb) Weigerung des Nachlassgerichts. Bei Weigerung des Nachlassgerichts, dem Ersuchen um Ermittlung   10
der Erben eines verstorbenen Eigentümers Folge zu leisten, kann das GBA in sinngemäßer Anwendung des
§ 159 GVG das OLG anrufen.[10] Die Einziehung oder Ergänzung eines für unrichtig bzw unvollständig gehaltenen Erbscheins kann das GBA auf diesem Wege allerdings nicht durchsetzen, weil die Ersuchensbefugnis des
GBA aus § 82a soweit nicht reicht (vgl Rdn 8).

---

6 Der Verweis von *Budde* in *Bauer/v Oefele* Rn 4 auf Schwierigkeit des Nachweises der Erbfolge in Gesellschaftsanteile, falls
  Gesellschaftsvertrag nicht dem § 29 entspricht, passt zwar nicht direkt in diesen Zusammenhang. Dennoch: Dazu richtungweisend die Anm von *Schöner* zu BayObLG DNotZ 1998, 811 = NJW-RR 1998, 592.
7 BayObLGZ 1994, 158, 163 = NJW-RR 1995, 272, 273 = Rpfleger 1995, 103, 104; KEHE-*Briesemeister* Rn 5.
8 KG Rpfleger 1977, 307 (dem jedenfalls insoweit zu folgen ist, zur Kritik im Übrigen § 35 Rdn 94); so auch KEHE-*Briesemeister* Rn 7.
9 KG OLGZ 1969, 134 = Rpfleger 1969, 57.
10 AllgM im Anschluss an KG OLGZ 1969, 134 = Rpfleger 1969, 57 (vgl KEHE-*Briesemeister* Rn 9; *Demharter* Rn 25
  gegen die abweichende frühere Ansicht von *Hesse* DFG 1943, 19 und *Hesse-Saage-Fischer* Anm II 3: nur Dienstaufsichtsbeschwerde); zur Zuständigkeit des Rechtspflegers: OLG Karlsruhe OLGZ 1994, 345 = Rpfleger 1994, 203; OLG
  Stuttgart Rpfleger 2002, 255.

11   **cc) Ermittlungsergebnis des ersuchten Nachlassgerichts.** Das Ermittlungsergebnis des ersuchten Nachlassgerichts ist für das GBA nicht gleichermaßen verbindlich wie ein Erbschein (dazu § 83 Rdn 6 mwN). Es ist kein Erbfolgenachweis, sondern hat lediglich die Bedeutung einer gutachterlichen Entscheidungshilfe,[11] darf infolgedessen nicht ungeprüft zur Grundlage der Amtsberichtigung gemacht werden, sondern unterliegt der freien Beweiswürdigung (dazu Einl F Rdn 110 ff). Das GBA wird sich insbesondere davon zu überzeugen haben, dass den Anforderungen des Strengbeweises (vgl Rdn 7) Rechnung getragen und den Beteiligten hinreichend rechtliches Gehör gewährt wurde (dazu Einl F Rdn 77 ff). Defizite sind im Benehmen mit dem Nachlassgericht, nötigenfalls durch zusätzliche eigene Erhebungen des GBA auszugleichen.

2. Grundbucheintragung

12   **a) Von Amts wegen.** Eingetragen wird von Amts wegen, sobald die Erbfolge aufgrund der Ermittlungen und Beweiserhebungen nach Überzeugung des GBA feststeht. Die Vorlage der Unbedenklichkeitsbescheinigung (§ 22 GrEStG) entfällt generell bei der berichtigenden Eintragung von Erben (vgl § 22 Rdn 155).[12] Die Eintragung erfolgt in der ersten Abteilung nach den allgemeinen Vorschriften; Besonderheit: In Spalte 4 ist anzugeben, dass die Eintragung auf einer Amtsermittlung gemäß § 82a GBO beruht,[13] Wortlaut etwa: »*Von Amts wegen (§ 82a GBO) eingetragen am . . .«.*

13   **b) Rechtsmittelmöglichkeiten.** Die Rechtsmittelmöglichkeiten gegen die Amtsberichtigung richten sich nach den §§ 71 ff.

---

11   Ebenso *Budde* in *Bauer/v Oefele* Rn 8.
12   Dazu *Schöner/Stöber* Rn 150 und einschlägige Vorschriften der Bundesländer.
13   Im Wesentlichen ebenso KEHE-*Briesemeister* Rn 11; *Budde* in *Bauer/v Oefele* Rn 10.

§ 83 (Mitteilungspflicht des Nachlassgerichts)

Das Nachlaßgericht, das einen Erbschein erteilt oder sonst die Erben ermittelt hat, soll, wenn ihm bekannt ist, daß zu dem Nachlaß ein Grundstück gehört, dem zuständigen Grundbuchamt von dem Erbfall und den Erben Mitteilung machen. Wird ein Testament oder ein Erbvertrag eröffnet, so soll das Gericht, wenn ihm bekannt ist, daß zu dem Nachlaß ein Grundstück gehört, dem zuständigen Grundbuchamt von dem Erbfall Mitteilung machen und die als Erben eingesetzten Personen, soweit ihm ihr Aufenthalt bekannt ist, darauf hinweisen, daß durch den Erbfall das Grundbuch unrichtig geworden ist und welche gebührenrechtlichen Vergünstigungen für eine Grundbuchberichtigung bestehen.

I. Normzweck

§ 83 nutzt beim Nachlassgericht gewonnene Erkenntnisse als Informationsquelle für das GBA, damit das Berichtigungszwangsverfahren der §§ 82, 82a im Erbfall, der häufigsten Ursache nachträglicher Grundbuchunrichtigkeit, möglichst effektiv zum Einsatz gelangt. Die Effizienz der Vorschrift ist 1963 durch Anfügung des Satzes 2 (dazu Vor § 82 Rdn 4) erheblich gesteigert worden. **1**

II. Zur Mitteilungspflicht im Einzelnen

1. Zuständigkeit des Nachlassgerichts

Die Vorschrift des § 83 richtet sich nicht an das GBA, sondern an das Nachlassgericht, also an das nach §§ 72, 73 FGG für die Nachlasssachen sachlich und örtlich zuständige Amtsgericht. Besonderheit: In Baden-Württemberg obliegen die nachlassgerichtlichen Aufgaben, also auch die in § 83 vorgesehenen Mitteilungen, den staatlichen Notariaten (§§ 1 Abs 2, 38 bad-württ LFGG). **2**

2. Mitteilungspflichtige Fälle

Mitteilungspflichtig ist das Nachlassgericht nach Durchführung von Verfahren, die artgemäß Aufschlüsse über den Erbfall und die Erben bringen, nämlich im Anschluss an eine **3**
– Erbscheinerteilung (Satz 1),
– sonstige Erbenermittlung (Satz 1),
– Testaments- oder Erbvertragseröffnung (Satz 2),

»wenn ihm bekannt ist, dass zu dem Nachlass ein Grundstück gehört«. Das Nachlassgericht wird sich dem Zweck des § 83 entsprechend nach letzterem zu erkundigen haben, aufwendige Ermittlungen zur Klärung dieser Frage verlangt das Gesetz seinem Wortlaut nach nicht.[1]

a) Zu § 83 S 1. Mitgeteilt wird das Ergebnis einer zum Abschluss gebrachten Erbenermittlung. Das GBA erlangt dadurch Kenntnis von den Erben, die das Nachlassgericht festgestellt hat. Weitere Ermittlungen zur Feststellung des oder der nach § 82 zu Verpflichtenden erübrigen sich idR; mit der Ausübung des Berichtigungszwangs (dazu § 82 Rdn 19 ff) kann begonnen werden. Dabei ist zu beachten: **4**

Soweit bereits ein **Erbschein erteilt** ist, ist die Erbenfeststellung des Nachlassgerichts für das GBA verbindlich. Es ist lediglich zu einer Form- und Plausibilitätskontrolle befugt (dazu § 35 Rdn 35 ff), an die durch den Erbschein bezeugte Erbfolge aber gebunden (vgl § 35 Rdn 56 bis 58). Das Verfahren nach § 82 reduziert sich deshalb idR auf die Verpflichtung zur Antragstellung und zur Erbscheinvorlage (dazu § 35 Rdn 52 bis 54); letztere entfällt, wo die Bezugnahme auf die Nachlassakten ausreicht (vgl § 35 Rdn 21). **5**

Eine **sonstige Erbenermittlung** (ohne Erbscheinerteilung), auch wenn sie durch förmlichen Beschluss des Nachlassgerichts abgeschlossen wurde,[2] hat keine Beweiskraft, auch nicht die Richtigkeitsvermutung (§ 2365 **6**

---

1 In etwa ebenso KEHE-*Briesemeister* Rn 2.
2 Zur Zulässigkeit und Bedeutung eines solchen Beschlusses: BayObLGZ 1968, 68 = Rpfleger 1968, 186; 1985, 244, 248 ff = Rpfleger 1985, 363.

BGB) eines Erbscheins (vgl § 35 Rdn 29 mwN),[3] hat also lediglich die Bedeutung eines Gutachtens (Entscheidungshilfe) für das GBA.[4] Die Mitteilung des Ergebnisses einer solchen Erbenermittlung verschafft dem GBA wohl die vorerst ausreichende Kenntnis über die Personen, denen der Berichtigungszwang des § 82 angetragen werden kann, erübrigt aber nicht die Beschaffung eines Erbscheins.[5] Fälle der nachlassgerichtlichen Erbenermittlung außerhalb eines Erbscheinverfahrens:

7 (1) **Bundesrechtlich** ist die amtliche Erbenermittlung des Nachlassgerichts – vom Fall des Ermittlungsersuchens aufgrund von § 82a abgesehen – als selbständiges Verfahren nicht vorgesehen, sondern gibt es sie nur als Nebenpflicht im Zusammenhang mit sonstigen Verrichtungen des Nachlassgerichts (so zB für Zwecke des § 1953 Abs 3 BGB, des § 1964 Abs 1 BGB, des § 2260 Abs 1 BGB).[6] Ist eine Nachlasspflegschaft gemäß § 1960 Abs 2 oder § 1961 BGB eingeleitet worden, so obliegt dem Nachlasspfleger außer der Nachlasssicherung auch die Erbenermittlung, seine Tätigkeit ist vom Nachlassgericht zu überwachen.[7]

8 (2) **Landesrechtlich** gibt es die Pflicht des Nachlassgerichts zur speziellen Erbenermittlung von Amts wegen in den süddeutschen Ländern (für Bayern aufgrund des Art 37 des bayAGGVG und für Baden-Württemberg aufgrund des § 41 des bad-württ LFGG). Diese Amtsermittlungsverfahren dienen der Nachlasssicherung (Vorbeugung gegen Beweismittelverlust) sowie der Förderung der alsbaldigen Grundbuchberichtigung und Nachlassauseinandersetzung, schaffen also keinen Erbfolgenachweis, sondern haben vorbereitenden Charakter; das Ermittlungsergebnis braucht deshalb nicht in einem förmlichen Beschluss festgestellt zu werden.[8]

9 b) **Zu § 83 S 2.** Anlässlich der Testaments- bzw Erbvertragseröffnung findet nach dem BGB keine Erbenermittlung des Nachlassgerichts statt; die landesrechtliche Ermittlungspflicht (vgl Rdn 8) gilt jedoch auch hier.[9] Dem GBA sind nach § 83 S 2 (zwar nicht wort-, aber sinngemäß) »die als Erben eingesetzten Personen« anhand der letztwilligen Verfügungen des Erblassers bekannt zu geben. Allerdings wird das Nachlassgericht auch zweifelhafte Erbeinsetzungen mitzuteilen haben, weil es nach der grundbuchrechtlichen Vorschrift des § 35 Abs 1 S 2 Sache des GBA ist, zu prüfen, ob die Grundbuchberichtigung auf das (öffentliche) Testament oder den Erbvertrag gestützt werden kann oder ob gemäß dem letzten Halbsatz der Vorschrift die Erteilung eines Erbscheines zu verlangen ist (dazu § 35 Rdn 96 ff). In § 83 nicht ausdrücklich angeordnet, aber zweckdienlich in Bezug auf § 82 ist es, dass das Nachlassgericht dem GBA ggf die Anordnung einer Testamentsvollstreckung sowie die Person des Testamentsvollstreckers mitteilt, dem die Verwaltung des Grundstücks zusteht.[10]

3. Ausführung der Mitteilungen

10 a) **Mitteilung an das Grundbuchamt.** Aus der Mitteilung muss sich ergeben:[11]
– die Bezeichnung des Grundstücks, das zum Nachlass gehört;
– die Bezeichnung des Erblassers und die Zeit seines Todes;
– die Bezeichnung des oder der Erben bzw der als Erben Eingesetzten, möglichst unter genauer Angabe der Anschrift;
– die Bezeichnung des Testamentsvollstreckers, falls ein solcher bestellt ist und ihm die Verwaltung des Grundstücks zusteht (dazu Rdn 9).

Zweckmäßig und gebräuchlich ist es, dem GBA jeweils eine Abschrift (Kopie) des erteilten Erbscheins bzw der eröffneten letztwilligen Verfügungen, gelegentlich auch die Nachlassakten, zukommen zu lassen.

11 b) **Hinweis an die Erben.** Der Hinweis auf die Pflicht zur Grundbuchberichtigung und auf die gebührenrechtliche Vergünstigung (§ 60 Abs 4 KostO), in Satz 2 des § 83 vorgeschrieben, ist zweckmäßigerweise auch in den Fällen des Satzes 1 angebracht.[12] Die erwähnten (vgl Rdn 8) landesrechtlichen Vorschriften verlangen ohnehin regelmäßig die Benachrichtigung der Erben vom Ermittlungsergebnis (s Art 37 Abs 2 bayAGBGB,

---

3 Das BayObLG hat seine kritisierte frühere Ansicht (BayObLGZ 1974, 1 = Rpfleger 1974, 434 m Anm *Bokelmann* = DNotZ 1974, 233) aufgegeben, vgl BayObLGZ 1989, 4 = NJW-RR 1989, 585 = Rpfleger 1989, 278 = DNotZ 1989, 574.

4 Aktenmäßige Meinungsäußerung des Nachlassgerichts laut *Bokelmann* aaO (Fn 3).

5 Dazu eingehend BayObLGZ 1989, 4 = aaO (Fn 3).

6 Dazu eingehend *Frohn* Rpfleger 1986, 37 ff.

7 *Frohn* aaO (Fn 6) Seite 39.

8 Zu Art 37 bayAGGVG: BayObLGZ 1985, 244 = Rpfleger 1985, 363; zu § 41 bad-württ LFGG: *Sandweg* BWNotZ 1986, 5; zur Möglichkeit und Erfordernissen eines Rechtshilfeersuchens in derartigen Fällen: OLG Karlsruhe Rpfleger 1994, 255.

9 *Palandt-Edenhofer* § 2262 Rn 3.

10 Etwa ebenso KEHE-*Briesemeister* Rn 4. *Budde* in *Bauer/v Oefele* Rn 2 stellt auf TV-Zeugnis-Erteilung ab, verweist außerdem auf die Bestellung eines Nachlassverwalters.

11 KEHE-*Briesemeister* Rn 4.

12 Weitergehend (in allen Fällen der Befassung) *Budde* in *Bauer/v Oefele* Rn 7.

§ 41 Abs bad-württ LFGG); nach Art 37 Abs 3 bayAGBGB soll das Nachlassgericht außerdem bei den Erben auf die Berichtigung des Grundbuchs hinwirken und einen von ihnen gestellten Antrag auf Grundbuchberichtigung an das GBA weiterleiten. Dies empfiehlt sich auch dort, wo es keine derartige Vorschrift gibt.

4. Benachrichtigung durch weitere Stellen

Nicht vorgeschrieben, gleichwohl zweckdienlich, ist die Unterstützung des GBA bei der Erfassung von Sachverhalten, die für §§ 82, 82a relevant werden können, durch andere Behörden und Stellen. Zu denken ist zB an entsprechende Mitteilungen, wenn solche Umstände beim Prozessgericht, Vormundschaftsgericht, Registergericht, Notar usw hervorgetreten sind.[13]   **12**

---

13 KEHE-*Briesemeister* Rn 6.

§ 84 (Begriff der gegenstandslosen Eintragung)

(1) Das Grundbuchamt kann eine Eintragung über ein Recht nach Maßgabe der folgenden Vorschriften von Amts wegen als gegenstandslos löschen. Für die auf der Grundlage des Gesetzes vom 1. Juni 1933 zur Regelung der landwirtschaftlichen Schuldverhältnisse eingetragenen Entschuldungsvermerke gilt Satz 1 entsprechend.

(2) Eine Eintragung ist gegenstandslos:
a) soweit das Recht, auf das sie sich bezieht, nicht besteht und seine Entstehung ausgeschlossen ist;
b) soweit das Recht, auf das sie sich bezieht, aus tatsächlichen Gründen dauernd nicht ausgeübt werden kann.

(3) Zu den Rechten im Sinne der Absätze 1 und 2 gehören auch Vormerkungen, Widersprüche, Verfügungsbeschränkungen, Enteignungsvermerke und ähnliches.

Schrifttum

Böhringer, Löschung eines Rechts wegen anfänglicher Nichtexistenz des Berechtigten, NotBZ 2007, 189; *Carmine,* Zur Frage der Gegenstandslosigkeit alter Grundlasten in Bayern, DNotZ 1957, 7; *Dümig,* Die Beseitigung einer Eintragung zugunsten eines nicht existierenden Berechtigten, ZflR 2005, 240; *Effertz,* Löschung einer Vormerkung wegen Gegenstandslosigkeit, NJW 1977, 794; *Peter,* Löschung gegenstandsloser Rechte, BWNotZ 1983, 49

I. Inhalt und Zweck der §§ 84 bis 89

1. Inhalt: Amtsverfahren

1 Das GBA wird ermächtigt, aus gegebenem Anlass (vgl § 85 Abs 1) Eintragungen auf Nachweis oder Feststellung ihrer Gegenstandslosigkeit (vgl § 87) von Amts wegen zu löschen. Über die Einleitung und Durchführung des Verfahrens entscheidet das GBA nach »freiem« Ermessen und unanfechtbar (vgl § 85 Abs 2); es gilt in vollem Umfang das Amtsermittlungsprinzip gemäß § 12 FGG. Anträge der Beteiligten sind eventuell gemäß § 13 iVm § 22 beachtlich (vgl Rdn 2), für das Amtsverfahren der §§ 84 ff haben sie lediglich die Bedeutung einer Anregung (vgl § 86),[1] Zwangsmaßnahmen gegen Beteiligte zwecks Antragstellung und Unterlagenbeschaffung, wie nach § 82 iVm § 33 FGG, sind nicht vorgesehen, also nicht zulässig; sie können nicht etwa aus § 33 FGG geschöpft werden (dazu § 82 Rdn 11).

---

1 BayObLGZ 1973, 273 = Rpfleger 1973, 433 = DNotZ 1974, 235; OLG Hamm OLGZ 1976, 180, 181.

2. Zweck: Grundbuchbereinigung

Die §§ 84 ff bezwecken – wie die durch sie abgelösten Vorschriften des GBBerG vom 18.07.1930 und der landesrechtlichen Ausführungsgesetze[2] (vgl Vor § 82 Rdn 3) – die Beseitigung bedeutungsloser Eintragungen, die als unnützer, nur irreführender Ballast die Grundbuchbenutzung und -führung erschweren und den Rechtsverkehr verunsichern. Die Entfernung solcher Eintragungen aus dem Grundbuch wird durch die §§ 84 ff vom Antragszwang des § 13 und vom beweismittelbeschränkenden Nachweiszwang des § 29 freigestellt. Das Amtsverfahren der §§ 84 ff soll aber das normale Antragsverfahren nicht verdrängen. **Primär** ist und bleibt es **Aufgabe der Beteiligten**, die Berichtigung des Grundbuchs selbst zu beantragen und dazu alle erforderlichen Unterlagen in grundbuchmäßiger Form vorzulegen. Deshalb wird das GBA zunächst die Beteiligten zur Bereinigung des Grundbuchs anzuhalten haben (vgl § 85 Rdn 1). Es gibt aber Fälle, in denen ein Beteiligter diese Aufgabe nicht oder nur unter unzumutbaren Bedingungen erfüllen kann, wie auch Fälle, in denen es effektiver ist, vom Amts wegen vorzugehen, anstatt die sukzessive Antragstellung der Beteiligten abzuwarten, zB zur zügigen Durchführung einer Generalbereinigung mehrerer Grundbücher. Für Fälle dieser und ähnlicher Art ist das Amtsverfahren vornehmlich gedacht.[3] **2**

Das neue Grundbuchbereinigungsgesetz (GBBerG) vom 20.12.1993 (Art 2 des RegVBG, BGBl I 2182) enthält fast nur Sondervorschriften für das in Art 3 des Einigungsvertrages bestimmte Gebiet, also für die neuen Bundesländer.[4] Bundesweit gültig ist die in § 5 Abs 1 und 3 dieses Gesetzes getroffene Regelung für das Erlöschen von Dienstbarkeiten und vergleichbaren Rechte. Außerdem sind die Landesregierungen ermächtigt worden (vgl § 6 Abs 3 S 2, § 8 Abs 3 S 3), die Vorschriften der §§ 6 und 8 durch Rechtsverordnung auch im übrigen Bundesgebiet in Kraft zu setzen. § 5 des GBBerG hat folgenden Wortlaut (weiteres: Rdn 10):

§ 5 Erlöschen von Dienstbarkeiten und vergleichbaren Rechten

(1) Im Grundbuch zugunsten natürlicher Personen eingetragene nicht vererbliche und nicht veräußerbare Rechte, insbesondere Nießbrauche, beschränkte persönliche Dienstbarkeiten und Wohnungsrechte, gelten unbeschadet anderer Erlöschenstatbestände mit dem Ablauf von einhundertundzehn Jahren von dem Geburtstag des Berechtigten an als erloschen, sofern nicht innerhalb von 4 Wochen ab diesem Zeitpunkt eine Erklärung des Berechtigten bei dem Grundbuchamt eingegangen ist, daß er auf dem Fortbestand seines Rechts bestehe; die Erklärung kann schriftlich oder zur Niederschrift des Urkundsbeamten der Geschäftsstelle abgegeben werden. Ist der Geburtstag des Berechtigten bei Inkrafttreten dieses Gesetzes nicht aus dem Grundbuch oder den Grundakten ersichtlich, so ist der Tag der Eintragung des Rechts maßgeblich. Liegt der nach den vorstehenden Sätzen maßgebliche Zeitpunkt vor dem Inkrafttreten dieses Gesetzes, so gilt das Recht mit dem Inkrafttreten dieses Gesetzes als erloschen, sofern nicht innerhalb von 4 Wochen ab diesem Zeitpunkt eine Erklärung des Berechtigten gemäß Satz 1 bei dem Grundbuchamt eingegangen ist.

(2) In dem in Artikel 3 des Einigungsvertrages genannten Gebiet in dem Grundbuch eingetragene Kohleabbaugerechtigkeiten und dem Inhaber dieser Gerechtigkeiten zu deren Ausübung eingeräumte Dienstbarkeiten, Vormerkungen und Vorkaufsrechte erlöschen mit Inkrafttreten dieses Gesetzes. Der Zusammenhang zwischen der Kohleabbaugerechtigkeit und der Dienstbarkeit, der Vormerkung oder dem Vorkaufsrecht ist glaubhaft zu machen; § 29 der Grundbuchordnung ist nicht anzuwenden.

(3) Ein nach Maßgabe des Absatzes 1 als erloschen geltendes oder gemäß Absatz 2 erloschenes Recht kann von dem Grundbuchamt von Amts wegen gelöscht werden.

II. Anwendungsbereich der §§ 84 bis 89

1. Unter § 84 fallende Eintragungen

Das sind nach **Abs 1 S 1** Eintragungen »über ein Recht« im weiten Sinne laut Abs 3. Im Ergebnis fallen darunter nach einhelliger Ansicht **alle Eintragungen in der zweiten und dritten Abteilung**. Eintragungen in der ersten Abteilung sind dagegen weder gegenstandslos noch löschbar iS des § 84;[5] für sie gilt der Berichtigungszwang nach Maßgabe der §§ 82 bis 83. **3**

Abs 1 S 2 ist durch Art 7 des Gesetzes v 26.10.2001 (BGBl I 2710) eingefügt worden. Dadurch wurde eine neue Rechtsgrundlage geschaffen für die Löschung von Amts wegen der wenigen noch in den Grundbüchern vorhandenen Entschuldungsvermerke, dies deshalb, weil durch Art 8 desselben Gesetzes das Entschuldungsabwicklungsgesetz von 1952 und die VO über die Löschung der Entschuldungsvermerke v 1962 aufgehoben worden sind.[6] Bedeutsam ist die neue Bestimmung vor allem für das Gebiet der früheren DDR; auf die Erläuterungen zu Einl B Rdn 34 ff wird verwiesen. **4**

---

2 Zum mustergebenden preuß AusfG: KG JFG 10, 280, 283.

3 Eingehend dazu: *Peter* BWNotZ 1983, 49 ff.

4 Außerdem *Böhringer*, Beseitigung dinglicher Rechtslagen bei Grundstücken in den neuen Ländern, Rpfleger 1995, 51 mwN; *Richter-Böhringer*, Bereinigung und Umschreibung von ostdeutschen Grundbüchern, Rpfleger 1995, 437 mwN; *Demharter* Anh zu §§ 84–89.

5 KG JFG 20, 377, 379.

6 *Demharter* Rn 2.

2. Bedeutung der Löschung »als gegenstandslos«

5 **a) Berichtigungsfunktion der Löschung.** Die Amtslöschung aufgrund der §§ 84 ff unterscheidet sich – anders als die Amtslöschung aufgrund des § 53 Abs 1 S 2 (vgl Rdn 11) – von der gewöhnlichen Löschung auf Antrag nur durch den Verfahrensweg (vgl Rdn 2), nicht in der Rechtswirkung, hat insbesondere wie diese keine selbständige rechtsvernichtende Kraft.[7] Das Erlöschen des Rechts könnte sie nur in Verbindung mit den nach materiellem Recht (§§ 875, 876, 1183 BGB) nötigen Erklärungen bewirken. Der Zielrichtung nach ist die Amtslöschung eine Grundbuchberichtigung. Die Gegenstandslosigkeit der Eintragung (genauer: des gebuchten Rechts, vgl Rdn 7) ist Voraussetzung, nicht Folge der Löschung. Wird sie irrig angenommen, so beseitigt die Löschung zwar die Eintragung, aber nicht das von der Löschung betroffene Recht. Das Grundbuch wird durch die Löschung eines in Wahrheit nicht gegenstandslosen Rechts unstreitig unrichtig[8] (dazu auch § 87 Rdn 1). An die Stelle der bis zur Löschung wirksamen Bestandsvermutung des § 891 Abs 1 BGB tritt jedoch die Erlöschensvermutung des § 891 Abs 2 BGB.[9] Dieser Folgen wegen wird zu Recht darauf hingewiesen, dass bei der Beurteilung der Frage, ob eine Eintragung gegenstandslos ist, große Vorsicht geübt werden müsse[10] und die Löschung nur erfolgen darf, wenn die Gegenstandslosigkeit »in einer jeden verständigen Zweifel ausschließenden Weise« feststeht.[11]

6 **b) Voraussetzung: Völliger Rechtswegfall.** Verfahrensziel ist die völlige Beseitigung überholter Eintragungen; von Amts wegen gelöscht werden kann nach Abs 1 eine »Eintragung über ein Recht«, dh die Eintragung im ganzen. Voraussetzung ist, dass das zu löschende Recht in Bezug auf das belastete oder ein mitbelastetes[12] Grundstück restlos gegenstandslos ist. Das Verfahren der §§ 84 ff ist nicht dazu da, den Inhalt eingetragener Rechte an inzwischen eingetretene Veränderungen anzupassen, etwa den geänderten Umfang eines älteren Wege- und Fahrrechts anhand gewandelter Bedürfnisse festzustellen und im Grundbuch zu verlautbaren. Es ist auch nicht geeignet zur Entscheidung eines Parteienstreits über den Rechtsbestand; dies ist Sache der Zivilgerichte.[13]

3. Gründe der Gegenstandslosigkeit

7 Voraussetzung der Gegenstandslosigkeit (Löschbarkeit) einer Eintragung ist nach Abs 2, dass das gebuchte Recht (im weiten Sinne, vgl Rdn 3)
– nicht besteht und seine Entstehung ausgeschlossen ist (sog **»rechtliche Gegenstandslosigkeit«**[14]) – Fälle des Abs 2 Buchst a –

bzw
– aus tatsächlichen Gründen dauernd nicht ausgeübt werden kann (sog **»tatsächliche Gegenstandslosigkeit«**[15]) – Fälle des Abs 2 Buchst b –

In beiden Fällen (Buchst a und b) zielt die Löschung auf Berichtigung des Grundbuchs (vgl Rdn 5), setzt also die materiellrechtliche Nichtexistenz des zu löschenden Rechts voraus. So gesehen, sind die Fälle »tatsächlicher Gegenstandslosigkeit« iS von Buchst b als eine besondere Untergruppe der Fälle »rechtlicher Gegenstandslosigkeit« des Buchst a zu verstehen, so dass »neben der Alternative des Buchst b des § 84 Abs 2 GBO auch diejenige des Buchst a in Betracht kommt«.[16]

---

7 KG JFG 10, 280, 284; BayObLG DNotZ 1999, 507; *Peter* aaO (Fn 3) S 52.
8 KG JFG 10, 280, 286; OLG Hamm OLGZ 1965, 239, 241 = NJW 1965, 2405; BayObLGZ 1986, 218, 221 = NJW-RR 1986, 1206, 1207 = Rpfleger 1986, 373; *Peter* aaO (Fn 3) S 52; KEHE-*Briesemeister* § 87 Rn 8; *Demharter* § 87 Rn 12.
9 BayObLGZ 1986, 218, 222 = aaO (Fn 8); *Demharter* § 87 Rn 12.
10 KG JFG 10, 280, 284; OLG Hamm JMBlNRW 1964, 78; BayObLGZ 1986, 218, 221 = aaO (Fn 8); *Schöner/Stöber* Rn 386.
11 KG JFG 20, 377, 379; OLG Hamm JMBlNRW 1964, 78; BayObLG aaO (Fn 7); im Ergebnis ebenso KEHE-*Briesemeister* Rn 1, 12; *Kohler* in *Bauer/v Oefele* Rn 1. Beispielsfälle unzureichender Aufklärung: BayObLGZ 1986, 218 = aaO (Fn 8); BGHZ 104, 139 = NJW 1988, 2037 = Rpfleger 1988, 353.
12 Wie zB im Falle des § 1026 BGB.
13 OLG Hamm OLGZ 1965, 239, 241 = NJW 1965, 2405; BayObLGZ 1986, 218, 221 = aaO (Fn 8); *Peter* aaO (Fn 3) S 49; KEHE-*Briesemeister* Rn 1; *Demharter* Rn 16; *Kohler* aaO (Fn 11); *Schöner/Stöber* Rn 386.
14 Begriffe von *Eickmann* RpflStud 1984, 1, 10.
15 Übereinstimmung mit KEHE-*Briesemeister* Rn 7 aE; ebenso *Budde* in *Bauer/v Oefele* Rn 7.
16 So BayObLGZ 1986, 218, 223 = aaO (Fn 8) – in Rpfleger 1986, 373 insoweit nicht abgedruckt –; etwa so KEHE-*Briesemeister* Rn 4; *Demharter* Rn 3; *Kohler* in *Bauer/v Oefele* Rn 5 (im Einzelfall sowohl aus rechtlichen als auch aus tatsächlichen Gründen gegenstandslos).

a) Gegenstandslosigkeit aus rechtlichen Gründen (Abs 2 Buchst a). aa) Grundsätzliche Voraussetzungen nach dem Gesetz.

8

– **Nichtbestehen** des gebuchten Rechts, also die momentane Grundbuchunrichtigkeit, **und**
– **Ausschluss der Entstehung** des gebuchten Rechts, also die Unheilbarkeit der momentanen Grundbuchunrichtigkeit.

Nur wenn beide Voraussetzungen zweifelsfrei (vgl Rdn 5) festgestellt sind, darf die betreffende Eintragung von Amts wegen gelöscht werden. Die Primärbedingung, der Nichtbestand des zu löschenden Rechts, kann darauf beruhen, dass das Recht entweder gar nicht entstanden oder (nachdem entstanden) inzwischen erloschen ist.

bb) Nicht entstandenes Recht. Dies ist ein **Fall ursprünglicher Grundbuchunrichtigkeit**. Die dazu in § 22 Rdn 9 ff angeführten Fallkonstellationen kommen daher sowohl für eine Antragslöschung als auch für eine Amtslöschung in Frage. Allerdings verlangt § 84 Abs 2 Buchst a vom GBA weitergehende Feststellungen: Während für § 22 der Nachweis erforderlich und ausreichend ist, dass das Grundbuch im Zeitpunkt der beantragten Berichtigungseintragung (noch) unrichtig ist (vgl § 22 Rdn 118), fordert § 84 Abs 2 Buchst a darüber hinaus die Vergewisserung, dass das zurzeit nicht bestehende Recht auch in Zukunft nicht mehr entstehen wird (vgl Rdn 8). Zu berücksichtigen ist insbesondere, dass nach materiellem Recht die Einigung bzw die sonstigen Voraussetzungen der Rechtsbegründung oder –änderung (zB eventuelle Zustimmungserklärungen, behördliche Genehmigungen, Vollstreckungsvoraussetzungen) der Eintragung nachfolgen können, und somit das trotz Eintragung nicht entstandene Recht nachträglich noch zur Entstehung gebracht werden kann (vgl § 22 Rdn 16 ff, 66 ff),[17] wobei zwischen den Ereignissen durchaus Jahre vergehen können.[18] Die Gegenstandslosigkeit der Eintragung eines nicht entstandenen Rechts darf deshalb grundsätzlich nur angenommen werden, wenn mit der nötigen Sicherheit (vgl Rdn 5) festgestellt werden kann, dass die nach den Umständen des Einzelfalles denkbaren Heilungsmöglichkeiten nicht realisiert werden können oder wollen.[19] Andernfalls ist der Tatbestand des Abs 2 Buchst a nicht vollständig erfüllt, wird das GBA daher von seinem Ermessen (§ 85 Abs 2) derart Gebrauch zu machen haben, dass es das Amtslöschungsverfahren einstellt[20] und somit den Beteiligten überlässt, im Antragsverfahren mit Nachweisen gemäß §§ 22, 29 die grundbuchberichtigende Löschung zu betreiben. Gleiches gilt etwa, falls die Parteien über den Rechtsbestand streiten (dazu Rdn 6).

9

cc) Erloschenes Recht. Dies ist ein **Fall nachträglicher Grundbuchunrichtigkeit**. Die in § 22 Rdn 55 ff angeführten Fallkonstellationen des Erlöschens kommen demgemäß sowohl für eine Antragslöschung als auch für eine Amtslöschung nach § 84 Abs 2 Buchst a bzw b (vgl Rdn 7) in Betracht, was in der Rechtsprechung mehrfach zum Ausdruck gekommen ist.[21] Für diese Fallkategorie wird das Primat des Antragsverfahrens (vgl Rdn 2) die Regel bilden, für Amtsverfahren nach den §§ 84 ff also selten Anlass bestehen. **Aus Rechtsgründen gegenstandslos** ist eine Eintragung, sobald das eingetragene Recht (im weiten Sinne gemäß Abs 3) »außerhalb des Grundbuchs« materiellrechtlich erloschen ist, sei es:

10

– **kraft Gesetzes oder kraft Staatsaktes.** Beispiele dafür: § 22 Rdn 55 ff.
– **kraft gesetzlicher Anordnung.** Beispiele: §§ 15, 16, 23 GBMaßnG. Hierunter fällt auch die Neuregelung in § 5 Abs 1 GBBerG (vgl Rdn 2), aufgrund derer sozusagen »überalterte« unvererbliche und unveräußerliche Rechte als erloschen gelten, sobald die gesetzlich bestimmten Voraussetzungen erfüllt sind. Rechte dieser Art sind vor allem die im Gesetz hervorgehobenen Nießbrauchsrechte, beschränkte persönliche Dienstbarkeiten und Wohnungsrechte; dies sind die kraft Gesetzes »höchstpersönlichen« Rechtstypen. Bei den übrigen subjektiv-persönlichen Rechtstypen kommt es auf den konkreten Rechtsinhalt an.[22]
– Nach Abs 3 des § 5 GBBerG kann ein nach dessen Abs 1 als erloschen geltendes Recht *ohne weiteres* von Amts wegen im Grundbuch gelöscht werden. Diese Verfahrensvorschrift ist als den §§ 84 ff der GBO vorgehendes lex specialis anzusehen.
– mittelbar **kraft Gesetzesänderung.**[23]
– **kraft Rechtsuntergangs,** wenn aus *tatsächlichen Gründen* die Rechtsausübung dauernd unmöglich geworden ist, diese Fälle sind in Abs 2 Buchst b besonders ausgewiesen (dazu Rdn 7 und 12 ff).

---

17 Zum Verhältnis von Einigung und Eintragung beachtenswert *Streuer* Rpfleger 1988, 513 (ebenso in Bezug auf die besagten Fälle; im Übrigen überzeugend gegen »Unschärfen« in der bisherigen Argumentation, insbesondere von *Gotzler* NJW 1973, 2014).
18 OLG Hamm Rpfleger 1973, 137 (beiläufig).
19 Auf die vom BGH protegierte Wiederverwendbarkeit einer erloschenen Eigentumsvormerkung sollte keine Rücksicht genommen werden (dazu § 18 GBV Rdn 8 mwN).
20 Als unzulässig nach *Kohler* in *Bauer/v Oefele* Rn 7.
21 ZB BayObLGZ 1956, 94, 97 = NJW 1956, 871, 872 = Rpfleger 1956, 285, 286; 1973, 273 = Rpfleger 1973, 433; 1988, 14 = NJW-RR 1988, 781 = Rpfleger 1988, 246; OLG Köln Rpfleger 1980, 389, 390; OLGZ 1986, 310, 311 = Rpfleger 1986, 374.
22 *Böhringer* DtZ 1994, 194; Rpfleger 1995, 51, 54.
23 ZB OLG Hamm OLGZ 1965, 87 = RdL 1965, 173.

11 **dd) Inhaltlich unzulässige Rechte.** Nicht geteilt wird die Ansicht, § 84 Abs 2 Buchst a könne auch auf die Eintragung eines seinem Inhalt nach unzulässigen Rechts angewendet werden, falls die Amtslöschung gemäß § 53 Abs 1 S 2 nicht möglich ist.[24] Beide Vorschriften haben zwar ein gleichartiges Ziel, die Amtslöschung, betreffen jedoch gegensätzliche und deshalb auseinanderzuhaltende Sachverhalte.[25] § 84 stellt auf einen eintragungsexternen Löschungsgrund ab (das gebuchte Recht ist zulässig, aber nicht existent aus Gründen, die »außerhalb des Grundbuchs« liegen), § 53 Abs 1 S 2 dagegen auf einen eintragungsinternen Löschungsgrund (das Recht ist, so wie es gebucht ist, unzulässig und deshalb nicht existent[26]). Verschieden sind auch die Wirkungen: Die Amtslöschung nach den §§ 84 ff hat berichtigende Funktion (vgl Rdn 5), die Amtslöschung gemäß § 53 Abs 1 S 2 dagegen nicht, sie beseitigt eine untaugliche (völlig wirkungslose) Eintragung aus dem Grundbuch.

b) Gegenstandslosigkeit aus tatsächlichen Gründen (Abs 2 Buchst b). aa) Zusätzlicher Erlöschens-
12 **tatbestand.** Die auf Abs 2 Buchst b gestützte Löschung hat berichtigende Funktion wie die Löschung in den Fällen des Abs 2 Buchst a, geht also davon aus, dass das zu löschende Recht materiellrechtlich bereits völlig erloschen ist (vgl Rdn 5 bis 7). Besonderheit ist, dass die GBO hier einen (im BGB nicht zum Ausdruck kommenden, dennoch verankerten) spezifischen Erlöschenstatbestand normiert. Der Maßregel des Abs 2 Buchst b: »Eine Eintragung ist gegenstandslos, soweit das Recht, auf das sie sich bezieht, aus tatsächlichen Gründen dauernd nicht ausgeübt werden kann« liegt sinngemäß der (materiellrechtliche) Rechtsgrundsatz zugrunde, dass ein Recht, das nie mehr ausgeübt zu werden vermag, zu bestehen aufhört. Unbestimmt ist allerdings, welche »tatsächlichen Gründe« zur dauerhaften Unausübbarkeit eines Rechts führen. Dieser Unbestimmtheit wegen stößt die berichtigende Antragslöschung auf Schwierigkeiten, denn ein den §§ 22, 29 GBO genügender eindeutiger urkundlicher Unrichtigkeitsnachweis ist kaum führbar, so dass es auf eine Berichtigungsbewilligung ankäme, im Streitfall ein Prozess zu führen und zu gewinnen wäre. Wohl deshalb neigen die Beteiligten dazu, in so gelagerten Fällen die Amtslöschung wegen angeblicher Gegenstandslosigkeit der Eintragung anzuregen. Und das Amtslöschungsverfahren ist in der Tat flexibler (dazu § 85 Rdn 5), unterliegt insbesondere nicht der Beweismittelbeschränkung des Antragsverfahrens (vgl Rdn 2), darf jedoch – zur Meidung regressträchtiger Amtspflichtverletzung – nicht ohne die gemäß § 87 zu treffenden Vorbereitungsmaßnahmen durchgeführt werden.[27]

13 **bb) Grundlegende Voraussetzungen.** Die längere Nichtausübung oder Nichtgeltendmachung eines Rechts ist kein schlüssiger Beleg für die dauernde Unausübbarkeit,[28] sondern gibt allenfalls Anlass, die Gründe des unterbliebenen Rechtsgebrauchs aufzuklären. **Wegen Ausübungshindernissen tatsächlicher Art** muss die **Rechtsausübung**

– **objektiv unmöglich**, dh für jedermann unmöglich, sein. Dies kann generell nur der Fall sein, wenn die Rechtsausübung wegen eines andauernden widrigen Zustands des belasteten Grundstücks unmöglich ist. Ein lediglich in der Person des Berechtigten bestehendes (subjektives) Ausübungshindernis tatsächlicher Art, sei es auch voraussichtlich von Dauer (zB die Unterbringung eines körperlich gebrechlichen Wohnungsberechtigten in einem Altenpflegeheim), bringt nicht automatisch das ihm zustehende Recht zum Erlöschen,[29] es sei denn, dass dieses entsprechend auflösend bedingt eingetragen ist.[30]

– **dauernd unmöglich**, dh nie mehr möglich, sein. Davon kann nur ausgegangen werden, wenn der Berechtigte die ausübungshindernden Grundstücksveränderungen hinnehmen muss, er also kraft seines dinglichen Rechts keinen Anspruch auf Wiederherstellung des ursprünglichen Zustandes mehr hat.[31]

– **total unmöglich** sein, dh die Rechtsausübung muss völlig, nicht nur teilweise ausgeschlossen sein, weil, wie schon erwähnt (vgl Rdn 6), das Verfahren der §§ 84 ff sich nicht für eine etwaige Anpassung des Rechtsinhalts an gewandelte Bedürfnisse eignet.[32]

---

24 So aber KEHE-*Briesemeister* Rn 9; *Demharter* Rn 5; *Kohler* in *Bauer/v Oefele* Rn 14.
25 Abgrenzend auch *Eickmann* RpflStud 1984, 1, 10. OLG Karlsruhe (Rpfleger 1993, 192) und BayObLG (FGPrax 1999, 210 = NJW-RR 1999, 1691 = Rpfleger 1999, 525) stellen ebenfalls auf Unterschiedlichkeit ab.
26 Das von *Briesemeister* aaO (Fn 23) angeführte Beispiel einer gegen § 1019 BGB verstoßenden Eintragung kann als gesetzwidrige u somit inhaltlich unzulässige Eintragung iS von § 53 Abs 1 S 2 angesehen werden.
27 Lehrreicher Fall einer Amtspflichtverletzung wegen unzureichender Feststellung der Löschungsvoraussetzungen: BGHZ 104, 139 = aaO (Fn 11).
28 BayObLGZ 1986, 218, 221 = aaO (Fn 8).
29 OLG Zweibrücken OLGZ 1987, 27, 28/29; OLG Köln NJW-RR 1995, 1358; OLG Celle NJW-RR 1999, 10, alle zum Wohnungsrecht, aber durchaus verallgemeinerbar.
30 BayObLGZ 1997, 246 = FGPrax 1997, 210 = NJW-RR 1998, 85 (Erlöschen, »wenn der Berechtigte das Anwesen nicht nur vorübergehend verlässt«).
31 BayObLGZ 1986, 218, 221 = aaO (Fn 8).
32 Wie Fn 13. Fall einer wegen verkannter Inhaltsanpassung zu Unrecht erfolgten Löschung: BGH NJW-RR 1988, 1229 = aaO (Fn 41).

Auch die **Nichtfeststellbarkeit des Berechtigten** soll als Grund tatsächlicher Gegenstandslosigkeit in Betracht kommen.[33] Gedacht ist dabei an ältere Eintragungen mit überholten Bezeichnungsfloskeln, wie zB »die Herrschaft«[34] oder »der Hauptcorpus«.[35] **In Ausnahmefällen** der bezeichneten Art wird man die Amtslöschung aufgrund des Abs 2 Buchst b rechtfertigen können, sofern die Auslegung trotz sorgfältigster Prüfungen erfolglos geblieben ist und das eingetragene Recht nach menschlichem Ermessen von niemandem mehr ausgeübt werden kann.[36] Keinesfalls erübrigt oder ersetzt die Vorschrift mögliche Aufklärungen, wie zB die Ermittlung der Erben verstorbener Berechtigter bzw Mitberechtigter bei vererblichen und veräußerlichen Rechten. Nicht als gegenstandslos löschbar sind Rechte, die zugunsten einer im maßgeblichen Register bereits gelöschten juristischen Person eingetragen sind; hier ist idR eine Restabwicklung (Nachtragsliquidation) erforderlich.[37]

cc) Effektive Bedeutung für Dienstbarkeiten. Effektive Bedeutung kann § 84 Abs 2 Buchst b im Übrigen   **14**
nur für Dienstbarkeiten (Grunddienstbarkeiten wie beschränkte persönliche Dienstbarkeiten) erlangen, und zwar aus folgenden Gründen:
– Nur **Nutzungsrechte** (Erbbaurecht, Nießbrauch, Dienstbarkeiten) können überhaupt durch Veränderungen des belasteten Grundstücks bzw seiner Einrichtungen im Rechtsgehalt oder -bestand unmittelbar beeinflusst werden. Davon mögen Erbbaurecht und Nießbrauch faktisch im Inhalt beeinflussbar sein, gegenstandslos werden können sie ihrem gesetzmäßigen Rechtsinhalt nach durch Grundstücksveränderungen kaum. Ein **Erbbaurecht** erlischt insbesondere nicht durch den Untergang des Bauwerks (§ 13 ErbbauRG). Ein **Nießbrauch** ergreift das belastete Grundstück in seinem jeweiligen Zustand, erstreckt sich folglich ohne weiteres auf mit dem Grundstück neu verbundene wesentliche Bestandteile, so dass beispielsweise ein an einem Wohn- und Geschäftshaus-Grundstück begründeter Nießbrauch nicht durch die (kriegsbedingte) Zerstörung des bisherigen Gebäudes untergeht, sondern sich ohne weiteres auf das wiederaufgebaute Gebäude erstreckt.[38] **Dienstbarkeiten** dagegen konzentrieren sich typischerweise (gestattend oder verbietend) auf spezielle Arten der Benutzung des dienenden Grundstücks, in der Ausübungsbefugnis zudem oft begrenzt auf einen Teilbereich (Ausübungsstelle) dieses Grundstücks. Verändern sich die tatsächlichen Grundstücksverhältnisse oder die Bedürfnisse, so kann das die Ausübung der Dienstbarkeitsbefugnisse begünstigend oder erschwerend beeinflussen, im Extremfall auf Dauer ganz unmöglich machen und somit zum Rechtsuntergang führen. Nur im letztgenannten Fall ist die Amtslöschung wegen tatsächlicher Gegenstandslosigkeit gerechtfertigt (vgl Rdn 12); über eine etwaige inhaltliche Anpassung von Dienstbarkeiten an gewandelte Verhältnisse ist im Verfahren der §§ 84 ff nicht zu entscheiden (vgl Rdn 6). Siehe im Übrigen Rdn 16–23.
– Für die **Verwertungsrechte** (Grundpfandrechte und Reallasten) und für die **Erwerbsrechte** (Vorkaufsrechte) können tatsächliche Veränderungen des Belastungsobjekts **allenfalls mittelbare Auswirkungen** auf die Rechtsausübung bzw -verwirklichung erzeugen (zB durch etwaige Reflexionen in Gestalt von Bonitätsgewinnen oder -verlusten); der Rechtsinhalt selbst (Summe der sich aus dem Recht ergebenden Befugnisse) aber verändert sich nicht, so dass eine Amtslöschung aufgrund Abs 2 Buchst b ausscheidet.

Bei den **Grunddienstbarkeiten** können Veränderungen sowohl des dienenden als auch des herrschenden   **15**
Grundstücks zum Untergang des Rechts führen (dazu Rdn 22 ff).

III. Zur Gegenstandslosigkeit von Dienstbarkeiten aus »tatsächlichen Gründen«

1. Ausübungshindernisse aufseiten des dienenden Grundstücks

a) Natürliche Ausübungshindernisse. aa) Vorübergehender Art. Sofern vorübergehender Art, wie bei-   **16**
spielsweise eine zeitweilige Überflutung des belasteten Grundstücks, behindern sie zwar die Ausübung der Dienstbarkeit aus »tatsächlichen Gründen« bis zur völligen Unmöglichkeit der Rechtsausübung. Dennoch erlischt die Dienstbarkeit nicht, weil der alte Zustand nach Verschwinden der Überschwemmung wieder vorhanden ist, also keine dauernde Unmöglichkeit der Rechtsausübung eingetreten ist.[39]

bb) Beständiger Art. Sofern beständiger Art und total wirkend, wie beispielsweise eine dauernde Über-   **17**
schwemmung oder eine Zerstörung der Oberfläche des belasteten Grundstücks durch **Naturkräfte oder -er-**

---

33 So sämtliche GBO-Kommentare zu § 84 sowie *Schöner/Stöber* Rn 385.
34 So im vielzitierten Fall des KG JFG 10, 280.
35 Von *Güthe-Triebel* Rn 5 genannt.
36 Gegenstandslosigkeit iS der §§ 84 ff offen gelassen von KG FGPrax 1997, 212 (Löschung wegen Nichtexistenz des eingetragenen Gläubigers einer Grundschuld).
37 BayObLGZ 1955, 296; MittBayNot 1992, 397; KEHE-*Briesemeister* Rn 11.
38 BGH DNotZ 1965, 165 = MDR 1964, 493 = JZ 1964, 369; dazu *Riedel* Rpfleger 1966, 131, 133.
39 BGHZ 7, 268, 272 = NJW 1952, 1375.

eignisse (zB durch Wegspülung oder Erdrutsch),[40] wird die infolgedessen eingetretene Unausübbarkeit einer Dienstbarkeit eine dauernde sein, so dass von der Gegenstandslosigkeit des Rechts ausgegangen werden kann. Ebenfalls **naturbedingt gegenstandslos** wird eine Dienstbarkeit, die auf die Gewinnung von bestimmten Bodenbestandteilen gerichtet ist, mit der Erschöpfung des in dem Grundstück vorhandenen Vorrats (zB durch restlose Ausbeutung eines Steinbruchs) oder ein Wasserentnahmerecht durch natürliches Versiegen (nicht nur vorübergehende Austrocknung) der Quelle.[41] Die Feststellung der Gegenstandslosigkeit setzt eine genaue Prüfung der Rechts- und Sachlage voraus. Aufschlussreich hierzu sind die Urteilsgründe des BGH[42] zu folgendem Leitsatz: Ist der Eigentümer des herrschenden Grundstücks kraft einer Grunddienstbarkeit berechtigt, sich an eine bestimmte Wassergewinnungsanlage (eine bestimmte Quellfassung mit Quellbecken) anzuschließen und auf diese Weise kostenlos Wasser zu entnehmen, bohrt dann aber der Eigentümer des dienenden Grundstücks im eigenen Interesse neben der Quelle einen Brunnen und bringt er so die früher an bestimmter Stelle austretende Quelle zum Versiegen, so kommt das Recht aus der Grunddienstbarkeit nicht zum Erliegen, sondern passt sich dahin an, dass der Dienstbarkeitsberechtigte künftig das aus dem Brunnen geförderte Wasser entnehmen darf.

18 **b) Künstliche Ausübungshindernisse. aa) Grundsätzliches.** Vom Eigentümer des dienenden Grundstücks geschaffene oder geduldete Hindernisse, wie etwa die völlige Bebauung eines mit einem Wegerecht, mit einem Jagdrecht oder mit einem Weiderecht belasteten Grundstücks oder wie die Zerstörung bzw Überbauung der Anlage (Weg, Brunnen, Wasserlauf, Brücke, Gebäude usw), auf deren Benutzung eine Dienstbarkeit gerichtet ist, lassen von der tatsächlichen Situation her den Wegfall der betroffenen Dienstbarkeit wohl als wahrscheinlich erscheinen, reichen aber allein zur Feststellung ihrer Gegenstandslosigkeit nicht aus. Denn ausschlaggebend ist, dass der Berechtigte den hinderlichen Zustand hinnehmen muss, dass er keinen Anspruch auf Wiederherstellung des früheren Zustands mehr hat. Eine Dienstbarkeit ist trotz völliger Unterbindung der akuten Rechtsausübungsmöglichkeit (zB durch Überbauung, Umgestaltung, Zerstörung, Versperrung ihrer Nutzfläche oder ihres Nutzobjekts) nicht erloschen und somit auch nicht gegenstandslos iS des § 84 Abs 2, wenn und solange dem Dienstbarkeitsberechtigten das Recht zur Abwehr des Eingriffs gemäß den §§ 1027 bis 1029, 1090 Abs 2 BGB zu Gebote steht. Ist Störfaktor eine Anlage, wie zB bei Überbauung, so erlischt eine dadurch unausübbare Dienstbarkeit kraft Gesetzes (§ 1028 BGB) erst mit der Verjährung des Anspruchs auf Beseitigung dieser Anlage; zu beachten ist dabei, dass die Störung dreißig Jahre lang von ein und derselben Anlage ausgehen muss; bei Errichtung einer neuen Anlage entsteht ein neuer Beseitigungsanspruch, für den eine neue Verjährungsfrist läuft.[43] Eine Grundvoraussetzung des Untergangs einer Dienstbarkeit ist zudem, dass den auf dem dienenden Grundstück geschaffenen Störzustand der Ausübungsbereich der Dienstbarkeit dauernd unbenutzbar geworden ist; so erlischt beispielsweise eine Grunddienstbarkeit, die dazu berechtigt, unter der Oberfläche eines fremden Grundstücks einen Keller zu halten, grundsätzlich noch nicht durch die Zerstörung eines auf diesem Grundstück errichteten Gebäudes.[44]

19 **bb) Besondere Fälle.** (1) Gegenüber den **durch Kriegseinwirkung verursachten Zerstörungen und Schädigungen** greift der Abwehranspruch aus § 1027 BGB nicht (so die überwiegende Rechtsprechung zu Einwirkungen von benachbarten Trümmergrundstücken).[45] Nach der Rechtsprechung des BGH[46] erlischt beispielsweise ein Wohnungsrecht (im Gegensatz zum Nießbrauch, vgl Rdn 14) wegen dauernder Unausübbarkeit, wenn der gegenständliche Ausübungsbereich (die dem Wohnungsrecht unterliegenden Räume) durch Kriegseinwirkung zerstört oder zumindest nachhaltig unbenutzbar geworden ist.[47] Anders verhält es sich nur, wenn der Eigentümer des belasteten Grundstücks kraft – zulässigerweise[48] – vereinbarten dinglichen Wohn-

---

40 Zur Auswirkung auf den Grundstücksbestand: *Dehner* B § 1 III 2 bzw (für Bayern) *Meissner-Ring-Götz* § 2 II I 1; *Bengel/Simmerding* § 22 Rn 105, 106.
41 Beispiele laut *Dehner* B § 30 III 2 Fn 105.
42 NJW-RR 1988, 1229 = DNotZ 1989, 562 = Rpfleger 1989, 16 (dort zu verkürzt und ohne Sachverhalt).
43 BGH NJW 1967, 1609; zur Unterbrechung der Verjährung: OLG Hamburg FGPrax 1996, 211.
44 BayObLGZ 1967, 397, 403.
45 Methodische Einordnung umstritten, vgl *Staudinger-Gursky* § 1004 Rn 54; eingehend dazu: *Dehner* § 38a; vgl auch BGHZ 7, 268, 273 = aaO (Fn 38); 8, 58, 63 = NJW 1953, 140; BGH DNotZ 1954, 383 (Kein Abwehranspruch, wenn Eigentümer kriegszerstörtes Gebäude nicht wieder errichtet, sondern das Grundstück anderweitig baulich nutzt).
46 BGHZ 7, 268 und 8, 58 = aaO (Fn 38 bzw 44); BGH DNotZ 1956, 40, 42; 1965, 165; NJW 1972, 584 = Rpfleger 1972, 129; so auch die wohl hM, dazu *Staudinger-Mayer* § 1093 Rn 57 und *MüKo-Joost* § 1093 Rn 18; **aA:** *Riedel* Rpfleger 1966, 131, 133; *Dammertz* MittRhNotK 1970, 105; *Palandt-Bassenge* § 1093 Rn 19 (Wohnungsrecht ruht lediglich).
47 Abgestellt auf gesetzmäßigen Rechtsinhalt gemäß § 1093 BGB. Zweifelhaft der Hinweis des BGH (vgl BGHZ 7, 268, 273 und NJW 1972, 584 = beide aaO, Fn 45) auf die Andersartigkeit der Rechtslage bei Leibgedingverträgen, weil die landesrechtlich bestimmten Erhaltungspflichten lediglich das schuldrechtliche Verhältnis betreffen, sofern sie nicht in den dinglichen Rechtsinhalt einbezogen worden sind (dazu *Ring* DNotZ 1954, 104 in krit Anm zu OLG München DNotZ 1954, 102).
48 Zur Zulässigkeit: *Schöner/Stöber* Rn 1272 und *Palandt-Bassenge* § 1093 Rn 11, jeweils im Anschluss an LG Heilbronn BWNotZ 1975, 124.

rechtsinhalts eine Wiederherstellungspflicht trifft. Eine lediglich schuldrechtliche Wiederherstellungspflicht verhindert dagegen das Erlöschen des unausübbar gewordenen dinglichen Rechts nicht; zur Erfüllung des schuldrechtlichen Anspruchs bedarf es eines neuen Verfügungsgeschäfts (außer neuer Einigung auch neue Eintragung gemäß § 873 BGB), die bisherige Eintragung ist mit der Begründung des früheren Wohnungsrechts »verbraucht«.[49]

(2) Bei **Zerstörung durch Brand**, beispielsweise des Gaststättengebäudes, auf das sich die Ausübung einer **20** Grunddienstbarkeit (alleiniges Gaststättenbetriebsrecht) bezieht, hat sich der BGH[50] von etwa gleichen Überlegungen leiten lassen. Er hat eine aus der Dienstbarkeit herleitbare Wiederaufbaupflicht des Eigentümers des dienenden Grundstücks verneint und – ohne dies entscheiden zu müssen – offensichtlich angenommen, dass die Dienstbarkeit, soweit Nutzungsdienstbarkeit (Gaststättenbetriebsrecht), wegen dauernder Unmöglichkeit der Ausübung erloschen sei. Dem Berufungsgericht, das dem Eigentümer des dienenden Grundstücks einen Löschungsanspruch nach § 894 BGB zuerkannt hatte, vermochte der BGH im Ergebnis dennoch nicht zu folgen, weil bezüglich der Unterlassungsdienstbarkeit (»alleiniges« Recht) keine Unmöglichkeit der Ausübung eingetreten war.

(3) Ein **Wandel nichttatsächlicher Art** ist für Abs 2 Buchst b unerheblich, bildet allenfalls einen Erlöschens- **21** grund iS des Abs 2 Buchst a (dazu Rdn 10). Weder aus tatsächlichen noch aus rechtlichen Gründen entfällt eine Dienstbarkeit beispielsweise durch:
– Aufstellung oder Änderung eines Bebauungsplanes.[51] Ist zB ein Grundstück in einem »reinen Wohngebiet« mit einer Dienstbarkeit des Inhalts belastet, dass eine gewerbliche Nutzung des Grundstücks untersagt ist, so bleibt diese Nutzungsbeschränkung auch dann bestehen, wenn im Bebauungsplan eine gewerbliche Nutzung zugelassen wird.[52] Dies gilt selbst dann, wenn ursprünglich öffentlich-rechtliche Vorschriften oder Motive den Grund für die Bestellung der Dienstbarkeit lieferten.[53]
– Widmung des dienenden Grundstücks für den öffentlichen Verkehr.[54]

2. Ausübungshindernisse aufseiten des herrschenden Grundstücks

a) Erlöschensgrund speziell für Grunddienstbarkeiten. Eine Grunddienstbarkeit kann auch durch Verän- **22** derungen aufseiten des herrschenden Grundstücks erlöschen (vgl Rdn 15), und zwar dann,[55] wenn deswegen die Rechtsausübung auf Dauer tatsächlich unmöglich geworden ist oder wenn der gemäß § 1019 BGB nötige Vorteil für das herrschende Grundstück (voraussichtlich endgültig)[56] weggefallen ist. Die Erlöschensgründe überlappen sich, unerheblich insofern, als beide begrifflich unter § 84 Abs 2 fallen,
– die **dauernde Unausübbarkeit** als tatsächlicher Grund iS von Buchst b,
– der **endgültige Vorteilswegfall** als rechtlicher Grund gemäß § 1019 BGB iS von Buchst a,

und ggf nebeneinander in Erwägung zu ziehen sind.[57] Allerdings ist Vorsicht (vgl Rdn 5) in besonderem Maße angezeigt, weil Grunddienstbarkeiten auf gewandelte Verhältnisse bzw Bedürfnisse des herrschenden Grundstücks in erster Linie durch Anpassung, nicht durch Wegfall reagieren. Dazu *Falckenberg*:[58] »Bei entwicklungsbedingten Veränderungen des herrschenden Grundstücks ist vorrangig zu untersuchen, ob eine Anpassung der fraglichen Grunddienstbarkeit möglich ist. In Fällen unzulässiger Rechtsausübung bei außergewöhnlichen Veränderungen geht die Grunddienstbarkeit nur unter, wenn der Veränderung nicht schon durch eine bloße Einschränkung der Rechtsausübung Rechnung getragen werden kann. Eine Dienstbarkeit entfällt nicht bereits wegen einer rechtswidrigen Überschreitung der Rechtsbefugnisse ..., dagegen kann sich der Eigentümer des dienenden Grundstücks gemäß § 1004 BGB zur Wehr setzen.« Die Entscheidung über streitige Anpassungsprobleme ist den Zivilgerichten vorbehalten (vgl Rdn 6); auf die umfangreiche höchstrichterliche Rechtsprechung dazu wird verwiesen.[59]

---

49 BGH DNotZ 1954, 383, 385. Eingehend dazu *Streuer* aaO (Fn 16), teils in Frage gestellt durch BGH aaO (Fn 18).
50 NJW 1980, 179 = Rpfleger 1980, 13 = DNotZ 1980, 478.
51 OLG Hamm OLGZ 1965, 239 = NJW 1965, 2405.
52 BGH NJW 1967, 1609.
53 BGH aaO (Fn 51) und DNotZ 1970, 348.
54 BayObLGZ 1971, 1 = MDR 1971, 393; OLG Düsseldorf MDR 1995, 471.
55 BGH NJW 1984, 2157, 2158 mwN; NJW-RR 1988, 1229, 1230 = Rpfleger 1989, 16 = DNotZ 1989, 562, 563.
56 Dazu insb BGH NJW 1984, 2157, 2158; auch BayObLG aaO (Fn 7) und ZflR 2003, 341; OLG Koblenz DNotZ 1999, 511.
57 BayObLGZ 1986, 218, 223 = aaO (Fn 8).
58 MüKo-*Falckenberg* § 1018 Rn 66 mwN.
59 Eingehend analysiert von *Falckenberg* aaO (Fn 57) Rn 51–56; dazu auch BGB-RGRK-*Rothe* § 1018 Rn 19, 20. Grenzfall: OLG München MittBayNot 2003, 219 m krit Anm *Mayer*.

23   **b) Zu den Voraussetzungen der Amtslöschung.** Richtungsweisend sind die eingehenden Darlegungen in nachstehend aufgeführten Entscheidungen des BayObLG, auf die verwiesen wird: Beschluss vom 23.06.1986[60] (Ablehnung wegen nicht hinreichend aufgeklärten Sachverhalts), Beschluss vom 28.01.1988[61] (Feststellung der Gegenstandslosigkeit wegen endgültigen Vorteilswegfalls nach weiterer Aufklärung desselben Sachverhalts) und Beschluss vom 02.08.1989[62] (Versagung der Antragslöschung wegen unzureichenden Unrichtigkeitsnachweises, Abgrenzung zur zweitgenannten Entscheidung).

---

60 BayObLGZ 1986, 218 = aaO (Fn 8).
61 BayObLGZ 1988, 14 = NJW-RR 1988, 781 = Rpfleger 1988, 246.
62 BayObLG NJW-RR 1989, 1495.

Böttcher

§ 85 (Einleitung und Durchführung des Verfahrens)

(1) Das Grundbuchamt soll das Verfahren zur Löschung gegenstandsloser Eintragungen grundsätzlich nur einleiten, wenn besondere äußere Umstände (zB Umschreibung des Grundbuchblatts wegen Unübersichtlichkeit, Teilveräußerung oder Neubelastung des Grundstücks, Anregung seitens eines Beteiligten) hinreichenden Anlaß dazu geben und Grund zu der Annahme besteht, daß die Eintragung gegenstandslos ist.

(2) Das Grundbuchamt entscheidet nach freiem Ermessen, ob das Löschungsverfahren einzuleiten und durchzuführen ist; diese Entscheidung ist unanfechtbar.

I. Normzweck

Die Vorschrift geht davon aus, dass es in erster Linie Recht und Aufgabe der Beteiligten ist, »ihren« Grundbuchinhalt auf dem laufenden zu halten und die anfallenden Berichtigungen im regulären Antragsverfahren zu betreiben, dass es aber nicht genügt, nur auf Privatinitiativen zu setzen, wo Allgemeininteressen zu berücksichtigen sind (vgl § 84 Rdn 2). Dementsprechend soll das GBA nicht ständig, jedoch bei besonderem Anlass von sich aus aktiv werden, um nötigenfalls ein Grundbuch zur Erleichterung seiner Benutzung und Führung von offenbar überholten Eintragungen zu befreien. **1**

II. Maximen des Verfahrensbetriebs

1. Pflicht zur Prüfung eventueller Verfahrenseinleitung

Zweck (vgl Rdn 1) und Wortlaut des Gesetzes (»*soll . . . nur einleiten, wenn . . .*«) gebieten bedingt die Prüfung, ob ein Amtslöschungsverfahren einzuleiten ist (Abs 1).[1] **2**

a) Prüfungsaufnahme. In eine Prüfung soll das GBA eintreten, wenn »*besondere äußere Umstände hinreichenden Anlass dazu geben*«. Situationen, die das GBA regelmäßig zum Anlass zur Überprüfung der Einleitungsfrage nehmen soll, sind beispielhaft genannt. Zu beachten ist zudem § 29 GBV, wonach nicht nur in Fällen der Umschreibung wegen Unübersichtlichkeit, sondern vor jeder Umschreibung eines Grundbuchblattes über die Einleitung eines Löschungsverfahrens zu beschließen ist. Wegen der Sonderheiten bei der Umschreibung oder Umstellung von Altbeständen auf neuzeitliche Grundbuchformate wird auf § 2 GBV Rdn 23 ff und Vor § 28 GBV Rdn 2 verwiesen. **3**

b) Prüfungsaufgabe. Besteht ein hinreichender äußerer Anlass, so ist zu prüfen, ob »*Grund zu der Annahme besteht, dass die Eintragung gegenstandslos ist*«. Es brauchen also nicht sämtliche, sondern nur »verdächtige« Eintragungen[2] darauf geprüft zu werden, ob von vornherein eine gewisse Wahrscheinlichkeit dafür besteht, dass das Verfahren zur Löschung führen wird,[3] so beispielsweise die Eintragung eines höchstpersönlichen Rechts, dessen Inhaber angesichts der Dauer der Eintragung kaum noch am Leben sein kann (auch wenn das in § 5 Abs 1 GBBerG vorgesehene hohe Alter von 110 Jahren noch nicht erreicht ist), oder die Eintragung eines Wegerechts an einem Grundstück, das zwischenzeitlich Eigentum der Straßenbauverwaltung geworden und in eine Straße einbezogen ist, die dem öffentlichen Verkehr gewidmet ist, oder die Eintragung einer mutmaßlich abgelösten Reallast u dgl. **4**

2. Ermessensfreiheit bei der Einleitung und Durchführung des Verfahrens

a) Verfahrensherrschaft des Grundbuchamtes. Der Amtspflicht zur Prüfung der Einleitungsfrage (vgl Rdn 2 bis 4) stellt Abs 2 die Ungebundenheit des GBA in der Entscheidung über den Verfahrensbetrieb gegen- **5**

---

1 Dieser Pflichtgehalt der Vorschrift wird zu Recht betont von *Güthe-Triebel* Rn 3.
2 Ausdruck von KEHE-*Briesemeister* Rn 2.
3 *Demharter* Rn 3; ähnlich KEHE-*Briesemeister* Rn 3; *Kohler* in *Bauer/v Oefele* Rn 7.

über: Über Einleitung und Durchführung, also auch Einstellung des Verfahrens, entscheidet das GBA nach »freiem Ermessen« und unanfechtbar. Beteiligte können daher derartige Entscheidungen zwar anregen, aber nicht verlangen (vgl § 86), und dem GBA gewährt das Gesetz Freiraum zur Entscheidung nach Zweckmäßigkeitsgesichtspunkten.[4]

6 **aa) Ermessensfreiheit.** Die Ermessensfreiheit ermöglicht es insbesondere, Verfahrensaufwand und Verfahrensziel abzuwägen, dh darauf zu achten, dass Kosten und Mühen des Verfahrens in einem der Bedeutung des zu löschenden Rechts und der erzielbaren Grundbuchbereinigung angemessenen Verhältnis bleiben.[5] So wird beispielsweise von der Verfahrenseinleitung abzusehen oder ein eingeleitetes Verfahren einzustellen sein, weil es im Zweifels- oder Streitfall zweckdienlicher erscheint, eine offene Frage mit Rechtskraftwirkung im Prozessweg entscheiden zu lassen (dazu § 84 Rdn 9).

7 **bb) Unanfechtbarkeit.** Die Unanfechtbarkeit der Entscheidung des GBA nach Abs 2 stützt die Ermessensfreiheit des GBA; denn es kann nicht dazu kommen, dass höhere Instanzen in Fragen des Verfahrensbetriebs Rechtsgründe über die Zweckmäßigkeitserwägungen des GBA stellen.[6] Fraglich ist, ob die dem Rechtspfleger obliegende Entscheidung (§ 3 Nr 1h RpflG) der in § 11 Abs 2 S 1 RpflG vorgesehenen befristeten Erinnerung unterliegt. Für den *ohne Anregung von außen* gefassten *Entschluss*, das Verfahren einzuleiten oder davon abzusehen, dürfte dies zu verneinen sein,[7] weil dadurch allein − insb bei Absehen von der Verfahrenseinleitung − nicht in rechtlich geschützte Interessen eingegriffen wird und deshalb − auch nach § 11 Abs 2 S 1 RpflG wegen − eine Bekanntgabe des Entschlusses nicht nötig erscheint (dazu Rdn 14, 15).[8] Niemand kann von vornherein dagegen geschützt werden, überhaupt in ein gerichtliches Verfahren hineingezogen zu werden; rechtstaatliche Grundsätze gebieten es allein, dass er in dem Verfahren hinreichend Gelegenheit hat, seine Rechte wahrzunehmen.[9]

8 **b) Zur Sachverhaltsaufklärung.** Zur Sachverhaltsermittlung und Beweisgewinnung ergibt sich aus § 85 nichts Spezielles. Es gelten mithin die allgemeinen Vorschriften und Grundsätze des FGG, insbesondere die Leitlinien des Amtsermittlungsgrundsatzes nach Maßgabe des § 12 FGG (dazu Einl F 80).

9 **Inwieweit Freibeweis möglich oder Strengbeweis nötig** ist (zu den wesentlichen Unterschieden: Einl F 86 bis 88), ist nicht absolut beantwortbar. Allgemein ist zu sagen, dass es zur sammelnden Ermittlung der Tatumstände, die für oder gegen die Gegenstandslosigkeit sprechen, zunächst noch keiner streng formalen Beweiserhebung bedarf, wie schon zu § 82 Rdn 16 dargelegt.[10]

10 **Richtungweisend** sind die **Zielvorgaben gemäß § 87:**[11]

11 (1) **An erster Stelle** sind eindeutige **urkundliche Nachweise** nach Maßgabe des § 29 anzustreben bezüglich der Umstände, aus denen das materielle Erlöschen des zu löschenden Rechts abzuleiten ist (§ 87 Buchst a).

12 (2) **An zweiter Stelle** ist auf die **Löschungsankündigung** (§ 87 Buchst b) hinzuarbeiten, sofern ein eindeutiger urkundlicher Nachweis nicht gelingt oder aussichtslos erscheint. Dazu kommt es zwar auf die sichere Ermittlung von Person und Aufenthalt des Betroffenen an, die Gegenstandslosigkeit der zu löschenden Eintragung braucht aber noch nicht mit endgültiger Gewissheit festzustehen, sondern es genügt deren im Wege des Freibeweises ermittelte Wahrscheinlichkeit[12] (vgl § 87 Rdn 6). Grundlegende Informationsquelle für die Person des Betroffenen ist die zu löschende Grundbucheintragung, bei Briefrechten muss Briefbesitz des Eingetragenen hinzutreten (vgl § 88 Rdn 2). Die Person etwaiger Rechtsnachfolger ist nach Maßgabe strengbeweislicher Grundsätze zu ermitteln; bezüglich ihres Aufenthalts genügen freibeweisliche Mittel, ob der so ermittelte Aufenthalt zutrifft, klärt sich bei der (versuchten) Zustellung der Löschungsankündigung.

13 (3) Kommt es **letztlich** auf einen **Beschluss** an, der die Gegenstandslosigkeit der Eintragung feststellt (§ 87 Buchst c), so dürfen diesem nur Tatsachen zugrundegelegt werden, von deren Wahrheitsgehalt sich der Grundbuchrechtspfleger nach strengbeweislichen Grundsätzen überzeugt hat;[13] denn die Löschung darf nur erfolgen, wenn die Gegenstandslosigkeit in einer jeden verständigen Zweifel ausschließenden Weise feststeht (vgl § 84 Rdn 5). Die willkürliche (unsachgemäße) Würdigung oder Nichtberücksichtigung von relevanten Umständen

---

4 KEHE-*Briesemeister* Rn 3; *Demharter* Rn 3; iS pflichtgemäßer, an Sachgründen orientierter Ermessensausübung: *Kohler* in *Bauer/v Oefele* Rn 10, 11.
5 *Peter* BWNotZ 1983, 49, 50, außerdem wie vor (Fn 4).
6 KG HRR 1939 Nr 1354 mwN; *Demharter* Rn 5.
7 Nicht so differenzierend *Kohler* in *Bauer/v Oefele* Rn 17 und *Schöner/Stöber* Rn 391.
8 BayObLG Rpfleger 1998, 67; *Arnold/Meyer-Stolte/Hansens* RpflG § 11 Rn 7, 8.
9 *Jansen-Briesemeister* § 19 Rn 18.
10 Zustimmend *Kohler* in *Bauer/v Oefele* Rn 14.
11 Folgend: *Kohler* in *Bauer/v Oefele* Rn 15.
12 Ebenso *Eickmann* RpflStud 1984, 1, 11.
13 Ebenso *Eickmann* aaO (Fn 12).

wird nicht von der Ermessensfreiheit (§ 85 Abs 2) gedeckt, sondern wäre Ermessensmissbrauch und Grund für die Anfechtung des Feststellungsbeschlusses gemäß § 89.

c) Entscheidungsmodus. Nicht geboten ist ein **förmlicher Einleitungsbeschluss**[14] (anders: Rangklarstel- **14** lungsverfahren gemäß § 91 Abs 2), auch nicht durch § 29 GBV, denn diese Vorschrift hat unterstützende, nicht modifizierende Bedeutung (vgl dort Rdn 1). Wird ein Beschluss erlassen, braucht er weder begründet noch den Beteiligten bekannt gemacht zu werden (vgl Rdn 7). Ein Aktenvermerk ist ebenfalls nicht notwendig, aber zweckmäßig. Ausreichend ist die schlichte Verfahrenseinleitung durch Aufnahme von Ermittlungen (zB durch Anfrage beim Grundstückseigentümer), ohne die Betroffen sogleich zu informieren. Die Gewährung rechtlichen Gehörs (dazu Einl F Rdn 81) wird idR nicht in der Anfangsphase des Verfahrens, sondern erst vor Veranlassung der Löschung effektiv erfüllbar sein. Auch nach einer etwa vorangegangenen Aussetzung oder Einstellung des Verfahrens kann das GBA nach seinem Ermessen die Ermittlungen schlicht wieder aufnehmen.

Geboten ist ein **förmlicher Ablehnungs- oder Einstellungsbeschluss** unter den besonderen Voraussetzun- **15** gen des § 86.

---

14 OLG Hamm OLGZ 1965, 87, 89; *Demharter* Rn 4; KEHE-*Briesemeister* Rn 4; *Kohler* in *Bauer/v Oefele* Rn 14.

§ 86 (Ablehnung der Einleitung und Durchführung)

Hat ein Beteiligter die Einleitung des Löschungsverfahrens angeregt, so soll das Grundbuchamt die Entscheidung, durch die es die Einleitung des Verfahrens ablehnt oder das eingeleitete Verfahren einstellt, mit Gründen versehen.

I. Normzweck

1 Die Vorschrift entspricht zunächst dem allgemeinen Grundsatz, dass derjenige, der eine Amtstätigkeit angeregt hat, von dem Ergebnis seiner Anregung zu unterrichten ist. Die vorgeschriebene Begründung der Ablehnung oder Einstellung soll dem Abgewiesenen zudem möglichst Instruktionen geben, die für die etwaige Weiterverfolgung seines Interesses, zB die Beschaffung von Nachweisen, richtungweisend sind.[1]

II. Zur Handhabung der Vorschrift

1. Verhältnis zu § 85

2 § 86 modifiziert nicht § 85. Gegen die Ablehnung einer Anregung als solche gibt es also keine Beschwerde. Das Löschungsbegehren eines nach § 13 Abs 2 Antragsberechtigten ist jedoch auch nach Maßgabe des § 22 GBO zu prüfen. Hat das GBA dies versäumt oder ablehnend entschieden, so ist der Abgewiesene beschwerdeberechtigt gemäß §§ 71 ff. Begründet ist die solchermaßen zulässige Beschwerde allerdings nur, wenn der Beschwerdeführer seiner Beibringungslast als Antragsteller gemäß die den §§ 22, 29 genügenden Eintragungsunterlagen entweder vorgelegt hat oder zu beschaffen vermag (§ 74).[2]

2. Mitteilung der Ablehnungsgründe

3 **a) Adressat.** Wem als »Beteiligter« die Entscheidungsgründe mitgeteilt werden sollen, sagt § 86 nicht, jedenfalls nicht ausdrücklich. Vom Sinn der Vorschrift her (vgl Rdn 1) genügt es, den Abgewiesenen zu informieren. Es bleibt dem GBA jedoch unbenommen, auch anderen die Ablehnungsgründe mitzuteilen und sie dadurch formell zu beteiligen. Die Pflicht, außer dem Anregenden den Eigentümer stets zu beteiligen, ist der Vorschrift nicht zu entnehmen.[3]

4 **b) Art der Mitteilung.** § 86 bestimmt hierzu nichts; anzuwenden ist also § 16 FGG. Zustellungserfordernis besteht allenfalls mit Rücksicht auf § 11 Abs 2 S 1 RpflG (dazu § 85 Rdn 7). Soweit kein Beschwerderecht gegeben (vgl Rdn 2), ist Beschlussform nicht nötig; eine schriftliche oder mündliche Erläuterung der Ablehnungsgründe erfüllt den Normzweck. In die Akten gehört ggf ein Vermerk nach Maßgabe des § 16 Abs 2 S 2 FGG.

---

1 So sinngemäß alle Kommentare.
2 BayObLGZ 1973, 272, 273 = Rpfleger 1973, 433 = DNotZ 1974, 235; DNotZ 1989, 263; NJW-RR 1989, 1495, 1496; OLG Hamm OLGZ 1976, 180, 181 = Rpfleger 1976, 132 (dort insoweit nicht abgedruckt).
3 **AA** KEHE-*Briesemeister* Rn 4; *Kohler* in *Bauer/v Oefele* Rn 3. *Güthe-Triebel* Rn 2 stellen auf materiellen Beteiligtenkreis ab.

§ 87 (Voraussetzungen der Löschung)

Die Eintragung ist zu löschen:

a) wenn sich aus Tatsachen oder Rechtsverhältnissen, die in einer den Anforderungen dieses Gesetzes entsprechenden Weise festgestellt sind, ergibt, daß die Eintragung gegenstandslos ist;

b) wenn dem Betroffenen eine Löschungsankündigung zugestellt ist und er nicht binnen einer vom Grundbuchamt zugleich zu bestimmenden Frist Widerspruch erhoben hat;

c) wenn durch einen mit Gründen zu versehenden Beschluß rechtskräftig festgestellt ist, daß die Eintragung gegenstandslos ist.

I. Normzweck

Weil die Amtslöschung keine Konstitutivkraft hat, folglich eine Grundbuchunrichtigkeit zur Folge hat, falls das gebuchte Recht im Löschungszeitpunkt materiellrechtlich noch besteht (vgl § 84 Rdn 5), will § 87 den Vollzug der Löschung auf eine sichere oder zumindest abgesicherte Grundlage stellen, um die Erzeugung einer Grundbuchunrichtigkeit von Amts wegen möglichst zu vermeiden. Die Löschung darf nach dem Sinn der Vorschrift nur erfolgen, wenn eine der drei unter Buchst a bis c aufgeführten Löschungsvoraussetzungen erfüllt ist. Sie sind keine beliebig wählbaren Alternativen, sondern entsprechend **dem abnehmenden Sicherheitsgrad der Reihe nach gestuft**. Das GBA darf den Weg b nur beschreiten, wenn Weg a nicht gangbar, und den Weg c nur beschreiten, wenn auch Weg b nicht gangbar ist.[1] **1**

II. Die Voraussetzungen der Löschung im Einzelnen

1. Offenkundige oder nachgewiesene Gegenstandslosigkeit

Erstrangig gemäß Buchst a, weil am sichersten, sind Feststellungen der ausschlaggebenden Tatsachen oder Rechtsverhältnisse »in einer den Anforderungen dieses Gesetzes entsprechenden Weise«. § 87 verweist mit diesen Worten auf § 29, erklärt somit die Löschung ohne weiteres für zulässig, falls die Gegenstandslosigkeit des gebuchten Rechtes und seiner Eintragung, also die **Grundbuchunrichtigkeit**, dem § 29 Abs 1 S 2 gemäß **entweder offenkundig oder durch geeignete öffentliche Urkunden zweifelsfrei nachgewiesen** ist. Soweit die Unrichtigkeit des Grundbuchs aus Erklärungen abzuleiten ist, sind öffentlich beglaubigte Urkunden ausreichend.[2] In diesen Fällen wäre gemäß § 22 auch eine Antragslöschung gerechtfertigt. Unbedenklich dürfte deshalb die Amtslöschung auch sein, wenn statt (nicht beschaffbarer) urkundlicher Nachweise über die Gegenstandslosigkeit des Rechts **Löschungsbewilligungen bzw Einverständniserklärungen von sämtlichen in Betracht Betroffenen** in mindestens öffentlich beglaubigter Form beigebracht sind, die Stellung eines Löschungsantrages aber verweigert wird; denn es ist nicht anzunehmen, dass für die Amtslöschung schärfere Bedingungen gelten sollen als für die in diesem Falle gemäß § 22 Abs 1 iVm § 19 gerechtfertigte Antragslöschung. Eine Vorlöschungsklausel nach § 23 Abs 2 GBO liefert nicht den Nachweis der Gegenstandslosigkeit.[3] **2**

Zu den **Voraussetzungen der Gegenstandslosigkeit**, die zu ermitteln und zu erweisen sind, **falls nicht alle Betroffenen die Löschung bewilligt haben**, wird auf die Ausführungen zu § 84 Rdn 7 ff verwiesen. **3**

Wegen der **Möglichkeiten und formalen Anforderungen des Unrichtigkeitsnachweises bzw der Offenkundigkeit** wird auf die Erläuterungen zu den §§ 22 und 29 verwiesen. Es ist Pflicht des GBA, vor Vornahme der auf einen Unrichtigkeitsnachweis gestützten Löschung dem Betroffenen rechtliches Gehör zu gewähren,[4] auch bei Löschung aufgrund des § 87 Buchst a.[5] **4**

---

1 OLG Karlsruhe Rpfleger 1993, 192, 193; KEHE-*Briesemeister* Rn 1; *Demharter* Rn 1; *Kohler* in *Bauer/v Oefele* Rn 1; *Schöner/Stöber* Rn 387.

2 Im Ergebnis ebenso KEHE-*Briesemeister* Rn 2 (wie schon *Hesse-Saage-Fischer* Anm I 1) im Anschluss an BayObLGZ 1955, 296. Dazu auch BayObLGZ 1995, 103 mwN = NJW-RR 1995, 852 = FGPrax 1995, 22 = Rpfleger 1995, 410 = DNotZ 1995, 627.

3 LG Saarbrücken ZfIR 2005, 470.

4 OLG Zweibrücken Rpfleger 1999, 532 mwN. Dazu hier Einl F 68 ff mwN.

5 Ebenso *Schöner/Stöber* Rn 387.

Als offenkundige Gegenstandslosigkeit anzusehen ist auch der auf Gesetz beruhende Wegfall eines gebuchten Rechts.[6]

2. Löschungsankündigung ohne Widerspruch

5   Lässt sich die Gegenstandslosigkeit der Eintragung nicht nach Maßgabe des Buchst a feststellen, so ist die Löschung gemäß Buchst b zulässig, nachdem dem oder den Betroffenen (= Inhaber des zu löschenden Rechts, ggf auch Inhaber von Rechten an diesem Recht, bei Grundpfandrechten auch der Eigentümer[7]) eine Löschungsankündigung zugestellt worden ist und keiner von ihnen innerhalb der gesetzten Frist einen Widerspruch gegen die angekündigte Löschung erhoben hat. Dieser Weg ist allerdings nur gangbar, wenn Person und Aufenthalt des bzw der Betroffenen dem GBA bekannt sind; denn die Löschungsankündigung darf gemäß § 88 Abs 2b nicht öffentlich zugestellt werden.

6   **a) Bedeutung der Löschungsankündigung.** Sie ist eine **verfahrensrechtliche Maßnahme zur Absicherung des Ermittlungsergebnisses** vor Durchführung der beabsichtigten Löschung (dazu Rdn 9), zugleich wird damit rechtliches Gehör gewährt. Sie ersetzt nicht die Sachverhaltsaufklärung gemäß § 12 FGG, sondern schließt sie (eventuell nur vorläufig) ab nach Ermessen des GBA (§ 85 Abs 2); vor Erlass der Löschungsankündigung hat sich der Grundbuchrechtspfleger von der Wahrscheinlichkeit der Gegenstandslosigkeit des Rechts bzw seiner Eintragung zu überzeugen[8] (vgl § 85 Rdn 12).

7   Der **Inhalt der Ankündigung** ist vom Gesetz nicht im einzelnen vorgeschrieben, sondern dem Ermessen des GBA überlassen. Ihrer Zweckbestimmung entsprechend hat sie zu enthalten:[9]
– die **Mitteilung der Eintragung**, die gelöscht werden soll, durch kurze Beschreibung des Rechtsinhalts in einer vom Empfänger nachzuvollziehenden Weise; die Bezeichnung der Buchungsstelle gehört dazu, reicht aber allein nicht aus;
– die **Darlegung der Gründe bzw tatsächlichen Umstände**, die für die Gegenstandslosigkeit der Eintragung sprechen;
– die **Ankündigung der Löschung** für den Fall, dass binnen der gesetzten Frist kein Widerspruch erhoben wird;
– die **Setzung einer angemessenen Frist**, innerhalb derer Widerspruch erhoben werden kann, möglichst unter Mitteilung der Gründe (dazu Rdn 11).

8   **Muster:**[10]

Amtsgericht Schöneberg
Im Grundbuchverfahren
betr das Grundstück ...
wegen Löschung infolge Gegenstandslosigkeit
ergeht folgende

Löschungsankündigung
1. Im vorbezeichneten Grundbuch ist in Abt II unter Nr 1 ein Wohnungsrecht zugunsten des ... eingetragen. Nach den Ermittlungen des Gerichts ist dieses Recht gegenstandslos, weil das Haus, in dessen Erdgeschosswohnung es ausgeübt werden konnte, infolge einer Gasexplosion total zerstört ist. Dieser Sachverhalt steht aufgrund einer amtlichen Auskunft der Baubehörde ... (Blatt ... der Grundakte) fest.
2. Das Gericht beabsichtigt deshalb, das Recht gemäß § 84 Abs 1, Abs 2 Buchst a), § 87 Buchst b) GBO von Amts wegen zu löschen, es sei denn, dass der Betroffene ... binnen einer Frist von ... ab Zustellung dieser Ankündigung Widerspruch erhebt. Im Falle des Widerspruchs wird das Löschungsverfahren nach Maßgabe des § 87 Buchst c) GBO fortgeführt.

....
(Rechtspfleger)

---

6   OLG Hamm OLGZ 1965, 87; KEHE-*Briesemeister* Rn 2.
7   Ebenso *Schöner/Stöber* Rn 387.
8   Ebenso *Demharter* Rn 6; *Kohler* in *Bauer/v Oefele* Rn 7. KEHE-*Briesemeister* Rn 4 spricht konjunktivisch von »hoher Wahrscheinlichkeit«, anknüpfend: *Eickmann* RpflStud 1984, 1, 11.
9   Eine im wesentlichen übereinstimmende Textskizze findet sich bei *Demharter* Rn 6 und bei *Schöner/Stöber* Rn 388.
10   Übernommen von *Eickmann* aaO (Fn 8).

b) Kein Widerspruch erhoben. Der widerspruchslose Fristablauf berechtigt das GBA – ordnungsmäßige 9
Zustellung der Löschungsankündigung (§ 89) vorausgesetzt – zur Löschung, zwingt aber nicht dazu. Die Nicht-
reaktion auf die Löschungsankündigung ist nicht als »Nachweis« der Gegenstandslosigkeit[11] zu sehen, dies entspräche nicht der Skala des § 87[12] (dazu § 85 Rdn 10 bis 13 sowie oben Rdn 1). Das »Schweigen« auf die
Löschungsankündigung wird auch nicht ohne weiteres als konkludente Aufhebungserklärung des Betroffenen
iS des § 875 BGB gedeutet werden können.[13] Auch die Vorstellung einer Art von »Geständnisfiktion« ähnlich
dem § 331 Abs 1 ZPO[14] passt nicht so recht, weil sich auf das Versäumnis des Zivilprozesstermins ein anfechtbares Urteil, auf das Versäumnis der Widerspruchsmöglichkeit dagegen kaum eine unanfechtbare Grundbucheintragung (vgl Rdn 15) gründen lässt. Die Löschungsankündigung ist ein besonderes verfahrensrechtliches Instrument (vgl Rdn 6), vielleicht dem für Grundbuchsachen umstrittenen »Vorbescheid« (dazu § 18 Rdn 29) am
ähnlichsten.[15] Bleibt sie ohne Widerspruch, ist das GBA kraft Verfahrensrecht befugt zur angekündigten
Löschung; mehr hineinzudeuten, besteht kein Anlass. Es liegt nach wie vor im Ermessen des GBA (§ 85 Abs 2),
die angekündigte Löschung durchzuführen oder zu unterlassen, etwa weil es zwischenzeitlich zu entgegenstehenden Erkenntnissen gelangt ist.

c) Widerspruch erhoben. aa) Folge. Nach einem Widerspruch erlaubt das Gesetz (§ 87 Buchst c) die 10
Löschung nur noch aufgrund eines rechtskräftigen Feststellungsbeschlusses. Dies gilt für den fristgerecht erhobenen Widerspruch, aber auch für den Widerspruch, der nach Fristablauf, aber vor Vollendung der Löschung
(Unterzeichnung des Löschungseintrags) beim GBA eingeht; denn die für den Widerspruch bestimmte Frist ist
keine Ausschlussfrist.[16]

bb) Formfreiheit. Der Widerspruch ist dem GBA gegenüber zu erklären, entweder schriftlich oder mündlich 11
oder auch fernmündlich; denn eine bestimmte Form ist nicht vorgeschrieben, ebenso wenig eine Begründung;
eine solche ist förderlich für die weitere Sachbehandlung, deshalb wünschenswert, aber nicht notwendig.

3. Feststellung der Gegenstandslosigkeit durch Beschluss

Kann die Gegenstandslosigkeit einer Eintragung nicht gemäß § 29 GBO nachgewiesen werden und ist die 12
Löschungsankündigung nicht möglich oder nicht unwidersprochen geblieben, so bleibt als letzte Möglichkeit
die Feststellung der Gegenstandslosigkeit durch Beschluss des GBA. In diesem Beschluss kann der etwa unter-
lassene Widerspruch auf eine vorausgegangene Löschungsankündigung würdigend mitberücksichtigt werden.
Der Beschluss unterliegt befristet der Anfechtung gemäß § 89, deshalb ist seine Begründung vorgeschrieben; die
Bekanntmachung regelt § 88. Erst wenn der Feststellungsbeschluss formell rechtskräftig ist, ist die Löschung
gemäß § 87 Buchst c statthaft. Es steht aber auch jetzt noch im Ermessen des GBA (§ 85 Abs 2), von der
Löschung abzusehen und das Verfahren einzustellen, falls nicht die nötige Überzeugung von der Gegenstands-
losigkeit des Rechts gewonnen werden konnte.

III. Die Löschung

1. Löschungseintrag

Die Löschung geschieht durch ausdrücklichen Löschungsvermerk (§ 46 Abs 1), möglicherweise durch Nicht- 13
mitübertragung (§ 46 Abs 2), mit anschließender Rötung nach Maßgabe des § 17 GBV. Der Löschungsvermerk
braucht nicht zu erwähnen, dass er auf einem Verfahren gemäß §§ 84 ff beruht, da mit der Löschung keine Sonderwirkungen verbunden sind (vgl Rdn 14).[17] Die Benachrichtigung der Beteiligten richtet sich nach § 55.

2. Löschungswirkungen

Die Löschung **bezweckt die Grundbuchberichtigung**, kann aber den angestrebten Berichtigungserfolg ver- 14
fehlen und stattdessen ihrerseits zur Grundbuchunrichtigkeit führen, falls das gelöschte Recht der Annahme des
GBA zuwider noch besteht; sie hebt jedoch in jedem Fall die Vermutung des § 891 Abs 1 BGB für den Bestand
des Rechtes auf (dazu § 84 Rdn 5).

---

11   So KEHE-*Briesemeister* Rn 6, folgend *Eickmann* aaO (Fn 8).
12   Folgend *Kohler* in *Bauer/v Oefele* Rn 9.
13   Insoweit ist KEHE-*Briesemeister* Rn 6 beizutreten.
14   Vergleich von *Eickmann* aaO (Fn 8).
15   OLG Karlsruhe aaO (Fn 1).
16   KEHE-*Briesemeister* Rn 6; *Demharter* Rn 7; *Kohler* in *Bauer/v Oefele* Rn 9.
17   Ebenso *Peters* BWNotZ 1983, 49, 52; folgend *Kohler* in *Bauer/v Oefele* Rn 17; **aA** (ohne Begründung) *Eickmann* aaO
     (Fn 8) S 12.

15   Ist **die Löschung zu Unrecht** erfolgt, so ist die berichtigende Wiedereintragung des fortbestehenden Rechts ein Antragsgeschäft (§§ 13, 22, 29), besteht ein Berichtigungsanspruch gemäß § 894 BGB und die Möglichkeit zur Sicherung gegen gutgläubigen Erwerb (Gefahr endgültigen Rechts- oder Rangverlustes) durch die Eintragung eines Widerspruchs gemäß § 899 BGB. Beruht die (mindestens glaubhafte) Grundbuchunrichtigkeit auf einem Verfahrensfehler, so ist zum Schutz vor etwaigen Schadensersatzansprüchen gegen den Staat[18] ein Amtswiderspruch gemäß § 53 Abs 1 S 1 eintragbar. Für die Beschwerde gegen die Löschung gilt die Begrenzung gemäß § 71 Abs 2.

---

18   Aktueller Fall: BGHZ 104, 139 = NJW 1988, 2037 = Rpfleger 1988, 353 = DNotZ 1989, 146.

Böttcher

§ 88 (Verfahren)

(1) **Das Grundbuchamt kann den Besitzer von Hypotheken-, Grundschuld- oder Rentenschuldbriefen sowie von Urkunden der in den §§ 1154, 1155 des Bürgerlichen Gesetzbuchs bezeichneten Art zur Vorlegung dieser Urkunden anhalten.**

(2) **§ 16 des Gesetzes über die Angelegenheiten der freiwilligen Gerichtsbarkeit ist auf die Löschungsankündigung (§ 87 Buchstabe b) und den Feststellungsbeschluß (§ 87 Buchstabe c) mit folgenden Maßnahmen anzuwenden:**
a) **§ 184 der Zivilprozeßordnung ist nicht anzuwenden;**
b) **die Löschungsankündigung (§ 87 Buchstabe b) kann nicht öffentlich zugestellt werden;**
c) **der Feststellungsbeschluß (§ 87 Buchstabe c) kann auch dann, wenn die Person des Beteiligten, dem zugestellt werden soll, unbekannt ist, öffentlich zugestellt werden.**

I. Norminhalt

Die Norm enthält ergänzende Verfahrensvorschriften. Sie besteht aus zwei Teilen:
– Abs 1 ermächtigt das GBA, die Vorlage von Grundpfandrechtsbriefen und bestimmten anderen Urkunden zu verlangen, und erweitert damit die sich aus § 85 Abs 2 nebst den allgemeinen Vorschriften des FGG ergebenden generellen verfahrensrechtlichen Befugnisse des GBA zur Sachverhaltsaufklärung (dazu § 85 Rdn 8, 9);
– Abs 2 ergänzt den § 87 mit Regelungen, welche die Bekanntmachung der Löschungsankündigung und des Feststellungsbeschlusses betreffen.

1

II. Vorlegung von Briefen und anderen Urkunden

1. Bedeutung

Nur kraft besonderer gesetzlicher Ermächtigung darf das GBA den Besitzer eines Hypotheken-, Grundschuld- oder Rentenschuldbriefes oder einer sonstigen Urkunde zu deren Vorlegung anhalten (vgl § 62 Rdn 26). § 88 Abs 1 enthält eine solche Ermächtigung. Sie bildet das Äquivalent für die im Antragsverfahren, aber nicht im Amtsverfahren geltenden §§ 41, 42 und hat dementsprechende Zielsetzungen (vgl Zweckerläuterungen § 41 Rdn 1, 2). Die Brief- bzw Urkundsvorlage nach § 88 Abs 1 bezweckt also:
– die **Legitimation des Berechtigten**. Ausgangspunkt ist, dass bei Briefrechten einerseits der Bucheintrag allein für die Beweisvermutung (§ 891 Abs 1 BGB) nicht ausreicht (vgl § 41 Rdn 1 mwN), andererseits der im Grundbuch Nichteingetragene sich nach Maßgabe des § 1155 BGB zu legitimieren vermag. Verlangt werden darf (und soll) deshalb die Vorlage des Briefes sowie der nach den §§ 1154, 1155 BGB bedeutsamen Urkunden; das sind Abtretungserklärungen, gerichtliche Überweisungsbeschlüsse (sofern an Zahlungs Statt, § 835 Abs 2 ZPO), Anerkenntnisse gesetzlichen Forderungsübergangs. Dem Zweck nach wird die Vorschrift auch auf Verpfändungserklärungen (§ 1274 iVm § 1154 BGB) sowie auf Pfändungsbeschlüsse (§ 830 ZPO) anzuwenden sein.[1]
– die **Ermöglichung des Vermerks** der Löschung auf dem Brief entsprechend § 62 Abs 1.[2]

2

2. Durchsetzung

Es gilt Gleiches wie für § 62 Abs 2; § 88 Abs 1 bietet die gesetzmäßige Rechtsgrundlage zur Einsetzung der Zwangsmittel des § 33 FGG, und zwar außer dem Zwangsgeld nach Abs 1 auch die zwangsweise Wegnahme des herauszugebenden Dokuments nach Abs 2 dieser Vorschrift. Bevor der Zwangsweg beschritten wird, muss

3

---

1 KEHE-*Briesemeister* Rn 2 im Anschluss an *Hesse-Saage-Fischer* Anm II 1; folgend *Kohler* in *Bauer/v Oefele* Rn 3.
2 Für entsprechende Anwendung des § 62 Abs 1 auch KEHE-*Briesemeister* Rn 2; *Demharter* Rn 2; *Kohler* in *Bauer/v Oefele* Rn 2.

der Besitzer zweifelsfrei ermittelt sein und ist dieser unter Aufklärung über Grund und Zweck zur (freiwilligen) Vorlegung des Briefes und/oder der Urkunde(n) zu veranlassen; dadurch wird regelmäßig der Pflicht zur Vorabgewährung rechtlichen Gehörs Genüge getan (dazu § 82 Rdn 30). Erfolgt freiwillig weder die Vorlage noch die Geltendmachung von Hinderungsgründen, so wird das Zwangsverfahren in Gang gesetzt, zunächst mit einer Androhungsverfügung gemäß § 33 Abs 3 FGG, bei fruchtlosem Ablauf mit der Erteilung des Wegnahmeauftrags an den Vollstreckungsbeamten (Gerichtsvollzieher, in einfacheren Fällen auch den Justizwachtmeister). Im Übrigen wird auf die Erläuterungen zu § 62 verwiesen.

III. Bekanntmachung der Löschungsankündigung und des Feststellungsbeschlusses

1. Generelle Regelung

4 **Beide Maßnahmen sind fristbegründend,** und zwar die Löschungsankündigung für die gesetzte Widerspruchsfrist (§ 87 Buchst b), die Bekanntgabe des Feststellungsbeschlusses (§ 87 Buchst c) für die gesetzliche oder gesetzte Beschwerdefrist (§ 89 Abs 1). Deswegen ist die förmliche Zustellung gemäß den §§ 166 ff ZPO nF erforderlich (§ 16 Abs 2 S 1 FGG) oder die Bekanntmachung an den anwesenden Empfänger (§ 16 Abs 3 FGG). Unanwendbar ist in beiden Fällen gemäß Abs 2 Buchst a der § 184 ZPO nF[3] (Gestattung der Zustellung durch Aufgabe zur Post an einen im Ausland wohnenden Beteiligten, solange dieser auf Anordnung einen inländischen Zustellungsbevollmächtigten nicht bestellt hat), weil diese fiktive Zustellung dem Zweck des Amtslöschungsverfahrens, eine Klärung der Rechtslage zu erzielen, nicht hinreichend Rechnung trägt.[4]

5 **Die sonstigen Entscheidungen und Verfügungen** zur Einleitung und Durchführung des Verfahrens werden ebenfalls gemäß § 16 Abs 1 FGG mit der Bekanntgabe an den Empfänger wirksam, bedürfen jedoch wegen ihrer Unanfechtbarkeit (§ 85 Abs 2) keiner förmlichen Zustellung, soweit sich nicht aus § 11 Abs 2 S 1 RpflG ein anderes ergibt (vgl § 85 Rdn 7).

2. Spezielle Regelung für die Löschungsankündigung

6 Die öffentliche Zustellung ist untersagt (Abs 2 Buchst b), so dass die Löschungsankündigung nur bei bekanntem Aufenthalt des von ihr Betroffenen praktizierbar ist. Es soll Gewähr gegeben sein, dass ihn die Löschungsankündigung wegen ihrer möglicherweise schwerwiegenden Bedeutung tatsächlich erreicht. Die nach der ZPO zulässigen Ersatzzustellungen sind jedoch uneingeschränkt möglich.

3. Spezielle Regelung für den Feststellungsbeschluss

7 Der Feststellungsbeschluss darf öffentlich zugestellt werden, wenn der Aufenthalt eines Beteiligten unbekannt iS des § 185 ZPO nF ist. Darüber hinaus ist die öffentliche Zustellung nach § 88 Abs 2 Buchst c auch zulässig, wenn die Person des Beteiligten, dem zugestellt werden soll, unbekannt ist. Die Zustellung erfolgt dann »an den, den es angeht«.[5] Grund: Die Durchführbarkeit des Amtslöschungsverfahrens soll nicht scheitern, falls ein Recht einmal gerade wegen Nichtfeststellbarkeit des Berechtigten als gegenstandslos anzusehen ist (vgl § 84 Rdn 13).

---

3 Anstelle von §§ 174, 175 ZPO. Die Änderung erfolgte durch das am 01.07.2002 in Kraft getretene Zustellungsreformgesetz – ZustRG v 25.06.2001 (BGBl I 1206).
4 KEHE-*Briesemeister* Rn 3 im Anschluss an *Hesse-Saage-Fischer* Anm II 2; zustimmend *Kohler* in *Bauer/v Oefele* Rn 5.
5 KEHE-*Briesemeister* Rn 3 im Anschluss an *Hesse-Saage-Fischer* Anm II 2.

§ 89 (Beschwerde gegen den Feststellungsbeschluss)

(1) Die Beschwerde (§ 71) gegen den Feststellungsbeschluß ist binnen einer Frist von zwei Wochen seit Zustellung des angefochtenen Beschlusses an den Beschwerdeführer einzulegen. Das Grundbuchamt und das Beschwerdegericht können in besonderen Fällen in ihrer Entscheidung eine längere Frist bestimmen.

(2) Auf den zur Zustellung bestimmten Ausfertigungen der Beschlüsse soll vermerkt werden, ob gegen die Entscheidung ein Rechtsmittel zulässig und bei welcher Behörde, in welcher Form und binnen welcher Frist es einzulegen ist.

I. Normzweck

Die Löschung darf gemäß § 87 Buchst c erst nach Eintritt der Rechtskraft des die Gegenstandslosigkeit der Eintragung feststellenden Beschlüsse erfolgen. Um im Interesse der Rechtssicherheit einen zweifelsfreien Fixpunkt für den Rechtskrafteintritt zu schaffen, befristet § 89 die Beschwerdemöglichkeit.   **1**

II. Rechtsmittel gegen den Festsetzungsbeschluss

1. Fristgebundene Beschwerde

Die einzige Beschwerde im Amtslöschungsverfahren[1] ist eine einzigartige, nämlich fristgebundene »Grundbuchbeschwerde«, nach einhelliger Ansicht keine sofortige Beschwerde gemäß § 22 FGG, was der ausdrücklichen Anknüpfung des § 89 an § 71 zu entnehmen ist.[2] Es gelten somit die §§ 71 bis 81 GBO, nicht die §§ 19 bis 30 FGG (vgl Vor § 71 Rdn 14 bis 17). Insb ist § 18 Abs 2 FGG nicht anzuwenden, sondern die Abhilfemöglichkeit gemäß § 75 GBO gegeben.   **2**

2. Zur Beschwerdefrist

Die **Dauer** der gesetzlichen Beschwerdefrist beträgt nach Abs 1 S 1 zwei Wochen ab Zustellung des Beschlusses (zur Bedeutung der vorgeschriebenen Rechtsmittelbelehrung für den Fristbeginn s Rdn 7). Die Frist ist in besonderen Fällen **verlängerbar** nach Abs 1 S 2. Dies schließt die Zulässigkeit einer nachträglichen Verlängerung der ursprünglichen (gesetzten oder gesetzlichen) Frist ein.[3] Dem Beteiligten, für welchen sich die gesetzliche Frist oder die gesetzte Frist als zu knapp erweist, kann somit das GBA oder das Beschwerdegericht von sich aus oder auf Ansuchen (rechtzeitig vor Fristablauf) helfen. Die vom Gesetz gewollte Fixierung des Rechtskrafteintritts mit Fristablauf bleibt gewahrt; denn die Fristverlängerung bedarf in jedem Fall der fristbestimmenden Entscheidung durch das GBA oder das Beschwerdegericht.   **3**

Eine **Wiedereinsetzung in den vorigen Stand** bei Versäumung der Beschwerdefrist scheidet nach hM wegen Nichtanwendbarkeit des § 22 Abs 2 FGG aus.[4] Im Anschluss daran ist in der 8. Aufl auch eine entsprechende Anwendung des § 22 Abs 2 FGG[5] abgelehnt worden mit dem Argument, dass die Wiedereinsetzungsmöglichkeit die Feststellung der formellen Rechtskraft des Feststellungsbeschlusses bei Ablauf der Beschwerdefrist nicht mit Sicherheit erlauben würde und deswegen dem Verfahrensziel widerspräche, den Löschungsvollzug auf eine gesicherte Grundlage zu stellen.[6] Budde[7] ist vorbezeichneter Ansicht überzeugend entgegengetreten. Ihm ist zuzugeben, dass die Möglichkeit der Wiedereinsetzung den Eintritt der formellen Rechtskraft des Feststellungsbeschlusses nicht ausschließt, sondern (im Falle konkreter Gewährung) allenfalls hinausschiebt. Letztlich überzeugt der logische Schluss, dass für eine Wiedereinsetzung sachlich ohnehin nur   **4**

---

1   Vgl die zu § 86 Fn 2 zitierten Entscheidungen.
2   Einhellige Ansicht. KEHE-*Briesemeister* Rn 2 folgert dies zusätzlich – argumentum e contrario – aus § 105.
3   *Güthe-Triebel* Rn 3; KEHE-*Briesemeister* Rn 3. Nach *Budde* in Bauer/v Oefele Rn 2 Verlängerung nach Fristablauf möglich, wenn vor Fristablauf beantragt.
4   *Güthe-Triebel* Rn 3; *Demharter* Rn 3; KEHE-*Briesemeister* Rn 2.
5   Von KG JFG 16, 322, 323 = JW 1938, 124 = DNotZ 1938, 267 befürwortet.
6   In Anlehnung an KG JW 1931, 2509, 2510.
7   In *Bauer/v Oefele* Rn 4.

Raum ist, solange die Löschung noch nicht im Grundbuch eingetragen ist. Ihm ist weiter zuzugeben, dass die Ausgestaltung einer Verfahrensordnung bzw deren Interpretation nicht gegen das verfassungsrechtliche Grundrecht auf Gewährung wirkungsvollen Rechtsschutzes (Art 2 Abs 1 iVm Art 20 Abs 3 GG) verstoßen darf, und dass ein solcher Verstoß vorliegt, wenn der Rechtsweg in einer den Rechtsuchenden unverhältnismäßig bzw unzumutbar belastenden, durch Sachgründe nicht mehr zu rechtfertigenden Weise erschwert wird.[8] Indes bleibt fraglich, ob § 89 in seiner eigenartigen Ausgestaltung (*verlängerbare* gesetzliche Beschwerdefrist) diesem Grundrecht nicht standhält. Eine analoge Anwendung des § 22 Abs 2 FGG dürfte methodisch fragwürdig sein, weil die sofortige Beschwerde aus in einem wesentlichen Punkt (*unverlängerbare* gesetzliche Beschwerdefrist) von der befristeten Grundbuchbeschwerde unterscheidet. Außerdem wird man dem Gesetzgeber angesichts der spezifischen Gestaltung des § 89 schwerlich eine Regelungslücke nachweisen können.

3. Beschwerdeberechtigung

5 Das Recht zur Beschwerde steht nur dem bzw den von der Feststellung der Gegenstandslosigkeit (§ 87 Buchst c) Betroffenen zu.[9] Auch für die Beschwerdeinstanz gelten die Grundsätze des Amtsverfahrens, insbesondere § 12 FGG. Die Beschwerde bedarf – wie allgemein (vgl § 74 Rdn 2) – nicht notwendig einer Begründung. Bedeutsam insbesondere ist, dass den Beschwerdeführer keine Beibringungs- und Feststellungslast (dazu Einl F Rdn 115) trifft. Andererseits kann die Beschwerde gemäß § 74 auf neue (vom GBA bislang nicht ermittelte oder nicht beachtete) Tatsachen und Beweise gestützt werden.

4. Weitere Beschwerde

6 Für die weitere Beschwerde gilt außer den §§ 78 bis 80 die Befristung gemäß Abs 1, wie aus dem Wortlaut des Satzes 2 zu folgern ist. Sie ist nur zulässig gegen eine die Beschwerde zurückweisende Entscheidung des LG. Sie ist unzulässig, falls das LG der Beschwerde stattgegeben und den Feststellungsbeschluss des GBA aufgehoben hat; denn damit ist das LG anstelle des GBA das eingeleitete Löschungsverfahren zum Abschluss gebracht mit der Folge, dass auch seine Entscheidung gemäß § 85 Abs 2 GBO unanfechtbar sein muss.[10] Zur Beschwerdemöglichkeit, falls die Ablehnung das Löschungsbegehren eines nach § 13 GBO Antragsberechtigten betrifft, s § 86 Rdn 2.

5. Rechtsmittelbelehrung

7 **a) Bedeutung.** Mit Rücksicht auf die außergewöhnliche Befristung der Beschwerde ordnet Abs 2 eine – sonst in der GBO nirgends vorgeschriebene – Rechtsmittelbelehrung an und nennt die Punkte, über welche zu informieren ist. Verpflichtet zur Belehrung ist das GBA bei Zustellung des Feststellungsbeschlusses sowie das LG bei Zustellung des Beschlusses, durch den es die Beschwerde gegen den erstinstanzlichen Feststellungsbeschluss verwirft. Vorschriftsmäßig soll die Rechtsmittelbelehrung auf den zur Zustellung bestimmten Beschlussausfertigungen vermerkt werden.

Nach bisher hM hindert eine unterbliebene Rechtsmittelbelehrung weder die Gültigkeit der Zustellung noch den Beginn der Rechtsmittelfrist; begründet wird dies damit, dass Abs 2 eine Sollvorschrift ist.[11] Auch hiergegen macht *Budde*[12] verfassungsrechtliche Bedenken geltend und leitet aus dem Beschluss des BVerfG vom 20.06.1995[13] ab, dass die Erteilung der in § 89 Abs 2 vorgeschriebenen Rechtsmittelbelehrung zwingende Voraussetzung dafür ist, die Beschwerdefrist in Lauf zu setzen, begründet im Wesentlichen damit, dass kein Anwaltszwang für die Einlegung der Grundbuchbeschwerde besteht (§ 73 GBO, anders § 80 GBO Abs 1 S 2 GBO) und die Ungewöhnlichkeit der Befristung im Bereich der GBO rechtsunkundige Beteiligte überraschen kann. *Demharter* verharrt bezüglich § 89 auf dem bisherigen Standpunkt;[14] obwohl er aufgrund des angeführten Beschlusses des BVerfG, insb der abweichenden Meinung des Richters *Kühling*,[15] für Verfahren der freiwilligen Gerichtsbarkeit, in denen ein befristetes Rechtsmittel vorgesehen ist, eine Rechtsmittelbelehrung auch ohne gesetzliche Vorschrift für verfassungsrechtlich geboten hält.[16] Der Interpretation wird beigepflichtet.[17] Der Umstand, dass in § 89

---

8 So BVerfGE 88, 118, 123/124 mwN = NJW 1993, 1635 ua (vgl *Müller* NJW 2000, 322, 323).
9 BayObLGZ 1973, 272/273 = Rpfleger 1974, 433 = DNotZ 1974, 235; 1988, 14 = NJW-RR 1988, 781 = Rpfleger 1988, 246; OLG Hamm aaO (§ 86 Fn 2); KEHE-*Briesemeister* Rn 4; *Schöner/Stöber* Rn 391.
10 BayObLG NJW-RR 1987, 1200 mwN = DNotZ 1988, 115 in Übereinstimmung mit dem Schrifttum.
11 *Güthe-Triebel* Rn 4; *Demharter* Rn 7, KEHE-*Briesemeister* Rn 7, auch hier 8. Aufl, je unter Verweis auf KG JFG 16, 322 = aaO (Fn 4);
12 In *Bauer/v Oefele* Rn 3.
13 BVerfGE 93, 99 = NJW 1995, 3173.
14 AaO (Fn 11), 24. Aufl 2002.
15 BVerfGE 93, 117 = NJW 1995, 3176.
16 Stellungnahme in FGPrax 1995, 217, auch Rpfleger 1996, 218.
17 *Meyer-Holz, Schmidt* und *Sternal* in *Keidel/Kuntze/Winkler* FG Vorb §§ 8–18 Rn 20 bzw § 16 Rn 68 bzw § 22 Rn 69, je im Anschluss an BGH NJW 2002, 2171 = FGPrax 2002, 166.

die Rechtsmittelbelehrung mit dem terminus »soll« angeordnet ist, dürfte bei dieser Tendenz kein Hindernis mehr sein, im Falle unterlassener oder fehlerhafter Belehrung Fristhemmung anzunehmen,[18] zumal es fraglich ist, ob bei Fristversäumung mit Wiedereinsetzung geholfen werden kann (vgl. Rdn 4).

b) Wortlaut. Wortlaut der Rechtsmittelbelehrung etwa: 8

»*Gegen diesen Beschluss ist das Rechtsmittel der Beschwerde zulässig. Sie kann innerhalb einer Frist von zwei Wochen seit Zustellung dieses Beschlusses bei dem Amtsgericht . . . oder bei dem Landgericht . . . eingelegt werden, und zwar entweder durch Einreichung einer Beschwerdeschrift oder durch Erklärung zur Niederschrift der Geschäftsstelle.*«

---

18 Dazu *Meyer-Holz, Schmidt* und *Sternal* aaO (Fn 17) mwN (der dort mit aufgeführte § 2 GBMaßnG ist eine vergleichbare Soll-Vorschrift).

III.
Klarstellung der Rangverhältnisse

§ 90 (Voraussetzungen)

Das Grundbuchamt kann aus besonderem Anlaß, insbesondere bei Umschreibung unübersichtlicher Grundbücher, Unklarheiten und Unübersichtlichkeiten in den Rangverhältnissen von Amts wegen oder auf Antrag eines Beteiligten beseitigen.

I. Inhalt und Zweck der §§ 90 bis 115

1. Inhalt: Amtsverfahren

1 § 90 (»kann«) ermächtigt das GBA zur Beseitigung unklarer und unübersichtlicher Rangverhältnisse unter der Voraussetzung, dass ein »besonderer Anlass« gegeben ist. Über die Einleitung und Durchführung des Rangklarstellungsverfahrens entscheidet das GBA nach »freiem« Ermessen (§§ 91 Abs 1, 109). Insofern besteht Parallelität zum Löschungsverfahren (vgl § 84 Abs 1 iVm § 85 Abs 1, § 85 Abs 2). Wie dort, so handelt es sich hier um ein selbständiges Amtsverfahren mit Verfahrensherrschaft des GBA. Der in § 90 so bezeichnete »Antrag eines Beteiligten« ist weder Verfahrensvoraussetzung noch begründet er einen Anspruch auf Durchführung eines Rangklarstellungsverfahrens – der Ausdruck »Rangbereinigungsverfahren«[1] trifft dessen Charakteristik besser –, sondern hat lediglich die Bedeutung einer Anregung,[2] zu folgern daraus, dass es nach dem Gesetzeswortlaut in beiden genannten Fällen der Verfahrenseinleitung – von Amts wegen oder auf »Antrag« eines Beteiligten – vorrangig eines besonderen Anlasses bedarf.

2. Zweck: Grundbuchbereinigung

2 Gleich dem Löschungsverfahren der §§ 84 ff zielt das Rangklarstellungsverfahren gemäß § 90 auf Grundbuchbereinigung (zum Herkommen der Verfahrensregelungen: Vor § 82 Rdn 3). Ziel, Ablauf und Ergebnis der beiden Verfahren sind allerdings unterschiedlich: Während das Löschungsverfahren auf die Beseitigung der Eintragungen von nicht bestehenden Rechten gerichtet ist und mit einer das Grundbuch berichtigenden Eintragung endet (vgl § 84 Rdn 5), strebt das Rangklarstellungsverfahren die Umgestaltung von bestehenden unklaren oder unübersichtlichen Rangverhältnissen an mit der Maßgabe, dass die neu gestaltete Rangordnung an die Stelle der bisherigen Rangordnung tritt (§ 112), die Eintragung hat konstitutive Wirkung. Konträr wie die Ziele und Eintragungswirkungen sind auch die Essentialien der Verfahrensführung: Geht es im Löschungsverfahren primär um eine Ermittlungstätigkeit des GBA (vgl § 87), so kommt es im Rangklarstellungsverfahren primär auf eine Vermittlungstätigkeit des GBA an. In erster Linie ist auf eine einvernehmliche Rangneuordnung durch die Beteiligten hinzuarbeiten (vgl §§ 100 bis 102), erst in zweiter Linie ist den Beteiligten ein von Amts wegen erarbeiteter Neuordnungsvorschlag zu unterbreiten und in einer Art Versäumnisverfahren zur Entscheidungsreife zu bringen (vgl §§ 103 bis 108). Zu Recht wird das als ein besonderes Verfahren der freiwilligen Gerichtsbarkeit angesehen, auf das außer den Bestimmungen der GBO ergänzend die Vorschriften und Grundsätze des FGG Anwendung finden;[3] eine ungefähre Parallele bildet das gerichtliche Verfahren zur Vermittlung der Nachlassauseinandersetzung (§§ 86 bis 99 FGG).

II. Verfahrensvoraussetzungen gemäß § 90

1. Besonderer Anlass

3 **Zunächst** ist es **Sache der Beteiligten**, die Rangverhältnisse ihrer Rechte funktionsfähig zu gestalten und sich dazu des regulären Antragsverfahrens zu bedienen. Andererseits können Unklarheiten bzw Unübersichtlichkeiten in den Rangverhältnissen die Führung und Benutzung des Grundbuchs, mithin Allgemeininteressen,

---

1 So *Demharter* Rn 2.
2 **AA** *Thieme* Anm 4; MIR (6. Aufl) Rn 5: Antragsberechtigung ohne praktische Bedeutung; *Waldner* in *Bauer/v Oefele* Rn 1: Antragsberechtigung mit geringer praktischer Bedeutung.
3 KEHE-*Briesemeister* Rn 3.

stören. § 90 vermittelt: »Aus besonderem Anlass« darf das GBA von Amts wegen Rangunklarheiten bzw -unübersichtlichkeiten beseitigen, ist sein Einschreiten in den Bereich ursprünglicher Privatinitiative also gerechtfertigt. Das Gesetz hebt die Umschreibung unübersichtlicher Grundbücher hervor (zur Prüfungspflicht: § 91), überlässt es im Übrigen dem GBA, zu ermessen, was Anlass genug ist (etwa eine bevorstehende Vollstreckungs- oder Teilungsversteigerung, eine beabsichtigte vertragliche Auseinandersetzung u dgl). Auch der Hinweis eines Beteiligten auf Schwierigkeiten, die wegen der Rangverhältnisse sich ergeben haben oder zu befürchten sind, soll genügen;[4] das meint wohl das Gesetz mit den Worten »auf Antrag eines Beteiligten«.

Falls besonderer Anlass gegeben, ist **zu prüfen**, ob die bestehenden Rangverhältnisse **Grund zur Verfahrenseinleitung** geben. Insbesondere diese Beurteilung stellt § 90 iVm § 91 Abs 1 in das Ermessen des GBA. Die Weite des Ermessensspielraumes ist umschrieben mit »Unklarheiten und Unübersichtlichkeiten in den Rangverhältnissen«. Das verbindende »und« erübrigt die (auch gar nicht mögliche) exakte gegenseitige Abgrenzung der beiden Begriffe. **4**

2. Unklarheiten in den Rangverhältnissen

Damit sind wohl »innere Mängel«[5] der Rangeintragung gemeint, materielle Unklarheiten,[6] deretwegen die **5** Rangfolge nicht mit Sicherheit feststellbar ist, so dass Zweifel und Meinungsverschiedenheiten über sie möglich oder tatsächlich vorhanden sind. In solchen Fällen kann die erfolgreiche Durchführung eines Rangklarstellungsverfahrens manchen Prozess vermeiden, manchen erledigen (vgl §§ 106, 115) und so dem Rechtsfrieden dienlich sein.

3. Unübersichtlichkeiten in den Rangverhältnissen

Damit sind wohl »äußere Mängel«[7] der Rangeintragung gemeint, welche die Feststellung der Rangfolge **6** umständlich, aber nicht unmöglich machen.

a) Mögliche Ursachen. Die Erschwernis der Rangfeststellung kann zweierlei Ursachen haben:[8] **7**

Eine **Unübersichtlichkeit der grundbuchmäßigen Darstellung.** Das ist beispielsweise der Fall, wenn eine **8** Vielzahl von Eintragungsvermerken analysiert und synthetisiert werden müssen, um die Rangfolge anhand des Grundbuchs »zu erarbeiten« (mit der naheliegenden Gefahr einer Fehlbeurteilung). Maßgeblich darf dabei nicht die besondere Fachkunde und Findigkeit des Grundbuchspezialisten sein, sondern im Hinblick auf die Aufgabe des Grundbuchs als Auskunftsmittel für den Rechtsverkehr die Erkenntnismöglichkeiten des vielzitierten »unbefangenen Betrachters« (dazu Vor GBV Rdn 62).

Eine **Verwicklung der materiellen Rangverhältnisse.** Dies ist beispielsweise der Fall bei einer Häufung rela- **9** tiver Rangverhältnisse als Folge von unkoordinierten Rangänderungen, von Vereinigungen oder Bestandteilszuschreibungen verschieden belasteter Grundstücke usw. Ein Fall derart materiellrechtlicher Verwicklung wird häufig, aber nicht notwendig, auch ein Fall grundbuchmäßiger Unübersichtlichkeit sein.

b) Mögliche Beseitigung. Nicht immer bedarf es zur Beseitigung unübersichtlicher Rangverhältnisse der **10** Einleitung eines Rangklarstellungsverfahrens nach Maßgabe der §§ 90 ff. Oft wird durch die Umschreibung des Grundbuchblattes mit der gebotenen Komprimierung und Integrierung des aktuellen Inhalts allein die Übersichtlichkeit hinreichend wieder hergestellt werden können. Fraglich ist, ob das Entstehen unklarer Rangverhältnisse vorsorglich verhindert werden kann, zB durch Zurückweisung von Eintragungsanträgen, die offensichtlich dazu dienen, ein Zwangsversteigerungsverfahren zu erschweren.[9]

---

4 KEHE-*Briesemeister* Rn 2 aE (wie *Hesse-Saage-Fischer* Anm II); *Demharter* Rn 3; *Waldner* in *Bauer-v Oefele* Rn 2. Vereinzelter, aber durchaus begrüßenswerter Ansatz: AG Bielefeld Rpfleger 1990, 203 (Fn 8).
5 Termini laut *Güthe-Triebel* Rn 3.
6 Ebenso KEHE-*Briesemeister* Rn 2 zu a) im Anschluss an *Hesse-Saage-Fischer* Anm I 1; umgekehrt *Demharter* Rn 2.
7 Dazu eingehend *Saage* NJW 1935, 996; DJ 1935, 1326, 1328.
8 Für Ursachenduplizität auch KEHE-*Briesemeister* Rn 2 zu b) im Anschluss an *Hesse-Saage-Fischer* Anm I 2, auch *Thieme* Anm 3; *Güthe-Triebel* Rn 3 stellen dagegen wohl nur auf grundbuchmäßige Unübersichtlichkeit ab; *Demharter* Rn 2 nicht eindeutig; vermittelnd auch *Waldner* in *Bauer/v Oefele* Rn 3, 4.
9 Dazu AG Bielefeld Rpfleger 1990, 203; *Waldner* in *Bauer/v Oefele* Vorbem vor § 90 Rn 3 verneint Rechtsgrundlage.

§ 91   (Einleitung des Verfahrens)

(1) Vor der Umschreibung eines unübersichtlichen Grundbuchblatts hat das Grundbuchamt zu prüfen, ob die Rangverhältnisse unklar oder unübersichtlich sind und ihre Klarstellung nach den Umständen angezeigt erscheint. Das Grundbuchamt entscheidet hierüber nach freiem Ermessen. Die Entscheidung ist unanfechtbar.

(2) Der Beschluß, durch den das Verfahren eingeleitet wird, ist allen Beteiligten zuzustellen.

(3) Die Einleitung des Verfahrens ist im Grundbuch zu vermerken.

(4) Der Beschluß, durch den ein Antrag auf Einleitung des Verfahrens abgelehnt wird, ist nur dem Antragsteller bekanntzumachen.

I. Normzweck

1 Die Vorschrift ergänzt § 90 und wird ihrerseits ergänzt durch § 109. § 91 Abs 1 und § 109 bezwecken zusammen im wesentlichen dasselbe wie die §§ 85 und 86, nämlich zum einen eine Überwachungspflicht, zum anderen eine flexible Verfahrensherrschaft des GBA.

II. Maximen des Verfahrensbetriebs

1. Besondere Prüfungspflicht des Grundbuchamtes

2 Vor der Umschreibung eines unübersichtlichen Grundbuchblattes (§ 28 Abs 1 GBV) soll das GBA nach Satz 1 des § 91 Abs 1 regelmäßig prüfen, ob vorab ein Rangklarstellungsverfahren angezeigt erscheint. § 29 GBV dehnt diese Prüfungspflicht auf die übrigen Umschreibungsfälle (§ 28 Abs 2 GBV) aus. Zur weitergehenden Befugnis des GBA, aus anderen Anlässen Rangklarstellungsverfahren durchzuführen: § 90 Rdn 3.

2. Verfahrensherrschaft des Grundbuchamtes

3 Die Sätze 2 und 3 des § 91 Abs 1 gelten (wie auch die Absätze 2 bis 4) nicht nur für den Fall des Satzes 1, sondern für das Verfahren überhaupt. Sie bilden einschl des § 109 sowie des für die Sachaufklärung maßgeblichen § 12 FGG die Basis für die Verfahrensherrschaft des GBA. Der weite Rahmen des »freien Ermessens« und die Unanfechtbarkeit der verfahrenseinleitenden und -einstellenden Entscheidung soll insbesondere Freiraum schaffen für die Berücksichtigung von Zweckmäßigkeitserwägungen, wie Erfolgsaussichten, Ermittlungs- und Kostenaufwand.[1] Weiteres in den Ausführungen zu § 85 Rdn 5 bis 9, auch zu den Grenzen der Ermessensfreiheit und Unanfechtbarkeit.[2]

III. Entscheidungsmodus

1. Bei Einleitung des Verfahrens

4 **a) Einleitungsbeschluss. Zwecks Information der Beteiligten** (zum Kreis derselben § 92) bedarf es gemäß § 91 Abs 2 – anders als beim Löschungsverfahren (dazu § 85 Rdn 14) – zur Einleitung des Rangklarstellungsverfahrens eines förmlichen Beschlusses, der allen Beteiligten zuzustellen ist. Für die Zustellung des Beschlusses gelten gemäß § 16 Abs 2 FGG die Vorschriften der ZPO unter Berücksichtigung der besonderen Bestimmungen der §§ 97, 98. Mit der Beschlusszustellung wird zugleich dem Verfahrensgrundrecht der Beteiligten auf Gewährung rechtlichen Gehörs[3] Genüge getan. Eine vorherige Gehörsgewährung ist nicht geboten; unbenommen bleibt es dem GBA, vor der Beschlussfassung einzelne Beteiligte anzuhören, wenn es dies zur Prüfung der Rangverhältnisse und Abschätzung der Erfolgsaussichten des Verfahrens für angebracht hält.

---

1 KEHE-*Briesemeister* Rn 3; *Schöner/Stöber* Rn 329.
2 Zu den Grenzen speziell in Bezug auf § 91; *Thieme* Anm 1.
3 Ebenso *Waldner* in *Bauer/v Oefele* Rn 3 mwN; dazu auch *Eickmann* Rpfleger 1982, 449, speziell 451 (Abschnitt III 1.1).

Eine **Begründung** des Einleitungsbeschlusses ist zwar nicht vorgeschrieben, aber zur sachgerechten Erfüllung 5
der oben erwähnten Informationsaufgabe wohl unumgänglich.[4] Sie ist zudem zweckdienlich; der Aufklärungs-
effekt der Begründung kann die Bereitschaft der Beteiligten zur Unterstützung des Verfahrensziels fördern.

Die **gleichzeitige Zustellung eines schriftlichen Hinweises** an die im Grundbuch eingetragenen Beteilig- 6
ten (§ 92 Abs 1 Buchst a, b, Abs 2) auf die ihnen gemäß § 93 S 1 obliegende Anzeigepflicht ist besonders vorgeschrieben in § 93 S 2. Dieser Hinweis kann entweder in die Beschlussformel aufgenommen oder als Anlage der
Beschlusszustellung beigegeben werden. Nicht ausdrücklich vorgeschrieben gleichwohl angebracht ist es, die
eingetragenen Gläubiger von Briefrechten sogleich zur Briefvorlage anzuhalten (dazu § 92 Rdn 7 und § 99
Rdn 2).

b) Grundbuchvermerk. Funktion: Der in Abs 3 vorgeschriebene Vermerk ist nicht Ausdruck einer Grund- 7
buchsperre oder einer Verfügungsbeschränkung, sondern hat Warn- und Schutzfunktion.[5] Er ist ein Hinweis
auf das Verfahren[6] mit dem spezifischen Zweck, eventuelle Rechtsnachfolger der Beteiligten oder solche, die es
werden wollen, darauf aufmerksam zu machen, dass sie mit einer Umstellung der bisherigen Rangordnung
(§ 112) rechnen müssen. Mit einer Einschränkung des öffentlichen Glaubens[7] ist dies nicht gleichzusetzen, der
Vermerk hat weder Beweiswirkung gemäß § 891 BGB noch irgendwelche Schutzwirkung gemäß § 892 BGB,
und die kraft § 112 eintretende Rechtswirkung hängt nicht davon ab, ob der Vermerk eingetragen ist oder
nicht.

Eintragungsstelle des Vermerks ist gemäß § 10 Abs 1 Buchst c, Abs 4 GBV die zweite Abteilung Spalten 1 8
bis 3; Fassungsvorschlag: *»Rangklarstellungsverfahren eingeleitet; vermerkt am . . .«.*

2. Bei Ablehnung des Verfahrens

Hier bedarf es nur eines Beschlusses, falls ein »Antrag« (Anregung, vgl § 90 Rdn 1) auf Einleitung des Verfahrens 9
gestellt wurde, ansonsten genügt es, wenn das GBA von der Verfahrenseinleitung absieht. Zuzustellen ist der
Beschluss wegen der Unanfechtbarkeit (Abs 1 S 3) allenfalls mit Rücksicht auf § 11 Abs 2 S 1 RpflG (dazu § 85
Rdn 7). Für die in Abs 4 vorgeschriebene Bekanntmachung an den Antragsteller gilt § 16 Abs 2 S 2, eventuell
Abs 3 FGG. Eine Begründung der Ablehnung schreibt Abs 4 zwar nicht vor, jedoch dürfte der in § 86 Rdn 1
beschriebene Normzweck auch auf den Abs 4 des § 91 zutreffen und demgemäß eine Begründungspflicht aus
einer insoweit entsprechenden Anwendung des § 86 zu folgern sein.[8]

---

4 Nach *Demharter* Rn 4 Begründung nicht erforderlich; nach KEHE-*Briesemeister* Rn 4 folgt Begründungspflicht aus allgemeinen Verfahrensgrundsätzen; wie hier *Waldner* in *Bauer/v Oefele* Rn 4.
5 KEHE-*Keller* Einl J Rn 30.
6 *Staudinger-Ertl* (12. Aufl) Vorbem 84 zu § 873.
7 So aber KEHE-*Briesemeister* Rn 7 und *Demharter* Rn 5. Nach *Waldner* in *Bauer/v Oefele* Rn 5 ist das Fehlen des Vermerks
   ein wesentlicher Verfahrensmangel, der dem Erlass des Feststellungsbeschlusses (§ 108) entgegen steht.
8 *Demharter* Rn 6 folgert das Gegenteil, hält eine Begründung aber stets für zweckmäßig; KEHE-*Briesemeister* Rn 4 leitet
   auch für den Ablehnungsbeschluss eine Begründungspflicht aus allgemeinen Verfahrensgrundsätzen her; wie hier *Waldner*
   in *Bauer/v Oefele* Rn 8.

§ 92 (Beteiligte)

(1) In dem Verfahren gelten als Beteiligte:
a) der zur Zeit der Eintragung des Vermerks (§ 91 Abs 3) im Grundbuch eingetragene Eigentümer und, wenn das Grundstück mit einer Gesamthypothek, (-grundschuld, -rentenschuld) belastet ist, die im Grundbuch eingetragenen Eigentümer der anderen mit diesem Recht belasteten Grundstücke;
b) Personen, für die in dem unter Buchstabe a) bestimmten Zeitpunkt ein Recht am Grundstück oder ein Recht an einem das Grundstück belastenden Recht im Grundbuch eingetragen oder durch Eintragung gesichert ist;
c) Personen, die ein Recht am Grundstück oder an einem das Grundstück belastenden Recht im Verfahren anmelden und auf Verlangen des Grundbuchamts oder eines Beteiligten glaubhaft machen.

(2) Beteiligter ist nicht, wessen Recht von der Rangbereinigung nicht berührt wird.

I. Normzweck

1 § 92 entschärft den Amtsermittlungsgrundsatz des § 12 FGG. Ohne Sonderbestimmungen müsste sich das GBA immer wieder vergewissern, ob jeweils die wahren materiell Beteiligten formell am Verfahren beteiligt sind. Gewisse Abhilfe schafft die in § 92 nebst den §§ 93 bis 95 getroffene Regelung, indem sie den **Kreis der beteiligten Rechte** abschließend bestimmt und hinsichtlich der **Person der Beteiligten** primär von den im Grundbuch Eingetragenen ausgeht. Die daran geknüpfte Folgerung, dass jemand, der nach den bezeichneten Vorschriften nicht beteiligt ist, auch dann nicht als Beteiligter gilt, wenn sein Recht durch die Änderung der Rangverhältnisse benachteiligt werden könnte,[1] ist zwar logisch richtig, darf aber nicht darüber täuschen, dass sich aus § 94 im **Sonderfall** uU die Verpflichtung des GBA ergibt, nach dem wahren Berechtigten zu forschen (§ 94 Abs 1) und den Ermittelten (§ 94 Abs 2), bei verbleibenden Zweifeln sogar alle Prätendenten (§ 94 Abs 3), als beteiligt zu behandeln, so dass nach dem Willen des Gesetzes eben doch möglichst alle materiell Betroffenen am Verfahren teilnehmen sollen. Für den **Regelfall** aber sorgt die Definition der Verfahrensbeteiligten in § 92 dafür, dass sich der Verfahrensaufwand in Grenzen hält (vgl § 94 Rdn 1). Ohne sie wären zudem gesicherte Verfahrensergebnisse kaum erreichbar.

II. Die Beteiligtenbestimmung im Einzelnen

1. Kreis der beteiligten Rechte

2 Die Beteiligtenbestimmung des § 92 lehnt sich an die des § 9 ZVG an, weicht aber in einigem davon ab.[2] Zunächst ist die Vorschrift maßgeblich für den Kreis der Rechte, deren Träger als Beteiligte gelten:

3 **a) Der bzw die Eigentümer.** Nach Abs 1 Buchst a sind beteiligt:
– Der oder die Eigentümer des Grundstücks bzw der Grundstücke, die mit dem oder den von der Rangbereinigung berührten Rechten **belastet** sind (§ 91 Abs 1 Buchst a).
– Der oder die Eigentümer von weiteren Grundstücken, die durch etwaige Gesamtgrundpfandrechte **mitbelastet** sind.

Die Hinzuziehung der letztgenannten Eigentümer ist wohl mit Rücksicht auf die spezifischen Auswirkungen dieser Gesamtrechte auf die Eigentümer der mitbelasteten Grundstücke (vgl zB §§ 1132 Abs 1, 1172 bis 1175, 1182 BGB) angeordnet worden. Eine Ausdehnung der Vorschrift auf Gesamtbelastungen anderer Art erscheint

---

1 KEHE-*Briesemeister* Rn 2.
2 AllgM; Schrifttum und Rechtsprechung zu § 9 ZVG können deshalb zur Auslegung des § 92 herangezogen werden, soweit Übereinstimmung der Regelungen gegeben ist; auf die ausführliche Erläuterungen von *Steiner-Hagemann* zu § 9 ZVG wird verwiesen.

deshalb nicht angebracht. Ist nicht ein Grundstück, sondern ein Erbbaurecht, ein sonstiges grundstücksgleiches Recht oder ein Wohnungseigentum Belastungsobjekt, so ist der eingetragene Inhaber dieses Rechts als Eigentümer iS des Abs 1 Buchst a Beteiligter.

b) Die Berechtigten der von der Rangbereinigung »berührten« Rechte. aa) Grundbedingung der Beteiligung. Grundbedingung der Beteiligung am Verfahren ist nach Abs 1 Buchst b, c eine dieser Vorschrift gemäß ausgewiesene **dingliche Berechtigung** im weiten Sinne (dazu Rdn 5). Wer weder dinglich berechtigt oder gesichert ist (zB ein persönlicher Gläubiger des Eigentümers oder eines sonstigen Berechtigten; ein Aneignungsberechtigter; der nicht vormerkungsgesicherte Käufer des Grundstücks; derjenige, dem ein Grundpfandrecht zwar bestellt, aber noch nicht eingetragen ist; der Ehegatte eines Beteiligten), gehört von vornherein keinesfalls zum Kreis der Beteiligten. **4**

bb) Beteiligte Rechte. Beteiligte Rechte sind: **5**
– **Eingetragene oder durch Eintragung gesicherte Rechte** am Grundstück oder an einem das Grundstück belastenden Recht (Abs 1 Buchst b);
– **Nicht eingetragene derartige Rechte**, falls sie angemeldet und nötigenfalls (dazu Rdn 13) glaubhaft gemacht sind (Abs 1 Buchst c),

Im Übrigen ist der Kreis der Beteiligten nicht enumerativ bestimmt, sondern durch Abs 2 lediglich eingegrenzt. Der Begriff »Recht« ist dem Zweck der Vorschrift (vgl Rdn 1) entsprechend in weitem Sinne zu verstehen. Er umfasst außer den beschränkten dinglichen Rechten auch die dinglichen Sicherungsmittel (Vormerkungen, Widersprüche, Nacherbenvermerke, Verfügungsbeschränkungen), ungeachtet dessen, dass sie nicht alle einen Rang iS des § 879 BGB haben.[3] Die Beteiligtenstellung der eingetragenen oder angemeldeten Berechtigten, Gesicherten bzw. Geschützten hängt nicht etwa von den späteren Verfahrensauswirkungen ab, denn es ist gerade der Grund ihrer Beteiligung, die Verfahrensergebnisse mitzubestimmen, zumindest zu billigen und mitzutragen.

cc) Nichtbeteiligte Rechte. Nichtbeteiligte Rechte sind nach Abs 2 solche, die durch die Rangbereinigung »nicht berührt« werden. Dem Ausdruck nach gleicht diese bestimmungsbedürftige Ausgrenzung beispielsweise dem § 876 S 2 BGB. Wie dort, ist auch hier eine abstraktrechtliche (nicht wirtschaftlich abwägende) Sicht angebracht. Das Gesetz ist so zu verstehen, dass nur diejenigen Berechtigten nicht zum Verfahren hinzuzuziehen sind, deren Recht völlig außer Reichweite der denkbaren Verfahrensergebnisse liegt. Dies kann mit der nötigen Sicherheit nur für solche Rechte angenommen werden, die zweifelsfrei allen anderen beteiligten Rechten im Rang vorgehen oder nachstehen.[4] **6**

2. Legitimation der beteiligten Personen

a) Beteiligte kraft Grundbucheintragung. Personen, die zur Zeit der Eintragung des Einleitungsvermerks (dazu § 91 Rdn 7, 8) als Berechtigte, Gesicherte oder Geschützte im Grundbuch eingetragen sind, gelten gemäß Abs 1 Buchst a und b ohne weiteres als Beteiligte, und zwar so lange, bis ein eventueller Rechtsnachfolger dem GBA bekannt wird (vgl § 95 Abs 1). Das GBA ist damit von Nachforschungen freigestellt, solange keine Umstände in Erscheinung treten, derentwegen Ermittlungen gemäß § 94 oder Maßnahmen gemäß §§ 95 bis 97 angezeigt erscheinen. Dies gilt auch in Bezug auf Rechte, bei denen eine Grundbuchunrichtigkeit deshalb nicht fern liegt, weil der Inhaberwechsel außerhalb des Grundbuchs vonstatten geht (wie zB bei Briefrechten). Die in § 91 Abs 2 vorgeschriebene Zustellung des Einleitungsbeschlusses an »alle Beteiligten« erfolgt ordnungsgemäß, wenn sie die durch Eintragung ausgewiesenen Personen und Stellen berücksichtigt, jeweils mit dem vorgeschriebenen Hinweis auf die Auskunftspflicht (§ 93). Die eingetragenen Inhaber von Briefrechten sind zweckmäßigerweise zusätzlich aufzufordern, den Brief vorzulegen, um sich endgültig als Beteiligte zu legitimieren (vgl § 99 Rdn 2). Personen, die bereits in der Einleitungsphase (etwa in Verbindung mit der Anregung des Verfahrens) ihr durch Eintragung nicht erweisliches Beteiligungsrecht hinreichend glaubhaft angemeldet haben (vgl Rdn 8 ff), ist der Einleitungsbeschluss ebenfalls zuzustellen. **7**

b) Beteiligte kraft Anmeldung. Personen, die ein Recht am Grundstück oder an einem das Grundstück belastenden Recht geltend machen, das zur Zeit der Eintragung des Einleitungsvermerks nicht im Grundbuch eingetragen ist, dennoch von der Rangbereinigung berührt wird, gelten gemäß Abs 1 Buchst c erst als Beteiligte, wenn sie das ihnen angeblich zustehende Recht angemeldet und, falls das GBA oder ein Beteiligter es verlangt, glaubhaft gemacht haben. **8**

---

3 Zum Ganzen siehe *Steiner-Hagemann* § 9 ZVG Rn 59–63, insbesondere Rn 63 (hilfreiche Tabelle der Beteiligten bei Verfügungsbeschränkungen, welche die Geschützten der Person nach nicht bezeichnen); zur Beteiligung eines ev Testamentsvollstreckers *Waldner* in *Bauer/v Oefele* Rn 3.

4 Im Ergebnis ebenso alle GBO-Kommentare.

9 Als **Beispiele für anmeldungsbedürftige Rechte** kommen in Betracht:[5]
– zu Unrecht gelöschte dingliche Rechte und Rechte an solchen sowie Vormerkungen und Verfügungsbeschränkungen, die kein eingetragener Widerspruch sichert, sofern sie nicht durch zwischenzeitlich gutgläubigen Erwerb erloschen sind;
– ohne Eintragung entstandene Rechte, zB Sicherungshypothek nach § 1287 BGB bzw nach § 848 Abs 2 ZPO oder Nießbrauch nach § 1075 BGB;
– altrechtliche Grunddienstbarkeiten, die zwar eintragungsfähig sind, aber gemäß Art 187 Abs 1 EGBGB zur Erhaltung der Wirksamkeit gegenüber dem öffentlichen Glauben nicht der Eintragung bedürfen[6] (dazu § 22 Rdn 26), soweit nicht nach Art 187 Abs 2 EGBGB kraft Landesrecht etwas anderes gilt;[7] falls eine solche Grunddienstbarkeit im Grundbuch eingetragen und dann zu Unrecht wieder gelöscht wurde, unterliegt sie allerdings, wie die sonstigen Rechte, der Gefahr des Untergangs oder des Rangverlustes durch gutgläubigen Erwerb;[8]
– ohne Eintragung erworbene Rechte an einem das Grundstück belastenden Recht, zB Nießbrauch oder Pfandrecht an einer Briefhypothek oder -grundschuld (§§ 1069, 1274 iVm § 1154 Abs 1 BGB; § 830 Abs 1 S 1 ZPO); Pfandrecht an einem Nießbrauch (§ 857 Abs 3 ZPO),[9] an einer beschränkten persönlichen Dienstbarkeit oder an einem Wohnungsrecht, falls Überlassung der Ausübung gestattet ist,[10] an einer Reallast.[11]

10 **Zur Anmeldung:**[12]
– Die **Anmeldebefugnis** hat der angebliche Rechtsinhaber. Vertretung ist möglich; ob und wie der Nachweis der Vertretungsmacht zu erbringen ist, richtet sich nach § 13 FGG, nicht nach den §§ 29, 30 GBO.
– Eine bestimmte **Form** ist nicht vorgeschrieben, schriftliche Eingabe anzustreben; eine mündliche oder fernmündliche Anmeldung ist durch einen Vermerk aktenkundig zu machen.
– Eine **Zeitgrenze** ist nicht bestimmt; die Anmeldung wird wohl noch mit einem Gesuch auf Wiedereinsetzung verbunden werden dürfen und somit bis zu dem in § 105 Abs 3 genannten Endzeitpunkt zulässig sein.
– Der **Inhalt** muss dem Zweck der Anmeldung gemäß möglichst vollständig und plausibel die wesentlichen Zuordnungskriterien des angemeldeten Rechts (dazu Vor GBV Rdn 36) darlegen, mindestens so konkret, dass die Existenz des geltend gemachten Rechts »in einer jeden verständigen Zweifel ausschließenden Weise« feststeht (vgl § 84 Rdn 5 aE), mögen auch Einzelpunkte noch der Aufklärung bedürfen.
– Eine förmliche Entscheidung darüber, ob eine Anmeldung begründet, unbegründet oder gar unzulässig ist, ist nicht vorgeschrieben und auch regelmäßig unnötig. Das gesetzlich vorgesehene Mittel bei zweifelhaften, unbegründeten oder im Widerspruch zu anderen Anmeldungen stehenden Anmeldungen ist zunächst das Verlangen des Gerichts nach Glaubhaftmachung mit der Folge, dass bis zur Glaubhaftmachung der Anmeldende noch nicht Beteiligter geworden ist. Bei Anerkennung der Anmeldung erfolgt die stillschweigende Hinzuziehung des Anmelders zum Verfahren. Zum Bescheid über die Nichtanerkennung einer Anmeldung vgl Rdn 15 aE.

11 **Nach Verfahrenseinleitung entstandene Rechte:** § 92 Abs 1 Buchst c ist nicht so streng wie § 9 ZVG. Im Versteigerungsverfahren sind Rechte, die nach Eintragung des Versteigerungsvermerks erworben und eingetragen werden, *nur* auf Anmeldung Beteiligte. Dagegen sind die im Laufe des Rangklarstellungsverfahrens erworbenen und neu eingetragenen Rechte auch ohne Anmeldung beteiligt, sobald sie dem GBA bekannt werden (§ 95).

12 **c) Glaubhaftmachung des angemeldeten Rechts**[13]. **Freiwillig** kann jeder Anmelder seine Anmeldung durch Beweismittel oder Glaubhaftmachung »untermauern«, um sie stabil zu machen.

13 **Nötig** wird die Glaubhaftmachung zur (endgültigen) Erlangung der Beteiligtenstellung gemäß Abs 1 Buchst c, wenn das GBA eine solche vom Anmelder verlangt, entweder von sich aus oder auf (nicht begründungsbedürftiges) Verlangen eines anderen Beteiligten. Das GBA wird von sich aus (alsbald) nur bei begründeten Zweifeln an der Existenz des angemeldeten Rechts ein solches Verlangen stellen. Ein Beteiligter kann die Glaubhaftmachung während der gesamten Dauer des Verfahrens fordern (zB im Rahmen eines Widerspruchs nach § 104).

---

5 Dazu *Steiner-Hagemann* § 9 ZVG Rn 83–85 mwN.
6 BGHZ 104, 139 mwN = NJW 1988, 2037 = Rpfleger 1988, 353 = DNotZ 1988, 146.
7 Eintragung nötig zB gemäß § 31 BaWü AGBGB und § 37 Brem AGBGB, vgl Kommentare zu Art 187 EGBGB. Für neue Bundesländer s Art 231 § 5, Art 233 §§ 2b, 4, 5, EGBGB; §§ 8, 9 GBBerG; dazu *Böhringer* Rpfleger 1999, 425, 426 (Fortbestand gemäß Art 187 EGBGB), **aA** *Maaß* in *Bauer/v Oefele* GBBerG § 8 Rn 12 (Erlöschen § 8 GBBerG).
8 BGH aaO (Fn 6).
9 Zur Zulässigkeit: BGH NJW 1985, 2827 = Rpfleger 1985, 373 = DNotZ 1986, 23; *Schöner/Stöber* Rn 1389 mwN.
10 LG Detmold Rpfleger 1988, 372; *Schöner/Stöber* Rn 1215, 1264 mwN.
11 *Schöner/Stöber* Rn 1313 mwN.
12 Dazu *Steiner-Hagemann* § 9 ZVG Rn 89–96 mwN.
13 Dazu *Steiner-Hagemann* § 9 ZVG Rn 97–114 mwN.

Böttcher

Dass der Anmelder bis dahin zum Verfahren zugezogen ist, steht nicht entgegen; ab Verlangen bis zur Glaubhaftmachung ist seine Beteiligtenstellung suspendiert,[14] bei Scheitern der Glaubhaftmachung verliert er sie endgültig und rückwirkend.

Mittel der Glaubhaftmachung kann nach § 15 Abs 2 FGG auch die Versicherung an Eides Statt sein. Mangels weiterer besonderer Vorschriften über die Art der Glaubhaftmachung wird man jedes im Rahmen des § 12 FGG verwendbare Beweismittel für geeignet halten müssen.[15]   **14**

Die **Würdigung der vom Anmelder vorgelegten Unterlagen** obliegt dem GBA, auch wenn die Auflage   **15**
zur Glaubhaftmachung auf Verlangen eines Beteiligten ausgesprochen wurde. Erachtet das GBA das geltend gemachte Recht als hinreichend belegt, so wird es den Anmelder zweckmäßigerweise darüber informieren. Die Versagung der Anerkennung als Beteiligter darf erst nach Gewährung rechtlichen Gehörs ausgesprochen werden. Sie stellt wohl eine gemäß § 19 FGG[16] beschwerdefähige Verfügung dar, deshalb ist die Beschlussform anzuraten.

3. Verzicht auf Teilnahme

Die Beteiligten haben im wesentlichen ein Recht darauf, zu den entscheidenden Stadien des Verfahrens (§§ 100   **16**
bis 108) hinzugezogen zu werden. Sie können dem GBA gegenüber auf die Ausübung ihres Teilnahmerechts verzichten. Der Verzicht bedarf keiner besonderen Form, kann mündlich oder schriftlich erklärt werden und bewirkt mit Zugang beim GBA, dass der Verzichtende nicht mehr als Beteiligter zu behandeln ist. Die Konsequenzen des Verfahrens, wie die Auskunftspflicht (§ 93) und der Eintritt der neuen Rangordnung (§§ 108, 112), gelten auch für den Verzichtenden.[17] Der Verzicht kann revidiert werden mit der Folge, dass ab Zugang der revidierenden Mitteilung der Betreffende wieder als Beteiligter zu berücksichtigen ist.

---

14 **AA** *Waldner* in *Bauer/v Oefele* Rn 5: zunächst als Beteiligter zu behandeln.
15 Ebenso *Demharter* Rn 10; KEHE-*Briesemeister* Rn 6; *Waldner* in *Bauer/v Oefele* Rn 5.
16 **AA** *Waldner* in *Bauer/v Oefele* Rn 5: § 71 GBO.
17 Etwa ebenso *Demharter* Rn 11; KEHE-*Briesemeister* Rn 7; *Waldner* in *Bauer/v Oefele* Rn 9.

§ 93 (Anzeigepflicht des Buchberechtigten)

Ist der im Grundbuch als Eigentümer oder Berechtigter Eingetragene nicht der Berechtigte, so hat er dies unverzüglich nach Zustellung des Einleitungsbeschlusses dem Grundbuchamt anzuzeigen und anzugeben, was ihm über die Person des Berechtigten bekannt ist. Ein schriftlicher Hinweis auf diese Pflicht ist ihm zugleich mit dem Einstellungsbeschluß zuzustellen.

I. Normzweck

1 Einerseits ist gemäß § 92 zur Feststellung der Beteiligten vom Grundbuchstand zur Zeit der Eintragung des Einleitungsvermerks auszugehen, solange Gegenteiliges nicht belegt ist (vgl § 92 Rdn 7). Andererseits sollen möglichst die wahren Berechtigten der von der Rangbereinigung berührten Rechts beteiligt werden (vgl § 92 Rdn 1). Der Aufdeckung eventueller Grundbuchunrichtigkeiten dient die in § 93 angeordnete Anzeigepflicht.

II. Zur Anzeigepflicht im Einzelnen

1. Voraussetzungen der Anzeigepflicht

2 Anzeigepflichtig ist nach dem Gesetz derjenige, der im Grundbuch als Eigentümer oder Berechtigter eingetragen ist, ohne es zu sein, und zwar unverzüglich, sobald ihm der Einleitungsbeschluss zugestellt worden ist. Die Pflicht beruht unmittelbar auf dem Gesetz, sie ist nicht etwa abhängig vom Zugang des in Satz 2 vorgeschriebenen »Hinweises« auf die Anzeigepflicht.[1]

2. Inhalt der Anzeigepflicht

3 Nach dem Wortlaut des § 93 erstreckt sich die Anzeigepflicht auf zweierlei:
– Anzeige der eigenen Nichtberechtigung des Eingetragenen und
– Anzeige dessen, was dem Eingetragenen über die Person des wahren Berechtigten bekannt ist.

Problemlos wird eine Anzeige in beiden Punkten sein, wenn der Eingetragene das Recht außerhalb des Grundbuchs (zB gemäß § 1154 Abs 1 BGB) auf einen anderen übertragen hat. Die Nichtberechtigung des Eingetragenen kann aber auch darauf beruhen, dass er trotz seiner Eintragung wegen etwaiger Mängel des Verfügungsgeschäfts das Recht nicht erworben hat oder das Recht außerhalb des Grundbuchs erloschen ist. Fragwürdig ist in solchen Fällen, ob bzw inwieweit der Eingetragene in der Lage ist, die für die Anzeige erheblichen Schlüsse aus einer verworrenen Rechtslage zu ziehen. Es wird im Hinblick auf derartige Schwierigkeiten einer intensiven Aufklärung durch das GBA bedürfen, zunächst dadurch, dass der vorgeschriebene Hinweis auf die Anzeigepflicht entsprechend detaillierte Informationen über die denkbaren rechtlichen Möglichkeiten aufzeigt.[2] Zur umfassenden Aufklärung sollte der mit dem Einleitungsbeschluss zuzustellende Hinweis auch darauf aufmerksam machen, dass bei schuldhafter Verletzung der Anzeigepflicht mit Schadensersatzansprüchen des wahren Berechtigten zu rechnen ist, dieweil § 93 ein Schutzgesetz iS des § 823 Abs 2 BGB ist.[3]

3. Erzwingbarkeit der Anzeige

4 § 93 bildet die erforderliche gesetzliche Grundlage zum Einsatz der Zwangsmittel des § 33 FGG. Erzwungen werden darf eine Anzeige jedoch nur, wenn die Anzeigepflicht tatbestandlich hinreichend feststeht; denn § 93 begründet die Pflicht nicht schlechthin, sondern nur für den Fall, dass der Eingetragene nicht der Berechtigte ist. Das GBA ist demgemäß nicht befugt, Zwang auszuüben zwecks Klärung der Frage, ob dem Eingetragenen das Recht zusteht oder nicht. Ein Teilnahmeverzicht berührt nicht die Anzeigepflicht (vgl § 92 Rdn 16).

---

1 Zustimmend *Waldner* in *Bauer/v Oefele* Rn 2.
2 Nach *Waldner* in *Bauer/v Oefele* Rn 3 zweifelhaft.
3 AllgM im Anschluss an *Krieger* DNotZ 1935, 868; insoweit beipflichtend *Waldner* in *Bauer/v Oefele* Rn 4.

§ 94 (Ermittlung des wahren Berechtigten)

(1) Das Grundbuchamt kann von Amts wegen Ermittlungen darüber anstellen, ob das Eigentum oder ein eingetragenes Recht dem als Berechtigten Eingetragenen oder einem anderen zusteht, und die hierzu geeigneten Beweise erheben. Inwieweit § 35 anzuwenden ist, entscheidet das Grundbuchamt nach freiem Ermessen.

(2) Der ermittelte Berechtigte gilt vom Zeitpunkt seiner Feststellung an auch als Beteiligter.

(3) Bestehen Zweifel darüber, wer von mehreren Personen der Berechtigte ist, so gelten sämtliche Personen als Berechtigte.

I. Normzweck

§ 94 ermächtigt zweifelsohne (»kann«) das GBA zu Ermittlungen und Beweiserhebungen von Amts wegen. Ihm **1** ist in Verbindung mit § 12 FGG zudem eine begrenzte Pflicht zur Amtsermittlung zu entnehmen, derentwegen die Verfahrensregeln des § 92 (bei Verfahrenseinleitung Eingetragene gelten ohne weiteres, Nichteingetragene auf Anmeldung als Beteiligte) und des § 95 (Berechtigungswandel wirkt sich erst ab Bekanntwerden als Beteiligungswandel aus) nicht als starre Verfahrensprinzipien zu handhaben sind (vgl auch § 92 Rdn 1). Der Pflicht zur Ermittlung des wahren Berechtigten besteht nicht generell, sondern reduziert auf zweifelhafte Fälle;[1] mit dieser Modifikation gilt der Amtsermittlungsgrundsatz des § 12 FGG.

II. Zur Ermittlung des Berechtigten im Einzelnen

1. Voraussetzungen zur Aufnahme von Ermittlungen

Ob ein zur Ermittlung des Berechtigten Anlass gebender zweifelhafter Fall vorliegt, stellt § 94 Abs 1 (»kann«) in **2** das Ermessen des GBA. Fixierte Regeln gibt es dafür nicht, § 94 würde jedenfalls leer laufen, wenn bis zur Entkräftung der Richtigkeitsvermutung des § 891 BGB, also bis zur Gewissheit über die Grundbuchunrichtigkeit, gewartet würde. Auch die Zweifelsgrenze des Antragsverfahrens (dazu Einl H 48 ff) kann kein geeigneter Maßstab sein. Im Amtsverfahren ist insofern »sensibler« zu agieren als im Antragsverfahren zu reagieren. Dem Verfahrenszweck gemäß ist Anlass zur Aufnahme von Ermittlungen bereits gegeben, **sobald es** nach den tatsächlichen Umständen **möglich erscheint**, dass der im Grundbuch Eingetragene nicht mehr der wahre Berechtigte ist (etwa wie § 82 Rdn 15). Das Gesetz zeigt einige Beispiele: einigermaßen plausible Hinweise des gemäß § 93 Auskunftspflichtigen; wegen § 96 die Unzustellbarkeit des Einleitungsbeschlusses, eines sonstigen Beschlusses, einer Ladung usw; die Nichtvorlage des Briefes trotz Aufforderung (dazu § 99 Rdn 2).

2. Durchführung von Ermittlungen

Richtungsweisend sieht § 94 vor, dass: **3**
- die »hierzu geeigneten Beweise« zu erheben sind (Abs 1 S 1),
- das GBA »nach freiem Ermessen« entscheidet, inwieweit § 35 anzuwenden ist (Abs 1 S 2),
- der ermittelte Berechtigte »auch« als Beteiligter gilt (Abs 2),
- in zweifelhaften Fällen sämtliche als Berechtigte in Frage kommenden Personen als Beteiligte gelten (Abs 3).

Daraus ist zu schließen, dass die Amtsermittlungen zwar selbstverständlich auf die möglichst zutreffende Feststellung des wahren Berechtigten zu richten sind,[2] dass sie aber **nicht unbedingt zur Erlangung absoluter Gewissheit** führen müssen, so dass durchaus Raum für Zweckmäßigkeitserwägungen (Aufwand in Relation zum Erfolgsaufwand) bleibt.[3] Zur rechtskräftigen Klärung einer umstrittenen Beteiligung ist das GBA ohnehin weder verpflichtet noch berechtigt (dazu § 106 Rdn 1). Dann aber kann davon ausgegangen werden, dass das GBA bei der Berechtigtenermittlung nicht nur in Bezug auf den ausdrücklich erwähnten § 35, sondern generell

---

1 Ebenfalls pflichtbejahend: *Güthe-Triebel* Rn 3; *Thieme* Anm 1; *KEHE-Briesemeister* Rn 2 (im Anschluss an *Hesse-Saage-Fischer* Anm I); **aA** *Demharter* Rn 1 (keine Belastung des GBA mit einer Ermittlungspflicht); vermittelnd *Waldner* in *Bauer/v Oefele* Rn 1.

2 *Hesse-Saage-Fischer* u KEHE-*Briesemeister* aaO (Fn 1): das pflichtgemäße Ermessen müsse berücksichtigen, dass das Gesetz offenbar die Zuziehung des wahren Berechtigten erstrebt.

3 Im Ergebnis ebenso *Hesse-Saage-Fischer* u KEHE-*Briesemeister* aaO (Fn 1); *Waldner* in *Bauer/v Oefele* Rn 2.

weder der Beweismittelbeschränkung des § 29 noch den Regeln des Strengbeweises nach Maßgabe der ZPO unterworfen ist, sondern nach seinem Ermessen sich mit freibeweislichen Mitteln begnügen darf[4] (mehr zur Frage der Beweisgewinnung: § 82 Rdn 16 mwN).

4 **Falls die Feststellung** des oder der wahren Berechtigten, zB von Sonder- oder Gesamtrechtsnachfolgern, strengbeweislich **mit absoluter Gewissheit gelingt,** insbesondere wenn die Feststellung auf urkundliche Unrichtigkeitsnachweise gestützt werden kann, die den Anforderungen der §§ 22 bzw 35 iVm § 29, also für eine Grundbuchberichtigung, genügen, besteht kein Grund, den ermittelten Berechtigten gemäß Abs 2 nur neben dem bisherigen Berechtigten zu beteiligen. Es handelt sich dann um einen unzweifelhaften Fall eines dem GBA bekannt gewordenen Beteiligtenwechsels iS des § 95 Abs 1 mit der Folge, dass nur der festgestellte Rechtsnachfolger künftig anstelle des bisherigen als Beteiligter gilt (vgl § 95 Rdn 3). Ein Teilnahmeverzicht[5] des bisherigen Beteiligten erübrigt sich bei einem dem § 29 standhaltenden Unrichtigkeitsnachweis, ist sonst der verfahrensrechtlich zulässige Weg, die möglicherweise lästige Doppelbeteiligung gemäß Abs 2 zu vermeiden.

---

4 Ebenso *Waldner* in *Bauer/v Oefele* Rn 2. Im sonstigen Schrifttum so nicht erörtert.
5 Nach *Güthe-Triebel* Rn 3 (unter Berufung auf *Krieger,* Die Grundbuchbereinigung S 155) die einzige Möglichkeit. Wie hier *Waldner* in *Bauer/v Oefele* Rn 3.

§ 95 (Wechsel des Berechtigten)

(1) Wechselt im Laufe des Verfahrens die Person eines Berechtigten, so gilt der neue Berechtigte von dem Zeitpunkt ab, zu dem seine Person dem Grundbuchamt bekannt wird, als Beteiligter.

(2) Das gleiche gilt, wenn im Laufe des Verfahrens ein neues Recht am Grundstück oder an einem das Grundstück belastenden Rechte begründet wird, das von dem Verfahren berührt wird.

I. Normzweck

§ 95 regelt einerseits den formellen Beteiligungswandel in Anlehnung an den materiellen Berechtigungswandel. Andererseits dient er in Verbindung mit den §§ 92 und 94 der Erleichterung des Verfahrensbetriebs, indem er nur den dem GBA bekannt gewordenen Berechtigungswandel als für den Beteiligungswandel erheblich erklärt (dazu § 92 Rdn 1 u § 94 Rdn 1). **1**

II. Einzelheiten zu § 95

1. Anwendungsbereich der Vorschrift

Entsprechend dem Normzweck ist § 95 extensiv anzuwenden auf alle Änderungen im Kreis der beteiligten Personen, die sich im Laufe des Verfahrens ereignen. In Betracht kommen: **2**

a) Wechsel von Beteiligten. Abs 1 betrifft Erwerber bereits beteiligter Rechte (dazu § 92 Rdn 2 bis 7), Personen also, die durch Sonder- und Gesamtrechtsnachfolge ganz oder teilweise an die Stelle von bisherigen Allein- oder Mitinhabern solcher Rechte getreten sind. In Betracht kommen alle Erwerbsvorgänge, ob sie auf Rechtsgeschäft, Gesetz oder Hoheitsakt beruhen, ob sie eintragungsbedürftig sind oder außerhalb des Grundbuchs vonstatten gehen. Der Wechsel der materiellrechtlichen Berechtigung hat also den Wechsel der Verfahrensbeteiligung zur Folge, allerdings zur Sicherung des Verfahrensbetriebs erst ab Bekanntheitszeitpunkt (dazu Rdn 6). **3**

b) Hinzutritt von Beteiligten. Abs 2 betrifft Erwerber neu begründeter Rechte, soweit diese von dem Verfahren berührt werden (dazu § 92 Rdn 8 bis 11). Darunter fallen nach dem Wortlaut der Vorschrift sowohl neue Grundstücksbelastungen als auch neue Grundstücksrechtsbelastungen. Grund und Art der Entstehung des neuen Rechts sind ebenso wie beim Beteiligtenwechsel (Rdn 3) gleichgültig. Der neue Berechtigte erweitert hier den Kreis der Beteiligten, sobald bekannt (dazu Rdn 6), verdrängt keinen der bisherigen Beteiligten. **4**

c) Wegfall von Beteiligten. Dies betrifft Inhaber von beteiligten Rechten, die während des Verfahrens erlöschen. Auf ihren Wegfall bezieht sich § 95 zwar nicht ausdrücklich, jedoch dem Sinne nach.[1] **5**

2. Aufgabe der Vorschrift

Unabhängig vom Zeitpunkt des materiellen Wirksamwerdens ist ein Beteiligungswandel vom GBA erst zu berücksichtigen, nachdem dieser ihm bekannt geworden ist. Gleichgültig ist, aus welchem Anlass und auf welchem Wege das GBA zu der Kenntnis gelangt ist. Eintragungsbedürftige Rechtsänderungen werden ihm ohnehin durch die Eintragung bekannt. Bedeutsam ist demzufolge die Vorschrift insbesondere für Rechtsänderungen, die außerhalb des Grundbuchs eingetreten und angezeigt (§ 93) oder aus gegebenem Anlass ermittelt (§ 94) sind. Sie bildet die Rechtsgrundlage dafür, dass bis zum Bekanntwerden der Rechtsänderung alle Verfahrenshandlungen gegenüber dem bisherigen Berechtigten vorgenommen werden können. Der Neubeteiligte muss sie gegen sich gelten lassen;[2] er hat die Möglichkeit, durch Anmeldung gemäß § 92 Abs 1 Buchst c sein Recht dem GBA frühzeitig bekannt zu machen. **6**

Wenn und solange Ungewissheit über die Wirksamkeit des für den Beteiligungswandel ausschlaggebenden Rechtsvorgangs besteht, zB weil die Gültigkeit des Rechtserwerbs oder -verlustes umstritten oder aufgrund anderer Umstände zweifelhaft ist, ist nach § 94 Abs 2 und 3 zu verfahren[3] (dazu § 94 Rdn 3). **7**

---

1 Zustimmend *Waldner* in *Bauer/v Oefele* Rn 3.
2 Im Ergebnis ebenso KEHE-*Briesemeister, Demharter* und *Waldner* in *Bauer/v Oefele,* jeweils Rn 4.
3 Etwa ebenso KEHE-*Briesemeister* Rn 2; *Demharter* Rn 4; *Waldner* in *Bauer/v Oefele* Rn 5.

§ 96   (Bestellung eines Pflegers)

Ist die Person oder der Aufenthalt eines Beteiligten oder seines Vertreters unbekannt, so kann das Grundbuchamt dem Beteiligten für das Rangbereinigungsverfahren einen Pfleger bestellen. Für die Pflegschaft tritt an die Stelle des Vormundschaftsgerichts das Grundbuchamt.

I. Normzweck

1 Das Rangbereinigungsverfahren zielt, falls es nicht zur Einigung der Beteiligten kommt (§ 103), auf eine rechtskräftige Umgestaltung der bestehenden Rangordnung (§§ 111, 112) unter der Voraussetzung, dass die Betroffenen dies hinnehmen (§§ 104, 108, 110). Dieser eingreifenden Wirkung in bestehende Rechtspositionen wegen sind alle Betroffenen mindestens vertretungsweise am Verfahren zu beteiligen. Zur Vertretung nicht Erreichbarer dient die in § 96 vorgesehene Pflegerbestellung.

II. Zu der Pflegschaft im Einzelnen

1. Voraussetzungen der Pflegschaft

2 § 96 ist dem § 88 FGG nachgebildet,[1] geht aber in zweifacher Beziehung weiter als jene auf § 1911 BGB gestützte Bestimmung:
   - Erstens gestattet § 96 eine Pflegschaft nicht nur für einen Beteiligten, sondern auch für den Vertreter eines Beteiligten. Dies gilt nach heute einhelliger Ansicht[2] sowohl für gesetzliche als auch für gewillkürte Vertreter.
   - Zweitens gestattet § 96 eine Pflegschaft nicht nur bei Unbekanntheit des Aufenthalts, sondern auch bei Unbekanntheit der Person. Darüber hinaus wird (§ 1911 Abs 2 BGB entsprechend) eine Pflegschaft zuzulassen sein, falls Person und Aufenthalt eines Abwesenden zwar bekannt sind, dieser aber an der Rückkehr und der Wahrnehmung seiner Beteiligtenrechte im Verfahren verhindert ist. Am nötigen Fürsorgebedürfnis für die Pflegebestellung fehlt es regelmäßig, wenn der Verhinderte einen Vertreter hat, dessen Person und Aufenthalt dem GBA bekannt sind und dessen gesetzliche oder rechtsgeschäftliche Vertretungsmacht für das Rangbereinigungsverfahren ausreicht.[3] Stellt sich durch die vom GBA anzustellenden Ermittlungen heraus, dass ein Beteiligter (zB ein Minderjähriger oder Betreuungsbedürftiger, eine Liquidationsgesellschaft usw) ohne gesetzlichen Vertreter ist, so hat das GBA in erster Linie die primär zuständigen Stellen (Vormundschaftsgericht, Registergericht usw) zur Vertreterbestellung anzuregen.[4]

2. Wirkungen der Pflegschaft

3 Der Pfleger wird »für das Rangbereinigungsverfahren« bestellt (§ 96 S 1), ist also ein spezieller Verfahrenspfleger.[5] Demgemäß ist bei der Pflegerbestellung der Wirkungskreis etwa mit »*Wahrnehmung der Rechte des ... (Beteiligten oder Vertreters) im Rangbereinigungsverfahren ...*« festzulegen. Der bestellte Pfleger hat im wesentlichen die Aufgabe, den abwesenden Beteiligten im Verfahren zu vertreten (§§ 1915, 1793 BGB), bei den Zustellungen wie bei der Abgabe von Erklärungen. § 96 S 2 besagt, dass das GBA zuständig ist, die Aufsicht über den Pfleger zu führen, etwa nötige Genehmigungen (insbesondere gemäß §§ 1812, 1821, 1822 BGB) zu erteilen, ggf eine Vergütung festzusetzen (§ 1836 BGB). Der Pfleger ist für sein Tun oder Unterlassen dem Vertretenen gemäß § 1833 BGB verantwortlich.

3. Beendigung der Pflegschaft

4 Die Pflegschaft endet entsprechend § 1918 Abs 3 BGB ohne weiteres mit Erledigung (§ 112) oder Einstellung (§ 109) des Rangbereinigungsverfahrens, außerdem durch Aufhebung entsprechend den §§ 1919, 1921 BGB. Die bislang von dem Pfleger oder ihm gegenüber erfolgten Verfahrenshandlungen bleiben bei Aufhebung der Pflegschaft nach § 32 FGG wirksam.

---

1 Erläuterungen zu dieser Vorschrift können also herangezogen werden.
2 KEHE-*Briesemeister, Demharter, Waldner* in *Bauer/v Oefele*, jeweils Rn 2. Die frühere Gegenansicht (nur gesetzliche Vertreter) von *Henke-Mönch-Horber* Anm 2 und *Thieme* Anm 2 ist überholt.
3 Alles unstreitig, vgl KEHE-*Briesemeister, Demharter, Waldner*, jeweils aaO (Fn 2).
4 **AA** *Waldner* in *Bauer/v Oefele* Rn 2.
5 Verdrängt nicht die Möglichkeit der Pflegerbestellung für Verfahrensunfähige (dazu *Zimmermann* in *Keidel/Kuntze/Winkler* FG § 13 Rn 46); so auch *Waldner* in *Bauer/v Oefele* Rn 3.

§ 97 (Zustellungsbevollmächtigter)

(1) Wohnt ein Beteiligter nicht im Inland und hat er einen hier wohnenden Bevollmächtigten nicht bestellt, so kann das Grundbuchamt anordnen, daß er einen im Inland wohnenden Bevollmächtigten zum Empfang der für ihn bestimmten Sendungen oder für das Verfahren bestellt.

(2) Hat das Grundbuchamt dies angeordnet, so können, solange der Beteiligte den Bevollmächtigten nicht bestellt hat, nach der Ladung zum ersten Verhandlungstermin alle weiteren Zustellungen in der Art bewirkt werden, daß das zuzustellende Schriftstück unter der Anschrift des Beteiligten nach seinem Wohnorte zur Post gegeben wird; die Postsendungen sind mit der Bezeichnung »Einschreiben« zu versehen. Die Zustellung gilt mit der Aufgabe zur Post als bewirkt, selbst wenn die Sendung als unbestellbar zurückkommt.

I. Normzweck

1. Zustellung an Bevollmächtige

Die Bekanntgabe der Verfügungen bzw Entscheidungen des GBA im Rangklarstellungsverfahren richtet sich **1** mangels spezieller Vorschriften nach § 16 FGG. **Zustellung** nach den Vorschriften der ZPO über die Zustellung von Amts wegen (jetzt die **§§ 166 bis 190 ZPO**)[1] ist geboten, wenn mit der Bekanntgabe eine Frist in Gang gesetzt werden soll (§ 16 Abs 2 S 1 FGG). Nach § 13 FGG steht es jedem Beteiligten frei, sich im Verfahren ganz oder teilweise durch einen Bevollmächtigten vertreten zu lassen. Inwieweit Zustellungen an den Bevollmächtigten erfolgen können, richtet sich nach dem Umfang der Vollmacht. Grundsätzlich kann nach § 171 ZPO nF an einen rechtsgeschäftlich bestellten Vertreter mit gleicher Wirkung wie an den Vertretenen zugestellt werden, wobei die Frist mit der ersten Zustellung zu laufen beginnt.[2] Dem Gebot des § 171 ZPO der Vorlegung einer schriftlichen Vollmacht geht die Bestimmung des § 13 S 2 FGG vor. Ist Vollmacht für ein anhängiges Verfahren erteilt, so hat entsprechend § 172 Abs 1 S 1 ZPO nF[3] die Zustellung an den Verfahrensbevollmächtigten zu erfolgen, wenn in der Vollmacht klar zum Ausdruck gebracht ist, dass Zustellungen nur an diesen erfolgen sollen;[4] im Übrigen sind die Voraussetzungen für die analoge Anwendung dieser ZPO-Bestimmung in nichtstreitigen Verfahren der freiwilligen Gerichtsbarkeit streitig[5] (s auch Einl F Rdn 123).

2. Spezieller Zweck des § 97

Der Zweck des § 97 entspricht dem des § 184 ZPO nF:[6] Vermeidung von Erschwerungen und Verzögerungen **2** des Verfahrens, die sich bei der herkömmlichen Durchführung von förmlichen Zustellungen im Ausland (im Wege der Rechtshilfe) ergeben. Mit zunehmender Reduzierung des Zwecks ist zu rechnen.[7]

Seit Inkrafttreten des ZustRG[8] gibt es bereits eine **erhebliche Erleichterung** im zivilprozessualen Zustellungsrecht: Den hergebrachten Arten der Zustellung von Amts wegen – Aushändigung an der Amtsstelle (§ 173 ZPO nF), gegen Empfangsbekenntnis (§ 174 ZPO nF), Beauftragung der Post, eines Justizbediensteten oder eines Gerichtsvollziehers (§ 176 ZPO nF) – ist eine vereinfachte Variante hinzugefügt worden, die **Zustellung durch Einschreiben mit Rückschein**, nach § 175 ZPO nF im Inland zulässig, nach § 183 Abs 1 Nr 1 ZPO nF auch im Ausland zulässig, soweit aufgrund völkerrechtlicher Vereinbarungen Schriftstücke unmittelbar durch die Post übersandt werden dürfen.[9] Bewirkt wird die neu zugelassene Zustellung mit der Übergabe des Einschreibens an den Adressaten, seinen Ehe- oder Lebenspartner, seinen Postbevollmächtigten oder an einen

---

1 Neufassung durch Zustellungsreformgesetz (ZustRG) v 25.06.2001 (BGBl I 1206), in Kraft ab 01.07.2002. Detaillierter Überblick: *Hornung* Rpfleger 2002, 493.
2 OLG München JFG 22, 319; *Demharter* § 1 Rn 60.
3 Dem § 176 ZPO aF entsprechend.
4 AllgM im Anschluss an BGHZ 65, 41 = Rpfleger 1975, 350.
5 Dazu *Schmidt* in *Keidel/Kuntze/Winkler* FG § 16 Rn 36, *Bumiller/Winkler* FG § 16 Rn 20, je mwN.
6 Anstelle der §§ 174, 175 ZPO aF.
7 Dazu *Heß* Die Zustellung von Schriftstücken im europäischen Justizraum, NJW 2001, 15.
8 Vgl Fn 1.
9 Dazu eingehende Kommentierung *Zöller-Geimer* ZPO zu § 183.

Ersatzempfänger, welchem die Sendung nach den im Bestimmungsland geltenden Postbestimmungen ausgehändigt werden kann. Zum Nachweis der Zustellung genügt der Rückschein (§ 175 S 2 bzw § 183 Abs 2 S 1 ZPO nF) – mit Erledigungsvermerk des Postbediensteten, nicht erforderlich aber ausreichend (anstelle des Vermerks des Postbediensteten) ist die Unterschrift des Zustellungsadressaten bzw der Ersatzperson. Der Rückschein ist keine öffentliche Urkunde, aber als Zustellungsnachweis gleichwohl genügend.[10]

Die umständliche förmliche Zustellung im Ausland ist nicht abgeschafft (§ 183 Abs 1 Nr 2, 3, Abs 2 S 2 ZPO nF[11]) aber zurückgedrängt. Sie ist – im Hinblick auf § 184 ZPO nF bzw § 97 GBO – erforderlich für die Verfahrenseinleitung[12] (vgl Rdn 7), im Übrigen dem Ermessen des Gerichts überlassen.

II. Zur Vorschrift des § 97 im Einzelnen

1. Voraussetzungen

3   Im Gegensatz zu § 96 gilt § 97 für Beteiligte, deren Person und Aufenthalt (Anschrift) bekannt ist. Voraussetzung ist nach Abs 1, dass ein Beteiligter bzw dessen gesetzlicher Vertreter (vgl § 170 ZPO nF) nicht im Inland wohnt und auch keinen im Inland wohnenden (hinreichend bevollmächtigten) Vertreter hat, also eine wirksame Zustellung an einen inländischen Zustellungsempfänger nach dem Kenntnisstand des GBA nicht möglich erscheint, so dass Zustellungen im Ausland gemäß § 183 ZPO nF anstehen würden.

2. Anordnung des Grundbuchamts

4   Sind die vorbezeichneten Voraussetzungen des § 97 Abs 1 gegeben, so »kann« das GBA (Ermessensentscheidung) anordnen, dass der auswärtige Beteiligte einen im Inland wohnhaften Bevollmächtigten zu bestellen hat, entweder für das Verfahren im ganzen oder mindestens zum Empfang der für ihn bestimmten Sendungen. Eine Fristsetzung ist weder vorgeschrieben noch für den Eintritt der Folgen gemäß Abs 2 erforderlich. Wird dennoch eine Frist bestimmt, so ist gemäß § 16 Abs 2 FGG Zustellung der Anordnung erforderlich, für die selbstverständlich die Erleichterung gemäß Abs 2 noch nicht gilt. Die Zustellung der Anordnung per Einschreiben gegen Rückschein ist – soweit gemäß § 183 Abs 1 Nr 1 ZPO nF zulässig – in jedem Fall ratsam, weil das GBA dann einen Zugangsnachweis erlangt.

3. Wirkungen der Anordnung

5   **a) Zustellung durch Aufgabe zur Post.** Sobald die Anordnung dem Empfänger zugegangen ist (§ 16 Abs 1 FGG), können – bis zur Bestellung und (formfreien) Anzeige eines Verfahrens- oder Zustellungsbevollmächtigten – alle Zustellungen, die nach der Ladung zum ersten Verhandlungstermin (§ 100) erforderlich werden, in der in § 97 Abs 2 näher bestimmten Weise durch postalisches »Einschreiben«[13] erfolgen, mit der Besonderheit, dass die **Zustellung** schon **mit der Aufgabe zur Post** als **bewirkt** gilt, selbst wenn die Sendung als unbestellbar zurückkommt (Abs 2 S 2).[14] Zustellungsorgan ist die Geschäftsstelle (§ 168 ZPO nF).[15] Das Gesetz baut zwar auf die Postbeförderung der Sendung an den Empfänger, Zustellungsakt ist aber die »Aufgabe zur Post« (Abs 2 S 2).[16] Für zulässig und zweckmäßig gehalten wurde bislang das Einschreiben gegen Rückschein,[17] wogegen die Beifügung eines Empfangsbekenntnisses zur Unwirksamkeit der Zustellung führen sollte, weil es den Empfänger im Unklaren lasse über die Bedeutung der Sendung.[18] Nachdem das **Einschreiben gegen Rückschein** nun eine reguläre Zustellungsart geworden ist (vgl Rdn 2), dürfte es für die (fiktive) Zustellung durch Aufgabe zur Post gemäß Abs 2 S 1 **kein zulässiges Mittel mehr** sein,[19] zumal eine Belehrung des Empfängers darüber, dass der Fristbeginn bereits mit der Aufgabe der Sendung zur Post eingetreten ist, in § 97 nicht vorgeschrieben ist.[20]

Mit der Beförderung der Sendung zur Poststelle kann ein anderer Bediensteter betraut werden. Zu bezeugen aber ist die Aufgabe zur Post durch den Urkundsbeamten der Geschäftsstelle, und zwar durch einen von ihm zu

---

10 *Zöller-Geimer* aaO (Fn 9) Rn 43–45.
11 Der die §§ 199, 200 und 202 ZPO aF zusammenfasst.
12 *Zöller-Geimer* aaO (Fn 9) Rn 13.
13 In § 184 Abs 2 ZPO nF nicht mehr vorgeschrieben im Gegensatz zu § 175 Abs 2 ZPO aF.
14 § 184 ZPO nF lässt dagegen die Zustellungswirkung erst 2 Wochen nach Aufgabe eintreten.
15 Anstelle von § 209 ZPO aF.
16 Irriger Zusatz in der 8. Aufl (»idR durch Einwurf in den Postbriefkasten«) weggelassen auf berechtigte Kritik von *Waldner* in *Bauer/v Oefele* Rn 3.
17 BGH NJW 1987, 1707, 1708 mwN = Rpfleger 1987, 205, 206.
18 BGH Rpfleger 1967, 212.
19 Für BGH aaO (Fn 17) war bisheriges Gegenteil Entscheidungsgrund.
20 Anders § 184 Abs 2 ZPO nF.

unterzeichnenden vorschriftsmäßigen **Aktenvermerk** (§ 184 Abs 2 S 2 ZPO nF).[21] An den Vermerk sind strenge Anforderungen zu stellen; denn er ersetzt die Zustellungsurkunde (vgl § 182 ZPO nF) und liefert den Beweis (§ 418 Abs 1 ZPO) für das fingierte Zustellungsdatum, den Tag der Aufgabe zur Post. Der Vermerk kann auf der Urschrift des Schriftstücks angebracht oder unter Verwendung eines Vordrucks angefertigt werden.[22]

Grundvoraussetzung für die Wirksamkeit der Zustellung ist die **Aufgabe** der Sendung **mit der richtigen und vollständigen Anschrift**. Grundsätzlich führt die Unvollständigkeit der ausländischen Adresse oder deren unrichtige Schreibweise ebenfalls zur Unwirksamkeit der Zustellung; bei Schreibfehlern kommt es aber entscheidend darauf an, ob der Mangel geeignet ist, zu Verwechslungen zu führen.[23] Das GBA handelt pflichtgemäß, wenn es die ihm bekannte Anschrift verwendet, eine Änderung der Anschrift braucht erst nach Bekanntgabe berücksichtigt zu werden (keine Verpflichtung zur Nachforschung, ob die bekannte Anschrift noch zutrifft).[24]

Sobald dem GBA vom dazu aufgeforderten Beteiligten ein im Inland wohnhaften Verfahrens- oder Zustellungsbevollmächtigter angezeigt wird, sind die nachfolgenden Zustellungen regulär nach den §§ 166 bis 182 ZPO nF an diesen zu richten. Zur Anwendbarkeit des § 172 ZPO nF s Rdn 1.   **6**

b) Von der Anordnung nicht erfasste Zustellungen. Ausgenommen von der vereinfachten Zustellungs-   **7**
möglichkeit durch Aufgabe zur Post sind nach § 97 Abs 2
– die Zustellung des Einleitungsbeschlusses (§ 91 Abs 2) und
– die Ladung zum ersten Verhandlungstermin (§ 100).

Diese Zustellungen müssen in jedem Fall nach den für die Auslandszustellung maßgeblichen Vorschriften (§ 183 ZPO nF) bewirkt werden. Ist die notwendige Zustellung an den Beteiligten bzw seinen gesetzlichen Vertreter selbst nicht durchführbar und scheitert auch die dann gebotene Pflegerbestellung (§ 96), so bleibt nichts weiter als die Verfahrenseinstellung (§ 109).[25]

---

21 Wie § 213 ZPO aF
22 Näheres mit Textvorschlag: *Zöller-Geimer* § 184 Rn 10.
23 BGH NJW-RR 2001, 1361 = Rpfleger 2001, 505 mwN.
24 BGH NJW 1999, 1187, 1189 mwN.
25 Ebenso KEHE-*Briesemeister* Rn 4 im Anschluss an *Hesse-Saage-Fischer* Anm IV; **aA** *Waldner* in *Bauer/v Oefele* Rn 4 (Pflegerbestellung stets möglich).

§ 98 (Verbot der öffentlichen Zustellung)

Die öffentliche Zustellung ist unzulässig.

1 Mit Rücksicht auf die eingreifende Wirkung der Rangneuordnung (§ 112) verbietet § 98 – ähnlich wie § 6 Abs 1 ZVG – die öffentliche Zustellung (§§ 185 bis 188 ZPO nF),[1] weil diese keine Gewähr dafür bietet, dass die Zustellung den Beteiligten tatsächlich erreicht. Das Verbot ist zwingend; eine dennoch erfolgte öffentliche Zustellung wäre unwirksam, würde insbesondere nicht die in den §§ 104, 110 vorgesehenen Fristen in Lauf setzen. Ersatzlösungen ergeben sich aus § 96 und § 97.

---

1 Vgl Fn 1 zu § 97.

§ 99 (Pflicht zur Vorlegung von Urkunden)

Das Grundbuchamt kann den Besitzer von Hypotheken-, Grundschuld- oder Rentenschuldbriefen sowie von Urkunden der in den §§ 1154, 1155 des Bürgerlichen Gesetzbuchs bezeichneten Art zur Vorlegung dieser Urkunden anhalten.

§ 99 ist **gesetzliche Grundlage für den Einsatz der Zwangsmittel des § 33 FGG** und gleicht § 88 Abs 1; **1** auf die Ausführungen zu dieser Vorschrift unter Rdn 2 und 3 wird verwiesen. Materiellrechtlicher Ausgangspunkt ist, dass bei Briefrechten die Grundbucheintragung den Eingetragenen als Rechtsinhaber nur legitimiert, wenn er im Besitz des Briefes ist (vgl § 41 Rdn 1 mwN in Fn 1), wie auch der Nichteingetragene sich gemäß § 1155 BGB zu legitimieren vermag.

Vorgehensweise: Die (zunächst zwanglose) Aufforderung zur Briefvorlage ergeht primär an die im Grund- **2** buch eingetragenen Gläubiger der Briefrechte, zweckmäßigerweise zugleich mit der Zustellung des Einleitungsbeschlusses (vgl § 91 Rdn 6 und § 92 Rdn 7). Leisten sie der Aufforderung nicht Folge, so liegt der Verdacht nicht fern, dass eine Abtretung (§ 1154 Abs 1 BGB), eine Verpfändung (§ 1274 iVm § 1154 Abs 1 BGB) oder eine Pfändung (§ 830 ZPO) stattgefunden hat, die im Grundbuch nicht verlautbart ist. Dies wird durchweg Anlass genug sein zur Aufnahme von Ermittlungen zur Feststellung des wahren Berechtigten (vgl § 94 Rdn 2). Zwang aufgrund des § 33 FGG kann nur gegen den feststehenden Briefbesitzer ausgeübt werden.

§ 100 (Ladung vom Verhandlungstermin)

Das Grundbuchamt hat die Beteiligten zu einem Verhandlungstermin über die Klarstellung der Rangverhältnisse zu laden. Die Ladung soll den Hinweis enthalten, daß ungeachtet des Ausbleibens eines Beteiligten über die Klarstellung der Rangverhältnisse verhandelt werden würde.

I. Normzweck

1 Die § 100 ff regeln in Anlehnung an die §§ 89 ff FGG den Verfahrensbetrieb. § 100 verpflichtet das GBA zur anfänglichen Abhaltung eines Verhandlungstermins, damit durch mündliche Erörterung möglichst das Primärziel, eine Einigung der Beteiligten über die Rangklarstellung (§ 102), erreicht wird.

II. Terminspflicht und Terminsladung

1. Terminspflicht

2 Zwingend vorgeschrieben ist der Termin (§ 100 S 1) und der Terminszweck (§ 102). Aus beiden Vorschriften ergibt sich, dass in jedem Fall zu »einem« Termin, also zu einer mündlichen Verhandlung, zu laden ist. Die Pflicht zur Abhaltung des Verhandlungstermins ist aber nicht schlechthin mit einer Sitzung erfüllt, sondern dauert der Zweckbestimmung des § 102 entsprechend an, bis ein positives oder negatives Ergebnis des Einigungsversuchs erzielt ist. Der Termin ist also nötigenfalls zu vertagen oder in einer weiteren Sitzung fortzusetzen (vgl § 101 Abs 2). Es steht im Ermessen des GBA und ist auch eine Frage der Zweckmäßigkeit, ob und inwieweit nach dem ersten Pflichttermin der mündlichen Verhandlung in weiteren Terminen oder der Fortsetzung im schriftlichen Verfahren der Vorzug gegeben wird.

2. Terminsladung

3 Der Terminsanberaumung sind die aufgrund der § 93 bis 99 durchzuführenden Maßnahmen zum Abschluss zu bringen, damit das GBA seiner Pflicht gerecht werden kann, »die«, dh alle, Beteiligten bzw deren für das Verfahren oder auch nur für die Terminswahrnehmung bestellte (und dem GBA bekannt gegebene) Vertreter zum Verhandlungstermin zu laden. Zur strategischen Terminsvorbereitung siehe § 102 Rdn 2.

4 **In der Ladung** zum ersten Verhandlungstermin, die allen Beteiligten bzw Vertretern gemäß § 16 Abs 2 S 1 FGG förmlich zuzustellen ist – die Zustellung durch Aufgabe zur Post ist hierfür nicht zulässig (vgl § 97 Abs 2 S 1) – »soll« der in § 100 S 2 vorgeschriebene Hinweis enthalten sein, dass trotz Ausbleibens eines Beteiligten die Verhandlung über die Klarstellung der Rangverhältnisse stattfinden kann. Hier handelt es sich deutlich um eine Ordnungsvorschrift, deren Verletzung die Wirksamkeit der Ladung nicht beeinträchtigt.[1]

---

1 Ebenso KEHE-*Briesemeister* Rn 2 (wie *Hesse-Saage-Fischer* Anm IV); *Demharter* Rn 2; *Waldner* in *Bauer/v Oefele* Rn 3.

§ 101 (Ladungsfrist)

(1) Die Frist zwischen der Ladung und dem Termin soll mindestens zwei Wochen betragen.

(2) Diese Vorschrift ist auf eine Vertagung sowie auf einen Termin zur Fortsetzung der Verhandlung nicht anzuwenden. Die zu dem früheren Termin Geladenen brauchen zu dem neuen Termin nicht nochmals geladen zu werden, wenn dieser verkündet ist.

I. Normzweck

Die Frist zwischen Ladung und Termin soll den Beteiligten Gelegenheit zur Vorbereitung der Verhandlung **1** geben, zB zur Prüfung der Sach- und Rechtslage, zur Einholung von Ratschlägen, zur Hinzuziehung eines Anwalts oder eines sonstigen Fachkundigen, zur Beschaffung sachdienlicher Unterlagen und Beweismittel usw. Die Fristlänge bestimmt das GBA mit Rücksicht auf die Umstände des Einzelfalles. § 101 Abs 1 setzt lediglich das »Soll« einer (äußerst knapp bemessenen) Mindestfrist für den das Verfahren einleitenden »Pflichttermin«, bezieht sich nicht auf Termine, die das GBA nach seinem Ermessen zusätzlich durchführt (dazu § 100 Rdn 1, 2).

II. Zur Bedeutung der Vorschrift im Einzelnen

1. Bedeutung des Abs 1

Die (wie in § 90 FGG)[1] vorgeschriebene Mindestfrist von zwei Wochen »zwischen« (der Zustellung) der **2** Ladung und dem Terminstag – zu berechnen gemäß § 17 FGG iVm §§ 187, 188 BGB – ist **für das GBA verbindlich**: Es darf die Frist von sich aus nur verlängern, nicht verkürzen. Dagegen ist die Frist **für die Beteiligten verzichtbar**, wie man der Auslegung zu § 90 FGG entnehmen kann:[2] Sie können trotz verspäteter oder auch ganz ohne Ladung erscheinen.[3] Ihre widerspruchslose Teilnahme an der Verhandlung und Einlassung zur Sache ist eventuell als konkludenter Rügeverzicht auslegbar; sicherer ist jedoch der ausdrückliche und vom GBA protokollierte Verzicht auf Einhaltung der Ladungsfrist.

a) Bei Einhaltung der Ladungsfrist. Ist die Ladung sämtlichen Beteiligten bzw deren etwaigen Vertretern **3** rechtzeitig zugestellt worden, so darf der anberaumte Verhandlungstermin stattfinden, auch wenn nicht alle Geladenen erschienen sind. Frage des Ermessens in der Sache ist es, ob das primäre Verhandlungsziel, die Einigung aller herbeizuführen (vgl § 102 Rdn 1), überhaupt erreichbar erscheint und wenn, ob (bei Einigkeit der unvollständigen Versammlung) auf die urkundliche Zustimmung der Fehlenden (§ 102 Abs 1 S 2) vertraut wird oder ob eine Vertagung zwecks Versuchs, in einem neuen Termin eine Vollversammlung aller Beteiligten zustande zu bringen, eher Erfolg verspricht.

b) Bei Nichteinhaltung der Ladungsfrist. Wenn sämtliche Beteiligten trotzdem zum Termin entweder **4** selbst erscheinen oder hinreichend vertreten sind und die zu spät oder nicht Geladenen keine Einwände erheben, ist der Termin durchführbar wie bei Einhaltung der Ladungsfrist. Sind nicht alle Beteiligten zugegen, so darf ohne die Nichterschienenen nur verhandelt werden bei deren nachweislich vorschriftsmäßiger Ladung oder bei Vorliegen ihres eindeutigen Teilnahmeverzichts. Unzulässig ist die Durchführung des anberaumten Termins, falls auch nur einer der Beteiligten nicht rechtzeitig geladen wurde und (deshalb) fehlt oder nicht verhandlungsbereit ist; auch die übrigen erschienenen Beteiligten haben dann das Recht, die Verhandlung zu verweigern.[4] Unter diesen Umständen ist deshalb der anberaumte Termin von Amts wegen aufzuheben und – dann unter erneuter Wahrung der vollen gesetzlichen Ladungsfrist[5] – neu anzusetzen. Zur Vermeidung solcher »Pannen« sollte die Ladungsfrist generell reichlich bemessen werden, zumal dies dem Fristzweck (vgl Rdn 1) zugute kommt. Musste aber aus irgendwelchen Gründen knapp terminiert werden, so sollten die Ladungszustellungen um so mehr unverzüglich kontrolliert werden, um mit etwa verspätet Geladenen schnellstmöglich

---

1 Kommentare zu dieser Vorschrift sind also hilfreich.
2 Vgl *Winkler* in *Keidel/Kuntze/Winkler* FG Rn 1 zu § 90.
3 BayObLGZ 4, 504 = RJA 4, 16; KG OLGE 41, 17; *Winkler* aaO (Fn 2).
4 *Bumiller/Winkler* FG § 90 Rn 5; *Waldner* in *Bauer/v Oefele* Rn 2.
5 *Winkler* aaO (Fn 2) Rn 1; *Waldner* aaO (Fn 4).

klären zu können, ob sie auf Einhaltung der Ladungsfrist bestehen oder nicht. Aufwand- und kostensparendes Ziel muss es sein, eine etwa nötige Terminsverlegung und Umladung der Beteiligten so zeitig zu erreichen, dass niemand vergeblich erscheint.

2. Bedeutung des Abs 2

5 Abs 2 entpflichtet das GBA unter bestimmten Voraussetzungen von der Einhaltung des Gebotes des Abs 1. Ob und inwieweit es von den Erleichterungen Gebrauch macht oder (weil es sich besseren Erfolg verspricht) eine Ladung gemäß Abs 1 wiederholt, liegt in seinem Ermessen.

6 **a) Ausnahmen von der gesetzlichen Ladungsfrist.** Das Ladungsfristgebot des Abs 1 gilt gemäß Abs 2 S 1 nicht bei
  – **Vertagung**, das ist die Verlegung des Termins im Termin vor Eintritt in die sachliche Verhandlung,
  – Anberaumung eines Termins zur **Fortsetzung** der Verhandlung, wenn also die sachliche Verhandlung bereits begonnen, aber noch nicht beendet ist.[6]

Sinn der Ausnahmebestimmung: Es braucht nicht »nochmals« unter Wahrung der Ladungsfrist geladen zu werden (vgl S 2).

Die Freistellung von der Ladungsfrist gilt nicht für eine Terminsverlegung, die wegen Verletzung des Gebots des Abs 1 von Amts wegen zu erfolgen hat (dazu Rdn 4).

7 **b) Ersatz der Ladung durch Terminsverkündung.** Die zu dem früheren Termin Geladenen, und zwar auch die Nichterschienenen, brauchen zu dem neuen Termin nicht »nochmals« geladen zu werden, wenn dieser verkündet wird – vorausgesetzt, dass zu dem Termin, in dem die Verkündung des neuen Termins erfolgt, ordnungsgemäß geladen worden ist. Dem GBA bleibt es unbenommen, anders zu verfahren (vgl Rdn 5), zB die Nichterschienenen formlos nach Maßgabe des § 16 Abs 2 S 2 FGG erneut zu laden, für die Erschienenen es bei der Verkündung des neuen Termins zu belassen oder auch sie ausdrücklich zu Protokoll gemäß § 16 Abs 3 FGG zu laden.[7]

---

6 *Winkler* aaO (Fn 2) Rn 5a.
7 *Winkler* aaO (Fn 2) Rn 12–14. Nach *Waldner* in *Bauer/v Oefele* Rn 4 ist die Benachrichtigung der Nichterschienenen Gebot effektiver Gewährung rechtlichen Gehörs.

§ 102   (Verhandlungstermin)

(1) In dem Termin hat das Grundbuchamt zu versuchen, eine Einigung der Beteiligten auf eine klare Rangordnung herbeizuführen. Einigen sich die erschienenen Beteiligten, so hat das Grundbuchamt die Vereinbarung zu beurkunden. Ein nicht erschienener Beteiligter kann seine Zustimmung zu der Vereinbarung in einer öffentlichen oder öffentlich beglaubigten Urkunde erteilen.

(2) Einigen sich die Beteiligten, so ist das Grundbuch der Vereinbarung gemäß umzuschreiben.

I. Normzweck

Das Verfahren soll nach dem Willen des Gesetzes primär durch eine gütliche Einigung der Beteiligten über die **1** Rangklarstellung zum Erfolg gebracht werden. Zur Förderung dieses vorrangigen Verfahrensziels schreibt § 102 eine mündliche Verhandlung in einem Termin vor. Sie soll der Beratung der Beteiligten über die Rechts- und Verfahrenslage und dem Versuch dienen, die Einigung herbeizuführen. Erfolgreich ist dieses Bemühen nur, wenn es gelingt, die Einigkeit sämtlicher Beteiligter (in weitem Sinne, vgl § 92 Rdn 2 ff) zu erreichen. Die Ladungsvorschriften der §§ 100, 101 sind deshalb so angelegt und so auszuführen, dass allen Beteiligten die Bedeutung dieses Termins und die Wichtigkeit ihres Erscheinens deutlich klargelegt wird.

II. Zum Verhandlungstermin im Einzelnen

1. Terminsvorbereitung

Ob und welche Vorbereitungsmaßnahmen zu treffen sind, ist im Gesetz nicht besonders geregelt, also Ermes- **2** sensangelegenheit des GBA auf der Basis des § 12 FGG. Wegen der bis zur Ladung zum Termin abzuwickeln den Maßnahmen siehe § 100 Rdn 3. Die Aufgabe, die Beteiligten möglichst zur Einigung zu bringen und dies (nicht unbedingt, aber verfahrensökonomisch erstrebenswert) in einem Termin zu erreichen, verlangt darüber hinaus vom GBA eine intensive Vorbereitung auf diesen Termin. Ohne Zielvorgaben wird eine Einigungsbereitschaft der Beteiligten kaum zu entwickeln sein. Unumgänglich wird es deshalb sein, dass der zuständige Rechtspfleger den Verfahrensgang im Termin in etwa vorausplant, dass er Lösungsvorschläge erarbeitet und diese den Beteiligten spätestens mit der Ladung zum Termin unterbreitet, um ihnen die Möglichkeit zur eigenen Vorbereitung, zur etwaigen Entwicklung von Gegenvorschlägen, zu Vorbesprechungen usw zu bieten, um insgesamt eine sachdienliche Argumentationsbasis für den Termin zu schaffen.

2. Terminsdurchführung

Sind **sämtliche Beteiligten erschienen oder vertreten**, so steht der Terminsdurchführung grundsätzlich **3** nichts im Wege. Der Rechtspfleger hat dann im wesentlichen die Aufgabe, durch anregende, aufklärende und vermittelnde Argumentation die Anwesenden möglichst davon zu überzeugen, dass es nützlich ist, eine »klare Rangordnung« (so das Gesetz) durch Einigung zu erzielen, und wenn dies gelingt, letztlich die Vereinbarung zu beurkunden. Optimalziel der Einigung ist die Schaffung einer »größtmöglichen Übersichtlichkeit der Rangverhältnisse«;[1] der Verfahrenszweck dürfte aber auch erreicht sein, wenn die Einigung einen deutlichen Gewinn an Klarheit[2] der Rangverhältnisse bringt. Falls die Vergleichsbesprechungen und -verhandlungen in einem Termin nicht zu Ende geführt werden können, ist die Verhandlung in einem weiteren Termin (Verkündung genügt, vgl § 101 Rdn 5 bis 7) fortzusetzen.

Sind **nicht alle Beteiligten erschienen oder vertreten**, so ist zunächst zu erörtern und abzuwägen, ob die **4** Durchführung oder eine Vertagung des Termins mehr Erfolg verspricht (vgl § 101 Rdn 3). Erreicht werden muss schließlich die Einigkeit aller Beteiligten, andernfalls ist der Einigungsversuch gescheitert. Die Durchführung des Termins trotz Abwesenheit einzelner Beteiligter (dazu § 101 Rdn 3, 4) lohnt sich deshalb nur, wenn Aussicht besteht, dass erstens alle Anwesenden sich einigen und zweitens alle Abwesenden in der vorgeschriebenen Form (Abs 1 S 2) der Vereinbarung zustimmen werden. Die Möglichkeit zur Fristsetzung, um bei deren

---

1 KEHE-*Briesemeister* Rn 2.
2 Unverbindlicher *Güthe-Triebel* Rn 3 (»wünschenswerte Klarheit«) u *Thieme* Anm 3 (»die gewünschte Klarheit«); etwa wie hier *Waldner* in *Bauer/v Oefele* Rn 2.

Versäumung das Einverständnis des Säumigen annehmen zu dürfen, gibt es im Auseinandersetzungsverfahren (vgl § 91 Abs 3 FGG), nicht im Rangklarstellungsverfahren. Ein Säumnisverfahren ist erst in dem bei Uneinigkeit der Beteiligten einzuleitenden Verfahrensabschnitt vorgesehen, der durch einen Feststellungsbeschluss des GBA abgeschlossen wird (§§ 103 bis 108).

3. Die Einigung

5 **a) Verfahrensrechtliche Natur der Einigung.** Sie ist **kein Verfügungsgeschäft** wie die sachenrechtliche Einigung der §§ 873 ff BGB, sondern ein verfahrensrechtliches Institut.[3] Drei Unterscheidungspunkte sind eklatant:

6 Sie ist **kein Vertrag zwischen zwei Parteien** wie die sachenrechtliche Einigung, sondern eine Übereinkunft sämtlicher Verfahrensbeteiligter, einerlei, ob sie unmittelbar oder mittelbar von der Rangneuordnung betroffen sind (zum Kreis der Beteiligten siehe § 92 Rdn 2 ff).

7 Sie hat **keine Konstitutivfunktion** wie die sachenrechtliche Einigung, sondern ist die einvernehmliche (von allen Beteiligten einstimmig beschlossene oder gebilligte) Neuordnung eines verworrenen Komplexes unklarer Rangverhältnisse und legitimiert das GBA zu der Eintragung, der die rechtsgestaltende Wirkung beigelegt ist (§ 112).

8 Es findet **keine Rangänderung** iS des § 880 statt. Die neue Rangordnung tritt gemäß § 112 an die Stelle der bisherigen Rangordnung, geht also nicht aus der bisherigen Rangordnung hervor, sondern entsteht originär durch den Grundbucheintrag, die bisherige Rangordnung wird verdrängt (vgl § 112 Rdn 1).

9 **b) Inhalt der Einigung. Nicht nötig ist die Bezeichnung von Verfügungsvorgängen**, da die Einigung keinen Verfügungscharakter hat (vgl Rdn 5 bis 8). Sie braucht also beispielsweise nicht zum Ausdruck zu bringen, wer mit welchem Recht wem für welches Recht den Vorrang einräumt usw. Es genügt die Beurkundung des Verhandlungsergebnisses in der Art eines Planes (etwa wie ein Umlegungsplan oder Flurbereinigungsplan), aus dem der in Aussicht genommene neue Zustand der Rangfolge hervorgeht.

10 Die **Mittel zur Herstellung klarer Rangverhältnisse** können nur nach Lage des einzelnen Falles gewählt werden. Wie im mustergebenden früheren Aufwertungsrecht besonders vorgesehen,[4] kommen beispielsweise in Betracht: die Ersetzung relativer Rangverhältnisse durch absolute, die Festsetzung des gleichen Ranges verschiedener Teile desselben Rechts untereinander und gegenüber anderen Rechten, umgekehrt die Teilung eines Rechtes zwecks Rangabstufung der verselbständigten Rechtsteile, die Zusammenfassung mehrerer Rechte (Bildung einer Einheitshypothek oder -grundschuld) usw. **Strengstens zu beachten** ist, dass sich die spezielle rechtsgestaltende Wirkungskraft der abschließenden Grundbucheintragung aufgrund des § 112 allein auf die Umgestaltung der Rangverhältnisse der beteiligten Rechte bezieht. Eventuell angezeigte inhaltliche Veränderungen bei beteiligten Rechten sind deshalb außerhalb des Klarstellungsverfahrens nach Maßgabe des materiellen Rechts (§ 877 BGB) und nach den Regeln des Antragsverfahrens zu erledigen. Für die Löschung etwaiger gegenstandsloser Rechte sind die Regeln der §§ 84 ff zu beachten.[5]

11 **c) Beurkundung der Einigung.** Kommt eine Vereinbarung zustande, so hat das GBA sie zu »beurkunden« (Abs 1 S 2). Bis zum Inkrafttreten des BeurkG wurden dafür die ehemaligen Vorschriften des §§ 167 ff FGG für die gerichtliche Beurkundung von Rechtsgeschäften entsprechend angewandt.[6] Fraglich ist, ob seitdem die Vorschriften des BeurkG maßgebend sind, weil dieses nach seinem § 1 Abs 2 nur gelten soll, soweit andere Urkundspersonen oder sonstige Stellen »neben dem Notar« für öffentliche Beurkundungen zuständig sind, und demzufolge nicht für Beurkundungen gilt, die Teil eines speziellen gerichtlichen Verfahrens sind.[7] Zu § 91 Abs 3 FGG überwiegt allerdings im Schrifttum die Meinung, dass kontinuierlich zum früheren Recht die §§ 1 bis 16, 22 bis 26 BeurkG entsprechend zu berücksichtigen sind.[8] Davon wird auch bei der durch § 102 angeordneten Beurkundung auszugehen sein mit der Maßgabe, dass insbesondere entsprechend § 13 BeurkG die im Termin protokollierte Einigung den Beteiligten vorzulesen, von ihnen zu genehmigen und zu unterzeichnen ist.[9]

---

3 Zustimmend *Waldner* in *Bauer/v Oefele* Rn 4.
4 *Güthe-Triebel* aaO (Fn 2).
5 Weitergehend *Waldner* in *Bauer/v Oefele* Rn 3: die Einigung kann auch den Inhalt der betroffenen Rechte ändern und die Löschung gegenstandsloser Rechte beinhalten. (Wie es zu den dazu nötigen Eintragungen kommen soll, ist – auch bei § 112 – offen gelassen.)
6 *Güthe-Triebel* Rn 4 und *Hesse-Saage-Fischer* Anm I.
7 KEHE-*Briesemeister* Rn 3 mwN; eingehend dazu *Winkler* Rpfleger 1971, 344, 346 mwN.
8 *Winkler* in *Keidel/Kuntze/Winkler* FG § 91 Rn 12; *Bumiller/Winkler* FG § 91 Rn 9.
9 Zustimmend *Waldner* in *Bauer/v Oefele* Rn 6; **aA** KEHE-*Briesemeister* Rn 3: BeurkG nach dessen § 1 Abs 2 nicht anwendbar.

4. Grundbuchumschreibung im Falle der Einigung

Abs 2 macht – dem § 111 gleich – die Umschreibung des Grundbuchs entsprechend der Vereinbarung zur **12** Pflicht des GBA und steht damit einer Verfahrenseinstellung entgegen; § 102 Abs 2 geht dem § 109 vor.[10] Fand die Einigung bei Abwesenheit einzelner Beteiligter statt, so ist abzuwarten, dass sämtliche Nichtanwesenden der beurkundeten Einigung der Anwesenden in der durch Abs 1 S 3 vorgeschriebenen Form ihre Zustimmung gegeben und dem GBA mitgeteilt haben. Für die Modalitäten des Grundbuchvollzuges gilt das zu § 111 Rdn 3 ff Ausgeführte entsprechend.

---

10 Ebenso KEHE-*Briesemeister* Rn 6.

§ 103 (Vorschlag des Grundbuchamts)

Einigen sich die Beteiligten nicht, so macht das Grundbuchamt ihnen einen Vorschlag für eine neue Rangordnung. Es kann hierbei eine Änderung der bestehenden Rangverhältnisse, soweit sie zur Herbeiführung einer klaren Rangordnung erforderlich ist, vorschlagen.

I. Normzweck

1 Das Scheitern des Versuchs der Einigung sämtlicher Beteiligter bedeutet nach § 103 nicht automatisch das Ende des Verfahrens. Zwar liegt es im Ermessen des GBA (§ 109), sich wegen Aussichtslosigkeit für die Einstellung des Verfahrens zu entscheiden. Grundsätzlich aber soll das Verfahren weiter betrieben werden mit der in § 103 vorgesehenen Unterbreitung eines amtlichen Neuordnungsvorschlags, durch den ein Säumnisverfahren eingeleitet wird mit dem Ziel, die neue Rangordnung schließlich durch Beschluss festzustellen (§ 108).

II. Zum Rangordnungsvorschlag im Einzelnen

2 Ein bisheriger Vorschlag, der dazu diente, eine Einigung der Beteiligten vorzubereiten oder herbeizuführen, kann zwar weiter verfolgt werden, ist aber für das weitere Vorgehen nicht verbindlich. Das GBA hat es in der Hand, einen ganz neuen Vorschlag zu erarbeiten, der nun kompromissloser als vor dem Einigungsversuch das Optimalziel der Schaffung »größtmöglicher Übersichtlichkeit der Rangverhältnisse« (vgl § 102 Rdn 3) ansteuert, oder einen geeigneten früheren Vorschlag, der sich nicht als konsensfähig erwiesen hat, unter Berücksichtigung zwischenzeitlicher (zB im Verhandlungstermin gewonnener) Erkenntnisse zu optimieren. Die Befugnis des GBA beschränkt sich nicht auf die »Kosmetik« der Rangdarstellung im Grundbuch, sondern umfasst kraft ausdrücklicher Ermächtigung des § 103 S 2 auch die Möglichkeit, ändernd in die bestehenden materiellen Rangverhältnisse einzugreifen,[1] soweit es zur »Erreichung einer klaren Rangordnung«, des Verfahrensziels, »erforderlich« ist.[2] Wegen der Mittel zur Rangklarstellung siehe § 102 Rdn 10.

---

1 Anders als bei § 102 (vgl dortige Fn 5) geht *Waldner* in *Bauer/v Oefele* Rn 2 hier ebenfalls von einer auf die Rangverhältnisse begrenzten Umgestaltungsbefugnis des GBA aus.

2 Gegen den Einbezug der Löschung gegenstandsloser Rechte nach Maßgabe der §§ 84 ff, wie von KEHE-*Briesemeister* Rn 2 und von *Waldner* in *Bauer/v Oefele* Rn 2 befürwortet, bestehen keine Bedenken.

§ 104 (Widerspruch)

(1) Der Vorschlag ist den Beteiligten mit dem Hinweise zuzustellen, daß sie gegen ihn binnen einer Frist von einem Monat von der Zustellung ab bei dem Grundbuchamt Widerspruch erheben können. In besonderen Fällen kann eine längere Frist bestimmt werden.

(2) Der Widerspruch ist schriftlich oder durch Erklärung zur Niederschrift des Urkundsbeamten der Geschäftsstelle eines Amtsgerichts einzulegen; in letzterem Falle ist die Widerspruchsfrist gewahrt, wenn die Erklärung innerhalb der Frist abgegeben ist.

I. Normzweck

Das GBA braucht sich – anders als nach § 102 – nicht um die Zustimmung der Beteiligten zu seinem auf § 103 beruhenden Rangordnungsvorschlag zu bemühen, sondern kann abwarten, ob innerhalb einer Frist (§ 104 Abs 1) Widersprüche eingelegt werden und dann seine Entscheidung unter Berücksichtigung rechtzeitiger Widersprüche treffen (§ 108). Ist ein (rechtzeitig) Widersprechender mit der Entscheidung nicht einverstanden, so ist er beschwerdeberechtigt (§ 110). Die Vorschriften des § 104 bezwecken, dass die Beteiligten deutlich auf diesen Verfahrensmodus hingewiesen werden.   **1**

II. Zur Vorschrift im Einzelnen

1. Bestimmung der Widerspruchsfrist (Abs 1)

Zur wirksamen **Ingangsetzung der Frist pro Beteiligten** gehört gemäß § 104 Abs 1 die Zustellung: **2**
- des Rangordnungsvorschlages (§ 103) sowie
- eines Hinweises auf die Widerspruchsmöglichkeit innerhalb der gesetzlichen Monatsfrist (Normalfall) oder innerhalb der vom GBA zu bestimmenden längeren Frist (Sonderfall). Nicht vorgeschrieben, aber zweckdienlich ist es, mit dem Hinweis eine Aufklärung über die Säumnisfolgen zu verbinden.[1]

Erforderlich ist die förmliche Zustellung gemäß § 16 Abs 2 S 1 FGG, §§ 166 ff ZPO nF.

Die **gesetzliche Monatsfrist ist Mindestfrist** (vgl Abs 1 S 2), also in jedem Falle einzuhalten, Fristverlängerungen stehen im Ermessen des GBA. Es kann von vornherein eine längere Frist bestimmen, und zwar sowohl allen Beteiligten (zB bei allgemein verwickelter Rechtslage) als auch einzelnen Beteiligten (zB bei speziell verzwickter Rechtslage, bei bekannten persönlichen Hinderungsgründen, die gemäß § 105 anerkennenswürdig sind). Es kann die ursprüngliche Frist auch im nachhinein verlängern oder nach deren Ablauf eine erneute Frist setzen. Eine verlängerte Frist kann (nicht unter einen Monat) verkürzt werden, falls die Umstände, derentwegen die Frist großzügig bemessen wurde (zB eine Krankheit, Ortsabwesenheit) tatsächlich weniger Zeit brauchen als angenommen, so dass das Bedürfnis für die lange Frist entfällt.   **3**

2. Einlegung des Widerspruchs (Abs 2)

Für die **Form** des Widerspruchs (schriftlich oder zur Niederschrift des Urkundsbeamten der Geschäftsstelle) gilt in etwa dasselbe wie für die Einlegung der Beschwerde[2] (dazu § 73 nebst Erläuterungen). Besonderheit: Der Widerspruch kann zur Niederschrift des Urkundsbeamten »eines« Amtsgerichts, also jedes Amtsgerichts, eingelegt werden und die Erklärungsabgabe vor diesem Gericht genügt zur Einhaltung der Widerspruchsfrist.   **4**

Eine **Begründung** ist nicht vorgeschrieben, so dass ein nicht mit Gründen versehener Widerspruch zur Fristwahrung genügt. Praktisch ist aber ohne Nachreichung einer Begründung nicht auszukommen, weil andernfalls eine sachgerechte Entscheidung über den Widerspruch (§§ 108, 109) kaum möglich sein dürfte.   **5**

---

1   Weitergehend *Waldner* in *Bauer/v Oefele* Rn 1: Ohne Hinweis ist Vorschlag unwirksam und kann nicht Grundlage eines Feststellungsbeschlusses sein.
2   Ebenso KEHE-*Briesemeister* Rn 2; *Waldner* in *Bauer/v Oefele* Rn 2.

§ 105 (Wiedereinsetzung in den vorigen Stand)

(1) Einem Beteiligten, der ohne sein Verschulden verhindert war, die Frist (§ 104) einzuhalten, hat das Grundbuchamt auf seinen Antrag Wiedereinsetzung in den vorigen Stand zu gewähren, wenn er binnen zwei Wochen nach der Beseitigung des Hindernisses den Widerspruch einlegt und die Tatsachen, die die Wiedereinsetzung begründen, glaubhaft macht.

(2) Die Entscheidung, durch die Wiedereinsetzung erteilt wird, ist unanfechtbar; gegen die Entscheidung, durch die der Antrag auf Wiedereinsetzung als unzulässig verworfen oder zurückgewiesen wird, ist die sofortige Beschwerde nach den Vorschriften des Gesetzes über die Angelegenheiten der freiwilligen Gerichtsbarkeit zulässig.

(3) Die Wiedereinsetzung kann nicht mehr beantragt werden, nachdem die neue Rangordnung eingetragen oder wenn seit dem Ende der versäumten Frist ein Jahr verstrichen ist.

I. Normzweck und -inhalt

1   Um Beteiligte, die aus ihnen nicht anzulastenden Gründen die Widerspruchsfrist nicht einzuhalten vermochten, vor den Säumnisfolgen bewahren zu können, räumt § 105 dem GBA die Möglichkeit ein, auf Antrag Wiedereinsetzung in den vorigen Stand zu gewähren. Die Vorschrift ähnelt (etwa wie § 92 FGG), wenn auch mit Abweichungen, dem § 22 Abs 2 FGG. Abweichungen: (1) Zurechenbarkeit des Verschuldens eines Vertreters – wie nach § 22 Abs 2 S 2 und § 92 S 2 FGG –, ist in § 105 nicht vorgesehen. (2) Anders als nach § 22 FGG ist nur die abweisende Entscheidung anfechtbar (Abs 2). (3) Die Wiedereinsetzung kann nicht mehr beantragt werden, nachdem die neue Rangordnung eingetragen ist, im Übrigen stimmt Abs 3 mit § 22 FGG überein.[1]

II. Voraussetzungen der Wiedereinsetzung

1. Materielle Voraussetzungen

2   **Fristversäumung** ist überhaupt nur möglich nach ordnungsmäßiger Fristsetzung gemäß § 104 Abs 1 (dazu § 104 Rdn 2, 3). Wo letztere nicht gegeben ist, hat weder eine besonders bestimmte noch die gesetzliche Widerspruchsfrist zu laufen begonnen und kann somit auch nicht versäumt werden.

3   Ob der säumige Beteiligte **ohne Verschulden** verhindert war, die Widerspruchsfrist einzuhalten, ist anhand der zu § 22 Abs 2 FGG entwickelten Grundsätze zu entscheiden.[2] Als Hindernis kommen danach Umstände jeder Art in Betracht, sofern sie nur objektiv geeignet waren, den Beteiligten an der rechtzeitigen Widerspruchseinlegung zu hindern, gleichgültig, ob das hindernde Ereignis in der Sphäre des Widersprechenden (zB Erkrankung, Unfall) oder außerhalb dieser (zB Naturereignis, Verkehrsstörung, verspätete Postzustellung) gelegen hat.[3] Bei der Prüfung des Verschuldens kommt es darauf an, ob der Säumige die **den Umständen nach gebotene** und ihm **nach seinen persönlichen Verhältnissen zumutbare Sorgfalt** hat walten lassen.[4] Die Anwendung äußerster Sorgfalt oder eines größtmöglichen Maßes von Vorsicht ist nicht geboten; entsprechend § 276 BGB genügt die im Verkehr erforderliche Sorgfalt.[5] Der Maßstab des verfahrensrechtlichen Verschuldens ist jedoch mit dem objektivierten und typisierten Fahrlässigkeitsbegriff des § 276 BGB, der außer der Eigenart der Angelegenheit allenfalls den Beruf und Lebenskreis, nicht aber die individuelle Fähigkeit und Lage des Betroffenen berücksichtigt, nicht völlig gleichzusetzen. Letztlich kommt es deshalb auf das individuell zumutbare Maß von Sorgfalt an, sind beispielsweise an einen Laien niedrigere Anforderungen zu stellen als an einen Rechtskundigen.[6] In einem wesentlichen Punkt ist zudem § 105 Abs 1 GBO weniger streng als § 22 Abs 2 FGG: Hat der Vertreter eines Beteiligten die Versäumung der Widerspruchsfrist verschuldet, so ist deshalb die Wiedereinsetzung nicht ausgeschlossen (vgl Rdn 1).

---

1   Unter Beachtung der Abweichungen kann auf Kommentare zu § 22 FGG zurückgegriffen werden.
2   Eingehend dazu *Keidel* Rpfleger 1957, 173 ff; *Sternal* in *Keidel/Kuntze/Winkler* FG § 22 Rn 51 ff, je mwN und Beispielen.
3   Dazu *Keidel* S 177, *Sternal* Rn 52, je aaO (Fn 2) mwN. Verzögerungen bei der Postbeförderung dürfen dem Bürger generell nicht zugerechnet werden: BVerfG NJW-RR 2000, 726.
4   Dazu *Keidel* S 177, *Sternal* Rn 54, je aaO (Fn 2) mwN; außerdem zB BayObLGZ 1979, 251, 253; 1981, 21, 28 mwN.
5   BGH JR 1955, 101 = RdL 1955, 43 = LM Nr 5 zu § 24 LwVG; NJW 1962, 202, 203; vgl auch BVerwG NJW 1990, 2639; BayObLG MDR 1990, 346; außerdem wie Fn 4.
6   Entsprechend *Keidel* S 177, *Sternal* Rn 54, je aaO (Fn 2) mwN.

2. Formelle Voraussetzungen

Eine Wiedereinsetzung ist weder von Amts wegen zu gewähren noch (etwa durch vorsorglichen Hinweis an die **4**
Beteiligten auf die sich aus § 105 ergebende Möglichkeit) besonders zu fördern. Erforderlich sind vielmehr nach
§ 105 Abs 1:

Rechtzeitiger Antrag des Säumigen (bzw seines Vertreters) binnen zwei Wochen nach Beseitigung des Hin- **5**
dernisses. Diese Befristung der Antragsmöglichkeit ist dem Gesetz (Abs 1 wie auch § 22 Abs 2 FGG) zwar nicht
deutlich, doch sinngemäß zu entnehmen.[7] Die Frist beginnt, wenn das der Wahrung der Widerspruchsfrist entgegenstehende Hindernis tatsächlich zu bestehen aufgehört hat oder wenn sein Weiterbestehen nicht mehr als
unverschuldet angesehen werden kann, insbesondere sobald der säumige Beteiligte von der Versäumung der
Widerspruchsfrist Kenntnis erlangt oder bei Anwendung der gehörigen Sorgfalt hätte erlangen müssen.[8] Der
Wiedereinsetzungsantrag muss grundsätzlich bis zum Ablauf der Zwei-Wochenfrist – Berechnung gemäß § 17
FGG iVm §§ 187 Abs 1, 188 Abs 2 BGB – beim GBA eingegangen sein; jedoch wird mit Rücksicht auf § 104
Abs 2 letzter Halbsatz – ähnlich wie bei § 22 Abs 2 FGG[9] – die Erklärung des Antrags zur Niederschrift des
Urkundsbeamten irgendeines Amtsgerichts zur Fristwahrung ausreichen.[10] Da eine besondere Form für den
Antrag nicht vorgeschrieben ist, genügt auch konkludente Antragstellung, zB dadurch, dass mit einem verspätet
eingelegten Widerspruch zugleich Entschuldigungsgründe vorgebracht werden.[11]

Ohne Rücksicht darauf, ob das Hindernis beseitigt ist oder nicht, besteht die Antragsmöglichkeit längstens bis **6**
zu dem durch Abs 3 gesetzten Endzeitpunkt. Gegen die Versäumung der Zwei-Wochenfrist soll unter außergewöhnlichen Umständen Wiedereinsetzung möglich sein, bei Versäumung der Ausschlussfrist des Abs 3 ist auch
diese Möglichkeit ausgeschlossen.[12]

Rechtzeitige Nachholung des Widerspruchs binnen der vorgeschriebenen Frist von zwei Wochen »nach **7**
Beseitigung des Hindernisses«, die auch für den Wiedereinsetzungsantrag gilt (vgl Rdn 5). Antrag und Widerspruch werden in aller Regel zusammen gestellt, notwendig ist dies nicht.

Glaubhaftmachung der Tatsachen zur Begründung der Wiedereinsetzung. Dafür gilt nicht der Amtsermitt- **8**
lungsgrundsatz, sondern der Beibringungsgrundsatz; deshalb ist es Sache des Antragstellers, die Umstände darzulegen und zu belegen, aus denen sich (1) das unverschuldete Hindernis, (2) seine Ursächlichkeit für das
Unterbleiben der rechtzeitigen Widerspruchseinlegung und (3) der Zeitpunkt des Hinderniswegfalls ergeben.[13]
Die diesbezüglichen Tatsachen und Belege brauchen nicht schon im Antrag und auch nicht innerhalb der
Zwei-Wochenfrist vorgebracht zu werden; nötigenfalls kann das GBA dafür besonders eine Frist setzen mit
dem Hinweis, dass nach deren Ablauf in jedem Fall entschieden werde.[14] Offenkundige und aktenkundige Tatsachen sind auch ohne Vorbringen, jedoch nicht ohne rechtliches Gehör des Antragstellers zu berücksichtigen.
Im Übrigen ist das GBA lediglich zur Unterstützung der Sachverhaltsaufklärung verpflichtet, zB erforderlichenfalls zu Hinweisen zur Ergänzung der Glaubhaftmachung.[15] Die zulässigen Mittel zur Glaubhaftmachung ergeben sich aus § 15 Abs 1 und 2 FGG.

III. Entscheidung über den Wiedereinsetzungsantrag; Rechtsmittel

1. Entscheidung des Grundbuchamts

Dies ist keine Ermessensentscheidung;[16] denn die Versagung der Wiedereinsetzung ist anfechtbar (Abs 2). **9**

Die **Erteilung der Wiedereinsetzung** in den vorigen Stand hat zu erfolgen, wenn deren Voraussetzungen **10**
gegeben sind. Der nachgeholte Widerspruch ist infolgedessen als nicht verspätet zu behandeln. Über ihn ist
also sachlich zu entscheiden (§ 108 oder § 109); eine etwa schon getroffene Entscheidung steht nicht entgegen, sondern wird durch die Wiedereinsetzung hinfällig. Da unanfechtbar (Abs 2), braucht die Erteilung der
Wiedereinsetzung nicht in einem besonderen Beschluss erfolgen, sondern kann und sollte in Verbindung

---

7 KG JFG 22, 86, 88; 23, 97, 98; *Sternal* Rn 46, je aaO (Fn 2).
8 Vgl zB BGH NJW 1980, 1846, 1848 (zu § 234 ZPO); BayObLGZ 1981, 21, 28 mwN; s auch *Keidel* S 176, *Sternal*
   Rn 46, je aaO (Fn 2).
9 Genügend Antragseingang bei einem Gericht, bei dem die Beschwerde bzw weitere Beschwerde eingelegt werden kann:
   OLG München JFG 22, 86; *Sternal* Rn 46, je aaO (Fn 2).
10 **AA** ohne nähere Begründung: *Güthe-Triebel* Rn 3; wie hier wohl *Waldner* in *Bauer/v Oefele* Rn 3.
11 Vgl zB BayObLGZ 1955, 321; OLG Hamm Rpfleger 1952, 83; *Keidel* S 176, *Sternal* Rn 41 mwN, je aaO (Fn 2); vgl
   auch § 236 Abs 2 S 2 ZPO.
12 Dazu OLG Hamm OLGZ 1985, 147, 151; *Sternal* Rn 82, je aaO (Fn 2); ebenso *Waldner* in *Bauer/v Oefele* Rn 4.
13 KGJ 51, 15, 17; *Keidel* Rpfleger 1956, 245, 247; 1957, 173, 176, *Sternal* Rn 50, je aaO (Fn 2) mwN
14 BGH NJW 1962, 202; im Übrigen wie Fn 13; wohl **aA** *Waldner* in *Bauer/v Oefele* Rn 5.
15 KGJ 50, 1; 51, 15, 17.
16 **AA** ohne nähere Begründung: *Güthe-Triebel* Rn 4. Wie hier, außerdem zur Gewährung rechtlichen Gehörs, *Waldner* in
   Bauer/v Oefele Rn 6, 7 mwN.

mit der Entscheidung über den Widerspruch ausgesprochen werden. Die Bekanntmachung richtet sich nach § 16 Abs 1, Abs 2 S 2 FGG.

11 Die **Ablehnung der Wiedereinsetzung,** bei Fehlen einer formellen Voraussetzung durch Verwerfung des Antrags als unzulässig, bei Fehlen einer materiellen Voraussetzung durch Zurückweisung des Antrags als unbegründet, erfolgt durch besonderen Beschluss, der wegen der Anfechtungsmöglichkeit (Abs 2) zu begründen und dem Beteiligten gemäß § 16 Abs 2 S 1 FGG förmlich zuzustellen ist.

2. Rechtsmittel

12 Gegen die Verwerfung oder Zurückweisung des Wiedereinsetzungsantrages ist gemäß Abs 2 die sofortige Beschwerde zulässig, für die nicht die GBO-Vorschriften (§§ 71 ff), sondern die FGG-Vorschriften (§§ 19 ff) Anwendung finden sollen, speziell der die Besonderheiten der sofortigen Beschwerde regelnde § 22 FGG (einschl der Wiedereinsetzungsmöglichkeit gemäß Abs 2 dieser Vorschrift) sowie die Vorschriften über die sofortige weitere Beschwerde.[17] Es gibt folglich keine Abhilfebefugnis (§ 18 Abs 2 FGG).

---

17 KEHE-*Briesemeister* Rn 4; *Demharter* Rn 4; skeptisch im Hinblick auf § 110 Abs 2 *Waldner* in *Bauer/v Oefele* Rn 8.

§ 106 (Aussetzung des Verfahrens)

(1) Ist ein Rechtsstreit anhängig, der die Rangverhältnisse des Grundstücks zum Gegenstand hat, so ist das Verfahren auf Antrag eines Beteiligten bis zur Erledigung des Rechtsstreits auszusetzen.

(2) Das Grundbuchamt kann auch von Amts wegen das Verfahren aussetzen und den Beteiligten oder einzelnen von ihnen unter Bestimmung einer Frist aufgeben, die Entscheidung des Prozeßgerichts herbeizuführen, wenn die Aufstellung einer neuen klaren Rangordnung von der Entscheidung eines Streites über die bestehenden Rangverhältnisse abhängt.

I. Normzweck

Das Rangklarstellungsverfahren ist kein Streitverfahren. Die verfahrensrechtlichen Befugnisse des GBA sind darauf gerichtet und begrenzt, Unklarheiten in bestehenden Rangverhältnissen zu beseitigen. Es ist ermächtigt, nötigenfalls beim Vorschlag der künftigen Rangordnung materielle Änderungen der bestehenden Rangverhältnisse zur Diskussion zu stellen (§ 103) und – falls begründeter Widerspruch nicht erhoben oder (gütlich) behoben wird – letztlich zu beschließen (§ 108), andernfalls das Verfahren wegen Erfolglosigkeit einzustellen (§ 109). Im Streitfall darf und soll das GBA zwar moderierend tätig werden, um Einigungsbereitschaft zu fördern (§ 102); zur Entscheidung eines nicht zu schlichtenden Streits über die bestehenden Rangverhältnisse ist es aber nicht ermächtigt, dafür sind die Prozessgerichte zuständig. Dieser Kompetenzabgrenzung trägt § 106 Rechnung, indem er die sonst in der GBO nicht vorgesehene Verfahrensaussetzung ermöglicht. Die Vorschrift ist in etwa vergleichbar mit § 127 FGG.

II. Fälle der Verfahrensaussetzung

1. Aussetzung auf Antrag (Abs 1)

Dies ist **keine Ermessensentscheidung** des GBA: Falls ein Rechtsstreit (idR, aber nicht notwendig ein Zivilprozess[1]), der die Rangverhältnisse des Grundstücks zum Gegenstand hat, mag er alle oder einzelne am Rangbereinigungsverfahren beteiligte Rechte betreffen, bei Einleitung des Verfahrens bereits anhängig ist oder im Laufe des Verfahrens anhängig wird, so »ist« auf Antrag »eines« (also jedes) Beteiligten (nicht nur des Prozessgegners) das Verfahren im Ganzen bis zur Erledigung des Rechtsstreits auszusetzen.[2]

Beschlussform der Entscheidung ist nicht zwingend, aber zweckmäßig. Der Beschluss ist außer dem Antragsteller auch den übrigen Beteiligten bekannt zu machen (§ 16 Abs 1 FGG). Förmliche Zustellung ist nicht nötig, weil analog § 109 S 2 (dazu § 109 Rdn 2) ein Rechtsmittel gegen den Aussetzungsbeschluss nicht gegeben sein dürfte.[3]

Wird die Aussetzung abgelehnt, so steht dem Antragsteller gegen diese ihn benachteiligende Entscheidung die Beschwerde gemäß § 71 zu.[4]

2. Aussetzung von Amts wegen (Abs 2)

Dies ist eine **Ermessensentscheidung** des GBA: Es braucht nicht einen Antrag nach Abs 1 abzuwarten, sondern kann von sich aus das Verfahren aussetzen, wenn es – im Verhandlungstermin (§ 102), aufgrund von Widersprüchen (§ 104) oder auf andere Weise – zur Überzeugung gelangt, dass die Aufstellung einer neuen klaren Rangordnung von der Entscheidung eines Streites über die bestehenden Rangverhältnisse abhängt. Im Verbund mit der Aussetzung des Verfahrens ist allen oder einzelnen Beteiligten, vorzugsweise den Kontrahenten, eine Frist zur Herbeiführung der Entscheidung des Prozessgerichts zu setzen. Erzwingbar ist die Auflage allerdings nicht; denn eine Ermächtigung zum Einsatz der Zwangsmittel des § 33 FGG enthält Abs 2 nicht.[5] Folgen die Beteiligten der Aufforderung zur Klageerhebung nicht und kann ohne eine Entscheidung des Prozessgerichts das Rangklarstellungsverfahren nicht erfolgreich zu Ende geführt werden, so ist es gemäß § 109 einzustellen (dazu auch § 107 Rdn 4).

Beschlussform ist ebenso angebracht wie für die Aussetzungsentscheidung gemäß Abs 1. Auch dieser Beschluss ist allen Beteiligten bekannt zu machen (§ 16 Abs 1 FGG). Zustellung gemäß § 16 Abs 2 S 1 FGG ist nur an diejenigen Beteiligten erforderlich, denen eine Frist zur Klageerhebung gesetzt wird. Die Anfechtbarkeit des Aussetzungsbeschlusses ist im Hinblick auf § 109 S 2 auch hier zu verneinen[6] (dazu § 109 Rdn 2).

1 MIR (6. Aufl) Rdn 1.
2 KEHE-*Briesemeister, Demharter, Waldner* in *Bauer/v Oefele*, jeweils Rn 2.
3 Ebenso KEHE-Briesemeister Rn 3 (wie *Hesse-Saage-Fischer* Anm II); *Waldner* in *Bauer/v Oefele* Rn 3; **aA** *Güthe-Triebel* Rn 3 (Wer das Rangklarstellungsverfahren beantragt hat, hat Beschwerderecht).
4 KEHE-*Briesemeister* Rn 3; *Waldner* in *Bauer/v Oefele* Rn 3 (irrig in Fn 3, in der Vorauﬂ sei auf die Beschwerde nach §§ 19, 20 FGG verwiesen).
5 Ebenso KEHE-*Briesemeister* Rn 4; *Demharter* Rn 3; *Waldner* in *Bauer/v Oefele* Rn 4.
6 Gegen **aA** von *Güthe-Triebel* aaO (Fn 3), weil im »Antrag« (§ 90) Anregung zu sehen (vgl § 90 Rn 1), die keine Sonderstellung im Verfahren begründet.

§ 107 (Fortsetzung des Verfahrens)

Ist der Rechtsstreit erledigt, so setzt das Grundbuchamt das Verfahren insoweit fort, als es noch erforderlich ist, um eine klare Rangordnung herbeizuführen.

I. Normzweck

1 § 107 regelt die Folgen für das gemäß § 106 ausgesetzte Verfahren für den Fall, dass der Rechtsstreit erledigt worden ist. Angesprochen ist damit in erster Linie die Erledigung durch rechtskräftiges zivilprozessuales Urteil; daran ist das GBA nach dem Zweck der Aussetzung gebunden. Es kommt aber auch eine Erledigung des Rechtsstreits nicht durch Urteil, sondern durch gerichtlichen oder außergerichtlichen Vergleich bzw Vertrag der Kontrahenten in Frage; auch ein solches Ergebnis ist für die Parteien wie für das GBA verbindlich.

II. Fortgang des Verfahrens

1. Bei erfolgreich erledigtem Rechtsstreit

2 **Falls der Urteilsspruch oder das Vergleichsverfahren ausreichend** für die erstrebte oder zumindest für eine hinreichende Klarstellung der Rangordnung sorgt, so dass das Ziel des Rangklarstellungsverfahrens völlig oder in etwa erreicht ist, so kann das Verfahren entsprechend § 109 eingestellt werden, sobald die Rangbereinigung im Grundbuch angeregt und vollzogen worden ist. Das GBA ist nicht kompetent, von Amts wegen die entsprechenden Umschreibungen vorzunehmen oder Zwang auszuüben. Es liegt keine Situation vor wie im Falle der Einigung sämtlicher Verfahrensbeteiligter (§§ 102 Abs 2, 112), sondern es ist hier Sache der Beteiligten, die geeigneten Verfügungen zu treffen und die dazu nötigen Grundbucheintragungen im regulären Antragsverfahren erledigen zu lassen.

3 **Andernfalls,** wenn der Rechtsstreit durch Feststellung der bestehenden Rangordnung zwar sein Ende gefunden, aber nicht zur Rangbereinigung geführt hat, wird das Verfahren fortgesetzt. Welche Maßnahmen zu treffen sind, richtet sich nach den konkreten Gegebenheiten. Das GBA kann einen neuen Einigungsversuch (§ 102) starten; es kann den alten Neuordnungsvorschlag weiterverfolgen und uU, falls die Widerspruchsfrist für alle Beteiligten bereits abgelaufen ist, sogleich gemäß §§ 108 oder 109 entscheiden. Per Einigung (§ 102) wie auch per Vorschlag (§ 103) können gemäß § 103 S 2 auch die durch den beendeten Rechtsstreit festgestellten Rangverhältnisse umgestoßen werden.

2. Bei erfolglosem oder unerledigtem Rechtsstreit

4 Das GBA kann die Kontrahenten weder zur Einigung noch zur Klageerhebung zwingen (vgl § 106 Rdn 4), muss es also in Kauf nehmen, dass trotz der gemäß § 106 gesetzten Frist entweder gar nichts zur Beilegung des Rechtsstreits unternommen wird oder dass ein Prozess zwar geführt wird, dieser aber keinen Rechtsfrieden bringt. Hier bleibt letztlich nur, wenn überhaupt möglich und vertretbar, die Reduzierung des Verfahrensziels (Ausklammerung der strittigen Rechte) oder die totale Einstellung des Verfahrens gemäß § 109 wegen Erfolglosigkeit.

§ 108 (Feststellung der neuen Rangordnung)

(1) Nach dem Ablauf der Widerspruchsfrist stellt das Grundbuchamt durch Beschluß die neue Rangordnung fest, sofern nicht Anlaß besteht, einen neuen Vorschlag zu machen. Es entscheidet hierbei zugleich über die nicht erledigten Widersprüche; insoweit ist die Entscheidung mit Gründen zu versehen.

(2) Ist über einen Widerspruch entschieden, so ist der Beschluß allen Beteiligten zuzustellen.

I. Normziel

Verschiedene Möglichkeiten des Verfahrensfortgangs kommen nach Ablauf der Widerspruchsfrist (§ 104) in **1** Betracht. Zwei davon zeigt § 108 auf, nämlich:
(1) die Feststellung der neuen Rangordnung auf der Basis des bisherigen Vorschlags oder
(2) die Unterbreitung eines neuen Vorschlags.

Welcher Weg zu beschreiten ist, hängt insbesondere vom Gewicht etwaiger Widersprüche ab. Unerwähnt, dennoch zulässig ist auch
(3) der Rücksprung auf einen neuen Einigungsversuch (§ 102).

Außerdem gibt es
(4) die Möglichkeit der Verfahrenseinstellung (§ 109).

II. Feststellung der neuen Rangordnung

1. Voraussetzungen für den Feststellungsbeschluss

a) Ablauf der Widerspruchsfrist. Zwecks Feststellung des Fristablaufs (Abs 1 S 1) ist zu kontrollieren, ob **2** und wann der Neuordnungsvorschlag (§ 103) mit dem vorgeschriebenen Hinweis auf die befristete Widerspruchsmöglichkeit (§ 104) allen Beteiligten ordnungsgemäß zugestellt worden ist und ob die Widerspruchsfrist für jeden der Beteiligten beendet ist.

b) Feststellung von Widersprüchen. Vor Erlass des Feststellungsbeschlusses ist zu prüfen, ob Widersprüche **3** (1) erhoben sind, inwieweit erhobene (2) unerledigt, (3) zulässig, insbesondere rechtzeitig und (4) begründet sind. Zu beachten ist dabei, dass Widersprüche nicht nur beim GBA, sondern auch zur Niederschrift des Urkundsbeamten der Geschäftsstelle eines anderen Amtsgerichts eingelegt werden können (§ 104 Abs 2), es also vorkommen kann, dass rechtzeitige Widersprüche erst nach Fristablauf zur Kenntnis des GBA gelangen. Bei verspäteten Widersprüchen ist zu prüfen, ob sie nicht einen ausdrücklichen oder konkludenten Antrag auf Wiedereinsetzung in den vorigen Stand enthalten und ob dieser rechtzeitig gestellt ist; denn die Gewährung von Wiedereinsetzung ist keine Ermessensentscheidung (vgl § 105 Rdn 9, 10) und die Glaubhaftmachung der antragsbegründenden Tatsachen ist nachholbar (vgl § 105 Rdn 8).

2. Entscheidung

Abs 1 betraut das GBA mit der »Feststellung« der neuen Rangordnung, gestattet ihm nicht deren eigenmächtige **4** Festsetzung. Die Feststellung – durch Beschluss – darf nur erfolgen, wenn sie gerechtfertigt ist, »sofern nicht Anlass besteht, einen neuen Vorschlag zu machen«. Unter welchen Umständen ein Neuvorschlag veranlasst ist und nach welchen Regeln er wem zu unterbreiten ist, ist nicht ausdrücklich bestimmt, sondern dem Sinn der Gesamtregelung zu entnehmen.

a) Falls kein Widerspruch erhoben. Dann erfolgt die **Feststellung der neuen Rangordnung gemäß** **5** **dem Vorschlag**. Die Tatsache, dass der Neuordnungsvorschlag allen Beteiligten vorschriftsmäßig zugestellt und von ihnen widerspruchslos hingenommen worden ist, gibt dem Feststellungsbeschluss die Rechtfertigung und Begründung. Zu einer von dem Vorschlag abweichenden Rangfeststellung ist das GBA nicht ohne weiteres legitimiert.

6 **Anlass für einen ganz oder teilweise neuen Vorschlag** besteht, falls das GBA, etwa wegen geänderter Rechtsanschauung oder mit Rücksicht auf ein entgegenstehendes Prozessergebnis (§ 106), seinen Vorschlag für abänderungswürdig hält. Zur Frage, wer hierbei wie zu beteiligen ist:
- Bei **totaler Reform** des bisherigen Vorschlags im Ganzen ist der komplette Neuvorschlag selbstverständlich allen Beteiligten – sofern nicht gar ein neuer Verhandlungstermin gemäß § 102 erfolgversprechender erscheint – unter Wiederholung des in den §§ 103, 104 vorgesehenen Verfahrens zu unterbreiten. Dies bedeutet: Aufschub der Feststellung der Rangordnung bis zum erneuten Ablauf der Widerspruchsfrist für alle Beteiligten.
- Bei nur **selektiver Reform** bzw Ergänzung eines Teils des bisherigen Vorschlags genügt es (je nach Sachlage) eventuell, den geänderten bzw ergänzten Teil des ursprünglichen Vorschlags in geeigneter Form lediglich denjenigen Beteiligten in der in §§ 103, 104 vorgeschriebenen Weise zuzustellen, die von der Änderung berührt werden, also diejenigen Beteiligten auszusparen, die durch die Änderung weder Vor- noch Nachteil gegenüber dem von ihnen hingenommenen bisherigen Vorschlag erfahren.[1] Diese Vorgehensweise richtet sich im Prinzip nach der in § 91 Abs 2 getroffenen Regelung. Sie bringt Verfahrensvereinfachung, bedingt aber ebenfalls Aufschub der Feststellung der Rangordnung bis zum Ablauf der Widerspruchsfrist für die neuerlich Beteiligten.
- Bei nur **unwesentlichen Änderungen**, die sich nicht substantiell auf die vorgeschlagene Rangordnung auswirken (zB die Korrektur von geringfügigen Schreib- und Rechenfehlern, die zwischenzeitliche Löschung gegenstandsloser Eintragungen u dgl), wäre die den §§ 103, 104 entsprechende Prozedur ein unverhältnismäßiger Verfahrensaufwand. Es wird hier genügen, den Beteiligten, welche die Änderung betrifft, Gelegenheit zur Stellungnahme zu geben und sodann den Feststellungsbeschluss unter Einschluss der Korrektur zu erlassen.[2] Den übrigen Beteiligten vorab Gelegenheit zur Stellungnahme zu gewähren,[3] wird idR nicht geboten sein, weil ihr Recht nicht betroffen ist und deshalb kein Recht auf rechtliches Gehör besteht (vgl Einl F Rdn 79 mwN). Die nötige Information erlangen sie durch die Bekanntmachung des Feststellungsbeschlusses (vgl Rdn 10).

7 **b) Falls Widerspruch erhoben.** In diesem Fall ist nach dem Wortlaut des Gesetzes mit der Feststellung der neuen Rangordnung »zugleich über die nicht erledigten Widersprüche« zu entscheiden. Dies bedeutet zunächst – in Zusammenschau mit § 110 –, dass **über alle Widersprüche eine Entscheidung** zu treffen ist, soweit sie sich nicht (durch Zurücknahme oder durch einen neuen Rangordnungsvorschlag) von selbst erledigt haben. In beiden Vorschriften kommt zudem die Absicht des Gesetzgebers zum Ausdruck, dass die Entscheidung über nicht erledigte Widersprüche regelmäßig in den Rangfeststellungsbeschluss aufzunehmen ist, wohl um im Interesse der Verfahrensökonomie die Rechtsmittelfrist für alle Widersprechenden gleichzeitig in Gang zu setzen. Der so interpretierten Gesetzesintention ist zu entnehmen, dass die selbständige Vorabentscheidung über einen Widerspruch nicht nur unzweckmäßig,[4] sondern sogar fehlerhaft aber nicht unwirksam ist.[5]

8 Sind **sämtliche Widersprüche unbeachtlich**, weil entweder aus formalen Gründen (nicht rechtzeitig oder nicht in der durch § 104 vorgeschriebenen Form erhoben) als unzulässig zu verwerfen oder aus sachlichen Gründen (vorgebrachte Argumente nicht stichhaltig) als unbegründet zurückzuweisen, so ist die in Abs 1 S 2 bezeichnete Situation gegeben. Es ist demgemäß durch einheitlichen Beschluss die neue Rangordnung entsprechend dem Vorschlag festzustellen und zugleich die Abweisung der Widersprüche unter Anführung der Gründe auszusprechen, es sei denn, dass das GBA von sich aus Gründe sieht, von der Rangfeststellung abzusehen und einen neuen Vorschlag zu unterbreiten, letzteres in der zu Rdn 6 geschilderten Weise.

9 Ist **auch nur ein Widerspruch beachtlich** (sowohl zulässig als auch begründet), so wird grundsätzlich ein gänzlich neuer Vorschlag zu erstellen und allen Beteiligten gemäß §§ 103, 104 zuzustellen sein. Ergeben sich nur unwesentliche Abweichungen vom bisherigen Vorschlag, so wird es vertretbar sein, dass das GBA zugunsten des Widersprechenden einen vom bisherigen Vorschlag abweichenden Festsetzungsbeschluss erlässt, nachdem es vorher denjenigen Beteiligten, deren Rechte von der Abweichung berührt werden, Gelegenheit zur Stellungnahme gegeben hat (vgl Rdn 6).[6]

---

1 So bereits MIR (6. Aufl) Rdn 3 im Anschluss an *Recke* JW 1938, 736; ebenso KEHE-*Briesemeister* und *Demharter* jeweils Rn 5 (für den Fall erhobener Widersprüche); **aA** (gegen jede Abweichung ohne Neubeteiligung aller); *Güthe-Triebel* Rn 4; wie hier mit Vorbehalt *Waldner* in *Bauer/v* Oefele Rn 6, 7, 10.
2 Im Ergebnis ebenso MIR (6. Aufl) Rdn 3; *Kehe-Briesemeister* und *Demharter* aaO (Fn 1); wie hier mit Vorbehalt *Waldner* in *Bauer/v* Oefele Rn 7, 10.
3 Unklar hierzu KEHE-Briesemeister und *Demharter* aaO (Fn 1): Gelegenheit zur Stellungnahme »den übrigen betroffenen« Beteiligten bzw »den übrigen« Beteiligten).
4 So MIR (6. Aufl) Rdn 4 im Anschluss an *Güthe-Triebel* Rn 3.
5 So KEHE-*Briesemeister* Rn 6; zustimmend *Waldner* in *Bauer/v* Oefele Rn 3.
6 Wie Fn 1.

3. Bekanntmachung der Entscheidung

Der Feststellungsbeschluss ist **stets allen Beteiligten** bekanntzumachen; dies gebietet § 16 Abs 1 FGG. Ist **10** durch den Feststellungsbeschluss zugleich über mindestens einen Widerspruch entschieden worden, ist der Beschluss nach der speziellen Vorschrift des Abs 2 allen Beteiligten, also nicht nur dem Widersprechenden, förmlich zuzustellen nach Maßgabe des § 16 Abs 2 S 1 FGG.

§ 109 (Einstellung des Verfahrens)

Das Grundbuchamt kann jederzeit das Verfahren einstellen, wenn es sich von seiner Fortsetzung keinen Erfolg verspricht. Der Einstellungsbeschluß ist unanfechtbar.

I. Normzweck

1 Die Vorschrift komplettiert die durch § 91 Abs 1 begründete Verfahrensherrschaft des GBA. Ebenso wie die Verfahrenseinleitung ist auch der Verfahrensabbruch in das der Anfechtung entzogene Ermessen des GBA gestellt, um Raum für Zweckmäßigkeitserwägungen zu schaffen (vgl § 91 Rdn 3).

II. Zur Verfahrenseinstellung im Einzelnen

1. Einstellungsvoraussetzungen

2 **a) Ermessensfreiheit.** Wenn auch nicht ausdrücklich, so doch sinngemäß (entsprechend § 91 Abs 1 S 2) ist es dem freien Ermessen des GBA überlassen, das Verfahren »jederzeit« einzustellen. Es kommt allein darauf an, dass die Fortsetzung des Verfahrens nach der Einschätzung des GBA keinen Erfolg verspricht. Die Beteiligten haben keinen Anspruch auf Durchführung des Verfahrens[1] (vgl § 90 Rdn 1) und dementsprechend auch kein Beschwerderecht (S 2). Wegen § 11 Abs 2 RpflG s § 91 Rdn 9).

3 **b) Verfahrensbedingter Ausschluss der Einstellung.** Hat das Verfahren bereits zum Erfolg, dh zu einer rechtskräftigen Rangneuordnung, geführt, so ist kein Raum mehr für eine Verfahrenseinstellung. Das GBA ist dann verpflichtet, das Grundbuch gemäß der neuen Rangordnung umzuschreiben. Die Pflicht beruht auf § 102 Abs 2 für den Fall der vereinbarten Rangneuordnung (vgl § 102 Rdn 12) bzw auf § 111 für den Fall des Feststellungsbeschlusses (vgl § 111 Rdn 1).

2. Einstellungsmodus

4 **a) Einstellungsbeschluss.** Das Gesetz geht – wohl mit Rücksicht auf die gewöhnliche Vielheit der Beteiligten – davon aus, dass durch Beschluss entschieden wird, der nach § 16 Abs 1 FGG allen Beteiligten bekanntzumachen ist, da grundsätzlich unanfechtbar (vgl Rdn 2), gemäß Abs 2 S 2, eventuell Abs 3 des § 16 FGG. Eine Begründung des Beschlusses ist zwar nicht vorgeschrieben, er muss aber als Gegenstück zum Einleitungsbeschluss wie dieser seiner Informationsaufgabe hinreichend gerecht werden (vgl § 91 Rdn 5), also die Beteiligten nicht nur von der Tatsache, sondern auch von den Gründen der Verfahrenseinstellung in Kenntnis setzen.[2] Manchen motiviert die Information vielleicht zur nachträglichen Beseitigung der Hindernisse, an denen das Verfahren bisher gescheitert ist, so dass das Verfahren später erneut in Gang gebracht werden kann, was das GBA ohnehin im Auge zu behalten haben wird.

5 **b) Vermerkslöschung.** Da das Verfahren durch den Einstellungsbeschluss seinen Abschluss findet, ist letztlich die Löschung des im Grundbuch eingetragenen Einleitungsvermerks zu bewirken (§ 113).

---

1 Ebenso KEHE-*Briesemeister* Rn 1; *Demharter* Rn 3.
2 Begründung zweckmäßig lt *Demharter* Rn 3, nach allgemeinen Verfahrensgrundsätzen geboten lt KEHE-*Briesemeister* Rn 2; differenzierend *Waldner* in *Bauer/v Oefele* Rn 3: Begründung geboten, wenn Verfahren auf Antrag eingeleitet, sonst nicht.

§ 110 (Sofortige Beschwerde)

(1) Hat das Grundbuchamt in dem Beschluß, durch den die neue Rangordnung festgestellt wird, über einen Widerspruch entschieden, so ist gegen den Beschluß die sofortige Beschwerde nach den Vorschriften des Gesetzes über die Angelegenheiten der freiwilligen Gerichtsbarkeit zulässig.

(2) Die weitere Beschwerde ist unzulässig.

I. Normzweck

Zur Erreichung der für den Verfahrensabschluss (§§ 111, 112) nötigen formalen Rechtskraft der Rangneuordnung befristet § 110 die Anfechtbarkeit des Rangfeststellungsbeschlusses (§ 108). **1**

II. Rechtsmittel gegen den Feststellungsbeschluss

1. Unanfechtbarkeit

Unanfechtbar ist die Feststellung der Rangordnung, falls (bei fehlerlosem Verfahren) kein Widerspruch gegen den Vorschlag (§ 103) erhoben worden ist. Dann ist für keinen Beteiligten die für ein Rechtsmittel nötige Beschwer gegeben. **2**

2. Anfechtbarkeit

a) Zum Beschwerderecht. Zugelassen ist in Abs 1 die Beschwerde für den Fall, dass das GBA in dem Festsetzungsbeschluss »über einen Widerspruch entschieden« hat. Nach Wortlaut und Sinn bezieht sich die Vorschrift auf negative und positive Entscheidungen. Für die Beschwerde gelten die §§ 19 ff FGG, nicht die §§ 71 ff GBO; für die Beschwerdeberechtigung ist mithin § 20 Abs 1 FGG maßgeblich. Danach steht die Beschwerde jedem zu, dessen Recht durch den Feststellungsbeschluss beeinträchtigt ist. Das ist zunächst ein Widersprechender, dessen Widerspruch ganz oder teilweise abgewiesen wurde oder bei der Entscheidung unberücksichtigt geblieben ist. Das sind in Fällen, in denen einem Widerspruch im Festsetzungsbeschluss Rechnung getragen wurde (dazu § 108 Rdn 9), diejenigen Beteiligten, die sich mit ihrem Recht durch die vom ursprünglichen Neuordnungsvorschlag abweichende Rangfeststellung beeinträchtigt sehen.[1] **3**

b) Zum Beschwerdeverfahren. Zulässig ist die **sofortige Beschwerde** (Abs 1), die binnen einer Frist von zwei Wochen ab Zeitpunkt der Bekanntgabe des Feststellungsbeschlusses an den Beschwerdeführer einzulegen ist (§ 22 Abs 1 FGG), weshalb in § 108 Abs 2 die Zustellung des Festsetzungsbeschlusses an alle Beteiligten vorgeschrieben ist. **4**

Bei Fristversäumung ist **Wiedereinsetzung in den vorigen Stand** zulässig, und zwar längstens bis zum Ablauf eines Jahres seit dem versäumten Fristende (§ 22 Abs 2 FGG). Dieser Endzeitpunkt deckt sich mit § 105 Abs 3. Die zweite Zeitschranke des § 105 Abs 3, die Eintragung der neuen Rangordnung (Wirkungseintritt gemäß § 112), gilt analog.[2] **5**

Die **weitere Beschwerde ist ausgeschlossen** (Abs 2), weil sie als reine Rechtsbeschwerde unpassend ist für das vornehmlich aus Zweckmäßigkeitsentscheidungen bestehende Rangbereinigungsverfahren. Der Unzulässigkeit der weiteren Beschwerde folgt die Unzulässigkeit der weiteren Beschwerde gegen die Entscheidung über einen Wiedereinsetzungsantrag.[3] **6**

---

1 KEHE-*Briesemeister* Rn 2; *Demharter* § 108 Rn 12; ebenso *Waldner* in *Bauer/v Oefele* Rn 2; **aA** *Güthe-Triebel* § 108 Rn 5 (Konsequenz der engen Auffassung, dass der Feststellungsbeschluss unter keinen Umständen vom Vorschlag abweichen darf).

2 Ebenso KEHE-*Briesemeister* Rn 4; *Demharter* § 108 Rn 11; *Güthe-Triebel* § 108 Rn 5; *Waldner* in *Bauer/v Oefele* Rn 3.

3 KG JFG 16, 61; KEHE-*Briesemeister* Rn 3; **aA** *Waldner* in *Bauer/v Oefele* Rn 4: weitere Beschwerde gegen die Entscheidung über die Wiedereinsetzung hier ebenso wie bei § 105 statthaft.

§ 111 (Umschreibung des Grundbuchs)

Ist die neue Rangordnung rechtskräftig festgestellt, so hat das Grundbuchamt das Grundbuch nach Maßgabe dieser Rangordnung umzuschreiben.

I. Norminhalt

1 § 111 konstituiert zweierlei:
(1) die Wirkungskraft des formal rechtskräftigen Rangfeststellungsbeschlusses (§ 108) dergestalt, dass dieser formell-rechtlich die Grundlage für die Eintragung der festgestellten neuen Rangordnung in das Grundbuch bildet und materiell-rechtlich zusammen mit der Eintragung (§ 112) rechtsgestaltend die alte durch die neue Rangordnung ersetzt;
(2) die Pflicht des GBA zur Grundbuchumschreibung, so dass eine Einstellung des Verfahrens nicht mehr in Frage kommt.

II. Umschreibung des Grundbuchs

1. Voraussetzung

2 Der gemäß § 108 erlassene Feststellungsbeschluss muss für alle Beteiligten formell rechtskräftig geworden sein. Es ist also vorab zu prüfen, ob der Beschluss allen Beteiligten so wie vorgeschrieben bekannt gemacht, ggf ordnungsgemäß zugestellt worden ist, ob bis zum Ablauf der Frist des § 110 keine Beschwerde eingelegt wurde (Notfristanfrage an das Landgericht), ob über eine eingelegte Beschwerde entschieden worden ist.

2. Verfahren

3 **a) Eintragungsmodus.** »Umschreibung« iS des § 111 ist die Eintragung der neuen Rangordnung im Grundbuch. Deren Durchführung ist nicht besonders geregelt; die Regeln der GBV sind maßgebend.

4 Das **bisherige Grundbuchblatt** ist ohne weiteres zuständig für die Rangumschreibung. Hier müsste das neue Rangverhältnis zwischen den beteiligten Rechten gemäß § 18 GBV durch wechselseitige Randvermerke zum Ausdruck gebracht werden. Wegen der spezifischen Eintragungswirkung (vgl § 112 Rdn 1) wären Formulierungen wie »Vorrang eingeräumt« oder »im Range zurückgetreten« unangebracht, weil sie rechtsgeschäftliche Vorgänge andeuten; empfehlenswert: »Rang vor . . . gemäß § 112 GBO eingetragen am . . .«, »Rang nach . . . gemäß § 112 GBO eingetragen am . . .«. Meistens wird die Einschreibung weiterer Rangvermerke die bestehende Unklarheit des Rangbildes allerdings nicht beseitigen, sondern eher verschlimmern, so dass diese Art der Rangumschreibung durchweg nicht zu empfehlen ist.

5 Der **Umschreibung des Grundbuchblattes** (§§ 28 ff GBV) ist regelmäßig der Vorzug zu geben, auch wenn das Rangklarstellungsverfahren aus anderem Anlass eingeleitet wurde (vgl § 91 Rdn 2 iVm § 90 Rdn 3). Dabei ist es nicht nötig, zunächst die Rangveränderungen im bisherigen Blatt einzutragen, weil keine Rangänderung im Rechtssinne zu vollziehen ist (vgl § 112 Rdn 1). Ausreichend und empfehlenswert ist es, die Belastungen im neuen Blatt sogleich gemäß der festgestellten neuen Rangordnung zu buchen; dies dürfte dann ein Fall für eine Neunummerierung des Eintragungsbestandes sein (vgl § 30 GBV Rdn 8). Zweckdienlich wird es sein, den Vermerk in der Aufschrift des neuen Blattes (§ 30 GBV Rdn 2) zu erweitern, etwa um »Entsprechend rechtskräftiger Klarstellung der Rangverhältnisse neugefasst«. Möglich, aber nicht gebräuchlich, ist statt der Blattumschreibung die Neufassung der zweiten Abteilung und/oder dritten Abteilung gemäß § 33 GBV.

6 Die **Löschung des Einleitungsvermerks** (§ 113) erfolgt auf dem bisherigen Grundbuchblatt (vgl § 113 Rdn 2).

7 **b) Behandlung der Grundpfandbriefe. Sonderbestimmungen fehlen.** Überwiegend wird deshalb auf die §§ 41 ff, 62 verwiesen.[1] Nur bezüglich § 62 wird dem gefolgt, dh die Neuordnung der Rangverhältnisse ist von Amts wegen in geeigneter Weise auf den erteilten Briefen zu vermerken. Die §§ 41 bis 43 sind dagegen auf

---

1 Alle GBO-Kommentare.

das Antragsverfahren zugeschnitten und für eine entsprechende Anwendung ungeeignet.[2] Stattdessen sind die Briefe gemäß § 99, der die Möglichkeiten des § 33 FGG erschließt, heranzuziehen. Für den (Regel-)Fall, dass die Rangumschreibung per Blattumschreibung stattfindet, weist § 39 Abs 3 GBV den Weg.

Neue Briefe werden nur gemäß § 67, also auf besonderen Antrag, erteilt; die Unbrauchbarmachung der bisherigen und Herstellung neuer Briefe von Amts wegen wäre eine unrichtige Sachbehandlung iS des § 16 KostO.[3]   **8**

3. Kosten

Erläutert bei § 114.   **9**

---

2 Prononciert dagegen *Waldner* in *Bauer/v Oefele* Rn 5 mit Fn 3.
3 KG JW 1934, 433 = JFGErg 12, 234.

§ 112 (Neue Rangordnung)

Ist die neue Rangordnung (§ 102 Abs 2, § 111) eingetragen, so tritt sie an die Stelle der bisherigen Rangordnung.

1 **Mit der Eintragung** wird die neue Rangordnung **materiell-rechtlich** wirksam. Sie tritt laut § 112, sei es aufgrund einer Einigung (§ 102) oder aufgrund eines rechtskräftigen Feststellungsbeschlusses (§ 111), an die Stelle der bisherigen Rangordnung. Auch wenn sie auf einer Einigung beruht, bewirkt die Eintragung **nicht eine nachträgliche Rangänderung iS des § 880 BGB**. Die alte Rangordnung wird ab Eintragung beseitigt und durch die neue ersetzt, so dass das Grundbuch von nun an so zu betrachten ist, als ob die neue Rangordnung von Anfang an eingetragen gewesen wäre.[1]

2 **Mit der Eintragung** der neuen Rangordnung **entfällt endgültig die Widerspruchsmöglichkeit**, weil die Wiedereinsetzung in den vorigen Stand nun nicht mehr beantragt werden kann (§ 105 Abs 3). Beruht die Rangneuordnung auf einer Einigung (§ 102), so wird analog vorbezeichneter Regelung mit der Eintragung endgültig die Möglichkeit entfallen, etwaige Willensmängel oder Anfechtungsgründe gegen die Einigung geltend zu machen.[2]

3 **Rechtsmittel gegen die Eintragung** werden nur mit den Beschränkungen gemäß § 71 für zulässig gehalten, etwa zur Geltendmachung, dass das GBA die Rangordnung abweichend von der Einigung der Beteiligten oder abweichend vom Feststellungsbeschluss eingetragen habe.[3]

---

1 Ebenso *Thieme* Anm 3; KEHE-*Briesemeister, Demharter, Waldner* in *Bauer/v Oefele*, jeweils Rn 1.
2 KEHE-*Briesemeister* Rn 2 (wie vorher *Hesse-Saage-Fischer* Anm 1); folgend *Waldner* in *Bauer/v Oefele* Rn 2.
3 KEHE-*Briesemeister* Rn 3; *Demharter* Rn 1; *Waldner* in *Bauer/v Oefele* Rn 3.

§ 113 (Löschung des Einleitungsvermerks)

Wird die neue Rangordnung eingetragen (§ 102 Abs 2, § 111) oder wird das Verfahren eingestellt (§ 109), so ist der Einleitungsvermerk zu löschen.

Zum **Abschluss des Verfahrens,**   1
– ob erfolgreich zu Ende gebracht mit dem Inkraftsetzen der neuen Rangordnung per Eintragung im Grundbuch (§ 112),
– oder erfolglos abgebrochen durch Einstellungsbeschluss (§ 109),

gebietet § 113 dem GBA die Löschung des nach § 91 Abs 3 eingetragenen Einleitungsvermerks.

Der **Löschungsvollzug** erfolgt im bisherigen Grundbuchblatt, durch Löschungsvermerk (§ 46 Abs 1), bei der   2
Rangneuordnung per Umschreibung des unübersichtlichen Grundbuchblattes (vgl § 111 Rdn 5) auch durch
Nichtmitübertragung (§ 46 Abs 2).

§ 114 (Kostenausgleich)

Die Kosten des Verfahrens erster Instanz verteilt das Grundbuchamt auf die Beteiligten nach billigem Ermessen.

I. Normzweck

1 Das Rangklarstellungsverfahren hat typischerweise einen größeren Kreis von Beteiligten (§ 92). Jeder von ihnen würde, wenn es nach den »normalen« Kostenschuldnerbestimmungen der §§ 2 Nr 2 und 5 KostO ginge, der Staatskasse gesamtschuldnerisch für die Verfahrenskosten haften. Um dieses unpassende Ergebnis zu vermeiden, hat das GBA gemäß § 114 von Amts wegen die Verfahrenskosten auf die Beteiligten nach billigem Ermessen zu verteilen. Die Vorschrift ist – außer zahlreichen anderen (§ 47 WEG, § 44 LwVG, § 34 VerschG usw) – **lex specialis gegenüber § 13a FGG**, der nur ausnahmsweise zum Kostenausspruch zwingt (Abs 1 S 2), sie ansonsten in das Ermessen des Gerichts stellt (Abs 1 S 1).[1]

II. Einzelbemerkungen

1. Zum Geltungsbereich der Vorschrift

2 § 114 betrifft die **Kosten des Verfahrens erster Instanz**. Für die Kosten eines etwaigen Beschwerdeverfahrens gibt es keine grundbuchrechtliche Sonderregelung; es gilt: für die Gerichtskosten, falls solche anfallen (§ 131 KostO), haftet der Beschwerdeführer dem Staat (§ 2 Nr 1 KostO), erübrigt sich mithin ein Kostenausspruch; ob bzw inwieweit eine Kostenerstattung der Beteiligten gegeneinander anzuordnen ist, richtet sich nach § 13a FGG.

3 **Mögliche Kosten im erstinstanzlichen Verfahren**, auf die sich § 114 bezieht, sind:
- die gerichtlichen Auslagen (§§ 136 ff KostO), insbesondere die durch die förmlichen Zustellungen entstehenden Kosten (§ 137 Nr 1 KostO) und
- die außergerichtlichen Kosten der Beteiligten.

4 **Gerichtsgebühren fallen nicht an**; die Eintragungen und Löschungen sowie das vorangegangene Verfahren vor dem GBA einschl der Beurkundung von Erklärungen der Beteiligten, sind gemäß § 70 Abs 2 S 1 KostO davon freigestellt. Auch die oft im Anschluss an das Rangklarstellungsverfahren oder gar zum Abschluss desselben (vgl § 111 Rdn 5) stattfindende Umschreibung des unübersichtlichen Grundbuchblattes ist gebührenfrei (§ 69 Abs 1 Nr 1 KostO).

2. Zur Kostenentscheidung

5 **Nach Billigkeitsgesichtspunkten** sollen die Kosten verteilt werden. Damit entspricht § 114 im »Wie« der Kostenentscheidung dem § 13a Abs 1 S 1 FGG und anderen einschlägigen Vorschriften der freiwilligen Gerichtsbarkeit (vgl Rdn 1). Auf die zu diesen Vorschriften gewonnenen Erkenntnisse wird Bezug genommen, sie können auch bei Anwendung des § 114 erwägend in Betracht gezogen werden.[2] Hier nur eine kurze Direktive: Generell ist in Angelegenheiten der freiwilligen Gerichtsbarkeit davon auszugehen, dass jeder Beteiligte die ihm erwachsenen Kosten selbst zu tragen hat. Auf diesem Prinzip beruht die Grundregel des § 13a FGG.[3] Es bildet auch den Ausgangspunkt bei der gemäß § 114 zu treffenden Entscheidung, dh:
- Normalerweise wird es nicht unbillig sein, wenn die gerichtlichen Auslagen als »Gemeinkosten« auf alle Beteiligten gleichmäßig verteilt werden, dagegen jeder Beteiligte die ihm erwachsenen außergerichtlichen Kosten als »Individualkosten« selbst zu tragen hat.
- Es bedarf besonderer Rechtfertigung durch die Lage des Einzelfalles, abweichend von der Standardregel die Gerichtskosten etwa unproportional zu verteilen oder gar die außergerichtlichen Kosten eines Beteiligten ganz oder teilweise anderen Beteiligten aufzubürden. Besonderes Gewicht kommt in diesem Zusammenhang der zwingenden Bestimmung des Satzes 2 des § 13a Abs 1 FGG zu; er lautet, soweit einschlägig: »Hat

---

1 Ausführlich zu § 13a FGG und den Sondervorschriften: *Mümmler* JurBüro 1985, 961 ff; ferner *Zimmermann* Rpfleger 1958, 69 ff; *Tschischgale* Rpfleger 1961, 97 ff; *Zimmermann* in *Keidel/Kuntze/Winkler* FG Rn 18 ff, *Bumiller/Winkler* FG Rn 13, je zu § 13a FGG.
2 Fundstellen: Fn 1.
3 *Mümmler* aaO (Fn 1) S 965; *Zimmermann* in *Keidel/Kuntze/Winkler* FG Rn 21, je zu § 13a FGG mwN.

ein Beteiligter Kosten durch ... grobes Verschulden veranlasst, so sind ihm die Kosten aufzuerlegen«. Dieser Vorschriftenteil wird durch § 114 nicht verdrängt, sondern ist direkt anwendbar.

Auswirkungen der Kostenentscheidung: 6
- Bezüglich der gerichtlichen Auslagen bestimmt sie die Kostenschuldner gegenüber dem Staat, weil nach § 70 Abs 2 S 2 KostO die Auslagen von demjenigen zu erheben sind, dem sie das GBA gemäß § 114 auferlegt hat.
- Für das Verhältnis der Beteiligten untereinander bildet sie die Grundlage für etwaige Kostenerstattungsansprüche. Ergeben sich solche aus dem Kostenausspruch, so ist für deren Durchsetzung die Kostenfestsetzung gemäß § 13a Abs 3 FGG (Verweis auf die §§ 103 bis 107 ZPO) Voraussetzung.

§ 115 (Kosten eines erledigten Rechtsstreits)

Wird durch das Verfahren ein anhängiger Rechtsstreit erledigt, so trägt jede Partei die ihr entstandenen außergerichtlichen Kosten. Die Gerichtskosten werden niedergeschlagen.

1 **§ 115 betrifft** nicht die Kosten des Rangklarstellungsverfahrens, sondern die Kosten eines eventuell anhängigen Zivilprozesses, der die Rangverhältnisse des betreffenden Grundstücks zum Gegenstand hat, zB eines solchen Rechtsstreits, bezüglich dessen nicht die Aussetzung gemäß § 106 Abs 1 beantragt worden ist.

2 § 115 ist **lex specialis gegenüber § 91a ZPO** für den spezifizierten Fall. Hat ein Rechtsstreit über die Rangverhältnisse durch den erfolgreichen Abschluss des Rangklarstellungsverfahrens (vgl § 112) sich in der Hauptsache erledigt, tritt zwingend die in § 115 angeordnete Kostenfolge ein. Eine Kostenentscheidung des Prozessgerichts gemäß § 91a ZPO erübrigt sich deshalb; zu einer abweichenden Kostenentscheidung ist das Prozessgericht nicht befugt, sie wäre gesetzeswidrig.[1]

---

1 RGZ 112, 302 zu § 82 AufwG, dem Vorbild des § 115. Weiteres bei *Waldner* in *Bauer/v Oefele* Rn 1, 2.

Sechster Abschnitt
Anlegung von Grundbuchblättern

Vorbemerkungen zu den §§ 116 bis 125

Schrifttum

Bauch, Eintragung von Veränderungen im Bestand und Eigentum von Grundstücken aufgrund des Wasserrechts in das Grundbuch, MittBayNot 1984. 1; *Boehme*, Wasserrecht und Grundbuch, BWNotZ 1961, 18; *Böhm*, Eigentum und Eigentumsgrenzen an Gewässern nach den Landes-Wassergesetzen (Karlsruhe, 1963); *Böhringer*, Vermeintlich bestehendes Fischereirecht – eine inhaltlich unzulässige Grundbuch-Eintragung?, BWNotZ 1984, 153; *ders*, Genügt zur Einbuchung eines Fischereirechts lediglich die Vorlage eines Ausschußurteils?, BWNotZ 1985, 153; *ders*, Amtsermittlungspflicht und Einbuchungsverfahren bei Fischereirechten, BWNotZ 1986, 126; *ders*, Die formale Grundbuchfähigkeit ungetrennter Hofräume, VIZ 1994, 63; *ders*, Ungetrennte Hofräume jetzt wieder verkehrsfähig, DtZ 1994, 130; *ders*, Altrechtliche Personenzusammenschlüsse und ihr Grundbuch-Schicksal in den neuen Bundesländern, NJ 2000, 120; *Foag*, Der Bestandsnachweis alter Wegerechte, RdL 1961, 145; *Glaser*, Gemeindenutzungsrechte in Bayern, MittBayNot 1988, 113; *Gröpper*, Die Rechtsverhältnisse des Meeresstrandes und der Territorialgewässer (Bibliographie), SchlHA 1966, 49; *Grözinger*, Zur Buchung von gemeinschaftlichen Hofräumen, Winkeln uä im Grundbuch, BWNotZ 1959, 248; *Hezel*, Badische altrechtliche Wege- und Zugangsrechte und alte gemeinschaftliche Hofeinfahrten und Hofreiten, BWNotZ 2000, 114; *Keller*, Wasserrecht und Grundbuch, BWNotZ 1960, 82; *Keller (Ulrich)*, Eine (fast) unendliche (Grundstücks-)Geschichte – Fall einer Tabularsitzung in Leipzig, RpflStud 1996, 166; *Kriegel*, Grundstücks-Abmarkungen, Rechtsgrundlagen und Verfahren (Karlsruhe, 1964); *Kriegel/Herzfeld*, Katasterkunde in Einzeldarstellungen, 13 Hefte (Karlsruhe); *Kupisch*, Eine Moselinsel, Kaiser Napoleon und das römische Recht, JZ 1987, 1017; *Prause*, Grundbuch, Wasserbuch und Fischereirechte in Schleswig-Holstein, SchlHA 1961, 285; *Riedel*, Über den Beweis altrechtlicher Grunddienstbarkeiten, RdL 1952, 32; *Schiedermair*, Ersitzung von Grunddienstbarkeiten und des Eigentums nach dem Gemeinen Recht, dem Bayerischen Landrecht und dem Preußischen Landrecht, Zeitschr f Rechtspflege in Bayern 1915, 205, 233; *Schmid*, Neues Fischereirecht und Grundbuchamt, BWNotZ 1981, 73; *ders*, Fischereirecht und Grundbuchamt, BWNotZ 1986, 117; *Schmidt-Räntsch*, Die Hofraumverordnung für die neuen Bundesländer, ZIP 1993, 1917; *Schumacher*, Altrechtliche Anteile im Grundbuch, BWNotZ 1988, 143; *Siebels*, Die Ersitzung im Liegenschaftsrecht, RhNotK 1911, 439; *Tröster*, Subjektiv-dingliche Eintragung von Eigentum an sogenannten landwirtschaftlichen Zweckgrundstücken im Grundbuchanlegungs- und Flurbereinigungsverfahren, Rpfleger 1960, 85; *ders*, Entscheidungsanmerkung (zu Gewässerveränderungen durch natürliche Vorgänge und künstliche Maßnahmen), Rpfleger 1985, 397; *Ufer*, Die »Ungetrennten Hofräume« und das Grundbuch, DtZ 1992, 272; *Ulshöfer*, Öffentliches Gewässer – Kriterium für Fischereirechte des Landes und der Gemeinden, BWNotZ 1990, 13.

I. Herkömmliche Aufgabe des Anlegungsverfahrens

Das in den §§ 116 bis 125 geregelte Verfahren ist vorgesehen für die *nachträgliche* Grundbuchanlegung für einzelne Grundstücke, deren Erfassung bei der *ursprünglichen* Erstanlegung der Grundbücher unterblieben ist, also für **ungebuchte Grundstücke**. Es handelt sich um ein Amtsverfahren, das bis zum In-Kraft-Treten des RegVBG vom 20.12.1993 (BGBl I 2182)[1] in den §§ 7 bis 17 der Verordnung zur Ausführung der Grundbuchordnung vom 08.08.1935 (RGBl I 1089) – AVOGBO – geregelt war; diese Bestimmungen der AVOGBO stützten sich auf eine Ermächtigung im ehemaligen § 122. Das RegVBG hat den § 122 und die AVOGBO aufgehoben und deren §§ 7 bis 16 nahezu unverändert als Sechsten Abschnitt in die GBO eingefügt, begründet damit, dass diese Vorschriften eine selbständige, in sich geschlossene Verfahrensregelung mit zum Teil auch erheblichen materiellrechtlichen Auswirkungen enthalten, die ihrer Art nach in der GBO selbst getroffen werden sollten.[2] Nicht übernommen worden ist § 17 der ehemaligen AVOGBO. Diese Vorschrift galt von Anfang an als verfehlt;[3] sie enthielt eine unnütze Regelung für den Fall des § 3 Abs 3c GBO aF, an dessen Stelle nach dem RegVBG der § 3 Abs 8 GBO getreten ist (dazu § 8 GBV Rdn 24). **1**

Die Verfahrensregelung der AVOGBO ersetzte seinerzeit (1935) die bis dahin geltenden zersplitterten und schwerfälligen landesrechtlichen Vorschriften über die nachträgliche Blattanlegung für einzelne Grundstücke durch eine reichseinheitliche Regelung.[4] **2**

Hinsichtlich der Erstanlegung des Grundbuchs (Art 186 Abs 1 EGBGB) beließ man es bei den maßgeblichen landesrechtlichen Vorschriften; diese Verfahren sind längst abgeschlossen. Auf die Erläuterungen zu § 135 wird verwiesen.

II. Vorrangige Spezialvorschriften

1. Bundesrechtliche Sondervorschriften, welche die Anwendung der §§ 116 bis 125 ausschließen: **3**
– Für die Wiederherstellung zerstörter oder abhanden gekommener Grundbücher ist in § 141 Abs 1 eine Ermächtigung der Landesregierungen zum Erlass besonderer Vorschriften vorgesehen. § 141 Abs 1 ist nach

---

1 In Kraft getreten am 25.12.1993.
2 BT-Drs 12/5553 Seite 70.
3 *Hesse-Saage-Fischer* § 17 AVOGBO Anm II.
4 *Saage* JW 1935, 2769, 2775.

dem RegVBG an die Stelle des § 123 GBO aF[5] getreten. Aufgrund des § 123 wurde das Wiederherstellungs-verfahren durch die VO des RJM vom 26.07.1940 (RGBl I 1048) geregelt. Der Bestand dieser VO wird durch die Änderung des § 123 nicht berührt; die Landesregierungen können sie aber nach § 28 GBMaßnG[6] ändern, ergänzen oder aufheben.

- Für die Anlegung des Erbbaugrundbuchs gelten die §§ 14 ff ErbbauRG und die §§ 54 ff GBV.
- Für die Anlegung der Wohnungs- bzw. Teileigentumsgrundbücher gelten die §§ 7, 8 WEG und die §§ 1 ff WGV.
- Für die Anlegung eines Grundbuchblattes für das Grundstück bei Schließung der Wohnungs- bzw Teilei-gentumsgrundbücher gilt § 9 Abs 3 WEG.
- Für die Anlegung eines Grundbuchblattes für das Grundstück nach Wegfall der Voraussetzungen für die Buchung von Miteigentumsanteilen gilt § 3 Abs 8 (vgl Rdn 1).

4   **2. Partikularrechtliche Sondervorschriften für das Gebiet der ehemaligen DDR.** Die §§ 116 bis 125 gelten auch hier,[7] aber:
- Für die Anlegung von Grundbuchblättern für ehemals volkseigene Grundstücke ist nach § 105 Abs 1 Nr 5 GBV ein Verfahren nach dem Sechsten Abschnitt der Grundbuchordnung nicht erforderlich, wenn entwe-der ein Bestandblatt gemäß der Colido-Grundbuchanweisung vorhanden ist oder das Grundstück bereits gebucht war und sich nach der Schließung des Grundbuchs seine Bezeichnung nicht verändert hat.

5   **3. Landesrechtliche Vorschriften,** denen es überlassen ist, auf die Regelung der §§ 116 bis 125 zurückzugrei-fen:
- für die Fälle des § 136 (früher § 117), wie zB für die Anlegung eines Berggrundbuchs (dazu § 116 Rdn 23), für die Anlegung eines Bahngrundbuchs sowie für die Anlegung eines Grundbuchs für eine sonstige selb-ständige Gerechtigkeit (dazu § 116 Rdn 24).

---

5 In der Fassung gemäß § 27 GBMaßnG vom 20.12.1963 (BGBl I 986).
6 In der durch das RegVBG geänderten Fassung.
7 Für die aufgehobenen §§ 7–17 der AVOGBO im Einigungsvertrag ausdrücklich bestimmt (Art 8 Anl I Kap III Sachgeb B Abschn II Nr 2).

§ 116 (Anlegung von Amts wegen)

(1) Für ein Grundstück, das ein Grundbuchblatt bei der Anlegung des Grundbuchs nicht erhalten hat, wird das Blatt unbeschadet des § 3 Abs 2 bis 9 von Amts wegen angelegt.

(2) Das Verfahren bei der Anlegung des Grundbuchblatts richtet sich nach den Vorschriften der §§ 117 bis 125.

I. Normzweck

§ 116 entspricht dem § 7 der aufgehobenen AVOGBO, lediglich die Verweise sind den neuen Bestimmungen angepasst. Dem Herkommen und Wortlaut nach bezieht sich die Vorschrift aufgrundstücke, die ein Grundbuchblatt bei der Anlegung des Grundbuchs nicht erhalten haben. Es geht also um Grundstücke, die bei der generellen Grundbuchanlegung (Art 186 Abs 1 EGBGB) nicht erfasst worden sind, für die dennoch nach Art 186 Abs 2 iVm Art 189 Abs 1 EGBGB die §§ 873 ff BGB in Kraft getreten sind. § 116 untermauert die in § 3 Abs 1 begründete Amtspflicht des GBA, dafür zu sorgen, dass (restlos) *jedes* Grundstück (Bodenfläche) unseres Rechtsgebiets – in den Fällen des § 3 Abs 2, 3, sofern beantragt – im Grundbuch gebucht ist, so wie in § 3 und § 4 vorgesehen, gegebenenfalls anstelle des ganzen Grundstücks die Miteigentumsanteile gemäß § 3 Abs 4 bis 9. Die §§ 116 bis 125 regeln mithin das Verfahren zur Verwirklichung der Buchungspflicht (dazu und zu den Freistellungen: § 3 nebst Erläuterungen).   **1**

II. Zur Buchungsfähigkeit der Grundstücke

1. Materiellrechtliche Voraussetzung

Wenn auch öffentliches Interesse am Grundbuchinhalt besteht (Einl B Rdn 8, § 12 Rdn 6), die wesentlichen Funktionen des Grundbuchs bestimmt das BGB (§§ 873 ff), sie liegen allein auf dem Gebiet des Privatrechts. Über Bodenflächen, auf die das BGB überhaupt keine Anwendung findet, könnte das Grundbuch mithin keine relevante Auskunft geben. Eintragungen über solche Bodenflächen wären ein Fremdkörper im Grundbuchinhalt, solche Bodenflächen sind nicht »buchungsfähig«. Es gibt sie, aber selten.[1]   **2**

2. Formellrechtliche Voraussetzung

a) Generell. Regelvoraussetzung ist gemäß § 2 Abs 2, dass die zu buchende Bodenfläche **im Liegenschaftskataster erfasst** und darin als selbständiges Flurstück, mindestens als Zuflurstück, ausgewiesen, also vermessen und eindeutig gekennzeichnet ist.   **3**

b) In speziellen Fällen. aa) Es gibt eine Reihe von Sondervorschriften, die aus verschiedenen Sachgründen anstelle des Liegenschaftskatasters *vorübergehend* **andere Verzeichnisse**, vor allem Pläne von Bodenordnungsverfahren, als amtliches Verzeichnis iS des § 2 Abs 2 zulassen (dazu § 6 GBV Rdn 14 bis 16). Derartige Pläne bzw Nachweise sind zwar durchweg auf den Vollzug von Flächen- und Rechtsänderungen in Bezug auf   **4**

---

1 *Staudinger-Seiler* Einl zum SachenR Rn 88.

gebuchte Grundstücke zugeschnitten, sind aber ihrem Zweck entsprechend auch für die grundbuchmäßige Bezeichnung bei der Grundbuchanlegung für ev ungebuchte Bodenflächen geeignet.

5 **bb)** Eine **Anomalie** bilden die **Anteile an »ungetrennten Hofräumen«.** Es handelt sich hierbei durchweg nicht um ungebuchte Grundstücke im Sinne der §§ 116 ff, sondern um Bodenflächen in separatem Eigentum, die den regulären Buchungsvoraussetzungen (Bestimmtheitskriterien) des § 2 Abs 2 nicht entsprechen, weil sie – vor In-Kraft-Treten von BGB und GBO – **ohne Vermessung in Kataster und Grundbuch übernommen** wurden. Diese in den ehemals preuß Gebietsteilen der neuen Bundesländer anzutreffende Besonderheit hat ihre Ursache darin, dass bei der Aufstellung der Kataster im 19. Jahrhundert in den östlichen Provinzen Preußens vielfach von der zeitraubenden Vermessung der Einzelgrundstücke in den bebauten Teilen der Städte und Dörfer abgesehen wurde, weil sie für die damalige Besteuerung (Gebäudesteuer) entbehrlich erschien.[2] Nach der Wiedervereinigung eskalierte der Katastermangel zum Problem der Grundbuchführung und des Grundstücksverkehrs, die Grundstückseigenschaft und damit die Eigentums- und Belastungsfähigkeit dieser Flächen geriet in Zweifel.[3] Die Hofraumverordnung (HofV) vom 24.09.1993 (BGBl I 1658) brachte Abhilfe durch vorübergehende Zulassung von Identifizierungsbehelfen. Weitere Klärung muss ggf ein Bodensonderungsverfahren oder die Sachenrechtsbereinigung bringen, endgültige Klärung die irgendwann nachgeholte ordentliche Vermessung. Die HofV suspendiert den Mangel nur bis längstens zum 31.12.2010.

6 **cc) Besondere Modalitäten** sind – je nach Landesrecht – zu beachten bei Gewässergrundstücken, Anliegerwasserläufen, -gräben und -wegen (dazu folgende Rdn 7 bis 17).

3. Besonderheiten bei Gewässergrundstücken, Anliegerwasserläufen, Anliegerwegen[4]

7 **a) Zur Buchungsfähigkeit und Buchungspflicht der Gewässer. aa) Buchungsfähigkeit** ist die **Regel.** Ob in öffentlicher Hand oder in privatem Eigentum, spielt für die Buchungsfähigkeit der Gewässergrundstücke grundsätzlich keine Rolle, ausgenommen die Besonderheit der öffentlichen Gewässer in Baden-Württemberg (dazu § 3 Rdn 21).[5]

8 **bb) Buchungspflicht** ist die **Ausnahme** (vgl Erläuterungen zu § 3).
– **Freigestellt** von der Buchungspflicht sind gemäß § 3 Abs 2 zunächst die Grundstücke im Eigentum des Bundes, eines Landes, einer Gemeinde, eines Kommunalverbandes, einer Kirche, eines Klosters, einer Schule.
– **Freigestellt** von der Buchungspflicht sind gemäß § 3 Abs 2 – unabhängig vom Eigentum – die Grundstücke, die als »Wasserlauf« oder Teil eines solchen iS des § 3 Abs 2 anzusehen sind. Der Begriff entspricht dem ehemaligen preuß Wassergesetz, das in Wasserläufe und nicht zu den Wasserläufen gehörige Gewässer einteilte.[6] Die neueren Bundes- und Landesgesetze trennen nicht derart; das rahmensetzende WasserhaushaltsG des Bundes vom 27.07.1957 (BGBl I 1110) geht vom Begriff der »oberirdischen Gewässer«[7] aus und definiert diese in § 1 Abs 1 Nr 1 zusammenfassend als »ständig oder zeitweilig in Betten fließende und stehende oder aus Quellen wild abfließende Wasser«, ohne zu unterscheiden, ob die Gewässer in natürlichen oder künstlichen Betten fließen. Als Wasserlauf iS des § 3 Abs 2 können deshalb nach wie vor angesehen werden: »Gewässer, die in natürlichen oder künstlichen Betten beständig oder zeitweilig oberirdisch abfließen, einschließlich ihrer oberirdischen Quellen und Seen (Teiche, Weiher und ähnliche Wasseransammlungen), aus denen sie abfließen …«;[8] unterschiedlich werden wasserwirtschaftlich unbedeutende Gräben (wie zB Straßengräben) behandelt.[9]
– **Nicht freigestellt** von der Buchungspflicht sind »stehende Gewässer«. Das sind – je nach Landesrecht – insbesondere künstlich unter Wasser gesetzte Grundstücke (zB Fischteiche, Klärteiche, Parkteiche) sowie Seen ohne natürlichen Wasserzu- und -ablauf.

9 **b) Buchungsgegenstand, Rechtsgrundlagen.** Bei Gewässergrundstücken wird **nicht die Wasserfläche, sondern die wasserbedeckte Bodenfläche**, das Gewässerbett, im Grundbuch erfasst. Für die Grundbuchführung unerheblich ist daher die streitige Rechtsfrage, ob sich das Eigentum am Bett auf die »fließende Welle« erstreckt oder nicht.[10]

---

2 Konzentrierter historischer Überblick: BezG Erfurt Rpfleger 1992, 471 = DNotZ 1992, 808 m Anm *Frenz; Ufer* DtZ 1992, 272; *Bengel/Simmerding* § 2 Rn 31.
3 Vgl zB BezG Erfurt aaO (verneinend); BGH Rpfleger 1996, 417 = DtZ 1996, 212 (bejahend).
4 Überarbeitet und teilweise neu gefasst.
5 Zur Nichtbuchungsfähigkeit des öffentlichen Gewässereigentums in Baden-Württemberg: *Boehme* BWNotZ 1961, 78 gegen *Keller* BWNotZ 1960, 82, 85; s auch *Ulshöfer* BWNotZ 1990, 13.
6 Dazu *Güthe-Triebel* § 3 Rn 51; MIR (6. Aufl) § 3 Rn 65.
7 Abgrenzung vom Grundwasser.
8 So lautete im Wesentlichen die Definition in § 1 Abs 1 prWG; dazu BayObLGZ 1965, 400 = Rpfleger 1966, 332.
9 Dazu *Breuer* Öffentliches und privates Wasserrecht (2. Aufl 1987), Rn 56, 57.
10 Dazu BGHZ 28, 34, 37/38; Kommentare vor bzw zu § 90 BGB.

Maßgeblich für die privaten Rechtsverhältnisse an den Gewässergrundstücken sind gemäß Art 65 iVm Art 1 Abs 2 EGBGB die Wassergesetze der Länder,[11] und zwar auch – modifiziert durch gemäß Art 72 Abs 1 GG vorrangiges Bundesrecht (vor allem das Bundeswasserstraßengesetz) – für die Wasserstraßen, die aufgrund von Art 97, 171 Weimarer Verfassung durch Gesetz über den Staatsvertrag vom 29.07.1921 (RGBl 961) von den Ländern auf das damalige Reich als Reichswasserstraßen übertragen worden und aufgrund von Art 89 Abs 1 GG nebst Gesetz vom 21.05.1951 (BGBl I 352) Eigentum des Bundes (Bundeswasserstraßen) geworden sind. Insbesondere ergeben sich die seitlichen Grenzen der Bundeswasserstraßen aus den Wassergesetzen der Länder, da eine bundeseinheitliche Regelung des Gewässereigentums insoweit fehlt.[12]

Die heutigen Landeswassergesetze haben durchweg das bei ihrem In-Kraft-Treten an den vorhandenen Gewässern bestehende Eigentum so aufrechterhalten, wie es sich nach vorhergehendem Recht entwickelt hat, und schreiben es fort mit kodifizierten und modifizierten Regeln (zur Klärung von Ungewissheiten muss deshalb jeweils auf das zur Zeit und am Ort des fraglichen Ereignisses gültig gewesene Wasserrecht zurückgegriffen werden).

c) Mobilität der Gewässerbegrenzung. aa) Die **Grenzen zwischen Landgrundstücken** sind prinzipiell **10** künstlich (willentlich) bestimmt, in der Regel im Gelände fixiert durch Abmarkung, im Kataster dementsprechend dokumentiert und schließlich im Grundbuch festgeschrieben durch Bezug auf die Katastereinrichtung[13] (noch mit Abstrichen in den neuen Bundesländern). Der in der Flurkarte dargestellte Grenzverlauf ist Grundbuchinhalt iS der §§ 891 bis 893 BGB.[14] Die Änderung der Grundstücksgrenzen erfolgt ebenfalls willentlich, im Kataster durch Flurstückszerlegung und -verschmelzung, im Grundbuch durch initiierte Rechtsvorgänge (Teilung, Vereinigung, Bestandteilszuschreibung, mit oder ohne Übereignung), nötigenfalls nach Schaffung der katastermäßigen Voraussetzungen gemäß § 2 Abs 3.

bb) Für **Grenzen zwischen Gewässer- und Ufergrundstücken** kommen verschiedene Verhältnisse in **11** Betracht.[15] Zunächst geht es um **Gewässer,** die nicht Bestandteil der Ufergrundstücke sind, sondern ein **selbständiges Grundstück** bilden, das sich **in separatem Eigentum** (eines Gemeinwesens, einer Körperschaft, einer Privatperson) befindet, das Vorhandensein einer eigenen Flurstücknummer allein reicht nicht aus für die Annahme eines selbständigen Gewässergrundstücks (dazu Rdn 17):

(1) **Sie können abgemarkt sein**, insbesondere dann, wenn die Eigentumsverhältnisse so gestaltet sind, dass **12** außer dem Gewässerbett auch die Uferböschungen vollständig in die Gewässerflurstücke einbezogen sind und einem einheitlichen Eigentum unterliegen. Solange die Abmarkung funktionsfähig ist, kann von wohl vorstehend (Rdn 10) skizzierten Grundsätzen ausgegangen werden. Solche Verhältnisse werden bei den fließenden Gewässern, also den Wasserläufen im Sinne des § 3 Abs 2 (vgl Rdn 8), eher eine Ausnahme sein.

(2) **Oft sind sie nicht abgemarkt**, das ist insbesondere dann der Fall, wenn die Gewässerflurstücke – traditio- **13** neller wasserrechtlicher Eigentumsabgrenzung folgend – nur das *natürlich* gebildete Gewässerbett umfassen. Wo nichts anderes überliefert oder vereinbart ist, **gilt** dann nach altem und neuem Recht die **»Uferlinie«** als **Grenze zwischen dem Eigentum am Gewässer und dem Eigentum am Ufer.** Als Uferlinie bestimmen die heutigen Gesetze – anders als früheres Recht[16] – durchweg die Linie des (nach längerer Beobachtung) mittleren Wasserstandes, bei Gewässern in Tidegebieten die Linie des mittleren Tidehochwasserstandes.[17]

Mit Rücksicht darauf, dass die **Ufer fließender Gewässer naturbedingt** (kraft des fließenden Wassers) **Veränderungen ausgesetzt** sind, solange das Gewässer nicht in ein durch Ausbau stabilisiertes Bett gezwängt ist, und mit dem Ziel, den Eintritt uneinheitlicher Eigentumsverhältnisse an den Gewässern zu vermeiden,[18] sieht das Wasserrecht seit alters her die **automatische Anpassung der Eigentumsgrenzen** an natürliche Verlagerungen der Uferlinie vor. Wichtigste grenzändernde Naturvorgänge sind die *»Verlandung«*[19] bzw *»Anlandung«*[20] (Verschiebung der bisherigen Uferlinie wasserwärts infolge allmählicher Anschwemmung von Erdreich am Ufer

---

11 Fundstellen: zB bei *Schlegelberger-Friedrich* Recht der Gegenwart, Stichwort »Wasserrecht«; dazu auch *Breuer* aaO (Fn 9) Rn 29.

12 Zum Verhältnis von Bundes- und Landesrecht BGHZ 110, 148 mwN = NJW 1990, 3263 (die Trave/Ostsee betreffend).

13 Ausführlich dazu: *Bengel/Simmerding* § 22 Rn 9ff.

14 RGZ 73, 125, 129; BayObLGZ 1987, 410, 413 mwN = Rpfleger 1988, 254, 255; *Waldner* in *Bauer/von Oefele* § 2 Rn 20 mwN. Zur Abmarkung *Bengel/Simmerding* § 22 Rn 97 ff.

15 Dazu BayObLGZ 1981, 324 = Rpfleger 1982, 19; *Kriegel* Katasterkunde in Einzeldarstellungen (1974) Heft 3, Abschnitt 6.3.1.2; *Güthe-Triebel* § 122 Rn 19; *Bengel/Simmerding* § 22 Rn 92 ff; zu Ufergrundstücken am Bodensee: BayObLGZ 1989, 270 = (mitget) Rpfleger 1989, 396; zum WG NRW: OLG Hamm Rpfleger 1985, 396 m weiterführender Anm *Tröster*.

16 Vgl zB RGZ 44, 124 (zum gemeinen Recht); RGZ 87, 26 (zum rheinisch-französischen Recht, prALR und prWG).

17 Vgl zB § 70 NdsWG, § 4 WG Schl-H, § 69 BremWG.

18 Vgl BayObLGZ 1980, 141, 147.

19 So BayWG und entsprechende Gesetze.

20 So prWG und entsprechende Gesetze.

oder infolge Absinkens des mittleren Wasserspiegels) sowie der entgegengesetzte Vorgang, die dauerhafte »*Über-flutung*« (Verschiebung der bisherigen Uferlinie landwärts infolge allmählicher Abschwemmung von Uferland oder durch plötzlichen Uferabriss oder infolge Hebung des mittleren Wasserspiegels). Die jetzigen Landeswassergesetze – maßgeblich auch für die Eigentumsgrenze am Ufer der Bundeswasserstraßen (vgl Rdn 9) – setzen überwiegend[21] die Tradition im Wesentlichen fort mit etwa den (nicht überall gleichen) Regeln, dass bei *fließenden* Gewässern einerseits »Verlandungen« bzw »Anlandungen« den Ufereigentümern (Anlieger) zuwachsen, andererseits Uferflächen, die durch dauerhafte »Überflutung« Teil des Gewässers werden, dem Gewässereigentümer zuwachsen.[22] Meistens wird die Verlagerung der Eigentumsgrenze erst nach Ablauf einer bestimmten Frist zur Wiederherstellung des früheren Zustandes wirksam.[23] Bei der heute möglichen Gewässerpflege ist es wohl nur noch selten der Fall, dass ein fließendes Gewässer sein **altes Bett** verlässt und ein neues einnimmt oder sich im Gewässer eine Insel bildet; demgemäß sind diese Tatbestände in manchem Landesgesetz überhaupt nicht mehr geregelt,[24] in anderen heißt es, dass das Eigentum am neuen Gewässerbett auf den Eigentümer des alten Gewässerbettes übergeht.[25] Wo nichts Gegenteiliges bestimmt oder vereinbart ist, wird das Eigentum am verlassenen Gewässerbett unverändert geblieben sein.

Ob Anlandungen am **Ufer stehender Gewässern** (Seen, Teiche u dgl), zB durch Trockenfallen von Randflächen, einen Eigentumszuwachs zugunsten des Ufereigentümers bewirken, ist in den Landesgesetzen unterschiedlich geregelt.[26]

Soweit Bodenflächen nach den wasserrechtlichen Bestimmungen das Eigentum wechseln, werden sie jeweils ohne weiteres von den Lasten des bisherigen Eigentums frei und ohne weiteres den Lasten des neuen Eigentums unterworfen; das liegt kurz gesagt daran, dass die **beschränkten dinglichen Rechte** derselben Rechtsordnung (hier: dem Wasserrecht) unterworfen sind wie das Eigentum, aus dem sie abgezweigt sind (als Rechte Dritter iS des § 903 BGB), ohne dass dies in den wasserrechtlichen Vorschriften besonders zum Ausdruck kommen muss.[27]

14 **cc) Grundbuchrechtliche Konsequenzen der Mobilität der Gewässergrenzen**: Der Darstellung der Uferlinie im Kataster, die ja auf einer Momentaufnahme beruht, kann keine fortwährende Beweiskraft zukommen.[28] Dementsprechend ist inzwischen anerkannt, dass gegenüber den durch die Naturkräfte des Wassers verursachten Grenzveränderungen auch der öffentliche Glaube des Grundbuchs nicht wirkt und die im Grundbuch ausgewiesenen Grundstücksgrenzen **insoweit nicht** unter dem **Schutz der §§ 891, 892 BGB** stehen.[29] Ausgehend davon, wird der jüngeren Rechtsprechung[30] darin gefolgt werden können,[31] dass die Übernahme einer aufgrund einer Überflutung oder Verlandung erfolgten Neuvermessung der Uferlinie in das Grundbuch nicht einer Grundbuchberichtigung im Sinne des § 22 GBO bedarf,[32] sondern als eine nach den Vorschriften zur Erhaltung der Übereinstimmung von Grundbuch und Kataster durchführbare Angelegenheit anzusehen ist. Hinnehmbar ist diese Sicht, weil die *tatsächlichen* Veränderungen (neuer Verlauf der Uferlinie nebst Änderungen des Flächenmaßes der angrenzenden Bodenflächen) durch den Veränderungsnachweis der Vermessungsbehörde als feststellender Verwaltungsakt[33] für das GBA verbindlich nachgewiesen sind. Es kann zwar sein, dass die rechtmäßige Eigentumsgrenze – sie richtet sich nach den Vorschriften des Wasserrechts – von der Kataster-

---

21 Anders zB § 4 Ab 2 HambWG: Wenn ein Grundstück dauernd von Wasser überflutet wird, so wird der Grundstückseigentümer insoweit Eigentümer des Gewässers.

22 Originärer Eigentumserwerb kraft Gesetzes, unabhängig vom Willen der Beteiligten, vgl OLG Celle MittBayNot 1984, 29, 30; OLG Oldenburg Rpfleger 1991, 412; *Tröster* Rpfleger 1985, 398.

23 Nicht einheitlich geregelt ist, ob bzw inwieweit außer den natürlich eingetretenen auch künstlich herbeigeführte Verlandungen und Überflutungen einen automatischen Eigentumszuwachs zur Folge haben; zur Auslegung des LWG NW in dieser Hinsicht OLG Hamm Rpfleger 1985, 396. Bei Bundeswasserstraßen erstreckt sich jedenfalls das Eigentum des Bundes nach § 3 WaStrG auch auf künstliche Gewässererweiterungen, vgl BGH aaO (Fn 12); OLG Oldenburg Nds Rpfl 1969, 136; OLG Celle aaO (Fn 22); OLG Hamm Rpfleger 1985, 396.

24 ZB sind die diesbezüglichen Regelungen der §§ 14–16, 18 prWG nicht in das NdsWG aufgenommen worden.

25 So zB § 57 WG-MVP.

26 ZB nicht nach § 71 Abs 2 NdsWG, § 73 Abs 2 WG-LSA, § 54 Abs 2 WG-MVP. Vorgesehen zB in Art 7 Abs 1 BayWG, vgl BayObLGZ 1980, 141; *Bauch* MittBayNot 1984, 1, 3 (B 5); *Bengel/Simmerding* § 22 Rn 93.

27 Etwa ebenso: OLG Celle aaO (Fn 22); *Bengel/Simmerding* § 22 Rn 93; **aA** *Bauch* MittBayNot 1984, 1, 4, 6 und Anm zu OLG Celle aaO (Lastenfreistellung und Nachverhaftung der Übergangsflächen im Verfügungsweg gemäß BGB nötig).

28 *Bengel/Simmerding* § 22 Rn 92.

29 BGHZ 110, 148, 155 = aaO (Fn 12); BayObLGZ 1987, 410, 413/414 = Rpfleger 1988, 254, 255; BayObLG NJW-RR 2000, 1258; OLG Oldenburg Rpfleger 1991, 412; *Staudinger-Gursky* § 892 Rn 34, 35 und *Bengel/Simmerding* § 22 Rn 92; *Schöner/Stöber* Rn 345 Fn 11.

30 BayObLG sowie OLG Oldenburg aaO (Fn 29).

31 Vgl *Bengel/Simmerding* § 22 Rn 94.

32 Wie früher vorwiegend angenommen, siehe *Bauch* MittBayNot 1984, 1ff und *Tröster* Rpfleger 1985, 398, nach *Bengel/Simmerding* aaO (Fn 31) endgültig widerlegt.

33 BVerwG NJW 1966, 909 = Rpfleger 1966, 108 = DNotZ 1966, 606; BayObLGZ 1981, 324 = Rpfleger 1982, 19.

grenze (des dokumentierten Neuverlaufs der Uferlinie) abweicht;[34] als Möglichkeit steht dies jedoch der Aktualisierung der Bestandsangaben im Grundbuch in der Regel nicht im Wege, weil das Risiko eines Rechtsverlustes durch gutgläubigen Erwerb ausgeschlossen ist[35] – eben eine Spezialität des Wasserrechts. Allerdings obliegt dem GBA generell die Prüfung, ob es zum Vollzug eines Veränderungsnachweises weiterer Voraussetzungen bedarf.[36]

dd) Fazit für § 116:

15

(1) Für **verlandete Teile** eines ungebuchten Wasserlaufs, die einem gebuchten Ufergrundstück zugewachsen sind, *bedarf es keiner Einbuchung* (Grundbuchanlegung); für durch einen ungebuchten Wasserlauf **überflutete Teile** eines gebuchten Ufergrundstücks *bedarf es keiner Ausbuchung.* Im Grundbuch des gebuchten Ufergrundstücks ist nach hier befolgter Rechtsansicht (vgl Rdn 14) lediglich eine Berichtigung der Bestandsangaben aufgrund des betreffenden Veränderungs- bzw Fortführungsnachweises vorzunehmen. In dieser Hinsicht hat bereits das KG im Jahre 1911[37] erkannt, dass eine Anlandung grundbuchrechtlich ebenso zu behandeln ist wie der Fall, dass eine Parzelle größer ist als im Grundbuch angegeben ist, dass demnach lediglich eine Berichtigung der Bestandsangaben, nicht die Neuanlegung eines Grundbuchblattes in Frage kommt. Es handelt sich hierbei um einen anderen Sachverhalt als dem der Entscheidung des BVerwG vom 05.11.1965,[38] in der es um eine noch gar nicht vermessene Fläche (einen »ungetrennten Hofraum«)[39] ging, deren Eigentümer zu ermitteln und dazu das von dem Gericht in seiner Begründung angesprochene Anlegungsverfahren durchzuführen war. Verlandungen bzw Überflutungen betreffen dagegen in der Regel Teile vermessener Flächen, die einem vom Gesetz definierten Eigentümer zuwachsen.

(2) Ein etwa noch **ungebuchtes verlassenes Gewässerbett** wird zwar oft, wie erwähnt (Rdn 13), im bisherigen Eigentum verblieben sein, ist aber kein buchungsfreier Wasserlauf mehr. Folglich ist dafür ein *Grundbuch anzulegen,* ob von Amts wegen oder nur auf Antrag, hängt gemäß § 3 Abs 2 davon ab, in wessen Eigentum sich das verlassene Gewässerbett befindet. Die Vermessung ehemaliger Gewässerbetten ist allerdings früher oft unterblieben, und der letzte Uferverlauf ist nach langer Zeit kaum noch feststellbar.[40]

16

d) Nichtbuchungsfähigkeit der Anliegerwasserläufe (–gräben). Die Gewässer zweiter und (soweit eingeführt) dritter Ordnung, die nicht in separatem Eigentum stehen, sondern die **Eigentum der Anlieger** sind, gelten nach den Landeswassergesetzen – traditionsgemäß – durchweg **als Bestandteile der Ufergrundstücke.** Diese »Anliegergewässer« durchfließen eine Mehrzahl von Grundstücken, denen sie *abschnittweise* rechtlich zugeordnet sind und deren Rechtsschicksal sie teilen. Soweit die Ufergrundstücke verschiedenen Eigentümern gehören, wird nach den (abdingbaren) gesetzlichen Regeln die Eigentumsgrenze im Wasser für gegenüberliegende Ufergrundstücke im Zweifel durch die Mitte des Gewässers bei Mittelwasserstand, für nebeneinander liegende Ufergrundstücke durch die Senkrechte vom Endpunkt der Landgrenze auf die vorbezeichnete Mittellinie bestimmt.

17

Die unter Rdn 13 beschriebenen Veränderungen am Gewässerufer durch **Verlandung oder Überflutung** haben bei den Anliegergewässern **keine Eigentumsveränderung** zur Folge, sondern verändern lediglich den Land- und Wasserflächenanteil des Anliegergrundstücks. Das Ergebnis einer Neuvermessung kann deshalb ohne weiteres nach den Vorschriften zur Erhaltung der Übereinstimmung von Grundbuch und Kataster in das Grundbuch des Anliegergrundstücks übernommen werden.[41]

In Bayern und in den Ländern mit ehemals preuß Gebieten können diese Gewässer *trotz des uneinheitlichen Eigentums* im Kataster von früher her als *einheitliches Flurstück* ausgewiesen sein. Obwohl dann im Kataster verselbständigt, können die Anliegergewässer im Grundbuch nicht gebucht werden, und zwar:[42]

– **die Gewässerfläche im ganzen nicht,** weil sie *kein einheitliches Rechtsobjekt* bildet, sondern eine Vielheit von Anteilsflächen unterschiedlicher Eigentumszugehörigkeit.
– **die anteilige Wasserfläche des einzelnen Anliegers nicht,** *weil sie bereits indirekt gebucht* ist, und zwar dadurch, dass das angrenzende Ufergrundstück, dessen (unwesentlicher) Bestandteil sie ist und dessen dingli-

---

34 Näheres: *Bengel/Simmerding* § 22 Rn 92–94.
35 BGH, BayObLG, OLG Oldenburg aaO (Fn 29).
36 Dazu zB BayObLGZ 1981, 324 = aaO (Fn 33) sowie BayObLG NJW-RR 2000, 1258; OLG Oldenburg Rpfleger 1992, 387.
37 KGJ 43, 122 (zum prALR); nach *Güthe* (prJMBl 1914, 492, 498) zutreffend für § 17 prWG (Anlandungen), nicht für § 18 prWG (mit anderem Grundstück vereinigter Uferabriss).
38 AaO (Fn 33).
39 Zur gegenwärtigen Rechtslage: Rdn 5.
40 Dazu *Bengel/Simmerding* § 22 Rn 96; OLG Stuttgart BWNotZ 1990, 120.
41 BayObLGZ 1981, 324 = aaO (Fn 33).
42 BayObLG MittBayNot 1983, 63 = Rpfleger 1983, 344 (LS); *Bengel/Simmerding* § 4 Rn 20–25, § 22 Rn 45–48; *Schöner/Stöber* Rn 563.

ches Rechtsschicksal sie teilt, im Grundbuch verzeichnet ist. § 3 Abs 4 ist nicht anwendbar, weil es sich bei den Gewässeranteilen nicht um (ideelle) Miteigentumsanteile, sondern um (reale) Flächenanteile handelt. In manchen Ländern ist im Grundbuchblatt des Ufergrundstücks ein Vermerk über die Zugehörigkeit des Gewässeranteils angebracht, wie etwa *»Anteil am Gewässer Flurstück . . .«*.[43] Solche Vermerke haben die Bedeutung eines informativen Hinweises, eine Buchung im Sinne des § 3 Abs 4 sind sie nicht. Eine Verselbständigung der anteiligen Gewässerfläche als besonderes Grundbuchgrundstück ist nicht ausgeschlossen; Voraussetzung dafür ist die katastermäßige Verselbständigung (§ 2 Abs 3).

18   **e) Nichtbuchungsfähigkeit der Anliegerwege.** Sog »Anliegerwege« (auch »Angrenzerwege« genannt) kommen vornehmlich in Bayern vor. Wie für Anliegergewässer sind auch für Anliegerwege bei der Anlegung der Liegenschaftskataster ohne Rücksicht auf die Eigentumsgrenzen Flurstücke gebildet worden; die Bildung von Flurstücken für neu entstehende Anliegerwege und -gräben ist untersagt, die Wegeteilflächen (Grabenteilflächen) sind jeweils in die Flurstücke einzubeziehen, über die die Wege (Gräben) führen.[44] Bei den herkömmlichen Anliegerwegen sind die Wegeteilflächen unselbständige Bestandteile der angrenzenden Grundstücke; die jeweiligen Anlieger sind Alleineigentümer der zu ihren Grundstücken gezogenen Wegeteilflächen; ihre Grundstücks sind jedoch nach herrschender Auffassung regelmäßig mit einer altrechtlichen Grunddienstbarkeit zugunsten der Grundstücke derjenigen belastet, die den Weg nach seiner Zweckbestimmung zu Geh- und Fahrzwecken nutzen dürfen, üblicherweise der anderen Anlieger, und zwar bezogen auf die Teilfläche des Grundstücks, die zum Weg gehört.[45]

Aus den gleichen Gründen, wie vorstehend unter Rdn 17 für die Anliegergewässer aufgezeigt, sind die Anliegerwege nicht buchungsfähig. Der bei den Anliegergrundstücken im Grundbuch angebrachte Vermerk *»hierzu die zum Weg Flurstück . . . gezogene Teilfläche«* hat Hinweischarakter.[46]

Soll ein mit eigener Flurstücksnummer versehener Anliegerweg in seiner Gesamtheit rechtlich verselbständigt werden, brauchen nicht erst sämtliche zu dem Weg gezogenen Teilflächen der angrenzenden Grundstücke vorher katastermäßig sowie grundbuchmäßig als selbständige Flurstücke und Grundbuchgrundstücke ausgewiesen und anschließend verschmolzen und vereinigt zu werden; dies gilt jedenfalls dann, wenn die abzuschreibenden Grundstücksteilflächen von dinglichen Belastungen freigestellt werden.[47]

4. Zur Buchungsfähigkeit von Miteigentumsanteilen anstelle des Grundstücks im Ganzen

19   Sie richtet sich für Bruchteilseigentum nach § 3 Abs 4 bis 9, für Wohnungs- bzw Teileigentum nach den §§ 7, 8 WEG, für Stockwerkseigentum nach Landesrecht aufgrund des Art 182 EGBGB, für andere Eigentümergemeinschaften eventuell nach Landesrecht aufgrund des Art 181 Abs 2 EGBGB. Näheres in den Erläuterungen zu § 3. Siehe auch § 8 GBV Rdn 4.

5. Zur Buchungsfähigkeit grundstücksgleicher Rechte

20   Auch dazu wird auf die Erläuterungen zu § 3 verwiesen. Ergänzend kurz folgende Hinweise:

21   **a) Grundstücksgleiche Rechte aufgrund Bundesrechts.** Diese erhalten stets von Amts wegen ein besonderes Grundbuchblatt, für dessen Anlegung nicht die §§ 116 ff, sondern **Spezialvorschriften** gelten:

22   **aa)** Für das **Erbbaurecht** gelten bundesrechtliche Vorschriften, und zwar § 8 GBO nebst § 60 GBV für bis 21.01.1919 begründete, die §§ 14 bis 17 ErbbauRG nebst §§ 54 bis 59 GBV für später begründete Erbbaurechte.

23   **bb)** Für das **Bergwerkseigentum**, zunächst ein grundstücksgleiches Recht kraft Landesrechts (Art 67 EGBGB), inzwischen ein bundesrechtliches Rechtsinstitut gemäß BBergG vom 13.08.1980 (BGBl I 1310), gilt weiterhin Landesgrundbuchrecht (§ 176 Abs 2 BBergG), und zwar nicht nur für aufrechterhaltenes altes Bergwerkseigentum (§§ 149 Abs 1 Nr 1, 151 BBergG), sondern auch für neues Bergwerkseigentum (§§ 13, 17 BBergG), überlagert allerdings von den Bestimmungen des BBergG, so ua von § 17 Abs 3 BBergG, wonach die Eintragung des Bergwerkseigentums auf Ersuchen der zuständigen Behörde erfolgt, so dass das GBA von der Pflicht der Eigentumsaufklärung entbunden ist.

---

43 *Bengel/Simmerding* § 4 Rn 24; *Güthe-Triebel* § 122 Rn 19 zum ehemaligen prWG.
44 *Bengel/Simmerding* § 4 Rn 22.
45 BayObLGZ 1997, 367, 369 mwN.
46 Dazu BayObLG Rpfleger 1977, 103; Rpfleger 1981, 300; Rpfleger 1993, 104 = DNotZ 1993, 388. Ein Anliegerweg wird meistens muss aber nicht notwendigerweise Bestandteil aller angrenzenden oder einander gegenüberliegenden Grundstücke sein; er kann auch in voller Breite auf einem der angrenzenden Grundstücke verlaufen; dazu BayObLGZ 1997, 311 = NJW-RR 1998, 524.
47 BayObLGZ 1993, 363 = Rpfleger 1994, 205 = DNotZ 1995, 54.

b) Grundstücksgleiche Rechte aufgrund Landesrechts. aa) Die **Buchungsfähigkeit**, dh die Frage, ob 24
eine »Gerechtigkeit« (dingliches Nutzungsrecht) an fremdem Grundstück selbständig (»eigentumsgleich«) ist
und ob sie deswegen »grundstücksgleich« im Grundbuch verzeichnet werden kann, richtet sich als materiellrechtliche Frage nach aufgrund des EGBGB (insbesondere der Art 65 bis 74) noch fortgeltendem oder neu
geschaffenem Landesrecht (Ausführungsgesetze zum BGB oder besondere Gesetze).

bb) Die **Buchungspflicht** (Grundbuchanlegung von Amts wegen oder nur auf Antrag) ist eine verfahrens- 25
rechtliche Frage, die nach § 136 (anstelle des ehemaligen § 117), mit Einschränkung durch § 137 (ehemals § 118)
dem Landesgrundbuchrecht überlassen ist. Auf die Erläuterungen zu diesen Vorschriften wird verwiesen.

cc) Das **Buchungsverfahren** (Amtsbetrieb des Anlegungsverfahrens) richtet sich dagegen nach den bundes- 26
rechtlichen Vorschriften der §§ 116 bis 125; die Ermittlung des einzutragenden Rechtsinhabers muss sich selbstverständlich an den landesrechtlichen Möglichkeiten orientieren.[48]

dd) Die **Buchungsart** (Art der Beschreibung in der Aufschrift und im Bestandsverzeichnis) richtet sich wie- 27
derum primär nach dem Landesgrundbuchrecht; falls dort nichts bestimmt ist, ist eine dem materiellen Landesrecht gemäße Buchungsart zu wählen.

ee) Beispielgebende Blattanlegungen für grundstücksgleiche Rechte hat es in jüngerer Zeit, bedingt durch 28
Reformgesetzgebung, gegeben in:
- **Baden-Württemberg:** Dort löste die Neuordnung der Fischereiberechtigungen durch das FischereiG vom
  14.11.1979 (GBl S 466) eine Flut von Blattanlegungsanträgen aus, weil der Fortbestand der bei In-Kraft-
  Treten dieses Gesetzes (am 01.01.1981) ungebucht bestehenden selbständigen Fischereigerechtigkeiten
  davon abhängig gemacht wurde, dass deren Inhaber sie spätestens bis 31.12.1985 (verlängert bis 31.12.1988)
  zur Eintragung im Grundbuch anmelden oder dem GBA die Erhebung einer auf die Feststellung des Fischereirechts gerichteten Klage anzeigen. Für die Eintragung selbst verweist das Landesrecht auf § 118 (jetzt
  § 137); das Einbuchungsverfahren war nach den §§ 7ff AVOGBO (jetzt §§ 116 ff) abzuwickeln.[49] Zu den
  Fischereirechten in Bayern: § 7 GBV Rdn 4.
- **Niedersachsen:** Nach der Verkündung des BBergG vom 13.08.1990 (BGBl I 1310) haben hier viele
  Eigentümer von mutmaßlich salzträchtigen Grundstücken sog »Eigentümer«-Salzabbaugerechtigkeiten
  bestellt, um sich den Fortbestand dieser besonderen Art grundstücksgleicher Rechte über das In-Kraft-Tre-
  ten des BBergG am 01.01.1982 hinaus zu sichern. Das veranlasste den Landesgesetzgeber zunächst zu einer
  Notregelung und sodann zur Reform des gesamten Landesgrundbuchrechts.[50]

III. Verfahrensfragen

1. Allgemeines

a) Zur Feststellung ungebuchter Grundstücke. Jedes GBA hat dafür zu sorgen, dass die zu seinem örtli- 29
chen Zuständigkeitsbereich (§ 1 Abs 1 S 2) gehörenden Bodenflächen vorschriftsmäßig im Grundbuch erfasst
sind oder werden. Bei der Prüfung, ob eine Bodenfläche nicht (nirgendwo) gebucht ist, ist allerdings zu beachten, dass nach den §§ 4 Abs 2, 5 Abs 1, 6 Abs 1 – eventuell unzuständigerweise (vgl § 7 FGG) – Grundstücke
des »eigenen« Grundbuchamtsbezirks unter Umständen auch bei einem anderen GBA gebucht sein können.

b) Zur Buchungsstelle. Aus dem Wortlaut »Anlegung des Grundbuchblattes« ist nicht zu folgern, dass not- 30
wendigerweise ein neues Grundbuchblatt für das zu buchende Grundstück einzurichten ist. Unter den Voraussetzungen des § 4 kann die Aufnahme des Grundstücks in das Grundbuch auch durch Zubuchung auf ein
bereits bestehendes Grundbuchblatt erfolgen.

c) Zur praktischen Bedeutung des Anlegungsverfahrens. Sie ist in den alten Bundesländern gering zu 31
veranschlagen, da dort ungebuchte Grundstücke nur noch ausnahmsweise anzutreffen sein werden und bezüglich grundstücksgleicher Rechte Bedürfnisse, etwa wie jene, die in der jüngeren Vergangenheit zu Anlegungs-
serien Anlass gegeben haben (vgl Rdn 28), nicht in Sicht sind. Für die neuen Bundesländer kann Gleiches nicht
gesagt werden.

---

48 Vgl *Güthe-Triebel* § 122 Rn 19.
49 Dazu *Schmid* BWNotZ 1978, 21; 1981, 73; 1986, 117; *Böhringer* BWNotZ 1984, 153; 1985, 153; 1986, 126; *Laiblin*
   BWNotZ 1985, 153; 1986, 135; *Ulshöfer* BWNotZ 1990, 13.
50 Dazu *Ebeling* Rpfleger 1983, 385 mwN; ausführlich zum neuen nds Landesgrundbuchrecht: *Haas* Nds Rpfl 1982, 106
   mwN.

2. Einleitung und Durchführung des Verfahrens

32　Die Blattanlegung obliegt dem GBA nach den Bestimmungen des § 3 teils von Amts wegen, teils nur auf Antrag.

33　**a) Bei buchungspflichtigen Grundstücken.** Ergeben sich Anhaltspunkte, dass ein buchungspflichtiges Grundstück nicht im Grundbuch verzeichnet sein könnte, so hat das GBA aufgrund § 116 Abs 1 unverzüglich das Nötige (in der Regel zunächst gemäß § 117) zwecks weiterer Klärung zu veranlassen und so das Anlegungsverfahren von Amts wegen einzuleiten und, wenn nötig, bis zur Blattanlegung von Amts wegen durchzuführen, gleichgültig,

- ob das zZt ungebuchte Grundstück *bislang überhaupt noch kein Blatt erhalten* hatte, etwa weil es bei der erstmaligen Grundbuchanlegung ausgeklammert oder übersehen wurde, oder weil es, obwohl im Bundesgebiet gelegen, (möglicherweise etwa gemäß § 4) bei einem Amtsgericht gebucht ist, das nicht zum Geltungsgebiet der GBO gehört (überholt, da Gebiet der ehemaligen DDR betreffend),[51] oder weil es, vorher im Ausland gelegen, durch Grenzvertrag in das Gebiet der Bundesrepublik einverleibt worden ist,[52]
- ob das zur Zeit ungebuchte Grundstück *zunächst gebucht* und später aus irgendeinem Grund *wieder ausgebucht* worden ist.[53]

34　**b) Bei buchungsfreien Grundstücken.** Nach § 116 Abs 1 besteht die Amtspflicht des GBA zur Blattanlegung »unbeschadet des § 3 Abs 2 bis 9«. Aus diesem Vorbehalt ergeben sich etwa folgende Richtlinien:

35　**aa) Nur auf Antrag einzuleiten** ist das Anlegungsverfahren, falls die gesetzmäßigen Voraussetzungen der Buchungsfreiheit gemäß § 3 Abs 2 gegeben sind. Außerdem kommt es dann auf die Antragsberechtigung des Antragstellers an (zur Prüfung: Rdn 42 bis 45). Antragstellung ist erforderlich, gleich ob die Buchung des Grundstücks

- aus Rechtsgründen geboten ist, etwa um eine nach den Regeln der §§ 873 ff BGB – bis auf Ausnahmen aufgrund von Art 127, 128 EGBGB auch für die buchungsfreien Grundstücke verbindlich – eintragungsbedürftige Rechtsänderung durchzuführen; mit Rücksicht auf § 39 ist das Grundbuchblatt zunächst auf den Namen des Veräußerers anzulegen und im Anschluss daran die Eigentumsumschreibung durchzuführen.[54]
- lediglich vom Antragsteller begehrt wird, um sich die Vorteile der amtlichen Grundbuchführung durch das GBA zunutze zu machen. In diesem Zusammenhang ist anzumerken, dass Bund, Länder und Kommunen ihre federführenden Behörden weithin angewiesen haben, die deren Verwaltung unterstehenden Grundstücke im Grundbuch buchen zu lassen.

36　**bb) Von Amts wegen einzuleiten** ist das Anlegungsverfahren, falls die gesetzmäßigen Voraussetzungen der Buchungsfreiheit tatsächlich nicht gegeben sind, das betreffende Grundstück also in Wirklichkeit dem grundsätzlichen Buchungszwang aller Grundstücke unterliegt. Für die aktuelle Buchungspflicht ist es belanglos, ob die bisherige Nichtbuchung auf irrtümlicher Annahme eines Tatbestandsmerkmals der Buchungsfreiheit oder auf dessen nachträglichem Wegfall (zB Entwidmung eines früher öffentlichen Weges) beruht.

37　**cc) Die Durchführung des Verfahrens** erfolgt stets – auch bei antragsabhängiger Verfahrenseinleitung – **im Amtsbetrieb**, so dass ein zugelassener (weil ordnungsmäßiger) Antrag (dazu Rdn 42) später nicht zurückgewiesen werden darf, etwa mit der Begründung, der Antragsteller habe letztlich sein Eigentum nicht mit der nötigen Gewissheit nachweisen können oder nach den Ermittlungen habe sich herausgestellt, dass ein anderer als der Antragsteller Eigentümer ist[55] (dazu Rdn 43). Auch der Erlass einer Zwischenverfügung ist unzulässig.[56]

38　**dd) Sonderfall des § 3 Abs 4 bis 6:** Unter den dort bestimmten Voraussetzungen braucht für das ungebuchte (aber buchungspflichtige) Grundstück im Ganzen nicht erst ein Blatt angelegt zu werden, sondern können sogleich die Miteigentumsanteile auf den Blättern der herrschenden Grundstücke gebucht werden; die Eintragung der Anteile ist in diesem Fall gleichsam die Blattanlegung, auf welche die §§ 116 bis 125 entsprechend anzuwenden sind.[57] Ist dagegen das dienende Grundstück bereits gebucht, hat die spätere Anteilsbuchung nicht die Bedeutung einer Blattanlegung,[58] sondern die eines Blattwechsels, der technisch als Ab- und Zuschrei-

---

51　Für die Anwendung der §§ 7 ff AVOGBO (jetzt §§ 116 ff GBO) in solchem Fall: BayObLGZ 1980, 185 = Rpfleger 1980, 390; **aA** *Hesse-Saage-Fischer* § 123 Anm I aE (Vorschriften über Wiederherstellung zerstörter Grundbücher entsprechend anzuwenden).

52　*Hesse-Saage-Fischer* § 7 AVOGBO Anm I; KEHE-*Eickmann* Rn 1.

53　BayObLG aaO (Fn 51) S 188 im Anschluss an MIR (6. Aufl) § 3 Anh I Rn 358; *Hesse-Saage-Fischer* Anm I; *Güthe-Triebel* § 122 Rn 2, § 3 Rn 69.

54　RGZ 164, 385 = JFG 21, 329.

55　*Hesse-Saage-Fischer* § 3 Anm II 1 aE; **aA** OLG Hamm Rpfleger 1952, 244 (Zurückweisung erst nach Abschluss der Ermittlungen) mit abl Anm *Bruhn*.

56　KG JFG 13, 127, 128 = KGJ 48, 167.

57　Wohl ebenso *Hesse-Saage-Fischer* Vorbem I 2 vor § 7 AVOGBO.

58　OLG Düsseldorf Rpfleger 1970, 394; OLG Köln MittRhNotK 1981, 264.

bungsvorgang zu vollziehen ist (vgl § 8 GBV Rdn 10, 11), gegebenenfalls mit anschließender Schließung des bisher für das Grundstück geführten Blattes (vgl § 34 GBV Rdn 5).

c) Einstellung des Verfahrens. aa) Sie ist **zulässig und geboten,**[59]   **39**
– wenn sich nach der Verfahrenseinleitung ergibt, dass ein Blatt für das Grundstück bereits angelegt ist; denn dadurch wird das neuerliche Anlegungsverfahren, dessen Durchführung zu einer Doppelbuchung führen würde, gegenstandslos.
– wenn es sich im Laufe des Verfahrens erweist, dass das Grundstück buchungsfrei ist und ein gemäß § 3 Abs 2 erforderlicher Antrag entweder nicht gestellt oder zurückgenommen ist.

Wie die oben (Rdn 37) erwähnte Antragszurückweisung **unzulässig** ist dagegen die Verfahrenseinstellung   **40** wegen Nichtermittlung des Eigentums. Aus § 123 ergibt sich, dass das Gesetz auf dem Standpunkt steht, dass irgendein Anhalt für das Eigentum einer Person immer zu finden sein muss und dass die Ermittlungen solange fortzusetzen sind, bis er gefunden ist; äußerstenfalls ist derjenige als Eigentümer einzutragen, dessen Eigentum nach Lage der Sache am wahrscheinlichsten erscheint.[60] Das Anlegungsverfahren darf deshalb prinzipiell nicht mit einem »non liquet« enden.[61]

bb) Stellt sich eindeutig die **Herrenlosigkeit** des zu buchenden Grundstücks heraus, so ist dies kein Grund für   **41** eine Verfahrenseinstellung, sondern es ist als solches zu buchen (dazu § 123 Rdn 3).

d) Zur antragsabhängigen Blattanlegung im Besonderen. aa) Zur Antragsberechtigung generell: Ist   **42** das GBA davon überzeugt, dass das Grundstück buchungsfrei ist (andernfalls ist von der grundsätzlichen Buchungspflicht und dem völligen Amtsbetrieb des Verfahrens auszugehen), so darf es dafür gemäß § 3 Abs 2 »nur auf Antrag des Eigentümers oder eines Berechtigten« ein Grundbuchblatt anlegen. Die Antragsberechtigung bedarf des Nachweises, weil das zum Antrag berechtigende Eigentum oder dingliche Recht nicht aus dem Grundbuch ersichtlich ist. Der Nachweis der Berechtigung obliegt dem Antragsteller; gelingt er nicht, so ist der Antrag wegen fehlender Antragsberechtigung zurückzuweisen.[62] Mit welchen Mitteln der Nachweis erbracht werden kann, darüber ist gesetzlich nichts bestimmt. Sinngemäß ist anzunehmen, dass zum Nachweis der Antragsberechtigung keinesfalls mehr gefordert werden darf als vom Gesetz (§ 123 bzw § 124) für die nach Abschluss der noch durchzuführenden Amtsermittlungen vorzunehmenden Eintragung verlangt wird. Daran anknüpfend, ist von unterschiedlichen Maßstäben für den auf Eigentum gestützten Antrag einerseits und für den auf ein sonstiges dingliches Recht gestützten Antrag andererseits auszugehen.

bb) Zum Antrag des angeblichen Eigentümers: Wer den Antrag als Eigentümer des zu buchenden   **43** Grundstücks stellt, muss in Anlehnung an § 123 dartun, dass und warum er zu einer der drei genannten drei Kategorien gehört. Die dort vorgeschriebene Rangfolge dieser Kategorien hat für die spätere Eintragung, für den Antrag noch keine Bedeutung; denn sie kann erst aufgrund der Ermittlungen des GBA festgestellt werden.[63] Da nach § 123 äußerstenfalls eintragbar ist, wessen Eigentum nach Lage der Sache am wahrscheinlichsten ist, genügt für die Zulassung des Antrags der formlose Nachweis von Tatsachen, welche die behauptete Berechtigung zumindest wahrscheinlich machen.[64] Derjenige, der letztlich gemäß § 123 als Eigentümer in das anzulegende Grundbuch einzutragen ist, muss mit dem Antragsteller nicht unbedingt identisch sein; nur wenn es aufgrund der ermittelten Tatsachen von vornherein ausgeschlossen erscheint, dass das buchungsfreie Grundstück dem Antragsteller gehört, ist die Zurückweisung seines Antrags wegen fehlender Antragsberechtigung gerechtfertigt.[65] Oft wird dann auch die Gewissheit über die Buchungsfreiheit des Grundstücks erschüttert sein, so dass das Anlegungsverfahren nun von Amts wegen weiter zu betreiben ist (vgl Rdn 36).

Antragsberechtigt ist auch der **Fiskus,** der das ihm gemäß § 928 Abs 2 BGB, Art 190 EGBGB zustehende   **44** Aneignungsrecht ausüben will.[66] Weiteres bei § 123 Rdn 11.

cc) Zum Antrag eines angeblichen Berechtigten: Wer den Antrag als sonstiger Berechtigter stellt, muss in   **45** Anlehnung an § 124 dartun, dass ihm
– entweder ein außerhalb des Grundbuchs bestehendes dingliches Recht am zu buchenden Grundstück zusteht (zB eine aufgrund Art 128 oder Art 184, 187 EGBGB eintragungslos bestehende Grunddienstbarkeit),

---

59 Dazu *Bruhn* Rpfleger 1952, 246 in berechtigter Kritik an OLG Hamm (Fn 55).
60 *Güthe-Triebel* § 122 Rn 13, 14.
61 *Hesse-Saage-Fischer* § 14 AVOGBO Anm I; KEHE-*Eickmann* § 123 Rn 1; anders wohl *Böhringer* BWNotZ 1986, 126, 130.
62 BayObLGZ 1965, 403 mwN = Rpfleger 1966, 332; OLG Stuttgart Rpfleger 1962, 214.
63 *Hesse-Saage-Fischer* § 3 Anm II 1.
64 BayObLG aaO (Fn 62) unter Berufung auf KGJ 34 A 218, 223; MIR (6. Aufl) Rn 72, *Güthe-Triebel* Rn 59, *Hesse-Saage-Fischer* Anm II, alle zu § 3; zu Unrecht auf Gewissheit abstellend: OLG Hamm Rpfleger 1952, 243.
65 BayObLG (Fn 62) unter Verweis auf KG JFG 8, 211, 219; KGJ 30 A 174, 175; 49, 156, 158.
66 KG JFG 8, 211, 218.

– oder er befugt ist, einen Antrag auf Eintragung einer Rechtsänderung nach der GBO zu stellen, sei es, dass diese Eintragung sich auf eine vom Eigentümer erteilte Bewilligung gründet oder
– entsprechend dem Rechtsgedanken des § 14 auf einen gegen diesen gerichteten Vollstreckungstitel stützt. Diese Variante ergibt sich zwar nicht aus dem Wortlaut des § 124, entspricht jedoch dem Sinn dieser Vorschrift.[67]

Entsprechend den gegenüber § 123 strengeren Anforderungen des § 124 reichen allerdings – im Unterschied zu oben (Rdn 43) – formlose Nachweise nicht aus. Der Antrag tritt hier an die Stelle der nach § 124 erforderlichen Anmeldung, so dass bereits zum Beleg der Antragsberechtigung Nachweise vorzulegen sind, die dem § 124 genügen (vgl § 124 Rdn 5 ff)

---

67   Vgl KG aaO (Fn 66); BayObLG aaO (Fn 62) sowie MIR (6. Aufl) Rn 70. *Güthe-Triebel* Rn 59, *Hesse-Saage-Fischer* Anm II 1, *Demharter* Rn 18, alle zu § 3.

§ 117 (Auszug aus dem amtlichen Verzeichnis)

Das Grundbuchamt hat die zuständige Behörde um Übersendung eines beglaubigten Auszugs aus dem für die Bezeichnung der Grundstücke im Grundbuch maßgebenden amtlichen Verzeichnis zu ersuchen.

I. Normzweck

Ziel des § 117 ist es, dass die authentischen Kennzeichnungsdaten des zu buchenden Grundstücks dem GBA alsbald zur Verfügung stehen. Es benötigt sie insbesondere:

- für die weiteren Ermittlungen, so zB zur zuverlässigen Feststellung, dass das Grundbuch wirklich ungebucht ist, um eine gefahrvolle Doppelbuchung (dazu Einl zu § 38 GBV) zu vermeiden, zur Feststellung der tatsächlichen Voraussetzungen etwaiger Buchungsfreiheit, ev auch als Hilfe bei der Amtsermittlung des Eigentümers (§ 118);
- für die vorschriftsmäßige Bezeichnung des Grundstücks im Aufgebot (§ 120 Ziff 2) oder für die zweckmäßige Bezeichnung in der öffentlichen Bekanntmachung (§ 122);
- schließlich für die dem § 2 gemäße Buchung des Grundstücks im Bestandsverzeichnis des anzulegenden Grundbuchblattes.

II. Norminhalt

Die Amtsermittlung des GBA soll mit der Beschaffung eines beglaubigten Auszugs aus dem Liegenschaftskataster als dem für die Grundstücksbezeichnung maßgebenden amtlichen Verzeichnis beginnen. Auch wenn die Verfahrenseinleitung antragsabhängig ist (vgl § 116 Rdn 35), ist es nicht Sache des Antragstellers, sondern des Grundbuchamtes, die Katasterunterlagen herbeizuschaffen. Es darf davon nicht absehen, etwa weil sich aus dem Kataster angeblich nichts über das Eigentum ergäbe.[1] Die Eigentümerangaben im Kataster haben ohnehin keine Beweiskraft (vgl § 118 Rdn 12) und bilden nicht den wesentlichen Grund für die Vorschrift des § 117 (vgl Rdn 1).

---

1 *Bruhn* in zutreffender kritischer Anm zu OLG Hamm Rpfleger 1952, 244, 245.

§ 118 (Amtsermittlung)

Zur Feststellung des Eigentums an dem Grundstück hat das Grundbuchamt von Amts wegen die erforderlichen Ermittlungen anzustellen und die geeigneten Beweise zu erheben.

I. Normzweck

1 § 118 bezweckt die Ausrichtung des Verfahrensbetriebs auf die Verfahrensziele und erklärt den Amtsermittlungsgrundsatz zur Verfahrensmaxime.

II. Zur Bedeutung des § 118 im Einzelnen

1. Koordination von Verfahrensziel und -betrieb

2 **a) Feststellung des Eigentums. aa)** Sie ist **Kernziel des Anlegungsverfahrens** gemäß § 123. Anzustreben ist nach dieser Vorschrift primär die Ermittlung und Eintragung des wahren Eigentümers. Nur wenn sich dessen Feststellung nicht mit Sicherheit treffen lässt, ist die Eintragung des höchstwahrscheinlichen, äußerstenfalls des wahrscheinlichsten Eigentümers in das anzulegende Grundbuchblatt gestattet, um auszuschließen, dass das Anlegungsverfahren wegen Unermittelbarkeit des Eigentümers beendet wird (vgl § 116 Rdn 40).

3 **bb)** Sie ist **Kernaufgabe des Anlegungsverfahrens** gemäß § 118. Das GBA ist verpflichtet, von Amts wegen die zur Feststellung des Eigentums »erforderlichen« Ermittlungen anzustellen und die »geeigneten« Beweise zu erheben. Dies entspricht dem § 12 FGG (dazu Rdn 7). Das GBA darf demgemäß den Beteiligten nicht auf den (ihnen die Beweislast aufbürdenden) Prozessweg verweisen, sondern hat grundsätzlich selbst über die Eigentumsfrage zu entscheiden, ist andererseits an vorgreifliche rechtsgestaltende Verwaltungsakte berufener Behörden sowie an Urteile von Verwaltungs- und Zivilgerichten im Umfang ihrer Rechtskraftwirkung gebunden und darf das Verfahren aussetzen, um das Ergebnis eines *schwebenden* Prozesses abzuwarten.[1] Was im Einzelfall an Ermittlungen erforderlich und an Beweisen geeignet ist, überlässt das Gesetz dem Ermessen des GBA, setzt ihm aber in § 123 das Ziel, vorrangig den wahren Eigentümer ausfindig zu machen und unter Beweis zu stellen. Das GBA verletzt seine Ermittlungspflicht, wenn es gebotene Prüfungen der Sach- und Rechtslage auslässt bzw realisierbare Beweismöglichkeiten nicht wahrnimmt, sondern kurzerhand auf die gemäß § 123 nur notfalls zulässigen weniger sicheren Eigentumsfeststellungen ausweicht. Die Verletzung der Ermittlungspflicht ist eine Verletzung gesetzlicher Vorschriften im Sinne des § 53; hat sie die Unrichtigkeit der Eigentumseintragung zur Folge, so besteht für das GBA Anlass zur Eintragung eines Amtswiderspruchs; desgleichen ist nach § 125 auf Beschwerde die Anordnung eines Widerspruchs gerechtfertigt.[2]

4 **cc)** Zur Frage, ob vor der Eintragung ein **beschwerdefähiger Vorbescheid** zulässig ist: § 125 Rdn 4.

5 **b) Beschränkte dingliche Rechte und sonstige Eigentumsbeschränkungen. aa)** Sie sind nur **auf Anmeldung und Billigung** durch den Eigentümer im anzulegenden Grundbuchblatt einzutragen, unter Umständen durch Eintragung eines Widerspruchs zu sichern, wie in § 124 im Einzelnen bestimmt.

6 **bb)** Sie sind **nicht von Amts wegen zu ermitteln**. § 118 beschränkt – abgestimmt auf die §§ 123, 124 – die Ermittlungspflicht des GBA auf die Feststellung des Eigentums. Das GBA braucht sich also von sich aus nicht um das Vorhandensein etwaiger dinglicher Lasten und Beschränkungen zu kümmern.

---

1 Dazu allgemein: *Habscheid* FG § 19 V 4; *Schmidt* in *Keidel/Kuntze/Winkler* FG § 12 Rn 98 ff mwN; in Bezug auf das Anlegungsverfahren: *Hesse-Saage-Fischer* § 14 AVOGBO Anm I; KEHE-*Eickmann* § 123 Rn 2; **aA** (Keine Verfahrensaussetzung, auch nicht wegen eines anhängigen Prozesses) *Demharter* § 123 Rn 1; *Waldner* in *Bauer/von Oefele* Rn 2; wohl auch *Güthe-Triebel* § 122 Rn 11 unter Verweis auf KG OLGE 45, 93. Zur Bindung des GBA an ein rechtskräftiges Feststellungsurteil nach Streit, wem ein frei übertragbares Recht (hier: selbständiges Fischereirecht) zusteht: BayObLG Rpfleger 1992, 101.

2 Vgl zB OLG München JFG 17, 293, 296 ff; OLG Oldenburg NdsRpfl 1975, 17; OLG Hamm OLGZ 1980, 186 = Rpfleger 1980, 229 (alle zu unzureichenden Ermittlungen des GBA).

2. Amtsermittlungsgrundsatz als Verfahrensmaxime

a) Grundsätzliches. aa) § 118 gleicht § 12 FGG nahezu wortgetreu, lässt somit keinen Zweifel daran, dass **7** für das Anlegungsverfahren die zu § 12 FGG entwickelten Grundsätze über den Amtsbetrieb, den Amtsermittlungsgrundsatz, über Art und Umfang der Ermittlungen, über das rechtliche Gehör und die Anhörung von Beteiligten, über Beweismittel, -verfahren und -würdigung ohne Abstriche gelten, so dass Literatur und Rechtsprechung zu dieser Vorschrift zu Rate gezogen werden können (dazu auch Einl F, insb Rdn 77 bis 86, 87 bis 97, 112 und 113). Allgemein gilt: Das GBA hat seine Anordnungen von Amts wegen zu treffen und unabhängig vom Vorbringen der Beteiligten – sie haben lediglich die Möglichkeit, Anregungen für eine Beweisaufnahme zu geben, auf Beweismittel hinzuweisen und insofern Hilfestellung zu geben – den Sachverhalt aufzuklären und die erforderlichen Beweise zu erheben; für den Erlass einer Zwischenverfügung ist kein Raum (vgl § 116 Rdn 37). Das GBA ist nicht auf die Benutzung bestimmter Beweismittel beschränkt; ihm stehen vielmehr grundsätzlich sämtliche im Rahmen des § 12 FGG zugelassenen Mittel und Wege zur Verfügung.[3] Entsprechend den Zielvorgaben des § 123 (vgl Rdn 2) hat es allerdings in erster Linie danach zu trachten, den Eigentümer nach strengbeweislichen Regeln sicher zu ergründen; wo solche Beweise nicht erreichbar sind, wird es sich mit Nachweisen freibeweislicher Art begnügen dürfen, um den höchstwahrscheinlichen, äußerstenfalls den wahrscheinlichsten Eigentümer herauszufinden[4] (dazu § 123 Rdn 3; auch § 82 Rdn 16).

bb) Die **Beweiswürdigung** erfolgt **analog § 286 ZPO** grundsätzlich nicht nach festen Regeln, sondern nach **8** freier Überzeugung unter Berücksichtigung der gesamten Verfahrensergebnisse (Gesamtwürdigung der Beweisergebnisse, eventueller Gutachten, amtliche Auskünfte, Erklärungen und Stellungnahmen der Beteiligten). In diesem Sinne etwa ist § 286 ZPO aufgrund von § 12 FGG in den Verfahren der freiwilligen Gerichtsbarkeit anzuwenden, soweit nichts anderes angeordnet ist,[5] und aus § 118 ergibt sich für das Grundbuchanlegungsverfahren nichts anderes. Wo es auf Strengbeweis ankommt, sind allerdings gemäß § 15 FGG die gesetzlichen Beweisregeln der ZPO zu beachten, wie insbesondere die der §§ 415 bis 419, 437, 438 über die Beweiskraft der Urkunden.

b) Besonderes. aa) Welche Wege und Mittel geeignet sind zur Eigentumsermittlung, hängt wesentlich **9** davon ab, ob und wie nach dem jeweils gültigen materiellen Recht an ungebuchten Grundstücken Eigentum erworben bzw verloren werden konnte (dazu § 123 Rdn 4 ff). Generell ist zu bemerken:

bb) Auskünfte bzw Bescheinigungen von Verwaltungsbehörden (ausgenommen Verwaltungsakte und **10** Urteile, dazu Rdn 3): Sie sind vielfach hilfreich für die Ermittlungen und im Rahmen des Freibeweises gemäß § 12 FGG durchaus verwertbar, gehören aber nicht zu den Beweismitteln im strengen Sinne (§ 15 FGG), sondern sind Amtshilfeleistungen in Form von sachlichen Auskünften bzw gutachterlichen Stellungnahmen. Sie sind Mittel zur Unterstützung des GBA bei seiner Ermittlungstätigkeit und Entscheidungsfindung ohne formale Beweiskraft. Für ihre Beweiswürdigkeit kommt es entscheidend darauf an, dass sie im Gutachtenstil nachvollziehbar die Quellen und Erkenntnisgrundlagen aufzeigen.

cc) »Besitzzeugnisse« kommunaler bzw staatlicher Behörden, in früheren Anlegungsvorschriften[6] als **11** Beweismittel für Eigenbesitz und Ersitzungszeiten besonders vorgesehen, kommen in dieser Funktion nur noch in Betracht im Rahmen des § 20 der ehemaligen AVOGBO; ansonsten sind die aufgrund des § 91 GBO ursprünglicher Fassung erlassenen Landesvorschriften durch § 18 Abs 1 S 3 der ehemaligen AVOGBO außer Kraft gesetzt worden. Darüber informierte seinerzeit die AV des RJM vom 27.05.1938 (DJ 1938, 847)[7] mit folgendem Hinweis:

»Jedoch haben die Verwaltungsbehörden auch fernerhin allgemein auf Ersuchen der Grundbuchämter Amtshilfe zu leisten, indem sie die erforderlichen Feststellungen über die Besitzverhältnisse an Grundstücken treffen und den Grundbuchämtern hierüber Auskunft erteilen. Diese Auskunfterteilung soll sich auf diejenigen Tatsachen beschränken, für deren Richtigkeit die Verwaltungsbehörde aufgrund der ihnen zur Verfügung stehenden Unterlagen ohne weiteres die Verantwortung zu übernehmen vermögen«.

dd) Der **Eigentümernachweis im Liegenschaftskataster** hat heute lediglich Ordnungsfunktion, er soll die **12** Benutzung des Katasters ohne Zuhilfenahme externer Hilfsmittel (Grundbuch) ermöglichen; ursprünglich (in den früheren Grundsteuerkatastern) hatte der Eigentümernachweis dagegen den Zweck, den Steuerpflichtigen festzulegen, also eine rechtserhebliche Bedeutung.[8] Öffentlicher Glaube (absolute Beweiskraft) wurde den frü-

---

3   Zur Umsetzung im Anlegungsverfahren: vorbezeichnete Entscheidungen (Fn 2); aufschlussreich: Rechtsprechung und Schrifttum zur Blattanlegung für Fischereirechte in Baden-Württemberg (dazu § 116 Rdn 28 mwN), insb *Böhringer* BWNotZ 1986, 126–131.

4   Für Strengbeweis ohne Differenzierung: *Böhringer* aaO (Fn 3) S 129.

5   Dazu *Habscheid* FG § 19 V 2; *Schmidt* in *Keidel/Kuntze/Winkler* FG § 12 Rn 207 mwN.

6   Insb Art 20 Nr 2b iVm Art 11 der preuß VO betreffend das Grundbuchwesen vom 13.11.1889 (prGS 519), dazu KGJ 27 A 238; 30 A 171; 45, 210; KG OLGE 45, 93; *Güthe-Triebel* (5. Aufl) zu § 91.

7   Vollständig abgedruckt in MIR (6. Aufl) § 3 Anh I Rn 366b.

8   *Kriegel*, Katasterkunde in Einzeldarstellungen, Heft 6 (1974), Abschnitt 6.1.

heren katasterlichen Eigentumsangaben indes nur in wenigen Ländern zuerkannt (vgl Voraufl Einl I Rn 20), überwiegend kann ihnen wie den heutigen nicht mehr als Indizwirkung beigemessen werden. Das mit einer Grundbuchanlegung befasste GBA verletzt daher regelmäßig seine Ermittlungspflicht (dazu Rdn 3), wenn es nicht den Quellen nachgeht, auf welche sich die Eigentümerangabe im Kataster gründet; dazu werden gelegentlich auch archivierte Unterlagen über die bei der Erstaufstellung der Grundsteuerkataster getroffenen amtlichen Feststellungen zu überprüfen sein.[9]

13 **ee)** Bedeutsame Quellen aus der Vergangenheit sind »**Rezesse**« bzw **Auseinandersetzungspläne** von Gemeinheitsteilungs- und Verkoppelungsverfahren bzw Umlegungsverfahren,[10] insbesondere dann, wenn das Eigentum an noch ungebuchten landwirtschaftlichen Zweckgrundstücken (wie zB Wald-, Weide-, Wege-, Wasser- und ähnliche Flächen) in Frage kommt (dazu § 123 Rdn 22 ff).

14 **c) Aufgebot.** Eine besondere Handhabe zur Ermittlung des Eigentümers ist das Aufgebot, das gemäß § 119 erlassen werden kann. Kein Mittel zur Aufklärung ist dagegen die in § 122 vorgeschriebene Bekanntmachung der bevorstehenden Blattanlegung.[11]

---

9 Dazu OLG Hamm aaO (Fn 2); OLG Oldenburg MDR 1956, 114 = NdsRpfl 1956, 52; OLG Stuttgart NVwZ 1988, 382; BayObLGZ 1982, 400, 405/406; 1989, 203, 209 ff (zur Beweiswürdigung früherer Liquidationsverhandlungen).
10 Dazu *Böhringer* NJ 2000, 120 mwN.
11 OLG Oldenburg aaO (Fn 2).

§ 119 (Aufgebot)

Das Grundbuchamt kann zur Ermittlung des Berechtigten ein Aufgebot nach Maßgabe der §§ 120 und 121 erlassen.

I. Normzweck

§ 119 ist als Erweiterung des Instrumentariums des § 118 zu verstehen. Das Aufgebot soll helfen, den Eigentümer zu ermitteln, es soll also nicht ausschließen wie das Aufgebot der §§ 946 ff ZPO, sondern erschließen. Der Wortlaut »zur Ermittlung des Berechtigten« darf nicht missverstanden werden; denn aus § 120 Ziffer 4 und aus § 124 ergibt sich, dass das Aufgebot allein dem in § 118 gesetzten Ziel dienen soll, den Eigentümer (nicht einen sonstigen Berechtigten) zu ermitteln.[1]   **1**

II. Norminhalt

Es liegt im Ermessen des GBA, vom Erlass des Aufgebots Gebrauch zu machen oder nicht.[2] Bedürfnis und   **2**
Erfolgsaussichten sind vorab zu prüfen. Erst wenn die vorausgegangenen Ermittlungen zu keinem überzeugenden Ergebnis geführt haben, rechtfertigt sich der Aufwand des Aufgebotsverfahrens.[3]

---

1 Ebenso interpretiert von *Güthe-Triebel* § 122 Rn 12 und von *Hesse-Saage-Fischer* zu § 10 AVOGBO.
2 Ebenso *Demharter* §§ 119–121 Rn 1; *Schöner/Stöber* Rn 1009; *Waldner* in *Bauer/von Oefele* Rn 1; wohl auch KEHE-*Eickmann* §§ 119–121 Rn 1.
3 In diesem Sinne *Güthe-Triebel* und *Hesse-Saage-Fischer* aaO (Fn 1), ähnlich *Demharter, Schöner/Stöber* und KEHE-*Eickmann* aaO (Fn 2); erweiterter Ansatz von *Waldner* in *Bauer/von Oefele* Rn 1.

§ 120 (Inhalt des Aufgebots)

In das Aufgebot sind aufzunehmen:
1. die Ankündigung der bevorstehenden Anlegung des Grundbuchblatts;
2. die Bezeichnung des Grundstücks, seine Lage, Beschaffenheit und Größe nach dem für die Bezeichnung der Grundstücke im Grundbuch maßgebenden amtlichen Verzeichnis;
3. die Bezeichnung des Eigenbesitzers, sofern sie dem Grundbuchamt bekannt oder zu ermitteln ist;
4. die Aufforderung an die Personen, welche das Eigentum in Anspruch nehmen, ihr Recht binnen einer vom Grundbuchamt zu bestimmenden Frist von mindestens sechs Wochen anzumelden und glaubhaft zu machen, widrigenfalls ihr Recht bei der Anlegung des Grundbuchs nicht berücksichtigt wird.

I. Inhalt des Aufgebots

1   1. An den Anfang kommt die **Ankündigung der Blattanlegung** (Ziff 1), etwa mit dem Satz: *»Es ist beabsichtigt, für das nachstehend bezeichnete Grundstück, das gegenwärtig nicht im Grundbuch verzeichnet ist, ein Grundbuchblatt anzulegen.«*

2   2. Dem folgt die **Bezeichnung des Grundstücks** (Ziff 2). Vorgeschrieben sind sämtliche später in die Spalten 1 bis 4 des Bestandsverzeichnisses aufzunehmenden Angaben nach Maßgabe des beglaubigten Auszugs aus dem Liegenschaftskataster, den das GBA gemäß § 117 beschafft hat.

3   3. Die **Bezeichnung des Eigenbesitzers** ist in den Aufgebotstext aufzunehmen, soweit sie dem GBA »bekannt« oder »zu ermitteln« ist (Ziff 3), etwa so: *»Als Eigenbesitzer des Grundstücks wurde ermittelt . . .«* (Bezeichnungsmerkmale in Anlehnung an § 15 GBV). Die Vorschrift macht deutlich, dass das GBA vor Erlass des Aufgebots zu Ermittlungen verpflichtet ist, dass das Aufgebot aber auch möglich ist, falls die versuchten Ermittlungen erfolglos geblieben sind. Begriff des Eigenbesitzes: § 872 BGB.[1]

4   4. Kern des Aufgebots ist die **vorschriftsmäßige Aufforderung** (Ziff 4) zur Rechtsanmeldung und -glaubhaftmachung innerhalb der auf mindestens sechs Wochen zu bestimmenden Frist mit dem Hinweis auf die Folgen der Fristversäumung. Die Aufforderung richtet sich nicht an bestimmte Personen, sondern allgemein an potentielle Eigentumsprätendenten; für den Text empfiehlt sich die Fassung der Vorschrift. Die Aufforderung darf nicht auf die Inhaber etwaiger beschränkter dinglicher Rechte ausgedehnt werden, weil das gegen das Prinzip des § 124 (vgl § 124 Rdn 1) verstoßen würde. Die Frist kann als Zeitraum (zB »sechs Wochen«) oder durch Benennung eines bestimmten Kalendertages bemessen werden. Für die Berechnung einer zeiträumigen Frist ist § 17 FGG maßgebend. Wird als Fristende ein Kalendertag benannt, so ist die bis zur Veröffentlichung (§ 121) vergehende Zeit einzukalkulieren, damit die Mindestfrist von sechs Wochen nicht unterschritten wird.

II. Wirkung des Aufgebots

5   1. **Anmeldung** allein reicht nicht. Ziffer 4 verlangt **zusätzlich** die **Glaubhaftmachung** des angemeldeten Eigentums und weist somit dem Anmelder die Beibringungslast zu. Streng genommen muss sowohl die Anmeldung als auch die Glaubhaftmachung innerhalb der gesetzten Frist erfolgen, die Fristüberschreitung kann aber als unschädlich behandelt werden (vgl Rdn 7). Als Mittel der Glaubhaftmachung kommt in Frage, was § 14 Buchst b der aufgehobenen AVOGBO beispielsweise als Voraussetzung für die Eintragung des Eigenbesitzers als Eigentümer nannte, nämlich die Glaubhaftmachung durch »Erwerbstitel, Zeitablauf oder sonstige Umstände« (in die neugefasste Vorschrift – § 123 Ziff 2 – nicht aufgenommen); im Übrigen ergeben sich die zulässigen Mittel für die Glaubhaftmachung aus § 15 Abs 1 und 2 FGG. Hat ein Anmelder zwar seinen Eigenbesitz glaubhaft machen können, nicht aber sein Eigentum unter Beweis gestellt, so wird sich das GBA um letzteres noch zu bemühen haben (dazu § 118 Rdn 3).[2] Das GBA wird durch eine Anmeldung ohnehin nicht gehindert, in seinen Ermittlungen fortzufahren und schließlich eine andere Person als Eigentümer festzustellen und einzutragen;[3] denn das Aufgebot ist selbst nur ein Ermittlungsinstrument (vgl § 119 Rdn 1).

6   2. Geht **keine Meldung** ein, so ist der erstrebte Ermittlungserfolg ausgeblieben. Das Verfahren darf deshalb nicht eingestellt werden (vgl § 116 Rdn 40), das GBA muss versuchen, auf anderem Wege in seinen Ermittlungen weiterzukommen. Die Verfahrenslage ist quasi so, als habe ein Anlegungsverfahren nicht stattgefunden; allerdings entfällt die Pflicht zur Bekanntmachung der Anlegung nach § 122.[4]

---

1 Dazu *Demharter* §§ 119–121 Rn 4 wie auch *Waldner* in *Bauer/von Oefele* Rn 1: Beurteilung obliegt allein dem GBA.

2 Ähnlich *Waldner* in *Bauer/von Oefele* Rn 3: Kann für das GBA Anlass zu weiteren Ermittlungen sein. Strenger *Demharter* §§ 119–121 Rn 6: Wer das Eigentum beansprucht, ohne sein Recht glaubhaft zu machen, wird im weiteren Anlegungsverfahren nicht berücksichtigt.

3 Sinngemäß ebenso KEHE-*Eickmann* §§ 119–121 Rn 1.

4 Ebenso KEHE-*Eickmann* §§ 119–121 Rn 3.

3. Eine **verspätete Meldung** braucht das GBA, wie im Aufgebot angedroht, bei der Blattanlegung nicht zu 7 berücksichtigen. Das Aufgebot, seine Ordnungsmäßigkeit gemäß §§ 120, 121 vorausgesetzt,[5]

– hat verfahrensrechtliche Ausschlusswirkung: Der Säumige hat kein Recht, im Verfahren berücksichtigt zu werden, und das GBA ist nicht verpflichtet, Ermittlungen über das verspätet vorgebrachte Eigentumsrecht anzustellen.

– hat keine materiellrechtliche Ausschlusswirkung. Sollte etwa der wirkliche Eigentümer die Berücksichtigung im Verfahren durch rechtzeitige Anmeldung verpassen, so geht sein Recht durch die Blattanlegung zugunsten eines anderen nicht unter, sondern bleibt prozessual durchsetzbar (zB gemäß § 894 BGB).

– hindert das GBA aber nicht (da lediglich ein Ermittlungsinstrument, vgl Rdn 6), den Nachzügler im Verfahren zu berücksichtigen und als Eigentümer einzutragen, sofern die Eintragungsvoraussetzungen des § 123 gehörig erfüllt sind oder noch erfüllt werden.

---

5 Etwa im gleichen Sinne KEHE-*Eickmann* §§ 119–121 Rn 2 (wie *Hesse-Saage-Fischer* § 11 AVOGBO Anm II); *Demharter* §§ 119–121 Rn 7; *Waldner* in *Bauer/von Oefele* Rn 2.

§ 121 (Veröffentlichung des Aufgebots)

(1) Das Aufgebot ist an die für den Aushang von Bekanntmachungen des Grundbuchamts bestimmte Stelle anzuheften und einmal in dem für die amtlichen Bekanntmachungen des Grundbuchamts bestimmten Blatte zu veröffentlichen. Das Grundbuchamt kann anordnen, daß die Veröffentlichung mehrere Male und noch in anderen Blättern zu erfolgen habe oder, falls das Grundstück einen Wert von weniger als 3000 Euro hat, daß sie ganz unterbleibe.

(2) Das Aufgebot ist in der Gemeinde, in deren Bezirk das Grundstück liegt, an der für die amtlichen Bekanntmachungen bestimmten Stelle anzuheften oder in sonstiger ortsüblicher Weise bekanntzumachen. Dies gilt nicht, wenn in der Gemeinde eine Anheftung von amtlichen Bekanntmachungen nicht vorgesehen ist und eine sonstige ortsübliche Bekanntmachung lediglich zu einer zusätzlichen Veröffentlichung in einem der in Absatz 1 bezeichneten Blätter führen würde.

(3) Das Aufgebot soll den Personen, die das Eigentum in Anspruch nehmen und dem Grundbuchamt bekannt sind, von Amts wegen zugestellt werden.

I. Normzweck

1 Die Vorschriftsmäßigkeit von Inhalt (§ 120) und Veröffentlichung (§ 121) sind Voraussetzung dafür, säumige Anmelder vom Verfahren auszuschließen.

II. Norminhalt

2 § 121 verlangt die Veröffentlichung auf mehrfache Weise:

3 **1. Aushang beim Grundbuchamt** durch Anheften des Aufgebots – in vollem Wortlaut – an der für Bekanntmachungen des GBA bestimmten Stelle (Abs 1 S 1), zweckmäßigerweise bis zum Ende der Aufgebotsfrist.[1] Die Stelle des Aushangs richtet sich nach den für den Ort des GBA maßgeblichen landesrechtlichen Vorschriften.

4 **2. Abdruck im Bekanntmachungsblatt des Grundbuchamts** bzw des Amtsgerichts, und zwar mindestens einmal – in vollem Wortlaut – (Abs 1 S 1). Die Anordnung wiederholter Veröffentlichung im Amtsblatt und zusätzlicher Veröffentlichung in anderen Blättern, zB in einer am Ort des gelegenen Grundstücks viel gelesenen Tageszeitung, ist in das Ermessen des GBA gestellt. Von der Veröffentlichung darf das GBA ganz absehen, falls das Grundstück »nur einen Wert von weniger als 3000 Euro« hat; bezüglich der Wertgrenze gelten die gleichen Gesichtspunkte wie zu § 35 Abs 3 (vgl § 35 Rdn 30).

5 **3. Ortsübliche Bekanntmachung in der Gemeinde**, in deren Bezirk das zu buchende Grundstück liegt, je nach Ortsrecht oder -gebrauch, durch Anheften des Aufgebots in vollem Wortlaut – zweckmäßigerweise bis zum Ende der Aufgebotsfrist – an der für amtliche Bekanntmachung bestimmten Stelle (zB Gemeindetafel) oder auf sonstige übliche Weise, zB durch Abdruck im amtlichen Bekanntmachungsblatt der Gemeinde, vorbehaltlich Abs 2 S 2 (zur Vermeidung einer Doppelveröffentlichung an gleicher Stelle).

---

1 Ebenso *Demharter* §§ 119–121 Rn 8; KEHE-*Eickmann* §§ 119–121 Rn 8; **aA** *Waldner* in *Bauer/von Oefele* Rn 2 (mindestens bis zum Fristablauf).

§ 122 (Anlegung ohne Aufgebotsverfahren)

Das Grundbuchamt darf, wenn ein Aufgebotsverfahren (§§ 120, 121) nicht stattgefunden hat, erst angelegt werden, nachdem in der Gemeinde, in deren Bezirk das Grundstück liegt, das Bevorstehen der Anlegung und der Name des als Eigentümer Einzutragenden öffentlich bekanntgemacht und seit der Bekanntmachung ein Monat verstrichen ist; die Art der Bekanntmachung bestimmt das Grundbuchamt.

1. Die **Ankündigung der Grundbuchanlegung durch öffentliche Bekanntmachung in der Gemeinde,** 1 in deren Bezirk das zu buchende Grundstück liegt, ist nötig, falls ein Angebotsverfahren nicht stattgefunden hat.[1] Sie ist selbst dann notwendig, wenn (zB bei einem aufgrund § 3 Abs 2 ungebuchten Grundstück der öffentlichen Hand) das Eigentum unbestritten feststeht.[2] Diese Bekanntmachung ersetzt nicht die nach § 118 erforderlichen Ermittlungen und Beweiserhebungen; sie soll vielmehr erst ergehen, wenn das GBA sich über den einzutragenden Eigentümer schlüssig geworden ist, stellt also den Schlusspunkt der Ermittlungstätigkeit dar, darf aber nicht an deren Beginn stehen.[3]

Indirekter Nebeneffekt der Veröffentlichung: Etwaige Prätendenten von beschränkten dinglichen Rechten – die ja von Amts wegen nicht berücksichtigt werden – erhalten einen »Wink«, ihr Recht an dem zu buchenden Grundstück gemäß § 124 geltend zu machen.

2. Die **Art der Bekanntmachung** ist der Bestimmung des GBA überlassen. Es wird in der Regel die ortsübli- 2 che Art amtlicher Bekanntmachungen der Gemeinde wählen (vgl § 121 Rdn 5). Wesentlich ist in jedem Fall, dass eine öffentliche Bekanntmachung erfolgt, dass also eine unbestimmte Vielheit von Personen von ihr Kenntnis nehmen kann.

3. Beispiel: Die öffentliche Bekanntmachung müsste etwa wie folgt lauten:[4] 3

Amtsgericht
– Grundbuchamt –
X-Stadt, den . . .
Das Land . . . hat beantragt, als Eigentümer des bisher nicht gebuchten Grundstücks . . . eingetragen zu werden.
Zur Glaubhaftmachung des Antrags hat es sich auf . . . berufen.
Bei der demnächst erfolgenden Anlegung des Grundbuchblattes für das bezeichnete Grundstück wird das Land . . . als Eigentümer in das Grundbuch eingetragen werden. Personen, die Einwendungen gegen die beabsichtigte Eintragung geltend machen, haben ihren Einspruch innerhalb eines Monats seit Aushang dieser Bekanntmachung dem oben bezeichneten Grundbuchamt mitzuteilen.

4. Reklamiert jemand und nimmt das Eigentum für sich in Anspruch, so ist er entsprechend § 120 Ziff 4 zu 4 dessen Glaubhaftmachung aufzufordern. Gelingt ihm dies nicht, besteht für das GBA in der Regel kein Anlass, von seinem Ermittlungsergebnis abzuweichen.[5]

---

1 Dazu *Demharter* Rn 1 und *Waldner* in *Bauer/von Oefele* Rn 1: auch bei mangelhaftem Aufgebotsverfahren.
2 RGZ 164, 390.
3 OLG Oldenburg NdsRpfl 1975, 17.
4 Anlehnung an *Schöner/Stöber* Rn 1004.
5 Ähnlich *Demharter* Rn 4: Nur bei Glaubhaftmachung muss das GBA seine Ermittlungen wieder aufnehmen. Weiter gehend *Waldner* in *Bauer/von Oefele* Rn 4: In jedem Fall kann die Mitteilung Anlass zu weiteren Ermittlungen geben.

§ 123 (Eintragung des Eigentümers)

Als Eigentümer ist in das Grundbuch einzutragen:
1. der ermittelte Eigentümer;
2. sonst der Eigenbesitzer, dessen Eigentum dem Grundbuchamt glaubhaft gemacht ist;
3. sonst derjenige, dessen Eigentum nach Lage der Sache dem Grundbuchamt am wahrscheinlichsten erscheint.

I. Bedeutung des § 123

1. Keine Blattanlegung ohne Eintragung über das Eigentum

1 **a)** Dieses **Gebot** ergibt sich **direkt aus dem Wortlaut** der Vorschrift. Es steht im Zusammenhang mit § 118 und bedeutet, dass das GBA zur Feststellung (§ 118) und Eintragung (§ 123) des Eigentums am zu buchenden Grundstück von Amts wegen verpflichtet ist, wogegen beschränkte dingliche Rechte nur auf Anmeldung und Nachweis zu berücksichtigen sind (§ 124). Weitere spezielle Regeln für die Durchführung der Blattanlegung gibt es nicht. Ob das Grundstück auf einem gänzlich neu anzulegenden Blatt gebucht oder unter besonderer lfdNr einem bereits für den ermittelten Eigentümer geführten Blatt zugebucht wird, ist eine nach § 4 GBO zu entscheidende Ermessensfrage (vgl § 116 Rdn 30).[1] Die Buchung im Bestandsverzeichnis erfolgt nach Maßgabe des § 6 GBV, und zwar anhand der nach § 117 herbeigezogenen Katasterunterlagen; zur Fassung des Zuschreibungsvermerks in Spalte 5: § 6 GBV Rdn 40.

2 **b)** Die Eintragung **bewirkt keinen Eigentumserwerb**, selbst wenn ihr ein Aufgebotsverfahren nach den §§ 119 bis 121 vorausgegangen ist, hat aber die Buchwirkungen gemäß §§ 891 bis 893 BGB, auf die sich die Teilnehmer am Grundstücksverkehr berufen können.[2] Im Falle der Eintragung eines Nichtberechtigten gerät also der wahre Eigentümer in die Gefahr des Rechtsverlustes oder der Rechtsbeeinträchtigung durch gutgläubigen Erwerb; er muss sehen, dass er alsbald seinen Berichtigungsanspruch (§ 894 BGB) gegen den Eingetragenen durchsetzt und zur Vorabsicherung die Eintragung eines Widerspruchs (§ 899 BGB) erwirkt. Außerdem wird vom GBA in der Regel die Eintragung eines Amtswiderspruchs (§ 53 Abs 1 S 1) zu veranlassen sein (dazu § 118 Rdn 3 und § 125 Rdn 2).

2. Keine Verfahrensbeendigung ohne Blattanlegung

3 Dieses **Gebot ergibt sich indirekt aus der flexiblen Zulässigkeitsskala des § 123** für die Eigentumseintragung, derzufolge das Anlegungsverfahren nicht wegen Nichtermittelbarkeit des Eigentümers eingestellt werden darf (dazu § 116 Rdn 40). Für die Gewinnung der Entscheidungsgrundlagen zur Feststellung des Eigentums gilt der Amtsermittlungsgrundsatz, auf die Erläuterungen zu § 118 Rdn 7, 8 wird verwiesen.

Nach Ziffer 1 des § 123 ist **in erster Linie** die Eintragung des »ermittelten Eigentümers«, also des zweifelsfrei (wohl strengbeweislich) erwiesenen wahren Eigentümers, anzustreben. Um die Blattanlegung aber nicht an unüberwindlichen Ermittlungs- bzw Beweisschwierigkeiten scheitern zu lassen, ist nach Ziffer 2 **in zweiter Linie** (»sonst«) die Eintragung des eher feststellbaren Eigenbesitzers, dessen Eigentum lediglich glaubhaft gemacht ist, also quasi des höchstwahrscheinlichen Eigentümers, zugelassen und nach Ziffer 3 **letzten Endes** (»sonst«, nach dem Wortlaut des § 14 der ehemaligen AVOGBO »äußerstenfalls«) sogar die Eintragung des

---

1 Auch Vereinigung mit einem anderen Grundstück oder Bestandteilszuschreibung zu einem anderen Grundstück wird für zulässig erachtet, *Demharter* und *Waldner* in *Bauer/von Oefele*, je Rn 2.
2 *Staudinger-Pfeifer* § 928 Rn 4.

wahrscheinlichsten Eigentümers erlaubt. Besonders im letztgenannten Punkt war die AVOGBO großzügiger als die durch sie abgelösten früheren landesrechtlichen Vorschriften,[3] wohl mit Rücksicht auf die zunehmend schwieriger werdende Beschaffung eindeutiger Beweismittel für Vorgänge aus lange zurückliegender Zeit (dazu Rdn 6 ff). Bei der Entscheidung der Frage nach dem wahrscheinlichsten Eigentum sind alle bedeutsamen Umstände zu berücksichtigen, bei einem Weg zB dessen Zweckbestimmung und die Verkehrsbedeutung.[4] Stellt sich aufgrund der Ermittlungen heraus, dass das Grundstück *herrenlos* ist[5] – an ungebuchtem Grundstück denkbar nach Maßgabe alten Rechts im Rahmen des Art 190 EGBGB –, so ist dieser eigentumslose Zustand im anzulegenden Blatt einzutragen[6] (Abt I Sp 2: *»Das Grundstück ist herrenlos«* mit Bezeichnung der maßgeblichen Eintragungsgrundlage in Sp 4).[7] Im Anschluss daran ist auf Antrag die Eintragung des aneignungsberechtigten Fiskus möglich (dazu Rdn 11, auch zur Aufklärungspflicht des GBA).

II. Zur Ermittlung des einzutragenden Eigentümers

1. Grundproblem der Aufgabe

Die Ermittlung des Eigentümers des zu buchenden Grundstücks, und sei es auch nur des wahrscheinlichsten Eigentümers, muss sich im Rahmen des rechtlich Möglichen bewegen und sich deshalb darauf einstellen, dass in Bezug auf ungebuchte Grundstücke dingliche Rechtsänderungen nur begrenzt haben stattfinden können.   **4**

a) Relativ unproblematisch dürfte in dieser Hinsicht die Blattanlegung sein für ein Grundstück, das im Zuge der erstmaligen Grundbuchanlegung *schon einmal gebucht* worden war, danach gemäß § 3 Abs 3 eine Weile ausgebucht gewesen ist und nun erneut in das Grundbuch aufgenommen werden soll, weil in diesem Fall nur eine verhältnismäßig kurze Spanne grundbuchloser Zeit zu überbrücken ist. Dieser Fall gehört zwar zum Anwendungsbereich der §§ 116 ff (vgl § 116 Rdn 33), ist aber praktisch eine Seltenheit.   **5**

b) Problematischer ist die Eigentumsermittlung bei der Blattanlegung für Grundstücke, die *bislang überhaupt noch nicht im Grundbuch verzeichnet gewesen* sind. Den gegenwärtigen Eigentümer eines solchen Grundstücks festzustellen, ist durchweg eine komplizierte Angelegenheit, weil dabei mehr oder weniger undurchsichtige Rechtsverhältnisse aus lange zurückliegenden Zeiten vor und nach In-Kraft-Treten des BGB zu würdigen sind, deren Beweisbarkeit mit fortschreitendem zeitlichen Abstand zunehmend schwieriger wird. Bedeutsam ist in diesem Zusammenhang die Überleitungsregel der Art 186, 189 EGBGB, wonach bis zu dem durch landesrechtliche Verordnung bezirksweise zu bestimmenden Zeitpunkt des Abschlusses der Grundbuchanlegung (vgl Art 186 Abs 1)[8] für die Rechtsänderungen an den Grundstücken und Grundstücksrechten die »bisherigen Gesetze« in Kraft blieben (vgl Art 189 Abs 1), ab jenem Zeitpunkt dagegen die BGB-Vorschriften in Kraft traten, und zwar nicht nur für die gebuchten, sondern auch für die ungebuchten Grundstücke (vgl Art 186 Abs 2), selbst für buchungsfreie Grundstücke, soweit nicht Ausnahmen gemäß Art 127, 128 EGBGB greifen (vgl diesbezügliche Erläuterungen zu § 3). Vorbezeichnete Rechtswende ist ein wichtiger Scheidepunkt für denkbare Eigentumsentwicklungen der Vergangenheit an einem bislang ungebuchten Grundstück.   **6**

2. Zu den Möglichkeiten des Eigentumserwerbs seit Geltung des Liegenschaftsrechts des BGB

a) Rechtsgeschäftliche Eigentumsübertragungen. Sie konnten sich, da regelmäßig *eintragungsbedürftig* (§§ 873, 925 BGB), an ungebuchten Grundstücken grundsätzlich nicht vollenden; Ausnahmen gab und gibt es für gewisse vor und nach Veräußerung vom Buchungszwang freigestellte Grundstücke kraft (früheren und gegenwärtigen) Landesrechts aufgrund des Vorbehalts in Art 127 EGBGB (vgl Erläuterungen zu § 3).[9] Im Übrigen wird, falls eine frühere Auflassungserklärung sich (zunächst unerkannt, aber nach später veranlasster Auslegung annehmbar)[10] auf ein ungebuchtes Grundstück erstreckt, bezüglich dessen der Eintragungsvollzug auch nach längerer Zeit (also auch im Anschluss an eine nachgeholte Blattanlegung) noch nachholbar ist, da ein Zeitrahmen für das nach § 873 BGB nötige Zusammentreffen von Einigung und Eintragung materiellrechtlich nicht bestimmt ist.[11] Auch die auf § 185 Abs 1 BGB gestützte Möglichkeit der »Kettenauflassung« ohne Zwischeneintragung der Auflassungsempfänger (dazu § 9 GBV Rdn 27) wird in Betracht zu ziehen sein.[12]   **7**

---

3   ZB Art 20 der preuß VO vom 13.11.1889 (prGS 519): bei Fehlen der vorgeschriebenen Nachweise Aufgebotsverfahren; Näheres: Kommentierung von *Güthe-Triebel* (5. Aufl) zu § 91.

4   BayObLG Rpfleger 1981, 300; *Demharter* Rn 4; *Waldner* in *Bauer/von Oefele* Rn 3.

5   Streitig, ob Wahrscheinlichkeit der Herrenlosigkeit ausreicht, so *Waldner* in *Bauer/von Oefele* Rn 3, oder feststehen muss, so *Demharter* Rn 3.

6   Dazu KG JFG 8, 221, 218–220 (auch zum Begriff der Herrenlosigkeit nach preuß ALR); *Güthe-Triebel* (5. Aufl) § 91 Rn 32.

7   Dazu *Güthe-Triebel* aaO (Fn 6) Rn 37.

8   Zu den maßgeblichen Zeitpunkten: *Güthe-Triebel* § 116 Rn 7 ff (für preuß Gebiete); hier § 22 Rdn 26 (für Bayern).

9   Zu früheren landesrechtlichen Bestimmungen: MIR (6. Aufl) § 3 Rn 84.

10 Vgl etwa BayObLG Rpfleger 1967, 177; Rpfleger 1974, 222 = DNotZ 1974, 441.

11 Vgl OLG Hamm Rpfleger 1973, 137 mwN.

12 Vgl OLG Hamm Rpfleger 1973, 137 mwN.

8   **b) Eigentumswechsel »außerhalb des Grundbuchs«.** Eigentumswechsel kraft Gesetzes (zB durch Erbfolge oder sonstige Gesamtrechtsnachfolge, durch Erbteilsübertragung, durch An- und Abwachsung bei Gesellschafterwechsel, durch Umwandlung usw, dazu § 22 Rdn 35 bis 51) oder kraft Hoheitsaktes (Beispielsfälle: § 22 Rdn 28) waren hingegen, weil *nicht eintragungsbedürftig*, auch an ungebuchten Grundstücken möglich.

9   **c) Originärer Eigentumserwerb. aa)** Die **Ersitzung durch den Eigenbesitzer** setzt nach dem BGB (§ 900) eine *Besitzzeit von 30 Jahren und eine ebenso lange Eintragung* des Besitzers als Eigentümer im Grundbuch voraus (sog »Tabularersitzung«), hat folglich an einem ungebuchten Grundstück nicht stattfinden können. Eine nach früherem Recht (zur Geltungszeit: Rdn 6) *vollendete* Ersitzung ist dagegen in Kraft geblieben (vgl Rdn 15); sofern sie im Zeitpunkt der Rechtswende (vgl Rdn 6) *unvollendet* war, konnte sie sich gemäß Art 189 Abs 2 EGBGB nur am eingetragenen Grundstück fortsetzen.

10   **bb)** Die **Aneignung durch den Eigenbesitzer**, der überhaupt nicht oder noch keine 30 Jahre im Grundbuch als Eigentümer eingetragen ist, geschieht *durch Erklärung und (konstitutive) Eintragung nach* vorausgegangenem Ausschluss des bisherigen (eingetragenen oder nicht eingetragenen) Eigentümers durch ein Aufgebotsverfahren mit abschließendem *Ausschlussurteil* (§ 927 BGB). Möglich ist das Vorgehen gemäß § 927 BGB nicht nur bei einem gebuchten, sondern auch bei einem ungebuchten Grundstück.[13] In Bezug auf ein bislang ungebuchtes Grundstück kann die Eintragung des nach dem Ausschlussurteil aneignungsberechtigten Eigenbesitzers als Eigentümer sogleich bei der Blattanlegung gemäß § 123 erfolgen, weil nicht der Eintritt der Ausschlussurteilswirkung (= Herrenlosigkeit), sondern nur der Aneignungsakt der Eintragung bedarf.[14] Dies ist ein beschreitbarer Weg beispielsweise zur Erlangung und Buchung des Eigentums für denjenigen, der (etwa nach Erbauseinandersetzung) seit 30 Jahren ein ungebuchtes Grundstück in Besitz hat, aber auch für besitzende Erben, die nicht in der Lage sind, das Eigentum des nicht eingetragenen Erblassers nachzuweisen.[15]

11   **cc)** Die **Aneignung** eines **herrenlosen Grundstücks durch den Fiskus** (§ 928 Abs 2 BGB) wird so durchzuführen sein, dass die außer der Aneignungserklärung des aneignungsbefugten Landesfiskus (andere Stellen gemäß Art 129 EGBGB sind derzeit nicht bestellt)[16] erforderliche *konstitutive Eintragung* im Anschluss an die Blattanlegung erfolgt.[17] Das BGB (§ 928 Abs 2) sieht das Aneignungsrecht des Fiskus nur an einem durch Verzicht aufgegebenen Grundstück vor; dazu ist nach materiellem Recht (§ 928 Abs 1 BGB) zunächst die Eintragung des Verzichts nötig, um die Herrenlosigkeit des Grundstücks herbeizuführen; die Eintragung des Verzichts wiederum setzt gemäß § 39 vorab die Eintragung des Verzichtenden als Eigentümer in das anzulegende Blatt voraus. Über § 928 Abs 2 BGB hinaus wird (in Anlehnung an Art 190 EGBGB) dem Fiskus das Aneignungsrecht nicht nur an aufgegebenen, sondern auch an ursprünglich herrenlosen Grundstücken zugestanden.[18] Hier ist verfahrensrechtlich zu sondern: Wie die Eigentumsermittlung gehört auch die Aufklärung und Feststellung einer etwaigen Herrenlosigkeit des zu buchenden Grundstücks zum Anlegungsverfahren, obliegt also dem GBA (vgl Rdn 1, 4), nicht dem aneignungswilligen Fiskus; die zum Aneignungsvollzug nach § 928 Abs 2 BGB erforderliche Eintragung ist dagegen eine im Antragsverfahren gemäß §§ 13 ff zu erledigende Angelegenheit.[19]

3. Zu den Möglichkeiten des Eigentumserwerbs vor Geltung des Liegenschaftsrechts des BGB

12   **a) Grundlegendes.** Gemäß Art 181 Abs 1 EGBGB ist Eigentum, das bis zum Zeitpunkt der Rechtswende (dazu Rdn 6) aufgrund der »bisherigen Gesetze« wirksam begründet bzw erworben worden ist, bestehen geblieben und den Vorschriften des BGB unterstellt worden (Vorbehalte für landesrechtliche Eigentumsformen: Art 181 Abs 2, 182, 218 EGBGB). Bei Verfolgung der Eigentumsentwicklung eines bislang ungebuchten Grundstücks wird daher auf altes Recht zurückzugreifen sein (Überblick über die partikulär wie temporär sehr unterschiedlich verlaufene Entwicklung des Immobiliarrechts und des Grundbuchwesens: Einl A Teil V: Die Neuzeit).[20] Dabei kann davon ausgegangen werden, dass für Eigentumserwerbsfragen jeweils *das Recht entscheidend* ist, das *zum Erwerbszeitpunkt am Ort des gelegenen Grundstücks* gegolten hat.[21] Dies wird gegebenenfalls zu erkunden und anzuwenden sein, hier nur einige grundlegende Hinweise:

---

13 Dazu *Süss* AcP 151, 1, 27; *Staudinger-Pfeifer* § 927 Rn 10.
14 Zu den Eintragungsfragen: *Staudinger-Pfeifer* § 927 Rn 26, 28–30; *Schöner/Stöber* Rn 1025 ff. S auch GBV § 9 Rn 30.
15 Dazu und zu weiteren Fällen: *Staudinger-Pfeifer* § 927 Rn 1.
16 Vgl *Staudinger-Hönle* Art 129 EGBGB Rn 3.
17 Zu den Eintragungsfragen: *Staudinger-Pfeifer* § 928 Rn 22. S auch GBV § 9 Rn 30.
18 Fallgruppen: *Süss* AcP 151, 1, 31 dort Fn 34; *Staudinger-Pfeifer* § 928 Rn 23.
19 Dazu eingehend KG aaO (Fn 6) S 218/219.
20 Zu den Systemunterschieden im Motive zum BGB Bd III S 9–22; zur Grundbuchgeschichte (Überblick): *Stewing* Rpfleger 1989, 445; zur geschichtlichen Entwicklung des Grundbuchwesens insb in Bayern: *Bengel/Simmerding* Einf I A mwN.
21 BayObLGZ 1962, 70 = RdL 1962, 132, 133 mwN; *Staudinger-Hönle* Art 181 EGBGB Rn 2.

b) Eintragungsabhängiger Eigentumserwerb. Soweit der Eigentumserwerb eintragungsabhängig war, wie 13
insbesondere *in den Geltungsbereichen der Grundbuchsysteme* der jüngeren Gesetzgebung,[22] konnte er an ungebuchten Grundstücken grundsätzlich ebenso wenig stattfinden wie nach BGB-Recht. Zu achten ist auf die
unterschiedlichen Ausformungen des Eintragungsprinzips in den ehemaligen Gesetzen. So bedurfte beispielsweise nach dem preuß Gesetz vom 05.05.1872[23] der Eigentumserwerb an einem Grundstück im Fall einer »freiwilligen Veräußerung« der Einigung (Auflassung vor dem GBA oder rechtskräftige Verurteilung zur Auflassung)
und der Eintragung des Eigentumsübergangs im Grundbuch, blieb aber außerhalb dieser Fälle für den Grundeigentumserwerb das bisherige Recht maßgebend, in welchem das Eintragungserfordernis für die Erwerbung
nicht aufgestellt war;[24] außerdem blieben für ungebuchte Grundstücke die bisherigen Vorschriften gültig,
solange dafür die Blattanlegung (zB wegen streitigen Eigentums) nicht erfolgen konnte (§ 49 der preuß
GBO),[25] demnach konnte an solchen auch vertraglich ohne Eintragung Eigentum erworben werden.[26] Andere
Landesgesetze hielten rechtsgeschäftlichen und nicht rechtsgeschäftlichen Eigentumserwerb nicht ebenso auseinander wie das jüngere preuß Recht; einige legten der Eintragung sogar formale Rechtskraft bei.[27]

c) Eintragungsunabhängiger Eigentumserwerb. aa) Allgemeines: Soweit der Eigentumserwerb eintra 14
gungsunabhängig war, konnten an ungebuchten Grundstücken nicht nur Eigentumsänderungen kraft Gesetzes
oder Hoheitsakt, sondern auch vertragliche Eigentumsübertragungen sowie ein Eigentumserwerb mittels Ersitzung Gültigkeit erlangen, so beispielsweise im Geltungsbereich des französischrechtlichen »Transkriptions- und
Inskriptionssystems«, wo Eigentum per Vertrag erworben wurde[28] sowie in den Gebieten, in denen sich das
»Pfandbuchsystem« gehalten hatte (wie zB größtenteils in Bayern), wo das Eigentum dem Traditionsprinzip des
gemeinen Rechts entsprechend, also durch einvernehmliche Besitzüberlassung[29] übertragen wurde, die Eigentumseintragung ins Hypothekenbuch deklaratorische, aber keine konstitutive Wirkung hatte.[30] Etwa Gleiches galt in Preußen, soweit und solange die Hypothekenordnung von 1783 nebst dem Allgemeinen Landrecht
gültig war, so nach 1872 auch noch für Grundstücke, die nicht gebucht werden konnten (vgl Rdn 13).

bb) Speziell die Ersitzung hatte im früheren Recht eine andere Bedeutung als nach dem BGB:[31] 15
– Das BGB (§ 900) lässt nur die auf eine 30 Jahre lange *Eintragung und* ebenso langen *Eigenbesitz* gestützte
»Buchersitzung« oder »Tabularersitzung« (vgl Rdn 9) zu, um Eigentum und Buchlage nicht auf Dauer auseinander fallen zu lassen.[32] Dem Eigenbesitzer, der nicht oder nicht 30 Jahre lang im Grundbuch eingetragen
ist, gewährt das BGB (§ 927) lediglich das Aneignungsrecht nach Ausschluss des bisherigen Eigentümers
durch Ausschlussurteil (vgl Rdn 10).
– Im früheren Recht gab es dagegen die Ersitzung im eigentlichen Sinne, nämlich den Rechtserwerb *kraft ununterbrochenen, fehlerlosen (redlichen) Besitzstandes* während der gesetzlich bestimmten Ersitzungszeit.[33] Das gemeine
Recht und die älteren Partikulargesetze,[34] die noch keine rechtsbegründende Eigentumsumschreibung kannten,
unterschieden durchweg zwischen »ordentlicher« und »außerordentlicher« Ersitzung; außerdem kannten sie
überwiegend[35] das Institut der »unvordenklichen Verjährung«. Die späteren Partikulargesetze, die bereits auf dem
Grundbuchsystem beruhten, schlossen zwar die vorher gegen den im Grundbuch eingetragenen Eigentümer
mögliche »Kontratabularersitzung«[36] aus.[37] Möglich blieb jedoch die Ersitzung gegen nicht eingetragene Eigentümer (zB gegen nicht eingetragene Erben) und, wie erwähnt (Rdn 13), an ungebuchten Grundstücken.[38]

---

22 Auf dem Grundbuchsystem fußende Gesetze: Motive zum BGB Bd III S 14–16.
23 Genau: Gesetz über den Eigenthumserwerb und die dingliche Belastung der Grundstücke, Bergwerke und selbständigen
    Gerechtigkeiten; dazu: Grundbuchordnung gleichen Datums (prGS 1872, 433, 446), beide in Kraft seit 01.10.1872.
24 Dazu Motive zum BGB Bd III S 299; auch S 162 mit Fn 1 (weitere Landesgesetze mit eintragungsabhängiger Eigentumsübertragung).
25 Fundstelle: Fn 23; zur Bedeutung der Vorschrift: RGZ 31, 301.
26 Über Rechtswende (Art 189 Abs 2 EGBGB) hinaus mit besonderer Anordnung gemäß Art 186 Abs 2 EGBGB bis längstens 2 Jahre, vgl *Güthe-Triebel* § 116 Rn 9.
27 Dazu Motive zum BGB Bd III S 159, 299 (auch wegen weiterer Rechtsgebiete).
28 Vgl Motive zum BGB Bd III S 11/12.
29 Zur Bedeutung der Tradition: Motive zum BGB Bd III S 6/7; zum Geltungsgebiet des Traditionsprinzips: daselbst S 162.
30 Zu den Eintragungswirkungen in früheren Nicht-Grundbuchsystemen: Motive zum BGB Bd III S 16–19, 161/162.
31 Speziell dazu: *Schiedermair* Zeitschr f Rechtspflege in Bayern 1915, 205, 233; *Siebels* RhNotK 1971, 439; *Keller* RpflStud
    1996, 166; *Meissner-Ring-Götz* § 32 (für Bayern) und *Dehner* B § 36 II (für das übrige Bundesgebiet); zur früheren Ersitzbarkeit von Reallasten: RGZ 25, 189, 192.
32 So Normzweck lt MüKo-*Wacke* § 900 Rn 1; s auch *Staudinger-Gursky* § 900 Rn 4.
33 Näheres: *Dehner* B § 36 II 3.
34 Lt Motive zum BGB Bd III S 306 zB das bayLR II 4 §§ 4–8, das prALR I 9 §§ 579–669, das franzGB Art 2262, 2264–2269
    und das badLR.
35 Nicht anerkannt vom prALR, vgl *Dehner* B § 36 III; OLG Hamm NJW-RR 1987, 137, 138.
36 Vgl zB RGZ 15, 256, 258 (zum prALR).
37 Dazu Motive zum BGB Bd III S 307/308.
38 Vgl Motive aaO (Fn 37); RGZ 27, 199, 203 sowie *Turnau-Förster* Liegenschaftsrecht, 1906, Bd I § 900 BGB Anm I 1 (zu § 6
    des preuß Gesetzes von 1872).

16 (1) **Ordentliche/außerordentliche Ersitzung (»gewöhnliche Verjährung« nach pr ALR):**[39]
  – Zur *ordentlichen Ersitzung* war ein (zu beweisender) »Rechtstitel« erforderlich, ein den Erwerb des Eigenbesitzes rechtfertigendes Ereignis (Erwerbsgrund), wie zB Kauf, Schenkung, Erbschaft, Mitgift usw, der den Besitzerwerb sogleich zum Eigentumserwerb gemacht haben würde, wenn nicht der Mangel im Recht des Veräußerers entgegen gestanden hätte, der dann erst durch die Dauer des Besitzes geheilt wurde.[40] Die auf einen tauglichen[41] Titel gestützte Ersitzung vollendete sich nach einer Besitzdauer von in der Regel 10 Jahren unter Anwesenden, 20 Jahren unter Abwesenden.[42]
  – Für die *außerordentliche Ersitzung* bedurfte es keines Titelnachweises. Allerdings ging dann das Eigentum erst mit der Verjährung des Herausgabeanspruchs des bisherigen Eigentümers in der Regel nach 30 Jahren (allgemeine Klageverjährung), auf den Besitzer über.[43]

17 (2) **»Ungewöhnliche Verjährung« nannte das preuß ALR**[44] die länger als 30 Jahre dauernde, so insbesondere die erst nach 44 Jahren redlichen Besitzes – unerheblich ob mit oder ohne Titel – eintretende Verjährung (Ersitzung) gegen den Fiskus, die Kirchen und die ihnen gleichgestellten Körperschaften (dazu zählten nicht Stadt- und Dorfgemeinden[45]).[46]

18 (3) **Die »unvordenkliche Verjährung«**[47] **nach gemeinem Recht** und den sie anerkennenden vorrangigen Partikularrechten (vgl Rdn 15), bewirkte, dass ein Rechtszustand nicht mehr feststellbaren Ursprungs, der seit Menschengedenken ununterbrochen fortgedauert hatte, außer Zweifel und Streit gestellt (unanfechtbar) wurde und somit rechtlich gesicherten Bestand erlangte.[48] Im praktischen Ergebnis kam sie der endgültigen Rechtsbegründung gleich, unerheblich insofern, dass der unvordenklichen Verjährung des gemeinen Rechts überwiegend lediglich rechtsbezeugende Wirkung (Vermutung der unbeweisbaren Ordnungsmäßigkeit der nicht mehr erinnerlichen Rechtsbegründung) beigemessen wurde.[49] Dazu war ehemals von dem Prätendenten durch Zeugen entsprechenden Alters zu beweisen, dass der von ihm als Recht beanspruchte Zustand in einem Zeitraum von 40 Jahren als Recht besessen worden ist und dass weitere 40 Jahre vorher keine Erinnerungen an einen anderen Zustand überliefert sind.[50] Die unvordenkliche Verjährung hatte, wenn auch nicht überall gleich,[51] offenbar erhebliche Bedeutung für den Erwerb von Rechten an fremden Grundstücken[52] und an Grundstücken des Gemeingebrauchs (wie zB an öffentlichen Gewässern),[53] dagegen (neben der Ersitzung) wohl kaum Bedeutung für den Erwerb von Grundeigentum. Spätestens[54] seitdem das Sachenrecht des BGB in Kraft ist, kann ein dinglicher Rechtserwerb durch unvordenkliche Verjährung weder begonnen noch vollendet werden;[55] soweit jedoch deren Voraussetzungen zu dem Zeitpunkt, in welchem das Grundbuch als angelegt anzusehen war, vollends erfüllt waren, ist die dadurch begründete Rechtswirkung der Unanfechtbarkeit des Rechtszustandes erhalten geblieben.[56] Darauf gründen sich etliche altrechtliche Grunddienstbarkeiten, die gemäß Art 187 Abs 1

---

39 §§ 579–628 ALR I 9, grundlegend: §§ 500 ff.
40 Vgl *Wolff-Raiser* § 71 mit Fn 3; *Bengel/Simmerding* § 22 Rn 66; auch BayObLGZ 1962, 70, 78 = RdL 1962, 132, 134.
41 Nach RGZ 27, 199, 201 (zu § 579 I 9 ALR) formelle und materielle Rechtsgültigkeit nötig (str, vgl *Wolff-Raiser* aaO).
42 Überblick: *Bengel/Simmerding* § 22 Rn 64–68; Details: Schrifttum aaO (Fn 31).
43 Vgl *Bengel/Simmerding* § 22 Rn 66; Schrifttum aaO (Fn 31).
44 §§ 629 ff ALR I 9.
45 *Dehner* § 36 II 6b; dazu auch RGZ 22, 188.
46 Hinweise auf Besonderheiten des bayLR und Code civile: *Bengel/Simmerding* § 22 Rn 67–69.
47 Jüngere Literatur und Rechtsprechung (neben Fn 31): *Riedel* RdL 1952, 32; *Larenz* NJW 1955, 1786; *Foag* RdL 1961, 145; *Meissner-Ring-Götz* § 32 Rn 24 (für Bayern) und *Dehner* B § 36 III (für das übrige Bundesgebiet); BGB-Kommentare zu § 194; BGH LM § 903 Nr 2; BGHZ 16, 234 = NJW 1955, 587; OLG Celle NdsRpfl 1954, 180, 181; OLG Oldenburg RdL 1955, 307 = NdsRpfl 1955, 196; NdsRpfl 1976, 13; BayObLGZ 1962, 70 = RdL 1962, 132; 1982, 400; OLG Karlsruhe OLGZ 1978, 471; OLG Köln MittRhNotK 1984, 147; OLG München Rpfleger 1984, 461; OLG Hamm NJW-RR 1987, 137; OLG Frankfurt OLGZ 1989, 88, 90; OLG Düsseldorf NJW-RR 1989, 204; LG Flensburg SchlHA 1950, 303; LG Passau RdL 1956, 193; LG Stuttgart BWNotZ 1979, 68; LG Regensburg DNotZ 1990, 112.
48 Dazu zB RGZ 17, 119, 123; 22, 188; 55, 373; vgl auch *Dehner* aaO (Fn 47).
49 Anders für bayLR II 4 § 9: BayObLGZ 1962, 70, 78 mwN = RdL 1962, 132, 134; 1982, 400, 406 (Bedeutung eines selbständigen Erwerbstitels); siehe aber auch LG Regensburg aaO (Fn 47); vgl auch *Bengel/Simmerding* § 22 Rn 64 unter Berufung auf *Meissner-Ring-Götz* § 32 Rn 24.
50 Zum gemeinen Recht: BGH LM § 903 Nr 2; BGHZ 16, 234, 238 mwN = aaO (Fn 47); *Dehner* aaO (Fn 47); zum bayLR: BayObLG aaO (Fn 49); OLG München aaO (Fn 47); *Foag* und *Meissner-Ring-Götz* aaO (Fn 47); zum württ Recht: LG Stuttgart aaO (Fn 47).
51 Vgl zB zum prALR: OLG Hamm aaO (Fn 47); zum rhein Recht (Code civile): OLG Köln, OLG Düsseldorf aaO (Fn 47); zum badLR: OLG Karlsruhe aaO (Fn 47).
52 Vgl Rechtsprechung lt Fn 47.
53 Dazu insbesondere *Larenz* aaO (Fn 47) in Anm zu BGHZ 16, 234 = aaO (Fn 47).
54 Bzw seit vorheriger Grundbuchanlegung, vgl zB OLG Celle und OLG Frankfurt aaO (Fn 47).
55 Modifiziert zu dieser sonst einhellig vertretenen Auffassung: LG Regensburg DNotZ 1990, 112, 114 (reine Beweisregel).
56 RG SeuffA 80 Nr 62; *Dehner* § 36 III aE.

EGBGB ohne Grundbucheintragung fortbestehen, sofern landesrechtlich nichts Abweichendes bestimmt ist (dazu § 124 Rdn 4). Außerdem kann die unvordenkliche Verjährung noch effektiv sein im Bereich von Materien, die das EGBGB dem Landesrecht vorbehält, sowie im öffentlichen Recht.[57] Seit In-Kraft-Treten der ZPO (1.10.1879) ist (für den Zivilprozess) der frühere Zwang zum Zeugenbeweis entfallen (§ 14 Nr 2 EGZPO), kommen alle in der ZPO vorgesehenen Beweismittel in Frage und gilt der Grundsatz der freien Beweiswürdigung,[58] im Blattanlegungsverfahren wie in den sonstigen FGG-Verfahren ohnehin (vgl § 118 Rdn 8).

4. Besondere Hinweise

a) Interpretationshilfe: Früheres Verfahrensrecht. § 123 Ziffer 2 erlaubt an zweiter Stelle die Eintragung **19** des Eigenbesitzers, dessen Eigentum glaubhaft gemacht ist. Der Wortlaut des § 14 der aufgehobenen AVOGBO nannte als Mittel der Glaubhaftmachung »Erwerbstitel, Zeitablauf oder sonstige Umstände« und stellte in diesem Punkt offenbar auf die altrechtlichen Ersitzungsmöglichkeiten ab, ohne darauf einzugehen. Für ihre Deutung hilfreich sind die auf § 91 GBO ursprünglicher Fassung basierenden früheren Verfahrensvorschriften der Länder,[59] die zwar bereits durch die §§ 7 bis 17 AVOGBO abgelöst wurden und somit kein geltendes Recht mehr sind, gleichwohl Fingerzeige geben, weil sie die ehemals zur Glaubhaftmachung des Eigentums vorgesehenen Mittel bezeichnen.

b) Blattanlegungen für Grundstücke heute. aa) Sie sind immer seltener geworden. Heute sind (jeden- **20** falls in den alten Bundesländern) nur noch verhältnismäßig wenige Grundstücke nicht im Grundbuch erfasst.[60] Dabei kann es sich aus Rechtsgründen (vgl Rdn 7, 8) nur um Flächen handeln, die seit Geltung des BGB-Liegenschaftsrechts entweder nicht Gegenstand einer vollzogenen eintragungsbedürftigen Verfügung gewesen sind oder, soweit buchungsfrei, ausnahmsweise ohne Grundbucheintragung veräußert und belastet werden konnten. Zu den Besonderheiten an Gewässern: § 116 Rdn 7 bis 17. Von Grundbuchvorgängen unberührt gebliebene Grundstücke werden am ehesten im Außenbereich ländlicher Ortschaften anzutreffen sein. Dort haben sich mehr als anderswo tradierte Einrichtungen gehalten, für die Landesrecht dem Bundesrecht vorgeht: materiellrechtlich insbesondere aufgrund von Art 1 Abs 2, 2, 65, 83, 113 bis 115, 164, 181 Abs 2, 183, 184, 218 EGBGB; verfahrensrechtlich gemäß § 136 GBO, § 103 GBV.

bb) Speziell landwirtschaftliche Zweckgrundstücke älterer Herkunft (Wirtschaftswege, Gräben und **21** andere der Landbewirtschaftung dienende gemeinschaftliche Anlagen, wie Triften, Weiden, Tränken, Brunnen, Teiche, Sand- bzw Kiesgruben u dgl) sind in Norddeutschland (ehemals preuß Rechtsraum) früher lückenhaft im Grundbuch erfasst worden.[61] Blattanlegungen sind – häufig aus Anlass von Flurbereinigungsverfahren – bis in die jüngere Zeit nachzuholen gewesen, behaftet mit spezieller Problematik der Eigentumsfeststellung, die durch die Entstehungsgeschichte derartiger Grundstücke bedingt ist.[62] Vielerorts werden die Rechtsverhältnisse dieser Grundstücke inzwischen durch Flurbereinigung neu geregelt und etwaige Einbuchungen im Grundbuch längst erledigt sein. Deshalb nur kurze Hinweise (Weiteres: Erläuterungen zu Art 113 bzw 164 EGBGB in den BGB-Kommentaren[63] sowie zu § 136 GBO; Spezialliteratur[64]). Zu unterscheiden sind wegen der Verschiedenheit der Rechtsträger:[65]

(1) Althergebrachte Zweckgrundstücke: Sie sind Überbleibsel der »gemeinen Mark« bzw »Allmende«, zu **22** deren gemeinschaftlicher Nutzung herkömmlich (nur) der exklusive Kreis der alteingesessenen Dorfgenossen berechtigt ist, wobei sich die Rechtsformen der mitgliedschaftlichen Nutzungsberechtigungen in den deutschen Regionen sehr unterschiedlich entwickelten.[66] Vor allem im norddeutschen Raum haben sich die altrechtlichen »Markgenossenschaften« lange gehalten. Sie blieben selbständige Verbände als »Realgemeinden« gegenüber den

---

57 Im Einzelnen: *Staudinger-Dilcher* (12. Aufl) Vorbem zu § 184 Rn 18, 19.
58 Dazu insbesondere: *Riedel, Foag* OLG Karlsruhe, OLG München, LG Passau, LG Stuttgart, LG Regensburg, alle aaO (Fn 47); auch BayVerfGH DNotZ 1961, 39.
59 Dazu die Kommentierungen zu § 91 GBO urspr Fassung, zB *Güthe-Triebel* (5. Aufl) Rn 7ff (zu Art 15–33, 35a der prVO vom 13.11.1899, prGS 519).
60 Dazu *Bengel/Simmerding* § 4 Rn 18.
61 Vgl *Tröster* aaO (Fn 62)
62 Überblick: *Tröster* Rpfleger 1960, 85; *Figge* RdL 1960, 85 (Hannoversche Realgemeinden); *Seehusen* RdL 1962, 305 (Teilungs- und Verkoppelungsinteressentenschaften); *Tesmer* RdL 1969, 309 (Überblick über die nds Realverbände); *Seehusen* SchlHA 1961, 40 (zur Aufhebung der Feldgemeinschaft und Gemeinheitsteilung in Schleswig-Holstein); *Koch* RdL 1963, 87 (zur Ablösung von Nutzungsrechten an Gemeindewaldungen und anderen Grundstücken in Nordrhein-Westfalen); *Böhringer* NJ 2000, 120 (für die neuen Bundesländer). S auch *Güthe-Triebel* (5. Aufl) zu Art 12 prAGGBO Rn 2ff.
63 Ausführlich: *Staudinger-Mayer* zu Art 113 und 164 EGBGB.
64 Schrifttumsverzeichnisse an den zu Fn 63 bezeichneten Stellen.
65 Belege: Fn 62.
66 Vgl *Staudinger-Mayer* Art 164 EGBGB Rn 3, 15ff; *Böhringer* aaO (Fn 62); zur anderen Entwicklung in Bayern (Gemeindenutzungsrechte): *Glaser* MittBayNot 1988, 113 mwN; vgl auch *Bengel/Simmerding* § 4 Rn 31.

sich später herausbildenden politischen Gemeinden (»Personalgemeinden«) und behielten das Eigentum an der Allmende. Das BGB hat es bei den alten Rechtsgrundlagen für die bestehenden »Realgemeinden und ähnlichen Verbände« belassen (vgl Art 164 EGBGB), überlässt auch Änderungen dem Landesgesetzgeber (Art 218 EGBGB). Bezüglich des Rechtsstatus der Realgemeinden blieb es überwiegend bei der unterschiedlichen gewohnheitsrechtlichen Ausprägung (Art 164 EGBGB ist mit Rücksicht darauf weit gefasst[67]). Für die preuß Provinzen Hannover und Westfalen schuf man am Ende des 19. Jahrhundert Gesetze, aufgrund derer die Realgemeinden ein Statut und damit die volle Rechtsfähigkeit erlangen konnten[68] (zur Neuregelung Niedersachsens s unten). Von der früher viele Ländereien umfassenden gemeinen Mark sind heute allerdings, wenn überhaupt, nur noch Reste anzutreffen. Anders als die Waldallmenden (Genossenschaftswaldungen) sind die Feldallmenden[69] während der vom Ende des 18. bis in das 20. Jahrhundert andauernden[69] Agrarreform planmäßig aufgeteilt und in individuelles Eigentum der ehemals gemeinschaftlich Berechtigten überführt worden. Dies geschah in zahlreichen gebietsweise durchgeführten Auseinandersetzungsverfahren, die meistens die »Gemeinheitsteilung« (Aufteilung des gemeinschaftlichen Eigentums bzw sonstiger Berechtigungen an der Allmende) mit einer »Verkoppelung« (Neugliederung der gesamten Feldmark des Auseinandersetzungsgebiets = Umlegung) kombinierten. Es gab »Generalteilungen« (Aufteilung von Allmenden, die durch mehrere Dorfschaften genutzt wurden, auf die einzelnen Dörfer) und »Spezialteilungen« (Auseinandersetzung für die Gemarkung eines einzelnen Dorfes), manchmal auch mehrere Verfahren nacheinander zu verschiedenen Zwecken. Durch die Spezialteilungen verloren die Markgenossenschaften (Realgemeinden) regelmäßig ihre Existenz, und zwar grundsätzlich[70] auch dann, wenn Gegenstände ihres Vermögens (insbesondere Zweckgrundstücke und -einrichtungen) in dem die Verfahrensergebnisse bestimmenden und ausweisenden »Rezess«[71] ungeteilt den Verfahrensteilnehmern »zur ferneren gemeinschaftlichen Nutzung und Unterhaltung« zugewiesen wurden.

23   (2) **Rezessbegründete Zweckgrundstücke:** Die Gemeinheitsteilung waren und sind Angelegenheiten des Landesrechts (Art 113 EGBGB, wegen Neuerungen Art 1 Abs 2 EGBGB). Vorgeschrieben wurde in der Regel, in den Rezessen »gemeinschaftliche Angelegenheiten« (Zweckgrundstücke und -einrichtungen) auszuweisen. Der dafür nötige Grund und Boden war von den Teilnehmern anteilmäßig aufzubringen (Entnahme aus der Teilungs- und Verkoppelungsmasse; Anrechnung auf die Abfindung). Sofern (wie meist) im Rezess nichts anderes bestimmt wurde[72] (etwa Zuweisung an Dritte, wie die politische Gemeinde, oder Zuweisung an eine Teilnehmergruppe), wurde die Gesamtheit aller Verfahrensteilnehmer (Interessenten) zuständig für die gemeinschaftlichen Angelegenheiten und erlangte gemeinschaftliches Eigentum an den dafür ausgewiesenen Grundflächen (Normalfolge des verfahrensprägenden Surrogationsprinzips).[73] Manko: Weder die Rezesse noch die Gesetze, auf die sie sich stützen, regeln die Art der Rechtsgemeinschaft und die Organisation der Beteiligtengesamtheiten (der sog »*Interessentschaften*«); sie hinterließen Gebilde, die weder rechtsfähig noch handlungsfähig waren. Hinsichtlich des Eigentums gelangen Literatur und Rechtsprechung zu dem Ergebnis, dass die Interessentschaften nicht schlichte Miteigentümergemeinschaften sind, sondern *spezielle Gesamthandsgemeinschaften mit (rezess)zweckgebundenen, quasi subjektiv-dinglichen Anteilen*, die den jeweiligen Eigentümern der im Rezess zugeteilten Landabfindungen zustehen.[74] Den Organisationsmangel behob das für das ganze damalige Preußen »nachgeschobene« Gesetz vom 02.04.1887 (prGS 105), indem es die Möglichkeit eröffnete, Vertretung und Verwaltung der Interessentschaften auf Dauer dem jeweiligen Gemeindevorstand zu übertragen und ihnen damit zugleich prozessuale Parteifähigkeit zu verleihen (vgl § 2 des Gesetzes).[75] Das damalige Landesgrundbuchrecht passte sich an und ließ die Eintragung der Beteiligtengesamtheit als Berechtigte ohne Einzelbezeichnung zu,[76] umgesetzt vom KG[77] in den Eintragungstext »*die jeweiligen Eigentümer der Grundstücke . . .*« (folgt Aufzählung der nach dem Rezess begünstigten Grundstücke mit ihren Katastermerkmalen) mit dem Zusatz »*als Gesamthandseigentümer kraft rezessmäßiger Interessentschaft*«, und zwar auch für Beteiligtengesamtheiten ohne

---

67   Vgl *Staudinger-Mayer* Art 164 EGBGB Rn 4–14.
68   Vgl *Figge* aaO (Fn 62) S 86 sowie KG JW 1938, 3119 = JFG 18, 230; BGH RdL 1952, 219; BGHZ 36, 283 = NJW 1962, 804 (zur Rechtsfähigkeit der gesetzmäßig statuierten Realgemeinden).
69   In Nordrhein-Westfalen Rechtsnovelle vom 28.11.1961 (GVBl S 319).
70   Zur Abgrenzung Realgemeinde/Interessentschaft aufschlussreich: OLG Celle RdL 1964, 157 mwN; auch OLG Hamm RdL 1974, 73, 75; *Seehusen* aaO (Fn 62) S 306.
71   Zur Bedeutung für das Grundbuchverfahren: *Güthe-Triebel* aaO (Fn 62) Rn 14 ff.
72   Dazu zB KGJ 29 A 123, 125/126; 38 A 255, 260/261; 45, 215, 218; OLG Celle RdL 1954, 180; *Güthe-Triebel* aaO (Fn 62) Rn 31.
73   Dazu OLG Celle KGJ 31 A 378; KG KGJ 38 A 246; *Güthe-Triebel* aaO (Fn 62) Rn 17, 29; *Seehusen* RdL 1954, 205, 207 ff (Vergleich altes/neues Recht); *Böhringer* aaO (Fn 62) S 121.
74   Vgl KG 48, 199, 201/202; KG JW 1938, 1533, 1534; OLG Celle RdL 1964, 157, 158; *Seehusen* aaO (Fn 62) S 306; *Böhringer* aaO (Fn 62) S 122.
75   In Nordrhein-Westfalen Neufassung vom 09.04.1956 (GVBl 134).
76   § 4 Abs 3 prAV vom 20.11.1899 (JMBl 1899, 349), abgedruckt bei *Güthe-Triebel* S 1674 (Vorläufer der GBV).
77   KGJ 48, 199, 203/204; folgend: *Güthe-Triebel* aaO (Fn 62) Rn 31; MIR (6. Aufl) § 117 Rn 96; *Tröster* Rpfleger 1960, 85, 88; Weitere Nachweise bei *Böhringer* aaO (Fn 62) S 123.

Vertretungsregelung nach dem Gesetz von 1887; praxisgünstiger OLG Hamm,[78] wonach eine summarische Bezeichnung wie »*Interessentengesamtheit der G-M, vertreten durch den Oberstadtdirektor der Stadt D*« nicht inhaltlich unzulässig ist. Veräußert eine Interessenschaft ein ungebuchtes Grundstück, darf die Blattanlegung sogleich für den Erwerber erfolgen (so § 8 Abs 1 des Gesetzes von 1887 abweichend von § 39 Abs 1 GBO); die Veräußerung an einen buchungsbefreiten Erwerber (zB Staat, Gemeinde) hat eventuell kraft Landesrecht sogar ohne Blattanlegung stattfinden können.

(3) **Zum Einheitstyp »Realverband« zusammengefasst und reformiert sind in Niedersachsen** die dort **24** besonders häufigen und vielfältigen Realgemeinden und Interessentenschaften per Realverbandsgesetz vom 4.11.1969 (GVBl 187).[79] Die Realverbände sind nun Körperschaften des öffentlichen Rechts (§ 2 dieses Gesetzes); deren Bezeichnung als Berechtigte in Grundbucheintragungen erfolgt gemäß § 15 GBV (vgl dort Rdn 43). Bisheriges Recht ist aufgehoben worden; eine dem § 8 Abs 1 des preuß Gesetzes von 1887 entsprechende Vorschrift enthält § 56 des neuen Gesetzes von 1969; außerdem heißt es dort: »Ist ein Grundstück, das einem Realverband gehört, im Grundbuch nicht eingetragen und macht der Realverband glaubhaft, dass er Eigentümer ist, so kann das Grundbuch ohne Aufgebotsverfahren für ihn eingetragen werden«. Das Realverbandsgesetz beseitigte auch die nach vorherigem Recht gegebenen Zulässigkeiten der Buchung der Mitgliedsanteile als selbständige Gerechtigkeiten.[80]

(4) Auch **nach bundeseinheitlichem Flurbereinigungsrecht** sind »gemeinschaftliche Anlagen« zu schaffen **25** (vgl §§ 37 Abs 1, 39 FlurbG). Diese werden gemäß § 42 Abs 2 FlurbG durch den Flurbereinigungsplan der »*Teilnehmergemeinschaft*« zu Eigentum zugeteilt (nicht zwingend); deren Rechtsstatus bestimmt das Gesetz (§ 16 FlurbG) als Körperschaft des öffentlichen Rechts. Grundstücke, die »nach altem Herkommen« in gemeinschaftlichem Eigentum« stehen, können gemäß § 48 FlurbG im Flurbereinigungsverfahren einer Neuordnung zugeführt werden. Falls dabei noch ungebuchte Grundstücke entdeckt werden, wird vom GBA zunächst ein Blattanlegungsverfahren durchzuführen sein, und zwar von Amts wegen, soweit es um buchungspflichtige Grundstücke geht. Die Flurbereinigungsbehörde kann die Blattanlegung anregen; eine Ermächtigung, darum zu ersuchen, ergibt sich weder direkt noch indirekt aus dem FlurbG.[81] Die Ersuchensbefugnis der Flurbereinigungsbehörde nach dem FlurbG (§§ 79 Abs 1, 80, 82, hier abgesehen von § 52 Abs 3) bezieht sich auf die Grundbuchberichtigung entsprechend den im Flurbereinigungsplan ausgewiesenen (§ 58 FlurbG) und durch die Ausführungsanordnung (§ 61 FlurbG) in Kraft gesetzten Verfahrensergebnisse, so ua auf die Landabfindungen der »Teilnehmer« und die Landzuteilungen an »Nebenbeteiligte« (vgl §§ 10, 80 Nr 2, 3 FlurbG).[82] Sie erstreckt sich aber nicht auf Grundbucheintragungen, die
– Verfahrensgrundlage sind, gemäß § 12 Satz 1 FlurbG insbesondere für die Ermittlung der »Teilnehmer« des Verfahrens (§ 10 Nr 1 FlurbG: Eigentümer der Grundstücke im Flurbereinigungsgebiet) maßgebend, oder
– der Abwicklung des (grundsätzlich nicht behinderten[83]) Grundstücksverkehrs während des Verfahrens dienen. Nach dem Surrogationsprinzip (§ 68 FlurbG) ändern sich im Flurbereinigungsverfahren die Eigentumsobjekte, nicht die Eigentumssubjekte, ist im Grundbuch der Bestand, nicht die Eigentumseintragung zu berichtigen;[84] Eigentumsverlust (an den Einlagegrundstücken) und -erwerb (an den Ersatzgrundstücken) treffen stets den wahren Eigentümer der Einlagegrundstücke, mag er im Grundbuch eingetragen sein oder nicht, mag er oder ein anderer als Beteiligter zum Verfahren hinzugezogen worden sein. Eine rechtskräftige Klärung streitiger oder offener Eigentumsverhältnisse ist keine Angelegenheit des Flurbereinigungsverfahrens (vgl §§ 12 bis 14 FlurbG). Deshalb obliegt dem GBA wie sonst (§ 118) die Eigentümerermittlung, falls von der Flurbereinigungsbehörde eine Blattanlegung angeregt wird.

---

78 RdL 1974, 73.
79 Überblick über Bedeutung und Inhalt des Gesetzes: *Tesmer* aaO (Fn 62).
80 Dazu *Oestreich* Rpfleger 1971, 245.
81 Anders nach früherem preuß Recht, dazu KGJ 45, 215, 219.
82 Vgl BayObLGZ 1985, 372, 374 = Rpfleger 1986, 129 = DNotZ 1986, 354, 355 (Ersuchen ersetzt hier iVm dem Flurbereinigungsplan den Unrichtigkeitsnachweis).
83 Vgl BayObLGZ 1969, 253, 270 = RdL 1970, 18, 19 sowie 1972, 242 mwN = Rpfleger 1972, 366; 1985, 373 = aaO (Fn 82); zu den privatrechtlichen Auswirkungen im Ganzen: *Seehusen* RdL 1954, 205 ff, 203 ff mwN.
84 OLG Zweibrücken OLGZ 1978, 167.

§ 124 (Eintragung beschränkter dinglicher Rechte und sonstiger Eigentumsbeschränkungen)

(1) Beschränkte dingliche Rechte am Grundstück oder sonstige Eigentumsbeschränkungen werden bei der Anlegung des Grundbuchblatts nur eingetragen, wenn sie bei dem Grundbuchamt angemeldet und entweder durch öffentliche oder öffentlich beglaubigte Urkunden, deren erklärter Inhalt vom Eigentümer stammt, nachgewiesen oder von dem Eigentümer anerkannt sind.

(2) Der Eigentümer ist über die Anerkennung anzuhören. Bestreitet er das angemeldete Recht, so wird es, falls es glaubhaft gemacht ist, durch Eintragung eines Widerspruchs gesichert.

(3) Der Rang der Rechte ist gemäß für den für sie zur Zeit ihrer Entstehung maßgebenden Gesetzen und, wenn er hiernach nicht bestimmt werden kann, nach der Reihenfolge ihrer Anmeldung einzutragen.

I. Bedeutung des § 124

1. Keine Amtsermittlung

1 Diese Konsequenz ist aus der Bestimmung des Abs 1 zu ziehen, dass beschränkte dingliche Rechte oder sonstige Eigentumsbeschränkungen bei der Blattanlegung »nur« auf Anmeldung und »Nachweis« oder »Anerkennung« durch Erklärung des Eigentümers eingetragen werden. Diese Deutung der Vorschrift korrespondiert mit der bezüglich gebuchter Grundstücke gemäß § 22 Abs 1 (unabhängig von der Beweislastverteilung im Zivilprozess) dem Antragsteller auferlegten Nachweislast für die (dann berichtigende) Eintragung eines außerhalb des Grundbuchs bestehenden Rechts (vgl § 22 Rdn 114).[1] Auch im Anlegungsverfahren liegt demnach bezüglich beschränkter dinglicher Rechte die Initiative bei dem Prätendenten.[2] Er muss sich also selbst darum kümmern, die bevorstehende Blattanlegung in Erfahrung zu bringen (zB auf die Veröffentlichung gemäß § 121 oder § 122 zu achten, vgl § 122 Rdn 2) und sein Recht beim GBA anzumelden und mindestens glaubhaft zu machen, wenn es bei der bevorstehenden Blattanlegung Berücksichtigung finden soll.

2. Begrenzte praktische Bedeutung

2 Die hat § 124 insofern, als nach dem BGB und dem 8. Buch der ZPO grundstücksbelastende dingliche Rechte grundsätzlich nicht ohne Eintragung entstehen und demgemäß an einem bisher ungebuchten Grundstück nicht existieren können (Ausnahmen: § 1075 BGB: surrogationsweises Entstehen eines Nießbrauchs; § 1287 BGB, §§ 848 Abs 2, 857 ZPO: surrogationsweises Entstehen einer Sicherungshypothek). Dies gilt grundsätzlich auch für nicht buchungspflichtige Grundstücke, allerdings kann Landesrecht aufgrund des Art 128 EGBGB an solchen Grundstücken die außergrundbuchliche Begründung und Aufhebung von Dienstbarkeiten[3] zulassen; einige Länder haben davon Gebrauch gemacht (vgl diesbezügliche Erläuterungen zu § 3).

3. Relevanz vornehmlich für alte Rechte

3 Bedeutsam für § 124 sind beschränkte dingliche Rechte, soweit sie vor In-Kraft-Treten des BGB ohne Eintragung und somit auch an ungebuchten Grundstücken zur Entstehung gelangen konnten und, falls entstanden, gemäß Art 184 EGBGB mit dem sich aus den bisherigen Gesetzen ergebenden Inhalt und Rang ohne Eintragung bestehen geblieben sind. Mit Ausnahme von Grunddienstbarkeiten (dazu Rdn 4) unterliegen die alten Rechte uneingetragen zwar gemäß § 892 BGB der Gefahr des Untergangs oder des Rangverlustes durch gutgläubigen Erwerb; diese Gefahr entfällt aber bei bislang ungebucht gebliebenen Grundstücken.

---

1 BayObLGZ 1988, 102, 107 = DNotZ 1989, 164 = (mitget) Rpfleger 1988, 237; BayObLG NJW-RR 1990, 724, 725 = DNotZ 1991, 160, 162

2 *Güthe-Triebel* § 122 Rn 11; *Hesse-Saage-Fischer* § 15 AVOGBO Anm I.

3 Dazu gehören Grunddienstbarkeiten, Nießbrauch und beschränkte persönliche Dienstbarkeiten, *Staudinger-Hönle* Art 128 EGBGB Rn 3.

4. Insbesondere Grunddienstbarkeiten

Sie entstanden und bestanden nach früherem Recht in großer Zahl ohne Bucheintragung (dazu § 123 **4** Rdn 18 sowie § 22 Rdn 26 mwN),[4] mithin möglicherweise auch an ungebuchten Grundstücken. Selbst das preuß Grundbuchsystem auf der Basis des Gesetzes vom 05.05.1872[5] ließ dies zu: Nach § 12 Abs 1 dieses Gesetzes erlangten »dingliche Rechte an Grundstücken, welche auf einem privatrechtlichen Titel beruhen«, zwar grundsätzlich nur durch Eintragung Wirksamkeit gegen Dritte, ausgenommen gemäß Abs 2 aber »Grundgerechtigkeiten«, die uneingetragen selbst gegen gutgläubige Erwerber des belasteten Grundstücks wirkten.[6] Die altrechtlichen Grunddienstbarkeiten bestehen, weitgehend dem heutigen Recht (§§ 1020 bis 1028 BGB) unterstellt, weiter (Art 184 EGBGB) und bedürfen zur Erhaltung der Wirksamkeit gegenüber dem öffentlichen Glauben des Grundbuchs nicht der Eintragung (Art 187 EGBGB). Selbst wo landesrechtlich von der Möglichkeit des Art 187 Abs 2 EGBGB Gebrauch gemacht worden ist,[7] gehen die Grunddienstbarkeiten nicht allein durch die Versäumung der zu ihrer Eintragung bestimmten Frist, sondern erst durch gutgläubigen Erwerb unter (dazu § 22 Rdn 61 mwN).

II. Eintragungsvoraussetzungen

1. Anmeldung

Aus der in Abs 1 angeordneten Anmelde- und Nachweisbedürftigkeit von beschränkten dinglichen Rechten **5** und sonstigen Eigentumsbeschränkungen resultiert die entsprechende *Vorbringens- und Beibringungslast des Anmeldenden*. Die Anmeldung bedarf zwar keiner bestimmten Form, sie muss aber die zur Beurteilung der Eintragungsfähigkeit und für die eventuelle Fassung des Eintragungsvermerks bedeutsamen Angaben über Art und Inhalt sowie über die Entstehung und den Fortbestand des geltend gemachten Rechts schlüssig und mit einer dem heutigen Grundbuchrecht genügenden Bestimmtheit aufzeigen. Denn Inhalt und Bestimmtheit der Eintragung richten sich nach jetzt geltendem Grundbuchrecht; insofern gelten für die Eintragung im Anlegungsverfahren keine anderen Maßstäbe als für die im Wege der Grundbuchberichtigung erfolgende Eintragung altrechtlicher Grunddienstbarkeiten.[8] Zusätzliche *Glaubhaftmachung* des angemeldeten Tatbestands ist nach Abs 2 Voraussetzung dafür, dass eine Sicherung des angemeldeten Rechts mittels Widerspruchseintragung erfolgt, *falls der Eigentümer* die Existenz des Rechts *bestreitet*. Einer besonderen Anmeldung bedarf es nicht seitens desjenigen, der die Blattanlegung für ein nicht buchungspflichtiges Grundstück beantragt und bereits zur Begründung seiner Antragsbefugnis sein Recht dargelegt hat (vgl § 116 Rdn 45).

2. Nachweis oder Anerkenntnis

Angemeldete beschränkte dingliche Rechte oder sonstige Eigentumsbeschränkungen dürfen nach Abs 1 nur **6** eingetragen werden, wenn sie
– entweder durch eine vom Eigentümer stammende Erklärung in öffentlicher oder öffentlich beglaubigter Urkunde nachgewiesen
– oder von dem Eigentümer anerkannt sind.

Als Eigentümer wird derjenige anzunehmen sein, den das GBA aufgrund seiner Ermittlungen nach Maßgabe des § 123 als Eigentümer in das Grundbuch einzutragen haben wird.[9] *Sinn der Vorschrift* ist wohl: Urkundliche Tatsachenbeweise, wie sie für die (berichtigende) Eintragung von altrechtlichen Grunddienstbarkeiten zulasten bereits gebuchter Grundstücke im Antragsverfahren gemäß § 22 Abs 1 zugelassen sind (vgl § 22 Rdn 26), sollen im Blattanlegungsverfahren nicht als Eintragungsgrundlage ausreichend sein.

a) Der »Nachweis« durch öffentlich oder öffentlich beglaubigte Urkunden, deren »erklärter Inhalt **7** vom Eigentümer stammt«, ist in Abs 1 an erster Stelle als Eintragungsgrundlage vorgesehen. Der Ausdruck »nachgewiesen« ist in diesem Zusammenhang allerdings irreführend, weil ein »Nachweis« (im Sinne von objektivem Beweis) der Existenz eines vor langer Zeit außerhalb des Grundbuchs begründeten Rechts mittels Erklärung des gegenwärtigen Eigentümers naturgemäß nicht erbracht werden kann. Gedacht ist wohl an eine besondere verfahrensrechtliche Erklärung des nach dem Ermittlungsergebnis anzunehmenden Eigentümers, welche die Eintragung des Rechtes rechtfertigt bzw gestattet, in der Art etwa einer Berichtigungsbewilligung

---

4 Vgl Kommentare zu Art 184 EGBGB mwN, insb *Staudinger-Hönle*, MüKo-*Säcker, Palandt-Bassenge*; ausführlich: *Dehner B* § 36, *Meissner-Ring-Götz* § 28 I (für Bayern); auch *Schöner/Stöber* Rn 347, 1171–1175; *Bengel/Simmerding* Einf Rn 12, 47.
5 Genaue Gesetzesbezeichnung: § 123 Fn 23.
6 Vgl RGZ 56, 378; BGHZ 42, 63, 66 = NJW 1964, 2016.
7 Vgl Kommentare zu Art 187 EGBGB mwN; *Schöner/Stöber* Rn 1173 mit Fn 245.
8 Vgl BayObLGZ 1988, 102, 105 = aaO (Fn 1); BayObLG NJW-RR 1990, 724, 725 = aaO (Fn 1).
9 Vgl *Güthe-Triebel* § 122 Rn 11.

gleichend[10] (zu den inhaltlichen Anforderungen letzterer: § 22 Rdn 106). Betreffs der Form ist eine Anlehnung an § 29 ohnehin unverkennbar.

8 **b)** Die »**Anerkennung**« des Rechts durch den Eigentümer ist in Abs 1 an zweiter Stelle aufgeführt. Hierzu ist ausgeführt worden, dass damit alternativ die Möglichkeit eröffnet werde, die Eintragung eines beschränkten Rechts auf eine keiner Form bedürfenden anerkennende Erklärung des Eigentümers stützen zu können, weil es sich um Feststellungen des GBA in einem Amtsverfahren handele.[11] Diese Argumentation dürfte aber nicht den Sinn der Vorschrift treffen. Nach hier vertretener Auffassung (vgl Rdn 6) liegt bereits der in Abs 1 an erster Stelle genannten formbedürftigen Erklärung eine anerkennende Wertung des Eigentümers zugrunde. Davon ausgehend, ist die Formulierung »oder von dem Eigentümer anerkannt« nicht als Eröffnung einer weiteren, und zwar formfreien Erklärungsvariante des Eigentümers zu verstehen, sondern als Verweis auf das in Abs 2 vorgesehene Verfahren. *Sinn:* Legt der Anmeldende von sich aus keine die Eintragung des geltend gemachten Rechts gestattende Erklärung des Eigentümers in der vorgeschriebenen Form vor, so darf das angemeldete Recht nicht schon deswegen unberücksichtigt bleiben, sondern hat das GBA die Amtspflicht, den Eigentümer über die Anerkennung zu vernehmen.[12]

3. Anhörung des Eigentümers

9 Nach Abs 2 soll der Grundbuchrechtspfleger sich durch Anhörung des Eigentümers darüber vergewissern, ob dieser das Recht, wie angemeldet, anerkennt oder nicht, falls die Anmeldung nicht bereits auf eine Eigentümererklärung in der im Abs 1 bestimmten Form gestützt ist (vgl Rdn 7). Es handelt sich hier um eine spezielle Art der Parteivernehmung insofern, als ihr Ergebnis nicht in eine freie Beweiswürdigung mündet wie eine Beteiligtenvernehmung im Rahmen des § 15 FGG,[13] sondern nach der Spezialregelung des Abs 2 zu behandeln ist:

– Erkennt der Eigentümer das Recht an, so wird seine Erklärung zu Protokoll genommen und die Eintragung darauf gestützt.
– Bestreitet der Eigentümer das Recht, so darf es nicht eingetragen werden. Ist es wenigstens glaubhaft gemacht, so ist es im anzulegenden Blatt von Amts wegen durch Eintragung eines Widerspruchs zu sichern (Eintragung: § 12 GBV Rdn 6, 10 ff entsprechend). Andernfalls bleibt das angemeldete Recht bei der Blattanlegung unberücksichtigt. Dem Prätendenten ist es überlassen, die (nachträgliche) Eintragung des geltend gemachten Rechts, die dann eine nach den §§ 13, 19, 22 zu behandelnde Grundbuchberichtigung darstellt (vgl § 22 Rdn 26 mwN[14]), im Prozesswege durchzusetzen und, falls nicht von Amts wegen bereits geschehen, die Vorabsicherung mittels Widerspruchs gemäß § 899 BGB zu erreichen.

4. Rang

10 Der Rang außergrundbuchlich entstandener Rechte richtet sich nach den Gesetzen, die zur Zeit der Entstehung des Rechtes gegolten haben. Alte Rechte aus der Zeit vor In-Kraft-Treten des BGB sind mit diesem Rang bestehen geblieben (Art 184 EGBGB) und sind im Rahmen des Art 187 EGBGB resistent gegen Verdrängung durch gutgläubigen Erwerb, solange sie im Grundbuch nicht eingetragen worden sind.[15] Diesen materiellrechtlichen Grundsätzen folgt Abs 3.

---

10 Im Ergebnis ebenso KEHE-*Eickmann* Rn 3; *Demharter* Rn 3; *Waldner* in *Bauer/von Oefele* Rn 2.
11 So *Hesse-Saage-Fischer* § 15 AVOGBO Anm I 3. *Demharter* Rn 4: Unanwendbarkeit des § 29, weil keine Eintragungen in ein bestehendes GB.
12 Andere Interpretation von KEHE-*Eickmann* Rn 4: Formfreies Anerkenntnis nach Abs 1 zulässig, aber Anhörung nach Abs 2 dann unvermeidbar zur Vergewisserung, dass das Anerkenntnis vom Eigentümer herrührt.
13 Dazu *Schmidt* in *Keidel/Kuntze/Winkler* FG § 15 Rn 56 ff mwN.
14 Außerdem: BayObLG DNotZ 1989, 164 = (mitget) Rpfleger 1988, 237.
15 Vgl BGHZ 104, 139 = NJW 1988, 2037 = Rpfleger 1988, 353 = DNotZ 1989, 146.

§ 125 (Keine Beschwerde gegen die Anlegung)

Die Beschwerde gegen die Anlegung des Grundbuchblatts ist unzulässig. Im Wege der Beschwerde kann jedoch verlangt werden, daß das Grundbuchamt angewiesen wird, nach § 53 einen Widerspruch einzutragen oder eine Löschung vorzunehmen.

I. Bedeutung der Rechtsmittelbeschränkung

1. § 125 gleicht § 71 Abs 2; auf die dortigen Erläuterungen wird deshalb verwiesen. Verhindert werden soll **1** durch die eine wie die andere Vorschrift, dass von Amts wegen in die Rechtsstellung eines eventuellen gutgläubigen Erwerbers eingegriffen wird; denn auch der Inhalt des angelegten Blattes untersteht dem öffentlichen Glauben des Grundbuchs.[1] Angesichts der Vorschriftenkongruenz ist es unerheblich, ob die Grundbuchanlegung bzw die auf dem angelegten Grundbuchblatt vorgenommenen Eintragungen als Eintragungen iS des § 71 Abs 2 anzusehen sind oder nicht.[2] In Bezug auf das RpflG gilt nichts Abweichendes (§ 11 Abs 1, 3 RpflG).

2. Die beschränkte Beschwerde gemäß § 125 S 2 (oder die Anregung auf Eintragung eines Amtswider- **2** spruchs) ist begründet, falls die Voraussetzungen des § 53 (glaubhafte Grundbuchunrichtigkeit, feststehende Gesetzesverletzung durch das GBA, Möglichkeit gutgläubigen Erwerbs) gegeben sind (vgl Erläuterungen zu § 53). Gesetzesverletzung im Grundbuchanlegungsverfahren ist insb die Verletzung der in § 108 vorgeschriebenen Ermittlungspflicht, wie eine unzulängliche Aufklärung bzw Nichterhebung realisierbarer Beweise (dazu Rechtsprechungshinweise in Fn 2 zu § 118 Rdn 3), auch ein fehlerhafte Rechtsanwendung bzw -auslegung. Eine vertretbare (im Ermessensbereich) liegende Auslegung wird dagegen nicht als Gesetzesverstoß im Sinne des § 53 anzusehen sein.[3] Die Beweiswürdigung des GBA als Abwägungsprozess (dazu § 118 Rdn 8) entzieht sich ebenfalls grundsätzlich der Beschwerde, es sei denn in der Beweiswürdigung liegt ein eigener Rechtsverstoß[4] (zu den Möglichkeiten § 78 Rdn 34).

3. Die unbeschränkte Beschwerde ist zulässig gegen die Ablehnung eines Antrags bzw einer Anregung auf **3** Anlegung eines Grundbuchblattes (dazu § 71 Rdn 83).[5]

II. Zur Zulässigkeit eines beschwerdefähigen Vorbescheides

Falls die Feststellung des Eigentümers (§ 118) nicht mit Sicherheit gelungen ist, insb wenn es mehr als einen **4** Prätendenten gibt und das GBA denjenigen einzutragen hat, dessen Eigentum ihm nach Lage der Sache am wahrscheinlichsten erscheint (§ 123 Ziffer 3), erscheint es als sinnvoll, wenn dem als weniger wahrscheinlich Eingeschätzten die beabsichtigte Eintragung mit den sie tragenden Gründen vorab angekündigt werden kann mit der Anheimgabe, dagegen binnen einer bestimmten Frist Beschwerde einzulegen.

Für das **Antragsverfahren** des Grundbuchrechts ist die Zulässigkeit eines beschwerdefähigen Vorbescheides umstritten (Nachweise zum Für und Wider und befürwortende Argumente gegen die hM: § 18 Rdn 26 bis 29, § 71 Rdn 28).

Für die **Amtsverfahren** ist eine Vorankündigung mit Beschwerdemöglichkeit dagegen nicht fremd. Gesetzlicher Präzedenzfall ist die Löschungsankündigung gemäß § 87 Buchst b.[6] Diese ist zwar als solche nicht beschwerdefähig, aber das hat einen besonderen Grund: Wird der Löschungsankündigung widersprochen, so darf die Amtslöschung erst nach Rechtskraft des gemäß § 89 beschwerdefähigen Feststellungsbeschlusses erfolgen (§ 87 Buchst c). Der Widersprechende kann also auf diesem Wege sein Anliegen mittels Beschwerde geltend machen, bevor die für ihn (gemäß §§ 891 bis 893 BGB) gefahrbringende Löschung realisiert wird. Im ähnlichen Amtslöschungsverfahren gemäß § 53 Abs 1 S 2 ist eine Vorankündigung zwar nicht gesetzlich vorgesehen, aber von der Rechtsprechung (zu Recht) eingeräumt worden.[7]

---

1 OLG München JFG 17, 293, 295; OLG Köln OLGZ 1982, 141, 142 = Rpfleger 1981, 481 (dort insoweit nicht abgedruckt).
2 Letzteres nach *Hesse-Saage-Fischer* § 16 AVOGBO Anm I; KEHE-*Eickmann* Rn 1; *Demharter* Rn 1. *Waldner* in *Bauer/von Oefele* Rn 1: klarstellende Bedeutung von § 125.
3 OLG München JFG 14, 105, 109; OLG Hamm OLGZ 1967, 109 = DNotZ 1967, 686; NJW 1968, 1289 = DNotZ 1968, 631; OLG Frankfurt Rpfleger 1976, 132 (für vertretbare Urkundenauslegung).
4 *Güthe-Triebel* § 122 Rn 17 gegen *Hesse-Saage-Fischer* § 16 AVOGBO Anm III; KEHE-*Eickmann* Rn 3; *Demharter* Rn 3; *Waldner* in *Bauer/von Oefele* Rn 2; **aA** OLG Oldenburg MDR 1956, 114 = NdsRpfl 1956, 52 (das zu Unrecht neues Vorbringen von Beweismitteln iS von § 74 der Würdigung vorhandener Beweismittel gleich erachtet) und (dem folgend) *Schöner/Stöber* Rn 1014.
5 BayObLGZ 1980, 185, 186 = Rpfleger 1980, 390 (dort der die Zulässigkeit der Beschwerde behandelnde Teil des Beschlusses nicht abgedruckt); KEHE-*Eickmann* Rn 3; *Demharter* Rn 2; *Waldner* in *Bauer/von Oefele* Rn 2.
6 Nach OLG Karlsruhe aaO (Fn 7) mit dem Vorbescheidsverfahren vergleichbar.
7 ZB OLG Saarbrücken, OLGZ 1972, 129, 130 mwN; LG Freiburg BWNotZ 1980, 61; LG Memmingen Rpfleger 1990, 251 m zust Anm *Minkus*; **aA** OLG Karlsruhe Rpfleger 1993, 192, 193; dagegen auch noch *Böhringer* aaO (§ 118 Fn 3) S 129 im Anschluss an hM.

Stellungnahme: Die vorgebrachten Gründe, insb auch die für die anerkannte Zulässigkeit eines beschwerdefähigen Vorbescheides im Erbscheinsverfahren,[8] finden im Anlegungsverfahren weitgehende Parallelen; denn in beiden Verfahren gilt das Amtsermittlungsprinzip (§ 2358 Abs 1 BGB einerseits, § 118 andererseits), ist ein Aufgebot vorgesehen, das keine Ausschlusswirkung hat (§ 2358 Abs 2 BGB einerseits, §§ 119 bis 121 andererseits), unterliegen die Ergebnisse dem öffentlichen Glauben (§§ 2365, 2366 BGB einerseits, §§ 891, 892 BGB andererseits). Dieser Parallelen wegen ist der beschwerdefähige Vorbescheid auch im Anlegungsverfahren als gerechtfertigt anzusehen.

---

8 Dazu *Kahlfeld* BWNotZ 1998, 60.

Siebenter Abschnitt
Das maschinell geführte Grundbuch

Vorbemerkungen zu den §§ 126 bis 134

Schrifttum

Bengel-Simmerding, Grundbuch, Grundstück, Grenze, 5. Aufl, 2000; *Böhringer,* Neue Entwicklungen im Grundbuchbereich, insbesondere beim »Computer-Grundbuch«, BWNotZ 1994, 25; *ders,* Änderungen der Rechtsquellen des Grundbuchrechts, BWNotZ 1996, 25; *ders,* Anforderungen der Wirtschaft an das automatisierte Grundbuch BWNotZ 1998, 129; *ders,* Die Grundlagen der Grundbuchführung im Wandel der Zeiten, BWNotZ 1999, 161; *Bredl,* SOLUM-STAR Das maschinell geführte Grundbuch, MittBayNot 1997, 72; *ders,* Sachstand und Perspektiven bei der maschinellen Grundbuchführung, ZNotP 1998 S 271; *Bundesministerium der Justiz,* Zweiter Bericht der beim Bundesministerium der Justiz, gebildeten Arbeitsgruppe EDV-Grundbuch (Recht), 1980; *Bundesministerium für Justiz der Republik Österreich,* Schriftenreihe »Das moderne Grundbuch«, 1992; *Erber-Faller,* Das maschinell geführte Grundbuch – rechtliche und technische Grundlagen, Wissenswertes für den Nutzer, ZfIR 1999 S 971; *dies.,* (Hg.), Elektronischer Rechtsverkehr, 2000; *(Göttlinger:,* V. Kap – Elektronische Register als Grundlage einer modernen Justiz); *Frenz,* Ein Jahrhundertgesetz für die freiwillige Gerichtsbarkeit, DNotZ 1994, 153; *Geiger-Göttlinger-Kobes,* Die Konzeption des Computer-Grundbuchs, Rpfleger 1973, 193; *Geiger-Schneider,* Computer-Grundbuch und Sicherheit in der EDV, ÖVD 1973, 352; *Göttlinger,* Pilotprojekt »Elektronisches Grundbuch« – Einsatz in Sachsen –, DNotZ 1995, 370; *ders,* Notariat und Grundbuchamt im elektronischen Zeitalter, DNotZ 2002, 743; *Göttlinger-Kobes-Miller,* Elektronische Datenverarbeitung und Grundbuch, Rpfleger 1972, 37; *Grziwotz,* Das EDV-Grundbuch, Computer und Recht 1995, 68; *ders,* Grundbucheinsicht, allgemeines Persönlichkeitsrecht und rechtliches Gehör, MittBayNot 1995, 97; *Holzer,* Das Registerverfahrenbeschleunigungsgesetz, NJW 1994, 481; *Keim,* Das maschinelle Grundbuch, MittBayNot 1980, 189; *Keller,* Das Registerverfahrenbeschleunigungsgesetz und seine Änderungen zum Grundbuchverfahren, BWNotZ 1994 S 73; *Kröger,* (Hg) Internet für Rechtsanwälte und Notare, 1997; *(Göttlinger:,* 7. Kap Das elektronische Grundbuch und das elektronische Handelsregister); *Oberseider,* Das maschinell geführte Grundbuch – Erfahrungen aus der notariellen Praxis, MittBayNot 1997 S 88; *Österle,* Das EDV-Grundbuch, BWNotZ 1981, 106; *Rapp,* Probleme des EDV-Grundbuchs aus der Sicht des Notars, DNotZ 1973; 583; *Püls-Reetz,* Kostenmäßige Behandlung des automatisierten Abrufverfahrens im Notariat, NotBZ 1998, 13; *Sächsisches Staatsministerium der Justiz,* Broschüre »Das elektronische Grundbuch«, 1995; *Sächsisches Staatsministerium der Justiz,* Handbuch zum automatisierten Abrufverfahren, 1997; *Schmidt-Fröhlig,* Das maschinelle Grundbuch, 1995; *Schmidt-Räntsch,* Grundzüge des geplanten Registerverfahrenbeschleunigungsgesetzes, VIZ 1993 S 432; *ders,* Das neue Grundbuchrecht, 1994; *ders,* Das EDV-Grundbuch, VIZ 1997 S 83; *Strobel,* Registererneuerungen des Registerverfahrenbeschleunigungsgesetzes im Überblick, DStR 1994, 363; *Vossius,* Das Registerverfahrenbeschleunigungsgesetz, MittBayNot 1994, 10.

I. Allgemeines

1. Das Papiergrundbuch

Alle Vorschriften, die sich mit dem Grundbuch befassen, setzen als selbstverständlich voraus, dass es auf **Papier** **1** geführt wird. Besonders deutlich wird dies in § 44, der die **Wirksamkeit einer Eintragung** von der »Unterschrift der zuständigen Beamten« abhängig macht. Eine Unterschrift kann aber begrifflich nur unter einem schriftlich abgefassten Text, und zwar handschriftlich, erfolgen.

Ferner setzen § 1 Abs 1, § 2 GBV und die folgenden Vorschriften ebenfalls ein auf Papier geführtes Grundbuch voraus.

2. Das maschinell geführte Grundbuch

2   Das Registerverfahrenbeschleunigungsgesetz vom 20.12.1993 spricht in der Überschrift zum Siebenten Abschnitt vom »**maschinell geführten Grundbuch**«, in § 126 von der Führung des Grundbuchs »**in maschineller Form als automatisierte Datei**«. Diese Begriffe werden deshalb in der Folge verwendet. Gemeint ist die Führung des Grundbuchs auf Anlagen der Computertechnik in einer Weise, dass nicht mehr die auf Papier niedergeschriebenen oder ausgedruckten Eintragungen den Inhalt des Grundbuchs darstellen, sondern die in elektronischer Form gespeicherten Daten (vgl hierzu auch § 126 Abs 1 Nr 2 und § 62 GBV). Diese Regelungen sind Ausdruck des Übergangs von Jahrtausende alten Techniken zu neuen Medien, der erhebliche Änderungen des Rechts- und auch des Wirtschaftslebens zur Folge hat.[1]

II. Entwicklungen zum maschinell geführten Grundbuch im In- und Ausland

1. Frühere Entwicklungen in Deutschland

3   Erste Überlegungen, von der Grundbuchführung auf Papier abzugehen, sind in der (alten) Bundesrepublik Deutschland Ende der 60er Jahre festzustellen. 1968/1969 setzte die Konferenz der deutschen Justizminister, in der alle Landesjustizminister der Bundesrepublik und der Bundesjustizminister (dieser jedoch ohne Stimmrecht) zusammengeschlossen sind, eine »**Bund-Länder-Kommission für Datenverarbeitung in der Justiz**« (später: »Bund-Länder-Kommission für Datenverarbeitung und Rationalisierung in der Justiz«), nachfolgend als »**BLK**« bezeichnet, ein, die den Auftrag erhielt, geeignete Bereiche der Justiz für eine Bearbeitung mit Computertechnik auszuwählen und die Verwirklichung zu betreiben. Eines der ausgewählten Gebiete war das Grundbuch.

4   Mit der Verwirklichung wurde eine Sachkommission, bestehend aus den Landesjustizverwaltungen Bayern, Hessen und Rheinland-Pfalz, beauftragt.

5   Die Sachkommission entwickelte nach jahrelangen Arbeiten einen Prototyp des maschinell geführten Grundbuchs. Neben den technischen Arbeiten der Sachkommission erstellte eine beim Bundesministerium der Justiz eingerichtete Arbeitsgruppe »EDV-Grundbuch (Recht)«, die unter dem Vorsitz des Bundesministeriums stand und in der eine Reihe von Landesjustizverwaltungen mitarbeitete, die **rechtlichen Grundlagen** für ein maschinell geführtes Grundbuch, die in dem »Zweiten Bericht der beim Bundesministerium der Justiz gebildeten Arbeitsgruppe EDV-Grundbuch (Recht)« vom Juli 1980 zusammengefasst wurden.

6   Der Prototyp des maschinell geführten Grundbuchs wurde 1982 beim Amtsgericht München erprobt. Die Erprobung verlief grundsätzlich positiv, wenn sich auch eine Reihe von technischen Nachbesserungen als notwendig erwies.

Die Justizverwaltungen der Bundesrepublik konnten sich jedoch zur Einführung nicht entschließen. Die Gründe dafür lagen in den hohen finanziellen Aufwendungen, die für die Einführung notwendig gewesen wären, vor allem aber im Aufwand für die Umstellung des Papiergrundbuchs.

7   Die einzige feststellbare formelle Entscheidung zur Einstellung des damaligen Projekts traf die bayerische Staatsregierung mit Beschluss vom 12.04.1983. Das Bayerische Staatsministerium der Justiz wurde damals jedoch beauftragt, unter Verwertung der Ergebnisse des Probebetriebs andere, weniger aufwändige Verfahren für eine Automationsunterstützung im (Papier-) Grundbuch zu entwickeln.

8   Auch der auf dem »Zweiten Bericht der beim Bundesministerium der Justiz gebildeten Arbeitsgruppe EDV-Grundbuch (Recht) vom Juli 1980« beruhende seinerzeitige Referentenentwurf des Bundesministeriums der Justiz für die Schaffung der Rechtsgrundlagen zu einem maschinell geführten Grundbuch wurde mangels Interesse der Länder nicht weiter verfolgt.

9   **1983** waren somit die Überlegungen, für die Grundbuchführung andere Formen als die Führung auf Papier zu entwickeln, **beendet**.

10   In der Folgezeit entwickelte aufgrund des Auftrags der bayerischen Staatsregierung die Landesjustizverwaltung Bayern mit dem Programmsystem **SOLUM** (lat Grund, Boden) ein EDV-unterstütztes Verfahren **für die Führung des Papiergrundbuchs (Lose-Blatt-Grundbuch)**, das im Wesentlichen darauf beruht, dass der Grundbuchrechtspfleger seine Eintragungsverfügung unmittelbar an einem Bildschirmarbeitsplatz eingibt und diese Daten anschließend vom Urkundsbeamten der Geschäftsstelle in das Lose-Blatt-Grundbuch ausgedruckt und für weitere Tätigkeiten (insbesondere die Eintragungsmitteilungen und die Grundpfandrechtsbriefe) verwendet werden.

11   SOLUM wurde im Lauf der Zeit in 10 Ländern eingesetzt; insbesondere übernahmen nach der deutschen Einheit die neuen Länder mit Ausnahme von Mecklenburg-Vorpommern dieses System. Soweit diese Länder in der Zwischenzeit das maschinell geführte Grundbuch einführten, setzen sie das Nachfolgesystem SOLUM-STAR ein (vgl auch Rdn 30).

---

1   *Erber-Faller* MittBayNot 1995, 182.

Bereits vorher hatte Rheinland-Pfalz mit dem Programmsystem **MAGB** (Mainzer automationsunterstütztes **12** Grundbuch) ein ähnliches Verfahren für die Unterstützung des Papiergrundbuchs entwickelt; Mecklenburg-Vorpommern setzt das dort entwickelte Verfahren **ARGUS**-Grundbuch ein.

1995 wurde auch in Baden-Württemberg mit dem Programmsystem **FOLIA** ein Verfahren für die EDV-unterstützte Führung des Papiergrundbuchs fertig gestellt und mit dessen Einsatz begonnen (zu den Nachfolgesystemen für das maschinell geführte Grundbuch in diesen Ländern vgl Rdn 30).

2. Entwicklungen im Ausland

a) Österreich. Anders verlief die Entwicklung im europäischen Ausland. Bekannt geworden sind vor allem **13** die Arbeiten in **Österreich**. Mit dem Grundbuchumstellungsgesetz von 1980 schuf Österreich die rechtlichen Voraussetzungen für ein automatisiertes papierloses Grundbuch, das auf der zentralen Speicherung aller Grundbucheintragungen in einem Rechenzentrum des Bundes in Wien und dem Anschluss aller österreichischen Grundbuchämter (Abteilungen der Bezirksgerichte) an dieses Rechenzentrum beruht.

Ferner lässt das österreichische Grundbuchrecht, das eine dem § 12 (»Darlegung des berechtigten Interesses«) **14** vergleichbare Beschränkung nicht kennt (s auch § 133 Rdn 11), den Anschluss zahlreicher externer Stellen an die Grundbuchzentrale zu. Insgesamt sind derzeit einige Tausend derartige Stellen angeschlossen; der Anschluss der Notare, die auch das Recht haben, gebührenpflichtige Grundbuchausdrucke zu erteilen, ist obligatorisch (s § 133 Rdn 4).

Die Umstellung des österreichischen Grundbuchs auf elektronische Form ist schon seit einigen Jahren vollstän- **15** dig abgeschlossen. Österreich besaß somit – wohl als erster europäischer Staat – ein modernes, den Möglichkeiten der Informationstechnik und den Anforderungen, die an eine funktionierende, auf der Höhe der Zeit stehende Justiz zu stellen sind, entsprechendes Grundbuchsystem.

Die österreichischen Vorschriften für das elektronische Grundbuch und die dabei gewonnenen praktischen **16** Erfahrungen waren und sind von starkem Einfluss auf die Entwicklungen beim Aufbau eines Grundbuchsystems in den so genannten Reformstaaten des früheren Ostblocks. Insbesondere sind dies die früher zum Staatenverbund Österreich-Ungarn gehörenden Länder. Sie haben auch die neu aufgegriffenen Arbeiten in Deutschland befruchtet.

b) Andere ausländische Staaten. In **England und Wales** wurde die Einführung des Grundbuchs, das bis in **17** die zwanziger Jahre des vergangenen Jahrhunderts hinein nicht vorhanden war, abgeschlossen und mittlerweile auf elektronische Führung umgestellt; gleiches gilt für die Republik **Irland**.[2]

Auch wenn die in anderen Staaten eingerichteten Registrierungssysteme für Liegenschaften in ihrer Funktionalität und rechtlichen Bedeutung nicht immer dem deutschen Grundbuch entsprechen, sind mittlerweile in mehreren europäischen Staaten Systeme zur Begründung oder Verlautbarung von Rechten an Liegenschaften eingeführt –bzw soweit sie bereits bestanden haben- auf elektronische Führung umgestellt worden.

Mittelbar beschleunigt wurde die Entwicklung elektronischer Grundbuchsysteme in mehreren Staaten u. a. dadurch, dass die EU-Kommission den Aufbau eines europaweiten Einsichts- und Auskunftssystems (**E**uropean **L**and **I**nformation **S**ervice – EULIS) nachdrücklich unterstützt, um auch grenzüberschreitend durch schnelle und effektive Eintragungen in die Grundbücher Rechtssicherheit zu gewährleisten. Bei EULIS handelt es sich nicht um ein (ggf vereinheitlichtes) Verfahren zur maschinellen Grundbuchführung, sondern lediglich um ein europaweit zugängliches Auskunftsportal;[3] allerdings setzt die Beteiligung an EULIS voraus, dass die Grundbuchdaten in elektronischer Form vorgehalten werden.

Als weitere EULIS-Staaten (neben **Österreich**, **England und Wales** sowie **Irland**) verfügen **Schweden**, **Niederlande**, **Norwegen** und **Litauen** bereits über IT-Systeme zur elektronischen Grundbuchführung;[4] ähnliches gilt für die ebenfalls kurz vor dem Beitritt stehenden Staaten **Finnland**, **Schottland**, **Tschechien** und **Lettland**.

Ferner wurden in jüngster Zeit Systeme zur elektronischen Grundbuchführung implementiert in einzelnen Départements in **Frankreich** (Haut-Rhin, Bas-Rhin und Moselle), in denen –anders als im übrigen Land- aufgrund der früheren Zugehörigkeit zum Deutschen Reich noch heute ein Grundbuch geführt wird, das auf der

---

2 Zum Stand bei Erlass des RegVBG vgl die Zusammenstellung in BT-Drucksache 12/5553 vom 12.08.1993, S 74.
3 Im Hinblick auf die aus § 12 resultierenden Einsichtsbeschränkungen in das deutsche Grundbuch scheidet de lege lata eine Beteiligung deutscher Grundbuchämter an EULIS aus. Ob sich der Gesetzgeber im Hinblick auf die wachsenden internationalen Verflechtungen einer Diskussion zur Ausweitung des Einsichtsrechts stellt, bleibt abzuwarten.
4 Vgl. zum jeweils aktuellen Stand der an EULIS beteiligten Staaten die Übersicht des EULIS-Konsortiums, abrufbar im Internet unter www.eulis.org.

deutschen Grundbuchordnung beruht; weiter gibt es mittlerweile elektronische Grundbuchführung in einzelnen Kantonen in der **Schweiz** (Basel-Stadt, Bern, Freiburg, Graubünden, Waadt, Wallis, Zug).

18 Unabhängig von der eigentlichen elektronischen Grundbuchführung werden Eigentümer- und Flurstücksverzeichnisse in den meisten europäischen Ländern elektronisch geführt. Erwähnenswert ist in diesem Zusammenhang auch die Regelung in **Spanien**, wo in einer Zentralstelle in Madrid ein landesweites Eigentümer- und Grundstücksregister mit Angabe des zuständigen Grundbuchamts geführt wird. Dieses Zentralregister gibt Auskunft darüber, ob eine bestimmte Person in Spanien Grundeigentum hat.

19 Nicht ganz vergleichbar ist die Situation in den **USA**. Dort ist ein Grundbuch, das einen Nachweis der Rechte an Grundstücken enthält, nicht bekannt. Es besteht ein System besonderer privatrechtlicher Versicherungen, sog title insurances, dessen Kernstück der sog land record ist, der bei den städtischen Behörden geführt wird.

Eine Übersicht über alle in Ansehung des Grundstücks geschlossenen Rechtsgeschäfte ist normalerweise auf EDV-Basis vorhanden und kann von jedem, der die Stelle besucht, frei abgerufen werden. Daneben stehen die eigentlichen Urkunden in einer vollständig verkleinerten Wiedergabe auf Mikrofiche zur Verfügung.

20 **c) Entwicklungen in mittel- und osteuropäischen Reformstaaten.** Besonderes Interesse verdienen Entwicklungen in einigen früher zum sog. Ostblock gehörenden Staaten, in denen das mitteleuropäische, vor allem durch Deutschland und Österreich geprägte Grundbuchsystem eingeführt oder wieder eingeführt wurde. Diese Staaten haben ihre Grundbücher bereits auf elektronische Führung umgestellt oder betreiben derzeit diese Umstellung. Bekannt geworden sind in diesem Zusammenhang Estland,[5] Lettland und Slowenien, die alle bereits ein elektronisches Grundbuch eingeführt haben, und Polen, das mit EU-Hilfe (und dem Partner Freistaat Sachsen) ein elektronisches Grundbuchsystem etabliert hat. Teilweise haben sich diese Reformstaaten erfolgreich gegen Versuche gewehrt, das title insurance-System (Rdn 19) einzuführen.[6]

III. Entwicklungen in der Bundesrepublik Deutschland seit 1990

1. Impulse durch die deutsche Einheit

21 In den Ländern der »alten« Bundesrepublik funktionierte das Grundbuchsystem im Großen und Ganzen reibungslos. Es war – mit den von den Landesjustizverwaltungen betriebenen Modernisierungen (insbesondere Einführung des **Lose-Blatt-Grundbuchs**, Verwendung von Schreibautomaten und später von EDV-unterstützten Verfahren) – in der Lage, den Anforderungen des Aufbaus nach 1945, insbesondere nach der Währungsreform des Jahres 1948 gerecht zu werden.

22 Eine deutliche Herausforderung brachte zwar die Einführung des **Wohnungseigentums** im Jahre 1951; auch sie konnte aber mit dem Papiergrundbuch bewältigt werden.

23 Ganz anders war die Lage nach der am 03.10.1990 in Kraft getretenen **deutschen Einheit**. Bereits bald nach dem Fall der Mauer am 09.11.1989 hatte sich gezeigt, dass der Rechtsverkehr mit Grundstücken – nicht zuletzt aufgrund von Gesetzen, die die Volkskammer der DDR nach dem Mauerfall in rascher Folge verabschiedete – zunehmend expandierte. Mit der Übernahme des westdeutschen Rechtssystems durch den Einigungsvertrag vom 03.10.1990 (ergänzt durch Zusatzregelungen, die auf die Gesetzgebung der Volkskammer und Besonderheiten der ostdeutschen Rechtsentwicklung Rücksicht nahmen) wurde geradezu schlagartig deutlich, welche Bedeutung das Grundbuch in einer freiheitlichen und demokratischen, von den Grundsätzen der sozialen Marktwirtschaft geprägten Rechts- und Wirtschaftsordnung hatte.

24 Die auf dem Gebiet der früheren DDR neu entstandenen Länder unternahmen große Anstrengungen, um die als Teil der Liegenschaftsdienste bei den Räten der Bezirke rudimentär bestehenden Grundbuchämter zu leistungsfähigen Organisationseinheiten umzugestalten. Dies ist geglückt; die Grundbuchämter wurden in allen **neuen Ländern** in die **Justiz** zurückgeführt.

25 Die Situation in den neuen Ländern gab aber den Anstoß für eine erneute Beschäftigung mit den Möglichkeiten der Informationstechnik für die Führung des Grundbuchs.

Im Herbst **1991** tagte die BLK[7] in Dresden und diskutierte dort – angeregt durch eine Besichtigung des Grundbuchamtes Dresden und nicht zuletzt durch einen Vortrag des als Gast teilnehmenden Vertreters des österreichischen Bundesjustizministeriums für Justiz – erneut die Frage des elektronischen Grundbuchs.

Im Frühjahr 1992 setzte die BLK eine »Bund-Länder-Arbeitsgruppe Grundbuch- und Registerautomation« (Vorsitz: Bayern, seit 1993 Vorsitz: Sachsen) ein, die den Auftrag erhielt, die notwendigen Vorarbeiten für die

---

5 *Böhringer* Anforderungen an ein modernes Grundbuchverfahrensrecht am Beispiel Estland, BWNotZ 1997, 25.
6 Grundbuch- und Notartage 1996, herausgegeben vom Justizministerium der Republik Estland S 134.
7 Vgl Rdn 3.

elektronische Führung des Grundbuchs (und des Handelsregisters) zu treffen. Die Arbeitsgruppe legte ihren Bericht im Herbst 1992 vor.

Am 17.11.1992 fasste die Justizministerkonferenz den Beschluss, das Grundbuch zu automatisieren und bat den **26** Bundesminister der Justiz, die dafür notwendigen Rechtsänderungen herbeizuführen.

Bei dem Bericht der BLK waren die Erfahrungen aus dem ersten Projekt (siehe Rdn 5, 8) und die Vorarbeiten **27** der seinerzeitigen Arbeitsgruppe »EDV-Grundbuch (Recht)« von größtem Nutzen.[8] Das Bundesministerium der Justiz griff die Angelegenheit auf und bereitete in intensiver und zügiger Arbeit das **Registerverfahrenbeschleunigungsgesetz** (RegVBG) vor, das neben zahlreichen anderen Bestimmungen auch die Vorschriften über das maschinell geführte Grundbuch enthält. Im Bundesgesetzblatt vom 24.12.1993 wurde das RegVBG vom 20.12.1993 verkündet. Damit waren in überraschend kurzer Zeit die Rechtsgrundlagen für ein maschinell geführtes (elektronisches) Grundbuch in Deutschland geschaffen.

2. Motive des Bundesgesetzgebers für das maschinell geführte Grundbuch

Als **Schwäche** des Systems mit dem in Papierform geführten Grundbuch sieht es der Bundesgesetzgeber an, **28** dass die Eintragungen jeweils nur an einer Stelle, nämlich dort, wo sich das beschriebene Papier befindet, vorhanden sind. **Auskünfte** müssen auf umständliche Weise durch Vorlage des Papiergrundbuchs an der Amtsstelle zum Lesen oder Abschreiben oder durch Fertigen von Abschriften (Ablichtungen) erteilt werden.

Die Nutzung der modernen Informations- und Kommunikationstechnik im Sinne einer durchgreifenden Änderung und Verbesserung insbesondere des Auskunftsdienstes ist bei der Papierform deshalb nur beschränkt möglich.[9]

Das RegVBG gibt deshalb den Ländern die Möglichkeit, sich die Chancen der Informationstechnik zu **29** erschließen. Der Bundesgesetzgeber geht dabei davon aus, dass die Aufgaben der Justiz – auch und vor allem auf dem Gebiet der Grundbuchführung – vor dem Hintergrund des Übergangs aus dem Industriezeitalter in das Informationszeitalter gesehen werden müssen. Die Schaffung geeigneter leistungsfähiger Informationsstrukturen gerade auf Gebieten, in denen die Justiz wichtige Dienstleistungen für Wirtschaft und Gesellschaft zu erbringen hat, stellt nach Auffassung des Bundes einen wesentlichen Bestandteil des Übergangs in neue Arbeits- und Wirtschaftsstrukturen dar.

Die Einführung des maschinell geführten Grundbuchs trägt deshalb dazu bei, die Attraktivität des **Wirtschaftsstandortes** Deutschland auch in Zukunft zu erhalten.

Allerdings ging der Gesetzgeber dabei behutsam vor und vermied eine zu weit gehende Abkehr von dem vertrauten Grundbuch in Papierform, dessen Aufbau und Erscheinungsform in die maschinelle Führung übernommen wurde (vgl Rdn 39, 49, 50).

3. Stand der Einführung des maschinell geführten Grundbuchs in der Bundesrepublik Deutschland

Die **praktische** Umsetzung obliegt den Ländern aufgrund ihrer Organisationshoheit. Das erste bekannt gewor **30** dene Projekt wurde von den Ländern **Bayern, Hamburg, Sachsen** und **Sachsen-Anhalt** unter der Bezeichnung **SOLUM-STAR** gemeinsam betrieben; hierfür wurde zunächst das u. a. in diesen Ländern für die EDVunterstützte Papiergrundbuchführung eingesetzte Eintragungsverfahren SOLUM weiter entwickelt.

In 13 Ländern (**Bayern, Berlin, Brandenburg, Bremen, Hamburg, Hessen, Nordrhein-Westfalen, Niedersachsen, Rheinland-Pfalz, Saarland, Sachsen, Sachsen-Anhalt** und **Thüringen**), die ihre Grundbuchämter mit Hilfe des dort eingesetzten Verfahrens **SOLUM-STAR** bereits **landesweit vollständig** auf das maschinell geführte Grundbuch umgestellt haben, werden keine papierbasierten Grundbücher mehr geführt. In den übrigen Ländern besteht folgender Stand:[10]

Baden-Württemberg befindet sich im Einführungsprozess für ein maschinell geführtes Grundbuch auf der Basis von FOLIA (s Rdn 12). Die DV-Anwendung wird als **FOLIA/EGB** bezeichnet. Die hardwaretechnische Ausstattung aller Grundbuchämter und die technische Anbindung an ein zentrales Rechenzentrum ist abgeschlossen. Etwa 50 % der landesweit geführten Grundbuchblätter sind mittlerweile umgestellt. Die Erstdatenerfassung soll bis 2010 abgeschlossen sein. Die besondere Struktur des Grundbuchwesens in Baden-Würt-

---

8 S *Vossius* Das Registerverfahrensbeschleunigungsgesetz Zi. I, MittBayNot 1994, 10.

9 Vgl BT-Drucksache 12/5553 vom 12.08.1993 S 74.

10 Eine tabellarische Übersicht der aktuellen Umstellungsstände bietet die Bundesnotarkammer im Internet an, abrufbar unter www.BNotK.de (Service/Elektronischer Rechtsverkehr/Elektronische Register). Vgl ferner auch die Darstellungen der Landesjustizverwaltungen unter www.grundbuchportal.de.

temberg (mit insgesamt 361 Grundbuchämtern im württembergischen Rechtsgebiet sowie 379 Grundbuchämtern im badischen Rechtsgebiet) wird nicht unerhebliche organisatorische Änderungen erfordern.[11]

Mecklenburg-Vorpommern führt ein elektronisches Grundbuch auf der Basis von ARGUS (s Rdn 12) ein, in dem die Grundbuchdaten bereits strukturiert in einer Datenbank abgespeichert werden. Die vollständige landesweite Umstellung mit **ARGUS-EGB** ist bis voraussichtlich 2009 geplant.

Schleswig-Holstein hat sich an den FOLIA-Entwicklungsverbund mit Baden-Württemberg angeschlossen und mit der Übernahme im Oktober 2001 begonnen. Alle Grundbuchämter sind mit der neuen Technik ausgestattet. Die Umstellung wird anfallsweise bei jeder Eintragung in ein Grundbuchblatt vorgenommen und soll bis spätestens 2013 abgeschlossen sein.

31 Die bisherigen Erfahrungen in den Ländern, die das maschinell geführte Grundbuch schon ganz oder teilweise eingeführt haben, zeigen auch, dass die Anforderungen an die Zuverlässigkeit und Sicherheit der Datenverarbeitung, die der Gesetzgeber vorgesehen hat (§ 126 Rdn 22 ff), eingehalten werden können.

4. Leitlinien der BLK

32 Das Papiergrundbuch hat in der Bundesrepublik Deutschland hinsichtlich der äußeren Form, des Formats der Grundbuchvordrucke und der Bearbeitungsmethoden eine unterschiedliche Entwicklung genommen; ihren Niederschlag hat diese Entwicklung zB in den Vorschriften des § 2 GBV gefunden.

Gemeinsam ist jedoch in allen Ländern die einheitliche Einteilung des Grundbuchblatts, auch wenn dieses in unterschiedlichen Formaten geführt wird.

33 Auch für das elektronische Grundbuch (ebenso für das Handelsregister) sollte ein gewisses Mindestmaß an Gemeinsamkeit bei der technischen Gestaltung sichergestellt werden. Die BLK hat deshalb die **Leitlinien** für die Grundbuch- und Registerautomation verabschiedet, die von den Ländern bei der Realisierung eingehalten werden sollen. Die Leitlinien wurden seit ihrer Verabschiedung im November 1996 nicht geändert; insbesondere wurden die Änderungen in §§ 82 und 83 GBV noch nicht eingearbeitet. Diese Änderungen sind jedoch im Verhältnis zum sonstigen Regelungsgehalt der Leitlinien von nachgeordneter Bedeutung.

Im Anhang zu dieser Einleitung werden deshalb diese Leitlinien für das Grundbuch abgedruckt; soweit sie Vorschriften der Grundbuchordnung und der Grundbuchverfügung zitieren, wurden diese Zitate weggelassen.

5. Zusammenhang mit anderen rechtlichen Entwicklungen

34 Die Einführung des maschinell geführten Grundbuchs steht in einem größeren Zusammenhang mit allgemeinen Entwicklungstendenzen, die sich insbesondere mit **Formvorschriften** befassen; das RegVBG stellte einen der ersten Schritte auf diesem Gebiet dar. In dem Gesetz zur Anpassung der Formvorschriften des Privatrechts und anderer Vorschriften an den modernen Rechtsverkehr vom 13.07.2000[12] wurde die Möglichkeit eröffnet, die gesetzlich vorgeschriebene **Schriftform** durch die **elektronische Form** zu ersetzen.[13] Das Gleiche gilt für die elektronische Einlegung von Beschwerden nach §§ 73, 81 GBO. Auch im gerichtlichen Zustellungswesen ist nunmehr in bestimmten Fällen die Zustellung als elektronisches Dokument zulässig.[14] In diesem Zusammenhang spielt die »**elektronische Signatur**« nach dem Signaturgesetz[15] eine Rolle, da die elektronische Form die Verwendung der digitalen Signatur voraussetzt. Interessant ist, dass § 75 GBV als erste Rechtsvorschrift im deutschen Recht[16] eine als »**elektronische Unterschrift**« bezeichnete digitale Signatur einführte. Fortgeschritten sind auch die Regelungen über die **Ersetzung der Schriftform** in bestimmten gerichtlichen Verfahren, zB für den Zivilprozess[17] und auch für das Beschwerdeverfahren in Grundbuchsachen.[18] Noch **nicht gelöst** sind die Fragen, die mit einer elektronischen Einreichung der Anträge und Bewilligungen im Grundbuchverfahren zusammenhängen. Hier ist nach wie vor die Papierform erforderlich. Erste Schritte erwägt der Gesetzgeber, der durch ein Gesetz zur Einführung des elektronischen Rechtsverkehrs in Grundbuchsachen wohl noch im Verlauf der 16. Legislaturperiode die elektronische Einreichung (zumindest) von Anträgen auf Eintragung von Auflassungsvormerkungen und Grundschulden zulassen will. In diesem Zusammenhang soll auch die Einführung der elektronischen Grundakte zugelassen werden. Einzelheiten der Regelung bleiben abzuwarten.

---

11 Vgl *Böhringer* Das Schicksal der Grundbuchämter in Württemberg bei Einführung des maschinell geführten Grundbuchs, BWNotZ 2001, 1; auch: *Dieterle* Das Notariat in Baden-Württemberg, BWNotZ 2000, 110.

12 BGBl 2000 I, 1542.

13 § 126a BGB.

14 § 174 Abs 3 ZPO idF der Bekanntmachung v 05.12.2005, BGBl I, 3202.

15 BGBl 2001 I S 876.

16 *Erber-Faller* (Hg) Elektronischer Rechtsverkehr 2000 S 245.

17 § 130a ZPO.

18 §§ 73 II, 81 III GBO.

Möglich – und teilweise auch schon praktiziert – ist die Übersendung von **Eintragungsmitteilungen** nach § 55 GBO in elektronischer Form; dies lässt § 42 GBV bereits jetzt zu.[19]

Das maschinell geführte Grundbuch als großes, von den Gerichten geführtes Registerwerk mit erheblicher rechtlicher Bedeutung und rechtlicher Außenwirkung fügt sich jedenfalls in die Entwicklungstendenzen ein, die auf eine stärkere Berücksichtigung moderner technischer Arbeitsmethoden und Kommunikationsweisen gerichtet sind; es stellte sogar einen der ersten Schritte in diese Richtung dar. **35**

6. Grundsätze für die Gestaltung des maschinell geführten Grundbuchs

Beim ersten – gescheiterten – Projekt eines maschinell geführten Grundbuchs (Rdn 6, 7) war vorgeschlagen worden, gegenüber Aufbau und Struktur des Papiergrundbuchs einige Änderungen vorzunehmen. Es handelte sich dabei insbesondere um folgende Vorschläge: **36**
a) Das Grundbuchblatt sollte aus folgenden »Verzeichnissen« bestehen:
   – Bestandsverzeichnis
   – Eigentümerverzeichnis
   – Verzeichnis der Eintragungsgrundlagen
   – Lastenverzeichnis. Die Aufschrift sollte wegfallen. Die bisherigen Vermerke über Bestand, Zuschreibungen und Abschreibungen im Bestandsverzeichnis und die Vermerke über die Grundlage der Eintragung in der ersten Abteilung sollten in einem Verzeichnis der Eintragungsgrundlagen zusammengefasst werden. An die Stelle der zweiten und dritten Abteilung sollte ein einheitliches Lastenverzeichnis treten.
b) Das Lastenverzeichnis sollte keine besonderen Spalten für Veränderungen und Löschungen enthalten. Änderungs- und Löschungsvermerke sollten als Untervermerke der jeweiligen Haupteintragung zugeordnet werden.
c) Die Rötung sollte wegfallen und durch ein Löschungskennzeichen (»*«) vor der laufenden Nummer der Eintragung ersetzt werden.
d) Neben der vollständigen Wiedergabe des Grundbuchblattes sollte eine aktuelle Ausgabe, die nur noch die gültigen Eintragungen enthält, eingeführt werden.

(vgl den Zweiten Bericht der beim Bundesministerium der Justiz gebildeten Arbeitsgruppe EDV-Grundbuch (Recht), 1980.[20]

In der Diskussion, die auf den Bericht der Arbeitsgruppe folgte, waren gerade diese Abweichungen vom Papiergrundbuch Gegenstand der Kritik. **37**

Bei den nunmehr in Kraft getretenen Vorschriften über die maschinelle Grundbuchführung wurden diese Gedanken nicht mehr aufgegriffen. **38**

Nunmehr sollen für das maschinelle Grundbuch im **Grundsatz keine anderen Vorschriften** gelten als für das in Papierform geführte Grundbuch. **39**

Der Bundesgesetzgeber, der für den Abschnitt XIII der Grundbuchverfügung auch die Rolle des Verordnungsgebers übernahm (Vor § 61 GBV Rdn 2 bis 5), vertrat vielmehr die Auffassung, dass die Identität von Papiergrundbuch und EDV-Grundbuch »von tragender Bedeutung für den Erfolg des EDV-Grundbuchs« sei. Dieses sei »überhaupt nur dann einführbar, wenn es sich in seiner Gestalt von dem herkömmlichen Grundbuch nicht unterscheidet. An dem Abgehen von diesem Grundsatz sei im Jahre 1982 die Einführung des EDV-Grundbuchs gescheitert«.[21]

Nicht auszuschließen wird allerdings sein, dass die Überlegungen für eine andere Gestaltung des äußeren Erscheinungsbildes des Grundbuchs nach vollständiger Einführung in den Ländern und bei Fortschreiten der Überlegungen zu einer datenbankorientierten Abspeicherung (vgl Rdn 49 ff und § 126 Rdn 17) wieder aufleben. **40**

7. Situation der Notare im Zusammenhang mit dem maschinell geführten Grundbuch

Für die Notare bedeutet das maschinell geführte Grundbuch ohne Zweifel eine erhebliche Erleichterung des Zugangs zum Grundbuch. Vor allem auf Grund der **Mittlerfunktion**, die in Deutschland den Notaren zwischen Grundbuchamt und Bürger zukommt, sind die Notare einer der wichtigsten Partner des Grundbuchs. Gleichwohl drängt sich der Eindruck auf, dass **noch nicht alle** Möglichkeiten ausgeschöpft sind, die das maschinell geführte Grundbuch bietet und die zu einer weiteren Verbesserung im Service für die beteiligten Bürger und zu einer noch fühlbareren Entlastung der Grundbuchämter, gleichzeitig – durch Erhöhung der Zahl der Anschlüsse und der Zahl der Abrufe – zu einer Einnahmeverbesserung der Justiz führen könnten. **41**

---

19 *Erber-Faller* aaO S 246.
20 Nicht veröffentlicht (S 58 ff).
21 So BT-Drucksache 12/5553; Beschlussempfehlung und Bericht des Rechtsausschusses vom 24.11.1993, S 241; s auch BT-Drucksache 12/5553 vom 12.08.1993, S 74 f.

42 Dazu könnte die **Einräumung des Rechts zur Gewährung der Einsicht und der Erstellung von Ausdrucken** für Antragsteller – wie in Österreich (vgl Rdn 14) – gehören.

43 Die von der Rechtsprechung mittlerweile zugelassene **Umlegung der Gebühr für das Abrufverfahren** auf die Beteiligten[22] (vgl § 133 Rdn 86) bedeutete einen Schritt hin zu einer noch stärkeren Nutzung des Abrufverfahrens durch die Notare.

44 Große Vorteile bietet die elektronische Übermittlung von **Eintragungsmitteilungen** durch die Grundbuchämter an die Notare, die durch § 42 GBV zugelassen ist und mittlerweile in mehreren Ländern erfolgreich praktiziert wird.

45 Beim sog Anwaltsnotariat könnte die Zulassung von Substituten für das automatisierte Abrufverfahren eine Verbesserung bringen (vgl § 133 Rdn 32 ff).

46 Nicht unterschätzt werden sollten ferner die Bestrebungen der Bundesnotarkammer zum Aufbau eines **Kommunikationsnetzes für die Notare**,[23] bzw die sichere Datenübertragung im Internet unter Nutzung der digitalen Signatur; die Bundesnotarkammer wurde nämlich als Zertifizierungsstelle nach dem Signaturgesetz zugelassen.[24] Eine **Verbindung zwischen dem Notarnetz und den Justiznetzen** – etwa beim automatisierten Abrufverfahren –, wie sie die Bundesnotarkammer anregt[25] oder die Nutzung der digitalen Signatur mit der speziellen Notar-Chipkarte für den sicheren Zugang zum Abrufverfahren könnte besonders gute Voraussetzungen für eine sichere Datenübertragung bieten. Wünschenswert wäre in diesem Zusammenhang auch, dass der Anschluss der Notare an die Grundbuchsysteme mehrerer Länder softwaremäßig und von der Bedienung her vereinfacht würde, da bisher für jedes Land ein eigener Anschluss notwendig ist.

47 Erstrebenswert wäre im weiteren Verlauf auch die Übertragung der **Eintragungsanträge** vom Notar an das Grundbuchamt. Voraussetzung dafür wäre allerdings, dass auf Seite der Notare die Voraussetzung für eine **strukturierte Gestaltung** der Anträge geschaffen würden; der Erfassungsaufwand bei den Grundbuchämtern könnte durch Nutzung dieser strukturierten Antragsdaten wesentlich reduziert werden. Allerdings müsste in diesem Zusammenhang auch die elektronische Form zugelassen werden (vgl hierzu Rdn 34).

48 Schließlich sollte auch nicht aus dem Auge gelassen werden, welche Möglichkeiten (insb Reduzierung des Umfangs der Grundakten) der Aufbau eines **elektronischen Urkundenarchivs** der Notare bieten könnte. In Bayern gibt es Pilotprojekte für ein digitales Urkundenarchiv; Österreich, das sich bereits für ein zentrales digitales Archiv entschieden hat, scheint wieder voranzugehen.[26] Auch dafür müsste allerdings vorher die Zulässigkeit der elektronischen Form geregelt werden.[27]

8. Neuentwicklung eines Datenbankgrundbuchs

49 **a) Ausgangslage.** Mit dem RegVBG vom 20.12.1993 wurde das Grundbuch erstmals für die maschinelle Führung geöffnet. Allerdings stand dabei erkennbar das Bestreben im Vordergrund, beim Übergang auf eine neue Technik der Grundbuchführung jederzeit den optischen und gedanklichen Zusammenhang mit dem vormaligen Papiergrundbuch zu erhalten vgl Rdn 39. Diese Zurückhaltung des Gesetzgebers gegenüber weitergehenden Reformen war ua in den Unsicherheiten und Befürchtungen begründet, die damals dem rechtspolitischen Vorhaben entgegengebracht wurden, das Grundbuch mit seiner elementaren wirtschaftlichen und gesellschaftlichen Bedeutung einer »Maschine« anzuvertrauen. Schließlich war im Justizumfeld eine so weitreichende technische Innovation mit möglichen Auswirkungen auf bestehende Rechte ohne Beispiel. Allein das Vertrauen in die technische Entwicklung und ihre sichere Beherrschbarkeit wäre vermutlich nicht in der Lage gewesen, eine Parlamentsmehrheit für die maschinelle Grundbuchführung zu gewinnen. Letztlich ist das RegVBG in besonderer Weise auf die Wiedervereinigung der Bundesrepublik Deutschland und den in deren Folge dringend erforderlichen raschen Aufbau eines funktionierenden Grundbuchwesens in den sog. neuen Ländern zurückzuführen.

50 Im Interesse einer möglichst raschen Konsensfindung im Gesetzgebungsverfahren wurden zeitraubende Grundsatzdiskussionen vermieden und wurde darauf verzichtet, die mit einer maschinellen Grundbuchführung möglichen Vorteile vollständig zu nutzen. Aufbau und äußere Erscheinung der Grundbuchblätter wurden aus dem Papiergrundbuch übernommen; Eintragungen und Darstellung der Grundbücher sind daher noch immer angelehnt an die frühere Papierform. Ferner sind die einzelnen Eintragungsparameter (zB in der ersten Abt einzutragende Identifikationsmerkmale des Eigentümers; wesentliche Merkmale eines Grund-

---

22 BayObLGZ 2005, 311 = RPfleger 2005, 166; OLG Zweibrücken, RPfleger 2006, 228; vgl die weiteren Nachweise bei *Korintenberg/Lappe/Bengel/Reimann*, KostO 16. Aufl. § 152 Rn 35, 36, 37 und § 151a Rn 3.
23 ZNotP 2000, 388; *Benesch* MittRhNotK 2000, 329; *Benesch* DNotZ 2000, 724.
24 ZNotP 2001, 195; NotBZ 2001, 40, 156.
25 DNotZ 2000, 498.
26 *Weichselbaumer* MittBayNot 2001, 452.
27 Zur Gesamtproblematik vgl auch *Göttlinger* DNotZ 2002, 743.

pfandrechts) weitgehend unstrukturiert im Fließtext abgespeichert. Recherchemöglichkeiten oder Automatismen bei der Bearbeitung können daher nicht optimal eingesetzt werden. Als wesentlichster Schritt in der Abkehr vom Papiergrundbuch stellte sich bei der maschinellen Grundbuchführung die Einführung eines automatisierten Abrufverfahrens dar (vgl § 133), weil die Grundbuchinformationen nicht mehr auf ein physikalisch einmalig vorhandenes Trägermedium beschränkt waren.

b) Notwendigkeit der Weiterentwicklung; Projektverlauf. Auf der Grundlage der positiven Erfahrungen   **51**
mit der in allen Ländern begonnenen Umstellung auf maschinelle Grundbuchführung und in dem gewachsenen Bestreben, die Vorteile der elektronischen Datenverarbeitung weitergehend zu nutzen, wurde die Idee zur Entwicklung eines **echten Datenbankgrundbuchs** wieder aufgegriffen. Befördert wurde diese auch durch die Erkenntnis, dass alle drei bundesweit entstandenen Verfahren zur maschinellen Grundbuchführung SOLUM-STAR, FOLIA/EGB und ARGUS-EGB (vgl Rdn 30) im Rahmen der für DV-Programme üblichen Innovationszyklen der Überarbeitung und technischen Neukonzeptionierung (»Redesign«) bedürfen.

Im Jahr 2002 wurde von den 13 Ländern des SOLUM-STAR-Verbundes, in dem das älteste der drei Systeme   **52**
gepflegt und eingesetzt wird, ein Grobkonzept für ein »Redesign« erarbeitet. Nachdem die übrigen drei Länder diesem Vorhaben beigetreten sind und das Grobkonzept sowie die zwischenzeitlich erstellte Grobübersicht eines Fachfeinkonzepts auch die Besonderheiten der anderen eingesetzten Verfahren berücksichtigen, verfolgen erstmals **alle 16 Landesjustizverwaltungen gemeinsam** ein IT-Projekt mit dem Ziel der Schaffung eines bundesweit einheitlichen Verfahrens zur Führung eines Datenbankgrundbuchs.

Auftraggeber des formell aufgesetzten Projekts[28] sind die Landesjustizverwaltungen aller 16 Länder, die sich im   **53**
Rahmen einer Verwaltungsvereinbarung zu einem Entwicklungsverbund zusammengeschlossen haben, in dem 6 Länder (Baden-Württemberg, Bayern, Hessen, Mecklenburg-Vorpommern, Niedersachsen und Nordrhein-Westfalen) die strategischen Projektentscheidungen treffen. Durch die Auswahl dieser Länder ist gewährleistet, dass die bei der Einführung der maschinellen Grundbuchführung mit allen derzeitigen IT-Systemen gewonnenen Erfahrungen in das Projekt einfließen. Due Federführung wurde der Landesjustizverwaltung Bayern übertragen, bei der auch die Projektleitung angesiedelt ist; alle Länder beteiligen sich an dem organisatorischen und personellen Aufwand, teilweise auch durch langfristige Abordnung von Mitarbeitern an die federführende Landesjustizverwaltung.

Im Laufe des Jahres 2009 soll im Wege eines europaweiten Vergabeverfahrens ein externes Unternehmen   **54**
gefunden werden, das das Fachfeinkonzept fertig stellt und anschließend die Realisierung der IT-Programme vorbereitet und umsetzen kann. Nach aktuellem Planungsstand soll etwa 2012 das künftige System im Echtbetrieb erprobt werden können.

c) Projektziele   **55**

Inhaltlich fokussieren sich die Überlegungen des Projekts v.a. auf folgende Fragen:

Schaffung eines **vollstrukturierten** Datenbankgrundbuchs, in dem die Daten nicht in einem nach einem Ord-   **56**
nungskriterium (heute idR: Grundbuchblatt) aufgebauten Dateisystem in Form von Pixelinformationen (Bilder) oder Fließtext abgelegt werden, sondern in einer **Datenbank** (vgl § 126 Rdn 49 f).

Hierdurch können im Rahmen der rechtlich zugelassenen Grenzen (zB § 12) die maßgeblichen Einzelinforma-   **57**
tionen einer Grundbucheintragung recherchiert und –neben oder anstelle der »klassischen« Darstellungsform- für den Einsichtnehmenden losgelöst von der jetzigen, aus dem Papiergrundbuch fortgeschriebenen, spaltenorientierten Darstellung aufbereitet werden. Ferner ist es bei Bedarf im Interesse der Übersichtlichkeit und Klarheit für den Einsichtnehmenden möglich, die ausgegebenen bzw angezeigten Grundbuchinformationen auf die zum Zeitpunkt der Abfrage noch gültigen Eintragungen zu beschränken. Schließlich können ggf deutsche Grundbuchinformationen auch über übergreifende Informationssysteme (vgl Rdn 17) zur Verfügung gestellt werden; freilich ist hier zunächst der Gesetzgeber gefordert, der zwischen wirtschaftlichen Standortvorteilen bei der Zurverfügungstellung derartiger Informationen und Belangen des informationellen Selbstbestimmungsrechts abzuwägen haben wird.

Durch eine strukturierte Datenhaltung wird auch die grundbuchamtsinterne Bearbeitung erleichtert, weil im   **58**
Hinblick auf die besseren Auswertungsmöglichkeiten im Grundbuchbestand selbst die Führung von Hilfsverzeichnissen (§ 12a) entbehrlich wird.

Ein Hauptproblem hierbei liegt in der technischen und organisatorischen Gestaltung der Überführung der vor-   **59**
handenen unstrukturierten Grundbucheinträge in eine derartige Struktur (**Migration**). Eine sofortige Umstellung des gesamten Grundbuchbestands in die Vollstruktur wird aus heutiger Sicht nicht möglich sein und bundesweit, insbesondere in den Ländern mit einem hohen unstrukturierten Altbestand, einen voraussichtlich

---

28 Das Projekt informiert regelmäßig über die Ziele und den Projektstand im Internet unter www.grundbuch.eu.

lange dauernden Übergangszeitraum erfordern. Vielmehr müssen diese Datenbestände zunächst ohne Überführung in die neue Struktur automatisiert in das künftige einheitliche Grundbuchverfahren übernommen werden (**Altdatenübernahme**), um zu gegebener Zeit die Abschaltung der dann nicht mehr dem Stand der technischen Entwicklung entsprechenden Vorverfahren zu ermöglichen.

60 Ferner ist in einer solchen strukturierten Datenbanklösung eine weit engere technische **Zusammenarbeit mit den Katasterbehörden** möglich, als sie heute mit der in § 127 geregelten Integration besteht.

61 Schließlich ist zu prüfen, ob durch die einheitliche Eintragung und Datenhaltung im Interesse der berechtigten Einsichtnehmer auch ein gemeinsames oder einheitliches Auskunfts- bzw. Abrufverfahren geschaffen werden kann.

62 Falls der Gesetzgeber nicht bereits zu einem früheren Zeitpunkt die Rechtsgrundlagen für die Einführung eines echten **elektronischen Rechtsverkehrs** in Grundbuchsachen schafft und damit die elektronische Antragseinreichung durch Notare ermöglicht (zu den aktuellen rechtspolitischen Bestrebungen vgl Rdn 34), sollte diese Kommunikationsform spätestens mit dem künftigen Datenbankgrundbuch realisiert werden können.

IV. Anhang

63 Nachstehend werden die von der Bund-Länder-Kommission für Datenverarbeitung und Rationalisierung in der Justiz verabschiedeten Leitlinien für die Grundbuch- und Registerautomation wiedergegeben.

Von einem Abdruck der Textteile, die nur das Handelsregister betreffen, wurde – soweit dies wegen des Zusammenhangs möglich war – abgesehen; ebenso wurden die in den Leitlinien wiedergegebenen Vorschriftentexte und die Anlagen weggelassen.

Leitlinien
Organisatorische und technische Grundsätze für die Grundbuch- und Registerautomation
verabschiedet von der Bund-Länder-Kommission für
Datenverarbeitung und Rationalisierung in der Justiz
auf ihrer 60. Sitzung vom 06. bis 08.11.1996 in Mainz

1. Aufgabe der Leitlinien

Aufgabe dieser Leitlinien ist die Vorgabe von Rahmenbedingungen für die organisatorische und technische Gestaltung der Grundbücher und der öffentlichen Register (im folgenden zusammengefasst unter dem Begriff »Register«), die nach dem Registerverfahrenbeschleunigungsgesetz (RegVBG) vom 20.12.1993 (BGBl I S 2182), sowie den zwischenzeitlich erfolgten Änderungen der Grundbuchverfügung (GBV) vom 10.06.1994 (BGBl I S 1253), vom 15.07.1994 (BGBl I S 1606), vom 30.11.1994 (BGBl I S 3580) und vom 11.07.1997 (BGBl I, S 1808), den geänderten Bestimmungen der Handelsregisterverfügung (HRV) vom 06.07.1995 (BGBl I S 911 ff), der Verordnung über das Genossenschaftsregister in der Fassung vom 20.11.1989 und aufgrund des Partnerschaftsgesellschaftsgesetzes (PartGG) vom 25.07.1994 (BGBl I S 1744), sowie der Verordnung über die Einrichtung und Führung des Partnerschaftsregister (PRV) vom 16.06.1995 (BGBl I S 808) in maschineller Form als automatisierte Datei geführt werden dürfen (Grundbuch, Schiffsregister, Handelsregister, Genossenschaftsregister, Vereinsregister und Partnerschaftsregister).

In den Leitlinien werden das Grundbuch und das Handelsregister behandelt. Bei einer Realisierung der sonstigen Register sollten die Leitlinien entsprechend angewendet werden.

Nachfolgend werden die Begriffe »maschinell geführtes Grundbuch bzw Handelsregister« verwendet.

Durch die Vorgabe von Rahmenbedingungen soll die Einheitlichkeit des Grundbuchs und des Handelsregisters in der Bundesrepublik Deutschland insbesondere hinsichtlich
– der Darstellungsstruktur (zB Spaltenaufbau, Inhaltsbezeichnung in den Überschriften),
– der Grundsätze der Datenspeicherung,
– der Grundsätze der programmtechnischen Realisierung,
– der Datensicherheit,
– der Zulassung zum unmittelbaren Anschluss,
– der Arbeitsabläufe und der Einführungsplanung bei den betroffenen Justizbehörden

gewährleistet werden.

Bei Ausschreibungen oder bei sonstigen Beschaffungen von Software oder Hardware und bei Verfahrensentwicklungen in den Ländern dienen die Leitlinien als eine Orientierungshilfe.

2. Zielsetzungen

Für die technisch-organisatorische Gestaltung der Grundbuch- und Registerautomation besteht – neben den allgemeinen, im Reg VBG und der Begründung hierzu beschriebenen Zielen – folgende Zielsetzung:
– Einheitlichkeit des Grundbuchs und des Handelsregisters in Deutschland ohne Änderung des rechtlichen Inhalts und der Darstellungsstruktur; dadurch Erhaltung der Identität der auf Papier geführten und der automatisierten Register, ausgenommen bestimmte Informationen im Handelsregister, (s Nr 4.1),

- Verbesserung des Zugangs zu den Registerdaten auch für Stellen außerhalb der registerführenden Stelle unter Beachtung der einschlägigen gesetzlichen Bestimmungen,
- Beschleunigung der Arbeitsabläufe,
- Wirtschaftlichkeit der technischen Lösungen,
- Gewährleistung der Verfahrenssicherheit.

3. Systemtechnische Grundsätze für die maschinell geführten Register

Maßgebend für die systemtechnische Gestaltung der Register sind hinsichtlich des Grundbuchs die Grundsätze in § 126 Abs 1 Grundbuchordnung (GBO), die gemäß Nr 1 auch für die übrigen Register entsprechend gelten.

Diese Grundsätze werden ergänzt durch § 64 GBV, der gemäß § 49 Abs 1 HRV auch für das Handelsregister gilt.

Die Anl zu § 126 Abs 1 S 2 Nr 3 ist diesen Leitlinien als Anl 1 beigefügt.

3.1 Datensicherung

Hierzu bestimmen: **§ 65 GBV, § 66 GBV**. Gemäß § 49 Abs 1 HRV gelten diese Bestimmungen auch für das Handelsregister.

3.2 Zugriffe durch interne und externe Benutzer

Die EDV-Systeme müssen gewährleisten, dass ihre Funktionen nur genutzt werden können, wenn sich die Benutzer gegenüber dem System identifizieren und ihre Berechtigung geprüft werden kann. Der Verantwortung für Abfragen durch externe Benutzer im automatisierten Abrufverfahren verbleibt bei der Justiz. Der Anschluss externer Benutzer ist von der Justizverwaltung zu genehmigen. Dabei sollten ein einheitliches Zulassungsverfahren und einheitliche Zulassungskriterien angestrebt werden. Die Justizverwaltung legt die technisch-organisatorischen Bedingungen einschl der Kontrolle der Kommunikation fest.

Die Landesjustizverwaltungen streben an, bei verschiedenen EDV-Verfahren der Länder gleiche offene Schnittstellen und einheitliche Darstellungsformen für externe Benutzer sowie bundeseinheitliche Verfahren für Identifikations- und Berechtigungsprüfungen einzuführen.

§ 49 Abs 2 HRV schreibt für das Handelsregister ausdrücklich vor, dass »das eingesetzte Datenverarbeitungssystem innerhalb eines jeden Landes einheitlich sein und mit den in den anderen Ländern eingesetzten Systemen verbunden werden können«-soll.

3.3 Aufbewahrung der geschlossenen Register

Die geschlossenen Register müssen – entsprechend den allgemeinen Bestimmungen über die Aufbewahrung von Schriftgut – aufbewahrt werden.

Die Aufbewahrung kann auch mittels Wiedergabe auf einem Bildträger oder auf anderen Datenträgern erfolgen – **§ 10a Abs 1**.

Für das Handelsregister gelten die besonderen Regelungen in § 8a Abs 3 ff HGB sowie **§ 52 Abs 4 HRV, § 60 Abs 2 HRV**.

Bei der Aufbewahrung der geschlossenen Register sind die von der Bund-Länder-Kommission für Datenverarbeitung und Rationalisierung in der Justiz beschlossenen Grundsätze für die Mikroverfilmung von Schriftgut in der Rechtspflege und Justizverwaltung anzuwenden bzw entsprechend anzuwenden (abgedruckt im Anhang zu § 10a).

3.4 Verfügbarkeit der Programme und Daten

Bei der Softwareentwicklung und Verfahrensgestaltung muss sichergestellt sein, dass auch bei technischen Weiterentwicklungen der Quellcode der Anwenderprogramme – ohne branchenneutrale Standardsoftware – für die Justiz verfügbar und die Lesbarkeit der Datenträger jederzeit – ggf durch Umsetzung – erhalten bleiben.

3.5 Einheitlichkeit der Verfahren

Die maschinell geführten Registerverfahren sind innerhalb eines Landes technisch möglichst einheitlich zu gestalten. Die Datenhaltung soll nach Möglichkeit innerhalb Deutschlands so ausgelegt werden, dass eine Datenübernahme – ggf nach Konvertierung – möglich ist.

Hingewiesen wird auf **§ 49 Abs 2 HRV**.

3.6 Einhaltung von Standards

Die einschlägigen IT-Standards sind – insbesondere für eine etwaige inländische und internationale Kommunikation (zB innerhalb der EU) – einzuhalten. Ferner sollen Justizstandards für den Zugang geschaffen werden. Die Zielvorstellungen ergeben sich aus Anl 2.

Der Zugang zu den maschinell geführten Registern durch externe Benutzer im automatisierten Abrufverfahren (zB Notare, Kreditinstitute) sollte in allen Ländern über die gleiche offene Schnittstelle ermöglicht werden.

Engel

4. Grundsätze für die Gestaltung der Register

4.1 Beibehaltung des bisherigen Aufbaues

Die Inhalte der Register sind auf dem Bildschirm und in den Ausdrucken grundsätzlich so darzustellen, wie es nach den bestehenden Vorschriften für die Papier-Register vorgesehen ist.

Von dem Grundsatz der Einheitlichkeit mit dem herkömmlich in Papierform geführten Register wird beim maschinell geführten Handelsregister teilweise dadurch abgewichen, dass die »Vertretungsbefugnis« und die Darstellung der »Rechtsverhältnisse« in der neuen Spaltendarstellung (§§ 61, 62 HRV) geführt werden.

Außerdem ist die Darstellung der »Verweisungen und Berichtigungen« abweichend geregelt.

Das Verhältnis der Spaltenbreiten ergibt sich einheitlich für alle Länder aus Anl 6 dieser Leitlinien.

Die für das Handelsregister geltenden Änderungen sowie Empfehlungen für die Realisierung sind in Nr 13 dargestellt.

Die Ordnungsbegriffe (zB Grundbuchbezirk, Grundbuchblatt, Registernummer) und die Strukturen (zB Gliederung in Abteilungen, Spalten) bleiben unverändert, soweit sich nicht aus der Natur der Sache Änderungen ergeben (zB Wegfall der Band-Nummer beim Grundbuch): § 63 GBV, § 50 HRV.

Die Grundfunktionalitäten (zB Suchvorgang) sollen durch möglichst einheitliche Hilfefunktionen unterstützt werden.

4.2 Verzeichnisse zur Führung der Register

4.2.1 Grundbuch

Maßgebend sind § 126 Abs 2, § 12a. Beim maschinell geführten Grundbuch sind folgende Hilfsverzeichnisse zu führen:
- Verzeichnis der Eigentümer und Inhaber grundstücksgleicher Rechte. Als Suchbegriffe sind mindestens vorzusehen: Name, Vorname, Geburtsdatum, Wohnort. Weitere Suchbegriffe können vorgesehen werden.
- Verzeichnis (soweit im einzelnen Land eingeführt) der Grundstücke nach ihrer katastertechnischen Bezeichnung und nach der Lagebezeichnung. Als Suchbegriffe sind mindestens vorzusehen: Gemarkung, Flur (soweit vorhanden), Flurstücksnummer sowie Gemeinde, Straße, Hausnummer.

Als Verzeichnis im vorstehenden Sinn kann auch das Liegenschaftskataster verwendet werden.

Als weiteres, für die Führung des Grundbuchs erforderliches Verzeichnis ist zu führen:
- Verzeichnis der unerledigten Eintragungsanträge. Als Inhalt ist mindestens vorzusehen: Einreichender (zB Notar); Geschäftszeichen des Antragstellers (zB Urk R Nr); betroffene Grundbuchblätter; Eingangsdatum.

Die Verzeichnisse sind so zu führen, dass eine Suche nur im Bezirk eines Grundbuchamtes bzw Amtsgerichts möglich ist. Der direkte Anschluss an die Verzeichnisse ist den Grundbuchämtern und allen zum Abrufverfahren Berechtigten gestattet.

Weitere Verzeichnisse sind derzeit nicht zu führen.

4.2.2 Handelsregister

...

4.3 Besonderheiten der Handelsregisterautomation

...

5. Anlegung

5.1 Methoden der Anlegung

Als Methoden für die Anlegung maschinell geführter Register kommen grundsätzlich in Betracht:
- Herkömmliche Datenerfassung (zB mit Hilfe der Produktionssysteme),
- Scannen und Umsetzen in codierte Informationen (ci) mit Hilfe von OCR-Verfahren (mit visueller Prüfung),
- Scannen und Speichern als nicht codierte Informationen (nci; Faksimile),
- Scannen und Speichern als nicht codierte Informationen (nci; Faksimile), aber Indexgewinnung über OCR-Verfahren,
- Spracherfassung,
- Übernahme von auf Vorrat (insbesondere mit Hilfe von Produktionsverfahren oder in Vorstufen) gespeicherten Registerdaten, und zwar als codierte oder als nicht codierte Information.

Bei der herkömmlichen Datenerfassung ist der personelle Aufwand entsprechend hoch. Vorteilhaft dürfte dabei sein, dass damit idR eine Bereinigung der Eintragungen verbunden werden kann. Auch der Speicherbedarf und der Aufwand für die Datenübertragung ist wegen der verhältnismäßig geringen Zahl der Zeichen günstig.

Beim Scannen und Umsetzen mit Zeichenerkennungsverfahren (OCR) ist der Erfassungs-, Speicher und Datenübertragungsaufwand günstig. Notwendig ist jedoch wegen der Gefahr von Substitutionen eine visuelle Prüfung der umgesetzten Zeichen und uU eine Nachbearbeitung (zB für Rötungen). Außerdem ist zu beachten, dass die Eignung dieses Verfahrens in erheblichem Maße von der Schriftgutqualität abhängt.

Beim Scannen und der Speicherung als Faksimile dürfte der Erfassungsaufwand am geringsten sein.

Hoch sind jedoch der Bedarf an Speicherplatz, der allerdings durch entsprechend leistungsfähige Speichermedien und -methoden bewältigt werden kann, und der Bedarf an Übertragungsressourcen wegen der hohen zu übertragenden Zeichenmenge.

Voraussetzung für diese Methode dürfte deshalb das Vorhandensein eines leistungsfähigen Leitungsnetzes sein.

Für die Spracherfassung liegen noch keine praktischen und wirtschaftlichen Erfahrungen vor.

Möglich ist ferner die Übernahme von Daten, die (zB in Produktionsverfahren) gespeichert wurden, für die Anlegung der maschinell geführten Register.

Die Auswahl und Festlegung der aufgrund der jeweiligen Situation günstigsten Methode muss von den einzelnen Landesjustizverwaltungen unter Berücksichtigung der Grundsätze einer ordnungsgemäßen Datenverarbeitung getroffen werden.

Die Daten zum Handelsregister werden einheitlich zeichenweise gespeichert.

Spätestens bei der Aufnahme der Handelsregisterdaten in den Speicher müssen die von der Papierführung abweichenden Teile der Daten umgesetzt werden. Dabei sollen die Regelungen in § 57 HRV (Elektronische Unterschrift) entsprechend angewendet werden: § 75 GBV.

5.2 Einführung

Bei der Einführung der Register sind wegen deren Bedeutung für das Rechtsleben bestimmte Vorgehensweisen bei der Projektrealisierung besonders sorgfältig zu beachten.

5.2.1 Vorgehensweise bei der Projektrealisierung

Folgendes ist zu beachten:
a) Rechtzeitige Unterrichtung der anderen Landesjustizverwaltungen, um die Möglichkeit der Beteiligung zu eröffnen oder Hinweise auf möglicherweise abweichende Lösungsvorhaben für alle Landesjustizverwaltungen zu schaffen.
b) Rechtzeitige Entwicklung eines Schulungskonzepts für alle Projektbeteiligten.
c) Besonderer Wert ist auf die sorgfältig vorbereitete und gut dokumentierte Testphase zu legen.
d) Das Verfahren soll so gestaltet sein, dass auch nach Einführung durch systematische Stichproben die Zuverlässigkeit überprüft werden kann.
e) Die Bedürfnisse der Nutzergruppen sollen angemessen berücksichtigt werden.

5.2.2 Einführungs- und Anlegungskonzept

Die Einführung selbst iS der Anlegung der maschinell zu führenden Register muss in den einzelnen Ländern je nach den dortigen Gegebenheiten sorgfältig geplant und vorbereitet werden.

Dazu gehört insbesondere:
a) Erstellung von Anlegungsrichtlinien,
b) Organisation der Anlegung (lokal; Bildung zentraler Anlegungsstellen),
c) Bereitstellung der notwendigen personellen Ressourcen,
d) Schulung der mit der Anlegung betrauten Bediensteten,
e) Schaffung von Vorkehrungen für die Prüfung der zuverlässigen und richtigen Umstellung der Papierregister.

6. Speicherung

Die Struktur der Speicherung ist so zu gestalten, dass die Wiedergabe in der in Abschn 4.1 beschriebenen Darstellung möglich ist. Zu beachten sind ferner die Festlegungen in Kap 11 (Datensicherung).

Die Speichertechnik sollte entsprechend dem Stand der Technik einen möglichst hohen Grad der Sicherheit gewährleisten.

Die Länder sollten prüfen, ob die Registerdaten im Land jeweils zentral bzw regional zentralisiert zu speichern sind, da damit die Voraussetzungen für das Abrufverfahren und für die zu treffenden Datensicherungsverfahren verbessert werden können.

Das gespeicherte maschinell geführte Register (unveränderlicher elektronischer Speicher) wird durch die laufenden Eintragungsverfahren (Produktionssysteme) unter Hinzufügung der elektronischen Unterschrift fortgeführt.

Beim maschinell geführten Handelsregister werden die firmenrechtlichen Ergänzungen einschl Löschungen und Rötungen diesem Speicher inhaltlich unveränderbar angefügt, so dass bei Einsicht in das Register die Inhalte der Firmenhistorie immer unveränderlich und vollständig dargestellt werden können. Die optischen Wiedergabeformen (insb Historie und Rötungen) werden abgestimmt.

7. Grundsätze für die Realisierung und Softwaregestaltung

Bei der Softwaregestaltung sind die Grundsätze der ordnungsgemäßen Datenverarbeitung zu beachten. Auf die Anl 3 wird Bezug genommen.

Beim maschinellen Handelsregister sind die Beschreibung der externen Schnittstelle und das einheitliche Übertragungsformat offenzulegen, um die Entwicklung entsprechender Abfragesoftware durch Dritte zu ermöglichen.

8. Einbindung der vorhandenen Produktionssysteme

In den meisten Ländern der Bundesrepublik sind bereits automationsunterstützte Verfahren für die Bereiche Grundbuch und Handelsregister im Einsatz (Produktionssysteme). Für die Entwicklung dieser Verfahren und die notwendigen Beschaffungsmaßnahmen bei den Gerichten wurden erhebliche Mittel aufgewendet.

Die vollelektronischen Verfahren für das Grundbuch und das Handelsregister sollen deshalb – soweit in den Ländern Produktionssysteme vorhanden sind – nach Möglichkeit unter Einbeziehung dieser Systeme entwickelt werden.

9. Auskunftsbetrieb

Durch die maschinelle Führung der Register soll ua der Auskunftsbetrieb durchgreifend verbessert werden. Zu unterscheiden sind die Einsicht und der Ausdruck beim Grundbuchamt und beim Registergericht (internes Auskunftsverfahren) sowie die Übermittlung von Daten durch Abruf (automatisiertes Abrufverfahren).

Die Form der Ausdrucke und der programmgesteuerten Auskunft am Bildschirm (Gericht oder extern) wird beim Handelsregister sowohl in (neuer) Spaltenform (Gesamtregister) als auch in Staffelform (aktueller Ausdruck) angeboten.

Beim Handelsregister kann im Gericht zusätzlich gemäß § 8a Abs 3 HRV iv mit § 63 Abs 3 HRV unter den genannten Voraussetzungen auch Einsicht in die eingereichten Schriftstücke gewährt werden.

9.1 Internes Auskunftsverfahren

9.1.1 Grundbuch

Die Einsicht und die Erteilung von Ausdrucken werden grundsätzlich durch das zuständige Grundbuchamt gewährt.

9.1.1.1 Einsicht – § 79 Abs 1 u 2 GBV. Der in § 79 Abs 2 GBV erwähnte Ausdruck darf dem Einsichtnehmenden nicht ausgehändigt werden, es sei denn, dieser beantragt nachträglich die Erteilung eines Ausdrucks.

9.1.1.2 Ausdruck – § 131 GBO, § 78 GBV. Die in § 78 Abs 3 GBV vorgesehene Angabe besteht in folgendem Vermerk: »*Letzte Änderung TTMMJJJJ*«.

Die Einsicht kann unter bestimmten Voraussetzungen auch von einem anderen als dem zuständigen Grundbuchamt gewährt werden – **§ 132 GBO, § 79 Abs 3 GBV.** Die Angabe nach § 78 Abs 3 GBV ist auch bei der Einsicht wiederzugeben.

9.1.2 Handelsregister

Zur Einsicht und zum Ausdruck keine Kommentierung notwendig.

9.1.3 Abdrucke und Ausdrucke

§ 131 GBO und § 78 GBV sowie § 9 Abs 2 S 4 HGB und § 64 HRV regeln die Ausdrucke, die durch das Gericht erstellt werden.

Dagegen werden die von externen Nutzern im online-Abrufverfahren nach § 133 GBO und § 9a HGB selbst gefertigten schriftlichen Wiedergaben als »Abdruck« bezeichnet (§ 80 GBV, § 65 Abs 1 S 3 HRV; sie haben nicht die Rechtswirkung von Ausdrucken.

9.2 Automatisiertes Abrufverfahren

9.2.1 Grundbuch

Zu unterscheiden sind das automatisierte Abrufverfahren und das eingeschränkte automatisierte Abrufverfahren.

Zugelassen werden dürfen zum automatisierten Abrufverfahren folgende Stellen:
- Gerichte,
- Behörden,
- Notare,
- öffentlich bestellte Vermessungsingenieure,
- die Staatsbank Berlin

(§ 133).

Zum eingeschränkten automatisierten Abrufverfahren (§ 133 Abs 2 u 4 GBO iVm § 82 Abs 2 GBV) dürfen zugelassen werden:
- Personen oder Stellen, die eine Zustimmung des Eigentümers bzw des Inhabers des Erbbaurechts oder Gebäudeeigentums besitzen (zB Kreditinstitute),
- Personen oder Stellen, die die Zwangsvollstreckung in das Grundstück bzw des Erbbaurechts oder Gebäudeeigentum betreiben,
- dinglich Berechtigte oder die von diesen Beauftragten.

Voraussetzung ist, dass das Vorliegen dieser Voraussetzungen beim einzelnen Abruf in codierter Form mitgeteilt wird (Darlegungserklärung).

Für die Errichtung des Verfahrens ist § 82 GBV zu beachten:

Das beim Einsichtsbetrieb durch andere Grundbuchämter oder im Abrufverfahren verwendete Passwort ist zu wechseln. Das Passwort wird von der genehmigenden Stelle vorgegeben.

Den zum Abrufverfahren zugelassenen Stellen wird zusammen mit der Entscheidung über die Zulassung ein Merkblatt über Sicherheitshinweise nach Anl 4 ausgehändigt.

9.2.2 Handelsregister

...

9.3 Art des Anschlusses

Für das automatisierte Abrufverfahren sind standardisierte Zugangsmöglichkeiten zu schaffen.

Die Standardisierung besteht aus einer fachlichen und einer technischen Komponente.

9.3.1 Fachliche Komponente

Soweit möglich, sollen die Such- und Abfragebegriffe in der Bundesrepublik Deutschland identisch sein.

9.3.1.1 Grundbuch

Es sind folgende Begriffe zu verwenden:
Grundbuchamtsbezirk (Amtsgerichtsbezirk),
Grundbuchbezirk, Grundbuchblattnummer.

Innerhalb der Grundbuchblätter muss das Vor- und Rückwärtsblättern (seiten- und abteilungsweise) möglich sein.

Der Inhalt der Hilfsverzeichnisse ergibt sich aus Nr 4.2.

Die Bildschirmmasken sind so zu gestalten, dass sie aus sich heraus verständlich sind. Soweit notwendig, sind Hilfefunktionen anzubieten.

9.3.1.2 Handelsregister

...

9.3.2 Technische Komponente

9.3.2.1 Grundbuch

Zum Abrufverfahren zugelassen sind Systeme, die die technischen Voraussetzungen erfüllen.

Möglich sind auch verschiedene Komfortstufen des Anschlusses (zB Übermittlung über Fernkopie, Ausgabe am Bildschirm und Drucker).

9.3.2.2 Handelsregister

...

9.4 Zulassungsmodalitäten

Die Voraussetzungen für das automatisierte Abrufverfahren sind in § 133 GBO und §§ 80 ff GBV sowie in § 9a HGB und §§ 65–68 HRV geregelt.

Über die in Nr 9.2.1 und 9.2.2 sowie in Nr 9.3 bestimmten Bedingungen für den Abruf maschinell geführter Grundbuch- und Registerdaten hinaus ist durch das Verfahren sicherzustellen, dass nur berechtigte Benutzer die Kommunikation mit dem Grundbuchamt oder Registergericht führen können.

Die Zulassung eines externen Nutzers sollte für alle Grundbuchämter und alle Registergerichte eines Landes erteilt werden, in denen die maschinelle Grundbuchführung bzw Registerführung erfolgt.

9.4.1 Grundbuch

Voraussetzung für die Zulassung ist ein schriftlicher Antrag. Diesem Antrag ist die Erklärung nach § 84 GBV (Duldung der Kontrolle) beizufügen.

Die Entscheidung, ob und wieweit gemäß § 81 GBV die Zulassung zum automatisierten Abrufverfahren durch Genehmigung, öffentlich-rechtlichen Vertrag oder Verwaltungsvereinbarung erfolgt, obliegt den einzelnen Landesjustizverwaltungen.

Sichergestellt werden sollte jedoch, dass die Zulassungen in den einzelnen Ländern stets den gleichen Inhalt haben.

In der Zulassung sind mindestens folgende Sachverhalte zu regeln:
1. Es muss sich um eine der in § 133 Abs 2 GBO und 9a Abs 2 HGB aufgeführten Stellen oder Personen handeln.

2. Die Voraussetzungen des § 133 Abs 2 S 3 Nr 1 GBO und § 9a Abs 3 HGB (Vielzahl der Übermittlungen oder besondere Eilbedürftigkeit) müssen in der Zulassung dargelegt werden.
3. Die zugelassenen Stellen/Personen sind darauf hinzuweisen, dass ein Widerruf erfolgen muss, wenn die Voraussetzungen des § 133 Abs 2 Nr 1–3 weggefallen sind. Sie sind ferner darauf hinzuweisen, dass ein Widerruf erfolgen kann, wenn die Anlage missbräuchlich benutzt wird (§ 133 Abs 3).
4. Die angeschlossenen Stellen müssen sich der Protokollierung und der Kontrolle ausdrücklich unterwerfen.
5. Die zugelassenen Stellen müssen sich verpflichten, die Grundsätze einer ordnungsgemäßen Datenverarbeitung auf ihren EDV -Geräten einzuhalten.
6. Die zugelassenen Stellen müssen sich verpflichten, bei der Anforderung folgende Informationen zu übermitteln, soweit sie nicht im automatisierten Verfahren ohnehin gewonnen werden:
   – Bezeichnung der abgerufenen Stelle
   – Codezeichen der abfragenden Stelle gemäß § 82 GBV
   – gewünschtes Grundbuch- bzw. Handelsregisterblatt
   – Geschäftszeichen der anfragenden Stelle
   – Bei Anfragen nach § 133 Abs 4: Darlegungserklärung in codierter Form.
   Bei Abfragen der Verzeichnisse nach § 12a gilt zusätzlich folgendes:Das Grundstücksverzeichnis kann von allen Teilnehmern am Abrufverfahren ohne Einschränkung eingesehen werden, das Verzeichnis der unerledigten Eintragungsanträge nur grundbuchblattbezogen.Das Eigentümerverzeichnis kann von Gerichten, Behörden, Notaren und öffentlich bestellten Vermessungsingenieuren ohne Einschränkung benutzt werden. Sonstige Teilnehmer dürfen das Eigentümerverzeichnis nur benutzen, wenn Sie den gesuchten Eigentümer eindeutig bezeichnen können.
7. Ferner muss sich die zugelassene Stelle verpflichten, übermittelte personenbezogene Daten nur für den Zweck zu verwenden, für den sie übermittelt wurden (§ 133 Abs 6).
8. In der Zulassung ist der Umfang des Abrufverfahrens (Einsicht und Fertigung von Abdrucken gemäß § 80 GBV) zu bezeichnen.
9. In der Zulassung ist der berechtigten Stelle zur Auflage zu machen, dass das Codezeichen nur durch deren Leitung und bestimmte, der genehmigenden Stelle vorher zu benennende Mitarbeiter verwendet und missbrauchssicher verwahrt wird.
10. Die notwendige Mindestausstattung an Hard- und Software für das Abfrageverfahren ist in der Zulassung ebenfalls zu beschreiben.
11. Mit der Genehmigung ist ein Merkblatt über Einzelheiten des Abrufverfahrens auszuhändigen.

9.4.2 Handelsregister

...

10. Zusammenarbeit mit anderen Registern

10.1 Grundsätze

Soweit durch Gesetz Melde- oder Informationspflichten zwischen Gerichten und anderen öffentlichen/öffentlich-rechtlichen Stellen vorgeschrieben sind, sollen diese nach Möglichkeit über Datenleitungen oder durch Datenträgeraustausch erfolgen.

Dabei ist der Grundsatz einzuhalten, dass Texte und Einzelinformationen (Datenfelder) möglichst aus dem Originalverfahren heraus (ohne maschinelle Umsetzung, nochmalige Dateneingabe oä) automatisch entnommen und vollständig an die befugte Stelle übermittelt werden.

10.2 Zusammenarbeit zwischen Liegenschaftskataster und Grundbuchamt

Das Liegenschaftskataster als amtliches Verzeichnis der Grundstücke ist für das Grundbuch von besonderer Bedeutung. Dies gilt vor allem für das Buchwerk des Liegenschaftskatasters, weniger für das Kartenwerk. Zwischen Grundbuch und Liegenschaftskataster findet ein ständiger Informationsaustausch statt.

Fast alle Länder führen zwischenzeitlich das Buchwerk des Liegenschaftskatasters in automatisierter Form. Die technische Situation hinsichtlich der Führung des Liegenschaftskatasters ist in den Ländern allerdings äußerst unterschiedlich. Einheitliche technische Lösungen für den Datenaustausch zwischen dem automatisierten Grundbuch und dem automatisierten Liegenschaftsbuch lassen sich deshalb nicht verwirklichen. Nachstehend werden deshalb die fachlichen Anforderungen definiert, die der technischen Zusammenarbeit zugrundezulegen sind.
1. Verwendung des Liegenschaftskatasters als Suchverzeichnis Das Liegenschaftskataster kann als Verzeichnis iS des Abschnitts 4.2 (Verzeichnis der Eigentümer und Grundstücke) verwendet werden.
2. Mitteilungswesen zwischen Grundbuch und Liegenschaftskataster Das Mitteilungswesen zwischen Grundbuch und Liegenschaftskataster muss auf Landesebene – angepasst vor allem an die technische Situation des Liegenschaftskatasters – gelöst werden. Anzustreben ist vor allem die Übernahme der Fortführungsmitteilungen vom Grundbuch an das Liegenschaftskataster (zB Veränderungsliste) in ein automatisiertes Verfahren. Daneben soll auch die Übernahme von Daten aus dem Liegenschaftskataster in das Bestandsverzeichnis des Grundbuchs möglich sein.

10.3 Zusammenarbeit zwischen Bodenordnungsbehörden und Grundbuchamt

Es ist nicht vorgesehen, für den Datenaustausch zwischen dem Grundbuchamt und den Bodenordnungsbehörden (zB Flurbereinigung) ein eigenes Verfahren zu entwickeln.

10.4 Zusammenarbeit zwischen den Industrie- und Handelskammern und dem Registergericht

...

10.5 Zusammenarbeit zwischen dem Bundesanzeiger sowie anderen Verlagen und dem Registergericht

...

10.6 Zusammenarbeit mit anderen Gerichten und anderen Abteilungen in den Gerichten (Konkurs) sowie anderen Justizbereichen (Staatsanwaltschaften)

In ihrem eigenen Geschäftsbereich regelt die Landesjustizverwaltung bei Vorhandensein der organisatorisch/technischen Voraussetzungen die Einrichtung des automatisierten Abrufverfahrens selbst.

Für andere Behörden und Gerichte gilt auch § 66 Abs 1 S 2 HRV.

11. Datensicherheit

Die als Anl 5 beigefügten Empfehlungen des Bundesamts für Sicherheit in der Informationstechnik (für das Grundbuch und das Handelsregister) sind zu beachten. Die nachstehenden Grundsätze sind insbesondere einzuhalten:

11.1 Grundbuch

1. Für die zentralen IT-Komponenten (zB Zentraleinheit, Plattenspeicher, USV) sind Instandhaltungsverträge zu schließen.
2. Bei der Beschaffung von IT (insb Hardware, Standardsoftware) sollen Referenzinstallationen vorhanden sein.
3. Die Benutzer müssen durch eine IT-Grundausbildung in die Lage versetzt werden, sachgerecht mit der IT umzugehen.
4. Die Software-Erstellung soll anerkannten Standards folgen.
5. Die dauernde Integrität des Softwarebestandes ist durch geeignete Maßnahmen sicherzustellen.
6. Den Benutzern am Arbeitsplatz in den Grundbuchämtern darf der Zugriff auf Laufwerke für Disketten und sonstige austauschbare Datenträger nicht möglich sein.
7. Jeder Benutzer ist auf die Einhaltung der Sicherheitsmaßnahmen hinzuweisen.
8. Der Zugang zum Rechner (Login-Prozedur) ist so zu gestalten, dass ein unberechtigter Zugang nicht möglich ist. Ein Passwortschutz ist vorzunehmen. Versuchte Angriffe (zB durch Ausprobieren von Passworten) sind zu protokollieren und zahlenmäßig zu beschränken. Die zugelassene Zugriffszeit zum Rechner soll eingeschränkt werden.
9. Eine Wartungsanleitung und -dokumentation ist zu führen. Bei Fernwartung (intern und extern) sind besondere Sicherheitsmaßnahmen vorzusehen.
10. Die gespeicherten Daten sind durch ein System von Zugriffsrechten zu schützen. Zugriffe sind nach Maßgabe der bestehenden Vorschriften zu protokollieren und zwar einschließlich des Urhebers und des Benutzers.
11. Durch geeignete Maßnahmen sind Fehler und Ausfälle von Versorgungseinrichtungen zu vermeiden.
12. Durch geeignete Maßnahmen ist der unbefugte Zutritt zu IT-Räumen zu unterbinden. Das gleiche gilt für schädliche äußere Einwirkungen.
13. Bei Installationen von hausinternen DV-Netzen sind besondere Maßnahmen für die Gefahrenabwehr vorzusehen.
14. Zum Schutz vor unvollständigen und nicht plausiblen Eingaben können in der Anwendungssoftware Plausibilitätskontrollen vorgesehen werden.
15. Zur dauernden Feststellung der Urheberschaft und einer etwaigen nachträglichen Verfälschung ist die elektronische Unterschrift vorzuziehen.
16. Als Datennetz für das Abrufverfahren ist ISDN zu verwenden.
17. Bei Übermittlung von noch nicht abgespeicherten Eintragungen an den Rechner ist – soweit es sich nicht um eine inhouse-Übertragung handelt – eine Verschlüsselungsmethode anzuwenden. Für den Transport der Daten vom Grundbuchrechner zur abrufenden Stelle wird eine einheitliche Verschlüsselungsmethode empfohlen.
18. Durch geeignete technische Maßnahmen (zB »gateway«, »firewall«) ist der Übergang vom lokalen zum öffentlichen Netz zu sichern.
19. Alle Datensicherungsmaßnahmen sind in einem Datensicherungskonzept zu beschreiben.

11.2 Handelsregister

...

12. Datenverarbeitung im Auftrag

Die Datenverarbeitung kann auf den Anlagen einer anderen staatlichen Stelle oder auf den Anlagen einer juristischen Person des öffentlichen Rechts vorgenommen werden, wenn die ordnungsgemäße Erledigung der Grundbuchsachen und der Handelsregistersachen sichergestellt ist (§ 126 Abs 3; § 69 HRV; § 125 Abs 5 FGG).

In diesem Fall ist ggf durch eine Verwaltungsvereinbarung die ordnungsgemäße Erledigung zu gewährleisten.

13. Arbeitsabläufe in den einzelnen Verfahrensbereichen

13.1 Grundbuch

Die Eintragungen werden – vorbehaltlich der Fälle des § 127 und des § 12c Abs 2 Nr 2 bis 4 – vom Rechtspfleger veranlasst (§ 74 GBV).

Von der Möglichkeit des § 74 Abs 1 S 3 GBV wird kein Gebrauch gemacht.

Eine Eintragung in das Grundbuch darf nur möglich sein, wenn eine elektronische Unterschrift verwendet wird (§ 75 GBV).

13.2 Handelsregister

...

§ 126 (Anordnung und Voraussetzungen)

(1) Die Landesregierungen können durch Rechtsverordnung bestimmen, daß und in welchem Umfang das Grundbuch in maschineller Form als automatisierte Datei geführt wird. Hierbei muß gewährleistet sein, daß

1. die Grundsätze einer ordnungsgemäßen Datenverarbeitung eingehalten, insbesondere Vorkehrungen gegen einen Datenverlust getroffen sowie die erforderlichen Kopien der Datenbestände mindestens tagesaktuell gehalten und die originären Datenbestände sowie deren Kopien sicher aufbewahrt werden;
2. die vorzunehmenden Eintragungen alsbald in einen Datenspeicher aufgenommen und auf Dauer inhaltlich unverändert in lesbarer Form wiedergegeben werden können;
3. die nach der Anlage zu diesem Gesetz erforderlichen Maßnahmen getroffen werden.

Die Landesregierungen können durch Rechtsverordnung die Ermächtigung nach Satz 1 auf die Landesjustizverwaltungen übertragen.

(2) Die Führung des Grundbuchs in maschineller Form umfaßt auch die Einrichtung und Führung eines Verzeichnisses der Eigentümer und der Grundstücke sowie weitere, für die Führung des Grundbuchs in maschineller Form erforderliche Verzeichnisse. Das Grundbuchamt kann für die Führung des Grundbuchs auch Verzeichnisse der in Satz 1 bezeichneten Art nutzen, die bei den für die Führung des Liegenschaftskatasters zuständigen Stellen eingerichtet sind; diese dürfen die in Satz 1 bezeichneten Verzeichnisse insoweit nutzen, als dies für die Führung des Liegenschaftskatasters erforderlich ist.

(3) Die Datenverarbeitung kann im Auftrag des nach § 1 zuständigen Grundbuchamts auf den Anlagen einer anderen staatlichen Stelle oder auf den Anlagen einer juristischen Person des öffentlichen Rechts vorgenommen werden, wenn die ordnungsgemäße Erledigung der Grundbuchsachen sichergestellt ist.

Anlage zu § 126 Abs 1 S 2 Nr 3

Werden personenbezogene Daten automatisiert verarbeitet, sind Maßnahmen zu treffen, die je nach Art der zu schützenden personenbezogenen Daten geeignet sind,

1. Unbefugten den Zugang zu Datenverarbeitungsanlagen, mit denen personenbezogene Daten verarbeitet werden, zu verwehren (Zugangskontrolle),
2. zu verhindern, dass Datenträger unbefugt gelesen, kopiert, verändert oder entfernt werden können (Datenträgerkontrolle),
3. die unbefugte Eingabe in den Speicher sowie die unbefugte Kenntnisnahme, Veränderung oder Löschung gespeicherter personenbezogener Daten zu verhindern (Speicherkontrolle),
4. zu verhindern, dass Datenverarbeitungssysteme mit Hilfe von Einrichtungen zur Datenübertragung von Unbefugten genutzt werden können (Benutzerkontrolle),
5. zu gewährleisten, dass die zur Benutzung eines Datenverarbeitungssystems Berechtigten ausschließlich auf die ihrer Zugriffsberechtigung unterliegenden Daten zugreifen können (Zugriffskontrolle),
6. zu gewährleisten, dass überprüft und festgestellt werden kann, an welchen Stellen personenbezogene Daten durch Einrichtungen zur Datenübertragung übermittelt werden können (Übermittlungskontrolle),
7. zu gewährleisten, dass nachträglich überprüft und festgestellt werden kann, welche personenbezogenen Daten zu welcher Zeit von wem in Datenverarbeitungssysteme eingegeben worden sind (Eingabekontrolle),
8. zu gewährleisten, dass personenbezogene Daten, die im Auftrag verarbeitet werden, nur entsprechend den Weisungen des Auftraggebers verarbeitet werden können (Auftragskontrolle),
9. zu verhindern, dass bei der Übertragung personenbezogener Daten sowie beim Transport von Datenträgern die Daten unbefugt gelesen, kopiert, verändert oder gelöscht werden können (Transportkontrolle),
10. die innerbehördliche oder innerbetriebliche Organisation so zu gestalten, dass sie den besonderen Anforderungen des Datenschutzes gerecht wird (Organisationskontrolle).

I. Allgemeines

1. Grundsatz

1 § 126 enthält den Grundsatz, dass das Grundbuch **in maschineller Form als automatisierte Datei** geführt werden darf. In diesem Grundsatz ist die Abkehr vom Papiergrundbuch und die neue Form der Grundbuchführung unter Nutzung der Möglichkeiten der Informationstechnik grundlegend enthalten.

Die Vorschrift enthält somit die grundlegenden Bestimmungen über die Einführung des maschinell geführten Grundbuchs und die sachlichen Mindestvoraussetzungen.

2 In Abs 1 sind die Prinzipien aufgeführt, die beim papierlosen Grundbuch eingehalten werden müssen.

3 Abs 2 schafft – ebenso wie § 12a für das Papiergrundbuch – erstmals für die Hilfsverzeichnisse zum Grundbuch eine rechtliche Grundlage, und zwar hier für das maschinell geführte Grundbuch.

4 In Abs 3 ist außerdem die Zulässigkeit der Speicherung von Grundbuchdaten durch eine andere Stelle als dem nach § 1 zuständigen Grundbuchamt geregelt.

5 Die Vorschrift folgt dem Regelungskonzept der GBO. Im VII. Abschn sind nur die zwingend durch Gesetz festzulegenden wesentlichen Vorgaben für die maschinelle Grundbuchführung enthalten. Die technischen Einzelheiten sind aufgrund der Ermächtigung in § 134 in der Grundbuchverfügung geregelt. Außerdem hat das Bundesjustizministerium von der in § 134 S 2 enthaltenen Ermächtigung, die Regelung weiterer Einzelheiten auf die Landesregierungen mit Delegationsbefugnis auf die Landesjustizverwaltungen zu übertragen, in § 93 GBV Gebrauch gemacht.

2. Begriff der maschinellen Führung

6 Der Begriff »**maschinelle Form**« wurde wegen der Einheitlichkeit der Gesetzessprache gewählt. Andere Bestimmungen verwenden nämlich diesen Begriff bereits in ähnlicher Form. So regelt § 689 Abs 1 S 2 ZPO die automatisierte Verarbeitung der Mahnsachen und spricht von »maschineller Bearbeitung«. Das gleiche gilt für das vereinfachte Verfahren zur Festsetzung des Unterhalts und zur Abänderung von Unterhaltstiteln (§ 658 ZPO).[1]

7 Die Überschrift des VII. Abschnittes lautet: »Das maschinell geführte Grundbuch«; § 126 verwendet den Begriff »Führung des Grundbuchs in maschineller Form«. Die Folgevorschriften der §§ 128 ff GBO, §§ 61 ff GBV sprechen meist vom »maschinell geführten Grundbuch«; gemeint ist immer die Bearbeitung mit Anlagen der **elektronischen Datenverarbeitung**, der **automatisierten Datenverarbeitung** oder der **Informationstechnik**.

Umgangssprachlich haben sich auch die Begriffe »**elektronisches Grundbuch**« oder »**EDV-Grundbuch**« eingebürgert.

3. Automatisierte Datei

8 Der Zusatz »**automatisierte Datei**« bringt zum Ausdruck, dass die Grundbuchdaten auf einem Datenträger mit Hilfe der Informationstechnik gespeichert werden und nicht mehr auf Papier niedergeschrieben werden. In

---

1 Bzw dessen bei Inkrafttreten des RegVBG geltenden Vorläufervorschriften § 641l Abs 3 und § 642a Abs 5 S 1 ZPO.

der automatisierten Datenverarbeitung werden Informationen mit Hilfe bestimmter Codes auf Datenträgern gespeichert, von diesen Datenträgern wiedergewonnen und in einer für das menschliche Auge lesbaren Form wiedergegeben. Diese Wiedergabe erfolgt entweder auf Bildschirmen oder – durch Ausdruck der Informationen – auf Papier, mitunter auch auf Mikrofilm.

Welche Datenträger zu verwenden sind, ist nicht festgelegt. Der jeweils aktuelle und stets fortschreitende **9** Stand der Technik kennt hier verschiedene Möglichkeiten. Grundsätzlich kann man zwischen früher gebräuchlichen Datenträgern mit sequentiellem Zugriff (zB Magnetbändern) und Datenträgern mit direktem Zugriff (zB Magnetplatten) unterscheiden. Seit Einführung der Verfahren zur maschinellen Grundbuchführung wurden die Speichermedien immer wieder dem Stand der Technik angepasst und modernisiert. Bei dem Verfahren »SOLUM-STAR« (vgl Vor § 126 Rdn 30), wurde zunächst eine spezielle Speichertechnik eingesetzt. Es wurden dabei Speicherplatten verwendet, die mit einer besonderen Technik (zB Lasertechnik) so beschrieben werden, dass die gespeicherten Daten – anders als etwa bei Magnetplatten – auch physikalisch grundsätzlich unveränderlich sind (WORM-Technik; WORM = Write once read many). Zur Speicherungsart und zur Speicherungsstruktur vgl Rdn 43 ff.

Die Entscheidung, welche Datenträger zu verwenden sind, ist Sache der Landesjustizverwaltung. Erfüllt sein **10** müssen dadurch insbesondere die Kriterien der Datensicherheit.

II. Zuständigkeit der Länder

1. Grundsatz

Zuständig für die Einführung des maschinell geführten Grundbuchs sind die **Länder** (Landesregierungen; **11** Delegationsbefugnis auf die Landesjustizverwaltungen in Abs 1 S 3). Diese Regelung entspricht der früheren Situation, die es ebenfalls den Ländern überlassen hat, ob das Grundbuch in Lose-Blatt-Form oder in festen Bänden geführt wird und in welchem Format (zB DIN A4 hoch; DIN A4 quer; DIN A3).

Die Landesregierungen bzw – bei Delegation – die Landesjustizverwaltungen treffen die Entscheidung durch **12** **Rechtsverordnung**.[2] Diese Rechtsverordnung gemäß Abs 1 kann mit einer Rechtsverordnung gemäß § 134 S 2 verbunden werden; zwingend ist dies aber nicht.

---

2 Bisher sind folgende Landesvorschriften bekannt geworden:
   a) **Baden-Württemberg:** Gesetz zur Einführung des maschinell geführten Grundbuchs sowie zur Änderung des Landesgesetzes über die freiwillige Gerichtsbarkeit und des Landesjustizkostengesetzes vom 20.12.1999, GBl Baden-Württemberg S 662, und Verordnung des Justizministeriums Baden-Württemberg über das maschinell geführte Grundbuch (EGB-VO) vom 23.02.2000, GBl 182;
   b) **Bayern:** Verordnung über den elektronischen Rechtsverkehr und elektronische Verfahren (E-Rechtsverkehrsverordnung) vom 15.12.2006, GVBl S 1084; hierdurch wurde außer Kraft gesetzt die Verordnung über das maschinell geführte Grundbuch vom 14.06.1996, GVBl S 242;
   c) **Berlin:** Verordnung über das maschinell geführte Grundbuch vom 16.12.1998, GVBl für Berlin S 427;
   d) **Brandenburg:** Verordnung über das maschinell geführte Grundbuch vom 22.05.2002, Brandenburg.GVBl. II 2002, S 290
   e) **Bremen:** Verordnung über die Einführung des maschinell geführten Grundbuchs vom 16.04.1999, Brem.GBl S 67;
   f) **Hamburg:** Verordnung über die Einführung des maschinell geführten Grundbuchs vom 26.06.1996, Hamburgisches Gesetz- und Verordnungsblatt S 164;
   g) **Hessen:** Verordnung über das maschinell geführte Grundbuch vom 18.08.2000, Hess. GVBl I S 417; zuletzt ergänzt durch Verordnung vom 30.04.2008, Hess. GVBl I S 705;
   h) **Mecklenburg-Vorpommern:** Verordnung zur Einführung des maschinell geführten Grundbuchs für das Land Mecklenburg-Vorpommern (EGBVO M-V) vom 29.01.2001, GVOBl M-V S 51; zuletzt geändert mit Verordnung vom 02.01.2006, GVOBl M-V S 15
   i) **Niedersachsen:** Verordnung über die Führung von Grundbüchern vom 20.05.2008, NdsGVBl S 179; hierdurch wurde außer Kraft gesetzt die zur erstmaligen Einführung des maschinell geführten Grundbuchs im Land erlassene Verordnung über das maschinell geführte Grundbuch vom 17.05.2001, NdsGVBl S 311, ergänzt durch die VO vom 27.03.2002, NdsGVBl S 129;
   j) **Nordrhein-Westfalen:** Verordnung über die maschinelle Führung des Grundbuchs (Grundbuchs-Automations-VO) vom 20.06.2002 GV NRW S 281; zuletzt geändert durch VO v. 30.10.2006, GV NRW S 469;
   k) **Rheinland-Pfalz:** Landesverordnung über das maschinell geführte Grundbuch vom 19.10.2000, GVBl für das Land Rheinland-Pfalz S 442, geänd durch Landesverordnung vom 20.03.2001, GVBl Rheinland-Pfalz S 89;
   l) **Saarland:** §§ 8, 9 der Verordnung über die gerichtliche Zuständigkeit in Zivilverfahren und Verfahren der freiwilligen Gerichtsbarkeit vom 15.07.1994, Amtsblatt des Saarlandes 1994, 1119 i. d. F. des Gesetzes Nr 1464 zur Ausführung des § 15a des Gesetzes betreffend die Einführung der Zivilprozessordnung und zur Änderung von Rechtsvorschriften (Landesschlichtungsgesetz – LSchlG) vom 21.02.2001, Amtsblatt des Saarlandes S 532, die an die Stelle der Verordnung über das maschinell geführte Grundbuch vom 20.06.2000, Amtsblatt des Saarlandes S 1198, getreten ist;
   m) **Sachsen:** Verordnung über das maschinell geführte Grundbuch (MaschGBV) vom 28.07.1995, SächsGVBl S 259, zuletzt geändert durch Verordnung vom 06.07.2006, SächsGVBl S 400;

13 Die Entwicklung hat gezeigt, dass die Anlegung des maschinell geführten Grundbuchs mitunter verbunden wird mit einer Konzentration der Grundbuchämter gem § 1 Abs 3 GBO.[3]

2. Umfang der Führung

14 Es obliegt **allein** der Entscheidung der Länder, ob sie das maschinell geführte Grundbuch einführen wollen oder nicht. Die Entscheidung ist auf das Grundbuch beschränkt; die Grundakten sind davon nicht umfasst. Für die Grundakten besteht aber in § 10a eine Erleichterung für die Aufbewahrung, und zwar auf Mikrofilm oder auf sonstigen Datenträgern (vgl § 10a Rdn 5 ff).

15 Die Länder können auch bestimmen, in welchem **Umfang** das Grundbuch in dieser Form zu führen ist. Das Gesetz enthält keine nähere Bestimmung zum Begriff »Umfang«. Die Länder haben hier völlige Gestaltungsfreiheit. Die maschinelle Führung kann zB für alle Grundbuchämter eines Landes angeordnet werden, aber auch nur für einzelne Grundbuchämter, auch nur für einzelne Grundbuchbezirke gemäß § 1 GBV. Möglich ist auch eine Bestimmung nach der Art des Grundbuchs; zB nur für Wohnungsgrundbücher. Zulässig ist auch eine Führung zB der Wohnungsgrundbücher in bestimmten Grundbuchbezirken. Auf diese Weise soll es den Ländern ermöglicht werden, das maschinell geführte Grundbuch dort (oder zunächst dort) einzuführen, wo diese Bearbeitungsmethode den größten Nutzen erwarten lässt.

Angelehnt ist die Regelung in etwa an § 703c Abs 3 ZPO, die die maschinelle Bearbeitung der Mahnsachen ebenfalls differenziert zulässt. Die praktischen Erfahrungen zeigen allerdings, dass die Länder in der Regel die vollständige Einführung des maschinell geführten Grundbuchs betreiben und dabei schrittweise nacheinander die Grundbuchamtsbezirke umgestellt haben.

16 Der Bundesgesetzgeber rechnete bei Erlass des RegVBG damit, dass die Einführung des maschinell geführten Grundbuchs in der gesamten Bundesrepublik einen längeren Zeitraum erfordert. Die praktischen Erfahrungen seit dem In-Kraft-Treten des RegVBG bestätigen das (vgl Vor § 126 Rdn 30). Nicht zuletzt aus diesem Grund hat er (der im Gesetzgebungsverfahren auch die Rolle des Verordnungsgebers übernommen hat; vgl Vor § 61 GBV Rdn 2 bis 5) angeordnet, dass das äußere Erscheinungsbild des Grundbuchs auf Papier und in maschineller Form identisch bleiben soll (§ 63 GBV).

17 Sollte der Stand erreicht sein, dass die Speicherung des Grundbuchs in Form einer Datenbank erfolgt (vgl Rdn 49 ff), so könnte dann auch geprüft werden, ob auch das äußere Erscheinungsbild des Grundbuchs an die dann bestehenden besseren technischen Möglichkeiten angepasst werden könnte. Gedacht werden könnte dann etwa an Ausgabeformen, die entweder nur die gültigen Eintragungen umfassen oder auch die gelöschten Eintragungen wiedergeben. Anhaltspunkte für eine dann sinnvolle Überarbeitung des äußeren Erscheinungsbildes des Grundbuchs könnten dann auch die Überlegungen beim seinerzeitigen ersten Grundbuchprojekt bieten (vgl Vor § 126 Rdn 40).

III. Anforderungen an die Datenverarbeitung

1. Grundsatz

18 Die Ziffern 1, 2 und 3 im Abs 1 enthalten allgemeine Regelungen über die Anforderungen an die Datenverarbeitung in technischer und organisatorischer Hinsicht. Maßgebend war dabei, dass die Anforderungen vor allem an die Datensicherheit einen besonders hohen Standard haben müssen.

Dies folgt insbesondere aus dem öffentlichen Glauben des Grundbuchs (§ 891 BGB) und dem Schutz des gutgläubig auf die Richtigkeit des Grundbuchs Vertrauenden (§ 892 BGB). Das maschinelle Grundbuch muss – mindestens – von gleicher Qualität und Sicherheit sein wie das Papiergrundbuch.

---

n) **Sachsen-Anhalt:** Grundbuch- und Registerverordnung (GBRegVO) vom 13.12.2004, GVBl LSA S 824; sie ersetzt die zur erstmaligen Einführung des maschinellen Grundbuchs erlassene Verordnung des Ministeriums der Justiz des Landes Sachsen-Anhalt über das maschinell geführte Grundbuch vom 28.03.1995, GVBl LSA S 112; zuletzt geändert durch 8. Verordnung zur Änderung der VO über das maschinell geführte Grundbuch vom 14.06.2000, GVBl LSA S 428;

o) **Schleswig-Holstein** Schleswig-Holsteinische Landesverordnung über die Einführung des maschinell geführten Grundbuchs vom 14.09.2001, GVOBl S 154; zuletzt geändert durch Verordnung vom 22.11.2005, GVOBl S 554;

p) **Thüringen:** Thüringer Verordnung über das maschinell geführte Grundbuch (ThürMaschGBVO) vom 11.02.2001, GVBl S 15

3 So zB im Saarland, wo eine Konzentration aller Grundbuchämter im Land auf das AG Saarbrücken durchgeführt wurde und in Berlin, wo statt bisher 12 nunmehr nur noch 6 Grundbuchämter vorhanden sind; in anderen Ländern, zB in Brandenburg werden gegenwärtig ähnliche Überlegungen angestellt.

Engel

2. Ordnungsgemäße Datenverarbeitung

Die Landesjustizverwaltungen sind verpflichtet, die »**Grundsätze einer ordnungsgemäßen Datenverarbeitung**« einzuhalten. Dieser allgemeine Grundsatz, der nach dem jeweiligen Stand der Technik zu interpretieren ist, wird ergänzt durch die beispielhaft hervorgehobenen wesentlichen Grundsätze für die Sicherheit und Gleichwertigkeit des EDV-Grundbuchs. **19**

Die Grundsätze der ordnungsgemäßen Datenverarbeitung sind gewissermaßen die **technischen Standards**, die an eine Datenverarbeitungsanlage zu stellen sind. Sie müssen nicht dem optimalen, wohl aber dem üblichen Standard entsprechen. Das Erfordernis der ordnungsgemäßen Datenverarbeitung bezieht sich auf die organisatorischen Vorkehrungen und Regelungen für den Umgang mit den Anlagen, aber auch auf die Anlagen und ihre Programme selbst. Die Standards einer ordnungsgemäßen Datenverarbeitung sind vom Bundesministerium der Justiz und den Landesjustizverwaltungen zu beachten, die zum Erlass der Ausführungsvorschriften ermächtigt sind. Denn auch die einzuhaltenden Rechtsvorschriften müssen so ausgestaltet sein, dass diese Standards eingehalten werden. Wesentliche Teile dieser Grundsätze werden in der **Anl zu § 126** Abs 1 S 2 Nr 3 normiert. Ergänzt werden die Grundsätze durch die in § 64 GBV enthaltenen Anforderungen (§ 64 GBV Rdn 2 ff). Die Grundsätze einer ordnungsgemäßen Datenverarbeitung sind aber umfassender. Sie sind technische Standards, die zB auch Anforderungen an Hard- und Software stellen, die in der Anl nicht erwähnt sind, dort aber auch nicht erwähnt werden können, weil es nicht um die Haltbarkeit von gespeicherten Daten geht, sondern um ihren Schutz vor unbefugtem Zugriff. Bei dem Grundbuch ist aber gerade auch die Haltbarkeit ein wesentlicher Gesichtspunkt.[4] **20**

Es ist somit davon auszugehen, dass unter »Grundsätzen der ordnungsgemäßen Datenverarbeitung« der jeweils aktuelle Stand des Wissens und der Kenntnisse zu verstehen sind, wie sie theoretisch (zB in der wissenschaftlichen Informatik) und praktisch (zB bei vergleichbaren Anwendungen in Wirtschaft und Verwaltung) vorhanden sind. Insofern ist der Begriff **dynamisch**; er kann sich entsprechend dem Fortschritt von Wissenschaft und Technik ändern. Dementsprechend enthält er nicht eine konkrete Festschreibung konkreter Technologien, die zum Zeitpunkt des Inkrafttretens des RegVBG den Stand der Technik repräsentiert haben. Umgekehrt erfordert die technische Weiterentwicklung zB der Speichertechnologien nicht das Tätigwerden des Gesetzgebers. Die Länder haben über diesen im Gesetz verwendeten unbestimmten Rechtsbegriff die Verpflichtung, die von ihnen entwickelten Programme für das maschinell geführte Grundbuch der allgemeinen technischen Entwicklung anzupassen, soweit dies notwendig ist, um die Führung des Grundbuchs verlässlich und sicher zu gestalten. Zur ordnungsgemäßen Datenverarbeitung kann auch gehören, dass für die Geräte und die Programme **Wartungs- und Pflegeverträge** abgeschlossen werden. **21**

3. Vorkehrungen gegen Datenverlust

Hier ist zu unterscheiden, in welchem Stadium des Verfahrens sich die Daten befinden. **22**

a) Bei Daten, die gemäß § 129 bereits wirksam im Grundbuch **eingetragen** sind, muss ein **Datenverlust** völlig ausgeschlossen sein. Dies folgt aus den §§ 891, 892 BGB. Für den Rechtsverkehr wäre es untragbar, wenn Grundbucheintragungen, die wirksam erfolgt sind, plötzlich nicht mehr vorhanden oder nicht mehr auffindbar wären oder verfälscht wiedergegeben würden. Das Programmsystem muss deshalb derartige Fälle mit Sicherheit ausschließen. **23**

b) Liegt diese Sicherheit nicht vor, darf die Landesjustizverwaltung das Verfahren nach § 64 GBV nicht freigeben und einführen. Tut sie es – zB in Unkenntnis eines verborgenen Programmmangels – trotzdem, so bedeutet das allerdings nicht, dass die Einführung des maschinell geführten Grundbuchs unwirksam ist. Die Fälle des Datenverlustes sind dann vielmehr in entsprechender Anwendung der Bestimmungen des § 141 in Verbindung mit § 134 Nr 1 zu behandeln, die verloren gegangenen Daten sind entsprechend diesen Regelungen zu rekonstruieren (vgl § 134 Rdn 4). Diskutiert wurde auch, wie der – allerdings trotz weit fortgeschrittener Anlegung in einigen Ländern bisher nicht aufgetretene – Fall eines Datenverlustes oder auch einer Datenverfälschung, sei es bei der Abspeicherung oder auch bei der Wiedergabe, in haftungsrechtlicher Sicht zu behandeln ist, wenn ein Verschulden gem § 839 BGB iV mit Art 34 GG nicht vorliegt, sondern der Schaden durch einen nicht vorhersehbaren technischen Mangel verursacht wird. Zutreffend dürfte sein, dass die einzige rechtsstaatliche Lösung in der Annahme einer **Gefährdungshaftung** des Staates liegen dürfte.[5] **24**

c) Daten, die **noch nicht** wirksam im Grundbuch eingetragen sind: Hierzu gehören Grundbucheintragungen, die der zuständige Grundbuchbeamte bereits an seinem Arbeitsplatz eingegeben hat und die durch einen Mangel des EDV-Systems verloren gegangen sind. Denkbar sind ferner Eintragungen, die vom Arbeitsplatz des Grundbuchbeamten an den für die Grundbucheintragungen bestimmten Speicher (§ 128) übertragen **25**

---

4 Vgl auch BT-Drucksache 12/5553 vom 12.08.1993 S 77.
5 *Bauer/von Oefele-Waldner* Vor § 126 Rn 13; vgl auch *Geiger-Göttlinger-Kobes* Rpfleger 1973, 193, 194.

wurden und die auf der Datenleitung oder im Rechner des Grundbuchspeichers vor der wirksamen Abspeicherung verloren gingen. Auch diese technischen Prozeduren sollen natürlich sicher und zuverlässig ablaufen. Da wirksame Eintragungen hier aber noch nicht vorliegen, sind rechtliche Außenwirkungen insoweit nicht gegeben. Nähere Regelungen hierzu enthält § 66 Abs 1 GBV.

4. Organisatorische Maßnahmen gegen Datenverlust

26 Die Vorkehrungen sind zunächst rein **räumlich-organisatorisch** zu sehen. Die Datenverarbeitungsanlage, die Speichergeräte und die Terminals müssen so untergebracht sein, dass die Geräte ordnungsgemäß funktionieren. Ferner muss verhindert werden, dass unbefugte Personen **Zugang** zu den Geräten oder den gespeicherten Daten erhalten oder diese verändern.

27 Zu beachten ist in diesem Zusammenhang insbesondere § 65 GBV.

5. Tagesaktuelle Kopien der Datenbestände

28 Abs 1 Nr 1 ordnet an, dass die erforderlichen **Kopien der Datenstände** mindestens tagesaktuell zu halten sind.

In Ausführung dieser Bestimmung regelt § 66 Abs 2 GBO, dass das Grundbuchamt **mindestens eine** vollständige Sicherungskopie aller maschinell geführten Grundbuchblätter aufzubewahren hat.

Anstelle des Grundbuchamts trifft diese Verpflichtung im Falle des § 126 Abs 3 die Stelle, die im Auftrag des Grundbuchamts die Datenverarbeitung vornimmt.

29 »Tagesaktuell« bedeutet gemäß § 66 Abs 2 S 2 GBV, dass diese Kopie den Stand vom Ende des Arbeitstages enthalten muss. Das bedeutet, dass die Sicherungskopie den Grundbuchstand wiedergeben muss, der am Ende eines Arbeitstages durch wirksame Eintragungen gemäß § 129 erreicht ist.

30 Die Forderung nach »Tagesaktualität« ist eine Mindestforderung. Zulässig sind selbstverständlich auch technische Verfahren, durch die ein höherer Grad an Aktualität erreicht wird. Denkbar sind Prozeduren, bei denen etwa mehrmals am Tag Sicherungskopien hergestellt werden bis hin zur zeitlich parallelen Führung von Sicherungskopien mit dem Originaldatenbestand.[6]

31 Es kann in Zukunft auch so sein, dass die Anfertigung von Sicherheitskopien nicht mehr dem Stand der Technik entspricht. Wenn es einfachere Möglichkeiten mit demselben Effekt oder gar bessere Sicherungsmöglichkeiten gibt, so können und, wenn sie üblich geworden sind, müssen diese eingesetzt werden (vgl Rdn 21). Durch moderne Speichertechnologie mit verteilten Systemen kann mittlerweile eine den Anforderungen entsprechende sichere Speicherredundanz gewährleistet werden.

6. Sichere Aufbewahrung

32 Die Originaldatenbestände und die Sicherungskopien müssen **sicher aufbewahrt** werden. Sichere Aufbewahrung bedeutet, dass die Kopien auch bei auftretenden schädlichen äußeren Einflüssen lesbar bleiben und zur Rekonstruktion des Datenbestandes herangezogen werden können.

33 Aus § 66 Abs 3 GBV ergibt sich hierzu, dass die Sicherungskopien **getrennt** vom Originaldatenbestand des maschinell geführten Grundbuchs aufzubewahren sind. In der Praxis wird das bedeuten, dass mindestens eine Sicherungskopie am Ende des Tages getrennt von den Originaldatenträgern des maschinell geführten Grundbuchs aufzubewahren ist. Es dürfte sich empfehlen, diesen Datenträger an einem anderen Ort als die Originaldatenträger zu verwahren. Praktische Bedeutung hat die getrennte Unterbringung der Sicherungsdatenträger im Sommer 2002 in Sachsen erlangt, als das sächsische Grundbuchrechenzentrum überflutet und die Hardware zerstört wurde; mit Hilfe der Sicherungsdatenträger konnte innerhalb kurzer Zeit der Grundbuchbetrieb landesweit wieder aufgenommen werden und damit eine höhere Sicherheit und Verfügbarkeit der Grundbuchdaten gewährleistet werden, als bei vergleichbaren Naturkatastrophen mit Schädigung des Papiergrundbuchbestandes (zB Oderhochwasser 1997 in Polen).

34 In der Praxis wird es sich empfehlen, **mehr als einen** Sicherungsdatenträger herzustellen und diese an weiteren getrennten Orten aufzubewahren. Für die weiteren Datenträger besteht nicht die Verpflichtung der tagesaktuellen Führung. So ist zB vorstellbar, dass neben dem tagesaktuellen Sicherungsdatenträger ein oder zweimal wöchentlich ein weiterer Sicherungsdatenträger mit dem Datenbestand hergestellt und an einem weiteren getrennten Ort aufbewahrt wird.

35 Für die **Art der Aufbewahrung** ist zu verlangen, dass diese Aufbewahrung so erfolgt, dass schädliche äußere Einflüsse ohne Einwirkung auf die gespeicherten Daten bleiben (vgl § 65 Abs 1 S 1 GBV). Zu diesen schädli-

---

6 so auch *Demharter*, § 126 Rn 9.

chen Einwirkungen können zB Witterungseinflüsse und Hochwasserkatastrophen gehören; insbesondere dürften in der Praxis aber auch Brandfälle und Explosionen (zB durch zum Zwecke der Sabotage zur Explosion gebrachte Sprengkörper) hierher gehören. Diesen Gefahren kann im Normalfall begegnet werden, wenn entsprechend sichere, wasser- und feuerfeste Tresore für die Aufbewahrung verwendet werden. Zu verlangen ist, dass die Tresore mindestens eine Brandzeit von einigen Stunden ohne Beschädigung der Datenträger überstehen.

Auch die Räume selbst, in denen sowohl die Datenverarbeitungsanlage als auch die Originaldatenträger betrieben bzw aufbewahrt werden, müssen den Anforderungen des Zugangs- und Brandschutzes genügen sowie schädliche Immissionen verhindern. **36**

Im Hinblick auf die seit dem 11. September 2001 ins Bewusstsein getretene Möglichkeit massiver terroristischer Anschläge liegt die große Bedeutung der räumlich getrennten Aufbewahrung der Sicherungsdatenträger auf der Hand. Andererseits wird vernünftigerweise unter dem Begriff der »sicheren Aufbewahrung« nicht verstanden werden können, dass der Aufbewahrungsort gegen jeden denkbaren terroristischen Angriff geschützt sein muss. **37**

IV. Datenspeicher

1. Grundsatz

Der entscheidende Unterschied gegenüber dem herkömmlichen Grundbuch liegt beim maschinell geführten Grundbuch darin, dass die einzugebenden Daten auf einem **Datenträger** gespeichert werden, von dem sie nicht ohne technische Hilfsmittel in lesbarer Form wiedergegeben werden können. Es muss daher sichergestellt werden, dass in dem vorgesehenen Verfahren die alsbaldige Speicherung und die dauernde Wiedergabemöglichkeit in lesbarer Form gewährleistet ist. Darüber hinaus müssen die Daten selbstverständlich inhaltlich unverändert wiedergegeben werden. **38**

2. Alsbaldige Abspeicherung

Abs 1 Nr 2 verlangt, dass der **Zeitraum** zwischen der Eingabe der Eintragung durch den Grundbuchbeamten und der Aufnahme in den Datenspeicher kurz gehalten wird. **39**

Denkbar ist zum Beispiel, dass die eingegebenen Daten angesammelt und jeweils am Ende eines Arbeitstages in den Datenspeicher aufgenommen werden. Wünschenswert ist, dass die Eintragungen nach dem Abschluss möglichst rasch in den Grundbuchdatenspeicher übertragen und dort aufgenommen werden.

Es bleibt letztlich der System- und Programmentscheidung durch die Landesjustizverwaltungen überlassen, zu welchem Zeitpunkt die endgültige Speicherung erfolgt.

Auch wenn aus organisatorischen Gründen erst am Abend, an dem der Rechtspfleger den Abspeicherungsbefehl erteilt hat, die Eintragung in den Grundbuchspeicher aufgenommen und damit wirksam gemacht wird, so soll doch auch die Möglichkeit geschaffen werden, dass der Rechtspfleger bei besonders dringlichen Eintragungen eine sofortige Abspeicherung herbeiführen kann. Der Gesetzgeber hat ausdrücklich davon abgesehen, die »jederzeitige« Eintragungsmöglichkeit zu verlangen. Jedoch geht die Vorschrift davon aus, dass die Abspeicherung jedenfalls in der beschriebenen Weise erfolgen kann und dass das Grundbuchamt bei der Vornahme von Eintragungen in das Grundbuch nicht in anderer Weise – etwa weil das Rechenzentrum zeitweise ausschließlich für andere Zwecke benutzt wird – wesentlich beschränkt wird. Dies entspricht dem Arbeitsablauf beim papiernen Grundbuch. Hier verfügt der Rechtspfleger die Eintragung. Diese Verfügung wird dann durch die Eintragungskraft ausgeführt.[7] **40**

Bei dem maschinell geführten Grundbuch sollen die Eintragungen am Bildschirm erfolgen und dann nicht nur auf einen Arbeitsspeicher genommen, sondern **alsbald** in den für die Speicherung der Grundbucheintragungen vorgesehenen Speicher eingetragen werden. **41**

Nicht hinnehmbar und mit der Vorschrift des § 126 Abs 1 Nr 2 in Widerspruch stehend wird eine Programmgestaltung sein, bei der zwischen der Eingabe der Eintragungen und der Aufnahme in den Datenspeicher regelmäßig mehrere Arbeitstage verstreichen. **42**

3. Inhaltliche Unveränderbarkeit

Verlangt wird, dass die Grundbucheintragungen dauerhaft in einem Datenspeicher **ohne** jede **inhaltliche Veränderung** aufbewahrt werden können. Die derzeit bekannten Techniken stellen hierfür verschiedene Möglichkeiten zur Verfügung (vgl Rdn 9). **43**

---

7 Vgl auch BT-Drucksache 12/5553 vom 12.08.1993 S 78.

44 a) Speicherung auf magnetisierbaren Datenträgern: Bei dieser Speicherung werden magnetisierbare Datenträger (in der Regel Magnetplatten; jedoch auch Magnetbänder) mit entsprechenden Codierungen versehen. Bei magnetisierbaren Datenträgern können die Magnetisierungszustände physikalisch grundsätzlich verändert werden. Moderne Storagesysteme auf der Basis komplexer Plattenspeichersysteme sind jedoch in der Lage, die Eintragungen auf dem Datenträger so vorzunehmen, dass eine inhaltliche Veränderung ausgeschlossen ist. Solche dem Stand der Technik entsprechenden Systeme werden heute weitgehend auch für die Speicherung von Grundbuchdaten verwendet.

45 b) Speicherung auf Datenträgern, die nicht mehr verändert werden können: Die Speichertechnologie kennt ferner Datenträger, bei denen die Daten nicht in magnetisierter Form, sondern in anderer Weise, etwa durch Einbrennen der codierten Zeichen oder Zustände mittels Laserstrahlen, angebracht werden. Das Merkmal hierbei ist die physikalische Unveränderbarkeit der Daten. Derartige Datenträger wurden zu Beginn der maschinellen Grundbuchführung im Verfahren SOLUM-STAR (Vor § 126 Rdn 30) verwendet und befinden sich teilweise heute noch im Einsatz. Sie werden mittlerweile zunehmend durch moderne Storagesysteme abgelöst (vgl Rdn 44).

46 c) Gleichwohl muss auch bei der Verwendung unveränderlicher Datenträger durch das Betriebssystem gewährleistet werden, dass die Daten richtig und auffindbar abgelegt werden. Die Verwendung einer bestimmten Technik (etwa der sog. WORM-Platten, s Rdn 9) wird aber durch die Forderung der inhaltlichen Unveränderbarkeit nicht postuliert (s Rdn 21).

47 c) Gegen eine Umschichtung der Grundbuchdaten im Speichersystem ist dagegen nichts einzuwenden, sofern gewährleistet ist, dass die Wiedergabe mit der Eingabe inhaltlich übereinstimmt. Hierbei handelt es sich im Wesentlichen um organisationstechnische Gesichtspunkte der Datentechnik und Datensicherung, deren ordnungsgemäße Voraussetzungen von den Ländern im Rahmen ihrer Organisationsbefugnis geschaffen werden müssen.

4. Wiedergabefähigkeit

48 Ausdrücklich verlangt wird die **Wiedergabefähigkeit** in lesbarer Form. Die Abspeicherung von Daten erfolgt in der Informationstechnik stets in codierter Form, nie in analoger Form wie etwa beim Mikrofilm (vgl dazu auch Rdn 8). Das bedeutet, dass ein unmittelbares Lesen, selbst wenn dies physikalisch möglich wäre (was nicht der Fall ist), ausscheidet. Die gespeicherten Daten müssen vielmehr aus der codierten Form mit Hilfe entsprechend zuverlässiger Programme (vgl § 64 Abs 2 Nr 7 GBV) in lesbare Schriftzeichen umgewandelt werden. Die Wiedergabe der Schriftzeichen erfolgt dann auf einem Bildschirm (§§ 79, 80 S 1 1. Hs GBV), auf einem Ausdruck (§ 78 GBV) oder einem Abdruck (§ 80 S 1 2. Hs GBV).

5. Art der Speicherung

49 IdR erfolgt die **Speicherung** durch Ablage von Schriftzeichen (Buchstaben, Ziffern, Sonderzeichen) in Form eines Codes. Eine andere Frage ist die **Struktur der Abspeicherung**: Grundbuchdaten können in einer **Datenbank** (also als in einer bestimmten Struktur organisierte Datenbestände) abgespeichert werden oder in einem nach einem Ordnungskriterium aufgebauten **Dateisystem.** Die Nutzung einer Datenbankstruktur setzt zwingend die zeichenweise Abspeicherung voraus. Die Daten werden dabei in einer festzulegenden Struktur (dem Datenbankmodell), zu der auch die Definition der Zugriffspfade gehört, abgelegt.

50 Der Vorteil einer Speicherung in Datenbankform könnte darin liegen, dass die Suche nach bestimmten Datenelementen aus der Datenbank selbst, also **ohne die Hilfsverzeichnisse** nach Abs 2 bzw § 12a, möglich wäre. Allerdings gelten für die Art und Weise der Suchstrategien die Vorschriften des § 12a und des Abs 2, die nicht überschritten werden dürfen, auch wenn dies technisch möglich wäre. Zu den Zielen des von allen Ländern der Bundesrepublik Deutschland betriebenen Projekts zur Neuentwicklung eines Datenbankgrundbuchs vgl Vor § 126 Rdn 56 ff.

51 Bei dieser Art der strukturierten Speicherung wäre auch eine **Auswertung** der gespeicherten Daten durch spezielle Programme möglich. Hier stellt sich jedoch die Frage, inwieweit eine **systematische Auswertung** des Datenbestandes mit Sinn und Zweck des Grundbuchs vereinbar wäre. Denkbar – und für Aufgaben der Exekutive bzw zur Vorbereitung legislativer Maßnahmen auch wünschenswert – könnte eine Auswertung der Grundbuchdaten durchaus sein. Gedacht könnte an die Ermittlung von Zahl und örtlicher Verteilung bestimmter eingetragener Rechte (Beispiel: Ermittlung der Zahl der eingetragenen Rentenschulden nach § 1199 BGB, falls der Gesetzgeber plant, die Rentenschuld abzuschaffen). Mit der eigentlichen Aufgabe des Grundbuchs als Mittel zur Sicherung und Verlautbarung von Rechten an Grundstücken dürften derartige Auswertungen kaum etwas zu tun haben. Denkbar wäre jedoch, derartige Auswertungen als **Einsicht im Verwaltungswege** gem § 12 Abs 3 zu betrachten, die durch die Landesjustizverwaltung gestattet werden kann (vgl § 12 Rdn 61 ff). Zu fordern wäre dabei jedenfalls, dass derartige Auswertungen nur in anonymisierter Form erfolgen. Ein weiterer Vorteil einer strukturierten Speicherung könnte künftig auch darin liegen, dass für die äußere Form des Grundbuchs mehr und vielfältigere Möglichkeiten bestehen (s Rdn 17; § 61 GBV Rdn 3).

Die Anlegung des maschinell geführten Grundbuchs ist gemäß § 70 GBV aber auch durch **Umstellung** zulässig. Umstellung bedeutet, dass der Inhalt des bisherigen Grundbuchblattes als solcher – ohne Umschreibung (§ 68 GBV) oder Neufassung (§ 69 GBV) in den Datenspeicher durch sog Scannen (vgl § 70 GBV Rdn 4) eingebracht wird. Bei dieser Vorgehensweise werden **nicht Zeichen** abgespeichert, sondern lediglich Farbwerte (Grauwerte), die das Grundbuchblatt wie ein Bild oder eine Grafik wiedergeben (sog Pixel). Auch diese Form der Speicherung ist zulässig. Allerdings kann bei dieser Form der Speicherung die strukturierte Ablage in Datenbankform (vgl Rdn 49) nicht, jedenfalls nicht ohne weiteres, erfolgen. Da fast alle Länder die Anlegung des maschinell geführten Grundbuchs durch Umstellung, also durch Scannen, durchführen, erfolgt dort die Speicherung in einfacher Dateistruktur (Zugriff über die Nr des Grundbuchblatts), wobei jede Abteilung des Grundbuchs eine Datei darstellt und unter diesem Ordnungsbegriff dann die Pixeldaten gespeichert werden. Nur vereinzelt erfolgte die Anlegung durch **Neufassung**. Dies gilt insbes in Sachsen, wo die Anlegung des maschinellen Grundbuchs bereits abgeschlossen ist (vgl Vor § 126 Rdn 30); dort ist der Datenbestand vollständig im Wege der Neufassung eingegeben und demzufolge durch Ablage von Zeichen abgespeichert worden, allerdings in der wegen der Zusammenarbeit mit anderen Ländern übernommenen einfachen Dateistruktur. Auch in Mecklenburg-Vorpommern wird das maschinell geführte Grundbuch im Wesentlichen im Weg der Neufassung angelegt, da dort strukturierte Daten erzeugt und in einer Datenbank abgelegt werden (§ 69 GBV Rdn 6 f).

Der Vorteil der zeichenweisen Abspeicherung, sei es in Datenbankstruktur oder einfacher Dateistruktur/Textstruktur liegt auch darin, dass dabei deutlich kleinere Datenmengen abzulegen und – beim Auskunftsverfahren – auch zu übertragen sind, so dass der Bedarf an **Übertragungszeit** dabei wesentlich **geringer** ist.[8] Ein Vorteil könnte auch darin bestehen, dass übertragene Daten einfach und fehlerfrei in notarielle Urkunden kopiert werden könnten.[9] Für die Speicherung selbst ergeben sich aus der bei der Speicherung von Grafikdaten benötigten größeren Speicherkapazität allerdings keine Probleme, da leistungsfähige Speichermedien zur Verfügung stehen.

6. Einhaltung von Standards

Grundbuchdaten sind für den Rechtsverkehr von entscheidender Bedeutung. Aus diesem Grunde verpflichtet Nr 3 zur Einhaltung der Standards, die in der Anlage zu § 9 S 1 BDSG aufgeführt sind. Auf die Vorschrift des § 9 BDSG selbst wird **nicht** Bezug genommen, da dies sonst im Ergebnis dazu führen würde, dass die Vorschriften des BDSG bei der Automation des Grundbuchs eingehalten werden müssten. Dies ist aber nicht gewollt, da die Vorschriften des BDSG auf die Besonderheiten des Grundbuchs als Teil eines öffentlichen Registers nicht zugeschnitten sind.[10] Die Anlage zu § 9 BDSG wurde deshalb als Anlage zu § 126 übernommen. Diese Intention des Gesetzgebers wird gelegentlich verkannt.[11] Tatsächlich wurde die Anlage zu § 9 BDSG zwischenzeitlich neu gefasst,[12] während die Anlage zu Abs 1 S 2 Nr 3 **unverändert** blieb.

Danach sind geeignete Vorkehrungen gegen einen **unbefugten Zugriff**, insbesondere gegen eine unbefugte Einsicht und Veränderung der Daten des Grundbuchs, zu treffen. Die Anlage nennt hierbei die Zugangs-, Datenträger-, Speicher-, Benutzer-, Übermittlungs-, Eingabe-, Auftrags-, Transport- und die Organisationskontrolle. Es sind insbesondere Vorkehrungen gegen so genannte »Hacker«, aber auch dagegen zu treffen, dass etwa durch die Weitergabe von Codenummern Personen die Einsicht in das Grundbuch ermöglicht wird, die nach § 12 keine Einsichtsbefugnis haben. Hierbei ist auch an Chiffriertechniken zu denken, die einen Zugriff verhindern oder erschweren können. Unbefugt ist nicht nur derjenige, der kein berechtigtes Interesse an der Einsicht in die Daten hat. Unbefugt ist vielmehr auch derjenige Bedienstete, der nach der Arbeitsverteilung im Amtsgericht nicht für Grundbuchangelegenheiten zuständig ist.

Diese Standards sind in der Anlage zu § 126 Abs 1 S 2 Nr 3 aufgeführt.

52

53

54

55

---

8 Die früher gelegentlich beklagten längeren Übertragungszeiten bei gescannten Daten sind durch die heutigen Übertragungstechniken deutlich zurückgegangen.
9 *Bülow-Gottwald* MittBayNot 1999, 363.
10 Vgl auch BT-Drucksache 12/5553 vom 12.08.1993 S 78.
11 So *Bauer/von Oefele-Waldner* der eine Verweisung auf das BDSG für zweckmäßiger hält, Vor § 126 Rn 15.
12 Ges zur Änderung des BDSG und anderer Gesetze vom 18.05.2001 Art 1 Nr 51, BGBl I, 904.

V. Verzeichnisse zum Auffinden und für die Führung des Grundbuchs

1. Grundsatz

56 Für die Führung des Papiergrundbuchs werden seit jeher in vielen Fällen **Verzeichnisse** der **Eigentümer** und der **Grundstücke** sowie andere Verzeichnisse geführt, mit denen die richtigen Grundbuchblätter für die Behandlung von Anträgen ausfindig gemacht werden können. In § 12a S 1 ist jetzt eine ausreichende Rechtsgrundlage für die Einrichtung dieser Verzeichnisse geschaffen worden. Die Verzeichnisse sind auch für das maschinelle Grundbuch notwendig. Um Missverständnisse über die Zulässigkeit derartiger Verzeichnisse und ihre Führung in maschineller Form auch in diesem Bereich zu vermeiden, enthält Abs 2 eine entsprechende Ermächtigung. Sie ist bewusst allgemein gehalten, da es auch Such- und ähnliche Dateien geben kann, die gerade und nur für das maschinelle Grundbuch zweckmäßig sein können.

57 Die Regelungen, die der Gesetzgeber für den Zugriff auf die Grundbuchdaten mit Hilfe der Verzeichnisse erlassen hat, gelten nicht nur für die Verzeichnisse als solche. Wird das maschinelle Grundbuch als Datenbank geführt (s Rdn 49, 50), so wären rein technisch besondere Verzeichnisse nicht notwendig, da die in § 12a und § 126 Abs 2 bezeichneten Funktionen durch das Datenbanksystem selbst erfüllt werden können. Gleichwohl sind an die Funktionalität »Suchverzeichnis« bzw »sonstiges für die Führung des Grundbuchs notwendiges Verzeichnis« die gleichen Anforderungen zu stellen, wie sie bei besonderen Verzeichnissen der Fall ist. Vor allem enthalten § 12a und § 126 Abs 2 Beschränkungen. Nicht alles, was technisch machbar ist, darf auch realisiert werden. Fraglich erscheine etwa die Zulässigkeit von Abfragemöglichkeiten nach Berechtigten von Grundpfandrechten, nach Notaren, die die Eintragungsbewilligung beurkundet haben und Ähnliches. § 12a u Abs 2 legen somit fest, wie der **Zugriff auf das Grundbuch** auch dann zu erfolgen hat, wenn die technische Struktur des Grundbuchs, insbesondere die Speicherung in Datenbankform so gestaltet wird, dass Verzeichnisse an sich nicht mehr notwendig wären. Der Zugriff auf die Grundbuchdaten soll nur über die in § 12a und die in Abs 2 S 2 festgelegten »Pfade«, insb über die Begriffe »Eigentümer« und »Grundstück« zulässig sein. Zur darüber hinausgehenden Auswertung der Daten im geltenden Recht vgl Rdn 51.

58 Das Grundbuchamt wird in Abs 2 S 2 ermächtigt, sich dazu auch der Verzeichnisse zu bedienen, die von der für die Führung des **Liegenschaftskatasters** zuständigen Behörde geführt werden. Die gleiche Ermächtigung gilt umgekehrt für diese Stelle. Hiermit soll vermieden werden, dass in beiden Behörden die gleichen Verzeichnisse bzw inhaltlich übereinstimmende Verzeichnisse geführt werden und so überflüssiger Verwaltungsaufwand betrieben wird.

2. Ergänzung der Regelungen des § 12a

59 § 126 Abs 2 ergänzt die Bestimmung des § 12a, die die Führung bestimmter Verzeichnisse auch schon beim nicht maschinell geführten Grundbuch zulässt, und zwar auch dort schon in maschineller Form (vgl § 12a Rdn 16 bis 18).

60 Die Einrichtung dieser Verzeichnisse beim maschinell geführten Grundbuch fällt unter die Regelungsbefugnis der Landesregierungen gemäß Abs 1 S 1, die sich in den Leitlinien (Vor § 126 Rdn 63) hierzu selbst Beschränkungen auferlegt haben (vgl Nr 4.2.1 der Leitlinien).

3. Verzeichnis der Eigentümer

61 Es handelt sich um ein Verzeichnis, das das Auffinden der Grundbuchstelle (Grundbuchblatt) mit Hilfe von Angaben über die in der ersten Abteilung eingetragenen **Eigentümer** ermöglicht. Der Umfang der Angaben kann von der Landesjustizverwaltung bestimmt werden. Die Befugnis hierzu ergibt sich ebenfalls aus Abs 1 S 1. Wegen des Inhalts vgl § 12a Rdn 6.

62 Eingesehen werden kann das Eigentümerverzeichnis gemäß § 12a Abs 1 S 3 vor allem, wenn es zum Auffinden des Grundbuchblatts (also zur Ermittlung der Grundbuchblattnummer) benötigt wird. Auch der Antrag auf Erteilung einer Grundbuchabschrift kann Grund für die Einsicht in das Verzeichnis sein. Voraussetzung ist immer, dass das berechtigte Interesse gemäß § 12 vorhanden ist bzw dargelegt wird.

4. Einsicht in die Verzeichnisse anstelle des Grundbuchs

63 Die Einsicht in das Verzeichnis ist auch – unter der Voraussetzung des § 12 – zulässig, wenn dadurch die Einsicht in das Grundbuch selbst entbehrlich wird. Das kann zB der Fall sein, wenn ein Einsichtnehmer lediglich den Eigentümer eines bestimmten Grundstücks feststellen will und mit der Auskunft aus dem Eigentümerverzeichnis zufrieden ist; das Risiko einer möglicherweise nicht richtigen Eintragung im Verzeichnis trägt dann er selbst (vgl Rdn 73).

5. Einsicht beim Grundbuchamt und im automatisierten Abrufverfahren

Das Eigentümerverzeichnis kann bei der **Einsicht** des Grundbuchs gemäß § 79 GBV benutzt werden. Es kann aber auch beim **automatisierten Abrufverfahren** gemäß § 133 und § 82 GBV benutzt werden.   **64**

Aus der Natur des **eingeschränkten Abrufverfahrens** gemäß § 82 Abs 2 GBV ist abzuleiten, dass hier auch die Benutzung des Eigentümerverzeichnisses eingeschränkt sein wird. Das bedeutet, dass auch hier gemäß § 82 Abs 2 S 1 GBV die **Art des Abrufs** (gemeint ist die Darlegung des berechtigten Interesses in codierter Form, vgl § 82 GBV, Rdn 25 bis 27) eingegeben werden muss.   **65**

Um unzulässige Ausforschungen über die Verhältnisse bestimmter Eigentümer zu verhindern, kann die Landesjustizverwaltung gemäß Abs 1 **einschränkende Regelungen** erlassen. Sie kann zB anordnen, dass das Abrufverfahren nur dann zu einer Datenausgabe führt, wenn nur die Grundbuchblätter einer bestimmten Person oder auch nur ein Grundbuchblatt einer bestimmten Person ermittelt werden. Von Bedeutung kann dies zB bei häufig vorkommenden Namen sein (Müller, Schulze), aber auch bei Eigentümern, die auf mehreren Grundbuchblättern eingetragen sind.   **66**

6. Räumliche Begrenzungen

Der **räumliche Bereich**, innerhalb dessen unter einem Eigentümernamen gesucht werden darf, kann an sich festgelegt werden (zB innerhalb eines Grundbuchbezirks, innerhalb einer Gemeinde). Die obere Grenze der Suchmöglichkeiten bildet der **Amtsgerichtsbezirk**. Dies ergibt sich aus § 12a Abs 1, der festlegt, dass die »Grundbuchämter« derartige Verzeichnisse führen dürfen. Das Eigentümerverzeichnis darf somit nicht über den Bezirk eines Grundbuchamts hinausgehen. Auch wenn die Grundbücher mehrerer Grundbuchämter (zB eines Landes) gemäß Abs 3 in einer Zentrale gespeichert werden, darf die Möglichkeit der Suche unter dem Eigentümernamen doch nie über den Amtsgerichtsbezirk hinausgehen. Auch auf diese Weise soll ein Schutz vor Ausforschung erreicht werden. Allerdings kann die Suche mehrmals für verschiedene Amtsgerichtsbezirke gestartet werden (jedoch mit Protokollierung – vgl § 133 Rdn 69 ff).   **67**

7. Verzeichnis der Grundstücke

Auch dieses Verzeichnis dient dem Auffinden der Grundbuchstelle, wenn die Nummer des Grundbuchblatts nicht bekannt ist.   **68**

Die »**Grundstücke**« können in diesem Verzeichnis wie folgt bezeichnet sein:
a) Katastertechnische Bezeichnung des Grundstücks (Gemarkung, ggf Flur, **Flurstücksnummer**);
b) **Lagebezeichnung** des Grundstücks (insbesondere praktikabel, wenn die Lagebezeichnung in Gemeinde, Straße, Hausnummer besteht). (Vgl dazu auch § 12a Rdn 9 und 10).

8. Weitere, für die Führung des Grundbuchs in maschineller Form erforderliche Verzeichnisse

Gegenüber § 12a Abs 1 könnte hier ein Unterschied in der Befugnis zur Führung derartiger Verzeichnisse vermutet werden. § 12a Abs 1 (vgl dort Rdn 11 bis 14) sieht vor, dass weitere für die Führung des Grundbuchs erforderliche Verzeichnisse in maschineller Form geführt werden dürfen. Abs 2 regelt, dass weitere, für die Führung des Grundbuchs in **maschineller Form** erforderliche Verzeichnisse geführt werden dürfen. Gemeint ist hier, dass selbstverständlich alle Verzeichnisse, die nach § 12a Abs 1 für die Grundbuchführung notwendig sind, auch beim maschinell geführten Grundbuch geführt werden dürfen.   **69**

Zusätzlich dürfen aber beim maschinell geführten Grundbuch **weitere Verzeichnisse** angelegt werden, wenn ihre Führung aus der Eigenart der elektronischen Grundbuchführung herrührt.   **70**

Bekannt geworden ist bisher ein »**Verzeichnis der unerledigten Eintragungsanträge**«, das auch noch weitere, systemmäßig bedingte Funktionen umfassen kann (zB Übertragung des Grundbuchblattes an den Rechner des Grundbuchamts für die Bearbeitung des Eintragungsantrags). Dieses Verzeichnis ermöglicht die Feststellung, ob für bestimmte Grundbuchblätter noch nicht erledigte Eintragungsanträge vorliegen. Auskünfte über das Vorliegen noch nicht erledigter Eintragungsanträge können gemäß § 12 Abs 1 S 2 von jedem verlangt werden, der berechtigt ist, das Grundbuch einzusehen. Es erleichtert aber die Benutzung des Grundbuchs vor allem beim automatisierten Abrufverfahren, wenn die Auskünfte über unerledigte Eintragungsanträge ebenfalls durch Einsicht über Datenleitung an einem Bildschirmgerät erfolgen können, ohne dass sich der Auskunftsbegehrende an das Grundbuchamt wenden muss.[13] Weitere Verzeichnisse sollen nicht geführt werden, vgl Leitlinien Anhang zu Vorbem zu §§ 126–134, Nr 4.2.1.   **71**

---

13 *Oberseider* MittBayNot 1997, 88, 89 zur »Markentabelle«, wie im System SOLUM-STAR das Verzeichnis der unerledigten Anträge genannt wird.

72 § 12a iVm § 133 Abs 1 Nr 1 lässt zu, dass Gerichte, Behörden und Notare dieses Verzeichnis auch im Wege des automatisierten Abrufverfahrens einsehen dürfen.

9. Keine Verpflichtung zur Führung nach dem neuesten Stand

73 Auch beim maschinell geführten Grundbuch ist das Grundbuchamt **nicht** verpflichtet, die Verzeichnisse auf dem neuesten Stand zu halten; eine **Haftung** bei unrichtigem Inhalt der Verzeichnisse wird **ausgeschlossen** (§ 12a Abs 1 S 2; vgl dort Rdn 19, 20), anders wohl bei vorsätzlich falscher Führung[14]. Maßgebend war hierfür die Überlegung, dass die Verzeichnisse für alle Benutzer des Grundbuchs eine wesentliche Erleichterung darstellen. Andererseits wollte der Gesetzgeber aber vermeiden, dass die Grundbuchämter mit unangemessen hohem Arbeitsaufwand für die Aktualisierung belastet werden. Wird das Grundbuch als Datenbank geführt, entfällt eine gesonderte Aktualisierung der »Zugriffspfade«, da diese immer aus dem Originaldatenbestand generiert werden und mit dem Grundbuch übereinstimmen (Rdn 49, 50).

Vor allem wegen der zulässigen Benutzung des Liegenschaftskatasters als Verzeichnis gemäß § 12a Abs 1 muss vermieden werden, dass das Grundbuchamt für Tätigkeiten anderer Stellen, auf die es im Einzelnen keinen Einfluss nehmen kann, in Anspruch genommen wird.

10. Nutzung des Liegenschaftskatasters als Verzeichnis

74 § 12a Abs 2 lässt zu, dass das **Liegenschaftskataster** auch als Verzeichnis gemäß § 12a Abs 1 verwendet wird. § 126 Abs 2 S 2 meint das Gleiche, lässt aber darüber hinaus auch den gegenseitigen Datenverbund zwischen dem Grundbuchamt und der für die Führung des Liegenschaftskatasters zuständigen Behörde zu. Das Liegenschaftskataster umfasst aus seiner Natur heraus das Verzeichnis der **Grundstücke** mit dem in Rdn 68 beschriebenen Umfang.

75 Die Katastergesetze aller Länder sehen jedoch auch vor, dass der **Eigentümer** eines Grundstücks nachrichtlich aus dem Grundbuch in das Liegenschaftskataster übernommen und als Teil des Liegenschaftskatasters geführt wird. Das Liegenschaftskataster kann deshalb auch als Verzeichnis der Eigentümer verwendet werden (vgl § 12a Rdn 35).

76 Die Verwendung des **Liegenschaftskatasters** als Suchverzeichnis ersetzt somit die Führung eigener Verzeichnisse durch das Grundbuchamt. Die Nutzung kann in verschiedener Weise erfolgen. Beim maschinell geführten Grundbuch sind folgende Möglichkeiten denkbar:

77 1. Direkter technischer Anschluss der Grundbuchämter an die für die Führung des Liegenschaftskatasters zuständige Stelle;

78 2. Führung eines Duplikats des Liegenschaftskatasters auf der Datenverarbeitungsanlage (bzw eines Teils des Liegenschaftskatasters mit den Daten der Verzeichnisse gemäß § 12a Abs 1 auf dem Rechner des Grundbuchamts);

79 3. Führung eines Duplikats des Liegenschaftskatasters auf der Datenverarbeitungsanlage der gemäß § 126 Abs 3 beauftragten Stelle;

80 4. Direkte technische Verbindung zwischen dem Zentralrechner gemäß Abs 3 und dem Rechner des Liegenschaftskatasters.

81 Auch das Liegenschaftskataster kann gemäß Abs 2 S 2 2. Hs Verzeichnisse, die vom Grundbuchamt geführt werden, umgekehrt in gleicher Weise nutzen.

82 Nicht umfasst wird durch diese Vorschrift aber die Verwendung der Grundbuchdaten selbst als Teil des Liegenschaftskatasters. Hier greift aber § 127 ein und ermöglicht die so genannte datentechnische Integration von Grundbuch und Liegenschaftskataster.

11. Abschriften aus den Verzeichnissen

83 **Abschriften** können auch beim maschinell geführten Grundbuch aus den Verzeichnissen nicht verlangt werden. Zulässig sind beim **automatisierten Abrufverfahren** jedoch **Abdrucke**, dh Ausdrucke, die nur die Qualität einer Notiz haben (§ 80 Abs 1 GBV).

---

14 *Bauer/von Oefele-Maaß* § 12a GBO Rn 8.

VI. Zuständigkeit für die Datenverarbeitung

1. Grundsätzliche Zuständigkeit des Grundbuchamts

Auch für die Führung des maschinellen Grundbuchs gilt der Grundsatz des § 1, der die **Zuständigkeit** für die   84
Grundbuchführung den Amtsgerichten **(Grundbuchämtern)** zuweist. Lediglich die Einsicht in das Grundbuch eines anderen Grundbuchamts kann durch ein fremdes Grundbuchamt bewilligt werden, wenn die technischen Voraussetzungen vorliegen (§ 79 Abs 3 GBV, vgl § 79 Rdn 19 bis 21). Von diesem Grundsatz macht
auch Abs 3 keine Ausnahme; die Zuständigkeit für die Führung des Grundbuchs bleibt auch beim maschinell
geführten Grundbuch stets beim zuständigen Grundbuchamt.

Im Übrigen ist aber die maschinelle Führung des Grundbuchs in verschiedenen Formen denkbar. So kann eine   85
dezentrale Organisationsform gewählt und in jedem Grundbuchamt eine eigene Datenverarbeitungsanlage aufgestellt werden. Es ist aber auch möglich, die Datenverarbeitungsanlage **zentral** an einer Stelle für das ganze
Land oder mehrere Grundbuchbezirke einzurichten. Gerade mit Rücksicht auf Zentralisierungen eröffnet
Abs 3 die Möglichkeit, dass die endgültige Speicherung der Grundbuchdaten auch von anderen Stellen als dem
nach § 1 zuständigen Grundbuchamt vorgenommen wird (»Datenverarbeitung im Auftrag«, vgl § 11 BDSG und
die Landesdatenschutzgesetze). Ausführungsbestimmungen zu der Übertragung der Datenverarbeitung auf
andere Stellen finden sich im Übrigen in § 90 GBV (s die dortigen Erläuterungen). In diesem Zusammenhang
sind verschiedene Organisationsmodelle denkbar.

2. Übertragung der Datenverarbeitung

Zulässig ist es gemäß Abs 3, die Datenverarbeitung auf andere Stellen zu übertragen.   86

Unter **Datenverarbeitung** ist zu verstehen: 87
a) vor allem die **Führung des Datenspeichers**, in den die Grundbucheintragungen aufgenommen werden
  (§ 128 Abs 1 S 2, § 129 Abs 1 S 2 sowie § 62 GBV);
b) die Führung der sonstigen für das maschinelle Grundbuch notwendigen **technischen Anlagen** und der
  Programme hierfür (§ 64 Abs 1 GBV).

Fraglich mag sein, ob auch die **Datenübermittlung** zur Datenverarbeitung iS von Abs 3 zu zählen ist.   88

Die Anlage zu Abs 1 S 2 Nr 3 unterscheidet in Nr 1, 4, 5, 6 und 7 jeweils »Datenverarbeitungsanlagen« oder
»Datenverarbeitungssysteme« von »Einrichtungen zur Datenübertragung«. Auch § 64 Abs 2 Nr 8 GBV spricht
davon, dass der Austausch von Daten aus dem oder für das Grundbuch »im System« (gemeint ist damit das
Datenverarbeitungssystem, in dem die Datenverarbeitung stattfindet) und bei Einsatz öffentlicher Netze sicher
erfolgen muss. Die beiden Begriffe werden somit unterschieden. Ebenso unterscheidet § 65 Abs 2 GBV öffentliche Telekommunikationsnetze von der Datenverarbeitungsanlage. Es ist deshalb davon auszugehen, dass
»Datenverarbeitung« iS von Abs 3 und »Datenübermittlung« unterschiedliche Sachverhalte bezeichnen. Konsequenzen hat dies für die Zulässigkeit der Übertragung auf Dritte (vgl Rdn 98).

Alle übrigen mit der Führung des Grundbuchs zusammenhängenden Aufgaben, insbesondere die Bewirkung   89
der Eintragung gemäß § 129, §§ 74, 75 GBV und der Auskunftsdienst (§§ 131, 132; §§ 78, 79 GBV) verbleiben
immer beim Grundbuchamt.

Der Wortlaut des Abs 3 stellt klar, dass die Speicherung auf Anlagen anderer staatlicher Stellen oder juristischer   90
Personen des öffentlichen Rechts rechtlich dem **Grundbuchamt** zuzurechnen ist. Die Inanspruchnahme der
fremden Anlagen und der damit verbundenen Tätigkeit der anderen Stellen stellt lediglich den Einsatz technischer **Hilfsmittel** und **Hilfstätigkeiten** dar. Auch soweit die andere Stelle selbständige Aufgaben durchzuführen hat (etwa die Bestimmung eines anderen Datenspeichers gem § 62 Abs 2 GBV, vgl § 62 GBV Rdn 11) werden diese rechtlich dem Grundbuchamt zugeordnet. Um die von Abs 3 geforderte ordnungsgemäße Erledigung
der Grundbuchsachen sicherzustellen, muss die Priorität der Grundbuchgeschäfte vor anderen Aufgaben der
speichernden Stelle gewährleistet sein. Dem Grundbuchamt muss ein entscheidender rechtlicher Einfluss auf
den fremden Speicher zukommen. Auch wenn die Verarbeitung auf den Anlagen der anderen staatlichen Stelle
oder juristischen Person des öffentlichen Rechts erfolgt, muss sichergestellt sein, dass die in Abs 1 S 2 enthaltenen, an das maschinell geführte Grundbuch zu stellenden Mindestanforderungen eingehalten werden. Denn
sonst darf das Grundbuch nach Abs 1 nicht maschinell geführt werden.

Abs 3 bezieht sich auf die dauerhafte Einrichtung, die das Grundbuch regulär führen soll. Den Grundbuchäm-   91
tern ist es naturgemäß unbenommen, bei Rechnerdefekten einen leihweise zur Verfügung gestellten Rechner
der betreuenden Firma in Anspruch zu nehmen, um den Rechenbetrieb vorübergehend aufrechtzuerhalten.
Hierhin liegt aber keine Führung des Registers, so dass dies durch Abs 3 nicht ausgeschlossen wird.

3. Andere staatliche Stellen

92 Darunter können fallen:
a) Übertragung auf ein **Grundbuchamt**, das dann die in § 126 Abs 3 bezeichneten technischen Funktionen für andere Grundbuchämter wahrnimmt.

93 b) Eine **Stelle innerhalb der Justiz**; Sachsen hat zB die Datenverarbeitung gemäß § 126 Abs 3 dem Oberlandesgericht Dresden übertragen (s Verordnung des Sächsischen Staatsministeriums der Justiz über das maschinell geführte Grundbuch[15]).

94 c) Staatliche Stellen **außerhalb der Justiz**; in erster Linie werden hier Behörden in Betracht kommen, die durch den Landesgesetzgeber für die Bearbeitung von Aufgaben der Datenverarbeitung eingerichtet worden sind (zB Landesamt für Informationstechnik in Hamburg; Landesamt für elektronische Datenverarbeitung in Berlin).

95 d) Zulässig ist aber auch die Übertragung gemäß Abs 3 an beliebige **andere staatliche Verwaltungen**, die Datenverarbeitungsanlagen betreiben (zB die Steuerverwaltung). In Bayern wurden 2007 die ehemals beim Oberlandesgericht München betriebenen Datenverarbeitungsanlagen der Grundbuch- und Registerspeicherstelle vom staatlichen Rechenzentrum des Landesamts für Steuern übernommen.

4. Juristische Person des öffentlichen Rechts

96 In erster Linie kommen hier juristische Personen in Betracht, die mit dem Rechtscharakter einer **juristischen Person des öffentlichen Rechts** durch den Landesgesetzgeber zur Bearbeitung von Datenverarbeitungsaufgaben errichtet wurden (zB Datenzentralen Schleswig-Holstein, Baden-Württemberg). Denkbar ist aber auch die Übertragung auf andere juristische Personen des öffentlichen Rechts, wenn diese Datenverarbeitungsanlagen betreiben.

So wäre zB vorstellbar, dass eine Notarkammer (idR eine Körperschaft des öffentlichen Rechts) diese Aufgabe betreibt. Allerdings müsste hier wohl in den einschlägigen dienstrechtlichen Vorschriften, die für diese Stellen gelten, eine entsprechende Zweckbestimmung vorgesehen werden.

5. Übertragung auf Private

97 **Nicht** zulässig ist die Übertragung auf **private** Personen oder Unternehmen. Im Hinblick auf die besondere Bedeutung des Grundbuchs ist es nicht vertretbar, die Speicherung auch durch private Unternehmen zuzulassen. Aus Gründen der Übersichtlichkeit und Klarheit wurde auch davon abgesehen, privatrechtliche Kapitalgesellschaften als Träger solcher Einrichtungen zuzulassen, deren sämtliche Anteile einem Land oder dem Bund gehören.[16] **Nicht unbedenklich** erscheint es deshalb, wenn ein Land ein Landesrechenzentrum in der Rechtsform einer Gesellschaft mit beschränkter Haftung betreibt und diesem das elektronische Grundbuch als Aufgabe zuweist.[17]

98 **Nicht** unter Abs 3 fällt dagegen die Übertragung der **Datenübermittlung** bzw Datenübertragung zwischen den Grundbuchämtern und der zentralen Stelle iS von Abs 3. Wie in Ziff 2 ausgeführt ist (vgl Rdn 88), ist die Datenübertragung von der Datenverarbeitung iS von Abs 3 zu unterscheiden. Die Datenübertragung auf Datennetzen privater Betreiber ist deshalb zulässig.

99 Zu beachten ist in diesem Zusammenhang auch, dass § 64 Abs 2 Nr 8 und § 65 Abs 2 GBV von **öffentlichen** Netzen bzw öffentlichen Telekommunikationsnetzen sprechen, **nicht** aber von öffentlichrechtlichen Netzen. Diese Unterscheidung ist vor allem im Hinblick auf die Privatisierung der Telefon- und Telekommunikationsnetze, den Verlust der Monopolstellung der Deutschen Telekom (früher Bundespost) und die Zulassung privater Netzbetreiber wichtig. Da Abs 3 für die Datenübertragung zwischen Grundbuchamt und zentraler Stelle nicht gilt, ist er erst recht nicht für die Datenübertragung beim automatisierten Abrufverfahren nach § 133 gültig.

6. Zweckmäßigkeit der Übertragung

100 Die Übertragung kann aus folgenden Gründen zweckmäßig sein:

101 a) Aus **wirtschaftlichen** Gründen. Die Einrichtung der technischen Anlagen bei jedem – auch kleinerem – Grundbuchamt würde die Justizverwaltung vor die Notwendigkeit stellen, bei jedem Grundbuchamt die nach §§ 64 bis 66 GBV erforderlichen Vorkehrungen und Maßnahmen zu treffen.

---

15 Vgl bei Rdn 12.
16 BT-Drucksache 12/5553, 79.
17 So in Mecklenburg-Vorpommern, § 2 iVm Anl A des Datenverarbeitungszentrumsgesetzes, GVBl M-V 2000, 522.

b) Die zwingend vorgeschriebene Beachtung dieser Bestimmungen macht einen nicht unerheblichen Sach- und Personalaufwand notwendig. Es müssten bei jedem Grundbuchamt die notwendigen technischen Einrichtungen für die Datenverarbeitung, die Datensicherung und den Anschluss der externen Teilnehmer im automatisierten Abrufverfahren vorhanden sein. Ferner müssten bei jedem Grundbuchamt speziell ausgebildete Bedienstete in ausreichender Zahl zur Verfügung stehen, die vor allem die notwendigen Datensicherungsmaßnahmen beherrschen. Die Zusammenfassung dieser Aufwendungen an einer (oder auch mehrerer) Stellen kann sich aus Gründen der Wirtschaftlichkeit zwingend nahe legen.   **102**

c) Zur Schaffung **besserer Möglichkeiten für das automatisierte Abrufverfahren.** Wird der zur Aufnahme der Grundbucheintragungen bestimmte Datenspeicher für mehrere Grundbuchämter gemeinsam geführt, so besteht auch für die gemäß § 133 zuzulassenden Stellen und Personen die Möglichkeit, nicht nur die Grundbücher eines Grundbuchamts, sondern mehrerer Grundbuchämter einzusehen, im günstigen Fall eines ganzen Landes. Die gelegentlich erhobenen Forderungen nach einer Aufhebung der Zentralisierung[18] verkennen, dass damit gerade diese Vorteile wieder verloren gingen.   **103**

7. Voraussetzungen

Voraussetzung für die Übertragung ist, dass die ordnungsgemäße Erledigung der Grundbuchsachen sichergestellt ist (vgl Rdn 19 ff).   **104**

Diese Sicherstellung kann erfolgen durch entsprechende Anordnung der Justizverwaltung, wenn es sich um Anlagen in ihrem eigenen Bereich handelt, durch Verwaltungsvereinbarungen, wenn es sich um andere staatliche Stellen handelt bzw durch Verträge, wenn juristische Personen des öffentlichen Rechts beteiligt sind.   **105**

8. Kein Zusammenhang mit Konzentrationsermächtigung in § 1 Abs 3

Die Möglichkeit der Konzentration der Grundbuchgeschäfte bei einem Amtsgericht für die Bezirke mehrerer Amtsgerichte, die § 1 Abs 3 zulässt, ist **unabhängig** von der Übertragung der Datenverarbeitung gemäß § 126 Abs 3.   **106**

Die Landesregierung bzw die Landesjustizverwaltungen können die **Konzentration** gemäß § 1 Abs 3 **zusätzlich** zu der Aufgabenübertragung gemäß § 126 Abs 3 anordnen.   **107**

---

18 *Bauer/v Oefele-Waldner* § 126 GBO Rn 9.

§ 127 (Integration mit dem Liegenschaftskataster)

(1) Die Landesregierungen können durch Rechtsverordnung, zu deren Erlaß auch die Landesjustizverwaltungen ermächtigt werden können, bestimmen, daß das Grundbuchamt

1. Änderungen der Nummer, unter der das Grundstück im Liegenschaftskataster geführt wird, die nicht auf einer Änderung der Umfangsgrenzen des Grundstücks beruhen, sowie im Liegenschaftskataster enthaltene Angaben über die tatsächliche Beschreibung des Grundstücks aus dem Liegenschaftskataster maschinell in das Grundbuch und in Verzeichnisse nach § 126 Abs 2 speichern darf;

2. der für die Führung des Liegenschaftskatasters zuständigen Stelle die Grundbuchstelle sowie Daten des Bestandsverzeichnisses und der ersten Abteilung maschinell übermittelt.

(2) Soweit das Grundbuchamt nach bundesrechtlicher Vorschrift verpflichtet ist, einem Gericht oder einer Behörde über eine Eintragung Mitteilung zu machen, besteht diese Verpflichtung bezüglich der nach Maßgabe des Absatzes 1 aus dem Liegenschaftskataster in das Grundbuch übernommenen Angaben nicht.

I. Normzweck

1 § 127 ermöglicht – über die Nutzung des Liegenschaftskatasters als Suchverzeichnis gemäß § 12a Abs 2 (vgl § 12a Rdn 35 bis 39) und § 126 Abs 2 S 2 (vgl § 126 Rdn 74) hinaus – eine besonders enge **Zusammenarbeit** zwischen dem **Grundbuch** und dem **Liegenschaftskataster** als amtlichen Verzeichnis der Grundstücke. Diese besonders enge Zusammenarbeit wird auch als **Integration** bezeichnet. (In der früheren **DDR** war versucht worden, die Integration dadurch zu verwirklichen, dass die **Zuständigkeit** für die Führung des Grundbuchs den Vermessungs- und Katasterverwaltungen übertragen wurde; die Motive gingen allerdings über den Rationalisierungsgedanken hinaus und lagen wohl in der im sozialistischen Rechtssystem grundsätzlich anderen Bewertung des Eigentums an Grund und Boden[1]). Die Vorschrift geht davon aus, dass Grundbuch und Liegenschaftskataster nicht nur formell-rechtlich, sondern auch materiell-rechtlich sozusagen eine »Schicksalsgemeinschaft« bilden.[2]

2 Die Vorschrift enthält die grundsätzlichen Regelungen, welche den Ländern diese besonders enge Zusammenarbeit (Integration) von Grundbuch und Liegenschaftskataster (vgl Rdn 4 ff) rechtlich ermöglichen soll. Ob die Länder hiervon Gebrauch machen, ist ihrer Entscheidung überlassen.

3 § 127 spricht vom Liegenschaftskataster und meint damit das amtliche Verzeichnis gemäß § 2 Abs 3, das dort mit Klammerzusatz als »Liegenschaftskataster« bezeichnet wird. Die Integration Grundbuch/Liegenschaftskataster setzt das Vorhandensein des Liegenschaftskatasters als amtliches Verzeichnis voraus, und zwar in **automatisierter Form**.

II. Integration Grundbuch/Liegenschaftskataster

1. Allgemeines

4 § 127 beruht darauf, dass im Grundbuch und im Liegenschaftskataster teilweise **identische Daten** geführt werden. Das ergibt sich für das Grundbuch aus § 2 Abs 2, wonach die Grundstücke im Grundbuch »nach dem Liegenschaftskataster«, also wie im Liegenschaftskataster bezeichnet werden. Gemeint ist hier das Buchwerk des Liegenschaftskatasters, in dem die Beschreibung der Grundstücke (katastertechnisch: »Flurstücke«) geführt wird (s § 86 GBV Rdn 5). Welche Angaben des Liegenschaftskatasters in das Grundstück übernommen werden, regelt § 6 Abs 3a GBV.

---

1 Eine ausführliche Beschreibung findet sich in *Zimmermann* VIZ 1995, 257.
2 *Böhringer* BWNotZ 1998, 129.

Andererseits bestimmen die Katastergesetze der Länder, dass die Eigentümer des Grundstücks aus dem Grund- 5
buch übernommen und im Liegenschaftskataster nachrichtlich mitgeführt werden. Auf diesem Sachverhalt baut
§ 127 auf. Ausgegangen wird dabei davon, dass auch die Daten des Liegenschaftskatasters in maschineller Form
geführt werden, was zumindest für das Buchwerk des Liegenschaftskatasters in allen Ländern zutrifft.

Allerdings sind technisch verschiedene Formen der **Integration** möglich (vgl Rdn 16, 21). 6

2. Voraussetzungen für die Integration

Voraussetzung für die Verwirklichung der Integration von Grundbuch und Liegenschaftskataster ist eine 7
Rechtsverordnung der Landesregierung, deren Erlass auch auf die Landesjustizverwaltungen delegiert werden kann (vgl Abs 1 S 1 1. Hs).

Für diese Rechtsverordnung wird idR das Einvernehmen mit den für die Führung des Liegenschaftskatasters 8
zuständigen Stellen im Lande notwendig sein, da die Vorschriften über das Liegenschaftskataster ausschließlich
Landesrecht sind.

§ 127 wird ergänzt durch die Vorschriften des § 86 GBV, die eine Zusammenarbeit auch ermöglichen, wenn die 9
Voraussetzungen des § 127 in den Ländern nicht vorhanden sind.

3. Geeignete Angaben zur Übernahme in das Grundbuch

Zulässig ist nach Abs 1 Nr 1 die **automatische Übernahme** derjenigen Angaben des Liegenschaftskatasters in 10
das Grundbuch, die ohne rechtliche Änderungen am Grundstück von der Katasterbehörde aufgrund ihrer
Zuständigkeit selbständig festgelegt werden können.

Dazu gehören insbesondere folgende Angaben:

a) Änderungen der **Flurstücksnummer**, die nicht auf einer Änderung der Umfangsgrenzen des Grundstücks 11
   beruhen. Es kann sich dabei um **Berichtigungen** der Nummer, um katastertechnische **Zerlegungen** (Zer-
   gliederungen) des Grundstücks in mehrere Flurstücke oder aber um eine katastertechnische **Verschmelzung** mehrerer Flurstücke handeln, wenn die äußeren Grenzen des Grundstücks unverändert bleiben.

b) Angaben über die tatsächliche Beschreibung des Grundstücks. Dabei handelt es sich um die Angaben über 12
   die Wirtschaftsart und -lage gemäß § 6 Abs 3a GBV.

4. Geeignete Angaben zur Übernahme in das Liegenschaftskataster

Umgekehrt kann auch das Liegenschaftskataster nach Abs 1 Nr 2 die Eintragungen im **Bestandsverzeichnis** 13
und in der **ersten Abteilung**, die für die Führung des Liegenschaftskatasters benötigt werden, erhalten. Es
handelt sich dabei um Eintragungen, für die das Grundbuchamt originär zuständig ist:
a) die Grundbuchblattnummer
b) die laufende Nummer des Grundstücks im Bestandsverzeichnis
c) alle Eintragungen aus der ersten Abteilung.

5. Grundsätze der Integration

Die Besonderheit der Integration liegt darin, dass es für die Übernahme der aufgeführten Angaben in das 14
Grundbuch **weder eines Antrags** noch einer **Bewilligung** bedarf. Zulässig ist, dass diese Angaben aus dem
Liegenschaftskataster **maschinell** in das Grundbuch eingespeichert werden können. »Maschinell« bedeutet
soviel wie automatisch oder programmgesteuert.

Bei der bisherigen Grundbuchführung war für die Übernahme dieser Angaben in das Grundbuch idR ein 15
Ersuchen (meist ein Veränderungsnachweis) der Katasterbehörde notwendig, das der Formpflicht des § 29
Abs 3 genügen musste. § 127 Abs 1 Nr 1 hebt diese Formpflicht auf.

6. Integration durch gemeinsame Speicherung

Zulässig ist die Integration Grundbuch/Liegenschaftskataster in der Weise, dass für die im Grundbuch gemäß 16
§ 2 Abs 2 iVm § 6 Abs 3a GBV zu verlautbarenden Angaben zum Grundstück ein **gemeinsamer Datenspeicher** durch das Grundbuchamt und die für die Führung des Liegenschaftskatasters zuständige Stelle geführt
wird.

In diesem gemeinsamen Datenspeicher brauchen die entsprechenden Angaben **technisch nur einmal**, und 17
zwar für das Grundbuch und für das Liegenschaftskataster gemeinsam gespeichert zu werden. Bei der Einsicht
in das Grundbuch und bei der Herstellung von Grundbuchausdrucken werden die Angaben dann jeweils übernommen.

Grundbuchseitig könnte der gemeinsame Speicher auch außerhalb des Grundbuchamts bei einer anderen 18
Stelle – die auch die Katasterbehörde sein könnte – gemäß § 126 Abs 3 eingerichtet werden.

19 Das Gleiche gilt für die Angaben, die das Liegenschaftskataster gemäß § 127 Abs 1 Nr 2 übernehmen darf (vgl Rdn 13).

20 Notwendig ist bei dieser völligen datentechnischen Integration allerdings eine sorgfältige **Abgrenzung der Eintragungsbefugnisse**. Die Grundbuchstelle und die laufende Nummer im Bestandsverzeichnis sowie die Eintragungen in der ersten Abteilung dürfen nur vom Grundbuchamt vorgenommen und geändert werden. Umgekehrt gilt dies für die katasteroriginären Daten.

7. Integration durch automatische Übernahme

21 Bei dieser Form der Integration führen Grundbuchamt und Katasterbehörde **getrennte** Datenspeicher. Die Übernahme in den jeweils anderen Datenspeicher ist programmgesteuert, also in einem automatisierten Verfahren zulässig.

22 Technisch wäre diese maschinelle Übernahme zB in der Weise möglich, dass aus dem Liegenschaftskataster ein Steuerungssignal an das Grundbuch übermittelt wird, durch das innerhalb des maschinell geführten Grundbuchs Programmprozeduren ausgelöst werden, die aus dem Liegenschaftskataster diese Angaben in das Grundbuch einspeichern. Notwendig ist dabei natürlich eine sehr enge datentechnische Zusammenarbeit zwischen dem maschinell geführten Grundbuch und dem ebenfalls maschinell geführten Liegenschaftskataster.

23 Die Datenübernahme kann über Datenleitungen oder auch durch Übergabe von Datenträgern an die für die Speicherung des Grundbuchs zuständige Stelle (Grundbuchamt oder Stelle gemäß § 126 Abs 3) erfolgen.

III. Zurechenbarkeit der Eintragungen

24 Bei den Angaben, die **maschinell**, also ohne Tätigwerden der für die Führung des Grundbuchs zuständigen Person, in das Grundbuch eingespeichert werden (vgl Rdn 10) handelt es sich rechtlich um **Eintragungen durch das Grundbuchamt**. Die Programme, die diese Einspeicherung bewirken, sei es in der Form der gemeinsamen Speicherung (vgl Rdn 16 ff), sei es in der Form der automatischen Übernahme (vgl Rdn 21 ff) sind Programme des Grundbuchamts, die den Anforderungen des § 126 Abs 1 (vgl § 126 Rdn 17 ff) iVm § 64, § 65 und § 66 GBV genügen müssen.

25 Entsprechendes gilt für den umgekehrten Fall der automatisierten Eintragung in das Liegenschaftskataster; diese Eintragungen müssen den Grundsätzen der Katasterprogramme, falls solche vorhanden sind, entsprechen.

26 Eintragungen nach § 127 Abs 1 Nr 1 wären, wenn sie im herkömmlichen Wege aufgrund einer schriftlichen Mitteilung der Katasterbehörde erfolgten, durch den **Urkundsbeamten** der Geschäftsstelle gemäß § 12c Abs 2 Nr 2 zu bewirken. Daraus folgt, dass auch Eintragungen gemäß § 127 Abs 1 Nr 1 so zu behandeln sind, als ob sie der Urkundsbeamte der Geschäftsstelle in seiner Zuständigkeit vorgenommen hätte.

27 Für die **Anfechtung** derartiger Eintragungen gilt somit § 12c Abs 4.

28 Bei den Eintragungen, die maschinell in das Grundbuch übernommen werden, bedarf es der Angabe des Tages der Eintragung **nicht** (§ 129 Abs 2 S 2; vgl hierzu § 129 Rdn 26–28; s auch § 74 GBV Rdn 6).

IV. Mitteilungspflicht des Grundbuchamts

1. Mitteilungen des Grundbuchamts an die Katasterbehörde, wenn die Eintragungen von dieser ausgelöst werden

29 Die Arbeitsabläufe beim Papiergrundbuch beruhen darauf, dass Eintragungen in das Grundbuch, die von der Katasterbehörde in ihrer Zuständigkeit veranlasst werden (vgl Abs 1 Nr 1) aufgrund eines Ersuchens oder einer **Mitteilung** der Katasterbehörde im Grundbuch eingetragen werden. Folgerichtig ist dann eine Mitteilung an die Katasterbehörde notwendig, dass diese Angaben auch in das Grundbuch übernommen wurden. Das ist erforderlich, um die Übereinstimmung zwischen dem Grundbuch und dem Liegenschaftskataster sicher zu gewährleisten.

30 Bei einer maschinellen Übernahme aus dem Liegenschaftskataster in das Grundbuch gemäß Abs 1 Nr 1 fällt diese Verpflichtung gemäß Abs 2 folgerichtig weg.

31 Durch programmgesteuerte Abläufe kann sichergestellt werden, dass die Tatsache der Einspeicherung in das Grundbuch, sei es im Wege der Führung eines gemeinsamen Datenspeichers (vgl Rdn 16 ff) oder durch automatische Übernahme (vgl Rdn 21 ff) im Liegenschaftskataster vermerkt wird. Deshalb bedarf es einer ausdrücklichen Mitteilung nicht mehr. Zu beachten ist auch, dass eine derartige Mitteilung auch der durch die Integration bezweckten Vereinfachung der Grundbuchführung widersprechen würde.

**2. Mitteilung des Grundbuchamts an die Katasterbehörde, wenn die Eintragungen auf grund-
buchoriginären Vorgängen beruhen**

In Betracht kommen hier insbesondere die Fälle, die gemäß § 55 Abs 3 der Katasterbehörde bekannt zu machen **32**
sind.

Es handelt sich dabei um folgende Eintragungen:

a) **Veränderungen** der grundbuchmäßigen Bezeichnung des Grundstücks **33**
In Betracht kommt hier die Änderung der **Grundbuchstelle**, also der **Grundbuchblattnummer** und der
laufenden Nummer im Bestandsverzeichnis gemäß § 6 Abs 1 GBV. Die Grundbuchstelle ändert sich,
wenn das Grundstück in ein anderes Grundbuchblatt übertragen wird. Die laufende Nummer im Bestandsverzeichnis ändert sich insbesondere dann, wenn durch Vereinigung oder Teilung das Grundstück in seinem
rechtlichen Bestand geändert worden ist.

§ 127 Abs 1 Nr 2 erläutert die Vorschrift des § 55 Abs 3, die von der »grundbuchmäßigen Bezeichnung des **34**
Grundstücks« spricht und definiert sie – für den Fall der Integration – als »Grundbuchstelle« und »Daten des
Bestandsverzeichnisses«.

b) Eintragung eines Eigentümers **35**
Auch die Eintragung eines **Eigentümers** beruht auf grundbuchoriginären Vorgängen und ist gemäß § 55
Abs 3 der Katasterbehörde mitzuteilen.

Bei der Integration erfolgt diese Mitteilung durch maschinelle Übergabe der Daten gemäß Abs 1 Nr 2 an die **36**
für die Führung des Liegenschaftskatasters zuständige Stelle. Einer zusätzlichen Mitteilung bedarf es in diesem Fall deshalb nicht.

§ 128 (Anlegung und Freigabe)

(1) Das maschinell geführte Grundbuch tritt für ein Grundbuchblatt an die Stelle des bisherigen Grundbuchs, sobald es freigegeben worden ist. Die Freigabe soll erfolgen, sobald die Eintragungen dieses Grundbuchblatts in den für die Grundbucheintragungen bestimmten Datenspeicher aufgenommen worden sind.

(2) Der Schließungsvermerk im bisherigen Grundbuch ist lediglich von einer der nach § 44 Abs 1 Satz 2 zur Unterschrift zuständigen Personen zu unterschreiben.

I. Allgemeines

1 Die Bestimmung des § 128 Abs 1 regelt die Überführung der bisher auf Papier enthaltenen Grundbucheintragungen in die maschinelle Form; nach Abschn XIII Unterabschn 2 der Grundbuchverfügung wird dieser Vorgang als »Anlegung des maschinell geführten Grundbuchs« bezeichnet.

2 Auch bisher schon kennt das Grundbuchverfahrensrecht die Überführung von Grundbucheintragungen auf andere Grundbuchblätter; allerdings ändert sich dabei die Form der Grundbuchführung nicht:

3 a) **Grundbuchumschreibung (§ 23 Abs 1, 28 ff GBV)**

Dabei wird der aktuell gültige Stand der Grundbucheintragung auf ein anderes Blatt übertragen.

4 b) **Grundbuchumstellung (§ 101 Abs 1 GBV)**

Bei dieser Methode werden Grundbucheintragungen fototechnisch übertragen, um die Herstellung des Lose-Blatt-Grundbuchs zu ermöglichen bzw zu erleichtern.

5 c) **Neufassung teilweise unübersichtlich gewordener Grundbuchblätter (§ 33 GBV)**

Hierbei werden das Bestandsverzeichnis oder einzelne Abteilungen des Grundbuchblatts in einem der Umschreibung angenäherten – jedoch vereinfachten – Verfahren neu formuliert, wenn sie unübersichtlich geworden sind.

Die Anlegung des maschinell geführten Grundbuchs knüpft an diese Methoden an, definiert sie allerdings teilweise neu.

II. Anlegungsarten

1. Allgemeines

6 Für die Anlegung des maschinell geführten Grundbuchs sind ebenfalls drei unterschiedliche Methoden zugelassen, nämlich die **Umschreibung** (§ 68 GBV), die **Neufassung** (§ 69 GBV) und die **Umstellung** (§ 70 GBV). Wegen der Übernahme auf ein gänzlich neues Medium ist bei der Anlegung des maschinell geführten Grundbuchs mit besonderer Sorgfalt vorzugehen. Dies drückt sich vor allem in der sog »**Freigabe**« (vgl Rdn 29 ff) aus, für die besondere – auch technische – Kriterien vorausgesetzt werden und die durch einen besonderen Freigabevermerk zu dokumentieren ist (vgl Rdn 39 bis 41).

7 Welche der verschiedenen Anlegungsmethoden gewählt wird, obliegt der Entscheidung des Grundbuchamts oder der Landesregierung, bei erfolgter Delegation der Landesjustizverwaltung (§ 67 S 1–3 GBV).

2. Umschreibung

8 Die Anlegung des maschinell geführten Grundbuchs kann durch **Umschreibung** des Grundbuchblatts erfolgen.

9 § 68 Abs 1 S 1, Abs 2 GBV nimmt auf die Vorschriften über die Umschreibung von Grundbüchern Bezug; die Umschreibung von Papiergrundbüchern diente als Vorbild. Gemäß § 68 Abs 1 S 2 GBV gelten allerdings die Voraussetzungen nicht, die bei der Umschreibung von Papiergrundbüchern vorliegen müssen (kein Raum für Neueintragungen, § 23 Abs 1 GBV; Unübersichtlichkeit, § 28 Abs 1 GBV). Das bedeutet, dass die Anlegung des maschinell geführten Grundbuchs durch Umschreibung immer stattfinden kann, **ohne** dass ein besonderer Grund hierfür vorliegt.

Für die Umschreibung gelten gemäß § 68 Abs 2 GBV im Übrigen die gleichen Bestimmungen, die auch bei der Umschreibung von Papiergrundbüchern einzuhalten sind.   **10**

Insbesondere sind die Bestimmungen des § 44 Abs 3 (Möglichkeit der erweiterten Bezugnahme auf die Eintragungsbewilligung; Möglichkeit der Abweichung vom ursprünglichen Text der Eintragung) auch hier anzuwenden. Auch der gesamte Abschn VI der GBV ist anzuwenden. Das Gleiche gilt für die Mitteilungspflichten gemäß § 39 Abs 3.

Ausgenommen sind allerdings folgende, bei der Umschreibung von Papiergrundbüchern geltende Bestimmungen: **11**

a) **§ 32 Abs 1 S 2 GBV**   **12**

Ein neues **Handblatt** für das umgeschriebene, künftig maschinell geführte Grundbuchblatt ist **nicht** anzulegen.

Gemäß § 73 S 1 GBV braucht bei den Grundakten überhaupt kein Handblatt mehr geführt zu werden (vgl § 73 GBV Rdn 13). Folgerichtig ist deshalb auch bei einer Umschreibung ein neues Handblatt nicht herzustellen.

b) **§ 32 Abs 1 S 3 GBV**   **13**

Das bisherige Handblatt für das Papiergrundbuch braucht nicht bei den Grundakten verwahrt zu werden. Es kann vielmehr gemäß § 73 S 2 ausgesondert und auch vernichtet werden; dieser Umstand ist dann allerdings in den Grundakten zu vermerken. Verwahrt das Grundbuchamt das bisherige Handblatt für das umgeschriebene Papiergrundbuch bei den Grundakten, so ist es deutlich als Handblatt des wegen Umschreibung geschlossenen Papiergrundbuchblattes zu kennzeichnen (vgl § 73 GBV Rdn 17).

c) **§ 33**   **14**

Die Bestimmungen des **§ 33 GBV**, die – als Unterfall der Umschreibung – die Neufassung des Bestandsverzeichnisses oder einzelner Abteilungen zulassen, sind aus der Natur der Sache heraus bei der Anlegung des maschinell geführten Grundbuchs nicht anzuwenden. Eine teilweise Anlegung eines Grundbuchblatts als maschinell geführtes Blatt ist begrifflich nicht möglich.

Im Übrigen hat der Verordnungsgeber das Institut der »Neufassung« für die Anlegung des maschinell geführten Grundbuchs neu geregelt (§ 69 GBV; vgl auch Rdn 16 bis 20).

Die Übertragung der umzuschreibenden Grundbucheintragungen in den Grundbuchdatenspeicher erfolgt durch Aufnahme **elektronischer Zeichen** (§ 68 Abs 2 S 2 2. Hs GBV). Das bedeutet, dass die umgeschriebenen Grundbucheintragungen durch Eingabe über eine Tastatur und durch Speicherung von elektronischen Zeichen abgelegt werden müssen (vgl § 68 GBV Rdn 22, 23).   **15**

3. Neufassung

Bei der **Neufassung** zum Zwecke der Anlegung des maschinell geführten Grundbuchs handelt es sich – ebenso wie bei der Neufassung nach § 33 GBV – um einen Fall der **erleichterten Umschreibung**.   **16**

Die Vorschriften über die Neufassung befinden sich in § 69 GBV. § 69 Abs 1 S 2 GBV bestimmt, dass für die Neufassung die Vorschriften über die Umschreibung in § 68 GBV gelten, soweit nicht § 69 GBV Abweichungen festlegt.   **17**

Die wichtigsten Abweichungen sind: **18**
a) Es wird **keine neue Grundbuchblattnummer** vergeben (§ 69 Abs 2 S 1 GBV).
b) Im Bestandsverzeichnis und in den einzelnen Abteilungen soll grundsätzlich nur der **aktuelle** Stand wiedergegeben werden (§ 69 Abs 2 S 2 GBV).
c) Soweit in den neuzufassenden Grundbuchblättern die Belastungen in einer einheitlichen Abteilung eingetragen sind (zB bei noch vorhandenen landesrechtlichen Grundbuchmustern), sind sie getrennt in der Zweiten und Dritten Abteilung darzustellen (§ 69 Abs 2 S 3 GBV).
d) Eine **Mitteilungspflicht** besteht **nicht** (§ 69 Abs 2 S 4 GBV).

Im Bestandsverzeichnis und in den einzelnen Abteilungen ist jeweils am Ende der Eintragungen der **Neufassungsvermerk** einzutragen (§ 69 Abs 3 S 1, 2 GBV). Wegen der Einzelheiten wird auf die Erläuterungen zu § 69 Abs 3 GBV verwiesen (§ 69 GBV Rdn 16 bis 22).   **19**

Die Methode, mit der die neu gefassten Grundbucheintragungen in den Datenspeicher aufgenommen werden, ist die gleiche wie bei der Umschreibung (vgl § 68 GBV Rdn 22). Bei der Speicherungsart werden Zeichen abgespeichert, nicht Grafikdaten, was bestimmte Vorteile hat (vgl § 126 Rdn 52).   **20**

4. Umstellung

21 In Anlehnung an die bereits beim Papiergrundbuch zulässige Methode der Grundbuchumstellung (vgl Rdn 4) ist auch bei der Anlegung des maschinell geführten Grundbuchs die **Umstellung** zulässig (§ 70 GBV).

22 Dabei wird der gesamte Inhalt des bisherigen Blatts elektronisch in den Grundbuchdatenspeicher aufgenommen (§ 70 Abs 1 S 2 GBV). Die dabei anzuwendende Methode ähnelt dem **Fotokopierverfahren**, also der Verwendung von Ablichtungen. Technisch wird dabei so vorgegangen, dass das Grundbuchblatt mit dafür geeigneten Geräten (so genannte »Scanner«) in den Speicher übernommen wird. Die Abspeicherung im Grundbuchdatenspeicher erfolgt dabei allerdings nicht zeichenweise, sondern in Form einer Grafik (vgl hierzu § 126 Rdn 52).

23 Der Vorteil dieser Methode besteht darin, dass die Bereinigungstätigkeit, die für die Umschreibung und für die Neufassung notwendig ist sowie auch die Eingabe über Tastatur nicht erforderlich sind. Es wird vielmehr der **gesamte Inhalt** des bisherigen Blattes durch Scannen in den Datenspeicher aufgenommen. Diese Methode ist idR arbeitssparender als die Umschreibung und Neufassung und die damit verbundene Eingabe der Grundbucheintragungen über Tastatur.

24 Der **Nachteil** der Umstellung besteht darin, dass eine Bereinigung nicht stattfindet und dass die Grundbucheintragungen fotografisch getreu in der bisherigen Form (also etwa auch handschriftlich) wiedergegeben werden. Da der gesamte Inhalt des bisherigen Grundbuchblattes in den Datenspeicher aufgenommen wird, werden auch die im bisherigen Grundbuchblatt enthaltenen Unterschriften mitgespeichert. Auch gelöschte Eintragungen werden vollständig übernommen.

25 Ein weiterer **Unterfall der Umstellung** ist die Bestimmung von Grundbuchdaten, die – parallel zum rechtlich maßgebenden Papiergrundbuch – **vorratsweise** in einem Datenspeicher aufbewahrt sind, zum **Grundbuchdatenspeicher** gemäß § 62 GBV.

Nach § 64 Abs 2 S 2 GBV soll das System des maschinell geführten Grundbuchs auch in der Lage sein, Grundbuchdaten zu übernehmen, die in Systemen gespeichert sind, die die Führung des Grundbuchs in Papierform unterstützen.

26 Folgerichtig bestimmt § 70 Abs 1 S 3 GBV, dass dieser Datenspeicher auch zum Grundbuchdatenspeicher iS von § 62 GBV bestimmt werden kann. Die Art der Speicherung ist hier eine zeichenweise; die Speicherung in Form einer Grafik, wie sie beim Scannen notwendig ist, liegt hier nicht vor, da alle bekannten Systeme, die für die Führung des Grundbuchs in Papierform unterstützend eingesetzt werden (vgl Vor § 126 Rdn 10–12), nur die zeichenweise Speicherung kennen.

27 Bei dieser Form der Umstellung ist dann auch die Speicherung des **Schriftzugs** von Unterschriften **nicht** notwendig (§ 70 Abs 1 S 4 GBV), da dieser Schriftzug in der Vorratsspeicherung nach § 64 Abs 2 S 2 GBV technisch nicht gespeichert sein kann.

28 Wegen der Einzelheiten der Anlegung durch Umstellung vgl § 70 GBV Rdn 4 ff.

III. Freigabe

1. Zeitpunkt des Wirksamwerdens

29 Der Gesetzgeber hat sich dafür entschieden, dass das maschinell geführte Grundbuch dann an die Stelle des bisherigen Grundbuchs tritt, wenn die Anlegung bezüglich des einzelnen Grundbuchblatts **wirksam** geworden ist.

30 § 128 Abs 1 legt fest, zu welchem Zeitpunkt das maschinell geführte Grundbuch an die Stelle des bisherigen Papiergrundbuchs tritt.

Hierfür wären folgende Lösungsmöglichkeiten in Betracht gekommen:

31 1. In-Kraft-Setzen des maschinell geführten Grundbuchs für einen bestimmten Bezirk (Grundbuchbezirk oder Grundbuchamtsbezirk) durch besondere Anordnung
Eine derartige Regelung würde den für das Liegenschaftskataster bestehenden Verfahren entsprechen. Bei der Umstellung des Liegenschaftskatasters (Buchwerk) auf automatische Datenverarbeitung wird idR gemarkungsweise vorgegangen. Sobald die Daten des Liegenschaftskatasters vollständig für eine Gemarkung vorliegen, ordnet die zuständige Stelle an, dass das maschinell geführte Liegenschaftskataster an die Stelle des bisherigen, auf Papier geführten Liegenschaftskatasters tritt. Beim Grundbuch würde dem entsprechen, wenn zunächst die Grundbuchdaten auf Datenträgern erfasst würden, die Anlegung jedoch erst wirksam würde, wenn ein Grundbuchbezirk oder ein Grundbuchamtsbezirk vollständig angelegt ist. Hierfür bedürfte es dann einer besonderen Anordnung.

Eine derartige Regelung hätte den Vorteil, dass das maschinell geführte Grundbuch einheitlich für den 32
gesamten Bezirk wirksam würde. Österreich ist bei der Anlegung des dortigen ADV-Grundbuchs diesen
Weg gegangen.

Ein solches Verfahren hätte jedoch auch Nachteile. Die Anlegung des maschinell geführten Grundbuchs 33
erfordert nämlich einen erheblichen Arbeitsaufwand. Sie wird sich deshalb über einen längeren Zeitraum
erstrecken.

Nach der abgeschlossenen Anlegung für einen Bezirk könnte das maschinelle Grundbuch erst in Kraft 34
gesetzt werden, wenn die zwischenzeitlichen, noch im Papiergrundbuch vorgenommenen Eintragungen
nacherfasst wären. Auf diese Weise müsste eine Vielzahl von Grundbuchblättern anlässlich der Anlegung
doppelt bearbeitet werden. Darin läge eine erhebliche Erschwerung des gesamten Anlegungsverfahrens.
Auch würden die Vorteile der maschinellen Grundbuchführung nicht zum frühestmöglichen Zeitpunkt zum
Tragen kommen.

2. Wirksamwerden des maschinell geführten Grundbuchs mit der Anlegung des einzelnen Grundbuchblatts. 35
Die andere Möglichkeit besteht darin, das maschinelle Grundbuch nicht einheitlich für einen ganzen Bezirk,
sondern jedes einzelne Grundbuchblatt nach seiner Anlegung wirksam werden zu lassen. Dieses Verfahren
hat allerdings zur Folge, dass während der Anlegungsphase die Grundbücher für den Bezirk, für den die
Anlegung im Gange ist, teilweise in der herkömmlichen Form und teilweise bereits in automatisiertem System geführt werden. Dies kann jedoch in Kauf genommen werden. Auch bei früheren Umschreibungsaktio-
nen (zB von nach Landesrecht geführten Grundbüchern auf das Reichsgrundbuch, später auf das Lose-Blatt-
Grundbuch) haben solche Unterschiede nicht zu Beeinträchtigungen geführt. Die Vorteile dieser Alternative
bestehen darin, dass die mit der maschinellen Grundbuchführung verbundenen Vorteile so früh wie möglich
wirksam werden, ohne dass es einer besonderen Anordnung bedarf.

Das bedeutet, dass die Grundbuchämter – soweit nicht die Landesjustizverwaltungen gemäß § 126 Abs 1 36
Vorgaben machen – bei der Anlegung weitgehend freie Hand haben. Sie können zB die Grundbuchblätter,
bei denen eine größere Zahl von Eintragungen zu erwarten ist, bevorzugt anlegen. Grundbuchblätter, bei
denen der Eingang von Eintragungsanträgen nicht zu erwarten ist, können zurückgestellt werden.

Zweckmäßig wird es jedoch sein, darauf hinzuwirken, dass möglichst bald die Grundbücher wenigstens für 37
ganze Grundbuchbezirke angelegt werden.

Nur auf diese Weise können auch die Vorteile des automatisierten Abrufverfahrens gemäß § 133, das ja die 38
Grundbuchämter von Anträgen auf Einsicht und Erteilung von Abschriften entlasten soll, eintreten.

2. Freigabevermerk

§ 128 Abs 1 S 1 sieht vor, dass die Aufnahme der Daten des bisherigen Papiergrundbuchblatts in den Grund- 39
buchdatenspeicher nicht schon automatisch das bisherige Papiergrundbuch ersetzt. Vielmehr muss noch die
Freigabe hinzutreten. Dadurch soll erreicht werden, dass das bisherige Papiergrundbuchblatt erst ersetzt wird,
wenn die Daten tatsächlich in den Speicher übernommen worden sind.

Die Freigabe ist der **entscheidende rechtliche Akt**. Er wird verlautbart durch den **Freigabevermerk** nach 40
§ 71 GBV. Mit der Freigabe tritt das maschinell geführte Grundbuch an die Stelle des bisherigen Papiergrundbuchs; alle rechtlichen Wirkungen knüpfen sich von diesem Zeitpunkt an das maschinell geführte Grundbuch.

Die Einzelheiten des Freigabevermerks, die nach der Art der Anlegung unterschiedlich sind, sind in § 71 GBV 41
geregelt (vgl § 71 GBV Rdn 12 bis 28).

3. Voraussetzungen der Freigabe

Gemäß Abs 1 S 2 ist der maßgebende Zeitpunkt für die **Freigabe**, wenn die Eintragungen des einzelnen 42
Grundbuchblatts in den Grundbuchdatenspeicher aufgenommen worden sind. Es liegen hier somit die gleichen
Voraussetzungen vor, die auch für das Wirksamwerden von Eintragungen gemäß § 129 Abs 1 S 1 gefordert wer-
den (vgl § 129 Rdn 7).

Zusätzlich zu § 128 Abs 1 S 2 verlangt § 71 S 2 GBV, dass 43
a) die **Vollständigkeit** und **Richtigkeit** des angelegten maschinell geführten Grundbuchs und
b) seine **Abrufbarkeit** aus dem Datenspeicher

gesichert sein muss.

Unter »Abrufbarkeit« ist die »auf Dauer inhaltlich unverändert in lesbarer Form« gegebene **Wiedergabefähig-** 44
keit zu verstehen (vgl § 129 Rdn 9 bis 14).

45 Die Vollständigkeit und Richtigkeit sowie die Abrufbarkeit muss **überprüft** werden; § 74 Abs 2 GBV ist hier sinngemäß anzuwenden (vgl § 74 GBV Rdn 7 bis 10).

IV. Mitteilungspflichten

46 Bei der Anlegung des maschinell geführten Grundbuchs besteht **nur** dann eine **Mitteilungspflicht** an die Eigentümer, die eingetragenen dinglich Berechtigten und die Katasterbehörde, wenn die Methode der **Umschreibung** (vgl Rdn 8 ff) gewählt wurde (§ 68 Abs 2 S 1 iVm § 39 Abs 3 GBV).

47 Bei der Anlegung des maschinell geführten Grundbuchs durch Neufassung besteht, obwohl die Neufassung an sich einen Unterfall der Umschreibung darstellt, eine Mitteilungspflicht nicht, da § 69 Abs 2 S 4 GBV die Anwendung von § 39 Abs 3 GBV ausdrücklich ausschließt.

48 Auch bei der Anlegung durch Umstellung entfällt eine Mitteilung, da § 70 Abs 2 S 1 GBV ausdrücklich auf § 101 Abs 7 GBV verweist, der eine Mitteilungspflicht ebenfalls ausschließt.

V. Schließungsvermerk im Papiergrundbuch

49 § 128 Abs 2 spricht vom **Schließungsvermerk** im bisherigen Grundbuch; § 71 GBV bezeichnet diesen Vermerk als »Abschreibevermerk«. Die Formulierung des Schließungsvermerks ergibt sich aus § 71 GBV (vgl § 71 GBV Rdn 32 bis 35). Wird die Anlegung des maschinell geführten Grundbuchs durch Umstellung vorgenommen, so bietet § 70 GBV besondere Erleichterungen für den Schließungsvermerks (§ 70 GBV Rdn 19).

Ausdrücklich legt § 128 Abs 2 fest, dass beim Schließungsvermerk/Abschreibevermerk die Unterschrift lediglich **einer** der Personen, die nach § 44 Abs 1 S 2 an sich Eintragungen zu unterschreiben haben, genügt.

Der Grund dafür liegt darin, dass der Schließungsvermerk nur förmliche Bedeutung hat. Auch wenn er versehentlich unterlassen wird, ist das Papiergrundbuch **nicht** mehr das Grundbuch im Rechtssinn, da mit der Freigabe das maschinell geführte Grundbuch an seine Stelle getreten ist.[1] Es reicht deshalb aus, wenn ihn nur eine Person unterschreibt. Der Schließungsvermerk kann somit vom Rechtspfleger als der für die Führung des Grundbuchs zuständigen Person oder dem Urkundsbeamten der Geschäftsstelle unterschrieben werden. Diese Regelung steht auch im Einklang mit § 93 GBV, wonach die gesamte Freigabe auf den Urkundsbeamten der Geschäftsstelle übertragen werden kann.

---

1 Zur Frage, ob das geschlossene Grundbuch noch Grundbuch im Rechtssinn ist siehe *Wolfsteiner* Rpfleger 1993, 273.

§ 129 (Wirksamwerden der Eintragung)

(1) Eine Eintragung wird wirksam, sobald sie in den für die Grundbucheintragungen bestimmten Datenspeicher aufgenommen ist und auf Dauer inhaltlich unverändert in lesbarer Form wiedergegeben werden kann. Durch eine Bestätigungsanzeige oder in anderer geeigneter Weise ist zu überprüfen, ob diese Voraussetzungen eingetreten sind.

(2) Jede Eintragung soll den Tag angeben, an dem sie wirksam geworden ist. Bei Eintragungen, die gemäß § 127 Abs 1 Inhalt des Grundbuchs werden, bedarf es abweichend von Satz 1 der Angabe des Tages der Eintragung im Grundbuch nicht.

I. Allgemeines

§ 129 regelt das **Wirksamwerden von Eintragungen** im maschinellen Grundbuch (Abs 1) und legt fest, welcher Tag als **Tag der Grundbucheintragung** anzugeben ist (Abs 2). § 129 ersetzt insoweit die Bestimmungen des § 44 Abs 1, soweit diese für das Papiergrundbuch ebenfalls Regelungen enthalten, die das Wirksamwerden der Eintragungen und den Tag der Eintragung betreffen. **1**

Unberührt bleiben die Vorschriften in § 44, soweit sie nicht speziell auf die Grundbuchführung auf Papier abstellen. Dies gilt insbesondere für § 44 Abs 1 S 3, wonach bei den in § 12c Abs 2 Nr 2 bis 4 aufgeführten Eintragungen anstelle des Grundbuchrechtspflegers der Urkundsbeamte für die Veranlassung der Eintragung zuständig ist. Ebenso gelten die §§ 44 Abs 2 und 3 auch für das maschinelle Grundbuch weiter. **2**

Die maßgebenden Grundsätze sind bereits in § 126 Abs 1 Nr 2 enthalten. § 129 legt ausdrücklich fest, dass es sich hierbei um die Voraussetzungen für das Wirksamwerden der Eintragung handelt.

II. Wirksamwerden der Eintragung

1. Papiergrundbuch

Das Wirksamwerden von Eintragungen im **Papiergrundbuch** ist in § 44 Abs 1 S 2 und 3 geregelt. Danach ist Voraussetzung für eine wirksame Eintragung die **Unterschrift** der für die Führung des Grundbuchs zuständigen Person und – idR – des Urkundsbeamten der Geschäftsstelle. Die Unterschrift ist somit maßgebliches Kriterium für das Wirksamwerden der Eintragung im Papiergrundbuch. **3**

Die Unterschrift besteht in der handschriftlichen Setzung des Namens der/des zuständigen Bediensteten unter den Text der Eintragung in der dafür bestimmten Spalte. **4**

2. Maschinell geführtes Grundbuch

Beim maschinell geführten Grundbuch kann wegen der dort angewandten Technik eine Unterschrift in der beim Papiergrundbuch notwendigen und sinnvollen Weise **nicht** angebracht werden. § 129 trifft deshalb andere Regelungen für das Wirksamwerden der Eintragung, die den verwendeten technischen Verfahren angepasst sind und eine gleichartige Sicherheit bieten sollen. **5**

§ 129 wird durch § 75 GBV iVm § 62 GBV ergänzt.

Die Kriterien für das Wirksamwerden der Eintragungen im maschinellen Grundbuch sind im Folgenden (Rdn 7 bis 14) näher erläutert. **6**

III. Kriterien für das Wirksamwerden der Eintragung im maschinell geführten Grundbuch

§ 129 legt zwei Kriterien fest, die erfüllt sein müssen, wenn die Eintragung wirksam sein soll. Dies sind: **7**
a) Die **Aufnahme** in den für die Grundbucheintragung bestimmten **Datenspeicher**.

b) Die unveränderte **Wiedergabefähigkeit** der abgespeicherten Daten in **lesbarer** Form. Diese Wiedergabefähigkeit muss **auf Dauer** vorhanden sein.

1. Aufnahme in den Grundbuchspeicher

8 Der Begriff des **Datenspeichers** ist bereits in § 126 Abs 1 Nr 2 enthalten; er wird durch § 62 GBV näher definiert. Danach sind die Grundbucheintragungen, die in dem dafür bestimmten Datenspeicher abgelegt und auf Dauer unverändert in lesbarer Form wiedergabefähig sind, das Grundbuch.

Die Bestimmung des Grundbuchspeichers kann gemäß § 62 S 2 GBV auch **geändert** werden (vgl § 62 GBV Rdn 13). Von dieser Definition geht § 129 Abs 1 S 1 aus. Eines der Kriterien, die für eine wirksame Eintragung erfüllt sein müssen, ist somit die **Abspeicherung** der Eintragungsdaten im **Grundbuchspeicher**.

2. Wiedergabefähigkeit

9 Die zweite Voraussetzung, die erfüllt sein muss, damit eine wirksame Eintragung vorliegt, ist die dauernde inhaltlich unveränderte **Wiedergabefähigkeit** in lesbarer Form.

10 Die Wiedergabe erfolgt durch **Anzeige** der Grundbucheintragungen auf einem Bildschirm (§ 79 GBV) oder durch **Ausdruck** der Grundbuchdaten (§ 78 GBV). Auch beim automatisierten Abrufverfahren (§ 133, §§ 80 ff GBV) erfolgt die Wiedergabe in – technisch – gleicher Weise (vgl § 80 GBV); allerdings haben die dabei gefertigten »Abdrucke« nicht die rechtliche Qualität von Ausdrucken iS von § 131 iVm § 78 GBV, also von Abschriften.

11 Die Wiedergabe muss »auf Dauer« möglich sein. Die abgespeicherten Grundbucheintragungen müssen – wie beim Papiergrundbuch – **ständig** wiedergabefähig und lesbar sein. Auch bei einer Fortentwicklung der technischen Grundlagen des Verfahrens (etwa hinsichtlich des Speichermediums) muss gewährleistet sein, dass durch entsprechende Konvertierung der Daten (vgl § 62 S 2 GBV) die ständige Wiedergabefähigkeit gesichert ist. Die **Information »Grundbucheintragung«** ist also mit dem **Informationsträger** (Datenträger) **nicht** auf Dauer fest verbunden; der Datenträger, das Speichermedium kann geändert werden.

12 Die Wiedergabe muss »**inhaltlich unverändert**« erfolgen. Die Speicherung erfolgt – der Natur der automatisierten Datenverarbeitung entsprechend – immer in codierter Form (vgl § 126 Rdn 8). Auch bei einem Wechsel des zur Abspeicherung verwendeten Codes, der unter § 62 S 2 GBV fällt, muss der Inhalt wiedergegeben werden, der vom Veranlasser eingegeben und mit dessen elektronischer Unterschrift versehen wurde.

13 Die Wiedergabe muss schließlich **lesbar** sein. Die in codierter Form gespeicherten Schriftzeichen müssen als solche auf dem Bildschirm oder dem Ausdruck erscheinen; eine Wiedergabe in Form von Codes oder Schlüsseln ist nicht zulässig. Die Programme des maschinell geführten Grundbuchs müssen deshalb so angelegt sein, dass die **Entschlüsselung** der abgespeicherten Daten und ihre Umwandlung in lesbare Schriftzeichen auf den Ausgabemedien (Bildschirm, Ausdruck) gesichert ist.

14 Die **äußere Form** der Wiedergabe muss die gleiche sein, die auch für das Papiergrundbuch gilt (§§ 63, 76 GBV).

3. Abspeicherungsbefehl

15 Die Wirksamkeit der Eintragung muss von den Arbeitsabläufen im Grundbuchamt losgelöst betrachtet werden. Für das technische Verfahren zur Veranlassung einer Eintragung (vgl § 130 Rdn 6) sind unterschiedliche Abläufe vorstellbar.

16 Die Veranlassung der Eintragung wird idR durch einen **Abspeicherungsbefehl** der für die Veranlassung zuständigen Person, idR des Rechtspflegers, bewirkt. Durch den Abspeicherungsbefehl, der mit der **elektronischen Unterschrift** (vgl Rdn 21, 22) verbunden sein muss, werden die programmgesteuerten Prozeduren ausgelöst, die letzten Endes zu der Aufnahme in den Grundbuchspeicher (vgl Rdn 8) und zur Wiedergabefähigkeit (vgl Rdn 9) führen.

17 Abspeicherungsbefehl und Aufnahme in den Speicher sowie Wiedergabefähigkeit werden aber in aller Regel **nicht** auf den gleichen Zeitpunkt fallen.

Im günstigsten Fall wird die abzuspeichernde Grundbucheintragung sofort an den Datenspeicher übertragen, dort in eine sog »Warteschlange« eingereiht, in der sich die Eintragungen anderer Grundbuchbeamten für andere Grundbuchblätter befinden können, und nach Abarbeitung der »wartenden« Eintragungen im Speicher abgelegt.

18 Denkbar und zulässig ist aber auch eine Verfahrenskonzeption, bei der etwa die im Laufe eines Tages veranlassten Eintragungen angesammelt und am Ende eines Arbeitstages im sog »Stapelbetrieb« (Stapelverarbeitung) in den Datenspeicher eingebracht werden.

Die **Rücknahme** eines Abspeicherungsbefehls richtet sich ebenfalls nach der technischen Verfahrenskonzeption. 19

Das Verfahren SOLUM-STAR (Vor § 126 Rdn 30) sieht zB vor, dass eine veranlasste Eintragung dann aus dem Herrschaftsbereich des Rechtspflegers gelangt ist und dieser dann die Einwirkungsmöglichkeiten hierauf verloren hat, wenn er den mit der elektronischen Unterschrift versehenen Abspeicherungsbefehl erteilt hat. Bis zu diesem Zeitpunkt kann die Eintragung abgebrochen werden.

Wünschenswert ist auf jeden Fall eine technische Verfahrensgestaltung, bei der die Eintragungen möglichst 20
umgehend in den Grundbuchdatenspeicher aufgenommen werden.

4. Elektronische Unterschrift

Die Abspeicherung im Grundbuchspeicher darf nur erfolgen, wenn die veranlassende Person (§ 74 Abs 1 GBV) 21
der Eintragung ihren **Nachnamen** hinzusetzt und beides **elektronisch unterschreibt** (§ 75 S 1 GBV).

Das Vorhandensein des Nachnamens und der elektronischen Unterschrift bildet aber nur die Voraussetzung für die Abspeicherung; sie ist **nicht** Wirksamkeitsvoraussetzung. Würde zB eine Eintragung ohne Nachnamen oder ohne elektronische Unterschrift abgespeichert werden und liegen die sonstigen Voraussetzungen (vgl Rdn 8, 9) vor, so wäre gleichwohl eine wirksame Eintragung vorhanden. Allerdings müssen die Programme für das maschinelle Grundbuch so beschaffen sein, dass sie gemäß § 126 Abs 1 Nr 1 und § 64 Abs 2, insb Nr 6 und 7 GBV, fehlerfrei funktionieren.

Praktisch wird somit eine Abspeicherung ohne Nachnamen und elektronische Unterschrift auszuschließen sein; 22
eine Wirksamkeitsvoraussetzung hinsichtlich der einzelnen Eintragungen ist dies jedoch nicht.

IV. Überprüfung des Wirksamwerdens

§ 129 Abs 1 S 2 verlangt, dass die Einhaltung der beiden Wirksamkeitskriterien (Abspeicherung, Wiedergabefä- 23
higkeit) **überprüft** wird. Verlangt wird eine **Bestätigungsanzeige** oder eine **Überprüfung** in anderer geeigneter Form. Damit soll verhindert werden, dass Eintragungen zwischen dem Abspeicherungsbefehl und der tatsächlichen Abspeicherung infolge eines technischen Defekts verloren gehen, der etwa in einer Leitungsstörung, wenn die Eintragungsdaten gemäß § 126 Abs 3 außerhalb des Grundbuchamts gespeichert werden, oder in einer sonstigen Störung in der Datenverarbeitungsanlage bestehen kann.

§ 74 Abs 2 GBV ergänzt diese Bestimmung dahingehend, dass die Eintragung von der veranlassenden Person 24
auf Richtigkeit und Vollständigkeit zu prüfen ist; verlangt wird außerdem, dass die Aufnahme in den Datenspeicher »**verifiziert**« werden soll.

Wegen der Einzelheiten s hierzu die Erläuterungen zu § 74 GBV (Rdn 8).

V. Tag der Eintragung

1. Regelfall

§ 129 Abs 2 S 1 greift den Regelungsgehalt von § 44 Abs 1 S 1 auf. Im Gegensatz zu § 44 Abs 1 S 1, wonach 25
eine Eintragung den Tag, an welchem sie erfolgt ist, angeben muss, bestimmt § 129 Abs 2 S 1 folgerichtig, dass jede Eintragung den **Tag** angeben soll, an dem sie wirksam geworden ist, also den Tag, an dem die Abspeicherung erfolgt ist und die Wiedergabefähigkeit eingetreten ist. Dieser Tag braucht **nicht** manuell von der veranlassenden Person eingegeben zu werden.[1] Je nach der Gestaltung des maschinellen Verfahrens wird dies unter Umständen auch gar nicht möglich sein, da erst bestimmte technische Prozeduren ablaufen müssen, ehe die Wirksamkeitsvoraussetzungen vorliegen; es ist denkbar, dass diese erst am folgenden Tag eintreten. Der Tag kann deshalb auch durch maschinelle Abläufe **selbsttätig** abgespeichert werden; die Programme müssen nur gewährleisten, dass die beiden og Wirksamkeitskriterien erfüllt sind; das Hinzufügen des Eintragungstages kann dann programmgesteuert erfolgen; er braucht nicht durch den veranlassenden Grundbuchbeamten eingegeben zu werden.

2. Integration Grundbuch/Liegenschaftskataster

§ 129 Abs 2 S 2 **ergänzt** die Bestimmungen über die programmgesteuerte Zusammenarbeit zwischen **Liegen-** 26
schaftskataster und **Grundbuch** des § 127 Abs 1 Nr 1.

§ 127 Abs 1 Nr 1 lässt zu, dass Änderungen bei den beschreibenden Grundstücksangaben und bei Berichtigun- 27
gen ohne rechtliche Auswirkungen maschinell (programmgesteuert) aus dem Liegenschaftskataster in das

---

1 Davon geht offensichtlich das OLG Köln, Rpfleger 2006, 646 aus.

Grundbuch übernommen werden. Eines Tätigwerdens des Grundbuchamts bedarf es dabei nicht; diese Funktion übernehmen die gemäß § 126 Abs 1 Nr 1 und § 64 GBV geprüften und freigegebenen Programme (vgl § 127 Rdn 14 ff). Gleichwohl handelt es sich aber um Eintragungen in das Grundbuch, für die Abs 1 gilt.

28 **Nicht** notwendig ist aber bei dieser programmgesteuerten Übernahme, dass der **Tag der Eintragung** im Grundbuch angegeben werden muss. Gleichwohl **kann** der Eintragungstag auch in diesen Fällen angegeben werden, wenn das technisch unproblematisch möglich ist.

VI. Sonstige Ergänzungen des § 44 beim maschinell geführten Grundbuch

29 Die weiteren Bestimmungen in § 44 Abs 1 S 2 (verfügende und veranlassende Person) werden ergänzt durch § 130 sowie § 74 und § 75 GBV. Im Grundsatz wird dadurch die **Unterscheidung** zwischen **verfügender** und **veranlassender** Person **aufgegeben**, wie sie der § 44 Abs 1 enthält.

Beim maschinellen Grundbuch werden Eintragungen grundsätzlich nur von **einer** Person, nämlich von der für die Führung des maschinell geführten Grundbuchs zuständigen Person veranlasst. Einer besonderen **Eintragungsverfügung** bedarf es dabei **nicht** mehr; zu beachten ist aber § 130 S 2, wonach der Veranlasser aktenkundig oder sonst feststellbar zu machen ist.

30 Allerdings kann durch Landesverordnung bestimmt werden, dass auch beim maschinellen Grundbuch der Urkundsbeamte die Eingabe der Grundbucheintragung auf Verfügung der zuständigen Person veranlasst. Dies sollte aber die Ausnahme darstellen, da die innerbetrieblichen Vorteile des maschinell geführten Grundbuchs andernfalls jedenfalls teilweise nicht genutzt werden (§ 74 Abs 1 S 3).

§ 130 (Eintragungsverfügung und Eintragung)

§ 44 Abs 1, Satz 1, 2 zweiter Halbsatz und Satz 3 ist für die maschinelle Grundbuchführung nicht anzuwenden; § 44 Abs 1 Satz 2 erster Halbsatz gilt mit der Maßgabe, daß die für die Führung des Grundbuchs zuständige Person auch die Eintragung veranlassen kann. Wird die Eintragung nicht besonders verfügt, so ist in geeigneter Weise der Veranlasser der Speicherung aktenkundig oder sonst feststellbar zu machen.

I. Allgemeines

Die Vorschrift des § 130 ergänzt die Regelungen in § 129, die sich mit dem **Wirksamwerden der Eintragung** 1 befassen; sie enthält außerdem Vorschriften über die Eintragungsverfügung und die Veranlassung der Eintragung.

§ 130 bezweckt, dass die Vorschrift des § 44 für das maschinell geführte Grundbuch nur insoweit gelten soll, als 2 sie vorschreibt, dass Eintragungen zu »verfügen«, also – idR unter Angabe des Wortlauts – anzuordnen sind. Andererseits soll die Vorschrift nicht technischen Lösungen entgegenstehen, die eine förmliche Verfügung nicht mehr vorsehen. Die Eintragung wird dabei gewissermaßen **am Bildschirm** verfügt. Auf jeden Fall muss aber gesichert bleiben (S 2), dass der **Veranlasser aktenkundig** oder **sonst feststellbar** zu machen ist. Es soll jedenfalls ermittelt werden können, wer die Eintragung angeordnet hat.

II. Eintragungsverfügung und Veranlassung

Gemäß § 44 Abs 1 S 1 ist beim **Papiergrundbuch** die Eintragung durch die für die Führung des Grundbuchs 3 zuständige Person zu verfügen, und zwar regelmäßig unter Angabe des Wortlauts, und – dies wird vorausgesetzt – durch Niederschreiben auf Papier. Der Urkundsbeamte der Geschäftsstelle veranlasst dann die Eintragung im Grundbuch, dh, er schreibt sie unter Übernahme des Textes der Verfügung in das Grundbuch ein.

Das Niederschreiben der Verfügung auf Papier kann – je nach Ausgestaltung des beim **Papiergrundbuch** ein- 4 gesetzten Verfahrens – auch vereinfacht erfolgen, zB durch Bezeichnung eines bestimmten Textbausteins mit Angabe variabler Eintragungsbestandteile. Bei moderneren automationsunterstützten Systemen zur Führung des Papiergrundbuchs gibt häufig die für die Führung zuständige Person den Text der Eintragung bereits an einem Bildschirm ein. In der nach wie vor zu fertigenden Eintragungsverfügung kann dann auf die Eingabe Bezug genommen werden. Aufgabe des Urkundsbeamten ist es anschließend, diesen Eintragungstext in das Papiergrundbuch einzudrucken. Dabei kann ein neuerliches Abschreiben durch den Urkundsbeamten entfallen, wenn die vom Rechtspfleger oder der sonst zuständigen Person eingegebenen Daten zwischengespeichert wurden und für den Druck ins Grundbuch verwendet werden können.

Diese Vorgehensweise beim Papiergrundbuch beruht auf der **Arbeitsteilung** zwischen der für die rechtliche 5 Prüfung der Eintragungsanträge zuständigen Person (idR der Rechtspfleger) und dem Urkundsbeamten der Geschäftsstelle. Der Rechtspfleger hat den Eintragungsantrag zu prüfen und als Ergebnis dieser Prüfung die Eintragung zu verfügen (soweit nicht die Zurückweisung oder eine Zwischenverfügung in Betracht kommt).

Beim **maschinell geführten Grundbuch** ist diese – gewohnte – **Arbeitsteilung** zwischen Verfügung und 6 Veranlassung idR **aufgehoben**. Die für die Führung des Grundbuchs zuständige Person kann – nach der rechtlichen Prüfung des Eintragungsantrags und Eingabe der Eintragung am Bildschirm – die Eintragung **selbst veranlassen**, also das Wirksamwerden der Eintragung gemäß § 129 in die Wege leiten (vgl § 129 Rdn 15, 16).

§ 130 S 1 2. Hs lässt diese Aufhebung der Arbeitsteilung und die Zusammenfassung von Eintragungsverfügung 7 und Veranlassung der Eintragung in einer Person zu, schreibt sie aber nicht zwingend vor.

§ 74 Abs 1 S 1 GBV legt in Ergänzung des § 130 als **Regelfall** fest, dass beim maschinell geführten Grundbuch 8 stets die für die Führung des Grundbuchs zuständige Person die Eintragung auch veranlasst. Auf diese Weise sollen die Rationalisierungseffekte, die durch die technischen Möglichkeiten des maschinell geführten Grundbuchs eröffnet werden, auch genutzt werden.

§ 74 Abs 1 S 3 GBV eröffnet allerdings für Landesjustizverwaltungen, bei denen diese Handhabung auf Schwie- 9 rigkeiten stößt, die Möglichkeit, die Arbeitsteilung zwischen der für die Führung des Grundbuchs zuständigen Person und dem Urkundsbeamten der Geschäftsstelle wieder einzuführen bzw beizubehalten. Dies kann allerdings nur durch Rechtsverordnung des Landes erfolgen; dadurch soll die **Hemmschwelle** für die dann nicht gegebene Ausnutzung der Rationalisierungsmöglichkeiten möglichst hoch gezogen werden.

10   Veranlasst der für die Führung des Grundbuchs Zuständige die Eintragung selbst, so bedarf es folgerichtig auch **keiner Eintragungsverfügung** mehr, da es keiner Anweisung an den Urkundsbeamten der Geschäftsstelle mehr bedarf, welche Eintragung er in das Grundbuch einzuschreiben hat (vgl auch § 74 GBV Rdn 2 bis 4).

11   § 130 S 1 2. Hs hebt die Trennung zwischen Verfügung und Veranlassung auf. § 74 Abs 1 S 2 GBV stellt zusätzlich klar, dass es dann einer besonderen Verfügung nicht mehr bedarf. Allerdings ist gemäß S 2 dann aber der Veranlasser der Speicherung **aktenkundig** oder **sonst feststellbar** zu machen.

12   § 75 GBV bietet an sich Gewähr dafür, dass aus dem Grundbuch selbst der Nachname der veranlassenden Person, der der Eintragung hinzuzufügen ist, hervorgeht (vgl § 129 Rdn 21). Zusätzlich ordnet § 130 S 2 an, dass der Veranlasser der Speicherung auch aktenkundig oder sonst feststellbar zu machen ist. Zweckmäßigerweise wird dies durch einen auf Papier zu führenden Nachweis bei den Grundakten geschehen, in dem festgehalten wird, welche Eintragungen (Abteilung, laufende Nummer, Spalte) von welcher Person veranlasst wurden. Eine derartige Regelung ist zweckmäßig, aber nicht zwingend, da die Feststellbarkeit sich schon aus § 75 GBV ergibt.

Mit einem solchen Nachweis können auch weitere geschäftsleitende Verfügungen (etwa über Mitteilungen nach § 55) verbunden werden.

III. Tag der Eintragung

13   Beim Papiergrundbuch hat gemäß § 44 Abs 1 S 1 jede Eintragung den Tag, an dem sie erfolgt ist, anzugeben. Diese Bestimmung wird für das maschinell geführte Grundbuch durch § 130 S 1 ausdrücklich außer Kraft gesetzt.

14   An die Stelle dieser Bestimmung tritt gemäß § 129 Abs 2 S 1 die **Angabe des Tages**, an dem die **Eintragung wirksam** geworden ist (vgl § 129 Rdn 25).

IV. Unterschrift

15   Wirksamkeitserfordernis für eine Eintragung im Papiergrundbuch ist die Unterschrift.

16   Beim maschinell geführten Grundbuch ist aufgrund der andersartigen Technik der Grundbuchführung eine Unterschrift im herkömmlichen Sinn, also das Hinzusetzen des handschriftlichen Namenszugs, nicht mehr möglich (§ 129 Rdn 5). § 130 S 1 1. Hs sieht deshalb vor, dass die Vorschrift über die Unterschrift beim maschinell geführten Grundbuch nicht anzuwenden ist.

17   Allerdings sehen die Vorschriften über das maschinell geführte Grundbuch andere Mechanismen vor, um die Veranlassung der Grundbucheintragung durch eine autorisierte Person und die Feststellung des Urhebers sicherzustellen, nämlich die **elektronische Unterschrift** gemäß § 75 GBV. Wegen der Bedeutung der elektronischen Unterschrift vgl auch § 129 Rdn 21.

§ 131 (Ausdrucke)

Wird das Grundbuch in maschineller Form als automatisierte Datei geführt, so tritt an die Stelle der Abschrift der Ausdruck und an die Stelle der beglaubigten Abschrift der amtliche Ausdruck. Die Ausdrucke werden nicht unterschrieben. Der amtliche Ausdruck ist als solcher zu bezeichnen und mit einem Dienstsiegel oder -stempel zu versehen; er steht einer beglaubigten Abschrift gleich.

I. Allgemeines

Nach § 12 Abs 2 kann jeder, der ein berechtigtes Interesse darlegt, neben der Einsicht des Grundbuchs auch **1** eine **Abschrift** verlangen. Diese Abschrift ist auf Verlangen zu beglaubigen. Abschriften des Grundbuchs werden zur Information über den Grundbuchinhalt oder als Grundlage für Rechtsgeschäfte mit Grundstücken benötigt.

Beim Papiergrundbuch werden die Abschriften entsprechend dem Stand der Bürotechnik idR im Wege der **2** Ablichtung (Fotokopie) hergestellt; sie können aber auch – wie dies vor Einführung der Fotokopiertechnik durchwegs der Fall war – durch echtes Abschreiben angefertigt werden.

Auch beim maschinell geführten Grundbuch muss das Bedürfnis nach Abschriften, und zwar einfachen und **3** beglaubigten Abschriften, befriedigt werden. Allerdings erfolgt dies – entsprechend der Ausgestaltung des maschinell geführten Grundbuches – technisch in anderer Form. Die Wiedergabe der Grundbuchdaten in lesbarer Form erfolgt durch Einsicht am Bildschirm oder durch **Ausdruck** des Inhalts (vgl § 126 Rdn 48).

Der **Ausdruck** als die eine Form der Lesbarmachung tritt deshalb an die Stelle der Abschrift; zu Recht spricht **4** S 3 2.Hs davon, dass der amtliche Ausdruck einer beglaubigten Abschrift gleichzustellen ist, da der Ausdruck nur die technische Form der Wiedergabe der Abschrift ist (wie beim Papiergrundbuch die Fotokopie). Kein Ausdruck iS des § 131 ist der Abdruck im automatisierten Abrufverfahren (§ 80 S 2 GBV).

II. Form der Ausdrucke

1. Herstellung

An die Stelle der **(einfachen) Abschrift** tritt der **Ausdruck**. An die Stelle der **beglaubigten Abschrift** tritt **5** der **amtliche Ausdruck**. Ein Unterschied in der Herstellung der Ausdrucke besteht nicht. Bei beiden Formen der Ausdrucke wird der Inhalt des Grundbuchblattes aus dem Grundbuchdatenspeicher entnommen und auf Papier ausgedruckt.

Für die **äußere Form** der Wiedergabe gilt § 63 GBV. Das bedeutet, dass der Ausdruck in seinem Aufbau **6** genauso auszusehen hat, wie das **herkömmliche Grundbuch**. Es muss die **Einteilung in Aufschrift, Bestandsverzeichnis** und die einzelnen **Abteilungen** und ebenso auch die gesamte **Spalteneinteilung** des Grundbuchs eingehalten werden.

Lediglich bei der Wiedergabe der **Rötungen** kann gemäß § 91 S 2 GBV auch eine Wiedergabe von **schwar- 7 zen** Strichen erfolgen. Dies ist zweckmäßig, da die im Bürobetrieb herkömmlich – auch aus wirtschaftlichen Gründen – verwendeten EDV-Drucker (ebenso wie Kopiergeräte) jedenfalls derzeit noch häufig nur Wiedergabe in einer Farbe, nämlich der schwarzen, kennen. Die Wiedergabe farbiger Striche würde bedeuten, dass für den Ausdruck aufwändigere und kostspieligere Farbdrucker notwendig wären.

2. (Einfacher, unbeglaubigter) Ausdruck

Die Gestaltung des **einfachen** oder **unbeglaubigten** Ausdrucks ist der Vorschrift des § 44 Abs 3 GBV nach- **8** empfunden. Der einfache Ausdruck ist mit der Aufschrift »Ausdruck« und dem Datum, an dem die Grundbuchdaten aus dem Grundbuchspeicher (§ 126 Abs 1 S 1 Nr 2, § 62 GBV) zur Herstellung des Ausdrucks abgerufen wurden, zu versehen (§ 78 Abs 1 S 1 GBV). Gemäß S 2 wird der Ausdruck nicht unterschrieben.

Ferner kann auf dem Ausdruck angegeben werden, welchen **Eintragungsstand** er wiedergibt (§ 78 Abs 3 **9** GBV; vgl § 78 Rdn 19 bis 21). Nach den von der BLK (vgl Vor § 126 Rdn 3, 32f) verabschiedeten **Leitlinien** hat der Vermerk über den Eintragungsstand wie folgt zu lauten: »*Letzte Änderung: TTMMJJJJ*« (vgl Vor § 126 Rdn 63, dort Nr 9.1.1).

10 Die Herstellung der Ausdrucke erfolgt auf technisch dafür geeigneten Druckern entweder beim Grundbuchamt oder in der Zentralstelle nach § 126 Abs 3.

11 Das Verfahren für die Herstellung der Ausdrucke ist beim maschinell geführten Grundbuch so gestaltet, dass die **zuständige Person** (vgl Rdn 27) den Ausdruck **veranlasst**. Diese »Veranlassung« wird in der Regel darin bestehen, dass ein entsprechender Auftrag an die Datenverarbeitungsanlage abgesetzt wird, und zwar durch Eingabe an einem dafür geeigneten und bestimmten Datensichtgerät.

3. Amtlicher Ausdruck

12 Der **amtliche Ausdruck** steht gemäß S 3 der **beglaubigten Abschrift** gleich. Im Übrigen gelten – soweit nicht § 78 GBV etwas anderes vorschreibt – die Vorschriften der §§ 44 und 45 GBV.

13 Der amtliche Ausdruck tritt im Rechtsverkehr an die Stelle der beglaubigten Abschrift und erfüllt somit die **Formerfordernisse** des § 29. Hierin und nicht etwa in einer höheren Richtigkeits- oder Vollständigkeitsgarantie der beglaubigten Abschrift aus dem Papiergrundbuch liegt der Unterschied zum (einfachen) Ausdruck. Wesentlich ist deshalb, dass hier der **Rechtsschein** einer beglaubigten Abschrift erzeugt wird, deshalb wird zu Recht geregelt, dass der amtliche Ausdruck einer beglaubigten Abschrift gleichsteht, auch wenn natürlich eine weitergehende inhaltliche Prüfung nicht stattfindet (vgl Rdn 17).[1]

14 Vorgeschrieben ist ferner nach § 131 S 3, dass der amtliche Ausdruck mit einem Dienstsiegel oder Dienststempel versehen wird. Die Wiedergabe des **Dienstsiegels** oder -stempels kann in verschiedener Weise erfolgen. Möglich ist die Anbringung von Hand nach erfolgtem Ausdruck. Ebenso zulässig ist aber auch die programmgesteuerte Anbringung beim Ausdruck.

Denkbar ist schließlich auch, dass der Siegelabdruck bereits formularmäßig auf dem Papier vorgesehen ist, das für den amtlichen Ausdruck verwendet wird (vgl § 78 GBV Rdn 24, 25).

15 Die meisten landesrechtlichen Regelungen über das Dienstsiegel sehen vor, dass im Siegel die ausstellende Behörde anzugeben ist. Im Fall des § 126 Abs 3 – bei Übertragung der Datenspeicherung und Datenverarbeitung an eine andere Stelle als das Grundbuchamt – kann dies zu Schwierigkeiten führen, wenn dort die Ausdrucke mehrerer angeschlossener Stellen erstellt werden, was ebenso wie beim einfachen Ausdruck (vgl Rdn 10) möglich ist. Zulässig ist deshalb auch, von der Angabe des Ortes der Behörde im maschinell einzudruckenden Dienstsiegel abzusehen. Zulässig ist es aber auch, das Dienstsiegel der Stelle, der nach § 126 Abs 3 die Datenverarbeitung übertragen wurde, zu verwenden.[2]

16 Der in § 131 als »**Beglaubigung**« bezeichnete Vorgang erfolgt in folgender Weise:

Die zuständige Person verfügt einen Ausdruck, der die Aufschrift »*amtlicher Ausdruck*«, den Vermerk »*beglaubigt*« mit dem Namen der veranlassenden Person sowie den Vermerk »*dieser Ausdruck wird nicht unterschrieben und gilt als beglaubigte Abschrift*« sowie das Dienstsiegel (vgl Rdn 14) enthält (vgl auch § 78 Abs 2 GBV Rdn 22 bis 25).

17 Eine Beglaubigung in der Form, dass die Übereinstimmung des Ausdrucks mit dem Inhalt des Grundbuchs von einem Bediensteten des Grundbuchs nach dem Ausdruck-Vorgang geprüft wird, ist **nicht** erforderlich; eine solche Überprüfung ist auch nicht möglich, da ein dem intellektuellen Vergleich zugänglicher, von der technischen Wiedergabe unabhängiger Grundbuchinhalt nicht zur Verfügung steht. Diese Richtigkeit müssen die geprüften Programme gewährleisten (§ 64 GBV). Auch beim amtlichen Ausdruck kann der Stand der Eintragung wiedergegeben werden (vgl Rdn 9).

4. Teilausdrucke

18 Für **Teilausdrucke** gilt, da § 78 GBV insoweit keine Regelung enthält, gemäß § 61 GBV die Vorschrift des § 45 GBV. Danach dürften **Teilausdrucke** nur in Form eines **amtlichen Ausdrucks** hergestellt werden (§ 45 Abs 1 GBV).[3]

19 Zu berücksichtigen ist dabei aber auch die programmtechnische Gestaltung des maschinell geführten Grundbuchs. Heranzuziehen sind hier die Vorschriften des § 44 Abs 2 S 2. Diese beruhen auf dem Grundgedanken, dass die Herstellung von Abschriften ohne erheblichen oder zeitraubenden Arbeitsaufwand erfolgen soll.

---

1 *Bauer/von Oefele-Waldner* § 131 GBO Rn 4 spricht insoweit von einer Fiktion.
2 So hat zB Nordrhein-Westfalen in der Landesverordnung vom 05.09.2001, GV.NRW S 67, die Regelung getroffen, dass als maschinell ein- oder aufgedrucktes Dienstsiegel das Dienstsiegel des Gemeinsamen Gebietsrechenzentrums Hagen verwendet wird.
3 *Hügel-Wilsch* § 131 Rn 8.

§ 44 Abs 4 S 2 2. Hs GBV regelt ferner, dass die **Arbeitstechnik** (dort: die Herstellung durch Ablichtung) zu **20** berücksichtigen ist.

Dies gilt auch für die programmtechnischen Prozeduren, die die Herstellung der Ausdrucke beim maschinell **21** geführten Grundbuch ermöglichen. **Nicht alles**, was nach § 44 und 55 für Abschriften aus dem Papiergrundbuch möglich ist, kann auch beim maschinell geführten Grundbuch verlangt werden.

Denkbar ist zB, dass als Teilabschrift ein amtlicher Ausdruck hergestellt werden kann, der nur bestimmte Abteilungen des Grundbuchblattes umfasst, nicht aber sonstige Teilabschriften (etwa ein Ausdruck, der sich nur auf bestimmte laufende Nummern des Bestandverzeichnisses und die darauf eingetragenen Belastungen bezieht).

Das Gleiche gilt für Ausdrucke, die nur noch aktuelle Eintragungen umfassen. Hier wäre gemäß § 44 Abs 4 **22** S 1 GBV bei gelöschten Eintragungen nur deren laufende Nummer und der Vermerk »gelöscht« wiederzugeben. In Verwendung des Grundgedankens des § 44 Abs 4 S 2 2. Hs GBV (vgl Rdn 20) kann ein solcher Ausdruck aber nicht verlangt werden, wenn die Programme des maschinell geführten Grundbuchs im jeweiligen Land eine solche Möglichkeit nicht vorsehen.

III. Übermittlung der Ausdrucke

Für die **Übermittlung** der Ausdrucke gelten die gleichen Regeln wie beim Papiergrundbuch. Das bedeutet, **23** dass die körperliche Übergabe oder die Versendung mit der Post zulässig ist.

Für den **einfachen Ausdruck** kann aber gemäß § 78 Abs 1 S 2 GBV auch die **elektronische Übermittlung** **24** erfolgen; für den amtlichen Ausdruck ist dies gemäß § 78 Abs 2 S 3 GBV allerdings nicht zugelassen. Wegen der verschiedenen Formen der elektronischen Übermittlung vgl bei § 78 GBV Rdn 13 bis 18.

IV. Zuständigkeit

1. Örtliche Zuständigkeit

Zuständig für die Erteilung der Ausdrucke ist grundsätzlich das **Grundbuchamt**, das das betreffende Grund- **25** buchblatt führt. Insoweit besteht kein Unterschied zum Papiergrundbuch.

Gemäß § 132 iVm § 79 Abs 3 und 4 GBV kann aber auch ein **anderes Grundbuchamt** die Erteilung von **26** Ausdrucken veranlassen. Die Voraussetzungen (insb etwa die Darlegung des berechtigten Interesses) müssen aber in gleicher Weise vorhanden sein und geprüft werden, allerdings in diesen Fällen vom veranlassenden Grundbuchamt.

2. Funktionale Zuständigkeit

Die Zuständigkeit des Urkundsbeamten der Geschäftsstelle gemäß § 12c Abs 1 Nr 1 für die Erteilung von Aus- **27** drucken und gemäß § 12c Abs 2 Nr 1 für die Veranlassung von amtlichen Ausdrucken bleibt unberührt.

V. Kosten

Für einfache Ausdrucke wird – wie bei der einfachen Abschrift – eine Gebühr von 10 Euro, für amtliche Aus- **28** drucke wird eine solche – wie bei beglaubigten Abschriften – in Höhe von 18 Euro erhoben (§ 73 Abs 2 KostO).

VI. Sonstiges

Zweckmäßig kann es sein, für den **amtlichen Ausdruck**, der wegen seiner Gleichstellung mit der beglaubig- **29** ten Abschrift Urkundenqualität genießt, **weitere Vorkehrungen** zu treffen, die eine Fälschung erschweren. Dazu kann zB die Anbringung eines Unterdrucks oder von Wasserzeichen gehören. Sowohl Unterdruck wie Wasserzeichen können nach dem Ermessen der Landesjustizverwaltung gestaltet werden. Denkbar ist etwa die wiederholte Angabe der Worte »amtlicher Ausdruck« oder die Wiedergabe des Landeswappens. Zweckmäßig kann auch die mechanische Verbindung der einzelnen Seiten des amtlichen Ausdrucks, zB durch Heften oder durch Anbringung von Ösen, sein.

§ 132 (Einsicht)

Die Einsicht in das maschinell geführte Grundbuch kann auch bei einem anderen als dem Grundbuchamt genommen werden, das dieses Grundbuch führt. Das einsichtgewährende Grundbuchamt entscheidet über die Zulässigkeit der Einsicht.

I. Voraussetzungen der Grundbucheinsicht

1 Die Voraussetzungen für die **Einsicht** in das maschinell geführte Grundbuch unterscheiden sich nicht vom Papiergrundbuch.

2 Die Einsicht des Grundbuchs ist jedem gestattet, der ein berechtigtes Interesse darlegt (§ 12 Abs 1 S 1). Dieser Grundsatz ist auch bei der Einsicht in das maschinell geführte Grundbuch in gleicher Weise zu beachten.

3 **Erleichtert** ist die **Darlegung des berechtigten Interesses** lediglich beim (eingeschränkten) automatisierten Abrufverfahren gemäß § 133 Abs 4 in Verbindung mit § 82 Abs 2 GBV, bei dem die Darlegung in der Form erfolgen kann, dass die Art des Abrufs durch Eingabe codierter Zeichen bezeichnet wird.

4 Neben der Einsicht in das Grundbuch (und der Erteilung von Ausdrucken gemäß § 131) kennt das maschinell geführte Grundbuch noch eine besondere Art der Zugänglichmachung des Grundbuchs, nämlich das **automatisierte Abrufverfahren** (vgl § 133).

II. Art und Weise der Einsichtsgewährung

1. Einsicht am Bildschirm

5 Beim maschinell geführten Grundbuch sind die abgespeicherten Eintragungen nicht unmittelbar lesbar; sie müssen für die Wiedergabe lesbar gemacht werden (vgl § 126 Rdn 48). Durch die an die Datenverarbeitung gestellten hohen Anforderungen ist gewährleistet, dass der abgespeicherte und der wiedergegebene Grundbuchinhalt übereinstimmt (vgl § 126 Rdn 9 ff). Zu dem – bisher nicht aufgetretenen, jedenfalls nicht bekannt gewordenen – Fall einer Nichtübereinstimmung, die auf rein technischen Gegebenheiten ohne menschliches Verschulden beruht, vgl § 126 Rdn 24).

6 Die **Lesbarmachung** erfolgt für die Einsicht in Form der Wiedergabe auf einem **Bildschirm** (§ 79 Abs 1 S 1 GBV). Der Aufruf des gewünschten Grundbuchblatts auf dem Bildschirm wird idR durch den zuständigen Bediensteten des Grundbuchamts vorgenommen. In geeigneten Fällen kann auch dem Einsichtnehmer selbst gestattet werden, das Grundbuchblatt auf dem Bildschirm aufzurufen (vgl § 79 GBV Rdn 12 bis 14).

2. Vorlage eines Ausdrucks

7 Die Einsicht kann auch durch **Vorlage eines Ausdrucks** gewährt werden (§ 79 Abs 1 GBV). Der Grund dafür liegt darin, dass bei einer großen Zahl von Anträgen auf Einsicht in das Grundbuch die Justizverwaltung unter Umständen veranlasst wäre, nur deshalb die notwendigen technischen Kapazitäten vorzuhalten, um unzumutbare Wartezeiten – etwa in den Hauptbesuchszeiten beim Grundbuchamt – zu vermeiden. Deshalb kann auch ein Ausdruck vorgelegt werden (vgl § 79 GBV Rdn 16 bis 18).

8 Will der Einsichtnehmende den Ausdruck **mitnehmen**, was zulässig ist, muss er allerdings die dafür vorgesehenen Gebühren entrichten (§ 131 Rdn 28), da es sich dann um die **Erteilung eines Ausdrucks** gemäß § 131 handelt.

3. Form der Wiedergabe

9 Die **Wiedergabe des Grundbuchs** auf dem Bildschirm (zu unterscheiden von der Speicherung) richtet sich in **Aufbau** und **Struktur** nach dem **Papiergrundbuch** (§ 63 GBV). Das Gleiche gilt auch für den Ausdruck. Das bedeutet, dass die Einteilung des Grundbuchs in Aufschrift, Bestandsverzeichnis und Abteilungen und der spaltenweise Aufbau auch bei der Wiedergabe des maschinell geführten Grundbuchs eingehalten werden müssen. Außerdem enthält die Einsicht – ebenso wie der Ausdruck – den **Eintragungsstand** (vgl § 131 Rdn 9).

III. Zuständigkeit für die Einsichtsgewährung

1. Örtliche Zuständigkeit

a) Einsicht bei dem für die Führung des Grundbuchs zuständigen Grundbuchamt. Grundsätzlich ist   **10**
für die Gewährung der Einsicht in das Grundbuch das **Grundbuchamt** zuständig, das das Grundbuch führt
(§ 1 Abs 1). Dies gilt selbstverständlich auch, wenn die Speicherung der Grundbuchdaten gemäß § 126 Abs 3
bei einer anderen Stelle erfolgt.

b) Einsicht bei einem anderen Grundbuchamt. Von dem unter Rdn 10 beschriebenen Grundsatz, der   **11**
beim Papiergrundbuch schon wegen der Natur des körperlich nur einmal auf Papier vorhandenen Grundbuchs
gilt, macht § 132 eine Ausnahme. Die Bestimmung lässt zu, dass die Grundbucheinsicht auch bei einem **anderen Grundbuchamt** erfolgen kann. Diese Möglichkeit ist aber an technische Voraussetzungen geknüpft, die
vorliegen müssen, damit die Möglichkeit des § 132 überhaupt realisiert werden kann (vgl Rdn 15 bis 17).

Über die Einsichtsgewährung entscheidet gemäß S 2 allein das einsichtgewährende (andere) Grundbuchamt.   **12**
Der Einholung der Entscheidung des für die Führung des Grundbuchs zuständigen Grundbuchamts bedarf es
nicht.

Die Einsicht bei einem anderen Grundbuchamt ist gemäß § 79 Abs 3 S 3 GBV auch über die Grenzen eines   **13**
Landes hinweg zulässig, wenn die Landesjustizverwaltungen dies vereinbart haben.

Die Gewährung der Einsicht bei dem anderen Grundbuchamt erfolgt dann in gleicher Weise, wie bei dem für   **14**
die Führung des Grundbuchs zuständigen Grundbuch (vgl Rdn 5 bis 8).

Technische Voraussetzung ist, dass das andere Grundbuchamt mit dem Datenspeicher des grundbuchführen-   **15**
den Grundbuchamts verbunden ist.

Erfolgt die Speicherung der Grundbuchdaten der Grundbuchämter, für die die maschinelle Grundbuchführung   **16**
angeordnet ist, bei einer (gemeinsamen) anderen Stelle gemäß § 126 Abs 3, so befinden sich die Grundbücher
aller beteiligten Grundbuchämter ohnehin in einem Datenspeicher; sie können dann von jedem Grundbuchamt aus aufgerufen werden.

Während der Übergangsphase bis zur flächendeckenden Einführung der maschinellen Führung (zum Stand vgl   **17**
Vor § 126 Rdn 30) ist es **nicht notwendig**, dass auch beim einsichtgewährenden anderen Grundbuchamt die
maschinelle Grundbuchführung eingeführt ist. Denkbar wäre, dass das andere Grundbuchamt lediglich mit
den technischen Vorkehrungen für den Aufruf der Daten und deren Wiedergabe auf einem Bildschirm ausgestattet ist. In diesem Fall könnte sich die technische Abwicklung ähnlich wie bei einem Abrufverfahren nach
§ 133 gestalten – jedoch ohne die Protokollierungspflicht des § 133 Abs 1 Nr 2. Auch eine Genehmigung nach
§ 133 Abs 2 ist in diesem Fall nicht notwendig, da es sich nicht um ein automatisiertes Abrufverfahren handelt.
§ 132 stellt eine Spezialnorm dar, die eine besondere Genehmigung nicht vorsieht. Der Regelfall wird allerdings
sein, dass auch beim »anderen« Grundbuchamt die maschinelle Grundbuchführung angeordnet ist.

2. Funktionale Zuständigkeit

Für die Gestaltung der Einsicht in das Grundbuch sowohl beim zuständigen als auch bei dem anderen Grund-   **18**
buchamt gilt § 12c Abs 1 Nr 1; es ist also stets der **Urkundsbeamte** der Geschäftsstelle zuständig.

Bei dem **anderen Grundbuchamt** kommt allerdings eine Besonderheit hinzu: **19**

Die zuständigen Bediensteten bei dem anderen Grundbuchamt müssen gemäß § 79 Abs 3 S 2 GBV für den
Aufruf von Grundbuchblättern anderer Grundbuchämter von der Leitung ihres Grundbuchamts eine besondere
Kennung zugeteilt erhalten (vgl § 79 GBV Rdn 23, 24).

IV. Kosten

Ebenso wie beim Papiergrundbuch ist auch beim maschinell geführten Grundbuch die **Einsicht gebührenfrei**   **20**
(§ 74 KostO).

Eine Ausnahme gilt nur, wenn der zum Zwecke der Einsichtsgewährung vorgelegte Ausdruck (vgl Rdn 7) dem   **21**
Antragsteller überlassen wird; dann handelt es sich allerdings nicht mehr um eine Einsicht, sondern um die
Erteilung eines Ausdrucks (vgl Rdn 8).

Eine weitere Ausnahme gilt beim automatisierten Abrufverfahren gemäß § 133. Hier dürfen gemäß § 85
GBV Gebühren für den Abruf von Grundbüchern und für die Einsicht in die Verzeichnisse nach § 12a
erhoben werden.

§ 133 (Automatisiertes Abrufverfahren)

(1) Die Einrichtung eines automatisierten Verfahrens, das die Übermittlung der Daten aus dem maschinell geführten Grundbuch durch Abruf ermöglicht, ist zulässig, sofern sichergestellt ist, daß

1. der Abruf von Daten die nach den oder auf Grund der §§ 12 und 12a zulässige Einsicht nicht überschreitet und

2. die Zulässigkeit der Abrufe auf der Grundlage einer Protokollierung kontrolliert werden kann.

(2) Die Einrichtung eines automatisierten Abrufverfahrens nach Absatz 1 bedarf der Genehmigung durch die Landesjustizverwaltung. Die Genehmigung darf nur Gerichten, Behörden, Notaren, öffentlich bestellten Vermessungsingenieuren, an dem Grundstück dinglich Berechtigten, einer von dinglich Berechtigten beauftragten Person oder Stelle, der Staatsbank Berlin sowie für Zwecke der maschinellen Bearbeitung von Auskunftsanträgen (Absatz 4), nicht jedoch anderen öffentlich-rechtlichen Kreditinstituten erteilt werden. Sie setzt voraus, daß

1. diese Form der Datenübermittlung unter Berücksichtigung der schutzwürdigen Interessen der betroffenen dinglich Berechtigten wegen der Vielzahl der Übermittlungen oder wegen ihrer besonderen Eilbedürftigkeit angemessen ist,

2. auf seiten des Empfängers die Grundsätze einer ordnungsgemäßen Datenverarbeitung eingehalten werden und

3. auf seiten der grundbuchführenden Stelle die technischen Möglichkeiten der Einrichtung und Abwicklung des Verfahrens gegeben sind und eine Störung des Geschäftsbetriebes des Grundbuchamts nicht zu erwarten ist.

(3) Die Genehmigung ist zu widerrufen, wenn eine der in Absatz 2 genannten Voraussetzungen weggefallen ist. Sie kann widerrufen werden, wenn die Anlage mißbräuchlich benutzt worden ist. Ein öffentlich-rechtlicher Vertrag oder eine Verwaltungsvereinbarung kann in den Fällen der Sätze 1 und 2 gekündigt werden. In den Fällen des Satzes 1 ist die Kündigung zu erklären.

(4) Im automatisierten Abrufverfahren nach Absatz 1 können auch Anträge auf Auskunft aus dem Grundbuch (Einsichtnahme und Erteilung von Abschriften) nach § 12 und den diese Vorschriften ausführenden Bestimmungen maschinell bearbeitet werden. Absatz 2 Satz 1 und 3 gilt entsprechend. Die maschinelle Bearbeitung ist nur zulässig, wenn der Eigentümer des Grundstücks, bei Erbbau- und Gebäudegrundbüchern der Inhaber des Erbbaurechts oder Gebäudeeigentums, zustimmt oder die Zwangsvollstreckung in das Grundstück, Erbbaurecht oder Gebäudeeigentum betrieben werden soll und die abrufende Person oder Stelle das Vorliegen dieser Umstände durch Verwendung entsprechender elektronischer Zeichen versichert.

(5) Ist der Empfänger eine nicht öffentliche Stelle, gilt § 38 des Bundesdatenschutzgesetzes mit der Maßgabe, daß die Aufsichtsbehörde die Ausführung der Vorschriften über den Datenschutz auch dann überwacht, wenn keine hinreichenden Anhaltspunkte für eine Verletzung dieser Vorschriften vorliegen. Unabhängig hiervon ist dem Eigentümer des Grundstücks oder dem Inhaber eines grundstücksgleichen Rechts jederzeit Auskunft aus einem über die Abrufe zu führenden Protokoll zu geben; dieses Protokoll kann nach Ablauf eines Jahres vernichtet werden.

(6) Soweit in dem automatisierten Abrufverfahren personenbezogene Daten übermittelt werden, darf der Empfänger diese nur für den Zweck verwenden, zu dessen Erfüllung sie ihm übermittelt worden sind.

(7) Genehmigungen nach Absatz 2 gelten in Ansehung der Voraussetzungen nach den Absätzen 1 und 2 Satz 3 Nr 1 und 2 im gesamten Land, dessen Behörden sie erteilt haben. Sobald die technischen Voraussetzungen dafür gegeben sind, gelten sie auch im übrigen Bundesgebiet. Das Bundesministerium der Justiz stellt durch Rechtsverordnung mit Zustimmung des Bundesrates fest, wann und in welchen Teilen des Bundesgebietes diese Voraussetzungen gegeben sind. Anstelle der Genehmigungen können auch öffentlich-rechtliche Verträge oder Verwaltungsvereinbarungen geschlossen werden. Die Sätze 1 und 2 gelten entsprechend.

(8) Das Bundesministerium der Justiz wird ermächtigt, durch Rechtsverordnung mit Zustimmung des Bundesrates Gebühren für die Einrichtung und die Nutzung eines Verfahrens für den automatisierten Abruf von Daten aus dem Grundbuch zu bestimmen. Die Gebührensätze sind so zu bemessen, daß der mit der Einrichtung und Nutzung des Verfahrens verbundene Personal- und Sachaufwand gedeckt wird; hierbei kann daneben die Bedeutung, der wirtschaftliche Wert oder der sonstige Nutzen für den Begünstigten angemessen berücksichtigt werden. Ansprüche auf Zahlung von Gebühren können auch für die Zukunft abgetreten werden; die Festsetzung der Gebühren kann im gesetzlich vorgesehenen Umfang auch nach einer Abtretung in dem allgemeinen Verfahren angefochten werden. Die Staatskasse vertritt den Empfänger der Abtretung.

I. Allgemeines

1. Normzweck

Eine der **wesentlichsten Neuerungen** beim maschinell geführten Grundbuch ist die Möglichkeit des **Abrufs** 1 **von Daten** aus dem Grundbuchspeicher über Datenleitungen (»Online-Anschluss«). Allerdings handelt es sich dabei **nicht** um einen frei zugänglichen **Internet-Anschluss**, auch soweit das Abrufverfahren in einigen Ländern über eine sog. Web-Schnittstelle zur Verfügung gestellt wird. Der Abruf ist nur für bestimmte Benutzer, die in einem besonderen Verfahren zugelassen werden müssen (Rdn 58 ff) geöffnet.

Beim Grundbuch in Papierform werden die Grundbucheintragungen in zweierlei Form zugänglich gemacht: 2
a) Durch Einsicht in das Grundbuch; die Einsicht setzt voraus, dass das Grundbuch dem Einsichtnehmenden körperlich vorliegt.
b) Durch Erteilung von Abschriften gemäß § 12 Abs 2 iVm §§ 44 und 45 GBV durch das zuständige Grundbuchamt.

§ 133 iVm §§ 80 bis 85 GBV sieht unter Nutzung der technischen Möglichkeiten der Datenspeicherung nach 3 § 126 Abs 1 S 2 iVm § 62 GBV die Möglichkeit des **automatisierten Abrufs** des Grundbuchs aus dem Datenspeicher vor. Die Beschränkung der Grundbucheinsicht auf denjenigen, der gerade im Augenblick das Grundbuch körperlich vor sich hat, fällt damit weg. Auch die Erteilung von Abschriften kann in den Fällen wegfallen, in denen die Einsicht am Bildschirm oder die Herstellung eines Abdrucks gemäß § 80 S 1 GBV genügt.

Die Geschäftstätigkeit der **Notare** und sonstigen in Betracht kommenden Stellen kann somit durch das auto- 4 matisierte Abrufverfahren erheblich erleichtert werden; offensichtlich ist der Vorteil zB auch für Notarstellen ohne Grundbuchamt am Ort.[1] Auch für die **Grundbuchämter** ergeben sich Vorteile, insb eine nachhaltige **Entlastung vom Publikumsverkehr**, die allerdings noch deutlicher ausfallen könnten, wenn – wie in Österreich[2] – die Notare allgemein zur Gewährung von Grundbucheinsicht und Erteilung von Grundbuchausdrucken ermächtigt wären. Die Bundesnotarkammer hat in ihrem Tätigkeitsbericht für 1999 erneut gegenüber dem Bundesministerium der Justiz gefordert, die **Einsichtgewährung durch die Notare** zuzulassen und – zur Erprobung – die Länder zu dieser Einsichtgewährung durch Notare zu ermächtigen. Es sollten hierfür die gleichen Gebühren anfallen wie bei der Erteilung von Ausdrucken durch die Grundbuchämter.[3]

2. Datenschutzaspekte

Der Online-Anschluss erlaubt es den zugelassenen Nutzern, ohne eine Entscheidung des Grundbuchamts von 5 sich aus auf die in Speicher enthaltenen Daten zuzugreifen. Das Vorhandensein des nach § 12 notwendigen berechtigten Interesses wird nicht im Einzelfall vor der Gewährung der Einsicht nachgeprüft, sondern in anderer Weise kontrolliert (Rdn 12, 20 ff).

---

1 *Oberseider* MittBayNot 1997, 88.
2 § 2a des österr. Bundesgesetzes über die Tätigkeit der Notare als Beauftragte des Gerichts (Gerichtskommissäre); vgl auch *Bülow-Gottwald* MittBayNot 1999, 363.
3 DNotZ 2000, 564.

6 Diese Regelung geht weit über die beim Papier-Grundbuch schon aus der Natur der Sache heraus vorgegebene Übung hinaus, wonach bei der Grundbucheinsicht und bei den Anträgen auf Erteilung von Abschriften jeweils die vorherige Entscheidung des Grundbuchamts notwendig ist (§ 12 Rdn 80). Bereits bei der Einsicht nach § 12 wird diskutiert, ob das Publizitätsprinzip des Grundbuchs in Widerspruch zu dem als Konkretisierung des allgemeinen Persönlichkeitsrechts nach Art 2 GG verstandenen **Grundrecht der informationellen Selbstbestimmung**[4] stehen kann (§ 12 Rdn 2). Verstärkt hat sich diese Diskussion durch die Einführung des automatisierten Abrufverfahrens beim maschinell geführten Grundbuch.

7 Die Online-Einsicht durch Personen und Stellen außerhalb des Grundbuchamts wird im Hinblick auf das informationelle Selbstbestimmungsrecht teilweise als **äußerst problematisch** bezeichnet.[5]

8 Unverkennbar ist andererseits, dass die neuere Rechtsprechung dazu neigt, dem **Publizitätsprinzip** den **Vorrang vor dem Geheimhaltungsinteresse** des Eigentümers oder sonstiger Berechtigter einzuräumen. Einen vorläufigen Schlusspunkt der Entwicklung scheint die Entscheidung des BVerfG vom 28.08.2000 über das Einsichtsrecht der Presse und – im Zusammenhang damit – die Nichtnotwendigkeit der Anhörung des im Grundbuch Eingetragenen darzustellen. Das BVerfG stellt in seiner Entscheidung ua fest, dass das »Einsichtsrecht von den tatbestandlichen Voraussetzungen der GBO« abhänge.[6]

9 Von Interesse könnte in diesem Zusammenhang auch sein, dass bereits bei der Beratung des Sachenrechts bei den Vorarbeiten zum BGB eine **unbeschränkte Öffnung** des Grundbuchs zur Diskussion stand und in verschiedenen deutschen Ländern bis zur Vereinheitlichung im Jahre 1935 auf Grund eines landesrechtlichen Vorbehalts in § 93 GBO aF auch galt.[7]

10 Nicht unbeachtet kann auch gelassen werden, dass das Schiffsregister und das Register der Pfandrechte an Luftfahrzeugen ein unbeschränktes Einsichtsrechts vorsehen.[8]

11 Auch die Situation in **anderen europäischen Staaten**, die ein dem deutschen Grundbuchsystem ähnliches Grundbuch besitzen, zeigt, dass dort häufig das Grundbuch **frei zugänglich** ist.[9]

12 Für das automatisierte Abrufverfahren ergibt sich letztlich die Schlussfolgerung, dass § 133 hinsichtlich der Darlegung des berechtigten Interesses nach § 12 ergänzende und interpretierende Regelungen enthält, bei deren Einhaltung der Zugang zu den Grundbuchdaten **nicht zu beanstanden** ist. Diese ergänzenden Regelungen bestehen vor allem darin, dass die **Zulassung** zum automatisierten Abrufverfahren **genehmigungspflichtig** ist (Rdn 58 ff), auf bestimmte Personen und Stellen **beschränkt** bleibt (Rdn 26, 31) und von Personen und Stellen, die nicht zu dem privilegierten Kreis nach Abs 2 gehören, bei jedem einzelnen Abruf eine Erklärung über das Vorliegen bestimmter Voraussetzungen abzugeben ist (Rdn 47). Der gesamte Abrufvorgang mit allen Daten kann zudem mit Hilfe der vorgeschriebenen **Protokollierung** kontrolliert werden (Rdn 69 ff).

13 Gegen die **Verfassungsmäßigkeit** des automatisierten Abrufverfahrens, wie es in § 133 und den ergänzenden Vorschriften der GBV geregelt ist, können deshalb begründete **Einwände nicht** erhoben werden. Allerdings stehen diese den in § 12 vorgegebenen Rahmen ausfüllenden Beschränkungen de lege lata einer Einbindung des Abrufverfahrens in staatenübergreifende Auskunftsportale im Internet wie zB dem europaweiten Einsichts- und Auskunftssystem EULIS (**Eu**ropean **L**and **I**nformation **S**ervice) entgegen (vgl Vor § 126 Rdn 17 und 57).

3. Technische Voraussetzungen

14 Für die Einrichtung des automatisierten Abrufverfahrens sind bezüglich der **technischen Voraussetzungen** zwei Schritte zu unterscheiden:

Zunächst müssen beim Grundbuchamt selbst die technischen Voraussetzungen geschaffen werden.

In einem zweiten Schritt müssen dann bei den zugelassenen Benutzern bestimmte technische Voraussetzungen vorhanden sein, damit das Abrufverfahren genutzt werden kann.

15 Notwendig ist die **Installation eines Endgerätes**, das den Abruf der Daten ermöglicht. Bei den bisher realisierten maschinellen Verfahren zur Grundbuchführung ist dies idR ein Personalcomputer herkömmlicher Bau-

---

4 *Benda* (Hg) Handbuch des Verfassungsrechts der Bundesrepublik Deutschland 1994, Rn 34.
5 *Holzer* NJW 1994, 481, 484; *Holzer-Kramer* 1994 Rn 177.
6 BVerfG NJW 2001, 503; zur Gesamtproblematik *Böhringer* Rpfleger 2001, 331.
7 *Grziwotz* MittBayNot 1995, 97.
8 § 8 Schiffsregisterordnung; vgl auch *Grziwotz* MittBayNot 1995, 97.
9 So in der »österreichischen Rechtsfamilie« mit Österreich, Ungarn, Slowenien, Kroatien, Polen (vgl Bundesministerium für Justiz der Republik Österreich 1992, 61); auch: Estland (§ 55 des estnischen Sachenrechtsgesetzes; s auch Justizministerium der Republik Estland, Grundbuch- und Notartage 1994 und 1995, hrsg 1996, 189); zu Estland s auch *Böhringer* BWNotZ 1997, 25.

art, der über Einrichtungen zur Netzanbindung verfügt. Dabei müssen die Sicherheitsvorkehrungen nach § 64 Abs 2 GBV und nach § 65 Abs 2 GBV (Sicherheit vor Hacking) eingehalten werden.

Welche technischen Voraussetzungen im Einzelnen notwendig sind, ist von der zuständigen Landesjustizverwaltung festzulegen. Dies ergibt sich insb aus Abs 2 Nr 3, wonach auf Seiten der grundbuchführenden Stelle die technischen Möglichkeiten der Einrichtung und Abwicklung des Verfahrens gegeben sein müssen und eine Störung des Geschäftsbetriebs des Grundbuchamts nicht zu erwarten sein darf. Es besteht **kein Anspruch** eines Teilnehmers am automatisierten Abrufverfahren, mit **beliebiger, von ihm selbst festgelegter Technik** den Anschluss zu begehren. Maßgebend ist vielmehr die Art und Weise, wie die **Landesjustizverwaltung** unter Beachtung der Vorschriften der §§ 126 bis 133 sowie der §§ 61 ff GBV das Verfahren technisch ausgestaltet hat. An diese Gegebenheiten muss sich der Benutzer des Abrufverfahrens halten. **16**

Wegen der Bestimmung, wonach eine Störung des Geschäftsbetriebs des Grundbuchamts nicht zu erwarten sein darf vgl Rdn 56.

Vor diesem Hintergrund gehört zu den von der zuständigen Landesjustizverwaltung festzulegenden technischen Details auch die Frage, ob auf Seiten des zugelassenen Benutzers eine besondere Abruf- und Recherchesoftware eingesetzt werden muss, die die Kommunikation mit den technischen Systemen des Grundbuchamts oder der nach § 126 Abs 3 eingerichteten zentralen Stelle ermöglicht. Während dies zunächst in allen SOLUM-STAR einsetzenden Landesjustizverwaltungen (vgl Vor § 126 Rdn 30) der Fall war, wird das automatisierte Abrufverfahren in einzelnen Ländern mittlerweile über eine Web-Schnittstelle und das Verfahren SOLUM-WEB abgewickelt, das in softwaretechnischer Hinsicht auf Seiten der zugelassenen Benutzer lediglich den Einsatz eines handelsüblichen Web-Browsers voraussetzt.[10]

Der zugelassene Benutzer muss – wie ihrerseits die Landesjustizverwaltungen gemäß § 126 Abs 1 Nr 1 – auch bei sich gemäß Abs 2 Nr 2 die Grundsätze der **ordnungsgemäßen Datenverarbeitung** einhalten. Das Gesamtsystem des maschinell geführten Grundbuchs einschl der zum automatisierten Abrufverfahren zugelassenen Personen und Stellen muss technisch den üblichen Standards entsprechen und zuverlässig und sicher sein (vgl auch § 126 Rdn 19 ff). **17**

Die Landesjustizverwaltung kann auch verlangen, dass das Vorliegen der Voraussetzungen nach Abs 2 Nr 2 und 3 vor Erteilung der Genehmigung zum Anschluss **nachgewiesen** wird. Hierzu können auch **technische Tests** verlangt werden. **18**

Zu beachten sind außerdem die Bestimmungen des § 82 Abs 1 GBV (Codezeichen zur Prüfung der Berechtigung; vgl Rdn 50 ff). **19**

II. Allgemeine Voraussetzungen

§ 133 **erleichtert** die Einsicht in das Grundbuch durch die Möglichkeit des **Online-Anschlusses**, setzt aber die allgemeinen Grundsätze für die Grundbucheinsicht in § 12 und für die Auskunft aus bzw die Einsicht in die Verzeichnisse gemäß § 12a nicht außer Kraft. **20**

Für Behörden (wozu hier wohl auch die Gerichte zu zählen sind), Notare und öffentlich bestellte Vermessungsingenieure ist bereits jetzt die Darlegung des **berechtigten Interesses** gemäß § 43 GBV **nicht** notwendig. Dieser Regelung folgt Abs 2 iVm § 81 GBV und lässt den **uneingeschränkten Abruf** zu. **21**

Die in Abs 1 Nr 1 zitierte Vorschrift des § 12a dürfte zutreffend wohl § 12b meinen; § 80 S 1 GBV stellt dies richtig und zitiert § 12b. **22**

Für die in § 82 Abs 2 GBV aufgeführten Fälle bedarf es zudem der Angabe der **Art des Abrufs**, also der Bezeichnung der Art des berechtigten Interesses (vgl Rdn 47). **23**

Das gesamte Abrufverfahren unterliegt ferner der Kontrolle aufgrund der **Protokollierung** gemäß Abs 1 Nr 2 und §§ 83, 84 GBV. Der Verzicht auf eine Entscheidung des Grundbuchamts über die Gewährung von Einsicht in das Grundbuch darf nämlich nicht zu einem Verlust an institutioneller Kontrolle darüber führen, ob die Vorschriften des § 12 eingehalten werden oder nicht. Dem dient insbesondere die Forderung nach Protokollierung. **24**

III. Arten des Abrufverfahrens

Für das automatisierte Abrufverfahren werden § 12, 12a und 12b durch § 133 ergänzt. **25**

§ 133, der seinerseits durch §§ 80 ff GBV ergänzt wird, unterscheidet iVm § 82 Abs 2 GBV folgende Arten des Abrufverfahrens:

---

10 KEHE-*Erber-Faller* § 133 Rn 35.

1. Uneingeschränktes Abrufverfahren

26 Zugelassen werden können gemäß Abs 2 S 2 **Gerichte, Behörden, Notare, öffentliche Vermessungsingenieure** und die Staatsbank Berlin, die staatliche Aufgaben wahrnahm, inzwischen aber nicht mehr besteht.

27 Der Begriff des »uneingeschränkten« Abrufverfahrens ist als solcher in den Vorschriften nicht enthalten. Er ergibt sich aber aus dem Umkehrschluss zu § 82 Abs 2 GBV iVm Abs 4, in dem – im Gegensatz zu den unbeschränkt berechtigten Personen oder Stellen – das »eingeschränkte« Abrufverfahren definiert und dieser Begriff eingeführt wird (wegen der mit der Zulassung verbundenen Möglichkeiten vgl Rdn 42).

2. Eingeschränktes Abrufverfahren

28 Der Begriff wird durch § 82 Abs 2 GBV eingeführt; in § 82 Abs 2 GBV sind auch die Regeln für die nähere Ausgestaltung des Auskunftsverfahrens nach Abs 4 enthalten, das dort eben als »**eingeschränktes Abrufverfahren**« bezeichnet wird.

29 Unter das eingeschränkte Abrufverfahren fallen **dinglich Berechtigte** am Grundstück (bzw grundstücksgleichem Recht oder einem Recht an einem solchen Recht) sowie Personen oder Stellen, die vom **Eigentümer** die **Zustimmung** erhalten haben oder die Maßnahmen der **Zwangsvollstreckung** betreiben.

30 Die Fallgruppe des Abs 2 »einer vom dinglich Berechtigten beauftragten Person oder Stelle« fällt unter das eingeschränkte Abrufverfahren. Diese beauftragten Personen oder Stellen sind gemäß Abs 2 genauso zu behandeln wie die dinglich Berechtigten selbst und fallen deshalb unter das eingeschränkte Abrufverfahren gemäß § 82 Abs 2 GBV.

31 Ausdrücklich klargestellt ist in Abs 2, dass **öffentlich-rechtliche Kreditinstitute nicht** den Behörden gleichzustellen sind. Für sie ist – ebenso wie bei anderen, privatrechtlichen organisierten Kreditinstituten – nur das eingeschränkte Abrufverfahren zulässig, wenn eine der Fallgruppen des § 82 Abs 2 GBV vorliegt.

IV. Zulassung als Substitut des Berechtigten

32 Die Zielsetzung des automatisierten Abrufverfahrens liegt in der Erleichterung des Zugangs zum maschinell geführten Grundbuch und in der Entlastung der Grundbuchämter (Rdn 3, 4). Nicht auszuschließen ist, dass zum Abruf berechtigte Personen oder Stellen sich in der Ausübung des Abrufverfahrens **vertreten** lassen wollen. Die Gründe können aus der Sicht des Berechtigten **technischer Art** sein (zB Fehlen der geeigneten Technik oder Fehlen des geeigneten Bedienungspersonals). Sie können aber auch **wirtschaftlich motiviert** sein (zB in den Fällen, in denen zwar die Eilbedürftigkeit vorhanden, aber die Zahl der Abrufe gering ist, vgl Abs 2 Nr 1).

Es können folgende Fallkonstellationen unterschieden werden:

1. Technischer Mittler

33 Bedienen sich die Abrufberechtigten einer **Serviceeinrichtung** (zB eines von einer Anzahl von Banken gemeinsam betriebenen Rechenzentrums, mit dem die Banken vernetzt sind), über welche der Anschluss an den Speicher des Grundbuchs technisch hergestellt wird, so ändert dies **nichts** daran, dass die Abrufe von dem einzelnen Abrufberechtigten (also zB der jeweiligen Bank) durchgeführt werden. Die Serviceeinrichtung hätte dann lediglich die Funktion eines **technischen Mittlers**. Die Genehmigung muss in diesem Fall dem einzelnen Antragsteller jeweils gesondert erteilt werden. Eine Zulassung der Serviceeinrichtung als Abrufberechtigter kommt **nicht** in Betracht, da es sich bei deren Aufgaben nur um eine dem Abrufberechtigten zuzurechnende **technische Funktionalität** handelt. Auch eine dadurch möglicherweise angestrebte Reduzierung der Zulassungs- und Festgebühren nach § 85 GBV erscheint nicht zulässig.

34 Wird ein technischer Mittler für das automatisierte Abrufverfahren eingeschaltet, so ist besonders darauf zu achten, dass die im Abrufverfahren erlangten Grundbuchdaten nur bestimmungsgemäß verwendet werden. Insb ist es unzulässig, mit Hilfe der gewonnen – umfangreichen – Daten grundbuchähnliche Auskunftssysteme aufzubauen und zu speichern (vgl dazu auch § 80 GBV Rdn 14–22).

2. Zulassung von Substituten, die im Auftrag und an Stelle einer zum Abrufverfahren berechtigten Person oder Stelle handeln

35 Zweckmäßig könnte auch eine Zulassung von Personen oder Stellen (zB einer zu diesem Zweck gegründeten Firma) zum automatisierten Abrufverfahren sein, die **im Auftrag** einer an sich zum Abrufverfahren berechtigten Person oder Stelle handeln. Es handelt sich also nicht um eine vom dinglich Berechtigten beauftragte Person oder Stelle gem Abs 2 S 1, sondern um eine Person oder Stelle, die von einem originär zum Abrufverfahren Berechtigten beauftragt ist. In Anlehnung an § 664 Abs 1 S 2 BGB wird für diese Art der Vertretung der Begriff der Substitution bzw des Substituten vorgeschlagen.[11]

---

11 *Palandt-Sprau* § 664 BGB Rn 2.

In Betracht kommen könnte eine derartige Zulassung insb dort, wo kleine Banken oder sog. **Anwaltsnotare** **36** sich bei der Ausübung des Abrufverfahrens eines **Dienstleisters** bedienen wollen. So kann etwa die Zahl der Notare beim Anwaltsnotariat verhältnismäßig hoch sein, während andererseits möglicherweise der Geschäftsanfall bei den einzelnen Notarstellen vergleichsweise – im Verhältnis zum Nur-Notariat – gering sein kann. Die Zulassung von privaten Stellen, die im Auftrag eines solchen Berechtigten handeln, könnte geeignet sein, die Vorteile des automatisierten Abrufverfahrens auch solchen Personen und Stellen zukommen zu lassen, bei denen ein eigener Anschluss nicht wirtschaftlich oder aus sonstigen Gründen nicht zweckmäßig ist. Zu unterscheiden sind dabei die Fälle des eingeschränkten und des uneingeschränkten Abrufverfahrens.

Weniger problematisch erschiene die Zulassung von **Substituten**, wenn ihnen nur die Möglichkeiten des **ein-** **37** **geschränkten Abrufverfahrens** (Rdn 28) und die Abrufe in den dabei bestehenden eingeschränkten Fällen (vgl Rdn 29) eingeräumt würden. Zu verlangen wäre dann allerdings, dass die an sich zur Einsicht berechtigte Person oder Stelle, die sich des Substituten bedient, das Vorliegen der Voraussetzungen gegenüber dem Substituten **ausdrücklich versichert**. Zur Gewährleistung der Kontrolle (Abs 1 Nr 2 sowie § 83 Abs 1 GBV) wird zu verlangen sein, dass diese Versicherung in **schriftlicher Form** oder einem entsprechenden **Surrogat** (analog §§ 126a BGB, 130a ZPO), **Fax** dürfte ebenfalls genügen (vgl § 130 Abs 6 ZPO), beim Substituten vorliegt und dort auch aufbewahrt wird. Für die **Dauer der Aufbewahrung** sind die in § 83 Abs 3 GBV genannten Fristen zugrunde zu legen. Es wird somit eine Aufbewahrungsfrist bis zum Ende des nächstfolgendes Jahres zu verlangen sein.

Bei dem einzelnen Abruf wären vom Substituten die gleichen legitimierenden Daten (insb Codezeichen, Art **38** des Abrufs) einzugeben wie sie vom Vertretenen zu verlangen wären.

Schwieriger gestaltet sich die Frage, ob die Zulassung eines Substituten für eine an sich zum **uneingeschränk-** **39** **ten Abrufverfahren** berechtigte Person oder Stelle zulässig ist. In Betracht käme eine Zulassung wohl nur, wenn im Auftrag von Notaren Abrufverfahren durchgeführt werden sollen. Der Kreis der Vertretenen sollte allerdings eng gezogen werden. In Betracht kommen sollten nur Anwaltsnotare. Bei sog Nurnotaren kann wohl immer die eigene Antragstellung verlangt werden. Bekannt geworden ist in Berlin die Bildung von sog Zweckgemeinschaften. Dabei wird nur ein Anwaltsnotar zugelassen, der aber auch für andere Anwaltsnotare, die der Genehmigungsbehörde benannt werden müssen, das Abrufverfahren durchführt. Dagegen dürften Bedenken nicht bestehen. Sollen aber private Personen oder Firmen als Substitut eines Anwaltsnotars zugelassen werden, so müssten dafür allerdings – über die oben aufgeführten Kriterien (Rdn 36, 37) hinaus – wohl noch **weitere** **Voraussetzungen** erfüllt sein, die die Kontrolle der Rechtmäßigkeit der Abrufe gewährleisten.

Dazu könnten folgende Regelungen gehören: **40**
a) Der Notar hat bei der zur Überprüfung seines Geschäftsbetriebs zuständigen Stelle[12] anzuzeigen, dass er sich einer bestimmten privaten Person oder Stelle zur Ausübung des automatisierten Abrufverfahrens bedienen will. Überlegt werden könnte auch, ob die Standesorganisationen der Notare (Landesnotarkammer) bei der Zulassung und Prüfung einbezogen werden sollten.
b) Die für die Überprüfung des Geschäftsbetriebs zuständige Stelle muss sich damit einverstanden erklären; insbesondere muss sie sich auch zur zusätzlichen Überprüfung der Rechtmäßigkeit der Abrufe bereit erklären. Eine entsprechende Bestätigung ist beim Antrag auf Zulassung zum automatisierten Abrufverfahren vorzulegen.
c) Der Substitut muss sich mit einer Überprüfung durch die für die Prüfung des Geschäftsbetriebs des Berechtigten zuständige Stelle einverstanden erklären, bzw in der Genehmigung entsprechend verpflichtet werden.
d) Der Notar muss sich verpflichten, die Beauftragung des Substituten in jedem Einzelfall in den einschlägigen Notariatsakten zu dokumentieren.
e) Alle Nachweise müssen ebenfalls mindestens bis zum Ende des nächstfolgenden Jahres aufbewahrt werden.

Vorteilhafter schiene es allerdings, wenn die Funktion des Substituten von den Landesnotarkammern übernom- **41** men würde. Die Notarkammer vertritt die Gesamtheit der in ihr zusammengeschlossenen Notare.[13] Sie kann neben den ihr durch die BNotO zugewiesenen Aufgaben »weitere dem Zweck ihrer Errichtung entsprechende Aufgaben wahrnehmen«.[14] Die Übernahme des Abrufverfahrens für Anwaltsnotare, die dies wünschen und die Zulassung der Notarkammer als Vertreter dieser Anwaltsnotare beim Abrufverfahren würde sich gut in das Aufgabenspektrum der Notarkammern einfügen. Zudem hätte diese Lösung den Vorteil, dass die Abwicklung des Abrufverfahren gewissermaßen in einem geschlossenen Kreis von Personen und Stellen stattfindet, die in einem besonderen Vertrauens- und Pflichtverhältnis stehen. In diesem Fall dürfte es auch genügen, wenn bei dem einzelnen Abruf das Aktenzeichen des betreffenden Notars eingegeben wird.[15]

---

12 §§ 92 ff BNotO.
13 § 67 Abs 1 S 1 BNotO.
14 § 67 Abs 6 BNotO.
15 Vgl hierzu *Göttlinger* DNotZ 2002, 746.

V. Gestaltung und Umfang des Abrufverfahrens

1. Uneingeschränktes Abrufverfahren

42 Die zum uneingeschränkten Abrufverfahren zugelassenen Personen oder Stellen müssen die **Zugangsvoraussetzungen** für einen sicheren Anschluss nach Abs 2 erfüllen (vgl Rdn 17).

Außerdem müssen sie das **Codezeichen** gemäß § 82 Abs 1 S 1 GBV und das **Geschäfts- oder Aktenzeichen** gemäß § 83 Abs 1 S 4 GBV eingeben.

43 Die zum uneingeschränkten Abrufverfahren Zugelassenen können im Übrigen die Einsicht im **vollen Umfang** des § 12 Abs 1 S 1 ausüben. Das bedeutet, dass sie **jedes Grundbuchblatt** im Rahmen ihrer Zulassung, dh für das Grundbuchamt, für das sie zugelassen sind, abrufen können. Auch dinglich Berechtigte haben stets einen Anspruch darauf, das **ganze** Grundbuchblatt einzusehen. Die Rechtmäßigkeit des einzelnen Abrufs ist von der für die Überprüfung zuständigen Stelle aufgrund des vom Grundbuchamt (oder der Stelle nach § 126 Abs 3) zu führenden **Protokolls** zu überprüfen (vgl Rdn 69 ff).

44 Unbeschränkt genutzt werden können auch die **Hilfsverzeichnisse** nach § 12a, insb das Eigentümer- und das Grundstücksverzeichnis. § 12a Abs 1 S 5 lässt zwar die Einsicht in die Verzeichnisse nur für Gerichte, Behörden und Notare zu (vgl § 12a Rdn 20). Für maschinell geführte Verzeichnisse gelten aber gemäß § 12a Abs 1 S 7 (vgl dort Rdn 31, 32) die §§ 126 Abs 2 und § 133 entsprechend.

Nach § 126 Abs 2 S 1 umfasst die maschinelle Führung des Grundbuchs auch die Führung der Verzeichnisse (vgl § 126 Rdn 56 ff). Das bedeutet, dass für das Abrufverfahren nur die Bestimmungen des § 133 und der hierzu erlassenen Vorschriften der §§ 80 ff GBV gelten; die **Einschränkung** in § 12a Abs 1 S 5 gilt hier **nicht**.

45 Soweit neben dem Eigentümer- und Grundstücksverzeichnis nach § 12a **weitere Verzeichnisse** geführt werden, sind jedoch unter Umständen Einschränkungen zu beachten. Wird zB ein Verzeichnis der **unerledigten Eintragungsanträge** geführt, muss darauf geachtet werden, dass **Ausforschungsersuchen** nicht zulässig sind. Nicht zulässig wäre zB eine Abfrage, wie viele unerledigte Eintragungsanträge eines bestimmten Notars beim Grundbuchamt vorliegen.

46 Die Landesjustizverwaltungen haben sich darauf geeinigt, bei der Realisierung des maschinell geführten Grundbuchs in ihren Ländern das Vorliegen eines unerledigten Eintragungsantrags **nur** bezogen auf ein **bestimmtes Grundbuchblatt** auszugeben (s Leitlinien – Vor § 126 Rdn 63, Abschnitt 9.4.1 Nr 6).

2. Eingeschränktes Abrufverfahren

47 Für das **eingeschränkte Abrufverfahren** gelten die Bestimmungen des uneingeschränkten Abrufverfahrens mit folgenden Maßgaben:

a) Das Vorliegen eines **Grundes für den Abruf** muss bei der elektronischen Anforderung des einzelnen Grundbuchblattes versichert werden. Diese Versicherung, die das Vorhandensein eines berechtigten Interesses darlegt, und zwar beschränkt auf die Gründe, die das eingeschränkte Abrufverfahren vorsieht (vgl Rdn 29), muss durch **Übermittlung entsprechender elektronischer Zeichen** bei der Anforderung erfolgen. Es handelt sich dabei um ein **zusätzliches Codezeichen** gemäß § 82 Abs 2 S 1 GBV, durch das die Art des Abrufs bezeichnet wird. Dieses zusätzliche Codezeichen kann mit dem Codezeichen für die Abrufberechtigung selbst verbunden werden (§ 82 Abs 2 S 2 GBV); zwingend ist dies jedoch nicht.

Die **Gründe des Abrufs** (eigene Berechtigung, Zustimmung des Eigentümers, Zwangsvollstreckung) können vom Programm auch in Form eines Auswahlmenüs vorgegeben werden.

Auch die Berechtigten im **eingeschränkten Abrufverfahren** können das Grundbuch **unbeschränkt** einsehen; eine vorherige Überprüfung der Zulässigkeit des Abrufs findet auch hier nicht statt. Die Eingabe des Abrufgrundes dient vielmehr ebenfalls nur der nachträglichen Überprüfung aufgrund des Protokolls.

48 b) Eine **Einschränkung** besteht beim eingeschränkten Abrufverfahren aber hinsichtlich der Hilfsverzeichnisse nach § 12a, und zwar beim **Eigentümerverzeichnis**. Aus der Natur der zugelassenen Abrufgründe folgt, dass eine Suche unter den Eigentümernamen ebenfalls nur eingeschränkt möglich ist.

Verhindert werden soll ein **Ausforschen** etwa dahin, welchen Grundbesitz ein bestimmter Eigentümer hat.

49 Die Landesjustizverwaltungen haben sich darauf geeinigt, dass die **Suche** unter dem **Eigentümernamen** im eingeschränkten Abrufverfahren nur dann zu einer Wiedergabe des Grundbuchs führen darf, wenn das Ergebnis eindeutig ist (siehe Leitlinien – Vor § 126 Rdn 63, Abschnitt 9.4.1 Nr 6). Das bedeutet, dass die Grundbuchblattnummer bei der Eigentümersuche nur dann wiedergegeben wird, wenn der Eigentümer nur in einem Grundbuchblatt eingetragen ist. Bei mehreren Treffern erhält der Abrufende keine Auskunft; er muss dann mit Hilfe anderer Suchkriterien vorgehen.

VI. Codezeichen

Die Vorschriften über das Abrufverfahren sehen folgende **Codezeichen** vor, die bei der Benutzung des Abruf- 50
verfahrens vom Teilnehmer einzugeben sind, über die Telekommunikationsleitungen an die Datenverarbeitungsanlage des maschinell geführten Grundbuchs übertragen und dort programmgesteuert geprüft werden:
1. Codezeichen für Kennzeichnung der berechtigten Stelle (§ 82 Abs 1 GBV; s dort Rdn 9 ff).
2. Zusätzliches Codezeichen zur Kennzeichnung der Art des Abrufs beim eingeschränkten Abrufverfahren
   (Abs 4 S 3 2. Hs; § 82 Abs 2 S 1 GBV; vgl § 82 GBV Rdn 19 bis 21).

Das Codezeichen zu 1. ist nunmehr – nach Änderung des § 82 GBV (s dort Rdn 3) von der berechtigten Stelle 51
selbst zu vergeben (s hierzu § 82 GBV Rdn 9).

Die Zuteilung und die Vorschriften über die Verwendung bedeuten **nicht**, dass das Codezeichen zu 1. **unver-** 52
ändert zu benutzen ist. Gerade die Vorschriften über die Sicherheit bei der Datenkommunikation (§ 64 Abs 2
Nr 8, § 65 Abs 2 GBV) können es erfordern, dass die berechtigte Person oder Stelle das Codezeichen bei Anlass
oder regelmäßig ändert. Jedenfalls darf es nur dem Benutzer selbst bekannt sein (vgl auch die entsprechenden
Vorkehrungen beim sog home-banking). Die Verantwortung für die sichere Verwahrung des Codezeichens
trifft immer die berechtigte Stelle (vgl auch § 82 GBV Rdn 11).

VII. Sonstige Voraussetzungen für die Zulassung

Neben den technischen Voraussetzungen (vgl Rdn 14 ff) und diesen vorgreifend müssen die in Abs 2 genannten 53
Voraussetzungen für eine **Zulassung** zum Abrufverfahren vorhanden sein. Diese sind:

1. Das **Abrufverfahren** muss unter Berücksichtigung der schutzwürdigen Interessen der betroffenen dinglich 54
   Berechtigten wegen der **Vielzahl der Übermittlungen** oder der besonderen **Eilbedürftigkeit** angemessen
   sein. Die Begriffe »Vielzahl« und »besondere Eilbedürftigkeit« sind nicht konkretisiert; es ist davon auszugehen, dass die genehmigende Stelle – auch unter Berücksichtigung von Abs 2 Nr 3 – hier einen sehr weitgehenden Ermessensspielraum hat.

2. Bei der berechtigten Stelle müssen die Grundsätze der **ordnungsgemäßen Datenverarbeitung** eingehal- 55
   ten werden (vgl dazu Rdn 17).

3. Auf der Seite des Grundbuchamts bzw der Daten verarbeitenden Stelle nach § 126 Abs 3 müssen die **techni-** 56
   schen Möglichkeiten vorhanden sein; eine **Störung des Geschäftsbetriebs** darf **nicht** zu erwarten sein.

Diese Vorschrift lässt der Landesjustizverwaltung einen sehr weiten Spielraum. Sie hat es nämlich in der Hand,
die Kapazität der Datenverarbeitungsanlage und der Datenübertragungseinrichtungen zu bestimmen. Allerdings
darf sie die Verpflichtung zur Gleichbehandlung der verschiedenen Antragsteller grundsätzlich nicht verletzen.

Hier können Gegebenheiten des Haushalts sowie personelle und technische Ressourcen eine Rolle spielen. 57
Nach Abs 3 S 1 ist sogar die Zulassung zu widerrufen, wenn eine dieser Voraussetzungen weggefallen ist.

VIII. Zulassungsverfahren

1. Genehmigung

Abs 2 sieht die **Genehmigung** zur Einrichtung des Abrufverfahrens vor. 58

§ 81 Abs 1 GBV präzisiert diese Vorschrift dahingehend, dass bei Gerichten und Behörden (wegen der Staats- 59
bank Berlin vgl Rdn 26) eine **Verwaltungsvereinbarung** abzuschließen ist; bei den übrigen Antragstellern
erfolgt die **Genehmigung** durch einen Bescheid nach den Regeln des im jeweiligen Land geltenden Verwal-
tungsverfahrens- und Verwaltungszustellungsgesetzes. Voraussetzung ist, dass ein entsprechender Antrag gestellt
wird.

Es kann aber auch ein **öffentlich-rechtlicher Vertrag** abgeschlossen werden. Die Regel wird die Genehmi- 60
gung durch Verwaltungsbescheid sein.

2. Widerruf

Die erteilte Genehmigung kann unter folgenden Voraussetzungen **widerrufen** werden: 61

a) Wegfall der Zulassungsvoraussetzungen gemäß Abs 2 Nr 1–3 (vgl Rdn 57). Der **Widerruf** ist in diesen Fäl- 62
   len gemäß Abs 3 S 1 zwingend; das Gleiche gilt gemäß Abs 3 S 4, wenn eine Verwaltungsvereinbarung oder
   ein öffentlich-rechtlicher Vertrag geschlossen ist; dann muss gekündigt werden.

b) Mißbräuchliche Benutzung 63
   Bei **missbräuchlicher Benutzung** des Abrufverfahrens liegt der Widerruf gemäß Abs 3 S 2, 3 im Ermessen der zuständigen Stelle (vgl Rdn 64). Missbräuchlich kann der Abruf insb in Fällen sein, bei denen die

Voraussetzungen des § 12 nicht vorliegen, bei denen die Darlegungserklärung gemäß § 82 Abs 2 GBV unrichtig angegeben wurde oder bei denen die Benutzung durch nicht autorisierte Mitarbeiter (§ 82 Abs 1 S 2 GBV) erfolgte oder der Verdacht auf missbräuchliche Verwendung eines Codezeichens besteht und dieser Umstand der Genehmigungsbehörde nicht mitgeteilt wurde. Es obliegt der Beurteilung durch die zuständige Stelle, was als Missbrauch anzusehen ist und ob dieser so schwerwiegend ist, dass ein Widerruf veranlasst ist.

In leichteren Fällen des Missbrauchs kann auch eine **Abmahnung** angebracht und der Widerruf im Wiederholungsfall angezeigt sein. Gegen den Widerruf ist der übliche Verwaltungsrechtsweg gegeben, nicht der Rechtsweg nach der GBO.

3. Zuständigkeit

64 **Zuständig** ist gemäß Abs 2 S 1 die **Landesjustizverwaltung** oder die gemäß § 81 Abs 1 GBV von ihr bestimmte Behörde. Grundsätzlich ist die Behörde zuständig, in deren Bezirk das betreffende Grundbuchamt liegt, für das das Abrufverfahren begehrt wird (§ 81 Abs 2 S 2 GBV). Die Landesregierung (oder – im Falle der erfolgten Delegation – die Landesjustizverwaltung) kann aber durch Rechtsverordnung nach § 93 GBV eine andere Behörde als zuständige bestimmen zB ein Oberlandesgericht.[16]

4. Geltungsbereich

65 Grundsätzlich wird das Abrufverfahren für den Bezirk des **Grundbuchamtes** zugelassen, für den es verlangt wird.

66 Auf Antrag (bei Verwaltungsvereinbarung oder öffentlich-rechtlichem Vertrag aufgrund einer entsprechenden Abstimmung zwischen den Partnern) kann die Genehmigung auch für die **Grundbuchämter eines Landes** erteilt werden, bei denen die gesetzlichen Voraussetzungen vorliegen, bei denen also das Grundbuch in maschineller Form eingeführt ist (Abs 7; § 81 Abs 3 GBV). Diese Voraussetzung kann auch erst in der **Zukunft** eintreten. Bei schrittweiser Anlegung des maschinell geführten Grundbuchs kann die Zulassung deshalb auch so ausgesprochen werden, dass sie sich auf Grundbuchämter erstreckt, die erst nach erteilter Genehmigung (bzw abgeschlossener Verwaltungsvereinbarung etc) hinzukommen und die maschinelle Grundbuchführung übernehmen.

67 Sobald das Bundesministerium der Justiz durch Rechtsverordnung gemäß Abs 7 S 3 festgestellt hat, in welchen Teilen des Bundesgebiets und ab wann die technischen Voraussetzungen gegeben sind, gelten die in einem Land erteilten Genehmigungen auch in diesen Teilen des Bundesgebiets, ohne dass es eines neuen Zulassungsverfahrens bedarf. Bisher wurde eine derartige Rechtsverordnung nicht erlassen.

5. Sonstige Abruffälle

68 Die Nutzung des Abrufverfahrens kann im Übrigen auch im Rahmen von § 12 Abs 3 im Verwaltungswege gestattet werden. So könnte etwa einer wissenschaftlichen Hochschule erlaubt werden, für ein **wissenschaftliches Vorhaben** die Suchverzeichnisse auszunutzen, wenn es um die statistisch-neutrale Auswahl wissenschaftlich zu untersuchender Grundstücke geht. Dies wäre aber vom Präsidenten des Amts- oder Landgerichts im Einzelnen festzulegen (vgl § 12 Rdn 61); diese Festlegung wäre dann der Genehmigung oder der Vereinbarung zur Zulassung zum Abrufverfahren vorgreiflich. Wegen der **Datenauswertung** bei strukturierter Speicherung s § 126 Rdn 51.

IX. Protokollierung und Überprüfung

1. Protokollierung

69 Das automatisierte Abrufverfahren geht von dem Grundsatz aus, dass der **einzelne Abruf** beim Abruf selbst **nicht** auf seine Berechtigung geprüft wird. Es würde eine völlig unrationelle Verfahrensgestaltung bedeuten, wenn verlangt würde, dass hier jeweils eine individuelle Entscheidung des Grundbuchamts für die Zulässigkeit des Abrufs getroffen wird.

Liegen die Voraussetzungen des Abrufs vor, so werden die Grundbuchdaten des einzelnen Grundbuchblattes oder die Auskünfte aus Verzeichnissen gemäß § 12a an den Abrufenden übertragen.

70 Die Überprüfung der Zulässigkeit erfolgt aufgrund der **Protokollierung** nach § 133 Abs 1 Nr 2 § 83 GBV.

---

16 Eine aktuelle Zusammenstellung der jeweils zuständigen Stellen kann im Internt unter www.grundbuchportal.de abgerufen werden.

Für die **Protokolle** ist folgendes zu beachten: 71

a) Beim uneingeschränkten Abrufverfahren muss das Protokoll gemäß § 83 Abs 1 S 4 folgende Angaben enthalten:
- Grundbuchamt
- Grundbuchblatt
- abrufende Person oder Stelle
- Geschäfts- oder Aktenzeichen der abrufenden Person oder Stelle,
- Zeitpunkt des Abrufs,
- die für die Durchführung des Abrufs verwendeten Daten.

Auch die Abrufe in den Verzeichnissen sind zu protokollieren.

Protokolliert werden muss nunmehr – nach entsprechender Änderung des § 83 GBV – jeder Abruf (§ 83 72
GBV Rdn 4).

Eine **Verpflichtung** der abrufenden Stelle zur Protokollierung, wie sie ursprünglich in § 83 GBV vorgesehen war, besteht **nicht mehr**. 73

b) Beim eingeschränkten Abrufverfahren sind die gleichen Daten zu protokollieren wie beim uneingeschränk- 74
ten Abrufverfahren. **Zusätzlich** ist jedoch die gemäß § 82 Abs 2 S 1 GBV anzugebende **Art des Abrufs** zu speichern.

2. Bereithaltung des Protokolls

Die Protokolle werden gemäß § 83 Abs 1 S 3 GBV zur Überprüfung durch die zuständige Stelle **bereitgehal-** 75
ten. Es ist Sache der für die Aufsicht über den Abrufberechtigten zuständigen Stelle, die Protokolle für ihre Prüfung **anzufordern**. Ausdrücklich regelt § 83 Abs 1 S 3 GBV, dass die zuständige Stelle nur zur **stichpro-**
benweisen Prüfung verpflichtet ist. Die Protokolle können – nach Vereinbarung zwischen dem Grundbuch-
amt und der zuständigen Stelle – in **beliebiger Form** ausgegeben werden. In Betracht kommt der Ausdruck
auf Papier in Listenform, eine Kopie auf Datenträger oder Bildträger oder die elektronische Übermittlung auf
dem Leitungswege. Wegen der Einzelheiten s § 83 GBV Rdn 9.

Die Protokolle sind bis zum Ende des **nächstfolgenden Kalenderjahres** aufzubewahren und dann zu vernichten, § 83 Abs 3 S 1 GBV. Auch die Prüfungsstellen müssen die Protokolle grundsätzlich nach Ablauf dieser
Frist vernichten, es sei denn, sie werden für laufende Prüfungen benötigt (§ 83 GBV Rdn 14).

Damit soll vermieden werden, dass Protokolle über Grundbuchabrufe zu lange Zeit bei verschiedenen Stellen 76
zugänglich sind, da sich auch daraus wiederum eine **Beeinträchtigung des Datenschutzes** ergeben kann.

Die Protokolle erfüllen folgende **Zwecke**: 77
a) Einsicht durch den Eigentümer beim Grundbuchamt
b) Zuleitung an die zur Überprüfung zuständige Stelle.
c) Überprüfung durch das Grundbuchamt selbst bei konkretem Anlass (§ 83 Abs 1 S 1 GBV).

3. Zuständigkeit für die Überprüfung

Wegen der Zuständigkeit für die Überprüfung s § 83 GBV Rdn 20 ff. 78

X. Gebühren

1. Gebührenverordnung

Abs 8 ermächtigt das Bundesministerium der Justiz, durch Rechtsverordnung mit Zustimmung des Bundesrates 79
Gebühren für das Abrufverfahren festzusetzen. Abs 8 S 2 enthält Anhaltspunkte für die Höhe der Gebühren.
Die Ermächtigung in Abs 8 S 1 wurde durch § 85 GBV wahrgenommen.

Die Vorschrift des Abs 8 wird somit ergänzt durch § 85 GBV. § 85 GBV legt fest, dass folgende Gebühren zu 80
erheben sind:
a) eine einmalige **Einrichtungsgebühr**;
b) eine monatliche **Nutzungsgebühr**;
c) **Abrufgebühren** für die einzelnen Abrufe, wobei unterschieden wird zwischen dem Abruf von Daten aus
    dem Grundbuch selbst und Abrufen aus Verzeichnissen nach § 12a.

Für die Festsetzung der Höhe dieser Gebühren ist in § 85 Abs 3 GBV eine weitere Verordnungsermächtigung 81
zugunsten des Bundesministeriums der Justiz enthalten, die durch die **Verordnung über Grundbuchabruf-**
verfahrengebühren (GBAbVfV)[17] wahrgenommen wurde. Durch Art 8 Abs 5 KostREuroUG,[18] wurden die
Gebührenbeträge auf Euro umgestellt.

---

17 Vom 30.11.1994, BGBl I S 3585, geändert durch die 2. EDVGB-ÄndV vom 11.07.1997, BGBl I S 1808.
18 Vom 27.04.2001, BGBl I 751.

Es gelten danach folgende Gebühren:
1. Einrichtungsgebühr (einmalig): 500,- Euro;
2. monatliche Grundgebühr: 50,- Euro;
3. Abrufgebühren
   a) für jedes Grundbuchblatt: 5,- Euro;
   b) für Verzeichnisse (für jedes einzelne Suchverzeichnis gemäß § 12a) 2,50 Euro.

Ruft ein Teilnehmer in einer Angelegenheit innerhalb von **sechs Monaten** mehrmals Daten aus demselben Grundbuchblatt ab, so ermäßigt sich die Abrufgebühr für Folgeabrufe auf jeweils 2,50 Euro.

82 Wegen der Erhebung der Einrichtungsgebühr und der Grundgebühr, wenn die Zulassung für mehrere Grundbuchämter erteilt wird (Rdn 66) vgl § 85 GBV Rdn 12 bis 14, 17.

2. Abtretungsmöglichkeit

83 Nach Abs 8 S 3 können die Ansprüche auf Zahlung der Gebühren für das Abrufverfahren auch für die Zukunft **abgetreten** werden. Aufgrund dieser Bestimmung besteht die Möglichkeit, die Abrufgebühren zu bestimmten Zwecken abzutreten. Verlangt werden muss, dass diese Zwecke mit der maschinellen Führung des Grundbuchs im Zusammenhang stehen. Das ergibt sich aus dem Kontext, in dem die Vorschrift des Abs 8 S 3 steht. Möglich ist zB die Abtretung an einen Dritten, der dafür die technische Ausstattung für die Grundbuchämter oder für die Stelle nach § 126 Abs 3 bereitzustellen hat.

Durch die Abtretung verlieren die Abrufgebühren nicht ihre Eigenschaft als Justizverwaltungskosten.[19]

Abs 8 S 3 2. Hs und S 4 regeln die Vorgehensweise bei der **Anfechtung** von Gebühren; hierfür gelten die allgemeinen kostenrechtlichen Vorschriften. Von der Abtretungsmöglichkeit haben bisher Berlin und Sachsen[20] Gebrauch gemacht.

3. Gebühren im Falle einer Vereinbarung

84 Erfolgt die Einrichtung und Nutzung des Abrufverfahrens nicht aufgrund eines Zulassungsbescheides, sondern aufgrund einer Verwaltungsvereinbarung oder eines öffentlich-rechtlichen Vertrags (vgl Rdn 59 ff), so ist gemäß § 85 Abs 2 S 1 GBV ein **Entgelt zu vereinbaren**, das sich an den unter Rdn 81 aufgeführten Gebühren ausrichtet. Wegen der möglichen Modifikationen s § 85 GBV Rdn 31.

85 Ausnahmen sind jedoch möglich bei Vereinbarungen mit Stellen der öffentlichen Verwaltung. Dabei können somit die Gebühren niedriger angesetzt werden; es kann auch von einer Gebührenerhebung ganz abgesehen werden.

4. Behandlung der Abrufgebühren im Notariat

86 Die lange umstrittene Frage, ob die Gebühren, die der Notar zur Vorbereitung von Grundstücksgeschäften für die Abrufe aus dem maschinell geführten Grundbuch zu entrichten hat, als verauslagte Gerichtskosten **auf die Beteiligten des Urkundsgeschäftes abgewälzt** werden können, wurde mittlerweile durch die obergerichtliche Rechtsprechung bejaht.[21] Zunächst wurde insbesondere in der Literatur überwiegend die Auffassung vertreten, dass auch die elektronische Grundbucheinsicht ein gebührenfreies Nebengeschäft gem § 35 KostO darstelle und die Abrufgebühren **nicht** als Auslagen berechnet werden können.[22] Die neuere Rechtsprechung anerkennt ausdrücklich, dass die Grundbucheinsicht im Rahmen des automatisierten Abrufverfahrens ein zum Hauptgeschäft der Beurkundung gehörendes Nebengeschäft ist, für das der Notar gem § 147 Abs 3 KostO keine eigenen Gebühren erheben darf, dass er deshalb aber nicht die ihm dabei entstehenden Auslagen selbst zu tragen hat.[23] Ob angesichts dieser Entwicklung[24] der Gesetzgeber bei der Neuregelung der Abrufgebühren noch eine Klarstellung herbeiführt,[25] bleibt abzuwarten.

---

19 *Bauer/von Oefele-Waldner*, GBO § 133 Rn 14; *Hügel-Wilsch*, GBO § 133 Rn 28.
20 NJW 1997 Heft 51 S XVI.
21 BayObLG v. 27.10.2004, BayObLGZ 2005, 311 = Rpfleger 2005, 166; OLG Zweibrücken, Rpfleger 2006, 228.
22 *Tiedtke* Notarkosten im Grundstücksrecht, 2001, Rn 35; *Korintenberg/Lappe/Bengel/Reimann*, KostO 16. Aufl. § 152 Rn 35 ff; *Bauer/von Oefele-Waldner* GBO § 133 Rn 13.
23 BayObLGZ 2005, 311 = Rpfleger 2005, 166; in diesem Sinne in der Literatur bereits früher *Püls-Reetz* NotBZ 1998, 13.
24 Das OLG Zweibrücken, Rpfleger 2006, 228 hält die Weitergabe der Abrufgebühren als verauslagte Gerichtskosten iSd § 154 Abs 2 KostO bereits für die »nunmehr herrschende Meinung«; ebenso *Demharter* GBO § 133 Rn 28; *Hügel/Wilsch* GBO § 133 Rn 29.
25 Für eine solche nach wie vor *Bauer/von Oefele-Waldner* GBO § 133 Rn 13.

§ 134 (Regelung der Einzelheiten)

Das Bundesministerium der Justiz wird ermächtigt, durch Rechtsverordnung mit Zustimmung des Bundesrates nähere Vorschriften zu erlassen über
1. **die Einzelheiten der Anforderungen an die Einrichtung und das Nähere zur Gestaltung und Wiederherstellung des maschinell geführten Grundbuchs sowie die Abweichungen von den Vorschriften des Ersten bis Sechsten Abschnitts der Grundbuchordnung, die für die maschinelle Führung des Grundbuchs erforderlich sind;**
2. **die Einzelheiten der Gewährung von Einsicht in maschinell geführte Grundbücher;**
3. **die Einzelheiten der Einrichtung automatisierter Verfahren zur Übermittlung von Daten aus dem Grundbuch auch durch Abruf und der Genehmigung hierfür.**

Das Bundesministerium der Justiz kann im Rahmen seiner Ermächtigung nach Satz 1 technische Einzelheiten durch allgemeine Verwaltungsvorschriften mit Zustimmung des Bundesrates regeln oder die Regelung weiterer Einzelheiten durch Rechtsverordnung den Landesregierungen übertragen und hierbei auch vorsehen, daß diese ihre Ermächtigung durch Rechtsverordnung auf die Landesjustizverwaltungen übertragen können.

§ 134 folgt dem Regelungskonzept des § 1 Abs 4, wonach im **Gesetz** (Grundbuchordnung) die grundlegenden 1 Vorschriften enthalten sind, während die näheren Einzelheiten durch **Rechtsverordnung** des Bundesministeriums der Justiz mit Zustimmung des Bundesrates erlassen werden.

Dementsprechend enthält der Siebente Abschnitt der GBO die Anforderungen an das maschinell geführte 2 Grundbuch in allgemeiner Form.

Von der Ermächtigung zum Erlass einer Rechtsverordnung mit Zustimmung des Bundesrats hat das Bundesministerium der Justiz in Abschnitt XIII GBV Gebrauch gemacht. 3

Im Einzelnen sind geregelt:

1. die Einzelheiten der Anforderungen an die Einrichtung und das Nähere zur Gestaltung und Wiederherstellung des maschinell geführten Grundbuchs sowie die Abweichungen von den Vorschriften des Ersten bis Sechsten Abschnitts der Grundbuchordnung, die für die maschinelle Führung des Grundbuchs erforderlich sind (§ 134 S 1 Nr 1): in den Unterabschnitten 1 bis 3 (§§ 61 bis 76) sowie in den Unterabschnitten 7 bis 8 (§§ 87 bis 93) GBV; 4
2. die Einzelheiten der Gewährung von Einsicht in maschinell geführte Grundbücher (§ 134 S 1 Nr 2):in Unterabschnitt 4 (§§ 77 bis 79) GBV; 5
3. die Einzelheiten der Einrichtung automatisierter Verfahren zur Übermittlung von Daten aus dem Grundbuch auch durch Abruf und der Genehmigung hierfür (§ 134 S 1 Nr 3): in Unterabschnitt 5 (§§ 80 bis 85) GBV. 6

Von der Möglichkeit, die Regelung weiterer Einzelheiten durch Rechtsverordnung auf die Landesregierungen 7 mit Delegationsmöglichkeit auf die Landesjustizverwaltungen (S 2 2. Hs) zu übertragen, hat das Bundesministerium der Justiz in § 93 GBV Gebrauch gemacht. Diese Ermächtigung ist für die Länder gemäß § 93 S 1 2. Hs GBV insoweit eingeschränkt, als das Bundesministerium der Justiz die Regelung durch Verwaltungsvorschrift (Rdn 8) vornimmt; diese Verwaltungsanordnung ginge dann vor.

Von dieser Möglichkeit, technische Einzelheiten durch allgemeine Verwaltungsvorschrift mit Zustimmung des 8 Bundesrates zu regeln (S 2 1. Hs), hat das Bundesministerium der Justiz allerdings bisher **keinen** Gebrauch gemacht.

Vorbemerkungen zu den §§ 135 bis 144

I. Allgemeines

1 Der jetzige 8. Abschn war früher, dh vor der Neufassung der GBO durch die GBOÄndVO, der 5. Abschn, da die Vorschriften über die Verfahren des GBA in besonderen Fällen (§§ 82 ff) eingeschaltet wurden. Durch das am 25.12.1993 in Kraft getretene Registerverfahrenbeschleunigungsgesetz wurden der 6. und 7. Abschn neu aufgenommen.

II. Überblick über die einzelnen Bestimmungen des 8. Abschnitts

2 Der 8. Abschnitt der GBO enthält Vorschriften über
— das In-Kraft-Treten der GBO § 135,
— die landesrechtlichen Vorbehalte §§ 136, 137,
— Übergangsvorschriften §§ 139 bis 140 für die Bücher, die nach den bisherigen Bestimmung als Grundbücher geführt wurden,
— Ermächtigungen zum Erlass bestimmter Vorschriften auf dem Verordnungswege und zwar § 141 über die Wiederherstellung zerstörter oder abhanden gekommener Grundbücher und Urkunden und über das Ersatzgrundbuch beim maschinell geführten Grundbuch und die Rückkehr zum Papiergrundbuch sowie § 142 über die Einsicht in Grundakten und die Erteilung von Abschriften aus ihnen,
— Sondervorschriften für Baden-Württemberg § 143,
— die übergangsrechtlichen Vorschriften und Anwendung der GBO anlässlich der Wiedervereinigung Deutschlands im Gebiet der früheren DDR § 144,
— entsprechende Anwendungen mehrerer Vorschriften aus dem EGBGB § 135, Abs 2.

§ 135 (Inkrafttreten der GBO, Verhältnis zu anderen Gesetzen)

(1) *(Inkrafttreten)*

(2) Die Artikel 1 Abs 2, Artikel 2, 50, 55 des Einführungsgesetzes zum Bürgerlichen Gesetzbuche sind entsprechend anzuwenden.

Übersicht

I. Allgemeines

§ 135 wurde bei der Neufassung der GBO durch die GBOÄndVO im Jahre 1935 nur textlich neu gefasst, der **1** sachliche Inhalt blieb unverändert. Die Vorschrift ist den §§ 185, 189 FGG nachgebildet.

Abs 1 bestimmt den Zeitpunkt des In-Kraft-Tretens der GBO. Er wird ergänzt durch Art 7, 8 GBOÄndVO, **2** die das In-Kraft-Treten der neuen Fassung der GBO vom 5. August 1935 regeln.

Abs 2 schreibt die entsprechende Anwendung einer Anzahl grundlegender Vorschriften des EGBGB vor. **3**

II. Zeitpunkt des In-Kraft-Tretens der GBO

Es ist zu unterscheiden zwischen den Anlegungsvorschriften, dh denjenigen Bestimmungen, die das Verfahren **4** bei der Anlegung des GB der anzulegenden GB betreffen, und den übrigen Vorschriften der GBO.

1. Anlegungsvorschriften

Mit dem In-Kraft-Treten des BGB, also gemäß Art 1 EGBGB **am 01.01.1900**, sind auch diejenigen Vorschrif- **5** ten der GBO **in Kraft getreten**, welche die erstmalige Anlegung des GB betreffen.

Für das **Anlegungsverfahren** kommen für diesen Zeitpunkt die landesrechtlichen Bestimmungen in Frage, die **6** auf Grund des Vorbehalts in Art 186 Abs 1 EGBGB erlassen wurden. Jetzt sind für die nachträgliche Anlegung eines Grundbuchblattes §§ 116 bis 125 maßgebend.

Für die **Einrichtung der Grundbücher** kamen früher ebenfalls die landesrechtlichen Vorschriften in **7** Betracht. Die GBO enthält auch Bestimmungen, die für das Anlegungsverfahren Bedeutung haben. Teils sind es Vorschriften, die unmittelbar zu den Anlegungsvorschriften zu rechnen sind, wie §§ 2 Abs 1, 2, 3 bis 8, 136, 137 Abs 2, teils sind es solche, die auf das Anlegungsverfahren anzuwenden sind, wenn auf sie in anderen gesetzlichen Vorschriften verwiesen ist, wie §§ 28 S 2 sowie 44 bis 52. Dann gibt es Vorschriften, die für das Anlegungsverfahren ungeeignet sind, wie §§ 13 bis 43, 53 ff.

2. Übrige Vorschriften

Es handelt sich um solche Vorschriften, die keine Anlegungsbestimmungen sind. Sie setzen ein bereits angeleg- **8** tes GB voraus. Hierher gehören auch Anlegungsvorschriften, soweit es sich nicht um die erste, sondern um die spätere Anlegung eines GBBlatts handelt.

Die hier einschlägigen Vorschriften sind **in Kraft getreten** bzw treten in Kraft mit dem Zeitpunkt, zu dem in **9** dem jeweils in Frage stehenden GBBezirk das **GB als angelegt** anzusehen war bzw ist.

Der Zeitpunkt, zu dem das GB für einen Bezirk als angelegt anzusehen ist, wurde bzw wird durch landesrecht- **10** liche Vorschrift bestimmt, Art 186 Abs 1 EGBGB. Das GB ist im Bundesgebiet überall als angelegt anzusehen, so zB in Bayern seit dem 16.01.1911 und im Gebiet des ehemaligen Freistaates Preußen seit dem 02.12.1925.[1]

Ist das GB für einen Bezirk als angelegt anzusehen, so gilt die Anlegung auch für solche zu dem Bezirk gehö- **11** renden Grundstücke, die noch kein Blatt im GB haben, als erfolgt. Die GBO und das Sachenrecht des BGB (Art 189 EGBGB) gelten demnach auch für sie. Dies gilt aber nur, soweit nicht bestimmte Grundstücke durch besondere Anordnung ausgenommen sind, Art 186 Abs 2 EGBGB. Dies kommt insb für solche Grundstücke

---

1 *Henle* BayRpflZ 1910, 319; BayJMBek v 22.12.1910, BayJMBl S 1042; PreußJMBek v 02.12.1925, GBl S 175.

in Betracht, die versehentlich bei der ersten Anlegung der Grundbücher nicht eingetragen wurden. Von den an sich buchungspflichtigen, versehentlich nicht gebuchten Grundstücken und den von der Buchung ausgenommenen Grundstücken sind die sog buchungsfreie Grundstücke (§ 3) zu unterscheiden, auf welche das GBRecht der GBO Anwendung findet. Die nachträgliche Anlegung eines GBBlattes richtet sich seit 25.12.1993 (Inkrafttreten des RegVBG) nach §§ 116 bis 125.

III. Die Vorschriften des Abs 2

1. Die entsprechend anzuwendenden Bestimmungen

12   § 135 Abs 2 schreibt die entsprechende Anwendung der Art 1 Abs 2, Art 2, 50, 55 EGBGB vor.[2]

13   Die entsprechende Anwendung führt dazu, dass anstelle der Erwähnung des BGB und des EGBGB die **GBO** tritt, da in dieser auch die Übergangsvorschriften enthalten sind.

14   Abs 2 ist durch das Gesetz[3] zur Neuregelung des Internationalen Privatrechts vom 25.07.1986 geändert worden. Art. 2 und 55 sind durch das Gesetz v. 25.07.1986 nicht geändert worden und gelten fort. Art. 3 EGBGB aF ist zu Art. 1 Abs 2 EGBGB und Art. 32 EGBGB aF zu Art. 50 EGBGB bei jeweils unverändertem Wortlaut geworden. Sachlich entfiel der Bezug auf die gestrichenen Art. 4 und 5 EGBGB.

2. Die einzelnen Grundsätze

15   a) **Anzuwendender Gesetzesbegriff.** **Gesetz iS der GBO** ist jede Rechtsnorm, lautet Art 2 EGBGB in entsprechender Anwendung auf das GBRecht.

16   Ohne inhaltliche Änderung ist in § 78 der Begriff »Gesetz« durch den Begriff »Recht« ersetzt worden.[4] Unter den Begriff des Gesetzes fallen nicht nur die **Gesetze im engeren Sinne**, sondern auch Verordnungen, soweit es sich um sog **Rechtsverordnungen** handelt, während Verwaltungsverordnungen nicht hierher gehören. Die RechtsVO hat im Gegensatz zur VerwaltungsVO allgemein verbindliche Kraft wie ein Gesetz; die VerwaltungsVO dagegen ist nur eine Anweisung an die zuständigen Behörden zur Durchführung von Gesetzen. Bei ministeriellen Verfügungen, Erlassen und Entschließungen sowie Dienstanweisungen ist daher jeweils zu prüfen, welchen Charakter dieselben haben.[5] Nicht von § 135 umfasst sind reine Verwaltungsvorschriften, die nur im Innenverhältnis der Verwaltung wirken und nach außen weder berechtigend noch verpflichtend wirken. In diesem Zusammenhang ist auch auf Art 129 GG hinzuweisen, der sich auf die Fortgeltung von Rechtssätzen als Bundesrecht bezieht, insb auch auf die Ermächtigung zum Erlass von RechtsVO und allgemeinen Verwaltungsvorschriften. Ferner ist hinzuweisen auf das Ergänzungsrecht zur GBO, insb die Dienstanweisungen.

17   Weiter ist unter den Gesetzesbegriff die **autonome Satzung** einzureihen. Man versteht darunter die Rechtsetzungsbefugnis nicht-staatlicher Verbände, wie Ortsgesetze, Satzungen von Gebietskörperschaften, Kirchen usw. Die Hausverfassungen landesrechtlicher Familien iS der Art 57, 58 EGBGB sind durch die Aufhebung der Vorrechte des Adels gegenstandslos geworden.

18   Gewohnheitsrecht entsteht durch Bildung einer Rechtsüberzeugung und ihre Bestätigung durch Übung. Es darf jedoch nicht gegen die Grundlagen der staatlichen Ordnung und die guten Sitten verstoßen. Es ist Gewohnheitsrecht auf begrenztem Gebiete möglich, zB auf der Ebene des Landesrechts im Bereich eines Landes. Ein Gewohnheitsrecht ohne längere Übung kann nur in besonderen Zeiten, insb bei Revolution, entstehen. Unter **Observanz** versteht man Gewohnheitsrecht eines autonomen Verbandes; sie ist im Rahmen des Satzungsrechts möglich und zulässig.

19   **Nicht** als Gewohnheitsrecht anzusehen ist die **Verkehrssitte** iS der §§ 157, 242 BGB, ebenso wenig das sog **Herkommen.**

---

2   Art 1 Abs 2 EGBGB: Soweit in der GBO oder der ÄndVO die Regelung den Landesgesetzen vorbehalten oder bestimmt ist, dass landesgesetzliche Vorschriften unberührt bleiben oder erlassen werden können, bleiben die bestehenden landesgesetzlichen Vorschriften in Kraft und können neue landesgesetzliche Vorschriften erlassen werden. Ein Vorbehalt zugunsten der Landesgesetzgebung besteht nur noch gemäß § 136. Art 2 EGBGB: Gesetz iS der GBO ist jede Rechtsnorm, also neben dem eigentlichen Gesetz auch die Rechtsverordnung und das Gewohnheitsrecht. Die GBO gebraucht den Begriff »Gesetz« in §§ 13, 38, 53, 54, 78 und 136. Art 50 EGBGB: Grundbuchrechtliche Vorschriften anderer Bundesgesetze bleiben in Kraft; sie treten jedoch insoweit außer Kraft, als sich aus der GBO oder der ÄndVO die Aufhebung ergibt. Nicht mehr in Geltung sind die in früheren Reichsgesetzen enthaltenen Vorbehalte zugunsten des Landesgrundbuchrechts. Art 55 EGBGB: Grundbuchrechtliche Vorschriften der Landesgesetze treten außer Kraft, soweit nicht in der GBO oder der ÄndVO etwas anderes bestimmt ist.
3   BGBl I 1142.
4   Zivilprozessreformgesetz v 27.07.2001 (BGBl I S 1887).
5   BayObLGZ 1969, 118 = Rpfleger 1969, 44.

Gesetz sind auch die **Staatsverträge** und die **Regeln des Völkerrechts**. Gesetzesrecht ist daher auch das 20
Besatzungsrecht.

Entscheidungen des BVerfG und der Verfassungsgerichte der Länder haben Gesetzeskraft; dazu Art 94 21
Abs 2 GG, § 31 BVerfGG. Die Entscheidungen anderer Gerichte und die Rechtslehre können zu schöpferi-
scher Fortbildung des Rechts beitragen und auch Gewohnheitsrecht bilden lassen. Nach Art 20 Abs 3 GG sind
die vollziehende Gewalt und die Rechtsprechung an Gesetz und Recht gebunden. Über die Bedeutung, die
dem Wort »Recht« neben dem Ausdruck »Gesetz« zukommt, herrscht Unklarheit; dazu Kommentierungen zu
Art 20 GG. Dieser Verfassungsgrundsatz schließt jedoch nicht aus, dass über den Gerichtsbrauch sich Gewohnheitsrecht bildet, da die Bildung von Gewohnheitsrecht verfassungsmäßig zulässig ist.

Der Begriff der gesetzlichen Vorschrift hat **im GBRecht** in der GBO besondere Bedeutung bei der Handha- 22
bung der Bestimmungen der §§ 13, 38, 53, 54, 78, 105 (bei weiterer Beschwerde), 136.

b) Örtlicher Geltungsbereich der GBO. Die **GBO** nebst Ergänzungsrecht **gilt im Bundesgebiet** in der 23
Fassung, wie sie Bundesrecht geworden ist unter Berücksichtigung der eingetretenen Änderungen.

c) Verhältnis von Bundesrecht zu Landesrecht. aa) Allgemeines. Es gilt folgender Grundsatz: Landes- 24
recht, soweit es sich um Privatrecht handelt, tritt **außer Kraft**, soweit sich nicht aus der GBO etwas anderes
ergibt, wie aus dem entsprechend anzuwendenden Art 55 EGBGB zu folgern ist. Es müssen also **Vorbehalte**
(wie §§ 136, 144) zugunsten des Landesrechts vorhanden sein; dann können allerdings auf der Grundlage eines
derartigen Vorbehaltes neue landesrechtliche Vorschriften erlassen werden; doch gilt dies nur im Verhältnis zur
GBO, nicht gegenüber anderen Reichs- oder Bundesgesetzen.[6]

bb) Landesrechtliche Vorbehalte. Grundsätzlich ist das Landesrecht, das sich auf das GBWesen bezieht, mit 25
dem In-Kraft-Treten der GBO außer Kraft getreten, Art 55 EGBGB. Es gilt nur insoweit auch jetzt noch, als
seine Fortgeltung ausdrücklich angeordnet oder vorbehalten ist. Solche ausdrücklichen Vorbehalte sind nur
noch in den §§ 136, 137, 143, 144 enthalten. Andere und weitere Vorbehalte zugunsten der Landesgesetzgebung bestehen seit der Neufassung der GBO durch die GBOÄndVO im Jahre 1935 nicht mehr. Während bis
zu diesem Zeitpunkt neben den ausdrücklichen Vorbehalten (zB in § 1 Abs 2, 2 Abs 2, 85 bis 102 GBO aF) das
Bestehen stillschweigender Vorbehalte zugunsten der Landesgesetzgebung angenommen wurde (wie zB aus § 1
GBO aF der stillschweigende Vorbehalt für die Landesgesetzgebung, die Organisation der GBÄmter zu bestimmen, gefolgert wurde), gibt es jetzt solche stillschweigende Vorbehalte nicht mehr.

Seit dem Zusammenbruch von 1945 hat sich insofern eine **Änderung** ergeben, als anstelle des früheren 26
Reichs die Länder, bzw die Besatzungsmacht, die Gesetzgebungsbefugnis übernahmen, bis später für das Bundesgebiet im Grundgesetz eine Regelung erfolgte; in der Zwischenzeit konnte **partielles Bundesrecht** entstehen. Da es im Bundesgebiet neben dem BJM die **Landesjustizhoheit** gibt, ist verschiedentlich zweifelhaft,
wer die Rechtsnachfolge angetreten hat, das BJM oder die Landesjustizministerien.

Soweit der Vorbehalt des § 136 reicht, blieben die bei In-Kraft-Treten des BGB bestehenden landesrechtli- 27
chen Bestimmungen in Geltung. Auch die sämtlichen landesrechtlichen Ausführungsbestimmungen usw, insb
über die **Einrichtung und Führung des GB**, bleiben auf den vorbehaltenen Gebieten weiterhin wirksam,
§ 136. Die Befugnis der Landesgesetzgebung, auf Grund des Vorbehalts von den Vorschriften der GBO abzuweichen, erleidet jedoch eine Ausnahme in § 136 Abs 1 Hs 2; die dort genannten Vorschriften gelten auch in
den dem Landesrecht vorbehaltenen Angelegenheiten und dürfen von diesem daher nicht abgeändert werden;
lediglich für **Baden-Württemberg** verblieb es auch in dieser Beziehung bei dem bisherigen Recht, § 143. Das
Rechtspflegergesetz enthält in § 33 eine besondere, sich auf den Vorbehalt für Baden-Württemberg beziehende
Regelung.

---

6 KG RJA 14, 155.

§ 136 (Landesrechtliche Vorbehalte)

(1) Soweit im Einführungsgesetz zum Bürgerlichen Gesetzbuche zugunsten der Landesgesetze Vorbehalte gemacht sind, gelten sie auch für die Vorschriften der Landesgesetze über das Grundbuchwesen; jedoch sind §§ 12a, 13 Abs 3, § 44 Abs 1 Satz 2 und 3, § 56 Abs 2, § 59 Abs 1 Satz 2, § 61 Abs 3 und § 62 Abs 2 auch in diesen Fällen anzuwenden.

(2) Absatz 1 zweiter Halbsatz gilt auch für die grundbuchmäßige Behandlung von Bergbauberechtigungen.

(3) Vereinigungen und Zuschreibungen zwischen Grundstücken und Rechten, für die nach Landesrecht die Vorschriften über Grundstücke gelten, sollen nicht vorgenommen werden.

I. Landesrechtliche Vorbehalte

1. Allgemeines

1   Das EGBGB enthält in Art 57 ff für das materielle Liegenschaftsrecht eine Reihe von großenteils heute noch wirksamen Vorbehalten zugunsten des Landesrechts. Dies kann auf das Grundbuchrecht nicht ohne Einfluss sein; denn dieses hat nicht selbständige Bedeutung, sondern dient als formelles Liegenschaftsrecht nur der Verwirklichung des materiellen Rechts. Materielles und formelles Liegenschaftsrecht müssen daher aufeinander abgestimmt sein. Ebenso wie das Recht der GBO dem materiellen Recht des BGB angepasst ist, muss auf den Gebieten, auf denen materiell noch landesrechtliches Liegenschaftsrecht herrscht, auch das Landesgrundbuchrecht bestehen bleiben. Diesem Grundsatz ist dadurch Rechnung getragen, dass durch § 136 die einschlägigen Landesgesetze über das Grundbuchwesen insoweit aufrechterhalten worden sind, als die materiellen Vorbehalte reichen. Nach § 135 Abs 2, Art. 1 Abs 2 EGBGB können die Landesgesetze insoweit auch noch neu erlassen oder bestehende geändert werden.

2   Durch die Übernahme der AVOGBO in die Grundbuchordnung (Art 4 RegVBG) zum 25.12.1993 wurde § 136 angepasst. Zugleich wurde § 136 durch eine Regelung ergänzt, nach der künftig die Vereinigung und die Zuschreibung von Grundstücken und Rechten, die nach Landesrecht wie Grundstücke zu behandeln sind, verfahrensrechtlich nicht mehr zulässig ist.

Der Vorbehalt wird außer durch Abs 1 Halbs. 2 und Abs 2 auch durch § 137 eingeschränkt; ergänzt wird er durch § 103 GBV.

2. Verhältnis der GBO zum Landesgrundbuchrecht

3   Soweit das Einführungsgesetz zum Bürgerlichen Gesetzbuche dem Landesgesetzgeber Teilgebiete des materiellen Rechts vorbehalten hat, gilt dieser Vorbehalt nach § 136 auch für das Grundbuchrecht. Diese Regelung ist vor allem für Rechte von Bedeutung, die nach Landesrecht wie Grundstücke zu behandeln sind. Als Beispielfälle können die Bahneinheiten und selbständige Gerechtigkeiten, wie manche Fischereirechte, genannt werden. In diesen Fällen ist es dem Landesgesetzgeber überlassen, das Grundbuchverfahren zu regeln. Entsprechende Regelungsvorbehalte zu Gunsten des Landesgesetzgebers enthält § 103 GBV.

4   Die GBOÄndVO hat im Jahre 1935 bis auf § 136 alle landesrechtlichen Vorbehalte in Bezug auf das Grundbuchrecht beseitigt.

5   Auch die in anderen Reichsgesetzen enthaltenen Vorbehalte sind damals zugunsten des Landesgrundbuchrechts aufgehoben worden.[1] Auch die letzten Besonderheiten wurden durch Art 4 Abs 2 Nr 3 des RegVBG (Aufhebung von Art 8 Abs 3 der GBOÄndVO) beseitigt, vgl aber § 143. Der Vorbehalt des § 136 hat seit der Geltung des Grundgesetzes wieder Bedeutung erlangt, da nach Art 74 Nr 1 GG das Grundbuchrecht zur konkurrierenden Gesetzgebung iS des Art 72 GG gehört.

---

1   *Hesse* DJ 1935, 1921.

Dem Vorbehalt des § 136 entspricht § 103 GBV. **6**

Die Übernahme des Abschn I der AVOGBO in die Grundbuchordnung erforderte eine Anpassung des § 136; **7**
dies ist Gegenstand der Regelung in Abs 1 Hs 2 des bis 24.12.1993 geltenden § 136. § 20 der AVOGBO
beschränkte nämlich die im Übrigen umfassend ausgestaltete Regelungsbefugnis des Landesgesetzgebers dahin
ein, dass die Vorschriften des Abschn I der AVOGBO über die »sachliche« (gemeint ist: funktionelle) Zuständigkeit der Grundbuchbeamten anzuwenden waren. Durch die Einschränkung werden Rechtsunsicherheit und
Unklarheiten vermieden, die sich ergeben, wenn innerhalb des Grundbuchamts für vergleichbare Tätigkeiten
unterschiedliche Zuständigkeitsbestimmungen anzuwenden sind. Diese Einschränkung des Vorbehalts hat sich
als zweckmäßig erwiesen und wird deshalb beibehalten. Die dem Abschn I der AVOGBO entsprechenden
Regelungen der GBO wurden deshalb von dem Vorbehalt zu Gunsten des Landesrechts ausgenommen. Der Hs
2 des § 136 Abs 1 tritt redaktionell an die Stelle des gegenstandslos gewordenen zweiten Hs des § 136. Der bisherige Hinweis dieses Hs auf die Hausverfassungen hatte wegen der zwischenzeitlichen Auflösung der Hausvermögen keine Bedeutung mehr.

3. Inhalt des Vorbehalts

Der Vorbehalt gestattet dem Landesgesetzgeber, auf den landesrechtlichen Reservatgebieten von den Vorschrif- **8**
ten der GBO abzuweichen, und zwar grundsätzlich von allen ihren Vorschriften. Der Vorbehalt ist vor allem
für grundstücksgleiche Rechte des Landesrechts von Bedeutung. Folgende Abweichungen sind möglich:
– andere Behörden als die Amtsgerichte zu Grundbuchämtern (zB in Baden Württemberg, § 143; temporal in
  Sachsen-Anhalt),
– Bezirksaufteilung der Ämter selbstständig regeln,
– Bezeichnung der Grundstücke,
– Art der Buchung (Personal- oder Realfolium, Buchung von Grundstücken oder auch von Anteilen an solchen),
– Gebot oder Verbot von Zusammenschreibung, Vereinigung und Zuschreibung von Grundstücken und
  grundstücksgleichen Rechten,
– andere Ordnung der materiellen Eintragungsgrundlagen.

Bedient sich aber der Landesgesetzgeber der Amtsgerichte als Grundbuchämter, so hat er diese in ihrer bundes- **9**
gesetzlich festgelegten Verfassung hinzunehmen. Dies gilt insbesondere für die Vertretung des Grundbuchamts
nach außen, also für die »sachliche – funktionale – Zuständigkeit der Grundbuchbeamten«; das Amtsgericht
darf insoweit nicht nach verschiedenen Vorschriften verfahren, je nachdem es sich um bundes- oder landesrechtliche Angelegenheiten handelt. Der Landesgesetzgeber ist nicht befugt, Regelungen zu treffen, die die
vom Reichs- oder Bundesgesetzgeber für sein Gebiet vorgenommene Regelung berührt und mit ihr im Wesen
und Grundsatz nicht vereinbar ist.

Für Baden-Württemberg und die neuen Bundesländer bestehen Abweichungen (vgl §§ 143 und 144). **10**

§ 103 GBV gilt für die formelle Einrichtung der Grundbücher. Der Landesgesetzgeber ist befugt, für die ihm **11**
unterstehenden Rechtsgebiete besondere Vordrucke einzuführen (Bahn- und Berggrundbücher). Zulässig sind
landesrechtliche Sondergestaltungen. Der Landesgesetzgeber kann aber nicht die nach dem Vordruck der GBV
geführten allgemeinen Grundbücher benutzen, sie in ihrem Rahmen einfügen und dann versuchen, sie durch
wesentliche Änderungen umzugestalten; damit würde eine geordnete Grundbuchführung, die eine einheitliche
Ausgestaltung des Vordrucks in den Ländern fordert, unmöglich bemacht. Dagegen steht nichts im Wege, dass
der Landesgesetzgeber landesrechtliche Sondergestaltungen dem nach dem Vordruck der GBV geführten
Grundbuch zur Aufnahme zuweist, auch über ihre formelle Behandlung Sondervorschriften erlässt, solange
diese mit den Grundsätzen der bundesrechtlichen Vorschriften nicht in Widerspruch stehen.[2]

In **Baden-Württemberg** und in den neuen Bundesländern bestehen Sondervorschriften.

In den **neuen Bundesländern** gelten nach § 144 die bisherigen Grundbücher als Grundbücher iS der GBO. **12**
Auch die Gebäudegrundbuchblätter bleiben bestehen, sind jedoch den neuen Vorschriften anzupassen, vgl § 15
GGV.

4. Ausnahmen/Einschränkungen

§ 136 gilt nicht ausnahmslos. § 137 schränkt in gewisser Hinsicht § 136 ein. Auch § 54 enthält eine Einschrän- **13**
kung.

Der Vorbehalt in Art 186 Abs 1 EGBGB ist materiell-rechtlicher Natur und daher von den Veränderungen im **14**
Jahre 1935 nicht berührt worden.

---

2 Ebenso KEHE-*Briesemeister* § 136 Rn 7.

II. Bergbauberechtigungen

15 § 136 Abs 2 entspricht dem durch das Bundesberggesetz in den bis 24.12.1993 geltenden § 20 AVOGBO eingefügten Abs 2. Die Vorschrift stellt klar, dass auch bei der grundbuchmäßigen Behandlung von Bergbauberechtigungen trotz des Vorbehalts für den Landesgesetzgeber in § 176 Abs 2 des Bundesberggesetzes die in § 136 Abs 1 2. Hs 2 erwähnten Regelungen über die funktionelle Zuständigkeit anzuwenden sind.

III. Vereinigungs-/Zuschreibungsverbot

16 Abs 3 enthält eine Vorschrift über die Vereinigung und Zuschreibung von Grundstücken und Rechten, für die nach Landesrecht die Vorschriften über Grundstücke gelten. Nach materiellem Recht sind zwischen solchen Rechten und Grundstücken Vereinigungen und Zuschreibungen nicht ausgeschlossen. Nach bis 24.12.1993 geltendem Recht wurden daher zwischen solchen Rechten und Grundstücken Vereinigungen oder Zuschreibungen wohl überwiegend für zulässig gehalten. Ein Ausschluss solcher Gestaltungen – der für das Bergwerkseigentum bereits in ähnlicher Weise in § 9 Abs 2 des Bundesberggesetzes enthalten ist – ist zweckmäßig, weil Vereinigungen und Zuschreibungen von Grundstücken und grundstücksgleichen Rechten des Landesrechts bei der Automatisierung des Grundbuchwesens zu Schwierigkeiten führen und darüber hinaus allgemein Unklarheit und Verwirrung in der Grundbuchführung bewirken können. Durch die Form einer **Sollvorschrift** wird bewirkt, dass bereits bestehende und vorschriftswidrig vorgenommene künftige Vereinigungen und Zuschreibungen durch die Rechtsänderung ab 25.12.1993 nicht berührt werden.[3]

17 Nicht unter die Vorschrift des § 136 Abs 3 fällt das Gebäudeeigentum in den **neuen Bundesländern**, da es sich um partiell geltendes Bundesrecht handelt (Art 233 §§ 2b, 4, 8 EGBGB). Es gelten nämlich für das Gebäudeeigentum nicht die Vorschriften über Grundstücke »nach Landesrecht«, sondern wegen Art. 233 § 2b Abs 4, § 4 Abs 1, 6, 7, § 8 S 2 EGBGB diejenigen des BGB.

IV. Übergangsvorschriften

1. Allgemeines

18 Die Übergangsvorschriften haben Vorbehaltscharakter, da auch sie in gewissen Grenzen dem Landesrecht Fortgeltung einräumen. Es ist hinzuweisen auf **Art 218 EGBGB**, wonach, soweit nach den Vorschriften der Übergangsregelung die bisherigen Landesgesetze maßgebend bleiben, auch nach dem In-Kraft-Treten des BGB eine Änderung durch Landesgesetz erfolgen kann.

2. Realgemeinden

19 In Kraft bleiben die landesgesetzlichen Vorschriften über die zZt des In-Kraft-Tretens des BGB bestehenden Realgemeinden und ähnliche Verbände, deren Mitglieder als solche zu Nutzungen an land- und forstwirtschaftlichen Grundstücken, an Mühlen, Brauhäusern und ähnlichen Anlagen berechtigt sind, wobei es keinen Unterschied macht, ob die Realgemeinden oder sonstigen Verbände juristische Personen sind oder nicht und ob die Berechtigung der Mitglieder an Grundbesitz geknüpft ist oder nicht.

20 Es fallen darunter Realgemeinden und ähnliche Verbände, nämlich deutsch-rechtliche Genossenschaften, wie Markgenossenschaften, Haubergs-Genossenschaften, forstwirtschaftliche Genossenschaften. Über Waldgenossenschaften Art 83 EGBGB. Weiter gehören hier auch Verbände, deren Mitglieder Nutzungsrechte an Mühlen, Brauhäusern und ähnlichen Anlagen haben. Die wesentliche Einschränkung des Vorbehalts besteht jedoch darin – weil es sich um eine Übergangsbestimmung handelt –, dass sie sich nur auf bereits am 01.01.1900 bestehende Verbände bezieht.

21 In **Bayern** gilt Folgendes: In Bayern bestehen zahlreiche Wald-, Weide-, Mühlen- und ähnliche Verbände, deren Entstehung und rechtliche Natur sich häufig nicht mehr ermitteln lässt und deren Mitgliedern herkömmlich ein Anteilsrecht an den Nutzungen zusteht. Soweit dieses Recht nicht mit einem Grundstück verbunden war, konnte es frei veräußert und belastet werden und wurde im Liegenschaftsverkehr wie ein Grundstück behandelt, während für die der Gemeinschaft gehörigen Grundstücke regelmäßig kein Blatt im Hypothekenbuch angelegt wurde.

22 Zu diesen Nutzungsrechten gehören insb auch die altrechtlichen superfiziarischen Rechte, wie die Kellerrechte. Im Übrigen ist die Feststellung, ob ein Nutzungsrecht iS des Art 164 EGBGB vorliegt, nicht immer einfach. Als Rechtssubjekt wird immer eine Realgemeinde oder ein ähnlicher Verband (eine deutschrechtliche Genossenschaft ua) vorausgesetzt. Dabei ist aber zu beachten, dass nur das Recht selbst Grundstücksnatur hat; ob auch die Anteile der Mitglieder des Verbandes dem Grundstück gleichstehen, kann ebenfalls nur nach Lage des einzelnen Falles entschieden werden. Je nachdem kann auch für den einzelnen Anteil ein selbständiges

---

3 Begr BT-Drucks 12/5553 S 90; DNotI-Report 1998, 141.

GBBlatt eröffnet werden. Als solche Nutzungsrechte kommen in Betracht: Alpen- und sonstige Weideverbände, Korporationswaldungen, Kommunbrauereien, Kommunmühlen, Fleischbänke, Käsküchen, Weintorkeln (Keltern, Weinpressen), Flachsbrechstuben ua. Nach einer Entschließung der Regierung von Oberbayern vom 1. Juli 1910 betreffend Forstrechtseinlösung stellen die oberbayerischen Forstberechtigten keine grundstückgleichen Berechtigungen dar, sondern lediglich Grunddienstbarkeiten oder allenfalls beschränkte persönliche Dienstbarkeiten.

Nutzungsrechte der erwähnten Art werden auch jetzt noch wie Grundstücke behandelt. Für ihre Übertragung **23** gilt § 925 BGB, für ihre Belastung § 873 BGB. Sie erhalten ein GBBlatt jedoch nur auf Antrag oder wenn das Recht veräußert oder belastet werden soll. Die Anlegung des besonderen Blattes ist auf dem Blatte des Grundstücks zu vermerken.

Die für das Erbbaurecht geltenden Vorschriften des § 20 GBO (Nachweis der Einigung gegenüber dem GBA) **24** und des § 22 Abs 2 (Berichtigung des GB durch Eintragung des Berechtigten nur mit dessen Zustimmung, falls der Unrichtigkeitsnachweis nicht geführt werden kann) finden auf die fraglichen Nutzungsrechte entsprechende Anwendung.

Soweit Kellerrechte nicht frei veräußerlich und vererblich sind, sondern dem jeweiligen Eigentümer eines **25** Grundstücks zustehen, sind sie als Grunddienstbarkeiten anzusehen. Ein Kellerrecht (= Kelleralleinnutzungsrecht) kann im Grundbuch eingetragen werden, denn dem Grundstückseigentümer verbleibt insbesondere der gesamte oberirdische Bereich der Nutzung.[4]

Im Gebiet des ehemaligen Landes **Preußen** hat der Vorbehalt nur geringe praktische Bedeutung, da es Realgemeinden im Wesentlichen nur in der Provinz Hannover gibt. Die Rechtsnatur der einzelnen Mitgliederanteile **26** an Hannoverschen Realgemeinden ist gewohnheitsrechtlich verschieden gestaltet; sie werden teils als untrennbare Bestandteile bestimmter Grundstücke angesehen, teils als frei veräußerliche und selbständig belastungsfähige Gerechtigkeiten.

Weitere Einzelheiten und Rechtsprechung/Literatur sind in § 117 Bem 122 ff der 6. Aufl aufgeführt. **27**

3. Echtes Stockwerkseigentum

Das zZt des In-Kraft-Tretens des BGB bestehende echte Stockwerkseigentum bleibt bestehen, das Rechtsver- **28** hältnis der Beteiligten untereinander bestimmt sich nach den bisherigen Gesetzen.

Das Wesen des Stockwerkeigentums (Herbergsrecht) besteht darin, dass die einzelnen Stockwerke eines Gebäu- **29** des im Alleineigentum verschiedener Eigentümer stehen, während die Bodenfläche den Stockwerkseigentümern gemeinschaftlich gehört, dass die Teilung dieses Eigentums ausgeschlossen ist und dass das Alleineigentum an den einzelnen Stockwerken sich von dem Miteigentum an der Bodenfläche nicht trennen lässt.

Soweit das Stockwerkseigentum am 01.01.1900 bestanden hat, ist es aufrechterhalten worden. Eine Neube- **30** gründung ist nur nach Art 131 EGBGB, also als Miteigentum, zulässig. Eine Teilung bestehenden Stockwerkseigentums ist unzulässig.

Das bestehende Stockwerkseigentum kann unter Lebenden und von Todes wegen übertragen, belastet und **31** geändert werden. Übertragung, Belastung und Änderung richten sich nach den für Grundstücke geltenden Vorschriften, §§ 873 ff, 925 BGB. Die Behandlung des Stockwerkseigentums im GB richtet sich nach Landesrecht; dieses bestimmt insb, ob das Stockwerkseigentum ein selbständiges GBBlatt erhält.

4. Alte Grunddienstbarkeit

Eine Grunddienstbarkeit, die zu der Zeit besteht, zu der das GB als angelegt anzusehen ist, bedarf zur Erhaltung **32** der Wirksamkeit gegenüber dem öffentlichen Glauben des GB nicht der Eintragung. Die Eintragung hat jedoch zu erfolgen, wenn sie von dem Berechtigten oder von dem Eigentümer des belasteten Grundstücks verlangt wird; die Kosten sind von demjenigen zu tragen und vorzuschießen, der die Eintragung verlangt. Durch Landesgesetz kann bestimmt werden, dass die bestehenden Grunddienstbarkeiten oder einzelne Arten zur Erhaltung der Wirksamkeit gegenüber dem öffentlichen Glauben des GB bei der Anlegung des GB oder später in das GB eingetragen werden müssen. Die Bestimmung kann auf einzelne GBBezirke beschränkt werden.

Baden-Württemberg hat von der in Art 187 EGBGB enthaltenen Ermächtigung Gebrauch gemacht.[5] Zu **33** beachten ist auch die Erlöschungsregelung in § 8 GBBerG iVm § 13 SachenR-DV im Bereich der **neuen Bun-**

---

4 BayObLG Rpfleger 2005, 247 = NJW-RR 2005, 604 = RNotZ 2005, 175; BayObLG Rpfleger 2004, 417 = NotBZ 2004, 238.
5 *Hezel*, Nochmals: Badische altrechtliche Wege- und Zugangsrechte, AgrarR 1995, 261; *ders.* Badische altrechtliche Wege- und Zugangsrechte, AgrarR 1992, 121;

desländer. Die vor dem 01.01.2001 anerkannten Altrechte bleiben auch ohne Grundbucheintragung bestehen. Gutgläubig lastenfreier Erwerb ist nicht möglich (Einzelheiten vgl Einl K).

5. Fischereirechte

34 Fischereiberechtigungen unterliegen nach Art 69 EGBGB der landesrechtlichen Regelung. Diese unterscheiden zwischen selbständigen und unselbständigen Fischereirechten. Für selbständige Fischereirechte (Fischereirechte, die nicht dem Eigentümer des Gewässers zustehen) gelten die sich auf Grundstücke beziehenden Vorschriften (grundstücksgleiche Rechte). Nur die selbständigen Fischereirechte können in das Grundbuch eingetragen werden durch Anlegung eines besonderen Grundbuchblattes.[6] Die Landesrechte können bestimmen, dass zur Erhaltung der Wirksamkeit gegenüber dem öffentlichen Glauben des Grundbuchs die Eintragung der Fischereirechte im Grundbuch erforderlich ist.

6. Bahneinheiten

35 Nach Art 112 EGBGB bleiben die landesrechtlichen Vorschriften über die Behandlung der sog Bahneinheiten unberührt. Unter Bahneinheit versteht man die einem Eisenbahn- oder Kleinbahnunternehmen gewidmeten Grundstücke und sonstigen Vermögensgegenstände als Einheit. Die Bahneinheit umfasst alle dem Bahnbetriebe dienenden Grundstücke, ob sie räumlich zusammenhängen oder nicht, sowie alle sonstigen Vermögensbestandteile des Unternehmens. Veräußerung und Belastung der Bahneinheit richten sich nach den sich auf Grundstücke und den Erwerb des Eigentums an Grundstücken beziehenden Vorschriften des BGB, soweit nichts anderes bestimmt ist. Hinsichtlich der zur Bahneinheit gehörigen Grundstücke bestehen Verfügungsbeschränkungen, die bei den zu der Bahneinheit gehörigen Grundstücken, nicht auch bei dinglichen Rechten, durch Eintragung eines Sperrvermerks kenntlich gemacht werden, etwa so »*Das Grundstück gehört zu der im Bahngrundbuch von . . . Blatt . . . eingetragenen Bahneinheit*«. Die Eintragung erfolgt in Abt II des für das Grundstück geführten allgemeinen Grundbuchs. Es ist nämlich zu beachten, dass die Zugehörigkeit eines Grundstücks zu einer Bahneinheit dem Grundstück nicht die grundbuchmäßige Selbständigkeit nimmt, sondern nur den Eigentümer in der Verfügung über das Grundstück beschränkt. Auch wenn für die Bahneinheit ein besonderes Blatt angelegt ist, werden die Grundbuchblätter über die zur Bahneinheit gehörigen Grundstücke weitergeführt. Es ist also das über die Bahneinheit geführte Blatt nicht das Grundbuchblatt für das einzelne Grundstück iS von § 3 Abs 1 S 2; als solches hat vielmehr das über das Grundstück geführte Blatt zu gelten, sofern nicht ein buchungsfreies Grundstück in Frage steht, was aber oft zutreffen wird.

36 Grundsätzlich erhält jede Bahneinheit ein Grundbuchblatt. Rechte an einzelnen Bestandteilen einer Bahneinheit können nicht in das Bahngrundbuch eingetragen werden.

7. Gemeinheitsteilung/Altrechtliche Personenzusammenschlüsse

37 Nach Art 113 EGBGB bleiben unberührt die landesgesetzlichen Vorschriften über die Zusammenlegung von Grundstücken, über die Gemeinheitsteilung, die Regulierung der Wege ua. Unter Gemeinheitsteilung ist die Teilung von früher gemeinschaftlich benutzten Grundstücken, insb Forst- und Weidegrundstücken zu verstehen, gleichgültig, ob die gemeinschaftliche Berechtigung in gemeinschaftlichem Eigentum oder in gemeinschaftlichen Dienstbarkeiten besteht. Lediglich außerhalb des Flurbereinigungsverfahrens gelten die früheren Vorschriften weiter, im Übrigen gilt das Flurbereinigungsgesetz und die dazu erlassenen Landesgesetze. Für das Gebiet des ehemaligen Landes **Preußen** galten umfassende Regelungen, vor allem die VO[7] vom 20.07.1817, die Gemeinheitsteilungsordnung[8] vom 07.06.1821. Die Durchführung der agrarrechtlichen Auseinandersetzung oblag den Landeskulturbehörden. Ist durch das Auseinandersetzungsverfahren an bestimmten Grundflächen, den sog Zweckgrundstücken (Wegen, Gräben, Sandgruben usw) gemeinschaftliches Eigentum der Beteiligten oder einer Gruppe von Beteiligten geschaffen worden, wobei regelmäßig eine **Gemeinschaft zur gesamten Hand** und nur ausnahmsweise eine Bruchteilsgemeinschaft in Frage kam, so waren, gleichviel ob die Gesamtheit der Berechtigten mit einem besonderen Vertretungsorgan ausgestattet worden ist oder nicht,

---

6 Zur Anlegung eines Grundbuchblatts für eine **Fischereigerechtigkeit** nach preuß Recht im Land Berlin s KG OLGZ 75, 138; zur Eintragung von Fischereirechten in das Grundbuch nach bayer Recht s §§ 6 ff VO v 07.10.1982 (GVBl 892) sowie BayObLGZ 1969, 118 = Rpfleger 1969, 244; BayObLGZ 1972, 226 = MittBayNot 1972, 236; BayObLGZ 1990, 226; 1994, 66 = Rpfleger 1994, 453; BayObLGZ 1995, 13 = NJW-RR 1995, 1044; zur Anlegung eines Grundbuchblatts für ein selbständiges grundstücksgleiches **Fischereirecht** nach dem FischereiG für Baden-Württemberg v 14.11.1979 (GVBl 466) s näher *Böhringer* BWNotZ 1984, 153; 1985, 153; 1986, 126; *Schmid* BWNotZ 1978, 21; 1981, 73; 1986, 117; *Ulshöfer* BWNotZ 1990, 13; *Schröder* BWNotZ 1994, 97 jew m weit Nachw; LG Ellwangen BWNotZ 2003, 145 m zust Anm *Böhringer*.

7 Preuß GS 161.

8 Preuß GS 58 (Änderung vom 02.03.1850, preuß GS 139).

nicht die einzelnen Mitglieder, sondern die Gesamtheit der Berechtigten als Eigentümer einzutragen.[9] Das zwischen ihnen bestehende Rechtsverhältnis[10] war nach § 47 beizufügen, zB »Gesamthandseigentümer kraft rezessmäßiger Interessengemeinschaft«. Waren die Voraussetzungen des § 3 Abs 3 gegeben, so konnte ein Grundstück, das im Miteigentum nach Bruchteilen stand, in der dort vorgesehenen Weise gebucht werden.

Die genannten Grundstücke spielen heute in den **neuen Bundesländern** noch eine gewisse Bedeutung, weshalb Art 233 § 10 EGBGB die Verfügungsbefugnis und die Behandlung der Verfügungsbeschränkung regelt.[11] **38**

In den **neuen Bundesländern** bestehen noch altrechtliche Personenzusammenschlüsse,[12] denen als Gesamthandsgemeinschaften Rechte an Wegen und sonstigen Grundstücken zustehen. Diese Personenzusammenschlüsse, die aus Vorschriften wie der Preußischen Gemeinheitsteilungsordnung vom 07.06.1821 hervorgegangen sind und durch das ZGB-DDR nicht aufgehoben wurden, bestehen gemäß Art 113 EGBGB fort. Die Organe dieses Personenzusammenschlusses sind nicht handlungsfähig, weil die sie tragenden Personen verstorben sind und eine Nachfolgeregelung nicht durchgeführt wurde. Handeln könnten heute nur die Organe, die dazu aber nicht in der Lage sind, zumal heutzutage nicht bekannt ist, wer im Einzelnen Mitglied des entsprechenden Personenzusammenschlusses ist. Über die Grundstücke kann infolgedessen nicht verfügt werden. Dies war während der Geltungsdauer des LPG-G auch nicht erforderlich, weil das umfassende Nutzungsrecht der LPG bestand. Seit 03.10.1990 wären eigentlich Pfleger für unbekannte Eigentümer nötig, jedoch wird durch Art 233 § 10 EGBGB eine vereinfachte Vertretungsregelung getroffen. Das VG Magdeburg[13] legt Art. 233 § 10 EGBGB streng aus. **39**

Im 20. Jahrhundert wurden in mehreren Ländern[14] die Separationsgemeinschaften[15] aufgehoben.[16] Die Aufhebung erscheint dabei durchgängig als Verschmelzung mit der politischen Gemeinde. Es wurde lediglich der Träger des Vermögens ausgewechselt. An die Stelle der altrechtlichen Gemeinschaft trat die politische Gemeinde, an die Stelle der Hofeigentümer traten die Gemeindeeinwohner. Es kam demnach bei einer Aufhebung der Gemeinschaft zu einer Durchtrennung der Verbindung von Hofeigentum und Mitgliedschaft an der altrechtlichen Gemeinschaft. Der Inhalt des Eigentums an einem landwirtschaftlichen Hof wurde neu bestimmt; das Hofeigentum blieb als solches unangetastet, es vermittelte aber nicht länger die Mitgliedschaft in der altrechtlichen Gemeinschaft, damit auch nicht das Eigentum an deren Vermögensgegenständen.[17] In (Alt-)Sachsen gingen demnach alle altrechtlichen Personenzusammenschlüsse unter; der Grundbesitz fiel kraft Gesetzes an die (Belegenheits-)Gemeinde, später durch die Verwaltungsreform dann an den DDR-Zentralstaat. Die Vertretungsregelung in § 10 ist auf solche Falllagen nicht anwendbar, da diese einen noch bestehenden altrechtlichen Personenzusammenschluss voraussetzt. Für die Teile des ehemaligen Landes Sachsen-Anhalt, die erst mit der Neuorganisation der Bundesländer nach dem Beitritt der DDR an den Freistaat Sachsen gegangen sind, wie Teile des ehemaligen Regierungsbezirkes Merseburg, bestehen in diesen Gebieten die Zusammenschlüsse somit noch fort, weil es in Sachsen-Anhalt keine Auflösungsbestimmungen gab. Auch wenn das genannte sächsische Landesgesetz vom 30.09.1948 durch § 15 Abs 2 Abschn. II Nr 40 EGZGB aufgehoben worden ist, ändert dies an dem einmal eingetretenen Eigentumswechsel auf die Gemeinde nichts. Sind nämlich die tatbestandlichen Voraussetzungen einer Rechtsnorm erfüllt, solange sie geltendes Recht war, können auch die von ihr angeordneten Rechtsfolgen beansprucht werden. Die entstandene Rechtsposition zu Gunsten der Gemeinde konnte die Vorschrift in § 15 Abs 2 Abschn. II EGZGB nicht beseitigen.

---

9 RG HRR 1939 Nr 610; KGJ 48, 199; *Böhringer* NJ 2000, 120.

10 Ausführlich zur Formulierung von Grundbucheintragungen und der heutigen Rechtslage *Böhringer* NJ 2000, 120; *Tröster* RdL 1962, 305.

11 *Böhringer* Rpfleger 1993, 51; *ders* Rpfleger 1994, 45; *ders* Finanzwirtschaft 1994, 38; *ders* NJ 2000, 120; *Grumbt* NJ 2000, 355; *Janke* NJ 2000, 637; OLG Naumburg VIZ 2001, 42; LG Stendal, Beschl v 22.05.2001 – 25 T 320/00 (unveröffentlicht).

12 Dazu zählt auch eine als Genossenschaft der Ackerleute und Kossaten (Kossate = Insasse einer Kate, »Häusler«), so auch *Hüttinger* NotBZ 1997, 102; **aA** LG Stendal NotBZ 1997, 102. Zu Waldgenossenschaften in Thüringen *Kothe-Anger* VIZ 2002, 69. Allgemein: *Franke* Ansprüche der Städte und Gemeinden auf Liegenschaften von Personenzusammenschlüssen alten Rechts, Agrarrecht 1997, 421; *Fritzsch* Grundbuchrechtliche Besonderheiten bei altrechtlichen Personenzusammenschlüssen, Rpfleger 2003, 555; *Grumbt* Nochmals: Zum Grundbuch-Schicksal altrechtlicher Personenzusammenschlüsse in den neuen Bundesländern, NJ 2000, 355; *Janke* Nochmals: Zum Schicksal altrechtlicher Personenzusammenschlüsse in den neuen Bundesländern, NJ 2000, 637; *Reichert* Die Aufhebung altrechtlicher Personenzusammenschlüsse im Land Sachsen, Mitteilung DVW Sachsen 1/2001 S 24; *ders* Altrechtliche Personenzusammenschlüsse in den neuen Bundesländern, FuB 2002, 25; *Stellwaag* Öffentliche Wege, Gräben und Gewässer, VIZ 2002, 607.

13 Urt v 21.01.2006 – 5 A 271/05 MD.

14 Brandenburg (Gesetz vom 11.05.1951, GVBl. S 8); Mecklenburg (Gesetz vom 29.04.1948, RegBl. S, 77); Sachsen (Gesetz vom 30.09.1948, GVBl. S 530); Thüringen (Gesetz vom 29.05.1947, RegBl. S 52).

15 Zur Geschichte und zum Grundbuchschicksal solcher altrechtlicher Personengemeinschaften *Böhringer*, NJ 2000, 210.

16 Die Auflösung war nicht rechtsstaatswidrig BVerwG, Urt v 14.06.2006 – 3 C 5/06, RdL 2006, 269 = LKV 2007, 82

17 BVerwG NJ 2007, 44 m Anm *Gruber* = ZOV 2006, 300. Es bestehen in den neuen Bundesländern Bestimmungen über die Auflösung der altrechtlichen Personenzusammenschlüsse, vgl *Janke* NJ 2000, 637; *Grumbt* NJ 2000, 355. Zum sächsischen Recht *Fritzsch* Rpfleger 2003, 555; *Reichert* Mitteilungen DVW Sachsen 1/2001 S 24. Zum Recht in den einzelnen neuen Bundesländern *Reichert* FuB 2002, 25; *Franke* AgrarR 1997, 421.

40 Um die entsprechenden Grundstücke schnell handhabbar zu machen, bestimmt jetzt der in neuen Bundesländern geltende Art 233 § 10 EGBGB, dass die Gemeinde des belegenen Grundstücks zur Vertretung des Personenzusammenschlusses ermächtigt ist, bis landesrechtliche Regelungen zur Bereinigung der Verhältnisse erlassen werden. Es wurde eine **gesetzliche Verfügungsbefugnis der Gemeinde** angeordnet. Auf die Nichtfeststellbarkeit der Eigentümer kommt es nicht an. Sie lässt die Rechte der Gemeinschaftsorgane unberührt und tritt neben die Organe. Es handelt sich um eine § 8 VZOG entsprechende Regelung zur Wiederherstellung der Verkehrsfähigkeit dieser Flächen. Ein besonderer Bescheid über die Verfügungsbefugnis ergeht nicht und ist auch für das Grundbuchamt nicht erforderlich, die Vertretungsmacht besteht kraft Gesetzes ohne besondere Anordnung. Die Vertretung ist bei allen Rechtsgeschäften und Verfügungen über das Grundstück möglich. Zu Grundstücksverfügungen bedarf der Vertreter nicht der Genehmigungen der §§ 1821 und 1822 BGB.[18] Die Verfügungsbeschränkungen aus dem Recht des Personenzusammenschlusses gelten für Verfügungen der Gemeinde nicht. Für die Gemeinde besteht das Selbstkontrahierungsverbot des § 181 BGB, was misslich sein kann, wenn die Gemeinde vom Personenzusammenschluss eine Grundstücksfläche oder das Grundstück insgesamt erwerben will. Dann ist für den Personenzusammenschluss ein Pfleger zu bestellen, der dann mit Genehmigung des Vormundschaftsgerichts an die Gemeinde veräußern kann. Möglich ist auch die Bestellung eines Vertreters nach Art 233 § 2 Abs 3 EGBGB. Art 233 § 10 EGBGB ist keine abschließende Sonderregelung, die den Rückgriff auf allgemeine Vorschriften versperrt. Nicht möglich ist es aber, analog § 29 BGB ein Notvertretungsorgan zu bestellen, selbst wenn der Personenzusammenschluss ein Vertretungs- oder Verwaltungsorgan hat; ein Notvertretungsorgan ist mit der Organisationsstruktur der Gesamthandsgemeinschaft nicht vereinbar. Die Vertretungsbefugnis des Art 233 § 10 EGBGB gilt für die im Grundbuch in Abt I ohne Angabe eines Eigentümers eingetragenen öffentlichen Wege, Gräben, Gewässer oä. Bei konkurrierenden Rechtsgeschäften des Vertreters und des Organs des Personenzusammenschlusses gilt für das Grundbuchverfahren § 17.

41 Mit Art 233 § 10 EGBGB gewährleistet der Gesetzgeber die Verkehrsfähigkeit solcher Grundstücke. Die Belegenheitsgemeinde ist gesetzlicher Vertreter für den unbekannten Eigentümer. Ein Vertreterbestellung nach Art 233 § 2 Abs 3 EGBGB oder die Einsetzung eines Pflegers ist demnach nicht erforderlich, es sei denn, die Gemeinde will das Grundstück an sich selbst veräußern oder bestellt zu eigenen Gunsten ein beschränktes dingliches Recht an dem Grundstück, denn § 181 BGB gilt auch für die Gemeinde. Für die Ausübung und den Nachweis der Vertretungsmacht gelten im Übrigen die allgemeinen gesetzlichen Bestimmungen des Kommunal- und Grundbuchrechts. Mit der Vertretungsmacht kann die Belegenheitsgemeinde das Eigentum an diesen Grundstücken oder Grundstücksteilflächen übertragen (verkaufen, tauschen), die Begründung und Bestellung von dinglichen Rechten an diesen Grundstücken vornehmen.

42 Die Regelung des Art 233 § 10 EGBGB bewirkt keine dingliche Zuordnung des Grundstücks zum Vermögen der Gemeinde. Verfügt die Belegenheitsgemeinde über ein solches Grundstück, so findet das landesrechtliche Haushalts- und Kommunalaufsichtsrecht keine Anwendung, da die Gemeinde in Ausübung ihrer Vertretungsmacht nicht über eigenes Vermögen verfügt.[19] Das Grundbuchamt kann für die Verfügung keine kommunalaufsichtsrechtliche Genehmigung verlangen. Der Ratsbeschluss der Kommune über den Abschluss des Grundstücksveräußerungsvertrages ist dem Grundbuchamt nicht vorzulegen.

43 Die Vertretungsbefugnis der Gemeinde endet, wenn sie durch Bescheid der Flurneuordnungsbehörde aufgehoben wird und eine Ausfertigung hiervon zu den Grundakten des betroffenen Grundstücks gelangt. Die Aufhebung der Vertretungsbefugnis kann von jedem Mitglied des Personenzusammenschlusses beantragt werden. Die vor der Aufhebung der Vertretungsbefugnis von der Gemeinde vorgenommenen Rechtsgeschäfte bleiben stets wirksam, da im Zeitpunkt der Vornahme des Rechtsgeschäfts die Vertretungsmacht bestand, ein späterer Wegfall dieser jedoch nach den Regeln über die Vertretungsmacht nicht mehr schädlich ist. Die Vertretungsbefugnis endet auch dann, wenn die Flurneuordnungsbehörde zu Unrecht die Voraussetzungen für einen Aufhebungsbescheid angenommen hat. In einem solchen Fall ist der Aufhebungsbescheid wieder aufzuheben.

44 In den neuen Bundesländern finden sich auch Grundbucheintragungen in Abt I wie »öffentliche Wege, Gräben und Gewässer« ohne Angaben eines Eigentümers. Um auch derartige Grundstücke schneller handhabbar zu machen, gelten die bereits aufgeführten Neuregelungen auch für solche Fälle.

45 Typischerweise beziehen sich diese Eintragungen auf Grundstücke, die bei Anlegung des Grundbuchblattes buchungsfrei iS des § 3 Abs 2 GBO oder entsprechender Bestimmungen älteren Rechts waren, so dass entweder gänzlich von der Anlegung eines Grundbuchblattes oder auch nur von der Eintragung eines Eigentümers abgesehen werden durfte.[20] Die Nachholung der Buchung des Eigentümers ist heute mit der speziellen Problematik der Eigentumsfeststellung, die durch die Entstehungsgeschichte der Grundstücke bedingt ist, behaftet. Bei der Verfolgung der Eigentumsentwicklung wird daher auf altes Recht zurück zu greifen sein und dabei mehr oder

---

18 *Böhringer* NJ 2000, 120.
19 Ähnlich die Situation bei § 8 Abs 3 VZOG; OLG Jena VIZ 2003, 247.
20 *Stellwaag* VIZ 2002, 607.

weniger undurchsichtige Rechtsverhältnisse aus lange zurückliegenden Zeiten vor und nach Inkrafttreten des BGB zu würdigen sein, deren Beweiskraft mit fortschreitendem zeitlichen Abstand zunehmend schwieriger wird.

Zur Klärung der Eigentumsverhältnisse gibt es keine Spezialnormen.[21] Es ist an folgende Möglichkeiten zu denken: Da die Buchung des Grundstücks nach heutigem Verständnis wegen der fehlenden Eigentümereintragung (noch) nicht vollständig erfolgt ist, kann § 3 Abs 2 iV mit §§ 116 ff GBO angewandt werden. Die Ermittlung des Eigentümers des Grundstücks, und sei es auch nur des wahrscheinlichsten Eigentümers, muss sich im Rahmen des rechtlich Möglichen bewegen. Ein Antragsteller hat Tatsachen vorzutragen, die das Eigentum des Antragstellers zumindest wahrscheinlich machen. Das Grundbuchamt ist allerdings nicht verpflichtet, von Amts wegen Ermittlungen nach dem Eigentümer anzustellen.[22] **46**

Möglich ist die Aneignung durch den Eigenbesitzer[23] nach vorausgegangenem Ausschluss des bisherigen nicht eingetragenen Eigentümers durch ein Aufgebotsverfahren mit abschließendem Ausschlussurteil (§ 927 BGB). Möglich ist ein solches Vorgehen nämlich nicht nur bei einem gebuchten, sondern auch bei einem ungebuchten Eigentümer. Dies ist ein beschreitbarer, aber umständlicher Weg zur Buchung desjenigen Eigentümers, der seit 30 Jahren das Grundstück in Besitz hat, aber nicht in der Lage ist, sein Eigentum nachzuweisen. **47**

Stand das Grundstück am 02.10.1990 im Eigentum des Volkes, so kann die Eigentumsfeststellung durch ein Vermögenszuordnungsverfahren nach dem VZOG erfolgen. Möglich bleibt auch eine Eigentumsfeststellung durch ein Bodenneuordnungsverfahren nach dem Bodensonderungsgesetz, dem Flurbereinigungsgesetz, dem Landwirtschaftsanpassungsgesetz und dem Baugesetzbuch. **48**

Soweit nach früherem – meist preußischem – Recht das Miteigentum ungeteilt und rechtlich untrennbar mit dem Eigentum an anderen Grundstücken verbunden war, wird diese Verklammerung des Gemeinschaftseigentums mit dem Eigentum an den Landflächen durch die Aufhebung der Verfügungsbeschränkung zugunsten der Gemeinde beseitigt. Die Gemeinde darf nur im wohlverstandenen Interesse des vertretenen Personenzusammenschlusses tätig werden. Das GBA hat diese Interessenlage allerdings nicht zu prüfen.[24] **49**

---

21 *Stellwaag* VIZ 2002, 607 fordert zu Recht ein Einschreiten des Gesetzgebers und schlägt ein schlank strukturiertes Aufgebotsverfahren vor. Allgemein zu Aufgebotsverfahren *Böhringer* NotBZ 2001, 197.
22 Ebenso *Stellwaag* VIZ 2002, 607.
23 Wegen der verschiedenen Ersitzungsfristen nach BGB und ZGB vgl *Stellwaag* VIZ 2002, 607; BGHZ 132, 245 = VIZ 1996, 401 = NJW 1996, 1890.
24 *Böhringer* NJ 2000, 120.

§ 137 (Einschränkung bei einzelnen landesrechtlichen Vorbehalten)

(1) Die Vorschriften des § 20 und des § 22 Abs 2 über das Erbbaurecht sowie die Vorschrift des § 49 sind auf die in den Artikeln 63, 68 des Einführungsgesetzes zum Bürgerlichen Gesetzbuch bezeichneten Rechte entsprechend anzuwenden.

(2) Ist auf dem Blatt eines Grundstücks ein Recht der in den Artikeln 63 und 68 des Einführungsgesetzes zum Bürgerlichen Gesetzbuch bezeichneten Art eingetragen, so ist auf Antrag für dieses Recht ein besonderes Grundbuchblatt anzulegen. Dies geschieht von Amts wegen, wenn das Recht veräußert oder belastet werden soll. Die Anlegung wird auf dem Blatt des Grundstücks vermerkt.

(3) Die Landesgesetze können bestimmen, daß statt der Vorschriften des Absatzes 2 die Vorschriften der §§ 14 bis 17 des Erbbaurechtsgesetzes entsprechend anzuwenden sind.

I. Fassung und Bedeutung der Vorschrift

1   Die Vorschrift des § 137 enthält eine Ausnahme von der Regel des § 136. Der dort ausgesprochene Vorbehalt zugunsten des Landesrechts wird dahin eingeschränkt, dass für gewisse dem Landesrecht vorbehaltene Rechte in einigen Punkten Bundesrecht gilt.

2   In Abs 1 hieß es ursprünglich im Eingang anstatt »Die Vorschriften des § 20« »Die Vorschriften der §§ 7, 20«. Die Änderung erfolgte durch § 37 Abs 2 ErbbauRG und wurde durch die in § 35 S 2 ErbbauRG erfolgte Außerkraftsetzung des § 7 GBO aF erforderlich.

3   Die Abs 2 und 3 wurden gleichfalls erst durch § 37 Abs 3 ErbbauRG angefügt. Der neue Abs 2 brachte keine inhaltliche, sondern nur eine redaktionelle Änderung. Da § 35 S 2 ErbbauRG den § 7 GBO aF allgemein außer Kraft gesetzt hatte, musste auch die Verweisung auf diesen Paragraphen in § 84 GBO aF wegfallen. Hierdurch wäre aber für die Rechte nach Art 63, 68 EGBGB, auf die der bisherige § 7 entsprechend anzuwenden war, eine Lücke entstanden. Um diese zu vermeiden, bestimmt § 137 Abs 2 für die genannten Rechte das, was bisher § 7 mittelbar für sie angeordnet hatte. Die Anfügung des Abs 3 durch das ErbbauRG bedeutete dagegen auch eine inhaltliche Änderung.

4   Bei der Neufassung der GBO durch die GBOÄndVO wurde § 137 lediglich in der Fassung sprachlich verbessert, sachlich aber blieb die Bestimmung unverändert.

II. Geltungsbereich der Vorschrift

5   Gegenstand des § 137 sind
     1. die in **Art 63 EGBGB** bezeichneten Rechte, nämlich die Erbpacht-, Büdner- und Häuslerrechte, die das dingliche Nutzeigentum an bäuerlichen Grundstücken betreffen; dazu § 136.

6   2. die in **Art 68 EGBGB** genannten Abbaurechte, dh dingliche, veräußerliche und vererbliche Rechte, zur Gewinnung von – bergrechtlichen Vorschriften nicht unterliegenden – Mineralien, wie zB Schiefer, Ton, Kalk, Sandstein, Granit ua; dazu § 136.

     Diese Rechte unterstehen materiell grundsätzlich dem Landesrecht; doch haben die genannten Bestimmungen des EGBGB sie gewissen reichsrechtlichen (jetzt bundesrechtlichen) Vorschriften unterworfen, durch die sie dem Erbbaurecht des BGB angenähert sind. § 137 führt diesen Gedanken für die grundbuchrechtliche Behandlung weiter und schränkt damit den sonst geltenden Vorbehalt des § 136 ein.

III. Anwendbarkeit von Vorschriften der GBO

7   Auf diese Rechte sind folgende Vorschriften der GBO entsprechend anzuwenden:
     1. **§ 20**, soweit er das Erbbaurecht betrifft (Nachweis der Einigung gegenüber dem GBA im Falle der Bestellung, Änderung des Inhalts und der Übertragung des Rechts);

8   2. **§ 22 Abs 2**, soweit er sich auf das Erbbaurecht bezieht (GBBerichtigung durch Eintragung des Berechtigten nur mit dessen Zustimmung, falls nicht der Fall des § 14 vorliegt oder die Unrichtigkeit nachgewiesen werden kann);

3. § 49 (Bezugnahme auf die Eintragungsbewilligung nicht nur Bezeichnung des Inhalts, sondern, falls das in **9** Frage kommende Recht nicht einheitlicher Natur ist, sich vielmehr aus mehreren selbständigen dinglichen Rechten zusammensetzt, auch zur Bezeichnung dieser Rechte).

IV. Anlegung eines besonderen Grundbuchblatts

Die Anlegung eines besonderen GBBlatts für die bezeichneten Rechte ist in § 137 entsprechend den in § 8 aF **10** für das altrechtliche Erbbaurecht getroffenen Bestimmungen geregelt. Dabei ist § 60 Buchst a – nicht aber Buchst b – GBV zu beachten, sodass das Grundbuchblatt zB die Aufschrift »Erbpachtrecht«, »Salzabbaurecht« oder »Kalkabbaurecht« zu tragen hat. Allerdings ist die Bezugnahme auf die Eintragungsbewilligung entgegen § 60 Buchst b GBV möglich, da sie über § 137 Abs 1, § 49 ausdrücklich zugelassen wird. Im Übrigen gelten für die Einrichtung des Grundbuchblatts nach § 103 GBV die landesrechtlichen Vorschriften.

Alternativ kann nach § 137 Abs 3 landesgesetzlich angeordnet werden, dass die Blätter wie die der neueren Erbbaurechte angelegt werden (§§ 14–17 ErbbauRG), die 1919 mit der ErbbauVO eingeführt wurden; in diesem Fall gelten für die Ausgestaltung der Blätter nach § 104 GBV die Formvorschriften der §§ 54 ff GBV.

V. Vorbehalt für die Landesgesetzgebung

Durch die Übertragung des Bundesrechts auf die genannten Rechte wird im angegebenen Umfang das Landes- **11** recht ausgeschlossen. Das Landesrecht kann jedoch bestimmen, dass anstatt der Vorschrift des § 137 Abs 2 die §§ 14 bis 17 ErbbauRG entsprechend anzuwenden sind, dass also bezüglich der Blattanlegung die unter § 137 fallenden Rechte nicht wie das altrechtliche Erbbaurecht des BGB, sondern wie das neurechtliche Erbbaurecht behandelt werden. In diesem Falle sind die Vorschriften der §§ 54 bis 60 GBV über das Erbbaugrundbuch entsprechend anzuwenden, § 104 GBV.

§ 138 (Fortführung der bisherigen Grundbücher)

Die Bücher, die nach den bisherigen Bestimmungen als Grundbücher geführt wurden, gelten als Grundbücher im Sinne dieses Gesetzes.

I. Fassung und Bedeutung der Vorschrift

1 Die Vorschrift des § 138, die bei Neufassung der GBO durch die GBOÄndVO im Jahre 1935 eingefügt wurde, enthält eine Übergangsvorschrift. Da klar war, dass die Umschreibung der GB auf den neuen Reichsvordruck eine gewisse Zeit erfordert und nur allmählich erfolgen kann, wird klargestellt, dass die bisherigen GB als GB iS der neu gefassten GBO gelten, mögen sie auch ihren Anforderungen nicht entsprechen. Ergänzende Anpassungsvorschriften enthalten die §§ 139, 140, 144 und §§ 97 bis 99 GBV.

2 Sachlich entspricht § 138 dem § 87 aF, wonach durch landesherrliche VO bestimmt werden konnte, dass ein bisher geführtes Buch oder mehrere bisher geführte Bücher für sich allein oder zusammen mit einem neuen Buch oder mehreren neuen Büchern als GB gelten sollen. Von diesem Vorbehalt machten **Preußen**[1] und **Bayern**[2] bezüglich der Hypothekenbücher und des Münchener Grundbuchs Gebrauch. Die durch diese Anordnung geschaffenen Bücher sind als solche durch § 138 beibehalten worden.

II. Inhalt der Vorschrift

3 Die Bücher, die nach den bisherigen landesrechtlichen Bestimmungen als GB geführt wurden, sind auch als GB iS der GBO nF anzusehen, mögen sie auch ihren Anforderungen nicht entsprechen. Die Eintragungen in den bisherigen Büchern bleiben wirksam; sie bleiben in der bisherigen Form bestehen. Neue Eintragungen werden auch nach dem In-Kraft-Treten der neuen Vorschriften solange in den alten Büchern vorgenommen, als diese nicht auf den neuen Reichsvordrucken umgeschrieben sind. Bis zu diesem Zeitpunkt gelten auch noch die bisherigen Eintragungsvorschriften, § 98 GBV. Jedoch sind neue Grundbuchblätter nach § 97 Abs 1 GBV grundsätzlich nur unter Verwendung der Vordrucke der GBV anzulegen.[3] Allerdings konnte für eine Übergangszeit die Verwendung der alten Vordrucke besonders zugelassen werden. Dann waren nach § 98 S 1 GBV die alten landesrechtlichen Vorschriften über die Nummernbezeichnung und die Eintragung im Grundbuch weiterhin anzuwenden. Für die Umschreibung bereits angelegter Grundbuchblätter auf den neuen Vordruck sind die §§ 29, 30 GBV sinngemäß anzuwenden (§ 99 GBV). S auch die Erläuterungen zu §§ 97–99 GBV.

4 Die Anpassung der bisherigen GB an die 1935 neu eingeführten Vorschriften, insb die Angleichung an den Reichsvordruck erfolgte allmählich und zwar grundsätzlich durch Umschreibung, § 97 Abs 2 GBV. Die **Umschreibung der Grundbuchblätter** auf den durch die GBV eingeführten neuen Vordruck war mit Beginn des Zweiten Weltkriegs ins Stocken geraten. Sie wurde aufgrund ausdrücklicher Anordnung[4] bis auf weiteres eingestellt. Nach dem Kriege sind die Umschreibungsarbeiten in den Ländern wieder aufgenommen worden, so zB in Bayern[5] und in Nordrhein-Westfalen[6] sowie in Baden-Württemberg.

III. Übergangsvorschriften

5 Übergangsvorschriften sind enthalten in § 95 GBV (GB-Bezirk), § 96 GBV (GB-Hefte), § 97 GBV (Vordrucke), § 98 GBV (Nummernbezeichnung sowie Eintragung im GB), § 99 (Umschreibung), § 100 GBV (Weiterführung und Neuanlegung von Grundakten), § 101 GBV (Umstellung auf Loseblattgrundbuch),[7] § 102 GBV (Vordrucke für Grundpfandrechte).

6 Sondervorschriften bestehen für **Baden-Württemberg** (§ 143) und die **neuen Bundesländer** (§ 144).

---

1 Art 3 Hs 2, Art 4 Abs 1 vgl VO betr das GB-Wesen vom 13.11.1899 (Preuß GBl S 518).
2 § 24 VO v 23.07.1899 (Bay GBVl S 493). Zur rechtlichen Bedeutung einer im Jahre 1922 gemäß § 346 der Bayer Dienstanweisung für die Grundbuchämter v. 27.02.1905 (JMBl S 63) vorgenommenen Eintragung der Eigentümer eines Weggrundstücks und den Auswirkungen ihrer unveränderten Übernahme auf den neuen Vordruck s BayObLGZ 1987, 121.
3 Zur unveränderten Übernahme eines Eigentümereintrags nach § 346 der DA für Grundbuchämter (JMBl S 63) in Bayern BayObLGZ 1987, 121.
4 AVdRJM v 01.03.1943 (Die Justiz 1943, 169).
5 Bek d JM v 08.04.1952 (BayJMBl 1952, 105).
6 AVdJM v 10.09.1954 (JMBl NRW 1954, 219).
7 Zur **Umstellung von Grundbuchblättern** in festen Bänden durch Verwendung von Ablichtungen der bisherigen Blätter auf Bände mit herausnehmbaren Einlegebogen (sog Loseblattgrundbuch) vgl § 101 GBV.

§ 139 (Mehrere Grundbücher für ein Grundstück bei Fortführung der bisherigen Grundbücher)

Werden nach § 138 mehrere Bücher geführt, so muß jedes Grundstück in einem der Bücher eine besondere Stelle haben. An dieser Stelle ist auf die in den anderen Büchern befindlichen Eintragungen zu verweisen. Die Stelle des Hauptbuchs und die Stellen, auf welche verwiesen wird, gelten zusammen als das Grundbuchblatt.

I. Fassung und Bedeutung der Vorschrift

Die Vorschrift dient der Ergänzung des § 138 und ist eine Anpassungsbestimmung für den Fall, dass über ein Grundstück mehrere GB geführt wurden. Die Bestimmung hat als Übergangsvorschrift nur geringe praktische Bedeutung.

Im Übrigen spielen diese Vorschriften nur noch eine geringe Rolle. Wo solche Grundbücher, die aus mehreren Büchern bestehen, noch vorhanden waren, sollten sie inzwischen auf den durch die GBV eingeführten neuen Vordruck umgeschrieben worden sein. Es handelt sich um die Anpassung an § 3.

II. Inhalt der Vorschrift

Das GBRecht wird von dem Grundsatz des Realfoliums beherrscht, dh jedes Grundstück erhält im GB eine besondere Stelle (§ 3). Damit dieser Grundsatz auch gewahrt wird, wenn kraft landesrechtlicher Vorschrift (§ 87 aF) das GB aus mehreren Büchern besteht, bestimmt § 139, dass in einem dieser Bücher, dem sog **Hauptbuch**, jedes Grundstück eine **besondere Stelle** haben muss. An dieser Stelle brauchen aber nicht alle das Grundstück betreffenden Eintragungen vereinigt zu sein; diese können auch in den anderen Büchern sich befinden. In diesem Falle muss aber in dem Hauptbuch auf diese anderen Eintragungen verwiesen werden **(S 2)**. Das Hauptbuch und die Stellen, auf die dort verwiesen ist, gelten als GBBlatt iS des § 3; alle Eintragungen zusammen gelten als Inhalt des GB iS des BGB und der GBO **(S 3)**.[1]

---

1   In Bayern hatte die Vorschrift lediglich für das bei dem Amtsgericht München I geführte Münchener GB und das Hypothekenbuch Bedeutung, § 24 Abs 2 VO vom 23.07.1898 bay GVBl 493. Als Hauptbuch galt das Hypothekenbuch; in diesem war auf die im Münchener GB eingetragenen Ewiggelder verwiesen.

§ 140 (Bezeichnung der Grundstücke bei fortgeführten Grundbüchern)

Sind in einem Buch, das nach § 138 als Grundbuch gilt, die Grundstücke nicht nach Maßgabe des § 2 Abs 2 bezeichnet, so ist diese Bezeichnung von Amts wegen zu bewirken.

I. Fassung und Bedeutung der Vorschrift

1   Es handelt sich in Ergänzung des § 138 um eine Anpassungsvorschrift für den Fall, dass in einem fortgeführten alten GB die Grundstücke nicht nach § 2 Abs 2 bezeichnet sind. § 140 enthält also die **Anpassung an § 2 Abs 2**. Die Vorschrift hat heute kaum mehr praktische Bedeutung.

II. Inhalt der Vorschrift

2   Sind in einem nach § 138 fortgeführten Buch die Grundstücke nicht nach Maßgabe des § 2 Abs 2, also nach einem amtlichen Verzeichnis, in dem sie unter Nummern oder Buchstaben aufgeführt sind, benannt, so ist diese Bezeichnung von Amts wegen nachzuholen. Dadurch soll, ebenso wie durch die Vorschrift des § 2 Abs 2, die Auffindung der Grundstücke in der Örtlichkeit gesichert werden.

3   Die erforderlichen Eintragungen im GB sind gebührenfrei, § 69 Abs 1 Nr 3 KostO.

§ 141 (Wiederherstellung von Grundbüchern und Urkunden)

(1) Die Landesregierungen oder die von ihnen bestimmten obersten Landesbehörden können durch Rechtsverordnung allgemein oder für bestimmte Grundbücher das Verfahren zum Zwecke der Wiederherstellung eines ganz oder teilweise zerstörten oder abhanden gekommenen Grundbuchs sowie zum Zwecke der Wiederbeschaffung zerstörter oder abhanden gekommener Urkunden der in § 10 Abs 1 bezeichneten Art bestimmen. Sie können dabei auch darüber bestimmen, in welcher Weise bis zur Wiederherstellung des Grundbuchs die zu einer Rechtsänderung erforderliche Eintragung ersetzt werden soll.

(2) Ist die Vornahme von Eintragungen in das maschinell geführte Grundbuch (§ 126) vorübergehend nicht möglich, so können auf Anordnung der Leitung des Grundbuchamts Eintragungen in einem Ersatzgrundbuch in Papierform vorgenommen werden, sofern hiervon Verwirrung nicht zu besorgen ist. Sie sollen in das maschinell geführte Grundbuch übernommen werden, sobald dies wieder möglich ist. Für die Eintragungen nach Satz 1 gilt § 44; in den Fällen des Satzes 2 gilt § 128 entsprechend. Die Landesregierungen werden ermächtigt, die Einzelheiten des Verfahrens durch Rechtsverordnung zu regeln; sie können diese Ermächtigung auf die Landesjustizverwaltungen durch Rechtsverordnung übertragen.

(3) Die Landesregierungen können durch Rechtsverordnung bestimmen, daß das nach Maßgabe des Siebenten Abschnitts maschinell geführte Grundbuch wieder in Papierform geführt wird. Die Rechtsverordnung soll nur erlassen werden, wenn die Voraussetzungen des § 126 nicht nur vorübergehend entfallen sind und in absehbarer Zeit nicht wiederhergestellt werden können. § 44 gilt sinngemäß. Die Wiederanordnung der maschinellen Führung nach dem siebenten Abschnitt bleibt unberührt.

I. Allgemeines

§ 141, ganz früher § 92, trifft Bestimmungen über die Wiederherstellung von GB, die ganz oder teilweise zerstört oder abhanden gekommen sind. Durch die GBOÄndVO bei Neufassung der GBO im Jahre 1935 wurde die frühere Ermächtigung der Landesgesetzgebung durch einen Vorbehalt zugunsten des RJustMin ersetzt und gleichzeitig die Ermächtigung auf die Wiederbeschaffung zerstörter und abhanden gekommener Urkunden ausgedehnt. Diese **Ermächtigung** ist gemäß Art 129 Abs 1 GG auf den **BJustMin** übergegangen, § 27 Nr 6 GBMaßnG hat die Vorschrift dahin abgeändert, dass die Landesregierungen die Ermächtigung übertragen erhalten haben. **1**

§ 141 wurde durch das RegVBG um die Absätze 2 und 3 ergänzt. Diese Bestimmungen gewähren den Grundbuchämtern Möglichkeiten, technischen Problemen bei der Führung des maschinellen Grundbuchs zu begegnen, insbesonders wenn das maschinell geführte Grundbuch vorübergehend oder auf Dauer nicht benutzt werden kann, andererseits ermächtigen sie die Landesregierungen, Verordnungen über die Behandlung von Problemsituationen zu erlassen. **2**

II. Inhalt der Ermächtigung

1. Voraussetzungen

a) Grundbuch. Solange Grundbucheintragungen noch entziffert werden können, greift § 141 nicht. § 141 setzt ein ganz oder teilweise zerstörtes oder abhanden gekommenes GB voraus. Ein GB ist ganz oder teilweise zerstört, wenn es wegen Verletzung seiner Substanz für den Rechtsverkehr nicht mehr geeignet ist, weil die Eintragungen ganz oder teilweise nicht mehr oder nur mehr mit Schwierigkeiten feststellbar sind. Die Ursache kann sein Verbrennen, vollständiges Zerreißen, auch vollständige Unleserlichkeit z B durch nicht mehr zu beseitigende Verschmutzung. Zerstörung des Einbandes allein genügt nicht. Abhanden kommen kann das GB, wenn es nicht mehr auffindbar ist, insb durch Diebstahl oder dadurch, dass es ohne Aussicht auf Wiederauffinden verlegt wird. Für die in § 141 Abs 1 erwähnten Urkunden gilt Entsprechendes. **3**

Nicht unter § 141 gehören die Fälle, dass ein GBBlatt voll geschrieben oder unübersichtlich ist. In beiden Fällen ist das Blatt gemäß §§ 23, 28 GBV umzuschreiben.

4 Es genügt nicht, wenn lediglich sein Einband zerstört ist; in einem solchen Falle ist das Grundbuch nur neu einzubinden. Auch genügt es nicht, wenn ein Blatt zwar sehr verschmutzt oder sehr zerrissen ist, die Eintragungen aber immer noch entziffert werden können; ein derartiges Blatt ist nach §§ 23, 28 GBV umzuschreiben.

5 **b) Urkunden.** § 141 betrifft weiter Urkunden, auf die eine Eintragung sich gründet oder Bezug nimmt, § 10 Abs 1 (zB Eintragungsanträge nach § 13, Eintragungsbewilligungen nach § 19 mitsamt den ihnen zugrunde liegenden Verträgen, gleichfalls Legitimationsurkunden, Karten im Falle von § 1023 BGB, Aufteilungspläne nach WEG sowie Urteile oder vollstreckbare Titel anderer Art). Auch hier wird vorausgesetzt, dass die Urkunde ganz oder teilweise zerstört oder abhanden gekommen ist.

6 Nicht unter § 141 fallen sonstige Urkunden, also der übrige Inhalt der Grundakten. Deren Wiederherstellung veranlasst die Dienstaufsichtsbehörde. Ebenso wenig hat § 141 das Handblatt (§ 24 Abs 4 GBV) zum Gegenstand. Wird dieses zerstört oder kommt es abhanden, so hat das GBA ohne besondere Anordnung von Amts wegen zu veranlassen, dass es vermittels des GB wieder hergestellt wird. Endlich gehören zerstörte oder abhanden gekommene Hypotheken-, Grundschuld- und Rentenschuldbriefe nicht hierher. Hier hat der Briefinhaber im Aufgebotsverfahren ein Ausschlussurteil zu erwirken und auf Grund dessen beim GBA Ausstellung eines neuen Briefs zu beantragen, § 67 GBO und § 26 GBMaßnG. Kommt ein dem GBA vorgelegter Brief bei diesem abhanden oder wird er, während er beim GBA liegt, zerstört, so gilt er trotz des Verlustes als vorgelegt.

7 Andere Urkunden sind von Amts wegen zu beschaffen; sie können nach § 57 Abs 10, §§ 68, 46 BeurkG wiederhergestellt werden.[1]

2. Begriffe

8 **Wiederherstellung** bedeutet Reproduktion des Buchstandes zZt der Zerstörung oder des Abhandenkommens, nicht etwa Herstellung eines Buches, das den gegenwärtigen Rechtszustand wiedergibt. Letzteres ist Neuanlegung eines Blattes und von der Wiederherstellung begrifflich verschieden. Bei der Wiederherstellung sind Eintragungen nach der Zerstörung oder nach dem Abhandenkommen nur gemäß § 141 Abs 1 S 2 zu berücksichtigen.

3. Verfahren

9 Das Verfahren zum Zwecke der Wiederherstellung eines zerstörten oder abhanden gekommenen GB und der Wiederbeschaffung zerstörter oder abhanden gekommener Urkunden iS des § 10 Abs 1 wird durch VO bestimmt. Diese kann auch Bestimmungen darüber treffen, in welcher Weise bis zur Wiederherstellung des GB die zu einer Rechtsänderung erforderliche Eintragung ersetzt werden soll (Abs 1 S 2). Diese Bestimmung kann uU notwendig werden, um eine Hemmung des GBVerkehrs bis zur Wiederherstellung des GB zu vermeiden. Auch eine nur einen Einzelfall betreffende Regelung ist möglich. Die VOdRJM[2] vom 23.02.1939 regelte zunächst nur Einzelfälle, erst die VOdRJM[3] vom 26.07.1940 enthält allgemeine Regelungen. Diese Regelung gilt zwar fort, kann aber durch Bestimmungen der Landesgesetzgeber oder der von ihnen bestimmten obersten Landebehörden abgeändert werden (§ 28 GBMaßnG). Soweit derartige Regelungen nicht erlassen sind, gilt nach § 92 Abs 1 GBV diese VO in ihrer bereinigten Fassung (BGBl III 315-11-4) auch für die Wiederherstellung eines maschinell geführten Grundbuchs (z B bei Löschung durch technische Defekte oder Bedienungsfehler).

III. Rechtsvorschriften

10 Die maßgebende VO wurde erst im Jahre 1940 erlassen. Zuvor wurde entsprechend dem früheren preuß Vorbild (dazu *Güthe* Bem 10) nur von Fall zu Fall eine Regelung getroffen. Es ergingen die VO[4] vom 15.10.1936, vom 22.02.1937,[5] vom 11.01.1939[6] und vom 23.02.1939.[7]

---

1 LG Potsdam Rpfleger 2000, 545.
2 RGBl I S 422.
3 RGBl I S 1048.
4 RMBl S 455.
5 RMBl S 54.
6 RMBl § 10.
7 RGBl I S 422.

Die Ermächtigung für den Reichsminister der Justiz ist gemäß Art 129 Abs 1 GG auf den **Bundesminister** 11
der Justiz übergegangen.[8] Der BJustMin erließ auf Grund der erteilten Ermächtigung die VO[9] über den
Rechtsverkehr bis zur Wiederherstellung zerstörter GBücher bei dem Amtsgericht in Burgsteinfurt vom
27.06.1951.

Vor dem **In-Kraft-Treten des Grundgesetzes** sind in einzelnen Ländern im Rahmen ihrer Gesetzgebungs- 12
kompetenz **Vorschriften** erlassen worden.

Es kommen daher folgende Vorschriften in Betracht:

VO[10] über die Wiederherstellung zerstörter oder abhanden gekommener Grundbücher und Urkunden vom 13
26.07.1940. Der Bestand dieser VO wurde durch die Änderung des § 141 nicht berührt; sie steht aber nun, was
in § 28 GBMaßnG ausdrücklich ausgesprochen ist, zur Disposition des neuen Ermächtigungsträgers.

Berlin AV[11] des Senators für Justiz vom 27.10.1949; 14

Hessen VO[12] vom 25.03.1948; 15

Rheinland-Hessen-Nassau AV[13] des Oberpräsidenten vom 09.07.1946 und vom 08.10.1946;[14] 16

Rheinland-Pfalz AV[15] des JustMin vom 19.02.1947; 17

Saarland Rechtsanordnung[16] über den Ersatz zerstörter Grundbücher vom 16.12.1946 und die Ausführungs- 18
anordnung[17] zu dieser Rechtsanordnung vom 10.01.1947.

Es ist auch hinzuweisen auf die VO[18] über die Ersetzung zerstörter oder abhanden gekommener gerichtlicher 19
oder notarieller Urkunden vom 18.07.1942 und § 57 Abs 10, §§ 68 und 46 BeurkG.

Wegen der Wiederherstellung von Grundpfandrechtsbriefen wird verwiesen auf § 67 GBO sowie § 26 20
GBMaßnG.

Wegen der Kraftloserklärung von Grundpfandrechtsbriefen vgl auch § 10 GBBerG. 21

Durch § 27 Nr 6 GBMaßnG ist die **Ermächtigung auf** die **Landesregierungen** oder die von ihnen 22
bestimmten obersten Landesbehörden **übertragen** worden. Die bisher erlassenen Vorschriften sind dadurch
unberührt geblieben. Sie sind weiterhin in Kraft, jedoch sind die Landesregierungen oder die von ihnen
bestimmten obersten Landesbehörden nach § 28 GBMaßnG berechtigt, sie zu ändern, zu ergänzen oder aufzuheben. So ist zB die VO des Landes Nordrhein-Westfalen über die Wiederherstellung der beim AG Wuppertal
zerstörten oder abhanden gekommenen Grundbücher und Urkunden sowie über den Rechtsverkehr bis zur
Wiederherstellung v 13.01.1981 ergangen.[19]

IV. Analoge Anwendung

Bestritten ist, ob § 141 auch anwendbar ist für den Fall, dass für ein innerhalb der Bundesrepublik Deutschland 23
belegenes Grundstück das Grundbuchblatt unter Verstoß gegen die Zuständigkeitsvorschriften von einem
außerhalb der Bundesrepublik gelegenen Grundbuchamt geführt wird und die nach den Vorschriften über den
Zuständigkeitswechsel (§ 25 GBV) vorgeschriebene Mitwirkung dieses Grundbuchsamts nicht erreicht werden
kann. Ohne Mitwirkung des hiesigen Grundbuchamts ist dies ein eklatanter Verstoß gegen Völkerrecht. Die
analoge Anwendung von § 141 muss zur Verkehrsfähigkeit des Grundstücks nach deutschen Rechtsvorschriften
bejaht werden.[20]

---

8 Entscheidung über die sachliche Zuständigkeit für den Erlass von VOen über die Wiederherstellung von GBüchern und
 die Wiederherstellung von grundbuchrechtlichen Urkunden vom 27.06.1951 (BGBl I 443), ergangen von der Bundesregierung im Einvernehmen mit dem Bundesrat auf Grund des Art 129 Abs 1 2 GG.
9 BGBl I S 443.
10 RGBl I S 1048.
11 JR 1949, 552.
12 HessGVBl S 66.
13 JBl 1947 S 26.
14 JBl 1947 S 26.
15 RhPfJBl 1947 S 27.
16 ABl 1947 S 104.
17 ABl 1947 S 104.
18 RGBl I S 395.
19 GVBl S 14.
20 Ebenso KEHE-*Briesemeister* § 141 Rn 4; **aA** BayObLGZ 1980, 185 = Rpfleger 1980, 390; *Bauer/von Oefele-Meincke*
 § 141 Rn 7.

V. Maschinelles Grundbuch

1. Ersatzgrundbuch

24 Die VO vom 26.07.1940 gilt auch dann, wenn ein maschinell geführtes Grundbuch wiederhergestellt werden muss. Bei dem maschinell geführten Grundbuch ist die Vornahme einer Eintragung nur möglich, wenn die Datenverarbeitungsanlage betriebsbereit ist. Hier können sich Störungen ergeben, zB weil der Strom ausfällt oder behebbare Fehler an Hard- und Software auftreten oder weil das maschinell geführte Grundbuch auf Grund eines technischen oder eines Benutzerfehlers ganz oder teilweise gelöscht oder sonst unerreichbar geworden ist, die Datenbestände ganz oder teilweise dauerhaft nicht mehr in lesbarer Form wiedergegeben werden können (Abhandenkommen oder Zerstörung von Datenträgern, Löschung von Daten durch unsachgemäße Benutzung, Fehlfunktionen oder Sabotage). Solche Störungen können belanglos sein (zB durch eine anderweitige Stromversorgung oder Wartungsmaßnahmen); dann besteht ein Regelungsbedarf nicht.

Der Ausfall der Datenverarbeitungsanlage kann aber über längere Zeit andauern, zB über mehr als 2 Wochen[21] oder 1 Monat.[22] Dann wäre die Vornahme von Eintragungen überhaupt nicht möglich. Dies kann vor allem bei größeren Grundbuchämtern zu nicht haltbaren Zuständen führen. Für solche Fälle räumt Abs 2 der Leitung des Grundbuchamts die Möglichkeit ein, die Vornahme von Eintragungen auf einem Ersatzgrundbuchblatt in Papierform anzuordnen. Voraussetzung ist dabei, dass die Grundbücher durch die Umstellung nicht unübersichtlich werden oder Widersprüchlichkeiten auftreten. Das maschinell geführte Grundbuch bleibt dann zwar das Grundbuch im Rechtssinne; es können aber trotzdem wirksame Eintragungen vorgenommen werden. Da das Ersatzgrundbuch nur Provisorium sein soll, ist bestimmt, dass die Eintragungen alsbald in das wieder funktionstaugliche maschinell geführte Grundbuch übernommen werden. Sie sind entsprechend § 129 übernommen, wenn sie vollständig in den Datenspeicher aufgenommen und freigegeben worden sind. Das Ersatzgrundbuchblatt muss dann – zur Vermeidung von Verwirrung – geschlossen werden.

25 Der Inhalt des betreffenden Grundbuchblatts ist unter Zuhilfenahme aller geeigneter Urlagen zu ermitteln (§ 92 Abs 1 GBV). Für die Einrichtung des Ersatzgrundbuchs und die Eintragungen in dieses gelten die allgemeinen Vorschriften für die Einrichtung und Führung des Papiergrundbuchs (Grundstücksgrundbuch, Erbbau-, Wohnungs- oder Gebäudegrundbuch), § 92 Abs 2 GBV. Diese Vorschrift beruht auf der Ermächtigung des BJM in § 134, nähere Anordnungen zur Wiederherstellung des maschinell geführten Grundbuchs zu erlassen. § 92 Abs 2 GBV schreibt auch den Wortlaut des in der Aufschrift anzubringenden Verfahrens vor. § 141 Abs 2 S 4 erlaubt den Landesregierungen bzw den von ihnen ermächtigten Landesjustizverwaltungen, Einzelheiten des Verfahrens zur Anlegung des Ersatzgrundbuchs zu regeln.

Das Ersatzgrundbuch ist nur ein Provisorium. Grundbuch im Rechtssinn bleibt im Übrigen das maschinell geführte Grundbuch. Bis zur Übertragung der Eintragungen im Ersatzgrundbuch in das maschinell geführte Grundbuch handelt es sich um wirksame und rechtsverbindliche Eintragungen in das Grundbuch. Die Eintragungen im Ersatzgrundbuch entfalten volle Wirksamkeit im Rechtsverkehr, insbesondere im Hinblick auf §§ 873, 892 BGB. Die Eintragungen aus dem Ersatzgrundbuch sind baldmöglichst in das maschinell geführte Grundbuch zu übertragen. Mit der Übertragung werden die Eintragungen Teil des maschinellen Grundbuchs. Die Voraussetzungen für eine Übertragung regelt § 128. Notwendig ist eine besondere Freigabe und die Schließung des Ersatzgrundbuchs. Dabei sind die Vorschriften über Anlegung des maschinell geführten Grundbuchs und die Schließung des Papiergrundbuchs entsprechend anzuwenden (§ 141 Abs 2 S 3 Hs 2). Freigabe des maschinellen Grundbuchs erfolgt erst, wenn die Inhalte des Ersatzgrundbuchs vollständig aufgenommen sind, wobei die Schließung im Ersatzgrundbuch vermerkt wird (§ 128). Die Praxis nutzt aber eher die Möglichkeit der Fertigung einer Sicherungskopie der Datensammlung und Bestimmung dieser Kopie als maßgebliches Grundbuch (§ 63 S 2 GBV).[23]

2. Rückkehr zum Papiergrundbuch

26 Es kann vorkommen, dass das maschinell geführte Grundbuch auf absehbare Zeit nicht funktionsfähig ist. Denkbar ist etwa, dass ein Programmfehler festgestellt wird, der in kurzer Frist nicht gefunden und behoben werden kann. In diesen Fällen besteht die Möglichkeit, wieder zur Papierform zurückzukehren. Denn sonst besteht die Gefahr, dass es bereichsweise kein Grundbuch gibt. Bei vorübergehenden Ausfällen kann man sich mit einem Ersatzgrundbuch behelfen, wie es Abs 2 vorsieht. Dies ist aber nur möglich, weil die Eintragungen schnell in das maschinell geführte Grundbuch übernommen werden können. Liegt aber ein nicht nur vorübergehender Totalausfall des Systems vor, ist die rasche Übernahme in das maschinell geführte Grundbuch nicht gewährleistet. Hier kann die notwendige Sicherheit der Richtigkeit der Eintragungen nur durch Anlegung

---

21 VO des Freistaats Sachsen v 28.07.1995.

22 Vgl für Hamburg § 4 Abs 1 VO v 26.06.1996 (HambGVBl S 164); für Bayern VO v 14.11.1994 (BayGVBl S 1021), ersetzt durch VO v 14.06.1996 (GVBl S 242).

23 Vgl *Schmidt-Räntsch* VIZ 1997, 93, 86.

eines regulären Papiergrundbuchs erreicht werden. Diese schließt die Wiedereinführung des maschinell geführten Grundbuchs nicht aus (§ 141 Abs 3 S 4). Diese Rückkehr zum papiernen Grundbuch soll ebenso wie die Einführung des EDV-Grundbuchs durch Rechtsverordnung der Landesregierung erfolgen, die ihrerseits die Landesjustizverwaltung ermächtigen kann. Der Spielraum für die erforderliche Prognoseentscheidung des Landesgesetzgebers ist daher eng zu bemessen.[24]

Der Standort in § 141 wurde wegen der Nähe zu den Wiederherstellungsfällen, aber auch deshalb gewählt, um nicht den Eindruck zu erwecken, als sei der Wechsel vom maschinellen zum papiernen Grundbuch beliebig. Er soll in beiden Formen Ausweg und Notbehelf sein. **27**

Für die Eintragung in das anzulegende Papiergrundbuch gilt § 44 sinngemäß. Über § 72 GBV gelten für die Umschreibung des maschinell geführten Grundbuchs in ein Papiergrundbuch die Bestimmungen in §§ 28 bis 37 GBV sinngemäß. **28**

Eine Rückkehr vom Papiergrundbuch zum maschinell geführten Grundbuch ist möglich, § 141 Abs 3 S 4. Es gelten dann §§ 126 bis 134. Zu beachten ist aber der erhebliche finanzielle und organisatorische Aufwand, der häufigere Wechsel im System der Grundbuchführung faktisch ausschließt.[25] **29**

---

24 Ebenso *Bauer/von Oefele-Meincke* § 142 Rn 13.
25 Ebenso KEHE-*Briesemeister* § 142 Rn 17.

§ 142 (Einsicht in Grundakten – aufgehoben)

Der Reichsminister der Justiz kann, unbeschadet der Vorschriften des § 12, Anordnungen über die Einsicht der Grundakten und die Erteilung von Abschriften treffen.

I. Allgemeines

1 Durch Gesetz vom 19.04.2006[1] wurde § 142 aufgehoben. § 142 betraf die Einsicht der Grundakten und die Erteilung von Abschriften aus den Grundakten. Durch die GBOÄndVO wurde bei der Neufassung der GBO im Jahre 1935 die bisher der Landesgesetzgebung erteilte Ermächtigung, hierüber Anordnungen zu treffen, durch einen Vorbehalt zugunsten des RJustMin ersetzt. Diese **Ermächtigung** war auf den **BJustMin** übergangen, Art 129 Abs 1 GG. Auf Grund der Ermächtigung im früheren § 142 ist die Bestimmung in § 46 GBV ergangen.

II. Inhalt der Vorschrift

2 Die Einsicht der Grundakten und die Erteilung von Abschriften daraus sind, soweit es sich um Urkunden, auf die im GB zur Ergänzung einer Eintragung Bezug genommen ist, sowie um noch nicht erledigte Eintragungsanträge handelt, in § 12 und § 12b geregelt. Die Offenlegung der übrigen Teile der Grundakten ist in §§ 43, 46 GBV geregelt worden.[2]

3 § 34 FGG ist auf die Einsicht in die Grundakten und auf die Erteilung von Abschriften nicht anwendbar.

---

1 BGBl I S 866.
2 Dazu OLG Frankfurt Rpfleger 1997, 205 = FGPrax 1997, 205 = NJW-RR 1997, 910.

§ 143 (Vorbehalt für Baden-Württemberg)

(1) Die in Baden-Württemberg bestehenden landesrechtlichen Vorschriften über die Grundbuchämter und die Zuständigkeit der dort tätigen Personen sowie über die sich hieraus ergebenden Besonderheiten bleiben unberührt; dies gilt auch für die Vorschriften über die Zahl der erforderlichen Unterschriften unter den Grundbucheintragungen und auf den Hypotheken-, Grundschuld- und Rentenschuldbriefen sowie für Regelungen, die von §§ 12c, 13 Abs 3 und § 44 Abs 1 Satz 2 und 3 abweichen. Unberührt bleiben auch Artikel 1 Abs 1 des Gesetzes über die Ermächtigung des Landes Baden-Württemberg zur Rechtsbereinigung vom 17. Dezember 1974 (BGBl. I S 3602) sowie die §§ 35 und 36 des Rechtspflegergesetzes.

(2) § 29 Abs 1 und 3 der Grundbuchordnung gilt auch im Lande Baden-Württemberg in der Fassung, die für das übrige Bundesgebiet maßgebend ist.

I. Bundesrechtliche Grundlagen

Bundesrechtliche Grundlagen für die baden-württembergischen Besonderheiten waren bis zum In-Kraft-Treten des RegVBG am 25.12.1993 § 19 AVOGBO, Art 8 der Verordnung[1] zur Änderung des Verfahrens in Grundbuchsachen vom 05.08.1935 und § 35 des Rechtspflegergesetzes sowie die Ermächtigung in § 36 und Art 1 Abs 1 des Gesetzes[2] über die Ermächtigung des Landes Baden-Württemberg zur Rechtsbereinigung vom 17.12.1974. Diese Besonderheiten sollten nicht berührt werden. Dem wird durch § 143 Abs 1 entsprochen. **1**

II. Landesrechtliche Grundlagen

In Baden-Württemberg gelten für die Grundbuchführung eine Reihe von Sondervorschriften, die von der Regelung im übrigen Bundesgebiet zum Teil erheblich abweichen. Insb werden die Grundbücher nicht von den Amtsgerichten, sondern von den grundsätzlich in einer Gemeinde mit Notariatssitz eingerichteten staatlichen Grundbuchämtern geführt. Grundbuchbeamte sind im Landesdienst stehende Notare und Notarvertreter, im badischen Rechtsgebiet in beschränktem Umfang auch Rechtspfleger. Die landesrechtlichen Bestimmungen sind im baden-württembergischen Landesgesetz[3] über die freiwillige Gerichtsbarkeit vom 12.02.1975, zuletzt geändert durch Gesetz[4] vom 30.11.1987, und in der Verordnung[5] des Justizministeriums zur Ausführung des Landesgesetzes über die freiwillige Gerichtsbarkeit im Bereich des Grundbuchwesens vom 21.05.1975, zuletzt geändert durch Verordnung[6] vom 07.09.1981, enthalten. Dazu bestehen Ausführungsbestimmungen.[7] Bei der Einführung des maschinell geführten Grundbuchs hat der Landesgesetzgeber von der ihm nach § 143 vorbehaltenen Regelungskompetenz Gebrauch gemacht und folgende Bestimmungen erlassen: Gesetz zur Einführung des maschinell geführten Grundbuchs sowie zur Änderung des Landesgesetzes über die freiwillige Gerichtsbarkeit und des Landesjustizgesetzes vom 20.12.1999[8] Verordnung des Justizministeriums über das maschinell geführte Grundbuch (EGB-VO) vom 23.02.2000.[9] Sie bleiben ebenso unberührt wie die bundesgesetzlichen Grundlagen in §§ 35, 36 RpflG. **2**

III. Besonderheiten

Hauptinhalt der Sonderregelungen ist die in Baden-Württemberg besonders ausgestaltete Zuständigkeit bei der Grundbuchführung und den sonstigen Aufgaben des Grundbuchamts. In **Baden-Württemberg** sind die **3**

---

1 RGBl I S 1065.
2 BGBl I S 3062.
3 BWGBl S 116 (LFGG genannt).
4 BWGBl S 534.
5 BWGBl S 398.
6 BWGBl S 505.
7 Erste und Zweite Verwaltungsvorschrift zur Ausführung des Landesgesetzes über die freiwillige Gerichtsbarkeit, vom 5. und 26.05.1975 (Justiz 1975, 201 u 209); AV über Grundstücksangelegenheiten des Landes (Zuständigkeit, Vertretung vor den Notariaten und Grundbuchämtern, Bezeichnung des Landes bei der Eintragung staatlicher Grundstücke im Grundbuch) vom 20.04.1982 (Justiz 1982, 182).
8 BWGBl S 662.
9 BWGBl S 182.

Grundbuchämter für die Führung der Grundbücher zuständig (§ 1 Abs 1 LFGG).[10] Das Grundbuchamt führt die Bezeichnung der Gemeinde, in der es errichtet ist.[11] **Grundbuchbeamte** sind für die zum Notariatsbezirk gehörenden Grundbuchämter die **Notare** bei den Notariaten (die bad Notare und die württ Bezirksnotare führen seit 01.07.1975 die einheitliche Bezeichnung »Notar im Landesdienst«; § 17 Abs 1 LFGG) und die Notarvertreter (§ 29 Abs 1 LFGG). Durch besondere Anordnung des Justizministeriums werden im bad Rechtsgebiet[12] auch die den Notariaten zugewiesenen **Rechtspfleger** zu Grundbuchbeamten bestellt (§ 29 Abs 2 S 2 LFGG). Deren Zuständigkeit: § 35 iVm § 3 Nr 1 Buchst h RpflG und § 17 Abs 3 LFGG. Grundbuchbeamter ist der Notar im Landesdienst (bzw der Rechtspfleger) als Einzelbeamter. Ein Urkundsbeamter der Geschäftsstelle wirkt bei Grundbuchgeschäften neben dem Notar im Landesdienst oder Rechtspfleger daher in den Fällen nicht mit, in denen nach Bundesrecht der Richter oder Rechtspfleger gemeinsam mit einem Urkundsbeamten zuständig sind (§ 29 Abs 2 S 2 LFGG). Unterschrieben werden die Eintragungen im Grundbuch daher vom Notar im Landesdienst (bzw Notarvertreter oder Rechtspfleger) (§ 6 GBVO). Gleiches gilt für die Unterzeichnung von Grundpfandrechtsbriefen. Besonderheiten bedeuten wichtige Abweichungen von den Regelung der funktionellen Zuständigkeit und der Zuständigkeit für Unterschriften bei Eintragungen,[13] wie sie in den §§ 12c, 13 Abs 3 und § 44 Abs 1 S 2 und 3 niedergelegt sind.

4 Ein **Ratschreiber** wird von jeder Gemeinde, die Sitz eines Grundbuchamts ist, bestellt (§ 31 Abs 1 LFGG). Der Ratschreiber ist in Vertretung des Grundbuchbeamten verpflichtet,

1. schriftliche Erklärungen für das Grundbuchamt entgegenzunehmen und, soweit vorgeschrieben, mit dem Eingangsvermerk zu versehen;
2. Einsicht in das Grundbuch, in die Urkunden, auf die im Grundbuch verwiesen ist, und in die noch nicht erledigten Eintragungsanträge zu gestatten sowie Abschriften zu erteilen und zu beglaubigen (§ 32 Abs 1 LFGG). Im bad Rechtsgebiet ist der Ratschreiber nach § 32 Abs 2 LFGG zuständig
3. für die Aufgaben des Urkundsbeamten der Geschäftsstelle;
4. für sonstige Verrichtungen der Geschäftsstelle und des Kanzleidienstes;
5. für das Kosten- und Rechnungswesen.

5 Ausführlich zu den landesrechtlichen Besonderheiten[14] bei § 1.

IV. Klarstellungen

6 In Art 8 der Verordnung[15] vom 05.08.1935 war vorgesehen, dass der Zeitpunkt, an dem § 1 Abs 1 (also die Vorschrift, nach der die Grundbücher von den Amtsgerichten geführt werden) und die Neufassung des § 29 (über den Nachweis der Eintragungsvoraussetzungen) in den Ländern Württemberg und Baden in Kraft treten, besonders bestimmt sind; ein solches In-Kraft-Setzen ist nie erfolgt. Außerdem war in Art 8 Abs 3 vorgesehen, dass bis zum In-Kraft-Treten der in Abs 1 genannten Bestimmungen auf den von ihnen umfassten Gebieten die bisherigen Vorschriften des Reichs- und Landesrechts, einschließlich der Vorschriften, die die Führung von Grundbüchern für Grundstücksgattungen gestatten, in Kraft bleiben. Entsprechend ist nicht bezüglich des gesamten Grundbuchrechts ein Vorbehalt für das Landesgrundbuchrecht in Baden-Württemberg vorgesehen, sondern in Anlehnung an die erwähnte Verordnung nur für bestimmte Regelungsgegenstände. Dabei sind außer den Regelungen über die Grundbuchämter und die Zuständigkeit der Grundbuchbeamten die Regelungen über die Zahl der erforderlichen Unterschriften unter den Grundbucheintragungen und in Grundpfandrechtsbriefen (wobei auch die nachträglich auf sie gesetzten Vermerke, § 62, erfasst werden sollen) wegen ihrer Bedeutung besonders hervorgehoben. Auch Regelungen, die sonstige aus der abweichenden Zuständigkeit sich ergebende Besonderheiten zum Gegenstand haben, sollen unberührt bleiben (vgl hierzu § 35 Abs 3 des Landesgesetzes über die freiwillige Gerichtsbarkeit).

7 Da der Vorbehalt für Baden-Württemberg in die Grundbuchordnung selbst aufgenommen worden ist, konnte der erwähnte Art 8 der Verordnung vom 05.08.1935 aufgehoben werden (hierzu Art 4 Abs 2 Nr 3 des RegVBG).[16]

---

10 Dazu auch OLG Frankfurt FGPrax 1997, 84 = Rpfleger 1997, 205 = NJW-RR 1997, 910.
11 Zur Konzentration der Grundbuchämter bei Einführung des maschinell geführten Grundbuchs *Böhringer* BWNotZ 2001, 1.
12 Hierzu *Nieder*, Zuständigkeiten des Notars (im badischen Rechtsgebiet) neben dem Rechtspfleger, BWNotZ 1990, 111.
13 OLG Karlsruhe Justiz 1979, 336 = MittRhNotZ 1979, 215.
14 *Schneider* in Sonderheft der BWNotZ 1977 »150 Jahre Amtsnotariat in Baden-Württemberg«; *Henssler-Rebmann* in Sonderheft der BWNotZ 1977 »150 Jahre Amtsnotariat in Württemberg« 6, 24; *Richter* Rpfleger 1975, 417; *ders.* BWNotZ 1986, 115; *Henssler* DRiZ 1976, 75; *Nieder* BWNotZ 1986, 104; *ders.* BWNotZ 1990, 111; *Böhringer* BWNotZ 2001, 1; OLG Karlsruhe Justiz 1979, 336 = MittRhNotK 1979, 215; *Schöner/Stöber* RdNr 43.
15 RGBl I S 1065.
16 BGBl 1993 I S 2182.

Landesrechtliche Besonderheiten gelten insb hinsichtlich der Zahl der erforderlichen Unterschriften für Eintragungen und die Herstellung von Grundpfandrechtsbriefen, vgl dazu §§ 44, 56, 59, 61 und 62. Abweichungen bestehen auch bei §§ 12c und 13 Abs 3. Alle diese Besonderheiten bleiben für Baden-Württemberg nach § 143 erhalten. **8**

Die Gestaltung der Vordrucke des Grundbuchblattes ist im württembergischen Landesteil des Landes Baden-Württemberg durch §§ 12 bis 22 GBVO[17] umfassend geregelt. Rechtsgrundlage der Abweichungen ist § 2 GBV. Die Verordnung[18] vom 24.02.1964 wurde durch Verordnung[19] zur Aufhebung überholter Grundbuchvorschriften vom 19.11.1995 aufgehoben. **9**

V. Geltung des § 29 Abs 1 und 3

Aufgrund des Art 8 der Verordnung zur Änderung des Verfahrens in Grundbuchsachen vom 05.08.1935 galt im Gebiet der früheren Länder Württemberg und Baden § 29 Abs 1 noch in der Fassung von 1898, jedoch mit einer Änderung durch § 57 Abs 6 des Beurkundungsgesetzes.[20] Eine entsprechende Änderung ist durch § 57 Abs 7 des Beurkundungsgesetzes für die im Übrigen Bundesgebiet geltende Fassung der Grundbuchordnung angeordnet worden. Gleichzeitig wurde hier der Wegfall des § 29 Abs 2 bestimmt, der in der Fassung von 1898 nicht enthalten und bei der Änderung des Grundbuchrechts im Jahre 1935 wegen des erwähnten Art 8 der Verordnung vom 05.08.1935 in den Ländern Württemberg und Baden nicht in Kraft gesetzt worden war. Seit 25.12.1993 gelten in Baden-Württemberg und im Übrigen Bundesgebiet – von einer unbedeutenden redaktionellen Abweichung abgesehen – inhaltsgleiche Vorschriften. Es erschien zweckmäßig, aus Gründen der Übersichtlichkeit des Rechts zu regeln, dass auch in Baden-Württemberg die im übrigen Bundesgebiet geltende Fassung des § 29 Abs 1 und 3 anzuwenden ist. **10**

---

17 BWGBl 1975 S 398.
18 BAnz Nr 42v 29.02.1964.
19 BGBl 1995 I S 1527.
20 BGBl 1969 I S 1513.

§ 144 (Vorbehalt neue Bundesländer)

(1) In dem in Artikel 3 des Einigungsvertrages genannten Gebiet gilt dieses Gesetz mit folgenden Maßgaben:

1. Die Grundbücher können abweichend von § 1 bis zum Ablauf des 31. Dezember 1994 von den bis zum 2. Oktober 1990 zuständigen oder später durch Landesrecht bestimmten Stellen (Grundbuchämtern) geführt werden. Die Zuständigkeit der Bediensteten des Grundbuchamts richtet sich nach den für diese Stellen am Tag vor dem Wirksamwerden des Beitritts bestehenden oder in dem jeweiligen Lande erlassenen späteren Bestimmungen. Diese sind auch für die Zahl der erforderlichen Unterschriften und dafür maßgebend, inwieweit Eintragungen beim Grundstücksbestand zu unterschreiben sind. Vorschriften nach den Sätzen 2 und 3 können auch dann beibehalten, geändert oder ergänzt werden, wenn die Grundbücher wieder von den Amtsgerichten geführt werden. Sind vor dem 19. Oktober 1994 in Grundbüchern, die in dem in Artikel 3 des Einigungsvertrages genannten Gebiet geführt werden, Eintragungen vorgenommen worden, die nicht den Vorschriften des § 44 Abs 1 entsprechen, so sind diese Eintragungen dennoch wirksam, wenn sie den Anforderungen der für die Führung des Grundbuchs von dem jeweiligen Land erlassenen Vorschriften genügen.
2. Amtliches Verzeichnis der Grundstücke im Sinne des § 2 ist das am Tag vor dem Wirksamwerden des Beitritts zur Bezeichnung der Grundstücke maßgebende oder das an seine Stelle tretende Verzeichnis.
3. Die Grundbücher, die nach den am Tag vor dem Wirksamwerden des Beitritts bestehenden Bestimmungen geführt werden, gelten als Grundbücher im Sinne der Grundbuchordnung.
4. Soweit nach den am Tag vor dem Wirksamwerden des Beitritts geltenden Vorschriften Gebäudegrundbuchblätter anzulegen und zu führen sind, sind diese Vorschriften weiter anzuwenden. Dies gilt auch für die Kenntlichmachung der Anlegung des Gebäudegrundbuchblatts im Grundbuch des Grundstücks. Den Antrag auf Anlegung des Gebäudegrundbuchblatts kann auch der Gebäudeeigentümer stellen. Dies gilt entsprechend für nach später erlassenen Vorschriften anzulegende Gebäudegrundbuchblätter. Bei Eintragungen oder Berichtigungen im Gebäudegrundbuch ist in den Fällen des Artikels 233 § 4 des Einführungsgesetzes zum Bürgerlichen Gesetzbuche das Vorhandensein des Gebäudes nicht zu prüfen.
5. Neben diesem Gesetz sind die Vorschriften der §§ 2 bis 34 des Gesetzes über die Angelegenheiten der freiwilligen Gerichtsbarkeit entsprechend anwendbar, soweit sich nicht etwas anderes aus Rechtsvorschriften, insbesondere aus den Vorschriften des Grundbuchrechts, oder daraus ergibt, daß die Grundbücher nicht von Gerichten geführt werden.
6. Anträge auf Eintragung in das Grundbuch, die vor dem Wirksamwerden des Beitritts beim Grundbuchamt eingegangen sind, sind von diesem nach den am Tag vor dem Wirksamwerden des Beitritts geltenden Verfahrensvorschriften zu erledigen.
7. Im übrigen gelten die in Anlage I Kapitel III Sachgebiet A Abschnitt III unter Nr 28 des Einigungsvertrages aufgeführten allgemeinen Maßgaben entsprechend. Am Tag des Wirksamwerdens des Beitritts anhängige Beschwerdeverfahren sind an das zur Entscheidung über die Beschwerde nunmehr zuständige Gericht abzugeben.

(2) Am 1. Januar 1995 treten nach Absatz 1 Nr 1 Satz 1 fortgeltende oder von den Ländern erlassene Vorschriften, nach denen die Grundbücher von anderen als den in § 1 bezeichneten Stellen geführt werden, außer Kraft. Die in § 1 bezeichneten Stellen bleiben auch nach diesem Zeitpunkt verpflichtet, allgemeine Anweisungen für die beschleunigte Behandlung von Grundbuchsachen anzuwenden. Die Landesregierungen werden ermächtigt, durch Rechtsverordnung einen früheren Tag für das Außerkrafttreten dieser Vorschriften zu bestimmen. In den Fällen der Sätze 1 und 3 kann durch Rechtsverordnung der Landesregierung auch bestimmt werden, daß Grundbuchsachen in einem Teil des Grundbuchbezirks von einer hierfür eingerichteten Zweigstelle des Amtsgerichts (§ 1) bearbeitet werden, wenn dies nach den örtlichen Verhältnissen zur sachdienlichen Erledigung zweckmäßig erscheint, und, unbeschadet des § 176 Abs 2 des Bundesberggesetzes im übrigen, welche Stelle nach Aufhebung der in Satz 1 bezeichneten Vorschriften die Berggrundbücher führt. Die Landesregierung kann ihre Ermächtigung nach dieser Vorschrift durch Rechtsverordnung auf die Landesjustizverwaltung übertragen.

(3) Soweit die Grundbücher von Behörden der Verwaltung oder Justizverwaltung geführt werden, ist gegen eine Entscheidung des Grundbuchamts (Absatz 1 Nr 1 Satz 1), auch soweit sie nicht ausdrücklich im Auftrag des Leiters des Grundbuchamts ergangen ist oder ergeht, die Beschwerde nach § 71 der Grundbuchordnung gegeben. Diese Regelung gilt mit Wirkung vom 3. Oktober 1990 an, soweit Verfahren noch nicht rechtskräftig abgeschlossen sind. Anderweitig anhängige Verfahren über Rechtsmittel gegen Entscheidungen der Grundbuchämter gehen in dem Stand, in dem sie sich bei Inkrafttreten dieser Vorschrift befinden, auf das Beschwerdegericht über. Satz 1 tritt mit dem in Absatz 2 Satz 1 oder Satz 3 bezeichneten Zeitpunkt außer Kraft.

Böhringer

(4) In den Grundbuchämtern in dem in Artikel 3 des Einigungsvertrages genannten Gebiet können bis zum Ablauf des 31. Dezember 1999 auch Personen mit der Vornahme von Amtshandlungen betraut werden, die diesen Ämtern auf Grund von Dienstleistungsverträgen auf Dauer oder vorübergehend zugeteilt werden. Der Zeitpunkt kann durch Rechtsverordnung des Bundesministeriums der Justiz mit Zustimmung des Bundesrates verlängert werden.

Übersicht

I. Vorbemerkung

Das Grundstücksrecht der ehemaligen DDR unterschied sich deutlich von der Sachenrechtsordnung des Bürgerlichen Gesetzbuches. Rechtsgrundlage für das zivilrechtliche Immobiliarrecht war das Zivilgesetzbuch der DDR. Was den Grund und Boden anbetraf, so wurde das Volkseigentum als eine der Grundformen der Vergesellschaftung der Bodennutzung angesehen und entsprechend bewertet. Ein differenzierender Eigentumsbegriff unterschied sozialistisches Eigentum in den vier Formen des Volkseigentums, Eigentum sozialistischer Genossenschaften, Eigentum gesellschaftlicher Organisationen und das persönliche Eigentum des Bürgers. Eine Besonderheit des DDR-Bodenrechts war – und bleibt vorerst – die Zulassung eines vom Grundeigentum getrennten, selbständigen Eigentums an Gebäuden, Baulichkeiten und anderen Einrichtungen. **1**

Mit der radikalen Veränderung der gesellschaftlichen Verhältnisse in der DDR 1990 wurden die Sperren des sozialistischen Bodenrechts schrittweise beseitigt. Mit der Wiederherstellung der staatlichen Einheit am 03.10.1990 wurde eine Rechtsangleichung und Rechtsbereinigung durchgeführt.[1] Das 40-jährige Erbe einer völlig anders verlaufenen Rechtsentwicklung muss seit 03.10.1990 bewältigt werden. Die durch Enteignung und Konfiskationen zerstörte konkrete Eigentumsordnung gilt es zu reparieren. Auch galt es, die bisherigen Rechtsinstitute zu überprüfen, sie ggf in die neue Rechtsordnung überzuleiten. **2**

---

1 Zum liegenschaftsrechtlichen Sonderrecht in den neuen Ländern *Böhringer* VIZ 2000, 569.

3 Dem Einigungsvertrag als dem bedeutendsten Dokument der Nachkriegszeit liegt das Ziel zu Grunde, mit der staatlichen Einheit auch die Rechtseinheit herbeizuführen. Für den Bereich des Zivilrechts ist die nahezu vollständige Inkraftsetzung des BGB in den neuen Bundesländern von einschneidender Bedeutung. Die GBO mit Maßgaben zählt zu den ab 03.10.1990 geltenden Vorschriften des formellen Liegenschaftsrechts. Das Grundbuchverfahrensrecht wird dabei von vielen Besonderheiten des ostdeutschen Grundstücksrechts tangiert.

II. Modifizierte Rechtslage

4 Seit dem 03.10.1990 bildet in den neuen Bundesländern die GBO die Hauptquelle des formellen Grundbuchrechts. Dem Gesetzgeber der neu gebildeten Bundesländer bleibt aber die Einrichtung der Organisation der Grundbücher, die Einrichtung der Grundbücher selbst sowie der amtlichen Verzeichnisse der Grundstücke im Wesentlichen überlassen: hierüber gibt die GBO nur Rahmenbedingungen. Durch das ab 03.10.1990 in den neuen Bundesländern geltende BGB wurde die Grundbucheinrichtung der Bundesrepublik auf alle Bundesländer ausgedehnt: in allen Ländern der Bundesrepublik gilt nun das gleiche Grundbuchsystem, allerdings in den neuen Bundesländern mit einigen Besonderheiten.

5 In den Ländern **Brandenburg, Mecklenburg-Vorpommern, Sachsen, Sachsen-Anhalt** und **Thüringen** sind mit dem Beitritt zur Bundesrepublik Deutschland gemäß Art 23 GG am 03.10.1990 mit dem Bundesrecht die Grundbuchordnung und die weiteren Rechtsvorschriften für Grundbuchführung mit Maßgaben in Kraft getreten (Einigungsvertrag Art 8 Anlage I Kapitel III Sachgebiet B Abschnitt III Nr 1 lit e). Diese Maßgaben galten bis zum 25.12.1993 und wurden durch Art 4 RegVBG für nicht mehr anwendbar erklärt. Der durch das RegVBG neu eingefügte § 144 berücksichtigt die Maßgaben in modifizierter Form (ab dem 25.12.1993). Weitere Regelungen wurden in § 36a GBMaßnG und § 105 GBV aufgenommen. Die Maßgaben des Einigungsvertrags zur WGV sind seit dem 10.12.1994 nicht mehr anzuwenden (Art 3 Abs 2 der Dritten Verordnung zur Änderung der SchRegDV und zur Regelung anderer Fragen des Registerrechts v 30.11.1994).

III. Die Grundbuch-Entwicklung seit 1945

6 Da die nach den am 02.10.1990 bestehenden Bestimmungen geführten Grundbücher in den neuen Bundesländern als Grundbücher iS der GBO gelten (§ 144), ist ihre Kenntnis nach wie vor von erheblicher Bedeutung.

1. Die Grundbuchverwaltung unter der sowjetischen Besatzungsherrschaft vom 08.05.1945 bis zum 07.10.1949

7 Volkseigentum war unveräußerlich und unbelastbar (vgl § 20 Abs 3 DDR-ZGB). Subjektive Rechte bestanden daran nicht.[2] Grundbücher, die die subjektiven Rechte an einem Grundstück dokumentieren sollten, waren mithin für volkseigene Grundstücke entbehrlich. Folgerichtig ordnete die sowjetische Besatzungsmacht an, die Grundbücher enteigneter Grundstücke zu vernichten.

2. Die Grundstücksdokumentation in der DDR

8 Die Dokumentation privateigener Grundstücke. Gemäß § 4 Abs 1 der Verordnung über die Übertragung der Angelegenheiten der freiwilligen Gerichtsbarkeit vom 15.10.1952[3] ging die Führung der Grundbücher von den Grundbuchämtern bei den Amtsgerichten auf die Räte der Kreise, Abteilung Kataster, über. Diese Abteilungen wurden wie die vorausgegangenen Katasterämter von Geodäten und nicht von Juristen geleitet. Die in festen Bänden zusammengefassten Grundbuchblätter wurden nicht mehr weitergeführt. Notwendige Eintragungen erfolgten seit dem 01.05.1953 in sog Grundbuchheften. Durch Ministerratsbeschluss aus dem Jahre 1953 wurde die Zuständigkeit für das Grundbuch auch den Räten der Städte übertragen.[4] Mit Beschluss des Ministerrates aus dem Jahre 1964 erfolgte eine Umorganisation des gesamten Liegenschaftswesens dahin, dass ua auch die Zuständigkeit für das Grundbuch auf die Räte der Bezirke überging, die Außenstellen bei den Räten der Kreise und in den kreisfreien Städten unterhielten.[5] Mit Wirkung vom 01.01.1965 wurden auf der Ebene der Räte der

---

2 Zum Begriff des Volkseigentums s Bundesministerium für gesamtdeutsche Fragen (Hrsg), SBZ von A bis Z – Ein Taschen- und Nachschlagebuch über die Sowjetische Besatzungszone Deutschlands, 10. Aufl (1966), S 511 u DDR-Rechtslexikon (1988), S 396.

3 Verordnung über die Übertragung der Angelegenheiten der Freiwilligen Gerichtsbarkeit v 15.10.1952, GB DDR S 105 (§§ 4–10 der VO, später aufgehoben durch die Grundstücksdokumentationsordnung vom 06.11.1975).

4 Beschluss des Ministerrates der DDR »Ordnung über den Aufbau und die Aufgaben der Stadtverordnetenversammlung und ihrer Organe in den Stadtkreisen« v 08.01.1953, GBl DDR S 53 – Abschn IV »Aufgaben des Rats der Stadt« Nr 17 Buchst g: Der Rat der Stadt leitet die Vermessungsarbeiten und die Fortführung des Grundbuchs der Stadt.

5 Beschluss des Ministerrates der DDR v 08.12.1964 über Veränderungen der Leitung, Organisation und Arbeitsweise des Liegenschaftsdienstes, auszugsweise bekannt gemacht am 14.06.1965 in GBl DDR II S 479.

Bezirke[6] Liegenschaftsdienste gebildet. Diese hatten in den Kreisen[7] Außenstellen einzurichten. Soweit eine solche Außenstelle aus organisatorischen Gründen für mehrere Kreise zuständig war, waren in jedem Kreis Arbeitsgruppen für Liegenschaftsdokumentation und für die Kontrolle des nicht landwirtschaftlichen Grundstücksverkehrs einzurichten. Diese Organisation der für das Grundbuch zuständigen Verwaltungsbehörden bestand weiter bis zum Zeitpunkt der Wiedervereinigung am 03.10.1990. Das besondere am Liegenschaftsdienst war die Funktionskombination zwischen der Zuständigkeit als Grundbuchführer und der Kompetenz im Vermessungs- und Katasterdienst, also der Vereinigung der Tätigkeit im Bereich der freiwilligen Gerichtsbarkeit (zu der ja das Grundbuchwesen gehört) und den Aufgaben der (Innen-)Verwaltung.

3. Das Grundbuch ab dem 01.01.1976

Während das materielle Recht des ZGB wie des BGB das Vorhandensein des Grundbuchs voraussetzt, war die Einrichtung und Führung des Grundbuchs seit dem 01.01.1976 in der DDR geregelt durch die **Grundbuchverfahrensordnung (GBVerfO)**,[8] **die Grundstücksdokumentationsordnung** (GDO),[9] die **Colido-Grundbuchanweisung** (GBAnw) mit 23 Anlagen bei gleichzeitigem Außer-Kraft-Treten der Reichsvorschriften. Diese neuen Rechtsvorschriften schufen eine veränderte Rechtslage in Bezug auf die Grundbücher. **9**

Nach § 2 DDR-GDO waren Gegenstand der staatlichen Dokumentation: **10**
a) Grundstücke
b) Eigentumsrechte an Grundstücken
    aa) Eigentum des Volkes einschließlich der Rechtsträgerschaft an volkseigenen Grundstücken
    bb) Eigentumsrechte der sozialistischen Genossenschaften
    cc) Eigentumsrechte gesellschaftlicher Organisationen
    dd) Eigentumsrechte der Bürger
    ee) Eigentumsrechte anderer juristischer Personen
c) sonstige Rechte an Grundstücken einschließlich Rechtsträgerschaft an volkseigenen Personen sowie weitere Rechte und Pflichten in Zusammenhang mit dem Inhalt oder der Ausübung der Rechte an Grundstücken nach Maßgabe der Rechtsvorschriften.

Die sonstigen Rechte an Grundstücken wurden in § 3 DDR-GDO wie folgt definiert: **11**
a) Nutzungsrechte an Grundstücken[10]
b) Vorkaufsrechte an Grundstücken
c) Mitbenutzungsrechte an Grundstücken[11]
d) Hypotheken und Aufbauhypotheken
e) Widersprüche gegen die Richtigkeit des Grundbuchs.

Nach § 16 DDR-GDO galten die Vorschriften über die staatliche Dokumentation über Grundstücke und Grundstücksrechte entsprechend für die staatliche Dokumentation der Gebäude und der Rechte an Gebäuden oder Gebäudeteilen, wenn durch Rechtsvorschrift festgelegt war, dass Gebäude und Rechte an Gebäuden oder Gebäudeteilen auf besonderen Grundbuchblättern (Gebäudegrundbuchblätter) nachgewiesen werden sollen. **12**

Das Grundbuch ist ein öffentliches Register. Sein Zweck ist die staatliche Dokumentation der Grundstücke, des Eigentums an den Grundstücken und der sonstigen Rechte an Grundstücken (vgl § 1 Abs 1 GDO). Dieser Zweck wird dadurch erreicht, dass dem Grundbuch öffentlicher Glaube beigelegt ist: **13**
– Vermutung, einem eingetragenen Berechtigten steht das Recht zu (§ 7 Abs 1, § 9 GDO);
– Vermutung des Nichtbestehens eines gelöschten Rechts (§ 7 Abs 2, Abs 9 GDO); beides entspricht § 891 BGB;
– Garantie der Richtigkeit des Inhalts und der Vollständigkeit bei Erwerb durch Vertrag (§ 8 Abs 1 S 1, § 9 GDO; wie nach § 892 BGB).

---

6 Der Verwaltungsaufbau der ehem DDR kannte insgesamt 15 Räte der Bezirke als Mittelinstanz unterhalb der Ebene der Ministerien der ehem DDR in Berlin.

7 Der Verwaltungsaufbau der ehem DDR kannte unterhalb der 15 Räte der Bezirke als untere Verwaltungsebene die rd 250 Räte der Kreise sowie die Räte der Städte.

8 GBVerfO v 30.12.1975 (GBl 1976 I S 42). Vgl dazu auch *Kittke-Kringe* NJW 1977, 183; *Straub* NJ 1976, 422.

9 VO über die staatliche Dokumentation der Grundstücke und Grundstücksrechte in der DDR (Grundstücksdokumentationsordnung – GDO) v. 06.11.1975 (GBl DDR I, 697), geänd durch Gesetz v 24.06.1990 (GBl DDR I, 524).

10 Es gab diese Nutzungsrechte in unterschiedlicher Form. Sie waren sowohl im DDR-ZGB geregelt, als auch innerhalb des ZGB in besonderen Gesetzen.

11 Die in §§ 321 und 322 DDR-ZGB geregelten Mitbenutzungsrechte ersetzten die Dienstbarkeiten des BGB gemäß §§ 1018–1093 BGB. Anweisung Nr 4/87 des Ministers des Innern und Chef der Deutschen Volkspolizei über Grundbuch und Grundbuchverfahren unter Colido-Bedingungen – Colido-Grundbuchanweisung v 27.10.1987 – nicht veröffentlicht (nur für den Dienstgebrauch).

14 Die Vermutungen sind widerleglich. Der Schutz des gutgläubigen Erwerbs versagt, wenn
- ein Widerspruch gegen die Richtigkeit des Grundbuchs eingetragen ist (§ 8 Abs 1 S 2 2 Alt GDO);
- der Erwerber die Unrichtigkeit des Grundbuchs positiv kennt (§ 8 Abs 1 S 2 2 Alt GDO); insoweit entspricht die Regelung § 892 BGB;
- bei Grundstücken und sonstigen Rechten des sozialistischen Eigentums (§ 8 Abs 1 S 3 GDO);
- bei Nutzungs- und Mitbenutzungsrechten, wenn ihre Entstehung sich außerhalb des Grundbuchs vollzieht.

15 Die Verfahrensvorschriften der DDR-GBVerfO behandeln in §§ 1 und 2 Eintragungsvoraussetzungen und ihren Nachweis. Die §§ 4–9 regeln Eintragungsanträge und ihre Behandlung, wobei in § 8 Abs 2 der Vorranggrundsatz als formelles Prioritätsprinzip behandelt wird (Reihenfolge der Eintragungen bei Vorliegen mehrerer Eintragungsanträge). Die §§ 10–13 befassen sich mit der Eintragung von Rechtsänderungen. Informationen über den Inhalt des Grundbuches wurden nach §§ 27, 28 nur dem Grundstückseigentümer und anderen eingetragenen Berechtigten sowie den zuständigen staatlichen Organen und Einrichtungen gegeben. Nach § 37 DDR-GBVerfO richtete sich die Einrichtung und Führung des Grundbuchs und die Behandlung von Grundbuchsachen nach den Anweisungen des Ministers des Innern und Chefs der Deutschen Volkspolizei. Eine solche Anordnung ist auch ergangen.[12]

4. Die Dokumentation volkseigener Grundstücke

16 Bei jeder Enteignung wurde der Nachweis subjektiver Rechte am Grundstück entbehrlich. Die Grundbuchblätter bzw. -hefte wurden geschlossen, aber nicht mehr verbrannt. Ein großer Teil der geschlossenen Grundbuchblätter bzw -hefte wurde später im Grundbucharchiv Barby eingelagert und zB für Mecklenburg-Vorpommern Ende 1992 in ein Schweriner Archiv des Landesjustizministeriums verbracht. Die enteigneten und im Volkseigentum überführten Grundstücke waren damit nur noch auf dem Liegenschaftsbestandsblatt gebucht (vgl die Nrn 1 II bzw 1 III der Anweisungen des Ministers des Innern vom 25.07.1962 und vom 30.01.1965 über die Schließung der Grundbuchblätter für Grundstücke, die in Volkseigentum übergegangen sind). An die Stelle des bisherigen Bestandsverzeichnisses des Grundbuches trat das Bestandsblatt der Kataster (vgl auch jetzt § 105 Abs 1 Nr 5 und Abs 2 GBV). Dennoch trennten die zuständigen Sachbearbeiter zunächst weiterhin die Liegenschaftsbestandsblattnummern von der Grundbuchblattnummer. Erst § 4 S 1 iVm § 2 Abs 1b S 1 der Grundstücksdokumentationsordnung vom 06.11.1975 bezeichnete auch das Liegenschaftsbestandsblatt aus dem Katasterbestand als das »Grundbuch«.

IV. Bisherige Grundbuch-Systeme

17 In den neuen Bundesländern bestehen derzeit Grundbücher[13] im **Reichsvordruck, im DDR-Formular** (ab 1976) als Loseblatt-Grundbuch und als **Sachsen-Grundbuch**.[14] Der Einigungsvertrag[15] bestimmt dazu: »**Die Grundbücher, die nach den am 02.10.1990 bestehenden Bestimmungen geführt werden, gelten als Grundbücher im Sinne der Grundbuchordnung.**« Für ehemals volkseigene Grundstücke gab es häufig kein Grundbuchblatt, sondern nur ein sog Bestandsblatt, also eine Karteikarte des Liegenschaftsdienstes (Nr 160 Colido-Grundbuchanweisung). Diese Karteikarte stellt kein Grundbuch iS von § 144 Abs 1 Nr 3 dar (vgl § 105 Abs 1 Nr 5, Abs 2 GBV). Nutzungsgrundbücher zur Bodendokumentation sind ebenfalls keine Grundbücher iS von § 144 Abs 1 Nr 3.

Weiter gibt es in den neuen Bundesländern auch noch **Gebäudegrundbuchblätter** nach § 36 GBVerfO-DDR zur Aufzeichnung der Rechtsverhältnisse an Gebäuden (ohne Grund und Boden), vergleichbar den Erbbaugrundbüchern. Diese Gebäudegrundbuchblätter können nach dem Einigungsvertrag[16] **weitergeführt** werden. Dies gilt auch für die Kenntlichmachung der Anlegung des Gebäudegrundbuchblatts im Grundbuch des Grundstücks. Für vor dem 01.01.1976 bestellte Erbbaurechte gelten die angelegten **Erbbaugrundbücher** weiter. Wenn durch Rechtsvorschrift festgelegt ist, dass Gebäude auf besonderen Gebäudegrundbuchblättern nachzuweisen sind, kommen weitere Fallagen in Betracht.[17]

---

12 Die sog Colido-Anweisung ist seit 03.10.1990 außer Kraft gesetzt. Soweit die Kataster- und Vermessungsämter dazu übergehen, ihre elektronische Datenverarbeitung auf das sog automatisierte Liegenschaftsbuch (ALB) umzustellen, geschieht dies unter Übernahme von Colido-Daten. Ein Vorteil des ALB ist, dass es tagesaktuell gehalten und um eine Vielzahl von Daten erweitert werden kann. Nach Abschluss der Umstellung werden die ALB-Daten jeweils flächendeckend abgespeichert sein.
13 *Böhringer* DtZ 1991, 272; allgemein zur Grundbucheinsicht *Böhringer* Rpfleger 1987, 181 und 1989, 309; *Böhringer* BWNotZ 1989, 1.
14 Zur Errichtung und Führung des Grundbuchs in der ehemaligen DDR *von Schuckmann* Rpfleger 1991, 139.
15 Art 8 Anlage I Kapitel III Sachgebiet B Abschnitt III Nr 1 lit c; jetzt § 144.
16 Art 8 Anlage I Kapitel III Sachgebiet B Abschnitt III Nr 1 lit c; jetzt § 144.
17 *Böhringer* BWNotZ 1991, 130.

1. Besondere Grundbücher

Besondere Grundbücher gibt es für Erbbaurechte (**Erbbaugrundbücher**), die vor dem 01.01.1976 bestellt **18** worden sind (§ 14 Abs 1 S 1 ErbbauRG; § 5 Abs 2 EGZBG; § 2 Abs 1 lit a GDO), ferner für Gebäude und Rechte an Gebäuden oder Gebäudeteilen (**Gebäudegrundbuchblatt**), wenn durch Rechtsvorschrift festgelegt ist, dass sie auf besonderen Grundbuchblättern nachgewiesen werden. Hier kommen in Frage:

a) Eigenheime und Wohngebäude der Bürger auf volkseigenen Grundstücken (§ 4 Abs 4 S 3 Nutzungs-rechtsG – NutzRG – v 14.12.1970),[18]

b) Gebäude gesellschaftlicher Organisationen, sozialistischer Genossenschaften und Betriebe auf volkseigenen Grundstücken (§ 4 Abs 4 S 3 NutzRG),

c) Wohngebäude der Arbeiterwohnungsbaugenossenschaften (AWG) (§ 7 Abs 3 AWGVO),

d) Gemeinschaftseinrichtungen der AWG (§ 7 Abs 3 AWGVO),

e) Gebäude, die von Betrieben auf nicht volkseigenen Grundstücken errichtet wurden (§ 8 Abs 1 VO über die Sicherung des Volkseigentums bei Baumaßnahmen von Betrieben auf vertraglich genutzten nichtvolkseigenen Grundstücken vom 07.04.1983),[19]

f) Gebäude, die von LPGen auf dem von ihnen genutzten Boden (der Gemeinschaftsbauern) errichtet wurden (§ 27 LPGG),

g) Gebäude, die Bürger auf von LPGen ihnen zugewiesenen Bodenflächen (§ 18 LPGG aF) errichtet haben (§ 292 ZGB),

h) Gebäude, die nach der VO über die Bereitstellung von genossenschaftlich genutzten Bodenflächen zur Errichtung von Eigenheimen auf dem Lande vom 09.09.1976[20] errichtet wurden,

i) volkseigene Eigenheime und für individuelle Erholungszwecke genutzte volkseigene Gebäude (§ 1 Abs 3 des Gesetzes über den Verkauf volkseigener Eigenheime, Miteigentumsanteile und Gebäude für Erholungszwecke vom 19.12.1973),[21]

j) volkseigene Gebäude, wenn einem anderen Staat ein Gebäudeteil-Nutzungsrecht an einer Büroetage oder einer Wohnung in dem volkseigenen Gebäude übertragen worden ist,

k) Gebäude, die aus Volkseigentum für Gewerbezwecke, als Ein- oder Zweifamilienhäuser oder für Erholungszwecke verkauft wurden (§ 4 Abs 1d Ges über den Verkauf volkseigener Gebäude v 07.03.1990),[22]

l) Gebäude gemäß Art 233 § 2b EGBGB und § 15 MeAnlG.

2. Bisherige Grundbucharten

a) Sachsen-Grundbuch. Seit altersher – also schon vor Geltung des BGB – gibt es in den einzelnen deut- **19** schen Ländern Grundbücher, die landesrechtlichen Besonderheiten entsprechen. So wurden und werden zB in Württemberg und in Sachsen Grundbücher geführt, die schon von ihrem Format wie auch von der Gestaltung der einzelnen Abteilungen erheblich vom Reichsmuster abweichen. Die großformatigen Folianten nannte man »Sachsen-Grundbuch«, welches seit 01.01.1900 als Grundbuch iS des BGB bzw der GBO gilt.

Die Besonderheit bei diesem Sachsen-Grundbuch ist, dass die Eintragungen für sämtliche dinglichen Rechte, **20** Vormerkungen und Verfügungsbeschränkungen in einer gemeinsamen Abteilung vorgenommen wurden. Die Zusammenfassung von Abt II und III des Grundbuchs bot den Vorteil, dass die Rangfolge der Rechte auf einen Blick feststellbar ist. Das »locus«-Prinzip entspricht dabei dem »tempus«-Prinzip.

Da nach 1900 in den übrigen Ländern die Aufteilung der beschränkten dinglichen Rechte an Grundstücken in **21** einer zweiten und dritten Abteilung des Grundbuchs erfolgte und sich im Bewusstsein der beteiligten Rechtskreise festsetzte, wurde auch beim Sachsen-Grundbuch die Abkehr vom einheitlichen Lastenverzeichnis zugelassen.

Eintragungen in diese großformatigen Grundbücher wurden handschriftlich vorgenommen, sodass heute viele **22** Buchungen schwer lesbar sind.

b) Reichsmuster. Ab dem 01.01.1900 wurden im Beitrittsgebiet auch der Reichsvordruck verwendet, und **23** zwar entsprechend damaliger Übung als Grundbuch-Bände. Zur Erleichterung des internen Geschäftsablaufs beim Grundbuchamt wurde ein Handblatt geführt, das die Eintragungen des Grundbuchs vollständig enthielt.

In der Zeit der ehem DDR wurden viele Grundbücher möglichst zentral archiviert, so zB im Schloss Barby **24** und in Hohenschönhausen. Beim Liegenschaftsdienst/Grundbuchamt »vor Ort« blieb nur das Handblatt, das künftighin als Grundbuch geführt wurde. Die archivierten Grundbücher wurden nicht mehr fortgeführt, wes-

---

18 GBl I S 372 = NutzRG.
19 GBl I S 129 = SicherungsVO.
20 GBl I S 426 = BereitStVO.
21 GBl I S 578 = VerkaufsG 1973.
22 GBl I S 157 = VerkaufsG, außer Kraft getreten am 02.10.1990.

halb man heute auch von den »historischen Grundbüchern« spricht. Nach der Einheit wurden nun nach und nach die archivierten Grundbücher wieder »vor Ort« gebracht.

25 **c) DDR-Muster als Loseblatt-Grundbuch.** Die Besonderheit dieses Formulars gegenüber dem als Loseblatt-Formular geführten Reichsmuster (vgl § 101 GBV) ist die Tatsache, dass es nur dann eine zweite und dritte Abteilung erhielt, wenn hierin Eintragungen vorgenommen werden mussten. Zwingend waren aber Abteilung 0 (Bestandsverzeichnis) und Abteilung I. Der Minister des Innern wies die Liegenschaftsdienste am 26.01.1976 an, bei Eintragungsveränderungen maschinenschriftlich Loseblattgrundbuchblätter anzulegen. Wie ihre Vorläufer bestanden diese aus der Aufschrift, dem Bestandsverzeichnis (sog Abteilung 0) und den Abteilungen I–III. Allerdings wurden die Abteilungen II und III für Nutzungs- und Verwertungsrechte nur im Bedarfsfall angelegt. Im Gegensatz zu den Grundbuchblättern und -heften wurden die Loseblattgrundbuchblätter auch für volkseigene Flächen angelegt. Im Ostteil Berlins ist für etwa 70 % aller Grundstücke zumindest ein Loseblattbestandsverzeichnis angelegt worden.

26 **d) Gebäudegrundbuch-Blatt.** Eine große Rolle spielte in der ehem DDR das Nutzungsrecht an Grundstücken und damit das Gebäudeeigentum. Nutzungsrecht und Gebäudeeigentum können im weitesten Sinne mit dem Erbbaurecht verglichen werden. Für das Gebäudeeigentum konnte je nach Fallage ein Gebäudegrundbuchblatt angelegt werden. Diese Grundbücher werden auch heute noch fortgeführt, ja können sogar nach Art 233 § 2b und § 8 EGBGB neu angelegt werden. Für das Anlegungsverfahren gilt die Gebäudegrundbuchverfügung. Das Gebäudegrundbuchblatt enthält die Abteilungen wie beim »normalen« Grundbuch. Im Gebäudegrundbuch werden die Verfügungen über das Gebäudeeigentum eingetragen; das Gebäudeeigentum wird wie ein grundstücksgleiches Recht behandelt, ähnlich dem Erbbaurecht.

27 **e) Erbbaugrundbuch.** Die sozialistische Bodenpolitik der ehem DDR tolerierte zwar die bis 31.12.1975 entstandenen Erbbaurechte, verbot aber seit Geltung des ZGB ab 01.01.1976 eine Neubestellung, § 5 Abs 2 EGZGB. Die bisher geführten Erbbaugrundbücher blieben insoweit bestehen.

28 Soweit § 5 EGZGB alte Erbbaurechte noch tolerierte, bleiben diese Rechte auch nach dem Einigungsvertrag über den 02.10.1990 hinaus bestehen, ebenso die bisherigen Erbbaugrundbücher. S jetzt § 112 SachenRBerG.

29 Nach § 5 Abs 2 S 4 EGZGB stand bei einem Verkauf des Grundstücks dem Erbbauberechtigten ein Vorkaufsrecht zu, das sich nach §§ 306–309 ZGB richtete, seit 01.10.1994 weggefallen, § 112 SachenRBerG.

30 Das Erbbaurecht erlebt durch die Sachenrechtsbereinigung (Art 1 des Sachenrechtsänderungsgesetzes) eine Renaissance. Gesetzgeberisches Ziel ist es, Nutzungsrechte/Gebäudeeigentum in Erbbaurechte zu überführen.

31 **f) Heimstättengrundbuch.** Nach § 5 Abs 3 EGZGB gelten für die beim In-Kraft-Treten des ZGB (1.01.1976) bestehenden Heimstätten **»die Bestimmungen des ZGB über das persönliche Eigentum«**, also die §§ 22 ff ZGB. Die Heimstätteneigenschaft ist mit Wirkung vom 1.01.1976 erloschen. Noch vorhandene Eintragungen über eine Reichsheimstätte sind gegenstandslos und seit dem 01.10.1993 zu löschen, wobei für das Verfahren die Vorschriften in Art. 6 § 2 Abs 1 des Aufhebungsgesetzes[23] entsprechend gelten.

32 Soweit heute noch Reichsheimstättenvermerke im Grundbuch eingetragen sind, sind diese von Amts wegen gebührenfrei zu löschen. Das Grundbuchamt soll jedoch die Löschung nur vornehmen, wenn ein besonderer Anlass besteht, z B die Anregung eines Beteiligten vorliegt (Art. 6 § 2 Abs 1 des Gesetzes zur Aufhebung des Reichsheimstättengesetzes vom 17.06.1993).[24] Theoretisch war in der Zeit zwischen dem 03.10.1990 und dem 01.10.1993 die Ausgabe und Begründung von Heimstätten möglich, wurde aber wohl nicht genutzt.

33 **g) Einführung des EDV-Grundbuches jetzt möglich.** Durch eine Änderung der Grundbuchordnung ist es möglich, das Grundbuch künftig auch maschinell führen zu können. Dies sieht das Registerverfahrensbeschleunigungsgesetz (RegVBG) vor. Vgl §§ 126–134, §§ 61–93, 106 aF GBV.

34 Als Folge des Ländervorbehalts in der GBO für Verwaltung und Verfassung des Grundbuchwesens einschließlich der Grundbuchführung ist auch weiterhin eine gewisse **»Buntscheckigkeit«** der papiernen Grundbücher in den einzelnen Bundesländern hinzunehmen. Es ist nicht gelungen, in den neuen Bundesländern einen **einheitlichen Grundbuchvordruck** einzuführen. So führte zB der Freistaat Sachsen das bayerisch/baden-württembergische Grundbuchmuster ein. Wegen der außerordentlichen starken Geschäftsbelastung der Grundbuchämter wurden die Grundbücher nicht systematisch umgeschrieben. Oftmals erfolgte eine **Teilumschreibung eines Grundbuchs** in entsprechender Anwendung der §§ 28 ff GBV, insb hinsichtlich der Abteilung 0 (Bestandsverzeichnis), um den aktuellen Stand der EDV-geführten Grundstücksdaten arbeitssparend ins

---

23 BGBl I S 912.
24 BGBl I S 912.

Grundbuch zu übertragen. Durch das RegVBG ist auch das maschinell geführte Grundbuch zugelassen. Vgl §§ 126 ff, §§ 61 ff GBV.

V. Bisherige Einteilung der Grundbuchblätter

Die Grundbücher in der ehem DDR bestehen aus den Grundbuchblättern (Ziff 5 Abs 1 GBAnw). Sämtliche **35** Blätter des Grundbuchs desselben Bezirks wurden fortlaufend oder nach Gemerkungen usw nummeriert (Ziff 5 Abs 1, 2 GBAnw). Die Bezeichnung der Grundstücke im Grundbuch erfolgte nach dem Liegenschaftsblatt des Liegenschaftsdienstes. Für jedes Grundstück gibt es ein besonderes Grundbuchblatt. Das Grundbuchblatt war das Grundbuch iS der Rechtsvorschriften (Ziff 5 GBAnw). Für Grundstücke desselben Eigentümers oder Rechtsträgers in derselben Gemeinde konnte ein gemeinschaftliches Grundbuchblatt – wie nach § 4 – geführt werden (Ziff 5 Abs 2 GBAnw). Sie waren jeweils unter einer besonderen Nummer im Bestandsverzeichnis nachzuweisen. Volkseigene Grundstücke wurden dagegen nur dann unter besonderen lfd Nummern gebucht, wenn gültige Eintragungen in Abteilung I und II vorhanden waren (Ziff 5 Abs 4 GBAnw).

Das Grundbuchblatt besteht aus mehreren Abteilungen. Abteilung O – Bestand – und Abteilung I – Eigen **36** tum –. Die Abteilung II – Nutzungs- und Erwerbsrechte – und/oder die Abteilung III – Hypotheken – waren nur anzulegen, soweit dort Eintragungen zu erfolgen hatten (Ziff 6 GBAnw). Mit Ausnahme des Fehlens der Aufschrift (§ 4 GBV) entsprach die Einteilung dem GBO-Grundbuch.

1. Bestandsverzeichnis

Es ist eingeteilt in 18 Spalten. Die Beschreibung des Grundstücks ergibt sich aus den Spalten 8–18. Spalte 8 **37** enthält die laufende Nummer der Grundstücke. Alles, was unter derselben laufenden Nummer eingetragen ist, stellt das Grundstück im Rechtssinne dar, unabhängig von der Anzahl der darin enthaltenen Teilstücke. Auf diese laufende Nummer wird stets bei Eintragung in allen anderen Abteilungen des Grundbuchs verwiesen. Spalte 10 enthält die Angabe der Gemarkung, falls sie nicht mit der Bezeichnung des Grundbuchbezirks übereinstimmt, sowie die vermessungstechnischen Angaben der Flur- und Flurstücksnummer. Spalten 14 und 15 geben Wohnbezirk und Lage, Spalte 16 die Nutzungsart wieder. Spalte 17 und 18 enthalten die Größenangaben.

Besteht ein Grundstück aus mehreren Flurstücken, wird die Gesamtgröße in Spalte 17 angegeben. In Spalten **38** 8–18 wurden auch Besonderheiten wie Inhalt des vor dem 01.01.1976 bestellten Erbbaurechts vermerkt. Die Spalten 19–21 enthalten die Herkunft des Grundstücks und die Veränderung des Bestandes, zB die Abschreibungen von Grundstücken oder Teilen davon.

2. Abteilung I

Die erste Abteilung weist den Eigentümer aus. Spalte 8 enthält die laufende Nummer der Eintragung, bei meh **39** reren Personen unterteilt nach kleinen Buchstaben. In Spalte 10 wurde der Name des Eigentümers mit Geburtsdatum, Beruf und Wohnsitz bzw Bezeichnung und Sitz sowie ggf der Rechtsträger von Volkseigentum eingetragen. Bei mehreren Eigentümern musste in Spalte 9 das Gemeinschaftsverhältnis angegeben werden, zB Bruchteile, Eigentumsgemeinschaft der Ehegatten, Erbengemeinschaft (Ziff 9 Abs 2 GBAnw), also wie § 47.

Spalte 11 verweist auf die laufende Nummer der Grundstücke im Bestandsverzeichnis. Spalten 12–14 enthalten **40** die Grundlagen der Eintragung, bei einem volkseigenen Grundstück auch das Datum der Wirksamkeit des Rechtsträgerwechsels (Ziff 11 GBAnw), und Spalte 15 das Eintragungsdatum, Spalte 16 die Unterschrift.

Ggf ist ein Vermerk über volkseigene Baulichkeit, Anlagen auf vertraglich genutzten nichtvolkseigenen Grund **41** stücken gem § 8 Abs 3 S 2, 3 LPGG, über Schutzgebietserklärungen für Kurorte und natürliche Heilmittel (§ 15d 3. DB z KurortVO v 6.03.1968), über die Bodenreform, über staatliche Verwaltung, Nachlassverwaltung, Pfändung, Anordnung gerichtlichen Verkaufs, Gesamtvollstreckung oder ein Widerspruch eingetragen. Diese Vermerke wurden also nicht immer in Abteilung II, wie es § 10 GBV vorschreibt, eingetragen.

3. Abteilung II

In die zweite Abteilung wurden sämtliche **Nutzungs- und Erwerbsrechte** eingetragen, soweit die Eintragung **42** nach den Rechtsvorschriften vorgesehen war. Hier kommen in Frage:

Nutzungsrechte an volkseigenen Grundstücken gemäß § 4 Abs 3 des Gesetzes über die Verleihung von Nut **43** zungsrechten an volkseigenen Grundstücken vom 14.12.1970,[25] § 1 Abs 3 des Gesetzes über den Verkauf volkseigener Eigenheime, Miteigentumsanteile und Gebäude für Erholungszwecke vom 19.12.1973,[26] § 7 Abs 3 S 1

---

25 GBl I S 372.
26 GBl I S 578.

AWGVO, § 15 Abs 2 S 2 der VO über die Umbildung gemeinnütziger und sonstiger Wohnungsbaugenossenschaften vom 14.03.1957[27] idF der VO zur Änderung der VO über die Umbildung gemeinnütziger und sonstiger Wohnungsbaugenossenschaften vom 17.07.1958,[28] der VO über die Änderung von Rechtsvorschriften über die Finanzierung des Wohnungsbaus durch sozialistische Wohnungsbaugenossenschaften vom 15.12.1970[29] und der VO über die Änderung von Rechtsvorschriften vom 09.03.1971.[30]

44 Ferner **Vorkaufsrechte** (§ 306 Abs 1 S 3 ZGB), Wege- und Überfahrtrechte (§ 322 Abs 1 ZGB), weitere **Mitbenutzungsrechte** an Grundstücken, soweit die Eintragung vorgesehen war (§ 322 Abs 1 S 3 ZGB), weitere Rechte und Pflichten im Zusammenhang mit dem Inhalt oder der Ausübung der Rechte an Grundstücken **(sonstige Rechte)** gemäß § 2 Abs 1 lit c GDO, zB Pfändung des Grundstücks gemäß § 2 Abs 3 VO über die Vollstreckung in Grundstücke und Gebäude vom 18.12.1975,[31] **Anordnung der Gesamtvollstreckung** gemäß § 6 Abs 2 VO über die Gesamtvollstreckung vom 18.12.1975,[32] Vermerk über bauliche Anlagen gemäß § 8 Abs 1 Ziff 2 VO über die Sicherung des Volkseigentums bei Baumaßnahmen von Betrieben auf vertraglich genutzten nicht volkseigenen Grundstücken vom 07.04.1983,[33] **Testamentsvollstreckervermerke** (§§ 371, 389 ZGB), **Nachlassverwaltungsvermerke** (§ 420 ZGB), **Widersprüche** (§ 3 Abs 2 GDO), **Vermerke über die staatliche Verwaltung** (Ziff 12 Abs 2 GBAnw).

45 Sp 8 enthält die laufende Nummer der Eintragung, Sp 9 weist auf Sp 8 bei Veränderungen hin, Sp 10 auf das belastete Grundstück. Sp 11 gibt Art, Umfang und Berechtigte nebst evtl Gesamtrechtsverhältnissen des Rechts wieder. Die Veränderungen der Eintragung ergeben sich ebenfalls aus den Sp 10–12. Die Löschung der Eintragung musste in Sp 9, 10 und 12 ausdrücklich vermerkt werden.

4. Abteilung III

46 In der dritten Abteilung wurden ausschließlich Grundpfandrechte (**Hypotheken**, Aufbauhypotheken) und seit 01.07.1990 Höchstbetragshypotheken (§ 454a ZGB) sowie Rang-, Abtretungs- und Pfandvermerke, Vermerke über staatliche Verwaltung, Nachlassverwaltung und Widersprüche eingetragen. Die Hypotheken waren nach Betrag in Zahlen und Worten, Art, Gläubiger, ggf Rang, Eintragungsgrundlage zu bezeichnen (Ziff 15 GBAnw), das entspricht § 1115 BGB, §§ 15, 17, 18 GBV. Die Spalteneinteilung ist mit der Abteilung II identisch. Die Rechtswirkungen der vor In-Kraft-Treten des ZGB vorgenommenen Eintragungen sind in §§ 5, 6 EGZGB geregelt.

47 Eigentümer, Rechtsträger und andere Berechtigte waren mit Namen und Adresse nebst Postleitzahl, bei Rechtsträgern des Volkseigentums, sozialistischen Genossenschaften und gesellschaftlichen Organisationen sowie anderen juristischen Personen ohne Straße und Hausnummer einzutragen. Zur Bezeichnung von Bürgern konnten erforderlichenfalls auch andere Identitätsmerkmale angegeben werden (Ziff 18 GBAnw). Das war also eine mit § 15 GBV vergleichbare Regelung.

48 Die dem Nachweis der Eintragungsunterlagen dienenden Urkunden iS von § 2 GBVerfO wurden (wie nach § 10, § 24 GBV) in die Grundakten übernommen. Eine Abweichung ergibt sich aber daraus, dass auch Urkunden und beglaubigte Abschriften aufzubewahren sind, die die Beteiligten dem Liegenschaftsdienst zur Aufbewahrung übergeben haben (Ziff 46 GBAnw).

49 Schließlich wurde ähnlich der Eigentümerkartei nach § 2 Nr 7 und § 21 Nr 8 AktO ein Personenverzeichnis in Karteiform geführt. Für jeden Eigentümer, Rechtsträger von volkseigenen Grundstücken, Miteigentümer, Gesamteigentümer und Erbbauberechtigten war ein Personenblatt zu führen (Ziff 41 GBAnw).

VI. Wirtschaftskataster/Nutzungsgrundbuch/Integrationsregister

50 Im Nutzungsgrundbuch wurden Betriebe und Einrichtungen der sozialistischen Landwirtschaft und andere Nutzungsberechtigte nachgewiesen. Jeder in der Gemeinde ansässige Betrieb oder andere Nutzungsberechtigte erhielt ein Nutzungsgrundbuch. Mit den klassischen Aufgaben des Grundbuchs (Verlautbarung des Eigentums und der dinglichen Rechte hieran) hat dieses Nutzungsgrundbuch jedoch nichts zu tun und wird ab dem 03.10.1990 nicht mehr geführt.

51 Da sich der inhaltliche Schwerpunkt der Liegenschaftsdokumentation in Richtung auf planwirtschaftliche Motivationen verlagert hatte und weil sich der Anteil von Volkseigentum zugunsten des planmäßig zurückge-

---

27 GBl I S 200.
28 GBl I S 602.
29 GBl II S 765.
30 GBl II S 266.
31 GBl I S 1.
32 GBl 1976 I S 5.
33 GBl I S 129.

drängten Privateigentums am Boden ständig erhöhte, verlor der Nachweis einzelner Grundstücke in einer für den Rechtsverkehr geeigneten Weise ständig an Bedeutung. Im Vordergrund standen damals Dokumentationen mit wirtschaftlichem und planungsbezogenem Inhalt, wie sie für die Zwecke der Planwirtschaft in der ehem DDR benötigt wurden. Es handelte sich dabei zunächst um das **Wirtschaftskataster**, das ein auf die Erfordernisse der Landwirtschaft ausgerichtetes Karten- und Registerwerk über die Nutzungsrechtsverhältnisse war. Es bestand aus Wirtschaftskarten als darstellendem Teil und aus einer Wirtschaftskartei. Das Wirtschaftskataster wurde später abgelöst durch die sog Bodennutzungsdokumentation, die aus **Nutzungsgrundkarten** auf der Basis von Flurkarten als darstellendem Teil sowie dem Nutzungsgrundbuch bestand. Das **Nutzungsgrundbuch** war nach Gemeinden und Betrieben eingerichtet, wobei darin Betriebe und Einrichtungen der sozialistischen Landwirtschaft und andere Nutzungsberechtigte nachgewiesen waren, die in der Gemeinde ihren Sitz oder Wohnsitz hatten. Es bestand aus einem Nutzungsgrundbuchblatt, in dem alle Grundstücke verzeichnet waren, die im Territorium eines Kreises von einem volkseigenen Betrieb oder einem sonstigen Nutzungsberechtigten genutzt wurden. Sinn dieser Bodennutzungsdokumentation war eine möglichst effektive Kontrolle zur Sicherstellung einer hohen Nutzung des Bodens. Seit 1985 wurde im Zuge einer EDV-gestützten Automatisierung der Liegenschaftsdokumentation das **Integrationsregister**[34] aufgebaut. Dieses integrierte die jew auf Flurkarten gestützten Datenwerke des Liegenschaftskatasters mit Eigentümernachweis, die Bodennutzungsdokumentation sowie einen Teil des Grundbuchs zu einer Dokumentation.

Das in der früheren DDR eingerichtete Wirtschaftskataster war »das Staatliche Karten- und Registerwerk zum Nachweis der Nutzungsrechtsverhältnisse am Grund und Boden, insb an den landwirtschaftlich und forstwirtschaftlich genutzten Flächeneinheiten, sowie der tatsächlichen landwirtschaftlichen und der sonstigen Nutzungsarten«. Es diente auch dazu, den Nutzungsberechtigten der erfassten Fläche festzustellen und nachzuweisen. Der Eintragung im Wirtschaftskataster kommt damit zwar nicht die **negative Publizitätswirkung** von Registereintragungen (§ 68 BGB, § 15 Abs 1, Abs 2 HGB, § 29 GenG) oder die **positive Publizitätswirkung** einer Grundbucheintragung (§§ 891 ff BGB) und mangels gesetzlicher Anordnung entsprechend § 7 Abs 1 DDR-GDO auch nicht die Wirkung einer **Tatsachenvermutung** (§ 292 ZPO) zugute. Das heißt aber noch nicht, dass sie für den Rechtsverkehr bedeutungslos ist. Selbst wenn man einen – bisher nicht festgestellten – Erfahrungssatz des Inhalts, dass die Eintragung die Nutzungsberechtigung richtig wiedergibt, nicht aufstellen wollte und deswegen auch die Voraussetzung für einen Anscheinsbeweis nicht gegeben wäre, begründet die Eintragung jedenfalls iS eines Indizienbeweises eine tatsächliche Vermutung, dass die eingetragene Produktionseinheit, oft die LPG, zur angegebenen Nutzung der Fläche berechtigt war.[35] | 52

VII. Heutige Grundbücher

Die am 02.10.1990 geführten Grundbücher gelten als Grundbücher iS der GBO fort. Diese sind wie ein Grundbuchblatt iS des § 3 Abs 1 zu behandeln. Auch die nach den Vorschriften der ehem DDR angelegten Gebäudegrundbuchblätter und die für Gebäudeeigentum nach Art 233 §§ 2b und 8 EGBGB angelegten Gebäudegrundbuchblätter gelten als Grundbücher iS der GBO. | 53

Wurden bei der Überführung von Grundstücken in Volkseigentum die Grundbücher geschlossen und fortan nur ein Bestandsblatt geführt, so gilt dieses nicht als Grundbuch nach Abs 1 Nr 3. Die Wiederanlegung ist notwendig, wobei allerdings ein formelles Anlegungsverfahren nach §§ 116 ff oft nicht durchgeführt wurde. § 105 Abs 2 GBV lässt auch solchermaßen angelegte Grundbücher als Grundbuch iS der GBO gelten. Die Anlegung muss vor dem 24.07.1994 erfolgt sein. | 54

VIII. Colido-Grundbuchanweisung

Colido–Grundbuchanweisung (Colido = computergestützte Liegenschaftsdokumentation) vom 27.10.1987 auf Grund von § 37 der Grundbuchverfahrensordnung (in Kraft getreten am 01.03.1988) regelte bis 03.10.1990 die Grundbuchführung bis in alle Einzelheiten. | 55

Das Grundbuchblatt besteht aus | 56

Abteilung 0 = Bestandsverzeichnis

Abteilung 1 = Eigentum

Abteilung 2 = Nutzungs- und Erwerbsrechte

Abteilung 3 = Hypotheken.

---

34 Dazu *Moser-Merdian/Flik-Keller*, Das Grundbuchverfahren in den neuen Bundesländern, 3. Aufl Rn 101.
35 BGH DtZ 1994, 316.

57 Realformular/Personalformular

Die Abweichungen des Grundbuchsystems der ehem DDR von dem der damaligen Bundesrepublik waren nicht so gravierend wie gemeinhin angenommen wurde. Das Grundbuch wurde idR als Realformular geführt. Ein gemeinschaftliches Grundbuch konnte geführt werden, wenn der Eigentümer oder Rechtsträger mehrere in derselben Gemeinde belegene Grundstücke besaß. Bei allen Privatgrundstücken erhielt jedes Grundstück in dem gemeinschaftlichen Grundbuch eine besondere laufende Nummer.

58 Viele volkseigene Grundstücke wurden anlässlich ihrer Überführung von Privatbesitz in Volkseigentum entschuldet. Künftighin schied nach § 20 ZGB die Belastung dieser Grundstücke aus. War das Grundstück nicht mehr mit Grundpfandrechten belastet, brauchte es auch nicht mehr unter einer laufenden Nummer allein gebucht sein, vgl Colido-Anweisung Nr 5. Dies führte im Laufe der Zeit dazu, dass immer mehr volkseigene Grundstücke, vor allem diejenigen des Rats der Gemeinde, unter einer einheitlichen Nummer im Bestandsverzeichnis eingetragen wurden. Bei dieser Buchungsart wurde keine Rücksicht darauf genommen, ob die Grundstücke katastermäßig aneinander grenzten oder nicht. Selbst weit entfernt liegende Grundstücke wurden buchungstechnisch unter einer laufenden Bestandsverzeichnisnummer zusammengefasst. Manchmal wurden die zusammen gebuchten Grundstücke im Bestandsverzeichnis gar ohne Vergabe einer laufenden Nummer eingetragen.

59 Bei einer Abveräußerung eines einzelnen Grundstücks aus einer Einheit hat der Grundbuchführer die Verfügungsbeschränkung nach § 19 BauGB bzw den landesrechtlichen Bauordnungen zu beachten. Benötigt der Grundbuchführer also diese Teilungsgenehmigungen bei solchermaßen gebuchten volkseigenen Grundstücken?

60 Richtigerweise wurde damals für volkseigene Grundstücke keine laufende Nummer in Abt 0 eingeteilt/vergeben. Der Rechtsverkehr ersieht aus einem Grundbuch für volkseigene Grundstücke sofort, dass abweichend von der Regel eine grundbuchliche Besonderheit vorliegt; §§ 891, 892 BGB gelten dann nicht mehr. Der Rechtsverkehr erkennt, dass das nach Colido geführte Grundbuch ohne die dazugehörende Anweisung nicht lesbar ist. Dies spricht dafür, die damalige **Zusammenschreibung volkseigener Grundstücke** nicht als eine Vereinigung von Katastergrundstücken zu einem Grundstück iS von § 890 BGB zu betrachten. Eine Teilung iS der BauGB liegt bei einer solchen Abschreibung eines Flurstücks nicht vor. Die überwiegende Praxis der Grundbuchämter verfährt danach. Entscheidend ist, dass das Bestandsblatt nicht als Grundbuch iS von § 144 Abs 1 Nr 3 anzusehen ist, vgl auch § 105 Abs 1 Nr 5 und Abs 2 GBV.

61 Die neuen, nicht computerisierten Grundbücher der ehem DDR unterschieden sich von den Grundbüchern der alten Bundesrepublik dadurch, dass bei ihnen eine **Veränderungsspalte nicht mehr vorgesehen war** und auch das Bestandsverzeichnis als die **Abteilung 0** bezeichnet wurde. Fehlte eine Eintragung in den Abteilungen II und III gänzlich, so wurde ein entsprechendes Blatt normalerweise nicht angelegt. Dies wurde aber am unteren Rand der Abteilung I vermerkt.

62 Bei **volkseigenem Grundbesitz** findet sich in der Regel nur ein dem Bestandsverzeichnis vergleichbares Blatt als Grundbuch. Auf diesem ist der erfasste Grundbesitz vorgetragen. Am unteren Rand dieses Blattes ist der frühere Rechtsträger vermerkt. Da **Volkseigentum unbelastbar** war, besteht hier keine Abteilung II und III iS der GBO. Gelegentlich lag in der Grundbuchabteilung des Liegenschaftsdienstes zwar ein aus den Abteilungen I bis III bestehendes Grundbuch vor, aber kein Bestandsverzeichnis, sodass nicht erkennbar ist, auf welchen Grundbesitz sich die Eintragungen beziehen.

IX. Landesgrundbuchrecht

1. Zuständigkeit für Grundbuchführung

63 Die neuen Bundesländer haben nach und nach die Einrichtung und Führung der Grundbücher neu geregelt.

64 **Brandenburg:** Gesetz über die Führung des Grundbuchs (Brandenburgisches Grundbuchgesetz – GrundbGBbg) vom 17.11.1992, GVBl 482. Nach dessen § 1 werden die Grundbücher bei den Kreisgerichten geführt.

65 **Mecklenburg-Vorpommern:** Gesetz über die Führung der Grundbücher vom 14.06.1991, GVOBl 215. Nach dessen § 1 Abs 1 werden die Grundbücher von den **Kreisgerichten** geführt (Grundbuchämter).

66 **Sachsen:** Gesetz über die Führung des Grundbuchs in Sachsen (Sächsisches Grundbuchgesetz – Sächs-GrundbG) vom 13.06.1991, GVBl 153. Nach dessen § 1 werden die Grundbücher von den (jetzt) Amtsgerichten geführt (Grundbuchämter). Hierzu auch die Sächsische Grundbuchverordnung (SächsGrundbVO) vom 29.01.1996 (GVBl 71); MaschGBV (GVBl 1997 S 108). Die Bekanntmachung des Sächs Staatsministeriums der Justiz über die Zuständigkeit der Gerichte vom 17.07.1991 regelt zusätzlich Fragen der örtlichen Zuständigkeit der Kreisgerichte Chemnitz, Dresden, Leipzig und Zwickau, ABl Nr 23/91 S 2. Vgl auch Art 1, Art 6 § 3, Art 8 des Gesetzes über die Organisation der Gerichte im Freistaat Sachsen (sächsisches Gerichtsorganisationsgesetz – SächsGerOrgG) vom 30.06.1992, GVBl S 287).

Sachsen-Anhalt: Ausführungsgesetz zum Gerichtsverfassungsgesetz (AGGVG LSA) vom 24.08.1992, GVBl 67
648. Nach dessen § 17 Abs 1 werden die Grundbücher von den Direktoren (Präsidenten) der Amtsgerichte als
untere Justizverwaltungsbehörden (Grundbuchblätter) geführt. Vgl auch Organisation der ordentlichen
Gerichte im Land Sachsen-Anhalt (GerOrgG LSA) vom 24.08.1992 (GVBl S 652).

Thüringen: Gesetz zur Regelung gerichtsorganisatorischer Fragen vom 01.10.1991, GVBl 419. Nach dessen 68
§ 1 Abs 1 werden die Grundbücher von den **Kreisgerichten** geführt (Grundbuchämter). Grundbuchführer ist
unbeschadet einer Zuständigkeit des Richters der Rechtspflege (oder der Rechtspflegeraufgaben wahrneh-
mende Bedienstete, § 2 Abs 1 Ges). § 5 des Gesetzes regelt Zuständigkeiten des Urkundsbediensteten. Hierzu
auch Thüringer VO über die Zuständigkeit auf dem Gebiet der Führung der Grundbücher v 26.03.1992,
GVBl 133 (Führung der Grundbücher für die Bezirke mehrerer Kreisgerichte). Vgl auch § 16 Thüringer Gesetz
zur Ausführung des Gerichtsverfassungsgesetzes (Thür AGGVG) vom 12.10.1993, GVBl S 612. Zu den Berg-
grundbüchern siehe: § 3 der Thüringer Verordnung über gerichtliche Zuständigkeiten in der ordentlichen
Gerichtsbarkeit vom 12.08.1993, GVBl S 563.

In **Berlin** werden die Grundbücher auch für den in Abs 3 des Einigungsvertrags genannten Teil des Landes 69
(Beitrittsgebiet) von den **Amtsgerichten** (Grundbuchämtern) geführt (Gesetz über die Einrichtung und Führung des Grundbuches in dem in Art 3 des Einigungsvertrages genannten Teil des Landes Berlin [Berliner
Grundbuchgesetz – BlnGrundbG] vom 21.10.1991, GVBl 229). Auf die Erledigung der Grundbuchgeschäfte
im Beitrittsgebiet (damit insb für die sachliche Zuständigkeit) finden die §§ 1–4 der GBAVO (jetzt bei §§ 11,
12c, 44, 56, 59, 61, 62) und das RpflG Anwendung (§ 2 des Ges). Für geschlossene Grundbücher und Vor-
bände von Grundakten aus dem Gebiet Berlins, in dem das GrundG vor dem 03.10.1990 nicht galt, ist ein zentrales Grundbucharchiv eingerichtet; Einzelheiten und Regelung des Verfahrens zur Gewährung von Einsicht
und Erteilung von Ablichtungen AV v 16.12.1991 (ABl 1992 S 1).

Die im Gerichtsverfassungsgesetz vorgesehenen Gerichte sind von den einzelnen Bundesländern nach und nach 70
eingerichtet worden. Sie lösen damit die Kreisgerichte und Bezirksgerichte ab. An ihre Stelle traten die Amtsgerichte, Landgerichte und Oberlandesgerichte. Das Grundbuch wird nunmehr beim Amtsgericht geführt.

§ 144 Abs 1 Nr 1 begrenzt zeitlich die von § 1 Abs 1 abweichenden Zuständigkeiten. Am 01.01.1995 sind alle 71
Vorschriften außer Kraft getreten, nach denen die Grundbücher von anderen Stellen als den Amtsgerichten
geführt werden. Nach Abs 2 S 2 bleiben die Amtsgerichte verpflichtet, allgemeine Anweisungen für die
beschleunigte Behandlung von Grundbuchsachen zu beachten. Gedacht ist vor allem an die Grundbuchvor-
rangverordnung (GBVorV) und insb an die von den einzelnen Landesjustizverwaltungen zusätzlich bestimmten
Falllagen nach § 3 Abs 1 GBVorV.

2. Regelungskompetenz

Nicht im Einigungsvertrag erwähnt ist die AV über die geschäftliche Behandlung der Grundbuchsachen 72
vom 25.02.1936 (GeschäftsbehandlungsAV),[36] sie gilt nach allgemeiner Auffassung als landesrechtliche Vorschrift und wurde deshalb auch landesrechtlich verschiedentlich neu gefasst. In den neuen Bundesländern gilt
sie nicht, es bestehen aber neue landesrechtliche Vorschriften.

Ob ein Handblatt (§ 24 GBV) künftig in den neuen Bundesländern geführt wird, hängt von deren zu erlassen- 73
den Geschäftsanweisungen ab. IdR ist eine Grundbucheintragung im Wortlaut zu verfügen. Auch diese Regel
steht zur Disposition, da bisher in den neuen Bundesländern eine Eintragungsverfügung äußerst kurz, jedenfalls
nie mit dem vollen Wortlaut des Eintragungstextes erstellt wurde. Wegen der überaus starken Geschäftsbelastung der Grundbuchämter war es nicht vertretbar, von der bisher geübten Praxis abzugehen.

In die Zuständigkeit der einzelnen Bundesländer fällt die Bekanntmachung einer Geschäftsanweisung für die 74
Behandlung der Grundbuchsachen. Es ist derzeit nicht damit zu rechnen, dass es zu einer einheitlichen
Geschäftsanweisung in allen neuen Bundesländern kommt. Jede Geschäftsanweisung wird gewisse landesrechtli-
che Besonderheiten aufweisen.

Ebenfalls im Einigungsvertrag nicht erwähnt wurde die VO über die Wiederherstellung zerstörter oder abhan- 75
den gekommener Grundbücher und Urkunden vom 26.07.1940.[37] Sie ist aufgrund der Ermächtigung in § 141
(früher § 123) durch den seinerzeitigen Reichsminister der Justiz erlassen worden; die Ermächtigung ging
gemäß Art 129 GG auf den Bundesminister der Justiz über und ist schließlich durch § 27 Nr 6 GBMaßnG den

---

36 DJ 1936 S 350, zuletzt geändert am 20.10.1941 (DJ 1941 S 1022).
37 RGBl I S 1048.

Landesregierungen usw zugewiesen worden.[38] Da die VO auch nach der Änderung der Ermächtigungsnorm des § 141 (früher § 123) nach ganz hM Bundesrecht geblieben ist, das jetzt allerdings landesrechtlich geändert werden kann, ist die VO gemäß Art 8 Einigungsvertrag in den neuen Ländern seit 03.10.1990 in Kraft, da sie weder auf bestimmte Länder oder Landesteile beschränkt war und in Anl I des Einigungsvertrages nichts anderes bestimmt ist.[39]

X. Zuständigkeit in Grundbuchsachen

1. Sachliche Zuständigkeit

76 Sachlich zuständig für alle Grundbuchsachen ist das Amtsgericht. Nach § 144 Abs 1 Nr 1 und Abs 2 konnten aber bis zum 31.12.1994 die Grundbücher von den bis zum 02.10.1990 zuständigen oder später durch Landesrecht bestimmten Stellen geführt werden. Damit ist die Übergangsphase für die zu DDR-Zeiten zuständigen Liegenschaftsdienste (der Räte des Bezirks mit Außenstellen in den Kreisen) ausgelaufen. Die bisherige Funktionskombination Grundbuchführung/Vermessungs- und Katasterdienst ist damit beseitigt. Die Grundbuchführung ist ab 01.01.1995 ausschließlich Teil der freiwilligen Gerichtsbarkeit und kann nicht mehr durch Verwaltungsbehörden eines Landes erfolgen.

2. Örtliche Zuständigkeit

77 Nach § 1 Abs 1 ist das Grundbuchamt für die in seinem Bezirk liegenden Grundstücke und grundstücksgleichen Rechte, wie zB das selbständige Gebäudeeigentum und das Erbbaurecht, örtlich zuständig. Über § 144 Abs 1 Nr 5 sind die §§ 5, 7 FGG anwendbar.

78 Vor allem in Bezirken mit maschineller Grundbuchführung (PC-Grundbuch) kann eine Zuständigkeitskonzentration bestehen, § 1 Abs 3.

3. Amtsgerichts-Zweigstellen

79 Im Zuge der Kreisreform sind in den neuen Ländern auch die Bezirke der Amtsgerichte verändert worden. Um weiterhin eine schnelle Erledigung der Grundbuchsachen zu ermöglichen, kann die Landesregierung bzw. die Landesjustizverwaltung eines jeden Bundeslandes eine Zweigstelle für einen Teil des Gerichtsbezirks einrichten. Voraussetzung hierfür ist, dass dies nach den örtlichen Verhältnissen zur schnelleren Erledigung der Grundbuchverfahren sachdienlich ist. Eine Subdelegation auf die Landesjustizverwaltungen ist möglich (§ 144 Abs 2 S 5).

4. Führung der Berggrundbücher

80 § 144 Abs 2 ermächtigt die Landesregierungen, die Stellen zu bestimmen, die die Berggrundbücher führen. § 176 Abs 2 BBergG bleibt aber im Übrigen unberührt. Die Landesregierung kann die Rechtsverordnungsermächtigung auch auf die Landesjustizverwaltung übertragen; VO v 13.03.1993 (Bbg-GVBl II S 185), VO v 04.12.1995 (SächsGVBl 1996 S 58).

5. Funktionelle Zuständigkeit

81 **a) Rechtspfleger.** Dem Rechtspfleger beim Amtsgericht sind die Grundbuchsachen in vollem Umfang übertragen. Richtervorbehalte gibt es nur noch in den Fällen der §§ 5, 7 und 11 RpflG.

82 **b) Bereichsrechtspfleger.** Zu DDR-Zeiten wurden die mit der Grundbuchführung beauftragten Bediensteten des Liegenschaftsdienstes als Bereichsleiter bzw. stellvertretende Bereichsleiter bezeichnet. Der Einigungsvertrag ließ es zu, dass Beschäftigte mit Rechtspflegeraufgaben betraut werden konnten. Nach § 34 Abs 2 RpflG dürfen diese Personen auch nach dem 31.12.1996 die Aufgaben eines Rechtspflegers in Grundbuchsachen wahrnehmen.

---

38 Da die VO im Einigungsvertrag nicht genannt ist, könnte sie an sich im Beitrittsgebiet nicht gelten. Andererseits ist jedoch in Anlage I Kap III Sachgebiet B Abschn III Nr 3 ausdrücklich § 28 GBMaßnG auf das Beitrittsgebiet erstreckt worden. Diese Vorschrift ermächtigt die Landesregierungen, »... die vor dem In-Kraft-Treten dieses Gesetzes aufgrund des § 123 getroffenen Vorschriften (zu) ändern, ergänzen oder auf(zu)heben ...«.

39 Da eine Ermächtigung gerade zum **Erlass** neuer Regelungen nicht besteht, sondern nur zu Veränderungen, setzt sie begrifflich die Geltung der zu verändernden Normen voraus. Wenn der Einigungsvertrag mithin § 28 GBMaßnG ausdrücklich nennt, muss damit das Vorverständnis verbunden sein, dass die VO im Beitrittsgebiet gilt, denn sonst bräuchte niemand zu ihrer Veränderung ermächtigt zu werden, gl Ansicht *von Schuckmann* RpflStud 1992, 88. Die Frage ist praktisch außerordentlich bedeutsam, weil in nicht wenigen Fällen in der ehem DDR Grundbücher vernichtet und nicht wieder angelegt wurden.

Für die Beschäftigten, die im Beitrittsgebiet nach den Maßgaben des Einigungsvertrages mit Rechtspflegeraufgaben betraut worden sind, führt das Gesetz die – in der Praxis schon bisher gebräuchliche – Bezeichnung »Bereichsrechtspfleger« ein. Diese Bezeichnung gilt – trotz des Wortbestandteils »Bereich« – auch für solche mit Rechtspflegeraufgaben betraute Beschäftigte des Beitrittsgebietes, deren Tätigkeit nicht auf bestimmte Sachgebiete beschränkt ist, nämlich Richter, Staatsanwälte und ehemalige Notare. Auch auf diese ist § 34 Abs 2 RpflG anwendbar. **83**

Den Bereichsrechtspflegern gibt das Gesetz die Möglichkeit, auf den Sachgebieten, die ihnen bisher übertragen waren, Rechtspflegeraufgaben auch nach dem 31.12.1996 wahrzunehmen (§ 34 Abs 2 RpflG); sie können auch nach dem Stichtag die Befähigung zur Erledigung weiterer Aufgaben erwerben (§ 34 Abs 3 RpflG). Missverständlich ist die Formulierung »auf den ihnen übertragenen Sachgebieten«. Gemeint sind alle Sachgebiete, auf denen der einzelne Bereichsrechtspfleger bis zum 01.01.1997 mit Rechtspflegeraufgaben betraut werden darf.[40] **84**

Ab 01.01.1997 können dann grundsätzlich nur noch an Fachhochschulen ausgebildete Rechtspfleger die Grundbuchsachen zur Aufgabenerledigung übertragen erhalten. **85**

Bereichsrechtspfleger konnten sich durch neuerliche Lehrgänge zu Rechtspflegern ausbilden lassen und dürfen dann mit allen Rechtspflegeraufgaben betraut werden, § 34a Abs 1 RpflG. **86**

c) Befugnisse. Die Zuständigkeit der Bediensteten des Grundbuchamts richtet sich nach den am 02.10.1990 bestehenden oder später durch ein Bundesland erlassenen späteren Bestimmungen (zB Grundbuchgesetze und Geschäftsanweisungen), § 144 Abs 1 Nr 1. Nach ihnen bestimmt sich auch die Zahl der erforderlichen Unterschriften und die Notwendigkeit, Eintragungen beim Grundstücksbestand zu unterschreiben. **87**

d) Dienstleistungsaufträge. § 144 Abs 4 bestimmt angesichts der bei den Grundbuchämtern in den neuen Ländern herrschenden Personalnot, dass dort bis zum Ablauf des 31.12.1999 auch Personen mit der Vornahme von Amtshandlungen beauftragt werden können, die diesen Ämtern aufgrund von Dienstleistungsverträgen auf Dauer oder vorübergehend zugeteilt werden. Die Frist wurde nicht verlängert, weil sich kein Bedürfnis für diese personelle Unterstützung ergab. **88**

XI. Klarstellungen zur Grundbuchführung

Es wurden durch Art 24 des Einführungsgesetzes zur Insolvenzordnung mit Wirkung vom 19.10.1994 an bei § 144 Abs 1 Nr 1 die S 4 und 5 eingefügt. Die Änderung betrifft die Zuständigkeit der Bediensteten des GBAmts und die Unterschriften unter Eintragungen. Betroffen sind von der Änderung nur die Grundbuchämter in den neuen Ländern. **89**

Durch die Ergänzung wird eine mögliche Unklarheit der Rechtslage beseitigt. Die Vorschrift, die durch das RegVBG in die Grundbuchordnung eingefügt worden ist, ermächtigt im Anschluss an entsprechende Vorschriften des Einigungsvertrages die neuen Bundesländer, in zwei verschiedenen Punkten von Bestimmungen der Grundbuchordnung abzuweichen: Erstens ist es ihnen möglich, die Zuständigkeit zwischen Rechtspfleger und Urkundsbeamten der Geschäftsstelle anders abzugrenzen oder auch bestimmte andere Personen mit Eintragungen in das Grundbuch zu beauftragen (S 2). Zweitens sind die neuen Länder dazu ermächtigt, anstelle der in der Grundbuchordnung für die Wirksamkeit einer Eintragung vorgesehenen zwei Unterschriften eine Unterschrift (wie in Baden-Württemberg, vgl § 143) genügen zu lassen (S 3). Die Ergänzung der Vorschrift stellt klar, dass die Verfahrenserleichterungen nach S 2 und 3 für die Zeit beibehalten werden konnten und können, in der die Grundbücher wieder von den Amtsgerichten geführt werden. **90**

XII. Eintragungsanträge

Die bis zum Ablauf des 02.10.1990 beim Liegenschaftsdienst iS eines Grundbuchamts eingegangenen Anträge auf Vornahme einer Eintragung in das Grundbuch sind weiterhin nach den zu diesem Zeitpunkt geltenden Verfahrensvorschriften zu erledigen. Maßgeblich sind die Grundstücksdokumentationsordnung, die Grundbuchverfahrensordnung und die Colido-Grundbuchanweisung. **91**

Wurde der Grundbuchantrag vor dem 03.10.1990 gestellt, ist weiterhin das am 02.10.1990 geltende Grundbuchverfahrensrecht der ehem DDR anzuwenden. Es kann in solchen Fällen die GBO nicht berücksichtigt werden. **92**

Wurde der Eintragungsantrag vor dem 03.10.1990 gestellt, ist auch weiterhin das materielle Recht der ehem DDR anzuwenden (Art 233 § 7 EGBGB). **93**

---

40 Eingehend *Rellermeyer* Rpfleger 1994, 447.

94 Sinn der Regelung in Abs 1 Nr 6 ist, schwebende Eintragungsverfahren durch den Übergang auf das neue Recht auch nicht verfahrensrechtlich zu beeinträchtigen. Ein wegen noch fehlender Grundbucheintragung »schwebender« Grundstückskaufvertrag ist nach Art 233 § 7 I EGBGB vollendungsfähig.[41] Den Rechtserwerb beeinträchtigende Verfügungen, die unter Verstoß gegen das auch nach § 8 Abs 2 GBVerfO bestehende Prioritätsprinzip eingetragen werden, stellen lediglich ein allgemeines, nicht durch den Übergang auf die neue Rechtsordnung bedingtes Risiko dar.[42]

95 Durch die Vorschrift in Abs 1 Nr 6 und Art 233 § 7 EGBGB kann auch nach dem 02.10.1990 noch ein dingliches Recht iS des ZGB entstehen, sofern der Eintragungsantrag vor dem 03.10.1990 gestellt worden ist. Eine Zwischenverfügung schadet dabei nicht.

96 Die Verfügungsbefugnis richtet sich nach der Rechtslage im Zeitpunkt des Antragseingangs. Aus dem **Verkaufsgesetz** vom 07.03.1990 kann eine **Verfügungsbefugnis** nicht mehr hergeleitet werden, es gilt ab dem 03.10.1990 nicht mehr. § 878 BGB hilft nicht weiter, weil er auf den Wegfall der Veräußerungsberechtigung nicht anwendbar ist, vielmehr das Fortbestehen der Verfügungsbefugnis bis zum Zeitpunkt der Antragstellung voraussetzt.[43] Seit 24.07.1997 vgl Art 233 § 2 Abs 2 EGBGB. Der Nachweis der Verfügungsbefugnis ist auch möglich durch einen Bescheid nach dem VZOG oder der Verfügungsermächtigung nach § 8 VZOG. Sofern ein Nachweis nach den Regelungen in Art 21 und 22 Einigungsvertrag in der Form des § 29 erbracht werden kann, genügt auch dies.

97 Vor dem 03.10.1990 kannte man in der ehem DDR den Begriff »Auflassung« nicht. Sollen vor dem 03.10.1990 abgeschlossene Grundstücksverträge aufgrund einer **nach** dem 02.10.1990 erfolgten **Antragstellung** im Grundbuch vollzogen werden, so ist dies möglich. Zur Wahrung der Gültigkeit der Erklärungen nach der ZGB wurde durch das 2. VermRÄndG Art 233 § 7 EGBGB in Abs 1 um S 2 ergänzt. Diese Vorschrift bestimmt nunmehr, dass eine gesonderte Auflassung bei vorstehenden Fällen dann nicht erforderlich ist, wenn die am 02.10.1990 geltenden Vorschriften des ZGB der DDR eingehalten worden sind. Hierdurch sollten die Gültigkeit altrechtlicher Auflassung und das Sparen überflüssiger Notarkosten erreicht werden. Die Vorschrift wirkt ab dem 22.07.1992, und zwar auch in anhängigen Sachen. Zu beachten ist, dass bei einer Antragstellung nach dem 02.10.1990 stets das BGB und die GBO anzuwenden sind (Art 233 § 7 EGBGB und die Maßgabenregelung zur GBO im Einigungsvertrag). Es kommt also nicht auf das Datum des Rechtsgeschäfts, sondern auf den **Zeitpunkt der Antragstellung** beim Grundbuchamt an. Für die Rechtsanwendung kann die Auslegung[44] der Erklärungen Bedeutung erlangen.

98 Auch wenn die Antragstellung vor dem 03.10.1990 erfolgt ist, kann beim Eigentumserwerb von Ehegatten grundsätzlich das Gemeinschaftsverhältnis »Gesamtgut der Eigentums- und Vermögensgemeinschaft des Familiengesetzbuchs der ehem Deutschen Demokratischen Republik« nur noch dann eingetragen werden, wenn eine Rückoption bis 02.10.1992 erklärt worden ist. Vgl zur Überleitung des Güterstandes Art 234 §§ 4, 4a EGBGB.[45]

XIII. Grundbuchbeschwerde

99 Nach dem Recht der ehem DDR wurden die Grundbücher von den Räten der Bezirke – Liegenschaftsdienst – geführt. Der Einigungsvertrag erweiterte für Verfahren nach der Grundbuchordnung den Ausnahmekatalog des VwVfG und erklärt insoweit das Verwaltungsverfahrensgesetz für unanwendbar, mithin waren nach dem 02.10.1990 die Grundbuchverfahren der Freiwilligen Gerichtsbarkeit zugeordnet worden und nicht den Kammern für Verwaltungssachen. Durch § 144 Abs 3 werden Überleitungsfragen geregelt, die sich im Zusammenhang mit Rechtsmitteln gegen als Justizverwaltungsbehörde organisierte Grundbuchämter (zB temporal in Sachsen-Anhalt) ergeben haben. Ziel der Vorschrift ist es, einheitlich die Verfahren in das Beschwerdeverfahren nach der Grundbuchordnung zu führen. Ab dem 01.01.1995 gilt nun einheitlich für Beschwerden die GBO (Amtsgericht/Landgericht/Oberlandesgericht/Divergenzvorlage an den Bundesgerichtshof).

100 Erfaßt werden mit der Regelung alle am 03.10.1990 noch nicht rechtskräftig abgeschlossenen Verfahren. Auf das danach zuständige Gericht gehen bei anderen Stellen anhängige Rechtsmittelverfahren in den Zustand über, in dem sie sich am 25.12.1993 (Inkrafttreten des RegVBG) befanden.

---

41 BVerwG VIZ 2003, 233.
42 BGH DtZ 1995, 100 = Rpfleger 1995, 290 = MittBayNot 1995, 38.
43 *Böhringer* BWNotZ 1979, 141.
44 Zur Auslegung von Grundbuchverfahrenserklärungen *Böhringer* Rpfleger 1988, 389; *ders.* NJ 1992, 289; *Ertl* MittBayNot 1992, 110. Zur früheren Rechtslage *Ertl* MittBayNot 1992, 110; KG DtZ 1992, 298 = NJ 1992, 316, *Böhringer* NJ 1992, 289.
45 Dazu *Böhringer* DNotZ 1991, 223.

XIV. Ergänzende Vorschriften

1. Amtliches Verzeichnis

Nach § 144 Abs 1 Nr 2 ist amtliches Verzeichnis nicht unbedingt das Liegenschaftskataster, sondern das am 02.10.1990 für die Grundstücksbezeichnung maßgebende Verzeichnis oder das an seine Stelle getretene Verzeichnis. **101**

2. Anwendbare FGG-Vorschriften

Nach § 144 Abs 1 Nr 5 sind neben den Vorschriften der GBO die Bestimmungen in §§ 2 bis 34 FGG entsprechend anzuwenden, soweit die GBO als spezialgesetzliche Regelung nichts anderes regelt. **102**

3. Klarstellung bei Verweisungen ua

Mit § 144 Abs 1 Nr 7 S 1 wird klargestellt, dass auch im Bereich des Grundbuchwesens die in Anlage I Kap III Sachgeb A Abschnitt III Nr 28 Einigungsvertrag aufgeführten allgemeinen Maßgaben gelten. Dabei geht es um Verweisung auf Rechtsnormen der ehem DDR bzw der Bundesrepublik, um Bezeichnung adäquater Behörden, sonstige Stellen und Verfahren, Rechtsmittel und Aktenübergabe an jetzt zuständige Stellen. **103**

XV. Gebäudegrundbuchblätter

1. Allgemeines

Eine Besonderheit des DDR-Bodenrechts war (und bleibt zunächst) die Zulassung eines vom Grundeigentum getrennten, selbständigen Eigentums an Gebäuden, Baulichkeiten und anderen Einrichtungen (Gebäudeeigentum). Für das Gebäudeeigentum war grundsätzlich ein besonderes Gebäudegrundbuchblatt anzulegen. Dieses Gebäudegrundbuchblatt ist für das Gebäude Grundbuch iS der Gesetze. Es verlautbart selbständiges Eigentum an Gebäuden und Anlagen unabhängig vom Eigentum an Grund und Boden. Das Nutzungsrecht samt Gebäudeeigentum ist in etwa vergleichbar dem Erbbaugrundbuch. **104**

2. Anzuwendende Vorschriften

Nach § 144 Abs 1 Nr 4 S 1 sind die am 02.10.1990 geltenden Vorschriften über die Anlegung und Führung von Gebäudegrundbuchblättern anzuwenden. Dies waren § 4 Abs 3 NutzRG, § 10 Abs 1 der Verordnung über die Sicherung des Volkseigentums bei Baumaßnahmen von Betrieben auf vertraglich genutzten nichtvolkseigenen Grundstücken vom 07.04.1983 (SicherungsVO) und die Colido-Grundbuchanweisung. § 15 Abs 1 GGV stellt klar, dass diese Vorschriften ab 01.10.1994 aufgehoben sind. Die Anpassung der bisherigen Eintragungen hat bei der nächsten anstehenden Eintragung im Grundbuchblatt für das Grundstück oder für das Gebäudeeigentum an die diesbezüglichen Vorschriften der Gebäudegrundbuchverfügung zu erfolgen. Soweit nach der Colido-Grundbuchanweisung Gebäudeeigentum nach Art 233 § 8 EGBGB im Grundbuch des betroffenen Grundstücks in der ersten Abteilung des Grundbuchblattes dokumentiert worden war, ist ebenfalls bei der nächsten anstehenden Eintragung im Grundbuch für das Grundstück oder das Gebäude das Recht nunmehr in der zweiten Abteilung des Grundbuchblatts für das betroffene Grundstück einzutragen. **105**

In der Vergangenheit sind Gebäudegrundbuchblätter auch angelegt[46] worden, wenn das Gebäude noch nicht vorhanden war. § 15 Abs 2 GGV betont ausdrücklich, dass bisher angelegte Gebäudegrundbuchblätter deshalb nicht zu schließen sind; es verbleibt vielmehr bei den früheren Vorschriften. **106**

Für das bisherige LPG-Gebäudeeigentum und das durch Art 233 § 2b EGBGB neu entstandene Gebäudeeigentum kann auf Antrag des Nutzers ein Gebäudegrundbuchblatt entsprechend den allgemein für Gebäudegrundbücher bestehenden Vorschriften angelegt werden; dies ist seit 01.10.1994 die Gebäudegrundbuchverfügung.[47] Die Zustimmung des Grundstückseigentümers ist zur Anlegung des Gebäudegrundbuchblattes nicht erforderlich. Auch ein Gläubiger kann nach § 14 den Antrag auf Grundbuchanlegung stellen. **107**

---

46 Ausführlich zur Grundbuchanlegung *Stellwaag* VIZ 1995, 573; *Schmidt-Räntsch/Sternal* DtZ 1994, 262; *Keller* FGPrax 1997, 1 und MittBayNot 1994, 389; *Böhringer* DtZ 1996, 34, 37; *Gruber* Rpfleger 1998, 508; KG FGPrax 1996, 12 = Rpfleger 1996, 151; OLG Brandenburg FGPrax 1995, 182 = Rpfleger 1996, 22 = VIZ 1996, 51 = OLG-NL 1995, 201; *Demharter* FGPrax 1995, 184; *Flik* DtZ 1996, 162.

47 Die GGV ist nicht wegen Verstoßes gegen höherrangiges Recht oder wegen Fehlens einer Ermächtigungsgrundlage nichtig, OLG Brandenburg FGPrax 2002, 148 = VIZ 2002, 488; **aA** LG Schwerin VIZ 1999, 425 = RPfleger 1998, 283 = NotBZ 1998, 77. Zur Alternative der Grundbuchanlegung durch ein Verfahren nach Maßgabe der Bestimmungen des Grundbuchrechts *Böhringer* OV spezial 19/1993 S 11; *Demharter* FGPrax 1995, 184; OLG Rostock VIZ 1994, 142.

3. Weiterführung bestehender Grundbücher

108 § 2 GGV sieht vor, dass bestehende Gebäudegrundbuchblätter nach den früher geltenden Vorschriften (insbesondere nach Nrn 75 ff der Colido-Grundbuchanweisung) weitergeführt werden können, um einen großen Umstellungsaufwand zu vermeiden. Neu anzulegende Gebäudegrundbuchblätter sind nach §§ 3 ff GGV anzulegen.[48] Ob die Gebäudegrundbuchverfügung eine Grundbuchanlegung nach §§ 116 ff völlig ausschließt, ist seit dem 01.10.1994 bestritten.[49] § 3 GGV geht wohl von der ausschließlichen Geltung der Gebäudegrundbuchverfügung aus. Dies erscheint schon im Hinblick auf die Bestimmung in Art 233 § 2b Abs 3 S 3 EGBGB bedenklich. Bei der Anlegung eines Gebäudegrundbuchblattes gehen zwar die Gebäudegrundbuchverfügung (vgl § 1 Nr 1 und § 15 Abs 1 GGV), § 144 Abs 1 Nr 4 und Art 233 § 2b Abs 2 und § 8, § 2c Abs 1 EGBGB als Spezialnormen den allgemeinen Anlegungsvorschriften der GBO vor. *Demharter*[50] ist darin zuzustimmen, dass es sich bei dem Blattanlegungsverfahren nicht um ein Eintragungsverfahren iS der §§ 13 ff handelt. Für Gebäudeeigentum ist in Abweichung von § 116 Abs 1 auf Antrag des Nutzers oder Eigentümers (§ 144 Abs 1 Nr 4 S 3 und 4; Art 233 § 2b Abs 2 EGBGB) oder bei der Fallage des Art 233 § 2c Abs 1 EGBGB von Amts wegen ein Gebäudegrundbuchblatt anzulegen. Die Amtsermittlungs- und -feststellungspflicht des § 118 wird aber nicht verdrängt (vgl Art 233 § 2b Abs 3 S 3 EGBGB). Dies ist wegen der Beweismittel und ihrer Form von Bedeutung. Die GGV schafft insoweit Erleichterungen.[51]

109 Nach § 2 GGV besteht auch die Möglichkeit, vorhandene Gebäudegrundbuchblätter auf die neuen Vordrucke umzuschreiben und als solche fortzuführen. Dabei können diese Blätter auch neu gefaßt werden, um nur die noch bestehenden Eintragungen ausweisen zu können. Auf diese Weise kann eine allmähliche Umstellung auf das System der Grundbuchverfügung erreicht werden (s auch § 15 GGV).

4. Grundbuchanlegung

110 **a) Allgemeines.** In der ehem DDR kamen verschiedene Arten von Nutzungsrechten vor. Es gab verliehene Nutzungsrechte, zugewiesene Nutzungsrechte, Nutzungsrechte für Arbeiterwohnungsbaugenossenschaften, Nutzungsrechte nach dem Verkaufsgesetz, Nutzungsrechte für ausländische Staaten (§ 27 LPGG) und für Betriebe (§ 459 ZGB). Das Gebäudeeigentum für die Berechtigten ist im Grundbuch eintragbar. Sofern seit 01.01.2001 kein Eigentumswechsel am Bodengrundstück stattgefunden hat, kann das dingliche Nutzungsrecht/Gebäudeeigentum jederzeit in Abt II des Bodengrundstücks eingetragen und das Gebäudegrundbuchblatt angelegt werden. Bei einem Eigentumswechsel auf Grund eines nach dem 31.12.2000 gestellten Eintragungsantrags auf Anlegung eines Gebäudegrundbuchblatts kann das dingliche Nutzungsrecht/Gebäudeeigentums nur dann eingetragen werden, wenn noch kein gutgläubiger Wegerwerb des dinglichen Nutzungsrechts/Gebäudeeigentums erfolgt ist. Dabei ist von einer Gutgläubigkeit des Grundstückserwerbers auszugehen, es gelten die Vorschriften des § 892 BGB.[52]

111 Für Gebäudeeigentum aufgrund von dinglichen Nutzungsrechten ebenso wie für nutzungsrechtsloses Gebäudeeigentum fehlte vielfach nicht nur eine Eintragung des dinglichen Nutzungsrechts oder des nutzungsrechtslosen Gebäudeeigentums im Grundbuch des Grundstücks. Oft ist auch das Grundbuchblatt für das Gebäudeeigentum selbst gar nicht angelegt. Dies ist zum Teil darauf zurückzuführen, dass die Nachweisung des Gebäudeeigentums Schwierigkeiten bereitete. Die Frage dieses Nachweises ist mit § 4 GGV geregelt worden. Die Vorschrift zeichnet sich dadurch aus, dass sie im Interesse der Anlegung von Gebäudegrundbuchblättern im großen Umfang von den strengen Nachweisforderungen des § 29 abweicht, die in den vorliegenden Fällen kaum eingehalten werden können (vgl auch Art 233 § 2b EGBGB).

112 Für Gebäudeeigentum aufgrund dinglicher Nutzungsrechte nach dem Zivilgesetzbuch der Deutschen Demokratischen Republik (ZGB) und dem Gesetz über die Verleihung von Nutzungsrechten an volkseigenen Grundstücken vom 17.12.1970 kann nach §§ 3 ff GGV ein Gebäudegrundbuchblatt angelegt werden. Gleiches gilt für nutzungsrechtsloses Gebäudeeigentum nach Art 233 §§ 2b und 8 EGBGB.

---

48 Vgl auch die Empfehlungen des BJM zur Anlegung von Gebäudegrundbuchblättern für Gebäudeeigentum nach Art 233 § 2b EGBGB (BAnz Nr 140a v 31.07.1997, abgedruckt auch in OV spezial 1997, 376 und 395 = ZAP Ost 3/1998 S 77).

49 Dazu *Hartung* Rpfleger 1994, 413; *Demharter* FGPrax 1995, 184; Brandenburgisches OLG FGPrax 1995, 182 = Rpfleger 1996, 22 = OLG-NL 1995, 201 = DNotI – Report 1996, 22 = VIZ 1996, 51; KG FGPrax 1996, 12 = Rpfleger 1996, 151; LG Berlin Rpfleger 1995, 107; LG Halle Rpfleger 1994, 413; OLG Jena Rpfleger 1997, 104.

50 FGPrax 1995, 184.

51 Nach OLG Dresden VIZ 1995, 114 dürfte kein Eigentümer in der Lage sein, den Beweis des Entstehens selbständigen Gebäudeeigentums durch öffentliche oder öffentlich beglaubigte Urkunden führen zu können. Dies war mit ein wichtiger Grund, warum die Gebäudegrundbuchverfügung geschaffen worden ist. Zur grundbuchmäßigen Behandlung des Gebäudeeigentums nach der GGV *Keller* MittBayNot 1994, 389; OLG Jena RPfleger 1997, 104.

52 Dazu auch BGH Rpfleger 2003, 118.

b) Antragsberechtigung. Antragsberechtigt beim Grundbuchamt ist der Grundstückseigentümer wie auch **113** der Gebäudeeigentümer. Vorzulegen ist dem Grundbuchamt entweder eine Eintragungsbewilligung des Grundstückseigentümers oder die Nachweise nach § 4 GGV oder eine gerichtliche Entscheidung (zB einstweilige Verfügung), durch die die Eintragung angeordnet wird. Auch dingliche Gläubiger des Gebäudeeigentümers[53] können den Antrag auf Anlegung eines Gebäudegrundbuchblattes und Eintragung des Gebäudeeigentums im Grundstücksgrundbuch stellen. Auch ein Zahlungsgläubiger des Gebäudeeigentümers ist nach § 14 antragsberechtigt.[54] Auch Inhabern von Ansprüchen auf Übertragung[55] und Belastung[56] des Gebäudeeigentums steht das Antragsrecht zu. Aus eigenem Recht heraus haben Mieter, Pächter und Entleiher eines Gebäudeeigentums kein Antragsrecht.

Aus eigener Rechtsposition heraus haben dingliche Gläubiger des Grundstückseigentümers beim Grundbuchamt keine Antragsbefugnis. Dies gilt auch für Zahlungsgläubiger des Grundstückseigentümers und für Inhaber eines Anspruchs auf Auflassung oder auf Bestellung eines dinglichen Rechts am Grundstück.[57]

c) Entscheidung der Zuordnungsbehörde[58]. In den Fällen des Art 233 §§ 2b und 8 EGBGB kann auch die **114** Zuordnungsbehörde um eine entsprechende Eintragung ersuchen. Steht fest, dass Gebäudeeigentum gegeben war, ist aber fraglich, ob es noch existiert, so steht es im freien Ermessen der Zuordnungsbehörde, ob sie diese Frage selbst entscheidet oder ob sie gemäß Art 233 § 2b Abs 3 2 EGBGB iVm § 2 Abs 1 5 VZOG dem Antragsteller und dem Gebäudeeigentümer jeweils ihre Rechte vorbehält und sich darauf beschränkt, das Grundbuchamt vorläufig um Eintragung eines Widerspruchs zugunsten des Gebäudeeigentümers in Abt II des Grundstücksgrundbuchs zu ersuchen (§ 3 Abs 1 2 VZOG). Ist unter Vorbehalt (anderweitiger Klärung) entschieden, so muß die Zuordnungsbehörde gleichwohl das Grundbuchamt um Anlegung eines Gebäudegrundbuchblattes und um Vornahme entsprechender Eintragungen ersuchen, wenn ihr eine Bewilligung des Grundstückseigentümers oder ein diese ersetzendes Urteil vorgelegt wird (vgl § 3 Abs 1 VZOG).

Die Zuordnungsbehörde kann einen Zuordnungsbescheid, der noch nicht bestandskräftig ist, für sofort voll- **115** ziehbar erklären (§ 80 Abs 2, § 80a Abs 1 VwGO). Die Eintragung eines Widerspruchs ist möglich.[59]

d) Zivilklagen. Der Gebäudeeigentümer kann auch Klage auf Zustimmung zur Grundbuchberichtigung nach **116** § 894 BGB, Klage auf Feststellung selbständigen Gebäudeeigentums und Klage nach dem Sachenrechtsbereinigungsgesetz erheben. Zur vorläufigen Sicherung kommt ein Antrag auf Erlass einer einstweiligen Verfügung mit dem Ziel eines Widerspruchs zugunsten des Gebäudeeigentümers im Grundstücksgrundbuch in Betracht. Auch ist die Eintragung eines Rechtshängigkeitsvermerks gemäß §§ 265, 266, 325 ZPO zur Sicherung des Klägers möglich.

e) Schutzvermerk. Der Gebäudeeigentümer hat auch die Möglichkeit, sein Recht zum Besitz nach Art 233 **117** § 2a EGBGB gemäß Art 233 § 2c Abs 2 EGBGB[60] oder über einen Vermerk über die Einleitung des notariellen Vermittlungsverfahrens nach § 92 Abs 5 SachenRBerG abzusichern.

f) Widerspruch bei Grundbuchanlegung. Wird in Fällen der §§ 3, 5 und 6 GGV ein Gebäudegrundbuch- **118** blatt angelegt, so müssen auch etwaige dem Grundstückseigentümer nach dem Sachenrechtsbereinigungsgesetz zustehende Einreden weiterhin geltend gemacht werden können und dürfen nicht durch gutgläubigen Erwerb des Gebäudeeigentums durch einen Dritten verlorengehen. § 11 GGV sieht daher die Eintragung eines Widerspruchs zugunsten des Grundstückseigentümers vor; der Widerspruch ist je nach Fallage von Amts wegen (§ 11 Abs 1 GGV) oder auf Antrag (§ 11 Abs 5 GGV) des Grundstückseigentümers einzutragen. Auch hier war der 31.12.1996 ein wichtiger Stichtag. Der Widerspruch ist löschungsfähig, wenn der Grundstückseigentümer nicht innerhalb einer bestimmten Frist seine durch den Widerspruch gesicherten Rechte im Wege der Klage geltend macht und dies dem Grundbuchamt in der Form des § 29[61] nachweist.

---

53 Inhaber von Rechten gem § 8 GBBerG iVm Art 233 § 5 EGBGB iVm §§ 321, 322 ZGB (Mitbenutzungsrechte) und Inhaber von dinglichen Rechten nach § 9 GBBerG (Leitungs- und Anlagenrechte).

54 Ebenso *Stellwaag* VIZ 1995, 573 (577).

55 Käufer des Gebäudeeigentums (auch dann, wenn der Vertrag vor dem 22.07.1992 formlos geschlossen wurde).

56 Anspruch auf Bestellung eines Grundpfandrechts haben der frühere Inhaber von Sicherungseigentum (bis 21.07.1992, vgl Art 233 § 2b Abs 5 1 EGBGB), der frühere Inhaber eines Pfandrechts (das nach Mobiliarsachenrecht am Gebäudeeigentum vor dem 22.07.1992 bestellt wurde, Art 233 § 2b Abs 5 2 EGBGB) und der Inhaber eines Anspruchs auf Bestellung einer Bauhandwerkersicherungshypothek nach § 648 BGB.

57 In allen Fällen kann der Gläubiger nur im Wege der Ersatzvornahme gemäß § 887 ZPO tätig werden (vgl *Stellwaag* VIZ 1995, 573 [578]).

58 Ausführlich *Stellwaag* VIZ 1995, 573.

59 Vgl die ähnliche Rechtslage bei § 34 Abs 1 VermG; OLG Dresden, VIZ 1995, 183; OVG *Bautzen* VIZ 1995, 244.

60 Zum Eintragungsverfahren §§ 4 Abs 4, 7 GGV; *Keller*, MittBayNot 1994, 389.

61 Anders die Rechtslage bei der Vormerkung nach Art 233 § 13 Abs 5 S 1 aF EGBGB. Zur Problematik *Czub* OV spezial 1997, 246.

5. Besonderheiten beim Gebäudeeigentum nach Art 233 § 2b EGBGB

119 **a) Allgemeines.** Können die Grundbuchämter anhand der ihnen vorliegenden Unterlagen Gebäudeeigentum und seinen Inhaber nach den Verfahrensvorschriften der GBO feststellen, so legen sie das Gebäudegrundbuch an. Dies wird aber in den seltensten Fällen vorkommen. Das Bundesamt für zentrale Dienste und offene Vermögensfragen kann ein vorgängiges Anlegungsverfahren des Gebäudeeigentümers beim Grundbuchamt nicht verlangen. Der Antragsteller hat lediglich – ohne Einhaltung der Form des § 29 – zu versichern (keine eidesstattliche Versicherung), dass er bei keiner anderen Stelle einen vergleichbaren Antrag anhängig gemacht hat oder ein Antrag beim Bundesamt für zentrale Dienste und offene Vermögensfragen abschlägig beschieden worden ist.

120 **b) Anwendungsbereich.** Ein Gebäudegrundbuchblatt kann nach Art 233 § 2b Abs 2 EGBGB für Gebäude und bauliche Anlagen angelegt werden. Unter »baulichen Anlagen[62]« sind Stallungen, Garagen, Silos und andere feste Bauwerke zu verstehen, nicht aber fallen darunter Drainage- und Bewässerungsleitungen, LPG-Straßen, künstlich angelegte Teiche u a. Die nichtbaulichen Anlagen unterliegen nicht dem Immobiliensachenrecht.

121 Das Gebäudeeigentum von Wohnungsgenossenschaften kann an ehem volkseigenen Grundstücken bestehen, die nach Art 22 EV zunächst der Kommune zugefallen sind und jetzt nach § 1 des Wohnungsgenossenschafts-Vermögensgesetzes der jeweiligen Wohnungsgenossenschaft zustehen. Auch an ehem Reichsvermögen und an sonstigen wohnungswirtschaftlich genutzten Grundstücken kann Gebäudeeigentum bestehen, nicht dagegen an noch im Privateigentum stehenden Grundstücken. Aus dem Grundbuch kann man letztere Tatsache ersehen.

122 Bei LPG-Gebäudeeigentum müssen die Gebäude und Anlagen von der LPG errichtet worden sein. Unter Errichtung versteht man auch die Ersetzung eines bestehenden durch ein neues Gebäude. Um- und Anbauten führen aber nicht zum Entstehen von LPG-Gebäudeeigentum, auch wenn sie beträchtlich sind. Eingebrachte Gebäude der Mitglieder zählen ebenfalls nicht dazu, es sei denn, es handelt sich um eingebrachte Wirtschaftsgebäude nach § 134 LPG-G 1959.

123 **c) Feststellungsverfahren nach VZOG.** In den meisten Fällen kann nicht exakt festgestellt werden, ob Gebäudeeigentum für eine LPG entstanden oder wer Eigentümer daran ist. Das Gebäudegrundbuchblatt wird auf Antrag der LPG bzw der Nachfolgeorganisation vom Grundbuchamt angelegt. Dazu sind gewisse Urkunden vorzulegen, deren Beschaffung vielfach enorme Schwierigkeiten bereitet[63] (wie vorstehend ausgeführt). Deshalb sieht die Regelung in Art 233 § 2b EGBGB auch ein Zuordnungsverfahren vor, das eine grundbuchklare Feststellung des Gebäudeeigentums und des Eigentümers des Bauwerks bringt. Das Bundesamt für zentrale Dienste und offene Vermögensfragen[64] trifft die entsprechenden Festlegungen, damit das Grundbuchamt das Gebäudegrundbuchblatt auf Ersuchen anlegen kann. Erst mit der Einbuchung des Gebäudeeigentums im Grundbuch wird dann das Gebäudeeigentum verkehrsfähig.

124 Das Feststellungsverfahren ist nicht subsidiär und kann vom Bundesamt für zentrale Dienste und offene Vermögensfragen nicht abgelehnt werden, auch nicht mit der Begründung, zuerst müsse beim Grundbuchamt ein Grundbuchanlegungsverfahren durchgeführt werden oder dort seien die Beweismittel nicht richtig gewürdigt worden. Ein Feststellungsinteresse des Antragstellers ist stets dann gegeben, wenn das Grundbuchamt das Anlegungsverfahren wegen Ergebnislosigkeit einstellt.[65]

125 Nur für das Gebäudeeigentum nach Art 233 § 2b Abs 1 EGBGB kann das Feststellungsverfahren nach Art 233 Abs 2b Abs 3 S 1 EGBGB betrieben werden. Das Gebäudeeigentum aufgrund des Gesetzes über die Verleihung von Nutzungsrechten an volkseigenen Grundstücken v 14.12.1970 (und seinen Vorgängern) fällt nicht darunter.

126 Im Feststellungsverfahren hat der Antragsteller mitzuwirken, dass die zur Begründung seines Begehrens erforderlichen Unterlagen vom genannten Bundesamt beschafft werden können. Sämtliche auch im Grundbuchanlegungsverfahren dem Grundbuchamt vorzulegenden Urkunden benötigt auch das genannte Bundesamt, allerdings nicht in der Form[66] des § 29. Auch Zeugen und eidesstattliche Versicherungen genügen als Beweismittel.

127 Der Feststellungsbescheid weist für das Grundbuchamt in verbindlicher Weise nicht nur das Rechtsobjekt, sondern auch den Inhaber des Gebäudeeigentums aus.[67] Der Bescheid führt zu einer Aussetzung des Verfahrens nach dem VermG. Gegen den Bescheid findet die Anfechtungsklage[68] statt. Er kann nach Maßgabe von Art 233 § 2b Abs 3 S 2 EGBGB mit § 2 Abs 5 VZOG und § 48 VwVfG geändert werden.

---

62 Zu gebäudeeigentumsfähigen Anlagen BVerwG VIZ 1998, 567 = OV spezial 1998, 310; *Gruber* VIZ 1999, 129.
63 Anschaulich KreisG Rathenow Rpfleger 1993, 331 m Anm *Weike*; *Wilhelms* VIZ 2003, 313.
64 Zum Verfahrensablauf *Wilhelms* VIZ 2003, 313.
65 Einzelheiten *Böhringer* OV spezial 19/1993 S 11; *Wilhelms* VIZ 2003, 313.
66 BVerwG VIZ 1999, 91.
67 BVerwG VIZ 1997, 595.
68 Der Grundstückseigentümer hat keine Klagebefugnis BVerwG VIZ 2001, 676. Kritisch *Wilhlems* VIZ 2003, 313.

d) Nachweis der Rechtsnachfolge. Hat die Genossenschaft ihre Rechtsform geändert oder ist sie ganz oder   128
teilweise in einer anderen juristischen Person aufgegangen, so benötigt das Grundbuchamt bzw das genannte
Bundesamt einen Nachweis über die Rechtsnachfolge. Der Nachweis kann durch einen Auszug aus dem Han-
dels- oder Genossenschaftsregister geführt werden. Weist der Auszug die Nachfolge nicht aus, müssen die der
Registereintragung zugrundeliegenden gesellschaftsrechtlichen Rechtsgeschäfte, insb die Vermögensübersicht
bei der Umwandlung (Umwandlungspläne) vorgelegt werden. Wurde von der LPG das Gebäudeeigentum vor
dem 22.07.1992 veräußert, so ist auch noch die Vorlage des Veräußerungsvertrages erforderlich (Form: § 29 im
grundbuchrechtlichen Verfahren). Das Feststellungsverfahren vor dem genannten Bundesamt beansprucht keinen Vorrang vor anderen Verfahren. Es ist vielmehr seinerseits subsidiär gegenüber anderen Verfahren, bei
denen es sich, wie die Formulierungen »bei keiner anderen Stelle« und »vergleichbarer Antrag« deutlich
machen, nicht lediglich um Grundbuchberichtigungsverfahren nach Art 233 § 2b Abs 2 bzw 3 EGBGB. Denkbar ist auch ein Bodenordnungsverfahren nach § 64 LwAnpG[69]

e) Doppelläufigkeitsversicherung. Im Anlegungsverfahren hat der Antragsteller entweder beim Grund-   129
buchamt oder beim genannten Bundesamt (also bei der Antragsstelle) zu versichern, dass nicht bei der anderen
Stelle schon ein Antrag gestellt worden ist. Die Versicherung bedarf nicht der Form des § 29, es handelt sich
auch nicht um eine eidesstattliche Versicherung.

f) Bestandskräftiger Bescheid. Das Grundbuchamt kann auf Grund eines Bescheids des genannten Bundes-   130
amts die Grundbuchanlegung erst vornehmen, wenn dem Grundbuchamt die Bestandskraft des Bescheids
nachgewiesen ist.[70]

---

69 BVerwG VIZ 1999, 91.
70 Zum grundbuchamtlichen Verfahren *Gruber* Rpfleger 1998, 508. Zum Zuordnungsverfahren *Gruber* VIZ 1999, 129.

131

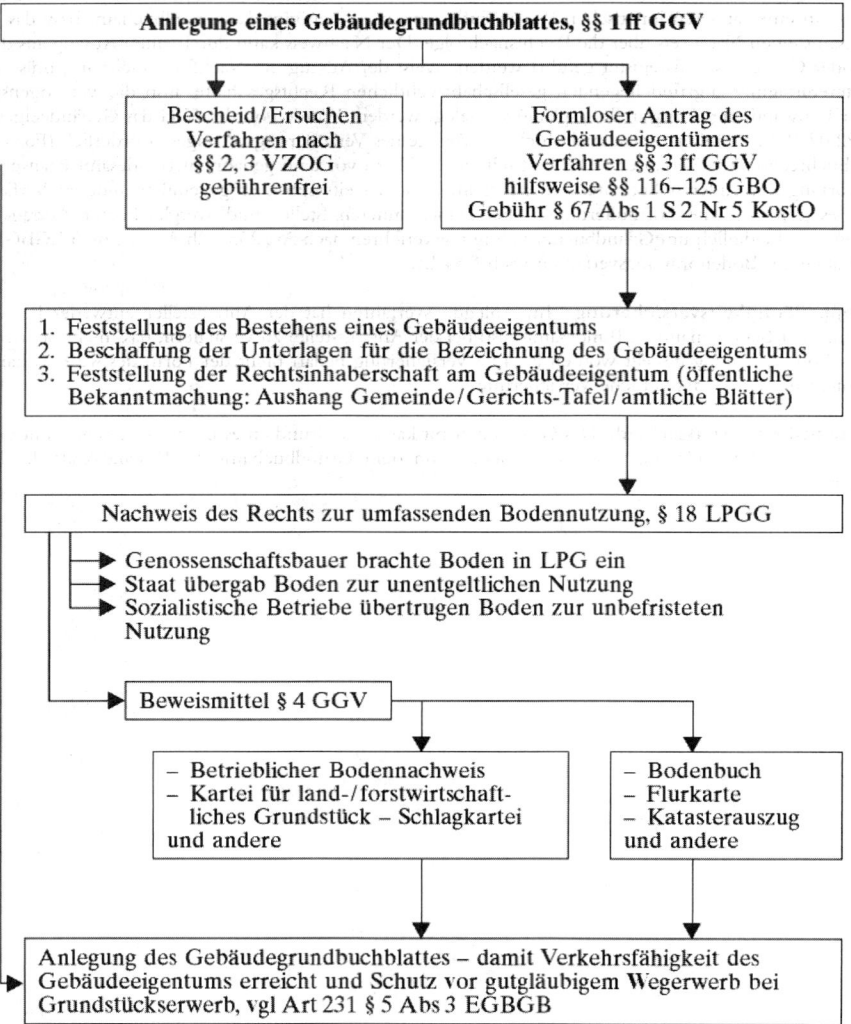

6. Wirkungen der Grundbuchanlegung

132   Die Eintragung als Rechtsinhaber im Grundbuchanlegungsverfahren hat keine materiellrechtliche Bedeutung, also keine rechtsbegründende Wirkung. Durch die Grundbuchanlegung wird aber die Grundlage für künftige Eintragungen geschaffen. Die Rechtsvermutung des § 891 Abs 1 BGB gilt für den erstmals eingetragenen Gebäudeeigentümer nicht. Der Inhalt des neu angelegten Gebäudegrundbuchblatts unterliegt dem öffentlichen Glauben des Grundbuchs. Die Gefahr gutgläubigen Erwerbs kann bestehen.

133   Das Gebäudeeigentum ist im Gebäudegrundbuchblatt einzutragen. Auf dem Grundbuchblatt des belasteten Grundstücks ist das Gebäudeeigentum wie eine Grundstücksbelastung in Abt II einzutragen. Dies hat zur Konsequenz, dass durch den Vermerk in Abt II des Bodengrundbuchs gutgläubig lastenfreier Erwerb des Bodens nicht möglich ist.[71] Der Eigentümer des Gebäudeeigentums hat dadurch eine gegen gutgläubigen Erwerb des Grundstücks gesicherte Rechtsposition.

---

71   Zur Bedeutung des Vermerks im Zwangsversteigerungsverfahren *Eickmann* ZfIR 1997, 61.

Auch wenn jemand das Gebäude von der LPG und den Grund und Boden vom Grundstückseigentümer erwirbt, verbleibt es bis auf weiteres bei der Regel, dass beide Grundbücher bestehen bleiben. Der Käufer kann bzw. muss aber dann das Gebäudeeigentum aufheben, vgl dazu auch § 78 SachenRBerG. Dies wird er beim Grundbuchamt veranlassen, wenn er das Bauwerk und den Boden beleihen will. Möglich ist auch, den Boden dem Gebäudeeigentum im Grundbuch zuzuschreiben, nicht aber umgekehrt. Ist das Grundbuch für das Gebäudeeigentum noch nicht angelegt, so kann das Gebäudeeigentum durch notarielle Urkunde aufgehoben werden, ohne dass noch ein Grundbuch anzulegen wäre. Die Hypothekengläubiger und auch sonstige Berechtigte am Gebäudeeigentum haben allerdings jeder Aufhebung des Gebäudeeigentums zuzustimmen.

7. Bestandsprüfung des Grundbuchamts

Das Vorhandensein eines Gebäudes ist bei einem nutzungsrechtsbewehrten Gebäudeeigentum nach Art 233 § 4 EGBGB bei Eintragungen und Berichtigungen im Grundbuch vom Grundbuchamt nicht zu prüfen. Bei den nutzungsrechtslosen Gebäudeeigentumsrechten nach Art 233 § 2b und § 8 EGBGB gilt dagegen § 144 Abs 1 Nr 4 S 5 nicht, so dass bei der Anlegung wie auch bei der Vornahme von Eintragungen und Berichtigungen im Gebäudegrundbuchblatt zu prüfen ist, ob das Gebäude noch besteht. Das Grundbuchamt trifft die Amtspflicht zu Ermittlungen.[72] **134**

Wegen Einzelheiten zum Gebäudeeigentum vgl die Erläuterungen zur Gebäudegrundbuchverfügung. **135**

---

72 Eine Eintragung kann aber nur abgelehnt werden, wenn dem Grundbuchamt konkrete Tatsachen vorliegen, dass das Gebäude untergegangen ist und auch nicht mehr aufgebaut wird. Ermittlungen vor Ort sind nicht anzustellen, so dass in aller Regel die beantragte Eintragung vorgenommen wird.

Verordnung zur Durchführung der Grundbuchordnung (Grundbuchverfügung – GBV)

vom 08.08.1935 (RMBl 637) in der ab 10.12.1994 geltenden Neufassung der Bekanntmachung vom 24.01.1995 (BGBl I 114), zuletzt geändert durch Gesetz vom 23.11.2007 (BGBl I 2614)

Vorbemerkungen

Inhalt der Grundbucheintragungen

Schrifttum

Amann, Das gemeinschaftliche Recht, das dem überlebenden Ehegatten allein zusteht, MittBayNot 1990, 225; *ders,* Wiederverwendung unwirksamer Eigentumsvormerkungen, MittBayNot 2000, 197; *Bauch,* Entscheidungsanmerkung (zur Eintragung bedingter Rangänderung), Rpfleger 1984, 348; *Bauer-Hauschild-Schäfer,* Grundbucheintragungen (1959); *Bestelmeyer,* Entscheidungsanmerkung (zum Eintragungsmodus bei der Änderung der Kapitalbeträge von aufeinanderfolgenden Grundpfandrechten), Rpfleger 1992, 151; *ders,* Inhaltlich unzulässige Grundbucheintragungen bei nachträglichen Veränderungen des Grundbuchinhalts, Rpfleger 1997, 7; *Bleckert,* Inwieweit ist bei Nebenleistungen einer Hypothek die Bezugnahme auf die Eintragungsbewilligung zulässig?, Rpfleger 1965, 330 und Rpfleger 1966, 201; *Böhringer,* Die Wohnungseigentümergemeinschaft als Gläubiger einer Zwangshypothek für Wohngeldrückstände, BWNotZ 1988, 1; *ders,* Auslegung von Grundbuch-Verfahrenserklärungen, Rpfleger 1988, 389; *ders,* Zur Grundbuchfähigkeit einer GmbH im Gründungsstadium, Rpfleger 1988, 446; *ders,* Der Einfluß des informationellen Selbstbestimmungsrechts auf das Grundbuchverfahren, Abschnitt C: Grundbuchumschreibung aufgrund gelöschter Zwangseintragungen, Rpfleger 1989, 309, 311; *ders,* Inhaltlich unzulässige Grundbucheintragungen und Umdeutung von Grundbucherklärungen, MittBayNot 1990, 12; *ders,* Entscheidungsanmerkung (Erbteilserwerber in Unterbruchteilsgemeinschaft), Rpfleger 1996, 244; *Böttcher,* Sonstige Nebenleistungen nach § 1115 BGB, Rpfleger 1980, 81; *ders,* Abtretung von Nebenleistungen bei Grundpfandrechten, insbesondere Abschnitt III 3 (Bestimmtheitsgrundsatz mit Textkatalog), Rpfleger 1984, 85, 88/89; *ders,* Rangverhältnis im Grundbuchverfahren, BWNotZ 1988, 73; *ders,* Entscheidungsanmerkungen: (zur Bestimmung der Ausübungsstelle), Rpfleger 1984, 229; (zum Entstehen und Rang der Sicherungshypothek gemäß § 848 ZPO), Rpfleger 1988, 252; (Verstoß einer Klausel einer Teilungserklärung gegen AGBGB; inhaltlich unzulässige oder unrichtige Grundbucheintragung?), Rpfleger 1989, 408; *Bruhn,* Zu Inhalt und Form von Hypothekenbestellungsurkunden, Teil I: Inhalt, Rpfleger 1957, 101; *Bühler,* Wie müssen Nebenleistungen iS des § 1115 BGB ins Grundbuch eingetragen werden, BWNotZ 1967, 41; *Demharter,* Entscheidungsanmerkung (fehlerhafte Bezeichnung des herrschenden Grundstücks von Amts wegen korrigierbar?), Rpfleger 1987, 497; *ders,* Ist die BGB-Gesellschaft jetzt grundbuchfähig?, Rpfleger 2001, 329; *ders,* Entscheidungsanmerkung (Wiederverwendung erloschener Eigentumsvormerkung), MittBayNot 2000, 106; *ders,* Zwangshypothek für den Verwalter als Verfahrensstandschafter, ZflR 2001, 957; *ders,* Entscheidungsanmerkung (zur Frage der Grundbuchfähigkeit der GbR), Rpfleger 2002, 548; *Demuth,* Grundbuchfähigkeit der BGB-Gesellschaft – logische Folge der jüngsten BGH-Rechtsprechung, BB 2002, 1555; *Dieckmann,* Eintragung der Unterwerfung des jeweiligen Grundstückseigentümers unter die Zwangsvollstreckung im Grundbuch, Rpfleger 1963, 267; *Dieterle,* Umschreibung der Auflassungsvormerkung in das Eigentum, Rpfleger 1986, 208; *Dümig,* Grundbuchfähigkeit der Gesellschaft bürgerlichen Rechts infolge Anerkennung ihrer Rechts- und Parteifähigkeit Rpfleger 2002, 53; *ders,* Die rechtsfähige GbR als »mehrere« iSd § 47 GBO – ein tertium des Grundbuchrechts?, ZflR 2003, 796; *ders,* Entscheidungsanmerkung (zur Frage der Grundbuchfähigkeit der GbR), Rpfleger 2003, 80; *ders,* EG-ausländische Gesellschaften im Grundbuchverfahren nach »Überseering«, ZflR 2003, 191; *Ebeling,* Kennzeichnung von Gesamtbelastungen im Grundbuch, RpflStud 1979, 58; *Eickmann,* Die Gesellschaft bürgerlichen Rechts im Grundbuchverfahren (mit zahlreichen Eintragungsbeispielen), Rpfleger 1985, 85; *ders,* Grundbuchfähigkeit der Gesellschaft bürgerlichen Rechts, ZflR 2001, 433; *Ertl,* Rechtsgrundlagen der Vormerkung für künftige und bedingte Ansprüche, insbesondere Abschnitt VI 6: Eintragung der Vormerkung in das Grundbuch, Rpfleger 1977, 345, 351; *ders,* Eintragung von Sondernutzungsrechten im Sinne des § 15 WEG, Rpfleger 1979, 81; *ders,* Löschung und Teillöschung einer unbefristeten Vormerkung für ein befristetes Verkaufsangebot, MittBayNot 1989, 297; *Ertwig,* Das Hypothekenrecht am Scheideweg, insbesondere Teil C: Eintragungsgrundsätze nach der Rechtsprechung der oberen Gerichte und nach der Rechtslehre (1955); *Feldmann,* Zur Eintragung eines Altenteils auf mehreren Grundstücken, JurBüro 1973, 179; *Feuerpeil,* Die Rangeinheit von Haupt- und Veränderungsspalten in Abt II und III des Grundbuchs, Rpfleger 1983, 298; *Feuerborn,* Der Bestimmtheitsgrundsatz bei der Übereignung von Sachgesamtheiten, ZIP 2000, 600; *Fratzki,* Materiellrechtliche Folgen eines Verstoßes gegen § 18 GBV bei nachträglicher Rangänderung, BWNotZ 1979, 27; *Fuchs,* Zur Vereinfachung der Grundkreditformulare, DNotZ 1969, 133; *Giehl,* Zum Erfordernis der Bewilligung einer Mehrzahl von Vormerkungen, MittBayNot 2002, 158; Grundbuch-Normtexte (Hrsg Bayer Staatsministerium der Justiz, 1976); *Haegele,* Zur Rechtslage, wenn im Rahmen einer Erbengemeinschaft ein Erbteil mehreren Personen zusteht, Rpfleger 1968, 173; *ders,* Grundstücksrechte zugunsten mehrerer Personen, BWNotZ 1969, 117; *ders,* Bezugnahmemöglichkeiten im Grundbuch, BWNotZ 1975, 29; *ders,* Entscheidungsanmerkungen: (zum Klarheits- und Bestimmtheitserfordernis der Eintragungsbewilligung), Rpfleger 1956, 195; (zu den damaligen Streitpunkten bezüglich der Eintragbarkeit variabler Zinsen), Rpfleger 1961, 123; (zur Kennzeichnung von Bedingungen und Befristungen in der Eintragung), Rpfleger 1963, 382; (zur Bezeichnung des Schuldgrundes in der Vormerkungseintragung), Rpfleger 1969, 50; 1971, 313; (zur Eintragung von Zinsen und Nebenleistungen bei Grundpfandrechten), Rpfleger 1963, 51; 1964, 83, 178; 1966, 306; 1967, 112; 1968, 354, 391; 1973, 212, 248; 1974, 190, 397; Aufsätze zu diesem Thema: Rpfleger 1971, 237; RpflJB 1974, 324; *Haegele/Riedel,* Zur Formulierung der Eintragungen im Grundbuch, Rpfleger 1963, 262; *Hamelbeck,* Entscheidungsanmerkung (zu den

Amtspflichten des GBA in Bezug auf die Fassung der Eintragung), DNotZ 1964, 500; *Heil,* Das Grundeigentum der Gesellschaft bürgerlichen Rechts – res extra commercium, NJW 2002, 2158; *Hieber,* Entscheidungsanmerkung (zur Vormerkung aus Vertrag zugunsten Dritter), DNotZ 1957, 662; *Hintzen,* Pfändung des Eigentumsverschaffungsanspruchs und des Anwartschaftsrechts aus der Auflassung (ua zu Entstehen und Rang der Sicherungshypothek gemäß § 848 Abs 2 ZPO), Rpfleger 1989, 439; *ders,* Entscheidungsanmerkungen: (zur Frage, ob die Änderung der Zuweisung von einer Zweigniederlassung auf eine andere im Grundbuch zu vermerken ist), Rpfleger 1992, 248; (Eintragbarkeit einer Anteilspfändung nicht nur bei Erbengemeinschaft, sondern auch bei GbR), Rpfleger 1992, 262; (zur Klarheit der Grundbucherklärungen, hier Angabe des Zinsbeginns bezüglich Rangvorbehalt), Rpfleger 1994, 292; *Hörer,* Entscheidungsanmerkung (zur Vormerkung aus Vertrag zugunsten Dritter), Rpfleger 1984, 304; *Honisch,* Vereinfachung und Beschleunigung von Grundbucheintragungen, DRiZ 1955, 160; *ders,* Die Behandlung der Löschungsvormerkung in Vordrucken (auch zur Bezugnahmemöglichkeit bei der Eintragung), Rpfleger 1956, 305; *Horn,* Die Wirkung der falschen Bezeichnung eines Grundpfandrechts im Grundbuch, NJW 1962, 726; *Hornung,* Zur Aufhebung des Reichsheimstättengesetzes, insbesondere Teil III: Grundbuchführung nach Aufhebung des RHG, Rpfleger 1994, 277, 280; *Hummitzsch,* Sicherung des künftigen Löschungsanspruchs gemäß § 1179 BGB bei Eintragung eines Rangvorbehalts im Grundbuch, insbesondere Teil C: Die Eintragung eines inhaltlich beschränkten Rangvorbehalts, Rpfleger 1956, 272; *Jansen,* Wirksamkeitserfordernisse der Vormerkung, DNotZ 1953, 382; *ders,* Entscheidungsanmerkung (zur Kennzeichnung des wesentlichen Rechtsinhalts im Grundbucheintrag), DNotZ 1954, 209; *Jestaedt,* Die zusammengefaßte Buchung mehrerer Grundpfandrechte, Rpfleger 1970, 380; *Jung,* Tod des Berechtigten vor Eintragung im Grundbuch, Rpfleger 1996, 94; *Keller,* Grundbuchrechtliche Überlegungen zum Wirksamkeitsvermerk, BWNotZ 1998, 25; *ders,* Probleme der Rechtsfähigkeit und Grundbuchfähigkeit der Gesellschaft bürgerlichen Rechts unter Berücksichtigung insolvenzrechtlicher Verfügungsbeeinträchtigungen, NotBZ 2001, 397; *Kerbusch,* Entscheidungsanmerkungen: (zum Entstehen und Rang der Sicherungshypothek gemäß § 848 ZPO), Rpfleger 1988, 252; (zu Bestimmbarkeitskriterien bei Vormerkung für künftigen Anspruch), Rpfleger 1987, 449; *Kutter,* Entscheidungsanmerkung (zur Bedeutung der Angabe des Zinsbeginns im Rangvorbehalt), DNotZ 1996, 86; *Lange,* Abgrenzung von dinglichen und schuldrechtlichen Vereinbarungen in notariellen Urkunden, MittRhNotK 1982, 241; *Langenfeld,* Die Gesellschaft bürgerlichen Rechts nach Maßgabe der geänderten Rechtsprechung des BGH, BWNotZ 2003, 1; *Lehnart,* Die Eintragung des Verzichts auf das Widerspruchsrecht nach § 1160 BGB im Grundbuch (auch zum Umfang der Bezugnahme-Eintragung), Rpfleger 1958, 302; *Leible/Hoffmann,* Die Grundbuchfähigkeit der Scheinauslandsgesellschaft: (teilweise) Aufgabe der Sitztheorie?, NZG 2003, 259; *Liedel,* Dasselbe oder das gleiche: Sukzessivberechtigungen angesichts neuerer Entscheidungen des BayObLG, DNotZ 1991, 855; *ders,* Entscheidungsanmerkung (zur Sicherung von Rückübertragungsansprüchen von Eltern durch eine Vormerkung), DNotZ 1996, 370; *Löscher,* Klarstellungsvermerk bei Teillöschung von Tilgungshypotheken, JurBüro 1962, 327; *ders,* Angabe des Gemeinschaftsverhältnisses bei erwerbender Erbengemeinschaft, JurBüro 1962, 389; *Ludwig,* Die Auflassungsvormerkung und der noch zu benennende Dritte, insbesondere Abschnitt III: Die Bestellung der Auflassungsvormerkung, NJW 1983, 2792, 2795; *ders,* zum gleichen Thema, Rpfleger 1986, 345; *ders,* Entscheidungsanmerkung (zur Frage der Zulässigkeit der Vormerkung für noch zu benennenden Dritten), Rpfleger 1989, 321; *Maier,* Die Richtigstellung versehentlich fehlerhafter Grundbucheinträge, WürttNotV 1951, 85; *Meyer-Stolte,* Eintragung von Hypothekenzinsen, Rpfleger 1975, 120; *ders,* Entscheidungsanmerkungen: (zur Bezeichnung des Bewilligungsdatums im Bezugnahmevermerk des Grundbucheintrags), Rpfleger 1966, 265; (zur Auslegung von Eintragungsunterlagen), Rpfleger 1981, 191; (zur Bestimmbarkeit bei Wertsicherungsklauseln), Rpfleger 1984, 462; (zur Veränderung von Miteigentumsanteilen bei Wohnungseigentum), Rpfleger 1985, 107; (unrechtmäßiger Klarstellungsvermerk), Rpfleger 1985, 287; (Gesamterbbaurecht an nicht aneinander grenzenden Grundstücken?), Rpfleger 1988, 355; (zur Vereinigung von Wohnungseigentumsrechten), Rpfleger 1989, 502; (zur Erstreckung der Belastungen eines Wohnungseigentums auf zuerworbenen Miteigentumsanteil), Rpfleger 1990, 291; (zur Verfahrens- und Eintragungsweise bei der Schließung der Wohnungsgrundbücher), Rpfleger 1991, 150; (zur Fassung der Eintragung bei einem Erbbaurecht für eine Golfanlage), Rpfleger 1992, 287; (zur Eintragbarkeit einer Zwangshypothek für den Verwalter des Wohnungseigentums), Rpfleger 1992, 343; (zu den Folgen der Abtretung eines »mittelrangigen« Teilbetrages einer Grundschuld), Rpfleger 1992, 386; *Mottau,* Entscheidungsanmerkung (zur Erstreckung der Belastungen eines Wohnungseigentums auf zuerworbenen Miteigentumsanteil), Rpfleger 1990, 455; *Müller,* Verwaltungs- und Benutzungsregelung nach § 1010 BGB, Rpfleger 2002, 554; *Münch,* Die Gesellschaft bürgerlichen Rechts in Grundbuch und Register, DNotZ 2001, 535; *Muth,* Entscheidungsanmerkung (Rangänderung anläßlich Teilabtretung eines Briefrechts ohne Eintragung, Rpfleger 1988, 58; *Österreich,* Der Zinssatz in § 1115 Abs 1 BGB, MDR 1979, 13; *Ott (Andreas),* Zur Rechtsfähigkeit der Wohnungseigentümergemeinschaft, ZMR 2002, 97; *Ott (Sieghart),* Zur Grundbuchfähigkeit der GbR und des nicht rechtsfähigen Vereins, NJW 2002, 1223; *Pauly,* Zur Frage der Rechtsfähigkeit der Wohnungseigentümergemeinschaft und ihre Auswirkungen auf die Praxis, WuM 2002, 531; *Perls,* Die Bestimmtheit der Hypothekenschuld, IherJB 45, 211; *Pitel,* Die Fassung der Eintragungsvermerke für Hypotheken, ZBLFG 7, 631; *Pöschl,* In welcher Weise hat die Eintragung im Grundbuch in den Fällen des § 1010 BGB zu erfolgen?, BWNotZ 1974, 79; *Pohlmann,* Rechts- und Parteifähigkeit der Gesellschaft bürgerlichen Rechts, WM 2002, 1421; *Promberger,* Entscheidungsanmerkung (zur Eintragung der Angebotsverlängerung bei der Vormerkung), DNotZ 1994, 249; *Rastätter,* Alternativ- und Sukzessivberechtigung bei der Auflassungsvormerkung, BWNotZ 1994, 27; *Recke,* Ist bei der Eintragung einer Vormerkung die Angabe des Schuldgrundes erforderlich?, JW 1935, 2799; *Reichert,* Das Leibgeding und seine Eintragung auf mehreren Grundstücken, BWNotZ 1962, 117; *Reuter,* Divergenz zwischen Eintragungsvermerk und Eintragungsbewilligung, MittBayNot 1994, 115; *Richter/Böhringer,* Bereinigung und Umschreibung von ostdeutschen Grundbüchern, Rpfleger 1995, 437; *Riedel,* Über die Eintragung von Hypotheken auf Grund banküblicher Bewilligungen (mit Ausführungen zur Bewilligungsauslegung und zur Eintragungsfassung), DNotZ 1954, 454; *ders,* Die Eintragung gleitender Zinssätze (mit grundsätzlichen Überlegungen zu den aus dem »Bestimmtheitsgrundsatz« herzuleitenden Maßstäben), DNotZ 1954, 562; *ders,* Zur Anwendung der §§ 133, 157, 242 BGB im Grundbuchverfahren, insbesondere Abschnitt II: Auslegungsgrundsätze im Grundbuchverfahren, Rpfleger 1966, 356, 359; *ders,* Zur Auslegung von Erklärungen nach §§ 133, 157, 242 BGB, Rpfleger 1967, 6; *Riedel E.,* Entscheidungsanmerkung (zur Trennung von Pfändung und Überweisung bei Hypothek), Rpfleger 1995, 121; *Ripfel,* Zur Bizinsklausel, DNotZ 1955, 62; *ders,* Entscheidungsanmerkung (kritisch zur schlüssigen Begründungskraft des »Bestimmtheitsgrundsatzes«), DNotZ 1963, 439; *ders,* Grundbucheintragungen, BB 1965, 523; *ders,* Nebenleistungen aus dem Ursprungskapitel eines Grundpfandrechts.

BWNotZ 1965, 313; *Rissmann/Waldner,* Entscheidungsanmerkung (mögliche Berechtigte, hier VorKG, einer Vormerkung), Rpfleger 1984, 49; *Röll,* Entscheidungsanmerkung (keine Eintragung der Wohnungsfläche in das Wohnungsgrundbuch), Rpfleger 1994, 501; *ders,* Entscheidungsanmerkung (zur Auslegung der Eintragung im Wohnungsgrundbuch bei Widerspruch zwischen Teilungserklärung und Aufteilungsplan), DNotZ 1996, 294; *Saage,* Grundbuchliche Behandlung von Gesamtrechten, DFG 1938, 109; *Sandweg,* Anspruch und Belastungsgegenstand bei der Auflassungsvormerkung, BWNotZ 1994, 5; *ders,* Entscheidungsanmerkung (gegen Vormerkung für bedingten Auflassungsanspruch), Rpfleger 1995, 404; *Sauren,* Entscheidungsanmerkung (Zwangshypothek für Verwalter als Verfahrensstandschafter?), Rpfleger 1988, 527; *ders,* Entscheidungsanmerkung (zur Gläubigerbezeichnung bei Zwangshypothek für Wohnungseigentümer), Rpfleger 1994, 497; *ders,* Entscheidungsanmerkung (zur Zulassung der Eintragung des Verwalters als Verfahrensstandschafter bei Zwangshypothek für Wohnungseigentümer durch BGH), Rpfleger 2002, 194; *Schäfer,* Haltet das Grundbuch klar!, Rpfleger 1955, 183; *ders,* Wer bestimmt die Fassung der Grundbucheintragungen?, BWNotZ 1962, 277; *ders,* Welche Mindestanforderungen stellt § 1115 Abs 1 BGB an die Grundbucheintragung bezüglich »anderer Nebenleistungen«?, BWNotZ 1955, 237; *Schalhorn,* Welchen Wortlaut muß eine Hypothek bei ihrer Eintragung in das Grundbuch erhalten?, JurBüro 1971, 233; *ders,* Muß eine unvollständige Eintragung im Grundbuch als unzulässig gelöscht werden oder ist sie entsprechend dem gestellten Antrag und der vorgelegten Bewilligung nachträglich zu vervollständigen?, JurBüro 1973, 1028; *Schmauss,* Praktische Fragen der Grundbucheintragung, DNotZ 1956, 132; *Schmidt,* Die Revision der Grundbucheintragungstexte, JZ 1972, 682; *ders,* Das Grundbuch in EDV. Die Bezugnahme nach § 874 BGB, DSWR 1972, 322; *ders,* Verfügungsbeschränkungen nach § 5 ErbbauRG und § 12 WEG und Bezugnahme auf die Eintragungsbewilligung, BWNotZ 1961, 299; *ders,* (jetzt Bestelmeyer), Die angebliche Rangeinheit von Haupt- und Veränderungsspalten in Abt II und III des Grundbuchs, Rpfleger 1982, 251 und 1984, 130; *ders,* Entscheidungsanmerkung (Rangänderung anläßlich Teilabtretung eines Briefrechts ohne Eintragung), Rpfleger 1988, 136; *Schmidt/Gissel/Nickel,* Grundbucheintragungs-Normtexte (1975); *Schneider,* Der Bestimmtheitsgrundsatz im Grundbuchrecht, BIGWB 1960, 135; *Schöpflin,* Die Grundbuchfähigkeit der Gesellschaft bürgerlichen Rechts, NZG 2003, 117; *ders,* Primäre Registerpflicht der Gesellschaft bürgerlichen Rechts?, NZG 2003, 606; *Schubert,* Auflassungsvormerkung, Rangänderung, Wirksamkeitsvermerk, oder: Der Rangrücktritt ist tot, es lebe der Wirksamkeitsvermerk?, DNotZ 1999, 967; *Schultz,* Der Wirksamkeitsvermerk als Gestaltungsalternative zu Rangvorbehalt und Rangrücktritt der Auflassungsvormerkung, RNotZ 2001, 541; *Seibert,* Bezeichnung des Berechtigten im Grundbuch, ZAkDR 1937, 565; *Skidzun,* Der Wirksamkeitsvermerk, Rpfleger 2002, 9; *Stöber,* Löschungsvormerkung und gesetzlich vorgemerkter Löschungsanspruch, insbesondere Abschnitt IV 4: Eintragung der Löschungsvormerkung, Abschnitt VI: Ausschluß des gesetzlichen Löschungsanspruchs, Rpfleger 1977, 399 und 425; *ders,* Nebenleistungen einer Grundschuld, ZIP 1980, 613; *ders,* Grundbuchfähigkeit der BGB-Gesellschaft – Rechtslage nach der neuen BGH-Entscheidung, MDR 2001, 544; *Stoy,* Entscheidungsanmerkung (zu den Erfordernissen einer Verweisung auf eine Urkundsanlage), Rpfleger 1985, 59; *Streuer,* Entscheidungsanmerkungen (zur umstrittenen Rangeinheit von Haupt- und Veränderungsspalte), Rpfleger 1982, 138 und 1985, 144; *ders,* Rangdarstellung durch Rangvermerke und formale Rechtskraft, Rpfleger 1985, 388; *ders,* Die Grundbucheintragung als Voraussetzung der Rechtsänderung, Rpfleger 1988, 513; *ders,* Nachverpfändung, Zuschreibung oder Pfanderstreckung kraft Gesetzes? Rpfleger 1992, 181; *ders,* Sukzessivberechtigungen bei dinglichen Rechten und Vormerkungen, Rpfleger 1994, 397; *ders,* Entscheidungsanmerkung (Wiederverwendung erloschener Eigentumsvormerkung), Rpfleger 1994, 397; *Tröster,* Rechtsnachfolgeklausel und Sukzessivberechtigung im Grundbuchverkehr, Rpfleger 1967, 313; *Tschischka,* Die Erweiterung der Bezugnahme bei der Grundbuchumschreibung, Rpfleger 1961, 185; *Ulmer/Steffek,* Grundbuchfähigkeit einer rechts- und parteifähigen GbR, NJW 2002, 330; *Unterreitmayer,* Die stufenweise Ausnützung des Rangvorbehalts, Rpfleger 1960, 82; *Venjakob,* Die Untergemeinschaft innerhalb der Erbengemeinschaft, Rpfleger 1993, 2; *ders,* Entscheidungsanmerkung (keine Unterbruchteilsgemeinschaft innerhalb Erbengemeinschaft), Rpfleger 1997, 18; *Volquardsen,* Die Bestimmtheit des Eintrags bei der Hypothek (Diss Tübingen 1934); *Wacke,* Entscheidungsanmerkung (Erloschene Auflassungsvormerkung zur Sicherung eines deckungsgleichen Anspruchs), DNotZ 2000, 643; *Weber,* Integrierte Schriftanlagen im Sinne des § 9 Abs 1 S 2 BeurkG und nichtschriftliche Beifügung zur Niederschrift als Indentifizierungsbehelf, DNotZ 1972, 133; *ders,* Entscheidungsanmerkung (zur Identifizierungsfunktion und -tauglichkeit einer Karte bzw Lageskizze), DNotZ 1975, 557; *Weimar,* Die Umdeutung unzulässiger Eintragungen im Grundbuch, WM 1966, 1098; *Weirich,* Von der »Auflassungsvormerkung« zur »Eigentumsvormerkung«, NJW 1989, 1979; *Wehrens,* Entscheidungsanmerkung (zur Beurteilung des Erkenntnisvermögens des »unbefangenen Betrachters« einer Grundbucheintragung), DNotZ 1965, 475; *Wendt,* Die Anteilsbuchung von Zubehörgrundstücken, Rpfleger 1992, 457; *Wertenbruch,* Die Parteifähigkeit der GbR – die Änderungen für die Gerichts- und Vollstreckungspraxis, Abschnitt III 4 und 5: Grundbuchverfahren/Ausblick – Gefahren der fehlenden Registrierung, NJW 2002, 324; *Westermann,* Entscheidungsanmerkung (Grundsätzliches zur Auslegung von Einigung und Eintragung und »Grundbucherklärungen«), DNotZ 1958, 259; *Westermeier,* Eintragung einer einheitlichen Vormerkung für Ankaufsrecht und Vorkaufsrecht, Rpfleger 2003, 347; *Woelki,* Die Gesamtgläubigerschaft nach § 428 BGB im Sachen- und Grundbuchrecht, Rpfleger 1968, 208; *Woerle,* Zulässigkeit der Grundbuchberichtigung von Amts wegen, JW 1934, 3172; *Wolfsteiner,* Grundbuch im Rechtssinn: geschlossene Grundbücher, Rpfleger 1993, 273; *Wulf,* Zur Auslegung von Grundbucherklärungen, MittRhNotK 1996, 41; *Zeitler,* Rangrücktritt hinter ein Recht mit Rangvorbehalt, Rpfleger 1974, 176.

Übersicht

I. Allgemeine Grundbedingungen

1. Der Eintragungsakt als Ursprung des Eintragungsinhalts

a) Begriff der Eintragung. Von der »Eintragung« (in das Grundbuch) spricht das Gesetz in dreifacher Beziehung:[1] **1**

aa) als Verfahrensziel in den §§ 13 bis 43 GBO – das sind die verfahrensrechtlichen Vorschriften, die den **2**
Gang des Eintragungsverfahrens und die Eintragungsvoraussetzungen regeln –;

bb) als Eintragungsakt, und zwar: **3**

(1) in den §§ 44 bis 52 GBO – das sind die verfahrensrechtlichen Vorschriften, die Bestimmungen zur Art und
Weise des Eintragungsvorgangs treffen und diesbezüglich ergänzt werden durch eine Reihe von Detailvorschriften in der GBV –;

(2) in einzelnen Vorschriften des materiellen Rechts, zB in den §§ 874, 885 Abs 2, 1115 BGB, § 14 Abs 2 ErbbauRG, § 7 Abs 1, 3 WEG – das sind jene Vorschriften, die den Eintragungsvollzug zum Teil mittels Bezugnahme auf die Eintragungsbewilligung erlauben –;

cc) als Eintragungszustand (fertige Eintragung), und zwar: **4**

(1) in einzelnen Vorschriften der GBO, zB in den §§ 53 Abs 1, 71 Abs 2, 82, 84 – Vorschriften, in denen die
verfahrensrechtlich erlaubten Mittel zum Einschreiten gegen mehr oder weniger unzutreffende Eintragungen
eröffnet werden –;

(2) vor allem in den Vorschriften des materiellen Grundstücksrechts, in denen es um die funktionellen Eintragungswirkungen geht, wie insb in den §§ 873, 875, 877, 879, 880, 881, 885 Abs 1, 891 bis 893, 894 BGB.

b) Soll und Ist des Eintragungsinhalts. Vom Eintragungsinhalt ist im folgenden in zweifacher Beziehung **5**
die Rede:

aa) als »Ist«. Das ist der Rechtsbeschrieb, den die einzelne *fertige Grundbucheintragung* – bestehend aus dem **6**
Direkteintrag (unmittelbarer Eintragungsvermerk im maßgeblichen Grundbuchblatt als dem Grundbuch im
Sinne des BGB, vgl § 3 Abs 1 S 2 GBO, § 14 Abs 3 S 1 ErbbauRG, § 7 Abs 1 S 1, Abs 3 WEG) und ggf dem
Indirekteintrag (mittels Bezugnahme auf die Eintragungsbewilligung oder sonstige Urkunde im Rahmen des
Zulässigen) – effektiv als Grundbuchinhalt dokumentiert, der maßgeblich ist für die an die Eintragung geknüpften Wirkungen.

bb) als »Soll«. Das sind die *qualitativen und quantitativen Anforderungen*, die das materielle Grundstücksrecht und **7**
das formelle Grundbuchverfahrensrecht – teils geschrieben, teils ungeschrieben und nicht für alle eintragungsfähigen Rechtstypen gleich – an den Inhalt der Eintragungen stellen, wobei der sog »Bestimmtheitsgrundsatz«
eine bedeutende Rolle spielt, auf die noch einzugehen ist.

cc) Die konkrete Gestalt des Eintragungsinhalts iS des »Ist« ist *das Produkt des Eintragungsaktes*, banal ausge- **8**
drückt: Zum Inhalt der fertigen Grundbucheintragung gehört nicht mehr und nicht weniger als das, was durch
den Eintragungsakt des GBA hineingebracht worden ist. Es ist selbstverständlich Aufgabe des GBA, im Rahmen seiner verfahrensrechtlichen Befugnisse dafür zu sorgen, dass das »Ist« des Eintragungsinhalts möglichst
dem »Soll« genügt.

2. Der Eintragungswortlaut nach Ermessen des Grundbuchamts

a) Vollzug der Eintragung. Seit In-Kraft-Treten des RegVBG ist neben das herkömmliche »Papiergrund- **9**
buch« das maschinell geführte »EDV-Grundbuch« getreten, seitdem gelten für den *Vollzug des Eintragungsakts*
im Grundbuch verschiedene Verfahren und Rechtsregeln. Während der Hoheitsakt der Eintragung im Papier-

---

1 In Ergänzung zu KEHE-*Dümig* Einl A 53.

grundbuch nach wie vor mit der Unterzeichnung des in das Grundbuch geschriebenen Texteintrags durch den oder die zuständigen Funktionsträger in Kraft tritt (vgl § 44 Abs 1 S 2 Hs 2 GBO), ist das Vollzugsmoment für die Eintragung mittels elektronischer Speicherung im maschinell geführten EDV-Grundbuch neu definiert worden (vgl § 129 GBO), wobei die handschriftliche Unterzeichnung entfällt (§ 130 GBO). Trotz geänderter Eintragungstechnik ist es grundsätzlich bei der bestehenden Zuständigkeit und Verantwortung für die *Abfassung des Eintragungstextes* geblieben. Abgesehen von Sonderregelungen für Baden-Württemberg und für die neuen Bundesländer (vgl § 1 Abs 1 S 3 sowie die §§ 143, 144 GBO), ist der für die Grundbuchsachen zuständige Rechtspfleger (§ 3 Nr 1 Buchst h RpflG) in vollem Umfang die »für die Führung des Grundbuchs zuständige Person« iS der §§ 44 Abs 1, 130 GBO. Ihm obliegt es, die Eintragung zu verfügen (§ 44 Abs 1 S 2 Hs 1 GBO) oder direkt zu veranlassen (§ 130 GBO) und dabei den Eintragungstext zu formulieren.

10 b) Fassung der Eintragung. Darüber entscheidet der zuständige Rechtspfleger *in eigener Verantwortung und sachlicher Unabhängigkeit* (§ 9 RpflG);[2] dazu gehört die Entschließung, ob bzw inwieweit von der gesetzlich gebotenen Möglichkeit der mittelbaren Eintragung durch Bezugnahme auf die Eintragungsbewilligung Gebrauch gemacht wird.

11 aa) Nur Recht und Gesetz unterworfen (§ 9 RpflG) ist die Entscheidung des Rechtspflegers über den Eintragungswortlaut. Nur selten schreibt das Gesetz einen Wortlaut verbindlich vor.[3] Generell verlangt weder das materielle noch das formelle Recht einen bestimmten Wortlaut.

12 (1) Nach **materiellem Recht** kommt es für den problemlosen Eintritt der gewollten Rechtsänderung auf die *inhaltliche Übereinstimmung von Einigung und Eintragung* an (vgl §§ 873 ff BGB), muss durch eine berichtigende Eintragung der unzutreffende Grundbuchinhalt mit der wirklichen Rechtslage in Einklang gebracht werden (vgl § 894 BGB). Eine wortgenaue Übereinstimmung ist nicht nötig, Übereinstimmung *im Sinngehalt* ausreichend; ob dies der Fall ist, ist nötigenfalls durch Auslegung von Einigung und/oder Eintragung festzustellen, wobei allerdings unterschiedliche Maßstäbe anzulegen sind (dazu Rdn 62).

13 (2) Vom **Verfahrensrecht** sagt die GBO in den §§ 44 bis 52 gar nichts zum Wortlaut, enthalten die der GBV und der WGV beigefügten amtlichen Vordruckmuster *zwar Probeeintragungen*, diese sind aber ausdrücklich für *unverbindlich* erklärt (vgl §§ 22 S 2, 31 S 2, 58 S 2 GBV; § 1 WGV), so dass andere Formulierungen verfahrensrechtlich durchaus erlaubt sind.[4]

14 bb) Fassungsvorschläge der Beteiligten (zB in Vordrucken der Kreditinstitute, von Energieversorgungsunternehmen usw) sind für das GBA *nicht verbindlich*. Aus dem Antragsgrundsatz (§ 13 Abs 1 S 1 GBO) ergibt sich für das GBA die Bindung an den sachlichen Gehalt des Eintragungsantrages, dh das GBA darf mit der Eintragung inhaltlich nicht vom Antrag abweichen, darf weder mehr noch weniger eintragen als beantragt ist.[5] Die Beteiligten haben zudem kraft des Verfahrensrechts gegen das GBA einen öffentlich-rechtlichen Anspruch auf vorschriftsmäßige Grundbuchführung mit eindeutiger (rechtlich richtiger) Fassung der beantragten Eintragung und ein dahingehendes Beschwerderecht (sog »Fassungsbeschwerde«, die trotz § 71 Abs 2 S 1 GBO zulässig ist[6]). Sie haben jedoch nicht das Recht, über das sachlich Notwendige oder Vertretbare hinaus ihre Vorstellung bzw Wünsche hinsichtlich der Wortfassung der Eintragung durchzusetzen, auch nicht mit Zweckmäßigkeitserwägungen (dazu Rn 77). *Im Rahmen des Rechtmäßigen* liegt es *im Ermessen des GBA*, die Eintragung zu formulieren und dabei zu bestimmen, was in den Eintragungsvermerk selbst aufgenommen und was durch Bezugnahme auf die Eintragungsbewilligung zur Eintragung gebracht wird.[7]

15 Das rechtlich Notwendige oder Vertretbare ist nicht immer das Zweckmäßigste. Dies sollte auch bei der Abfassung von Eintragungstexten nicht außer acht gelassen werden (dazu Rdn 82). *Fassungsvorschläge können* in diesem Sinne *durchaus eine bedenkenswerte Anregung bieten*, sie sollten deshalb nicht ungeprüft verworfen werden.[8]

16 cc) Auch in Zukunft muss die **Ermessensfreiheit des Rechtspflegers** bei der Abfassung der Eintragungstexte gewahrt bleiben. Das breite Spektrum individueller Gestaltungsmöglichkeiten bezüglich des Inhalts von Dienstbarkeiten, Reallasten – und nicht nur dieser Rechtstypen – braucht notwendig ausreichend *Flexibilität der Grundbuchführung*. Andererseits weiß jeder Praktiker, dass sich vieles zum Vorteil der Grundbuchführung, aber auch der Grundbuchbenutzung rationalisieren lässt, insbesondere durch *Standardisierung von Texten und Textteilen*, sei es ohne Einsatz moderner Textverarbeitungssysteme (durch Erstellung der Eintragungsverfügung unter

---

2 *Böttcher* Rpfleger 1980, 81; KEHE-*Eickmann* Vorbem 3 vor § 1 GBV.
3 ZB § 6 HöfeVfO; § 3 Abs 4 S 2 Nr 1 und Abs 7, § 5 Abs 2, § 6, § 7 Abs 2 GGV; § 8 Abs 1 SPV.
4 Ebenso für die Zeit vor der GBV: KG JFG 8, 232, 234/235.
5 *Ertl* Rpfleger 1980, 41, 42; hier § 13 GBO Rn 12 mwN.
6 *Schöner/Stöber* Rn 485–487, *Demharter* § 71 Rn 46, 47, hier § 71 GBO Rn 48, jeweils mwN.
7 So geklärt durch BGHZ 47, 41, 46 = NJW 1967, 925, 926 = Rpfleger 1967, 111, 112 = DNotZ 1967, 753, 755 nach vorübergehendem Streit auf obergerichtlicher Ebene (dazu insbes *Haegele/Riedel* Rpfleger 1963, 262 u *Hamelbeck* DNotZ 1964, 498) und seitdem unbestritten, s hier § 13 GBO Rn 13 mwN.
8 Ähnlich: *Schöner/Stöber* Rn 223 aE.

Verwendung von Vordrucken), sei es bei maschinengestützter Führung des »Papiergrundbuchs«, sei es bei der völlig maschinellen Führung des »EDV-Grundbuchs«. Unverzichtbar für die uneingeschränkte Funktionskraft des Grundbuchs ist, dass die Möglichkeit einer ungebundenen Textfassung erhalten bleibt.

3. Der Eintragungsinhalt nach Maßgabe des Bestimmtheitsgrundsatzes

a) Bedeutung des Bestimmtheitsgrundsatzes. Aus dem Grundbuchzweck und dem sachenrechtlichen **17** Bestimmtheitsgrundsatz zusammen erschließt sich das *Klarheitssoll* für den Grundbuchinhalt im Ganzen wie für die Eintragungen im Einzelnen.

aa) Publikationsfunktion des Grundbuchs. Der *Hauptzweck des Grundbuchs* ist von jeher und immer noch **18** die Publikation (Offenlegung) der privaten dinglichen Rechtsverhältnisse an den Grundstücken, um dem Immobiliarverkehr eine sichere Grundlage zu geben.[9] Das Grundbuch zählt zu den öffentlichen Registern;[10] jeder berechtigt Interessierte hat das Recht zur Einsicht des Grundbuchs und der zugehörigen Urkunden (§ 12 GBO). Verlässlichkeit und Deutlichkeit des Grundbuchinhalts sind selbstverständlich fundamentale Erfordernisse für die einwandfreie Zweckerfüllung des Grundbuchs als »*Spiegel der privaten dinglichen Rechte an Grundstücken*«:[11]

(1) Die **Verlässlichkeit des Grundbuchinhalts**, dh die *Aktualität, Vollständigkeit und Wahrheit* der Wiedergabe **19** der jeweilig gültigen Rechtslage pro Grundstück, wird *in hohem Maße durch das materielle Recht gewährleistet*. Denn die Eintragung in das Grundbuch ist vom BGB nicht nur mit der zweckerfüllenden rechtsbekundenden (deklaratorischen) Wirkung, sondern grundsätzlich auch mit rechtsschaffender bzw -ändernder (konstitutiver) Wirkung ausgestattet (§§ 873 ff BGB). Damit wird erreicht, dass im Regelfall die Rechtsvollendung und -bekundung in einen Akt, nämlich die Grundbucheintragung, zusammenfallen, so dass das Grundbuch zwangsläufig auf dem neuesten Stand ist.[12] Dennoch bleiben Ursachen möglicher Grundbuchunrichtigkeit. Für den im Rechtsverkehr unerlässlichen Vertrauensschutz sorgt letztlich die »Garantie des Grundbuchstandes« durch die §§ 892, 893 BGB, jene Vorschriften, auf die der öffentliche Glaube des Grundbuchs sich gründet.[13]

(2) Die **Deutlichkeit des Grundbuchinhalts**, dh die Übersichtlichkeit des Grundbuchs im Ganzen wie die **20** Unmissverständlichkeit der Eintragungen im Einzelnen, zu verwirklichen, ist vor allem eine *Aufgabe der Grundbucheinrichtung und -führung*:

Für die **Übersichtlichkeit** des Gesamtinhalts trifft das Verfahrensrecht selbst Vorsorge dadurch, dass es in der **21** GBV und der WGV als Rechtsverordnungen (vgl § 1 Abs 4 GBO) mit bundesweiter Gesetzeskraft detailgenau die *Gliederung des Grundbuchblattes* sowie die Platzierung und technische Ausführung der Eintragungen vorschreibt. Damit ist eine wichtige Grundlage für die Überschaubarkeit des Grundbuchinhalts gegeben.

Für die **Unmissverständlichkeit** des Inhalts der einzelnen Eintragungen zu sorgen, das ist eine *Aufgabe der Praxis*. **22** Entsprechend dem Werdegang der Eintragungen ist es zunächst Aufgabe der Notare (oder ausnahmsweise anderer zuständiger Stellen), für die nötige inhaltliche und ausdrückliche Deutlichkeit in den formbedürftigen »Grundbucherklärungen«[14] der Beteiligten (§ 29 Abs 1 S 1 GBO) zu sorgen, sodann Aufgabe der GBA, zunächst bei der Prüfung der Eintragungsunterlagen auf die nötige Deutlichkeit zu achten und ggf zu dringen und schließlich bei der Abfassung der Eintragungstexte Formulierungen zu verwenden, die den Deutlichkeitsanforderungen genügen.

bb) Gestaltungsfreiräume und Konkretisierungsbedürfnis. Für den Eintragungsinhalt ergeben sich aus **23** dem normierten Recht nur vereinzelt ausdrückliche Weisungen:

(1) Das **Verfahrensrecht** verlangt zwar *besondere Exaktheit in einigen wichtigen Einzeldaten* (dazu Rdn 45 ff), übt **24** jedoch im Übrigen *Zurückhaltung*. Der Gesetzgeber war zu Recht der Ansicht, dass eine Verfahrensvorschrift, die darauf abzielt, die für die Eintragung wesentlichen Punkte zu bezeichnen, »wegen der nicht zu vermeidenden Vieldeutigkeit in der Bezeichnung der in Betracht kommenden Punkte in der Praxis eher Schwierigkeiten

---

9 *Schöner/Stöber* Rn 2; auch OLG Hamm (NJW 1986, 3213 = Rpfleger 1986, 364, 365 = DNotZ 1986, 626) stellt den Publikationszweck des Grundbuchs in den Vordergrund, daneben die vielzitierte Zweckdefinition in RGZ 145, 343, 354, Hauptzweck der Grundbucheinrichtung sei es, auf sicherer Grundlage bestimmte und sichere Rechtsverhältnisse für unbewegliche Sachen zu schaffen und zu erhalten.
10 Gesamtüberblick: *Reithmann* DNotZ 1979, 67.
11 Ausdruck gemäß BGHZ 80, 126/127 = NJW 1981, 1563 = Rpfleger 1981, 287 = DNotZ 1982, 240, 241.
12 So die erklärte Absicht des Gesetzgebers, vgl Mot Bd III 161.
13 Dazu *Reithmann* aaO (Fn 10) S 71.
14 Zum Begriff hier Einl B Rdn 24 ff mwN.

ernster Natur« hervorrufen werde, dass sich vielmehr »das für eine Eintragung Wesentliche aus dem bürgerlichen Recht ergebe«.[15]

25 (2) Das **normierte materielle Recht** gibt allenfalls *gewisse Fingerzeige* zum nötigen Eintragungsinhalt, und zwar in jenen Vorschriften, die eigentlich nur die Eintragungsart (direkt/indirekt durch Bezugnahme) regeln, wie zB die §§ 874, 885 Abs 2, 1115 BGB. Diese Vorschriften lassen vieles offen, und in keiner materiellen Vorschrift ist bestimmt oder auch nur umschrieben, welche inhaltlichen Elemente die Eintragungsbewilligung enthalten muss, auf die in der Eintragung Bezug genommen werden darf. Auch dies hat seinen guten Grund: Der Privatautonomie der Beteiligten wird nicht vorgegriffen. Denn *auch im Sachenrecht* gibt es Vertragsfreiheit, nicht nur die Abschlussfreiheit, sondern auch Gestaltungsfreiraum. Insofern besteht zwischen dem Schuld- und dem Sachenrecht kein prinzipieller, sondern ein quantitativer Unterschied: Der Katalog der Sachenrechtstypen ist zwar nicht erweiterbar, dh andere als die im Gesetz vorgesehenen Rechtstypen können mit dinglicher Wirkung nicht vereinbart, die vorhandenen Typen über den gesetzlichen Rahmen hinaus nicht umgestaltet werden. Innerhalb des gesetzlichen Rahmens der einzelnen Typen ist aber *privatautonome Ausgestaltung zulässig und zur hinreichenden Bestimmung (Konkretisierung) des Rechtsinhalts sogar nötig*[16] (dazu Rdn 30).

26 **cc) Übereinstimmung von Einigung und Eintragung.** Ungeschriebene Ausgangspunkte für den nötigen Eintragungsinhalt sind:

27 (1) **Materiellrechtlich:** Der von den Beteiligten im Rahmen des Zulässigen vereinbarte und konkretisierte Rechtsinhalt muss in das Grundbuch eingetragen werden, damit die gemäß §§ 873, 877 BGB usw erforderliche *inhaltliche Übereinstimmung von Einigung und Eintragung* erzielt wird.

28 (2) **Verfahrensrechtlich:** Die *Eintragungsbewilligung* muss den Rechtsinhalt so, wie er vereinbart ist, wiedergeben, muss sozusagen eine *»inhaltliche Spiegelung des Einigungsvertrages«*[17] darstellen, damit die sich darauf gründende und ggf darauf Bezug nehmende Eintragung mit der Einigung übereinstimmt. Ob die Eintragungsbewilligung im Einzelfall den Einigungsinhalt *zutreffend* wiedergibt, ist nach Sinn und Zweck des § 19 GBO (sog »formelles Konsensprinzip«, dazu Einl D Rdn 5) vom GBA generell nicht, sondern nur bei begründeten Zweifeln zu überprüfen und ggf auf dem verfahrensrechtlich vorgeschriebenen Weg (§ 18 GBO) einer Klärung zuzuführen (dazu Rdn 68).

29 **dd) Geschriebenes Bestimmtheitssoll.** Das Bestimmtheitssoll für die Konkretisierung des Rechtsinhalts in Einigung und Eintragung legt das Gesetz selbst *nur sporadisch* fest:

30 (1) **Das materielle Recht** des BGB verlangt Bestimmtheit **ausdrücklich** nur bezüglich der Grundpfandrechte, soweit es um die *»bestimmte Geldsumme«* geht, für die das zu belastende Grundstück kraft der Hypothek, Grund- oder Rentenschuld haften soll (vgl §§ 1113 Abs 1, 1191 Abs 1, 1199 Abs 1 BGB; anders § 1190 BGB: Bestimmung nur eines Höchstbetrages). Zudem gibt es *einige Rechtstypen, deren Inhalt vom Gesetz weitgehend vorgeprägt ist*, so dass die Beteiligten ihn nicht mehr zu bestimmen brauchen, so zB der Nießbrauch (§§ 1030 ff BGB) und das Vorkaufsrecht (§§ 1094 ff BGB). Demgegenüber stehen *Rechtstypen, bezüglich derer das Gesetz viel Gestaltungsspielraum lässt,* indem es lediglich einen ausfüllbaren Zulässigkeitsrahmen setzt und so indirekt von den Beteiligten eine nähere Bestimmung des konkret gewollten Rechtsinhalts verlangt, so zB die Dienstbarkeiten (§§ 1018 ff, 1090 ff BGB) und die Reallast (§§ 1105 ff BGB). Dazwischen stehen *Rechtstypen von zwar engerer gesetzlicher Zweckbindung* als die Dienstbarkeiten und Reallasten, inhaltlich *dennoch konkretisierungsbedürftig,* wie zB das Erbbaurecht, bezüglich dessen der BGH[18] zu Recht ausgeführt hat: *»Es trifft zu, dass bei Erbbaurechten an die Bestimmtheit des Vertragsinhalts gewisse Mindestforderungen zu stellen sind. Man kann ein Grundstück nicht einfach mit 'einem Erbbaurecht' belasten, ohne zugleich Inhalt und Umfang der Benutzungsbefugnis zu bestimmen. Während beispielsweise der Nießbrauch im BGB (§§ 1030 ff) vollständig geregelt wird, so dass die Beteiligten sich nur noch über etwaige Einschränkungen dieses gesetzlichen Inhalts zu einigen brauchen (§ 1030 Abs 2 BGB), oder während es bei einer Hypothek unter Umständen genügt, bloß die Höhe der zu sichernden Geldforderung festzulegen (§ 1113 BGB), ist die gesetzliche Begriffsbestimmung in § 1 Abs 1 ErbbauVO – veräußerliches und vererbliches Recht, auf oder unter der Oberfläche des Grundstücks ein Bauwerk zu haben – viel allgemeiner gefasst. Sie lässt sich nicht ohne weiteres in dieser Form zum Gegenstand eines konkreten Bestellungsvertrages machen. Das Bauwerk, das der Berechtigte »haben« darf, erfordert vielmehr eine nähere Bezeichnung.«*

---

15 Ansätze einer Reglementierung in der GBO wurden bei der Beratung des Vorentwurfs durch die 1. BGB-Kommission verworfen, im Wesentlichen mit dem zitierten Argument; s dazu *Jacobs-Schubert,* Die Beratung des BGB, Sachenrecht III (GBO), 1982, S 193.

16 *Westermann* Sachenrecht § 3 Teil III.

17 *Eickmann* Rpfleger 1978, 1, 4.

18 BGHZ 47, 190, 191 = NJW 1967, 1611 = DNotZ 1967, 756. Zur Großzügigkeit des Maßstabs zB BGHZ 61, 209 = NJW 1973, 1838 = Rpfleger 1973, 355 = DNotZ 1974, 90; BGHZ 101, 143 = NJW 1987, 2674 = Rpfleger 1987, 361 = DNotZ 1988, 161 = BGHZ 126, 12 = NJW 1994, 2024 = Rpfleger 1994, 461 = DNotZ 1994, 886.

Ausdrücklich Bestimmtheit verlangt auch das WEG bezüglich der Wohnung oder der nicht zu Wohnzwecken dienenden Räume (§ 3 Abs 1 WEG; s auch § 7 Abs 4 WEG wegen der diesbezüglichen besonderen formalen Eintragungsvoraussetzung des »Aufteilungsplanes«; Entsprechendes ergibt sich aus den §§ 31, 32 WEG). Über die dem Gesetz ausdrücklich oder konkludent entnehmbaren Mindesterfordernisse hinaus stellen sich Bestimmtheitsanforderungen auch in Bezug auf die bei allen Rechtstypen mehr oder weniger erlaubte (dazu Rdn 25) individuelle Ausgestaltung des Rechtsinhalts.

(2) **Das Verfahrensrecht** enthält zwar einige Vorschriften, die in wichtigen Punkten die Exaktheit bzw Ein- **31** deutigkeit der Eintragungen im Grundbuch bezwecken (näher erläutert unter Rdn 45 ff). Sie beziehen sich allerdings absichtlich nicht auf die Wiedergabe des Rechtsinhalts (vgl Rdn 24).

ee) Ungeschriebenes Bestimmtheitssoll. Zum Maßstab für die vorgeblichen Bestimmtheitserfordernisse **32** nehmen Rechtsprechung und Schrifttum den ungeschriebenen »*das Sachenrecht und das Grundbuchrecht beherr-schenden Bestimmtheitsgrundsatz*« in Verbindung mit dem aus dem »*Zweck des Grundbuchs, sichere Rechtsverhältnisse zu schaffen und zu erhalten*« hergeleiteten Postulat der Klarheit und Eindeutigkeit der Eintragungen und ihrer Unterlagen.[19] So richtig diese Ausgangspunkte im Prinzip sind (vgl Rdn 18), ihre praktische Umsetzung im Einzelfall gelingt nicht immer in Vollkommenheit. Eher zeigt die Rechtsprechung bei der Argumentation zu Bestimmtheitsproblemen, wie *Quack* resümiert,[20] ein buntes Bild und teilweise erhebliche begriffliche Unsi-cherheiten. Liegt es an der fehlenden Definition, vielleicht sogar an der Undefinierbarkeit des traditionellen Bestimmtheitsgrundsatzes?[21] Dies soll hier nicht weiter untersucht werden. Jedenfalls lassen sich im Anschluss an *Quack*[22] mehrere Ebenen ausmachen, in denen Bestimmtheitsfragen praktisch eine ausschlaggebende Rolle spielen. Daran anknüpfend wird nachstehend eine Strukturierung der Bestimmtheitsebenen in Bezug auf die Grundbucheintragungen und die Eintragungsunterlagen aufgezeigt, um der Praxis mehr Orientierungshilfe anzubieten als der eher verwirrenden kasuistischen Vielfalt der Rechtsprechung auf Anhieb abzugewinnen ist.

Vorab sei bemerkt, dass der **sog Bestimmtheitsgrundsatz** *nicht nur im Sachen- und Grundbuchrecht* eine Rolle **33** spielt. Auch im Schuldrecht,[23] im Gesellschaftsrecht[24] und nicht nur dort gibt es materielle Bestimmtheits- bzw Bestimmbarkeitsfragen; weitgefasst kann man den Bestimmtheitsgrundsatz in materiellrechtlicher Beziehung – ob unter diesem Begriff, bleibt hier als nebenrangig hingestellt – als *elementare Grundlage des Vertragsrechts überhaupt* ansprechen, nämlich als generelle Anforderung an die inhaltliche Festlegung der vertraglichen Bindung, dieweil jeder Vertrag einen Regelungsgegenstand haben muss und insofern auch bestimmt bzw mindestens bestimmbar sein muss,[25] wie auch die Beteiligten jedes Rechtsverhältnisses mindestens feststellbar sein müssen.[26] *Auch im sonsti-gen Verfahrensrecht* gibt es Bestimmtheitserfordernisse, die denen des Grundbuchrechts durchaus ähnlich sind, so insbesondere im Zwangsvollstreckungsrecht in Bezug auf die Bezeichnung des Pfandgegenstandes im Pfändungs- und Überweisungsbeschluss.[27] Generell ist zu sagen, dass der sog Bestimmtheitsgrundsatz, wo er auch als Leitziel dient, **nicht Selbstzweck** ist. Geht es zB im Schuldrecht im Wesentlichen (lediglich) um die Individualisierung von Beteiligten und Leistungsinhalt zur Abgrenzung des vertraglichen Wirkungskreises, des Geregelten vom Nichtgeregelten,[28] so fußt der Bestimmtheitsgrundsatz des Sachenrechts vor allem auf dem Charakter der dingli-chen Rechte als absolute Rechte und dem daraus sich ergebenden Publizitätserfordernis, etwa so: Was gegen jedermann gelten soll, muss auch von jedermann erkennbar bzw objektiv entscheidbar und konkret vorstellbar sein.[29] Die Differenziertheit der rechtlichen Gestaltungsmöglichkeiten einerseits und der textlichen Ausdrucks-möglichkeiten im Publizierungsorgan Grundbuch andererseits, sie geben dem Bestimmtheitsgrundsatz *auf dem Gebiet des Grundstücks- und Grundbuchrechts ein besonderes Gepräge.*[30]

---

19 OLG Hamm OLGZ 1977, 265, 269 = Rpfleger 1976, 317, 318 = DNotZ 1977, 308; OLG Frankfurt Rpfleger 1978, 409; 1983, 61; BayObLG Rpfleger 1980, 433; 1980, 435 = DNotZ 1980, 747; 1981, 191; 1982, 60 = NJW 1982, 1054; Rpfleger 1985, 488; *Eickmann* GBVerfR, Rn 327.
20 In MüKo Einl 56 ff zu Band 6 mwN.
21 Die Rede vom »mehr als alles andere bestimmungsbedürftigen Bestimmtheitsgrundsatz« (vgl *Westermann* NJW 1970, 1023, 1028 mwN) ist drastisch, aber im Grunde wahr.
22 In MüKo Einl 58 ff zu Band 6.
23 Vgl zB *Staudinger-Schmidt* Einl 476 ff zu § 241; *Palandt-Heinrichs* § 241 Rn 3, jeweils mwN.
24 Dazu *Marburger* NJW 1984, 2252 mwN.
25 Vgl MüKo-*Quack* Einl 50 ff zu Band 6, speziell Rn 58, 59.
26 Dazu zB *Staudinger-Schmidt* u *Palandt-Heinrichs* aaO (Fn 23); *Baur-Stürner* § 4 Abschn III.
27 Dazu BGH NJW 1983, 886 mwN = Rpfleger 1983, 118.
28 *Staudinger-Schmidt* aaO.
29 So mit Recht, beispielhaft orientiert am Publikationszweck des Grundbuchs: OLG Hamm Rpfleger 1986, 364, 365.
30 Dazu MüKo-*Quack* aaO (Fn 25) Rn 60 ff.

34   Sinnvoll ist zunächst die **Unterscheidung zwischen »materiellem« und »formellem« Bestimmtheits-grundsatz** (vgl Einl D Rdn 10, 11),[31] weil das Grundbuchverfahrensrecht in einigem vorsorgend ein Mehr an Bestimmtheit und Deutlichkeit verlangt als zur materiellen Wirksamkeit der Eintragung mindestens erforderlich ist. Zudem ist eine differenzierte Betrachtung des Bestimmtheitsgrundsatzes in materiellrechtlicher Hinsicht hilfreich.

35   **b) Gliederung des materiellen Bestimmtheitsgrundsatzes.** Auf den Bestimmtheitsgrundsatz im materiel-len Grundstücksrecht berufen sich Rechtsprechung und Schrifttum *in zweifacher Beziehung*, ohne dies immer mit der wünschenswerten Deutlichkeit herauszustellen. Es verengt insofern den Blick, wenn die Begriffe »Spe-zialitätsprinzip« und »Bestimmtheitsgrundsatz« synonym gebraucht werden.[32] Ihre Sonderung ist angebracht, weil viele Probleme sich typischerweise als solche der Spezialität, andere als gesondert gelagerte Fragen einer »Bestimmtheit im weiteren Sinn« darstellen.

36   **aa) Spezialitätsprinzip.** Beim »Spezialitätsprinzip« handelt es sich genau genommen um einen Sonderfall des Bestimmtheitsgrundsatzes, nämlich um den Sonderfall der Bestimmtheit im Sinne der *Eindeutigkeit des Verfügungs-gegenstandes*.[33] Ausgangspunkt ist die Vorstellung, dass die dinglichen Rechte nur an bestimmten (»speziellen«) ein-zelnen Sachen möglich sind, nicht an Sachgesamtheiten als solchen, und dass dementsprechend auch die Verände-rung dieser Rechte im Wege der Sonderrechtsnachfolge sich »Stück für Stück« vollzieht.[34] Insofern ist das »Spezia-litätsprinzip« übrigens keine Eigentümlichkeit nur des Sachenrechts, sondern ein **spezifisches Merkmal aller Zuordnungstatbestände** (*»Zuordnung« bedeutet* in diesem Sinne:[35] Zugehörigkeit eines Vermögensrechts, wie zB Eigentum, beschränktes dingliches Recht, aber auch Forderungsrecht usw, zum Vermögen einer Person oder Personengemeinschaft, wobei der Umfang der mittels der Zuordnung dem Berechtigten zustehenden Befugnisse je nach Art des zugeordneten Rechts verschieden ist, zB volle Sachherrschaft kraft des Eigentums, begrenzte Sachherrschaft und »verdinglichtes« gesetzliches[36] oder vereinbartes[37] Schuldverhältnis[38] gegenüber dem Sachei-gentümer kraft der Typik des beschränkten dinglichen Rechts, Leistungsanspruch gegen den Schuldner persönlich kraft des Forderungsrechts usw) **und aller zuordnungsändernder Verfügungsgeschäfte**: Sie *beziehen sich stets auf den Einzelgegenstand*, mögen es auch deren mehrere sein (zB soviel Auflassungen und Eigentumsumschrei-bungen wie Grundstücke, auch wenn in einer Urkunde erklärt bzw in einem Eintragungsvermerk gebucht, soviel beschränkte dingliche Rechte und Bestellungsakte wie belastete Eigentumseinheiten,[39] soviel Abtretungen wie Forderungen), *im Gegensatz zu den Verpflichtungsgeschäften*, die sich bei entsprechendem Parteiwillen als einheitli-ches Geschäft auf Sach- und Rechtsgesamtheiten beziehen können (zB Warenlager-, Unternehmenskauf: ein Kaufvertrag für das Ganze, soviel Erfüllungsgeschäfte wie Einzelgegenstände in der gesetzlich vorgesehenen Art, wie §§ 398, 929 ff, 873 BGB).[40] Das Spezialitätsprinzip im Sinne des vorstehend erläuterten notwendigen Einzel-bezugs der Verfügungsgeschäfte kommt beiläufig im Gesetz selbst zum Ausdruck, nämlich in § 1085 BGB.

37   **Im Bereich des Sachenrechts** gilt das Spezialitätsprinzip **nicht nur** für das (in der Regel vertragliche) **Verfü-gungsgeschäft** der Beteiligten, deren »Einigung«, **sondern auch** für den außerdem zur Herbeiführung der gewollten Rechtsänderung nötigen **Publizitätsakt** (»Übergabe« bei beweglichen Sachen, »Eintragung« in das Grundbuch bei Grundstücken und Grundstücksrechten). Einigung und Eintragung müssen zusammen so gestaltet sein, dass die dinglichen Rechtsänderungen und anschließenden Rechtszustände in ihrer »Spezialität« für Dritte erkennbar, dh objektiv entscheidbar, in Erscheinung treten (vgl Rdn 33). Dies gilt im Grundprinzip für das Fahrnisrecht wie für das Liegenschaftsrecht; im Detail gibt es allerdings enorme quantitative und qualita-tive Unterschiede in den Bestimmtheitsanforderungen iS der Spezialität zwischen beiden Teilgebieten des Sachenrechts. Kommt es *im Fahrnisrecht* im Wesentlichen (nur) auf die erkennbare Sonderung der übereigneten oder verpfändeten Objekte an, etwa derart, dass es für jeden Kenner der Parteiabreden möglich ist, aufgrund einfacher äußerer Merkmale herauszufinden, welche individuell bestimmten Gegenstände von der Übereig-

---

31   Zur Aufgliederung auch KG OLGZ 1971, 450 = NJW 1971, 1463 = Rpfleger 1971, 316 = DNotZ 1971, 415; NJW 1973, 1128 = Rpfleger 1973, 300 = DNotZ 1973, 373; *Ludwig* NJW 1983, 2792 u Rpfleger 1986, 345, 348; BGB-RGRK-*Augustin* Vorbem 33 zu § 873.
32   So zB BayObLG Rpfleger 1981, 232; DNotZ 1985, 44, 45; *Baur-Stürner* aaO (Fn 26); *Soergel-Mühl* Einl 31 zu Band 6; *Schöner/Stöber* Rn 18; hier Einl D 10, 11.
33   *MüKo-Quack* aaO (Fn 25) Rn 55.
34   Vgl BGHZ 73, 253, 254; 76, 216, 220; *Enneccerus-Nipperdey* § 131 Abschn I; *Baur-Stürner* aaO (Fn 26); RGRK-*Pikart* § 929 Rn 18–20; *Soergel-Stadler* Einl 23 zum Sachenrecht.
35   Dazu ausführlich: *Westermann* Sachenrecht § 2 Teil II, III; § 3 Teil I, II.
36   ZB kraft §§ 1020–1023; §§ 1041–1047, 1049–1051; § 1108; §§ 1133–1135 BGB.
37   ZB gemäß § 2 ErbbauRG oder gemäß § 10 Abs 1, 2 WEG.
38   Dazu zB BGH NJW 1985, 2944 = DNotZ 1986, 25.
39   Bei Gesamtrechten gilt das Spezialitätsprinzip in modifizierter Form, zB mit der Möglichkeit getrennten Zugriffs gem § 1132 Abs 1 BGB, der Möglichkeit gesonderter Haftentlassung usw.
40   Dazu die unter Fn 34 Genannten.

nung bzw Verpfändung erfasst sein sollen und welche nicht,[41] so erfordert die *im Liegenschaftsrecht* verwirklichte Idee der »Teilbarkeit« des Grundeigentums durch »Abspaltungen« von Einzelbefugnissen in Gestalt verschiedener selbständiger beschränkter dinglichen Rechte[42] in gesetzlich vorgesehener Typenvielfalt mit durchaus gegebenem Raum für individuelle Ausgestaltung (vgl Rdn 25) verständlicherweise einen erheblichen Mehraufwand in Einigung und Eintragung zur erkennbaren Abgrenzung der einzelnen Rechtssphären bzw Befugnisbereiche. Wenn aus materiellrechtlicher Sicht verlangt wird, dass der **Inhaber**, der **Gegenstand** und der gewollte **Inhalt** der dinglichen Rechte (letzterer mit der nötigen Deutlichkeit und Vollständigkeit konkretisiert, vgl Rdn 30) sowie bei mehreren Rechten am selben Objekt deren **Rang** untereinander bestimmt und für Dritte genau feststellbar sein müssen,[43] so sind damit im Ergebnis **die standardmäßigen wesentlichen Zuordnungskriterien** für die Grundstücksrechte aufgelistet, die jeweils von den Beteiligten per Einigung hinreichend bestimmt und zudem mittels der Eintragung in das Grundbuch publik gemacht werden müssen. Letzteres verlangt das materielle Recht, wenn auch ungeschrieben, vom Grundbuch! Dies im Einzelfall formal zu realisieren, ist Aufgabe der Beteiligten, des sie unterstützenden Notars und letztlich des die Eintragungsunterlagen prüfenden und die Eintragung vollziehenden GBA; insofern mündet das materielle Spezialitätsprinzip in den sog »formellen Bestimmtheitsgrundsatz« (dazu Rdn 40 bis 44).

bb) Bestimmtheitsgrundsatz im weiteren Sinne. Den (materiellen) Bestimmtheitsgrundsatz im weiteren **38** Sinne nimmt die Rechtsprechung zum **Maßstab zur Gesetzesauslegung** dort, wo die Normen Gestaltungsraum signalisieren oder zumindest interpretationsweise zulassen, wie zB § 1018 BGB *»in einzelnen Beziehungen benutzen darf«*, und *»gewisse Handlungen nicht vorgenommen werden dürfen«* iVm §§ 1019, 1020 BGB oder § 1105 *»wiederkehrende Leistungen aus dem Grundstück zu entrichten«* usw. Geht es beim Spezialitätsprinzip im Grunde um die unverzichtbare Bestimmtheit (Genauigkeit) der Festlegung von Objekt, Subjekt, Inhalt und Umfang des Gewollten in Einigung und Eintragung im Rahmen des Erlaubten, so geht es beim Bestimmtheitsgrundsatz im weiteren Sinne um die Abgrenzung dessen, was das insoweit selbst unbestimmte Gesetz − zB in den §§ 1018 bis 1020, 1090u 1091, 1105 BGB − (noch) erlaubt, dh welches Maß an Bestimmtheit oder Unbestimmtheit (Bestimmbarkeit) nach Sinn und Zweck der gesetzlichen Regelung vertretbar ist. Unvollkommenheiten im Bereich des Spezialitätsprinzips sind nach Möglichkeit mittels Auslegung der Einigung und/oder der Eintragung zu klären (dazu Rdn 62). Fragen im Bereich des Bestimmtheitsgrundsatzes im weiteren Sinne sind **Zulässigkeitsfragen bzw Fragen der Eintragungsfähigkeit**, auf die hier nicht im Einzelnen einzugehen ist, auf Einl C wird verwiesen. Nur soviel: Die kasuistische Vielfalt der Rechtsprechung (vgl Rdn 32) ist auf diesem Sektor sozusagen »naturgegeben«, weil an sie im Laufe der Zeit immer wieder ungewöhnliche − aus geänderten oder neuen Bedürfnissituationen erwachsene − Einzelfallprobleme herangetragen werden, die zu neuen Auslotungen des rechtlich Erträglichen herausfordern.

Beispiele bietet die Rechtsprechung zu Bestimmtheitsproblemen in vorstehendem Sinne (zum Teil neben Fra- **39** gen der Spezialität): bei Begründung bedingter oder befristeter Rechte,[44] bei Dienstbarkeiten zB zur Frage, wann die Ausübungsstelle der Festlegung bedarf;[45] bei Wohnungsrechten zB hinsichtlich der Raumfestlegung;[46] bei Erbbaurechten zB bezüglich der Konkretisierung des Bauwerks;[47] bei Reallasten zB zu den Bestimmbarkeitsanforderungen der Messgrößen für variable Einzelleistungen;[48] bei Vormerkungen zB bei Veräußerung unver-

---

41 Problematisch insbes bei Sicherungsübereignung, vgl zB BGB-RGRK-*Pikart* § 929 Rn 18; *Palandt-Bassenge* § 930 Rn 2−4. Dazu *Feuerborn* ZIP 2000, 600.
42 Grundlegend: *Heck* Sachenrecht, §§ 19−21.
43 Zweckerklärung in BGH NJW 1975, 1314, 1315 = Rpfleger 1975, 296 = DNotZ 1975, 680, 681.
44 Vgl zB OLG Hamm Rpfleger 1959, 19; Rpfleger 1976, 95 = DNotZ 1976, 545 = OLGZ 1976, 47; OLG Düsseldorf DNotZ 1961, 408; OLG Karlsruhe DNotZ 1968, 432; BayObLG 1984, 405; Rpfleger 1985, 488; NJW-RR 1990, 1169 = Rpfleger 1990, 198 (LS); OLG Zweibrücken DNotZ 1990, 177; OLG Frankfurt Rpfleger 1993, 331 = DNotZ 1993, 610.
45 Vgl zB OLG Bremen NJW 1965, 2043; OLG Karlsruhe DNotZ 1968, 432, 433; BGH NJW 1969, 502 = Rpfleger 1969, 128 = DNotZ 1969, 486; KG NJW 1973, 1128 = Rpfleger 1973, 300 = DNotZ 1973, 373; OLG Oldenburg Rpfleger 1979, 199; OLG Hamm NJW 1981, 1632 = Rpfleger 1981, 178 = OLGZ 1981, 270; BGH NJW 1982, 1039 = Rpfleger 1982, 16 = DNotZ 1982, 230; NJW 1984, 2210 = Rpfleger 1984, 227 (*Böttcher*) = DNotZ 1985, 37; BGH NJW 2002, 3021 = Rpfleger 2002, 511 = DNotZ 2002, 721 (*Dümig*) = ZfIR 2002, 545.
46 Vgl zB OLG Hamm Rpfleger 1962, 59; DNotZ 1970, 417; BayObLG 1964, 1 = DNotZ 1965, 166; BayObLG NJW-RR 1988, 982 = DNotZ 1988, 587 = Rpfleger 1988, 237 (LS); OLG Frankfurt Rpfleger 1982, 465 = OLGZ 1983, 31.
47 Vgl außer BGH (Fn 18) zB OLG Frankfurt Rpfleger 1975, 305; OLG Hamm NJW 1966, 1416; Rpfleger 1983, 349; KG Rpfleger 1979, 208; *Ingenstau/Hustedt* § 1 Rn 66: »gelockerter Bestimmtheitsgrundsatz«.
48 Vgl zB BGHZ 130, 342 = NJW 1995, 2780 = Rpfleger 1996, 61 = DNotZ 1996, 93; BayObLGZ 1954, 200 = Rpfleger 1955, 14 = DNotZ 1954, 98; 1979, 273 = Rpfleger 1979, 382; DNotZ 1980, 94; Rpfleger 1981, 106; MittBayNot 1987, 94 = Rpfleger 1987, 356 (LS); BayObLGZ 1993, 228 = NJW-RR 1993, 1171 = Rpfleger 1993, 485 = DNotZ 1993, 743; DNotZ 1994, 180 = Rpfleger 1994, 333 (LS); KG OLGZ 1984, 425 = Rpfleger 1984, 347 = DNotZ 1985, 707; LG Oldenburg u OLG Celle Rpfleger 1984, 462, 463 (*Meyer-Stolte*); OLG Frankfurt Rpfleger 1988, 247; OLG Hamm OLGZ 1988, 260 = Rpfleger 1988, 404; OLG Oldenburg NJW-RR 1991, 1174 = Rpfleger 1991, 450.

messener Grundstücksteile, je nachdem, ob eine örtlich bestimmte Fläche oder eine der Lage nach noch zu bestimmende Fläche Vertragsgegenstand ist;[49] bei Hypothek oder Grundschuld zB hinsichtlich der Bestimmbarkeit variabler Zinsen[50] usw.

40 **c) Formeller Bestimmtheitsgrundsatz.** Der Bestimmtheitsgrundsatz im formellen Recht ergänzt denjenigen des materiellen Rechts dahingehend, dass es oberstes Ziel des Eintragungsverfahrens samt Grundbucheinrichtung und -führung sein muss, *die materiellrechtliche Bestimmtheit iS des Spezialitätsprinzips im Grundbuch zum Ausdruck zu bringen.*[51] Er mündet in das vielgenannte Postulat der Klarheit und Eindeutigkeit der Grundbucheintragungen.[52] Im Einzelnen geht es darum, dass die bereits erwähnten abgrenzenden Zuordnungskriterien (Inhaber, Gegenstand, Inhalt und Rang der Rechte, vgl Rdn 37 aE) zweifelsfrei durch die Eintragung im Grundbuch publik gemacht werden.[53] Für die Verlautbarung des Rechtsinhalts mittels Grundbucheintragung lassen sich somit **zwei wesentliche Folgerungen** ziehen:

41 **aa) Mögliche Unbestimmtheiten im Rechtsinhalt.** Im Rechtsinhalt kann es Unbestimmtheiten geben; inwieweit, das ist eine Frage der Auslegung des materiellen Rechts. Der formelle bzw grundbuchrechtliche Bestimmtheitsgrundsatz verlangt stets nicht mehr und nicht weniger, als die *Publizierung des konkreten Rechtsinhalts mit seinem speziellen Inhalt,*[54] genauso, wie er von den Beteiligten im Rahmen des materiellrechtlich Zulässigen bzw Vertretbaren vereinbart worden ist, im Grundbuch. Insoweit ist es ungerechtfertigt, aus formeller Sicht eines über das materielle Recht hinausgehenden Maßstab anzulegen; denn für die Zulässigkeit und die Erfordernisse des jeweiligen Rechtsinhalts ist grundsätzlich das materielle Recht zuständig (hier abgesehen von solchen Eintragungen bzw Eintragungsgrundsätzen, welche das Verfahrensrecht vorsieht, wie zB § 23 Abs 2 GBO), muss *das formelle Recht prinzipiell Folgerecht* sein.[55] Kurz gesagt: Was materiellrechtlich eintragungsfähig ist, muss verfahrensrechtlich möglich sein![56] Oder – wie es der BGH[57] einmal sinngemäß formuliert hat –: »*Dem Bestimmtheitsgrundsatz in formellem Sinne ist nur und stets dann genügt, wenn die materielle Bedingung sich aus dem Eintragungsvermerk im Grundbuch oder aus der darin in Bezug genommenen Eintragungsbewilligung ergibt.*«

42 Ein **illustratives Beispiel** für die Anwendung dieses Grundgedankens bietet der Beschluss des BGH vom 16.02.1984[58] zur Qualifikation der Ausübungsstelle der mit einem Bauverbot gekoppelten Leitungsdienstbarkeit: Darin hat der BGH mit guten Gründen dargelegt, dass die vorübergehend (bis zur Leitungsverlegung) bestehende Ungewissheit über die örtliche Lage der Bauverbotszone eine hinnehmbare Rechtsunsicherheit ist; er trat damit der gegenteiligen Ansicht des vorlegenden OLG Celle[59] entgegen, dass die rechtsgeschäftliche Festlegung der Ausübungsstelle durch die Beteiligten und eine entsprechende Kennzeichnung in der Eintragungsbewilligung notwendig sei. Der BGH hat hier die materiellrechtlichen Bestimmtheitsanforderungen für eine spezifische Fallkonstellation interpretiert und kommt folgerichtig zu dem Schluss, dass das GBA die Eintragung der Dienstbarkeit in diesem Fall nicht von dem Nachweis der bereits verlegten Leitung abhängig machen dürfe. Nicht ausgesprochener Grund für die Konsequenz der Entscheidung: Das Verfahrensrecht (formeller Bestimmtheitsgrundsatz) kann keine schärferen Anforderungen an die inhaltliche Ausgestaltung eines Rechtes stellen als das materielle Recht!

---

49 Vgl zB BayObLGZ 1956, 408 = Rpfleger 1957, 48; 1959, 332 = Rpfleger 1960, 400; 1973, 309 = Rpfleger 1974, 65 = DNotZ 1974, 174 (interessant der Auffassungswandel von BayObLGZ 1959, 332 zu BayObLGZ 1973, 309); BayObLG DNotZ 1985, 44 = Rpfleger 1983, 344 (LS); BayObLG FGPrax 1998, 48 = Rpfleger 1998, 241.

50 Vgl zB BGHZ 35, 22 = NJW 1961, 1257 = Rpfleger 1961, 231 = DNotZ 1961, 404; DNotZ 1963, 436 (*Ripfel*); KG NJW 1971, 1463 = Rpfleger 1971, 316 = DNotZ 1971, 415 = OLGZ 1971, 450; BayObLGZ 1975, 126 = NJW 1975, 1365 = Rpfleger 1975, 221 = DNotZ 1975, 682.

51 Vgl BayObLGZ 1956, 408, 410 = Rpfleger 1957, 48, 49; 1959, 332, 334 = Rpfleger 1960, 400 im Anschluss an *Güthe-Triebel* Einl 18, 19; OLG Frankfurt Rpfleger 1983, 61 = OLGZ 1983, 34/35.

52 Dazu Fn 19.

53 S außer Fn 51: BGHZ 73, 211, 214 = NJW 1979, 421, 422 = Rpfleger 1979, 56 = DNotZ 1979, 499, 501; BayObLGZ 1973, 309, 312/313 = Rpfleger 1974, 65, 66 = DNotZ 1974, 174, 175.

54 So BayObLGZ 1973, 309, 313 = aaO (Fn 53); ferner BayObLG DNotZ 1985, 44, 45/46 = aaO (Fn 49); NJW-RR 1986, 568 = Rpfleger 1986, 174 (jeweils speziell zur Vormerkung bei Bestimmungsvorbehalt gemäß § 315 BGB, in der Grundaussage zum formellen Bestimmtheitsgrundsatz aber durchaus verallgemeinbar!); ohne Verallgemeinerung: *Schöner/Stöber* Rn 1504.

55 So für das Verhältnis von § 311b Abs 1 BGB zu § 9 Abs 1 S 2 BeurkG aF: BGHZ 74, 346, 351 = NJW 1979, 1496, 1497 = Rpfleger 1979, 253, 254 = DNotZ 1979, 476, 478/479; etwa im gleichen Sinne auch BGH NJW 1986, 826 = Rpfleger 1986, 92 u dazu *Ludwig* Rpfleger 1986, 218 (zum Bestimmungsvorbehalt bei der Beurkundung des Kaufvertrags über noch zu begründendes Wohnungseigentum).

56 Mit überzeugenden Argumenten: *Ludwig* NJW 1983, 2792, 2797.

57 NJW 1975, 1314, 1315 = aaO (Fn 43).

58 BGHZ 90, 181 = NJW 1984, 2210 = Rpfleger 1984, 227 = DNotZ 1985, 37.

59 Beschl v 25.2.83, mitgeteilt in Rpfleger 1983, 386.

bb) Nötige Bestimmtheit im Rechtsbeschrieb. Im Rechtsbeschrieb darf es im Prinzip keine Unbestimmt- **43** heit geben, mag die nötige Bestimmtheit auch notfalls das Resultat einer Auslegung sein (dazu Rdn 66 bis 69). Anzustreben ist jedenfalls Klarheit und Unmissverständlichkeit des Grundbuchinhalts. *Insofern hat der formelle Bestimmtheitsgrundsatz des Verfahrensrechts durchaus eigenständige Bedeutung* zur Erreichung des vornehmlichen Grundbuchzwecks, klare Rechtsverhältnisse zu schaffen.[60] Bemessen sich nach oben Gesagtem die Bestimmtheitserfordernisse und –grenzen des »inneren Gehalts« (Befugnisgehalt) der einzutragenden Rechte nach dem materiellen Recht, so kommt es in der »äußeren Gestalt« (Textgestalt) der Eintragungen im Einzelnen wie des Grundbuchinhalts im ganzen darauf an, dass die einzelnen Rechte in ihren konkreten Inhalten, Bezügen und Abgrenzungen vollständig, eindeutig und unverfälscht im Grundbuch zur Darstellung gelangen,[61] so dass sie für jedermann mit der notwendigen Klarheit aus dem Grundbuch hervorgehen.[62] Erste Bedingung zur Erreichung dieses Verfahrensziels ist, wie schon erwähnt (vgl Rdn 22), dementsprechende Angabe der Beteiligten über den gewollten Rechtsinhalt in den maßgeblichen Eintragungsunterlagen (Eintragungsbewilligung usw).[63] Zweite Bedingung ist die inhaltlich exakte Einbringung des von den Beteiligten in dieser Weise beschriebenen Rechtsinhalts – soweit eintragungsfähig – in die Grundbucheintragung durch das GBA.

Erläuterungsbeispiel im Anschluss an das oben (Rdn 42) gebrauchte Beispiel: Ob zur Konkretisierung des **44** Rechtsinhalts nötig oder nicht, besteht für die Beteiligten die Möglichkeit (vgl § 1023 Abs 1 S 2 BGB), den Dienstbarkeitsinhalt (zB eines Wegerechts) derart einzuschränken, dass die Rechtsausübung auf einen Teilbereich des belasteten Grundstücks begrenzt sein soll.[64] In einem solchen Fall erfordert der formelle Bestimmtheitsgrundsatz, dass diese »Spezialität« des Rechtsinhalts klar zum Ausdruck kommt und die Ausübungsstelle eindeutig bezeichnet wird, zuerst in den Eintragungsunterlagen, sodann in der Eintragung.[65] Der Beschrieb muss dem Zweck des Grundbuchs als öffentliches Register (vgl Rdn 18) gerecht werden; er muss so geartet sein, dass unbefangene Leser anhand des Eintragungstextes im Grundbuch und der darin in Bezug genommenen Eintragungsbewilligung – wenn auch erst durch Auslegung des Geschriebenen und/oder Berücksichtigung von Orientierungspunkten außerhalb der Eintragung – in der Lage sind, den lokalen Bereich der Ausübungsstelle zweifelhaft zu erkennen.[66] Gemessen daran, kommen je nach Situation mehrere Beschreibungsmöglichkeiten in Betracht:[67] Soll sich der Ausübungsbereich auf eine auf dem Grundstück bereits vorhandene Anlage (zB Rohrleitung, Weg, Mauer usw) beschränken, so kann in der Eintragungsbewilligung auf diese verwiesen werden.[68] Andernfalls – Anlage (noch) nicht vorhanden – bedarf es einer verbalen Beschreibung in der Bewilligungserklärung, entweder anhand von Orientierungspunkten im Gelände (zB abgemarkte Flurstücksgrenzen, Bäume, Hecken, Zäune, Pfähle usw)[69] oder durch ausdrückliche Bezugnahme auf eine der Eintragungsbewilligung beweissicher beigefügte Lageskizze (dazu Rdn 116), in welcher die Grenzen des Ausübungsbereichs in der den Verkehrsbedürfnissen entsprechenden Genauigkeit graphisch dargestellt sind (dazu Rdn 118).

4. Besondere verfahrensrechtliche Bestimmtheitsanforderungen

Den indirekten und (zu Recht) in Grenzen flexibel gehandhabten Bestimmtheitserfordernissen des materiellen **45** Rechts für den Rechtsinhalt fügt das Verfahrensrecht einige Vorschriften mit genaueren Konturen hinzu. Sie präzisieren in wichtigen Punkten die Anforderungen, die sich aus dem sachenrechtlichen Spezialitätsprinzip ergeben (vgl Rdn 37) und unterstreichen damit die Tendenz des Verfahrensrechts, für klare Verhältnisse im Grundbuch zu sorgen. Diese Vorschriften bilden *sozusagen die normierten Stützpunkte des im Übrigen ungeschriebenen Bestimmtheitsgrundsatzes*.

a) Vorschriften der GBO. Aus der GBO sind in diesem Sinne hervorzuheben: **46**

aa) § 2 Abs 2, 3 will mit der Anknüpfung des Grundstücksbeschriebs im Grundbuch an die katasteramtliche Erfas- **47** sung und Darstellung der Bodenflächen die *einwandfreie Auffindbarkeit* der im Grundbuch verzeichneten Grundstü-

---

60 RG JW 1938, 457; s auch BayObLG DNotZ 1971, 659, 660/661 mwN.
61 BGHZ 73, 211, 214/215.
62 KG NJW 1973, 1128.
63 Eingehend dazu: KG Rpfleger 1979, 208; OLG Hamm Rpfleger 1983, 349, 350.
64 Dazu BGH NJW 2002, 3021 = Rpfleger 2002, 511 = DNotZ 2002, 721 (*Dümig*) = aaO (Fn 45); ausführlich KG NJW 1973, 1128 = aaO (Fn 45).
65 Vgl zB BGH NJW 1981, 1781 = Rpfleger 1981, 286 = DNotZ 1982, 228; BayObLGZ 1983, 253 = Rpfleger 1984, 12; dazu auch OLG Stuttgart Rpfleger 1991, 198. Teilweise anders BGH aaO (Fn 64).
66 Dazu insb BGH NJW 1982, 1039 = aaO (Fn 45).
67 Vgl *Böttcher* Rpfleger 1984, 230; kritisch dazu *Dümig* aaO (Fn 64) S 729/730; Weiteres: *Schöner/Stöber* Rn 1141, 1142.
68 BGH NJW 1969, 502, 503 = aaO (Fn 45); Rpfleger 1976, 126 = DNotZ 1976, 530; NJW 1982, 1039 = aaO (Fn 45); fraglich, ob zweckmäßig, s *Schöner/Stöber* Rn 1142 aE.
69 ZB OLG München DNotZ 1971, 544; BGHZ 59, 11, 16 = NJW 1972, 1283, 1284 = Rpfleger 1972, 250, 251 = DNotZ 1972, 533, 536; BayObLG Rpfleger 1982, 33.

cke in der Örtlichkeit sicherstellen[70] und damit ein unerlässliches Bestimmtheitserfordernis erfüllen. Denn ohne dies wäre der gesamte Grundbuchapparat ziemlich zwecklos.[71] Wichtig ist, dass nach dieser Vorschrift regelmäßig nur vermessene und abgegrenzte Bodenflächen in Form von Flurstücken, jedoch nicht Flurstücksteile – ausgenommen Teile von Anliegerwegen, -gräben und -wasserläufen[72] –, als selbständiges Grundstück im Rechtssinne oder Teil eines solchen im Grundbuch gebucht werden dürfen. Die eindeutige Darstellung des Bezugsgegenstandes der im Grundbuch verlautbarten Rechtsverhältnisse ist dadurch prinzipiell gewährleistet. Anmerkung: Wie wichtig dieser Systemzusammenhang zwischen Grundbuch und Kataster ist, wird unterstrichen durch die Schwierigkeiten, die daraus erwachsen sind, dass in den neuen Bundesländern etliche Grundstücke aus verschiedenen Gründen nicht ordentlich vermessen sind; ihretwegen war die Einführung eines spezifischen Verfahrens erforderlich, geregelt in dem in Art 14 des RegVBG enthaltenen »Gesetz über die Sonderung unvermessener und überbauter Grundstücke nach der Karte (Bodensonderungsgesetz BoSoG)«.

48 **bb)** § 7 unterstützt das Anliegen des § 2. Die grundbuchmäßige Verselbständigung ist danach grundsätzlich Eintragungsvoraussetzung für Grundstücksteilbelastungen (sog notwendige Teilung). Gleiches gilt für die Eigentumsumschreibung an Grundstücksteilen (folgt indirekt aus § 4 Abs 1). Wichtiger Effekt: Teilung setzt ggf Vermessung voraus (vgl § 2 Abs 3); es wird *grundsätzlich unterbunden, dass unvermessene Grundstücksteile Gegenstand besonderer dinglicher Rechte* werden und somit unbestimmte Rechtsgrenzen entstehen. Soweit Ausnahmen zulässig sind – so bei den in § 7 Abs 2 genannten Rechten und bei den Vormerkungen –, ist auf deutliche Beschreibung der Belastungsgrenzen zu achten. Näheres: § 7 GBO Rdn 33 ff.

49 **cc)** § 28 S 1 will sicherstellen, dass die beantragten *Eintragungen beim richtigen Grundstück* erfolgen,[73] Grundstücksverwechslungen durch Missverständnis also vermieden werden. Er lässt deshalb allgemein gebräuchliche Grundstücksbenennungen (Straße und Hausnummer u dgl) in den Eintragungsunterlagen nicht genügen, sondern verlangt grundsätzlich, dass die Beteiligten darin das oder die betroffenen Grundstücke so bezeichnen, wie sie im Grundbuch gebucht sind, entweder durch Nennung der Eintragungsstelle oder durch Verwendung der im Grundbuch eingetragenen katasteramtlichen Identifizierungsmerkmale (Gemarkung, Flur, Flurstück).

50 § 28 S 2 will zudem *Klarheit bei den in das Grundbuch einzutragenden Geldbeträgen* und verlangt deshalb Angabe in der zulässigen Währung.

51 **dd)** § 47 akzentuiert den Bestimmtheitsgrundsatz, indem er es dem GBA zur Pflicht macht, bei der Eintragung gemeinschaftlicher Rechte das unter den Berechtigten bestehende konkrete vermögensrechtliche Gemeinschaftsverhältnis zu kennzeichnen, damit im Grundbuch *Art und Umfang der* – je nach Gemeinschaftsart unterschiedlichen – *Verfügungsbefugnis* der einzelnen Mitberechtigten nicht offen bleibt[74] und etwa durch ergänzende Auslegung der Eintragung ermittelt werden müsste.

52 **ee)** Auch § 48 dient dem Bestimmtheitsgrundsatz. Er schreibt die besondere *Kenntlichmachung von Gesamtbelastungen* mehrerer Grundstücke vor, falls diese in verschiedenen Grundbuchblättern gebucht sind oder werden, zum einen der rechtlichen Sonderwirkungen wegen (insb Bedingtheit der Belastung der Einzelgrundstücke gemäß §§ 1173 bis 1175, 1181 Abs 2, 1182 BGB), zum anderen und hauptsächlich zu dem Zweck, den wegen § 892 BGB gefährlichen Rechtsschein von Einzelrechten im Grundbuch zu vermeiden.[75]

53 **b) Vorschriften der GBV.** Die GBV sorgt zwar in erster Linie für die generelle Übersichtlichkeit des Grundbuchinhalts im ganzen (vgl Rdn 21), enthält aber auch einzelne Vorschriften, welche die Bestimmtheit im Detail bezwecken. Hervorzuheben sind hier:

54 **aa)** § 15 will die Bestimmtheit der Grundbucheintragungen in einem ganz wesentlichen Punkt, nämlich in der Benennung der Rechtssubjekte, erreichen. Die Vorschrift setzt *Mindesterfordernisse für die Bezeichnung der Berechtigten* fest mit dem Ziel, möglichst jeden Zweifel und jede Verwechslung in Bezug auf die Person der Rechtsinhaber auszuschließen. Nur in besonderen Ausnahmefällen darf von einem dieser Eintragungserfordernisse abgesehen werden.[76]

---

70 KEHE-*Eickmann* § 2 Rn 8.
71 *Hesse-Saage-Fischer* § 2 Anm II.
72 Dazu § 116 GBO Rdn 17, 18 mit Nachweisen.
73 BGH NJW 1984, 1959, 1960 mwN = Rpfleger 1984, 310, 311; hier Einl G 42.
74 BGHZ 73, 211, 214 = aaO (Fn 53); BGH NJW 1981, 176, 177 = Rpfleger 1980, 464, 465 = DNotZ 1981, 121, 122; hier § 47 GBO Rdn 1, 2.
75 Zu Sinn und Zweck dieser Vorschrift: *Ebeling* RpflStud 1979, 58; hier § 48 GBO Rdn 1 bis 4.
76 BayObLGZ 1981, 391 mwN (stRspr) = Rpfleger 1982, 97; zu Ausnahmefällen § 15 GBV Rdn 18 bis 23.

bb) § 18 fördert die Klarheit des Grundbuchinhalts insofern besonders, als er die *Eintragung wechselseitiger Rang-* **55** *vermerke* bei allen beteiligten Rechten vorschreibt, wohingegen nach materiellem Recht zum Wirksamwerden einer Rangänderung die Eintragung bei einem der beteiligten Rechte genügen würde.[77]

c) Mängel als Eintragungshindernis. Die vorgenannten Vorschriften sind vom GBA unbedingt von Amts **56** wegen zu beachten im Eintragungsverfahren und bei der Abfassung der Eintragungen. Die einzutragenden Daten dürfen allerdings nicht von Amts wegen erkundet werden, dies verstieße gegen den im Grundbuchverfahren geltenden Beibringungsgrundsatz;[78] beibringungspflichtig ist der Antragsteller, beibringungsberechtigt sind die übrigen Beteiligten.[79] Einfache Mitteilung, zB nur im schriftlichen Eintragungsantrag oder in einer formlosen Ergänzung dazu, genügt regelmäßig nicht. Grundsätzlich bedarf es der den Vorschriften entsprechenden Angaben in der maßgeblichen – der Form des § 29 GBO bedürfenden – Eintragungsgrundlage, nämlich der Eintragungsbewilligung, ggf in der statt dieser maßgeblichen Eintragungsgrundlage (zB Gerichtsurteil, einstweilige Verfügung, Unrichtigkeitsnachweis, behördliches Ersuchen usw); dies verlangt direkt § 28 GBO[80] und folgt indirekt aus den übrigen Vorschriften, die bestimmen, was einzutragen ist (§§ 47, 48 GBO, § 15 GBV).[81] Eine formalistisch überspannte Anwendung entspricht nicht dem Sinn der Vorschriften; die Auslegung der Grundbucherklärungen auch in diesen Punkten ist ggf geboten, muss aber zum zweifelsfreien Ergebnis führen[82] (vgl Rdn 66). *Erhebliche Mängel* (zB völliges Fehlen, Unplausibilität) stellen immerhin ein *Eintragungshindernis* iS des § 18 Abs 1 GBO dar, rechtfertigen mithin zunächst eine Zwischenverfügung und, falls der Mangel nicht abgestellt wird, die Ablehnung der beantragten Eintragung.[83]

d) Folgen eines Verstoßes für die Eintragung. *Trotz Verletzung* der verfahrensrechtlichen Bestimmtheits- **57** vorschriften *kann* die *Eintragung materiellrechtlich wirksam sein*. Erfolgt zB eine Eintragung zu Lasten des richtigen Grundstücks, auf das sich die Beteiligten geeinigt haben, so bewirkt sie gemäß § 873 BGB die Entstehung des Rechts, auch wenn die Grundstücksbezeichnung in der Eintragungsbewilligung nicht dem § 28 GBO entspricht oder wenn das GBA dem § 7 Abs 1 GBO zuwider die Grundstücksteilung unterlassen hat.[84] Der Verstoß gegen § 15 GBV (zB die Eintragung eines Einzelkaufmanns mit abgeleiteter Firma statt mit persönlichem Namen[85] oder die Eintragung der Personenhandelsgesellschaft »X & Sohn« mit dem unzutreffenden Zusatz »GmbH«[86] oder die Eintragung als »Kaufmann W. F.« statt »W. F. OHG«[87]) ist für die materiell-rechtliche Wirksamkeit der Eintragung unerheblich, sofern anhand der Angaben im Grundbuch der wahre Rechtsinhaber identifizierbar ist; dies hat derjenige zu beweisen, der aus der Eintragung Rechte für sich ableiten will.[88] Die Nichtbeachtung der §§ 47, 48 GBO mindert nicht schlechthin die Konstitutivwirkung der Eintragung nach § 873 BGB. Unterbleibt die in § 47 GBO vorgeschriebene Angabe, kann die Eintragung dennoch den gemeinsamen Rechtserwerb mit dem vereinbarten Gemeinschaftsverhältnis bewirken; die das Gemeinschaftsverhältnis verschweigende Grundbucheintragung ist unvollständig,[89] nicht ausreichend in Bezug auf § 39 Abs 1 GBO, aber der jedermann erkennbaren Unvollständigkeit wegen ungefährlich im Hinblick auf § 892 BGB.[90] Werden Ehegatten unter Angabe eines unzutreffenden Gemeinschaftsverhältnisses im Grundbuch eingetragen, so hindert auch dieser Mangel nach heute vertretener Ansicht nicht unbedingt den wirksamen Rechtserwerb (mit zutref-

---

77 Str; nach *Fratzky* BWNotZ 1979, 27, 28 genügt die Eintragung entweder beim vortretenden oder beim zurücktretenden Recht, nach hM ist die Eintragung beim zurücktretenden Recht nötig, nach der Gegenmeinung ist sie bei beiden Rechten nötig, dazu *Schöner/Stöber* Rn 2566 mwN.

78 Erläutert von *Eickmann* Rpfleger 1979, 169 ff; s auch BayObLG Rpfleger, 1982, 467 mwN.

79 Vgl *Eickmann* aaO (Fn 78) S 170.

80 In sinngemäßer extensiver Anwendung, vgl OLG Düsseldorf Rpfleger 1978, 216; BayObLG Rpfleger 1981, 190 (*Meyer-Stolte*).

81 Zu § 47 GBO: BGHZ 73, 211, 216 = NJW 1979, 421, 422 = Rpfleger 1979, 56, 57 = DNotZ 1979, 499, 502; OLG Hamm Rpfleger 1980, 20 = DNotZ 1980, 367 = OLGZ 1979, 413, 414; OLG Köln Rpfleger 1986, 91 = OLGZ 1986, 11 (betr Sonderfall der Zwangshypothek). Zu § 15 GBV: BayObLG Rpfleger 1981, 192 = DNotZ 1981, 578 (gekürzt); BayObLGZ 1981, 391 = Rpfleger 1982, 97.

82 Dazu zB BayObLG Rpfleger 1981, 147; 1981, 190, 191; 1981, 192 = DNotZ 1981, 578; in diesem Sinne auch *Hintzen* Rpfleger 1994, 292 mwN; auch hier Einl G Rdn 39.

83 Vgl BGH, OLG Hamm, BayObLG aaO (Fn 81).

84 RGZ 101, 117, 120; KG OLGE 14, 85, 86; *Demharter* § 7 Rn 34; *Kössinger* in *Bauer/v Oefele* § 28 GBO Rn 60, 61.

85 Vgl BayObLG Rpfleger 1981, 192 mwN = DNotZ 1981, 578.

86 Vgl OLG Bremen DNotZ 1965, 566, 569.

87 Vgl OLG Hamburg DNotZ 1955, 148.

88 *Staudinger-Wolfsteiner* § 1115 Rn 3.

89 Nach – nicht geteilter – hM ist das Grundbuch sogar unrichtig; vgl OLG Hamm DNotZ 1965, 408; *Demharter* § 47 Rn 26, 27; *Schöner/Stöber* Rn 257; hier § 47 GBO Rn 245, 246 mwN.

90 HM im Anschluss an RG JW 1934, 2612. Wohl deswegen wird (zu Recht) die Ergänzung der Eintragung von Amts wegen zugelassen für den Fall, dass nur in der Eintragung, nicht in den Eintragungsunterlagen, die Angabe nach § 47 (versehentlich) unterblieben ist; vgl die zu Fn 89 Genannten. Zur Eintragungsergänzung Rdn 185.

fendem Gemeinschaftsverhältnis); in diesem Fall ist das Grundbuch unrichtig.[91] Wird entgegen § 48 GBO die Mithaft nicht im Grundbuch vermerkt, so hindert dies nicht den materiellrechtlichen Eintritt der Gesamtbelastung,[92] ist das Grundbuch jedoch nach hM insofern unrichtig, als es scheinbare Einzelbelastungen ausweist, mit der Gefahr, dass gemäß § 892 BGB durch gutgläubigen Erwerb daraus echte Einzelbelastungen werden.[93]

5. Folgen der Unklarheit des Eintragsinhalts

58 **a) Nach Verfahrensrecht.** *Jede erhebliche Unklarheit* der Eintragung im Rechtsbeschrieb stellt eine *Verletzung des Verfahrensrechts* dar, wenn nicht einer der genannten speziellen Vorschriften (vgl Rdn 45 ff), so des generellen formellen Bestimmtheitsgrundsatzes (s Rdn 40 ff). Wird das GBA im Nachhinein auf eine solche Ungenauigkeit aufmerksam, so ist es gehalten – in Durchbrechung der prinzipiellen Unabänderlichkeit einer einmal vollendeten Eintragung –, *von Amts wegen* einen sog **»Klarstellungsvermerk«** (in Gestalt eines besonders zu unterzeichnenden zusätzlichen Eintragungsvermerks in Sp »Veränderungen« oder an sonst geeigneter Stelle) zu der verbesserungswürdigen Eintragung im Grundbuch anzubringen.[94] Die *Beteiligten* haben ggf *das Recht* – wiederum in Durchbrechung eines Prinzips, nämlich der generellen Versagung der Beschwerde gegen Eintragungen gemäß § 71 Abs 2 S 1 GBO – die Eintragung eines solchen Klarstellungsvermerks zunächst *anzuregen* und – falls sie damit beim GBA nicht durchdringen – mittels sog **»Fassungsbeschwerde«** weiter zu verfolgen.[95] Zu beachten – und durchaus problematisch – sind die Grenzen für den Klarstellungsvermerk und die Fassungsbeschwerde: Beide sind nur zulässig zur Korrektur von Fassungsmängeln, die den – ggf auslegungsweise zu ermittelnden – Sinn des Eintragungsinhalts sachlich weder verändern noch ergänzen, sondern – zur Vermeidung künftiger Zweifel und Auslegungsbedürftigkeit – lediglich verdeutlichen.[96] Nachträgliche Korrekturen am sachlichen Eintragungsinhalt sind dem GBA – mit Rücksicht auf die materiellen Eintragungswirkungen (gemäß §§ 873, 891, 892 BGB usw) – verfahrensrechtlich grundsätzlich untersagt; dazu bedarf es generell eines neuen Eintragungsverfahrens (Grundbuchberichtigung) auf Initiative der Beteiligten nach Maßgabe der §§ 13 ff GBO, dem GBA steht von Amts wegen ggf lediglich die Möglichkeit des Amtswiderspruchs gemäß § 53 Abs 1 S 1 GBO offen. Eine extreme Unklarheit der Eintragung rechtfertigt allerdings unter Umständen gemäß § 53 Abs 1 S 2 GBO eine Amtslöschung (dazu Rdn 63).

59 **b) Nach materiellem Recht.** *Nur bei extremer inhaltlicher Unzulänglichkeit* ist eine Eintragung materiellrechtlich *unwirksam*, wenn nämlich die Auslegung zur Überbrückung der Mängel nicht mehr hilft oder ihre Grenzen überschreiten würde; ansonsten ist sie – uU mit Einschränkungen – wirksam. Es lassen sich hier gewisse **Qualitätsstufen** anführen:

60 **aa) Zweifelsfreie Eintragungen.** Eine Eintragung höchster materieller Qualität ist diejenige, die auf Dauer zu keinerlei Zweifeln Anlass gibt, weil sie den von den Beteiligten gewollten (materiell völlig zulässigen und hinreichend bestimmten bzw bestimmbaren) Rechtsinhalt mit allen zur einwandfreien Spezifizierung und Identifizierung nötigen Zuordnungskriterien (vgl Rdn 37 aE) vollständig, unverfälscht und unmissverständlich verlautbart. Eine solche makellose Eintragung *erfüllt ihre wesentlichen Aufgaben optimal*: Sie stimmt erstens inhaltlich völlig mit der Einigung der Beteiligten überein, ihre Konstitutivwirkung bringt folglich gemäß §§ 873, 877 BGB den Parteiwillen ohne Abstriche zur Geltung. Sie bringt zweitens den Inhalt des entstandenen Rechts bzw der eingetretenen Rechtsänderung perfekt zum Ausdruck, so dass er für Dritte uneingeschränkt ersichtlich ist und die Publizitätswirkung gemäß §§ 891 bis 893 BGB mit der Konstitutivwirkung konform geht.

61 Klar und eindeutig kann allerdings auch eine Eintragung sein, welche die Konstitutivwirkung nicht oder nicht vollkommen erfüllt, weil sie von der Einigung abweicht oder weil sie ganz und gar ohne wirksame Einigung bleibt und somit zur Grundbuchunrichtigkeit führt.

---

91 Dazu *Meyer-Stolte* Rpfleger 1982, 18; BGHZ 82, 346 = NJW 1982, 1097 = Rpfleger 1982, 135 = DNotZ 1982, 692; BayObLGZ 1983, 118 = Rpfleger 1983, 346 = DNotZ 1983, 754; *Ertl* Rpfleger 1983, 430.

92 Sie entsteht nach hM, sobald das Verfügungsgeschäft, dh Einigung und Eintragung, bezüglich aller Grundstücke erfüllt ist, vgl OLG München DNotZ 1966, 371; OLG Düsseldorf DNotZ 1973, 613. Kritisch *Staudinger-Wolfsteiner* § 1132 Rn 8.

93 MüKo-*Eickmann* § 1132 Rn 47 u KEHE-*Eickmann* § 48 Rn 1; *Demharter* § 48 Rn 3; *Ebeling* RpflStud 1979, 58, 63; hier § 48 GBO Rn 175–178 mwN; **aA** *Staudinger-Wolfsteiner* aaO Rn 9, 10 (gegen die hM: konstitutive Bedeutung des § 48 GBO).

94 *Demharter* § 53 Rn 7; *Schöner/Stöber* Rn 294–297; hier Einl F Rdn 126, jeweils mwN.

95 *Demharter* § 71 Rn 46, 47; *Schöner/Stöber* Rn 485; hier § 71 GBO Rn 48, jeweils mwN.

96 BayObLG Rpfleger 1976, 250; BayObLGZ 1972, 374 = Rpfleger 1973, 356; OLG Frankfurt Rpfleger 1980, 280 (Extremfall); OLG Stuttgart Rpfleger 1981, 355; OLG Hamm Rpfleger 1985, 286 = OLGZ 1985, 273 (im Ergebnis zu Unrecht, vgl Anm *Meyer-Stolte* Rpfleger 1985, 287); OLG Düsseldorf Rpfleger 1985, 394 (Klarstellung zu Recht abgelehnt); ebenso LG Aachen Rpfleger 1986, 211. *Eickmann* RpflStud 1984, 1, 10 spricht vom »Klarstellungsvermerk«, behandelt aber die ex nunc wirkende Eintragungsergänzung; zu letzterer s Rn 174.

bb) Auslegungsfähige Eintragungen. Eine Eintragung minderer, dennoch brauchbarer materieller Qualität **62**
ist diejenige, deren Wortlaut bzw Fassung zwar kein in allen Punkten zweifelsfreies Bild über das eingetragene
Recht zeichnet, bei der die Zweifel jedoch durch Auslegung des Eingetragenen überwindbar sind. Aber Auslegung ist ein Notbehelf,[97] zumal die Auslegung von Grundbucheintragungen im Ergebnis durchaus zu Abweichungen vom ursprünglichen Parteiwillen führen kann. Als Quelle solcher Divergenzen können sich die *unterschiedlichen Maßstäbe* erweisen, welche die hM zu Recht *bei der Auslegung von Einigung und Eintragung* anlegt.[98]
Während zur Feststellung des Inhalts der dinglichen Einigung ggf uneingeschränkt den für die Auslegung von
rechtsgeschäftlichen Willenserklärungen und Verträgen geltenden Regeln nach Maßgabe der §§ 133, 157 BGB
zu folgen ist (Erforschung des wirklichen übereinstimmenden Parteiwillens, jedenfalls bei der Auslegung der
formlosen Einigung unter Mitberücksichtigung aller Begleitumstände außerhalb des Erklärungsaktes bzw Vertragsschlusses),[99] ist bei der Auslegung von Grundbucheintragungen der Zweckbestimmung des Grundbuchs als
öffentliches Register, das einer unbestimmten Vielzahl von Interessenten über den dinglichen Rechtszustand
der Grundstücke die maßgebliche Auskunft zu erteilen hat, Rechnung zu tragen. Grundbucheintragungen sind
deshalb nicht so auszulegen, wie die Einigungspartner sie verstehen, sondern so, wie Außenstehende sie zu verstehen vermögen. Nach der herrschenden,[100] insbesondere vom BGH ständig vertretenen,[101] aber nicht unbestrittenen[102] *»objektiven Auslegungstheorie«* ist vorrangig abzustellen auf Wortlaut und Sinn der Grundbucheintragung und der darin in Bezug genommenen Eintragungsbewilligung, wie er sich für einen unbefangenen
Betrachter als nächstliegende Bedeutung des Eingetragenen ergibt, dürfen Umstände außerhalb dieser Urkunden nur insoweit mit herangezogen werden, als sie nach den besonderen Verhältnissen des Einzelfalles für jedermann ohne weiteres erkennbar sind.[103] Weitergehende subjektive Parteivorstellungen und -abreden, die in den
hiernach berücksichtigungsfähigen Urkunden und Tatsachen auch nicht andeutungsweise zum Ausdruck kommen, bleiben – wegen insoweit fehlender inhaltlicher Übereinstimmung von Einigung und Eintragung – ohne
dingliche Wirkung; sie entfalten allenfalls schuldrechtliche Wirkungen unter den ursprünglichen Einigungspartnern und deren eventuellen Gesamtrechtsnachfolgern.[104] Für und gegen Sonderrechtsnachfolger der
ursprünglichen Einigungspartner gilt hingegen der dahinter zurückbleibende, aus der Eintragung ermittelbare
Rechtsinhalt,[105] vorausgesetzt, dass der dezimierte dingliche Rechtsinhalt von der Einigung der Parteien
gedeckt wird (§ 139 BGB).

cc) Nichtauslegungsfähige Eintragungen. Eine Eintragung materiell untauglicher Qualität ist (erst) dieje- **63**
nige, die in einem wesentlichen Punkt derart unklar oder widersprüchlich ist, dass die Bedeutung des Eingetragenen trotz Auslegung unerkennbar bleibt. Ein solcher Eintrag bleibt – je nach Lage des Einzelfalles ganz oder
teilweise[106] – *ohne jegliche rechtliche Wirkung* und wird deshalb zu Recht allgemein *den inhaltlich unzulässigen Eintragungen zugeordnet*,[107] die vom GBA gemäß § 53 Abs 1 S 2 GBO alsbald von Amts wegen wieder zu löschen
sind, um die Irreführung Unkundiger zu vermeiden. In der Feststellung dieser rechtsversagenden Konsequenz

---

97 OLG Düsseldorf DNotZ 1961, 408, 409.
98 Grundlegend *Westermann* DNotZ 1958, 259; s ferner BGB-RGRK-*Augustin* Rn 48, MüKo-*Wacke* Rn 38, 53, alle zu
    § 873; hier Einl G Rdn 92 ff.
99 Bei der Auslegung formbedürftiger Erklärungen muss der außerhalb der Urkunde ermittelte Parteiwille in der
    Urkunde mindestens andeutungsweise Ausdruck gefunden haben; dazu *Palandt-Heinrichs* § 133 Rn 19. Eingehende
    Analyse dieser »Andeutungstheorie«: *Hagen* DNotZ 1984, 267 ff.
100 *Palandt-Heinrichs* § 133 Rn 12, 27; *Demharter* § 53 Rn 4.
101 Statt vieler: BGHZ 92, 351 = NJW 1985, 385 = Rpfleger 1985, 101; NJW 2002, 1797 = Rpfleger 2002, 352 =
    DNotZ 2002, 718; NJW 2002, 3021 = Rpfleger 2002, 511 = DNotZ 2002, 721 (*Dümig*) = ZflR 2002, 545. S auch
    BayObLG FGPrax 2002, 151 = Rpfleger 2002, 563 = ZflR 2002, 1025.
102 Kritische Gegenmeinung insb: MüKo-*Falckenberg* § 1018 Rn 19 und -*Joost* § 1105 Rn 13, 14 (methodische Bedenken;
    im praktischen Ergebnis kaum Abweichungen von der hM, vgl Fn 105).
103 So formuliert von BGH aaO (Fn 101).
104 So überzeugend: MüKo-*Wacke* § 873 Rn 54. Str allerdings bei nicht gehörig eingetragener Bedingung bzw Befristung
    des Rechts, s dazu Rn 177.
105 Folgt nach hM (vgl Fn 98, 100, 101) aus § 873 BGB (Übereinstimmungsmangel), nach der Gegenmeinung (vgl Fn 102)
    aus § 892, 893 BGB (falsche Verlautbarung).
106 Beispiele für Vollunwirksamkeit: OLG Hamm Rpfleger 1962, 59 = DNotZ 1962, 402; DNotZ 1970, 417 = OLGZ
    1970, 378; OLG Köln Rpfleger 1980, 467 = DNotZ 1981, 268; OLG Frankfurt Rpfleger 1980, 280. Beispiele für
    Teilunwirksamkeit: BGH NJW 1965, 2398 = DNotZ 1966, 486; NJW 1975, 1314 = Rpfleger 1975, 296 = DNotZ
    1975, 680; BayObLGZ 1973, 266 = NJW 1974, 152 = Rpfleger 1974, 111; Rpfleger 1982, 21 = DNotZ 1982, 244;
    OLG Stuttgart OLGZ 1979, 21; Rpfleger 1981, 109 = OLGZ 1981, 160.
107 KEHE-*Eickmann* § 53 Rn 18; *Demharter* § 53 Rn 49; *Schöner/Stöber* Rn 418 im Anschluss an RGZ 113, 223, 231; 130,
    64, 67; BayObLGZ 1961, 23, 25 = NJW 1961, 1263, 1265; OLG Hamm Rpfleger 1962, 59 = aaO (Fn 106); OLG
    Frankfurt Rpfleger 1980, 280; s auch hier Einl G 109.

ist die Rechtsprechung aus verständlichen Gründen eher zurückhaltend, zieht, soweit es irgendwie vertretbar erscheint, die rechtserhaltende Auslegung vor.[108]

64 c) Leitlinien für die Auslegung der Grundbucherklärungen. *Verfahrensziel* muss es sein, Unklarheiten in den Eintragungen möglichst zu vermeiden.[109] Anzustreben – wenn auch nicht immer zu verwirklichen – sind *Eintragungen bestmöglicher Qualität*, die sowohl ihrer Konstitutivfunktion als auch ihrer Publizitätsfunktion vollauf gerecht werden (vgl Rdn 60). Primärvoraussetzung zur Erreichung des Ziels sind möglichst eindeutige und klare Eintragungsunterlagen, die den Anforderungen des formellen Bestimmtheitsgrundsatzes (vgl Rdn 40 ff) und den besonderen verfahrensrechtlichen Bestimmtsheitserfordernissen (vgl Rdn 45 ff) genügen. Die Zielvorstellung ist keineswegs als Ablehnung, sondern als Leitlinie der Pflicht des GBA zur Auslegung der Grundbucherklärungen zu verstehen.

65 aa) Unbefangener Betrachter als Orientierungspunkt. Auf die Auslegung von Grundbucherklärungen im Eintragungsverfahren ist hier nicht im Einzelnen einzugehen (s dazu Einl G). Der ständige Ausgangspunkt der Rechtsprechung, dass bei der Auslegung der Grundbucherklärungen – wie bei der Auslegung der Grundbucheintragungen – auf den Wortlaut und Sinn abzustellen ist, wie er sich für einen unbefangenen Betrachter als nächstliegende Bedeutung des Erklärten ergibt,[110] hat vor allem deshalb seine Berechtigung, weil insb Eintragungsbewilligungen über ihre Funktion als Eintragungsgrundlage hinaus regelmäßig mittels Bezugnahme in die Grundbucheintragungen einbezogen und dadurch zum Bestandteil des Eintragungsinhalts avancieren (dazu Rdn 98 ff); eventuelle Erklärungsmängel werden auf diesem Wege zu Eintragungsmängeln (vgl Rdn 103). Unter diesem Gesichtspunkt ist *es prinzipiell unangebracht*, für die Auslegung der Grundbucherklärungen *andere Maßstäbe anzulegen als für die Auslegung von Grundbucheintragungen*. Dementsprechend dürfen bei der Auslegung einer Eintragungsbewilligung nur solche Umstände herangezogen werden, die aus der Bewilligung selbst hervorgehen oder die nach den besonderen Verhältnissen des Einzelfalls für jedermann ohne weiteres erkennbar sind,[111] müssen Parteivorstellungen und -abreden, die nicht derart offenbar werden, wie bei der späteren Auslegung der fertigen Eintragung außer Betracht bleiben.[112] Indes birgt die einseitige Ausrichtung der Auslegung der Grundbucherklärungen an den Erkenntnismöglichkeiten des späteren unbefangenen Grundbuchbenutzers die *Gefahr, dass die Eintragung von der* – nach parteiinternen Gesichtspunkten auszulegenden – *Einigung abweicht* (vgl Rdn 62) und somit ihre Konstitutivfunktion nicht vollkommen erfüllen kann. Das aber wäre eine Verfehlung des oben (Rdn 64) formulierten Verfahrensziels, die vermeidbar ist.[113]

66 bb) Verfahrensrechtliche Grenzen der Auslegung. Bedürfnis und Pflicht des GBA zur Auslegung der längst nicht immer völlig eindeutigen Eintragungsunterlagen sind grundsätzlich nicht zu bestreiten. Die Grundbucherklärungen zählen als Willenserklärungen im Sinne der §§ 133, 157 BGB; die Unterlassung einer nach der Sachlage angebrachten Auslegung ist ein Rechtsfehler.[114] Besonderes Gewicht ist jedoch den Grenzen beizumessen, die allgemein der Auslegung durch das GBA nach den Grundsätzen des Eintragungsverfahrens gesetzt sind, und zwar bedingt durch den Bestimmtheitsgrundsatz, durch das grundsätzliche Erfordernis urkundlich belegter Eintragungsunterlagen und durch das Fehlen einer Ermittlungspflicht im Antragsverfahren.[115] Die Beachtung dieser Grenzen dient der Erreichung des genannten Verfahrensziels, materiell voll funktionstüchtige Eintragungen zu schaffen. Zu Recht hat die Rechtsprechung wiederholt ausgeführt, dass die *Auslegungsbefugnis des GBA gegenüber dem Recht und der Pflicht des Prozessgerichts* den wirklichen Willen unter Ausschöpfung aller Beweismittel – auch außerurkundlicher Umstände – zu »erforschen« (§ 133 BGB), dahin *eingeschränkt* ist, dass die Erklärung in ihrem beurkundeten oder schriftlichen Wortlaut (vgl § 29 GBO, § 129 BGB) maßgebliches Gewicht behalten muss, dass dem GBA eine über den Urkundeninhalt hinausgehende oder mit dessen Wortsinn gar unvereinbare Ermittlung verwehrt ist, dass – selbst nahe liegenden – Zweifeln am Erklärungsinhalt bereits dann nicht nachgegangen werden soll, wenn zur Behebung solcher

---

108 Vgl zB RGZ 113, 223, 231; KG JFG 14, 103, 104 = DJ 1936, 1376; BayObLGZ 1961, 23 = aaO (Fn 107); Rpfleger 1976, 250; 1981, 479; 1986, 296 = NJW 1986, 882; OLG Frankfurt Rpfleger 1976, 132; 1980, 185; KG OLGZ 1975, 301.

109 In ähnlichem Sinne bezüglich des Beurkundungsverfahrensrechts: *Lichtenberger* NJW 1980, 864, 866/867; für Grundbucheintragungen: *Hintzen* Rpfleger 1994, 292 mwN.

110 So zB in BayObLGZ 1974, 112, 114 = Rpfleger 1974, 222 = DNotZ 1974, 441; 1980, 108, 112 = Rpfleger 1980, 293; 1984, 122, 124 = Rpfleger 1984, 351 = DNotZ 1984, 562, 563; OLG Frankfurt Rpfleger 1978, 213; 1980, 185; *Demharter* § 19 Rn 28, *Schöner/Stöber* Rn 172, hier Einl G Rdn 3, jeweils mwN.

111 Ständige Rspr des BGH.

112 OLG Bremen NJW 1965, 2403 mwN; *Riedel* Rpfleger 1966, 356, 360.

113 Ähnlich hier Einl G Rdn 95.

114 BayObLG Rpfleger 1976, 304 mwN = DNotZ 1976, 744; hier Einl G Rdn 7, 8 mwN.

115 Wie Fn 110.

Zweifel Umstände außerhalb der Eintragungsunterlagen zu berücksichtigen wären, die nicht offenkundig sind,[116] dass schließlich das Auslegungsergebnis jeweils eindeutig sein muss.[117]

Den **Rechtfertigungsgrund** für die Einengung der Auslegungsbefugnis des GBA (und der Rechtsmittelinstanzen des Eintragungsverfahrens) liefert in erster Linie der Bestimmtheitsgrundsatz, der seinerseits auf dem Publikationszweck des Grundbuchs beruht (vgl Rdn 33). *Ziel des formellen Bestimmtheitsgrundsatzes* ist es ja gerade, die Rechtslage – im Interesse eines reibungslosen Grundstücksverkehrs – *vorsorgend* in jedem Einzelfall derart *eindeutig und klar zu gestalten* und in der Grundbucheintragung *darzustellen*, dass es später möglichst nicht erst eines Zivilprozesses unter Ausschöpfung aller dort zulässigen Beweismöglichkeiten bedarf, um den Rechtsinhalt im Einzelnen festzustellen.[118] Ergo müssen im Eintragungsverfahren die Bestimmtheitsanforderungen hoch angesetzt und der Auslegungsspielraum dementsprechend begrenzt gehalten werden.[119]   **67**

Eine **extensive Auslegung** der Eintragungsunterlagen ist ferner mit Rücksicht auf die Konstitutivfunktion der Eintragung **grundsätzlich unangebracht**. Das materielle Grundprinzip der inhaltlichen Übereinstimmung von Einigung und Eintragung darf im Eintragungsverfahren nicht tendenziell in Gefahr gebracht werden. Das aber könnte geschehen, wenn das GBA (oder die Beschwerdeinstanzen) bei der Auslegung zu großzügig verfährt. Gerade weil die Auslegung der Eintragungsunterlagen bereits dem Blickwinkel und den Erkenntnismöglichkeiten des unbefangenen Betrachters der späteren Eintragung Rechnung zu tragen hat, darf sie im Vorstadium der Eintragung nur mit Zurückhaltung gehandhabt werden. Es kommt *zur Erzielung einer möglichst einwandfreien Konstitutivwirkung* vor allem darauf an, dass der noch vorzunehmenden Eintragung regelmäßig der wirkliche (empirische) Wille der Einigungspartner, nicht deren hypothetischer Wille zugrunde gelegt wird.[120] Deshalb sollte die lückenfüllende (ergänzende) Auslegung sowie ggf die Umdeutung von Eintragungsunterlagen im Antragsverfahren – schon wegen der Unzulässigkeit von (in der Regel dazu nötigen) Ermittlungen und Beweiserhebungen – grundsätzlich unterbleiben bzw sollte auf solche Fälle beschränkt bleiben, in denen die dem GBA vorliegenden Urkunden eine abschließende Würdigung gestatten, so dass *keine »unklaren Verhältnisse«* vorliegen.[121] **Als Regel muss gelten:** Sofern das wirklich Gewollte in der vorliegenden Bewilligungs- oder sie ersetzenden Grundbucherklärung nicht vollständig und (auch für Dritte) nicht ohne weiteres verständlich zum Ausdruck kommt und durch Interpretation des Erklärungswortlauts im erlaubten verfahrensrechtlichen Rahmen (s oben) nicht zweifelsfrei feststellbar ist, so ist per Zwischenverfügung nach § 18 Abs 1 GBO dem Antragsteller aufzugeben, die unzulängliche Eintragungsbewilligung von dem dazu Berufenen (Urheber, ggf dessen Vertreter oder der Urkundsnotar, soweit ermächtigt) in der durch § 29 GBO vorgeschriebenen Form verdeutlichen oder ergänzen zu lassen.[122]   **68**

Dass eine rechtlich vertretbare Auslegung einer Eintragungsunterlage gegenüber einer möglichen anderen Auslegung keine Gesetzesverletzung ist,[123] trifft in Bezug auf § 53 Abs 1 S 1 GBO sicherlich zu, spricht deshalb aber nicht gegen die vorstehend erläuterte Maxime bzw die Auslegung des Eintragungsverfahrens. Zu unterstreichen ist der Satz, dass die Auslegung nie die besonderen Umstände des Einzelfalles außer Acht lassen darf und deshalb vor einer Verallgemeinerung veröffentlichter Entscheidungen ohne Prüfung ihrer Besonderheiten gewarnt werden muss.[124] Insbesondere dürfen – aus den bereits dargelegten Gründen (vgl Rdn 68) – *Entscheidungen zur Auslegung fertiger Eintragungen nicht ungeprüft zum Maßstab für die Auslegung von Eintragungsunterlagen im Vorstadium der Eintragung* genommen werden. Kritikwürdig ist es insofern, im Anschluss an RGZ 136, 232, 235 beim Fehlen der (grundsätzlich verlangten) Angabe des Anfangszeitpunkts der Verzinsung bzw der sonstigen Nebenleistungen in der Eintragungsbewilligung für ein neu einzutragendes Grundpfandrecht auslegungsweise kurzerhand anzunehmen,   **69**

---

116 BayObLGZ 1974, 112, 114 = Rpfleger 1974, 222, 223 = DNotZ 1974, 441, 442; Rpfleger 1976, 13 = DNotZ 1976, 371, 373/374; KG Rpfleger 1968, 50, 51 = DNotZ 1968, 95, 96 = OLGZ 1967, 324, 326; OLG Stuttgart Rpfleger 1974, 66, 67; OLG Hamm Rpfleger 1983, 349, 350; s auch *Schöner/Stöber* Rn 172, 173 m zahlr Nachw; hier Einl G Rdn 16, 18.

117 KG DNotZ 1958, 204; OLG Hamm NJW 1966, 2411, 2412; OLG Frankfurt Rpfleger 1979, 418, 419; BayObLG in stRspr, zB Rpfleger 1979, 425; 1980, 111; 1980, 433; 1981, 147; 1981, 190, 191; 1982, 141; *Schöner/Stöber* aaO (Fn 116).

118 BayObLGZ 1952, 141; Rpfleger 1956, 311, 312; OLG Düsseldorf DNotZ 1961, 408, 409/410 (gegen eine wohl missverständliche Formulierung in RGZ 117, 323, 327).

119 § 47 GBO steht für seinen Geltungsbereich der Anwendung materiellrechtlicher Auslegungsregeln ohnehin entgegen, vgl BGHZ 73, 211, 212/213 = NJW 1979, 421 = Rpfleger 1979, 56 = DNotZ 1979, 499, 500; verallgemeinernd: MüKo-*Falckenberg* § 1018 Rn 19 m Fn 84.

120 Im Ausgangspunkt in etwa ebenso: MüKo-*Wacke* § 873 Rn 38; *Riedel* DNotZ 1954, 454, 455/456.

121 OLG Hamm Rpfleger 1957, 117, 118; KG Rpfleger 1968, 50 = DNotZ 1968, 95; OLG Düsseldorf DNotZ 1977, 305; OLG Stuttgart OLGZ 1979, 21; OLG Frankfurt Rpfleger 1980, 185; BayObLG Rpfleger 1976, 304 = DNotZ 1976, 744; Rpfleger 1982, 141; Rpfleger 1983, 346 = DNotZ 1983, 754; dazu auch *Schöner/Stöber* aaO (Fn 116).

122 Vgl zB OLG Frankfurt Rpfleger 1979, 418, 419; OLG Düsseldorf DNotZ 1961, 408; OLG Stuttgart OLGZ 1979, 21; KG Rpfleger 1979, 208; OLG Hamm Rpfleger 1983, 349, 350; KG Rpfleger 1986, 91 = OLGZ 1986, 11 (betr Sonderfall des unvollkommenen Titels als Eintragungsgrundlage der Zwangshypothek); etwa ebenso hier Einl G Rdn 37, 38.

123 KG Rpfleger 1972, 58 = DNotZ 172, 176; OLG Frankfurt Rpfleger 1976, 132.

124 Im gleichen Sinne *Meyer-Stolte* Rpfleger 1981, 191, 192.

dass die Zins- bzw Nebenleistungspflicht mit der Eintragung des Grundpfandrechts beginnen soll.[125] Besagte RG-Entscheidung betrifft die (wohl zutreffende) Auslegung einer fertigen Grundschuldeintragung nach den dafür entwickelten objektiven Grundsätzen, sie gibt an sich keinen Anlass zur Vernachlässigung des Bestimmtheitsgrundsatzes im Eintragungsverfahren zugunsten einer derartigen ergänzenden Auslegung. Vielmehr sollte das GBA aus den bereits dargelegten Gründen darauf bedacht sein, dass in der Eintragungsbewilligung eine klare Bestimmung des Beginns der Zins- und Nebenleistungen enthalten ist bzw nachgeholt wird,[126] zumal es durchaus nicht als Regeltatsache anzusehen ist, dass die Darlehensverzinsung mit dem Tag der Hypothekeneintragung beginnt.[127] Die jüngere Rechtsprechung trägt dem Rechnung und verlangt die Angabe des Verzinsungsbeginns in den Eintragungsunterlagen, wobei es genügt, dass der Zeitpunkt auf Grund jederzeit feststellbarer objektiver Umstände bestimmbar ist.[128]

II. Die Eintragung mittels Bezugnahme

1. Materiell- und formellrechtliche Bedeutung der Bezugnahme-Eintragung

70 **a) Unmittelbare und mittelbare Eintragungsmöglichkeit.** Nach materiellem Recht sind folgende Alternativen der Eintragungsart möglich:

71 **aa) Der ungekürzte Einschrieb** des gesamten Rechtsinhalts mit allen – laut Eintragungsbewilligung – von den Einigungspartnern vereinbarten Details in das Grundbuch selbst *(unmittelbare bzw direkte Eintragung)*. Die Zulässigkeit dieser Eintragungsart bedarf keiner besonderen Vorschrift, sondern versteht sich von selbst; denn sie verwirklicht umweglos die gemäß § 873 BGB zur ungeschmälerten Rechtsentstehung nötige inhaltliche Übereinstimmung von Einigung und Eintragung (unterstellt, dass die Eintragungsbewilligung den Einigungsinhalt zutreffend wiedergibt).

72 **bb) Der gekürzte Einschrieb** nur einiger markanter Rechtsdaten in das Grundbuch selbst, **gekoppelt mit der** (ausdrücklichen) **Bezugnahme auf die Eintragungsbewilligung** zur »näheren Bezeichnung« des Rechtsinhalts *(Kombination von unmittelbarer bzw direkter Eintragung mit mittelbarer bzw indirekter Eintragung).*

73 Die Zulässigkeit dieser Eintragungsart beruht auf besonderen materiellrechtlichen Vorschriften (und braucht diese auch als Modifizierung des Eintragungsbegriffs aus § 873 BGB).[129] Grundlegend eröffnet § 874 BGB die Bezugnahmemöglichkeit bei der Eintragung der grundstücksbelastenden Rechte; eine Reihe spezieller Vorschriften (dazu Rdn 85 bis 95) ergänzen diese Grundregel. All diese Vorschriften *gestatten* die indirekte Eintragung mittels Bezugnahme auf die Eintragungsbewilligung in einem zwar weit gezogenen, dennoch begrenzten Rahmen, eben lediglich zur »näheren Bezeichnung« des Rechtsinhalts. Die Bezugnahme-Eintragung darf also nach materiellem Recht nur stattfinden zur Ergänzung eines direkten Eintragungsvermerks im Grundbuch, der die wesentlichen, das Recht charakterisierenden Daten bezeichnet. Nur innerhalb der gesetzlichen Zulässigkeitsgrenzen (dazu Rdn 127 ff, 182 ff) vermag eine Bezugnahme materielle Eintragungswirkungen zu erzeugen, wird der in Bezug genommene Bewilligungsinhalt ebenso Inhalt der Gesamteintragung wie das direkt in das Grundbuch Eingetragene,[130] hat die Bezugnahme in der Grundbucheintragung echte Ersetzungswirkung wie die Bezugnahme in notariellen Urkunden.[131]

74 § 874 BGB und die anknüpfenden materiellrechtlichen Sonderbestimmungen *zwingen nicht* zur Bezugnahme-Eintragung, sondern gestatten sie als Variante zur ungekürzten Direkteintragung.

---

125 So die lange hM zu dieser Frage, vgl *Böttcher* Rpfleger 1984, 85, 86 (zu II) mwN; s auch LG Aachen Rpfleger 1986, 89.

126 In diesem Sinne bereits *Bruhn* Rpfleger 1957, 101, 103; *Schöner/Stöber* Rn 1957; *Hintzen* Rpfleger 1994, 292. Bei der Eintragung der Abtretung eines Grundpfandrechts ist übrigens eine derartige Lücke in den Eintragungsunterlagen von der hM seit jeher nicht hingenommen worden, vgl *Böttcher* Rpfleger 1984, 85, 86 (zu III) mwN; BayObLGZ 1984, 122 = Rpfleger 1984, 351 = DNotZ 1984, 562; OLG Frankfurt Rpfleger 1993, 486 = DNotZ 1994, 186. Bei Abtretung einer eingetragenen Eigentümergrundschuld tritt die Frage hinzu, von welchem Zeitpunkt an die Zinsen nach materiellem Recht abtretbar sind, vgl BayObLG NJW-RR 1987, 1418 = Rpfleger 1987, 364 = DNotZ 1988, 116; OLG Celle Rpfleger 1989, 323; *Bayer* Rpfleger 1988, 139; *Hennings* Rpfleger 1989, 363.

127 Vgl BGH NJW 1985, 730, 731 = DNotZ 1985, 294, 298; *Palandt-Putzo* § 488 Rn 20.

128 Für Rangvorbehalt: BGHZ 129, 1 = NJW 1995, 1081 = Rpfleger 1995, 343 = FGPrax 1995, 21 = DNotZ 1996, 88 (krit *Kutter*) = MittBayNot 1995, 122 (krit *Demharter*); OLG Frankfurt FGPrax 1996, 169 (krit *Demharter* FGPrax 1996, 206) = Rpfleger 1996, 340 (LS). Für Hypotheken: BayObLG 1994, 203 = Rpfleger 1995, 331 (LS); 1995, 271 = DNotZ 1996, 96; 1999, 198 = FGPrax 1999, 174 = Rpfleger 1999, 530 = DNotZ 2000, 62; 2000, 60 = FGPrax 2000, 92 = Rpfleger 2000, 324; BayObLG NJW-RR 2001, 878 = Rpfleger 2001, 172 = DNotZ 2001, 701; DNotZ 2001, 702.

129 Mot Bd III 472, 643.

130 Vgl zB RGZ 113, 223, 229; BGHZ 21, 34, 41 = NJW 1956, 1196 = Rpfleger 1956, 231, 232 = DNotZ 1956, 546; 35, 378, 381/382 = NJW 1961, 2157, 2158 = Rpfleger 1961, 394, 395; BayObLGZ 1981, 117, 119 = Rpfleger 1981, 295; OLG Düsseldorf OLGZ 1983, 352, 354.

131 *Staudinger-Gursky* § 874 Rn 2.

b) Zweck der mittelbaren Bezugnahme-Eintragung. Bezweckt wird mit der materiellrechtlichen Zulas- **75** sung der Bezugnahme-Eintragung eine **Stärkung der Publizitätsfunktion** des Grundbuchs. Gäbe es keine Alternative zur ungekürzten Direkteintragung, käme es alsbald zur Überfüllung des Grundbuchs durch allzu umfangreiche Texte und damit zu einer dem Grundbuchzweck sehr abträglichen Unübersichtlichkeit des gesamten Grundbuchinhalts; dies zu vermeiden, ist vornehmliches Ziel der Zulassung der indirekten Bezugnahme-Eintragung. Vom Standpunkt des BGB aus soll deshalb von der direkten Eintragung in das Grundbuch fern gehalten werden, was durch Bezugnahme auf die Eintragungsbewilligung als eingetragen gelten kann.[132]

Erreicht wird **zugleich eine sinnvolle Sonderung des Inhalts** der einzelnen Eintragung: Die für den **76** Rechtsverkehr wesentliche Information wird in den Eintragungstext und somit in das unmittelbare Blickfeld des Grundbuchbetrachters gerückt. Die erst in zweiter Linie und längst nicht in jedem Fall interessierenden Details des Rechtsinhalts werden im mit etwas mehr Aufwand wahrnehmbaren Hintergrund gehalten. Erforderlich ist selbstverständlich die Zugänglichkeit der Eintragungsunterlage, auf die der Grundbucheintrag Bezug nimmt, für das an der Einsichtnahme interessierte Publikum; dafür hat das GBA nach dem Verfahrensrecht zu sorgen (dazu Rdn 99).

c) Gebrauch der mittelbaren Bezugnahme-Eintragung. Seit der Neufassung des § 44 GBO durch das **77** RegVBG gibt es ein **verfahrensrechtliches »Soll«** für die Bezugnahme-Eintragung. Bis dahin war es – im Rahmen des Zulässigen – dem Ermessen des GBA überlassen, ob und inwieweit es von dem materiell-rechtlichen »Kann« dieser Eintragungsmöglichkeit Gebrauch macht.[133] Den Verfahrensbeteiligten wurde auf der Basis des bisherigen Rechts keine diesbezügliche Weisungsbefugnis zugestanden; eventuelle Fassungsvorschläge sind deshalb lediglich als Anregung gewertet worden, denen gefolgt werden kann und sollte, soweit sie sich als sachlich richtig und zweckmäßig erweisen (vgl Rdn 14). Dementsprechend wurde es den Beteiligten versagt, mittels sog Fassungsbeschwerde im Nachhinein zu erreichen, dass ein bisher zulässigerweise in Bezug genommener Teil der Eintragungsbewilligung wörtlich in den Eintragungsvermerk aufgenommen wird,[134] im Wesentlichen mit dem Argument, dass Formulierungswünsche eine Fassungsbeschwerde selbst dann nicht zu rechtfertigen vermögen, wenn sie als zweckmäßig zu erachten sind.[135]

Nunmehr schreibt § 44 Abs 2 GBO vor: »Soweit nicht gesetzlich etwas anderes bestimmt ist und der Umfang der Belastung aus dem Grundbuch erkennbar bleibt, soll bei der Eintragung eines Rechts, mit dem das Grundstück belastet wird, auf die Eintragungsbewilligung Bezug genommen werden ...«. Durch diese neue verfahrensrechtliche Sollvorschrift ist das *Ermessen des GBA zwar eingeschränkt, aber nicht beseitigt* worden (nicht unstreitig, vgl Fn 139). Insbesondere bleibt nach dem Wortlaut und Sinn der neuen Verfahrensregel der **materiellrechtliche Zulässigkeitsrahmen** für die Eintragung mittels Bezugnahme **unangetastet**; dies betont auch der Kernsatz der Begründung zum Gesetzentwurf:[136] *»Absatz 2 Satz 1 schreibt damit die Bezugnahme in dem jetzt möglichen Umfang als Soll-Vorschrift vor. Durch die Sollvorschrift soll der – wenig zweckmäßige – Eintritt der Nichtigkeit der Eintragung für den Fall verhindert werden, dass eine Bezugnahme unterbleibt, obwohl sie möglich war.«*

Das verfahrensrechtliche »Soll« des reformierten § 44 GBO betrifft nicht nur neue Eintragungen (Abs 2), son- **78** dern **auch alte Eintragungen** (Abs 3). Bei diesen soll im Rahmen des Zulässigen und unter Wahrung des bisherigen sachlichen Eintragungsinhalts die Bezugnahme auf die Eintragungsbewilligung oder andere Unterlagen nachgeholt oder erweitert werden, wenn sich Gelegenheit dazu bietet, wie bei der Umschreibung (§ 30 GBV) oder teilweise Neufassung (§ 33 GBV) eines Grundbuchblattes, aber in auch »sonstigen Fällen der Übernahme von Eintragungen auf ein anderes, bereits angelegtes oder neu anzulegendes Grundbuchblatt«. Die Begründung[137] nennt zu letzterem beispielhaft folgende Fälle:
– Abschreibung eines Grundstücks oder Grundstücksteils,
– Übernahme von Eintragungen über Belastungen des Grundstücks in die Wohnungsgrundbücher und Teileigentumsgrundbücher bei deren Anlegung,
– Vereinigung von Grundstücken, die auf verschiedenen Grundbuchblättern eingetragen sind,
– Zuschreibung eines Grundstücks, das auf einem anderen Grundbuchblatt eingetragen ist.

In § 44 Abs 3 GBO ist nun ausdrücklich vorgeschrieben, was vordem (im inzwischen weggefallenen Buchst f des § 30 Abs 1 GBV) ausdrücklich untersagt war. Es erschien dem Gesetzgeber deshalb »angezeigt, wegen der

---

132 Mot Bd III 472, 586/587; RGZ 50, 145, 153.
133 Vgl zB BGHZ 47, 41, 46 mwN = NJW 1967, 925, 926 = Rpfleger 1967, 111, 112 = DNotZ 1967, 753, 755; BayObLGZ 1981, 117, 119 mwN = aaO (Fn 130).
134 Vgl zB RGZ 50, 145, 154; BayObLGZ 1981, 117, 119/120 = aaO (Fn 130).
135 Vgl zB *Haegele/Riedel* Rpfleger 1963, 262, 263; BGHZ 35, 378, 383 = aaO (Fn 130); 47, 41, 45 = aaO (Fn 133); LG Frankfurt Rpfleger 1979, 454; OLG Hamm Rpfleger 1985, 109, 110 = DNotZ 1985, 552, 555 = OLGZ 1985, 19, 22/23; tlw anders für Spezialfall (Beseitigung erheblicher Verunsicherung): OLG Hamm Rpfleger 1985, 17, 20 = OLGZ 1985, 23, 34.
136 BT-Drucksache 12/5553 S 67.
137 AaO (Fn 136).

Bedeutung der Frage zur Lösung des Problems eine gesetzliche Regelung vorzusehen«. Zur Umsetzung der Neuregelung im Hauptfall der Umschreibung von Grundbüchern wird auf die Erläuterungen zu § 30 GBV verwiesen.

79 **Für den Umfang der Bezugnahme,** die nach wie vor im Ermessen des für den Eintragungswortlaut verantwortlichen Rechtspflegers liegt (vgl Rdn 10), sind folgende Leitlinien beachtenswert:

80 **aa) Gründe für weitestmöglichen Gebrauch.** Die Ausschöpfung der Bezugnahme-Möglichkeiten muss praktisch die Regel sein, zum einen zur *Verwirklichung des materiellrechtlichen Ziels* (s Rdn 75, 76), zum zweiten wegen der damit zu erreichenden *Vereinfachung der Grundbuchführung* und *Rationalisierung des Eintragungsverfahrens.* Die Bezugnahme-Eintragung reduziert erheblich den Aufwand an Textbe- und -verarbeitung bei der Vorbereitung, Verfügung, Vollziehung und Mitteilung der Eintragungen. Sie ermöglicht zudem (erzwingt jedoch nicht) die Standardisierung von Eintragungstexten und -textteilen,[138] wo dies nach der unabhängigen Entscheidung des Rechtspflegers angebracht ist. Vorteilhaft ist die Bezugnahme-Eintragung nicht nur für die herkömmliche Grundbuchführung in festen raumbegrenzten Bänden, sondern auch für die moderne Technik des maschinenunterstützten Loseblattgrundbuchs und des maschinengeführten EDV-Grundbuchs. Der evidenten Vorteile wegen sollte in der Eintragungspraxis von der Bezugnahme nur abgesehen werden, wenn sich der gesamte Inhalt des Rechts im Einzelfall mit wenigen Worten erschöpfend bezeichnen lässt.[139]

81 **bb) Beachtung der Zulässigkeitsgrenzen.** Die Einhaltung der materiellrechtlichen Zulässigkeitsgrenzen ist als Grundbedingung für die uneingeschränkte Wirksamkeit der Eintragung (vgl Rdn 73) selbstverständliches Gebot für die Eintragungspraxis. Vorherrschend ist wohl die Neigung, die Bezugnahmemöglichkeiten aufs äußerste auszunutzen, um die Eintragungsvermerke in den Grundbüchern so kurz wie möglich zu halten. Dem ist nicht generell entgegenzutreten (s aber Rdn 82); denn *meistens wird die Komprimierung und Reduzierung* der Eintragungstexte *der Übersichtlichkeit und Lesbarkeit* des unmittelbaren Grundbuchinhalts *zugute kommen* und *nicht* dazu führen, dass *unvollkommene Vorstellungen* über Inhalt und Umfang der eingetragenen Rechte beim Leser hervorgerufen werden, so dass kein Verstoß gegen den das Grundbuchrecht beherrschenden Grundsatz der Bestimmtheit und Klarheit vorliegt.[140] Allerdings bewegt sich eine derartige Eintragungspraxis hart an der Grenze des Zulässigen und läuft Gefahr, sie gelegentlich zu überschreiten. Eine reichhaltige Rechtsprechung bezeugt dies nachhaltig; sie hat im Laufe der Zeit die pauschale gesetzliche Grenzbestimmung (»zur näheren Bezeichnung ...«) mit detaillierteren und genauer definierten Maßstäben angereichert und damit zunehmend Unsicherheitsmomente abgebaut. Heute ist der Zulässigkeitsrahmen für die Bezugnahme-Eintragung einigermaßen verlässlich abgesteckt (dazu Rdn 98 ff).

82 **cc) Zweckmäßigkeitserwägungen.** Die von Fall zu Fall zu treffende Entscheidung, ob bzw inwieweit bei einer Eintragung in das Grundbuch auf die Eintragungsbewilligung Bezug zu nehmen ist, sollte Zweckmäßigkeitsgesichtspunkte nicht außer Betracht lassen. Dass Zweckmäßigkeitsfragen im Nachhinein bei Fassungsbeschwerden kein entscheidendes Gewicht beizumessen ist (vgl Rdn 77), besagt nicht, dass sie auch bei bevorstehenden Eintragungen unberücksichtigt bleiben müssen; leider werden im Schrifttum die (minimale) Rechtmäßigkeit und die (optimale) Zweckmäßigkeit nicht immer auseinander gehalten. Die Beschwerde gegen eine fertige Eintragung kann regelmäßig nur greifen, wenn die Fassung aus Rechtsgründen der Klarstellung bedarf. Die Abfassung einer noch zu fertigenden Eintragung sollte demgegenüber nicht nur rechtserhebliche Unklarheiten vermeiden, sondern *über das rechtlich Notwendige bzw Vertretbare hinaus nach größtmöglicher Transparenz und Aussagekraft, sozusagen nach »Benutzerfreundlichkeit« des Grundbuchinhalts* trachten. Der Eintragungswortlaut kann und braucht deswegen nicht, wie verschiedentlich verlangt,[141] auf den rechtsunkundigen Laien abgestellt zu werden.[142] Erforderlich und ausreichend muss es sein, dass wenigstens eine mit Fachkenntnissen auf dem Gebiet des Grundbuchrechts vertraute Person anhand des Grundbuchinhalts zuverlässig Inhalt und Umfang der eingetragenen Rechte feststellen und dem Interessenten erläutern kann.[143] »Benutzerfreundlich« im hier gemeinten Sinne sind solche Grundbucheintragungen, die *Wichtiges nicht »verstecken«* durch indirekte Bezugnahme-Eintragung, *sondern hervorheben* durch direkte Grundbuch-Eintragung.[144] Die für den Rechtsverkehr bedeutsamen Kriterien und Besonderheiten des konkreten Rechtsinhalts gehören nach dieser Prämisse – auch dann, wenn sie nach materiellem Recht (§§ 874 BGB

---

138 Dient, sachgerecht gehandhabt, durchaus der Transparenz des Grundbuchs, vgl zB die zahlr Vorschläge in der Schrift von *Schmidt/Gissel/Nickerl* und in Grundbuch-Normtexte (Bayer Staatsministerium der Justiz).
139 Vgl zB BayObLGZ 1956, 196, 201 = Rpfleger 1956, 311, 313 = DNotZ 1956, 547, 552; *Staudinger-Gursky* § 874 Rn 1; *Demharter* § 44 Rn 37; **aA** *Schöner/Stöber* Rn 271 (§ 44 II GBO gebietet die Bezugnahme auch in solchem Fall).
140 Ähnlich: BGHZ 21, 34, 43 = aaO (Fn 130); *Staudinger-Gursky* § 874 Rn 1.
141 Vgl zB BayObLG HRR 1935 Nr 128; LG Aschaffenburg Rpfleger 1963, 290; *Demharter* § 44 Rn 13.
142 *Haegele/Riedel* Rpfleger 1963, 262, 264, 267 mit eingehenden Argumenten; MIR (6. Aufl) § 3 Anh I Rn 251 aE; LG Weiden Rpfleger 1961, 305, 306; OLG Köln Rpfleger 1974, 150.
143 OLG Frankfurt Rpfleger 1980, 280.
144 In etwa gleichem Sinne: OLG Frankfurt Rpfleger 1974, 430.

usw) zum bezugnahmefähigen »näheren« Inhalt zu rechnen sind – *mindestens andeutungsweise in den Grundbucheintrag*, damit die Aufmerksamkeit des (fachmännischen, dennoch unbefangenen) Betrachters darauf gelenkt und so ggf dessen Interesse auf eingehendere Information anhand der in Bezug genommenen Eintragungsbewilligung angeregt wird.

Zur materiellen Gültigkeit **nicht nötig, jedoch zweckmäßig** in vorstehendem Sinne ist **beispielsweise** die   83
Aufnahme folgender Hinweise in den Eintragungsvermerk im Grundbuch:

(1) beim Vorkaufsrecht, dass es »*für alle Verkaufsfälle*«, ggf »*für mehrere Verkaufsfälle*« bestellt ist (zulässig gemäß § 1097 BGB),[145] dass es als »*übertragbares*« und/oder »*vererbliches*« Recht vereinbart ist (zulässig gemäß §§ 1098 Abs 1, 473);[146]

(2) bei einem Grundpfandrecht, dass es einem vereinbarten »*Abtretungsausschluss*« oder einer »*Abtretungsbeschränkung*« unterliegt (zulässig gemäß §§ 399, 413 BGB);[147]

(3) bei einer Reallast, dass es sich ggf um eine solche »*mit Preisklausel*« (Ausdruck gemäß PrKV vom 23.09.1998, BGBl I 1998, 3043) handelt. Die Kenntlichmachung als »*ablösbares*« Recht (falls ein Ablösungsrecht besonders vereinbart ist) ist dagegen mehr als zweckmäßig, sie ist materiellrechtlich nötig (dazu Rn 156), weil die Reallast dann ein mit der eventuellen Zahlung der Ablösungssumme erlöschendes und somit auflösend bedingtes Recht ist;[148] zulässig ist die Vereinbarung eines Ablösungsrechts für den Eigentümer (über dessen je nach Landesrecht gemäß Art 113 EGBGB gesetzmäßiges Ablöserecht hinaus); umstritten ist die Zulässigkeit eines Ablösungsrechts (Verfallklausel) für den Berechtigten;[149]

(4) bei einer Tilgungshypothek, falls die außer Zinsen zu entrichtenden anderen Nebenleistungen im Sinne des § 1115 BGB nach einem ständig »*auf das Ursprungskapital*« bezogenen Prozentsatz zu berechnen sind;[150]

(5) vereinbarte Beschränkungen des Befugnisgehalts eines (grundsätzlich im abgesteckten Volumen vom Eigentümer beliebig und mehrfach ausnutzbaren) Rangvorbehalts, zB derart, dass er für Rechte »*nur zugunsten . . .*« (für bestimmten Berechtigten) oder »*zu . . . zwecken*« (für zweckgebundene Belastungen), dass er nur »*einmalig ausnutzbar*« bzw ». . . *malig ausnutzbar*« oder »*ausnutzbar bis . . .*« ist, usw;[151]

(6) bei denjenigen Rechtstypen (insb Dienstbarkeiten, Reallasten, Anteilsbelastungen nach Maßgabe des §§ 1010 BGB), bei denen es der vielfältigen Gestaltungsmöglichkeiten wegen einer mindestens schlagwortartigen Kurzbenennung des konkreten Rechtsinhalts im Eintragungsvermerk bedarf (dazu Rdn 132, 133), ist es zweckdienlich, die *Kurzbezeichnung nicht zu allgemein* zu fassen, sondern darauf zu achten, dass die relevanten Spezialitäten des Rechtsinhalts mindestens angedeutet werden;[152]

(7) beim Wohnungs- bzw Teileigentum haben außer den gemäß § 3 Abs 2 WGV ausdrücklich im Grundbuch einzutragenden Veräußerungsbeschränkungen (§ 12 WEG) – zweckmäßigerweise unter Benennung jedenfalls der für den Rechtsverkehr bedeutsamen Ausnahmen[153] – insb die »*Sondernutzungsrechte*« an Flächen des gemeinschaftlichen Eigentums eine hervorzuhebende Bedeutung und sind deshalb zweckmäßigerweise,

---

145 Im Ergebnis ebenso: *Staudinger-Gursky* § 874 Rn 1; *Schöner/Stöber* Rn 1409; angedeutet von LG Frankfurt Rpfleger 1979, 454; wäre vorteilhaft gewesen im Fall des OLG Köln Rpfleger 1982, 16, hätte die (unklare) Bezugnahme auf die Bewilligung erübrigt im Fall des OLG Frankfurt NJW-RR 1997, 1447.

146 Direkteintragung »wünschenswert« laut *Schmidt-Gissel-Nickerl* Fn 3 zu Normtext 125, obgleich bezugnahmefähig, vgl OLG Düsseldorf Rpfleger 1967, 13.

147 Ebenso: *Schmidt-Gissel-Nickerl* zB in Fn 8, 9 zu Normtext 53 u in Fn 15, 16 zu Normtext 57. OLG Hamm NJW 1968, 1289 = Rpfleger 1968, 283, 284 = DNotZ 1968, 631, 635 lässt zwar Bezugnahme genügen, weist aber auf das Gewicht des Abtretungsausschlusses hin. Für Direkteintragung auch *Schöner/Stöber* Rn 2379.

148 RGZ 85, 244; KGJ 21, 316; *Staudinger-Amann* § 1105 Rn 22; *Schöner/Stöber* Rn 1316; **aA** MüKo-*Joost* § 1105 Rn 12.

149 Ablehnend OLG Köln Rpfleger 1991, 200 = DNotZ 1991, 807 mwN (auch zur Gegenmeinung).

150 Wie *Bleckert* Rpfleger 1966, 201; *Böttcher* Rpfleger 1980, 81, 82 (ablehnend, ohne Zweckmäßigkeitserwägungen); befürwortend: BGHZ 47, 41, 45 = aaO (Fn 133); KG, Rpfleger 1966, 303, 305; OLG Hamm Rpfleger 1985, 286 (*Meyer-Stolte*) = OLGZ 1985, 273; OLG Düsseldorf Rpfleger 1985, 394; Rpfleger 1996, 61, 62/63 = NJW-RR 1996, 211 = FGPrax 1995, 218.

151 Eintragung per Bezugnahme reicht zwar (*Schöner/Stöber* Rn 2134, 2138 mwN), ist aber weniger augenscheinlich u deshalb nicht zweckmäßig (so auch *Schmidt-Gissel-Nickerl* zu Normtext 164).

152 Beispiele mehr oder weniger unspezifizierter Schlagworte: BayObLGZ 1981, 117, 120 = Rpfleger 1981, 295; BayObLG Rpfleger 1981, 479; BGH NJW 1983, 115, 116 = Rpfleger 1983, 15.

153 Dazu eingehend: *Weitnauer/Diester* Rpfleger 1968, 205, 207; ferner *Schöner/Stöber* Rn 2902, 2903.

obgleich Bezugnahme auf die Bewilligung materiellrechtlich ausreichend ist,[154] unter Bezeichnung der Nutzungsart (als *»Kfz-Stellplatz«*, *»Garten«*, *»Lagerplatz«* usw) im Grundbuch selbst erkennbar zu machen;[155]

(8) bei der nachträglichen Mitbelastung eines Grundstücks für mehrere bereits eingetragene Rechte unter Transponierung des auf dem bereits belasteten Grundstück bestehenden Rangverhältnisses auf das nachzuverhaftende Grundstück ein entsprechender klarstellender (materiellrechtlich nicht nötiger) Hinweis auf diese *Rangfolge im Mitverhaftungsvermerk*[156] (dazu § 11 GBV Rdn 47).

84 **dd) Vermeidung unnützer Bezugnahme.** Die Unterlassung unnötiger Bezugnahme auf die Eintragungsbewilligung ergibt sich aus der generellen Pflicht des GBA, überflüssige Eintragungen im Interesse der Übersichtlichkeit des Grundbuchinhalts zu vermeiden.[157] Die Bezugnahme auf die Eintragungsbewilligung ist nach materiellem Recht vorgesehen *zur Ergänzung, nicht zur Rechtfertigung* des direkt Eingetragenen. Wird der in der Eintragungsbewilligung niedergelegte Rechtsinhalt seiner Kürze wegen aus Zweckmäßigkeitsgründen in seiner Gesamtheit direkt in das Grundbuch eingetragen, so ist die Bezugnahme auf die Bewilligung überflüssig und irreführend und deshalb zu unterlassen.

2. Die Bezugnahme-Eintragung gestattende und ausschließende Vorschriften

85 **a) Gestattende Vorschriften.** Gestattet wird die teilweise indirekte Eintragung mittels Bezugnahme auf die Eintragungsbewilligung durch eine Reihe von **Vorschriften materiellrechtlicher Qualität** (vgl Rdn 73), selbst soweit sie ausnahmsweise im formellen Recht untergebracht sind, wie § 49 GBO.[158] Das BGB selbst zentriert die Gestattung der Bezugnahme-Eintragung weitgehend auf eine grundlegende Bestimmung in den §§ 874, 877; es enthält daneben lediglich einzelne Sonderbestimmungen, nämlich in § 885 Abs 2 für die Vormerkung und in §§ 1115 ff für die Hypothek und für die übrigen Grundpfandrechte.[159] Zusätzliche Spezialisierungen beruhen auf den liegenschaftsrechtlichen Sondergesetzen, namentlich auf der ErbbauRG und dem WEG.

86 **aa) Regelbestimmungen.** Die **Grundregel des § 874 BGB** eröffnet die Möglichkeit, zur näheren Bezeichnung des Rechtsinhalts auf die Eintragungsbewilligung Bezug zu nehmen, prinzipiell für die Neueintragung aller grundstücksbelastenden Rechte, lässt jedoch Sondervorschriften den Vorrang. **Generell ausgedehnt** wird der Anwendungsbereich dieser Grundregel **durch § 877 BGB** auf die Eintragung von Inhaltsänderungen bei grundstücksbelastenden Rechten, auch hierbei kann somit zur näheren Bezeichnung der Änderung(en) auf die Eintragungsbewilligung Bezug genommen werden.

87 Die §§ 874, 877 BGB **gelten** – mangels besonderer Vorschriften – **zunächst** für die Erst- und Änderungseintragungen bezüglich folgender im BGB geregelter Grundstücksbelastungen: Grunddienstbarkeit, Nießbrauch, beschränkte persönliche Dienstbarkeit, Vorkaufsrecht und Reallast. **Generell ausgeklammert** ist nach Wortlaut und Sinn des Gesetzes die Bezugnahme-Eintragung für das Eigentum;[160] eine spezielle Ausnahme ergibt sich in dieser Beziehung aus § 7 Abs 3 WEG (dazu Rdn 94).

88 Darüber hinaus ist die Grundregel der §§ 874, 877 BGB ihrer Zweckbestimmung gemäß (vgl Rdn 75, 76) nach allgM **extensiv anzuwenden**,[161] und zwar auf diejenigen Eintragungen, bezüglich derer das materielle Recht keine speziellen Regeln betreffs der Bezugnahmemöglichkeit enthält, so zB auf die Rechte an Grundstücksrechten nach den §§ 1068 ff, 1273 ff BGB, von Verfügungsbeschränkungen iS des § 892 Abs 1 S 2 BGB (dazu Rdn 170, 171), von Anteilsbelastungen nach § 1010 BGB (dazu Rdn 132), von Rangvorbehalten nach § 881 Abs 1, 2 BGB (dazu Rdn 174), von Bedingungen und Befristungen nach den §§ 158 ff BGB (dazu Rdn 167, 168).

---

154 Die Zweckmäßigkeit der Erwähnung der Sondernutzungsrechte im Grundbucheintrag heben ausdrücklich hervor: OLG Hamm Rpfleger 1985, 109, 110 = DNotZ 1985, 552, 555 = OLGZ 1985, 19, 22/23; OLG Köln Rpfleger 1985, 110; BayObLG NJW-RR 1986, 93 = Rpfleger 1986, 132 = DNotZ 1986, 479 (*Ertl*).

155 Eingehend zur Eintragung der Sondernutzungsrechte mit nachdrücklichem Plädoyer für deren Kennzeichnung im Eintragungsvermerk: *Ertl* Rpfleger 1979, 81 ff, daran anknüpfend in DNotZ 1986, 485, 486; dazu auch *Schöner/Stöber* Rn 2915.

156 Vgl RGZ 132, 106, 112/113; OLG Hamm Rpfleger 1985, 17, 20 = OLGZ 1985, 23, 34; *Schöner/Stöber* Rn 2668.

157 RGZ 119, 211; 213; 130, 350, 354; BayObLGZ 1953, 251 = Rpfleger 1953, 451; BayObLG NJW-RR 1993, 283 = Rpfleger 1993, 189; OLG Frankfurt NJW-RR 1997, 1447, 1448 = FGPrax 1997, 211; *Demharter* § 44 Rn 14; *Schöner/Stöber* Rn 28, 271.

158 Zur materiellrechtl Bedeutung von § 49 GBO: BGHZ 58, 57, 58 = NJW 1972, 540 = Rpfleger, 1972, 89 = DNotZ 1972, 487; 73, 211, 215 = NJW 1979, 421, 422 = Rpfleger 1979, 56, 57 = DNotZ 1979, 499, 501; *Demharter* § 49 Rn 1; KEHE-*Eickmann* § 49 Rn 1; hier § 49 GBO Rn 1 ff.

159 Im I. Entw des BGB war noch eine dezentrale Regelung geplant, die weitgehende Zusammenziehung zu einer Vorschrift erfolgte im II. Entw, vgl RGZ 50, 145, 152/153 mwN.

160 AllgM im Anschluss an RG SeuffA 91, 104.

161 Zum Ganzen: *Haegele* BWNotZ 1975, 39, 31. Vgl auch BGB-RGRK-*Augustin* Rn 3, 4, MüKo-*Wacke* Rn 7, Staudinger-*Gursky* Rn 12 ff, alle zu § 874; *Schöner/Stöber* Rn 270.

bb) Sonderbestimmungen des BGB. Die Sonderbestimmungen des BGB über die Bezugnahmemöglich- **89**
keit bei der Eintragung, die schon erwähnten Vorschriften **§ 885 Abs 2 und § 1115 BGB**, tragen den spezifischen Besonderheiten der Vormerkung und der Hypothek Rechnung. Beide Rechtsinstitute sind akzessorisch,
ihr Inhalt wird weitgehend durch den gesicherten Anspruch bzw die gesicherte Forderung konkretisiert. Dementsprechend gestatten § 885 Abs 2 und § 1115 BGB jeweils die Bezugnahme zur näheren Bezeichnung des zu
sichernden Anspruchs bzw der Forderung.

§ 1115 BGB verlangt zudem – in Ergänzung (nicht Ersetzung) der allgemeinen Grundregel des § 874 BGB[162] – **90**
ausdrücklich die Hervorhebung wichtiger Strukturdaten des Hypothekeninhalts durch Direkteintragung im
Grundbuch mit dem Zweck, den Umfang der Belastung, und zwar ihr größtmögliches Ausmaß, aus dem Grundbuchvermerk selbst, also ohne Heranziehung der Eintragungsbewilligung, für jeden Teilnehmer im Grundbuchverkehr erkennbar zu machen.[163] Für die Grundschuldeintragung ist gemäß § 1192 BGB der § 1115 BGB entsprechend anwendbar in der Weise, dass »Grundschuld« bzw »Inhalt der Grundschuld« (im letzten Hs des ersten Abs)
anstatt »Forderung« zu lesen ist. Für die (seltene) Eintragung einer Rentenschuld gilt in erster Linie § 1199 Abs 2
BGB. Weiteres unter Rdn 134 ff.

Analog § 885 Abs 2 BGB ist nach allgM auch bei der Eintragung eines Widerspruchs nach *§ 899 BGB* die **91**
Bezugnahme auf die einstweilige Verfügung oder die Eintragungsbewilligung zulässig.[164]

cc) Sonderbestimmung anderer Gesetze. Sonderbestimmungen außerhalb des BGB enthalten spezielle **92**
Regelungen über die Eintragung unter Bezugnahme auf die Eintragungsbewilligung:

(1) **§ 14 Abs 1 und 2 ErbbauRG:** In der zur Begründung des Erbbaurechts nach § 873 BGB nötigen (konsti- **93**
tutiven) Eintragung im Grundstücksgrundbuch ist zur näheren Bezeichnung des Inhalts des Erbbaurechts die
Bezugnahme auf das Erbbaugrundbuch *geboten* (§ 14 Abs 2 ErbbauRG). Bei der Beschreibung des Erbbaurechts
im Erbbaugrundbuch darf sodann zur näheren Beschreibung des Inhalts des Erbbaurechts auf die Eintragungsbewilligung Bezug genommen werden; formale Details regelt § 56 GBV. Im Ganzen entspricht diese Regelung
dem Grundsatz des § 874 BGB. (Näheres dazu: Vor § 54 GBV Rdn 15 bis 17).

(2) **§ 7 Abs 3 WEG** (ggf iVm § 8 Abs 2 WEG) lässt in *Erweiterung des gewöhnlichen Bezugnahmerahmens*[165] bei der **94**
Eintragung im Einzelnen Wohnungs- bzw Teileigentumsgrundbuch die Bezugnahme auf die Eintragungsbewilligung nicht nur zur näheren Bezeichnung des Inhalts, sondern auch zur näheren Bezeichnung des Gegenstandes des Sondereigentums zu. Entsprechendes gilt gemäß **§ 30 Abs 3 WEG** für die Eintragung des Wohnungserbbaurechts bzw des Teilerbbaurechts sowie gemäß **§ 32 Abs 2 WEG** für die Eintragung des Dauerwohn- bzw
Dauernutzungsrechts. Formale Detailregelungen finden sich in der speziellen WGV, insb in den §§ 3 und 8.
(Näheres dazu: § 3 WGV Rdn 9 bis 12).

(3) **§ 49 GBO** stellt *eine außerordentliche Erweiterung des normalen Bezugnahmerahmens* dar: Ohne diese Vorschrift **95**
müssten die einzelnen Rechte (Dienstbarkeiten, Reallasten, ev Nießbrauch) entsprechend § 874 BGB wenigstens ihrer wesentlichen Art nach im Grundbuch selbst gekennzeichnet werden; gemäß § 49 GBO genügt stattdessen die Eintragung der Gesamtbezeichnung »Leibgeding« usw und im Übrigen die Bezugnahme auf die
Eintragungsbewilligung. Sinngemäß erstreckt sich die erweiterte Bezugnahmemöglichkeit nach § 49 auch auf
die sonst nach den §§ 47, 48 GBO direkt im Grundbuch einzutragenden Angaben über das Gemeinschaftsverhältnis mehrerer Berechtigter[166] und über den Belastungsgegenstand[167] der zusammengefassten Einzelrechte.
(Näheres dazu: § 49 GBO Rdn 92, 108 bis 110).

b) Ausschließende Vorschriften. Ausgeschlossen ist die Bezugnahme – abgesehen von der ohnehin **96**
begrenzten Zulässigkeit (dazu Rdn 127 ff) – für solche Eintragungen, die das Gesetz in besonderen Vorschriften
extra anordnet, für die deshalb § 874 BGB unmittelbar nicht gilt (gemäß Vorbehalt »*soweit nicht das Gesetz ein
anderes vorschreibt*«), so insbesondere für:[168]

---

162 BGHZ 47, 41, 42 = NJW 1967, 925 = Rpfleger 1967, 111 = DNotZ 1967, 753; BGH NJW 1975, 1314, 1315 = Rpfle-
     ger 1975, 296 = DNotZ 1975, 680; OLG Frankfurt Rpfleger 1978, 409.

163 Zum speziellen Zweck des § 1115 BGB vgl insbes BGHZ 47, 41, 44 = aaO (Fn 162); BGH NJW 1975, 1314, 1315 = aaO
     (Fn 162); *Böttcher* Rpfleger 1980, 81/82 mwN in Fn 18.

164 *Planck-Strecker* Rn 15 (mit Begründung), BGB-RGRK-*Augustin* Rn 15, MüKo-*Wacke* Rn 17, *Palandt-Bassenge* Rn 6,
     alle zu § 899; *Schöner/Stöber* Rn 1617.

165 OLG Hamm Rpfleger 1985, 109, 110 = DNotZ 1985, 552, 554/555 = OLGZ 1985, 19, 21/22.

166 BGHZ 73, 211 = aaO (Fn 158); s auch *Schöner/Stöber* Rn 1335 mwN.

167 BGHZ 58, 57 = aaO (Fn 158); OLG Hamm Rpfleger 1973, 98 = DNotZ 1973, 276; Rpfleger 1975, 357 = DNotZ
     1976, 229; s auch *Schöner/Stöber* Rn 1334 mwN; **aA** KEHE-*Eickmann* § 49 Rn 6.

168 Zum Ganzen: *Haegele* BWNotZ 1975, 29; *Staudinger-Gursky* Rn 4; MüKo-*Wacke* Rn 6, jeweils zu § 874; *Schöner/Stöber*
     Rn 265.

(1) die abweichende Rangbestimmung gemäß § 879 **Abs 3 BGB** für neu einzutragende Rechte;

(2) die nachträgliche Rangänderung bereits eingetragener Rechte gemäß § 880 **Abs 2 BGB**;

(3) den Rangvorbehalt gemäß § 881 **Abs 2 BGB**;

(4) den Höchstbetrag des Wertersatzes für ein nicht auf Kapitalzahlung gerichtetes Recht gemäß § 882 **BGB**;

(5) wesentliche Daten des Inhalts von Grundpfandrechten – außer den Strukturmerkmalen gemäß § 1115 **BGB** (dazu Rdn 134 ff) – zB der Briefausschluss gemäß § 1116 **Abs 2 BGB** und dessen Aufhebung gemäß § 1116 **Abs 3 BGB**, der Ausschluss des Löschungsanspruchs und dessen Aufhebung gemäß § 1179a **Abs 5 BGB**, die Bezeichnung als Sicherungshypothek gemäß § 1184 **Abs 2 BGB**, der Grundbuchvertreter bei einer Sicherungshypothek für Inhaber- und Orderpapiere gemäß § 1189 **Abs 1 BGB**, der Höchstbetrag gemäß § 1190 **Abs 1 BGB**, die Ablösungssumme gemäß § 1199 **Abs 2 BGB**, die Unterwerfungsklausel gemäß § 800 **Abs 1 ZPO**;

(6) die Löschungsklausel bei lebenslänglichen, auflösend bedingten oder befristeten Rechten mit möglichen Rückständen gemäß §§ 23 **Abs 2, 24 GBO**;

(7) die sonstigen **in der GBO** besonders vorgeschriebenen Eintragungszusätze, wie Rangvermerke gemäß § 45, die Angabe des Gemeinschaftsverhältnisses gemäß § 47, die Mithaftvermerke gemäß § 48.

97 Bei der Abfassung vorstehend aufgeführter **Extraeintragungen** darf immerhin in geeigneten Fällen **analog** des extensiv anwendbaren § 874 **BGB** (vgl Rdn 88) »zur näheren Bezeichnung« ihres Inhalts auf die Eintragungsbewilligung Bezug genommen werden. Aktuelle Bedeutung kann diese Möglichkeit allerdings nur erlangen in Fällen, in denen das Sachenrecht entsprechenden Gestaltungsraum gewährt und dieser von den Beteiligten genutzt wird, so dass ein bezugnahmerelevanter »näherer« Inhalt gegeben ist. Denkbare Anwendungsfälle sind Rangänderung, Rangvorbehalt und Unterwerfungsklausel, weil sie gewissen Einschränkungen zugänglich sind (dazu Rdn 173 bis 175). Eine spezielle Vorschrift für die Bezugnahmemöglichkeit enthält § 1179a Abs 5 S 2 BGB für die Eintragung des eingeschränkten Ausschlusses des gesetzlichen Löschungsanspruchs (dazu Rdn 176).

3. Die bezugnahmefähigen Eintragungsunterlagen

98 **a) Grundbedingung: Möglichkeit der Einsichtnahme.** Grundsätzlich geeignet zur Bezugnahme-Eintragung sind – in sinnentsprechender Anwendung der maßgeblichen materiellrechtlichen Vorschriften, allen voran § 874 BGB (vgl Rdn 85 ff) – außer der eigentlichen Eintragungsbewilligung (dazu Rdn 101 bis 107) ggf auch die sie ergänzenden Schriftstücke (dazu Rdn 108 bis 115), die sie erläuternden bildhaften Darstellungen (dazu Rdn 116 bis 118), die sie ersetzenden Unterlagen (dazu Rdn 119) und in Grenzen gesetzliche Vorschriften (dazu Rdn 120 bis 122).

99 Grundbedingung ist entsprechend dem Publikationszweck des Grundbuchs, dass die in der Eintragung in Bezug zu nehmenden Unterlagen **zusammen mit dem Grundbuch der Einsicht gemäß § 12 GBO zugänglich** sind. Dazu müssen sie grundsätzlich beim GBA entweder bereits vorliegen oder als Voraussetzung der Eintragung vorgelegt und nach deren Vollzug aufbewahrt werden (§ 10 Abs 1 GBO).[169] *Aufbewahrungsort sind zZt regelmäßig die pro Grundbuchblatt zu führenden Grundakten* (§ 24 Abs 1, 2 GBV). Vorlagepflichtig ist der Antragsteller, vorlageberechtigt sind außerdem die sonstigen Beteiligten;[170] die Vorlagepflicht entfällt nur, falls die in Bezug zu nehmende Unterlage sich in anderen Akten des das Grundbuch führenden Amtsgerichts – nicht ausreichend ist die Aufbewahrung bei einem anderen Gericht oder einer anderen Behörde[171] – befindet; insoweit enthält § 34 GBO einen allgemein gültigen Grundsatz, dass keines Nachweises bedarf, was beim Gericht aktenkundig und damit gerichtsbekannt ist.[172] Im letzteren Falle kann zudem – aber auch nur dann – davon abgesehen werden, die Unterlage zu den Grundakten zu nehmen und dort aufzubewahren, falls sie Bestandteil von anderen Akten desselben Gerichts ist, die ebenso wie die Grundakten nicht der Vernichtung unterliegen; es reicht dann ein in den Grundakten deutlich anzubringender Hinweis auf die betreffende Aktenstelle (vgl § 10 Abs 2 GBO, § 24 Abs 3 GBV Rdn 4, 5). *Zweckdienlich* ist es, die in der Eintragung in Bezug genommenen Unterlagen bzw eine beglaubigte Abschrift davon *stets in den Grundakten präsent zu halten.*

---

169 BayObLGZ 1956, 196, 201 = Rpfleger 1956, 311, 313 = DNotZ 1956, 552, 557; 1981, 117, 121 = Rpfleger 1981, 295, 296.

170 *Eickmann* Rpfleger 1979, 169, 170.

171 KEHE-*Herrmann* § 34 Rn 3 u *Demharter* § 34 Rn 3, je unter Hinweis auf BayObLGZ 13, 149; hier § 7 GBO Rn 73 unter Hinweis auf BayObLG Rpfleger 1984, 12 (Baugesuch in den Akten der dienstbarkeitsberechtigten Behörde nicht bezugnahmetauglich).

172 BayObLG Rpfleger 1975, 243 (kurze Erläuterung) = DNotZ 1976, 603 Nr 20 (LS) = MittBayNot 1975, 93, 94 = MittRhNotK 1975, 403, 406; BayObLGZ 1975, 264, 267/268 = Rpfleger 1975, 360, 361 = DNotZ 1976, 162, 164, je mwN; OLG Köln Rpfleger 1986, 298.

§ 10 Abs 1 GBO lässt es zu, dass **statt des Originals eine beglaubigte Abschrift** beim GBA aufbewahrt 100
wird. Damit kann es zu einer (sicherlich äußerst seltenen) Abweichung zwischen dem ursprünglichen und dem
beim GBA verwahrten Stück der Eintragungsbewilligung bzw der sie ergänzenden oder ersetzenden Unterlage
kommen. Nach den überzeugenden Ausführungen des KG im Beschluss vom 11.02.1937[173] muss das zulässigerweise (§ 10 Abs 1 S 2 GBO) bei den Grundakten verwahrte Exemplar der Urkunde maßgebend dafür sein,
was im Grundbuch eingetragen ist, da andernfalls niemals durch bloße Einsicht des Grundbuchs und der
Grundakten der Grundbuchinhalt mit Sicherheit feststellbar wäre und damit die Zuverlässigkeit der Grundbucheinrichtung in Frage gestellt würde. Eine *zu den Grundakten genommene beglaubigte Abschrift* der in Bezug
genommenen Eintragungsbewilligung ist danach *nicht bloßes Beweismittel* für den Inhalt des Grundbuchs, *sondern
selber Grundbuchinhalt.* Deckt sie sich nicht mit der Urschrift und infolgedessen nicht mit der materiellen Einigung, so ist das Grundbuch unrichtig. Infolgedessen kann der entdeckte Fehler nicht durch Einbesserung in der
verwahrten Abschrift, sondern nur durch neu zu unterzeichnende Grundbucheintragung in der Veränderungsspalte berichtigt werden.[174]

b) Die Eintragungsbewilligung. aa) Eintragungsgrundlage wird Eintragungsinhalt. Die Eintragungs- 101
bewilligung, auf die nach den §§ 874 BGB usw im Grundbucheintrag Bezug genommen werden darf, ist keine
andere als die Bewilligungserklärung iS des § 19 GBO.[175] Diese ist als verfahrensrechtliche Regel-Eintragungs-
voraussetzung und -grundlage ohnehin generell die maßgebliche Bezugsquelle für den vom GBA in die Eintragung aufzunehmenden Rechtsinhalt und von daher prädestiniert als Mittel zur Eintragungsergänzung. Die
materiellrechtlichen *Vorschriften* unterstreichen dies; sie sehen sämtlich *ausdrücklich* die Bezugnahme auf die
»*Eintragungsbewilligung*« vor, selbst in jenen Fällen, in denen gemäß § 20 dem GBA die materielle Einigung
nachzuweisen ist (vgl § 14 Abs 1 S 3 ErbbauRG, § 7 Abs 3 WEG). Wohl üblich und zweckmäßig, aber weder
aus materiell- noch aus formellrechtlichen Gründen notwendig ist es, dass die *in concreto* in Bezug zu nehmende
Eintragungsunterlage die ausdrückliche Bezeichnung »Eintragungsbewilligung« oder auch nur »Bewilligung«
trägt bzw im Eintragungsvermerk so genannt wird; entscheidend für die materielle Wirksamkeit der Eintragung
ist, dass auf *die funktionell wirkliche Eintragungsbewilligung* Bezug genommen wird.[176] Das ist diejenige Erklärung
verfahrensrechtlicher Natur,[177] durch die der unmittelbar Betroffene die Eintragung überhaupt und ihrem Inhalt
nach gestattet. Insofern ist das materielle Recht mit dem »formellen Konsensprinzip« des § 19 GBO (dazu
Einl D Rdn 5) verknüpft: Durch vorschriftsmäßige Bezugnahme auf die zutreffende Eintragungsbewilligung
wird genau das eingetragen, was nach dem in der Bewilligungserklärung zum Ausdruck kommenden Willen
des unmittelbar Betroffenen eingetragen werden soll, *wird sozusagen das verfahrensrechtliche »Soll« in seiner
ursprünglichen Gestalt zum materiellrechtlichen »Ist« des Eintragungsinhalts erhoben.* Es darf deshalb nicht kurzerhand
auf die materielle Einigung oder gar auf das schuldrechtliche Grundgeschäft oder eine Schuldurkunde Bezug
genommen werden, es sei denn, dass die maßgebende Bewilligungserklärung des Betroffenen dies rechtfertigt,
indem sie zB selbst darauf verweist[178] (dazu Rdn 108 bis 115) oder dass nach den Umständen in der dem GBA
vorgelegten sachenrechtlichen Einigung die Bewilligung des Betroffenen zweifelsfrei zum Ausdruck kommt.[179]
Es sei dahingestellt, ob die dingliche Einigung regelmäßig die Bewilligung (als momentane Gestattung der Eintragung) beinhaltet, sofern nicht ein gegenteiliger Wille ausdrücklich erklärt oder den Umständen nach erkennbar ist.[180] Soweit es um den Rechtsinhalt geht, kann jedenfalls plausiblerweise in der Regel davon ausgegangen
werden, dass der Betroffene eine von der Einigung abweichende Eintragung bewilligen will. Insofern beruft
man sich allgemein zu Recht auf die Gründe eines Beschlusses des KG von 1923[181] mit etwa folgenden Kernge-
danken in Bezug auf den Umfang der Bewilligung: »*Zur Bewilligung im Sinne des § 874 gehört nicht nur das, was
mit den Worten »ich bewillige« eingeleitet wird, sondern alles, was nach einer dem § 133 entsprechenden Auslegung der
Urkunde zum Inhalt des zu begründenden Rechts gemacht werden soll. Es wird, soweit nicht ausdrücklich eine Einschränkung gemacht ist, davon ausgegangen werden müssen, dass die Bewilligung auf dies alles sich erstreckt.*«

Die Einhaltung der formellen Formvorschrift des § 29 GBO ist *nicht Wirksamkeitserfordernis* der Bezugnahme; 102
denn die §§ 874 BGB usw setzen – im Unterschied zu § 873 Abs 2 BGB – nicht »eine den Vorschriften der

---

173 JFG 15, 85, 86/87 = JW 1937, 1549; s auch KEHE-*Eickmann* § 10 Rn 3; *Schöner/Stöber* Rn 272.
174 Wie Fn 173; s auch BGB-RGRK-*Augustin* Rn 22; MüKo-*Wacke* Rn 14, beide zu § 874; hier § 10 GBO Rdn 34.
175 BayObLGZ 1974, 30, 33 = Rpfleger 1974, 159 = DNotZ 1974, 376, 378.
176 KG JFG 8, 232, 234; BGB-RGRK-*Augustin* § 874 Rn 19.
177 Inzwischen unstreitig, vgl BayObLG NJW-RR 1993, 283, 284 mwN = Rpfleger 1993, 189, 190.
178 So bereits *Güthe-Triebel* § 49 Rn 3.
179 BayObLG Rpfleger 1975, 26 = aaO (Fn 179); Rpfleger 1984, 145, 146 = DNotZ 1985, 372, 375; OLG Frank-
     furt Rpfleger 1980, 63, 64 = OLGZ 1980, 100, 102.
180 So BayObLG Rpfleger 1975, 26 = aaO (Fn 179); dazu auch *Demharter* § 19 Rn 16; *Schöner/Stöber* Rn 97; speziell zum
     Verhältnis § 19u § 20 GBO *Behmer* Rpfleger 1984, 306; *Staudinger-Gursky* § 873 Rn 253.
181 JFG 1, 284, 285; s dazu auch OLG Köln Rpfleger 1956, 340, 341/342; BayObLGZ 1974, 30, 33/34 = aaO (Fn 175);
     Soergel-Stürner Rn 8, BGB-RGRK-*Augustin* Rn 19, MüKo-*Wacke* Rn 9, *Staudinger-Gursky* Rn 6, alle zu § 874.

Grundbuchordnung entsprechende Eintragungsbewilligung« voraus.[182] Gleichwohl verstößt die Bezugnahme auf eine nicht dem § 29 GBO genügende Bewilligung gegen das Gesetz, ist verfahrensrechtlich nicht erlaubt.[183]

103 **bb) Bezugnahmefähigkeit nach materiellem Recht.** »Bezugnahmefähig« im materiellrechtlichen Sinne ist nicht nur die einwandfreie, sondern auch die mehr oder weniger mangelhafte Eintragungsbewilligung, weil es insoweit allein auf den Eintragungsakt ankommt. Erfolgt in der Eintragung die *Bezugnahme ohne Einschränkung,* so *erfasst* sie gemäß §§ 874 BGB usw die *Bewilligung so, wie sie ist, und mit allem, was dazu gehört.* Enthält die Bewilligung Mängel (Unvollständigkeiten, Unzulässigkeiten, Unklarheiten u dgl), so werden diese kraft der Bezugnahme Mängel der Eintragung.[184] Ob und inwieweit der mangelhafte Eintragungsinhalt die materielle Funktionskraft der Eintragung mindert oder hindert, ist in erster Linie eine Frage der Auslegungsfähigkeit des unmittelbar und mittelbar Eingetragenen (dazu Rdn 62, 63).

104 **cc) Bezugnahmefähigkeit nach formellem Recht.** »Bezugnahmefähig« ist im verfahrensrechtlichen Sinne, dh vom GBA verwendbar zur Bezugnahme ist – streng gemessen am Ziel, Eintragungen bestmöglicher Qualität zu schaffen (dazu Rdn 64) – *an sich nur die mangelfreie Eintragungsbewilligung* die – ggf einschl in Bezug genommener weiterer Unterlagen (dazu Rdn 108 bis 118) – den gewollten Rechtsinhalt komplett, frei von Unzulässigkeiten und Unbestimmtheiten, also insgesamt so eindeutig dokumentiert, dass sich jegliche Auslegung erübrigt. Die *Praxis nötigt zu Abstrichen von dieser Maxime;* wie weit solche akzeptabel sind, das obliegt primär der Entscheidung des für die Abfassung der Eintragung zuständigen Rechtspflegers. Zu beachten sind die materiellen und formellen Bestimmtheitsanforderungen im Sinne des Spezialitätsprinzips: Bestimmbarkeit reicht uU für den materiellen Rechtsinhalt, nicht für den formellen Rechtsbeschrieb (dazu Rdn 41 bis 44). Die Rechtsprechung geht zu Recht davon aus, dass eine Eintragungsbewilligung, die nicht zuverlässig über den Inhalt des dinglichen Rechts Aufschluss gibt und Zweifel darüber offenlässt, weder Eintragungsgrundlage sein noch nach § 874 BGB zur näheren Bezeichnung des Inhalts einer Grundstücksbelastung dienen kann.[185] Zum generellen **Maßstab** für die Beurteilung der verfahrensrechtlichen »Bezugnahmefähigkeit« einer Eintragungsbewilligung ist der **Erkenntnishorizont des unbefangenen Betrachters** der Grundbucheintragung zu nehmen, deren Bestandteil die Bewilligung kraft der Bezugnahme werden wird. Vertretbar ist dementsprechend die *Bezugnahme* auf eine auslegungsbedürftige Bewilligung *ohne weiteres nur dann, wenn* mit den begrenzten Mitteln für die Auslegung von Grundbucheintragungen (dazu Rdn 62, 65) das wirklich Gewollte zweifelsfrei feststellbar ist (dazu Rdn 66 bis 69). Die Bewilligung muss in jedem Fall *aus sich heraus* – ggf einschl der in Bezug genommenen Unterlagen – für Außenstehende verstehbar sein, so dass die Deutung des Gewollten ohne Heranziehung zusätzlicher Erkenntnisquellen sicher möglich ist;[186] es genügt dem Erfordernis der Sicherheit im Grundbuchverkehr nicht, dass das GBA oder ein Dritter das wirklich Gewollte aus dem Zusammenhang als möglich folgern können.[187]

105 Schließlich soll die in Bezug zu nehmende Bewilligung **frei von nicht einzutragenden Bestimmungen** sein, jedenfalls solchen, die aus gesetzlichen Gründen im Rahmen des einzutragenden Rechts keine dingliche Wirkung erlangen können; deren Eintragung wäre inhaltlich unzulässig im Sinne des § 53 Abs 1 S 2 GBO und brächte nichts als die Gefahr der Irreführung über deren Geltungskraft.[188] Sorgfältige Überprüfung der Bewilligungsurkunde nebst ev Verweisurkunde (dazu Rdn 108 bis 115) auf das Vorkommen solcher Bestimmungen ist Pflicht des GBA. *Etwa vorhandene nicht eintragungsfähige Bestimmungen* – total ungültige wie auch nur schuldrechtlich mögliche – dürfen nicht im Wege der Bezugnahme in die Eintragung gelangen.[189] Deswegen darf *auf die Bewilligung* in solch einem Fall *nur dann uneingeschränkt Bezug* genommen werden, *wenn sie selbst für die nötige Klarheit der Abgrenzung des einzutragenden Rechtsinhalts sorgt,* zB *positiv* durch deutliche Hervorhebung bzw Benennung der einzutragenden (auch sämtlich nicht eintragungsfähigen) Bestimmungen oder *negativ* durch deutliche, detailgenaue Ausklammerung der nicht einzutragenden (nämlich sämtliche nicht eintragungsfähigen) Bestimmungen oder auf sonstige geeignete Weise;[190] ggf genügt es, dass aus der Urkunde, in der die Eintragungsbewilligung enthalten ist, für den unbefangenen Betrachter (auslegungsweise) mit Deutlichkeit hervorgeht, dass die

---

182 KG HRR 1931 Nr 1459 u im Anschluss daran BGB-RGRK-*Augustin, Staudinger-Gursky* aaO (Fn 181).

183 KGJ 48, 175, 178/179. Zu nachträgl Texteinfügung: BayObLG Rpfleger 1985, 105 = DNotZ 1985, 220 (*Winkler*).

184 Vgl zB BGHZ 21, 34, 40/41 = NJW 1956, 1196 = Rpfleger 1956, 231, 232 = DNotZ 1956, 546; OLG Köln Rpfleger 1956, 340, 341/342 (*Bruhn*); s auch *Bruhn* Rpfleger 1957, 101, 102.

185 BayObLGZ 1967, 48, 54 mwN = NJW 1967, 1373, 1374 = DNotZ 1967, 759, 760; OLG Frankfurt Rpfleger 1973, 23.

186 OLG Frankfurt Rpfleger 1956, 193, 195; Rpfleger 1961, 155, 156; BayObLGZ 1969, 97, 100 mwN = NJW 1969, 1674 = DNotZ 1969, 492, 493 = Rpfleger 1969, 241 (insoweit nicht abgedruckt).

187 OLG Frankfurt Rpfleger 1956, 193, 194 mwN; Rpfleger 1971, 65; s auch hier Einl G 34.

188 BGHZ 21, 34, 42/43 = NJW 1956, 1196 = Rpfleger 1956, 231 = DNotZ 1956, 546/547; OLG Köln Rpfleger 1956, 340, 342; BayObLGZ 1967, 48, 54 = aaO (Fn 185); BayObLG NJW-RR 1993, 283 = aaO (Fn 189).

189 BayObLG NJW-RR 1993, 283, 284 = Rpfleger 1993, 189, 190; Beispiele zeigen zudem die in Fn 186, 188 zitierten Entscheidungen.

190 In diesem Sinne LG Kassel NJW 1953, 189 (*Lindheimer*) = Rpfleger 1953, 586, 588; OLG Köln Rpfleger 1956, 340, 342; *Riedel* DNotZ 1954, 454, 460; *Bruhn* Rpfleger 1957, 101, 102.

nicht eintragungsfähige(n) Bestimmung(en) nach dem Willen des Betroffenen nicht zum dinglichen Inhalt des bewilligten Rechts gehören soll(en).[191] *Andernfalls* ist im Eintragungsvermerk durch das GBA die **Begrenzung der Bezugnahme** auf die eintragungsfähigen Bestimmungen zum Ausdruck zu bringen (zum »Wie« Rdn 125, 126). Zur derartigen Einschränkung der Bezugnahme auf die eintragungsfähigen Teilbereiche der Bewilligungsurkunde bzw der sie ergänzenden Unterlagen ist das GBA nicht nach eigenem Gutdünken befugt;[192] die Vorstellungen des Rechtspflegers über den zulässigen Rechtsinhalt decken sich nicht ohne weiteres mit dem von den Beteiligten gewollten Rechtsinhalt. Im Grundbuchantragsverfahren ist es Sache der Beteiligten zu erklären, ob sie etwas und wie sie in das Grundbuch eingetragen haben wollen, und dies grundsätzlich in klaren und ausdrücklichen Erklärungen.[193] Lässt sich aus der ursprünglichen Bewilligung nicht zweifelsfrei folgern, dass die Weglassung der nicht eintragungsfähigen Bestimmungen dem Willen der Beteiligten entspricht, so besteht ein Eintragungshindernis iS des § 18 Abs 1 GBO, das eine Zwischenverfügung rechtfertigt. Zur Beseitigung des Hindernisses *bedarf es regelmäßig einer billigenden Nachtragserklärung des Bewilligenden* (Form: § 29 GBO) und des Antragstellers, falls nicht identisch (Form: § 31 GBO), ggf des Urkundsnotars gemäß § 15 GBO mit Sondervollmacht (Form: Eigenurkunde entsprechend § 24 Abs 3 S 2 BNotO[194]); nicht verlangt werden kann wohl die Hergabe einer gänzlich neu gefassten Bewilligung (dazu Rdn 125). Bewilligungs- bzw Antragszusätze wie *»soweit gesetzlich zulässig«, »soweit eintragungsfähig«, »soweit angängig«* oder dgl *verbergen* idR den wirklichen Willen der Beteiligten und machen die Klarstellung nicht entbehrlich.[195]

Die Forderung nach Freihaltung des Grundbuchs von **überflüssigen Eintragungen**, die lediglich wiedergeben, was kraft Gesetzes ohnehin Rechtsinhalt ist,[196] ist wohl berechtigt in Bezug auf den direkten Grundbuchinhalt; dort wird Unnötiges meistens die Übersichtlichkeit beeinträchtigen.[197] *Überflüssige Bestimmungen innerhalb des bezugnahmefähigen Inhalts* einer Eintragungsbewilligung können zwar ohne weiteres von der Bezugnahme im Eintragungsvermerk ausgeklammert werden, unterbleibt dies, werden sie *unnötiger, gleichwohl wahrer Eintragungsinhalt,* ohne das Grundbuch selbst zu befrachten. Praktisch kann wohl *Ertvig*[198] beigepflichtet werden, dass es zu billigen sei, wenn der überlastete Grundbuchsachbearbeiter – auch im Interesse der erforderlich bündigsten Kürze des Grundbuchvermerks – die Zeit für die Beschränkung der Bezugnahme sich gar nicht erst nimmt und auch bei sonst eintragungsreifem Antrag davon absieht, den Antragsteller lediglich der überflüssigen, weil unnötigen Eintragungselemente wegen zu irgendwelchen Nachtragserklärungen zu veranlassen, sondern letzteres allenfalls tut, wenn außerdem Anlass zu »echten« Beanstandungen gegeben ist.

§ 49 GBO gibt in speziellen Fällen die Möglichkeit zu erweiterter Bezugnahme-Eintragung, um der hier sonst nahe liegenden Überfüllung des Grundbuchs auf besondere Weise vorzubeugen (vgl Rdn 95). Die Reduzierung der Direkteintragung im Grundbuch darf jedoch keineswegs die Genauigkeit des Eintragungsinhalts mindern und ändert nichts an den Sollerfordernissen der Eintragungsbewilligung. Es gilt eher die *Prämisse: Je kürzer der Eintragungstext* im Grundbuch, *um so wichtiger die genaue Festlegung der Bewilligung,* gerade auch bezüglich der Kriterien, deren Direkteintragung der § 49 GBO erübrigt.[199]

c) Bewilligungsergänzende Schriftstücke. Bei der unstreitig zulässigen[200] Ergänzung der Eintragungsbewilligung durch Verweis auf ein anderes Schriftstück, wie zB die Urkunde über das Grundgeschäft oder über die dingliche Einigung oder die Schuldurkunde, erfasst die auf eine solche Bewilligung Bezug nehmende Eintragung mittelbar auch die Verweisstelle. *Materiellrechtlich* ist die Verweisung ebenso wenig formbedürftig wie die Bewilligung selbst (vgl Rdn 102), ist notfalls im Wege der Auslegung der Grundbucheintragung die Tragweite des Verweises zu klären und hernach die Tauglichkeit der Eintragung zu beurteilen. *Verfahrensrechtlich* dürfen dagegen an die Qualität der Verweisung – hier geht es um die ersetzende oder ergänzende »echte« Verweisung,

106

107

108

---

191 Beispiel: BayObLG aaO (Fn 189): »unentgeltliche« Einräumung eines Wohnungsrechts.
192 Wie Fn 186.
193 BayObLGZ 1969, 97, 100/101 = aaO (Fn 186).
194 BGHZ 71, 349 = NJW 1978, 1915 = Rpfleger 1978, 365 = DNotZ 1978, 696; 78, 36 = NJW 1981, 125 = Rpfleger 1980, 465 = DNotZ 1981, 118 (dazu *Winkler* DNotZ 1981, 251); BayObLG Rpfleger 1982, 416 = DNotZ 1983, 434 (*Reithmann*); *Behmer* Rpfleger 1984, 306, 307; *Schöner/Stöber* Rn 164.
195 BayObLGZ 1969, 97, 100 = aaO (Fn 186); OLG Frankfurt Rpfleger 1977, 101; KEHE-*Herrmann* § 13 Rn 27, § 16 Rn 9; *Demharter* § 16 Rn 9; hier § 13 GBO Rn 24. Die frühere Gegenansicht von KG OLGE 26, 185, 186 (idR unschädliche Rechtsbedingung) vernachlässigt Übereinstimmung von Einigung und Eintragung.
196 Vgl die unter Fn 157 zitierten Stellen.
197 Gegen eine überspannte Anwendung dieses Grundsatzes: RGZ 132, 106, 112.
198 In der Schrift »Das Hypothekenrecht am Scheidewege« S 35; ähnlich LG Bielefeld, Rpfleger 1986, 472 in Bezug auf gesetzeskonforme Klauseln in der Gemeinschaftsordnung nach § 10 Abs 3 WEG.
199 OLG Hamm Rpfleger 1973, 98, 99 = DNotZ 1973, 376, 378/379; *Haegele* Rpfleger 1974, 264; *Reichert* BWNotZ 1962, 117, 132.
200 KGJ 48, 175; 53, 206, 207; RG HRR 1933 Nr 1643; OLG Frankfurt Rpfleger 1956, 193, 194; Rpfleger 1971, 65, 66; BayObLGZ 1971, 125 = DNotZ 1971, 662; Rpfleger 1975, 243 = aaO (Fn 172); dementsprechend das gesamte Schrifttum.

den Einbezug von Erklärungen (auch fremden) aus einem anderen Schriftstück in die Bewilligung (zur »unechten« Verweisung s Rdn 114, 115) – keine geringeren Anforderungen gestellt werden als an die Bewilligungserklärung selbst.

109 **aa) Verweisung in der Bewilligung.** Das **verfahrensrechtliche Gebot der Deutlichkeit** der Eintragungsunterlagen (formeller Bestimmtheitsgrundsatz) darf durch die Aufgliederung der Bewilligung in einen unmittelbaren und einen mittelbaren Teil keine Einbuße erleiden, und an der Zuständigkeit des Bewilligenden zur
Bestimmung des Einzutragenden (vgl Rdn 101) darf nicht gerüttelt werden. Unerlässlich ist deshalb eine *ausdrückliche Verweisungserklärung in der eigentlichen Bewilligung* als unmittelbar maßgeblicher Eintragungsgrundlage,
durch die der Bewilligende unzweideutig bekundet, auf welches Schriftstück in welchem Umfang Bezug
genommen wird. Im Übrigen kommt es im Ergebnis darauf an, dass *Bewilligung und Verweisurkunde zusammen*
ein so *klares Bild* vom gewollten (zulässigen) Eintragungsinhalt zeichnen, dass gegen die »Bezugnahmefähigkeit«
der durch Verweis ergänzten Bewilligung nach verfahrensrechtlichen Maßstäben (vgl Rdn 104 bis 106) keine
Bedenken bestehen. Ein *Pauschalverweis* ist *nur akzeptabel, wenn* in der Verweisurkunde der in das Grundbuch
einzutragende Rechtsinhalt vollständig in klarer und übersichtlicher Weise zusammengestellt ist,[201] um so mehr
nötig, falls die Verweisurkunde ein Paket verschiedener, dennoch verwobener Erklärungskomplexe umfasst, aus
denen mehrere Eintragungen abgeleitet werden (zB ein umfangreicher Auseinandersetzungsvertrag mit einem
Gemenge von grundstücksrechtlichen Verfügungsgeschäften, ein Testament mit mehreren Vermächtnissen und
Teilungsanordnungen usw). *Andernfalls* muss die Verweisungserklärung in der Bewilligung die einzelnen Ver-
weisstellen in dem Schriftstück hinreichend genau bezeichnen.

110 **bb) Formerfordernisse.** Das **verfahrensrechtliche Formgebot** des § 29 Abs 1 S 1 GBO gilt für alle »zu der
Eintragung erforderlichen Erklärungen«, also ggf auch für solche in Schriftstücken ursprünglich anderer Bedeutung bzw Zweckbestimmung, auf welche die Eintragungsbewilligung zu ihrer Ergänzung und letztlich auch die
auf die derartige Eintragungsbewilligung Bezug nehmende Eintragung verweist. Nach § 29 Abs 1 S 1 GBO ist
die Bewilligung grundsätzlich wahlweise[202] in beurkundeter oder in öffentlich beglaubigter Form zulässig. Zur
Wahrung der einen oder der anderen Form sind bezüglich der ersetzenden bzw ergänzenden »echten« Verweisung unterschiedliche Erfordernisse zu beachten:

111 (1) Ist in einer **notariellen Urkunde** auf ein anderes Schriftstück verwiesen worden,[203] so ist dieses Schrift-
stück – gleichgültig, ob Erklärungen der Urkundsbeteiligten oder Dritter enthaltend – *nur dann Bestandteil der
Urkunde* geworden, *wenn es der Niederschrift als Anlage beigefügt* (zwingend) und gemäß der Sollvorschrift des § 44
BeurkG mit Schnur und Prägesiegel verbunden ist; *nur dann gilt es »als in der Niederschrift selbst enthalten«* (§ 9
Abs 1 S 2 BeurkG). Zwingendes Erfordernis der formgültigen Mitbeurkundung ist zudem, dass das Teil der
Niederschrift gewordene Schriftstück in Gegenwart des Notars den Beteiligten mit vorgelesen und von ihnen
genehmigt worden ist (§ 13 Abs 1 S 1 BeurkG). Ausnahmen von dieser Grundregel ergeben sich aus den §§ 13a
und 14 BeurkG. Unter den Voraussetzungen des § 14 BeurkG ist die Vorlesung, aber nicht die Beifügung des
besonderen Schriftstücks als Anlage zur Niederschrift verzichtbar; der Vorlesungsverzicht der Beteiligten »muss«
in diesem Fall in der Niederschrift festgestellt werden (§ 14 Abs 3 BeurkG). § 13a BeurkG ist[204] das Kernstück
der Neuregelung, die das BeurkÄndG vom 20.02.1980 (BGBl I 157) gebracht hat; er stellt zwar die bis 1979
geübte Praxis, die die Verweisungen auf öffentliche Urkunden ohne Einhaltung irgendwelcher Förmlichkeiten
als zulässig ansah,[205] nicht wieder her, bringt aber erhebliche Vereinfachungen für die ersetzende bzw ergänzende Verweisung auf notarielle Urkunden und öffentliche Karten und Zeichnungen, um die Praktikabilität des
Beurkundungsverfahrens zu erhalten. Die Erleichterungen bestehen darin, dass zum einen das Vorlesen und
zum anderen auch die Beifügung dieser – aber auch nur dieser[206] – Urkunden nach näherer Maßgabe des § 13a
BeurkG verzichtbar ist. Zwingendes Gültigkeitserfordernis für die Verweisung ohne Vorlesung und/oder Beifügung der in Bezug genommenen Urkunde ist die entsprechende Verzichtserklärung aller Beteiligten gegenüber
dem Notar; anders als § 14 BeurkG enthält der § 13a BeurkG dagegen lediglich Sollvorschriften bezüglich der
Protokollierung des Verzichts.

112 (2) Für die Eintragungsbewilligung **in öffentlich beglaubigter Urkunde** sind die verfahrensmäßigen Belange
der Erklärungsergänzung durch Verweis auf ein anderes Schriftstück *nicht im BeurkG geregelt;* denn die notarielle
Urkundstätigkeit beschränkt sich hier auf die Echtheitsbestätigung der Unterschrift (§ 129 BGB, §§ 39, 40

---

201 KG JFG 1, 284, 285.
202 BayObLGZ 1973, 213, 216 = Rpfleger 1973, 361 = DNotZ 1974, 49, 50; BayObLGZ 1974, 30, 33 = Rpfleger 1974,
     159 = DNotZ 1974, 376, 378.
203 Zu den Erfordernissen der Verweisungserklärung OLG Köln Rpfleger 1984, 407 m Anm *Stoy* Rpfleger 1985, 59
     (eine der Urkunde anliegenden Lageplan betreffend).
204 So die prägnante Feststellung von *Palandt-Heinrichs* (50. Aufl) in Anm 1 zu § 13a BeurkG.
205 Vgl *Volhard* NJW 1979, 1488; *Lichtenberger* NJW 1979, 1857.
206 Dazu u im Ganzen *Winkler* Rpfleger 1980, 169, 172; *Lichtenberger* NJW 1980, 864, 867; s auch *Schöner/Stöber* Rn 3122
     mwN.

BeurkG),[207] die Erklärung bleibt Privaturkunde in Schriftform (§ 126 BGB).[208] Zur Wahrung der Schriftform (Deckung durch die Unterschrift) sind Haupturkunde und in Bezug genommenes Schriftstück *grundsätzlich zu einer einheitlichen Urkunde zusammenzufügen*; über die nötige Intensität ihrer Verbindung gibt es unterschiedliche Auffassungen.[209] Verweist eine Eintragungsbewilligung in öffentlich beglaubigter Form auf ein anderes Schriftstück, so darf jedenfalls der Publizität des Grundbuchs und des Zweckgedankens des § 29 GBO wegen dessen Identität nicht fragwürdig sein.[210] Deshalb kommt es hier besonders auf eine *beweissichere Verknüpfung* der Bewilligung mit dem Schriftstück an. Dem dient *am besten eine körperliche Verbindung*;[211] sie ist ohne weiteres gegeben, falls Bewilligung und in Bezug genommenes Schriftstück sich auf demselben Papierbogen befinden (zB Vor- und Rückseite);[212] sie ist ansonsten am einfachsten und sichersten herstellbar, wenn das in Bezug genommene Schriftstück analog § 9 Abs 1 S 2 BeurkG als Anlage zur Bewilligungsurkunde genommen und mit dieser in einer dem § 44 BeurkG entsprechenden Weise verbunden wird.[213] Ohne eine solche körperliche Verbindung genügt eine Verweisung den verfahrensrechtlichen Erfordernissen nur, wenn das in Bezug genommene Schriftstück gleichfalls eine öffentliche oder öffentlich beglaubigte Urkunde ist und mit ihren unverwechselbaren Identifizierungsmerkmalen (Aktenzeichen, Nr der Urkundenrolle u dgl) in der Verweisungserklärung bezeichnet ist.[214]

Soweit nach vorstehend Gesagtem die Bewilligung und die auf sie Bezug nehmende Eintragung in zulässiger Weise auf eine *externe Urkunde* verweisen, ist – des Publizitätszwecks des Grundbuchs wegen – außer der Bewilligung auch diese Urkunde bei den Grundakten *zu verwahren* (vgl Rdn 99, 100). **113**

cc) Unechte Verweisung. Nicht jeder Verweis ergänzt bzw erweitert die Bewilligung substantiell. Nimmt zB **114** die Bewilligung der Eintragung einer Abtretung, einer Inhaltsänderung, einer Nachverpfändung, der nachträglichen Unterwerfung gemäß § 800 ZPO usw Bezug auf die Unterlagen des von der Nachtragseintragung betroffenen Rechts, so wird dies nicht den Sinn haben, die früheren Erklärungen (überflüssigerweise) in die aktuelle Bewilligungserklärung einzubeziehen, sondern wohl den, daran anzuknüpfen.[215] Es handelt sich hier um eine »unechte Verweisung«, die *nicht integriert, sondern lediglich hinweist bzw erläutert*; die strengen Formalien der »echten« ersetzenden bzw ergänzenden Verweisung gelten für die »unechte« Verweisung nicht.[216]

Körperliche Verbindung gemäß § 44 BeurkG *allein reicht* andererseits *nicht aus*, um eine *Urkundseinheit entstehen zu* **115** *lassen*. Schlüsselfunktion hat insofern die Verweisungserklärung der Beteiligten in der Haupturkunde (hier: Eintragungsbewilligung).[217] Verbundene Anlagen, auf welche die Erklärung nicht Bezug nimmt, verschiedentlich als »Beilagen« bezeichnet, wie zB Vollmachten, Genehmigungsurkunden, Legitimationsurkunden usw, werden nicht Teil der Bewilligung und der auf diese Bezug nehmenden Eintragung.[218]

d) Bewilligungserläuternde bildhafte Darstellungen. aa) Funktion als Identifizierungsbehelf. Handgezeichnete Karten, Lagepläne u dgl sind in Grundbucherklärungen und darauf Bezug nehmenden **116** Grundbucheintragungen vielfach *Gegenstand einer »unechten« Verweisung spezifischer Art* insofern, als sie nicht zur inhaltlichen Ergänzung, sondern lediglich zur genaueren Erläuterung des in der Bewilligung verbal Erklärten verwendet werden. Gebräuchlich sind sie in dieser Beziehung insb *zur näheren Bezeichnung bzw Beschreibung amtlich nicht definierter Bezugsobjekte*, wie zB von nicht katasteramtlich vermessenen Grundstücksteilflächen als Gegenstand von Vormerkungen, von Ausübungsbereichen bei Dienstbarkeiten, zur Lagebeschreibung von Gebäudeteilen und Räumen als Gegenstand von Wohnungsrechten u dgl. Die Beurkundungspraxis bevorzugt in derartigen Fällen seit langem statt einer rein wörtlichen Beschreibung den Verweis auf eine der Urkunde beigefügte **Lageskizze**, weil so einfacher, deutlicher und genauer der Bezugsgegenstand der beurkundeten Erklärung individualisiert werden kann, als dies mit noch so ausführlicher sprachli-

---

207 BGHZ 37, 79, 86 = NJW 1962, 1149, 1150.
208 BayObLG Rpfleger 1985, 105 mwN = DNotZ 1985, 220 (*Winkler*).
209 Dazu *Staudinger-Dilcher* (12. Aufl) § 126 Rn 10.
210 BGHZ 59, 11, 12, 16 = NJW 1972, 1283/1284 = Rpfleger 1972, 250/251; KEHE-*Herrmann* § 29 Rn 123; *Schöner/ Stöber* Rn 104.
211 Dazu eingehend: *Weber* DNotZ 1972, 133, 146/147.
212 OLG Karlsruhe OLGE 4, 81, 82; KGJ 48, 175, 178.
213 *Weber* aaO (Fn 211); BGHZ 59, 11, 16 = aaO (Fn 210).
214 KGJ 48, 175, 178; OLG Frankfurt Rpfleger 1956, 193, 194.
215 OLG Frankfurt Rpfleger 1971, 65, 66; Rpfleger 1978, 294, 295; BGHZ 73, 156 = NJW 1979, 928 = Rpfleger 1979, 132 = BayObLG Rpfleger 1984, 145, 146 = DNotZ 1985, 372, 375; BGH DNotZ 1986, 78.
216 Dieser Bedeutung wegen auch bezeichnet als »Verweisung im Tatbestand« (*Schippel* DNotZ 1979, 736, 739), »hinweisende Bezugnahme« (*Winkler* Rpfleger 1980, 169, 171), »erläuternde Verweisung« (*Hagen* DNotZ 1984, 267, 283), »erläuternde Bezugnahme« (*Reithmann* DNotZ 1986, 79, 80); Fallgruppen bei *Lichtenberger* NJW 1980, 864, 866.
217 BGH NJW 1981, 1781 = Rpfleger 1981, 286 = DNotZ 1982, 228; BayObLG Rpfleger 1982, 14; 1982, 17 (betr Bezugnahme auf eine Lageskizze).
218 KGJ 45, 12; KG Rpfleger 1967, 50; *Weber* DNotZ 1972, 133, 140.

cher Umschreibung möglich wäre, und kommt damit dem grundbuchrechtlichen Bestimmtheitsgrundsatz entgegen.[219] Formprobleme gehören der Vergangenheit an. Nach früherem Recht konnten nur »Schriften« (so der frühere § 176 Abs 2 FGG) bzw »Schriftstücke« (so § 9 Abs 1 S 2 BeurkG in der ursprünglich unergänzten Fassung) durch Bezugnahme und Beifügung in die notarielle Urkunde einbezogen werden und wurde aus dem Gesetz fast einhellig gefolgert, dass Pläne u dgl nicht Protokollanlagen iS dieser Bestimmungen sein könnten. Erst 1979 brach der BGH[220] mit dieser eingefahrenen Rechtsauffassung und sprach sich für die entsprechende Anwendung des § 9 Abs 1 S 2 BeurkG auf Pläne u dgl aus mit der Modifizierung, dass anstelle des von § 13 BeurkG verlangten Vorlesens das Vorlegen der Pläne bei der Beurkundungsverhandlung treten müsse. Mit dieser Entscheidung bot der BGH dem Gesetzgeber das Vorbild für die kurz danach durch das BeurkÄndG vom 20.02.1980 (BGBl I 157) vorgenommene *Ergänzung des BeurkG* in den §§ 9, 13 und 13a BeurkG, nach der nunmehr (ua) die *Mitbeurkundung von Karten, Zeichnungen oder Abbildungen als Protokollanlagen gesetzlich* zugelassen ist, sofern durch Erklärungen in der Urkundsniederschrift auf sie verwiesen wird. Erfolgt die Verweisung auf derartige bildhafte Darstellungen in einer *öffentlich beglaubigten Urkunde*, so sind *§ 9 Abs 1 und § 44 des BeurkG entsprechend* anzuwenden (vgl Rdn 112[221]). Die gesetzliche Neuerung im Beurkundungsverfahrensrecht ändert nichts an der allgemein gültigen *Auslegungsregel*, dass zur Ermittlung des Parteiwillens auch außerhalb der notariellen Urkunde liegende Umstände heranzuziehen sind, falls der Parteiwille in der Urkunde einen wenn auch nur unvollkommenen Ausdruck gefunden hat, so dass nicht jeder Formmangel schlechthin zur materiellen Nichtigkeit (§ 125 BGB) der formbedürftigen Erklärung führt. Auf der Basis dieser sog Andeutungstheorie[222] waren und sind nach wie vor[223] Zeichnungen, Karten u dgl, die nicht oder nicht formgültig mitbeurkundet worden sind (nach früherem Recht nicht mitbeurkundet werden konnten), als willensklärendes Element zu berücksichtigen, sofern sie das in der notariellen oder in der öffentlich beglaubigten Urkunde verbal Erklärte nicht inhaltlich erweitern,[224] sondern lediglich näher erläutern. Insofern war und ist die in der Grundbuchpraxis übliche Verwendung von Zeichnungen, Karten (Lageskizzen) und Plänen als »*Identifizierungsbehelf*« bzw »*Orientierungsbehelf*«, also als Mittel zur exakteren Bezeichnung des von der rechtsgeschäftlichen oder bewilligenden Erklärung betroffenen Grundstücks- oder Gebäudeteils u dgl jedenfalls materiellrechtlich effektiv, sei es als formgültige oder formungültige Urkundsanlage.[225] Als verfahrensrechtliche Eintragungsvoraussetzung ist jedoch die *beweissichere Verknüpfung* der objektbeschreibenden Karte oder Zeichnung mit der Eintragungsbewilligung, die auf sie Bezug nimmt, am sichersten entsprechend § 44 BeurkG mit Schnur und Prägesiegel, unverzichtbar[226] (vgl Rdn 112).

117   **Nicht behelfsmäßig** die Eintragungsbewilligung erläuternde, **sondern zusätzlich** zur Eintragungsbewilligung nötige Eintragungsunterlagen bildhafter Art sind der »*Aufteilungsplan*« gemäß §§ 7 Abs 4 Ziff 1, 8 Abs 2, 30 Abs 3, 32 Abs 2 Ziff 1 WEG sowie die »*Karte*« gemäß § 7 Abs 2 S 2 GBO. Deren Aufgabe entspricht der des Liegenschaftskatasters. Der Aufteilungsplan soll zB beim Wohnungseigentum die Grenzen des Sondereigentums und des gemeinschaftlichen Eigentums ersichtlich und klar abstecken; er ist die behördlich anerkannte urkundliche Grundlage dieser Eigentumsgrenzen.[227] Die dem GBA in den – praktisch allerdings seltenen[228] – Fällen des § 7 Abs 2 GBO vorzulegende Karte, die von der Katasterbehörde zu fertigen ist, soll einen zuverlässigen urkundlichen Nachweis der (nicht abgemarkten) Grenze der zu belastenden Flurstücksteilfläche bieten.[229] Aufteilungspläne und Karten der vorbezeichneten Art sind also *ursprünglich keine Erklärungsmittel*, gleichwohl ihrer funktionsbedingt nötigen zeichnerischen Genauigkeit wegen dazu besonders *geeignet und regelmäßig als solches benutzt*, indem die materiell- und verfahrensrechtlichen Erklärungen der Beteiligten darauf Bezug nehmen zwecks näherer Beschreibung des Sondereigentums bzw der zu belastenden Teilfläche. Nimmt sodann die Ein-

---

219   *Weber* DNotZ 1972, 133/134 u DNotZ 1975, 558, 559.
220   BGHZ 74, 351 = NJW 1979, 1496 = Rpfleger 1979, 253 = DNotZ 1979, 476, auch mwN zur bisherigen Gegenmeinung.
221   Und dazu Fn 213 sowie BGH NJW 1981, 1781, 1782 = Rpfleger 1981, 286 = DNotZ 1982, 228, 230.
222   Dazu Fn 99.
223   Zur Fortgeltung der diesbezüglichen Auslegungsgrundsätze: *Lichtenberger* NJW 1980, 864, 866; *Winkler* Rpfleger 1980, 169, 170.
224   Beurkundungsbedürftig deshalb zB den Vertragsinhalt (Leistungsumfang) näher bestimmende Baupläne, vgl BGHZ 74, 351 = aaO (Fn 220); dazu *Volhard* NJW 1979, 1488 u 1980, 103; *Lichtenberger* NJW 1979, 1857; *Hagen* NJW 1979, 2135; *Blomeyer* JZ 1979, 592; *Brambring* DNotZ 1979, 484; *Schippel* DNotZ 1979, 736.
225   Insoweit haben nach wie vor Aussagewert die Ausführungen in BGH NJW 1968, 1331 = Rpfleger 1968, 218; BGHZ 59, 11 = NJW 1972, 1283 = Rpfleger 1972, 250 = DNotZ 1972, 533; BGH NJW 1972, 2270 = Rpfleger 1972, 437 = DNotZ 1973, 96.
226   In diesem Sinne auch *Schöner/Stöber* Rn 871.
227   BayObLGZ 1967, 25 = NJW 1967, 986; OLG Hamm Rpfleger 1976, 317, 318 = DNotZ 1977, 308, 309 = OLGZ 1977, 265, 271; OLG Frankfurt Rpfleger 1978, 380, 381 = OLGZ 1978, 290, 291; Rpfleger 1980, 391.
228   Dem § 7 Abs 2 wird meist ausgewichen durch Belastung des ganzen Flurstücks mit Ausübungsbeschränkung auf einen Teilbereich desselben, dazu hier § 7 GBO Rdn 56 ff.
229   Falls der zu belastende Grundstücksteil ein vollständiges Flurstück ist, entfällt nach neuem Recht (§ 2 Abs 4 GBO) ein katastermäßiger Nachweis; zur Entbehrlichkeit nach vorherigem Recht BayObLGZ 1960, 182 = Rpfleger 1961, 297.

tragung gemäß §§ 7 Abs 3, 8 Abs 2, 30 Abs 3, 32 Abs 2 WEG auf die entsprechende Eintragungsbewilligung Bezug, so wird der Aufteilungsplan – *im Wege der doppelten Bezugnahme* – Inhalt des Grundbuchs und nimmt am öffentlichen Glauben teil.[230] Im Falle des § 7 Abs 2 GBO wird durchweg der § 874 BGB die maßgebliche Rechtsgrundlage für die Bezugnahme-Eintragung sein; er lässt die Bezugnahme wegen des Belastungsobjekts nicht zu (vgl Rdn 165). Zur Wahrung der nötigen Form (§ 4 WEG, § 29 GBO) genügt bei notarieller Beurkundung die erleichterte Verweisung nach näherer Maßgabe des § 13a BeurkG (vgl § 13a Abs 4 BeurkG).[231] Bei Verweisung in öffentlich beglaubigter Urkunde kommt es auf die beweissichere Verknüpfung an (dazu Rdn 112, 116).

bb) Tauglichkeitskriterien. Das verfahrensrechtliche Gebot der Deutlichkeit gerade jener Eintragungsunterlagen, die mittels Bezugnahme-Eintragung Inhalt des Grundbuchs werden, gilt nicht nur für die Verweisungserklärung (dazu Rdn 109) und die beweissichere Verbindung der in Bezug genommenen Skizze mit der Bewilligungsurkunde gemäß (vgl Rdn 111) oder entsprechend (vgl Rdn 112) § 44 BeurkG. Es kommt auch auf den Aussagewert und die **zweckentsprechende Genauigkeit der Zeichnung** der Urkundsanlage an, sozusagen auf ihre *ausreichende »Individualisierungskraft«*. Geht es lediglich um die *erklärungsunterstützende* Lagebeschreibung von Baulichkeiten, Anlagen oder sonstigen auf dem Gelände tatsächlich vorhandenen Orientierungspunkten, auf welche die urkundliche Erklärung verweist, so mag eine der Realität angenäherte Handskizze ausreichen, weil dem Verweis auf **im Gelände vorhandene Anlagen**, mögen sie ihrer Natur nach wandelbar oder veränderlich sein (wie zB Bäume, Hecken, Wege, Mauern, Räume, bereits verlegte Versorgungs- oder Entsorgungsleitungen u dgl), nach ständiger Rechtsprechung des BGH[232] ohne weiteres, selbst für das Grundbuch und seine Unterlagen, genügende Kennzeichnungskraft beizumessen ist, sofern nur nach Lage des Falles mit einer gewissen Dauer des Verbleibs der Anlage auf dem Grundstück zu rechnen ist.[233] Um späteren Beweisschwierigkeiten vorzubeugen, ist es jedoch im Hinblick auf § 891 BGB zweckmäßig, mindestens ratsam, eine Lageskizze zum Inhalt der Eintragung zu machen und bei den Grundakten aufzubewahren, die nötigenfalls eine zweifelsfreie Rekonstruktion der gewesenen Verhältnisse ermöglicht.[234] Soll *erklärungsersetzend* eine unvermessene Bodenfläche oder ein sonstiger undefinierter Bezugsgegenstand allein mit Hilfe der als Anlage zur Eintragungsbewilligung genommenen Lageskizze lokalisiert werden, so kann die Skizze ihre Identifizierungsaufgabe nur dann einwandfrei erfüllen, wenn sie die Umgrenzungslinie der Fläche maßstabsgerecht (zweckmäßigerweise durch Einzeichnung in eine ihrerseits maßstabsgetreue Karte, zB Katasterkarte) ausweist; noch zweifelsfreier wird die Beschreibung der Maße, wie der einzelnen Streckenlängen, sein.[235]

e) Bewilligungsersetzende Eintragungsunterlagen. Eintragungsunterlagen, die in Sonderfällen die Bewilligung ersetzen, sind unter gleichen Voraussetzungen und **in gleichem Umfang bezugnahmefähig** wie die ersetzte Bewilligung (allgM), so zB die einstweilige Verfügung gemäß § 885 Abs 2 BGB (dort ausdrücklich vorgesehen), das rechtskräftige oder vorläufig vollstreckbare Urteil auf Bewilligung gemäß §§ 894, 895 ZPO,[236] der Vollstreckungstitel gemäß §§ 866, 867 ZPO,[237] der Arrestbefehl gemäß § 932 ZPO, der Pfändungs- und Überweisungsbeschluss gemäß §§ 830, 835, 857 ZPO,[238] der Unrichtigkeitsnachweis gemäß § 22 GBO, das behördliche Eintragungsersuchen gemäß § 38 GBO.[239]

f) Verweis auf Vorschriften. Der Verweis auf Vorschriften ist in Eintragungen bzw darin in Bezug genommenen Unterlagen *statthaft, sofern* es sich um **im Inland allgemein geltende Gesetzesbestimmungen** handelt, die gehörig publiziert und **jedermann zugänglich** sind;[240] denn jede Bezugnahme in Eintragungen, ob auf die Bewilligung oder auf Rechtssätze, findet die Grenze ihrer Zulässigkeit in dem Gebot, dass der Inhalt der

230 BayObLG Rpfleger 1982, 21 mwN = DNotZ 1982, 244.
231 *Schöner/Stöber* Rn 2854, auch zur Notwendigkeit der strengen Verweisung gem §§ 9 Abs 1 S 2, 3, 13 Abs 1 BeurkG, falls der in Bezug zu nehmende Abteilungsplan (noch) keine baubehördliche Bescheinigung trägt oder Einzeichnungen (zB Flächen für Sondernutzungsrechte) enthält, auf die sich die Bescheinigung der Baubehörde nicht erstreckt.
232 BGH NJW 1969, 502 = Rpfleger 1969, 128 = DNotZ 1969, 486; BGHZ 59, 11, 16 = NJW 1972, 1283, 1284 = Rpfleger 1972, 250, 251 = DNotZ 1972, 533, 536; BGH Rpfleger 1976, 126 = DNotZ 1976, 530; NJW 1982, 1039 = Rpfleger 1982, 16 = DNotZ 1982, 230; dazu auch *Böttcher* Rpfleger 1984, 229, 230 (betr Beschreibung der Ausübungsstelle bei Dienstbarkeiten) u hier § 7 GBO Rn 71 ff; kritisch dazu *Dümig* DNotZ 2002, 725, 729/730.
233 So BGH NJW 1969, 502, 503 = aaO (Fn 232).
234 Ähnlich: *Schöner/Stöber* Rn 1142 aE; hier § 7 GBO Rn 52.
235 In diesem Sinne auch: *Bruhn* Rpfleger 1957, 50; *Weber* DNotZ 1975, 558, 562; s ferner (Grenzfall): BayObLG Rpfleger 1981, 232 = DNotZ 1981, 560, 561.
236 BayObLG OLGE 26, 4; BayObLGZ 1962, 24, 38.
237 BayObLGZ 1975, 398, 402/403 = Rpfleger 1976, 66, 67; insb auch BayObLG Rpfleger 1986, 372 (zur Reichweite der Bezugnahme auf den Vollstreckungstitel).
238 KG KGJ 33 A, 262; str, wie hier MüKo-*Wacke* § 874 Rn 10; **aA** Soergel-*Stürner* § 874 Rn 8 unter Berufung auf KG DNotV 1928, 575.
239 KG OLGE 8, 301.
240 MüKo-*Wacke* § 874 Rn 11 im Anschluss an *Haegele* BWNotZ 1975, 39, 30; *Schöner/Stöber* Rn 269 mwN.

Eintragung für jedermann aus dem Grundbuch und den zugehörigen Urkunden klar ersichtlich sein muss.[241] *Zulässig* sind nach diesen Maßstäben sicherlich Eintragungsformeln wie »*Vormerkung gemäß § 1179 BGB*«[242] oder »*vollstreckbar gemäß § 800 ZPO*«;[243] ob sie zweckmäßig, dh dem nicht ganz laienhaften Betrachter (dazu Rdn 82) hinreichend verständlich sind, das ist eine andere Frage. Auch hier ist gemäß dem formellen Bestimmtheitsgrundsatz darauf zu achten, dass der erzielbare Kürzungs- und Rationalisierungseffekt nicht zu Lasten der Klarheit des Grundbuchinhalts geht.[244] *Unzulässig* ist jedenfalls der Verweis auf Vorschriften, deren allgemeine Bekanntheit und Zugänglichkeit nicht vorausgesetzt werden kann, so zB Rechtsvorschriften, die zur Zeit der Eintragung aufgehoben oder nicht mehr aktuell sind,[245] lokale Baupolizeivorschriften,[246] Verwaltungsvorschriften[247] und dgl. Sollen nach dem Willen der Beteiligten derart ungeläufige Vorschriften maßgebend für die Ausgestaltung des Rechtsinhalts (zB bei Dienstbarkeiten zur Sicherung planungsrechtlicher Zweckbindungen[248]) sein, so muss die Eintragungsbewilligung ohne Verweis den Rechtsinhalt insgesamt konkret (einschl des Wortlauts der Vorschriften) beschreiben; die Überfüllung des direkten Grundbuchinhalts vermeidet die Eintragung unter Bezugnahme auf die Bewilligung.[249]

121 Als der extensiven Anwendung nicht zugängliche *Sondervorschrift* lässt *§ 1115 Abs 2 BGB* in begrenztem Umfang die Bezugnahme auf die behördlich publizierte Satzung einer Kreditanstalt zu.[250]

122 *Vereinzelt* ist die Eintragung unter Verweis auf Rechtsvorschriften *speziell vorgeschrieben*, so zB nach der HöfeO und nach der GGV (vgl Rdn 11 mit Fn 3[251]).

4. Die Realisierung der Bezugnahme-Eintragung

123 **a) Bezugnahmevermerk im Eintragungstext.** Ein ausdrücklicher Bezugnahmevermerk im Grundbucheintrag, der die zugrunde liegende Eintragsbewilligung so genau bezeichnet, dass deren **Indentität** außer Zweifel steht und deren **Auffindbarkeit** für den Grundbuchbenutzer gesichert ist, ist *nötig zum materiellrechtlich wirksamen Einbezug* der Bewilligung in die Eintragung.[252] Entsprechendes gilt für den Fall der Bezugnahme auf eine die Bewilligung ersetzende Eintragungsunterlage. Der Gebrauch bestimmter Worte für den Bezugnahmevermerk ist nicht vorgeschrieben, weder in § 874 BGB noch sonstwo. Die Probeeintragungen in den amtlichen Mustern zur GBV sind nicht verbindlich (vgl Rdn 13); die früher verwendete Formulierung »*unter Bezugnahme auf die Eintragungsbewilligung (den Pfändungs- und Überweisungsbeschluss des Amtsgerichts . . ., die einstweilige Verfügung des Landgerichts . . . usw) vom . . . eingetragen am . . .*« bietet ein Beispiel, mehr nicht. Andere Formeln sind anerkannt und gebräuchlich, zB »*nach Maßgabe der Eintragungsbewilligung vom . . .*«[253] oder kürzer »*gemäß Eintragungsbewilligung vom . . .*«[253] oder noch kürzer »*gemäß Bewilligung vom . . .*«. Selbst die Verwendung des neutralen Begriffs »*Urkunde vom . . .*« reicht aus, vorausgesetzt, dass die genannte Urkunde die zur Vornahme der betreffenden Eintragung erforderliche Bewilligung enthält[254] (dazu Rdn 101).

124 **b) Kennzeichnung der Bewilligungsurkunde.** Zur Individualisierung der in Bezug genommenen Bewilligung
  – ist **in der Vergangenheit** durchweg das **Datum der Urkunde**, in der die Bewilligungserklärung enthalten ist, aber auch nur dieses, in den Grundbucheintrag aufgenommen worden (wie in den Probeeintragungen in den ehemaligen amtlichen Mustern zur GBV vorgeschlagen). Diese Art der Kennzeichnung *wird meistens genügen*, um die in Bezug genommene Bewilligungserklärung zweifelsfrei herausfinden zu können, vorausgesetzt, dass die Datumsangabe als solche keinen Anlass zu Zweifeln gibt. Anzugeben ist deshalb generell das *Erklärungsdatum*. Das ist bei notariellen Urkunden ohne Frage der protokollierte Tag der Verhandlung, bei öffentlich beglaubigten Urkunden der Tag der Unterzeichnung der schriftlichen Erklärung, nicht der möglicherweise davon abweichende Tag des notariellen Beglaubigungsvermerks.[255] Ist aus der öffentlich beglaubigten Urkunde

---

241 KGJ 46, 221, 223.
242 *Honisch* Rpfleger 1956, 305; *Schöner/Stöber* Rn 2609 mwN.
243 LG Weiden Rpfleger 1961, 305, 306 m zust Anm *Honisch*, dagegen *Dieckmann* Rpfleger 1963, 267; OLG Köln Rpfleger 1974, 150; *Schöner/Stöber* Rn 2050 mwN.
244 Dies haben wohl auch *Demharter* § 44 Rn 35 u *Schöner/Stöber* aaO (Fn 243) im Sinn.
245 KGJ 26 A, 271 = OLGE 8, 130.
246 KGJ 46, 221; KG OLGE 34, 225, 226.
247 KGJ 53, 206, 207.
248 Dazu *Quack* Rpfleger 1979, 281.
249 Vgl KG aaO (Fn 245, 246, 247).
250 Zur Entstehungsgeschichte u zum Zweck dieser Vorschrift s insb KGJ 47, 202 u KG JFG 5, 344.
251 Wegen weniger aktueller Fälle s MIR (6. Aufl) § 3 Anh I Rn 311.
252 KG JW 1931, 1045, 1046 = DNotV 1931, 547.
253 So bereits OLG Colmar OLGE 16, 183 u im Anschluss daran das Schrifttum.
254 Eingehend und überzeugend: KG JFG 8, 232.
255 KG aaO (Fn 252).

jedoch der Zeitpunkt ihrer Errichtung nicht zu ersehen, so wird die Ermittlung des Unterschriftsdatums entbehrlich sein, es wird stattdessen das Datum der Unterschriftsbeglaubigung im Bezugnahmevermerk genügen.[256] Allerdings sollte der Bezugnahmevermerk zwecks Eindeutigkeit dann nicht wie üblich lauten: *»gemäß Bewilligung vom . . .«*, sondern die Besonderheit kenntlich machen, etwa so: *»gemäß undatierter Bewilligung mit Beglaubigungsvermerk vom . . .«.* Materiellrechtlich ist es jedenfalls nötig und ausreichend, dass die Eintragung keinen bleibenden Zweifel darüber lässt, auf welche Bewilligungserklärung Bezug genommen ist.

– soll **seit Änderung des § 44 GBO durch das RegVBG** nach der neuen Sollvorschrift (§ 44 Abs 2 S 2) **zusätzlich** »der Name des Notars, der Notarin oder die Bezeichnung des Notariats und jeweils die Nummer der Urkundenrolle, bei Eintragungen auf Grund eines Ersuchens (§ 38) die Bezeichnung der ersuchenden Stelle und deren Aktenzeichen angegeben werden«. Durch die Aufnahme dieser Merkmale in den Eintragungstext wird sicherlich die Bezugnahmeurkunde in unverwechselbarer Weise bezeichnet und somit dem Bestimmtheitsgrundsatz optimal genügt, obwohl dem Gesetzgeber nicht vorrangig daran lag. In der Begründung zum Gesetzentwurf, Bundestags-Drucksache 12/5553 S 67, heißt es: *»Diese Maßnahme entlastet die Grundbuchämter, weil sich zB der Einsicht nehmende Notar mit dem Notar oder der Behörde in Verbindung setzen kann, von dem bzw. der die Urkunde stammt, auf die in der Eintragung Bezug genommen wird. Diese Maßnahme ist ferner dazu geeignet, die in § 10a Abs 3 vorgesehene Aussonderung von Teilen der Grundakten zu erleichtern. Denkbar ist schließlich auch, daß bei einer flächendeckenden Verbreitung dieser Praxis später einmal die Pflicht zur Aufbewahrung von Urkunden von vornherein eingeschränkt werden kann.«*

c) Pauschale oder gezielte Bezugnahme. Selektionskraft hat die **schlichte Standardformel** *»unter Bezugnahme auf die Bewilligung vom . . .«* oder in Kurzform *»gemäß Bewilligung vom . . .«* nicht; sie transportiert die Bewilligung mit allen etwaigen Unzulänglichkeiten und Ungewissheiten in die Eintragung (vgl Rdn 103). Sie *genügt* deshalb den Anforderungen des formellen Bestimmtheitsgrundsatzes iS des Zieles größtmöglicher Klarheit der Eintragung (dazu Rdn 64) ohne Abstriche nur dann, *wenn die bezeichnete Urkunde* aus der Sicht des unbefangenen Betrachters *keinen begründeten Anlass zu Zweifeln* über den Umfang der Bewilligung bzw des einzutragenden Rechtsinhalts gibt, sei es, dass sie überhaupt nur diese eine Bewilligung, frei von Eintragungsunfähigem, enthält, sei es, dass sie das, was Inhalt der angesprochenen Bewilligung sein soll und von Rechts wegen sein kann, deutlich genug vom übrigen Urkundsinhalt abgrenzt (Näheres zur »Bezugnahmefähigkeit« in diesem Sinne: Rdn 104 bis 106). *Andernfalls* muss der Bezugnahmevermerk im Grundbucheintrag für die Klarheit bzw für die Selektion sorgen, welche die in Bezug genommene Urkunde vermissen lässt. Anstelle einer pauschalen Bezugnahme auf die *»Bewilligung vom . . .«* ist eine **gezielte Bezugnahme** auf die eintragungsrelevanten Urkundenteile mittels genauer Bezeichnung derselben geboten (nach Vorabklärung, dass damit der wirklich gewollte Rechtsinhalt zur Eintragung gelangt, vgl Rdn 105). Eine andere Möglichkeit ist die, sowohl die ursprüngliche (beanstandete) Bewilligung als auch die *nachträgliche Klarstellungserklärung* des Betroffenen in der Eintragung in Bezug zu nehmen (etwa so: *»gemäß Bewilligung vom . . . nebst Ergänzung vom . . . eingetragen am . . .«).* *Benutzerfreundlicher* ist sicherlich die Bezugnahme auf eine *gänzlich neu gefasste Bewilligung,* falls eine solche vorgelegt wird; allerdings darf ein an sich sachlich begründeter Eintragungsantrag nicht deswegen beanstandet werden, weil er sich auf eine Bewilligung stützt, die sich nicht dazu eignet, in dem Eintragungsvermerk in Bezug genommen zu werden.[257] Eine zulässige Abhilfe kann in einem solchen Fall die Herstellung eines beglaubigten Auszugs bilden, der die zur Bewilligung zu rechnenden Urkundsteile zusammenstellt und auf den sodann in der Eintragung Bezug genommen wird.[258]

Ob der gebräuchliche **Pauschalverweis** *»unter Bezugnahme auf die Bewilligung vom . . .«* oder in Kurzform *»gemäß Bewilligung vom . . .«* **ohne Voranstellung** des Zusatzes **»im Übrigen«** (vgl Wortlaut des § 1115 Abs 1 BGB) zu einer Doppeleintragung der bereits verbis im Grundbuch direkt eingetragenen Daten führt,[259] ist zu bezweifeln. Eine verbreitete Meinung impliziert wohl (unausgesprochen) diesen Denkansatz, denn nach ihr ist der Eintragungsvermerk im Grundbuch und die dort in Bezug genommene Bewilligung generell als einheitliche Eintragung zu verstehen und zu würdigen (dazu Rdn 182). Unerheblich ist diese Sicht, wenn die Daten des Eintragungsvermerks mit denen der Bewilligung übereinstimmen (Normalfall). *Im Fall einer Divergenz* zwischen dem Eintragungsvermerk und der Bewilligung führt die Annahme völliger Einheitlichkeit der Eintragung indes zu Deutungsproblemen, die einer differenzierten Betrachtung bedürfen (dazu Rdn 182). Das Gesetz (§ 874 BGB ua) räumt die Möglichkeit ein, die Grundbucheintragung durch Bezugnahme auf die Eintragungsbewilligung zu *ergänzen* (vgl Rdn 73 und 76), geht somit von der *Priorität des Direkteintrags* aus. Ob und inwieweit eine Eintragungsbewilligung in den Inhalt einer fertigen Eintragung einbezogen ist, entscheidet der in den Direkteintrag aufgenommene Bezugnahmevermerk. Obwohl der Umfang der Bezugnahme in der Praxis selten ausdrücklich bestimmt ist, muss vom Sinn der Sache her wohl davon ausgegangen werden, dass diejenigen Rechtsdaten, die *definitiv und klar* (in eindeutiger, nicht ergänzungsbedürftiger

125

126

---

256   LG Oldenburg Rpfleger 1980, 278.
257   KG OLGE 26, 185, 187.
258   KG aaO (Fn 257); MüKo-*Wacke* § 874 Rn 12; *Soergel-Stürner* § 874 Rn 4.
259   So *Erwig* (Fn 198) S 51, 75.

Weise) im Grundbuch selbst eingetragen sind, von der Bezugnahme ausgeklammert sind mit der Konsequenz, dass die entsprechenden Angaben in der Eintragungsbewilligung nicht neben dem Direkteintrag zur Feststellung und Würdigung des Eintragungsinhalts herangezogen werden dürfen, auch dann nicht, wenn sie vom Direkteintrag abweichen. Das ist in Rechtsprechung und Schrifttum aus jüngerer Zeit für solche Daten anerkannt, bezüglich derer die Bezugnahme unzulässig ist.[260] Aber auch dann, wenn der Direkteintrag ohne gesetzlichen Zwang eindeutig erscheinende Rechtsdaten (zB eine datierte Befristung) verlautbart, muss er Vorrang vor einer etwaigen Abweichung der in Bezug genommenen Bewilligung haben, weil ein solcher Eintrag den Leser nicht zur Einsichtnahme der Bewilligung sensibilisiert.[261]

Falls der Direkteintrag selbst keine definitive Klarheit schafft, sondern (zulässigerweise) besondere Rechtsmerkmale lediglich andeutet, hat indes die Bezugnahme auf die Bewilligung effektive Ergänzungswirkung gemäß § 874 BGB. Dann hat die postulierte Einheitlichkeit des Eintragungsvermerks und der in Bezug genommenen Eintragungsbewilligung ihre Berechtigung, entscheidet bei widerspruchsvollem oder unklarem Eintragungsvermerk letztlich die Eintragungsbewilligung im Rahmen zulässiger Bezugnahme über den Inhalt der Eintragung.[262]

Nach allem: Die Verwendung der in der Praxis vernachlässigten Floskel »im Übrigen« ist zwar nicht nötig, aber zweckmäßig, weil sie die Ergänzungsfunktion der Bezugnahme auf die Eintragungsbewilligung unterstreicht.

III. Die Zulässigkeitsgrenzen für die Bezugnahme-Eintragung

1. Die präzisierungsbedürftigen Gesetzesformeln

127   Gestattet wird die Eintragung mittels Bezugnahme auf die Eintragungsbewilligung vom materiellen Recht in weitem, dennoch begrenztem Umfang. Der Zulässigkeitsrahmen wird vom Gesetz durch die wiederkehrende *Pauschalformel »zur näheren Bezeichnung«* umrissen. Die Grundregel des **§ 874 nebst § 877 BGB** gestattet die Bezugnahme auf die Eintragungsbewilligung allgemein – vorbehaltlich abweichender Sonderbestimmungen (vgl Rdn 89 ff, insb 95) – zur näheren Bezeichnung *»des Inhalts des Rechtes«*. Entsprechendes gilt gemäß **§ 14 Abs 1, 2 ErbbauRG** (vgl Rdn 93). **Im WEG** wird weitergehend die Bezugnahme auf die Eintragungsbewilligung zur näheren Bezeichnung *»des Gegenstandes und des Inhalts«* zugelassen (vgl Rdn 94). In § 885 Abs 2 BGB heißt es, dass zur näheren Bezeichnung *»des zu sichernden Anspruchs«* auf die einstweilige Verfügung oder die Eintragungsbewilligung Bezug genommen werden kann; zugleich deutet diese Gesetzesstelle an, dass außer der Eintragungsbewilligung auch die sie ggf ersetzenden Eintragungsgrundlagen der Bezugnahme zugänglich sind (dazu Rdn 119). Als einzige Bestimmung setzt **§ 1115 Abs 1 BGB** an die Stelle des pauschalen »zur näheren Bezeichnung« eine *Liste* der direkt im Grundbuch einzutragenden Merkmale *und* gestattet *»im übrigen«* die Bezugnahme auf die Eintragungsbewilligung. Den gewöhnlichen Zulässigkeitsrahmen sprengt der **§ 49 GBO** (vgl Rdn 95); von der außerordentlich ausgeweiteten Bezugnahmemöglichkeit darf allerdings nur Gebrauch gemacht werden, wenn die Eintragung des Sammelbegriffs *»Leibgedinge«* usw sachlich gerechtfertigt ist (dazu § 49 GBO Rdn 86).

128   Die gesetzlichen Pauschalbestimmungen überlassen es der Eintragungspraxis und der Rechtsprechung, die Abgrenzung des direkt Einzutragenden und des indirekt Eintragbaren zu präzisieren. Heute kann in dieser Hinsicht auf weitgehend gesicherte Erkenntnisse zurückgegriffen werden.

2. Bezugnahmegrenzen (notwendiger Direkteintrag) bei Neueintragungen

129   § 874 BGB als für die Neueintragungen maßgebliche Grundregel (mit weitgestecktem Anwendungsbereich, vgl Rdn 88) gestattet die mittelbare Bezugnahme-Eintragung lediglich zur näheren Bezeichnung des »Inhalts des Rechtes«, ohne dies weiter zu erläutern. **Im Grundsatz** – soweit nicht Sonderheiten gelten – ist als **zur Bezugnahme-Eintragung geeignet** anzusehen, **was zum änderbaren »Inhalt eines Rechtes«** im Sinne des § 877 BGB **gehört**, nämlich die Gesamtheit der sich aus dem einzutragenden Recht ergebenden Befugnisse, soweit sie nachträglich in ihrer Ausgestaltung geändert werden können, ohne den Rahmen des bestehenden Rechts zu verlassen.[263] **Nicht** zum »Inhalt« des Rechts iS von § 877 und auch von § 874 BGB gehören alle Daten, die für den Bestand des Rechts erforderlich sind, nämlich **die** hier früher (vgl Rdn 36, 37) schon

---

260   Vgl zB BayObLGZ 1986, 513 = Rpfleger 1987, 101, 102 = DNotZ 1987, 621 (das Belastungsobjekt betreffend); OLG Hamm Rpfleger 1989, 448 (die Art des Rechts des betreffend); BGHZ 123, 297 = NJW 1993, 3197 = Rpfleger 1994, 157 = DNotZ 1994, 230 (die Kennzeichnung des Berechtigten betreffend); *Demharter* Rpfleger 1987, 497.

261   Überzeugend dargelegt von *Reuter* MittBayNot 1994, 115, ergänzend zu *Ertl* MittBayNot 1989, 297, 299; ebenso hier § 53 GBO Rn 96; **aA** BayObLG NJW-RR 1998, 735 = Rpfleger 1998, 242 (Eintragung lautet »Wohnung«, in Bezug genommene Eintragungsbewilligung lautet »Hobbyraum«, als inhaltlich unzulässige Eintragung gewertet); *Demharter* § 44 Rn 15.

262   KG DNotZ 1956, 555.

263   Näheres: *Staudinger-Gursky* § 874 Rn 19 u § 877 Rn 2 ff; BGB-RGRK-*Augustin* § 874 Rn 8 u § 877 Rn 8 ff; *Palandt-Bassenge* § 874 Rn 4 u § 877 Rn 1–3.

erwähnten »**Zuordnungskriterien**«. Wem welches Recht mit welchem Rang an welchem Grundstück oder Teil eines solchen oder an welchem Grundstücksrecht wie lange zusteht, das muss sich nach Sinn und Zweck der genannten Vorschriften wie der Grundbucheinrichtung überhaupt (dazu Rdn 18 bis 22) aus dem Grundbuch selbst ergeben. Einzelheiten dazu nachfolgend in Rdn 130 bis 177.

a) Spezifizierung des Rechts im Eintragungsvermerk. Die **Kennzeichnung des Rechts überhaupt**, **130** dh die Bezeichnung **seiner allgemeinen Rechtsnatur und seiner besonderen Art**, muss zwingend im Grundbuch selbst erfolgen.[264] Was im Einzelnen dazu an Eintrag nötig ist, legt das Gesetz nicht fest. Die Verwendung der gesetzlichen Typenbezeichnungen, wie »Grunddienstbarkeit«, »Hypothek« usw, liegt nahe, ist gebräuchlich und idR nützlich, nötig ist sie nicht,[265] selbst nicht gemäß § 1115 BGB[266] (Ausnahme: § 1184 Abs 2 BGB), und sie reicht nicht in allen Fällen aus (dazu Rdn 131 bis 133, 135). Selbst die Probeeintragungen im Anhang zu § 22 GBV enthalten vielfach nicht die Typennamen des Gesetzes. Es kommt *für die materielle Wirksamkeit* letztlich darauf an, dass die Rechtsnatur anhand des Grundbucheintrags *subsumierbar ist*,[267] notfalls im Wege der Auslegung der Eintragung, falls die Kennzeichnung des Rechtsinhalts unkorrekt ist (dazu und zur Frage, wann bei auslegungsbedürftiger Eintragung in einem der Bezugnahme nicht zugänglichen Punkt zur Klärung die in Bezug genommene Eintragungsbewilligung herangezogen werden darf, vgl Rdn 126 sowie 182, 184). Folgende Grundregeln zur Rechtskennzeichnung im Grundbuch sind anerkannt:

aa) Gesetzliche Typenbezeichnung ausreichend. Für die **Rechtstypen mit** gesetzlich weitgehend **ausge- 131 prägtem Inhalt** und dementsprechend begrenztem Gestaltungsraum für die Beteiligten, so dass auch bei größtmöglicher Ausschöpfung der dispositiven Vorschriften ihr wesentlicher Inhalt sich nicht ändert, genügt zur Kennzeichnung des Rechtsinhalts die Angabe der gesetzlichen Typenbezeichnung im Eintragungsvermerk, weil diese dem unbefangenen Betrachter der Eintragung jeweils eine hinreichende Vorstellung vom Inhalt vermittelt.[268] Zu den Rechten dieser Art sind zu rechnen: **Nießbrauch, Wohnungsrecht, Vorkaufsrecht, Erbbaurecht, Erbbauzins, Dauerwohnrecht bzw –nutzungsrecht.** Es genügt also zB folgender Eintragungsvermerk im Grundbuch den Anforderungen des § 874 BGB: »*Nießbrauch für . . . unter Bezugnahme auf die Bewilligung vom . . . eingetragen am . . .*«, wobei die Bezugnahme zulässigerweise[269] überhaupt nur in Betracht kommt, falls die Eintragungsbewilligung Modifizierung des gesetzlichen Nießbrauchinhalts im erlaubten Rahmen[270] enthält; für den nicht modifizierten Nießbrauch lautet der Eintragungsvermerk: »*Nießbrauch für . . . eingetragen am . . .*«. Entsprechendes gilt für die übrigen oben genannten Rechte; Besonderheiten gelten allerdings für die Eintragung des Erbbaurechts gemäß § 14 ErbbauRG und § 56 GBV (vgl Rdn 93).

bb) Gesetzliche Typenbezeichnung nicht ausreichend. Für die **Rechtstypen mit** gesetzlich **unausge- 132 prägtem Inhaltsrahmen**, der von den Beteiligten auszufüllen ist, ihnen einen weiten Gestaltungsraum bietet, aber auch die am Bestimmtheitsgrundsatz (vgl Rdn 37 iVm Rdn 30) zu messende Konkretisierung des Rechtsinhalts abverlangt, genügt die Angabe der gesetzlichen Typenbezeichnung im Grundbuch allein nicht zur nach § 874 BGB für die Wirksamkeit der Eintragung nötigen Kennzeichnung der spezifischen Art des Rechts. So ist angesichts der vielfältigen Ausgestaltungsmöglichkeiten, welche diese Rechtstypen bieten, die bloße Eintragung als »*Grunddienstbarkeit*«, als »*Beschränkte persönliche Dienstbarkeit*«, als »*Reallast*« unzureichend.[271] Die Aufnahme dieser gesetzlichen Bezeichnungen in den Eintragungstext mag nützlich sein, nötig ist sie nicht (vgl Rdn 130). **Nötig** ist stattdessen oder zusätzlich ein Eintragungsvermerk, der den konkreten Rechtsinhalt in Stichworten derart charakterisiert, dass **mindestens** dessen **Wesenskern** direkt aus dem Grundbuch ersichtlich ist.[272] Dafür genügt eine **schlagwortartige Kurzbezeichnung**, sofern sie geeignet ist, dem Grundbuchbenutzer eine hinreichende Vorstellung von der spezifischen Art des Rechtsinhalts zu vermitteln; sie wahrt in hohem Maße den Zweck des § 874 BGB, die Überfrachtung des Grundbuchs mit Einzelheiten zu vermeiden (vgl Rdn 75, 76). *Zu wenig aussagekräftig* und deshalb ungeeignet zur Kennzeichnung des Dienstbarkeitsinhalts sind zB Bezeich-

---

264 KGJ 49, 163, 169; 51, 266, 272; BayObLGZ 1973, 84, 87 = Rpfleger 1973, 246; BayObLG Rpfleger 1995, 13 = DNotZ 1994, 888; KG OLGZ 1975, 301, 303; OLG Köln Rpfleger 1980, 467 = DNotZ 1981, 268; OLG Hamm Rpfleger 1985, 109, 110 = DNotZ 1985, 552, 555 = OLGZ 1985, 19, 22; *Demharter* § 44 Rn 17; *Schöner/Stöber* Rn 264.

265 So in Bezug auf die beschränkte persönl Dienstbarkeit: BayObLGZ 1981, 117, 121 = Rpfleger 1981, 295, 296; s auch *Schöner/Stöber* Rn 1145 für die Grunddienstbarkeit.

266 BGB-RGRK-*Mattern* Rn 2, *Erman-Wenzel* Rn 2, *Soergel-Konzen* Rn 7, *Palandt-Bassenge* Rn 3, alle zu § 1115.

267 *Jansen* DNotZ 1954, 209.

268 *Jansen* aaO (Fn 267); BGHZ 35, 378, 382 = NJW 1961, 2157, 2158 = Rpfleger 1961, 394, 395; s auch KG OLGZ 1975, 301, 303; BayObLG NJW-RR 1986, 882 = Rpfleger 1986, 296.

269 BayObLGZ 1985, 6 = Rpfleger 1985, 285, 286; *Staudinger-Frank* Vorbem 16 zu § 1030.

270 *Staudinger-Frank* Vorbem 7 ff zu § 1030; *Schöner/Stöber* Rn 1375, jeweils mwN.

271 Statt vieler: BGH u KG aaO (Fn 268); OLG Köln Rpfleger 1980, 467 = DNotZ 1981, 268; BayObLGZ 1981, 117, 120 = aaO (Fn 265); *Meyer-Stolte* Rpfleger 1986, 366, 367 gegen OLG Düsseldorf Rpfleger 1986, 366.

272 Vgl Fn 271; s auch *Demharter* § 44 Rn 17 mwN.

nungen wie »*Benutzungsrecht*«[273] oder »*Nutzungsbeschränkung*«.[274] Anerkannt von der Rechtsprechung sind dagegen als Schlagworte für die Kennzeichnung des Inhalts von **Dienstbarkeiten** zB: »*Hofraumbenutzungsrecht*«, »*Rohrleitungsrecht*«, »*Tankstellenrecht*«, »*Tankstellenbetriebsverbot*«, »*Überwegsrecht*«, »*Wasserleitungsrecht*«, »*Wegerecht*« usw.[275] Für **Reallasten** kommen zB folgende Kurzbezeichnungen in Betracht: »*Rentenrecht*«, »*Geldrente*«, »*Naturallieferung*« bzw »*Lieferung von* . . .«, »*Zaununterhaltungspflicht*«,[276] »*Erbbauzins*« (§ 9 Abs 1 ErbbauRG). Zu erwähnen sind außerdem die **Miteigentumsbelastungen gemäß** § 1010 BGB, auf die § 874 BGB entsprechend anwendbar ist;[277] mögliche Kurzbezeichnungen sind zB »*Ausschluss der Aufhebung der Gemeinschaft*«, ggf »*Beschränkung der Aufhebung der Gemeinschaft*«, »*Verwaltungsregelung*«, »*Benutzungsregelung*«, oft zusammen »*Verwaltungs- und Benutzungsregelung*« oder ggf gezielter »*Einzelbenutzung des Hauses nach Stockwerken*« usw.

133 Umfasst der Rechtsinhalt – wie insbesondere bei Dienstbarkeiten nicht selten – eine **Kombination verschiedener Befugnisse**, so muss die Kurzbezeichnung im Eintragungsvermerk dies grundsätzlich mindestens andeutungsweise für Dritte erkennbar zum Ausdruck bringen, um zu vermeiden, dass die Eintragung eventuell teilweise unwirksam bleibt. Letzteres ist der Fall, wenn der Eintragungstext eine **Inhaltskomponente von eigenständiger Bedeutung** verschweigt und somit für den unbefangenen Betrachter verborgen hält; die Bezugnahme auf die Eintragungsbewilligung hat insoweit keine Eintragungskraft. So bringt zB eine als »*Baubeschränkung*« eingetragene Dienstbarkeit eine laut in Bezug genommener Bewilligung außerdem gewollte Gebäudenutzungsbeschränkung nicht zur Geltung;[278] die Eintragung als »*Kellernutzungs- und Wasserleitungsrecht*« erfasst nicht das in der Bewilligung zusätzlich genannte Recht zur Hofraumbenutzung.[279] Andererseits ist es zur Erleichterung der materiellen Eintragungswirkungen nicht notwendig, solche Inhaltsmodalitäten im Eintragungstext selbst zu erwähnen, die lediglich unterstützende bzw verstärkende Begleitfunktion haben in Bezug auf den Hauptinhalt des Rechts und insofern ein **unselbständiges »Anhangsrecht«** darstellen, wie zB das Konkurrenzverbot innerhalb einer Tankstellendienstbarkeit[280] oder eines sonstigen gewerblichen Nutzungsrechts, wie das Bauverbot im Leitungsverlauf einer Versorgungsdienstbarkeit[281] und wie das Aufstellen von Masten bei einer Hochspannungsleitungsdienstbarkeit.[282] Eine *andere Frage* ist, ob der Hinweis auf das Anhangsrecht *unter Zweckmäßigkeitsgesichtspunkten* angebracht ist (vgl Rdn 82). Ist die Ausübung einer Dienstbarkeit laut Eintragungsbewilligung rechtsgeschäftlich auf eine bestimmte (wie notwendig genau beschriebene, vgl Rdn 44) Teilfläche (Ausübungsstelle) des dienenden Grundstücks beschränkt, so handelt es sich lediglich um eine »nähere« Modalität des Rechtsinhalts, die keiner ausdrücklichen Erwähnung im Eintragungsvermerk bedarf, sondern gemäß § 874 BGB mittels Bezugnahme auf die Eintragungsbewilligung Eintragungsinhalt wird. Zur Bezugnahmefähigkeit einer sich auf die Rechtsausübung beziehenden Bedingung vgl Rdn 167.

134 **cc) Sonderheiten bei der Eintragung von Grundpfandrechten.** Für die Eintragung der Grundpfandrechte – wohl den Rechtstypen mit weitgehend ausgeprägtem Inhalt zuzurechnen – ist **in Ergänzung des § 874 BGB** die **Sonderbestimmung des § 1115 BGB** maßgeblich für die Bezugnahmemöglichkeit. Die Sondervorschrift soll nach Wortlaut des Gesetzes und Absicht des Gesetzgebers[283] klarstellen, inwieweit der Inhalt der Forderung – gemäß § 1113 Abs 1 BGB zugleich inhaltsbestimmend für die ihrer Sicherung dienende Hypothek – direkt in das Grundbuch eingetragen werden muss bzw inwieweit er indirekt mittels Bezugnahme auf die Eintragungsbewilligung (gemäß § 1115 Abs 1) oder auf die veröffentlichte Satzung einer Kreditanstalt (gemäß § 1115 Abs 2) eingetragen werden kann. Der *spezielle Zweck* des § 1115 Abs 1 BGB geht dahin, das *Höchstmaß der Belastung aus dem Grundbuch selbst ersichtlich zu machen*, damit zu dessen Feststellung die Eintragungsbewilligung nicht eingesehen zu werden braucht (vgl Rdn 90), teilweise durchbrochen durch den später eingefügten Abs 2 der Vorschrift (dazu Rdn 121). Seiner Zweckbestimmung entsprechend ist § 1115 BGB gemäß § 1192 Abs 2 BGB modifiziert auch für die Eintragung der Grundschuld maßgeblich. Besonderes gilt für die praktisch seltene Rentenschuld (vgl insbesondere § 1199 Abs 2 BGB). Was ggf über das in § 1115 Abs 1 BGB Vorgeschriebene hinaus in den Grundbuchvermerk aufzunehmen ist, richtet sich nach den sich aus § 874 BGB für die Eintragung dinglicher Rechte generell ergebenden Grundsätzen (zB braucht eine etwaige Bedingtheit der Forderung nach § 1113 Abs 2 BGB im Eintragungsvermerk nicht ausdrücklich erwähnt zu

---

273 OLG Köln aaO (Fn 271); BayObLG NJW-RR 1986, 882 = Rpfleger 1986, 296, 297.
274 BayObLG Rpfleger 1981, 479 (Auslegbarkeit bejaht); Rpfleger 1995, 13 = DNotZ 1994, 888 (Auslegbarkeit verneint).
275 Lt OLG Köln Rpfleger 1980, 467, 468 mwN = aaO (Fn 271); s auch BayObLGZ 1981, 117, 120 mwN = aaO (Fn 265); weitere gebräuchliche Schlagwörter bei *Schöner/Stöber* Rn 1145.
276 BayObLGZ 1973, 21, 26 = Rpfleger 1973, 133 = DNotZ 1973, 415 (insoweit hier nicht abgedruckt).
277 Grundlegend u mit Beispielen: BayObLGZ 1973, 84 = Rpfleger 1973, 246. Weitere Eintragungsfragen: *Müller* Rpfleger 2002, 554.
278 BGH NJW 1965, 2398 = DNotZ 1966, 486; OLG Hamburg MDR 85, 1029.
279 OLG Nürnberg NJW 1978, 706 = OLGZ 1978, 79. Zur Begrenzung einer als »*Geh-, Fahr- und Leitungsrecht*« eingetragenen Dienstbarkeit OLG Nürnberg NJW-RR 2000, 1257.
280 BGHZ 35, 378 = aaO (Fn 268); BayObLGZ 1973, 184 = NJW 1973, 2024 (LS) = Rpfleger 1973, 298.
281 BGHZ 90, 181 = NJW 1984, 2210 = Rpfleger 1984, 227 = DNotZ 1985, 37.
282 BayObLGZ 1981, 117 = aaO (Fn 265).
283 Mot Bd III 640–645.

werden, es genügt die Bezugnahme-Eintragung; demgegenüber muss eine Bedingtheit der Hypothek mindestens andeutungsweise in den Eintragungsvermerk aufgenommen werden, um dingliche Wirksamkeit zu erlangen, vgl Rdn 167, 168). *Ausgeklammert* von der Eintragung mittels Bezugnahme sind – entsprechend dem Vorbehalt in § 874 BGB – die *extra vorgeschriebenen Eintragungen* (dazu Rdn 96). Zu den gemäß § 1115 Abs 1 BGB der unmittelbaren Eintragung bedürfenden Elementen ist **im Einzelnen** zu bemerken (Rdn 135 bis 144):

(1) **Bezeichnung der Rechtsart:** Die Notwendigkeit, dass die Rechtsart aus dem Grundbuch selbst ersichtlich sein muss, folgt aus § 874 BGB. Nur der § 1184 Abs 2 BGB schreibt vor, dass die Sicherungshypothek im Grundbuch ausdrücklich so benannt werden muss; im Übrigen gibt es keine Bestimmung, die eine bestimmte Bezeichnungsweise, etwa mit den gesetzlichen Begriffen »**Hypothek**« **oder** »**Grundschuld**«, vorschreibt. Insb »*Hypothek*« muss nicht im Grundbuch stehen, um eine Hypothek als solche kenntlich zu machen; Subsumierbarkeit anhand des Eintragungstextes genügt (vgl Rdn 130). Die Bezeichnung als »*Darlehen*«, als »*Restkaufgeld*«, als »*Abfindung*« usw ist im Hinblick auf die gesetzliche Zweckbestimmung der Hypothek als Forderungssicherungsrecht (vgl § 1113 Abs 1 BGB) *ausreichend* zu ihrer Kenntlichmachung im Grundbuch.[284] *Andererseits genügt* im Grundbuch die ausdrückliche Bezeichnung als »*Hypothek*« ohne zusätzliche Benennung der Forderung (fraglich, ob so zweckmäßig); denn § 1115 Abs 1 BGB verlangt lediglich die Direkteintragung des Geldbetrages der Forderung, lässt »im Übrigen« zur (nicht nur näheren) Bezeichnung der Forderung die Bezugnahme auf die Eintragungsbewilligung zu.[285] Die in Bezug genommene Eintragungsbewilligung muss allerdings die durch die Hypothek zu sichernde Forderung hinreichend individualisieren (dazu Rdn 137). *Selbst wenn der Eintragungsvermerk* (ordnungswidrig) die *Art des Rechts* als Hypothek oder Grundschuld *überhaupt nicht nennt*, sondern etwa nur »*1000 Euro für A unter Bezugnahme auf die Eintragungsbewilligung vom . . .*« lautet, so hat dieser Mangel nicht schlechthin die Unwirksamkeit und inhaltliche Unzulässigkeit der Eintragung zur Folge; die Eintragung ist vielmehr materiell *gültig, sofern* durch Auslegung – dann unter Hinzuziehung der in Bezug genommenen Bewilligung (vgl Rdn 182) – klärbar ist, ob eine Hypothek oder eine Grundschuld vorliegt (ein anderes Recht kommt nach Text und Stelle der Eintragung nicht in Betracht); sie ist *ungültig, wenn* auch die Bewilligung keine Klarheit über die Rechtsart schafft oder wenn sie ohne Bezugnahme lautete »*1000 Euro für A*«.[286] Nach einer weitergehenden Ansicht[287] soll sogar bei einer ausdrücklichen Falschbezeichnung einer Hypothek als Grundschuld oder umgekehrt die Auslegung der Eintragung nicht ausgeschlossen und letztlich das materiell gültig sein, was sich aus der in Bezug genommenen Bewilligung ergibt, in diesem Falle wohl vertretbar, weil in Art und Umfang der dinglichen Haftung kraft Hypothek oder Grundschuld kein wesentlicher Unterschied besteht. Festzuhalten ist, dass **die weitgehenden Auslegungsmöglichkeiten** von unklaren Eintragungen **keine verfahrensrechtliche Richtschnur** für die Fassung der Eintragungen sein dürfen (dazu Rdn 68, 69). Vielmehr ist aus Zweckmäßigkeitsgründen die *Kennzeichnung der Forderung im Hypothekeneintrag* zu empfehlen und eine *Grundschuld ausdrücklich als solche* zu bezeichnen; *unzulässig* ist nach hM, im Grundschuldeintrag den (idR vereinbarten) Sicherungszweck zu erwähnen, zB durch Eintragung als »*Sicherungsgrundschuld*«.[288]

(2) **Bezeichnung des Gläubigers:** Die Grundpfandrechte sind subjektiv-persönliche Rechte, als subjektiv-dingliche Rechte nicht möglich[289] (gewisse Ausnahmen ergeben sich aus den §§ 1187, 1188 BGB). Die Hypothek kann zudem kraft ihrer akzessorischen Rechtsnatur keinem anderen zustehen als dem Gläubiger der durch sie gesicherten Forderung[290] (vgl auch § 1153 BGB). Die von § 1115 BGB geforderte Bezeichnung des »Gläubigers« ist also idR *gleichbedeutend mit der Bezeichnung des Rechtsinhabers*; dies wiederum ist ein grundsätzliches Erfordernis für alle subjektbezogenen Eintragungen. Es wird dieserhalb auf die Ausführung zu Rdn 154 bis 163 verwiesen, auch zur zulässigen gemeinschaftlichen und sukzessiven wie zur unzulässigen alternativen Berechtigung mehrerer. Die notwendige Identität von Forderungs- und Hypothekengläubiger ist gewahrt, falls eine Hypothek *für nur einen von mehreren Gesamtgläubigern* eingetragen wird. Die Eintragung ist zulässig, weil bei der Gesamtgläubigerschaft (§§ 428 bis 431 BGB) mehrere selbständige Forderungen bestehen, die im Wesentlichen

135

136

---

284 Vgl frühere Eintragungsmuster der Anlagen zu § 22 GBV, abgedruckt im Sonderband der 7. Aufl und bei *Demharter* bis zur 21. Aufl; ein Tilgungsdarlehen braucht im Grundbuchvermerk nicht als solches kenntlich gemacht zu werden, vgl BGHZ 47, 41 = NJW 1967, 925 = Rpfleger 1967, 111 = DNotZ 1967, 753; zur Zulässigkeit u Bezeichnung einer Tilgungsgrundschuld: LG Bochum Rpfleger 1970, 335 (*Haegele*).

285 Im Ergebnis ebenso: *Soergel-Konzen* § 1115 Rn 7; *Schöner/Stöber* Rn 1943 gegen *MüKo-Eickmann* § 1115 Rn 19.

286 Rechtsgutachten des KG in PrJMBl 1914, 772 ff = BayNotZ 1915, 97, in Grundzügen wiedergegeben in *Güthe-Triebel* § 49 Rn 19 u verwertet von *Horn* (Fn 287). Daran anknüpfend: Rechtsgutachten des KG in JW 1929, 3346, 3347. S auch *Palandt-Bassenge* Rn 3; *Erman-Räfle* Rn 2, beide zu § 1115.

287 *Horn* NJW 1962, 726.

288 Dazu eingehend und mit interessanten Gegenargumenten: *MüKo-Eickmann* § 1191 Rn 41 mwN; s auch *Schöner/Stöber* Rn 2290 mwN.

289 AllgM im Anschluss an KG DNotZ 1932 = HRR 1931 Nr 1862, vgl hier Einl C Rdn 535.

290 Für rechtsgeschäftlich bestellte Hypothek allgM im Anschluss insb an BGH (Fn 293) u BayObLGZ 1958, 164 = NJW 1958, 1917 = DNotZ 1958, 639, vgl hier Einl C Rdn 530. Zur Eintragbarkeit des Verfahrensstandschafters bei einer Zwangshypothek s § 15 GBV Rdn 38 aE.

nur durch die Einheitlichkeit der Tilgungswirkung miteinander verbunden sind.[291] § 47 GBO wird zwar entsprechend angewandt bei der Eintragung aller oder mehrerer Gesamtgläubiger und verlangt dann deren klare Kennzeichnung als solche im Eintragungsvermerk;[292] erfolgt die Eintragung nur für einen der Gesamtgläubiger, so braucht er hingegen im Grundbuch nicht als solcher gekennzeichnet zu werden, es genügt, dass seine Gesamtgläubigerstellung aus der in Bezug genommenen Eintragungsbewilligung hervorgeht.[293]

137 (3) **Bezeichnung des Geldbetrages der Hypothekenforderung bzw des Grundschuldkapitals:** Unbedingt erforderlich ist die Direkteintragung der bestimmten Geldsumme, für die das Grundstück haftet (§§ 1113 Abs 1, 1191 Abs 1 BGB), bei der Hypothek bestimmt durch den Geldbetrag der zu sichernden Forderung (§ 1115 Abs 1 BGB), und zwar **in einer zahlenmäßig bestimmten »Summe«,** nicht in Berechnungsmerkmalen.[294] Etwaige Zins- und Nebenleistungen sind gesondert einzutragen (vgl §§ 1115 Abs 1, 1191 Abs 1, 1192 Abs 2 BGB); rückständige Beträge können allerdings von den Beteiligten zu einem Kapitalbetrag zusammengerechnet (kapitalisiert) werden und sind dann als quasi selbständige Hauptforderung im Grundbuch mit der Geldsumme eintragbar.[295] Das Fehlen der Angabe des Kapitalbetrages im Grundbuchvermerk ist ein so eklatanter Mangel, dass die Eintragung insgesamt wirkungslos und inhaltlich unzulässig iS des § 53 Abs 1 S 2 GBO ist.[296] Dass die Geldbeträge **regelmäßig in »inländischer Währung«** einzutragen sind, ergibt sich lediglich aus dem Verfahrensrecht (§ 28 S 2 GBO), darunter ist die jeweils geltende Währung zu verstehen[297] (S 2 des § 28 GBO gilt unmittelbar auch für die Eintragung[298]). Inländische Währung ist **inzwischen der Euro;** dazu und zur Umstellung der DM-Beträge § 11 GBV Rdn 12, 27, 51. Die Eintragung **in ausländischer Währung** verstößt nicht gegen die materiellrechtlichen Bestimmtheitsanforderungen der §§ 1113, 1191, 1199 BGB, scheiterte aber in der Vergangenheit an § 28 S 2 GBO aF und währungsrechtlichen Hindernissen.[299] Seit Änderung des § 28 S 2 durch das RegVBG ist die Eintragung von Grundpfandrechten in ausländischer Währung zulässig, soweit es sich um eine Währung handelt, die durch die RechtsVO des BJM vom 30.10.1997 (BGBl I 2683) zugelassen worden ist und die Zulassung fortbesteht (auf die Erläuterungen zu § 28 GBO wird verwiesen). Die Begründung eines **wertbeständigen bzw -gesicherten Grundpfandrechts** scheitert dagegen am Bestimmtheitszwang der §§ 1113, 1191, 1199 BGB;[300] eine Höchstbetragshypothek für eine mit Wertsicherungsklausel versehene Geldforderung ist allerdings möglich. *Die in § 1115 Abs 1 BGB vorgeschriebenen Grundbuchangaben,* insb den Gläubiger und den Geldbetrag der Forderung betreffend, sowie die (am Schluss von Rdn 135) empfohlene Eintragung des Schuldgrundtyps *genügen meistens* (wo keine verwechselbaren Forderungsverhältnisse zwischen den Beteiligten bestehen) zur **Individualisierung der Hypothekenforderung,** so dass die nötige Feststellbarkeit ihrer Identität gewährleistet ist. *Sichere Eindeutigkeit* – nach Verfahrensrecht anzustreben – schafft die Benennung des schuldbegründenden Vertrages bzw Rechtsverhältnisses in der Eintragungsbewilligung; für die Eintragung genügt dieserhalb die Bezugnahme auf die Bewilligung.[301] Für die materiellrechtliche Wirksamkeit der Eintragung kommt es bei unzulänglicher oder gar unzutreffender Bezeichnung der Forderung auf die Existenz und die Beweisbarkeit der richtigen Forderung an.[302]

138 (4) **Bezeichnung des Zinssatzes:** Unproblematisch ist idR die Eintragung in diesem Punkt bei der *Grundschuld.* Der Zinsanspruch aus der Grundschuld ist gesetzlich ebenso forderungsunabhängig wie das Kapital; er wird in der Praxis meist so hoch festgesetzt, dass er für mögliche künftige Zinserhöhungen des durch die Grundschuld gesicherten Kredits ausreicht, zumal der Gläubiger nach den gängigen Sicherungsabreden berechtigt ist, die überschießenden Grundschuldzinsen zur Abdeckung der Hauptforderung zu verwenden.[303] So überwiegt denn in der Praxis die Grundschuld mit einem relativ hohen (pauschalen) Zinssatz, der dann gemäß § 1115 Abs 1 BGB im Grundbuch einzutragen ist. Sofern keine Sonderheiten vereinbart sind, bereitet auch die Fassung der *Hypothekeneintragung* in puncto Zinsen keine Schwierigkeiten. Eintragungsabhängig gemäß § 1115

---

291 *Palandt-Heinrichs* § 428 Rn 1.
292 BGH NJW 1981, 176 mwN = Rpfleger 1980, 464 = DNotZ 1981, 121.
293 BGHZ 29, 363 mwN = NJW 1959, 984 = Rpfleger 1959, 154 (*Haegele*) = DNotZ 1959, 310.
294 KGJ 21 A 322, 323 = OLGE 2, 364; 36 A 229, 231; RGZ 108, 146, 148.
295 *Böttcher* Rpfleger 1984, 85, 87 mit Fn 37, 38; *Schöner/Stöber* Rn 1925. Umstritten für Zwangshypothek: dafür LG Bonn Rpfleger 1982, 75; *Schöner/Stöber* Rn 2189; dagegen: OLG Schleswig Rpfleger 1982, 301 (zust *Hellmig*). Zum Hauptsachecharakter bisheriger Vollstreckungskosten bei Zwangshypothek: *Schöner/Stöber* Rn 2187.
296 *Staudinger-Wolfsteiner* Rn 18 u BGB-RGRK-*Mattern* Rn 13, beide zu § 1115; indirekt auch *Demharter* § 53 Rn 45 u KEHE-*Eickmann* § 53 Rn 14.
297 KGJ 21 A 322 = aaO (Fn 294); KG NJW 1954, 1686.
298 RGZ 106, 79; KG aaO (Fn 297); *Demharter* § 28 Rn 18.
299 *Staudinger-Wolfsteiner* Einl zu §§ 1113 ff Rn 31; *Demharter* § 28 Rn 26–28.
300 Frühere Ausnahmeregelungen sind weggefallen: *Staudinger-Wolfsteiner* (2002) Einl zu §§ 1113 ff Rn 39; *Demharter* § 28 Rn 30–33.
301 MüKo-*Eickmann* § 1115 Rn 19 aE.
302 RGZ 45, 179; BayObLGZ 1950/51, 594; *Staudinger-Wolfsteiner* (2002) § 1115 Rn 3, 42; BGB-RGRK-*Mattern* § 1115 Rn 28.
303 BGH NJW 1981, 1505 = Rpfleger 1981, 292; NJW 1982, 2768, 2769 mwN.

BGB sind die rechtsgeschäftlich vereinbarten Zinsen. Für die **gesetzlichen Zinsen** der Forderung bis zur Höhe des gesetzlichen Zinssatzes (zB gemäß §§ 288, 291, 641 Abs 4, 668, 675, 698, 1834 BGB) haftet das Grundstück kraft Gesetzes (§ 1118 BGB); sie sind deshalb *nicht eintragungsbedürftig* und, weil überflüssig, auch nicht eintragungsfähig (s aber Rdn 106). Für die **vereinbarten Zinsen** haftet das Grundstück im Rahmen der Hypothek oder Grundschuld nur, wenn sie *besonders eingetragen* sind. Nötig ist dazu gemäß § 1115 Abs 1 BGB die *Nennung des »Zinssatzes«* im Grundbuchvermerk, wozu die Angabe des Prozentsatzes genügt; *entbehrlich ist* der Zusatz *»jährlich«*[304] und der Hinweis auf die jeweilige Kapitalschuld als Bezugswert (weil dies bei Hypotheken- und Grundschuldzinsen regelmäßig so ist); Fassung also zB »... *verzinslich zu* ... %«. Wegen des Verzinsungsbeginns und der Zinsfälligkeiten genügt die Bezugnahme auf die Eintragungsbewilligung. Zinsen für langfristige Darlehen werden heute kaum noch unveränderlich vereinbart, vielfach gebräuchlich sind **variable bzw gleitende Zinssätze**. Eintragungsfähig sind solche Gleitzinssätze, sofern die Voraussetzungen für den Eintritt der künftigen Zinsanpassungen objektiv bestimmbar festgelegt sind. Die Angabe eines Höchstzinssatzes kann entgegen einer Mindermeinung[305] nicht verlangt werden.[306]

(5) **Bezeichnung des Geldbetrages der anderen Nebenleistungen:** Alle neben[307] der Hauptforderung bzw neben dem Kapital – aber davon abhängig – vereinbarungsgemäß zu entrichtenden Geldleistungen, die nicht Zinsen (Vergütung für die Kapitalüberlassung) sind, gehören zu den »anderen Nebenleistungen« iS des § 1115 Abs 1 BGB, die der besonderen Eintragung bedürfen, um die dingliche Haftung des Grundstücks im Rahmen der Hypothek oder der Grundschuld herbeizuführen. In Betracht kommen *verschiedene Arten* von Nebenleistungen; *bei der Hypothek* müssen sie *forderungsbezogen, bei der Grundschuld grundschuldbezogen*, dürfen sie nicht forderungsabhängig sein.[308] Geldbeschaffungskosten, Tilgungsstreckung bezüglich der Forderung, Entschädigung für eine höhere Auszahlung des Darlehens und Kredit-Bereitstellungsgebühren sind zB forderungsbezogene Nebenleistungen und können als solche nicht Nebenleistungen des Grundschuldkapitals sein; Zinsaufschläge für unpünktliche Tilgungs- und/oder Zinszahlung, Verwaltungskostenbeiträge, Anspruch auf Erstattung verauslagter Versicherungsprämien, nicht unter § 1118 BGB fallende Kosten sind dagegen zB solche Nebenleistungen, die sowohl bezüglich einer Hypothekenforderung als auch bezüglich eines Grundschuldkapitals möglich sind.[309] *Unbestreitbar* ist, dass *bezüglich der Hypothek* die Art der Nebenleistungen, ihr **Schuldgrund**, bestimmt sein und sich dementsprechend aus der Eintragungsbewilligung ergeben muss. *Streitig* ist, ob auch die Eintragungsbewilligung *für eine Grundschuld* erkennen lassen muss, welcher Art die einzutragende Nebenleistung ist[310] oder ob die Pauschalbezeichnung »Nebenleistung« unter Angabe des Prozentsatzes des Grundschuldkapitals genügt, um die nötige Abhängigkeit von der Grundschuld kenntlich zu machen.[311] *Unstreitig* ist jedenfalls, dass *im Eintragungsvermerk* im Grundbuch, ob für eine Hypothek oder für eine Grundschuld, stets *der neutrale Ausdruck »Nebenleistung(en)« ausreichend* ist, wenn (ua) wegen der Art der Nebenleistung(en) auf die Eintragungsbewilligung Bezug genommen wird.[312] Allerdings verlangt § 1115 Abs 1 BGB, dass der **»Geldbetrag«** der anderen Nebenleistungen im Grundbuchvermerk anzugeben ist. Seit langem wird das Gesetz in diesem Punkte so interpretiert, dass ihm sowohl durch die Eintragung eines in Währungseinheiten bezifferten Betrages als auch durch die Eintragung der zur Ermittlung des Geldbetrages nötigen **Berechnungsfaktoren** entsprochen werden kann.[313] Letzteres ist die Regel, nämlich die Bemessung in Prozenten, wie auch bei den Zinsen gebräuchlich, allerdings je nach Art der Nebenleistung bezogen teils auf das jeweilige Restkapital, größtenteils auf das Ursprungskapital unabhängig vom Tilgungsstand, gelegentlich auf den Verzugsbetrag. Ohne Frage muss sich aus Bestimmtheitsgründen aus der *Eintragungsbewilligung*, auf welche die Eintragung Bezug nimmt, klar ergeben, *welche Bezugsgröße* für welche Nebenleistung maßgeblich ist. Bezieht sich der Prozentsatz einer Nebenleistung unter allen Umständen auf den Kapitalbetrag in ursprünglicher Höhe, so bedarf dies im Grundbuch jedenfalls solange keiner besonderen Erwähnung, als der ursprüngliche Kapitalbetrag dort eingetragen ist, weil dann aus dem Kontext des Eintragungsvermerks zu schließen ist, dass sich die angegebenen Prozentsätze auf den einge-

139

---

304 *Meyer-Stolte* Rpfleger 1975, 120; OLG Saarbrücken Rpfleger 1979, 305 = OLGZ 1979, 306; OLG Frankfurt Rpfleger 1980, 18 = OLGZ 1980, 72; *Schöner/Stöber* Rn 1956 mwN (auch zur Gegenmeinung, die sich nicht durchgesetzt hat).

305 OLG Celle DNotI-Report 2004, 202; OLG Schleswig DNotZ 2003, 354.

306 BGH DNotZ 2006, 526. OLG Hamm RNotZ 2006, 60; LG Schweinfurt Rpfleger 2004, 622; LG Traunstein MittBayNot 2004, 440.

307 Tilgungsraten sind Kapitalrückzahlung, also keine Nebenleistungen, RGZ 104, 68, 72.

308 Grundlegend dazu: *Stöber* ZIP 1980, 613; folgend: MüKo-*Eickmann* § 1192 Rn 5 u KEHE-*Eickmann* Einl S 6 u *Schöner/Stöber* Rn 2295–2298 mwN.

309 Beispiele laut *Schöner/Stöber* Rn 2299; s auch OLG Stuttgart aaO (Fn 311) mwN. Wegen der überhaupt möglichen Nebenleistungen vgl (außer BGB-Kommentaren) Katalog von *Schöner/Stöber* Rn 1966; s auch *Demharter* § 44 Rn 24, 25; KEHE-*Eickmann* Einl S 15.

310 So *Stöber, Eickmann, Schöner/Stöber*, jeweils aaO (Fn 308).

311 OLG Stuttgart NJW-RR 1986, 1397 = Rpfleger 1986, 466 mwN u überzeugenden Argumenten.

312 Von der Rspr idR ohne Diskussion toleriert, so BGHZ 47, 41 = NJW 1967, 925 = Rpfleger 1967, 111 = DNotZ 1967, 753; s auch Formulierungsvorschläge von *Haegele* Rpfleger 1971, 237 u RpflJB 1974, 311 ff; *Böttcher* Rpfleger 1980, 81 ff; *Schöner/Stöber* Rn 1969 ff.

313 *Böttcher* Rpfleger 1980, 81, 82 mwN in Fn 19; MüKo-*Eickmann* § 1115 Rn 31 ff.

tragenen Kapitalbetrag beziehen; damit ist der *Berechnungsfaktor* »*Ursprungskapital*« im Grundbuch konkludent zum Ausdruck gebracht.[314] *Böttchers* Umkehrschluss,[315] dass auch geringere Bezugsgrößen, wie die jeweilige Kapitalschuld, nicht im Grundbuchvermerk selbst erwähnt zu werden brauchen, ist nicht zwingend, wird aber einem weiten Zweckverständnis des § 1115 Abs 1 BGB gerecht (dazu unten). Fraglich ist allerdings, ob es nicht im Blick auf etwaige künftige Teillöschungen (Ursprungskapital als Bezugsgröße hernach nicht mehr eingetragen, dann von Amts wegen Klarstellungsvermerk nötig?[316]) *zweckmäßig* ist, von vornherein im Grundbucheintrag zu vermerken, welche der prozentual bemessenen Nebenleistungen vom Ursprungskapital zu berechnen sind; der BGH hat diese Frage offen gelassen,[317] hier wird der Direkthinweis im Eintragungsvermerk befürwortet (vgl Rdn 83 zu Ziff 4). Ist der Zusatz »jährlich« in Bezug auf den Zinssatz im Grundbuchvermerk entbehrlich (vgl Rdn 138), so kann diese Regel nicht auf die sonstigen Nebenleistungen übertragen werden; zu Recht wird deshalb gefordert, im Grundbuch selbst anzugeben, ob die bezifferte oder prozentual bemessene Nebenleistung »einmalig«, »jährlich« oder »monatlich« anfällt.[318] Mit der Eintragung dieses zeitlichen Berechnungsfaktors ist direkt noch nichts darüber ausgesagt, unter welchen **Voraussetzungen** (Bedingungen) und/oder für welche **Zeitdauer** die einzelne Nebenleistung zu entrichten ist. Insofern sind zu unterscheiden:[319]

140 – **Kontinuierliche Nebenleistungen**, die (neben den Zinsen) während der gesamten Laufzeit des hypothekengesicherten Darlehens zu entrichten sind, wie zB Verwaltungskostenbeiträge,[320] Bürgschaftsgebühren[321] usw. In den Eintragungsvermerk braucht hier nur aufgenommen zu werden: »... % Nebenleistung jährlich« bzw (selten) »... DM Nebenleistung jährlich«, ggf statt »jährlich« der Zusatz »monatlich« (s oben), mit oder ohne Hinweis auf die Bezugsgröße (s oben); im Übrigen genügt die Eintragung mittels Bezugnahme.

141 – **Einmalige Nebenleistungen**, die in einem zahlenmäßig oder prozentual festbestimmten Betrag zu erbringen sind, wie zB in einem Betrag zahlbare Geldbeschaffungskosten,[322] Bereitstellungsgebühren usw. Hier sollte der Eintragungsvermerk lauten: »... DM Nebenleistung einmalig« bzw »... % Nebenleistung einmalig«; im Übrigen genügt Eintragung mittels Bezugnahme. Der Zusatz »einmalig« ist nicht zwingend, aber sehr zweckmäßig, um Missdeutungen vorzubeugen.[323]

142 – **Befristete Nebenleistungen**, die für einen festbegrenzten Zeitraum, nicht über die Gesamtlaufzeit des Grundpfandrechts zu erbringen sind, wie zB die Entschädigung für eine Darlehensauszahlung in Form der Tilgungsstreckung[324] usw. Welcher **Eintragungstext** diesbezüglich notwendig ist, ist **umstritten**. *Nach überwiegender Rechtsprechung* genügt ein Grundbuchvermerk der Vorschrift des § 1115 Abs 1 BGB nur dann, wenn er **das konkrete Höchstmaß** der Belastung erkennen lässt; sie verlangt deshalb die Direkteintragung aller zur Errechnung des »Geldbetrags« der befristeten Nebenleistung nötigen Faktoren, das sind außer dem ohnehin eingetragenen Kapitalbetrag der Prozentsatz (pro Jahr) und die Laufzeit der Nebenleistung.[325] Dieser Rechtsprechung folgt fast ausnahmslos *die neuere Literatur*.[326] Erforderlich sind **nach** dieser **hM** Formulierungen wie »... % Nebenleistung jährlich vom ... bis ...« oder »... % Nebenleistung jährlich für ... Jahre«.[327] Wird *nur* der *Prozentsatz, nicht* die *Dauer* der Nebenleistung im Grundbuchvermerk angegeben, so ist nach der hM die Eintragung bezüglich der Nebenleistung wegen Verstoßes gegen § 1115 Abs 1 BGB *wirkungslos und inhaltlich unzulässig* iS des § 53 Abs 1 S 2 GBO, selbst wenn die Nebenleistung im Eintragungstext aus-

314 Früher str, dazu eingehend der Vorlagebeschl des KG Rpfleger 1966, 303 (vor allem gegen OLG Schleswig Rpfleger 1964, 82 = DNotZ 1964, 498); heute allgM im Anschluss an BGHZ 47, 41 = aaO (Fn 312), vgl *Böttcher* Rpfleger 1980, 81, 82 mwN in Fn 26; *Schöner/Stöber* Rn 1969 mwN.
315 AaO (Fn 314); **aA** *MüKo-Eickmann* § 1115 Rn 33: Eintragung der geringeren Bezugsgröße.
316 Dafür KG HRR 1935 Nr 790 u Rpfleger 1966, 303, 305; LG Dortmund NJW 1965, 1233 = Rpfleger 1965, 175 = DNotZ 1965, 751; s auch OLG Hamm Rpfleger 1985, 286 (*Meyer-Stolte*) = OLGZ 1985, 273; OLG Düsseldorf Rpfleger 1985, 394; NJW-RR 1996, 111 = Rpfleger 1996, 61 = FGPrax 1995, 218.
317 BGHZ 47, 41, 45 = aaO (Fn 312); dazu auch KG u LG Dortmund aaO (Fn 316).
318 OLG Frankfurt Rpfleger 1978, 409 = OLGZ 1978, 437; OLG Köln MittRhNotK 1979, 40; LG Kiel WM 1984, 509; *Böttcher* Rpfleger 1980, 81, 83; *Schöner/Stöber* Rn 1969; *MüKo-Eickmann* § 1115 Rn 35; *Palandt-Bassenge* § 1115 Rn 16.
319 Im Anschluss an die Systematik von *Böttcher* Rpfleger 1980, 81 ff; ebenso *MüKo-Eickmann* § 1115 Rn 30 ff.
320 Vgl OLG Neustadt NJW 1961, 2260 = DNotZ 1961, 666; KG Rpfleger 1966, 303; OLG Frankfurt Rpfleger 1978, 409; *Haegele* Rpfleger 1963, 51.
321 Vgl LG Bielefeld Rpfleger 1970, 335.
322 Vgl LG Duisburg DNotZ 1969, 756; *Haegele* Rpfleger 1971, 237, 238 (unter IV); *Bleckert* Rpfleger 1965, 330, 331.
323 Ebenso: *Böttcher* aaO (Fn 319) S 83; *MüKo-Eickmann* aaO (Fn 319) Rn 34.
324 Vgl LG Düsseldorf Rpfleger 1963, 50 (*Haegele*); OLG Karlsruhe Rpfleger 1968, 352 u 353.
325 KG KGJ 42, 256; 49, 211; JFG 1, 461, 465; LG Nürnberg-Fürth Rpfleger 1964, 178; OLG Stuttgart OLGZ 1966, 105; OLG Karlsruhe Rpfleger 1968, 392 = DNotZ 1969, 36; OLG Zweibrücken Rpfleger 1968, 390 = DNotZ 1969, 363; LG Düsseldorf Rpfleger 1973, 212; beiläufig auch: KG Rpfleger 1966, 303, 304 u BGHZ 47, 41, 42/43 = aaO (Fn 312).
326 So insb *Staudinger-Wolfsteiner* Rn 33, *BGB-RGRK-Mattern* Rn 26, *Soergel-Konzen* Rn 21, *Erman-Wenzel* Rn 11, *MüKo-Eickmann* Rn 36 **aA** allerdings *Palandt-Bassenge* Rn 17 zu § 1115; *Bleckert* Rpfleger 1965, 330; 1966, 201; *Böttcher* Rpfleger 1980, 81, 84; *Demharter* § 44 Rn 25; *Schöner/Stöber* Rn 1971.
327 Vgl *Böttcher* aaO (Fn 326).

drücklich oder andeutungsweise als befristete kenntlich gemacht worden ist.[328] Dies ist zwar folgerichtig, passt aber kaum zur sonst oft weitgehenden Auslegung von Grundbucheintragungen (dazu Rdn 63). *Beizutreten* ist jedenfalls jenen Gerichtsentscheidungen,[329] welche die *materiellrechtliche Wirksamkeit auch* Eintragungen zuerkennen, die *das konkrete Höchstmaß* der Belastung *anders* als durch Angabe der Laufzeit der Nebenleistung, nämlich durch Angabe des Gesamtprozentsatzes zum Ausdruck bringen, mit Textfassungen wie »10 % *Nebenleistung einmalig*«[330] oder schlicht »*Nebenleistung 10 %*«[331] für eine Nebenleistung (laut in Bezug genommener Bewilligung) von jährlich 2 % für 5 Jahre, im Wesentlichen mit der zutreffenden Begründung, dass von Gesetzes wegen nur solche Bedingungen oder Befristungen im Grundbuch selbst zu vermerken seien, die den Bestand des Rechts betreffen, wohingegen es sich bei dem Zeitraum für eine befristete Nebenleistung lediglich um einen Berechnungsfaktor handele, der zu den (durch Bezugnahme auf die Bewilligung eintragbaren) Umständen zur Erzielung des (auf andere Weise im Grundbuchvermerk zum Ausdruck gebrachten) Höchstmaßes der Nebenleistung gehöre. Allerdings sind beide Textfassungen *nicht empfehlenswert*, weil sie den täuschenden Eindruck einer einmaligen Nebenleistung vermitteln und deshalb gegen den formellen Bestimmtheitsgrundsatz (vgl Rdn 40) verstoßen.[332] Nicht durchzusetzen vermochte sich bislang die **Gegenmeinung** eines Gerichts und namhafter Autoren,[333] die in Anlehnung an die zu § 874 BGB entwickelten Grundsätze (vgl Rdn 167, 168) es im Ergebnis für **ausreichend** erachten, **dass die Befristung** einer Nebenleistung im Grundbuchvermerk lediglich **schlagwortartig gekennzeichnet** (zB durch die Formulierung »*befristete Nebenleistung von ... % jährlich*«) und im Übrigen mittels Bezugnahme auf die Eintragungsbewilligung eingetragen wird. Gemessen am Wortlaut des § 1115 Abs 1 BGB ist dieser Eintragungsmodus unzureichend, weil der Geldbetrag der Nebenleistung nicht vollends aus dem Grundbuch selbst entnommen werden kann.[334] Dennoch wird die Eintragung in diesem Punkt *nicht* als *materiell ungültig* erachtet werden müssen, denn die Tatsache der Befristung wird im Grundbucheintrag nicht verschwiegen, das ist Anlass genug, zur Ermittlung des Eingetragenen die in Bezug genommene Eintragungsbewilligung heranzuziehen (dazu Rdn 82, 83, 126, 184). Im Übrigen ist es fraglich, ob dem Wortlaut des Gesetzes in § 1115 Abs 1 BGB wirklich die enge Bedeutung beigemessen werden muss, die ihm die hM beilegt. Den Urhebern des Gesetzestextes[335] ging es bei der Aufnahme der »anderen Nebenleistungen« (außer Zinsen) in den Gesetzeswortlaut in erster Linie darum, eine Möglichkeit zum Einbezug derartiger Nebenleistungen in die Hypothekenhaftung zu schaffen bzw zu bewahren, um den Umstand einer besonderen dinglichen Absicherung durch eine Höchstbetragshypothek gemäß § 1190 BGB möglichst zu vermeiden; Voraussetzung sollte sein, dass – sofern die Möglichkeit des Verweises auf eine veröffentlichte Satzung (§ 1115 Abs 2 BGB) entfällt – die Eintragbarkeit der Nebenleistung durch Angabe ihres Geldbetrages im Grundbuch gegeben ist. So gesehen, kommt dem *Begriff »Geldbetrag« im § 1115 Abs 1 BGB zunächst die Bedeutung eines Bestimmtheitskriteriums* zu, dh es ging dem Gesetzgeber in erster Linie um die Zulässigkeit, nicht so sehr um die Fassung der Eintragung.[336] Dann aber ist es dem Wortsinn durchaus angemessen, dem Gesetzeszweck vorrangige Bedeutung beizumessen. Dieser geht im Wesentlichen dahin, den Höchstumfang der Belastung überhaupt aus dem Grundbuch selbst ersichtlich zu machen (vgl Rdn 90) und im Übrigen – insoweit konform mit § 874 BGB – dem Grundbuch fern zu halten, was lediglich der näheren Bezeichnung des Inhalts des Rechts bzw der Forderung dient (vgl Rdn 75). Bei bedingten Nebenleistungen, ja selbst bei befristeten Leistungen mit ungewissem Zeitraum, gibt sich die hM (zwangsläufig) mit einer entsprechenden Andeutung im Grundbuchvermerk und ergänzender Bezugnahme auf die Eintragungsbewilligung zufrieden (s unten); bezüglich der Zinsen genügen nach allgM Maximalzinssätze mit Bezugnahme auf die Bewilligung wegen der Realisierungsvoraussetzungen (vgl Rdn 138). Nur bei den Nebenleistungen mit festbegrenzter Laufzeit soll nach hM das Volumen exakt aus dem Grundbuch selbst errechenbar sein, selbst dann, wenn – etwa bei der Wiedergabe verschachtelter Einzelbestimmungen[337] – der Grundbucheintrag eine generell nicht erwünschte Kompliziertheit erlangen würde!? Ist es nicht zweckentsprechender, in Bezug auf den in § 1115 Abs 1 BGB genannten »Geldbetrag« der anderen Nebenleistungen anstelle des engen wortgetreuen Begriffsverständnisses

---

328 KGJ 42, 256, 259; 49, 211, 213; OLG Karlsruhe Rpfleger 1968, 352, 353 = aaO (Fn 325).
329 LG München I DNotZ 1973, 617; BayObLG Rpfleger 1974, 189; LG Bielefeld Rpfleger 1974, 396.
330 LG München I DNotZ 1973, 617.
331 BayObLG Rpfleger 1974, 189.
332 Deshalb zu Recht für klarstellungsbedürftig erklärt von LG München I u BayObLG; anders: LG Bielefeld (abl *Haegele*), je aaO (Fn 329).
333 AG Nürnberg Rpfleger 1964, 177; *Schäfer* BWNotZ 1955, 237, 240 ff; *Bühler* BWNotZ 1967, 51, 53, 54, 59, 111, 115 u mit Nachdruck *Haegele* Rpfleger 1964, 179; 1968, 354, 391; 1971, 237; 1973, 212; 1974, 190, 397 u RpflJB 1974, 311, 321.
334 *Böttcher* Rpfleger 1980, 81, 83/84.
335 Erster Entwurf u Motive (Bd III 642 ff) befassen sich nur mit der Eintragung von Zinsen, erst während der Lesung durch die 2. Kommission wurde der Text erweitert (Prot S 4367 ff lt *Mugdan* Bd III 798 bzw Prot amtl Ausgabe Bd III 545 ff).
336 So auch die anfängliche Rspr des KG, vgl KGJ 20 A 204; 33 A 250; 36 A 233; s auch OLG Karlsruhe KGJ 24 D 21.
337 Vgl Beispiel von *Haegele* Rpfleger 1964, 179.

ein zeitgemäßes teleologisches Begriffsverständnis walten zu lassen? Die *zweckmäßige Gesetzesanwendung* ist flexibler: Ist die Befristung einer Nebenleistung (wie wohl meistens) umfassend mit wenigen Worten klar darzustellen, sollte sie mit allen Faktoren direkt im Grundbuch verlautbart werden;[338] ist dies nicht der Fall, sorgt ein andeutender Hinweis auf das Befristetsein mit Bezugnahme auf die Eintragungsbewilligung wegen der Details im unmittelbaren Grundbuchinhalt für mehr Übersichtlichkeit!

143 – **Bedingte Nebenleistungen,** die ein- oder mehrmalig zahlbar sind, sofern ein künftiges ungewisses (gleichwohl in bestimmbarer Weise vereinbartes) Ereignis eintritt, wie zB die Zinserhöhung im Verzugsfall (auch als »Verzugszinsen«, »Säumniszuschlag« und früher auch als »Strafzinsen« oder »Vertragsstrafen« bezeichnet[339]), die Vorfälligkeitsentschädigung bei unplanmäßig vorzeitiger Beendigung des Darlehensverhältnisses[340] usw. Zur Eintragung solcher Nebenleistungen ist es nach hM[341] *erforderlich und ausreichend,* im Grundbuchvermerk die *Bedingtheit* der Nebenleistung *kenntlich zu machen* und im Übrigen zur näheren Bezeichnung des Bedingungsinhalts auf die Eintragungsbewilligung Bezug zu nehmen. Die **Kennzeichnung der Bedingtheit** im Grundbuch kann auf verschiedene Weise erfolgen. Üblich und zulässig ist es zB, die verzugsbedingte Zinserhöhung (Verzugszinsen) dadurch im Grundbuch zum Ausdruck zu bringen, dass dem Normalzinssatz der bedingt höhere Zinssatz beigefügt (*». . . % unter Umständen . . . % Zinsen jährlich«*) oder nur der Höchstzinssatz (*»bis zu . . . % Zinsen jährlich«*) bezeichnet wird, wobei die Formulierungen »unter Umständen« oder »bis zu« die Bedingtheit des Höchstsatzes anzeigen.[342] Es genügt auch die allgemeine Kennzeichnung als »*bedingte Nebenleistung von . . . % jährlich«* (passend zB für die Verzugszinsen) oder als »*bedingte Nebenleistung bis zu . . . % einmalig«* (passend zB für die Vorfälligkeitsentschädigung mit Höchstsatz).[343] Schließlich gibt in der Regel die spezifische Benennung der Nebenleistung hinreichenden Aufschluss über deren bedingten Charakter, so zB die Formulierungen »*. . . % Verzugszinsen jährlich«* bzw *». . . % Vorfälligkeitsentschädigung«.*

144 (6) **Zusammenfassende Eintragung von Zins- und Nebenleistungen:** Im Bestreben nach Straffung der Eintragungstexte hat es in der Vergangenheit nicht an Versuchen gefehlt, Zinsen und Nebenleistungen mehr oder weniger zusammengefasst mit der Summe der addierten Prozentsätze im Grundbuch zum Ausdruck zu bringen. Dies traf nicht selten auf den Widerstand der Kreditinstitute, die mit detaillierteren Fassungsvorschlägen aufwarteten und diese im Wege der Fassungsbeschwerde durchzusetzen suchten, teils mit, teils ohne Erfolg.[344] Angesichts der Vielfalt der Judikatur und Literatur zu dieser Frage ist die eingehende Untersuchung von *Böttcher*[345] mit abschließender *Systematisierung der denkbaren Kombinationsmöglichkeiten* zu begrüßen.[346] Seine Ergebnisse folgen im Wesentlichen der Leitlinie, dass nur Nebenleistungen mit etwa gleichartigen Berechnungsfaktoren zusammenfassbar sind; dem ist in vollem Umfang beizupflichten. Sie lauten im Einzelnen:
– **Einmalige Nebenleistungen** lassen sich untereinander und mit bedingt-einmaligen Nebenleistungen zusammenfassen.
– **Kontinuierliche Nebenleistungen** sind untereinander, mit bedingt-kontinuierlichen und mit Zinsen zusammenfassbar.
– **Befristete Nebenleistungen** mit gleicher Laufdauer lassen sich untereinander und mit bedingt-befristeten Nebenleistungen zusammenfassen.
– **Bedingt-einmalige Nebenleistungen** sind untereinander und mit einmaligen Nebenleistungen zusammenfassbar; ebenso bedingt-kontinuierliche Nebenleistungen untereinander, mit kontinuierlichen und mit

---

338 Entsprechend den erwähnten Formulierungen der hM (Fn 326, 327).

339 Zur Zulässigkeit solcher Zinsaufschläge gemäß AGBG (jetzt §§ 305–310 BGB): BayObLG Rpfleger 1981, 297 = DNotZ 1983, 44. Vor AGBG: BGH NJW 1983, 1542. Beispiel unangemessenen Aufschlags: BGH NJW 1984, 2941: Unzulässigkeit der Aufschlagsbemessung nach dem ursprüngl Darlehenskapital: *Eickmann* Rpfleger 1978, 1, 8; *Böttcher* Rpfleger 1980, 81, 82. Zulässigkeit der Zinsfortsetzung für getilgten Forderungsteil aufgrund Schuldversprechens: OLG Düsseldorf NJW-RR 1996, 111 = Rpfleger 1996, 61 = FGPrax 1995, 218.

340 Falls nicht als Beschränkung des gesetzl Kündigungsrechts des Schuldners gemäß § 609a (jetzt § 489) BGB unwirksam, vgl BGHZ 79, 163 = NJW 1981, 814 = Rpfleger 1981, 226 (*Eickmann*) zu § 247 aF BGB; s aber auch BGH NJW 1982, 431 = Rpfleger 1982, 140. Außerhalb der Schutzvorschrift (bei Gläubigerkündigung) ist nach BayObLG Rpfleger 1981, 396 = DNotZ 1983, 49 eine Vorfälligkeitsentschädigung von 2% des Restkapitals eine erlaubte Schadensersatzpauschale nach § 11 Nr 6 AGBG (jetzt § 309 Nr 6 BGB).

341 *Böttcher* Rpfleger 1980, 81, 84 mwN u (darauf verweisend) *Schöner/Stöber* Rn 1970; aA wohl nur LG Bielefeld Rpfleger 1974, 396 (Hinweis auf Bedingtheit entbehrlich, weil nicht den Bestand des Rechts betreffend).

342 Dazu Fn 341.

343 S *Böttcher* u *Schöner/Stöber* aaO (Fn 341).

344 ZB RG JW 1930, 50 (krit *Henke*); KG Rpfleger 1966, 303; OLG Karlsruhe Rpfleger 1968, 353 (Extremfall, insoweit zust *Haegele*); LG Bielefeld Rpfleger 1970, 335; OLG Hamm Rpfleger 1971, 252 = DNotZ 1971, 421, dazu *Haegele* Rpfleger 1971, 237; LG Bielefeld Rpfleger 1974, 396 (krit *Haegele*).

345 Rpfleger 1980, 81 ff.

346 Ebenso MüKo-*Eickmann* § 1115 Rn 38 ff; *Schöner/Stöber* Rn 1975.

Zinsen; ebenso bedingt-befristete Nebenleistungen untereinander und mit befristeten Nebenleistungen bei gleicher Laufdauer.
– **Zinsen** lassen sich mit kontinuierlichen und bedingt-kontinuierlichen Nebenleistungen zusammenfassen.

dd) Sonderheiten bei der Eintragung von Vormerkungen. Die Vormerkung ist nach allgemeiner Mei- **145** nung ein *streng akzessorisches Rechtsinstitut*, in ihrem Bestand, Inhalt und Rechtsschicksal abhängig von dem gemäß § 883 Abs 1 BGB durch sie zu sichernden Anspruch mit den in den §§ 883 bis 888 BGB bestimmten Sicherungs- und Rechtswirkungen. Außer bedingten sind auch künftige (noch nicht existente) Ansprüche vormerkbar (§ 883 Abs 1 S 2 BGB), allerdings nur wenn eine den künftigen Schuldner bindende Rechtsgrundlage gegeben ist.[347]

Im Regelfall ist die Vormerkung **an einen konkreten Anspruch** (auf eine dingliche Rechtsänderung) **gebunden** ist, dessen Schicksal teilt sie. Dementsprechend fundamentale Bedeutung kommt dem Anspruch bei der Eintragung der Vormerkung zu. Grundsätzlich ist pro Anspruch eine besondere Vormerkung einzutragen[348] und gehört dessen **individualisierende Bezeichnung** zur gesetzmäßigen Eintragung jeder Vormerkung[349] (dies gilt allerdings nicht für die in § 18 Abs 2 bzw § 76 Abs 1 GBO vorgesehene »Vormerkung«, deren Schutzwirkungen von anderer Art sind). **§ 885 Abs 2 BGB** unterstreicht dies, indem er die Bezugnahme auf die Eintragungsgrundlage (einstweilige Verfügung oder Eintragungsbewilligung) zulässt zur näheren Bezeichnung des Anspruchs (nicht der Vormerkung als solcher). Aus der begrenzenden Bedeutung des Attributs »nähere« (vgl Rdn 127) folgt, dass das BGB die wesensmäßige Kennzeichnung des Anspruchs im Grundbucheintrag selbst verlangt. Entsprechend den in Bezug auf § 874 BGB geltenden Grundsätzen müssen sich aus dem **Eintragungsvermerk** im Grundbuch selbst **folgende Merkmale** ergeben[350] (Rdn 146 bis 148):

(1) **Bezeichnung der Rechtsart**, hier **also**, dass es sich um eine **Vormerkung** handelt. Die ausdrückliche **146** Benennung als *»Vormerkung«* ist nirgends vorgeschrieben, dennoch *zweckdienlich* im Interesse der Einheitlichkeit und Übersichtlichkeit der Grundbuchführung. Sie ist *aber nicht materiellrechtliches Wirksamkeitserfordernis* der Eintragung, insofern genügt die Subsumierbarkeit anhand des Eingetragenen als vorläufige Anspruchssicherung.[351] Sogar die *Falschbezeichnung als »Widerspruch«* kann unter diesem Gesichtspunkt materiellrechtlich unschädlich sein.[352]

(2) **Bezeichnung des Vormerkungsberechtigten**:[353] Wer als solcher in Frage kommt, richtet sich nicht nach den **147** sachenrechtlichen, sondern nach den schuldrechtlichen Gestaltungsmöglichkeiten, die für den vorzumerkenden Anspruch maßgeblich sind;[354] denn wegen der akzessorischen Natur der Vormerkung ist der Vormerkungsberechtigte *notwendig identisch mit dem Gläubiger des zu sichernden Anspruchs.* Dagegen ist der Anspruchsgläubiger bzw Vormerkungsberechtigte *nicht notwendig* (wenngleich meistens) *identisch mit dem künftigen Rechtsinhaber* nach Erfüllung des vorgemerkten Anspruchs; Anspruchsziel bzw -inhalt und Anspruchsinhaberschaft sind zweierlei. Zum **Beispiel** ist die **Gesamtgläubigerschaft** unmöglich am Vollrecht Eigentum, aber möglich am Anspruch auf Eigentumsübertragung; jeder Gesamtgläubiger hat dann gemäß § 428 BGB bis zur Befriedigung des einen oder des anderen

---

347 Zur Entwicklung der Rspr *Schöner/Stöber* Rn 1489 ff mwN. Jüngste Rspr zur Abgrenzung: BGH BGHZ 151, 116 = NJW 2002, 2461 = FGPrax 2002, 196 (*Demharter*) = Rpfleger 2002, 559; Rpfleger 2002, 612 = DNotZ 2002, 775 (*Schippers*); NJW 2002, 2874 = Rpfleger 2002, 561 = DNotZ 2002, 793 (*Schmucker* krit zum Leitsatz); OLG Düsseldorf FGPrax 2002, 203 = Rpfleger 2002, 563; FGPrax 2003, 110 = Rpfleger 2003, 290; weitere Nachweise: *Böhringer* Rpfleger 2003, 157, 160. Zur Wiederverwendbarkeit einer erloschenen Auflassungsvormerkung: § 12 GBV Rn 28.

348 Unstreitiger Ausgangspunkt, dazu BayObLG Rpfleger 1999, 529 = DNotZ 1999, 1011. Zum Anspruchsbegriff (Anspruchseinheit oder -mehrheit): BayObLG Rpfleger 2002, 135 = DNotZ 2002, 293, dazu *Giel* MittBayNot 2002, 158; MittBayNot 2002, 396 = DNotZ 2002, 784 (dort insoweit nicht abgedruckt); NJW-RR 2003, 450 = Rpfleger 2003, 352 = DNotZ 2003, 434 = ZfIR 2003, 157, dazu *Westermeier* Rpfleger 2003, 347. Umstritten ist die dogmatische Erfassung der sog »Sukzessivberechtigung« (Anspruchseinheit = eine Vormerkung oder Anspruchsmehrheit = mehrere Vormerkungen in Gestalt einer Sammelbuchung?), dazu Rdn 156, 157.

349 KG JFG 9, 202, 204; BayObLGZ 1956, 196, 200 = Rpfleger 1956, 311, 313 = DNotZ 1956, 547, 551.

350 Dazu KG JFG 9, 202, 206; BayObLGZ 1956, 196, 203 = Rpfleger 1956, 311, 314 = DNotZ 1956, 547, 554; *Ertl* Rpfleger 1977, 345, 351; BGB-RGRK-*Augustin* Rn 19, MüKo-*Wacke* Rn 24, 25, *Palandt-Bassenge* Rn 16, alle zu § 885; *Demharter* § 44 Rn 21; *Schöner/Stöber* Rn 1502–1512, 2268, 2944.

351 RGZ 82, 20, 23; KGJ 31 A 324, 326; OLG Karlsruhe NJW 1958, 1189; *Staudinger-Gursky* (2002) § 885 Rn 65.

352 RGZ 55, 340, 343; 139, 353, 355; OLG Karlsruhe aaO (Fn 351); *Staudinger-Gursky* aaO (Fn 351) mwN und Vorbehalten.

353 Vgl KGJ 46, 200, 202 = OLGE 34, 230/231; BayObLGZ 1956, 196, 203 = aaO (Fn 350); Rpfleger 1975, 243 (LS) = DNotZ 1976, 243 (LS) = MittBayNot 1975, 93 = MittRhNotK 1975, 403; BayObLGZ 1980, 128, 131 = NJW 1981, 2582, 2583 = Rpfleger 1980, 341 = DNotZ 1980, 483.

354 KGJ 32 A 213, 214/215; RGZ 128, 246, 248 = NJW 1930, 2422; OLG Hamm MDR 1953, 41, 42; BayObLGZ 1973, 309, 312 = Rpfleger 1974, 65 = DNotZ 1974, 174.

ein Forderungsrecht auf das Ganze mit einem schutzwürdigen Interesse auf Vormerkungssicherung.[355] Möglich ist die Eintragung von selbständigen Vormerkungen für die einzelnen Gesamtgläubiger,[356] zulässig und üblich die Zusammenfassung in einer Vormerkungseintragung. Letzterenfalls müsste der Eintragungstext unter entsprechender Berücksichtigung des § 47 GBO etwa lauten: »*Vormerkung zur Sicherung der Ansprüche des X und des Y als Gesamtberechtigte gemäß § 428 BGB auf Übereignung . . .*«; unzutreffend wäre die Fassung ».*. . auf Übereignung an die Anspruchsberechtigten als Gesamtberechtigte nach § 428 BGB*«.[357] Die einheitliche Vormerkungseintragung wird überwiegend nicht zugelassen, wenn selbständige (nicht gemeinschaftliche) Ansprüche mehrerer vorliegen, die nicht in der Art der Gesamtgläubigerschaft miteinander verbunden sind[358] (dazu Rdn 155). Ein weiteres **Beispiel:** Kraft **des echten (berechtigenden) Vertrags zugunsten Dritter**[359] hat der Dritte den Anspruch auf die versprochene Leistung (vgl § 328 Abs 1 BGB). Außerdem kann im Zweifel der Versprechensempfänger die Leistung an den Dritten beanspruchen (vgl § 335 BGB). *Beide Ansprüche* sind, falls auf dingliche Rechtsänderung nach Maßgabe des § 883 Abs 1 BGB gerichtet, *selbständig vormerkungsfähig*.[360] § 328 BGB erfordert nicht, dass der begünstigte Dritte bei Vertragsschluss bereits existiert oder bekannt ist; seine Bestimmbarkeit genügt, vielfältig und einzelfallabhängig sind die schuldrechtlich akzeptablen Bestimmbarkeitskriterien.[361] Vormerkbar ist *der anspruchsberechtigte unbekannte Dritte* nach ganz hM mit Rücksicht auf das sachen- und grundbuchrechtliche Spezialitätsprinzip allerdings nur, wenn er anhand sachlicher, auch Dritten zugänglicher Merkmale (zB Zeitablauf, Eintragung im Grundbuch oder in einem sonstigen öffentlichen Register) bestimmbar ist.[362] *Eintragbar* sind danach auf der Basis der §§ 328 ff BGB zB Vormerkungen[363] – sozusagen in zweckangepasst »erweiterter Grundbuchfähigkeit« (vgl Rdn 159) – zugunsten des jeweiligen Eigentümers eines anderen Grundstücks (quasi »subjektiv-dingliche« Vormerkung[364]), zugunsten des jeweiligen Inhabers eines dinglichen Rechts (letzteres soll allerdings nach hM nicht mehr zulässig sein in den Fällen des § 1179 BGB nF[365]), zugunsten des jeweiligen Inhabers einer bestimmten Firma, zugunsten der noch nicht erzeugten Abkömmlinge einer bestimmten Person, zugunsten des längstlebenden Ehegatten, zugunsten einer GmbH in Gründung, selbst einer OHG oder KG in Gründung. *Dagegen scheitert* nach der Rechtsprechung[366] und dem überwiegenden Schrifttum[367] die *Vormerkbarkeit des* – vom Vertragspartner des Schuldners oder von einem anderen Benennungsermächtigten – *noch zu benennenden Dritten* am grundbuchlichen Bestimmtheitsgrundsatz, wird in solchen Fällen nur der Anspruch des Versprechensempfängers und Benennungsberechtigten für vormerkungsfähig gehalten. *Gegen diese Einengung* der Einsatzmöglichkeit der Vormerkung gegenüber schuldrechtlich wirksamen Fallgestaltungen und gegen die Stichhaltigkeit des Argumentierens mit dem Spezialitätsprinzip bzw dem grundbuchlichen Bestimmtheitsgrundsatz in dieser Beziehung treten mit beachtlichen Gründen namentlich *Hieber*[368] und *Ludwig*[369] ein. Fraglich ist in der Tat, ob für das vorläufige und völlig akzessorische Sicherungsinstitut Vormerkung materiellrechtlich höhere Bestimmbarkeitsanforderungen gerechtfertigt sind als für den zu sichernden (künftigen) Anspruch; der *formellrechtliche Bestimmtheitsgrundsatz* verlangt jedenfalls nicht mehr und nicht weniger als die exakte Wiedergabe der konkreten Gestaltung (vgl Rdn 41 bis 44), hier etwa »*Vormerkung für den . . . zu Benennenden*«.[370]

---

355 BayObLGZ 1963, 128 = DNotZ 1964, 342; 1967, 275, 277 = NJW 1968, 553 = Rpfleger 1968, 52; OLG Köln Rpfleger 1975, 19; OLG Zweibrücken Rpfleger 1985, 284; s auch BayObLG NJW-RR 1986, 1209 = Rpfleger 1986, 371 (zum Unterschied zwischen dem Vor- bzw Wiederkaufsrecht und dem sich kraft dessen Ausübung ergebenden Anspruch).

356 So BGHZ 29, 363 = NJW 1959, 984 = Rpfleger 1959, 154 = DNotZ 1959, 310 für die Hypothek.

357 BayObLGZ 1963, 128 = aaO (Fn 355).

358 ZB OLG Köln MittRhNotK 1984, 218; BayObLGZ 1984, 242 = Rpfleger 1985, 55 = DNotZ 1985, 702; OLG Zweibrücken aaO (Fn 355).

359 Auslegungsfrage, ob nur unechter (ermächtigender) Vertrag zugunsten Dritter vorliegt: Dritter zwar Empfänger der versprochenen Leistung, aber ohne eigenen (vormerkbaren) Anspruch, vgl BayObLGZ 1958, 164 = NJW 1958, 1917, 1918 = DNotZ 1958, 639, 640.

360 KG JFG 9, 207 = NJW 1932, 802; BGHZ 28, 99, 103/104 = NJW 1958, 1677, 1678; *Holch* BWNotZ 1956, 144, 146/147; JZ 1958, 724, 726; *Haegele* BWNotZ 1971, 1, 2; OLG Hamm DNotZ 1972, 493, 495; *Schöner/Stöber* Rn 1494.

361 Vgl *Staudinger-Jagmann* § 328 Rn 12 ff.

362 RGZ 128, 246, 250 = JW 1930, 2422, 2423 (Grenzen der Bestimmbarkeit aber letztlich nicht entschieden); im Anschluss daran OLG Hamm MDR 1953, 41, 42 u OLG Schleswig DNotZ 1957, 661, 662 sowie das überwiegende Schrifttum, vgl Fn 367.

363 Vgl Zusammenstellung in BayObLG Rpfleger 1979, 303 = DNotZ 1979, 502, 504 sowie von *Rissmann/Waldner* Rpfleger 1984, 59 u von *Schöner/Stöber* Rn 1495, jeweils mwN.

364 *Planck-Strecker* § 883 Anm 1 d.

365 Ausführlich: *Stöber* Rpfleger 1977, 309, 403/404; s auch *Schöner/Stöber* Rn 2608; BayObLGZ 1980, 128 = NJW 1981, 2582 = Rpfleger 1980, 341 = DNotZ 1980, 483; MüKo-*Eickmann* § 1179 Rn 46; *Demharter* § 39 Rn 22.

366 OLG Hamm, OLG Schleswig aaO (Fn 362); BGH NJW 1983, 1543 = Rpfleger 1983, 169 = DNotZ 1983, 484; BayObLG Rpfleger 1986, 294 (LS); Rpfleger 1996, 502.

367 Nachweise bei BGH aaO (Fn 366); außerdem insb *Denk* NJW 1984, 1009, 1010; *Bach* MittRhNotK 1984, 161, 164; *Hörer* Rpfleger 1984, 346; *Demharter* § 44 Anh Rn 100; *Schöner/Stöber* Rn 1494.

368 DNotZ 1957, 662.

369 NJW 1983, 2792, 2797 u Rpfleger 1986, 345, 348, 350; Rpfleger 1989, 321 mit eingehender Darstellung der rechtlich denkbaren Konstruktionen für das »Angebot an einen noch zu benennenden Dritten«.

370 Ebenso: *Ludwig* Rpfleger 1986, 345, 348.

(3) **Bezeichnung des zu sichernden Anspruchs:** Welche *Mindestangaben* der Eintragungsvermerk selbst insoweit **148** enthalten muss, wird *nicht eindeutig* beantwortet. Im Schrifttum werden verschiedene Formulierungen gebraucht. In den *BGB-Kommentaren* wird zB gesagt, aus dem Grundbuch müsse sich (ua) ergeben »die Art des zu sichernden Anspruchs«,[371] »nach Inhalt und Leistungsgegenstand«,[372] »außer dem Gegenstand auch der Umfang des Anspruchs«,[373] »um welchen der in § 883 bezeichneten Ansprüche es sich handelt«.[374] In der *Grundbuchliteratur* heißt es, dass der »Leistungsgegenstand« des Anspruchs im Grundbuch selbst einzutragen sei,[375] zum Teil wird verlangt, dass sich aus dem Eintragungsvermerk »Art und Umfang des Anspruchs« ergeben müsse.[376] Die *Rechtsprechung* ist an diesem Punkt wenig ergiebig, weil sie durchweg mit dem Eintragungsinhalt im Ganzen befasst war; sie hat jedenfalls Eintragungsvermerke, welche den Anspruch seiner Art nach nannten, aus diesem Grunde nicht beanstandet. Den aufgezeigten *Ausdrucksvarianten* ist keine erheblich unterschiedliche Bedeutung beizumessen. *Im Kern besteht wohl Übereinstimmung* darin, dass im Vormerkungseintrag selbst der zu sichernde Anspruch lediglich **nach seinem spezifischen Leistungsgegenstand** zu kennzeichnen ist, also angegeben werden muss, auf *welche Art dinglicher Rechtsänderung* (Eigentums- oder Miteigentumsübertragung, Einräumung, Aufhebung, Übertragung, Belastung, Änderung des Inhalts oder Ranges welchen beschränkten dinglichen Rechts) der Anspruch gerichtet ist und im Übrigen gemäß § 885 Abs 2 BGB die Eintragung mittels Bezugnahme genügt. Zur Kennzeichnung des Anspruchs gehört es, seine Spezialität (vgl Rdn 41) mindestens andeutungsweise im Grundbuch selbst zum Ausdruck zu bringen. Der Eintragungstext zB »*Vormerkung zur Sicherung des Anspruchs auf Übertragung des Eigentums gemäß Bewilligung vom . . .«* oder sinnvoll verkürzt *»Eigentumsvormerkung gemäß Bewilligung vom . . .«* ist zB zu wenig speziell, falls der vorzumerkende Eigentumsübertragungsanspruch nur eine reale Teilfläche des Grundstücks oder einen ideellen Anteil des Eigentums betrifft; mag er materiellrechtlichen Mindesterfordernissen gerade noch genügen, zweckdienlich ist es jedenfalls, etwa einzutragen: *»Eigentumsvormerkung für eine Teilfläche von . . . gemäß Bewilligung vom . . .«,* ggf *»Eigentumsvormerkung für eine noch zu bestimmende Teilfläche gemäß Bewilligung vom . . .«* oder *»Vormerkung zur Sicherung der Übereignung eines Miteigentumsanteils von . . . gemäß Bewilligung vom . . .«.*[377] Geht der vorzumerkende Anspruch auf Neubestellung eines Rechts oder auf Inhaltsänderung eines eingetragenen Rechts, so ist die spezielle Art des Rechts bzw der Änderung – wie bei der endgültigen Eintragung (vgl Rdn 131 bis 133 und 180) – im Eintragungsvermerk schlagwortartig anzugeben; handelt es sich um die Einräumung eines Grundpfandrechts, so *genügt nicht* die Eintragung: »*Vormerkung zur Sicherung des Anspruchs auf Einräumung einer Hypothek (Grundschuld) gemäß Bewilligung vom . . .«,* ohne Angabe der speziellen Geldsumme (§ 1113, 1191 BGB) ist der Anspruch nicht gekennzeichnet.[378] *Andererseits* enthält § 885 Abs 2 BGB keinen auf andere Gesetzesbestimmungen verweisenden Vorbehalt wie § 874 BGB, lässt also die *Bezugnahme-Eintragung in weiterem Umfange* zu als bei der endgültigen Eintragung.[379] Insb § 1115 BGB gilt *nicht,* Zinssatz und Geldbetrag der Nebenleistungen müssen deshalb nicht, sollten aber im Hinblick auf die rangwahrende Wirkung der Vormerkung (§ 883 Abs 3 BGB) als für das spezielle Haftungsvolumen bedeutsames Merkmal im Grundbuch selbst erwähnt werden; unnötig ist es dagegen, im Eintragungsvermerk auf die Unterwerfung gemäß § 800 ZPO hinzuweisen, insoweit ist die Bezugnahme auf die Eintragungsgrundlage ausreichend[380] und zweckmäßig.[381] Verbreitet ist die Ansicht, die **Bezeichnung des Schuldgrundes** des zu sichernden Anspruchs sei in der Vormerkungseintragung regelmäßig entbehrlich, nur bei Verwechslungsgefahr nötig.[382] Es ist sicherlich richtig, dass die *materiellrechtliche Wirksamkeit* einer Vormerkungseintragung ohne Angabe des Schuldgrundes *nur dann in Frage* zu stellen ist, wenn sich eine *akute Verwechslungsgefahr* ergibt; sie ist mithin nicht schlechthin inhaltlich unzulässig iS von § 53 S 2 GBO.[383] Demgegenüber ist es eine Aufgabe des GBA, präventiv möglichst zweifelsfreie Eintragungen zu schaffen (vgl Rdn 64). Beizupflichten ist deshalb jenen Stimmen,[384] die dafür eintreten, dass das GBA *zwecks eindeutiger Identifizierbarkeit* (des Ursprungs) des zu sichernden Anspruchs sehr wohl darauf hinzuwirken hat, dass der *Schuldgrund in der Eintragungsbewilligung so genau wie möglich* (zB durch Angabe des Vertragsdatums, ggf auch

---

371 *Soergel-Stürner* § 885 Rn 12.

372 *Erman-Hagen/Lorenz* § 885 Rn 17.

373 BGB-RGRK-*Augustin* § 885 Rn 19.

374 *Staudinger-Gursky* § 885 Rn 66.

375 *Demharter* § 44 Rn 21; *Schöner/Stöber* Rn 1511.

376 *Ertl* Rpfleger 1977, 345, 351 etwa ebenso *Palandt-Bassenge* § 885 Rn 16.

377 Vgl die entsprechenden Fassungsvorschläge in *Schöner/Stöber* Rn 1502ff u von *Ertl* Rpfleger 1977, 345, 351.

378 *Güthe-Triebel* § 49 Rn 13; im Ergebnis allgM.

379 MüKo-*Wacke* § 885 Rn 25; *Staudinger-Gursky* § 885 Rn 70.

380 AllgM im Anschluss an KGJ 4, 407.

381 Abgrenzung von Direkt- und Indirekteintragung ist bei der Vormerkung weitgehend eine Zweckmäßigkeitsfrage, vgl *Staudinger-Gursky* u MüKo-*Wacke* aaO (Fn 379).

382 So *Demharter* § 44 Rn 21; *Schöner/Stöber* Rn 1515; *Staudinger-Gursky* Rn 60, BGB-RGRK-*Augustin* Rn 19, *Palandt-Bassenge* Rn 16, alle zu § 885; **aA** MüKo-*Wacke* Rn 25; *Soergel-Stürner* Rn 11, beide zu § 885 (Miteintragung des Schuldgrundes zweckmäßig).

383 RGZ 133, 267, 270; KG JFG 9, 202, 205; BGH LM § 883 Nr 1 = NJW 1952, 62; zur Entwicklung der Rechtsprechung: *Jansen* DNotZ 1953, 382; s auch KG Rpfleger 1972, 94 = DNotZ 1972, 173 = OLGZ 1972, 113.

384 *Recke* JW 1935, 2799; *Jansen* aaO (Fn 383) S 385; KG Rpfleger 1969, 49, 50 (zust *Haegele*) = OLGZ 1969, 202, 206; *Ertl* Rpfleger 1979, 361, 362; *Streuer* Rpfleger 2000, 155 (Anm zur neuen BGH-Rspr, s Fn 387).

des Namens und der Registernummer des beurkundenden Notars),[385] mindestens schlüssig[386] bezeichnet wird, falls die Bewilligungserklärung nicht ohnehin in den dem GBA vorgelegten anspruchsbegründenden Vertrag eingebunden ist und von daher kein Zweifel besteht, welcher Anspruch durch die Vormerkung gesichert werden soll. Mehr als die zur Individualisierung und zur (abstraktrechtlichen) Prüfung der Vormerkungsfähigkeit des Anspruchs einschl seiner etwaigen Bedingtheiten oder Befristungen (§ 883 Abs 1 S 2 BGB) nötigen Angaben darf vom GBA allerdings nicht verlangt werden; denn das materielle Recht (§ 885 Abs 2 BGB) erfordert in der Eintragungsbewilligung oder einstweiligen Verfügung lediglich die nähere Bezeichnung des Anspruchs, nicht die Wiedergabe aller Einzelheiten des Schuldverhältnisses,[387] und das formelle Recht (§ 19 GBO) berechtigt das GBA nicht zur regelmäßigen Konkretprüfung des Anspruchs.[388]

149 **ee) Sonderheiten bei der Eintragung von Widersprüchen.** § 899 BGB selbst enthält keine Regelung des Eintragungsmodus für den Widerspruch; **§ 885 Abs 2 BGB** wird **analog** angewandt (vgl Rdn 91). Auch der Widerspruch ist – wie die Vormerkung – ein vorläufiges Sicherungsinstitut, allerdings nicht für einen schuldrechtlichen Anspruch auf Rechtsänderung, sondern für einen dinglichen Grundbuchberichtigungsanspruch (§ 894 BGB).[389] Er ist insofern *akzessorisch*, als er Rechtswirkungen – im Wesentlichen die Verhinderung gutgläubigen Erwerbs gemäß § 892 Abs 1 S 1 BGB – nur dann entfaltet, wenn die durch ihn indizierte Grundbuchunrichtigkeit tatsächlich gegeben ist und somit ein akuter Grundbuchberichtigungsanspruch nach § 894 BGB besteht; bei lediglich vermeintlichem Berichtigungsanspruch entfällt die Schutzwirkung des im Grundbuch eingetragenen Widerspruchs.[390] Der Widerspruch kann daher auch *für keinen anderen als den Inhaber des (zunächst behaupteten) Berichtigungsanspruchs* in das Grundbuch eingetragen werden.[391] Seiner akzessorischen Natur wegen muss der Widerspruch in das Grundbuch – entsprechend der Vormerkungseintragung (vgl Rdn 145) – so eingetragen werden, dass er **den zu sichernden Berichtigungsanspruch hinreichend individualisiert**. Die Eintragung muss deutlich erkennen lassen, *gegen welche Aussage des Grundbuchs* sich der Widerspruch richtet *und welche abweichende Rechtslage* der Widersprechende behauptet, kurz, »welchen Berichtigungsanspruch der Widerspruch betrifft«.[392] Demgemäß muss sich aus der Eintragung im Ganzen ergeben, dass ein Widerspruch vorliegt, zu wessen Gunsten er dient, gegen welche Unrichtigkeit er sich richtet und welchen Berichtigungsanspruch er sichert.[393] Zur näheren Bezeichnung des Berichtigungsanspruchs kann entsprechend § 885 Abs 2 BGB auf die der Eintragung zugrunde liegende Eintragungsbewilligung oder einstweilige Verfügung Bezug genommen werden.[394] Aus dem **Grundbucheintrag selbst** muss etwa wie bei der Vormerkung entsprechend den allgemeinen Grundsätzen (vgl Rdn 145) hervorgehen (Rdn 150 bis 152):

150 (1) **Kennzeichnung als Widerspruch**, nicht notwendigerweise ausdrücklich, auch *Falschbezeichnung als »Vormerkung«* kann unschädlich sein, auf Subsumierbarkeit kommt es letztlich an (vgl Rn 141).

151 (2) **Bezeichnung des Widerspruchsbegünstigten.** Das ist der Inhaber des zu sichernden Berichtigungsanspruchs – in der Eintragungsbewilligung oder der einstweiligen Verfügung, welche die Widerspruchseintragung rechtfertigt oder anordnet, zweifelsfrei zu bezeichnen –, das kann kein anderer sein als *der gegenwärtige Inhaber des unrichtigerweise nicht oder nicht mehr oder mit unzutreffendem Inhalt eingetragenen Rechts* (im weiteren Sinne); denn der Berichtigungsanspruch ist untrennbar mit dem nicht oder unrichtig eingetragenen dinglichen Recht verbunden;[395] steht dieses mehreren gemeinschaftlich zu, so auch der Berichtigungsanspruch, so dass der Widerspruch für sie unter Angabe des Gemeinschaftsverhältnisses (§ 47 GBO) einzutragen ist. *Unzulässig* ist dagegen die *Eintragung desjenigen* als Widerspruchsbegünstigten, *der kraft gesetzlicher* (zB als Konkursverwalter,[396] als Ehegatte gemäß § 1368 BGB[397]) *oder gewillkürter Prozessstandschaft* das selbständige Recht hat, die vorläufige Widerspruchseintragung wie auch die endgültige Grundbuchberichtigung zu erwirken; denn der derart Ermächtigte wird nicht Inhaber oder Mitinhaber des durch den Widerspruch zu schützenden Berichtigungsan-

385 *Recke* u *Jansen* aaO (Fn 384).
386 KEHE-*Erber-Faller* aaO (Fn 382).
387 KG u KEHE-*Erber-Faller* aaO (Fn 384). Dies gilt umso mehr, als diese Modalitäten nach BGHZ 143, 175 ohnehin nicht von der Vormerkung erfasst werden, Weiteres dazu: § 12 GBV Rn 30a.
388 *Ertl* Rpfleger 1979, 361, 362; *Demharter* § 44 Anh Rn 88, *Schöner/Stöber* Rn 1514, jeweils mwN. Nicht im Ansatz, aber im Ergebnis nahezu ebenso *Eickmann* GBVerfR Rn 276.
389 RGZ 117, 346, 351 ff; 128, 52, 54 ff; 129, 185; KGJ 47, 169, 177.
390 BGB-RGRK-*Augustin* § 899 Rn 6; MüKo-*Wacke* § 899 Rn 22, 24, § 892 Rn 46; *Staudinger-Gursky* § 892 Rn 126.
391 *Eickmann* Rpfleger 1981, 213, 216 mwN.
392 *Staudinger-Gursky* § 892 Rn 124 unter Bezug auf KGJ 23 A 133; 36 A 178; KG OLGE 8, 109; 9, 342; 12, 166.
393 *Güthe-Triebel* § 49 Rn 13; eingehend dazu *Planck-Strecker* § 899 Anm 4 a.
394 *Güthe-Triebel* § 49 Rn 12 mwN, insb unter Bezug auf KGJ 23 A 133 = OLGE 4, 323.
395 *Staudinger-Gursky* Rn 11, BGB-RGRK-*Augustin* Rn 25, MüKo-*Wacke* Rn 23, *Palandt-Bassenge* Rn 5, sämtlich zu § 894 mwN.
396 RGZ 77, 196, 108.
397 *Eickmann* aaO (Fn 391) mwN.

spruchs, auch dessen Miteintragung neben dem Anspruchsinhaber ist deshalb unzulässig.[398] Andererseits sind *selbständige Berichtigungsansprüche mehrerer Beteiligter nebeneinander möglich* (zB sowohl für den Eigentümer als auch für die Rangnachfolger eines bereits erloschenen, aber im Grundbuch noch nicht gelöschten Rechts oder für den Inhaber eines gelöschten, doch nicht erloschenen Rechts neben dem Drittberechtigten, dessen Zustimmung nach § 876 BGB zur wirksamen Rechtsaufhebung nötig, aber nicht erteilt ist[399]); in derartigen Fällen ist *pro Anspruch* selbstverständlich ein *selbständiger Widerspruch möglich* und (falls beantragt) einzutragen. Eine Zusammenfassung in einem Eintragungsvermerk ändert nichts an der materiellrechtlichen Selbständigkeit der eingetragenen Widersprüche, sondern stellt eine sog Sammelbuchung dar (dazu Rdn 155).

(3) **Bezeichnung des Berichtigungsanspruchs seinem wesentlichen Inhalt (Leistungsgegenstand) nach;** dazu genügt idR die möglichst prägnante und zutreffende Kennzeichnung der Art der Unrichtigkeit der von der Widerspruchseintragung betroffenen Eintragung, zB *»Widerspruch nach § 899 BGB*[400] *gegen die Eintragung des Eigentums des ... zugunsten ... gemäß Bewilligung vom ... eingetragen am ...«* oder *». . . gegen die Eintragung Abt ... Nr ... zugunsten ...«* oder *». . . gegen die Löschung der Eintragung Abt ... Nr ... zugunsten ...«* oder *». . . gegen die Umschreibung des Rechts Abt ... Nr ... auf ... zugunsten ...«* usw. Unzureichend ist die Fassung *»Widerspruch gegen die Richtigkeit des Grundbuchs zugunsten ... gemäß Bewilligung vom ...«.*[401] Unnötig lang ist zB ein Eintragungstext wie *»Widerspruch gegen die Eintragung der Hypothek Nr ..., sich darauf gründend, dass die Hypothek nichtig ist, weil bei ihrer Eintragung der nach dem Urteil vom ... erforderliche Annahmeverzug des Eigentümers nicht vorgelegen hat, zugunsten des Eigentümers ... eingetragen am ...«;*[402] denn der Entstehungsgrund für die Unrichtigkeit des Grundbuchs braucht nicht in der Eintragung, jedenfalls nicht in den Eintragungsvermerk aufgenommen zu werden; wird er unzutreffend angegeben, so ist dies materiellrechtlich unschädlich, sofern die Identität des Berichtigungsanspruchs in Bezug auf seinen Gegenstand und Inhaber feststellbar bzw beweisbar ist.[403]

Die in besonderen Fällen **aufgrund Verfahrensrechts einzutragenden Widersprüche** sind **unterscheidbar** von den Widersprüchen aufgrund materiellen Rechts (§§ 899, 1139 BGB) im Grundbuch einzutragen; eindeutig ist insofern der Hinweis auf die maßgebliche Vorschrift im Eintragungsvermerk, wie zB *»Widerspruch nach § 53 GBO«, »Widerspruch nach § 18 Abs 2 GBO«, »Widerspruch nach § 76 GBO«, »Widerspruch nach § 23 Abs 1 GBO«, »Widerspruch nach § 38 Abs 2 GBV«.* Entsprechendes gilt für die gemäß § 38 GBO auf behördliches Ersuchen einzutragenden Widersprüche, insb die nach §§ 20 Abs 3, 145 Abs 6, 169 Abs 1 Nr 3 BauGB, § 7 Abs 2 GrdstVG. Die genannten Widersprüche weichen teils in Zweck und Wirkung von den materiellrechtlichen Widersprüchen ab (so die Widersprüche nach § 18 Abs 2 bzw § 76 GBO und nach § 23 Abs 1 bzw § 24 GBO, teils haben sie im Wesentlichen gleichen Zweck und Wirkungen (so die Widersprüche nach § 53 bzw § 71 Abs 2 GBO und nach § 38 Abs 2 GBV wie auch die gemäß § 38 GBO einzutragenden Widersprüche), unterliegen aber einer besonderen verfahrensrechtlichen Behandlung und Beachtung, zB hinsichtlich ihrer Löschbarkeit. Für den Inhalt der Eintragung der bezeichneten Widersprüche stellt das Verfahrensrecht keine besonderen Regeln auf; die oben erläuterten materiellrechtlichen Maßregeln sind entsprechend anzuwenden. Näheres in den Erläuterungen zu den betreffenden Vorschriften. Eine Besonderheit ist hier noch hervorzuheben: Im Unterschied zum Widerspruch nach § 899 BGB, welcher der Sicherung des einzelnen Berichtigungsanspruchs dient und deshalb (nur) zugunsten des Gläubigers dieses Anspruchs, wie in der Eintragungsbewilligung bzw in der einstweiligen Verfügung ausgewiesen (vgl Rdn 151), einzutragen ist, dient der *Amtswiderspruch* nach § 53 bzw § 71 Abs 2 GBO nicht nur dem privaten Schutz des oder der von der Grundbuchunrichtigkeit Betroffenen, sondern vornehmlich auch dazu, Schadensersatzansprüche gegen den Staat vorzubeugen.[404] Dieser weitergehenden Zweckbestimmung gemäß ist ein Amtswiderspruch ggf *stets zugunsten sämtlicher Betroffener* einzutragen, zB zugunsten aller Nacherben, obwohl nur einzelne die Eintragung desselben im Wege der Beschwerde (§ 71 Abs 2 GBO) betreiben. Niemals ist die um Widerspruchseintragung ersuchende Behörde als Widerspruchsbegünstigte einzutragen.[405]

b) Bezeichnung des Rechtssubjekts. aa) Notwendigkeit bei subjektbezogenen Eintragungen. Ohne hinreichende Kennzeichnung des Rechtssubjekts, dh des Berechtigten bzw Begünstigten, im Grundbuch selber sind Eintragungen, die sich auf bestimmte Personen beziehen (subjektbezogene Eintragungen) unwirksam und

---

398 Gründe: *Eickmann* aaO (Fn 391); **aA** OLG Hamm NJW 1960, 346 = Rpfleger 1959, 349 (zust *Haegele*); zur Prozessstandschaft bezüglich des Berichtigungsanspruchs s auch MüKo-*Wacke* u *Palandt-Bassenge* aaO (Fn 395).

399 So die wohl hM, vgl *Staudinger-Gursky* § 876 Rn 46, auch zur Gegenmeinung (nur relative Unwirksamkeit).

400 Hinweis auf die Grundregel des § 899 ist fakultativ, anzuzeigen aber der Sonderfall wie zB »Widerspruch nach § 1139 BGB«. Zu den Widersprüchen des Verfahrensrechts s Rdn 153.

401 KGJ 43, 254; *Demharter* § 53 Rn 34.

402 Fassung in Anlehnung an MIR (6. Aufl) zu § 53 Rn 42; Katalog verschiedener Textfassungen: *Güthe-Triebel* § 53 Rn 23.

403 MüKo-*Wacke* § 899 Rn 17 im Anschluss an KG JFG 2, 291, 293 ff = OLGE 44, 56, 59 ff.

404 BGHZ 25, 16, 25 = NJW 1957, 1229 = Rpfleger 1958, 310, 311; BGH NJW 1985, 3070, 3071 = Rpfleger 1985, 189 = DNotZ 1986, 145.

405 KG JFG 9, 178, 180; JW 1925, 1779, 1780; BayObLGZ 1955, 314, 321 = DNotZ 1956, 189, 194; 1974, 263, 268 = Rpfleger 1974, 313 = DNotZ 1975, 149, 151.

inhaltlich unzulässig (vgl Rdn 184, 185). Zu den subjektbezogenen Eintragungen zählen nicht nur die *Eintragungen aufgrund Sachenrechts*, wie dingliche Rechte und Rechtsänderungen nach den §§ 873 ff BGB (dazu Rdn 136 bezüglich der Grundpfandrechte), Vormerkungen nach den §§ 883, 1179 BGB (dazu Rdn 147), Widersprüche nach den §§ 899, 1139 BGB (dazu Rdn 151), Verfügungsbeschränkungen nach § 892 Abs 1 S 2 BGB (dazu Rdn 170) und die nach den §§ 1138, 1157 BGB eintragbaren Einreden.[406] Dazu zählen auch *Eintragungen auf Grund öffentlichen Rechts*, wie zB die Vormerkung gemäß § 28 Abs 2 BauGB,[407] nicht die zahlreichen Vermerke im Grundbuch von lediglich hinweisender Bedeutung.[408] Und dazu zählen schließlich auch *Eintragungen aufgrund Verfahrensrechts*, wie zB die Schutzvermerke (als »Vormerkung« oder »Widerspruch«) gemäß §§ 18 Abs 2, 76 Abs 1 GBO, der Widerspruch gemäß §§ 23 Abs 1, 24 GBO, der Amtswiderspruch gemäß §§ 53 Abs 1 S 1,[409] 71 Abs 2 GBO, der Rechtshängigkeitsvermerk gemäß § 265 Abs 2 ZPO,[410] dagegen selbstverständlich nicht die Rang-, Rangvorbehalts-, Mithaft- und sonstige Zusatzvermerke.

155   Eine Eintragung für **mehrere Berechtigte** soll die Personen **grundsätzlich einzeln benennen** (§ 15 GBV) und zusätzlich das zwischen ihnen bestehende Gemeinschaftsverhältnis angeben (§ 47 GBO, falls nicht von § 49 GBO überlagert), *es sei denn, dass sie Mitglied einer »grundbuchfähigen Personenvereinigung« sind* (dazu Rdn 159). Besteht zwischen den in das Grundbuch einzutragenden Rechtinhabern keine Gemeinschaft iS des § 47 GBO, so sind nach einer ungeschriebenen Ordnungsregel die dann selbständigen Rechte gesondert zu buchen (für jeden Berechtigten ein besonderer Eintragungsvermerk unter eigener lfNr). Dieser Buchungsregel ist grundsätzlich zu folgen; sie dient der Klarheit des Grundbuchinhalts. Ihre Nichtbeachtung beeinträchtigt aber nicht die materiellrechtliche Gültigkeit der Eintragung. Wo es sich für die Grundbuchführung *zweckmäßig* erweist, ist längst die text- und platzsparende »*Sammelbuchung*«, die mehrere selbständige Rechte gleichartigen Inhalts in einem Eintragungsvermerk zusammenfasst, gebräuchlich und zu befürworten; vorteilhaft ist diese Buchungsweise vor allem bei der Eintragung gleich lautender Rechte in der zweiten Abteilung des Grundbuchs. Weiteres zur »Sammelbuchung«: § 44 GBO Rdn 52 ff.

156   **Sonderfälle** der Buchung im Grundbuch sind die sog »**Sukzessivberechtigung**« und die sog »**Alternativberechtigung**«. Beide Begriffe[411] beziehen sich auf Fälle, in denen ein beschränktes dingliches Recht oder ein vorzumerkender schuldrechtlicher Anspruch mehreren Berechtigten nacheinander zustehen soll. Als »Sukzessivberechtigung« verstand man (bisher) in Anlehnung an ältere Rechtsprechung bzw Literatur insb zwei Regelungstypen, verknüpft mit der Vorstellung, dass jeweils ein Wechsel in der Person des Rechtsinhabers, kein Wechsel im Rechtsverhältnis stattfindet, mit der Folgerung, dass im Grundbuch nur *ein* Recht bzw *eine* Vormerkung eingetragen zu werden braucht:
 – (1) Regelungen, nach denen ein Recht oder ein vorzumerkender Anspruch zunächst *zwei* Berechtigten (meistens Ehegatten) gemeinschaftlich zusteht, beim Tode eines der Berechtigten zum alleinigen Recht des Überlebenden wird;
 – (2) Regelungen, nach denen ein Recht oder vorzumerkender Anspruch zunächst einem Berechtigten allein zusteht – auflösend bedingt oder befristet durch seinen Tod – und anschließend – aufschiebend bedingt oder befristet durch dasselbe Ereignis – einem weiteren Berechtigten zufällt.

Als »Alternativberechtigung« verstand man demgegenüber Regelungen, nach denen ein Recht oder ein vorzumerkender Anspruch entweder nur in der Person des einen oder des anderen Berechtigten entstehen soll, gedeutet als Mehrheit bedingter Rechte bzw Ansprüche und dementsprechend gesondert im Grundbuch zu buchen bzw vorzumerken.

157   An diesen Denkmodellen hat sich die Praxis (Notare und Grundbuchämter) sowie die in streitigen Fällen angerufene Gerichtsbarkeit[412] lange Zeit orientiert, insb bei der Gestaltung der in Übergabeverträgen durchweg den Übergebern eingeräumten Rückübertragungsansprüche und deren Vormerkung. Zwei jüngere Beschlüsse des BayObLG[413] erschütterten die eingefahrene Praxis und entfachten eine Diskussion, welche die Schwierigkeit der Einbindung des Denkmodells »Sukzessivberechtigung« in die Systematik des BGB aufzeigt.[414] Das BayObLG sah sich veranlasst, bezüglich der oben (Rdn 156) unter (1) angeführten Fallkonstellation in einem wei-

406   Dazu *Eickmann* RpflStud 1983, 6 u in MüKo § 1138 Rn 17 ff, § 1157 Rn 15, 16.
407   BayObLGZ 1974, 26; OLG Hamm OLGZ 1978, 304, 310 aE.
408   Dazu KEHE-*Keller* Einl J 26 ff.
409   Dazu BGH NJW 1985, 3070 = Rpfleger 1985, 189 = DNotZ 1985, 145 gegen OLG Frankfurt Rpfleger 1985, 9.
410   Dazu OLG München Rpfleger 2000, 106; BayObLG NJW-RR 2003, 234 = Rpfleger 2003, 122; *Schöner/Stöber* Rn 1650 ff mwN u Fassungsvorschlag.
411   Gegenübergestellt u kurz erläutert in BayObLGZ 1984, 252, 256 = aaO (Fn 413).
412   Vgl Zusammenstellung von *Schöner/Stöber* Rn 261a mit Fn 100.
413   BayObLGZ 1984, 252 = Rpfleger 1985, 55 = DNotZ 1985, 702; NJW-RR 1990, 662 = DNotZ 1991, 892 = Rpfleger 1990, 198 (LS).
414   *Amann* MittBayNot 1990, 225; *Liedel* DNotZ 1991, 855; *Rastätter* BWNotZ 1994, 27; *Streuer* Rpfleger 1994, 397; *Schöner/Stöber* Rn 261a ff.

teren Beschluss[415] unter Verzicht auf eine abgerundete schlüssige Argumentation[416] im Ergebnis zu seiner früheren Rechtsprechung zurückzukehren, damit »in einem Fall wie dem vorliegenden sowohl der Anspruch der beiden Ehegatten als auch der des Überlebenden durch eine einzige Vermerkung gesichert werden kann, um bei bestehenden Eintragungen dieser Art die Sicherungswirkung der Vormerkung für den Anspruch des Überlebenden nicht zu gefährden.«

Vorstehend zitierte Stelle wie auch andere Passagen der Beschlussbegründung zeigen, dass das Gericht (in Übereinstimmung mit dem neuen Schrifttum) von der Möglichkeit einer allein auf Bedingungen oder Befristungen gestützten Sukzessivberechtigung an ein und demselben Recht bzw Anspruch nicht mehr überzeugt ist. Für die Grundbuchführung interessant ist der Schlusshinweis des Gerichts[417] mit folgendem Wortlaut: »*Im übrigen ist es für die Frage der grundbuchmäßigen Buchung nicht von ausschlaggebender Bedeutung, ob es sich nur um einen oder um mehrere Ansprüche handelt. Auch wenn mehrere Ansprüche angenommen würden, ist eine Sicherung der mehreren Ansprüche entweder durch eine einzige Vormerkung oder durch mehrere unter einer Nummer gebuchte Vormerkungen jedenfalls in einem Fall wie dem vorliegenden nicht völlig ausgeschlossen. Unverzichtbar ist in jedem Fall, daß bei der Eintragung der Vormerkung im Grundbuch selbst die vom Tod des erstversterbenden Ehegatten abhängige Erweiterung der Berechtigung auf den Überlebenden zum Ausdruck kommt . . .«.* Das Gericht billigt damit die Sammelbuchung (dazu Rdn 155), für eine sehr dafür geeignete Fallgruppe.

bb) Eintragungsfähige Berechtigte; Grundbuchfähigkeit. Wer im konkreten Einzelfall als Berechtigter – **159** allein oder ggf in welcher Gemeinschaft mit anderen (§ 47 GBO) – in das Grundbuch als Berechtigter einzutragen ist, ergibt sich für das GBA verbindlich aus der für die betreffende Eintragung maßgeblichen Eintragungsgrundlage, idR aus der Eintragungsbewilligung (§ 19 GBO), ggf aus der Einigung (§ 20 GBO), aus dem Unrichtigkeitsnachweis (§ 22 GBO), aus dem behördlichen Ersuchen (§ 38 GBO). Bei der **Benennung** des Berechtigten im Grundbuch hat das GBA *keinen Ermessensraum*; es hat regelmäßig den Namen des Berechtigten antragsgemäß gleich lautend mit dem im Erwerbstitel genannten Namen einzutragen oder den Antrag bei Zulässigkeitsbedenken äußerstenfalls zurückzuweisen.[418] Zur Kontrolle der Richtigkeit der in den Eintragungsunterlagen enthaltenen (dem § 15 GBV genügenden) Angaben über die Personalien, Firma usw ist das GBA regelmäßig nicht, sondern nur dann berechtigt und verpflichtet, wenn Widersprüchlichkeiten oder berechtigte Zweifel aufgrund konkreter Anhaltspunkte zur Klärung Anlass geben.[419] Etwa Gleiches gilt für die Prüfung der **»Grundbuchfähigkeit«** (moderner Begriff für die Zulässigkeit der Eintragung – kurz Eintragbarkeit – des in der Eintragungsgrundlage benannten Berechtigten), im Anschluss an BGH-(Versäumnis-)Urteil vom 29.01.2001[420] über die Anerkennung der Rechts- und Parteifähigkeit der Außen-GbR lebhaft diskutiert.[421] Grundsätzlich genügt dafür eine abstrakte Plausibilitätskontrolle der Rechtsfähigkeit mit innewohnender »Erwerbsfähigkeit«[422] (soweit umfassend gegeben, dazu Rdn 160). Ausnahmen gesteigerter Prüfungsanforderungen kann es im Grenzbereich der Grundbuchfähigkeit (Rdn 161) geben.

Unfraglich ist die **Grundbuchfähigkeit** der **»vollrechtsfähigen« Personen und Personenverbände** (deren **160** Rechtsfähigkeit im Gesetz definitiv und umfassend verankert ist). Das sind die lebenden *natürlichen Personen* und die existenten *juristischen Personen* des öffentlichen und des privaten Rechts.
– *Verstorbene* (natürliche Personen) dürfen deshalb wissentlich *nicht* eingetragen werden, wenngleich die Eintragung nicht unwirksam ist, sondern für die Erben wirkt und diese lediglich unkorrekt bezeichnet.[423]
– *Ungeborene* (natürliche Personen) können *nur insoweit* eingetragen werden, als sie nach materiellem Recht bereits dingliche Rechte oder dinglich sicherbare Ansprüche erwerben können, so zB durch Erbfolge (§§ 1923 Abs 2, 2101 Abs 1 BGB), kraft Vermächtnisses (§ 2162 Abs 2 BGB), als Unterhaltsberechtigte gemäß § 844 Abs 2 BGB, kraft echten Vertrags zugunsten Dritter (§§ 328, 331 Abs 2 BGB).[424]

---

415 BayObLGZ 1995, 145 = NJW-RR 1995, 1297 = Rpfleger 1995, 498 = DNotZ 1996, 366 (*Liedel*) = FGPrax 1995, 96.

416 Zu den Schwachpunkten: Anm *Liedel* aaO = (Fn 415).

417 Gestützt auf *Streuer* aaO (Fn 414) S 402 u *Liedel* aaO (Fn 414) S 873.

418 BayObLGZ 1972, 373 = NJW 1973, 1048 = Rpfleger 1973, 56; Rpfleger 1981, 192 = DNotZ 1981, 578 (verkürzt).

419 KG OLGE 5, 7; 18, 159.

420 BGHZ 146, 342 = NJW 2001, 1056 = Rpfleger 2001, 246 = DNotZ 2001, 234.

421 Schrifttumshinweise bei § 15 GBV Fn 102.

422 *Demharter* § 19 Rn 95 ff u § 20 Rn 54 ff.

423 KG Rpfleger 1975, 133 mwN, in der grundsätzlichen Aussage nicht kritisiert von *Hagena* Rpfleger 1975, 389; s ferner die unter Fn 422 angeführten Stellen u *Schöner/Stöber* Rn 3347; zum Verfahren bei Tod des Berechtigten vor Eintragung: *Jung* Rpfleger 1996, 94.

424 Hypothek für noch nicht erzeugte Kinder zulässig: RGZ 61, 355, 356 ff; 65, 277, 281. Zur str Frage, ob dingliche Rechte analog § 328 BGB für an der Einigung nicht beteiligte Dritte bestellt werden können: *Staudinger-Gursky* § 873 Rn 108 mwN; das BayObLG (Rpfleger 2003, 177 = ZflR 2003, 158) hat sich dem BGH (NJW 1993, 2617) angeschlossen, der von der Unwirksamkeit ausgeht. Zur Vormerkung zugunsten Dritter: Rdn 147.

161   Fraglich ist (war?) die **Grundbuchfähigkeit** der **rechtsunfähigen und nur »teilrechtsfähigen« Personenverbände** (Zusammenschlüsse, deren *einheitliche* Rechtsfähigkeit im Gesetz nicht oder nur punktuell zum Ausdruck kommt), überwiegend der Kategorie der Gesamthandsgesellschaften zugehörig.

– *Unbestreitbar buchungsfähig* sind nach der gegenwärtigen Gesetzeslage *nur* die Personenhandelsgesellschaften, die OHG (nebst EWIV) und die KG (§§ 124 Abs 1, 161 Abs 2 HGB) sowie die Partnerschaftgesellschaft (§ 2 Abs 2 PartGG), weil sie durch das HGB (eben in § 124) allgemein mit materiellrechtlicher »Erwerbsfähigkeit«, also einem Quantum Rechtsfähigkeit ausgestattet sind. Dem entspricht die verfahrensrechtliche Buchungsregel des § 15 Abs 1b GBV.

– *Überwiegend befürwortet wird* (inzwischen) die allgemeine Erwerbs- und Grundbuchfähigkeit für juristische Personen im Gründungsstadium.[425] Weiteres: § 15 GBV Rdn 27.

– *Umstritten* ist (bislang) die Grundbuchfähigkeit von Personenhandelsgesellschaften im Gründungsstadium,[426] von (mitgliederstarken) nicht rechtsfähigen Vereinen[427] und war es von Wohnungseigentümergesellschaften.[428] Weiteres: § 15 GBV Rdn 27 aE bzw 31 bzw 32.

– *Vom BGH* neuerdings *explizit anerkannt* ist (wie zu erwarten)[429] die Rechts- und Parteifähigkeit der (Außen)-Gesellschaft bürgerlichen Rechts, allerdings mit dem Vorbehalt »soweit sie durch Teilnahme am Rechtsverkehr eigene Rechte und Pflichten begründet«. Die Tragweite dieser Grundsatzentscheidung wird nun, wie erwähnt (Rdn 159), diskutiert. Die Grundbuchfähigkeit folgt nach den überwiegenden Reaktionen im Schrifttum nicht schlechthin daraus. Weiteres: § 15 GBV Rdn 1, 2, 24 ff.

162   Einzutragen ist grundsätzlich der **Rechtsträger** (Rechtsinhaber) selbst, nicht – abgesehen von Sonderfällen wie zB gemäß § 1189 BGB oder bei Eintragungen als Vollstreckungsmaßnahme (s unten) – die Person oder Institution, die dessen Rechte wahrnimmt.[430] Als **unstatthaft** angesehen sind demgemäß zB die Eintragung des gesetzlichen, organschaftlichen, gewillkürten Vertreters anstelle des Vertretenen,[431] des Insolvenzverwalters oder der Insolvenzmasse anstelle des Schuldners,[432] des Testamentsvollstreckers[433] des Nachlassverwalters,[434] des Nachlasspflegers[435] oder gar der Nachlassmasse bzw des Nachlasses anstelle der (ggf unbekannten) Erben. Ein **Treuhänder** darf und muss, soweit § 873 BGB einschlägig ist, als Berechtigter eingetragen werden, *wenn* ihm die *volle Rechtsstellung* übertragen wird, wenn also ein echtes Treuhandverhältnis, nicht bloß eine stille Stellvertretung, vorliegt; lassen die Eintragungsunterlagen dies nicht deutlich erkennen, ist Klärung mittels Zwischenverfügung nach § 18 herbeizuführen. Bei echten Treuhandverhältnissen darf der Berechtigte im Grundbuch *nicht als »Treuhänder«* in Erscheinung treten, da das Treuhandverhältnis schuldrechtlicher Art ist und eine rechtsgeschäftliche Verfügungsbeschränkung gemäß § 137 BGB nicht dinglich wirkt, der Hinweis auf das Treuhandverhältnis daher eher Verwirrung als Klarheit bringen würde.[436] **Besonderheit für Eintragungen, die Vollstreckungsmaßnahme sind**, wie die Eintragung einer Zwangshypothek (§ 867 ZPO): Als Berechtigter einzutragen ist derjenige, den der Vollstreckungstitel als »Gläubiger« ausweist; unerheblich ist, ob er materiellrechtlicher Forderungsinhaber ist oder ob der Titel von ihm als gewillkürter Verfahrensstandschafter erstritten wurde (für WE-Verwalter vom BGH entschieden, vgl § 15 GBV Rdn 38).

---

425   Zur Entwicklung der Rechtsfortbildung: *Staudinger-Gursky* (2000) § 873 Rn 102–104; KEHE-*Ertl* (4. Aufl) § 20 Rn 68; s auch *Schöner/Stöber* Rn 987 ff und hier Einl F Rdn 53 mwN.

426   Dafür *Böhringer* BWNotZ 1985, 102, 108 (relativierend in Rpfleger 1991, 3 mit Nachweisen); dagegen zB *Schöner/Stöber* Rn 981d; zweifelhaft lt *Demharter* § 19 Rn 105; vorläufige Eintragung (Vormerkung) für KG i Gr zulassend, sonst offen haltend: BayObLGZ 1985, 112 = NJW-RR 1986, 30 = Rpfleger 1985, 3353 = DNotZ 1985, 156; hier Einl F Rdn 52 mwN.

427   HM gegen Grundbuchfähigkeit, vgl OLG Zweibrücken OLGZ 1986, 145 = Rpfleger 1986, 12 m Meinungsübersicht; hier Einl F Rdn 49 mwN.

428   Grundbuchfähigkeit abgelehnt: BayObLGZ 1984, 239, 245 mwN= Rpfleger 1985, 102, 103 = DNotZ 1985, 424, 425; kritisch *Bärmann* DNotZ 1985, 395 ff; *Böhringer* BWNotZ 1985, 73, 78; hier Einl F 53a mwN. Zur Kennzeichnung des spezifischen Gemeinschaftsverhältnisses gemäß § 47 GBO KG Rpfleger 1985, 435; Weiteres: § 15 GBV Rdn 38.

429   Eingehend zur rechtsdogmatischen Entwicklung und zu Konsequenzen *K Schmidt* NJW 2001, 993 ff; *Ulmer* ZIP 2001, 585 ff.

430   BGB-RGRK-*Mattern* § 1115 Rn 11; *Palandt-Bassenge* § 1115 Rn 5.

431   RGZ 79, 74, 75.

432   BayObLGZ 1980, 255 mwN = Rpfleger 1980, 429 = DNotZ 1981, 256.

433   KGJ 36 A 189, 190; 40, 190, 191; OLG Hamburg OLGE 20, 146; OLG Rostock OLGE 26, 126.

434   BGH DNotZ 1961, 485 = WM 1961, 800 mwN; OLG Hamm Rpfleger 1989, 17. Beide Eintragungen kollidieren mit der neuen Rspr des BGH zur Eintragbarkeit des Verfahrensstandschafters (s Rdn 162 aE); darauf weist *Demharter* (ZflR 2001, 957, 959) hin.

435   KGJ 36 A 226, 227; **aA** OLG Hamburg OLGE 20, 416.

436   KG JFG 11, 273, 275; OLG Hamm Rpfleger 1954, 464 (Treuhänder und Treugeber nicht nebeneinander); OLG Düsseldorf DNotZ 1955, 540; OLG Saarbrücken NJW 1967, 1378 = DNotZ 1968, 173 = OLGZ 1967, 112; BayObLGZ 1984, 239, 245 = aaO (Fn 428). Kritisch: *Fleischmann* NJW 1955, 609, 610. Vgl auch *Demharter* § 44 Rn 52; *Schöner/Stöber* Rn 1996, 1997 mwN.

cc) Art und Weise der Bezeichnung. Für das »Wie« der Bezeichnung des oder der Berechtigten gibt es **im** **163** **materiellen Recht keine Vorschrift**, gilt somit der ungeschriebene Bestimmtheitsgrundsatz im Sinne des Spezialitätsprinzips (vgl Rdn 36, 37). Ausgangspunkt ist, dass ein dingliches Recht grundsätzlich nur für eine oder mehrere bestimmte (feststehende) Person(en) bestellt werden kann; auch bei der (zulässigen) Rechtsbegründung oder -sicherung für Ungeborene oder für sonst unbekannte Berechtigte (zB für noch zu ermittelnde Erben, für unbekannte Berechtigte nach § 126 ZVG, für den jeweiligen Eigentümer eines Grundstücks oder für den jeweiligen Inhaber eines Rechts) liegt genau genommen nicht nur Bestimmbarkeit, sondern eine auf besondere Weise umschriebene Bestimmtheit (Unzweifelhaftigkeit) vor.[437] Für die Gültigkeit und **materielle** **Wirksamkeit** der Eintragung *reicht* es, dass mittels der im Eintragungsvermerk, also der direkt in das Grundbuch eingetragenen Daten, die Person(en) des oder der Berechtigten – notfalls auslegungsweise – *identifizierbar* ist bzw sind (vgl Rdn 57); in ganz besonderen Grenzfällen verdienen Eintragungen, die den Berechtigten nicht ausdrücklich bezeichnen, sogar Anerkennung, falls der Berechtigte aus dem übrigen Eintrag aus der Sicht eines Unbefangenen erschlossen werden kann.[438] Allerdings gibt es in **§ 15 GBV** eine **besondere Bestimmung des** **Verfahrensrechts**, die – unbeschadet der materiellrechtlichen Minimalerfordernisse – auf *möglichst eindeutige* *Namhaftmachung* der (natürlichen oder juristischen) Personen des oder der Berechtigten ausgerichtet ist. Diese Vorschrift ist für das GBA und für die von ihm zu prüfenden Eintragungsunterlagen verbindlich (vgl Rdn 56), aber eben lediglich Ordnungsvorschrift, deren Verletzung nicht schlechthin zu materiellrechtlichen Unwirksamkeit der Eintragung führt, selbst bei einer Falschbezeichnung nicht, sofern der wahre Berechtigte beweisbar ist (vgl Rdn 57). Einzelheiten zur Wahrung bzw zur ausnahmsweisen Nichtwahrung des § 15 GBV in den Erläuterungen zu dieser Vorschrift.

c) Bezeichnung des Rechtsobjekts. aa) Normalfall. Die Kennzeichnung des Rechtsobjekts, dh die **164** Bezeichnung des Grundstücks oder des sonstigen Bezugsgegenstandes der Eintragung (zB Miteigentumsanteil, in Abt II oder III eingetragene Belastung), bedarf regelmäßig keines besonderen Eintragungsaufwandes. Es genügt nach den Regeln der GBV der *Verweis auf die Buchungsstelle* des von der Eintragung betroffenen Grundstücks oder Rechts (durch Angabe der lfd Nr des Bestandsverzeichnisses bzw der Abt II oder III in den eigens dafür vorgesehenen Spalten des Grundbuchvordrucks). Das derart bezeichnete Grundstück wird in seiner tatsächlichen Gestalt durch die Verklammerung des Grundbuchs mit dem Liegenschaftskataster nach Maßgabe des § 2 GBO und des § 6 GBV, andere Bezugsgegenstände werden durch die bezeichnete Textstelle im Grundbuch nachgewiesen.

bb) Teilbezug. Bezieht sich die Eintragung nur auf einen Teil des Bezugsgegenstandes (zB bei Belastung eines **165** unselbständigen Grundstücksteils gemäß § 7 Abs 2 GBO, bei Belastung eines ideellen Anteils an einem eingetragenen Recht, bei Teilabtretung, -belastung oder -löschung), so bedarf es *ergänzend zum Verweis auf die* *Buchungsstelle zusätzlicher Beschreibung*. Dafür gelten teils grundbuchtechnische Sonderregeln (vgl zB § 17 Abs 4, 5 GBV). Im Übrigen ist der betroffene Teil im Grundbuch grundsätzlich so genau zu beschreiben, dass seine Identifizierbarkeit gewährleistet ist. Einzelheiten dazu: § 10 GBV Rdn 12, 13.

cc) Mehrere Bezugsgegenstände. Hat eine Eintragung mehrere Bezugsgegenstände (zB mehrere Grundstü- **166** cke, mehrere eingetragene Rechte), so bedarf es eines dementsprechenden Verweises auf *alle betroffenen* *Buchungsstellen*, wie oben schon geschildert. Sind die betroffenen Grundstücke *in verschiedenen Grundbuchblättern* verzeichnet, und betrifft die Eintragung ein Gesamtrecht bzw eine Gesamtbelastung im materiellrechtlichen Sinne (insb Gesamtgrundpfandrecht), so ist die Einheitlichkeit der Belastungen durch besondere *Mithaftvermerke* im Grundbuch kenntlich zu machen, wie im § 48 GBO näher vorgeschrieben.[439] Einzelheiten dazu: § 10 GBV Rdn 26, 48; § 11 GBV Rdn 20, 47, 53.

d) Bezeichnung von Bedingungen und Befristungen. aa) Inhaltsinterne und –externe Bedingungen **und Befristungen.** Für die sachenrechtlichen Verfügungsgeschäfte – einschl der Bewilligung einer Vormer- **167** kung[440] – gelten grundsätzlich die §§ 158 bis 163 BGB. Beginn und/oder Ende ihrer Rechtswirkungen können durch entsprechende Vereinbarung von einem künftigen, objektiv ungewissen Ereignis (Bedingung) und/oder einem künftigen[441] Anfangs- oder Endtermin (Befristung) abhängig gemacht werden, wenngleich gerade das Grundstücksrecht mit Rücksicht auf das nötige Vertrauen für den Rechtsverkehr bedeutende Ausnahmen

---

437 Umstritten ist die Zulässigkeit der Vormerkung für »Unbekannt« bzw für den erst noch zu benennenden Dritten, vgl Rdn 147 mit Fn 366–370.
438 Vgl BGH DNotZ 1961, 485, 486 = aaO (Fn 434); NJW 1962, 963 = DNotZ 1962, 399; OLG Bremen DNotZ 1965, 566, 569; BayObLG Rpfleger 1976, 250, 251; OLG Frankfurt Rpfleger 1980, 185, 186.
439 Zu Zweck und Geltungsbereich der Vorschrift: *Ebeling* RpflStud 1979, 58.
440 Dazu *Ertl* Rpfleger 1977, 345, 353.
441 Einen vor der Eintragung liegenden Anfangstermin schließt die konstitutive Eintragungswirkung gemäß § 873 ff BGB aus, vgl BGHZ 61, 209 = NJW 1973, 1838 = Rpfleger 1973, 355 = DNotZ 1974, 90.

kennt.[442] Solche Ausnahmen sind zB die Bedingungs- und Befristungsfeindlichkeit der Auflassung (§ 925 Abs 2 BGB), der Einräumung und Aufhebung von Sondereigentum (§ 4 Abs 2 S 2 WEG), der Übertragung des Erbbaurechts (§ 11 Abs 1 S 2 ErbbauRG), die Bedingungs-, nicht Befristungsfeindlichkeit des Dauerwohn- oder -nutzungsrechts (§ 33 Abs 1 WEG), die Unzulässigkeit auflösender Bedingung für die Erbbaurechtsbegründung (§ 1 Abs 4 ErbbauRG). *Soweit Bedingungen und/oder Befristungen nicht gesetzlich ausgeschlossen* sind, ist *von deren Zulässigkeit auszugehen*; allerdings setzt der materielle wie der formelle Bestimmtheitsgrundsatz des Grundstücks- und Grundbuchrechts (vgl Rdn 35 ff) den Bedingungen und Zeitbestimmungen (nicht sehr viel) engere Grenzen als das Schuldrecht (vgl Rdn 39 mit Fn 44). **Zu unterscheiden** ist bei der Abfassung des Eintragungstextes zwischen Bedingungen bzw Befristungen, die das dingliche Recht selbst (seine Dauer, also seinen Bestand) betreffen, und solchen, die sich lediglich auf dessen Ausübung oder Geltendmachung beziehen (zB nicht das Recht selbst, sondern dessen Ausübbarkeit von der Vornahme einer Gegenleistung abhängig machen[443]), bei den Sicherungsinstituten (zB gemäß §§ 1113 Abs 2 BGB bei den Grundpfandrechten, gemäß § 883 Abs 1 S 2 BGB bei den Vormerkungen), zudem solche, die nicht das dingliche Institut als solches, sondern den gesicherten Anspruch betreffen. Die sich auf die **Rechtsausübung oder -geltendmachung** beziehenden, auch die den **gesicherten Anspruch** betreffenden Bedingungen bzw Befristungen *modifizieren den Rechtsinhalt;* ihretwegen genügt die Eintragung mittels Bezugnahme auf die Eintragungsbewilligung.[444] Demgegenüber gehören die den **Bestand eines Rechts** betreffenden Bedingungen und/oder Befristungen nicht zum eigentlichen Rechtsinhalt,[445] jedenfalls nach allgemeiner Meinung *nicht zu dem* nach § 874 BGB *bezugnahmefähigen Inhalt des Rechts,*[446] und bedürfen deshalb nach materiellem Recht der Aufnahme in den direkten Grundbucheintrag. Ist das Ende eines Rechts (zulässigerweise) sowohl auflösend bedingt als auch befristet vereinbart, so ist beides im Eintragungsvermerk zum Ausdruck zu bringen;[447] dies ist ebenfalls angebracht, falls ein Recht möglicherweise sowohl aufschiebend als auch auflösend bedingt oder befristet vereinbart ist. Nicht möglich ist es dagegen, ein und dasselbe Recht am selben Objekt (zB an einer einheitlichen Grundstücksfläche) zugleich unbedingt und bedingt zu begründen.[448] *Gesamtrechte* sind zwar einheitliche Rechte, dennoch müssen unterschiedliche Bedingungen und/oder Befristungen der Rechtsdauer bezüglich der einzelnen mitbelasteten Grundstücke möglich sein; denn der Einheitlichkeitsgrundsatz[449] steht der Vervielfältigung der Gesamtrechte entgegen (deshalb sind zB Art, Rechtsinhaber, Übertragung und Belastung nur einheitlich möglich);[450] Bestand, Umfang und Inhalt des Gesamtrechts brauchen dagegen nicht in Bezug auf alle belasteten Grundstücke notwendig gleichmäßig zu sein[451] (einzelne Grundstücke können nachverhaftet oder enthaftet werden; Kapital, Zins- und Nebenleistungen können unterschiedlich hoch abgesichert sein, die Vollstreckungsunterwerfung gemäß § 800 ZPO kann sich auf einzelne Grundstücke beziehen, auch die Kündigungs- und Zahlungsmodalitäten können bezüglich der einzelnen belasteten Grundstücke unterschiedlich sein[452]) und die diesbezüglichen Vereinbarungen sind nicht bedingungsfeindlich. Das BayObLG[453] hat entschieden, dass eine Grundschuld an einem aus mehreren Flurstücken bestehenden Grundstück (aus materiellrechtlichen Gründen) nicht in der Weise bestellt werden könne, dass sie im Falle der Veräußerung einzelner Flurstücke an diesen erlischt, im Wesentlichen mit der Begründung, § 158 Abs 2 BGB lasse es nicht zu, die Wirkungen des Eintritts der auflösenden Bedingung dahin zu gestalten, dass nicht der frühere, sondern ein neuer (dritter) Rechtszustand (statt des Wegfalls der Gesamtgrundschuld deren Beschränkung auf die dem Eigentümer verbleibenden Grundstücke) einträte. Das dieser Begründung zugrunde liegende Denkmodell missachtet einerseits die aufgezeigten unterschiedlichen Gestaltungsmöglichkeiten bei Gesamtrechten pro Grundstück sowie andererseits die nach § 158 BGB durchaus *mögliche Differenzierung von Bedingungen pro Rechtswirkung* in einem mehrere Wirkungen erzeugenden Rechtsgeschäft (zB Differenzierung zwischen unbedingten und bedingten Wirkungen oder aufschiebend bedingten und auflösend bedingten Wirkungen[454]). Das BayObLG hätte die Versagung der Eintra-

---

442 Vgl zB *Staudinger-Gursky* § 873 Rn 113 ff.
443 OLG Karlsruhe DNotZ 1968, 434.
444 Ebenso OLG Karlsruhe aaO (Fn 443); *Schöner/Stöber* Rn 1160; **aA** zu Unrecht OLG Frankfurt Rpfleger 1974, 430.
445 BayObLGZ 1973, 21, 24 = Rpfleger 1973, 133, 134; BayObLG NJW-RR 1998, 1025; OLG Düsseldorf OLGZ 1983, 352, jeweils mwN; **aA** MüKo-*Wacke* § 874 Rn 4 (Teil des »wesentlichen Inhalts«).
446 So auch *Wacke* aaO (Fn 445).
447 AllgM im Anschluss an OLG Köln Rpfleger 1963, 381 = DNotZ 1963, 48; bezweifelbar die gezogene Konsequenz der Teilunrichtigkeit des Grundbuchs wegen Verschweigens der Befristung im Grundbuchtext (vgl auch Anm *Haegele*), stattdessen auslegungsfähige Unklarheit, behebbar durch Klarstellungsvermerk, anzunehmen.
448 BayObLGZ 1978, 233 = Rpfleger 1978, 409 = DNotZ 1979, 25.
449 Zur heute vorherrschenden »Einheitstheorie« *Staudinger-Wolfsteiner* § 1132 Rn 2, 3 mwN; MüKo-*Eickmann* § 1132 Rn 6
450 *Staudinger-Wolfsteiner* § 1132 Rn 34–36; MüKo-*Eickmann* § 1132 Rn 8–10, 26–30; *Palandt-Bassenge* Rn 2, 9.
451 Wie Fn 450.
452 Letzteres str, wie hier *Staudinger-Wolfsteiner* § 1132 Rn 36 mwN (auch zur Gegenmeinung); MüKo-*Eickmann* § 1132 Rn 12; *Palandt-Bassenge* § 1132 Rn 2; **aA** RGRK-*Mattern* § 1132 Rn 9 im Anschluss an KGJ 40, 299 u JW 1923, 1038.
453 BayObLGZ 1978, 233 = aaO (Fn 448); **aA** aber wohl BayObLGZ 1973, 21, 24 = Rpfleger 1973, 133, 134 in Bezug auf ein Vorkaufsrecht.
454 *Staudinger-Bork* § 158 Rn 12.

gung allenfalls auf formellrechtliche Gründe (etwa auf § 7 Abs 1 GBO) stützen dürfen. Aber § 7 Abs 1 GBO verlangt lediglich die grundbuchmäßige Verselbständigung für die Teilbelastung überhaupt, dürfte jedoch einer auf einen Teilbereich des insgesamt belasteten Grundstücks begrenzten Bedingtheit des einzutragenden Rechts ebenso wenig entgegenstehen, wie er anerkanntermaßen der räumlichen Ausübungsbegrenzung einer Dienstbarkeit nicht entgegensteht (dazu § 7 GBO Rdn 56). Dem materiellen wie dem formellen Bestimmtheitsgrundsatz ist hinreichend gedient, wenn die der besonderen Bedingung unterstellte Grundstücksteilfläche bestimmt genug definiert ist; handelt es sich hierbei um einzelne Flurstücke (wie im Falle des BayObLG), so ist die nötige Bestimmtheit der Definition unzweifelhaft gegeben.

bb) Art und Weise der Bezeichnung. § 874 BGB ist seiner Zweckbestimmung nach für die Eintragung von Bedingungen oder Befristungen **entsprechend** anwendbar (vgl Rdn 88). Es ist daher nach materiellem Recht zulässig, die näheren Modalitäten der vereinbarten Bedingung oder Befristung mittels Bezugnahme auf die Eintragungsbewilligung in den Eintragungsinhalt aufzunehmen. Im Eintragungstext genügt die Kennzeichnung als *»Bedingtes/befristetes . . . Recht gemäß Bewilligung vom . . .«,* ggf als *»Bedingtes und befristetes . . . Recht gemäß Bewilligung vom . . .«.* Nicht zwingend notwendig, aber zweckmäßig ist es, die Kennzeichnung im Grundbucheintrag durch fallentsprechendes Hinzufügen von *»aufschiebend«* oder *»auflösend«* zu verdeutlichen. Wird, wie auch nach § 874 BGB nicht nötig (vgl Rdn 167), die Bedingtheit der Rechtsausübung oder des zu sichernden Anspruchs in den Eintragungsvermerk aufgenommen, so ist die Eintragung als *»Bedingtes/befristetes . . . Recht«* verfehlt, sondern *muss es etwa heißen: ». . . Recht, bedingt/befristet ausübbar gemäß Bewilligung vom . . .«* oder *». . . Hypothek für die bedingte . . . Forderung des . . . gemäß Bewilligung vom . . .«.*[455] Ist ein Recht nicht kraft Gesetzes, wie Nießbrauch und beschränkte persönliche Dienstbarkeit, oder der Art nach, wie die zu einem Leibgedinge bzw Altenteil zusammengefassten Rechte, auf die Lebensdauer des oder der Berechtigten begrenzt (dann nicht besonders eintragungsbedürftige gesetzliche oder artbedingte Rechtsbedingung), sondern beruht die – grundsätzlich gemäß §§ 158, 163 BGB bei allen beschränkten dinglichen Rechten zulässige[456] – Begrenzung auf die Lebensdauer des oder der Berechtigten auf einer individuellen Vereinbarung, so ist dies eine eintragungsbedürftige Befristung (gelegentlich eine Bedingung[457]) und bedarf als solche der Kennzeichnung im Eintragungsvermerk, *zweckmäßigerweise nicht* durch ein anonymes *»befristet«, sondern* durch den aussagekräftigeren Zusatz *»lebenslänglich«* oder *»auf Lebenszeit«*; entsprechend sollten andere einfache Bedingungen, wie zB Heirat, Volljährigkeit und dgl, im Grundbucheintrag direkt zum Ausdruck gebracht werden. Derartige Vermerke erübrigen sich, falls die Bedingtheit oder Befristung des Rechts bereits durch den Löschungserleichterungsvermerk (§§ 23 Abs 2, 24 GBO) im Eintragungsvermerk indirekt in Erscheinung tritt.

Zu den **Besonderheiten** von bedingten bzw befristeten Zins- und Nebenleistungen bei Grundpfandrechtseintragungen s Rdn 138 ff. Zur Kennzeichnung der Bedingtheit oder Befristung in nachträglichen Änderungseintragungen (zB der Eintragung einer bedingten oder befristeten Abtretung eines eingetragenen Rechts) s Rdn 179, 180.

e) Bezeichnung von Verfügungsbeschränkungen. aa) Rechtsexterne Beschränkungen. Die externen (nicht zum Rechtsinhalt gehörenden) Verfügungsbeschränkungen[458] bzw Verfügungsbeeinträchtigungen[459] des Rechtsinhabers, soweit sie wegen § 892 Abs 1 S 2 BGB eintragungsfähig[460] oder ausnahmsweise (gemäß § 610 Abs 2 RVO, § 75 Abs 1 BVersG) sogar eintragungsbedürftig[461] sind, **erfordern** nach materiellem Recht einen **besonderen Eintragungsvermerk**. Die *Eintragung* hat in jedem Fall eine *eigenständige rechtliche Funktion*, sei es als Konstitutivakt für die eintragungsbedürftigen Beschränkungen, sei es als Grundbuchberichtigung zum Ausschluss gutgläubigen Erwerbs für die eintragungsfähigen Beschränkungen. Deshalb ist ein *besonderer Direkteintrag erforderlich*, kann durch Bezugnahme nach § 874 BGB allein keine materielle Eintragungswirkung erzielt werden. Dies gilt *auch dann, wenn die Eintragung der Verfügungsbeschränkung zugleich mit der des von ihr betroffenen Rechts erfolgt, so* zB: Eintragung des Konkursvermerks bei einer vom Konkursverwalter bestellten Eigentümergrundschuld;[462] Eintragung des Nacherbenvermerks und/oder des Testamentsvollstreckungsvermerks bei surrogationsgebundenem (vgl §§ 2041, 2111 BGB) Erwerb eines Grundstücks oder Grundstücksrechts;[463] der ggf zugleich mit einem für ein Versicherungsunternehmen bestellten Grundpfandrecht einzutragende Sperrvermerk gemäß § 72 bzw § 110

168

169

170

---

455 Etwa ebenso: KEHE-*Düning* Einl B Rn 25, 31.

456 Eine gewisse Ausnahme ergibt sich aus § 1 Abs 4 ErbbauRG, dazu *Ingenstau/Hustedt* § 1 Rn 108–110; *Schöner/Stöber* Rn 1682, 1683; jeweils mwN.

457 Parteiwille ist entscheidend, RGZ 91, 226, 229, vgl zB *Staudinger-Bork* § 163 Rn 4; *Palandt-Heinrichs* § 163 Rn 1.

458 Überlieferte und gebräuchliche Bezeichnung in Anlehnung an den Wortlaut der §§ 878, 892 Abs 1 S 2 BGB.

459 Zu diesem Oberbegriff und seinen Untergliederungen und eingehend zu den materiellrechtlichen und verfahrensrechtlichen Wirkungen: *Böttcher* Rpfleger 1983, 49 ff, 187 ff; 1984, 377 ff; 1985, 1 ff, 381 ff jeweils mwN.

460 Überblick: *Böttcher* aaO (Rpfleger 1983, 49, 54).

461 Dazu ausführlich *Wolber* Rpfleger 1982, 210 mwN.

462 BayObLGZ 1980, 255 = Rpfleger 1980, 429 = DNotZ 1981, 256.

463 *Haegele* Rpfleger 1971, 121, 131; *Deimann* Rpfleger 1978, 244, 245; *Schöner/Stöber* Rn 3454, 3530 mwN.

VAG.[464] Die materiellrechtlich notwendige Selbständigkeit bei Eintragung von Verfügungsbeschränkungen wird durch die verfahrensrechtlichen »grundbuchtechnischen« Vorschriften unterstrichen: Betreffen solche den Eigentümer oder einen anderen in Abt I des Grundbuchs eingetragenen Berechtigten (zB den Wohnungseigentümer, den Erbbauberechtigten), so sind sie gemäß § 10 Abs 1 Buchst b GBV in Abt II in der Hauptspalte einzutragen; betreffen solche eine Grundstücksbelastung, so sind sie gemäß § 10 Abs 4 bzw § 11 Abs 5 GBV besonders in der Eintragung zu vermerken (vgl § 10 GBV Rdn 30, 49, § 11 GBV Rdn 49).

171   Auf die Sondereintragung der Verfügungsbeschränkung ist **§ 874 BGB** entsprechend seinem Zweckgedanken **analog** anwendbar;[465] das durch einstweilige Verfügung angeordnete Verfügungsverbot von der Bezugnahmezulässigkeit auszuschließen,[466] besteht kein Grund, denn die einstweilige Verfügung ist durchaus bezugnahmefähig (vgl § 885 Abs 2 BGB). Entsprechend den generellen Grundsätzen des § 874 BGB ist zur Vermeidung inhaltlicher Unzulässigkeit der Eintragung in jedem Falle die **spezifische Art der Beschränkung** sowie bei den unter § 892 Abs 1 S 2 BGB fallenden, dem individuellen Schutz dienenden »relativen« Verfügungsbeschränkungen die **Person des Geschützten** direkt im Grundbucheintrag kenntlich zu machen.[467] Vom letztgenannten Regelerfordernis macht das Gesetz *Ausnahmen*, insbesondere für den Insolvenzvermerk (§ 32 Abs 1 InsO: »Die Eröffnung des Insolvenzverfahrens ist in das Grundbuch einzutragen«), für das allgemeine Verfügungsverbot (§ 23 Abs 3 InsO) und für den Zwangsversteigerungsvermerk (§ 19 Abs 1 ZVG: »Anordnung der Zwangsversteigerung ist einzutragen«[468]), dementsprechend auch für den Zwangsverwaltungsvermerk gemäß § 146 Abs 1 iVm § 19 Abs 1 ZVG.

172   **bb) Rechtsinterne Beschränkungen.** Die internen (im Rahmen des Rechtsinhalts vereinbarten) Verfügungsbeschränkungen gehören, sofern überhaupt abweichend vom Grundsatz des § 137 Abs 1 BGB ausnahmsweise gesetzlich zugelassen – so gemäß **§ 5 ErbbauRG** sowie gemäß **§ 12 WEG** und **§ 35 WEG** –, *aus materiellrechtlicher (an § 874 BGB orientierter) Sicht durchaus zum bezugnahmefähigen Rechtsinhalt.*[469] Jedoch gebietet das Verfahrensrecht (§ 56 Abs 2 GBV, § 3 Abs 2 WGV) aus guten Gründen die *Direkteintragung*, erübrigt somit dahingehende Zweckmäßigkeitserwägungen. Oft enthält die Vereinbarung derartiger Verfügungsbeschränkungen einen (selbstverständlich zulässigen) Katalog von Ausnahmen; die zweckgerechte Anwendung der genannten Verfahrensvorschriften erlaubt der Eintragung die Bezugnahme auf die Eintragungsbewilligung (dazu § 56 GBV Rdn 9, § 3 WGV Rdn 9). Verfügungsbeschränkend wirken gemäß § 161 BGB auch etwa vereinbarte Bedingungen oder Befristungen des betreffenden Rechts; zu deren materiellrechtlich nötigen Hervorhebung in der Eintragung s Rdn 167 bis 169.

173   **f) Sonstige notwendige Direkteinträge.** Selbstverständlich sind ggf **die besonders vorgeschriebenen Extraeintragungen** (vgl Rdn 96) direkt im Grundbuch vorzunehmen, wenn zugleich mit der Neueintragung der Belastung, dann durch Aufnahme in den Eintragungstext in der Hauptspalte, wenn nachträglich, dann als besonderer Eintragungsvermerk in der Veränderungsspalte der Abt II bzw III. Wegen etwaiger »näherer« Einzelheiten der Extraeintragung ist Bezugnahme auf die Eintragungsbewilligung analog § 874 BGB erlaubt (vgl Rdn 97). **Hervorzuheben** sind:

174   **aa) Insbesondere Rangvermerke und Rangvorbehalt.** Das Rangverhältnis der eingetragenen Rechte kann wirksam nur durch Direkteintragung im Grundbuch gestaltet und umgestaltet werden. Für die **Darstellung des ursprünglichen Rangverhältnisses** mehrerer Neueintragungen gibt es *für die Eintragung mittels Bezugnahme überhaupt keinen Raum.*[470] Maßgeblich für das materielle Rangverhältnis sind *in erster Linie* die ausdrücklich eingetragenen *Rangvermerke*, auch dann, wenn sie von einer vereinbarten Rangbestimmung iS des § 879 Abs 3 BGB abweichen und/oder unter Verletzung der §§ 17, 45 zustandegekommen sind;[471] *ohne Rangvermerke* im Grundbuch richtet sich das Rangverhältnis nach der Eintragungsreihenfolge gemäß § 879 Abs 1 BGB. *Nicht ausgeschlossen* ist dagegen die *Bezugnahme* entsprechend § 874 BGB bei der Eintragung einer Rangänderung (§ 880 Abs 1, 2 BGB) und bei der Eintragung eines Rangvorbehalts (§ 881 Abs 1, 2 BGB), und zwar zur näheren Beschreibung etwaiger inhaltlicher Beschränkungen, Bedingungen oder Befristungen,[472] aber auch nur

---

464   LG Bonn DNotZ 1979, 309; *Schöner/Stöber* Rn 2004 ff, 4065 mwN.
465   Heute hM, vgl *Staudinger-Gursky* § 874 Rn 14; MüKo-*Wacke* § 874 Rn 7 mwN in Fn 18 (auch mit Hinweisen zur früheren Gegenansicht); **aA** noch BGB-RGRK-*Augustin* § 874 Rn 4.
466   So MIR (6. Aufl) § 3 Anh I Rn 303, 317 (entspr *Güthe-Triebel* § 49 Rn 8); umstritten nach *Schöner/Stöber* Rn 270 mwN.
467   RGZ 89, 152, 159; KGJ 45, 255.
468   KGJ 45, 255, 256.
469   BayObLGZ 1979, 227 mwN = Rpfleger 1979, 384 = DNotZ 1980, 50.
470   *Staudinger-Kutter* Rn 65; BGB-RGRK-*Augustin* Rn 39; MüKo-*Wacke* Rn 30, alle zu § 879.
471   So mit berechtigter Kritik an der zT abweichenden hM: *Streuer* Rpfleger 1985, 388 mwN.
472   Zur Zulässigkeit solcher Modifikationen bei der Rangänderung: BGHZ 60, 226 = NJW 1973, 846 = Rpfleger 1973, 208 = DNotZ 1973, 410; *Bauch* Rpfleger 1984, 348, 349 mwN; beim Rangvorbehalt: LG Düsseldorf Rpfleger 1985, 100 mwN.

insoweit. Die **Rangänderung** als solche, dh welches Recht welchem Recht in welchem Umfang den Vorrang oder Gleichrang einräumt,[473] muss im Grundbuch selbst verlautbart werden, außerdem *ggf mindestens der Hinweis auf die Bedingtheit oder Befristung* erfolgen, wie es allgemein den Grundsätzen des § 874 BGB entspricht (vgl Rdn 167, 168; weiteres in den Erläuterungen zu § 45). Entsprechendes gilt für den **Rangvorbehalt**. Er muss gemäß § 881 Abs 2 BGB zwingend bei dem Recht eingetragen werden, das zurücktreten soll; sind dies mehrere Rechte, so muss die Eintragung bei jedem erfolgen;[474] eine Eintragung an anderer Grundbuchstelle wäre unwirksam. Der Eintragungsvermerk muss jeweils den *Vorbehalt seiner Art nach* (Vorrang oder Gleichrang) und *das vorbehaltene »dem Umfange nach bestimmte Recht«* gemäß § 881 Abs 1 BGB bezeichnen. Diesem gesetzlichen Erfordernis genügt beim Vorbehalt für Grundpfandrechte die Angabe von Höchstbeträgen für –sätzen für Kapital, Zinsen und sonstige Nebenleistungen (im Interesse der Eindeutigkeit empfiehlt sich eine Fassung wie *»Vorrangsvorbehalt für Grundpfandrechte bis zu . . . Euro nebst bis zu . . . % Zins- und sonstige Nebenleistungen«*, um außer Zweifel zu stellen, dass der Vorbehalt nicht nur Zinsen, sondern auch eventuelle andere Nebenleistungen umfasst[475]). Die Bezeichnung *»Grundpfandrechte«* genügt (falls laut Eintragungsbewilligung gewollt), sie lässt spätere Ausnutzung durch Hypothek oder Grundschuld zu, weil beide Rechtstypen sich in Art und Umfang der dinglichen Haftung nicht unterscheiden; ob statt einer vorbehaltenen *»Hypothek«* bei späterer Ausnutzung des Rangvorbehalts eine Grundschuld eingetragen werden kann oder umgekehrt, ist allerdings nicht mehr unbestritten.[476] Beim *Vorbehalt für ein anderes Recht* (Dienstbarkeit, Reallast usw) gehört zur gesetzlich erforderten Art- und Umfangsbestimmung die *Kennzeichnung des Wesensgehalts* seines Inhalts in den Rangvorbehaltseintrag,[477] etwa wie bei der späteren Eintragung des Rechts (dazu Rdn 132, 133). Im Übrigen ist Bezugnahme auf die Eintragungsbewilligung entsprechend § 874 BGB zulässig, insb wegen etwaiger nicht den Rechtsumfang betreffender Beschränkungen der Vorbehaltsbefugnisse,[478] wie zB die Begrenzung auf einmalige Ausübung, auf zweckgebundene Belastungen, für eine bestimmte Person usw (Näheres in den Erläuterungen zu § 45 GBO). Zur Frage, ob und inwieweit die Bezugnahme-Eintragung unter Zweckmäßigkeitsgesichtspunkten angebracht ist, s Rdn 83 zu Ziff 5.

bb) Insbesondere Zwangsvollstreckungsunterwerfung. Die zur Wirkung der Unterwerfung unter die **175** sofortige Zwangsvollstreckung gegen den jeweiligen Eigentümer nach § 800 Abs 1 S 2 ZPO nötige Eintragung muss *im Grundbuch selbst* erfolgen.[479] Dabei *braucht nicht der vollständige Inhalt* (Wiedergabe der einzelnen Forderungen und Nebenforderungen, auf die sich die Unterwerfung erstreckt, und der Voraussetzungen, unter denen die sofortige Zwangsvollstreckung statthaft sein soll) in das Grundbuch aufgenommen zu werden. Insofern kann nach der hM der nähere Inhalt der Unterwerfung durch Bezugnahme auf die Eintragungsbewilligung zur Eintragung gebracht werden.[480] Zulässig ist demgemäß zB die Bezugnahme, falls die Unterwerfung nur einen bezifferten Teilbetrag betrifft, zur näheren Bezeichnung desselben, möglich bei einer Höchstbetragshypothek, aber auch bei einer gewöhnlichen Hypothek oder Grundschuld; die Teilunterwerfung als solche bewirkt keine inhaltliche Veränderung und dementsprechend auch keine Teilung des Grundpfandrechts.[481] *Mindestens zweckmäßig* ist in derartigen Fällen ein die Besonderheit andeutender Hinweis im Direkteintrag, etwa wie *»Teilweise ist der jeweilige Eigentümer der sofortigen Zwangsvollstreckung unterworfen . . .«* oder *»Teilweise vollstreckbar gemäß § 800 ZPO . . .«*. Die mit einer Rangbestimmung verbundene Unterwerfungserklärung des Eigentümers, zB *»wegen eines letztrangigen Teilbetrags von . . .«*, bewirkt dagegen eine Teilung des Grundpfandrechts, die besonderer Eintragung und der zusätzlichen Bewilligung des Gläubigers bedarf.[482]

cc) Insbesondere Ausschluss des Löschungsanspruchs. Bei Grundpfandrechten, die nach dem **176** 01.01.1978 in das Grundbuch eingetragen worden sind, gehört kraft und nach Maßgabe des Gesetzes

---

473 Dazu insb *Bauch* aaO (Fn 472), BayObLG Rpfleger 1985, 434.

474 KG JFG 8, 294 = JW 1931, 2740.

475 Empfohlen zB von *Haegele* in Anm zu OLG Frankfurt Rpfleger 1964, 376 = NJW 1964, 669 = DNotZ 1965, 44; dazu auch KEHE-*Eickmann* § 45 Rn 25; *Schöner/Stöber* Rn 2152.

476 Bedenken gegen die sich auf KG JFG 5, 340, 342 = DNotZ 1928, 574 = HRR 1928 Nr 1588 berufende hM (vgl zB *Staudinger-Kutter* Rn 8, MüKo-*Wacke* Rn 6, *Palandt-Bassenge* Rn 7, alle zu § 881; *Demharter* § 45 Rn 41) erheben *Schöner/Stöber* Rn 2150.

477 In etwa ebenso: *Schöner/Stöber* Rn 2137.

478 Grundlegende Ausführungen zur Gestaltungsfreiheit bei Rangvorbehalten: LG Düsseldorf Rpfleger 1985, 100; zur Bezugnahmefrage insb *Hummitzsch*, Rpfleger 1956, 272, 273/274.

479 Bezugnahmefähig aber bei Eintragung einer Hypothekenvormerkung, vgl KG JFG 4, 407.

480 KGJ 28 A 262, 264 = RJA 4, 270; *Staudinger-Scheröbl* (12. Aufl) § 1115 Rn 39 mwN; *Demharter* § 44 Rn 27.

481 BGHZ 108, 372 = NJW 1990, 258 = Rpfleger 1990, 16 = DNotZ 1990, 586 (*Wolfsteiner*); BayObLGZ 1985, 141 = Rpfleger 1985, 355 = DNotZ 1985, 476; OLG Hamm, NJW 1987, 1090 = Rpfleger 1987, 59 = DNotZ 1988, 233 (*Wolfsteiner*); *Demharter* § 61 Rn 5; KEHE-*Eickmann* § 61 Rn 2; *Schöner/Stöber* Rn 2044; zweifelhaft: hier § 61 GBO Rdn 18.

482 OLG Hamm Rpfleger 1984, 60 = DNotZ 1984, 489 = OLGZ 1984, 48; NJW 1987, 1090 = Rpfleger 1987, 59 = DNotZ 1988, 233 (*Wolfsteiner*); OLG Köln MittRhNotK 1985, 105; *Demharter, Schöner/Stöber*, beide aaO (Fn 481); **aA** *Muth* JurBüro 1984, 9, 175 (der nicht mehr gefolgt wird).

(§§ 1179a, 1179b, 1196 Abs 3 BGB) der Löschungsanspruch zum Rechtsinhalt, sofern nicht ausnahmsweise das Gegenteil im Grundbuch vermerkt worden ist gemäß der Übergangsregelung in Art 8 § 1 Abs 2 des Gesetzes vom 22.06.1977 (BGBl I 998).[483] Der gesetzliche Inhalt bedarf in der Eintragung keiner besonderen Erwähnung. Einzutragen ist dagegen der gemäß § 1179a Abs 5 zulässige Ausschluss des Löschungsanspruchs. Das **Gesetz verlangt** einerseits **ausdrücklich** einen **Direkteintrag** des Ausschlusses unter Bezeichnung der Hypotheken (bzw Grundschulden), die dem Löschungsanspruch ganz oder teilweise nicht unterliegen (erforderlich ist danach die Einzelbezeichnung der freigestellten Rechte im Eintragungstext auch dann, wenn sich der Ausschluss auf alle vor- und gleichrangigen Rechte bezieht;[484] ist Gegenstand des Ausschlusses lediglich ein Teilbetrag eines vor- oder gleichrangigen Rechts, so ist dieser, und zwar auch rangmäßig, zu bezeichnen[485]), **lässt** andererseits ausdrücklich die **Bezugnahme** auf die Eintragungsbewilligung **zu**, falls der Ausschluss pro Recht nicht total, sondern beschränkt auf bestimmte Vereinigungsfälle erfolgt, und zwar zur näheren Bezeichnung der vom Ausschluss erfassten Fälle des Entstehens eines Eigentümerrechts. Als Eintragungstext kommt dann beispielsweise in Betracht: *»Teilweiser Ausschluss des gesetzlichen Löschungsanspruchs gegenüber Abt III Nr 1 mit 60 000,- Euro gemäß Bewilligung vom ... eingetragen am ...«.*[486] Eintragungsstelle ist die Hauptspalte, falls der Ausschluss zugleich mit dem von ihm betroffenen Recht eingetragen wird, oder die Veränderungsspalte, falls der Ausschluss nachträglich im Wege der Inhaltsänderung erfolgt und eingetragen wird. Gegenüber einzelnen Dritten (zB gegenüber einer bestimmten Bank als Erwerberin der Grundschuld) kann der Ausschluss des Löschungsanspruchs als Inhaltsänderung des begünstigten Rechts nicht vereinbart werden; jedoch begründet eine solche Abrede eine Einrede, die dem Dritten entgegengehalten werden kann, falls er absprachewidrig den Löschungsanspruch geltend macht; gegen Verlust durch gutgläubigen Erwerb hilft die Eintragung eines Widerspruchs;[487] anstelle des Widerspruchs müsste gemäß § 1157 BGB auch die Einrede selbst in das Grundbuch eingetragen werden können.

177   **dd) Insbesondere Höchstbetrag des Wertersatzes.** Von der durch § 882 BGB gebotenen Möglichkeit wird selten Gebrauch gemacht. Eine dahingehende Maximalwertbestimmung betrifft den Rechtsinhalt, ist Teil der materiellrechtlichen Einigung, bedarf der besonderen Eintragung (§ 882 S 2 BGB). *Für die Bezugnahme* auf die Eintragungsbewilligung besteht *kein Bedürfnis.* In den Eintragungsvermerk ist etwa folgender Text aufzunehmen: *»Höchstbetrag des Wertsatzes in der Zwangsversteigerung ... Euro«.*

3. Bezugnahmegrenzen (notwendiger Direkteintrag) bei Änderungseinträgen

178   Auf nachträgliche Änderungseintragungen zu bereits in Abt II und III des Grundbuchs eingetragenen Lasten und Beschränkungen sind die vorstehend (Rdn 129 ff) bezüglich der Neueintragungen erläuterten Grundsätze über die Zulässigkeitsgrenzen der Bezugnahme-Eintragung sinngemäß anzuwenden. Der Änderungseintrag (in der dafür vorgesehenen Spalte »Veränderungen«) muss jeweils **das Wesentliche direkt** wiedergeben. **Hervorzuheben** sind:

179   **a) Insbesondere Eintragung des Rechtsübergangs.** Bei der Eintragung eines neuen Berechtigten ist sowohl die **Namhaftmachung der Person** nach Maßgabe des § 15 GBV, bei mehreren Personen mit zusätzlicher Angabe gemäß § 47 GBO (entsprechend den Ausführungen zu Rdn 154 bis 163), als auch die **Bezeichnung des materiellrechtlichen Rechtsakts oder Vorgangs**, auf dem der Rechtsübergang beruht, im Grundbuch selbst erforderlich. Ein neutraler Vermerk wie etwa: *»Umgeschrieben auf ...«* lässt (bei konstitutiver Eintragung) nicht ohne weiteres die Übereinstimmung von Einigung und Eintrag iS von § 873 Abs 1 BGB erkennen oder bringt (bei berichtigender Eintragung) die wirkliche Rechtslage iS von § 394 BGB *nicht hinreichend* im Grundbuch zum Ausdruck.[488] *Einzutragen* ist zB mindestens: *»Abgetreten an ...«* oder ggf *»An Zahlungs Statt überwiesen an ...«* oder ggf *»Übergegangen durch Erbfolge auf ...«* usw. Es gibt allerdings keine Vorschrift wie § 9 Buchst d GBV, welche bei Eigentumseintragungen die *Nennung der Eintragungsgrundlage* (Tag der Auflassung, Erbschein usw) verlangt. Es ist andererseits nicht untersagt, in der Eintragung eines Rechtsnachfolgers bei Grundstücksbelastungen den Erwerbstitel zu bezeichnen, soweit dies nach der Sachlage möglich ist; Bedürfnis zur Bezugnahme auf die Eintragungsunterlage besteht dann nicht, ebenso wenig wie bei den Eigentumseintragungen. Möglich sind gemäß § 158 ff BGB **aufschiebend und auflösend bedingte oder befristete Verfügungen**, auch Rechtsübertragungen, sofern nicht ausnahmsweise eine gesetzliche Vorschrift entgegensteht, mit der sich daraus ergebenden Schutzwirkung zugunsten des bedingt oder befristet Erwerbsberechtigten (§ 161

---

483   Ausführlich dazu, gerade auch zu den grundbuchrechtlichen Fragen: *Stöber* Rpfleger 1977, 425 ff.

484   Ebenso: *Palandt-Bassenge* § 1179a Rn 10; *Stöber* aaO (Fn 483) S 430; *Schöner/Stöber* Rn 2629; **aA** *Jerschke* DNotZ 1977, 708, 725.

485   *Jerschke* aaO (Fn 484) S 724; *Schöner/Stöber* aaO (Fn 484).

486   Ähnlich: *Schöner/Stöber* Rn 2628.

487   *Stöber* aaO (Fn 483) S 430; *Schöner/Stöber* Rn 2633.

488   Dazu ausführlich KGJ 40 A 268 ff u im Anschluss daran: BGB-RGRK-*Augustin* § 873 Rn 109; MüKo-*Wacke* § 873 Rn 44; *Demharter* § 44 Rn 56.

Abs 1 BGB) oder Rückerwerbsberechtigten (§ 161 Abs 2 BGB).[489] Weitere Verfügungen in der Schwebezeit sind dem Rechtsinhaber zwar möglich, werden mit Eintritt der Bedingung oder des Befristungszeitpunkts aber unwirksam, soweit sie die Wirkungen der bedingten oder befristeten (Erst-)Verfügung vereiteln oder beeinträchtigen würden. Wie nach § 2113 Abs 1 BGB, so wird ggf auch nach § 161 Abs 1, 2 BGB die Zwischenverfügung absolut unwirksam, allerdings nicht einem gutgläubigen Erwerber gegenüber (§ 161 Abs 3 BGB, ebenso wie § 2113 Abs 3 BGB). Aus der materiellrechtlichen Parallele wird die verfahrensrechtliche Konsequenz gezogen, dass die aus einer bedingten Rechtsübertragung resultierende Verfügungsbeschränkung analog § 51 GBO von Amts wegen im Grundbuch einzutragen ist.[490]

b) Insbesondere Eintragung von Inhaltsänderungen. Für die Inhaltsänderungen gilt § 877 BGB. Der **180** **Geltungsbereich** dieser Vorschrift deckt sich weitgehend, aber nicht völlig mit dem, was nach § 874 BGB als bezugnahmefähiger Rechtsinhalt angesehen wird. So zählt man das nachträgliche Einfügen, Abändern, Aufheben von Bedingungen und Befristungen (zB die Verlängerung oder Verkürzung der bisherigen Rechtsdauer) zu den Inhaltsänderungen im Sinne des § 877 BGB, obgleich Bedingungen oder Befristungen des Rechtsbestandes nach allgemeiner Ansicht bei Neueintragungen nicht zum bezugnahmefähigen Rechtsinhalt gehören (vgl Rdn 167); so gilt nach hM die Erhöhung des Kapitalbetrages eines Grundpfandrechts als Neubestellung iS des § 873 BGB, die Herabsetzung als Teilaufhebung iS des § 875 BGB, wird dagegen in der Erhöhung oder Ermäßigung von Zins- und Nebenleistungen eines Grundpfandrechts eine Inhaltsänderung iS des § 877 BGB gesehen. Auf die Zuordnungs- bzw Abgrenzungsproblematik des § 877 BGB soll hier nicht weiter eingegangen werden; sie wird teils materiellrechtlich begründet (Frage des Abgleichs zu den übrigen Systemvorschriften des BGB), teils formal grundbuchtechnisch begründet (Frage der Eintragungsstelle: Haupt- oder Veränderungsspalte?).[491] Festzustellen ist dazu zunächst, dass die Veränderungsspalte in Abt II und III des eingeführten Grundbuchvordrucks keineswegs nur für inhaltsändernde Eintragungen vorgesehen ist (Einzelheiten dazu in den Erläuterungen zur GBV, insbesondere zu §§ 10 und 11).

§ 877 verweist auf § 874 BGB. Die Bezugnahme auf die Eintragungsbewilligung oder die sonstige Eintra- **181** gungsgrundlage bei der Eintragung von Inhaltsänderungen wird also vom BGB zugelassen, allerdings nur zur »näheren« Bezeichnung des geänderten Rechtsinhalts. Der **Gegenstand der Inhaltsänderung** ist zumindest andeutungsweise **direkt** im Grundbucheintrag zum Ausdruck zu bringen, und zwar auch dann, wenn das betreffende Element des Rechtsinhalts bei der ursprünglichen Eintragung nicht solcher Hervorhebung bedarf, sondern gemäß § 874 BGB mittels Bezugnahme eingetragen werden dürfte.[492] Ein Eintragungsvermerk wie: *»Der Inhalt des Rechts ist geändert gemäß Bewilligung vom . . .«* wird den materiellrechtlichen Anforderungen keinesfalls gerecht. Es muss beispielsweise heißen: *»Die Zins- und Zahlungsbedingungen sind geändert gemäß Bewilligung vom . . .«,* wenn die bisherigen Bestimmungen der Zins- und Kapitalfälligkeit und -zahlung geändert worden sind, oder *»Der Zinssatz ist erhöht auf . . . %/ ermäßigt auf . . . % jährlich seit dem . . .«,*[493] eine Bezugnahme kommt dann eventuell anstelle der Direkteintragung des Beginns der Erhöhung oder Ermäßigung in Frage; Rangfragen (§ 1119 BGB; wann Rangvermerke nötig, wann entbehrlich) bleiben hier außer Betracht. Ein weiteres Beispiel ist die Eintragung: *»Die Ausübungsstelle ist verlegt gemäß Bewilligung vom . . .«,* falls die nachträgliche Verlegung der Ausbildungsstelle nach Lage des Falles eine eintragungsbedürftige Inhaltsänderung der betreffenden Dienstbarkeit darstellt (andernfalls nicht eintragungsfähig).[494]

IV. Die Wirkungen zulässiger und unzulässiger Bezugnahme-Eintragung

1. Eintragungswirkung zulässiger Bezugnahme

a) Einheit von Direkt- und Indirekteintragung. Innerhalb des von den maßgeblichen materiellrechtli- **182** chen Vorschriften (vgl Rdn 85 ff) abgesteckten **Zulässigkeitsrahmens** erzeugt die erfolgte Bezugnahme auf die Eintragungsunterlagen (Eintragungsbewilligung, ggf sie ergänzende oder ersetzende Urkunde, vgl Rdn 98 ff) **volle Eintragungswirkung** (vgl Rdn 73), werden die Eintragungsunterlagen im Umfang der Bezugnahme Grundbuchinhalt und bilden *zusammen mit dem direkten Grundbucheintrag eine Einheit,* die als solche

---

489 *Staudinger-Bork* § 158 Rn 3 u § 161 Rn 12–15 und -*Gursky* § 873 Rn 118 ff; *Palandt-Heinrichs* § 161 Rn 1.

490 BayObLGZ 1994, 29 = Rpfleger 1994, 343 (Fall einer aufschiebend bedingten Erbteilsübertragung); BayObLG NJW-RR 1986, 697 = Rpfleger 1986, 217 = DNotZ 1986, 496 (Fall einer aufschiebend bedingten Abtretung eines vorgemerkten Anspruchs); LG Zwickau DNotZ 2003, 131 m zust Anm *Demharter* (Fall einer aufschiebend bedingten Rückübertragung eines GbR-Anteils).

491 Zu den Abgrenzungsfragen: *Staudinger-Gursky* Rn 22 ff, MüKo-*Wacke* Rn 4–6, *Palandt-Bassenge* Rn 3, alle zu § 877.

492 So zu Recht OLG Köln Rpfleger 1985, 110, 111 in Bezug auf die ursprüngliche und nachträgliche Eintragung von Sondernutzungsrechten.

493 Die Nennung des neuen Zinssatzes im Eintragungstext beruht auf der entspr Anwendung des § 1115 Abs 1 BGB, vgl *Schöner/Stöber* Rn 2492.

494 BGH Rpfleger 1976, 126 = DNotZ 1976, 530 mit Meinungsübersicht zu dieser nicht völlig geklärten Frage; auch *Böttcher* Rpfleger 1984, 229 u hier § 7 GBO Rn 75; *Schöner/Stöber* Rn 1164.

maßgeblich ist für die konstitutive (§§ 873, 877 BGB usw) und für die deklaratorische (§§ 891 bis 893 BGB) Eintragungswirkung und auch als solche in Betracht zu ziehen ist bei einer eventuell nötigen Eintragungsauslegung.[495] Letzteres bedeutet, dass *im aktuellen Auslegungsfall die Gesamteintragung* (Eintragungsvermerk plus darin in zulässiger Weise in Bezug genommene Unterlagen plus sonstige bei der Auslegung von Grundbucheintragungen berücksichtigungsfähige Umstände, vgl Rdn 62) zu würdigen ist.[496] Soweit es jedoch um die *Frage der Auslegungsbedürftigkeit* geht, ist entsprechend der hier vertretenen Auffassung (vgl Rdn 126) der *Priorität des Grundbucheintrags* gegenüber der ihn – nach Maßgabe des Bezugnahmevermerks (dazu Rdn 125) – ergänzenden Eintragungsbewilligung bzw -unterlage Rechnung zu tragen.[497] Ist der Grundbucheintrag als solcher vollständig und klar, so besteht (aus dem Blickpunkt des unbefangenen Betrachters, der sich auf die Eintragung beruft, vgl Rdn 65) kein Anlass, die in Bezug genommene Eintragungsbewilligung bzw -unterlage einzusehen, etwa um die Wahrhaftigkeit der im Grundbuch selbst eingetragenen Rechtsdaten zu überprüfen oder etwaige Widersprüche zwischen dem Grundbuchtext und der Eintragungsgrundlage aufzuspüren. Wo Klarheit herrscht, ist für die Auslegung kein Raum; dieser für die Auslegung von Willenserklärungen, auch Grundbucherklärungen, anerkannte Grundsatz[498] muss auch für Grundbucheintragungen gelten, und zwar in erster Linie für den Eintragungsvermerk in seiner Schlüsselfunktion, in dem das Fassungsermessen des GBA (vgl Rdn 10 ff) zum Tragen kommt. Ist der *Eintragungsvermerk* im Grundbuch selbst allerdings erkennbar *lückenhaft oder unklar*, so ist er auslegungsbedürftig; *dann* ist ein *aktueller Auslegungsfall* gegeben, bei dem – wie oben bereits gesagt – alle für die Auslegung von Grundbucheintragungen zulässigen Erkenntnisquellen heranzuziehen sind; in einem solchen Fall gewinnt bei zulässiger Bezugnahme der Wortlaut der Eintragungsbewilligung entscheidende Bedeutung (vgl Rdn 126). Zu erinnern ist in diesem Zusammenhang daran, dass die Bezeichnung der Rechtsart im Eintragungsvermerk mit der gesetzlichen Typenbezeichnung (zB als »Grunddienstbarkeit« oder »Beschränkte persönliche Dienstbarkeit« usw) keinen absoluten Aussagewert hat (vgl Rdn 130) und deshalb (bei Widersprüchlichkeiten) einer Auslegung der Eintragung nicht unbedingt entgegensteht.[499]

183 **b) Mängel in der in Bezug genommenen Eintragungsunterlage.** Finden sich in der in Bezug genommenen Eintragungsbewilligung bzw in der sie ergänzenden oder ersetzenden Eintragungsunterlage inhaltliche Mängel, wie zB nicht beseitigte Unklarheiten oder nicht ausgeklammerte eintragungsunfähige Klauseln, oder enthält sie überflüssige, bereits kraft Gesetzes geltende Bestimmungen, so werden auch diese **kraft einer pauschalen Bezugnahme-Eintragung faktischer Grundbuchinhalt** (vgl Rdn 103, 125), allerdings *mit fraglicher Wirkungskraft* bezüglich der Unklarheiten, *ohne Wirkungskraft* bezüglich der eintragungsunfähigen Klauseln, *wirkungsneutral* bezüglich der überflüssigen Bestimmungen. Die materiell- und verfahrensrechtlichen Konsequenzen derartiger Eintragungsmängel sind unterschiedlich. Unschädlich in jeder Hinsicht sind die überflüssigen Bestimmungen[500] (vgl Rdn 106). Materiell unwirksam und inhaltlich unzulässig iS des § 53 Abs 1 S 2 GBO sind die eintragungsunfähigen Klauseln;[501] nach § 139 BGB zu beurteilen ist in Bezug auf die dingliche Einigung die Gültigkeit des eingetragenen Rechtsinhalts ohne diese unwirksamen Klauseln. Auslegungsbedürftig sind zunächst die Unklarheiten, Folgerungen je nach Auslegungsergebnis (dazu Rdn 62, 63). Eine Verletzung der Formvorschrift des § 29 GBO beeinträchtigt nicht die materiellen Wirkungen, allerdings die Beweiskraft der Bezugnahme (vgl Rdn 102).

2. Nichteintragungswirkung der unzulässigen Bezugnahme

184 **a) Unvollständigkeit der Eintragung als Folge.** Soweit in **Überschreitung des materiellrechtlichen Zulässigkeitsrahmens** anstelle der nötigen Direkteintragung (dazu Rdn 127 bis 181) auf die Eintragungsbewilligung oder die sie ersetzende Eintragungsunterlage Bezug genommen worden ist, erzeugt die erfolgte Bezugnahme **keinerlei Eintragungswirkung,**[502] wird also der über die Zulässigkeitsgrenzen in Bezug genom-

---

495 OLG Frankfurt NJW-RR 1997, 1447 mwN; BayObLG NJW-RR 1998, 735 = Rpfleger 1998, 242 (aber mit zweifelhaftem Entscheidungsergebnis, vgl Fn 261); *Staudinger-Gursky* Rn 23, *MüKo-Wacke* Rn 13, jeweils zu § 874 BGB; *Schöner/Stöber* Rn 273.

496 Bei der Akzentuierung der Einheitlichkeit der Eintragung (vgl Fn 495) wird nicht immer zwischen aktueller Auslegung und der Vorfrage der Auslegungsbedürftigkeit differenziert.

497 Sinngemäß ebenso bereits RGZ 113, 223, 231; im Übrigen wird auf die in Fn 260, 261 zitierten Belege aus neuerer Zeit verwiesen.

498 BayObLG in st Rspr, zB BayObLGZ 1979, 12, 15 = Rpfleger 1979, 134, 135 = DNotZ 1979, 426, 427; Rpfleger 1979, 424, 425 = DNotZ 1980, 100, 101; Rpfleger 1980, 19; 1980, 111; 1980, 433; 1981, 147; 1981, 190, 191; 1982, 141 usw.

499 Dazu zB BGH NJW 1965, 393 = DNotZ 1965, 473 (zu Recht Auslegungsbedürftigkeit angenommen; Ergebnis fraglich, vgl *Wehrens* DNotZ 1965, 475, 476); BGH DNotZ 1969, 357 (soweit Sachverhalt ersichtlich, fraglich, ob ein auslegungsbedürftiger Fall).

500 KGJ 35 A 326, 326; BayObLGZ 1953, 251 = Rpfleger 1953, 451; OLG Frankfurt NJW-RR 1997, 1447, 1448; *Staudinger-Gursky* § 874 Rn 26; *Demharter* § 53 Rn 43; *Schöner/Stöber* Rn 278.

501 KGJ 43, 223, 224; KG JFG 1, 284, 286; BayObLG NJW-RR 2002, 885 = Rpfleger 2002, 140 = DNotZ 2002, 294.

502 AllgM, vgl *Staudinger-Gursky* Rn 25, BGB-RGRK-*Augustin* Rn 6, MüKo-*Wacke* Rn 14, *Soergel-Stürner* Rn 2, *Palandt-Bassenge* Rn 2, alle zu § 874; *Demharter* § 44 Rn 45; *Schöner/Stöber* Rn 274, 275; zu Konsequenzen bei dennoch erfolgten Folgeeintragungen: *Bestelmeyer* Rpfleger 1997, 7.

mene Teil der Eintragungsbewilligung weder konstitutiv noch deklaratorisch wirksamer Grundbuchinhalt, gelangt folglich *in jedem Falle* – gegenüber der weitergehenden Eintragungsbewilligung – *eine unvollständige Eintragung* zur Entstehung. Die Heranziehung des unzulässigerweise in Bezug genommenen Teils der Eintragungsbewilligung im Wege der Auslegung kommt konsequenterweise *nicht* in Betracht *zur Ergänzung* der unvollständigen Eintragung, weil dies den zwingenden materiellrechtlichen Bezugnahmevorschriften widerspräche.[503] *Vertretbar* ist allenfalls die Verwendung des unzulässigerweise in Bezug genommenen Teils der Bewilligung *zur Unterstützung* der Auslegung der rudimentären Eintragung, falls der Eintragungsvermerk selbst hinreichende Anknüpfungspunkte zur Schließung der Lücke hergibt, so dass nicht von einer unvollständigen, sondern von einer lediglich (höchst) unklar gefassten Eintragung ausgegangen werden kann.[504] Ist die **Eintragungslücke** mangels derartiger Anknüpfungspunkte **nicht zu schließen**, so kommen **verschiedene** materiellrechtliche und verfahrensrechtliche **Konsequenzen** in Betracht:

b) Folgen des Fehlens existentieller Angaben. Fehlt dem Eintragungsvermerk im Grundbuch infolge Verstoßes gegen die materiellrechtlichen Bezugnahmequellen **eine der gesetzlich gebotenen wesensbestimmenden Mindestangaben** (qualitativ eines der Zuordnungskriterien, vgl Rdn 129), so ist die derart unvollständige **Eintragung im ganzen inhaltlich unzulässig** iS des § 53 Abs 1 S 2 GBO **und** bleibt **materiellrechtlich ohne jegliche Wirkung**. Das ist namentlich der Fall, wenn das Rechtssubjekt (= Person des Berechtigten) aus dem Grundbucheintrag selbst nicht ersichtlich ist[505] (vgl Rdn 154, 155), wenn das Rechtsobjekt (= von der Eintragung betroffene Grundstücksfläche, Grundstücksteilfläche, Grundstücksbelastung oder Teil davon), anhand des Grundbucheintrags nicht identifizierbar ist[506] (vgl Rdn 164 bis 166), wenn die Rechtsart (dessen inhaltlicher Wesenskern) im Grundbucheintrag nicht kenntlich gemacht ist[507] (vgl Rdn 130 bis 133), wenn von den nach § 1115 Abs 1 BGB direkt im Grundbuch einzutragenden Angaben die Bezeichnung des Gläubigers oder des Geldbetrages der durch die Hypothek zu sichernden Forderung bzw des Kapitals der Grundschuld fehlt[508] (vgl Rdn 136, 137), wenn ein Vormerkungseintrag den zu sichernden Anspruch überhaupt nicht erkennbar werden lässt (vgl Rdn 145), wenn ein Widerspruchseintrag den zu sichernden Berichtigungsanspruch nicht individualisiert (vgl Rdn 149) usw. **Verfahrensrechtlich** sind die wegen ihrer Unvollkommenheit inhaltlich unzulässigen Eintragungen regelmäßig ein Fall für die *Amtslöschung* gemäß § 53 Abs 1 S 2 GBO *mit anschließend nachzuholendem Vollzug* des infolge der missglückten Eintragung noch unerledigten Eintragungsantrages durch Vornahme einer fehlerfreien Eintragung mit Wirkung ex nunc.[509] Wird statt der Amtslöschung und Neueintragung das in dem unvollständigen Eintragungsvermerk Fehlende durch einen (formal dem § 44 GBO entsprechenden) *Ergänzungseintrag* in der Veränderungsspalte nachgetragen, so summieren sich beide Eintragungsvermerke zu einer einheitlich zu lesenden inhaltlich zulässigen Eintragung, materiell *wirksam ex nunc* ab Ergänzungseintrag.[510] Dieses Vorgehen ist *jedoch ordnungswidrig und nicht empfehlenswert*, weil es der Grundbuchübersicht abträglich ist, insb wenn zwischenzeitlich andere Belastungen eingetragen worden sind, die gegenüber der früher erfolgten aber bislang inhaltlich

185

---

503 Zur Priorität des Eintragungsvermerks vgl die zu Fn 260, 261 zitierten Stellen; wohl auch so MüKo-*Wacke* § 873 Rn 53 m Fn 146; *Palandt-Bassenge* § 873 Rn 15.

504 Beispiele dazu: KG DNotZ 1956, 555; BGH NJW 1965, 393 = aaO (Fn 499), KG OLGZ 1975, 301; OLG Frankfurt Rpfleger 1980, 185; BayObLG Rpfleger 1981, 479; 1986, 296 = NJW-RR 1986, 882; Auslegung anhand der Bewilligung abgelehnt: OLG Düsseldorf DNotZ 1958, 55.

505 Beispiele dazu: RGZ 89, 152, 159; BGH NJW 1970, 1544 = Rpfleger 1970, 280; BGHZ 123, 297 = NJW 1993, 3197 = Rpfleger 1994, 158 = DNotZ 1994, 230; OLG Frankfurt Rpfleger 1980, 185, 186; BayObLG Rpfleger 1982, 274; BayObLGZ 1984, 239, 245 = Rpfleger 1985, 102, 103 = DNotZ 1985, 424.

506 Falls zB bei einer Teilbelastung ohne Grundstückteilung (§7 Abs 2 GBO) der Eintragung eine untaugliche Lageskizze als einziges Identifizierungsmittel zugrundegelegt worden ist (vgl Rdn 118).

507 Beispiele dazu: OLG Hamm DNotZ 1954, 207 (*Jansen*); OLG Düsseldorf, DNotZ 1958, 155; KG OLGZ 1975, 301, 302; OLG Köln Rpfleger 1980, 467 = DNotZ 1981, 268; BayObLGZ 1990, 35 = Rpfleger 1990, 198 (LS) = DNotZ 1991, 258; BayObLG Rpfleger 1995, 13 = DNotZ 1994, 888; NJW-RR 1998, 879 = Rpfleger 1998, 334 (alle Dienstbarkeiten betreffend); KGJ 51, 267, 272/273 (Reallast betreffend).

508 Vgl *Staudinger-Wolfsteiner* Rn 18, 53, BGB-RGRK-*Mattern* Rn 13, *Soergel-Konzen* Rn 1, *Erman-Wenzel* Rn 5, alle zu § 1115. Die Charakterisierung der Forderung im Eintragungsvermerk, wie MüKo-*Eickmann* § 1115 Rn 19 es für nötig hält, ist zweckmäßig (vgl Rn 134), aber nicht zwingend zur Vermeidung inhaltlicher Unzulässigkeit, sofern die Eintragung als Hypothek erkennbar ist (vgl *Staudinger-Wolfsteiner* Rn 41; BGB-RGRK-*Mattern* Rn 28; *Soergel-Konzen* Rn 7, alle zu § 1115; vgl auch *Schöner/Stöber* Rn 1943).

509 OLG Hamm DNotZ 1954, 207, 209; Rpfleger 1976, 131; BayObLGZ 1984, 239, 246 = Rpfleger 1985, 102 (insoweit nicht abgedruckt) = DNotZ 1985, 424; BayObLG NJW-RR 1998, 879 = aaO (Fn 507); zum Ganzen eingehend: hier § 53 GBO Rdn 100 ff, zur unzulässigen Bezugnahme speziell Rdn 117, zum Verfahren Rdn 135 ff.

510 KGJ 46, 200, 203 ff; KG JFG 9, 194, 196 ff; mit eingehender Begründung befürwortet von *Streuer* Rpfleger 1988, 513, 517 ff; s auch OLG Hamm DNotZ 1954, 207, 208; *Meyer-Stolte* Rpfleger 1986, 366, 367; *Demharter* § 53 Rn 59; hier § 53 GBO Rn 21. Unpassend ist es, hier vom »Klarstellungsvermerk« zu sprechen (so *Eickmann* in RpflStud 1984, 1, 10 u in KEHE § 53 Rn 19), weil dieser Begriff für einen verdeutlichenden, nicht für einen sachlich ändernden bzw ergänzenden Zusatzeintrag angebracht ist (vgl Rdn 58).

unzulässigen und daher wirkungslosen Eintragung den Vorrang erlangt haben und behalten.[511] Der Ergänzungseintrag müsste das Rangverhältnis durch möglicherweise umständliche bzw unübersichtliche Rangvermerke klarstellen; die Amtslöschung und Wiedereintragung an bereiter Stelle ist deshalb vorzuziehen. Zu beachten ist in jedem Falle, dass die Ergänzung wie die Neueintragung nur zulässig sind, sofern nicht zwischenzeitlich Eintragungshindernisse eingetreten sind (zB Eigentumswechsel) oder ggf beseitigt sind.[512] Näheres in den Erläuterungen zu § 53. Hingewiesen wird in diesem Zusammenhang auf die berechtigte Kritik, welche die BGH-Entscheidung (zum anders gelagerten Sachverhalt) der Wiederverwendung des Eintrags einer erloschenen Vormerkung ausgelöst hat (dazu § 18 GBV Rdn 8).

186 Betrifft die unzulässige Bezugnahme lediglich einen **eigenständigen Teilbereich** des Rechtsinhalts (wenn zB die schlagwortartige Kurzbezeichnung im Eintragungsvermerk nicht alle selbständigen Bestandteile des Inhalts einer Dienstbarkeit kennzeichnet, dazu Rdn 133), so ist die **Eintragung nur bezüglich des verschwiegenen Teilinhalts unwirksam;**[513] die Zulässigkeit und Wirksamkeit der restlichen Eintragung wird nicht berührt, wenn diese für sich den wesentlichen Erfordernissen genügt.[514] **Inhaltlich unzulässig** (weil inhaltslos) kann allerdings **der Bezugnahmevermerk** sein, und zwar soweit er Eintragungswirkung nicht zu erzeugen vermochte. Er wäre dann gemäß § 53 Abs 1 S 2 GBO zu beseitigen, und zwar total, falls er im Ganzen unzulässig ist (etwa so: *Vermerk »Gemäß Bewilligung vom . . .« als inhaltlich unzulässig von Amts wegen gelöscht am . . .*) oder eingegrenzt, falls er nur teilweise unzulässig ist (etwa so: *Vermerk »Gemäß Bewilligung vom . . .«, soweit er sich auf die Abschnitte . . . der Bewilligungsurkunde bezieht, als inhaltlich unzulässig von Amts wegen gelöscht am . . .).*[515] Infolge der fehlgeschlagenen Bezugnahme ist die übrige Eintragung, gemessen an der Bewilligung, unvollständig, als solche nicht inhaltlich unzulässig,[516] so wäre insoweit eine Amtslöschung nicht möglich ist. Ob das Grundbuch richtig oder unrichtig ist, hängt davon ab, ob der reduzierte Rechtsinhalt von der ursprünglichen Einigung der Beteiligten noch gedeckt ist oder durch eine neue nachträgliche Einigung gebilligt wird;[517] diesenfalls hätte die ursprüngliche Eintragung keine Grundbuchunrichtigkeit zur Folge. Der Billigung des geringeren Rechtsinhalts durch die Beteiligten kommt es entgegen, dass in den hier angesprochenen Fällen prinzipiell die Möglichkeit besteht, dem durch die bisherige Eintragung nicht wirksam gewordenen (selbständigen) Teilinhalt durch eine weitere Eintragung (nach Maßgabe der §§ 13 ff GBO) nachträglich Wirksamkeit zu verleihen. Wenn das Einverständnis der Beteiligten mit dem reduzierten Rechtsinhalt nicht feststellbar ist, ist das Grundbuch durch die unvollständige Eintragung unrichtig geworden, so dass ein Fall für die Eintragung eines Amtswiderspruchs gemäß § 53 Abs 1 S 1 GBO gegeben sein dürfte. Eine nachträgliche Ergänzung der Eintragung von Amts wegen (wie zu Rdn 185 erwähnt) ist in diesem Fall problematisch,[518] sie wäre eine verfahrensrechtlich so nicht zulässige Berichtigung.[519] Näheres in den Erläuterungen zu § 53.

187 **c) Folgen des Fehlens nicht existentieller Angaben. Fehlt** dem Eintragungsvermerk eine nach besonderer Vorschrift **extra** im Grundbuch **einzutragende und deshalb nicht bzw nicht gänzlich bezugnahmefähige Angabe** (dazu Rdn 96, 97), so ist die Eintragung dieser Unvollständigkeit wegen **nicht inhaltlich unzulässig,** denn sie vermittelt ein plausibles Bild über einen denkbaren Rechtsinhalt. Fälle dieser Art sind zB: das Fehlen des gemäß § 1115 Abs 1 BGB im Grundbuch selbst anzugebenden Zinssatzes und/oder des Geldbetrages bzw der Berechnungsmerkmale anderer Nebenleistungen, das Fehlen des nach § 1116 Abs 2 BGB einzutragenden Briefausschlusses, das Fehlen des nach § 881 Abs 2 BGB beim (später) zurücktretenden Recht einzutragenden Rangvorbehalts (vgl Rdn 174), das Fehlen der nach § 800 Abs 1 ZPO einzutragenden Unterwerfungsklausel (vgl Rdn 175) usw. Die Eintragung ist in derartigen Fällen rechtswirksam unter Ausklammerung der gesetzeswidrig nicht oder nicht hinreichend im Grundbuch selbst verlautbarten Inhaltsbestimmung oder Klausel,[520] so dass letztere wegen fehlender Eintragung keine dingliche Wirksamkeit erlangt hat. Im Übrigen gilt das vorstehend zu Rdn 186 Ausgeführte entsprechend: Der Bezugnahmevermerk ist eventuell, soweit unzulässig und wirkungslos,

---

511 KG JFG 14, 103 = DJ 1936, 1376; BayObLG Rpfleger 1995, 455; OLG Düsseldorf DNotZ 1958, 155, 157: OLG Hamm Rpfleger 1976, 131; *Demharter* sowie hier § 53 GBO aaO (Fn 510); Ordnungswidrigkeit anerkennt auch *Streuer* aaO (Fn 510).

512 OLG Hamm aaO (Fn 510); OLG Düsseldorf aaO (Fn 511) Seite 158; *Eickmann* RpflStud 1984, 1, 10; *Demharter* sowie hier § 53 GBO aaO (Fn 510).

513 BGH NJW 1965, 2398 = DNotZ 1966, 486; OLG Nürnberg NJW 1978, 706 = OLGZ 1978, 79; NJW-RR 2000, 1257.

514 BGH NJW 1966, 1656 = DNotZ 1967, 106; OLG Nürnberg aaO (Fn 513); *Staudinger-Gursky* (2000) § 874 Rn 26.

515 Eingehend dazu KGJ 49, 163, 170.

516 BGH aaO (Fn 514); es dürfte es sich um eine abgrenzbare »quantitative« Unvollständigkeit handeln, dazu hier § 53 GBO Rdn 19; den Umfang betreffend iS von *Demharter* § 53 Rn 12.

517 RGZ 89, 29, 32; 108, 146, 148; 119, 211, 214; 139, 118, 129; BGH LM Nr 1 zu § 873 BGB; *Palandt-Bassenge* § 874 Rn 2; *Schöner/Stöber* Rn 275.

518 Für möglich gehalten zur weiteren Antragserledigung wohl von *Staudinger-Gursky* aaO (Fn 517).

519 Hier § 53 GBO Rdn 20 wird dies nur bei »qualitativer« Unvollständigkeit der Eintragung angenommen; den Inhalt betreffend iS von *Demharter* § 53 Rn 13.

520 AllgM, vgl *Staudinger-Gursky* Rn 26, BGB-RGRK-*Augustin* Rn 6, MüKo-*Wacke* Rn 14, *Soergel-Stürner* Rn 2, *Palandt-Bassenge* Rn 2, alle zu § 874; *Demharter* § 44 Rn 45 u § 53 Rn 58; *Schöner/Stöber* Rn 275.

gemäß § 53 Abs 1 S 2 GBO zu beseitigen bzw zu korrigieren. Es ist weniger eingetragen als bewilligt wurde, nur das Eingetragene ist – wenn überhaupt – dinglich wirksam geworden. Ohne Zins- und Nebenleistungseintrag haftet das belastete Grundstück nicht für Zins- und Nebenleistungen;[521] ohne Briefausschlussvermerk ist im Zweifel ein Briefrecht entstanden;[522] ohne den Rangvorbehaltseintrag ist das Recht nicht durch den Vorbehalt beschränkt;[523] ohne Eintragung gemäß § 800 Abs 1 ZPO wirkt die Vollstreckungsunterwerfung nur gemäß § 794 Abs 1 Nr 5 ZPO, dh nur gegen den Unterwerfer selbst, nicht gegen den jeweiligen Eigentümer[524] usw. Ob das eingetragene dezimierte Recht entstanden ist, ist eine Frage der Interpretation des Parteiwillens (§ 139 BGB). IdR wird das Einverständnis angenommen werden können mit dem zunächst Erreichten, zumal aufgrund des Verpflichtungsgeschäfts die Nachbesserung mit entsprechender Ergänzungseintragung wird verlangt werden können. Falls das Einverständnis aufgrund besonderer Gegebenheiten nicht annehmbar ist, ist Grundbuchrichtigkeit nahe liegend derart, dass das Eingetragene überhaupt nicht entstanden ist; dann ist die Eintragung eines Amtswiderspruchs angebracht, wie oben unter Rdn 186 aE bereits erwähnt.

Ein **spezieller Fall teilweiser Divergenz** von Einigung und Eintragung liegt vor, **falls** eine von den Beteiligten vereinbarte **Bedingung oder Befristung** des von ihnen begründeten Rechts zwar in der Eintragungsbewilligung enthalten ist, auf welche die Eintragung Bezug nimmt, aber unzulässigerweise **nicht direkt im Grundbucheintrag kenntlich gemacht** und demzufolge überhaupt nicht eingetragen worden ist (vgl Rdn 167, 168). In diesem Fall *geht das per Eintragung extern Publizierte* (= unbegrenzte Dauer des Rechts) *über das von den Beteiligten intern Gewollte* (= begrenzte Dauer des Rechts) *hinaus*. Nach hM, der beizupflichten ist, entsteht in diesem Fall ein bedingtes bzw befristetes Recht, weil insoweit Einigung und Eintragung übereinstimmen. Allerdings ist das Grundbuch insofern unrichtig (falls die Beteiligten nicht das Recht wie eingetragen billigen), als der wirklichen Rechtslage zuwider ein unbedingtes bzw unbefristetes Recht in der Eintragung zutage tritt. Daran knüpft sich gemäß § 892 BGB die Gefahr, dass das Recht gutgläubig wie eingetragen, nämlich als unbegrenztes Recht, erworben wird.[525] Dies verhindert die alsbaldige Eintragung eines Amtswiderspruchs gemäß § 53 Abs 1 S 1, falls die Grundbuchrichtigkeit glaubhaft ist. Entsprechende Überlegungen sind in sonstigen Fällen angebracht, in denen das Eingetragene über das Vereinbarte hinausgeht. **188**

521 RGZ 113, 223, 229; BGH NJW 1975, 1314, 1315 = Rpfleger 1975, 296, 297 = DNotZ 1975, 680, 681/682.
522 *Staudinger-Wolfsteiner* Einl zu §§ 1113 ff Rn 84; MüKo-*Eickmann* Rn 30, *Palandt-Bassenge* Rn 3, beide zu § 1116.
523 *Staudinger-Kutter* Rn 10 ff, MüKo-*Wacke* Rn 9, beide zu § 881.
524 BGH NJW 1981, 2756, 2757.
525 RGZ 106, 109 (offen gelassen); OLG Karlsruhe DNotZ 1968, 434; OLG Düsseldorf OLGZ 1983, 352, 353; BayObLG NJW-RR 1998, 1025; *Soergel-Stürner* Rn 24, *Palandt-Bassenge* Rn 13, eingehend *Staudinger-Gursky* Rn 27 gegen ehemals aA von MüKo-*Wacke* Rn 4, alle zu § 874.

Einführung

I. Einleitung zur Grundbuchverfügung

1 **1.** Die Grundbuchverfügung (GBV), **Kernstück der Grundbuchreform von 1935**, enthält die genauen Vorschriften für die mit der damaligen Reform des Grundbuchrechts angestrebte Vereinfachung der Grundbuchführung.

2 **2.** Die GBV ist eine **Rechtsverordnung.** Die **Neufassung vom 24.01.1995** stützt sich auf Art 5 der Dritten VO zur Änderung der Verordnung zur Durchführung der Schiffsregisterordnung und zur Regelung anderer Fragen des Registerrechts vom 30.11.1994 (BGBl I 3580, 1995 I 16).

3 **3.** Die GBV **ergänzt die GBO mit Gesetzeskraft.** Die Beteiligten haben dementsprechend einen im Rechtsmittelverfahren (§ 11 RpflG, §§ 71 ff GBO) verfolgbaren Rechtsanspruch darauf, dass die Vorschriften der GBV vom GBA befolgt werden. Nicht Teil der Rechtsverordnung, sondern unverbindliche Fassungsvorschläge sind kraft ausdrücklicher Bestimmung (§ 22 S 2, § 31 S 2, § 58 S 2 GBV) die in den Anlagen zur GBV enthaltenen Eintragungsmuster.

4 **4. Aufgehoben** ist die **ehemalige AVOGBO** – Rechtsverordnung zur Ausführung der Grundbuchordnung vom 08.08.1935 (RGBl I 1089) – durch Art 4 Ziff 1 des RegVBG; deren Vorschriften, soweit noch von Bedeutung, sind in die GBO aufgenommen worden (Art 1 des RegVBG).

5 **5. Keine Rechtsverordnung ist die »GBGeschO«** – so die viel gebrauchte Kurzbezeichnung für die am 25.02.1936 vom RJM erlassene »Allgemeine Verfügung über die geschäftliche Behandlung der Grundbuchsachen« – (abgedruckt in *Piller-Hermann*, Justizverwaltungsvorschriften, Kopfziff 4l). Die GBGeschO enthält spezielle Verwaltungsvorschriften für den Geschäftsbetrieb der Grundbuchämter. Ihr Zweck ist es vor allem, eine möglichst allerorts gleichartige praktische Umsetzung bzw. Ausführung der sich auf die Einrichtung und Führung des Grundbuchs beziehenden Rechtsvorschriften der GBO und der GBV zu erzielen. Die GBGeschO hatte ursprünglich reichseinheitliche Verbindlichkeit. Heute ist die Organisation des Grundbuchwesens Ländersache, sind die Landesjustizverwaltungen zuständig für den Erlass entsprechender Verwaltungsvorschriften. Dennoch hat die GB-GeschO des RJM substantielle Bedeutung behalten. Ein Teil der Länder hat sie unverändert oder mit nur relativ wenigen Änderungen in den eigenen Vorschriftenkatalog aufgenommen, ein anderer Teil der Länder hat inzwischen zwar eine Neufassung der Geschäftsordnungsbestimmungen erlassen, die sich aber in vielem eng an die GBGeschO anlehnen.

6 **6. Die Aktenordnung (AktO)** – eine übereinstimmende Verwaltungsvorschrift der Länder – ergänzt die speziellen Landesverwaltungsvorschriften für die Grundbuchsachen. So richtet sich insb die Einrichtung und Führung der Grundakten und die Tätigkeitsaufzeichnung im Tagebuch für Grundbuchsachen in erster Linie nach der AktO, speziell deren § 21 nebst Anhängen (vgl Verweis in § 14 Abs 1 GBGeschO).

7 **7. Verhältnis der GBV zur WVG:** Die später – am 01.08.1951 vom BJM – erlassene WGV knüpft an die GBV an und ergänzt sie speziell für den Bereich der Wohnungs- und Teileigentumsgrundbuchführung. Auf die Kommentierung der WGV wird verwiesen.

8 **8.** Auch **in den neuen Bundesländern** gilt die GBV, allerdings mit Modifikationen, die in § 105 geregelt sind.

II. Gliederung des Inhalts der GBV

9 I.   Das Grundbuch §§ 1–3
     1. Grundbuchbezirke § 1
     2. Die äußere Form des Grundbuchs §§ 2, 3
II.   Das Grundbuchblatt §§ 4–12
III. Die Eintragungen §§ 13–23
IV.   Die Grundakten § 24
V.   Der Zuständigkeitswechsel §§ 25–27a
VI.   Die Umschreibung von Grundbüchern §§ 28–33
VII. Die Schließung des Grundbuchblatts §§ 34–37
VIII. Die Beseitigung einer Doppelbuchung § 38
IX.   Die Bekanntmachung der Eintragungen §§ 39–42
X.   Grundbucheinsicht und -abschriften §§ 43–46
XI.   Hypotheken-, Grundschuld- und Rentenschuldbriefe §§ 47–53

III. Hinweise zu den folgenden Erläuterungen

1. Paragraphen ohne nähere Angabe beziehen sich auf die **GBV**   **10**

2. Landesgrundbuchrecht – Grundlage: § 136 (ehemals § 117) GBO, § 103 (ehemals § 72) GBV – ist nicht **11** vollständig, nur beispielhaft erwähnt. Zum Inhalt der Übergangs- und Schlussvorschriften des Abschnitts XIV der GBV in den §§ 94 bis 104 (ehemals §§ 64 bis 73) siehe die Kurzbemerkungen zu diesem Abschnitt.

3. Verweise auf »Vor GBV Rdn . . .« beziehen sich auf die dieser Einleitung vorangestellten Vorbemerkungen **12** zum Thema »Inhalt der Grundbucheintragungen«.

4. Verweise auf Geschäftsordnungsbestimmungen beschränken sich durchweg auf die GBGeschO des **13** RJM (dazu Rdn 5), gelegentlich mit Hinweisen auch auf abweichende bzw ergänzende Bestimmungen der Landesjustizverwaltungen (Fundstellen: Rdn 5 aE).

5. Zum Verfahren der Umstellung von Grundbucheintragungen auf EURO wird auf die Erläuterungen **14** zu § 28 S 2 GBO verwiesen.

Abschnitt I
Das Grundbuch

Unterabschnitt 1
Grundbuchbezirke

§ 1   (Gemeindebezirke)

(1) Die Grundbuchbezirke sind die Gemeindebezirke. Soweit mehrere Gemeinden zu einem Verwaltungsbezirk zusammengefaßt sind (Gesamtgemeinden; zusammengesetzte Gemeinden), bilden sie einen Grundbuchbezirk. Jedoch kann ein Gemeindebezirk durch Anordnung der Landesjustizverwaltung oder der von ihr bestimmten Stelle in mehrere Grundbuchbezirke geteilt werden.

(2) Wird ein Gemeindebezirk mit einem anderen Gemeindebezirk vereinigt oder wird ein Gemeindebezirk oder ein Verwaltungsbezirk der im Absatz 1 Satz 3 genannten Art in mehrere selbständige Verwaltungsbezirke zerlegt, so können die bisherigen Grundbuchbezirke beibehalten werden.

I. Gesetzliche Vorgabe

1 § 2 Abs 1 GBO verlangt: »Die Grundbücher sind für Bezirke einzurichten« und bezweckt mit dieser Anordnung, das Auffinden der einzelnen Grundstücke in der Grundbucheinrichtung zu erleichtern. Die Ausgestaltung dieses Grundsatzes blieb nach der GBO ursprünglicher Fassung der Landesjustizverwaltung vorbehalten.[1] Durch § 1 der GBV wird das gesetzliche Gebot der GBO mit ehemals reichseinheitlicher, jetzt bundeseinheitlicher Geltung konkretisiert.

II. Grundbezirk = Gemeindebezirk

1. Begriffliches

2 Der »Grundbuchbezirk« ist zunächst zu unterscheiden vom »Grundbuchamtsbezirk«. **Grundbuchamtsbezirk** ist der grundsätzlich mit dem Amtsgerichtsbezirk identische *örtliche Zuständigkeitsbereich des Grundbuchamts* (§ 1 Abs 1 S 2 GBO). **Grundbuchbezirk** ist der dem § 2 Abs 1 GBO entsprechende *Gebietsbereich des Grundbuchs*, innerhalb dessen die zugehörigen Einzelgrundbücher (Grundbuchblätter), beginnend jeweils mit »Blatt 1«, eine fortlaufende Nummerierung nach Maßgabe des § 3 erhalten.

2. Grundsatz der Übereinstimmung von Grundbuchbezirk und Gemeindebezirk

3 **a) Regelmäßig** erfordert die Einteilung und Abgrenzung der Grundbuchbezirke keine besondere Anordnung der Justizverwaltung, weil § 1 normativ die Grundbuchbezirke grundsätzlich den Gemeindebezirken (= »Gemeindegebiet« iS der Gemeindeordnungen der Länder, bestehend jeweils aus der Gesamtheit der nach geltendem Recht zu einer politischen Gemeinde gehörenden Grundstücke), ggf den mehrere Gemeinden zusammenfassenden »Verwaltungsbezirken« (nach geltendem Kommunalrecht insb die Samtgemeinden) gleichsetzt. Besonderheiten der Bezirkseinteilung gelten für die sog Stadtstaaten Berlin, Bremen und Hamburg.[2]

4 Das Übereinstimmungsprinzip gilt regelmäßig auch für den Fall der Vereinigung oder Zerlegung von Gemeinde- oder Verwaltungsbezirken. Solche Gebietsänderungen haben kraft Abs 2 (Umkehrschluss) grundsätzlich die automatische Angleichung der betreffenden Grundbuchbezirke zur Folge.

5 **b) Ausnahmeermächtigungen** der Justizverwaltungen sind allerdings vorgesehen:

6 **aa) § 1 Abs 1 S 3** ermächtigt die Landesjustizverwaltung oder die von ihr bestimmte Stelle, einen Gemeindebezirk, ggf einen gemeindeübergreifenden Verwaltungsbezirk, in mehrere Grundbuchbezirke zu unterteilen. In Betracht kommt eine solche Untergliederung insb in größeren Städten mit mehreren Stadtbezirken. Zunächst mit AV des RJM vom 21.05.1937 (DJ 799) nebst AV vom 22.04.1939 (DJ 701), sodann durch AV des RJM vom 04.09.1939 (DJ 1463) – betreffend die Übertragung von Justizverwaltungsentscheidungen auf nachgeordnete Behörden – wurde die Befugnis zur Bestimmung der Grundbuchbezirke auf die OLG-Präsidenten delegiert. Die genannten AV'en[3] werden in einigen Ländern noch als maßgebend erachtet (zB in Niedersachsen), andere haben sie ersatzlos aufgehoben oder neue Vorschriften erlassen, wie zB §§ 49 bis 51 BayGBGA.

7 **bb)** Aus **§ 1 Abs 2** ergibt sich indirekt die Ermächtigung der Landesjustizverwaltung bzw der OLG-Präsidenten, im Fall der Vereinigung oder Zerlegung von Gemeinde- oder Verwaltungsbezirken abweichend von der grundsätzlich automatischen Angleichung der Grundbuchbezirke an die Gebietsänderung die Beibehaltung der bisherigen Grundbuchbezirke anzuordnen.

8 **c) Die Durchführung von Grundbuchbezirksänderungen** – als automatische Folge von Gemeindegebietsänderungen oder als Folge einer Anordnung der zuständigen Stelle der Landesjustizverwaltung – richtet sich grundbuchtechnisch nach den Vorschriften der §§ 25 bis 27a.

3. Bedeutung der Angleichung der Grundbuchbezirke an die Gemeindebezirke

9 **a) Im Grundsatz** bedeutet der S 1 des Abs 1, dass erstens alle im Gebiet einer Gemeinde gelegenen Grundstücke zu ein und demselben Grundbuchbezirk gehören, und dass zweitens der Grundbuchbezirk jeweils den Namen der betreffenden Gemeinde trägt. Dementsprechend sind beispielsweise alle zum Gebiet der Gemeinde »Adorf« gehörenden Grundstücke in Grundbuchblättern mit der Bezeichnung »*Adorf (Band . . .) Blatt . . .*« zu buchen.

10 **b) Gesetzlich zugelassene Ausnahmen. aa)** § 4 Abs 1 GBO (sog »Personalfolium«) lässt in den Grenzen des Grundbuchamtsbezirks die Zusammenfassung von mehreren Grundstücken – auch verschiedener Gemeinde- bzw Grundbuchbezirke – auf einem einzigen Grundbuchblatt zu. In welchen Grundbuchbezirk in solchen Fäl-

---

1 *Güthe-Triebel* § 2 GBO Rn 8.
2 MIR (6. Aufl) § 2 GBO Rn 67.
3 Abdruck in MIR (6. Aufl) § 2 GBO Rn 79, 83 und bei *Hesse-Saage-Fischer* als Anh Nr 4 und 5.

len das gemeinschaftliche Grundbuchblatt eingereiht wird, liegt im Ermessen des GBA; es wird sinnvollerweise demjenigen Grundbuchbezirk die führende Rolle zuweisen, dessen Grundstücke entweder qualitativ den wirtschaftlichen Mittelpunkt oder, falls ein solcher nicht vorhanden, quantitativ den größenmäßigen bzw zahlenmäßigen Schwerpunkt der Buchungseinheit bilden.

bb) § 4 Abs 2 sowie die **§§ 5 und 6 GBO** erlauben bezirksübergreifende – sogar grundbuchamtsbezirksübergreifende – Buchführung bei der schlichten Zusammenschreibung (§ 4 GBO) und bei der Vereinigung und Bestandteilszuschreibung von Grundstücken. **11**

cc) In der GBV gehen dem § 1 für den jeweils speziellen Anwendungsbereich vor: **12**
– § 95 (ehemals § 65), den Fortbestand und die Änderung von bei der Einführung der GBV existenten (»tradierten«) Bezirken, die nicht dem § 1 entsprechen, betreffend,
– § 103 (ehemals § 72), die Grundbucheinrichtung und -führung im Rahmen des Geltungsbereichs des Landesrechts nach § 136 (ehemals § 117) GBO betreffend.

III. Gemeindefreie Grundstücke

Grundsätzlich ist jeder Teil des Staatsgebietes einer Gemeinde zugewiesen, so dass auch jedes Grundstück idR **13** zum Gebiet irgendeiner Gemeinde gehört. Ob und unter welchen Voraussetzungen ausnahmsweise bestimmte Gebiete außerhalb einer Gemeinde verbleiben oder aus ihr ausgegliedert werden können (sog gemeindefreie Gebiete), ist heute eine Frage des Kommunalrechts der Länder und ergibt sich idR aus den Gemeindeordnungen bzw dazu erlassenen Ausführungsbestimmungen. Vormals bildete eine aufgrund § 119 Ziff 2 der ehemaligen Deutschen Gemeindeordnung erlassene VO des Reichsministers des Innern vom 15.11.1938 (RGBl I 1631) die maßgebliche Rechtsgrundlage. Mit Rücksicht auf diese VO erging die AV des RJM vom 08.02.1939, betreffend die grundbuchliche Behandlung von gemeindefreien Grundstücken oder Gutsbezirken (DJ 264),[4] die sinngemäß noch anwendbar sein wird, soweit sie durch Landesrecht nicht ersetzt oder ersatzlos aufgehoben ist.

Unterabschnitt 2
Die äußere Form des Grundbuchs

§ 2 (Grundbuchbände und ihre Bezeichnung)

Die Grundbücher werden in festen Bänden oder nach näherer Anordnung der Landesjustizverwaltungen in Bänden oder Einzelheften mit herausnehmbaren Einlegebogen geführt. Die Bände sollen regelmäßig mehrere Grundbuchblätter umfassen; mehrere Bände desselben Grundbuchbezirks erhalten fortlaufende Nummern. Soweit die Grundbücher in Einzelheften mit herausnehmbaren Einlegebogen geführt werden, sind die Vorschriften, die Grundbuchbände voraussetzen, nicht anzuwenden.

I. Arten der Grundbuchführung

1. Die gegenwärtige Fassung des § 2, beruhend auf der VO d BJM vom 26.06.1961 (BAnz Nr 124), gestattet **1** verschiedene Möglichkeiten der Grundbuchführung – abgesehen von den Sonderbestimmungen des Abschnittes XIII über das maschinell geführte Grundbuch –. Bundesrechtlich zugelassen sind danach:

---

4 Abdruck in MIR (6. Aufl) § 2 GBO Rn 81 und bei *Hesse-Saage-Fischer* als Anh Nr 6.

- das »Festband-Grundbuch«, bei dem regelmäßig jeweils eine bestimmte Anzahl mehrerer Grundbuchblätter dauerhaft in feste Bände eingebunden ist sowie
- das »Loseblatt-Grundbuch« mit herausnehmbaren Einlegebogen unter Vorbehalt näherer Anordnung der Landesjustizverwaltungen in zwei Varianten, nämlich: »in Form von Bänden«, von denen regelmäßig jeder mehrere Grundbuchblätter umfasst oder »in Form von Einzelheften« pro Grundbuchblatt;
- außerdem die »Grundbuchhefte« (einzeln geheftete Grundbuchblätter) nach Maßgabe des § 96 (ehemals § 66).

2   **2. Die ursprüngliche Fassung** des § 2 von 1936 lautete: *»Die Grundbücher werden in festen Bänden geführt, die regelmäßig mehrere Grundbuchblätter umfassen sollen. Mehrere Bände desselben Grundbuchbezirks erhalten fortlaufende Nummern.«* Vorgesehen war also einzig und allein der feste Grundbuchband; Abweichungen waren nur im Rahmen der Übergangsvorschriften (§§ 96 ff) zulässig.

II. Das Festband-Grundbuch

1. Regelform nach § 2

3   Wenn auch infolge Modernisierung der Grundbuchtechnik praktisch nur noch wenig in Gebrauch, bildet das Grundbuch in festen Bänden nach § 2 immer noch die ohne weiteres zulässige Regelform der Grundbuchführung; denn die Führung des Loseblatt-Grundbuches erfolgt auf der Rechtsgrundlage des § 2 gegenwärtiger Fassung (erst) nach »näherer Anordnung« der Landesjustizverwaltungen (dazu Rdn 10).

2. Wesentliches zur Einrichtung der festen Grundbuchbände

4   **a) Vorschriften:** Die GBV selbst bestimmt in § 2 lediglich, dass die Bände (dies gilt für das Festband-Grundbuch und für das Loseblatt-Grundbuch in Bänden) regelmäßig mehrere Grundbuchblätter umfassen und innerhalb desselben Grundbuchbezirks fortlaufende Bandnummern erhalten sollen. Alles übrige richtet sich nach den betreffenden Verwaltungsvorschriften der Länder. Für das Festband-Grundbuch bilden nach wie vor die §§ 8 bis 13 der GBGeschO vom 25.02.1936 die maßgebenden Bestimmungen. Die Landesjustizverwaltungen haben insoweit keine eingreifenden Änderungen vorgenommen.

5   **b) Einrichtung:** Jeder Festband ist dauerhaft eingebunden und mit festem Buchrücken versehen (§ 8 Abs 1 GBGeschO). Er hat wie die eingebundenen Grundbuchblätter regelmäßig das Format DIN A 3; bei Problemen mit der Unterbringung ist uU das Format DIN A 4 zulässig (§ 9 GBGeschO). Jeder Band beginnt mit einem Titelblatt zur Bezeichnung des Amtsgerichts, des Grundbuchbezirks *(zB »Grundbuch von Adorf«)* und der Bandnummer; der Grundbuchbezirk, die Bandnummer und die Nummern der enthaltenen Grundbuchblätter sind zudem auf einem Schild am Bandrücken anzugeben (§ 8 Abs 3, 4 GBGeschO). Die Bandseiten sind fortlaufend zu nummerieren, die Gesamtseitenzahl des Bandes ist auf dessen Titelblatt zu bescheinigen (§ 8 Abs 5a GBGeschO). Die Bandstärke soll im Interesse der Haltbarkeit und Handlichkeit 600 Seiten nicht überschreiten (§ 10 Abs 3 GBGeschO). Normalerweise reicht dieses Bandvolumen für 30 Grundbuchblätter. Im Bedarfsfall dürfen uU neben dem Band mit Grundbuchblättern normalen Umfangs weitere Bände mit Grundbuchblättern außergewöhnlichen Umfangs benutzt werden (§ 10 Abs 1c GBGeschO), ausnahmsweise auch Bände mit Blättern verschiedenen Umfangs (§ 10 Abs 1d GBGeschO). Zur Nummernfolge der Grundbuchblätter im Normalfall und bei Benutzung mehrerer Bände nebeneinander: § 3 Rdn 4, 5.

6   **c) Organisation:** Zwecks Koordination ist gemäß § 11 GBGeschO den OLG-Präsidenten die nähere Bestimmung vorbehalten für die Beschaffung, Einbindung und Größenausstattung der Grundbuchbände und -blätter.

3. Verfahren bei Raummangel

7   Ein fest eingebundenes Grundbuchblatt ist nicht erweiterbar. Bietet es an einer Stelle für Neueintragungen keinen Raum mehr, so darf grundsätzlich weder eine Nachheftung von Einlegebogen (§ 8 Abs 5c GBGeschO) noch eine Fortsetzung des überfüllten Grundbuchblatts auf einem anderen aktuellen oder geschlossenen Blatt desselben oder eines anderen Bandes erfolgen (§ 23 Abs 2). *Vorschriftsmäßig* ist in einem solchen Falle die Umschreibung des zu voll gewordenen Grundbuchblatts auf ein neues Blatt (§ 23 Abs 1), im Bedarfsfalle auf ein solches mit erweitertem Umfang nach näherer Bestimmung durch den OLG-Präsidenten (vgl Rdn 5). Ausnahmsweise kommt in Notfällen die Nachheftung von Einlegebogen in Betracht, wenn zB neue Eintragungen so dringlich sind, dass die Umschreibung des Grundbuchblatts nicht abgewartet werden kann; diese Maßnahme bedarf allerdings in jedem Einzelfall der besonderen Genehmigung des LG-Präsidenten, an den deswegen sofort zu berichten ist (§ 10 Abs 1d iVm § 8 Abs 5c GBGeschO). Die derart gestattete Nachheftung ist auf dem Titelblatt zu bescheinigen; die einzelnen Seiten der Einlegebogen erhalten die Zahl der Seite, hinter der sie eingeheftet sind, unter Hinzufügung lateinischer Buchstaben, zB 16 A, 16 B usw (§ 8 Abs 5c GBGeschO). *Unvorschriftsmäßig* ist die gelegentlich notweise praktizierte »Fortsetzung« eines ganz oder teilweise überfüllten Grundbuchblattes auf irgendwelchen freien Seiten desselben oder eines anderen Bandes.

III. Das Loseblatt-Grundbuch

Schrifttum

Pissowotzki/Wahn, Umstellung des Grundbuchs auf die Loseblattform durch Auftrennen der bisherigen Grundbuchbände, JVBl 1969, 193; *Popp,* Das Loseblattgrundbuch, JVBl 1959, 156; *Riedel,* Das moderne System des Loseblattgrundbuchs, Rpfleger 1970, 277; *Schmidt,* Zur Einführung eines neuen Grundbuchvordrucks im Oberlandesgerichtsbezirk Stuttgart, BWNotZ 1967, 284; *Sprau,* Rationalisierung im Grundbuchbereich, Teil 1, MittBayNot 1987, 117; *Vollmert,* Das Loseblattgrundbuch, seine Vorteile und Nachteile, JVBl 1959, 7.

1. Entwicklungsschritte

a) Hemmung durch GBV: Außer den eingangs erwähnten, zB im früheren Baden, Bremen, Lübeck und 8 Württemberg gebräuchlichen, (gebundenen) Grundbuchheften gab es vor Erlass der GBV bereits das Loseblatt-Grundbuch in Gestalt von Einzelheften mit herausnehmbaren Einlagebogen, und zwar in einigen Gebieten des ehemaligen Preußen aufgrund prAV vom 24.10.1929 (JMBl 319). Die GBV trug diesen Traditionen zunächst Rechnung. Die genannten Vorschriften blieben gemäß § 66 Abs 2 (durch VO vom 26.06.1961 aufgehoben) zuerst unberührt, wurden alsbald aber ersetzt und reduziert durch AV d RJM vom 21.06.1936 (RMBl 171 = DJ 1033), geändert durch AV vom 04.05.1937 (RMBl 266 = DJ 1029), so dass sie letztlich nur für vereinzelte Grundbuchämter aufrecht erhalten blieben. Prinzipiell setzte die GBV lange Zeit auf die festgebundenen Grundbuchbände, weil in dieser Form der Grundbuchhaltung die größere Sicherheit für die Vollständigkeit der Grundbucheintragungen gesehen wurde.

b) Technisch bedingte Wende: Das Festband-Grundbuch ist für handschriftliche Eintragungen geeignet, 9 dagegen ungeeignet für den Einsatz moderner Technik zur Grundbuchführung. Das Loseblatt-Grundbuch bietet die besseren Möglichkeiten: Zugleich mit der Eintragung im Grundbuch können in einem Arbeitsgang die Durchschriften zur Ergänzung des Handblatts und zur Erstellung der Benachrichtigungen der Beteiligten maschinell hergestellt werden, Gründe genug, das Loseblatt-Grundbuch zu reaktivieren. Nachdem mit VO des BJM vom 26.06.1961 (BAnz Nr 124) der notwendige bundesrechtliche Grund für Zulassung und Einrichtung in der GBV gelegt worden ist, sind die Landesjustizverwaltungen nach und nach zur Loseblatt-Grundbuchführung übergegangen, zunächst und inzwischen fast überall für neu anzulegende Grundbuchblätter, mit unterschiedlicher Intensität für den Altbestand.

2. Die aktuellen Vorschriften

Die von den Landesjustizverwaltungen für ihren Zuständigkeitsbereich erlassenen Vorschriften über die Einführung und Führung des Loseblatt-Grundbuchs stimmen im Wesentlichen überein. Eine Zusammenstellung der Vorschriften und ihrer Fundstellen findet sich bei *Schöner/Stöber* Rn 80 mit Fn 3. Die für Bayern maßgeblichen Vorschriften über die Einrichtung und Führung des Loseblatt-Grundbuchs finden sich in den §§ 5, 7–14 BayG-BGA, abgedruckt in *Demharter,* Kopfziff 7.

Die vorgenannten Bestimmungen sehen die bandweise sowie die einzelheftweise Führung des Loseblatt- 11 Grundbuchs vor.

3. Wesentliches zur Einrichtung des Loseblatt-Grundbuchs in Bänden

Im äußeren und inneren Erscheinungsbild des Loseblatt-Grundbuchs gibt es bundesweit infolge der erwähnten 12 Vorschriftenangleichung kaum Unterschiede. Die Einlegebogen können einzeln entnommen und wieder eingefügt, weitere können bei Bedarf hinzugefügt werden. Diese Flexibilität der Handhabung ist zwar sehr vorteilhaft, birgt aber auch die Gefahr unbewusster Verwechslung und bewusster Verfälschung. Das moderne Loseblattsystem sucht dies mit einer Reihe von sinnvollen Einrichtungen zu unterbinden:

a) Zur Vorbeugung gegen unbefugte Entnahme von Blättern und Bögen haben die Bände des Loseblatt- 13 Grundbuchs Schraubverschlüsse, die nur mit einem besonderen (für alle Bände gleichen) Steckschlüssel geöffnet werden können, den der Grundbuchführer unter Verschluss zu halten hat.

b) Zur Vorbeugung gegen versehentliche Falscheinordnung von Einlegebogen gibt es zwei Einrichtun- 14 gen: *Erstens* haben die einzelnen Bände des Loseblatt-Grundbuchs jeweils außer den Schraubverschlüssen zwei besondere Nocken, die je Band in verschiedenem Abstand zueinander angeordnet sind, so dass nur Einlegebogen, die mit der bandspezifischen Lochung versehen sind, die zur Einordnung in diesen Band geeignete Passform haben. *Zweitens* sind innerhalb des Bandes die einzelnen Blatteinheiten einschl ihrer Einlegebogen an der Außenkante stufenförmig in der Reihenfolge der Blattnummern mit einer halbkreisförmigen Einkerbung zu versehen, so dass durch Sichtkontrolle leicht feststellbar ist, ob die einzelnen Grundbuchblätter in der richtigen Reihenfolge und vollständig in den Band eingeordnet sind.

15   c) **Als Hilfe zum gezielten Aufschlagen** eines bestimmten Grundbuchblattes des Bandes eignet sich das auf der Innenseite des hinteren Banddeckels angebrachte Inhaltsverzeichnis, in dem die Anlegung und Schließung der Grundbuchblätter durch Unterschrift des Rechtspflegers und des Grundbuchführers zu bescheinigen ist. Dieses Inhaltsverzeichnis ist so eingerichtet, dass es mit den bei den Blatteinheiten anzubringenden Einkerbungen fluchtet und so einen sichtbaren Fingerzeig pro Blatteinheit gibt.

16   d) **Für optische Hervorhebung der Blattgliederung** sorgen verschiedene Farben der Einlegebogen (Titelbogen grau, Bestandsverzeichnis weiß, Abt I rosa, Abt II gelb, Abt III grün).

17   e) **Zur Vollständigkeitskontrolle der blattzugehörigen Einlegebogen** dient ein entsprechend § 4 gegliedertes »Verzeichnis der Einlegebogen« auf der Rückseite des Titelbogens, in dem jeder in das Grundbuch eingefügte Einlegebogen unter Angabe der Nummer vom Grundbuchführer mit Datum und Unterschrift zu bescheinigen ist. Alle Einlegebogen tragen als Zugehörigkeitsmerkmal am oberen Rand eine vorgedruckte Kennungsleiste, in der das Amtsgericht, der Grundbuchbezirk sowie die Band- und Blattnummer zu vermerken sind. Die Reihenfolge der Einlegebogen jeder Rubrik (Bestandsverzeichnis, Abt I, II, III) wird durch eine jeweils mit 1 beginnende fortlaufende Nummerierung gekennzeichnet.

18   f) **Die Beschriftung des Titelblattes und des Rückenschildes** der Loseblatt-Grundbuchbände erfolgt etwa ebenso wie bei den fest eingebundenen Bänden (vgl Rdn 5). Zusätzlich kann eine optische Kennzeichnung der Bände pro Grundbuchbezirk durch verschiedenfarbige Rückenschilder erfolgen.

4. Wesentliches zur Einrichtung des Loseblatt-Grundbuchs in Einzelheften

19   Die modernste Form des Loseblatt-Grundbuchs ist das Einzelheft, das – in einem entsprechend ausgestatteten Hefter aus Pappe eingeheftet – in einer Hängeregistratur abgelegt und aufbewahrt wird. Dazu folgende Anmerkungen:

20   a) **Ein Hefter pro Grundbuchblatt** bildet eine mobile Einheit, auf der Außenseite des vorderen Umschlagdeckels mit der Aufschrift versehen, zur besseren Unterscheidung der Grundbuchbezirke verschiedenfarbig, ausgestattet mit dem »Verzeichnis der Einlegebogen« auf den Innenseiten des vorderen und hinteren Umschlagdeckels. Es kann aber auch ein unbedruckter Hefter verwendet werden; dann erhält das Grundbuchblatt einen zusätzlichen »Titelbogen« in grau, der auf der Vorderseite die Aufschrift und auf der Rückseite das »Verzeichnis der Einlegebogen« enthält, das auf einem besonderen Vordruck fortgesetzt werden kann.

21   b) **Zur Vermeidung versehentlicher Falscheinordnung** von Einlegeböden ist jeder Hefter mit einer doppelten »Zählenden Heftleiste« ausgestattet. Diese weist in vertikaler Anordnung vier vorgedruckte Gruppen von je zehn Lochmarken (0–9) aus, in die entsprechend der Einer-, Zehner-, Hunderter- und Tausenderziffer der betreffenden Grundbuchblattnummer vier Kunststoff-Heftbänder einzuziehen sind. Die Einlegebogen für das Einzelheft-Grundbuch – ansonsten gestaltet wie beim Loseblatt-Grundbuch in Bänden – sind an der Heftseite mit ebensolcher »Zählenden Heftleiste« versehen zur Einlochung und anschließenden Einheftung der Blattnummer. Durch diese Anordnung ist gewährleistet, dass innerhalb eines Grundbuchbezirks kein Einlegebogen in einen falschen Hefter eingefügt werden kann. Der technische Aufwand zur Sicherung der richtigen Bandzuordnung der Grundbuchblätter und ihrer Bestandteile entfällt naturgemäß.

22   c) **Im Gebrauch vorteilhafter** als das in einem Band eingeschlossene Grundbuchblatt ist das Einzelheft ohne Frage, zumal die Heftmechanik der Einzelhefter – zur Entnahme und Wiedereinfügung der Einlegebogen – leichter und schneller zu bedienen ist als der Schraubverschluss zum Öffnen und Schließen der Bände, und in punkto Sicherung gegen unbefugten Zugriff bietet der Grundbuchband nicht soviel mehr Schutz, dass sich deshalb seine Beibehaltung lohnte.

5. Die Überführung der Altbestände

23   Die Überführung der bisher bandweise gehaltenen Altbestände in Loseblatt-Einzelhefte erfolgt auf besondere Anordnungen der Landesjustizverwaltungen (dazu Vor § 28 GBV Rdn 2) auf verschiedene Weise:

24   a) **Durch Umschreibung** der gebundenen Grundbuchblätter auf neue Blätter nach Maßgabe der §§ 28 ff und den sich auf § 2 gründenden Anordnungen. Das ist ein sehr arbeitsaufwendiges Verfahren, das zudem die gelegentliche Benutzung der bisherigen Grundbuchblätter nicht erspart, so dass diese verfügbar gehalten werden müssen, bedeutsam für den Raumbedarf zur Aufbewahrung der neuen und der alten Grundbücher und Grundakten. Die Umschreibung empfiehlt sich für Grundbuchblätter, die nur wenige Eintragungen enthalten oder sehr unübersichtlich sind oder mittels Ablichtung technisch nicht einwandfrei wiedergegeben werden können.[1] Niedersachsen hat zB in seinen Vorschriften[2] die Umschreibung anstelle der Umstellung (vgl Rdn 25) vorgeschrieben, wenn

---

1   Vgl *Schöner/Stöber* Rn 81.
2   Abschnitt 2.2 der AV vom 26.06.1986 (NdsRpfl S 169).

– für das Grundbuchblatt noch nicht der durch die GBV eingeführte Vordruck verwendet worden ist;
– Eintragungen für das Grundbuchblatt auf Seiten eines anderen Grundbuchblattes fortgesetzt worden sind;
– Eintragungen durch die Heftlöcher bei der Umstellung beschädigt oder durch das Einheften verdeckt werden können;
– das Grundbuchblatt unübersichtlich ist;
– Grundbuchbände nur geschlossene Grundbuchblätter enthalten;
– ein geschlossenes Grundbuchblatt nach § 37 Abs 2 wieder verwendet ist;
– bei Verwendung von Ablichtungen eine einwandfreie Wiedergabe der Eintragungen nicht möglich ist.

b) Durch Umstellung (Weiterverwendung der bisherigen Grundbuchblätter) auf Einzelhefte, ein weniger **25** arbeitsaufwendiges und besser zu organisierendes Verfahren, außerdem mit reduziertem Raumbedarf. Die Umstellung geschieht auf verschiedene Weise:
– Die Festband-Grundbücher können von den Landesjustizverwaltungen nach Maßgabe der Ermächtigung durch den mit VO vom 23.07.1984 (BGBl I 1025) in die GBV eingefügten § 101 (ehemals § 70a) durch Verwendung von Ablichtungen der bisherigen Blätter in Bände oder Einzelhefte mit herausnehmbaren Einlegebogen umgestellt werden mit möglicher Neufassung von Abt II und III, sofern diese nur gelöschte Eintragungen aufweisen.[3] Neben diesem Ablichtungsverfahren lassen zB die nds Vorschriften[4] (unter Berufung auf die Ermächtigung in § 2) die Umstellung durch Aufschneiden der Altbände und Einbringung der so mobilisierten Grundbuchblätter in Hefter zu.
– Beim Loseblatt-Grundbuch in Bänden geschieht die Umstellung einfach durch Umheftung der Blätter in einzelne Hefter.

IV. Aufbewahrung der Grundbücher

Um Verlust von wertvollem Grundbuchinhalt zu vermeiden, ist auf eine besonders gesicherte Aufbewahrung **26** der Grundbuchbände und -hefte zu achten. Richtungsweisend hierfür sind die Bestimmungen der §§ 12, 13 GBGeschO bzw die an deren Stelle erlassenen Verwaltungsvorschriften der Länder.

§ 3 (Bezeichnung der Grundbuchblätter)

(1) Sämtliche Grundbuchblätter desselben Grundbuchbezirks erhalten fortlaufende Nummern. Besteht das Grundbuch aus mehreren Bänden, so schließen sich die Blattnummern jedes weiteren Bandes an die des vorhergehenden an.

(2) Von der fortlaufenden Nummernfolge der Grundbuchblätter kann abgewichen werden, wenn das anzulegende Grundbuchblatt einem Band zugeteilt werden soll, in dem der Umfang der Grundbuchblätter von dem des sonst nach Absatz 1 zu verwendenden Grundbuchblatts verschieden ist.

(3) Wird das Grundbuch in Einzelheften mit herausnehmbaren Einlegebogen geführt, so kann nach Anordnung der Landesjustizverwaltung bei der Numerierung der in Einzelheften anzulegenden Grundbuchblätter eines Grundbezirks neu mit der Nummer 1 oder mit der auf den nächsten freien Tausender folgenden Nummer begonnen werden.

I. Bedeutung und Merkmale der Grundbuchblattbezeichnung

1. Bedeutung: Als Grundlage zur unverwechselbaren Blattkennzeichnung bestimmt § 3, dass sämtliche Grund- **1** buchblätter desselben Grundbuchbezirks eine fortlaufende Nummer erhalten und dass sich die Blattnummern jedes weiteren Bandes an die des vorhergehenden anschließen. Eine andere Art der Blattnummerierung, wie zB die früher verschiedentlich gebräuchliche bandweise Nummerierung, hat die GBV in § 98 (ehemals § 68) nur für eine Übergangszeit zugelassen.

2. Merkmale: Zur Benennung eines Grundbuchblattes ist es nach der Nummerierungsregel des Abs 1 erfor- **2** derlich und ausreichend, den Grundbuchbezirk und die Blattnummer anzugeben, zB: »*Adorf Blatt 333*«. Die zusätzliche Angabe der Bandnummer (entfällt beim Loseblatt-Grundbuch in Einzelheften, vgl § 2 S 3), wie zB »*Adorf Band 11 Blatt 333*«, ist nicht nötig, dennoch gebräuchlich, um in umfangreicheren Grundbezirken mit einer Vielzahl von Grundbuchbänden das Auffinden des einzelnen Blattes am Aufbewahrungsort zu erleichtern.

---

3 Für Bayern: Bek vom 27.12.1984 (JMBl 1985, 2).
4 Abschnitt 2.4.1 der AV vom 26.06.1986 aaO (Fn 2).

3 Für die Blätter der **Erbbaugrundbücher** und die **Wohnungs- oder Teileigentumsgrundbücher** gibt es keine Sondernummerierung. Sie werden auch nicht in gesonderten Bänden geführt, sondern eingefügt in das allgemein geführte Grundbuch des betreffenden Grundbuchbezirks, kenntlich gemacht werden sie allein durch eine zusätzliche Bezeichnung in der Aufschrift des Grundbuchblatts (vgl § 55, § 2 WGV).

II. Die Zuteilung der Blattnummern

4 **1. Im Normalfall** wird ein neuer Grundbuchband erst angelegt, nachdem sämtliche Blätter des vorhergehenden Bandes in Gebrauch genommen worden sind; die Blattnummern des Folgebandes schließen sich dann zwanglos an die des vorhergehenden Bandes an, wie es Abs 1 S 2 vorsieht.

5 **2. Im Bedarfsfall** können, wie Abs 2 zu entnehmen ist, neben einem Grundbuchband mit Grundbuchblättern normalen Umfangs zugleich ein oder mehrere weitere Grundbuchbände mit Blättern außergewöhnlichen Umfangs in Gebrauch genommen werden (Näheres in § 10 Abs 1c und d GBGeschO, dazu auch § 2 GBV Rdn 5). Um auch in diesem Fall in jedem der gleichzeitig in Gebrauch befindlichen Bände die – für das Wiederaufsuchen der einzelnen Grundbuchblätter unbedingt wichtige – durchgehende Nummernfolge zu erzielen und zu bewahren, sind in jedem Band alsbald nach dessen Ingebrauchnahme alle vorhandenen Blattvordrucke, also auch die noch nicht benutzten, im Anschluss an die letzte Blattnummer des vorher angelegten Bandes fortlaufend durchzunummerieren, so dass sogleich die erste Blattnummer für einen eventuell weiteren Band festgelegt wird (§ 8 Abs 5b GBGeschO). Wird ein neues Grundbuchblatt in dem einen oder anderen Band angelegt, so erhält es die in dem betreffenden Band nächstfreie Blattnummer, auch wenn diese nicht der chronologischen Reihenfolge der Blattanlegung entspricht. Darin besteht die in Abs 2 gestattete Abweichung von der fortlaufenden Nummernfolge.

6 **3. Für neu anzulegende Einzelheft-Grundbücher** kann gemäß Abs 3 – eingefügt durch VO vom 21.03.1974 (BGBl I 771) – auf Anordnung der jeweiligen Landesjustizverwaltung **eventuell eine besondere Nummernfolge** pro Grundbuchbezirk eröffnet werden, und zwar entweder neu beginnend mit Nummer 1 oder mit der auf den nächsten freien Tausender folgenden Nummer (zB 2001). Gedacht ist diese Vorschrift für den Fall der Einführung des Loseblatt-Grundbuchs in Einzelheften ohne gleichzeitige Umstellung der bisherigen Grundbuchbände. Wird bei der Einführung des Loseblatt-Grundbuchs in Einzelheften sogleich der bisherige Bestand an bandgebundenen Grundbuchblättern im Wege der »Umstellung« in das Einzelheft-Grundbuch überführt (vgl § 2 GBV Rdn 25), so ist die normale lückenlose Durchnummerierung angebracht.

Abschnitt II
Das Grundbuchblatt

Vorbemerkungen zu den §§ 4 bis 12

1 Der Abschn II enthält die für die Gleichartigkeit der Grundbuchführung im Bundesgebiet sorgenden Vorschriften über die Gestaltung und Benutzung des Grundbuchblatt-Vordrucks.

I. Zu Vergangenheit, Gegenwart und Zukunft

2 **1. Hauptanliegen der GBV** war die **Vereinheitlichung** von Gestalt und Führung des Grundbuchs. Vor 1935 gab es im Geltungsgebiet der GBO mehr als zwanzig verschiedene Grundbuchmuster. Sie orientierten sich mehr oder weniger an zwei gegensätzlichen Systemen, von denen das eine ua in Preußen, Hamburg, Baden und einem Teil Thüringens, das andere ua in Bayern, Hessen und Sachsen gebräuchlich war. Der schwerpunktmäßigen Verbreitung nach bezeichnet man das erste als das »preußische System«, das andere als das »bayerische System«. Der hervorstechende Unterschied lag in der Art der Eintragung der beschränkten dinglichen Grundstücksrechte. Das *preußische System* hatte *tabellarische Gestalt*, indem es Haupt-, Veränderungs- und Löschungseintragungen in gesonderte Spalten aufgliederte; der Zusammenhang zwischen den Eintragungen wurde dadurch aufgezeigt, dass alle Änderungs- und Löschungseintragungen auf die Nummer Bezug nahmen, unter der das betreffende Recht in der Hauptspalte verzeichnet war. Das *bayerische System* war *chronologisch geordnet*; Haupt-, Änderungs- und Löschungsvermerke wurden in zeitlicher Reihenfolge hintereinander in derselben Spalte eingetragen; für die gegenseitige Verbindung sorgten Anmerkungen, welche bei der jeweiligen Eintragung den Leser auf spätere dasselbe Recht betreffende Eintragungen verwiesen.

3 **2. Der Grundbuchvordruck der GBV ist tabellenartig** wie das preußische System. Man hielt es damals für geboten, sich bei der Schaffung des neuen Vordrucks an dasjenige Muster zu halten, das bereits den größten Teil Deutschlands beherrschte, um Umstellungsaufwand- und -zeit zu sparen, aber auch deshalb, weil man das tabellarische Muster für geeigneter hielt, den Überblick über den gesamten Belastungszustand der Grundstücke zu vermitteln.[1]

---

1 *Saage* JW 1935, 2769, 2775; *Hesse* DNotZ 1935, 700, 705; DJ 1935, 1295; auch OLG Hamm Rpfleger 1985, 17, 19.

3. Zur Zukunft: Der Einsatz der EDV mit ihren flexiblen Sortier- und Zuordnungsroutinen bietet zwar opti-   4
male Voraussetzungen für eine chronologisch organisierte Grundbuchführung in Anlehnung an das frühere
bayerische System; denn die EDV-Technik ermöglicht es bei entsprechender Programmierung, die ein und
dasselbe Recht betreffenden Haupt-, Änderungs- und Löschungseintragungen in zeitlicher Reihenfolge block-
weise zusammengefasst zur Darstellung zu bringen; ein dementsprechend geführtes einheitliches Belastungsver-
zeichnis war in dem wegen des übergroßen Umstellungsaufwandes nicht realisierten EDV-Grundbuch-Projekt
der 70/80iger Jahre vorgesehen.² Dennoch bewahren die neuen Vorschriften über das maschinell geführte
Grundbuch (Abschn XIII) die gewohnte tabellarische Gestalt der Grundbuchdarstellung (§ 63). Eine chronologisch organisierte Grundbuchführung würde zwar die *Rechtsentwicklung pro Recht* besonders anschaulich
machen; für den Rechtsverkehr vorteilhafter ist aber die Überschaubarkeit der *Gesamtrechtslage pro Grundstück*,
die durch das beibehaltene tabellarische System der Grundbuchführung begünstigt wird.

II. Zum Aufbau der gegenwärtigen Regelung

1. Den **Vorschriften** des Abschn II (§§ 4 bis 12, maßgeblich für die Einteilung und spaltenmäßige Unterglie-   5
derung des Grundbuchblatts und für die Zuweisung der Eintragungsstellen) sowie des Abschn III (§§ 13 bis 23,
ergänzend maßgeblich für die Durchführung der Buchungen) folgt eine **bildhafte Darstellung** des vorgeschriebenen Vordruckmusters in der Anl 1 (§ 22 S 1) mit unverbindlichen Eintragungsmustern (§ 22 S 2).

2. Die **Übergangsvorschriften** der §§ 95 ff (ehemals §§ 65 ff) regeln die Umschreibung und die vorüberge-   6
hende Weiterbenutzung der bei In-Kraft-Treten der GBV vorhandenen Grundbücher. Abweichende Gestaltungen des Grundbuchs durch landesrechtliche Vorschriften erlaubt § 103 (ehemals § 72) für den Bereich des
§ 136 (ehemals § 117) GBO. Die Modifikationen für die Anwendung der GBV im Beitrittsgebiet sind in § 105
geregelt.

Für die Anlegung und Führung der Gebäudegrundbücher im Beitrittsgebiet ist eine spezielle Regelung getroffen in der Gebäudegrundbuchverfügung (GGV) vom 15.07.1994, die besonders kommentiert ist.

§ 4 (Das Grundbuchblatt)

Jedes Grundbuchblatt besteht aus der Aufschrift, dem Bestandsverzeichnis und drei Abteilungen.

I. Einteilung des Grundbuchblatts

1. Für »jedes« Grundbuchblatt, das nach Bundesrecht anzulegen ist, gilt die Einteilung gemäß § 4, nicht nur   1
für die Grundstücksgrundbücher – ein Blatt pro Grundstück gemäß § 3 Abs 1 S 1 GBO (sog »Realfolium«)
oder ein gemeinschaftliches Blatt gemäß § 4 GBO für mehrere Grundstücke desselben Eigentümers (sog »Personalfolium«) –, sondern auch für die Erbbaugrundbücher nach § 14 Erbbau VO, für die Wohnungs- bzw Teileigentumsgrundbücher nach den §§ 7 bzw 8 WEG und für die Wohnungs- bzw Teilerbbaugrundbücher nach
§ 30 WEG. Neue Bundesländer: § 144 GBO nebst Erläuterungen.

2. Abweichungen vom mustergebenden preußischen System: Auffälligster Unterschied ist, dass anstelle   2
des früher unterteilten Bestandsverzeichnisses – Teil I: »Verzeichnis der Grundstücke« und Teil II: »Verzeichnis
der mit dem Eigentum verbundenen Rechte« – ein einteiliges »Bestandsverzeichnis« getreten ist. Die mit dem
Eigentum verbundenen Rechte werden heute im Bestandsverzeichnis durch besonderen »Herrschvermerk« in
der durch § 7 geregelten Weise kenntlich gemacht. In der ersten, zweiten und dritten Abteilung gleicht die
Gliederung der GBV im Wesentlichen dem preußischen Grundbuchsystem; Änderungen in diesem Bereich:
– In der ersten Abt: Neu ist die laufende Nummerierung in der Sp 1; weggefallen ist die frühere Sp 4 für
  Erwerbspreis, Schätzungswert und Feuerversicherungssumme, weil von diesen Eintragungen ohnehin nur
  selten Gebrauch gemacht wurde.[1]
– In der zweiten und dritten Abt: Weggelassen ist die früher in beiden Abt vorgesehene besondere Spalte für
  Löschungen von Veränderungen.

II. Bedeutung der Blatteinteilung

Die GBV enthält **Ordnungsvorschriften** mit dem Ziel, ein allerorts gleichmäßig übersichtliches Erschei-   3
nungsbild des Grundbuchinhalts zu gewährleisten. Eine Eintragung an unvorschriftsmäßiger Stelle ist zwar

---

2 *Geiger-Göttlinger* Rpfleger 1973, 193 mit anschaulichen Demonstrationsbeispielen.
1 *Hesse-Saage-Fischer* § 9 Anm I.

meistens materiellrechtlich wirksam,[2] weil das ganze Grundbuchblatt als Grundbuch iS des BGB gilt (§ 3 Abs 1 S 2 GBO); sie ist aber ordnungswidrig und birgt die Gefahr, vom Betrachter des Grundbuchs nicht entdeckt oder missverstanden zu werden, und kann deswegen Regressansprüche gegen den Staat zur Folge haben. Eine falsch platzierte, dennoch wirksame Eintragung kann ohne weiteres und sollte alsbald (nötigenfalls mit Vermerk ihres Rangverhältnisses) an die ordnungsgemäße Stelle gebracht werden.[3]

III. Format und Umfang der Grundbuchblätter

4 Die GBV selbst sagt dazu nichts, sondern überlässt den Landesjustizverwaltungen die Bestimmung von Format und Umfang der Grundbuchblätter. Näheres ergibt sich aus den §§ 9 bis 11 der GBGeschO bzw aus den an deren Stelle getretenen Verwaltungsvorschriften.

5 **1. Im Festband-Grundbuch** haben die Grundbuchblätter normalerweise das **Format** DIN A3. Demgemäß bestimmt § 9 GBGeschO, dass regelmäßig Bogen des Formats DIN A2 zu verwenden sind, die eingebunden das Format DIN A3 ergeben. Nur unter Ausnahmebedingungen lässt die Vorschrift die Einbindung von Bogen des Formats DIN A3 zu, und zwar nach näherer Bestimmung des OLG-Präsidenten (§ 11 GBGeschO). Der **Umfang** des einzelnen Grundbuchblatts soll im Allgemeinen auf 5 Bogen (= 10 Blätter = 20 Seiten) bemessen werden (§ 10 GBGeschO), wobei die blattinterne Aufteilung der Seiten auf das Bestandsverzeichnis und die drei Abt nach den örtlichen Verhältnissen verschieden sein kann. Grundbuchblätter mit mehr oder weniger als 5 Bogen sind bei Bedarf nach näherer Maßgabe des § 10 GBGeschO durch den OLG-Präsidenten zuzulassen, bandweise gesondert oder nicht (vgl § 3 GBV Rdn 5).

6 **2. Das Loseblatt-Grundbuch**, ob in Bänden oder in Einzelheften, hat überwiegend das **Format** DIN A3, aber auch das Format DIN A4 (so zB in Bayern und Berlin). Die Loseblatt-Vordrucke des Formats DIN A3 sind in eine obere und eine untere Hälfte unterteilt, damit Durchschriften für das Handblatt und die Eintragungsmitteilungen im DIN A4-Format möglich sind. Die oberen Hälften sind immer für die Haupteintragungen eingerichtet, die unteren Hälften für die Veränderungs- und Löschungseintragungen. In der ersten Abt gleichen sich die obere und untere Hälfte. Der **Umfang** der Grundbuchblätter ist nicht festgelegt, weil die Einfügung zusätzlicher Einlegebogen möglich ist.

§ 5 (Aufschrift)

In der Aufschrift sind das Amtsgericht, der Grundbuchbezirk und die Nummer des Bandes und des Blattes anzugeben. In den Fällen des § 1 Abs 2 ist durch einen Zusatz auf die Vereinigung oder Teilung des Bezirks hinzuweisen.

I. Standardinhalt der Aufschrift

1 Die Aufschrift – anzubringen auf dem Titelblatt des Festband-Grundbuchs (§ 8 Abs 3 GBGeschO) bzw auf dem Titelbogen des Loseblatt-Grundbuchs – dient der Kennzeichnung des einzelnen Grundbuchblatts. § 5 S 1 nennt die generell in die Aufschrift aufzunehmenden Kennzeichnungsmerkmale, nämlich das grundbuchführende Amtsgericht, den Grundbuchbezirk (§ 1), die Bandnummer (§ 2) und die Blattnummer (§ 3). Für die bezeichneten Angaben sind zur optischen Hervorhebung möglichst Stempel zu verwenden; dies sehen die neuen landesrechtlichen Bestimmungen über die Führung des Loseblatt-Grundbuchs vor. Die Angabe einer Bandnummer entfällt beim Loseblatt-Grundbuch in Einzelheften (§ 2 S 3) und beim maschinell geführten Grundbuch (Abschn XIII, § 63).

---

2 Soweit das materielle Recht die Eintragungsstelle bestimmt, wie zB gemäß § 881 Abs 2 BGB, entfaltet sie nur an dieser Stelle Wirkungskraft (KG JFG 8, 294).
3 RGZ 94, 5, 8.

II. Zusätzliche Vermerke

Außer den vorgenannten Standardmerkmalen sind in die Aufschrift ggf aufgrund besonderer Vorschriften weitere Spezialvermerke aufzunehmen. Sie bedürfen mit Ausnahme der Blattkennzeichnungen der Datierung und Unterzeichnung nach Maßgabe des § 44 GBO. In Betracht kommen insb folgende speziellen Vermerke: **2**

1. Nach der GBV

a) der Vermerk über die Vereinigung oder Teilung eines Grundbuchbezirks gemäß § 5 S 2; **3**
b) der Verweis beim aufnehmenden Grundbuchblatt auf das bisherige Blatt im Falle eines Zuständigkeitswechsels gemäß § 25 Abs 2a bzw § 26 Abs 3 S 2;
c) der Verweis beim neuen Grundbuchblatt auf das bisherige Blatt im Falle der Umschreibung gemäß § 30 Abs 1 Buchst b;
d) der Vermerk über die Schließung des Grundbuchblattes gemäß § 25 Abs 2d; § 36 Buchst b;
e) der Vermerk bei Wiederverwendung eines geschlossenen Grundbuchblatts gemäß § 37 Abs 2c;
f) die Kennzeichnung als »*Erbbaugrundbuch*« gemäß § 55 Abs 2 bzw als »*Erbbaurecht*« gemäß § 60 Buchst a.

2. Nach der WGV

a) die Kennzeichnung als »Wohnungsgrundbuch« oder als »Teileigentumsgrundbuch« oder als »Wohnungs- und Teileigentumsgrundbuch« gemäß § 2 WGV; **4**
b) die Kennzeichnung als »*Wohnungserbbaugrundbuch*« oder als »*Teilerbbaugrundbuch*« gemäß § 8 WGV.

3. Nach der GGV

Die Kennzeichnung als »*Gebäudegrundbuch*« gemäß § 3 Abs 3 GGV. **5**

4. Nach der HöfeVfO

Der gemäß §§ 2, 3 der HöfeVfO[1] auf Ersuchen des Landwirtschaftsgerichts einzutragende Hofvermerk gehört **6** in die Aufschrift, und zwar nach § 6 HöfeVfO, der den je nach Gegebenheit unterschiedlichen Wortlaut des Hofvermerks ausdrücklich vorschreibt. Ersucht das Landwirtschaftsgericht gemäß § 3 HöfeVfO um die Löschung des Hofvermerks, so erfolgt auch diese Eintragung in der Aufschrift, etwa mit dem Wortlaut: »*Hofvermerk gelöscht am . . .*«.

5. Nach Landesgrundbuchrecht

Die nach dem Landesgrundbuchrecht für grundstücksgleiche Rechte anzulegenden besonderen Grundbuch- **7** blätter erhalten nach den maßgeblichen Bestimmungen durchweg in der Aufschrift eine besondere Kennzeichnung, wie »*Bergwerkseigentum*« oder »*Berggrundbuch*«, »*Salzabbaugerechtigkeit*«, »*Fischereigerechtigkeit*« oder »*Fischereigrundbuch*«, »*Bahngrundbuch*« usw.

§ 6 (Bestandsverzeichnis)

(1) In dem Bestandsverzeichnis ist die Spalte 1 für die Angabe der laufenden Nummer des Grundstücks bestimmt.

(2) In der Spalte 2 sind die bisherigen laufenden Nummern der Grundstücke anzugeben, aus denen das Grundstück durch Vereinigung, Zuschreibung oder Teilung entstanden ist.

(3 a) Die Spalte 3 dient zur Bezeichnung der Grundstücke gemäß dem amtlichen Verzeichnis im Sinne des § 2 Abs 2 der Grundbuchordnung. Hier sind einzutragen:

1. in Unterspalte a: die Bezeichnung der Gemarkung oder des sonstigen vermessungstechnischen Bezirks, in dem das Grundstück liegt;

2. in Unterspalte b: die vermessungstechnische Bezeichnung des Grundstücks innerhalb des in Nummer 1 genannten Bezirks nach den Buchstaben oder Nummern der Karte;

3. in den Unterspalten c und d: die Bezeichnung des Grundstücks nach den Artikeln oder Nummern der Steuerbücher (Grundsteuermutterrolle, Gebäudesteuerrolle oder ähnliches), sofern solche Bezeichnungen vorhanden sind;

4. in Unterspalte e: die Wirtschaftsart des Grundstücks (zB Acker, Wiese, Garten, Wohnhaus mit Hofraum, Wohnhaus mit Garten, unbebauter Hofraum) und die Lage (Straße, Hausnummer oder die sonstige ortsübliche Bezeichnung).

---

1 Wie die HöfeO partikulares Bundesrecht, gültig in den Ländern Hamburg, Niedersachsen, Nordrhein-Westfalen und Schleswig-Holstein (vgl § 1 Abs 1 HöfeO).

Die für die Bezeichnung des Grundstücks nach der Gebäudesteuerrolle oder einem ähnlichen Buch bestimmte Unterspalte d kann nach näherer Anordnung der Landesjustizverwaltung mit der Maßgabe weggelassen werden, daß die Unterspalte c durch die Buchstaben c/d bezeichnet wird; im Rahmen dieser Änderung kann von den Mustern in der Anlage zu dieser Verfügung abgewichen werden. Ferner kann die Landesjustizverwaltung anordnen, daß die in Nummer 3 bezeichneten Eintragungen und die Angabe der Wirtschaftsart in Unterspalte e unterbleiben.

(3 b) Soweit das Grundbuch in Loseblattform mit einer Vordruckgröße von 210 x 297 mm (DIN A4) geführt wird, kann die Landesjustizverwaltung abweichend von den Bestimmungen des Absatzes 3a und von den Mustern in der Anlage zu dieser Verfügung anordnen, daß

1. die Unterspalten a und b der Spalte 3 in der Weise zusammengelegt werden, daß die vermessungstechnische Bezeichnung des Grundstücks unterhalb der Bezeichnung der Gemarkung oder des sonstigen vermessungstechnischen Bezirks einzutragen ist; die Eintragung der Bezeichnung der Gemarkung oder des sonstigen vermessungstechnischen Bezirks kann nach näherer Anordnung der Landesjustizverwaltung unterbleiben, wenn sie mit der des Grundbuchbezirks übereinstimmt.

2. die Unterspalten c und d der Spalte 3 weggelassen werden und die für die Eintragung der Wirtschaftsart des Grundstücks und der Lage bestimmte Unterspalte e der Spalte 3 durch den Buchstaben c bezeichnet wird.

(3 c) Soweit in besonderen Fällen nach den bestehenden gesetzlichen Vorschriften ein Grundstück, das nicht im amtlichen Verzeichnis aufgeführt ist, im Grundbuch eingetragen werden kann, behält es hierbei sein Bewenden.

(4) Besteht ein Grundstück aus mehreren Teilen, die in dem maßgebenden amtlichen Verzeichnis als selbständige Teile aufgeführt sind (zB Katasterparzellen), so kann die in Absatz 3a Nr 2 und 3 vorgeschriebene Angabe unterbleiben, soweit dadurch das Grundbuch nach dem Ermessen des Grundbuchamts unübersichtlich werden würde. In diesem Falle müssen jedoch die fehlenden Angaben in einem bei den Grundakten aufzubewahrenden beglaubigten Auszug aus dem maßgebenden amtlichen Verzeichnis der Grundstücke nachgewiesen werden. Das Grundbuchamt berichtigt den beglaubigten Auszug auf Grund der Mitteilung der das amtliche Verzeichnis führenden Behörde, sofern der bisherige Auszug nicht durch einen neuen ersetzt wird. Sofern das Verzeichnis vom Grundbuchamt selbst geführt wird, hat dieses das Verzeichnis auf dem laufenden zu halten. Statt der in Absatz 3a Nr 4 vorgeschriebenen Angabe genügt alsdann die Angabe einer Gesamtbezeichnung (zB Landgut).

(5) Die Spalte 4 enthält die Angaben über die Größe des Grundstücks nach dem maßgebenden amtlichen Verzeichnis. Besteht ein Grundstück aus mehreren Teilen, die in diesem Verzeichnis als selbständige Teile aufgeführt sind (zB Katasterparzellen), so ist entweder die Gesamtgröße oder die Größe getrennt nach den aus dem Grundbuch ersichtlichen selbständigen Teilen anzugeben; ist das Grundstück nach Maßgabe des Absatzes 4 bezeichnet, so ist die Gesamtgröße anzugeben.

(6) In der Spalte 6 sind einzutragen:
a) der Vermerk über die Eintragung des Bestandes des Blattes bei der Anlegung (Zeit der Eintragung, Nummer des bisherigen Blattes usw.);
b) die Übertragung eines Grundstücks auf das Blatt; soll das Grundstück mit einem auf dem Blatt bereits eingetragenen Grundstück vereinigt oder einem solchen Grundstück als Bestandteil zugeschrieben werden, so ist auch dies anzugeben;
c) die Vereinigung mehrerer auf dem Blatt eingetragener Grundstücke zu einem Grundstück sowie die Zuschreibung eines solchen Grundstücks zu einem anderen als Bestandteil;
d) die Vermerke, durch welche bisherige Grundstücksteile als selbständige Grundstücke eingetragen werden, insbesondere im Falle des § 7 Abs 1 der Grundbuchordnung, sofern nicht der Teil auf ein anderes Blatt übertragen wird;
e) die Vermerke über Berichtigungen der Bestandsangaben; eines Vermerks in Spalte 6 bedarf es jedoch nicht, wenn lediglich die in Absatz 3a Nr 3 für die Unterspalte c vorgeschriebene Angabe nachgetragen oder berichtigt wird.

(7) Die Spalte 8 ist bestimmt für die Abschreibungen, bei denen das Grundstück aus dem Grundbuchblatt ausscheidet.

(8) Bei Eintragungen in den Spalten 6 und 8 ist in den Spalten 5 und 7 auf die laufende Nummer des von der Eintragung betroffenen Grundstücks zu verweisen.

I. Allgemeines

1. Generelle Bestimmungen: Im Bestandsverzeichnis des normalen Grundbuchs sind Grundstücke (§ 6), **1**
Vermerke über subjektiv-dingliche Rechte (§ 7) und Miteigentumsanteile (§ 8) zu buchen.

2. Spezielle Bestimmungen, die den vorbezeichneten Vorschriften für ihren Geltungsbereich vorgehen, gibt **2**
es:
– kraft Bundesrechts für das Erbbaugrundbuch gemäß § 56 und für das Wohnungs- bzw Teileigentumsgrundbuch gemäß § 3 und 8 WGV;
– kraft partikularen Bundesrechts im Beitrittsgebiet für das Gebäudegrundbuch gemäß § 3 GGV;
– kraft Landesrechts im Rahmen der Übergangsvorschriften der §§ 97, 98 (ehemals §§ 67, 68) sowie im Geltungsbereich der §§ 103, 104 (ehemals §§ 72, 73), insb für die Buchung der grundstücksgleichen Rechte des
  Landesrechts.

3. Ergänzende Bestimmungen sind insb die Vorschriften, welche die Einrichtung des amtlichen Grund- **3**
stücksverzeichnisses (§ 2 Abs 2 GBO) und die Erhaltung der Übereinstimmung zwischen diesem Verzeichnis
und dem Grundbuch regeln (Eingehend erläutert in der 8. Aufl Einl I).

II. Zu Absatz 1 (Spalte 1): Laufende Nummer der Grundstücke

Die in der Sp 1 des Bestandsverzeichnisses einzutragende lfdNr der Grundstücke hat sowohl formale als auch **4**
rechtliche Bedeutung:

1. In formaler Beziehung ist die lfdNr **die »Adresse«** zur Bezeichnung des darunter gebuchten Grund- **5**
stücks, so zu verwenden insb:
– in den *Grundbucheintragungen* in den Abt I, II und III in den Verweisspalten 3 (Abt I) bzw 2 (Abt II und III)
  gemäß §§ 6 bis 12;
– in den *Grundbucherklärungen* (zusätzlich zum Hinweis auf das Grundbuchblatt) gemäß § 28 GBO zur Wahrung des grundbuchrechtlichen Bestimmtheitsgrundsatzes, falls das genannte Grundbuchblatt mehrere
  Grundstücke umfasst und nur einzelne davon Gegenstand der begehrten Eintragung sein sollen.

Die **Nummernfolge in Sp 1** ergibt sich aus der Reihenfolge der Grundstücksbuchungen. Die Endnummer **6**
wird jedoch selten der Anzahl der gebuchten Grundstücke entsprechen, weil nicht nur Neubuchungen sondern
auch Änderungsbuchungen (zB Grundstücksvereinigung, -zuschreibung, -teilung, Änderung im katastermäßigen Grundstücksbeschrieb) an neuer Stelle unter nächstfreier lfdNr vorgenommen werden. Die sorgfältige
Handhabung des ausgeklügelten Systems der Verweisspalten 2, 5 und 7 sorgt für Nachvollziehbarkeit des
Bestandsverzeichnisinhalts (dazu Rdn 8 bis 11) und wahrt die für die Adressenfunktion (vgl Rdn 5) nötige
Identifizierungskraft der einzelnen Bestandsverzeichnisnummern.

2. In rechtlicher Beziehung kennzeichnet die lfdNr die **Grundstückseinheit im Rechtssinne**, die aus **7**
einer einzigen vermessenen Katasterfläche (Flurstück) oder aus mehreren Flurstücken bestehen kann.[1] (Vgl im
Übrigen Erläuterungen zu § 2 und § 3 GBO).

III. Zu Absatz 2 (Spalte 2): Bisherige laufende Nummer

In der Sp 2 sind überholte Buchungsstellen der Grundstücke zu bezeichnen. Damit wird der *Transparenz* der **8**
Eintragungen im Bestandsverzeichnis gedient; der Grundbuchbetrachter wird auf die Eintragungsvermerke in

---

1 Besonderheiten gelten für Anliegergräben und -wege, dazu § 116 GBO Rdn 17, 18.

den Sp 5/6 bzw 7/8 aufmerksam gemacht und kann die darin dokumentierte Fortentwicklung der einzelnen Grundstücke nachvollziehen. Immer wenn ein Grundstück auf demselben Blatt ganz oder teilweise unter neuer lfdNr des Bestandsverzeichnisses gebucht wird, ist die Sp 2 in zweckdienlicher Weise auszufüllen:

9   1. **Bei Vereinigung oder Zuschreibung als Bestandteil** sind an neuer Buchungsstelle die lfdNrn deutlich (am besten einzeln) anzugeben, unter denen die zusammengefassten Grundstücke bislang gebucht waren.

10   2. **Bei Teilung** eines Grundstücks ist an neuer Buchungsstelle die lfdNr anzugeben, unter der das noch ungeteilte Grundstück gebucht war. Nicht nötig, aber zweckmäßig ist, entsprechend den Mustereintragungen in den Anlagen zur GBV in Sp 2 der jeweiligen Neueintragung zu vermerken *»Teil von . . .«* (falls die Teilung auf demselben Grundbuchblatt vollzogen wird) oder *»Rest von . . .«* (falls Grundstücksteile auf ein anderes Grundbuchblatt übertragen werden).

11   3. **Bei Erstbuchung** eines bislang nicht auf dem Grundbuchblatt verzeichneten Grundstücks, sei es bei Grundbuchanlegung für dieses Grundstück (§§ 116 ff GBO) oder infolge Übertragung dieses Grundstücks von einem anderen Blatt, ist selbstverständlich in Sp 2 eine bisherige lfdNr nicht eintragbar. Um Zweifel auszuschließen, sollte in diesen Fällen die Sp 2 nicht gänzlich frei bleiben, sondern einen Querstrich enthalten (so auch die Mustereintragungen in den Anlagen zur GBV).

IV. Zu Absatz 3 bis 5 (Spalte 3 und 4): Grundstücksbezeichnung und -beschreibung

1. Doppelfunktion der Bestandsangaben

12   Die in die Sp 3 und 4 aufzunehmenden Angaben dienen dazu, jedes der gebuchten *Grundstücke*
   – a) so zu *bezeichnen*, dass seine Fläche an Ort und Stelle exakt aufgefunden werden kann (Identifikationsfunktion),
   – b) so zu *beschreiben*, dass dem Leser ohne den Umstand einer Ortsbesichtigung Aufschluss über Art und Lage des Grundstücks gegeben wird (Schlüsselfunktion).

2. Quellen der Bestandsangaben

13   a) **Grundsätzlich** ist **das amtliche Verzeichnis gemäß § 2 Abs 2 GBO** maßgeblich für die *Bezeichnung und Beschreibung* der Grundstücke (Abs 3a S 1). In der durch das RegVBG reformierten Fassung des § 2 Abs 2 GBO ist **das Liegenschaftskataster** des jeweiligen Bundeslandes direkt als das zur Bezeichnung der Grundstücke im Grundbuch maßgebende »amtliche Verzeichnis« autorisiert worden (anstelle der in der GBO-Fassung von 1935 dem RJM erteilten Ermächtigung zur Bestimmung der Einrichtung des amtlichen Verzeichnisses).
   – Die neue Fassung des § 2 Abs 2 GBO hat ohne weiteres für die alten Bundesländer Gültigkeit.
   – Für das Beitrittsgebiet ist (nach Anl 1 Kap III Sachgebiet B Abschn III Nr 14 des Einigungsvertrages) die GBO mit einschränkenden »Maßgaben« in Kraft gesetzt worden; diese Maßgaben sind durch das RegVBG in die GBO (§ 144) übernommen worden. § 144 Abs 1 Nr 2 GBO bestimmt: *»Amtliches Verzeichnis der Grundstücke im Sinne des § 2 ist das am Tag vor dem Wirksamwerden des Beitritts zur Bezeichnung der Grundstücke maßgebende oder das an seine Stelle tretende Verzeichnis.«*

Ziel und Konsequenz des § 2 Abs 2 GBO ist: Eine Bodenfläche darf grundsätzlich nur dann als Grundstück im Grundbuch gebucht werden, wenn sie zuvor im Liegenschaftskataster als selbständiges Flurstück erfasst ist[2] (wegen Ausnahmen siehe Rdn 14 bis 16). Bezeichnungsmerkmale (dazu Rdn 18 bis 22) und Beschreibungsmerkmale (dazu Rdn 23 bis 25) dürfen nur dem autorisierten Verzeichnis entnommen werden. Enthält dieses keine derartigen Angaben, darf nicht auf ein anderes Verzeichnis zurückgegriffen werden, selbst wenn es von einer Behörde geführt wird, es sei denn, dass das maßgebliche Verzeichnis direkt oder indirekt darauf verweist.[3] Dadurch, dass zur Erfassung und Bezeichnung der Bodenflächen im Grundbuch nur das zugelassene Verzeichnis herangezogen werden darf, wird einer gefahrvollen Doppelbuchung (dazu Vor § 38 Rdn 3) entgegengewirkt.

14   b) **Ausnahmsweise** dürfen nach Abs 3c »in besonderen Fällen nach den bestehenden gesetzlichen Vorschriften« Grundstücke, die nicht im autorisierten amtlichen Verzeichnis aufgeführt sind, in das Grundbuch eingetragen werden. Als derartige Ausnahmefälle kommen in Betracht:

15   aa) **Aufgrund Bundesrechts:** Hierbei handelt es sich durchweg um spezielle behördliche Verfahren mit bodenpolitischer Zielsetzung, bei denen zur beschleunigten Verfahrensabwicklung die sich ergebenden Rechtsfolgen aufgrund der verbindlich gewordenen Planfeststellung in das Grundbuch übernommen werden dürfen, bevor das Liegenschaftskataster berichtigt ist (dazu 8. Aufl Einl Rn I 28 bis I 30),[4] so ua:

---

2   *Bengel/Simmerding* § 2 Rn 38. S auch Fn 1.
3   KEHE-*Eickmann* Rn 4 im Anschluss an *Hesse-Saage-Fischer* Anm III 1 a.
4   Vgl *Bengel/Simmerding* § 2 Rn 38, 42–43; KEHE-*Eickmann* § 2 Rn 9; *Demharter* § 2 Rn 7–13; *Waldner* in *Bauer/v Oefele* § 2 Rn 8.

– Verfahren zur landwirtschaftlichen **Flurbereinigung** nach dem FlurbG, Verfahren zur städtebaulichen **Umlegung oder Grenzregelung** nach dem BauGB, in den neuen Bundesländern außerdem Verfahren zur **Feststellung der Zuordnung von ehemals volkseigenem Vermögen** nach dem VZOG, Verfahren zur **Sonderung unvermessener und überbauter Grundstücke nach der Karte** nach dem BoSoG. Die in diesen Verfahren bestandskräftig festgestellten Pläne – nämlich der Flurbereinigungsplan (§ 81 Abs 1 FlurbG), der Umlegungsplan (§ 74 Abs 2 BauGB), der Grenzregelungsbeschluss (§ 84 Abs 1 BauGB), der Zuordnungsplan (§ 3 Abs 1 S 4 VZOG), der Sonderungsplan (§ 7 Abs 2 BoSoG) – gelten bis zur Berichtigung des Liegenschaftskatasters als amtliches Verzeichnis iS des § 2 Abs 2 GBO.

– zur behelfsmäßigen Buchung der **Anteile an ungetrennten Hofräumen** in den neuen Bundesländern nach der **Hofraumverordnung (HofV)** vom 24.09.1993 (BGBl I 1658). Auf die Erläuterungen zu § 116 GBO Rdn 5 wird verwiesen.

bb) Aufgrund Landesrechts, soweit gemäß § 136 (ehemals § 117) GBO aufrechterhalten.[5] **16**

c) Flexibilität: Die Bestimmungen von § 6 Abs 3a und 3b räumen den Landesjustizverwaltungen Anpassungs- **17**
befugnisse ein, damit den unterschiedlichen Gegebenheiten und Bedürfnissen Rechnung getragen werden kann. Die gemäß § 22 der GBV beigegebenen neuen amtlichen Muster demonstrieren derartige Vordruckvarianten.

3. Absatz 3a bis 3c (Spalte 3): Modalitäten der Grundstücksbezeichnung und –beschreibung im Regelfall

Aus Abs 3a ergibt sich der **Grundsatz der Einzelbuchung mit Direktbeschrieb** der Katastermerkmale im **18**
Grundbuch selbst. Umfasst ein Grundbuchgrundstück mehrere Flurstücke (Parzellen), so sind diese idR unter der betreffenden lfdNr des Bestandsverzeichnisses einzeln mit ihren Katastermerkmalen aufzulisten. Ausnahme von diesem Grundsatz: Abs 4 (dazu Rdn 26 bis 32).

a) In die **Untersp 3 a/b** gehört die »**vermessungstechnische Bezeichnung des Grundstücks**« (Abs 3a **19**
Nr 1, 2). Das sind die *Identifizierungsmerkmale*, die es ermöglichen, die gebuchten Grundstücksflächen – unter Zuhilfenahme der Katastereinrichtungen (Buchwerk, Kartenwerk, Abmarkung) – grenzgenau in der Natur aufzufinden und so den Gegenstand der im Grundbuch eingetragenen Rechte in der Realität festzustellen, die deswegen vom öffentlichen Glauben des Grundbuchs miterfasst werden.[6] Dazu gehören im Einzelnen:

aa) Gemarkung, zu bezeichnen in der Untersp 3 a. Das ist ein *Katasterbezirk*, eine Untergliederung des Katas- **20**
ters, etwa der Untergliederung des Grundbuchs in Grundbezirke (§ 1) gleichbedeutend (Näheres: 8. Aufl Einl Rn I 75).[7] Die Gemarkung ist in Sp 3a grundsätzlich auch dann gesondert zu benennen, wenn sie mit dem Gemeinde- und Grundbuchbezirk räumlich sowie namentlich übereinstimmt. Die Landesjustizverwaltungen sind jedoch ermächtigt:

– im Vordruck des Loseblatt-Grundbuchs vom Format DIN A4 (so zB in Bayern, Berlin und in den neuen Bundesländern) die Untersp a und b zu einer Untersp a/b zusammenzulegen und die Eintragung an dieser Stelle zu komprimieren (Abs 3b Nr 1). Anschauungsbeispiel: Bestandsverzeichnis in der Anl 2a.

bb) Flurnummer (falls Fluren gebildet) **und Flurstücksnummer**, zu bezeichnen in der Untersp 3 b. Die **21**
Flurstücksnummer kennzeichnet das einzelne Flurstück, die Buchungseinheit der Bodenflächen im Kataster. Die Flurstücke werden in Gebieten des Katasters mit herkömmlichen *Rahmenkarten* (zB Baden-Württemberg, Bayern, Hamburg, Sachsen) innerhalb der Gemarkung, in den Gebieten mit herkömmlichen *Inselkarten* (insb ehemals preußische Gebiete) innerhalb der Fluren (frühere Bezeichnung »Kartenblatt«) fortlaufend nummeriert (Näheres: 8. Aufl Einl Rn I 71 bis 85).[8] Wo *Fluren* gebildet und Nummerierungsbezirk für die Flurstücke sind (Inselkarten-Gebiete),[9] gehört die Flurnummer zur vollständigen Grundstücksbezeichnung dazu; wo keine Fluren gebildet sind (Rahmenkarten-Gebiete), setzt sich die Grundstücksbezeichnung lediglich aus der Gemarkung nebst Flurstücksnummer zusammen.

b) Die Untersp 3 c/d sind vorgesehen zur **Bezeichnung des Grundstücks nach den Katasterbüchern**, **22**
in Abs 3a Nr 3 nach wie vor (wohl mit Rücksicht auf die Verhältnisse in den neuen Bundesländern) noch antiquiert betitelt mit »nach den Artikeln oder Nummern der Steuerbücher (Grundsteuermutterrolle, Gebäudesteuerrolle oder ähnliches), sofern solche Bezeichnungen vorhanden sind«. Die Altbezeichnungen sind im Zuge der Zurückführung der Grundbücher auf das »Reichskataster« nach Maßgabe der AV des RJM vom 20.01.1940

---

5 *Hesse-Saage-Fischer* Anm III 1 b.
6 RGZ 73, 125, 129; BayObLGZ 1987, 410, 413 mwN = Rpfleger 1988, 254, 255 mwN. Zur Ausnahme bei Gewässergrenzen: § 116 GBO Rdn 14.
7 Dazu auch *Bengel/Simmerding* § 2 Rn 4–10.
8 Dazu auch *Bengel/Simmerding* § 2 Rn 19–31; *Schöner/Stöber* Rn 571 ff.
9 In Baden-Württemberg zB Flurennachbildung, aber weiterhin Nummerierung der Flurstücke pro Gemarkung (vgl *Bengel/Simmerding* § 2 Rn 4).

(DJ 1940, 212) durch die Neubezeichnungen »Liegenschaftsbuch« und »Gebäudebuch« ersetzt worden. Der Verweis auf die Nummer des Liegenschaftsbuchs und des Gebäudebuchs sind für die Grundbuchführung unerheblich. Die Führung des im Reichskataster vorgesehenen Gebäudebuchs ist ohnehin von den alten Bundesländern entweder gar nicht übernommen oder eingestellt worden (dazu 7. Aufl Anh zu § 2 GBO Rn 56). Die Landesjustizverwaltungen sind zudem zu Vereinfachungen ermächtigt, und zwar:

- im Grundbuchvordruck die Untersp c und d zusammenzulegen zu einer Untersp c/d (Absatz 3a vorletzter Satz);
- von der Eintragung der Liegenschaftsbuchnummer in die zusammengefasste Untersp c/d sowie von der Angabe der Wirtschaftsart in Untersp e freizustellen (Abs 3a letzter Satz in der durch VO vom 10.02.1999 − BGBl I 147, 155 − geänderten Fassung);
- im Vordruck des Loseblatt-Grundbuchs vom Format DIN A4 (so zB in Bayern, Berlin und den neuen Bundesländern) die Sp c und d völlig wegzulassen und die Sp e in c umzubenennen (Abs 3b Nr 2).

23 **c) In der Untersp 3 e** (Sp 3c beim Loseblatt-Grundbuch vom Format DIN A4, vgl Rdn 22) sind **Wirtschaftsart und Lage** des Flurstücks anhand der diesbezüglichen Daten aus den Katasterbüchern zu beschreiben. Diese Angaben dienen nicht der Bezeichnung, sondern der *Beschreibung* der Grundstücke; sie sind für den ortskundigen Benutzer durchweg aufschlussreicher als die abstrakten Nummern von Flur und Flurstück, nehmen jedoch, da tatsächliche Grundstücksverhältnisse betreffend, nicht am öffentlichen Glauben des Grundbuchs teil.[10]

Die Angabe der Wirtschaftsart kann auf Anordnung der Landesjustizverwaltung unterbleiben. Diese Option ist durch VO vom 10.02.1999 (BGBl I 147, 155) in § 6 Abs 3a letzter Satz eingefügt worden, weil diese zur Individualisierung des Grundstücks gedachte Angabe − anders als die weiterhin stets anzugebende Lagebezeichnung − ihren Wert verloren hat und oft nicht aktuell ist.[11]

24 **aa)** Als »**Wirtschaftsart**« ist die im Liegenschaftsbuch ausgewiesene Nutzungsart der Flurstücke einzutragen (soweit nicht freigestellt, vgl Rdn 22), nicht abgekürzt, sondern ausgeschrieben, früher nach Maßgabe des Typenkatalogs in § 5 Abs 4 der oben bezeichneten AV des RJM vom 20.01.1940 (dazu 7. Aufl Anh zu § 2 GBO Rn 41). Wo das »Automatisierte Liegenschaftsbuch (ALB)« eingeführt ist, gilt anderes: Das ALB weist gegenüber dem ursprünglichen Liegenschaftsbuch einen differenzierteren Katalog von Nutzungsarten auf (dazu 8. Aufl Einl Rn I 171 bis 180 nebst Abbildungen 1 und 10),[12] von dem aber idR nur die Hauptgruppenbezeichnungen in das Grundbuch zu übernehmen sind.[13]

25 **bb)** Als Bezeichnung der »**Lage**« sind die diesbezüglichen Angaben aus dem Liegenschaftsbuch idR wortwörtlich zu übernehmen. Als Lagebezeichnungen werden im Kataster amtlich festgesetzte Namen und Bezeichnungen sowie ortsübliche Benennungen verwendet (im Ortsgebiet vor allem Straßennamen und Hausnummern, außerhalb des Ortsgebiets die amtlichen Straßenbenennungen, im Übrigen Flur- und Siedlungsnamen, Gewässernamen usw) (vgl 8. Aufl Einl Rn I 86, 181).

4. Absatz 4: Modalitäten der Grundstücksbezeichnung im Sonderfall

26 Abs 4 bietet die **Möglichkeit einer Sammelbuchung mit Indirektbeschrieb** als platzsparende Alternative zu dem sich aus Abs 3 ergebenden Regelmodus (Einzelbuchung der zu einem Grundstück gehörenden Flurstücke im Direktbeschrieb). Die Eintragung in Sp 3 des Bestandsverzeichnisses reduziert sich dann auf die Angabe der Gemarkung(en) in der Untersp 3a und eine zusammenfassende Gesamtbezeichnung, wie beispielsweise »Landgut ...«, »Hof Nr ...«, »Ländereien ...« und dergleichen; die Untersp 3b und c/d bleiben frei. Ob von dieser Eintragungsart Gebrauch gemacht wird, ist dem Ermessen des GBA überlassen, vorausgesetzt, dass die **Zulässigkeitsbedingungen** gegeben sind:

27 **a)** Ein **Grundbuchgrundstück, das aus einer Mehrheit von Flurstücken besteht.** Die Zusammenschreibung von Grundstücken auf einem Grundbuchblatt (§ 4 GBO) reicht nicht. Erst die Grundstücksverbindung mittels Vereinigung (§ 5 GBO) oder Bestandteilszuschreibung (§ 6 GBO) − zur zweckmäßigen Durchführung s § 13 GBV Rdn 3 bis 5 − schafft die Voraussetzung für die Buchungsform des Abs 4. Das so entstandene Gesamtgrundstück kann sogleich in der in Abs 4 zugelassenen Art gebucht werden. Zur Vereinigung bzw Bestandteilszuschreibung zwecks Vorbereitung einer Buchung nach Abs 4 kann der Grundstückseigentümer angeregt, aber nicht gezwungen werden. Umgekehrt kann der Eigentümer die Buchungsart des Abs 4 als im Ermessen des GBA liegende grundbuchtechnische Maßnahme nicht verbindlich beantragen, sondern lediglich anregen. Ihm wird jedoch das Recht zur Beschwerde (§ 11 Abs 1 RpflG, § 71 Abs 1 GBO) zur Geltendma-

---

10 Wie Fn 6.
11 *Schöner/Stöber* Rn 583 unter Hinweis auf die Begründung in BT-Drucks 982/89, 83.
12 Abgedruckt auch in *Demharter* als Anl 6 zu BayGBGA sowie in *Schöner/Stöber* Rn 575.
13 So zB in Bayern gemäß § 32 BayGBGA; in Niedersachsen gemäß AV des MJ v 01.11.1983, Nds Rpfl 246, zuletzt geändert durch AV v 20.12.1996, Nds Rpfl 1997, 8.

chung von Ermessensmissbrauch zuzuerkennen sein, und zwar sowohl gegen die Durchführung als auch gegen die Versagung dieser Buchungsweise; § 71 Abs 2 S 1 GBO steht nicht entgegen, weil die Eintragung hier nicht substantiell, sondern lediglich der Art (Fassung) nach angegriffen wird, es sich also um einen spezifischen Fall der allgemein für zulässig gehaltenen Fassungsbeschwerde (dazu Vor GBV Rdn 14; § 71 GBO Rdn 48) handeln dürfte.

b) Die **Förderung der Übersichtlichkeit des Grundbuchs** ist das Ziel (**Abs 4 S 1** bringt dies lediglich **28** umgekehrt zum Ausdruck). Zur Beurteilung der Frage sind sämtliche Umstände des Einzelfalles zu berücksichtigen, eine enge Auslegung des Abs 4 in diesem Punkt ist nicht am Platze.[14] Gedacht ist Abs 4 nach seinem letzten Satz für umfangreichere Landgüter, aber nicht darauf beschränkt.

c) Ein besonderer **beglaubigter Auszug aus dem amtlichen Verzeichnis** ist nach **Abs 4 S 2** nötig zum **29** Nachweis der im Grundbuch fehlenden Angaben; er ist bei den Grundakten aufzubewahren. Der Auszug **ergänzt den Grundbuchinhalt**, er liefert (in Verbindung mit den Katastereinrichtungen) den **Nachweis, welche Bodenflächen das gebuchte Grundstück ausmachen**.[15] Die Herstellung und Beglaubigung dieses speziellen Auszugs obliegt – auf Ersuchen des GBA – der für die Führung des amtlichen Verzeichnisses zuständigen Behörde.[16] Den Ort der Aufbewahrung des beglaubigten Auszugs lässt die GBV offen, Bestimmungen darüber sind daher den Ländern überlassen. Nach § 31 Abs 1 GBGeschO ist der beglaubigte Auszug mit dem Handblatt zu verbinden. Enthält ein Grundbuchblatt mehrere gemäß Abs 4 gebuchte Grundstücke, so ist der beglaubigte Auszug für jedes Grundstück getrennt zu halten (§ 31 Abs 4 GBGeschO). Nicht vorgeschrieben aber zweckmäßig ist es[17] die Gesamtbezeichnung in der Untersp 3e mit einer ausdrücklichen Bezugnahme auf den maßgeblichen beglaubigten Auszug zu verbinden, etwa wie: »*Vgl Durchschrift des Bestandsblattes Nr . . . vom . . .*« oder ähnlich. Die Aussagekraft der Buchung wird dadurch gefördert und der Flurstücksnachweis seiner rechtlichen Bedeutung entsprechend (vgl Rdn 30) hervorgehoben.

aa) Die **Fortführung des Auszugs** ist der *grundbuchergänzenden Funktion* entsprechend **Aufgabe des GBA**. **30** **Abs 4 S 3** ordnet deswegen an,[18] dass das GBA (selbst) den beglaubigten Auszug aufgrund der Mitteilung(en) der das amtlichen Verzeichnis führenden Behörde zu berichtigen hat, sofern der bisherige Auszug nicht durch einen neuen ersetzt wird (dazu Rdn 32). Die Berichtigungen zur Erhaltung der Übereinstimmung zwischen dem Grundbuch und dem amtlichen Verzeichnis gehören zur Zuständigkeit des Urkundsbeamten der Geschäftsstelle gemäß § 12c Abs 2 Nr 2 GBO. Sie sind mit Unterschrift und Stempel zu versehen; so für den Fall des § 6 Abs 4 GBV vorgeschrieben in § 6 Abs 2 der AV des RJM vom 20.01.1940 (DJ S 214), fortgeltend, falls von den Ländern nichts Abweichendes bestimmt ist. Das GBA kann seine Verpflichtungen aus § 6 Abs 4 S 3 nicht auf den Eigentümer abwälzen.[19]

Abs 4 S 4 dürfte weniger aktuelle Bedeutung haben, nur dort, wo – etwa wie früher in Bayern bezüglich des »Sachregisters« (dazu 8. Aufl Einl Rn I 17)[20] – dem GBA selbst die Führung des amtlichen Verzeichnisses obliegt. Denkbar ist das für die neuen Bundesländer (vgl § 144 Abs 1 Nr 2 GBO). Im übrigen Bundesgebiet ist nach § 2 Abs 2 GBO das »Liegenschaftskataster« amtliches Verzeichnis, soweit Sondervorschriften nicht Ausnahmen zulassen. Zur Führung des Liegenschaftskatasters sind Vermessungs- oder Katasterämter zuständig (dazu 8. Aufl Einl Rn I 6 bis 8, 21 bis 23).

bb) Anlass zur Aktualisierung des Auszuges als Flurstücksnachweis ergibt sich nicht nur zur Erhaltung **31** der Übereinstimmung von Grundbuch und Kataster (vgl Rdn 30), sondern auch dann, wenn mit dem nach Abs 4 gebuchten Grundstück ein weiteres Grundstück durch Vereinigung oder Bestandteilszuschreibung verbunden oder von dem nach Abs 4 gebuchten Grundstück ein Grundstücksteil abgeschrieben wird. In diesen Fällen ist außer den erforderlichen Eintragungen im Grundbuch selber (vgl Rdn 40 ff) der Auszug (vom Rechtspfleger, da die Zuständigkeit des Urkundsbeamten hierfür nicht begründet ist) durch Hinzusetzen des zugeschriebenen bzw durch Absetzen und Röten des abgeschriebenen Grundstücksteils auf den neuen Stand zu bringen. Wird ein Teil eines Flurstücks (Trennstück) abgeschrieben, so ist der verbleibende Flurstückteil am Schluss neu einzutragen. Dies ist für den Fall der Abschreibung besonders vorgeschrieben in § **13 Abs 4 S 3**. Für den Fall der Vereinigung oder Bestandteilszuschreibung gibt es keine spezielle Vorschrift, ist aber eine entsprechende Anwendung des § 13 Abs 4 S 3 (Umkehrschluss) angebracht.[21] In jedem Fall ist sorgfältig darauf zu achten, dass der Flurstücksnachweis seine Aufgabe als inhaltliche Ergänzung des Grundbuchinhalts (vgl Rdn 29) hinreichend erfüllen kann, dh die Fortführung des Auszugs ist so zu gestalten, dass ein unbefangener Grund-

---

14 Ebenso KEHE-*Eickmann* Rn 12 im Anschluss an *Hesse-Saage-Fischer* Anm III 3 b, bb.
15 Dazu *Staudinger-Gursky* (2002) § 892 Rn 29.
16 § 44 BayGBGA sieht dafür einen besonderen Vordruck vor.
17 Anregung von *Hesse-Saage-Fischer* Anm III 3 b;
18 Klarer als in vorheriger Fassung, dazu Aufl 8 an dieser Stelle.
19 OLG München DNotZ 2007, 749 = Rpfleger 2007, 391.
20 S auch MIR (6. Aufl) § 2 Rn 5.
21 Ebenso KEHE-*Eickmann* Rn 12.

buchbetrachter sie nachzuvollziehen vermag. Zu prüfen ist schließlich, ob unter den geänderten Bedingungen weiterhin oder neuerdings die Buchung gemäß Abs 4 angebracht ist.

32 **cc)** Die **Erneuerung des bisherigen Auszugs**, der durch Einarbeitung von Änderungen bzw Ergänzungen unübersichtlich geworden ist oder werden wird, kann vom GBA gemäß Abs 4 S 3 von der zuständigen Vermessungsbehörde verlangt werden. Die Anforderung eines neuen aktuellen beglaubigten Auszugs gehört in solchem Falle zur Pflicht des GBA, die Funktionsfähigkeit des Grundbuchs zu wahren.

5. Absatz 5 (Spalte 4): Größenangabe

33 **a)** Eingetragen wird **der rechnerische Flächeninhalt**, nicht das tatsächliche Flächenausmaß. Qualitativ handelt es sich um ein *Beschreibungsmerkmal* (entsprechend Wirtschaftsart und Lage, dazu Rdn 23 bis 25), nicht um ein Identifizierungsmerkmal (wie Gemarkung, Flur- und Flurstücksnummer). Die Größenangabe nimmt deshalb nicht am öffentlichen Glauben des Grundbuchs teil.[22] Sie ist dem maßgeblichen amtlichen Verzeichnis zu entnehmen (zur Ermittlung und Errechnung des Flächeninhalts: 8. Aufl Einl Rn I 90 bis 94) in den Maßeinheiten Hektar (»ha«), Ar (»a«) und Quadratmeter (»m²« – anstelle der ehemaligen Bezeichnung »qm« –).

Umschließt ein einheitliches Flurstück Flächen verschiedener Nutzungsart (sog »Flurstücksabschnitte«), so wird deren Flächeninhalt zwar im Liegenschaftskataster, aber nicht im Grundbuch besonders ausgewiesen.

34 **b) Besteht ein Grundstück aus mehreren Flurstücken**, so ist nach Abs 5 – in dieser Fassung seit VO vom 02.11.1964 (BAnz Nr 209) – in die Sp 4 einzutragen:
– bei Einzelbuchung (Rdn 18 ff) entweder die sich aus der Addition der Flurstücksflächen ergebende Gesamtgröße oder die gesonderte Angabe der Einzelgrößen der Flurstücke;
– bei Sammelbuchung (Rdn 26 ff) die in jedem Fall die Gesamtgröße des Grundstücks.

V. Zu Absatz 6 bis 8 (Spalten 5 bis 8): Herkunft, Entwicklung und Verbleib der Grundstücke

1. Generelles

35 **a)** Der **Entwicklungsprozess der gebuchten Grundstücke** findet Niederschlag in den Spaltengruppen 5/6 und 7/8. In die **Sp 6** gehören die Eintragungen, welche die Herkunft und die Veränderungen der in dem Grundbuchblatt verzeichneten Grundstücke aufzeigen (katalogisiert in Abs 6), in die **Sp 8** die Eintragungen zum Nachweis des Verbleibs der aus dem Grundbuchblatt ausgebuchten Grundstücke oder Grundstücksteile (Abs 7). Die **Sp 5 und 7** dienen der Bezeichnung der von den Eintragungen betroffenen Grundstücke durch Verweis auf deren lfdNr in der Sp 1.

36 **b) Jede Buchung in den Sp 1 bis 4 findet eine Ergänzung** durch einen sie erläuternden Eintragungsvermerk in den Sp 5/6 oder 7/8 des Bestandsverzeichnisses. Dieser Eintragungsvermerk und die Buchung in den Sp 1 bis 4 bilden eine Eintragungseinheit iS des § 44 GBO (§ 20), so dass die einmalige Datierung und Unterzeichnung, und zwar des abschließenden Eintragungsvermerks in der Sp 6 oder 8, genügt. Von der vorbezeichneten Grundregel gibt es allerdings Ausnahmen. So sind im »Erbbaugrundbuch« (vgl § 56 nebst Erläuterungen), im »Wohnungsgrundbuch« (vgl § 3 WGV nebst Erläuterungen), im »Gebäudegrundbuch« (vgl § 3 GGV nebst Erläuterungen) und auch in den Grundbüchern für grundstücksgleiche Rechte kraft Landesrechts (vgl Rdn 2) eine Reihe von rechtserheblichen Eintragungen in die Sp 1 bis 4 verlagert und deshalb dort zu datieren und zu unterzeichnen.

37 **c) Die Abs 6 bis 8 enthalten keine abschließende Regelung** bezüglich der in den Sp 5 bis 8 stattfindenden Eintragungen. Abgesehen von den bereits erwähnten Sondervorschriften für das Erbbau-, Wohnungs- und Gebäudegrundbuch, finden sich für das »Grundstücksgrundbuch« weitere Bestimmungen in den §§ 7 und 8. Darüber hinaus sind die §§ 13 und 14 zu beachten, aus denen sich nähere Anweisungen zur »Buchungstechnik« im Bestandsverzeichnis ergeben.

2. Spezielles zu Spalte 5 und 6

38 **Abs 6** enthält einen **Katalog** der regelmäßig in der Sp 6 des Grundstücksgrundbuchs **unterzubringenden Eintragungen**, gemäß Abs 8 jeweils zu versehen mit einem Verweis auf sämtliche(!) lfdNrn in Sp 1 des Bestandsverzeichnisses in der **Sp 5**, auf die sich die Eintragung in Sp 6 bezieht. Zur Handhabung der Sp 2 in diesem Zusammenhang: Rdn 8 bis 11.

39 **a) Bei der Anlegung des Grundbuchblattes** ist gemäß Abs 6 Buchst a in der **Sp 6** die Herkunft des in den Sp 1 bis 4 gebuchten Erstbestandes dieses Blattes zu erläutern.

---

22 KGJ 27 A 86; 30 A 202.

aa) Erfolgt die **Blattanlegung im Zuge einer Grundstückserfassung** – erstmalige Grundbuchanlegung (Art 186 EGBGB) oder nachträgliche Grundbuchanlegung für einzelne Grundstücke, die bislang im Grundbuch noch nicht erfasst worden sind (§§ 116 bis 125 GBO) –, so lautet der Vermerk in Sp 6 etwa: »*Bei Anlegung des Grundbuchs eingetragen am . . .*« oder »*Bei Anlegung des Grundbuchs für dieses Grundstück eingetragen am . . .*« (vgl ehemaliges Muster in Anl 2a betr BestVerz Nr 1). Vorstehende Vermerke sind auch dann in Sp 6 einzutragen, falls – bei Vorliegen der Voraussetzungen des § 4 GBO – die nachträgliche Grundbuchanlegung in der Weise erfolgt, dass das neu gebuchte Grundstück in ein bereits bestehendes Grundbuchblatt aufgenommen wird. **40**

bb) Erfolgt die **Blattanlegung im Zuge einer Grundstücksumbuchung** – Übertragung von einem anderen Blatt (im Zusammenhang mit Vorgängen gemäß §§ 3 bis 7 GBO) –, so ist in Sp 6 die bisherige Buchungsstelle, dh die Nummer des bisherigen Blattes, zu bezeichnen. Der Vermerk lautet in derartigen Fällen etwa: »*Von Adorf Blatt . . . hierher übertragen am . . .*« oder Kurzfassung gemäß neuer Anlage 1 zu BestVerz Nr 1. Ein Hinweis auf den Grundbuchband ist verzichtbar, entfällt bei Führung des Grundbuchs in Einzelheften ohnehin. Der Hinweis auf den Grundbuchbezirk darf weggelassen werden, falls das abgebende und das aufnehmende Blatt demselben Grundbuchbezirk zugeordnet sind. **41**

cc) Erfolgt die **Blattanlegung im Zuge einer Umschreibung** des bisherigen Blattes, so gelten die besonderen Vorschriften des § 30 (zu Sp 6 speziell: Abs 1 Buchst h Nr 2); Entsprechendes gilt bei der eventuellen Neufassung des Bestandsverzeichnisses gemäß § 33 Abs 2d Nr 2. **42**

dd) Eine **Blattanlegung endet nicht im Bestandsverzeichnis**, sondern erfordert stets die Eigentumsbuchung in Abt I nach Maßgabe des § 9. Etwaige Belastungen bedürfen außerdem entsprechender Eintragungen in Abt II und/oder III nach Maßgabe der §§ 10 und/oder 11. **43**

b) Bei der Übertragung eines Grundstücks von einem anderen Blatt **auf ein bereits angelegtes Blatt** – Fall der sog »Zusammenschreibung« gemäß § 4 GBO – ist gemäß Abs 6 Buchst b in der Sp 6 in einem Übertragungsvermerk mit dem oben (Rdn 41) zur Grundstücksumbuchung erläuterten Wortlaut die bisherige Buchungsstelle zu bezeichnen. Wird das übertragene Grundstück aufgrund eines dahingehenden Antrags sogleich mit einem in dem aufnehmenden Blatt bereits verzeichneten Grundstück vereinigt oder mittels Zuschreibung als Bestandteil verbunden, so ist der Übertragungsvermerk mit einem dementsprechenden Vereinigungs- bzw Zuschreibungsvermerk (dazu Rdn 47) zu verknüpfen; Wortlaut etwa: »*Nr . . . von Adorf Blatt . . . hierher übertragen und mit Nr . . . vereinigt zu Nr . . . am . . .*« oder »*Nr . . . von Adorf Blatt . . . hierher übertragen, der Nr . . . als Bestandteil zugeschrieben und beide zusammen unter Nr . . . neu eingetragen am . . .*«. Besonders zu beachten: § 13 Rdn 4. **44**

Auch im Falle der **Buchung eines weiteren Grundstücks** im Bestandsverzeichnis ist stets eine sich auf *dieses* Grundstück beziehende Eintragung in Abt I nötig (vgl § 9 Rdn 21) und folgen ggf Eintragungen in Abt II bzw III nach Maßgabe der §§ 10 und 11. Eine eventuelle Grundstücksvereinigung oder -zuschreibung wird allerdings nur im Bestandsverzeichnis gebucht (vgl § 9 Rdn 22; § 10 Rdn 9). **45**

c) Die Veränderungen im Grundstücksbestand eines Grundbuchblattes sind – bis auf die in Sp 8 unterzubringenden Abschreibungen – ebenfalls in **Sp 6** einzutragen. Der Eintragungsvermerk ist jeweils so zu fassen, dass die Art der Änderung deutlich zum Ausdruck kommt. **46**

aa) Im Falle der **Verbindung mehrerer Grundstücke** zu einem einheitlichen Grundstück im Rechtssinne genügt nicht die als solche unterschiedslose Zusammenfassung der beteiligten Grundstücke unter einer neuen lfdNr in Sp 1 des Bestandsverzeichnisses mit Verweis auf die bisherigen lfdNrn in Sp 2 nach Maßgabe des § 13 Abs 1. Kennzeichnend für die materiellrechtlich unterschiedlich wirkende Art der Grundstücksverbindungen (vgl § 5 GBO Rdn 77 ff und § 6 GBO Rdn 45 ff) ist der gemäß Abs 6 Buchst c erforderliche Eintragungsvermerk in der Sp 6. Er muss klar erkennen lassen, ob die Zusammenfassung der bisherigen Einzelgrundstücke oder Grundstücksteile zu einer lfdNr eine **Vereinigung** (§ 890 Abs 1 BGB, § 5 GBO) oder eine **Zuschreibung als Bestandteil** (§ 890 Abs 2 BGB, § 6 GBO) darstellt, und muss zudem im letztgenannten Fall zum Ausdruck bringen, welches Grundstück welchem Grundstück zugeschrieben wird. Im Falle der Vereinigung lautet der Eintragungsvermerk in Sp 6 beispielsweise: »*Nr . . . und Nr . . . vereinigt zu Nr . . . am . . .*« oder (unnötig lang) »*Nr . . . mit Nr . . . vereinigt und als ein Grundstück unter Nr . . . neu eingetragen am . . .*«. Wortlaut des Eintragungsvermerks in Sp 6 im Falle der Bestandteilszuschreibung beispielsweise: »*Nr . . . der Nr . . . als Bestandteil zugeschrieben und beide zusammen unter Nr . . . neu eingetragen am . . .*«. Weiteres dazu: § 13 GBV Rdn 3 bis 5. **47**

bb) Im Falle der **Teilung eines Grundstücks**, die gemäß Abs 6 Buchst d dann in Sp 6 einzutragen ist, wenn sämtliche verselbständigten Grundstücke im bisherigen Grundbuchblatt verzeichnet bleiben, muss der Eintragungsvermerk zum Ausdruck bringen, welches Grundstück in welche Grundstücke geteilt worden ist. Wortlaut beispielsweise: »*Nr . . . geteilt in Nr . . . und . . . am . . .*« oder (unnötig lang) »*Nr . . . geteilt und unter Nr . . . und . . . als selbständige Grundstücke eingetragen am . . .*«. Weiteres dazu: § 13 GBV Rdn 9, 10. **48**

cc) Auch die **Berichtigung der Bestandsangaben** in den Sp 3 und 4 bedarf nach Abs 6 Buchst e – von einer (inzwischen unbedeutend gewordenen) Ausnahme, der Nachtragung oder Berichtigung der Liegenschaftsbuch- **49**

nummer in Sp 3 c/d, abgesehen – jeweils eines erläuternden Eintragungsvermerks in der Sp 6, der mit dem Datum und den nötigen Unterschriften (§ 44 GBO) zu versehen ist. Dieser Teil des Abs 6 bezieht sich auf die Eintragungen, die nach den Spezialvorschriften zur Zurückführung der Grundbücher auf das Liegenschaftskataster und zur Erhaltung der Übereinstimmung zwischen Grundbuch und Liegenschaftskataster von Amts wegen durchzuführen sind.

3. Spezielles zu Spalte 7 und 8

50 In die **Sp 8** gehören gemäß **Abs 7** die **Abschreibungsvermerke**. Der *Begriff* der *Abschreibung* ist hier *grundbuchtechnisch* zu verstehen, nicht gleichbedeutend mit der Abschreibung gemäß §§ 2 Abs 3 GBO (= Grundstücksteilung). »Abschreibung« iS des Abs 7 ist dagegen die Abbuchung vom bisherigen Grundbuchblatt, einerlei ob sie sich auf einen Grundstücksteil oder auf ein Grundstück im ganzen oder auf einen sonstigen Buchungsgegenstand des Bestandsverzeichnisses bezieht. Zu unterscheiden sind:

51 **a) Abschreibung auf ein anderes Grundbuchblatt desselben GBA**, sei es mit Eigentumswechsel (dann nötig gemäß § 4 GBO) oder ohne Eigentumswechsel (dann möglich nach Ermessen des GBA, tunlichst im Einvernehmen mit dem Grundstückseigentümer, dazu § 4 GBO Rdn 16, 17).

52 **aa) Bei Abschreibung eines Grundstücks im ganzen** genügt es, in Sp 7 die betreffende lfdNr der Sp 1 anzuführen und in Sp 8 einzutragen: »*Übertragen nach Blatt . . . am . . .*« oder (falls das aufnehmende Blatt einem anderen Grundbuchbezirk zugeordnet ist als das abgebende Blatt) »*Übertragen nach Neustadt Blatt . . . am . . .*«. Möglich auch Kurzfassung gemäß neuer Anlage 1 zu BestVerz Nr 1.

53 **bb) Bei Abschreibung eines Grundstücksteils** ist es möglich, aber nicht nötig, zunächst die Grundstücksteilung gesondert in den Sp 5/6 und anschließend die Abschreibung des verselbständigten Teilgrundstücks in den Sp 7/8 in vorbeschriebener Weise darzustellen. Ausreichend ist es, die Grundstücksteilung mittels Abschreibung durchzuführen. Der Abschreibungsvermerk in Sp 8 lautet dann etwa: »*Von Nr . . . das Flurstück . . . übertragen nach Neustadt Blatt . . . am . . . Rest: Nr . . .*«; das restliche auf dem bisherigen Blatt verbleibende Teilgrundstück ist gemäß § 13 Abs 4 regelmäßig unter der nächstfreien lfdNr in den Sp 1 bis 4 neu einzutragen; zur Sp 2 siehe Rdn 10; in der Sp 7 ist auf die bisherige lfdNr und die neue lfdNr zu verweisen.

54 **b) Abschreibung auf ein Grundbuchblatt eines anderen GBA** sowie **Ausbuchung aus dem Grundbuch überhaupt.** In § 25 Abs 3b ist für den Fall des Zuständigkeitswechsels für eines von mehreren auf einem Blatt verzeichneten Grundstücken ausdrücklich die Möglichkeit vorgesehen, die Eintragung eines neuen Eigentümers mit dem Abschreibungsvermerk zu verbinden. Dadurch wird die Neuanlegung eines sogleich wieder zu schließenden Blattes erspart und der Eintragungsaufwand reduziert. Diese vereinfachte Buchungsweise ist, wenn auch in den Vorschriften der GBV hierfür nicht ausdrücklich vorgesehen, außerdem angebracht, falls ein Grundstück oder Teil eines solchen an eine gemäß § 3 Abs 2 GBO vom Buchungszwang freigestellte Institution übereignet wird und von dieser die Ausbuchung des erworbenen Grundstücks beantragt ist (vgl Eintragungsmuster in ehemaliger Anlage 2a BestVerz Sp 7/8 zu lfd Nr 1).

§ 7 (Subjektiv-dingliche Rechte)

(1) Vermerke über Rechte, die dem jeweiligen Eigentümer eines auf dem Blatt verzeichneten Grundstücks zustehen, sind in den Spalten 1, 3 und 4 des Bestandsverzeichnisses einzutragen.

(2) In Spalte 1 ist die laufende Nummer der Eintragung zu vermerken. Dieser ist, durch einen Bruchstrich getrennt, die laufende Nummer des herrschenden Grundstücks mit dem Zusatz »zu« beizufügen (zB 7/zu 3).

(3) In dem durch die Spalten 3 und 4 gebildeten Raum sind das Recht nach seinem Inhalt sowie Veränderungen des Rechts wiederzugeben. Im Falle der Veränderung ist in der Spalte 2 die bisherige laufende Nummer der Eintragung zu vermerken.

(4) In Spalte 6 ist der Zeitpunkt der Eintragung des Rechts zu vermerken.

(5) In Spalte 8 ist die Abschreibung des Rechts zu vermerken.

(6) Bei Eintragungen in den Spalten 6 und 8 ist in den Spalten 5 und 7 auf die laufende Nummer des von der Eintragung betroffenen Rechts zu verweisen.

I. Allgemeines

1. § 7 enthält die Hauptregeln für die nach § 9 GBO auf besonderen Antrag mögliche **Buchung des sog** **1**
»Herrschvermerks« und seiner Veränderungen. Auf die eingehenden Ausführungen zu § 9 GBO wird Bezug
genommen, so insb zur Frage, welche Rechte ihrer Art nach unter welchen Voraussetzungen von § 9 GBO und
somit auch von § 7 GBV erfasst werden: § 9 GBO Rdn 3 bis 30; zur Frage, welche Veränderungen des vermerkten Rechts gemäß § 9 Abs 2 GBO Anlass geben, den Herrschvermerk von Amts wegen zu berichtigen:
§ 9 GBO Rdn 36 bis 39. Die folgenden Erläuterungen verstehen sich als Ergänzung der Kommentierung des
§ 9 GBO.

2. Ergänzende Bestimmungen enthalten: **2**

– § 9 GBV, wonach die Buchung eines Herrschvermerks nicht nur im Bestandsverzeichnis, sondern auch in
  den Sp 3 und 4 der ersten Abteilung zu vermerken ist (vgl § 9 GBV Rdn 32);

– § 10 Abs 5 GBV, der die Eintragungsstelle für den gemäß § 9 Abs 3 GBO auf dem Blatt des dienenden
  Grundstücks einzutragenden Gegenvermerk bestimmt (dazu § 10 GBV Rdn 50);

– § 14 GBV, der die Buchungstechnik nebst Rötung bei der Änderung und der Abschreibung des Herrschvermerks regelt;

– § 55 Abs 5 GBO, der ggf die beteiligten Grundbuchämter zu wechselseitiger Benachrichtigung verpflichtet.

3. Eine **bundesrechtliche Sonderregelung** enthält § 3 Abs 7 WGV für die Buchung des Herrschvermerks   **3**
zugunsten des *gemeinschaftlichen Grundstücks* der Wohnungseigentümer- bzw Teileigentümergemeinschaft. Für
den zugunsten eines *einzelnen Wohnungs- oder Teileigentums* einzutragenden Herrschvermerk bleibt es bei den
Regeln des § 7. Auch im Erbbaugrundbuch richtet sich die Buchung eines eventuellen Herrschvermerks allein
nach § 7 (§ 54).

4. Auf Landesrecht beruhende (herkömmliche) **subjektiv-dingliche Rechte** können ebenfalls unter § 9   **4**
GBO/§ 7 GBV fallen (Beispiele: § 9 GBO Rdn 8 ff); ausgenommen Rechte öffentlich-rechtlichen Charakters
(dazu § 9 GBO Rdn 17 ff).[1] Regel-Voraussetzung für die Eintragbarkeit des Herrschvermerks ist die Eintragung
des Rechts als Belastung im Grundbuch des dienenden Grundstücks (vgl § 9 GBO Rdn 22 ff). Sonderregeln des
Landesgrundbuchrechts im Rahmen von § 136 (ehemals § 117) GBO, § 103 (ehemals § 72) GBV sind zu beachten, etwa zur Zulässigkeit des Vermerks von subjektiv-dinglichen Berechtigungen beim herrschenden Grundstück ohne vorgängige oder gleichzeitige Eintragung am belasteten Grundstück, wie zB in Bayern für unselbständige Fischereirechte an ungebuchten Gewässern.[2] Auf die Erläuterungen zu § 136 GBO wird verwiesen.

II. Zu Absatz 1: Buchungsstelle

Früher wurden die mit dem Eigentum verbundenen Rechte in einzelnen Ländern gesondert in einem Teil II   **5**
des Bestandsverzeichnisses ausgewiesen; die GBV hat diese Tradition nicht fortgesetzt (vgl § 4 GBV Rdn 2). Die
Herrschvermerke sind gemäß Abs 1 in das einteilige Bestandsverzeichnis einzureihen.

III. Zu Absatz 2 (Spalte 1): Nummerierung

In Sp 1 erhält der Herrschvermerk eine **besondere Kennzeichnung in der Form eines Bruches.** In den   **6**
Zähler der bruchartigen Bezeichnung gehört die lfdNr der Eintragung innerhalb des Bestandsverzeichnisses. Im
Nenner ist das herrschende Grundstück, also das Grundstück, mit dem das vermerkte subjektiv-dingliche Recht
gemäß § 96 BGB verbunden ist, zu bezeichnen, und zwar durch Angabe seiner lfdNr mit einem die Zuordnung
kennzeichnenden Zusatz (»zu«); Abs 2 selbst zeigt als Muster »*7/zu 3*« auf. Dazu das Eintragungsmuster in der
Anl 2a BestVerz lfdNrn 8 und 10 für den Erstvermerk und für einen nachträglichen Veränderungsvermerk.

---

1 Zu Besonderheiten bei den »Gemeindenutzungsrechten« markgenossenschaftlicher Herkunft in Bayern *Glaser* MittBay-
  Not 1988, 113 und *Schöner/Stöber* Rn 1175 mwN; zu deren Löschung: BayObLG MittBayNot 1990, 33. Zur Entwicklung der Rechtsverhältnisse an landwirtschaftlichen Zweckgrundstücken: § 123 GBO Rdn 21–24 mit zahlr Nachweisen.

2 Siehe *Demharter* § 9 Rn 6 und *Bengel/Simmerding* § 4 Rn 35. Zu den selbständigen und unselbständigen Fischereirechten
  in Bayern überhaupt: *Mayer* MittBayNot 1992, 248; 1994, 295; 1995, 128. Zu den Fischereirechten in Baden-Württemberg s § 116 GBO Rdn 28.

IV. Zu Absatz 3 (Spalten 2, 3 und 4): Darstellung des Herrschvermerks

7 1. In der **Sp 2** ist nach Abs 3 S 2 bei einem Veränderungsvermerk **die bisherige lfdNr** der Eintragung zu vermerken; dies entspricht der in § 6 Abs 2 getroffenen Regelung. Die vorstehend (Rdn 6) erwähnten Eintragungsmuster in der Anl 2a – der ehemaligen und der neuen Gestaltung – befolgen diese sinnvolle Vorschrift nicht. Bei der erstmaligen Eintragung des Herrschvermerks ist die Sp 2 – insoweit entsprechend den bezeichneten Eintragungsmustern – mit einem waagerechten Strich zu füllen (dazu § 6 GBV Rdn 11).

8 2. Die **Sp 3 und 4** bilden zusammen den **Raum für die Wiedergabe des Inhalts** des vermerkten Rechts und seiner eventuellen Veränderungen:

9 **a)** Im **Erstvermerk** genügt eine **Kurzbezeichnung** der Rechtsart sowie des belasteten Grundstücks und der Eintragungsstelle des Rechts im Blatt des dienenden Grundstücks, etwa wie im Eintragungsbeispiel der neuen Anl 2a zu lfdNr 8 des Bestandsverzeichnisses oder (entsprechend dem Eintragungsbeispiel in der ehemaligen Anl 2a): »*Wegerecht an dem Grundstück* ... (folgt vermessungstechnische Bezeichnung), *eingetragen in* ... (folgt Grundbuchblattbezeichnung) *Abt II Nr* ...«

10 **b)** Eine **Veränderung** des vermerkten Rechts, soweit sie dessen Inhalt oder Belastungsgegenstand, das dienende Grundstück betrifft, und deshalb ihrer Art nach gemäß § 9 Abs 2 GBO Anlass gibt, von Amts wegen den Herrschvermerk zu berichtigen (dazu § 9 GBO Rdn 37), erfordert in der Regel eine Neueintragung des Vermerks in entsprechend geänderter Fassung unter der nächstfreien lfdNr des Bestandsverzeichnisses (entsprechend dem Eintragungsbeispiel in der Anl 2a zu lfdNr 10 des Bestandsverzeichnisses).

11 **§ 14 Abs 1 bestimmt** für diesen Fall **ergänzend,**
– **in S 1,** dass der frühere Vermerk in den Sp 3 und 4 nicht total, sondern nur insoweit rot zu unterstreichen ist, als er durch den Inhalt des Veränderungsvermerks gegenstandslos geworden ist,
– **in S 2,** dass bei der bisherigen Eintragung in Sp 1 ein Hinweis auf die lfdNr des Veränderungsvermerks einzutragen ist (dies ist im Eintragungsbeispiel in der ehemaligen Anl 2a befolgt, in der neuen Anl 2a dagegen nicht).

Die Zweckmäßigkeit der Anordnungen des § 14 Abs 1 ist zu bezweifeln. Es dürfte besser zur Systematik des Bestandsverzeichnisses gemäß § 6 und § 13 passen, wenn stattdessen der bisherige Vermerk in Sp 1 bis 4 vollständig gerötet wird und anstelle des Hinweises in Sp 1 der bisherigen Eintragung in den Sp 5 und 6 eingetragen wird: »*8, 10 | Veränderung vermerkt am und unter Nr 10 neu vorgetragen am* ...«. Unnötig ist es, in Sp 5 die Zuordnungskennzeichnung aus Sp 1 zu wiederholen (ebenso: § 8 GBV Rdn 11).

V. Zu Absatz 4 bis 6 (Spalten 5 bis 8): Herkunft, Entwicklung, Verbleib des Herrschvermerks

12 Die **Spaltengruppen 5/6 und 7/8** sind nach der hier vertretenen Auffassung (vgl Rdn 11) – wie bei der Buchung von Grundstücken (vgl § 6 GBV Rdn 35, 36) – zu verwenden zur Erläuterung des Entwicklungsprozesses des Herrschvermerks und zum abschließenden Vollzug der jeweiligen Gesamteintragung durch Datierung und Unterzeichnung gemäß § 20. In den Sp 5 bzw 7 ist jeweils durch Verweis auf die betreffenden lfdNrn der Sp 1 der Zusammenhang zwischen dem Eintrag in den Sp 1 bis 4 und demjenigen in der Sp 6 bzw 8 herzustellen. Die Wiederholung der Zuordnungskennzeichnung aus der Sp 1 ist dazu nicht nötig (vgl Rdn 11).

13 1. In der **Sp 6** ist laut **Abs 4** der **Zeitpunkt der Eintragung »des Rechts«** zu vermerken; gemeint ist damit der Zeitpunkt der Eintragung des Herrschvermerks auf diesem Grundbuchblatt. Dementsprechend genügt für die **ursprüngliche Eintragung** in Sp 6 der Text: »*Vermerkt am* ...«. Zur Fassung eines **Veränderungsvermerks** in den Sp 5 und 6 wird auf den oben gemachten Vorschlag (Rdn 11) verwiesen.

14 **a)** Falls der **Herrschvermerk zusammen mit dem herrschenden Grundstück von einem anderen Blatt übertragen** wird, gehört in Sp 6 des aufnehmenden Blattes für beide ein Zuschreibungsvermerk mit dem üblichen Text: »*Von* ... (folgt Bezeichnung des bisherigen Grundbuchblatts) *hierher übertragen am* ...«. In Sp 5 sind die lfdNrn beider Buchungsstellen zu bezeichnen, die Wiederholung der Zuordnungskennzeichnung aus der Sp 1 ist dabei unnötig (vgl Rdn 11, 12).

15 **b)** Wird das **herrschende Grundstück geteilt oder mit einem anderen Grundstück** durch Vereinigung oder Bestandteilszuschreibung **verbunden,** so hat dies für das vermerkte subjektiv-dingliche Recht kraft Gesetzes verschiedene materiellrechtliche Wirkungen (dazu § 5 GBO Rdn 40; § 6 GBO Rdn 54; § 7 GBO Rdn 86, 89, 92). Eine Berichtigung des Herrschvermerks von Amts wegen anlässlich der im Bestandsverzeichnis des Grundbuchblatts des dienenden Grundstücks stattfindenden Eintragungen ist nicht vorgeschrieben und als unzulässig anzusehen, weil die materiellen Eintragungswirkungen aus dem Gesetz zu erschließen sind (dazu § 10 GBO Rdn 9). Die Rechtsfolgen einer Teilung oder Verbindung des herrschenden Grundstücks werden allein dadurch Grundbuchinhalt, dass (auf Antrag) eine dementsprechende (berichtigende) Eintragung im Blatt des dienenden Grundstücks (in der zweiten Abteilung) stattfindet. Eine solche (Primär-)Eintragung gäbe gemäß § 9 Abs 2 GBO allerdings Anlass zur (anschließenden) Anpassung des Herrschvermerks.

2. In der **Sp 8** ist laut **Abs 5** die **Abschreibung »des Rechts«** zu vermerken; auch hier geht es sinnvollerweise **16** um die Abschreibung des Herrschvermerks von diesem Grundbuchblatt.

a) Falls der **Herrschvermerk zusammen mit dem herrschenden Grundstück auf ein anderes Blatt 17 übertragen** wird, lautet der Abschreibungsvermerk in Sp 8 für beide wie üblich: »*Übertragen nach* . . . (folgt Bezeichnung des neuen Grundbuchblatts) *am* . . .«.

b) Falls der **Herrschvermerk infolge Löschung des vermerkten Rechts** (im Blatt des dienenden Grund- **18** stücks) **gegenstandslos** wird, genügt in Sp 8 ein »*Gelöscht am* . . .« Längere Vermerke (vgl Vorschläge bei § 9 GBO Rdn 38) sind möglich, aber nicht nötig.

c) Wird ein **Teil des herrschenden Grundstücks auf ein anderes Grundbuchblatt** übertragen (abge- **19** schrieben), so darf aus den oben (Rdn 15) erläuterten Gründen die bisherige Aussage des Herrschvermerks nicht geändert werden. Er ist dementsprechend mit dem abgeschriebenen Teilstück des herrschenden Grund- stücks auf das neue Blatt zu übertragen.

§ 14 Abs 2 bestimmt die **Rötung in den Abschreibungsfällen.** Ebenso wie bei der Abschreibung eines **20** Grundstücks im ganzen (vgl § 13 Abs 3) sind alle Eintragungen, die sich auf den abgeschriebenen oder gelösch- ten Herrschvermerk beziehen, rot zu unterstreichen.

§ 8 (Miteigentumsanteile)

Für die Eintragung eines Miteigentumsanteils nach § 3 Abs 5 der Grundbuchordnung gilt folgendes:
a) in Spalte 1 ist die laufende Nummer der Eintragung zu vermerken. Dieser ist, durch einen Bruchstrich getrennt, die laufende Nummer des herrschenden Grundstücks mit dem Zusatz »zu« beizufügen;
b) in dem durch die Spalten 3 und 4 gebildeten Raum ist der Anteil der Höhe nach zu bezeichnen. Hierbei ist das gemeinschaftliche Grundstück zu beschreiben;
c) für die Ausfüllung der Spalten 5 bis 8 gilt § 6 Abs 6 bis 8 entsprechend.

I. Allgemeines

1. Regel: Miteigentumsanteile – zwar wie Grundstücke Gegenstände selbständiger Verfügungen (§ 747 S 1 **1** BGB) und Grundbucheintragungen – sind grundsätzlich nicht wie Grundstücke buchungsfähig. Buchungs- pflichtig (§ 3 Abs 1 S 1 GBO) sind vielmehr die Grundstücke, die sich im gemeinschaftlichen Eigentum mehre- rer Personen befinden. Die Anteile der Miteigentümer treten deshalb grundsätzlich nicht im Bestandsverzeich- nis, sondern in Abt I (vgl § 9 Rdn 17, 35), ggf auch in Abt II und III (vgl § 10 Rdn 13 und § 11 Rdn 11) in Erscheinung.

2. Ausnahme: Anstelle des Grundstücks dürfen die Miteigentumsanteile **nach Maßgabe des § 3 Abs 4 2 bis 9 GBO** gebucht werden. Die Zulässigkeitskriterien für die Anteilsbuchung sind anlässlich der Reform durch das RegVBG den Bedürfnissen und dem Trend in Schrifttum[1] und Rechtsprechung angepasst worden. Auf die Erläuterungen zu § 3 GBO wird verwiesen.

Zu beachten ist, dass die Anteilsbuchung nach § 3 Abs 4 GBO nicht neben, sondern anstelle der Grundstücks- buchung zulässig ist und deshalb *stets nur total* praktiziert werden darf, dh wenn ein Anteil »seinem« herrschen- den Grundstück zugebucht wird, muss dies zugleich auch für die übrigen Anteile geschehen und die Grund- buchführung für das dienende Grundstück eingestellt werden.

Die Technik der Anteilsbuchung im Bestandsverzeichnis regelt § 8, und zwar pro Einzelanteil.

---

1 Insb *Meyer-Stolte* Rpfleger 1971, 224 (mit Fassungsvorschlägen); *Wendt* Rpfleger 1992, 457 mwN.

3 3. Eine **bundesrechtliche Sonderform** der Miteigentumsanteilsbuchung ist das **Wohnungs- bzw Teileigentum** (§§ 7, 8 WEG). Die Grundbuchtechnik dafür richtet sich nach den Sonderbestimmungen der WGV. § 8 GBV kommt neben der WGV zur Anwendung, falls Wohnungs- oder Teileigentümer Miteigentümer eines dienenden Grundstücks im Sinne des § 3 Abs 4 GBO sind und deren Miteigentumsanteile (zulässigerweise[2]) ihrem Wohnungs- bzw Teileigentum zugebucht werden (dazu § 3 WGV Rdn 36).

4 4. Als **landesrechtliche Sonderform** ist das aus früherer Zeit überlieferte, neu nicht mehr begründbare **Stockwerkseigentum**[3] anzuführen, und zwar:
- das »eigentliche« Stockwerkseigentum im Sinne des Art 182 EGBGB, vorwiegend in Baden-Württemberg anzutreffen (Rechtsgrundlage: § 36 AGBGB vom 26.11.1974, GBl 498), bei dem – anders als beim heutigen Wohnungseigentum – nicht der Miteigentumsanteil, sondern das Sondereigentum an Gebäudeteilen rechtlich im Vordergrund steht,[4] auch buchungstechnisch;[5]
- das »uneigentliche« Stockwerkseigentum iS des Art 131 EGBGB, zB in Bayern (Rechtsgrundlage: Art 62 AGBGB).[6]
- das sog »Kellerrecht«, fraglich, ob als Eigentum (Stockwerkseigentum) iS des Art 182 EGBGB oder als Grundstücksbelastung (Grunddienstbarkeit) iS der Art 184, 187 EGBGB aufrechterhalten und im Grundbuch eintragbar.[7]

Das Grundbuchrecht richtet sich in diesen Fällen nach Landesrecht gemäß § 136 (ehemals § 117) GBO, § 103 (ehemals § 72) GVG. Die Zulassung der Buchung schlichter Miteigentumsanteile durch § 3 GBO in der Fassung von 1935 war damals für große Teile Deutschlands ein Novum.[8]

II. Zu Buchstabe a (Spalten 1 und 2); Nummerierung

5 1. In **Sp 1** erhält der gemäß § 3 Abs 4 bzw 6 GBO zu buchende Miteigentumsanteil eine **besondere Kennzeichnung in der Form eines Bruches**, wie der Herrschvermerk gemäß § 7 Abs 2. Gemäß § 8 Buchst a gehört in den *Zähler* die nächstfreie lfdNr der Eintragung; im *Nenner* ist der Bezug zu dem »herrschenden« Grundstück kenntlich zu machen, und zwar durch Angabe seiner lfdNr mit dem vorangestellten Zusatz »zu«.

6 2. Zur Ausfüllung der **Sp 2** trifft § 8 keine ausdrückliche Bestimmung. Nichts spricht jedoch dagegen, insoweit **die allgemeinen Grundsätze** entsprechend anzuwenden: Bei der *Ersteintragung* bleibt die Sp 2 entweder frei oder erhält einen waagerechten Strich (letzteres der Deutlichkeit wegen zu empfehlen, vgl § 6 GBV Rdn 11). Kommt es aus irgendwelchen Gründen zu einer *Neueintragung* desselben Miteigentumsanteils an anderer Stelle des Bestandsverzeichnisses, so ist in Sp 2 auf die lfdNr der bisherigen Eintragung zu verweisen.

III. Zu Buchstabe b (Spalten 3 und 4): Darstellung des Miteigentumsanteils

7 Die Sp 3 und 4 bilden zusammen den **Raum zur Kennzeichnung des Anteils**, ähnlich wie bei Eintragung des Herrschvermerks gemäß § 7 Abs 3. Zweckmäßig ist es, in einer ersten Zeile den *Anteil der Höhe nach*, dh mit seiner bruchteilsmäßigen Quote, zu bezeichnen, sicherheitshalber nicht nur in Ziffern, sondern auch in buchstäblicher Schreibweise (wie zu lfdNr 5 des BestVerz im Eintragungsmuster der ehemaligen Anl 1; in der neuen Anl 1 ist die Quote nur in Ziffern bezeichnet). In der Zeile *darunter* ist das *Bezugsobjekt des Anteils*, das gemeinschaftliche Grundstück, in üblicher Weise zu beschreiben, durch Angabe der gemäß § 6 Abs 3 und 5 dafür vorgesehenen Katastermerkmale: Gemarkung, Flur, Flurstück, Wirtschaftsart und Lage, Größe (dazu § 6 Rdn 19 bis 25, 33, 34), wie im bezeichneten Eintragungsmuster dargestellt.

IV. Zu Buchstabe c (Spalten 5 bis 8): Herkunft, Entwicklung, Verbleib des Miteigentumsanteils

1. Regelmäßige Eintragungen

8 Die **entsprechende Anwendung der Vorschriften für die Grundstücksbuchung** ist angeordnet per Verweis auf § 6 Abs 6 bis 8. Es kann davon ausgegangen werden, dass dieser Verweis sich auch auf § 13, die ergänzende Ausführungsvorschrift zu § 6 Abs 8, erstreckt.[9] Daraus folgt zunächst:

---

2 Allgemeine Ansicht im Anschluss an OLG Düsseldorf Rpfleger 1970, 394.
3 Allgemein dazu (historische Entwicklung und Verbreitung in Deutschland) *Thümmel* JZ 1980, 125.
4 Zum baden-württembergischen Recht *Thümmel* BWNotZ 1980, 97; 1984, 5; ergänzend: *Bogenschütz* BWNotZ 2003, 58; zur Überleitung in Wohnungseigentum: *Zipperer* BWNotZ 1985, 49.
5 Eintragungsmuster zB bei *Kehrer-Bühler-Tröster* Notar und Grundbuch, Band II (Grundbuchführung) § 2 S 9.
6 Vgl *Ostler* Bayerische Justizgesetze S 210.
7 Eingehend zu den Kriterien: *Thümmel* BWNotZ 1987, 76 (Kritik an OLG Karlsruhe BWNotZ 1987, 18 = NJW-RR 1987, 138 = OLGZ 1987, 199, auch an RGZ 56, 258); vgl ferner KG JW 1933, 1334; BayObLGZ 1969 Nr 43 = Rpfleger 1970, 26; 1967, 397 = MDR 1968, 324; 1991, 178; OLG Nürnberg DNotZ 1962, 35.
8 *Hesse-Saage-Fischer* Anm I 1; *Wendt* aaO (Fn 1) S 458.
9 Ebenso KEHE-*Eickmann* Rn 5.

a) Jede Neu- und Änderungsbuchung in den Sp 1 bis 4, die den Miteigentumsanteil betrifft, bedarf eines diese Buchung ergänzenden und abschließenden **Eintragungsvermerks** in der **Sp 6**, der gemäß § 20 zu datieren und zu unterzeichnen ist. 9

b) Die Abschreibung des Miteigentumsanteils von dem Grundbuchblatt erfordert einen entsprechenden Vermerk in der **Sp 8**. 10

c) In den **Sp 5 bzw 7** ist jeweils auf diejenige lfdNr der Sp 1 zu verweisen, auf die sich der in der Sp 6 oder 8 eingetragene Vermerk bezieht; dabei ist es nicht nötig, den auf das herrschende Grundstück hinweisenden Zusatz zur lfdNr der Sp 1 (vgl Rdn 5) in der Sp 5 bzw 7 zu wiederholen (wie § 7 GBV Rdn 11, 12). 11

2. Außerdem mögliche Eintragungen

Dies ist eine **Frage der Zulässigkeit**, die durch den Verweis auf § 6 Abs 6 bis 8 nicht entschieden, sondern anhand des § 3 Abs 4 ff GBO vorab zu prüfen ist. 12

a) Eintragbar sind unzweifelhaft:

aa) Die Neubuchung gemäß § 3 Abs 4 bis 7 GBO. Einzutragen ist in **Sp 6** etwa: »*Von . . . Blatt . . . hierher übertragen am . . .*«. Der Hinweis auf die Bestimmungen der GBO erübrigt sich an dieser Stelle, gehört in den in der ersten Abteilung in Sp 4 aufzunehmenden Vermerk mit etwa folgendem Wortlaut: »*Aufgelassen am . . . und eingetragen am . . . in Blatt . . .; gemäß § 3 Abs 5 GBO hier eingetragen am . . .*« (entsprechend dem Eintragungsmuster in der Anl 1, wo versehentlich auf Abs 3 des § 3 GBO verwiesen ist). 13

Im Abschreibungsvermerk in der Sp 8 des Bestandsverzeichnisses des bisher für das gemeinschaftliche Grundstück geführten Grundbuchblatts sind sämtliche Grundbuchblätter, auf welche die einzelnen Miteigentumsanteile übertragen werden, zu benennen, etwa wie folgt: »*Gemäß § 3 Abs 5 GBO ../.. Anteil übertragen nach . . . Blatt . . ., Anteil übertragen nach . . . Blatt . . ., (usw) am . . .*«. Finden sich auf dem Grundbuchblatt keine weiteren Grundstücke, so ist es zu schließen (vgl § 34 GBV Rdn 5).

bb) Die Berichtigung der Bestandsangaben, die der Beschreibung des gemeinschaftlichen Grundstücks dienen (empfehlenswert in jedem Fall die Neufassung der Anteilsbuchung unter nächstfreier lfdNr), dazu Eintragungsvermerk in Sp 6 etwa lautend: »*Nr . . . wegen Berichtigung der Bestandsangaben nach dem Liegenschaftskataster unter Nr . . . neu eingetragen am . . .*«; andere Fassung gemäß neuer Anl 1: »*. . . fortgeschrieben gemäß VN Nr . . . und . . .*«. 14

cc) Die gemeinsame Veräußerung von herrschendem Grundstück und zugebuchtem Miteigentumsanteil **an einen Dritten**, der (bislang) nicht zum Kreise der Miteigentümer gehört. Ziel der Anteilsbuchung ist ja gerade, derartige Verfügungen zu erleichtern. Die Eigentumsbeschreibung bezüglich beider Buchungsgegenstände erfolgt in gewöhnlicher Weise in der ersten Abteilung, wenn möglich (falls Realfolium), im bisherigen Blatt, wenn nicht möglich (falls Personalfolium), nach deren Abschreibung und Übertragung auf ein neues oder für den Erwerber bereits geführtes Blatt; dazu folgende Rdn 16. Wird das herrschende Grundstück allein, ohne den Anteil, an einen Dritten veräußert, so wird die Buchung der Anteile gemäß § 3 Abs 8 GBO im ganzen unzulässig (Verstoß gegen Prämisse 1 von Rdn 17). 15

dd) Die gemeinsame Abschreibung von herrschendem Grundstück und zugebuchtem Miteigentumsanteil auf ein anderes Grundbuchblatt ohne Eigentumswechsel. Buchungsvorgänge wie gewöhnlich: Abschreibung aus Bestandsverzeichnis des bisherigen Blattes; Zuschreibung im Bestandsverzeichnis des aufnehmenden Blattes unter zwei lfdNrn, den Anteil mit Zuordnungskennzeichnung; in Abt I Wiedergabe der im bisherigen Blatt eingetragenen (früheren) Grundlage des Eigentumserwerbs (dazu § 9 GBV Rdn 34). 16

b) Differenzierter zu beurteilen sind **Verschiebungen im Kreise der Miteigentümer**. Dazu kommt es entscheidend darauf an, dass die eigentumsmäßigen Voraussetzungen für die Anteilsbuchung nach § 3 Abs 4 bis 7 GBO gewahrt bleiben, nicht der Fall des § 3 Abs 8 GBO eintritt.[10] In dieser Hinsicht können § 3 Abs 4 bis 7 GBO folgende **Prämissen** entnommen werden: 17
– (1) Nur die Eigentümer der herrschenden Grundstücke sind Miteigentümer des dienenden Grundstücks.
– (2) Jedem herrschenden Grundstück ist ein Miteigentumsanteil zugeordnet.
– (3) Keinem herrschenden Grundstück ist mehr als ein Miteigentumsanteil zugeordnet.

Davon ausgehend, wird folgendes angenommen werden können:

aa) Bei Veräußerungsvorgängen unter den Miteigentümern: 18
– Die **gemeinsame Veräußerung** eines herrschenden Grundstücks nebst zugebuchtem Miteigentumsanteil an einen der Miteigentümer ist unproblematisch. **Buchungsvorgänge**: entsprechend Rdn 15, 16. Obwohl sich infolgedessen mehrere Anteile in der Hand eines Eigentümers vereinen, bleiben diese getrennt gemäß § 8 buchbar, solange die herrschenden Grundstücke ihre Selbständigkeit behalten (Umkehrschluss zu der gemäß § 3 Abs 6 GBO zulässigen ursprünglichen »Vorratsaufteilung«, dazu Rdn 19).

---

10 Sinngemäß ebenso KEHE-*Eickmann* Rn 7.

– Die **isolierte Veräußerung** des herrschenden Grundstücks oder des zugebuchten Miteigentumsanteils an einen Miteigentümer wird in der Regel einen gegen Prämisse 2, ev auch 3 von Rdn 17 verstoßenden Zustand zur Folge haben, so dass die gesetzmäßigen Voraussetzungen der Anteilsbuchung nicht mehr gegeben sind. Ausnahmsweise wird in einer *isolierten Anteilsveräußerung an einen (oder mehrere) Miteigentümer* kein solcher Verstoß zu sehen sein, nämlich dann, wenn das Grundstück, dem der Anteil bisher zugebucht war, aus dem Kreise der herrschenden Grundstücke ausscheidet (zB weil wegen geänderter Bewirtschaftung das dienende Grundstück nicht mehr von Nutzen für dieses Grundstück ist). **Buchungsvorgänge:** Abschreibung des Anteils aus dem Bestandsverzeichnis des bisherigen Blattes, seine Zuschreibung zum Blatt des Erwerbers unter nächstfreier lfdNr des Bestandsverzeichnisses mit Eigentumsumschreibung in Abt I; sodann Zusammenbuchung beider Anteile (Addition der Quoten) unter einer lfdNr des Bestandsverzeichnisses mit Zuordnungskennzeichnung zum dort verzeichneten herrschenden Grundstück, etwa mit folgendem Vermerk in **Sp 6**: »*Anteil Nr . . . und der hinzu erworbene Anteil Nr . . . sind zusammen ein einheitlicher Anteil und entsprechend eingetragen unter Nr . . .«.* Eines Antrags des Eigentümers zur Buchung der Anteilsvereinheitlichung bedarf es nicht;[11] sie tritt automatisch ein, weil es beim Miteigentum zu Bruchteilen keine Aufteilung des Anteils eines Miteigentümers gibt, soweit das Gesetz sie nicht ausnahmsweise zulässt, wie zB in § 8 WEG bei mehreren Wohnungseinheiten desselben Miteigentümers, in § 3 Abs 6 GBO bei mehreren herrschenden Grundstücken, die demselben Miteigentümer gehören.[12] Der von einem Miteigentümer hinzu erworbene Miteigentumsanteil bezieht sich nur auf *ein* herrschendes Grundstück, dem der vergrößerte Miteigentumsanteil zugeordnet ist.

– Die **Quotenänderung**, das ist die Verschiebung von Quoten der Anteile der Miteigentümer untereinander, so dass im Ergebnis sich nicht der Beteiligtenkreis, aber das Beteiligungsverhältnis ändert. Die Befugnis zur Veräußerung von Teilen der Miteigentumsquote, auch an einen anderen Miteigentümer, ergibt sich aus § 747 S 1 BGB.[13] Materiellrechtlich ist dazu pro Quotenverschiebung Auflassung zwischen dem Veräußerer und dem Erwerber und Eintragung (§§ 873, 925 BGB) erforderlich. **Buchungsvorgänge:** Etwa wie vorstehend zur isolierten Veräußerung beschrieben.[14]

19 **bb) Bei Teilung des herrschenden Grundstücks:**

– Bei **gleichzeitiger Teilung des herrschenden Grundstücks und des ihm zugebuchten Anteils** bleibt die Anteilsbuchung weiterhin zulässig. Beide Teilungen dürften zulässig sein, die Grundstücksteilung ohnehin und die Anteilsbuchung in Anlehnung an die in Fortbildung des früheren Rechts bereits befürwortete[15] und nunmehr in § 3 Abs 6 GBO gesetzlich zugelassene »Vorratsteilung«. Die Teilungserklärung bedarf in diesem Falle (schon der Grundstücksteilung wegen) der Form des § 29 GBO. Zu buchen sind die Teilungen im Bestandsverzeichnis, und zwar entweder in den **Sp 7/8**, falls die Teilung von herrschendem Grundstück nebst Anteil mittels Abschreibung auf ein anderes Grundbuchblatt erfolgt (weil zB die Teilung mit einer Eigentumsumschreibung zusammenhängt), oder in den **Sp 5/6**, falls die Teilung von herrschendem Grundstück und Anteil ohne Eigentums- und Blattwechsel erfolgt. Im ersten Fall müsste der Eintragungsvermerk in der Sp 8 etwa lauten: »*Von Grundstück Nr . . . das Flurstück . . . und von dem zugehörigen Anteil Nr . . . x/x Anteil übertragen nach . . . Blatt . . . am . . . Rest: Grundstück Nr . . . und Anteil Nr . . .«;* das Restgrundstück und der Restanteil sind § 13 entsprechend je unter einer neuen lfdNr in den Sp 1 bis 4 zu buchen, wobei der lfdNr der Anteilsbuchung die aktuelle Zuordnungskennzeichnung gemäß § 8 Buchst a zuzufügen ist. Im zweiten Fall werden die zu verselbständigenden Teile des Grundstücks und des Anteils je unter einer neuen lfdNr in den Sp 1 bis 4 gebucht mit entsprechender Zuordnungskennzeichnung der Anteilsbuchung; in Sp 6 ist etwa einzutragen: »*Grundstück Nr . . . geteilt in Nr . . . und Nr . . . und zugehöriger Anteil Nr . . . unterteilt in zwei Anteile Nr . . . und Nr . . . am . . .«* In den Sp 7 bzw 5 ist jeweils auf die betroffenen lfdNrn zu verweisen.

– Bei **Teilung nur des herrschenden Grundstücks ohne den zugebuchten Anteil** dürfte die Aufrechterhaltung der Anteilsbuchung unzulässig werden (wegen Verstoßes gegen die Prämisse 2 von Rdn 17).

20 **cc) Bei Verbindung eines herrschenden Grundstücks mit einem Grundstück mittels Vereinigung oder Bestandteilszuschreibung:**

– Die Verbindung eines herrschenden Grundstücks **mit einer bislang nicht zum Kreise der herrschenden Grundstücke gehörenden Bodenfläche**, zB zwecks Arrondierung des Herrschgrundstücks – sei es aus eigenem Bestand oder nach Zuerwerb von einem Dritten –, ändert nichts an den Zulässigkeitserfordernissen des § 3 Abs 4 GBO.

– Die Verbindung eines herrschenden Grundstücks **mit einer Bodenfläche aus dem Kreise der herrschenden Grundstücke** dürfte für § 3 Abs 4 GBO jedenfalls dann unschädlich sein, wenn die Verbindung mit einem (hinzu erworbenen) *Teilstück* eines anderen Herrschgrundstücks erfolgt. Die Anteilsquoten kön-

---

11 Anders wohl KEHE-*Eickmann* Rn 7.
12 Grundsätzliches in BayObLGZ 1974, 466 = Rpfleger 1975, 90 = DNotZ 1976, 28; dazu auch hier § 3 WGV Rdn 26.
13 BayObLG DNotZ 1983, 752.
14 Vgl auch Eintragungsmuster bei § 3 WGV Rdn 26 (Quotenänderung unter Wohnungseigentümern).
15 Dazu eingehend: *Wendt* aaO (Fn 1).

nen, brauchen aus diesem Anlass nicht geändert zu werden (zur eventuellen Quotenänderung Rdn 18). Aber auch dann, wenn ein (hinzu erworbenes) Herrschgrundstück *im Ganzen* mit einem herrschenden Grundstück verbunden wird, kann die Anteilsbuchung fortbestehen, sofern auch der der hinzu erworbenen Bodenfläche zugebuchte Miteigentumsanteil auf den Grundstückserwerber übereignet worden ist. In der Hand des Erwerbers vereinheitlichen sich die Anteile am dienenden Grundstück automatisch, addieren sich die Quoten (dazu Rdn 18), weil sie jetzt einem vereinheitlichten Herrschgrundstück zugeordnet sind.

V. Anlegung eines Grundbuchblattes für das dienende Grundstück

Wie unter Rdn 2 erwähnt, bringt die Neufassung des § 3 GBO erhebliche Neuerungen: **21**

1. Sobald die Anteile am dienenden Grundstück nicht mehr sämtlich den Eigentümern der herr- **22**
schenden Grundstücke zustehen, ist gemäß § 3 Abs 8 GBO ein Grundbuchblatt für das dienende Grundstück anzulegen, die Anteilsbuchung also zu beenden; dies stimmt mit der vorhergehenden Regelung im ehemaligen § 3 Abs 3c GBO überein.
– Das Blattanlegungsgebot ist in erster Linie gedacht für den Fall der Veräußerung des dienenden Grundstücks als Ganzes an einen neuen Alleineigentümer oder an neue Miteigentümer.
– Weitere denkbare Situationen, in denen das Blattanlegungsgebot des Abs 8 von § 3 GBO ebenfalls greift, wurden schon angeführt (vgl Rdn 15 aE, 17 bis 20).
– Im Übrigen darf die Bestimmung des § 3 Abs 8 GBO nicht missverstanden werden. Sie greift den Wegfall nur *einer* der in § 3 Abs 4 GBO bestimmten Zulässigkeitsvoraussetzungen heraus, spricht aber nicht dagegen, dass das GBA zur Aufrechterhaltung der Anteilsbuchung nur berechtigt ist, solange *alle* der in § 3 Abs 4 bzw 6 GBO bestimmten Zulässigkeitserfordernisse noch zutreffen.[16]
Zur Technik der Blattanlegung siehe RdRr 24.

2. Wird das dienende Grundstück als Ganzes belastet, so ist deswegen nach § 3 Abs 9 GBO – im Gegen- **23**
satz zur vorhergehenden Regelung im ehemaligen § 3 Abs 3c GBO – die Blattanlegung für das dienende Grundstück nicht geboten, sondern dem Ermessen des GBA überlassen. Die Begründung zur Neuregelung (BT-Drucks 12/5553 S 55) geht zu Recht davon aus, dass die Miteigentumsanteile an dem dienenden Grundstück heute durchweg in die Haft für die zulasten des herrschenden Grundstücks bestellten Grundpfandrechte einbezogen werden und es deshalb idR für die Grundbuchführung und für den Datenschutz vorteilhafter ist, wenn einer (ohnehin selten vorkommenden) einheitlichen Belastung des dienenden Grundstücks wegen die Anteilsbuchung nicht aufgegeben werden muss.

Eine Belastung des dienenden Grundstücks als Ganzes durch gemeinsame Verfügung aller Miteigentümer (§ 747 S 2 BGB) findet statt bei der Bestellung von Dienstbarkeiten und Erbbaurechten; denn diese Nutzungsrechte sind artbedingt als Anteilsbelastungen undenkbar. Die übrigen dinglichen Rechte sind dagegen kraft Gesetzes Anteilsbelastungen (vgl §§ 1066, 1095, 1106, 1114, 1192 Abs 1 BGB), selbst wenn sie als »Belastung des Grundstücks« bestellt sein sollten.[17]

3. Das Verfahren der Blattanlegung für das dienende Grundstück war ehemals in § 17 AVOGBO geregelt, **24**
in der GBV findet sich lediglich eine spezielle Rötungsvorschrift in § 13 Abs 3 S 2 (dazu § 13 GBV Rdn 21). Die Vorschrift des § 17 AVOGBO war verfehlt; deshalb hat man sie bei Aufhebung der AVOGBO durch das RegVBG ersatzlos wegfallen lassen (vgl Begründung zum Gesetzentwurf, BT-Drucks 12/5553 S 71). Für die buchungstechnische Durchführung der Blattanlegung gibt es seitdem bis auf § 13 Abs 3 S 2 keine Sondervorschriften mehr; sie ist mit Hilfe der allgemeinen Regeln der GBV zu bewältigen:
– **Von den Blättern der herrschenden Grundstücke** sind die bisher gemäß § 8 gebuchten Miteigentumsanteile in entsprechender Anwendung von § 13 abzuschreiben unter Übertragung aller sich auf sie beziehenden Eintragungen auf das für das bislang dienende Grundstück anzulegende Blatt. Eine »Löschung« der die einzelnen Miteigentumsanteile betreffenden Eintragungen, wie im aufgehobenen § 17 AVOGBO unzutreffend angeordnet, findet aus diesem Anlass nicht statt. Zweckmäßig ist es, in den Sp 7/8 des Bestandsverzeichnisses und ggf in den Sp 5/6 der zweiten Abt bzw in den Sp 5 bis 7 der dritten Abt Übertragungsvermerke anzubringen, etwa mit dem Wortlaut: »*Wegen Anlegung des Grundbuchs für das Grundstück gemäß § 3 Abs 8 GBO nach ... Blatt ... übertragen am ...*«.
– **Im neuen Blatt für das dienende Grundstück** sind die von den bisherigen Buchungsstellen zu übernehmenden Eintragungen nach näherer Bestimmung der §§ 6, 9, 10 und 11 zu platzieren und abzufassen, etwaige Anteilsbelastungen zu kennzeichnen (dazu § 10 GBV Rdn 13) und etwa nötige Mithaftvermerke gemäß § 48 GBO anzubringen. In den Eintragungsvermerken in Sp 6 des Bestandsverzeichnisses, in Sp 4 der

---

16 Ebenso in Bezug auf die vorherige Regelung: *Wendt* aaO (Fn 1) Seite 465.
17 So in Bezug auf § 1114 BGB: RGZ 146, 363, 365 = DNotZ 1935, 907; BGH NJW 1961, 1352 = Rpfleger 1961, 353; BGHZ 40, 115, 120 = NJW 1963, 2320, 2321; BGH NJW 1986, 1487, 1488 = DNotZ 1986, 476; BGHZ 103, 72, 80 = NJW 1988, 1375, 1377.

ersten Abt, gegebenenfalls in Sp 3 der zweiten bzw in Sp 4 der dritten Abt ist bei Wiedergabe der bisherigen Eintragungstexte die Herkunft der Eintragungen in geeigneter Weise zum Ausdruck zu bringen, letzteres durch einen Schlusssatz mit etwa folgendem Wortlaut: »*Bei Anlegung des Grundbuchs für das Grundstück gemäß § 3 Abs 8 GBO von ... Blatt ... hierher übertragen am ...*«.

§ 9 (Erste Abteilung)

In der ersten Abteilung sind einzutragen:
a) in Spalte 1: die laufende Nummer der unter Buchstabe b vorgesehenen Eintragung. Mehrere Eigentümer, die in einem Verhältnis der in § 47 der Grundbuchordnung genannten Art stehen, werden unter einer laufenden Nummer eingetragen; jeder Eigentümer ist in diesem Fall unter einem besonderen Buchstaben oder in vergleichbarer Weise aufzuführen;
b) in Spalte 2: der Eigentümer, bei mehreren gemeinschaftlichen Eigentümern auch die in § 47 der Grundbuchordnung vorgeschriebene Angabe; besteht zwischen mehreren Eigentümern kein Rechtsverhältnis der in § 47 der Grundbuchordnung genannten Art, so ist bei den Namen der Eigentümer der Inhalt ihres Rechts anzugeben;
c) in Spalte 3: die laufende Nummer der Grundstücke, auf die sich die in Spalte 4 enthaltenen Eintragungen beziehen;
d) in Spalte 4: der Tag der Auflassung oder die anderweitige Grundlage der Eintragung (Erbschein, Testament, Zuschlagsbeschluß, Bewilligung der Berichtigung des Grundbuchs, Ersuchen der zuständigen Behörde, Enteignungsbeschluß usw.), der Verzicht auf das Eigentum an einem Grundstück (§ 928 Abs 1 BGB) und der Tag der Eintragung.

I. Allgemeines

1 1. Die erste Abt ist **Eintragungsort für Eigentümer und Eigentumswechsel** in regelmäßig ununterbrochener chronologischer Reihenfolge (zur ausnahmsweisen Buchung von Eigentumsübertragungen in den Sp 7/8 des Bestandsverzeichnisses s § 6 GBV Rdn 54). Die grundsätzlich chronologische Aufeinanderfolge der Eigentumsbuchungen ergibt sich aufgrund materiellen Rechts (soweit die Eigentumsumschreibungen gemäß § 873 BGB Konstitutivwirkung haben) und aufgrund formellen Rechts (durch die in § 39 Abs 1 GBO gebotene Voreintragung der »außerhalb des Grundbuchs« eingetretenen Eigentumswechsel, soweit § 40 GBO nicht Ausnahmen zulässt). Einzutragen sind nach § 9 die eigentumsberechtigten Personen und die rechtlichen Grundlagen ihres Eigentumserwerbs.

Nicht vorgesehen sind Angaben über den Eigentumsinhalt; denn dieser (die Summe der Eigentümerbefugnisse) ergibt sich aus der Rechtsordnung (vgl § 903 BGB), kann grundsätzlich nicht vertraglich gestaltet werden. Für Ausnahmen, wie für das Sondereigentum (§§ 5 Abs 4, 10 ff WEG) und für die sog grundstücksgleichen Rechte, insb das Erbbaurecht (§§ 2 ff ErbbauRG), gibt es in § 3 WGV bzw § 56 GBV buchungstechnische Sondervorschriften; Ort für die Eintragung des vereinbarten Inhalts des Sondereigentums bzw des Erbbaurechts ist nach diesen Vorschriften jeweils das Bestandsverzeichnis. Das in den neuen Bundesländern zu führende Gebäudegrundbuch entspricht dem Erbbaugrundbuch (§ 3 GGV). Für die Eintragungen in der ersten Abteilung dieser besonderen Grundbücher gilt § 9 entsprechend (§ 1 WGV, § 57 Abs 1 GBV, § 3 Abs 1 GGV).

2 2. Eine **Besonderheit der ersten Abteilung** gegenüber der zweiten und dritten Abteilung ist die generelle **Bezeichnung der Grundlage der Eintragung** (dazu Rdn 23 ff). Diese wird dadurch allerdings nicht Grundbuchinhalt iS des materiellen Rechts; denn nach § 873 BGB ist die Einigung nicht Teil der Eintragung, sondern neben derselben ein weiteres Element des Verfügungstatbestandes. Die Angaben in Sp 4 nehmen deshalb auch nicht am öffentlichen Glauben des Grundbuchs (§§ 891 bis 893 BGB) teil, bilden vielmehr einen lediglich informativen Hinweis, dessen Aufnahme in das Grundbuch auf der formellen Ordnungsvorschrift der GBV beruht.[1]

Materiell-rechtliche Ergänzungswirkung hat die Bezugnahme auf die Eintragungsgrundlage dagegen regelmäßig bei den Buchungen in der zweiten und dritten Abteilung (Näheres dazu Vor GBV Rdn 70 ff, speziell Rdn 101).

3. Eine **buchungstechnische Spezialität** der ersten Abteilung ist die **Gliederung der Eintragungsvermerke.** Die lückenlose Eintragungsfolge pro Spalte ist in § 21 Abs 3 nicht für die erste Abteilung angeordnet. Daraus folgt, dass für die erste Abteilung eine horizontal gegliederte Buchungsweise geboten ist, um übersichtlich hervorzuheben, welcher Eigentümer welche Grundstücke wann erworben hat (vgl die Eintragungsmuster in den Anl).   3

II. Zu Buchstabe a (Spalte 1): Laufende Nummer der Eintragung

1. Alleineigentümer

a) Jeder neu einzutragende Eigentümer erhält in der Sp 1 **eine neue lfdNr.** Dies ergibt sich unzweifelhaft aus dem Wortlaut der Vorschrift. Daraus ist weiter abzuleiten, dass Eintragungen, die nur in den Sp 3 und 4 Niederschlag finden (dazu Rdn 21) keine eigene lfdNr erhalten sollen. Die Eintragungsmuster in den Anl bestätigen dies.   4

b) Wo Korrekturen der Personenbezeichnung unterzubringen sind, ist nicht ausdrücklich bestimmt. Dem offenbaren Ziel des § 9 entsprechend, Eigentümerwechsel jeweils durch eine neue lfdNr hervorzuheben, wird man derartige Korrektureintragungen nicht mit einer eigenen lfdNr versehen, sondern stattdessen den Bezug zur zu korrigierenden Eintragung in geeigneter Weise deutlich machen (dazu Rdn 12 bis 14).   5

2. Eigentümergemeinschaften

a) Unter einer einzigen lfdNr einzutragen sind gemäß § 9 Buchst a nicht nur einzelne Eigentümer (Alleineigentümer), sondern auch »mehrere Eigentümer, die in einem Verhältnis der in § 47 der Grundbuchordnung genannten Art stehen« (Eigentümergemeinschaft) (dazu Rdn 15 bis 20).   6

b) Besondere Unterteilung in Spalte 1. aa) Für einfach zusammengesetzte Eigentümergemeinschaften – einheitliche Bruchteilsgemeinschaft oder einheitliche Gesamthandelsgemeinschaft – ist die Art der Kennzeichnung in Sp 1 in § 9 Buchst a ausdrücklich vorgeschrieben: Jeder der gemeinschaftlichen Eigentümer ist unter einem besonderen Buchstaben (in alphabetischer Reihenfolge) aufzuführen. Beispiele bieten die Eintragungsmuster in den Anl 1, 2a und 2b.   7

bb) Für mehrfach zusammengesetzte Eigentümergemeinschaften, dh für Fälle rechtlich gesonderter **Untergemeinschaft(en) innerhalb einer Hauptgemeinschaft,** ist die Art der Kennzeichnung in der Sp 1 in § 9 Buchst a nicht ausdrücklich vorgeschrieben, aber durch Einfügung der Wörter »oder in vergleichbarer Weise« (Änderung durch VO vom 15.07.1994, BGBl I 1994, 1606) Gestaltungsraum anerkannt, den sich die Praxis ohnehin schon genommen hatte. Eine sinngemäße Anwendung der Vorschrift iS einer Klarheit schaffenden Kennzeichnungsweise ist angebracht. Die (hier nicht zu vertiefende) Frage, in welchen Fällen bzw aufgrund welcher Rechtsvorgänge es zu einer rechtlich gesonderten Untergemeinschaft innerhalb einer Hauptgemeinschaft kommt, ist noch nicht restlos geklärt.   8

Die Problematik der »Untergemeinschaft« wird vornehmlich **in Bezug auf die Erbengemeinschaft** erörtert (vgl § 47 GBO Rdn 78, 79 mwN).[2] Tendenz:
– Die **Entstehung einer besonderen Untergemeinschaft** wird zunehmend **anerkannt** für Fälle des Erwerbs eines Erbanteils durch eine besondere *Gesamthandsgemeinschaft* – Erbengemeinschaft, Gütergemeinschaft, BGB-Gesellschaft – (wesentlicher Grund: differierende Verfügungsbefugnis), mit der Folgerung, dass diese besondere Gemeinschaft innerhalb der Erbengemeinschaft gemäß § 47 GBO im Grundbuch kenntlich zu machen ist.

---

1 BGHZ 7, 64 = NJW 1952, 1289 m Anm *Hoche*; BayObLGZ 2002, 30 mwN = FGPrax 2002, 99 = Rpfleger 2002, 303 = DNotZ 2002, 731 (Klarstellender Vermerk einer – wegen *zweifelhafter* Wirksamkeit der bei der Eigentumsumschreibung vermerkten Auflassung – vorsorglich wiederholten zweiten Auflassung unzulässig). Nach OLG Jena (FGPrax 2002, 199 = Rpfleger 2002, 616) ist aber die Richtigkeitsvermutung des § 891 BGB widerlegt, wenn ein Erwerbsgrund vermerkt ist, der als solcher nicht Grundlage einer Übertragung des Eigentums sein kann.
2 Gründliche Analyse von *Venjakob* Rpfleger 1993, 2 mwN; *ders* Rpfleger 1997, 18/19 (Kritik zu *Böhringer* Rpfleger 1996, 244).

– Die **Entstehung einer besonderen Untergemeinschaft** wird (gegen die hM) **bestritten** für Fälle der rechtsgeschäftlichen Erbanteilsübertragung, und zwar bei der Übertragung eines Erbanteils im ganzen an mehrere Personen, wenn der Erwerb nicht in eine Gesamthandsgemeinschaft fällt, oder bei der Übertragung eines Teiles eines Erbanteils an eine oder mehrere Personen. Umstritten ist insb, ob zwischen mehreren Erwerbern eines im Ganzen veräußerten Erbanteils oder zwischen dem Veräußerer und dem Erwerber eines zum Teil übertragenen Erbanteils eine selbständige Untergemeinschaft in Gestalt einer *Bruchteilsgemeinschaft* überhaupt möglich ist oder – soweit die Möglichkeit bejaht wird – jedenfalls nicht ungewollt entsteht.

Unstreitig ist, dass es **innerhalb einer schlichten Bruchteilsgemeinschaft** (anders beim Wohnungs- und Teileigentum) keine Unter-Bruchteilsgemeinschaft geben kann (vgl § 47 GBO Rdn 41), dass vielmehr, wenn beispielsweise ein Miteigentümer seinen 1/2-Miteigentumsanteil an zwei Personen »je zur ideellen Hälfte« überträgt, die Erwerber hernach nicht mit je 1/2-Anteil an dem erworbenen Miteigentumsanteil, sondern mit je 1/4-Anteil am gesamten Eigentum beteiligt sind. **Unbestreitbar** kann an einer Bruchteilsgemeinschaft eine Gesamthandsgemeinschaft als Untergemeinschaft beteiligt sein (vgl § 47 GBO Rdn 30).

Für die **grundbuchtechnische Darstellung einer anerkennungswürdigen Untergemeinschaft** in der Sp 1 kommt es auf die Erzielung einer transparenten Gliederung an, die dem Leser die rechtlichen Zusammenhänge und Sonderungen klar vor Augen führt. Formulierungen, die darauf angelegt sind, mehrfach beteiligte Personen in den Sp 1 und 2 möglichst nur einmal einzutragen, sind nicht empfehlenswert. In § 9 Buchst a wird der Ansatz deutlich, dass in den Sp 1 und 2 die Strukturen der Beteiligungsverhältnisse transparent darzustellen sind. Für die Art der Darstellung der Gliederung und Untergliederung von »*verschachtelten*« Gemeinschaften bieten sich verschiedene Möglichkeiten an. Zur Veranschaulichung folgendes Beispielschema:

Spalte 1	Spalte 2		Spalte 3	Spalte 4
1	a	... (Name usw), *zu 1/4 Anteil;*	1, 2	... (Eintragungsgrundlage usw)
	b	... (Name usw), *zu 1/4 Anteil;*		
	c	I	... (Name usw),		
		II	... (Name usw),		
		III	... (Name usw), *zu I–III: in Erbengemeinschaft, zu 1/2 Anteil*		

Weitere Beispiele: § 47 GBO Rdn 184 bis 201, 214 (Untergliederung mit Doppelbuchstaben statt mit römischen Ziffern), *Schöner/Stöber* Rn 779, 829.

9 **c)** Ungeregelt ist die **Nummerierungsmethode bei Änderung der personellen Zusammensetzung** einer bereits eingetragenen Eigentümergemeinschaft (zB durch Eintritt eines weiteren Gemeinschafters, durch Ausscheiden eines Gemeinschafters, durch Anteilsübertragung). Verschiedene Praktiken werden empfohlen:

aa) die generelle Neubuchung der gesamten Gemeinschaft unter neuer lfdNr,[3]

bb) eine variable Buchungsweise, die von einer völligen Neubuchung der Gemeinschaft unter neuer lfdNr absieht, wenn nur ein einzelner Miteigentümer sich ändert.[4] *Stellungnahme:* Beide Methoden sind praktikabel. Welcher im Einzelfall der Vorzug zu geben ist, sollte mit Blick auf die Lesbarkeit der Eintragung durch unbefangene Betrachter entschieden werden. Grundsätzlich, aber nicht immer, ist die Neubuchung der Gesamtgemeinschaft unter neuer lfdNr empfehlenswert; unvorteilhaft ist sie beispielsweise, falls bei einer vielköpfigen Eigentümergemeinschaft der Wechsel einzelner Teilhaber zu buchen ist (Eintragungsmuster: Rdn 35).

10 **d)** Für **Korrekturen der Personenbezeichnung einzelner Miteigentümer** ist, wie bereits erwähnt (Rdn 5), eine neue lfdNr fehl am Platz. Weiteres: Rdn 12 bis 14.

III. Zu Buchstabe b (Spalte 2): Bezeichnung der Eigentümer und etwaiger Gemeinschaftsverhältnisse

1. Bezeichnung der Eigentümer

11 **a) Alleineigentümer wie Miteigentümer** sind nach § 9 Buchst b in der Sp 2 **der Person nach zu bezeichnen.** Gleiches gilt für die Bezeichnung des Erbbauberechtigten im Erbbaugrundbuch (vgl § 57) und für die Bezeichnung der Wohnungs- bzw Teileigentümer in den Wohnungs- bzw Teileigentumsgrundbüchern (vgl § 1 WGV). Als Eigentümer oder Miteigentümer eintragbar sind natürliche und juristische Personen, auch der Fiskus und Körperschaften öffentlichen Rechts, außerdem die Personenvereinigungen, denen »Grundbuchfähigkeit« zuerkannt wird, uU auch (zZt) nicht ermittelbare Personen. Das »Wie« der Eigentümerbezeichnung bestimmt nicht § 9, sondern § 15, die zentrale Vorschrift für die Bezeichnung der Berechtigten im Grundbuch.

---

3 So wohl KEHE-*Eickmann* Rn 2 (wie vorher *Hesse-Saage-Fischer* Anm II 1).
4 Darstellung bei *Schöner/Stöber* Rn 754.

b) Eventuelle **Korrekturen eingetragener Bezeichnungsmerkmale** gehören des Zusammenhangs wegen in   **12**
die Sp 2. Sie sind keine Eintragungen im Rechtssinne, sondern Vermerke zur Behebung von Ungenauigkeiten
tatsächlicher Art. Nicht die Person, sondern ihre Benennung wird geändert. Dabei kann es sich sowohl um die
Ersetzung versehentlich unzutreffender Angaben als auch um die Anpassung bisher zutreffender Angaben an
eine nachträgliche Veränderung (zB durch Namensänderung, Firmenänderung, Berufswechsel, Umzug, Sitzverlegung usw) handeln (zur verfahrensrechtlichen Einordnung derartiger Richtigstellungen siehe § 22 GBO
Rdn 86). Zu beachten ist, dass solche Korrekturen **in Sp 2 einzutragen** und an dieser Stelle auch gemäß § 44
Abs 1 GBO **zu unterzeichnen** sind. Ein zusätzlicher Vermerk in Sp 4 ist unangebracht, weil am früher eingetragenen Erwerbsgrund nichts zu ändern ist. Wie bereits angedeutet (vgl Rdn 5), sind die Korrekturvermerke
zweckmäßigerweise so in der Sp 2 anzubringen, dass der Betrachter deutlich zu erkennen vermag, auf welchen
früheren Eintrag sie sich beziehen.

aa) Bei geringfügigen Änderungen und hinreichend Platz für einen Zusatz bietet es sich an, den Korrek-   **13**
turvermerk an bisheriger Stelle einzutragen, indem die neue Angabe unter oder über die rot zu unterstrei-
chende bisherige Angabe gesetzt wird und die Verbesserung durch einen unmittelbar unter die bisherige Eintragung zu setzenden kurzen Vermerk wie »*Vorname berichtigt am* . . .«, »*Namensänderung vermerkt am* . . .« u dgl
bescheinigt wird (ähnlich, wie dies in den Bestimmungen zur Erhaltung der Übereinstimmung der Bestands-
gaben mit dem Kataster vorgesehen ist).

bb) Bei umfangreichen Änderungen und wenig Platz, weil beispielsweise mehrere gemeinschaftliche   **14**
Eigentümer in dichter Reihenfolge eingetragen sind, wird es der Übersichtlichkeit des Grundbuchs dienlich
sein, wenn der Korrekturvermerk in **Sp 2** an besonderer Stelle eingetragen wird. In diesem Fall ist der Vermerk
durch Hinweis in der **Sp 1**, wie »*Zu 1 a*« oder »*Zu 1a I*«, an die bisherige Eintragungsstelle anzuknüpfen. Der
Wortlaut des Vermerks muss die Korrektur ihrer Art nach aufzeigen, wie zB »*Der Vorname lautet nicht* . . ., *son-*
dern . . . *Vermerkt am* . . .« oder »*Der Nachname ist infolge Heirat geändert in* . . . *Vermerkt am* . . .« oder »*Der Wohnsitz*
ist verlegt nach . . . *Vermerkt am* . . .«. An der früheren Eintragungsstelle ist schließlich die durch den Korrekturvermerk überholte Angabe rot zu unterstreichen.

2. Bezeichnung etwaiger Gemeinschaftsverhältnisse

In die **Sp 2** ist gemäß § 9 Buchst b gegebenenfalls die in § 47 GBO vorgeschriebene Angabe des Gemein-   **15**
schaftsverhältnisses aufzunehmen oder, falls zwischen den Eigentümern kein Rechtsverhältnis der im § 47 GBO
genannten Art besteht, bei den Namen der Eigentümer der Inhalt ihres Rechts anzugeben. Untersagt ist es
durch § 4 GBO, ein gemeinsames Grundbuchblatt für die Grundstücke verschiedener Eigentümer oder Eigentümergemeinschaften zu führen.

a) Nach dem BGB ist **Eigentum mehrerer Personen am selben Objekt nur als gemeinschaftliches**   **16**
Recht möglich, entweder als schlichtes »Miteigentum« einer Bruchteilsgemeinschaft oder als zweckunterworfe-
nes »Gesamthandseigentum«, falls das Eigentum zum Sondervermögen einer Gesamthandsgemeinschaft gehört.
Demgemäß ist eine Angabe gemäß § 47 GBO stets fällig, wenn im selben Grundbuchblatt mehrere Personen
zusammen als Eigentümer eingetragen werden; der in § 9 Buchst b außerdem vorgesehene Fall, dass zwischen
mehreren Eigentümern kein Rechtsverhältnis der im § 47 GBO genannten Art besteht, kann im Geltungsbereich des BGB nicht mehr aktuell werden. Die Eintragung gemäß § 47 GBO hat von Amts wegen zu erfolgen,
setzt allerdings voraus, dass sich das konkrete Gemeinschaftsverhältnis mindestens auslegungsweise mit den nötigen Bestimmtheit aus den Eintragungsunterlagen ergibt (vgl § 47 GBO Rdn 257 bis 271). Zum Zweck der
Angabe des Gemeinschaftsverhältnisses in der Eintragung: Vor GBV Rdn 51.

aa) Zur Fassung des Eintragungsvermerks in Sp 2 **bei Miteigentum:** Zunächst sind *sämtliche Miteigentü-*   **17**
mer einzeln gemäß § 15 *zu benennen* (zur Sp 1: Rdn 7 bis 9). Zusätzlich sind gemäß § 47 GBO die *Anteile der*
Miteigentümer in Bruchteilen anzugeben (dazu § 47 GBO Rdn 156 bis 161). Zwei Möglichkeiten der Eintragungsfassung bieten sich an:
– **Einzelangabe der Bruchteilsquote pro Miteigentümer**, zB: 1 a Paul Alt, geb am 01.02.1920, Hahausen, zu 1/4 Anteil; b Paula Alt geb Klein, geb am 02.01.1923, Hahausen, zu 1/4 Anteil; c Max Jung, geb
   am 14.03.1947, Hahausen, zu 1/4 Anteil; d Ilse Jung geb Niedlich, geb am 11.02.1949, Hahausen, zu 1/4
   Anteil.
– **Gesamtangabe der Bruchteilsquoten in Gestalt eines Zusatzes, der sich zusammenfassend auf alle**
   benannten Miteigentümer bezieht, zB: *1 a Paul Alt, geb am 01.02.1920, Hahausen, b Paula Alt geb Klein,*
   geb am 02.01.1923, Hahausen, c Max Jung, geb am 14.03.1947, Hahausen, d Ilse Jung geb Niedlich, geb am
   11.02.1949, Hahausen, je zu 1/4 Anteil.

Ob die eine oder die andere Eintragungsweise gewählt wird, liegt im Ermessen des die Eintragung verfügenden
Rechtspflegers. Die Einzelangabe empfiehlt sich jedenfalls bei unterschiedlicher Quotelung der Miteigentumsanteile, ist aber auch bei gleicher Quotelung angebracht, weil sie präventiv für den Fall späterer Änderungseintragungen die klarere Ausgangslage schafft (Anknüpfung und Rötung sind deutlicher darstellbar).

18 bb) Zur Fassung des Eintragungsvermerks in Sp 2 bei Gesamthandseigentum:
- Zunächst sind – wie bei der Eintragung von schlichten Miteigentümern zu Bruchteilen – die *Mitglieder* der betreffenden Gesamthandsgemeinschaft *einzeln* nach Maßgabe des § 15 *zu benennen* (zur Sp 1: Rdn 7 bis 9).
- Anschließend ist gemäß § 47 GBO »das für die Gemeinschaft maßgebende Rechtsverhältnis« konkret zu bezeichnen. Eine allgemeine Angabe wie »in *Gesamthandsgemeinschaft*« oder »*zur gesamten Hand*« reicht nicht aus; sie kennzeichnet zwar den Vermögensstatus der »gesamthänderischen Bindung«, aber nicht das für die Eigentümergemeinschaft maßgebende spezifische Rechtsverhältnis. Wegen des Katalogs der Gesamthandsgemeinschaften, ihrer rechtlichen Spezialitäten und der Fassung der in § 47 GBO vorgeschriebenen Eintragungszusätze wird auf die Erläuterungen zu § 47 GBO Rdn 162 ff verwiesen.[5]
- Zur Eintragungsweise bei *verschachtelten Gemeinschaften*: Rdn 8.
- Obwohl vermögensmäßig Gesamthandsgemeinschaften, sind die *Personenhandelsgesellschaften* (OHG, KG) und die *Partnerschaftsgesellschaften* nach § 15 Abs 1 Buchst b nicht als Personenmehrheit, sondern wie juristische Personen mit Firma bzw Namen und Sitz zu bezeichnen. (dazu § 15 GBV Rdn 25, auch 31). Ob bzw unter welchen Voraussetzungen § 15 Abs 1 Buchst b auf die BGB-Gesellschaft analog anwendbar ist, ist umstritten (dazu § 15 GBV Rdn 32 bis 36).

19 b) Außerhalb des BGB. aa) Bei Wohnungseigentum, Erbbaurecht und Gebäudeeigentum finden zwar in der Aufschrift und im Bestandsverzeichnis des hierfür angelegten Grundbuchblattes spezielle Eintragungen statt. Für die Eintragung der Eigentümer und der Belastungen gelten keine grundbuchtechnischen Sonderheiten (vgl Rdn 1).

20 bb) Nach **Landesgrundbuchrecht** aufgrund § 136 (ehemals § 117) GBO, § 103 (ehemals § 72) GBV, maßgeblich zB für die Grundbuchführung für Stockwerkeigentum (dazu § 8 GBV Rdn 4) und verschiedene grundstücksgleiche Rechte, gilt etwa Gleiches (dazu auch § 47 GBO Rdn 233).

IV. Zu Buchstabe c (Spalte 3): Verweis auf das Bestandsverzeichnis

1. Zu den Spalten 3 und 4 allgemein

21 Zu den subjektbezogenen Angaben in den Sp 1 und 2 treten die objektbezogenen Angaben in den Sp 3 und 4. In der **Sp 3** sind die Gegenstände der in den Sp 1 und 2 verlautbarten Eigentumsbuchung zu bezeichnen, und zwar durch Anführung der betreffenden lfdNrn des Bestandsverzeichnisses; in der **Sp 4** ist die Grundlage des Eigentumserwerbs zu vermerken und die Eintragung insgesamt zu vollziehen. *Jede Eintragung eines neuen Eigentümers oder Miteigentümers* in den Sp 1/2 findet auf diese Weise ihren Abschluss. Aber nicht immer sind sämtliche Spalten der ersten Abteilung auszufüllen:
- Einerseits bedarf die *Korrektur der Personaldaten* keines Eintragungsvermerks in den Sp 3 und 4 (vgl Rdn 12).
- Andererseits erfordert die *Zubuchung weiterer Grundstücke* oder sonstiger Buchungsgegenstände im Bestandsverzeichnis stets, aber auch nur eine Eintragung in den Sp 3 und 4, wenn der eingetragene Eigentümer derselbe bleibt.

2. Zur Spalte 3 speziell

22 Der Ansicht, dass es unstatthaft sei, mehrere im Bestandsverzeichnis aufeinander folgend gebuchte Grundstücke in Sp 3 zusammengefasst anzuführen, etwa wie »*1 bis 6*« statt »*1, 2, 3, 4, 5, 6*«,[6] wird nicht beigetreten. Die Vorschrift lässt dies offen. Zweckmäßigkeitsgründe sprächen allenfalls gegen die zusammenfassende Eintragungsweise, wenn nachträgliche Änderungen von Buchungsstellen im Bestandsverzeichnis (zB durch Vereinigung, Zuschreibung oder Teilung) in der Sp 3 der ersten Abteilung nachzutragen wären; letzteres ist aber nicht notwendig[7] und besser zu unterlassen (dazu § 10 GBV Rdn 9).

V. Zu Buchstabe d (Spalte 4): Grundlage und Tag der Eintragung

1. Grundlage der Eintragung

23 a) Allgemeines: In der **Sp 4** ist gemäß § 9 Buchst d der Tag der Auflassung oder die anderweitige Grundlage der Eigentumseintragung, ggf Verzicht auf das Eigentum, anzugeben, und zwar *pro Grundstück*, das im Zeitpunkt der Eintragung eines neuen Eigentümers oder Miteigentümers im Bestandsverzeichnis gebucht ist oder später hinzugebucht wird. Die Grundstücksbezeichnung erfolgt durch Verweis in der **Sp 3** (dazu Rdn 22). Am öffentlichen Glauben des Grundbuchs nimmt nur der in Sp 3 ausgewiesene Grundstücksbezug

---

5 Eintragungsmuster für die (nicht grundbuchfähige) BGB-Gesellschaft: *Eickmann* Rpfleger 1985, 85 ff; *Schöner/Stöber* Rn 983c. Zu Erwerb und Veräußerung von Grundbesitz durch eingetragene Lebenspartner: *Böhringer* Rpfleger 2002, 299.

6 So KEHE-*Eickmann* Rn 3 im Anschluss an *Hesse-Saage-Fischer* Anm II 3.

7 Wie auch *Eickmann* aaO (Fn 6) anerkennt.

teil, nicht die in Sp 4 enthaltenen Angaben über die Grundlage der Eintragung (vgl Rdn 2). Die Beachtung der Vorschrift des § 9 Buchst d kann dennoch – entsprechend dem Charakter der GBV als RechtsVO – im Wege der Beschwerde geltend gemacht werden.[8]

aa) Anzugeben ist im Eintragungsvermerk **die materiellrechtliche Grundlage des Eigentumserwerbs**, 24 wie aus den angeführten Beispielen erhellt, nicht etwa das Kausalgeschäft (Kauf-, Übergabe-, Auseinandersetzungsvertrag u dgl), sondern das *Verfügungsgeschäft* (Auflassung), das mit der Eintragung zusammen den Eigentumsübergang bewirkt, oder möglichst der *Rechtsakt, auf dem der einzutragende Eigentumserwerb unmittelbar beruht* (zu letzterem Rdn 28 bis 30). Praktisch überwiegen die Fälle der Auflassung (zu deren Bezeichnung: Rdn 26).

bb) Nicht anzugeben sind **die etwa zusätzlichen Eintragungsunterlagen**, wie die Eintragungsbewilli- 25 gung, Vollmachten, Zustimmungserklärungen, Erbfolgenachweise im Falle des § 40 GBO, behördliche Genehmigungen usw. Diese Nachweise gehören zwar zu den verfahrensrechtlichen Voraussetzungen der Eigentumsumschreibung, bilden aber *nicht* die *Grundlage* für den Eigentumserwerb; sie sind dem Eintragungsvermerk in der Sp 4 fern zu halten, um eine unnötige Überfüllung des Grundbuchs zu vermeiden.

b) **Zur Auflassungsbezeichnung** ist es nach dem Wortlaut des § 9 Buchst d erforderlich und ausreichend, 26 den »Tag der Auflassung«, also regelmäßig das *Datum* der notariellen Urkunde, welche die Auflassung enthält, in der Sp 4 anzugeben. Es bleibt dem GBA unbenommen, aus Zweckmäßigkeitsgründen die Auflassungsurkunde zusätzlich zu kennzeichnen, zB durch Benennung des Urkundsnotars bzw der -notarin nebst Nr der Urkundenrolle; die neue Sollvorschrift des § 44 Abs 2 S 2 GBO (zu deren Wortlaut und Zweck s Vor GBV Rdn 124) ist hierfür zwar nicht anwendbar, da die Bezeichnung der Auflassung in Sp 4 keine Bezugnahme zur Ergänzung der Eintragung ist; sie bietet aber eine Anregung für die Optimierung des Eintragungsvermerks. Die Verurteilung zur Auflassung ersetzt mit Rechtskraft gemäß § 894 ZPO die Auflassungserklärung des verklagten Veräußerers, erübrigt nicht die dem § 925 BGB entsprechende Auflassung[9] (vgl § 20 GBO Rdn 68); auch in einem solchen Falle ist also die Auflassungsurkunde, nicht das Urteil in der Eintragung anzugeben. Erfolgen Auflassung und Eintragung am selben Tag (praktisch selten), so soll nach einer Ansicht[10] eine zusammenfassende Eintragung wie »*Aufgelassen und eingetragen am …*« genügen; ob dies eindeutig genug ist, ist zu bezweifeln. Empfehlenswert ist es, stets das Datum der Auflassung besonders zu benennen, also einzutragen: »*Aufgelassen am …;*« oder »*Auflassung vom …; eingetragen am …*« oder ähnlich.

c) Wird **im Falle einer sog »Kettenauflassung«** unter Aussparung der Zwischenerwerber nur der Enderwer- 27 ber in das Grundbuch eingetragen (dazu § 20 GBO Rdn 129 und § 39 GBO Rdn 13, jeweils mwN), so ist fraglich, welche der Auflassungen in Sp 4 anzugeben ist. Der Vorschrift des § 9 Buchst d ist nach Wortlaut und Zweck Genüge getan, wenn diejenige Auflassung in der Sp 4 vermerkt wird, der in diesem Falle die eigentumsübertragende Wirkung gemäß § 873 BGB zukommt. Das kann von Rechts wegen entweder die erste oder die letzte Auflassung der Kette sein. Wird beispielsweise ein Grundstück zunächst von dem im Grundbuch als Eigentümer eingetragenen A an B, sodann von B an C und zuletzt von C an D aufgelassen und erfolgt schließlich die Eigentumsumschreibung auf D, so ist der Eigentumsübergang von A auf D theoretisch auf zweierlei Weise möglich:

– Wird die Rechtsgrundlage der Kettenauflassung – wie überwiegend[11] – in § 185 BGB gesehen, so finden die Auflassungen von A an B und von B an C nicht als solche, sondern auslegungsweise als Einwilligungen iS des § 185 Abs 1 BGB Verwendung, um der Auflassung von C an D Wirksamkeit gegenüber A zu verleihen. Nur diese letzte Auflassung hat die Funktion der Einigung nach § 873 BGB, welche zusammen mit der Eintragung dem Enderwerber das Eigentum überträgt.[12]

– Wird dagegen die Position des Auflassungsempfängers als unabhängig von der Zustimmung des Noch-Eigentümers A (durch Einigung in Auflassungsform) übertragbare *Anwartschaft* oder *Anwartschaftsrecht* (sofern letzteres tatbestandlich überhaupt gegeben ist,[13] siehe auch § 20 GBO Rdn 149 ff) aufgefasst, so bildet die erste Auflassung zwischen A und B die für § 873 BGB maßgebliche Einigung, während die weiteren Auflassungen als Übertragungen der Anwartschaft bzw des Anwartschaftsrechtes des ursprünglichen Auflassungsempfängers B letztlich auf D auszulegen wären.[14]

---

8 KGJ 34, 247.
9 BayObLGZ 1983, 181 = Rpfleger 1983, 390 mit Anm *Meyer-Stolte* = DNotZ 1984, 628; OLG Celle DNotZ 1979, 308.
10 *Hesse-Saage-Fischer* Anm II 4a unter Hinweis auf die (frühere) Anl 1 Abt I Sp 3, 4.
11 Diesen Weg weist auch der BGH NJW 1989, 1093 = Rpfleger 1989, 192; vgl auch BayObLG NJW-RR 1991, 465.
12 Zustimmend KEHE-*Eickmann* Rn 6.
13 Dazu speziell *Staudinger-Pfeifer* § 925 Rn 128/129, 147; zur Problematik des Anwartschaftsrechts des Auflassungsempfängers auch: *Münzberg* FS Schiedermair 1976, 439 ff; *Reinicke/Tiedtke* NJW 1982, 228 ff; *Medicus* DNotZ 1990, 275; aus grundbuchpraktischer Sicht: *Böttcher* Rpfleger 1988, 252; *Hintzen* Rpfleger 1989, 439. Der BGH hat aaO (Fn 11) seinen restriktiven Standpunkt (Auflassung allein keine übertragbare und pfändbare Rechtsposition) bekräftigt.
14 Zur Problematik dieses Weges: *Staudinger-Pfeifer* § 925 Rn 147.

Unschädlich ist der Kompromiss, sämtliche Auflassungen der Kette in der Sp 4 zu vermerken; dies dient der Nachvollziehbarkeit der Eintragung.

28   d) **Anderweitige Grundlagen der Eintragung** nennt § 9 Buchst d **beispielhaft**, nicht abschließend. Die angeführten Beispiele sind ein Konglomerat; genannt sind zum einen *Rechtsakte, welche den Eigentumserwerb materiellrechtlich bewirken* (Zuschlag, Testament, Enteignungsbeschluss), zum anderen *Unterlagen, welche die Eigentumseintragung verfahrensrechtlich rechtfertigen* (Erbschein, Bewilligung der Berichtigung des Grundbuchs, Ersuchen der zuständigen Behörde). Der Sinn und Zweck der Vorschrift wird einigermaßen erkennbar: **In erster Linie** soll **der urkundliche materielle Rechtsakt für den Eigentumserwerb** in Sp 4 bezeichnet werden. **In zweiter Linie** – dann, wenn es keine urkundlich dokumentierte Erwerbsgrundlage gibt – soll die **urkundliche formelle Grundlage der Eintragung** in Sp 4 angeführt werden. Welche Bezeichnungsmerkmale jeweils eingetragen werden sollen, kommt in der Vorschrift nicht zum Ausdruck. Es gilt hierfür der allgemeine formelle Bestimmtheitsgrundsatz, nach dem alle Eintragungen so eindeutig wie möglich zu fassen sind (dazu Vor GBV Rdn 40 bis 44). Die Bezeichnung der Eintragungsbelege nur mit dem Datum der sie enthaltenden Urkunde wird den Bestimmtheitsanforderungen kaum genügen; weitere Angaben, wie die Bezeichnung des Urkundsnotars bzw der -notarin nebst Nr der Urkundsrolle oder gegebenenfalls der die Urkunde ausstellenden Behörde nebst Aktenzeichen sind, obwohl die Vorschrift des § 44 Abs 2 GBO nicht unmittelbar greift, zweckdienlich (vgl Rdn 26).

Wegen der in Sp 4 als »Grundlage der Eintragung« gegebenenfalls einzutragenden »Bewilligung zur Berichtigung des Grundbuchs«, kurz **Berichtigungsbewilligung** genannt, wird auf die diesbezüglichen Erläuterungen zu § 22 GBO (insb Rdn 101 ff) verwiesen, mit der Bemerkung, dass die in § 22 Abs 2 GBO vorgeschriebene Zustimmungserklärung des Einzutragenden (dazu § 22 GBO Rdn 140 ff) neben der Berichtigungsbewilligung zur Grundlage der Eintragung gehört und dementsprechend neben der Bewilligung in Sp 4 zu bezeichnen sein dürfte.

Für die Bezeichnung der Eintragungsgrundlage bei der Eintragung einer **Erbfolge** sehen die neuen Eintragungsmuster in den Anl verschiedene Fassungen vor. Überwiegend ist an erster Stelle der materiellrechtliche Erwerbsgrund, die »Erbfolge«, und an zweiter Stelle das Zeugnis über die Erbfolge, der »Erbschein«, bezeichnet. In der Anl 10a ist dagegen (wie in den früheren Eintragungsmustern) nur der Erbschein angeführt. Beides ist vertretbar, eine Formulierung wie *»Erbfolge gemäß Erbschein vom . . .«* oder *»Erbfolge gemäß Testament vom . . .«* entspricht korrekt dem materiellen Recht.

Zu den ggf in der Sp 4 zu bezeichnenden **sonstigen Eintragungsgrundlagen** im Einzelnen:

29   aa) **Behördliche Eintragungsersuchen** ersetzen zwar gemäß § 38 GBO die gewöhnlichen Eintragungsvoraussetzungen (Antrag und Bewilligung), bewirken jedoch nicht die Eigentumsänderung. Deshalb ist in der Sp 4 regelmäßig nicht das Eintragungsersuchen, sondern der den Eigentumserwerb begründende staatliche Hoheitsakt zu bezeichnen. Zu bezeichnen sind beispielsweise:

– der **Zuschlagsbeschluss**, nicht das nach § 130 ZVG zu erlassende Eintragungsersuchen des Vollstreckungsgerichts;[15]

– der **enteignende Hoheitsakt**, nicht das Eintragungsersuchen der Enteignungsbehörde. Beispielsweise ist die Ausführungsanordnung die zu bezeichnende Eintragungsgrundlage, weil sie den Tag festsetzt, mit dem der bisherige Rechtszustand durch den im Enteignungsbeschluss geregelten neuen Rechtszustand ersetzt wird; nicht unbedingt nötig, aber zweckdienlich (zur Verdeutlichung) ist die zusätzliche Erwähnung des Enteignungsbeschlusses;[16] die Aussagekraft der Eintragung wird erhöht durch die Aufnahme des sich aus der Ausführungsanordnung ergebenden Tages des Eigentumsübergangs in den Eintragungsvermerk.[17] Eine Ausführungsanordnung ist auch im Fall der Einigung (§ 110 BauGB) und der Teileinigung (§ 111 BauGB) erforderlich, ist also Eintragungsgrundlage.[18] Besonderheiten gelten im Zwangsabtretungs-(Enteignungs-)Verfahren nach dem Energiewirtschaftsgesetz;[19] Entsprechendes gilt im Falle der Enteignung für Zwecke der Verteidigung nach dem Landbeschaffungsgesetz (vgl § 51 Abs 4 LBG). Andere Enteignungen sind ihren gesetzlichen Bestimmungen gemäß zu behandeln.

– der **Verwaltungsakt**, durch den das gemeindliche Vorkaufsrecht ausgeübt wird (§ 28 Abs 2 BauGB), nicht das Eintragungsersuchen der Gemeinde (§ 28 Abs 3 BauGB).

30   bb) **Andere als die in § 9 Buchst d genannten Eintragungsgrundlagen** sind insbesondere:

– Das **Zeugnis gemäß § 36 GBO**. Die sich darauf gründende Eigentumsumschreibung hat die dem materiellen Recht entsprechende Funktion, in erster Linie konstitutive Wirkung gemäß § 873 BGB, gelegentlich berichtigende Wirkung wie im Fall der Erbteilsübertragung gemäß § 2033 Abs 1 BGB.

---

15 AllgM im Anschluss an KG OLGE 6, 438.
16 KG NJW 1966, 1033 = Rpfleger 1967, 115 m zust Anm *Haegele*.
17 *Haegele* Rpfleger 1967, 116 in Anm zu KG aaO (Fn 16).
18 Vgl LG Regensburg Rpfleger 1978, 448 (Volleinigung) und OLG Bremen Rpfleger 1968, 28 (Teileinigung).
19 Dazu BayObLGZ 1971, 336 = Rpfleger 1972, 26 (LS).

Zu den durch das Zeugnis ersparten Nachweisen: § 36 GBO Rdn 28, 29. Fassungsvorschlag: *»Aufgrund des Zeugnisses des Amtsgerichts ... vom ...– ... (Aktenzeichen) – eingetragen am ...«*

– Das **Ausschlussurteil gemäß § 927 Abs 2 BGB**.[20] Die Eintragung dessen, der das Urteil erwirkt hat, ist Aneignungsakt und hat konstitutive Wirkung. Der anzutreffenden Meinung, dass ein formloser Eintragungsantrag des Aneignungsberechtigten genügen soll,[21] wird zu Recht entgegengehalten, dass wegen der materiellrechtlich erforderlichen (formfreien) Aneignungserklärung dem GBA gegenüber sowie mit Rücksicht auf den aus den §§ 20, 22 Abs 2 GBO herzuleitenden verfahrensrechtlichen Grundsatz, dass die Eintragung eines Eigentümers nicht ohne dessen Zustimmung erfolgen soll, der Eintragungsantrag gemäß §§ 30, 29 GBO als sog »gemischter Antrag« formbedürftig ist.[22] Eine steuerliche Unbedenklichkeitsbescheinigung ist nicht nötig.[23] Fassungsvorschlag: *»Aneignung vom ... nach Ausschlussurteil des Amtsgerichts ... vom ...– ... (Aktenzeichen) – eingetragen am ...«*.[24]

– Das **Gesetz (§ 928 Abs 2 BGB)** für die Eintragung des **nach eintragungsbedürftigem Eigentumsverzicht** (dazu Rdn 36) aneignungsberechtigten Landesfiskus. Auch diese Eintragung hat konstitutive Wirkung zusammen mit der Aneignungserklärung. Und auch in diesem Fall ist der Eintragungsantrag gemäß §§ 30, 29 GBO formbedürftig.[25] Fassungsvorschlag: *»Aneignung gemäß § 928 Abs 2 BGB vom ... eingetragen am ...«*.[26] Der Fiskus kann auf sein Aneignungsrecht verzichten oder es auf andere übertragen; im Falle einer Übertragung kann der Erwerber, im Falle eines wirksamen Verzichts kann sich jeder Dritte das herrenlose Grundstück durch Erklärung gegenüber dem GBA und Eintragung im Grundbuch aneignen; Eigenbesitz oder ein Aufgebotsverfahren (analog § 927 BGB) ist für den Eigentumserwerb nicht erforderlich.[27] Ob die Übertragung des Aneignungsrechts bzw der Verzicht darauf der Eintragung in das Grundbuch bedürfen, ist noch nicht endgültig geklärt; dass das Aneignungsrecht des Fiskus selbst im Grundbuch nicht in Erscheinung tritt, spricht gegen die Eintragungsbedürftigkeit, aber für die Nachweisbedürftigkeit bei Ausübung des Aneignungsrechts.[28]

– **Urkundliche Unrichtigkeitsnachweise** iS des § 22 Abs 1 GBO, beispielsweise eigentumsübertragende *Hoheitsakte* (zB Zuschlagsbeschluss, Umlegungsplan, Grenzregelungsbeschluss, Flurbereinigungsplan nebst der jeweils den Eigentumsübergang herbeiführenden Ausführungsanordnung oder Bekanntmachung[29]), gerichtliche oder behördliche *Zeugnisurkunden* (zB beglaubigte Registerabschrift, Erbschein, Zeugnis über Fortsetzung der Gütergemeinschaft,[30] *Vertragsurkunden* (zB Ehevertrag, Erbanteilsübertragungsvertrag, Erbvertrag, Verträge unter Gesellschaftern mit An- und Abwachsungsfolge) usw. Im Übrigen wird wegen der Fälle und Erfordernisse des Unrichtigkeitsnachweises auf die Erläuterungen zu § 22 GBO verwiesen (Rdn 112 ff).

e) Bei **Anlegung des Grundbuchs** für ein Grundstück sind in der Sp 4 die ermittelten Eigentumsbelege (dazu §§ 118 bis 123 GBO) zu vermerken. **31**

f) Wird ein **Herrschvermerk** gemäß § 7 in das Bestandsverzeichnis aufgenommen, so ist in der Sp 4 als Grundlage der Eintragung etwa folgendes einzutragen: *»Das in Blatt ... eingetragene Recht hier vermerkt am ...«* (ähnlich: Muster in der Anl 2a). **32**

g) Wird ein **Miteigentumsanteil** gemäß § 8 im Bestandsverzeichnis neu gebucht, so lautet der Eintragungsvermerk in der Sp 4 etwa: *»Aufgelassen am ... und eingetragen am ... in Blatt ... Gemäß § 3 Abs 5 GBO hier eingetragen am ...«* (ähnlich Muster in der Anl 1). **33**

h) **Im Falle der Grundstücksübertragung ohne akuten Eigentumswechsel** (Zusammenschreibung gemäß § 4 GBO), ist es zwar (wegen des Herkunftsnachweises in den Sp 5, 6 des Bestandsverzeichnisses) ausreichend, in Sp 4 der ersten Abt etwa einzutragen: *»Ohne Eigentumswechsel hierher übertragen am ...«* (wie im **34**

---

20 Dazu Abhandlung von *Saenger* MDR 2001, 134.

21 OLG Jena FGPrax 2003, 9 = Rpfleger 2003, 177 = ZflR 2003, 63; MüKo-*Kanzleiter* Rn 7, *Palandt-Bassenge* Rn 5, je zu § 927 BGB; *Saenger* aaO (Fn 20) S 135.

22 *Staudinger-Pfeifer* Rn 30, BGB-RGRK-*Augustin* Rn 14, je zu § 927; *Demharter* Anh zu § 44 Rn 6; *Schöner/Stöber* Rn 1026 (gegenteilige Ansicht bis zur 9. Aufl).

23 OLG Zweibrücken NJW-RR 1986, 1461 = Rpfleger 1987, 105 = DNotZ 1987, 105; *Saenger* aaO (Fn 20) S 136; *Demharter* Anh zu § 44 Rn 7; *Schöner/Stöber* Rn 1025.

24 Ähnlicher Fassungsvorschlag: *Demharter* Anh zu § 44 Rn 6.

25 KG JFG 8, 214; OLG Schleswig JurBüro 1989, 90; BGB-RGRK-*Augustin* Rn 9 (anders als zu § 927), MüKo-*Kanzleiter* Rn 11, *Palandt-Bassenge* Rn 4, je zu § 928; *Demharter* Anh zu § 44 Rn 4; *Schöner/Stöber* Rn 1032.

26 Ähnliche Fassungsvorschläge: *Demharter* Anh zu § 44 Rn 4; *Schöner/Stöber* Rn 1032.

27 Unstreitig im Anschluss an BGHZ 108, 278 = NJW 1990, 251 = Rpfleger 1989, 497 = DNotZ 1990, 291.

28 Eintragungsbedürftigkeit von BGH aaO (Fn 27) offen gelassen, aber angedeutet. Nicht eintragungsbedürftig: *Staudinger-Pfeifer* § 928 Rn 24; BGB-RGRK-*Augustin* § 928 Rn 8; *Schöner/Stöber* Rn 1033 mwN. Eintragungsbedürftig: *Palandt-Bassenge*, § 928 Rn 4; *Demharter* Anh zu § 44 Rn 5.

29 Zur Art der Eintragung: *Schöner/Stöber* Rn 4052, 4053.

30 Zur Art der Eintragung: § 47 GBO Rdn 182–187; *Schöner/Stöber* Rn 829.

Muster Anl 2a bezüglich Grundstück lfdNr 4). Informativer und deshalb empfehlenswert ist es jedoch, die auf dem bisherigen Blatt verzeichnete Eintragungsgrundlage in Sp 4 der ersten Abt des neuen Blattes zu wiederholen, etwa durch einen Eintragungsvermerk wie: »*Aufgelassen am . . . und eingetragen am . . . in Blatt . . . Hierher übertragen . . .*«.

35 i) Bei **Eigentumsumschreibung bezüglich eines Miteigentumsanteils** (in der ersten Abt gebucht, nicht im Bestandsverzeichnis nach §7) ist ein schlichter Eintragungsvermerk wie beispielsweise »*Aufgelassen am . . . und eingetragen am . . .*« in der Sp 4 nur dann deutlich genug, wenn an anderer Stelle der Eintragung angezeigt ist, auf welchen Anteil sie sich bezieht, zB dadurch, dass in der Sp 1 auf die bisherige Buchungsnummer Bezug genommen wird. Andernfalls muss der Eintragungsvermerk in Sp 4 erkennen lassen, welcher Anteil davon betroffen ist. Dazu folgende Beispiele:

Bisherige Eintragung:

1	a	Paul Alt, geb. am 01.02.1920, Hahausen, zu 1/4 Anteil;	1	Aufgelassen am 24.11.1972 und eingetragen am 29.11.1972.
	b	Fritz Klein, geb. am 02.01.1923, Hahausen, zu 1/4 Anteil;		Unterschrift Unterschrift
	c	Max Groß, geb. am 14.03.1947, Hahausen, zu 1/4 Anteil;		
	d	Ilse Jung geb. Niedlich, geb. am 11.02.1949, Hahausen, zu 1/4 Anteil.		

Beispiel 1: Folgeeintragung unter Neubuchung nur bezüglich des betroffenen Anteils:

| zu 1 | a | Otto Klug, geb. am 04.04.1939, Hahausen, zu 1/4 Anteil. | 1 | Aufgelassen am 15.05.1985 und eingetragen am 18.06.1985. Unterschrift   Unterschrift |

Zu röten ist in diesem Fall die bisherige Eintragung lfdNr 1a in den Spalten 1 und 2.

Beispiel 2: Folgeeintragung unter Neubuchung der gesamten Gemeinschaft unter nummernmäßiger Bezeichnung des betroffenen Anteils:

2	a	Otto Klug, geb. am 04.04.1939, Hahausen, zu 1/4 Anteil;	1	Zu 1a/2a: Aufgelassen am 15.05.1985 und eingetragen am 18.06.1985, im Übrigen wie vorstehend.
	b	Fritz Klein, geb. am 02.01.1923, Hahausen, zu 1/4 Anteil;		Unterschrift Unterschrift
	c	Max Groß, geb. am 14.03.1947, Hahausen, zu 1/4 Anteil;		
	d	Ilse Jung geb. Niedlich, geb. am 11.02.1949, Hahausen, zu 1/4 Anteil.		

Zu röten ist in diesem Fall die gesamte bisherige Eintragung in den Sp 1 und 2.

Beispiel 3: Folgeeintragung unter Neubuchung der gesamten Gemeinschaft unter namentlicher Bezeichnung des betroffenen Anteils:

2	a	Otto Klug, geb. am 04.04.1939, Hahausen, zu 1/4 Anteil;	1	Anteil Paul Alt aufgelassen am 15.05.1985 an Otto Klug und eingetragen am 18.06.1985, im Übrigen wie vorstehend.
	b	Fritz Klein, geb. am 02.01.1923, Hahausen, zu 1/4 Anteil;		Unterschrift Unterschrift
	c	Max Groß, geb. am 14.03.1947, Hahausen, zu 1/4 Anteil;		
	d	Ilse Jung geb. Niedlich, geb. am 11.02.1949, Hahausen, zu 1/4 Anteil.		

Zu röten ist auch in diesem Fall die gesamte bisherige Eintragung in den Sp 1 und 2.

36 j) Die **Verzichtseintragung**, konstitutiv gemäß **§ 928 Abs 1 BGB**, setzt eine entsprechende Verzichtserklärung des Eigentümers voraus (formbedürftig nur nach § 29 GBO, nicht nach materiellem Recht). Diese bildet die in der Sp 4 einzutragende Eintragungsgrundlage. Fassung des Eintragungsvermerks etwa wie folgt:

»Verzichtserklärung vom . . . eingetragen am . . .«.[31] Eine Löschung des Eigentums[32] ist naturgemäß nicht möglich; die Folge der Herrenlosigkeit des Grundstücks ergibt sich aus dem Gesetz.

2. Tag (Vollzug) der Eintragung

§ 9 Buchst d verlangt ausdrücklich, dass der »Tag der Eintragung« in der Sp 1 angegeben wird und wiederholt **37** somit das Datierungsgebot des § 44 Abs 1 S 1 GBO.

§ 10 (Zweite Abteilung)

(1) In der zweiten Abteilung werden eingetragen:
a) alle Belastungen des Grundstücks oder eines Anteils am Grundstück, mit Ausnahme von Hypotheken, Grundschulden und Rentenschulden, einschließlich der sich auf diese Belastungen beziehenden Vormerkungen und Widersprüche;
b) die Beschränkung des Verfügungsrechts des Eigentümers sowie die das Eigentum betreffenden Vormerkungen und Widersprüche;
c) die im Enteignungsverfahren, im Verfahren zur Klarstellung der Rangverhältnisse (§§ 90 bis 115 der Grundbuchordnung) und in ähnlichen Fällen vorgesehenen, auf diese Verfahren hinweisenden Grundbuchvermerke.

(2) In der Spalte 1 ist die laufende Nummer der in dieser Abteilung erfolgenden Eintragungen anzugeben.

(3) Die Spalte 2 dient zur Angabe der laufenden Nummer, unter der das betroffene Grundstück im Bestandsverzeichnis eingetragen ist.

(4) In der Spalte 3 ist die Belastung, die Verfügungsbeschränkung, auch in Ansehung der in Absatz 1 bezeichneten beschränkten dinglichen Rechte, oder der sonstige Vermerk einzutragen. Dort ist auch die Eintragung des in § 9 Abs 1 der Grundbuchordnung vorgesehenen Vermerks ersichtlich zu machen.

(5) Die Spalte 5 ist zur Eintragung von Veränderungen der in den Spalten 1 bis 3 eingetragenen Vermerke bestimmt einschließlich der Beschränkungen des Berechtigten in der Verfügung über ein in den Spalten 1 bis 3 eingetragenes Recht und des Vermerks nach § 9 Abs 3 der Grundbuchordnung, wenn die Beschränkung oder der Vermerk nach § 9 Abs 3 der Grundbuchordnung nachträglich einzutragen ist.

(6) In der Spalte 7 erfolgt die Löschung der in den Spalten 3 und 5 eingetragenen Vermerke.

(7) Bei Eintragungen in den Spalten 5 und 7 ist in den Spalten 4 und 6 die laufende Nummer anzugeben, unter der die betroffene Eintragung in der Spalte 1 vermerkt ist.

---

31 Andere Fassungsvorschläge: *Demharter* Anh zu § 44 Rn 4 (dort auch zu Zulässigkeitsfragen); *Schöner/Stöber* Rn 1029 (zur Zulässigkeit Rn 1031).
32 Wie von OLG Celle, NdsRpfl 1954, 181 irrtümlich angenommen.

I. Zu Absatz 1: Allgemeines

1. Das Eintragungsgebiet der zweiten Abteilung

1 Es ist – anders als das der dritten Abt (vgl § 11 GBV Rdn 1) – nicht abschließend festgelegt. Abs 1 bildet im Wesentlichen eine Rahmenbestimmung mit der Richtlinie, dass *alle Lasten* und Beschränkungen (Überschrift im Vordruck) außer den nach § 11 in die dritte Abt gehörenden Hypotheken, Grundschulden und Rentenschulden in die zweite Abt einzutragen sind.

2. Die Unterteilung der zweiten Abteilung

2 Sie gliedert sich in Zonen für die *Haupteintragungen* (Sp 1 bis 3), für die *Veränderungseintragungen* (Sp 4 und 5) und für *Löschungseintragungen* (Sp 6 und 7). Die Unterteilung entspricht bis auf die Weglassung der ehemals besonderen Sp für die Löschung von Veränderungen dem mustergebenden »preußischen System« (dazu § 4 GBV Rdn 2).

Nach Neufassung von Abs 4 und 5 durch VO vom 10.02.1999 (BGBl I 147, 155) sind Verfügungsbeschränkungen, die ein in dieser Abt einzutragendes Recht betreffen und gleichzeitig mit diesem eingetragen werden, in die Haupteintragung zu integrieren, also nicht mehr (wie ehemals vorgeschrieben) stets, sondern nur noch bei nachträglicher Eintragung als Veränderungseintragung zu buchen. Das Gleiche gilt für den in § 9 Abs 3 GBO vorgeschriebenen Gegenvermerk zum »Herrschvermerk«.

Eine Übergangsregelung findet sich in § 107.

3. Das Verhältnis von Haupt- und Veränderungsspalte

3 Es ist in der zweiten Abt kein anderes als in der dritten Abt. Auf § 11 GBV Rdn 3 bis 7 wird verwiesen.

II. Zu Absatz 2 (Spalte 1): Laufende Nummer der Eintragung

4 In der Sp 1 werden die »in dieser Abteilung« – zunächst in der Sp 3 – erfolgenden Eintragungen ihrer örtlichen Reihenfolge nach *fortlaufend durchnummeriert*, ohne Rücksicht darauf, welches der im Bestandsverzeichnis gebuchten Grundstücke sie betreffen.

1. Adresse für die Eintragungseinheit

5 Die **lfdNr** bildet für die gesamte, sich aus der Haupteintragung und den späteren Veränderungs- und Löschungseintragungen zusammensetzende Eintragungseinheit das gemeinsame Kennzeichen. Die Veränderungs- und Löschungseintragungen knüpfen in jedem dafür vorgesehenen Sp 4 bzw 6 an die Eintragungsnummer der Sp 1 an, dadurch wird deren Verbund mit der Haupteintragung grundbuchtechnisch dargestellt. Durch die Angabe des Grundbuchblattes, der Abteilung und der lfdNr der Sp 1 (zB *»Adorf Blatt 1000 Abt II Nr 1«*) in Grundbucherklärungen usw wird die Eintragungseinheit identifizierbar bezeichnet.

2. Regel: Einzelbuchung

6 Gewöhnlich wird jedes materiellrechtlich selbständige Recht, jede Vormerkung, jeder Widerspruch, jede (das Eigentum betreffende) Verfügungsbeschränkung gesondert, dh in Gestalt eines besonderen Eintragungsvermerks unter einer besonderen lfdNr gebucht. Diese Buchungsregel bezweckt und erreicht idR die klare Abgrenzung der einzelnen Rechte in der grundbuchmäßigen Darstellung. Sie ist ein *Ordnungsprinzip* der Grundbuchführung, aber *kein zwingendes Gebot des materiellen Rechts, sondern eine Frage der Zweckmäßigkeit.*[1] Zweckmäßig ist sie vor allem deshalb, weil die lfdNr in der Sp 1 die Bezugsadresse für die späteren Eintragungen in der Veränderungs- und Löschungsspalte bildet.

---

[1] Vgl BayObLGZ 1957, 322, 327 = Rpfleger 1958, 88, 90 mwN.

3. Ausnahme: Sammelbuchung

Abweichend von vorstehender Grundregel ist die platzsparende Zusammenfassung mehrerer gleichartiger   7
Rechte in einen Eintragungsvermerk mit nur einer lfdNr gebräuchlich (s zB Rdn 23). Eine derartige »Sammelbuchung« empfiehlt sich, sofern sie nicht nur den momentanen Eintragungsaufwand reduziert, sondern zudem
dauerhaft Gewinn für die Übersichtlichkeit des Grundbuchinhalts verspricht. Dies wird man gerade bei den
Eintragungen in der zweiten Abteilung vielfach annehmen dürfen (dazu § 44 GBORdn 52 bis 58). In der Ver-
änderungs- und Löschungsspalte (der zweiten und der dritten Abteilung) ist es ohnehin unangefochten
gebräuchlich, mehrere (funktionelle) Eintragungen in einen Eintragungsvermerk zusammenzufassen, also Sammelbuchungen zu praktizieren (dazu Rdn 37).

III. Zu Absatz 3 (Spalte 2): Verweis auf das Bestandsverzeichnis

In der Sp 2 sind die Belastungsgegenstände der in der Sp 3 eingetragenen Lasten und Beschränkungen zu   8
bezeichnen, und zwar durch Angabe der lfdNr der betreffenden Buchungsstellen im Bestandsverzeichnis. Dabei
ist wie folgt zu verfahren:

1. Belastungsgegenstand: ein Grundstück im Ganzen

Es ist die Buchungsstelle anzugeben, nämlich die lfdNr, unter der das Grundstück zur Zeit der Belastungsein-   9
tragung im Bestandsverzeichnis gebucht ist. Erhält das so in Sp 2 bezeichnete Grundstück im Bestandsverzeichnis *nachträglich* eine *andere Buchungsstelle* (zB infolge Vereinigung, Zuschreibung, Teilung, Neubuchung wegen
Berichtigung der Bestandsangaben), so sollte die lfdNr der neuen Buchungsstelle *nicht* – wie es im Gegensatz
zu früher die neuen Eintragungsmuster der Anlagen vorsehen – anstelle der bisherigen in der Sp 2 der zweiten
Abt (desgleichen nicht in der Sp 2 der dritten Abt und nicht in der Sp 3 der ersten Abt) nachgetragen werden.
Grund: Für die Grundstücksveränderungen ist das Bestandsverzeichnis der vorgeschriebene Eintragungsort; dort
sind sie demnach abzulesen und sodann deren Rechtsfolgen festzustellen. Das Grundbuch ist nicht dazu da, die
Rechtsfolgen der Eintragungen zu erläutern oder auch nur anzudeuten, diese sind vielmehr aus dem Gesetz zu
erschließen. Die Nachtragung der im Bestandsverzeichnis geänderten Nummern in der Sp 2 der zweiten wie
auch der dritten Abt gewinnt aber (für den nicht spezifisch fachkundigen Betrachter) leicht die Bedeutung
einer (möglicherweise sogar in die falsche Richtung weisenden) Interpretation. Im Falle der Teilung eines
dienstbarkeitsbelasteten Grundstücks beispielsweise könnten eventuell nach den §§ 1025, 1026 BGB eintretende
Folgen »vertuscht« werden, falls die in der Sp 2 der zweiten Abt vermerkte lfdNr des bisher einheitlichen
Grundstücks durch die neuen lfdNrn der verselbständigten Grundstücksteile ersetzt wird. Die Aktualisierung
der Nummernangaben in Sp 2 (der zweiten wie auch der dritten Abt) im Anschluss an eine Neunummerierung
im Bestandsverzeichnis kann deshalb nicht für alle Fälle als unbedenklich bezeichnet werden;[2] sie sollte besser
generell unterbleiben (im Ergebnis ebenso: § 6 GBO Rdn 38; § 7 GBO Rdn 68; die zu § 48 GBO Rdn 114
vertretene Ansicht, die Nachtragung in Sp 2 sei zweckmäßig, wird nicht geteilt).

2. Belastungsgegenstand: mehrere Grundstücke zugleich

Sie sind alle in der Sp 2 durch Angabe der lfdNrn ihrer Buchungsstelle im Bestandsverzeichnis zu bezeichnen.   10
Aus Zweckmäßigkeitsgründen ist es an dieser Stelle – anders als in der Sp 3 der ersten Abteilung (dazu § 9 GBV
Rdn 22) – stets angebracht, die lfdNrn der Grundstücke *einzeln zu benennen*, um präventiv für die deutliche
Anknüpfungsmöglichkeit eventueller späterer Änderungseintragungen vorzusorgen.[3]

3. Belastungsgegenstand: mehrere Grundstücke nacheinander

Falls nachträglich die Mit- oder Nachverhaftung eines bislang nicht belasteten Grundstücks (in der Verände-   11
rungsspalte) eingetragen wird, sollte die lfdNr des nachbelasteten Grundstücks in der Sp 2 nachgetragen werden. Anders als bei den oben (Rdn 9) erwähnten Grundstücksveränderungen findet hier die Eintragung nicht
im Bestandsverzeichnis, sondern in der für die Belastung vorgesehenen Abteilung statt, sind also die für diese
Stelle geltenden Eintragungsvorschriften der GBV anzuwenden; die *Nachtragung der lfdNr von nachbelasteten
Grundstücken* entsprechend Abs 3 ist *zumindest zweckmäßig* (genauso: § 48 GBO Rdn 114).[4] Im umgekehrten
Fall der Mithaftlöschung ist entsprechend zu verfahren, dh die lfdNr des entlasteten Grundstücks ist in der Sp
2 zu röten (dazu § 17 GBV Rdn 12).

---

2 KEHE-*Eickmann* Rn 3 hält die Nachtragung für unbedenklich, spricht sich aus anderem Grund gegen sie aus.
3 Gegen die Zusammenfassung mehrerer aufeinander folgender Nrn auch KEHE-*Eickmann* Rn 3.
4 Im Ergebnis ebenso *Demharter* § 48 Rn 19; KEHE-*Eickmann* § 48 Rn 7; *Schöner/Stöber* Rn 2655.

4. Belastungsgegenstand: ein realer Grundstücksteil

12 Soweit Grundstücksteilbelastungen nach Maßgabe des § 7 Abs 2 GBO (vgl dortige Rdn 47 ff) ohne formale Grundstückseinteilung eintragbar sind, genügt für die Bezeichnung der belasteten Teilfläche selbstverständlich nicht allein der Verweis auf die lfdNr des betroffenen Grundstücks. Besteht die zu belastende Teilfläche aus einem vollständigen Flurstück, so ist in der Sp 2 der lfdNr des Grundstücks die Flurstücksbezeichnung hinzuzusetzen, etwa so: »*1 (nur Flurstück 113/2)*«; ggf sind mehrere Flurstücke in dieser Weise anzuführen. Bildet der zu belastende Grundstücksteil (praktisch selten, aber im Hinblick auf § 7 Abs 2 GBO denkbar) einen *unvermessenen* Flurstücksteil, so ist dieser in hinreichend bestimmender Weise zu definieren (wegen der Möglichkeiten und Hilfsmittel: § 7 GBO Rdn 35 bis 37). Vertretbar ist es aus praktischen Erwägungen (wegen der Begrenztheit des vordruckmäßigen Raumes der Sp 2), die Bezeichnung des belasteten Teils des in der Sp 2 mit seiner lfdNr angeführten Grundstücks in die Sp 3 zu verlagern, etwa mit folgendem, dem eigentlichen Eintragungsvermerk vorangestellten Text: »*Nur lastend auf dem Flurstück 113/2*« oder einer anderen definierenden Beschreibungsweise.

5. Belastungsgegenstand: ein ideeller Miteigentumsanteil

13 Hier geht es um einen in der ersten Abt, nicht nach § 8 im Bestandsverzeichnis gebuchten, Miteigentumsanteil (gesondert belastbar zB mit einem Nießbrauch gemäß § 1066 BGB, mit einem Vorkaufsrecht gemäß § 1095 BGB, mit einer Reallast gemäß § 1106 BGB). Der belastete Anteil ist in ähnlicher Weise, wie vorstehend (Rdn 12) erläutert, zu kennzeichnen, etwa in der Sp 2: »*(nur Anteil des Alfons Huber)*« oder in der Sp 3 als Vorspann zum Eintragungsvermerk: »*Nur lastend auf dem Anteil des Alfons Huber:*«.

IV. Zu Absatz 4 (Spalte 3): Ursprüngliche Eintragung

1. Allgemeines

14 a) In die Sp 3 gehört der sog **Eintragungsvermerk**, die eigentliche Eintragung, die abschließend gemäß § 44 GBO mit dem Eintragungsdatum und den nötigen Unterschriften zu versehen ist (vgl § 20). Die nach Abs 4 vorzunehmende Eintragung der Belastung, der Verfügungsbeschränkung oder des sonstigen Vermerks setzt sich zusammen aus dem *notwendigen Direkteintrag*, eben dem »Eintragungsvermerk«, und dem *möglichen Indirekteintrag* mittels Bezugnahme auf die Eintragungsbewilligung oder die sonstige Eintragungsgrundlage (zum Bezugnahmevermerk Rdn 27). Näheres zur materiell- und formellrechtlichen Bedeutung und Zweckbestimmung der Bezugnahme-Eintragung sowie zu den für sie maßgeblichen Vorschriften siehe Vor GBV Rdn 70 ff. Hervorzuheben ist:

15 b) Die **Fassung des Eintragungsvermerks** liegt im Ermessen des GBA; es ist an den sachlichen Inhalt von Bewilligung und Antrag gebunden, nicht an etwaige Formulierungsvorgaben der Beteiligten (vgl Vor GBV Rdn 10 ff). Der Eintragungsvermerk und die Eintragungsgrundlage, auf die er Bezug nimmt, sollen zusammen den *konkreten Rechtsinhalt mit seinem speziellen Inhalt* publizieren. Der einzutragende *Rechtsinhalt* muss den nicht für alle Rechtstypen gleichmäßigen Anforderungen des »materiellen Bestimmtheitsgrundsatzes« genügen; der *Rechtsbeschrieb* im Eintragungsvermerk einschließlich der in Bezug genommenen Unterlage soll den teils geschriebenen, teils ungeschriebenen (in einigem strengeren) Maßstäben des »formellen Bestimmtheitsgrundsatzes« Rechnung tragen. Grundlegendes zu den Aspekten des materiellen und des formellen Bestimmtheitsgrundsatzes: Vor GBV Rdn 17 bis 57; Generelles zur Umsetzung auf die Eintragungen: Vor GBV Rdn 58 bis 69.

16 c) Von der indirekten **Eintragung mittels Bezugnahme** auf die Eintragungsbewilligung oder die sonstige Eintragungsunterlage soll im Rahmen der materiell-rechtlichen Zulässigkeit nach Maßgabe der neuen Sollvorschrift in § 44 Abs 2 GBO *grundsätzlich soweit wie möglich* Gebrauch gemacht werden, weil dies generell der Übersichtlichkeit und Lesbarkeit des Grundbuchinhalts dient (vgl Vor GBV Rdn 77 ff). Gelegentlich sprechen *Zweckmäßigkeitsgründe* dafür, mehr als das von Rechts wegen unbedingt Nötige im Direkteintrag hervorzuheben (vgl Vor GBV Rdn 82, 83). *Unnütze* Bezugnahme, welche die Eintragung nicht wirklich ergänzt, hat dagegen grundsätzlich zu unterbleiben (dazu Vor GBV Rdn 84; zur Relativierung dieses Grundsatzes: Vor GBV Rdn 106).

2. Zum Inhalt des Eintragungsvermerks generell

17 Alles, was nach materiellem und formellem Recht in den Eintragungsvermerk gehört (vgl Vor GBV Rdn 129 ff), ist in der Sp 3 zum Ausdruck zu bringen:

18 a) Stets die **Kennzeichnung der Art der Belastung oder Beschränkung**. Zur Frage, in welchen Fällen die Angabe der gesetzlichen Typenbezeichnung genügt und in welchen Fällen es stattdessen oder zusätzlich einer mindestens schlagwortartigen Spezifizierung im Eintragungsvermerk bedarf, siehe die Vorbem, und zwar die Rdn 130 bis 133 für die in die zweiten Abt gehörenden *dinglichen Rechte*, die Rdn 145 bis 148 für die *Vormerkungen*, die Rdn 149 bis 153 für die *Widersprüche*, die Rdn 170, 171 für die *Verfügungsbeschränkungen*. Besonderheiten gelten gemäß § 49 GBO für die Eintragung von *Altenteilen* (vgl Vor GBV Rdn 95 und Erläuterungen zu § 49).

b) Stets die **Bezeichnung des Berechtigten oder Geschützten**. Grundlegendes dazu in den Vor GBV   **19**
Rdn 154 bis 163. Die Bezeichnung hat zu erfolgen:

aa) Bei den subjektiv-persönlichen Rechten – Nießbrauch, beschränkte persönliche Dienstbarkeit, Woh-   **20**
nungsrecht, Erbbaurecht, Dauerwohn- und Dauernutzungsrecht als nur, Vorkaufsrecht und Reallast als zumeist
subjektiv-persönliche Rechtstypen – sowie bei den (relativen) Verfügungsbeschränkungen, die den Schutz
bestimmter Personen bezwecken, durch die *Namhaftmachung der Person des Rechtsinhabers oder Geschützten* nach
Maßgabe des § 15 (s Erläuterungen dazu).

bb) Bei den subjektiv-dinglichen Rechten – Grunddienstbarkeit und Erbbauzins-Reallast als nur, Vorkaufs-   **21**
recht und Reallast sowie die Anteilsbelastungen gemäß § 1010 BGB als mögliche subjektivdingliche Rechtstypen – durch die Floskel *»jeweiliger Eigentümer«* des sinnentsprechend gemäß § 28 GBO zu bezeichnenden herrschenden Grundstücks.

cc) Vorstehendes gilt allerdings **nur für subjektbezogene Eintragungen** (dazu Vor GBV Rdn 154), nicht für   **22**
Vermerke, die den Einbezug des betreffenden Grundstücks in ein besonderes Verfahren bekunden, wie zB beim
Insolvenz-, Zwangsversteigerungs-, Zwangsverwaltungs-, Enteignungs-, Sanierungs-, Rangklarstellungsver-
merk.

Für die Eintragung von Vermerken über **öffentliche Lasten** ist durch VO vom 18.03.1999 (BGBl I 497) der
die §§ 93a und 93b umfassende Abschnitt XIV eingefügt worden.

dd) Bei der **Eintragung gemeinschaftlicher Rechte** ist der Bezeichnung der Berechtigten die in § **47 GBO**   **23**
vorgeschriebene Angabe des Gemeinschaftsverhältnisses hinzuzufügen. Diese Angabe *entfällt bei Sammelbuchung*
selbständiger Rechte zugunsten mehrerer Personen (zB zwei Wohnungsrechte an denselben Räumen für Eheleute
nebeneinander) in einem einzigen Eintragungsvermerk (dazu Rdn 7 und § 47 GBO Rdn 234).

Bei Eintragungen gemäß § **49 GBO** ist es erforderlich und ausreichend, dass die in Bezug genommene Eintragungsbewilligung die gemäß § 47 GBO nötigen Angaben enthält (vgl Vor GBV Rdn 95 und § 49 GBO
Rdn 101).

c) Eventuell die **eingrenzende Bezeichnung des Belastungsgegenstandes**, nämlich bei Teil- oder Anteilsbe-   **24**
lastungen zur Ergänzung der Angabe in der Sp 2 (dazu Rdn 12, 13; vgl auch Vor GBV Rdn 165), im Eintragungsvermerk selbst wiederum unnötig im Falle des § 49 GBO (vgl Vor GBV Rdn 95 und § 49 GBO Rdn 92, 93).

d) Ggf die **Bezeichnung einer Bedingtheit oder Befristung**, sofern sie den *Bestand* bzw die *Dauer* des   **25**
Rechts oder der Beschränkung betrifft. Dagegen genügt für Bedingungen, die lediglich die *Ausübung oder Gel-*
tendmachung des Rechts betreffen, die Eintragung per Bezugnahme (dazu Vor GBV Rdn 167, 168). Unnötig ist
die Kennzeichnung einer gesetzmäßigen Befristung, so bei der Eintragung von Rechten, deren Dauer kraft
Gesetzes auf die Lebenszeit des Berechtigten beschränkt ist, wie beim Nießbrauch, beschränkte persönliche
Dienstbarkeit, Wohnungsrecht und Altenteil.

Ein Vermerk gemäß § 23 Abs 2, § 24 GBO genügt, um die Bedingtheit oder Befristung des Rechts im Grundbuch hinreichend zum Ausdruck zu bringen.

e) Ggf **sonst notwendige Direkteinträge** über Nebenbestimmungen, wie beispielsweise der gemäß § 882   **26**
BGB bestimmte Höchstbetrag des Wertersatzes (Geldbetrag in Buchstaben: § 17 Abs 1 S 2), Rangvorbehalt,
Rangvermerke bzw Wirksamkeitsvermerke (dazu auch Rdn 48), Mithaft- bzw Gesamthaftvermerke gemäß
§ 48 GBO (dazu auch Rdn 48), ein Vermerk gemäß § 23 Abs 2 GBO usw. Diese besonders vorgeschriebenen
»Extraeintragungen« müssen nach materiellem Recht stets im Grundbuch selbst erfolgen, Bezugnahme auf die
Eintragungsbewilligung ist nur wegen etwaiger »näherer« Einzelheiten zulässig (vgl Vor GBV Rdn 96, 97, 173
bis 177). Derlei Vermerke sollen, *falls gleichzeitig* mit dem Recht einzutragen, in den Haupteintragungsvermerk
in Sp 3 aufgenommen werden. Die Neufassung des Abs 4 (vgl Rdn 2) unterstreicht dies; unausweichlich ist
diese Eintragungsstelle nicht (dazu § 18 GBV Rdn 13).

Zum Eintragungsort für Verfügungsbeschränkungen und für den Gegenvermerk zum Herrschvermerk s
Rdn 49 und 50.

f) Schließlich die **Bezugnahme auf die Eintragungsbewilligung** oder auf die an deren Stelle tretende sons-   **27**
tige Eintragungsunterlage zur etwaigen Ergänzung des Direkteintrags (Rdn 17 ff). Vorab ist die *Bezugnahmefä-*
higkeit der Schriftstücke zu prüfen, zu beachtende Gesichtspunkte: Vor GBV Rdn 98 bis 118 (betr die Eintragungsbewilligung nebst ev Anlagen), Vor GBV Rdn 119 (betr die sonstigen Eintragungsunterlagen), Vor GBV
Rdn 120 bis 122 (zur Frage, welche Vorschriften bezugnahmefähig sind). Zur *Fassung des Bezugnahmevermerks:*
Vor GBV Rdn 123 bis 126.

3. Zum Inhalt der Eintragungsvermerke speziell

28 **a)** Es folgt **kein umfassender Katalog von Fassungsvorschlägen** für in die zweite Abt gehörende Eintragungen. Auszugehen ist davon, dass alle Lasten und Beschränkungen, soweit sie nicht durch § 11 der dritten Abt zugewiesen sind, in die zweite Abt gehören (vgl Rdn 1). Richtungsweisende Eintragungsmuster können den Anlagen zur GBV und speziellen Handbüchern entnommen werden (Hinweise: § 22 GBV Rdn 3). Die für die Gestaltung der Eintragungstexte relevanten Rechtsfragen und -probleme sind in den Vorbem im Zusammenhang erläutert; darauf wird im ganzen wie im Einzelnen gezielt hingewiesen. Folgende Erläuterungen betreffen **vornehmlich weniger geläufige Fälle.**

29 **b)** Zu den **Verfügungsbeschränkungen des Eigentümers**, die nach Abs 1 Buchst b in die zweite Abt gehören und nach Abs 4 in der Sp 3 einzutragen sind, gibt es in den Anlagen keine Eintragungsmuster. Längst nicht alle »Verfügungsbeschränkungen« bzw »Verfügungsbeeinträchtigungen« sind eintragungsfähig, nur ganz wenige sind eintragungsbedürftig (dazu Einl B Rdn 48 bis 50). Bei der Eintragung von Verfügungsbeschränkungen ist Bezugnahme auf die Eintragungsunterlage entsprechend § 874 BGB zwar zulässig (zu den Angaben, die dann in den Eintragungsvermerk selbst gehören: Rdn 170 bis 172), aber wohl selten nützlich. Im Übrigen:

30 **aa)** Wo **Art und Umfang der Beschränkung im Gesetz geregelt** sind, genügt es vielfach, im Eintragungstext den Tatbestand zu bezeichnen, an welchen das Gesetz die Beschränkung knüpft. Die Eintragung lautet in derartigen Fällen beispielsweise:
– »*Testamentsvollstreckung ist angeordnet; eingetragen am ...*«;
– »*Zwangsversteigerung / Zwangsverwaltung ist angeordnet (Amtsgericht ... AZ ...); eingetragen am ...*« (die Angabe des Vollstreckungstitels nebst Aktenzeichen ist nicht nötig, weil keine Eintragungsergänzung, aber als Zusatzinformation zweckmäßig);
– »*Insolvenzverfahren ist eröffnet [über das Vermögen des ...] (Amtsgericht ... AZ ...); eingetragen am ...*« (Angabe des Schuldners – vorstehend [...] – ist verzichtbar, wenn die Eintragung in Sp 3 die einzige Person betrifft, die in der ersten Abt als Eigentümer eingetragen ist).

Zur inhaltlichen Kennzeichnung kommt auch die Bezugnahme auf gesetzliche Vorschriften in Betracht (vgl Vor GBV Rdn 120); so beispielsweise:
– »*Allgemeines Verfügungsverbot gemäß § 21 Abs 2 Nr 2 InsO [gegen ...]; eingetragen am ...*« oder »*Zustimmungsvorbehalt gemäß § 21 Abs 2 Nr 2 InsO [gegen ...]; eingetragen am ...*« (Angabe des Schuldners – vorstehend [...] – unter denselben Umständen wie beim vorstehenden Insolvenzvermerk verzichtbar);[5]
– »*Verfügungsverbot gemäß § 53 Abs 2 Flurbereinigungsgesetz für die Teilnehmergemeinschaft ...; eingetragen am ...*«;[6]
– »*Verfügungsverbot gemäß § 75 Bundesversorgungsgesetz, befristet bis ..., eingetragen am ...*«.
– Anstelle weniger geläufiger Gesetzesbestimmungen, zB § 72 Abs 1 VAG, empfiehlt sich: »*Über ... (Grundstück oder Grundstücksrecht) darf nur mit Zustimmung des zur Überwachung des Deckungsstockes bestellten Treuhänders verfügt werden; eingetragen am ...*«

Wo Konkretisierung nötig ist und/oder Variablen nach dem Gesetz möglich sind, muss die Eintragung dem entsprechen, so beispielsweise:
– »*Nacherbe des/der ... (Erblasser) bei Tod/Wiederheirat/Tod und Wiederheirat ist/sind ... (personelle Bezeichnung des oder der Nacherben, möglichst gemäß § 15 GBV). Der Vorerbe ist befreit; die Befreiung bezieht sich nur auf .../ Ersatznacherbe(n) ist/sind .../Ersatznacherbfolge gemäß § 2096 BGB./Testamentsvollstreckung ist angeordnet für den Vorerben/für den Nacherben/für den Nacherben bis zum Eintritt der Nacherbfolge. Eingetragen am ...*« (Selbstverständlich ist jeweils nur die Aufnahme der aktuellen Variablen in den Eintragungstext erforderlich). Zur Abkürzung des Textes ist ev die Bezugnahme auf die Eintragungsunterlage in Erwägung zu ziehen.

31 **bb)** Wo **Art und Umfang der Beschränkung nicht gesetzlich geregelt** sind, muss die Eintragung, gestützt auf die maßgebliche Eintragungsunterlage, die Verfügungsbeschränkung inhaltlich beschreiben. Beispiele sind die Verfügungsverbote kraft einstweiliger Verfügung (§ 938 Abs 2 ZPO) nach Ermessen des zuständigen Gerichts (§ 938 Abs 1 ZPO).[7] Kurzfassung ist möglich durch Nutzung der Bezugnahmemöglichkeit (zur Zulässigkeit Vor GBV Rdn 171). Statt: »*Dem Eigentümer ... ist durch einstweilige Verfügung des ... gerichts ... vom ... (AZ ...) untersagt, das Grundstück zu veräußern/zu belasten/zu verpfänden. Zugunsten des ... eingetragen am ...*« kann der Eintragungsvermerk reduziert werden auf: »*Verfügungsverbot gegen ... (*Verzichtbarkeit der Angabe des Betroffenen wie oben beim Insolvenzvermerk*) für ... (*personelle Bezeichnung des Begünstigten gemäß § 15 GBV) gemäß einstweiliger Verfügung des ... gerichts ... vom ... (AZ ...); eingetragen am ...*«. Ist das Verfügungsverbot spezialisiert, so ist dies im Eintragungsvermerk etwa mit »*Veräußerungsverbot*«, »*Belastungsverbot*« oder mit einer ähnlichen angemessenen Kurzbezeichnung anstelle der umfassenden Bezeichnung »*Verfügungsverbot*« zum Ausdruck zu bringen.

---

5 Zu den Sicherungsmaßnahmen nach § 21 InsO (mit abweichenden Fassungsvorschlägen) *Bachmann* Rpfleger 2001, 105.
6 Zur Bezeichnung der Teilnehmergemeinschaft als Berechtigte: *Haegele* Rpfleger 1969, 273 und *Schöner/Stöber* Rn 4040.
7 Zur Möglichkeit zum Erlass eines derartigen Veräußerungsverbots nach § 21 Abs 1 InsO *Bachmann* aaO (Fn 5).

c) Eintragbare indirekte Verfügungsbeschränkungen ergeben sich verschiedentlich aus der Nießbrauchs- oder Pfandrechtsbelastung von Gesamthandsbeteiligungen. Dazu folgendes: **32**

aa) Nießbrauch oder Pfandrecht am Erbanteil (möglich gemäß §§ 1069, 1274 BGB, § 859 Abs 2 ZPO, jeweils iVm § 2033 Abs 1 BGB): Eintragbar ist nicht das Nießbrauchs- oder das Pfandrecht selbst, da es sich auf den ungebuchten Anteil des betroffenen Miterben am ungeteilten Gesamtnachlass bezieht, sondern die daraus erwachsende Verfügungsbeschränkung bezüglich des zum Nachlass gehörenden Grundstücks.[8] Einzutragen ist deshalb lediglich die Tatsache der Nießbrauchsbestellung, Verpfändung oder Pfändung, der Grund der Nießbrauchsbestellung bzw die das Pfandrecht konkretisierende Forderung gehören nicht in die Eintragung,[9] auch nicht durch Bezugnahme auf die Eintragungsunterlage. Eintragungsstelle ist die Hauptspalte der zweiten Abt, falls sich die Verfügungsbeschränkung auf das Eigentum der (gemäß § 39 GBO voreintragungsbedürftigen) Miterben bezieht, andernfalls die Veränderungsspalte der Abteilung, in der die betroffene Belastung eingetragen ist. Der Eintragungsvermerk kann zB lauten: »*Nießbrauch für* ... (Person des Berechtigten) *am Anteil des Miterben* ... *am Nachlass des* ... (Erblasser); *eingetragen am* ...« oder »*Erbanteil des* ... *am Nachlass des* ... *ist verpfändet/gepfändet zugunsten* ... (Person des Pfandgläubigers); *eingetragen am* ...«; sachdienlicher ist der Fassungsvorschlag in Rdn 34. **33**

bb) Nießbrauch oder Pfandrecht am Gesellschaftsanteil (BGB-Gesellschaft): **34**

Erbanteile sind kraft Gesetzes (§ 2033 Abs 1 BGB) übertragbar, Gesellschaftsanteile nach der allerdings nachgiebigen Regel des § 719 BGB nicht. Gesetzlich vorgesehen ist dennoch, aber auch nur die *Anteilspfändung* (§ 859 Abs 1 ZPO); sie hat begrenztere Wirkungen als die Erbteilspfändung (vgl § 725 BGB), bewirkt keine Verfügungsbeschränkung bezüglich einzelner Gegenstände des Gesellschaftsvermögens. Ob sie dennoch in das Grundbuch eingetragen werden kann, ist streitig.[10] Die *Nießbrauchsbestellung* ist nach heute überwiegender Ansicht möglich, falls der Gesellschaftsvertrag die Anteile übertragbar stellt oder die Mitgesellschafter ad hoc zustimmen und bewirkt dann eine eintragungsfähige Verfügungsbeschränkung.[11] Ob die in etwa unter den gleichen Voraussetzungen zulässige *Verpfändung* eines Gesellschaftsanteils eine eintragungsfähige Verfügungsbeschränkung zur Folge hat, wird unterschiedlich beurteilt.[12] Für die Eintragung, soweit als zulässig anzusehen, gelten jedenfalls die gleichen Grundsätze wie für die dementsprechenden Eintragungen bezüglich des Erbanteils: Nicht das Recht als solches, sondern die daraus resultierende Verfügungsbeschränkung ist zu vermerken; ungewöhnlicher, aber der Rechtslage genau entsprechender Textvorschlag:[13] »*Verfügungsbeschränkung infolge Nießbrauchsbestellung am Gesellschaftsanteil des* ... (Name des betroffenen Gesellschafters); *eingetragen zugunsten des* ... (Name des Pfandgläubigers) *am* ...«

Rechtsfähige GbR (Außengesellschaften) iS der neuen BGH-Rechtsprechung sind als solche Rechtsträger. Für diese entfallen die vorstehend angesprochenen Eintragungen schon deshalb, weil nicht die einzelnen Gesellschafter, sondern die Gesellschaft als das im Grundbuch eingetragene einheitliche Rechtssubjekt anzusehen ist,[14] auch dann, wenn die Grundbucheintragung (nach herkömmlicher Eintragungsmethode) die Gesellschafter benennt (dazu § 15 GBV Rdn 35, Rdn 36).

d) Zur Eintragung von und bei Vormerkungen und Widersprüchen: § 12 nebst Erläuterungen. **35**

V. Zu Absatz 5 nebst 7 (Spalten 4 und 5): Eintragung von Veränderungen usw

(1) Die **Sp 5** ist nach Abs 5 in erster Linie für die »Eintragung von Veränderungen« vorgesehen; gemeint sind damit sämtliche nachträglichen Eintragungen außer den nach Abt 6 an besonderer Stelle zu buchenden Löschungen. Nicht nur Eintragungen im eigentlichen Sinne, die eine Rechtsveränderung bewirken oder bekunden, sondern auch Klarstellungsvermerke, die lediglich die Aussagekraft, nicht den Aussagegehalt eines früheren Eintragungsvermerks verbessern, gehören in die Veränderungsspalte. Empfehlung: Eintragungen im **36**

---

8 BayObLGZ 1959, 50 = NJW 1959, 1780 = Rpfleger 1960, 157 (eingehend zur Erbteilsverpfändung und -pfändung); OLG Hamm OLGZ 1977, 283 = Rpfleger 1977, 136 = DNotZ 1977, 376 (ua zur Nießbrauchsbestellung am Erbteil); OLG Frankfurt Rpfleger 1979, 205 (zur Erbteilspfändung); *Schöner/Stöber* Rn 974, 1366, 1659 ff; *Hintzen* Rpfleger 1992, 262.

9 OLG Hamm JMBlNW 1959, 110; *Schöner/Stöber* Rn 1664 (für die Verpfändung und Pfändung).

10 Gegen die Eintragbarkeit insb OLG Zweibrücken OLGZ 1982, 406 = Rpfleger 1982, 413; OLG Hamm NJW-RR 1987, 723 = Rpfleger 1987, 196 = DNotZ 1987, 357; *Schöner/Stöber* Rn 1674; differenzierend *Rupp/Fleischmann* Rpfleger 1984, 223: nicht eintragbar bei BGB-Gesellschaft gesetzlicher Prägung, eintragbar, sofern die Anteile gemäß Gesellschaftsvertrag übertragbar sind; für generelle Eintragbarkeit: *Hintzen* aaO (Fn 8).

11 Nicht unbestritten. Vgl *Eickmann* Rpfleger 1985, 85, 91; *Lindemeier* DNotZ 1999, 876; *Schöner/Stöber* Rn 1367, jeweils mwN.

12 Dagegen zB *Rupp/Fleischmann* aaO (Fn 10) S 227 und *Eickmann* aaO (Fn 11) S 92; *Lindemeier* DNotZ 1999, 876, 910; dafür zB *Schöner/Stöber* Rn 1671 mwN.

13 Von *Eickmann* aaO (Fn 11) S 91.

14 So gesehen auch von *Münch* DNotZ 2001, 535, 547 Fn 95. Weitere: § 15 Fn 112.

Rechtssinne sollten enden mit »*... eingetragen am*«, Klarstellungsvermerke mit »*... klarstellend vermerkt am ...*«. Außerdem ist die Sp 5 nicht nur für »Veränderungen der in den Sp 1 bis 3 eingetragenen Vermerke« zu benutzen, sondern auch für die Eintragung von Veränderungen früher eingetragener Veränderungen.

37 (2) Die **Sp 4** dient gemäß Abs 7 dem Verweis auf die lfdNr der betroffenen Eintragung(en), verknüpft somit die Haupteintragung(en) der Sp 3 mit den zugehörigen Veränderungseintragungen der Sp 5 zu der oben (Rdn 5) erläuterten Eintragungseinheit. Die Sammelbuchung (dazu auch Rdn 7), dh die Zusammenfassung mehrerer zugleich einzutragender Veränderungen, die dasselbe Recht betreffen, oder mehrerer gleichzeitiger und gleich lautender Eintragungen, die sich auf verschiedene Rechte beziehen, in einen Eintragungsvermerk, ist gebräuchlich, weil platzsparend; sie dient idR der Übersichtlichkeit des Grundbuchinhalts.

1. Rechtsveränderungen

38 Die Rechte in der zweiten Abt sind artbedingt weniger änderungsanfällig als die der dritten Abt. Verwiesen wird vorab
– auf § 11 GBV Rdn 29 zur unterschiedslosen Fassung konstitutiver und berichtigender Eintragungen und
– auf die Vor GBV Rdn 178 bis 181 zu Möglichkeit und Grenzen der Indirekteintragung per Bezugnahme.

Es erfolgt eine **Gruppierung der hauptsächlichen Rechtsveränderungseintragungen:**

39 **a) Übertragungen und Belastungen** der in der Hauptspalte gebuchten Rechte gehören zwar in die Veränderungsspalte, sind **in der zweiten Abt** aber **selten:**

40 **aa)** Die **subjektiv-dinglichen Rechte** sind *nicht selbständig übertragbar und vererblich*, sondern an das rechtliche Schicksal des herrschenden Grundstücks geknüpft (§ 96 BGB). Die **subjektiv-persönlichen Rechte** der zweiten Abt sind ebenfalls *meist unübertragbar und unvererblich*, und zwar:
– kraft Gesetzes *Nießbrauch und Dienstbarkeiten* unabdingbar (§§ 1059, 1061, 1090 Abs 2, 1092 Abs 1 BGB – von den Sonderfällen der §§ 1059a bis e, 1092 Abs 2 und 3 BGB abgesehen –,
– das *Vorkaufsrecht* abdingbar (§§ 1098 Abs 1, 473 BGB),
– die *Reallast* dem Inhalt der Einzelleistungen entsprechend (§ 1111 Abs 2 BGB).
– Beim *Erbbaurecht* ist für die Eintragung der Rechtsnachfolger und der Belastungen gemäß § 57 das Erbbaugrundbuch federführend.
– Für das *Dauerwohn- und Dauernutzungsrecht*, das gemäß § 33 Abs 1 WEG veräußerlich und vererblich ist, gilt Folgendes: Soweit ein Rechtsübergang, eine Rechtsübertragung oder -belastung möglich ist, gilt für den diesbezüglichen Eintrag in der Veränderungsspalte nichts anderes als für die entsprechenden Eintragungen in der dritten Abt (vgl § 11 GBV Rdn 31 ff).

41 **bb)** Die **Überlassung der Rechtsausübung** an einen anderen, zulässig
– beim *Nießbrauch* kraft Gesetzes (§ 1059 S 2 BGB),
– bei den *beschränkten persönlichen Dienstbarkeiten* einschl *Wohnungsrecht* kraft vereinbarten Rechtsinhalts (§ 1092 Abs 1 S 2 BGB),
ist *keine eintragungsfähige Rechtsveränderung*,[15] sondern wirkt nur schuldrechtlich,[16] ebenso die Verpfändung des Ausübungsrechts, sie ist also ebenfalls nicht eintragbar.[17]

Besonderheit: Die in § 857 Abs 3 ZPO zugelassene *Pfändung* erfasst nach der Rechtsprechung des BGH[18] den Nießbrauch bzw die beschränkte persönliche Dienstbarkeit selbst, nicht nur die Befugnis zur Ausübungsüberlassung, wird dennoch wirksam ohne Eintragung in das Grundbuch (§ 857 Abs 6 ZPO nicht entsprechend anwendbar), ist aber als *Verfügungsbeschränkung im Wege der Grundbuchberichtigung eintragbar*[19] (dazu § 26 GBO Rdn 27 aE mwN). Beim *Nießbrauch* kann die Befugnis zur Ausübungsüberlassung ausgeschlossen werden, auch mit dinglicher Wirkung mittels Eintragung (im Zusammenhang mit der Ersteintragung des Nießbrauchs genügt Bezugnahme); pfändbar bleibt der Nießbrauch dennoch.[20] Für die Fassung des Eintragungsvermerks gilt das zu Rdn 33, 34 Ausgeführte entsprechend, also keine Erwähnung der pfandgesicherten Forderung im Eintragungsvermerk.[21]

42 **cc)** Das **Anwartschaftsrecht des Nacherben**, ihm zwischen Erb- und Nacherbfall zustehend, ist gemäß § 2108 Abs 2 BGB vererblich (sofern vom Erblasser nicht anders bestimmt ist) sowie analog und in der Form

---

15 KG, JFG 1, 411, 412.
16 BGHZ 55, 111, 115 = DNotZ 1971, 238 mwN.
17 KGJ 40, 254.
18 BGHZ 62, 133 = NJW 1974, 796 = Rpfleger 1974, 186 = DNotZ 1974, 433; auch BayObLG Rpfleger 1998, 69 = NJW-RR 1998, 1168 (Ls).
19 LG Bonn Rpfleger 1979, 349; *Schöner/Stöber* Rn 1389.
20 BGHZ 95, 99 = Rpfleger 1985, 373 = DNotZ 1986, 23.
21 Anders der Fassungsvorschlag bei *Schöner/Stöber* Rn 1389.

des § 2033 Abs 1 BGB übertragbar, mithin auch nießbrauchsfähig (§ 1069 BGB), verpfändbar (§ 1274 BGB) und pfändbar (§ 857 ZPO). Diese Vorgänge werden außerhalb des Grundbuchs wirksam, sind aber als »Veränderung« des nach § 51 GBO eingetragenen Nacherbenvermerks im Wege der Grundbuchberichtigung eintragbar (dazu § 22 GBO Rdn 23, § 51 GBO Rdn 160), und zwar:

– die Übertragung des Anwartschaftsrechts als solche; Text etwa: »Anwartschaftsrecht des Nacherben … übertragen (abgetreten) an …; eingetragen am …«;

– die aus der Belastung des Anwartschaftsrechts mit Nießbrauch oder Pfandrecht sich ergebende Verfügungsbeschränkung (im Prinzip so wie bei der Erbanteilsbelastung, vgl Rdn 33).

Eintragungsstelle ist die Veränderungsspalte der Abt, in welcher der von der Veränderung betroffene Nacherbenvermerk gebucht ist.

dd) Zu den **Gesamthandsanteilen** als Gegenstand eines Nießbrauchs-, Verpfändungs- bzw Pfändungsvermerks: Rdn 32 bis 34. Zu derartigen Vermerken bei Vormerkungen: § 12 GBV Rdn 24 ff.   **43**

b) Inhaltsänderungen: In der Veränderungsspalte sind auch die »Änderungen des Inhalts eines Rechts« (§ 877   **44** BGB) zu buchen. Welche Rechtsvorgänge dazu zählen, ist **im BGB nicht definiert**, deshalb Interpretationsfrage und -problem (vgl Vor GBV Rdn 180). Unkompliziert ist die Systematik (§ 877 BGB bezieht sich auf die Rechtsänderungen rechtsgeschäftlicher Art, die nicht unter die §§ 873, 875, 880, 881 BGB fallen), komplizierter die Einordnung der Einzelfälle in die Systematik.[22] *Für die Grundbuchtechnik* sind die materiellrechtlichen *Zweifelsfragen ziemlich unerheblich;* denn ob echte »Inhaltsänderung« oder andersartige »Veränderung«, es gibt dafür ohnehin nur eine Buchungsstelle, die »Veränderungsspalte«. Zu sondern sind lediglich Neu-, Veränderungs- und Löschungseinträge. Materiellrechtlich mögliche, somit eintragungsfähige Umgestaltungen, die sich im Rahmen des bereits gebuchten Rechts bewegen, gehören in die Veränderungsspalte; (mögliche) Umgestaltungen, die diesen Rahmen sprengen, gehören (als neues Recht) in die Hauptspalte sowie (da Aufgabe des bisherigen Rechts) in die Löschungsspalte. Besondere Regeln gelten insofern für die Grundpfandrechte (dazu § 11 GBV Rdn 38 ff).

Für die in der zweiten Abt zu buchenden Rechte ist zu bemerken:

aa) Nicht als Veränderung eintragbar, weil den Rahmen des bestehenden Rechts überschreitend, sind **bei-**   **45** **spielsweise** Vorgänge wie:

– **Umwandlung eines Rechtstyps in einen anderen.** Nicht nur die gegensätzlichen Rechtstypen, nämlich die Nutzungsrechte (Dienstbarkeiten[23]), Reallast und Vorkaufsrecht, sondern auch die Nutzungsrechtstypen (Grunddienstbarkeiten, Nießbrauch, beschränkte persönliche Dienstbarkeiten) untereinander sind – anders als die Grundpfandrechte (dazu § 11 GBV Rdn 39) – nicht gegenseitig umwandelbar.[24] Die Unzulässigkeit der Umwandlung von subjektiv-dinglichen in subjektiv-persönliche Rechte gleichen Typs (und umgekehrt) ist im Gesetz besonders bestimmt (vgl §§ 1103, 1110, 1111 Abs 1 BGB). Ein Wandel lässt sich hier nur durch Aufhebung des bisherigen Rechts (§ 875 BGB) und Begründung eines neuen Rechts (§ 873 BGB) herbeiführen.

– **Ersetzung, Austausch, Erweiterung von Befugnissen aus einer Dienstbarkeit** durch bzw um wesensverschiedene andere Befugnisse; eine solch grundlegende Umgestaltung geht über das bisherige Recht hinaus, ist deshalb eine gänzliche oder zusätzliche Neubelastung (§ 873 BGB), gegebenenfalls gekoppelt mit Aufhebung der bisherigen Belastung (§ 875 BGB).[25]

– **Ersetzung, Austausch, Erhöhung bestimmter wiederkehrender Leistungen einer Reallast** (anderes gilt für Änderungen innerhalb eines als Rechtsinhalt vereinbarten Bestimmbarkeitsrahmens). Die Rechtsprechung hierzu hat sich mit kompromisshaften Entscheidungen beholfen, zB für die Wirksamkeit einer Erbbauzinserhöhung sei es, obwohl dem Wesen nach eine Neubelastung, unerheblich, ob sie im Erbbaugrundbuch (Abt II) in der Hauptspalte oder in der Veränderungsspalte gebucht wird.[26]

bb) In der Veränderungsspalte eintragbar sind dagegen, weil im Rahmen des bisherigen Rechts bleibend,   **46** **beispielsweise** Vorgänge wie:

– **Einräumung oder Aufhebung der Befugnis zur Überlassung der Rechtsausübung** gemäß § 1092 Abs 1 S 2 BGB bei einer beschränkten persönlichen Dienstbarkeit bzw Ausschluss dieser gesetzmäßigen Befugnis (§ 1059 S 2 BGB) beim Nießbrauch. Text etwa: *»Befugnis zur Überlassung der Rechtsausübung eingeräumt/ausgeschlossen; eingetragen am …«.*

---

22 Dazu *Staudinger-Gursky* § 877 Rn 5 ff.
23 Vgl Überschrift zum 4. Abschnitt des 3. Buches des BGB.
24 KG JFG 1, 414, 415 = JW 1923, 760; OLG Hamm Rpfleger 1989, 448; LG Zweibrücken Rpfleger 1975, 248 (alle zur Unzulässigkeit der Umwandlung von beschränkter persönlicher Dienstbarkeit in Grunddienstbarkeit und umgekehrt); zur Abgrenzung von Inhaltsänderung und Umwandlung allgemein: *Staudinger-Gursky* § 877 Rn 9–12 mwN.
25 BayObLG Rpfleger 1967, 11 m Anm *Riedel* Rpfleger 1967, 6 (Hinzufügung eines Überdachungsrechts zum bisherigen Wegerecht nicht Inhaltsänderung, sondern neues Recht).
26 Vgl BayObLGZ 1959, 520, 534 = DNotZ 1960, 540, 548; OLG Frankfurt Rpfleger 1978, 312.

– **Verlegung des Ausübungsbereichs einer Dienstbarkeit** auf eine andere Stelle des belasteten Grundstücks, falls die Ausübung an bisheriger Stelle geltender Rechtsinhalt war oder die Begrenzung des Ausübungsbereichs neuerdings zum Rechtsinhalt gemacht werden soll (andernfalls lediglich nicht eintragungsfähige Regelung der Rechtsausübung). Text etwa: »*Ausübungsbereich geändert/festgelegt gemäß Bewilligung vom ...; eingetragen am ...*«.

– **Änderungen im gesetzlichen Schuldverhältnis**, das kraft der dinglichen Rechte – je nach Rechtstyp verschieden in Art und Intensität – zwischen dem jeweiligen Eigentümer und dem jeweiligen Berechtigten besteht,[27] soweit zulässig[28] (allgemein dazu § 22 GBO Rdn 7). Die Eintragung verleiht derartigen (sonst nur inter partes wirkenden) Vereinbarungen »verdinglichte« Wirkung für und gegen Dritte,[29] hat insofern konstitutive Funktion (fraglich, ob materiellrechtlich § 877 BGB anwendbar ist[30]).

– **Änderungen eines Wohnungsrechts:** Wenn zB bei einem bestehenden Wohnungsrecht einer weiteren Person neben dem bisherigen Berechtigten ein gleichzeitiges Benutzungsrecht an denselben Wohnräumen eingeräumt wird, so bedarf es einer entsprechenden (einschränkenden) Inhaltsänderung des bisherigen Rechts, einzutragen in der Veränderungsspalte, außerdem der Bestellung eines neuen Rechts für den anderen, einzutragen in der Hauptspalte an bereiter Stelle.[31] Anderes gilt bei *gleichzeitiger* Eintragung paralleler (nicht gemeinschaftlicher) Rechte,[32] ein Fall zweckmäßiger »Sammelbuchung« (vgl Rdn 7 und 23). Eine weitere Art der Inhaltsänderung eines Wohnungsrechts ist wohl die nachträgliche Einbeziehung, Ausklammerung oder Auswechslung einzelner Räume.

– **Änderung von Bedingungen und Befristungen,**[33] also die Umwandlung eines bedingten Rechtes in ein unbedingtes, eines befristeten in ein unbefristetes und umgekehrt;[34] die Verlängerung eines zeitlich befristeten Rechts[35] (wegen derartiger Eintragungen bei der Vormerkung: § 12 GBV Rdn 28 bis 33).

– **Änderung beim Altenteil oder Leibgedinge:** § 49 GBO erweitert nicht nur die Bezugnahme-Möglichkeit bei der Neueintragung eines Altenteils oder Leibgedinges, sondern erleichtert auch die spätere Umwandlung eines Einzelrechts in ein anders (zB Umwandlung des enthaltenen Wohnrechts in eine Geldrente). Die Eintragung erfolgt als Inhaltsänderung in der Veränderungsspalte, nicht als Aufhebung und Neueintragung,[36] wie dies außerhalb des Geltungsbereichs des § 49 GBO nötig wäre (vgl Rdn 44).

47 c) **Sonstige Veränderungen:** Außerdem sind in der Veränderungsspalte zu buchen:

48 aa) **Diverse Vermerke,** wie Rangänderungsvermerke (dazu § 18 GBV Rdn 16), nachträgliche Wirksamkeitsvermerke (dazu § 18 GBV Rdn 6, 7, 14), Mitbelastungsvermerke (dazu § 11 GBV Rdn 47), Enthaftungsvermerke (sofern nicht lastenfreie Abschreibung ohne Eintragungsvermerk gemäß § 46 Abs 2 GBO angebracht), die Eintragung eines nachträglich eingeräumten Rangvorbehalts sowie Vermerk über die Vorbehaltsausnutzung (dazu § 18 GBV Rdn 17). **Für welche Rechtstypen** in der zweiten Abt gemäß § 48 GBO **Mithaftvermerke** in Frage kommen, allgemein wie in dem hier anzusprechenden Fall der nicht lastenfreien Abschreibung eines Teils belasteten Grundstücks, bedarf einer differenzierten Betrachtung:[37]

– **Erstrangige materiellrechtliche Voraussetzung** (unabhängig von § 48 GBO) ist, dass das betreffende Recht, falls es sich auf mehrere Grundstücke im Rechtssinne erstreckt, seiner Art nach als einheitliche »Gesamtbelastung« (Gesamtrecht) möglich ist. Dies wird in Literatur und Rechtsprechung nicht für alle Rechtstypen gleichermaßen beantwortet; auf die diesbezüglichen Erläuterungen zu § 48 GBO wird verwiesen. Hier nur kurz: Unproblematisch gesamtrechtsfähig sind die Reallasten, die zu den Verwertungsrechten gehören. Als gesamtrechtsfähig gelten seit jeher der Nießbrauch und das Vorkaufsrecht. Nicht mehr in Frage gestellt werden kann heute die Gesamtrechtsfähigkeit des Erbbaurechts sowie des Dauerwohnrechts. Umstritten ist immer noch die Gesamtrechtsfähigkeit der Dienstbarkeiten; hier tendiert die

---

27 Dazu eingehend: *Amann* DNotZ 1982, 396; 1989, 531.

28 Siehe zB zum Nießbrauch: hier Einl C Rdn 478 und BayObLGZ 1985, 6 mwN = Rpfleger 1985, 285 = DNotZ 1986, 151; zum Wohnungsrecht: BayObLGZ 1980, 176 mwN = Rpfleger 1980, 385 = DNotZ 1981, 124, zust *Amann* aaO (Fn 21), kritisch *Schöner/Stöber* Rn 1253 mwN; zur Dienstbarkeit: BGHZ 95, 144 = NJW 1985, 2944 = DNotZ 1986, 25, *Palandt-Bassenge* § 1018 Rn 1.

29 Dazu *Staudinger-Ertl*, BGB, 12. Aufl, Vorbem zu §§ 873–902 Rn 44.

30 Vgl *Staudinger-Ertl* aaO (Fn 29).

31 KG JFG 20, 6 = DFG 1939, 155; *Staudinger-Mayer* (2002) § 1093 Rn 52; *Schöner/Stöber* Rn 1245.

32 Dazu BayObLG Rpfleger 1980, 151 = DNotZ 1980, 543.

33 Zum Ganzen *Staudinger-Gursky* § 877 Rn 30.

34 KG JFG 13, 75 = JW 1935, 3235 (für Hypothek).

35 BayObLGZ 1959, 520 = NJW 1960, 1155 = DNotZ 1960, 540 (Erbbaurechtsverlängerung); dazu *Schöner/Stöber* Rn 1855–1859 (bis 11. Aufl 1867–1871).

36 KG JW 1934, 2997 = DNotZ 1934, 862; BayObLGZ 1975, 133 = Rpfleger 1975, 314 = DNotZ 1975, 622; dazu *Schöner/Stöber* Rn 1341, 1342.

37 Abhandlungen dazu: *Hampel* Rpfleger 1962, 126; *Ebeling* RpflStud 1979, 58; *Böhringer* BWNotZ 1988, 97; *Böttcher* MittBayNot 1993, 129; *Mayer* MittBayNot 2002, 288. S auch BayObLGZ 2002, 263 = Rpfleger 2002, 619 = DNotZ 2002, 950 = ZfIR 2003, 23.

Rechtsprechung überwiegend, das Schrifttum nur zum Teil dazu, die Zulässigkeit als Gesamtbelastung (im nutzungsrechtlichen Sinne) anzuerkennen, falls sich die Ausübung (die nutzbare Anlage) über mehrere Grundstücke erstreckt.

– **Zweitrangige formellrechtliche Voraussetzung** ist, dass § 48 GBO unter Berücksichtigung seiner Zweckbestimmung, die Vervielfältigung (materiellrechtlich anzuerkennender) Gesamtrechte in Einzelrechte durch gutgläubigen Erwerb zu verhindern, die Kennzeichnung der Rechtseinheit im Grundbuch erfordert.[38] **Für unveräußerliche Rechte** erübrigen sich deshalb Vermerke wie »*Zur Mithaft übertragen nach …*« oder »*Mit dem Flurstück … zur Mithaft übertragen nach …*«. Vertretbar sind schlichte Übertragungsvermerke, um die Fortschreibung der belasteten Bodenflächen nachvollziehbar aufzuzeigen; die Formulierung »*zur Mithaft*« ist dafür belanglos; sie ist unverzichtbar nur bei den Gesamtrechten im haftungsrechtlichen Sinne, den Reallasten (nicht so differenzierend: § 48 GBO Rdn 117 bis 125). Zur Eintragung der Ausdehnung eines Erbbaurechts auf ein weiteres Grundstück: § 56 Rdn 20 bis 22.

2. Verfügungsbeschränkungen

Soweit eintragbare Verfügungsbeschränkungen das Eigentum betreffen, sind sie gemäß Abs 4 in der Hauptspalte **49** einzutragen (dazu Rdn 29 bis 34). Nach der Änderung der Abs 4 und 5 (vgl Rdn 2) gilt dies auch für Verfügungsbeschränkungen, welche den Berechtigten eines in der Hauptspalte gebuchten Rechts betreffen, wenn sie *gleichzeitig* mit dem betroffenen Recht eingetragen werden. In die Veränderungsspalte gehören nach Abs 5 nur nachträglich einzutragende Verfügungsbeschränkungen.

Diese Anordnungen betreffen die nötige Extraeintragung rechtsexterner Verfügungsbeschränkungen (dazu Vor GBV Rdn 170, 171). Rechtsinterne Beschränkungen (zB gemäß § 399 BGB, § 5 ErbbauRG, §§ 12, 35 WEG) gehören zum Rechtsinhalt (vgl Vor GBV Rdn 172), der ohnehin in der Hauptspalte zu buchen ist; eine Eintragung in der Veränderungsspalte (gilt nicht für Erbbaurecht und Wohnungseigentum) fällt nur an bei nachträglicher Änderung des Rechtsinhalts in diesem Punkt.

3. Gegenvermerk zum Herrschvermerk

Die Neuregelung (vgl Rdn 2) bezieht sich auch auf den in § 9 Abs 3 GBO vorgeschriebenen Gegenvermerk **50** zum »Herrschvermerk« (§ 7). Dieser ist also grundsätzlich in den Eintragungsvermerk in der Hauptspalte aufzunehmen, gehört nur bei nachträglicher Eintragung in die Veränderungsspalte. Wortlaut etwa: »*Das Recht ist auf dem Blatt des herrschenden Grundstücks vermerkt. Hier vermerkt am …*«.

VI. Zu Absatz 6 nebst 7 (Spalten 6 und 7): Löschungen

In der **Sp 7** erfolgt gemäß Abs 6 die Löschung der in der Sp 3 und 5 eingetragenen »Vermerke«. Die **Sp 6** dient **51** gemäß Abs 7 zur Bezeichnung der lfdNr der zu löschenden Eintragung. Gelöschte und überholte Eintragungen sind schließlich gemäß § 17 Abs 2, 3 rot zu unterstreichen.

1. Totallöschung

Durch den Vermerk »*Gelöscht am …*« wird die gesamte unter der in der Sp 6 bezeichneten lfdNr gebuchte **52** Eintragungseinheit (Haupteintragung nebst zugehörigen Veränderungseintragungen) gelöscht. Soll bei einer Sammelbuchung (dazu oben Rdn 7) nur das Recht eines der Berechtigten gelöscht werden, so muss der Löschungsvermerk lauten: »*Recht des … gelöscht am …*«. Entsprechendes gilt für die Löschung bezüglich eines Gesamt- oder Mitberechtigten. Wegen der besonderen Wirkungen ist eine Löschung, die von Amts wegen erfolgt, als solche zu kennzeichnen, zB im Falle des § 53 Abs 1 S 2 GBO mit: »*Als inhaltlich unzulässig von Amts wegen gelöscht am …*«; wegen der Löschungen aufgrund des § 18 Abs 2 GBO siehe § 18 GBO Rdn 142 bis 145. Die Löschung aufgrund Verfahrens gemäß den §§ 84 ff GBO ist nicht besonders zu kennzeichnen (dazu § 87 GBO Rdn 13).

2. Speziallöschung

Zur Löschung eines Einzelvermerks der Veränderungsspalte, wie einer Verfügungsbeschränkung, einer Vormer- **53** kung oder eines Widerspruchs, bedarf es dessen besonderer Erwähnung im Löschungsvermerk, beispielsweise: »*Verfügungsbeschränkung vom … gelöscht am …*« oder »*Pfändungsvermerk vom … gelöscht am …*« usw (die Beifügung des Eintragungsdatums in jedem Falle beugt Verwechslungsgefahr vor).

Wegen der ausnahmsweise in der Veränderungsspalte zu buchenden Löschungen siehe § 11 GBV Rdn 53, 54. **54**

---

38 Dazu insb *Ebeling* aaO (Fn 37) S 59, 63.

§ 11 (Dritte Abteilung)

(1) In der dritten Abteilung werden Hypotheken, Grundschulden und Rentenschulden einschließlich der sich auf diese Rechte beziehenden Vormerkungen und Widersprüche eingetragen.

(2) Die Spalte 1 ist für die laufende Nummer der in dieser Abteilung erfolgenden Eintragungen bestimmt.

(3) In der Spalte 2 ist die laufende Nummer anzugeben, unter der das belastete Grundstück im Bestandsverzeichnis eingetragen ist.

(4) Die Spalte 3 dient zur Angabe des Betrags des Rechts, bei den Rentenschulden der Ablösungssumme.

(5) In der Spalte 4 wird das Recht inhaltlich eingetragen, einschließlich der Beschränkungen des Berechtigten in der Verfügung über ein solches Recht.

(6)

In der Spalte 7 erfolgt die Eintragung von Veränderungen der in den Spalten 1 bis 4 vermerkten Rechte, einschließlich der Beschränkungen des Berechtigten in der Verfügung über ein solches Recht, wenn die Beschränkung erst nachträglich eintritt.

(7) In der Spalte 10 werden die in den Spalten 3, 4 und 6, 7 eingetragenen Vermerke gelöscht.

(8) Bei Eintragungen in den Spalten 7 und 10 ist in den Spalten 5 und 8 die laufende Nummer, unter der die betroffene Eintragung in der Spalte 1 eingetragen ist, und in den Spalten 6 und 9 der von der Veränderung oder Löschung betroffene Betrag des Rechts anzugeben.

I. Zu Absatz 1: Allgemeines

1. Das Eintragungsgebiet der dritten Abteilung

1   Es ist – anders als das der zweiten Abt (vgl § 10 GBV Rdn 1) – in Abs 1 klar abgegrenzt: Hier sind die Grundpfandrechte (Hypotheken, Grundschulden und Rentenschulden) nebst Veränderungen, Verfügungsbeschränkungen, Vormerkungen, Widersprüchen und Löschungen einzutragen; alle übrigen Belastungen und Beschränkungen gehören in die zweite Abt.

2. Die Unterteilung der dritten Abteilung

2   Die Zoneneinteilung für die *Haupteintragungen* (Sp 1 bis 4), für die *Veränderungseintragungen* (Sp 5 bis 7) und für *Löschungseintragungen* (Sp 8 bis 10) gleicht der zweiten Abt. Wie dort entspricht auch hier die Gliederung dem früheren »preußischen System« unter Weglassung der ehemals besonderen Sp für die Löschung von Veränderungen (vgl § 4 GBV Rdn 2).

Nach Neufassung von Abs 5 und 6 durch VO vom 10.02.1999 (BGBl. I 147, 155) sind – wie in der zweiten Abt (vgl § 10 GBV Rdn 2) – nun Verfügungsbeschränkungen in die Haupteintragung zu integrieren, wenn sie gleichzeitig mit dem betroffenen Recht eingetragen werden; bei nachträglicher Eintragung sind sie als Veränderungseintragung zu buchen.

Eine Übergangsregelung findet sich in § 107.

3. Verhältnis von Haupt- und Nebenspalten

a) Zweck der Unterteilung: Die tabellarische Form der Grundbuchführung wurde gewählt, weil sie die 3
Gesamtbelastung der Grundstücke übersichtlich zur Darstellung bringt (vgl Vor § 4 GBV Rdn 2). Vorteilhaft ist
vor allem, dass die Hauptspalte nicht mit Veränderungs- und Löschungseinträgen durchsetzt ist, so dass die
Belastungen des einzelnen Grundstücks – am klarsten im Realfolium, mit Abstrichen im Personalfolium – »mit
einem Blick« erfasst werden können.[1] Das tabellarische Grundbuch *begünstigt* so die *Informationsgewinnung pro
Grundstück.* Außerdem bietet es die *Informationsmöglichkeit pro Recht;* denn alle dasselbe Recht betreffenden Ver-
änderungs- und Löschungseinträge nehmen auf die lfdNr des Haupteintrags Bezug. Der detailsuchende
Betrachter kann also durch Zusammensuchen und -lesen der auf diese Weise miteinander verknüpften Eintragungen (einschl der Unterlagen, auf die sie Bezug nehmen) alles über das ihn interessierende Recht Eingetragene aufspüren.

b) Inhaltliche Eintragungseinheit pro Rechtseinheit: Die Eintragungen in den Veränderungs- und 4
Löschungsspalten der zweiten bzw dritten Abt bilden zusammen mit der Eintragung in der Hauptspalte, auf die
sie sich beziehen, einen *Komplex,* der buchungstechnisch durch die gemeinsame Bezugnahme auf die lfdNr der
Haupteintragung *als besondere Einheit innerhalb des Grundbuchs* gekennzeichnet wird (unbestritten bis auf die
Frage der Rangeinheit, vgl Rdn 7). Die formale Einheitlichkeit der verknüpften Eintragungen entspricht der
materiellen Einheitlichkeit des gebuchten Rechts. Dementsprechend haben die Eintragungen in der Veränderungsspalte (abgesehen von dort gebuchten Rechten Dritter) keine selbständige Bedeutung neben der Haupt-
eintragung, sondern ergänzen bzw modifizieren diese. Deshalb sind die Eintragungen in der Haupt- und in der
Veränderungsspalte (auch der Löschungsspalte) grundsätzlich als *inhaltliche Einheit* zu lesen und zu verstehen.
Aufgrund des materiellrechtlichen Eintragungsprinzips (§§ 873, 875, 877, 880 BGB usw) ist davon auszugehen,
dass die früher eingetragene Veränderung prinzipiell Priorität vor der später eingetragenen hat. Formal auf den
Grundbuchinhalt umgesetzt, bedeutet dies: Der später datierte Veränderungsvermerk stützt sich auf den
Rechtsinhalt, wie er durch die Gesamtheit der sich auf dasselbe Recht beziehenden früher datierten Eintragungsvermerke dokumentiert ist; an diesen Rechtszustand schließt der jüngste Veränderungsvermerk an und
modifiziert ihn in der im Eintrag zum Ausdruck kommenden Weise. Die früheren Eintragungsvermerke werden gemäß § 17, soweit überholt, durch Rötung markiert. Im Übrigen behält bereits Eingetragenes nach Maßgabe des materiellen Rechts seine Gültigkeit, braucht also im späteren Veränderungsvermerk nicht wiederholt
zu werden. Zur Erläuterung:

aa) Zur **gegenständlichen Erweiterung** durch Nachverhaftung eines auf demselben Grundbuchblatt gebuch- 5
ten Grundstücks genügt in der Veränderungsspalte ein Eintragungsvermerk etwa wie: »*Das Grundstück Nr ...
haftet mit; eingetragen am ...«.* Dieser kurze Vermerk besagt vom systematischen Zusammenhang her (vgl Rdn 4),
dass das Recht sich mit dem bisher eingetragenen Inhalt auf das nachverhaftete Grundstück erstreckt; einer
Wiederholung der bisherigen Eintragungstexte bedarf es nicht.[2] Auch eine etwa eingetragene Unterwerfungsklausel wird durch den schlichten Mitverhaftungsvermerk auf das nachverhaftete Grundstück erstreckt, obschon
eine besondere notariell beurkundete (dem § 800 ZPO genügende) Unterwerfungserklärung bezüglich dieses
Grundstücks erforderlich ist; soll die Eintragung der Unterwerfungsklausel nicht für das nachverhaftete Grundstück gelten, so bedarf dies im Eintragungsvermerk der besonderen Erwähnung.[3]

bb) Zur **inhaltlichen Erweiterung** beispielsweise einer Erhöhung des Zinssatzes (dazu Rdn 41), muss der 6
Eintragungsvermerk in der Veränderungsspalte nicht nur (§ 1115 BGB entsprechend) den erhöhten Zinssatz
bezeichnen, sondern auch eine etwa in der Hauptspalte eingetragene Unterwerfungsklausel wiederholen, um
sie auf die Inhaltserweiterung zu erstrecken.[4] Entsprechendes gilt für die Eintragung einer Verschärfung der bisherigen Fälligkeitsbestimmungen.[5] Auch die Abtretung der aus einer gegen den jeweiligen Eigentümer sofort
vollstreckbaren Hypothek entstandenen Eigentümergrundschuld wird als Inhaltsverschärfung zu werten sein,
die eine neue Unterwerfungserklärung und -eintragung erfordert.[6]

c) Rangeinheit von Haupt- und Veränderungsspalte? Umstritten ist, wie der Rang der Veränderungsein- 7
träge im Grundbuch zur Darstellung zu bringen ist. Die lange hM[7] geht, einer Entscheidung des RG vom
14.03.1931[8] folgend, von der Rangeinheit der Haupt- und Veränderungsspalten aus. Nach dieser Ansicht richtet sich der Rang aller Veränderungseinträge nach dem Rang der Haupteintragung, auf die sie sich beziehen,

---

1 Dazu *Feuerpeil* Rpfleger 1983, 298.
2 Ebenso *Schöner/Stöber* Rn 2656 und *Feuerpeil* aaO (Fn 1) S 299.
3 BGHZ 26, 344 = NJW 1958, 630 = DNotZ 1958, 252; OLG Köln MittRhNotK 1982, 177; darauf eingehend *Schmid*
   Rpfleger 1984, 130, 133.
4 KGJ 45, 261.
5 KGJ 52, 190; KG DNotZ 1954, 199; BGH aaO (Fn 3); s auch *Schöner/Stöber* Rn 2503.
6 OLG Hamm Rpfleger 1987, 297 mit zust Anm *Knees.*
7 Nachweise bei § 41 GBO Rdn 35.
8 RGZ 132, 106 = JFG 8, 42.

falls Abweichendes nicht im Veränderungseintrag vermerkt ist. Die Autoren dieses Kommentars folgen dagegen der dem **materiellrechtlichen Prioritätsprinzip** näheren Konzeption von *Bestelmeyer*, früher *Schmid*[9] (dazu § 41 GBO Rdn 35 bis 39), so *Böttcher* (§ 45 GBO Rdn 43 bis 48 und Rdn 59 bis 68) und *Böhringer* (§ 48 GBO Rdn 100 bis 103). Nach dieser Ansicht richtet sich der grundbuchmäßige Rang von belastungserweiternden Veränderungseinträgen (vgl Rdn 5, 6) nicht nach der Eintragungsstelle der Haupteintragung (Locusprinzip), sondern nach dem Datum der Veränderungseinträge (Tempusprinzip), sofern darin Abweichendes nicht zum Ausdruck gebracht ist. Um Verunsicherungen der Praxis aufgrund der konträren Rechtsansichten vorzubeugen, ist es ratsam, belastungserweiternde Veränderungsvermerke **in jedem Fall** mit einem der Rechtslage entsprechenden **Rangvermerk** zu versehen.[10] Zur Verdeutlichung ein Beispiel, und zwar die Eintragungsskizze einer Zinserhöhung von 15 % auf 18 %, die auch dem § 18 genügt (zu den Nachverhaftungsvermerken: Rdn 47; Weiteres: § 45 GBO Rdn 59 bis 68):

1	50.000,- EUR	*Nr 1 ab … verzinslich mit 18 % jährlich. Die erhöhten Zinsen gehen 2 40.000,- EUR Nr 2 im Range vor/im Range nach. Eingetragen am …*

II. Zu Absatz 2 (Spalte 1): Laufende Nummer der Eintragung

8 In der Sp 1 werden die »in dieser Abteilung« – zunächst in der Sp 3 und 4 – erfolgenden Eintragungen ihrer örtlichen Reihenfolge nach *fortlaufend durchnummeriert*, gleichgültig, welches der im Bestandsverzeichnis gebuchten Grundstücke sie betreffen.

1. Adresse für die Eintragungseinheit

9 Die **lfdNr** der Sp 1 bildet die Adresse zur Bezeichnung des Gesamtkomplexes der auf sie Bezug nehmenden Einträge in der Haupt-, Veränderungs- und Löschungsspalte (dazu § 10 GBV Rdn 5), die insofern eine gesonderte Einheit innerhalb des Grundbuchblattes bilden (vgl Rdn 4).

2. Einzelbuchung oder Sammelbuchung

10 In der **Hauptspalte** der dritten Abt sollte *die Regel der Einzelbuchung* (pro Recht eine besondere lfdNr in Sp 1) *ohne Ausnahme* praktiziert werden, weil – anders als in der zweiten Abt (vgl § 10 GBV Rdn 7) – nicht von vornherein absehbar ist, ob und welche Veränderungen später einzutragen sein werden (zu den Gründen im Einzelnen: § 44 GBO Rdn 55 bis 57 mwN). In der **Veränderungs- und Löschungsspalte** dagegen dient die *Sammelbuchung* – die (gebräuchliche) Zusammenfassung von Eintragungen, die sich auf mehrere der in der Hauptspalte gebuchten Rechte beziehen, in einen Eintragungsvermerk – in geeigneten Fällen durchaus der Übersichtlichkeit des Grundbuchinhalts (vgl § 44 GBO Rdn 54).

III. Zu Absatz 3 (Spalte 2): Verweis auf das Bestandsverzeichnis

11 In der Sp 2 erfolgt die Bezeichnung der Belastungsgegenstände durch Verweis auf die lfdNr der Buchungsstelle im Bestandsverzeichnis. Zu den in Betracht kommenden Modalitäten der Bezeichnung und zur Verfahrensweise bei späterer Änderung der in der Sp 2 vermerkten ursprünglichen Buchungsstelle: § 10 GBV Rdn 9 bis 13. Die in der zweiten Abt gemäß § 7 Abs 2 GBO in Frage kommende Eintragung zulasten eines nicht verselbständigten realen Grundstücksteiles, wie zu § 10 GBV Rdn 12 erläutert, wird allerdings wegen des für die Eintragungen in der dritten Abt ausnahmslos geltenden Teilungsgebots des § 7 Abs 1 GBO nicht aktuell.

IV. Zu Absatz 4 (Spalte 3): Angabe des Geldbetrages

12 Die Sp 3 **dient der optischen Hervorhebung** des Geldbetrages der in der Sp 4 stattfindenden Rechts-, Vormerkungs- und Widerspruchseintragungen. Die Angabe des Betrags erfolgt in Ziffern, die Angabe der Währungseinheit – seit 01.01.2002 ist die Eintragung eines Geldbetrages in DM nicht mehr zulässig, ist der Euro die allein gültige inländische Währung – in abgekürzter Form, also zB »50.000 EUR« oder »50.000,- EUR« oder »21.344,50 EUR«;[11] die in § 17 Abs 1 vorgeschriebene Schreibweise bezieht sich nicht auf die Sp 3, sondern auf den Eintragungstext in der Sp 4. Bei Hypotheken deckt sich der in der Sp 3 anzugebende Betrag mit dem nach § 1115 Abs 1 BGB einzutragenden »Geldbetrag der Forderung«; bei Grundschulden ist deren Kapitalbetrag, bei Rentenschulden gemäß ausdrücklicher Anordnung (§ 1199 Abs 2 BGB) deren Ablösungssumme anzugeben. *Nebenleistungen* werden, auch wenn sie in den Eintragungsunterlagen als betragsmäßig feststehende

---

9 Ausführlich mit Beispielen: *Schmid* Rpfleger 1982, 251 ff; 1984, 130 ff; ebenso *Böttcher* BWNotZ 1988, 73 ff.

10 Wie vielfach empfohlen, so bereits vom RG aaO (Fn 8) S 112, von OLG Hamm Rpfleger 1985, 17, 20 = OLGZ 1985, 23, von *Feuerpeil* aaO (Fn 1) S 299, von *Schmid* aaO (Fn 3) S 140.

11 »EUR«, die für den internationalen Zahlungsverkehr festgelegte Währungsbezeichnung nach den ISO-Währungscodes (ISO-Norm 4217), empfiehlt sich nach *Rellermeyer* Rpfleger 1999, 45, 50 als Kurzbezeichnung in der Sp 3; nach *Böhringer* DNotZ 1999, 692, 698 soll auch das Sonderzeichen »€« verwendet werden können.

Größe genannt sind, in Sp 3 *nicht berücksichtigt*.[12] Zu beachten sind allerdings die *Besonderheiten der Zwangshypothek* (§ 866 ff ZPO), bei der laut § 866 Abs 3 S 1 ZPO nur die Zinsen als Nebenforderung gelten,[13] die Kostenbeträge (titulierte vorgerichtliche Kosten und Prozesskosten sowie gemäß § 788 ZPO ohne Titel erstattungsfähige Kosten bisheriger Zwangsvollstreckungsmaßnahmen) hingegen als Teile der Vollstreckungsforderung anzusehen und deshalb in den in der Sp 3 auszuweisenden Betrag einzurechnen sind.[14]

V. Zu Absatz 5 (Spalte 4): Ursprüngliche Eintragung

1. Allgemeines

a) Die eigentliche Eintragung, der sog **Eintragungsvermerk**, erfolgt in der Sp 4; sie ist mit der in § 44 GBO **13** vorgeschriebenen Datierung und Unterzeichnung abzuschließen (vgl § 20). Wegen allgemeiner Gesichtspunkte und Richtlinien zur teils direkten, teils indirekten »inhaltlichen« Eintragung des Rechts per Bezugnahme auf die Eintragungsbewilligung: § 10 GBV Rdn 14 bis 16 mit weiteren Verweisen.

2. Zum Inhalt des Eintragungsvermerks generell

Alles, was nach materiellem und formellem Recht in den Eintragungsvermerk gehört (vgl Vor GBV **14** Rdn 129 ff), ist in der Sp 4 zum Ausdruck zu bringen. Anders als die pauschale Grundregel des § 874 BGB enthält die für die Eintragung von Hypotheken, Grund- und Rentenschulden primär maßgebliche **Sonderregel des § 1115 BGB** (zu deren Zweck und Anwendungsbereich: Vor GBV Rdn 134) eine *Liste der notwendigen Direkteintragungsdaten*, eingehend erläutert in den Vor GBV Rdn 135 bis 144. Hier kurz das Wesentliche zum nötigen Inhalt des Eintragungsvermerks mit jeweils gezielten Verweisen:

a) Bezeichnung der Rechtsart: Der *Grundpfandrechtstyp* muss aus dem Eintragungsvermerk erkennbar sein. **15** Die gesetzliche Typenbezeichnung (»Hypothek«, »Grundschuld«, »Rentenschuld«) sollte verwendet werden, obgleich sie nur für die »Sicherungshypothek« ausdrücklich vorgeschrieben ist (§ 1184 Abs 2 BGB), im Übrigen Subsumierbarkeit für das materielle Recht entscheidend ist. Statt oder zusätzlich zu »Hypothek« ist die Kennzeichnung der Forderung (Angabe des Schuldgrundtyps wie *»Darlehen«, »Restkaufgeld«, »Abfindung«* usw) ratsam, Begründung zum Ganzen: Vor GBV Rdn 135.

b) Bezeichnung des Gläubigers: Grundlegendes dazu in den Vor GBV Rdn 136. Materiellrechtlich genügt **16** Identifizierbarkeit der Person des Berechtigten anhand des Eingetragenen, verfahrensrechtlich ist größere Genauigkeit der Personenbezeichnung vorgeschrieben in § 15 (s dort). Sind *mehrere Personen gemeinschaftlich Gläubiger*, so sind sie im Eintragungsvermerk grundsätzlich einzeln gemäß § 15 zu benennen mit zusätzlicher Angabe ihres Gemeinschaftsverhältnisses gemäß § 47 GBO. Wegen der in Betracht kommenden Gemeinschafts- und sonstigen Rechtsverhältnisse sowie zur Behandlung der Problemfälle der »Grundbuchfähigkeit« wird auf Vor GBV Rdn 161 verwiesen.

c) Bezeichnung des Geldbetrages: Für die nach materiellem Recht in das Grundbuch einzutragenden **17** Geldbeträge – das sind: Hypothekenforderung (§ 1115 Abs 1 BGB), Höchstbetrag (§ 1190 Abs 1 BGB), Grundschuldkapital (§ 1192 Abs 1 BGB), Rentenschuld-Ablösungssumme (§ 1199 Abs 2 BGB) – schreibt § 17 Abs 1 die *buchstäbliche Schreibweise* vor (zum »Wie« s § 17 GBV Rdn 5). Ausführungen zur Hypothek und Grundschuld in dieser Hinsicht sowie zur nötigen Individualisierung der Hypothekenforderung: Vor GBV Rdn 137.

d) Bezeichnung von Zinsen und anderen Nebenleistungen: In welcher Weise gemäß § 1115 Abs 1 BGB **18** der »Zinssatz« und der »Geldbetrag anderer Nebenleistungen« im Eintragungsvermerk zur Darstellung zu bringen sind: Vor GBV Rdn 138 bis 144.

e) Bezeichnung einer etwa vereinbarten Bedingtheit oder Befristung: Diese bedarf, sofern sie den **19** Bestand bzw die Dauer des Rechts betrifft, nach allgemeinen Grundsätzen mindestens andeutungsweise der Erwähnung im Eintragungsvermerk, um dingliche Wirkung zu erlangen. Wegen der Details genügt die Eintragung mittels Bezugnahme auf die Eintragungsbewilligung. Näheres: Vor GBV Rdn 167, 168.

f) Ggf sonst notwendige Direkteinträge über Nebenbestimmungen, wie beispielsweise der Briefaus- **20** schluss gemäß § 1116 Abs 2 BGB und dessen Aufhebung gemäß § 1116 Abs 3 BGB, der Ausschluss des Löschungsanspruchs und dessen Aufhebung gemäß § 1179a Abs 5 BGB, die Vertreterbestellung gemäß § 1189 Abs 1 BGB, die Unterwerfungsklausel gemäß § 800 Abs 1 ZPO, etwa durch § 45 GBO veranlasste Rangvermerke (dazu § 18 GBV Rdn 4, 12), ein Wirksamkeitsvermerk (dazu § 18 GBV Rdn 6, 7, 16), ein Rangvorbehalt gemäß § 881 Abs 2 BGB (dazu Vor GBV Rdn 173, 174), Mithaft- bzw Gesamthaftvermerke gemäß § 48 GBO (dazu Rdn 166 und § 48 GBO Rdn 63 ff), ein Vermerk gemäß § 23 Abs 2 GBO, ein Vermerk über die

---

12 KGJ 43, 230.
13 Dazu OLG Schleswig Rpfleger 1982, 301 m Anm *Hellmig*; Vorbem Rn 136.
14 *Schöner/Stöber* Rn 2187.

Erteilung eines neuen Briefes gemäß § 68 Abs 3 GBO usw. Diese besonders vorgeschriebenen »Extraeintragungen« müssen nach materiellem Recht stets im Grundbuch selbst erfolgen, Bezugnahme auf die Eintragungsbewilligung ist nur wegen etwaiger »näherer« Einzelheiten zulässig (vgl Vor GBV Rdn 96, 97, 173 bis 177, § 48 GBO Rdn 68). Derlei Vermerke werden, falls gleichzeitig mit dem Recht einzutragen, gewöhnlich in den Haupteintragungsvermerk in Sp 4 aufgenommen; dies entspricht der vorschriftsmäßigen Gliederung, nach der nur nachträgliche »Veränderungen« in die Sp 5 bis 7 gehören. Gleiches gilt jetzt auch für Verfügungsbeschränkungen (vgl Rdn 2).

21 g) Schließlich die **Bezugnahme auf die Eintragungsbewilligung**. Auf die Ausführungen zu § 10 GBV Rdn 27 wird verwiesen.

3. Zum Inhalt des Eintragungsvermerks speziell

22 a) Es folgen **keine Fassungsvorschläge** für die Eintragungstexte der Hauptspalte aus den bereits zu § 10 genannten Gründen (vgl dort Rdn 28). Verwiesen wird auf die gerade für die dritte Abt zahlreichen Eintragungsmuster in den Anlagen zur GBV sowie auf § 22 GBV Rdn 3.

23 b) Welche **Währungseinheiten** – außer dem Euro als der seit 01.01.2002 allein gültigen inländischen Währung – unter welchen Voraussetzungen bei der Eintragung von und bei Grundpfandrechten oder bei der Anpassung vorhandener Grundbucheintragungen zulässig sind, richtet sich nach § 28 S 2 GBO und der dazu erlassenen VO über Grundpfandrechte in ausländischer Währung und in Euro vom 30.10.1997 (BGBl I 2683). Auf die Erläuterungen zu § 28 S 2 GBO sowie des Anhangs B zu § 28 GBO (Besonderheiten in den neuen Bundesländern) wird verwiesen.

Wegen der kaum noch aktuellen Eintragungungsfragen, die mit den Folgen der Währungsreform von 1948 und dem ausgelaufenen Lastenausgleich zusammenhängen, wird auf die Erläuterungen in MIR (6. Aufl) zu § 3 Anh 1 Rn 233 ff und die diesbezüglichen Regelungen des GBMaßnG verwiesen.[15]

24 c) Zur **Eintragung von Vormerkungen und Widersprüchen:** § 12 nebst Erläuterungen.

VI. Absatz 6 nebst 8 (Spalten 5 bis 7): Eintragung von Veränderungen usw

25 (1) Die **Sp 7** ist nach Abs 6 für die Eintragung nachträglicher Veränderungen vorgesehen; das zu § 10 GBV Rdn 36 Ausgeführte gilt entsprechend. Die **Sp 5** ist gemäß Abs 8 bestimmt für die Angabe der lfdNr der betroffenen Eintragung(en), dient somit der Verknüpfung der Haupteintragungen der Sp 4 mit den zugehörigen Zusatz- und Veränderungseintragungen (vgl Rdn 4 bis 9). In der **Sp 6** ist gemäß Abs 8 der von der Veränderung betroffene Betrag des Rechtes anzugeben, ebenso wie die Betragsangabe in der Sp 3 in Ziffern und mit abgekürzter Währungseinheit (vgl Rdn 12).

26 (2) Wegen der besonderen Eintragungsmodalitäten **in Fällen der Rechtsaufteilung** durch Teilabtretung, Teilbelastung usw siehe § 17 Abs 4 nebst Erläuterungen Rdn 17 ff. Näheres zu den in die Sp 5 bis 7 gehörenden Eintragungen im folgenden:

1. Veränderungen

27 a) **Allgemeines:** Es gibt eine Vielfalt eintragungsfähiger, meistens eintragungsbedürftiger Rechtsveränderungen, die hier zu buchen sind.

Beonders zu beachten ist dabei, dass seit dem 01.01.2002 die **Umstellung von DM auf Euro** nicht nur auf Antrag vorzunehmen ist (§ 26a Abs 1 S 3 GBMaßnG), sondern auch *von Amts wegen* gesetzlich geboten ist (§ 26a Abs 1 S 2 und 4 GBMaßnG). Im Beitrittsgebiet gelten diese Vorschriften nach Maßgabe des § 36a GBMaßnG.[16]
– Die Umstellung **kann** von Amts wegen **vorgenommen werden** »bei der nächsten anstehenden Eintragung im Grundbuchblatt« (S 2 der genannten Vorschrift). Die Miterledigung der Umstellung bei irgendeiner Eintragung an irgendeiner (anderen) Stelle des Grundbuchblattes (»Anlassrichtigstellung«[17]) ist somit in das Ermessen des GBA gestellt; ihre Vornahme sollte sich auf alle in dem Grundbuchblatt eingetragenen DM-Rechte erstrecken.[18]
– Die Umstellung **ist vorzunehmen** auf Antrag (S 3 der genannten Vorschrift), aber auch ohne Antrag, und zwar dann, wenn bei einem eingetragenen DM-Recht oder sonstigen Vermerk eine Eintragung mit Ausnahme der Löschung vorzunehmen ist oder das Recht oder der Vermerk auf ein anderes Grundbuchblatt

15 Gestraffter Überblick bei *Schöner/Stöber* Rn 4319 ff.
16 Überblick von *Böhringer* Rpfleger 2000, 433 mwN.
17 Begriff von *Böhringer* DNotZ 1999, 692, 701.
18 Ebenso *Schöner/Stöber* Rn 4311 mit Ausnahmebeispiel sowie *Böhringer* aaO (Fn 17).

übertragen wird und die Umstellung beantragt wird (S 4 der genannten Vorschrift).[19] Zu verstehen ist die Vorschrift wohl so, dass bei einer (aus anderen Gründen) bei einem Recht oder sonstigen Vermerk vorzunehmenden Eintragung – die vollständige Löschung ausgenommen – gleichzeitig die Umstellung von Amts wegen eingetragen werden soll.[20]

Ein Antrag zur Eintragung der Umstellung ist vor wie nach möglich, aber nicht mehr nötig. Eine Bewilligung ist seit dem 01.01.2002 nicht mehr erforderlich, weil die Umstellung lediglich eine Richtigstellung, keine Grundbuchberichtigung im Sinne von § 894 BGB, § 22 GBO ist.[21] Eintragungsmuster für die Verknüpfung der Umstellung mit einer Änderungseintragung, zB die Eintragung einer Abtretung:[22]

Sp 3:   unter 50.000 DM einfügen:
        = 25.564,59 EUR

Sp 6:   *50.000,00 DM*
        = 25.564,59 EUR

Sp 7:   *Umgestellt auf fünfundzwanzigtausendfünfhundertvierundsechzig 59/100 Euro. Abgetreten mit den Zinsen ab … an …*
        Eingetragen am …

aa) Ob die Eintragung einer Veränderung nach materiellem Recht **Konstitutiv- oder Berichtigungsfunk-** **28** **tion** hat, ist für die Eintragungsvoraussetzungen zwar bedeutsam (verfahrensrechtliche Eintragungsgrundlage: einerseits gemäß § 19 GBO, andererseits gemäß § 22 GBO), aber *unerheblich für den Eintragungsvermerk und den Eintragungstext.* Wie schon in anderem Zusammenhang erwähnt (vgl § 10 GBV Rdn 9 sowie oben Rdn 11), ist das Grundbuch nicht dafür vorgesehen, zusätzlich zur Eintragung auch deren Rechtsfunktion oder -folgen zum Ausdruck zu bringen. Formulierungen wie »*… rechtsbegründend eingetragen …*« oder »*berichtigend eingetragen …*« sind ungerechtfertigt, weil sie Rechtsfolgen andeuten, die allein aus der Eintragung nicht zu erschließen sind.

bb) Auch bei den Änderungseintragungen ist **in Grenzen die Bezugnahme auf die Eintragungsbewilli-** **29** **gung** oder die sonstige Eintragungsunterlage zulässig.

Grundlegendes dazu: Vor GBV Rdn 178 bis 181.

cc) Es folgt **kein vollständiger Katalog, sondern eine Auswahl und Gruppierung von Rechtsvorgän-** **30** **gen**, die in Sp 7 zu buchen sind:

b) Rechtsübergang, -veräußerung und -belastung: Die Grundpfandrechte sind subjektiv-persönliche **31** Rechte, nicht höchstpersönlicher Natur, sondern vererblich und veräußerlich (zur Tragweite der bei Hypotheken, nach hM auch bei Grundschulden gegebenen Möglichkeit oder zur Einschränkung der Abtretbarkeit gemäß §§ 399, 413 BGB siehe Rdn 19, 23). Die *Veräußerung* von Hypothek (exakt: der gesicherten Forderung mit der Hypothek als »Anhängsel«) und Grundschuld (ebenso Rentenschuld) erfolgt durch Abtretung (§§ 1153, 1154, 1192 iVm § 398 BGB) sowie durch Überweisung an Zahlungs Statt im Anschluss an eine Pfändung (§ 835 Abs 2 ZPO), die mögliche *Belastung* entweder durch Nießbrauchbestellung oder Verpfändung (§§ 1069, 1274 BGB), auch durch Pfändung (§§ 830, 857 Abs 6 ZPO). Die *Eintragung* in den vorbezeichneten Fällen (konstitutiv wirkend bei Buchrechten, berichtigend bei Briefrechten) muss nach allgemeinen Grundsätzen in jedem Fall mit Deutlichkeit (siehe auch die Eintragungsmuster in Abt III der Anl 1, 2a und 2b) die Art des Rechtsvorgangs (vgl Vor GBV Rdn 179) wie »*Übergegangen durch Erbfolge auf …*«, »*Abgetreten an …*«, »*An Zahlungs Statt überwiesen an …*«, »*Verpfändet für …*«, »*Gepfändet für …*«, und die Person des Berechtigten (§ 15 GBV gemäß) nennen; insoweit ist zweifelsohne Direkteintrag erforderlich. Im Übrigen ist zu bemerken:

aa) Zur Eintragung einer Abtretung: Der formelle Bestimmtheitsgrundsatz (iS des eindeutigen Rechtsbe- **32** schriebs, vgl Vor GBV Rdn 43) erfordert nicht nur die unzweifelhafte Bezeichnung des betroffenen Rechts als Gegenstand der Abtretung, sondern auch, und zwar sowohl in der Eintragungsgrundlage (vgl § 26 GBO Rdn 47 bis 59 mwN[23]) als auch in der Eintragung selbst klare Angaben darüber, ob und inwieweit (von welchem Zeitpunkt an) Zinsen und ev andere Nebenleistungen mit abgetreten sind. *Üblich und zweckmäßig,* aber *wohl nicht unbedingt nötig* ist es, die besagte Angabe direkt einzutragen, etwa »*Abgetreten mit den Zinsen seit … an …*« (optimal bestimmt: Angabe des Kalendertages, wegen sonstiger akzeptabler Zeitbestimmungen vgl § 26 GBO Rdn 47) oder »*Abgetreten ohne Zinsen … an …*« (Negativzusatz zur Verdeutlichung empfehlenswert); siehe auch das Muster einer einfachen Abtretungseintragung in der Anl 1 Abt III Sp 5–7 zu lfdNr 3a.

---

19 Zum fragwürdigen Sinn des letzten Teils dieser Vorschrift *Rellermeyer* Rpfleger 1999, 522, 523.

20 Vgl *Schöner/Stöber* Rn 4317.

21 *Böhringer* aaO (Fn 17); *Rellermeyer* aaO (Fn 19); *Bestelmeyer* Rpfleger 1999, 368, 371; *Demharter* § 28 Rn 23; *Schöner/Stöber* Rn 4317.

22 Anlehnung an das Muster von *Rellermeyer* aaO (Fn 18); entsprechend *Böhringer* DNotZ 1999, 692, 703. Zur Rundung bei der Umrechnung *Rellermeyer* Rpfleger 2001, 291 mwN.

23 Dazu auch BGH MDR 1989, 897.

33 **bb) Zur Eintragung einer Verpfändung bzw Pfändung:** Einzutragen ist das *Pfandrecht* am betroffenen Grundpfandrecht, nicht lediglich, wie in der zweiten Abt überwiegend (vgl § 10 GBV Rdn 32 bis 34), ein Vermerk über die kraft des Pfandrechts sich ergebende Verfügungsbeschränkung. Für die *Eintragung einer Verpfändung* ist § 874 BGB *entsprechend* anzuwenden, dh die Person des Pfandgläubigers und die Art des Rechts (sein Wesenskern) sind im Eintragungsvermerk selbst zu kennzeichnen, zur näheren Bezeichnung des Rechtsinhalts darf auf die maßgebliche Eintragungsunterlage Bezug genommen werden. Das Pfandrecht ist ein unselbständiges (akzessorisches) Recht; Bestand, Inhalt und Zuordnung sind abhängig von der zu sichernden Forderung (vgl §§ 1273 Abs 2, 1204, 1210, 1250, 1252 BGB). Die Bezeichnung der zu sichernden Forderung ist daher Wirksamkeitserfordernis der Verpfändungserklärung und der Eintragung.[24] Das KG[25] hat aus der akzessorischen Natur des Pfandrechts den Schluss gezogen, dass die zu sichernde Forderung im Eintragungsvermerk selbst anzugeben ist. Der Angabe eines *bestimmten* Geld- oder Höchstbetrages (analog §§ 1115 Abs 1, 1190 Abs 2 BGB) bedarf es allerdings weder in der Eintragung noch in der Eintragungsunterlage, weil das Pfandrecht dies aus materiellrechtlichen Gründen nicht erfordert;[26] es ist von Gesetzes wegen kein betragsbegrenztes Sicherungsrecht wie die Hypothek, sondern haftet für die pfandgesicherte Forderung in ihrem jeweiligen Bestand (§ 1210 Abs 1 S 1 BGB); zur Sicherung bedingter oder künftiger Forderungen (§§ 1273 Abs 2, 1204 Abs 2 BGB) reicht Bestimmbarkeit der Konkretforderung und ihrer Höhe.[27] Zur Bezeichnung der Forderung in der Eintragung soll deshalb die Bezugnahme auf die Eintragungsbewilligung ausreichend sein.[28] Materiellrechtlichen Minimalanforderungen mag dies genügen, zweckmäßig (und praktische Übung) ist es jedenfalls, die zu sichernde Forderung, falls sie feststeht, in Anlehnung an § 1115 Abs 1 BGB mit dem Geldbetrag und etwaiger Zins- und Nebenleistungen im Eintragungsvermerk selbst zu bezeichnen und wegen näherer Einzelheiten des Schuldgrundes auf die Eintragungsunterlage Bezug zu nehmen (vgl Vor GBV Rdn 137 zur Schuldgrundbezeichnung in der Hypothekeneintragung). Bei der *Verpfändung* wird im Hinblick auf die gesetzliche Regel des § 1289 BGB eine Angabe darüber, inwieweit die Zinsen mitverpfändet werden, für entbehrlich gehalten (vgl § 26 GBO Rdn 49 mwN); die Regel ist allerdings abdingbar; eine er abweichende Individualbestimmung muss an Deutlichkeit dem formellen Bestimmtheitsgrundsatz genügen wie bei der Abtretung und dann ebenso eingetragen werden, um die Regelabweichung klar herauszustellen (vgl Rdn 32). *Eintragungsbeispiele:* für eine Pfändung: Anl 1 Abt III Sp 5–7 zu lfdNr 3, Anl 2a Abt III Sp 5–7 zu lfdNr 4; für eine Verpfändung: ehemalige Anl 1 Abt III Sp 5–7 zu lfdNr 1 (in den neuen Anl nicht mehr vorgesehen).

34 **cc)** Zur Eintragung der **Abtretung, Verpfändung oder Pfändung einer Eigentümergrundschuld**, die aus einer Fremdhypothek oder -grundschuld herrührt, – praktisch selten, weil damit in aller Regel gegen vormerkungsgesicherte (§ 1179 BGB aF und nF BGB) oder vormerkungsgleich gesicherte (§ 1179a Abs 1 BGB) Löschungsverpflichtungen des Eigentümers verstoßen würde – bedarf es nicht der (berichtigenden) förmlichen Voreintragung der Eigentümergrundschuld in der Veränderungsspalte der dritten Abt (mit namentlicher Benennung des neuen Berechtigten), wenn deren Inhaber kein anderer ist als der in der ersten Abt eingetragene Eigentümer (vgl § 39 GBO Rdn 19 mwN). Dennoch ist der vorangegangene Rechtswandel der Plausibilität halber im Eintragungsvermerk zu erwähnen, etwa so: »*Als Grundschuld kraft Gesetzes auf den Eigentümer übergegangen; abgetreten mit den Zinsen seit … an … Eingetragen am …*« oder »*Als Grundschuld kraft Gesetzes auf den Eigentümer übergegangen; verpfändet für [gepfändet wegen] eine[r] Kaufpreisforderung von … Euro nebst … Zinsen seit … und … Euro Kosten zugunsten … Gemäß Bewilligung vom … [Gemäß Pfändungs- und Überweisungsbeschluss des Amtsgerichts … vom …– AZ …–] eingetragen am …*«.

35 **dd)** Die **Eintragung eines Nießbrauchs** als Belastung eines Grundpfandrechts ist idR unproblematisch: »*Nießbrauch für … (Bezeichnung des Berechtigten gemäß § 15 GBV). Gemäß Bewilligung vom … eingetragen am …*« ist ein in jedem Fall ausreichender Standardtext; die Bezugnahme auf die Eintragungsbewilligung entfällt, falls keinerlei Abweichung vom gesetzlich vorgegebenen Rechtsinhalt darin zum Ausdruck kommt (dazu Vor GBV Rdn 131); eine Bedingung oder Befristung und der Vermerk nach § 23 Abs 2 GBO sind ggf besonders im Eintragungsvermerk kenntlich zu machen.

36 **ee) Bei einem gemeinschaftlichen Recht** gestalten sich die vorbezeichneten Eintragungen je nach Art des Gemeinschaftsverhältnisses verschieden. Gehört der Personenmehrheit das Grundpfandrecht:
– in (separater) **Bruchteilsgemeinschaft** (zB im Falle des § 1172 Abs 1 BGB[29]), so kann über die Anteile selbständig verfügt werden (§ 747 S 1 BGB), sind sie auch selbständig pfändbar;[30] dementsprechend ist der betroffene Anteil im Eintragungsvermerk zu kennzeichnen, zB im Abtretungsfall: »*Anteil des … (Name des*

---

24 RGZ 148, 349, 350/351.
25 KGJ 33 A 262, 265.
26 KEHE-*Eickmann* Rn 24 (zur Pfändung) tendiert zum Gegenteil (Argument: Bestimmung des Rechtsumfangs).
27 KGJ 44 A 269 ff; *Staudinger-Wiegand* § 1204 Rn 25.
28 Dies leiten *Schöner/Stöber* Rn 2450 aus KGJ 44 A 269 ab (obwohl dort nicht die Fassung der Eintragung, sondern die Bestimmtheitsfrage Thema war); vgl auch BINZ Rpfleger 2005, 11.
29 Dazu BGH NJW-RR 1986, 233 mwN = Rpfleger 1986, 58 = DNotZ 1986, 476.
30 AG Obernburg MDR 1964, 846.

bisherigen Anteilsberechtigten) *mit den darauf entfallenden Zinsen ab ... abgetreten an ...* (Name des neuen Anteilsberechtigten); *eingetragen am ...«;*

– in **Erbengemeinschaft**, so kann eine Verfügung über den Erbanteil eines Miterben, zB eine Erbteilsübertragung (§ 2033 Abs 1 BGB), berichtigend eingetragen werden, etwa folgendermaßen: *»Erbanteil des ... (Name des bisherigen Miterben) übertragen an ... (Name des Erbteilserwerbers); eingetragen am ...«;*

– in **BGB-Gesellschaft**, so kommt zB die berichtigende Eintragung der Rechtsfolge einer An- bzw- Abwachsung (§ 738 BGB) in Betracht; die von *Eickmann*[31] für die erste Abt konzipierten Eintragungsmuster können sinngemäß verwant werden (zur umstrittenen »Grundbuchfähigkeit« der BGB-Gesellschaft s § 15 GBV Rdn 32 bis 36);

– als **Gesamtgläubigern**, so sind sie Inhaber eigenständiger Forderungsrechte, kann mithin jeder über seine Berechtigung gesondert verfügen.[32]

ff) Möglich, aber selten ist die **Eintragung eines Gläubigerverzichts** (§§ 1168 Abs 2, 1192 BGB). Nur dieser **37** ist eintragungsbedürftig, der Rechtsübergang auf den Eigentümer ist gesetzmäßige Rechtsfolge (§ 1168 Abs 1 BGB); Eintragungstext: *»Gläubiger hat auf das Recht verzichtet; eingetragen am ...«* oder *»Gläubigerverzicht eingetragen am ...«.* Die Eintragung der Rechtsfolge (wie im Eintragungsmuster der Anl 2a Abt III Sp 5–7 zu lfdNr 4) ist antragsabhängige Grundbuchberichtigung (vgl § 27 GBO Rdn 13).

c) Inhaltsänderungen: Zur Kategorie der Inhaltsänderungen im Allgemeinen: § 10 GBV Rdn 44. Dafür, was **38** als Inhaltsänderung in der Veränderungsspalte und was als Neubestellung in der Hauptspalte zu buchen ist, gibt es für die Grundpfandrechte, ihren Eigenarten entsprechend, eine *spezifische Kasuistik:*

aa) Besonderheit der Grundpfandrechte ist zunächst deren nach dem Gesetz als (rangwahrende) Inhaltsände- **39** derung (§ 877 BGB) mögliche **Umwandlung**. In der Veränderungsspalte zu buchende Umwandlungsfälle dieser Art sind:[33]

– **Briefrecht in Buchrecht und umgekehrt** (§ 1116 Abs 2 und 3 BGB), Textvorschlag: »Briefertteilung nachträglich ausgeschlossen; eingetragen am ...« oder »Briefausschluss aufgehoben; eingetragen am ...«;

– **Hypothek in eine Grund- oder Rentenschuld oder umgekehrt** (§§ 1198, 1203 BGB), Textvorschlag: *»Umgewandelt in eine Grundschuld; eingetragen am ...«;* bei ev weiteren Änderungen ist der Eintragungstext zu erweitern, zB *»Umgewandelt in eine Grundschuld mit ... % Jahreszinsen und gemäß Bewilligung vom ... geänderten Zahlungsbedingungen; eingetragen am ...«.* Wird eine Grundschuld in eine Hypothek umgewandelt, so muss die zu sichernde Forderung in der Eintragungsbewilligung bezeichnet sein, auf die dieserhalb in der Eintragung Bezug zu nehmen ist; zusätzliche Erwähnung der Forderung im Eintragungsvermerk ist zweckmäßig (vgl Rdn 15);

– **Sicherungshypothek in Verkehrshypothek und umgekehrt** (§ 1186 BGB), Textvorschlag: *»Umgewandelt in eine Buchhypothek ...«* (folgen ev Änderungen entsprechend vorstehendem Vorschlag; Fortbestand als Buchrecht muss nicht, sollte aber zweckmäßigerweise vermerkt werden[34]);

– **Eigentümergrundschuld in eine Fremdhypothek** (§ 1198 BGB), gleichzeitige Abtretung ist Voraussetzung,[35] wegen des Eintragungstextes siehe Verweis bei Rdn 34 aE;

– **Forderungsauswechslung** bei einer Hypothek mit oder ohne Gläubigerwechsel (§ 1180 BGB), Textvorschlag: *»An die Stelle der bisherigen Forderung getreten ist eine ... Forderung (Nennung des Schuldgrundtyps) für ... (ev Person des neuen Gläubigers) mit ... % Jahreszinsen ...«* (hier werden notwendigerweise die geänderten, zweckmäßigerweise auch die ungeänderten Zins- und Nebenleistungen vermerkt, zwar nach den für die Neueintragung entwickelten Regeln, vgl Rdn 18), nötigenfalls schließt die Bezugnahme auf die für die Änderungen maßgebliche Bewilligung an; ggf ist die Unterwerfung nach § 800 ZPO neu einzutragen (Grund: Rdn 6).

bb) Veränderungen des Rechtsinhalts (gemäß § 877 BGB) gehören unzweifelhaft in die Veränderungsspalte, **40** so insb:

– **Änderung der Zahlungsbedingungen** für Haupt- oder Nebenleistungen (s § 1119 Abs BGB): zB Änderung der Tilgungsraten oder -fälligkeiten für das Kapital; Änderung der bisherigen Zahlungstermine und/oder Zahlungszeiträume für Zins- und Nebenleistungen; Änderung, Einfügung oder Wegfall von Kündigungsgründen oder -fristen bezüglich des Kapitals oder der Zins- und Nebenleistungen; abweichende Bestimmung gemäß § 1193 Abs 2 BGB usw. Eintragungstext für diese Fälle etwa: *»Zins- und Zahlungsbestimmungen (ggf nur eines von beiden) geändert gemäß Bewilligung vom ... [auch insoweit vollstreckbar nach § 800 ZPO]; eingetragen am ...«* (zu Bezugnahmegrenzen: Vor GBV Rdn 181).

– **Nachträglicher Ausschluss der Abtretbarkeit** gemäß §§ 399, 413 BGB (zur Zulässigkeitsfrage: § 26 GBO Rdn 19, 23), Textvorschlag: *»Ausschluss der Abtretbarkeit [der Hypothekenforderung]; eingetragen am ...«;*

---

31 Rpfleger 1985, 85; s auch Muster bei *Schöner/Stöber* Rn 983c.
32 BGHZ 46, 253 = NJW 1967, 627 = Rpfleger 1967, 143; BayObLGZ 1975, 191 = Rpfleger 1975, 300 = DNotZ 1975, 619; BayObLG NJW-RR 1992, 847 = Rpfleger 1992, 191.
33 Zur Systematik *Schöner/Stöber* Rn 2543–2557 (mit Fassungsvorschlägen).
34 *Palandt-Bassenge* § 1186 Rn 2.
35 BGH NJW 1968, 1674.

– **Nachträglicher Ausschluss des gesetzlichen Löschungsanspruchs** gemäß § 1179a Abs 5 BGB sowie umgekehrt die Aufhebung eines früheren Ausschlusses, wegen des Eintragungstextes siehe Vor GBV Rdn 176.

41 **cc) Veränderungen des Rechtsumfangs** durch Erweiterung, Austausch, Verminderung von Nebenleistungen (ob gemäß § 877 BGB oder nicht), gehören in die Veränderungsspalte auch dann, wenn sie nicht den Rang des Hauptrechts teilen, so insb:

– **Erweiterung um oder Erhöhung von Zinsen und/oder anderen Nebenleistungen** (Inhaltsänderung iS von § 877 BGB[36]). Die Haftungserweiterung teilt den Rang des Hauptrechts ohne weiteres, soweit sie sich im Rahmen des § 1119 Abs 1 BGB hält (gilt nur für Zinsen, nicht für sonstige Nebenleistungen!) oder keine gleich- und nachrangigen Berechtigten vorhanden sind. Andernfalls darf sie nur mit Zustimmung aller gleich- und nachrangigen Berechtigten (verfahrensrechtlich Bewilligung mittelbar Betroffener) im Range des Hauptrechts eingetragen werden; ohne die erforderlichen Zustimmungen rangieren die das Limit des § 1119 Abs 1 BGB übersteigenden Zinsen bzw die Nebenleistungen an nächstfreier Rangstelle. Umstritten ist, in welchem der Fälle ein Rangvermerk nötig ist, er ist in beiden Fällen höchst zweckmäßig (dazu Rdn 7). Textvorschlag: *»Ab ... verzinslich* (Aufnahme des Beginnzeitpunkts in den Eintragungsvermerk nicht nötig, aber zweckmäßig, erspart die Bezugnahme auf die Eintragungsbewilligung, wenn nicht wegen anderer Modalitäten erforderlich) *mit [bis] ... % [unter Umständen ...] jährlich [gemäß Bewilligung vom ...], [auch insoweit vollstreckbar nach § 800 ZPO]* (dazu Rdn 6, außerdem Rdn 7 wegen der empfohlenen Rangvermerke). *Eingetragen am ...«* oder *»Nebenleistung ab ... geändert ...«* (usw entsprechend dem vorstehenden Vorschlag).

– **Aufhebung oder Ermäßigung von Zinsen und/oder anderen Nebenleistungen** (obwohl kein Fall von § 877 BGB, sondern von § 875 BGB und Sondervorschriften[37]). Die Buchung in der Löschungsspalte ist zwar denkbar, wäre nicht unwirksam, aber ungewöhnlich, da heute allgemein die Buchung in der Veränderungsspalte befürwortet wird (§ 46 GBO Rdn 18 mwN). Textvorschlag: *»Verzinsung ab ... ermäßigt auf ... %; eingetragen am ...«* oder ähnlich.

42 **dd) Veränderungen des Kapitalbetrages** eingetragener Grundpfandrechte sind dagegen **nicht als Inhaltsänderung** einzutragen.

– Eine **Kapitalerhöhung** wird (mit unterschiedlicher Begründung[38]) als Neubelastung (§ 873 BGB) angesehen und ist dementsprechend an rangbereiter Stelle in der Hauptspalte als neues Recht zu buchen, obschon die Eintragung in der Veränderungsspalte nicht wirkungslos (nicht inhaltlich unzulässig) wäre und auch nicht zur Grundbuchunrichtigkeit führt, sofern gleich- und nachrangige Belastungen nicht vorhanden sind.[39]

– Eine **Kapitalverminderung** ist materiellrechtlich Teilaufhebung, auch formellrechtlich als solche zu behandeln und in der Löschungsspalte einzutragen (§ 17 Abs 3).

43 **ee) Die Vereinheitlichung mehrerer Hypotheken** oder **Grundschulden,** deren Zusammenfassung zu einer »Einheitshypothek« bzw »Einheitsgrundschuld«, wird als Inhaltsänderung iS des § 877 BGB verstanden.[40] Auf diese Weise kann beispielsweise die einer Kapitalerhöhung dienende zusätzlich eingetragene Hypothek bzw Grundschuld (vgl Rdn 42) mit der bereits eingetragenen Hypothek bzw Grundschuld verbunden werden.[41] Nötigenfalls vorab zu schaffende Zulässigkeitsvoraussetzungen sind, dass die zusammenzufassenden Rechte sich in Art und Inhalt gleichen, entweder alle Brief- oder Buchrechte sind, demselben Gläubiger zustehen, im Rang unmittelbar aufeinander folgen oder untereinander gleichrangig sind.[42] Für das vereinheitlichte Recht ist, falls Briefrecht, ein neuer einheitlicher Brief zu erteilen (dazu § 67 GBO Rdn 25). Die Eintragung findet in der Veränderungsspalte statt,[43] nicht durch Löschung der Einzelrechte und Neubuchung des Einheitsrechts, wie anfangs überlegt worden ist, etwa wie folgt (Rötung nur, soweit Bedingungen geändert):

1	10.000,- EUR	Nr 1 und 2 zusammengefasst zu einer einheitlichen Hypothek für ein Darlehen von dreißigtausend
2	20.000,- EUR	Euro unter Änderung der Bedingungen für die Einzelrechte; [bis] ... % [, uU ... %] Jahreszinsen
jetzt I	30.000,- EUR	[; ... % Nebenleistung jährlich]; [neuer einheitlicher Brief erteilt;] gemäß Bewilligung vom ... eingetragen am ...

36 Allgemeine Ansicht im Anschluss an RGZ 132, 106, 109 = JFG 8, 42, 44, vgl OLG Frankfurt Rpfleger 1978, 312, 313 mwN.

37 RGZ 72, 362, 367.

38 Zusammenfassend: OLG Frankfurt Rpfleger 1978, 312, 313 mwN; zutreffende Begründung: KG JFG 16, 248 = JW 1937, 3157 = DNotZ 1938, 112 (Übersichtlichkeit des tabellarischen Grundbuchs); dazu KEHE-*Eickmann* Rn 8 (nicht mit Bestimmtheitsgrundsatz begründbar).

39 KG JFG 14, 378 = JW 1937, 116; 16, 248 = aaO (Fn 38); OLG Frankfurt aaO (Fn 38).

40 Allgemeine Ansicht im Anschluss an RGZ 145, 47 = JW 1934, 2235 = DNotZ 1934, 669; bestätigend und ausdehnend auf Reallast: BayObLGZ 1996, 114 = FGPrax 1996, 130 = Rpfleger 1996, 445 = DNotZ 1997, 144 (*v Oefele*); Eintragung unentbehrlich, so zu Recht *Bestelmeyer* Rpfleger 1992, 151 gegen OLG Hamm Rpfleger 1992, 13 = NJW-RR 1991, 1399.

41 KG aaO (Fn 38).

42 Ausführlich dazu mit Hinweisen auf spezielles (älteres) Schrifttum: MIR (6. Aufl) § 3 Anh I Rn 346 sowie *Schöner/Stöber* Rn 2693 ff.

43 AV vom 05.03.1937 (DJ 1937, 446), dem Vorschlag von *Saage* DFG 1937, 115 und 1938, 101 entsprechend.

Bei späteren Veränderungseintragungen zur Einheitshypothek wird in den Sp 5/6 angeknüpft an »I/ 30.000,- EUR«. Bei der Löschung sind dagegen der besseren Nachvollziehbarkeit wegen die ursprünglichen lfdNrn der Sp 1 anzuführen.[44]

d) Außerdem in der Veränderungsspalte einzutragen sind beispielsweise: **44**

aa) Die **Verteilung einer Gesamthypothek:** Dazu bedarf es gemäß § 1132 Abs 2 BGB außer der Verteilungs- **45** erklärung des Gläubigers (einseitig entsprechend § 875 BGB) und eventueller Zustimmungserklärungen Dritt- berechtigter (§ 876 BGB) einer konstitutiven Eintragung, die den spezifischen Vorgang so präzise wie möglich zum Ausdruck bringen sollte. Der § 1132 Abs 2 BGB spricht von »verteilen«; ergo sollte auch die Eintragung diesen Funktionsbegriff – einerlei ob in Verb- oder in Substantivform – verwenden. Zu beachten ist, dass nach § 48 Abs 2 GBO – abweichend von dem Grundsatz, dass die Eintragungsfolgen im Grundbuch nicht zum Aus- druck kommen (vgl § 10 GBV Rdn 9) – die Rechtsfolge der Verteilungseintragung, nämlich das Erlöschen der Mithaft, von Amts wegen zu vermerken ist, außerdem die Erteilung neuer Briefe (§§ 64, 68 Abs 3 GBO). Vor- geschlagen werden folgende komprimierte Eintragungsfassungen je nach Situation:
– Falls alle belasteten Grundstücke **auf demselben Grundbuchblatt** verzeichnet sind, ist in die Sp 5–7 etwa (bei angenommener gleichzeitiger Verteilung eines eingetragenen Rangvorbehalts, die der Eigentümer zu bewilligen hätte[45]) folgender Vermerk einzutragen:

1   150.000,- EUR   *Gemäß § 1132 Abs 2 BGB verteilt:*
auf BVNr 1: 50.000,- Euro mit Rangvorbehalt für … Euro;
auf BVNr 2: 50.000,- Euro mit Rangvorbehalt für … Euro;
auf BVNr 3: 50.000,- Euro mit Rangvorbehalt für … Euro.
Im Übrigen ist die Mithaft erloschen; [neue Briefe sind erteilt;] eingetragen am …

– Falls die belasteten Grundstücke **auf verschiedenen Grundbuchblättern** verzeichnet sind, müsste der Vermerk in den Sp 5–7 der beteiligten Grundbücher etwa lauten:

1   150.000,- EUR   *Gemäß Verteilung (§ 1132 Abs 2 BGB) lasten hier auf BV NR 1 nur noch 50.000,- Euro mit Rang- vorbehalt für … Euro; alle Mithaft ist erloschen; [neuer Brief ist erteilt;] eingetragen am …*

Ein zusätzlicher Löschungsvermerk[46] bezüglich des Differenzbetrages ist unnötig, da diese Löschung aus der Verteilungseintragung zu folgern ist. Demgemäß ist der Betrag gemäß § 17 Abs 5 S 1 in Sp 3 abzusetzen.
– Falls die Verteilung zugleich mit der Aufteilung des belasteten Grundstücks (in mehrere Grundstücke oder in Wohnungseigentum) **unter Anlegung besonderer Grundbuchblätter** erfolgt, so ist etwa zu buchen:
(1) im bisherigen Blatt in den Sp 5–7:

1   150.000,- EUR   *Im Anschluss an die Aufteilung des belasteten Grundstücks nach § 8 WEG gemäß § 1132 Abs 2 BGB verteilt:*
auf Blatt …: 50.000,- Euro mit Rangvorbehalt für … Euro;
auf Blatt …: 50.000,- Euro mit Rangvorbehalt für … Euro;
auf Blatt …: 50.000,- Euro mit Rangvorbehalt für … Euro;
im Übrigen ist die Mithaft erloschen; [neue Briefe sind erteilt;] eingetragen am …

(2) in den neuen Blättern in den Sp 1–4:

1   150.000,- EUR   *Fünfzigtausend Euro, hervorgegangen durch Aufteilung (§ 1132 Abs 2 BGB) aus einhundertfünfzigtau- send Deutsche Mark … (Text der Eintragung III/1 im bisherigen Blatt Sp 1–4 einschl ursprüngli- chen Eintragungsdatums: [neuer Brief ist erteilt;] von dem aufgeteilten Rangvorbehalt entfällt auf das hier gebuchte Eigentum … Euro; hierher übertragen am …*

bb) Gelegentlich die **Eintragung von Einwendungen, Einreden und Verzichten hierauf.** Dazu Einl C **46** Rdn 561 bis 566 mwN.[47]

cc) Diverse Vermerke, wie Rangänderungsvermerke (dazu § 18 GBV Rdn 16), Mitbelastungs- bzw Nach- **47** verhaftungsvermerke, Enthaftungsvermerke (dazu Rdn 53), ein nachträglicher Wirksamkeitsvermerk (dazu § 18 GBV Rdn 6, 7, 16), die Eintragung eines nachträglich eingeräumten Rangvorbehalts sowie Vermerke über die Rangvorbehaltsausnutzung (dazu § 18 GBV Rdn 17), die Aufhebung eines Rangvorbehalts (dazu Rdn 54), die Eintragung einer nachträglichen Vollstreckungsunterwerfung (zur erneuten Eintragung der Unterwerfungsklau- sel bezüglich einer Inhaltserweiterung: Rdn 6). Besondere Hinweise:

---

44 Dazu im Ganzen: *Schöner/Stöber* Rn 2701.
45 Ohne Verteilung entstünde Rangvorbehalt für ein Gesamtrecht in bisheriger Höhe, der bis zum Betrag des Gesamtrechts auch für Einzelrechte an den einzelnen Grundstücken ausgenutzt werden kann; dazu OLG Schleswig FGPrax 2000, 5 = Rpfleger 2000, 11; LG Bochum DNotZ 1956, 604; LG Köln Rpfleger 1987, 368; *Weber* DNotZ 1938, 289 ff; *Böttcher* Rpfleger 1989, 133, 142; *Staudinger-Kutter* § 881 Rn 28.
46 Ebenso *Schöner/Stöber* Rn 2680, anders Rn 2682.
47 Hervorzuheben: MüKo-*Eickmann* § 1138 Rn 28–32, § 1157 Rn 19, 20, § 1191 Rn 53 sowie *Eickmann* RpflStud 1983, 6 (jeweils mit Formulierungsbeispielen).

– Zur Eintragung der **Mitbelastung** (Nachverhaftung) eines auf demselben Grundbuchblatt verzeichneten Grundstücks (Neubelastung dieses Grundstücks gemäß § 873 BGB, vgl § 5 GBO Rdn 46, 47) genügt der zu Rdn 5 aufgezeigte schlichte Nachverhaftungsvermerk nur, wenn (1) die Nachverhaftung ein einziges Recht betrifft und (2) das nachverhaftete Grundstück unbelastet ist. Andernfalls sind Rangfragen zu berücksichtigen, zunächst die *Frage, welches Rangverhältnis* nach den Eintragungsunterlagen auf dem nachverhafteten Grundstück erzielt werden soll (wenn nicht ausdrücklich bestimmt, Auslegungsfrage,[48] Rangrücktritt etwa eingetragener Vorbelastungen?). Sodann stellt sich das *Problem der Rangdarstellung*, problematisch insb wegen des Streits über die Rangeinheit von Haupt- und Veränderungsspalte. Um Verunsicherungen in der Praxis vorzubeugen, ist dringend zu empfehlen, in jedem Falle im Nachverhaftungsvermerk das Rangverhältnis ausdrücklich zu vermerken und auch die in § 18 vorgeschriebenen Gegenvermerke anzubringen. Soweit die Rangvermerke aufgrund der einen oder der anderen Ansicht als unnötig anzusehen sind, dienen sie der Klarheit des Grundbuchinhalts (dazu Rdn 7; § 45 GBO Rdn 46 bis 48, 64 bis 68; § 48 GBO Rdn 98 bis 103).

– Der *Übertragungsvermerk* bei **nicht lastenfreier Abschreibung** eines Grundstücks oder Grundstücksteils muss in der dritten Abt generell die Worte »zur Mithaft« enthalten (§ 48 GBO), im Unterschied zur empfohlenen differenzierten Handhabung in der zweiten Abt (vgl § 10 GBV Rdn 48).

2. Verfügungsbeschränkungen

48 a) Zur **Vielfalt** der Verfügungsbeschränkungen: Anh zu §§ 19, 20 GBO; Grundlegendes zur Art und Weise der Eintragung: Vor GBV Rdn 170 bis 172.

49 b) **Vorgeschriebene Eintragungsstelle** ist nach Neufassung von Abs 5 und 6 (dazu Rdn 2) nicht mehr stets die Veränderungsspalte, hierher gehören die Verfügungsbeschränkungen nur noch, wenn sie nachträglich eingetragen werden, gleichzeitig mit dem betroffenen Recht zu buchende Verfügungsbeschränkungen sind in den Ersteintragungsvermerk zu integrieren. Dies gilt für rechtsexterne Beschränkungen (dazu Vor GBV Rdn 170, 171). Rechtsinterne Beschränkungen, wie zB eines Abtretungs- und Belastungsbeschränkung gemäß § 399, 413 BGB (vgl Vor GBV Rdn 172) sind dagegen Teil des ohnehin in der Hauptspalte einzutragenden Rechtsinhalts (Bezugnahme reicht materiellrechtlich, ist aber unzweckmäßig, vgl Vor GBV Rdn 82, 83), kommen in die Veränderungsspalte ggf als nachträgliche Inhaltsänderung (vgl Rdn 40). Fälle und Modalitäten der Eintragung externer Verfügungsbeschränkungen zeigen die Ausführungen zu § 10 GBV Rdn 29 bis 34. Hingewiesen wird auf die (berichtigende) Eintragung eines Sperrvermerks nach dem VAG und KAGG,[49] Textbeispiel: § 10 GBV Rdn 30).

VII. Zu Absatz 7 nebst 8 (Spalten 8 bis 10): Löschungen

50 In der **Sp 10** erfolgt gemäß Abs 7 die ganze oder teilweise Löschung der in den Sp 3/4 und 6/7 eingetragenen »Vermerke«. Die **Sp 8** dient gemäß Abs 8 zur Bezeichnung der lfdNr, ggf mit zusätzlicher Teilbetragskennzeichnung (vgl § 17 Abs 4), die **Sp 9** der Bezifferung des Betrages, ggf des Teilbetrages, der zu löschenden Eintragung. Gelöschte und überholte Eintragungen sind schließlich gemäß § 17 Abs 2, 3 rot zu unterstreichen (dazu § 17 GBV Rdn 10 bis 15).

1. Totallöschung

51 Abs 7 besagt nicht, dass jeder einzelne Eintragungsvermerk in den Sp 3, 4 und 6, 7 eines besonderen Löschungsvermerks in der Sp 10 bedarf. Der Standardvermerk »Gelöscht am ...« bewirkt vielmehr die Löschung der gesamten Eintragungseinheit (Haupt- und Nebeneintragungen), die unter der in Sp 8 angeführten lfdNr in den Sp 1 bis 7 verzeichnet ist. Ein Teilbetrags-Löschungsvermerk »... Euro gelöscht am ...« (buchstäbliche Angabe des Geldbetrages gemäß § 17 Abs 1 S 2) wirkt gleichermaßen in Bezug auf den bezeichneten Teilbetrag. Weiteres: § 10 GBV Rdn 52.

Wird ein **mit DM eingetragenes Recht** ganz gelöscht, so braucht es nach § 26a Abs 1 S 4 GBMaßnG vorher nicht auf Euro umgestellt zu werden; auch § 39 GBO erfordert dies nicht.[50] Für die Löschung eines Teilbetrages eines solchen Rechts gilt dasselbe, allerdings verknüpft mit dem Gebot, den verleihenden **Restbetrag von Amts wegen auf Euro umzustellen**. Es bleibt dem GBA aber unbenommen, von § 26a Abs 1 S 2 GBMaßnG Gebrauch zu machen, indem es zunächst die Umstellung des Rechts auf Euro (in Sp 5 bis 7) und anschließend die Löschung des Teilbetrags in Euro (in Sp 8 bis 10) einträgt; dies empfiehlt sich im Interesse einer besseren Lesbarkeit.[51]

---

48 *Meyer-Stolte* Rpfleger 1971, 201, 203; folgend KEHE-*Eickmann* § 45 GBO Rn 13 (unter c), *Schöner/Stöber* Rn 2653 mwN.
49 Eingehend dazu *Schöner/Stöber* Rn 2004–2009 mit Eintragungsbeispiel.
50 *Böhringer* DNotZ 1999, 692, 703.
51 Ähnlich empfohlen von *Ottersbach* Rpfleger 1999, 51, 52 (unter III); *Böhringer* DNotZ 1999, 692, 703/704.

2. Speziallöschung

Zur Löschung eines Einzelvermerks der Veränderungsspalte, wie eines Pfandrechts, einer Verfügungsbeschrän- **52**
kung, einer Vormerkung, eines Widerspruchs, bedarf es dessen besonderer Bezeichnung im Löschungsvermerk
der Sp 10 (vgl § 10 GBV Rdn 53 sowie die Eintragungsmuster in den Anl, nämlich Anl 1 Abt III Sp 8–10 zu
lfdNr 3, Anl 2a Abt III Sp 8–10 zu lfdNr 2).

3. Besonderheiten

a) Die **Mithaftlöschung**, sofern sie nicht gemäß § 46 Abs 2 BGO eintragungslos durch »lastenfreie Abschrei- **53**
bung« stattfindet, ist nicht in der Löschungsspalte, sondern als Gegenstück der Mitbelastung in der Veränderungsspalte einzutragen, etwa: »*Aus der Mithaft entlassen: Grundstück BVNr … Eingetragen am …*« (im Übrigen
§ 48 GBO Rdn 141 bis 145).

b) Ob die **Löschung eines Rangvorbehalts** in der Löschungs- oder in der Veränderungsspalte zu buchen ist, **54**
ist streitig,[52] wie auch in materiellrechtlicher Beziehung unterschiedlich argumentiert wird.[53] *Stellungnahme:* Der
Rangvorbehalt begründet kein selbständiges Recht, sondern eine dem Eigentum am betreffenden Grundstück
reservierte Verfügungsbefugnis, die auf einer entsprechenden Beschränkung des vorbehaltsbelasteten Rechts
beruht.[54] Die Rangvorbehaltsaufgabe ist deswegen nicht als Aufhebung eines Rechts iS des § 875 BGB, sondern
als Aufhebung der (im weiten Sinne inhaltlichen) Beschränkung des bisher belasteten Rechts gemäß § 877 BGB
zu verstehen. Formellrechtlich genügt die Bewilligung des Eigentümers, ist allerdings die Vorlage des Briefes
des bisher belasteten Rechts erforderlich.[55] Buchungsort ist nach der hier vertretenen Auffassung in jedem Fall
die Veränderungsspalte. Textvorschlag: »*Aufhebung des Rangvorbehalts eingetragen am …*« (im Übrigen § 45 GBO
Rdn 205 bis 210).

§ 12 (Vormerkung)

(1) Eine Vormerkung wird eingetragen:

**a) wenn die Vormerkung den Anspruch auf Übertragung des Eigentums sichert, in den Spalten 1
bis 3 der zweiten Abteilung;**

**b) wenn die Vormerkung den Anspruch auf Einräumung eines anderen Rechts an dem Grundstück
oder an einem das Grundstück belastenden Recht sichert, in der für die endgültige Eintragung
bestimmten Abteilung und Spalte;**

**c) in allen übrigen Fällen in der für Veränderungen bestimmten Spalte der Abteilung, in welcher
das von der Vormerkung betroffene Recht eingetragen ist.**

(2) Diese Vorschriften sind bei der Eintragung eines Widerspruchs entsprechend anzuwenden.

I. Allgemeines

1. § 12 bestimmt die **Eintragungsstellen** für Vormerkungen und Widersprüche. **§ 19 Abs 1 regelt** ergän- **1**
zend, **ob halbspaltige oder vollspaltige Eintragung** zu erfolgen hat. Beide Vorschriften sind extensiv
anwendbar.[1] Sie gelten für alle Vormerkungen und Widersprüche mit eintragungssicherndem Zweck, gleich-

---

52 Für Vermerk in der Löschungsspalte: KEHE-*Eickmann* Rn 13; für Vermerk in der Veränderungsspalte: *Demharter* § 45
Rn 44, 45 und hier § 45 GBO Rn 206; idR Veränderungsspalte, jedoch Löschungsspalte, falls der Rangvorbehalt in der
Veränderungsspalte gebucht ist: MIR (6. Aufl) § 45 Rn 67 im Anschluss an *Güthe-Triebel* § 45 Rn 23, so auch *Schöner/
Stöber* Rn 2144.

53 **Inhaltsänderung** (§ 877 BGB): KG JFG 12, 293; BGB-RGRK-*Augustin* Rn 18, *Staudinger-Kutter* Rn 43, *Palandt-Bassenge* Rn 12, je zu § 881; *Wolff-Raiser* § 43 III; *Baur-Stürner* § 17 Rn 37; *Ulbrich* MittRhNotK 1995, 289, 306; *Demharter*
und *Schöner/Stöber* aaO (Fn 52); **Aufhebung** (§ 875 BGB): MüKo-*Wacke* Rn 10, je zu § 881; *Westermann* § 99 II 3.

54 KGJ 40 A 234, 237; 48, 179, 181; BGHZ 12, 238, 245 = NJW 1954, 954; *Staudinger-Kutter* § 881 Rn 15 (auch zu ter-
minologischen Abweichungen im Schrifttum); *Ulbrich* MittRhNotK 1995, 289, 299 mwN.

55 BayObLG MittBayNot 1979, 113 = MittRhNotK 1979, 193 = Rpfleger 1979, 333 (LS).

1 Vgl KEHE-*Eickmann* Rn 1.

gültig ob sie auf materiellem Recht (§§ 883, 1179 BGB für Vormerkungen, §§ 899, 1139 BGB für Widersprüche), auf formellem Recht (§§ 18 Abs 2, 53 Abs 1 S 1, 76 Abs 1 GBO, § 124 Abs 2 GBO, § 38 Abs 1 Buchst b GBV) oder auf sonstigen Vorschriften (zB §§ 20 Abs 3, 28 Abs 2 BauGB) beruhen. **Unpassend** ist § 12 für den Widerspruch nach § 23 Abs 1 GBO, da dieser nicht der Sicherung einer noch vorzunehmenden (konstitutiven oder berichtigenden) Eintragung, sondern der Aufrechterhaltung einer vorhandenen Eintragung dient (vgl § 23 GBO Rdn 62 zum Wesen und § 23 GBO Rdn 64 zur Eintragung dieses eigenartigen Widerspruchs).

2 2. Wegen der **Umschreibung** einer Vormerkung bzw eines Widerspruchs in die endgültige Eintragung wird auf § 19 GBV Rdn 3 ff verwiesen.

II. Zu den Eintragungsstellen im Einzelnen

3 § 12 iVm § 19 Abs 1 bestimmt die Stellen **für die ursprüngliche Vormerkungs- oder Widerspruchseintragung** folgendermaßen:

4 **1. Die zweite Abt Sp 1 bis 3** ist der Eintragungsort, falls die Vormerkung auf die Eigentumsübertragung, der Widerspruch gegen die Eigentumseintragung gerichtet ist (Abs 1a, 2). Für die Ausfüllung der Sp 1 und 2 gilt das Gewöhnliche. Der Eintragungsvermerk in der Sp 3 erstreckt sich über die *ganze Spaltenbreite*; denn § 19 Abs 1 bestimmt für diesen Fall nichts Abweichendes. Anschauungsbeispiele: Anl 1 Abt II Sp 1–3 lfdNr 2 und Anl 2a Abt II Sp 1–3 lfdNr 4.

5 Hier sind auch etwaige **Widersprüche** gegen unrichtige Vereinigungen und Zuschreibungen einzutragen.[2]

6 **2. Die zweite Abt Sp 1 bis 3 oder die dritte Abt Sp 1 bis 4** ist der Eintragungsort, falls die Vormerkung auf die Einräumung, der Widerspruch gegen die Löschung oder Nichteintragung eines an dieser Stelle zu buchenden Rechts gerichtet ist (Abs 1b, 2). Für die Ausfüllung der Sp 1 und 2 der zweiten Abt bzw der Sp 1 bis 3 der dritten Abt gilt das Gewöhnliche. Der Eintragungsvermerk in der Sp 3 der zweiten Abt bzw in der Sp 4 der dritten Abt erstreckt sich nur auf die *linke Spaltenhälfte*, die rechte Hälfte bleibt frei für die endgültige Eintragung (§ 19 Abs 1 S 1). Anschauungsbeispiele: Anl 2a Abt II Sp 1–3 lfdNr 7 und Abt III Sp 1–4 lfdNr 4.

7 Eine **Vormerkung oder ein Widerspruch gemäß § 18 Abs 2 GBO** ist *viertelspaltig* einzutragen, falls damit eine halbspaltige Eintragung (Vormerkung oder Widerspruch) gesichert wird (vgl § 18 GBO Rdn 118).

8 **3. Die zweite Abt Sp 4 und 5 oder die dritte Abt Sp 5 bis 7** ist der Eintragungsort in allen übrigen Fällen (Abs 1c, 2). Für die Ausfüllung der Sp 4 der zweiten Abt bzw der Sp 5 und 6 der dritten Abt gilt das Gewöhnliche. Der Eintragungsvermerk in der Sp 5 der zweiten Abt bzw in der Sp 7 der dritten Abt erstreckt sich nur auf die *linke Spaltenhälfte, falls die endgültige Eintragung in dieselbe Sp gehört* und deshalb die rechte Hälfte für sie zu reservieren ist (§ 19 Abs 1 S 1). Fälle dieser Art sind beispielsweise:
– die *Vormerkung*, die auf Einräumung eines Rechts an einem in der Hauptspalte gebuchten Recht (zB eines Pfandrechts an einer Hypothek) gerichtet ist, dementsprechend der *Widerspruch* gegen die Nichteintragung eines solchen Rechts;
– die *Vormerkung*, die auf die Übertragung oder die Änderung des Inhalts oder des Ranges eines in der Hauptspalte gebuchten Rechts (zB einer Hypothek) oder eines Rechts an einem solchen Recht (zB eines Pfandrechts an einer Hypothek) gerichtet ist, dementsprechend der *Widerspruch* gegen die Eintragung des Inhaberwechsels oder des Inhalts oder des Ranges eines solchen Rechts.

Gehört die endgültige Eintragung nicht in die Veränderungsspalte, so erfolgt die Vormerkungs- oder Widerspruchseintragung über die *ganze Spaltenbreite* (§ 19 Abs 1 S 2). Fälle dieser Art sind beispielsweise:
– die *Vormerkung*, die auf Aufhebung eines in der Hauptspalte gebuchten Rechts gerichtet ist (zB die Löschungsvormerkung gemäß § 1179 BGB), dementsprechend der *Widerspruch* gegen die Eintragung eines solchen Rechts (zB einer Hypothek);
– die *Vormerkung*, die auf Aufhebung eines in der Veränderungsspalte gebuchten Rechts (zB eines Pfandrechts an einer Hypothek) gerichtet ist, dementsprechend der *Widerspruch* gegen die Eintragung eines solchen Rechts.

III. Inhalt der ursprünglichen Eintragung

9 **1. Die spezifischen Rechtsfragen** der Eintragung überhaupt und des Eintragungsvermerks im Besonderen nebst Formulierungsbeispielen sind im Zusammenhang in den Vorbem erläutert. Darauf wird verwiesen, und zwar speziell auf die Rdn 145 bis 148 hinsichtlich der Vormerkung, auf die Rdn 149 bis 153 hinsichtlich des Widerspruchs, zum nötigen Inhalt des Eintragungsvermerks auch § 25 GBO Rdn 22 und 32.[3]

---

2 Ebenso KEHE-*Eickmann* Rn 2.
3 Zur Eintragung bei künftigen und bedingten Ansprüchen: *Ertl* Rpfleger 1977, 345, 351.

2. Die nötigen Angaben im Eintragungsvermerk werden nachfolgend kurz wiederholt: 10

a) Die **Bezeichnung als »Vormerkung« bzw als »Widerspruch«** ist materiellrechtlich zwar uU entbehr-   11
lich, verfahrensrechtlich jedoch geboten (Näheres dazu: Vor GBV Rdn 146, 150).

b) Die **Bezeichnung des Vormerkungsberechtigten bzw des Widerspruchsbegünstigten** im Eintra-   12
gungsvermerk ist unverzichtbar, selbst beim Amtswiderspruch.[4] Die Bestimmtheitserfordernisse sind zum
Teil umstritten (vgl Vor GBV Rdn 147), verfahrensrechtlich ist die dem Einzelfall angemessene größtmögliche Genauigkeit der Personenbezeichnung geboten, nach Möglichkeit entsprechend § 15 (Näheres dazu: Vor
GBV Rdn 147, 151).

c) Zur **Bezeichnung des gesicherten bzw geschützten Anspruchs** im Eintragungsvermerk genügt eine   13
schlagwortartige Kurzbezeichnung des Leistungsgegenstandes in Verbindung mit der (ausdrücklichen)
Bezugnahme auf die Eintragungsunterlage gemäß bzw entsprechend § 885 Abs 2 BGB (Näheres dazu: Vor
GBV Rdn 148, 152). Zur Frage, unter welchen Voraussetzungen § 23 GBO auf die Vormerkung anwendbar
ist und somit ggf die Eintragung eines Vermerks gemäß § 23 Abs 2 GBO in Betracht kommt, wird auf die
Erläuterungen zu § 23 GBO verwiesen.

d) **Besonderheiten der Schutzvermerke gemäß § 18 Abs 2 bzw § 76 Abs 1 GBO:** § 18 GBO Rdn 118 ff,   14
§ 76 GBO Rdn 7, 8, 12 bis 14.

e) Ob die konkrete **Eintragungsgrundlage** eine Eintragungsbewilligung, eine einstweilige Verfügung (§§ 885   15
Abs 1, 899 BGB), ein vorläufig vollstreckbares Urteil (§ 895 ZPO) oder ein Bescheid zB nach dem Vermögensgesetz (§ 34 Abs 1 S 8 VermG) ist, sollte selbst dann im Eintragungsvermerk erwähnt werden, wenn es
keiner eintragungsergänzenden Bezugnahme auf diese Unterlage bedarf, weil das rechtliche Schicksal der
Vormerkung je nach Art der Eintragungsunterlage verschieden sein kann (siehe § 25 GBO, § 34 Abs 1 S 9
VermG). Dies ist allenfalls ein verfahrensrechtliches Soll, kein materiellrechtlich notwendiges Wirksamkeitserfordernis der Eintragung (vgl § 25 GBO Rdn 8 mwN).

IV. Veränderungseintragungen

Eintragbare Veränderungen sind bei beiden Instituten denkbar, werden vornehmlich bei der Vormerkung aktu-   16
ell. In Betracht kommen insoweit insbesondere:

1. Eintragung eines neuen Berechtigten:

Weder die Vormerkung noch der Widerspruch können selbständig den Berechtigten wechseln: 17

a) Der **Widerspruch** ist untrennbar Bestandteil des von ihm geschützten dinglichen Rechts, wechselt also ggf   18
mit diesem den Berechtigten kraft Gesetzes (vgl Vor GBV Rdn 151, § 22 GBO Rdn 33). Für die berichtigende Eintragung des Rechtsnachfolgers als neuen Widerspruchsberechtigten besteht selten praktisches
Bedürfnis.

b) Die **Vormerkung** kann keinem anderen als dem Gläubiger des gesicherten schuldrechtlichen Anspruchs   19
zustehen (vgl Vor GBV Rdn 147). Zulässigkeit, Form und Folgen der Anspruchsabtretung richten sich nach
den §§ 398 ff BGB. Die Vormerkung folgt dem abgetretenen Anspruch automatisch analog § 401 BGB (vgl
§ 22 GBO Rdn 32); Entsprechendes gilt bei gesetzlichem Forderungsübergang (§ 412 BGB). Wird bei einer
Anspruchsabtretung der Übergang der Vormerkung rechtsgeschäftlich ausgeschlossen, so erlischt die nunmehr
anspruchslose Vormerkung.[5] Die Abtretung des Anspruchs samt Vormerkung ist trotz zwischenzeitlicher
Eintragung des Vormerkungsberechtigten als Eigentümer noch möglich und eintragbar, falls infolge noch
nicht beseitigter vormerkungswidriger Belastungen (§ 883 Abs 2 BGB) ein weiterhin vormerkungsgesicherter Resterfüllungsanspruch besteht.[6]

c) Die **Eintragung** eines neuen Vormerkungsberechtigten im Anschluss an den Anspruchsübergang ist Grund-   20
buchberichtigung. Der Eintragungstext für den Veränderungsvermerk lautet etwa: »*Infolge Abtretung des gesicherten Anspruchs übergegangen auf ...; eingetragen am ...*« oder »*Durch Erbfolge übergegangen auf ...; eingetragen am
...*«. Der Eintragungsvermerk gehört stets in die Veränderungsspalte unter Verweis auf die lfdNr der
ursprünglichen Vormerkungseintragung, keinesfalls in den für die endgültige Eintragung freigehaltenen
Spaltenraum. § 19 gilt für den Veränderungsvermerk nicht, er erstreckt sich also über die volle Breite der
Textspalte.

---

4 BGH NJW 1985, 3070 = Rpfleger 1985, 189 = DNotZ 1986, 145.
5 Allgemeine Ansicht im Anschluss an KGJ 43 A 209. Streitig ist die Eintragbarkeit eines Abtretungsausschlusses; dafür Bay-
ObLGZ 1998, 206 = NJW-RR 1999, 309 = FGPrax 1998, 210 = Rpfleger 1999, 67 = DNotZ 1999, 736; dagegen LG
Berlin Rpfleger 2003, 291.
6 RGZ 129, 184; KG HRR 1930 Nr 117 = Recht 1929 Nr 2372.

2. Eintragung einer Verpfändung und Pfändung

21 Auch hier kommt es auf die Verpfändbarkeit bzw Pfändbarkeit des zugrunde liegenden Anspruchs an:

22 a) Für den **Widerspruch** kommt eine solche Eintragung nicht in Betracht, weil der durch ihn geschützte dingliche Berichtigungsanspruch als solcher nicht übertragbar, verpfändbar und pfändbar ist (vgl § 22 GBO Rdn 77 bis 79).

23 b) Die **Vormerkung** wird von der Verpfändung bzw Pfändung des gesicherten Anspruchs erfasst mit dem Resultat, dass deren Schutzwirkung gegenüber »vormerkungswidrigen« Verfügungen des Anspruchsschuldners (§§ 883 Abs 2, 888 Abs 1 BGB) sich fortan nicht nur auf den Anspruchsgläubiger, sondern auch auf den Pfandgläubiger erstreckt.[7] Dieser personellen Erweiterung der Schutzwirkung wegen ist die Anspruchsverpfändung bzw -pfändung als Berichtigung der bisherigen Vormerkungseintragung eintragbar, aktuell vornehmlich bei Vormerkungen, die einen schuldrechtlichen Eigentumsverschaffungsanspruch sichern (vgl § 20 GBO Rdn 161 ff, § 22 GBO Rdn 23, 24).

24 Der **Eintragungstext** für den Verpfändungs- bzw Pfändungsvermerk, bei der Vormerkung in der Veränderungsspalte (über die ganze Spaltenbreite, wie Rdn 20) anzubringen, lautet etwa: *»Der gesicherte Anspruch ist verpfändet/gepfändet zugunsten ...; eingetragen am ...«.* Entgegen anderer Meinung[8] ist die pfandgesicherte Forderung im Eintragungsvermerk überhaupt nicht zu bezeichnen. Dies folgt aber nicht aus der nach materiellem Recht möglichen Unbestimmtheit des Pfandrechtsbetrages.[9] Grund ist vielmehr der Rechtsumstand, dass Gegenstand des Pfandrechts (§§ 1273 ff BGB, § 804 ZPO) und des sich daraus ergebenden Verwertungsrechts nicht die Vormerkung, sondern der verpfändete bzw gepfändete Anspruch ist. Die Vormerkung basiert auf dem zu sichernden Anspruch, und deren Eintragung proklamiert ihn (deshalb individualisierende Bezeichnung erforderlich, wozu Bezugnahme genügt, vgl Rdn 13), erhebt ihn aber nicht zum eigentlichen Grundbuchinhalt. Die Vormerkungseintragung begründet keine Vermutung gemäß § 891 Abs 1 BGB für die Existenz des Anspruchs,[10] ebenso wenig für das sich auf den Anspruch beziehende akzessorische Pfandrecht, das außerhalb des Grundbuchs entsteht und erlischt. Die Erwähnung der pfandgesicherten Forderung im Eintragungsvermerk könnte den irreführenden gegenteiligen Eindruck erwecken (Beispiel dafür ist die vertretene Ansicht,[11] das GBA habe bei der späteren Eintragung der sich auf § 1287 BGB gründenden Sicherungshypothek aufgrund der für die Vormerkung eingetragenen Verpfändungsvermerks ohne weiteres von dem Bestand des Pfandrechts auszugehen, so dass es zur berichtigenden Eintragung der Sicherungshypothek keiner Bewilligung des Eigentümers bedürfe). Die Erwähnung der Forderung ist deshalb als unzulässig anzusehen.[12]

25 **Umstritten** sind zum Teil **die Rechtsfolgen der Verpfändung des Eigentumsverschaffungsanspruchs.** Dazu wird zunächst verwiesen auf die eingehenden Erläuterungen zu § 20 GBO Rdn 161 ff; die Schlussfolgerungen *Böttchers* (Rn 220 aE und 229 aE), dass – wenn die Verpfändung bzw Pfändung bei der Eigentumsvormerkung im Grundbuch vermerkt ist – das GBA die Eigentumsumschreibung auf den Käufer ohne Mitwirkung bzw Bewilligung des Pfandgläubigers vornehmen dürfe, wird allerdings nicht geteilt. Hier ist zwar nicht der Ort für eine umfassende Analyse der umstrittenen Fragen, dennoch soll (wie in der 8. Auflage) die Entwicklung der verschiedenen Ansätze kurz aufgezeigt werden:

– *Unstreitig* ist,[13] dass mit Eigentumserwerb des Pfandschuldners die in § 1287 BGB vorgesehene Sicherungshypothek (als Surrogat für das mit Erfüllung des Anspruchs erlöschende Pfandrecht) für den Pfandgläubiger nur entsteht, wenn – wie es § 1287 BGB ausdrücklich verlangt – die Leistung, das ist die Auflassung, »in Gemäßheit der §§ 1281, 1282« erfolgt ist. Für den praktisch relevanten Fall des § 1281 BGB bedeutet dies, dass der Pfandgläubiger die Sicherungshypothek nur erwirbt, wenn er auf der Erwerberseite an der Auflassung mitgewirkt hat, entweder sogleich bei der Auflassungsverhandlung oder durch Genehmigung (§ 185 BGB). Eingetragen in das Grundbuch wird die kraft Gesetzes entstandene Sicherungshypothek nur auf besonderen Eintragungsantrag (§ 13 GBO). *Streitig* ist, ob das GBA – Kenntnis der Anspruchsverpfändung vorausgesetzt, zB dadurch, dass der Anspruch vormerkungsgesichert und die Verpfändung bei der Vormerkung vermerkt ist (vgl Rdn 23, 24) – eine ohne Mitwirkung des Pfandgläubigers durchgeführte Auflassung durch Eigentumsumschreibung vollziehen darf oder nicht.

---

7 Grundlegend BayObLGZ 1967, 295, 297 = Rpfleger 1968, 18, 20; *Vollkommer* Rpfleger 1969, 409, 410. Zur Wirkung gemäß §§ 883 Abs 2, 888 Abs 1 BGB: BayObLGZ 1990, 318 = NJW-RR 1991, 567 = Rpfleger 1991, 194 (LS); s auch *Schöner/Stöber* Rn 1571.

8 *Vollkommer* aaO (Fn 7) Abschn II 2 aE.

9 Begründung von LG München I MittBayNot 1982, 126, 127.

10 *Staudinger-Gursky* Rn 12 mwN, RGRK-*Augustin* Rn 8, MüKo-*Wacke* Rn 7, *Palandt-Bassenge* Rn 4, je zu § 891.

11 *Vollkommer* aaO (Fn 7) Abschn II aE.

12 **AA** *Schöner/Stöber* Rn 1573 (zulässig zur näheren Bezeichnung der Berechtigung des Pfandgläubigers, Bezugnahme auf die Eintragungsbewilligung würde aber genügen).

13 Die einzige Gegenmeinung von *Kuchinke* JZ 1964, 150 wird einhellig abgelehnt.

– Das BayObLG hat wiederholt entschieden,[14] dass die Eigentumsumschreibung der Zustimmung des Pfandgläubigers bedarf, allerdings mit schwankenden Begründungen, die Zustimmung und Kritik hervorgerufen haben.[15] Anfangs[16] hat das Gericht seine Begründung auf materielles Recht gestützt; es ist (wohl im Hinblick auf § 1276 BGB, jedenfalls in bewusster Durchbrechung des Abstraktionsprinzips) zu dem Ergebnis gekommen, dass die Auflassung ohne Mitwirkung des Pfandgläubigers keine volle Wirksamkeit erlangt, und dass deshalb dem GBA gemäß § 20 GBO die Zustimmung des Pfandgläubigers vor der Eigentumsumschreibung in der Form des § 29 GBO nachzuweisen ist. In späteren Entscheidungen[17] ist das Gericht wohl von der Wirksamkeit nicht nur der vor, sondern auch der nach der Verpfändung erfolgten Auflassung ausgegangen; es ist jedenfalls auf einen verfahrensrechtlichen Ansatzpunkt, nämlich auf § 19 GBO, und letztlich auf die Entscheidungsformel umgeschwenkt: »*Ist die Verpfändung des Eigentumsverschaffungsanspruchs bei der Auflassungsvormerkung vermerkt, so erfordert die Eigentumsumschreibung die Bewilligung des Pfandgläubigers jedenfalls dann, wenn für ihn nicht gleichzeitig die Sicherungshypothek (§ 1287 Satz 2 BGB) eingetragen wird. Das gilt für die Verpfändung vor und nach Auflassung. Der Eintragungsbewilligung des Pfandgläubigers bedarf es auch dann, wenn seine Mitwirkungsrechte gemäß § 1284 BGB abbedungen sind.*«[18] Dahinter steckt die Überlegung, dass der Pfandgläubiger als von der Eigentumsumschreibung iS der § 19 GBO betroffen anzusehen ist, wenn die Sicherungshypothek nicht zur Eintragung gelangt, weil der im Grundbuch verschwiegenen Sicherungshypothek Gefahr durch gutgläubigen Erwerb Dritter droht.[19]

– *Stöber*[20] wie auch *Weirich*[21] halten der Rechtsprechung des BayObLG zunächst entgegen, dass sie mit dem Abstraktionsprinzip nicht vereinbar ist. Die unter Verletzung von § 1281 BGB, also ohne Beteiligung des Pfandgläubigers, vorgenommene Auflassung bringe diesem zwar (mit der Eigentumsumschreibung) keine Sicherungshypothek, weshalb der verpfändete Anspruch (nebst diesen sichernde Vormerkung) ihm gegenüber nicht erlösche. Unabhängig von diesen im kausalen Bereich liegenden Konsequenzen sei die Auflassung jedoch wegen ihrer Abstraktheit wirksam und müsse vom GBA auf Antrag durch Eigentumsumschreibung vollzogen werden.[22] Das vom BayObLG für die Eigentumsumschreibung statuierte Bewilligungserfordernis (s oben) wird abgelehnt unter Hinweis auf den zu Gunsten des Pfandgläubigers fortwirkenden Schutz der Vormerkung, deren Löschung ohne Bewilligung des Pfandgläubigers sich allerdings verbiete.[23] Dabei wird davon ausgegangen, dass die Vormerkungswirkung (§§ 873 II, 888 BGB) infolge der Verpfändung des gesicherten Anspruchs sich auf Verfügungen erstreckt, die der Vormerkungsgläubiger(!) – nunmehr als Eigentümer eingetragen – zum Nachteil des Pfandgläubigers über das erworbene Grundstück trifft. Hier liegt der Kernpunkt des Meinungsstreits. Das BayObLG hat die Ansicht von Stöber ausdrücklich abgelehnt, es sieht darin eine Überdehnung des Vormerkungsschutzes.[24] Stöber wendet sich mit Vehemenz gegen diese Entscheidung.[25]

– *Ludwig* unterstützt das BayObLG, soweit es um die Ausführungen zur Eindämmung des Vormerkungsschutzes geht.[26] Im Übrigen kritisiert er, dass das Gericht die Mitwirkung des Pfandgläubigers nur mit wertungsmäßigen Überlegungen ohne klare materiell-rechtliche Konzeption begründet hat und stellt eine eigene »materiell-rechtliche Konzeption« zur Diskussion,[27] die (1) in 1287 BGB eine die allgemeinen Erwerbsregeln der §§ 873, 925 BGB modifizierende Sonderregel sieht, die besagt, dass nach Verpfändung des schuldrechtlichen Übereignungsanspruchs für den Eigentumswechsel nicht die »übliche« Auflassung und deren Grundbucheintragung genügt, sondern eine »qualifizierte« pfandrechtsgemäße Auflassung erforderlich ist, die unter Mitwirkung bzw Genehmigung des Pfandgläubigers erfolgt; (2) der Vereinbarung gemäß § 1284 BGB die Konsequenz zumisst, dass in diesem Fall die Auflassung ohne Mitwirkung des Pfandgläubigers pfandrechtsgemäß ist und demgemäß die Sicherungshypothek mit Eigentumserwerb zur Entstehung gelangt; (3) der Verpfändung, die der Auflassung nachfolgt, dem Prioritätsprinzip entsprechend eine um die Mitwirkungsrechte aus §§ 1281, 1282 BGB geschwächte Wirkung beimisst, so dass die bereits erklärte Auflassung die pfandrechtsgemäße Grundlage für das Entstehen der Sicherungshypothek bildet.

---

14 Fundstellen: s Fn 16, 17; BayObLGZ 1990, 318 = NJW-RR 1991, 567 = Rpfleger 1991, 194 (LS).
15 Vgl Zusammenstellungen bei *Schöner/Stöber* Rn 1566 sowie hier bei § 22 GBO Rn 56.
16 BayObLGZ 1967, 295 = NJW 1968, 705 = Rpfleger 1968, 18; bestätigend: DNotZ 1983, 758 = Rpfleger 1983, 344 (LS).
17 BayObLGZ 1985, 332 = Rpfleger 1986, 48 = DNotZ 1986, 345; 1987, 59 = NJW-RR 1987, 293 = Rpfleger 1987, 299 = DNotZ 1987, 625.
18 Leitsätze von BayObLGZ 1987, 59 = aaO (Fn 17).
19 BayObLGZ 1985, 332 = aaO und 1987, 59 = aaO (Fn 17); folgend *Jung* Rpfleger 1999, 124. Ebenso BayObLG Rpfleger 1994, 162 (betr Anwartschaftsrecht, s Fn 27).
20 DNotZ 1985, 587 ff und *Schöner/Stöber* Rn 1564–1576 a.
21 DNotZ 1987, 628.
22 Insoweit ist diese Ansicht überzeugend. Ihr wird gefolgt, vgl *Staudinger-Pfeifer* § 925 Rn 127 mwN.
23 *Schöner/Stöber* Rn 1576 mwN.
24 BayObLGZ 1987, 59 = aaO (Fn 17). S auch MüKo-*Damrau* § 1274 Rn 34 (»entbehrt einer gesetzlichen Grundlage«).
25 *Schöner/Stöber* Rn 1576.
26 Rpfleger 1987, 495.
27 DNotZ 1992, 339, 345 ff und (nochmals zur Bedeutung des Verpfändungsvermerks) DNotZ 1996, 557.

Stellungnahme: Die Konzeption von *Ludwig* dürfte dem § 1287 BGB eine denkbare Bedeutung beilegen und als akzeptabler Ansatz zu würdigen sein, der einerseits das Abstraktionsprinzip unangetastet lässt, andererseits dem Pfandrecht eine dingliche Durchsetzungskraft verleiht. Wird dagegen, der Konzeption von *Stöber* und *Weirich* folgend, die Eigentumsumschreibung vorgenommen, ohne die Mitwirkung des Pfandgläubigers zu überprüfen, so kann das Grundbuch unrichtig werden, falls die Sicherungshypothek gemäß § 1287 BGB entstanden ist, aber (mangels Eintragungsantrags) nicht zugleich mit der Eigentumsumschreibung in das Grundbuch eingetragen wird. Die so (durch Verschweigung der entstandenen Sicherungshypothek) verursachte Unrichtigkeit des Grundbuchs bildet einen neuen Tatbestand mit neuen Gefahren für den Pfandgläubiger, die sich aus den §§ 892, 893 BGB ergeben. Schutz gegen einen Rechtsverlust durch gutgläubigen Erwerb (frei von bzw im Range vor der zwar entstandenen, aber nicht eingetragenen Sicherungshypothek) böte ein Widerspruch (§ 892 Abs 1 S 2 BGB), aber nicht die Vormerkung! Die Vormerkung schützt gemäß §§ 883 Abs 2, 888 Abs 1 BGB (auch den am Vormerkungsschutz teilhabenden Pfandgläubiger) lediglich gegen vormerkungswidrige und pfandrechtswidrige Verfügungen des Veräußerers, nicht gegen Verfügungen des im Grundbuch als Eigentümer eingetragenen Erwerbers. In diesem Punkt verdient die Ansicht des BayObLG Zustimmung. Der von *Böttcher* (aaO, s oben) — im Anschluss an *Stöber* — vertretenen Ansicht kann deshalb nicht gefolgt werden.

26 c) Ob die **Verpfändung oder Pfändung des Anwartschaftsrechts** des Auflassungsempfängers, aufgrund derer der Pfandgläubiger mit dem Eigentumserwerb des Auflassungsempfängers kraft Gesetzes im Wege der Surrogation (gemäß analoger Anwendung von § 1287 BGB bzw § 848 Abs 2 ZPO) eine Sicherungshypothek erlangt,[28] bei der anspruchssichernden Vormerkung vermerkt werden darf, ist streitig (vgl § 20 GBO Rdn 168 ff).[29] Da die Vormerkung institutionell Rechte aus der Auflassung nicht zu sichern vermag, birgt jeglicher Vermerk über das in der Auflassung wurzelnde Anwartschaftsrecht die Gefahr seiner rechtlichen Missdeutung; deshalb ist er eigentlich fehl am Platz. Das Argument,[30] weil ein Anwartschaftsrecht des Auflassungsempfängers ua gerade durch die Eintragung einer Auflassungsvormerkung entstehe,[31] müsste bei der die Rechtsstellung des Erwerbers sichernden Vormerkung auch die Verpfändung bzw Pfändung dieses Anwartschaftsrecht eingetragen werden können, ist unter pragmatischen Gesichtspunkten zwar praktikabel, vermag aber die Eintragungsfähigkeit rechtsschlüssig nicht zu begründen.

3. Eintragung von inhaltlichen Veränderungen

27 Auch hier kann der Widerspruch vernachlässigt werden. Bezüglich der Vormerkung sind zu unterscheiden:

28 a) **Nachträgliche Änderung des vorgemerkten Anspruchs:** Sie vollziehen sich in jedem Falle außerhalb des Grundbuchs nach schuldrechtlichen Regeln, in der Regel durch Vertrag (§ 311 Abs 1, früher § 305 BGB).[32] Die Auswirkungen nachträglicher Modifizierungen des vorgemerkten Anspruchs auf die Vormerkung sind verschieden, und sie bislang uneinheitlich beurteilt worden.[33] Die Diskussion hat neuen Nährstoff bekommen durch das BGH-Urteil (5. ZS) vom 26.11.1999,[34] das spontane Reaktionen mit unterschiedlichen Stellungnahmen ausgelöst hat.[35] Der BGH hat mit dem Urteil ein Prozessergebnis gebilligt, das einen auf die §§ 883 Abs 2, 888 Abs 1 BGB gegründeten Anspruch auf Löschung einer vormerkungswidrig eingetragenen Hypothek zuerkennt, wobei sich der Anspruch auf eine Auflassungsvormerkung stützt, die als zwischenzeitlich erloschen und durch erneute Bewilligung wieder belebt angesehen worden ist. Die Argumente, mit denen der BGH die Wiederverwendung einer erloschenen aber nicht gelöschten Vormerkung — sozusagen einer »leeren Hülse«[36] — rechtfertigt, finden geteiltes Echo. Grundbuchrechtler[37] bedauern den Verlust an Klarheit und Zuverlässigkeit des Grundbuchinhalts und prophezeien Schwierigkeiten für den Rechtsverkehr (Stellungnahme dazu: § 18 GBV Rdn 7).

---

28 Literatur zur Problematik der Rechtsfigur des Anwartschaftsrechts: § 9 Fn 13. Zu den Eintragungsvoraussetzungen für die Sicherungshypothek und zum Verlust ihres Ranges bei Nichteintragung durch gutgläubigen Erwerb: BayObLG Rpfleger 1994, 162 mwN.

29 Gegen die Eintragungsfähigkeit: *Staudinger-Pfeifer* § 925 Rn 129 mwN.

30 So etwa die Argumentation von *Schöner/Stöber* Rn 1594, 1601.

31 Ein zwar fragwürdiges, aber auch vom BGH wiederholt anerkanntes Element für das Anwartschaftsrecht des Auflassungsempfängers, der keinen Eintragungsantrag gestellt hat: BGHZ 83, 395 = NJW 1982, 1639 = Rpfleger 1982, 271 = DNotZ 1982, 619; 89, 41 = Rpfleger 1984, 143 = DNotZ 1984, 319; 106, 108 = NJW 1989, 1093 = Rpfleger 1989, 192.

32 Fallbeispiele bei *Staudinger-Gursky* § 883 Rn 328.

33 Vgl *Staudinger-Gursky* § 883 Rn 330, 331; MüKo-*Wacke* § 885 Rn 2; *Kössinger* in *Bauer/v Oefele* AT III 82 ff; *Promberger* Rpfleger 1977, 157; *Ertl* Rpfleger 1979, 361, 364; *Wacke* DNotZ 1995, 507; *Schöner/Stöber* Rn 1519.

34 BGHZ 143, 175 = NJW 2000, 805 = Rpfleger 2000, 153 = DNotZ 2000, 639 = ZfIR 2000, 121.

35 Ua von *Streuer* Rpfleger 2000, 155; *Wacke* DNotZ 2000, 643; *Demharter* MittBayNot 2000, 106; *Amann* MittBayNot 2000, 197; *Volmer* ZfIR 2000, 207.

36 Formulierung von OLG Frankfurt DNotZ 1995, 539, 541.

37 Insb *Streuer* und *Demharter* aaO (Fn 34).

Die folgenden **Grundlinien** gruppieren die Mechanismen der Auswirkung nachträglicher Anspruchsveränderungen auf die Vormerkung.[38]

aa) Einschränkenden Änderungen des vorgemerkten Anspruchs passt sich die Vormerkung bzw deren **29** Schutzwirkung der akzessorischen Rechtsnatur gemäß **prinzipiell automatisch** an. Eine Eintragung ist dazu nicht nötig, aber im Wege der Grundbuchberichtigung nach § 22 GBO möglich.[39] Die Zuordnungsbeispiele aus der Rechtsprechung – Nachträgliche Einschränkung des auf einem Verkaufsangebot beruhenden künftigen Anspruchs (Verminderung des Rechts des Anspruchsberechtigten);[40] Modifizierung in einigen die Eigentumsverschaffungspflicht des Vormerkungsschuldners nicht betreffenden Punkten[41] – erscheinen heute weniger symptomatisch. *Beispiele einschränkender Anspruchsänderung:*[42] (1) Nachträgliche Verabredung, dass nur noch ein Teil der ursprünglich verkauften Fläche zu übereignen ist. (2) Wenn nachträglich abgemacht wird, dass eine nach den ursprünglichen Vereinbarungen zu beseitigende dingliche Belastung bestehen bleiben darf, womit statt Übertragung unbelasteten Eigentums aufgrund der Änderung Übertragung belasteten Eigentums geschuldet wird.

bb) **Erweiternde Änderungen** des vorgemerkten Anspruchs werden dagegen von der Vormerkung **prin-** **30** **zipiell nicht ohne weiteres**, sondern erst durch deren entsprechende Ausdehnung erfasst. Dazu bedarf es der Eintragung in das Grundbuch (nach hM analog § 885 BGB[43]); die Eintragung hat also konstitutive Wirkung. Verfahrensrechtlich handelt es sich um einen Fall des § 19 GBO, die Änderungseintragung bedarf also der Bewilligung des unmittelbar betroffenen Vormerkungsverpflichteten sowie eventueller mittelbar Betroffener (zB gleich- und nachrangige Berechtigte). Bei Einigkeit über diesen Ausgangspunkt bereitete bislang die Zuordnung von Einzelfällen Schwierigkeiten. Dies zeigt insb die uneinheitliche Rechtsprechung zur Frage, ob eine Verlängerung der Annahmefrist für ein Kaufangebot eine Vormerkungsausdehnung erfordert oder nicht.[44] Unstreitig ist dagegen, dass die Annahme eines befristeten Kaufangebots keine Änderung, sondern die Entstehung des vorgemerkten künftigen Anspruchs (§ 883 S 2 BGB) bewirkt, so dass für eine Eintragung im Grundbuch kein Raum ist, auch nicht für eine berichtigende Eintragung.[45]

cc) **Keine Änderung** des vorgemerkten Anspruchs bewirkt die Konkretisierung des Leistungsgegenstandes **31** aufgrund und im Rahmen eines vereinbarten Leistungsbestimmungsvorbehalts (§§ 315 bis 319 BGB). Falls beispielsweise der anspruchsbegründende Vertrag die aufzulassende Fläche nicht exakt festlegt, sondern vereinbart ist, dass die Bestimmung der Fläche zu einem späteren Zeitpunkt durch eine der Vertragsparteien (§ 315 BGB) oder einen Dritten (§ 317 BGB) getroffen werden soll (zur Zulässigkeit der Vormerkung in solchem Fall: Fn 54 zu Vor GBV Rdn 41), so bezieht sich der Vormerkungsschutz automatisch auf die nachträglich in verabredeter Weise bestimmte Fläche. Ein weiteres typisches Beispiel sind die Vormerkungen zur Sicherung des Anspruchs auf Erbbauzinsreallast-Einräumung oder -Erhöhung entsprechend der Erbbauzinsneufestsetzung aufgrund schuldrechtlicher Anpassungsvereinbarungen;[46] auch hier erstreckt sich ein und dieselbe Vormerkung ohne weiteres auf alle künftigen Erbbauzinsanpassungen. Die Grundbuchtechnik hat sich der materiellrechtlich zulässigen stufenweisen Ausübung der Vormerkung anzupassen (dazu § 19 GBV Rdn 11).

dd) Für die **Fassung des Eintragungsvermerks** (in der Veränderungsspalte) ist es unerheblich, ob eine **32** materiellrechtlich eintragungsbedürftige oder lediglich eintragungsfähige Änderung vorliegt. Ein Standardvermerk in der Veränderungsspalte wie: »*Reduzierung/Erweiterung des vorgemerkten Anspruchs gemäß Bewilligung von … eingetragen am …*« dürfte ausreichend sein.

b) **Änderungen der Vormerkung:** Außer den Änderungen der Vormerkung von der Anspruchsseite her (ob **33** mit oder ohne Eintragung, vgl Rdn 29 bis 31) sind Gestaltungen bzw Umgestaltungen möglich (aber selten und nicht leicht zu erkennen),[47] welche die Vormerkung selbst betreffen,[48] wie zB Bedingungen oder Befris-

---

38 Dazu *Staudinger-Gursky* aaO (Fn 32); *Kohler* in *Bauer/v Oefele* AT III 83 ff.
39 Ebenso *Amann* aaO (Fn 34) S 200; *Kohler* in *Bauer/v Oefele* AT III 83 ff.
40 LG Düsseldorf MittRhNotK 1983, 154.
41 OLG Düsseldorf MittRhNotK 1986, 195.
42 Anlehnung an *Amann* aaO (Fn 34) S 200.
43 *Staudinger-Gursky* § 883 Rn 330; *Wacke* DNotZ 1995, 507, 514 und in MüKo § 885 Rn 2 u § 877 Rn 3, je mwN.
44 OLG Köln NJW 1976, 631 = Rpfleger 1977, 166 = DNotZ 1976, 375 mit Kritik von *Promberger* Rpfleger 1977, 157; OLG Frankfurt, NJW-RR 1993, 1489 = Rpfleger 1993, 329 = DNotZ 1994, 247 mit erneuter krit Anm von *Promberger;* OLG Karlsruhe Rpfleger 1994, 291 = DNotZ 1994, 252.
45 BayObLG, NJW-RR 1995, 198; *Ertl* Rpfleger 1979, 361, 364; *Wacke* DNotZ 1995, 507, 512.
46 Vormerkbarkeit bestätigt und abgegrenzt durch BGH NJW-RR 1987, 74 = DNotZ 87, 360 mit zust Anm *Wufka*.
47 Dazu *Staudinger-Gursky* § 883 Rn 334; MüKo-*Wacke* § 885 Rn 2; *Streuer* (zur Bedeutung in Bezug auf § 23 Abs 2 GBO) Rpfleger 1986, 245.
48 Fehlerhafte Eintragung infolge Verquickung der Bedingtheit des Anspruchs mit einer solchen der Vormerkung: BayObLG MittBayNot 1989, 312, 313; dazu *Ertl* MittBayNot 1989, 297.

tungen der Vormerkung.[49] Änderungen dieser Kategorie sind stets eintragungsbedürftig, so zB die Umwandlung einer unbefristeten in eine befristete Vormerkung analog § 875 BGB (quasi als teilweise Aufhebung), umgekehrt die Umwandlung einer befristeten in eine unbefristete Vormerkung analog § 885 BGB (quasi als teilweise Neubestellung).[50] Verfahrensrechtlich folgt aus den Analogien, dass jeweils nur die Bewilligung einer Seite, des Vormerkungsberechtigten im ersten, des Vormerkungsbelasteten im zweiten Fall, erforderlich ist.[51] Buchungstechnisch werden Änderungen vorstehender Art wie Inhaltsänderungen zu behandeln, also in der Veränderungsspalte einzutragen sein.[52] Weiteres Beispiel: Nachträglicher Verzicht auf den Schutz des § 884 BGB.[53]

4. Eintragung sonstiger Veränderungen

34 Hierzu zählen beispielsweise Rangänderungen, Einbezug oder Entlassung von Grundstücksflächen usw. Verfahrensrechtlich und buchungstechnisch gelten insoweit für die Vormerkungen und Widersprüche keine Besonderheiten.

V. Löschungen

35 Auch insoweit gilt hinsichtlich der Buchungstechnik das Vorstehende: Keine Besonderheiten (zur Rötung: § 19 GBV Rdn 18). Der Löschungsvermerk gehört in die Löschungsspalte derjenigen Abt, in der die zu löschende Vormerkung bzw der zu löschende Widerspruch gebucht ist (zur Fassung des Löschungsvermerks s insb § 10 GBV Rdn 53, § 11 GBV Rdn 52). Keine Löschung stellt die »Umschreibung« der Vormerkung oder des Widerspruchs in die endgültige Eintragung dar (s dazu § 19 GBV Rdn 4, 19).

Abschnitt III
Die Eintragungen

Vorbemerkungen zu den §§ 13 bis 23

1 Die Beschreibung des Grundbuchvordrucks und Zuweisung der Eintragungsstellen im Abschn II wird ergänzt durch die Anordnungen des Abschn III zur grundbuchtechnischen Durchführung der Eintragungen.

§ 13 (Vereinigung; Zuschreibung; Abschreibung)

(1) Bei der Vereinigung und der Zuschreibung von Grundstücken (§ 6 Abs 6 Buchstabe b und c) sind die sich auf die beteiligten Grundstücke beziehenden Eintragungen in den Spalten 1 bis 4 rot zu unterstreichen. Das durch die Vereinigung oder Zuschreibung entstehende Grundstück ist unter einer neuen laufenden Nummer einzutragen; neben dieser Nummer ist in der Spalte 2 auf die bisherigen laufenden Nummern der beteiligten Grundstücke zu verweisen, sofern sie schon auf demselben Grundbuchblatt eingetragen waren.

(2) Bisherige Grundstücksteile (§ 6 Abs 6 Buchstabe d) werden unter neuen laufenden Nummern eingetragen; neben diesen Nummern ist in der Spalte 2 auf die bisherige laufende Nummer des Grundstücks zu verweisen. Die Eintragungen, die sich auf das ursprüngliche Grundstück beziehen, sind in den Spalten 1 bis 4 rot zu unterstreichen.

(3) Wird ein Grundstück ganz abgeschrieben, so sind die Eintragungen in den Spalten 1 bis 6, die sich auf dieses Grundstück beziehen, sowie die Vermerke in den drei Abteilungen, die ausschließlich das abgeschriebene Grundstück betreffen, rot zu unterstreichen. Dasselbe gilt für die nach § 3 Abs 5 der Grundbuchordnung eingetragenen Miteigentumsanteile, wenn nach § 3 Abs 8 und 9 der Grundbuchordnung für das ganze gemeinschaftliche Grundstück ein Blatt angelegt wird.

---

49 Dazu *Ertl* Rpfleger 1977, 345, 353.
50 *Ertl* aaO (Fn 49) S 299.
51 *Ertl* aaO (Fn 49) hat insoweit seine in *Staudinger* (12. Aufl) § 877 Rn 16 und in KEHE (4. Aufl) § 19 Rn 68 vertretene Ansicht korrigiert.
52 *Ertl* aaO (Fn 49) S 298 (zur Bedeutung der Bezugnahme auf die Eintragungsbewilligung).
53 Vgl *Staudinger-Gursky* § 884 Rn 13; *Güthe-Triebel* § 25 GBO Rn 10 aE.

(4) Wird ein Grundstücksteil abgeschrieben, so ist Absatz 2 entsprechend anzuwenden. Besteht das Grundstück aus mehreren Teilen, die in dem amtlichen Verzeichnis im Sinne des § 2 Abs 2 der Grundbuchordnung als selbständige Teile aufgeführt sind, und wird ein solcher Teil abgeschrieben, so kann das Grundbuchamt von der Eintragung der bei dem Grundstück verbleibenden Teile unter neuer laufender Nummer absehen; in diesem Fall sind lediglich die Angaben zu dem abgeschriebenen Teil rot zu unterstreichen; ist die Gesamtgröße angegeben, so ist auch diese rot zu unterstreichen und die neue Gesamtgröße in Spalte 4 des Bestandsverzeichnisses anzugeben. Ist das Grundstück nach Maßgabe des § 6 Abs 4 bezeichnet, so ist auch in dem bei den Grundakten aufzubewahrenden beglaubigten Auszug aus dem maßgebenden amtlichen Verzeichnis der Grundstücke die Abschreibung zu vermerken; eine ganz oder teilweise abgeschriebene Parzelle ist rot zu unterstreichen; eine bei dem Grundstück verbleibende Restparzelle ist am Schluß neu einzutragen.

(5) Die Vorschriften der Absätze 3 und 4 gelten auch für den Fall des Ausscheidens eines Grundstücks oder Grundstücksteils aus dem Grundbuch (§ 3 Abs 3 der Grundbuchordnung).

I. Allgemeines

§ 13 enthält **Durchführungsbestimmungen für Veränderungen im Bestandsverzeichnis**, regelt insb die dadurch veranlassten Rötungen und bildet insofern den Anschluss an § 6 Abs 6 bis 8. Zu Recht wird darauf hingewiesen,[1] dass im Interesse der einheitlichen Grundbuchführung die Verwendung der bundesrechtlich vorgesehenen Bezeichnungen – in Verbform »vereinigen«, »zuschreiben als Bestandteil« und »teilen«, in Substantivform »Vereinigung«, »Bestandteilszuschreibung« und »Teilung« – nur für die dementsprechenden Veränderungen der rechtlichen Grundstückseinheit erfolgen sollte, dass bei der einfachen Zusammenschreibung mehrerer Grundstücke auf einem Grundbuchblatt gemäß § 4 GBO lediglich die Tatsache der »Übertragung« im aufnehmenden Blatt zum Ausdruck gebracht wird. Werden zur Erhaltung der Übereinstimmung zwischen dem Liegenschaftskataster und dem Grundbuch nach den dafür geltenden Spezialvorschriften Flurstücksänderungen ohne gleichzeitige Änderung der rechtlichen Grundstückseinheit übernommen, so sind zweckmäßigerweise auch im Grundbuch die katastertechnischen Bezeichnungen »Verschmelzung« und »Zerlegung« zu verwenden. **1**

II. Zu Abs 1: Vereinigung und Zuschreibung

Anknüpfend an die Erläuterungen zu § 6 GBV Rdn 47 wird auf folgendes besonders hingewiesen: **2**

1. Grundbuchtechnische Vorbedingung

Abs 1 setzt voraus, dass die durch Vereinigung (§ 890 Abs 1 BGB) oder Bestandteilszuschreibung (§ 890 Abs 2 BGB) zu verbindenden Grundstücke auf einem gemeinschaftlichen Grundbuchblatt (§ 4 GBO gebucht sind. Sofern diese Voraussetzung nicht bereits gegeben ist, muss sie vor der Vereinigung oder der Bestandteilszuschreibung geschaffen werden. Auf die Beschreibung des grundbuchtechnischen Verfahrens – sowohl für den Fall des bereits vorhandenen als auch für den Fall des zu schaffenden gemeinschaftlichen Grundbuchblatts – bei § 5 GBO Rdn 69 bis 73 sowie bei § 6 GBO Rdn 38 bis 41 wird verwiesen.[2] Zur Zuständigkeit: § 5 GBO Rdn 58 bis 60, §§ 6 GBO Rdn 31 bis 33; zum Verfahren bei Zuständigkeitswechsel: hier § 25 nebst Erläuterungen. **3**

---

1 KEHE-*Eickmann* Rn 1.
2 Siehe auch KEHE-*Eickmann* Rn 2–7, *Demharter* § 5 Rn 19–22, § 6 Rn 21; *Schöner/Stöber* Rn 641 ff und 660 ff.

2. Gleichzeitige Zusammenschreibung und Vereinigung bzw Zuschreibung

4 Es ist dafür Sorge zu tragen, dass der Grundbuchinhalt eine für den späteren Betrachter *nachvollziehbare Gestaltung* erfährt. Zu Recht wird deshalb allgemein verlangt, dass die zu vereinheitlichenden Grundstücke *zunächst gesondert* unter je einer lfdNr im aufnehmenden Blatt zu buchen sind, um den status quo der bisher eingetragenen Rechtsverhältnisse in den drei Abt pro Grundstück deutlich zur Darstellung zu bringen. Anschließend erfolgt die Zusammenfassung der Grundstücke in den Sp 1 bis 4 unter einer neuen lfdNr mit Rotunterstreichen (»Rötung«) der vorher in die Sp 1 bis 4 gebrachten Eintragungen, wie es Abs 1 vorschreibt. Zusammengefasst werden kann der in die Spalten 5/6 einzutragende Vermerk, der die Herkunft der Grundstücke und sodann deren Vereinigung bzw die Zuschreibungskonfiguration beschreibt, so wie an den oben (Rdn 3) bezeichneten Stellen dargestellt (abgestellt auf bayerische Verhältnisse: keine Fluren), und zwar auch für den Fall des Einbezugs von »Zuflurstücken«[3] (§ 5 GBO Rdn 6, 10; § 6 GBO Rdn 7, 11; § 7 GBO Rdn 73). In der ersten Abt erfolgt bei akutem Eigentumswechsel zugleich die Eintragung des neuen Eigentümers, wobei in der Sp 3 die lfdNrn der Grundstücke vor deren Verbindung angeführt werden (weil Grundstücksveränderungen generell allein im Bestandsverzeichnis zur Darstellung gelangen, eine Anpassung in den drei Abt an Nummernfortschreibungen im Bestandsverzeichnis unangebracht ist, dazu § 9 Rdn 22 und § 10 Rdn 9). Zur Fassung des Eintragungsvermerks in der Sp 4 der ersten Abt, falls die Zusammenschreibung von Grundstücken nicht mit einem Eigentumswechsel verbunden ist: § 9 GBV Rdn 34.

3. Rötung

5 Die Rötung aus Anlass von Grundstücksvereinigungen und -zuschreibungen erstreckt sich gemäß Abs 1 S 1 auf die Eintragungen in den Sp 1 bis 4, beschränkt sich nicht auf die Sp 5/6.

4. Sonstiges

6 **a)** Soweit **andere Rechtsobjekte als Grundstücke** der Vereinigung und Bestandteilszuschreibung zugänglich sind (dazu § 5 GBO Rdn 3 ff, § 6 GBO Rdn 3 ff mwN), fehlt eine spezifische Regelung der grundbuchtechnischen Behandlung, muss in dem Abs 1 angemessener Weise vorgegangen werden. Wegen der Besonderheiten in Bezug auf Erbbaurechte und Erbbaugrundstücke wird auf die Vor § 54 GBV Rdn 8 bis 10 sowie die Erläuterungen zu § 56 GBV Rdn 16 ff, wegen der Besonderheiten in Bezug auf Wohnungs- und Teileigentumsrechte wird auf die Erläuterungen zu § 3 WGV Rdn 15 ff verwiesen.

7 **b)** Zur Behandlung der **Miteigentumsanteile**, falls mehrere herrschende Grundstücke durch Vereinigung oder Bestandteilszuschreibung vereinheitlicht werden: § 8 GBV Rdn 20.

III. Zu Abs 2: Teilung

8 Anknüpfend an die Erläuterungen zu § 6 GBV Rdn 48 wird auf folgendes besonders hingewiesen:

1. Teilung auf demselben Grundbuchblatt

9 Abs 2 nimmt ausdrücklich Bezug auf § 6 Abs 6 Buchst d, bezieht sich also auf den Vollzug der Teilung unter Beibehaltung des Grundbuchblatts und bestimmt, dass die zu verselbständigenden Grundstücke sämtlich unter neuen lfdNrn in den Sp 1 bis 4 des Bestandsverzeichnisses zu buchen sind mit Teilungsvermerk in den Sp 5/6. Auf die diesbezügliche Vorgangsbeschreibung bei § 7 GBO Rdn 67–69 wird verwiesen.[4] Ein Anschauungsbeispiel bietet zudem die Anl 2a Best Verz Sp 5/6 zu lfdNr 9, 11, 12.

2. Zu den Geboten des Abs 2

10 Eintragungen und Rötungen erfolgen allein im Bestandsverzeichnis, nicht in den Abteilungen, Rötungen laut ausdrücklicher Vorschrift des Abs 2 nur in den Sp 1 bis 4 (dazu auch § 10 GBV Rdn 9). Zur Art des Verweises in der Sp 2 auf die frühere Buchungsstelle (lfdNr) des Grundstücks vor der Teilung: § 6 GBV Rdn 10.

3. Sonstiges

11 Zur Eintragung der Teilung, falls Miteigentumsanteil und herrschendes Grundstück gemeinsam geteilt werden, sowohl bei Belassung auf dem bisherigen Grundbuchblatt als auch bei Abschreibung: § 8 GBV Rdn 19.

---

3 Dazu *Bengel/Simmerding* § 2 Rn 91–98.
4 S auch KEHE-*Eickmann* Rn 8; *Demharter* § 7 Rn 29; *Schöner/Stöber* Rn 675.

IV. Zu Abs 3 und 4: Abschreibung

1. Begriff

»Abschreibung« iS von Abs 3 und 4 ist die grundbuchtechnische Abbuchung vom bisherigen Grundbuchblatt, **12**
nicht gleichbedeutend mit der »Abschreibung« iS des § 2 Abs 3 und des § 7 GBO (= Grundstücksteilung). Ein-
tragungstelle sind die Sp 7/8 des Bestandsverzeichnisses, Eintragungsvermerk etwa: *»Übertragen nach ... am ...«*
mit Bezeichnung des Zielblattes. Ihr gegenüber steht die Zubuchung (einfache »Zuschreibung«) im aufnehmenden Grundbuchblatt, dort einzutragen in Sp 5/6: *»Von ... hierher übertragen am ...«* mit Bezeichnung des
Herkunftsblattes. Zum Buchungsmodus im aufnehmenden Blatt, wenn dort zugleich eine beantragte Grundstücksvereinigung oder -bestandteilszuschreibung zu vollziehen ist: Rdn 4.

2. Mögliche Gegenstände einer Abschreibung

Hinweise auf die Stellen, an welcher sich Erläuterungen zu dem betreffenden Abschreibungsvorgang finden: **13**
– Grundstücke im Ganzen (dazu § 6 GBV Rdn 52), darauf bezieht sich Abs 3 S 1;
– Grundstücksteile (dazu § 6 GBV Rdn 53), darauf bezieht sich Abs 4;
– Herrschvermerk zusammen mit dem herrschenden Grundstück (dazu § 7 GBV Rdn 16 bis 18);
– Miteigentumsanteile der in § 3 Abs 4 GBO bezeichneten Art zwecks Schaffung der Anteilsbuchung gemäß
  § 3 Abs 5 GBO (dazu § 8 GBV Rdn 13);
– Miteigentumsanteil zusammen mit dem herrschenden Grundstück bzw Teile von beiden (dazu § 8 GBV
  Rdn 16, 18, 19);
– Miteigentumsanteile zwecks Aufhebung der vorbezeichneten Anteilsbuchung gemäß § 3 Abs 8 GBO, darauf
  bezieht sich Abs 3 S 2 (wegen der Besonderheit dieses Falles: § 8 GBV Rdn 22 und hier Rdn 21);
– Miteigentumsanteile zwecks Begründung von Wohnungs- oder Teileigentum (dazu § 6 WGV nebst Erläute-
  rungen).

3. Abschreibung eines Grundstücks im Ganzen (Abs 3 S 1)

Zum Abschreibungsvermerk in den Sp 7/8: § 6 GBV Rdn 52. Abs 3 S 1 regelt lediglich die anschließende **14**
Rötung:

a) Rötung im Bestandsverzeichnis: Die Eintragungen, soweit sie das abgebuchte Grundstück betreffen, **15**
nicht nur in den Sp 1 bis 4, sondern auch in den Sp 5 und 6 (vgl Muster in der Anl 2a BestVerz Sp 5/6 zu
lfdNr 1).

b) Rötung in den drei Abteilungen: Diejenigen Vermerke, die ausschließlich das abgebuchte Grundstück **16**
betreffen. Zu röten sind demnach die entsprechenden Eintragungen in den Sp 3 und 4 der ersten Abt, außerdem die Eintragungen in den Sp 1 bis 5 der zweiten Abt und in den Sp 1 bis 7 der dritten Abt, soweit sie Belastungen bekunden, die sich *allein auf das abgebuchte Grundstück* beziehen. Die Übertragung solcher Belastungen
auf das aufnehmende Blatt braucht auf dem bisherigen Blatt nicht vermerkt zu werden; wo dennoch ein infor-
matorischer Übertragungsvermerk in der Veränderungsspalte eingetragen wird, ist er nicht mitzuröten. Soweit
lastenfreie Abschreibung gemäß § 46 Abs 2 GBO erfolgt, erfordert sie ebenfalls außer dem Abschreibungsvermerk
im Bestandsverzeichnis keinen besonderen Vermerk in der zweiten oder dritten Abt. *Nicht zu röten* sind Belastungseintragungen, die außer dem abgebuchten Grundstück weitere auf dem bisherigen Blatt verbleibende
Grundstücke betreffen; insoweit ist, wo nötig (dazu § 10 GBV Rdn 48 und § 11 GBV Rdn 47), ungerötet die
Übertragung zur Mithaft zu vermerken. Zu röten ist allenfalls die lfdNr des abgebuchten Grundstücks in der
Sp 2 der zweiten bzw dritten Abt, falls dort besonders eingetragen.

4. Abschreibung eines Grundstücksteils (Abs 4)

Zum Abschreibungsvermerk in den Sp 7/8: § 6 GBV Rdn 53; vgl auch die Vorgangsbeschreibung bei § 7 GBO **17**
Rdn 70 bis 73,[5] Abs 4 trifft für den Fall der Grundstücksteilabschreibung besondere Anordnungen zur Behandlung des Restgrundstücks:

a) Grundsätzlich ist das **Restgrundstück unter der nächstfreien lfdNr in den Sp 1 bis 4 zu buchen,** **18**
wobei in Sp 2 auf die bisherige Buchungsstelle (lfdNr) zu verweisen ist, zweckmäßigerweise durch *»Rest von
...«* (vgl § 6 GBV Rdn 10). Die Eintragungen in den Sp 1 bis 4 der bisherigen Buchungsstelle sind zu röten.
Zu praktizieren ist dieser Modus insbesondere, wenn der abzuschreibende Grundstücksteil ein neu vermesse-
nes Flurstück ist und die Bestandsberichtigung (Parzellierung) entsprechend Veränderungsnachweis oder
Fortführungsmitteilung des Katasteramts nicht vorab, sondern im Zuge der Abschreibungsbuchung durchgeführt wird; eines der neu vermessenen Flurstücke erscheint dann im Abschreibungsvermerk, das andere oder

---

5 S auch KEHE-*Eickmann* Rn 9; *Demharter* § 7 Rn 30, 31; *Schöner/Stöber* Rn 676.

die anderen an der neuen Buchungsstelle des Restgrundstücks[6] (vgl Muster in der Anl 2a Best-Verz Sp 7/8 und Sp 1–4 zu lfdNrn 5, 6).

19 **b)** Ist **ein komplettes Flurstück** abgeschrieben, so erlaubt es Abs 4 S 2, von der Buchung des Restgrundstücks unter neuer lfdNr abzusehen und an der verbleibenden Buchungsstelle die Angaben, die das abgeschriebene Flurstück betreffen, zu röten. Sofern – nicht zwingend (vgl § 6 GBV Rdn 34) – in der Sp 4 die Gesamtgröße in einer Summe verzeichnet ist, ist dort die bisherige Größenangabe ebenfalls zu röten und die errechnete restliche Gesamtgröße neu zu vermerken.

20 **c)** Ist von einem **nach § 6 Abs 4 gebuchten Grundstückskomplex** ein Grundstücksteil abgeschrieben, so ist gemäß Abs 4 S 3 der abgeschriebene Grundstücksteil (ggf nach vorheriger Einarbeitung der Ergebnisse einer vorangegangenen Neuvermessung) in dem als Flurstücksnachweis fungierenden Auszug aus dem amtlichen Verzeichnis abzusetzen und zu röten (dazu § 6 GBV Rdn 31). In Sp 4 des Bestandsverzeichnisses ist lediglich die bisherige Größenangabe zu röten und die restliche Gesamtgröße zu vermerken.

5. Aufhebung einer Anteilsbuchung (Abs 3 S 2):

21 Für den Fall, dass gemäß § 3 Abs 8 GBO für das gemeinschaftliche Grundstück ein Grundbuchblatt anzulegen ist, regelt Abs 3 S 2 lediglich die Rötung in Anlehnung an die für die Abschreibung eines Grundstücks im ganzen getroffene Regelung (dazu Rdn 15, 16). Auch die Eintragungen sind so vorzunehmen wie bei einer Grundstücksabschreibungg; die ehemalige (verfehlte) Sondervorschrift des § 17 AVOGBO gibt es nicht mehr (Weiteres bei § 8 GBV Rdn 24).

V. Zu Abs 5: Ausbuchung

22 Falls ein bislang im Grundbuch erfasstes Grundstück ganz oder teilweise gemäß § 3 Abs 2 GBO buchungsfrei ist oder geworden ist und gemäß § 3 Abs 3 GBO ein Ausbuchungsantrag des Eigentümers gestellt und gerechtfertigt ist, erfolgt die sog Ausbuchung gemäß Abs 5 entsprechend der Grundstücks- oder Grundstücksteilabschreibung in den Sp 7/8 des Bestandsverzeichnisses; Vermerk in Sp 8: »*Aus dem Grundbuch ausgeschieden am ...*« oder bei Ausbuchung eines Grundstücksteils: »*Von Nr ... das Flurstück ... aus dem Grundbuch ausgeschieden am ... Rest: Nr ...*«.[7] Die Abbuchung des einzigen Grundstücks ist Grund zur Schließung des Blattes (vgl § 34 GBV Rdn 4). Zur möglichen Verknüpfung der Buchung der Eigentumsumschreibung mit der sich unmittelbar anschließenden Ausbuchung des veräußerten Grundstücks oder Grundstücksteils im Eintragungsvermerk in den Sp 7/8 des Bestandsverzeichnisses siehe das Eintragungsmuster in der ehemaligen Anl 2a BestVerz Sp 7/8 zu lfdNr 1.

§ 14 (Veränderung bei subjektiv-dinglichen Rechten; Rötung)

(1) Wird ein Vermerk über eine Veränderung eines Rechts, das dem jeweiligen Eigentümer eines auf dem Blatt verzeichneten Grundstücks zusteht, eingetragen, so ist der frühere Vermerk in den Spalten 3 und 4 insoweit rot zu unterstreichen, als er durch den Inhalt des Veränderungsvermerks gegenstandslos wird. Ferner ist bei der bisherigen Eintragung in Spalte 1 ein Hinweis auf die laufende Nummer des Veränderungsvermerks einzutragen.

(2) Im Falle der Abschreibung eines solchen Rechts sind in den Spalten 1 bis 6 des Bestandsverzeichnisses die Eintragungen, die sich auf dieses Recht beziehen, rot zu unterstreichen.

1 Auf die Erläuterungen zu § 7 wird verwiesen; sie erstrecken sich auch auf § 14.

§ 15 (Bezeichnung des Berechtigten)

(1) Zur Bezeichnung des Berechtigten sind im Grundbuch anzugeben:
a) bei natürlichen Personen der Name (Vorname und Familienname), der Beruf, der Wohnort sowie nötigenfalls andere die Berechtigten deutlich kennzeichnende Merkmale (zum Beispiel das Geburtsdatum); das Geburtsdatum ist stets anzugeben, wenn es sich aus den Eintragungsunterlagen ergibt; wird das Geburtsdatum angegeben, so bedarf es nicht der Angabe des Berufs und des Wohnorts;
b) bei juristischen Personen, Handels- und Partnerschaftsgesellschaften der Name oder die Firma und der Sitz.

---

6 Zulässig, vgl OLG Frankfurt DNotZ 1962, 256, 257; *Schöner/Stöber* Rn 676.
7 Vgl KEHE-*Eickmann* Rn 14.

(2) Bei Eintragungen für den Fiskus, eine Gemeinde oder eine sonstige juristische Person des öffentlichen Rechts kann auf Antrag des Berechtigten der Teil seines Vermögens, zu dem das eingetragene Grundstück oder Recht gehört, oder die Zweckbestimmung des Grundstücks oder des Rechts durch einen dem Namen des Berechtigten in Klammern beizufügenden Zusatz bezeichnet werden. Auf Antrag kann auch angegeben werden, durch welche Behörde der Fiskus vertreten wird.

(3) Steht das Eigentum oder ein beschränktes dingliches Recht nach dem Inhalt des Grundbuchs den Mitgliedern einer Gesellschaft bürgerlichen Rechts zur gesamten Hand zu und wird diese Gesellschaft bürgerlichen Rechts eine Handels- oder Partnerschaftsgesellschaft, so ist das Grundbuch auf Antrag zu berichtigen, indem die Handelsgesellschaft oder die Partnerschaft als Eigentümerin oder Inhaberin des Rechts eingetragen wird. Zum Nachweis genügt eine Bescheinigung des Registergerichts über die Eintragung und darüber, daß die Handelsgesellschaft oder die Partnerschaft nach dem eingereichten Vertrag aus der Gesellschaft bürgerlichen Rechts hervorgegangen ist. Die Sätze 1 und 2 gelten für Vormerkungen und Widersprüche zugunsten der Gesellschaft bürgerlichen Rechts sinngemäß.

I. Allgemeines

1. Zweck der Vorschrift (Abs 1 und 2)

Allgemeines zur Berechtigtenbezeichnung: Vor GBV Rdn 136, 147, 151 und 154 bis 163. § 15 regelt das »Wie« **1** der Bezeichnung für alle Eintragungen, soweit subjektbezogen (dazu Vor GBV Rdn 154). Das »Ob«, die Eignung, als Berechtigter im Grundbuch eingetragen werden zu können (vielfach als »Grundbuchfähigkeit« bezeichnet, dazu Vor GBV Rdn 159), ist eine Frage des materiellen Rechts.[1] § 15 regelt nach seinem Wortlaut die Bezeichnung derjenigen Rechtsträger, deren Grundbuchfähigkeit sich unzweifelhaft aus dem Gesetz ergibt, nämlich der (lebenden) natürlichen Personen (Abs 1 Buchst a) und der (existenten) juristischen Personen, Handels- und Partnergesellschaften (Abs 1 Buchst b, ergänzt durch Abs 2 bezüglich der juristischen Personen des öffentlichen Rechts). Darüber hinaus gibt es Grenz- und Streitfälle der »Grundbuchfähigkeit« (vgl Vor GBV Rdn 159, 160, 161), die § 15 nicht direkt berücksichtigt,[2] für die jedoch der dieser Vorschrift zugrunde liegende Zweckgedanke, der übergreifende »formelle Bestimmtheitsgrundsatz« (dazu Vor GBV Rdn 35 ff, insb 40, 54), richtungweisend sein muss. Zweck des § 15 ist es, *den Berechtigten im Grundbuch so genau zu bezeichnen, dass – soweit möglich – jeder Zweifel über seine Person und jede Verwechslung ausgeschlossen ist.*[3] Zu Recht ist in der Literatur als ein wesentliches Kriterium der »Grundbuchfähigkeit« hervorgehoben worden, dass das Grundbuchrecht als formelles Recht in weitaus stärkerem Maße als das materielle Recht auch »formales« Recht ist, weil es in den Dienst strenger Rechtsklarheit gestellt ist; und es ist an den Ausgangspunkt des Gesetzgebers erinnert worden, dass das Grundbuchrecht im Dienste *strenger Publizität* sachenrechtlicher Verhältnisse an Grundstücken steht.[4]

---

1 BayObLGZ 1980, 255, 257 = Rpfleger 1980, 429 = DNotZ 1981, 256; *Eickmann* in KEHE Rn 1 und in ZflR 2001, 433, 434. Der Begriff »Grundbuchfähigkeit« ist allerdings passender als Ausdruck formeller Eintragungszulässigkeit im Sinne des »Wie« zu sehen; so verstanden auch von *Stöber* MDR 2001, 544/545; *Ulmer/Steffek* NJW 2002, 330, 332 ff; *Schöpflin* NZG 2003, 117; wohl auch *Wertenbruch* NJW 2002, 324, 329.

2 Nach *Ulmer/Steffek* aaO (Fn 1) eine mittels Analogie zu schließende Lücke.

3 BayObLGZ 1981, 391, 394 = Rpfleger 1982, 97. Von *Ulmer/Steffek* aaO (Fn 1) in diesem Sinne zum Maßstab genommen für die sorgfältige Untersuchung der Grundbuchfähigkeit der GbR.

4 *K. Schmidt* (NJW 1984, 2249, 2250) und *Konzen* (JuS 1989, 20, 22) sind mit diesem Argument der Grundbuchfähigkeit des nicht rechtsfähigen Vereins entgegengetreten.

Resümee: Das Anliegen des § 15 GBV ist nach Wortlaut und Sinn so zu interpretieren, dass in den Grundbucheintragungen eine Bezeichnungsweise verlangt wird, die *sofortige Bestimmtheit, nicht nur spätere Bestimmbarkeit der Person des Berechtigten gewährleistet*,[5] sofern nicht ausnahmsweise aus vorrangigen materiellrechtlichen Gründen Abstriche zu machen sind, wie eventuell bei der Eintragung von Vormerkungen, die kein dingliches Recht, sondern ein (streng akzessorisches) Sicherungsinstitut sind (dazu Vor GBV Rdn 147). Zur Diskussion der Grundbuchfähigkeit der BGB-Gesellschaft s Rdn 32–36.

2. Rechtliche Bedeutung der Vorschrift (Abs 1 und 2)

2 Ein Verstoß gegen § 15 kann, muss aber nicht die Konstitutivwirkung der Eintragung vereiteln; denn nach materiellem Recht reicht es, dass die Person des Rechtssubjekts anhand des im Grundbuch Eingetragenen identifizierbar ist. *Lückenhafte oder unzutreffende Personalangaben vermindern* indes (vgl insb Vor GBV Rdn 57, 62, 63, 163) *in jedem Fall die Aussagekraft* der Eintragung in diesem Punkt (Auslegung nötig), *meistens auch deren Beweiskraft* (zusätzliche Beweise nötig zur Feststellung der Person des Berechtigten). Die Verfahrensvorschrift des § 15 stellt *vorsorglich* strengere Anforderungen an die Personenkennzeichnung, um solche Zweifelspunkte in den Eintragungen zu verhindern (vgl Vor GBV Rdn 163). In engem Zusammenhang mit § 15 steht § 47 GBO, der bei Eintragung mehrerer gemeinsamer Berechtigter zusätzlich die Angabe des Gemeinschaftsverhältnisses im Eintragungsvermerk vorschreibt (vgl Vor GBV Rdn 155). Beide Vorschriften gehören zu den normierten Stützpunkten des zu Rdn 1 aufgezeigten »formellen Bestimmtheitsgrundsatzes« (vgl Vor GBV Rdn 45, 51, 54). Sie sind vom GBA zu beachten, und zwar nicht erst bei Abfassung der subjektbezogenen Eintragungen, sondern bereits bei der Prüfung der Ordnungsmäßigkeit der Eintragungsunterlagen (vgl Vor GBV Rdn 56). Der Wahrheitsgehalt der diesbezüglichen Angaben in den Eintragungsunterlagen darf aber nur in Zweifelsfällen überprüft werden; keinesfalls darf das GBA aus eigenem Ermessen eine von den Eintragungsunterlagen abweichende Namensbezeichnung in das Grundbuch eintragen, sondern ist gehalten, im Zweifelsfalle die Abstimmung im Wege der Zwischenverfügung zu suchen (vgl Vor GBV Rdn 159).

3. Erweiterung der Vorschrift (Abs 3)

3 Abs 3, dem § 15 durch VO vom 30.11.1994 (BGBl I 3580) angefügt, enthält eine für die GBV untypische Verfahrensvorschrift, die (wenn überhaupt) systematisch eher in der GBO unterzubringen gewesen wäre. Das »Wie« der Buchung einer Handels- und einer Partnerschaftsgesellschaft ist bereits in Abs 1 Buchst b geregelt (um die Partnerschaftsgesellschaft ergänzt durch Gesetz vom 25.07.1994, BGBl I 1744). Schon diese Vorschrift des § 15 verpflichtet das GBA, bei einer zur Handelsgesellschaft oder zur Partnerschaftsgesellschaft avancierten BGB-Gesellschaft die bisherige Buchungsweise gemäß § 47 GBO – namentliche Benennung der Teilhaber mit dem Zusatz »in BGB-Gesellschaft« – auf die in Abs 1 Buchst b vorgeschriebene Weise umzustellen. Eine solche buchungstechnische Maßnahme ist keine antragsabhängige Eintragung zur Grundbuchberichtigung iS der §§ 13, 22 GBO, sondern zählt zur Kategorie der »Richtigstellungen«,[6] die an sich von Amts wegen vorzunehmen und nicht an die Nachweisregel des § 29 GBO gebunden sind (dazu § 22 GBO Rdn 86 mwN); hier bringt der Abs 3 eine spezielle Nachweisregel.[7] Allerdings stellt sich die Frage nach dem Sinn der Vorschrift; er kann kaum darin bestehen, aus den von ihr erfassten Fällen der »formwechselnden Umwandlung« Antragsgeschäfte zu machen und die freieren Möglichkeiten, welche die GBO gestattet, zu verengen.

II. Zu Abs 1 Buchstabe a: Bezeichnung natürlicher Personen

4 Die nach Abs 1 Buchst a im Grundbuch anzugebenden Bezeichnungsmerkmale werden zu Recht als Mindesterfordernisse angesehen, von denen nur in sachlich begründeten Ausnahmefällen abgesehen werden darf.[8] Zu den Ausnahmefällen: Rdn 18 bis 23. Zur **Regelbezeichnung** natürlicher Personen folgendes:

1. Der Name

5 Er ist **Kernmerkmal der Personenbezeichnung** im Grundbuch, weil er generell Ausdruck der Individualität ist und zugleich der Identifikation des Namensträgers dient.[9] Einzutragen ist jeweils der kraft Gesetzes erworbene und nicht ohne weiteres ablegbare und änderbare sog »bürgerliche Name«, der in unserem Rechtsgebiet aus dem »Familiennamen« und mindestens einem »Vornamen« besteht. Ein Berufs- oder Künstlername (Pseu-

---

5 Ebenso *Stöber* (*Stöber/Schöner* Rn 229 und MDR 2001, 544, 545) sowie *Ulmer/Steffek* aaO (Fn 1).
6 LG München, Rpfleger 2001, 489: Wenn eine BGB-Gesellschaft bloße Vermögensverwaltung betrieben hat, bedarf deren Umwandlung in eine gewerbetreibende KG der konstitutiven Eintragung in das Handelsregister, ist aber (nur) Richtigstellung im Grundbuch.
7 Dazu *Schöner/Stöber* Rn 984a mwN: Vorgesehener Antrag nicht erforderlich, aber Identitätsnachweis, der sich regelmäßig nur durch eine Berichtigungsbewilligung der Berechtigten (§ 29 GBO) führen lasse.
8 BayObLG aaO (Fn 3).
9 *Palandt-Heinrichs* § 12 Rn 1.

donym) hat zwar meistens den größeren Bekanntheitsgrad, ist jedoch nicht urkundlich belegt und unkontrolliert veränderbar, entspricht mangels gesicherter Identifizierungskraft nicht der Vorschrift des Abs 1 Buchst a.[10]

Auch Einzelkaufleute als Inhaber von Grundstücksrechten sind im Grundbuch mit ihrem bürgerlichen **6** Namen, nicht mit der Firma, ihrem Handelsnamen (§ 17 HGB), zu bezeichnen; gegen eine andere Auslegung des Abs 1 Buchst a spricht insb der Umstand, dass die Firma als solche gemäß §§ 22 bis 24 HGB rechtsgeschäftlich im Zusammenhang mit dem Gesamtunternehmen übertragbar ist, wohingegen die Grundstücksrechte einzeln durch Verfügungsgeschäft nach Maßgabe der §§ 873 ff BGB übertragen werden, also nicht ohne weiteres dem jeweiligen Firmeninhaber zustehen.[11] Auch ein Zusatz im Anschluss an den bürgerlichen Namen wie »als Alleininhaber der Firma ...« ist unzulässig; das Grundbuch ist nicht kompetent, eine etwaige Einordnung des gebuchten Rechts in das Betriebsvermögen auszuweisen.[12] Ob hinter einer in der Eintragungsgrundlage (Eintragungsbewilligung oder Vollstreckungstitel) zur Bezeichnung des Berechtigten ausgewiesenen Firma wie zB »A & B« eine Personenhandelsgesellschaft oder ein diese Firma fortführender Einzelkaufmann steht, muss nicht in jedem Falle aufgeklärt werden, in der Regel reicht die Plausibilitätskontrolle (vgl Vor GBV Rdn 159). Im Zweifelsfall reicht eine Erläuterung,[13] die nicht der Form des § 29 GBO bedarf und vom Notar im Rahmen des § 15 GBO vorgenommen werden kann.[14] Zur Maßnahme bei entdecktem unzulässigen Firmengebrauch siehe Rdn 41 aE.

a) Der Familienname ist der »Nachname« im herkömmlichen Sinn; er ist so einzutragen, wie er im Verkehr **7** mit Behörden anzugeben ist.[15] Als Familienname gilt:
- **Für unverheiratete Personen** der **Geburtsname** (§§ 1616 bis 1617c BGB) oder der durch Namensänderung an dessen Stelle getretene Name, zB durch Einbenennung (§ 1618 BGB), durch Adoption (§ 1757 BGB), durch behördliche Namensänderung.[16]
- **Für verheiratete Personen** der **Ehename** (§ 1355 Abs 1 bis 4 BGB), auch für Verwitwete und Geschiedene, sofern sie ihn nicht abgelegt haben (§ 1355 Abs 5 BGB).

b) Der Vorname ist zwecks zuverlässiger Eindeutigkeit der Personenbezeichnung in den Grundbucheintra- **8** gungen so zu schreiben, wie er im Geburtenbuch verzeichnet ist. Die Eintragung einer davon abweichenden Rufform (zB »Theo« statt »Theodor« oder »Theobald«, »Hannes« statt »Johannes«, »Heinz« statt »Heinrich«, »Willi« statt »Wilhelm«, »Hanne« statt »Hannelore«, »Anne« statt »Annegret« usw) entspricht streng genommen nicht dem Normzweck des § 15.[17] Eintragbar ist eine solche Kurzform selbstverständlich, sofern sie den standesamtlich beurkundeten Vornamen bildet. Zur Konkretprüfung anhand standesamtlicher Urkunden ist das GBA regelmäßig nicht, sondern nur bei begründeten Zweifeln befugt, grundsätzlich genügt eine Plausibilitätskontrolle der Angaben in der Eintragungsgrundlage (vgl Vor GBV Rdn 159). Unzureichend ist die Verkürzung des einzigen Vornamens auf den Anfangsbuchstaben.

Hat eine Person **mehrere Vornamen**, so wird sie zwar am zuverlässigsten durch deren vollständige Angabe **9** bezeichnet, dennoch wird man dies nicht zur starren Regel der grundbuchmäßigen Personenbezeichnung erheben müssen. Der ausgeschriebene Rufname wird genügen, wenngleich er beliebig auswechselbar ist;[18] dem ausgeschriebenen Rufnamen kann der Anfangsbuchstabe eines weiteren Vornamens angefügt werden.[19]

c) Adelsprädikate[20] haben seit In-Kraft-Treten (14.08.1919) von Art 109 Abs 3 S 2 der Weimarer Verfassung **10** (Wortlaut des Abs 3: »*Öffentlichrechtliche Vorrechte oder Nachteile der Geburt oder des Standes sind aufzuheben. Adelsbezeichnungen gelten nur als Teil des Namens und dürfen nicht mehr verliehen werden.*«), der jetzt gemäß Art 123 Abs 1 GG als einfaches Bundesrecht weitergilt, ihre Eigenschaft als Ausdruck der Zugehörigkeit zu einem besonderen Stand verloren, soweit sie es vorher waren und nicht nur dem Träger persönlich zustanden,[21] Namensbestandteil. Die Vorschrift erfasst alle früheren Adelsstände, den höheren Adel (mit Bezeichnungen wie »Fürst«, »Graf«, »Baron«, »Freiherr« usw) wie den niederen Adel (mit dem einfachen Prädikat »von«).[22] Sie bedeutet, dass die ehemals adeligen Namen schlichter Bestandteil des Familiennamens geworden sind und seither nicht mehr nach Adelsrecht, sondern nach bürgerlichem Recht erworben und fortgeführt

---

10 Im Ergebnis ebenso *Schöner/Stöber* Rn 230 aE.
11 BayObLG Rpfleger 1981, 192 mwN = DNotZ 1981, 578; NJW-RR 1988, 980 = Rpfleger 1988, 309.
12 LG Bremen Rpfleger 1977, 211 m zust Anm *Haegele*.
13 *Schöner/Stöber* Rn 240 folgern aus BayObLG Rpfleger 1981, 192 = aaO (Fn 11) generelle Notwendigkeit.
14 BayObLG aaO (Fn 11).
15 *Schöner/Stöber* Rn 230.
16 Gemäß Namensänderungsgesetz mit Nebenbestimmungen.
17 Ähnlich (zu § 18 Abs 1 HGB) BGH NJW 1980, 127 = Rpfleger 1979, 377 = DNotZ 1980 55; **aA** *Schöner/Stöber* Rn 232.
18 BGHZ 30, 132, 137; vgl Gutachten in DNotI-Report 2006, 93.
19 Ebenso *Schöner/Stöber* Rn 232.
20 Zum Ganzen mit weiteren Erläuterungen: *Peters* »In- und ausländische Adelsbezeichnungen«, Rpfleger 1953, 223.
21 RGZ 113, 107, 111.
22 RGZ 103, 191, 194.

werden,[23] in der oben (Rdn 7) geschilderten Art. Die der Zugehörigkeit der Adelsbezeichnung zum Familiennamen gemäße Schreibweise lautet zB »*Otto Graf von A* ...«, nicht »*Graf Otto von A* ...«.[24] Weibliche Personen dürfen die Adelsbezeichnung in weiblicher Form führen (zB »Gräfin«, »Freifrau«), männliche dürfen sie deklinieren.[25]

11 **d) Akademische Grade** (Professor, Doktor, Diplom) sind zwar nicht Namensbestandteile.[26] Deren Aufnahme in das Grundbuch entspricht aber ständiger Übung, dient der näheren Bezeichnung der betreffenden Person und entspricht somit dem Sinn des § 15.[27]

2. Dem Namen hinzuzufügende Merkmale

12 **a)** Die **Angabe des Berufs** (anstelle der unzeitgemäß gewordenen und manchen Streit auslösende Eintragung des »Standes«, wie es die Vorschrift vor der Änderung durch VO vom 21.03.1974 verlangte[28]) hat heute wegen der vielfältigen Zergliederung der Berufsbilder und der häufigeren Berufswechsel nicht mehr die individualisierende Bedeutung wie früher. Dennoch verlangt § 15 die Angabe des Berufs, allerdings nur noch fakultativ, die Angabe des Geburtsdatums geht vor. *Welcher Beruf* einzutragen ist, ist nicht näher bestimmt. Je nach Kennzeichnungskraft und -bedürfnis im Einzelfall wird der erlernte oder der ausgeübte Beruf, werden gelegentlich auch beide in Frage kommen. Ob eine möglichst genaue Bezeichnung empfehlenswert ist, zB bei Beamten und Soldaten die Angabe der Amtsbezeichnung bzw des Dienstgrades,[29] fragt sich; denn allzuleicht kann die Genauigkeit von heute die Ungenauigkeit von morgen sein. IdR wird der in den Eintragungsunterlagen angegebene Beruf in das Grundbuch zu übernehmen sein. In zweifelhaften Fällen ist mit Rücksicht auf das informationelle Selbstbestimmungsrecht (dazu Rdn 16) eine Abstimmung mit der einzutragenden Person herbeizuführen. Bezeichnungen wie »Hausfrau« bzw »Hausmann« wurden aber schon zur überholten Fassung der Vorschrift für eintragbar erklärt[30] und dürften zunehmend als Berufsbezeichnung verstanden werden,[31] haben aber wenig Kennzeichnungskraft und können diskriminieren; mehr noch gilt dies für Angaben wie »berufslos« oder »ohne Beruf«.[32] Auch abgeleitete Berufsbezeichnungen wie »Kaufmannssohn« oder »Landwirtstochter« sind fragwürdige Angaben zur Person; sie orientieren sich an dem abgelösten Begriff des »Standes«.

13 **b)** Die **Angabe des Wohnorts** – das ist regelmäßig der Wohnsitz innerhalb einer politischen Gemeinde[33] – ist anzugeben, einerlei ob im Inland oder Ausland gelegen. Dies gilt (seit Änderung der Vorschrift durch VO vom 15.07.1994, BGBl I 1606) nicht mehr ohne Ausnahme. Im Hinblick darauf, dass die nach Abs 1 Buchst a im Grundbuch anzugebenden Bezeichnungsmerkmale ohnehin Mindestforderisse sind (vgl Rdn 4), sollte wirklich nur ausnahmsweise von der Angabe des Wohnsitzes abgesehen werden. Ist die Angabe objektiv unmöglich, weil beispielsweise der zu bezeichnende Berechtigte keinen festen Wohnsitz hat, so müssen stattdessen »nötigenfalls andere den Berechtigten kennzeichnende Merkmale« (wie insb Geburtsdatum und -ort) im Grundbuch angegeben werden.[34] Ehemals besondere Vorsichtsmaßnahmen für Bewohner der gewesenen DDR[35] sind nicht mehr nötig. *Erforderlich und ausreichend* ist es idR, den Ortsnamen in amtlicher Schreibweise in die Grundbucheintragung aufzunehmen. Ausländische Orte können in der fremdländischen Originalschreibweise oder in deutscher Schreibweise oder in beiden, zB zunächst original und sodann in Klammern verdeutscht, eingetragen werden. Die vollständige Anschrift ist gewöhnlich nicht im Grundbuch, sondern in den Grundakten zu vermerken, und zwar im Wohnungsblatt, falls ein solches gemäß § 21 Abs 5 S 2 AktO angelegt ist; wo im Einzelfall, insb in einer Großstadt, die bloße Angabe des Wohnorts zur hinreichend genauen Kennzeichnung des Berechtigten nicht genügt, kann auch die Angabe der Anschrift als Unterscheidungsmerkmal in Betracht kommen.[36]

14 **c)** Die **Angabe des Geburtsdatums** des Berechtigten soll – weil unveränderliches Kennzeichen – seit der Vorschriftsänderung durch VO vom 21.03.1974 (BGBl I 771) nicht (wie vorher) nur hilfsweise, sondern generell in die Grundbucheintragung aufgenommen werden, vorausgesetzt, dass sich das Geburtsdatum aus den Ein-

---

23 RGZ 103, 190, 194; 109, 244, 252; BayObLGZ 1979, 326, 329.
24 *Schöner/Stöber* Rn 233.
25 RGZ 113, 107, 114. Zur Anpassung der Adelsbezeichnung nach Vornamensänderung auf Grund des Transsexuellengesetzes BayObLG NJW-RR 2003, 289.
26 BGHZ 38, 380, 382 = NJW 1963, 581; BayObLG MDR 1990, 635.
27 LG Hamburg Rpfleger 1969, 94. *Schöner/Stöber* Rn 234: Keine Eintragung, wenn nicht gewollt.
28 Vgl MIR (6. Aufl) § 3 Anh I Rn 284.
29 So *Schöner/Stöber* Rn 235.
30 OLG Hamm NJW 1962, 1625 = Rpfleger 1962, 274 m Anm *Haegele* = DNotZ 1963, 685; BayObLGZ 1963, 80 = Rpfleger 1963, 295 mit Anm *Haegele* = DNotZ 1963, 683.
31 KEHE-*Eickmann* Rn 3.
32 Vorschläge von *Schöner/Stöber* Rn 235.
33 BayObLGZ 1981, 391, 394 = Rpfleger 1982, 97.
34 BayObLG aaO (Fn 33).
35 BayObLG aaO (Fn 33).
36 BayObLG aaO (Fn 33) aE.

tragungsunterlagen ergibt. Auf letzteres wird hinzuwirken sein, wenngleich das Fehlen des Datums in den Unterlagen im Normalfall kein Eintragungshindernis iS des § 18 Abs 1 GBO ist. Notarielle Urkunden sollen gemäß § 25 DONot ohnehin das Geburtsdatum enthalten.[37] Wird das Geburtsdatum eingetragen, so ist die Berufsbezeichnung entbehrlich.

d) Die **Angabe anderer Unterscheidungsmerkmale** ist vorgeschrieben für den Fall, dass die Bezeichnung **15** mit den Standardmerkmalen zur unverwechselbaren Personenbezeichnung nicht ausreicht oder nicht vollständig möglich ist. Die Vorschrift nennt als Beispiel das ohnehin möglichst immer einzutragende Geburtsdatum. Als weitere Möglichkeiten kommen (mit Einverständnis des zu Bezeichnenden, dazu Rdn 16) in Betracht: Anfügung des Geburtsnamens an den Familiennamen mit dem Zusatz »geborene(r)«, falls dieser nicht als dem Ehename vorangestellter oder angefügter Begleitname gemäß § 1355 Abs 4 BGB bereits Teil des Familiennamens ist; Hinzufügung eines etwaigen verkürzten Ruf- oder Spitznamens, etwa »Gertrud (genannt Trudel)«; Postleitzahl des Wohnortes; vollständige Anschrift; Geburtsort usw.

e) Dem **Recht auf »informationelle Selbstbestimmung«**, dem aus Art 2 Abs 1 iVm Art 1 Abs 1 GG her- **16** geleiteten Grundrecht des einzelnen auf Gewährleistung der individuellen Selbstbestimmung über die Preisgabe und Verwendung persönlicher Daten (dazu § 28 GBV Rdn 7 ff mwN) ist durch eine eher restriktive Anwendung des Abs 1 Buchst a Rechnung zu tragen. Ohne Gewissheit über das Einverständnis der zu bezeichnenden Person darf das GBA in der Grundbucheintragung nicht mehr über deren persönliche Verhältnisse verlautbaren, als zur identifizierfähigen Bezeichnung nötig ist. Die Angaben zur Person des Berechtigten in der Eintragungsbewilligung des Betroffenen belegen nicht schlechthin das Einverständnis des Bezeichneten. Durch Abs 1 Buchst a **nicht unbedingt geboten** und deshalb *nur im Einvernehmen mit dem Einzutragenden in die Eintragung aufzunehmen* sind insb Vermerke über:

- den **Familienstand** des Berechtigten, also darüber, ob der Bezeichnete ledig, verheiratet, verwitwet, geschieden usw ist; unnötig ist es also zB, jemanden als »Ehegatte«, als »Witwe« oder »Witwer« zu bezeichnen;[38]
- eine **Adoption** als Grundlage einer Namensberichtigung; sie verstößt gegen das spezielle gesetzliche Offenbarungsverbot des § 1758 Abs 1 BGB;[39]
- den **ehelichen Güterstand** des verheirateten Berechtigten, soweit nicht gemäß § 47 GBO geboten;
- die **Geschäftsfähigkeit bzw -unfähigkeit** des Berechtigten, ausgenommen die durch das einzutragende Geburtsdatum zutage tretende Minderjährigkeit.
- **möglicherweise diskriminierende Angaben** wie »ohne Beruf« oder »berufslos« »Hausfrau« bzw. »Hausmann« u dgl (vgl Rdn 12).

An der Beweiswirkung (§ 891 BGB) und am öffentlichen Glauben (§§ 892, 893 BGB) des Grundbuchs nehmen vorbezeichnete Angaben tatsächlicher Art ohnehin nicht teil.

3. Korrekturen der eingetragenen Personaldaten

Solche sind keine Berichtigung des Grundbuchs iS des §§ 22 GBO, sind überhaupt keine Eintragungen im **17** Rechtssinne, sondern Vermerke zur Behebung von Ungenauigkeiten tatsächlicher Art. Die Nachweise bedürfen nicht der Form des § 29 GBO (vgl § 22 GBO Rdn 86). Zum Eintragungsmodus in der ersten Abt siehe § 9 GBV Rdn 12 bis 14; in der zweiten und dritten Abt gehören derartige Korrekturvermerke in die Veränderungsspalte. Zweckmäßigerweise werden sie nicht mit »eingetragen am …«, sondern mit *vermerkt am …*« abgeschlossen.

4. Ausnahmen von Abs 1 Buchstabe a

Von der verfahrensrechtlichen Regel des Abs 1 Buchst a darf das GBA nur ausnahmsweise aus vorgeordneten **18** materiellrechtlichen Gründen abweichen (vgl Rdn 4). Dann ist es aber stets erforderlich, dass der Berechtigte durch Angabe anderer Merkmale so genau beschrieben wird, wie dies die Funktionsfähigkeit des Rechtsverkehrs erfordert.[40]

a) Subjektiv-dingliche Rechte: Die namentliche Benennung des Rechtsinhabers scheidet aus, weil dieser (als **19** »jeweiliger Eigentümer«) mittels des herrschenden Grundstücks spezifiziert wird. Zur Bezeichnung des herrschenden Grundstücks im Grundbucheintrag ist die Anlehnung an § 28 GBO nicht vorgeschrieben, aber

---

37 *Kanzleiter* DNotZ 1975, 26, 29.
38 Etwa gleiche Kritik: *Pardey* NJW 1989, 1647, 1649.
39 Verstoß verfassungsrechtlicher Grund für Blattumschreibung (»Grundbuchwäsche«): OLG Schleswig NJW-RR 1990, 23 = Rpfleger 1990, 203; offen gelassen von BayObLG NJW-RR 1993, 475 = Rpfleger 1992, 513.
40 BayObLGZ 1981, 391, 394 mwN = Rpfleger 1982, 97.

zweckdienlich.[41] Als Bezeichnungsmerkmal eignet sich die (genaue) Buchungsstelle des herrschenden Grundstücks (Grundbuchblatt plus lfdNr des Bestandsverzeichnisses). Die Katasterdaten (Gemarkung, Flur, Flurstück) allein reichen zwar zur Grundstücksidentifikation, sollten jedoch im Interesse eines reibungslosen Rechtsverkehrs nicht ohne Hinweis auf das Blatt des herrschenden Grundstücks eingetragen werden.

20 **b) Subjektiv-persönliche Rechte:** Die namentliche Bezeichnung des Berechtigten ist materiellrechtlich nicht zwingend, erforderlich nur, dass sich aus der Eintragung die Person des Berechtigten sicher bestimmen lässt (vgl Rdn 2). Die Namensangabe ist im materiellen Recht bewusst nicht zur Vorschrift gemacht worden, um zB in § 1115 BGB nicht der Frage vorzugreifen, »ob für die Abkömmlinge einer bestimmten Person, dh für die Kinder, welche dieselbe etwa noch bekommt, eine Hypothek bestellt werden kann«.[42]

21 **aa)** Grundsätzlich können **Verstorbene und Ungeborene** mangels Rechtsfähigkeit nicht als Berechtigte eingetragen werden (dazu Vor GBV Rdn 160). Dieser Grundsatz kennt indes Ausnahmen:
- Ein **Verstorbener** ist zB einzutragen, falls der im Ersuchen des Zwangsversteigerungsgerichts (§ 130 ZVG) bezeichnete Ersteher nach dem Zuschlag verstorben ist, es sei denn, dass dem GBA gleichzeitig ein begründeter Berichtigungsantrag der Erben vorgelegt wird (vgl § 38 GBO Rdn 83 mwN).[43] Außerdem soll bei einem Berichtigungsantrag nach § 14 GBO unter den Voraussetzungen des § 779 ZPO die Eintragung eines nachweislich Verstorbenen zulässig sein.[44] Anstelle des in der Eintragungsbewilligung bezeichneten Berechtigten können auf Antrag dessen (gemäß § 35 GBO nachgewiesene) Erben als Berechtigte eingetragen werden, allerdings nicht, wenn das einzutragende Recht, wie zB ein Nießbrauch, unvererblich ist.[45]
- **Ungeborene** sind als Berechtigte im Grundbuch eintragbar, soweit nach materiellem Recht, zB gemäß §§ 331 Abs 2, 844 Abs 2, 1923 Abs 2, 2101 Abs 1, 2108 Abs 2, 2162 Abs 2, 2178 BGB, Rechte für sie begründet werden können (vgl Vor GBV Rdn 160).[46] Zu bezeichnen sind sie etwa als *»ungeborene Kinder«* der namentlich zu bezeichnenden Eltern, jedenfalls so genau, dass eine Verwechslung bezüglich ihrer Person ausgeschlossen ist.[47] Zur Eintragbarkeit *unbestimmter* Erben und Nacherben: § 35 GBO Rdn 130 ff.

22 **bb)** Überhaupt wird die **Eintragung unbekannter Berechtigter** in das Grundbuch nur ausnahmsweise zugelassen, wenn die namentliche Angabe unmöglich oder mit ungewöhnlichen, nicht zumutbaren Schwierigkeiten verbunden ist.[48] Ein entsprechendes Bedürfnis kann beispielsweise gegeben sein, wenn es um die Eintragung eines Rechts für die noch unbekannten Erben einer bestimmten Person geht,[49] oder bei der Eintragung einer Sicherungshypothek für die Zuteilung an einen unbekannten Berechtigten gemäß § 126 iVm § 128 ZVG.

Als Ausnahme von der Regel des § 15 darf ein Recht für einen unbekannten Berechtigten nur unter besonderen Voraussetzungen gebucht werden, von denen sich das GBA zu überzeugen hat:[50]
- Nichtfeststellbarkeit der Person des Berechtigten,[51] aber genügende Bestimmtheit des Kreises der dafür in Betracht Kommenden;
- Notwendigkeit der Eintragung, zB dann, wenn sie zur Rechtsbegründung zugunsten Unbekannter nötig ist (konstitutive Wirkung der Eintragung)[52] oder dann, wenn ohne die Eintragung der »unbekannten Erben« eines verstorbenen Miterben des eingetragenen Erblassers eine nur einheitlich mögliche Grundbuchberichtigung nicht durchführbar wäre;[53]
- Im Falle einer rechtsbegründenden Eintragung: Vorhandensein eines Organes, das zum Rechtserwerb für die unbekannten Beteiligten befugt ist (zB Pfleger gemäß § 1912 Abs 1 bzw § 1913 BGB, Nachlasspfleger, Testamentsvollstrecker), weil andernfalls das Zustandekommen der dinglichen Einigung unmöglich wäre (so man

---

41 Auch unzutreffende Flurstücksbezeichnung macht Eintragung eindeutig: *Demharter* Rpfleger 1987, 497 (krit Anm zu OLG Düsseldorf Rpfleger 1987, 496 = NJW-RR 1987, 1102); dazu auch BGH NJW 1993, 3197 = Rpfleger 1994, 157 = DNotZ 1994, 230.
42 Mot Bd III, 641; dazu RGZ 61, 355, 356/357; BayObLGZ 1958, 167 = NJW 1958, 1917 = DNotZ 1958, 639; *Planck-Strecker* § 1115 Anm 2.
43 Vgl auch KEHE-*Herrmann* § 38 Rn 56; *Schöner/Stöber* Rn 999.
44 *Hagena* Rpfleger 1975, 389 gegen KG Rpfleger 1975, 133.
45 Eingehend dazu *Jung* Rpfleger 1996, 94 mwN.
46 RGZ 65, 277, 281 spricht in diesen Fällen von »fingierter Rechtspersönlichkeit«.
47 RGZ 61, 355; 65, 277; KGJ 34 A 376, 279 mwN; eingehend auch *Güthe-Triebel* § 15 GBV Rn 3–8 (mit Formulierungsmustern).
48 BayObLGZ 1981, 391, 394 = Rpfleger 1982, 97.
49 OLG Dresden OLGE 6, 475; KGJ 34 A 276, 279; 36 A 226, 229; 42, 219, 224; KG JW 1931, 544; BGH DNotZ 1961, 485, 486; BayObLGZ 1958, 164, 168 = NJW 1958, 1917, 1918 = DNotZ 1958, 639, 641; BayObLGZ 1994, 158 = NJW-RR 1995, 272 = Rpfleger 1995, 103.
50 So etwa BGH aaO (Fn 49); vgl auch KG aaO (Fn 49) und Rpfleger 1975, 133; BayObLGZ 1994, 158 = aaO (Fn 49); *Schöner/Stöber* Rn 809 mwN.
51 Verschollene zB gelten nicht als Unbekannte, solange für sie eine Lebensvermutung besteht (dazu *Haegele* Rpfleger 1956, 228, 229 mwN), sind also namentlich im Grundbuch zu bezeichnen.
52 Fälle der Rechtsprechung: Fn 49.
53 Fall: BayObLGZ 1994, 158 = aaO (Fn 49).

mit der stRspr des BGH[54] die im Schrifttum umstrittene[55] Anwendbarkeit des § 328 BGB auf die dingliche Einigung ablehnt) und deshalb das Grundbuch durch die Eintragung unrichtig würde. Letzteres wäre ein Hinderungsgrund für die Eintragung, auch im Bereich des § 19 GBO, wo zwar eine Überprüfung des konkreten Einigungsvollzugs nicht stattfindet, aber die auf Rechtsgründen beruhende Unmöglichkeit der Einigung zu beachten ist (dazu Einl H Rdn 94).

Zu kennzeichnen sind die unbekannten Berechtigten mit der für die Funktionsfähigkeit des Rechtsverkehrs nötigen Genauigkeit (vgl Rdn 18). Eine Buchung für »*die unbekannten Erben des am … gestorbenen …*« zB erfordert die genaue Bezeichnung der Person des Erblassers; die früher gebräuchliche Bezeichnung »*für den Nachlass des am … gestorbenen …*« ist, da dem BGB als Bezeichnung für ein Rechtssubjekt unbekannt, für die Angabe des Berechtigten im Grundbuch nicht mehr zu verwenden.[56] Zur Buchung eines Verschollenen, für den keine Lebensvermutung mehr gilt, zB eines im 2. Weltkrieg Vermissten, kann dem Fassungsvorschlag[57] »*diejenigen unbekannten Personen, die am Nachlass des … zum Anteil des kriegsvermissten … als Miterbe beteiligt sind*« gefolgt werden.

c) Zu **Vormerkungen für individuell nicht bestimmte Berechtigte:** Vorbem 142 mwN.   23

III. Zu Absatz 1 Buchstabe b: Bezeichnung juristischer Personen, Handels- und Partnerschaftsgesellschaften – Grundbuchfähigkeit

1. Zum Anwendungsbereich der Vorschrift

a) Ausdrücklich bezieht sich Abs 1 Buchst b auf (existente) **juristische Personen, Handelsgesellschaften**   24 **und Partnerschaftsgesellschaften** (der Einbezug des letztgenannten Gesellschaftstyps ist durch Gesetz vom 25.07.1994, BGBl I 1994, 1744, erfolgt). Diese Institutionen sind somit unzweifelhaft »grundbuchfähig« (vgl Rdn 1).

Das Kriterium »**juristische Person**« umfasst alle Institutionen (Personenvereinigungen oder Vermögensmassen), die nach der Rechtsordnung »als solche« Träger von Rechten und Pflichten sein können, entweder aufgrund **öffentlichen Rechts** oder aufgrund **privaten Rechts** (dazu Einl F Rdn 43).

Das Kriterium »**Handelsgesellschaften**« greift weiter. Unter diesen Begriff fallen kraft Gesetzes: 25
– Die **Kapitalgesellschaften.** Das sind die Aktiengesellschaften (§§ 1, 3 Abs 1, 41 Abs 1 AktG), die Kommanditgesellschaft auf Aktien (§ 278 AktG), die Gesellschaft mit beschränkter Haftung (§§ 11 Abs 1, 13 GmbHG), zudem die eingetragene Genossenschaft (§ 13, 17 GenG). Diese privatrechtlichen Institutionen gelten (nach den zitierten Gesetzesbestimmungen) **ab Eintragung** in das Handelsregister bzw Genossenschaftsregister als »*Handelsgesellschaft*« – unabhängig davon, ob sie ein kaufmännisches Handelsgewerbe betreiben oder einen anderen Zweck verfolgen –, und erlangen mit dieser Eintragung zugleich den Status als »*juristische Person*« (zur Grundbuchfähigkeit der Kapitalgesellschaften im Gründungsstadium: Rdn 27 bis 30).
– Die **Personengesellschaften des Handelsrechts.** Nach dem HGB[58] gelten als »*Handelsgesellschaft*« (andernfalls BGB-Gesellschaft) – je nach Gesellschaftsvertrag – die **OHG** (§ 105 HGB) und die **KG** (§ 161 HGB), und zwar **entweder kraft Gesetzes** (§ 123 Abs 2 iVm § 105 Abs 1, § 161 Abs 2 HGB) **ab Geschäftsbeginn** (unabhängig von der Eintragung im Handelsregister), falls ihr Gewerbebetrieb nach Art oder Umfang einen in kaufmännischer Weise eingerichteten Geschäftsbetrieb erfordert (Eintragung im Handelsregister obligatorisch gemäß §§ 106, 6 Abs 1, 14 HGB), **oder** (erst!) **kraft** (fakultativer) **Eintragung** im Handelsregister (§ 123 Abs 1 iVm § 105 Abs 2, § 161 Abs 2 HGB), falls ihr Gewerbebetrieb minderen Umfang hat oder sie nur eigenes Vermögen verwalten. Solange sie im Handelsregister eingetragen sind, kann nicht geltend gemacht werden, sie seien keine Handelsgesellschaft (§ 5 iVm § 6 Abs 1 HGB).[59] Zur Vorgehensweise in Fällen fehlender Handelsregistereintrag s Rdn 37. Die Personenhandelsgesellschaften sind (trotz interner Vermögensstruktur als Gesamthandsgemeinschaft gemäß §§ 718, 719 BGB) materiellrechtlich durch das HGB (§ 124) *nach außen den* rechtsfähigen justischen Personen gleichgestellt, sind also quasi »rechtsfähig«[60] (vgl Vor GBV Rdn 161). Die Buchungsregel des Abs 1 Buchst b sorgt für den Gleichlauf von materiellrechtlicher Erwerbsfähigkeit und formaler Grundbuchfähigkeit und vereinfacht zudem die Grundbuchführung. Gesellschafterwechsel bewirken zwar intern eine personelle Eigentumsveränderung im Wege der An- und Abwachsung (§ 738 Abs 1 S 1 BGB), aber dieser materielle Rechtsvorgang wird im Grundbuch nicht offen

---

54 NJW 1993, 2617 mwN = Rpfleger 1993, 503 = DNotZ 1995, 494, der sich das BayObLG (Rpfleger 2003, 177 = ZflR 2003, 158) anschließt.
55 Dazu MüKo-*Wacke* § 873 Rn 28; KEHE-*Munzig* § 20 Rn 58; *Schöner/Stöber* Rn 9; je mwN.
56 KGJ 42, 219, 223/224.
57 Von *Schöner/Stöber* aaO (Fn 50).
58 Nach am 01.07.1998 in Kraft getretener Reform gemäß HRefG vom 22.06.1998 (BGBl I 1474).
59 BGH NJW 1982, 45 = DNotZ 1982, 488; Reuter JZ 1986, 75 mwN.
60 Kennzeichung der 8. Aufl (»keine Rechtsfähigkeit, aber Parteifähigkeit«) in Hinblick auf Terminogie in § 14 Abs 2 BGB geändert.

gelegt. Der Bestimmtheitszweck des § 15 (vgl Rdn 1, 2) wird dennoch gewahrt, weil die Gesellschafter als die eigentlichen Vermögensträger im Handelsregister bzw im Partnerschaftsregister auszuweisen sind (»Registerpublizität«).[61]

– Eine Handelsgesellschaft besonderer Art, die **Europäische Wirtschaftliche Interessenvereinigung**, abgekürzt »EWIV« (EG-VO 2137/85 und deutsches EWIV-Ausführungsgesetz vom 14.04.1988, BGBl I 514), eine »supranationale« Unternehmensform.[62] Sie gilt als OHG iS des HGB (§ 1 EWIV-AG) und ist deshalb wie diese nach Abs 1 Buchst b mit Firma[63] und Sitz im Grundbuch zu bezeichnen. Spezialität: Die Handelsregistereintragung hat hier ausnahmslos konstitutive Wirkung. Weiteres: Erläuterungen zu § 47 GBO.

– Die **Partnerschaftsgesellschaft**[64] besteht als solche ab Eintragung in das Partnerschaftsregister (§ 7 Abs 1 PartGG), ist bis dahin BGB-Gesellschaft (§ 1 Abs 4 PartGG), erlangt mit der Eintragung in das Partnerschaftsregister die Rechtsfähigkeit entsprechend § 124 HGB (§ 7 Abs 2 PartGG) und somit die Grundbuchfähigkeit iS von Abs 1 Buchst b. Da sie keine Handelsgewerbe betreibt (§ 1 Abs 1 S 2 PartGG), ist sie zwar keine Handelsgesellschaft wie die OHG oder KG, aber im Außenverhältnis (zu Dritten) – also im Rechtsverkehr – einer solchen weitgehend gleichgestellt (vgl insb die §§ 2 Abs 2, 7 Abs 2 und 3, 8 Abs 1 PartGG).

26   Die Angabe von **Firma und Ort einer Zweigniederlassung** im Grundbuch genügt nach heute hM[65] zur identifizierenden Bezeichnung einer Handelsgesellschaft, gemäß § 5 Abs 2 PartGG auch einer Partnerschaftsgesellschaft (entfällt für Einzelkaufleute, da sie nicht mit dem Handelsnamen im Grundbuch zu bezeichnen sind, vgl Rdn 6). Bemerkungen dazu:

– Bezüglich der **Zweigniederlassungsfirma** ist dies seit RGZ 92, 7 anerkannt. Ein früheres Missverständnis, für den Geschäftskreis einer Zweigniederlassung sei deren Firma das einzig zulässige Bezeichnungsmerkmal,[66] ist behoben. Ob die Firma der Hauptniederlassung oder die der Zweigniederlassung in die Eintragung aufzunehmen ist, unterliegt der Entscheidung des Namensträgers und richtet sich nach der Eintragungsgrundlage (Eintragungsbewilligung, Erwerbstitel, Vollstreckungstitel); das Fassungsermessen des GBA ist insoweit ausgeschaltet.[67] Umstritten ist, ob eine Kombination (Firma der Hauptniederlassung plus Firma der Zweigniederlassung in Klammern, § 15 Abs 2 analog)[68] zulässig ist.[69]

– Bezüglich des **Zweigniederlassungsorts** kam erst später die Einsicht, dass es den praktischen Bedürfnissen dient und mit dem Zweck des § 15 vereinbar ist, wenn dieser anstelle des statuarischen Sitzes der Gesellschaft im Grundbuch verlautbart wird.[70] Die Eintragung des Ortes der Zweigniederlassung genügt auch im Falle einer nicht von der Hauptniederlassung abweichenden Firmierung;[71] etwaige Identitätsfragen können mit Hilfe des Registers beim Gericht der Zweigniederlassung geklärt werden, das ebenso vollständig Auskunft gibt wie das Register des Sitzes der Gesellschaft.[72]

– Die **Buchung** unter Firma und Ort der Zweigniederlassung erfolgt aufgrund der (plausiblen) Angaben im Erwerbstitel bzw in der Eintragungsbewilligung, ohne Überprüfung, ob die Zweigniederlassung besteht und das zu buchende Recht in ihren Geschäftsbereich fällt[73] (vgl Rdn 2).

– Eine ev **Umbuchung** des eingetragenen Zweigniederlassungsfirma auf die Hauptniederlassungsfirma (oder umgekehrt) ist keine Grundbuchberichtigung, sondern lediglich eine Korrektur der eingetragenen Bezeichnung (vgl § 22 GBO Rdn 86, dazu auch oben Rdn 17), da lediglich Folge einer unternehmensinternen Umorganisation (zB Errichtung, Verlegung, Aufhebung einer Zweigniederlassung).[74] Eine konstitutive Eintragung gemäß § 873 BGB ist dagegen nötig zur Eigentumsumschreibung auf einen Erwerber des Unternehmensteils, etwa zur Erfüllung eines Zweigniederlassungsverkaufs.[75]

---

61 Eintragungen zwar (nur) deklaratorisch, aber anmeldepflichtig und mit Verkehrsschutz gemäß § 15 HGB.

62 Rechtsüberblick mwN: *Ziegler* Rpfleger 1989, 261; *Böhringer* BWNotZ 1990, 129.

63 Dazu *Ziegler* Rpfleger 1990, 239; *Böhringer* aaO (Fn 61) S 131.

64 Dazu *Hornung* Rpfleger 1995, 481; 1996, 1; *Schmidt* NJW 1995, 1; *Böhringer* BWNotZ 1995, 1.

65 **AA** *Kössinger* in *Bauer/v Oefele* AT II Rn 31.

66 *Hans* Rpfleger 1961, 43.

67 Vgl *Woite* NJW 1970, 548; BayObLGZ 1972, 373 = NJW 1973, 1048 = Rpfleger 1973, 56; LG Memmingen Rpfleger 1981, 233; *Schöner/Stöber* Rn 243.

68 Von *Hans* und *Woite* aaO (Fn 66, 67) an sich überzeugend befürwortet.

69 Offen gelassen von BayObLG und LG Memmingen aaO (Fn 67); gebilligt von LG Berlin MittBayNot 1984, 89; abgelehnt von LG Meiningen NJW-RR 2000, 680 und von *Schöner/Stöber* aaO (Fn 67) sowie von *Hintzen* Rpfleger 1992, 248; nach *Kössinger* aaO (Fn 65) darf nur so auf die Zweigniederlassung hingewiesen werden.

70 LG Bonn NJW 1970, 570 = DNotZ 1970, 663 und dazu *Woite* aaO (Fn 67); LG Memmingen sowie *Schöner/Stöber* aaO (Fn 67); **aA** (früher): LG Lübeck SchlHA 1967, 183; LG Bochum NJW 1969, 1492; OLG Schleswig NJW 1969, 2151; (neuerdings) *Kössinger* aaO (Fn 65).

71 LG Bonn aaO (Fn 70); **aA** *Schöner/Stöber* in Fn 44 zu Rn 243.

72 Dazu BayObLGZ 1988, 187 = Rpfleger 1988, 367 = DNotZ 1989, 248.

73 LG Berlin aaO (Fn 69); ebenso *Schöner/Stöber* aaO (Fn 67).

74 Zur Zuweisung von einer Zweigniederlassung auf eine andere Zweigniederlassung LG Konstanz Rpfleger 1992, 247 mit krit Anm *Hintzen*.

75 Ebenso *Schöner/Stöber* aaO (Fn 67).

– Auch die inländische **Zweigniederlassung bzw Niederlassung einer ausländischen Handelsgesell-schaft** ist unter ihrer Niederlassungsfirma einzutragen.[76] Voraussetzung ist, dass die ausländische Gesellschaft in Deutschland als rechtsfähig anzuerkennen ist; das ist nicht unproblematisch.[77]

b) Über den Wortlaut hinaus findet Abs 1 Buchst b *analoge* Anwendung[78] für die **Bezeichnung juristischer** **27** **Personen** des privaten Rechts **im Gründungsstadium,** im *Zeitraum zwischen* ihrer »Errichtung« (bei der AG gemäß §§ 23, 29 AktG mit der Feststellung der Satzung durch notarielle Beurkundung und Übernahme aller Aktien durch die Gründer, bei der GmbH gemäß §§ 2, 3 GmbHG mit dem Abschluss des beurkundungsbe-dürftigen Gesellschaftsvertrages; bei der Genossenschaft gemäß §§ 4 bis 7 GenG mit der Errichtung des vorge-schriebenen schriftlichen Statuts) *und* der Erlangung der Rechtsfähigkeit und der Haftungsbeschränkung auf das Gesellschaftsvermögen durch die konstitutive *Eintragung in das maßgebliche Register* nach den zu Rdn 25 bereits genannten Gesetzesvorschriften.

Ausdiskutiert und anerkannt ist die Eintragbarkeit (»allgemeine Grundbuchfähigkeit«[79]) der **»Vor-GmbH«** (dazu Einl F Rdn 53 sowie unten Rdn 28 bis 30). Gegen die (weniger erörterte) Grundbuchfähigkeit der »Vor-Aktiengesellschaft« und der »Vor-Genossenschaft« sind aus den etwa gleich gelagerten Gründen keine Bedenken zu erheben.

Uneinheitlich beurteilt wird bislang die Grundbuchfähigkeit für den **»Vor-Verein«.**[80] Hier wurde in der 8. Aufl der Differenzierung von *Böhringer*[81] gefolgt: Anerkennung der Grundbuchfähigkeit für den »echten« Vor-Verein, der nach Errichtung der Satzung durch die Anmeldung zum Vereinsregister dokumentiert, dass er die Rechts-fähigkeit anstrebt; Ablehnung (in Übereinstimmung mit der hM) für den Verein, der weder im Vereinsregister eingetragen ist noch die Eintragung in dasselbe betreibt.

Als Grund für die Ablehnung wurde angeführt und ist weiterhin anzuführen, dass der **grundbuchrechtliche** **Bestimmtheitsgrundsatz** – Hintergrund des Abs 1 Buchst b (vgl Rdn 1, 2) – gewahrt bleiben muss. Eine Ausdehnung des Anwendungsbereichs des Abs 1 Buchst b – darum geht es im Grunde bei der viel diskutierten »Grundbuchfähigkeit« (vgl Rdn 1) – auf Personenverbände, deren Vermögen den Mitgliedern zur gesamten Hand zusteht (entsprechend §§ 718, 719, 738 Abs 1 BGB), darf die unverzichtbare Aufgabe des Grundbuchs, die personelle Bestimmung der eigentlichen Rechtsinhaber zu gewährleisten (vgl Rdn 2), nicht außer Acht las-sen. Für **OHG, KG und Partnerschaft** ist durch eine Rechtsvorschrift (§ 15 GBV) akzeptiert, dass die mit gesetzlichem Vertrauensschutz ausgestattete Publizität des Handels- bzw Partnerschaftsregisters (vgl Rdn 25) eine hinreichend tragfähige Stütze für die Erfüllung dieser Aufgabe bildet. Bei den **Vor-Körper-schaften** steht die Registereintragung zwar noch aus, liegt immerhin der Errichtungsakt in *gesetzlich* vorge-schriebener Form – Beurkundung, mindestens Schriftform (§ 23 AktG; §§ 2, 3 GmbHG; §§ 5, 6 GenG, §§ 59 Abs 2 Nr 1, 57 BGB) – vor, der über die für die Identitätsbestimmung wesentlichen Merkmale der Organisa-tion beweisbar Auskunft gibt. Für den **nicht rechtsfähigen Verein** hingegen besteht nach dem BGB dagegen *kein gesetzlicher* Formzwang für den Errichtungsakt, die Satzung. Deswegen wird ihm von der hM zu Recht noch die Grundbuchfähigkeit versagt,[82] so dass es vorerst bei der in Abs 1 Buchst a geregelten Buchungsweise bleiben muss, die Vereinsmitglieder einzeln im Grundbuch namhaft zu machen unter Hinzufügung eines dem § 47 GBO entsprechenden Zusatzes wie: »… zur gesamten Hand als Mitglieder des nicht eingetragenen Vereins X«, falls nicht, zB wegen unhandlich großer Mitgliederzahl, der Ausweg gewählt wird, das Vereinsvermögen einem Treuhänder zu übertragen, der dann als Rechtsträger im Grundbuch einzutragen und dabei gemäß Abs 1 Buchst a oder b zu bezeichnen ist (dazu Vor GBV Rdn 162, Einl F Rdn 49).

---

76 *Schöner/Stöber* aaO (Fn 67).
77 Dazu: *Krause* Rpfleger 1999, 263 mwN, aE zum Grundbuchverfahren; *Schöner/Stöber* Rn 3636 a. In einem Mitgliedstaat des EG-Vertrags wirksam gegründeten und dort als rechtsfähig anerkannten Kapitalgesellschaften kann die Rechtsfähig-keit und damit die Grundbuchfähigkeit in Deutschland auch dann nicht versagt werden, wenn der tatsächliche Verwal-tungssitz in Deutschland liegt: BayObLGZ 2002, 413 = FGPrax 2003, 59 = Rpfleger 2003, 241 = ZfIR 2003, 200; dazu *Dümig* ZfIR 2003, 191; *Leible/Hoffmann* NZG 2003, 259.
78 Wie von *Schöner/Stöber* Rn 991 mwN überzeugend ausgeführt.
79 Begriff von *Schöner/Stöber* aaO (Fn 78) zur Kennzeichnung der uneingeschränkten – über § 7 Abs 3 GmbHG hinausrei-chenden – Eintragbarkeit.
80 Vgl *Schöner/Stöber* Rn 246 mwN.
81 Dort zu § 47 GBO Rdn 88 f und Rdn 216.
82 Dazu *K Schmidt* und *Konzen* aaO (Fn 4) mwN; OLG Zweibrücken OLGZ 1986, 145 = NJW-RR 1986, 181 = Rpfle-ger 1986, 12 (betr Bezirksverband einer politischen Partei); **aA** OLG Zweibrücken FGPrax 2000, 3 = NJW-RR 2000, 749 = Rpfleger 1999, 531 (für Gesamt-Partei); LG Berlin Rpfleger 2003, 291 mwN. *K Schmidt* (NJW 2001, 993, 1002/ 1003) folgert, dass die vom BGH anerkannte Rechts- und Parteifähigkeit der GbR auch auf die bislang nicht rechtsfähi-gen Vereine durchschlägt.

28   aa) Speziell die »Vor-GmbH«[83] – als häufigster Praxisfall – wird im Anschluss an die jüngere BGH Rechtsprechung[84] als *generell grundbuchfähig* angesehen, also nicht nur für gemäß § 7 Abs 3 GmbHG gründungsnotwendigen Erwerb[85] (dazu § 47 GBO Rdn 88 ff). Zu bezeichnen ist sie im Grundbuch analog Abs 1 Buchst b mit der im Gesellschaftsvertrag vereinbarten Firma und einem auf das Gründungsstadium hinweisenden Zusatz, etwa *»X-GmbH iGr, Sitz ...«*.[86] Uneinheitlich beurteilt wird bislang, ob vor der Rechtsbuchung zugunsten einer Vor-GmbH deren Existenz dem GBA nachzuweisen ist; vereinzelt wird dies generell bejaht[87] überwiegend im Rahmen des § 19 GBO verneint, nur für die Fälle des § 20 GBO bejaht.[88]

Stellungnahme: Da es sich hier um einen mit einem Fragenkomplex behafteten Grenzfall *vertragsabhängiger Erwerbsfähigkeit* handelt, ist die **Überprüfung der materiellrechtlichen Erwerbsumstände** auch in den Fällen des § 19 GBO nicht nur verfahrensrechtlich vertretbar, sondern sogar als nötig anzusehen,[89] insb zur:

– **Kontrolle der Identität:** Die ohne weiteres in die endgültige GmbH aufgehende Vor-GmbH existiert erst vom Abschluss und Wirksamwerden des nach § 2 GmbHG beurkundungsbedürftigen *Gesellschaftsvertrages* an (vgl Rn 26 mwN). Häufig geht dem Gesellschaftsvertrag aber ein *Vorvertrag* voraus, der ebenfalls dem Formzwang des § 2 GmbHG unterworfen ist. Ein solcher Extra-Vertrag begründet eine Extra-Gesellschaft bürgerlichen Rechts mit dem Ziel des Abschlusses des GmbH-Gesellschaftsvertrages (sog *»Vorgründungsgesellschaft«*), die mit der Vor-GmbH nicht identisch ist und deren ev erworbenes Vermögen (Gesamthandsvermögen der Mitglieder dieser Gesellschaft) auf die endgültige GmbH Stück für Stück per Rechtsgeschäft übertragen werden müsste, falls sie nicht liquidiert wird. Da nach dem Grundsatz der Vertragsfreiheit dieselben Personen zu verschiedenen Zwecken beliebig viele Gesellschaftsverträge schließen, also Gesellschaften begründen können, ist es nicht ausgeschlossen, dass die späteren GmbH-Gesellschafter oder einige von ihnen sich im Vorgriff auf die beabsichtigte GmbH-Gründung – etwa zum Erwerb eines günstig angebotenen Grundstücks oder anderer Einrichtungsgegenstände – zu der einen oder anderen *»Vorbereitungsgesellschaft«* – ebenfalls eine Extra-Gesellschaft bürgerlichen Rechts – zusammenschließen; der dazu nötige Gesellschaftsvertrag fällt nicht generell unter Formzwang, jedenfalls nicht unter den des § 2 GmbHG, ev unter den des § 311b Abs 1 BGB. Auch das Gesamthandsvermögen einer solchen Gesellschaft müsste rechtgeschäftlich auf die spätere Vor-GmbH oder GmbH übertragen werden. Nur die wirkliche Vor-GmbH darf (entsprechend Abs 1 Buchst b) im Grundbuch mit der im Gesellschaftsvertrag vereinbarten GmbH-Firma mit Gründungszusatz bezeichnet werden; etwaige Vorgründungs- und Vorbereitungsgesellschaften unterliegen dem Eintragungsmodus gemäß § 47 GBO. Um dies beachten zu können, muss sich das GBA vergewissern (§ 29 GBO braucht für diese Nebenumstände nicht gewahrt zu sein), ob der GmbH-Gesellschaftsvertrag, nicht lediglich ein Vorvertrag, beurkundet ist (am sichersten durch Einsicht in den Vertrag) und ob die Eintragung der Gesellschaft betrieben wird, zB durch Erkundigung beim Registergericht oder Versicherung durch die Gesellschaftsvertreter (ähnlich § 47 GBO Rdn 90 mwN).

– **Kontrolle der Vertretungsberechtigung** (in Fällen des § 20 GBO): Vertreten wird die Vor-GmbH wie die endgültige GmbH durch die Geschäftsführer in der durch den Gesellschaftsvertrag bestimmten Form (§ 35 GmbHG), jedoch gilt im Gründungsstadium noch nicht die Unbeschränkbarkeit ihrer Vertretungsmacht gemäß § 37 Abs 2 GmbHG, sondern der Umfang der Vertretungsmacht ist begrenzt auf den Zweck der Vorgesellschaft, wie er sich aus Gesetz (Förderung der Entstehung der Gesellschaft und Verwaltung schon eingebrachten oder sonstwie erworbenen Vermögens) und Gesellschaftsvertrag (zB durch Gestattung des Fortbetriebs eines erworbenen oder als Sacheinlage eingebrachten Unternehmens u dgl) ergibt. Ob der etwaige Erwerb des Grundstücks eines Nichtgesellschafters von der Vertretungsmacht der Geschäftsführer gedeckt ist, kann nach der Lebenserfahrung nicht ohne weiteres angenommen werden, ist folglich vom GBA anhand des Gesellschaftsvertrages zu prüfen; nötigenfalls müssten die Gründer genehmigen.[90]

29   bb) Mit Eintragung im Handelsregister wird die **GmbH ohne weiteres Inhaber der Rechte,** welche die Vor-GmbH erworben hat. Dieses Ergebnis steht nicht in Frage; über das »Wie« stritten ehemals zwei Theorien (»Kontinuitätstheorie«: Gesamtrechtsnachfolge mit Konsequenz der Grundbuchunrichtigkeit; »Identitätstheorie«: keine Rechtsnachfolge, sondern nur Wandel der Rechtsgestalt des Vermögensträgers, keine Grundbuchunrichtigkeit, sondern lediglich Unkorrektheit der Bezeichnung des Berechtigten). Die Identitätstheorie ist

---

83   Ausführlich zur Grundbuchfähigkeit, auch zu den Folgen bei Entstehung und bei Nichtentstehung der GmbH, nach neuerem Meinungsstand: *Böhringer* Rpfleger 1988, 446 u BWNotZ 1990, 77; *Schöner/Stöber* Rn 987–994, hier Einl F Rdn 53–58, je mwN.

84   Vornehmlich BGHZ 80, 129 = NJW 1981, 1373 = Rpfleger 1981, 230 LS.

85   *Böhringer* Rpfleger 1988, 446, 448; *Staudinger-Pfeifer* § 925 Rn 50 ff; *Demharter* § 19 Rn 103; *Schöner/Stöber* Rn 990.

86   *Böhringer* aaO (Fn 85) mwN.

87   *Böhringer* aaO (Fn 85), unter Anführung der für nötig gehaltenen Nachweise.

88   *Demharter* § 19 Rn 104; *Schöner/Stöber* Rn 993 unter Anführung der in Fällen des § 20 GBO nötigen Nachweise; hier Einl F Rdn 55.

89   Auch in anderem Zusammenhang wird gelegentlich einer Durchbrechung des formellen Konsensprinzips das Wort geredet, so zB *Schöner/Stöber* Rn 2049 (Prüfung der vollstreckbaren Urkunde im Falle des § 800 Abs 1 ZPO).

90   Vgl BGH aaO (Fn 84); deswegen *Schöner/Stöber* (in Fn 90 zu Rn 993) zu Recht gegen *Böhringer* aaO (Fn 85).

inzwischen vorherrschend[91] (dazu Einl F Rdn 56; § 47 GBO Rdn 88 ff). Sie wird zB auch für den Verein angenommen.[92] Ihre praktische Umsetzung gestaltet sich unkompliziert:[93] Keine antragsabhängige und nachweisbedürftige Grundbuchberichtigung, sondern lediglich eine Richtigstellung der im Grundbuch eingetragenen Berechtigtenbezeichnung durch Streichung des Zusatzes »iGr«, eine von Amts wegen vorzunehmende Korrektur (vgl § 22 GBO Rdn 86: formwechselnde Umwandlung). Zu Ort und Art des Korrekturvermerks: Rdn 17.

cc) Falls die **Registereintragung der GmbH scheitert oder aufgegeben wird**, verliert die »Vor-GmbH« **30** ihren ursprünglichen Zweck. *Uneinheitlich sind die Ansichten über die Folgen, insb darüber:*
– ob die *bisherige Vor-GmbH* auf der Basis des bisherigen Gesellschaftsvertrages als Personengesellschaft *fortbesteht*, sei es als OHG (falls etwa ein gegründetes oder übernommenes vollkaufmännisches Handelsgeschäft unter gemeinsamer Firma weiterbetrieben wird) oder als (eventuell abzuwickelnde) BGB-Gesellschaft oder
– ob die *Vor-GmbH* infolge Wegfall des Vertragszwecks *aufgelöst* ist und nach entsprechend anwendbarem GmbH-Recht zu liquidieren ist.

Festzuhalten ist, dass die Gesellschaft durch ein derartiges Vorkommnis nicht endet, sondern lediglich einen Zweckwandel erfährt – ob zum Weiterbetrieb als OHG oder BGB-Gesellschaft oder ob zur Liquidationsgesellschaft –, so dass jedenfalls keine Grundbuchunrichtigkeit vorliegt, sondern die Berechtigtenbezeichnung (lediglich) zu korrigieren ist[94] (dazu § 47 GBO Rdn 91 mwN).

c) Nicht anwendbar ist Abs 1 Buchst b **für die Buchung von sonstigen gemeinschaftlichen Berechti-** **31** **gungen.** *Schlichte Bruchteilsberechtigte* (§ 741 BGB). *Mitberechtigte* (§ 432 BGB), *Gesamtberechtigte* (§ 428 BGB) sind gemäß Abs 1 Buchst a im Grundbuch zu bezeichnen, also der Person nach einzeln zu benennen mit der in § 47 GBO vorgeschriebenen Angaben ihres Gemeinschaftsverhältnisses.

Nach dem Wortlaut der Buchungsregel gilt Vorstehendes auch für *Gesamthandsberechtigte, die keine Handelsgesellschaft* bilden, so insb die Mitglieder eines nicht rechtsfähigen Vereins (vgl Rdn 27); die Mitglieder einer BGB-Gesellschaft (§§ 718, 719 BGB); Ehegatten, die Gütergemeinschaft vereinbart haben (§§ 1416, 1419 BGB) oder einen gleichartigen Güterstand ausländischen Rechts haben; Mitglieder einer Erbengemeinschaft (§§ 2032, 2033, 2040 BGB). Allerdings gibt es im Bereich der Gesamthandsgemeinschaften immer wieder Ansätze, den einen oder anderen Personenverband dieser Kategorie ganz oder teilweise als rechtsfähig zu betrachten. Zum Ganzen: § 47 GBO Rdn 162 ff.

aa) Für die **BGB-Gesellschaft**, der bislang aus grundbuchrechtlicher Sicht die Grundbuchfähigkeit nahezu **32** einhellig[95] abgesprochen wurde, sind jetzt »die Weichen neu gestellt«, seitdem der BGH[96] sie partiell (dazu Rdn 33) für **rechts- und parteifähig** erklärt hat (vgl Vorbem 151 b). Aus gesellschaftsrechtlicher Sicht findet die höchstrichterliche Entscheidung grundsätzliche Anerkennung, befasst man sich mit Abgrenzungsfragen und mit Folgerungen.[97]

bb) Die höchstrichterliche Anerkennung der Rechts- und Parteifähigkeit betrifft **nicht alle BGB-Gesell-** **33** **schaften.** Sie ist vom BGH ausdrücklich begrenzt auf die »Außengesellschaft bürgerlichen Rechts, soweit sie durch Teilnahme am Rechtsverkehr eigene Rechte und Pflichten begründet«; ausgeklammert sind damit begrifflich die sog »Innengesellschaften«. Fraglich geworden ist allerdings die Tauglichkeit des herkömmlichen Abgrenzungsverständnisses,[98] wonach eine Außengesellschaft bereits bei Vorhandensein eines Gesellschaftsvermögens angenommen wird.[99] Favorisiert wird wohl der von *Ulmer* – unter Betitelung als »höherstufige Gesellschaft« – vorgeschlagene Rückgriff auf die Lehre von *John*[100] von der Personifikation der Personenverbände, die darauf abstellt, dass der Verband
– (1) unter **eigener Identitätsausstattung** (Verbandsname und Sitz),
– (2) mit **eigener Handlungsorganisation** (Gesellschaftern als Geschäftsführer) und

---

91 Ausführlich zu den Denkmodellen, der Identitätstheorie folgend: *Böhringer* Rpfleger 1988, 446, 448/449 mwN; für Identität auch BayObLG in Bezug auf § 727 ZPO (BayObLGZ 1987, 446 = Rpfleger 1988, 241 LS).
92 Dazu *Palandt-Heinrichs* § 21 Rn 10.
93 Zu den unterschiedlichen verfahrensrechtlichen Konsequenzen: *Böhringer* aaO (Fn 91); im Ergebnis ebenfalls der Identitätslösung entsprechend: *Schöner/Stöber* Rn 992.
94 Abwägung der Ansichten: *Böhringer* aaO (Fn 91) mit überzeugenden Argumenten (im Anschluss an *Boffer* RpflStud 1980, 25, 30) für die Liquidationslösung, auch bezüglich der Einmann-Vorgesellschaft, einschließlich Eintragungsfragen.
95 Vgl Zusammenstellung von *Ulmer/Steffek* NJW 2002, 330 Fn 1 und 2.
96 BGHZ 146, 342 = NJW 2001, 1056 = Rpfleger 2001, 246 = DNotZ 2001, 234.
97 Dazu insb *Ulmer* NJW 2001, 585 ff und *K Schmidt* NJW 2001, 993 ff, je mwN.
98 Darauf verharrt *Dümig* Rpfleger 2002, 53, 55.
99 Vgl außer *Ulmer* und *K Schmidt* aaO (Fn 97) zB die krit Abwägungen von *Eickmann* ZflR 2001, 433, 435 und *Lautner* MittBayNot 2001, 425, 426, je mwN.
100 Die organisierte Rechtsperson, 1977 S 72.

– (3) mit **eigener Haftungsverfassung** (Gesamthandsvermögen) **am Rechtsverkehr teilnimmt,** oder – kurz gefasst – dass er unter eigenem Namen und mit eigenen Geschäftsführern gegenüber Dritten rechtsgeschäftlich tätig wird und dadurch Gesamthandsvermögen begründet (§ 718 Abs 1 Halbs 2 BGB). Den aufgezeigten Merkmalen als Maßstab zur Qualifizierung der GbR als Außengesellschaft mit Rechts- und Parteifähigkeit (besagte »höherstufige Gesellschaft«) wird eine verhältnismäßig einfache Praktikabilität mit vernünftigen und rechtssicheren Ergebnissen bescheinigt, aber von Kritik begleitet.[101] Man kann insoweit nur konstatieren, dass es noch im Fluss ist, welche GbR nun als rechtsfähig und welche GbR weiterhin als nicht rechtsfähig einzustufen ist.

34 cc) Ob aus der BGH-Entscheidung die **Grundbuchfähigkeit** (Eintragbarkeit) **der BGB-Gesellschaft** als solcher **zu folgern** ist, ist in zahlreichen Stellungnahmen kontrovers beurteilt worden;[102] dabei ist der Begriff »Grundbuchfähigkeit« allerdings mehrdeutig, teils in materiellrechtlichem Sinne der Rechtsträgerschaft, teils in formellrechtlichem Sinne der Buchungsweise im Grundbuch verwendet worden (vgl Rdn 1 mit Fn 1). Strittig ist vor allem Letzteres. Was hat sich überhaupt getan? Deutlicher als den Leitsätzen ist den Entscheidungsgründen die Kernaussage zu entnehmen (gleich zu Beginn – Wesenszüge hier hervorgehoben –): »*Nach neuerer Rechtsprechung des BGH kann die Gesellschaft bürgerlichen Rechts* als Gesamthandsgemeinschaft ihrer Gesellschafter *im Rechtsverkehr grundsätzlich, das heißt soweit nicht spezielle Gesichtspunkte entgegenstehen, jede Rechtsposition einnehmen (BGHZ 116, 86, 88; 136, 254, 257; im Ansatz auch bereits BGHZ 79, 374, 378 f). Soweit sie in diesem Rahmen eigene Rechte und Pflichten begründet, ist sie (ohne juristische Person zu sein) rechtsfähig* (vgl § 14 Abs 2 BGB)«. Wer diese Aussage (die im weiteren Verlauf der Begründung nicht verlassen, sondern untermauert wird) genau bedenkt, muss zu der Einsicht kommen, dass der BGH nicht mehr und nicht weniger getan hat, als der BGB-Gesellschaft das zuzuerkennen, was das HGB in § 124 Abs 1 und 2 den Personenhandelsgesellschaften und das PartGG in § 7 Abs 2 den Partnerschaftsgesellschaften verleiht, nämlich – auf einen kurzen Nenner gebracht – **Rechts- und Parteifähigkeit extern bei** (gemäß §§ 718–720, 738 Abs 1 S 1 BGB) **gesamthänderisch gebundenem Gesellschaftsvermögen intern.**[103] Hauptsächlich verbleibende Ungleichheiten im Gesetz – soweit für die Beurteilung der Grundbuchfähigkeit von entscheidender Bedeutung –:
– Funktionen der Registereintragung – für die BGB-Gesellschaft ist bislang keine Registrierung vorgeschrieben.
– Vertretungsmacht geschäftsführender Gesellschafter: Unbeschränkbarkeit (§ 126 Abs 2 HGB) steht gegen Beschränkbarkeit (§ 714 BGB).

35 dd) Die **bisherige Eintragungspraxis** ist **weiterhin als zulässig zu erachten.** Sie ist nur vereinzelt ausdrücklich für unzulässig erklärt worden.[104] Selbst aus gesellschaftsrechtlicher Sicht heißt es aus berufener Feder, bei der nicht nur für den Rechtsverkehr, sondern auch für die Gesellschafter selbst grundsätzlich akzeptablen bisherigen Eintragungspraxis könnte es sein Bewenden haben,[105] oder wird der bisherigen Eintragungsweise attestiert, dass sie ausreicht, um in materiell-rechtlicher Hinsicht das Eigentum oder sonstige dingliche Rechte der Gesellschaft auszuweisen.[106] Ausgangspunkt der eingehenden Analyse von *Ulmer/Steffek*,[107] ist, dass es keine unmittelbare Verbindungslinie zwischen der Anerkennung der Rechtsfähigkeit der GbR und der Bejahung ihrer Grundbuchfähigkeit gibt, dass sich daher aus dem BGH-Urteil vom 29. 1 2001 direkte Folgerungen für die Grundbuchfähigkeit der GbR nicht ableiten lassen. Dies entspricht dem hier von jeher vertretenen Standpunkt, dass das »Ob« und das »Wie« getrennt zu sehen sind: Die Rechtsfähigkeit (mit der innewohnenden Erwerbsfähigkeit) der GbR erschließt sich aus dem materiellen Recht, die Bezeichnungsweise im Grundbuch aus dem Grundbuchrecht unter Einschluss des ungeschriebenen »formellen Bestimmtheitsgrundsatzes« (dazu Rdn 1). In diesem Zusammenhang sollte nicht übersehen werden, was der BGH in Bezug auf § 736 ZPO ausgeführt hat.[108] Es heißt ua: »*Die Bestimmung des § 736 ZPO wird durch die Anerkennung der Parteifähigkeit der Gesellschaft nicht überflüssig. Versteht man die Bestimmung so, dass der Gläubiger nicht nur mit einem Titel gegen die Gesellschaft als Partei in das Gesellschaftsvermögen vollstrecken kann, sondern auch mit einem Titel gegen alle einzelnen Gesellschafter aus ihrer persönlichen Mithaftung.*« Gerechtfertigt erscheint jedenfalls folgende Ableitung: So wie die Gesamtheit der gegen die einzelnen Gesellschafter erstrittenen Vollstreckungstitel den Zugriff auf das Vermögen der Gesellschaft erlaubt, muss auch die Eintragung der Gesamtheit der einzelnen Gesellschafter im Grundbuch die Gesellschaft als Rechtsträger identifizieren können,[109] zumal gemäß § 47 GBO die Zugehörigkeit des

---

101 Vgl *Eickmann* und *Lautner* aaO (Fn 99).
102 Vgl Einl F Rdn 59.
103 **AA** *Dümig* aaO (Fn 98): Der BGH habe klargestellt, dass die GbR selbst Trägerin des Vermögens ist.
104 *Dümig* Rpfleger 2002, 53, 59 (Ergebnis 2). *Eickmann* aaO (Fn 102) tritt für die Grundbuchfähigkeit der GbR rechtspolitisch ein, ohne die bisherige Eintragungsweise als unzulässig zu erklären.
105 *Ulmer* ZIP 2001, 585, 594.
106 *K Schmidt* NJW 2001, 993, 1002.
107 AaO (Fn 95, 102) S 332.
108 A II 3c der Begründung.
109 Ähnlich: *Jaschke* Gesamthand und Grundbuchrecht, 1991, S 66, sowie *Eickmann* (mit Kritik), *Wertenbruch, Keller, Hammer* (dieser gegen LG Dresden), alle aaO (Fn 102); *Dümig* Rpfleger 2003, 80 (Auslegung). Vom 3. ZS des BayObLG (BayObLGZ 2002, 137 = Rpfleger 2002, 536 m krit Anm *Demharter*) in einer Kostenentscheidung akzeptiert; vom 2. ZS des BayObLG aaO (Fn 120 a) abgelehnt.

gebuchten Rechts zum Vermögen der Gesellschaft anzuzeigen ist. Zur Verdeutlichung der Rechtsträgerschaft der Gesellschaft ist folgender Wortlaut des Zusatzes angebracht »... *als Gesellschaft bürgerlichen Rechts* ... (folgt der Namen der Gesellschaft)«.[110] Diese Eintragung[111] ist insofern pragmatisch, als sie sowohl die Gesellschafter als auch die Gesellschaft bezeichnet und somit größtmögliche Klarheit der Identifikation bietet. Allerdings verliert die ursprüngliche Klarheit bei späterem Gesellschafterwechsel, der stets außerhalb des Grundbuchs stattfindet. Man wird sich daran zu gewöhnen haben, dass Veränderungen der personellen Zusammensetzung der Gesellschafter nur bei einer nicht rechtsfähigen GbR zur Grundbuchunrichtigkeit führen (deren Beseitigung ggf gemäß § 82 GBO von Amts wegen nachzugehen ist). Bei einer rechtsfähigen GbR bewirken solche Ereignisse dagegen keine Unrichtigkeit des Grundbuchs im materiellrechtlichen Sinne, da Rechtsträger die durch die Benennung der Ur-Gesellschafter und den Zusatz identifizierte Gesellschaft ist und bleibt.[112] Darin zeigt sich die Misslichkeit dieser Eintragungsweise, von der eine nicht zu unterschätzende Irreführungsgefahr ausgeht; denn nur der Rechtskundige, der die durch richterliche Rechtsfortbildung anerkannte Rechtsfähigkeit bzw deren (noch umstrittene) tatbestandlichen Voraussetzungen kennt, vermag den materiellrechtlichen Aussagegehalt der Eintragung richtig zu deuten.

ee) Die **Angleichung der Eintragung der GbR** – soweit rechtsfähig – **an die der Personenhandels- und** **36** **Partnerschaftsgesellschaften**, dh die Eintragung nach Maßgabe des Abs 1 Buchst b mittels Angabe des Gesellschaftsnamens und -sitzes ohne Nennung der Gesellschafter, **ist wünschenswert**, um den Gleichlauf zwischen materiellem Recht und Verfahrensrecht herzustellen,[113] dh die vorstehend aufgezeigte Misslichkeit zu vermeiden. Außerdem brächte die damit erzielbare Vereinfachung der Grundbuchführung (vgl Rdn 25) einen nicht unerheblichen Rationalisierungseffekt, vor allem bei der Buchung mitgliedstarker Publikumsgesellschaften.[114] Dennoch: Die traditionelle Ablehnung der Grundbuchfähigkeit der GbR in Schrifttum und Rechtsprechung zum Grundbuchrecht[115] dominiert auch die neuere Diskussion.[116] Begründet wird die ablehnende Haltung hauptsächlich mit der fehlenden Registerpublizität der GbR. Dieser Auffassung wird zugestimmt. Auch *Ulmer-Steffek* gestehen in der bereits zitierten Untersuchung[117] zu, dass die Neuorientierung im Grundbuchrecht allenfalls dann zu erreichen sein wird, wenn sich Wege finden lassen, auch ohne »Publizität des Subjekts« die Klärung der Eigentumsverhältnisse und der organschaftlichen Vertretung bei der sog »höherstufigen GbR« in einer den Anforderungen des Bestimmtheitsgrundsatzes genügenden Weise zu ermöglichen. Sie meinen allerdings, dem grundbuchrechtlichen Bestimmtheitsgrundsatz wie dem anerkannten Informations- und Sicherheitsbedürfnis des Rechtsverkehrs könnte auch ohne Registrierung der GbR genügt werden, indem ein *Nachweis* der personellen Zusammensetzung in der Art einer »Gesellschafterliste« sowie der Vertretungsregelung in urkundlicher Form gemäß § 29 Abs 1 S 1 GBO zu den *Grundakten* genommen und aufbewahrt wird, der gemäß § 12 Abs 1 GBO nebst § 46 GBV von berechtigt Interessierten eingesehen werden kann. Die Verfasser räumen dazu selber ein, dass die Grundakten als Informationsquelle hinter der Handelsregisterpublizität im Falle einer OHG oder KG schon deshalb deutlich zurückbleiben, weil es für Veränderungen keine Anmeldepflichten gibt.[118] Aber nicht nur der Mangel an Verfahrensmitteln, sondern eben auch die fehlende Registerpublizität (§ 15 HGB),[119] auf die sich die GBO stützt (§ 32 GBO), außerdem die nicht abschließend geklärten tatbestandlichen Qualifikationsmerkmale (vgl Rdn 33) sind Hindernisse, die Grundbuchfähigkeit der GbR ohne weiteres anzuerkennen. So bleibt es denn bei dem vielseitigen Ruf nach gesetzgeberischen Maßnahmen.[120] Das BayObLG (2. ZS)[121] hat die Eintragung der BGB-Gesellschaft unter ihrem Namen abgelehnt, weil die grundbuchrechtlichen Vorschriften hierfür keinen Raum lassen.

aa) Eine **»Vor-OHG«** bzw **»Vor-KG«** (»OHG iGr« oder »KG iGr«)[122] ist die vertraglich verabredete OHG **37** bzw KG, die mangels Eintragung im Handelsregister (noch) keine Handelsgesellschaft ist (vgl Rdn 25), weil

---

110 Überholt ist die bisher hM, die Namensangabe nur zur Vermeidung akuter Verwechslung zulässt.

111 Konzediert von *Dümig* aaO (Fn 104) S 59 (Ergebnis 1) für den Fall, dass sich die Gesellschaft keinen Namen gegeben hat. Das Auftreten ohne Namen dürfte allerdings ein Hemmnis sein, die Gesellschaft als rechts- und parteifähig zu qualifizieren, vgl Rdn 33.

112 Überzeugend dargelegt von *Ulmer/Steffek* aaO (Fn 102) S 337/338.

113 Dem Ansatz von *Eickmann* aaO (Fn 102) S 436 folgend.

114 Symptomatisch LG Stuttgart NJW-RR 1999, 743 = Rpfleger 1999, 272 (Immobilienfonds mit rund 1500 Mitgliedern).

115 Vgl Fn 95.

116 Vgl Fn 102.

117 AaO (Fn 102) S 335.

118 AaO (Fn 117).

119 Mit Beispielen belegt von *Lautner* (Fn 102) S 430 ff.

120 Eine nicht unerhebliche Minderheit (*Dümig, Demuth, Ott, Pohlmann, Ulmer/Steffek*) hält die Eintragung der GbR ohne Benennung der Gesellschafter auf der Basis des geltenden Rechts für zulässig.

121 BayObLGZ 2002, 330 = NJW 2003, 70 = FGPrax 2003, 7 = Rpfleger 2003, 78 m krit Anm *Dümig* = DNotZ 2003, 52 = ZfIR 2002, 992.

122 Entsprechendes gilt für die EWIV und die Partnerschaftsgesellschaft (vgl Rdn 25).

entweder ihr Unternehmen die Voraussetzung des § 1 Abs 1 HGB (nach Art und Umfang in kaufmännischer Weise eingerichteter Geschäftsbetrieb, vgl § 1 Abs 2 HGB) bislang nicht erfüllt oder weil nur eigenes Vermögen verwaltet wird (§§ 105 Abs, 161 Abs 2 HGB). In dieser Phase ist die Gesellschaft (Umkehrschluss aus § 123 HGB) eine GbR – wohl eine, welche die Kriterien einer »höherstufigen Gesellschaft« erfüllt und deshalb als bereits rechtsfähige Gesellschaft im Sinne der neuen BGH-Rechtsprechung qualifiziert sein dürfte (dazu Rdn 33) –. Die Grundbuchfähigkeit der werdenden Personenhandelsgesellschaften wird unterschiedlich beurteilt (vgl Vor GBV Rdn 161). Aber auch hier ist das Manko die fehlende Registerpublizität, das als Hemmnis der Grundbuchfähigkeit anzusehen ist (dazu Rdn 36). Rechtsgeschäftliche Aktivitäten gleich nach Gründung der OHG oder KG in deren Namen oder im Namen der Vor-OHG oder Vor-KG einschl Eintragung einer Vormerkung sind nicht ausgeschlossen,[123] aber die analoge Ausweitung der Buchungsregel des Abs 1 Buchst b des § 15 GBV ist nicht die zwangsläufig logische Folge.[124] Andererseits tritt der Status der Handelsgesellschaft bei einem dementsprechend dimensionierten (nach alter Nomenklatur »vollkaufmännischen«) Gewerbebetrieb nach § 123 Abs 2 HGB bereits mit Aufnahme der Geschäftstätigkeit in Kraft, so dass die Grundbuchfähigkeit einer Personengesellschaft, bei der die Registerpublizität vorübergehend[125] nicht gegeben ist, vom geltenden Recht bereits hingenommen wird. Angenommen wird eine gesteigerte Sorgfaltspflicht, das GBA muss sich um Nachweise kümmern, die in der Form des § 29 GBO kaum zu erbringen sind.[126] Auffallen wird eine fehlende Handelsregistereintragung in der Praxis eher selten, weil das GBA ohne konkrete gegenteilige Anhaltspunkte danach nicht zu forschen braucht (vgl Vor GBV Rdn 159). Bei zweifelsfrei anmutender Bezeichnungsweise in den Eintragungsunterlagen – die deshalb keiner konkreten Überprüfung bedarf (vgl Rdn 41) – wird die Eintragung nach Maßgabe des Abs 1 Buchst b ohne weiteres vorgenommen werden. Eine auf diese Weise zustande gekommene Buchung einer Nicht-Handelsgesellschaft ist zwar ordnungswidrig, dennoch materiellrechtlich funktionsfähig, weil die Rechtsträger im Zeitpunkt der Eintragung idR feststellbar sein werden (vgl Rdn 2). Die Ordnungswidrigkeit der Eintragung wird geheilt durch die nachträgliche Erfassung der Gesellschaft im Handelsregister. Ist die Eintragung nach Maßgabe des Abs 1 Buchst a (Bezeichnung der Gesellschafter mit Zusatz gemäß § 47 GBO) erfolgt, so ist nach der Erfassung der Gesellschaft im Handelsregister die Umstellung der Bezeichnung auf die Buchungsregel des § 15 Abs 1 Buchst b fällig; dies ist keine Grundbuchberichtigung iS des § 22 GBO, sondern ein Korrekturvermerk (zur praktischen Handhabung: Rdn 17).[127]

38 **bb) Wohnungseigentümergemeinschaften:** Vgl dazu Einl F Rdn 60.

2. Besonderheiten der grundbuchmäßigen Bezeichnung

39 **a) Juristische Personen des privaten Rechts.** Zu bezeichnen sind sie im Grundbuch gemäß Abs 1 Buchst b **mit Namen oder Firma und Sitz,** und zwar (zwecks gegenseitiger Kompatibilität der Systeme, zB gemäß § 32 GBO) möglichst übereinstimmend mit der aktuellen Eintragung im betreffenden Handels-, Vereins- oder Genossenschaftsregister.[128] Da die vorgeschriebenen Bezeichnungsmerkmale bei den juristischen Personen durchweg zwingender Satzungsgegenstand sind und nur durch Satzungsänderung mit konstitutiver Registereintragung rechtswirksam geändert werden können, gibt das Handelsregister notwendigerweise stets den neuesten Stand wieder. Eine Amtspflicht des GBA zur ständigen Erhaltung der Übereinstimmung von Grundbuch und Register besteht nicht; zufällig auffallende Diskrepanzen sind Anlass für eine Korrektur der Berechtigtenbezeichnung (zum Eintragungsmodus Rdn 17).

40 Die **Formzusätze** »Aktiengesellschaft«, »Gesellschaft mit beschränkter Haftung«, »eingetragener Verein«, »eingetragene Genossenschaft« oder deren zugelassene Abkürzungen »AG«, »GmbH«, »eV«, »eG« sind nach den maßgeblichen gesetzlichen Bestimmungen (§§ 4 GmbHG, 65 BGB, 3 Abs 1 GenG, 4 AktG) zwingende Namens- bzw Firmenbestandteile und demgemäß in das Grundbuch mit aufzunehmen.

41 **b) Personenhandelsgesellschaften; Partnerschaftsgesellschaften.** Auch sie sind gemäß Abs 1 Buchst b **mit Firma oder Namen und Sitz** im Grundbuch zu bezeichnen, so wie im Handels- bzw Partnerschaftsregister eingetragen. Anders als bei den juristischen Personen (Rdn 39) haben die Registereintragungen deklaratorische Wirkung. Es kann also sein, dass das Handelsregister die aktuelle Rechtslage entweder gar nicht (zB die ein Handelsgewerbe betreibende Gesellschaft, die gemäß § 123 Abs 2 HGB infolge Geschäftsaufnahme bereits als OHG existiert) oder ganz oder teilweise unzutreffend (zB wegen zwischenzeitlich vollzogener, aber bislang

---

123 BayObLG NJW 1984, 497 = Rpfleger 1984, 13 = DNotZ 1984, 567; BayObLGZ 1985, 212 = Rpfleger 1985, 353 = DNotZ 1986, 156.

124 In diesem Sinne auch *Schöner/Stöber* Rn 981d.

125 Im Hinblick auf die Anmeldepflicht (§§ 106, 6 Abs 1, 29 HGB).

126 Vgl *Schöner/Stöber* Rn 981d mwN (auch zur Gegenmeinung). Zur schwierigen Prüfbarkeit des Erfordernisses vollkaufmännischer Einrichtungen *Buchberger* Rpfleger 1991, 2.

127 Ausführlich zum Erwerb von Grundstücksrechten bei der Errichtung von Personenhandelsgesellschaften: *Boffer* RpflStud 1979, 67.

128 KGJ 19 A 99; OLG München JFG 15, 168.

zum Handelsregister nicht angemeldeter Firmenänderung oder Sitzverlegung oder wegen Löschung der Firma bei vermeintlich, tatsächlich aber noch nicht beendeter Liquidation) wiedergibt. Diese Möglichkeit ist bei den Plausibilitätserwägungen in Betracht zu ziehen und bestärkt den Grundsatz (vgl Rdn 6), dass idR die in den Eintragungsunterlagen enthaltenen Angaben über Firma und Sitz der begünstigten Handelsgesellschaft genügen, also ohne Überprüfung anhand des Handelsregisters in der beantragten Grundbucheintragung verwendbar sind.[129] Entdeckt das GBA, dass die in den Eintragungsunterlagen angegebene Firma des einzutragenden Berechtigten den firmenrechtlichen Vorschriften des HGB (§§ 18 ff) widerspricht, so darf er deswegen nicht die beantragte Eintragung versagen, weil die Firma trotz ihrer Unzulässigkeit Gebrauchsname iS des § 17 HGB ist. Im Anschluss an die Eintragung ist allerdings im Hinblick auf § 37 HGB das Registergericht zu benachrichtigen (§ 125a FGG).

Die **Gesellschaftsform** (»Offene Handelsgesellschaft« oder »OHG« bzw »Kommanditgesellschaft« oder »KG«) **42** ist nach § 19 HGB[130] vorgeschriebener Firmenbestandteil. Dies gilt ab 01.04.2003 auch für die vor dem 01.07.1998 im Handelsregister eingetragenen Firmen (Art 38 EGHGB); zur Anpassung an das neue Recht (nach Eintragung im Handelsregister) s Rdn 49. Führt eine OHG oder KG Geschäft und Firma eines Einzelkaufmanns fort (§ 22 HGB) ist von ihr der Rechtsformzusatz gemäß § 19 HGB nF zu aktualisieren. Nach altem Recht erlaubte Firmenbilder wie »*Karl Kaufmann*«, »*Hinz & Kunz*« oder »*Hinz & Co*« (ohne Kennzeichnung der konkreten Rechtsform) sind für OHG und KG zwar nur bis 31.03.2003 zulässig, verlieren aber (bei Weitergebrauch) ihre Identifikationskraft nicht und dürften deshalb kein Eintragungshindernis sein (vgl Rdn 6), sondern Anlass für eine Mitteilung an das Registergericht im Anschluss an die Eintragung (s Rdn 41). Enthält die Firma keinen Zusatz wie »OHG« bzw »KG«, so braucht ein solcher auch nicht (etwa mit »*Offene Handelsgesellschaft in Firma …*«) in die Eintragung aufgenommen zu werden;[131] § 47 GBO ist nur im Bereich des Abs 1 Buchst a, nicht im Bereich des Abs 1 Buchst b anwendbar.[132]

c) Juristische Personen des öffentlichen Rechts. Unter der Überschrift »Juristische Personen öffentlichen **43** Rechts« nennt § 89 BGB den Fiskus (das ist nach heutiger Auffassung der Staat in seinen privatrechtlichen Beziehungen) sowie die Körperschaften, Stiftungen und Anstalten des öffentlichen Rechts (sie sind durch einen Akt öffentlichen Rechts, oft aber nicht notwendig ein Bundes- oder Landesgesetz, errichtet und üben hoheitliche Befugnisse aus).
– Unter den Begriff des **Fiskus** fallen insb Bund und Länder (Bundesfiskus, Landesfiskus); Bundespost und Bundesbahn sind, soweit nicht privatisiert, keine eigenständigen juristischen Personen, sondern nicht rechtsfähige Sondervermögen des Bundes.[133]
– **Körperschaften, Anstalten und Stiftungen des öffentlichen Rechts** sind vielzählig und vielfältig; dazu gehören insbesondere die Gebietskörperschaften (außer Bund und Ländern die Gemeinden und Gemeindeverbände, wie Kreise, Ämter, Zweckverbände), die Universitäten (nicht deren Fakultäten und Fachbereiche), die Wasser- und Bodenverbände, Jagdgenossenschaften und sonstige öffentlich-rechtlich organisierte Zwangskörperschaften (zB Kassenärztliche Vereinigungen, Anwalts- und Notarkammern, Ärzte- und Apothekerkammern, Industrie- und Handelskammern, Handwerks- und Landwirtschaftskammern usw), die Träger der Sozialversicherung (wie die Bundesversicherungsanstalt für Angestellte, die Landesversicherungsanstalt, Krankenkassen, Berufsgenossenschaften), bestimmte Kreditinstitute (ua die Deutsche Bundesbank, die Landesbanken/Girozentralen, die öffentlich-rechtlichen Sparkassen), die Teilnehmergemeinschaft eines Flurbereinigungsverfahrens usw. Näheres zur Kategorie der öffentlich-rechtlichen juristischen Personen in den Kommentaren zu § 89 BGB.

aa) Bezeichnungsmerkmale: Notwendig zur individualisierenden Bezeichnung der juristischen Personen des **44** öffentlichen Rechts ist gemäß Abs 1 Buchst b die Angabe von Name und Sitz im Eintragungsvermerk. Die Sitzangabe entfällt, wo ein ortsgebundener Sitz nicht gegeben ist, wie zB bei den Gebietskörperschaften.

bb) Klammerzusatz: Der vorgeschriebenen Bezeichnung ist »auf Antrag des Berechtigten« gemäß Abs 2 ein **45** Klammerzusatz beizufügen, durch den entweder der *Teil seines Vermögens,* zu dem das eingetragene Grundstück oder Recht gehört, oder die *Zweckbestimmung* des Grundstücks oder des Rechts bezeichnet wird. Abs 2 stellt eine die juristischen Personen öffentlichen Rechts privilegierende Sondervorschrift dar, die nicht den Interessen des allgemeinen Rechtsverkehrs (an einer genauesten Bezeichnung des Berechtigten), sondern dem Bedürfnis der berechtigten Körperschaft nach einer aus dem Eintragungsvermerk erkennbaren Zuordnung ihres

---

129 BayObLG Rpfleger 1981, 192 = DNotZ 1981, 578; *Demharter* § 19 Rn 96; *Schöner/Stöber* Rn 981c; dazu auch *Boffer* RpflStud 1979, 67, 70.
130 Neufassung gemäß HRefG vom 22.06.1998 (BGBl I 1474).
131 KGJ 39, 218, 220 ff; *Schöner/Stöber* Rn 240.
132 Vgl *Demharter* § 47 Rn 10 und Rpfleger 2001, 329, 330; *Eickmann* in KEHE § 47 Rn 6 und ZfIR 2001, 433, 434.
133 Zur Postreform: Postneuordnungsgesetz – PTNeuOG vom 14.09.1994 (BGBl I 2325); zu den Grundbuchfragen: Merkblatt des BMJ vom 12.12.1994, abgedruckt in MittBayNot 1995, 501. Zur Bahnreform: Eisenbahnneuordnungsgesetz – ENeuOG vom 27.12.1993 (BGBl I 2378), insb §§ 1, 4, 20, 22, 23.

Grundstücks oder Rechts zu einem bestimmten Vermögens- oder Verwaltungsbereich dient;[134] sie beruht auf der Erwägung, dass die besagten Berechtigten in besonderem Maße daran interessiert sind, sich die organisatorische und verwaltungsmäßige Behandlung der einzelnen Vermögensteile ihrem vielseitigen Aufgabengebiet entsprechend zu erleichtern.[135] Das Begehren eines solchen Klammerzusatzes ist kein Eintragungsantrag iS des § 13 GBO, sondern stellt nur einen Vorschlag für die Fassung des Eintragungsvermerks dar, an den das GBA nicht gebunden ist, so dass etwaige Unstimmigkeiten kein Eintragungshindernis bilden[136] und die Weglassung eines vorgeschlagenen Klammerzusatzes ohne vorherige Zwischenverfügung zulässig ist.[137] Das Begehren des Berechtigten kann dementsprechend formlos gestellt werden, zB üblicherweise dadurch, dass zur Abfassung der Eintragungsbewilligung nach § 19 GBO ein von der begünstigten öffentlich-rechtlichen juristischen Person gestellter Vordruck verwendet wird, der ua den betreffenden Klammerzusatz vorgibt.

46 **Beispielsweise zulässig** ist es gemäß Abs 2,[138]
  – der Bezeichnung »Bundesrepublik Deutschland« Klammerzusätze anzufügen wie »(Finanzverwaltung)«, »(Bundesstraßenverwaltung)«, »(Bundeswasserstraßen)« usw sowie – soweit nicht privatisiert – »(Deutsche Bundespost)«, »(Bundeseisenbahnvermögen)« usw;
  – bei Buchungen zugunsten des Landesfiskus zB *»Land Rheinland-Pfalz (Landesforstverwaltung)«* oder ähnl einzutragen;
  – bei Eintragung von Gemeinden zB *»Gemeinde X (Krankenhaus)«* oder *»Gemeinde Y (Schule)«* usw zu schreiben.

Verschiedentlich ist aufgrund von Verwaltungsanordnungen von derartigen Klammerzusätzen *kein Gebrauch zu machen*, zB in Niedersachsen bei der Eintragung landeseigener Grundstücke und Rechte.[139]

47 **Vertretungs- und Treuhandverhältnisse** gehören grundsätzlich nicht in das Grundbuch, der damit erzeugte Eindruck der Verlässlichkeit wäre trügerisch (vgl Vor GBV Rdn 162). Abs 2 ist eine Vorschrift mit Sonderzweck (vgl Rdn 45) und darf nicht extensiviert werden. Dies betrifft auch die durch VO vom 15.07.1994 (BGBl I 1606) angefügte Erweiterung, wonach auf Antrag auch angegeben werden kann, durch welche Behörde der Fiskus vertreten wird. Mit dieser Neuregelung ist früheren Entscheidungen, die aufgrund der vorherigen Fassung des Abs 2 gerade dies für unzulässig hielten,[140] der Boden entzogen worden. Keine Bedenken bestanden schon in der Vergangenheit gegen zweckanzeigenden Klammerzusätze wie *»Landeswohnungsbaumittel«*[141] oder *»Bergarbeiterwohnungsbau«*.[142]

Die frühere Ausnahmeregelung des § 372 AO aF, die ausdrücklich die Bezeichnung des Finanzamts als Vollstreckungsbehörde im Falle der Eintragung einer einheitlichen Zwangshypothek für die Steuerforderungen verschiedener Steuergläubiger vorsah, ist seit In-Kraft-Treten der AO 1977 am 01.01.1977 entfallen. Seitdem gilt in Verwaltungsvollstreckungsverfahren nach der AO 1977[143] gemäß § 252 AO stets diejenige Körperschaft als Gläubiger der zu vollstreckenden Ansprüche, der die zuständige Vollstreckungsbehörde angehört; einzutragen ist also beispielsweise der Bund, falls ein Hauptzollamt Vollstreckungsbehörde ist, bzw das Land, dessen Finanzamt als Vollstreckungsbehörde tätig ist.[144]

48 Mit dem **Namen einer nicht rechtsfähigen Anstalt oder Verwaltungseinheit** kann eine juristische Person des öffentlichen Rechts etwa ebenso eingetragen werden wie eine Handelsgesellschaft mit der Firma ihrer Zweigniederlassung.[145]

3. Korrekturen eingetragener Bezeichnungsmerkmale

49 Die Nachtragung von Firmenänderungen, Sitzverlegungen, Umwandlungen usw bei fortbestehender Identität des Rechtsträgers (Fälle: vgl § 22 GBO Rdn 86) sind keine Grundbucheintragungen im Rechtssinne, sondern Angleichungen tatsächlicher Art. Das unter Rdn 17 zur Korrektur von Personaldaten Ausgeführte gilt entsprechend.

---

134 BayObLG Rpfleger 1975, 362, 363.
135 OLG Saarbrücken OLGZ 1967, 112, 113.
136 BayObLG (Fn 134).
137 LG Hof Rpfleger 1965, 367; *Schöner/Stöber* Rn 248.
138 Vgl MIR (6. Aufl) § 3 Anh I Rn 290.
139 AV d MJ vom 20.03.1984, Nds Rpfl 1984, 90.
140 OLG Hamm Rpfleger 1954, 464; OLG Schleswig JZ 1955, 619, OLG Saarbrücken OLGZ 1967, 112 = NJW 1967, 1378; BayObLG Rpfleger 1975, 362; LG Düsseldorf Rpfleger 1977, 167; dazu auch *Schäfer* Rpfleger 1955, 183.
141 OLG Düsseldorf DNotZ 1955, 540.
142 OLG Saarbrücken NJW 1967, 1378.
143 Sowie darauf verweisenden Gesetzen, zB § 5 Abs 1 VwVG-Bund.
144 Vgl *Schöner/Stöber* Rn 2218.
145 LG Bochum Rpfleger 1961, 46 betr die Bezeichnung »Deutsche Bundesbank (Landeszentralbank in Nordrhein-Westfalen)«; BayObLGZ 1972, 373 = NJW 1973, 1048 = Rpfleger 1973, 56 betr die Bezeichnung »Bayer. Landesbausparkasse, Anstalt der Bayer. Landesbank Girozentrale München«; dazu *Schöner/Stöber* Rn 249.

§ 16 (Rötung bei Eigentumswechsel)

Bei der Eintragung eines neuen Eigentümers sind die Vermerke in den Spalten 1 bis 4 der ersten Abteilung, die sich auf den bisher eingetragenen Eigentümer beziehen, rot zu unterstreichen.

I. Allgemeines zur Rötung

Die an mehreren Stellen der GBV vorgeschriebene Rötung, ob im Bestandsverzeichnis, in der ersten, zweiten oder dritten Abt, hat keinerlei materielle Bedeutung, sondern ist ein Hilfsmittel zur optischen Kennzeichnung nicht mehr aktueller Eintragungsvermerke und soll die Übersichtlichkeit des Grundbuchs fördern.[1] Für den rechtserheblichen Grundbuchinhalt iS der §§ 891, 892 BGB kommt es allein auf die Eintragungen (einschl Löschungsvermerke) an. Eine fehlerhafte Rötung kann jedoch einen Betrachter des Grundbuchs irreleiten und infolgedessen Schadensersatzansprüche gegen den Staat wegen Amtspflichtverletzung nach sich ziehen. Eine unterbliebene Rötung kann jederzeit nachgeholt werden, eine versehentliche Rötung jederzeit korrigiert werden. Für letztgenannte Maßnahme ist eine besondere Technik vorgeschrieben: der rote Strich ist durch kleine schwarze Striche zu durchkreuzen (vgl § 29 Abs 3 GBGeschO, § 31 Abs 3 BayGBGA). 1

II. Zur Rötung in der ersten Abteilung

1. Totalrötung

§ 16 regelt die Rötung im Anschluss an die Eintragung eines (völlig) neuen Eigentümers: Die sich auf den bisher eingetragenen Eigentümer beziehenden Vermerke in den Sp 1 bis 4, also sämtliche bisherigen Eintragungen der ersten Abt, sind in diesem Falle rot zu unterstreichen. Für die technische Durchführung der Rötung in der ersten Abt gilt nach dem durch VO vom 15.07.1994 (BGBl I 1606) eingefügten § 17a dieselbe Erleichterung wie für die Rötung in der zweiten und dritten Abt (demonstriert in der Anl 1). 2

Ebenso ist zu verfahren im Falle der Eintragung des Verzichts auf das Eigentum an sämtlichen auf dem Blatt gebuchten Grundstücken, der Vermerk über die Verzichtseintragung selbst bleibt ungerötet.[2] 3

2. Teilrötung

Mit der Rötung sollen Eintragungsvermerke markiert werden, soweit sie durch einen nachfolgenden Eintragungsvermerk »gegenstandslos« geworden sind. Dieses in § 17 Abs 3 beiläufig zum Ausdruck kommende Prinzip (dazu § 17 GBV Rdn 15) gilt auch für den Anwendungsbereich des § 16. Wird beispielsweise die Eintragung der Übereignung eines Miteigentumsanteils, einer Anteilsübertragung, des Eintritts oder des Ausscheidens einzelner Gesellschafter nicht zum Anlass einer Neueintragung der Eigentümergesamtheit in neuester Zusammensetzung genommen mit (teils wiederholender) Zusammenstellung sämtlicher aktueller Eintragungsgrundlagen in den Sp 3, 4 (dazu § 9 GBV Rdn 9, 35), so bleiben nicht überholte Teile des bisher Eingetragenen ungerötet. Ungerötet bleibt zB die früher in den Sp 3, 4 vermerkte Auflassung, falls die folgende Eintragung lediglich die Übertragung eines Miteigentumsanteils betrifft, weil die frühere Auflassung für den nicht veräußerten Miteigentumsanteil nach wie vor die aktuelle Eintragungsgrundlage darstellt. 4

Zur Eintragungs- und Rötungsweise bei Korrekturen von Bezeichnungsmerkmalen siehe § 9 GBV Rdn 12 bis 14. 5

Eine Teilrötung in der Sp 3 kann zB aktuell werden bei der Abschreibung oder Ausbuchung eines von mehreren Grundstücken (vgl § 13 GBV Rdn 16). 6

§ 17 (Geldbeträge in Buchstaben; Rötung in Abteilung II und III)

(1) Bei Reallasten, Hypotheken, Grundschulden und Rentenschulden sind die in das Grundbuch einzutragenden Geldbeträge (§ 1107, § 1115 Abs 1, § 1190 Abs 1, §§ 1192, 1199 des Bürgerlichen Gesetzbuchs) in den Vermerken über die Eintragung des Rechts mit Buchstaben zu schreiben. Das Gleiche gilt für die Eintragung einer Veränderung oder einer Löschung bezüglich eines Teilbetrags eines Rechts sowie im Falle des § 882 des Bürgerlichen Gesetzbuchs für die Eintragung des Höchstbetrags des Wertersatzes.

---

1 BayObLGZ 1961, 36 mwN = NJW 1961, 1265; *Demharter* § 46 Rn 21–24; *Schöner/Stöber* Rn 281.
2 KEHE-*Eickmann* Rn 1.

(2) Wird in der zweiten oder dritten Abteilung eine Eintragung ganz gelöscht, so ist sie rot zu unterstreichen. Dasselbe gilt für Vermerke, die ausschließlich die gelöschte Eintragung betreffen. Die rote Unterstreichung kann dadurch ersetzt werden, dass über der ersten und unter der letzten Zeile der Eintragung oder des Vermerks ein waagerechter roter Strich gezogen wird und beide Striche durch einen von oben links nach unten rechts verlaufenden roten Schrägstrich verbunden werden; erstreckt sich eine Eintragung oder ein Vermerk auf mehr als eine Seite, so ist auf jeder Seite entsprechend zu verfahren. Im Falle der Löschung eines Erbbaurechts unter gleichzeitiger Eintragung der im § 31 Abs 4 Satz 3 des Erbbaurechtsgesetzes bezeichneten Vormerkung ist auf diese im Löschungsvermerk hinzuweisen.

(3) Wird in der zweiten oder dritten Abteilung ein Vermerk über eine Veränderung eingetragen, nach dessen aus dem Grundbuch ersichtlichen Inhalt ein früher eingetragener Vermerk ganz oder teilweise gegenstandslos wird, so ist der frühere Vermerk insoweit rot zu unterstreichen. Wird der früher eingetragene Vermerk ganz gegenstandslos, so gilt Absatz 2 Satz 3 entsprechend.

(4a) Bei Teilabtretungen der in der dritten Abteilung eingetragenen Rechte ist der in Spalte 5 einzutragenden Nummer ein Buchstabe hinzuzufügen.

(4b) Werden von einem Teilbetrag weitere Teilbeträge abgetreten, so ist der in Spalte 5 einzutragenden Nummer außer dem nach Absatz 4a vorgesehenen Buchstaben eine römische Zahl beizufügen.

(5) Wird eine Hypothek, Grundschuld oder Rentenschuld teilweise gelöscht, so ist in der Spalte 3 der dritten Abteilung der gelöschte Teil von dem Betrag abzuschreiben. Bezieht sich diese Löschung auf einen Teilbetrag (Absätze 4a, 4b), so ist der gelöschte Teil auch in Spalte 6 von dem Teilbetrag abzuschreiben.

§ 17a   (Rötung im Bestandsverzeichnis und in Abteilung I)

§ 17 Abs 2 Satz 3 ist auch bei Löschungen in dem Bestandsverzeichnis oder in der ersten Abteilung sinngemäß anzuwenden.

I. Allgemeines

1   § 17 enthält Durchführungsbestimmungen für die Neu-, Änderungs- und Löschungseintragungen in der zweiten und dritten Abt und ergänzt insofern die §§ 10 und 11. Zu § 17a s § 16 GBV Rdn 2.

II. Zu Abs 1: Eintragung von Geldbeträgen in der zweiten und dritten Abteilung

1. Inhalt der Vorschrift

2   Nach Abs 1 sind die bei Reallasten, Hypotheken, Grundschulden und Rentenschulden sowie für den Höchstbetrag des Wertersatzes in den Eintragungsvermerk aufzunehmenden **Geldbeträge in Buchstaben** zu schreiben.

3   a) Für die Eintragungsvermerke in der **Hauptspalte** (Sp 3 der zweiten Abt, Sp 4 der dritten Abt) gilt dieses verfahrensrechtliche Gebot *stets, soweit nach materiellem Recht* die Eintragung von Geldbeträgen *nötig* ist (dazu Rdn 7 bis 9).

b) Für die Eintragungsvermerke in der **Veränderungsspalte** (Sp 5 der zweiten Abt, Sp 7 der dritten Abt) und in der **Löschungsspalte** (Sp 7 der zweiten Abt, Sp 10 der dritten Abt) gilt dies *nur, wenn* der Veränderungs- bzw Löschungseintrag sich auf einen *Teilbetrag* des betroffenen Rechts bezieht. Veränderungs- und Löschungseinträge ohne Nennung eines Teilbetrages betreffen den in der ursprünglichen Eintragung in der Hauptspalte ausgewiesenen Geldbetrag in voller Höhe. **4**

c) Zur **Schreibweise der Währungseinheit** sagt die Vorschrift nichts. Ebenso wenig wie gegen die früher geläufige Verwendung der Abkürzung »DM« nicht nur in den Betragspalten 3, 6 und 9, sondern auch in den Textspalten 4, 7 und 10 dürften Bedenken bestehen gegen die gleichartige Verwendung der Abkürzung »EUR« (dazu § 11 GBV Rdn 12). **5**

Zur Eintragbarkeit ausländischer Währungen wird auf die Erläuterungen zu § 28 GBO verwiesen. Deren abgekürzte Bezeichnung dürfte der Verständlichkeit des Grundbuchinhalts entgegenwirken (auch dazu § 21 GBV Rdn 4).

2. Anwendungsfälle der Vorschrift

Die Vorschrift verweist auf einige der maßgeblichen materiellrechtlichen Bestimmungen und unterstreicht damit, dass sie lediglich das »Wie« (die Darstellung), nicht das »Ob« (die Notwendigkeit) der Eintragung von Geldbeträgen regelt. Dazu folgendes: **6**

a) Materiellrechtlich direkt vorgeschrieben ist die Geldbetragsangabe im Eintragungsvermerk für die in die dritte Abt gehörenden Grundpfandrechte, nämlich: **7**
– die **Hypotheken,** wie die Verkehrshypothek (§ 1115 Abs 1 BGB), die Sicherungshypothek (§§ 1185 BGB, §§ 866, 867 ZPO), die Höchstbetragshypothek (§ 1190 Abs 1 BGB), Arresthypothek (§ 932 Abs 1 ZPO);
– die **Grundschuld** (§§ 1191, 1192 Abs 1, 1115 Abs 1 BGB);
– die **Rentenschuld** (Geldbeträge der Einzelleistungen und der Ablösungssumme einzutragen gemäß § 1199, 1192 Abs 1, 1115 Abs 1 BGB).

b) Materiellrechtlich indirekt vorgeschrieben ist die Geldbetragsangabe im Eintragungsvermerk für: **8**
– die **Vormerkung bzw den Widerspruch zur Sicherung eines Grundpfandrechts,** weil ohne den Betrag der zu sichernde Anspruch nur unzulänglich in der Eintragung bezeichnet wäre (vgl Vor GBV Rdn 148, 152);
– den **Rangvorbehalt von Grundpfandrechten,** weil der Geldbetrag (Höchstbetrag genügt) deren Umfang im Wesentlichen bestimmt (§ 881 Abs 1, 2 BGB);
– für ein **Pfandrecht** insofern, als der Geldbetrag der pfandgesicherten Forderung zu bezeichnen ist, sofern er feststeht, dies aber nur, falls das Pfandrecht als solches eintragbar ist, wie idR bei Grundpfandrechten (dazu § 11 GBV Rdn 33) und möglicherweise bei einer Reallast (weil ebenfalls Verwertungsrecht). Nicht zu erwähnen ist dagegen die pfandgesicherte Forderung (auch nicht deren Geldbetrag) im Verpfändungs- bzw Pfändungsvermerk, der ev zulassen eines Nießbrauchs oder eines Nacherbenrechts (dazu § 10 GBV Rdn 41, 42) oder einer Gesamthandsbeteiligung (dazu § 10 GBV Rdn 33, 34) einzutragen ist.

c) Materiellrechtlich nicht vorgeschrieben ist die Geldbetragsangabe im Eintragungsvermerk für die **Einzelleistungen einer Reallast.**[1] Auch wenn diese in einer baren Geldrente bestehen, genügt gemäß § 874 BGB (§ 1115 BGB trotz § 1107 BGB nicht anwendbar) die stichwortartige Kennzeichnung des spezifischen Rechtsinhalts der Reallast im Eintragungsvermerk, etwa als »Rentenrecht« oder als »Geldrente« iVm der Bezugnahme auf die Eintragungsbewilligung wegen der näheren Details (vgl Vor GBV Rdn 132). Die Erwähnung des Geldbetrags der baren Einzelleistungen im Eintragungsvermerk (dann in Buchstaben gemäß Abs 1) ist allenfalls eine Frage der Zweckmäßigkeit; eine ev Preisklausel sollte dann ebenfalls im Eintragungsvermerk angedeutet werden (vgl Vor GBV Rdn 83). **9**

III. Zu Abs 2: Rötung gelöschter Eintragungen in der zweiten und dritten Abteilung

Die Rötung folgt der Löschung, kann sie weder bewirken noch ersetzen, soll gelöschte Eintragungen lediglich markieren, um die Übersichtlichkeit des Grundbuchinhalts zu fördern (vgl § 16 GBV Rdn 1). Aber nicht jede Rötung in der zweiten und dritten Abt beruht auf einem Löschungseintrag in derselben Abt. Denn die Löschung von Eintragungen der zweiten und dritten Abt geschieht nicht nur durch Löschungsvermerk (§ 46 Abs 1 GBO), sondern vielfach auch ohne solchen durch sog »lastenfreie Abschreibung« (Löschung durch Nichtmitübertragung gemäß § 46 Abs 2 GBO).[2] Demgemäß findet eine Rötung häufig ihren Grund in einem Abschreibungsvermerk im Bestandsverzeichnis; in den Abteilungen erfolgt in Fällen des § 46 Abs 2 GBO regulär keine Eintragung. Weitere Gründe für eine Rötung ergeben sich aus Abs 3 (dazu Rdn 15). **10**

---

1 RGZ 54, 88, 93; KGJ 51, 266, 271, 280; OLG Düsseldorf Rpfleger 1986, 366; *Staudinger-Amann* § 1105 Rn 17.
2 Ausführlich dazu: *Böhringer* BWNotZ 1988, 84.

1. Zur Fassung der Löschungsvermerke

11 Es kommt darauf an, ob eine **Totallöschung** (ganze oder teilweise Löschung einer Haupteintragung, die sich ohne weiteres auf sämtliche daran anknüpfende Veränderungs- und Nebeneintragungen erstreckt) oder eine **Speziallöschung** (Löschung eines Einzelvermerks der Veränderungsspalte) erfolgt. Dazu: § 11 GBV Rdn 50 bis 54.

2. Zur Durchführung der Rötung

12 **a) Umfang der Rötung:** Abs 2 regelt die Rötung für den Fall, dass »eine Eintragung ganz gelöscht« wird, gleichgültig ob sich der grundlegende Eintragungsvermerk in der Hauptspalte oder in der Veränderungsspalte findet. Vorgeschrieben ist die Rötung des Ursprungseintrags nebst allen sich ausschließlich darauf beziehenden Veränderungs- und Löschungseinträgen mit Ausnahme des (letzten) Löschungsvermerks, der Anlass zu der Rötung gibt. Abs 2 rechtfertigt es auch, nach lastenfreier Abschreibung eines von mehreren belasteten Grundstücken dessen lfdNr in der Sp 2 zu röten (vgl § 13 GBV Rdn 16).

13 **b) Technik der Rötung:** Grundsätzlich sind die in den §§ 13, 14, 16, 17 und andernorts vorgeschriebenen Rotunterstreichungen (verkürzt »Rötung« genannt) in der Weise vorzunehmen, dass jede einzelne Zeile des betreffenden Eintragungsvermerks einschl bereits früher geröteter Teile und unter Einbezug der Unterschriften rot unterstrichen wird. Alternativ darf gemäß Abs 2 S 3 (nachträglich eingefügt durch VO vom 21.03.1974, BGBl I 771) in der zweiten und dritten Abt – und seit Einfügung des § 17a durch VO vom 15.07.1994 (BGBl I 1606) auch im Bestandsverzeichnis und in der ersten Abt – eine vereinfachte Rötung *pro Eintragungsvermerk* nach Art einer »Buchhalternase« in Gestalt eines umgekehrten »Z« erfolgen. Anschauungsmuster zu beiden Arten der Rötung finden sich in den Anl. Zur Korrektur einer versehentlichen Rötung: § 16 GBV Rdn 1 aE.

3. Sonderfall des Abs 2 S 4

14 Die Vorschrift knüpft an die Besonderheit des § 31 Abs 4 S 3 ErbbauRG an, wonach bei der Erbbaurechtslöschung von Amts wegen (im Grundstücksgrundbuch) eine Vormerkung zur Erhaltung des Erneuerungsvorrechts einzutragen ist, falls ein solches als Inhalt des Erbbaurechts vereinbart (§ 2 Nr 6 ErbbauRG) und noch nicht erloschen ist (§ 31 Abs 2 ErbbauRG). Abs 2 S 4 ordnet hierzu ergänzend an, dass in dem Vermerk über die Löschung des Erbbaurechts (Sp 7 der zweiten Abt des Grundstücksgrundbuchs) auf die gleichzeitig einzutragende Vormerkung hinzuweisen ist. Die Vorschrift hat wie das Erneuerungsvorrecht kaum praktische Bedeutung.

IV. Zu Abs 3: Rötung infolge Veränderungseintragungen in der zweiten und dritten Abteilung

15 Nicht nur gelöschte, sondern **auch gegenstandslos gewordene Eintragungen sind zu röten**; dies kommt beiläufig als **allgemeiner Grundsatz** in Abs 3 zum Ausdruck. Die Vorschrift meint »gegenstandslos« in grundbuchtechnischem Sinn: Nur wenn sich »nach dem aus dem Grundbuch ersichtlichen Inhalt« eines Veränderungseintrags ergibt, dass ein früher eingetragener Vermerk ganz oder teilweise gegenstandslos (überholt) ist, darf der frühere Vermerk »insoweit« gerötet werden; die Anl 2a illustriert dies durch Beispiele. Eine materielle Gegenstandslosigkeit genügt nicht, selbst wenn sie sicher feststeht. So darf zB der Nacherbenvermerk nicht rot unterstrichen werden, wenn die Zustimmung des Nacherben zur Vorerbenverfügung nachgewiesen wird, eine Löschung des Nacherbenvermerks deswegen aber nicht stattfindet. Die Rötung per »Buchhalternase« in Gestalt eines umgekehrten »Z« ist mit eingefügtem S 2 (vgl Rdn 13) auch hier zugelassen worden für den Fall, dass Veränderungseinträge im ganzen gegenstandslos geworden sind (so zB der Vermerk über eine ältere Abtretung durch einen jüngeren Abtretungsvermerk, der sich auf dasselbe Recht bezieht).

V. Zu Abs 4a und b: Eintragung von Teilabtretungen und sonstigen Rechtsteilungen in der dritten Abteilung

1. Eintragung von Teilabtretungen

16 Abs 4 sorgt für Klarheit des Grundbuchinhalts in der dritten Abt. Durch Teilabtretung werden aus dem bisher einheitlichen Grundpfandrecht materiell mehrere selbständige Grundpfandrechte,[3] die nur äußerlich durch den Grundbuchvortrag ihren Ursprung vom gemeinsamen Stammrecht herleiten.[4] Der materiellen Verselbständigung trägt das grundbuchtechnische Kennzeichnungssystem des Abs 4 Rechnung. Danach erhält jeder Teilabtretungseintrag in der **Sp 5**:

– **in der ersten Gliederungsebene** einen besonderen *Buchstaben,* welcher der wiedergegebenen lfdNr der Stammrechtseintragung hinzugefügt wird (Abs 4a),
– **in der zweiten Gliederungsebene** eine besondere *römische Ziffer,* welche der Kennzeichnung erster Ebene hinzugefügt wird (Abs 4b).

---

3 RGZ 131, 89, 91.
4 BayObLGZ 7, 300; *Staudinger-Wolfsteiner* § 1151 Rn 7.

In den **Sp 6/7** ist der abgetretene Teilbetrag anzugeben (in Sp 6 in Ziffern, in Sp 7 in Buchstaben). Das System erfüllt seinen Zweck, ohne den Gesamtinhalt des Grundbuchs aufzubrechen. Wird vorschriftsmäßig verfahren, so sind die Teilrechte unverwechselbar gekennzeichnet, so dass in Willens- und Verfahrenserklärungen wie auch in späteren Veränderungs- und Löschungseinträgen zweifelsfrei angeknüpft werden kann.

Das **Eintragungsmuster** in der Anl 2a Abs III Sp 5–7 zu lfdNr 1 zeigt die praktische Umsetzung der Vor- **17** schrift in der Weise, dass nur die abgetretenen Teilbeträge mit einem Buchstaben bzw einer zusätzlichen römischen Zahl versehen werden, während der nicht abgetretene Restbetrag mit der schlichten lfdNr eingetragen bleibt. Mit der Zielsetzung der Vorschrift dürfte es verträglich sein, wenn nicht nur die abgetretenen Teilbeträge, sondern auch der Restbetrag mit einem Buchstaben versehen wird; bei komplexen Einträgen mit unterschiedlichen Rangbestimmungen kann diese Methode für die zu erstrebende Übersichtlichkeit vorteilhafter sein. Die Eintragung der Abtretung eines »mittelrangigen« Teilbetrages[5] wäre dann etwa gemäß folgendem **Fassungsvorschlag** zu gestalten (ähnlich, aber nicht völlig übereinstimmend mit dem neuen Muster in der Anl 1 zu Abt III Nr 3):

Spalte 5	Spalte 6	Spalte 7
5	83000 EUR	*Die Grundschuld ist aufgeteilt in:*
		a) einen erstrangigen Teilbetrag von 48000,- EUR (achtundvierzigtausend Euro),
		b) einen mittelrangigen Teilbetrag von 18400,- EUR (achtzehntausendvierhundert Euro),
		c) einen letztrangigen Teilbetrag von 16600,- EUR (sechzehntausendsechshundert Euro).
		Eingetragen am ...
5 b	18400 EUR	*Achtzehntausendvierhundert Euro nebst Zinsen und Nebenleistungen seit ... abgetreten an ... die X-Bank. Eintragen am ...*

Diese Eintragungsmethode schafft mehr Übersicht als etwa der folgende genau den Wortlaut des Abs 4 treffende Eintragungsvermerk:

5 a	18400 EUR	*Achtzehntausendvierhundert Euro nebst Zinsen und Nebenleistungen seit ... abgetreten an die X-Bank mit dem Rang nach achtundvierzigtausend Euro und vor sechzehntausend Euro. Eingetragen am ...*

Die vorgeschlagene **Vorabeintragung der Rechtsaufteilung vor der Eintragung einer Teilabtretung** ist nicht etwa inhaltlich unzulässig, denn eine Teilung einer Hypothek oder Grundschuld tritt nicht nur durch Teilabtretung oder –belastung (Nießbrauch, Verpfändung, Pfändung) ein, sondern auch dann, wenn für einen Teil eines Grundpfandrechts Besonderheiten bezüglich des Inhalts (zB spezielle Zins- und Zahlungsbedingungen)[6] oder bezüglich des Ranges (zB Rangrücktritt eines Rechts hinter »einen erstrangigen Teilbetrag von ...«)[7] geschaffen werden. Es ist auch anerkannt, dass allein durch teilweise Rangänderung ein eingetragenes Grundpfandrecht in mehrere selbständige Teilrechte aufgespalten werden kann.[8] Der materiellrechtliche Vorgang der Rechtsteilung durch Rangänderung (§ 1151 iVm § 880 BGB) – streitig, ob bei außerhalb des Grundbuchs teilweise abgetretenem Briefrecht eintragungsbedürftig[9] – gestaltet sich ohnehin vor der Abtretung unkomplizierter als hinterher, weil vorher ein Gläubiger (der Zedent) allein, hinterher auch der Zessionar beteiligt ist.[10]

2. Eintragung von sonstigen Rechtsteilungen

Wie erwähnt, führen nach materiellem Recht nicht nur Teilabtretungen, auf die allein sich Abs 4 dem Wortlaut **18** nach bezieht, zur Aufspaltung von Grundpfandrechten. Das Gegenteil ergibt sich aus dem Gesetz (wichtigste Fälle nennt § 1176 BGB), und vielfältig sind die vorstehend (Rdn 17 aE) angedeuteten Möglichkeiten der Beteiligten zu rechtsgeschäftlichen Sondergestaltungen mit der Folge materieller Rechtsaufspaltung. Besonderheiten sind zu beachten, insbesondere:

---

5 Hat Dreiteilung des Rechts zur Folge: OLG Hamm Rpfleger 1992, 340 m Anm *Meyer-Stolte* Rpfleger 1992, 386; folgend *Staudinger-Kutter* § 880 Rn 3; *Schöner/Stöber* Rn 2409.

6 OLG Hamm Rpfleger 1984, 60 mwN = DNotZ 1984, 489; *Staudinger-Wolfsteiner* Rn 3, BGB-RGRK-*Mattern* Rn 1, MüKo-*Eickmann* Rn 4, *Palandt-Bassenge* Rn 1, je zu § 1151; dazu *Bestelmeyer* § 61 GBO Rn 18 mwN.

7 Eingehend dazu *Bauch* Rpfleger 1984, 348, 349/350 (abl Anm zu LG Augsburg Rpfleger 1984, 348) mit Eintragungsmustern zur unbedingten und (seiner Meinung nach) bedingten Rangänderung eines Rechtsteiles und zutreffenden Argumenten zur Bestimmtheitsfrage (»erstrangiger« Teilbetrag); BayObLG Rpfleger 1985, 434 (Bestimmtheitsfrage vernachlässigt); dazu *Bestelmeyer* aaO (Fn 6).

8 RGZ 75, 245, 249; KG JFG 14, 146 = OLGE 9, 347 = JW 1937, 113; LG Frankenthal Rpfleger 1983, 142; OLG Zweibrücken Rpfleger 1985, 54, 55; *Demharter* § 61 Rn 4; *Bestelmeyer* aaO (Fn 6).

9 Eintragungsbedürftig: *Bestelmeyer* (früher *Schmid*) Rpfleger 1988, 136; 1992, 151; im Anschluss daran *Palandt-Bassenge* § 1151 Rn 3; *Schöner/Stöber* Rn 2412; **aA:** OLG Hamm Rpfleger 1988, 58 nebst Anm *Muth* = NJW-RR 1988, 461 = DNotZ 1988, 249; OLG Düsseldorf Rpfleger 1991, 240; MüKo-*Wacke* § 1151 Rn 9; *Demharter* § 45 Rn 47.

10 Gangbare Wege für das Eintragungsverfahren zeigt *Bestelmeyer* aaO (Fn 9) auf.

– Die **Vollstreckungsunterwerfung** nebst Eintragung der Unterwerfungsklausel (§ 800 ZPO) ist prozessuales Nebenrecht, verändert deshalb nicht den materiellen Inhalt des Rechts, auf das sie sich bezieht; wird sie bezüglich eines Teilbetrages einer Hypothek oder Grundschuld erklärt, so hat sie demgemäß keine Rechtsaufteilung zur Folge und setzt sie auch nicht voraus, so dass der Gläubiger weder bei der Erklärung noch bei der Eintragung mitzuwirken braucht.[11] Eine Rechtsaufteilung ist jedoch möglich, zB durch Unterwerfung ausdrücklich wegen eines »letztrangigen Teilbetrages«;[12] für die Rangänderung ist dann aber der Gläubiger kompetent, nicht der sich unterwerfende Eigentümer (§ 1151 iVm § 880 BGB). Die Unterwerfung wegen eines »zuletzt zu zahlenden Teilbetrages« ist keine Rechtsaufteilung (Rangbestimmung) und somit ohne Mitwirkung des Gläubigers möglich und eintragungsfähig.[13] Eintragungsmodus: Vor GBV Rdn 175.

– Für den **Vollstreckungszugriff (Pfändung)** gilt in etwa Gleiches: Auch wenn die (titulierte) Forderung, wegen deren gepfändet wird, geringer ist als der Nennbetrag des gepfändeten Grundpfandrechts, bedarf es keiner Rechtsaufteilung, ist regelmäßig das Grundpfandrecht im Ganzen Pfandobjekt. Eine Teilpfändung ist aber möglich; der Pfändungsbeschluss ist maßgeblich für die Bezeichnung des gepfändeten Teilbetrages und seines Ranges.[14]

19 Die **extensive Anwendung des Abs 4** über den Wortlaut hinaus auf die Eintragung von Rechtsteilungen iS des § 1151 BGB überhaupt wird befürwortet, da sie die Transparenz und Übersichtlichkeit des Grundbuchinhalts fördert.[15]

VI. Zu Absatz 5: Teillöschungen in der dritten Abteilung

20 Die Löschung eines Teilbetrages wird in den Sp 8 bis 10 der dritten Abt gebucht; sie ist eine partielle Totallöschung (vgl § 11 GBV Rdn 51). Im Anschluss an die Teillöschung ist gemäß Abs 5 wie folgt zu verfahren:

1. Löschung eines unselbständigen Teilbetrages

21 Die Löschung eines nicht verselbständigten Teilbetrages hat meistens nicht zur Folge, dass Teile des Eintragungstextes in Sp 4 als gegenstandslos zu röten wäre. Stattdessen ordnet Abs 5 S 1 Absetzung (Subtraktion) des gelöschten Teilbetrags in der Sp 3 an; der bisherige Betrag wird an keiner Stelle gerötet. Anschauungsbeispiel: Anl 1 bezüglich Abt III Nr 2.

2. Löschung eines selbständigen Teilbetrages

22 Wird ein gemäß Abs 4a, 4b verselbständigter Rechtsteil gänzlich gelöscht, so ist zunächst in Sp 8 der Löschungsvermerk entsprechend zu adressieren (vgl Anl 2a bezüglich Abt III Nr 1: Ein Löschungsvermerk ist mit »1 b« adressiert). In diesem Fall ist gemäß Abs 5 S 2 der gelöschte Betrag sowohl in der Sp 3 als auch in der Sp 6 abzusetzen. Anschauungsbeispiel: Anl 2a bezüglich Abt III Nr 1 (die Absetzung in Sp 6, im ehemaligen Muster vorhanden, ist allerdings im aktualisierten Muster unterblieben). Zu röten ist ein durch die Löschung gegenstandslos gewordener Eintrag in der Veränderungsspalte. Als Anordnung in diesem Sinne ist der im letzten Satz des Abs 5 ursprünglicher Fassung angebracht gewesene Hinweis auf Abs 2 verstanden worden[16] (ursprünglicher Wortlaut »Bezieht sich diese Löschung auf einen Teilbetrag (Abs 2), so ist der gelöschte Teil auch in Spalte 6 von dem Teilbetrag abzuschreiben.«). In der Neufassung ist statt auf Abs 2 auf Abs 4a, 4b verwiesen, entspricht die vorstehend erwähnte Rötung in der Veränderungsspalte aber nach wie vor dem Sinn der Gesamtregelung des § 17 (allerdings erleichtert auch in diesem Punkt die Aktualisierung des Eintragungsmusters in der Anl 2a zu Abt III Nr I nicht den Nachvollzug der Entwicklung).

---

11 BGHZ 108, 372 mwN = NJW 1990, 258 = Rpfleger 1990, 16 = DNotZ 1990, 586 m krit Anm *Wolfsteiner*; **aA:** *Bestelmeyer* aaO (Fn 6).

12 BayObLGZ 1985, 141 (andeutungsweise) = Rpfleger 1985, 355 = DNotZ 1985, 476; OLG Hamm OLGZ 1987, 31 = NJW 1987, 1090 = Rpfleger 1987, 59 = DNotZ 1988, 233; *Wolfsteiner* DNotZ 1988, 234, 235; *Schöner/Stöber* Rn 2044.

13 BGH aaO (Fn 11) auf Vorlage von OLG Bremen (Bestätigung von OLG Hamm und BayObLG aaO, Fn 12); zweifelnd *Bestelmeyer* aaO (Fn 6).

14 *Schöner/Stöber* Rn 2459, 2482 mwN.

15 Im Ergebnis ebenso KEHE-*Eickmann* Rn 5.

16 Vgl *Hesse-Saage-Fischer* Anm V.

§ 18   (Rangvermerke)

Angaben über den Rang eines eingetragenen Rechts sind bei allen beteiligten Rechten zu vermerken.

I. Allgemeines

Verfahrensvorschriften verlangen verschiedentlich mehr Präzision als nach materiellem Recht unbedingt erforderlich ist; § 18 gehört dazu (vgl Vor GBV Rdn 45, 55). § 18 ist eine buchungstechnische Ausführungsregel, regelt das »Wie«, nicht das »Ob«: Wenn – nötig oder nicht – »Angaben über den Rang eines eingetragenen Rechts« in das Grundbuch aufgenommen werden, sollen sie stets bei allen beteiligten Rechten vermerkt werden. Auf die Erläuterungen und Hinweise zu § 45 GBO wird verwiesen. Folgende Ausführungen beschränken sich auf einige Richtlinien. **1**

II. Anwendungsbereich

1. Kreis der »Rechte« im Sinne der Vorschrift

Zweckentsprechend (vgl Rdn 1) ist § 18 eher extensiv als restriktiv zu gebrauchen. Im weiten Sinne ist zunächst der Ausdruck »Rechte« zu verstehen, § 18 ist demgemäß anwendbar, **2**
- **soweit § 879 BGB gilt** (alle beschränkten dinglichen Rechte an Grundstücken sowie an Grundstücksrechten, die durch Eintragung im Grundbuch zur Entstehung gelangen, sowie die Vormerkungen solcher Rechte),[1] zur Besonderheit der Eigentumsvormerkung: Rdn 7, Rdn 8;
- **soweit § 45 GBO gilt** (umfasst außer den gemäß § 879 BGB rangfähigen Rechten insb auch Verfügungsbeschränkungen und Widersprüche mit Rücksicht darauf, dass sie ab Eintragung gemäß § 892 Abs 1 BGB vor Rechtsverlust durch gutgläubigen Erwerb schützen);[2]
- **darüber hinaus** auch für Rechte, die außerhalb des Grundbuchs entstehen, so dass nicht die Grundbucheintragung, sondern der Entstehungszeitpunkt rangbegründend wirkt; außerdem für Rechte, die aufgrund von Sondervorschriften nicht nach den Regeln des § 45 GBO in das Grundbuch einzutragen sind.[3]

2. Rangbestimmung bei Ersteintragung mehrerer Rechte

Das ursprüngliche Rangverhältnis unter mehreren zulasten desselben Objekts (Grundstück, grundstücksgleiches Recht, Miteigentumsanteil, Wohnungseigentum) neu eingetragenen beschränkten dinglichen Rechten und/oder rangsichernden Vormerkungen (§ 883 Abs 3 BGB) wird *durch die Eintragung allein* bestimmt (§ 879 Abs 1 und 2 BGB), falls die Parteien nichts anderes vereinbart haben. Haben die Parteien eine abweichende Bestimmung des Rangverhältnisses getroffen, so wird sie wirksam durch eine damit übereinstimmende Eintragung (§ 879 Abs 3 BGB); im Falle des Scheiterns tritt die gesetzliche eintragungsbestimmte Rangfolge ein. **3**

a) Buchungsmöglichkeiten nach § 45 GBO iVm § 879 Abs 1 BGB **zur Herstellung des ursprünglichen Rangverhältnisses** unter mehreren erstmalig einzutragenden Belastungen desselben Grundstücks:[4] **4**
- **Gleicher Rang** *in derselben Abt* ist *nur* durch *Rangvermerke* darstellbar, deshalb sind sie gemäß § 45 Abs 1 GBO ggf von Amts wegen einzutragen.
- **Gestufter Rang** *von der einen zur anderen Abt* ist darstellbar *entweder* durch unterschiedliche Eintragungsdaten (Tagesabstand) *oder* durch *Rangvermerke*; die Eintragung letzterer ist nach § 45 Abs 2 GBO von Amts wegen geboten, die erstgenannte Alternative dort zwar nicht vorgesehen, aber auch nicht verboten.

---

1 Näheres dazu: § 45 GBO Rdn 11 bis 18, 22, 23 mwN.
2 Zu den Besonderheiten der Verfügungsbeschränkungen (terminus entspr § 892 Abs 1 S 2 BGB) und Widersprüchen siehe § 45 GBO Rdn 20, 21 mwN.
3 Dazu: § 45 GBO Rdn 25 bis 38 mwN.
4 Speziell zur Rangdarstellung durch Rangvermerke *Streuer* Rpfleger 1985, 388; ausführlich zum Rangverhältnis im Grundbuchverfahren *Böttcher* BWNotZ 1988, 73 und zur Rangdarstellung auch § 45 GBO Rdn 49 ff.

– Einer **Rangbestimmung** (primär in der Eintragungsbewilligung gemäß § 19, sekundär im Eintragungsantrag gemäß § 45 Abs 3 GBO) kann das GBA *entweder* durch eine der Bestimmung *entsprechende Eintragungsreihenfolge* (nach den Regeln des § 879 Abs 1 BGB) *oder* durch andere (der Antragsfolge gemäße) Eintragungsreihenfolge und entsprechende *Rangvermerke* Folge leisten.

5 **b) Wirkung der Rangvermerke bei Ersteintragungen:** Die hM erkennt den Rangvermerken rangbestimmende formale Rechtskraft zu, falls keine parteiliche Rangvereinbarung (§ 879 Abs 3 BGB) erfolgt ist, unerheblich, ob das GBA § 45 Abs 1 und 2 GBO eingehalten oder verletzt hat. Für den Fall aber, dass eine Rangvereinbarung getroffen, mangels konformer Eintragung jedoch unwirksam geblieben ist (§ 879 Abs 3 BGB), wird etwaigen Rangvermerken die rangbestimmende Kraft versagt, soll sich die dann (falls die Rechte trotz Scheiterns dieses Einigungspunktes gemäß § 139 BGB als entstanden anzusehen sind[5]) eingetretene gesetzliche Rangfolge nach der räumlichen bzw zeitlichen Eintragungsfolge (§ 879 Abs 1 BGB) unter Wegdenken der Rangvermerke richten und die durch die Rangvermerke gegebene Rangfolge eine Unrichtigkeit im Sinne des § 894 BGB sein. *Streuer*[6] hat überzeugend den systematischen Widersinn und die Unnützlichkeit (für die Beteiligten) der unterschiedlichen Bemessung der Aussagekraft von zur Herstellung des *ursprünglichen Rangverhältnisses* eingetragenen Rangvermerken aufgedeckt und gelangt zu Recht im Wesentlichen zu folgendem Ergebnis:

»Werden mehrere beschränkte dingliche Rechte gleichzeitig unter Verwendung von Rangvermerken im Grundbuch eingetragen, dann erhalten sie im Verhältnis zueinander den Rang, den die Rangvermerke zum Ausdruck bringen, unerheblich, ob dieser Rang den Rangvereinbarungen entspricht und ob er unter Verletzung der Verfahrensvorschriften zustande gekommen ist. Ein Abweichen von der Vereinbarung könnte nur das Nichtentstehen der Rechte überhaupt (§ 139 BGB), nicht aber eine Unrichtigkeit des Grundbuchs zur Folge haben.«

6 **c) Für außerhalb des Grundbuchs entstandene Lasten und Beschränkungen** gilt § 879 BGB nicht, deren berichtigende Eintragung hat deshalb *keine rangbestimmende, sondern rangdarstellende Aufgabe*, sofern die betreffenden Rechte überhaupt rangfähig sind. Rangbestimmend ist jeweils der Entstehenszeitpunkt, der durch die räumliche bzw zeitliche Reihenfolge der berichtigenden Eintragungen naturgemäß im Grundbuch nicht hervortritt. Deshalb ist hier die Rangdarstellung durch Rangvermerke angebracht. Zu den außerhalb des Grundbuchs entstehenden Rechten gehören insb [Näheres dazu § 22 GBO Rdn 22 ff]:

– **Beschränkte dingliche Rechte an Grundstücken nur ausnahmsweise.** Wichtiges Beispiel: Die gemäß § 1287 BGB bzw § 848 Abs 2 ZPO kraft Gesetzes entstehende Sicherheitshypothek. Sie ist Surrogat für das bisherige Pfandrecht am Eigentumsverschaffungsanspruch, das bei gehöriger Anspruchserfüllung untergeht. Ihr Rang wird zwar durch den Entstehungszeitpunkt (Eigentumserwerb des Gläubigers des ver- oder gepfändeten Anspruchs) begründet, aber nicht allein bestimmt; schuldet der Erwerber dem Veräußerer als Gegenleistung eine Kaufgeldhypothek und/oder sonstige dingliche Rechte, so gebührt diesen der Vorrang.[7] Keinesfalls richtet sich der Rang der Sicherungshypothek nach Zeit und Ort ihrer Eintragung; deshalb ist die Darstellung ihres Ranges im Verhältnis zu den konkurrierenden Rechten durch Rangvermerke geboten.[8]

– **Beschränkte dingliche Rechte an Grundstücksrechten** (Nießbrauch, Pfandrecht), falls sie ein Briefrecht zum Gegenstand haben (vgl § 26 GBO Rdn 20 ff). Für die Belastung eines Buchrechts gelten dagegen die §§ 873, 879 BGB, fraglos auch § 45 GBO (fragwürdig dessen Anwendbarkeit bei Briefrechten,[9] dazu § 45 GBO Rdn 38; § 17 GBO Rdn 12). Die räumliche Reihenfolge der Eintragungsvermerke in der Veränderungsspalte ist daher rangbestimmend, falls mehrere Nießbrauchs- bzw Pfandrechte zulasten *eines* Buchgrundpfandrechts eingetragen sind.[10] Beziehen sich die Eintragungsvermerke auf ein Briefrecht, so kann mangels Geltung des § 879 BGB das Rangverhältnis dagegen nicht aus der Eintragungsreihenfolge abgelesen werden, so dass die Rangdarstellung durch Rangvermerke nötig ist.[11] Anzuraten ist, in jedem Falle, also auch bei mehrfacher Belastung eines Buchrechts, Rangvermerke einzutragen; dadurch werden Unsicherheiten beim späteren Benutzer angesichts der Ungewöhnlichkeit derartiger Eintragungen vermieden.

---

5 Dazu BGH NJW-RR 1990, 206.
6 AaO (Fn 4). Folgend *Böttcher* aaO (Fn 4) S 76/77, 81/82 und hier § 45 GBO Rdn 221 und *Knothe* in *Bauer/v Oefele* § 45 GBO Rn 25; missverstanden von OLG Brandenburg FGPrax 2002, 49, 51/52.
7 Dazu eingehend *Böttcher* Rpfleger 1988, 252/253 und *Kerbusch* Rpfleger 1988, 475, je mwN (in den Grundfragen übereinstimmend).
8 Etwa ebenso *Kerbusch* aaO (Fn 7) S 477; OLG Jena aaO (Fn 7). Hinweis: BayObLGZ 1990, 318 = NJW-RR 1991, 567; BayObLG Rpfleger 1994, 162: Eigentumsvormerkung gewährt keinen Schutz vor Rangverlust nicht eingetragener Sicherungshypothek durch gutgläubigen Erwerb.
9 KGJ 35 A 297 ist in dieser Frage zu verallgemeinernd verstanden worden (vgl Begründung S 301).
10 KGJ 39 A 248; *Planck-Strecker* Anm 7 d, *Staudinger-Kutter* Rn 15, BGB-RGRK-*Augustin* Rn 6, alle zu 879; *Güthe-Triebel* § 45 Rn 4.
11 So auch im Falle von KGJ 35 A 297, 298 (Eintragung mit dem Bemerken, dass sich die Rangfolge nach der Reihenfolge bestimme); sonst kaum erörtert.

– **Verfügungsbeschränkungen,** deren Eintragung erfolgt, um ein Versagen ihrer Schutzwirkung durch gutgläubigen Erwerb zu verhindern (§ 892 Abs 1 S 2 BGB). Sie haben keinen Rang iS des § 879 BGB und können folglich nicht gemäß § 880 BGB im Range vor- oder zurücktreten. Trotzdem werden zu Recht die §§ 17, 45 GBO (Eintragungsreihenfolge gemäß Eingangsfolge) entsprechend angewandt, weil für § 892 BGB der Eintragungszeitpunkt wirkungsrelevant ist (Vorrang iS einer »Wirksamkeitsreihenfolge«, nicht einer das echte Rangverhältnis nach § 879 BGB prägenden »Befriedigungsreihenfolge«[12]). Als zulässig angesehen wird es seit langem, statt einer unzulässigen Rangänderung durch einen im Wege der Grundbuchberichtigung (§ 22 GBO) eintragbaren »**Wirksamkeitsvermerk**« (Wortlaut: Rdn 16 aE) zum Ausdruck zu bringen, dass ein eingetragenes Recht (idR eine Grundschuld) einer eingetragenen Verfügungsbeschränkung gegenüber wirksam ist, falls zB der Tatbestand des § 878 BGB erwiesen ist[13] oder der durch die Verfügungsbeschränkung Geschützte, zB der Nacherbe, der Grundschuldbestellung zugestimmt hat;[14] ein »deklaratorischer Rangvermerk«[15] (wörtlich genommen) würde dieses spezielle Rechtsverhältnis vernebeln.

d) Sonderfall Eigentumsvormerkung: Die lange Zeit geübte Praxis, durch Vorrangeinräumung einem Grundpfandrecht Bestandskraft gegenüber einer Eigentumsvormerkung (Auflassungsvormerkung) zu verschaffen, ist ins Wanken geraten. Seit 1993[16] ist die an § 883 Abs 3 BGB anknüpfende »Ranglösung« (mit konstitutiver Eintragung analog § 879 oder § 880 oder § 881 BGB) in Frage gestellt durch die an § 883 Abs 2 BGB anknüpfende »Zustimmungslösung« mit Wirksamkeitsvermerk im Grundbuch (deklaratorische Eintragung). Sie nutzt die (außer Streit stehende) Möglichkeit, einer vormerkungswidrigen relativ unwirksamen Verfügung durch Zustimmung des Vormerkungsberechtigten materiellrechtliche Vollwirksamkeit zu verschaffen.[17] Widerspruch erhob sich gegen die Institutionalisierung des für die Verfügungsbeschränkungen anerkannten Wirksamkeitsvermerks auch für die Vormerkung, vornehmlich in der Rechtsprechung. Gipfelpunkt des Streits: Das OLG Köln[18] versagte das Bedürfnis für die Eintragung des Wirksamkeitsvermerks unter Verweis auf die hergebrachte Rangrücktrittsmöglichkeit. Das OLG Hamm[19] trat dagegen für eine alternative Handhabung ein und überließ deshalb dem BGH die Entscheidung. Der BGH (5. ZS)[20] ist dem OLG Hamm gefolgt. Die **Zulässigkeit des Wirksamkeitsvermerks** ist nun auch in Bezug auf die Eigentumsvormerkung (Auflassungsvormerkung) **höchstrichterlich anerkannt**; auch zum Eintragungsmodus hat sich der BGH geäußert. Aber auf die *Funktion der Eintragung* ist er leider nicht dezidiert eingegangen. Die Zulässigkeitsschranke des § 71 II 1 GBO ist mit der Bemerkung überwunden, dass es lediglich um einen »klarstellenden Vermerk« gehe. Der Kernpunkt der Begründung wiederholt dies mit den Worten: »*Der Wirksamkeitsvermerk ist ein einfaches Mittel, für jedermann Klarheit zu schaffen und damit die Publizitätswirkung des Grundbuchs (§ 891 bis 893 BGB) zu fördern*«. Dies wörtlich genommen, würde bedeuten: Eintragung von Amts wegen (vgl Vor GBV Rdn 58). Dagegen sind jedoch Bedenken zu erheben. Das vorlegende Gericht ist davon ausgegangen, dass es sich bei dem Wirksamkeitsvermerk um eine berichtigende Eintragung handelt,[21] was der bis dato überwiegenden aber nicht ganz einheitlichen Auffassung entspricht.[22] Es hätte mithin für den BGH Anlass gegeben, sich mit der funktionellen Bedeutung der Eintragung des Wirksamkeitsvermerks eingehender zu befassen. Der hM, dass die Eintragung des Wirksamkeitsvermerks eine Grundbuchberichtigung darstellt, wird zu folgen sein. Die Grundbuchunrichtigkeit besteht darin, dass die nach der Vormerkung eingetragene Belastung nach der Eintragungsreihenfolge als relativ unwirksam erscheint, obwohl sie durch die Zustimmung des Vormerkungsberechtigten außerhalb des Grundbuchs volle Wirksamkeit erlangt hat.[23]

Nicht neu aufgegriffen ist in vorbezeichneter BGH-Entscheidung die **Frage der Rangfähigkeit** der Auflassungsvormerkung. Vielmehr scheint es so, dass der BGH – wie das vorlegende Gericht – die Wirksamkeitslösung als Alternative zur Ranglösung sieht; denn in den Gründen findet sich der Satz: »*Zwar lässt die nach § 879 I 2 BGB dem Grundpfandrecht vorgehende Vormerkung (zur Rangfähigkeit der Vormerkung vgl RGZ 124, 200/202;*

---

12 Eingängige Charakterisierung von KEHE-*Eickmann* § 45 GBO Rn 8.

13 *Keller* BWNotZ 1998, 25/26 mwN.

14 KG JFG 13, 111 = JW 1935, 3560 = HRR 1935 Nr 1525; OLG Hamm Rpfleger 1957, 19; BayObLG FGPrax 1997, 135, 136; vom BGH aaO (Fn 20) gebilligt.

15 Ausdruck von MüKo-*Wacke* § 879 Rn 6.

16 Vorschlag von *Lehmann* NJW 1993, 1558.

17 Nach *Staudinger-Gursky* § 883 Rn 268 ist auch die gebräuchliche Vorrangeinräumung in Wirklichkeit eine Zustimmung, die die Elisionswirkung des § 883 Abs 2 BGB ausschaltet.

18 Rpfleger 1998, 106 mwN = DNotZ 1998, 311.

19 FGPrax 1999, 4 mwN = Rpfleger 1999, 68.

20 BGHZ 141, 169 = NJW 1999, 2275 = FGPrax 1999, 128 = Rpfleger 1999, 383 = DNotZ 1999, 1000.

21 FGPrax 1999, 4, 5 mwN = Rpfleger 1999, 68, 69.

22 RGZ 154, 355, 367; *Lehmann* aaO (Fn 16) S 1559; *Frank* MittBayNot 1996, 271, 272; *Stöber* MittBayNot 1997, 143, 145; *Keller* BWNotZ 1998, 25, 27 ff (eingehend zu den Verfahrensfragen); *Demharter* § 22 Rn 19; **aA** *Schöner/Stöber* (schon in 11. Aufl 1997) Rn 296 (Klarstellungsvermerk).

23 Zur Spezifik der Grundbuchunrichtigkeit eingehend Keller aaO (Fn 22) mwN.

BGHZ 46, 124/127) dessen Wirksamkeit gegenüber dem Vormerkungsberechtigten unberührt«.[24] Immerhin ist die Diskussion neu entfacht; es mehren sich die Stimmen, die für den Abschied von der Rangfähigkeit der Auflassungsvormerkung eintreten und das mit überzeugenden Argumenten.[25]

8 Dass der BGH (5. ZS) die Vorstellung von der Rangfähigkeit der Auflassungsvormerkung nicht aufgegeben hat, zeigt auch sein Urteil vom 26.11.1999,[26] in dem die **Wiederverwendung der nicht gelöschten Eintragung einer erloschenen Auflassungsvormerkung** durch eine neue Eintragungsbewilligung ohne neue Eintragung für rechtens erklärt ist, und zwar mit der Maßgabe, dass sich der »Rang« der neu bewilligten Vormerkung nicht nach der alten Eintragung, sondern nach dem Zeitpunkt der neuen Bewilligung bestimmt. Der Verzicht auf eine Grundbuchberichtigung und Neueintragung dürfe nicht dazu führen, das die Rangvorschriften des § 879 BGB umgangen werden, deswegen entfalte die neuerlich bewilligte Vormerkung keine auf den alten Eintragungszeitpunkt zurückreichende Sicherungswirkung, so heißt es in den Gründen dazu, außerdem wörtlich: *»Dies ist gegebenenfalls im Interesse der Grundbuchklarheit im Grundbuch zum Ausdruck zu bringen«.* Zu Recht sind diese Aussagen scharf kritisiert worden.[27] Die **Rangbestimmung allein durch** (materiellrechtlich nicht formbedürftige) **Erklärung** für ein Institut, das nach dem Gesetz (§ 885 Abs 1 BGB) zu seiner Begründung einer konstitutiven Eintragung bedarf, das **ist ein Systembruch**, der nicht zu den §§ 879, 880, 881 BGB passt! Aus dem vom BGH angeführten § 879 Abs 2 BGB ergibt sich das Gegenteil (Rangbestimmung durch *Eintragung* bei nachfolgender Einigung). Außerdem hat der BGH nicht gesagt und es ist auch nicht erkennbar, wie und auf wessen Veranlassung und wann der »klarstellende« Rangvermerk in das Grundbuch eingetragen werden soll.[28]

Fazit: Der BGH hat in einer zivilprozessualen Entscheidung den eigenartigen Verlauf eines Sachverhalts gebilligt. Zur Richtlinie für die Grundbuchführung und das Verfahren braucht sie nicht und kann sie auch nicht genommen werden. Im Interesse der Grundbuchklarheit sollte es dabei bleiben, dass in derartigen Fällen die bisherige Eintragung gelöscht und eine Neueintragung vorgenommen wird, beides im Wege eines regulären Eintragungsverfahrens; allenfalls hinnehmbar ist ein Ergänzungseintrag in der Veränderungsspalte.[29]

3. Rangänderung und Ausübung eines Rangvorbehalts

9 Hier haben die Rangvermerke nach materiellem Recht weder rangbestimmende noch rangdarstellende, sondern *rechtschaffende (konstitutive) Funktion* im Zusammenwirken mit den nach den §§ 880, 881 BGB erforderlichen rechtsgeschäftlichen Erklärungen. Zur Bewirkung einer Rangänderung genügt nach hM die Eintragung beim zurücktretenden Recht (analog § 881 Abs 2 BGB),[30] zur Ausnutzung eines Rangvorbehaltes die Eintragung bei dem Recht, dem der vorbehaltene Vorrang oder Gleichrang beigelegt wird (analog § 879 Abs 3 BGB).[31] § 18 gebietet dem GBA die Eintragung auch bei den mitbeteiligten Rechten, wenngleich es hier nicht in strengem Sinne um »Angaben über den Rang« handelt. Zur Zulässigkeit und Buchung von Rangänderungen unter Beschränkungen, Bedingungen oder Befristungen: Vor GBV Rdn 174 mwN.

10 Die **Änderung des Ranges von Rechtsteilen untereinander**, zulässig bei oder nach der Teilung eines Grundpfandrechts (§ 1151 BGB), ist *eintragungsbedürftig* gemäß § 880 BGB, auch wenn sie anlässlich einer nicht eintragungsbedürftigen Teilabtretung von Briefrechten stattfindet.[32] Werden Rechtsaufteilung und Änderung des ursprünglichen Gleichrangs der Teile zugleich eingetragen, entfällt eine Anwendung des § 18, weil nicht mehrere Rechte beteiligt sind (zum Eintragungsmodus: § 17 GBV Rdn 17). Sind bereits verselbständigte Teilrechte im Grundbuch gebucht, weil die Eintragung der Rangänderung der Eintragung der Rechtsaufteilung nachfolgt, so sind entsprechend § 18 wechselseitige Rangvermerke bei den Teilrechten zu buchen; vorteilhaft für die Anknüpfung der Rangvermerke ist die in Abweichung von § 17 Abs 4a vorgeschlagene Kennzeichnung sämtlicher Rechtsteile mit einem besonderen Buchstaben (dazu § 17 GBV Rdn 17).

---

24 *Lehmann* NJW 1999, 3318 kritisiert, dass die zitierten Entscheidungen kein brauchbarer Beitrag zur Klärung der Rangfähigkeit der Eigentumsvormerkung sind.

25 Außer *Lehmann* und *Keller* aaO (Fn 22) *Schubert* DNotZ 1999, 967, 970 ff; *Schultz* RNotZ 2001, 541, 546; *Skidzun* Rpfleger 2002, 9; *Lehmann* NotBz 2002, 205; *Staudinger-Gursky* Rn 260 ff. Das LG Darmstadt (NJW-RR 2003, 233 = Rpfleger 2003, 123) hat deshalb die Eintragung eines zusätzlichen Wirksamkeitsvermerks (neben einer Vorrangseintragung) zugelassen.

26 Fundstellen: § 12 Fn 33.

27 Insb von *Streuer* Rpfleger 2000, 155 und *Demharter* MittBayNot 2000, 106.

28 So *Demharter* aaO (Fn 26) S 107.

29 Etwa in diesem Sinne *Amann* MittBayNot 2000, 197, 201.

30 So MüKo-*Wacke* § 880 Rn 9 und *Westermann* § 81 II 2 je mwN (auch zur Gegenmeinung: Eintragung bei beiden Rechten); eingehend und weitergehend *Fratzky* BWNotZ 1979, 27, 28 (Eintragung bei einem Recht, auch dem vortretenden, genügt für materielle Wirksamkeit); dazu § 45 GBO Rn 112 mwN.

31 KGJ 36 A 222, 225; § 45 GBO Rdn 191 mwN.

32 Streitig, dazu § 17 Fn 9.

4. Veränderungseintragungen

Ob die Eintragung von *belastungserweiternden* Inhaltsänderungen und Nachverhaftungen in der Veränderungs- **11**
spalte den Rang der Eintragung in der Hauptspalte, zu der sie gehören, teilen, sofern nichts Gegenteiliges in
dem Veränderungseintrag vermerkt ist (Grundsatz der »Rangeinheit von Haupt- und Veränderungsspalte«) oder
ob mit Rücksicht auf das Prioritätsprinzip von der gegenteiligen Regel auszugehen ist, ist neuerdings umstritten (dazu § 11 GBV Rdn 7). Wie an vorbezeichneter Stelle bereits ausgeführt, ist zur Meidung von Unsicherheiten die Anbringung von Rangvermerken bei allen derartigen Veränderungseinträgen dringend anzuraten.
Eintragungsmodus: § 11 GBV Rdn 7, 47; im Übrigen Rdn 38-43; § 48 GBO Rdn 98 bis 103.

III. Zur Buchungsweise der Rangvermerke

1. Allgemeines

Rangvermerke sind stets direkt im Grundbuch zu buchen; nur bei den konstitutiven Eintragungen (Rangände- **12**
rung gemäß § 880 Abs 1, 2 BGB, Rangvorbehalt gemäß 881 Abs 1, 2 BGB und dessen Ausübung) kommt
wegen eventueller inhaltlicher Modalitäten entsprechend § 874 BGB eine Bezugnahme auf die Eintragungsbewilligung in Frage (vgl Vor GBV Rdn 174).

2. Buchungsort

Nicht vorgeschrieben, aber vorgesehen (vgl Eintragungsmuster in den Anl) sowie allgemein gebräuchlich ist es, **13**
bei Neueinträgen den Rangvermerk im Eintragungsvermerk in der Hauptspalte zu buchen (zweckmäßigerweise an dessen Ende vor der Schlussfloskel, etwa wie »... *im Range vor/im Range nach/im Gleichrang mit Abt ...*
Nr ... eingetragen am ...«). Ansonsten gehören die Rangvermerke in die Veränderungsspalte.

3. Buchungsart

Für den Text der Rangvermerke gilt das ungeschriebene allgemeine Bestimmtheitsgebot, das Postulat der Klar- **14**
heit und Eindeutigkeit aller Eintragungen (dazu Vor GBV Rdn 32).
– *Eindeutig* bezieht sich ein uneingeschränkter Rangvermerk auf die beteiligten Rechte in ihrer Gesamtheit.
  Betrifft eine Rangänderung nur einen Teil des vor- oder des zurücktretenden Rechts (dazu § 17 GBV
  Rdn 17 mwN) oder sind Nebenleistungen ausgenommen, so muss diese Besonderheit hinreichend deutlich
  aus den Eintragungsunterlagen hervorgehen[33] und in den wechselseitigen Rangvermerken zum Ausdruck
  gebracht werden; Bezugnahme auf die Eintragungsbewilligung (vgl Rdn 12) ist zur Umfangsbegrenzung
  eines Rangvermerks nicht zulässig.
– Der *Klarheit* des Grundbuchs dient es, wenn die funktionelle Verschiedenheit der Rangvermerke im Eintragungstext zum Ausdruck gebracht wird:

a) Rangbestimmungsvermerke (vgl Rdn 5), erhalten einen Wortlaut, der die Absolutheit ihrer rangbestim- **15**
menden Wirkung anzeigt, zB: »... *im Rang vor Abt ... Nr ...*« mit Gegenvermerk: »... *im Rang nach Abt ... Nr*
...« oder: »*Abt ... Nr ... hat Vorrang ...*« mit Gegenvermerk: »*Abt ... Nr ... hat Nachrang ...*« oder: »*Gleichrang*
mit Abt ... Nr ...« mit umgekehrtem Gegenvermerk. Ob die Rangvermerke auf der Antragszeitfolge (§ 45
Abs 1, 2 GBO) oder auf einer Rangbestimmung (§ 19 bzw § 45 Abs 3 GBO) beruhen, bedarf (nach der hier
unterstützten Annahme der Wirkungsgleichheit[34]) keiner unterschiedlichen Kennzeichnung.

b) Für **Rangänderungsvermerke** (vgl Rdn 9) empfiehlt sich (nicht notwendig, weil aus den Eintragungsda- **16**
ten der beteiligten Rechte ohnedies erkennbar) ein Wortlaut, der die nachträgliche Rechtsänderung anzeigt, zB
für eine Vorrangseinräumung etwa so:
– **Rechte derselben Abteilung beteiligt:** Ein Sammelvermerk in der Veränderungsspalte für alle beteiligten
  Rechte wie: »*Abt ... Nr ... ist Vorrang vor Abt ... Nr ... und Abt ... Nr ... eingeräumt. Eingetragen am ...*«.
– **Rechte in beiden Abteilungen beteiligt:** Vermerk in der Veränderungsspalte des zurücktretenden
  Rechts: »*Abt ... Nr ... ist Vorrang eingeräumt. Eingetragen am ...*«, in der Veränderungsspalte des vortretenden
  Rechts: »*Diesem Recht ist Vorrang vor Abt ... Nr ... eingeräumt. Eingetragen am ...*«.
– **Vorrang für neu einzutragendes vor eingetragenem Recht:** Im Neueintragungsvermerk (Hauptspalte)
  genügt: »... *im Range vor Abt ... Nr ... eingetragen am ...*«, (materiellrechtlich nötiger) Gegenvermerk in der
  Veränderungsspalte beim zurücktretenden Recht: »*Abt ... Nr ... ist Vorrang eingeräumt. Eingetragen am ...*«.

Die Frage, wie an welcher Stelle ein **Wirksamkeitsvermerk** (vgl Rdn 6, 7) zu buchen ist, war früher im Streit
(vgl 8. Aufl an dieser Stelle). Sie kann jetzt als geklärt angesehen werden im Sinne der auch hier befürworteten

---

33 OLG Frankfurt Rpfleger 1980, 185.
34 Vgl *Streuer* aaO (Fn 4) S 391.

entsprechenden Anwendung des § 18; der BGH[35] ist dieser Ansicht beigetreten. Anzubringen ist der Wirksamkeitsvermerk danach bei dem begünstigten Recht und bei der Vormerkung (ggf Verfügungsbeschränkung), bei der Vormerkung in der Veränderungsspalte, bei der begünstigten Grundschuld in der Hauptspalte, wenn gleichzeitig mit der Eintragung, andernfalls in der Veränderungsspalte. **Fassungsvorschlag:**
– Bei der Vormerkung: »Abt III Nr … ist dem vorgemerkten Anspruch gegenüber wirksam. Eingetragen am …«.
– Bei der Grundschuld: »Wirksam gegenüber dem in Abt II Nr … vorgemerkten Anspruch. Eingetragen am …«.

17 **c) Rangvermerke bei Ausübung eines Rangvorbehalts:** Vorab: Zur Eintragung eines Rangvorbehalts vgl Vor GBV Rdn 174, zur Löschung eines Rangvorbehalts vgl § 11 GBV Rdn 54. Dass ein Vorrang oder Gleichrang auf der Ausübung eines Rangvorbehalts (§ 881 BGB) beruht, muss im Grundbuch hinreichend in Erscheinung treten. Ein schlichter Vermerk wie »… ist der Vorrang eingeräumt« wäre kennzeichnend für eine Rangänderung (§ 880 BGB), jedoch unzureichend für eine Vorbehaltsausübung, und zwar im Wesentlichen aus zwei materiellrechtlichen Gründen:[36]
– *Falls es vorbehaltlose Zwischenrechte gibt*, würde das Grundbuch unrichtig sein, weil es die vorbehaltsspezifischen Auswirkungen des § 881 Abs 4 BGB verschweigt.
– *Falls keine Zwischenrechte* eingetragen sind, hat der Vorrang kraft ausgeübten Rangvorbehalts zwar gleiche Wirkungen wie eine Rangänderung, wäre der Grundbuchinhalt aber unklar, weil er offen ließe, ob der Rangvorbehalt ausgeübt ist oder nicht.

Deshalb ist in die gemäß § 18 wechselseitig zu buchenden Rangvermerke jeweils eine Formulierung aufzunehmen wie »… unter Ausnutzung des Vorbehalts …« oder »Der vorbehaltene Vorrang …« (vgl Eintragungsmuster in der Anl 1 zu Abt III Nr 3 und 4); siehe auch § 45 GBO Rdn 191.

§ 19   (Eintragung von Vormerkungen und Widersprüchen)

(1) In den Fällen des § 12 Abs 1 Buchstabe b und c ist bei Eintragung der Vormerkung die rechte Hälfte der Spalte für die endgültige Eintragung freizulassen. Das gilt jedoch nicht, wenn es sich um eine Vormerkung handelt, die einen Anspruch auf Aufhebung eines Rechts sichert.

(2) Soweit die Eintragung der Vormerkung durch die endgültige Eintragung ihre Bedeutung verliert, ist sie rot zu unterstreichen.

(3) Diese Vorschriften sind bei der Eintragung eines Widerspruchs entsprechend anzuwenden.

Übersicht

I. Allgemeines

1 § 19 ergänzt den § 12 in zweierlei Beziehung. Zum einen präzisiert Abs 1 die Stelle für die ursprüngliche Vormerkungseintragung, indem er bestimmt, wann halbspaltig und wann vollspaltig einzutragen ist. Zum anderen regelt Abs 2, wie mit der Vormerkungseintragung zu verfahren ist, sobald die endgültige Eintragung erfolgt. Schließlich transferiert Abs 3 diese Bestimmungen auf die Widerspruchseintragung.

---

35 AaO (Fn 20).
36 Eingehend dazu KG JFG 6, 307.

II. Zu Absatz 1: Eintragung, Änderung und Löschung von Vormerkungen und Widersprüchen

Dieses Thema ist in den Ausführungen zu § 12 behandelt. Darauf wird verwiesen. **2**

III. Zu Absatz 2: Die »Umschreibung« der Vormerkung

1. Ausgewählte spezielle Literatur

Berger, Vormerkung und endgültige Eintragung, DJ 1941, 305; *Dieterle,* Umschreibung der Auflassungsvormerkung in das Eigen- **3**
tum, Rpfleger 1986, 208; *Hieber,* Die Rangwirkung der Auflassungsvormerkung, DNotZ 1951, 500; *ders,* Löschung der Vormerkung, DNotZ 1952, 23; *Hoche,* Löschung der Vormerkung, DNotZ 1952, 21; *Reichel,* Die Umschreibung der Vormerkung
(1905); *Ripfel,* Zur Behandlung der Auflassungsvormerkung bei oder nach Vollzug der Auflassung, Rpfleger 1962, 200; *Ritzinger,*
Die »Umschreibung« der Auflassungsvormerkung, BWNotZ 1983, 25; *Schneider,* Rangfähigkeit und Rechtsnatur der Vormerkung, DNotZ 1982, 523.

2. Wesen der Vormerkungsumschreibung

a) »Umschreibung der Vormerkung« nennt man gemeinhin den in § 19 Abs 2 nicht so ausgedrückten, aber **4**
immerhin per ursprünglichem Eintragungsmuster in der Anl 2a zu Abt III Nr 4 illustrierten Modus der **Überführung der Vormerkung in die »endgültige Eintragung«** (im aktualisierten Eintragungsmuster ist die
richtungsweisende Floskel »Umgeschrieben in ...« leider weggelassen worden). Früher verstand man unter dem
Begriff »Umschreibung« zwar auch anderes, nämlich den Inbegriff aller bei der Vormerkung vermerkbaren
Änderungen des vorgemerkten Anspruchs.[1] Aus jener Zeit stammt aber auch eine Funktionsbeschreibung, die
den in Abs 1 S 1 und Abs 2 geregelten Prozess als »Transduktion oder Überführung der Vormerkung in einen
Definitiveintrag« charakterisiert.[2] Dies kennzeichnet den Sinn des in Abs 1 S 1 und Abs 2 vorgeschriebenen
Buchungsmodus: Die endgültige Eintragung erfolgt in der dafür freigelassenen rechten Spaltenhälfte – dement-
sprechend sinnvoll eingeleitet mit der im ursprünglichen Eintragungsmuster empfohlenen Floskel *»Umgeschrieben in ...«,* der Vormerkungseintrag wird dadurch *nicht gelöscht,* sondern lediglich gerötet. Darin besteht die
Eigenart der sog »Umschreibung«.[3]

b) Die »endgültige Eintragung« unterliegt im Übrigen keinen Sondervorschriften und -bedingungen. Die **5**
im Wege der Vormerkungsumschreibung erfolgende Rechtsbuchung ist *eine eigenständige Eintragung,* die iVm
der Einigung – oder bei einer Zwangshypothek iVm dem vollstreckbaren Zahlungstitel – die Entstehung des
gebuchten Rechts zur Folge hat, und zwar selbst dann, wenn die Vormerkungsumschreibung als solche wirkungslos bleibt (der zu Rdn 8 erläuterte Transformationsprozess scheitert), beispielsweise:
– weil die eingetragene Vormerkung vor der grundbuchlichen Umschreibung erloschen ist (zB infolge Aufhebung der einstweiligen Verfügung, aufgrund derer sie eingetragen worden war,[4] vgl § 25 GBO Rdn 52),
– weil (irrig) ein anderes als das vorgemerkte Recht in den freien Platz neben der Vormerkung eingetragen
  worden ist (zB Zwangshypothek statt vorgemerkter Sicherungshypothek nach § 648 BGB[5]).

Voraussetzung für die eigenständige materielle Wirkungskraft der »endgültigen Eintragung« ist deren *inhaltliche
Zulässigkeit;* diese wird durch eine unzutreffende Verwendung der Einleitungsformel »Umgeschrieben in ...«
nicht in Frage gestellt.[6] Die Eintragung darf ihrer eigenständigen Funktion gemäß **keinesfalls per Verweis auf
den zu rötenden Vormerkungseintrag** vorgenommen werden; sie wäre dann inhaltlich unzulässig (§ 53
Abs 1 Satz 2 GBO) und materiellrechtlich untauglich, weil Grundbuchinhalt nur wird, was direkt und was (im
Zulässigkeitsrahmen der §§ 874, 1115 BGB usw) indirekt mittels Bezugnahme auf die Eintragungsbewilligung
oder die sie ersetzende Eintragungsgrundlage (vgl Vor GBV Rdn 119) in den Eintragungsvermerk der rechten
Spaltenhälfte aufgenommen wird.

3. Effizienz der Vormerkungsumschreibung

Die vorbeschriebene Umschreibungstechnik hat zwei vorteilhafte Effekte: **6**

a) Erhalt des Vormerkungseintrags über den Vollzug der endgültigen Eintragung hinaus:[7] *Im Regelfall* **7**
ist dieser Effekt zwar *unerheblich,* weil Anspruch und (streng akzessorische) Vormerkung mit der Eintragung des

---

1 So (vgl *Güthe-Triebel* § 25 Rn 35) frühere Autoren, wie *Reichel* Monographie von 1905 u Recht 1907, 1510; *Breme*
   DNotV 1913, 377; *Du Chesne* ZBlFG 1913, 681.
2 Definition von *Reichel* aaO (Fn 1), zitiert von *Ritzinger* aaO (Fn 3).
3 *Güthe-Triebel* § 18 GBO Rn 51 unter Hinweis auf RG ZBlFG 11, 746; ausführlich dazu *Ritzinger* BWNotZ 1983, 25/26.
4 KGJ 41 A 220, 223.
5 KG JW 1931, 1202.
6 Vgl KG aaO (Fn 5) Seite 1203.
7 Folgendes gestützt auf BGHZ 60, 46, 51 = NJW 1973, 323, 325 = DNotZ 1973, 367 (dort insoweit nicht abgedruckt),
   LG Karlsruhe BWNotZ 1978, 167 und *Ritzinger* aaO (Fn 3).

vorgemerkten Rechts infolge restloser Erfüllung materiell erlöschen (§ 362 Abs 1 BGB). *Bei einer unvollständigen Erfüllung* oder bei einer nur scheinbaren, in Wirklichkeit wegen versteckter Mängel *ganz oder teilweise gescheiterten Erfüllung* existieren dagegen Anspruch und Vormerkung latent weiter. Und dann bewahrt der Fortbestand des Vormerkungseintrags den Vormerkungsberechtigten kontinuierlich vor dem Untergang des Vormerkungsschutzes durch gutgläubigen Erwerb. Diese Gewährleistung des Vormerkungsschutzes »für alle Fälle« ist zwar nicht eigentliches Ziel der Umschreibungstechnik, aber unleugbar vorteilhaft, sowohl für den Vormerkungsberechtigten als auch für das GBA. Der Vormerkungsberechtigte braucht sich bei der Eintragung des vorgemerkten Rechts nicht zwischen Aufgabe oder Nichtaufgabe der Vormerkung zu entscheiden (er ist deshalb von der Umschreibung der Vormerkung nicht betroffen iS von § 19 GBO). Das GBA ist der Prüfung der Vormerkungslöschung wegen Gegenstandslosigkeit (§§ 84 ff GBO) enthoben.

8   **b) Transformation der Vormerkung in die endgültige Eintragung:**[8] Nach § 883 Abs 3 BGB hat die Vormerkung *neben der allgemeinen Sicherungswirkung* (relative Unwirksamkeit »anspruchswidriger« Verfügungen des Schuldners gemäß § 883 Abs 2 BGB (dazu Rdn 12 ff), durchzusetzen gegen den Erwerber gemäß § 888 Abs 1 BGB, demgemäß keine Grundbuchsperre) eine *spezielle Rangwahrungswirkung:* Der Rang des Rechtes, auf dessen Einräumung der vorgemerkte Anspruch gerichtet ist, bestimmt sich nach der Eintragung der Vormerkung, nicht nach der späteren Eintragung des Rechtes, wie es sonst nach § 879 BGB der Fall wäre. Das vorgemerkte Recht – kein anderes[9] – erhält somit kraft Gesetzes, sobald es zur Entstehung gelangt, *automatisch den Vorrang vor etwa nach der Vormerkung eingetragenen Rechten* (»Zwischenrechten«); Vorteil: diese Vormerkungswirkung tritt von selbst ein, bedarf keiner Durchsetzung gemäß § 888 Abs 1 BGB.[10] Die unaufwendige Verwirklichung des Vormerkungsschutzes gemäß § 883 Abs 3 BGB (**Rangreservierung**, die eine Beeinträchtigung iS des Abs 2 kompensiert) **beschränkt** sich naturgemäß **auf rangfähige Rechte** (s unten). Sie wird vervollkommnet dadurch, dass die *Vormerkung* nach hM[11] *selbst rangfähig* ist und somit auch an einer Rangänderung oder an einem Rangvorbehalt beteiligt sein kann. So folgt aus § 883 Abs 3 BGB nach hM im Ergebnis, dass die Vormerkung ihren letztgültigen Rang ohne weiteres an das vorgemerkte Recht weitergibt, quasi als dessen »Platzhalter« fungiert. Durch die in Abs 1 angeordnete halbspaltige *Nebeneinanderbuchung der Vormerkung und der endgültigen Eintragung* gelangt der *rangwahrende* materielle Platzhaltereffekt der Vormerkung im Grundbuch *sinnfällig* zur Darstellung. Einzig und allein deswegen soll diese Buchungsweise angeordnet worden sein.[12] Die maßgeblichen Vorschriften (§ 12 Abs 1 Buchst a und § 19 Abs 1) lassen diese Zweckbestimmung allerdings kaum erkennen; sie räumen der Umschreibungstechnik jedenfalls einen weiter gesteckten Anwendungsbereich ein: Nur für Eigentumsübertragungsvormerkungen (§ 12 Abs 1 Buchst a) und Löschungsvormerkungen (§ 19 Abs 1 S 2) ist vollspaltige Eintragung vorgesehen; die übrigen Vormerkungen kommen in die linke Hälfte der Sp, während die rechte Hälfte für die endgültige Eintragung freizuhalten ist. Die dieser Anordnung zugrunde liegende Systematik ist offensichtlich: Wenn Vormerkung und endgültige Eintragung an verschiedenen Stellen zu buchen sind, ist die Vormerkung vollspaltig einzutragen; wenn beide an derselben Stelle (in derselben Sp) zu buchen sind, ist halbspaltig einzutragen. Zu den Buchungsstellen im Einzelnen: § 12 GBV Rdn 3 bis 8. In allen Fällen der »Kopf-an-Kopf-Buchung«[13] in ein und derselben Sp ist die in den Vorschriften nicht und in den Eintragungsmustern nicht mehr erwähnte Einleitungsfloskel »Umgeschrieben in ...« für die endgültige Eintragung unbedenklich verwendbar. So gesehen, gibt es:

– **Umschreibungsfähige rangwahrende Vormerkungen,** wie zB: Vormerkungen zur Sicherung eines Anspruchs auf Einräumung eines beschränkten dinglichen Rechts an einem Grundstück; Vormerkungen zur Sicherung eines Anspruchs auf Einräumung eines Rechts an einem Grundstücksrecht (Nießbrauch oder Pfandrecht), falls die Begründung eines solchen Rechts eintragungsbedürftig ist; Vormerkungen zur Sicherung eines Anspruchs auf eine umfangserweiternde Inhaltsänderung (zB Zinserhöhung);
– **Umschreibungsfähige nicht rangwahrende Vormerkungen,** wie zB: Vormerkungen zur Sicherung eines Anspruchs auf eine umfangsmindernde Inhaltsänderung (zB Zinssenkung); Vormerkungen zur Sicherung eines Anspruchs auf eine sonstige nicht selbständig rangfähige Inhaltsänderung (zB Änderung der Kapital- oder Zinsfälligkeit); Vormerkung zur Sicherung eines Anspruchs auf Abtretung eines beschränkten dinglichen Rechts;
– **Nicht umschreibungsfähige Vormerkungen,** wie zB: Vormerkungen zur Sicherung eines Anspruchs auf Aufhebung eines Rechts, Hauptbeispiel: Löschungsvormerkungen. Sie sind nach ausdrücklicher Vorschrift (Abs 1 S 2) vollspaltig in der Veränderungsspalte einzutragen, weil die Löschung an anderer Stelle zu buchen

---

8   Folgendes in Anlehnung an *Staudinger-Gursky* § 883 Rn 251 ff und *Ritzinger* aaO (Fn 3); im Ergebnis ebenso die übrigen Kommentare zu § 883 BGB; vgl auch *Güthe-Triebel* § 25 GBO Rn 35; *Schöner/Stöber* Rn 1531.
9   KG aaO (Fn 5).
10   KG JFG 8, 318, 321/322 = HRR 1931 Nr 1755; *Staudinger-Gursky* § 883 Rn 252.
11   Eingehend dazu *Staudinger-Gursky* § 883 Rn 261 ff; **aA** *Schneider* DNotZ 1982, 523, 535 (praktische Bedürfnisse, wie Rangänderungsmöglichkeit, nicht in Erwägung gezogen); umstritten für Eigentumsvormerkung, vgl § 18 GBV Rdn 7.
12   *Ritzinger* aaO (Fn 3) unter Hinweis auf RG vom 06.12.1991 in ZBlFG 11, 746, 748.
13   Ausdruck von *Ritzinger* aaO (Fn 3).

ist. Da hier eine Umschreibung der Vormerkung vorschriftsgemäß nicht stattfindet, ist es verfehlt, im Löschungsvermerk auf die Löschungsvormerkung Bezug zu nehmen.
– **Fragwürdige Umschreibungsfähigkeit** für Eigentumsvormerkungen (dazu Rdn 20 bis 24).

Zur Umstellung der DM-Beträge auf Euro-Beträge wird auf die Erläuterungen zu § 11 GBV Rdn 27, 51 verwiesen.

4. Sonderfälle der Vormerkungsumschreibung

Die praktische Durchführung der Vormerkungsumschreibung ist problemlos in Fällen, für die sie erdacht ist, nämlich dann, wenn der vormerkungsgesicherte Anspruch durch die endgültige Eintragung in der freigelassenen rechten Halbspalte seine Erledigung findet. Es hat sich aber gezeigt, dass die technische Lösung der GBV nicht allen materiellen Gestaltungsmöglichkeiten genügt, dass aus Sachzwängen ausnahmsweise Buchungswege zu praktizieren sind, die in der GBV nicht vorgeplant sind. Beispiele dafür: **9**

a) Stufenweise Umschreibung einer Vormerkung: Ist der vorgemerkte Anspruch geteilt, zB durch nachträgliche Teilabtretungen an verschiedene Gläubiger (mit der Folge des teilweisen Vormerkungsübergangs, vgl § 12 GBV Rdn 19), oder teilbar, wie zB der Anspruch auf Einräumung einer Sicherungshypothek oder eines sonstigen Grundpfandrechts, und wird er in Stufen durch Bestellung mehrerer (Teil-)Rechte erfüllt, so ist die Vormerkung dementsprechend stufenweise umzuschreiben.[14] Der Umstand, dass der gemäß Abs 1 für die Umschreibung der Vormerkung freigelassene Raum nun nicht ausreicht zur Unterbringung aller endgültigen Eintragungen, kann diese materielle Gestaltungsfreiheit nicht hindern. Behelf: Buchung des zuerst bestellten (Teil-)Rechts in den freien Raum neben der Vormerkung, Buchung der weiteren (Teil-)Rechte an nächstfreier Stelle der betreffenden Abteilung über die ganze Spaltenbreite mit (etwa) dem Hinweis, dass die Rechte (zB) »in weiterer teilweiser« oder »in nunmehr voller Umschreibung der Vormerkung Nr ... mit dem Range vor ...« (etwaigen »Zwischenrechten«) »und im Gleichrang mit ...« oder »im Nachrang nach ...« (Rangverhältnis der vorgemerkten Rechte zueinander) eingetragen werden. Die »Zwischenrechte« – im hier gemeinten Sinne Rechte, denen gegenüber die Vormerkung gemäß § 883 Abs 3 BGB den Rang wahrt – erhalten gemäß § 18 in der Veränderungsspalte entsprechende Nachrangvermerke.[15] Das Rangverhältnis der stufenweise nacheinander unter Ausnutzung des vormerkungsgesicherten Ranges eingetragenen (Teil-)Rechte untereinander dürfte sich nach § 879 Abs 1, 2 BGG richten, sofern nichts anderes bestimmt und eingetragen wird (§ 879 Abs 3 BGB); verfahrensrechtlich wäre letzterenfalls die Rangbestimmung vom Eigentümer zu bewilligen.[16] **10**

b) Wiederholte Umschreibung einer Vormerkung: Allgemein anerkannt ist heute,[17] dass *eine einzige Vormerkung* ausreicht zur Sicherung und Rangwahrung *für die Vielheit aller* aus einer schuldrechtlichen Anpassungsvereinbarung erwachsenen *Erbbauzinserhöhungen* (aktuell noch für Erbbauzins auf altrechtlicher Basis, dazu § 57 GBV Rdn 4, 5). Getragen wird diese praktikable Lösung eines einst sehr umstrittenen Problems[18] von der auf § 9a Abs 3 ErbbauRG gestützten und inzwischen verfestigten Rechtsauffassung, dass die Erbbauzinserhöhungen *im Wege der Inhaltsänderung* der ursprünglichen Erbbauzins-Reallast erfolgen können,[19] dass die Bestellung zusätzlicher Reallasten zwar möglich, aber nicht – wie früher mit Rücksicht auf § 9 Abs 2 S 1 ErbbauRG aF angenommen[20] – wesensbedingt nötig ist. Grundbuchtechnisch ist auch dies ein Sonderfall, in dem die Grundbuchführung der materiellrechtlichen Gestaltungsmöglichkeit Rechnung tragen muss, so dass ein von § 19 abweichender Umschreibungsmodus gerechtfertigt ist. Gebräuchlich – und zweckmäßig – wenn auch nicht zwingend[21] – ist es, die Vormerkung zur Sicherung der Erbbauzinserhöhung in der Hauptspalte der zweiten Abt des Erbbaugrundbuchs vollspaltig unter einer besonderen lfdNr zu buchen. Die späteren Erbbauzinserhöhungen sind in der Praxis (bei entsprechender Bewilligung des Erbbauberechtigten, vgl Rdn 15) *verschieden gebucht* worden, teils in der Hauptspalte (als zusätzliche Reallast) unter Anbringung von Rangvermerken[22] (etwa wie zu Rdn 10 aufgezeigt), teils in der Veränderungsspalte (quasi als Inhaltsänderung).[23] *Stellungnahme:* Die aufgezeigten Varianten führen ohne Frage zu materiellrechtlich wirksamen Eintragungen[24] (Rechnung zu tragen **11**

---

14 AllgM im Anschluss an BayObLGZ 1962, 322 = NJW 1963, 157 = Rpfleger 1963, 383 = DNotZ 1963, 681.
15 Buchungsvorschlag des BayObLG aaO (Fn 14); zustimmend für den Sonderfall: *Haegele* Rpfleger 1963, 384, im Übrigen warnend vor willkürlichen Abweichungen von der GBV.
16 Vom BayObLG aaO (Fn 14) nicht erörtert; für die stufenweise Ausnutzung eines Rangvorbehalts aber allgemein anerkannt.
17 Im Anschluss an BayObLGZ 1977, 93 = Rpfleger 1978, 55 = DNotZ 1978, 239.
18 Dazu MIR (6. Aufl) § 8 Rn 39 mwN.
19 Vgl MüKo–*v Oefele* Rn 62, 71 zu § 9 ErbbauVO; *Schöner/Stöber* Rn 1802, 1830; *Wufka* DNotZ 1987, 362, 364 (Anm zu BGH DNotZ 1987, 360 = NJW-RR 1987, 74).
20 So noch OLG Frankfurt Rpfleger 1973, 136 und 1978, 312, jeweils mwN.
21 Als vorgemerkte Inhaltsänderung des ursprünglichen Erbbauzinses auch in der Veränderungsspalte buchbar.
22 So im Sachverhalt von BayObLG aaO (Fn 17).
23 Vgl Fn 20.
24 Eingehend zu den Wirkungen der alternativen Buchungsmöglichkeiten: OLG Frankfurt Rpfleger 1978, 312.

ist allerdings der strittigen Frage, inwieweit die Eintragungen in der Haupt- und Veränderungsspalte speziell rangmäßig eine Einheit bilden, dazu § 11 GBV Rdn 7). Verfahrensrechtlich ist jedenfalls Gleichmäßigkeit der grundbuchtechnischen Darstellung erstrebenswert. Vorgeschlagen wird, die nach Art des gesicherten Anspruchs von vornherein auf wiederholte Umschreibung ausgerichtete Vormerkung (wie bereits weithin üblich) in der Hauptspalte der zweiten Abt des Erbbaugrundbuchs gesondert zu buchen, ohne die rechte Spaltenhälfte freizulassen. Da die rangwahrende Platzhalterfunktion dieser Vormerkung kraft materiellen Rechts (dazu Rdn 8) sich unabhängig von der Buchungsweise auf alle künftigen Erbbauzinserhöhungen erstreckt, sind die realisierten Erhöhungen konsequenterweise jeweils unter Anführung der lfdNr der Vormerkung in der Veränderungsspalte einzutragen und mit einer abschließenden Floskel zu versehen, etwa wie » ... *im Range der Vormerkung eingetragen am ...*«.[25]

5. Voraussetzungen der Vormerkungsumschreibung

12 Die Vormerkung bewirkt keine Grundbuchsperre, hindert somit nicht Eintragungen zum Vollzug von gemäß § 883 Abs 2 BGB »anspruchswidrigen Verfügungen« (auch »vormerkungswidrige Verfügungen« genannt) über das vormerkungsbelastete Grundstück oder Recht (vgl § 25 GBO Rdn 42). Demzufolge kann sich die Frage nach den verfahrensrechtlichen Voraussetzungen der späteren Vormerkungsumschreibung unter verschiedenen Konstellationen stellen:

13 **a)** Sind »anspruchswidrige« **Eintragungen nicht erfolgt** (praktischer Regelfall), ist es – wie gewöhnlich – erforderlich und ausreichend, dass der Betroffene gemäß § 19 GBO (Schuldner des vorgemerkten Anspruchs) die Eintragung des vorgemerkten Rechts freiwillig bewilligt oder rechtskräftig dazu verurteilt ist (§ 894 ZPO).[26] *Besonderheit nur:* Mit Rücksicht auf die Dispositionskompetenz des Betroffenen müssen Bewilligungserklärung oder Urteilstenor – mindestens durch einen Hinweis auf die Vormerkung – hinreichend verdeutlichen, dass die Eintragung zur Erfüllung des vormerkungsgesicherten Anspruchs erfolgen soll (und einer Plausibilitätskontrolle zufolge auch kann), damit die Umschreibung der Vormerkung gerechtfertigt ist.[27] Andernfalls wäre die bewilligte Rechtseintragung an rangbereiter Stelle vorzunehmen.

14 **b)** Sind »anspruchswidrige« **Eintragungen erfolgt,** so ist zu unterscheiden:

15 **aa)** Weitere **Belastungen** (»Zwischenrechte«) verkomplizieren das Verfahren regelmäßig nicht. Aus der **rangwahrenden Platzhalterfunktion** der Vormerkung (vgl Rdn 8) wird für das Verfahren in Bezug auf § 19 GBO zu Recht gefolgert, dass die Umschreibung der Vormerkung nicht von einer Bewilligung bzw Zustimmung der Inhaber solcher Belastungen abhängig ist.[28] Deren Zustimmung (oder Nachweise) soll das GBA grundsätzlich auch nicht verlangen dürfen zur Ausräumung etwaiger Zweifel darüber, ob das per »Umschreibung« einzutragende Recht sich im Rahmen des vorgemerkten Anspruchs hält, beispielsweise nicht zur Ausräumung solcher Zweifel bei der Eintragung einer Erbbauzinserhöhung an der durch Vormerkung gesicherten Rangstelle.[29] Diese Ansicht ist gerechtfertigt, da dem GBA in der Regel Ermittlungen verwehrt sind, welche nicht die Prüfung der Eintragungsvoraussetzungen, sondern der Eintragungsfolgen betreffen. Sollte das per »Umschreibung« gebuchte Recht nicht dem vorgemerkten Anspruch entsprechen, so ist dieser Diskrepanz wegen seine Entstehung nicht ausgeschlossen (vgl Rdn 5), wegen Scheiterns der Rangwirkung (§ 883 Abs 3 BGB) entstünde es jedoch allenfalls an rangbereiter Stelle, so dass die (anscheinend rangwahrende) Umschreibung zu einem unrichtigen Grundbuch führen würde.[30] Die Pflicht des GBA, das Grundbuch möglichst mit der wirklichen Rechtslage in Übereinstimmung zu halten, geht nicht so weit, dass die bloße Befürchtung, die bewilligte Eintragung könne das Grundbuch unrichtig machen, weder die Ablehnung der Eintragung noch eine auf weitere Klärung zielende Zwischenverfügung rechtfertigt; abzulehnen ist eine Eintragung nur, wenn das GBA aufgrund

---

25 Ähnlich, aber nicht ganz so: *Riggers* JurBüro 1978, 811, 813; *Schöner/Stöber* Rn 1830, 183.
26 Nicht ausreichend Zahlungstitel zur Umschreibung der zur Sicherung des Anspruchs aus § 648 BGB eingetragenen Vormerkung, vgl KG aaO (Fn 4, 5); BayObLG NJW-RR 2001, 47.
27 KG JW 1931, 1202; BayObLGZ 1962, 322 = NJW 1963, 157 = Rpfleger 1963, 383 = DNotZ 1963, 681; LG Frankfurt Rpfleger 1977, 301; MüKo-*Wacke* § 883 Rn 58; *Schöner/Stöber* Rn 2274.
28 *Schöner/Stöber* Rn 1531. Keine rangwahrende Wirkung (§ 883 Abs 3 BGB) der Eigentumsvormerkung, auch nicht für die gemäß § 1287 BGB entstandene Sicherungshypothek: KG JFG 8, 318; BayObLGZ 1990, 318 = NJW-RR 1991, 567 = Rpfleger 1991, 194 (LS). S auch § 18 Fn 8.
29 OLG Bremen MittRhNotK 1980, 178 (in Bezug auf § 9a Abs 1 ErbbauVO aF); OLG Celle Rpfleger 1984, 462 (bei amtlichem Lebenshaltungskostenindex); LG Osnabrück Nds Rpfl 1974, 226 (allgemeine Erwägungen); **aA** OLG Düsseldorf DNotZ 1976, 539, abgelehnt von *Jerschke* DNotZ 1976, 543 und *Schöner/Stöber* Rn 1834 (Nachweise nur bei offensichtlicher Abweichung vom vormerkungsgesicherten Anspruch); im letztgenannten Sinne auch *Ingenstau/Hustedt* Rn 73, je zu § 9 ErbbauVO, sowie MüKo-*v Oefele* § 9a ErbbauVO Rn 14, anders § 9 Rn 70.
30 KGJ 41 A 220, 224/225; KG JW 1931, 1202, 1203; OLG Düsseldorf DNotZ 1976, 539, 540; LG Osnabrück Nds Rpfl 1974, 226, 227; *Staudinger-Gursky* § 883 Rn 256.

feststehender Tatsachen zu der Überzeugung kommt, dass das Grundbuch durch sie unrichtig wird.[31] Fraglich wäre ohnehin, ob, wann und mit welchen Mitteln sich das GBA eine zunächst nicht vorhandene Gewissheit verschaffen darf (dazu Einl H Rdn 64 bis 71 mwN, insb Rdn 70).

bb) Die **Veräußerung** des vormerkungsbelasteten Grundstücks oder Rechts ist gemäß § 883 Abs 2 S 1 BGB **relativ unwirksam**, weil sie ohne den Vormerkungsschutz die Anspruchserfüllung vereiteln würde. *Materiell-rechtliche Konsequenz* im Wesentlichen:[32] Durch den Veräußerungsakt (idR Einigung und Eintragung) wird der Erwerber Eigentümer bzw Rechtsinhaber; der Veräußerer bzw Zedent bleibt jedoch kompetent zu der aufgrund des vorgemerkten Anspruchs dem Vormerkungsberechtigten (ggf dem Zessionar des vorgemerkten Anspruchs, vgl § 12 GBV Rdn 19) geschuldeten Verfügung und zur dementsprechenden Eintragungsbewilligung (zu den Folgen einer Verpfändung oder Pfändung des vorgemerkten Anspruchs: § 12 GBV Rdn 23 ff). *Verfahrensrechtliche Konsequenz:* Das GBA darf nach den Grundsätzen der §§ 19, 39 GBO die Umschreibung der Vormerkung nicht allein aufgrund der Bewilligung des zur Erfüllung des vorgemerkten Anspruchs kompetent bleibenden Veräußerers vornehmen, sondern benötigt außerdem die Bewilligung (Zustimmung) des eingetragenen Eigentümers (diese kann der Vormerkungsberechtigte kraft des sich auf § 888 Abs 1 BGB gründenden Anspruchs von ihm verlangen).[33] Die Zustimmung gemäß § 888 BGB hat nach hM keine materiellrechtliche, lediglich verfahrensrechtliche Bedeutung; wird der durch die Vormerkung Gesicherte aufgrund der Verfügung des Vormerkungsschuldners in das Grundbuch eingetragen, so erwirbt er das durch die Vormerkung gedeckte Recht auch dann, wenn der Dritterwerber nicht zustimmt.[34] *Alternative:* Zur Umschreibung der Vormerkung ausreichend ist die Bewilligung des vormerkungswidrig eingetragenen Rechtserwerbers; denn dieser ist in den Fällen des § 888 BGB nicht gehindert, nach § 267 Abs 1 BGB anstelle des Schuldners und ohne dessen Mitwirkung die Leistung zu erbringen, ohne dazu verpflichtet zu sein.[35] **16**

cc) Verfügungsbeschränkungen, die den Schuldner eines vorgemerkten Anspruchs treffen,[36] entstehen, von wenigen Ausnahmen abgesehen, außerhalb des Grundbuchs; sie sind eintragungsfähig (dazu Vor GBV Rdn 170; Einl C Rdn 38 bis 41), und zwar auf der Basis des § 892 Abs 1 S 2 BGB zur Verhinderung gutgläubigen Erwerbs. **17**
– **Zur materiellen Rechtslage:** Die Vormerkung kann den Eintritt derartiger Verfügungsbeschränkungen zwar nicht verhindern, jedoch erstreckt sich nach hM (entsprechend § 883 Abs 2 S 2 BGB) der Vormerkungsschutz auch darauf.[37] Der Schutz beginnt ab Eintragung der Vormerkung ggf schon vorher nach Maßgabe des § 878 BGB. Nach hM ist § 878 BGB nur auf bewilligte Vormerkungen unter Einschluss der Fälle der §§ 894, 895 ZPO anwendbar, nicht auf per einstweilige Verfügung erzwungene Vormerkungen.[38] Umstritten ist, ob § 878 BGB zum Tragen kommt, wenn der Eintragungsantrag nicht vom Erwerber, sondern nur von dem von der Verfügungsbeschränkung Betroffenen gestellt ist.[39] Zur Art der Schutzwirkung: Da zwischen Grundstücksbelastungen, auch Vormerkungen, einerseits und Verfügungsbeschränkungen andererseits kein materielles Rangverhältnis besteht,[40] kommt nicht Abs 3, sondern Abs 2 von § 883 BGB zum Zuge, so dass die Vormerkung vom Vormerkungsgeschützten nötigenfalls gemäß § 888 Abs 1 BGB durchzusetzen ist.[41]

---

31 Prägnant BayObLGZ 1986, 81 = NJW-RR 1986, 893 = Rpfleger 1986, 369 = DNotZ 1986, 98; eingehend *Schöner/Stöber* Rn 209a–210 m zahlr Nachw.
32 Dogmatische Definierung der Rechtslage bei »relativer Unwirksamkeit« ist allerdings umstritten, vgl *Böttcher* Rpfleger 1985, 381, 384 mwN.
33 Zu den Vormerkungswirkungen eingehend *Schöner/Stöber* Rn 1521 ff.
34 BayObLG NJW-RR 1990, 722; *MüKo-Wacke* § 888 Rn 2; *Staudinger-Gursky* § 888 Rn 17–19 mwN, auch zur Gegenmeinung (Zustimmung hat Qualität nach § 185).
35 AllgM im Anschluss an BGH BB 1958, 1225; vgl *Schöner/Stöber* Rn 1529.
36 »Sachimmanente« Beschränkungen iS der Gliederung von *Sieveking* (7. Aufl, Anh zu § 19 GBO); »personenimmanente« Beschränkungen muss der Vormerkungsberechtigte hinnehmen.
37 *Staudinger-Gursky* Rn 203 mwN (auch zur Gegenmeinung), *MüKo-Wacke* Rn 41, *Soergel-Stürner* Rn 32, je zu § 883; *Rahn* BWNotZ 1960, 1, 3 ff; *Kohler* JZ 1983, 586, 588; s auch *Schöner/Stöber* Rn 1522 a.
38 Gegen die Ausdehnung auf Verfügungen im Wege der Zwangsvollstreckung: BGHZ 9, 250, 252 = NJW 1953, 898; *Staudinger-Gursky* (2000) Rn 12–15 (eingehend zum Für und Wider), RGRK-*Augustin* Rn 4, *Soergel-Stürner* Rn 3, *Palandt-Bassenge* Rn 4, alle zu § 878; KEHE-*Herrmann* Rn 14, *Demharter* Rn 9, je zu § 13; *Schöner/Stöber* Rn 113. Verfechter der Gegenmeinung: *Wacke* ZZP 1982, 377 und MüKo § 878 Rn 18; folgend *Böhringer* BWNotZ 1985, 102, 103; *Westermann* § 83 II 5.
39 Offen gelassen vom BGH NJW-RR 1988, 1274 = Rpfleger 1988, 543 = DNotZ 1989, 160. Antrag des Betroffenen reicht: MüKo-*Wacke* Rn 8, *Soergel-Stürner* Rn 5, *Palandt-Bassenge* Rn 14, alle zu § 878; *Schöner/Stöber* Rn 121; *Böttcher* Rpfleger 1983, 49, 55; **aA** *Ertl* Rpfleger 1980, 41, 43/44 und in *Staudinger* (12. Aufl) § 878 Rn 16; *Böhringer* BWNotZ 1979, 141, 144; *Venjakob* Rpfleger 1991, 284; *Demharter* § 13 Rn 9.
40 *Böttcher* Rpfleger 1983, 49, 55 mwN.
41 BGH NJW 1966, 1509 LS = JZ 1966, 526 = DNotZ 1967, 33 (für Verhältnis Auflassungsvormerkung zu späterem Veräußerungsverbot); folgend *Soergel-Stürner* § 888 Rn 6.

– **Zur formellen Rechtslage:** Eine Verfügungsbeschränkung im og Sinne steht idR der Umschreibung der Vormerkung in die endgültige Eintragung nicht im Wege, weil die Umschreibung der Vormerkung keinen schärferen Bedingungen unterworfen sein darf als eine vormerkungsunabhängige Vornahme der definitiven Eintragung.[42] Eine Ausnahme wird dementsprechend zu machen sein, falls die nach Eintragung der Vormerkung den Anspruchsschuldner treffende Verfügungsbeschränkung eine »Grundbuchsperre« bewirkt. Sperrend wirken insb Verfügungsentziehungen (dazu Einl B Rdn 48), nicht Verfügungsverbote (dazu Einl B Rdn 50).

6. Rötung des Vormerkungseintrag

18 **a) Nach Löschung gemäß § 46 Abs 1 oder 2 GBO** ist der Vormerkungseintrag einschl etwaiger Zusatzeinträge zu röten (§ 17 Abs 2). Löschungsfälle: § 25 GBO Rdn 53 ff, 62 ff. Die Löschung allein bewirkt niemals das materielle Erlöschen der Vormerkung.[43] Nach erfolgter Umschreibung kann eine Vormerkung nicht mehr gelöscht werden (vgl § 25 GBO Rdn 53). Für den Vormerkungseintrag gilt außerdem § 17 Abs 3 entsprechend, so dass nach einem Veränderungseintrag überholte Eintragungsteile zu röten sind.

19 **b) Ohne Löschung gemäß § 19 Abs 2 GBV:** Als buchungstechnische Vorschrift kann Abs 2 im Prinzip kaum anders verstanden werden als § 17 Abs 3 (dazu § 17 GBV Rdn 15). Dementsprechend ist anhand des »ersichtlichen« Grundbuchinhalts (ohne Überprüfung seiner materiellen Richtigkeit) zu beurteilen, ob die Eintragung der Vormerkung durch die endgültige Eintragung ihre Bedeutung verliert. Ein früherer Vorschlag[44] geht sichtlich von der Prämisse aus, dass die Rötung des Vormerkungseintrags nur zulässig ist, wenn diesem keinerlei Aussagekraft mehr zukommt; symptomatisch: keine Rötung, falls nach einer Hypothekenvormerkung nicht nur in Abt III, sondern auch in Abt II eine Belastung eingetragen worden ist, etwa mit dem Argument, die Vormerkung habe zwar in Bezug auf Abt III ihre Bedeutung verloren, weil dort der Rang der endgültigen Eintragung durch deren Eintragungsort (rechte Halbspalte neben der Vormerkung) bestimmt werde, sie bleibe aber bedeutsam in Bezug auf die Belastung in Abt II, weil es insoweit auf das Datum der Vormerkungseintragung ankomme. So eng braucht Abs 2 jedoch nicht aufgefasst zu werden. Die Rötung soll nach dem klaren Wortlaut dieser Vorschrift nicht signalisieren, dass die Vormerkung (materiellrechtlich) bedeutungslos ist, sondern dass die »Eintragung der Vormerkung« durch die »endgültige Eintragung« ihre Bedeutung (im Grundbuch) verloren hat[45] (»endgültige Eintragung« ist nach Abs 1 S 1 die in die rechte Spaltenhälfte zu bringende Eintragung). Aus der Verklammerung in Abs 2 ist zu folgern:

– **Grundsätzlich** soll die *Rötung als Annex des Umschreibungsvermerks* erfolgen. Dafür spricht nicht nur der Wortlaut des Abs 2, sondern auch die Charakteristik der »Umschreibung«, wonach der Vormerkungseintrag als *rangwahrender* Platzhalter äußerlich seine Fortsetzung in der endgültigen Eintragung findet und somit sozusagen auch sein Eintragungsdatum weitergibt (vgl Rdn 8); insofern unterstreicht das Demonstrationsbeispiel in der Anl 2a zu Abt III Nr 4, dass die Rötung nicht etwa deshalb zu unterbleiben hat, weil rangmäßig konkurrierende Rechte nicht nur in Abt III, sondern auch in Abt II eingetragen sind. Im Bereich dieser Grundregel liegt es, dass zum einen bei einer sich ergebenden *stufenweisen* Umschreibung (vgl Rdn 10) der Vormerkungseintrag erst dann »seine Bedeutung verliert« und somit gerötet werden darf, wenn das letzte die Rangwirkung der Vormerkung nutzende (Teil-)Recht eingetragen worden ist, dass zum anderen bei *wiederholter* Umschreibbarkeit der Vormerkung (vgl Rdn 11) die Bedeutung des Vormerkungseintrags ständig anhält und folglich die Rötung zu unterbleiben hat.

– **Ausnahmsweise** soll die *Rötung trotz Umschreibungsvermerk unterbleiben* (Umkehrschluss aus Abs 2), falls die Vormerkung *sichtlich* (anhand des Grundbuchinhalts) durch die Umschreibung – abgesehen von der trotz Rötung andauernden latenten Fortwirkung der ungelöschten Vormerkung (vgl Rdn 7) – »ihre Bedeutung« nicht verliert. Das ist insb der Fall, wenn im Zeitpunkt ihrer Umschreibung Zwischenrechte eingetragen sind, denen gegenüber nicht die rangwahrende Vormerkungswirkung (§ 883 Abs 3 BGB), sondern lediglich die sichernde Vormerkungswirkung (§§ 883 Abs 2, 888 Abs 1 BGB) zum Tragen kommt. Konstellationen dieser Art ergeben sich am ehesten im Verhältnis zu Eigentumsvormerkungen (dazu Rdn 24). Zu unterlassen ist die Rötung des Vormerkungseintrags aber auch dann, wenn zwischenzeitlich eine die Umschreibung der Vormerkung nicht sperrende (analog § 888 Abs 1 zu überwindende) Verfügungsbeschränkung im Grundbuch eingetragen ist (vgl Rdn 17).

---

42 In diesem Sinne *Staudinger-Gursky* aaO (Fn 37).
43 BGHZ 60, 46, 48 = aaO (Fn 7).
44 Von *Berger* DJ 1941, 305/306.
45 Ebenso *Hieber* DNotZ 1952, 23/24 gegen *Hoche* DNotZ 1952, 21/22.

IV. Umschreibung der Eigentumsvormerkung?

1. Zur Bedürfnislage

Mit dem Anliegen auf Umschreibung einer Eigentumsvormerkung (traditionell vielfach noch als »Auflassungs- **20**
vormerkung« bezeichnet) werden die Grundbuchämter wohl nur noch selten befasst, weil es inzwischen zur
praktischen Routine geworden ist, zusammen mit der Eigentumsumschreibung die Löschung der Vormerkung
zu veranlassen. Üblicherweise wird in die notariellen Urkunden (§ 311b Abs 1 BGB) im Anschluss an die Eintragungsbewilligung des Veräußerers sogleich die vorzeitige Löschungsbewilligung des Vormerkungsberechtigten in spe aufgenommen, versehen mit einem doppelten Vorbehalt ihrer Vollziehbarkeit:

– (1) »... nach erfolgter Eigentumsumschreibung ...« oder »... Zug um Zug mit der Eigentumsumschreibung
   ...«, vom GBA zu befolgen gemäß § 16 Abs 2 GBO;
– (2) »... *sofern nachrangige Zwischeneinträge weder erfolgt noch beantragt sind* ...«, für § 16 Abs 1 GBO (vgl § 16
   GBO Rdn 8) in dieser Fassung unproblematisch, weil die Entscheidung des GBA klar von der Überprüfung
   eindeutig feststellbarer tatsächlicher Umstände abhängig gemacht ist, problematischer in Fassungen, die dem
   GBA eventuell Anlass geben zur Prüfung materiellrechtlicher Fragen, wie »... *vorausgesetzt, es liegen keine*
   Zwischenanträge oder -eintragungen vor oder sie haben für das durch die Vormerkung geschützte Recht keine Bedeutung
   ...«[46] oder wie »... *unter der Voraussetzung, dass keine vormerkungswidrigen Zwischeneintragungen erfolgt sind* ...«.[47]

Vorstehend aufgezeigter Verfahrensweg wird in der Praxis bevorzugt, weil er für reibungslose Erledigung der
Masse der »glatten Fälle« sorgt, elementare Sicherungsbedürfnisse wahrt; denn nur Vormerkungen, die Zwischeneinträge und -anträge verhütet haben, dürfen ohne weiteres gelöscht werden. Sind dagegen im Einzelfall
Zwischeneintragungen erfolgt oder solche Eintragungen beantragt, so dass der Vormerkungsschutz konkrete
Bedeutung erlangt, so ist das GBA gehindert, anlässlich der Eigentumsumschreibung die Vormerkung zu
löschen, es sei denn, dass eine vorbehaltlose Löschungsbewilligung des Vormerkungsberechtigten nachgereicht
wird. Unberücksichtigt bleibt bei der Praxis mit der bedingten Vorab-Löschungsbewilligung der zu Rdn 7
beschriebene Eventualschutz; insoweit ist aber auch das Risiko gering.[48]

2. Zur Streitfrage

Ob die Umschreibung der Eigentumsvormerkung zulässig ist oder nicht, ist wiederholt erörtert worden,[49] teils **21**
zulassend,[50] teils nicht zulassend.[51] Ausgelöst wurde die Diskussion durch die Suche nach einer Lösung, welche
die möglicherweise gefahrbringende Löschung der Vormerkung bei der Eigentumsumschreibung meidet.[52]

a) Eine grundbuchtechnische Lösung ist möglich, wenn nötig. Die Umschreibung der Eigentumsvormer- **22**
kung ist konzeptionell in der GBV zwar nicht vorgesehen, da sie mit der endgültigen Eintragung nicht die
Buchungsstelle teilt (vgl Rdn 8), in Abs 2 aber auch nicht ausgeklammert.[53] Bei anerkennungswertem Bedürfnis
für die Umschreibung dürften grundbuchtechnische Schwierigkeiten sie nicht hindern, wäre die in anderen
Fällen (vgl Rdn 10, 11) angewandte Vermerkmethode kopierbar. Vorschläge dazu sind erarbeitet. Zu Recht auf
Ablehnung gestoßen sind erste Anregungen, nur in Abt II[54] oder nur in Abt I[55] die Umschreibung zu vermerken; dies verstößt gegen das aus § 18 entnehmbare Prinzip der GBV, bei den beteiligten Eintragungen wechselseitige Vermerke anzubringen. Praktikabel dürfte der folgend wiedergebene Vorschlag sein:[56]

– Vermerk in Abt I Sp 4: »Aufgelassen am ... und durch Umschreibung der Vormerkung Abt II Nr ... eingetragen am ...«;
– Vermerk in Abt II Sp 5 (zur Vormerkung): »Umgeschrieben in das Eigentum Abt I Nr ... am ...«;
– Rötung in Abt II Sp 1–5: des Vormerkungseintrags einschl etwaiger Veränderungseinträge, ausgenommen
   den gerade eingetragenen Umschreibungsvermerk.

---

46 OLG Düsseldorf MittRhNotK 1965, 16 = DNotZ 1965, 751 LS (hinderlich, falls Zwischeneintragungen oder Anträge
    vorliegen).
47 BayObLG Rpfleger 1975, 395 = DNotZ 1976, 160 (Abwägung, im Ergebnis zulassend, weil das GBA entfernten Mög-
    lichkeiten nicht nachzugehen braucht). Weitergehend KG DNotZ 1958, 255 (Löschung im Anschluss an Eigentumsum-
    schreibung sogar ohne förmliche Bewilligung und ohne besonderen Unrichtigkeitsnachweis); s auch *Schöner/Stöber*
    Rn 1540 mwN.
48 *Ritzinger* BWNotZ 1983, 25, 29; BayObLG aaO (Fn 47): »entfernte Möglichkeit«; Zulässigkeit offen gelassen von Bay-
    ObLG Rpfleger 2002, 260.
49 In BGHZ 60, 46, 48 = aaO (Fn 7) ist das Problem zwar angeschnitten, die Zulässigkeitsfrage aber offen gelassen.
50 LG Heilbronn Rpfleger 1977, 99; LG Mannheim BWNotZ 1980, 38; *Hieber* DNotZ 1951, 500, 1952, 23; *Ripfel* Rpfle-
    ger 1962, 200; *Dieterle* Rpfleger 1986, 208; BGB-RGRK–*Augustin* § 883 Rn 69.
51 LG Karlsruhe BWNotZ 1978, 167; LG Heidelberg, BWNotZ 1985, 86; *Hoche* DNotZ 1952, 21; *Ritzinger* BWNotZ
    1983, 25; *Nieder* NJW 1984, 329, 334; *Staudinger-Gursky* § 886 Rn 40; *Schöner/Stöber* Rn 1531 (Folgen problematisch).
52 *Hieber, Hoche, Ritzinger* aaO (Fn 50, 51).
53 Systematisch aufgearbeitet von *Dieterle* aaO (Fn 50).
54 So *Hieber* aaO (Fn 50).
55 So *Riffel* aaO (Fn 50).
56 Nahezu übereinstimmend *Ritzinger* aaO (Fn 51) S 28 und *Dieterle* aaO (Fn 50) S 210.

Die Umschreibung darf nicht von Amts wegen erfolgen (vgl Rdn 13), sondern nur auf Bewilligung des bisherigen Eigentümers als betroffenem Anspruchsschuldner[57] (zweckmäßigerweise in der zur Eigentumsumschreibung ohnehin nötigen Bewilligung, dazu § 20 GBO Rdn 5 ff). Ein Fremdkörper wäre die Erwähnung des Antrags im Umschreibungsvermerk in Abt I,[58] weil das Grundbuchrecht die Bezugnahme auf Eintragungsunterlagen nur kennt zur inhaltlichen Ergänzung, nicht zur Rechtfertigung der Eintragung (vgl Vor GBV Rdn 84).

23 **b) Verwirrungsgefahr für das Grundbuch?** Folge der vorbezeichneten Umschreibung könnte sein, dass der zwar gerötete, aber nicht gelöschte Vormerkungseintrag bei Gläubigern später bestellter Grundpfandrechte Bedenken auslöst, dass es über kurz oder lang sogar Usus wird, Kreditvergaben von Vorrangeinräumungen vor der fortbestehenden Vormerkung abhängig zu machen. Dann käme es zu fremdartigen Buchungen, nämlich zu Rangvermerken, die sich auf einen geröteten Eintragungsvermerk beziehen, eine ungewöhnliche Erschwernis für die Lesbarkeit des Grundbuchs, die zwar erheblich, aber allein noch nicht zwingend gegen die Zulässigkeit der Umschreibung der Eigentumsvormerkung spricht.[59]

24 **c) Kein anerkennenswertes Bedürfnis:** Das ist der entscheidende Grund für die Nichtzulassung der Umschreibung der Eigentumsvormerkung.[60] Diese Vormerkung hat nach einhelliger Ansicht Sicherungswirkung gemäß §§ 883 Abs 2, 888 Abs 1 BGB, aber keine Rangwirkung gemäß § 883 Abs 3 BGB. Sie schützt, indem sie *verhindert,* nämlich die volle Wirksamkeit vereitelnder und beeinträchtigender Verfügungen und Vollstreckungsakte, sie *wahrt aber nichts,* was in das definitive Recht, das Eigentum, übergeht. Beide Eintragungen stehen nicht im Verhältnis des Umfassenderen zum Geringeren.[61] Es ist deshalb kein Bedürfnis zu erkennen, das so erheblich ist, dass deswegen die Überführung der Eigentumsvormerkung in die endgültige Eintragung, obwohl in der GBV nicht vorgesehen (vgl Rdn 22), im Grundbuch kenntlich zu machen wäre. Der von der Praxis gefundene Weg wahrt, wie geschildert (vgl Rdn 20), hinreichend die schutzwürdigen Interessen. Die Erhaltung des Vormerkungseintrags für den entlegenen Fall gescheiterter Erfüllung ist Nebeneffekt, nicht Zweck des Umschreibungsmodus (vgl Rdn 7); derartige Umstände gehören zu den »entfernten Möglichkeiten«, die bei dem Unrichtigkeitsnachweis nicht ausgeräumt zu werden brauchen (vgl § 22 GBO Rdn 113).[62]

V. Zu Abs 3: Die »Umschreibung« des Widerspruchs

1. Gründe für die Gleichbehandlung

25 Der Widerspruch hat keine positiven (auf Rechtsgründung) ausgerichteten Wirkungen wie die Vormerkung, sondern negative (auf Rechtserhalt) ausgerichtete Wirkungen. Dementsprechend hat der Widerspruch im Unterschied zur Vormerkung selbst *keinen (änderbaren) Rang,* er reserviert *nicht* den Rang für ein künftiges Recht, aber *bewahrt,* wenn er sich zB gegen die unrechtmäßige Löschung eines (rangfähigen) Rechts oder gegen eine unzutreffende Rangangabe richtet, *den Rang des geschützten Rechts gegen Verschlechterung durch gutgläubigen Erwerb.*[63] Der Rangbewahrung wegen ist der Buchungs- und Umschreibungsmodus entsprechend Abs 1 und 2 auch für die Widersprüche vorgeschrieben, darüber hinaus für alle Fälle, in denen Widerspruch und das geschützte Recht an derselben Stelle zu buchen sind (vgl Rdn 8).

2. Umschreibungsvoraussetzung

26 Zu bewilligen ist die Umschreibung eines Widerspruchs vom Schuldner des durch diesen gesicherten Berichtigungsanspruchs. Das ist derjenige bzw sind diejenigen, dessen bzw deren Bewilligung zu der Grundbuchberichtigung erforderlich ist bzw sind (dazu § 22 GBO Rdn 102 ff). Verfügt der Buchberechtigte des von dem Widerspruch betroffenen Rechts zugunsten eines Dritten, so sperrt der Widerspruch den grundbuchlichen Vollzug dieser Verfügung nicht, verhindert aber gemäß § 892 BGB zugunsten des Widerspruchsbegünstigten gutgläubigen Rechtserwerb (für den Fall, dass das Grundbuch tatsächlich unrichtig ist). Der neue Buchberechtigte ist dann anstelle des Vorgängers Schuldner der Berichtigungsbewilligung und der Widerspruchsumschreibung.[64]

---

57 Ebenso *Ripfel* aaO (Fn 50).
58 Vorschlag von *Ritzinger* aaO (Fn 56).
59 *Ritzinger* aaO (Fn 56) im Anschluss an LG Karlsruhe aaO (Fn 51).
60 Auch für die zu Fn 51 Genannten.
61 BGHZ 60, 46, 48 = aaO (Fn 7).
62 BayObLG aaO (Fn 47, 48).
63 RGZ 129, 124, 127; des Weiteren *Staudinger-Gursky* § 899 Rn 18 mwN (auch zu teils gegenteiligen Aussagen der früheren Grundbuchliteratur).
64 RGZ 121, 379, 381; RG JW 1922, des Weiteren *Staudinger-Gursky* Rn 108 und MüKo-*Wacke* Rn 21, beide zu § 894, jeweils mwN.

§ 20 (Eintragung in mehreren Spalten)

Sind bei einer Eintragung mehrere Spalten desselben Abschnitts oder derselben Abteilung auszufüllen, so gelten die sämtlichen Vermerke im Sinne des § 44 der Grundbuchordnung nur als eine Eintragung.

I. Allgemeines

§ 20 präzisiert in Ergänzung des § 44 GBO den Eintragungsbegriff. Fast jede Eintragung (ausgenommen **1** etwaige Korrekturvermerke in der Sp 2 der ersten Abt, vgl § 9 GBV Rdn 12 bis 14) erstreckt sich buchungstechnisch über mehrere Spalten des Grundbuchvordrucks. § 20 stellt insofern klar, dass die in § 44 GBO vorgeschriebene Datierung und Unterzeichnung pro Eintragungseinheit nur einmal erforderlich ist.

II. Ort der Datierung und Unterzeichnung der Eintragungseinheiten

Kernpunkt jeder Eintragungseinheit ist der Eintragungsvermerk in der jeweiligen Textspalte des Grundbuch- **2** vordrucks. Dort ist die Eintragung gemäß § 44 GBO durch Datierung und Unterzeichnung zu vollziehen (vgl § 44 GBO Rdn 14 f und 37).

§ 21 (Äußere Form und Eintragung)

(1) Eintragungen sind deutlich und ohne Abkürzungen herzustellen. In dem Grundbuch darf nichts radiert und nichts unleserlich gemacht werden.

(2) Für Eintragungen, die mit gleichlautendem Text in einer größeren Zahl von Grundbuchblättern vorzunehmen sind, ist die Verwendung von Stempeln mit Genehmigung der Landesjustizverwaltung oder der von ihr bestimmten Stelle zulässig.

(3) Die sämtlichen Eintragungen in das Bestandsverzeichnis und in der zweiten und dritten Abteilung sind an der zunächst freien Stelle in unmittelbarem Anschluß an die vorhergehende Eintragung derselben Spalte und ohne Rücksicht darauf, zu welcher Eintragung einer anderen Spalte sie gehören, vorzunehmen.

(4) Sollen bei einem in Loseblattform geführten Grundbuch Eintragungen gedruckt werden, so kann abweichend von Absatz 3 der vor ihnen noch vorhandene freie Eintragungsraum in den Spalten, auf die sich die zu druckende Eintragung erstreckt, nach Maßgabe der folgenden Vorschriften gesperrt werden. Unmittelbar im Anschluß an die letzte Eintragung wird der nicht zu unterzeichnende Hinweis angebracht: »Anschließender Eintragungsraum gesperrt im Hinblick auf nachfolgende Eintragung«; für den Hinweis können Stempel verwendet werden, ohne daß es der Genehmigung nach Absatz 2 bedarf. Sodann werden auf jeder Seite in dem freien Eintragungsraum oben und unten über die ganze Breite der betroffenen Spalten waagerechte Striche gezogen und diese durch einen von oben links nach unten rechts verlaufenden Schrägstrich verbunden. Der obere waagerechte Strich ist unmittelbar im Anschluß an den in Satz 2 genannten Hinweis und, wenn dieser bei einer sich über mehrere Seiten erstreckenden Sperrung auf einer vorhergehenden Seite angebracht ist, außerdem auf jeder folgenden Seite unmittelbar unter der oberen Begrenzung des Eintragungsraumes, der untere waagerechte Strich unmittelbar über der unteren Begrenzung des zu sperrenden Raumes jeder Seite zu ziehen. Liegen nicht sämtliche betroffenen Spalten auf einer Seite nebeneinander, so ist die Sperrung nach den vorstehenden Vorschriften für die Spalten, die nebeneinanderliegen, jeweils gesondert vorzunehmen.

I. Allgemeines

1 §21 regelt, mit welchen technischen Mitteln, in welcher Gestalt und an welcher Stelle die Eintragungstexte in den Grundbuchvordruck einzubringen sind. Bezweckt wird mit den formalen Anordnungen – sie werden durch §27 GBGeschO bzw §27 BayGBGA noch verschärft – ein allerorts möglichst einheitliches und zweifelsfreies Erscheinungsbild des Grundbuchinhalts.

II. Zu Abs 1 und 2: Erstellung der Eintragungen

1. Eintragungsgeräte

2 In §21 – nebst ergänzenden Verwaltungsvorschriften wie §27 GBGeschO bzw §27 BayGBGA – schlägt sich der technische Fortschritt der Grundbuchführung nieder. Die Vorschrift ist in mehreren Stufen geändert worden, durch VO vom 07.07.1959 (BAnz Nr 137), vom 01.12.1977 (BGBl I 2313), vom 23.07.1984 (BGBl I 1025) und vom 30.11.1994 (BGBl I 3580). Die gegenwärtige Fassung der Abs 1 und 2 gestattet jedwede Art der »Herstellung« der Eintragungen, sei es mittels:

- **Handschrift** (mit beständiger Tinte, Kugelschreiber nur für Datierung und Unterzeichnung sowie für Rötungen zugelassen, vgl §27 Abs 1 GBGeschO);
- **Maschinenschrift** (manuell, teil- oder vollautomatisch gefertigt, wegen der Qualität der Farbbänder und Durchschlagsbögen vgl §27 Abs 2 GBGeschO);
- **Druck** (Drucklegung besonders genehmigungsbedürftig, vgl §10 Abs 2 GBGeschO);
- **Ablichtung** (bei dem in §101 – ehemals §70a – vorgesehenen Umstellungsverfahren);
- **Stempel** (gemäß Abs 2);
- **Speicherung** im maschinell geführten Grundbuch (§129 GBO, §76 GBV).

Ob und unter welchen Umständen die bundesrechtlich zugelassenen Eintragungsgeräte zum Einsatz gelangen, ist den Landesjustizverwaltungen bzw den von ihnen bestimmten Stellen überlassen.

2. Eintragungstexte

3 **a) Regel:** Nach Abs 1 S 1 sollen die Eintragungen *deutlich und ohne Abkürzungen* erfolgen und darf im Grundbuch *nichts radiert und unleserlich gemacht* werden. Das Gebot zielt auf Verständlichkeit und Glaubhaftigkeit des Grundbuchinhalts. Zur Verständlichkeit des Grundbuchinhalts unter dem Gesichtspunkt der Zweckmäßigkeit: Vor GBV Rdn 82. Radierungen in bereits vollzogenen Eintragungen sind gefährlich; denn sie beseitigen nicht die Wirkung der ursprünglichen Eintragung.[1] Für die Vorgehensweise zur Verbesserung von Schreibfehlern bei noch nicht unterschriebenen Eintragungstexten enthält §29 GBGeschO spezielle Vorschriften (dazu §44 GBO Rdn 29 bis 31). Zu Möglichkeit und Grenzen nachträglicher Klarstellungsvermerke: §44 GBO Rdn 28 und Vor GBV Rdn 58, desgleichen für Ergänzungseinträge: Vor GBV Rdn 185.

4 **b) Ausnahmen:** Die Verwendung allgemein gebräuchlicher und verständlicher Abkürzungen (zB »DM« statt »Deutsche Mark« bzw »EUR« statt »Euro«, »Nr.« statt »Nummer«, »m« statt »Meter«, »qm« oder »m²« statt »Quadratmeter«, »geb.« statt »geborene« usw) verstößt gewiss nicht gegen den Zweck der Vorschrift.[2] Aber auch der Gebrauch der im Umgang mit dem Grundbuch und dessen Umfeld eingeführten Abkürzungen (zB »BV« statt »Bestandsverzeichnis«, »VN« statt »Veränderungsnachweis« bzw »FN« statt »Fortführungnachweis«, »Gem.« statt »Gemarkung«, »Flst.« statt »Flurstück«, »Abt.« statt »Abteilung«, »Sp.« statt »Spalte«, »AG« statt »Amtsgericht«, die gesellschaftskennzeichnenden Zusätze »OHG«, »KG«, »AG«, »GmbH« usw) führt kaum zu Unverständlichkeiten und wird allgemein hingenommen. Zur (abkürzenden) Verweisung auf Vorschriften in den Grundbucheintragungen: Vor GBV Rdn 120.

Ausländische Währungseinheiten (zur Eintragbarkeit aufgrund VO über Grundpfandrechte in ausländischer Währung und Euro vom 30.10.1997 (BGBl I 2683) – auf Reallasten entsprechend anwendbar gemäß §3 dieser VO – s §28 S 2 GBO nebst Erläuterungen) sollten dagegen im Grundbuch nicht abgekürzt[3] bezeichnet werden, da diese Belastungen derzeit nicht allgemein gebräuchlich sind und deshalb das Verständnis der Eintragung erschwert würde.

III. Zu Abs 3 und 4: Platzierung der Eintragungen

1. Grundregel (Abs 3)

5 Der Grundbuchvordruck ermöglicht die Buchung der Eintragungen sowohl in horizontaler Gliederung quer über sämtliche Spalten (Veränderungen und Löschungen jeweils neben der Haupteintragung, auf die sie sich

---

1 OLG Frankfurt OLGZ 1982, 56 = Rpfleger 1981, 479.
2 Im gleichen Sinne KEHE-*Eickmann* Rn 2.
3 Währungsbezeichnungen nach den ISO-Währungscodes aufgezeigt von *Rellermeyer* Rpfleger 1999, 45, 50.

beziehen) als auch in ununterbrochener vertikaler Aufeinanderfolge pro Spalte. Auch im voraufgegangenen preußischen Muster war beides möglich und wurde mangels richtungsweisender Vorschrift beides praktiziert.[4] Die GBV legt in § 21 Abs 3 die Regel fest, dass im Bestandsverzeichnis und in der zweiten und dritten Abt *sämtliche Eintragungen in den für sie vorgesehenen Zonen* (Textspalten nebst zugehöriger Verweis- und Betragsspalten) *in lückenloser Aufeinanderfolge* vorzunehmen sind. Es wird also in der Zone für die Veränderungen und in der Zone für die Löschungen ebenso wie in der Zone für die Haupteintragungen jeweils im unmittelbaren Anschluss an die vorhergehende Eintragung gebucht. Bei Beachtung dieser Regel entspricht pro Zone die räumliche Folge der Einträge ihrer zeitlichen Reihenfolge. Ausgeklammert von diesem Platzierungsprinzip ist die erste Abteilung; dort gilt die Regel der horizontalen Gliederung (vgl § 9 GBV Rdn 3).

2. Abweichung (Abs 4)

Um die rationelle Drucklegung von Eintragungen für eine Vielzahl von Grundbuchblättern, insbesondere beim Anlegen von Wohnungsgrundbüchern, nicht zu behindern, wurde durch den mit VO vom 01.12.1977 (BGBl I 2313) angefügten Abs 4 eine besondere Ausnahmebestimmung geschaffen, die einerseits Freiräume gestattet, andererseits deren im Einzelnen geregelte Sperrung vorschreibt. **6**

§ 22 (Eintragungsmuster)

Die nähere Einrichtung und Ausfüllung des Grundbuchblatts ergibt sich aus dem in Anlage 1 beigefügten Muster. Die darin befindlichen Probeeintragungen sind als Beispiele nicht Teil dieser Verfügung.

I. Bedeutung der Vorschrift

§ 22 stellt klar, dass nur das Abbild des Grundbuchvordrucks in den Anlagen rechtsverbindlicher Teil der GVB ist. Die darin befindlichen Probeeintragungen nebst Rötungen illustrieren die Vorschriften der GBV über die Ausfüllung des Grundbuchvordrucks und demonstrieren die Vorstellungen des Verordnungsgebers zur Gestaltung des Grundbuchinhalts. Sie stellen insofern beachtenswerte Orientierungshilfen dar, sollen gemäß S 2 aber nur unverbindliche Beispiele sein, die in keiner Weise das Ermessen und die Verantwortung des funktionell zuständigen Rechtspflegers für die Bestimmung der Fassung der Eintragungsvermerke schmälern (vgl Vor GBV Rdn 9 ff). **1**

II. Vorformulierte Standardtexte und freiformulierte Texte

Zur rationellen wie zweckgerechten Grundbuchführung gehört schon seit langem beides, sowohl die Verwendung vorformulierter Standardtexte, die durch variable Daten zu ergänzen sind, als auch die Möglichkeit der völlig freien Formulierung des Eintragungstextes. Es kommt *aus Rechtsgründen* darauf an, dass beide Modi auch in Zukunft erhalten bleiben (dazu Vor GBV Rdn 16). **2**

In der Erprobungsphase des **EDV-Grundbuchs** wurde zunächst die Normierung aller Grundbucheintragungstexte und die verbindliche Verwendung der entwickelten Normen vorgesehen.[1] Das ursprüngliche Vorhaben wurde zu Recht aufgegeben und auf eine Eingabemethode mit sog Bildschirmmasken (auf dem Bildschirm aufrufbare Formulare) gesetzt, die unverbindliche Textvorgaben (Standardtexte) anbieten, gleichwohl die freie Texteingabe ermöglichen. Im Zuge der Projektierung sind in Kommissionsarbeit »Normtexte« (in Gestalt von Textbausteinen) erstellt und veröffentlicht worden,[2] die sich als Formulierungshilfen bzw -anregungen verstehen und empfehlen. **3**

---

4 *Güthe-Triebel* § 45 Rn 4.
1 Vgl »Sollkonzept für eine Automatisierung des Grundbuchwesens« vom Februar 1973, herausgegeben von den Ländern Bayern, Hessen und Rheinland-Pfalz.
2 ZB *Schmidt/Gissel/Nickerl* »Grundbucheintragungen – Normtexte«, Neuwied, 1975; »Texte für Grundbucheintragungen – Normtexte«, herausgegeben vom Bay Staatsministerium der Justiz, München, 1976.

§ 23 (Umschreibung bei Raummangel)

(1) Bietet ein Grundbuchblatt für Neueintragungen keinen Raum mehr, so ist es umzuschreiben.

(2) Eine Fortsetzung eines Grundbuchblatts auf einem anderen, auch auf einem geschlossenen Blatt desselben oder eines anderen Bandes ist unzulässig.

1   **I.** Diese Vorschrift ist auf das **Festbandgrundbuch** zugeschnitten, in dem die Grundbuchblatteinheiten auf eine vorgegebene und nicht erweiterbare Anzahl von Seiten für das Bestandsverzeichnis und die drei Abteilungen begrenzt sind. Ihr Ziel ist die Vermeidung unübersichtlicher und umständlich zu handhabender Grundbücher (Weiteres: § 2 GBV Rdn 7).

2   Die Prozedur der Umschreibung wegen Raummangels richtet sich nach den §§ 28 bis 31, die Benachrichtigung von der erfolgten Umschreibung nach § 39 Abs 3.

3   **II.** Beim modernen **Loseblattgrundbuch** entfällt die Notwendigkeit der Umschreibung wegen Raummangels, sind nur die in § 28 aufgeführten Umschreibungsgründe relevant.

Abschnitt IV
Die Grundakten

Vorbemerkung zu § 24

I. Vorschriften für die Grundaktenführung

1   Die Vorschriften des Abschn IV setzen die Führung von Grundakten voraus. Zur Fortführbarkeit alter und zur Notwendigkeit neuer Grundakten siehe die Übergangsbestimmung des § 100 (ehemals § 70). Die Regelung der Aktenführung ist nicht Aufgabe der GBV als Rechtsverordnung, sondern Angelegenheit der Justizverwaltungen. Die hierfür maßgeblichen Verwaltungsvorschriften sind:
- die Aktenordnung (AktO), insb deren § 21 (vgl entsprechenden Verweis in § 14 Abs 1 GBGeschO);
- die GBGeschO, ua speziell deren §§ 14 bis 17, bzw die an deren Stelle gesetzten Vorschriften der einzelnen Landesjustizverwaltungen;
- die Bestimmungen über die Aufbewahrungsfristen für Akten, Register und Urkunden bei den Justizbehörden.

II. Wesentliches zur Grundaktenführung

2   **1.** Die **Einrichtung der Grundakten** erfolgt **pro Grundbuchblatt** (§ 21 Abs 1 S 1 AktO), und zwar für jedes Grundstücks-, Erbbau-, Wohnungs-, Teileigentums-Grundbuchblatt. Über ein gemeinschaftliches Grundbuchblatt (§ 4 GBO) wird nur ein Grundaktenstück geführt (§ 14 Abs 4 GBGeschO). Betreffen Schriften Grundstücke, für die ein Grundbuchblatt nicht angelegt ist, so werden diese gemeindeweise in Sammelakten zusammengefasst (§ 21 Abs 7a AktO). Die Schließung eines Grundbuchblattes ist auf den zugehörigen Grundakten zu vermerken (§ 21 Abs 4 AktO). Wird ein geschlossenes Grundbuchblatt nach § 37 Abs 2 wieder verwendet zur Anlegung eines neuen Blattes, so sind für das neue Blatt neue Grundakten anzulegen (§ 32 GBGeschO).

3   **2. Aktenzeichen** ist die Grundbuchbezeichnung (Bezirk und Blatt); ein besonderes Aktenregister wird für die Grundakten nicht geführt. Der Sonderung innerhalb des Grundaktenstücks dienen *fortlaufende Ordnungsnummern;* jedes selbständige Schriftstück nebst Anl erhält in der Reihenfolge seines Eingangs eine solche Ordnungsnummer; sämtliche Ordnungsnummern desselben Aktenstücks werden auf einem Vorblatt der Akten unter Beifügung des Datums der einzelnen Schriften reihenweise untereinander verzeichnet. Das Aktenzeichen und die Ordnungsnummer bilden zusammen die *Geschäftsnummer,* unter der die Schriftstücke eines Grundaktenstücks zu führen sind (vgl § 21 Abs 1, 2 AktO).

4   **3. Einzuordnen in die Grundakten** sind außer den gemäß § 24 von Rechts wegen aufzubewahrenden Urkunden alle Schriftstücke, die sich auf das Grundbuchblatt beziehen, wie Eingänge, Protokolle, Verfügungen, Entwürfe, Kostenrechnungen usw. Zur Behandlung und Aufbewahrung von Urkunden, die nicht dauernd zu den Grundakten genommen werden, siehe § 23 Abs 1 GBGeschO. Die *Eintragungsverfügung* ist urschriftlich zu dem die Eintragung veranlassenden Schriftstück zu nehmen (§ 24 Abs 2 GBGeschO). Die Einheftung der eine Eintragung veranlassenden Urkunden einschl der darauf ergangenen Verfügungen in die Grundakten braucht erst nach Erledigung der Angelegenheit zu erfolgen (§ 14 Abs 2 GBGeschO). Eine Urkunde, auf die sich *Eintragungen in mehreren Grundbuchblättern* gründen, soll endgültig zu den Grundakten genommen werden, bei

denen sie ihre erste Ordnungsnummer erhalten hat (§ 14 Abs 3 GBGeschO), idR gehört auch die Eintragungsverfügung dorthin (vgl § 25 GBGeschO). Vorläufig ist vom Registrator unverzüglich, nachdem der Neueingang in der »führenden« Grundakte die nächstfreie Ordnungsnummer erhalten hat, zu den Grundakten der übrigen Grundstücke Nachricht zu geben durch ein *Merkblatt,* auf dem der Zeitpunkt des Eingangs und der Verbleib des Eintragungsantrags oder -ersuchens zu vermerken ist. Das Merkblatt soll weitere den bisherigen Eintragungsantrag berührende Eintragungen verhindern. Es erhält bei den Grundakten, für die es bestimmt ist, eine besondere Ordnungsnummer; er dient dort schließlich nach erledigter Eintragung als *Verweisungsvermerk* (vgl § 20 Abs 2 GBGeschO). Zur Bedeutung des Verweisungsvermerks: § 24 GBV Rdn 2.

4. Zur **Einsicht in bzw Abschrift aus Grundakten** siehe § 46 nebst Erläuterungen. Als Hilfsmittel zum Auffinden von Grundakten ist ein alphabetisches *Eigentümerverzeichnis* zu führen, das grundsätzlich den gesamten Grundbuchamtsbezirk umfasst, aber auch abteilungsweise geführt werden darf, wenn die örtlichen Verhältnisse es zweckdienlicher erscheinen lassen (§ 21 Abs 8 AktO). Außerdem wird grundbuchbezirksweise ein *Grundstücksverzeichnis,* das auch die grundstücksgleichen Rechte sowie die Wohnungs- und Teileigentumsrechte umfasst, nach Maßgabe des § 21 Abs 9 AktO geführt. **5**

5. Die **Versendung von Grundakten** ist eingehend geregelt in § 17 Abs 2 bis 6 GBGeschO bzw in den entsprechenden Vorschriften der Länder. Die Grundakten sollen möglichst in den Geschäftsräumen des GBA bleiben, dürfen nur nach Maßgabe der vorbezeichneten Vorschriften herausgegeben werden. Die Versendung an Private ist nicht gestattet, an ausländische Behörden nur mit spezieller ministerieller Genehmigung zulässig, an inländische Gerichte und Behörden nach Maßgabe der genannten Vorschriften generell zugelassen. Einem Versendungsersuchen soll nicht entsprochen werden, wenn durch die Überlassung der Grundakten die Amtsgeschäfte des GBA verzögert würden. Nach modernisierten Vorschriften (zB § 19 BayGBGA) ist stets zu prüfen, ob statt der Überlassung eine anderweitige Erledigung des Ersuchens (zB durch Fertigung von Ablichtungen) zweckmäßiger ist. **6**

6. Ein **Tagebuch** über die Art und Zeitdauer der Erledigung der Eingänge ist gemäß § 21 Abs 6 AktO zu führen. Die Erfassung erfolgt erst nach Erlass der Erledigungsverfügung. Die besondere Führung einer Eingangsliste kann nach § 21 Abs 6 AktO angeordnet werden. Anschauungsbeispiel: Muster 10 der AktO mit detaillierten Hinweisen zur Ausfüllung. **7**

7. Zum **Handblatt** und dessen Bedeutung: § 24 GBV Rdn 6 bis 8; zum **Wohnungsblatt** § 24 GBV Rdn 9. **8**

§ 24 (Aufbewahrung von Urkunden; Handblatt)

(1) Die Urkunden und Abschriften, die nach § 10 der Grundbuchordnung von dem Grundbuchamt aufzubewahren sind, werden zu den Grundakten genommen, und zwar die Bewilligung der Eintragung eines Erbbaurechts zu den Grundakten des Erbbaugrundbuchs.

(2) Betrifft ein Schriftstück der in Absatz 1 bezeichneten Art Eintragungen auf verschiedenen Grundbuchblättern desselben Grundbuchamts, so ist es zu den Grundakten eines der beteiligten Blätter zu nehmen; in den Grundakten der anderen Blätter ist auf diese Grundakten zu verweisen.

(3) Ist ein Schriftstück der in Absatz 1 bezeichneten Art in anderen der Vernichtung nicht unterliegenden Akten des Amtsgerichts enthalten, welches das Grundbuch führt, so genügt eine Verweisung auf die anderen Akten.

(4) Bei den Grundakten ist ein in seiner Einrichtung dem Grundbuchblatt entsprechender Vordruck (Handblatt) zu verwahren, welcher eine wörtliche Wiedergabe des gesamten Inhalts des Grundbuchblatts enthält. Die mit der Führung des Grundbuchs beauftragten Beamten haben für die Übereinstimmung des Handblatts mit dem Grundbuchblatt zu sorgen.

I. Zu Abs 1: Grundakten als Aufbewahrungsort

1 Abs 1 setzt die Führung von Grundakten pro Grundbuchblatt voraus (vgl Vor § 24 GBV Rdn 1) und ordnet an, dass die Urkunden und (beglaubigten) Abschriften, die aus rechtlichen Gründen gemäß § 10 GBO vom GBA aufzubewahren sind, zu den Grundakten zu nehmen sind. Die Bewilligung der Eintragung eines Erbbaurechts soll zu den Grundakten des Erbbaugrundbuchs, nicht zu denen des Grundstücksgrundbuchs genommen werden (wegen des Grundes vgl Vor § 54 GBV Rdn 15 bis 18). Wegen der außerdem in die Grundakten einzuordnenden Schriftstücke und wegen der Aufbewahrung von Urkunden, die nicht dauernd zu den Grundakten zu nehmen sind, s Vor § 24 GBV Rdn 4.

II. Zu Abs 2: Aufbewahrung bei mehr als einem Grundbuchblatt

2 1. Sind **mehrere Grundbuchblätter desselben GBA** an dem Eintragungsprozess beteiligt, so sind die aufzubewahrenden Urkunden bzw deren beglaubigte Abschriften zu den Grundakten eines der beteiligten Blätter zu nehmen. (Zu welchem? Dazu Vor § 24 GBV Rdn 4). In dem Grundakten der übrigen Blätter ist auf die »führende« Grundakte zu verweisen. Dies geschieht praktisch durch einen vordruckmäßigen »Verweisungsvermerk«, der zu den einzelnen Eintragungen in diesem Grundbuchblatt einen Hinweis auf diejenige Stelle (Ordnungsnummer) der führenden Akte gibt, an der die Urkunden aufbewahrt sind. Damit wird dem Einsichtsuchenden gezielt die Aufbewahrungsstelle der ihn interessierenden Urkunden angezeigt.

3 2. Sind **mehrere Grundbuchblätter verschiedener GBA** an dem Eintragungsprozess beteiligt, so gilt Abs 2 nur in Bezug auf die bei demselben GBA geführten Grundakten. Zunächst gilt Abs 1. Das bedeutet, dass die aufzubewahrenden Urkunden bzw (nötigenfalls von Amts wegen anzufertigende) beglaubigte Abschriften derselben pro GBA einmal zu den Grundakten zu nehmen sind (Grund: § 10 GBO Rdn 22); für etwaige weitere Akten desselben GBA genügt ein Verweisungsvermerk.

III. Zu Abs 3: Verweisung auf andere Akten

4 1. **Statt der Urkundsaufbewahrung in den Grundakten** lässt Abs 3, gestützt auf die Ermächtigung in § 10 Abs 2 GBO, begrenzt die Verweisung auf andere Akten desselben Amtsgerichts zu (vgl § 10 GBO Rdn 24). Modifiziert wird damit die Aufbewahrungspflicht des GBA im Anschluss an eine Eintragung (vgl § 10 GBO Rdn 17); eine andere Frage ist es, inwieweit – analog § 34 GBO? (zur Problematik: § 34 GBO Rdn 2 ff) – zur Erleichterung des Nachweises der Eintragungsvoraussetzungen auf Akten desselben Amtsgerichts Bezug genommen werden darf. Verweisfähig sind gemäß Abs 3 nur Akten bzw Aktenbestandteile, die (wie die Grundakten) nicht der Vernichtung unterliegen; denn es kommt darauf an, dass der Zweck des § 10 GBO, die Eintragungsgrundlagen auf Dauer nachweisbar zu halten (vgl § 10 GBO Rdn 2), gewahrt bleibt. Erforderlich ist ein augenscheinlicher Verweisvermerk in den Grundakten, der die Aktenstelle, an der sich die betreffende Urkunde befindet, möglichst genau aufzeigen sollte. Abs 3 ist nicht zwingend. Es ist deshalb dem sachbearbeitenden Rechtspfleger nicht verwehrt, aus Zweckmäßigkeitsgründen die Fertigung einer beglaubigten Abschrift zu den Grundakten zu verfügen, wo es nach Abs 3 nicht nötig wäre und deswegen von den Beteiligten die Beibringung einer Abschrift nicht verlangt werden kann.[1]

5 2. **Welche Akten der Vernichtung nicht unterliegen** und sich somit zur Verweisung eignen, ist den Aufbewahrungsbestimmungen der Justizverwaltungen (vgl Vor § 24 GBV Rdn 1) zu entnehmen. Es wird für Abs 3 ausreichen, dass nach den maßgeblichen Bestimmungen die in Frage stehenden Urkunden dauernd aufzubewahren sind, mögen auch die anderen Aktenteile der Vernichtung unterliegen.

IV. Zu Abs 4: Handblatt

6 1. Die **Einrichtung des Handblattes** knüpft an die Grundbuchtabelle des früheren preußischen Rechts an; entsprechende Einrichtungen gab es auch in anderen Ländern (als Hilfsheft, Hilfsblatt, Blattübersicht, Tabelle), nicht in Bayern; Übergangsregelung: § 100 Abs 2 (ehemals § 70 Abs 2). Bezweckt wird mit dem Handblatt, die Bearbeitung der Grundbuchangelegenheiten von der Notwendigkeit ständiger Einsicht des Grundbuchs zu entlasten. Deshalb ist dafür zu sorgen, dass das Handblatt stets den aktuellen Grundbuchinhalt wortgetreu wiedergibt. Verwahrt wird das Handblatt bei den Grundakten (§ 21 Abs 5 AktO).

7 2. Für die **Übereinstimmung des Handblatts mit dem Grundbuchblatt** haben gemäß Abs 3 »die mit der Führung des Grundbuchs beauftragten Beamten« zu sorgen. Dazu bestimmt § 24 Abs 4 GBGeschO, dass das Handblatt, falls es nicht bereits zur Verfügung des Eintragungswortlauts benutzt worden ist (§ 24 Abs 2 Buchst b GBGeschO) von der Geschäftsstelle zu vervollständigen ist, sobald die Eintragung erfolgt ist. In praxi wird meistens der Bedienstete, der die Eintragung im Grundbuch fertigt, diese auch im Handblatt nachtragen. Die Unterzeichner der Grundbucheintragung (vgl § 44 Abs 1 GBO) sind letztlich verantwortlich dafür, dass das

---

1 KEHE-*Eickmann* Rn 3 im Anschluss an *Hesse-Saage-Fischer* Anm III.

Handblatt sich bezüglich der von ihnen vollzogenen Eintragung in Übereinstimmung mit dem Grundbuch befindet; eine Unterzeichnung der Einträge im Handblatt ist nicht vorgeschrieben. Solange Grundbuch- und Handblatteintragung in zwei Arbeitsgängen erfolgen, ist die Prüfung ihrer wörtlichen Übereinstimmung relativ aufwendig. Vorgeschrieben ist hierzu nichts; Anordnungen der Dienstaufsicht sind möglich; jedenfalls ist Sorgfalt angebracht, denn eine Divergenz von Grundbuch und Handblatt kann Regressfolgen auslösen. Am sichersten ist die vergleichende Lesekontrolle von verfügtem Eintragungswortlaut, Grundbucheintrag und Handblatteintrag »mit verteilten Rollen« vor der Eintragungsunterzeichnung.

3. Ein **Vorzug des Loseblatt-Grundbuchs** ist die Vervollständigung des Handblatts per Durchschrift (vgl zB § 20 BayGBGA), so dass sich eine wortgenaue Übereinstimmungskontrolle erübrigt, sondern nur zu prüfen ist, ob überhaupt ein Handblatteintrag erfolgt ist. **8**

V. Wohnungsblatt

Ein Wohnungsblatt als Vorblatt zum Handblatt mit den Anschriften der im Grundbuch eingetragenen Beteiligten, der etwa bestellten Vertreter und Zustellungsvertreter ist nicht generell, sondern *nur im Bedarfsfall* anzulegen (§ 21 Abs 5 S 2 AktO). Ist es angelegt, so ist es auf dem laufenden zu halten; Anschriftsänderungen, Vertreterbestellungen usw werden in das Wohnungsblatt aufgenommen, wenn sie dem GBA in hinlänglich sicherer Weise bekannt werden. Die Anlage und Führung obliegt der Geschäftsstelle; es ist ratsam, wenn der Sachbearbeiter (Rechtspfleger, Urkundsbeamter) ihm auffallende änderungsrelevante Umstände in geeigneter Weise anzeigt. Anschauungsbeispiel: Muster 11 der AktO. **9**

§ 24a   (Aufbereitung der aufzubewahrenden Urkunden)

Urkunden oder Abschriften, die nach § 10 der Grundbuchordnung bei den Grundakten aufzubewahren sind, sollen tunlichst doppelseitig beschrieben sein, nur die Eintragungsunterlagen enthalten und nur einmal zu der betreffenden Grundakte eingereicht werden. § 18 der Grundbuchordnung findet insoweit keine Anwendung. Das Bundesministerium der Justiz gibt hierzu im Einvernehmen mit den Landesjustizverwaltungen und der Bundesnotarkammer Empfehlungen heraus.

§ 24a, durch VO vom 30.11.1994 (BGBl I 3580) eingefügt, ist ausgerichtet auf ein geplantes Grundbucheinsichtsgesetz[1] und auf die in § 10a GBO den Ländern eingeräumte Möglichkeit, die nach § 10 GBO vom GBA aufzubewahrenden Urkunden und die geschlossenen Grundbücher als Wiedergabe auf einem Bildträger (Mikroverfilmung) oder auf anderen Datenträgern aufzubewahren. Die vorgesehene Sonderung der Eintragungsunterlagen dient zudem der Vorbereitung des Inhalts der Grundakten für die künftige Ab- und Aussonderung der für die Grundbuchführung nicht mehr benötigten Schriftstücke nach der aufgrund der in § 10a Abs 3 GBO enthaltenen Ermächtigung zu erlassenden Rechtsverordnung. In der jetzigen Fassung geht § 24a nicht über Empfehlungen hinaus. Um laufende Eintragungsverfahren nicht zu blockieren, ist vorerst angeordnet, dass § 18 GBO keine Anwendung findet. Eine Eintragung darf also nicht deshalb abgelehnt werden, weil die Eintragungsbewilligung bzw die sonstige Eintragungsunterlage nicht dem § 24a entspricht. Es liegt damit aber schon jetzt weitgehend in der Hand der Beteiligten, Daten von den Grundakten fern zu halten, von denen sie nicht wollen, dass sie durch eine Grundbucheinsicht Dritten zugänglich werden.[2] **1**

**Abschnitt V
Der Zuständigkeitswechsel**

§ 25   (Schließung des alten Grundbuchblatts; Neuanlegung)

(1) Geht die Zuständigkeit für die Führung eines Grundbuchblatts auf ein anderes Grundbuchamt über, so ist das bisherige Blatt zu schließen; dem anderen Grundbuchamt sind die Grundakten zu übersenden, nachdem die wörtliche Übereinstimmung des Handblatts mit dem Grundbuchblatt von dem Richter und dem Urkundsbeamten der Geschäftsstelle bescheinigt ist.

1 *Schmidt-Räntsch* VIZ 1993, 422, 433; *Grziwotz* MittBayNot 1995, 97.
2 *Demharter* FGPrax 2001, 52, 53 (Zur Öffnung des Grundbuchs für die Presse durch das BVerfG).

(2 a) In der Aufschrift des neuen Blattes ist auf das bisherige Blatt zu verweisen.

(2 b) Gelöschte Eintragungen werden in das neue Blatt insoweit übernommen, als dies zum Verständnis der noch gültigen Eintragungen erforderlich ist. Im übrigen sind nur die laufenden Nummern der Eintragungen mit dem Vermerk »Gelöscht« zu übernehmen. Die Übernahme der Nummern der Eintragungen mit dem Vermerk »Gelöscht« kann unterbleiben und der Bestand an Eintragungen unter neuen laufenden Nummern übernommen werden, wenn Unklarheiten nicht zu besorgen sind.

(2 c) Die Übereinstimmung des Inhalts des neuen Blattes mit dem Inhalt des bisherigen Blattes ist im Bestandsverzeichnis und jeder Abteilung von dem Richter und dem Urkundsbeamten der Geschäftsstelle zu bescheinigen. Die Bescheinigung kann im Bestandsverzeichnis oder einer Abteilung mehrfach erfolgen, wenn die Spalten nicht gleich weit ausgefüllt sind. Befinden sich vor einer Bescheinigung leergebliebene Stellen, so sind sie zu durchkreuzen.

(2 d) Das Grundbuchamt, welches das neue Blatt anlegt, hat dem früher zuständigen Grundbuchamt die Bezeichnung des neuen Blattes mitzuteilen. Diese wird dem Schließungsvermerk (§ 36 Buchstabe b) auf dem alten Blatt hinzugefügt.

(3 a) Geht die Zuständigkeit für die Führung des Grundbuchs über eines von mehreren, auf einem gemeinschaftlichen Blatt eingetragenen Grundstücken oder über einen Grundstücksteil auf ein anderes Grundbuchamt über, so ist das Grundstück oder der Grundstücksteil abzuschreiben. Dem anderen Grundbuchamt sind ein beglaubigter Auszug aus dem Handblatt sowie die Grundakten zwecks Anfertigung von Abschriften und Auszügen der das abgeschriebene Grundstück betreffenden Urkunden zu übersenden.

(3 b) Ist der Übergang der Zuständigkeit von einem vorherigen, die Eintragung des neuen Eigentümers erfordernden Wechsel des Eigentums abhängig, so hat das bisher zuständige Grundbuchamt den neuen Eigentümer auf einem neu anzulegenden Blatt einzutragen; sodann ist nach den Absätzen 1 und 2 zu verfahren. Das bisher zuständige Grundbuchamt kann jedoch auch, wenn der Übergang der Zuständigkeit auf das andere Grundbuchamt durch Verständigung mit diesem gesichert ist, die Eintragung des neuen Eigentümers mit dem Abschreibungsvermerk verbinden und sodann nach Absatz 3a verfahren, falls durch die Verbindung Verwirrung nicht zu besorgen ist und andere gemäß § 16 Abs 2 der Grundbuchordnung zu berücksichtigende Eintragungsanträge nicht vorliegen. Tritt in diesem Fall der Zuständigkeitswechsel infolge nachträglicher Ablehnung der Übernahme durch das andere Grundbuchamt nicht ein, so hat das Grundbuchamt ein neues Grundbuchblatt anzulegen.

(4) Im Abschreibungsvermerk (Absätze 3a und 3b Satz 2) ist die Bezeichnung des Blattes, auf das das Grundstück oder der Grundstücksteil übertragen wird, zunächst offen zu lassen. Sie wird auf Grund einer von dem nunmehr zuständigen Grundbuchamt dem früher zuständigen Grundbuchamt zu machenden Mitteilung nachgetragen. Im Falle des Absatzes 3b Satz 3 ist der Abschreibungsvermerk durch Nachtragen des neu angelegten Blattes zu ergänzen.

I. Zu Abs 1 und 2: Zuständigkeitswechsel für den Gesamtbestand eines Grundbuchblatts

1. Abs 1: Maßnahmen des abgebenden GBA

1 a) **Schließung des bisherigen Blattes,** nachdem ev in bisheriger Zuständigkeit noch zu bescheidende Anträge erledigt sind, und zwar gemäß den in § 36 geregelten grundbuchtechnischen Modalitäten (grundangebender Schließungsvermerk und Rotdurchkreuzen aller Seiten des Blattes). Wortlaut des Schließungsvermerks etwa: »*Wegen Übergangs der Zuständigkeit für die Führung des Blattes auf das Amtsgericht ... (dort gebucht in ... Blatt ...) geschlossen am ...*« Die (zunächst unbekannte) Bezeichnung des neuen Blattes bleibt vorläufig offen; sie wird nach Zugang der Mitteilung des aufnehmenden GBA nachgetragen (Abs 2d).

b) Übersendung der Grundakten nebst Handblatt an das übernehmende GBA. Das Handblatt ist vorher   2
einmal (am Schluss) mit etwa folgender vom Rechtspfleger und Urkundsbeamten zu unterzeichnenden
Bescheinigung zu versehen: »*Die wörtliche Übereinstimmung des gesamten Handblattes mit dem Grundbuchblatt wird
bescheinigt.*« Zur Art der Versendung: § 17 Abs 5 GBGeschO, § 19 Abs 2 BayGBGA. Wegen der zu erwartenden
Mitteilung der Bezeichnung des aufnehmenden Blattes ist eine Frist zu verfügen und von der Geschäftsstelle zu
überwachen. Mit der Nachtragung der später mitgeteilten Bezeichnung des aufnehmenden Blattes im Schließungsvermerk ist die Angelegenheit für das abgebende GBA erledigt.

2. Abs 2a bis 2d: Maßnahmen des übernehmenden GBA

Hier ergeben sich **zwei Möglichkeiten:**   3

a) Die **Buchung auf einem bestehenden Blatt,** zB auf dem Blatt desjenigen Grundstücks, mit dem das zu   4
übernehmende Grundstück zusammengeschrieben, vereinigt oder dem es als Bestandteil zugeschrieben werden
soll. Diese Variante ist im Abs 2 nicht ausdrücklich vorgesehen, aber auch nicht ausgeschlossen. Zu verfahren
ist wie bei jeder sonstigen Übertragung eines Grundstücks auf ein bestehendes Blatt mit der Besonderheit, dass
das bisher zuständige GBA im Zubuchungsvermerk in Spalte 6 des Bestandsverzeichnisses zu erwähnen ist,
Wortlaut etwa: »*Von … Blatt … (Amtsgericht …) hierher übertragen am …*«

b) Die **Anlegung eines neuen Blattes.** Diese Variante ist im Abs 2 geregelt. Für die Ausfüllung des neuen   5
Blattes gilt im Wesentlichen:
– In die **Aufschrift** kommt ein (wie gewöhnliche Eintragungen zu unterzeichnender) Verweisungsvermerk
  etwa folgenden Wortlauts: »Dieses Blatt ist infolge Übergangs der Zuständigkeit an die Stelle des geschlossenen Blattes … des Grundbuchs von … (Amtsgericht) … getreten. Vermerkt am …« (Abs 2a).
– Im **Bestandsverzeichnis und in den drei Abteilungen** wird der Inhalt des bisherigen Blattes (laut über-
  sandtem beglaubigten Handblatt) wiedergegeben, und zwar folgendermaßen (Abs 2b):

aa) Noch gültige Eintragungen (einschließlich ev Zusatzeintragungen in der Veränderungs- und Löschungs-   6
spalte) sollen nach dem unausgesprochenen Ausgangspunkt der Vorschrift grundsätzlich mit dem bisherigen
Wortlaut in das neue Blatt übernommen werden. Gegebenenfalls wird allerdings von der neuen Sollvorschrift
in § 44 Abs 3 GBO zur Nachholung oder Erweiterung der Bezugnahme auf die Eintragungsbewilligung
Gebrauch zu machen sein (Erläuterungen dazu: § 30 GBV Rdn 20).

bb) Gelöschte Eintragungen sollen gemäß ausdrücklicher Vorschrift nur insoweit mit vollem Wortlaut (ein-   7
schließlich ev geröteter Teile) in das neue Blatt übernommen werden, als dies zum Verständnis der noch gültigen
Eintragungen erforderlich ist. Die Entscheidung darüber ist uU nicht unproblematisch; auf die Erläuterungen zu
§ 30 GBV Rdn 6 wird verwiesen. Im Übrigen eröffnet Abs 2b zwei Möglichkeiten, entweder die Wiedergabe der
bisherigen lfdNrn der gelöschten Eintragungen mit dem Zusatz »Gelöscht« oder eine neue Nummerierung der
noch gültigen Eintragungen unter völliger Ignorierung der gelöschten Eintragungen, wenn Unklarheiten nicht zu
befürchten sind. Zur Frage, wie verfahren werden sollte, wird wegen Vergleichbarkeit der Situation auf die Erläuterungen zu § 30 GBV Rdn 3 bis 8 verwiesen.
– Die **Bescheinigung,** die gemäß Abs 2c im Bestandsverzeichnis und je Abt mindestens einmal zu erfolgen
  hat, soll den wiedergegebenen Inhalt des bisherigen Blattes von den späteren Eintragungen sondern. Mit
  Rücksicht auf die Platzierungsregel des § 21 Abs 3 ist die Möglichkeit einer mehrfachen Bescheinigung pro
  Abt vorgesehen, falls Sp bzw ganze Zonen (dazu § 21 GBV Rdn 5) ungleich weit ausgefüllt sind, oder stattdessen das (schwarze) Durchkreuzen der sich vor der Bescheinigung befindenden unbeschriebenen Stellen.

c) Schließlich erfolgt **Mitteilung an das abgebende GBA** gemäß Abs 2d und bei letzterem die Ergänzung   8
des Schließungsvermerks.

II. Zu Abs 3a: Zuständigkeitswechsel für einen Teilbestand eines Grundbuchblatts ohne Eigen- tumswechsel

1. Maßnahmen des abgebenden GBA

a) Abschreibung des abzugebenden Grundstücks oder Grundstücksteils in Sp 7/8 des Bestandsver-   9
zeichnisses gemäß § 13 Abs 3 oder 4 mit der Besonderheit, dass im Abschreibungsvermerk die Bezeichnung des
aufnehmenden Blattes zunächst offen bleibt und nach Eingang der Eintragungsmitteilung des übernehmenden
GBA nachgetragen wird (Abs 4), falls keine Vorabklärung erreichbar ist.

b) Zeitweilige Überlassung der Grundakten, damit das übernehmende GBA die nötigen Abschriften und   10
Auszüge für seine Grundakten fertigen kann. Nicht das Handblatt wird übersandt, sondern ein einmal (am
Schluss) beglaubigter Auszug desselben, der die Eintragungen bezüglich der abgebuchten Grundstücksfläche
vollständig wiedergibt. Zur Art der Aktenversendung: Rdn 2.

2. Maßnahmen des übernehmenden GBA

11 Die Grundbuchtechnik gleicht in etwa dem zu Rdn 3 bis 5 Ausgeführten, je nachdem, ob einem bestehenden Blatt zugebucht oder ein neues Blatt angelegt wird. Nach Anfertigung der notwendigen Abschriften (Kopien) und Auszüge hat es die Grundakten zurückzusenden; Versendungsart: Rdn 2.

III. Zu Abs 3b: Zuständigkeitswechsel für einen Teilbestand eines Grundbuchblatts mit Eigentumswechsel

1. Maßnahmen des abgebenden GBA

12 Abs 3b eröffnet **zwei Wege:**

13 **a) Zunächst Anlegung eines neuen Blattes,** dort Vollzug der Eigentumsumschreibung wie gewöhnlich, anschließend Verfahren nach den Abs 1, 2 (vgl Rdn 1 bis 8).

14 **b) Ohne Anlegung eines neuen Blattes,** sondern Vollzug der Eigentumsumschreibung per Abschreibungsvermerk in den Sp 7 und 8 des Bestandsverzeichnisses des bisherigen Blattes, ähnlich wie bei der Ausbuchung eines Grundstücks im Zuge einer Eigentumsumschreibung (vgl § 13 GBV Rdn 22). Der Wortlaut des Abschreibungsvermerks in diesem Falle: »*Aufgelassen am ... an ... und eingetragen am ... Übertragen nach ... Blatt ... (Amtsgericht ...) am ...*« Wegen des Handblattauszugs gilt Abs 3a S 2. Dieser vereinfachte Weg darf jedoch nur beschritten werden, wenn die vorgeschriebenen Bedingungen erfüllt sind: Der Übergang der Zuständigkeit muss durch Verständigung mit dem anderen GBA gesichert sein; Verwirrung darf nicht zu besorgen sein (wie etwa bei komplizierten Belastungsverhältnissen des betroffenen Grundstücks oder Grundstücksteils); andere gemäß § 16 Abs 2 GBO außer dem Eigentumsumschreibungsantrag zu berücksichtigende Eintragungsanträge dürfen nicht vorliegen. Scheitert die Übernahme, ist nachträglich ein neues Blatt anzulegen.

2. Maßnahmen des übernehmenden GBA

15 Es gilt das zu Rdn 3 bis 6 Ausgeführte.

16 IV. Beim Loseblatt-Grundbuch in Einzelheften vereinfacht sich das Verfahren, siehe § 27a.

17 V. Benachrichtigung der Beteiligten: Sie ist geregelt in § 40 und dort erläutert.

§ 26 (Zuständigkeitswechsel bei Bezirksänderung)

(1) Geht bei einer Bezirksänderung die Führung des Grundbuchs in Ansehung aller Blätter eines Grundbuchbandes auf ein anderes Grundbuchamt über, so ist der Band an das andere Grundbuchamt abzugeben. Dasselbe gilt, wenn von der Bezirksänderung nicht alle, aber die meisten Blätter eines Bandes betroffen werden und die Abgabe den Umständen nach zweckmäßig ist.

(2 a) Der abzugebende Band ist an das andere Grundbuchamt zu übersenden.

(2 b) Die von der Bezirksänderung nicht betroffenen Grundbuchblätter sind zu schließen. Ihr Inhalt ist auf ein neues Grundbuchblatt zu übertragen. § 25 Abs 2a bis 2c findet entsprechende Anwendung. In dem Schließungsvermerk (§ 36 Buchstabe b) ist die Bezeichnung des neuen Blattes anzugeben.

(3) Die abgegebenen Grundbuchbände und Blätter erhalten nach Maßgabe des § 2 Satz 2 und des § 3 neue Bezeichnungen. In der neuen Aufschrift (§ 5) sind in Klammern mit dem Zusatz »früher« auch der bisherige Bezirk und die bisherigen Band- und Blattnummern anzugeben.

(4) Mit den Grundbuchbänden sind die Grundakten sowie die sonstigen sich auf die darin enthaltenen Grundbuchblätter beziehenden und in Verwahrung des Gerichts befindlichen Schriftstücke abzugeben.

(5) Bei Grundstücken, die kein Grundbuchblatt haben, sind die sich auf sie beziehenden Schriftstücke gleichfalls abzugeben.

(6) Geht die Führung der Grundbuchblätter eines ganzen Grundbuchbezirks auf ein anderes Grundbuchamt über, so sind auch die Sammelakten und Verzeichnisse (z.B. Katasterurkunden) abzugeben, soweit sie sich auf diesen Bezirk beziehen.

(7) In den Fällen der Absätze 4, 5 und 6 ist über die Abgabe ein Vermerk zurückzubehalten.

I. Zu Abs 1 bis 5 und 7: Zuständigkeitswechsel für einen Teilbereich eines Grundbuchbezirks

1. Maßnahmen des abgebenden GBA

Wird ein Teil eines Grundbuchbezirks einem anderen Amtsgericht zugeschlagen und erfasst infolgedessen der   **1**
Zuständigkeitswechsel:
- alle Blätter eines Grundbuchbandes, so ist der Band im Ganzen an das andere GBA abzugeben (Abs 1 S 1,
  Abs 2a);
- die meisten Blätter eines Grundbuchbandes, so ist der Band im Ganzen an das andere GBA abzugeben,
  sofern dies als zweckmäßig anzusehen ist (Abs 1 S 2). Bevor der Band abgegeben wird, sind die von der
  Bezirksänderung nicht betroffenen Grundbuchblätter zu schließen; ihr Inhalt ist auf ein neues Blatt in einem
  anderen Band zu übertragen (Abs 2b; technische Durchführung dem § 25 Abs 2a bis 2c entsprechend.

2. Maßnahmen des übernehmenden GBA

Vom übernehmenden GBA sind die Band-/Blattbezeichnungen nach Maßgabe des Abs 3 anzupassen. Die alte   **2**
Aufschrift wird rot zu durchkreuzen sein.

3. Behandlung der Grundakten

Die Grundakten für die abgegebenen Grundbuchblätter nebst den sonstigen verwahrten Schriftstücken, die sich   **3**
ausschließlich auf die abgegebenen Blätter beziehen (ohne die den Grundbuchbezirk betreffenden Sammelakten usw, vgl Abs 6, nötigenfalls sind Abschriften zu fertigen und zu überlassen) werden ebenfalls an das nunmehr zuständige GBA abgegeben (Abs 4). Letzteres gilt auch für bezirkswechselnde Grundstücke, die (gleichgültig aus welchem Grund) nicht im Grundbuch erfasst sind (Abs 5).

Über die Bandabgabe ist ein Vermerk zurückzubehalten (Abs 7) und zu den Sammelakten zu nehmen.   **4**

II. Zu Abs 6 und 7: Zuständigkeitswechsel für einen Grundbuchbezirk im Ganzen

Es werden nicht nur die betreffenden Grundbuchbände und Grundakten, sondern auch die den Bezirk betref-   **5**
fenden Sammelakten usw dem nunmehr zuständigen GBA überlassen (Abs 6). Außerdem gilt Abs 7, der die
Zurückbehaltung eines Vermerks anordnet.

§ 27   (Bezirkswechsel im gleichen Grundbuchamt)

Die Vorschriften des § 25 und des § 26 Abs 1, 2 und 3 sind entsprechend anzuwenden, wenn ein
Grundstück in einen anderen Grundbuchbezirk desselben Grundbuchamts übergeht.

Wechselt ein Grundstück den Grundbuchbezirk, aber nicht den Grundbuchamtsbezirk, so ergeben sich unter-   **1**
schiedliche Folgerungen, die in § 27 nur unvollkommen zum Ausdruck gebracht sind:
- Ist das Grundstück für sich allein auf einem Blatt gebucht (Realfolium), so wird das bisherige Blatt zu schließen und ein neues Blatt in einem Band des neuen Grundbuchbezirks anzulegen sein.
- Ist das Grundstück bislang mit anderen Grundstücken zusammen auf einem Blatt gebucht (Personalfolium),
  so ist die Übertragung auf ein neues Blatt nicht in jedem Fall erforderlich, weil gemäß § 4 Abs 1 GBO
  durchaus Grundstücke aus verschiedenen Grundbuchbezirken desselben Grundbuchamtsbezirks in einem
  Blatt gebucht sein dürfen.

§ 27a   (Abgabe von Grundbuchblättern)

(1) Geht die Zuständigkeit für die Führung eines oder mehrerer Grundbuchblätter auf ein anderes Grundbuchamt über und wird bei beiden beteiligten Grundbuchämtern für die in Frage kommenden Bezirke das Grundbuch in Einzelheften mit herausnehmbaren Einlegebogen geführt, so sind die betroffenen Blätter nicht zu schließen, sondern an das nunmehr zuständige Grundbuchamt abzugeben. § 26 Abs 3, 4, 6 und 7 ist entsprechend anzuwenden. Im Falle des § 27 ist nach Satz 1 und § 26 Abs 3 zu verfahren.

(2) Wird das Grundbuch in Einzelheften mit herausnehmbaren Einlegebogen nur bei einem der beteiligten Grundbuchämter für den in Frage kommenden Bezirk geführt, so ist nach § 25 Abs 1 und 2, § 26 Abs 3, 4, 6 und 7 zu verfahren. Im Fall des § 27 ist nach § 25 Abs 1 und 2, § 26 Abs 3 zu verfahren.

I. Zu Abs 1: Zuständigkeitswechsel bei beiderseitiger Führung des Loseblatt-Grundbuchs in Einzelheften

1. Gesamtbestand eines Grundbuchblatts

1   So umständlich die Durchführung eines Zuständigkeitswechsels bei der Grundbuchführung in Bänden gemäß §§ 25 bis 27 ist – dies trifft das Festband-Grundbuch wie das Loseblatt-Grundbuch in Bänden –, so einfach gestaltet sie sich, falls bei beiden Grundbuchämtern (zumindest) für die in Frage kommenden Bezirke das Loseblatt-Grundbuch in Einzelheften geführt wird und außer dem zuständigkeitswechselnden Grundstück keine weiteren Grundstücke auf dem abgebenden Blatt gebucht sind. Der Aufwand reduziert sich dann auf die Abgabe des Einzelheftes nebst Handblatt, Grundakten und verwahrten Schriftstücken an das nun zuständige GBA und die dortige Anpassung der Blattkennzeichnung an den neuen Grundbuchbezirk entsprechend § 26 Abs 3, 4, 6 und 7.

2. Teilbestand eines Grundbuchblatts

2   Sind nicht sämtliche Grundstücke eines Blattes in Einzelheftform vom Zuständigkeitswechsel betroffen, so ist das betroffene Grundstück vom bisherigen Blatt abzuschreiben und beim nun zuständigen GBA je nach Lage des Falles auf ein bestehendes oder auf ein neu anzulegendes Blatt (in Einzelheftform oder nicht) zu buchen, wie zu § 25 RdNrn 9 ff erläutert.

II. Zu Abs 2: Zuständigkeitswechsel bei einseitiger Führung des Loseblatt-Grundbuchs in Einzelheften

3   Führt eines der Grundbuchämter für den in Frage kommenden Grundbuchbezirk das Loseblatt-Grundbuch in Einzelheften, das andere dagegen nicht, so ist das einfache Abgabeverfahren gemäß Abs 1 (vgl Rdn 1) nicht möglich, sondern sind die in den §§ 25, 26, 27 vorgesehenen und dort erläuterten Buchungsprozesse und Begleitmaßnahmen durchzuführen.

<h2 style="text-align:center">Abschnitt VI
Die Umschreibung von Grundbüchern</h2>

Vorbemerkungen zu den §§ 28 bis 33

I. Vorschriften zur Grundbuchumschreibung

1. Rechtvorschriften des VI. Abschnitts

1   Sie regeln die »**Anfall-Umschreibung**«[1] einzelner Grundbuchblätter, die das GBA wegen eines von ihm nach Maßgabe des § 28 als relevant erachteten Grundes anordnet (verfügt). Ein in diese (gewöhnliche) Grundbuchumschreibung eingebundenes und zu beachtendes Ziel ist die »Entschlackung« des bisherigen Grundbuchinhalts. Die Umschreibung besteht folglich nicht in einem bloßen Abschreiben des bisherigen Blattes, sondern in einer Bereinigung und Vereinfachung des Grundbuchinhalts.[2] Diesem Ziel dient zunächst die der Umschreibung vorausgehende Grundbuchbereinigung im alten Blatt (§ 29), sodann die Reduktion der Eintragungsvermerke bei der anschließenden Umschreibung auf das neue Blatt (§ 30). Die Umschreibung kann sich auf ein Grundbuchblatt im Ganzen erstrecken (§§ 28 bis 32) oder auf Teile eines Grundbuchblattes beschränken (§ 33).

---

1   Termini laut VG Augsburg aaO (Fn 3).
2   *Tschischka* Rpfleger 1961, 185; *Hesse-Saage-Fischer* § 30 Anm I.

2. Sondervorschriften

Sie regeln die »systematische Umschreibung«[1] etlicher Grundbuchblätter zwecks genereller Modernisierung **2** der Grundbuchführung. Die Anordnungs- und Regelungskompetenz liegt bei den Landesjustizverwaltungen. Basisbestimmungen für die von den Ländern erlassenen Verwaltungsvorschriften sind:

– die Übergangsbestimmungen der §§ 97 **bis 99** (ehemals §§ 67 bis 69), **insb § 97 Abs 2**, für die Umschreibung früherer Altbestände auf den 1935 mit der GBV eingeführten reichseinheitlichen Grundbuchvordruck, wobei die Umschreibung nach § 99 unter sinngemäßer Anwendung der §§ 29, 30 vorzubereiten und durchzuführen ist;

– der **§ 2 S 1 nebst § 101** (ehemals § 70a) für die Überführung von Grundbuchbeständen in das Loseblatt-Grundbuch in Bänden oder Einzelheften durch Umschreibung oder durch Umstellung mittels Ablichtung (dazu § 2 GBV Rdn 10 ff);

– die **§§ 67 bis 73** für die Anlegung des maschinell geführten Grundbuchs durch Umschreibung nach § 68, durch Neufassung nach § 69 oder durch Umstellung nach § 70. Auf die Erläuterungen zu Abschn XIII wird verwiesen.

Zuständig sind die Landesjustizverwaltungen nicht nur für den Erlass der verfahrensregulierenden Vorschriften, sondern überhaupt zur Bestimmung über das Ob, Wann und Wie der Einführung neuer Grundbuchtechnik in ihrem Geschäftsbereich. Als Träger des Sach- und Personalaufwandes für das Grundbuchwesen haben die Länder das Recht, die Einführungsmaßnahmen zu organisieren und sind insoweit weisungsbefugt. So verletzt beispielsweise die Anordnung (Weisung) der Justizverwaltung, die Altbestände der Grundbücher vom Einbandsystem auf das Loseblattsystem umzuschreiben, den Rechtspfleger nicht in seiner Unabhängigkeit, wenn sie die inhaltliche Seite der grundbuchrechtlichen Entscheidungen unberührt lässt.[3]

II. Wirkungen der Umschreibung

1. Materiellrechtliche Wirkung

Nach Abschluss der Umschreibung ist **das neue Grundbuchblatt** *für die Zukunft* das Grundbuch iS des BGB **3** (§§ 873 ff). Eintragungen, die nach der Umschreibung auf dem alten geschlossenen Blatt vorgenommen würden, wären keine funktionsfähigen Grundbucheintragungen. Auch der öffentliche Glaube des Grundbuchs (§§ 892, 893 BGB) erstreckt sich nur noch auf das neue Blatt.[4] Das neue Blatt als eine Fortsetzung des geschlossenen Blattes anzusehen, würde den Zweck der Umschreibung ins Gegenteil verkehren; es kann niemandem zugemutet werden, sämtliche Vorgänge einer Eintragung durch vielleicht schon mehrere ungeschriebene Blätter zu verfolgen, um sich auf seinen guten Glauben berufen zu können.[5] Der Inhalt des geschlossenen Blattes kann also demjenigen, der sich gemäß § 892 BGB auf Gutgläubigkeit beruft, nicht entgegengehalten werden. Bedeutsam ist dies insb, wenn bei der Umschreibung versehentlich aktuelle Eintragungen nicht in das neue Blatt übernommen werden; die Löschungswirkung durch Nichtmitübertragung (§ 46 Abs 2 GBO) tritt auch beim umschreibungsbedingten Blattwechsel ein[6] (vgl § 46 GBO Rdn 70).

Eine andere Frage ist, ob **das geschlossene Grundbuchblatt** Grundbuch im Rechtssinn bleibt, so dass insb die Gewährung der Einsicht in dieses Blatt nicht in die Kompetenz der Justizverwaltung fällt, sondern nach Maßgabe des § 12 GBO vom GBA zu entscheiden ist.[7]

2. Formellrechtliche Wirkung

Künftige Eintragungen dürfen nur noch auf dem neuen Blatt vorgenommen werden, zum einen seiner vorbe- **4** zeichneten materiellrechtlichen Bedeutung wegen, zum anderen formellrechtlich schon deshalb, weil das bisherige Blatt gemäß §§ 30 Abs 2, 36 für weitere Eintragungen geschlossen worden ist.[8]

3. Rechtsmittel

Dazu § 28 GBV Rdn 12 bis 14. **5**

---

3 VG Augsburg Rpfleger 1985, 352, 353, bestätigt durch BayVGH mit Beschluss v 08.07.1986, vgl *Sprau* MittBayNot 1987, 117, 118.

4 So zu Recht das ältere Schrifttum, wie *Hesse-Saage-Fischer* § 30 Anm 1; *Güthe-Triebel* vor § 28; MIR (6. Aufl) § 3 Anh I Rn 385; *Tschischka* Rpfleger 1961, 185, 186.

5 *Tschischka* aaO (Fn 4); *Güthe-Triebel* aaO (Fn 4): eine Kenntnis, die sich auf das bisherige Blatt stützt, gilt nicht als eine durch das Grundbuch vermittelte Kenntnis.

6 KEHE-*Eickmann* § 46 Rn 5; *Demharter* § 46 Rn 16; *Schöner/Stöber* Rn 283

7 Überzeugend befürwortet von *Wolfsteiner* Rpfleger 1993, 273.

8 Dazu BayObLGZ 1961, 63 = Rpfleger 1962, 406, 408 (Wiedereintragung einer auf dem alten Blatt zu Unrecht gelöschten Vormerkung im neuen Blatt).

§ 28 (Voraussetzungen der Umschreibung)

(1) Ein Grundbuchblatt ist, außer im Falle des § 23 Abs 1, umzuschreiben, wenn es unübersichtlich geworden ist.

(2) Ein Grundblatt kann umgeschrieben werden:
a) wenn es durch Umschreibung wesentlich vereinfacht wird;
b) wenn außer ihm in demselben Grundbuchband keine oder nur wenige in Gebrauch befindliche Blätter enthalten sind und die Ausscheidung des Bandes angezeigt ist.

I. Umschreibung von Amts wegen

1 § 28 bestimmt die gesetzmäßig vorgesehenen Gründe, deretwegen die Umschreibung von Grundbuchblättern nötig oder möglich ist. Zur serienmäßigen Grundbuchumschreibung bzw -umstellung zwecks Modernisierung aufgrund von Sondervorschriften: Vor § 28 GBV Rdn 2.

1. Fälle obligatorischer Umschreibung (Abs 1)

2 Ein Grundbuchblatt »ist« umzuschreiben:
- wenn es für Neueintragungen keinen Raum mehr bietet. Hier lässt das Gesetz keinen Ermessensspielraum: Ist ein Raummangel iS des § 23 Abs 1 eingetreten, so ist das betreffende Grundbuchblatt umzuschreiben; Ausweichlösungen sind untersagt (§ 23 Abs 2);
- wenn es unübersichtlich geworden ist. Hier überträgt § 28 Abs 1 dem GBA ein »Feststellungsermessen«, aber kein »Handlungsermessen«[1] Ermessensspielraum gibt es bei der Prüfung der nicht näher definierten Unübersichtlichkeit. Nach deren Feststellung gibt es nichts mehr zu überlegen, sondern besteht die Pflicht zur Umschreibung des betreffenden Grundbuchblattes.

3 Für die **Unübersichtlichkeit iS des § 28 Abs 1** ist allein das äußere Erscheinungsbild des Grundbuchinhalts ausschlaggebend. Das KG hat 1933[2] in Bezug auf (insoweit vergleichbares) früheres Recht[3] ausgeführt: »*Es ist grundsätzlich davon auszugehen, dass die Umschreibung des Grundbuchs nur die äußere Unübersichtlichkeit, nicht jedoch eine Unklarheit der Eintragung beheben kann. Das Grundbuch ist ..., dann als unübersichtlich anzusehen, wenn es infolge der großen Zahl der vorhandenen Eintragungen in einem Zustand befindet, dass der gegenwärtig gültige Inhalt der Eintragungen nicht mehr oder nur schwer übersehen werden kann*«, des Weiteren zur Zielsetzung: »*Die Umschreibung des Grundbuchs wegen Unübersichtlichkeit erfolgt nicht etwa lediglich im öffentlichen Interesse, sondern auch im Interesse des Eigentümers und der sonstigen Beteiligten. Ihnen soll durch die Umschreibung Klarheit darüber verschafft werden, welche grundbuchlichen Rechte und Lasten gegenwärtig noch bestehen, damit sie sachgemäß verfahren können.*« Die Literatur hat sich dem angeschlossen und zu Recht angemerkt, dass die Beseitigung innerer, den Inhalt betreffender Unklarheit grundsätzlich nur durch Änderung des Inhalts der Eintragung möglich ist.[4] Zur Illustration wird LG Bonn[5] auszugsweise zitiert: »*Indes ist für die Frage der Übersichtlichkeit nicht allein die Anzahl der bisher erfolgten Grundbucheintragungen oder der Zeitablauf entscheidend. Maßgebend ist vielmehr, ob durch eine Vielzahl sich kreuzender Eintragungen und zahlreicher bereits im Grundbuch stehender Veränderungseintragungen die Übersichtlichkeit des Grundbuchs allgemein so sehr gelitten hat, dass eine Orientierung über die gültigen Eintragungen erheblich erschwert oder gar ausgeschlossen ist; auch ist zu prüfen, ob darüber hinaus durch noch weiter vorzunehmende neue Eintragungen die gerade noch vorhandene Übersichtlichkeit zerstört würde ...*« Eine »weitherzige« Prüfung[6] ist als dem Grundbuchzweck förderlich zu befürworten, zumal Abs 2 Buchst a ohnehin in diese Richtung weist. Auf das Verständnisvermögen von Laien wird nicht abgestellt zu werden brauchen (vgl Vor GBV Rdn 82).

---

1 In Anlehnung an *Bassenge* Rpfleger 1974, 173, 174 (zu § 132 FGG).
2 JW 1933, 2154, 2155.
3 § 20 der preuß AV vom 20.11.1899, der lautete: »*Ist ein Grundbuchblatt unübersichtlich geworden, so kann es auf Antrag des Eigentümers oder von Amts wegen umgeschrieben werden ...*.«
4 *Hesse-Saage-Fischer* § 30 Anm I und im Anschluss daran KEHE-*Eickmann* § 28 Rn 1.
5 Rpfleger 1988, 311.
6 *Hesse-Saage-Fischer* § 28 Anm 1.

2. Fälle fakultativer Umschreibung (Abs 2)

Ein Grundbuchblatt »kann« umgeschrieben werden: **4**
– wenn es durch die Umschreibung wesentlich vereinfacht wird (Abs 2 Buchst a). Der Ermessensspielraum des
  GBA ist um das »Handlungsermessen« erweitert: Falls Unübersichtlichkeit des Blattinhalts (noch) nicht
  anzunehmen ist, kann das GBA das Blatt dennoch zwecks Vereinfachung umschreiben. Hier steht der
  Gedanke der Klarheit der Blattübersicht im Vordergrund, wobei es sich um eine wesentliche und nicht bloß
  geringfügige Vereinfachung handeln muss, um den durch die Umschreibung bedingten Verwaltungsmehr-
  aufwand zu rechtfertigen;[7]
– wenn außer ihm alle oder die meisten Blätter eines Bandes nicht (mehr) in Gebrauch befindlich (geschlossen) sind und deshalb die Ausscheidung des Bandes angezeigt ist (Abs 2 Buchst b). Hier zielt das Gesetz in
  erster Linie auf Raumersparnis bei der Aufstellung der Grundbuchbände ab, weniger auf Klarheitsgewinn für
  das umzuschreibende Blatt.

II. Umschreibung auf »Antrag«?

1. Bedeutung als Anregung

Die Grundbuchumschreibung kann, da Amtsverfahren, nicht bindend beantragt, nur angeregt werden. Die mit   **5**
einer Anregung vorgebrachten bzw nachgefragten Gründe sind bei der Entscheidung mit abzuwägen, der
Ermessensraum des GBA (dazu Rdn 2, 4) bleibt jedoch ungeschmälert. Wird einer Anregung nicht Folge
geleistet, so hat der Anregende ein formelles Recht auf einen Bescheid (vgl Einl F Rdn 33) und Rechtsmittelmöglichkeiten (dazu Rdn 12).

2. Anspruch des Eigentümers auf Umschreibung zwecks »Grundbuchwäsche«?

a) Nicht vorgesehen in § 28 GBV: Gelegentlich begehren Eigentümer die Grundbuchumschreibung, um zu   **6**
erreichen, dass gelöschte Zwangseintragungen (zB Zwangshypotheken, Zwangsversteigerungsvermerke, Kon-
kurs- bzw Insolvenzvermerke) künftig bei der Einsichtnahme in das Grundbuch nicht mehr in Erscheinung treten; sie wollen damit die diskriminierenden und kreditschädigenden Wirkungen ausschalten, die von solchen
zwar gelöschten, aber damit nicht aus dem Grundbuch verschwundenen Exeintragungen ausgehen (sog
»Grundbuchwäsche«). Die Rechtsprechung hat es bisher überwiegend abgelehnt, dem Eigentümer einen über
die in § 28 vorgesehenen Fälle hinausgehenden Anspruch auf Blattumschreibung zuzugestehen.[8] Lediglich in
Sonderfällen – bei ungesetzmäßig zustande gekommenen Eintragungen – hat sie aus verfassungsrechtlichen
Gründen auf eine Umschreibungspflicht des GBA erkannt.[9] Die Grundbuchliteratur folgt überwiegend der
Rechtsprechung.[10]

b) Dagegen das »informationelle Selbstbestimmungsrecht«: Das BVerfG hat 1983 im »Volkszählungsur-   **7**
teil«[11] zum Schutz des einzelnen gegen unbegrenzte Erhebung, Speicherung, Verwendung und Weitergabe seiner persönlichen Daten das allgemeine Persönlichkeitsrecht (Art 2 Abs 1 iVm Art 1 Abs 1 GG) dahin konkretisiert, dass es auch die Befugnis des einzelnen gewährleistet, selbst über die Preisgabe und Verwendung seiner
persönlichen Daten zu bestimmen, soweit nicht gesetzliche Schranken gesetzt sind oder werden (»informationelles Selbstbestimmungsrecht«). Der so definierte Grundrechtsschutz bedeutet im Wesentlichen, dass die Verfügungsbefugnis des einzelnen über seine persönlichen Daten – auch personenbezogene Informationen, die
zum Bereich des wirtschaftlichen Handelns gehören[12] – nur im überwiegenden Allgemeininteresse eingeschränkt werden darf und dass derartige Beschränkungen einer (verfassungsmäßigen) gesetzlichen Grundlage
unter strikter Beachtung des Verhältnismäßigkeitsgrundsatzes und des Gebotes der Normenklarheit bedürfen.[13]
Das BVerfG hat mit seinen Beschlüssen eine allgemeine Bewusstseinsschärfung für diesen Aspekt unseres Verfassungsrechts und Diskussionen auf vielen Ebenen in Gang gebracht.

---

7 LG Bonn aaO (Fn 5).
8 OLG Düsseldorf NJW 1988, 975 = Rpfleger 1987, 409 = DNotZ 1988, 169; FGPrax 1997, 83; BayObLGZ 1992, 127
   = NJW-RR 1993, 475 = Rpfleger 1992, 513; LG Köln MittRhNotK 1984, 247; LG Bonn aaO (Fn 5); LG Krefeld
   Rpfleger 1992, 473.
9 OLG Frankfurt NJW 1988, 976 (zu Unrecht eingetragen gewesene Zwangshypothek); OLG Schleswig NJW-RR 1990,
   23 = Rpfleger 1990, 203 (Adoption dem § 1758 Abs 1 BGB zuwider in Abt I vermerkt).
10 *Demharter* § 3 Rn 12; *Schöner/Stöber* Rn 613a. Nach KEHE-*Eickmann* Rn 3 Abwägungsfrage, Orientierung an Zeitschranke des § 915a ZPO (3 Jahre) grundsätzlich als sachgerecht anzusehen.
11 BVerfGE 65, 1, 41 ff = NJW 1984, 419, 422.
12 BVerfG NJW 1988, 3009 (unter 2 b, aa) = Rpfleger 1989, 121 (Eintragungen im Schuldnerverzeichnis werden vom
   Schutzbereich erfasst).
13 BVerfG aaO (Fn 11 und Fn 12, letztere unter 2 b, bb).

8 **c) Die Einflüsse auf das Grundbuchverfahren** hat *Böhringer* grundlegend untersucht,[14] mit anerkennungswerten Argumenten und Schlüssen. Etwa folgende (hier kurzgefassten) Leitlinien für die Handhabung der Grundbucheinsicht und der Grundbuchumschreibung sind den eingehend begründeten Ausführungen zu entnehmen (teils wörtlich, teils interpretiert wiedergegeben):

9 **aa)** § 12 GBO ist als eine verfassungsgemäße Gesetzesnorm anzusehen, weil sie Raum zur Interessenabwägung bietet (dazu auch § 43 GBV Rdn 9).[15] Sie setzt dem informationellen Selbstbestimmungsrecht (Geheimhaltungsinteresse) des im Grundbuch Eingetragenen die (für den Grundstücksrechtsverkehr, also im Allgemeininteresse unverzichtbare) Publikationsfunktion des Grundbuchs entgegen. Das Grundrecht der informationellen Selbstbestimmung ist eingeschränkt, aber nicht vollständig verdrängt (mithin zu beachten); denn Einsichtsrecht hat nur, wer ein berechtigtes Interesse darlegt. »Berechtigtes Interesse« ist ein unbestimmter Rechtsbegriff, verstößt aber nicht gegen das Verfassungsgebot der Normenklarheit, weil die Ausfüllung (Auslegung) unbestimmter Rechtsbegriffe herkömmliche und anerkannte Aufgabe der Rechtsanwendungsorgane ist. § 12 GBO ist so auszulegen (und anzuwenden), dass die Interessen der Betroffenen an der Geheimhaltung ihrer Angelegenheiten mit dem Informationsinteresse des die Einsicht Begehrenden sachgerecht abgewogen werden, wobei auch der mit Verfassungsrang ausgestattete Grundsatz der Verhältnismäßigkeit berücksichtigt werden muss. Schlussfolgerung (wörtlich wiedergegeben):[16]

– *»Die gebotene verfassungskonforme Auslegung des § 12 GBO hat sowohl dem Schutz des Persönlichkeitsrechts als auch dem Publizitätsprinzip Rechnung zu tragen. Das GBA ist gehalten, die Darlegung des berechtigten Interesses an der begehrten Grundbucheinsicht in jedem Einzelfall genau nachzuprüfen, um missbräuchliche Einsichtnahmen zu verhindern. Ein konfliktvermeidendes Wohlverhalten des GBA gegenüber dem Antragsteller ist fehl am Platze.«*

10 **bb)** § 28 GBV ignoriert herkömmlich Fragen des Persönlichkeitsschutzes,[17] wirkt sich aber insb dann *unverhältnismäßig* nachteilig für den Eigentümer aus, wenn (darauf gestützt) eine von diesem angeregte »Grundbuchwäsche« abgelehnt wird und demzufolge gelöschte (nicht selbst-, sondern fremdbestimmte) Zwangseintragungen *unbegrenzt* durch Grundbucheinsicht von Dritten zur Kenntnis genommen werden können, dürfte deshalb (so angewandt) heutiges Verfassungsrecht in puncto »informationelles Selbstbestimmungsrecht« des Eigentümers verletzen. Dessen Benachteiligung besteht im Wesentlichen darin, dass der »Makel der Zwangsvollstreckung« mit der beeinträchtigenden Auswirkung auf die Kreditwürdigkeit ihm gewissermaßen untilgbar lebenslänglich anhängt.[18] Unverhältnismäßig (übermäßig) ist die Benachteiligung des Eigentümers, weil sie nicht durch einen mindestens entsprechenden Nutzen auf der anderen Seite aufgewogen wird; denn ein nutzbringendes (berechtigtes) Interesse der Grundbuchinformanden, insb der Kreditwirtschaft, an Informationen über Vollstreckungsmaßnahmen der Vergangenheit kann allenfalls für eine begrenzte Zeit Anerkennung finden. Das Ergebnis der Untersuchung von *Böhringer* verdient volle Anerkennung; es lautet im Wesentlichen (wörtlich wiedergegeben):[19]

– *»§ 28 GBV genügt seinem Wortlaut nach nicht den Anforderungen des Verhältnismäßigkeitsgrundsatzes, weil die generelle Nichtzulassung einer Grundbuchumschreibung aufgrund gelöschter Zwangseintragungen zu einer nicht mehr angemessenen und zumutbaren Einschränkung des Rechts auf informationelle Selbstbestimmung führt.«*
– *»Bis zu einer anderweitigen gesetzlichen Regelung ist § 28 GBV dahingehend auszulegen, dass bei verfassungsmäßiger Interpretation der Vorschrift der Anregung auf Grundbuchumschreibung dann stattgegeben werden muss, wenn (im Einzelfall) nach Ablauf einer zeitlichen Schranke das Informationsinteresse der Kreditwirtschaft an »älteren>rsquor< Daten nicht mehr besteht.«*

Angemessen erscheint auch der Vorschlag von *Böhringer*,[20] für den Regelfall einer ursprünglich zu Recht erfolgten Zwangseintragung die zeitliche Schranke für die Zulassung der Grundbuchumschreibung entsprechend der Frist für die Löschung von Eintragungen im Schuldnerverzeichnis – ehemals 5 Jahre (§ 915 Abs 2 ZPO aF), jetzt 3 Jahre (§ 915a ZPO)[21] – zu bemessen, Fristbeginn mit dem Zeitpunkt der Löschung der Zwangseintragung,[22] für den Sonderfall einer zu Unrecht gebuchten Zwangseintragung dagegen die vom Eigentümer angeregte Grundbuchumschreibung sofort durchzuführen.

---

14 Einflüsse auf § 12 GBO: Rpfleger 1987, 181; Einflüsse auf § 28 GBV: BWNotZ 1989, 1; Zusammenfassung der Einflüsse auf das Grundbuchverfahren: Rpfleger 1989, 309.
15 BVerfGE 64, 229 = NJW 1983, 2811 = Rpfleger 1983, 388; BVerfG NJW 2001, 503 = Rpfleger 2001, 15. Belegstellen fürs Folgende: Rpfleger 1987, 182/183, 191 und 1989, 310 sowie BWNotZ 1989, 6.
16 Rpfleger 1987, 191.
17 Eingehend dazu *Böhringer* BWNotZ 1989, 1 ff.
18 So bereits *Vollkommer* Rpfleger 1982, 1, 2 (unter II 1) unter Verweis auf *Schiffhauer* Rpfleger 1978, 405 und ZIP 1981, 834.
19 BWNotZ 1989, 6 und Rpfleger 1989, 313.
20 BWNotZ 1989, 4/5 und Rpfleger 1989, 312/313.
21 Änderung durch Gesetz vom 15.07.1994 (BGBl I 1566).
22 Vom BayObLG aaO (Fn 8) offen gelassen, ob dem Vorschlag zu folgen ist, der Ablauf von knapp einem Jahr nach der Löschung des Zwangsversteigerungsvermerks sei jedenfalls zu kurz. *Eickmann* aaO (Fn 10) hält die Anlehnung an § 915a ZPO für grundsätzlich sachgerecht.

cc) Die **Eignung der »Grundbuchwäsche« zur angestrebten Geheimhaltung** gelöschter Eintragungen ist **11** Voraussetzung dafür, dass der Eigentümer sie beanspruchen kann; denn anderenfalls fehlte das nötige Rechtsschutzbedürfnis. Da das nach Umschreibung geschlossene Grundbuchblatt dem Recht auf Einsichtnahme gemäß § 12 GBO nicht grundsätzlich entzogen ist (vgl Vor § 28 Rdn 3), kommt es auf die Handhabung des § 12 GBO an. Nach heute überwiegender Ansicht ist das »berechtigte Interesse« nicht nur für das »Ob«, sondern auch für das »Wie weit« des Rechts auf Grundbucheinsicht und -abschrift entscheidend, wird meistens die Einsichtnahme in das Grundbuch im Ganzen erforderlich sein, gibt es aber Fälle, in denen eine Beschränkung der Einsicht auf einzelne Teile des Grundbuchblatts zur Befriedigung des berechtigten Interesses ausreicht.[23] Deshalb muss der Antrag auf Gestattung der Grundbucheinsicht bestimmt sein, dh die Darlegungen müssen genau erkennen lassen, inwieweit die Einsicht gewünscht wird.[24] Auf dem Boden dieser Rechtsauffassung, der hier beigetreten wird, darf einem Begehren auf Einsicht eines geschlossenen Blattes nur stattgegeben werden, wenn dargelegt wird, dass gerade daran ein besonderes berechtigtes Interesse besteht, wenn also plausibel vorgebracht wird, dass und warum es dem Einsichtbegehrenden gerade auf die Feststellung des früheren Rechtszustandes oder der historischen Rechtsentwicklung ankommt.[25] Oft wird sich das (gerechtfertigte) Interesse des Einsichtbegehrenden auf den neuesten Grundbuchstand beschränken, so dass die Einsicht in das geschlossene Blatt zu versagen ist (zur Begrenzung der Einsicht in die Grundakten: § 46 nebst Erläuterungen). So gesehen, schafft die Grundbuchumschreibung eine geeignete Voraussetzung, unbotmäßige bzw diskriminierende Informationen des Grundbuchinhalts zu verbergen,[26] am effektivsten dadurch, dass von der Möglichkeit der Umformatierung gemäß § 30 Abs 1 Buchst c S 3 (dazu § 30 GBV Rdn 8) Gebrauch gemacht wird. In der neueren Rechtsprechung findet dies, wenn auch erst vereinzelt, Anerkennung.[27] Das Argument, es bedürfe der Grundbuchumschreibung nicht, weil durch interessengemäße Beschränkung der Grundbucheinsicht bzw -abschrift (Ausklammerung der gelöschten Eintragungen) die Rechte des Grundstückseigentümers genügend gewahrt würden,[28] lässt die technischen Schwierigkeiten einer derartigen Begrenzung der Grundbucheinsicht wie Grundbuchabschrift (mittels Kopie) außer Betracht, welche durch die Grundbuchumschreibung vermieden werden.

III. Rechtsmittel

1. Gegen die **Ablehnung einer Anregung** der Grundbuchumschreibung steht dem Abgewiesenen nach allge- **12** meinen Grundsätzen das Beschwerderecht nach § 11 RpflG, §§ 71 ff GBO zu.[29]

2. Gegen die **Umschreibung im Ganzen** gibt es kein Beschwerde, weil die Umschreibung als solche nicht in **13** private Rechte eingreift. Der einzelne kann nicht beanspruchen, dass für sein Grundstück oder Grundstücksrecht ein ganz bestimmtes Blatt geführt wird, sondern kann nur geltend machen, dass überhaupt ein Blatt in ordnungsmäßiger Weise geführt wird.

3. Gegen eine **Einzelmaßname der Umschreibung** (Übertragung, Zusammenfassung, Nichtmitübertragung **14** usw) ist im Rahmen des § 71 GBO die Beschwerde zulässig.[30]

§ 29 (Verfahren vor der Umschreibung)
Vor der Umschreibung hat der Grundbuchrichter Eintragungen, die von Amts wegen vorzunehmen sind, zu bewirken (z.B. §§ 4, 53 der Grundbuchordnung). Er hat über die Einleitung eines Löschungsverfahrens (§§ 84 bis 89 der Grundbuchordnung) oder eines Verfahrens zur Klarstellung der Rangverhältnisse (§§ 90 bis 115 der Grundbuchordnung) zu beschließen und das Verfahren vor der Umschreibung durchzuführen; auch hat er gegebenenfalls die Beteiligten über die Beseitigung unrichtiger Eintragungen sowie über die Vereinigung oder Zuschreibung von Grundstücken zu belehren.

23 Vgl OLG Stuttgart Rpfleger 1983, 272; LG Mannheim Rpfleger 1992, 246; MIR (6. Aufl) § 12 GBO Anm 9; *Schreiner* Rpfleger 1980, 51, 53; *Böhringer* Rpfleger 1987, 181, 185; 1989, 309, 310; *Demharter* § 12 Rn 18; *Schöner/Stöber* Rn 529; KEHE-*Eickmann* § 12 Rn 7 (abwägend); *Melchers* Rpfleger 1993, 309, 314 (mit Nachdruck für Teileinsicht und -abschrift).
24 *Böhringer* Rpfleger 1987, 181, 185 mwN.
25 Beispiele: *Böhringer* aaO (Fn 24).
26 Weiteres dazu: *Böhringer* Rpfleger 1989, 311 mwN.
27 OLG Frankfurt und OLG Schleswig aaO (Fn 9). OLG Düsseldorf (Fn 8) hat dies offenbar nicht in Betracht gezogen.
28 LG Bonn aaO (Fn 5).
29 Vgl Entscheidungen Fn 8, 9.
30 KEHE-*Eickmann* § 30 Rn 13.

1 **I. § 29 regelt die Umschreibungsvorbereitung.** Der Inhalt des umzuschreibenden Grundbuchblattes soll zunächst mit Hilfe der in der GBO geregelten Amtsverfahren bereinigt und so aufbereitet werden, dass mit der anschließenden Umschreibung ein möglichst optimales Vereinfachungsergebnis erzielt wird. Diese Zielbestimmung des § 29 gilt für jede Umschreibung, nicht nur, wenn auch vordringlich, für die Umschreibung unübersichtlich gewordener Grundbuchblätter. § 29 begründet keine eigenständigen Amtspflichten, sondern hat lediglich Verweischarakter; verlangt wird nicht mehr und nicht weniger als die Wahrnehmung der dem GBA bereits nach der GBO obliegenden Amtspflichten.[1] In jedem Fall sollen die zur Bereinigung angebrachten Eintragungen »vor der Umschreibung«, also im bisherigen Grundbuchblatt, untergebracht werden; sie wären im neuen Blatt unnötiger Ballast.

2 **II. Ob bzw welche Vorbereitungsmaßnahmen** zu ergreifen sind, liegt im Ermessen des GBA und ist anhand der Gegebenheiten des Einzelfalles zu entscheiden. Die Hinweise in § 29 bezeichnen Beispiele, sind keine abschließende Aufzählung. In Betracht kommen außerdem etwaige Berichtigungszwangsverfahren (§§ 82 ff GBO), Maßnahmen nach dem GBMaßnG, Klarstellungsvermerke, Korrekturen der Bestandsangaben anhand des Liegenschaftskatasters usw. Falls antragsabhängige Eintragungen zweckdienlich erscheinen, wird der Grundbuchrechtspfleger die Beteiligten (ev in einem anzuberaumenden Erörterungstermin) darauf hinzuweisen und zur Antragstellung anzuregen haben, so zB zur Herbeiführung von Grundstücksvereinigungen, -zuschreibungen oder -teilungen, von Löschungen, der Bildung einer Einheitshypothek oder -grundschuld usw. Angezeigt ist zudem die vorherige Anhörung der Beteiligten zu beabsichtigten Korrekturen in Eintragungsvermerken, die über eine Klarstellung hinausgehen (dazu § 30 GBV Rdn 11). Zwang kann nicht ausgeübt werden.

3 **III. Kostenvergünstigende Anreize** für die einer Grundbuchumschreibung förderlichen Antragsangelegenheiten boten früher einige Sondervorschriften, die durch Zeitablauf ihre Bedeutung verloren haben.[2] Die KostO selbst bietet in § 69 einige Ansätze.

§ 30 (Durchführung der Umschreibung)

(1) Für das neue Blatt gelten die folgenden Bestimmungen:

a) Das Blatt erhält die nächste fortlaufende Nummer; § 3 Abs 2 ist anzuwenden.

b) In der Aufschrift des neuen Blattes ist auf das bisherige Blatt zu verweisen.

c) Gelöschte Eintragungen werden unter ihrer bisherigen laufenden Nummer in das neue Blatt insoweit übernommen, als dies zum Verständnis der noch gültigen Eintragungen erforderlich ist. Im übrigen sind nur die laufenden Nummern der Eintragungen mit dem Vermerk »Gelöscht« zu übernehmen. Die Übernahme der Nummern der Eintragungen mit dem Vermerk »Gelöscht« kann unterbleiben und der Bestand an Eintragungen unter neuen laufenden Nummern übernommen werden, wenn Unklarheiten nicht zu besorgen sind.

d) Die Eintragungsvermerke sind tunlichst so zusammenzufassen und zu ändern, daß nur ihr gegenwärtiger Inhalt in das neue Blatt übernommen wird.

e) Veränderungen eines Rechts sind tunlichst in den für die Eintragung des Rechts selbst bestimmten Spalten einzutragen; jedoch sind besondere Rechte (z.B. Pfandrechte), Löschungsvormerkungen sowie Vermerke, die sich auf mehrere Rechte gemeinsam beziehen, wieder in den für Veränderungen bestimmten Spalten einzutragen.

f) (weggefallen)

g) In der zweiten und dritten Abteilung ist der Tag der ersten Eintragung eines Rechts mit zu übertragen.

h) 1. Jeder übertragene Vermerk, dessen Unterzeichnung erforderlich ist, ist mit dem Zusatz »Umgeschrieben« zu versehen und von dem Richter und dem Urkundsbeamten der Geschäftsstelle zu unterzeichnen.

2. In Spalte 6 des Bestandsverzeichnisses genügt der Vermerk: »Bei Umschreibung des unübersichtlich gewordenen Blattes ... als Bestand eingetragen am ...«; der Vermerk in Spalte 4 der ersten Abteilung hat zu lauten: »Das auf dem unübersichtlich gewordenen Blatt ... eingetragene Eigentum bei Umschreibung des Blattes hier eingetragen am ...«.

i) In den Fällen des § 30 (§§ 31, 32) des Reichsgesetzes über die Bereinigung der Grundbücher vom 18. Juli 1930 (Reichsgesetzbl. I S 305) ist nach Möglichkeit an Stelle der Bezugnahme auf das Aufwertungsgesetz ein Widerspruch mit dem in § 30 des Gesetzes über die Bereinigung der Grund-

---

1 Ebenso KEHE-*Eickmann* Rn 1 im Anschluss an *Hesse-Saage-Fischer* Anm I.
2 Dazu *Hesse-Saage-Fischer* § 29 Anm II.

bücher bezeichneten Inhalt einzutragen, sofern eine endgültige Klarstellung in einem Verfahren zur Klarstellung der Rangverhältnisse (§§ 90 bis 115 der Grundbuchordnung) oder auf andere Weise nicht erreichbar ist.

(2) Das umgeschriebene Blatt ist zu schließen. In dem Schließungsvermerk (§ 36 Buchstabe b) ist die Bezeichnung des neuen Blattes anzugeben.

I. Allgemeines

Die grundbuchtechnische Durchführung der Umschreibung, gleich aus welchem Grund sie erfolgt (dazu § 28 nebst Erläuterungen), richtet sich nach § 30, illustriert durch die beispielgebenden Muster in den Anl 2a und 2b (§ 31). § 30 schreibt einiges bestimmend vor (vgl Abs 1 Buchst a, b, g, h, i, Abs 2) stellt anderes (vgl Abs 1 Buchst c bis e) in das Ermessen des Rechtspflegers. Zu beachten ist bei den Ermessensentscheidungen einerseits das generelle Ziel der Umschreibung, einen möglichst übersichtlichen und einfachen (klaren) Grundbuchinhalt zu schaffen, andererseits die generelle Grenze der Umschreibung, am sachlichen Inhalt der noch gültigen Eintragungen nichts zu verändern (dazu § 28 GBV Rdn 3). Der Einhaltung der Grenzen ist im Hinblick auf die materiellrechtliche Wirkung bei Umschreibung (vgl Vor § 28 GBV Rdn 3) besondere Sorgfalt zuzuwenden. **1**

II. Zu Abs 1 Buchst a und b: Nummer und Aufschrift des neuen Blattes

Hierzu bedarf es keiner zusätzlichen Erläuterung (wegen der Besonderheit des anzuwendenden § 3 Abs 2 vgl § 3 GBV Rdn 5). Wegen des Wortlauts der Aufschrift wird auf das Eintragungsmuster in der Anl 2b verwiesen. **2**

III. Zu Abs 1 Buchst c: Behandlung gelöschter Eintragungen im neuen Blatt

1. Betroffene Eintragungen

Die Formulierung »gelöschte Eintragungen« ist unkorrekt, aber verständlich. Die Vorschrift bezieht sich dem Sinne nach auf Eintragungen im Bestandsverzeichnis und in den drei Abteilungen. Aber nur in der zweiten und dritten Abt gibt es Löschungen im eigentlichen Sinne; die total gelöschten Eintragungen sind hier gemeint (eine Totallöschung betrifft jeweils eine komplette mit einer lfdNr adressierte Eintragungseinheit, vgl § 10 GBV Rdn 52, § 11 GBV Rdn 51). Im Bestandsverzeichnis geht es fraglos um die Eintragungen der lfdNrn, die durch Abschreibung aller gebuchten Flächen in den Sp 7/8 ihre aktuelle Bedeutung verloren haben, nur bedingt um solche, deren Flächen ganz oder teilweise durch Änderungsvermerke (Vereinigungen, Bestandteilszuschreibungen, Teilungen) in anderen lfdNrn »aufgegangen« sind (dazu Rdn 6). In der ersten Abt geht es grundsätzlich um die Eintragungen, die sich auf vollends »ausgeschiedene« Voreigentümer beziehen. Wichtig ist der Umkehrschluss: Alle nicht in vorstehendem Sinne »gelöschten« Eintragungen sind, wenn auch zum Teil in komprimierter und revidierter Form, in das neue Blatt zu übernehmen. **3**

2. Modalitäten

Abs 1 Buchst c eröffnet seit entsprechender Erweiterung durch VO vom 21.03.1974 (BGBl I 771) **zwei Möglichkeiten:** **4**

a) S 1 und 2 stellen den **Grundsatz der »historischen Treue«** (so § 473 der früheren bayDA) in den Vordergrund: Die »gelöschten« Eintragungen (vgl Rdn 3) bleiben im neuen Blatt zumindest andeutungsweise ersichtlich. **5**

(1) Gelöschte Eintragungen sind **gemäß S 1 im bisherigen Buchungszustand,** also mit den dazugehörenden Eintragungsvermerken nebst Rötungen, **in das neue Blatt zu übernehmen,** soweit dies zum Verständnis der noch gültigen Eintragungen erforderlich ist. Dazu bedarf es einer intensiven Überprüfung des materiellrechtlichen Wirkungszusammenhangs aller bisherigen Eintragungen. **Beispielsweise** sind zu übernehmen, falls **6**

nicht eine dies vermeidende Regelung durch die Beteiligten im vorbereitenden Verfahrensstadium (§ 29) erreicht werden konnte:

- Im **Bestandsverzeichnis** die in eine Vereinigung oder Bestandteilszuschreibung einbezogenen früheren Einzelgrundstücke, falls auch nur eines von ihnen vordem gesondert belastet war und geblieben ist, und die spezifischen materiellrechtlichen Wirkungen der Vereinigung einerseits und der Bestandteilszuschreibung (§ 1131 BGB) andererseits erkennbar bleiben müssen. Gleiches gilt für ein belastetes Grundstück, das inzwischen geteilt worden ist (zB wegen ungeklärter Auswirkungen gemäß § 1026 BGB). Zur Problematik, die sich aus der Vereinigung, Bestandteilszuschreibung oder Teilung des »herrschenden Grundstücks« bei der Umschreibung des Blattes des »dienenden Grundstücks« ergibt: Rdn 19. Ist ein Grundstück als ein »herrschendes« im Bestandsverzeichnis besonders kenntlich gemacht, nämlich durch Buchung nach Maßgabe des § 7 oder des § 8, so muss es, sollte es denn mit einem anderen Grundstück durch Vereinigung oder Bestandteilszuschreibung vereinheitlicht worden sein, im Zustand vor und nach Vereinigung auch im Bestandsverzeichnis des neuen Blattes aufgezeigt werden.
- In der **ersten Abt** die Eintragung ehemaliger Miteigentümer, falls noch unterschiedliche Anteilsbelastungen eingetragen sind. Zu bedenken ist, dass die (Vor-)Eintragungsstufen bedeutsam bleiben, um den persönlichen Schuldner von Hypothekenforderungen (der Rechtsnachfolger des Eigentümers wird dies nicht kraft Gesetzes!) oder um den Inhaber von verdeckten Eigentümergrundschulden (die ebenfalls nicht automatisch auf nachfolgende Eigentümer übergehen) erkennbar zu halten.
- In der **zweiten und dritten Abt** gelöschte Eintragungen, wenn sie Rechte betreffen, die an einer noch wirksamen Rangänderung beteiligt sind (vgl § 880 Abs 4 BGB). Auch die Übernahme eines gelöschten Nacherbenvermerks oder einer gelöschten Verfügungsbeschränkung kann sich als nötig erweisen, um die Grundlage zur Beurteilung der Wirksamkeit der während der Dauer seines (ihres) Eingetragenseins getroffenen Verfügungen im Grundbuch zu erhalten.

Vorstehende Beispiele beleuchten, wie diffizil die Wirkungszusammenhänge von gelöschten und nicht gelöschten Eintragungen sein können und wie wichtig deshalb eine sorgfältige Analyse ist.

7 (2) Gelöschte Eintragungen sind **gemäß S 2** im Übrigen **andeutungsweise im neuen Blatt kenntlich zu halten** durch Vermerk der rot zu unterstreichenden lfdNr(n) mit dem Zusatz »Gelöscht« (vgl Muster in der ehemaligen Anl 2b). Dieser Hinweis soll nach den älteren Kommentaren[1] des § 891 Abs 2 BGB wegen wichtig sein; dies ist zu bestreiten und wird wohl auch vom Verordnungsgeber nicht so gesehen (vgl S 3). Die Effekte liegen im Formalen, so etwa: Die im alten Blatt »abgelegte« Historie bleibt sichtbar (nicht empfehlenswert, falls die Umschreibung Geheimhaltungszwecken dient, dazu § 28 GBV Rdn 6 ff); die Fortführung der lfdNrn der gelöschten bzw überholten Eintragungen erspart die »Umadressierung« der gültigen Eintragungen im neuen Blatt; die Berichtigung der Grundpfandrechtsbriefe bezüglich der lfdNr der Eintragungsstelle entfällt; die Inhaber früherer Eintragungsmitteilungen oder Grundbuchabschriften finden besser Anschluss an das neue Blatt u dgl.

8 b) S 3 lässt offen, ob er die **Möglichkeit der Umformatierung** auf das neue Grundbuchblatt im Ganzen oder in Teilen beziehen will. Praktikabel ist die Vorschrift jedenfalls auch selektiv, zB nur für das Bestandsverzeichnis, nur für die eine oder die andere der drei Abt. Sie ermöglicht, total angewandt, die Schaffung eines umgeschriebenen Blattes, das sich nur durch den auch hier vorgeschriebenen Verweisungsvermerk (Abs 1 Buchst b) von einem ursprünglich neu angelegten Blatt unterscheidet (empfehlenswert, falls die Umschreibung Geheimhaltungszwecken dient, vgl § 28 GBV Rdn 11). Die Einschränkung »wenn Unklarheiten nicht zu besorgen sind« bedarf aber sorgfältigster Beachtung. Vorteilhaft ist die durch den S 3 geschaffene Alternative beispielsweise, wenn ein voluminöses Bestandsverzeichnis mit vielen durch Katasterfortführung usw bedingten Änderungseinträgen, aber nur relativ wenigen Eintragungen in den drei Abt (zB ein für eine Gemeinde oder eine sonstige Gebietskörperschaft geführtes Blatt) auf diese Weise im Wege der Umschreibung wirklich effektiv bereinigt werden kann. Ähnliches gilt möglicherweise für die Bereinigung einer durch die bisherige Eigentumsentwicklung (vielzählige Erbfolge mit Erbteilsübertragungen, Teilauseinandersetzung u dgl) überfüllten ersten Abteilung, wenn die Belastungseintragungen dies zulassen. Letztlich kann die Verfahrensweise auch bei einfach strukturierten Belastungsverhältnissen für die zweite und die dritte Abt effektiv sein.

IV. Zu Abs 1 Buchst d bis h: Behandlung zu übernehmender Eintragungen

1. Grundsätze

9 Zu übernehmen sind alle nicht gelöschten und von den gelöschten die noch bedeutungsvollen Eintragungen (dazu Rdn 6).

10 a) **Komprimierungsgebot.** Die zu übernehmenden Eintragungen sind – anders als im Falle des § 25 Abs 2b (vgl § 25 GBV Rdn 5) – nicht ab-, sondern umzuschreiben, sie sind nach Maßgabe des Abs 1 Buchst d »tun-

---

1 *Hesse-Saage-Fischer* Anm 3; folgend KEHE-*Eickmann* Rn 4.

lichst so zusammenzufassen und zu ändern, dass nur ihr gegenwärtiger Inhalt in das neue Blatt übernommen wird«. Veränderungseinträge sind gemäß und in den Grenzen des Abs 1 Buchst e möglichst in den Text der Hauptspalte einzubeziehen. Das RegVBG hat eine der Komprimierung des Grundbuchinhalts dienliche Neuerung gebracht: Bei der Blattumschreibung darf – nach Aufhebung des früheren Verbots (ehemaliger Buchst f des Abs 1) – und soll – nach dem neuen ausdrücklichen Gebot in § 44 Abs 3 GBO – eine Bezugnahme auf die Eintragungsbewilligung nachgeholt oder im zulässigen Rahmen erweitert werden (dazu Rdn 20).

b) Materiellrechtlich bedingte Grenzen. Die Publizitätswirkungen des Grundbuchs (§§ 891 bis 893 BGB) **11** dürfen durch die im Zuge der Umschreibung erfolgende Komprimierung nicht in Frage gestellt werden. Was an noch gültigen Eintragungen den rechtserheblichen »Inhalt des Grundbuchs« iS des § 892 Abs 1 BGB auf dem bisherigen Blatt bildet, muss substantiell auch im neuen Blatt in Erscheinung treten; denn das neue Blatt ist künftig das Grundbuch iS des BGB (vgl Vor § 28 GBV Rdn 3). Deshalb darf nicht durch die Neufassung des Grundbuchblattes bei der Umschreibung kurzerhand eine unvollständige Eintragung ergänzt, eine inhaltlich unklare Eintragung im materiellrechtlichen Gehalt verbessert, eine materiellrechtlich unwirksame Eintragung beseitigt werden. Wo solche Maßnahmen sinnvoll scheinen, muss versucht werden, sie in der Vorbereitungsphase (§ 29) mittels der geeigneten Verfahren unter Heranziehung der Beteiligten durchzuziehen. Im Zuge der eigentlichen Umschreibung ist es allenfalls zulässig (und erstrebenswert), nicht völlig klar gefasste Eintragungsvermerke auf das neue Grundbuchblatt mit einem eindeutig klargestellten Wortlaut zu übernehmen,[2] wie ja auch ohne den Anlass einer Umschreibung (nur) fassungskorrigierende Klarstellungsvermerke von Amts wegen zulässig sind (vgl Einl G Rdn 107; Vor GBV Rdn 58; § 22 GBO Rdn 84). S zudem Rdn 20.

2. Hinweise

a) Die Umsetzung der Grundsätze im Großen und Ganzen demonstrieren die **Muster in den Anl 2a 12 und 2b.** Darauf wird verwiesen mit dem Bemerken, dass die neue Anl 2b ein nach Maßgabe des Abs 1 Buchst c S 3 umgeschriebenes Grundbuchblatt, die ehemalige Anl 2b ein nach Maßgabe des Abs 1 Buchst c S 1 und 2 umgeschriebenes Grundbuchblatt darstellt.

Detaillierte Hinweise ergeben sich aus der für Bayern erlassenen, aber für die Grundbuchumschreibung auch außerhalb Bayerns hilfreichen Bekanntmachung über die »Fortschreibung der planmäßigen Grundbuchumschreibung in Bayern« vom 08.04.1952[3] mit beigegebenem Merkblatt nebst Anlagen.

Zur **Bereinigung und Umschreibung von ostdeutschen Grundbüchern** wird verwiesen auf die Erläuterungen von *Richter/Böhringer* in Rpfleger 1995, 437. Die (wie betont) praxisorientierten Empfehlungen beider Autoren sind auf die Neufassung von Grundbüchern gemäß § 69 zugeschnitten. Sie sind mit Rücksicht auf die besonderen Verhältnisse und Schwierigkeiten in den neuen Bundesländern in manchen Punkten (wohl hinnehmbar) »großzügiger« als die nachfolgende

Erläuterung einiger wichtiger Grundzüge:

b) Zum Bestandsverzeichnis: IdR sind nur die Grundstückseinheiten und deren katastermäßige Grund- **13** stücksbezeichnungen nach neuestem Stand in das neue Blatt zu übernehmen; die Wiedergabe früherer Eintragungsdaten erübrigt sich (in Abs 1 Buchst g nur für die zweite und dritte Abt vorgeschrieben). Frühere Zubuchungs-, Abbuchungs-, Vereinigungs-, Bestandteilszuschreibungs- und Teilungsvermerke der Spalten 5/6 bzw 7/8 brauchen demgemäß nicht in ihrer ursprünglichen Fassung in das neue Blatt übernommen zu werden, sondern sind nach Abs 1 Buchst h Ziff 2 in einen einzigen Übernahmevermerk zusammenzufassen, soweit wegen etwa differenzierter Auswirkungen auf die gültigen Belastungen nichts Gegenteiliges geboten ist (dazu Rdn 6). In dem komprimierten Übernahmevermerk sind allerdings die früheren Eintragungsdaten der Vereinigung, Bestandteilszuschreibung, Teilung ihrer Rechtserheblichkeit wegen mit anzugeben (Muster in der ehemaligen Anl 2b).

c) Zur ersten Abt: Zur Frage, wann die Voreigentümer im neuen Blatt in Erscheinung treten müssen, vgl **14** Rdn 6. Ansonsten gilt auch hier: Nicht der der Vergangenheit angehörende Wechsel der Eigentümer, sondern nur der neueste Stand des Eigentums ist im neuen Blatt darzustellen (Abs 1 Buchst d). Dabei ist in den Sp 1 und 2 entsprechend § 9 einzutragen; etwa auf dem alten Blatt unter mehreren Nummern verzeichnete Miteigentümer sind zB gemäß § 9 Buchst a, b unter einer lfdNr zusammenzufassen mit klarer Angabe des Gemeinschaftsverhältnisses[4] In die Sp 3 und 4 kommt ein einziger Übernahmevermerk laut Abs 1 Buchst h Ziff 2 (Muster in der ehemaligen Anl 2b). Nach der Vorschrift brauchen hier weder die Grundlage noch der Tag der Eintragung der gegenwärtigen Eigentümer vermerkt zu werden; das ist aus rechtlicher Sicht zwar vertretbar,

---

2 BayObLGZ 1961, 63 = Rpfleger 1962, 406.
3 JMBl 1952, 105; abgedruckt in MIR (6. Aufl) Band III Anh 23 und in *Hesse-Saage-Fische* Anh 52.
4 Dazu BayObLG Rpfleger 1990, 503, 504 (zur Wiedergabe verschachtelter Eigentümergemeinschaften); dazu auch § 9 GBV Rdn 6 bis 18.

weil die Angaben in der Sp 4 ohnehin nicht am öffentlichen Glauben des Grundbuchs teilnehmen (vgl § 9 GBV Rdn 2), dennoch nicht empfehlenswert (dazu § 9 GBV Rdn 34).

15 **d) Zur zweiten und dritten Abt:** Zusätzlich zum grundsätzlichen Komprimierungsgebot des Abs 1 Buchst d treten die spezifischen Gebote von Abs 1 Buchst e und g; Anmerkungen dazu:

16 **aa) Die Sammelbuchung,** die zusammengefasste Buchung **mehrerer gleich lautender selbständiger Rechte** in einem einzigen, durch einmalige Unterzeichnung vollzogenen Eintragungsvermerk, liegt auf der Linie des Komprimierungsgebotes und ist gerade für Umschreibungsfälle von der Rechtsprechung als zwar ordnungswidrig (gegen Abs 1 Buchst h Ziff 1 verstoßend), dennoch gültig angesehen worden.[5] Sie ist in der zweiten Abt in geeigneten Fällen durchaus zweckmäßig, sollte in der dritten Abt aber nur mit äußerster Zurückhaltung, besser gar nicht praktiziert werden (Näheres und Gründe: § 44 GBO Rdn 52 ff).

17 **bb) Die Integration von Veränderungseinträgen** in den Text der Hauptspalte ist dagegen geboten. Abs 1 Buchst e verlangt dem Sinne nach, dass Veränderungen eines Rechts »tunlichst« in den (deshalb neu zu fassenden) Text der Haupteintragung einzupassen sind, demzufolge überholte (und deshalb gemäß § 17 Abs 3 als gegenstandslos gerötete) Textteile wegzulassen sind, so dass im Ergebnis der aktuelle Rechtsinhalt auf dem neuen Blatt »mit schnellem Blick« erkannt werden kann. Beispielsfälle für die Aktualisierung des Textes in der Hauptspalte durch Einpassung von Veränderungseinträgen:

- **Abtretung oder sonstiger Rechtsübergang:** Nennung des neuen Berechtigten anstelle des bisherigen; der bisher eingetragene Zeitpunkt des Zinsübergangs erübrigt sich im umgeschriebenen Eintragungstext (Grund siehe unten). Für den Fall von zwischenzeitlichen Teilabtretungen sieht das Eintragungsmuster in der ehemaligen Anl 2b zu Abt III Nr 1 die Sammelbuchung der verselbständigten Teilrechte vor, in diesem Falle und in der aufgezeigten Art sicherlich übersichtlicher und auch auf die Dauer zweckmäßiger als die Aufrechterhaltung der Veränderungsvermerke, da sich etwaige künftige Änderungseinträge anschaulicher anknüpfen lassen. Im Umschreibungsmodus nach Abs 1 Buchst c S 3 sollte aus den oben (Rdn 16) erwähnten Gründen die getrennte Buchung der selbständig gewordenen (Teil-)Rechte unter je einer lfdNr der Sammelbuchung vorgezogen werden.
- **Änderung von Zins- und/oder Nebenleistungen:** Bezeichnung der neuen Sätze bzw Beträge anstelle der bisherigen. Bei der Übernahme einer Zins- bzw Nebenleistungserhöhung in den zu vereinheitlichenden Text der Hauptspalte ist darauf zu achten, dass deren Rangverhältnis zutreffend zum Ausdruck kommt; empfehlenswert sind, da die Rangeinheit von Haupt- und Veränderungsspalte fraglich geworden ist, in jedem Falle rangklarstellende Vermerke (vgl § 11 GBV Rdn 7). Im Falle einer Zinsherabsetzung darf ohne Rücksicht auf etwaige Zinsrückstände der geltende Zinssatz in den Haupttext integriert werden, weil das Grundbuch über Zinsrückstände keine Auskunft gibt (vgl § 1159 Abs 2 BGB). Deswegen braucht auch ein etwa bisher eingetragener Zins- oder Zinsänderungsbeginn nicht wieder in den umgeschriebenen Text aufgenommen zu werden.
- Von **Inhaltsänderungen sonstiger Art** (Beispiele: § 10 GBV Rdn 46, § 11 GBV Rdn 40), die per Schlagwort und Bezugnahme auf die diesbezügliche Eintragungsbewilligung eingetragen worden sind, brauchen im umgeschriebenen Haupttext weder das Schlagwort noch das Eintragungsdatum erwähnt zu werden (vgl Rdn 21), ist lediglich der Bezugnahmevermerk zu übernehmen (vgl Rdn 20). Soweit Veränderungseinträge jedoch Elemente enthalten, die zu den Extraeintragungen (dazu Vor GBV Rdn 96, 97) zählen oder die aus Zweckmäßigkeitserwägungen direkt im Grundbuch erwähnt werden sollten (dazu Vor GBV Rdn 82), sind sie in den umgeschriebenen Text einzubauen.
- **Rangänderungen:** Deren Ergebnis ist durch wechselseitige Rangvermerke im umgeschriebenen Haupttext der beteiligten Rechte darzustellen. Entsprechendes gilt für Wirksamkeitsvermerke. Im normalen Umschreibungsmodus, der die bisherigen lfdNrn zu wahren hat (Abs 1 Buchst c S 1, 2), ist eine der Rangänderung entsprechende Umplatzierung der Eintragungen schon deswegen unzulässig. Beim Umschreibungsmodus im Neuformat (Abs 1 Buchst c S 3) ist die Umplatzierung bei relativen Rangverhältnissen aus materiellrechtlichen Gründen zu unterlassen. Denn bei allen Rangänderungen gemäß §§ 880, 881 BGB muss die Herkunft des Rangverhältnisses im Grundbuch ersichtlich bleiben, soweit sie für die Tragweite des Vorrangs oder Gleichrangs bedeutsam ist (vgl § 880 Abs 4 und 5, §§ 881 Abs 4 BGB); eine Umorganisation der Eintragungsstellen dem Range nach lässt sich ev durch ein der Umschreibung nach § 29 vorgeschaltetes Rangklarstellungsverfahren (§§ 90 ff GBO) erzielen.
- **Nachverhaftungen:** IdR es ist ausreichend, aber auch nötig (anders als bei der ursprünglichen Eintragung einer Nachverhaftung, vgl § 10 Rdn 11 und § 11 Rdn 11), das nachverhaftete Grundstück in der Sp 2 mit aufzuführen. Finden sich im Nach- bzw Mitverhaftungsvermerk Rangvermerke, so sind diese entweder in gehöriger Weise in den Haupttext zu integrieren (etwa wie: »... auf Grundstück Nr ... im Rang nach Abt III Nr ...« oder ähnl); oder (nicht so ratsam) der Nachverhaftungsvermerk ist in bisheriger Form in die Veränderungsspalte zu übernehmen. Zu bedenken ist auch hier, dass die Rangeinheit der Haupt- und Veränderungs-

---

5 OLG Frankfurt Rpfleger 1970, 396 und 397.

spalte und damit die Bedeutung der Eintragungsdaten von Nachverhaftungsvermerken strittig ist; aus Sicherheitsgründen müsste entweder das Eintragungsdatum der Nachverhaftung im neuen Blatt erscheinen oder (besser) durch in den Eintragungstext aufzunehmende Rangvermerke für Klarheit gesorgt werden (dazu § 11 Rdn 7).

– **Teillöschungen:** Es wird nur der noch gültige Restbetrag im neuen Blatt angegeben, und zwar sowohl in Sp 3 als auch in Sp 4. Die gemäß § 17 Abs 5 in Sp 3 des bisherigen Blattes erfolgte Absetzung vom ursprünglichen Betrag braucht im neuen Blatt nicht wiederholt zu werden.

cc) Nicht zu integrieren, sondern weiterhin in der Veränderungsspalte zu buchen sind dem Sinn des Abs 1 Buchst e gemäß solche Vermerke, die ihrer Natur nach in die Veränderungsspalte gehören, insb Verpfändungen, Pfändungen, überhaupt Rechte Dritter, Löschungsvormerkungen. Für Verfügungsbeschränkungen und den Vermerk gemäß § 9 Abs 3 GBO gilt das nicht mehr (dazu § 10 GBV Rdn 2 und § 11 GBV Rdn 2). Hinsichtlich der Vermerke, »die sich auf mehrere Rechte gemeinsam beziehen«, ist zu differenzieren: Handelt es sich um (auch getrennt mögliche) Sammelbuchungen (im weiteren Sinne, vgl § 44 GBO Rdn 54), wie zB bei einem sich auf mehrere Rechte beziehenden Vermerk über eine nachträgliche Rangänderung, Nachverhaftung, Unterwerfungsklausel usw, so sind diese durchaus integrationsfähig. Dagegen gehört zB der Vermerk über die Bildung eines gemeinschaftlichen Hypotheken- oder Grundschuldbriefes (§§ 66 GBO) naturgemäß weiterhin in die Veränderungsspalte. Umstritten, ob auch so verfahren werden darf bezüglich einer Einheitshypothek oder -grundschuld.[6]   **18**

dd) Bei subjektiv-dinglichen Rechten tritt **oft die besondere Schwierigkeit** auf, dass das herrschende Grundstück in der Vergangenheit Veränderungen erfahren hat, in seinen katastermäßigen Bezeichnungsmerkmalen, aber auch in seinem rechtserheblichen Zustand (durch Vereinigung, Bestandteilszuschreibung, Teilung), und diese Änderungen wohl selten auf dem umzuschreibenden Blatt des dienenden Grundstücks kenntlich gemacht sind. Fraglich ist, ob es ausreicht, das herrschende Grundstück im neuen Blatt unverändert mit der veralteten Bezeichnung aufzuführen, oder ob eine (oft langwierige Aufklärungsarbeit erfordernde) Aktualisierung der Bezeichnung nötig ist. § 30 lässt dies offen, verlangt zwar in Abs 1 Buchst d, dass nur der »gegenwärtige Inhalt« in den umgeschriebenen Eintragungen wiedergegeben werden soll; die Bezeichnung des herrschenden Grundstücks betrifft aber nicht den Inhalt, sondern gehört zu den Bestandsdaten des Rechts. Das oben (Rdn 12) erwähnte Merkblatt verlangt schlicht, bei der Umschreibung solle die Bezeichnung des berechtigten Grundstücks nach dem neuesten Stande erfolgen. Dies ist nicht so unproblematisch, wie es sich liest, weil die rechtlichen Auswirkungen der bezeichneten Zustandsänderungen des herrschenden Grundstücks ins Kalkül gezogen werden müssen, die teilweise je nach tatsächlicher Situation rechtlich verschieden sein können (dazu § 5 GBO Rdn 80, § 6 GBO Rdn 54, § 7 GBO Rdn 86, 89, 92) und für den Fall des § 1025 S 1 BGB nicht völlig gleich beurteilt werden.[7] Schon dieser von tatsächlichen Umständen abhängiger (aus dem Grundbuch folglich nicht ersichtlicher) rechtlicher Auswirkungen wegen ist eine Aktualisierung der ursprünglichen Bezeichnung des herrschenden Grundstücks bei der Umschreibung des dienenden Blattes äußerst problematisch. Hinzu kommt, dass etwaige zwischenzeitliche Flurstückszerlegungen und -verschmelzungen bezüglich des herrschenden Grundstücks zur »Verwischung« von Grenzen rechtserheblicher Ausübungsbereiche führen können, und dass dann ohne Zuhilfenahme von Kartenmaterial eine einwandfreie Klärung kaum erreichbar sein wird.[8] Angesichts der hier nur angedeuteten Problematik kann es in derartigen Fällen jedenfalls nicht zur Regel erhoben werden, im Zuge der Umschreibung des Blattes des dienenden Grundstücks kurzerhand die Bezeichnung des herrschenden Grundstücks auf den neuesten Stand zu bringen. Unproblematisch sind insofern nur rein katastermäßige Umbenennungen, welche die Grundstückseinheit im Rechtssinne unberührt lassen. Ansonsten gehört eine Klärung in das vorbereitende Verfahren nach § 29 unter Heranziehung der Beteiligten, oder muss einer späteren Aufklärung im Bedarfsfalle überlassen bleiben. Dem Umschreibungsziel, Übersichtlichkeit zu schaffen, tut die Beibehaltung der bisherigen Bezeichnung des herrschenden Grundstücks keinen Abbruch.   **19**

ee) Wie schon erwähnt (vgl Rdn 10), ist an die Stelle des Verbots ein **Gebot der Nachholung oder Erweiterung der Bezugnahme** getreten. Das bisherige Verbot nahm[9] die prinzipielle Unabänderbarkeit einer vollzogenen Eintragung zum Ausgangspunkt (dazu § 44 GBO Rdn 28). Streng genommen, erwies es sich als gelegentliches Hemmnis für die mit der Blattumschreibung anzustrebende Grundbuchbereinigung, insb da, wo es um ältere, die Bezugnahmemöglichkeiten nicht voll ausschöpfende Eintragungen ging. Deshalb wurde in der   **20**

---

6 Für Buchung wie bisher (zunächst ehemalige Einzelrechte in Sp 1–4, jede mit aktuellem Inhalt, sodann Zusammenfassungsvermerk in Sp 5–7): *Dentzien* NJW 1936, 1100 und *Recke* NJW 1936, 1101; für Einheitstext, der ua angibt, welche Rechte zusammengefasst wurden, in Sp 4 (mit Textvorschlag), aber nur für einfach gelagerte Fälle: *Saage* DFG 1937, 115, 122.

7 MüKo-*Falckenberg* § 1025 Rn 2: Gesamtberechtigung analog §§ 428, 432, im Innenverhältnis §§ 741 ff; *Palandt-Bassenge* § 1025 Rn 1: Bruchteilsgemeinschaft; *Staudinger-Ring* § 1025 Rn 3: 12. Aufl: Einzelrechte, 13. Bearb: Gesamtgrunddienstbarkeit; -*Mayer* (2002) § 1025 Rn 3: Gesamtgrunddienstbarkeit.

8 Beispielsfall: OLG Hamm Rpfleger 2003, 349 = DNotZ 2003, 355.

9 Vgl *Hesse-Saage-Fischer* Anm I 4.

Vergangenheit schon für eine reduzierte Anwendung der Vorschrift plädiert, in dem Sinne etwa, dass es bei dem Verbot darum gehe, den materiellen Inhalt des Grundbuchs nicht zu verändern, dass es aber als verbotsunschädlich angesehen werden müsse, wenn unnötig lange Eintragungstexte auf das gemäß §§ 874, 885 Abs 2, 1115 BGB Einzutragende zurückgeführt werden.[10] Nun ist das Wünschenswerte in § 44 Abs 3 GBO Gesetz geworden. Bei Anwendung der neuen Vorschrift ist sorgfältig darauf zu achten, dass die deklaratorischen Eintragungswirkungen gemäß §§ 891 bis 893 BGB nicht beeinträchtigt werden.[11] Im Übrigen wird auf die Erläuterungen zu § 44 GBO Rdn 59 ff verwiesen.

21 **ff)** Der **Tag der ersten Eintragung** der umzuschreibenden Rechte der zweiten und dritten Abt ist stets in das neue Blatt zu übernehmen (Abs 1 Buchst g). Diese Anordnung nimmt Rücksicht auf die Bedeutung des Eintragungstages gemäß § 879 BGB und ist unbedingt zu befolgen. Das uU dem Datum von Veränderungseinträgen ebenfalls diese Bedeutung beigelegt wird, so dass auch dieses bei der Textintegration mit zu übernehmen ist, falls nicht durch Rangvermerke Klarheit geschaffen wird, wurde bereits ausgeführt (vgl Rdn 17). In der ersten Abt ist die Wiedergabe des (letzten) Eintragungsdatums zwar nicht nötig, aber empfehlenswert (vgl Rdn 14), im Bestandsverzeichnis uU unverzichtbar (vgl Rdn 13).

22 **gg)** Den **Abschluss jedes übertragenen Vermerks,** dessen Unterzeichnung erforderlich ist (dazu § 44 GBO Rdn 11, 12 sowie § 20 GBV) bildet gemäß Abs 1 Buchst h Ziff 1 die Formel: »Umgeschrieben am …« Das Datum wird bei der Unterzeichnung gemäß § 44 Abs 1 GBO eingefügt. Das zu übernehmende ursprüngliche Eintragungsdatum (vgl Rdn 21) wird zweckmäßigerweise unmittelbar vor dem vorbezeichneten Umschreibungsvermerk angebracht, etwa so: »Erstmals eingetragen am … und umgeschrieben am …«

V. Zu Abs 1 Buchst i: Überholte Sonderregelung

23 Die Vorschrift bezieht sich auf die Aufwertung, und zwar auf das Gesetz über die Bereinigung der Grundbücher vom 18.07.1930. Dieses Gesetz ist spätestens mit Ablauf des 31.12.1968 außer Kraft getreten, weil es nicht in Teil III des Bundesgesetzblattes aufgenommen worden ist.[12]

VI. Zu Abs 2: Schließung des alten Blattes

24 Das umgeschriebene Blatt ist nach Maßgabe des § 36 förmlich zu schließen. Der ausdrückliche Verweis auf § 36 Buchst b besagt, dass in dem Schließungsvermerk in der Aufschrift nicht nur die Bezeichnung des neuen Blattes, sondern auch der Grund der Schließung zB »wegen Raummangels«, »wegen Unübersichtlichkeit«, »zwecks Vereinfachung« anzugeben ist. Anschauungsbeispiele: ehemalige und neue Anl 2a.

VII. Sonstiges

25 1. Zur **Benachrichtigung** der Beteiligten und amtlichen Stellen: § 39 GBV Rdn 2 ff.

26 2. Zur Behandlung von **Grundakten und Handblatt:** § 32.

27 3. Zur **Behandlung der Briefe:** § 39 GBV Rdn 4.

§ 31 (Muster für Umschreibung)

Die Durchführung der Umschreibung im einzelnen ergibt sich aus den in den Anlagen 2a und 2b beigefügten Mustern. § 22 Satz 2 gilt entsprechend.

1 Mustergebend sind außer den aktualisierten auch die ehemaligen Anl 2a und 2b. Zur Bedeutung der Eintragungsmuster in den Anl überhaupt: § 22 Rdn 1. Keine weiteren Erläuterungen.

---

10 *Tschischka* Rpfleger 1961, 185.
11 Beispiel einer zu engen Fassung des Eintragungsvermerks bei der Umschreibung: OLG Köln Rpfleger 1982, 463 m Anm *Meyer-Stolte.*
12 *Schmidt-Räntsch* MittBayNot 1995, 250; *Richter-Böhringer* Rpfleger 1995, 437, 440.

§ 32 (Grundakten und Handblatt bei Umschreibung)

(1) Die für das geschlossene Grundbuchblatt gehaltenen Grundakten werden unter entsprechender Änderung ihrer Bezeichnung für das neue Blatt weitergeführt. Nach dem umgeschriebenen Blatt ist ein neues Handblatt herzustellen. Das alte Handblatt ist bei den Grundakten zu verwahren; es ist deutlich als Handblatt des wegen Umschreibung geschlossenen Blattes zu kennzeichnen.

(2) Mit Genehmigung der Landesjustizverwaltung oder der von ihr bestimmten Stelle können auch die für das geschlossene Grundbuchblatt gehaltenen Akten geschlossen werden. Das alte Handblatt und Urkunden, auf die eine Eintragung in dem neuen Grundbuchblatt sich gründet oder Bezug nimmt, können zu den Grundakten des neuen Blattes genommen werden; in diesem Fall ist Absatz 1 Satz 3 Halbsatz 2 entsprechend anzuwenden. Die Übernahme ist in den geschlossenen Grundakten zu vermerken.

Die Genehmigung nach Abs 2 obliegt der Behördenleitung (§ 21 Abs 4 AktO).   1

§ 33 (Teilweise Unübersichtlichkeit)

(1) Sind nur das Bestandsverzeichnis oder einzelne Abteilungen des Grundbuchblatts unübersichtlich geworden, so können sie für sich allein neu gefaßt werden, falls dieser Teil des Grundbuchblatts hierfür genügend Raum bietet.

(2 a) § 29 ist entsprechend anzuwenden.

(2 b) Der neu zu fassende Teil des Grundbuchblatts ist durch einen quer über beide Seiten zu ziehenden rot-schwarzen Doppelstrich abzuschließen und darunter der Vermerk zu setzen: »Wegen Unübersichtlichkeit neu gefaßt.« Die über dem Doppelstrich stehenden Eintragungen sind rot zu durchkreuzen.

(2 c) § 30 Abs 1 Buchstaben c, d, e, g und i ist entsprechend anzuwenden, Buchstabe c jedoch mit Ausnahme seines Satzes 3.

(2 d) 1. Jeder übertragene Vermerk, dessen Unterzeichnung erforderlich ist, ist mit dem Zusatz: »Bei Neufassung übertragen« zu versehen und von dem Richter und dem Urkundsbeamten der Geschäftsstelle zu unterzeichnen.
2. In Spalte 6 des Bestandsverzeichnisses genügt der Vermerk: »Bei Neufassung des unübersichtlich gewordenen Bestandsverzeichnisses als Bestand eingetragen am ...«.

(2 e) Die nicht neu gefaßten Teile des Grundbuchblatts bleiben unverändert.

I. Zu Abs 1: Bedeutung der Vorschrift

1. Die **Möglichkeit, Teile eines Grundbuchblattes neu zu fassen,** damit das Blatt dort zu bereinigen, wo   1
es dringlich ist, und es im Übrigen unverändert weiterzuverwenden, wurde durch die GBV neu eingeführt. Vorgesehen ist diese Möglichkeit laut Wortlaut nur für den Fall, dass entweder das Bestandsverzeichnis oder einzelne Abt »unübersichtlich« geworden sind. Jedoch wird man den artverwandten Grund der wesentlichen Vereinfachung (dazu § 28 GBV Rdn 4) auch dazu zählen dürfen. Ursprünglich war die erste Abt ausgeklammert, weil hierfür damals kein Bedürfnis gesehen wurde.[1] Dies hat sich als Mangel erwiesen. Mit Änderung des Abs 1 durch VO vom 21.03.1974 (BGBl I 771) – außerdem wurde dem Abs 2 Buchst c der letzte Halbsatz hinzugefügt – ist die Möglichkeit der Neufassung nun für alle Teile des Grundbuchblattes vorgesehen. Nach ursprünglichem Wortlaut des Abs 1 (mit zweimaligem »nur«) hielt man es für unzulässig, mehrere Teile desselben Blattes neu zu fassen, blieb bei entsprechendem Bedürfnis die Umschreibung und Schließung des gesamten Blattes nicht erspart.[2] In der novellierten Fassung ist das Wort »nur« einmal geblieben; dies ist nicht als Begrenzung der Möglichkeit zu verstehen, anstelle einer Vollumschreibung des ganzen Blattes mehrere Teile desselben neu zu fassen.[3]

2. **Genügend Platz** in dem neu zu fassenden Teil des Blattes ist **Voraussetzung.** Das Umschreibungsgebot   2
wegen Raummangels (§ 23) bleibt unberührt. Bietet etwa nur das Bestandsverzeichnis oder auch nur eine der

---

1 *Hesse-Saage-Fischer* Anm I
2 MIR (6. Aufl) § 3 Anh I Rn 378 mwN.
3 Ebenso KEHE-*Eickmann* Rn 1.

Abteilungen nicht mehr genügend Raum, so ist das gesamte Blatt umzuschreiben und zu schließen, Ausweichen auf leere Seiten an einer anderen Stelle desselben oder eines anderen Blattes sowie (beim Festband-Grundbuch) das Einheften von Einlagebogen ist grundsätzlich nicht gestattet (dazu § 2 GBV Rdn 7). Die Neufassung lohnt deshalb nur, wenn im gesamten Blatt, nicht nur an der neu zu fassenden Stelle, der Raum voraussichtlich noch für längere Zeit reicht.

II. Zu Abs 2: Art und Weise der Durchführung

3   1. Für Art und Umfang der **Vorbereitungsmaßnahmen** gilt § 29 entsprechend.

4   2. Für die **technische Durchführung** der Neufassung gibt die Vorschrift hinreichend deutliche Weisungen, auch soweit sie auf die Bestimmungen des § 30 Bezug nimmt. Die durch den in § 30 Abs 1 Buchst e eingefügten S 3 eingeräumte Möglichkeit der Neuformatierung ist nicht entsprechend anwendbar, damit der Zusammenhang mit den unverändert bleibenden Teilen des Blattes gewahrt bleibt.

III. Sonstiges

5   1. Eine **Benachrichtigung** der Beteiligten ist – anders als bei der Umschreibung – nicht ausdrücklich vorgeschrieben, aber in entsprechender Anwendung des § 39 Abs 3 dringend zu empfehlen, um den beteiligten Stellen Kontrollmöglichkeit zu geben, denn es besteht immerhin die Möglichkeit der Beschwerde (vgl § 28 GBV Rdn 14).

6   2. Die **Grundakten** werden unverändert weitergeführt. Das **Handblatt** ist dem § 24 Abs 4 gemäß mit dem neugefassten Blattteil in Übereinstimmung zu bringen.

Abschnitt VII
Die Schließung des Grundbuchblatts

Vorbemerkungen zu den §§ 34 bis 37

I. Überblick

1   Der Abschn VII komplettiert zunächst die Gründe für die Schließung eines Grundbuchblattes (§§ 34, 35) und regelt sodann das grundbuchtechnische Verfahren der Schließung (§ 36) sowie die Wiederverwendung geschlossener Grundbuchblätter (§ 37).

II. Wirkung der Schließung

2   Das geschlossene Blatt verliert für die Zukunft seine bisherige materiellrechtliche Bedeutung als Grundbuch iS des BGB und ist demgemäß formellrechtlich für neue Eintragungen gesperrt; denn diese wären keine Grundbucheintragungen im Rechtssinne (vgl Vor § 28 GBV Rdn 3, 4).

III. Rechtsmittel

3   Wegen der materiellrechtlichen Folgen ist gegen die Schließung die Beschwerde (§ 11 RpflG, §§ 71 ff GBO) zulässig.

§ 34   (Weitere Fälle der Schließung; Voraussetzungen)

Außer den Fällen des § 25 Abs 1, § 26 Abs 2, § 27, § 27a Abs 2 und § 30 Abs 2 wird das Grundbuchblatt geschlossen, wenn:
a) alle auf einem Blatt eingetragenen Grundstücke aus dem Grundbuchblatt ausgeschieden sind;
b) an Stelle des Grundstücks die Miteigentumsanteile der Miteigentümer nach § 3 Abs 4 und 5 der Grundbuchordnung im Grundbuch eingetragen werden und weitere Grundstücke nicht eingetragen sind;
c) das Grundstück untergegangen ist.

I. Schließungsgründe

1. Gemäß GBV

§ 34 bezeichnet die meisten, aber nicht alle Gründe zur Schließung eines Grundbuchblattes. Aufgelistet sind 1 eingangs die in den voraufgehenden Vorschriften enthaltenen Schließungsgründe; drei weitere sind hinzugefügt. Nicht genannt sind die Schließungsgründe, die sich aus nachfolgenden Vorschriften, wie den §§ 35, 38, 69 Abs 4, 70 Abs 2, 101 Abs 5 (ehemals § 70a Abs 5) ergeben.

2. Sonstige

Weitere Schließungsgründe ergeben sich außerdem aus Vorschriften außerhalb der GBV, nämlich aus § 7 Abs 1 2 S 3, § 8 Abs 2, § 9 und § 30 WEG (dazu: § 3 WGV Rdn 37 bis 39, § 6 WGV Rdn 8, § 8 WGV Rdn 6, 10) sowie aus § 16 ErbbauRG (dazu Vor § 54 GBV Rdn 6).

II. Schließungsgründe des § 34

Zu schließen ist ein Grundbuchblatt, sobald alle im Bestandsverzeichnis aufgeführten Grundstücke abgebucht 3 sind, sei es durch:

1. Abschreibung (Übertragung auf ein anderes Blatt) **oder Ausbuchung** (Ausscheiden aus dem Grundbuch 4 überhaupt gemäß § 3 Abs 3 GBO) nach Maßgabe des § 13 Abs 3 und 5 (Fälle des § 34 Buchst a).

2. Buchung der Miteigentumsanteile anstelle des (einzigen) Grundstücks nach Maßgabe des § 8 (Fälle des 5 § 34 Buchst b).

3. Untergang des Grundstücks (Fall des § 34 Buchst c). Gemeint ist hier der tatsächliche Untergang der 6 gebuchten Grundstücksfläche, deren Verschwinden von der Erdoberfläche, zB durch Abschwemmung, Abspülung, Erdrutsch u dgl. Voraussetzung der Blattschließung ist in diesem Falle der vorherige Tatsachennachweis, zB durch Bestätigung der Vermessungsbehörde, falls nicht offenkundig oder amtsbekannt. Zum anders gelagerten Fall des nicht nachweisbaren Grundstücks siehe § 35.

Sind gemäß § 4 GBO auf dem Grundbuchblatt außer dem untergegangenen Grundstück (ev Grundstücksteil) 7 weitere Grundstücke verzeichnet, so ist das untergegangene Grundstück zunächst auf einem Blatt zu isolieren, indem es oder der Restbestand auf ein anderes Blatt übertragen und sodann dasjenige Blatt geschlossen wird, das den untergegangenen Bestand enthält.[1]

§ 35 (Nicht nachweisbares Grundstück)

(1) Das Grundbuchblatt wird ferner geschlossen, wenn das Grundstück sich in der Örtlichkeit nicht nachweisen läßt.

(2) Vor der Schließung sind alle, denen ein im Grundbuch eingetragenes Recht an dem Grundstück oder an einem solchen Rechte zusteht, aufzufordern, binnen einer vom Grundbuchamt zu bestimmenden angemessenen Frist das Grundstück in der Örtlichkeit nachzuweisen, mit dem Hinweis, daß nach fruchtlosem Ablauf der Frist das Blatt geschlossen werde. Die Aufforderung ist den Berechtigten, soweit ihre Person und ihr Aufenthalt dem Grundbuchamt bekannt ist, zuzustellen. Sie kann nach Ermessen des Grundbuchamts außerdem öffentlich bekanntgemacht werden; dies hat zu geschehen, wenn Person oder Aufenthalt eines Berechtigten dem Grundbuchamt nicht bekannt ist. Die Art der Bekanntmachung bestimmt das Grundbuchamt.

I. Zu Absatz 1: Besonderer Schließungsgrund

In dem heute wohl seltenen Sonderfall, dass sich ein im Grundbuch gebuchtes Grundstück in der Örtlichkeit 1 nicht nachweisen lässt, ohne als Fläche tatsächlich untergegangen zu sein, ist das betreffende Grundbuchblatt zu

---

1 Ebenso KEHE-*Eickmann* Rn 5 im Anschluss an *Hesse-Saage-Fischer* Anm 3.

schließen. Ursächlich für eine solche Situation ist typischerweise – im Unterschied zur grundbuchtechnisch fehlerhaften Doppelbuchung (§ 38) – ein Fehler in der Katasterführung, beispielsweise der Fall, dass für dieselbe Bodenfläche zwei Flurstücke mit unterschiedlicher Bezeichnung gebildet worden sind, die Eingang in das Grundbuch gefunden haben.[1]

II. Zu Absatz 2: Vorverfahren

1. Ausgangslage

2 Die Blattschließung gemäß § 35 beeinträchtigt möglicherweise materielle Rechte. Sie bedarf deshalb einer (in den Fällen des § 34 unnötigen) besonderen Vorbereitung. Die Einleitung des Verfahrens ist überhaupt nur gerechtfertigt, wenn (infolge eines Katastrierungsfehlers der erwähnten Art) eine vom GBA und der Vermessungsbehörde nicht zu beseitigende Ungewissheit darüber besteht, welches Grundstück in der Örtlichkeit das im Grundbuch bezeichnete ist.

2. Durchführung des Vorverfahrens

3 **a)** Die **Aufforderung mit Fristsetzung** zum Nachweis des Grundstücks in der Örtlichkeit (Abs 2 S 1) ist »allen«, denen ein eingetragenes Recht (im weiten Sinne) an dem nicht nachweisbaren Grundstück »zusteht«, zuzustellen (Abs 2 S 2). Adressaten der Aufforderung sind die im Grundbuch eingetragenen Berechtigten und, falls bekannt (Ermittlungen ohne konkreten Anlass nicht erforderlich), die nicht eingetragenen wirklich Berechtigten. Die Art und Weise der Zustellung richtet sich nach § 16 Abs 2 FGG. Ist der Aufenthalt auch nur eines Berechtigten nicht bekannt (nicht feststellbar), so ist eine öffentliche Bekanntmachung nötig, andernfalls ist sie neben der Zustellung möglich; in jedem Falle bestimmt das GBA die Art der Bekanntmachung (Abs 2 S 3). In Betracht kommt – ähnlich wie im Falle der §§ 120, 121 GBO – die Bekanntgabe in einer oder mehreren Zeitungen, im Amtsblatt, durch Anschlag an der Gerichtstafel, durch Aushang in der Gemeinde usw. Die Aufforderung ist keine Entscheidung des GBA, unterliegt somit nicht der Beschwerde.

4 **b) Nach Fristablauf** erfolgt:
- Schließung des Blattes gemäß § 36, falls keinem Beteiligten der Nachweis des Grundstücks in der Örtlichkeit gelungen ist (und auch nicht auf andere Weise, etwa durch Nachforschungen der Vermessungsbehörde, eine Aufklärung erreichbar war). Ist das nicht nachweisbare Grundstück zusammen mit anderen gemäß § 4 GBO auf einem gemeinschaftlichen Blatt gebucht, so ist es zunächst auf einem Blatt zu isolieren und sodann dieses Blatt zu schließen (vgl § 34 GBV Rdn 7).
- Richtigstellung des Grundbuchs, falls der Nachweis über das Vorhandensein des Grundstücks in der Örtlichkeit erbracht worden ist, erforderlichenfalls im Benehmen mit der Vermessungsbehörde. Die Frist ist keine Ausschlussfrist, sie ist verlängerbar; auch ohne förmliche Verlängerung sind nachgereichte Nachweise zu berücksichtigen, können noch Erhebungen von Amts wegen angestellt werden.
- Übergang in das Verfahren nach § 38, falls sich eine Doppelbuchung im Grundbuch herausstellt.

5 **c)** Stellt sich **nach Schließung des Blattes** heraus, dass das Grundstück in der Örtlichkeit doch besteht, so ist von Amts wegen ein neues Blatt anzulegen. Die Wiedereröffnung des geschlossenen Blattes ist nicht möglich, wenn nicht ein Ausnahmefall vorliegt (§ 37).

§ 36   (Form der Schließung)

Das Grundbuchblatt wird geschlossen, indem
a) sämtliche Seiten des Blattes, soweit sie Eintragungen enthalten, rot durchkreuzt werden;
b) ein Schließungsvermerk, in dem der Grund der Schließung anzugeben ist, in der Aufschrift eingetragen wird.

I. Einheitliche Schließungstechnik

1 Die grundbuchtechnische Durchführung der Schließung, gleich aus welchem Grund, richtet sich nach § 36. Sie ist in der Vorschrift deutlich beschrieben.

2 **1.** Die **Art der Rotdurchkreuzung** gemäß Buchst a ist in der Anl 2a anschaulich dargestellt. Zu beachten ist, dass sämtliche Vor- und Rückseiten des Blattes, sofern sie mindestens einen Eintragungsvermerk enthalten, in

---

[1] *Bengel-Simmerding* § 22 Rn 34, 35.

voller Größe rot zu durchkreuzen sind; der gemäß Buchst b in der Aufschrift unterzubringende Schließungsvermerk wird weder rot unterstrichen noch rot durchkreuzt.

In Rheinland-Pfalz galt ehemals eine modifizierte Fassung des § 36 (Rötung nicht der ganzen Blattseiten, sondern nur bis zum Ende der jeweiligen Eintragungen); die Sonderfassung ist gemäß Art 3 der VO vom 21.03.1974 (BGBl I 771) entfallen. **3**

2. Im **Schließungsvermerk** ist gemäß Buchst b der Schließungsgrund anzugeben, etwa: *»Wegen Abschreibung des gesamten Bestandes geschlossen am ...«*, oder *»Wegen Untergangs des Grundstücks geschlossen am ...«*, oder *»Wegen Nichtnachweisbarkeit des Grundstücks in der Örtlichkeit geschlossen am ...«* usw. Zur Fassung des Schließungsvermerks bei Zuständigkeitswechsel s § 25 GBV Rdn 1; bei der Blattumschreibung siehe § 30 GBV Rdn 24. Der Schließungsvermerk ist gemäß § 44 GBO zu datieren und zu unterzeichnen. **4**

Zur Verwendung von **Stempeln** für den Schließungsvermerk siehe § 21 GBV Rdn 2. **5**

II. Sonstiges

1. Eine **Benachrichtigung** der Beteiligten ist nicht ausdrücklich vorgeschrieben, aber wegen der Beschwerdemöglichkeit (vgl Vor § 34 GBV Rdn 3) geboten, angemessene entsprechende Anwendung des § 39 Abs 3 ist zu befürworten. **6**

2. **Vermerk auf den Grundakten** ist in § 21 Abs 4 AktO vorgeschrieben. **7**

§ 37 (Wiederverwendung geschlossener Grundbuchblätter)

(1) Geschlossene Grundbuchblätter dürfen zur Anlegung eines neuen Blattes nicht wieder verwendet werden.

(2 a) Jedoch kann der zuständige Oberlandesgerichtspräsident unter Berücksichtigung der besonderen örtlichen Verhältnisse bei allen oder einzelnen Grundbuchämtern seines Bezirks die Wiederverwendung geschlossener Grundbuchblätter zur Einrichtung eines neuen Blattes desselben Grundbuchbezirks gestatten, sofern dadurch eine nennenswerte Ersparnis erzielt und die Übersichtlichkeit des Grundbuchs nicht beeinträchtigt wird.

(2 b) Das neue Blatt erhält die Nummer des alten Blattes unter Hinzufügung des Buchstabens »A«.

(2 c)

Das alte Blatt ist in der Aufschrift, im Bestandsverzeichnis und in den drei Abteilungen, soweit sich darin Eintragungen befinden, durch einen quer über beide Seiten zu ziehenden rot-schwarzen Doppelstrich abzuschließen und darunter mit dem Vermerk zu versehen: »Wieder benutzt als Blatt Nr. ... A«. In der Aufschrift ist dieser Vermerk durch Angabe des Amtsgerichts und des Bezirks zu ergänzen. Die neuen Eintragungen haben unter neuen laufenden Nummern zu erfolgen.

(3)

Die Absätze 2a bis 2c sind nicht anzuwenden, wenn das Grundbuch in Einzelheften mit herausnehmbaren Einlegebogen geführt wird. In diesem Fall kann jedoch nach Anordnung der Landesjustizverwaltung die Nummer eines geschlossenen Grundbuchblatts im Einzelheft für ein neues Blatt desselben Grundbuchbezirks unter Hinzufügung des Buchstaben A (B, C usw.) wiederverwendet werden.

I. Zu Abs 1: Grundsatz

Im Interesse der Übersichtlichkeit des jeweiligen Grundbuchinhalts ist generell die Wiederverwendung geschlossener Grundbuchblätter untersagt, und zwar sowohl zur Anlegung gänzlich neuer Blätter (Abs 1) als auch zur Fortsetzung anderer überfüllter Blätter (§ 23 Abs 2). Auch wenn sich die Schließung eines Blattes im Nachhinein als ungerechtfertigt erweist, ist es unter Verwendung eines unbenutzten Vordrucks neu anzulegen. **1**

II. Zu Abs 2: Ausnahme

Um gelegentlichen Unzuträglichkeiten zu begegnen, beispielsweise der Raumnot des GBA, ermächtigt Abs 2 die zuständige Stelle der Landesjustizverwaltung zur Anordnung der Wiederverwendung geschlossener Blätter. Zielvorgaben gemäß Abs 2a: eine nennenswerte Ersparnis und die Nichtbeeinträchtigung der Übersichtlichkeit **2** des Grundbuchs. Letzteres wird idR nur der Fall sein, wenn sich in dem geschlossenen Blattvordruck nur wenige Eintragungen befinden, so dass er für die Wiederverwendung voraussichtlich auf längere Dauer hinreichend Platz bietet.

3   Die Modalitäten der Wiederverwendung für das einzelne Blatt ergeben sich aus den Abs 2b und 2c.

4   Grundakten sind nach § 32 GBGeschO neu anzulegen, wohl auch das Handblatt.

III. Zu Abs 3: Sonderbestimmung für das Einzelheft-Grundbuch

5   Ausnahmslos ausgeschlossen ist die Wiederverwendung geschlossener Blätter beim Loseblatt-Grundbuch in Einzelheften. Hier ist den Landesjustizverwaltungen lediglich die Möglichkeit eingeräumt, die Wiederverwendung bisheriger Blattnummern unter Hinzufügung eines Buchstabens anzuordnen. Der Vorteil dieser Bestimmung ist nicht so recht ersichtlich.

Abschnitt VIII
Die Beseitigung einer Doppelbuchung

Vorbemerkung zu § 38

I. Begriff der Doppelbuchung

1   **1.** Das ist ein **Fehler der Grundbuchführung** und zwar die Buchung desselben Grundstücks (Parzelle, Flurstück, Zuflurstück) an mehreren Grundbuchstellen, typischerweise auf verschiedenen Grundbuchblättern,[1] möglich auch auf demselben Grundbuchblatt, zB bei vielzähligem Bestand. Ein derartiger Verstoß gegen § 3 Abs 1 S 1 und 2 GBO passiert heute nur noch ganz selten. Denkbare Fehlerursachen sind etwa:
– Für ein im Grundbuch bereits erfasstes Grundstück ist irrtümlich ein zweites Blatt angelegt worden.[2]
– Bei der Abschreibung eines Grundstücks oder eines Grundstücksteils (Flurstück, Zuflurstück) auf ein anderes Grundbuchblatt unterbleibt versehentlich (einerlei, ob aufgrund fehlerhafter Eintragungsverfügung oder durch Fehler beim Einschrieb) die Abschreibung (fehlender Abschreibungsvermerk)[3] auf dem bisherigen Blatt.[4]
– Dasselbe Flurstück oder Zuflurstück wird aufgrund eines nicht aktualisierten Katasterauszugs unbemerkt als Bestandteil von zwei verschiedenen Grundbuchgrundstücken gebucht.[5] Dagegen liegt keine Doppelbuchung vor, sondern das Grundbuch ist unrichtig, wenn zB eine im Grundbuch vollzogene Grundstücksteilung wegen fehlender Teilungserklärung des Eigentümers oder versagter Teilungsgenehmigung unwirksam geblieben ist (vgl § 7 GBO Rdn 19 mwN).[6] Gleiches gilt im umgekehrten Fall einer vollzogenen, aber wegen Fehlens der gemäß § 890 BGB nötigen Eigentümererklärung wirkungslos gebliebenen Grundstücksvereinigung oder Bestandteilszuschreibung.[7]

Eine Doppelbuchung beeinträchtigt wesentliche Grundbuchfunktionen (dazu Rdn 3). Sie ist deshalb, sobald entdeckt, vom GBA von Amts wegen zu beseitigen. Das Verfahren dazu regelt § 38, basierend auf der Ermächtigung in ehemals § 3 Abs 1 S 2 GBO, bei der Novellierung der GBO durch das RegVBG in § 1 Abs 4 verlagert. § 38 bezieht sich auf einen Grundbuchfehler, nicht auf einen Katasterfehler (dazu Rdn 2). Es kommt darauf an, dass die mehr als einmal im Grundbuch verzeichnete Fläche katastermäßig eindeutig definiert ist (eine einzige Flurstücksnummer trägt, mit der sie an den verschiedenen Buchungsstellen des Grundbuchs bezeichnet ist, so dass der nicht ohne weiteres erkennbare Buchungsfehler durch Suchen im Grundbuch aufgedeckt werden kann, ohne dass es der Hinzuziehung einer Katasterkarte oder sonstiger weiterer Unterlagen bedarf[8] (Grund: Rdn 3).

2   **2.** Ist ein **Fehler der Katasterführung** Ursache einer mehrfachen Buchung derselben Bodenfläche im Grundbuch, so ist dies keine echte »Doppelbuchung«, für die das Verfahren des § 38 anwendbar ist.[9]

---

1   Auch wenn von verschiedenen Grundbuchämtern geführt (OLG Stuttgart BWNotZ 1978, 124).
2   ZB im Fall von KGJ 39 A 155.
3   Rötung oder Nichtrötung unerheblich, da keine Buchung.
4   Vgl RGZ 56, 58, 61.
5   So etwa im Falle von RGZ 85, 316.
6   *Staudinger-Gursky* § 890 Rn 49, 50.
7   KG OLGE 40, 30; KGJ 49 A 253; *Staudinger-Gursky* § 890 Rn 23; *MüKo-Wacke* § 890 Rn 6; irrig OLG Kassel JW 1933, 1339 (zu Unrecht Doppelbuchung angenommen und gutgläubigen Erwerb versagt).
8   *Bengel/Simmerding* § 22 Rn 32.
9   Dazu *Bengel/Simmerdings* § 22 Rn 34 ff.

– Relativ unproblematisch ist eine sog **Doppelnummerierung.** Das ist die versehentliche Bezeichnung zwei verschiedener Bodenflächen mit ein und derselben Flurstücksnummer. Ein solcher Fehler kann vom Katasteramt durch Umnummerierung eines der Flurstücke behoben werden und ist anschließend nach Maßgabe der Vorschriften über die Erhaltung der Übereinstimmung zwischen dem Grundbuch und dem Liegenschaftskataster im Grundbuch zu korrigieren.

– Gravierender ist die sog **Doppelkatastrierung.** Sie liegt vor, wenn irrtümlich dieselbe Bodenfläche im Kataster doppelt – und zwar unter verschiedenen Bezeichnungen (Flurstücksnummern) – nachgewiesen ist. Ist aufgrund eines solchen Fehlers dieselbe Bodenfläche an zwei verschiedenen Stellen im Grundbuch aufgenommen worden, so fehlt dieser Fläche die rechtmäßige Grundstückseigenschaft, weil die gleiche Fläche rechtlich nicht doppelt bestehen kann.[10] Dies ist kein Fall für § 38, sondern ein Fall für § 35 (vgl § 35 GBV Rdn 1).

II. Materiellrechtliche Risiken der Doppelbuchung

Im Falle einer Doppelbuchung ist das Grundstück – anders als im Fall der Doppelkatastrierung – rechtlich **3** gebucht.[11] Sämtliche Grundbuchblätter, auf denen das Grundstück gebucht ist, sind als Grundbuch iS des BGB anzusehen (§ 3 Abs 1 S 2 GBO), so dass auf jedem von ihnen funktionsfähige Eintragungen stattfinden können, wodurch es zu wiedersprechenden Eintragungen kommen kann. Die Widersprüche sind zwar unauffällig, aber feststellbar bei Zusammenschau aller Buchungsstellen, auffindbar, wie zu Rdn 1 erläutert. Es ist heute unbestritten, dass die Vermutungswirkung des § 891 BGB entfällt, soweit die an den verschiedenen Stellen gebuchten Eintragungen einander widersprechen, so dass keine dieser Eintragungen das gebuchte Recht beweist. Soweit der Widerspruch reicht, entfällt auch der öffentliche Glaube des Grundbuchs (§§ 892, 893 BGB), ist also gutgläubiger Erwerb nicht möglich, ist allein die wirkliche Rechtslage dafür entscheidend, ob bzw inwieweit die ab dem Zeitpunkt der Doppelbuchung auf dem einen oder dem anderen Blatt eingetragenen Rechte entstanden sind.[12]

§ 38 (Verfahren und Wirkung)

(1) Ist ein Grundstück für sich allein auf mehreren Grundbuchblättern eingetragen, so gilt folgendes:
a) Stimmen die Eintragungen auf den Blättern überein, so sind die Blätter bis auf eins zu schließen. Im Schließungsvermerk (§ 36 Buchstabe b) ist die Nummer des nicht geschlossenen Blattes anzugeben.
b) 1. Stimmen die Eintragungen auf den Blättern nicht überein, so sind alle Blätter zu schließen. Für das Grundstück ist ein neues Blatt anzulegen. Im Schließungsvermerk (§ 36 Buchstabe b) ist die Nummer des neuen Blattes anzugeben.
2. Das Grundbuchamt entscheidet darüber, welche Eintragungen aus den geschlossenen Blättern auf das neue Blatt zu übernehmen sind. Nicht übernommene Eintragungen sind durch Eintragung von Widersprüchen zu sichern. Das Grundbuchamt hat vor der Entscheidung, soweit erforderlich und tunlich, die Beteiligten zu hören und eine gütliche Einigung zu versuchen.
c) Die wirkliche Rechtslage bleibt durch die nach den Buchstaben a und b vorgenommenen Maßnahmen unberührt.

(2 a) Ist ein Grundstück oder Grundstücksteil auf mehreren Grundbuchblättern eingetragen, und zwar wenigstens auf einem der Grundbuchblätter zusammen mit anderen Grundstücken oder Grundstücksteilen (§§ 4, 5, 6, 6a der Grundbuchordnung), so ist das Grundstück oder der Grundstücksteil von allen Blättern abzuschreiben. Für das Grundstück oder den Grundstücksteil ist ein neues Blatt anzulegen.

(2 b) Für die Anlegung des neuen Blattes gilt Absatz 1 Buchstabe b Nr 2 entsprechend.

(2 c) Würde das nach den Absätzen 2a und 2b anzulegende neue Blatt mit einem der alten Blätter übereinstimmen, so wird dieses fortgeführt und das Grundstück oder der Grundstücksteil nur von den anderen alten Blättern abgeschrieben.

(2 d) Die wirkliche Rechtslage bleibt von den nach den Absätzen 2a bis 2c vorgenommenen Maßnahmen unberührt.

---

10 *Staudinger-Gursky* Vorbem zu §§ 873 ff Rn 15.
11 RGZ 11, 278, 56, 60, 62; *Staudinger-Gursky* aaO (Fn 10).
12 Dazu die Kommentare zu den §§ 891 und 892 BGB; ausführlich: *Staudinger-Gursky* § 891 Rn 39 und § 892 Rn 28, jeweils mwN.

I. Allgemeines

1 Die Beseitigung einer Doppelbuchung als Gefahrenquelle (vgl Vor § 38 GBV Rdn 3) regelt § 38, zum einen für den Fall, dass das doppelt gebuchte Grundstück je für sich allein auf den beteiligten Blättern eingetragen ist (Abs 1), zum anderen für den Fall, dass das doppelt gebuchte Grundstück auf mindestens einem der beteiligten Blätter zusammen mit anderen Grundstücken verzeichnet ist (Abs 2).

II. Zu Abs 1: Beseitigung einer Doppelbuchung im Realfolium

2 Bildet das doppelt gebuchte Grundstück auf sämtlichen in Frage kommenden Blättern den einzigen Bestand, so sind zur Beseitigung der Doppelbuchung folgende Maßnahmen zu treffen:

1. Bei Übereinstimmung der Eintragungen

3 a) **Schließung der Blätter bis auf eines** ist angeordnet (Abs 1 Buchst a), falls die Eintragungen auf allen (im Bestandsverzeichnis und in den drei Abt auch bezüglich der Eintragungsdaten) genau übereinstimmen (geringfügige wörtliche Abweichungen in den Eintragungstexten, die nicht den geringsten Zweifel an der sachlichen Übereinstimmung des Eintragungsinhalts aufkommen lassen, können sicherlich als unschädlich angesehen werden). Welches der Blätter fortgeführt wird, liegt im Ermessen des GBA.

4 b) Für das **Schließungsverfahren** gilt § 36. Der Schließungsvermerk hat gemäß Abs 1 Buchst a etwa zu lauten: »*Wegen Doppelbuchung auch auf ... hier geschlossen am ...*«

2. Bei Nichtübereinstimmung der Eintragungen

5 a) **Schließung sämtlicher Blätter und Anlegung eines neuen Blattes** für das Grundstück ist angeordnet (Abs 1 Buchst b Ziff 1). Wortlaut der Schließungsvermerke gemäß § 36 in diesem Fall etwa: »*Wegen Doppelbuchung geschlossen am ...; das neue Blatt führt die Bezeichnung ... Blatt ...*« Die Anlegung des neuen Blattes erfolgt nicht nach Maßgabe der §§ 116 ff GBO, sondern nach den speziellen Regeln des § 38: Das GBA (der zuständige Rechtspfleger) hat zu entscheiden, welche der Eintragungen aus den zu schließenden Blättern als materiellrechtlich wirksam anzusehen und folglich auf das neue Blatt zu übernehmen sind.
– Die **Eintragungen aus dem Bestandsverzeichnis** werden stets zu übernehmen sein; denn gibt es an dieser Stelle erhebliche Unterschiede in den zu schließenden Blättern, kann wohl nicht von einer Doppelbuchung iS des § 38 ausgegangen werden (vgl Einl zu Vor § 38 GBV Rdn 1).
– Welche **Eintragungen aus den drei Abteilungen** gemäß Abs 1 Buchst b Ziff 2 auf das neue Blatt zu übernehmen und statt welcher Eintragungen dort Widersprüche einzutragen sind, hängt ganz wesentlich davon ab, ob die Eigentumseintragungen an den bisherigen Buchungsstellen übereinstimmen oder nicht. Stimmen sie überein, erübrigt sich insoweit jedenfalls ein Widerspruch und werden auch die verschiedenen Orts eingetragenen Belastungen sich idR nicht gegenseitig ausschließen, sondern vollständig mit der ihren Eintragungszeitpunkten entsprechenden Rangfolge in das neue Blatt übernommen werden können, so dass auch insoweit Widersprüche unnötig sind. Weichen die Eigentumseintragungen voneinander ab, wird das Herausfinden der wirklichen materiellen Rechtslage zu einem vielschichtigen Problem.

6 b) Die **Prüfung und Entscheidungsfindung** geschieht im **Amtsverfahren.** Für die Ermittlung und Erweisung des Sachverhalts gelten somit nicht die strengen Bestimmungen der §§ 13 ff GBO, sondern die Grundsätze des § 12 FGG. Verfahrensziel ist eine möglichst der wirklichen Rechtslage entsprechende Buchung im neuen Blatt. Wenn auch über die wirkliche Rechtslage nicht letztgültig zu entscheiden ist (vgl Abs 1 Buchst c, Abs 2d), sind dennoch die in den Eintragungen bezeichneten und etwa zusätzlich ermittelten Beteiligten hinzuzuziehen, zum einen zur Förderung des erwähnten Verfahrensziels einschl des Versuchs einer gütlichen Einigung, wo die materielle Rechtslage zweifelhaft ist, um die Zahl der Widersprüche auf dem neuen Blatt möglichst gering zu halten (vgl Abs 1 Buchst b Ziff 2), zum anderen zur rechtzeitigen Information der Beteiligten über die Sachlage, um ihrem Anspruch auf Gewährung rechtlichen Gehörs gerecht zu werden (dazu Einl F Rdn 77 ff mwN).

c) Zur **Wirkungskraft einer »gütlichen Einigung«,** die nach Abs 1 Buchst b Ziff 2 anzustreben ist, gibt es   7
differierende Ansichten:

– **Nach einer Ansicht**[1] ist sie ein die materielle Rechtslage regelnder Vertrag mit der Konsequenz, dass die
in Abs 1 Buchst b Ziff 2 vorgeschriebene Widerspruchseintragung sich erübrigt, soweit die Nichtübernahme
von Eintragungen auf das anzulegende Blatt auf der gütlichen Einigung der Beteiligten beruht. Nur bei
gescheiterter Einigung habe das GBA das neue Blatt mit den nach seiner Ansicht wirksamen Eintragungen
anzulegen; diese Entscheidung des GBA habe keine materielle Bedeutung, so dass dann alle nicht übernommenen Eintragungen durch Widersprüche zu sichern seien.

– **Nach anderer Ansicht**[2] ist fraglich, ob bei einer Einigung der Beteiligten die Eintragung eines Widerspruchs zu unterbleiben hat. Unbedenklich sei dies nur, wenn die gütliche Einigung derart erfolge, »dass
dadurch der der wirklichen Rechtslage entsprechende Zustand hergestellt wird, zB dadurch, dass eine bisher
fehlende wirksame Einigung über den Eigentumsübergang oder über die Bestellung einer Hypothek nachgeholt wird«. Wenn die gütliche Einigung diesen Erfolg nicht herbeigeführt habe, oder wenn dies nicht
sicher sei, werde sicherheitshalber die Eintragung eines Widerspruchs trotz gütlicher Einigung nicht unterbleiben dürfen. Der Einigung komme dann nur die Bedeutung zu, dass sie die Grundlage für die Entscheidung bildet, wer als Berechtigter und für wen der Widerspruch einzutragen ist.

– **Stellungnahme:** Man muss im Auge behalten, dass § 38 weder der Einigung noch der sich anschließenden
Eintragung rechtsgestaltende Kraft beilegt (anders: Einigung gemäß § 102 GBO mit umgestaltender Eintragung gemäß § 112 GBO, dazu § 102 GBO Rdn 5 bis 10), sondern extra bestimmt (Abs 1 Buchst c und
Abs 2d), dass durch die vom GBA »vorgenommenen Maßnahmen« (Einigungsversuch nicht ausgenommen)
die wirkliche Rechtslage unberührt bleibt. Das GBA hat demnach keine Regulierungskompetenz, sondern
lediglich eine Vermittlungsaufgabe (etwa wie das Prozessgericht beim Güteversuch gemäß § 278 ZPO). Art
und Wirkung der »gütlichen Einigung« sind nicht im Verfahrensrecht geregelt, sondern nach materiellem
Recht zu beurteilen. Demzufolge erfolgt die (regulierende) Umgestaltung der bestehenden Rechtslage (zB
die Begründung, Änderung und Aufhebung von Rechten) grundsätzlich durch Einzelverfügungen (pro
Rechtsänderung) der (wahren) Berechtigten nach Maßgabe der §§ 873 ff BGB. So kann zB die Nachholung
einer bislang fehlenden Einigung oder die Wiederholung einer bisher ungültigen Einigung in Frage kommen, um eine bereits eingetragene Rechtsänderung im Nachhinein zu bewirken und in diesem Punkt die
Richtigkeit des Grundbuchs herbeizuführen.[3] Im (als solchem nicht mit dinglicher Wirkung möglichen)
»Verzicht« auf einen Berichtigungsanspruch (§ 894 BGB) kann uU die Nachholung einer solchen Einigung
erblickt werden, soweit diese keiner Form bedarf.[4] Möglich sein wird auch eine einvernehmliche (konstatie-
rende) Anerkennung des Eingetragenen als wahre Rechtslage durch die Beteiligten, die kein sachenrechtliches Verfügungsgeschäft bildet.

d) Die **Eintragung von Widersprüchen für nicht übernommene Eintragungen** (Abs 1 Buchst b Ziff 2)   8
soll endgültigem Rechtsverlust aufgrund der §§ 892, 893 BGB vorbeugen. Da die wirkliche Rechtslage durch
die Beseitigung der Doppelbuchung unberührt bleibt (Abs 1 Buchst c, Abs 2d), könnte sich im Falle einer
unrichtigen Buchung ein das Recht des wirklichen Berechtigten ausschließender gutgläubiger Erwerb anschließen. Dies zu verhindern, ist Zweck der Widerspruchseintragung. Dementsprechend ist ein Widerspruch nicht
nur einzutragen zur Sicherung von überhaupt nicht übernommenen Eintragungen, sondern auch dann, wenn
bei einer übernommenen Eintragung ein anderer Berechtigter eingetragen wird, als in den geschlossenen Blättern angegeben. Unterbleiben darf die Widerspruchseintragung nur, wenn die Beteiligten gütlich eine derart
eindeutige Regelung herbeigeführt haben, dass mit Sicherheit kein Sicherungsbedürfnis (Rechtsschutzbedürfnis) mehr besteht.[5] Für die Fassung der Widersprüche sind die allgemeinen Grundsätze (vgl Vor GBV
Rdn 149 ff) entsprechend zu berücksichtigen.

III. Zu Abs 2: Beseitigung einer Doppelbuchung im Personalfolium

Ist das doppelt gebuchte Grundstück wenigstens auf einem der beteiligten Blätter zusammen mit anderen   9
Grundstücken oder gar als Teil anderer Grundstücke eingetragen, so modifizieren sich die zur Beseitigung der
Doppelbuchung zu treffenden Maßnahmen:

1. IdR hat Abschreibung des Grundstücks oder Grundstücksteiles von allen Blättern (gemäß § 13 Abs 3, 4)   10
auf ein neu anzulegendes Blatt zu erfolgen (Abs 2a). Die Blätter, die außer dem abgeschriebenen Grundstück
keine weiteren Grundstücke enthalten, sind alsdann zu schließen; Verfahren gemäß § 36; Wortlaut des Schlie-

1 *Hesse-Saage-Fischer* Anm I 2 a; mäßigend KEHE-*Eickmann* Rn 3: Beteiligte zu hören, um etwaige Differenzen im Wege
 einer gütlichen Einigung beizulegen.
2 *Güthe-Triebel* § 3 GBO Rn 40.
3 Dies meint offenbar *Güthe-Triebel* aaO (Fn 2).
4 Dazu *Staudinger-Gursky* Rn 128, *Palandt-Bassenge* Rn 12, beide zu § 894 BGB.
5 So zu Recht *Güthe-Triebel* aaO (Fn 2).

ßungsvermerks: Rdn 5. Für die auf das neu anzulegende Blatt zu übernehmenden Eintragungen gilt Abs 1 Buchst b Ziff 2 entsprechend (Abs 2b).

11 **2. Der Einfachheit halber ist Fortführung** desjenigen Blattes zulässig, das bereits alle jene Eintragungen enthält, die entsprechend Abs 1 Buchst b Ziff 2 auf das sonst neu anzulegende Blatt zu übernehmen wären (Abs 2c). Bei den übrigen Blättern erfolgt Abschreibung, eventuell Schließung, wie vorstehend (Rdn 10) erwähnt.

IV. Sonstiges

1. Benachrichtigungen

12 Hier ist in Anlehnung an § 39 Abs 3 zu verfahren (dazu § 39 GBV Rdn 2 bis 6).

2. Rechtsmittel

13 Auch hierfür sind in die Grundsätze zur Grundbuchumschreibung (vgl § 28 GBV Rdn 12 bis 14) richtungsweisend. Beschwerderecht nach § 11 RpflG, §§ 71 ff GBO gibt es gegen die Ablehnung einer Anregung auf Beseitigung einer Doppelbuchung, nicht gegen das Verfahren nach § 38 im Ganzen, aber gegen Einzelmaßnahmen (gegen eine übernommene oder eine nicht übernommene Eintragung, gegen die Unterlassung einer Widerspruchseintragung beschränkt gemäß § 71 Abs 2 S 2 GBO, gegen die Eintragung eines Widerspruchs unbeschränkt).

Abschnitt IX
Die Bekanntmachung der Eintragungen

Vorbemerkungen zu den §§ 39 bis 42

I. Rechtsvorschriften zur Ergänzung der GBO

1 **Ehemals** enthielt die GBV in den §§ 39 bis 42 Rechtsvorschriften zur **Ergänzung des § 55 GBO**, und zwar ergab sich aus den §§ 39 bis 41 für spezielle Eintragungen eine Erweiterung des Kreises der zu benachrichtigenden Personen und Stellen, während § 42 die technische Durchführung der vorgeschriebenen Eintragungsmitteilungen präzisierte, indem er die wörtliche Wiedergabe der Eintragungen vorschrieb.

2 **Durch das RegVBG** sind die oben genannten Vorschriften der GBV **größtenteils** – mit geringfügigen Änderungen und Ergänzungen – in den entsprechend erweiterten **§ 55 GBO gebracht** worden. Außerdem sind die §§ 55a und 55b in die GBO eingefügt worden. Dementsprechend ist in der GBV der Vorschriftenbereich der §§ 39 bis 42 erheblich reduziert worden; lediglich die Bekanntmachungsvorschriften für die in der GBV geregelten Verfahren der Umschreibung eines Grundbuchblattes und des Zuständigkeitswechsels sind in der GBV belassen.

Die Änderungen in Abschn IX betreffen folgende Vorschriften:
– Aufhebung von § 39 Abs 1, 2 und 4 sowie § 41,
– Neufassung von § 42.

II. Zusätzliche Verwaltungsvorschriften

3 Die Rechtsvorschriften der GBO und der GBV werden durch eine Reihe von Verwaltungsvorschriften unterstützt. Zu nennen sind insbesondere:

1. Bestimmungen der GBGeschO

4 Die §§ 30 Abs 1, 33 und 34 der GBGeschO (bzw die an deren Stelle getretenen Vorschriften der Landesjustizverwaltungen) enthalten nähere Anweisungen zur Anordnung und Ausführungen der Eintragungsbekanntmachungen, und zwar:
– § 30 Abs 1: Verweis auf die XVIII/5 der MiZi hinsichtlich der Mitteilungspflicht der beteiligten Grundbuchämter untereinander zur Durchführung des § 48 GBO, falls bei Gesamtrechten die Grundbücher bei verschiedenen Grundbuchämtern geführt werden (dazu und zur Durchführung des Eintragungsverfahrens in diesen Fällen: Erläuterungen zu § 48 GBO). Vorangestellt ist jetzt die diesbezüglich neue Rechtsvorschrift des § 55a GBO.
– § 33: Bestimmungen über die Verfügung und Ausführung der Bekanntmachung der Eintragungen (dazu Erläuterungen zu § 55 GBO).
– § 34: Unberührt bleiben danach die Vorschriften, nach denen das GBA andere Stellen, insb Steuerbehörden, von sonstigen Rechtsvorgängen als von Eintragungen (insb von Beurkundungen) zu benachrichtigen hat.

2. Bestimmungen der MiZi

Die verfahrensrechtlich und verwaltungsrechtlich gebotenen Eintragungsmitteilungen sind zusammengefasst in **5** der »Anordnung über Mitteilungen in Zivilsachen (MiZi)«, die auf einer Vereinbarung des BMJ und der JM der Länder vom 01.10.1967 beruht, seit 01.12.1967 in Kraft ist und als ergänzbare Loseblattsammlung herausgegeben ist. Die Mitteilungen in Grundbuchsachen sind zusammengefasst in Abschnitt XVIII der MiZi. Die Zusammenstellung enthält sämtliche Mitteilungen, ausgeklammert sind lediglich die gemäß § 55 GBO an die Verfahrensbeteiligten zu richtenden Eintragungsmitteilungen. Von den aufgrund von Rechtsvorschriften im Zusammenhang mit Grundbucheintragungen an Gerichte oder Behörden oder sonstige Stellen zu machenden Mitteilungen muss der Betroffene nicht informiert werden (§ 55b GBO).

Der Katalog des Abschn XVIII der MiZi umfasst im Einzelnen Vorschriften über: **6**
1. Mitteilungen zur Erhaltung der Übereinstimmung von Grundbuch und Liegenschaftskataster;
2. Mitteilungen über die Eintragung des Verzichts auf das Eigentum;
3. Mitteilungen über subjektiv-dingliche Rechte;
4. Mitteilungen bei Gesamtbelastungen von Grundstücken;
5. Mitteilungen über Grundbucheintragungen zu steuerlichen Zwecken;
6. Mitteilungen über Grundbucheintragungen während eines Zwangsversteigerungs- oder Zwangsverwaltungsverfahrens;
7. Mitteilungen über Grundbucheintragungen während eines Enteignungsverfahrens;
8. Mitteilungen über Grundbucheintragungen während eines Umlegungsverfahrens;
9. Mitteilungen über Grundbucheintragungen während eines Flurbereinigungsverfahrens;
10. Mitteilungen über Grundbucheintragungen bei Bestehen eines Erbbaurechts;
11. Mitteilungen über Grundbucheintragungen bei einem Fideikommißgrundstück;
12. Mitteilungen über Grundbucheintragungen bei einem Schutzforstgrundstück;
13. Mitteilungen über die Eintragung eines Bergwerkseigentümers;
14. Mitteilungen über Grundbucheintragungen während eines Sanierungs- oder Entwicklungsverfahrens;
15. Mitteilungen über Grundbucheintragungen nach Einleitung des bergrechtlichen Grundabtretungsverfahrens;
16. Mitteilungen über Grundbucheintragungen nach Eintragung eines Sonderungsvermerks;
17. Mitteilungen über Grundbucheintragungen während eines Bodenordnungsverfahrens;
18. Mitteilungen über Verfügungen des Eigentümers von Bodenreformgrundstücken;
19. Mitteilungen über beabsichtigte Grundbucheintragungen in Heilungsfällen.

§ 39   (Bekanntmachung der Umschreibung eines Grundbuchblatts)

(1) *(weggefallen)*

(2) *(weggefallen)*

(3) Die Umschreibung eines Grundbuchblatts ist dem Eigentümer, den eingetragenen dinglich Berechtigten und der Katasterbehörde (Flurbuchbehörde, Vermessungsbehörde) bekanntzugeben. Inwieweit hiermit eine Mitteilung über etwaige Änderungen der Eintragungsvermerke zu verbinden ist, bleibt, unbeschadet der Vorschrift des § 55 der Grundbuchordnung, dem Ermessen des Grundbuchrichters überlassen. Die Änderung der laufenden Nummern von Eintragungen (§ 30 Abs 1 Buchstabe c Satz 3) ist dem Eigentümer stets, einem eingetragenen dinglich Berechtigten, wenn sich die laufende Nummer seines Rechts ändert oder die Änderung für ihn sonst von Bedeutung ist, bekanntzugeben. Ist über eine Hypothek, Grundschuld oder Rentenschuld ein Brief erteilt, so ist bei der Bekanntgabe der Gläubiger aufzufordern, den Brief zwecks Berichtigung, insbesondere der Nummer des Grundbuchblatts, dem Grundbuchamt alsbald einzureichen.

(4) *(weggefallen)*

I. Zu Abs 1 und 2: Zu benachrichtigende Behörden bei Eigentumseintragungen

Beide Vorschriftenteile sind durch das RegVBG aufgehoben worden, weil die Vorschriften in § 55 GBO aufgenommen worden sind (vgl Vor § 39 GBV Rdn 2). **1**

II. Zu Abs 3: Bekanntmachungen anlässlich der Blattumschreibung

2 1. Abs 3 gilt für **alle Fälle der Umschreibung**, eindeutig seit Änderung des Wortlauts (früher: »*Umschreibung eines unübersichtlichen Blattes*«) durch VO vom 21.03.1974 (BGBl I 771). Bekannt zu machen ist die Umschreibung eines Grundbuchblattes (§ 30) nach dieser Vorschrift außer dem Eigentümer allen (noch) eingetragenen dinglich Berechtigten und der Katasterbehörde (dazu MiZi XVIII/1), während eines Umlegungs- oder Flurbereinigungsverfahrens der Umlegungsstelle bzw der Flurbereinigungsbehörde (dazu MiZi XVIII/8 bzw 9).

3 2. **Mitzuteilen ist** in jedem Falle die Tatsache der Umschreibung und die Bezeichnung des neuen Blattes, ggf auch die Änderung der lfdNrn der Eintragungen (Abs 2 S 3, eingefügt durch VO vom 21.03.1974). Abs 3 S 2 stellt es zwar ins Ermessen des Grundbuchrechtspflegers, etwaige Änderungen von Eintragungsvermerken mitzuteilen; im Hinblick auf die daran geknüpfte Rechtsmittelmöglichkeit (vgl § 28 GBV Rdn 12 bis 14) ist jedoch von einer diesbezüglichen Bekanntmachungspflicht auszugehen.

4 3. Die **Inhaber von Briefrechten** sind mit der an sie adressierten Eintragungsmitteilung aufzufordern, den Brief vorzulegen zwecks Vermerks der neuen Blattbezeichnung, ggf auch der geänderten lfdNr der Eintragung. Ein Zwang der Briefvorlage kann grundsätzlich mangels Rechtsgrundlage nicht ausgeübt werden (vgl § 62 GBO Rdn 37); zur Rechtslage im Fall der Blattumschreibung am Ende eines Rangklarstellungsverfahrens: § 62 GBO Rdn 30; § 111 GBO Rdn 7.

5 Zur entsprechenden Anwendung des § 39 Abs 3 im Falle des § 33 siehe § 33 GBV Rdn 5.

III. Zu Abs 4: Weitere Bekanntmachungspflichten

6 Auch dieser Teil der Vorschrift ist durch das RegVBG aufgehoben worden (vgl Vor § 39 GBV Rdn 2). Weitere Bekanntmachungsobliegenheiten ergeben sich insb aus der MiZi (vgl Katalog in der Vor § 39 GBV Rdn 6 und Erläuterungen zu § 55 GBO).

§ 40 (Benachrichtigung bei Zuständigkeitswechsel)

(1) Geht die Zuständigkeit für die Führung des Grundbuchblatts infolge einer Bezirksänderung oder auf sonstige Weise auf ein anderes Grundbuchamt über (§§ 25, 26), so hat dieses hiervon den eingetragenen Eigentümer und die aus dem Grundbuch ersichtlichen dinglich Berechtigten unter Mitteilung der künftigen Aufschrift des Grundbuchblatts zu benachrichtigen. Die Vorschriften des § 39 Abs 3 Satz 3 und 4 sind entsprechend anzuwenden. Die vorstehenden Bestimmungen gelten nicht, wenn die Änderung der Zuständigkeit sich auf sämtliche Grundstücke eines Grundbuchbezirks erstreckt und die Bezeichnung des Grundbuchbezirks sowie die Band- und Blattnummern unverändert bleiben.

(2) Die Vorschriften des Absatzes 1 Satz 1 und des § 39 Abs 3 Satz 3 und 4 sind entsprechend anzuwenden, wenn ein Grundstück in einen anderen Grundbuchbezirk desselben Grundbuchamts übergeht (§ 27).

I. Zu Abs 1: Bekanntmachungen bei Zuständigkeitswechsel

1 Der ein einzelnes Grundbuchblatt bzw Grundstück betreffende Zuständigkeitswechsel (§ 25) sowie der infolge GBA-Bezirksänderung eine Mehrheit von Blättern bzw Grundstücken betreffende Zuständigkeitswechsel (§ 26) sind gemäß Abs 1 S 1 (»so hat dieses«) jeweils vom neu zuständigen GBA bekannt zu machen. Mitzuteilen sind dem Eigentümer und den aus dem Grundbuch ersichtlichen Berechtigten in jedem Fall die neue Blattbezeichnung und gemäß S 3 (eingefügt durch VO vom 21.03.1974, BGBl I 771) ggf die neue Eintragungsstelle (geänderte lfdNr). Inhaber von Briefrechten sind zugleich mit der Mitteilung zur Vorlegung des Briefes aufzufordern, damit im Briefkopf die neue Eintragungsstelle des verbrieften Rechts vermerkt werden kann (dazu § 39 GBV Rdn 4). Soweit anlässlich des Zuständigkeitswechsels aufgrund der Sollvorschrift des § 44 Abs 2 GBO (dazu § 30 GBV Rdn 20) von der Möglichkeit der nachgeholten oder erweiterten Bezugnahme auf die Eintragungsbewilligung Gebrauch gemacht worden ist, ist dem Eigentümer und dem Berechtigten auch der neugefasste Wortlaut des Eintragungstextes bekannt zu machen. Die Eingrenzung im letzten Satz des Abs 1 versteht sich von selbst. Geht die Grundbuchführung für einen ganzen Grundbuchbezirk auf ein anders GBA über, so ändert sich in den einzelnen Grundbuchblättern nichts, was mitzuteilen wäre.

II. Zu Abs 2: Bekanntmachungen bei Bezirksänderung ohne Zuständigkeitswechsel

Falls Schließung des bisherigen und Anlegung eines neuen Blattes erfolgt (dazu § 27 GBV Rdn 1), gelten für **2** die Bekanntmachung dieses Blattwechsels die Vorschriften des Abs 1 entsprechend.

§ 41   (weggefallen)

§ 42   (Maschinelle Erstellung und Übermittlung von Mitteilungen)

Erforderliche maschinell erstellte Zwischenverfügungen und die nach den §§ 55 bis 55b der Grundbuchordnung vorzunehmenden Mitteilungen müssen nicht unterschrieben werden. In diesem Fall soll auf dem Schreiben der Vermerk »Dieses Schreiben ist maschinell erstellt und auch ohne Unterschrift wirksam« angebracht sein. Zwischenverfügungen und Mitteilungen können, wenn die Kenntnisnahme durch den Empfänger allgemein sichergestellt ist und der Lauf von gesetzlichen Fristen wirksam in Gang gesetzt und überwacht werden kann, auch durch Bildschirmmitteilung oder in anderer Weise elektronisch erfolgen.

Der durch das RegVBG eingefügte § 42 enthält die **erforderliche Rechtsvorschrift** für die Zulassung von **1** zwei modernen Arten der maschinellen Erstellung bzw Übermittlung von Zwischenverfügungen (§ 18 Abs 1 GBO) und Eintragungsmitteilungen (§§ 55 bis 55b GBO) an die Beteiligten:
– Die maschinelle Fertigung von Zwischenverfügungen bzw Eintragungsmitteilungen **auf Papier,** deren Übermittlung an die Beteiligten per Briefpost oder per Fax geschieht, wobei Zwischenverfügungen allerdings nach § 16 Abs 2 FGG der förmlichen Zustellung bedürfen. Der maschinell »erstellte« Bescheid – funktionell einer dem Empfänger erteilten Ausfertigung der in den Akten verbleibenden Urschrift gleichend – bedarf zu seiner Wirksamkeit keiner Unterschrift; darauf soll durch den auf dem Schriftstück anzubringenden Vermerk mit dem vorgeschriebenen Wortlaut hingewiesen werden. § 42 bezieht sich nicht auf die Urschrift der Zwischenverfügung, die weiterhin der Unterzeichnung durch den die Entscheidung treffenden Rechtspfleger bedarf. Eine nicht unterschriebene Zwischenverfügung stellt keine gerichtliche Entscheidung dar, dies gilt auch für eine maschinell erstellte Zwischenverfügung; der Rechtspfleger verstößt gegen seine Amtspflichten, wenn er von einer Unterschrift absieht, durch die er die Verantwortung für die Entscheidung übernimmt.[1]
– Die maschinelle Fertigung von Zwischenverfügungen bzw Eintragungsmitteilungen **ohne Papier,** die den Beteiligten auf einen Bildschirm oder auf eine andere elektronische Weise übermittelt wird. Die Zulässigkeit dieses Übermittlungswegs ist ausdrücklich unter zweifachen Vorbehalt gestellt, der allerdings deutungsbedürftig ist. *Erster Vorbehalt:* Die Kenntnisnahme durch den Empfänger muss »allgemein« sichergestellt sein. Gemeint ist damit wohl die Sicherstellung der Möglichkeit zur Kenntnisnahme mittels einer geeigneten technischen Einrichtung, etwa einem Modem mit hinreichender Kapazität und so ausgerüstet, dass es Mitteilungen empfangen und speichern kann, falls der Bildschirm des Empfängers nicht in Betrieb ist. *Zweiter Vorbehalt:* Der Lauf von »gesetzlichen« Fristen muss wirksam in Gang gesetzt und überwacht werden können. Hierbei ist undeutlich, was mit »gesetzliche« Fristen gemeint ist. Man wird auch die aus gesetzlichen Gründen, wie zB gemäß § 18 Abs 1 GBO zu setzenden Fristen dazu zählen müssen. So gesehen, wird es zunächst einer Änderung des § 16 Abs 2 FGG bedürfen, ehe Zwischenverfügungen dem Antragsteller papierlos auf vollelektronischem Wege übermittelt werden dürfen.[2]

Unklar ist an der Vorschrift auch, weshalb nicht die Zurückweisung eines Antrags einbezogen ist. Beide – die Zwischenverfügung wie auch die Zurückweisung – sind Sachentscheidungen auf der Grundlage von § 18 Abs 1 GBO mit Rechtsmittelmöglichkeit gemäß § 71 GBO iVm § 11 RpflG. Es ist nicht ersichtlich, aus welchem Grund die Art des Übermittlungsweges verschieden sein sollte.

---

1 BayObLGZ 1995, 362 = NJW-RR 1996, 1167 = FGPrax 1996, 32 = Rpfleger 1996, 148 = DNotZ 1996, 99; vorher bereits OLG Zweibrücken FGPrax 1995, 93 m Anm *Demharter;* weiter dazu *Keller* FGPrax 1996, 85.
2 Auch BayObLG aaO (Fn 1) weist auf Unstimmigkeiten hin.

Abschnitt X
Grundbucheinsicht und -abschrift

Vorbemerkungen zu den §§ 43 bis 46

I. Rechtsvorschriften zur Ergänzung der GBO

1 Die §§ 43 bis 46 enthalten Rechtsvorschriften, die sich auf zwei Ermächtigungsnormen der GBO stützen:

2 1. Die §§ 43 bis 45 regeln Einsicht und Abschrift bezüglich des Grundbuchs und der Grundakten **als Durch-führungsbestimmungen zu § 12 GBO**; sie füllen den in § 12 Abs 3 GBO gesetzten Ermächtigungsrahmen (vgl § 12 GBO Rdn 86). Diese Ermächtigungsnorm der GBO ist durch das RegVBG nicht aufgehoben wor-den, wohl versehentlich; denn die neugefasste Ermächtigung in § 1 Abs 4 GBO ist ua ausdrücklich auf »die Abschriften aus dem Grundbuch und den Grundakten sowie die Einsicht hierin« ausgedehnt worden, und es war an sich die erklärte Absicht der Verfasser des Entwurfs zum RegVBG, die bisher in der GBO verstreuten Ermächtigungen in § 1 GBO zu bündeln (Begründung: Bundestags-Drucksache 12/5553 S 52/53).

3 2. Der § 46 regelt, beruhend auf der entsprechenden Ermächtigung in § 142 (ehemals § 124) GBO, die Einsicht und Abschrift bezüglich der Grundakten über den in § 12 GBO zugelassenen Rahmen hinaus.

4 3. **Zuständig** für die Gestattung der Einsicht in Grundbuch und Grundakten sowie für die Erteilung von Abschriften daraus ist der Urkundsbeamte der Geschäftsstelle (§ 12c Abs 1 GBO).

5 4. Für das **Verfahren** und die **Rechtsmittelmöglichkeiten** gilt das zu § 12 GBO Aufgeführte.

II. Zusätzliche Verwaltungsvorschriften

6 Einschlägige **Bestimmungen der GBGeschO** (zum Teil abgewandelt in den einzelnen Ländern, zB §§ 36, 37 BayGBGA):
- § 2 Abs 2 Buchst d: Die Beschränkung des Verkehrs in der Geschäftsstelle (auf bestimmte Tagesstunden) gilt ua nicht für die Einsicht in das Grundbuch und die Grundakten.
- § 12 Abs 1: Die Grundbuchämter haben die Grundbücher so zu verwahren, dass sie von Unberufenen nicht eingesehen werden können.
- § 12 Abs 5: Die Grundbücher sind pfleglich zu behandeln. Es ist bei der Vorlegung an andere darauf zu ach-ten, dass dies geschieht. Die Einsicht darf nur in Anwesenheit eines Beamten (Bediensteten) des Grundbuch-amts geschehen.
- § 13: Das Grundbuch darf nicht von der Amtsstelle entfernt werden.
- § 16: Die Vorschriften in § 12 Abs 3 bis 5 sind auch hinsichtlich der Grundakten zu beachten. Die lose bei den Grundakten befindlichen Urkunden (die Anlass zu Eintragungen geben) dürfen ebenfalls nur in Gegen-wart eines Beamten (Bediensteten) des Grundbuchamts eingesehen werden.
- § 17: Herausgabe von Grundakten (dazu Vor § 24 GBV Rdn 6).
- § 35: Einsicht zu Studienzwecken (dazu § 12 GBO Rdn 61 bis 65).

§ 43 (Erleichterung der Grundbucheinsicht und -abschrift)

(1) Beauftragte inländischer öffentlicher Behörden sind befugt, das Grundbuch einzusehen und eine Abschrift zu verlangen, ohne daß es der Darlegung eines berechtigten Interesses bedarf.

(2) Dasselbe gilt für Notare sowie für Rechtsanwälte, die im nachgewiesenen Auftrag eines Notars das Grundbuch einsehen wollen, für öffentlich bestellte Vermessungsingenieure und dinglich Berechtigte, soweit Gegenstand der Einsicht das betreffende Grundstück ist. Unbeschadet dessen ist die Einsicht in das Grundbuch und die Erteilung von Abschriften hieraus zulässig, wenn die für den Einzelfall erklärte Zustimmung des eingetragenen Eigentümers dargelegt wird.

I. Bedeutung der Vorschrift

§ 43, dessen Abs 2 durch das RegVBG erheblich erweitert worden ist (die ehemalige Fassung begünstigte lediglich Notare und Rechtsanwälte im nachgewiesenen Auftrag eines Notars), stellt die Genannten grundsätzlich von der »Darlegung eines berechtigten Interesses« zur Grundbucheinsicht frei, setzt aber wie § 12 GBO in jedem Fall ein solches voraus (dazu § 12 GBO Rdn 10 mwN). Die Befreiung von der Darlegungslast beruht auf der Überlegung, dass bei den in § 43 genannten Institutionen das berechtigte Interesse bereits aus deren Tätigkeit in Ausübung der Amtspflicht folgt[1] und idR von ihnen kein Missbrauch der Grundbucheinsicht zu befürchten ist.[2] Wird offenbar, dass ein berechtigtes Interesse nicht vorliegt, so kann die verlangte Einsicht oder Abschrift verweigert werden (auch dazu § 12 GBO Rdn 10). 1

In den Geschäftsordnungsbestimmungen, die sich auf die Grundbucheinsicht beziehen (vgl Vor § 43 GBV Rdn 6) sind weitere Erleichterungen nicht vorgesehen. 2

II. Die von der Darlegungslast Befreiten

1. Beauftragte inländischer öffentlicher Behörden

a) Behörden iS des § 43: § 43 knüpft zwar an den weitgefassten allgemein gültigen Behördenbegriff an (dazu § 12 GBO Rdn 20; § 29 GBO Rdn 110 bis 112: Definition und Beispiele), hat dennoch seinen eigenen Sinngehalt und ist einer demgemäßen Auslegung zugänglich. Davon geht jedenfalls das BVerfG in seinem Beschluss vom 15.06.1983[3] aus, wonach es mit Art 3 Abs 1 GG nicht vereinbar ist, Sparkassen bei der Grundbucheinsicht gegenüber privaten Banken zu bevorzugen. Das BVerfG hat nämlich die Norm des § 43 Abs 1 GBV nicht für verfassungswidrig, sondern für verfassungskonform auslegbar erklärt in dem Sinne, dass sie die Sparkassen, obwohl öffentlich-rechtlich organisiert, nicht von der Darlegung des berechtigten Interesses bei der Grundbucheinsicht freistellt. 3

b) Die einsichtbegehrende Person braucht sich idR lediglich als Beauftragter (Bediensteter) der privilegierten Behörde auszuweisen; das Vorliegen eines konkreten Auftrags zur Einsicht wird alsdann vermutet.[4] 4

2. Notare

Es gehört zu den Amtspflichten der Notare, sich vor der Beurkundung von Geschäften, die im Grundbuch eingetragene oder einzutragende Rechte zum Gegenstand haben, über den Grundbuchinhalt zu unterrichten (§ 21 BeurkG). Sie sind insb deswegen wie die öffentlichen Behörden von der Darlegung eines berechtigten Interesses zur Grundbucheinsicht oder -abschrift freigestellt. 5

3. Rechtsanwälte

Rechtsanwälte, ob im Auftrag eines Mandanten oder zur Wahrnehmung eigener Rechte, üben kein öffentliches Amt aus und sind demgemäß in dieser Eigenschaft nicht von der Darlegung des berechtigten Interesses – desjenigen ihres Mandanten oder des eigenen – befreit (dazu § 12 GBO Rdn 48).[5] Freigestellt von der Darlegungslast ist gemäß Abs 2 der Rechtsanwalt, der im »nachgewiesenen« Auftrag eines Notars um Grundbucheinsicht oder -abschrift nachsucht. Die Vorschrift verlangt ausdrücklich einen Vollmachtnachweis; dem ist zu folgen (dazu § 12 GBO Rdn 48). 6

4. Bauschutzvereine; Versorgungsunternehmen

Zur Freistellung der Bauschutzvereine: § 12 Rdn 9 und 18. Zur Möglichkeit allgemeiner Gestattung der Grundbucheinsicht für Versorgungsunternehmen: § 86a nebst Erläuterungen. 7

5. Erweiterung des Kreises der Privilegierten

Zur Ausdehnung des Abs 2 durch das RegVBG ist in der Begründung zum Gesetzentwurf (Bundestags-Drucksache 12/5553 S 97) kurz ausgeführt: »*In § 43 werden zur Angleichung des Einsichtsrechts und des Rechts auf einen Online-Zugriff die öffentlichen Vermessungsingenieure und die dinglichen Berechtigten aufgenommen.*« Hierzu wird bemerkt, dass der Neuregelung lediglich eine klarstellende Bedeutung beizumessen ist. Ein berechtigtes Interesse an der Grundbucheinsicht ohne besondere Darlegung wurde schon nach bisherigem Recht zugestanden, 8

---

1 LG Bonn Rpfleger 1993, 333; *Schöner/Stöber* Rn 527; *Demharter* § 12 Rn 15.
2 BayObLG Rpfleger 1979, 424; KEHE-*Eickmann* Rn 2.
3 BVerfGE 64, 229 = NJW 1983, 2811 = Rpfleger 1983, 388 m Anm *Schmid*.
4 *Hesse-Saage-Fischer* Bem II 2 a.
5 *Böhringer* Rpfleger 1987, 181, 189 mwN.

den öffentlich bestellten Vermessungsingenieuren[6] sowie den dinglich Berechtigten (dazu § 12 GBO Rdn 21). Anerkannt ist auch, dass ein Einsichtsberechtigter – dazu gehört unzweifelhaft der Eigentümer – die Wahrnehmung seines Rechts einem Beauftragten bzw Bevollmächtigten überlassen kann (dazu § 12 GBO Rdn 72).

6. Einsichtsrecht der Presse

9 Nach dem Beschluss des BVerfG vom 28.08.2000[7] ist im Rahmen des § 12 GBO der Pressefreiheit (Art 5 Abs 1 S 2 GG) Rechnung zu tragen, weil der Grundrechtsschutz die publizistische Vorbereitungstätigkeit, insb die Informationsbeschaffung umfasst und ein schutzwürdiges Interesse der Presse am Zugang zu den Daten des Grundbuchs nicht ausschließt. Die Verfassungsmäßigkeit der Zugangsbegrenzung des § 12 GBO (vgl § 28 GBV Rdn 9) ist dabei erneut anerkannt, da der unbestimmte Rechtsbegriff des »berechtigten Interesses« genügend Abwägungsraum biete, um den Besonderheiten der Pressefreiheit Rechnung zu tragen. Die Presse ist nach der Entscheidung des BVerfG nicht von der Darlegung eines solchen befreit, sie hat das »Informationsinteresse« (hier der Öffentlichkeit) darzulegen, dem das Geheimhaltungsinteresse der im Grundbuch Eingetragenen und von der Recherche Betroffenen gegenübersteht. Dem GBA wird nur das Recht zugestanden, das Bestehen des dargelegten Informationsinteresses zu prüfen, nicht aber es zu bewerten (Wörtlich heißt es in den Gründen: »*Die Presse muss nach publizistischen Kriterien entscheiden dürfen, was sie des öffentlichen Interesses für wert hält und was nicht*«). Zu prüfen ist vom GBA die Eignung und die Erforderlichkeit der Grundbucheinsicht unter Berücksichtigung des Verwertungszwecks. Weil bei der Prüfung, ob dem Einsichtsbegehren der Presse zu entsprechen ist, wie auch im Regelfall der Grundbucheinsicht, nur allgemeine Interessen der Eingetragenen zu berücksichtigen sind, ist nach Ansicht des BVerfG eine vorherige Anhörung des Grundstückseigentümers nicht erforderlich.[8] Im Übrigen wird auf die in den Entscheidungsgründen enthaltenen Abwägungskriterien und auf die Erläuterungen zu § 12 GBO verwiesen.

§ 44   (Grundbuchabschriften)

(1) Grundbuchabschriften sind auf Antrag zu beglaubigen.

(2) Die Bestätigung oder Ergänzung früher gefertigter Abschriften ist zulässig. Eine Ergänzung einer früher erteilten Abschrift soll unterbleiben, wenn die Ergänzung gegenüber der Erteilung einer Abschrift durch Ablichtung einen unverhältnismäßigen Arbeitsaufwand, insbesondere erhebliche oder zeitraubende Schreibarbeiten erfordern würde; andere Versagungsgründe bleiben unberührt.

(3) Auf einfachen Abschriften ist der Tag anzugeben, an dem sie gefertigt sind. Der Vermerk ist jedoch nicht zu unterzeichnen.

(4) Von gelöschten Eintragungen wird lediglich die laufende Nummer der Eintragung mit dem Vermerk »Gelöscht« in die Abschrift aufgenommen. Dies gilt nicht, wenn ihre Aufnahme in vollem Wortlaut beantragt ist oder soweit die Abschrift durch Ablichtung hergestellt wird.

I. Zu Abs 1: Bedeutung der Vorschrift

1 **1.** Das **Recht auf einfache oder beglaubigte Abschrift** des Grundbuchs einschl der Urkunden, auf welche zur Ergänzung von Eintragungen Bezug genommen ist, und der noch nicht erledigten Eintragungsanträge ist bereits in § 12 Abs 2 GBO begründet; es korrespondiert mit dem in § 12 Abs 1 GBO begründeten Recht auf Grundbucheinsicht. § 44 regelt ergänzend die Modalitäten für die Beglaubigung der Grundbuchabschriften, und zwar bestimmt Abs 1 speziell, dass die Grundbuchabschriften »auf Antrag« zu beglaubigen sind.

---

6 *Bengel/Simmerding* § 12 Rn 4.
7 NJW 2001, 503 = Rpfleger 2001, 15 m Anm *Demharter* FRGPrax 2001, 53. Dazu generalisierende Betrachtung von *Böhringer* Rpfleger 2001, 331.
8 *Demharter* in der Kurzwiedergabe in FGPrax 2002, 93, verbunden mit dem Hinweis auf die eine Grundbucheinsicht versagende Entscheidung des KG vom 19.06.2000, FGPrax 2001, 223.

2. Zuständig ist der Urkundsbeamte der Geschäftsstelle nicht nur für die Erteilung von Abschriften, sondern auch für deren Beglaubigung (§ 12c Abs 1 Nr 1, Abs 2 Nr 1 GBO anstelle der aufgehobenen Bestimmungen des § 4 AVOGBO). Auch ein Justizangestellter, der nicht Urkundsbeamter ist, kann zur Abschriftsbeglaubigung ermächtigt werden (§ 12c Abs 2 Nr 1 GBO anstelle der aufgehobenen Bestimmungen des § 4 der früheren AVOGBO). Das ehemalige Erfordernis einer zweiten Unterschrift ist bereits durch VO vom 21.03.1974 (BGBl I 771) beseitigt worden. **2**

3. Zur **Form der Beglaubigung** siehe § § 12 GBO Rdn 78, § 29 GBO Rdn 290. Die Entscheidung des Bay-ObLG,[1] dass mangels Rechtsnorm die Verbindung mehrerer Blätter einer beglaubigten Grundbuchabschrift mit Schnur und Siegel vom Antragsteller nicht verlangt werden könne, ist in dem Sinne kritisiert worden, dass eine entsprechende Anwendung des § 44 BeurkG angezeigt ist (vgl § 29 GBO Rdn 290). **3**

II. Zu Abs 2: Bestätigung oder Ergänzung früherer Abschriften

Die Bestätigung oder Ergänzung früher gefertigter Abschriften ist nach wie vor zulässig, obwohl auf vergangene Zeiten abgestellt, als die Abschriften noch manuell zu fertigen waren. Dem Abs 2 ist durch VO vom 21.03.1974 (BGBl I 771) der S 2 hinzugefügt worden, der es dem GBA gestattet, anstelle einer beantragten Abschriftsbestätigung oder -ergänzung eine gänzlich neue Abschrift im Wege der Kopie zu erstellen. Letzteres ist die heute vorwiegend gebräuchliche und durchweg günstigere Maßnahme; allenfalls eine Bestätigung, dass seit Erteilung der Abschrift oder seit ihrer letzten Ergänzung weitere Eintragungen nicht erfolgt sind, oder der Nachtrag lediglich eines Kurzeintrags (zB einer Löschung) mag im Einzelfall – gemessen am Aufwand des Vergleichens – noch vertretbar sein. Abs 2 enthält keine Eingrenzung. Zulässig ist somit die Bestätigung bzw Ergänzung sowohl bei beglaubigten als auch bei einfachen Abschriften. Bei einfachen Abschriften ist der Bestätigungs- oder Ergänzungsvermerk nicht zu unterzeichnen (Abs 3 S 2), sondern nur der Tag anzugeben, an dem die Bestätigung oder Ergänzung erfolgt ist. Bei beglaubigten Abschriften ist auch die Bestätigung oder Ergänzung mit einem Beglaubigungsvermerk abzuschließen und zu vollziehen, wie oben (Rdn 2, 3) dargelegt. **4**

III. Zu Abs 3: Einfache Abschriften

Sie sind zu erteilen, falls Abschriftsbeglaubigung nicht besonders gewünscht wird. Sie tragen lediglich das Fertigungsdatum, aber keinerlei Unterschrift. **5**

IV. Zu Abs 4: Darstellung gelöschter Eintragungen

Zwar formuliert es Abs 4 als Regel, dass die gelöschten Eintragungen nicht im Wortlaut in die (einfache oder beglaubigte) Abschrift aufgenommen werden, sondern lediglich deren lfdNr mit dem Vermerk »Gelöscht« wiederzugeben ist, falls das Gegenteil nicht verlangt ist. Praktischer Regelfall ist jedoch die Abschrifterstellung durch Ablichtung. An einer Ablichtung darf nichts manipuliert werden, sie hat auch die gelöschten Eintragungen in vollem Wortlaut wiederzugeben, das ist ausdrückliche Vorschrift. **6**

§ 45 (Beglaubigte Abschrift von Teilen eines Grundbuchblatts)

(1) Die Erteilung einer beglaubigten Abschrift eines Teils des Grundbuchblatts ist zulässig.

(2) In diesem Fall sind in die Abschrift die Eintragungen aufzunehmen, welche den Gegenstand betreffen, auf den sich die Abschrift beziehen soll. In dem Beglaubigungsvermerk ist der Gegenstand anzugeben und zu bezeugen, dass weitere ihn betreffende Eintragungen in dem Grundbuch nicht enthalten sind.

(3) Im übrigen ist das Grundbuchamt den Beteiligten gegenüber zur Auskunftserteilung nur auf Grund besonderer gesetzlicher Vorschrift verpflichtet. Die Erteilung eines abgekürzten Auszugs aus dem Inhalt des Grundbuchs ist nicht zulässig.

---

1 BayObLGZ 1982, 31 = Rpfleger 1982, 172 (LS) mit krit Anm.

I. Zu Abs 1 und 2: Beglaubigte Teilabschrift

1 1. **Nur in beglaubigter Form** darf nach Abs 1 eine Teilabschrift erteilt werden. Das ist eine Abschrift, die nur einen Teil des Grundbuchblattes (zB das Bestandsverzeichnis, einzelne Abteilungen, einzelne Eintragungseinheiten, wie eine bestimmte Grundschuld usw) wiedergibt.

2 2. Jede Teilabschrift stellt **eine Art von Auskunfterteilung** aus dem Grundbuch dar, denn sie ist stets mit einem Selektionsprozess verbunden (s auch Abs 3: »Im Übrigen ...«). Ihre Zulässigkeit ist an **Grundbedingungen** geknüpft, nämlich:

3 a) **Vollständigkeit:** In die Abschrift sind gemäß Abs 2 S 1 »die Eintragungen aufzunehmen, welche den Gegenstand betreffen, auf den sich die Abschrift beziehen soll«. Das bedeutet, dass jeweils alle Einträge des mittels der Teilabschrift reproduzierten Grundbuchbereichs wiederzugeben sind, also:
- entweder sämtliche Einträge des Bestandsverzeichnisses bzw derjenigen Abt, die Gegenstand der Teilabschrift sein soll,
- oder alle Eintragungen quer durch das gesamte Grundbuchblatt, die sich auf dasjenige Recht beziehen, das den Gegenstand der Teilabschrift bilden soll.

4 b) **Originaltreue:** Die Erteilung eines abgekürzten Auszugs aus dem Inhalt des Grundbuchs ist gemäß Abs 3 S 2 unzulässig (dazu Rdn 12). Die Eintragungen, die nach Vorstehendem in die Teilabschrift gehören, sind also wortgetreu so, wie an entsprechender Stelle im Grundbuch verlautbart, wiederzugeben.

5 c) Im **Beglaubigungsvermerk** ist gemäß Abs 2 S 2 zweierlei zu bezeugen, nämlich:
- auf welchen Gegenstand (Abt oder Recht) sich die in der Teilabschrift wiedergegebenen Eintragungen beziehen, zB »... *die in Abteilung III unter lfdNr ... eingetragene Grundschuld ...«,*
- dass weitere den Gegenstand betreffende Eintragungen im Grundbuch nicht enthalten sind.

6 3. **Zuständig** ist der Urkundsbeamte der Geschäftsstelle, sowohl zur Bestimmung des Umfangs (Selektion) der in die Teilabschrift aufzunehmenden Eintragungen als auch für den Beglaubigungsvermerk (§ 12c Abs 1 Nr 1, Abs 2 Nr 1 GBO).

II. Zu Abs 3: Auskunftserteilung

1. Begriff der Auskunft

7 Das ist – im wesentlichen Unterschied zur Abschrift – oft eine (vom Auskunftgeber zu leistende) sinnerfassende und -wiedergebende Mitteilung in schriftlicher oder mündlicher (auch telegrafischer oder telefonischer) Form über Inhalte des Grundbuchs oder der Grundakten. Darunter fällt auch ein sog *Negativzeugnis,* dh die Mitteilung, dass eine Eintragung nicht vorhanden ist oder eine Tatsache sich aus dem Grundbuch oder den Grundakten nicht ergibt, zB in Gestalt der Ablehnung eines Antrags auf Erteilung einer auf einen bestimmten Gegenstand beschränkten Teilabschrift mit dem Bemerken, dass Eintragungen bezüglich dieses Gegenstandes nicht vorhanden sind.[1]

2. Auskunftspflicht

8 a) **Eine Pflicht zur Auskunft aus dem Grundbuch** nebst Grundakten besteht für das GBA **nur aufgrund besonderer gesetzlicher Vorschrift**, wie gemäß Abs 2 (dazu Rdn 2) sowie gemäß §§ 17 Abs 2, 19 Abs 2, 146 ZVG[2] (die Form des nach diesen Vorschriften zu erteilenden »Zeugnisses« richtet sich nach landesrechtlichen Vorschriften über die freiwillige Gerichtsbarkeit), sonst nicht (Abs 3 S 1). Die Abriegelung unterstreicht, dass Informationen aus dem Grundbuch und den Grundakten grundsätzlich nur mittels Einsichtnahme oder Abschriftserteilung gewonnen werden sollen. Um das GBA vor übermäßiger Inanspruchnahme, den Staat vor Schadensersatzansprüchen, den Grundbuchbeamten vor Regress zu schützen,[3] gibt es für die Beteiligten, auch für den Notar – von den gesetzlichen Sonderfällen abgesehen – keinen mit der Beschwerde nach der GBO verfolgbaren Anspruch auf Auskunftserteilung, sondern allenfalls die Dienstaufsichtsbeschwerde.[4]

9 **Zuständig** für die Erteilung von Auskünften aus dem Grundbuch in den gesetzlich vorgesehenen Fällen ist der Urkundsbeamte der Geschäftsstelle (§ 12c Abs 1 Nr 3 GBO).

10 b) Die **Auskunft aus den Hilfsverzeichnissen** sowie die Führung derselben, vornehmlich des Eigentumsverzeichnisses (§ 21 Abs 8 AktO), hat durch das RegVBG eine neue gesetzliche Grundlage in § 12a GBO erhalten; auf die Erläuterungen dazu wird verwiesen.

---

1 KG OLGE 4, 325 = KGJ 23 A 217.
2 LG Ravensburg Rpfleger 1987, 365.
3 *Güthe-Triebel* § 12 Rn 23.
4 KGJ 21 A 273, 274; 23 A 213; BayObLGZ 1967, 347, 352 = MittBayNot 1967, 345; *Demharter* § 12 Rn 33; *Schöner/Stöber* Rn 538 Fn 5.

3. Abs 3 S 1 bildet kein Auskunftsverbot

a) Ohnehin ist **im Rahmen der Rechts- und Amtshilfe,** die den Gerichten und Behörden gegenseitig obliegt (Art 35 Abs 1 GG), auch das GBA zur Auskunft verpflichtet, allerdings nur in Grenzen.[5] Unter Berufung auf § 5 Abs 1 Nr 2, 3 VwVfG ist zu Recht ausgeführt,[6] dass von Behörden Auskunft im Wege der Amtshilfe nicht verlangt werden kann, wenn sie die Amtshandlung selbst vornehmen oder die zur Durchführung ihrer Aufgaben nötige Kenntnis von Tatsachen selbst ermitteln können, dass also nicht nur Privatpersonen, sondern auch Behörden in erster Linie auf die Grundbucheinsicht oder die Anforderung von Grundbuchabschriften zu verweisen sind und die Auskunft im Wege der Amtshilfe auf Sonderfälle (zB in eiligen Angelegenheiten) beschränkt bleiben muss. **11**

b) Unerfahren gegenüber ist es mindestens eine **Anstandspflicht,** auf Wunsch den Grundbuchinhalt zu erläutern. Dabei sollte aber tunlichst klargemacht werden, dass keine amtliche Auskunft erteilt, sondern unverbindlich eine persönliche Meinung geäußert wird. Bewertende Auskünfte oder Kommentare über den Grundbuch- und Akteninhalt verbieten sich, um den Zweck der Vorschrift zu wahren; denn auch ohne Auskunftspflicht kann eine fehlerhafte Auskunft eines Beamten einen Schadensersatzanspruch an den Staat nach sich ziehende Amtshandlung sein. **12**

4. Verboten sind **abgekürzte Grundbuchauszüge** (Abs 3 S 2), die – anders als die (in beglaubigter Form) erlaubten Teilabschriften (vgl Rdn 1 bis 6) – den Grundbuchinhalt nicht wortgetreu, sondern gerafft wiedergeben (sog »Grundbuchaufschluss«), früher wohl in Bayern gegenüber auswärtigen Notaren üblich.[7] Leicht könnte es dabei zu Versehen oder Fehlinterpretationen kommen, die den Anschein amtlicher Feststellung tragen. Das dadurch erhöhte Risiko einer Staatshaftung auszuschließen, ist Ziel dieses Verbots. Die Grenze zwischen der Erteilung eines abgekürzten Auszugs und einer sonstigen schriftlichen Auskunft wird oft nicht leicht zu ziehen sein.[8] **13**

§ 46 (Einsicht in die Grundakten; Erteilung von Abschriften)

(1) Die Einsicht von Grundakten ist jedem gestattet, der ein berechtigtes Interesse darlegt, auch soweit es sich nicht um die in § 12 Abs 1 Satz 2 der Grundbuchordnung bezeichneten Urkunden handelt.

(2) Die Vorschrift des § 43 ist auf die Einsicht von Grundakten entsprechend anzuwenden.

(3) Soweit die Einsicht gestattet ist, kann eine Abschrift verlangt werden, die auf Antrag auch zu beglaubigen ist.

I. Ausdehnung des Einsichtsrecht (§ 12 GBO) auf die Grundakten

§ 12 GBO gewährt das Recht zur Einsicht in und zur Abschrift aus den Grundakten nur begrenzt auf die – kraft Bezugnahme in den Eintragungen – mittelbar zum Grundbuchinhalt gehörenden Urkunden und auf noch nicht erledigte Eintragungsanträge. § 46 dehnt das Recht auf Einsicht und auf Erteilung von (einfachen und beglaubigten) Abschriften auf die **gesamten Grundakten** aus; eine Begrenzung nur auf »Urkunden« (so § 12 GBO Rdn 71) ist dem Abs 1 nicht ausdrücklich, allenfalls dem Sinne nach zu entnehmen; zu den Grundakten gehört aber **nicht das Handblatt** (vgl § 12 GBO Rdn 70). **1**

§ 46 ist eine auf der Ermächtigung in § 142 (ehemals § 124) GBO basierende Rechtsvorschrift, die als *lex specialis* den § 34 FGG verdrängt. Ein berechtigtes Interesse ist Voraussetzung für die Akteneinsicht (Übereinstimmung mit § 34 FGG), § 46 verlangt (wie § 12 GBO) dessen »Darlegung« (Abweichung von § 34 FGG, der »Glaubhaftmachung« vorschreibt).

II. Umfang des Rechts auf Einsicht in die Grundakten

Wie § 12 GBO werden auch die §§ 43, 46 nicht durch die Bestimmungen der Datenschutzgesetze berührt.[1] Zudem sind die Maßstäbe für die Grundakteneinsicht nach Abs 1 im Grundsatz keine anderen als die in § 12 GBO bestimmten Maßstäbe für die Grundbucheinsicht. Was zu § 12 GBO über das berechtigte Interesse und **2**

5 Vgl KGJ 23 A 213; BayObLGZ 1967, 347, 351 = aaO (Fn 4); *Demharter* § 12 Rn 28.
6 *Schöner/Stöber* Rn 538.
7 Vgl RG JW 1934, 2398; *Schöner/Stöber* aaO (Fn 4).
8 *Schöner/Stöber* aaO (Fn 4).
1 BayObLGZ 1992, 127 = NJW-RR 1993, 475 = Rpfleger 1992, 513.

dessen Darlegung ausgeführt ist, gilt also grundsätzlich auch bezüglich der Grundakteneinsicht. Allerdings hat das Recht auf Einsicht in das Grundbuch nicht notwendigerweise auch die Befugnis zum Inhalt, zugleich in die Grundakten Einblick zu nehmen; es kommt auf die Reichweite des berechtigten Interesses an, das besonders sorgfältiger Prüfung bedarf, wobei zu berücksichtigen ist, dass gerade notarielle Urkunden vielfach Hinweise auf persönliche, wirtschaftliche und finanzielle Verhältnisse der Beteiligten enthalten, die nicht dadurch aus der notariellen Verschwiegenheitspflicht »entlassen« worden sind, dass sie dem GBA eingereicht und in die Grundakten aufgenommen sind.[2] Die Aushändigung der vollständigen Grundakte ist deshalb keinesfalls gerechtfertigt (so auch § 12 GBO Rdn 71). Es kommt darauf an, dass derjenige, der eine Einsicht in oder eine Abschrift aus den Grundakten begehrt, Umstände darlegt, deretwegen ein Einblick gerade in die Grundakten nutzbringend erscheint.[3] Zusammenfassend ist zu bemerken, dass bei der Abwägung des berechtigten Interesses am Einblick in die Grundakten dem »informationellen Selbstbestimmungsrecht« der Beteiligten noch sensiblere Beachtung zu schenken ist als bei der Abwägung des berechtigten Interesses an einer Grundbucheinsicht (dazu § 28 GBV Rdn 7 ff). Auch die neueren Gesetzgebungsvorgaben und -vorhaben tendieren in die Richtung, die der Einsicht unterliegenden Akten von Informationen freizuhalten, die außerhalb des Rahmens des Publikationszwecks des Grundbuchs liegen (dazu § 24a nebst Erläuterungen). Schon jetzt liegt es weitgehend bei den Beteiligten, Daten von Grundakten fern zu halten, von denen sie nicht wollen, dass sie durch Grundbucheinsicht Dritten zugänglich werden. Das relativiert ihr Schutzbedürfnis.[4]

Abschnitt XI
Hypotheken-, Grundschuld- und Rentenschuldbriefe

Vorbemerkungen zu den §§ 47 bis 53

1   **I.** Die §§ 47 bis 53 **ergänzen den Dritten Abschnitt der GBO (§§ 56 bis 70)** und sind eng damit verzahnt. Es handelt sich um Rechtsvorschriften, die zum Bereich der Einrichtung und Führung der Grundbücher gehören, somit durch die Ermächtigung im ehemaligen Abs 3 des § 1 GBO gedeckt sind. Die bei der Neufassung des § 1 GBO durch das RegVBG revidierte Ermächtigung (jetzt Abs 4 des § 1 GBO) hebt zwar ausdrücklich hervor, dass sie auch den Erlass näherer Vorschriften über die Hypotheken-, Grundschuld- und Rentenschuldbriefe umfasst, der Ermächtigungsrahmen ist dadurch jedoch nicht erweitert, sondern lediglich klargestellt worden. Die 1935 in den §§ 47 bis 53 GBV getroffene Regelung entspricht inhaltlich im Wesentlichen dem vorher geltenden Rechtszustand (dazu § 56 GBO Rdn 22, 23, 26). Bedeutsame damalige Neuerungen:[1] Das Äußere der Briefe wurde auf eine einheitliche Grundlage (§§ 47, 51) gestellt und für die Herstellung der Briefe wurden aus Sicherheitsgründen kontrollierbare Vordrucke vorgeschrieben (§ 52 Abs 2). Bis zum Erlass der in § 52 Abs 2 vorgesehenen Ausführungsbestimmungen gestattete der inzwischen bedeutungslose § 102 (ehemals § 71) übergangsweise den Aufbruch alter Vordrucke zur Briefbildung, hatte einschl der zu seiner Durchführung erlassenen AV des RJM vom 23.03.1936 (DJ 534) aber nur kurzzeitig aktuelle Bedeutung, weil alsbald mit der AV des RJM vom 20.07.1936 (DJ 1003), in Kraft ab 01.10.1936, die Ausführungsbestimmungen zu § 52 Abs 2 folgten,[2] womit die Verwendung der neuen Vordrucke für die Ausfertigung der Briefe verbindlich wurde. Die vorher mittels alter Vordrucke angefertigten Briefe behielten ihre Gültigkeit.

2   **II.** Seit Kriegsende 1945 sind die **Landesjustizverwaltungen zuständig** zum Vorschriftenerlass im Rahmen des § 52 Abs 2. Sie haben zunächst auf der Grundlage der vorbezeichneten AV des RJM eine Zeitlang weitergearbeitet, die Vorschriften teils ergänzt, teils neu gefasst.[3] Inzwischen gibt es in allen Ländern neue inhaltlich abgestimmte Vorschriften (dazu § 52 GBV Rdn 3 ff).

---

2 *Schreiner* Rpfleger 1980, 41, 53/54 unter Hinweis auf BayObLG Rpfleger 1975, 361; *Grziwotz* MittBayNot 1995, 97, 101.

3 Vgl zB OLG Zweibrücken NJW 1989, 531; LG Stuttgart NJW-RR 1996, 532, *Melchers* Rpfleger 1993, 309, 314 ff.

4 Darauf weist *Demharter* in der Besprechung der Öffnung des Grundbuchs nebst Grundakten für die Presse durch das BVerfG zu Recht hin, FGPrax 2001, 52, 53.

1 *Saage* JW 1935, 2769, 2777; *Hesse-Saage-Fischer* Vorbem I zu § 47.

2 Abgedruckt bei *Hesse-Saage-Fischer* als Anh 33.

3 Dazu MIR (6. Aufl) § 56 GBO Rn 19 ff.

§ 47 (Überschrift des Briefes)

Die Hypothekenbriefe sind mit einer Überschrift zu versehen, welche die Worte »Deutscher Hypothekenbrief« und die Bezeichnung der Hypothek (§ 56 Abs 1 der Grundbuchordnung) enthält, über die der Brief erteilt wird. Die laufende Nummer, unter der die Hypothek in der dritten Abteilung des Grundbuchs eingetragen ist, ist dabei in Buchstaben zu wiederholen.

I. Äußere Form des Briefes

§ 47 bestimmt, was zur »Überschrift« des Briefes gehört, und sorgt zusammen mit § 49 (Platzierung der Nachtragsvermerke) für einen geordneten Aufbau der Briefurkunde. **1**

1. Gestaltung des Briefkopfs

§ 47 steht in engem Zusammenhang mit § 56 GBO. § 56 GBO enthält zwingendes Recht; er schreibt den existentiellen »Mussinhalt« der Briefurkunde vor, weist den erforderlichen Mindestangaben aber keinen bestimmten Platz zu (vgl § 56 GBO Rdn 34). § 47 als Ordnungsvorschrift präzisiert und komplettiert die dortigen Bestimmungen in punkto Gestaltung der »Überschrift« (auch »Briefkopf« genannt). Die jetzige Fassung der Vorschrift beruht auf der VO vom 01.12.1977 (BGBl I 2313); gestrichen wurde in S 1 das längst als gegenstandslos angesehene Gebot, den Brief »im Kopfe mit dem Reichsadler« zu versehen, und S 2 wurde angefügt; durch diese Vorschriftsänderung haben Briefe aus früherer Zeit nicht ihre Existenz verloren. In den Briefkopf gehören nach geltendem Recht: **2**

- die gemäß § 56 Abs 1 GBO zwingende Bezeichnung als »Hypothekenbrief«, gemäß § 47 zu ergänzen zu »Deutscher Hypothekenbrief«;
- die Bezeichnung der Hypothek gemäß § 56 Abs 1 GBO, also mindestens der »Geldbetrag der Hypothek und das belastete Grundstück«, zu ergänzen gemäß § 47 S 2 durch die in Buchstaben zu wiederholende Angabe der lfdNr der Eintragung in der dritten Abt. Im Wortlaut des S 2 kommt zwar nicht direkt, aber sinnvollerweise zum Ausdruck, dass auch das Grundbuchblatt, in dem die vorbezeichnete Eintragungsstelle sich befindet, zu bezeichnen ist (gehört zudem zum »Sollinhalt« der Briefurkunde gemäß § 57 GBO).
- *Fazit:* Sinn und Zweck des § 47 ist es, im Briefkopf die unverwechselbare »Adresse« des verbrieften Rechtes zu bezeichnen.

Was § 47 für den Hypothekenbrief anordnet, gilt für die Grundschuld- und Rentenschuldbriefe entsprechend (§ 51).

2. Sonstiger Briefinhalt

An den Briefkopf schließt sich der in § 57 GBO bezeichnete »Sollinhalt« des Briefes an, seit der Novellierung des § 57 durch Art 2 Nr 4 des Gesetzes vom 22.06.1977 (BGBl I 998) mit Wirkung für die ab 01.01.1978 hergestellten Briefe reduziert (vgl § 57 GBO Rdn 1). Ein Bild vom Aufbau des Briefkopfs und des anschließenden Briefinhalts nach Maßgabe des novellierten § 57 GBO vermitteln die Muster (§ 52 Abs 1) in den Anl 3 bis 8. Wegen des Inhalts und Aussehens der vor diesem Zeitpunkt erteilten Briefe: 8. Aufl § 57 GBO aF nebst Erläuterungen und Anlagen). **3**

II. Briefherstellung

§ 36 der GBGeschO bzw die an dessen Stelle getretenen Landesvorschriften, wie zB § 52 BayGBGA, enthalten Vorschriften über die »Herstellungstechnik« (dazu auch § 56 GBO Rdn 41 bis 43): **4**

1. Briefentwurf

Ein Entwurf oder eine Durchschrift des Briefes ist zu den Grundakten zu nehmen, eine Durchschrift (mit vollem Wortlaut) oder beglaubigte Abschrift bzw Ablichtung (§ 52 Abs 2 BayGBGA) jedenfalls, wenn der Entwurf (wie seit Änderung des § 36 GBGeschO von 1956 erlaubt) auf andere Schriftstücke (etwa: *»einrücken wie Klammer ...«*) verweist. Hat der sachbearbeitende Rechtspfleger den Entwurf nicht selber angefertigt und abgezeichnet, so hat er ihn zum Zeichen der Billigung mit seinem Namenszeichen zu versehen. Er hat schließlich die Ausfertigung des Briefs auf die Richtigkeit des Inhalts zu prüfen, bevor er sie zuständigkeitshalber neben dem Urkundsbeamten der Geschäftsstelle unterzeichnet (§ 56 Abs 2 GBO); andernfalls fällt ihm Fahrlässigkeit zur **5**

Last und kann Amtspflichtverletzung in Frage kommen.[1] Entsprechendes gilt gemäß § 36 Abs 1 letzter Satz GBGeschO (bzw § 52 Abs 3 BayGBGA) für den Entwurf und die Ausfertigung von nachträglichen Vermerken auf dem Brief (§ 49).

2. Anfertigung der Briefausfertigung

6 **a)** Für die Reinschrift der Briefe sind **besondere Vordrucke** zu verwenden (vgl § 52 GBV Rdn 2 ff). Für etwa nötige Ein- und Anlagebogen gibt es derartige Vordrucke nicht, sondern darf normgerechtes Schreibpapier verwendet werden (vgl § 36 Abs 2c GBGeschO). Wegen der Art der Verbindung der Ein- und Anlagenbogen mit dem Briefvordruck: § 50.

7 **b)** Für die qualitative Beschaffenheit der **Schreibwerkzeuge** wird das in § 27 GBGeschO Vorgeschriebene entsprechend gelten; wenngleich § 36 Abs 2b GBGeschO ausdrücklich nur auf die sinngemäße Anwendung des § 27 Abs 2 verweist. In § 36 Abs 2b GBGeschO (bzw § 52 Abs 6 BayGBGA) findet sich auch die Regelung zur Behandlung von Schreibversehen.

8 **c) Vermerke über die geschäftliche Erledigung** (Geschäftsnummer, Absendvermerke uä) gehören nicht auf die Briefausfertigung (§ 36 Abs 3 GBGeschO). Es ist aber vorgeschrieben, die Gruppe und die Nummer des Vordrucks, der für die Anfertigung der Reinschrift verwendet worden ist, auf dem Entwurf zu vermerken (vgl § 52 GBV Rdn 7).

9 **d) Druck der Texte** kann in besonderen Fällen – ggf mit Genehmigung der zuständigen Stelle – erfolgen. Allerdings ist nach den zu § 52 Abs 2 erlassenen Ausführungsbestimmungen der Landesjustizverwaltungen Voraussetzung, dass während des ganzen Druckverfahrens der Verbleib eines jeden Vordrucks in einwandfreier Weise nachgewiesen werden kann und jeder Missbrauch ausgeschlossen ist.

§ 48 (Vermerk bei Teillöschungen und Teilbriefen)

(1) Wird eine Hypothek im Grundbuch teilweise gelöscht, so ist auf dem Brief der Betrag, für den die Hypothek noch besteht, neben der in der Überschrift enthaltenen Bezeichnung des Rechts durch den Vermerk ersichtlich zu machen: »Noch gültig für (Angabe des Betrags).« Der alte Betrag ist rot zu unterstreichen.

(2) In derselben Weise ist bei der Herstellung von Teilhypothekenbriefen auf dem bisherigen Brief der Betrag ersichtlich zu machen, auf den sich der Brief noch bezieht.

I. Korrektur des Briefkopfes

1 Die Angabe des Geldbetrages der Hypothek gehört zu den gemäß § 56 GBO zwingenden Erfordernissen der Briefurkunde, ist Teil der gemäß § 47 zu komplettierenden »Adresse« des verbrieften Rechtes (vgl § 47 GBV Rdn 2). Daran anknüpfend, ordnet § 48 für die Fälle, in denen sich der Geldbetrag des verbrieften Rechtes verringert – infolge Löschung eines Teilbetrages des verbrieften Rechts oder infolge Teilung des verbrieften Rechts mit Bildung eines besonderen Teilbriefes – die Korrektur des Briefkopfes (Anpassung an den verbleibenden Geldbetrag des durch den Brief dokumentierten Rechtes) an. Die Art und Weise der Korrektur ist in § 48 exakt beschrieben und zudem in Anl 3 bildhaft dargestellt:
– Neben der bisherigen Betragsbezeichnung ist der Vermerk anzubringen: »Noch gültig für ...« Dieser Vermerk der Restgültigkeit ist zwar § 56 Abs 2 GBO entsprechend zu unterzeichnen, bedarf aber nicht – weil Zusatzmaßnahme (vgl Rdn 2) – der Beidrückung eines Siegels oder Stempels.
– Der bisherige Betrag ist rot zu unterstreichen. Anzumerken ist, dass überhaupt nur an dieser Stelle der GBV (§ 48 Abs 1 S 2), also nur für die Fälle der Teilbetragslöschung und der Teilbriefbildung, eine Rotunterstreichung auf dem Brief vorgeschrieben ist. Eine Regel wie die des § 17 Abs 3 für die Grundbucheintragungen ist für die Briefe nicht vorgesehen; bei Briefergänzungen findet demgemäß regelmäßig keine Rötung überholter Briefvermerke statt.[1]

II. Vermerk auf dem Brief

2 Die vorbezeichnete Korrektur des Briefkopfes macht die Reduzierung des verbrieften Betrags besonders augenfällig, erübrigt aber keinesfalls den in der GBO vorgeschriebenen Nachtragsvermerk auf dem Brief. Die Platzierung dieser Vermerke ergibt sich aus § 49.

---

1 RGZ 77, 423.
1 Ebenso KEHE-*Eickmann* Rn 1.

1. Die Teillöschung (Fall des Abs 1) ist als Eintragung »bei der Hypothek« nach Maßgabe des § 62 Abs 1 GBO 3
auf dem Brief zu vermerken.

2. Die Herstellung von Teilbriefen (Fall des Abs 2) ist in § 61 GBO im Einzelnen geregelt. Die Teilbriefher- 4
stellung ist auf dem Stammbrief zu vermerken (§ 61 Abs 4 GBO). Diejenige Stelle, die zuständigkeitshalber
(§ 61 Abs 1 GBO) den Teilbrief herstellt (das GBA oder ein Notar), ist stets auch zuständig für den in § 61
Abs 4 GBO vorgeschriebenen Vermerk auf dem Stammbrief (Muster dazu für den Fall der Teilabtretung:
Anl 3) sowie für den nach § 48 im Kopf des Stammbriefes anzubringenden Restgültigkeitsvermerk. Weiteres:
§ 61 GBO Rdn 39 ff.

§ 49 (Nachträgliche Vermerke)

**Vermerke über Eintragungen, die nachträglich bei der Hypothek erfolgen, sowie Vermerke über
Änderungen der in § 57 der Grundbuchordnung genannten Angaben werden auf dem Brief im
Anschluß an den letzten vorhandenen Vermerk oder, wenn hierfür auf dem Brief kein Raum mehr
vorhanden ist, auf einen mit dem Brief zu verbindenden besonderen Bogen gesetzt.**

§ 49 bestimmt, **an welcher Stelle** die Nachtragsvermerke zu platzieren sind, die das GBA entweder von Amts 1
wegen (§ 62 Abs 1 GBO) oder auf Antrag (§ 57 Abs 2 GBO) auf dem Brief anzubringen hat. Die Vermerke sind
jeweils im unmittelbaren Anschluss an den vorherigen, also in lückenloser Folge auf den Brief zu setzen, und
zwar zunächst auf den Briefvordruck, wenn dieser gefüllt ist, auf einen damit zu verbindenden Bogen; Papier-
sorte: § 36 Abs 2 Buchst c GBGeschO; zur Art der Verbindung: § 50. § 49 ist so zu verstehen, dass – jedenfalls
im Falle des § 62 Abs 1 GBO – die Reihenfolge der Briefvermerke der zeitlichen bzw räumlichen Reihenfolge
der Eintragungen folgt. Eine Rötung des durch Nachtragsvermerk überholten Briefvermerks findet nicht statt
(vgl § 48 GBV Rdn 1). Im Übrigen wird wegen Ort, Inhalt und Form der Briefergänzung verwiesen auf die
Erläuterungen zu § 62 GBO Rdn 19 bis 23.

§ 49a (Art der Briefversendung)

**Wird der Grundpfandrechtsbrief nicht ausgehändigt, soll er durch die Post mit Zustellungsurkunde
oder durch Einschreiben versandt werden. Die Landesjustizverwaltungen können durch Geschäftsanweisung oder Erlaß ein anderes Versendungsverfahren bestimmen. Bestehende Anweisungen oder
Erlasse bleiben unberührt.**

Zur Bedeutung der Vorschrift
1

Die Vorschrift ist durch das RegVBG in die GBV eingefügt worden. Die damit verfolgte Absicht ist in der
Begründung zum Gesetzentwurf (Bundestags-Drucksache 12/5553 S 97) wie folgt dargelegt: »*Mit dem neuen
§ 49a sollen die Voraussetzungen dafür geschaffen werden, daß die Kosten für Einschreiben oder Postzustellungsurkunden
bei der Versendung von Grundpfandrechtsbriefen als Auslagen in Ansatz gebracht werden können. Dies ist nämlich nur
möglich, wenn die Zustellung vorgeschrieben wird. Dies geschieht mit dem neuen § 49a, ohne eine abweichende Praxis mancher Länder zu beeinträchtigen.*« Weitere Erläuterungen: § 52 GBV Rdn 8.

§ 50 (Verbindung durch Schnur und Siegel)

**Die in § 58 Abs 1 und § 59 Abs 2 der Grundbuchordnung sowie in § 49 dieser Verfügung vorgeschrie-
bene Verbindung erfolgt durch Schnur und Siegel.**

§ 50 nennt **sämtliche Fälle vorgeschriebener Verbindung** von bzw mit Briefen und bestimmt deren Art. 1
Zur Verbindung sind zu verwenden: *Schnur* in den jeweiligen Landesfarben (vgl § 37 Abs 1 GBGeschO, § 54
Abs 4 BayGBGA bzw entsprechende sonstige Landesvorschrift) und *Siegel* (Prägesiegel)[1] des zuständigen Amts-
gerichts (dazu § 1 GBGeschO, § 1 BayGBGA bzw entsprechende sonstige Landesvorschrift[2]). Zur Frage, wel-

---

1 BayObLGZ 1975, 55 = Rpfleger 1974, 160.
2 In Baden-Württemberg ist Siegel des GBA das des zuständigen Notariats (§ 28 LFGG).

ches der beteiligten Grundbuchämter die in § 59 Abs 2 GBO vorgeschriebene Verbindung herzustellen hat, s § 37 Abs 2 Buchst a bis d GBGeschO, § 54 BayGBGA bzw entsprechende sonstige Landesvorschrift (dazu § 59 GBO Rdn 12).

§ 51 (Grundschuld- und Rentenschuldbriefe)

Die Vorschriften der §§ 47 bis 50 sind auf Grundschuld- und Rentenschuldbriefe entsprechend anzuwenden. In der Überschrift eines Rentenschuldbriefes ist der Betrag der einzelnen Jahresleistung, nicht der Betrag der Ablösungssumme, anzugeben.

1 Mit dem **Pauschalverweis** auf die vorangehenden Vorschriften passt sich § 51 dem § 70 GBO an. Unanwendbar für die Grundschuld- und Rentenschuldbriefe ist § 58 GBO und demzufolge auch der Hinweis auf diese Vorschrift in § 50. Ein Rentenschuldbrief muss auch die Ablösungssumme angeben (§ 70 Abs 1 S 2 GBO), aber nicht im Briefkopf, sondern in der Wiedergabe des Inhalts der Grundbucheintragung; in den Briefkopf ist der Betrag der einzelnen wiederkehrenden Leistung (§ 1199 Abs 1 BGB) aufzunehmen (vgl Muster der Anlage 8).

§ 52 (Muster und Vordrucke für Briefe)

(1) Für die Hypotheken-, Grundschuld- und Rentenschuldbriefe dienen die Anlagen 3 bis 8 als Muster.

(2) Für die Ausfertigung der Hypotheken-, Grundschuld- und Rentenschuldbriefe sind die amtlich ausgegebenen, mit laufenden Nummern versehenen Vordrucke nach näherer Anweisung der Landesjustizverwaltung zu verwenden.

I. Zu Abs 1: Muster der Briefe und Briefvermerke

1 Die Anl 3 bis 8 enthalten Darstellungen der verschiedenen Brieftypen mit Inhalt einschl nachträglicher Briefvermerke, die Anl 4 demonstriert eine Teilbrieferstellung. Die Anl dienen als Muster für den äußeren Aufbau und den sachlichen Inhalt der Briefe; die darin enthaltenen Vermerke haben, wenn auch § 52 hierzu schweigt, die Bedeutung unverbindlicher Beispiele,[1] ebenso wie die Eintragungsmuster in den Anl 1, 2 a, 2 b, 9, 10 a, 10 b, für die der Beispielscharakter jeweils ausdrücklich bestimmt ist (vgl §§ 22, 31, 58, 69 Abs 4). Die Briefmuster in den Anl 3 bis 8 sind durch VO vom 01.12.1977 (BGBl I 2313) mit dem zugleich neugefassten § 47 dem durch Art 3 des Gesetzes vom 22.06.1977 (BGBl I 998) geänderten § 57 GBO angepasst worden (dazu § 57 GBO Rdn 1).

II. Zu Absatz 2: Vordruckbeschaffung, -verwaltung und -verwendung

2 1. Abs 2 schreibt die **Verwendung einheitlicher amtlicher Vordrucke** für die Ausfertigung der Briefe vor, damals (1935) eine Neuerung für den größten Teil Deutschlands (vgl Vor § 47 GBV Rdn 1). Zweck der Vorschrift: Vorbeugung der Gefahr von Fälschung und Missbrauch von Hypotheken-, Grundschuld- und Rentenschuldbriefen.[2]

3 2. Der Erlass von **Ausführungsbestimmungen** war ursprünglich dem RJM vorbehalten. Sie wurden alsbald mit AV des RJM vom 20.07.1936 (DJ 1936, 1103) in Kraft gesetzt (dazu Vor § 47 GBV Rdn 1). Diese Ausführungsvorschriften sind inzwischen – in Anlehnung an die bezeichnete AV des RJM – von den nun zuständigen Landesjustizverwaltungen für ihren Zuständigkeitsbereich erneuert. Bayern zB hat die Vorschriften in seine GBGA aufgenommen (§§ 56 bis 60), von den anderen Bundesländern sind durchweg besondere mit »Ausfertigung der Hypotheken-, Grundschuld- und Rentenschuldbriefe« betitelte (im wesentliche übereinstimmende) Verwaltungsvorschriften erlassen worden (Fundstellen: *Piller-Hermann*, Justizverwaltungsvorschriften, Kopfziffer 4 l). Die Vorschriften stimmen im Wesentlichen überein. Sie dienen dem Ziel des Abs 2: Die Verwendung eines jeden Briefvordrucks soll jederzeit in einwandfreier Weise nachweisbar sein. Aus den Vorschriften kurz das Bedeutsamste:

---

1 KEHE-*Eickmann* Rn 1 wie vorher *Hesse-Saage-Fischer* Anm I.
2 *Saage* NJW 1935, 2769, 2777; *Hesse-Saage-Fischer* aaO (Fn 1).

a) Die ursprünglich größere Anzahl von **Vordrucksarten** sind durch die Reform von 1977 (vgl Rdn 1) redu- 4
ziert auf drei Vordrucke, die bundeseinheitlich gestaltet sind:
- **Vordruck A** für die Ausfertigung eines Hypothekenbriefs, auch eines gemeinschaftlichen Hypothekenbriefs, Teilhypothekenbriefs und Gesamthypothekenbriefs;
- **Vordruck B** für die Ausfertigung eines Grundschuldbriefs, auch eines gemeinschaftlichen Grundschuldbriefs, Teilgrundschuldbriefs und Gesamtgrundschuldbriefs;
- **Vordruck C** für die Ausfertigung eines Grundpfandbriefs (offen für beliebige Benutzung, gedacht für Briefe
  über Rentenschulden und für Sonderfälle).

Die Vordrucke werden zentral in der Bundesdruckerei Berlin hergestellt. Die Bedarfsbestellung der einzelnen
Amtsgerichte erfolgt jährlich über die Oberlandesgerichte, die Auslieferung erfolgt direkt an die Amtsgerichte.

b) Jeder Vordruck trägt eine **Gruppen- und Nummernbezeichnung.** Die Gruppen werden durch die drei 5
Arten der Vordrucke gebildet. Es entspricht die Gruppe 01 dem Vordruck A, die Gruppe 02 dem Vordruck B
und die Gruppe 03 dem Vordruck C. Innerhalb jeder Gruppe erhalten die Vordrucke für das gesamte Bundesgebiet fortlaufende Nummern.

c) Pro GBA wird ein **Verwahrungsbeamter** (auch Angestellter) bestellt, dessen Aufgabe es im Wesentlichen 6
ist, den Vordruckbestand so unter sicherem Verschluss zu verwahren, dass er ihm zugänglich sind, und über
den Bestand und dessen Verwendung pro Vordruckart eine besondere Nachweisung zu führen. Der Verwah-
rungsbeamte darf die Briefvordrucke nur einzeln gegen Quittung zur weiteren Bearbeitung herausgeben (zB an
die mit der Reinschrift betraute Schreibkraft des GBA, an den mit der Herstellung eines Teilbriefes befassten
Notar) und hat die Geschäftsnummer des Vorgangs, zu welcher der Vordruck zwecks Brieferstellung gebracht
wird, in der Nachweisung zu vermerken.

d) Die **Gruppe nebst Nummer des verwendeten Vordrucks** ist **zu vermerken auf** dem bei den Grundak- 7
ten zu verwahrenden **Entwurf** des Briefes (vgl § 47 GBV Rdn 8). Auch der Notar, der mit der Erstellung eines
Teilbriefs beauftragt ist, ist verpflichtet, dafür einen amtlichen Vordruck zu verwenden und die Gruppe und
Nummer des benutzten Vordrucks zu den eigenen Akten zu vermerken und außerdem dem GBA mitzuteilen,
das sodann diese Angaben auf dem bei den Grundakten befindlichen Entwurf des Stammbriefes nachzutragen
hat. Der neue § 49a hat daran nichts geändert.

e) Die **Übermittlung des ausgefertigten Briefes** an den bestimmungsmäßigen Empfänger (§ 60 GBO) darf 8
nur **gegen Empfangsnachweis** erfolgen, für den Fall der nicht direkten Aushändigung jetzt in § 49a durch
Rechtsvorschrift bestimmt (Übersendung durch die Post mit Zustellungsurkunde oder durch Einschreiben) mit
der Maßgabe, dass die Landesjustizverwaltungen ein anderes Versendungsverfahren bestimmen können. Unberührt bleiben nach § 49a bestehende Erlasse oder Anweisungen, wie etwa § 38 GBGeschO (Aushändigung an
der Amtsstelle gegen Quittung, Übersendung durch die Post als Einschreibsendung gegen Rückschein) bzw
entsprechende Verwaltungsvorschriften der Länder, wie zB § 55 BayGBGA.

§ 53   (Unbrauchbarmachung)

**(1) Ist nach dem Gesetz ein Hypotheken-, Grundschuld- oder Rentenschuldbrief unbrauchbar zu
machen, so wird, nachdem die bei dem Recht bewirkte Grundbucheintragung auf dem Brief vermerkt ist, der Vermerk über die erste Eintragung des Rechts durchstrichen und der Brief mit Einschnitten versehen.**

**(2) Ist verfügt worden, daß der Brief unbrauchbar zu machen ist, und ist in den Grundakten ersicht-
lich gemacht, daß die Verfügung ausgeführt ist, so ist der Brief mit anderen unbrauchbar gemachten Briefen zu Sammelakten zu nehmen. Die Sammelakten sind für das Kalenderjahr anzulegen
und am Schluß des folgenden Kalenderjahres zu vernichten. In der Verfügung kann angeordnet
werden, daß ein unbrauchbar gemachter Brief während bestimmter Zeit bei den Grundakten aufzubewahren ist.**

I. Zu Abs 1: Fälle der Unbrauchbarmachung

§ 53 ist die Durchführungsvorschrift für alle Fälle, in denen »nach dem Gesetz« ein Hypotheken-, Grund- 1
schuld- oder Rentenschuldbrief unbrauchbar zu machen ist (eingehend dazu: Erläuterungen zu § 69 GBO):

1. Gemäß § 69 GBO durch das GBA in folgenden Fallgruppen (wegen der jeweils dazu zählenden Einzelfälle: 2
§ 69 GBO Rdn 5 bis 9):
- Löschung des verbrieften Rechts im Ganzen oder von Rechtsteilen, falls dafür ein besonderer Brief gebildet
  worden ist;
- nachträglicher Ausschluss der Brieferteilung (Umwandlung von Brief- in Buchrecht);

– bisheriger Brief bzw bisherige Briefe, an dessen bzw deren Stelle ggf gemäß §§ 63, 64, 65 Abs 1, 2, 66 GBO ein neuer Brief erteilt worden ist.

3 **2. Gemäß § 127 ZVG** durch das Vollstreckungsgericht, falls ein Briefrecht infolge Versteigerung erloschen ist. Besonderheit: Die Unbrauchbarmachung des Briefes erfolgt regelmäßig vor der Löschung des betreffenden Rechts im Grundbuch.

4 **3. Gemäß besonderer Vorschriften:** Solche gab es zB im früheren Aufwertungsrecht, gibt es gegenwärtig nicht.

II. Zu Abs 2: Technik der Unbrauchbarmachung

5 **1.** Zunächst erfolgt der **Vermerk der Eintragung,** die den Anlass zur Unbrauchbarmachung des Briefes gibt (§ 62 Abs 1 GBO), wie die Löschung des verbrieften Rechts, die Eintragung des Briefausschlusses, die Eintragung über die Erteilung eines neuen Briefes. Dies erübrigt sich, falls der Brief bereits vorher unbrauchbar gemacht worden ist (vgl Rdn 3).

6 **2.** Sodann erfolgt ggf die **Abtrennung** und Rückgabe oder Wiederverwendung (bei neu erteiltem Brief) der mit dem Brief verbundenen Schuldurkunde (§ 69 S 2 GBO) oder von nicht unbrauchbar zu machenden Briefen (dies kommt insb bei gemäß § 59 Abs 2 GBO verbundenen Briefen in Betracht, falls das Recht bei einem der beteiligten Grundbuchämter völlig gelöscht wird).

7 **3.** Schließlich erfolgt die **eigentliche Unbrauchbarmachung,** wie in Abs 1 vorgeschrieben, nämlich:

8 **a) Durchstreichung des Vermerks der ersten Eintragung** (dessen, was als »Inhalt der Eintragung« auf dem Brief wiedergegeben ist). Die Art des Durchstreichens ist nicht näher bestimmt, könnte also zeilenweise mit schwarzen Strichen erfolgen; üblich und zweckmäßig ist die rote Durchkreuzung des betreffenden Vermerks (so auch das Muster in der Anl 8).

9 **b) Mehrmaliges Einschneiden,** also nicht die völlige Vernichtung des Briefes.

III. Aufbewahrung in Sammelakten

10 Die unbrauchbar gemachten Briefe sind gemäß Abs 2 vorübergehend in Sammelakten, auf besondere Anordnung des Rechtspflegers bei den Grundakten aufzubewahren.

Abschnitt XII
Das Erbbaugrundbuch

Vorbemerkungen zu den §§ 54 bis 60

I. Geltungsbereich der Vorschriften

1 Die Vorschriften des XII. Abschn beziehen sich größtenteils (§§ 54 bis 59) auf das nach der ErbbauVO vom 15.01.1919 (in Kraft seit 22.01.1919) anzulegende Erbbaugrundbuch und ergänzen insoweit die Grundbuchvorschriften der §§ 14 bis 17 ErbbauRG. § 60 bezieht sich wie der dort zitierte § 8 GBO auf Erbbaurechte aus der Zeit vor In-Kraft-Treten der ErbbauVO.

II. Zum Verhältnis von Grundstücksgrundbuch und Erbbaugrundbuch

2 Nach altem Recht (§ 8 GBO) erhielt das Erbbaurecht nur im Veräußerungs- oder Belastungsfall von Amts wegen, sonst auf Antrag ein besonderes Grundbuchblatt, dessen Funktionen im Gesetz nicht näher definiert waren; dadurch entstand eine Reihe von Zweifeln, insb darüber, an welches Grundbuch sich die Rechtswirkungen der §§ 891, 892 BGB anschließen.[1] Das ErbbauRG trägt der Doppelnatur des Erbbaurechts als Grundstücksbelastung (§ 1 Abs 1 ErbbauRG) und als grundstücksgleiches Recht (§ 11 ErbbauRG) mit spezifischen Grundbuchvorschriften (§§ 14 bis 17 ErbbauRG) konsequenter Rechnung. Nach § 14 ErbbauRG sind in jedem Fall von Amts wegen zwei Grundbücher (Grundbuchblätter) nebeneinander zu führen, deren Funktionsbereiche gesetzlich bestimmt sind, und zwar:

– das »**Grundstücksgrundbuch**«, in dem das erbbaurechtsbelastete Grundstück – allein (§ 3 Abs 1 S 1 GBO) oder zusammen mit anderen Grundstücken (§ 4 GBO) – verzeichnet ist, und das für dieses Grundstück nach § 3 Abs 1 S 2 GBO das Grundbuch im Sinne des BGB ist und bleibt, auch während der Dauer des Erbbaurechts, und

---

1 MüKo-*von Oefele* § 14 ErbbauVO Rn 1.

– das »**Erbbaugrundbuch**«, das bei der Eintragung des Erbbaurechts im Grundstücksgrundbuch von Amts wegen anzulegen ist (§ 14 Abs 1 S 1 ErbbauRG) und bis zu seiner Schließung bei der Löschung des Erbbaurechts (§ 16 ErbbauRG) für das Erbbaurecht gemäß § 14 Abs 3 S 1 ErbbauRG das Grundbuch iS des BGB ist.

Ein großer Teil der Rechtsdaten ist in beiden Grundbuchblättern, also doppelt, zu buchen (vgl § 14 Abs 1 S 2 und Abs 3 S 2 ErbbauRG sowie § 56 GBV). Versehentliche Abweichungen stellen eine Amtspflichtverletzung dar; sie bergen die Gefahr der Irreführung von Grundbuchbenutzern und können Schadensersatzansprüche gegen den Staat verursachen. Unmittelbar dingliche Rechtsnachteile können sich aus solchen Divergenzen jedoch nicht ergeben, weil die doppelte Buchung lediglich aus grundbuchtechnischen Gründen geschieht,[2] ohne die Eintragungen im Rechtssinne zu verdoppeln. Die Funktionsbestimmungen in § 3 Abs 1 S 2 GBO und § 14 Abs 3 S 1 ErbbauRG bewirken, dass entweder das eine oder das andere, jedenfalls *nur jeweils eines der beiden Grundbuchblätter für die materiellrechtlichen Eintragungswirkungen (§§ 873 ff BGB), auch für den öffentlichen Glauben (§§ 891, 892 BGB), allein maßgeblich* ist. Die Funktionsteilung beider Blätter ist unstreitig;[3] welches Blatt für welche Eintragungen zuständig ist, ist weitgehend, aber nicht in allen Punkten vollkommen klar.

1. Funktionsbereich des Grundstücksgrundbuchs

Auszugehen ist davon, dass das Grundstücksgrundbuch seine Funktion als Grundbuch iS des BGB nach der *Grundregel* des § 3 Abs 1 S 2 GBO behält, *soweit es nicht* von der *Sonderregelung* des § 14 Abs 3 S 1 ErbbauRG vom Erbbaugrundbuch »verdrängt« wird.   **3**

a) Eintragung und Löschung des Erbbaurechts als Grundstücksbelastung gehören in das Grundstücksgrundbuch. Bemerkungen dazu: **4**

aa) Die **Eintragung** des Erbbaurechts im Grundstücksgrundbuch hat **konstitutive Wirkung** für seine **Entstehung, Rang und Dauer** (§§ 873, 879 BGB); der Rang muss (zur Meidung einer sonst inhaltlich unzulässigen und somit wirkungslosen Erbbaurechtseintragung) dem § 10 ErbbauRG entsprechen.   **5**

Der **Inhalt des Eintragungsvermerks im Grundstücksgrundbuch** (Eintragungsstelle: nächstfreie lfdNr in Abt II Sp 1–3) soll nach dem in § 14 Abs 2 ErbbauRG verdeutlichten Gesetzesziel (dazu Rdn 16) zur Vermeidung von Widersprüchen zwischen den beiden Grundbuchblättern kurz gehalten werden.[4] Allgemeinen Grundsätzen entsprechend (vgl Vor GBV Rdn 127 ff sowie Eintragungsmuster in der Anl 2a Abt II Sp 1–3 lfdNr 5) gehören hinein:
– die **Kennzeichnung der Rechtsart,** wozu die gesetzliche Typenbezeichnung »Erbbaurecht« ausreicht;
– die **Bezeichnung des Erbbauberechtigten** gemäß § 15 GBO, bei mehreren mit Angabe gemäß § 47 GBO;
– die **Bezeichnung des Endtermins bzw der Dauer** des in praxi durchweg befristet bestellten Erbbaurechts,[5] eines etwaigen Anfangstermins,[6] einer etwaigen aufschiebenden Bedingung (auflösende Bedingung unzulässig gemäß § 1 Abs 4 ErbbauRG), alles nicht (gemäß § 874 BGB) per Bezugnahme eintragbar (vgl Vor GBV Rdn 167);
– die **Bezugnahme zur näheren Bezeichnung des Erbbaurechtsinhaltes,** aber kraft Gebotes des § 14 Abs 2 ErbbauRG[7] (abweichend von § 874 BGB) nicht auf die Eintragungsbewilligung, sondern auf das Erbbaugrundbuch (dazu: Rdn 15, 16).

Die **Anlegung des Erbbaugrundbuchs** erfolgt nach § 14 Abs 1 S 1 ErbbauRG »bei der« (nicht zur) Eintragung in das Grundbuch, ist somit nicht zu einem Erfordernis der Erbbaurechtsbegründung erhoben,[8] obwohl wegen § 14 Abs 2 ErbbauRG ohne sie nicht auszukommen ist (dazu Rdn 16). Zwar eine Amtspflichtverletzung mit Regressgefahr, aber unerheblich für die dinglichen Rechtswirkungen ist es deshalb, wenn Eintragungsdaten aus dem Grundstücksgrundbuch (zB die Flurstücksnummer des belasteten Grundstücks oder die Bezeichnung des ursprünglichen Erbbauberechtigten) im Erbbaugrundbuch versehentlich falsch wiedergegeben werden, weil es aufgrund § 873 BGB allein auf das im Grundstücksgrundbuch Eingetragene ankommt.[9] Stimmt dieses mit der Einigung der Beteiligten überein, ist das Erbbaurecht wie dort eingetragen entstanden; davon ist bis zum

---

2 OLG Dresden JFG 2, 304, 306 unter Bezug auf die Gesetzesmaterialien.
3 BayObLGZ 1986, 294 = Rpfleger 1986, 471; *Ingenstau/Hustedt* § 14 Rn 14 mwN; *Schöner/Stöber* Rn 1725. Die frühere Gegenmeinung von *Güthe-Triebel* § 8 GBO Rn 17 (Widerspruch hindere die Entstehung des Rechts) ist überholt.
4 *Plank-Strecker* § 14 ErbbauVO Anm 6a unter Anführung der Gesetzesbegründung.
5 Dazu OLG Frankfurt Rpfleger 1975, 59.
6 Dazu BGH NJW 1973, 1838 = Rpfleger 1973, 355 = DNotZ 1974, 90; OLG Zweibrücken NJW-RR 1994, 1294 = Rpfleger 1995, 155 mwN.
7 Durch Gesetz vom 18.07.1930 (RGBl I 305) wurde in § 14 der jetzige S 3 in Abs 1 eingeführt, der bisherige 3. S des Abs 1 zu Abs 2, der bisherige Abs 2 zu Abs 3; durch Gesetz vom 30.07.1973 (BGBl I 910) erhielt Abs 3 den jetzigen S 3; durch das RegVBG vom 20.12.1993 (BGBl I 2182) wurde Abs 4 angefügt.
8 In der Gesetzesbegründung unterstrichen, vgl *Plank-Strecker* 14 ErbbauVO Anm 3.
9 Dies wurde von *Güthe-Triebel* aaO (Fn 3) nicht konsequent gesehen.

Gegenbeweis auszugehen (§ 891 BGB). Ist das Erbbaurecht wegen irgendwelcher Rechtsmängel nicht entstanden, so kann sich ein gutgläubiger Erwerber (zB derjenige, dem ein Grundpfandrecht an dem vermeintlichen Erbbaurecht bestellt wird) nicht auf den Inhalt des Erbbaugrundbuchs, sondern allein auf die Erbbaurechtseintragung im Grundstücksgrundbuch berufen; ein Amtswiderspruch zur Verhinderung gutgläubigen Erwerbs wäre deshalb im Grundstücksgrundbuch einzutragen.[10]

6 **bb)** Die **Löschung** des Erbbaurechts im Grundstücksgrundbuch wirkt entweder **konstitutiv** (§ 875 BGB) **oder berichtigend** (falls das Erbbaurecht, zB aufgrund einer Befristung, außerhalb des Grundbuchs erloschen ist). Das Erbbaugrundbuch erhält einen Vermerk über die Löschung (§ 56 Abs 6) und ist anschließend gemäß § 16 ErbbauRG zu schließen.

7 **c) Änderungseintragungen** gehören **teils** in das **Grundstücksgrundbuch**, teils in das **Erbbaugrundbuch**. Aus § 14 ErbbauRG sind insofern folgende Grundsätze abzuleiten:
- Der **Funktionsbereich des Erbbaugrundbuchs** umfasst (Grundlage: § 14 Abs 2 und Abs 3 S 1 ErbbauRG): (1) Alle Eintragungen, welche das Erbbaurecht in seiner Rolle als grundstücksgleiches Recht (§ 11 ErbbauRG), also einem Grundstück (Grundeigentum) gleich als Bezugsobjekt erfassen (§ 14 Abs 3 S 1 ErbbauRG); dazu: Rdn 12, 13. Ein neu eingetragener Erbbauberechtigter ist außerdem im Grundstücksgrundbuch zu vermerken (§ 14 Abs 3 S 2, 3 ErbbauRG). (2) Alle Eintragungen, welche das Erbbaurecht in seinem Inhalt ändern (§ 14 Abs 2 ErbbauRG); dazu Rdn 15, 16.
- Der **Funktionsbereich des Grundstücksgrundbuchs** umfasst (Grundlage: § 3 Abs 1 S 2 GBO): (1) Alle Eintragungen, welche das erbbaurechtsbelastete Grundstück betreffen, wie zB Eigentumsumschreibungen und die Eintragung von weiteren Grundstücksbelastungen; im Übrigen dazu: Rdn 8. Ein neu eingetragener Eigentümer ist außerdem im Erbbaugrundbuch zu vermerken (§ 14 Abs 1 S 2 ErbbauRG). (2) Alle Eintragungen, welche das Erbbaurecht in seiner Rolle als Grundstücksbelastung, dh seinen Rechtszustand betreffen, ausgenommen die inhaltsändernden Eintragungen (Sonderregel des § 14 Abs 2 ErbbauRG); dazu Rdn 9 und 10. Eintragungen, die außerdem im Erbbaugrundbuch zu vermerken sind: § 56 Abs 1 Buchst d bzw Abs 4.

Zum Funktionsbereich des Grundstücksgrundbuchs gehören insb:

8 **aa) Veränderungen des belasteten Grundstücks;** sie sind im Bestandsverzeichnis des Grundstücksgrundbuchs zu buchen, wie insbesondere:
- die **Berichtigung der Bestandsangaben** dieses Grundstücks zur Erhaltung der Übereinstimmung mit dem Liegenschaftskataster. Zur Art der Buchung im Grundstücksgrundbuch und des anschließenden Vermerks im Erbbaugrundbuch: § 56 GBV Rdn 16;
- die **Verbindung (Vereinigung oder Bestandteilszuschreibung)** einer Fläche mit dem belasteten Grundstück (§ 890 BGB). Das Erbbaurecht erstreckt sich, da § 1131 BGB nicht anwendbar ist, nicht automatisch auf die zugeschriebene Fläche.[11] Zur gemäß §§ 5 bzw 6 GBO pflichtgemäßen Meidung von Verwirrungsgefahr (dazu: § 5 GBO Rdn 28 ff) wird das GBA jedoch den Vollzug eines Vereinigungs- oder Zuschreibungsantrages des Eigentümers von der (rechtsgeschäftlichen) Ausdehnung des Erbbaurechts auf die zuzuschreibende Fläche abhängig zu machen haben[12] (die Belastungen des Erbbaurechts erfassen dieses in seinem jeweiligen Bestand[13]). Dieser Erstreckungsvorgang wird zwar (wie die Erstreckung auf ein weiteres selbständiges Grundstück, dazu Rdn 10) als eine unter § 877 BGB fallende Inhaltsänderung des Erbbaurechts angesehen,[14] ist der Sache nach aber in erster Linie eine Nachverhaftung des einzubeziehenden Grundstücks iS des § 873 BGB, die als den Bestand des Erbbaurechts (den Umfang der Grundstücksbelastung) betreffende Maßnahme der konstitutiven Eintragung im Grundstücksgrundbuch bedarf. Zur Art der Buchung im Grundstücksgrundbuch nebst anschließendem Vermerk im Erbbaugrundbuch: § 56 GBV Rdn 16;
- die **Teilung** des belasteten Grundstücks. Die Befugnis des Eigentümers dazu (§ 903 BGB) wird durch die Erbbaurechtsbelastung nicht eingeschränkt. Das Erbbaurecht erfährt nach heute ganz hM durch die Grundstücksteilung keine Veränderung, es setzt sich grundsätzlich als einheitliches »Gesamterbbaurecht« an den verselbständigten Grundstücken fort (vgl § 7 GBO Rdn 78 und § 48 GBO Rdn 21, jeweils mwN). Nicht ausgeschlossen ist die Rechtsfolge nach § 1026 BGB, das Erlöschen des Erbbaurechts infolge der Teilung des belasteten Grundstücks unter der Voraussetzung, dass die Ausübung des Erbbaurechts auf einen Teilbereich

10 BayObLGZ 1986, 294 = aaO (Fn 3).
11 OLG Hamm NJW 1974, 280 mwN = Rpfleger 1973, 427 = DNotZ 1974, 94.
12 MüKo-*v Oefele* § 11 ErbbauVO Rn 32; *Schöner/Stöber* Rn 1844.
13 OLG Hamm aaO (Fn 11); *v Oefele, Schöner/Stöber* aaO (Fn 12); **aA** *Ingenstau/Hustedt* § 11 Rn 30 klammert Belastungen in Abt II aus. Zur Möglichkeit der Ausübungsbeschränkung beim Erbbaurecht: OLG Zweibrücken FGPrax 1996, 131; *Schöner/Stöber* Rn 1693 mwN.
14 OLG Neustadt Rpfleger 1963, 241 = DNotZ 1964, 344; OLG Hamm aaO (Fn 11); *RGRK-Räfle* Rn 108, MüKo-*v Oefele* Rn 32, je zu § 1 ErbbauVO; *Staudinger-Rapp* § 11 ErbbauVO Rn 13.

des bisherigen Gesamtgrundstücks beschränkt worden ist.[15] Zur Art der Buchung dieser ebenfalls den Bestand des Erbbaurechts (den Umfang der Grundstücksbelastung) betreffenden Maßnahme im Grundstücksgrundbuch und des anschließenden Vermerks im Erbbaugrundbuch: § 56 GBV Rdn 16.

bb) Veränderungen der Erbbaurechtsdauer, also die Verlängerung oder Verkürzung der ursprünglichen **9** Laufzeit. Derartige rechtsgeschäftliche Änderungsvorgänge unterliegen nach ganz hM zwar ebenfalls (zur Abgrenzung gegenüber § 873 BGB) dem Modus des § 877 BGB wie eine (echte) Inhaltsänderung,[16] mit der Folgerung, dass der Einigungsnachweis Eintragungsvoraussetzung ist (§ 20 GBO). Der Sache nach ist eine Laufzeitänderung jedoch keine Inhaltsänderung, sondern eine ebenfalls den Bestand des Erbbaurechts (die Dauer der Grundstücksbelastung) betreffende Maßnahme, die nicht durch den Verweis gemäß § 14 Abs 2 ErbbauRG in das Erbbaugrundbuch »verlagert« wird (dazu Rdn 15, 16), so dass für den konstitutiven Vollzug auch dieser Änderung das Grundstücksgrundbuch kompetent bleibt.[17] Zur Art der Buchung im Grundstücksgrundbuch nebst anschließendem Vermerk im Erbbaugrundbuch: § 56 GBV Rdn 17 bis 19.

cc) Veränderungen des Erbbaurechtszustandes. Sie sind im Grundstücksgrundbuch (Abt II Sp 4/5) zu **10** buchen, weil sie die Grundstücksbelastung modifizieren. Hierzu zählen insbesondere:
- die **Erstreckung** des Erbbaurechts **auf ein weiteres selbständiges Grundstück,** wodurch – wie bei gleichzeitiger Belastung mehrerer Grundstücke mit demselben Erbbaurecht – nach hM (vgl Rdn 8 für den Fall der Grundstücksteilung) ein »Gesamterbbaurecht« entsteht, vorausgesetzt, dass die neu hinzukommende Fläche für das Bauwerk (§ 1 Abs 1 ErbbauRG) oder als Nebenfläche (§ 1 Abs 2 ErbbauRG) benötigt wird.[18] Für unter Umständen praktisch zweckmäßig (zB wenn bei einem Wohnhaus-Erbbaurecht die zur Erlangung der Baugenehmigung vom Bauherrn nachzuweisenden Garagen- oder Einstellplätze sich auf einem Grundstück befinden, das vom Baugrundstück getrennt liegt) und für rechtlich zulässig erachtet worden ist die Belastbarkeit mehrerer Grundstücke, die nicht aneinander grenzen, mit einem einheitlichen Gesamterbbaurecht.[19] Nach der durch das RegVBG eingefügten Sollvorschrift des § 6a GBO soll die (materiellrechtlich wohl weiterhin zulässige) Belastung mehrerer nicht aneinander grenzender Grundstücke mit einem Erbbaurecht nur noch eingetragen werden, wenn die Grundstücke »nahe beieinander liegen« oder (näher bezeichnete) besondere Bedürfnisse vorliegen und dem GBA glaubhaft gemacht werden. Der Nachverhaftungsvorgang soll nicht (wie bei den sonstigen Rechten) dem § 873 BGB, sondern dem Modus der Inhaltsänderungen (§ 877 BGB) unterliegen, so dass gemäß § 20 GBO auch hierfür der Einigungsnachweis Eintragungsvoraussetzung ist.[20] Der Sache nach ist die gegenständliche Ausdehnung des Erbbaurechts aber in erster Linie eine Nachverhaftung (vgl Rdn 8), so dass aus den erwähnten Gründen die konstitutive Eintragung im Grundstücksgrundbuch zu erfolgen hat. Zur Art der Buchung im Grundstücksgrundbuch nebst anschließendem Vermerk im Erbbaugrundbuch: § 56 GBV Rdn 20 bis 22;
- die **Enthaftung von Grundstücken oder Grundstücksteilen,** die als teilweise Aufhebung des Erbbaurechts (§ 875 BGB) der Zustimmung der Berechtigten aus Abt II und III des Erbbaugrundbuchs (§ 876 S 1 BGB) und des Grundstückseigentümers (§ 26 ErbbauRG) bedarf. Zur Art der Buchung im Grundstücksgrundbuch und des anschließenden Vermerks im Erbbaugrundbuch: § 56 GBV Rdn 23 bis 25;
- die **Teilung des Erbbaurechts** (zu Zulässigkeit und Voraussetzungen: § 7 GBO Rdn 96 ff). Die Erbbaurechtsteilung setzt in jedem Fall eine konforme Teilung des belasteten Grundstücks voraus und besteht strukturell in der teilweisen Aufhebung des bisherigen Erbbaurechts, und zwar derart, dass nach ihrem Vollzug die einzelnen Teilrechte nicht mehr auf der ursprünglichen Grundfläche lasten, sondern sich jeweils auf eine Teilfläche davon beschränken (vgl § 7 GBO Rdn 97 bis 104). Es ist überlegt worden, ob diese Teilung nach § 14 Abs 3 S 1 ErbbauRG primär im Bestandsverzeichnis des Erbbaugrundbuchs zu vollziehen sei, weil sie das Erbbaurecht in seiner Eigenschaft als grundstücksgleiches Recht (quasi als »juristisches Grundstück«) betreffe.[21] Richtigerweise durchgesetzt hat sich aber – auch im Hinblick auf § 26 ErbbauRG –, dass insoweit die Gleichstellung mit einem Grundstück nicht passt, sondern das Erbbaurecht als das behandelt werden muss, was es ist, nämlich ein Recht an einem Grundstück, dass demzufolge die Aufteilung des Erbbaurechts an der gleichen Stelle zu buchen ist wie seine Entstehung, in Abt II des Grundstücksgrundbuchs.[22] Ausschlaggebend dafür ist, dass durch die Teilung des Erbbaurechts sich dessen Bestand ändert, weil mehrere

---

15 BayObLGZ 1957, 217 = Rpfleger 1957, 383 = DNotZ 1958, 409 m Anm *Weitnauer*, MüKo-*v Oefele* § 11 ErbbauVO Rn 31; *Schöner/Stöber* Rn 1693 eE.
16 BayObLGZ 1959, 520 = NJW 1960, 1155 = DNotZ 1960, 540 m Anm *Weitnauer*; Staudinger-Rapp § 27 ErbbauVO Rn 15; RGRK-*Räfle* § 1 ErbbauVO Rn 108; MüKo-*v Oefele* § 11 ErbbauVO Rn 27.
17 Im Ergebnis ebenso: *Staudinger-Rapp* Rn 3, RGRK-*Räfle* Rn 7, MüKo-*v Oefele* Rn 3, 9, *Palandt-Bassenge* Rn 1, *Ingenstau/Hustedt* Rn 4, je zu § 14 ErbbauVO; *Schöner/Stöber* Rn 1859.
18 BayObLGZ 1984, 105 mwN = Rpfleger 1984, 313 = DNotZ 1985, 375; *Schöner/Stöber* Rn 1697, 1698.
19 *Demharter* DNotZ 1986, 457, 462; *Meyer-Stolte* Rpfleger 1988, 355 gegen OLG Köln Rpfleger 1988, 355.
20 OLG Neustadt aaO (Fn 14); OLG Hamm aaO (Fn 11); BayObLG, *Schöner/Stöber* aaO (Fn 18).
21 So *Hauschild* Rpfleger 1954, 602, 604 gegen *Rohloff* Rpfleger 1954, 84, 86 ff.
22 *Rohloff* aaO (Fn 21) mit Fassungsvorschlägen; *Muttray* Rpfleger 1955, 215, 217; *Lutter* DNotZ 1960, 80, 89; anknüpfend: LG Traunstein Rpfleger 1987, 242, 243.

selbständige Erbbaurechte entstehen. Zur Art der Buchung im Grundstücksgrundbuch und des anschließenden Vermerks im Erbbaugrundbuch: § 56 GBV Rdn 26 bis 28;

– die **Vereinigung und Bestandteilszuschreibung von Erbbaurechten miteinander oder mit Grundstücken** wird wohl überwiegend als zulässig angesehen mit zwei Ausnahmen (vgl § 5 GBO Rdn 5, 11; § 6 GBO Rdn 8, 12, jeweils mwN): (1) Unzulässig ist die Vereinigung des Erbbaurechts mit dem Grundstück, auf dem es lastet. (2) Unzulässig ist die Zuschreibung des Erbbaurechts als Bestandteil des belasteten Grundstücks. Zulassen sollte man den umstrittenen umgekehrten Fall der **Zuschreibung des belasteten Grundstücks als Bestandteil des Erbbaurechts**.[23] Der Nutzen dieser Möglichkeit: Der Erbbauberechtigte könnte das Eigentum am Erbbaugrundstück erwerben, gemäß § 1131 BGB die auf dem Erbbaurecht lastenden Grundpfandrechte in der bisherigen Rangfolge auf das hinzuerworbene Grundstück erstrecken und sodann das Erbbaurecht aufheben. Im Gegensatz zur oben erläuterten Erbbaurechtsteilung müsste die Eintragung der Vereinigung bzw Bestandteilszuschreibung nicht im Grundstücksgrundbuch, sondern im Bestandsverzeichnis des Erbbaugrundbuchs erfolgen, weil an diesen Vorgängen das Erbbaurecht (in seinem Bestand unverändert!) als grundstücksgleiches Recht beteiligt ist.[24] Zur Art der Buchung im Erbbaugrundbuch nebst Vermerk im Grundstücksgrundbuch: § 56 GBV Rdn 29.

2. Funktionsbereich des Erbbaugrundbuchs

11 Nach § 14 ErbbauRG hat das Erbbaugrundbuch eine Doppelfunktion (vgl Rdn 7).

12 **a) Grundbuch für das Erbbaurecht als grundstücksgleiches Recht.** Nach § 14 Abs 3 S 1 ErbbauRG bedürfen Eintragungen, für die das Erbbaurecht grundstücksgleiche Bedeutung hat, der Buchung im Erbbaugrundbuch, um materiellrechtliche Wirkung zu erlangen. Dies gilt für:

13 **aa) Übertragungen und Belastungen des Erbbaurechts** nebst den sich darauf beziehenden Veränderungen, Beschränkungen, Löschungen, Vormerkungen und Widersprüchen sowie Verfügungsbeschränkungen des Erbbauberechtigten. Die Eintragungen gehören in Abt I, II oder III des Erbbaugrundbuches; insoweit gelten die allgemeinen Regeln der Grundbuchführung (§ 57). Der Vermerk der neu eingetragenen Erbbauberechtigten im Grundstücksgrundbuch (§ 14 Abs 3 S 2 ErbbauRG) kann nach dem mit Gesetz vom 30.07.1973 (BGBl I 910) angefügten S 3 auf einen generellen Verweis reduziert werden, etwa mit den in den Ersteintragungsvermerk (in Abt II des Grundstücksgrundbuchs, Benennung des ursprünglich Berechtigten ist unumgänglich, vgl Rdn 5) aufzunehmenden Floskel: »*Künftige Erbbauberechtigte gemäß Erbbaugrundbuch.*«

14 **bb) Teilung, Vereinigung, Bestandteilszuschreibung des Erbbaurechts** unterscheiden sich sowohl materiellrechtlich als auch buchungstechnisch wesentlich von den entsprechenden Vorgängen bei Grundstücken. In den Grundzügen erläutert sind die Vorgänge bei Rdn 10.

15 **b) Grundbuch für den Erbbaurechtsinhalt**

Nach **§ 14 Abs 2 ErbbauRG** (= Abs 1 S 3 bis zur Änderung von 1930) »ist« bei der Eintragung im Grundstücksgrundbuch »zur näheren Bezeichnung des Inhalts des Erbbaurechts auf das Erbbaugrundbuch Bezug zu nehmen«. Gedeutet wird diese Vorschrift nicht widerspruchsfrei: Man sieht darin einerseits eine Ordnungsvorschrift, deren Nichtbeachtung den Bestand des Rechtes unberührt lasse, misst ihr andererseits aber die (materiellrechtliche) Bedeutung bei, dass ihretwegen (im Ergebnis zutreffend) die Bezugnahme auf die Eintragungsbewilligung bei der Eintragung des Erbbaurechts *im Grundstücksgrundbuch unzulässig* sei.[25] Dies ist zu überdenken, denn sowohl **Wortlaut als auch Sinn** der Vorschrift **sprechen für ein zwingendes Gebot:**

16 **aa) § 14 Abs 2 ErbbauRG** ist als **lex specialis zu § 874 BGB** zu sehen,[26] unterstützt durch den mit Gesetz vom 18.07.1930 dem § 14 Abs 1 ErbbauRG angefügten S 3 (zur Umstrukturierung des § 14: Rdn 5 mit Fn 7). Nach dieser Gesetzeserweiterung ist die *Bezugnahme auf die Eintragungsbewilligung* – dem § 874 BGB entsprechend – *im Erbbaugrundbuch zulässig, nicht im Grundstücksgrundbuch;* dort bliebe sie (weil gesetzlich nicht gestattet) materiellrechtlich wirkungslos. Die in § 14 Abs 2 (früher Abs 1 S 3) vorgeschriebene ausdrückliche *Bezugnahme auf das Erbbaugrundbuch* vermeidet zwar (wie eine Bezugnahme nach § 874 BGB) die Überfüllung des Grundstücksblattes, bezweckt dies aber allenfalls beiläufig. Ihr Hauptzweck ist es, einen Widerspruch zwischen dem Inhalt der beiden Blätter zu verhindern; die Gesetzesbegründung erwähnt, dass es dem Gesetz entspricht, wenn sich die Eintragung im Grundstücksblatt beschränkt auf die »einfache Angabe über die Bestellung des

---

23 BayObLGZ 1999, 63 = FGPrax 1999, 88 = NJW–RR 1999, 1104 = Rpfleger 1999, 327 (Meinungsübersicht, aber offen lassend); s auch *Schöner/Stöber* Rn 1845.

24 Zu den materiellen, formellen u grundbuchtechnischen Fragen: *Kehrer* WürttNV 1954, 86 u BWNotZ 1957, 52, 61; *Schulte* BWNotZ 1960, 137. Zur entsprechenden Buchungsweise bei der Vereinigung von Erbbaurechten: BayObLG MittBayNot 1996, 34.

25 Dem OLG Dresden (Beschluss aus der Zeit vor 1930) JFG 2, 304, 307 folgend zB MüKo-*v Oefele* Rn 2, RGRK-*Räfele* Rn 3, *Ingenstau/Hustedt* Rn 3, alle zu § 14 ErbbauVO; auch *Schöner/Stöber* Rn 1724.

26 *Planck-Strecker* § 14 ErbbauVO Anm 6.

Erbbaurechts«, die Person des Berechtigten, etwaige aufschiebende Bedingungen, Anfangs- und Endtermine und die Bezugnahme auf das Erbbaugrundbuch.[27] Der durch § 14 Abs 2 gebotenen Bezugnahme ist danach offensichtlich die eigenartige **Funktion eines Pauschalverweises** beigelegt, der die Buchung des vertraglichen Erbbaurechtsinhalts (zulässig nach Maßgabe der §§ 2 ff ErbbauRG) vom Grundstücksgrundbuch in das Erbbaugrundbuch »verlagert«. Dieser Deutung gemäß kann die Unterlassung der vorgeschriebenen Bezugnahme auf das Erbbaugrundbuch durchaus materiellrechtlich erhebliche Konsequenzen zur Folge haben: Das Grundstücksgrundbuch bliebe dann für die Bezeichnung des Erbbaurechtsinhalts maßgeblich; dort müsste allerdings der vereinbarte Erbbaurechtsinhalt direkt eingetragen sein, um dingliche Wirksamkeit zu erlangen, weil es für die Bezugnahme auf die Eintragungsbewilligung an dieser Stelle, wie erwähnt, keine gesetzliche Grundlage gibt. Wäre der von den Beteiligten gewollte Rechtsinhalt nicht derart zur Eintragung gelangt, so divergierten Einigung und Eintragung, so dass zu prüfen bliebe (§ 139 BGB), ob das Erbbaurecht gar nicht oder mit dem eingetragenen dezimierten »Rumpfinhalt« entstanden ist. Dass das Gesetz die Funktionsverlagerung vom Grundstücks- auf das Erbbaugrundbuch nicht selbst bestimmt, sondern dem Eintragungsakt überlässt, dient der Transparenz des Grundbuchinhalts. Richtigerweise wird aus § 14 Abs 2 ErbbauRG einhellig gefolgt, dass **nicht nur der ursprüngliche Erbbaurechtsinhalt, sondern auch nachträgliche Inhaltsänderungen** im Erbbaugrundbuch zu buchen sind, um gemäß § 877 BGB dingliche Wirkung zu erlangen. Ein zusätzlicher Vermerk der durch Eintragung im Erbbaugrundbuch wirksam gewordenen Inhaltsänderung im Grundstücksgrundbuch erübrigt sich; das gerade gehört zum Zweck des dort gemäß § 14 Abs 2 ErbbauRG verankerten Dauerverweises.

bb) Die **Kompetenzgrenze des Erbbaugrundbuchs** für die Umgestaltung des Erbbaurechts ergibt sich aus **17** der durch § 14 Abs 2 ErbbauRG (zur »näheren« Bezeichnung des »Inhalts« des Erbbaurechts) abgesteckten Tragweite des im Grundstücksgrundbuch anzubringenden Verweises auf das Erbbaugrundbuch. Für Änderungen, welche die Dauer und den gegenständlichen Umfang des Erbbaurechts als Grundstücksbelastung betreffen, bleibt das Grundstücksgrundbuch maßgeblich (dazu Rdn 8 bis 10). Die Zuständigkeit des Erbbaugrundbuchs betrifft die Eintragung von Änderungen im Bereich dessen, was gemäß §§ 2 ff ErbbauRG als »vertragsmäßiger Inhalt« des Erbbaurechts vereinbar ist. Zu den Eintragungsmodalitäten: § 56 GBV Rdn 31.

cc) Anknüpfend bestimmt **§ 24 Abs 1 GBV,** dass die Bewilligung der Eintragung eines Erbbaurechts zu den **18** Grundakten des Erbbaugrundbuchs zu nehmen ist. Die Eintragungsgrundlage ist demgemäß in die Grundakten desjenigen Blattes zu verwahren, in dem gemäß § 14 Abs 1 S 3 ErbbauRG darauf Bezug genommen wird.

III. Gesamterbbaurecht

Für ein Gesamterbbaurecht (zur Zulässigkeit Einl C 165 mwN und die Erläuterungen zu § 6a GBO; auch hier **19** Rdn 10) ist **nur ein Erbbaugrundbuch** zu führen; zuständig zu dessen Anlegung und Führung ist das Amtsgericht, in dessen Bezirk die belasteten Grundstücke liegen; erstrecken sie sich auf mehrere Amtsgerichtsbezirke, ist das zuständige Amtsgericht entsprechend § 1 Abs 2 GBO nach § 5 FGG zu bestimmen.[28] Ein Gesamterbbaurecht entsteht durch:

– Ursprüngliche Belastung mehrerer Grundstücke desselben Eigentümers oder verschiedener Eigentümer mit demselben Erbbaurecht. Die Anlegung des Erbbaugrundbuchs richtet sich nach § 56 mit der Besonderheit, dass der Erbbaurechtsbeschrieb im Bestandsverzeichnis die Gesamtheit der belasteten Grundstücke, die Buchungsstellen des Erbbaurechts in Abt II der Grundstücksgrundbuchblätter und die Eigentümer der belasteten Grundstücke aufzuzeigen hat (dazu § 56 GBV Rdn 34).
– Nachträgliche Teilung des belasteten Grundstücks (dazu Rdn 8).
– Nachträgliche Erstreckung des Erbbaurechts auf ein weiteres Grundstück (dazu Rdn 10).
– Nachträgliche Verbindung mehrerer Einzelerbbaurechte durch Vereinigung oder Bestandteilszuschreibung (dazu Rdn 10 aE).

IV. Untererbbaurecht

Das Untererbbaurecht (zur Zulässigkeit Einl C 167 mwN) entsteht als Belastung eines Erbbaurechts, des sog **20** »Obererbbaurechts«. Die konstitutive Eintragung hat in Abt II des für das Obererbbaurecht angelegten Erbbaugrundbuchs zur ersten Rangstelle gemäß § 10 ErbauVO zu erfolgen. Zugleich ist **pro Untererbbaurecht** nach § 14 ErbbauRG von Amts wegen **ein besonderes Erbbaugrundbuch** anzulegen. Das Bestandsverzeichnis dieses Grundbuchs ist in sinngemäßer Anwendung des § 56 zu gestalten (dazu § 56 GBV Rdn 35).

---

27 *Planck-Strecker* aaO (Fn 26) Anm 6a mwN.
28 OLG Köln Rpfleger 1961, 18.

V. Wohnungs- und Teilerbbaurecht

21 Gemäß § 30 WEG kann ein Erbbaurecht in Wohnungs- bzw Teilerbbaurechte aufgeteilt werden. Zur Anlegung und Führung der Wohnungs- bzw Teileigentümergrundbücher: § 8 WGV nebst Erläuterungen.

VI. Sonderrecht für die neuen Bundesländer

22 Im **SachenRBerG (§ 39)** sind – nur für die unter dieses Gesetz fallenden Sachverhalte – Sonderformen des Erbbaurechts vorgesehen, die – abgesehen vom Gesamterbbaurecht – nach der ErbbauRG als nicht zulässig anzusehen sind. Wegen dieses Sonderrechts wird verwiesen auf die Erläuterungen zu § 3 GBO Rn B 228 ff und zu § 6a GBO Rn B 1 ff der 9. Auflage.

§ 54 (Anwendung der Vorschriften der Grundbuchverfügung)

Auf das für ein Erbbaurecht anzulegende besondere Grundbuchblatt (§ 14 Abs 1 des Erbbaurechtsgesetzes) sind die vorstehenden Vorschriften entsprechend anzuwenden, soweit sich nicht aus den §§ 55 bis 59 Abweichendes ergibt.

1 I. Die **Grundsatzbestimmung** des § 54 hat vor allem die Bedeutung, dass für die nach § 14 ErbbauRG zu führenden Erbbaugrundbücher derselbe Blattvordruck zu verwenden ist wie für die Grundstücksgrundbücher.

2 II. Wegen der **Wohnungs- und Teilerbbaugrundbücher** siehe § 8 WGV nebst Erläuterungen.

§ 55 (Bezeichnung des Erbbaugrundbuchblattes)

(1) Das Erbbaugrundbuchblatt erhält die nächste fortlaufende Nummer des Grundbuchs, in dem das belastete Grundstück verzeichnet ist.

(2) In der Aufschrift ist unter die Blattnummer in Klammern das Wort »Erbbaugrundbuch« zu setzen.

I. Zu Abs 1: Blattnummer des Erbbaugrundbuchs

1 Die Erbbaugrundbücher sind in den Grundbuchbezirk integriert, dem das erbbaurechtbelastete Grundstück zugehört. Ein neu anzulegendes Erbbaugrundbuch erhält die nächstfreie Blattnummer dieses Bezirks. Es gelten also keine Besonderheiten.

II. Zu Abs 2: Blattkennzeichnung in der Aufschrift

2 Die – ansonsten wie bei einem Grundstücksgrundbuch gestaltete – Aufschrift des Blattes ist an der bezeichneten Stelle besonders als »*Erbbaugrundbuch*« zu kennzeichnen; eine Unterzeichnung dieses Zusatzes findet nicht statt (vgl Muster der Anl 9). Für Fälle, in denen auf einem Grundbuchblatt neben dem Erbbaurecht auch ein Grundstück gebucht ist, notwendig bei Vereinigung und Bestandteilszuschreibung, wird als Aufschrift vorgeschlagen: »*Erbbaugrundbuch und Grundbuch*«[1] oder »*Grundbuch auch Erbbaugrundbuch*«.[2]

§ 56 (Eintragungen in das Bestandsverzeichnis des Erbbaugrundbuchs)

(1) Im Bestandsverzeichnis sind in dem durch die Spalten 2 bis 4 gebildeten Raum einzutragen:
a) **die Bezeichnung »Erbbaurecht« sowie die Bezeichnung des belasteten Grundstücks, wobei der Inhalt der Spalten 3 und 4 des Bestandsverzeichnisses des belasteten Grundstücks in die Spalten 3 und 4 des Erbbaugrundbuchs zu übernehmen ist;**
b) **der Inhalt des Erbbaurechts;**

---

1 So *Schulte* BWNotZ 1960, 137, 145.
2 So *Cammerer* BayNotV 1922, 173, 174.

c) im unmittelbaren Anschluß an die Eintragung unter Buchstabe b der Eigentümer des belasteten Grundstücks;

d) Veränderungen der unter den Buchstaben a bis c genannten Vermerke.

(2) Bei Eintragung des Inhalts des Erbbaurechts (Absatz 1 Buchstabe b) ist die Bezugnahme auf die Eintragungsbewilligung zulässig; jedoch sind Beschränkungen des Erbbaurechts durch Bedingungen, Befristungen oder Verfügungsbeschränkungen (§ 5 des Erbbaurechtsgesetzes) ausdrücklich einzutragen.

(3) In der Spalte 1 ist die laufende Nummer der Eintragung anzugeben.

(4) In der Spalte 6 sind die Vermerke über die Berichtigungen des Bestandes des belasteten Grundstücks, die auf dem Blatt dieses Grundstücks zur Eintragung gelangen (§ 6 Abs 6 Buchstabe e), einzutragen. In der Spalte 5 ist hierbei auf die laufende Nummer hinzuweisen, unter der die Berichtigung in den Spalten 3 und 4 eingetragen wird.

(5) Verliert durch die Eintragung einer Veränderung nach ihrem aus dem Grundbuch ersichtlichen Inhalt ein früherer Vermerk ganz oder teilweise seine Bedeutung, so ist er insoweit rot zu unterstreichen.

(6) Die Löschung des Erbbaurechts ist in der Spalte 8 zu vermerken.

I. Allgemeines

Im Erbbaugrundbuchblatt wird das Erbbaurecht seiner grundstücksgleichen Natur gemäß **ausschließlich im Bestandsverzeichnis dargestellt.** Dort sind auch dessen Veränderungen einzutragen bzw zu vermerken. Dies regelt § 56. Praktisch überwiegt die Buchung im Realfolium, zulässig ist auch das Personalfolium (dazu § 4 GBO Rdn 4). **1**

II. Buchungen bei Anlegung des Erbbaugrundbuchs (Abs 1 bis 3)

1. Spalte 1: Laufende Nummer der Eintragung

Gemäß Abs 3 ist die Sp 1 – wie im Grundstücksgrundbuch – für die Nummerierung der in den Sp 1 bis 4 erfolgenden Einträge bestimmt. Die bei der Anlegung des Erbbaugrundbuchs vorzunehmende Eintragung erhält die lfdNr »1« (vgl Eintragungsmuster in der Anl 9). **2**

2. Spalten 2 bis 4: Darstellung des Erbbaurechts

Gemäß Abs 1 bilden die Sp 2 bis 4 zusammen den Raum für die Darstellung des Erbbaurechts und seiner nachträglichen Veränderungen. Auch die abschließende Datierung und Unterzeichnung der Einträge (§ 44 GBO) hat an dieser Stelle zu erfolgen. Zur teils lediglich wiederholenden, teils konstitutiven Bedeutung des Ersteintrags im Erbbaugrundbuch: Vor § 54 GBV Rdn 5, 16. **In den Ersteintrag gehören** nach Abs 1 (vgl Eintragungsmuster in der Anl 9): **3**

a) Die **Typenbezeichnung »Erbbaurecht«** nebst Angabe der (individualisierenden) Eintragungsstelle (lfdNr der Abt II) im Grundstücksgrundbuch. **4**

b) Die **Bezeichnung des belasteten Grundstücks.** Nicht vorgeschrieben, aber üblich ist die Angabe der Buchungsstelle (lfdNr des Bestandsverzeichnisses im Grundstücksgrundbuch); vorgeschrieben ist die Wiedergabe der dort in den Sp 3 und 4 verzeichneten Katasterdaten des belasteten Grundstücks. Zur Buchungsweise bei einem Untererbbaurecht vgl Rdn 35. **5**

6   **c)** Der **Inhalt des Erbbaurechts.** Insoweit hat die Eintragung im Erbbaugrundbuch Konstitutivwirkung, falls im Grundstücksgrundbuch gemäß § 14 Abs 2 ErbbauRG auf das Erbbaugrundbuch verwiesen ist (vgl Vor § 54 GBV Rdn 16). Zur näheren Bezeichnung des Erbbaurechtsinhalts kann aufgrund § 14 Abs 1 S 3 ErbbauRG nach näherer Maßgabe des Abs 2 auf die Eintragungsbewilligung Bezug genommen werden. Verfahrensrechtliche Grundbedingung ist die »Bezugnahmefähigkeit« der Eintragungsbewilligung, dh es ist darauf zu achten, dass das »Was« und »Wie« des gewollten Erbbaurechtsinhalts mit der vom Grundbuchzweck her gebotenen Klarheit in der Eintragungsbewilligung zum Ausdruck gebracht ist (dazu Vor GBV Rdn 104 ff).

7   **d)** Zum **Umfang der Bezugnahme:** Mit der einzutragenden Typenbezeichnung »Erbbaurecht« ist der Wesenskern des Rechtsinhalts im Grundbuch selbst hinreichend bezeichnet (dazu Vor GBV Rdn 131), es genügt deshalb *nach materiellem Recht* (§ 14 Abs 1 S 3 ErbbauRG, völlig dem § 874 BGB entsprechend) für alles weitere die Eintragung per Bezugnahme auf die Eintragungsbewilligung. Mit uneingeschränkter Bezugnahme wird also alles, was nach der Bewilligungserklärung dinglicher Inhalt des Erbbaurechts werden soll, rechtswirksamer Bestandteil der Eintragung. Das für das GBA verbindliche *Verfahrensrecht* verengt allerdings den vom materiellen Recht her weiten Zulässigkeitsrahmen; denn **Abs 2 verlangt** den **Direkteintrag für:**

8   **aa)** Etwaige **Bedingungen oder Befristungen des Erbbaurechts.** Sie bedürfen zur Erlangung der dinglichen Wirksamkeit der Direkteintragung im Grundstücksgrundbuch (vgl Vor § 54 GBV Rdn 5). Im Erbbaugrundbuch sind sie ihrer Bedeutung wegen ebenfalls hervorzuheben.

9   **bb)** Etwaige **Veräußerungs- und Belastungsbeschränkungen,** »als Inhalt des Erbbaurechts« (§ 5 ErbbauRG). Die von der GBV vorgeschriebene Direkteintragung will die Verfügungsbeschränkung wegen ihrer wichtigen Bedeutung für den Rechtsverkehr besonders auffällig machen, hat also eine *Warnfunktion*.[1] Die Beteiligten können die Verfügungsbeschränkung in dem durch § 5 ErbbauRG gesetzten Rahmen mehr oder weniger detailliert und wortreich ausgestalten, auch einen Katalog von speziellen Ausnahmefällen vorsehen. Der Warnzweck der formellen Ordnungsvorschrift erfordert es nicht, in derartigen Fällen alle Einzelheiten direkt im Grundbuch einzutragen. Es genügt im Eintragungsvermerk das Wesentliche (Art und Umfang, Andeutung der Ausnahmen) und im Übrigen Bezugnahme auf die Bewilligung, für das materielle Recht ohnehin ausreichend[2] (dazu Vor GBV Rdn 172). Unter Zweckmäßigkeitsgesichtspunkten ist der Bezugnahmegebrauch jedenfalls bei vielschichtigen und dementsprechend umfangreichen Bestimmungen vorteilhaft.[3]

10   **e)** Der **Vermerk des Eigentümers** des belasteten Grundstücks gemäß § 14 Abs 1 S 2 ErbbauRG gehört ebenfalls zum Eintragungsvermerk in den Sp 3/4 des Bestandsverzeichnisses. Es ist zumindest zweckmäßig, die Personalien in diesem Vermerk genauso wiederzugeben wie in der rechtsbegründenden Eintragung in Abt II des Grundstücksgrundbuchs. Zur Buchungsweise bei einem Gesamterbbaurecht vgl Rdn 34, bei einem Untererbbaurecht vgl Rdn 35.

III. Buchungen und Rötungen bei Veränderungen (Abs 1 Buchst d, 4 und 5)

1. Spalte 1: Laufende Nummer der Eintragung

11   Im Eintragungsmuster der Anl 9 haben die nachträglichen Veränderungseinträge eine schlichte fortlaufende Nummerierung erhalten. Dies entspricht zwar dem Wortlaut des Abs 3. Es dürfte jedoch **zweckmäßig** sein, **bei der lfdNr jeweils auf den Bezugseintrag zu verweisen,** etwa so »2/zu 1«, »3/zu 1« usw. Diese Nummerierungsmethode sieht die GBV an anderer Stelle (§§ 7 und 8) selbst vor, um Zuordnung anzuzeigen. Sie dient der Übersicht, insb dann, wenn mehrere Erbbaurechte auf einem Blatt gebucht sein sollten. Außerdem sorgt sie für klarere Verhältnisse in Bezug auf die Eintragungen in den drei Abteilungen. Wer dort liest, dass sich eine Eintragung auf die lfdNr »1« des Bestandsverzeichnisses bezieht, wird beim Blick in das Bestandsverzeichnis durch die vorgeschlagene Zuordnungskennzeichnung auf die zur lfdNr 1 nachgetragenen Veränderungsvermerke aufmerksam gemacht.

2. Spalten 2 bis 4: Ort und Art der Veränderungseinträge

12   **a) Ort:** Die Bestimmung des Abs 1 Buchst d ist in zweifachem Sinne zu verstehen. Zum einen ergibt sich daraus, dass das Erbbaugrundbuch bei Veränderungen bezüglich der im Bestandsverzeichnis vermerkten Daten »auf dem laufenden« zu halten ist. Zum anderen wird bestimmt, dass die Veränderungen in den Sp 2 bis 4 darzustellen sind. Vermerke in den Sp 5/6 sind in Abs 4 nur für Berichtigungen des Bestandes des belasteten

---

1   BayObLGZ 1979, 227, 230 = Rpfleger 1979, 384 = DNotZ 1980, 50, 52.
2   BayObLG aaO (Fn 1) mwN.
3   Vgl die Beispiele, Argumente und Formulierungsvorschläge von *Weitnauer* und *Diester* Rpfleger 1968, 205 ff zum insoweit gleich gelagerten § 12 WEG. Eine Mischform der Eintragung (vertragsmäßiger Inhalt des Erbbaurechts zT ausdrücklich, im Übrigen durch Bezugnahme auf die Eintragungsbewilligung eingetragen) führt nicht zur inhaltlichen Unzulässigkeit der Eintragung: BayObLG Rpfleger 2002, 140 = DNotZ 2002, 294.

Grundstücks vorgeschrieben (dazu Rdn 16), zur Erläuterung von Veränderungsvermerken jedoch in weiteren Fällen zweckmäßig (dazu Rdn 28 ff).

b) Art: Die meisten Veränderungsvermerke im Bestandsverzeichnis des Erbbaugrundbuchs dienen der *Anglei-*   **13** *chung* des Erbbaugrundbuchs an die vorausgehenden Eintragungen im Grundstücksgrundbuch (dazu Vor § 54 GBV Rdn 8 bis 10). Nur die inhaltsändernden Eintragungen haben *Konstitutivwirkung* (gemäß § 877 BGB), sofern – wie in § 14 Abs 2 ErbbauRG zwingend vorgeschrieben (dazu Vor § 54 GBV Rdn 15 bis 17) – im Grundstücksgrundbuch dieserhalb auf das Erbbaugrundbuch verwiesen worden ist. Fassungsvorschläge: Rdn 15 ff.

3. Rötung infolge Veränderungseintragungen

Gemäß Abs 5 sind frühere Eintragungsvermerke im Erbbaugrundbuch zu röten, soweit sie durch nachfolgende   **14** Eintragungen oder Vermerke ihre Bedeutung verlieren. Die dementsprechenden Rötungen im Grundstücks- grundbuch richten sich nach § 17 Abs 3. Die Rötung per umgekehrter »Buchhalternase«, in § 17 ausdrücklich vorgesehen für Fälle der Rötung eines ganzen Eintragungsvermerks (vgl § 17 GBV Rdn 13, 15), wird in ent- sprechender Weise auch im Erbbaugrundbuch als zulässig angesehen werden dürfen. Immerhin ist diese Rötungserleichterung in dem durch VO vom 15.07.1994 (BGBl I 1606) eingefügten § 17a auch für das Bestandsverzeichnis und die erste Abteilung für zulässig erklärt worden. § 56 Abs 5 ist dabei wohl versehentlich außer Acht gelassen worden.

IV. Muster für Veränderungseintragungen und –vermerke

Zur Fassung der Änderungseintragungen gibt es weder Vorschriften noch umfassende Muster in der Anl 9 (die   **15** Muster in dieser Anl sind bei der Neufassung der GBV aktualisiert, im Stil modernisiert, aber strukturell kaum verändert worden, hinzugefügt wurde lediglich in Abt II unter Nr 2 das Muster einer Vormerkung für eine Erbbauzinserhöhung). Dies liegt wohl daran, dass das Erbbaurecht seiner rechtlichen Struktur nach ursprünglich zur Förderung individueller einzelner Eigenheime geschaffen wurde, komplexere Aufgaben- und Problemstel- lungen sich erst im Laufe der Zeit entwickelten.[4] Die folgenden Fassungsvorschläge sollen das System der kor- respondierenden Einträge im Grundstücks- und im Erbbaugrundbuch veranschaulichen. Sie zeigen sicherlich nicht den einzig gangbaren Weg.[5] Zweckdienlich ist es, die unterschiedliche Qualität der Einträge (vgl Rdn 13) im Text zum Ausdruck zu bringen, etwa durch die Verwendung der Schlussformel »… eingetragen am …« bei den rechtserheblichen (konstitutiven) Eintragungen und der Schlussformel »… vermerkt am …« bei den Anglei- chungsvermerken (diese Differenzierung findet sich auch in den Eintragungsmustern der Anl 9).

1. Primärzuständigkeit des Grundstücksgrundbuchs

a) Veränderungen des belasteten Grundstücks (dazu Vor § 54 GBV Rdn 8): **Eintragung im Grund-**   **16** **stücksgrundbuch** (Bestandsverzeichnis) wie gewöhnlich (dazu § 6 GBV Rdn 46 bis 49). **Vermerk im Erb-** **baugrundbuch** (Bestandsverzeichnis); dortige Buchungsstelle: Nach Abs 1 Buchst d ist das Grundstück mit den geänderten Daten in den Sp 3/4 darzustellen (lfdNr in Sp 1: dazu Rdn 11); außerdem ist gemäß Abs 4 in den Sp 5/6 die Berichtigung zu vermerken. Abs 4 bezieht sich allerdings nur auf § 6 Abs 6e, den Fall der Berichtigung der Bestandsangaben (wohl weil beim Erlass der Vorschrift andere Anlässe nicht in Sicht waren). Es wird aber dem Sinn der Vorschrift nicht entgegenstehen, wenn sie bei der Wiedergabe sonstiger Grund- stücksveränderungen entsprechend angewandt wird. Vermerk in Sp 6 zB: »*Das belastete Grundstück ist gemäß Ver- änderungsnachweis/Fortführungsmitteilung Nr … fortgeschrieben in die Flurstücke … und in Blatt … unter BV Nr … neu eingetragen. Hier vermerkt am …«* oder »*Das belastete Grundstück ist geteilt (Verselbständigung der Flurstücke …) und in Blatt … unter BV Nr … bis … neu eingetragen. Hier vermerkt am …«* usw. Wegen § 48 GBO: Rdn 21 entsprechend.

b) Erbbaurechtsverlängerung (Erläuterungen dazu: Vor § 54 GBV Rdn 9):   **17**

aa) Eintragung im Grundstücksgrundbuch (Veränderungsspalte Abt II zur lfdNr der bisherigen Erbbau-   **18** rechtseintragung): »*Die Dauer des Erbbaurechts ist verlängert um … Jahre/bis zum … Eingetragen am …«*

bb) Vermerk im Erbbaugrundbuch (Bestandsverzeichnis Sp 2–4, lfdNr in Spalte 1: dazu Rdn 11): »*Die*   **19** *Dauer des Erbbaurechts ist verlängert um … Jahre/bis zum … Hier vermerkt am …«*

c) Erbbaurechtserstreckung auf ein weiteres Grundstück (Erläuterungen dazu: Vor § 54 GBV Rdn 10):   **20**

aa) Eintragung im Grundstücksgrundbuch (Veränderungsspalte der Abt II zur lfdNr der bisherigen Erb-   **21** baurechtseintragung): »*Grundstück(e) BVNr … ist/sind in die Haft für das Erbbaurecht einbezogen. Eingetragen am …«*

---

4 Vgl *Rohloff* Rpfleger 1954, 83.
5 Vgl zB die von *Schmidt-Gissel-Nickerl* sowie die vom Bayer Staatsministerium der Justiz herausgegebenen Normtexte (dazu § 22 GBV Rdn 3).

Bei Einbezug eines auf einem anderen Blatt verzeichneten Grundstücks ist dort (Abt II Sp 1–3) der Text der ursprünglichen Eintragung zu wiederholen und etwa abzuschließen: »... *eingetragen am ... (Datum der Ersteintragung) in ... Blatt ... (Blatt der Ersteintragung). Mithaft des hier verzeichneten Grundstücks eingetragen am ...*« Im Ausgangsblatt ist § 48 GBO entsprechend etwa einzutragen: »*Das Grundstück ... Blatt ... BVNr ... ist in die Haft für das Erbbaurecht einbezogen. Eingetragen am ...*«

22 **bb) Vermerk im Erbbaugrundbuch** (Bestandsverzeichnis Sp 2–4, lfdNr in Sp 1: dazu Rdn 11): »*Grundstück(e) ... Blatt ... BVNr ..., dort wie folgt verzeichnet ...* (es folgt in den Sp 3/4 die Wiedergabe der im Grundstücksgrundbuch eingetragenen Bestandsangaben), *ist/sind in die Haft für das Erbbaurecht einbezogen. Hier vermerkt am ...*«

23 **d) Enthaftung eines Grundstücks oder Grundstücksanteils** (Erläuterungen dazu: Vor § 54 GBV Rdn 10):

24 **aa) Eintragung im Grundstücksgrundbuch** (Veränderungsspalte der Abt II zur lfdNr der bisherigen Erbbaurechtseintragung): »*Grundstück BVNr .../Flurstück ... ist aus der Haft für das Erbbaurecht entlassen. Eingetragen am ...*« Ggf kann von der Möglichkeit der lastenfreien Abschreibung gemäß § 46 Abs 2 GBO Gebrauch gemacht werden.

25 **bb) Vermerk im Erbbaugrundbuch** (im Bestandsverzeichnis Sp 2–4, lfdNr in Sp 1: dazu Rdn 11): »*Grundstück BVNr .../Flurstück ... ist aus der Haft für das Erbbaurecht entlassen. Das verhaftete Restgrundstück ist in ... Blatt ... unter BVNr ... nunmehr wie folgt verzeichnet ...* (es folgt in den Sp 3/4 die Wiedergabe der Bestandsangaben aus dem Grundstücksgrundbuch). *Hier vermerkt am ...*«

26 **e) Erbbaurechtsteilung** nebst konformer Grundstücksteilung (letztere einzutragen im Bestandsverzeichnis des Grundstücksgrundbuchs) als Voraussetzung (dazu Vor § 54 GBV Rdn 10).[6] Die Erbbaurechtsteilung wird meistens mit weiteren Eintragungen verbunden sein, zB mit Änderungen im Erbbaurechtsinhalt (nur im Erbbaugrundbuch einzutragen, vgl Rdn 31), durchweg mit einer Verteilung des Erbbauzinses (dazu § 57 GBV Rdn 10) usw. Die durch Teilung verselbständigten Erbbaurechte können sämtlich im bisherigen Erbbaugrundbuch gebucht bleiben, solange sie demselben Erbbauberechtigten zustehen (§ 4 GBO); idR wird für jedes von ihnen ein besonderes Erbbaugrundbuch angelegt werden.

27 **aa) Eintragung im Grundstücksgrundbuch** (Veränderungsspalte der Abt II zur lfdNr der bisherigen Erbbaurechtseintragung):
- Falls die Teilrechte auf dem bisherigen Erbbaugrundbuchblatt verzeichnet bleiben und dort infolge der Teilung je eine neue lfdNr im Bestandsverzeichnis erhalten, Eintragungstext in Sp 5 etwa: »*Geteilt in je ein Erbbaurecht: a) an Grundstück BVNr ...; Erbbaugrundbuch, auf das Bezug genommen wird, weiterhin ... Blatt ... jetzt BVNr ...; b) an Grundstück BVNr ...; Erbbaugrundbuch, auf das Bezug genommen wird, weiterhin ... Blatt ... jetzt BVNr ...; c) ... (usw) Eingetragen am ...*«
- Falls die Teilrechte je auf ein besonderes Erbbaugrundbuch übertragen werden, Eintragungstext in Sp 5 etwa: »*Geteilt in je ein Erbbaurecht: a) an Grundstück BVNr ...; Erbbaugrundbuch, auf das Bezug genommen wird, jetzt ... Blatt ... b) an Grundstück BVNr ...; Erbbaugrundbuch, auf das Bezug genommen wird, jetzt ... Blatt ... c) ... (usw) Eingetragen am ...*«

Die andersartige Durchführung der Teilung in der Weise, dass die Teilrechte unter je einer neuen lfdNr in der Hauptspalte (Sp 1–3) eingetragen werden,[7] entspricht weder dem materiellen Rechtsvorgang (das ursprüngliche Erbbaurecht setzt sich in den Teilrechten fort) noch dem Gliederungsprinzip der GBV (die Regelung in § 17 Abs 4a ist insofern durchaus verallgemeinerbar). Die Sonderheiten des Erbbaurechts nötigen nicht dazu, die sich darauf beziehenden Eintragungen im Grundstücksgrundbuch anders als sonst zu platzieren. Die Befürchtung,[8] bei Buchung der Erbbaurechtsaufteilung nur in der Veränderungsspalte könne die Übersichtlichkeit des Grundbuchs nicht gewahrt bleiben, falls spätere Änderungen der einzelnen Teilrechte einzutragen sind, wird nicht geteilt. Durch besondere Kennzeichnung jedes der verselbständigten Erbbaurechte mittels Buchstabenzusatzes zur lfdNr der ursprünglichen Eintragung, im Prinzip so, wie in § 17 Abs 4a vorgesehen (dazu § 17 GBV Rdn 16, 17) wird ein hinreichend deutlicher Anknüpfungspunkt für eventuelle Folgeeintragungen geschaffen und dennoch der Zusammenhang der mit der ursprünglichen lfdNr in Sp 1 adressierten Eintragungseinheit (dazu § 10 GBV Rdn 5; § 11 GBV Rdn 9) nicht gesprengt.

28 **bb) Vermerk im Erbbaugrundbuch.** Hierfür bietet sich eine an die Vorschriften der §§ 6 und 13 angelehnte Buchungstechnik an, die (über die Bestimmung des Abs 4 hinaus, aber dem § 57 Abs 2 gemäß) die Sp 5/6 bzw 7/8 mitbenutzt:
- **Falls gesonderte Erbbaubücher nicht angelegt werden,** empfehlen sich etwa folgende Buchungsvorgänge: Jedes der durch die Teilung verselbständigten Erbbaurechte wird in den Sp 1–4 des Bestandsverzeichnisses unter einer besonderen lfdNr gebucht. (Für die Lesbarkeit vorteilhaft ist die vollständige Wiederholung des Textes der ursprünglichen Erbbaurechtseintragung einschl des bisherigen Eintragungsdatums, aber

---

6 Ausführlich zur Erbbaurechtsteilung und ihrer Eintragung: *Rohloff* aaO (Fn 4).
7 Empfohlen von *Rohloff* aaO (Fn 4) S 87 mit Fassungsvorschlägen.
8 Von *Rohloff* aaO (Fn 4) S 87.

mit aktualisierter Grundstücksbezeichnung; eine vertretbare Alternative ist ein Kurzvermerk wie: *»Erbbaurecht wie Nr 1, nach Teilung eingetragen auf dem im Grundbuch von … Blatt … BVNr … verzeichneten Grundstück: …«*) In den Spalten 5/6 wird die Teilung etwa wie folgt vermerkt: *»1, 2, 3 | Infolge Teilung von Nr 1 als Nr 2, 3 eingetragen am …«.* Die Rötung der ursprünglichen Erbbaurechtseintragung in den Sp 1–4 gestaltet sich verschieden: Wiederholen die Neubuchungen deren Text vollständig, so ist der ursprüngliche Eintragungsvermerk im Ganzen zu röten. Sind die Neubuchungen in Gestalt des alternativ vorgeschlagenen Kurztextes erfolgt, so ist im ursprünglichen Eintragungsvermerk nur die Bezeichnung des bisher im Ganzen belasteten Grundstücks zu röten. Die vorstehende skizzierte Art der Darstellung der Erbbaurechtsteilung im Bestandsverzeichnis des Ursprungserbbaugrundbuchs (mit jeweils neuer lfdNr pro Teilrecht) bietet klare Anknüpfungspunkte für die Eintragungen in den folgenden Abteilungen.

- **Falls gesonderte Erbbaugrundbücher angelegt werden,** so kann der Vermerk der Erbbaurechtsteilung im Bestandsverzeichnis des Ursprungserbbaugrundbuchs verbunden werden mit dem (in Anlehnung an die in § 13 Abs 4 getroffene Regelung) in den Sp 7/8 zu buchenden Abschreibungsvermerk, also zB: *»1, 2 | Das unter Nr 1 verzeichnete Erbbaurecht ist geteilt. Der auf Flurstück … lastende Teil ist nach … Blatt …, der auf Flurstück … lastende Teil ist nach … Blatt … übertragen am … Rest: Nr 2.«* Der (ggf) auf dem Ursprungserbbaugrundbuch verbleibende Restbestand wird unter lfdNr 2 in den Sp 1–4 gebucht in der oben beschriebene Weise, und schließlich der Eintragungsvermerk lfdNr 1 in den Sp 1–4 gerötet. Falls sämtliche Teilrechte auf neue Blätter übertragen werden, so ist das Ursprungserbbaugrundbuchblatt gemäß §§ 34 Buchst a, 36 zu schließen.

f) Erbbaurechtsvereinigung oder –zuschreibung, entweder Erbbaurecht mit Erbbaurecht oder Erbbaurecht mit Grundstück (zur Zulässigkeit: Vor § 54 GBV Rdn 10 aE). Zur grundbuchtechnischen Verfahrensweise, beispielsweise bei der Zuschreibung des Erbbaugrundstücks zum Erbbaurecht:[9] **29**

- Zunächst ist das Erbbaugrundstück vom bisherigen Grundbuchblatt abzuschreiben (Sp 7/8 des Bestandsverzeichnisses; anschließende Schließung, falls einziger Bestand) und auf das Erbbaugrundbuch zu übertragen. Dort ist es im Bestandsverzeichnis zunächst unter lfdNr 2 (bzw nächstfreier lfdNr) in den Sp 1–4 zu buchen (Grund: vgl § 13 GBV Rdn 4). Im Anschluss daran werden das Erbbaurecht und das Erbbaugrundstück unter der folgenden lfdNr zusammengebucht. In die Sp 5/6 kommt der Vermerk: *»1, 2, 3 | Grundstück Nr 2 von … Blatt … hierher übertragen, dem Erbbaurecht Nr 1 als Bestandteil zugeschrieben und beide zusammen unter Nr 3 neu eingetragen am …«* Die Zusammenfassung von Erbbaurecht und Erbbaugrundstück unter lfdNr 3 kann etwa wie folgt lauten (im durch die Sp 3/4 gebildeten Raum): *»Erbbaurecht für … Jahre vom … an auf Grundstück (Beschrieb des Erbbaugrundstücks, wie vorher unter Nr 2) und das vorbezeichnete Grundstück selbst als Bestandteil des Erbbaurechts …* (folgt der weitere Beschrieb des Erbbaurechts, Art des Beschriebs: Rdn 28) *Eingetragen am …«*

- Eventuelle Belastungen des Erbbaugrundstücks werden in Abt II des Erbbaugrundbuchs übernommen, wobei in Sp 2 auf die lfdNr 2 des Bestandsverzeichnisses zu verweisen ist.
- Zur Änderung der Blattkennzeichnung in der Aufschrift: § 55 GBV Rdn 2.

2. Primärzuständigkeit des Erbbaugrundbuchs

a) Übertragungen und Belastungen des Erbbaurechts (dazu Vor § 54 GBV Rdn 13). Zu den Eintragungen: § 57 nebst Erläuterungen. **30**

b) Veränderung des vertragsmäßigen Erbbaurechtsinhalts (dazu Vor § 54 GBV Rdn 15 bis 18). Die diesbezüglichen Änderungseintragungen gehören in den durch die Sp 1–4 gebildeten Raum des Bestandsverzeichnisses, lfdNr in Sp 1: dazu Rdn 11; die Sp 5/6 bleiben frei (vgl Muster in der Anl 9). Wie bei der ursprünglichen Eintragung, so kann auch bei späteren Eintragungen entsprechend § 14 Abs 1 S 3 ErbbauRG (der insoweit die §§ 877, 874 BGB nicht verdrängt) wegen des »näheren Inhalts« der Veränderung auf die maßgebliche Eintragungsbewilligung Bezug genommen werden. Im Grundbucheintrag genügt eine andeutende schlagwortartige Kurzbezeichnung der Art der Inhaltsänderung, Beispiel: Eintragungsmuster der Anl 9 BestVerz lfdNr 3; weitere Beispiele: *»Heimfallanspruch erweitert gemäß Bewilligung vom … Eingetragen am …«;* *»Lastentragungsregelung geändert gemäß Bewilligung vom … Eingetragen am …«* usw. **31**

V. Buchungen bei Löschung des Erbbaurechts

Die im Grundstücksgrundbuch zu vollziehende Erbbaurechtslöschung (vgl Vor § 54 GBV Rdn 6) ist in den Sp 7/8 des Erbbaugrundbuchs zu vermerken (Abs 6), zB: *»1 | Das Erbbaurecht ist gelöscht. Hier vermerkt am …«* Sofern das gelöschte Erbbaurecht einziger Bestand ist, erfolgt Schließung des Blattes in der in § 36 geregelten Weise; Wortlaut des Schließungsvermerks in der Aufschrift: *»Infolge Aufhebung des Erbbaurechts geschlossen am …«* **32**

Wegen der bei der Löschung des Erbbaurechts eventuell von Amts wegen im Grundstücksgrundbuch einzutragenden Vormerkung nebst Hinweises darauf im Löschungsvermerk: § 17 GBV Rdn 14. **33**

---

9 Dazu *Schulte* BWNotZ 1960, 137 ff mit eingehender Begründung, auch zur grundbuchtechnischen Behandlung; ferner *Cammerer* BayNotZ 1922, 173; *Kehrer* WürttNV 1954, 86 und BW-NotZ 1957, 52, 61.

VI. Besonderheiten der Erbbaurechtsdarstellung

1. Gesamterbbaurecht

34 Zur Zulässigkeit und zu den Entstehungsgründen: Vor § 54 GBV Rdn 19. Das Bestandsverzeichnis des für das Gesamterbbaurecht anzulegenden einheitlichen Erbbaugrundbuchs ist entsprechend § 56 zu gestalten. Für den bei der Anlegung des Grundbuchs als lfdNr 1 in den Sp 2–4 zu buchenden Vermerk wird folgende Fassung vorgeschlagen:

»Erbbaurecht an den Grundstücken: a) Grundbuch von Blatt ... BVNr ...: (folgt die katastermäßige Grundstücksbezeichnung), dort eingetragen in Abt II Nr ...,

b) Grundbuch von Blatt ... BVNr ... (folgt die katastermäßige Grundstücksbezeichnung), dort eingetragen in Abt II Nr ...,

je auf die Dauer von ... Jahren ab Eintragungstag, dem ... Zustimmung des Eigentümers ist erforderlich zur Veräußerung und zur Belastung mit ...

Als Eigentümer eingetragen ist:

a) in Blatt ...: b) in Blatt ...:

Gemäß Bewilligung vom ... bei Anlegung dieses Blattes vermerkt am ...«.

2. Untererbbaurecht

35 Zur Zulässigkeit und Entstehung: Vor § 54 GBV Rdn 20. Im Bestandsverzeichnis des pro Untererbbaurecht anzulegenden Grundbuchblattes ist dieses in sinngemäßer Anwendung des § 56 zu beschreiben. An die Stelle der vorgeschriebenen Bezeichnung des belasteten Grundstücks tritt die Bezeichnung des belasteten Erbbaurechts. Zweckmäßig ist die Verwendung der Begriffe »Untererbbaurecht« und »Obererbbaurecht«. Zur Bezeichnung des letzteren genügt der Verweis auf das dafür geführte Erbbaugrundbuch, bedarf es nicht der vollständigen Wiedergabe des dort im Bestandsverzeichnis Eingetragenen. Fassungsvorschlag für den als lfdNr 1 im Bestandsverzeichnis (Sp 2–4) des Erbbaugrundbuchs für das Untererbbaurecht zu buchenden Eintragungsvermerk:

»Untererbbaurecht, eingetragen zulasten des im Erbbaugrundbuch von ...... Blatt ... BVNr 1 verzeichneten Erbbaurechts (Obererbbaurecht) in Abt II Nr ... auf die Dauer von ... Jahren ab Eintragungstag, dem ... Das Obererbbaurecht lastet auf dem im Grundbuch von ... Blatt ... BVNr ... verzeichneten Grundstück:

... (folgt die katastermäßige Grundstücksbezeichnung), dort eingetragen in Abt II Nr ... Zustimmung des Obererbbauberechtigten ist erforderlich zur Veräußerung und zur Belastung mit ... Als Obererbbauberechtigter eingetragen ist ... Gemäß Bewilligung von ... bei Anlegung dieses Blattes vermerkt am ...«.

3. Sonderformen des Erbbaurechts nach dem SachenRBerG

36 Dazu Verweis in Vor § 54 GBV Rdn 22.

§ 57 (Eintragungen in den Abteilungen des Erbbaugrundbuchs)

(1) Die erste Abteilung dient zur Eintragung der Erbbauberechtigten.

(2) Im übrigen sind auf die Eintragungen im Bestandsverzeichnis sowie in den drei Abteilungen die für die Grundbuchblätter über Grundstücke geltenden Vorschriften (Abschnitte II, III) entsprechend anzuwenden.

I. Allgemeines

Ort der Besonderheiten der Führung des Erbbaugrundbuchs ist das Bestandsverzeichnis (§ 56 nebst Erläuterungen). Für Abt I gilt lediglich die eine Besonderheit, dass dort der Erbbauberechtigte einzutragen ist (Abs 1), und zwar der erste Erbbauberechtigte wiederholend, die Rechtsnachfolger originär (vgl Vor § 54 GBV Rdn 2, 7). Im Übrigen gilt für die grundbuchtechnische Durchführung der Eintragungen im Erbbaugrundbuch nichts anderes als für die Grundstücksgrundbücher. § 57 verweist auf die für die Eintragungstechnik maßgeblichen Vorschriften der Abschn II und III, § 54 auf die übrigen Vorschriften der GBV.   **1**

II. Besondere Hinweise

1. Zur ersten Abteilung

Wie bei der Anlegung des Erbbaugrundbuchs sowie bei späterer Übertragung des Erbbaurechts einzutragen ist, ist in der Anl 9 demonstriert. Im Übrigen wird insb auf die §§ 9, 15, 16, 17a nebst Erläuterungen verwiesen.   **2**

Die Eintragung eines neuen Erbbauberechtigten ist unverzüglich im Grundstücksgrundbuch bei der Erbbaurechtseintragung zu vermerken (§ 14 Abs 3 S 2 ErbbauRG). Den konkreten Vermerk jedes Wechsels der Person des Erbbauberechtigten erspart ein in der Ersteintragung des Erbbaurechts angebrachter Verweis auf das Erbbaugrundbuch (§ 14 Abs 3 S 3 ErbbauRG, vgl Vor § 54 GBV Rdn 13).

2. Zur zweiten Abteilung

Dem obigen Hinweis (Rdn 1) auf die einschlägigen Vorschriften der Abschn I bis III werden folgende besondere Hinweise zu Eintragungen, die in Abt II des Erbbaugrundbuchs vorzunehmen sind, hinzugefügt: **3**

a) Zur Erbbauzins-Reallast nach altem und neuem Recht. Die für den Erbbauzins maßgebliche Bestimmung des **§ 9 ErbbauVO** hat **in zwei Stufen einschneidende Änderungen** erfahren.   **4**
– (1) Durch **Art 2 § 1 SachRÄndG** vom 21.09.1994 (BGBl I 2457) wurde **mit Wirkung ab 01.10.1994** der **ursprüngliche Abs 2** (Wortlaut: »*Der Erbbauzins muss nach Zeit und Höhe für die ganze Erbbauzeit im voraus bestimmt sein. Der Anspruch des Grundstückseigentümers auf Entrichtung des Erbbauzinses kann in Ansehung noch nicht fälliger Leistungen nicht von dem Eigentum an dem Grundstück getrennt werden.*«) **ersetzt durch den neuen Abs 2** mit dem Wortlaut: »*Der Erbbauzins kann nach Zeit und Höhe für die gesamte Erbbauzeit im voraus bestimmt werden. Inhalt des Erbbauzinses kann auch eine Verpflichtung zu seiner Anpassung an veränderte Verhältnisse sein, wenn die Anpassung nach Zeit und Wertmaßstab bestimmbar ist. Für die Vereinbarung über die Anpassung des Erbbauzinses ist die Zustimmung der Inhaber dinglicher Rechte am Erbbaurecht erforderlich; § 880 Abs 2 Satz 3 des Bürgerlichen Gesetzbuchs ist entsprechend anzuwenden. Der Anspruch des Grundstückseigentümers auf Entrichtung des Erbbauzinses kann in Ansehung noch nicht fälliger Leistungen nicht von dem Eigentum an dem Grundstück getrennt werden.*«
– (2) Durch **Art 11a EuroEG** vom 09.06.1998 (BGBl I 1242) erhielt der § 9 ErbbauRG **mit Wirkung ab 16.06.1998** die **jetzt gültige Fassung** (Aufhebung von S 1 bis 3 in Abs 2[1]), im Zusammenhang **mit der gleichzeitigen Änderung von § 1105 Abs 1 BGB**, dem folgender S 2 hinzugefügt wurde: »*Als Inhalt der Reallast kann auch vereinbart werden, dass die zu entrichtenden Leistungen sich ohne weiteres an veränderte Verhältnisse anpassen, wenn anhand der in der Vereinbarung festgelegten Voraussetzungen Art und Umfang der Belastung des Grundstücks bestimmt werden können.*«

aa) Nach altem Recht (bis 30.09.1994) **musste** der Erbbauzins für die ganze Erbbauzeit im Voraus genau bestimmt sein (§ 9 Abs 2 ErbbauVO aF). Dieses außergewöhnlich strenge Bestimmtheitserfordernis, das die Beleihbarkeit des Erbbaurechts fördern sollte, war ein Hemmnis für die Integration von wertsichernden Anpassungsklauseln in die Erbbauzins-Reallast. Die Regelung wurde schon seit längerem als nicht mehr zeitgemäß empfunden. Sie führte zu dem von der Rechtsprechung[2] und schließlich auch vom Gesetzgeber[3] für Erbbaurechte zu Wohnzwecken gebilligten Ausweg von Anpassungsvereinbarungen mit schuldrechtlicher Wirkung nebst Sicherung des daran geknüpften Anspruchs auf Änderung der Erbbauzins-Reallast durch eine Vormerkung auf der Grundlage des § 883 Abs 1 S 2 BGB, wobei in der Praxis überwiegend nur zur Sicherung des Anspruchs auf Erhöhung des Erbbauzinses eine Vormerkung in Abt II des Erbbaugrundbuchs eingetragen wurde (vgl Eintragungsmuster in der Anl 9).   **5**

Wegen der zweckmäßigen grundbuchtechnischen Gestaltung der Eintragung und Umschreibung der Erbbauzinserhöhungs-Vormerkungen wird verwiesen auf die Erläuterungen zu § 19 GBV Rdn 11.

---

1 Weil deren Regelungszweck aufgrund ihrer verunglückten Fassung nicht zum Ausdruck kam und diese Fassung zur Verwirrung beigetragen hat (BT-Drs 13/10334 S 42).
2 Grundlegend: BGHZ 22, 220.
3 In § 9a Abs 3 ErbbauVO, eingefügt durch Gesetz vom 08.01.1974 (BGBl I 41).

6 **bb) Das Interimsrecht** (vom 01.10.1994 bis 15.06.1998) eröffnete **Alternativen** für die Gestaltung:
- Die **herkömmliche Möglichkeit,** die Vereinbarung eines dinglichen Erbbauzinses, der nach Zeit und Höhe für die gesamte Erbbauzeit im Voraus bestimmt ist; denn **§ 9 Abs 2 S 1** ErbbauVO entsprach der früheren Regelung mit dem Unterschied, dass an die Stelle des »Muss« ein »Kann« trat. Die Rechtsgrundlage für die in der Vergangenheit begründeten Rechtsverhältnisse (Erbbauzins nebst vormerkungsgesicherter Anpassungsvereinbarung) wurde damit aufrecht erhalten. Für diese schaffte **§ 9 Abs 2 S 3** ErbbauVO die **Option zur Anpassung** an die Neuregelung (§ 9 Abs 2 S 2 ErbbauVO) im Wege der Inhaltsänderung des Erbbauzinses (§§ 877, 876 BGB).
- Die **neue Möglichkeit,** eine »Verpflichtung zur Anpassung« des Erbbauzinses an veränderte Verhältnisse zum »Inhalt des Erbbauzinses« zu machen, wenn die Anpassung nach Zeit und Wertmaßstab bestimmbar ist. Die Fassung der Sätze 2 und 3 des Abs 2 erwies sich als deutungsbedürftig und entfachte eine Diskussion darüber, ob die Gesetzesänderung die Vereinbarung von automatisch wirkenden Gleitklauseln oder lediglich einen Anpassungsanspruch ohne Anpassungsautomatik als Inhalt des Erbbauzinses gestatten wollte.[4] Aufgrund der Rechtsprechung des BayObLG[5] gelangte man zu dem Ergebnis der Zulässigkeit beider Varianten.[6] Außerdem hat das BayObLG es – in Anlehnung an die seit langem anerkannte Möglichkeit der Bildung einer »Einheitshypothek« – zugelassen, aus einer Mehrheit von Reallasten für Erbbauzinserhöhungen im Wege der Inhaltsänderung nach § 877 BGB eine »Einheitsreallast« zu bilden.[7]

7 **cc) Nach neuestem Recht** (ab 16.06.1998) ist die **Erbbauzinsreallast** im Inhaltskern **der allgemeinen Reallast gleichgestellt** (§ 9 Abs 1 ErbbauRG (nF wie aF), mit der Besonderheit, dass die Erbbauzinsreallast nach wie vor nur als subjektiv-dingliches Recht zulässig ist (§ 9 Abs 2 ErbbauRG nF). Als Erbbauzins wird gewöhnlich ein regelmäßig wiederkehrend zahlbarer bezifferter Geldbetrag ausbedungen, zwingend ist das nicht.

Für den (möglichen aber nicht nötigen) Einbezug von Vereinbarungen zur Anpassung der zu leistenden Beträge an veränderte Verhältnisse (**Anpassungsklauseln**) in den Reallastinhalt – auch den einer Erbbauzinsreallast – ist nun die neu in das Sachenrecht aufgenommene gesetzliche Bestimmung, der dem § 1105 Abs 1 BGB hinzugefügte S 2 (vgl Rdn 4), maßgeblich.

Integrierbar in den Reallastinhalt sind Anpassungsklauseln **gemäß § 1105 Abs 1 S 2 BGB** allerdings nur unter besonderen Voraussetzungen. Wesentliche Erfordernisse sind:
- **Anpassungsautomatik,** denn die Vorschrift verlangt, »dass die zu entrichtenden Leistungen sich *ohne weiteres* an veränderte Verhältnisse anpassen«. Inhalt einer Reallast werden können somit grundsätzlich nur noch **Gleitklauseln,** die unmittelbar die verabredeten Änderungen bewirken, sobald die vereinbarte Voraussetzung eintritt.[8] Die zwischenzeitlich eingeräumte Möglichkeit, einen Anpassungsanspruch ohne Anpassungsautomatik in den Inhalt des dinglichen Erbbauzinses aufzunehmen (vgl Rdn 6), ist durch die Neuregelung per EuroEG zwar entfallen, jedoch ohne Rückwirkung. Ein vor dem 16.06.1998 begründeter Anspruch dieser Art bleibt somit bestehen.[9]
- **Bestimmbarkeit,** deren Kriterien sind nun in § 1105 Abs 1 S 2 BGB definiert: »wenn anhand der in der Vereinbarung festgelegten Voraussetzungen Art und Umfang der Belastung des Grundstücks bestimmt werden können«[10]

Anpassungsvereinbarungen, die vorstehenden Voraussetzungen nicht entsprechen, sind lediglich mit schuldrechtlicher Wirkung möglich. Daraus resultierende Erbbauzinsveränderungen sind – wenn hinreichend bestimmbar – (wie schon bisher) gemäß § 883 BGB vormerkbar.

8 **dd)** Hinzuweisen ist noch auf die durch **§ 9 Abs 3** ErbbauRG nF eingeräumte Möglichkeit, den »Inhalt des Erbbauzinses« (anfänglich gemäß § 873 BGB oder nachträglich gemäß § 877 BGB iVm S 2 des § 9 Abs 3 ErbbauRG) um zwei weitere (die eine oder die andere oder beide zusammen) Vereinbarungen zu erweitern, nach Nr 1 um die »Versteigerungsfestigkeit«, nach Nr 2 um einen Rangvorbehalt (lex specialis gegenüber § 881 BGB).

9 **ee)** Zu den **Eintragungsmodalitäten:**
- Bei der **Ersteintragung** eines Erbbauzinses in Abt II Sp 1 bis 3 des Erbbaugrundbuchs genügt, da es keine diesbezügliche Sonderbestimmungen gibt, zur Eintragung einer Anpassungsklausel als Inhaltsmodul die

---

4 Dazu 8. Aufl Fn 3.
5 Insb BayObLGZ 1996, 159 = FGPrax 1996, 173 = Rpfleger 1996, 506 = DNotZ 97, 147 = NJW 1997, 468.
6 Dazu v *Oefele* DNotZ 1997, 151; *Streuer* Rpfleger 1997, 18; vgl *Schöner/Stöber* Rn 1810.
7 BayObLGZ 1996, 114 = FGPrax 1996, 130 = Rpfleger 1996, 445 = DNotZ 1997, 144.
8 Die zusätzliche Abhängigmachung von einem Gläubigerverlangen ändert nichts am Wesen der automatischen Gleitklausel, BGHZ 111, 324 = NJW 1990, 2380 = Rpfleger 1990, 453 = DNotZ 1991, 803; BayObLG aaO (Fn 5); LG Saarbrücken Rpfleger 2000, 109. Weiteres: *Schöner/Stöber* Rn 1297 ff.
9 *Palandt-Bassenge* Rn 4 und 9. Nicht ganz so differenzierend *Schöner/Stöber* Rn 1811 ff.
10 Die Legaldefinition ist zwar neu, entspricht jedoch »eingefahrenen« Maßstäben.

Bezugnahme auf die Eintragungsbewilligung gemäß § 874 BGB. Unter dem Gesichtspunkt der Zweckmäßigkeit (dazu Vor GBV Rdn 82, 83) ist zu erwägen, ob die Art der Wertsicherung (Anpassungsautomatik oder nicht) und ggf der als Inhalt des Erbbauzinses vereinbarte Rangvorbehalt im Eintragungstext erwähnt werden.[11]

– Die **inhaltsändernde Eintragung** der Umstellung eines Erbbauzinses alten Rechts auf den Erbbauzins neuen Rechts, ggf der (beim Erbbauzins ohne Anpassungsautomatik) nachträglichen Erbbauzinsanpassungen, ggf der Zusammenfassung eingetragener Reallasten für Erbbauzinserhöhungen zu einer Einheits-Reallast, findet jeweils in Abt II Sp 4 und 5 des Erbbaugrundbuchs statt, auch bei Bildung der Einheitsreallast – in Anlehnung an den Eintragungsmodus in Abt III (vgl § 11 GBV Rdn 43) – nur in der Veränderungsspalte.[12] Für die Zulässigkeit der Bezugnahme auf die Eintragungsbewilligung nach § 877 BGB ist § 874 BGB maßgeblich (dazu Vor GBV Rdn 180, 181).

b) Erbbauzinsaufteilung. Sie findet insb aus Anlass einer Erbbaurechtsteilung (dazu § 56 GBV Rdn 26 bis 28) statt. Für die Eintragung kann dem Vorschlag von *Rohloff*[13] gefolgt werden. In Abt II des ursprünglichen Erbbaugrundbuchs Sp 5 zur lfdNr des Erbbaurechtseintrags wird etwa folgendes eingetragen: **10**

»Der Erbbauzins ist zufolge Teilung des Erbbaurechts – unter jeweiliger Enthaftung bezüglich des Restes – wie folgt neu festgesetzt:

Der Erbbauzins beträgt ab … bezüglich:

Erbbaurecht … (BV-Nr/Blatt-Nr) … DM jährlich,

Erbbaurecht … (BV-Nr/Blatt-Nr) … DM jährlich,

(usw)

Eingetragen am …«

3. Zur dritten Abteilung

Hervorgehoben wird: **11**

a) Verteilung eines Grundpfandrechts sowie des bei diesem eingetragenen Rangvorbehalts: Eintragungs- **12** muster findet sich bei § 11 GBV Rdn 45.

b) Im Übrigen wird wegen der in Betracht kommenden Eintragungen auf die §§ 11, 17 nebst Erläuterungen **13** verwiesen.

§ 58   (Muster für Erbbaugrundbuch)

Die nähere Einrichtung und die Ausfüllung des für ein Erbbaurecht anzulegenden besonderen Grundbuchblatts ergibt sich aus dem in der Anlage 9 beigefügten Muster. § 22 Satz 2 ist entsprechend anzuwenden.

Die Eintragungsmuster in der Anl 9 bilden nach § 58 ebenso unverbindliche Fassungsvorschläge, wie die Eintra- **1** gungsmuster der Anlagen 1 bis 2b gemäß § 22. Verbindlich ist allein die Einteilung des Grundbuchvordrucks und die Zuweisung der Eintragungsstellen, vorbehaltlich der in den §§ 94 ff (ehemals §§ 64 ff) zugelassenen Sonderheiten.

§ 59   (Hypotheken-, Grundschuld- und Rentenschuldbriefe bei Erbbaurechten)

Bei der Bildung von Hypotheken-, Grundschuld- und Rentenschuldbriefen ist kenntlich zu machen, daß der belastete Gegenstand ein Erbbaurecht ist.

Die vorgeschriebene Kenntlichmachung geschieht dadurch, dass an der Stelle, wo sonst das belastete Grund- **1** stück unter Angabe seiner lfdNr im Bestandsverzeichnis zu bezeichnen ist, geschrieben wird: *»Belastetes Erbbaurecht: Das im Bestandsverzeichnis unter Nr … verzeichnete Erbbaurecht.«* Im Übrigen gilt nichts Abweichendes.

---

11 In diesem Sinne wohl *v Oefele* DNotZ 1995, 643, 648.
12 BayObLG DNotZ 1997, 144.
13 Rpfleger 1954, 83, 88.

§ 60 (Grundbuchblatt für bis 21.01.1919 begründete Erbbaurechte)

Die vorstehenden Vorschriften sind auf die nach § 8 der Grundbuchordnung anzulegenden Grundbuchblätter mit folgenden Maßgaben entsprechend anzuwenden:
a) In der Aufschrift ist an Stelle des Wortes »Erbbaugrundbuch« (§ 55 Abs 2) das Wort »Erbbaurecht« zu setzen;
b) bei der Eintragung des Inhalts des Erbbaurechts ist die Bezugnahme auf die Eintragungsbewilligung (§ 56 Abs 2) unzulässig.

1 **I. Bis auf die Sonderheiten gemäß a) und b)** der Vorschrift gibt es **keine wesentlichen Unterschiede** zwischen den ggf (dazu 7. Aufl § 8 GBO Rn 3 ff) für die »alten« Erbbaurechte zu führenden besonderen Grundbuchblättern und den gemäß § 14 ErbbauRG anzulegenden Erbbaugrundbüchern.

2 **II.** Das formellrechtliche **Verbot der Bezugnahme** auf die Eintragungsbewilligung bezieht sich auf die Eintragung im Bestandsverzeichnis des Erbbaurechtsblattes. Zur materiellrechtlichen Bezugnahmemöglichkeit bei der Eintragung des Erbbaurechts im Grundstücksgrundbuch sagt § 60 nichts.

3 **III.** Für **Inhaltsänderungen** ist das Grundstücksgrundbuch ebenso kompetent wie für die sonstigen, den Bestand des Erbbaurechts betreffenden Eintragungen. Der in § 14 Abs 2 ErbbauRG gebotene Verweis auf das Erbbaugrundbuch (dazu Vor § 54 GBV Rdn 15 bis 18) bezieht sich nur auf die Erbbaurechte auf der Grundlage dieses Gesetzes.

Abschnitt XIII
Vorschriften über das maschinell geführte Grundbuch

Unterabschnitt 1
Das maschinell geführte Grundbuch

Vorbemerkungen zu den §§ 61 bis 93

1 Abschn XIII der Grundbuchverfügung enthält die Ausführungsbestimmungen zum Siebenten Abschnitt der Grundbuchordnung.

2 Die parallel zum Gesetzgebungsverfahren zum Registerverfahrenbeschleunigungsgesetz konzipierten Ausführungsbestimmungen wurden durch das Registerverfahrensbeschleunigungsgesetz vom 20.12.1993[1] als entsprechende Abschnitte in die GBV eingefügt.

3 Der Grund für dieses parallele Vorgehen und die gleichzeitige Beratung der GBV-Ergänzung durch den Gesetzgeber lag darin, dass den Ländern, die bereits Entwicklungen für das maschinell geführte Grundbuch aufgenommen hatten, eine sichere Grundlage für ihre Arbeiten gegeben werden sollte. Folge dieser Vorgehensweise ist, dass die Vorschriften der §§ 61–93 in ihrer ursprünglichen Fassung durch den Gesetzgeber erlassen werden. Zur sog. „Entsteinerung" vgl Rdn 5.

4 Aus diesem Grund wurde im damaligen § 106 GBV der Erprobungscharakter der Vorschriften dadurch zum Ausdruck gebracht, dass die Geltung räumlich und zeitlich begrenzt war.

5 Räumlich wurde die Geltung dadurch begrenzt, dass die Vorschriften über das maschinelle Grundbuch nur im Gebiet der Länder Freistaat Bayern und Freistaat Sachsen in Kraft traten; zeitlich war die Geltung bis 31.12.1995 befristet. Enthalten war ferner eine sog »Entsteinerungsklausel«, wonach Änderungen dieser Bestimmungen der GBV nicht durch den Gesetzgeber, sondern im Wege eines normalen Verordnungsverfahrens erfolgen sollten.

6 Bereits mit der Dritten Verordnung zur Änderung der Verordnung zur Durchführung der Schiffsregisterordnung und zur Regelung anderer Fragen des Registerrechts vom 30.11.1994[2] wurde § 106 GBV wieder aufgehoben (Art 2 Nr 22), da die zwischenzeitlichen Entwicklungen es erlaubten, die Vorschriften über das maschinelle Grundbuch allgemein für die ganze Bundesrepublik in Kraft zu setzen.

---

1 BGBl I S 2182.
2 BGBl I S 3580.

Mit Bekanntmachung des Bundesministeriums der Justiz vom 24.01.1995[3] wurde dann die Neufassung der **7**
GBV veröffentlicht.

Durch die Zweite Verordnung zur Änderung von Vorschriften für das maschinell geführte Grundbuch (2. **8**
EDVGB-ÄndV) vom 11.07.1997[4] und durch die Verordnung über das Vereinsregister und anderer Fragen des
Registerrechts vom 10.02.1999[5] wurden erneut einige Vorschriften in diesem Abschnitt der GBV geändert.

§ 61 Grundsatz

**Für das maschinell geführte Grundbuch und das maschinell geführte Erbbaugrundbuch gelten die
Bestimmungen dieser Verordnung und, wenn es sich um Wohnungsgrundbuchblätter handelt, auch
die Wohnungsgrundbuchverfügung und die sonstigen allgemeinen Ausführungsvorschriften, soweit
im folgenden nichts abweichendes bestimmt wird.**

I. Möglichkeit einer grundlegenden Neugestaltung

Bei den Vorarbeiten zu den Vorschriften über das maschinell geführte Grundbuch wurde geprüft, ob nicht aus **1**
Anlass der durchgreifenden technischen Erneuerung der Grundbuchführung auch eine **Reform** des **formellen Grundbuchrechts** hinsichtlich Aufbau und Gestaltung des Grundbuchs erfolgen soll. Es wäre zB möglich
gewesen, von der spaltenweisen Darstellung der Eintragungen, wie sie in Abschn II der Grundbuchverfügung
vorgeschrieben wird, völlig abzusehen und stattdessen eine tabellarische Darstellung zuzulassen. Diesen Weg ist
zB die Handelsregisterverfügung in § 50 Abs 1 gegangen.

Der Bundesgesetzgeber, der im Zuge des Gesetzgebungsverfahrens auch die Rolle des Verordnungsgebers über- **2**
nommen hatte (vgl Vor § 61 GBV Rdn 2, 3) hat davon aus verschiedenen Gründen jedoch bewusst abgesehen
(vgl Vor § 126 GBO Rdn 36 ff).

Nicht ausgeschlossen ist natürlich, dass bei Fortschritt der Anlegung des maschinell geführten Grundbuchs in **3**
der Bundesrepublik und bei allgemeiner Einführung einer strukturierten Speicherung in Datenbankform (§ 126
GBO Rdn 17, Rdn 49ff;) zur gegebenen Zeit die Überlegungen über eine Neugestaltung des Aufbaus und der
Struktur des Grundbuchs wieder aufgenommen werden.

II. Grundsätzliche Geltung der allgemeinen Vorschriften

§ 61 enthält den Grundsatz, dass für das **maschinell geführte Grundbuch** alle Vorschriften, die für das **4**
Papiergrundbuch gelten, anzuwenden sind, soweit im Abschn XIII der Grundbuchverfügung nicht ausdrücklich etwas anderes bestimmt ist.

In der Verweisung auf die allgemein geltenden Vorschriften der Grundbuchverfügung bzw der Wohnungs- **5**
grundbuchverfügung und die sonstigen allgemeinen Ausführungsvorschriften drückt sich der Grundsatz der
Identität des herkömmlichen **Papiergrundbuchs** und des **maschinell geführten Grundbuchs** aus. Die
Führung des Grundbuchs in einem Datenspeicher bedeutet lediglich, dass das **Medium**, auf dem die Grundbucheintragungen festgehalten werden, gewechselt hat (vgl § 126 GBO Rdn 38).

Für das **äußere Erscheinungsbild** des maschinell geführten Grundbuchs ist § 63 zu beachten, wonach das **6**
EDV-Grundbuch auf dem Bildschirm und den Ausdrucken so wiederzugeben ist, wie es den für das Papier-
grundbuch vorgeschriebenen Vordrucken entspricht. Das Gleiche gilt gemäß § 73 für die äußere Form der
Wiedergabe von Eintragungen.

Es bleibt also auch beim **maschinell geführten Grundbuch** bei der Einteilung in **Abteilungen** und dem **7**
Spaltensystem.

Auch für die **Einsicht** und die Erteilung von **Abschriften** gelten grundsätzlich die Vorschriften des Abschn X **8**
(§ 77).

---

3 BGBl I S 114.
4 BGBl I S 1808.
5 BGBl I S 147.

III. Abweichungen vom Papiergrundbuch

9 Trotz der grundsätzlichen Weitergeltung aller Vorschriften, die für das Papiergrundbuch gelten, erfordert doch das andersartige technische Verfahren der Grundbuchführung eine Reihe von **Abweichungen** von der herkömmlichen Art und Weise der Grundbuchführung.

Die wesentlichen Abweichungen sind:

10 1. Grundbuch im Rechtssinn sind die **Eintragungen** im **Datenspeicher** (§ 126 Abs 1 Nr 2 GBO; § 62 Abs 1).

11 2. Zusätzliche Regelungen für die **Sicherheit** der Grundbücher und der für die Grundbuchführung genutzten Anlagen und Programme (§ 126 Abs 1 Nr 1 GBO; §§ 64 bis 66).

12 3. Besondere Regelungen für die **Anlegung** des maschinell geführten Grundbuchs (§ 128 Abs 1 GBO; §§ 67 bis 71).

13 4. **Wegfall des Handblatts** bei der Führung der Grundakten (§ 73 S 2).

14 5. Grundsätzliche **Aufhebung der Arbeitsteilung** zwischen Eintragungsverfügung und Veranlassung der Eintragung; Möglichkeit der Zusammenfassung in einer Hand (§ 130 GBO; § 74).

15 6. Einführung der **elektronischen Unterschrift** (§ 75).

16 7. **Ausdrucke** statt Abschriften (§ 131 GBO; § 78).

17 8. **Einsicht** des Grundbuchs am **Bildschirm** (§ 79 Abs 1, 2).

18 9. **Einsicht** und Erteilung von **Abschriften** auch bei einem **anderen** Grundbuchamt (§ 132 GBO; § 79 Abs 3, 4).

19 10. Einführung des **automatisierten Abrufverfahrens** als neuer Form der Grundbucheinsicht (§ 133 GBO; §§ 80 bis 85).

20 11. Zulassung einer verbesserten Form der **Zusammenarbeit** zwischen **Liegenschaftskataster** und **Grundbuch** (§ 127 GBO; § 86).

21 12. Erleichterung bei der Bearbeitung von **Hypotheken-, Grundschuld-** und **Rentenschuldbriefen** (§§ 87 bis 89).

22 13. **Speicherung** und Verarbeitung der Grundbuchdaten auch **außerhalb des Grundbuchamts** bei öffentlich-rechtlichen Stellen zulässig (§ 126 Abs 3 GBO; § 90).

23 14. **Rötungen** können auch **schwarz** dargestellt werden (§ 91 S 2).

24 15. Besondere Vorschriften über die **Wiederherstellung** eines nicht mehr wiedergabefähigen Grundbuchs (§ 92 Abs 1).

25 16. Vorübergehende Rückkehr zum **Papiergrundbuch** bei schwerwiegenden Störungen (§ 141 Abs 2 GBO; § 92 Abs 2).

26 17. **Dauernde Rückkehr** zum Papiergrundbuch bei dauernder technischer Unmöglichkeit (§ 141 Abs 3 GBO).

27 18. **Ermächtigung für die Länder**, ergänzende Vorschriften zu treffen (§ 93).

§ 62   Begriff des maschinell geführten Grundbuchs

Bei dem maschinell geführten Grundbuch ist der in den dafür bestimmten Datenspeicher aufgenommene und auf Dauer unverändert in lesbarer Form wiedergabefähige Inhalt des Grundbuchblatts (§ 3 Abs 1 Satz 1 der Grundbuchordnung) das Grundbuch. Die Bestimmung des Datenspeichers nach Satz 1 kann durch Verfügung der zuständigen Stelle geändert werden, wenn dies dazu dient, die Erhaltung und die Abrufbarkeit der Daten sicherzustellen oder zu verbessern, und die Daten dabei nicht verändert werden. Die Verfügung kann auch in allgemeiner Form und vor Eintritt eines Änderungsfalls getroffen werden.

I. Allgemeines

§62 ergänzt die grundlegenden Vorschriften des §3 Abs 1 S 1, des §126 Abs 1 Nr 2 sowie des §129 Abs 1 GBO. **1**

§3 Abs 1 S 1 GBO bestimmt, dass jedes Grundstück im Grundbuch eine **besondere Stelle** erhält, nämlich das **Grundbuchblatt**. Bei dem in Papierform geführten Grundbuch muss nicht näher definiert werden, was das Grundbuch ist. Es versteht sich von selbst, dass sich die »besondere Stelle«, die das Grundstück »im Grundbuch« erhält, in dem auf Papier geführten Grundbuch (fester Band oder Einzelheft gemäß §2) befindet. **2**

Beim maschinell geführten Grundbuch muss dagegen das Grundbuch rechtlich »verortet«[1] werden. **3**

Nach §126 Abs 1 Nr 2 GBO sind die **Grundbucheintragungen** in einen »Datenspeicher« aufzunehmen, aus dem sie auf Dauer inhaltlich unverändert in lesbarer Form wiedergewonnen werden können (vgl §126 GBO Rdn 48). §129 Abs 1 GBO regelt ergänzend, dass Grundbucheintragungen wirksam sind, sobald sie in den dafür bestimmten Datenspeicher aufgenommen und auf Dauer inhaltlich unverändert wiedergegeben werden können. §62 knüpft an diese Bestimmungen an und legt fest, dass der in den dafür bestimmten **Datenspeicher** aufgenommene und auf Dauer **wiedergabefähige** Inhalt des Grundbuchblatts das **Grundbuch** ist. **4**

II. Datenspeicher

1. Art des Datenspeichers

Weder §126 Abs 1 Nr 2 und §129 Abs 1 GBO noch §62 Abs 1 legen fest, wie der Datenspeicher technisch beschaffen sein muss. Es kann sich um verschiedene **technische Formen** eines Speichermediums handeln (etwa Magnetplatten bzw darauf aufbauende komplexe Storagesysteme, Magnetband, Diskette, WORM-Platte). Die Art der verwendeten Datenspeicher kann im Rahmen der technischen Weiterentwicklung angepasst und verändert werden (vgl §126 GBO Rdn 21 und 44, 45). **5**

Allerdings dürfte sich in der Praxis aus der Forderung nach Wiedergabefähigkeit in lesbarer Form iVm der Grundbucheinsicht am Bildschirm (§79) ergeben, dass nur Speichermedien, die einen Aufruf des Grundbuchinhalts in vertretbarer Zeit zulassen, geeignet sind. IdR wird es sich dabei um **Speichermedien** mit direktem Zugriff auf die gespeicherten Eintragungen handeln; Speichermedien mit sequentiellem Zugriff werden normalerweise nicht geeignet sein (vgl hierzu auch §126 GBO Rdn 9). **6**

Es muss sich ferner um den Speicher handeln, in dem die Grundbucheintragungen endgültig und auf Dauer abgelegt werden. **Zwischenspeicher**, in dem die Grundbucheintragungen während des Vorgangs der Vorbereitung und Veranlassung der Eintragung (§130 GBO Rdn 6ff) und vor ihrer Übergabe an den endgültigen Datenspeicher abgelegt werden, stellen nicht den Datenspeicher iS des §62 Abs 1 dar. **7**

Das Gleiche gilt für die als Sicherungsspeicher dienenden **Sicherungskopien** (§66). **8**

2. Bestimmung des Datenspeichers

Der Inhalt des Grundbuchblatts muss in den dafür bestimmten Datenspeicher aufgenommen werden. **9**

Die **Bestimmung des Datenspeichers** erfolgt – in entsprechender Anwendung von S 2, der auch hier gilt – durch die zuständige Stelle.

Zuständige Stelle kann die Leitung des Grundbuchamts oder die von der Landesjustizverwaltung bestimmte für die Datenverarbeitung zuständige Stelle sein. **10**

Bei Speicherung der Grundbuchdaten bei einer Stelle gemäß §126 Abs 3 GBO kann dieser Stelle die Bestimmung des Grundbuchspeichers übertragen werden. Zweckmäßig kann es in diesen Fällen sein, bei der Bestimmung die Mitwirkung einer zur Justizverwaltung gehörenden Stelle vorzusehen. **11**

Die **Bestimmung** ist bei Errichtung und Inbetriebsetzung des maschinell geführten Grundbuchs zu treffen; sie gilt solange, bis sie geändert wird (Rdn 13). **12**

---

[1] So die Begründung zu §62 GBV in der BT-Drucksache 12/5553, Beschlussempfehlung vom 24.11.1993, S 242.

3. Änderung der Bestimmung

13 Die **erstmalige Bestimmung** des Datenspeichers (Rdn 9 ff) wird sich nicht ständig, gewissermaßen statisch, in der gleichen technischen Weise aufrechterhalten lassen. Deshalb lässt S 2 zu, dass die Bestimmung des Datenspeichers durch Verfügung der zuständigen Stelle **geändert** werden kann, um die Erhaltung und Abrufbarkeit der Daten sicherzustellen oder zu verbessern. Allerdings muss dabei gewährleistet sein, dass die Grundbucheintragungen inhaltlich nicht verändert werden. Die Forderung nach »**inhaltlicher Unveränderbarkeit**« bedeutet nicht, dass die Art und Weise, wie die Speicherung der Daten erfolgt, die gleiche sein und bleiben muss. Denkbar ist etwa, dass die Abspeicherung auf einem anderen Datenträger mit Hilfe eines anderen Codes durchgeführt wird. Dies ist zulässig, wenn der wiederzugebende Inhalt der Grundbucheintragungen unverändert bleibt.

14 S 2 wird vor allen Dingen auch für die Fälle gelten, in denen die **Sicherungsdaten**, die neben dem Originaldatenbestand gemäß § 126 Abs 1 Nr 1 GBO und § 66 Abs 2 und 3 zu führen sind, wegen einer technischen Störung herangezogen werden müssen.

15 In diesem Fall tritt aufgrund Verfügung der zuständigen Stelle der Ersatz- oder Sicherungsdatenspeicher an die Stelle des Originaldatenspeichers.

16 Die darin enthaltenen Grundbuchblätter und die Eintragungen in diesen haben gemäß § 62 S 2 die gleiche Wirkung und Bedeutung, wie die im **Originaldatenspeicher** ursprünglich eingetragenen Daten; sie sind das Grundbuch iS von Abs 1.

17 Der **Sicherungsdatenspeicher** ist so lange Grundbuchspeicher, bis gemäß S 2 wieder eine andere Bestimmung getroffen wird.

18 Weitere Fälle, in denen die Bestimmung des Datenspeichers geändert wird, können auch **technische Zweckmäßigkeiten** sein. Denkbar ist etwa, dass aufgrund des technischen Fortschritts andere, zB schnellere Speichermedien zur Verfügung stehen. Dies kann sich uU aus dem Grundsatz der ordnungsgemäßen Datenverarbeitung nach § 126 Abs 1 Nr 1 GBO ergeben, wenn technologische Weiterentwicklungen dazu führen, dass die Datenverarbeitung ganz allgemein einen anderen Stand erlangt hat, als bei der ursprünglichen Festlegung des Grundbuchspeichers (§ 126 GBO Rdn 21).

19 Für die Zuständigkeit zur Änderung der Bestimmung gilt das für die ursprüngliche Bestimmung Ausgeführte in gleicher Weise (Rdn 10, 11).

4. Form der Bestimmung oder Änderung

20 § 62 trifft keine Festlegung darüber, in welcher Form die Bestimmung nach S 1 oder die Änderung nach S 2 zu erfolgen hat. Verlangt wird lediglich eine **Verfügung der zuständigen Stelle**.

21 Diese Verfügung der zuständigen Stelle muss so beschaffen sein, dass »**nachvollziehbare Klarheit** darüber geschaffen wird, welcher Datenspeicher für den Inhalt des Grundbuchs rechtlich maßgebend ist«.[2]

22 Daraus ergibt sich, dass eine stillschweigende Bestimmung des Datenspeichers oder eine Festlegung durch faktisches Handeln nicht genügt. In aller Regel ist deshalb eine **schriftliche Verfügung** zu treffen, aus der sich ergibt, welches konkrete Speichermedium Grundbuchspeicher iS des § 62 ist.

23 Nur in **Ausnahmefällen**, etwa wenn bei unerwarteten und massiven technischen Störungen rasch gehandelt werden muss, um die Funktionsfähigkeit des maschinell geführten Grundbuchs wieder herzustellen, kann die Bestimmung des Datenspeichers, etwa durch Einlegen einer Sicherungsplatte, auch durch **tatsächliches Handeln** erfolgen. In diesem Fall muss aber die schriftliche Verfügung unverzüglich nachgeholt werden.

24 Die Bestimmung oder Änderung kann durch jeweils gesonderte **schriftliche Verfügung** getroffen werden. Sie kann auch in die **Dienstanweisung** des § 65 S 3 aufgenommen werden.

25 Einer Festlegung durch Rechtsverordnung nach § 126 GBO oder nach § 93 bedarf es allerdings nicht.

5. Bestimmung im Voraus

26 Die **technischen Möglichkeiten** lassen es zu, dass der Sicherungsdatenspeicher gemäß § 126 Abs 1 Nr 1 GBO und § 66 Abs 2, 3 während des Betriebs der Datenverarbeitungsanlage erzeugt wird (zB durch eine zweite Datenverarbeitungsanlage, die an die erste – rechtlich maßgebende – Anlage angeschaltet ist). Auf diese Weise können die **Sicherungskopien** gleichlaufend mit dem **Originaldatenspeicher** beschrieben werden; sie weisen stets den gleichen Stand wie dieser auf.

---

2 So die Begründung zu § 62 GBV in der BT-Drucksache 12/5553, Beschlussempfehlung vom 24.11.1993, S 242.

Durch entsprechende technische Vorkehrungen ist es möglich, im Falle von Störungen **automatisch** vom Originaldatenspeicher auf den Sicherungsdatenspeicher **umzuschalten**, ohne dass der Benutzer des maschinellen Grundbuchs dies zu merken braucht. **27**

Es würde den durch diese aufwendige Technik erstrebten Zweck, nämlich ständige und weitgehende Verfügbarkeit des maschinellen Grundbuchs, vereiteln, wenn hier jeweils erst eine schriftliche Verfügung getroffen werden müsste.

Zweckmäßig ist es vielmehr, hier die Bestimmung des (anderen) Datenspeichers zum Grundbuchdatenspeicher **28** bereits **im Voraus** für den Fall zu treffen, dass die entsprechende Bedingung eintritt. Die 2. EDVGB-ÄndVO (vgl Vor § 61 GBV Rdn 8) hat deshalb an § 62 folgenden klarstellenden Satz angefügt: »Die Verfügung kann auch in allgemeiner Form und vor Eintritt eines Änderungsfalls getroffen werden.«

III. Realfolium, Personalfolium

§ 62 S 1 verweist auf § 3 Abs 1 S 1 GBO. In dieser Vorschrift ist der Grundsatz des **Realfoliums** enthalten, **29** wonach für jedes Grundstück ein besonderes Grundbuchblatt anzulegen ist.

Die Verweisung bedeutet aber nicht, dass beim maschinell geführten Grundbuch etwa nur Realfolien angelegt **30** werden dürften. § 4 GBO, wonach über mehrere Grundstücke desselben Eigentümers, deren Grundbücher von demselben Grundbuchamt geführt werden, ein **gemeinschaftliches Grundbuchblatt** angelegt werden kann, gilt beim maschinell geführten Grundbuch in gleicher Weise.

Dies ergibt sich schon aus den vorgreiflichen Grundüberlegungen, wonach die maschinelle Grundbuchführung **31** lediglich die Übernahme der Grundbucheintragung auf andere Speichermedien als Papier bedeutet, nicht aber grundsätzliche Änderungen des Grundbuchsystems (vgl Vor § 126 GBO Rdn 39).

Auch § 128 Abs 1 GBO geht davon aus, dass die Grundbuchblätter, so wie sie vorhanden sind, in die maschi- **32** nelle Form überführt werden.

Die Verweisung in § 62 S 1 auf § 3 Abs 1 S 1 GBO ist vielmehr nur deshalb erfolgt, weil in § 3 Abs 1 S 1 GBO **33** erstmals der Begriff des »Grundbuchblatts« definiert wird.

§ 63 Gestaltung des maschinell geführten Grundbuchs

Der Inhalt des maschinell geführten Grundbuchs muß auf dem Bildschirm und in Ausdrucken so sichtbar gemacht werden können, wie es den durch diese Verordnung und die Wohnungsgrundbuchverfügung vorgeschriebenen Vordrucken entspricht. Die Vorschriften, die Grundbuchbände voraussetzen, sind nicht anzuwenden.

I. Grundsatz der Identität von maschinell geführtem Grundbuch und Papiergrundbuch

Bereits § 61 enthält den **Grundsatz**, dass für das maschinell geführte Grundbuch die Bestimmungen der **1** **Grundbuchverfügung**, der Wohnungsgrundbuchverfügung und der sonstigen allgemeinen Ausführungsvorschriften anzuwenden sind, soweit nicht ausdrücklich etwas Abweichendes bestimmt ist.

Bei der Gestaltung der Rechtsvorschriften für das maschinelle Grundbuch wurde bewusst davon **abgesehen**, **2** **Änderungen** im System des Grundbuchs, seinem Aufbau und seiner Struktur vorzunehmen (s Vor § 126 GBO Rdn 36 ff; § 61 Rdn 1, 2).

II. Gestaltung des äußeren Erscheinungsbildes

1. Gestaltung entsprechend den Vordrucken

3   §63 ergänzt die Vorschrift des §61 und legt ausdrücklich die Art und Weise fest, wie der Inhalt des maschinell geführten Grundbuchs auf dem **Bildschirm** und in den **Ausdrucken sichtbar** zu machen ist.

4   Festgelegt wird hier ebenfalls der Grundsatz der **völligen Identität** hinsichtlich des **äußeren Erscheinungsbildes** zwischen Papiergrundbuch und EDV-Grundbuch.

5   Das **äußere Erscheinungsbild** des maschinell geführten Grundbuchs muss auf dem Bildschirm und in den Ausdrucken so sichtbar gemacht werden, wie es den allgemeinen Vorschriften für das Papiergrundbuch entspricht.

Verwiesen wird ausdrücklich auf die **Vordrucke**, die den Aufbau und die Einteilung des Grundbuchblatts festlegen.

6   Es gilt somit der gesamte Abschn II (§§ 4 bis 12); ebenso die Vorschriften des Abschn III (§§ 13 bis 23).

7   Die **Vordrucke**, die die **nähere Einteilung** des Grundbuchs gemäß § 22 S 1 festlegen, sind somit auch für das maschinelle Grundbuch zu Grunde zu legen.

2. Format der Vordrucke

8   **Nicht** vorgeschrieben ist durch §63 dagegen die Verwendung eines **bestimmten Formates** für die Grundbuchblätter. Die Grundbuchverfügung, die wohl vom Format DIN A3 als Regelfall ausgeht, lässt in §6 Abs 3b ausdrücklich auch das Format DIN A4 zu.

9   Die von den Landesjustizverwaltungen bisher verwendeten **Vordruckformate** können deshalb auch beim maschinellen Grundbuch beibehalten werden.

10 Das ist vor allem dann erforderlich, wenn die Anlegung des maschinell geführten Grundbuchs durch **Umstellung** (§70) erfolgt, da dabei eine fotografisch getreue Wiedergabe, gewissermaßen eine Kopie, als Bild gespeichert und wiedergegeben wird (s §70 Rdn 4).

11 Zulässig ist aber, insb wenn die Anlegung im Wege der Umschreibung (§ 68) oder der Neufassung (§ 69) erfolgt, auf ein **anderes Format** des Vordrucks überzugehen, wenn nur der grundsätzliche Aufbau gemäß §22 S 1 beibehalten wird.

3. Keine Anwendung der Vorschriften über Grundbuchbände

12 **Nicht** anzuwenden sind die Vorschriften, die **Grundbuchbände** voraussetzen. Darunter fallen insb §2 S 2 und § 3 Abs 1 S 2, Abs 2.

Es wäre sinnlos, als weiteren Ordnungsbegriff neben der Nummer des Grundbuchblattes (§ 3 Abs 1 S 1) auch die Nummer eines Bandes mitzuführen.

13 Das maschinelle Grundbuchblatt kann vielmehr – ebenso wie dies bereits bei dem als Einzelheft geführten Grundbuchblatt der Fall ist – durch die Angabe des **Grundbuchamts** (§ 1 Abs 1 S 1 GBO), des **Grundbuchbezirks** (§ 1) und der **Nummer des Grundbuchblatts** (§ 3 Abs 1 S 1) eindeutig gekennzeichnet werden.

4. Nicht anwendbare weitere Vorschriften

14 Wegen der anderen technischen Art und Weise der Grundbuchführung können auch eine Reihe weiterer Vorschriften keine Anwendung finden.

15 Hierunter fallen insb verschiedene Regelungen in § 21 (Verbot des Radierens oder der Unleserlichmachung; Verwendung von Stempeln; Freilassen von Platz wegen drucktechnisch vorzunehmender Eintragungen).

16 Bei den an zahlreichen Stellen vorgeschriebenen **rot** vorzunehmenden Unterstreichungen, Durchkreuzungen oder ähnlichen Kennzeichnungen ist zu beachten, dass diese auch **schwarz** dargestellt werden können (§ 91 S 2).

§ 64 Anforderungen an Anlagen und Programme

(1) Für das maschinell geführte Grundbuch dürfen nur Anlagen und Programme verwendet werden, die den bestehenden inländischen oder international anerkannten technischen Anforderungen an die maschinell geführte Verarbeitung geschützter Daten entsprechen. Sie sollen über die in Absatz 2 bezeichneten Grundfunktionen verfügen. Das Vorliegen dieser Voraussetzungen ist, soweit es nicht durch ein inländisches oder ausländisches Prüfzeugnis bescheinigt wird, durch die zuständige Landesjustizverwaltung in geeigneter Weise festzustellen.

(2) Das eingesetzte Datenverarbeitungssystem soll gewährleisten, daß
1. seine Funktionen nur genutzt werden können, wenn sich der Benutzer dem System gegenüber identifiziert und authentisiert (Identifikation und Authentisierung),
2. die eingeräumten Benutzungsrechte im System verwaltet werden (Berechtigungsverwaltung),
3. die eingeräumten Benutzungsrechte von dem System geprüft werden (Berechtigungsprüfung),
4. die Vornahme von Veränderungen und Ergänzungen des maschinell geführten Grundbuchs im System protokolliert wird (Beweissicherung),
5. eingesetzte Subsysteme ohne Sicherheitsrisiken wiederhergestellt werden können (Wiederaufbereitung),
6. etwaige Verfälschungen der gespeicherten Daten durch Fehlfunktionen des Systems durch geeignete technische Prüfmechanismen rechtzeitig bemerkt werden können (Unverfälschtheit),
7. die Funktionen des Systems fehlerfrei ablaufen und auftretende Fehlfunktionen unverzüglich gemeldet werden (Verläßlichkeit der Dienstleistung),
8. der Austausch von Daten aus dem oder für das Grundbuch im System und bei Einsatz öffentlicher Netze sicher erfolgen kann (Übertragungssicherheit).

Das System soll nach Möglichkeit Grundbuchdaten übernehmen können, die in Systemen gespeichert sind, die die Führung des Grundbuchs in Papierform unterstützen.

I. Allgemeines

Bei dem herkömmlichen Grundbuch in **Papierform** sind besondere bundesrechtliche Vorgaben, die die **1** Anforderungen an die äußere Ausgestaltung des Grundbuchs festlegen (zB Papierstärke oder ähnliches) nicht erforderlich. Die Länder haben dies zwar im Einzelnen bestimmt; die sich hier ergebenden Unterschiede sind aber für die Einheitlichkeit und Sicherheit des Papiergrundbuchs ohne Bedeutung, sodass beim Papiergrundbuch eine bundeseinheitliche Regelung nicht erforderlich ist.

Beim **maschinell geführten Grundbuch** ist die Situation allerdings eine andere. Die **Einheitlichkeit** und **2** **Sicherheit** des Grundbuchs kann hier nur gewährleistet werden, wenn bundeseinheitlich vorgegeben wird, welche **Anforderungen an die Systeme** zu stellen sind. Diese Anforderungen schreibt – in Ergänzung der Vorschrift des § 126 Abs 1 GBO (s § 126 GBO Rdn 19 ff) – § 64 vor. Sein Ansatz ist dabei umfassend. Entscheidend ist bei der Vorschrift des § 64 aus der Sicht des Bundes, welche Anforderungen das **Gesamtsystem** des maschinell geführten Grundbuchs zu erfüllen hat. Es kommt dabei nicht darauf an, ob eine bestimmte Eigenschaft etwa in den Hardware-Komponenten oder in der Software realisiert ist.[1]

II. Technische Anforderungen

§ 64 ergänzt die Vorschrift des § 126 Abs 1 S 2 Nr 1 GBO einschließlich der Anl zu Abs 1 S 2 Nr 3 und legt **3** durch seine Einzelregelungen fest, was unter »**Grundsätzen einer ordnungsgemäßen Datenverarbeitung**« zu verstehen ist.

---

1 Vgl BT-Drucksache 12/5553, Beschlussempfehlung vom 24.11.1993, S 243.

4   Die Vorschrift spricht vom »bestehenden **inländischen oder international anerkannten technischen Anforderungen** an die maschinell geführte Verarbeitung geschützter Daten«. Das Grundbuchsystem (technische Anlagen und Programme) muss diesen Anforderungen entsprechen. § 64 vermeidet die Bezeichnung »Normen« und spricht von »technischen Anforderungen«.

5   Anforderungen für die maschinell geführte Verarbeitung geschützter Daten enthält etwa das Bundesdatenschutzgesetz, insb in § 9 und der Anl hierzu. Dabei ist jedoch zu beachten, dass durch § 126 Abs 1 S 2 Nr 3 GBO einschlägige Bestimmungen des Bundesdatenschutzgesetzes als Anl zur Grundbuchordnung aufgenommen wurden und deshalb **unmittelbar geltendes Grundbuchrecht** sind. Es wurde bewusst davon **abgesehen**, in § 126 GBO auf die Vorschriften des Bundesdatenschutzgesetzes Bezug zu nehmen, da **vermieden** werden sollte, dass auf diese Weise die Vorschriften des Bundesdatenschutzgesetzes bei der Automation des Grundbuchs eingehalten werden müssen (vgl § 126 GBO Rdn 53).

6   **International anerkannte technische Anforderungen** können Regelungen und Standards sein, die in Festlegungen internationaler Gremien getroffen wurden. Dabei braucht es sich nicht um Gremien mit staatlichen oder überstaatlichen Kompetenzen (etwa die Europäische Union) zu handeln. Es kann sich auch zB um Normungsgremien handeln, die durch Vereinbarungen oder Zusammenschlüsse bedeutender Hersteller oder Anwender von Informationstechnik entstanden sind.

III. Grundfunktionen

1. Allgemeines

7   In Abs 2 Nrn 1–8 sind die **Grundfunktionen** gemäß Abs 1 S 2 aufgeführt, die erfüllt sein müssen, damit es sich um ein Verfahren handelt, bei dem gemäß § 126 Abs 1 S 2 Nr 1 GBO die Grundsätze einer ordnungsgemäßen Datenverarbeitung eingehalten werden.

8   Die nachstehend aufgeführten Funktionen müssen alle **programmgesteuert** und **automatisiert** ablaufen. Eine Einzelfallprüfung durch Menschen fällt nicht unter die Vorschrift des § 64 Abs 2.

Es handelt sich dabei um die nachstehend aufgeführten Funktionen:

2. Identifikation und Authentisierung

9   Ein Benutzer muss sich gemäß Nr 1 gegenüber dem EDV-System des maschinellen Grundbuchs **identifizieren**. Diese Identifizierung kann in verschiedener Weise erfolgen, etwa durch Netzadressen der an das EDV-Grundbuch angeschlossenen Anlagen oder durch Passwörter, die dem Benutzer durch die zuständige Stelle (zB im Falle des § 82) zugeteilt werden. Die Identifikation muss die Wirkung haben, dass das EDV-System den Benutzer als **authentischen**, dh **berechtigten** Benutzer gegenüber dem EDV-System erkennt oder ihn andernfalls abweist.

3. Berechtigungsverwaltung

10 Alle angemeldeten Benutzer iS der Nr 1 (Rdn 9) müssen im System gemäß Nr 2 registriert sein; bei einer Anmeldung iS der Nr 1 muss das System programmgesteuert prüfen, ob der angemeldete Benutzer auch als **Berechtigter** im System geführt wird.

4. Berechtigungsprüfung

11 Die eingeräumten und zugeteilten Benutzungsrechte müssen gemäß Nr 3 nicht nur verwaltet werden; sie müssen auch so gestaltet sein, dass eine **Prüfung der Berechtigung** möglich ist. Die Berechtigung kann nämlich unterschiedlich sein.

Sie kann insb folgende Fälle umfassen:
a) Berechtigung zur **Bewirkung von Eintragungen** gemäß §§ 74, 75
b) Berechtigung zur **Einsicht des Grundbuchs** gemäß § 79 (mit dem speziellen Fall des § 79 Abs 3);
c) Berechtigung zur **Veranlassung von Ausdrucken** gemäß § 78;
d) Berechtigung zur Nutzung des automatisierten Abrufverfahrens gemäß § 82 Abs 1;
e) Berechtigung zur Nutzung des **eingeschränkten** automatisierten Abrufverfahrens gemäß § 82 Abs 2.

5. Beweissicherung

12 Veränderungen und Ergänzungen des maschinell geführten Grundbuchs sind immer **Eintragungen** iS der §§ 74 ff. Die Programme müssen gemäß Nr 4 so gestaltet sein, dass Eintragungen **automatisch protokolliert** werden. Das bedeutet, dass das Verfahren Protokolle liefern muss, aus denen sich

- die Grundbuchstelle,
- der Zeitpunkt,
- der Inhalt der Eintragung und
- die veranlassende Person

ergibt.

Die **Zeitdauer** für die Aufbewahrung der Protokolle ist in § 64 Abs 2 Nr 4 grundsätzlich **nicht begrenzt**. Die Justizverwaltung kann jedoch Einzelheiten (zB über die Art des dabei zu verwendenden Datenträgers) in der **Dienstanweisung** nach § 65 Abs 1 S 3 festlegen. Der Datenspeicher, auf dem die Protokolle festgehalten werden, unterliegt nicht der Bestimmung des § 62. Das Speichermedium mit den Protokolldaten kann vielmehr nach technischer Zweckmäßigkeit geändert werden (zB von der Magnetplatte auf ein Magnetband).   13

6. Wiederaufbereitung

Nr 5 hängt eng mit den Fragen der **Datensicherung** gemäß §§ 65 und 66 zusammen. **Subsysteme** sind die verschiedenen technischen Komponenten des gesamten maschinell geführten Grundbuchs. Darunter können fallen: 14

a) Die Geräte zur Speicherung und Verarbeitung der Grundbuchdaten, entweder in einer Zentralstelle oder lokal beim Grundbuchamt. Ist die Datenverarbeitung gemäß § 126 Abs 3 GBO einer anderen Stelle übertragen, müssen auch dort diese Voraussetzungen erfüllt sein.   15

b) Innerhalb der Anlagen für die Speicherung und Verarbeitung sind ebenfalls unterschiedliche Systeme notwendig (zB Speichergeräte, Verarbeitungsgeräte, Drucker).   16

c) Wird die Speicherung zentral durchgeführt, können beim Grundbuchamt lokale Rechner installiert sein, die bestimmte Teilfunktionen erfüllen. Die Forderung der Wiederaufbereitungsfähigkeit betrifft diese Systeme in gleicher Weise.   17

d) Schließlich fallen hierunter auch alle Endgeräte, an denen die Grundbuchbeamten ihre Tätigkeit ausüben (zB Datensichtgeräte, Druckgeräte).   18

7. Unverfälschtheit

In Nr 6 geht es darum, dass etwaige Veränderungen der gespeicherten Daten durch **Fehlfunktionen** des Systems, also nicht durch Einwirkungen von außen (zB durch Hacking, § 65 Abs 2) entdeckt werden.   19

Darunter kann fallen, wenn abgespeicherte Daten nachträglich verändert werden, und zwar durch Fehlfunktionen des EDV-Systems oder wenn ein Teil der gespeicherten Daten nicht mehr lesbar ist.   20

Das Programmsystem des maschinell geführten Grundbuchs muss solche Fehlfunktionen erkennen und an die Bedienungspersonen selbsttätig melden (vgl auch Rdn 24).   21

8. Verlässlichkeit der Dienstleistung

Alle Funktionen des EDV-Systems müssen **fehlerfrei** ablaufen. Tritt durch Umstände, die nicht vorhersehbar sind, eine fehlerhafte Funktion auf, so muss dies gemäß Nr 7 unverzüglich an die für die Bedienung des Systems zuständigen Personen gemeldet werden.   22

Hierunter kann fallen: 23
- wenn die unter den obigen Ziffern aufgeführten Funktionen nicht mehr zuverlässig ablaufen,
- wenn sonstige Störungen im System auftreten oder
- die Datensicherheit der abgespeicherten Daten beeinträchtigt ist.

In diesem Fall muss das EDV-System so angelegt sein, dass entsprechende **Alarmmeldungen** ausgegeben werden. Der Empfänger dieser Meldungen braucht nicht der für die Führung des Grundbuchs zuständige Beamte zu sein.   24

Es genügt, wenn die für die Bedienung des EDV-Systems zuständigen Personen, die im Falle des § 126 Abs 3 GBO auch justizfremde Bedienstete sein können, eine entsprechende Meldung erhalten. IdR wird diese Meldung in der Rechenzentrale auf dem Bedienungsbildschirm (sog Konsole) und/oder auf dem für Systemmeldungen eingerichteten Drucker ausgegeben werden.

9. Übertragungssicherheit

Unter Nr 8 fällt die **Datenübertragung** innerhalb des Grundbuchsystems und an externe Benutzer iS des § 133 GBO. Dabei kann es sich um Datenaustausch (gemeint ist die Datenübertragung) im System und bei Einsatz **öffentlicher Netze** handeln.   25

26   Im System erfolgt der Austausch innerhalb des – geschlossenen – Grundbuchsystems insb mit **lokalen Netzen**. Dieser Fall kann v.a. dann gegeben sein, wenn für jedes Grundbuchamt ein eigenes Datenverarbeitungssystem geführt wird.

27   Der Einsatz **öffentlicher Netze** ist gegeben, wenn die Grundbuchdaten für mehrere Grundbuchämter gemeinsam in einer Zentrale geführt werden, sowie bei dem automatisierten Abrufverfahren. Bei den öffentlichen Netzen kann es sich um ein Übertragungssystem der Deutschen Telekom oder – nach der durch das Bundesfernmeldegesetz zulässigen Einrichtung privater Netze – um Systeme anderer Betreiber handeln.

§ 64 Abs 2 Nr 8 spricht von »öffentlichen« Netzen. Nicht erforderlich ist, dass es sich um öffentlich-rechtlich organisierte Netze handelt (vgl auch § 126 GBO Rdn 99).

IV. Feststellung der Voraussetzungen

28   Das Vorliegen der Voraussetzungen nach § 64 Abs 1 S 1 und 2 ist festzustellen. Diese **Feststellung** kann in verschiedener Weise erfolgen:

29   Durch ein inländisches oder ausländisches **Prüfzeugnis**. Hierunter ist in erster Linie die Befugnis des Bundesamts für Sicherheit in der Informationstechnik zur Zertifizierung von EDV-Programmen zu verstehen.[2]

30   In Betracht kommt auch – wenn ausländische Anlagen oder Programme eingesetzt werden – ein entsprechendes Zeugnis der durch das Recht dieses ausländischen Staates befugten Stelle.

31   In Betracht kommen können auch Normen der Europäischen Union; soweit es sich um unmittelbar geltende Normen handelt, dürften sie als inländische Anforderungen anzusehen sein.

32   Liegt ein inländisches oder ausländisches Prüfzeugnis **nicht** vor, so ist das Vorliegen der Voraussetzungen durch die zuständige **Landesjustizverwaltung**, die gemäß § 126 Abs 1 S 1 iVm S 3 GBO die Rechtsverordnung erlassen hat, **festzustellen**. Liegt eine Delegation zum Erlass der Rechtsverordnung auf die Landesjustizverwaltung nicht vor, so ist die Landesjustizverwaltung des Landes für die Feststellung zuständig, in deren Bereich das automatisierte Grundbuch durch Verordnung der Landesregierung eingeführt wurde.

33   Die Feststellung ist eine **interne Verwaltungsmaßnahme** der Landesjustizverwaltung und braucht nach außen hin nicht mitgeteilt zu werden.

V. Datenübernahme aus Datenverarbeitungssystemen zur Unterstützung der Papiergrundbuchführung

34   In einer Reihe von Landesjustizverwaltungen werden Computersysteme eingesetzt, die bereits die **Führung des Papiergrundbuchs** unterstützen (s Vor § 126 GBO Rdn 10 ff).

§ 64 Abs 2 S 2 regelt den Fall, dass in derartigen EDV-Systemen für die Papiergrundbuchführung bereits Daten **gespeichert** werden. Diese Datenspeicherung ist zwar, solange das Papiergrundbuch besteht, rechtlich nicht relevant. Gleichwohl können – sozusagen vorratsweise – in den für das Papiergrundbuch vorhandenen EDV-Systemen Grundbuchdaten elektronisch aufbewahrt werden.

Die dort **vorratsweise** gespeicherten Daten sollten nach Möglichkeit in das maschinell geführte Grundbuch übernommen werden können. Es handelt sich dabei dann um einen Fall der Umstellung, gemäß § 70 (vgl dort Rdn 8 bis 12).

35   Mit dem in absehbarer Zeit bevorstehenden Abschluss der flächendeckenden Einführung des maschinell geführten Grundbuchs in allen Ländern wird diese Vorschrift obsolet. In einigen (va neuen) Ländern würde und wird von dieser Form der Vorratsspeicherung Gebrauch gemacht.

§ 65   Sicherung der Anlagen und Programme

(1) Die Datenverarbeitungsanlage ist so aufzustellen, daß sie keinen schädlichen Witterungseinwirkungen ausgesetzt ist, kein Unbefugter Zugang zu ihr hat und ein Datenverlust bei Stromausfall vermieden wird. In dem Verfahren ist durch geeignete systemtechnische Vorkehrungen sicherzustellen, daß nur die hierzu ermächtigten Personen Zugriff auf die Programme und den Inhalt der

---

2   § 4 des Gesetzes über die Errichtung des Bundesamts für Sicherheit in der Informationstechnik vom 17.12.1990, BGBl I S 2834.

maschinell geführten Grundbuchblätter haben. Die Anwendung der Zugangssicherungen und Datensicherungsverfahren ist durch Dienstanweisungen sicherzustellen.

(2) Ist die Datenverarbeitungsanlage an ein öffentliches Telekommunikationsnetz angeschlossen, müssen Sicherungen gegen ein Eindringen unbefugter Personen oder Stellen in das Verarbeitungssystem (Hacking) getroffen werden.

I. Allgemeines

1. Motive der Regelung

Anders als beim Papiergrundbuch enthalten die Vorschriften über das maschinell geführte Grundbuch zahlreiche Regelungen über die **Datensicherheit**. **1**

Beim Papiergrundbuch geht § 1 GBO vom Grundbuch in **Folianten-Form** aus und lässt auch die Führung als **Loseblatt-Grundbuch** zu. Die Vorschrift des § 1 GBO wird ergänzt durch § 2 GBV. Über die Art und Weise der Aufbewahrung und der Sicherung vor ungünstigen Einflüssen, die zu Störungen in der Verfügbarkeit und in der Lesbarkeit führen können, werden in den Rechtsvorschriften Anordnungen nicht getroffen. Lediglich § 21 GBV Abs 1 S 2 bestimmt, dass die Grundbucheintragungen deutlich und ohne Abkürzungen zu schreiben sind und dass im Grundbuch nichts radiert und nichts unleserlich gemacht werden darf. **2**

Alle übrigen Anordnungen über die **sichere Aufbewahrung** der Grundbücher sind Sache der **Justizverwaltung**. **3**

Zu nennen ist hier etwa die Allgemeine Verfügung über die geschäftliche Behandlung der Grundbuchsachen vom 25.02.1936, die allerdings in einer Reihe von Ländern durch entsprechende landeseigene Verwaltungsvorschriften abgelöst wurde.

Im Gegensatz dazu enthalten die Bestimmungen über das maschinell geführte Grundbuch verschiedene Regelungen, die sich mit den **Anforderungen an die Anlagen und Programme** (vgl § 64 Rdn 3 ff) und mit der **Datensicherheit** befassen. Der Grund dafür liegt darin, dass bei der Führung des Grundbuchs als automatisierte Datei erstmals von dem Medium, nämlich dem Papier, abgegangen wird, das sich seit der Einführung des Grundbuchs durch das Bürgerliche Gesetzbuch und bei allen Vorläufersystemen bestens bewährt hat und praktisch auch das technisch einzig mögliche Medium darstellte. Mit dem maschinell geführten Grundbuch wird **technisches Neuland** beschritten. Der Gesetz- und der Verordnungsgeber haben deshalb zu Recht eine Reihe von Vorschriften erlassen, die sich mit der Sicherheit des Grundbuchs in maschineller Form befassen. **4**

2. Gesetzliche Grundlagen

Die Grundbuchordnung enthält einige grundlegende Bestimmungen über die **Datensicherheit**: **5**
1. Die **Zulassungsvoraussetzungen** gemäß § 126 Abs 1 Nr 1 und Nr 2 GBO sowie gemäß der Anl zu § 126 Abs 1 Nr 3 GBO;
2. Anforderungen an die **Dauerhaftigkeit** der Speicherung gemäß § 129 Abs 1 S 1 GBO.

§ 65 (zusammen mit § 66) ergänzt diese grundlegenden Bestimmungen.

II. Gegenstand der Regelung

§ 65 befasst sich mit der **Sicherung** der Anlagen und Programme; ergänzend hierzu trifft § 66 Anordnungen über die Sicherung der Daten selbst. § 65 unterscheidet zwischen der **Datenverarbeitungsanlage** und den **Programmen**. **6**

III. Sicherung der Datenverarbeitungsanlage

1. Allgemeines

7   Unter **Datenverarbeitungsanlage** sind alle Computergeräte zu verstehen, die zur Führung des maschinellen Grundbuchs notwendig sind.

Dazu können gehören:
a) Alle Datenverarbeitungseinrichtungen, die bei dem Grundbuchamt, bei dem das maschinelle Grundbuch eingeführt ist, vorhanden sind.
b) Bei zentraler Speicherung gemäß § 126 Abs 3 GBO alle Datenverarbeitungseinrichtungen in der »anderen Stelle«. Auch diese andere Stelle ist dann im Einzelnen den Bestimmungen der Grundbuchordnung und der Grundbuchverfügung sowie der hierzu ergangenen Landesverordnungen und der Dienstanweisung gemäß § 65 Abs 1 S 3 unterworfen.

8   Von der **Datenverarbeitungsanlage** zu unterscheiden sind die **Netzverbindungen**, falls die Datenverarbeitungsanlage an ein öffentliches Telekommunikationsnetz angeschlossen ist, und die dazu notwendigen Kommunikationsgeräte (s Abs 2; Rdn 21 bis 27).

2. Ausschluss äußerer Einflüsse

9   Für die **Datenverarbeitungsanlage** wird in Abs 1 S 1 bestimmt, dass sie so aufzustellen ist, dass sie keinen schädlichen Witterungseinwirkungen ausgesetzt ist. Darunter ist zu verstehen, dass das physikalische Eindringen von Witterungseinflüssen (zB Regen) ausgeschlossen ist. Die Vorschrift ist jedoch erweiternd so auszulegen, dass alle bei normalem Ablauf des täglichen Lebens möglichen äußeren Einflüsse (zB Frost, Sturmschäden) ausgeschlossen sein müssen. Auch die notwendige klimatechnische Ausstattung der Rechnerräume fällt darunter, da idR Datenverarbeitungsanlagen nur innerhalb bestimmter Temperaturtoleranzen funktionsfähig sind.

10 Die Vorkehrungen zur Sicherung vor äußeren Einflüssen brauchen aber nicht soweit zu gehen, dass gänzlich **unerwartete** äußere Ereignisse ausgeschlossen werden (etwa Erdbeben in einem sonst erdbebenfreien Gebiet; Hochwasser in einer sonst hochwasserfreien Zone).

11 Der Aufwand für die bauliche Sicherung der Datenverarbeitungsanlage wäre bei einer derartigen Forderung unangemessen. Tritt ein derartiges katastrophenartiges Ereignis dennoch ein, so muss die Datensicherung gemäß § 66 wirksam werden. Zu der Gefahr terroristischer Anschläge s auch § 126 GBO Rdn 37.

3. Kein Zugang Unbefugter

12 Eine weitere Voraussetzung ist der **Ausschluss** des **Zuganges Unbefugter**. Darunter ist zunächst die rein mechanische Zugangssicherung zu verstehen. Das bedeutet, dass der Raum, in dem die Datenverarbeitungsanlage sich befindet, nur für Befugte zugänglich sein darf. Dies ist durch entsprechende Schließvorrichtungen (spezielle Schlösser, zu denen nur die Befugten die Schlüssel besitzen; Zugangssicherung mit Magnetkarten, Chipkarten oder Zahlencodes) zu gewährleisten.

13 Die **Zugangssicherung** gilt nicht nur für den Raum, in dem die zentrale Datenverarbeitungsanlage aufgestellt ist. Er gilt in gleicher Weise auch für Räume, in denen etwa Zwischen- oder Vorrechner aufgestellt sind. Auch die normalen Arbeitsräume, in denen die Arbeits- oder Einsichtsgeräte für die Bedienung des maschinell geführten Grundbuchs aufgestellt sind, müssen vor Zugang Unbefugter geschützt werden. Allerdings wird das Maß der zu fordernden Zugangssicherungsmaßnahmen – je nach Ausmaß der Gefährdung, die sicher bei der zentralen Speicheranlage am größten ist – abzustufen sein.

14 Darüber hinaus muss das Datenverarbeitungssystem als Ganzes so beschaffen sein, dass **nur befugte Personen** im Rahmen der ihnen eingeräumten technischen Berechtigungen (vgl § 64 Abs 2 Nrn 1, 2, 3) das System benutzen können und dass ein Eindringen Unbefugter (s hierzu auch Abs 1 S 2; Rdn 22) insb über ein öffentliches Telekommunikationsnetz (vgl Abs 2; Rdn 26) vermieden wird.

4. Kein Datenverlust durch Stromausfall

15 Sicherzustellen ist ferner, dass durch **Stromausfall** kein Datenverlust eintritt. Hierfür gibt es in der Praxis übliche Verfahren, die sich auf die folgenden Varianten reduzieren lassen:
a) Anlagen für unterbrechungsfreie Stromversorgung (USV), die ein geordnetes Abschalten der Datenverarbeitungsanlage ermöglichen und den Stromausfall so lange überbrücken, bis die Abschlussprozeduren ordnungsgemäß abgelaufen sind.
b) Notstromaggregate, die ein normales Weiterarbeiten auch während des Ausfalls der Stromversorgung ermöglichen.

Für das maschinelle Grundbuch genügen USV-Anlagen in dem unter a) beschriebenen Sinne. Diese reichen aus, um einen geordneten Abschluss der Dateien zu ermöglichen und damit einen Datenverlust zu vermeiden.

IV. Sicherung der Programme und der Daten

1. Umfang der Vorkehrungen

Neben den überwiegend mechanischen und organisatorischen Sicherungsmaßnahmen (Rdn 7 bis 15) sieht § 65 **16** Abs 1 S 2 weitere **systemtechnische Maßnahmen** vor. Diese systemtechnischen Vorkehrungen müssen sicherstellen, dass nur die dazu ermächtigten Personen auf die Programme und den Dateninhalt der Grundbücher zugreifen können.

Im Einzelnen sind die dafür notwendigen Maßnahmen auch in der Anlage zu § 126 Abs 1 S 2 Nr 3 GBO aufge- **17** führt; einschlägig sind dort insb die Ziffern

1) (Zugangskontrolle)

3) (Speicherkontrolle)

4) (Benutzerkontrolle)

5) (Zugriffskontrolle)

6) (Übermittlungskontrolle)

9) (Transportkontrolle).

Teilweise decken sich die Anforderungen gemäß § 65 Abs 1 S 2 auch mit den Anforderungen in § 64 Abs 2 **18** GBV (§ 64 Rdn 9 bis 27).

2. Dienstanweisung

Besondere Bedeutung hat die in § 65 Abs 1 S 3 vorgesehene **Dienstanweisung**. In der Dienstanweisung müs- **19** sen die Regelungen über alle Maßnahmen, Vorkehrungen und Regelungen zusammengefasst beschrieben sein, die der Sicherung der Datenverarbeitungsanlagen und der Programme dienen. Das Gleiche gilt für die Sicherungsmaßnahmen vor Hacking (Abs 2) und die Sicherung der Grundbuchdaten gemäß § 66. Auch die Maßnahmen, die der Manipulationssicherheit im Übrigen dienen (zB die elektronische Unterschrift gemäß § 75 GBV), sind in der Dienstanweisung hinsichtlich ihrer Handhabung zusammenfassend zu beschreiben.

Zweckmäßig kann es sein, dass die Landesjustizverwaltung, die – bei Delegation der Ermächtigung – für den **20** Erlass der Rechtsverordnung gemäß § 126 Abs 1 zuständig ist, auch die Dienstanweisung erlässt. Diese Regelung hätte den Vorteil, dass die Einheitlichkeit der Handhabung in einem Land, falls das maschinelle Grundbuch bei mehreren oder bei allen Grundbuchämtern eingeführt wird, gewährleistet ist.

Die Landesjustizverwaltung kann die Zuständigkeit für die Dienstanweisung aber auch auf eine andere Stelle im Bereich der Justiz übertragen.

V. Sicherheit vor Hacking

Abs 2 regelt die Sicherheitsbestimmungen, die beim Anschluss der Datenverarbeitungsanlage an ein **öffentli-** **21** **ches Telekommunikationsnetz** zu beachten sind.

In der Bestimmung wird erstmals der Begriff des »**Hacking**« in eine Rechtsvorschrift eingefügt und durch den **22** Gesetzgeber (vgl zur Entstehungsgeschichte Vor § 61 GBV Rdn 3) legaldefiniert. Unter »Hacking« wird das Eindringen unbefugter Personen oder Stellen in ein Datenverarbeitungssystem über öffentliche Telekommunikationsleitungen verstanden. Hierzu gehört auch das Einbringen von sog Computerviren, also von Programmcode, der (idR mit krimineller Energie) dafür erstellt wurde, widerrechtlich fremde Daten zu zerstören oder zu verändern.

Ein Anschluss der Datenverarbeitungsanlage an ein **öffentliches Telekommunikationsnetz** kann in folgen- **23** den Fällen zweckmäßig sein:
a) Bei Verarbeitung der Daten gemäß § 126 Abs 3 GBO in einer zentralen Stelle. Die Grundbuchämter müssen dann über Leitungen an die Zentrale angeschlossen sein.
b) Vernetzung mehrerer Grundbuchämter zur Ermöglichung der Einsicht gemäß § 69 Abs 3.
c) Auch der Anschluss der Teilnehmer am automatisierten Abrufverfahren gemäß § 133 GBO iVm §§ 80 ff fällt unter diesen Anschluss.

Öffentlich ist das Telekommunikationsnetz dann, wenn es für beliebige Teilnehmer den Anschluss ermöglicht **24** und ihnen offen steht. Im Gegensatz dazu sind teilweise in den Ländern vorhandene Landesdatennetze zu sehen, bei denen der Betrieb und der Anschluss von einer Behörde oder sonstigen beauftragten Stelle für das Land durchgeführt wird. Allerdings kann die physikalische Verbindung auch bei derartigen Landesnetzen unter Verwendung öffentlicher Netze realisiert sein (zB durch Anmietung).

25 Kein öffentliches Telekommunikationsnetz ist auch dann gegeben, wenn das Grundbuchamt sich im gleichen Gebäude wie die Datenverarbeitungsanlage befindet und die Verbindung über ein lokales Netz hergestellt wird.

26 Maßnahmen gegen das Eindringen unbefugter Personen sind bei einem öffentlichen Telekommunikationsnetz in vielfältiger Weise möglich. Dazu kann zB die Bildung eines Netzes mit so genannter **geschlossener Benutzergruppe** gehören. Bei dieser Netzgestaltung werden nur Teilnehmer überhaupt angenommen, die von der Apparatekennung und der Netzadresse her eindeutig der Datenverarbeitungsanlage zugeordnet sind.

Technisch gibt es hierzu verschiedene Möglichkeiten, etwa die Installation sog Router, die vor der Datenverarbeitungsanlage den gesamten Übertragungsverkehr regeln und filtern. Ebenso wird die Einrichtung von sog Firewall-Rechnern empfohlen, bei denen ebenfalls die Prüfung des Zugangs völlig getrennt von der Datenverarbeitungsanlage abläuft, in der die Grundbuchdaten gespeichert sind.

27 Da die Sicherungen iS von § 65 Abs 2 ebenfalls die Zugangssicherung betreffen, müssen die hierfür getroffenen Regelungen in die Dienstanweisung gemäß § 65 Abs 2 S 3 aufgenommen werden.

§ 66   Sicherung der Daten

(1) Das Datenverarbeitungssystem soll so angelegt werden, daß die eingegebenen Eintragungen auch dann gesichert sind, wenn sie noch nicht auf Dauer unverändert in lesbarer Form wiedergegeben werden können.

(2) Das Grundbuchamt bewahrt mindestens eine vollständige Sicherungskopie aller bei ihm maschinell geführten Grundbuchblätter auf. Sie ist mindestens am Ende eines jeden Arbeitstages auf den Stand zu bringen, den die Daten der maschinell geführten Grundbuchblätter (§ 62) dann erreicht haben.

(3) Die Kopie ist so aufzubewahren, daß sie bei einer Beschädigung der maschinell geführten Grundbuchblätter nicht in Mitleidenschaft gezogen und unverzüglich zugänglich gemacht werden kann. Im übrigen gilt § 65 Abs 1 sinngemäß.

I. Allgemeines

1 § 66 befasst sich – im Gegensatz zu § 65, der die Sicherung der Datenverarbeitungsanlagen und der programmtechnischen Verfahren betrifft – mit den Grundbuchblättern, also den Grundbuchdaten selbst.

2 § 66 ergänzt die Bestimmung des § 126 Abs 1 Nr 1 GBO. Dort ist bestimmt, dass Vorkehrungen gegen einen **Datenverlust** getroffen sowie die erforderlichen Kopien der Datenbestände mindestens tagesaktuell gehalten und die originären Datenbestände sowie deren Kopien sicher aufbewahrt werden.

II. Gegenstand der Datensicherung

1. Grundbucheintragungen

3 § 66 spricht von den **Grundbucheintragungen**. Gemeint ist damit der Inhalt des Grundbuchblatts, der das Grundbuch bildet (§ 62 Abs 1; s § 62 GBV Rdn 4) und die wirksam eingetragen sind (§ 129 GBO).

4 Die weiteren Daten, die bei Führung des maschinellen Grundbuchs anfallen, etwa die Protokolldaten, die zur Beweissicherung gemäß § 64 Abs 2 Nr 4 gespeichert werden, oder die beim automatisierten Abrufverfahren gemäß § 83 zu speichernden Protokolle müssen zwar ebenfalls so gesichert werden, dass sie nicht verloren gehen und brauchbar bleiben. Dies ergibt sich aus ihrer Zweckbestimmung.

Für den **Inhalt des Grundbuchs** selbst, dessen Verlust besonders gravierende, mit der Zerstörung eines 5
Grundbuchblatts vergleichbare Folgen hätte (§ 141 GBO), sind aber in § 66 zusätzliche Regelungen getroffen
worden, die unter allen Umständen vermeiden sollen, dass der Inhalt eines maschinell geführten Grundbuchblatts verloren geht.

Tritt dieser Fall gleichwohl ein, so ist nach § 141 Abs 1 GBO vorzugehen und das – maschinell geführte – 6
Grundbuchblatt **wiederherzustellen**. Ist diese Wiederherstellung nicht möglich (etwa bei vollständiger Zer-
störung der Datenverarbeitungsanlage und aller Sicherungsdatenträger), so wäre nach § 141 Abs 3 GBO die
Rückkehr zum Papiergrundbuch anzuordnen. Dieser Fall dürfte aber nur bei einer allgemeinen katastro-
phenähnlichen Situation eintreten, da aufgrund der durch Abs 2 geforderten dislozierten Aufbewahrung der
Sicherungsdatenträger der (oder die) Sicherungskopien vorhanden sein dürften und – nach dem Stand der
Technik – einem hochtechnisierten Staat wie der Bundesrepublik Deutschland die Beschaffung einer Ersatz-
Datenverarbeitungsanlage in kürzerer Zeit möglich sein dürfte. Dies hat sich beim Hochwasser 2002 in Sach-
sen auch bestätigt (s § 126 GBO Rdn 33).

2. Noch nicht wirksame Grundbucheintragungen

Abs 1 bestimmt, dass Grundbucheintragungen auch dann schon gesichert werden sollen, wenn sie noch nicht 7
gemäß § 129 Abs 1 GBO wirksam geworden sind. Das bedeutet, dass während des **Vorgangs der »Veranlassung«** nach § 74 Abs 1 S 1 GBV die bereits eingegebenen, aber noch nicht wirksam im Grundbuch abgespeicherten, insb noch nicht mit der elektronischen Unterschrift nach § 75 GBV versehenen Eintragungen bereits
gesichert werden sollen. Die Vorschrift ist eine **rein praktische**; rechtliche Auswirkungen auf die Grundbucheintragungen entstehen dadurch nicht.

Es soll verhindert werden, dass die Arbeit der zuständigen Personen dadurch beeinträchtigt wird, dass bereits 8
eingegebene, aber noch nicht wirksame Daten wieder verloren gehen. Dies wäre zwar rechtlich ohne Belang,
da ja eine wirksame Grundbucheintragung noch nicht vorliegt. Gleichwohl wäre der praktische Betrieb bei den
Grundbuchämtern dadurch empfindlich gestört.

Die Datensicherungsmaßnahmen für noch nicht wirksame Eintragungen brauchen jedoch **nicht** den hohen 9
Anforderungen des § 126 Abs 1 Nr 1 GBO und der Abs 2 und 3 des § 66 zu genügen. Es reicht aus, wenn
andere geeignete Maßnahmen vorgesehen sind, um einen Verlust dieser während des Eintragungsvorgangs eingegebenen Daten sicherzustellen.

III. Kopien der Datenbestände
1. Zahl der Sicherungskopien

§ 126 Abs 1 legt fest, dass die **»erforderlichen Kopien** der Datenbestände«** vorzuhalten sind. 10

§ 66 Abs 2 S 1 präzisiert, dass es sich um **mindestens eine** vollständige Sicherungskopie aller maschinell 11
geführten Grundbücher handeln muss. In der Praxis wird es sich empfehlen, mehr als eine Sicherungskopie
aufzubewahren, wenn dies entsprechend dem Normzweck erforderlich ist, jede nur denkbare Gefährdung der
Datenbestände auszuschließen. Wenn im Rahmen der technischen Fort- und Weiterentwicklung durch
moderne Speichertechnologie mit verteilten Systemen eine entsprechend sichere Speicherredundanz gewährleistet ist, wird dies ausreichen.

2. Tagesaktualität

§ 126 Abs 1 Nr 1 regelt, dass die Sicherungskopien mindestens **»tagesaktuell«** gehalten werden müssen. § 66 12
Abs 2 S 2 regelt hierzu genauer, dass die Sicherungskopie mindestens am Ende eines jeden Arbeitstages den
Stand der aktuellen maschinell geführten Grundbuchblätter haben muss. **»Mindestens«** bedeutet, dass selbst-
verständlich auch **mehrmals am Tag** Sicherungskopien gezogen werden können.

Auch andere, technisch mögliche Methoden der Datensicherung sind zulässig, etwa die zeitgleiche Herstellung 13
der Sicherungskopien gleichzeitig mit der Abspeicherung auf dem Originaldatenträger (s auch § 62 Rdn 26, 27).

3. Sichere Aufbewahrung

§ 126 Abs 1 Nr 1 schreibt vor, dass die **originären Datenbestände** und die **Kopie** sicher aufzubewahren sind. 14
§ 66 Abs 3 befasst sich mit den Sicherungskopien und schreibt vor, dass die Aufbewahrung so erfolgen muss,
dass bei einer Beschädigung der maschinell geführten Grundbuchblätter die **Sicherungskopien** nicht in Mitleidenschaft gezogen und unverzüglich zugänglich gemacht werden können. Das bedeutet, dass eine Aufbewahrung im gleichen Raum, in dem auch die Originaldatenträger gemäß § 62 GBO sich befinden, oder in räumlicher Nähe, bei der das Ausmaß der Gefährdung für Original und Kopie gleich groß ist, nicht zweckmäßig ist.

Auch wenn die Sicherungskopien zB in einem feuersicheren Tresor im gleichen Raum aufbewahrt werden, könnte durch äußere Einwirkung doch der ungünstige Fall eintreten, dass sowohl die Originaldatenträger als auch die Sicherungskopien in Mitleidenschaft gezogen werden. Aus diesem Grund ist die Aufbewahrung an getrennten Orten dringend zu empfehlen.

15 Werden **mehrere Sicherungskopien** hergestellt, so sollten auch diese wiederum an getrennten Orten aufbewahrt werden. Für die Aufbewahrung gelten sinngemäß die Regeln des §65 Abs 1 GBV. Das bedeutet, dass auch für den Aufbewahrungsort der Sicherungsdatenträger alles vorzusehen ist, um schädliche externe Einwirkungen zu vermeiden (§65 Rdn 9 bis 14).

4. Zugänglichmachung der Sicherungskopien

16 Bei einer Beschädigung oder Zerstörung der Originaldatenträger müssen die **Sicherungskopien**, die dann gemäß §62 S 2 (s §62 GBV Rdn 14 bis 17) zum Grundbuchdatenspeicher erklärt werden müssen, unverzüglich wieder **zugänglich** gemacht werden. Zugänglichmachen bedeutet in diesem Zusammenhang, dass Eintragungen in das maschinell geführte Grundbuch vorgenommen werden können sowie Einsichten und Ausdrucke gewährt und auch – falls dies zugelassen ist – auch das automatisierte Abrufverfahren wieder benutzt werden kann.

17 Für die Auslegung des Begriffs »**unverzüglich**« ist §141 Abs 2, ggf auch Abs 3 GBO heranzuziehen. Die Landesregierungen – bei Übertragung die Landesjustizverwaltungen – können durch Rechtsverordnung regeln, wie lange die Zeitdauer der »vorübergehend nicht möglichen Eintragung« sein soll. Dieser Zeitraum stellt jedenfalls die obere Grenze des Begriffs »unverzüglich« dar (vgl Rdn 6). In den Landesverordnungen (vgl §126 GBO Rdn 12) wird gem §141 Abs 2 S 4 GBO idR eine Frist von vier Wochen vorgesehen, nach deren Ablauf ein Ersatzgrundbuch anzulegen ist.

18 Zweckmäßig ist es jedoch, das technische System so auszulegen, dass die Beeinträchtigungen bzw der Einsatz der Sicherungsspeicher schon in einem wesentlich kürzeren Zeitraum möglich ist.

19 Aus der Bestimmung kann aber **nicht** abgeleitet werden, dass das EDV-System zwingend so ausgestaltet sein muss, dass eine sofortige Zugänglichkeit gewährleistet wird, etwa durch einen sog Hot-Stand-By-Rechner, bei dem sofort auf einen vollwirksamen Betrieb bei einem aufgetretenen Fehler umgeschaltet werden kann.

5. Sonstiges

20 Die **Wirksamkeit der Eintragungen** wird durch einen Verlust des Originaldatenträgers im Übrigen **nicht** beeinträchtigt. Wird der Sicherungsdatenträger gemäß §62 S 2 zum Grundbuchdatenspeicher bestimmt, so treten die darin enthaltenen Eintragungen, die ja inhaltsgleich mit dem Originaldatenspeicher sind, ohne weiteres an die Stelle des bisherigen Originaldatenspeichers und werden dann selbst zum Originaldatenspeicher (vgl §62 Rdn 16, 17).

21 Alle Maßnahmen iS des §66 GBV sind in die Dienstanweisung gemäß §65 Abs 1 S 3 aufzunehmen.

Unterabschnitt 2
Anlegung des maschinell geführten Grundbuchs

§ 67 Festlegung der Anlegungsverfahren

Das Grundbuchamt entscheidet nach pflichtgemäßem Ermessen, ob es das maschinell geführte Grundbuch durch Umschreibung nach §68, durch Neufassung nach §69 oder durch Umstellung nach §70 anlegt. Die Landesregierungen oder die von diesen ermächtigten Landesjustizverwaltungen können in der Verordnung nach §126 Abs 1 Satz 1 der Grundbuchordnung die Anwendung eines der genannten Verfahren ganz oder teilweise vorschreiben. Sie können hierbei auch unterschiedliche Bestimmungen treffen. Der in dem Muster der Anlage 2b zu dieser Verordnung vorgesehene Vermerk in der Aufschrift des neu anzulegenden Blattes wird durch den Freigabevermerk, der in dem Muster der Anlage 2a zu dieser Verordnung vorgesehene Vermerk in der Aufschrift des abgeschriebenen Blattes wird durch den Abschreibevermerk nach §71 ersetzt.

I. Vorgehensweise beim Papiergrundbuch

Das bisherige **Papiergrundbuch** beruht auf der Vorstellung, dass die Grundbuchführung permanent auf dem **1** **gleichen Medium**, nämlich dem beschriebenen (oder bedruckten) Papier erfolgt. Nur für den Fall des Raummangels (§ 23) oder bei unübersichtlich gewordenem Grundbuch bzw. in den anderen, in §§ 28 ff aufgeführten Fällen, ist eine Umschreibung auf ein neues Grundbuch vorgesehen. Das neue Grundbuchblatt wird selbstverständlich wieder auf dem gleichen Medium, nämlich dem Papier geführt.

In der Zeit seit der Anlegung der Grundbücher nach dem In-Kraft-Treten des Bürgerlichen Gesetzbuches am **2** 01.01.1900 wurde das **Grundbuchsystem mehrfach geändert**, ohne dass jedoch das Grundprinzip, nämlich die Führung auf Papier, geändert worden wäre. Zu nennen ist hier insbesondere die Umschreibung der früheren **Landesmuster** auf das einheitliche **Reichsgrundbuch** in der Zeit nach 1935 (§ 97) oder die Umstellung des früher üblichen Grundbuchs in festen Bänden auf das so genannte **Lose-Blatt-Grundbuch** (§ 2 S 1 2. Hs).

Bei der Überführung auf das Lose-Blatt-Grundbuch ließ § 101 zu, dass hier in anderer Weise als durch **3** Umschreibung auf die neue Form vorgegangen werden kann. Zugelassen wurde nämlich die Verwendung von Ablichtungen der bisherigen Blätter auf Bände mit herausnehmbaren Einlagebögen; hierfür wurde der Begriff der »**Umstellung**« verwendet.

Außerdem kennt die Grundbuchverfügung beim Papiergrundbuch auch die Neuanlegung des Bestandsver- **4** zeichnisses oder einzelner Abteilungen, wenn diese unübersichtlich geworden sind (§ 33). Hierfür wird der Begriff der »**Neufassung**« verwendet.

II. Anlegung des maschinell geführten Grundbuchs

Die Einführung des maschinell geführten Grundbuchs bedeutet, dass künftig das Grundbuch mit einem gänz- **5** lich **anderen Medium**, nämlich mit Hilfe von Datenverarbeitungsanlagen geführt wird und dass das Grundbuch im Rechtssinn nicht mehr die auf Papier niedergeschriebenen, sondern die in den **Datenspeicher** aufgenommenen Eintragungen sind (§ 126 GBO Rdn 38).

Für diese Überführung in ein gänzlich anderes Medium gebraucht die Grundbuchverfügung den Begriff der **6** **Anlegung**. Nach dem Sechsten Abschnitt der Grundbuchordnung (§§ 116 bis 125) wird bisher von »Anlegung« gesprochen, wenn ein Grundstück, das bei der Anlegung des Grundbuchs nach In-Kraft-Treten des Bürgerlichen Gesetzbuches ein Grundbuchblatt nicht erhalten hat, nachträglich ein Grundbuchblatt erhält (vgl auch § 3 Abs 2, § 97 Abs 1).

Die **Anlegung** des maschinell geführten Grundbuchs erfolgt durch **Umschreibung** (§ 68), durch **Neufassung** **7** (§ 69) und durch **Umstellung** (§ 70). Zu den einzelnen Anlegungsarten s auch § 128 GBO Rdn 6–28.

Die Begriffe sind aber **nicht** deckungsgleich mit den beim Papiergrundbuch vorhandenen gleich lautenden **8** Begriffen; sie sind in Unterabschnitt 2 neu definiert. Insbesondere bedarf es für die Anlegung des maschinell geführten Grundbuchs auch nicht der Voraussetzungen, die bei der Umschreibung, Umstellung oder Neufassung im herkömmlichen Sinn vorliegen müssen (zB Unübersichtlichkeit des Grundbuchblatts). Es genügt, dass die Landesregierung/Landesjustizverwaltung die Führung des maschinellen Grundbuchs in der Rechtsverordnung nach § 126 GBO angeordnet hat.

Im Unterschied zu §§ 116 ff GBO ist bei der Anlegung des maschinell geführten Grundbuchs idR immer **9** bereits ein auf Papier geführtes Grundbuchblatt vorhanden, das dann in die neue Buchungsform der elektronischen Grundbuchspeicherung überführt wird.

III. Auswahl des Anlegungsverfahrens

Die **Entscheidung**, welches der drei zur Verfügung stehenden Anlegungsverfahren gewählt werden soll, trifft **10** das Grundbuchamt nach **pflichtgemäßem Ermessen**.

In diese **Entscheidungsbefugnis des Grundbuchamts** kann aber gemäß § 67 S 2 die Landesregierung oder **11** die von ihr ermächtigte Landesjustizverwaltung durch die Rechtsverordnung nach § 126 Abs 1 S 1 GBO eingreifen. Sie kann verbindlich **vorschreiben**, welches von den drei möglichen Anlegungsverfahren anzuwenden ist. Dabei kann auch eine unterschiedliche Regelung – etwa für verschiedene Grundbuchämter des gleichen

Landes – getroffen werden. Die unterschiedliche Regelung kann auch die Art des vorhandenen Grundbuchs betreffen. Denkbar wäre zB, dass noch vorhandene Grundbücher in festen Bänden durch Umstellung nach § 70, die anderen durch Umschreibung oder Neufassung angelegt werden oder umgekehrt.

12   Unabhängig von der Wahl des Anlegungsverfahrens gelten für die dann angelegten maschinellen Grundbücher einheitlich die Vorschriften der §§ 126 ff GBO und der §§ 61 ff GBV.

IV. Freigabe des angelegten maschinellen Grundbuchs

13   § 128 GBO führt den Begriff der »Freigabe« ein und ordnet an, dass das maschinell geführte Grundbuch (erst dann) an die Stelle des Papiergrundbuchs tritt, wenn es freigegeben worden ist. Die Freigabe erfolgt, sobald die Eintragungen des Grundbuchblatts in den für die Grundbucheintragungen bestimmten Datenspeicher aufgenommen worden sind (§ 128 GBO Rdn 42).

§ 71 S 1 ergänzt und erläutert die Vorschrift des § 128 GBO (vgl § 71 Rdn 3 bis 11).

14   § 67 S 4 nimmt Bezug auf den Umschreibungsvermerk beim Papiergrundbuch, der in dem Muster der Anl 2b zur Grundbuchverfügung enthalten ist. Bestimmt wird, dass dieser Vermerk ersetzt wird durch den **Freigabevermerk** nach § 71. § 71 sieht für die Fälle der Umstellung und Neufassung und für den Fall der Umschreibung jeweils unterschiedliche Formulierungen des Freigabevermerks vor (§ 71 Rdn 12 bis 28).

V. Behandlung des geschlossenen Papiergrundbuchblattes

15   Das bisherige Papiergrundbuch ist zu **schließen**. Dies ergibt sich bei der Umschreibung und bei der Neufassung durch die Verweisung auf Abschn VI (§ 30 Abs 2) der Grundbuchverfügung in § 68 Abs 2 und § 69 Abs 1. Bei der Umstellung ergibt sich die Notwendigkeit der Schließung durch die in § 70 Abs 2 enthaltene Verweisung auf § 101 Abs 5. Für die Form der Schließung gilt an sich § 36 (rot durchkreuzen; Schließungsvermerk). Bei der Umstellung kommt auch eine vereinfachte Form der Schließung in Betracht (vgl § 70 Rdn 19).

An die Stelle des Schließungsvermerks tritt aber der in § 71 S 6 vorgeschriebene **Abschreibevermerk**. Bei der Formulierung des Abschreibevermerks wird zwischen den Abschreibevermerken für die Umschreibung und Neufassung und die Umstellung andererseits unterschieden (vgl § 71 Rdn 29 bis 35), wobei im Falle der Umstellung eine vereinfachte Form zulässig ist (§ 70 Rdn 19).

§ 128 Abs 2 GBO sieht ferner vor, dass der Schließungsvermerk (also der Abschreibevermerk gemäß § 71 S 6) lediglich von **einer Person** zu unterschreiben ist (vgl § 128 GBO Rdn 49).

---

§ 68   Anlegung des maschinell geführten Grundbuchs durch Umschreibung

(1) Ein bisher in Papierform geführtes Grundbuchblatt kann auch umgeschrieben werden, wenn es maschinell geführt werden soll. Die Umschreibung setzt nicht voraus, daß für neue Eintragungen in dem bisherigen Grundbuchblatt kein Raum mehr ist oder daß dieses unübersichtlich geworden ist.

(2) Für die Durchführung der Umschreibung nach Absatz 1 gelten § 44 Abs 3 der Grundbuchordnung und im übrigen die Vorschriften des Abschnitts VI sowie § 39 Abs 3 mit der Maßgabe, daß die zu übernehmenden Angaben des umzuschreibenden Grundbuchblatts in den für das neue Grundbuchblatt bestimmten Datenspeicher durch Übertragung dieser Angaben in elektronische Zeichen aufzunehmen sind. § 32 Abs 1 Satz 2 und 3 und § 33 finden keine Anwendung.

(3) *(weggefallen)*

I. Allgemeines

Für die **Anlegung** (vgl § 67 GBV Rdn 6) des maschinell geführten Grundbuchs bestehen drei unterschiedliche   1
Techniken:

a) die **Umschreibung**

b) die **Neufassung** und

c) die **Umstellung**

(vgl § 67 GBV Rdn 7 bis 9).

§ 68 beschreibt die erste dieser Techniken, die Umschreibung.

II. Begriff der Umschreibung

1. Allgemeines

Unter **Umschreibung** versteht man die grundlegende Art und Weise, in der ein bereits angelegtes Grundbuch,   2
das auf ein neues Grundbuchblatt übertragen werden muss, gestaltet wird. Dabei wird nur der noch gültige
Inhalt der Eintragungen in das neue Grundbuchblatt übernommen. Gelöschte Eintragungen werden gemäß
§ 30 Abs 1 Buchst c nur in Ausnahmefällen übernommen, wenn dies zum Verständnis der noch gültigen Eintragungen notwendig ist.

§ 91 GBO ordnet ferner für die Umschreibung unübersichtlich gewordener Grundbuchblätter an, dass anläss-   3
lich dieser Umschreibung unübersichtliche Rangverhältnisse zu klären sind.

Die Eintragungstexte können so zusammengefasst und geändert werden, dass nur der gegenwärtige Inhalt in das   4
neue Grundbuchblatt übernommen wird (§ 44 Abs 3 S 2 GBO; § 30 Abs 1 Buchst d bis i). Auch die Bezugnahme auf die Eintragungsbewilligung kann bei der Umschreibung unter bestimmten Voraussetzungen nachgeholt oder erweitert werden (§ 44 Abs 3 S 1 GBO).

2. Gründe für die Umschreibung beim Papiergrundbuch

Die **Umschreibung** von Grundbüchern ist im Abschn VI der Grundbuchverfügung geregelt.   5

In § 28 sind die Fälle der Umschreibung aufgeführt; diese Aufzählung ist durch die Verweisung auf § 23 Abs 1   6
ergänzt. Danach gibt es folgende Fälle der – obligatorischen – Umschreibung:

a) Raummangel für Neueintragungen bei einem Grundbuchblatt (§ 23 Abs 1); dieser Fall kann nach der Natur
   der Sache nur bei der Führung des Grundbuchs in festen Bänden auftreten.

b) Unübersichtlichkeit des Grundbuchs (§ 28 Abs 1).

Zugelassen werden ferner folgende weitere Fälle der **Umschreibung**:   7

c) Wesentliche Vereinfachung des Grundbuchs (§ 28 Abs 2 Buchst a);

d) Schließung der meisten Grundbuchblätter in einem festen Band, dessen Ausscheidung angezeigt ist (§ 28
   Abs 2 Buchst b).

Hinzu kommt die Umschreibung nach näherer Anordnung der Landesjustizverwaltungen, wenn auf die   8
Grundbuchführung mit herausnehmbaren Einlegebogen übergegangen werden soll (§ 2 S 1).

3. Erweiterung des Katalogs der Umschreibungsgründe bei der Anlegung des maschinell geführ-
ten Grundbuchs

§ 68 Abs 1 ergänzt den **Katalog der Umschreibungsfälle** für den Fall, dass ein bisher in Papierform geführtes   9
Grundbuchblatt auf die maschinelle Grundbuchführung überführt werden soll. Ausdrücklich stellt § 68 Abs 1
S 2 klar, dass die allgemeinen Voraussetzungen des § 23 und des § 28 Abs 1 hier nicht vorliegen müssen.
Es genügt vielmehr allein als Umschreibungsgrund, dass das bisher in Papierform geführte Grundbuch aufgrund
einer Rechtsverordnung der Landesregierung/Landesjustizverwaltung nach § 126 Abs 1 GBO künftig in
maschineller Form geführt werden soll.

4. Umschreibung des maschinell geführten Grundbuchs selbst

Für die Umschreibung des bereits in maschineller Form angelegten Grundbuchs gelten folgerichtig wieder die   10
gleichen Vorschriften wie für die Umschreibung des Papiergrundbuchs. Ausgenommen ist der Fall der
Umschreibung wegen Raummangels gemäß § 23, der nur für gebundene Grundbuchbände zutrifft.

§ 72 verweist für die Umschreibung des maschinell geführten Grundbuchs deshalb auf die anzuwendenden Vor-   11
schriften des Abschn VI (vgl § 72 GBV Rdn 2 bis 6).

III. Vorgehensweise bei der Anlegung des maschinell geführten Grundbuchs durch Umschreibung

1. Anzuwendende Regeln

Für die **Anlegung** des maschinell geführten Grundbuchs **durch Umschreibung** gelten alle Vorschriften, die   12
auch für die Umschreibung des Papiergrundbuchs bestehen.

§ 68 Abs 2 nennt ausdrücklich folgende Vorschriften: 13

a) § 44 Abs 3 GBO (Erweiterte Bezugnahme bzw Abweichung vom ursprünglichen Text);

b) die Vorschriften des Abschn VI der Grundbuchverfügung (§§ 28 bis 33) und

c) § 39 Abs 3 (Mitteilung über die erfolgte Umschreibung eines Grundbuchblatts an den Eigentümer, die eingetragenen dinglich Berechtigten und die Katasterbehörde).

14 **Nicht** anwendbar sind dagegen diejenigen Bestimmungen, die bestimmten Vorschriften für das maschinelle Grundbuch entgegenstehen. Hierzu gehört insb die teilweise Umschreibung eines Grundbuchblatts gemäß § 33 (Neufassung).

15 Eine teilweise Umschreibung ist **nicht** möglich, da das maschinelle Grundbuch entweder ganz oder überhaupt nicht in dieser Form geführt werden kann. Es ist nicht zulässig, etwa nur das Bestandsverzeichnis oder einzelne Abt maschinell zu führen, andere Abt des Grundbuchs aber in Papierform weiterzuführen.

16 § 33, der den Fall der Unübersichtlichkeit einzelner Abt behandelt, kann deshalb beim maschinellen Grundbuch **keine** Anwendung finden; dies regelt ausdrücklich § 68 Abs 2 S 2.

17 **Nicht** anwendbar ist ferner die Vorschrift des § 32 Abs 1 S 2 und 3 über die Herstellung eines neues Handblattes und Verwahrung des alten Handblattes für das geschlossene Grundbuchblatt bei den Grundakten.

18 § 73 S 1, der die Führung der Grundakten für das maschinell geführte Grundbuch regelt, legt durch die fehlende Verweisung auf § 24 Abs 4 ausdrücklich fest, dass für das maschinell geführte Grundbuch **kein Handblatt** zu führen ist. Dementsprechend braucht auch für das umgeschriebene – maschinelle – Grundbuchblatt kein neues Handblatt hergestellt zu werden, was Abs 2 S 2 ausdrücklich dadurch klarstellt, dass § 32 Abs 1 S 2 nicht anzuwenden ist.

19 Ebenso wenig besteht eine Pflicht zur Aufbewahrung des alten Handblatts (§ 32 Abs 1 S 3); diese Vorschrift ist deshalb durch Abs 2 S 2 ebenfalls ausgenommen.

20 In diesem Zusammenhang ist jedoch § 73 S 2 und 3 zu beachten, der es dem Grundbuchamt überlässt, ob das bisher geführte Handblatt ausgesondert oder vernichtet wird; wird es jedoch bei den Grundakten aufbewahrt, so ist es deutlich als Handblatt eines geschlossenen Grundbuchblattes zu kennzeichnen (§ 73 S 3).

2. Technische Vorgehensweise

21 § 68 Abs 2 verweist auf die allgemeinen Umschreibungsvorschriften mit der Maßgabe, dass die zu übernehmenden Angaben des umgeschriebenen Grundbuchblatts in den für das neue Grundbuchblatt bestimmten Datenspeicher durch **Übertragung in elektronische Zeichen** aufzunehmen sind.

22 Diese Übertragung in elektronische Zeichen kann nach dem derzeitigen Stand der Technik dadurch erfolgen, dass die Eingabe der Zeichen über eine Tastatur, verbunden mit der Erzeugung codierter zeichenweiser Informationen im Speicher erfolgt (vgl § 128 GBO Rdn 15).

23 Eine Eingabe durch Scannen (vgl § 128 GBO Rdn 22 und § 70 Rdn 4) scheidet bei der Umschreibung aus, da die Umschreibung stets eine Umgestaltung der vorhandenen Eintragungen umfasst (vgl Rdn 2).

IV. Anzubringende Vermerke

1. Umschreibungsvermerke

24 Durch die in § 68 Abs 2 enthaltene Verweisung auf den Abschn VI ist klargestellt, dass die dort vorgesehenen **Umschreibungsvermerke** (§ 30 Abs 1 Buchst h) auch bei der Umschreibung auf das maschinelle Grundbuch anzubringen sind. Diese Umschreibungsvermerke müssen auch wegen der ausdrücklichen Regelung in § 30 Abs 1 Buchst h von den zuständigen Personen unterschrieben werden. Da eine Unterzeichnung in Form eines handschriftlichen Namenszugs bei einem maschinell geführten Grundbuch technisch nicht möglich ist, wird die Vorschrift des § 30 Abs 1 Buchst h dahingehend auszulegen sein, dass beim Umschreibungsvermerk die elektronische Unterschrift gemäß § 75 anzuwenden ist.

2. Freigabevermerk

25 Nach der allgemeinen Regelung für alle Anlegungsverfahren in § 67 S 4 ist auch bei der Umschreibung gemäß § 71 auf der Aufschrift des angelegten maschinellen Grundbuchblatts der **Freigabevermerk** nach § 71 anzubringen (vgl § 67 GBV Rdn 14).

3. Abschreibungsvermerk

26 Gemäß § 67 S 4 tritt an die Stelle des Schließungsvermerks der **Abschreibungsvermerk** nach § 71 (vgl § 67 GBV Rdn 15).

§ 69 Anlegung des maschinell geführten Grundbuchs durch Neufassung

(1) Das maschinell geführte Grundbuch kann durch Neufassung angelegt werden. Für die Neufassung gilt § 68, soweit hier nicht etwas abweichendes bestimmt wird.

(2) Das neugefaßte Grundbuchblatt erhält keine neue Nummer. Im Bestandsverzeichnis soll, soweit zweckmäßig, nur der aktuelle Bestand, in den einzelnen Abteilungen nur der aktuelle Stand der eingetragenen Rechtsverhältnisse dargestellt werden. Soweit Belastungen des Grundstücks in einer einheitlichen Abteilung eingetragen sind, sollen sie, soweit tunlich, getrennt in einer zweiten und dritten Abteilung dargestellt werden. § 39 Abs 3 gilt nicht.

(3) In Spalte 6 des Bestandsverzeichnisses ist der Vermerk »Bei Neufassung der Abteilung 0/des Bestandsverzeichnisses als Bestand eingetragen am …« und in Spalte 4 der ersten Abteilung der Vermerk »Bei Neufassung der Abteilung ohne Eigentumswechsel eingetragen am …« einzutragen. Wird eine andere Abteilung neu gefaßt, so ist in dem neugefaßten Blatt der Vermerk »Bei Neufassung der Abteilung eingetragen am …« einzutragen. In den Fällen der Sätze 1 und 2 ist der entsprechende Teil des bisherigen Grundbuchblatts durch einen Vermerk »Neu gefaßt am …« abzuschließen. Die für Eintragungen in die neugefaßten Abteilungen bestimmten Seiten oder Bögen sind deutlich sichtbar als geschlossen kenntlich zu machen. Der übrige Teil des Grundbuchblatts ist nach § 68 oder § 70 zu übernehmen. § 30 Abs 1 Buchstabe h Nr 1 ist nicht anzuwenden.

(4) Die Durchführung der Neufassung im einzelnen ergibt sich aus den in den Anlagen 10a und 10b beigefügten Mustern. Die darin enthaltenen Probeeintragungen sind als Beispiele nicht Teil dieser Verordnung.

I. Allgemeines

1. Neufassung beim Papiergrundbuch als teilweise Umschreibung

Der Begriff der **Neufassung** findet sich in § 33 und stellt dort einen **Sonderfall der Umschreibung** eines Grundbuchs dar. **1**

§ 33 lässt zu, dass nur das Bestandsverzeichnis oder einzelne Abt eines Grundbuchblatts, die unübersichtlich geworden sind, für sich allein neu gefasst werden können. § 33 Abs 1 Hs 2 geht allerdings davon aus, dass es sich um einen Fall der Führung des Grundbuchs in festen Bänden handelt, da er davon spricht, dass der neuzufassende Teil des Grundbuchblatts für die Neufassung genügend Raum bieten muss. Die Grundsätze der Neufassung gelten jedoch selbstverständlich auch für das Loseblatt-Grundbuch.

§ 33 Abs 2a verweist auf § 29. Nach § 29 müssen Amtslöschungen im Rahmen der Neufassung durchgeführt **2** werden; ferner muss über die Einleitung eines Löschungsverfahrens oder eines Rangklarstellungsverfahrens entschieden werden.

§ 33 Abs 2b regelt die technische Vorgehensweise bei Neufassung einzelner Abt. **3**

Für die Durchführung der Neufassung enthält dann § 33 Abs 2c durch Verweis auf § 30 Abs 1 Buchst c, d, e, **4** g und i einige grundlegende Regelungen.

§ 33 Abs 2d enthält dann Bestimmungen darüber, dass jede übertragene Eintragung mit dem Zusatz »Bei Neu- **5** fassung übertragen« zu versehen und von den für die Führung des Grundbuchs zuständigen Personen zu unterschreiben ist.

2. Neufassung als Umschreibetechnik

6 Die Begründung zu § 69[1] verweist ausdrücklich darauf, dass sich nach der deutschen Einheit im Freistaat Sachsen eine Technik für die Umschreibung der sächsischen Grundbücher entwickelt hat, die als **Neufassung** bezeichnet wurde.[2]

7 Sinn dieser Neufassung ist es vor allem, die Grundbuchblätter umzuschreiben, ohne ihnen eine neue Blattnummer geben zu müssen. Diese Technik war gerade in Sachsen zweckmäßig, weil es dort noch eine große Zahl von sog »Sachsen-Folien« gab, bei denen die zweite und dritte Abt zu einem einheitlichen Lastenverzeichnis zusammengefasst sind. Inzwischen hat Sachsen vollständig das maschinell geführte Grundbuch angelegt (Vor § 126 GBO Rdn 30).

Auch in Mecklenburg-Vorpommern wird im Wesentlichen diese Methode zur Anlegung des maschinell geführten Grundbuchs eingesetzt, da dort unter Verwendung von ARGUS-EGB von Anfang an strukturierte Daten erzeugt und in einer Datenbank abgelegt werden. Dies setzt eine zeichenorientierte Erfassung (ohne regelmäßige Vergabe einer neuen Blattnummer) voraus.

3. Neufassung als Anlegungsmethode beim maschinell geführten Grundbuch

8 Auf diese grundlegenden Regelungen (Rdn 1 ff) über die Neufassung eines Grundbuchblatts nimmt § 69 vom Begriff her Bezug, regelt allerdings die Neufassung zum Zwecke der Anlegung des maschinell geführten Grundbuchs gänzlich neu.

II. Grundsätze für die Neufassung bei der Anlegung des maschinell geführten Grundbuchs

1. Keine teilweise Neufassung

9 Aus der Natur des maschinell geführten Grundbuchs ergibt sich, dass die Neufassung eines Teiles des Grundbuchblatts nicht in Betracht kommt. Das Grundbuchblatt kann entweder **ganz** oder **überhaupt nicht** in maschineller Form geführt werden. Dies ergibt sich schon aus § 128 GBO, wonach das maschinell geführte Grundbuch insgesamt an die Stelle des bisherigen Grundbuchs tritt. Auch von der praktischen Handhabung her ist eine teilweise Neufassung nicht vorstellbar.

2. Grundsätzliche Anwendung der Umschreibungsvorschriften

10 § 69 nimmt insgesamt auf die Vorschrift des § 68 (Anlegung des maschinell geführten Grundbuchs durch Umschreibung) Bezug und regelt einige Abweichungen. Es sind also alle Bestimmungen über die Anlegung durch **Umschreibung** anzuwenden, soweit nicht in den Abs 2 bis 4 etwas Abweichendes bestimmt ist. Das bedeutet, dass es sich bei der Anlegung durch Neufassung im Grunde um eine Umschreibung handelt, die durch einige Bestimmungen erleichtert und vereinfacht ist.

3. Abweichungen von den Umschreibungsvorschriften

11 Eine wesentliche Abweichung enthält § 69 Abs 2 S 1. Demnach erhält das neu gefasste Grundbuchblatt **keine neue Nummer**. Dies stellt eine erhebliche organisatorische Vereinfachung dar, da sich aus dem Wechsel der Grundbuchblattnummer beträchtliche Konsequenzen ergeben, die eine aufwändige Tätigkeit der Grundbuchämter auslösen.

12 § 69 Abs 2 S 2 schreibt vor, dass im Bestandsverzeichnis und in den Abt jeweils nur der **aktuelle Stand** der eingetragenen Rechtsverhältnisse dargestellt werden soll, soweit dies zweckmäßig ist. Der Hinweis auf die Zweckmäßigkeit erlaubt es, auch nicht mehr aktuelle Eintragungen zu übernehmen, wenn dies zum Verständnis des Zusammenhangs notwendig ist.

13 § 69 Abs 2 S 3 trifft Vorkehrungen für den Fall, dass einheitliche Belastungsabteilungen bestehen.

Dies ist teilweise der Fall bei Grundbüchern, die noch nach früheren landesrechtlichen Vorschriften geführt werden (zB das Grundbuch nach dem sog »sächsischen Landesmuster«, vgl Rdn 7). Derartige Grundbücher sind vor allen Dingen in den sog »neuen Bundesländern« zu finden, in denen die Umschreibung auf das Reichsmuster nach § 97 GBV aufgrund der besonderen Verhältnisse nicht durchgeführt wurde.

---

1 Vgl BT-Drucksache 12/5553 – Beschlussempfehlung vom 24.11.1993, S 243.
2 §§ 20 ff der Sächsischen Allgemeinen Geschäftsanweisung für die Grundbuchämter vom 22.03.1992, Sächsisches Amtsblatt S 230; nunmehr Nr 9 ff der Verwaltungsvorschrift des Sächsischen Staatsministeriums der Justiz über die Behandlung von Grundbuchsachen (VwVBGBS) vom 10. Mai 1999, SächsJMBl S 85.

§ 69 Abs 2 S 3 bestimmt schließlich, dass die **Mitteilungspflicht** des § 39 Abs 3 bei der Umschreibung eines Grundbuchblatts hier **nicht** gilt. Diese Vorschrift entlastet das Grundbuchamt in erheblichem Umfang von der Mitteilung an den Eigentümer, die eingetragenen dinglich Berechtigten und die Katasterbehörde. **14**

§ 69 Abs 3 S 3, 4 und 5 lässt auch zu, dass einzelne Abt neu gefasst, die übrigen aber nach § 68 umgeschrieben oder nach § 70 umgestellt werden. Dadurch soll es dem Grundbuchamt ermöglicht werden, für das einzelne Grundbuchblatt eine möglichst rationale Vorgehensweise anzuwenden. Diese Wahlmöglichkeit setzt allerdings voraus, dass die Entscheidung über die Anlegungsmethode gemäß § 67 dem Grundbuchamt obliegt. Haben die Landesregierungen oder die ermächtigten Landesjustizverwaltungen nach § 67 S 2 die Anwendung einer Anlegungsmethode ganz oder teilweise vorgeschrieben, so kann die Wahlmöglichkeit nach § 69 Abs 3 S 4 eingeschränkt sein. § 69 Abs 4 verweist schließlich auf die der Grundbuchverfügung neu beigefügten Muster in Anlage 10a und 10b. Wie üblich wird bestimmt, dass die darin enthaltenen Probeeintragungen nicht Teil der Grundbuchverfügung sind. **15**

III. Anzubringende Vermerke

1. Neufassungsvermerk

§ 69 Abs 3 schreibt vor, welche **Vermerke** bei der Neufassung anzubringen sind. **16**

Da es sich hier um eine abweichende Bestimmung iS von § 69 Abs 1 handelt, gelten insoweit die Vorschriften über die Umschreibungsvermerke bei der einzelnen Eintragung in § 30 Abs 1 Buchst b und h nicht. Auch § 33 Abs 2d findet aus diesem Grund keine Anwendung. **17**

Aufgrund der besonderen Regelung in Abs 3 sind folgende **Neufassungsvermerke** anzubringen: **18**

a) Im Bestandsverzeichnis der Vermerk »Bei Neufassung der Abteilung 0/des Bestandsverzeichnisses als Bestand eingetragen am ...«, und zwar in Sp 6. Unter Abt 0 ist nach den besonderen Vorschriften, die in der früheren DDR galten, das Bestandsverzeichnis zu verstehen. **19**

b) In der ersten Abt der Vermerk: »Bei Neufassung der Abteilung ohne Eigentumswechsel eingetragen am ...«, und zwar in Sp 4. **20**

c) In den anderen Abt ist der Vermerk: »Bei Neufassung der Abteilung eingetragen am ...« einzutragen. Eine Regelung, in welcher Sp der Neufassungsvermerk in diesem Fall einzutragen ist, fehlt in § 69 Abs 3. Der Vermerk kann deshalb bei der letzten neu gefassten Eintragung in der Hauptspalte (Sp 3 der Zweiten Abt, Sp 4 der Dritten Abt) angebracht werden. **21**

§ 69 Abs 3 S 5 enthält schließlich eine weitere Erleichterung für die Neufassung. Durch die ausdrückliche Bestimmung, dass § 30 Abs 1 Buchst a Nr 1 nicht anzuwenden ist, wird klargestellt, dass der Neufassungsvermerk im Bestandsverzeichnis und in den Abt **nicht unterschrieben** zu werden braucht.[3] Dadurch soll ohne Aufgabe der Grundsätze der Grundbuchsicherheit eine Erleichterung der Arbeitsweise des Grundbuchamts bei der Anlegung des maschinellen Grundbuchs erreicht werden. **22**

Zulässig erscheint es, durch Landesverordnung nach § 93 Zusätze zu den Neufassungsvermerken anzuordnen (zB Angabe des Erwerbsgrundes in der ersten Abt).

2. Freigabevermerk

Wie bei der Anlegung des maschinell geführten Grundbuchs durch Umschreibung ist auch bei der Neufassung gemäß § 71 auf der Aufschrift der **Freigabevermerk** anzubringen (vgl § 67 GBV Rdn 14). **23**

3. Abschreibevermerk

Für das zu schließende Papiergrundbuch ist gemäß § 67 S 4 in Verbindung mit § 71 anstelle des Schließungsvermerks der **Abschreibevermerk** anzubringen. **24**

---

3 Für die (künftige) Notwendigkeit der elektronischen Unterschrift auch im Fall der Neufassung KEHE-*Erber-Faller*, § 69 GBV Rn 5.

§ 70 Anlegung des maschinell geführten Grundbuchs durch Umstellung

(1) Die Anlegung eines maschinell geführten Grundbuchs kann auch durch Umstellung erfolgen. Dazu ist der Inhalt des bisherigen Blattes elektronisch in den für das maschinell geführte Grundbuch bestimmten Datenspeicher aufzunehmen. Die Umstellung kann auch dadurch erfolgen, daß ein Datenspeicher mit dem Grundbuchinhalt zum Datenspeicher des maschinell geführten Grundbuchs bestimmt wird (§ 62). Die Speicherung des Schriftzugs von Unterschriften ist dabei nicht notwendig.

(2) § 101 Abs 2 Satz 1, Abs 4, Abs 5 Satz 1, Abs 7 und § 36 Buchstabe b gelten entsprechend. Das geschlossene Grundbuch muß deutlich sichtbar als geschlossen kenntlich gemacht werden. Sämtliche Grundbuchblätter eines Grundbuchbandes oder eines Grundbuchamtes können durch einen gemeinsamen Schließungsvermerk geschlossen werden, wenn die Blätter eines jeden Bandes in mißbrauchssicherer Weise verbunden werden. Der Schließungsvermerk oder eine Abschrift des Schließungsvermerks ist in diesem Fall auf der vorderen Außenseite eines jeden Bandes oder an vergleichbarer Stelle anzubringen. Die Schließung muß nicht in unmittelbarem zeitlichen Zusammenhang mit der Freigabe erfolgen; das Grundbuchamt stellt in diesem Fall sicher, daß in das bisherige Grundbuchblatt keine Eintragungen vorgenommen werden und bei der Gewährung von Einsicht und der Erteilung von Abschriften aus dem bisherigen Grundbuchblatt in geeigneter Weise auf die Schließung hingewiesen wird.

I. Allgemeines

1. Umstellung beim Papiergrundbuch

1 Der Begriff der »Umstellung« findet sich in § 101. Motiv für § 101 war das Anliegen der Landesjustizverwaltungen, das Loseblatt-Grundbuch in rascherer Zeit einzuführen, als dies durch Umschreibung möglich gewesen wäre.

2 Die Umstellung nach § 101 erfolgte durch Herstellung von Ablichtungen der einzelnen Seiten des Grundbuchs in festen Bänden. Dadurch werden die einzelnen Seiten des Grundbuchs in Form von Einzelblättern gewonnen, die dann als Einlegebogen Verwendung finden konnten.

2. Umstellung als Anlegungstechnik beim maschinell geführten Grundbuch

3 § 70 knüpft an die Regelung des § 101 an und lässt auch bei der Anlegung des maschinell geführten Grundbuchs die **Umstellung** zu. Diese Umstellung kann mit Hilfe von **zwei unterschiedlichen Verfahrenstechniken** durchgeführt werden, nämlich als Speicherung einer Kopie als **Bild** (vgl Rdn 6) oder durch **Übernahme** von bereits parallel zum Papiergrundbuch elektronisch geführten Datenbeständen (vgl Rdn 8 bis 11).

II. Vorgehensweise bei der Umstellung

1. Übernahme einer Kopie des Grundbuchblatts in den Datenspeicher

4 Nach Abs 1 S 2 ist bei der Umstellung der Inhalt des bisherigen Grundbuchblatts elektronisch in den Grundbuchdatenspeicher aufzunehmen. Diese Technik dürfte den Hauptfall der Umstellung bilden. Die Umstellung erfolgt dabei in der Weise, dass das bisherige Grundbuchblatt als **Kopie** oder **Faksimile** in den Datenspeicher aufgenommen wird. Der technische Vorgang wird als »Scannen« bezeichnet. Er ist dadurch gekennzeichnet, dass die einzelnen Seiten des Grundbuchblatts wie bei der Herstellung einer Fotokopie in einem geeigneten technischen Gerät (Scanner) aufgenommen und dann in den Datenspeicher des Grundbuchs eingelesen werden. Eines manuellen Eingebens über eine Tastatur bedarf es dabei nicht. Auch der Inhalt des Grundbuchblatts bzw das äußere Bild, das das Grundbuchblatt darstellt, ändert sich bei dieser Art der Anlegung nicht, falls auch die Abspeicherung als Bild erfolgt (s Rdn 6).

Der **Vorteil** dieser Anlegungsart liegt in der **schnellen Datenerfassung**. Sein **Nachteil** besteht – neben den   5
technischen Auswirkungen bei der Abspeicherung als Bild (vgl Rdn 6) – vor allem darin, dass eine Bereinigung
des Grundbuchs und die Entfernung nicht mehr aktueller Eintragungen, wie dies bei der Umschreibung (§ 68)
und bei der Neufassung (§ 69) der Fall ist, nicht stattfinden kann.

Für die **Abspeicherung** der Grundbucheintragungen im Grundbuchspeicher bestehen beim **Scannen** fol-   6
gende Möglichkeiten:

a) Abspeicherung in der Grundbuchseite als **Bild**.

Dabei werden nicht – wie sonst in Datenverarbeitung meist üblich – die einzelnen Schriftzeichen der Eintragungen in codierter Form abgespeichert. Es wird vielmehr die Grundbuchseite gewissermaßen als **Bild** im
Speicher abgelegt. Technisch erfolgt dies dadurch, dass die einzelnen Farbwerte (in der Regel Grauwerte)
des Bildes als Bildpunkte (Pixel) gespeichert werden. Das Speichervolumen ist bei dieser Art der Speicherung wesentlich höher als bei einer zeichenweisen Abspeicherung und kann bis zum 20fachen der Speicher-
menge betragen. Die vorhandenen leistungsfähigen Speichermedien (vgl § 126 GBO Rdn 52 aE) lassen
jedoch diese Form der Speicherung ohne weiteres zu. Datentechnisch sind auch die Pixel in Form eines
Codes abgespeichert.

b) Einlesen als Bild, Interpretation der eingegebenen Werte mit hierfür geeigneten Programmen (OCR) und   7
Abspeicherung in **Zeichenform**.

Eine weitere Möglichkeit ist das Einlesen der Seiten eines Grundbuchblatts mit Hilfe von Scannern und die
Interpretation der eingegebenen Werte mit Hilfe geeigneter Programme (Schrifterkennungsprogramme;
OCR = optical character recognition). Abgespeichert werden dann codierte **Zeichen**. Soweit bekannt,
wurde diese Möglichkeit wegen der bei der Entscheidung für die Anlegung des maschinellen Grundbuchs
noch deutlich höheren Fehleranfälligkeit mit anschließendem Korrekturbedarf im Grundbuch bisher nicht
praktiziert.

2. Übernahme einer Vorratsspeicherung

Abs 1 S 3 lässt die Umstellung auch in der Weise zu, dass ein – parallel zum rechtlich maßgeblichen **Papier-**   8
grundbuch – geführter Datenspeicher mit dem Grundbuchinhalt zum **Grundbuchdatenspeicher** gemäß
§ 62 erklärt wird.

IdR wird eine solche Parallelführung bei automationsunterstützten Verfahren praktiziert werden, die für die   9
Führung des Papiergrundbuchs entwickelt wurden (vgl Vor § 126 GBO Rdn 10 bis 12).

§ 64 Abs 2 S 2 sieht ausdrücklich vor, dass das System des maschinellen Grundbuchs so gestaltet sein soll, dass   10
es solche Daten übernehmen kann (vgl § 64 GBV Rdn 34). Es handelt sich dabei idR um Grundbucheintragungen, die – parallel zur Führung des Papiergrundbuchs – in rechtlich bisher nicht verbindlicher Form parallel
zum Papiergrundbuch sozusagen **vorratsweise** in elektronischer Form mitgeführt werden. Diese Vorratsspeicherung erleichtert die Anlegung des maschinell geführten Grundbuchs, da ein Teil der Anlegungsarbeit bereits
als Nebenprodukt bei der Führung des Papiergrundbuchs anfällt und bei dem eigentlichen Anlegungsvorgang
dann eingespart werden kann.

Die Vorschrift des § 70 Abs 1 S 4 bezieht sich auf diesen letzteren Fall der Umstellung durch Übernahme   11
bereits **vorratsweise** oder parallel gespeicherter Grundbucheintragungen. Bei der Übernahme dieser Vorrats-
speicherungen, die als codierte **Zeichen** (nicht als Bild) gespeichert sind, kann ein **Schriftzug** naturgemäß
nicht gespeichert werden. Die Speicherung des Schriftzugs von Unterschriften ist deshalb gemäß Abs 1 S 4
nicht notwendig. Auch die Angabe des Namens der Beamten, die die ursprüngliche Eintragung unterschrieben haben, ist nicht zwingend erforderlich. Die Authentizität der Eintragungen wird vielmehr durch den
Freigabevermerk nach § 71 gewährleistet. Häufig wird jedoch bei den Systemen zur automationsunterstützten Führung des Papiergrundbuchs der Name des oder der Beamten mit ausgedruckt und somit auch
in der Vorratsspeicherung mit aufbewahrt. In diesem Fall sollte er auch in das umgestellte maschinelle
Grundbuchblatt übernommen werden.

Im Falle der Umstellung durch Speicherung eines **Bildes** ist naturgemäß auch der **Schriftzug** der Unterschrif-   12
ten mit erfasst.

III. Einzelregelungen für die Umstellung

§ 70 Abs 2 nimmt auf verschiedene Bestimmungen des § 101 Bezug. Die nachstehend aufgeführten Regelungen   13
gelten auch für die Umstellung auf das maschinell geführte Grundbuch.

1. Keine neue Blatt-Nummer

14 Die bisherige Nummer des Grundbuchblatts bleibt erhalten (§ 101 Abs 2 S 1); die Vergabe einer neuen Blatt-nummer (wie bei der Umschreibung) entfällt. Diese Regelung (die gleiche wie bei der Neufassung; vgl § 69 GBV Rdn 11) hat für das Grundbuchamt organisatorische und arbeitssparende Auswirkungen.

15 Die beizubehaltende Grundbuchblattnummer erhält auch – anders als bei der Umstellung im Papiergrund-buch – keinen Zusatz, da § 70 Abs 2 die Vorschrift des § 101 Abs 6 nicht in Bezug nimmt.

2. Weglassen der Zweiten und Dritten Abteilung

16 Gemäß § 101 Abs 4 kann die zweite oder die dritte Abt weggelassen werden, wenn sie nur gelöschte Eintragun-gen enthält, es sei denn, dass die gelöschten Eintragungen zum Verständnis noch gültiger Eintragungen erfor-derlich sind.

17 Die Nummern der nicht übernommenen Eintragungen mit dem Vermerk »**gelöscht**« sind nur anzugeben, wenn dies zum Verständnis noch gültiger Eintragungen erforderlich ist. Dieser Fall dürfte für die Umstellung auf das maschinell geführte Grundbuch nicht in Betracht kommen, da für künftige Eintragungen alle Abteilun-gen, auch wenn sie leer sind, vorhanden sein müssen.

3. Schließen des Papiergrundbuchblattes

18 Gemäß § 101 Abs 5 S 1 ist das bisherige Blatt zu schließen. Nach § 70 Abs 2 S 2 muss das geschlossene Grund-buch deutlich als solches kenntlich gemacht werden.

19 Mit der 2 EDVGB-ÄndV (vgl Vor § 61 GBV Rdn 8) wurde § 70 dahin ergänzt, dass die Kennzeichnung des geschlossenen Grundbuchblatts in einfacherer und arbeitssparender Weise durchgeführt werden kann. Die an § 70 Abs 2 angefügten S 3 bis 5 sehen vor, dass alle Grundbuchblätter eines Grundbuchbandes oder auch eines Grundbuchamtes durch einen **gemeinsamen Schließungsvermerk** geschlossen werden können, wenn die Blätter eines jeden Bandes in mißbrauchssicherer Weise verbunden werden. Die vereinfachte Schließungsmög-lichkeit nach § 70 Abs 2 S 3 bis 5 gilt somit nur dann, wenn das Grundbuch in Form fester Bände oder – falls es sich um Loseblatt-Grundbücher handelt – in Form von Schraubbänden geführt wird. Es reicht dann aus, wenn für jeden Band ein gemeinsamer Schließungsvermerk hergestellt und dieser Vermerk auf der Vorderseite des Bandes angebracht wird. Zur Erleichterung der Schließung kann diese Methode auch für alle Grundbücher eines ganzen Grundbuchamts angewendet werden. Voraussetzung ist aber wieder, dass es sich um Grundbücher in Bänden handelt. Wird der Schließungsvermerk für das gesamte Grundbuchamt gefertigt, so muss auf der vorderen Außenseite jedes Bandes eine Abschrift des Schließungsvermerks angebracht werden. Nicht verlangt wird, dass es sich um eine beglaubigte Abschrift handelt.

Diese Erleichterung, die wohl an die Grenzen dessen stößt, was von einer sicheren und zuverlässigen Grund-buchführung zu erwarten ist, soll den Ländern, die das Grundbuch – auch das Loseblatt-Grundbuch – in Form von Bänden führen, dann die Arbeit erleichtern, wenn die Anlegung des maschinell geführten Grundbuchs in der Form der Umstellung erfolgt.

Eine weitere Voraussetzung ist, dass die Blätter eines jeden Bandes in missbrauchssicherer Weise verbunden werden. Dies kann etwa dadurch erfolgen, dass – beim Loseblatt-Grundbuch – die Schraubvorrichtungen des einzelnen Bandes so präpariert werden, dass die Verschraubung nicht mehr geöffnet werden kann.

Eine weitere Erleichterung bringt § 70 Abs 2 S 5. Danach muss die Schließung nicht unmittelbar im zeitlichen Zusammenhang mit der Freigabe des maschinell geführten Grundbuchs erfolgen. Zur Arbeitserleichterung kann der Schließungsvermerk bzw die Anbringung der Abschrift des Schließungsvermerks auf der Vorderseite des Bandes auch zu einem späteren Zeitpunkt vorgenommen werden. In diesem Fall muss aber das Grund-buchamt durch organisatorische Maßnahmen, (zB Unterbringung dieser Grundbücher in einem nicht allge-mein zugänglichen Raum) sicherstellen, dass in die geschlossenen, aber noch nicht mit Schließungsvermerk versehenen Grundbücher keine Eintragungen mehr vorgenommen werden und dass bei der Gewährung von Einsicht und der Erteilung von Abschriften aus dem bisherigen (Papier-)Grundbuchblatt auf die Schließung hingewiesen wird.

Gerade die Vorschrift in S 5 enthält eine Abweichung von dem sonst geltenden Grundsatz, dass Eintragungen und Vermerke im Grundbuch stets unmittelbar vorgenommen werden müssen. Es werden dadurch besondere Anforderungen an die Sorgfaltspflicht und an die Organisation des einzelnen Grundbuchamtes gestellt, da der Einsichtnehmende nicht mehr – zumindest nicht für den Zeitraum bis zur Anbringung des Schließungsver-merks – aus dem Grundbuch selbst die Tatsache der Schließung ersehen kann.

4. Keine Mitteilungspflichten

Gemäß § 101 Abs 7 braucht die Umstellung dem Eigentümer, dem dinglich Berechtigten und der Katasterbehörde nicht mitgeteilt zu werden. Darin liegt ein erheblicher Rationalisierungsvorteil. **20**

IV. Anzubringende Vermerke

1. Keine Umstellungsvermerke

§ 101 Abs 3 sieht für die Umstellung des Papiergrundbuchs im Bestandsverzeichnis und in jeder Abteilung **21** einen Umstellungsvermerk vor, durch den die Übereinstimmung des Inhalts des neuen Blattes mit dem bisherigen Blatt bescheinigt wird; dieser Vermerk ist auch zu unterschreiben. § 101 Abs 3 ist jedoch in § 70 Abs 2 nicht in Bezug genommen. Es ist deshalb **nicht** erforderlich, im Bestandsverzeichnis und in den Abteilungen einen derartigen Vermerk anzubringen. Es genügt vielmehr der Freigabevermerk (Rdn 22).

2. Freigabevermerk

Wie bei den anderen Anlegungsarten ist auch bei dem durch Umstellung angelegten maschinell geführten **22** Grundbuchblatt auf der Aufschrift der **Freigabevermerk** gemäß § 71 anzubringen.

3. Abschreibevermerk

Auf dem geschlossenen Blatt ist anstelle des Schließungsvermerks gemäß § 71 der Abschreibevermerk anzubringen (s aber Rdn 19). **23**

§ 71 Freigabe des maschinell geführten Grundbuchs

Das nach den §§ 68 bis 70 angelegte maschinell geführte Grundbuch tritt mit seiner Freigabe an die Stelle des bisherigen Grundbuchblatts. Die Freigabe erfolgt, wenn die Vollständigkeit und Richtigkeit des angelegten maschinell geführten Grundbuchs und seine Abrufbarkeit aus dem Datenspeicher gesichert sind. In der Wiedergabe des Grundbuchs auf dem Bildschirm oder bei Ausdrucken soll in der Aufschrift anstelle des in Anlage 2b vorgesehenen Vermerks der Freigabevermerk erscheinen. Der Freigabevermerk lautet:

1. in den Fällen der §§ 69 und 70:

»Dieses Blatt ist zur Fortführung auf EDV umgestellt/neu gefaßt worden und dabei an die Stelle des bisherigen Blattes getreten. In dem Blatt enthaltene Rötungen sind schwarz sichtbar. Freigegeben am/zum ... Name(n)«,

2. in den Fällen des § 68:

»Dieses Blatt ist zur Fortführung auf EDV umgeschrieben worden und an die Stelle des Blattes (nähere Bezeichnung) getreten. In dem Blatt enthaltene Rötungen sind schwarz sichtbar. Freigegeben am/zum ... Name(n)«.

In der Aufschrift des bisherigen Blattes ist anstelle des in Anlage 2a zu dieser Verordnung vorgesehenen Vermerks folgender Abschreibevermerk einzutragen:

1. in den Fällen der §§ 69 und 70:

»Zur Fortführung auf EDV umgestellt/neu gefaßt und geschlossen am/zum ... Unterschrift(en)«,

2. in den Fällen des § 68:

»Zur Fortführung auf EDV auf das Blatt ... umgeschrieben und geschlossen am/zum ... Unterschrift(en)«.

I. Allgemeines

1 §71 enthält die Ausführungsbestimmungen zu §128 Abs 1 GBO. Nach §128 Abs 1 S 1 GBO tritt das maschinell geführte Grundbuch dann an die Stelle des bisherigen Grundbuchs, sobald es **freigegeben** worden ist. Gemäß §128 Abs 1 S 2 GBO soll die Freigabe erfolgen, sobald die Eintragungen dieses einzelnen Grundbuchblatts in den für die Grundbucheintragungen bestimmten Datenspeicher (§62) aufgenommen worden sind.

2 §71 S 1 wiederholt die Bestimmung des §128 Abs 1 GBO und legt fest, wie die Freigabe zu dokumentieren ist.

II. Freigabe des als maschinell geführtes Grundbuch angelegten Grundbuchblatts

1. Voraussetzungen

3 Voraussetzung für die **Freigabe** ist, dass die gemäß §128 Abs 1 S 2 vorgeschriebene **Aufnahme in den Grundbuchspeicher** erfolgt ist. §71 S 2 ergänzt diese Bestimmung dahingehend, dass die **Abrufbarkeit** gesichert sein muss. Da die auf Dauer inhaltlich unveränderte Wiedergabemöglichkeit aus dem Grundbuchspeicher ein wesentliches Merkmal des maschinell geführten Grundbuchs ist (vgl §126 GBO Rdn 48), ist die Abrufbarkeit auch ein notwendiger Bestandteil, ohne den die Freigabe nicht erfolgen darf. **Ohne Abrufbarkeit** liegt ein **wirksam** angelegtes maschinelles **Grundbuch nicht** vor.

4 Neben der Abrufbarkeit muss gemäß S 2 auch die **Vollständigkeit** und **Richtigkeit** gesichert sein. Hier handelt es sich aber nicht um eine Voraussetzung für eine wirksame Anlegung (vgl Rdn 9 bis 11).

5 Eine weitere Voraussetzung ist, dass nur die gemäß §§68 bis 70 in der **Form** der **Umschreibung**, der **Neufassung** oder der **Umstellung** angelegten Grundbücher freigegeben werden dürfen. Nur wenn die Vorschriften der §§68 bis 70 eingehalten wurden, ist eine Freigabe zulässig. Die **Wirksamkeit** der Anlegung eines maschinellen Grundbuchblatts wird aber durch einen Verstoß gegen Formvorschriften der §§70 bis 80 **nicht** berührt. Zum Beispiel berührt eine Verletzung der Mitteilungspflicht im Falle der Umschreibung (§68 Abs 2 iVm §39 Abs 3) die Wirksamkeit der Anlegung selbstverständlich nicht. Auch hier gilt das Gleiche wie bei den Fällen der Umschreibung und Umstellung des Papiergrundbuchs auf ein neues Papiergrundbuch. **Wirksamkeitsvoraussetzung** ist somit stets nur die Aufnahme in den **Grundbuchspeicher** und die inhaltlich unveränderte dauernde **Wiedergabefähigkeit**.

2. Sicherstellung der Abrufbarkeit

6 Die **Abrufbarkeit** des neu angelegten Grundbuchblatts muss gesichert sein. Die Feststellung, ob die Abrufbarkeit gesichert ist, kann in verschiedener Weise erfolgen.

7 Möglich ist eine Überprüfung dadurch, dass der anlegende Bedienstete das Grundbuch nach erfolgter Aufnahme in den Datenspeicher **aufruft** und sich vergewissert, ob es auch wirklich abgespeichert und abrufbar ist.

8 Die Tatsache der Abrufbarkeit kann aber auch durch eine **programmgesteuerte Überprüfung** und Ausgabe einer entsprechenden **Bestätigungsanzeige** auf dem Bildschirm oder in einem Ausdruck durchgeführt werden. Es ist nicht notwendig, dass die für die Umstellung zuständige Person das Grundbuchblatt vollständig wieder aufruft und sich dadurch über die Wiedergabefähigkeit unterrichtet. Wird eine derartige Bestätigungsanzeige verwendet, so muss sie den Anforderungen des §64 entsprechen, dh, dass sich der für die Umstellung zuständige Bedienstete auf die Zuverlässigkeit der Programme verlassen kann. Im Ergebnis entspricht die Überprüfung der gesicherten Abrufbarkeit der **Verifizierung** der Aufnahme in den Datenspeicher gemäß §74 Abs 2 (vgl §74 GBV Rdn 8).

3. Sicherstellung der Vollständigkeit und Richtigkeit

9 Die Freigabe darf ferner erfolgen, wenn die **Vollständigkeit** und **Richtigkeit** des angelegten maschinellen Grundbuchs gesichert sind. Die Vollständigkeit und Richtigkeit muss durch den Bediensteten, der die Anlegung durchführt, überprüft werden. Diese Überprüfung hat sich darauf zu erstrecken, dass die richtigen und vollständigen Daten in das maschinelle Grundbuch eingegeben wurden.

10 Anders als bei der Abrufbarkeit, ohne die eine wirksame Anlegung des maschinellen Grundbuchblatts nicht erfolgt, handelt es sich bei der Richtigkeit und Vollständigkeit **nicht** um eine **Wirksamkeitsvoraussetzung**. Wird (bei der Umschreibung nach §68 und der Neufassung nach §69) eine Eintragung vergessen oder unrichtig übernommen, oder würde bei der Umstellung (§70) beim Scannen (vgl §70 GBV Rdn 4) eine Seite versehentlich nicht erfasst, was durch entsprechende Kontrollmechanismen allerdings auszuschließen ist, so läge trotzdem ein wirksam angelegtes Grundbuch vor.

11 Die auftretenden Fehler sind dann so zu behandeln, wie fehlerhaftes Handeln bei der Umschreibung oder der Umstellung des Papiergrundbuchs.

III. Anzubringende Vermerke beim angelegten maschinell geführten Grundbuch

Die Tatsache der **Freigabe** muss gemäß § 71 S 3 auf der **Aufschrift** des angelegten Grundbuchblatts dokumentiert werden. **12**

Dieser Freigabevermerk ist – wie die sonstigen Grundbucheintragungen auch – unter den Voraussetzungen des § 128 Abs 1 S 2 GBO abzuspeichern. Er wird also Bestandteil des maschinellen Grundbuchs. **13**

Der **Freigabevermerk** kann entweder durch Einzeleingabe zur Abspeicherung gebracht werden; in den Fällen des § 70 (Umstellung) ist aber auch eine programmgesteuerte Anbringung möglich und sinnvoll. Das bedeutet, dass die eingesetzten Programme, die alle den Voraussetzungen des § 64 entsprechen müssen, diesen Vermerk bei Vorliegen der technischen Voraussetzungen auch selbsttätig, ohne menschliche Einzeleingabe, anbringen können. **14**

Der Freigabevermerk muss bei **jeder Wiedergabe**, sei es auf dem Bildschirm oder auf dem Ausdruck mit ausgegeben werden. **15**

Der **Freigabevermerk** tritt somit, wie S 3 ausdrücklich erläutert, an die **Stelle des Umschreibungsvermerks** nach Muster Anl 2b. **16**

Die Freigabevermerke sind mit den **Namen** der für die Anlegung zuständigen Person bzw Personen zu versehen. Dadurch soll die Verantwortlichkeit für die Anlegung dokumentiert werden. Es genügt die Angabe des Namens, die Wiedergabe eines Schriftzugs ist naturgemäß nicht notwendig. **17**

Anzugeben ist der **Name der Person**, die die Anlegung durchgeführt hat. IdR wird das die Person sein, die für die Führung des maschinell geführten Grundbuchs zuständig ist und die die Eintragungen gemäß § 74 Abs 1 veranlasst. Nur der Name dieser Person braucht beim Freigabevermerk angegeben zu werden; die Angabe eines zweiten Namens ist nicht notwendig. **18**

Neben der für die Führung des Grundbuchs zuständigen Person (idR der Rechtspfleger) kann die Landesregierung (oder die Landesjustizverwaltung) in der Rechtsverordnung nach § 93 S 1 auch anordnen, dass die Anlegung des maschinell geführten Grundbuchs einschließlich der Freigabe auch dem **Urkundsbeamten** der Geschäftsstelle übertragen wird (§ 93 GBV Rdn 4). Auch in diesem Fall braucht nur der Name des Urkundsbeamten beim Freigabevermerk angegeben zu werden. **19**

Nur wenn gemäß § 74 Abs 1 S 3 durch Rechtsverordnung der Landesregierung (Landesjustizverwaltung) bestimmt wird, dass auch beim maschinell geführten Grundbuch zwischen der Veranlassung und der Eintragung unterschieden wird, wären die **beiden Namen**, nämlich der für die Führung des Grundbuchs zuständigen Person und des Urkundsbeamten, der die Eintragung veranlasst, wiederzugeben. **20**

Nicht notwendig ist auch die Verwendung der elektronischen Unterschrift gemäß § 75. **21**

In den Fällen der Umstellung (§ 70) würde dies zu einer nicht gewollten Verlangsamung des Anlegungsvorgangs führen. **22**

Erfolgt die Anlegung in der Form der Umschreibung, so ist für die bei den Eintragungen anzubringenden Vermerke jedoch die elektronische Unterschrift zu verwenden. Bei der Anlegung in Form der Neufassung (§ 69) und bei Umschreibung (§ 68) kann es zweckmäßig sein, Freigabevermerk und elektronische Unterschrift zu verbinden. **23**

Das Verfahren kann jedoch auch ganz allgemein so gestaltet werden, dass auch beim Freigabevermerk die elektronische Unterschrift verwendet wird; notwendig ist dies aber – mangels einer ausdrücklichen Vorschrift – nicht, da sich § 75 nur auf die Eintragungen bezieht, die in dem bereits angelegten maschinell geführten Grundbuch getätigt werden. **24**

Je nach Anlegungsart hat der **Freigabevermerk** unterschiedliche Formulierungen: **25**

a) Für den Fall der Umstellung gemäß § 70 und der Neufassung gemäß § 69 ist zu bescheinigen, dass das Blatt »zur Fortführung auf EDV umgestellt oder neu gefasst worden ist und dabei an die Stelle des bisherigen Blattes getreten« ist. **26**

b) Im Falle der Umschreibung gemäß § 68 ist zu bescheinigen, dass das Blatt »zur Fortführung auf EDV umgeschrieben worden« und an die Stelle des bisherigen Blattes, das näher zu bezeichnen ist, getreten ist. Die nähere Bezeichnung wird idR in der Angabe des Grundbuchbezirks und der Blattnummer gemäß § 3 bestehen. **27**

In beiden Fällen ist ferner der **Vermerk** anzubringen, dass die in dem Blatt enthaltenen **Rötungen schwarz** sichtbar sind. Dieser Hinweis entspricht der Vorschrift in § 91 S 2, wonach alle Unterstreichungen, Durchkreuzungen oder ähnliche Kennzeichnungen, die im Papiergrundbuch rot vorzunehmen sind, im maschinell geführten Grundbuch schwarz dargestellt werden können. Auch die Umstellung des Papiergrundbuchs auf das Loseblattgrundbuch durch Ablichtung kannte bereits eine entsprechende Vorschrift (§ 101 Abs 2). **28**

IV. Anzubringende Vermerke auf dem geschlossenen Grundbuchblatt

29 Das wirksam in die maschinelle Form überführte (Papier-) Grundbuchblatt ist zu schließen.

30 Dies ergibt sich bei der Umschreibung durch die Verweisung in § 68 Abs 2 auf § 30 Abs 2 S 1, für die Neufassung durch die Verweisung in § 69 Abs 1 auf § 68 und für die Umstellung aus § 70 Abs 2 S 1 und S 2.

31 § 71 S 5 behandelt die Vermerke, die auf der Aufschrift des geschlossenen Papiergrundbuchblatts anzubringen sind.

32 Anstelle des in Anl 2a vorgesehenen Abschreibevermerks ist für den Fall der Umstellung und Neufassung lediglich einzutragen: »Zur Fortführung auf EDV umgestellt/neu gefasst und geschlossen am/zum ...«.

33 Beim Umschreibungsvermerk im Falle des § 68 ist zusätzlich die Blattbezeichnung des maschinell angelegten neuen Grundbuchblattes anzugeben.

34 Die Angabe, dass die Umstellung/Neufassung oder Umschreibung »zum« (folgt ein bestimmter Tag) erfolgt ist, trägt dem Umstand Rechnung, dass zwischen der Eingabe in den Datenspeicher und dem Wirksamwerden (insb der Sicherstellung der Abrufbarkeit) ein bestimmter Zeitraum liegen kann. Maßgeblich ist jedoch der Zeitpunkt, an dem die Aufnahme in den Datenspeicher erfolgt ist und die Wiedergabe gesichert ist. Der Zeitpunkt der Eingabe und der Zeitpunkt des Eintritts dieser Voraussetzungen können auseinander klaffen. Es kann deshalb auch mit dem Zusatz »zum« ein künftiger Tag abgespeichert werden.

35 Wegen der Erleichterungen bei der Umstellung s § 70 GBV Rdn 19.

§ 72 Umschreibung, Neufassung und Schließung des maschinell geführten Grundbuchs

(1) Für die Umschreibung, Neufassung und Schließung des maschinell geführten Grundbuchs gelten die Vorschriften der Abschnitte VI und VII sowie, außer im Fall der Neufassung, § 39 Abs 3 sinngemäß, soweit in diesem Abschnitt nichts Abweichendes bestimmt ist.

(2) Der Inhalt der geschlossenen maschinell geführten Grundbuchblätter soll weiterhin wiedergabefähig oder lesbar bleiben.

I. Allgemeines

1 Auch das **maschinell geführte Grundbuch** kann **umgeschrieben** oder **neu gefasst** werden.

Grundsätzlich gibt es den Fall des Platzmangels beim maschinell geführten Grundbuch nicht, da die Menge der in einem einzelnen Grundbuchblatt zu speichernden Eintragungen keinen Begrenzungen, jedenfalls praktisch, unterliegen wird. Hier ist die Lage nicht anders als beim Loseblatt-Grundbuch, bei dem durch Hinzufügen weiterer Einlagebogen der Platz für die Eintragungen bedarfsgemäß vergrößert werden kann.

II. Umschreibung

1. Anzuwendende Vorschriften

2 Für die **Umschreibung** gelten vorrangig die Bestimmungen des Abschn XIII, also die Vorschriften über das maschinell geführte Grundbuch, im Übrigen die Vorschriften der Abschn VI (Die Umschreibung von Grundbüchern) und des Abschn VII (Die Schließung des Grundbuchblatts).

Dies ergibt sich daraus, dass nach § 62 die Vorschriften der Abschn VI und VII »sinngemäß« gelten, soweit im Abschn XIII nichts Abweichendes bestimmt ist.

Auch für die Umschreibung eines maschinell geführten Grundbuchblatts gilt deshalb § 68, allerdings mit der **3** Maßgabe, dass es sich nicht um die Umschreibung eines in Papierform geführten Grundbuchblattes handelt.

Anzuwenden ist insb auch die in § 68 in Bezug genommene Vorschrift des § 44 Abs 3 GBO. **4**

§ 23 Abs 2 (Schließung wegen Raummangels) ist nicht in Bezug genommen und scheidet deshalb aus. **5**

Anzuwenden ist auch § 39 Abs 3, der die Mitteilungspflicht bei Umschreibungen regelt. **6**

2. Umschreibungsfälle

Auch beim maschinell geführten Grundbuch können die in § 28 aufgeführten Fälle gegeben sein. Das maschi- **7** nell geführte Grundbuch ist deshalb umzuschreiben, wenn es

a) **unübersichtlich** geworden ist,

b) durch die Umschreibung wesentlich **vereinfacht** wird.

3. Technische Durchführung der Umschreibung

Für die Art und Weise, wie die Umschreibung eines maschinell geführten Grundbuchblatts technisch durchzu- **8** führen ist, gilt § 68 Abs 2 S 1 Hs 2.

Die bei der Umschreibung zu übernehmenden Angaben sind durch **Eingabe** und **Speicherung elektroni-** **9** **scher Zeichen** im Grundbuchspeicher nach § 62 auf das neue Blatt zu übertragen. Dabei ist es selbstverständ- lich zulässig, technische Hilfsfunktionen (etwa Kopieren vorhandener Eintragungen aus dem zu schließenden Grundbuchblatt ohne Neueingabe über Tastatur) heranzuziehen.

4. Schließung des umzuschreibenden Grundbuchblatts

Hier ist § 30 Abs 2 anzuwenden, wonach das umzuschreibende Grundbuchblatt zu **schließen** ist. **10**

Die Schließung erfolgt durch den **Schließungsvermerk** (Rdn 12) und in der Form des § 36. Neben der **11** Anbringung des Schließungsvermerks sind sämtliche Seiten des Grundbuchblatts zu durchkreuzen. Diese Durchkreuzung kann gemäß § 91 S 2 auch schwarz erfolgen.

5. Anzubringende Vermerke

Der auf dem umzuschreibenden Blatt anzubringende Vermerk ergibt sich aus § 30 Abs 2. **12**

Die Vermerke auf dem neuen Grundbuchblatt ergeben sich aus § 30 Abs 1. **13**

§ 71 ist hier nicht anzuwenden, da die dort vorgesehenen Vermerke nur den Fall der Umschreibung eines bisher **14** auf Papier geführten Grundbuchs betreffen. Auch eines Hinweises, dass die im Blatt enthaltenen Rötungen schwarz dargestellt werden, bedarf es bei der Umschreibung eines bereits maschinell geführten Grundbuchs nicht, da sich die Zulässigkeit der Schwarzdarstellung bereits unmittelbar aus § 91 S 2 ergibt.

III. Neufassung

Für die **Neufassung** eines maschinell geführten Grundbuchblatts gilt Folgendes: **15**

Nach § 33 können im Fall der teilweisen Unübersichtlichkeit eines Grundbuchblatts die einzelnen Teile neu gefasst werden. Da die Bestimmungen des Abschn XIII aber vorrangig sind (siehe Rdn 2), kann die Neufassung gemäß § 69 auch durchgeführt werden, wenn das **ganze Grundbuchblatt** unübersichtlich geworden ist.

Die Durchführung und die im neu gefassten Blatt anzubringenden Vermerke richten sich nach § 69 Abs 3 (vgl **16** § 69 GBV Rdn 16 bis 22).

Bei **teilweiser Neufassung** sind die zu schließenden Teile des Grundbuchblatts gemäß § 69 Abs 3 S 4 deutlich **17** sichtbar als geschlossen kenntlich zu machen. Diese Kenntlichmachung kann in der Weise erfolgen, wie sie in § 33 Abs 2b iVm § 91 S 2 vorgesehen ist; zwingend ist es jedoch nicht. Der Grundbuchbeamte kann auch, wenn nur der Zweck der deutlichen Sichtbarmachung erfüllt wird, auch eine andere Vorgehensweise wählen (zB einfacher Strich statt des Doppelstrichs und Durchkreuzung).

Bei Neufassung des ganzen Blattes ist § 69 Abs 3 anzuwenden (vgl § 69 GBV Rdn 16). **18**

Bei der Neufassung entfällt gemäß Abs 1 die Mitteilungspflicht nach § 39 Abs 3, was zu einer deutlichen Ratio- **19** nalisierung der grundbuchamtlichen Tätigkeit führt.

IV. Umstellung

20 Eine **Umstellung** des maschinell geführten Grundbuchblatts findet **nicht** statt. §72 Abs 1 nimmt die Vorschrift des §70 nicht in Bezug; die Vorschrift des §101 kann schon deshalb keine Anwendung finden, da es sich nicht um die Umstellung eines in festen Bänden geführten Papiergrundbuchs handelt.

21 Denkbar wäre, dass die Umstellung dann zweckmäßig wäre, wenn das maschinell geführte Grundbuch infolge grundlegender Änderung oder Weiterentwicklung der technischen Gegebenheiten auf gänzlich andere Speichermedien übertragen werden müsste.

22 Hier greift aber § 62 Abs 2, wonach die **Bestimmung des Grundbuchdatenspeichers** geändert werden kann, wenn die Erhaltung und Abrufbarkeit dadurch verbessert wird. Eine Umstellung des einzelnen Grundbuchblatts ist daher in einem derartigen Fall nicht notwendig.

V. Wiedergabefähigkeit des geschlossenen Grundbuchblattes

23 Nach Abs 2 ist sicherzustellen, dass der Inhalt der **geschlossenen** maschinell geführten Grundbuchblätter weiterhin wiedergabefähig oder lesbar ist.[1]

Hierfür sind folgende Methoden möglich:

24 *1. Mitführung im Grundbuchspeicher*

Das geschlossene Blatt kann (wie dies etwa bei dem in festen Bänden geführten Grundbuch auch der Fall ist) im Datenspeicher gemäß § 62 weiter **mitgeführt** werden.

Dann ist die Wiedergabefähigkeit und Lesbarkeit ohnehin gewährleistet, da das geschlossene Grundbuchblatt dann den Regeln des maschinell geführten Grundbuchs weiterhin unterliegt.

25 *2. Ausdruck des Grundbuchblattes*

Eine weitere Möglichkeit besteht darin, die geschlossenen Grundbuchblätter auszudrucken und diese auf **Papier** zu archivieren.

Ob die Anwendung dieser Möglichkeit zweckmäßig ist, muss von den Landesjustizverwaltungen entschieden werden.

3. Wiedergabe auf einem Bildträger nach § 10a Abs 1 GBO

26 In Betracht kommt die Ausgabe der geschlossenen Grundbuchblätter aus dem Datenspeicher und ihre Aufbewahrung als **Mikrofilm**. Im Einzelnen vgl hierzu § 10a GBO Rdn 7 bis 9.

4. Wiedergabe auf einem Datenträger nach § 10a Abs 1 GBO

27 In Betracht kommt die Speicherung der geschlossenen Grundbuchblätter auf einem **Datenträger**, der nicht Grundbuchspeicher iS des § 62 ist (wegen der Einzelheiten vgl § 10a GBO Rdn 10 bis 16).

28 Die Verwaltungsbestimmungen der Landesjustizverwaltungen sehen idR vor, dass geschlossene Grundbücher nach bestimmten Zeiträumen an die staatlichen Archivbehörden abgegeben werden. Erfolgt dies, so muss auch dort die Wiedergabefähigkeit oder Lesbarkeit in der oben beschriebenen Weise gewährleistet sein.

§ 73 Grundakten

Auch nach Anlegung des maschinell geführten Grundbuchs sind die Grundakten gemäß § 24 Abs 1 bis 3 zu führen. Das bisher geführte Handblatt kann ausgesondert und auch vernichtet werden; dies ist in den Grundakten zu vermerken. Wird das bisher geführte Handblatt bei den Grundakten verwahrt, gilt § 32 Abs 1 Satz 3 Halbsatz 2 entsprechend.

---

1 Zur Frage, ob das geschlossene Grundbuchblatt weiterhin Grundbuch im Rechtssinne ist vgl *Wolfsteiner* Rpfleger 1993, 273.

I. Allgemeines

Die Vorschriften über das maschinell geführte Grundbuch betreffen nur das Grundbuch selbst, nicht die gemäß § 10 GBO eingereichten und aufzubewahrenden Urkunden, die gemäß § 24 zu den Grundakten zu nehmen sind. Zu den ersten Überlegungen, die digitale Grundaktenführung zuzulassen vgl Vor § 126 GBO Rdn 34. **1**

§ 73 stellt klar, dass auch nach der Anlegung des maschinell geführten Grundbuchs die **Grundakten** gemäß § 24 zu führen sind. **2**

Eine **Ausnahme** besteht lediglich für das so genannte »**Handblatt**« (vgl Rdn 12 bis 17). **3**

II. Führung der Grundakten beim maschinell geführten Grundbuch

1. Originale der aufzubewahrenden Urkunden

§ 10 Abs 1 GBO legt fest, dass die Urkunden, auf die sich eine Eintragung gründet oder Bezug nimmt, im Original oder in Form einer beglaubigten Abschrift vom Grundbuchamt aufzubewahren sind. Nach § 24 sind diese Schriftstücke zu den Grundakten zu nehmen. **4**

Diese Regelung bleibt auch beim maschinell geführten Grundbuch unberührt. Die maschinelle Grundbuchführung betrifft nur das Medium, auf dem die Grundbucheintragungen aufbewahrt werden, an den sonstigen Grundsätzen der Grundbuchführung ändert sich nichts. **5**

Deshalb müssen die Vorschriften des § 10 GBO iVm § 24 auch beim maschinell geführten Grundbuch unverändert angewendet werden. **6**

§ 73 S 1 stellt ausdrücklich klar, dass die **Grundakten** auch nach Anlegung des maschinell geführten Grundbuchs gemäß § 24 Abs 1 bis 3 zu führen sind. **7**

Die Führung der Grundakten erfolgt grundsätzlich wie bisher in **Papierform** (vgl aber Rdn 9 bis 11). **8**

2. Führung der Grundakten auf Bild- oder Datenträgern

§ 10a Abs 1 GBO lässt zu, dass die zu den Grundakten zu nehmenden und aufzubewahrenden Schriftstücke auch als Wiedergabe auf einem **Bildträger** oder einem **Datenträger** aufbewahrt werden können, wenn die Wiedergabe oder die Daten in angemessener Zeit lesbar gemacht werden können. Diese Regelung gilt auch für die Grundakten beim maschinell geführten Grundbuch. **9**

Wegen der Einzelheiten wird auf die Erläuterungen zu § 10a Abs 1 und 2 GBO verwiesen (§ 10a GBO Rdn 4 bis 16). **10**

Die Möglichkeit nach § 10a GBO besteht für die Grundakten sowohl beim herkömmlichen Papiergrundbuch als auch bei den Grundakten für das maschinell geführte Grundbuch. **11**

3. Handblatt

Gemäß § 24 Abs 4 ist bei den Grundakten eine wörtliche Wiedergabe des Grundbuchs auf einem dem Grundbuchblatt entsprechenden Vordruck zu führen und ständig aktuell zu halten. Diese wörtliche Wiedergabe wird als »**Handblatt**« bezeichnet. **12**

Aus der fehlenden Verweisung auf § 24 Abs 4 in § 73 S 3 Hs 2 folgt, dass beim maschinell geführten Grundbuch die Führung eines **Handblatts nicht mehr notwendig** ist. Der Grund dafür liegt darin, dass aufgrund der Sicherheitsvorschriften in § 126 Abs 1 S 2 Ziff 1 GBO, §§ 64 Abs 2, 65 sowie § 66 die Grundbucheintragungen so sicher aufbewahrt werden, dass es unter dem Gesichtspunkt der Datensicherheit einer Zweitschrift des Grundbuchblatts nicht bedarf. **13**

Außerdem kann der Grundbuchinhalt gemäß §§ 133, 132 GBO und §§ 78 und 79 jederzeit sichtbar gemacht werden, sodass es auch aus diesem Grund einer Zweitschrift in den Grundakten nicht bedarf. **14**

Nach erfolgter Anlegung des maschinell geführten Grundbuchblattes kann das **Handblatt** für das bisherige Papiergrundbuchblatt gemäß S 2 entweder **ausgesondert** oder **vernichtet** oder bei den Grundakten **verwahrt** werden. Die Aussonderung oder Vernichtung ist in geeigneter Weise in den Grundakten zu vermerken. **15**

Die Entscheidung darüber, ob das Handblatt für das geschlossene Papiergrundbuchblatt ausgesondert oder vernichtet oder bei den Grundakten aufbewahrt wird, obliegt dem Grundbuchamt. Die Landesregierungen oder – bei Delegation – die Landesjustizverwaltungen können jedoch in der Rechtsverordnung nach § 93 auch dazu Bestimmungen treffen und etwa anordnen, dass das Handblatt stets auszusondern oder aufzubewahren ist. **16**

Bleibt das Handblatt bei den Grundakten, so ist es – wie das bisherige Papiergrundbuch – mit den in § 71 vorgesehenen Abschreibevermerken zu versehen; insb sind die Kennzeichnungen nach § 36 anzubringen. Das Handblatt des geschlossenen Papiergrundbuchblattes ist außerdem deutlich als Handblatt des **geschlossenen Blattes** zu kennzeichnen; dies folgt aus der Bestimmung nach § 73 S 3, die auf § 32 Abs 1 S 3 Hs 2 verweist. **17**

Unterabschnitt 3
Eintragungen in das maschinell geführte Grundbuch

§ 74 Veranlassung der Eintragung

(1) Die Eintragung in das maschinell geführte Grundbuch wird, vorbehaltlich der Fälle des § 127 der Grundbuchordnung, von der für die Führung des maschinell geführten Grundbuchs zuständigen Person veranlaßt. Einer besonderen Verfügung hierzu bedarf es in diesem Fall nicht. Die Landesregierung oder die von ihr ermächtigte Landesjustizverwaltung kann in der Rechtsverordnung nach § 126 der Grundbuchordnung oder durch gesonderte Rechtsverordnung bestimmen, daß auch bei dem maschinell geführten Grundbuch die Eintragung von dem Urkundsbeamten der Geschäftsstelle auf Verfügung der für die Führung des Grundbuchs zuständigen Person veranlaßt wird.

(2) Die veranlassende Person soll die Eintragung auf ihre Richtigkeit und Vollständigkeit prüfen; die Aufnahme in den Datenspeicher (§ 62) ist zu verifizieren.

I. Allgemeines

1 Die Vorschrift des § 74 GBV schließt an § 44 Abs 1 S 2 an. § 44 unterscheidet zwischen der für die Führung des Grundbuchs zuständigen Person, die **Eintragungsverfügungen** zu treffen hat (idR der Rechtspfleger) und dem Urkundsbeamten der Geschäftsstelle, der die Eintragung zu **veranlassen** hat.

II. Wegfall der besonderen Verfügung

1. Veranlassung der Eintragung durch die für die Führung des Grundbuchs zuständige Person

2 Die **Unterscheidung** zwischen **verfügender** und **veranlassender** Person ist in § 74 aufgehoben. Die Konzeption des maschinell geführten Grundbuchs beruht darauf, dass der Grundbuchrechtspfleger das Ergebnis seiner rechtlichen Überprüfung als Verfügung unmittelbar in ein Datensichtgerät eingibt und die Abspeicherung gem § 129 GBO bewirkt.

3 Wegen dieses Zusammentreffens von verfügender und veranlassender Person bestimmt § 74 Abs 1 S 2 folgerichtig, dass es dann einer besonderen **Verfügung nicht mehr** bedarf. Zweckmäßig wird es jedoch sein, wenn in den Grundakten festgehalten wird, wer eine bestimmte Eintragung in das Grundbuch veranlasst hat. Dies kann in der Weise erfolgen, dass bei den Grundakten ein Vermerk über die erfolgte Veranlassung einer bestimmten Eintragung aufbewahrt wird (zB »Eintragung in der 3. Abteilung Nr 7 veranlasst von ...«; s auch § 130 GBO Rdn 11). Im Übrigen ergänzt § 74 Abs 1 die Regelung in § 130 GBO (s § 130 GBO Rdn 6 ff).

4 Ist die verfügende Person gemäß § 44 Abs 1 S 2 der Urkundsbeamte der Geschäftsstelle, so gilt § 74 Abs 1 S 1 auch für ihn.

2. Beibehaltung der Aufgabentrennung

5 § 74 Abs 1 S 3 lässt aber zu, dass an der bisherigen **Arbeitsteilung** zwischen verfügender und veranlassender Person festgehalten wird. Allerdings bedarf es hierzu einer **Rechtsverordnung** der Landesregierung oder der hierzu ermächtigten Landesjustizverwaltung. Diese Anordnung kann in der Rechtsverordnung über die Einführung des maschinell geführten Grundbuchs nach § 126 GBO oder auch durch eine gesonderte Rechtsverordnung getroffen werden. Der Verordnungsgeber der Grundbuchverfügung bezweckt mit dieser Vorschrift, dass der **Vereinfachungseffekt** des maschinell geführten Grundbuchs möglichst eingehalten wird und stellt die Hürde einer Rechtsverordnung des Landes auf (§ 130 GBO Rdn 9).

3. Integration mit dem Liegenschaftskataster

6 Weder einer Verfügung noch einer Veranlassung bedarf es, wenn gemäß § 127 GBO Daten des **Liegenschaftskatasters** automatisch in das Grundbuch übernommen werden.

III. Prüfung der Richtigkeit und Vollständigkeit

Diese Vorschrift schließt an die Bestimmung des §129 Abs 1 S 2 (vgl §129 GBO Rdn 23) an. §129 Abs 1 **7**
S 2 sieht vor, dass durch eine **Bestätigungsanzeige** oder in anderer geeigneter Weise zu überprüfen ist, ob
eine Grundbucheintragung in den dafür bestimmten **Datenspeicher** aufgenommen wurde und ob sie auf
Dauer **inhaltlich unverändert** in lesbarer Form wiedergegeben werden kann. Der Vorschrift des §129 Abs 1
S 2 GBO und der Vorschrift in §74 Abs 2 kann in verschiedener Weise genügt werden. Denkbar ist, dass nach
erfolgter Abspeicherung die veranlassende Person die Grundbucheintragung aus dem Datenspeicher nochmals
aufruft und sich überzeugt, dass die Daten richtig, vollständig und lesbar abgespeichert sind und wiedergegeben
werden können.

Die Überprüfung kann jedoch auch in anderer Form erfolgen. Da die Programme für das maschinell geführte **8**
Grundbuch die Gewähr liefern müssen, dass Eintragungen, deren Abspeicherung veranlasst ist, bei Durchlaufen
bestimmter Prozeduren stets richtig, vollständig und wiedergabefähig auf dem Datenspeicher abgelegt werden,
so genügt auch eine **Bestätigungsanzeige** die das Programm bei Vorliegen dieser Voraussetzungen erzeugt.
Diese Bestätigungsanzeige kann – auch zeitversetzt – auf dem Bildschirm der veranlassenden Person ausgegeben
oder auch ausgedruckt werden. §74 Abs 2 2. Hs wählt hierfür die allgemein gehaltene Formulierung, dass »die
Aufnahme in den Datenspeicher zu **verifizieren**« ist.

Die Überprüfung und Verifizierung nach §74 Abs 2 muss von der **veranlassenden Person**, idR also vom **9**
Grundbuchrechtspfleger, selbst wahrgenommen werden. Eine Übertragung dieser Aufgabe auf andere Dienst-
kräfte des Grundbuchamts und damit eine Trennung von der Veranlassung ist **nicht** zulässig.

Wird die Überprüfung und Verifizierung unterlassen, so berührt dies die **Gültigkeit** der Eintragung **nicht**. **10**
Zweckmäßig ist es, auch die Tatsache der Überprüfung und Verifizierung in den Grundakten zu vermerken.
Dies wird zweckmäßigerweise auf dem Vermerk über die Veranlassung erfolgen (s Rdn 3).

§75 Elektronische Unterschrift

**Bei dem maschinell geführten Grundbuch soll eine Eintragung nur möglich sein, wenn die für die
Führung des Grundbuchs zuständige Person oder, in den Fällen des §74 Abs 1 Satz 3, der Urkundsbeamte der Geschäftsstelle der Eintragung ihren oder seinen Nachnamen hinzusetzt und beides
elektronisch unterschreibt. Die elektronische Unterschrift soll in einem allgemein als sicher anerkannten automatisierten kryptographischen Verfahren textabhängig und unterzeichnerabhängig
hergestellt werden. Die unterschriebene Eintragung und die elektronische Unterschrift werden
Bestandteil des maschinell geführten Grundbuchs. Die elektronische Unterschrift soll durch die
zuständige Stelle überprüft werden können.**

Schrifttum

Bundesnotarkammer, (Hrsg), Elektronischer Rechtsverkehr, Digitale Signaturverfahren und Rahmenbedingungen, Köln 1995;
Erber-Faller, Gesetzgebungsvorschläge der Bundesnotarkammer zur Einführung elektronischer Unterschriften, CR 1996, 375;
Erber-Faller, Perspektiven des elektronischen Rechtsverkehrs, MittBayNot 1995, 182; *dies.,* (Hg), Elektronischer Rechtsver-
kehr, Neuwied 2000; *Glade,* Reimer, Struif (Hrsg), Digitale Signatur und sicherheitssensitive Anwendungen, Braunschweig/
Wiesbaden 1995.

I. Allgemeines

Beim **Papiergrundbuch** wird die Wirksamkeit einer Eintragung durch die **Unterschrift** der zuständigen Per- **1**
sonen gemäß §44 Abs 1 S 2, 3 GBO herbeigeführt. Die handschriftliche, persönliche Unterschrift im Grundbuch dient ferner dazu, die Verbindung zu der Person oder den Personen, die die Unterschrift leisten, herzustellen, sie somit zu **identifizieren** und dadurch auch zu **beweisen**, welche Personen sie vollzogen haben.
Durch den Nachweis, dass eine zuständige Person unterschrieben hat, wird die **Authenzität** der Eintragung
nachgewiesen. Schließlich hat die Unterschrift, die unmittelbar unter den Text der Eintragung zu setzen ist,

auch die Bedeutung, das Ende der Eintragung zu dokumentieren und nachträgliche Verfälschungen oder Ergänzungen zu verhindern beziehungsweise erkennbar zu machen. Das Gesetz definiert die eigenhändige Unterschrift nicht, sondern setzt den Begriff als einen in seinen rechtlichen und sozio-kulturellen Wirkungen verwurzelten Begriff voraus.[1]

2 Beim elektronischen Grundbuch entfällt gemäß § 130 S 1 GBO die Unterschrift (§ 130 GBO Rdn 16). Die Wirksamkeit der Eintragung wird gemäß § 129 Abs 1 S 1 GBO in anderer Weise herbeigeführt (Aufnahme in den Grundbuchspeicher und Wiedergabemöglichkeit; vgl § 129 GBO Rdn 7).

3 Zur Sicherstellung der Authenzität der Eintragung und ihrer Unverfälschtheit hat die Grundbuchverfügung in § 75 die **elektronische Signatur**, die hier als **elektronische Unterschrift** bezeichnet wird, eingeführt.

II. Elektronische Signatur

1. Begriff

4 Aufgabe der **digitalen Signatur**, die nunmehr der Begriffsdefinition des Signaturgesetzes[2] folgend als **elektronische Signatur** bezeichnet wird, ist die Herstellung zuverlässiger Rahmenbedingungen für die **elektronische Kommunikation**.

5 Der **Begriff** der elektronischen Signatur, der bei Erlass der Vorschrift des § 75 noch nicht gesetzlich definiert war, ist nunmehr in verschiedenen Rechtsvorschriften enthalten (vgl Vor § 126 GBO Rdn 34, 35). Der früher übliche Begriff der »digitalen Signatur« wurde durch das Signaturgesetz als »elektronische Signatur« bezeichnet. Das Gesetz enthält in seinem § 2 auch Begriffsdefinitionen für elektronische Signaturen; dabei werden verschiedene Qualitätsstufen unterschieden. Ein prinzipieller Unterschied in der Bedeutung der elektronischen Unterschrift nach § 75 und der elektronischen Signatur besteht nicht.[3]

6 Elektronische Signaturen sind demnach Daten in elektronischer Form, die anderen elektronischen Daten beigefügt oder logisch mit ihnen verknüpft sind und die zur Authentisierung dienen.

7 Die gesetzlichen Bestimmungen über elektronische Signaturen sind aber auf das maschinell geführte Grundbuch nicht anzuwenden. § 75 enthält eine eigenständige Regelung (vgl Rdn 32).

8 Die Aufnahme des § 75 wird als Pioniertat bezeichnet, die hoch einzuschätzen ist.[4]

2. Technische Ausgestaltung

9 Die **elektronische Signatur** unterscheidet sich völlig von der handschriftlichen Unterschrift. Sie bildet die handschriftliche Signatur auch nicht nach, sondern ist ein Verfahren, das auf bestimmten **mathematischen Algorithmen** beruht.

10 Technisch ist die digitale Signatur ein **kryptographisches Verfahren**, also ein Verschlüsselungsverfahren, das mit **zwei Schlüsseln** arbeitet.

11 Der **erste Schlüssel**, auch geheimer Schlüssel oder privater Schlüssel genannt, ist nur dem Unterschriftsberechtigten zugänglich. Er dient der Signierung und erzeugt mit Hilfe eines mathematischen Verfahrens eine Art Quersumme (Prüfsumme) aus dem Text, die dann – zusammen mit dem Text – übermittelt und gespeichert wird.

12 Der **zweite Schlüssel**, auch öffentlicher Schlüssel genannt, wird vom Empfänger benötigt, um die Richtigkeit der Signatur zu überprüfen. Er ist also öffentlich zugänglich und kann dem Empfänger ggf. auch zusammen mit der Nachricht übermittelt werden.

13 Für die Schlüsselverwaltung gibt es verschiedene Methoden.

Der geheime Schlüssel kann – auch zusammen mit dem Algorithmus, den er auslöst – auf einer **Chipkarte** gespeichert werden. Um bei Verlust der Chipkarte einen Missbrauch zu verhindern, kann die Aktivierung der Chipkarte durch ein persönliches Kennwort geschützt werden.

Möglich ist auch die **Hinterlegung** des geheimen Schlüssels auf einem Rechner und seine Aktivierung durch ein **persönliches Kennwort**.

14 Empfohlen wird die Beglaubigung der Schlüssel durch Zertifikate, die durch sog vertrauenswürdige Dritte erfolgt (sog Zertifizierungsdienstanbieter).

---

1 KEHE-*Erber-Faller* § 75 GBV Rn 1.
2 BGBl I 2001, 876, zuletzt geändert durch Gesetz v 26.02.2007 BGBl I 179.
3 KEHE-*Erber-Faller* § 75 GBV Rn 7.
4 KEHE-*Erber-Faller* § 75 GBV Rn 21.

3. Elektronische Signatur in der Rechtsentwicklung

Die elektronische Signatur fand zwischenzeitlich Eingang in verschiedene Formvorschriften; sie tritt gleichwer- **15** tig neben die Schriftform (so in § 126a BGB; s auch Vor § 126 GBO Rdn 34). Auch im gerichtlichen Zustellungswesen wird sie eingesetzt und in anderen prozessualen Bereichen

Die Diskussion wurde dadurch ausgelöst, dass zunehmend bei Rechtsbeziehungen im Wirtschaftsleben die **16** elektronische Kommunikation eine Rolle spielt.

Dies gilt etwa für die Geschäftstätigkeit der Banken (Homebanking, Telebanking) oder für die Möglichkeit, **17** Bestellungen und Käufe im Internet abzuwickeln.

Es ergibt sich daraus die Notwendigkeit, die **Zuverlässigkeit von Willenserklärungen**, die auf diese Weise **18** abgegeben werden, über die bisher üblichen Formen (Schriftform, notarielle Beglaubigung) hinaus sicherzustellen.

Das Grundbuchrecht hat – wohl als erster Bereich einer Rechtsanwendung – diese Überlegungen aufgegriffen **19** und in § 75 GBV geregelt.

III. Elektronische Signatur im Grundbuchrecht

§ 75 schreibt vor, dass eine Eintragung nur möglich sein soll, wenn die für die Führung des Grundbuchs zustän- **20** dige Person der Eintragung ihren **Namen** hinzusetzt und beides **elektronisch unterschreibt**.

Der Begriff des »**elektronischen Unterschreibens**« deckt sich mit dem, was oben als »**elektronische Signa- 21 tur**« erläutert wurde.

Das dabei anzuwendende Verfahren muss ein allgemein als sicher anerkanntes automatisiertes **kryptographi- 22 sches** (vgl Rdn 10) Verfahren sein.

Die Herstellung der elektronischen Unterschrift muss dabei gemäß S 2 **textabhängig** und **unterzeichnerab- 23 hängig** erfolgen.

Neben der **elektronischen Unterschrift** muss der **Name** der zuständigen Person der Eintragung hinzugefügt **24** werden. Eintragung und Name sind dann Gegenstand der elektronischen Unterschrift. Das bedeutet, dass die mathematische Prozedur, die dann die elektronische Signatur erzeugt (Rdn 9) sich auf die Eintragung und den Namen bezieht (»**Textabhängigkeit**«).

Die »**Unterzeichnerabhängigkeit**« muss dadurch gewährleistet sein, dass nur die für die Führung des Grund- **25** buchs zuständige Person den geheimen Schlüssel (Rdn 11) aktivieren darf; ein Missbrauch muss gemäß § 64 Abs 2 ausgeschlossen sein.

Eine besondere **Zertifizierung** (vgl Rdn 7) verlangt § 75 **nicht**; es wird nur verlangt, dass das Verfahren »allge- **26** mein als sicher anerkannt« wird. Dafür genügt es, wenn sich aus Erfahrungen in anderen Bereichen (etwa beim elektronischen Verkehr der Banken) die Zuverlässigkeit und Sicherheit ergibt. Die Zuverlässigkeit des Verfahrens muss gemäß § 64 S 3 festgestellt werden (vgl § 64 GBV Rdn 28 bis 33).

Eintragung, Name der zuständigen Person und **elektronische Unterschrift** sind dann gemäß S 3 **Bestand- 27 teil** des maschinell geführten Grundbuchs.

Nicht vorgeschrieben werden bestimmte technische Verfahren, etwa der Einsatz der Chipkarte, die aber natür- **28** lich zulässig ist.

Gemäß S 4 soll die elektronische Unterschrift durch die zuständige Stelle überprüft werden können. Dabei ist **29** eine besondere **Prüfung** gemeint, die dann stattfinden kann, wenn Anhaltspunkte für Fehler oder für Missbrauch vorliegen. Nicht gemeint sind damit allgemeine Verschlüsselungsprozeduren, die bei der Übertragung von Grundbuchdaten stattfinden.

Zuständig für die Überprüfung ist die Stelle, die durch die Landesjustizverwaltung festgelegt wird. Die Festle- **30** gung kann in der **Dienstanweisung** nach § 65 Abs 1 S 3 geschehen, da es sich bei der elektronischen Unterschrift um ein Datensicherungsverfahren handelt.

Eine **Überprüfung** durch den **einzelnen Teilnehmer** am automatisierten Abrufverfahren oder durch den **31** **Einsichtnehmer** beim Grundbuchamt ist **nicht** vorgesehen. Es kann aber jedermann eine Überprüfung nach S 4 anregen; zu verlangen sein wird ein Anhaltspunkt für einen Fehler oder einen Missbrauch.

Die elektronische Unterschrift bei der Führung des maschinellen Grundbuchs ist in § 75 **abschließend** und **32** **vollständig** geregelt. Andere Vorschriften haben darauf keinen Einfluss, da es sich um eine rein **grundbuch-amtsinterne** Verwendung der Signatur ohne Außenverkehr handelt.[5] Davon zu unterscheiden sind mögliche künftige Vorschriften zur elektronischen Signatur bei der Öffnung des Grundbuchverfahrens für den elektroni-

---

5 KEHE-*Erber-Faller* § 75 GBV Rn 23.

schen Rechtsverkehr (vgl Vor § 126 GBO Rdn 34), die lediglich das Verhältnis zwischen Grundbuchamt einerseits und Notar oder Antragsteller andererseits betreffen. Sie haben keinen unmittelbaren Einfluss auf die in § 75 geregelte grundbuchamtsinterne Signatur.

§ 76 Äußere Form der Eintragung

Die äußere Form der Wiedergabe einer Eintragung bestimmt sich nach dem Abschnitt III.

1 **Papiergrundbuch** und **maschinell geführtes** Grundbuch sollen in ihrem **äußeren Erscheinungsbild identisch** sein und den gleichen Aufbau haben, jedenfalls bis auf weiteres (s Vor § 126 GBO Rdn 39 f, 48 ff).

2 Es bleibt deshalb bei der Einteilung in **Abteilungen** und bei dem **Spaltensystem** der einzelnen Abteilungen.

3 § 63 GBV regelt ausdrücklich, dass der Inhalt des maschinell geführten Grundbuchs auf **Bildschirm** und in **Ausdrucken** genauso sichtbar gemacht werden muss, wie es den durch die Grundbuchverfügung und die Wohnungsgrundbuchverfügung vorgeschriebenen Vordrucken entspricht (vgl § 63 GBV Rdn 3 bis 7).

4 Für die **äußere Form** der einzelnen Eintragungen und dafür, in welche Spalte die Eintragungen aufzunehmen sind, gilt gemäß § 76 Abschn III der Grundbuchverfügung (§§ 13 bis 23). Das bedeutet, dass auch beim maschinell geführten Grundbuch die gesamte Struktur des Grundbuchs unverändert erhalten bleibt. Dies entspricht dem Grundsatz, dass sich durch die maschinelle Grundbuchführung **nur das Medium** ändert, auf dem die Grundbucheintragungen aufbewahrt werden (vgl § 126 GBO Rdn 8, 38), während die Grundsätze der Grundbuchführung unverändert bleiben.

5 Bei den in Bezug genommenen Vorschriften des Abschn III ist zu beachten, dass gemäß § 91 S 2 für alle **rot** vorzunehmenden Unterstreichungen, Durchkreuzungen oder ähnliche Kennzeichnungen im maschinell geführten Grundbuch auch eine **schwarze** Darstellung zulässig ist.

6 Außerdem sind Bestimmungen des Abschn III nicht anzuwenden, die nur beim Papiergrundbuch möglich sind, etwa das Radierverbot in § 21 Abs 1 S 2.

Unterabschnitt 4
Einsicht in das maschinell geführte Grundbuch und Abschriften hieraus

§ 77 Grundsatz

Für die Einsicht in das maschinell geführte Grundbuch und die Erteilung von Abschriften gelten die Vorschriften des Abschnitts X entsprechend, soweit im folgenden nichts abweichendes bestimmt ist.

I. Allgemeines

1 Das **maschinell geführte Grundbuch** ist, was den Aufbau und die Struktur sowie die Grundsätze für die Führung und Benutzung betrifft, weitgehend **identisch** mit dem **Papiergrundbuch**. Lediglich das Medium oder der Träger, auf dem die Grundbucheintragungen aufbewahrt (gespeichert) werden, ist nicht mehr das Papier sondern ein elektronischer Datenträger (vgl § 126 GBO Rdn 8, 38).

Dieser Grundsatz findet seinen Ausdruck insb in folgenden Vorschriften: 2
a) § 61 (Geltung der GBV und der WEG GBV),
b) § 63 (Wiedergabe der Grundbuchinhalte entsprechend den allgemeinen Vordrucken),
c) § 76 (äußere Form der Wiedergabe der Grundbucheintragungen nach Abschn III).

§ 77 greift diesen Grundgedanken auf und legt für die **Einsicht** in das maschinell geführte Grundbuch und die   3
Abschriften hieraus fest, dass die Vorschriften des Abschn X (§§ 43 bis 46) gelten, soweit nicht in Unterabschn 4 Abweichendes bestimmt ist.

II. Weitergeltende Vorschriften des Abschnitts X

Zu den weitergeltenden Vorschriften des Abschn X ist insb auf Folgendes hinzuweisen: 4

1. Zur Einsicht berechtigte Stellen und Personen

Die in § 43 enthaltene Privilegierung, die darin besteht, dass das **berechtigte Interesse**, das vorhanden sein   5
muss, nicht dargelegt zu werden braucht, gilt unverändert auch für das maschinell geführte Grundbuch.

Die Bestimmung ist durch § 133 GBO und die Bestimmungen des Unterabschn 5 (§§ 80 bis 85) inhaltlich teil-   6
weise auch auf das **automatisierte Abrufverfahren** ausgedehnt worden, da Gerichte, Behörden, Notare und
öffentlich bestellte Vermessungsingenieure die Grundbucheintragungen abrufen dürfen, ohne dass sie gemäß
§ 82 Abs 2 die Art des Abrufs angeben müssen (vgl § 82 GBV Rdn 1, 2).

2. Abschriften

Die Vorschriften in § 44 über die **Abschriften** und die **beglaubigten Abschriften** sind durch § 78, der auf   7
§ 131 GBO aufsetzt, modifiziert worden.

Die **Ergänzung** früher gefertigter Abschriften nach § 44 Abs 2 S 1 kann in entsprechender Anwendung der   8
Vorschrift in § 44 Abs 2 S 2 vom Grundbuchamt stets **abgelehnt** werden, da die Ergänzung gegenüber der
Erteilung eines neuen Ausdrucks, der technisch durch einfache Anforderung durch den zuständigen Grundbuchbeamten mittels Eingabe der Grundbuchblattnummer am Bildschirmgerät angefordert und hergestellt werden kann, einen **unverhältnismäßigen Arbeitsaufwand** erfordern würde (vgl § 131 GBO Rdn 19 bis 21).

Das Gleiche gilt für die Erteilung einer Abschrift, die nur die noch **aktuellen** Eintragungen enthält. Gemäß   9
§ 44 Abs 4 müssen von gelöschten Eintragungen lediglich die laufenden Nummern und der Vermerk
»Gelöscht« aufgenommen werden. Falls das EDV-Programm eine derartige Selektion gelöschter Eintragungen
zulässt, kann auch beim maschinellen Grundbuch nach § 44 Abs 4 verfahren werden. Lassen die Programme
eine Aussonderung der gelöschten Eintragungen nicht zu, was etwa bei der Datenerfassung durch Scannen der
Fall sein kann (vgl § 70 GBV Rdn 4), so kann das Grundbuchamt in entsprechender Anwendung von § 44
Abs 4 S 2 dies **ablehnen**. Die maschinelle Herstellung eines Ausdrucks nach § 78 kommt dann nämlich einer
Herstellung durch Ablichtung gleich (vgl § 131 GBO Rdn 22).

Abschriften von **Teilen** eines Grundbuchblatts nach § 45 Abs 1, 2 sind auch beim maschinell geführten Grund-   10
buch zulässig; sie dürfen aber – entsprechend der Vorschrift des § 45 Abs 1 – nur als **amtlicher Ausdruck**
gemäß § 131 GBO und § 78 Abs 2 erteilt werden (vgl § 131 GBO Rdn 18 bis 22).

3. Kein abgekürzter Auszug

Die Vorschrift des § 45 Abs 3 S 2 (Verbot des abgekürzten Auszugs) gilt auch für das maschinell geführte   11
Grundbuch.

§ 45 Abs 3 S 1 (Auskunftpflicht nur aufgrund besonderer gesetzlicher Vorschrift) gilt unverändert auch beim   12
maschinellen Grundbuch.

4. Einsicht in die Grundakten

§ 46 (**Einsicht in die Grundakten**) gilt unverändert auch beim maschinell geführten Grundbuch, da auch   13
dafür nach § 73 Grundakten geführt werden, allerdings ohne Handblatt (vgl § 73 GBV Rdn 2, 3).

III. Abweichende Vorschriften beim maschinell geführten Grundbuch

Die **Abweichungen** von den Vorschriften des Abschn X sind in § 78 (Ausdrucke statt Abschriften) und in § 79   14
(Einsicht) enthalten.

Das **Einsichtsrecht** ist außerdem erweitert durch die Vorschriften über das **automatisierte Abrufverfahren**   15
in § 133 GBO und §§ 80 bis 85.

§ 78 Ausdrucke aus dem maschinell geführten Grundbuch

(1) Der Ausdruck aus dem maschinell geführten Grundbuch ist mit der Aufschrift »Ausdruck« und dem Hinweis auf das Datum des Abrufs der Grundbuchdaten zu versehen. Der Ausdruck kann dem Antragsteller auch elektronisch übermittelt werden.

(2) Der Ausdruck gilt als beglaubigte Abschrift, wenn er gesiegelt ist und die Kennzeichnung »Amtlicher Ausdruck« sowie den Vermerk »beglaubigt« mit dem Namen der Person trägt, die den Ausdruck veranlaßt oder die ordnungsgemäße drucktechnische Herstellung des Ausdrucks allgemein zu überwachen hat. Anstelle der Siegelung kann in dem Vordruck maschinell ein Abdruck des Dienstsiegels eingedruckt sein oder aufgedruckt werden; in beiden Fällen muß auf dem Ausdruck »Amtlicher Ausdruck« und der Vermerk »Dieser Ausdruck wird nicht unterschrieben und gilt als beglaubigte Abschrift.« aufgedruckt sein oder werden. Absatz 1 Satz 2 gilt nicht.

(3) Auf dem Ausdruck oder dem amtlichen Ausdruck kann angegeben werden, welchen Eintragungsstand er wiedergibt.

I. Allgemeines

1 § 78 ergänzt die Vorschrift des § 131 GBO.

Dort ist bestimmt, dass beim maschinell geführten Grundbuch an die Stelle der **Abschrift** der **Ausdruck** und an die Stelle der **beglaubigten Abschrift** der **amtliche Ausdruck** tritt.

2 § 131 S 2 GBO schreibt auch vor, dass die Ausdrucke nicht unterschrieben werden.

3 Der amtliche Ausdruck ist nach § 131 S 3 GBO als solcher zu bezeichnen und mit einem Dienstsiegel oder -stempel zu versehen; er steht einer **beglaubigten** Abschrift gleich.

4 Grundlage für die Erteilung von Abschriften aus dem Grundbuch ist § 12 Abs 2 GBO. Dort ist auch geregelt, dass die Abschrift auf Verlangen zu beglaubigen ist.

5 Grundsätzlich gelten für die Erteilung von Abschriften aus dem maschinell geführten Grundbuch gemäß § 77 die Vorschriften des Abschn X (§§ 43 bis 46) der Grundbuchverfügung, soweit nichts Abweichendes bestimmt ist (vgl § 77 GBV Rdn 3).

6 Für die Erteilung von Abschriften aus dem maschinell geführten Grundbuch enthält § 78 verschiedene, von der Erteilung von Abschriften aus dem Papiergrundbuch abweichende Regelungen.

7 Zur Gesamtproblematik der Ausdrucke aus dem maschinell geführten Grundbuch vgl im Übrigen die Erläuterungen zu § 131 GBO.

II. Gestaltung der Ausdrucke

1. Äußeres Erscheinungsbild

8 Der **Ausdruck** muss nach § 63 in seinem **äußeren Erscheinungsbild** so aussehen, wie das herkömmliche Papiergrundbuch (§ 131 GBO Rdn 6); lediglich Rötungen können gemäß § 91 S 2 schwarz wiedergegeben werden.

2. Bezeichnung als Ausdruck

9 Jeder Ausdruck muss mit der Aufschrift »**Ausdruck**«, der amtliche Ausdruck mit der Aufschrift »**Amtlicher Ausdruck**« versehen sein.

3. Tag des Abrufs

10 Der Ausdruck muss die **Angabe des Tages** enthalten, an dem die Grundbuchdaten zur Herstellung des Ausdrucks aus dem Grundbuchspeicher gemäß § 62 abgerufen wurden.

Es genügt die Angabe des Tages, da § 78 Abs 1 vom »Datum« spricht, worunter herkömmlich die Angabe des **Kalendertages** verstanden wird. Während § 44 Abs 1 S 1 GBO vom »Tag« der Eintragung spricht, verwendet die Grundbuchverfügung für die gleiche Sache unterschiedliche Begriffe, etwa »Zeit« in § 6 Abs 6 Buchst a, »Zeitpunkt« in § 7 Abs 4, »Tag« in § 9 Buchst d, »Tag« in § 44 Abs 3 S 1. Gemeint ist immer der Tag. Das Gleiche gilt auch für den Begriff »Datum«, der ebenfalls den Tag meint, was sich insb auch aus dem Vergleich mit § 44 Abs 3 S 1 ergibt.

Nicht notwendig ist somit die Angabe des Tages einschließlich der Uhrzeit, an dem der Abruf erfolgt. Selbst **11** wenn die Programme des maschinell geführten Grundbuchs die Angabe der Uhrzeit erlaubten, was idR der Fall sein dürfte, so ist die Angabe nicht erforderlich, allerdings für die Außenwirkungen des Ausdrucks auch nicht schädlich. Im Interesse der Einheitlichkeit der Darstellung in der Bundesrepublik Deutschland sollte es bei der Angabe des **Tages des Abrufs** verbleiben.

Maßgebend ist der Tag, an dem die Grundbuchdaten **aus dem Speicher abgerufen** und **zum Druck bereit- 12 gestellt** wurden. Dieser Tag kann von dem Datum, an dem der zuständige Beamte die Erstellung des Ausdrucks veranlasst hat (§ 131 GBO Rdn 11) oder auch von dem Tag, an dem der Ausdruck tatsächlich auf dem dafür bestimmten Drucker (§ 131 GBO Rdn 10) hergestellt wurde, abweichen, da infolge der dafür notwendigen technischen Abläufe die Übermittlungsprozeduren vom auftraggebenden Grundbuchamt und zum Drucker jeweils über das Tagesende hinausgehen können.

Auch wenn sich die drucktechnische Herstellung etwa infolge von Störungen verzögert und in der Zeit zwischen dem Abruf der Daten aus dem Grundbuchspeicher und dem tatsächlichen Ausdruck weitere Grundbucheintragungen erfolgt sind, erstreckt sich ein etwaiger **Vertrauensschutz** nur auf den **Tag des Abrufs**. Die Situation ist hier nicht anders, als wenn nach dem Zeitpunkt der Herstellung einer Ablichtung und der Angabe des Tages gemäß § 44 Abs 3 oder nach dem Beglaubigungsvermerk eine weitere Grundbucheintragung erfolgt ist.

4. Elektronische Übermittlung

Gemäß § 78 Abs 1 S 2 kann der Ausdruck auch **elektronisch übermittelt** werden. **13**

Gemäß Abs 2 S 3 gilt dies nicht für den amtlichen Ausdruck, sodass **nur unbeglaubigte Ausdrucke** elektro- **14** nisch übermittelt werden dürfen (vgl auch § 131 GBO Rdn 23, 24). Diese Bestimmung wurde insb deshalb geschaffen, um die Sicherheit des amtlichen Ausdrucks und seine besonderen Wirkungen als öffentliche Urkunde nach § 29 GBO zu gewährleisten. Besondere Merkmale der amtlichen Ausdrucke zur Erhöhung der Fälschungssicherheit (vgl Rdn 26 und § 131 GBO Rdn 29) könnten bei einer Leitungsübermittlung dem amtlichen Ausdruck nicht beigegeben werden. Wird gleichwohl unter Verstoß gegen § 78 Abs 2 S 3 ein amtlicher Ausdruck durch das Grundbuchamt elektronisch an den Empfänger übermittelt, so liegt ein amtlicher Ausdruck nicht vor.

Es handelt sich vielmehr dann – auch wenn der Ausdruck die Vermerke nach Abs 2 S 1 und 2 enthält – nur um einen unbeglaubigten (einfachen) Ausdruck.

Für die **elektronische Übermittlung** kommen die nach dem jeweiligen Stand der Technik möglichen For- **15** men der **Datenübermittlung** in Betracht (zB die sog »e-mail«).

Den Hauptfall dürfte immer noch die Übersendung als **Fernkopie** (Telekopie, Telefax) darstellen. **16**

Fraglich mag erscheinen, ob die elektronische Übermittlung den Sicherheitsanforderungen der §§ 64, 65 ent- **17** spricht, da die Übermittlung z B einer **Fernkopie** idR **unverschlüsselt** erfolgt und auch Fehlleitungen nicht ausgeschlossen sind.

Hier wird jedoch davon auszugehen sein, dass der Empfänger mit der elektronischen Übermittlung einverstanden ist und etwa vorhandene Risiken in Kauf nimmt.

Als Voraussetzung für die elektronische Übermittlung nach § 78 Abs 1 S 2 ist deshalb das **Einverständnis** des **18** Empfängers zu dieser Übermittlungsart notwendig. Die elektronische Übermittlung muss vom Antragsteller also ausdrücklich gewollt sein. Dieses Einverständnis kann jedoch auch allgemein für alle beantragten Ausdrucke erklärt sein (zB bei einem Antragsteller, der häufig Anträge auf Erteilung unbeglaubigter Ausdrucke stellt).

Sobald allgemein zugängliche und standardisierte Verfahren zur verschlüsselten elektronischen Übermittlung zur Verfügung verbreitet sind, wird beim Versand von Grundbuchausdrucken davon Gebrauch zu machen sein.[1]

5. Angabe des Eintragungsstandes

Auf dem unbeglaubigten und dem beglaubigten Ausdruck kann gemäß Abs 3 ferner abgeben werden, wel- **19** chen **Eintragungsstand** der Ausdruck wiedergibt. Es handelt sich dabei um den Tag, an dem die letzte Eintra-

---

1 KEHE-*Erber-Faller* § 78 GBV Rn 15.

gung oder sonstige Änderung auf dem Grundbuchblatt vorgenommen wurde. Neben dem Normalfall einer Grundbucheintragung können hierunter auch andere Änderungen auf dem Grundbuchblatt fallen, etwa das Nachholen einer versehentlich unterlassenen Rötung oder eine Eintragung, die gemäß § 127 Abs 1 Nr 1 GBO von der Katasterverwaltung unmittelbar vorgenommen wurde.

20 Wegen der Form des Vermerks s § 131 GBO Rdn 9.

21 Der Vermerk über den Eintragungsstand kann vor allem dazu dienen, bei der Einsicht des Grundbuchs (bei der der Eintragungsstand ebenfalls angegeben wird; vgl § 132 GBO Rdn 9) in einfacher Weise festzustellen, ob der Ausdruck noch den neuesten Stand wiedergibt.

6. Vorschriften für den amtlichen Ausdruck

22 Die Art und Weise, wie der **Beglaubigungsvermerk** dargestellt wird, regelt Abs 2. Wegen der Bedeutung des Beglaubigungsvermerks s § 131 GBO Rdn 12 ff).

23 Der Ausdruck hat demnach die Aufschrift »**Amtlicher Ausdruck**« zu tragen. Diese Aufschrift ist auf der ersten Seite des Ausdrucks anzubringen. Er kann auf der Aufschrift des Grundbuchblattes gemäß § 5 ausgedruckt werden.

24 Anzubringen ist ferner der Vermerk »**beglaubigt**«, der Name der Person, die den Ausdruck veranlasst oder die ordnungsgemäße drucktechnische Herstellung allgemein zu überwachen hat sowie der **Vermerk** »Dieser Ausdruck wird nicht unterschrieben und gilt als beglaubigte Abschrift«.

Ferner muss ein Abdruck des **Dienstsiegels** angebracht oder aufgedruckt sein.

Diese weiteren Vermerke können am Schluss des Ausdrucks, auch auf einem besonderen Blatt am Ende des Ausdrucks angebracht werden.

25 Zulässig ist aber auch, dem Ausdruck ein **Vorblatt** – vor der Aufschrift nach § 5 – voranzustellen, auf dem sowohl die Überschrift »Amtlicher Ausdruck« als auch die oben (Rdn 24) erwähnten Vermerke zusammengefasst sind. Auch der Siegelabdruck kann auf diesem Vorblatt angebracht sein (wegen der Form vgl § 131 GBO Rdn 14, 15).

26 Zweckmäßig kann es sein, weitere Vorkehrungen für die **Fälschungssicherheit** des amtlichen Ausdrucks zu treffen (vgl hierzu § 131 GBO Rdn 29).

27 **Nicht** notwendig ist die **nachträgliche Überprüfung** des amtlichen Ausdrucks auf Übereinstimmung mit dem Grundbuchinhalt zum Zeitpunkt des Abrufs. Aufgrund der sicheren und zuverlässigen Programme, die insb die Anforderungen des § 64 Abs 2 S 1 Nr 6, 7, 8 erfüllen müssen, ist gewährleistet, dass auf dem Ausdruck nur die zutreffenden Grundbucheintragungen wiedergegeben sind (vgl hierzu auch § 131 GBO Rdn 17).

Zweckmäßig kann es allerdings sein, dass die **drucktechnische Herstellung** insoweit schematisch überwacht wird, dass der Druck ordnungsgemäß abläuft und etwa Papierseiten nicht beschädigt werden.

Die 2. EDVGB-ÄndV (vgl Vor § 61 GBV Rdn 8) hat in diesem Sinne § 78 Abs 2 S 1 zur Klarstellung neu gefasst.

7. Teilausdrucke

28 **Teilausdrucke** sind grundsätzlich zulässig, allerdings nur als **amtlicher Ausdruck**. Im Einzelnen vgl hierzu § 131 GBO Rdn 18 bis 22.

III. Zuständigkeit

29 Grundsätzlich ist das für die Führung des Grundbuchs zuständige Grundbuchamt auch für die Erteilung – und Veranlassung – der Ausdrucke zuständig.

30 Ist jedoch gemäß § 79 Abs 3 S 1 die Grundbucheinsicht auch bei einem **anderen Grundbuchamt** zulässig, so kann das andere Grundbuchamt gemäß § 79 Abs 4 auch Ausdrucke veranlassen (vgl dazu auch bei § 131 GBO Rdn 25, 26).

31 Funktional zuständig ist der **Urkundsbeamte** der Geschäftsstelle (vgl § 131 GBO Rdn 27).

32 Unabhängig von der Zuständigkeit kann der Abruf der Grundbuchdaten aus dem Speicher und die drucktechnische Herstellung auch bei einer Stelle erfolgen, der gemäß § 126 Abs 3 GBO die Datenverarbeitung übertragen wurde.

IV. Kosten

33 Vgl hierzu § 131 GBO Rdn 28.

§ 79 Einsicht

(1) Die Einsicht erfolgt durch Wiedergabe des betreffenden Grundbuchblatts auf einem Bildschirm. Der Einsicht nehmenden Person kann gestattet werden, das Grundbuchblatt selbst auf dem Bildschirm aufzurufen, wenn technisch sichergestellt ist, daß der Umfang der nach § 12 oder § 12b der Grundbuchordnung oder den Vorschriften dieser Verordnung zulässigen Einsicht nicht überschritten wird und Veränderungen des Grundbuchinhalts nicht vorgenommen werden können.

(2) Anstelle der Wiedergabe auf einem Bildschirm kann auch die Einsicht in einen Ausdruck gewährt werden.

(3) Die Einsicht nach Absatz 1 oder 2 kann auch durch ein anderes als das Grundbuchamt bewilligt und gewährt werden, das das Grundbuchblatt führt. Die für diese Aufgabe zuständigen Bediensteten sind besonders zu bestimmen. Sie dürfen Zugang zu den maschinell geführten Grundbuchblättern des anderen Grundbuchamts nur haben, wenn sie eine Kennung verwenden, die ihnen von der Leitung des Amtsgerichts zugeteilt wird. Diese Form der Einsichtnahme ist auch über die Grenzen des betreffenden Landes hinweg zulässig, wenn die Landesjustizverwaltungen dies vereinbaren.

(4) Die Gewährung der Einsicht schließt die Erteilung von Abschriften mit ein.

I. Allgemeines

Die Kenntnisnahme vom Inhalt des Grundbuchs erfolgt beim Papiergrundbuch durch die **Einsicht** in das Grundbuch (und durch Lesen der Eintragungen) sowie durch die Erteilung von **Abschriften** (beglaubigte und unbeglaubigte). **1**

Eine **unmittelbare Einsicht** in die im Grundbuchdatenspeicher (§ 62) elektronisch gespeicherten Eintragungen ist nicht möglich (vgl § 132 GBO Rdn 5, 6). Diese Daten müssen vielmehr, wie § 129 Abs 1 S 1 GBO bestimmt, in **lesbarer Form** wiedergegeben werden. **2**

Die **Wiedergabe** in unmittelbar lesbarer Form kann nach dem derzeitigen Stand der Technik in zweierlei Form erfolgen, nämlich durch Wiedergabe auf einem **Bildschirm** oder durch **Ausdruck**. **3**

Die **Wiedergabe auf dem Bildschirm** wird von der Grundbuchordnung – wie die Einsicht in das Papiergrundbuch auch – vorausgesetzt; sie wird in der GBO nicht eigens geregelt. § 132 GBO, der sich mit der Einsicht in das maschinell geführte Grundbuch befasst, schreibt nur vor, dass das Grundbuch auch bei einem anderen als dem zuständigen Grundbuchamt eingesehen werden kann (vgl Rdn 19 bis 22). **4**

§ 79 enthält dagegen die **grundlegenden Vorschriften** über die Art und Weise der **Einsicht** in das maschinell geführte Grundbuch. **5**

Eine Übersicht über die Grundsätze der Einsichtsgewährung in das maschinell geführte Grundbuch ist in den Erläuterungen zu § 132 GBO enthalten. **6**

II. Einsicht am Bildschirm

1. Allgemeines

§ 79 Abs 1 S 1 schreibt vor, dass die **Einsicht** des maschinell geführten Grundbuchs am **Bildschirm** erfolgt (vgl Rdn 3). **7**

Die Grundbucheintragungen werden dabei auf dem **Bildschirm** dargestellt; die verschiedenen Seiten des Grundbuchs müssen nacheinander auf dem Bildschirm wiedergegeben werden können. Technische Erleichterungen (wie Vor- und Rückwärts »blättern«, »Springen« zwischen den Abteilungen und Seiten) gehören zum technischen Standard; sie sind möglich und zulässig. **8**

9 Aufgrund der Vorschriften der §§ 63 und 76 ergibt sich, dass die Wiedergabe auf dem Bildschirm in der gleichen Systematik und Form der Darstellung (Abteilungen, Spalten) zu erfolgen hat, wie sie Abschn III der Grundbuchverfügung, insb § 22 S 1, vorsieht.

2. Praktische Durchführung der Einsicht am Bildschirm

10 Die Gewährung der **Einsicht am Bildschirm** wird idR so erfolgen, dass der zuständige Bedienstete des Grundbuchamts für die einsichtnehmende Person das Grundbuch aufruft und die gewünschten Seiten und Abteilungen auf dem Bildschirm aufblättert.

11 Im Sinne einer zweckmäßigen Organisation des Grundbuchamts wird dabei idR so vorgegangen werden, dass in den für den Publikumsverkehr vorgesehenen Räumen **Bildschirme** eigens **für die Einsicht** bereitgestellt werden.

12 Die **ständige Bedienung** der Einsichtnehmenden durch Bedienstete des Grundbuchamts ist jedoch umständlich und personalaufwendig. Deshalb erlaubt § 79 Abs 1 S 2, dass der einsichtnehmenden Person gestattet werden kann, das Grundbuchblatt **selbst** auf dem Bildschirm **aufzurufen**.

13 Voraussetzung dafür ist, dass der Umfang der nach dem berechtigten Interesse gemäß § 12 und § 12b GBO oder den einschlägigen Vorschriften der GBV (insb § 43, der nach § 77 auch für das maschinelle Grundbuch gilt) zulässigen Einsicht nicht überschritten wird. Das kann dadurch gewährleistet werden, dass für den Einsichtsbildschirm **besondere Benutzerkennungen** (§ 64 Abs 2 S 1 Nrn 1, 2, 3) bereitgestellt werden, die nur den Aufruf bestimmter Grundbuchblätter oder – wenn das Grundbuchblatt vom Grundbuchamt aufgerufen wird – das Blättern innerhalb des Grundbuchblatts zulassen.

14 Solche Benutzerkennungen können etwa Personen zugeteilt werden, die häufig das Grundbuch einsehen müssen und bei denen der Fall des § 43 Abs 1 vorliegt.

15 Selbstverständlich ist, dass bei der Einsicht in das Grundbuch Veränderungen des Grundbuchinhalts nicht vorgenommen werden dürfen. Dies muss durch die technische Konzeption **völlig ausgeschlossen** sein.

3. Einsichtsgewährung durch Vorlage eines Ausdrucks

16 Abs 2 lässt zu, dass die Einsicht anstelle der Wiedergabe auf dem Bildschirm auch durch **Vorlage eines Ausdrucks** gewährt werden kann.

Der Grund für diese Vorschrift liegt darin, dass andernfalls möglicherweise beim Grundbuchamt eine große Zahl von Einsichtsgeräten bereitgehalten werden muss, um die Einsichtnehmenden in angemessener Zeit zu bedienen. Dies kann nicht iS einer wirtschaftlichen Ausstattung der Grundbuchämter liegen, zumal die Einsicht in das Grundbuch gebührenfrei ist.

17 Der für die Einsicht vorzulegende Ausdruck, der den aktuellen Grundbuchstand wiedergeben muss, wird zweckmäßigerweise vom zuständigen Bediensteten des Grundbuchamts aufgrund des Einsichtsbegehrens ausgedruckt. Eine Vorratshaltung derartiger aktueller Ausdrucke wäre nicht rationell.

18 Der Ausdruck gemäß § 79 Abs 2 darf **nicht ausgehändigt** werden. Wünscht der Einsichtnehmende, dass er den Ausdruck ausgehändigt erhält, so handelt es sich um einen Antrag auf Erteilung eines Ausdrucks nach § 131 GBO; er muss dann die dafür vorgesehenen **Gebühren** entrichten, da es sich dann der Sache nach um die Erteilung eines Ausdrucks handelt (§ 132 GBO Rdn 8).

III. Einsichtsgewährung durch ein anderes Grundbuchamt

1. Allgemeines

19 Die Vorschrift des § 79 Abs 3 stellt die Ausführungsvorschrift zu § 132 GBO dar. Damit werden die Möglichkeiten genutzt, die die technische Konzeption des maschinell geführten Grundbuchs eröffnet.

20 Auch ein **anderes als das zuständige Grundbuchamt** kann die Einsicht in das Grundbuch gewähren.

21 Voraussetzung dafür ist, dass die **technischen Voraussetzungen** vorliegen.

22 Denkbar sind dabei folgende Fälle:
  a) Beim einsichtgewährenden anderen Grundbuchamt ist das maschinell geführte Grundbuch noch nicht eingeführt; das Grundbuchamt ist aber an ein anderes Grundbuchamt angeschlossen, bei dem das maschinelle Grundbuch bereits vorhanden ist.
  b) Der Regelfall dürfte sein, dass die beiden Grundbuchämter bereits das maschinell geführte Grundbuch haben und entweder gegenseitig miteinander verbunden oder an eine zentrale Stelle angeschlossen sind (§ 126 Abs 3 GBO). Dies gilt insbesondere in den Ländern, in denen die Umstellung auf das maschinell geführte Grundbuch bereits landesweit abgeschlossen ist.

2. Einschränkung der funktionalen Zuständigkeit

Nicht jeder der für die Gewährung der Einsicht zuständigen Bediensteten bei einem Grundbuchamt darf die   23
Einsicht in das Grundbuch des anderen Grundbuchamts bewilligen; diese Bediensteten sind vielmehr **besonders** zu bestimmen. Es dürften aber keine Bedenken dagegen bestehen, dass alle für die Gewährung der Einsicht zuständigen Bediensteten mit dieser Aufgabe betraut werden.

§ 79 Abs 3 S 3 bestimmt, dass diese besonders bestimmten Bediensteten auch eine **eigene Kennung** verwen-   24
den müssen. Die Kennung ist von dem Grundbuchamt zu vergeben, bei dem die Bediensteten tätig sind.

Die Vorschrift des § 79 Abs 3 S 3 in der früheren Fassung ging von dem gesetzlichen Regelfall aus, dass die   25
Speicherung der Grundbuchdaten bei dem jeweils für die Führung der Grundbücher zuständigen Grundbuchamt vorgenommen wird.

Liegt aber ein Fall des § 126 Abs 3 GBO vor, so muss die Kennung vielmehr dann von der nach § 126 Abs 3
GBO zuständigen Stelle vergeben und von der Leitung des »anderen« Grundbuchamts zugeteilt werden.

Die 2. EDVGB-ÄndV (vgl Vor § 61 GBV Rdn 8) hat deshalb § 79 Abs 3 S 3 zur Klarstellung in diesem Sinne
neu gefasst.

3. Einsicht auch über Landesgrenzen hinweg

Die Einsichtnahme bei einem anderen Grundbuchamt ist nach Abs 2 S 3 auch über die Landesgrenzen hinweg   26
zulässig, wenn die Landesjustizverwaltungen dies vereinbaren.

4. Einsicht auch durch Vorlage eines Ausdrucks

Auch bei dem »anderen« Grundbuchamt kann gemäß Abs 2 die Einsicht durch Vorlage eines Ausdrucks   27
gewährt werden (vgl Rdn 16 bis 18).

5. Erteilung von Ausdrucken durch ein anderes Grundbuchamt

Abs 4 stellt klar, dass die Einsicht auch die **Erteilung von Abschriften** einschließt.   28

Das bedeutet, dass das »andere« Grundbuchamt, das die Einsicht gewähren kann, auch die Zuständigkeit für die
Erteilung von Ausdrucken über die vom eigentlich zuständigen Grundbuchamt geführten Grundbücher besitzt
(vgl § 78 GBV Rdn 30). Allerdings müssen auch dafür die besonderen Kennungen (vgl Rdn 23 bis 25) vorhanden sein.

Durch die 2. EDVGB-ÄndV (vgl Vor § 61 GBV Rdn 8) wurde § 79 Abs 4 wie folgt gefasst: »Die Gewährung
der Einsicht schließt die Erteilung von Abschriften mit ein.« Gemeint ist damit, dass das Grundbuchamt, das die
Einsicht gewähren kann, auch Ausdrucke erteilen darf.

IV. Sonstiges

Wegen der funktionalen Zuständigkeit für die Erteilung von Ausdrucken im Allgemeinen vgl § 132 GBO   29
Rdn 18; wegen der Kosten vgl § 131 GBO Rdn 28.

**Unterabschnitt 5
Automatisierter Abruf von Daten**

§ 80   Abruf von Daten

Die Gewährung des Abrufs von Daten im automatisierten Verfahren nach § 133 der Grundbuchordnung berechtigt insbesondere zur Einsichtnahme in das Grundbuch in dem durch die §§ 12 und 12b der Grundbuchordnung und in dieser Verordnung bestimmten Umfang sowie zur Fertigung von Abdrucken des Grundbuchblatts. Abdrucke stehen den Ausdrucken nicht gleich. Wird die Abrufberechtigung einer nicht-öffentlichen Stelle gewährt, ist diese in der Genehmigung oder dem Vertrag (§ 133 der Grundbuchordnung) darauf hinzuweisen, daß sie die abgerufenen Daten nach § 133 Abs 6 der Grundbuchordnung nur zu dem Zweck verwenden darf, für den sie ihr übermittelt worden sind.

I. Allgemeines

1 § 80 S 1 stellt klar, dass es sich bei dem **automatisierten Abrufverfahren** nach § 133 GBO um ein besonderes Verfahren zur Einsicht in das maschinell geführte Grundbuch handelt.

2 Neben der **Einsicht** ist auch die Fertigung von **Abdrucken** zulässig, die jedoch den Ausdrucken gemäß § 131 GBO nicht gleichstehen (vgl Rdn 11). Außerdem ist die Weiterverarbeitung der Daten im bestimmten Umfang zulässig (Rdn 14 bis 21).

3 Rechtsgrundlage für den Umfang des Abrufs sind gemäß § 133 Abs 1 S 1 Nr 1 GBO und § 80 S 1 Hs 1 – wie für jede Grundbucheinsicht – die §§ 12 und 12b GBO. Zulässig ist demnach die Einsicht des Grundbuchs und der Abruf des Grundbuchs für jeden, der ein berechtigtes Interesse darlegt.

4 § 12b GBO ist nur dann einschlägig, wenn frühere Grundbücher auf dem Gebiet der DDR von anderen als den grundbuchführenden Stellen aufbewahrt werden.

II. Darlegung des berechtigten Interesses

5 Die Darlegung des **berechtigten Interesses** kann in sehr verschiedener Weise erfolgen.

6 Bei den Stellen, die bereits nach § 43 das berechtigte Interesse, das vorhanden sein muss, nicht darzulegen brauchen, entfällt auch beim Abrufverfahren aus dem maschinell geführten Grundbuch die Darlegung (vgl § 133 GBO Rdn 26).

7 Bei den übrigen Teilnehmern muss das berechtigte Interesse in der Weise dargelegt werden, dass der **Grund des Abrufs** bei der Anforderung des jeweiligen Grundbuchblattes gemäß § 82 Abs 2 S 1 mit eingegeben werden muss.

III. Umfang der Einsicht

1. Einsicht des Grundbuchs und der Verzeichnisse

8 Die zum automatisierten Abrufverfahren zugelassenen Personen oder Stellen können das einzelne abgerufene Grundbuchblatt jeweils in **vollem Umfang** einsehen (vgl § 133 GBO Rdn 42 ff).

9 Neben dem Grundbuch können auch die **Verzeichnisse** nach § 12a GBO eingesehen werden (vgl § 133 GBO Rdn 43 ff), beim eingeschränkten Abrufverfahren gemäß § 82 Abs 2 S 2 (vgl § 133 GBO Rdn 48 ff) bestehen aber für das Eigentümerverzeichnis bestimmte Einschränkungen (§ 133 GBO Rdn 33, 34).

10 Die Einsicht im Rahmen des Abrufverfahrens erfolgt in sinngemäßer Anwendung des § 79 Abs 1 S 1 durch Wiedergabe auf dem Bildschirm der zugelassenen Person oder Stelle.

2. Fertigung von Abdrucken

11 Zulässig ist ferner für die zum automatisierten Abrufverfahren Zugelassenen die Fertigung von **Abdrucken** des Grundbuchblatts, das eingesehen wurde. Diese Abdrucke entsprechen einer Notiz und haben den Zweck, das Abschreiben des Bildschirminhalts zu vermeiden. Ausdrücklich klargestellt ist in § 80 S 2, dass die Abdrucke den Ausdrucken nicht gleichstehen. Es handelt sich dabei also nicht um Ausdrucke (Abschriften) iS des § 131 GBO iVm § 78.

12 Auch die **Notare** sind deshalb **nicht berechtigt**, Grundbuchausdrucke iS des § 131 GBO herzustellen (anders etwa die Regelung in Österreich, wo dem Notar dieses Recht zusteht); vgl zu dieser Problematik Vor § 126 GBO Rdn 42.

13 Zulässig ist es auch, auf die Einsicht zu verzichten und die abgerufenen Grundbuchblätter unter Verzicht auf die Wiedergabe am Bildschirm (vgl Rdn 10) sofort lediglich abzudrucken.

3. Weiterverarbeitung der abgerufenen Daten

14 Zulässig ist, auch wenn dies aus dem Wortlaut des § 80 nicht unmittelbar hervorgeht, die **Weiterverarbeitung** der Grundbuchdaten, die dem Teilnehmer zulässigerweise in seine EDV-Anlage zum Zwecke der Einsicht und des Ausdrucks übermittelt werden.

In Betracht kommt eine **unmittelbare Weiterverarbeitung** dieser Daten für die Zwecke, für die das Grund- 15
buch abgerufen wird. Es ist somit zulässig, diese Grundbuchdaten etwa in dem EDV-System eines Notars
unmittelbar zum Ausdruck in eine notarielle Urkunde zu verwenden. Es wäre ein nicht sinnvoller Formalismus, wenn man verlangen würde, dass diese Daten zunächst ausgedruckt und anschließend wieder in die notariellen Urkunden eingegeben werden müssten.

Aus der zulässig erfolgten Einsicht oder dem Abdruck des Grundbuchblatts ergibt sich die Befugnis für die 16
Weiterverwertung und den bestimmungsgemäßen Gebrauch; diese Weiterverwertung kann auch darin bestehen, dass die erlangten Daten **EDV-mäßig weiterverarbeitet** werden.

Allerdings dürfen die Grundbuchdaten nur für die Zwecke weiterverarbeitet werden, für die der Abrufer sie 17
benötigt. Dies gilt aber genauso auch für die Einsicht selbst und die erstellten Abdrucke.

Zu beachten ist auch die Vorschrift des § 133 Abs 6 GBO, die für die personenbezogenen Grundbuchdaten aus- 18
drücklich klarstellt, dass sie nur bestimmungsgemäß verwendet werden dürfen.

Auch alle anderen erlangten Grundbuchdaten dürfen aber nur bestimmungsgemäß verwendet werden. Dies 19
ergibt sich daraus, dass nur die Grundbuchdaten abgerufen werden dürfen, für die das berechtigte Interesse nach
§ 12 GBO vorhanden ist. Nur in dem Rahmen, der durch das berechtigte Interesse gezogen ist, darf eine Verwendung der Grundbuchdaten erfolgen.

Neben der Verwendung zum **Eindruck in Urkunden** oder ähnliche Schriftstücke (zB in die Kreditverträge 20
bei Banken) ist auch die **Speicherung** der im Wege des Abrufverfahrens zulässigerweise erlangten Grundbuchdaten beim zugelassenen Benutzer erlaubt. Eine Grenze findet diese Befugnis aber in der bestimmungsgemäßen
Verwendung der Daten. Das kann etwa bedeuten, dass nach der Beendigung der Geschäftsbeziehungen zwischen einem Kreditinstitut und dem Berechtigten am Grundstück die gespeicherten Daten gelöscht werden
müssen, soweit nicht andere Bestimmungen (zB über die Aufbewahrung von Geschäftsunterlagen) dem entgegenstehen (vgl auch § 14 Abs 1 und § 28 Abs 1 BDSG).

Nicht zulässig ist die Speicherung der zulässig erlangten Grundbuchdaten zum Zwecke des Aufbaues eines 21
grundbuchähnlichen Auskunftssystems über Grundstücke, Eigentümer und Belastungen. Eine derartige
Verwendung ist nicht bestimmungsgemäß, da sie dem Zweck, zu dem die Grundbuchdaten erlangt wurden,
nicht entsprechen (vgl Rdn 18, 19; vgl auch § 133 GBO Rdn 33).

Die 2. EDVGB-ÄndV (vgl Vor § 61 GBV Rdn 8) hat deshalb an § 80 zur Klarstellung den Satz 3 angefügt. 22

§ 81 Genehmigungsverfahren, Einrichtungsvertrag

**(1) Die Einrichtung eines automatisierten Abrufverfahrens bedarf bei Gerichten, Behörden und der
Staatsbank Berlin einer Verwaltungsvereinbarung, im übrigen, soweit nicht ein öffentlich-rechtlicher Vertrag geschlossen wird, einer Genehmigung durch die dazu bestimmte Behörde der Landesjustizverwaltung.**

**(2) Eine Genehmigung wird nur auf Antrag erteilt. Zuständig ist die Behörde, in deren Bezirk das
betreffende Grundbuchamt liegt. In der Rechtsverordnung nach § 93 kann die Zuständigkeit abweichend geregelt werden. Für das Verfahren gelten im übrigen das Verwaltungsverfahrens- und das
Verwaltungszustellungsgesetz des betreffenden Landes entsprechend.**

**(3) Die Genehmigung kann auf entsprechenden Antrag hin auch für die Grundbuchämter des Lan-
des erteilt werden, bei denen die gesetzlichen Voraussetzungen dafür gegeben sind. In der Genehmigung ist in jedem Fall das Vorliegen der Voraussetzungen nach § 133 Abs 2 Satz 2 und 3 Nr 1
und 2 der Grundbuchordnung besonders festzustellen.**

**(4) Der Widerruf einer Genehmigung erfolgt durch die genehmigende Stelle. Ist eine Gefährdung
von Grundbüchern zu befürchten, kann in den Fällen des Absatzes 3 Satz 1 die Genehmigung für
einzelne Grundbuchämter auch durch die für diese jeweils zuständige Stelle ausgesetzt werden. Der
Widerruf und die Aussetzung einer Genehmigung sind den übrigen Landesjustizverwaltungen
unverzüglich mitzuteilen.**

I. Allgemeines

1   Das **automatisierte Abrufverfahren** gemäß § 133 GBO ist **nicht** ein allgemein zugängliches Verfahren, bei dem sich jeder Interessierte an das maschinell geführte Grundbuch anwählen und das Grundbuch einsehen kann.

2   Das automatisierte Abrufverfahren berechtigt vielmehr nur in dem Umfang zur Einsicht des Grundbuchs durch Abruf der Grundbuchdaten, als eine **Einsichtsberechtigung** gemäß § 12 GBO vorliegt.

3   Das Verfahren wurde deshalb so geregelt, dass der **Kreis der Einsichtsberechtigten** begrenzt ist (vgl § 133 GBO Rdn 12, 26, 28 ff); die Teilnahme setzt nach § 133 Abs 2 S 1 eine **Genehmigung** durch die Landesjustizverwaltung voraus (§ 133 GBO Rdn 58 bis 60).

4   § 81 regelt das Genehmigungsverfahren.

II. Genehmigungsverfahren

1. Allgemeines

5   § 133 Abs 2 S 1 GBO legt allgemein fest, dass die Einrichtung eines automatisierten Abrufverfahrens der Genehmigung bedarf.

6   Diese Genehmigung kann gemäß § 133 Abs 7 S 4 GBO in Verbindung mit § 81 Abs 1 in folgenden Formen erfolgen:
a) durch Verwaltungsvereinbarung (Rdn 7),
b) durch öffentlich-rechtlichen Vertrag (Rdn 12),
c) durch Genehmigung im formellen Sinn (Rdn 13).

2. Genehmigung durch Verwaltungsvereinbarung

7   Bei Einrichtung eines automatisierten Abrufverfahrens bei **Gerichten** und **Behörden** (die Staatsbank Berlin ist weggefallen, vgl § 133 GBO Rdn 26) ist eine **Verwaltungsvereinbarung** zwischen der Landesjustizverwaltung und dem Gericht oder der Behörde, die sich an dem Abrufverfahren beteiligen will, abzuschließen.

8   Wegen der Zuständigkeit hierfür auf der Seite der Landesjustizverwaltung vgl Rdn 27.

9   Welche Stelle auf der Gegenseite zuständig ist (wenn sich etwa ein Vermessungsamt anschließen will), bestimmt sich nach den Organisationsvorschriften dieser Stelle.

10   Handelt es sich um die Zulassung von Gerichten (zB Nachlassgerichte oder Vollstreckungsgerichte) oder Behörden im **eigenen Geschäftsbereich** der zuständigen Landesjustizverwaltung, ist eine Verwaltungsvereinbarung **nicht** notwendig. Es handelt sich dann um eine innerdienstliche Angelegenheit im Rahmen des Justizressorts, für die eine innerdienstliche Verwaltungsanordnung der Landesjustizverwaltung genügt. Diese Auffassung vertreten auch die Landesjustizverwaltungen in den Leitlinien (Vor § 126 Rdn 63 und dort unter Nr 10.6).

11   Die **allgemeinen Zulassungsvoraussetzungen** des § 133 GBO müssen jedoch auch in diesem Fall vorliegen.

3. Genehmigung durch öffentlich-rechtlichen Vertrag

12   Bei Personen oder Stellen, die nicht Gerichte oder Behörden sind, kann gemäß § 81 Abs 1 auch ein **öffentlich-rechtlicher Vertrag** abgeschlossen werden.

4. Genehmigung durch Gestattung

Der **Normalfall** dürfte gemäß § 81 Abs 1 die Gestattung durch Verwaltungsbescheid der für die Genehmigung   **13**
zuständigen Behörde sein.

5. Inhalt der Genehmigung

Die Genehmigung iS des § 133 GBO (vgl § 133 GBO Rdn 58–60) in einer der drei möglichen Formen hat die   **14**
Einrichtung eines automatisierten Abrufverfahrens zum Gegenstand.

In der Genehmigung im formellen Sinn (Rdn 14) ist gemäß § 81 Abs 2 S 2 das Vorliegen der Voraussetzungen   **15**
nach § 133 Abs 2 S 2 und 3 Nr 1 und 2 GBO (vgl § 133 GBO Rdn 20 ff) festzustellen.

Da diese Voraussetzungen in § 133 GBO allgemein für die Einrichtung eines automatisierten Abrufverfahrens   **16**
vorhanden sein müssen, sind sie auch bei der Zulassung durch Verwaltungsvereinbarung oder öffentlich-rechtlichen Vertrag zu prüfen und in die Vereinbarung oder den Vertrag aufzunehmen.

6. Antrag

Für die Genehmigung (Rdn 14) ist gemäß § 81 Abs 2 S 1 stets ein **Antrag** der Person oder Stelle erforderlich,   **17**
die die Zulassung zum automatisierten Abrufverfahren wünscht.

Wird eine **Verwaltungsvereinbarung** (Rdn 7) oder ein **öffentlich-rechtlicher Vertrag** (Rdn 12) abge-   **18**
schlossen, so bedarf es eines förmlichen Antrags nicht. In diesen Fällen genügt eine Anregung oder ein Heran-
treten an die hierfür zuständige Stelle (Rdn 27).

Der Antrag muss allgemein auf Einrichtung des automatisierten Abrufverfahrens für ein bestimmtes Grund-   **19**
buchamt oder für alle Grundbuchämter eines Landes, bei denen die gesetzlichen Voraussetzungen vorliegen
(Rdn 29 bis 33) gerichtet sein.

Im Antrag muss das Vorliegen der **Voraussetzungen** nach § 133 Abs 2 S 3 Nr 1 und 2 GBO glaubhaft darge-   **20**
legt werden (vgl § 133 GBO Rdn 53 bis 67); liegt dafür ein Anlass vor, kann die zuständige Stelle auch einen
entsprechenden Nachweis verlangen.

Ferner muss der Antragsteller das Vorliegen der **technischen Voraussetzungen** (vgl § 133 GBO Rdn 14   **21**
bis 19) darlegen. Hinsichtlich dieser technischen Voraussetzungen kann auch ein entsprechender **Nachweis**
verlangt werden (vgl § 133 GBO Rdn 18), da bei einem Nichtfunktionieren der Geschäftsbetrieb des Grundbuchamts gestört werden könnte.

Da die Voraussetzungen des § 133 Abs 2 S 3 Nr 1 und 2 GBO auch bei der Zulassung durch Verwaltungsver-   **22**
einbarung oder öffentlich-rechtlichen Vertrag vorhanden sein müssen, sind sie auch in diesen Fällen – auch
wenn es eines förmlichen Antrags nicht bedarf – in geeigneter Form darzulegen.

7. Anzuwendende Verwaltungsvorschriften

Für das Zulassungsverfahren durch Genehmigung (Rdn 13 ff) gelten gemäß § 81 Abs 2 S 4 das Verwaltungsver-   **23**
fahrens- und das Verwaltungszustellungsgesetz des jew Landes entsprechend, also nicht die Verfahrensvorschriften der GBO (etwa §§ 71 ff GBO).

8. Zuständigkeit

Zuständig für die Genehmigung im formellen Sinn nach § 81 Abs 2 S 1 (vgl Rdn 13) ist gemäß S 2 die   **24**
Behörde, in deren Bezirk das betreffende Grundbuchamt liegt. Im Normalfall dürfte das der Leiter des zuständigen Amtsgerichts sein.

In der Rechtsverordnung des Landes nach § 93 kann die Zuständigkeit aber abweichend geregelt werden (in   **25**
mehreren Ländern wurde im Interesse einer Konzentrationslösung der Präsident eines Oberlandesgerichts als
zuständige Behörde bestimmt).[1]

Für Verwaltungsvereinbarungen und öffentlich-rechtliche Verträge ist grundsätzlich die Landesjustizverwaltung   **26**
selbst zuständig, da hier § 133 Abs 2 S 1 GBO unmittelbar gilt. Die Übertragungsmöglichkeit auf eine dazu
bestimmte Behörde gemäß § 81 Abs 1 Hs 2 und Abs 2 S 2 bezieht sich nur auf das Antragsverfahren (Rdn 17).

Die Landesjustizverwaltungen können jedoch auch für die Fälle der Verwaltungsvereinbarung oder des öffent-   **27**
lich-rechtlichen Vertrags die **Zuständigkeit** auf eine andere Behörde übertragen; hierfür genügt aber die

---

1   Eine aktuelle Zusammenstellung der jeweils zuständigen Stellen kann im Internet unter www.grundbuchportal.de abgerufen werden.

Übertragung im Verwaltungsweg in der jew dafür vorgeschriebenen Weise; einer Rechtsverordnung nach § 81 Abs 2 S 3 bedarf es hierfür nicht.

III. Geltungsbereich der Zulassung

28 Die Einrichtung des automatisierten Abrufverfahrens erfolgt grundsätzlich immer für den **Bezirk des Grundbuchamts**, für den sie begehrt wird. Dies ergibt sich aus § 81 Abs 2 S 2, in dem das »betreffende Grundbuchamt« genannt wird.

29 Nach Abs 3 S 1 kann die Genehmigung aber auch für **alle Grundbuchämter eines Landes** erteilt werden, bei denen die gesetzlichen Voraussetzungen vorliegen.

30 Die gesetzlichen Voraussetzungen liegen dann vor, wenn gemäß § 126 Abs 1 S 1 GBO iVm der dafür notwendigen Landesverordnung die Führung des Grundbuchs in maschineller Form angeordnet wurde.

31 Die Landesjustizverwaltungen wünschen in den Leitlinien (vgl Vor § 126 GBO Rdn 63, dort Nr 9.4 Abs 3), dass die Zulassung **immer für alle Grundbuchämter** eines Landes ausgesprochen wird, bei denen die gesetzlichen Voraussetzungen vorliegen.

32 Die Zulassung braucht sich auch nicht auf die Grundbuchämter zu beschränken, bei denen im Zeitpunkt der Genehmigung oder des Abschlusses der Verwaltungsvereinbarung oder des öffentlich-rechtlichen Vertrags die gesetzlichen Voraussetzungen vorliegen. Es würde einen bloßen Formalismus darstellen, wenn – beim späteren Hinzukommen weiterer Grundbuchämter – jew ein neuer Antrag bzw Begehren verlangt würde. Die Zulassung kann deshalb – wenn nicht besondere entgegenstehende Gründe vorliegen – auf alle – auch die später hinzukommenden – Grundbuchämter erstreckt werden, bei denen **jetzt** oder in **Zukunft** die gesetzlichen Voraussetzungen vorliegen.

33 Wegen der Auswirkungen einer Rechtsverordnung des Bundes gemäß § 133 Abs 7 S 3 GBO vgl § 133 GBO Rdn 67.

IV. Widerruf

1. Allgemeine Voraussetzungen für den Widerruf

34 Die Genehmigung ist gemäß § 133 Abs 3 S 1 zu **widerrufen**, wenn eine der in § 133 Abs 2 aufgeführten Voraussetzungen (vgl § 133 GBO Rdn 62) weggefallen ist.

35 Die Genehmigung kann ferner widerrufen werden, wenn die Anlage (des Abrufberechtigten) **missbräuchlich** benutzt worden ist (vgl § 133 GBO Rdn 63).

2. Widerruf im Antragsverfahren

36 Ist die Zulassung zum automatisierten Abrufverfahren durch Genehmigung iS des § 81 Abs 2 erfolgt (Rdn 13), so hat der Widerruf ebenfalls durch einen entsprechenden Bescheid zu erfolgen.

37 Zuständig ist gemäß § 81 Abs 4 S 1 die genehmigende Stelle (Rdn 24).

3. Widerruf durch Kündigung

38 Erfolgte die Zulassung durch Verwaltungsvereinbarung oder öffentlich-rechtlichen Vertrag, so hat der Widerruf gemäß § 133 Abs 3 S 3 GBO durch **Kündigung** zu erfolgen.

In den Fällen des § 133 Abs 3 S 1, also beim Wegfall der Zulassungsvoraussetzungen nach § 133 Abs 2 GBO (vgl § 133 GBO Rdn 62), ist die Kündigung gemäß § 133 Abs 3 S 4 GBO zwingend.

39 Bei missbräuchlicher Benutzung kann die Kündigung erfolgen; hier besteht also – ebenso wie beim Widerruf – ein Ermessensspielraum (§ 133 GBO Rdn 63).

4. Aussetzung der Genehmigung in besonderen Fällen

40 Wurde die Zulassung gemäß Abs 3 S 1 für alle Grundbuchämter eines Landes erteilt, so kann gemäß § 81 Abs 4 S 2 – auch schon vor Durchführung eines formellen Widerrufsverfahrens – bei einer Gefährdung von Grundbüchern die **Aussetzung der Genehmigung** erfolgen (siehe auch Rdn 44).

Die Vorschrift beschäftigt sich mit dem Fall, dass durch das Abrufverfahren eines Teilnehmers die Grundbücher gefährdet werden.

Vorstellbar ist hier theoretisch, dass durch missbräuchliche Benutzung nach § 133 Abs 3 S 2 GBO die Grundbuchbestände in ihrem Bestand oder ihrer Unverfälschtheit angegriffen werden oder dass missbräuchlich versucht wird, Grundbucheintragungen vorzunehmen, zu löschen oder zu verändern. Allerdings setzt eine derartige Vorgehensweise auch Mängel im Grundbuchsystem selbst voraus, da nach § 64 solche Manipulationen ausgeschlossen sein müssen. **41**

Vorstellbar ist auch, dass durch fehlerhafte Technik beim zugelassenen Benutzer, die den Grundsätzen der ordnungsgemäßen Datenverarbeitung gemäß § 133 Abs 2 S 3 Nr 2 GBO widerspricht – ohne dolose Absicht – die Grundbücher in ihrem Bestand gefährdet sind. Für eine Gefährdung wird es auch ausreichen, wenn die Bewirkung von Eintragungen gemäß §§ 74, 75 oder der Auskunftsbetrieb gemäß §§ 77 bis 79 gestört werden. In einem solchen Fall muss rasch gehandelt werden; es kann nicht abgewartet werden, bis das formelle Widerrufsverfahren durchgeführt oder die Kündigung erfolgt ist. **42**

Es ist deshalb zulässig, das Abrufverfahren in einem solchen Fall **auszusetzen**; diese Maßnahme kann durch **technisches Abschalten** des Teilnehmers sofort verwirklicht werden. **43**

Die **Aussetzung** bei Gefährdung der Grundbücher ist bei allen Formen der Zulassung möglich (Rdn 6), und zwar auch dann, wenn die Zulassung nur für ein Grundbuchamt ausgesprochen wurde. Die Vorschrift in Abs 4 S 2 regelt für den Fall, dass die Genehmigung für alle Grundbuchämter eines Landes erteilt wurde, lediglich die Zuständigkeit für die Aussetzung durch die für das einzelne Grundbuchamt, bei dem die Gefährdung zuerst bemerkt wurde, zuständige Stelle. Dadurch soll erreicht werden, dass etwa die Leitung des einzelnen Grundbuchamts sofort handeln kann, ohne dass erst die für die Genehmigung oder die Verwaltungsvereinbarung oder den öffentlich-rechtlichen Vertrag zuständige Stelle eingeschaltet werden muss. **44**

Bei einer Übertragung der Datenverarbeitung gemäß § 126 Abs 3 GBO auf eine andere Stelle ist auch diese zur Durchführung der Aussetzung befugt; diese Maßnahme wird aber der genehmigenden Stelle zugerechnet werden müssen. **45**

Die Anfechtung der Aussetzung regelt sich ebenfalls nach Verwaltungsverfahrensrecht. **46**

An die **Aussetzung** als vorläufiger Maßnahme hat sich in jedem Fall das **förmliche Widerrufsverfahren** (Rdn 34 bis 37) oder die **Kündigung** (Rdn 38, 39) anzuschließen. **47**

5. Benachrichtigung der Landesjustizverwaltungen

Nach § 81 Abs 4 S 2 sind die übrigen Landesjustizverwaltungen vom Widerruf und der Aussetzung unverzüglich zu unterrichten. **48**

Dadurch soll erreicht werden, dass hinsichtlich unsicherer und unzuverlässiger Teilnehmer am automatisierten Abrufverfahren auch in anderen Ländern die notwendigen Maßnahmen ergriffen werden können oder eine Zulassung abgelehnt werden kann. **49**

Wegen des Präventivcharakters dieser Vorschrift ist zu empfehlen, auch schon die Einleitung eines Widerrufverfahrens mitzuteilen. **50**

§ 82 Einrichtung der Verfahren

(1) Wird ein Abrufverfahren eingerichtet, so ist systemtechnisch sicherzustellen, daß Abrufe nur unter Verwendung eines geeigneten Codezeichens erfolgen können. Der berechtigten Stelle ist in der Genehmigung zur Auflage zu machen, dafür zu sorgen, daß das Codezeichen nur durch deren Leitung und berechtigte Mitarbeiter verwendet und mißbrauchssicher verwahrt wird. Die Genehmigungsbehörde kann geeignete Maßnahmen anordnen, wenn dies notwendig erscheint, um einen unbefugten Zugriff auf die Grundbuchdaten zu verhindern.

(2) Wird ein Abrufverfahren für den Fall eigener Berechtigung an einem Grundstück, einem grundstücksgleichen Recht oder einem Recht an einem solchen Recht, für den Fall der Zustimmung des Eigentümers oder für Maßnahmen der Zwangsvollstreckung eingerichtet (eingeschränktes Abrufverfahren), so ist der berechtigten Stelle in der Genehmigung zusätzlich zur Auflage zu machen, daß der einzelne Abruf nur unter Verwendung eines Codezeichens erfolgen darf, das die Art des Abrufs bezeichnet. Das zusätzliche Codezeichen kann mit dem Codezeichen für die Abrufberechtigung verbunden werden.

I. Allgemeines

1 Die grundlegende Vorschrift des § 133 GBO, in der das automatisierte Abrufverfahren begründet wird, kennt folgende **Arten des Abrufverfahrens:**
1. Nach § 133 Abs 2 S 2 GBO: Abrufverfahren für
   a) Gerichte,
   b) Behörden,
   c) Notare,
   d) öffentlich bestellte Vermessungsingenieure
   e) am Grundstück dinglich Berechtigte
   f) eine vom dinglich Berechtigten beauftragten Person oder Stelle sowie[1]
2. die maschinelle Bearbeitung von **Auskunftsanträgen** nach § 133 Abs 2 S 2 iVm Abs 4 S 1 GBO, zulässig nur, wenn
   a) der Eigentümer des Grundstücks zustimmt,
   b) bei Erbbau- und Gebäudegrundbüchern der Inhaber des Erbbaurechts oder des Gebäudeeigentums zustimmt,
   c) die Zwangsvollstreckung über das Grundstück, Erbbaurecht oder Gebäudeeigentum betrieben werden soll.

2 Für das Abrufverfahren nach oben Ziff 2 (Rdn 1) ist ferner Voraussetzung, dass die abrufende Person oder Stelle das Vorliegen der aufgeführten Umstände durch Verwendung entsprechender elektronischer Zeichen **versichert.**

3 § 82 legt fest, wie das Abrufverfahren bei den oben bezeichneten Sachverhalten eingerichtet wird. Entgegen der ursprünglichen Fassung des § 82 wurde die Vorschrift durch die VO vom 10.02.1999[2] in wesentlichen Teilen geändert. Stark vereinfacht wurden in Abs 1 die Regelungen über das Codezeichen; insbesondere ist die Zuteilung des Codezeichens weggefallen. Auch die früher vorgeschriebene (vorherige) Benennung der berechtigten Mitarbeiter gegenüber der genehmigenden Stelle entfiel; folgerichtig ist auch der Wechsel dieser Mitarbeiter nicht mehr mitzuteilen. Weggefallen ist auch die frühere Regelung im damaligen Abs 2 S 3–5, wonach die berechtigte Stelle die Abrufe zu protokollieren hat, wenn nicht das Grundbuchamt selbst alle Abrufe protokolliert. Durch die Neufassung des § 83 sind nunmehr alle Abrufe durch das Grundbuchamt zu protokollieren. Diese Vereinfachungen beruhen auf den zwischenzeitlich gewonnenen Erfahrungen in den Ländern, die das maschinell geführte Grundbuch einsetzen.

4 In Abs 2 S 1 wird der Begriff des »**eingeschränkten Abrufverfahrens**«, den die GBO nicht kennt, eingeführt.

5 Daraus lässt sich ableiten, dass zwischen dem
   a) **uneingeschränkten** Abrufverfahren und dem
   b) **eingeschränkten** Abrufverfahren

unterschieden werden kann (vgl dazu § 133 GBO Rdn 25 ff); wegen Gestaltung und Umfang vgl wegen des uneingeschränkten Abrufverfahrens § 133 GBO Rdn 26 bis 27, wegen des eingeschränkten Abrufverfahrens vgl § 133 GBO Rdn 28 bis 31.

II. Codezeichen für die Abrufberechtigung

6 (vgl auch § 133 GBO Rdn 50 bis 52)

1. Codezeichen zur Sicherstellung der Abrufberechtigung

7 § 82 Abs 1 S 1 schreibt vor, dass die **Berechtigung zur Benutzung** des Abrufverfahrens (§ 81 GBV Rdn 1 bis 3) dadurch systemtechnisch geprüft wird, dass der Abruf nur unter Verwendung eines geeigneten **Codezeichens** erfolgen kann.

---

1 Zum Wegfall der im Gesetzestext noch genannten Staatsbank Berlin vgl § 133 GBO Rdn 26.
2 BGBl I 1999, 147.

»**Systemtechnisch**« bedeutet, dass eine Prüfung durch zuständige Personen im Grundbuchamt nicht notwen- **8** dig ist, sondern dass die Berechtigungsprüfung durch die **Programme** des maschinell geführten Grundbuchs erfolgt. Die systemtechnische Sicherstellung dieser Funktion muss insb den Anforderungen des § 64 Abs 2 S 1 Nrn 1, 2, 3, 7, 8 (vgl § 64 GBV Rdn 7 ff) genügen, ferner den Anforderungen des § 65 Abs 2 (Sicherung gegen Hacking) (vgl § 65 GBV Rdn 21 bis 27).

2. Vergabe des Codezeichens

Das Codezeichen ist von der berechtigten Stelle selbst zu vergeben und mit Hilfe von Prozeduren, die von den **9** Programmen des maschinell geführten Grundbuchs vorgegeben werden, an das System mitzuteilen. »Geeignete Codezeichen« bedeutet, dass der Aufbau und die Struktur des Codezeichens (zB Zahl und Art der Zeichen) von den Programmen vorgegeben wird. Eine Zuteilung durch die genehmigende Stelle erfolgt nicht mehr. Verliert der Berechtigte das Codezeichen oder vergisst er es, so muss unter Beachtung der programmtechni- schen Regeln ein neues Codezeichen vergeben werden, da sonst eine Abfrage nicht möglich ist.

Codezeichen sind dann am sichersten, wenn sie niemandem außer dem Benutzer bekannt sind. Derartige **10** Regelungen bestehen etwa beim sog »Online-banking«, bei dem die kontoführenden Banken idR empfehlen, das zugeteilte Codezeichen (PIN-Nummer) sofort nach Zuteilung zu ändern. Ein Wechsel, der wesentlich zur Sicherheit des Codezeichens beiträgt, kann auch programmtechnisch erzwungen werden. Ebenso ist es zulässig und kann es zweckmäßig sein, innerhalb bestimmter zeitlicher Zyklen einen Wechsel des Codezeichens durch den Benutzer zu verlangen.

3. Verwendung des Codezeichens

Die Verantwortung für die Verwendung des Codezeichens liegt bei der berechtigten Stelle. **11**

Das Codezeichen darf gemäß Abs 1 S 2 nur von der Leitung der zugelassenen Stelle oder von bestimmten **12** berechtigten Mitarbeitern, die von der Leitung zu bestimmen sind, verwendet werden.

Das Codewort (auch das geänderte Codewort; Rdn 10) ist **missbrauchssicher** zu verwahren. Das bedeutet, **13** dass es unter Verschluss zu halten ist, keinem Unberechtigten zur Kenntnis gebracht werden darf und auch von den einzelnen Mitarbeitern verschlossen aufzubewahren ist. Es darf also nicht etwa zur leichteren Handhabung am Bildschirm befestigt werden.

Bei der systemtechnischen Gestaltung muss darauf geachtet werden, dass die allgemein übliche Handhabung **14** von Codewörtern, insb die **verdeckte Eingabe** am Bildschirm (keine Anzeige der eingegebenen Zeichen am Bildschirm) eingehalten wird.

Sinn dieser Regelungen ist, dass ein Abruf von Grundbuchdaten durch Unberechtigte verhindert werden soll. **15**

Beim **Wechsel von Mitarbeitern** ist es Sache der berechtigten Stelle, durch geeignete Maßnahmen einen **16** unbefugten Zugriff zu verhindern. Insbesondere kann die berechtigte Stelle ein neues Codewort ausgeben, wenn dies notwendig erscheint, um einen unbefugten Zugriff zu verhindern. Jedenfalls muss ausgeschlossen werden, dass ausgeschiedene Mitarbeiter in unberechtigter Weise Zugriff auf Grundbuchdaten nehmen.

IdR dürfte durch die Sicherungsmaßnahmen nach § 64 Abs 2 die Verwendung des Codezeichens von einer **17** anderen Stelle als von der EDV-Anlage der berechtigten Stelle aus nicht möglich sein, da auch die technischen Adressen dieser Anlagen im Grundbuchrechner gemäß § 64 Abs 2 S 1 Nrn 1, 8 verwaltet werden.

4. Maßnahmen der genehmigenden Behörde

Die genehmigende Behörde kann geeignete Maßnahmen anordnen, um einen unbefugten Zugriff zu verhin- **18** dern. Welche Maßnahmen ergriffen werden, liegt im Ermessen der Genehmigungsbehörde. Es kann sich dabei um einen Hinweis an die berechtigte Stelle handeln oder um die Aufforderung, neue Codezeichen zu verge- ben. Ebenso kommt eine Sperre des vom Berechtigten verwendeten Codewortes in Betracht. In schwerwie- genden Fällen kann auch die Genehmigung widerrufen, (§ 81 GBV Rdn 36), eine bestehende Verwaltungsver- einbarung oder ein öffentlich-rechtlicher Vertrag (§ 81 GBV Rdn 38) **gekündigt** oder die **Aussetzung** der Zulassung (§ 81 GBV Rdn 40) bis zur Behebung der Schwierigkeiten oder Ausräumung von bestehenden Bedenken verfügt werden. Außerdem kann die genehmigende Stelle den Zugang systemtechnisch gemäß § 64 Abs 2 S 1 Nrn 1 bis 3 **sperren** lassen.

III. Codezeichen zur Bezeichnung der Art des Abrufs

Beim **eingeschränkten Abrufverfahren** und nur bei diesem (Rdn 2) muss die **Art des einzelnen Abrufs** **19** (vgl Rdn 1) durch ein zusätzliches Codezeichen bezeichnet werden.

20 Dieses zusätzliche Codezeichen kann von der genehmigenden Stelle oder der von ihr beauftragten Stelle vorgesehen werden; es kann mit dem Codezeichen für die Abrufsberechtigung verbunden werden.

21 Zwingend notwendig ist dies aber nicht. Die bisher bekannt gewordenen maschinellen Grundbuchverfahren, insb das Verfahren SOLUM-STAR (vgl Vor § 126 GBO Rdn 30) haben die Eingabe dieses zusätzlichen Codezeichens so gelöst, dass dem Abrufer ein **Auswahlmenü** für die in Betracht kommenden Tatbestände angeboten wird. Durch Auswahl eines Menüpunktes wird dann das Codezeichen erzeugt und übertragen.

IV. Wegfall der Protokollierung durch den Berechtigten

22 In Abs 2 S 3–5 aF war angeordnet, dass der Berechtigte selbst alle Abläufe zu protokollieren hat, wenn nicht das Grundbuchamt dies tut. Seinerzeit musste das Grundbuchamt nur jeden zehnten Abruf protokollieren. Durch die Neufassung des § 83[3] ist nunmehr angeordnet, dass das Grundbuchamt stets alle Abrufe selbst protokollieren muss (§ 83 GBV Rdn 4). Folgerichtig ist die frühere Regelung in Abs 2 S 3–5, die die Protokollierung durch den Berechtigten selbst vorsah, entfallen.

§ 83   Abrufprotokollierung

(1) Die Rechtmäßigkeit der Abrufe durch einzelne Abrufberechtigte prüft das Grundbuchamt nur, wenn es dazu nach den konkreten Umständen Anlaß hat. Für die Kontrolle der Rechtmäßigkeit der Abrufe, für die Sicherstellung der ordnungsgemäßen Datenverarbeitung und für die Erhebung der Kosten durch die Justizverwaltung protokolliert das Grundbuchamt alle Abrufe. Das Grundbuchamt hält das Protokoll für Stichprobenverfahren durch die aufsichtsführenden Stellen bereit. Das Protokoll muß jeweils das Grundbuchamt, die Bezeichnung des Grundbuchblatts, die abrufende Person oder Stelle, deren Geschäfts- oder Aktenzeichen, den Zeitpunkt des Abrufs, die für die Durchführung des Abrufs verwendeten Daten sowie bei eingeschränktem Abrufverfahren auch eine Angabe über die Art der Abrufe ausweisen.

(2) Die protokollierten Daten dürfen nur für die in Absatz 1 Satz 2 genannten Zwecke verwendet werden. Ferner kann der Eigentümer des jeweils betroffenen Grundstücks oder der Inhaber des grundstücksgleichen Rechts auf der Grundlage der Protokolldaten Auskunft darüber verlangen, wer Daten abgerufen hat; bei eingeschränktem Abruf auch über die Art des Abrufs. Die protokollierten Daten sind durch geeignete Vorkehrungen gegen zweckfremde Nutzung und gegen sonstigen Mißbrauch zu schützen.

(3) Nach Ablauf des auf die Erstellung der Protokolle nächstfolgenden Kalenderjahres werden die nach Abs 1 Satz 2 gefertigten Protokolle vernichtet. Protokolle, die im Rahmen eines Stichprobenverfahrens den aufsichtsführenden Stellen zur Verfügung gestellt wurden, sind dort spätestens ein Jahr nach ihrem Eingang zu vernichten, sofern sie nicht für weitere bereits eingeleitete Prüfungen benötigt werden.

I. Allgemeines

1 Das automatisierte Abrufverfahren berechtigt – insbesondere (vgl § 80 GBV Rdn 8 ff) – zur Einsicht des Grundbuchs im Rahmen des § 12 GBO.

---

3 VO v 10.02.1999, BGBl I, 147.

Die **einzelne Einsicht** im Rahmen des automatisierten Abrufverfahrens wird aber durch das Grundbuchamt **2**
nicht mehr überprüft. Es muss deshalb auf andere Weise sichergestellt werden, dass die Grundbucheinsicht
nur dann erfolgt, wenn sie zulässig und rechtmäßig ist.

Das erfolgt durch folgende Maßnahmen: **3**
a) **Zulassungspflicht** für Teilnehmer im automatisierten Abrufverfahren (§ 81 GBV Rdn 1–4); keine freie
   Zugänglichkeit;
b) **Widerrufsmöglichkeit** bei missbräuchlicher Benutzung (§ 81 GBV Rdn 34 ff);
c) **Protokollierung** sämtlicher Abrufe durch das Grundbuchamt (§ 83 Abs 1 S 2; vgl Rdn 5);
d) **Überprüfungsmöglichkeit** durch die zuständige Stelle (Rdn 20 ff) und – bei Anlass – durch das Grundbuchamt (Abs 1 S 1; Rdn 24).

II. Protokollierungspflicht des Grundbuchamts

1. Protokollierung sämtlicher Abrufe

Die frühere Fassung des § 83 enthielt verhältnismäßig komplexe Regelungen über die Protokollierung der **4**
Abrufe (mindestens jeder zehnte Abruf), die mit den – früheren – Vorschriften in § 82 Abs 2 S 3 bis 5 aF
zusammenhingen, wonach die berechtigte Stelle ihre Abrufe selbst protokollieren musste, es sei denn, das
Grundbuchamt selbst protokollierte alle Abrufe. Diese Vorschrift ist durch die VO vom 10.02.1999[1] durchgreifend vereinfacht worden. Insbesondere wurde angeordnet, dass das Grundbuchamt selbst alle Abrufe zu protokollieren hat. Das Grundbuchamt ist deshalb nunmehr verpflichtet, alle Abrufe zu protokollieren. Folgerichtig
entfällt die früher nach § 82 Abs 2 S 5 aF vorgesehene Protokollierung in der eigenen EDV-Anlage des Berechtigten (s § 82 GBV Rdn 22).

2. Technische Form der Protokollierung

Die Protokollierung erfolgt durch **automatische Mitschrift** der Abrufe und der dazu eingegebenen Daten auf **5**
dazu geeigneten Datenträgern (Magnetplatte, Magnetband etc).

Das Datenverarbeitungssystem des Grundbuchamts muss in entsprechender Anwendung von § 64 Abs 2 Nrn 1, 4
dazu in der Lage sein, die Abrufe systemtechnisch festzuhalten, ohne dass es einer manuellen Protokollierung
bedarf, die zudem äußerst unrationell und wohl auch unzuverlässiger als die programmgesteuerte Protokollierung
wäre. Bei Übertragung der Datenverarbeitung auf eine andere Stelle gem § 126 Abs 3 GBO (vgl § 126 GBO
Rdn 86 ff) wird die Protokollierung technisch in der Datenverarbeitungsanlage der anderen Stelle erfolgen.

3. Inhalt und Gestaltung des Protokolls

Das Protokoll muss gem Abs 1 S 4 folgenden **Inhalt** haben: **6**
a) Grundbuchamt,
b) Grundbuchblatt,
c) abrufende Person oder Stelle,
d) Geschäfts- oder Aktenzeichen der abrufenden Stelle,
e) Zeitpunkt des Abrufs,
f) die für die Durchführung des Abrufs verwendeten Daten,
g) beim eingeschränkten Abrufverfahren ferner die Art des Abrufs.

Mit der VO vom 10.02.1999[2] wurde gegenüber der früheren Fassung vorgeschrieben, dass zusätzlich auch die
für die Durchführung des Abrufs verwendeten Daten aufzuzeichnen sind. Gemeint sind damit die Daten der
technischen Netzadresse der EDV-Anlage des Abrufenden und die eingegebenen Code-Zeichen gem § 82
Abs 1 S 1 und Abs 2 S 1.

Die Protokolle müssen so **sortiert** sein, dass der Überprüfungszweck erreicht werden kann. Es müssen deshalb **7**
die Abrufe einer Stelle (oder Person) zusammengefasst wiedergegeben werden. Eine Gestaltung des Protokolls
in der Weise, dass die Abrufe in chronologischer Reihenfolge ohne Rücksicht auf den Abrufenden wiedergegeben werden, wäre für die Überprüfung nicht geeignet.

Das Protokoll muss vielmehr wie folgt sortiert sein:
a) nach abrufenden Stellen,
b) nach abgerufenen Grundbuchblattnummern.

Diese Sortierung ist auch deshalb notwendig, um das dem Eigentümer nach Abs 2 S 2 zustehende Recht auf
Auskunft darüber, wer in sein Grundbuch Einsicht genommen hat, erfüllen zu können.

---

1 BGBl I 1999, 147.
2 BGBl I 1999, 147.

III. Verwendung des Protokolls

1. Verwendungszweck

8 Die Protokolle dürfen für folgende Zwecke verwendet werden:
a) Prüfung der Rechtmäßigkeit der Abrufe durch die Prüfungsstellen (vgl Rdn 18 ff);
b) Prüfung der Rechtmäßigkeit der Abrufe durch das Grundbuchamt (vgl Rdn 24);
c) Einsicht durch den Eigentümer (vgl Rdn 15 ff);
d) Erhebung der Kosten für das Abrufverfahren (vgl § 85 GBV Rdn 27, 28).

Die Protokolle dienen nur der **Überprüfung oder der Kostenberechnung.** Es sollen aber damit keinesfalls dauernde Dokumentationen angelegt werden, aus denen sich über Jahre hinweg ergibt, wer alles das Grundbuch im Wege des Abrufverfahrens eingesehen hat. Aus diesem Grund enthalten sowohl die GBO (vgl § 133 GBO Rdn 75 ff) als insb die GBV Regelungen darüber, wann die Protokolle zu **vernichten** sind (vgl Rdn 11 ff).

2. Wiedergabeform

9 Nach § 83 Abs 2 S 1 aF war das **Protokoll** zu **kopieren** oder **auszudrucken.** Diese Vorschrift ist weggefallen. Die Wiedergabe der Protokolle ist somit nach Zweckmäßigkeit zu gestalten und kann in folgender Weise geschehen:
a) Ausdruck in Form einer Liste auf Papier,
b) Kopieren der zum Zwecke der Protokollierung gespeicherten Daten auf Datenträger,
c) Kopieren der Daten durch Ausgabe auf Mikrofilm,
d) Übermittlung der Protokolldaten im Wege der Datenfernübertragung.

10 Der Regelfall wird bei der Übergabe an die Prüfungsstellen die Ausgabe auf Datenträger oder die Datenübermittlung im Leitungswege sein. Insoweit kommt es auf die Vereinbarungen zwischen dem Grundbuchamt und der prüfenden Stelle an. Bei Einsichtswünschen durch den Eigentümer (Rdn 15) wird der Ausdruck auf Papier zweckmäßig sein.

3. Zeitpunkt der Protokollausgabe und –vernichtung

11 § 133 GBO enthält keine näheren Regelungen über den Zeitpunkt, zu dem das Protokoll auszudrucken oder sonst auszugeben ist. Lediglich in § 133 Abs 5 S 2 2. Hs GBO wird ausgeführt, dass das Protokoll nach Ablauf des Jahres vernichtet werden kann.

12 § 83 Abs 1 S 3 idF der VO v 10.02.1999[3] vereinfacht die früheren Regelungen über den Zeitpunkt durchgreifend. Es wird nunmehr nur noch angeordnet, dass das Protokoll für **Stichprobenverfahren** durch die aufsichtführenden Stellen **bereitzuhalten** ist. Die in den Anfangsjahren des maschinell geführten Grundbuchs übliche Vorgehensweise, die dazu führte, dass den aufsichtführenden Stellen jährliche dicke Listenpakete mit den protokollierten Abrufen übermittelt wurden, hat sich nicht bewährt. Nunmehr kommt es auf die pflichtgemäße Aufgabenerfüllung der aufsichtführenden Stellen an, die das Protokoll als Hilfsmittel für ihre Überprüfungstätigkeit **anzufordern** haben. Das Gleiche gilt für die Überprüfung durch das Grundbuchamt bei konkretem Anlass.

13 Für Zwecke der **Gebührenberechnung** kann das Protokoll zu einem Zeitpunkt verwendet und in einer Form gebraucht werden, die die Erstellung von Kostenrechnungen für die zahlungspflichtigen Abrufer oder die Weitergabe an einen Abtretungsempfänger (§ 133 GBO Rdn 83) ermöglichen.

14 Für die **Vernichtung** gilt Folgendes:
a) Die Protokolle, die beim Grundbuchamt oder der Stelle nach § 126 Abs 3 GBO bereitgehalten werden (vgl Rdn 18) sind gemäß § 83 Abs 3 S 1 mit Ablauf des nächstfolgenden Kalenderjahres zu vernichten. Da die Protokolle in der Regel durch Speicherung der entsprechenden Daten geführt werden, erfolgt die Vernichtung in diesen Fällen durch Löschung der gespeicherten Daten, und zwar in einer Weise, dass eine Rekonstruktion nicht möglich ist.
b) Die an die Aufsichtsstellen gemäß § 83 Abs 1 S 3 übergebenen Protokolle sind dort nach Durchführung der Kontrolle, spätestens ein Jahr nach dem Eingang, zu vernichten, es sei denn, dass sie für weitere bereits eingeleitete Prüfungen benötigt werden. In diesem Fall können sie bis zum Abschluss der Prüfung aufbewahrt werden.

3 BGBl I 1999, 147.

4. Einsicht durch den Eigentümer

Gemäß § 133 Abs 5 S 2 GBO ist dem **Eigentümer** jederzeit Auskunft aus einem Protokoll zu geben, das über **15** die Abrufe zu führen ist. Nach § 83 Abs 1 S 3 und § 84 Abs 2 S 2 steht dem Eigentümer ein **Auskunftsrecht darüber** zu, wer Daten über sein Grundstück abgerufen hat; bei eingeschränktem Abruf auch über die Art des Abrufs. Auf diese Weise soll dem Eigentümer ermöglicht werden, bei etwaigen missbräuchlichen Abrufen dagegen vorzugehen und ggf Maßnahmen gegen den missbräuchlichen Abrufer zu ergreifen. Gegenüber der früheren Regelung, die von einer stichprobenweisen Protokollierung der Abrufdaten bzw einer Speicherung der Abrufdaten durch den Abrufenden selbst ausging, hat sich der Schutz des Eigentümers durch die nunmehr vorgeschriebene vollständige Protokollierung verbessert.

Der Auskunftsanspruch des Eigentümers begründet keine Verpflichtung des Grundbuchamts zur sofortigen **16** Auskunftserteilung. Es ist deshalb auch zulässig, das Protokoll bei einer anderen Stelle (insb bei der anderen Stelle nach § 126 Abs 3 GBO) vorzuhalten und auf Anforderung durch das einzelne Grundbuchamt, bei dem der Eigentümer sein Auskunftsbegehren vorbringt, die entsprechende Auskunft zu übermitteln. Es kann dem Eigentümer zugemutet werden, eine gewisse Wartezeit hinzunehmen.

Allerdings ist der in § 133 Abs 5 S 2 GBO begründete Auskunftsanspruch des Eigentümers nicht ganz schlüssig, **17** da er über die beim Grundbuchamt selbst getätigten Einsichten nach § 79 mangels Protokollierung keine Auskunft erhalten kann.

5. Übergabe an die Prüfungsstellen

§ 83 Abs 1 S 3 schreibt vor, dass das Protokoll für die **Prüfungsstellen bereitzuhalten** ist. Die **Anforderung 18** des Protokolls ist Aufgabe der Prüfungsstellen im Rahmen ihrer pflichtgemäßen Kontrolltätigkeit. Die Anforderung kann nur bis zum Ablauf des auf die Erstellung der Protokolle nächstfolgenden Jahres erfolgen, da dann die Vernichtung vorgeschrieben ist.

6. Aufgaben der Prüfungsstellen

Die **Prüfungsstellen** haben, wie Abs 1 S 1 klarstellt, nur die Aufgabe der **Stichprobenkontrolle**. **19**

Es wird nicht verlangt, dass die Prüfungsstellen eine vollständige **Kontrolle aller Abrufe** durchführen. Es wird auch nicht vorgeschrieben, welchen Umfang die Stichproben haben müssen. Stellt die aufsichtführende Stelle eine missbräuchliche Verwendung des Abrufverfahrens fest, so hat sie die nach dem jeweiligen Dienst- und Ordnungsrecht der berechtigten Stelle vorgesehenen Möglichkeiten; sie kann aber auch den Widerruf der Genehmigung nach § 81 Abs 4 bei der genehmigenden Stelle anregen.

7. Zuständigkeit der Prüfungsstellen

In Abs 3 S 1 aF waren die für die Überprüfung **zuständigen Stellen** zum Teil pauschal, zum Teil ausdrücklich **20** aufgeführt:
a) für Banken und Versicherungen das jeweilige **Bundesaufsichtsamt**,
b) bei Genossenschaften, die einer gesetzlichen Prüfpflicht durch einen **Prüfverband** unterliegen, dieser Verband,
c) sonst die für die Aufsicht über die Person oder Stelle zuständige Behörde, was sich nach dem einschlägigen Berufs- oder Standesrecht richtet.

Ist eine Aufsichtsstelle nicht vorhanden, so oblag die Prüfpflicht der **genehmigenden Stelle**.

In der neuen Fassung von Abs 1 S 3 wurde auf eine derartige Aufzählung verzichtet. Es ist nunmehr davon aus- **21** zugehen, dass bei öffentlichen Stellen die im Rahmen der Dienstaufsicht zuständigen Stellen auch die Recht-mäßigkeit der Abrufe zu kontrollieren haben.[4]

Bei nichtöffentlichen Stellen (oder Personen) obliegt die Pflicht zur stichprobenweisen Kontrolle der nach all- **22** gemeinen Bestimmungen zuständigen Aufsichtsstelle (Rdn 20) und gem § 133 Abs 5 GBO der nach § 38 BDSG zuständigen Aufsichtsbehörde, deren Bestimmung Sache der Länder ist.[5] Eine Reduzierung der Kontrollmöglichkeiten und -pflichten gegenüber der früheren Fassung von § 83 dürfte darin nicht liegen. Bereits nach Einführung des maschinell geführten Grundbuchs und des automatisierten Abrufverfahrens hat sich gezeigt, dass bei der Menge der Abrufe die Aufsichtsstellen nur zu Stichprobenkontrollen in der Lage sind. Insoweit hat sich durch die Neufassung von § 83 nichts geändert.

---

4 ZB bei Notaren der Präsident des Landgerichts (§ 92 BNotO).
5 In Sachsen wurden zB die Regierungspräsidien als zuständige Aufsichtsbehörde bestimmt (VO v 27.08.1991, SächsGVBl S 324).

23 Bei der Vielzahl der möglichen Teilnehmer am automatisierten Abrufverfahren kann es für die genehmigende Stelle schwierig sein, die jeweils zuständige Prüfstelle festzustellen.

Es kann sich deshalb empfehlen, schon bei der Antragstellung oder bei der Vorbereitung einer Verwaltungsvereinbarung eines öffentlich-rechtlichen Vertrags die genaue Angabe der Aufsichtsstelle zu verlangen.

8. Zuständigkeit des Grundbuchamts

24 Nach Abs 1 S 1 prüft das Grundbuchamt selbst die Rechtmäßigkeit nur, wenn nach den konkreten Umständen dazu Anlass besteht. Ein Anlass kann insbesondere der Hinweis eines Eigentümers auf einen missbräuchlichen Abruf sein (Rdn 15 ff). Dem Grundbuchamt stehen die gleichen Möglichkeiten – bis zur Anregung des Widerrufs durch die genehmigende Stelle (§ 81 GBV Rdn 34 ff) – zur Verfügung.

IV. Zusätzliche Kontrolle

25 Personen oder Stellen, die keiner Aufsichtspflicht unterliegen, oder die sich nur am eingeschränkten Abrufverfahren (vgl § 82 GBV Rdn 5) beteiligen, müssen sich einer **zusätzlichen Kontrolle** nach § 84 unterwerfen (vgl hierzu die Erläuterungen zu § 84).

§ 84 Kontrolle

Die berechtigte Person oder Stelle, die einer allgemeinen Aufsicht nicht unterliegt oder die zum eingeschränkten Abrufverfahren berechtigt ist, muß sich schriftlich bereit erklären, eine Kontrolle der Anlage und ihrer Benutzung durch die genehmigende Stelle zu dulden, auch wenn diese keinen konkreten Anlaß dafür hat. § 133 Abs 5 der Grundbuchordnung bleibt unberührt.

I. Allgemeines

1 **Personen** oder **Stellen**, die **keiner Aufsichtspflicht** unterliegen, oder die sich nur am **eingeschränkten Abrufverfahren** (vgl § 82 GBV Rdn 5) beteiligen, müssen sich einer **zusätzlichen Kontrolle** nach § 84 unterwerfen.

II. Kontrolle über Personen und Stellen, die keiner Aufsichtspflicht unterliegen

2 Eine Person oder Stelle, für die eine Aufsichtspflicht nicht besteht, muss sich – zusätzlich zu der Prüfung des Protokolls durch die genehmigende Stelle – mit einer **allgemeinen Kontrolle** der EDV-Anlage, über die das Abrufverfahren abgewickelt wird, einschließlich der darauf ablaufenden Programme einverstanden erklären. Betreibt der Berechtigte weitere EDV-Systeme, die mit dem Abrufverfahren nicht in Verbindung stehen, so erstreckt sich die Kontrolle darauf nicht.

3 Ferner muss sich der Berechtigte auch mit einer **Kontrolle der »Benutzung«** einverstanden erklären. Darunter ist die gesamte Handhabung des Abrufverfahrens, insb die ordnungsgemäße Verwaltung der Codewörter (vgl § 82 GBV Rdn 11 ff), und die Anwendung des Abrufverfahrens nur in den Fällen, in denen ein berechtigtes Interesse nach § 12 GBO vorliegt, zu verstehen.

4 Dieser Kontrolle muss sich der Berechtigte **schriftlich** unterwerfen. Es ist zweckmäßig, eine derartige Erklärung schon bei der Antragstellung zu verlangen.

5 Eines besonderen Anlasses für die Kontrolle bedarf es nicht.

III. Kontrolle über Teilnehmer am eingeschränkten automatisierten Abrufverfahren

6 Für bestimmte Teilnehmer besteht nur die Möglichkeit, am **eingeschränkten** automatisierten Abrufverfahren teilzunehmen (vgl § 82 GBV Rdn 1).

Für diese Personen oder Stellen besteht die gleiche Unterwerfungspflicht unter die zusätzliche Kontrolle gemäß Rdn 2, 3. Sie unterliegen somit – neben der allgemeinen Protokollierungspflicht – ebenfalls dieser **zusätzlichen Kontrolle**.

Diese Maßnahme ist gerechtfertigt, da die Teilnehmer am eingeschränkten automatisierten Abrufverfahren – anders als die Teilnehmer am uneingeschränkten automatisierten Abrufverfahren – keine Personen oder Stellen mit Aufgaben aus dem Bereich der öffentlichen Verwaltung und Rechtspflege sind.

IV. Zuständigkeit

Zuständigkeit für die Kontrolle nach § 84 ist die **genehmigende Stelle** (§ 81 GBV Rdn 24 ff). **7**

§ 85   Entgelte, Gebühren

(1) **Für die Einrichtung und Nutzung des automatisierten Abrufverfahrens werden von dem Empfänger für die Einrichtung eine einmalige Einrichtungsgebühr und für die Nutzung eine monatlich fällig werdende Grundgebühr sowie Abrufgebühren erhoben. Die Abrufgebühren sind zu berechnen**
1. bei dem Abruf von Daten aus dem Grundbuch für jeden Abruf aus einem Grundbuchblatt,
2. bei dem Abruf von Daten aus Verzeichnissen nach § 12a der Grundbuchordnung für jeden einzelnen Suchvorgang.

(2) **Wird eine Vereinbarung zwischen der zuständigen Behörde der Landesjustizverwaltung und dem Empfänger über die Einrichtung und Nutzung geschlossen, so ist ein Entgelt zu verabreden, das sich an dem Umfang der im Falle einer Genehmigung anfallenden Gebühren ausrichtet. Mit Stellen der öffentlichen Verwaltung können abweichende Vereinbarungen geschlossen werden.**

(2 a) **§ 8 der Justizverwaltungskostenordnung ist anzuwenden.**

(3) **Die Höhe der in Abs 1 bestimmten Gebühren wird durch besondere Rechtsverordnung des Bundesministeriums der Justiz mit Zustimmung des Bundesrates festgelegt.**

I. Allgemeines

Für die Erteilung von **Ausdrucken** aus dem maschinell geführten Grundbuch gelten die Gebührenvorschriften für die Erteilung von Abschriften (vgl § 131 GBO Rdn 28). **1**

Die **Einsicht** in das Grundbuch, die gemäß § 79 beim Grundbuchamt verlangt und bewilligt wird, ist gebührenfrei. **2**

Für das **automatisierte Abrufverfahren** sieht § 133 Abs 8 GBO vor, dass durch Rechtsverordnung des Bundesministers der Justiz (mit Zustimmung des Bundesrats) Gebühren für die Einrichtung und Nutzung des automatisierten Abrufverfahrens festgelegt werden können. **3**

Nach § 133 Abs 8 S 2 sind die Gebührensätze so zu bemessen, dass der mit der Einrichtung und der Nutzung des automatisierten Abrufverfahrens verbundene Personal- und Sachaufwand gedeckt wird; außerdem kann daneben die Bedeutung, der wirtschaftliche Wert oder der sonstige Nutzen für den Begünstigten angemessen berücksichtigt werden (vgl § 133 GBO Rdn 79). **4**

Auf dieser Grundlage ist das Bundesministerium der Justiz in zwei Stufen vorgegangen. **5**

Zunächst wurde in § 85 bestimmt, welche **Arten von Gebühren** zu erheben sind (Rdn 8).

In § 85 Abs 3 ist bezüglich der Höhe der Gebühren eine **weitere Verordnungsermächtigung** für das Bundesministerium der Justiz begründet worden. Diese weitere Verordnungsermächtigung wurde durch die **Grundbuchabrufverfahrengebührenverordnung** vom 30.11.1994, geänd durch die 2. EDVGB-ÄndV (vgl Vor § 61 GBV Rdn 8) ausgefüllt (vgl § 133 GBO Rdn 81). Diese ist im Anschluss an diese Kommentierung unter Rdn 40 abgedruckt.

6 Auf längere Frist wird anzustreben sein, diese Gebührenvorschriften in die Justizverwaltungskostenordnung aufzunehmen.

7 Auf die Erläuterungen zu § 133 GBO Rdn 79 ff wird im Übrigen verwiesen.

II. Gebührenarten

1. Allgemeines

8 Nach § 85 Abs 1 S 1 sind im automatisierten Abrufverfahren **dreierlei Arten** von Gebühren zu erheben, nämlich:
a) eine einmalige **Einrichtungsgebühr**,
b) eine monatlich fällig werdende **Grundgebühr** und
c) **Abrufgebühren.**

Die **Gebühren** werden grundsätzlich nur für den Fall der Genehmigung nach § 81 Abs 1 angesetzt; im Übrigen ist ein **Entgelt** zu vereinbaren (Rdn 29 bis 37).

2. Einrichtungsgebühr

9 Für die Zulassung zum automatisierten Abrufverfahren gemäß § 81 Abs 1 wird eine einmalige Einrichtungsgebühr erhoben.

10 Mit dieser Gebühr soll insbesondere der Verwaltungsaufwand allgemein abgegolten werden, der für die Prüfung des Zulassungsantrags anfällt. Ebenso abgegolten ist damit der Aufwand für die Prüfung der technischen Voraussetzungen beim Abrufberechtigten (vgl § 81 GBV Rdn 21).

11 Für diese Einzeltätigkeiten der genehmigenden Stelle dürfen somit keine besonderen Gebühren, auch keine Auslagen, erhoben werden.

12 Die Einrichtungsgebühr fällt für jede Zulassung nach § 81 Abs 1 an. Beantragt der Teilnehmer den Anschluss bei mehreren Grundbuchämtern gesondert oder nacheinander, so fällt die Einrichtungsgebühr jedesmal neu an.

Die Einrichtungsgebühr wird aber nur einmal erhoben, wenn die Grundbuchblätter der betreffenden Grundbuchämter auf einer gemeinsamen Datenverarbeitungsanlage geführt werden (s die im Anhang abgedruckte GBAbVfV (Rdn 40) § 1 S 3).

13 Die Zulassung kann aber von vornherein für sämtliche Grundbuchämter eines Landes begehrt und zugestanden werden (vgl § 81 GBV Rdn 29 bis 33). Dann fällt die Einrichtungsgebühr auch nur einmal an.

14 Beantragt der Teilnehmer die Zulassung in mehreren Ländern, so wird die Einrichtungsgebühr in jedem Land fällig, da die Zulassung nicht über ein Land hinaus ausgesprochen werden kann (§ 81 GBV Rdn 29). Dies gilt nicht, wenn sich mehrere Länder gemeinsamer technischer Einrichtungen bedienen, etwa eines gemeinsamen Rechenzentrums nach § 126 Abs 3 (vgl § 126 GBO Rdn 86 ff).

15 Die Einrichtungsgebühr beträgt derzeit 500,- EURO (vgl § 133 GBO Rdn 81).

3. Grundgebühr

16 Neben der einmaligen Einrichtungsgebühr hat der Teilnehmer am automatisierten Abrufverfahren eine monatliche **Grundgebühr** zu entrichten. Die Grundgebühr soll vor allem den Aufwand für die laufende Bereithaltung der Grundbuchdaten und für die Erstellung der Protokolle nach § 83 abgelten.

17 Die Grundgebühr fällt für jeden Abrufberechtigten nur einmal an. Auch wenn nacheinander die Zulassung bei verschiedenen Grundbuchämtern verlangt und bewilligt wird (Rdn 12), stellt das Abrufverfahren innerhalb eines Landes anschließend doch ein einheitliches Verfahren dar, für das die Grundgebühr monatlich nur einmal zu erheben ist. Voraussetzung ist aber, dass die Grundbuchblätter der betreffenden Grundbuchämter auf einer **gemeinsamen Datenverarbeitungsanlage** geführt werden.

18 Die monatliche Grundgebühr beträgt derzeit 50,- EURO (vgl § 133 GBO Rdn 81).

4. Abrufgebühren

Bei der Einrichtungsgebühr (Rdn 9) und der Grundgebühr (Rdn 16) handelt es sich um Pauschalgebühren, die **19** ohne Rücksicht auf die tatsächliche Nutzung anfallen. Die **Abrufgebühren** werden dagegen nach der Zahl der tatsächlich vorgenommenen Abrufe berechnet.

Dabei wird gemäß Abs 1 S 2 Nr 1 und 2 zwischen folgenden Abrufen unterschieden:

a) Abruf von Daten aus dem Grundbuch. Für jeden Abruf aus dem Grundbuch wird die Abrufgebühr **20** erhoben. Die Abrufgebühr fällt somit jedesmal an, wenn im Abrufverfahren ein Grundbuchblatt aufgerufen und dessen Inhalt an den Empfänger übertragen wird. Ob der Empfänger dann gemäß § 80 tatsächlich das Grundbuch einsieht (§ 80 GBV Rdn 8), Abdrucke anfertigt (§ 80 GBV Rdn 11) oder die Daten weiterverarbeitet (§ 80 GBV Rdn 14), spielt für die Fälligkeit der Gebühr keine Rolle. Maßgebend ist der Abruf und die Übertragung an den Empfänger.

Die Abrufgebühr beträgt pro Abruf derzeit 5,- EURO (vgl § 133 GBO Rdn 81). **21**

Die **Grundbuchabrufverfahrengebührenverordnung** (vgl Anh zu § 85) enthält eine Modifizierung der **22** Abrufgebühr. Wird nämlich vom gleichen Berechtigten das gleiche Grundbuchblatt innerhalb eines Zeitraums von sechs Monaten in ein- und derselben Angelegenheit mehrmals abgerufen, so wird für jeden Abruf eine ermäßigte Gebühr von 2,50 EURO erhoben.

Ob die gleiche Angelegenheit vorliegt, kann aus dem gemäß § 83 Abs 1 S 2 einzugebenden Akten- oder Geschäftszeichen entnommen werden, da die Protokolle auch für die Kostenermittlung herangezogen werden können (vgl Rdn 28).

b) Abruf von Daten aus Verzeichnissen gemäß § 12a GBO. Gemäß § 12a Abs 1 S 1 GBO kann das **23** Grundbuchamt folgende Verzeichnisse führen:

Eigentümerverzeichnis (vgl § 12a GBO Rdn 5),

Grundstücksverzeichnis (vgl § 12a GBO Rdn 9), sowie

weitere für die Führung des Grundbuchs erforderliche Verzeichnisse

Als weiteres Verzeichnis kommt insb das Verzeichnis der unerledigten Eintragungsanträge in Betracht (vgl § 12a GBO Rdn 11 bis 13; vgl auch § 126 GBO Rdn 56 ff).

Für jeden **Abruf** aus einem **Verzeichnis** fällt eine Gebühr von 2,50 EURO, an. **24**

Eine Ermäßigung bei mehrmaligem Abruf innerhalb eines bestimmten Zeitraums in der gleichen Angelegen- **25** heit ist hier nicht vorgesehen.

Wird das Liegenschaftskataster gemäß § 12a Abs 2 GBO als Eigentümer- oder Grundstücksverzeichnis verwen- **26** det, so fallen die Gebühren auch für den Abruf aus dem Liegenschaftskataster an; sie sind von der Justizverwaltung einzuheben.

5. Verfahren zur Erhebung der Gebühren

Die Erhebung der Einrichtungsgebühr (Rdn 9) und der monatlichen Grundgebühr (Rdn 16) bereitet keine **27** besonderen Schwierigkeiten; sie können von der zuständigen Stelle aufgrund der Zulassung ermittelt und angesetzt werden.

Einen erheblich größeren Aufwand kann die Feststellung der Abrufgebühren und die Feststellung der privilegierten Kostentatbestände für den Abruf in der gleichen Sache erforderlich machen.

Schon bisher bestanden keine Bedenken dagegen, die nach § 83 zu führenden **Protokolle** über die getätigten **28** Abrufe auch für den Kostenansatz zu nutzen und entsprechend auszuwerten. Durch die Neufassung des § 83 Abs 1 ist dies nunmehr auch formell zugelassen (§ 83 GBV Rdn 8).

III. Vereinbarung eines Entgelts

1. Allgemeines

Wird mit dem Empfänger eine Verwaltungsvereinbarung oder ein öffentlich-rechtlicher Vertrag über die Ein- **29** richtung des automatisierten Abrufverfahrens geschlossen (§ 81 GBV Rdn 7, 12), so können an sich auch Vereinbarungen über das für die Nutzung des Abrufverfahrens zu entrichtende **Entgelt** geschlossen werden.

§ 85 Abs 2 S 2 stellt klar, dass die Gebühren nur für den Fall, dass die Zulassung durch Genehmigung (§ 81 **30** GBV Rdn 6, 13) erfolgt, zu erheben sind.

Engel

2. Vereinbarungen mit Personen oder Stellen, die nicht zur öffentlichen Verwaltung gehören

31 Erfolgt die Zulassung durch **öffentlich-rechtlichen Vertrag** (§ 81 GBV Rdn 6, 12), so ist bezüglich des zu vereinbarenden Entgelts § 85 Abs 2 S 1 zu beachten. Danach muss sich das Entgelt an dem Umfang der im Falle der Genehmigung zu erhebenden Gebühren ausrichten.

Es dürfen als Entgelt also nur Beträge vereinbart werden, die im Ergebnis auch bei der Zulassung durch Genehmigung als Gebühren anfallen würden. Auf diese Weise soll verhindert werden, dass bestimmte Personen oder Stellen Gebührenvorteile erlangen, die ihnen zB einen Wettbewerbsvorteil verschaffen könnten (Beispiel: Rabattregelungen für Notare, die besonders häufig das maschinell geführte Grundbuch abrufen). Es soll an dem Grundsatz der Gleichbehandlung der Teilnehmer festgehalten werden, und zwar ohne Rücksicht auf die Form der Zulassung. Allerdings erscheint es zulässig, zB von der Erhebung der monatlichen Grundgebühr abzusehen und dafür die Gebühren für den einzelnen Abruf entsprechend zu erhöhen. Insbesondere bei berechtigten Stellen, die nicht allzu häufig Abrufe zu tätigen haben, könnte eine derartige Regelung zweckmäßig sein.

3. Vereinbarungen mit Stellen der öffentlichen Verwaltung

32 Anders ist die Situation bei **Vereinbarungen** mit Stellen der **öffentlichen Verwaltung**.

33 An sich unterliegen Stellen der öffentlichen Verwaltung, wozu gemäß § 81 Abs 1 Gerichte und Behörden zu zählen sind, der gleichen Gebührenpflicht wie alle anderen zugelassenen Teilnehmer.

Das ergibt sich daraus, dass durch § 133 Abs 8 GBO iVm § 85 eine besondere Gebührenpflicht begründet wurde, für die die allgemeinen Vorschriften der Kostengesetze nicht gelten.

34 § 85 Abs 2 S 2 eröffnet aber für die Stellen der öffentlichen Verwaltung, bei denen die Zulassung durch Verwaltungsvereinbarung (§ 81 GBV Rdn 7 ff) erfolgt, gemäß § 85 Abs 2 S 2 bezüglich des Entgelts die Möglichkeit, auch abweichende Vereinbarungen zu schließen.

35 Im Wege der abweichenden Vereinbarung kann ein geringeres Entgelt vereinbart werden; es kann auch von einem Entgelt ganz abgesehen werden.

36 Zur Klarstellung hat die 2. EDVGB-ÄndV (vgl Vor § 61 GBV Rdn 8) in § 85 folgenden Abs 2a eingefügt: »§ 8 der Justizverwaltungskostenordnung ist anzuwenden.«

§ 8 JVKostO regelt die **Gebührenfreiheit** für öffentliche Körperschaften. Der ebenfalls durch die 2. EDVGB-ÄndV neu eingefügte § 106 stellt klar, dass diese Regelung auch auf frühere Genehmigungen oder Vereinbarungen anzuwenden ist.

37 Erfolgt die Zulassung von Stellen im **eigenen Geschäftsbereich** der Landesjustizverwaltung durch Verwaltungsanordnung und nicht durch Verwaltungsvereinbarung (vgl § 81 GBV Rdn 10), so kann die Landesjustizverwaltung in gleicher Weise, wie dies bei einer Verwaltungsvereinbarung möglich wäre, veränderte Entgelte festsetzen oder auch von einem Entgelt ganz absehen.

IV. Abtretbarkeit der Gebühren

38 Nach § 133 Abs 8 S 3 GBO können die Gebühren für das automatisierte Abrufverfahren **abgetreten** werden, und zwar auch für die Zukunft (vgl § 133 GBO Rdn 83).

Da nach § 85 Abs 2 die zu vereinbarenden Entgelte den Gebühren gleichgestellt werden, gilt die Abtretbarkeit auch für diese Entgelte.

V. Abrufverfahrengebührenverordnung

39 Von der Ermächtigung in § 85 Abs 3 hat das Bundesministerium der Justiz durch die Verordnung vom 30.11.1994, geänd durch die 2. EDVGB-ÄndV (vgl Vor § 61 GBV Rdn 8), Gebrauch gemacht.

Der Wortlaut dieser Verordnung ist im Folgenden unter Rdn 40 abgedruckt.

VI. Anhang GBAbVfV

40 **Verordnung des Bundesministeriums der Justiz über Grundbuchabrufverfahrensgebühren (GBAbVfV)**

vom 30.11.1994, BGBl I S 3585, geänd durch die 2. EDVGB-ÄndV vom 11.07.1997, BGBl I S 1808, sowie durch das KostREuroUG vom 27.04.2001, BGBl I, S 751

§ 1 Gebührenhöhe

Von den nach § 85 Abs 1 S 1 der Grundbuchverfügung zu erhebenden Gebühren betragen
1. die Einrichtungsgebühr 500 Euro;
2. die Grundgebühr 50 Euro für jeden vollen Kalendermonat, in dem das Abrufverfahren eingerichtet ist; bei kürzeren Zeiträumen ist die Gebühr anteilig zu erheben;

3. die Abrufgebühren
a) bei jedem Abruf von Daten aus einem Grundbuchblatt (§ 85 Abs 1 S 2 Nr 1 der Grundbuchverfügung) 5 Euro,
b) bei dem Abruf von Daten aus Verzeichnissen nach § 12a der Grundbuchordnung (§ 85 Abs 1 S 2 Nr 2 der Grundbuchverfügung) 2,50 Euro für jeden einzelnen Suchvorgang.

Ruft ein Teilnehmer in einer Angelegenheit innerhalb von sechs Monaten mehrmals Daten aus demselben Grundbuchblatt ab, so ermäßigt sich die Abrufgebühr für Folgeabrufe auf jeweils 2,50 Euro.

Die Einrichtungsgebühr wird nur einmal und die Grundgebühr monatlich nur einmal erhoben, wenn die Grundbuchblätter der betreffenden Grundbuchämter auf einer gemeinsamen Datenverarbeitungsanlage in maschineller Form geführt werden.

§ 2 Gebührenschuldner

Gebührenschuldner ist derjenige, dem die Einrichtung eines automatisierten Abrufverfahrens nach § 133 der Grundbuchordnung genehmigt worden ist (Empfänger).

§ 3 Fälligkeit

Die Gebühren werden wie folgt fällig:
1. die Einrichtungsgebühr nach Herstellung des Anschlusses;
2. die monatliche Grundgebühr am 15. des jeweiligen Monats; wird das Abrufverfahren nach dem 15. eines Monats eingerichtet, wird die erste Gebühr mit der Einrichtung fällig;
3. die Abrufgebühren am 15. des auf den Abruf folgenden Monats.

§ 4 Erhebung der Gebühren

Für die Erhebung der Gebühren durch die Landesjustizverwaltung gelten im Übrigen § 7 Abs 2 und 3 und § 14 der Justizverwaltungskostenordnung.

§ 5 Überleitungsregelung

§ 1 Satz 3 ist auch auf Genehmigungen und Vereinbarungen anzuwenden, die vor dem 23.07.1997 erlassen oder abgeschlossen worden sind.

Unterabschnitt 6
Zusammenarbeit mit den katasterführenden Stellen und Versorgungsunternehmen

§ 86 Zusammenarbeit mit den katasterführenden Stellen

(1) Soweit das amtliche Verzeichnis (§ 2 Abs 2 der Grundbuchordnung) maschinell geführt wird und durch Rechtsverordnung nach § 127 der Grundbuchordnung nichts anderes bestimmt ist, kann das Grundbuchamt die aus dem amtlichen Verzeichnis für die Führung des Grundbuchs benötigten Daten aus dem Liegenschaftskataster anfordern, soweit dies nach den katasterrechtlichen Vorschriften zulässig ist.

(2) Soweit das Grundbuch maschinell geführt wird, dürfen die für die Führung des amtlichen Verzeichnisses zuständigen Behörden die für die Führung des automatisierten amtlichen Verzeichnisses benötigten Angaben aus dem Bestandsverzeichnis und der ersten Abteilung anfordern.

(3) Die Anforderung nach den Absätzen 1 und 2 bedarf keiner besonderen Genehmigung oder Vereinbarung. Auf Ersuchen der Flurbereinigungsbehörde, der Umlegungsstelle, der Bodensonderungsbehörde, der nach § 53 Abs 3 und 4 des Landwirtschaftsanpassungsgesetzes zuständigen Stelle oder des Amtes oder Landesamtes zur Regelung offener Vermögensfragen übermittelt das Grundbuchamt diesen Behörden die für die Durchführung eines Bodenordnungsverfahrens erforderlichen Daten aus dem Grundbuch über die im Plangebiet belegenen Grundstücke, Erbbaurechte und dinglichen Nutzungsrechte. Bei Fortführungen der Pläne durch diese Behörden gelten Absatz 1 und Satz 1 entsprechend.

(4) Die Übermittlung der Daten kann in den Fällen der vorstehenden Absätze auch im automatisierten Verfahren erfolgen.

I. Allgemeines

1   § 127 GBO stellt die grundlegende Vorschrift für die **besonders enge Zusammenarbeit** zwischen dem **Grundbuch** und dem amtlichen Verzeichnis nach § 2 Abs 2 GBO, dem **Liegenschaftskataster**, dar, die auch als **Integration** bezeichnet wird.

2   Da derzeit nicht abzusehen ist, ob und wann die Länder oder alle Länder von den weitgehenden Möglichkeiten nach § 127 GBO Gebrauch machen werden, eröffnet § 86 daneben Möglichkeiten der Zusammenarbeit zwischen Grundbuch und Liegenschaftskataster, die als **Vorstufe der Integration** einzuordnen sind und vor allem dazu dienen sollen, den aufwändigen gegenseitigen Mitteilungsdienst zu vereinfachen, der zur Erhaltung der Übereinstimmung zwischen Grundbuch und Liegenschaftskataster notwendig ist. Diese Vorstufe der eigentlichen Integration, wie sie in § 127 GBO beschrieben ist, wird in § 86 als »Zusammenarbeit mit den katasterführenden Stellen« bezeichnet.

3   Außerdem werden – in Abs 3 – Erleichterungen für die Verfahrensweise bei **Bodenordnungsverfahren** eröffnet.

4   Eine Übersicht über die mit der Integration von Grundbuch und Liegenschaftskataster verbundenen Fragen ist im Übrigen in den Erläuterungen zu § 127 GBO enthalten.

II. Technische Voraussetzungen für die Zusammenarbeit

1. Liegenschaftskataster

5   Abs 1 bezeichnet zunächst die **technischen Voraussetzungen**, die auf der Seite des Liegenschaftskatasters vorhanden sein müssen, um die Zusammenarbeit nach § 86 praktizieren zu können. Das Liegenschaftskataster muss nämlich ebenfalls als **automatisierte Datei** (vgl § 127 GBO Rdn 3) geführt werden. In den meisten Ländern der Bundesrepublik ist dies zumindest für das **Buchwerk** (das Liegenschaftskataster besteht aus Buchwerk und Kartenwerk) der Fall.

2. Grundbuch

6   Auch das **Grundbuch** muss **maschinell geführt** werden, um die Möglichkeiten der verbesserten Zusammenarbeit nach § 86 nutzen zu können. Dies ergibt sich an sich schon aus der Stellung des § 86 im Abschn XIII, wird aber in Abs 2 ausdrücklich klargestellt.

3. Technische Abwicklung

7   Die Zusammenarbeit nach Abs 1 und 2 kann in unterschiedlichen technischen Formen erfolgen.

8   Der Regelfall wird die **Datenübertragung** über Telekommunikationsverbindungen sein, die auch **periodisch** mit angesammelten Daten (zB am Ende jeden Arbeitstages) durchgeführt werden kann.

9   Denkbar ist aber auch eine **Datenübermittlung** durch Übergabe von **Datenträgern** (Magnetplatte, Magnetband, Diskette). Letztere Möglichkeit kann bei der Datenübergabe nach Abs 3 von praktischer Bedeutung sein.

III. Ausgestaltung der Zusammenarbeit

1. Vorhandene Vorstufen

10 Die in Abs 1 und 2 beschriebenen Möglichkeiten werden – zumindest teilweise – bereits in Bayern, Sachsen und in Thüringen praktiziert.

Dort wird so vorgegangen, dass auf den Datenverarbeitungsanlagen der Grundbuchämter, die auch schon für die Führung des Papiergrundbuchs eingesetzt wurden (vgl Vor § 126 GBO Rdn 10 bis 12), eine Kopie des Liegenschaftskatasters (Buchwerk) mitgeführt wird, aus der bei Bedarf mittels entsprechender Programmfunktio-

nen Angaben für das Bestandsverzeichnis übernommen werden können, sodass beim Grundbuchamt eine
nochmalige Eingabe dieser Daten entbehrlich ist.

Umgekehrt werden die durch das Liegenschaftskataster benötigten Änderungen im Grundbuch, und zwar im   **11**
Bestandsverzeichnis und in der ersten Abt, ebenfalls in die Kopie des Liegenschaftskatasters eingegeben und
dann automatisch (jeweils am Ende des Arbeitstages) in das Original des Liegenschaftskatasters bei der katasterführenden Stelle übermittelt.

2. Anforderung von Daten aus dem Liegenschaftskataster in das Grundbuch

§ 86 Abs 1 lässt nunmehr ausdrücklich zu, dass das Grundbuchamt aus dem maschinell geführten Liegenschafts-   **12**
kataster **Daten anfordert**, die für die **Grundbuchführung** benötigt werden.

In erster Linie wird es sich dabei um Angaben handeln, die gemäß § 6 in das **Bestandsverzeichnis** eingetragen   **13**
werden müssen. In Betracht kommt diese Übernahme etwa bei Grundstücksteilungen oder Grundstücksvereinigungen oder bei Beschriebsänderungen. Zulässig ist aber auch die Übernahme sonstiger Angaben aus dem
Liegenschaftskataster, zB die dort nachrichtlich mitgeführten Eigentümerdaten. Das kann dann praktikabel sein,
wenn etwa auf einem neuen Grundbuchblatt eine Person als Eigentümer einzutragen ist, die im Liegenschaftskataster bereits bei einem anderen Grundstück vermerkt ist.

Von besonderer Bedeutung ist in diesem Zusammenhang die Bestimmung in § 86 Abs 4, wonach die Übertra-   **14**
gung der Daten im **automatisierten Verfahren**, also ohne manuellen Eingriff durch Ablauf dafür erstellter
Programmprozeduren erfolgen kann.

3. Anforderungen von Grundbuchdaten für das Liegenschaftskataster

Umgekehrt können auch die katasterführenden Stellen aus dem maschinell geführten Grundbuch die für die   **15**
Führung des Liegenschaftskatasters benötigten Angaben aus dem **Bestandsverzeichnis** und der **ersten Abt**
anfordern, und zwar ebenfalls – gemäß Abs 4 – im **automatisierten Verfahren**. Dadurch kann das Mitteilungswesen vom Grundbuch an das Liegenschaftskataster wesentlich vereinfacht werden.

4. Keine Genehmigung

§ 81 Abs 3 S 1 stellt klar, dass es für die Übermittlung der Daten (Rdn 8, 9) keiner besonderen Genehmigung   **16**
oder Vereinbarung zwischen den beteiligten Stellen bedarf.

Abgesprochen werden müssen natürlich die technischen Einzelheiten und Vorkehrungen. Ein formelles Verfah-   **17**
ren, durch das die Zulässigkeit der Datenübernahme geregelt würde, ist aber nicht notwendig.

IV. Zusammenarbeit mit den Bodenordnungsbehörden

§ 86 Abs 3 S 2 erleichtert die Zusammenarbeit mit den für **Bodenordnungsverfahren** zuständigen Stellen.   **18**
Bei diesen Verfahren, die in der erwähnten Vorschrift aufgezählt sind, wird das amtliche Verzeichnis gemäß § 2
Abs 2 GBO durch die verschiedenen Bodenordnungsverfahren ersetzt, und zwar für die Dauer des Verfahrens.

Bereits bisher besteht in diesen Verfahren eine Mitteilungspflicht der Grundbuchämter. Nunmehr kann das   **19**
Grundbuchamt **alle erforderlichen Angaben** aus dem Grundbuch ebenfalls in EDV -mäßiger Form im **automatisierten Verfahren** übermitteln.

Die Datenübernahme ist dabei **nicht beschränkt** auf die Angaben im **Bestandsverzeichnis** und in der **ers-**   **20**
ten Abt; Abs 3 enthält vielmehr die in Abs 2 bezeichnete Beschränkung nicht. Abs 3 S 1 spricht vielmehr ausdrücklich von den »**für die Durchführung eines Bodenordnungsverfahrens notwendigen Angaben** aus
dem Grundbuch der im Plangebiet belegenen Grundstücke, Erbbaurechte und dinglichen Nutzungsrechte«.
Übermittelt werden können deshalb auch Eintragungen aus der zweiten und dritten Abt. Für die Bodenordnungsbehörden ist das von besonderer Bedeutung, da häufig auch eine Neuverteilung von Belastungen stattfinden muss.

Die Bodenordnungsbehörden dürfen diese für sie notwendigen Angaben auch für die Dauer des Bodenord-   **21**
nungsverfahrens **speichern** und mit Hilfe ihrer eigenen Datenverarbeitungsverfahren bearbeiten. Diese Befugnis besteht während der gesamten Dauer des Bodenordnungsverfahrens. Erst nach Abschluss der einschlägigen
Verfahren erlischt die Befugnis zur Speicherung; die Daten müssen dann gelöscht werden.

Nach Abs 3 S 2 kann das Grundbuchamt bei Fortführung der Pläne durch die Bodenordnungsbehörden die –   **22**
veränderten – Daten nach den Bestimmungen des Abs 1 wieder – und zwar gemäß Abs 4 im automatisierten
Verfahren – in das Grundbuch übernehmen. Insb wird dies bei Abschluss des Verfahrens der Fall sein, wenn das
Ergebnis – idR im Wege der Grundbuchberichtigung – zu übernehmen ist. Auch dafür ist durch die Verweisung in Abs 3 S 3 auf Abs 3 S 1 klargestellt, dass es dafür einer besonderen Genehmigung nicht bedarf.

§ 86a   Zusammenarbeit mit Versorgungsunternehmen

(1) Unternehmen, die Anlagen zur Fortleitung von Elektrizität, Gas, Fernwärme, Wasser oder Abwasser oder Telekommunikationsanlagen betreiben (Versorgungsunternehmen), kann die Einsicht in das Grundbuch in allgemeiner Form auch für sämtliche Grundstücke eines Grundbuchamtsbezirks durch das Grundbuchamt gestattet werden, wenn sie ein berechtigtes Interesse an der Einsicht darlegen.

(2) Soweit die Grundbuchblätter, in die ein Versorgungsunternehmen auf Grund einer Genehmigung nach Absatz 1 Einsicht nehmen darf, maschinell geführt werden, darf das Unternehmen die benötigten Angaben aus dem Grundbuch anfordern. Die Übermittlung kann auch im automatisierten Verfahren erfolgen. Die Einzelheiten dieses Verfahrens legt die in § 81 Abs 2 bestimmte Stelle fest.

1 § 86a wurde durch die 2. EDVGB-ÄndV (vgl Vor § 61 GBV Rdn 8) eingefügt.

2 Unterabschnitt 6 des Abschn XIII regelte in § 86 bisher nur die generelle Übermittlung von Grundbuchdaten an Katasterbehörden und Bodenordnungsbehörden, und zwar auch im automatisierten Verfahren.

3 Ein ähnliches Verfahren ist aber auch für Versorgungsunternehmen notwendig, die in einem vergleichbaren Sammelverfahren Grundbuchdaten überprüfen müssen, um ihre Rechte aus den Verordnungen über die allgemeinen Versorgungstarife wahrnehmen zu können. Dies soll mit dem neuen § 86a ermöglicht werden.

4 Abs 1 bestimmt, dass Versorgungsunternehmen die Einsicht auch allgemein genehmigt werden kann. Dies betrifft Unternehmen, die Anlagen zur Fortleitung von Elektrizität, Gas, Fernwärme, Wasser oder Abwasser oder Telekommunikationsanlagen betreiben. Voraussetzung für die Genehmigung ist, dass ein berechtigtes Interesse besteht, und zwar nicht nur an der Einsicht in das einzelne Grundbuch, sondern auch an der gleichzeitigen Genehmigung einer Einsicht in eine Vielzahl von Grundbüchern oder in sämtliche Grundbücher eines Grundbuchamtsbezirks. Dies ist bei den Versorgungsunternehmen im Allgemeinen anzunehmen, weil sie nur so rationell ihre Rechte prüfen können. Da die Voraussetzungen allerdings für jedes einzelne Grundstück bejaht werden müssen, kann es sich im Einzelfall anbieten, die Genehmigung auch nur gemarkungs- bzw grundbuchbezirksweise zu beantragen. Auch dies ist zulässig.

5 Die Darlegung des berechtigten Interesses erfolgt nach den Regeln des § 12 GBO. Es wird nicht notwendig sein, im Antrag alle einzelnen betroffenen Grundbücher auszuführen. Es kann zB genügen, die das Einsichtsbedürfnis auslösende Versorgungsleitung (zB »Gasleitung von A nach B«) und die berührten Grundbuchbezirke anzugeben.

6 Abs 2 sieht vor, dass eine allgemeine Genehmigung nach Abs 1 bei maschineller Führung von Grundbüchern auch in maschineller Form umgesetzt werden kann. Dazu fordert das Unternehmen die Daten unter Bezugnahme auf die allgemeine Genehmigung an. Die technische Abwicklung der Anforderung ist in § 86a nicht vorgeschrieben. Zweckmäßigerweise wird sie in der Form des automatisierten Abrufverfahrens nach § 133 GBO und §§ 80 ff GBV vorgenommen werden, schon um technischen Aufwand für eine weitere Sonderform der Abrufe zu vermeiden. Zulässig erscheint auch die technische Abwicklung in der Weise, dass die Gestattung nach § 86a als »Darlegungserklärung« gemäß § 82 Abs 2 S 1 (vgl § 82 GBV Rdn 19) beim einzelnen Abruf kenntlich gemacht wird.

7 Aus dem Zusammenhang des Unterabschn 6 ist zu schließen, dass es einer Überprüfung der Abrufe nicht bedarf. Die gemäß Abs 2 S 3 zuständige Stelle kann aber bei der Festlegung der Einzelheiten auch anordnen, dass die Abrufe in der in § 83 Abs 1 vorgesehenen Weise protokolliert werden (vgl § 83 GBV Rdn 4 ff).

8 Zuständig für die Festlegung der Einzelheiten der Abwicklung des Verfahrens ist die gemäß § 81 Abs 2 für die Genehmigung des automatisierten Abrufverfahrens berufene Stelle (vgl § 81 GBV Rdn 24 ff). Die allgemeine Genehmigung durch das zuständige Grundbuchamt nach Abs 1 ist vor der Genehmigung des Abrufverfahrens einzuholen und zweckmäßigerweise mit dem Antrag auf Zulassung zum automatisierten Abrufverfahren vorzulegen.

Unterabschnitt 7
Hypotheken-, Grundschuld- und Rentenschuldbriefe

§ 87   Erteilung von Briefen

**Hypotheken-, Grundschuld- und Rentenschuldbriefe für in dem maschinell geführten Grundbuch
eingetragene Rechte müssen abweichend von § 56 Abs 1 Satz 2 der Grundbuchordnung nicht unterschrieben und mit einem Siegel oder Stempel versehen werden, wenn sie maschinell hergestellt
werden. Sie tragen dann anstelle der Unterschrift den Namen des Bediensteten, der die Herstellung
des Briefes veranlaßt hat, und den Vermerk »Maschinell hergestellt und ohne Unterschrift gültig«.
Der Brief muß mit dem Aufdruck des Siegels oder Stempels des Grundbuchamts versehen sein oder
werden. § 50 ist nicht anzuwenden; die Zusammengehörigkeit der Blätter des Briefs oder der Briefe
ist in geeigneter Weise sichtbar zu machen.**

Die Vorschrift regelt die Erteilung von **Hypotheken-, Grundschuld- und Rentenschuldbriefen** beim
maschinell geführten Grundbuch. 1

Die Grundsätze der Brieferteilung bleiben auch beim maschinell geführten Grundbuch unberührt. 2

Erleichtert wird aber die Ausstellung der Briefe; hier finden die Regeln Anwendung, die zB auch für den 3
amtlichen Ausdruck gemäß § 78 festgelegt wurden. Das bedeutet, dass Hypotheken-, Grundschuld- und Rentenschuldbriefe **nicht unterschrieben** und auch nicht mit einem **Siegel** oder Stempel versehen werden müssen (s aber Rdn 5), wenn sie maschinell hergestellt werden. Unter »maschineller Herstellung« ist zu verstehen,
dass die Briefe mit dem Programm des maschinell geführten Grundbuchs, idR auch unter Verwendung der bei
der Grundbucheintragung eingegebenen und abgespeicherten Eintragungsdaten angefertigt werden. Die entsprechenden Programme müssen alle Anforderungen nach § 64 erfüllen (vgl § 64 GBV Rdn 7 bis 27).

Anstelle der Unterschrift haben sie dann lediglich den **Namen** des Bediensteten, der die Herstellung des Brie- 4
fes veranlasst hat, zu enthalten. Dieser Name kann programmgesteuert – ausgelöst etwa durch die Benutzerken-
nung gemäß § 64 Abs 2 S 1 Nrn 1 bis 3 – auf dem Ausdruck des Briefes angegeben werden. Außerdem muss
der Vermerk »maschinell hergestellt und ohne Unterschrift gültig« angebracht sein.

Auf dem Brief muss ferner das **Siegel** oder der Stempel des Grundbuchamts erscheinen. Dieser Aufdruck des 5
Siegels oder Stempels kann technisch in verschiedener Weise erfolgen. Es ist möglich, den Aufdruck bereits im
Vordruck vorzusehen oder ihn auf dem Drucker bei der Herstellung des Briefes mit auszudrucken (vgl hierzu
§ 131 GBO Rdn 14).

Ob der Name des Grundbuchamts im Siegel oder Stempel erscheinen muss, richtet sich nach den landesrechtli- 6
chen Bestimmungen bzw Verwaltungsbestimmungen des einzelnen Landes (vgl § 131 GBO Rdn 15).

Eine **Überprüfung** der ausgedruckten Briefe ist – ebenso wenig wie beim Ausdruck oder amtlichen Ausdruck 7
nach § 78 – **nicht notwendig**. Die Tatsache, dass der Brief mit dem Inhalt der Grundbucheintragungen übereinstimmt, ergibt sich aus den Anforderungen an die Sicherheit der Programme (vgl hierzu § 78 GBV Rdn 27).

S 4 wurde durch die 2. EDVGB-ÄndV (vgl Vor § 61 GBV Rdn 8) angefügt, und zwar aus folgendem Grund: 8
An sich müsste nach § 50 die Verbindung mit Schnur und Siegel erfolgen. Dies ist aber bei maschineller Herstellung der Briefe nicht zweckmäßig.

Die Verbindung muss deshalb in anderer Weise dokumentiert werden, zB durch Angabe der Grundbuchblattnummer und der Gesamtzahl der Seiten auf jeder Seite.

§ 88   Verfahren bei Schuldurkunden

**Abweichend von § 58 und § 61 Abs 2 Satz 3 der Grundbuchordnung muß ein Brief nicht mit einer
für die Forderung ausgestellten Urkunde, Ausfertigung oder einem Auszug der Urkunde verbunden
werden, wenn er maschinell hergestellt wird. In diesem Fall muß er den Aufdruck »Nicht ohne Vorlage der Urkunde für die Forderung gültig« enthalten.**

1 Grundgedanke dieser Vorschrift ist, dass das verhältnismäßig umständliche Verfahren, das in § 58 und § 61 Abs 2 S 3 GBO für das Papiergrundbuch vorgesehen ist, beim maschinell geführten Grundbuch vereinfacht werden soll.

2 Der Verordnungsgeber geht davon aus, dass im Zuge der Bewirkung der Eintragungen in das maschinelle Grundbuch auch die Briefe auf maschinelle Weise hergestellt werden (vgl § 87 GBV Rdn 3). Die **Verbindung** dieses maschinell erzeugten Briefes mit der **Schuldurkunde** wäre für einen rationellen Arbeitsablauf störend. Dies gilt insb auch dann, wenn die Briefe gemäß § 126 Abs 3 GBO zentral hergestellt werden.

§ 88 S 1 schreibt deshalb vor, dass es der Verbindung mit der Schuldurkunde bei maschineller Brieferstellung nicht bedarf.

Die Wirkungen des Hypotheken- und Rentenschuldbriefes treten aber nur dann ein, wenn die Schuldurkunde mit vorgelegt wird. Deshalb sieht § 88 S 2 vor, dass der Brief den Aufdruck »nicht ohne Vorlage der Urkunde für die Forderung gültig« enthalten muss. Der Benutzer des Briefes wird dadurch darauf aufmerksam gemacht, dass Brief und Urkunde sozusagen eine Einheit bilden und stets gemeinsam vorgelegt werden müssen, auch wenn sie nicht physisch miteinander verbunden sind.

Das Gleiche gilt nach dem früheren S 3 der Vorschrift für die Brieferteilung über ein Gesamtrecht. Auch hier ist eine Verbindung der Briefe nicht notwendig.

Durch die 2. EDVGB-ÄndV (vgl Vor § 61 GBV Rdn 8) wurde S 3 gestrichen, da die Anfügung von S 4 an § 87 (vgl § 87 GBV Rdn 8) bereits allgemein regelt, dass es einer Verbindung der Briefe nicht bedarf.

§ 89   Ergänzungen des Briefes

Bei einem maschinell hergestellten Brief für ein im maschinell geführten Grundbuch eingetragenes Recht können die in §§ 48 und 49 vorgesehenen Ergänzungen auch in der Weise erfolgen, daß ein entsprechend ergänzter neuer Brief erteilt wird. Dies gilt auch, wenn der zu ergänzende Brief nicht nach den Vorschriften dieses Abschnitts hergestellt worden ist. Der bisherige Brief ist einzuziehen und unbrauchbar zu machen. Sofern mit dem Brief eine Urkunde verbunden ist, ist diese zu lösen und dem Antragsteller zurückzugeben.

1 Die gleichen Grundgedanken wie bei den §§ 87 und 88 gelten auch für **Ergänzungen des Briefes**. Es wäre ein mit den Arbeitsabläufen im maschinellen Grundbuch nicht zu vereinbarender Aufwand, wenn die Anheftung von Ergänzungsblättern notwendig wäre. Deshalb lässt § 89 S 1 zu, dass jeweils ein neuer Brief, der auch die Ergänzungen enthält, erteilt wird. Für den neuen Brief gelten dann insb die Vorschriften des § 87 (vgl § 87 GBV Rdn 3 bis 7).

2 Auch wenn der frühere Brief noch nach den Vorschriften für das Papiergrundbuch hergestellt worden ist, kann gemäß § 2 ein ergänzter neuer Brief nach den Vorschriften des § 87 erteilt werden.

Der **bisherige Brief** ist dann aber gemäß S 3 in jedem Fall **einzuziehen** und **unbrauchbar** zu machen. Falls mit dem bisherigen Brief eine Urkunde verbunden ist, muss sie gemäß S 4 von dem einzuziehenden und unbrauchbar zu machenden Brief gelöst und dem Antragsteller zurückgegeben werden.

Unterabschnitt 8
Schlussbestimmungen

§ 90   Datenverarbeitung im Auftrag

Die Bestimmungen dieser Verordnung gelten für die Verarbeitung von Grundbuchdaten durch eine andere Stelle im Auftrag des Grundbuchamts sinngemäß. Hierbei soll sichergestellt sein, daß die Eintragung in das maschinell geführte Grundbuch und die Auskunft hieraus nur erfolgt, wenn sie von dem zuständigen Grundbuchamt verfügt wurde oder nach § 133 der Grundbuchordnung oder den Unterabschnitten 5 und 6 zulässig ist.

I. Allgemeines

§ 90 bezieht sich auf die Vorschrift des § 126 Abs 3 GBO und ergänzt diese.   **1**

§ 126 Abs 3 lässt zu, dass die **Datenverarbeitung im Auftrag** des nach § 1 GBO zuständigen Grundbuchamts   **2**
auf den Anlagen einer anderen staatlichen Stelle oder auf den Anlagen einer juristischen Person des öffentlichen
Rechts vorgenommen werden kann, wenn die ordnungsgemäße Erledigung der Grundbuchsachen sichergestellt ist (vgl § 126 GBO Rdn 86 ff).

Unter Datenverarbeitung iS des § 126 Abs 3 GBO ist vor allem die Führung des Datenspeichers gemäß § 126   **3**
Abs 1 S 2 Nr 2 GBO iVm § 62 zu verstehen, in den die Grundbucheintragungen gemäß § 129 Abs 1 GBO aufgenommen werden.

Neben der Führung des Datenspeichers kann dieser Stelle auch alles übrige übertragen werden, was unter den   **4**
Begriff der Datenverarbeitung gehört. Darunter fallen insb alle Funktionen iS des § 64 Abs 2.

Voraussetzung der Übertragung nach § 126 Abs 3 GBO ist die **Beibehaltung der Zuständigkeit** für die   **5**
Führung des Grundbuchs durch das zuständige **Grundbuchamt**. Nur **technische Hilfsfunktionen**, wie eben
die Führung des Datenspeichers und die damit zusammenhängenden datentechnischen Tätigkeiten, die unter
den Begriff der Datenverarbeitung fallen, können auf eine andere Stelle übertragen werden. Diese Stelle hat
keine eigene gerichtliche Zuständigkeit; sie ist **reine Dienstleistungseinrichtung** für das zuständige Grundbuchamt. § 90 Abs 1 stellt klar, dass auch bei einer Übertragung der Datenverarbeitung auf eine andere Stelle
die Bestimmungen der Grundbuchverfügung gelten.

§ 90 S 2 legt fest, dass Eintragungen in das maschinell geführte Grundbuch und die Auskunft hieraus nur durch   **6**
das zuständige Grundbuchamt verfügt werden dürfen. Das Gleiche gilt für das automatisierte Abrufverfahren
nach § 133 GBO und die Zusammenarbeit mit den Katasterbehörden nach § 86.

II. Geltung der GBV für die andere Stelle nach § 126 Abs 3 GBO

§ 90 stellt klar, dass die **Grundbuchverfügung** auch bei einer **Übertragung** der Datenverarbeitung auf eine   **7**
andere Stelle sinngemäß **gilt**.

Bereits aus § 126 Abs 3 Hs 2 GBO (»ordnungsgemäße Erledigung der Grundbuchsachen«) ergibt sich, dass die   **8**
Grundbuchverfügung anzuwenden ist, denn nur auf diese Weise kann eine ordnungsgemäße Erledigung der
Grundbuchsachen erfolgen. § 90 stellt diese Geltung ausdrücklich klar.

Insb bedeutet das, dass die Vorschriften der §§ 64 bis 66 für die Datenverarbeitung durch eine andere Stelle
unmittelbar anzuwenden sind. Soweit darin dem Grundbuchamt Aufgaben **datentechnischer Art** übertragen
werden (z B in § 66 Abs 2 die Aufbewahrung der Sicherungsdatenträger), muss die **andere Stelle** diese Bestimmungen einhalten.

Die **Verantwortung** für das Vorliegen der Voraussetzungen nach § 64 Abs 1 S 3 bleibt bei der **Landesjustiz-**   **9**
verwaltung (vgl § 64 GBV Rdn 28 bis 33).

III. Grundbuchführung nur durch das Grundbuchamt

1. Eintragungen

§ 90 S 2 stellt klar, dass **Eintragungen** nur erfolgen dürfen, wenn sie vom **zuständigen Grundbuchamt** ver-   **10**
fügt wurde. Gemeint ist damit auch die Verantwortung für die **Veranlassung** der Eintragung durch die für die
Führung des maschinell geführten Grundbuchs zuständige Person gemäß § 74 Abs 1 S 1. Unter Veranlassung
wird verstanden, dass die zuständige Person die Grundbuchdaten eingibt und auch die Abspeicherung im
Datenspeicher nach § 62 auslöst.

Auch für den Fall des § 90 S 2 gilt § 74 Abs 1 S 2, wonach es einer besonderen Verfügung nicht bedarf. § 90   **11**
S 2 ist also nicht so auszulegen, dass es im Falle einer Übertragung der Datenverarbeitung immer einer Verfügung bedürfte; es genügt vielmehr auch hier die **Veranlassung**. Allerdings ist anstelle der Verfügung dann nach
§ 130 S 2 GBO der Veranlasser aktenkundig oder sonst feststellbar zu machen (vgl § 130 GBO Rdn 12).

12 Als Eintragung ist auch die **Freigabe** des angelegten maschinell geführten Grundbuchs nach § 71 anzusehen. Auch das ist eine Tätigkeit, die ausschließlich dem Grundbuchamt vorbehalten ist; das ergibt sich schon aus § 67 S 1.

2. Auskunft aus dem Grundbuch

13 § 90 S 2 bestimmt ferner, dass auch die **Auskunft** aus dem maschinell geführten Grundbuch im Falle der Übertragung nach § 126 Abs 3 GBO nur erfolgen kann, wenn sie von dem zuständigen Grundbuchamt verfügt wurde.

In Betracht kommen hier folgende Fälle:
a) Gewährung der **Grundbucheinsicht** beim Grundbuchamt gemäß § 79 Abs 1;
b) Gewährung der **Einsicht** für ein von einem **anderen** Grundbuchamt geführtes Grundbuchblatt nach § 79 Abs 3;
c) Erteilung von **Ausdrucken** aus dem maschinell geführten Grundbuch nach § 78.

14 Zulässig ist allerdings, dass das zuständige Grundbuchamt lediglich die Herstellung des **Ausdrucks** nach § 78 durch entsprechende Dateneingabe veranlasst, der Ausdruck selbst aber dann in der Stelle, der die Datenverarbeitung übertragen wurde, hergestellt und auch zum Versand gebracht wird. Die Veranlassung einer derartigen Ausdruckserstellung ist eine Verfügung des zuständigen Grundbuchamts und erfüllt die Voraussetzungen des § 90 S 2.

3. Automatisiertes Abrufverfahren

15 Die technische Gestaltung des **automatisierten Abrufverfahrens** nach § 133 GBO und Abschn XIII Unterabschnitt 5 der GBV (§§ 80 bis 85) kann in der Weise erfolgen, dass die zum Abrufverfahren zugelassenen Stellen (§ 133 GBO Rdn 25 ff) unmittelbar an die Stelle nach § 126 Abs 3 GBO angeschlossen werden und über diesen Anschluss auch die Grundbücher **mehrerer Grundbuchämter** einsehen können, wenn ihnen hierfür nach § 81 Abs 3 S 1 die Genehmigung erteilt wurde.

16 Voraussetzung für die Zulässigkeit des Abrufverfahrens ist die Genehmigung nach § 133 Abs 2 S 1 GBO iVm § 81 Abs 1. Nur dann darf die Auskunftserteilung im Wege des Abrufverfahrens über die andere Stelle erfolgen. Die andere Stelle hat **keinerlei selbständige Befugnis**, Teilnehmern den Anschluss an das Abrufverfahren zu gestatten.

4. Zusammenarbeit mit den katasterführenden Stellen

17 Auch der nach § 86 zulässige Datenaustausch zwischen Grundbuchamt und katasterführender Stelle kann über die beauftragte Stelle nach § 126 Abs 3 abgewickelt werden.

Diese Datenübermittlung darf von der beauftragten Stelle nur vorgenommen werden, wenn die Voraussetzungen des Unterabschn 6 (§ 86) vorliegen.

§ 91   Behandlung von Verweisungen, Löschungen

Sonderregelungen in den §§ 54 bis 60 dieser Verordnung, in der Wohnungsgrundbuchverfügung und in der Gebäudegrundbuchverfügung gehen auch dann den allgemeinen Regelungen vor, wenn auf die §§ 1 bis 53 in den §§ 61 bis 89 verwiesen wird. Soweit nach den in Satz 1 genannten Vorschriften Unterstreichungen, Durchkreuzungen oder ähnliche Kennzeichnungen in rot vorzunehmen sind, können sie in dem maschinell geführten Grundbuch schwarz dargestellt werden.

I. Verweisungstechnik

1 § 91 enthält Besonderheiten in der **Verweisungstechnik**.

Durch die 2. EDVBG-ÄndV (vgl Vor § 61 GBV Rdn 8) wurde vor § 91 die Überschrift »Behandlung von Verweisungen, Löschungen« eingefügt.

Abschn XIII verweist im Grundsatz immer auf die allgemeinen Vorschriften der Grundbuchverfügung. In verschiedenen Bereichen wie etwa dem Wohnungsgrundbuchs, des Erbbaugrundbuchs oder des Gebäudegrundbuchs gibt es bundesrechtliche oder landesrechtliche Sondervorschriften. Soweit solche bestehen, sind nach S 1 zunächst diese und erst dann die allgemeinen Bestimmungen anzuwenden.[1]

---

1 Vgl BT-Drucksache 12/5553, Beschlussempfehlung und Bericht des Rechtsausschusses vom 24. November 1993, S 275.

Engel

So verweist etwa § 76 hinsichtlich der äußeren Form der Wiedergabe einer Eintragung auf den Abschn III. **2**
Bezüglich des Erbbaugrundbuchs enthalten aber die §§ 54 bis 60 zum Teil abweichende Regelungen, die sich
aus der besonderen Rechtsnatur des Erbbaurechts ergeben. Gemäß § 91 S 1 ist § 76 so zu lesen, dass zunächst
die Sondervorschriften über die Wiedergabe von Eintragungen in §§ 55 bis 57 und erst dann die allgemeinen
Vorschriften des Abschn III zu beachten sind.

Als weiteres Beispiel wird auf § 63 hingewiesen. Dort werden die Vordrucke nach der Grundbuchverfügung **3**
und der Wohnungsgrundbuchverfügung als maßgebend für die Art und Weise der Sichtbarmachung auf dem
Bildschirm und dem Ausdruck bezeichnet. Beim Gebäudegrundbuch ist gemäß § 91 S 1 aber zunächst die
Gebäudegrundbuchverfügung heranzuziehen, die ihrerseits in § 3 Abs 1 auf die Vorschriften über das Erbbaurecht verweist, soweit nichts Abweichendes bestimmt ist.

II. Darstellung von Rötungen

An sich ist es nach dem heutigen Stand der Computertechnik möglich, auch farbige Kennzeichnungen auf dem **4**
Bildschirm darzustellen, oder – mit Hilfe entsprechender Farbdrucker – auch auf den Ausdrucken wiederzugeben. Der Kostenaufwand hierfür wäre aber – insb bei den Druckern – höher als bei den im Bürobetrieb bisher
allgemein üblichen Druckern, die Zeichen und sonstige Kennzeichnungen nur **schwarz** wiedergeben.

Eine ähnliche Regelung enthält auch bereits § 101 Abs 2 S 2; dort ist die Umstellung auf das Loseblattgrund- **5**
buch im Wege der Fotokopie geregelt. Auch dabei dürfen **Rötungen schwarz** wiedergegeben werden.

§ 92 Ersetzung von Grundbuchdaten, Ersatzgrundbuch

**(1) Kann das maschinell geführte Grundbuch (§ 62 Satz 1) ganz oder teilweise auf Dauer nicht mehr
in lesbarer Form wiedergegeben werden, so ist es wiederherzustellen. Sein Inhalt kann unter Zuhilfenahme aller geeigneten Unterlagen ermittelt werden. Für das Verfahren gilt im übrigen in allen
Ländern die Verordnung über die Wiederherstellung zerstörter oder abhanden gekommener
Grundbücher und Urkunden in ihrer im Bundesgesetzblatt Teil III, Gliederungsnummer 315-11-4,
veröffentlichten bereinigten Fassung.**

**(2) Für die Anlegung und Führung des Ersatzgrundbuchs (§ 141 Abs 2 Satz 1 der Grundbuchord-
nung) gelten die Bestimmungen dieser Verordnung, die Wohnungsgrundbuchverfügung und die in
§ 144 Abs 1 Nr 4 der Grundbuchordnung bezeichneten Vorschriften sinngemäß. Das Ersatzgrundbuch entspricht dem Muster der Anlage 2b dieser Verordnung, jedoch lautet der in der Aufschrift
anzubringende Vermerk »Dieses Blatt ist als Ersatzgrundbuch an die Stelle des maschinell geführten Blattes von ... Band ... Blatt ... getreten. Eingetragen am ...«. Dies gilt für Erbbaugrundbücher,
Wohnungs- und Teileigentumsgrundbücher sowie Gebäudegrundbücher entsprechend.**

I. Allgemeines

§ 92 regelt folgende Sachverhalte: **1**
a) **Wiederherstellung** des maschinell geführten Grundbuchs, das auf Dauer nicht mehr in lesbarer Form wiedergegeben werden kann (Abs 1);
b) **Anlegung des Ersatzgrundbuchs** nach § 141 Abs 2 S 1, wenn Eintragungen in das maschinell geführte
Grundbuch vorübergehend nicht möglich sind.

Nicht behandelt ist in § 92 der Fall des **§ 141 Abs 3 GBO**, wonach die Landesregierungen durch Rechtsver- **2**
ordnung bestimmen können, dass das maschinell geführte Grundbuch wieder in Papierform geführt werden
soll.

II. Wiederherstellung

§ 92 Abs 1 betrifft den Fall, dass das maschinell geführte Grundbuch ganz oder teilweise **auf Dauer nicht** **3**
mehr in lesbarer Form wiedergegeben werden kann. Dieser Fall kann eintreten, wenn das Grundbuch zwar
noch gespeichert ist, seine Wiedergewinnung zum Zwecke der Einsicht oder des Ausdruckes jedoch technisch
nicht, und zwar auf Dauer nicht mehr möglich ist oder wenn der Datenspeicher vernichtet oder beschädigt ist
und auch der Sicherungsspeicher nach § 126 Abs 1 S 2 Nr 1 GBO, § 66 Abs 2 S 1, Abs 3 vernichtet oder nicht
mehr lesbar ist.

4 Die **Wiederherstellung** des maschinell geführten Grundbuchs erfolgt ebenfalls in der **Form des maschinell geführten Grundbuchs**. Für das anzuwendende Verfahren gelten hier gemäß §92 Abs 1 S 3 die allgemeinen Bestimmungen, die auch für die Wiederherstellung zerstörter oder abhanden gekommener Grundbücher, die in Papierform geführt werden, gelten.

5 **Nicht** unter die Vorschrift des §92 Abs 1 sind die Fälle einzuordnen, in denen **Sicherungsdatenträger** zum Grundbuch-Datenspeicher gemäß §62 S 2 bestimmt werden (vgl §62 GBV Rdn 14).

III. Ersatzgrundbuch

6 Gemäß §141 Abs 2 GBO ist ein **Ersatzgrundbuch** anzulegen, wenn **vorübergehend** Eintragungen in das maschinell geführte Grundbuch nicht möglich sind.

7 Vorstellbar ist dieser Fall zB dann, wenn die **Datenverarbeitungsanlage** – etwa durch äußere Einflüsse – **unbrauchbar** geworden ist, aber der Datenspeicher nach §62 oder der Sicherungsdatenspeicher nach §66 Abs 2 erhalten ist.

Denkbar ist auch, dass die **Programme**, die für die Veranlassung von Grundbucheintragungen notwendig sind, **gestört** sind. Es kann dann einige Zeit in Anspruch nehmen, bis die Ersatzanlage geliefert oder die Programme wieder hergestellt sind und der normale Grundbuchbetrieb wieder aufgenommen werden kann.

8 Für diesen Fall schreibt §141 Abs 2 S 1 GBO vor, dass Grundbucheintragungen in einem **Ersatzgrundbuch**, das in Papierform geführt wird, vorgenommen werden können. Auf diese Weise soll verhindert werden, dass die Tätigkeit des Grundbuchamts längere Zeit nicht ausgeübt werden kann und der Rechtsverkehr mit Grundstücken darunter leidet.

9 Die Anlegung des Ersatzgrundbuchs braucht **nur** bezüglich der Grundbuchblätter zu erfolgen, in die Eintragungen vorzunehmen sind. Eine allgemeine Anlegung der Grundbücher für diejenigen Grundbuchblätter, die im Augenblick nicht zugänglich sind, kommt nicht in Betracht. Auch das Vorliegen von Anträgen auf **Grundbucheinsicht** oder auf Erteilung von **Ausdrucken**, die vorübergehend nicht bearbeitet werden können, rechtfertigt die Anlegung eines Ersatzgrundbuchs **nicht**, da §141 Abs 2 S 1 GBO nur den Fall vorsieht, dass Eintragungen **vorübergehend** nicht möglich sind.

10 Sobald der normale Betrieb des maschinell geführten Grundbuchs wieder möglich ist, sind die Eintragungen gemäß §141 Abs 2 S 1 GBO wieder **aus dem Ersatzgrundbuch** in das **maschinell** geführte Grundbuch zu übernehmen.

11 Die Landesregierungen können durch Rechtsverordnungen Einzelheiten hierzu regeln; insb können sie den Zeitraum bezeichnen, nach dem ein Ersatzgrundbuch angelegt werden soll.

12 Das Sächsische Staatsministerium der Justiz hat in §4 der Verordnung über das maschinell geführte Grundbuch[1] folgende Regelung getroffen, die hier beispielhaft wiedergegeben wird:

»(1) Ein Ersatzgrundbuch in Papierform soll in der Regel angelegt werden, wenn die Vornahme von Eintragungen in das maschinell geführte Grundbuch länger als zwei Wochen nicht möglich ist.

(Anm: Andere Länder haben diesen Zeitraum auf vier Wochen festgelegt.)

(2) Bei der Übernahme **neuer Eintragungen** aus dem Ersatzgrundbuch in das maschinell geführte Grundbuch nach §141 Abs 2 S 2 GBO ist die Speicherung des Schriftzugs von Unterschriften nicht notwendig. Die aus dem Ersatzgrundbuch in das maschinell geführte Grundbuch übernommene Eintragung ist mit dem Vermerk abzuschließen: »Aus dem Ersatzgrundbuch übernommen und freigegeben am/zum ...«. Das Ersatzgrundbuch ist zu schließen. In der Aufschrift ist folgender Schließungsvermerk einzutragen: »Nach Wiederherstellung des maschinell geführten Grundbuchs geschlossen am/zum ...«. §70 Abs 2 S 2 GBV gilt entsprechend.«

13 §92 Abs 2 enthält die Ausführungsbestimmungen für die Anlegung eines Ersatzgrundbuchs. Auch hier gelten alle Bestimmungen der GBV, der Wohnungsgrundbuchverfügung sowie die Regelungen des §144 Abs 1 Nr 4 über Gebäudegrundbuchblätter.

14 Die **äußere Form** des anzulegenden **Ersatzgrundbuchs** bestimmt sich nach der Anl 2b zur Grundbuchverfügung.

Das bedeutet, dass ein **vollständiges Grundbuchblatt** als Ersatzgrundbuch anzulegen ist. Es genügt nicht, nur die neu zu bewirkenden Eintragungen in das Papiergrundbuch einzutragen; es muss immer das vollständige Grundbuchblatt in Papierform als Ersatzgrundbuch angelegt werden. Die dazu benötigten Angaben können ggf aus dem Grundbuchdatenspeicher oder dem Sicherungsdatenspeicher durch besondere systemtechnische Ein-

---

1 S die Nachweise bei §126 GBO Rdn 12.

griffe gewonnen werden, wenn das Einsichts- oder Ausdruckverfahren derzeit nicht funktioniert; ggf müssen sie wiederhergestellt werden (Rdn 4).

Besonders geregelt ist der auf der **Aufschrift** anzubringende Vermerk. Er muss bei der Anlegung des vorüber- **15** gehenden Ersatzgrundbuchs in Papierform den in Abs 2 S 2 aufgeführten Inhalt haben.

Für die Rückführung des Ersatzgrundbuchs in das maschinell geführte Grundbuch gelten die Vorschriften über **16** die Anlegung gemäß § 128 GBO iVm §§ 67 bis 71 sinngemäß.

Da das Ersatzgrundbuch in Papierform nur vorübergehenden Charakter hat, brauchen die Grundakten nicht in **17** der vollständigen Form des § 24 angelegt zu werden; es genügt vielmehr die Form des § 73 (**ohne Handblatt**).

§ 93   Ausführungsvorschriften

Die Landesregierungen werden ermächtigt, durch Rechtsverordnung die Anlegung des maschinell geführten Grundbuchs einschließlich seiner Freigabe ganz oder teilweise dem Urkundsbeamten der Geschäftsstelle zu übertragen und in der Grundbuchordnung oder in dieser Verordnung nicht geregelte weitere Einzelheiten des Verfahrens nach diesem Abschnitt zu regeln, soweit dies nicht durch Verwaltungsvorschriften nach § 134 Satz 2 der Grundbuchordnung geschieht. Sie können diese Ermächtigung auf die Landesjustizverwaltungen übertragen.

I. Allgemeines

Der Siebente Abschn der GBO enthält einige **Verordnungsermächtigungen** zugunsten der Landesregierun- **1** gen (mit Delegationsmöglichkeit auf die Landesjustizverwaltungen), insb
a) § 126 Abs 1 S 1 (Führung des Grundbuchs in maschineller Form),
b) § 127 (Integration mit dem Liegenschaftskataster).

§ 134 S 2 Hs 2 GBO ermächtigt den Bundesminister der Justiz darüber hinaus, im Rahmen der ihm nach § 134 **2** S 1 GBO zustehenden Ermächtigung die Regelung **weiterer Einzelheiten** auf die Landesregierungen zu übertragen, und zwar gemäß S 2 mit Delegationsbefugnis auf die Landesjustizverwaltungen (vgl § 134 GBO Rdn 7).

Von dieser Möglichkeit hat das Bundesministerium der Justiz in § 93 GBV Gebrauch gemacht. **3**

II. Inhalt der Verordnungsermächtigung nach § 93

Inhalt der Verordnungsermächtigung zugunsten der Länder in § 93 ist folgendes: **4**
a) Übertragung der Anlegung des maschinell geführten Grundbuchs einschließlich der **Freigabe** auf den **Urkundsbeamten** der Geschäftsstelle;
b) Regelung weiterer Einzelheiten des Verfahrens über das maschinell geführte Grundbuch.

1. Übertragung der Anlegung auf den Urkundsbeamten

Die **Anlegung** des maschinell geführten Grundbuchs einschließlich der **Freigabe** nach § 128 GBO iVm §§ 67 **5** bis 71 fällt in die Zuständigkeit der für die **Führung des Grundbuchs zuständigen Person**, d i der Rechts- pfleger gemäß § 3 Nr 1 Buchst h RpflegerG.

Um die Anlegung des maschinell geführten Grundbuchs zu erleichtern und zu beschleunigen, hat der Verord- **6** nungsgeber die Möglichkeit vorgesehen, dass die Länder die Anlegung einschließlich der Freigabe ganz oder teilweise auf den **Urkundsbeamten** der Geschäftsstelle übertragen.

Diese **Zuständigkeitsübertragung** muss in der Form einer Rechtsverordnung erfolgen; zweckmäßigerweise **7** kann sie in die bei Einführung des maschinell geführten Grundbuchs ohnehin gemäß § 126 Abs 1 S 1 GBO zu erlassende Rechtsverordnung aufgenommen werden.

8 Die Übertragung kann ganz oder teilweise erfolgen. Erfolgt sie teilweise, so sind die Kriterien zu benennen, nach welchen die teilweise Übertragung erfolgt. Denkbar ist, dass etwa nur die Anlegung von Grundbuchblättern übertragen wird, in denen keine oder nur eine begrenzte Anzahl (die dann zahlenmäßig zu beziffern wäre) von Belastungen eingetragen sind. Vorstellbar ist auch, dass die Übertragung nur für bestimmte Arten von Grundbüchern (etwa nur für Wohnungsgrundbücher) erfolgt. Ist eine derartige Beschränkung gewollt, so muss sie in der Verordnung formuliert werden.

9 Unter Umständen dürfte es sich empfehlen, in der Verordnung von einer Beschränkung der Zuständigkeit abzusehen. Die Frage, ob und in welchem Umfang eine Beschränkung der Zuständigkeit des Urkundsbeamten zweckmäßig ist, wird auch von den Kenntnissen und Erfahrungen des einzelnen Urkundsbeamten abhängen. Im Einzelfall könnte es sich deshalb eher empfehlen, die Zuständigkeitsbegrenzungen durch innerdienstliche Weisungen des jeweiligen Dienstvorgesetzten individuell vorzunehmen. Dies hätte auch den Vorteil, dass dann Zweifel über die Wirksamkeit einer Anlegung bei einer Überschreitung der eingeräumten Zuständigkeit nicht entstehen können.

2. Regelung weiterer Einzelheiten

10 § 93 erlaubt den Landesregierungen/Landesjustizverwaltungen ferner, **weitere Einzelheiten** des Verfahrens über das maschinell geführte Grundbuch nach Abschn XIII zu regeln, soweit nicht bereits in der GBO oder in der GBV (gemäß § 91 wohl auch in der Wohnungsgrundbuchverfügung oder in der Gebäudegrundbuchverfügung) Regelungen enthalten sind und soweit nicht das Bundesministerium der Justiz eine Verwaltungsvorschrift nach § 134 Abs 2 GBO erlassen hat (bisher nicht erfolgt; vgl § 134 GBO Rdn 8).

Abschnitt XIV
Vermerke über öffentliche Lasten

§ 93a   Eintragung öffentlicher Lasten

Öffentliche Lasten auf einem Grundstück, die im Grundbuch einzutragen sind oder eingetragen werden können, werden nach Maßgabe des § 10 in der zweiten Abteilung eingetragen.

1 Die Vorschrift hat zZt wenig aktuelle Bedeutung, weil öffentliche Grundstückslasten nach § 54 GBO von der Eintragung in das Grundbuch generell ausgeschlossen sind, es sei denn, dass die Eintragung gesetzlich – durch Bundes- oder Landesgesetz – zugelassen oder angeordnet ist. Auf die Erläuterungen zu § 54 GBO wird verwiesen. Von § 93b abgesehen, finden sich aktuelle bundesgesetzliche Anordnungen über die Eintragung öffentlicher Grundstückslasten nur in den §§ 64 Abs 6 und 81 Abs 2 BauGB. Soweit bisher Eintragungen von Vermerken über öffentliche Lasten stattgefunden haben, sind sie durchweg (aufgrund der Bestimmung des § 10 Abs 1 Buchst c) in die Abt II gebracht worden; diese Vorgehensweise hat nun mit § 93a eine gesetzliche Stütze erhalten.[1]

§ 93b   Eintragung des Bodenschutzlastvermerks

(1) Auf den Ausgleichsbetrag nach § 25 des Bundes-Bodenschutzgesetzes wird durch einen Vermerk über die Bodenschutzlast hingewiesen. Der Bodenschutzlastvermerk lautet wie folgt:

»Bodenschutzlast. Auf dem Grundstück ruht ein Ausgleichsbetrag nach § 25 des Bundes-Bodenschutzgesetzes als öffentliche Last.«

(2) Der Bodenschutzlastvermerk wird auf Ersuchen der für die Festsetzung des Ausgleichsbetrags zuständigen Behörde eingetragen und gelöscht. Die zuständige Behörde stellt das Ersuchen auf Eintragung des Bodenschutzlastvermerks, sobald der Ausgleichsbetrag als öffentliche Last entstanden ist. Sie hat um Löschung des Vermerks zu ersuchen, sobald die Last erlöschen ist. Die Einhaltung der in den Sätzen 2 und 3 bestimmten Zeitpunkte ist vom Grundbuchamt nicht zu prüfen. Eine Zustimmung des Grundstückseigentümers ist für die Eintragung und die Löschung des Vermerks nicht erforderlich.

---

1 Zur Begründung vgl BR-Drucks 1016/98 S 5.

I. Allgemeines

Durch das am 01.03.1999 in Kraft getretene Gesetz zum Schutz vor schädlichen Bodenveränderungen und Sanierung von Altlasten (Bundes-Bodenschutzgesetz – BBodSchG) vom 17.03.1998 (BGBl I 502) ist erstmalig ein bundeseinheitlich geltendes Altlasten- und Bodenschutzrecht geschaffen. Ihm wird ua eine bedeutende Auswirkung auf den Grundstücksverkehr beigemessen.[1]   **1**

II. Zur Wertausgleichspflicht

Bundesrechtlich neu ist die in § 25 **BBodSchG** geregelte bisher nur in manchen Länderregelungen[2] bekannte **Wertausgleichspflicht des Eigentümers** für Sanierungs- oder Sicherungsmaßnahmen gegenüber der öffentlichen Hand. Bezweckt wird mit der neuen Regelung die Abschöpfung der durch den Einsatz öffentlicher Mittel bewirkten maßnahmenbedingten Werterhöhung des Grundstücks. Die Wertausgleichspflicht nach § 25 BBodSchG hat Subsidiärcharakter – primär ist der Verursacher einer schädlichen Bodenveränderung oder Altlast zur Sanierung verpflichtet (§ 4 Abs 3 BBodSchG) und hat die Kosten behördlich angeordneter Maßnahmen zu tragen (§ 24 BBodSchG) – und gilt nicht uneingeschränkt.[3] Die **Höhe des Wertausgleichs** ergibt sich aus der Erhöhung des Verkehrswertes des betroffenen Grundstücks infolge der öffentlich finanzierten Maßnahme (vgl § 25 Abs 2 BBodSchG). Der Betrag ist durch die zuständige Behörde[4] nach Abschluss der Sicherung oder Sanierung festzusetzen und wird mit dieser Festsetzung fällig; die Verpflichtung zum Wertausgleich erlischt, wenn die Festsetzung nicht bis zum Ende des vierten Jahres nach Abschluss der Sicherung oder Sanierung festgesetzt worden ist (§ 25 Abs 3 BBodSchG). Der **Ausgleichsbetrag** ruht als **öffentliche Last** auf dem Grundstück (§ 25 Abs 6 S 1 BBodSchG).   **2**

Ein dem § 25 BBodSchG entsprechender Rechtsgedanke kommt bereits in § 154 BauGB zur Anwendung (Verpflichtung des Eigentümers zur Zahlung eines Ausgleichsbetrags zur Finanzierung der Sanierung an die Gemeinde); dieser Ausgleichsbetrag ruht nicht als öffentliche Last auf dem Grundstück (§ 154 Abs 4 S 3 BauGB).[5]

III. Zum Bodenschutzlastvermerk

1. Rechtsgrundlage. Mit § 25 Abs 6 S 2 BBodSchG ist das BMJ ermächtigt worden, durch Rechtsverordnung mit Zustimmung des Bundesrates die Art und Weise, wie im Grundbuch auf das Vorhandensein der öffentlichen Last hinzuweisen ist, zu regeln. Dies ist geschehen mit der VO über die Eintragung des Bodenschutzlastvermerks v 18.03.1999 (BGBl I 497), durch die mit Wirkung vom 01.03.1999 der Abschnitt XIV mit den neuen §§ 93a und 93b in die GBV eingefügt worden ist.   **3**

2. Eintragungsstelle und -text. Zur Eintragungsstelle wird durch § 93a die zweite Abt bestimmt. Dort findet die Eintragung und die Löschung nach näherer Regelung des § 10 statt. Der Wortlaut des Bodenschutzlastvermerks in Sp 3 ist in Abs 1 bestimmt.[6] Nicht eingetragen werden kann der Bodenschutzvermerk in Erbbau- und Gebäudegrundbüchern, da der Wertausgleichsanspruch nur gegenüber dem Eigentümer, nicht aber gegenüber einem Erbbauberechtigten oder einem durch ein anderes dingliches Recht Begünstigten entsteht.[7] Gleiches kann nicht für Wohnungs- und Teileigentümer angenommen werden; denn sie sind Miteigentümer des Grundstücks.[8]   **4**

3. Eintragungsverfahren. Die Eintragung und Löschung erfolgt nach Abs 2 auf Ersuchen der für die Festsetzung des Ausgleichsbetrags zuständigen Behörde. Es handelt sich um eine gesetzliche Ersuchensbefugnis iS der §§ 38, 29 Abs 3 GBO.   **5**

---

1 Überblick: *Vierhaus* NJW 1998, 1262; *Knopp/Albrecht* BB 1998, 1853; *Körner* DNotZ 2000, 344. Auswirkungen auf den Grundstückskaufvertrag: *Sorge* MittBayNot 1999, 232; *Kersten* BWNotZ 2000, 73. Auswirkungen der Wertausgleichsregelung auf die Kreditsicherung durch Grundstücke: *Albrecht/Teifel* Rpfleger 1999, 366. Ausblick auf Auswirkungen insb des Bodenschutzlastvermerks in Grundbuch und Zwangsversteigerung: *Mayer* RpflStud 1999, 108.
2 zB § 38 Nds AbfG, § 16 Hess AltlG, § 18 Berl BodSchG, vgl *Albrecht/Teifel* aaO (Fn 1) mwN.
3 Einschränkungen und Ausnahmen sowie denkbare Fälle einer Sanierung durch die öffentliche Hand sind kurz aufgezeigt von *Albrecht/Teifel* aaO (Fn 1) mwN.
4 Nach den entsprechenden Zuständigkeitsverordnungen der Länder, vgl *Knopp/Albrecht* aaO (Fn 1) S 1857 Fn 65.
5 Auf die zweifelhafte Disparität verweist *Mayer* aaO (Fn 1) S 109.
6 Zur Streichung der im ursprünglichen Verordnungsentwurf vorgesehenen Ergänzung des Vermerks um den DM/Euro-Betrag s *Albrecht/Teifel* aaO (Fn 1) S 367 mwN.
7 *Albrecht/Teifel* aaO (Fn 1) S 367.
8 Obgleich ein Verweis auf § 154 BauGB für die Haftung von Miteigentümern in der RechtsVO gestrichen wurde wegen Bedenken, ob eine solche Regelung noch von der Verordnungsermächtigung in § 25 Abs 6 S 2 BBodSchG gedeckt sei, vgl *Albrecht/Teifel* aaO (Fn 1) S 367 mwN.

Abschnitt XV
Übergangs- und Schlussvorschriften

§ 94 (Inkrafttreten, Außerkrafttreten von Landesrecht)

(Gesetzestext in der Neufassung nicht mehr ausgedruckt)

§ 95 (Frühere Grundbuchbezirke)

Soweit die Grundbücher bisher für andere Bezirke als die im § 1 Abs 1 Satz 1 und 2 genannten angelegt sind, behält es bis zur Auflösung dieser Bezirke bei dieser Einrichtung sein Bewenden, jedoch bedarf es zur Änderung dieser Bezirke einer Anordnung der Landesjustizverwaltung.

§ 96 (Fortführung bisheriger Grundbuchhefte)

(1) Soweit bisher jedes Grundbuchblatt in einem besonderen Grundbuchheft geführt worden ist, bedarf es der Zusammenfassung zu festen, mehrere Blätter umfassenden Bänden (§ 2) nicht, solange die bisherigen Blätter fortgeführt werden (§§ 97 bis 99).

(2) *(weggefallen)*

§ 97 (Umschreibung auf den neuen Vordruck)

(1) Vom Zeitpunkt des Inkrafttretens dieser Verfügung an sind neue Grundbuchblätter nur unter Verwendung des hier vorgeschriebenen Vordrucks (§§ 4 bis 12, 22) anzulegen, soweit nicht für eine Übergangszeit die Weiterverwendung des alten Vordrucks besonders zugelassen wird.

(2) Sämtliche Grundbuchblätter sind nach näherer Anordnung der Landesjustizverwaltung unter Verwendung des neuen Vordrucks umzuschreiben, sofern nicht ihre Weiterführung besonders zugelassen wird.

§ 98 (Frühere Vorschriften bei Benutzung alter Vordrucke)

Die bestehenden Vorschriften über die Nummernbezeichnung und die Eintragung im Grundbuch bleiben unberührt, solange die alten Vordrucke weder umgeschrieben sind noch ihre Weiterführung nach § 97 Abs 2 besonders zugelassen ist. Jedoch ist ein Grundbuchblatt, das für Neueintragungen keinen Raum mehr bietet, in jedem Fall unter Verwendung des neuen Vordrucks umzuschreiben.

§ 99 (Verfahren bei Umschreibung auf den neuen Vordruck)

Bei der Umschreibung der bereits angelegten Grundbuchblätter auf den neuen Vordruck sind die §§ 29, 30 sinngemäß anzuwenden. Weitere Anordnungen zur Behebung von hierbei etwa entstehenden Zweifeln bleiben vorbehalten.

§ 100 (Weiterführung und Neuanlegung von Grundakten)

(1) Die bisher für jedes Grundbuchblatt geführten Grundakten können weitergeführt werden.

(2) Sofern bisher Grundakten nicht geführt sind, sind sie für jedes Grundbuchblatt spätestens bei der Neuanlegung (§ 97 Abs 1) oder bei der Umschreibung des bisherigen Blattes (§ 97 Abs 2, § 98 Satz 2) anzulegen, und zwar aus sämtlichen das Grundbuchblatt betreffenden Schriftstücken, die nach den für die Führung von Grundakten geltenden allgemeinen Vorschriften zu diesen gehören, auch sofern sie schon vor der Anlegung der Grundakten bei dem Grundbuchamt eingegangen sind. Das gleiche gilt für das Handblatt (§ 24 Abs 3).

§ 101 (Umstellung auf das Loseblattgrundbuch)

(1) Grundbuchblätter in festen Bänden können nach näherer Anordnung der Landesjustizverwaltung durch die Verwendung von Ablichtungen der bisherigen Blätter auf Bände mit herausnehmbaren Einlegebogen umgestellt werden.

(2) Das neue Blatt behält seine bisherige Bezeichnung; ein Zusatz unterbleibt. In der Aufschrift ist zu vermerken, daß das Blatt bei der Umstellung an die Stelle des bisherigen Blattes getreten ist und daß im bisherigen Blatt enthaltende Rötungen schwarz sichtbar sind.

(3) Die Übereinstimmung des Inhalts des neuen Blattes mit dem bisherigen Blatt ist im Bestandsverzeichnis und in jeder Abteilung zu bescheinigen. § 25 Abs 2 Buchstabe c gilt entsprechend.

(4) Enthält die zweite oder dritte Abteilung nur gelöschte Eintragungen, kann von der Ablichtung der betreffenden Abteilung abgesehen werden, wenn nicht die Übernahme zum Verständnis noch gültiger Eintragungen erforderlich ist. Auf dem für die jeweilige Abteilung einzufügenden Einlegebogen sind die laufenden Nummern der nicht übernommenen Eintragungen mit dem Vermerk »Gelöscht« anzugeben. Die Bescheinigung nach Absatz 3 lautet in diesem Falle inhaltlich: »Bei Umstellung des Blattes neu gefaßt.« Enthält die zweite oder dritte Abteilung keine Eintragungen, so braucht für die betreffende Abteilung lediglich ein neuer Einlegebogen eingefügt zu werden; Absatz 3 ist anzuwenden.

(5) Das bisherige Blatt ist zu schließen. § 30 Abs 2 Satz 2 und § 36 gelten entsprechend.

(6) Für Grundbuchblätter in einem festen Band, die vor der Umstellung geschlossen wurden, können in den Band mit herausnehmbaren Einlegebogen neue Blätter zur Wiederverwendung eingefügt werden. Das neue Blatt erhält die Nummer des alten Blattes unter Hinzufügung des Buchstabens A. Tritt das neue Blatt an die Stelle eines Blattes, das bereits mit einem solchen Zusatz versehen ist, ist an Stelle dieses Zusatzes der Buchstabe B hinzuzufügen.

(7) Die Umstellung braucht dem Eigentümer, den eingetragenen dinglich Berechtigten und der Katasterbehörde nicht mitgeteilt zu werden.

§ 102 (Alte Briefvordrucke)

Die noch vorhandenen Vordrucke für Hypotheken-, Grundschuld- und Rentenschuldbriefe können nach näherer Anordnung der Landesjustizverwaltung oder der von ihr bestimmten Stelle weiterverwendet werden. Jedoch ist die etwa am Kopfe des Briefes befindliche Angabe des Landes, in dem der Brief ausgegeben wird, zu durchstreichen und durch die Überschrift »Deutscher Hypothekenbrief« (»Grundschuldbrief« o.ä.) zu ersetzen.

§ 103 (Landesrecht)

In den Fällen des § 136 der Grundbuchordnung behält es bei den landesrechtlichen Vorschriften über Einrichtung und Führung von Grundbüchern sein Bewenden.

§ 104 (Erbpacht-, Büdner-, Häusler- und Abbaurechte)

Soweit auf die in den Artikeln 63 und 68 des Einführungsgesetzes zum Bürgerlichen Gesetzbuche bezeichneten Rechte nach den Landesgesetzen die §§ 14 bis 17 des Erbbaurechtsgesetzes für entsprechend anwendbar erklärt worden sind (§ 137 Abs 3 der Grundbuchordnung), sind die Vorschriften über das Erbbaugrundbuch (Abschnitt XII) entsprechend anzuwenden.

§ 104a (Nachweis der Rechtsinhaberschaft ausländischer Stellen)

Zum Nachweis der Rechtsinhaberschaft ausländischer staatlicher oder öffentlicher Stellen genügt gegenüber dem Grundbuchamt eine mit dem Dienstsiegel oder Dienststempel versehene und unterschriebene Bestätigung des Auswärtigen Amtes. § 39 der Grundbuchordnung findet in diesem Fall keine Anwendung.

§ 105 (Maßgaben für das Beitrittsgebiet)

(1) In dem in Artikel 3 des Einigungsvertrages genannten Gebiet gilt diese Verordnung mit folgenden Maßgaben:

1. Die §§ 43 bis 53 sind stets anzuwenden.
2. Die Einrichtung der Grundbücher richtet sich bis auf weiteres nach den am Tag vor dem Wirksamwerden des Beitritts bestehenden oder von dem jeweiligen Lande erlassenen späteren Bestimmungen. Im übrigen ist für die Führung der Grundbücher diese Verordnung entsprechend anzuwenden, soweit sich nicht aus einer abweichenden Einrichtung des Grundbuchs etwas anderes ergibt oder aus besonderen Gründen Abweichungen erforderlich sind; solche Abweichungen sind insbesondere dann als erforderlich anzusehen, wenn sonst die Rechtsverhältnisse nicht zutreffend dargestellt werden können oder Verwirrung zu besorgen ist.
3. Soweit nach Nummer 2 Bestimmungen dieser Verordnung nicht herangezogen werden können, sind stattdessen die am Tag vor dem Wirksamwerden des Beitritts geltenden oder von dem jeweiligen Lande erlassenen späteren Bestimmungen anzuwenden. Jedoch sind Regelungen, die mit dem in Kraft tretenden Bundesrecht nicht vereinbar sind, nicht mehr anzuwenden. Dies gilt insbesondere auch für derartige Regelungen über die Voraussetzungen und den Inhalt von Eintragungen. Am Tag vor dem Wirksamwerden des Beitritts nicht vorgesehene Rechte oder Vermerke sind in entsprechender Anwendung dieser Verordnung einzutragen.
4. Im Falle der Nummer 3 sind auf die Einrichtung und Führung der Erbbaugrundbücher sowie auf die Bildung von Hypotheken-, Grundschuld- und Rentenschuldbriefen bei Erbbaurechten die §§ 56, 57 und 59 mit der Maßgabe entsprechend anzuwenden, daß die in § 56 vorgesehenen Angaben in die entsprechenden Spalten für den Bestand einzutragen sind. Ist eine Aufschrift mit Blattnummer nicht vorhanden, ist die in § 55 Abs 2 vorgesehene Bezeichnung »Erbbaugrundbuch« an vergleichbarer Stelle im Kopf der ersten Seite des Grundbuchblatts anzubringen. Soweit in den oben bezeichneten Vorschriften auf andere Vorschriften dieser Verordnung verwiesen wird, deren Bestimmung nicht anzuwenden sind, treten an die Stelle der in Bezug genommenen Vorschriften dieser Verordnung die entsprechend anzuwendenden Regelungen über die Einrichtung und Führung der Grundbücher.
5. Für die Anlegung von Grundbuchblättern für ehemals volkseigene Grundstücke ist ein Verfahren nach dem Sechsten Abschnitt der Grundbuchordnung nicht erforderlich, soweit für solche Grundstücke Bestandsblätter im Sinne der Nummer 160 Abs 1 der Anweisung Nr 4/87 des Ministers des Innern und Chefs der Deutschen Volkspolizei über Grundbuch und Grundbuchverfahren unter Colidobedingungen – Colido-Grundbuchanweisung – vom 27. Oktober 1987 vorhanden sind oder das Grundstück bereits gebucht war und sich nach der Schließung des Grundbuchs seine Bezeichnung nicht verändert hat.
6. Gegenüber dem Grundbuchamt genügt es zum Nachweis der Befugnis, über beschränkte dingliche Rechte an einem Grundstück, Gebäude oder sonstigen grundstücksgleichen Rechten oder über Vormerkungen zu verfügen, deren Eintragung vor dem 1. Juli 1990 beantragt worden ist und als deren Gläubiger oder sonstiger Berechtigter im Grundbuch
   a) eine Sparkasse oder Volkseigentum in Rechtsträgerschaft einer Sparkasse,
   b) ein anderes Kreditinstitut, Volkseigentum in Rechtsträgerschaft eines Kreditinstituts, eine Versicherung oder eine bergrechtliche Gewerkschaft,

c) Volkseigentum in Rechtsträgerschaft des Staatshaushalts oder eines zentralen Organs der Deutschen Demokratischen Republik, des Magistrats von Berlin, des Rates eines Bezirks, Kreises oder Stadtbezirks, des Rates einer Stadt oder sonstiger Verwaltungsstellen oder staatlicher Einrichtungen,

d) eine juristische Person des öffentlichen Rechts oder ein Sondervermögen einer solchen Person, mit Ausnahme jedoch des Reichseisenbahnvermögens und des Sondervermögens Deutsche Post, eingetragen ist, wenn die grundbuchmäßigen Erklärungen von der Bewilligungsstelle abgegeben werden; § 27 der Grundbuchordnung bleibt unberührt. Bewilligungsstelle ist in den Fällen des Satzes 1 Buchstabe a die Sparkasse, in deren Geschäftsgebiet das Grundstück, Gebäude oder sonstige grundstücksgleiche Recht liegt, und in Berlin die Landesbank, in den übrigen Fällen des Satzes 1 jede Dienststelle des Bundes oder einer bundesunmittelbaren Körperschaft oder Anstalt des öffentlichen Rechts. Für die Löschung

a) von Vermerken über die Entschuldung der Klein- und Mittelbauern beim Eintritt in Landwirtschaftliche Produktionsgenossenschaften auf Grund des Gesetzes vom 17. Februar 1954 (GBl. Nr 23 S 224),

b) von Verfügungsbeschränkungen zugunsten juristischer Personen des öffentlichen Rechts, ihrer Behörden oder von Rechtsträgern sowie

c) von Schürf- und Abbauberechtigungen

gilt Satz 1 entsprechend; Bewilligungsstelle ist in den Fällen des Buchstabens a die Staatsbank Berlin, im übrigen jede Dienststelle des Bundes. Die Bewilligungsstellen können durch dem Grundbuchamt nachzuweisende Erklärung sich wechselseitig oder andere öffentliche Stellen zur Abgabe von Erklärungen nach Satz 1 ermächtigen. In den vorgenannten Fällen findet § 39 der Grundbuchordnung keine Anwendung. Der Vorlage eines Hypotheken-, Grundschuldoder Rentenschuldbriefes bedarf es nicht; dies gilt auch bei Eintragung eines Zustimmungsvorbehalts nach § 11c des Vermögensgesetzes.

(2) Als Grundbuch im Sinne der Grundbuchordnung gilt ein Grundbuchblatt, das unter den in Absatz 1 Nr 5 genannten Voraussetzungen vor Inkrafttreten dieser Verordnung ohne ein Verfahren nach dem Sechsten Abschnitt der Grundbuchordnung oder den §§ 7 bis 17 der Verordnung zur Ausführung der Grundbuchordnung in ihrer im Bundesgesetzblatt Teil III, Gliederungsnummer 315–11–2, veröffentlichten bereinigten Fassung vom 8. August 1935 (RGBl. I S 1089), die durch Artikel 4 Abs 1 Nr 1 des Gesetzes vom 20. Dezember 1993 (BGBl. I S 2182) aufgehoben worden ist, angelegt worden ist.

(3) Bei Eintragungen, die in den Fällen des Absatzes 1 Nr 6 vor dessen Inkrafttreten erfolgt oder beantragt worden sind, gilt für das Grundbuchamt der Nachweis der Verfügungsbefugnis als erbracht, wenn die Bewilligung von einer der in Absatz 1 Nr 6 genannten Bewilligungsstellen oder von der Staatsbank Berlin erklärt worden ist. Auf die in Absatz 1 Nr 6 Satz 2 und 3 bestimmten Zuständigkeiten kommt es hierfür nicht an.

§ 106   (Rückwirkung von § 85 Abs 2a)

§ 85 Abs 2a ist auch auf Genehmigungen und Vereinbarungen anzuwenden, die vor dem 23. Juli 1997 erlassen oder abgeschlossen worden sind.

§ 107   (Übergangsregelung)

Die §§ 10 und 11 in der seit dem 24. Februar 1999 geltenden Fassung sind auch auf Eintragungen anzuwenden, die vor diesem Zeitpunkt beantragt, aber zu diesem Zeitpunkt noch nicht vorgenommen worden sind. § 83 in der seit dem 24. Februar 1999 geltenden Fassung ist auch auf Kopien und Ausdrucke von Protokollen anzuwenden, die vor diesem Zeitpunkt hergestellt worden sind.

Anmerkung zu Abschnitt XV

1 Von einer Kommentierung der Vorschriften dieses Abschnitts wird abgesehen. Der Abschnitt enthält:

I. Die ursprünglichen Übergangs- und Schlussvorschriften

1. Zum Kreis dieser Vorschriften

2 Die Übergangs- und Schlussvorschriften der Grundbuchverfügung in der Fassung vom 08.08.1935 (RMBl S 637) umfassten die §§ 64 bis 73. Diese Vorschriften sind durch das RegVBG, bedingt durch die Einfügung des neuen Abschnitts XIII, ohne Änderung in die §§ 94 bis 100, 102 bis 104 transportiert worden. Sie sind in der Neufassung lediglich redaktionell modernisiert worden durch Anpassung der Ermächtigungen an die gegenwärtigen Verhältnisse.

2. Kurz zum Inhalt dieser Vorschriften

3 – Der § 64 – durch das RegVBG § 94 geworden, in der Neufassung weggelassen – setzte zum 01.04.1936 die Grundbuchverfügung in Kraft und die bis dahin für die Einrichtung und Führung der Grundbücher und Grundakten maßgeblichen Vorschriften des Landesrechts außer Kraft, jedoch nicht vorbehaltlos.
– Die §§ 65 bis 70 (jetzt §§ 95 bis 100) und § 71 (jetzt § 102) enthalten die Vorbehalte, insb für eine sukzessive Umstellung der landesrechtlichen Grundbücher auf den neuen Grundbuchvordruck. Sie beschränken sich mit Rücksicht auf die Vielgestalt der Landesgrundbuchsysteme jener Zeit und den dementsprechend unterschiedlichen Aufwand organisatorischer, finanzieller und personeller Art auf die Setzung von Rahmenbedingungen, angelegt auf Ergänzungsbestimmungen des RJM, die in der Folgezeit erlassen wurden. In den alten Bundesländern ist die Umstellungsphase durchweg Vergangenheit, für die neuen Bundesländer kann dies nicht gleichermaßen angenommen werden. Verwiesen wird auf die Kommentierung der Übergangsbestimmungen von *Güthe-Triebel, Hesse-Saage-Fischer, Meikel-Imhof-Riedel* (bis 6. Aufl) unter Hervorhebung der klaren Systematik bei *Hesse-Saage-Fischer* (4. Aufl von 1957). Wegen der Besonderheiten im Land Baden-Württemberg wird auf die §§ 1 und 143 GBO nebst Erläuterungen verwiesen.
– Die §§ 72 und 73 (jetzt §§ 103 und 104) vervollständigen den in den §§ 117, 118 (jetzt §§ 136, 137) der Grundbuchordnung gesetzten Rahmen für das »Landesgrundbuchrecht« bezüglich der im EGBGB der Landesgesetzgebung vorbehaltenen Geltungsräume. Verwiesen wird auf die Kommentierungen zu den §§ 117, 118 bzw zu den §§ 136, 137 GBO.

II. Nachträgliche eingefügte Vorschriften

4 1. Der § 70a (jetzt § 101) wurde eingefügt durch VO vom 23.07.1984 (BGBl I 1025). Diese Vorschrift ermächtigt die Landesjustizverwaltungen zur Transformierung der in festen Bänden geführten Grundbuchblätter auf das Loseblattgrundbuch mittels des Sonderverfahrens der »Umstellung« unter Verwendung von Ablichtungen und enthält die Rahmenbestimmungen für das dabei einzuhaltende grundbuchtechnische Verfahren. Verwiesen wird auf die Erläuterungen zu § 2 GBV Rdn 8 ff.

5 2. Das **RegVBG** vom 20.12.1993 (BGBl I 2182) erweiterte den Abschnitt XIV zunächst um die §§ 105 und 106 (vgl Sonderband der 7. Aufl Teil A Anh 1).
– Mit § 105 sind die Maßgaben des Einigungsvertrages über die Geltung der Grundbuchverfügung im Beitrittsgebiet (Art 8 Anl I Kap III Sachgeb B Abschn III Nr 4 EV) in die Grundbuchverfügung aufgenommen worden. Der pauschale Vorbehalt in Nr 2 S 1, nach dem sich die Einrichtung der Grundbücher bis auf weiteres nach den am Tag vor dem Wirksamwerden des Beitritts bestehenden oder von dem jeweiligen Lande erlassenen späteren Bestimmungen richtet, mit der dadurch bedingten eingeschränkten Anwendung der Grundbuchverfügung für die Führung der Grundbücher (Nr 2 S 2, Nr 3, Nr 4), ist durch die in der Zwischenzeit von den neuen Bundesländern erlassenen Neuregelungen (dazu § 144 GBO Rdn 63 ff) überholt.
– § 106 fügte Überleitungsvorschriften für den Abschnitt XIII ein, die später wieder aufgehoben worden sind (vgl Rdn 6).

6 3. In der Folgezeit wurden:
– § 104a eingefügt durch Art 2 Nr 22 der VO vom 15.07.1994, BGBl I 1906 (vgl Sonderband der 7. Aufl Teil A Anh 3), in Kraft getreten am 24.07.1994 (Art 5 der VO).
– § 105 erweitert durch Art 2 Nr 23 derselben VO, und zwar wurden dem Absatz 1 die Nummern 5 und 6 hinzugefügt und die Absätze 2 und 3 angefügt, ebenfalls in Kraft seit 24.07.1994, mit folgender Überleitungsbestimmung (Art 3 der VO): (1) ... (2) In den Fällen des § 105 Abs 1 Nr 6 Satz 1 Buchstabe c und d der Grundbuchverfügung soll der Bund oder die von ihm ermächtigte Stelle die Bewilligung im Benehmen mit der obersten Finanzbehörde des Landes erteilen, indem das Grundstück, Gebäude oder sonstige grundstücksgleiche Recht belegen ist; dies ist vom Grundbuchamt nicht zu prüfen. (3) § 105 Abs 1 Nr 6 der Grundbuchverfügung tritt mit dem Ablauf des 31.12.2010 außer Kraft.

– **§ 106 zunächst aufgehoben**, teilweise (Abs 1) durch § 11 Abs 3 der VO vom 10.06.1994, BGBl I 1253 (vgl Sonderband der 7. Aufl Teil A Anh 2), restlos durch Art 2 Nr 22 der VO vom 30.11.1994, BGBl I 3580 (vgl Sonderband der 7. Aufl Teil A Anh 4); **mit neuem Inhalt eingefügt** durch Art 1 Nr 14 der VO vom 11.07.1997 (BGBl I 1808).
– **§ 107 eingefügt** durch VO vom 10.02.1999 (BGBl I 147, 155).

Wegen der unter die verfahrenserleichternden Bestimmungen der §§ **104a und 105 Nr 6** fallenden Einzelfälle wird verwiesen auf die Darstellungen von *Böhringer*, insb:
– »Beseitigung dinglicher Rechtslagen bei Grundstücken in den neuen Ländern«, Rpfleger 1995, 51 (53);
– »Löschung von Grundpfandrechten in den neuen Ländern«, Rpfleger 1995, 139.

Anlagen 1 bis 10b
zur Verordnung zur Durchführung der Grundbuchordnung
(Grundbuchverfügung GBV)

Hinweise:
Die Anlagen sind im Zuge der Neufassung der Grundbuchverfügung vom 24.01.1995 aktualisiert worden.
Nicht wiedergegeben ist die farbliche Gestaltung der in Papierform geführten Grundbücher:
– Weiß für die Aufschrift und das Bestandsverzeichnis,
– Rosa für die Abteilung I,
– Gelb für die Abteilung II,
– Grün für die Abteilung III.

Die Rotunterstreichungen und –durchkreuzungen sind durch schwarze Linien dargestellt.

Anlage 1 (zu § 22)

Muster

(Grundbuchblatt)

Amtsgericht

Köln

Grundbuch

von

Worringen

| **Grundbuchblatt-Nr.** |
| 0100 |

Amtsgericht Köln   **Grundbuch von** Worringen   **Blatt** 0100   **Bestandsverzeichnis**   1

Laufende Nummer der Grundstücke	Bisherige laufende Nummer der Grundstücke	Bezeichnung der Grundstücke und der mit dem Eigentum verbundenen Rechte					Größe		
		Gemarkung (Vermessungsbezirk)	Karte		Liegenschaftsbuch	Wirtschaftsart und Lage	ha	a	m²
			Flur	Flurstück					
1	2	a	b		c/d	e		4	
					3				
1		Worringen	1	100		Freifläche Alte Neußer Landstraße		10	10
2	1	Worringen	1	101		Weg Alte Neußer Landstraße			90
3	1	Worringen	1	102		Gebäude- und Freifläche Alte Neußer Landstraße 100		9	10
4		Worringen	1	200		Landwirtschaftsfläche Alte Neußer Landstraße		5	00
5		Worringen	1	310		Gartenland		2	00
6	3, 5	Worringen	1	102		Gebäude- und Freifläche Alte Neußer Landstraße 100		11	10
			1	310		Gartenland			
7 zu 6		1/10 Miteigentumsanteil an dem Grundstück Worringen	1	110		Weg Alte Neußer Landstraße		1	00

Bestand und Zuschreibungen		Abschreibungen	
Zur laufenden Nummer der Grundstücke		Zur laufenden Nummer der Grundstücke	
5	6	7	8
1	Aus Blatt 0200 am 5. Januar 1993. Neumann Götz	2	Nach Blatt 0001 am 15. April 1993. Neumann Götz
1, 2, 3	Lfd. Nr. 1 geteilt und fortgeschrieben gemäß VN Nr. 100/93 in Nrn. 2 und 3 am 15. April 1993. Neumann Götz		
4, 5	Aus Blatt 0250 am 10. Mai 1993. Neumann Götz		
3, 5, 6	Lfd. Nr. 5 der Nr. 3 als Bestandteil zugeschrieben und unter Nr. 6 neu eingetragen am 9. Juni 1993. Neumann Götz		
7 --- zu 6	Aus Blatt 0300 am 12. Juli 1993. Neumann Götz		

Böttcher

| Amtsgericht Köln | | Grundbuch von Worringen | Blatt 0100 | Erste Abteilung | 1 |

Erste Abteilung

Laufende Nummer der Eintragungen	Eigentümer	Laufende Nummer der Grundstücke im Bestandsverzeichnis	Grundlage der Eintragung
1	2	3	4
1	M ü l l e r , Friedrich, geb. am 5. Juli 1944, Alte Neußer Landstraße 109, 5000 Köln 71	1	Aufgelassen am 14. Oktober 1992, eingetragen am 5. Januar 1993. Neumann　　　　Götz
		4,5	Aufgelassen am 11. November 1992, eingetragen am 10. Mai 1993.. Neumann　　　　Götz
		7/zu 6	Das bisher in Blatt 0300 eingetragene Eigentum aufgrund Auflassung vom 15. April 1993 und Buchung gemäß § 3 Abs. 3 GBO hier eingetragen am 12. Juli 1993. Neumann　　　　Götz
2a)	S c h u m a c h e r , Ute geb. Müller, am 12. Mai 1966, Grundermühle 7, 51515 Kürten	4,6,7	Erbfolge (33 VI 250/94 AG Köln), eingetragen am 7. Dezember 1994. Neumann　　　　Götz
b)	M ü l l e r , Georg, geb. am 6. März 1968, Kemperbachstraße 48, 51069 Köln – in Erbengemeinschaft –		

Laufende Nummer der Eintragungen	Eigentümer	Laufende Nummer der Grundstücke im Bestandsverzeichnis	Grundlage der Eintragung
1	2	3	4

Amtsgericht Köln   **Grundbuch von** Worringen   **Blatt** 0100   **Zweite Abteilung**   1

Laufende Nummer der Eintragungen	Laufende Nummer der betroffenen Grundstücke im Bestandsverzeichnis	Lasten und Beschränkungen
1	2	3
1	4, 6, 7	Nießbrauch für Müller, Gerhard, geb. am 23. April 1918, Alte Neußer Landstraße 100, 50769 Köln, befristet, löschbar bei Todesnachweis. Unter Bezugnahme auf die Bewilligung vom 15. April 1993 – URNr. 400/93 Notar Dr. Schmitz in Köln – eingetragen am 12. Juli 1993. Götz Neumann
2	4, 6	Widerspruch gegen die Eintragung des Eigentümers des Friedrich Müller zugunsten des Josef Schmitz, geb. am 26. Juli 1940, Rochusstraße 300, 50827 Köln. Unter Bezugnahme auf die einstweilige Verfügung des Landgerichts Köln vom 30. Juli 1993 – 10 O 374/93 – eingetragen am 3. August 1993. Götz Neumann
3	4	Dienstbarkeit (Wegerecht) für den jeweiligen Eigentümer des Grundstücks Flur 1 Nr. 201 (derzeit Blatt 0250). Unter Bezugnahme auf die Bewilligung vom 11. November 1992 – URNr. 2231/92 Notar Dr. Schneider in Köln – eingetragen am 4. August 1993. Götz Neumann

Veränderungen		Löschungen	
Laufende Nummer der Spalte 1		Laufende Nummer der Spalte 1	
4	5	6	7
		2	Gelöscht am 31. August 1993. Neumann Götz

Amtsgericht Köln | **Grundbuch von** Worringen | **Blatt** 0100 | **Dritte Abteilung**

1

Laufende Nummer der Eintragungen	Laufende Nummer der belasteten Grundstücke im Bestandsverzeichnis	Betrag	Hypotheken, Grundschulden, Rentenschulden
1	2	3	4
1	3, 4, 5, 6	10.000,00 DM 5.000,00 DM	Grundschuld – ohne Brief – zu zehntausend Deutsche Mark für die Stadtsparkasse Köln in Köln; 18% Zinsen jährlich; vollstreckbar nach § 800 ZPO. Unter Bezugnahme auf die Bewilligung vom 19. April 1993 – URNr. 420/93 Notar Dr. Schmitz in Köln – eingetragen am 9. Juni 1993. Gesamthaft: Blätter 0100 und 0550. Neumann Götz
2	4, 6	20.000,00 DM – 5.000,00 DM 15.000,00 DM	Hypothek zu zwanzigtausend Deutsche Mark für Bundesrepublik Deutschland (Wohnungsfürsorge); 12% Zinsen jährlich; 2% bedingte Nebenleistung einmalig. Unter Bezugnahme auf die Bewilligung vom 6. Oktober 1993 – URNr. 1300/93 Notar Dr. Schmitz in Köln –. Vorrangsvorbehalt für Grundpfandrechte bis zu DM 100.000,00; bis 20% Zinsen jährlich; bis 10% Nebenleistungen einmalig; inhaltlich beschränkt. Eingetragen am 15. November 1993. Neumann Götz
3	4, 6, 7	100.000,00 DM	Grundschuld zu einhunderttausend Deutsche Mark für Inge Müller geb. Schmidt, geb. am 12. Mai 1952, Alte Neußer Landstraße 100, 50769 Köln, 18% Zinsen jährlich. Unter Bezugnahme auf die Bewilligung vom 3. Januar 1994 – URNr. 2/94 Notar Dr. Klug in Köln –; unter Ausnutzung des Rangvorbehalts mit Rang vor III/2. Eingetragen am 17. Januar 1994. Neumann Götz

Veränderungen			Löschungen		
Laufende Nummer der Spalte 1	Betrag		Laufende Nummer der Spalte 1	Betrag	
5	6	7	8	9	10
2	20.000,00 DM	Dem Recht Abt. III Nr. 3 ist der vorbehaltene Vorrang eingeräumt. Eingetragen am 17. Januar 1994. Neumann Götz	2	5.000,00 DM	Fünftausend Deutsche Mark gelöscht am 4. Oktober 1994. Neumann Götz
3	100.000,00 DM	Gepfändet mit den Zinsen seit dem 30. Juni 1994 für die Haftpflicht-Versicherungs-Aktiengesellschaft in Köln wegen einer Forderung von DM 65.800,00 mit 9% Zinsen aus DM 59.600,00 seit dem 18. Juni 1992. Gemäß Pfändungs- und Überweisungsbeschluß des Amtsgerichts Köln vom 15. Juni 1994 – 183 M 750/94 – eingetragen am 20. Juni 1994. Neumann Götz	3 3a 3b	20.000,00 DM 60.000,00 DM 20.000,00 DM	Pfändungsvermerk vom 26. Juli 1994 gelöscht am 4. Oktober 1994. Neumann Götz
1	5.000,00 DM	Das Recht ist gemäß § 1132 Abs. 2 BGB derart verteilt, daß die hier eingetragenen Grundstücke nur noch haften für fünftausend Deutsche Mark. Die Mithaft in Blatt 0550 ist erloschen. Eingetragen am 1. Juli 1994. Neumann Götz			

Amtsgericht Köln **Grundbuch von** Worringen **Blatt** 0100 **Dritte Abteilung** 1 R

Laufende Nummer der Eintragungen	Laufende Nummer der belasteten Grundstücke im Bestandsverzeichnis	Betrag	Hypotheken, Grundschulden, Rentenschulden
1	2	3	4
4	4	8.200,00 DM	Zwangssicherungshypothek zu achttausendzweihundert Deutsche Mark für die Schmidt & Müller oHG, Köln, Wienerplatz 2, 51065 Köln, mit 8% Zinsen jährlich aus DM 7.180,00 seit dem 20. Oktober 1994. Gemäß Urteil des Amtsgerichts Köln vom 2. November 1994 – 115 C 1500/94 – eingetragen am 1. Dezember 1994. Götz Neumann
5	4,6,7	30.000,00 DM	Sicherungshypothek zum Höchstbetrag von dreißigtausend Deutsche Mark für die Stadt Köln – Amt für Wohnungswesen. Unter Bezugnahme auf die Bewilligung vom 3. November 1994 – URNr. 1400/94 Notar Dr. Schmitz in Köln – eingetragen am 5. Dezember 1994. Götz Neumann

Veränderungen			Löschungen		
Laufende Nummer der Spalte 1	Betrag		Laufende Nummer der Spalte 1	Betrag	
5	6	7	8	9	10
3 3 3a 3b	100.000,00 DM 20.000,00 DM 60.000,00 DM 20.000,00 DM	Das Recht ist geteilt in zwanzigtausend Deutsche Mark erstrangig –, sechzigtausend Deutsche Mark zweitrangig –, zwanzigtausend Deutsche Mark drittrangig –. Eingetragen am 1. August 1994. Neumann Götz			
3a	60.000,00 DM	Abgetreten mit den Zinsen seit dem 17. Januar 1994 an die Kölner Bausparkasse Aktiengesellschaft in Köln. Eingetragen am 1. August 1994. Neumann Götz			

Fortsetzung auf Einlegebogen

Böttcher

Anlage 2a (zu § 31)

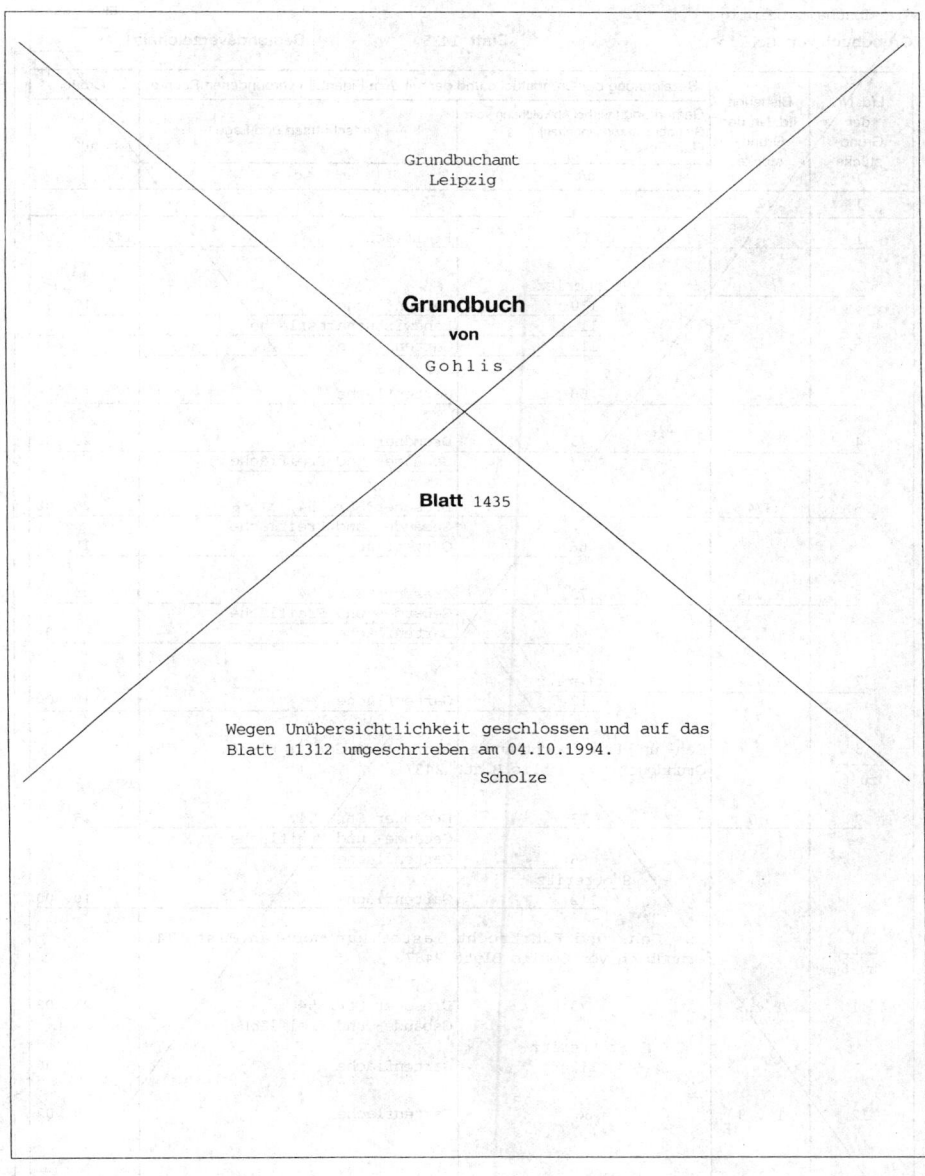

Grundbuchamt
Leipzig

Grundbuch

von

G o h l i s

Blatt 1435

Wegen Unübersichtlichkeit geschlossen und auf das
Blatt 11312 umgeschrieben am 04.10.1994.

Scholze

Grundbuchamt Leipzig

Grundbuch von Gohlis   **Blatt** 1435   **Bestandsverzeichnis**   Einlegebogen 1

Lfd. Nr. der Grund-stücke	Bisherige lfd. Nr. der Grund-stücke	Bezeichnung der Grundstücke und der mit dem Eigentum verbundenen Rechte		Größe
		Gemarkung (nur bei Abweichung vom Grundbuchbezirk angeben) Flurstück	Wirtschaftsart und Lage	m²
		a/b	c	
1	2	3		4
1	–	1327	Freifläche	141 67 09
2	–	Stötteritz 110	Gartenfläche	10 53
		111	Landwirtschaftsfläche	90 00
		112	Gartenfläche	10 00
3	–	66	Gartenfläche	15 06
4	–	73	Dresdner Str. 54, Gebäude- und Freifläche	25 08
5	3,4	73	Dresdner Str. 54, Gebäude- und Freifläche	25 08
		66	Gartenfläche	15 06
6	R.v.5	73	Dresdner Str. 54, Gebäude- und Freifläche	25 08
		66	Gartenfläche	9 02
7	R.v.2	Stötteritz 112	Gartenfläche	10 00
8 ---- zu 6	–	Geh- und Fahrtrecht an dem Grundstück Gohlis Flste. 74, 75; Grundbuch von Gohlis Blatt 2487.		
9	6,7	73	Dresdner Str. 54, Gebäude- und Freifläche	25 08
		66	Gartenfläche	9 02
		Stötteritz 112	Gartenfläche	10 00
10 ---- zu 6	–	Das Geh- und Fahrtrecht lastet nur noch an Flst. 74; Grundbuch von Gohlis Blatt 2487.		
11	T.v.9	73	Dresdner Str. 54, Gebäude- und Freifläche	25 08
		Stötteritz 112	Gartenfläche	10 00
12	T.v.9	66	Gartenfläche	9 02

Grundbuchamt Leipzig

Grundbuch von Gohlis   **Blatt** 1435   **Bestandsverzeichnis** | 1 R

	Bestand und Zuschreibungen		Abschreibungen	
Zur lfd. Nr. der Grund-stücke			Zur lfd. Nr. der Grund-stücke	
5	6		7	8
1	Von Blatt 428 hierher übertragen am 04.10.1990. Dehn		1	Übertragen nach Blatt 3155 am 02.12.1991. Müller
2	Von Stötteritz Blatt 112 hierher übertragen am 05.11.1990. Müller		5,6	Veränderungsnachweis 54/92: BVNr. 5 geteilt; Flst. 102/66 übertragen nach Blatt 3900; Rest als BVNr. 6 neu vorgetragen am 05.02.1992. Müller
3	Von Blatt 27 hierher übertragen am 03.04.1991. Müller		2,7	BVNr. 2 geteilt; Flste. 110, 111 übertragen nach Blatt 3796; Rest als BVNr. 7 neu vorgetragen am 11.06.1992. Lehmann
3,4,5	BVNr. 4 von Blatt 212 hierher über-tragen, mit BVNr. 3 vereinigt und als BVNr. 5 neu vorgetragen am 20.09.1991. Müller			
8 ---- zu 6	Hier vermerkt am 03.08.1992. Lehmann			
6,7,9	BVNr. 7 der BVNr. 6 als Bestandteil zugeschrieben und als BVNr. 9 neu vorgetragen am 02.12.1992. Lehmann			
10 ---- zu 6	Hier vermerkt am 08.12.1992. Lehmann			
9,11,12	BVNr. 9 geteilt in BVNrn. 11, 12 am 10.12.1992. Lehmann			

Fortsetzung auf Einlegebogen

Grundbuchamt Leipzig

Grundbuch von Gohlis **Blatt** 1435 **Erste Abteilung** Einlegebogen 1

Lfd. Nr. der Eintragungen	Eigentümer	Lfd. Nr. der Grundstücke im Bestandsverzeichnis	Grundlage der Eintragung
1	2	3	4
1	Gerber, Hans, geb. am 12.06.1916, Leipzig	1	Auflassung vom 20.09.1990; eingetragen am 04.10.1990. Dehn
		2	Auflassung vom 15.10.1990; eingetragen am 05.11.1990. Müller
		3	Auflassung vom 05.02.1991; eingetragen am 03.04.1991. Müller
2a	Gerber, Friedrich, geb. am 06.04.1942, Leipzig	1,2,3	Erbfolge vom 07.04.1991; Erbschein des Amtsgerichts Leipzig vom 17.04.1991 (VI 2554/91); eingetragen am 08.05.1991.
b	Gerber, Max, geb. am 29.07.1939, Magdeburg		Müller
c	Stumpf, Ella geb. Gerber, geb. am 21.09.1949, Berlin – in Erbengemeinschaft –		
3	Gerber, Friedrich, geb. am 06.04.1942, Leipzig	1,2,3	Auflassung vom 13.05.1991; eingetragen am 03.06.1991. Müller
		4	Ohne Eigentumswechsel; eingetragen am 20.09.1991. Müller
		8 zu 6	In Blatt 2487 eingetragen am 04.11.1991; hier vermerkt am 03.08.1992. Lehmann
4a	Gerber, Friedrich, geb. am 06.04.1942, Leipzig;	6,7, 8 zu 6	Ehevertrag vom 18.02.1992; eingetragen am 01.10.1992. Lehmann
b	Gerber, Amalie geb. Evers, geb. am 16.02.1948, Leipzig; – in Gütergemeinschaft –		

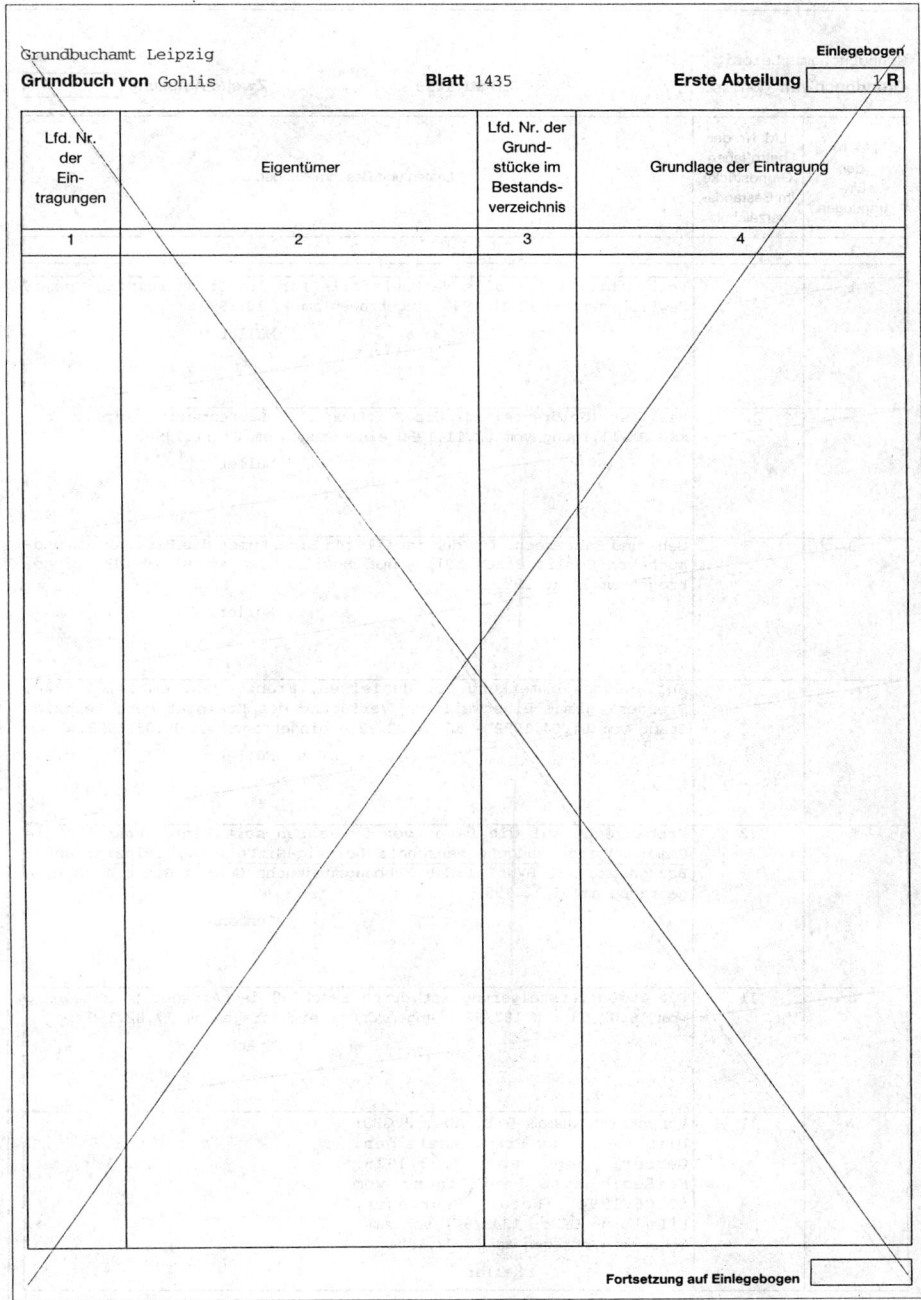

Grundbuchamt Leipzig

Grundbuch von Gohlis   **Blatt** 1435   **Erste Abteilung**   Einlegebogen 1 R

Lfd. Nr. der Ein- tragungen	Eigentümer	Lfd. Nr. der Grund- stücke im Bestands- verzeichnis	Grundlage der Eintragung
1	2	3	4

Fortsetzung auf Einlegebogen

Grundbuchamt Leipzig

Grundbuch von Gohlis **Blatt** 1435 **Zweite Abteilung** Einlegebogen 1

Lfd. Nr. der Eintragungen	Lfd. Nr. der betroffenen Grundstücke im Bestandsverzeichnis	Lasten und Beschränkungen
1	2	3
1	1	Vorkaufsrecht für alle Verkaufsfälle für die Stadt Leipzig; gemäß Bewilligung vom 12.10.1990 eingetragen am 15.10.1990. Müller
2	2,7	Reallast (Geldrente) für die Stiftung „St. Laurentius", Leipzig; gemäß Bewilligung vom 02.11.1990 eingetragen am 07.11.1990. Müller
3	5	Geh- und Fahrtrecht für den jeweiligen Eigentümer des Flst. 85 (Grundbuch von Gohlis Blatt 19); gemäß Bewilligung vom 01.10.1991 eingetragen am 14.10.1991. Müller
4	2	Auflassungsvormerkung für Mühleisen, Franz, geb. am 14.04.1940, Dresden; gemäß einstweiliger Verfügung des Kreisgerichts Leipzig-Stadt vom 01.04.1992 – 38 Z 122/92 – eingetragen am 05.05.1992. Müller
5	12	Erbbaurecht auf die Dauer von 99 Jahren seit Eintragung für die Gemeinnützige Baugenossenschaft Leipzig-Mitte e.G., Leipzig; unter Bezugnahme auf BVNr. 1 des Erbbaugrundbuchs Gohlis Blatt 4128 eingetragen am 11.12.1992. Lehmann
6	11	Die Zwangsversteigerung ist durch Beschluß des Amtsgerichts Leipzig vom 16.02.93 – K 187/92 – angeordnet; eingetragen am 17.02.1993. Späth
7	11	Vorgemerkt gemäß § 18 Abs. 2 GBO: Nießbrauch für Frey, Adele geb. Gerber, geb. am 12.02.1925, Meißen; gemäß Bewilligung vom 01.06.1994 (Notar Behringer, Eilenburg, URNr. 1343/94) von Amts wegen eingetragen am 30.09.1994. Keller

Grundbuchamt Leipzig

Grundbuch von Gohlis · **Blatt** 1435 · **Zweite Abteilung**

Veränderungen		Löschungen	
Lfd. Nr. der Spalte 1		Lfd. Nr. der Spalte 1	
4	5	6	7
3	Das Recht ist auf dem Blatt des herrschenden Grundstücks vermerkt; hier vermerkt am 04.11.1991. Müller	1,3	Je gelöscht am 02.12.1991. Müller
		4	Gelöscht am 18.05.1992. Müller
2	Zur Mithaft übertragen nach Blatt 3796 am 11.06.1992. Müller	2	Gelöscht am 17.11.1992. Müller
5	Der Inhalt des Erbbaurechts ist gemäß BVNr. 2 des Erbbaugrundbuchs geändert; hier vermerkt am 04.01.1993. Späth	6	Gelöscht am 15.03.1993. Späth
5	Das Erbbaurecht ist übertragen auf die Wohnungsbaugesellschaft Gohlis mbH Leipzig; eingetragen am 17.08.1993. Keller		

Fortsetzung auf Einlegebogen

Grundbuchamt Leipzig

Grundbuch von Gohlis   **Blatt** 1435   **Dritte Abteilung**   Einlegebogen   1

Lfd. Nr. der Ein- tragungen	Lfd. Nr. der belasteten Grundstücke im Bestands- verzeichnis	Betrag	Hypotheken, Grundschulden, Rentenschulden
1	2	3	4
1	2,7, 9 (nur Flst.112), 11 (nur Flst.112)	100.000 DM − 50.000 DM ⎯⎯⎯⎯ 50.000 DM − 10.000 DM ⎯⎯⎯⎯ 40.000 DM	Hypothek zu einhunderttausend Deutsche Mark für Dr. jur. Schulze, Walter, geb. am 22.05.1930, Görlitz; 14 % Zinsen; vollstreckbar nach § 800 ZPO; gemäß Bewilligung vom 12.10.1990 eingetragen am 23.11.1990. Müller
2	1,2	30.000 DM	Grundschuld ohne Brief zu dreißigtausend Deutsche Mark für die Deutsche Handelsbank AG, Dresden; 15 % Zinsen; vollstreckbar nach § 800 ZPO; gemäß Bewilligung vom 22.11.1990 eingetragen am 03.12.1990. Müller
3	1,2,3, 5	70.000 DM	Hypothek zu siebzigtausend Deutsche Mark für Gruhn, Maria geb. Weiß, geb. am 24.02.1934, Crimmitschau; 6 % Zinsen; vollstreckbar nach § 800 ZPO; gemäß Bewilligung vom 20.02.1991 eingetragen am 18.06.1991. Mithaft: Gohlis Blatt 212 Müller
4	1,2,7, 9 (nur Flst.112), 11 (nur Flst.112)	5.000 DM	Vorgemerkt gemäß § 883 BGB: Sicherungshypothek zu fünf- Sicherungshypothek zu fünf- tausend Deutsche Mark für tausend Deutsche Mark für Müller, Karl, geb. am 23.06. Müller, Karl, geb. am 23.06. 1938, Grimma; 14 % Zinsen; 1938, Grimma; 14 % Zinsen; gemäß Bewilligung vom gemäß Bewilligung vom 10.05.1991 eingetragen am 10.05.1991 eingetragen am 01.08.1991. 02.07.1991. Müller Müller
5	1	60.000 DM	Rentenschuld zu dreitausend Deutsche Mark jährlich; Ablösebetrag sechzigtausend Deutsche Mark für die Stadt Leipzig; gemäß Bewilligung vom 28.06.1991 eingetragen am 02.07.1991. Müller

Grundbuchamt Leipzig

Grundbuch von Gohlis **Blatt** 1435 **Dritte Abteilung** Einlegebogen R

	Veränderungen			Löschungen	
Lfd. Nr. der Spalte 1	Betrag		Lfd. Nr. der Spalte 1	Betrag	
5	6	7	8	9	10
1a	30.000 DM	Erstrangiger Teilbetrag von dreißigtausend Deutsche Mark mit Zinsen seit 01.01.1991 abgetreten an den Freistaat Sachsen; eingetragen am 15.01.1991. Rennert	1	50.000 DM	Fünfzigtausend Deutsche Mark gelöscht am 16.01.1991. Rennert
1b	20.000 DM	Zwanzigtausend Deutsche Mark mit den Zinsen seit 01.10.1990 abgetreten an Rausch, Franz, geb. am 15.11.1954, Lommatzsch; eingetragen am 02.05.1991. Rennert	2	30.000 DM	Verfügungs- verbot ge- löscht am 21.05.1991. Rennert
2	30.000 DM	Verfügungsverbot für Schmidt, Bruno, geb. am 31.03.1936, Leipzig; gemäß einstweiliger Verfügung des Kreisgerichts Leipzig-Stadt vom 13.05.1991 – 38 Z 200/91 – eingetragen am 17.05.1991. Müller	1b	10.000 DM	Zehntausend Deutsche Mark gelöscht am 15.08.1991. Müller
1bI	10.000 DM	Erstrangiger Teilbetrag von zehntausend Deutsche Mark mit den Zinsen seit 01.01.1991 abgetreten an Martens, Paul, geb. am 24.08.1947, Leipzig; eingetragen am 29.05.1991. Müller	3	70.000 DM	Gelöscht am 02.10.1991. Müller
2	30.000 DM	Ausschluß der Brieferteilung aufgehoben; eingetragen am 04.07.1991. Müller	2	30.000 DM	Gelöscht am 11.11.1991. Müller
3	70.000 DM	Durch Erbfolge vom 14.05.1991 (Erbschein des Kreisgerichts Werdau vom 15.07.1991, VI 455/91) übergegangen auf Gruhn, Karl, geb. am 12.04. 1959, Chemnitz; Nacherbfolge ist angeordnet; Nacherbe ist Gruhn, Emil, geb am 23.03. 1963, Chemnitz; die Nacherbfolge tritt ein mit dem Tode des Vorerben; der Vorerbe ist von den gesetzlichen Beschränkungen nicht befreit; eingetragen am 12.09.1991. Müller	5	60.000 DM	Gelöscht am 25.07.1991. Müller

Fortsetzung auf Einlegebogen

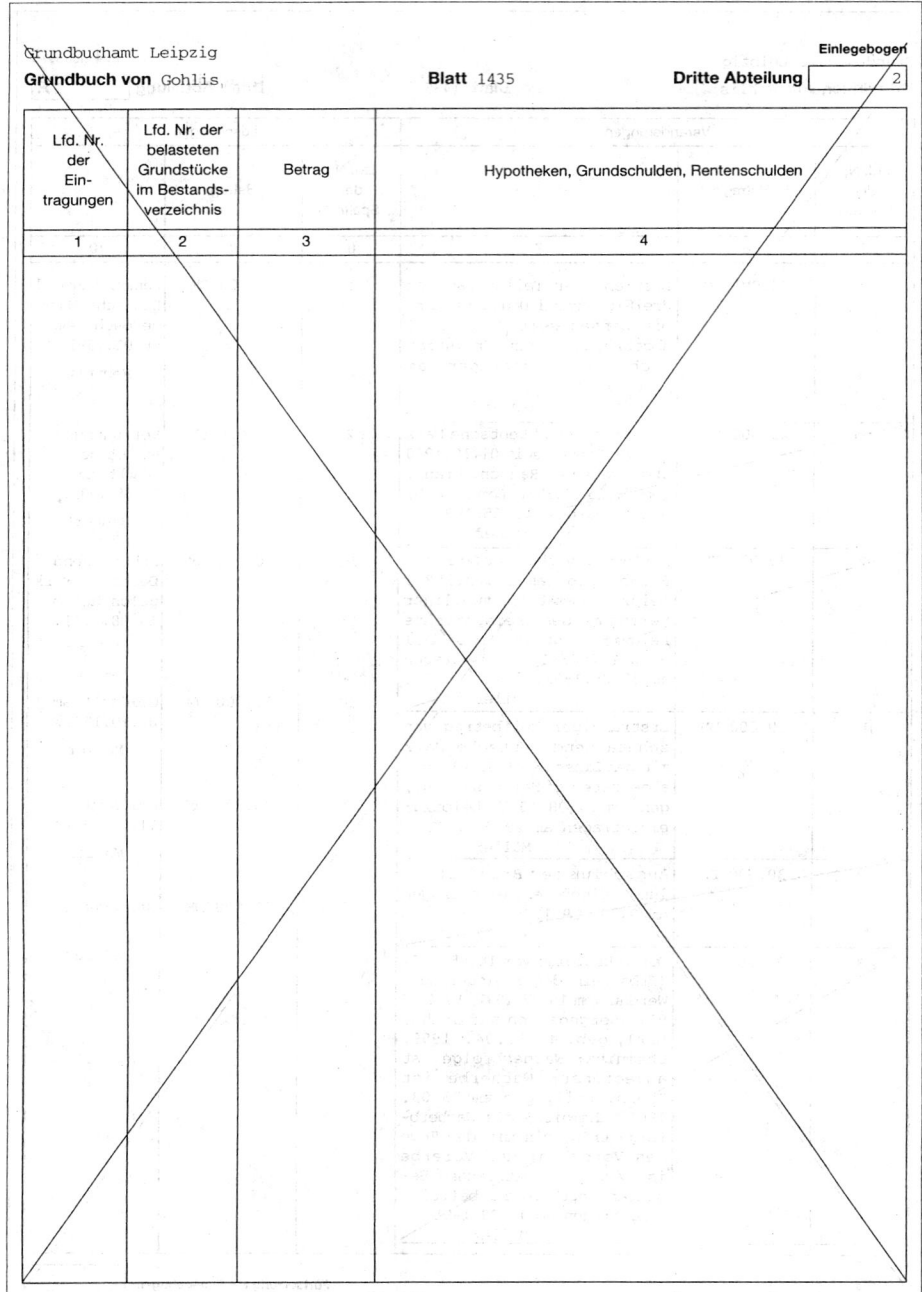

Grundbuchamt Leipzig

Grundbuch von Gohlis   **Blatt** 1435   **Dritte Abteilung**

Einlegebogen

2

Lfd. Nr. der Ein- tragungen	Lfd. Nr. der belasteten Grundstücke im Bestands- verzeichnis	Betrag	Hypotheken, Grundschulden, Rentenschulden
1	2	3	4

Grundbuchamt Leipzig

Grundbuch von Gohlis   **Blatt** 1435

Einlegebogen

Dritte Abteilung | 2 **R**

	Veränderungen			Löschungen	
Lfd. Nr. der Spalte 1	Betrag		Lfd. Nr. der Spalte 1	Betrag	
5	6	7	8	9	10
~~3~~	70.000 DM	Das mithaftende Grundstück Blatt 212 ist als BVNr. 4 hierher übertragen am 20.09.1991. Müller			
4	5.000 DM	An BVNr. 1 gelöscht am 11.11. 1991. Müller			
4	5.000 DM	Der Gläubiger hat auf das Recht verzichtet; als Grundschuld ohne Brief umgeschrieben auf Gerber, Friedrich, geb. am 06.04.1942, Leipzig; eingetragen am 20.01.1992. Müller			
1a 1bI 4	30.000 DM 10.000 DM 5.000 DM	Zur Mithaft übertragen nach Blatt 3796 am 11.06.1992. Teichmann			
4	5.000 DM	Übergegangen auf Gerber, Friedrich, geb. am 06.04.1942, Leipzig und Gerber, Amalie geb. Evers, geb. am 16.02.1948, Leipzig, in Gütergemeinschaft; eingetragen am 01.10.1992. Teichmann			
4	5.000 DM	Gepfändet für die Westdeutsche Hypothekenbank AG, Frankfurt a.M., wegen einer Forderung von siebentausend Deutsche Mark nebst 14 % Zinsen seit 07.02.1993; gemäß Pfändungs- und Überweisungsbeschluß des Amtsgerichts Grimma vom 03.03.1993 (3 M 143/93) eingetragen am 23.03.1993. Späth			

Fortsetzung auf Einlegebogen [   ]

Böttcher

Anlage 2b (zu § 31)

Grundbuchamt
Leipzig

Grundbuch
von
G o h l i s

Blatt 11312

Dieses Blatt ist an die Stelle des wegen Unübersichtlichkeit geschlossenen Blattes 1435 getreten;
eingetragen am 04.10.1994.

Scholze

*) Die Eintragungen sind gemäß § 30 Abs. 1 Buchstabe c Satz 3 der Grundbuchverfügung unter neuen laufenden Nummern in das neue Grundbuchblatt übernommen worden.

Grundbuchamt Leipzig

Grundbuch von Gohlis   **Blatt** 11312   **Bestandsverzeichnis**   Einlegebogen 1

Lfd. Nr. der Grund- stücke	Bisherige lfd. Nr. der Grund- stücke	Bezeichnung der Grundstücke und der mit dem Eigentum verbundenen Rechte		Größe
		Gemarkung (nur bei Abweichung vom Grundbuchbezirk angeben) Flurstück	Wirtschaftsart und Lage	m²
		a/b	c	
1	2	3		4
1	–	73	Dresdner Str. 54, Gebäude- und Freifläche	25 08
		Stötteritz 112	Gartenfläche	10 00
2	–	66	Gartenfläche	9 02
3 zu 1,2	–	Geh- und Fahrtrecht an dem Grundstück Gohlis Flst. 74, Grundbuch von Gohlis Blatt 2487.		

Grundbuchamt Leipzig

Grundbuch von Gohlis

Blatt 11312

Einlegebogen

Bestandsverzeichnis   1 **R**

	Bestand und Zuschreibungen		Abschreibungen
Zur lfd. Nr. der Grund-stücke		Zur lfd. Nr. der Grund-stücke	
5	6	7	8
1,2, 3 ---- zu 1,2	Bei Umschreibung des unübersichtlichen Blattes 1435 als Bestand eingetragen am 04.10.1994. Scholze		

Fortsetzung auf Einlegebogen

Grundbuchamt Leipzig

Grundbuch von Gohlis   **Blatt** 11312   **Erste Abteilung** 1

Lfd. Nr. der Eintragungen	Eigentümer	Lfd. Nr. der Grundstücke im Bestandsverzeichnis	Grundlage der Eintragung
1	2	3	4
1a	Gerber, Friedrich, geb. am 06.04.1942, Leipzig;	1,2, 3	Ohne Eigentumswechsel; eingetragen am 04.10.1994.
b	Gerber, Amalie geb. Evers, geb. am 16.02.1948, Leipzig; – in Gütergemeinschaft –	zu 1,2	Scholze

Grundbuchamt Leipzig

Einlegebogen

Grundbuch von Gohlis   **Blatt** 11312   **Erste Abteilung** [**R**]

Lfd. Nr. der Ein- tragungen	Eigentümer	Lfd. Nr. der Grund- stücke im Bestands- verzeichnis	Grundlage der Eintragung
1	2	3	4

Fortsetzung auf Einlegebogen [   ]

Grundbuchamt Leipzig

Grundbuch von Gohlis

Blatt 11312

Einlegebogen

Zweite Abteilung 1

Lfd. Nr. der Ein-tragungen	Lfd. Nr. der betroffenen Grundstücke im Bestands-verzeichnis	Lasten und Beschränkungen
1	2	3
1	2	Erbbaurecht auf die Dauer von 99 Jahren seit Eintragung für die Wohnungsbaugesellschaft Gohlis mbH, Leipzig; unter Bezugnahme auf BVNr. 1 des Erbbaugrundbuchs Gohlis Blatt 4128 eingetragen am 11.12.1992 und umgeschrieben am 04.10.1994. Scholze
2	1	Vorgemerkt gemäß § 18 Abs. 2 GBO: Nießbrauch für Frey, Adele geb. Gerber, geb. am 12.02.1925, Meißen; gemäß Bewilligung vom 01.06.1994 (Notar Behringer, Eilenburg, URNr. 1343/94) von Amts wegen eingetragen am 30.09.1994 und umgeschrieben am 04.10.1994. Scholze
3	1	Vorkaufsrecht für alle Verkaufsfälle für Frey, Adele geb. Gerber, geb. am 12.02.1925, Meißen; gemäß Bewilligung vom 01.06.1994 (Notar Behringer, Eilenburg, URNr. 1343/94) eingetragen am 04.10.1994. Scholze

Grundbuchamt Leipzig

Grundbuch von Gohlis   **Blatt** 11312   **Zweite Abteilung** Einlegebogen 1 **R**

Veränderungen		Löschungen	
Lfd. Nr. der Spalte 1		Lfd. Nr. der Spalte 1	
4	5	6	7

Fortsetzung auf Einlegebogen

Grundbuchamt Leipzig

Grundbuch von Gohlis   **Blatt** 11312   **Dritte Abteilung** 1

Einlegebogen

Lfd. Nr. der Eintragungen	Lfd. Nr. der belasteten Grundstücke im Bestandsverzeichnis	Betrag	Hypotheken, Grundschulden, Rentenschulden
1	2	3	4
1a	1 (nur Flst. 112)	30.000 DM	Hypothek zu dreißigtausend Deutsche Mark für den Freistaat Sachsen; 14 % Zinsen; vollstreckbar gemäß § 800 ZPO; gemäß Bewilligung vom 12.10.1990 (Notar Dieterlein, Pirna, URNr. 231/90) eingetragen am 23.11.1990 und umgeschrieben am 04.10.1994. Mithaft: Blatt 3796 Gohlis. Scholze
b	1 (nur Flst. 112)	10.000 DM	Hypothek zu zehntausend Deutsche Mark für Martens, Paul, geb. am 24.08.1947, Leipzig; 14 % Zinsen; vollstreckbar gemäß § 800 ZPO; gemäß Bewilligung vom 12.10.1990 (Notar Dieterlein, Pirna, URNr. 231/90) eingetragen am 23.11.1990 und umgeschrieben am 04.10.1994. Mithaft: Blatt 3796 Gohlis. Scholze
2	1 (nur Flst. 112)	5.000 DM	Grundschuld ohne Brief zu fünftausend Deutsche Mark entstanden durch Umwandlung der Sicherungshypothek für Gerber, Friedrich, geb. am 06.04.1942, Leipzig, und Gerber, Amalie geb. Evers, geb. am 16.02.1948, Leipzig, in Gütergemeinschaft; 14 % Zinsen; gemäß Bewilligung vom 10.05.1991 (Notar Dr. Fechter, Leipzig, URNr. 997/91) eingetragen am 01.08.1991 und umgeschrieben am 04.10.1994. Mithaft: Blatt 3796 Gohlis. Scholze

Grundbuchamt Leipzig

Grundbuch von Gohlis   **Blatt** 11312   **Dritte Abteilung**

Einlegebogen

1 R

Veränderungen			Löschungen		
Lfd. Nr. der Spalte 1	Betrag		Lfd. Nr. der Spalte 1	Betrag	
5	6	7	8	9	10
2	5.000 DM	Gepfändet für die Westdeutsche Hypothekenbank AG, Frankfurt a.M., wegen einer Forderung von siebentausend Deutschen Mark nebst 14 % Zinsen seit 07.02.1993; gemäß Pfändungs- und Überweisungsbeschluß des Amtsgerichts Grimma vom 03.03.1993 (3 M 143/93) eingetragen am 23.03.1993 und umgeschrieben am 04.10.1994. Scholze			

Fortsetzung auf Einlegebogen

Anlage 3 (zu § 52 Abs 1)

Muster

(Hypothekenbrief)

Deutscher
Hypothekenbrief

Noch gültig für
15 000 DM.

über

Schönberg, den 9. Juli 1981

20 000 Deutsche Mark

(Unterschriften)

eingetragen im Grundbuch von

Waslingen (Amtsgericht Schönberg)

Blatt 82 Abteilung III Nr. 3 (drei)

Inhalt der Eintragung:

Nr. 3: 20 000 (zwanzigtausend) Deutsche Mark Kaufpreisforderung mit fünf vom Hundert jährlich verzinslich für Josef Schmitz, geboren am 20. März 1931, Waslingen. Unter Bezugnahme auf die Eintragungsbewilligung vom 1. Dezember 1978 eingetragen am 16. Februar 1979.

Belastetes Grundstück:

Das im Bestandsverzeichnis des Grundbuchs unter Nr. 1 verzeichnete Grundstück.

Schönberg, den 20. Februar 1979

Amtsgericht

(Siegel oder Stempel)

(Unterschriften)

Dem belasteten Grundstück ist am 14. November 1980 das im Bestandsverzeichnis unter Nr. 3 verzeichnete Grundstück als Bestandteil zugeschrieben worden. Infolge der Zuschreibung ist das belastete Grundstück unter Nr. 4 des Bestandsverzeichnisses neu eingetragen worden.

Schönberg, den 13. März 1981

Amtsgericht

(Siegel oder Stempel)

(Unterschriften)

Von den vorstehenden 20 000 DM sind 5 000 (fünftausend) Deutsche Mark nebst den Zinsen seit dem 1. Juli 1981 mit dem Vorrange vor dem Rest abgetreten an den Ingenieur Hans Müller, geboren am 14. Januar 1958, Waslingen. Die Abtretung und die Rangänderung sind am 7. Juli 1981 im Grundbuch eingetragen. Für den abgetretenen Betrag ist ein Teilhypothekenbrief hergestellt.

Schönberg, den 9. Juli 1981

Amtsgericht

(Siegel oder Stempel)

(Unterschriften)

Anlage 4 (zu § 52 Abs 1)

Muster

(Teilhypothekenbrief)

Deutscher
Teilhypothekenbrief

über

5 000 Deutsche Mark

Teilbetrag der Hypothek von 20 000 Deutsche Mark

eingetragen im Grundbuch von

Waslingen (Amtsgericht Schönberg)

Blatt 82 Abteilung III Nr. 3 (drei)

Der bisherige Brief über die Hypothek von 20 000 Deutsche Mark lautet wie folgt:

Deutscher
Hypothekenbrief

über

20 000 Deutsche Mark

eingetragen im Grundbuch von

Waslingen (Amtsgericht Schönberg)

Blatt 82 Abteilung III Nr. 3 (drei)

Inhalt der Eintragung:

Nr. 3: 20 000 (zwanzigtausend) Deutsche Mark Kaufpreisforderung mit fünf vom Hundert jährlich verzinslich für Josef Schmitz, geboren am 20. März 1931, Waslingen. Unter Bezugnahme auf die Eintragungsbewilligung vom 1. Dezember 1978 eingetragen am 16. Februar 1979.

Belastetes Grundstück:

Das im Bestandsverzeichnis des Grundbuchs unter Nr. 1 verzeichnete Grundstück.

Schönberg, den 20. Februar 1979

Amtsgericht

(Siegel oder Stempel)

(Abschrift der Unterschriften)

Dem belasteten Grundstück ist am 14. November 1980 das im Bestandsverzeichnis unter Nr. 3 verzeichnete Grundstück als Bestandteil zugeschrieben worden. Infolge der Zuschreibung ist das belastete Grundstück unter Nr. 4 des Bestandsverzeichnisses neu eingetragen worden.

Schönberg, den 13. März 1981

Amtsgericht

(Siegel oder Stempel)

(Abschrift der Unterschriften)

Die vorstehende Abschrift stimmt mit der Urschrift überein.

Von den 20 000 DM sind 5 000 (fünftausend) Deutsche Mark nebst den Zinsen seit dem 1. Juli 1981 mit dem Vorrange vor dem Rest abgetreten an den Ingenieur Hans Müller, geboren am 14. Januar 1958, Waslingen. Die Abtretung und die Rangänderung sind am 7. Juli 1981 im Grundbuch eingetragen.

Über diese 5 000 (fünftausend) Deutsche Mark ist dieser Teilhypothekenbrief hergestellt worden.

Schönberg, den 9. Juli 1981

Amtsgericht

(Siegel oder Stempel)

(Unterschriften)

Anlage 5 (zu § 52 Abs 1)

Muster
(Hypothekenbrief über eine Gesamthypothek)

Deutscher Hypothekenbrief

über

12 000 Deutsche Mark

Gesamthypothek

eingetragen im Grundbuch von

Waslingen (Amtsgericht Schönberg)

Blatt 30 Abteilung III Nr. 3 (drei)

und ebenda Blatt 31 Abteilung III Nr. 2 (zwei)

Inhalt der Eintragungen:

12 000 (zwölftausend) Deutsche Mark Darlehen mit sechs vom Hundert jährlich verzinslich für Maria Weiß, geborene Grün, geboren am 11. Juli 1925, Waslingen. Unter Bezugnahme auf die Eintragungsbewilligung vom 15. Februar 1979 eingetragen am 15. Mai 1979.

Belastete Grundstücke:

I. Waslingen Blatt 30:

Die im Bestandsverzeichnis des Grundbuchs unter den Nummern 1, 2 und 3 verzeichneten Grundstücke;

II. Waslingen Blatt 31:

Das im Bestandsverzeichnis des Grundbuchs unter Nr. 1 verzeichnete Grundstück.

Schönberg, den 17. Mai 1979

(Siegel oder Stempel)

Amtsgericht

(Unterschriften)

Anlage 6 (zu § 52 Abs 1)

Muster

(Gemeinschaftlicher Hypothekenbrief)

**Deutscher
Hypothekenbrief**

über zusammen

8 000 Deutsche Mark

eingetragen im Grundbuch von

Waslingen (Amtsgericht Schönberg)

Blatt 87 Abteilung III Nr. 1 (eins) und 2 (zwei)

mit 6 000 und 2 000 Deutsche Mark

Inhalt der Eintragungen:

Nr. 1: 6 000 (sechstausend) Deutsche Mark Darlehen mit sechs vom Hundert jährlich verzinslich für die Darlehensbank Aktiengesellschaft in Waslingen. Unter Bezugnahme auf die Eintragungsbewilligung vom 5. Januar 1979 eingetragen am 15. Januar 1979.

Nr. 2: 2 000 (zweitausend) Deutsche Mark Darlehen mit sechs vom Hundert jährlich verzinslich für die Darlehensbank Aktiengesellschaft in Waslingen. Unter Bezugnahme auf die Eintragungsbewilligung vom 21. März 1980 eingetragen am 3. April 1980.

Belastetes Grundstück:

Das im Bestandsverzeichnis des Grundbuchs unter Nr. 1 verzeichnete Grundstück.

Dieser Brief tritt für beide Hypotheken jeweils an die Stelle der bisherigen Briefe.

Schönberg, den 9. September 1982

Amtsgericht

(Siegel oder Stempel)

(Unterschriften)

Anlage 7 (zu § 52 Abs 1)

Deutscher
Grundschuldbrief

über

3 000 Deutsche Mark

eingetragen im Grundbuch von

Waslingen (Amtsgericht Schönberg)

Blatt 84 Abteilung III Nr. 3 (drei)

Inhalt der Eintragung:

Nr. 3: 3 000 (dreitausend) Deutsche Mark Grundschuld mit fünf vom Hundert jährlich verzinslich für Herbert Müller, geboren am 20. Januar 1910, Waslingen. Unter Bezugnahme auf die Eintragungsbewilligung vom 1. März 1979 eingetragen am 23. März 1979.

Belastetes Grundstück:

Das im Bestandsverzeichnis des Grundbuchs unter Nr. 1 verzeichnete Grundstück.

Schönberg, den 26. März 1979

(Siegel oder Stempel)

Amtsgericht

(Unterschriften)

Anlage 8 (zu § 52 Abs 1)

Deutscher
Rentenschuldbrief

über

300 Deutsche Mark

eingetragen im Grundbuch von

Waslingen (Amtsgericht Schönberg)

Blatt 13 Abteilung III Nr. 5 (fünf)

Inhalt der Eintragung:

Nr. 5: 300 (dreihundert) Deutsche Mark, vom 1. März 1978 an jährlich am 1. Juli zahlbare Rentenschuld, ablösbar mit sechstausend Deutsche Mark, für die Gemeinde Waslingen. Eingetragen am 1. März 1978.

Belastetes Grundstück:

Das im Bestandsverzeichnis des Grundbuchs unter Nr. 1 verzeichnete Grundstück.

Schönberg, den 6. März 1978

Amtsgericht

(Siegel oder Stempel)

(Unterschriften)

Die Rentenschuld ist gelöscht am 25. Juni 1981.

Schönberg, den 25. Juni 1981

Amtsgericht

(Siegel oder Stempel)

(Unterschriften)

Anlage 9 (zu § 58)

Amtsgericht

München

Grundbuch

von

W a s l i n g e n

Band 375 **Blatt** 11361

(Erbbaugrundbuch)

		Bezeichnung der Grundstücke und der mit dem Eigentum verbundenen Rechte			Größe		
Lfd. Nr. der Grund- stücke	Bisherige lfd. Nr. der Grund- stücke	Gemarkung (nur bei Abweichung vom Grundbuchbezirk angeben) Flurstück	Wirtschaftsart und Lage		ha	a	m²
		a/b	c				
1	2	3			4		

Amtsgericht München

Grundbuch von Waslingen   **Band** 375 **Blatt** 11361   **Bestandsverzeichnis**   Einlegebogen 1

| 1 | | Erbbaurecht an Grundstück Band 370 Blatt 11180 Bestands- verzeichnis Nr. 2: | | | | | |
| | | 102/66 | Gebäude- und Freifläche, An der Wublitz | | | 25 | 15 |

eingetragen Abt. II/1, bis zum 30.06.2045;

Zustimmung des Grundstückseigentümers ist erforderlich zur:

Veräußerung,
Belastung mit Grundpfandrechten,
Reallasten, Dauerwohn-/Dauernutzungsrechten;
nebst deren Inhaltsänderung als weitere Belastung;

Grundstückseigentümer: Breithaupt Walter,
geb. 26.08.1943;

gemäß Bewilligung vom 25.07.1994 – URNr. 1000/Notar Dr. Schmidt, Waslingen –;

angelegt am 02.08.1994.

            Fuchs   Körner

2 Als Eigentümer des belasteten Grundstücks ist am 01.09.1994 eingetragen worden: Geßler Ernst, geb. 28.02.1946; hier ver- merkt am 01.09.1994

            Fuchs   Körner

3 Der Inhalt des Erbbaurechts ist dahin geändert, daß der Erbbauberechtigte zur Veräußerung des Erbbaurechts nicht der Zustimmung des Grundstückseigentümers bedarf. Eingetragen am 09.09.1994

            Fuchs   Körner

Böttcher

Amtsgericht München

Grundbuch von Waslingen   **Band** 375 **Blatt** 11361   **Bestandsverzeichnis**

1 R

	Bestand und Zuschreibungen			Abschreibungen	
Zur lfd. Nr. der Grund-stücke			Zur lfd. Nr. der Grund-stücke		
5	6		7	8	

Fortsetzung auf Einlegebogen

Böttcher

			Einlegebogen
Amtsgericht München			
Grundbuch von Waslingen	**Band** 375 **Blatt** 11361		**Erste Abteilung** [　　　] 1

Lfd. Nr. der Ein-tragungen	Eigentümer	Lfd. Nr. der Grund-stücke im Bestands-verzeichnis	Grundlage der Eintragung
1	2	3	4
1	K ö h l e r Max, geb. 14.11.1911	1	Bei Bestellung des Erbbaurechts in Band 370 Blatt 11180 ein-getragen und hier vermerkt am 02.08.1994. Fuchs Körner
2	G r a u e r Walter, geb. 16.12.1948	1	Einigung vom 16.08.1994; ein-getragen am 15.09.1994. Fuchs Körner

Böttcher

Amtsgericht München

Grundbuch von Waslingen　　　　**Band** 375　**Blatt** 11361　　　**Erste Abteilung**

Lfd. Nr. der Eintragungen	Eigentümer	Lfd. Nr. der Grundstücke im Bestandsverzeichnis	Grundlage der Eintragung
1	2	3	4

Fortsetzung auf Einlegebogen

		Einlegebogen
Amtsgericht München		
Grundbuch von Waslingen	**Band** 375 **Blatt** 11361	**Zweite Abteilung** 1

Lfd. Nr. der Eintragungen	Lfd. Nr. der betroffenen Grundstücke im Bestandsverzeichnis	Lasten und Beschränkungen
1	2	3
1	1	Erbbauzins von 500 (fünfhundert) Deutsche Mark jährlich für jeweilige Eigentümer von BVNr. 2 in Band 370 Blatt 11180; gemäß Bewilligung vom 25.07.1994 - URNr. 1000/Notar Dr. Schmidt, Waslingen -; eingetragen am 02.08.1994. Fuchs Körner
2	1	Vorgemerkt nach § 883 BGB: Anspruch auf Einräumung einer Reallast (Erbbauzinserhöhung) für jeweilige Eigentümer von BVNr. 2 in Band 370 Blatt 11180; gemäß Bewilligung vom 25.07.1994 - URNr. 1000/Notar Dr. Schmidt, Waslingen -; eingetragen am 02.08.1994. Fuchs Körner
3	1	Geh- und Fahrtrecht für jeweilige Eigentümer von Flst. 166/10 (BVNr. 3 in Band 200 Blatt 9907); gemäß Bewilligung vom 26.07.1994 - URNr. 555/ Notar Uhlig, Waslingen -; eingetragen am 18.08.1994. Fuchs Körner

Amtsgericht München   Einlegebogen

Grundbuch von Waslingen   **Band** 375 **Blatt** 11361   **Zweite Abteilung** [1 **R**]

Veränderungen		Löschungen	
Lfd. Nr. der Spalte 1		Lfd. Nr. der Spalte 1	
4	5	6	7
1	Das Recht ist auf dem Blatt des berechtigten Grundstücks vermerkt. Hier vermerkt am 02.08.1994. Fuchs Körner		

Einlegebogen

Amtsgericht München

Grundbuch von Waslingen   **Band** 375 **Blatt** 11361   **Dritte Abteilung** [1]

Lfd. Nr. der Eintragungen	Lfd. Nr. der belasteten Grundstücke im Bestandsverzeichnis	Betrag	Hypotheken, Grundschulden, Rentenschulden
1	2	3	4
1	1	50.000 DM	Grundschuld ohne Brief zu fünfzigtausend Deutsche Mark für Heidemann Ernst, geb. 18.06.1944; 12 % Zinsen jährlich; vollstreckbar nach § 800 ZPO; gemäß Bewilligung vom 23.09.1994; – URNr. 1255/Notar Dr. Schmidt, Waslingen –; eingetragen am 30.09.1994. Fuchs Körner

Amtsgericht München

Grundbuch von Waslingen   **Band** 375 **Blatt** 11361   **Dritte Abteilung**   R

Einlegebogen

		Veränderungen		Löschungen	
Lfd. Nr. der Spalte 1	Betrag		Lfd. Nr. der Spalte 1	Betrag	
5	6	7	8	9	10

Fortsetzung auf Einlegebogen

Anlage 10a (zu § 69 Abs 4)

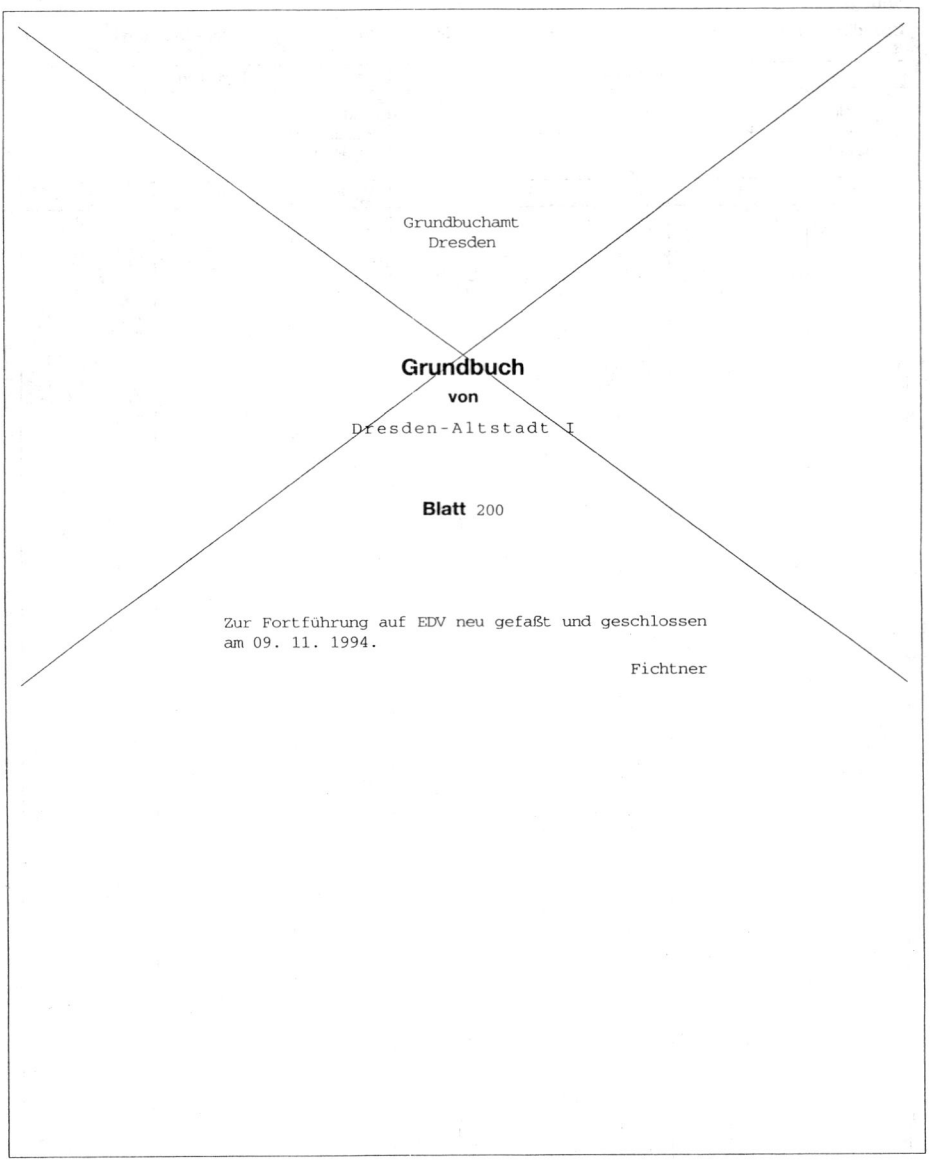

Grundbuchamt
Dresden

Grundbuch

von

Dresden-Altstadt I

Blatt 200

Zur Fortführung auf EDV neu gefaßt und geschlossen
am 09. 11. 1994.

Fichtner

		Grundbuchamt Dresden		Einlegebogen
Grundbuch von Dresden-Altstadt I			**Blatt** 200 **Bestandsverzeichnis**	1

Lfd. Nr. der Grund- stücke	Bisherige lfd. Nr. der Grund- stücke	Bezeichnung der Grundstücke und der mit dem Eigentum verbundenen Rechte		Größe
		Gemarkung (nur bei Abweichung vom Grundbuchbezirk angeben) Flurstück	Wirtschaftsart und Lage	m^2
		a/b	c	
1	2	3		4
1	–	Flst. 74/1	Gebäude- und Freifläche Leipziger Straße 4	04 70

Böttcher

			Einlegebogen
Grundbuchamt Dresden			
Grundbuch von Dresden-Altstadt I	**Blatt** 200	**Bestandsverzeichnis**	1/R

Bestand und Zuschreibungen		Abschreibungen	
Zur lfd. Nr. der Grund- stücke		Zur lfd. Nr. der Grund- stücke	
5	6	7	8
1	Von Blatt 23 hierher übertragen am 10. 09. 1992. Richter		

Fortsetzung auf Einlegebogen

Böttcher

Grundbuchamt Dresden

Grundbuch von Dresden-Altstadt I   **Blatt** 200

Erste Abteilung 1

Lfd. Nr. der Ein-tragungen	Eigentümer	Lfd. Nr. der Grund-stücke im Bestands-verzeichnis	Grundlage der Eintragung
1	2	3	4
1	Gudrun Beckert geb. Braun, geb. am 01. 11. 1939, Dresden	1	Auflassung vom 25. 05. 1992, ein-getragen am 10. 09.1992.
			Richter
2	Simone Franke geb. Beckert, geb. am 06. 10. 1962, Dresden	1	Erbschein des Amtsgerichts Dresden vom 12. 12. 1992 – VI 256/92 –, ein-getragen am 15. 01. 1993.
			Richter

Einlegebogen

Grundbuch von **Blatt** **Erste Abteilung** [ ] R

Lfd. Nr. der Ein- tragungen	Eigentümer	Lfd. Nr. der Grund- stücke im Bestands- verzeichnis	Grundlage der Eintragung
1	2	3	4

Fortsetzung auf Einlegebogen [ ]

Grundbuchamt Dresden

Grundbuch von Dresden-Altstadt I   **Blatt** 200   **Zweite Abteilung**

Einlegebogen 1

Lfd. Nr. der Eintragungen	Lfd. Nr. der betroffenen Grundstücke im Bestandsverzeichnis	Lasten und Beschränkungen
1	2	3
1	1	Beschränkte persönliche Dienstbarkeit (Wohnungsrecht) für Kathrin Paul geb. Knauth, geb. am 06. 10. 1912, Dresden. Zur Löschung genügt der Nachweis des Todes der Berechtigten. Gemäß Bewilligung vom 25. 05. 1992 (Notar Werner, Pirna, URNr. 434/92); eingetragen am 10. 09. 1992. Richter
2	1	Eigentumsübertragungsvormerkung für Grit Schmied geb. Bauer, geb. am 24. 03. 1964, Dresden. Gemäß Bewilligung vom 22. 10. 1993 (Notar Franz, Freital, URNr. 1234/93); eingetragen am 29. 10. 1993. Richter

Böttcher

Grundbuchamt Dresden

Grundbuch von Dresden-Altstadt I   **Blatt** 200

Einlegebogen

Zweite Abteilung   R

	Veränderungen			Löschungen	
Lfd. Nr. der Spalte 1			Lfd. Nr. der Spalte 1		
4	5		6	7	
2	Rang nach Abt. III Nr. 4, eingetragen am 04. 01. 1994. Thomas		1	Gelöscht am 10. 05. 1994. Thomas	
2	Rang nach Abt. III Nr. 5, eingetragen am 02. 11. 1994 Thomas				

Fortsetzung auf Einlegebogen

Grundbuchamt Dresden

Grundbuch von Dresden-Altstadt I   **Blatt** 200   **Dritte Abteilung**   Einlegebogen 1

Lfd. Nr. der Eintragungen	Lfd. Nr. der belasteten Grundstücke im Bestandsverzeichnis	Betrag	Hypotheken, Grundschulden, Rentenschulden
1	2	3	4
1	1	100 000 DM	Grundschuld ohne Brief zu einhunderttausend Deutsche Mark für die Kreissparkasse Boxberg in Boxberg; 15 % Jahreszinsen; vollstreckbar nach § 800 ZPO; gemäß Bewilligung vom 09. 10. 1992 (Notar Wilhelm, Freiberg, URNr. 868/92); eingetragen am 11. 12. 1992. Richter
2	1	25 000 DM	Grundschuld zu fünfundzwanzigtausend Deutsche Mark für die MEISSNER BAUSPARKASSE AG, Meißen; 16 % Jahreszinsen; vollstreckbar nach § 800 ZPO; gemäß Bewilligung vom 22. 01. 1993 (Notar Peter, Plauen, URNr. 44/93); eingetragen am 02. 03. 1993. Richter
3	1	134 000 DM	Grundschuld ohne Brief zu einhundertvierunddreißigtausend Deutsche Mark für die LAUSITZER HYPOTHEKEN- UND WECHSEL-BANK Aktiengesellschaft, Görlitz; 17 % Jahreszinsen; vollstreckbar nach § 800 ZPO; gemäß Bewilligung vom 27. 10. 1993 (Notar Stephan, Bautzen, URNr. 1576/93); eingetragen am 24. 09. 1993. Richter
4	1	350 000 DM	Grundschuld zu dreihundertfünfzigtausend Deutsche Mark für die STADTSPARKASSE COTTA, Cotta; 18 % Jahreszinsen; 3 % einmalige Nebenleistung; vollstreckbar nach § 800 ZPO; Rang vor Abt. II Nr. 2; gemäß Bewilligung vom 11. 01. 1994 (Notarin Cosel, Stolpen) URNr. 56/94); eingetragen am 04. 01. 1994. Thomas
5	1	500 000 DM	Grundschuld zu fünfhunderttausend Deutsche Mark für die VOLKSBANK BÜHLAU eG, Bühlau; 18 % Jahreszinsen; 3 % einmalige Nebenleistung; vollstreckbar nach § 800 ZPO; gemäß Bewilligung vom 14. 10. 1994 (Notar Markus, Esslingen, URNr. 2589/94); eingetragen am 28. 10. 1994. Thomas

Grundbuchamt Dresden

Einlegebogen

Grundbuch von Dresden-Altstadt I   **Blatt** 200   **Dritte Abteilung** ⌐ ⌐R

	Veränderungen			Löschungen	
Lfd. Nr. der Spalte 1	Betrag		Lfd. Nr. der Spalte 1	Betrag	
5	6	7	8	9	10
5	500 000 DM	Rang vor Abt. II Nr. 2, eingetragen am 02. 11. 1994. Thomas	1	100 000 DM	Gelöscht am 01. 06. 1994. Thomas
			2	25 000 DM	Gelöscht am 10. 08. 1994. Thomas
			4	350 000 DM	Gelöscht am 28. 10. 1994. Thomas

Fortsetzung auf Einlegebogen ⌐⌐

Anlage 10b (zu § 69 Abs 4)

Grundbuchamt
Dresden

Grundbuch

von

Dresden-Altstadt I

Blatt 200

Dieses Blatt ist zur Fortführung auf EDV neu
gefaßt worden und dabei an die Stelle des bisherigen Blattes getreten. In dem Blatt enthaltene
Rötungen sind schwarz sichtbar.
Freigegeben am 09. 11. 1994.

Fichtner

*) Die für das in Papierform geführte Grundbuch vorgesehene farbliche Gestaltung einschließlich der roten Unterstreichung ist zulässig.

		Grundbuchamt Dresden		Einlegebogen

Grundbuch von Dresden-Altstadt I   **Blatt** 200   **Bestandsverzeichnis** 1

Lfd. Nr. der Grund-stücke	Bisherige lfd. Nr. der Grund-stücke	Bezeichnung der Grundstücke und der mit dem Eigentum verbundenen Rechte		Größe
		Gemarkung (nur bei Abweichung vom Grundbuchbezirk angeben) Flurstück	Wirtschaftsart und Lage	m²
		a/b	c	
1	2	3		4
1	–	Flst. 74/1	Gebäude- und Freifläche Leipziger Straße 4	04 70

Böttcher

	Grundbuchamt Dresden			Einlegebogen

Grundbuch von Dresden-Altstadt I   **Blatt** 200   **Bestandsverzeichnis** | 1 **R**

Bestand und Zuschreibungen		Abschreibungen	
Zur lfd. Nr. der Grund- stücke		Zur lfd. Nr. der Grund- stücke	
5	6	7	8
1	Bei Neufassung des Bestandsverzeich- nisses als Bestand eingetragen am 09. 11. 1994.		

Fortsetzung auf Einlegebogen

Grundbuchamt Dresden

Grundbuch von Dresden-Altstadt I   **Blatt** 200   **Erste Abteilung** | 1

Lfd. Nr. der Ein- tragungen	Eigentümer	Lfd. Nr. der Grund- stücke im Bestands- verzeichnis	Grundlage der Eintragung
1	2	3	4
1	Simone Franke geb. Beckert, geb. am 06. 10. 1962, Dresden	1	Bei Neufassung der Abteilung ohne Eigentumswechsel eingetragen am 09. 11. 1994.

		Grundbuchamt Dresden	Einlegebogen

Grundbuch von Dresden-Altstadt I **Blatt** 200 **Zweite Abteilung** | 1

Lfd. Nr. der Eintragungen	Lfd. Nr. der betroffenen Grundstücke im Bestandsverzeichnis	Lasten und Beschränkungen
1	2	3
1	1	Eigentumsübertragungsvormerkung für Grit Schmied geb. Bauer, geb. am 24. 03. 1964, Dresden. Gemäß Bewilligung vom 22. 10. 1993 (Notar Franz, Freital, URNr. 1234/93); eingetragen am 29. 10. 1993 (ehem. Abt. II lfd. Nr. 2). Rang nach Abt. III Nr. 2. Bei Neufassung der Abteilung eingetragen am 09. 11. 1994.

		Einlegebogen

Grundbuch von Dresden-Altstadt I   **Blatt** 200   **Dritte Abteilung**   1

Lfd. Nr. der Eintragungen	Lfd. Nr. der belasteten Grundstücke im Bestandsverzeichnis	Betrag	Hypotheken, Grundschulden, Rentenschulden
1	2	3	4
1	1	134 000 DM	Grundschuld ohne Brief zu einhundertvierunddreißigtausend Deutsche Mark für die LAUSITZER HYPOTHEKEN- UND WECHSEL-BANK Aktiengesellschaft, Görlitz; 17 % Jahreszinsen; vollstreckbar nach § 800 ZPO; gemäß Bewilligung vom 27. 10. 1993 (Notar Stephan, Bautzen, URNr. 1576/93); eingetragen am 24. 09. 1993 (ehem. Abt. III lfd. Nr. 3).
2	1	500 000 DM	Grundschuld zu fünfhunderttausend Deutsche Mark für die VOLKSBANK BÜHLAU eG, Bühlau; 18 % Jahreszinsen; 3 % einmalige Nebenleistung; vollstreckbar nach § 800 ZPO; gemäß Bewilligung vom 14. 10. 1994 (Notar Markus, Esslingen, URNr. 2589/94); eingetragen am 28. 10. 1994 (ehem. Abt. III lfd. Nr. 5). Rang vor Abt. II Nr. 1. Rechte unter lfd. Nr. 1 bis 2 bei Neufassung der Abteilung eingetragen am 09. 11. 1994.

Verordnung über die Anlegung und Führung der Wohnungs- und Teileigentumsgrundbücher (Wohnungsgrundbuchverfügung – WGV)

in der Fassung vom 24.01.1995 (BGBl. I S. 134)

Vorbemerkungen

I. Die WGV enthält **Spezialvorschriften** für die grundbuchtechnische Behandlung von Wohnungs- bzw Teileigentum sowie von Wohnungs- bzw Teilerbbaurechten, die den Bestimmungen der GBV vorgehen, ohne sie zu verdrängen (vgl § 1). Sie enthält keine besonderen Vorschriften bezüglich des in Teil II des WEG geregelten Dauerwohnrechts, so dass diesbezüglich allein die GBV maßgeblich ist. **1**

II. Die WGV ist eine **Rechtsverordnung wie die GBV** (Bedeutung: Vor GBV Rdn 3). Die **Neufassung vom 24.01.1995** stützt sich auf Art 5 der Dritten VO zur Änderung der Verordnung zur Durchführung der Schiffsregisterordnung und zur Regelung anderer Fragen des Registerrechts vom 30.11.1994 (BGBl I 3580, 1995 I 16). Hinsichtlich der bei der Neufassung berücksichtigten früheren Änderungen der WGV wird auf die an dieser Stelle in der 8. Aufl enthaltene Auflistung verwiesen. **2**

III. Für das **Verhältnis der GBGeschO und AktO** gilt etwa das Vor GBV Rdn 4 bis 6 Ausgeführte. Einige Länder haben für die geschäftsmäßige Behandlung von Angelegenheiten, die unter das Wohnungseigentumsgesetz fallen, besondere Verwaltungsvorschriften zur Ergänzung der AktO erlassen; sie beziehen sich vornehmlich auf das Verfahren nach den §§ 43 ff WEG, aber auch auf die Kennzeichnung der Grundbuchgeschäfte.[1] **3**

IV. In den neuen Bundesländern ist die WGV durch den Einigungsvertrag (Art 8 Anl 1 Kap III Sachgeb B Abschn III Nr 5) mit dem Wirksamwerden des Beitritts (am 03.10.1990) in Kraft gesetzt mit Maßgaben, die durch VO vom 30.11.1994 (BGBl I 3580; 1995, 16) als Absatz 2 und 3 in § 10 WGV aufgenommen worden sind. **4**

Nach hM ist das Gebäudeeigentum zur Begründung von Wohnungseigentum nicht geeignet, da der für das Wohnungseigentum wesentliche Miteigentumsanteil am Grundstück fehlt.[2]

V. Die **Anlagen zur WGV** sind im Zuge der Neufassung ohne strukturelle Änderungen aktualisiert worden: **5**
Anl 1: Wohnungs- und Teileigentumsgrundbuch
Anl 2: Erste Abteilung eines gemeinschaftlichen Wohnungsgrundbuchs
Anl 3: Aufschrift und Bestandsverzeichnis eines Wohnungserbbaugrundbuchs
Anl 4: Probeeintragungen in einen Hypothekenbrief bei Aufteilung des Eigentums am belasteten Grundstück in Wohnungseigentumsrechte nach § 8 des Wohnungseigentumsgesetzes

§ 1   (Entsprechende Anwendung der Grundbuchverfügung)

Für die gemäß § 7 Abs 1, § 8 Abs 2 des Wohnungseigentumsgesetzes vom 15. März 1951 (Bundesgesetzbl. I S 175) für jeden Miteigentumsanteil anzulegenden besonderen Grundbuchblätter (Wohnungs- und Teileigentumsgrundbücher) sowie für die gemäß § 30 Abs 3 des Wohnungseigentumsgesetzes anzulegenden Wohnungs- und Teilerbbaugrundbücher gelten die Vorschriften der Grundbuchverfügung entsprechend, soweit sich nicht aus den §§ 2 bis 5, 8 und 9 etwas anderes ergibt.

Zum Verhältnis von WGV und GBV **1**

Die Vorschrift stellt klar, dass die WGV eine zwar vorrangige, aber keineswegs allumfassende Regelung der »Grundbuchtechnik« für die nach dem WEG anzulegenden und zu führenden besonderen Grundbuchblätter enthält, dass vielmehr die Vorschriften der GBV gelten, soweit in den §§ 2 bis 5, 8, 9 WGV nichts Abweichendes angeordnet ist.

---

1   Zur Entwicklung: *Weitnauer* (8. Aufl) Anh III 3.
2   OLG Jena FGPrax 1996, 17 = DtZ 1996, 88 = Rpfleger 1996, 194, dazu *Hügel* DtZ 1996, 66; MüKo-*v Oefele* Rn 54, *Staudinger-Rauscher* Rn 34, *Palandt-Bassenge* Rn 3, je zu Art 233 § 4 EGBGB; *Flik* DtZ 1996, 162, 167; **aA** *Heinze* DtZ 1995, 196; folgend: *Böttcher* RpflStud 1996, 1.

§ 2 (Aufschrift)

In der Aufschrift ist unter die Blattnummer in Klammern das Wort »Wohnungsgrundbuch« oder »Teileigentumsgrundbuch« zu setzen, je nachdem, ob sich das Sondereigentum auf eine Wohnung oder auf nicht zu Wohnzwecken dienende Räume bezieht. Ist mit dem Miteigentumsanteil Sondereigentum sowohl an einer Wohnung als auch an nicht zu Wohnzwecken dienenden Räumen verbunden und überwiegt nicht einer dieser Zwecke offensichtlich, so ist das Grundbuchblatt als »Wohnungs- und Teileigentumsgrundbuch« zu bezeichnen.

I. Anwendungsbereich der Vorschrift

1 Die Vorschrift regelt die Gestaltung der Aufschrift für die nach den §§ 7 Abs 1, 8 Abs 2 WEG anzulegenden Wohnungs- bzw Teileigentumsgrundbücher (vgl § 1). Für das gemäß § 7 Abs 2 WEG zulässige gemeinschaftliche Wohnungs- bzw Teileigentumsgrundbuch findet sich eine spezielle Regelung in § 7 der WGV.

II. Zur Art des Klammervermerks in der Aufschrift

1. »Wohnungsgrundbuch« oder »Teileigentumsgrundbuch« oder »Wohnungs- und Teileigentumsgrundbuch«

2 Für die in § 2 vorgeschriebene Kennzeichnung eines Grundbuchblattes als »Wohnungsgrundbuch« oder als »Teileigentumsgrundbuch« kommt es darauf an, welcher der gesetzlichen Begriffsbestimmungen (§ 1 Abs 2, 3 WEG) das darauf gebuchte Sondereigentum entspricht. Maßgeblich für die Abgrenzung zwischen Wohnungseigentum und Teileigentum ist die bauliche Eignung und Zweckbestimmung der im Sondereigentum stehenden Räume, nicht die Art ihrer tatsächlichen Nutzung.[1] Die Definition des Wohnungsbegriffs hat das WEG dem Bundesminister für Wohnungsbau überlassen (§ 59 WEG); sie findet sich in der Allgemeinen Verwaltungsvorschrift »für die Ausstellung von Bescheinigungen gemäß § 7 Abs 4 Nr 2 und § 32 Abs 2 Nr 2 des Wohnungseigentumsgesetzes« vom 19.03.1974 (BAnZ Nr 58).[2] In Ziffer 4 dieser AV heißt es: »*Eine Wohnung ist die Summe der Räume, welche die Führung eines Haushaltes ermöglichen; dazu gehören stets eine Küche oder ein Raum mit Kochgelegenheit sowie Wasserversorgung, Ausguß und WC. Die Eigenschaft als Wohnung geht nicht dadurch verloren, daß einzelne Räume vorübergehend oder dauernd zu beruflichen oder gewerblichen Zwecken benutzt werden*«, des weiteren: »*Nicht zu Wohnzwecken dienende Räume sind z.B. Läden, Werkstatträume, sonstige gewerbliche Räume, Praxisräume, Garagen und dergleichen.*« Nach Ziffer 5a der AV können zu abgeschlossenen Wohnungen zusätzliche abschließbare Räume außerhalb des Wohnungsabschlusses gehören. Dementsprechend kann beispielsweise an Garagen und Kellerräumen selbständiges »Teileigentum« begründet werden, falls sie nicht als unselbständiger Nebenraum in »Wohnungseigentum« einbezogen sind.[3] Dagegen können Räume, auf welche Wohnungseigentümer zum Wohnen angewiesen sind (zB Toilette, Vorflur), nicht zum Gegenstand von selbständigem »Teileigentum« gemacht werden.[4]

3 Zulässig wenn auch wenig gebräuchlich ist es, denselben Miteigentumsanteil mit Sondereigentum sowohl an einer Wohnung als auch an nicht zu Wohnzwecken dienenden Räumen zu verbinden; sofern nicht einer der Zwecke offensichtlich überwiegt, ist das dafür anzulegende Grundbuchblatt in der Aufschrift als »Wohnungs- und Teileigentumsgrundbuch« zu bezeichnen.[5] Allein wegen der Einbeziehung einer Garage in ein Wohnungseigentum ist die Mischbezeichnung in der Aufschrift nicht nötig.

---

1 BayObLGZ 1973, 8 = Rpfleger 1973, 139 = DNotZ 1973, 691.
2 OLG Düsseldorf OLGZ 1976, 257 = NJW 1976, 1458 = Rpfleger 1976, 215 = DNotZ 1976, 531.
3 BayObLGZ 1991, 375 = NJW 1992, 700 = Rpfleger 1992, 154 mit Anm *Eckardt* mwN.
4 OLG Düsseldorf aaO (Fn 2) und OLG Hamm NJW-RR 1986, 1275 = Rpfleger 1986, 374. Zur Sondereigentumsfähigkeit von Räumen mit zentralen Versorgungsanlagen und ihren Zugangsräumen: *Röll* Rpfleger 1992, 94 mwN.
5 BayObLGZ 1960, 231 = Rpfleger 1961, 400 = DNotZ 1960, 596 (zur gleich gelagerten Frage beim »Dauerwohn- und Dauernutzungsrecht«).

2. Zu sonstigen Vermerken

a) Hofvermerk: Zulässig ist die Wohnungseigentumsbegründung an einem zu einem Hof iS der HöfeO **4** gehörenden Grundstück; der Hofvermerk ist entsprechend § 7 Abs 3 HöfeVfO nicht ohne weiteres auf die anzulegenden Wohnungsgrundbücher zu übernehmen, eine Benachrichtigung des Landwirtschaftsgerichts aber angezeigt, damit dieses – unbeschadet der Möglichkeit des Eigentümers, ein Feststellungsverfahren (§ 11 HöfeVfO) zu beantragen – über die Hofeszugehörigkeit entscheiden kann.[6]

b) Heimstättenvermerk: Die Überführung eines Heimstättengrundstücks in Wohnungseigentum (Zulässig- **5** keit umstritten) hatte nach dem inzwischen aufgehobenen Reichsheimstättengesetz (Gesetz vom 17.06.1993, BGBl I 912, mit Übergangsrecht) nicht das Erlöschen der Heimstätteneigenschaft zur Folge und berechtigte deshalb das GBA nicht zur Löschung des in Abt II eingetragenen Heimstättenvermerks.[7] Dementsprechend war nach dem ebenfalls aufgehobenen § 61 GBV die Kennzeichnung der Wohnungsgrundbücher als »Reichsheim- stätte« oder »Heimstätte« geboten.

§ 3 (Bestandsverzeichnis)

(1) Im Bestandsverzeichnis sind in dem durch die Spalte 3 gebildeten Raum einzutragen:
a) der in einem zahlenmäßigen Bruchteil ausgedrückte Miteigentumsanteil an dem Grundstück;
b) die Bezeichnung des Grundstücks nach den allgemeinen Vorschriften; besteht das Grundstück aus mehreren Teilen, die in dem maßgebenden amtlichen Verzeichnis (§ 2 Abs 2 der Grundbuch- ordnung) als selbständige Teile eingetragen sind, so ist bei der Bezeichnung des Grundstücks in geeigneter Weise zum Ausdruck zu bringen, daß die Teile ein Grundstück bilden;
c) das mit dem Miteigentumsanteil verbundene Sondereigentum an bestimmten Räumen und die Beschränkung des Miteigentums durch die Einräumung der zu den anderen Miteigentumsantei- len gehörenden Sondereigentumsrechte; dabei sind die Grundbuchblätter der übrigen Miteigen- tumsanteile anzugeben.

(2) Wegen des Gegenstandes und des Inhalts des Sondereigentums kann auf die Eintragungsbewilli- gung Bezug genommen werden (§ 7 Abs 3 des Wohnungseigentumsgesetzes); vereinbarte Veräuße- rungsbeschränkungen (§ 12 des Wohnungseigentumsgesetzes) sind jedoch ausdrücklich einzutragen.

(3) In Spalte 1 ist die laufende Nummer der Eintragung einzutragen. In Spalte 2 ist die bisherige laufende Nummer des Miteigentumsanteils anzugeben, aus dem der Miteigentumsanteil durch Ver- einigung oder Teilung entstanden ist.

(4) In Spalte 4 ist die Größe des im Miteigentum stehenden Grundstücks nach den allgemeinen Vor- schriften einzutragen.

(5) In den Spalten 6 und 8 sind die Übertragung des Miteigentumsanteils auf das Blatt sowie die Veränderungen, die sich auf den Bestand des Grundstücks, die Größe des Miteigentumsanteils oder den Gegenstand oder den Inhalt des Sondereigentums beziehen, einzutragen. Der Vermerk über die Übertragung des Miteigentumsanteils auf das Blatt kann jedoch statt in Spalte 6 auch in die Eintra- gung in Spalte 3 aufgenommen werden.

(6) Verliert durch die Eintragung einer Veränderung nach ihrem aus dem Grundbuch ersichtlichen Inhalt eine frühere Eintragung ganz oder teilweise ihre Bedeutung, so ist sie insoweit rot zu unter- streichen.

(7) Vermerke über Rechte, die dem jeweiligen Eigentümer des Grundstücks zustehen, sind in den Spalten 1, 3 und 4 des Bestandsverzeichnisses sämtlicher für Miteigentumsanteile an dem herr- schenden Grundstück angelegten Wohnungs- und Teileigentumsgrundbücher einzutragen. Hierauf ist in dem in Spalte 6 einzutragenden Vermerk hinzuweisen.

---

6 OLG Hamm Rpfleger 1989, 18 = DNotZ 1989, 448.
7 BayObLGZ 1967, 128 = Rpfleger 1968, 92.

I. Allgemeines

1 Die Vorschriften des § 3 bilden den Schwerpunkt der WGV. Denn im Bestandsverzeichnis der gemäß § 7 Abs 1 WEG regelmäßig von Amts wegen anzulegenden Wohnungs- bzw Teileigentumsgrundbücher gelangen grundbuchtechnisch die Besonderheiten des Wohnungs- bzw Teileigentumsrechts zur Darstellung; für die Eintragung in den drei Abteilungen gibt es nur eine Spezialvorschrift (§ 4), ansonsten ist die GBV allein maßgeblich. Mit der nach § 7 Abs 2 WEG zwar ausnahmsweise zulässigen, aber wenig praktizierten Führung eines gemeinschaftlichen Wohnungs- bzw Teileigentumsgrundbuchs befasst sich § 7. Angelehnt sind die Bestimmungen des § 3 (mit Abweichungen) an:

– § 8 GBV, betreffend die selbständige Buchung von Miteigentumsanteilen (§ 3 Abs 5 GBO) im Bestandsverzeichnis des herrschenden Grundstücks,
– § 56 GBV, betreffend die Darstellung des Erbbaurechts und seiner Veränderungen im Bestandsverzeichnis des Erbbaugrundbuchs.

Geregelt ist die (praktisch überwiegende) Buchungsweise des Realfoliums (pro Wohnungs- bzw Teileigentum ein besonderes Grundbuchblatt); zulässig ist aber auch das Personalfolium nach Maßgabe des § 4 Abs 1 GBO (vgl § 4 GBO Rdn 3).

II. Buchungen bei Anlegung der Wohnungs- bzw Teileigentumsgrundbücher (Abs 1 bis 4 und 5 teilweise)

1. Spalte 1: Laufende Nummer der Eintragung

2 Gemäß Abs 3 S 1 ist die Spalte 1 – wie im Grundstücksgrundbuch – für die Nummerierung der in den Spalten 1 bis 4 erfolgenden Einträge bestimmt. Die bei der Anlegung des Wohnungs- bzw Teileigentumsgrundbuchs vorzunehmende Eintragung erhält die lfdNr »1« (vgl Eintragungsmuster in Anl 1). Zur Bedeutung der lfdNr als »Adresse«: § 6 GBV Rdn 5.

2. Spalte 2: Bisherige laufende Nummer

3 Die Spalte 2 bleibt bei der Ersteintragung frei oder wird besser mit einem waagerechten Strich versehen (dazu § 6 GBV Rdn 11). Sie ist nach Abs 3 S 2 im Falle späterer Vereinigungen oder Teilungen für die Angabe der bisherigen lfdNr(n) vorgesehen. Zur empfehlenswerten Ausfüllung bei Vereinigung: § 6 GBV Rdn 9; bei Teilung: § 6 GBV Rdn 10 (vgl auch Eintragungsmuster in Anl 1).

3. Spalten 3, 4: Eintragung des Wohnungs- bzw Teileigentums

4 Anders als im Erbbaugrundbuch (dazu § 6 GBV Rdn 3) soll nach Abs 1 der Beschrieb des Wohnungs- bzw Teileigentums nicht quer über die Spalten 2 bis 4 hinweg, sondern nur in dem durch die Spalte 3 gebildeten Raum erfolgen. Der Eintragungsvermerk in Spalte 3 hat nicht nur beschreibende, sondern auch *konstitutive Funktion*; denn er bildet die nach materiellem Recht (§§ 4 Abs 1, 7 Abs 1 S 2 bzw § 8 Abs 2 WEG) zur Begründung des Wohnungs- bzw Teileigentums nötige rechtsbegründende Eintragung. Dementsprechend ist der Eintrag in Spalte 3 gemäß § 44 GBO zu datieren und zu unterzeichnen (vgl Eintragungsmuster in Anl 1).[1] Außer-

---

1 **AA** hM im Anschluss an OLG Celle Rpfleger 1971, 184 = DNotZ 1971, 305 (Unterzeichnung in Spalte 6 genügt).

dem ist der die Herkunft des Miteigentumsanteils bekundende Übertragungsvermerk, wenn er gemäß Abs 5 in Spalte 6 besonders eingetragen wird (dazu Rdn 14), extra zu datieren und zu unterzeichnen. Nach Abs 1 sind **im Ersteintrag in Spalte 3 einzutragen** (vgl Eintragungsmuster in Anl 1):

a) Der Miteigentumsanteil, mit dem das nachbezeichnete Sondereigentum verbunden ist (§ 1 Abs 2 bzw 3   5 nebst § 6 WEG), ausgedrückt in einem zahlenmäßigen Bruchteil (Abs 1 Buchst a); wörtliche Wiederholung (wie im Eintragungsmuster in Anl 1) ist nicht vorgeschrieben.

b) Die Bezeichnung des Grundstücks »nach den allgemeinen Vorschriften« (Abs 1 Buchst b), dh mit den   6 gewöhnlichen Katasterdaten (Gemarkung, Flur, Flurstück, Wirtschaftsart und Lage). Nach § 1 Abs 4 WEG[2] kann Sondereigentum nicht mit Miteigentum an mehreren Grundstücken (im Rechtssinne) verbunden werden, so dass vorab deren Vereinheitlichung (durch im bisherigen Grundbuchblatt zu vollziehende Vereinigung oder Bestandteilszuschreibung) durchzuführen ist. In den Wohnungs- bzw Teileigentumsgrundbüchern soll die Einheitlichkeit des Grundstücks besonders klargestellt werden, falls es aus mehreren Flurstücken besteht (Abs 1 Buchst b), etwa so: »*... Miteigentumsanteil an dem sich aus folgenden Flurstücken ... zusammensetzenden einheitlichen Grundstück, verbunden mit dem Sondereigentum an ...*«.[3]

§ 1 Abs 4 WEG steht der Begründung von Wohnungs- bzw Teileigentum **im Fall eines Grenzüberbaus**   7 **nicht entgegen, sofern** der grenzüberschreitende Gebäudeteil als Teil des Gesamtgebäudes (§§ 93, 94 Abs 2 BGB) mit dem Eigentum an dem in Wohnungs- bzw Teileigentum zu überführenden Grundstück verbunden bleibt. Das ist der Fall, wenn für den über die Grenze gebauten Gebäudeteil nicht die »Bodenakzession« (§§ 94 Abs 1, 946 BGB) zum Zuge kommt (der Gebäudeteil würde dann wesentlicher Bestandteil der überbauten Bodenfläche und infolgedessen kraft Gesetzes Eigentum des Nachbarn, was dem § 1 Abs 4 WEG widerspricht). Erreichbar ist das aufgrund von § 95 Abs 1 S 2 BGB. Danach wird ein Überbau in Ausübung eines dinglichen Rechts (zB einer das Überbaurecht einräumenden Grunddienstbarkeit), nicht wesentlicher Bestandteil des überbauten Bodens. Ausgedehnt hat die höchstrichterliche Rechtsprechung die Anwendbarkeit des § 95 Abs 1 S 2 BGB auf den »rechtmäßigen« Überbau (vom Nachbarn aufgrund Gestattung zu duldender Überbau) und auf den »entschuldigten« Überbau (versehentlicher Überbau, der vom Nachbarn kraft Gesetzes zu dulden ist, falls die Voraussetzungen des § 912 BGB vorliegen).[4] Über die hier nur kurz aufgezeigten materiellrechtlichen Zulässigkeitskriterien für die Wohnungs- bzw Teileigentumsbegründung an einem grenzüberschreitenden Gebäude besteht heute im Wesentlichen Einigkeit. Weniger geklärt sind die grundbuchrechtlichen Belange. Im Anschluss an die bisherige Rechtsprechung geht das Schrifttum überwiegend davon aus, dass dem GBA vor der Eintragung Nachweise darüber zu erbringen sind, dass der Überbau nicht wesentlicher Bestandteil des überbauten Grundstücks geworden ist.[5] Größte Schwierigkeiten bereitet der grundbuchmäßige Nachweis des vollständigen Tatbestandes eines »entschuldigten« Überbaus; deshalb wird nach vermittelnden Auswegen gesucht.[6] Ein solcher Überbau wird indes oft ungeprüft bleiben, weil er dem GBA naturgemäß selten auffällig werden wird; denn nach § 912 BGB darf er nicht vorsätzlich oder grob fahrlässig sein, muss also ungeplant sein und wird deshalb im Aufteilungsplan kaum in Erscheinung treten, selbst wenn dieser den Standort des Gebäudes ausweist (umstritten, ob nötig[7]).

Eine andere Frage ist, ob in die Wohnungsgrundbücher ggf ein Hinweis auf den Überbau aufzuneh-   8 **men ist.** Insofern sind die Rechtsfolgen der Eintragung von Wohnungseigentum bei Vorliegen eines Überbaus von Interesse. Hierzu gibt es teils übereinstimmende, teils entgegengesetzte Einschätzungen von *Demharter* und *Ludwig*:[8]

– **Übereinstimmend** gehen beide Verfasser davon aus, dass gegen das Gesetz (§ 1 Abs 4 WEG sowie §§ 93 ff, 912, 946 BGB) an einem Überbau, der nicht wesentlicher Bestandteil des Stammgrundstücks, sondern des überbauten Nachbargrundstücks geworden ist, kein Wohnungseigentum begründet werden kann, dass dieses Hindernisses wegen der Gründungsakt (die Raumaufteilung) mindestens teilweise bezüglich des grenzüberschreitenden Gebäudeteils oder total unwirksam ist (nach § 139 BGB zu entscheiden), dass bei dennoch erfolgter Eintragung das Grundbuch entsprechend unrichtig wird. Dem ist beizutreten; eine inhaltliche Unzulässigkeit iS des § 53 Abs 1 S 2 GBO kann nicht angenommen werden, weil sie der Eintragung selbst nicht anzusehen ist.[9]

---

2 Eingefügt durch ÄndG v 30.07.1973 (BGBl I 910); zur Heilung vorher begründeten Wohn- bzw Teileigentums Art 3 § 1 dieses Gesetzes (vgl *Schöner/Stöber* Rn 2811).

3 Andere Formulierungen: KEHE-*Eickmann* Rn 3; *Schöner/Stöber* Rn 2865.

4 BGHZ 27, 199, 205; 41, 177, 179; 62, 141, 145; 110, 298.

5 *Schöner/Stöber* Rn 2817 mwN; eine umfassende systematische Darstellung der Thematik bietet *Brünger* MittRhNotK 1987, 269 ff.

6 Beispiel: OLG Hamm OLGZ 1984, 54 = Rpfleger 1984, 98 nebst Anm von *Ludwig* Rpfleger 1984, 266. Weiteres Beispiel: LG Leipzig Rpfleger 1999, 272 m Anm von *Wudy*. Dazu auch *Schöner/Stöber* aaO (Fn 5).

7 BayObLG NJW-RR 1990, 332 = Rpfleger 1990, 204 mwN (ohne Entscheidung der Streitfrage).

8 Fundstellen: *Demharter* Rpfleger 1983, 133, 136; *Ludwig* DNotZ 1983, 411, 419 ff.

9 Ebenso *Demharter* aaO (Fn 8).

– **Konträr** beantworten beide Verfasser die Frage, ob die so verursachte Grundbuchunrichtigkeit durch gutgläubigen Erwerb geheilt werden kann, und zwar entsprechend der für die Heilung anderer Gründungsmängel (zB fehlende Geschäftsfähigkeit eines Gründers) entwickelten Maßgabe, dass durch den ersten gutgläubigen Rechtserwerb (Veräußerung oder Belastung eines Wohnungseigentums) der Mangel des Gründungsakts endgültig, also auch bezüglich der übrigen Wohnungseigentumsrechte geheilt wird. *Demharter* bejaht diese Art der Mangelheilung durch gutgläubigen Erwerb ohne Einschränkung auch für den Fall unstatthafter Einbeziehung eines Überbaus, im Wesentlichen mit dem Hinweis darauf, dass beim Wohnungs- bzw Teileigentum das Raumeigentum am Gebäude in die inhaltliche Ausgestaltung des Rechts einbezogen sei und gemäß § 7 WEG im Grundbuch dementsprechend mittels des Aufteilungsplanes dementsprechend ausgewiesen werde. Den Rechtsverlust für den Eigentümer des überbauten Grundstücks nimmt er in Kauf. *Ludwig* erkennt die Heilbarkeit durch gutgläubigen Erwerb ebenfalls an, allerdings mit der Einschränkung, dass der Gutglaubenserwerb sich nicht auf den grenzüberschreitenden Gebäudeteil erstrecken kann. Er erbringt den Nachweis, dass der anerkannte Grundsatz, dass die Bestandteilseigenschaft von Gebäuden generell nicht in den Gutglaubensschutz des § 892 BGB einbezogen ist,[10] auch für die Wohnungs- bzw Teileigentumsgrundbücher gilt. Ihm ist insbesondere darin zu folgen, dass das Raumeigentum auf dem Miteigentum am Grundstück basiert, und dass deshalb das Raumeigentumsgrundbuch nicht geeignet ist, eine rechtserhebliche Angabe darüber zu machen, ob bzw inwieweit das Eigentum am Grundstück auf das Gebäude übergreift. Zwar wird die Raumbeschreibung in Teilungserklärung und Aufteilungsplan idR zum Grundbuchinhalt gemacht (vgl Rdn 9), dies aber wegen der gesetzlich (in § 7 Abs 4 WEG) bestimmten Aufgabe des Aufteilungsplans, die Grenzen zwischen den einzelnen Sondereigentumseinheiten und dem Gemeinschaftseigentum klar abzustecken.[11] Selbst wenn der Aufteilungsplan durch Darstellung des Gebäudestandortes offen legen sollte, dass über die Grenze gebaut worden ist, kann deswegen nicht schon angenommen werden, dass der Überbau zum Eigentum des Stammgrundstücks gehört, weil eine Aussage über diese »vorgreifliche Frage« außerhalb des gesetzmäßigen Aufgabenbereichs des Aufteilungsplanes liegt. *Ludwig*[12] hat seine überzeugende grundbuchsystematische Analyse durch eine materielle Interessenabwägung untermauert, auf die hier nicht eingegangen wird.

Fazit: Ob ein Grenzüberbau dem § 1 Abs 4 WEG widerspricht oder nicht, ist – unabhängig von der umstrittenen Intensität der Prüfungspflicht des GBA – eine Frage der Eintragungsfähigkeit. **In der Eintragung** in den Wohnungs- bzw Teileigentumsgrundbüchern ist eine **Erwähnung des Überbaus verfehlt**, sie wäre eine unzulässige (weil möglicherweise irreführende) Kommentierung der Eintragungswirkungen.

9 **c) Das mit dem Miteigentumsanteil verbundene Sondereigentum. Essentiale** der Wohnungs- bzw Teileigentumsbegründung ist die **Zuordnung der Räume** zu den einzelnen Sondereigentumseinheiten. Sie bedarf materiellrechtlich der *Erklärung* (vertraglich in Auflassungsform gemäß § 3 Abs 1 iVm § 4 Abs 1, 2 WEG; einseitig gemäß § 8 WEG, Form: § 29 GBO) *und der Eintragung* (§§ 4 Abs 1, 8 Abs 2 S 2 WEG) in den Wohnungs- bzw Teileigentumsgrundbüchern (§§ 7 Abs 1, 8 Abs 2 S 1 WEG). Die nötige detailgenaue Übereinstimmung von beiden wird idR dadurch verwirklicht,[13] dass sowohl die Beteiligtenerklärung (Eintragungsbewilligung) als auch die Grundbucheintragung auf den Aufteilungsplan, die nach § 7 Abs 4 WEG nötige behördlich anerkannte urkundliche Grundlage der Eigentumsgrenzen[14] (vgl § 7 Abs 1 Nr 1 WEG), Bezug nehmen. Der Aufteilungsplan wird so zunächst Bestandteil der Eintragungsbewilligung (bei Wahrung der §§ 9, 13, 13a Abs 4 BeurkG[15]) und durch die auf diese Bezug nehmende Eintragung (§ 7 Abs 3 WEG) Grundbuchinhalt; als solcher nimmt er am öffentlichen Glauben des Grundbuchs teil, soweit es sich um die Abgrenzung von Sonder- und Gemeinschaftseigentum handelt.[16] Die **Bezugnahme entlastet den Eintragungsvermerk** in Spalte 3 des Bestandsverzeichnisses; es bedarf keiner »näheren«, lediglich einer pauschalen Bezeichnung des räumlichen Bereichs des Sondereigentums. Empfohlene und gebräuchliche Kurzbezeichnungen, wie: »... *verbunden mit dem Sondereigentum an der Wohnung/den Räumen/der Garage/dem Laden/der Wohnung nebst den Räumen/der Wohnung*

---

10 Dazu RGZ 73, 125, 129; *Lutter* AcP 164 (1964), 122, 138; *Staudinger-Gursky* § 892 Rn 38; *Palandt-Bassenge* § 892 Rn 12.
11 BayObLG NJW-RR 1990, 332 mwN = Rpfleger 1990, 204; Rpfleger 1991, 414.
12 *Bringer* aaO (Fn 5), S 276/777, hat sich dem voll und ganz angeschlossen.
13 Vgl OLG Hamm Rpfleger 1976, 317, 318 = DNotZ 1977, 308; LG Lübeck Rpfleger 1988, 102; außerdem Fn 14, 16, 18.
14 BayObLG NJW 1967, 986; OLG Frankfurt OLGZ 1978, 290 = Rpfleger 1978, 380; BayObLG NJW-RR 1990, 332 = Rpfleger 1990, 204 mwN.
15 *Schöner/Stöber* Rn 2854. Zur nötigen Identität von ev vorläufigem und amtlichem Aufteilungsplan BayObLGZ 2002, 397 = Rpfleger 2003, 289 = DNotZ 2003, 275 = ZflR 2003, 382; zust *Schmidt* DNotZ 2003, 277; *Hügel* NotBZ 2003, 147.
16 BayObLG Rpfleger 1980, 294 = DNotZ 1980, 745; BayObLGZ 1980, 226 = Rpfleger 1980, 435 = DNotZ 1980, 747. Stimmen die wörtliche Beschreibung in der Teilungserklärung und die Angaben im Aufteilungsplan nicht überein, ist grundsätzlich keiner der sich widersprechenden Erklärungsinhalte vorrangig und Sondereigentum nicht entstanden: BGHZ 130, 159 mwN = NJW 1995, 2851 = Rpfleger 1996, 19 = DNotZ 1996, 289 m Anm *Röll*; OLG Frankfurt FGPrax 1997, 139 = Rpfleger 1997, 374.

nebst der Garage; im Aufteilungsplan bezeichnet mit Nr ...; ...«,[17] mögen dem Minimalerfordernis genügen (bei bestimmungsmäßiger Beschaffenheit des Aufteilungsplans),[18] ähnlich wie zur identifizierkräftigen Grundstücksbezeichnung die Angabe von Gemarkung, Flur- und Flurstücksnummer (bei ordnungsmäßiger Beschaffenheit des Katasters) ausreicht. *Zweckmäßiger* (benutzerfreundlicher) ist es aber, wenn im Grundstücksbeschrieb zudem die Lage der Wohnung bzw der nicht zu Wohnzwecken dienenden Räume innerhalb des Gebäudes ungefähr (etwa folgendermaßen: »... *an dem Laden im Erdgeschoss/an der Dreizimmerwohnung im ersten Stockwerk links, im Aufteilungsplan bezeichnet mit Nr ...; ...«)* angezeigt wird (Parallele beim Grundstücksbeschrieb: Wirtschaftsart und Lage, dazu § 6 GBV Rdn 23).

d) Die Beschränkung des Miteigentums durch die zu den anderen Miteigentumsanteilen gehören- **10** **den Sondereigentumsrechte.** Vorgeschrieben ist dazu die Angabe der Grundbuchblätter der *übrigen* Miteigentumsanteile (so auch das Eintragungsmuster in Anl 1). *Praktikabler* ist der Formulierungsvorschlag, der an allen Stellen eine gleich lautende Fassung vorsieht: »*...; für jeden Miteigentumsanteil ist ein Grundbuchblatt angelegt (Blatt ... bis ...); der hier eingetragene Miteigentumsanteil ist durch die zu den anderen Miteigentumsanteilen gehörenden Sondereigentumsrechte beschränkt«.*[19]

e) Gegenstand und Inhalt des Sondereigentums. Bestimmungs- und eintragungsbedürftig ist in jedem Fall **11** die Raumzuordnung zu den Sondereigentumseinheiten (dazu Rdn 9). Darüber hinaus gewährt das WEG weiten **Dispositionsraum** insbesondere

- **bezüglich des Gegenstands des Sondereigentums** gemäß § 5 Abs 3 WEG derart, dass sondereigentumsfähige Räume und Gebäudebestandteile zum gemeinschaftlichen Eigentum erklärt werden können (umgekehrt nicht disponibel, §§ 1 Abs 5, 5 Abs 2 und 3 WEG setzen unabdingbare Grenzen); dies sind der Art nach sachenrechtliche Abmachungen, die durch Einigung und Eintragung wirksam werden (§§ 4 Abs 1, 7 Abs 1 S 2 WEG):
- **bezüglich des Inhalts des Sondereigentums** gemäß § 5 Abs 4 iVm § 10 Abs 2 S 2 WEG derart, dass die Rechte und Pflichten der Wohnungs- bzw Teileigentümer untereinander durch die sog »Gemeinschaftsordnung« (vgl Einl C 101) weitgehend abweichend vom Gesetz bestimmt werden können, und zwar durch Vereinbarung der Eigentümer (§ 10 Abs 2 WEG) bzw durch Teilungserklärung (§ 8 Abs 2 WEG); dies sind (nach zutreffender Ansicht[20]) Abmachungen schuldrechtlicher Art, die der Eintragung nicht bedürfen, um wirksam zu werden, sondern um als »Inhalt des Sondereigentums« ohne weiteres gegen Sondernachfolger der einzelnen Wohnungs- bzw Teileigentümer wirksam zu bleiben, also sozusagen »verdinglicht« zu werden (§ 10 Abs 3 WEG).

Zur ursprünglichen Eintragung von Bestimmungen der vorbezeichneten Art ist die übereinstimmende Buchung in sämtlichen Wohnungs- bzw Teileigentumsgrundbüchern derselben Gemeinschaft erforderlich, vollziehbar durch schlichte Bezugnahme auf die Eintragungsbewilligung (§ 7 Abs 3 bzw § 8 Abs 2 S 1 WEG) ohne irgendwelche andeutenden Hinweise.[21] Abs 2 wiederholt diese Möglichkeit, allerdings mit dem einschränkenden Gebot, etwaige Veräußerungsbeschränkungen (§ 12 WEG) ausdrücklich einzutragen. Wegen des Gebotszwecks und der Eintragungsmodalitäten wird auf das zu § 56 GBV Rdn 9 Ausgeführte verwiesen.

f) Speziell die Sondernutzungsrechte. Sie sind keine selbständigen dinglichen Rechte, sondern **12** **Gebrauchsregelungen besonderer Art** gemäß § 15 Abs 1 WEG, begründbar durch Vereinbarung der Wohnungseigentümer gemäß § 10 Abs 2 S 2 WEG.[22] Charakteristisch ist die Verleihung eines alleinigen Nutzungsrechts an einzelne unter Ausschluss der übrigen Mitglieder einer Eigentümergemeinschaft. Gebräuchlich sind derartige Gebrauchsregelungen (als Teil der sog »Gemeinschaftsordnung«) vor allem, wo Sondereigentum nicht möglich ist. Zulässig sind sie:

- **am gemeinschaftlichen Eigentum,** wie an einer (bestimmten, zumindest bestimmbar bezeichneten[23]) Teilfläche des gemeinschaftlichen Grundstücks[24] oder an einem bestimmten im gemeinschaftlichen Eigen-

---

17 Vgl *Schöner/Stöber* Rn 2868; *Schmidt-Gissel-Nickerl,* Normtexte 135 bzw Normtexte des Bayer Staatsministeriums S 226.
18 Problemfälle zB: OLG Hamm aaO (Fn 13); OLG Frankfurt aaO (Fn 14); OLG Stuttgart Rpfleger 1981, 109; BayObLG Rpfleger 1982, 21 = DNotZ 1982, 244; NJW-RR 1990, 332 = aaO (Fn 14); OLG Düsseldorf Rpfleger 1986, 131.
19 Vgl Normtexte aaO (Fn 17).
20 Eingehend zu den dogmatischen Fragen *Ertl* DNotZ 1988, 4; systematische Abhandlungen: *Zimmermann* Rpfleger 1982, 401; *Krücker-Ingenhag* MittRhNotK 1986, 85.
21 OLG Hamm OLGZ 1985, 19 = Rpfleger 1985, 109 = DNotZ 1985, 552.
22 BGH aaO (Fn 107). Eingehend zu dieser Rechtsfigur: *Schneider* aaO (Fn 34); *Schöner/Stöber* Rn 2910 ff. Gegen ein Missverständnis des Begriffs *Demharter* FGPrax 1999, 46. S auch *Häublein* DNotZ 2002, 227.
23 BayObLGZ 1985, 204, 207 = DNotZ 1986, 154 = Rpfleger 1985, 487 (LS); BayObLG Rpfleger 1989, 194; Rpfleger 1994, 294 = DNotZ 1994, 244; KG FGPrax 1996, 178.
24 Möglich ist auch eine einem Sondernutzungsrecht gleichkommende *Regelung der Ausübung* einer der Wohnungseigentümergemeinschaft zustehenden Grunddienstbarkeit an einem Nachbargrundstück: BayObLGZ 1990, 124 = NJW-RR 1990, 1043 = Rpfleger 1990, 354; OLG Stuttgart NJW-RR 1990, 659 = Rpfleger 1990, 254; OLG Köln NJW-RR 1993, 982 = Rpfleger 1993, 335 = OLGZ 1994, 1; LG Kassel Rpfleger 2003, 123 = MittBayNot 2003, 222 (*Röll*).

tum stehenden Gebäude oder Gebäudeteil, zB Kfz-Stellplatz im Freien, Gartenfläche, Lagerplatz, Waschraum, Stellplatz in einer Gemeinschaftsgarage, Parkrecht in automatischem Garagensystem,[25] uU auch hinsichtlich des gesamten gemeinschaftlichen Eigentums;[26]

- **an Sondereigentum,** streitig, ob zur Regelung der Benutzung einer Doppelstockgarage (»Duplexgarage«), die zwei Mitgliedern einer Eigentümergemeinschaft als Teileigentum zu ideellen Anteilen gehört[27] (Sondereigentum am Stellplatz nach hM nicht möglich, weil kein abgeschlossener Raum[28]). Zur Buchbarkeit der Miteigentumsanteile gemäß § 3 Abs 4 GBO: Rdn 34.

Für die nach § 10 Abs 3 WEG zur Verdinglichung erforderliche Eintragung »als Inhalt des Sondereigentums« genügt nach materiellem Recht (§ 7 Abs 3, § 8 Abs 2 WEG) die Bezugnahme auf die Eintragungsbewilligung (vgl Rdn 11).[29]

Zur Förderung der Grundbuchklarheit und der Sicherheit des Rechtsverkehrs ist jedoch der **Empfehlung**[30] zu folgen (Gründe: Vor GBV Rdn 83), wesentliche Sondernutzungsrechte im Grundbucheintrag selbst kenntlich zu machen, wie zB: »... *verbunden mit dem Sondereigentum an der Wohnung im Erdgeschoss links (Nr ... des Aufteilungsplanes) mit Sondernutzungsrecht am Kfz-Stellplatz Nr ... des Aufteilungsplanes ...*« oder: »*Für den Spitzboden (Nr ... des Aufteilungsplanes) ist eine Sondernutzungsregelung getroffen ...*«. Ausdrücklich hervorgehoben werden sollten die Sondernutzungsrechte jedenfalls auf dem Blatt des begünstigten Wohnungs- bzw Teileigentumsrechts, ob auch in den Blättern der Übrigen, bleibt abzuwägen. Insofern ist die für die Sondernutzungsrechte typische Vor- und Nachteilstrennung von Bedeutung:[31]

- **einerseits die Zuweisung** der Gebrauchsbefugnis **an einen** der Wohnungs- bzw Teileigentümer, die im Gewicht der Zuweisung von Sondereigentum nahe kommt (»positive Komponente«).
- **andererseits der Ausschluss der übrigen** Wohnungs- bzw Teileigentümer vom Mitgebrauch desselben Teils des Gemeinschaftseigentums (»negative Komponente«).

Meistens wird die Ausschlusswirkung für die davon betroffenen Wohnungs- bzw Teileigentumsrechte nicht so erheblich sein, dass ein Hinweis wie »*ohne Sondernutzungsrecht an einem Kfz-Stellplatz*« in den betreffenden Blättern[32] nötig erscheint. Zur Eintragung bei Stufengründung: Rdn 30.

13 **g) Die Größe des im Miteigentum stehenden Grundstücks** »nach den allgemeinen Vorschriften« (Abs 4). Einzutragen ist mithin in der Spalte 4 der aus dem Liegenschaftskataster zu entnehmende Flächeninhalt (dazu § 6 GBV Rdn 33).

4. Spalten 5, 6: Herkunft des Miteigentumsanteils (Abs 5)

14 Die in § 7 Abs 1 S 2 WEG vorgeschriebene Eintragung zur Begründung der Wohnungs- bzw Teileigentumsrechte setzt zunächst voraus, dass für die einzelnen Miteigentumsanteile besondere Grundbuchblätter angelegt werden. Grundbuchtechnisch ist dies keine Blattanlegung im eigentlichen Sinne nach Maßgabe der §§ 116 ff GBO, sondern ein gewöhnlicher Übertragungsvorgang, bestehend aus:

- der **Abschreibung** (Abbuchung) der Miteigentumsanteile vom bisher für das Grundstück als Ganzem geführten Grundbuchblatt; sie ist besonders geregelt in § 6 der WGV (vgl Erläuterungen dazu);
- der **Zuschreibung** (Zubuchung) der Miteigentumsanteile auf den gemäß § 7 Abs 1 S 1 WEG von Amts wegen anzulegenden Grundbuchblättern. Diese Zuschreibung kann nach Abs 5[33] wahlweise gebucht werden, entweder durch besonderen Zuschreibungsvermerk in den Spalten 5/6 (so das Eintragungsmuster in Anl 1) oder durch Aufnahme des Zuschreibungsvermerks in den Eintragungstext in der Spalte 3 (dazu Rdn 4).

---

25 *Röll* Rpfleger 1996, 322.
26 Nutzungsartbeschränkung wie bei Dienstbarkeiten ist nicht nötig: BayObLGZ 1981, 56, 60 = Rpfleger 1981, 299; DNotZ 1990, 381, 383; *Ertl* DNotZ 1988, 4, 10 ff.
27 Nach BayObLGZ 1994, 195 mwN = NJW-RR 1994, 1427 = Rpfleger 1995, 67 = DNotZ 1995, 70 im Rahmen von § 15 Abs 1 WEG zulässig, begrifflich kein Sondernutzungsrecht.
28 BayObLGZ 1995, 53 mwN (auch zur Gegenmeinung) = FGPrax 1995, 40 = Rpfleger 1995, 346 = DNotZ 1995, 622; zum Meinungsbild auch *Schöner/Stöber* Rn 2836.
29 OLG Hamm aaO (Fn 21); OLG Köln Rpfleger 1985, 110; *Schöner/Stöber* Rn 2915 mwN.
30 *Ertl* Rpfleger 1979, 81 mit Formulierungsmustern; dazu auch OLG Hamm, OLG Köln aaO (Fn 29); OLG Frankfurt NJW-RR 1996, 1168, 1169; LG Köln Rpfleger 1992, 479; *Schneider* aaO (Fn 34) S 64; *Demharter* § 44 Rn 31; *Schöner/Stöber* Rn 2915, 2961.
31 BGHZ 73, 145 = NJW 1979, 548 = Rpfleger 1979, 57 = DNotZ 1979, 168 mit Anm *Ertl;* BayObLGZ 1985, 124 = Rpfleger 1985, 292 = DNotZ 1986, 87 mit Anm *Herrmann;* BayObLGZ 1985, 378 = NJW-RR 1986, 93 = Rpfleger 1986, 132 = DNotZ 1986, 479 mit Anm *Ertl;* OLG Düsseldorf Rpfleger 1988, 63 = DNotZ 1988, 35; *Schöner/Stöber* Rn 2913
32 Gegenteiliger Vorschlag: *Ertl* aaO (Fn 30) S 84; folgend *Schöner/Stöber* Rn 2915.
33 In der durch VO vom 21.03.1974 (BGBl I 771) geänderten Fassung.

Die Eintragungen in den Abteilungen I, II und III richten sich mangels Sondervorschriften nach den Regeln der GBV. Besondere Bemerkung zu Abt I: Entweder wird das bisherige Eigentum wiedergegeben (dazu § 9 GBV Rdn 34) oder der Miteigentumserwerb vollzogen (dazu § 6 GBV Rdn 5).

III. Buchungen bei Veränderungen des Wohnungs- bzw Teileigentumsrechts (Abs 5 und 6)

Abs 5, 6 bestimmen pauschal die Spalten 6 bis 8 zum Raum, in den »die Veränderungen, die sich auf den   **15** Bestand des Grundstücks, die Größe des Miteigentumsanteils oder den Gegenstand oder den Inhalt des Sondereigentums beziehen«,[34] einzutragen sind, ohne zu bestimmen, was in den Spalten 5/6 und was in den Spalten 7/8 zu buchen ist. Ergo sollen gemäß § 1 die einschlägigen Vorschriften der GBV (hier insbesondere: § 6 Abs 6 bis 8 und § 13) entsprechend angewandt werden; die Eintragungsmuster in Anl 1 unterstreichen das. Die Rötungsvorschrift des Abs 6 lässt die Anlehnung an § 17 Abs 3 GBV (vgl § 17 GBV Rdn 15) erkennen. Die flexible Pauschalregelung ist der Praxis zustatten gekommen zur Bewältigung der gerade auf dem Sektor des Wohnungseigentumswesens vielfach hervorgetretenen unvorhergesehenen Eintragungserfordernisse. Dafür werden inzwischen »eingefahrene« Lösungen gefunden sein. Gleichwohl ist zur Förderung einer allerorts etwa gleichartigen Buchführung die Beachtung folgender **Grundregeln** angebracht:

– **Veränderungen, die das Grundstück betreffen**, sind teils in den Spalten 5/6 und teils in den Spalten 5/7 unterzubringen, und zwar entsprechend den Vorschriften der §§ 6 und 13 GBV (dazu Rdn 16 bis 19);

– **Veränderungen, die den Miteigentumsanteil** (allein oder zusammen mit Sondereigentum) **betreffen**, sind teils in den Spalten 5/6 und teils in den Spalten 7/8 unterzubringen, und zwar entsprechend den Vorschriften der §§ 6 und 13 GBV und in Anlehnung an die Eintragungsmuster in Anl 1 (dazu Rdn 20, 23, Rdn 24, 26);

– **Veränderungen, die das Sondereigentum** (allein dessen Gegenstand oder Inhalt, nicht auch den Miteigentumsanteil) **betreffen**, sind ausschließlich in den Spalten 5/6 unterzubringen, und zwar mangels ausdrücklicher Vorschriften in Anlehnung an die Eintragungsmuster in Anl 1 (dazu Rdn 20, 22, 27, 28, 29 bis 33):

1. Veränderungen des Grundstücks

Einzutragen sind sie **in allen Wohnungs- bzw Teileigentumsgrundbüchern**; denn das Grundbuch für das   **16** Grundstück ist geschlossen (§ 7 Abs 1 WEG) und bleibt es, solange kein Grund zur Schließung der Wohnungs- bzw Teileigentumsgrundbücher gemäß § 9 WEG gegeben ist (§ 9 Abs 3 WEG). In Betracht kommen Eintragungen zwecks:

a) Erhaltung der Übereinstimmung zwischen Grundbuch und Liegenschaftskataster: Vorteilhaft ist   **17** die Buchung der neuen Bestandsangaben unter oder über den rot zu unterstreichenden bisherigen Angaben mit üblichem Erläuterungsvermerk in den Spalten 5/6 entsprechend § 6 Abs 6 Buchst e der GBV (vgl dortige Rdn 49). Für den Fall, dass sich die neuen Angaben so nicht übersichtlich genug unterbringen lassen, sehen die einschlägigen Vorschriften vollständige Buchung unter neuer lfdNr vor. Vertretbar dürfte es sein, stattdessen wie folgt zu buchen:

Bestandsverzeichnis aller Wohnungs- bzw Teileigentumsgrundbücher:

Spalten 1–4:

zu 1   Grundstücksbezeichnung jetzt:
.... (folgen die neuen Katasterdaten)   -.08.20

Spalten 5/6:

zu 1   Flurstück ... gemäß Veränderungsnachweis/Fortführungsmitteilung Nr ... fortgeschrieben am ...

Zu röten: bei lfdNr 1 in Spalte 3 die bisherige Grundstücksbezeichnung.

b) Vereinigung oder Bestandteilszuschreibung: Ein gemäß § 7 Abs 1 WEG gebuchtes Grundstück besteht   **18** im Rechtssinne fort und kann nicht nur im Ganzen belastet (dazu § 4), sondern auch gemäß § 890 BGB mit einem weiteren Grundstück verbunden werden, wegen § 1 Abs 4 WEG nötig insb im Fall des Zuerwerbs einer Fläche zur Erweiterung eines in Wohnungs- bzw Teileigentum aufgeteilten Grundstücks. Voraussetzungen (dazu § 5 GBO Rdn 4 und § 6 GBO Rdn 5 mit Nachweisen):

– Gleichheit der Eigentumsverhältnisse, dh die Miteigentümergemeinschaft am zu verbindenden Grundstück muss sich aus denselben Personen mit den gleichen Anteilen zusammensetzen wie am bestehenden Wohnungseigentumsgrundstück.

– Vereinigungs- oder Zuschreibungserklärungen aller Miteigentümer (Form: § 29 GBO).

---

34 Systematische Abhandlungen dazu: *Röll* MittBayNot 1979, 218; *Nieder* BWNotZ 1984, 49; *Schmidt* MittBayNot 1985, 237; *Streblow* MittRhNotK 1987, 141; *Streuer* Rpfleger 1992, 181; *Böttcher* BWNotZ 1996, 80. Speziell zu Sondernutzungsrechten: *Ertl* Rpfleger 1979, 80; *Schneider* Rpfleger 1998, 9 und 53; *Schöner* Rpfleger 1997, 416; *Basty* Rpfleger 2001, 169; *Schöner/Stöber* Rn 2957–2982 b.

– Ob es außerdem der Umwandlung des (schlichten) Miteigentums am hinzukommenden Grundstück in Wohnungs- bzw Teileigentum bedarf, wird uneinheitlich beurteilt.[35] Materiellrechtlich müsste dies entweder durch Einigung aller Miteigentümer in Auflassungsform gemäß §§ 3, 4 WEG oder – falls alle Wohnungs- bzw Teileigentumseinheiten sich in einer Hand befinden – durch Erklärung gemäß § 8 WEG (Form gemäß § 29 GBO) geschehen.[36]

Falls sie es noch nicht sind, müssen die Wohnungs- bzw Teileigentümer zunächst Miteigentümer des einzubeziehenden Grundstücks werden. Die dazu nötige Eigentumsumschreibung (§ 873 BGB) kann auf einem für das Grundstück besonders angelegten Grundbuchblatt erfolgen mit anschließender Umbuchung der Miteigentumsanteile auf die Wohnungs- bzw Teileigentumsgrundbücher. Stattdessen wird man die aufgelassenen Miteigentumsanteile entsprechend § 3 Abs 5 GBO[37] sogleich in der im § 8 GBV geregelten Weise den einzelnen Wohnungs- bzw Teileigentumsgrundbüchern (zB als lfdNr »2/zu 1«) zubuchen und dort in Abt I die Eigentumsumschreibung pro Anteil vornehmen dürfen.[38] Anschließend ist die Grundstücksverbindung (Vereinigung oder Bestandteilszuschreibung) nebst Umwandlung der gewöhnlichen Miteigentumsanteile in Wohnungseigentums- bzw Teileigentumsanteile einzutragen.

Buchungsstellen und Fassungsvorschlag:

Bestandsverzeichnis aller Wohnungs- bzw Teileigentumsgrundbücher:

Spalten 5/6:
1,2,3 Vereinigung der unter Nr 1 und 2 bezeichneten Grundstücke und Erstreckung des Wohnungseigentums auf die Gesamtfläche hier unter Nr 3 und auf den für die übrigen Miteigentumsanteile angelegten Blättern eingetragen am ...

Spalten 1–4:
3   1,2   ../.. Miteigentumsanteil nun an dem Grundstück
.... (Katasterdaten der vereinigten Grundstücke)   -.16.10
verbunden mit dem Sondereigentum, wie unter Nr 1 eingetragen.

Zu röten: lfdNr 2 in Spalten 1–4, bei lfdNr 1 in Spalte 3 die bisherige Grundstücksbezeichnung.

19   **c) Teilung bzw Abschreibung:** Die Teilung des gemeinschaftlichen Grundstücks ist wegen § 1 Abs 4 WEG nur zulässig aber auch notwendig zur Herauslösung (Abschreibung) einer Grundstücksteilfläche aus dem Wohnungs- bzw Teileigentumsverband, sei es durch Veräußerung der Teilfläche,[39] sei es durch Aufhebung des Sondereigentums bezüglich der Teilfläche ohne Veräußerung (Überführung in schlichtes Miteigentum).[40] Voraussetzungen (dazu § 7 GBO Rdn 130 bis 135 mit Nachweisen):
– Einigung aller Wohnungs- bzw Teileigentümer in Auflassungsform zur Teilflächenveräußerung gemäß §§ 747 S 2, 925 BGB, zur Sondereigentumsaufhebung ohne Veräußerung gemäß § 4 Abs 1, 2 WEG;
– Zustimmung der dinglich Berechtigten (mit Ausnahme solcher, deren Recht am Grundstück im Ganzen bzw an allen Wohnungs- bzw Teileigentumsrechten lastet) zur Aufhebung des Sondereigentums gemäß § 9 Abs 2 WEG iVm §§ 877, 876 BGB,[41] auch zur Aufhebung im Rahmen einer Teilveräußerung,[42] *formellrechtlich* (§ 19 GBO) deren Bewilligung als mittelbar Betroffene.[43] Ob in der Zustimmung bzw Bewilligung die (wohl oft gewollte) Pfandfreigabe des veräußerten Trennstücks zu erblicken ist, ist Auslegungsfrage.

Buchungsstellen und Fassungsvorschlag (angelehnt an § 13 Abs 4 S 1 GBV, evtl vereinfachter Eintragungsmodus gemäß S 2 angebracht):

Bestandsverzeichnis aller Wohnungs- bzw Teileigentumsgrundbücher:

Spalten 7/8:
1,2 Von dem unter Nr 1 bezeichneten Grundstück das Flurstück ... übertragen nach ... Blatt ... Rest Nr 2. Hier und auf den für die übrigen Miteigentumsanteile angelegten Blättern eingetragen am ...

---

35 Eingehend zum Umwandlungserfordernis: OLG Oldenburg Rpfleger 1977, 22; folgend: OLG Saarbrücken Rpfleger 1988, 479 (erster Teil der Gründe); OLG Zweibrücken NJW-RR 1990, 782 = DNotZ 1991, 605 (*Herrmann*); OLG Frankfurt Rpfleger 1993, 396 = DNotZ 1993, 612; *Schöner/Stöber* Rn 2981; auch *Böttcher* aaO (Fn 34) S 91 und zu § 5 GBO Rdn 4, § 6 GBO Rdn 5.
36 Kritisch zur Anwendung der §§ 3, 4 WEG in jedem Fall, bei Zuerwerb von unbebauter Fläche soll sich entspr Anwendung von § 8 WEG anbieten: *Herrmann* in Anm zu OLG Zweibrücken aaO (Fn 35).
37 Zur Anwendbarkeit auf Wohnungs- bzw Teileigentumsgrundbüchern: BayObLGZ 1994, 216 mwN = Rpfleger 1995, 153 = DNotZ 1995, 74.
38 Wohl so im Fall des OLG Oldenburg aaO (Fn 35); befürwortet schon von *Hesse-Saage-Fischer* § 3 GBO Anm IV 4.
39 Fall des OLG Zweibrücken Rpfleger 1986, 93. Zur Frage, inwieweit Sondereigentumsaufhebung vorausgehen muss oder nicht: *Röll* aaO (Fn 35); folgend *Böttcher* aaO (Fn 34) S 91 und zu § 7 GBO Rdn 130.
40 Fall des OLG Frankfurt Rpfleger 1990, 292.
41 OLG Frankfurt aaO (Fn 40) mwN; *Schöner/Stöber* Rn 2996.
42 OLG Zweibrücken aaO (Fn 39) mwN.
43 BGHZ 91, 346 = Rpfleger 1984, 408.

Spalten 1–4:

2   Rest von 1   ../.. *Miteigentumsanteil nun an dem Grundstück*
        .... (Katasterdaten der vereinigten Grundstücke)   *-.06.33*
        verbunden mit dem Sondereigentum, wie unter Nr 1 eingetragen.

Zu röten: bei lfdNr 1 in Spalte 3 die bisherige Grundstücksbezeichnung.

Zubuchung im aufnehmenden Grundstücksgrundbuch in Bestandsverzeichnis und Abt I, wie gewöhnlich.

2. Veränderungen der Miteigentums- und Sondereigentumsaufteilung

a) Allgemeines: § 6 WEG hindert die Wohnungs- bzw Teileigentümer nicht an der nachträglichen Änderung   **20**
der ursprünglichen Eigentumsaufteilung (vgl Rdn 9), etwa durch folgende Aktionen:[44]
- (1) Umwandlung von Gemeinschaftseigentum in Sondereigentum und umgekehrt, beispielsweise zur räumlichen Erweiterung oder Einschränkung von Wohnungs- bzw Teileigentumsbereichen;
- (2) Teilung oder Verbindung von Miteigentumsanteilen nebst zugehörigem Sondereigentum, beispielsweise
  zur Unterteilung oder zur Zusammenlegung von Raumeinheiten;
- (3) Verschiebung von Miteigentumsteilquoten ohne Sondereigentum, um beispielsweise das Anteilsverhältnis
  aller oder einzelner Wohnungs- bzw Teileigentümer untereinander zu korrigieren (Anteilsverkleinerung
  einerseits, Anteilsvergrößerung andererseits);
- (4) Verschiebung von Sondereigentum ohne Miteigentum, um beispielsweise einzelne oder sogar alle[45] Sondereigentumsräume unter verschiedenen Wohnungs- bzw Teileigentümern auszutauschen;
- (5) Bildung neuer Miteigentumsanteile, indem beispielsweise Teilquoten von bisherigen Anteilen abgespalten
  werden – (ggf mit Verknüpfung zu neuen Anteilen –, mit denen dann neues Sondereigentum verbunden wird,
  um so neue Wohnungs- bzw Teileigentumsrechte zu installieren, zB an Raumeinheiten im nachträglich ausge-
  bauten Dachgeschoss, an Garagen, die nachträglich im Freien errichtet werden, oder gar an später errichteten
  Wohngebäuden, wie bei der abschnittsweisen Errichtung von Wohnungseigentumsanlagen;[46]
- (6) Reduzierung der Miteigentumsanteile, indem beispielsweise ein bislang mit Sondereigentum verbundener Miteigentumsanteil in Teilquoten den übrigen Anteilen zugeschlagen wird, um das freigesetzte Sondereigentum in Gemeinschaftseigentum zurückzuführen, zB zur Umwandlung einer Eigentumswohnung in
  eine gemeinschaftliche Hausmeisterwohnung.

Die **Zulässigkeit** der aufgeführten Änderungsmaßnahmen steht heute außer Zweifel (dazu § 5 GBO Rdn 12
bis 16, § 6 GBO Rdn 13, § 7 GBO Rdn 106 ff, jeweils mit Nachweisen). Auch die **Kompetenzen** sind geklärt:
Die unter (1) bezeichneten Eigentumsumwandlungen fallen unter § 4 WEG, bedürfen wegen der gegenständlichen Änderung des Gemeinschaftseigentums in jedem Fall der Einigung aller Wohnungseigentümer in Auflassungsform,[47] im Falle der Bestandsverminderung des Gemeinschaftseigentums außerdem der Mitwirkung der
Drittberechtigten sämtlicher Wohnungs- bzw Teileigentumsrechte nach Maßgabe der §§ 877, 876 BGB. Für
die unter (2) bezeichneten Vorgänge ist der Eigentümer der zu unterteilenden oder zu verbindenden Raumeinheiten allein zuständig, und zwar für die Unterteilung entsprechend § 8 WEG,[48] für die Verbindung analog
§ 890 Abs 1, 2 BGB.[49] Bezüglich der unter (3) und (4) aufgezeigten Miteigentums- bzw Sondereigentumsverschiebungen besteht im Ergebnis Einigkeit über die Alleinzuständigkeit des veräußernden und des erwerbenden
Wohnungs- bzw Teileigentümers, die Zustimmung der übrigen Miteigentümer ist nach dem Gesetz nicht,
eventuell aufgrund Gemeinschaftsordnung entsprechend § 12 WEG nötig; umstritten ist, nach welchen Regeln

---

44 Analysiert insb von *Schmidt* und *Streuer*, systematisiert von *Nieder, Streblow* und *Böttcher*, alle aaO (Fn 34).
45 Dazu speziell BayObLGZ 1984, 10 mwN = Rpfleger 1984, 268 = DNotZ 1984, 381.
46 BayObLGZ 1976, 227 = Rpfleger 1976, 403 = DNotZ 1976, 743; 1987, 390 = Rpfleger 1988, 102 = DNotZ 1988, 316;
    1991, 313 = NJW-RR 1992, 208 = Rpfleger 1992, 20; 1992, 40 = Rpfleger 1992, 292 = DNotZ 1992, 426; BayObLG
    DNotZ 1995, 607 mwN = Rpfleger 1994, 333 (LS). Ermächtigung zur Einräumung von Sondereigentum als Inhalt des
    Sondereigentums (§ 10 Abs 1, 2 WEG) unzulässig: BayObLGZ 2000, 1 = NJW-RR 2000, 824 = FGPrax 2000, 60 =
    DNotZ 2000, 466; BayObLG FGPrax 2000, 216 = Rpfleger 2000, 544; Rpfleger 2002, 140 = DNotZ 2002, 149 = ZfIR
    2002, 141; KG FGPrax 1998, 94; Würdigung und konstruktive Begleitung dieser Rechtsprechung: *Häublein* DNotZ 2000,
    442.
47 Dazu und zur Frage des Nachweises gegenüber GBA: BGH Rpfleger 2005, 17; ZfIR 2004, 1006; DNotZ 2003, 536;
    BayObLG DNotZ 1990, 37 m Anm *Ertl* = Rpfleger 1988, 519 (LS); BayObLGZ 1991, 313 = aaO (Fn 46); *Schöner/Stö-
    ber* Rn 2967; *Böttcher* aaO (Fn 34) S 83.
48 Keine alleinige Kompetenz des unterteilenden Wohnungseigentümers zur Schaffung von Gemeinschaftseigentum:
    BGHZ 139, 352 = Rpfleger 1999, 66 = DNotZ 1999, 61; BayObLGZ 1987, 390 = aaO (Fn 54); 1995, 399 = aaO (Fn
    56); BayObLG DNotZ 1999, 665. Keine Bewilligung übriger Eigentümer wegen Inanspruchnahme von Gemeinschafts-
    eigentum mittels Deckendurchbruch: BayObLG NJW-RR 1998, 1237 = FGPrax 1998, 52 = DNotZ 1999, 210. Die
    Umwandlung von Sondereigentum in Gemeinschaftseigentum bedarf zwar der Einigung aller Wohnungseigentümer,
    aber nur der Zustimmung der am abgebenden Sondereigentum dinglich Berechtigten: BayObLG DNotZ 1999, 665.
49 OLG Stuttgart OLGZ 1977, 431, 432 mwN.

zu verfahren ist (dazu Rdn 25 bis 27). Gleiches gilt für die in den unter (5) und (6) aufgeführten Fällen erforderliche Übertragung von Miteigentumsquoten; soweit außerdem der Bestand des Gemeinschaftseigentums verändert wird, gilt das oben bezüglich der unter (1) bezeichneten Fälle Ausgeführte entsprechend.

21 **b) Die Eintragungsmodalitäten** für vorstehende Änderungsvorgänge sind nur teilweise durch die Eintragungsmuster in den Anlagen illustriert und teils umstritten. **Zu den unproblematischen Fällen:**

22 **aa) Die Umwandlung von Gemeinschaftseigentum in Sondereigentum und umgekehrt** bedarf zwar der Mitwirkung *aller* Mitglieder der Eigentümergemeinschaft (vgl Rdn 20), braucht aber *nur* im Bestandsverzeichnis des für das erweiterte oder das verminderte Sondereigentum geführten Blattes eingetragen zu werden. Dies entspricht dem Wortlaut des Abs 5, in dem Veränderungen, die den Gegenstand des Gemeinschaftseigentums betreffen, nicht erwähnt sind, und stimmt auch mit den Grundbuchvorschriften in § 7 WEG überein. Nach gegenwärtigem Recht (§ 7 Abs 1 S 2 WEG) ist in den einzelnen Wohnungs- bzw Teileigentumsgrundbüchern der Miteigentumsanteil, das zu dem Miteigentumsanteil gehörende Sondereigentum und als Beschränkung des Miteigentums die Einräumung der zu den anderen Miteigentumsanteilen gehörenden Sondereigentumsrechts einzutragen; der gegenständliche Bereich des gemeinschaftlichen Eigentums kommt in den Grundbucheintragungen nicht zum Ausdruck, er wird allein durch den Aufteilungsplan nachgewiesen (§ 7 Abs 4 Nr 1 WEG).[50] Ein (ganz oder teilweise) geänderter (Nachtrags-)Aufteilungsplan nebst Abgeschlossenheitsbescheinigung ist nach dem Sinn der vorbezeichneten Vorschrift bei der hier erörterten Änderung der Eigentumsgrenzen grundsätzlich erforderlich, verzichtbar aber dann, wenn die Raumaufteilung und die Abgeschlossenheit (iS von Ziff 5 Buchst a der AV über die Ausstellung dieser Bescheinigungen vom 19.03.1974) anhand des vorhandenen Planes offensichtlich gegeben ist, so dass die Neuaufteilung keine Unklarheiten schafft.[51]

Buchungsstelle und Fassungsvorschlag (vgl Eintragungsmuster in Anl 1):[52]

Spalten 5/6:
1 Der Gegenstand des Sondereigentums ist bezüglich eines Raumes erweitert/vermindert. Unter Bezugnahme auf die Bewilligung vom … eingetragen am …

23 **bb) Die Teilung eines Wohnungs- bzw Teileigentums (»Unterteilung«)** ist Aufteilung des Miteigentumsanteils sowie des mit diesem verbundenen Sondereigentums durch den dazu analog § 8 WEG befugten Wohnungseigentümer (dazu § 7 GBO Rdn 106 bis 112 mit Nachweisen). Die Unterteilung muss nicht (dazu Rdn 1 aE), wird aber meistens mittels Anlegung eines weiteren Wohnungs- bzw Teileigentumsgrundbuchs durchgeführt werden. Nötig ist in jedem Fall eine Ergänzung des bisherigen Aufteilungsplans durch einen »Unterteilungsplan«, auch dann, wenn durch die Unterteilung frühere Einheiten wieder hergestellt werden.[53] Soll im Zusammenhang mit der Unterteilung ein bisher im Sondereigentum stehender Raum zu Gemeinschaftseigentum werden, müssen sich alle Wohnungseigentümer einigen, aber nur die dinglich Berechtigten am abgebenden Sondereigentum zustimmen (Fall wie Rdn 22).

Zur Streitfrage, ob der Grundbuchvollzug einer **nicht kompletten Aufteilung** des Sondereigentums zur inhaltlichen Unzulässigkeit der Eintragung oder zur Grundbuchunrichtigkeit führt (angesprochen in § 7 GBO Rdn 107), wird ergänzend bemerkt, dass das BayObLG seinen Standpunkt[54] gegenüber *Rölf*[55] verteidigt und bekräftigt hat,[56] dass die Unterteilung eines Wohnungseigentums, bei der nicht alle bislang im Sondereigentum stehenden Räume wieder mit einem Miteigentumsanteil verbunden werden, nichtig ist (falls eine Umwandlung in Gemeinschaftseigentum auf dem § 4 WEG vorgeschriebenen Weg, also durch alle Wohnungseigentümer,

---

50 LG Wiesbaden Rpfleger 1988, 102; **aA** als hier (Eintragung in allen Wohnungsgrundbüchern, ohne nähere Begründung):BayObLGZ 1997, 347, 350 = Rpfleger 1998, 194, 195 = DNotZ 1999, 208 (dort insoweit nicht abgedruckt) und im Anschluss daran *Schöner/Stöber* Rn 2967.

51 BayObLGZ und *Schöner/Stöber* aaO (Fn 50) mwN. Dazu auch LG Wuppertal MittRhNotK 1988, 123 (Abgeschlossenheit einer Garage braucht neben der Abgeschlossenheit des Wohnungseigentums nicht gesondert bescheinigt zu werden).

52 Vergleichbares Eintragungsmuster: BayObLGZ 1997, 347, 350 = aaO (Fn 50).

53 BayObLG NJW-RR 1994, 716 mwN = Rpfleger 1994, 498 = DNotZ 1995, 59; OLG Zweibrücken FGPrax 2001, 105 mwN (zum Erfordernis der Planergänzung bei Übertragung einzelner Räume). Zu den Bezeichnungsmodalitäten bei der Grundbucheintragung: LG Lübeck Rpfleger 1988, 102.

54 BayObLGZ 1987, 390 = Rpfleger 1988, 102 = DNotZ 1988, 316; BayObLG Rpfleger 1988, 256.

55 MittBayNot 1988, 22 und DNotZ 1993, 158 (Unwirksamkeit der Aufteilung, aber keine inhaltliche Unzulässigkeit der Eintragung, sondern Unrichtigkeit des Grundbuchs mit Möglichkeit gutgläubigen Erwerbs); vgl *Böttcher* aaO (Fn 34) S 87 und zu § 7 GBO Rdn 107.

56 BayObLGZ 1995, 399 = NJW-RR 1996, 721 = Rpfleger 1996, 240 = DNotZ 1996, 660; folgend *Schöner/Stöber* Rn 2976 a. Umgekehrter Fall (teilweiser) inhaltlicher Unzulässigkeit (Einbeziehung von Gemeinschaftseigentum in die Unterteilung): BayObLGZ 1998, 70 = NJW-RR 1999, 8 = FGPrax 1998, 88. Zusammenfassend BayObLG FGPrax 2000, 216 mwN = Rpfleger 2000, 544; ebenso OLG München DNotZ 2007, 946.

unterblieben ist), und dass es sich dann bei den im Vollzug der Unterteilung vorgenommenen Grundbucheintragungen um inhaltlich unzulässige Eintragungen handelt, an die sich ein gutgläubiger Erwerb nicht anschließen kann.[57] Allerdings hatte das GBA in dem zur Entscheidung stehenden Fall zur (vermeintlichen) Beseitigung der im Nachhinein erkannten inhaltlichen Unzulässigkeit des Unterteilungsvollzugs fehlerhaft ein Wohnungsgrundbuch angelegt, das nicht der wahren Rechtslage entsprach; die damit geschaffene Grundbuchunrichtigkeit gab dem BayObLG Anlass, einen gutgläubigen Erwerb in Erwägung zu ziehen.[58]

Zum Eintragungsmodus: Die Unterteilung wird in der Art einer Grundstücksteilung gebucht und zwar bei Teilung ohne Blattwechsel in den Spalten 5/6, bei Anlegung eines weiteren Blattes mittels Teilabschreibung vom bisherigen Blatt in den Spalten 7/8 und neuer Blattanlegung mit dem vorgeschriebenen Aufschriftvermerk (§ 2) und den nötigen Eintragungen im Bestandsverzeichnis Spalten 1–6, in Abt I, ggf in Abt II und III. Im letztgenannten Fall ist außerdem in den Blättern der unbeteiligten Wohnungs- bzw Teileigentumsrechte die Angabe der Grundbuchblätter der übrigen Miteigentumsanteile (Abs 1 Buchst c) um die Angabe des neuen Blattes zu ergänzen.

Fassungsvorschlag für Teilung auf demselben Blatt:

Spalten 5/6:
1,2,3 Miteigentumsanteil Nr 1 nebst Sondereigentum geteilt in Nr 2 und Nr 3 am …

Spalten 1–4: (Wiederholung der bisherigen Eintragung mit neuen Daten)

2 Teil von 1 *../.. Miteigentumsanteil an dem Grundstück:*
.... *(folgen die Katasterdaten) verbunden mit dem Sondereigentum an* -.06.33
…, *im (insoweit geänderten) Aufteilungsplan mit Nr … bezeichnet; das Miteigentum ist durch die zu den anderen Miteigentumsanteilen (Blatt … und hier lfdNr 3) gehörenden Sondereigentumsrechte beschränkt. Wegen des Gegenstandes und des Inhalts des Sondereigentums wird auf die Bewilligung(en) vom … (und vom …) Bezug genommen.*

3 Teil von 1 *../.. Miteigentumsanteil an dem Grundstück:*
.... *(folgen die Katasterdaten) verbunden mit dem Sondereigentum an* -.06.33
…, *im (insoweit geänderten) Aufteilungsplan mit Nr … bezeichnet; das Miteigentum ist durch die zu den anderen Miteigentumsanteilen (Blatt … bis … und hier lfdNr 2) gehörenden Sondereigentumsrechte beschränkt. Wegen des Gegenstandes und des Inhalts des Sondereigentums wird auf die Bewilligung(en) vom … (und vom …) Bezug genommen.*

Zu röten: lfdNr 1 in Spalten 1–4.

Fassungsvorschlag für Teilung mit Anlegung eines weiteren Blattes:

Bestandsverzeichnis des abgebenden Blattes:

Spalten 7/8:
1,2 Von Nr 1 ../.. Miteigentumsanteil, verbunden mit dem Sondereigentum an …, im (insoweit geänderten) Aufteilungsplan mit Nr … bezeichnet, übertragen nach … Blatt … am … Rest: Nr 2.

Spalten 1–4: (Wiederholung der bisherigen Eintragung mit neuen Daten)

2 Rest von 1 *../.. Miteigentumsanteil an dem Grundstück:*
.... *(folgen die Katasterdaten) verbunden mit dem Sondereigentum an* -.06.33
im (insoweit geänderten) Aufteilungsplan mit Nr … bezeichnet; das Miteigentum ist durch die zu den anderen Miteigentumsanteilen (Blatt … bis … und Blatt …) gehörenden Sondereigentumsrechte beschränkt. Wegen des Gegenstandes und des Inhalts des Sondereigentums wird auf die Bewilligung(en) vom … (und vom …) Bezug genommen.

Zu röten: lfdNr 1 in Spalten 1–4.

Bestandsverzeichnis des neuen Blattes:

Spalten 1–4:

1 - *../.. Miteigentumsanteil an dem Grundstück:*
.... *(folgen die Katasterdaten) verbunden mit dem Sondereigentum an* -.06.33
… *im (insoweit geänderten) Aufteilungsplan mit Nr … bezeichnet; das Miteigentum ist durch die zu den anderen Miteigentumsanteilen (Blatt … bis …) gehörenden Sondereigentumsrechte beschränkt. Wegen des Gegenstandes und des Inhalts des Sondereigentums wird auf die Bewilligung(en) vom … (und vom …) Bezug genommen.*

---

57 Gewürdigt und anerkannt von *Bestelmeyer* Rpfleger 1997, 7 und von *Rapp* MittBayNot 1996, 344.
58 Die Kritik von *Bestelmeyer* aaO (Fn 57) in diesem Punkt wertet nicht gehörig, dass die Grundbuchunrichtigkeit eine neue Ursache hat.

Spalten 5/6:

1   *Hierher übertragen von Blatt ... am ...*

Abteilung I Spalten 1–4:

2   *Das auf Blatt verzeichnete Miteigentum nebst Sondereigentum hier eingetragen am ...*

Eventuell Buchungen in Abt II und III wie gewöhnlich; ggf Mithaftvermerke gemäß § 48 GBO.

Bestandsverzeichnis der übrigen Wohnungs- bzw Teileigentumsgrundbücher:

Spalten 1–4:

zu 1 Buchungsstellen der anderen Miteigentumsanteile, deren Sondereigentumsrechte das hier verzeichnete Miteigentum beschränken, jetzt Blatt ... bis ... und Blatt ... Vermerkt am ...

24 **cc)** Die **Verbindung von Wohnungs- bzw Teileigentumsrechten** erfolgt nach hM mittels Vereinigung oder Bestandteilszuschreibung entsprechend § 890 BGB, §§ 5, 6 GBO, dementsprechend zu buchen ähnlich wie bei Grundstücken. Voraussetzung ist, dass die zusammenzufassenden Wohnungs- bzw Teileigentumsrechte demselben Eigentümer gehören, mit Rücksicht auf § 1 Abs 4 WEG an demselben Grundstück bestehen, auf demselben Blatt verzeichnet sind oder werden und Verwirrung nicht zu besorgen ist (dazu § 5 GBO Rdn 12 und 16 und § 6 GBO Rdn 13 mit Nachweisen).[59]

Eine **von der hM abweichende Vorstellung** hat *Streuer* entwickelt.[60] Er hält im Fall der *Vereinigung* den Rückgriff auf § 890 Abs 1 BGB für unnötig und stattdessen die Anlehnung an die §§ 8, 9 WEG für angebracht (Vereinigung als Umkehr der Aufteilung) und knüpft daran die Folgerung, dass die vereinigten Wohnungseigentumsrechte (die Miteigentumsanteile wie auch die damit verknüpften Sondereigentumsbereiche) zu einer Einheit verschmelzen, was allerdings zu komplizierten Konsequenzen für die Belastungen der vereinigten Wohnungseigentumsrechte führt, wie näher ausgeführt. Für den Fall der *Bestandteilszuschreibung* hat er dagegen keine Bedenken gegen die analoge Anwendung der §§ 890 Abs 2, 1131 BGB.

Stellungnahme: Dem Denkmodell von *Streuer* ist entgegenzuhalten, dass das Wohnungseigentum, obwohl kein grundstücksgleiches Recht, in vielen Beziehungen wie das Eigentum an einem Grundstück und nicht wie ein schlichter Miteigentumsanteil behandelt wird und dies auch für den Anwendungsbereich der § 890 BGB, §§ 5, 6 GBO gelten muss.[61] Vor allem ist die Prämisse nicht zwingend, dass mit der Verschmelzung der vereinigten Miteigentumsanteile auch die damit verknüpften Sondereigentumsbereiche völlig zu einer Einheit verschmelzen; es können durchaus mehrere Wohnungen als Sondereigentum mit einem Miteigentumsanteil verbunden werden.[62] Davon geht zu Recht die Konzeption des KG (Fn 59) aus.

Fassungsvorschlag für Vereinigung nach Blattwechsel:

Bestandsverzeichnis des abgebenden Blattes:

Spalten 7/8:
1 *Nach ... Blatt ... übertragen am ...*

Das Blatt ist zu schließen, falls der Gesamtbestand abgeschrieben ist.

Bestandsverzeichnis des aufnehmenden Blattes:

Spalten 1–4:

1	-	*101/1000 Miteigentumsanteil an dem Grundstück:*
		.... (folgen die Katasterdaten) -.06.33
		(an dieser Stelle eingetragener Text)
2	-	*103/1000 Miteigentumsanteil an dem Grundstück:*
		.... (folgen die Katasterdaten) *verbunden mit dem Sondereigentum an* -.06.33
		... (usw wie die bisherige Eintragung im abgebenden Blatt)
3	1,2	*204/1000 Miteigentumsanteil an dem Grundstück:*
		.... (folgen die Katasterdaten) -.06.33
		verbunden mit dem Sondereigentum an ... (usw wie bisher lfdNr 1) und dem Sondereigentum an ... (usw wie bisher lfdNr 2); das Miteigentum ist durch die zu den anderen Miteigentumsanteilen (Blatt ... bis ... ohne das geschlossene Blatt ...) gehörenden Sondereigentumsrechte beschränkt. Wegen des Gegenstandes und des Inhalts des Sondereigentums wird auf die Bewilligung(en) vom ... (und vom ...) Bezug genommen.

---

59 Konsequent in der Anwendung von § 890 BGB, §§ 5, 6 GBO: KG NJW-RR 1989, 1360 mwN = OLGZ 1989, 385 = Rpfleger 1989, 500 (zust *Meyer-Stolte*).
60 AaO (Fn 34) S 185–187.
61 Vgl BayOBLGZ 1993, 297 mwN = NJW-RR 1994, 403 = Rpfleger 1994, 108; OLG Hamm NJW-RR 1996, 1100 (ein Grundstück kann einem Wohnungseigentum als Bestandteil zugeschrieben werden).
62 BayObLGZ 1971, 102 = DNotZ 1971, 473; LG Ravensburg Rpfleger 1976, 303; LG Aachen MittRhNotK 1983, 156; LG Wiesbaden Rpfleger 1989, 194.

Spalten 5/6:
1,2,3 Nr 2 hierher übertragen von … Blatt … und mit Nr 1 vereinigt zu Nr 3 am …

Zu röten: lfdNr 1, 2 in Spalten 1–4.

Buchungen in Abt I, II, III entfallen nach der hier vertretenen Ansicht.

Bestandsverzeichnis der übrigen Wohnungs- bzw Teileigentumsgrundbücher:

Spalten 1–4:
zu 1 Buchungsstellen der anderen Miteigentumsanteile, deren Sondereigentumsrechte das hier verzeichnete Miteigentum beschränken, jetzt Blatt … bis … ohne das geschlossene Blatt … Vermerkt am …

Zu röten: zu lfdNr 1 in Spalte 3 den überholten Hinweis auf die Buchungsstellen.

c) Offene Eintragungsfragen gibt es **bezüglich der isolierten Miteigentums- oder Sondereigentums-** **25** **verschiebungen** (Rdn 20, Fallgruppen 3 und 4, ferner 5 und 6), die weder im WEG noch in der WGV berücksichtigt sind. Welche Vorschriften analog anzuwenden sind, ist umstritten:

aa) Für die **Miteigentumsübertragung (Quotenänderung)** selbst ist der **Verfügungsweg des BGB** **26** (§§ 873, 925: Auflassung zwischen Veräußerer und Erwerber und Eintragung) unumgänglich; denn das WEG weist dafür keinen anderen Weg (vgl § 6 Abs 2 WEG); insoweit wird wohl auch nicht gestritten.[63] **Verschiedene Vorstellungen** gibt es dagegen darüber, **wie die Trennung** der aufgelassenen Teilquote vom Sondereigentum des Veräußerers **und** die anschließende **Verbindung** mit dem Sondereigentum des Erwerbers **zustande kommt:**

– Das BayObLG hat in einer Entscheidung vom 26.09.1958[64] diesen Vorgang als *Inhaltsänderung besonderer Art (Bestandsänderung)* angesehen, über welche die Auflassungspartner sich analog § 4 WEG zusätzlich zu einigen haben, eintragungsbedürftig in dem Blatt des abgebenden Wohnungseigentums und in dem Blatt des aufnehmenden Wohnungseigentums, jeweils im Bestandsverzeichnis zu buchen. Rechtsprechung und Schrifttum sind im Wesentlichen gefolgt (vgl § 7 GBO Rdn 113–120 mit Nachweisen).[65] Bei konsequenter Befolgung der »Inhaltsänderungstheorie«, der sich auch der BGH angeschlossen hat,[66] erübrigen sich eigentlich Pfandfreigaben und Nachverpfändungen der übertragenen Miteigentumsquote, richtet sich stattdessen die Mitwirkung der Drittberechtigten einzig und allein nach den §§ 877, 876 BGB (dazu unten); indes ist man vielfach nicht so konsequent.[67] Selbst das BayObLG hat in der oben erwähnten Entscheidung zwar zunächst seinem Ansatz getreu auf die §§ 877, 876 BGB abgestellt, spricht aber am Ende der Entscheidungsgründe bezüglich der Veräußererseite von der »Freistellung von etwaigen selbständigen Belastungen« und bezüglich der Erwerberseite von der »ausdrücklichen Unterstellung der Pfandhaft«. In einer jüngeren Entscheidung desselben Gerichts vom 16.04.1993[68] (Sachverhalt: Änderung der Größe der Miteigentumsanteile sämtlicher Wohnungseigentumsrechte) ist die Inhaltsänderungstheorie, das Erfordernis der Mitwirkung aller Wohnungseigentümer in Auflassungsform und der Zustimmung der dinglich berechtigten gemäß §§ 877, 876 BGB, bekräftigt worden; aber wiederum heißt es, es könne auf sich beruhen, ob die Zustimmung als Pfandfreigabe- oder Aufhebungserklärung anzusehen ist, und es könne dahingestellt bleiben, ob seitens der Wohnungseigentümer, deren Miteigentumsanteile sich vergrößern, eine ausdrückliche Pfandunterstellungserklärung notwendig ist oder ob sie in der Einigung über die Rechtsänderung enthalten ist. Diese Bemerkungen sind als Gedanken zur Auslegung vertretbar, dogmatisch aber nicht konsequent (dazu unten).

– *Schmidt*[69] geht von einem *engeren Begriff der Inhaltsänderung* aus, indem er im Blick auf § 13 WEG (»Inhalt« des Eigentums in Bezug auf die *Befugnisse* in Bezug auf die gegenständliche Herrschaftssphäre) Inhalt und Gegenstand des Sondereigentums auseinander hält und hervorhebt, dass das WEG »Inhaltsänderungen« iS der §§ 877, 876 BGB nur im Rahmen der §§ 5 Abs 4, 10 Abs 2 WEG kenne, dass dementsprechend eine Ausweitung des § 4 WEG auf Änderungen in der Miteigentums- und Sondereigentumsaufteilung nicht in Frage komme, sondern dafür auf das BGB-Recht (§§ 873, 925, 875, 890) zurückzugreifen sei.

---

63 Die von *Streblow* aaO (Fn 34) S 150 Fn 126 bezeichneten Stellen belegen jedenfalls in diesem Punkt keine Gegenmeinung. Insoweit zutreffend OLG Hamm FGPrax 1998, 206 = Rpfleger 1998, 514.
64 BayObLGZ 1958, 263 = NJW 1958, 2116 = Rpfleger 1959, 277 = DNotZ 1959, 40 im Anschluss an *Henke* NJW 1958, 897; später nicht mehr so deutlich herausgestellt, vgl BayObLGZ 1976, 227 = Rpfleger 1976, 403 = DNotZ 1976, 743; 1984, 10 = Rpfleger 1984, 268 = DNotZ 1984, 381.
65 Außerdem BGB-RGRK-*Augustin* § 4 WEG Rn 26; KEHE-*Eickmann* Rn 13 (dem BayObLG im Eintragungsmodus folgend).
66 Urteil vom 18.06.1976, NJW 1976, 1976, 1977.
67 Vgl zB LG Bremen Rpfleger 1985, 106 aE m Anm *Meyer-Stolte*; OLG Hamm aaO (Fn 63); *Schöner/Stöber* Rn 2971 (jeweils Pfandfreigabe erörternd); LG Bochum Rpfleger 1990, 291 m Anm *Meyer-Stolte* und *Mottau* Rpfleger 1990, 455; LG Köln Rpfleger 2002, 566 (jeweils für Nachverpfändung bzw Bestandteilszuschreibung).
68 BayObLGZ 1993, 166 = NJW-RR 1993, 1043 = Rpfleger 1993, 444. Ähnlich OLG Hamm aaO (Fn 63).
69 AaO (Fn 34) S 244/245; folgend: *Streblow* aaO (Fn 34) S 150.

– *Streuer*[70] befürwortet das *Inhaltsänderungsmodell mit allen Konsequenzen.* Er geht von §6 WEG aus und entnimmt dieser Bestimmung, das keine der beiden Komponenten des Wohnungs- bzw Teileigentums, weder das Sondereigentum noch der Miteigentumsanteil, isoliert belastet werden kann, sondern Veräußerung und Belastung sich grundsätzlich auf die Einheit von Miteigentum und Sondereigentum beziehen. Von diesem Ausgangspunkt aus tritt er dafür ein, dass nicht nur bei den Sondereigentumsverschiebungen (dazu Rdn 27), sondern auch bei den unter den Wohnungseigentümern zulässigen Miteigentumsverschiebungen die Lösung der übertragenen Anteilsquote aus dem abgebenden Wohnungseigentum wie auch deren Einbindung in das aufnehmende Wohnungseigentum jeweils als Inhaltsänderungsvorgang zu verstehen ist. Daran knüpft er die Konsequenz, dass nicht nur die Enthaftung von den Belastungen des abgebenden, sondern auch die Verhaftung für die Belastungen des aufnehmenden Wohnungseigentums ohne weiteres eintritt, wobei die Beteiligung der Drittberechtigten (nur des abgebenden Wohnungseigentums) sich nach den §§ 877, 876 BGB richtet.

– **Stellungnahme:** Das Inhaltsänderungsmodell verdient den Vorzug. Es hat nicht nur die Mehrheit der Befürworter, es erleichtert auch die Praxis; denn es erübrigt wegen der Kontinuität der an der Änderung beteiligten Wohnungs- bzw Teileigentumsrechte, wie von *Streuer* überzeugend dargelegt, die nach BGB-Regeln bei lastenfreier Übertragung eines Miteigentumsanteils nötige Pfandentlassung (eintragungsbedürftig ist der darin liegende Teilverzicht iS des § 1175 Abs 1 S 2 BGB nach § 1168 Abs 2 BGB) und Nachverhaftung (eintragungsbedürftig gemäß § 873 BGB, ggf gemäß § 890 Abs 2 BGB). Das Inhaltsänderungsmodell (sowohl für die Trennung der zu übertragenden Miteigentumsquote vom abgebenden Wohnungseigentum als auch für dessen Einbeziehung in das aufnehmende Wohnungseigentum) entspricht dem Sonderrecht des WEG (§§ 3, 4), das insoweit die BGB-Regeln verdrängt. Die Lösung der Miteigentumsquote vom abgebenden Wohnungseigentum ist eine partielle Aufhebung bisherigen Sondereigentums, deren Verbindung mit dem aufnehmenden Wohnungseigentum ist eine partielle Einräumung neuen Sondereigentums iS von §§ 3 und 4 WEG; beide Vorgänge bewirken eine Inhaltsänderung des jeweils beteiligten Miteigentumsanteils iS der §§ 877, 876 BGB,[71] die der Zustimmung der Inhaber von Belastungen des abgebenden Wohnungseigentums bedarf (dazu §7 GBO Rdn 115, 117); anstelle der Zustimmung der Drittberechtigten genügt ggf ein Unschädlichkeitszeugnis.[72] Für die eigentumsverschiebende Übertragung der Miteigentumsquote gibt es dagegen im WEG keine Sonderregelung, so dass es dazu einer »echten« Auflassung nach den §§ 873, 925 BGB bedarf, die allerdings praktisch nebst der nach § 4 WEG zur Inhaltsänderung nötigen Einigung in Auflassungsform nicht extra in Erscheinung tritt. Diesem Denkmodell entsprechend sind die Eintragungen zu gestalten: Richtungweisend für die **grundbuchtechnische Behandlung** ist die nach § 873 BGB einzutragende Quotenübertragung mit Blattwechsel, integriert die zudem nach § 4 WEG in den Blättern der beteiligten Wohnungs- bzw Teileigentumsrechte einzutragenden Änderungsvorgänge, zweckmäßigerweise zu buchen im abgebenden Blatt als Abschreibung, im aufnehmenden Blatt nicht als, aber in der Art einer Vereinigung.[73]

Buchungsstellen und Fassungsvorschlag:

Bestandsverzeichnis des abgebenden Blattes:

Spalten 7/8:

1,2	*Von Nr 1 ../.. Miteigentumsanteil (ohne Sondereigentum) übertragen nach … Blatt … am … Rest: Nr 2.*

Spalten 1–4:

2	*Rest von 1 ../.. Miteigentumsanteil an dem unter Nr 1 bezeichneten Grundstück, verbunden mit dem Sondereigentum, wie unter Nr 1 eingetragen.*

Zu röten: zu lfdNr 1 in Spalte 3 die bisherige Anteilsquote.

Bestandsverzeichnis des aufnehmenden Blattes:

Spalten 1–4:

2	*-*	*../.. Miteigentumsanteil an dem unter Nr 1 bezeichneten Grundstück (ohne Sondereigentum)*
3	*1,2*	*../.. Miteigentumsanteil an dem unter Nr 1 bezeichneten Grundstück, verbunden mit dem Sondereigentum, wie unter Nr 1 eingetragen.*

---

70 AaO (Fn 34) S 182–184; folgend: *Böttcher* aaO (Fn 34) S 84, 85 und §7 GBO Rdn 115.
71 Vgl zB BayObLG Rpfleger 1986, 177 mwN (für die Einräumung von Sondereigentum); OLG Zweibrücken Rpfleger 1986, 93 mwN (für die Aufhebung von Sondereigentum).
72 LG München I MittBayNot 1983, 174; BayObLG NJW-RR 1992, 208 = Rpfleger 1992, 20, 21 nebst BayObLGZ 1988, 1 mwN = NJW-RR 1988, 592 = Rpfleger 1988, 140 m Anm *Reinl.*
73 Ähnlich: *Schöner/Stöber* Rn 2972, 2973.

Spalten 5/6:

1,2,3   *Nr 2 hierher übertragen von … Blatt … und in Verbindung mit dem unter Nr 1 eingetragenen Miteigentumsanteil als Nr 3 eingetragen am …*

Abteilung I Spalten 3, 4 des aufnehmenden Blattes:

2   *Aufgelassen am … und eingetragen am …*

Zu röten: Im Bestandsverzeichnis lfdNr 1, 2 in Spalten 1–4, bei lfdNr 1 aber nur die bisherige Quote des Miteigentumsanteils.

Buchungen in Abt II und III sind nach der hier vertretenen Ansicht unnötig.

bb) Zur **Übertragung von Sondereigentumsräumen** von einem Wohnungs- bzw Teileigentümer auf einen anderen (dazu § 7 GBO Rdn 121–128 mit Nachweisen) gibt es ebenfalls **konträre Ansichten:**   **27**
– Für die einen ist *§ 4 Abs 1, 2 WEG analog* anwendbar, modifiziert derart, dass die auflassungsmäßige Einigung der an der Übertragung beteiligten Wohnungs- bzw Teileigentümer sowie die Eintragung im abgebenden und aufnehmenden Blatt erforderlich ist, nicht die Zustimmung der übrigen Mitglieder der Eigentümergemeinschaft, aber ggf die Zustimmung der Inhaber von dinglichen Rechten, die das Wohnungseigentum des Veräußerers belasten, auf der Basis der §§ 877, 876 BGB.[74]
– Für die anderen ist *§ 4 Abs 1, 2 WEG nicht analog anwendbar,* sondern das BGB-Recht (§§ 873, 925, 875, 876, 890, 1131 BGB).[75]
– *Streuer*[76] befürwortet nicht nur für die Miteigentumsverschiebung (dazu Rdn 26), sondern auch für die Sondereigentumsverschiebung das *Inhaltsänderungsmodell mit allen Konsequenzen* (Mitwirkung der Drittberechtigten auf der Basis von §§ 877, 876 BGB; Pfandfreigabe und Nachverhaftung unnötig).
– **Stellungnahme:** Die Herstellung der Trennung sowie der Verbindung von Miteigentum und Sondereigentum ist der in § 4 Abs 1, 2 WEG geregelten Aufhebung und Einräumung von Sondereigentum artverwandt, und diese Vorgänge sind spezifische Inhaltsänderungen iS der §§ 877, 876 BGB. Einen Unterschied gibt es: Die zur Sondereigentumsverschiebung nötige Einigung zwischen Veräußerer und Erwerb bedarf der Auflassungsform nicht nach BGB-Recht wie die Miteigentumsverschiebung (vgl Rdn 26), sondern nach WEG-Recht, nämlich gemäß § 4 Abs 1, 2 WEG; dieser Unterschied ist aber unerheblich für die Praxis, wenn man der inzwischen wohl hM folgt, dass § 20 GBO auch für die Fälle des § 4 WEG Anwendung findet.[77] Dass es bei den Sondereigentumsverschiebungen außer der Zustimmung der Drittberechtigten auf der Basis der §§ 877, 876 BGB (wegen der Miteigentumsverschiebungen: Rdn 26) keiner zusätzlichen Pfandentlassungen und Nachverhaftungen bedarf, hat *Streuer*[78] überzeugend dargelegt. Zur **grundbuchtechnischen Umsetzung** dieses Denkmodells: Keine Anlehnung an eine Übereignungsbuchung wie bei der Miteigentumsverschiebung (vgl Rdn 26), sondern in den Blättern der beteiligten Wohnungs- bzw Teileigentumsrechte eine gleich lautende Eintragung der Sondereigentumsveränderung in Sp 5/6 unter Nutzung der Bezugnahmemöglichkeit (§ 7 Abs 3 WEG, § 8 Abs 2 WGV), etwa dem Eintragungsmuster in Anl 1 entsprechend.[79]

Buchungsstellen und Fassungsvorschlag:

Bestandsverzeichnis der beteiligten Blätter:

Spalten 5/6:
1 Gegenstand des Sondereigentums geändert bezüglich eines Raumes/bezüglich … (eventuell kurze Bezeichnung des/der ausgetauschten Raumes/Räume oder gar der ganzen Wohnung wie im Falle von BayObLG Fn 74); gemäß Bewilligung vom … eingetragen am …

3. Veränderungen des Sondereigentumsinhalts (Gemeinschaftsordnung)

a) Grundsätzliches: *Gegenständliche* Änderungen des Sondereigentums werden gemäß § 4 WEG erst durch Eintragung wirksam (dazu Rdn 27); inhaltliche Änderungen des Sondereigentums – Änderungen der sog »Gemeinschaftsordnung« (zum Begriff Rdn 11) – sind dagegen gemäß § 10 Abs 3 WEG die Folge der Eintragung von (ohne sie bereits wirksamen) »Vereinbarungen« – oder einseitiger Bestimmung gemäß § 8 WEG,   **28**

---

74 BGHZ 73, 145, 149 = NJW 1979, 548 = Rpfleger 1979, 57 = DNotZ 1979, 168 *(Ertl)*; BayObLGZ 1984, 10, 13 = Rpfleger 1984, 268 = DNotZ 1984, 381 (sogar vollständiger Austausch des Sondereigentums zulässig); *Schöner/Stöber* Rn 2969; auch *Böttcher,* aaO (Fn 34) S 85 und zu § 7 GBO Rdn 122.
75 *Schmidt* aaO (Fn 34) S 244/245; *Streblow* aaO (Fn 34) S 151–153.
76 AaO (Fn 34) S 181/182.
77 BayObLG DNotZ 1990, 37 m Anm *Ertl* = Rpfleger 1988, 519 (LS); *Schöner/Stöber* Rn 2842.
78 AaO (Fn 76).
79 Ähnlich: *Schöner/Stöber* Rn 2969, anders aber Rn 2970.

solange eine Eigentümergemeinschaft nicht entstanden ist[80] –. Das Gesetz geht vom **Einstimmigkeitsprinzip** (»Vereinbarungen«) aus (§§ 10 Abs 2, 23 Abs 1 WEG).[81] Die Eintragung vereinbarter Änderungen gemäß § 10 Abs 3 WEG bedarf somit nach § 19 GBO idR (soweit sich aus der Gemeinschaftsordnung nichts anderes ergibt) der Bewilligung[82] aller Mitglieder der Eigentümergemeinschaft;[83] anders bei der Löschung von Sondernutzungsrechten (dazu Rdn 33). Außerdem kann die Zustimmung der dinglich Berechtigten[84] der Wohnungs- bzw Teileigentumsrechte erforderlich sein, es sei denn, dass eine Beeinträchtigung mit Sicherheit ausgeschlossen ist[85] (vgl § 5 Abs 4 S 2, 3 WEG); mit dem materiellrechtlichen Zustimmungserfordernis korrespondiert das formellrechtliche Bewilligungserfordernis.[86]

Das gesetzliche Einstimmigkeitserfordernis für Abänderungen der Gemeinschaftsordnung ist **in der Vergangenheit häufig unterlaufen** worden durch gezielte Ausnutzung des § 23 Abs 4 WEG aF, der rechtswidrigen aber nicht rechtzeitig angefochtenen Mehrheitsbeschlüssen – nach bisher hM[87] auch solcher in Angelegenheiten, die einem Mehrheitsbeschluss nicht zugänglich sind – Bestandskraft verleiht. Abgesehen davon, dass die Gültigkeitsgrenzen der (nur) mehrheitlich beschlossenen sog »Pseudovereinbarungen« (gemäß § 10 Abs 4 WEG ohne Grundbucheintragung gegen Sondernachfolger wirksam) nicht unumstritten waren,[88] wurde die Grundbuchpublizität durch derartige Praktiken erheblich untergraben.

Der Ausuferung hat der BGH nun mit Beschluss vom 20.09.2000[89] Einhalt geboten durch **Reduktion des Anwendungsbereichs des § 23 Abs 4 WEG** aF auf Beschlüsse in Angelegenheiten, die nach dem WEG der **Beschlusskompetenz** der Wohnungseigentümergemeinschaft unterstellt sind oder unterstellt werden können, mit der Sanktion, dass Beschlüsse *außerhalb des Kompetenzbereichs nichtig* sind. Die Neuorientierung in Rechtsprechung und Literatur hat begonnen. Herausgegriffen werden Abhandlungen von *Schneider*.[90] Der Verfasser zeigt die Rechtsfolgen der geänderten Rechtsprechung des BGH systematisch auf, insb mit Blick auf die Grundbucheintragung von Regelungen der Wohnungseigentümer. Da künftig eine vermehrte Verwendung von Öffnungsklauseln in den mittels Teilungserklärung statuierten Gemeinschaftsordnungen zu erwarten ist,[91] stellt sich die Frage der (bisher überwiegend abgelehnten) Ausweitung des Anwendungsbereichs des § 10 Abs 3 (statt Abs 4) WEG auf die solchermaßen der Beschlusskompetenz der Wohnungseigentümer unterstellten gesetzes- und vereinbarungsändernden Beschlüsse. *Schneider*[92] plädiert dafür mit zugkräftigen Argumenten. Dem ist zum Schutz von Sondernachfolgern beizupflichten. Seine Argumentation, es handele sich um berichtigende Eintragungen,[93] ist dagegen fragwürdig, weil – wenn man sich mit der hM an den Wortlaut des Gesetzes (§§ 5 Abs 4, 10 Abs 3 WEG) hält, die Eintragungen jeweils eine Änderung des Inhalts des Sondereigentums bewirken.

Zum Eintragungsmodus: Eintragungsort: Bestandsverzeichnis Spalten 5/6 aller Wohnungs- bzw Teileigentumsgrundbücher; Eintragungstext: Anders als bei der Ersteintragung (dazu Rdn 11) ist zur späteren Eintragung von Inhaltsänderungen zumindest andeutungsweise eine Kennzeichnung der Art der Änderung direkt im Grundbuch erforderlich;[94] Bezugnahme auf die Eintragungsbewilligung ist gemäß § 877, 874 BGB zur »näheren« Bezeichnung des geänderten Inhalts zulässig (dazu Vor GBV Rdn 181); Eintragungsmuster: Anl 1.

---

80 BayObLGZ 1993, 259 mwN = NJW-RR 1993, 1362 = Rpfleger 1994, 17 mwN = DNotZ 1994, 233 *(Röll); Streblow* aaO (Fn 34) S 146.

81 Die Gemeinschaftsordnung kann für Änderungen anstelle der Vereinbarung den Mehrheitsbeschluss zulassen (sog »Öffnungsklausel«); grundlegend dazu BGHZ 95, 237 = NJW 1985, 2832 = DNotZ 1986, 83. Zur künftigen Bedeutung s Fn 90.

82 Bewusst gegen die hM – im Anschluss an *Ertl* DNotZ 1979, 267, 286 – *Schneider* aaO (Fn 90 – ZfIR 2002) S 115, 117/ 118: Inhaltlich eine Berichtigungsbewilligung.

83 BayObLGZ 1978, 377 = Rpfleger 1979, 108 = DNotZ 1979, 174; 1989, 28 = NJW-RR 1989, 652 = Rpfleger 1989, 325 = DNotZ 1990, 42; BayObLG Rpfleger 1991, 455; Rpfleger 1991, 500.

84 Dazu gehören auch Berechtigte einer Auflassungsvormerkung: BayObLGZ 1985, 124, 127; BayObLG DNotZ 1990, 381, 383; BayObLGZ 1993, 259 = NJW-RR 1993, 1362 = Rpfleger 1994, 17 = DNotZ 1994, 233 *(Röll)*.

85 BayObLGZ 1989, 28 = NJW-RR 1989, 652 = Rpfleger 1989, 325 = DNotZ 1990, 42; 2002, 107 = NJW-RR 2002, 1526 = FGPrax 2002, 149 = Rpfleger 2002, 432; OLG Frankfurt Rpfleger 1975, 309; LG Aachen Rpfleger 1986, 258; für Differenzierung: *Röll* Rpfleger 1980, 90; MittBayNot 2002, 398 (krit zu BayObLGZ 2002, 107 u aaO).

86 BGHZ 91, 346 = Rpfleger 1984, 408.

87 Fußend auf BGHZ 54, 65 = NJW 1970, 1316 = Rpfleger 1970, 329.

88 Vgl zB *Schöner/Stöber* Rn 2887a mwN.

89 BGHZ 145, 158 = NJW 2000, 3500 = FGPrax 2000, 16 = Rpfleger 2001, 19 = DNotZ 2000, 854 = ZfIR 2000, 877.

90 ZfIR 2002, 108 ff, Rpfleger 2002, 503 ff, jeweils m zahlr Nachweisen. S auch *Böttcher* RpflStud 2002, 147; *Möller* ZfIR 2003, 368.

91 Dazu Aufsätze Fn 90; *Röll* Rpfleger 2003, 277 (Vorschläge für eine gesetzliche Neuregelung).

92 AaO (Fn 90 – ZfIR 2002) S 113/122.

93 Vgl Fn 82.

94 OLG Köln Rpfleger 1985, 110, 111.

b) Speziell zu den Sondernutzungsrechten: Seit Beschluss des BGH vom 24.11.1978[95] ist geklärt, dass die   **29**
auf § 10 Abs 3 WEG gestützte Eintragung *verschiedene Wirkungskomponenten* dieser besonderen Gebrauchsregelung iS des § 15 Abs 1 WEG »als Inhalt des Sondereigentums« zur Geltung bringt (vgl Rdn 12 mwN):

– *beim begünstigten* Wohnungs- bzw Teileigentumsrecht die *Zuordnung* der Befugnis zum Alleingebrauch des bestimmten Teilbereichs des Gemeinschaftseigentums, zB eines Kfz-Stellplatzes (**positive Komponente**),

– *bei den übrigen* (betroffenen) Wohnungs- bzw Teileigentumsrechten den *Ausschluss* vom Mitgebrauch dieses Teilbereichs des Gemeinschaftseigentums (**negative Komponente**). Ihr Sondereigentum wird demgemäß durch Wegfall der eigenen Berechtigung geschmälert, nicht durch die Zuordnung des Nutzungsrechts zu einem bestimmten Eigentümer.

Diese Erkenntnis kommt der Praxis zugute:

aa) Sondernutzungsrechtsbegründung: Oft lässt sich bei der gemäß § 8 WEG erfolgenden Begründung   **30**
von Wohnungseigentum durch Bauträger mit Rücksicht auf Wünsche bzw Bedürfnisse der noch zu gewinnenden Wohnungskäufer zB nicht vorhersehen, welcher Kfz-Stellplatz welchem der Wohnungseigentumsrechte zuzuordnen sein wird. Zur Vermeidung der aufwendigen Prozedur einer im Ganzen nachträglichen Sondernutzungsrechtsregelung (Mitwirkung aller Miteigentümer und Realberechtigten und Eintragung in allen Wohnungs- bzw Teilgrundbüchern)[96] ist man auf eine **Begründung in Stufen** ausgewichen: In die mit der ursprünglichen Teilungserklärung verbundene Gemeinschaftsordnung wird zunächst nur die negative Komponente der Sondernutzungsrechte, der Ausschluss der Wohnungseigentümer vom Mitgebrauch der reservierten Stellplatzflächen, installiert und durch Eintragung bei der Anlegung der Wohnungsgrundbücher als Inhalt des Sondereigentums der einzelnen Wohnungseigentumsrechte gemäß § 10 Abs 3 WEG verdinglicht. Daraus resultiert der Vorteil, dass die spätere Komplettierung der Sondernutzungsrechte durch Zuweisung der Stellplätze an die in Frage kommenden Wohnungserwerber ohne die Mitwirkung der übrigen, vom Gebrauchsrecht ausgeschlossenen Wohnungseigentümer und ihrer Realberechtigten bedarf. Allerdings sind nach bisheriger Rechtsprechung *nur Lösungen zulässig,* bei denen die aus dem Eigentum fließende Befugnis zum Gebrauch des gemeinschaftlichen Eigentums *dem Kreis der Miteigentümer zu keiner Zeit völlig entzogen wird.*[97] **Zu den gebräuchlichen Gestaltungen und** den dazu nötigen **Buchungen:**

– Der **anfängliche Mitgebrauchsausschluss** (die negative Komponente) wird in allen anzulegenden Wohnungsgrundbüchern eingetragen, zulässiger- und vertretbarerweise dadurch, dass wegen des Inhalts des Sondereigentums auf die Bewilligung Bezug genommen wird.[98] Anlässlich der **nachfolgenden Zuweisung** der Sondernutzungsrechte finden Eintragungen nur noch in den Grundbüchern der daran beteiligten Wohnungseigentumsrechte statt. **Was** dazu **in welche Grundbücher einzutragen** ist, ist **je nach Fallgestaltung verschieden:**

– Hat sich **ein Miteigentümer** (der Eigentümer, idR der Bauträger, der die Aufteilung nach § 8 WEG vorgenommen hat und die Wohnungen sukzessive veräußert) in der ursprünglichen Teilungserklärung unter **unbedingtem Ausschluss der übrigen Miteigentümer** das *Nutzungsrecht* an den Stellflächen und die Befugnis *zur späteren Zuweisung* an bestimmte Wohnungseigentümer *vorbehalten,* so tritt später mit jeder Zuweisung eines Sondernutzungsrechts an einen Wohnungseigentümer auf der Geber- und auf der Nehmerseite eine *Änderung* des bisherigen Sondereigentumsinhalts ein (§ 10 Abs 3 WEG), die außer der Mitwirkung beider Teile der Zustimmung etwaiger Realberechtigter der Geberseite bedarf (§ 5 Abs 4 S 2 WEG, §§ 877, 876 BGB; vgl auch § 5 Abs 4 S 3 WEG).[99] **Eintragungsvoraussetzungen:** Bewilligung des Gebers und der etwaigen Realberechtigten als unmittelbar und mittelbar Betroffene (§ 19 GBO). Eintragungsmodus: Die Inhaltsänderung ist nur in den Wohnungsgrundbüchern des Gebers und des Nehmers einzutragen; in den Grundbüchern der übrigen Wohnungseigentumsrechte ist eine Eintragung unzulässig, weil bei diesen keine erneute Änderung stattfindet.[100]

---

95 BGHZ 73, 145 = aaO (Fn 74).

96 BGHZ 91, 343 = NJW 1984, 2409 = Rpfleger 1984, 408 mit Anm *Hörer* Rpfleger 1985, 108 = DNotZ 1984, 695 m Anm *Schmidt* = JZ 1984, 1113 m Anm *Weitnauer.*

97 BayObLGZ 1985, 124 = Rpfleger 1985, 292 = DNotZ 1986, 87 m Anm *Herrmann* = MittBayNot 1985, 74 m Anm *Schmidt;* 1985, 378 = NJW-RR 1986, 93 = Rpfleger 1986, 132 = DNotZ 1986, 479 m Anm *Ertl;* OLG Düsseldorf Rpfleger 1988, 63; BayObLG Rpfleger 1990, 63 (Bestätigung von BayObLGZ 1985, 124); *Schneider* Rpfleger 2001, 536, 537 mwN.

98 OLG München DNotZ 2007, 47; OLG Zweibrücken RNotZ 2007, 280; OLG Frankfurt NotBZ 2007, 330.

99 BayObLGZ 1985, 124 = aaO (Fn 97); BayObLG Rpfleger 1990, 63, dazu krit Anm *Blüggel* Rpfleger 1996, 339 (in der aber die konstruktiven Unterschiede des unbedingten und des bedingten Ausschlusses nicht gehörig auseinander gehalten sind); OLG Köln Rpfleger 2001, 535.

100 BayObLG in den zu Fn 99 zitierten Beschlüssen.

Buchungsstellen und Fassungsvorschlag:

Bestandsverzeichnis des abgebenden Blattes:

Spalten 5/6:

1 Sondernutzungsrecht an Kfz-Stellplatz Nr ... ist Wohnungseigentum Blatt ... zugewiesen; gemäß Bewilligung vom ... eingetragen am ...

Bestandsverzeichnis des aufnehmenden Blattes:

Spalten 5/6:

1 Sondernutzungsrecht an Kfz-Stellplatz Nr ...; gemäß Bewilligung vom ... eingetragen am ...

– Sind **sämtliche Wohnungseigentümer** in der ursprünglichen Teilungserklärung **aufschiebend bedingt vom Mitgebrauch** der reservierten Stellplatzflächen **ausgeschlossen** (zB derart, dass einem *Dritten*, der nicht zur Wohnungseigentümergemeinschaft gehört – in diesem Falle zulässig, weil die Nutzungsbefugnis bis zum Bedingungseintritt den Wohnungseigentümern zusteht –, die Befugnis zur Zuordnung der Sondernutzungsrechte an bestimmte Wohnungseigentümer übertragen worden ist, auszuüben durch Erklärung gegenüber dem Verwalter), so bedarf die Eintragung der Sondernutzungsrechte dann *keiner Bewilligung*, und zwar weder eines Wohnungseigentümers noch der Inhaber beschränkter dinglicher Rechte, *wenn* dem GBA (gemäß §§ 22 Abs 1, 29 Abs 1 GBO) *der Eintritt der Bedingung* (durch die Zuweisung) *nachgewiesen wird*. Die inhaltliche Änderung des Sondereigentums realisiert sich in einem solchen Falle **für alle** (begünstigte wie auch betroffene übrige) Wohnungseigentumsrechte **zur gleichen Zeit**, für das begünstigte Recht kraft der inhaltsbestimmenden rechtsgeschäftlichen Zuweisungserklärung, für die betroffenen Rechte durch Eintritt der Bedingung.[101] **Zur Verdinglichung** des so entstandenen Sondernutzungsrechts gemäß § 10 Abs 3 WEG[102] ist dessen *Eintragung im Wohnungsgrundbuch des begünstigten Wohnungseigentums erforderlich und ausreichend*; die zusätzliche Eintragung auch in den Grundbüchern der übrigen, nicht begünstigten Wohnungseigentumseinheiten ist in diesem Fall jedoch zulässig und im Interesse der Klarheit der Grundbuchverhältnisse empfehlenswert; sie bringt quasi berichtigend zum Ausdruck, dass die in der Gemeinschaftsordnung enthaltene Bedingung über den Ausschluss vom Mitgebrauch eingetreten ist.[103]

Buchungsstellen und Fassungsvorschlag:

Bestandsverzeichnis beim begünstigten Wohnungseigentumsrecht:

Spalten 5/6:

1 Sondernutzungsrecht an Kfz-Stellplatz Nr ...; gemäß Bewilligung vom ... eingetragen am ...

Bestandsverzeichnis bei den übrigen Wohnungseigentumsrechten:

Spalten 5/6:

1 Aufschiebend bedingter Mitgebrauchsausschluss an Kfz-Stellplatz Nr ... ist wirksam geworden; gemäß Bewilligung vom ... eingetragen am ...

31 **bb) Sondernutzungsrechtsübertragung bzw -tausch:** Kann **nur unter Mitgliedern derselben Eigentümergemeinschaft** stattfinden, eine Übertragung an Dritte ist unzulässig. Die Änderung betrifft die Zuordnung (positive Komponente), nicht die Ausschlusswirkung (negative Komponente). Der Zuordnungswechsel ist keine Übertragung im Rechtssinne, sondern gemäß § 10 Abs 3 WEG eine mit Eintragung eintretende Inhaltsänderung des Sondereigentums des alten und des neuen Nutzungsberechtigten, von beiden zu vereinbaren (materiellrechtlich nicht formbedürftig), unabhängig von der Zustimmung der übrigen Miteigentümer, es sei denn, dass in der Gebrauchsregelung die Sondernutzungsrechtsübertragung analog § 12 WEG zustimmungsbedürftig gestellt worden ist.[104] Die Zustimmung etwaiger Realberechtigter des abgebenden Wohnungseigentums ist dagegen von Gesetzes wegen (§ 5 Abs 4 S 2 WEG, §§ 877, 876 BGB) erforderlich.

Die **Eintragungsvoraussetzungen** und die Eintragung ähneln der oben (Rdn 30) geschilderten Fallkonstellation der nachträglichen Zuweisung eines Sondernutzungsrechts durch einen dazu ermächtigten Miteigentümer.

---

101 BayObLGZ 1985, 378 = aaO (Fn 97); folgend: OLG Düsseldorf Rpfleger 1988, 63 = DNotZ 1988, 35; Rpfleger 1993, 193; 2001, 534 = FGPrax 2001, 132 = DNotZ 2002, 157. Diesen Weg favorisiert zu Recht *Schneider* in seiner Anm Rpfleger 2001, 536, 538.

102 Wirkung zugunsten Sondernachfolger nicht eintragungsabhängig, dies übersieht *Seidl* in Anm zu LG Stuttgart BWNotZ 1990, 43.

103 Dazu speziell BayObLG aaO (Fn 97).

104 BGH aaO (Fn 95); folgend: BayObLG Rpfleger 1979, 217 = DNotZ 1979, 307; OLG Düsseldorf MittRhNotK 1981, 196 (stehen gebendes und nehmendes Wohnungseigentum ein und derselben Person zu, genügt analog § 8 WEG einseitige Erklärung gegenüber dem GBA); OLG Stuttgart NJW-RR 1986, 318; vgl auch BGHZ 91, 346 = Rpfleger 1984, 408; BGH Rpfleger 1990, 113, dazu *Krücker-Ingenhag* aaO (Fn 20) S 94; *Schöner/Stöber* Rn 2963.

Buchungsstellen und Fassungsvorschlag:[105]

Bestandsverzeichnis beim bisher begünstigten Wohnungseigentum:

Spalten 5/6:

1 *Sondernutzungsrecht an Kfz-Stellplatz Nr ... ist jetzt Wohnungseigentum Blatt ... zugeordnet; gemäß Bewilligung vom ... eingetragen am ...*

Zu röten: zu lfdNr 1 in Spalte 3 die Stellplatzbezeichnung.

Bestandsverzeichnis beim neu begünstigten Wohnungseigentum:

Spalten 5/6:

1 *Sondernutzungsrecht an Kfz-Stellplatzes Nr ...; gemäß Bewilligung vom ... eingetragen am ...*

cc) Sondernutzungsrechtsaufgliederung: Ein Sondernutzungsberechtigter kann – sofern nicht durch   **32**
Gemeinschaftsordnung eingeschränkt – an der ihm zur ausschließlichen Nutzung zugewiesenen Grundstücksfläche (zB Gartenland) weitere Sondernutzungsrechte (mit gleichem Befugnisgehalt) ohne Zustimmung der
vom Mitgebrauch dieser Fläche ausgeschlossenen Miteigentümer und ihrer Realberechtigten schaffen.[106]

Die **Eintragungsvoraussetzungen** und die Eintragung entsprechen in etwa Rdn 30, 31: Bewilligung dessen,
der sein Sondernutzungsrecht aufgliedert, sowie etwaiger Realberechtigter seines Wohnungs- bzw Teileigentums.

Buchungsstellen und Fassungsvorschlag:

Bestandsverzeichnis beim bisher begünstigten Wohnungseigentum:

Spalten 5/6:

1 *Sondernutzungsrecht nur noch an einem Teil des Gartens, im Übrigen jetzt Wohnungseigentum Blatt ... zugeordnet;
   gemäß Bewilligung vom ... eingetragen am ...*

Bestandsverzeichnis beim neu begünstigten Wohnungseigentum:

Spalten 5/6:

1 *Sondernutzungsrecht an Gartenteil; gemäß Bewilligung vom ... eingetragen am ...*

dd) Sondernutzungsrechtsaufhebung: Hierzu gibt es einen Beschluss des BGH vom 13.09.2000.[107] Der   **33**
BGH teilt die herrschende Auffassung, dass die (völlige) Aufhebung eines Sondernutzungsrechts (als schuldrechtlich wirkendes Gebrauchsrecht) nicht durch einseitigen Verzicht möglich ist, sondern – als »actus contrarius« zu seiner Begründung – eine Vereinbarung aller Wohnungseigentümer gemäß § 10 Abs 2 WEG erfordert.
Zur Beseitigung (lediglich) der »dinglichen Wirkung« (§ 10 Abs 3 WEG) durch Löschung des Grundbucheintrags (Änderung des Sondereigentumsinhalts iS des § 877 BGB) solle es dagegen nicht der Mitwirkung aller
Wohnungseigentümer bedürfen; nach dem Schutzzweck des § 877 BGB genüge materiellrechtlich (wie formellrechtlich) die Löschungsbewilligung des begünstigten Eigentümers – nebst der Zustimmung ev Drittberechtigter gemäß § 5 Abs 4 S 2 WEG, §§ 877, 876 BGB –, weil die Eigentümerstellung der anderen Wohnungseigentümer nicht nachteilig beeinflusst werde.[108] Die Eintragung (Löschung) hat allerdings eine Inhaltsänderung
des Sondereigentums aller Wohnungseigentümer zur Folge und ist deshalb in sämtlichen Wohnungs- bzw Teileigentumsgrundbüchern vorzunehmen (vgl Rdn 28).[109]

Die **Eintragungsvoraussetzungen** richten sich nach § 19 GBO. Es genügt die Bewilligung dessen, der die ihn
allein begünstigende »dingliche Wirkung« seines Sondernutzungsrecht aufgibt, sowie etwaiger Realberechtigter
seines Wohnungs- bzw Teileigentums.[110]

---

105 Andere Vorschläge: *Ertl* Rpfleger 1979, 81, 84 (auch für Tausch); *Schöner/Stöber* Rn 2965.
106 BayObLG Rpfleger 1986, 257 = DNotZ 1988, 30; Rpfleger 1991, 308. Zur Änderung des Befugnisgehalts zB OLG
     Hamm Rpfleger 1997, 376; BayObLG FGPrax 2001, 145 = Rpfleger 2001, 404 = DNotZ 2002, 142; *Schneider* Rpfle-
     ger 1998, 53, 56; *Schöner/Stöber* Rn 2913.
107 NJW 2000, 3643 = FGPrax 2001, 7 = Rpfleger 2001, 69 = DNotZ 2001, 381 = ZflR 2000, 884 (mit Überblick über
     den bisherigen Meinungsstand).
108 *Ott* (ZMR 2002, 7) lehnt diese teleologische Reduktion ab, begründet Einigungserfordernis gemäß § 877 BGB.
109 So bereits *Ertl* aaO (Fn 105) S 83/84; **aA** OLG Frankfurt NotBZ 2007, 330.
110 Nach BGH aaO (Fn 107) dem materiellrechtlichen Weg entsprechend. *Demharter* FGPrax 1996, 6; 1997, 201, 202;
     Böttcher aaO (Fn 34) S 92; *Schneider* Rpfleger 1998, 53, 56; *Ott* aaO (Fn 108) leiten dies aus § 19 GBO ab.

Buchungsstellen und Fassungsvorschlag:

Bestandsverzeichnis aller Wohnungsgrundbücher:

Spalten 5/6:

1 *Das dem Wohnungseigentum Blatt ... zugeordnete Sondernutzungsrecht an Kfz-Stellplatz Nr ... ist aufgegeben; eingetragen am ...*

Zu röten: im Blatt des betroffenen Wohnungseigentums zu lfdNr 1 in Spalte 3 die Stellplatzbezeichnung.

Ist der Eintrag über die aufgehobene Sondernutzungsrechtsregelung in allen Wohnungsgrundbüchern allgemein gehalten, wie etwa: *»Für die Abstellräume im Dachgeschoss ist eine Sondernutzungsrechtsregelung getroffen«*, so wird der Aufhebungsvermerk ebenfalls allgemein zu halten sein, etwa: *»Sondernutzungsregelung für die Abstellräume im Dachgeschoss aufgegeben; eingetragen am ...«*

IV. Buchung von Herrschvermerken (Abs 7) und von Miteigentumsanteilen an einem dienenden Grundstück

1. Herrschvermerk zugunsten des Grundstücks

34 Abs 7 dient der Anpassung an § 7 GBV für den Fall, dass ein Herrschvermerk für das in Wohnungs- bzw Teileigentum aufgeteilte gemeinschaftliche Grundstück einzutragen ist, zB bezüglich einer Grunddienstbarkeit, die im Zeitpunkt der Aufteilung zugunsten des Grundstücks besteht[111] oder bezüglich einer zur Schaffung von Pkw-Abstellplätzen allen Wohnungseigentümern an einem Nachbargrundstück bestellten Grunddienstbarkeit.[112] Wie die in der Vorschrift geregelte Neueintragung in das Grundbuch zu bringen ist, zeigt das Eintragungsmuster in Anl 1 (Eintragung »3/zu 2« in Bestandsverzeichnis und Abt I). Wegen etwaiger Folgeeintragungen wird auf die Ausführungen zu § 7 GBV verwiesen.

2. Herrschvermerk zugunsten eines Wohnungseigentums

35 Auch ein einzelnes Wohnungseigentum kann »herrschendes Grundstück« eines subjektiv-dinglichen Rechts sein;[113] folglich kommt auch die Eintragung eines Herrschvermerks auf dem Blatt des begünstigten Wohnungseigentums in Betracht. Dessen Eintragung und Weiterbehandlung richtet sich voll und ganz nach § 7 GBV (vgl § 7 GBV Rdn 3).

3. Miteigentumsanteil an einem dienenden Grundstück

36 Für die selbständige Buchung von Miteigentumsanteilen – schon nach altem Recht bei Wohnungseigentum für zulässig erachtet[114] – gelten seit der Neufassung des § 3 GBO durch das RegVBG erleichterte Bedingungen. Liegen die in § 3 Abs 4, 6 GBO geregelten Voraussetzungen vor (dazu § 3 GBO Rdn 40 bis 43), ist die Anteilsbuchung nicht nur zulässig, sondern eine nach § 3 Abs 7 GBO gebotene Regelmaßnahme. Nicht nur ein Grundstück, auch ein Teileigentum kann anderen Grundstücken und/oder Wohnungs- bzw Teileigentumsrechten iS des § 3 Abs 4 zugeordnet sein. Zu beachten ist, dass die Anteilsbuchung nach § 3 Abs 5 GBO jeweils nur in der Weise zulässig ist, dass sämtliche Miteigentumsanteile an dem dienenden Grundstück oder Teileigentum auf den Blättern der herrschenden Grundstücke und/oder Wohnungs- bzw Teileigentumsrechte gebucht werden.[115] Für die Buchungsweise ist § 8 GBV maßgeblich (vgl § 8 GBV Rdn 3).

V. Schließung der Wohnungs- bzw Teileigentumsgrundbücher

1. Zu den Schließungsgründen:

37 a) **Schließung einzelner Blätter:** Anlass dazu gibt es bei der Zusammenlegung und bei der Reduzierung von Eigentumseinheiten (vgl Rdn 20 Fallgruppen 2 und 6). Schließungsgrund in diesen Fällen: § 34 Buchst a GBO.

38 b) **Schließung der Wohnungs- bzw Teileigentumsgrundbücher:** Sie erfolgt gemäß § 9 Abs 1 WEG:
- (1) Von Amts wegen bei Aufhebung des Sondereigentums, die gemäß § 4 WEG der Einigung der Wohnungs- bzw Teileigentümer in Auflassungsform und der Eintragung (in sämtlichen Blättern) bedarf.[116] Ob die Einigung analog § 20 GBO dem GBA nachzuweisen ist, ist streitig;[117] der bejahenden Ansicht wird zugestimmt.

---

111 Vgl BayObLG Rpfleger 1983, 434.
112 Vgl OLG Stuttgart Rpfleger 1990, 254.
113 BGH NJW 1989, 2391 mwN = Rpfleger 1989, 452 = DNotZ 1990, 493 m Anm *Amann*.
114 AllgM im Anschluss an OLG Düsseldorf Rpfleger 1970, 394 und BayObLGZ 1974, 466, 470 = Rpfleger 1975, 90 = DNotZ 1976, 28.
115 BayObLGZ 1994, 221 = Rpfleger 1995, 153 = DNotZ 1995, 74; Vorteilhaft zur Nutzungsregelung an Mehrfachparkern: *Schöner* Rpfleger 1997, 416.
116 OLG Frankfurt Rpfleger 1990, 292. Auch bei planabweichender Errichtung keine Schließung ohne Aufhebung: OLG Düsseldorf OLGZ 1970, 72 = Rpfleger 1970, 26 = DNotZ 1970, 42. Aufgabe durch Verzicht nach hM nicht möglich: OLG Zweibrücken ZfIR 2002, 830 mwN.
117 Bejahend: *Schöner/Stöber* Rn 2995; verneinend: BGB-RGRK-*Augustin* § 7 WEG Rn 11.

- (2) auf Antrag sämtlicher Miteigentümer bei völliger Zerstörung des Gebäudes (vereinfachte formlose Aufhebung), gestützt auf eine Bescheinigung der Baubehörde. Es handelt sich hier um einen formbedürftigen »gemischten Antrag«.[118]
- (3) auf Antrag des Alleineigentümers, in dessen Person sich ggf sämtliche Wohnungs- bzw Teileigentumsrechte vereinigt haben. Auch dies ist ein formbedürftiger »gemischter Antrag«.

In allen Fällen findet eine Umwandlung des Wohnungs- bzw Teileigentums statt, bei (1) und (2) in gewöhnliches Miteigentum, bei (3) in gewöhnliches Alleineigentum, jeweils als Inhaltsänderung iS der §§ 877, 876 BGB. Notwendig ist deswegen die Zustimmung (bzw Bewilligung nach § 19 GBO) der dinglich Berechtigten, mit Ausnahme derjenigen, deren Recht auf dem Grundstück im Ganzen oder auf allen Wohnungseigentumsrechten lastet (hM);[119] darauf weist § 9 Abs 2 WEG indirekt hin. Die Belastungen bestehen im bisherigen Umfang fort, als das, was sie sind, als Belastungen der Miteigentumsanteile, bislang mit Sondereigentum verknüpft (§ 6 Abs 2 WEG), künftig ohne Sondereigentum, oder als Belastungen des ganzen Grundstücks (bislang gebucht gemäß § 4 WGV). Belastungen des Wohnungseigentums, die ihrer Art nach an einem gewöhnlichen Miteigentumsanteil nicht bestehen können, gehen mit der Aufhebung des Sondereigentums unter.[120] Die Schritte zur Aufhebung von Wohnungseigentum bis zur abschließenden Realteilung und Übertragung zu Alleineigentum schildert *Röll*.[121]

2. Schließung nebst Blattanlegung für das Grundstück

Die Maßnahmen zur Schließung der Wohnungs- bzw Teileigentumsgrundbuchblätter richten sich nach § 36 GBV. Zugleich ist nach § 9 Abs 3 WEG für das Grundstück »nach den allgemeinen Vorschriften«, nicht nach den §§ 116 ff GBO, (wieder) ein Grundbuchblatt anzulegen; zur Darstellung der fortbestehenden Anteilsbelastungen in diesem Grundbuch: § 10 GBV Rdn 13.[122] **39**

Nicht eindeutig ist die im zweiten Hs des § 9 Abs 3 WEG getroffene Bestimmung, dass die Sondereigentumsrechte mit der Anlegung des Grundbuchblatts »erlöschen«, soweit sie nicht bereits aufgehoben sind. Diese Regelung soll § 46 Abs 2 GBO nachgebildet sein.[123] Dann aber ist der Gesetzeswortlaut unexakt, ist der Ausdruck »erlöschen« iS einer Löschung durch Nichtmitübertragung zu verstehen. So gesehen, hat die Blattanlegung die gleiche konstitutive Wirkung wie die ausdrückliche Eintragung der Aufhebung der Sondereigentumsrechte, tritt aber das materielle »Erlöschen« der Sondereigentumsrechte nur ein, wenn die neben der Eintragung erforderlichen materiellrechtlichen Voraussetzungen (§ 9 Abs 1 WEG) gegeben sind.

Vorstehender Deutung gemäß erübrigt sich in allen Fällen des § 9 Abs 1 WEG, auch im Fall des § 9 Abs 1 Nr 1, eine Extra-Eintragung der Aufhebung. Es genügt die Schließung der Wohnungs- bzw Teileigentumsgrundbücher mit begründetem Schließungsvermerk (etwa: »*Wegen Aufhebung des Sondereigentums und Übertragung des Miteigentumsanteils nach … Blatt … geschlossen am …*«) und die vorschriftsmäßige Anlegung des Grundbuchblatts für das Grundstück.

Wird dagegen vorab die Aufhebung des Sondereigentums eingetragen (wo zu buchen, ist in § 3 nicht bestimmt, zweckmäßig: Spalten 7/8 des Bestandsverzeichnisses sämtlicher Wohnungs- bzw Teileigentumsgrundbücher, etwa: »*1 | Sondereigentum aufgehoben; Miteigentumsanteil übertragen nach … Blatt … am …*«), so hat die Blattanlegung für das Grundstück nur grundbuchtechnische Bedeutung.

§ 4 (Nicht teilbare Grundstücksrechte)

(1) Rechte, die ihrer Natur nach nicht an dem Wohnungseigentum als solchem bestehen können (wie z.B. Wegerechte), sind in Spalte 3 der zweiten Abteilung in der Weise einzutragen, daß die Belastung des ganzen Grundstücks erkennbar ist. Die Belastung ist in sämtlichen für Miteigentumsanteile an dem belasteten Grundstück angelegten Wohnungs- und Teileigentumsgrundbüchern einzutragen, wobei jeweils auf die übrigen Eintragungen zu verweisen ist.

(2) Absatz 1 gilt entsprechend für Verfügungsbeschränkungen, die sich auf das Grundstück als Ganzes beziehen.

---

118 *Weitnauer* (8. Aufl) § 9 Rn 4.
119 OLG Zweibrücken Rpfleger 1986, 93; OLG Frankfurt aaO (Fn 116).
120 Eingehend erläutert von *Meyer-Stolte* Rpfleger 1991, 150 (kritisch zu OLG Schleswig an gleicher Stelle); dazu auch *Schöner/Stöber* Rn 2996.
121 »Die Aufhebung von Wohnungseigentum an Doppelhäusern« DNotZ 2000, 749; zT abweichend von OLG Frankfurt DNotZ 2000, 778. Krit zu dieser Entscheidung auch *Volmer* ZfIR 2000, 285.
122 Auch dazu *Meyer-Stolte* aaO (Fn 120).
123 *Weitnauer* aaO (Fn 118) Rn 8.

I. Allgemeines

1 Verfügungen über das in Wohnungs- bzw Teileigentum aufgeteilte Grundstück als Ganzes durch die Gesamtheit der Miteigentümer sind möglich (§ 6 WEG iVm § 747 S 2 BGB) und verschiedentlich aus Rechtsgründen unumgänglich. Nach dem WEG (§ 7 Abs 1 S 3, § 9) geben solche Verfügungen keinen Anlass zur Schließung der Wohnungs- bzw Teileigentumsgrundbücher und zur Anlegung eines Grundbuchblatts für das Grundstück.[1] Dementsprechend enthält die WGV buchungstechnische Sonderregeln für die sich auf das Grundstück als Ganzes beziehenden Eintragungen. Sie ergeben sich:
- für die Buchung von Veränderungen, die den Bestand des gemeinschaftlichen Grundstücks betreffen, aus § 3 Abs 5 (dazu § 3 WGV Rdn 16 bis 19);
- für die Buchung von Herrschvermerken zugunsten des gemeinschaftlichen Grundstücks (§ 9 GBO, § 7 GBV) aus § 3 Abs 7 (dazu § 3 WGV Rdn 34);
- für die Buchung von Miteigentumsanteilen der Wohnungs- bzw Teileigentümer an einem dienenden Grundstück iS des § 3 Abs 4 GBO mangels spezieller Bestimmungen aus der entsprechenden Anwendung des § 8 GBV (dazu § 3 WGV Rdn 36);
- für die Buchung von Lasten und Beschränkungen, die sich auf das gemeinschaftliche Grundstück im Ganzen beziehen, aus § 4 (dazu folgende Erläuterungen).

II. Zum Anwendungsbereich der Vorschrift

2 § 4 bezieht sich ausdrücklich auf:
- Rechte, die ihrer Natur nach nicht an dem Wohnungseigentum als solchem bestehen können, und nennt als richtungweisendes Beispiel Wegerechte,
- Verfügungsbeschränkungen, die sich auf das Grundstück als Ganzes beziehen.

Die Vorschrift beschränkt sich wohlweislich auf **Eintragungen in der zweiten Abteilung**; denn Grundpfandrechte belasten generell das einzelne Wohnungseigentum als solches (§ 6 WEG iVm §§ 1114, 1192, 1199 BGB). Auch wenn sich ein Grundpfandrecht auf alle Wohnungseigentumsrechte erstreckt, ist es keine Belastung des Grundstücks als solchem, sondern ein sich aus den Anteilsbelastungen zusammensetzendes einheitliches Gesamtrecht iS des § 1132 BGB.[2] Die Rechtseinheit ist in diesem Fall in den Wohnungs- bzw Teileigentumsgrundbüchern durch Mithaftvermerke (§ 48 GBO) zu kennzeichnen.

1. Auszuscheidende Rechte

3 Außer den Grundpfandrechten sind nach dem BGB zur selbständigen Belastung von ideellen Miteigentumsanteilen geeignet:
- Nießbrauch (§ 1066 Abs 1 BGB),
- Vorkaufsrecht (§ 1095 BGB),
- Reallasten (§ 1106 BGB).

Infolgedessen eignen sich vorbezeichnete Rechtstypen zur Belastung einzelner Wohnungs- bzw Teileigentumsrechte (§ 6 WEG). Erstreckt sich ein solches Recht auf eine Mehrheit von Wohnungs- bzw Teileigentumseinheiten, handelt es sich entweder (soweit der Art nach möglich) um eine Rechtseinheit (Gesamtbelastung) oder um eine Rechtsmehrheit (Einzelbelastungen); eine Gesamtbelastung ist gemäß § 48 GBO zu kennzeichnen (dazu § 10 GBV Rdn 48).

2. Anwendbarkeit bei Nutzungsrechten

4 Zur Belastung eines ideellen Miteigentumsanteils ungeeignet sind grundsätzlich die auf die tatsächliche Nutzung des Grundstücks oder realer Teile desselben gerichteten Rechtstypen, nämlich (vgl Einl C Rdn 229, 285, 334, 365, 377 mit Nachweisen):

---

1 KG OLGZ 1976, 257, 259 = Rpfleger 1976, 180, 181.
2 RGZ 146, 365 = DNotZ 1935, 907; BGH NJW 1961, 1352 = Rpfleger 1961, 353 = DNotZ 1961, 407; BGHZ 40, 115, 120 = NJW 1963, 2320; BGH DNotZ 1986, 476; *Böhringer* BWNotZ 1988, 97, 99; *Staudinger-Wolfsteiner* § 1114 Rn 2.

- Erbbaurecht,
- Dienstbarkeiten,[3]
- Dauerwohn- bzw Dauernutzungsrecht.

Diese Nutzungsrechte können an einem im schlichten Miteigentum stehenden Grundstück **nach dem BGB** grundsätzlich nur durch gemeinschaftliche Verfügung der Miteigentümer begründet werden (§ 747 S 2 BGB).[4]

Besonderheit nach dem WEG: Abgesehen vom Erbbaurecht, das naturgemäß als Belastung eines in Wohnungs- oder Teileigentum aufgeteilten Grundstücks ausscheidet, gibt es beim Wohnungs- bzw Teileigentum – weil es ideelles Miteigentum und real abgegrenztes Sondereigentum kombiniert (§ 1 Abs 2, 3 WEG) – bezüglich der Nutzungsrechte verschiedene Belastungsmöglichkeiten:

a) Selbständige Belastung eines Wohnungs- bzw Teileigentums (durch dessen Eigentümer allein) **mit** 5 **einer Dienstbarkeit** ist zulässig,

- wenn die eingeräumte Benutzungsbefugnis (1. Alt von §§ 1018, 1090 BGB) oder Nutzungsbeschränkung (2. Alt von §§ 1018, 1090 BGB) **auf den räumlichen Bereich des Sondereigentums** – einschl der gemäß § 5 Abs 1 WEG dazu gehörenden Gebäudebestandteile, wie zB Außenfenster – **beschränkt** ist, wie dies typischerweise bei einem Wohnungsrecht, einem Dauerwohn- oder -nutzungsrecht, einem Wohnungsbesetzungsrecht der Fall ist (vgl Einl C Rdn 285, 334, 377 mit Nachweisen);[5] (zur Einbeziehung eines Sondernutzungsrechts s Rdn 6);
- wenn die eingeräumte Nutzungsbefugnis **nicht aus dem Rahmen der Zweckbestimmung** des Wohnungs- bzw Teileigentums **fällt**. Zulässig zB: Grunddienstbarkeit an einem Wohnungseigentum, die dem jeweiligen Eigentümer der benachbarten Wohnung das Recht zur alleinigen Nutzung der angrenzenden (zum belasteten Wohnungseigentum gehörenden) Dachterrasse einräumt;[6] die Einräumung des Rechts zur Benutzung eines als selbständiges Teileigentum gebuchten Tiefgaragenstellplatzes als.[7] Unzulässig dagegen: Wohnungsrecht an einem als selbständiges Teileigentum gebuchten Tiefgaragenstellplatz.[8]
- wenn die **Ausübung eines Rechts ausgeschlossen wird**, dass sich aus dem belasteten Wohnungs- bzw Teileigentum ergibt (3. Alt des § 1018 BGB).[9]

b) Die Belastung des Grundstücks im Ganzen (durch gemeinschaftliche Verfügung aller Miteigentümer 6 gemäß § 6 WEG, § 747 S 2 BGB) ist unzweifelhaft **nötig** für die Bestellung von Dienstbarkeiten, deren **Ausübungsbereich das Gemeinschaftseigentum oder Teile davon** (wie die Grundstücksfläche, das Gebäude als Ganzes, nicht im Sondereigentum befindliche Räume) betrifft und somit auf die Befugnisse *aller* Wohnungs- bzw Teileigentümer einschränkend einwirkt, wie zB für Geh- und Fahrrechte und für Mitbenutzungsrechte an Kinderspielplätzen, an Feuerwehrzufahrten, an Mülltonnenhäuschen, oder bei Trafostations- und Erdkabelrechten (»Dienstbarkeiten am Gemeinschaftseigentum«[10]).

Fraglich ist, ob dies auch für eine Dienstbarkeit (insb ein Wohnungsrecht) gilt, die sich nicht nur auf das betroffene Sondereigentum (die Wohnung), sondern auch auf ein dem Wohnungseigentümer zustehendes Sondernutzungsrecht am Gemeinschaftseigentum, wie zB einen Kfz-Stellplatz, einen Garten oder dgl, erstrecken soll. Lange ist dies als Fall des § 747 S 2 BGB angesehen worden, weil der lokale Ausübungsbereich der Dienstbarkeit das Terrain des gemeinschaftlichen Eigentums erfasst.[11] Eingeleitet durch die BGH-Entscheidung von 1989[12] hat sich nach und nach[13] die (richtige) Erkenntnis durchgesetzt, dass für die Zulässigkeit des Dienstbarkeitsinhalts nicht die lokale Dimension des Ausübungsbereichs, sondern der Befugnisgehalt des betroffenen Wohnungseigentums entscheidend ist. Endgültig klar kommt dies im Beschluss des BayObLG vom 11.09.1997[14] zum Ausdruck. Danach ist die Belastung eines Wohnungseigentums mit einem Wohnungsrecht

---

3 Ausnahmen uU bei Ausschluss von Rechten (§ 1018 BGB 3. Alt): OLG Hamm OLGZ 1981, 53 = Rpfleger 1980, 468 und Rpfleger 1980, 469; LG Bochum Rpfleger 1982, 372; Bedenken: *Zimmermann* Rpfleger 1981, 333; vgl auch *Meyer-Stolte* Rpfleger 1981, 472, 473.

4 AllgM im Anschluss an BGHZ 36, 187, 189 = NJW 1962, 633, 634.

5 BGHZ 107, 289 mwN = NJW 1989, 2391 = Rpfleger 1989, 452 = DNotZ 1990, 493 m Anm *Amann*.

6 BayObLG MittBayNot 1985, 127 = Rpfleger 1985, 486 (LS).

7 BayObLGZ 1987, 359, 362 = NJW-RR 1988, 594 = Rpfleger 1988, 62 = DNotZ 1988, 313.

8 BayObLG NJW-RR 1988, 328 = Rpfleger 1987, 62 = DNotZ 1987, 223.

9 Dazu OLG Hamm OLGZ 1981, 53 = Rpfleger 1980, 468 und Rpfleger 1980, 469 mit Kritik von *Zimmermann* aaO (Fn 3).

10 Beispiele und Begriff von *Amann* MittBayNot 1995, 267.

11 BayObLGZ 1974, 396 = NJW 1975, 59 = Rpfleger 1975, 22 = DNotZ 1976, 601; BayObLG DNotZ 1990, 496 = Rpfleger 1990, 197 (LS); OLG Karlsruhe Rpfleger 1975, 356; KG OLGZ 1976, 257 = Rpfleger 1976, 180; OLG Düsseldorf Rpfleger 1986, 376 = DNotZ 1988, 31; OLG Zweibrücken NJW-RR 1999, 1389 = FGPrax 1999, 378; *Zimmermann* aaO (Fn 3); *Ertl* DNotZ 1988, 4, 13.

12 BGHZ 107, 289 = aaO (Fn 5).

13 Gefördert insb von *Amann* (DNotZ 1990, 498) und von *Ott* (DNotZ 1998, 128).

14 BayObLGZ 1997, 282 = FGPrax 1998, 6 = Rpfleger 1998, 68 = DNotZ 1998, 282.

des Inhalts, dass der Berechtigte außer den im Sondereigentum stehenden Räumen auch einen Teil des gemeinschaftlichen Eigentums allein nutzen darf, unzulässig aber auch gar nicht nötig, weil die Befugnis des Wohnungseigentümers zur alleinigen Nutzung gemeinschaftlichen Eigentums kraft des (eingetragenen) Sondernutzungsrechts (gemäß § 10 Abs 2 WEG) zum Inhalt seines Sondereigentums gehört und somit kraft Gesetzes – vorbehaltlich einer abweichenden Vereinbarung – auf den Wohnungsberechtigten mitübertragen wird.

Für die **Eintragung** einer Belastung des Grundstücks im Ganzen gelten die besonderen Maßregeln des Abs 1 (dazu Rdn 9).

3. Anwendbarkeit bei Verfügungsbeschränkungen (Abs 2) und Vormerkungen

7   Verfügungsbeschränkungen, die sich auf das Grundstück als Ganzes beziehen, also die gemeinschaftliche Verfügungsbefugnis der Gesamtheit der Miteigentümer betreffen, sind selten. Anzuwenden sein wird die Vorschrift des Abs 2 auf Vermerke, die auf den Einbezug des Grundstücks in besondere Verfahren mit Beschränkungseffekten hinweisen (vgl § 10 Abs 1 Buchst c GBV), und dort am ehesten praktisch relevant werden.

8   Auf die Eintragung einer **Vormerkung** zur Sicherung eines Anspruchs, der das gemeinschaftliche Grundstück insgesamt betrifft, ist § 4 entsprechend anzuwenden; die Eintragung bei einer einzelnen Wohnung ist inhaltlich unzulässig.[15]

III. Zur vorgeschriebenen Eintragungsweise

9   Die Eintragungen in den Wohnungs- bzw Teileigentumsgrundbüchern zusammen tragen die materiellrechtlichen Eintragungsfunktionen, deren konstitutive wie publizierende Kraft (§§ 873 ff BGB). Diesen Zusammenhang aufzuzeigen, ist Zweck der in Abs 1 vorgeschriebene Verknüpfung der Eintragungsvermerke durch einen »Gesamtvermerk«. Die Ausführung bei der Ersteintragung illustriert das Eintragungsmuster in der Anl 1; unnötig dürfte die Angabe der Blattnummern der für die anderen Miteigentumsanteile angelegten Grundbuchblätter sein, denn deren Bezeichnung ergibt sich aus dem Bestandsverzeichnis. Der für die Ersteintragung demonstrierte Verknüpfungstext: »… hierher sowie auf die für die anderen Miteigentumsanteile angelegten Grundbuchblätter eingetragen am …« wird deutlichkeitshalber auch in spätere Änderungs- und Löschungsvermerke aufzunehmen sein.

IV. Zu den Folgen eines Verstoßes gegen § 4

10   Das BayObLG[16] hat in einer (soweit ersichtlich) ersten obergerichtlichen Entscheidung zu dieser Frage auf inhaltliche Unzulässigkeit der Eintragung eines Wegerechts (im Eintragungsvermerk als »Mitbenützungsrecht des unterirdischen Ganges« gekennzeichnet) erkannt, die zwar in allen Wohnungsgrundbüchern, aber ohne den vorgeschriebenen »Gesamtvermerk« erfolgt war. Die sorgfältig begründete Kritik von *Amann*[17] erscheint berechtigt. Sie bringt (unter Abgleich mit den Rechtsfolgen eines Verstoßes gegen § 48 GBO) zur Geltung, dass die Auslegung einer Grundbucheintragung Vorrang vor der Feststellung ihrer inhaltlichen Unzulässigkeit hat, und dass nach allgM bei der Auslegung von der für einen unbefangenen Betrachter nächstliegenden Bedeutung auszugehen ist. Ihr ist insb darin zu folgen, dass trotz des Verstoßes gegen die Ordnungsvorschrift des § 4 WGV die materiellrechtlich nötige Erkennbarkeit der Belastung des Gesamtgrundstücks andeutungsweise im Grundbuch in Erscheinung tritt, und zwar durch die Kennzeichnung des Rechtsinhalts in den Eintragungsvermerken. Dieser für die Auslegung beachtenswürdigen Umstand und die daran zu knüpfende Folgerung, dass die inhaltliche Unzulässigkeit (Unmöglichkeit der in der Eintragung bekundeten Rechtsgestaltung) wohl nicht der nächstliegende Eindruck eines unbefangenen Lesers sein dürfte, ist in den Entscheidungsgründen des Gerichts unberücksichtigt geblieben.

§ 5   (Hypotheken-, Grundschuld- und Rentenschuldbriefe)

Bei der Bildung von Hypotheken-, Grundschuld- und Rentenschuldbriefen ist kenntlich zu machen, daß der belastete Gegenstand ein Wohnungseigentum (Teileigentum) ist.

I. Bezugsvorschrift

1   Für die Briefbildung und -behandlung gelten die generellen Vorschriften der GBO und der GBV bis auf vorstehende Sondervorschrift, die mit § 57 Abs 1 S 2 GBO in Zusammenhang zu bringen ist. Beide Vorschriften sind 1977 neugefasst worden. Seitdem ist auf den Briefen nicht mehr der vollständige Beschrieb des Belastungsobjekts wiederzugeben.

---

15   BayObLG NJW-RR 2002, 884.
16   Rpfleger 1995, 455 = MittBayNot 1995, 288, unter Verweis auf *Demharter* Anh zu § 3 Rn 69 (jetzt Rn 98).
17   AaO (Fn 10).

II. Einzelnes Wohnungseigentum als Belastungsgegenstand

Dieses wird auf dem Brief in Anlehnung an die Muster der Anl 3 ff zur GBV kenntlich zu machen sein. Fassungsvorschlag: »*Belastetes Wohnungseigentum: Das im Bestandsverzeichnis des Grundbuchs unter Nr 2 verzeichnete Wohnungseigentum.*« **2**

III. Mehrere Wohnungseigentumsrechte als Belastungsgegenstand

Die belasteten Wohnungseigentumsrechte werden in Anlehnung an das Muster der Anl 5 zur GBV entsprechend dem vorstehenden Fassungsvorschlag einzeln aufzuführen sein. Für den anlässlich der Aufteilung des Eigentums an einem belasteten Grundstück auf den Brief zu setzenden Vermerk enthält die Anl 4 zur WGV ein Muster. **3**

§ 6 (Verfahren bei Anlegung besonderer Wohnungsgrundbuchblätter)

Sind gemäß § 7 Abs 1 oder § 8 Abs 2 des Wohnungseigentumsgesetzes für die Miteigentumsanteile besondere Grundbuchblätter anzulegen, so werden die Miteigentumsanteile in den Spalten 7 und 8 des Bestandsverzeichnisses des Grundbuchblattes des Grundstücks abgeschrieben. Die Schließung des Grundbuchblattes gemäß § 7 Abs 1 Satz 3 des Wohnungseigentumsgesetzes unterbleibt, wenn auf dem Grundbuchblatt von der Abschreibung nicht betroffene Grundstücke eingetragen sind.

I. Bedeutung der Vorschrift

§ 6 stellt klar, dass die in § 7 Abs 1 und in § 8 Abs 2 WEG so bezeichnete »Anlegung« der Wohnungs- bzw Teileigentumsgrundbücher als Übertragungsbuchung auszuführen ist (dazu § 3 WGV Rdn 14). **1**

II. Zur Fassung des Abschreibungsvermerks

Im Wortlaut des Abschreibungsvermerks in der Spalte 8 kann (muss nicht) der Unterschied der Begründungsarten zum Ausdruck gebracht werden. **2**

1. Normalfall des § 7 Abs 1 WEG

Zur Sondereigentumseinräumung unter Miteigentümern gemäß §§ 3, 4 WEG werden die bestehenden Miteigentumsanteile vom bisherigen Grundstücksgrundbuch abgeschrieben und auf die gemäß § 7 Abs 1 WEG anzulegenden Wohnungs- bzw Teileigentumsgrundbücher übertragen. Fassungsvorschlag für den im Bestandsverzeichnis Spalte 7/8 zu buchenden Abschreibungsvermerk: »*1 | Miteigentumsanteile zur Begründung von Wohnungseigentum / Teileigentum übertragen nach ... Blatt ... bis ... am ...*«. **3**

2. Sonderfälle des § 7 Abs 1 WEG

Ausreichend ist es, dass die das Sondereigentum begründenden Vertragspartner (§ 3 WEG) spätestens bis zum Vollzug der das Sondereigentum begründenden Einigung im Grundbuch (§ 4 Abs 1 WEG) Miteigentümer geworden sind.[1] **4**

a) Gleichzeitiger Vollzug des Miteigentumserwerbs (§§ 873, 925 BGB) **und der Sondereigentumsbegründung** (§§ 3, 4 WEG) im Grundbuch ist deshalb möglich. Selbstverständlich kann die zum Miteigentumserwerb nötige Eigentumsumschreibung vorab im bisherigen Grundstücksgrundbuch mit anschließender Abschreibung der Miteigentumsanteile gemäß Rdn 3 gebucht werden. Vertretbar ist es, sogleich das zu Miteigentum aufgelassene Grundstück anteilsweise aus dem bisherigen Grundbuchblatt abzuschreiben, die Anteile auf die anzulegenden Wohnungs- bzw Teileigentumsgrundbücher zu übertragen und dort jeweils in Abt I die für den Miteigentumserwerb nötige Eigentumsumschreibung vorzunehmen[2] (so offenbar auch das Eintragungs- **5**

---

1 *Schöner/Stöber* Rn 2813; dazu auch LG Bielefeld Rpfleger 1985, 189.
2 Ebenso KEHE-*Eickmann* § 6 W; *Schöner/Stöber* Rn 2864.

muster in der Anl 1). Fassung des Abschreibungsvermerks in diesem Fall etwa: »*1 I Zur Begründung von Wohnungseigentum / Teileigentum übertragen nach ... Blatt ... bis ... am ...*«.

6 b) Zur **Zuordnung einer Raumeinheit an mehrere der bisherigen Grundstücksmiteigentümer zu ideellen Anteilen** ist Zusammenlegung ihrer Anteile zu einem einheitlichen Miteigentumsanteil erforderlich, weil nach dem Gesetz (§ 1 Abs 2 WEG) Sondereigentum an einer Wohnung jeweils nur mit einem einzigen Miteigentumsanteil verbunden werden darf. Diese rechtstechnische Anteilszusammenlegung erfordert keine vorweggehende Extraeintragung im Grundstücksgrundbuch, sondern wird schlicht dadurch vollzogen, dass bei Anlegung des betreffenden Wohnungs- bzw Teileigentumsgrundbuchs im Bestandsverzeichnis der vereinheitlichte Miteigentumsanteil und in Abt I das Anteilsverhältnis der Wohnungsmiteigentümer dargestellt werden.[3] Fassung des Abschreibungsvermerks etwa wie Rdn 3.

3. Fall des § 8 WEG

7 Wird Wohnungs- bzw Teileigentum gemäß § 8 WEG durch Teilungserklärung des Grundstückseigentümers begründet, so empfiehlt sich folgende Fassung des Abschreibungsvermerks: »*1 | Zur Begründung von Wohnungseigentum / Teileigentum in ... Miteigentumsanteile geteilt und übertragen nach ... Blatt ... bis ... am ...*«.

III. Zur Blattschließung

8 § 7 Abs 1 S 3 WEG ordnet an, dass das Grundstücksblatt zu schließen ist, also nicht neben den Wohnungs- bzw Teileigentumsgrundbüchern weitergeführt wird. § 6 S 2 der WGV stellt klar, dass die Schließung nicht stattfindet, wenn das in Wohnungs- bzw Teileigentum aufgeteilte Grundstück nicht einziger auf dem Blatt verzeichneter Bestand ist. Die Schließung ist gemäß § 36 GBV durchzuführen; Fassung des in die Aufschrift aufzunehmenden Schließungsvermerks etwa: »*Wegen der Anlegung von Wohnungsgrundbüchern / Teileigentumsgrundbüchern geschlossen am ...*«

§ 7 (Verfahren bei Absehen von der Anlegung besonderer Wohnungsgrundbuchblätter)

Wird von der Anlegung besonderer Grundbuchblätter gemäß § 7 Abs 2 des Wohnungseigentumsgesetzes abgesehen, so sind in der Aufschrift unter die Blattnummer in Klammern die Worte »Gemeinschaftliches Wohnungsgrundbuch« oder »Gemeinschaftliches Teileigentumsgrundbuch« (im Falle des § 2 Satz 2 dieser Verfügung »Gemeinschaftliches Wohnungs- und Teileigentumsgrundbuch«) zu setzen; die Angaben über die Einräumung von Sondereigentum sowie über den Gegenstand und Inhalt des Sondereigentums sind als Bezeichnung des Gemeinschaftsverhältnisses im Sinne des § 47 der Grundbuchordnung gemäß § 9 Buchstabe b der Grundbuchverfügung in den Spalten 2 und 4 der ersten Abteilung einzutragen.

1 Von der durch § 7 Abs 2 WEG eingeräumten Möglichkeit, ein gemeinschaftliches Wohnungsgrundbuch (Teileigentumsgrundbuch) statt einzelner Wohnungs- bzw Teileigentumsgrundbücher zu führen, wird praktisch kaum Gebrauch gemacht. Das liegt zunächst daran, dass diese Buchungsweise überhaupt nur für vertraglich begründetes Sondereigentum (§ 3 WEG) zulässig ist; denn § 8 Abs 2 WEG verweist nicht auf § 7 Abs 2 WEG (bei Verstoß allerdings nach heute einhelliger Meinung keine Nichtigkeit der Vorratsteilung[1]). Außerdem ist die Buchungsweise mit Rücksicht auf die Zulässigkeitsbedingung des § 7 Abs 2 WEG, dass Verwirrung nicht zu besorgen sein darf, nur in Ausnahmefällen (wenig Raumeinheiten, wenig oder einheitliche Belastungen) gerechtfertigt; denn die in § 7 WGV nebst Eintragungsmuster in der Anl 2 vorgeschriebene Darstellung der Miteigentums- und Sondereigentumsverhältnisse in Abt I und die Buchung der Belastungen der einzelnen Anteile in Abt II und III des gemeinschaftlichen Blattes gemäß §§ 10, 11 GBV (dazu § 10 GBV Rdn 13), würde bei größeren Miteigentümergemeinschaften alsbald zur Unübersichtlichkeit des Grundbuchinhalts führen.

---

3 BGHZ 86, 398 mwN = Rpfleger 1983, 270; *Schöner/Stöber* Rn 2814.
1 *Hesse-Saage-Fischer* § 8 Anm IV 5; *KEHE-Eickmann* Rn 1.

§ 8 (Wohungs- und Teilerbbaugrundbücher)

Die Vorschriften der §§ 2 bis 7 gelten für Wohnungs- und Teilerbbaugrundbücher entsprechend.

I. Allgemeines

So wie das materielle Recht (§ 30 WEG) für das durch Vertrag (§ 30 Abs 1) oder durch Teilungserklärung (§ 30 **1** Abs 2) begründbare Wohnungserbbaurecht bzw Teilerbbaurecht die Vorschriften über das Wohnungseigentum bzw Teileigentum für entsprechend anwendbar erklärt, so ordnet § 8 der WGV für die Grundbuchführung die entsprechende Anwendung der §§ 2 bis 7 an. Vorab einige allgemeine Bemerkungen zum Institut des Wohnungs- bzw Teilerbbaurechts:

1. Es ist **Sondereigentum** an bestimmten Bereichen des Gebäudes in den Grenzen des § 5 WEG iVm **dem** **2** **ideellen Anteil an dem Erbbaurecht,** zu dem es gehört. Anders als beim Wohnungs- bzw Teileigentum sind zwei Rechtsverhältnisse zu unterscheiden:[1]

2. Das **Rechtsverhältnis zwischen dem Grundstückseigentümer und den Erbbauberechtigten,** für das **3** das ErbbauRG gilt. Der auf Gesetz (§§ 1, 11 ErbbauRG) und Vertrag (§§ 2ff ErbbauRG) beruhende Erbbaurechtsinhalt bildet die Basis für den Sondereigentumsinhalt, geht diesem also vor.[2]
– So können zB Wohnungserbbaurechte nach hM an einem sich auf mehrere Grundstücke erstreckenden Gesamterbbaurecht begründet werden; § 1 Abs 4 WEG steht dem nach hM nicht entgegen.[3]
– Bezweifelt wird, ob wegen § 11 Abs 1 ErbbauRG die in § 4 Abs 1 WEG vorgeschriebene Auflassungsform für die Sondereigentumseinräumung und -aufhebung einzuhalten ist;[4] hier dürfte das Sonderrecht des WEG vorrangig sein.[5]
– Der ursprüngliche Erbbaurechtsinhalt, der gesetzliche Inhalt (§ 1 ErbbauRG) und der vertragliche Inhalt (§§ 2ff ErbbauRG), wird nach Entstehung der Wohnungs- bzw Teilerbbaurechte zugleich dinglicher Inhalt jedes Wohnungs- bzw Teilerbbaurechts. Das Zustandekommen späterer Änderungen desselben richtet sich nach den §§ 877, 876 BGB, bedarf grundsätzlich der Einigung aller Erbbauberechtigter mit dem Grundstückseigentümer, ggf der Zustimmung dinglich Berechtigter, und der Eintragung im Grundbuch.[6]
– Inwieweit ein einzelner Wohnungs- bzw Teilerbbauberechtigter ohne Mitwirkung der übrigen eine Änderung des Erbbaurechtsinhalts nur bezüglich seines Rechts mit dem Eigentümer vereinbaren kann, entscheidet sich auf der Basis des § 747 S 1 BGB iVm §§ 30 Abs 3 S 2, 10 Abs 2 WEG im Rahmen des Zulässigen; die Änderung pro Einzelanteil muss mit dem Wesen des Erbbaurechts vereinbar sein und darf nicht in die individuellen und gemeinschaftlichen Rechte der übrigen Teilhaber eingreifen.[7]
– Im Übrigen richten sich die Verfügungsmöglichkeiten über das einzelne Wohnungs- bzw Teilerbbaurecht primär nach der ErbbauRG (§ 11 Abs 1), sekundär nach dem WEG (§ 6). So kann zB die Veräußerung eines Wohnungserbbaurechts sowohl wegen einer Verfügungsbeschränkung nach § 5 ErbbauRG als auch wegen einer solchen nach § 12 WEG zustimmungsbedürftig sein.[8]

---

1 *Rethmeier* MittRhNotK 1993, 145 mwN.
2 *Ingenstau/Hustedt* § 1 Rn 96; *v Oefele-Winkler* Kap 3 Rn 100, 118; *Rethmeier* aaO (Fn 1) S 146.
3 BayObLGZ 1989, 354 = Rpfleger 1989, 503; *Ingenstau/Hustedt* § 1 Rn 89; **aA** *Demharter* DNotZ 1986, 457, 460 ff; dazu *Rethmeier* aaO (Fn 1) S 147.
4 Pro Anwendung des § 4 Abs 1 WEG: *Pick* aaO (Fn 2) Rn 34; *v Oefele-Winkler* Kap 3 Rn 108; *Palandt-Bassenge* zu § 30 WEG Rn 1. Contra: BGB-RGRK-*Augustin* § 30 WEG Rn 14: *Rethmeier* aaO (Fn 1) S 149.
5 Ebenso *Schöner/Stöber* Rn 2998. Beurkundung ist in der Praxis ohnehin die Regel.
6 Näheres dazu an den unter Fn 1 zitierten Stellen.
7 BayObLGZ 1989, 354 = aaO (Fn 3): eingehend zur Möglichkeit der Teilaufhebung der Veräußerungs- und Belastungsbeschränkung.
8 *v Oefele-Winkler* Kap 3 Rn 124; *Rethmeier* aaO (Fn 1) S 155.

– Die das Wohnungs- bzw Teilerbbaurecht begründende Vorratsteilung (§§ 30 Abs 2, 8 WEG) bedarf nach dem Gesetz nicht der Zustimmung des Grundstückseigentümers[9] und kann wegen § 137 BGB nicht mit dinglicher Wirkung unter § 5 ErbbauRG gebracht werden;[10] für den Fall der vertraglichen Aufteilung nach § 30 Abs 1 WEG wird vereinzelt für eine entsprechende Anwendung des § 5 ErbbauRG plädiert.[11]

4 **3.** Das **Rechtsverhältnis der Wohnungs- bzw Teilerbbauberechtigten untereinander**, für das das WEG und die sich daraus ergebenden Gestaltungsmöglichkeiten gelten.

– Für die Frage zB, inwiefern die Aufteilung eines Erbbaurechts in Wohnungs- bzw Teilerbbaurechte der Zustimmung vonseiten der Inhaber von Belastungen des Erbbaurechts bedarf, gelten keine vom Wohnungseigentum abweichenden Grundsätze (hM: nur Anteilsbelastungen sind betroffen). Dementsprechend bedarf die Aufteilung des Erbbaurechts auch nicht der Zustimmung des Grundstückseigentümers als Inhaber der Erbbauzins-Reallast, diese wird Gesamtrecht.[12] Die Aufteilung des Erbbauzinses bei sukzessiver Veräußerung von nach §§ 30 Abs 2, 8 WEG begründeten Wohnungserbbaurechten stieß wegen § 9 Abs 2 ErbbauRG aF auf Schwierigkeiten.[13]

– Der Grundstückseigentümer kann in die Aufteilungserklärung oder in die Gemeinschaftsordnung einbezogen werden. Hier handelt es sich dann nicht um eine weitere Ausgestaltung des Erbbauvertrages, sondern des Gemeinschaftsverhältnisses der Wohnungs- bzw Teilerbbauberechtigten nach dem WEG; der Eigentümer steht deshalb wie ein fremder Dritter der Gemeinschaft gegenüber; solche Regelungen können zur Sicherung einer ordnungsgemäßen Verwaltung zweckmäßig sein, auch kann der Eigentümer zum Verwalter bestellt werden.[14]

– An den in § 3 Rdn 20 ff behandelten Vorgängen ist der Eigentümer ansonsten nicht beteiligt.

II. Zur Grundbuchführung

1. Anlegung der Wohnungserbbau- bzw Teilerbbaugrundbücher

5 Das Eintragungsmuster in der Anl 3 illustriert mehr als der schlichte Verweis des § 8, wie sich der Verordnungsgeber die Anlegung eines Wohnungserbbau- bzw Teilerbbaugrundbuchs vorgestellt hat. In die Aufschrift kommt entsprechend § 2 der passende Klammervermerk. In Spalten 1–4 des Bestandsverzeichnisses wird unter lfdNr 1 – dem materiellrechtlichen Rechtsgefüge entsprechend (vgl Rdn 1) – zunächst der Anteil am Erbbaurecht unter Angabe des Bruchteils sowie das erbbaubelastete Grundstück bezeichnet und sodann der Erbbaurechtsinhalt entsprechend der Eintragung im bisherigen Erbbaugrundbuch vermerkt. Im Anschluss daran erfolgt die Eintragung des mit dem Anteil verbundenen Sondereigentums dem Gegenstand und Inhalt nach entsprechend § 3 und der Eintragungsvermerk in Abt I (vgl § 3 WGV Rdn 2 bis 14). Eventuelle Belastungen des Erbbaurechts sind je nach Sach- und Rechtslage gemäß § 46 Abs 2, § 48 GBO zu behandeln; zur häufigen Erbbauzinsaufteilung: § 57 GBV Rdn 10; zur Verteilung einer Gesamthypothek nebst Rangvorbehalt: § 11 GBV Rdn 45.

2. Schließung des Erbbaugrundbuchblattes

6 Das Erbbaugrundbuch ist entsprechend § 7 Abs 1 S 3 WEG zu schließen, nachdem die Abschreibung in den Spalten 7/8 des Bestandsverzeichnisses entsprechend § 6 gebucht worden ist. Die Funktionen des Erbbaugrundbuchs gemäß § 14 der ErbbauRG übernimmt die Summe der Wohnungs- bzw Teilerbbaugrundbücher.

3. Fortführung des Grundstücksgrundbuchs

7 Das Grundstücksgrundbuch wird weitergeführt und behält seinen Funktionsbereich neben den Wohnungs- bzw Teilerbbaugrundbüchern. Nicht besonders vorgeschrieben, aber zweckdienlich ist es, anlässlich der Anlegung der Wohnungs- bzw Teilerbbaugrundbücher den Pauschalverweis anzupassen. Im Grundstücksgrundbuch Abt II Spalten 4/5 wird also zur lfdNr des Erbbaurechtseintrags etwa vermerkt: *»Das Erbbaurecht ist aufgeteilt in Wohnungserbbaurechte und statt in ... Blatt ... nunmehr in ... Blatt ... bis ... eingetragen. Wegen künftiger Erbbauberechtigter wird auf die vorbezeichneten Wohnungserbbaugrundbücher verwiesen. Vermerkt am ...«.*

---

9 BayObLGZ 1978, 157 = Rpfleger 1978, 375 = DNotZ 1978, 626.

10 OLG Celle Rpfleger 1981, 22 (anders gelagert als die nach BGHZ 49, 250 zulässige Beschränkbarkeit nachträglicher Wohnungseigentumsunterteilung gemäß § 12 WEG) und hM im Schrifttum, Nachweise bei *Rethmeier* aaO (Fn 1) S 150, der aber Mitwirkung des Eigentümers für zweckmäßig hält.

11 *Ingenstau/Hustedt* § 1 Rn 93. In BayObLGZ 1978, 157 = aaO (Fn 9) ist offen gelassen, ob dem zu folgen ist.

12 BayObLGZ 1978, 157 aE = aaO (Fn 9) unter Berufung auf *Lutter* DNotZ 1960, 80, 93; LG Augsburg MittBayNot 1979, 68; *Ingenstau/Hustedt* § 1 Rn 95; *v. Oefele-Winkler* Kap 3 Rn 119; **aA** *Rethmeier* aaO (Fn 1) S 151.

13 Dazu OLG Düsseldorf DNotZ 1977, 305; *Schöner/Stöber* Rn 2998; *Rethmeier* aaO (Fn 1) S 152.

14 Dazu *Rethmeier* aaO (Fn 1) S 153.

4. Änderungseintragungen, die das Erbbaurecht im Ganzen oder das Grundstück betreffen

Zu buchen sind sie teilweise im Grundstücksgrundbuch, teilweise im Erbbaugrundbuch (dazu § 56 GBV   **8**
Rdn 15 ff), hier also in entsprechender Weise in den Wohnungs- bzw Teilerbbaugrundbüchern. Besonders zu
beachten ist, dass Veränderungen des vertragsmäßigen Erbbaurechtsinhalts, soweit sie alle Wohnungs- bzw Teil-
erbbauberechtigte betreffen,[15] nach den Regeln des § 56 GBV in den Spalten 1–4 des Bestandsverzeichnisses
aller Wohnungs- bzw Teilerbbaugrundbücher zu buchen sind (vgl § 56 GBV Rdn 31), handelt es sich um
Änderungen, die das Erbbaurecht im Ganzen betreffen, so empfiehlt es sich, die Einheitlichkeit der Verfügung
im Eintragungsvermerk kenntlich zu machen (etwa wie § 3 WGV Rdn 19). Zur Nummerierung der Änderungseinträge in Spalte 1: § 56 GBV Rdn 11.

5. Änderungseintragungen, die das einzelne Wohnungs- bzw Teilerbbaurecht (Anteil am Erbbaurecht, verbunden mit Sondereigentum) betreffen

Hierbei kann es sich handeln: **9**
– um Veränderungen des Erbbaurechtsinhalts, soweit sie pro Anteil möglich sind (vgl Rdn 3), wie zB die
  angesprochene Aufhebung einer gemäß § 5 ErbbauRG vereinbarten Veräußerungs- und Belastungsbeschränkung,[16] zu buchen entsprechend dem vorstehend (Rdn 5) Ausgeführten, wobei die Eintragung im Grundbuch des Wohnungs- bzw Teileigentumsrechts, auf das sich die Änderung bezieht, genügen dürfte, wenn die
  übrigen Wohnungserbbauberechtigten von der Änderung nicht betroffen sind.[17]
– um Änderungen der Anteilsquoten oder der Sondereigentumsaufteilung oder um Veränderungen des Sondereigentumsinhalts, die nach den Regeln des § 3 WGV zu buchen sind (dazu § 3 WGV Rdn 20 ff). Im
  Gegensatz zu den Änderungen des Erbbaurechtsinhalts sind die Änderungen des Sondereigentumsinhalts
  nicht in den Spalten 1–4, sondern in den Spalten 5/6 zu buchen (vgl § 3 WGV Rdn 28).

6. Schließung der Wohnungs- bzw Teilerbbaugrundbücher

Die Schließung der Wohnungs- bzw Teilerbbaugrundbücher kommt hauptsächlich aus folgenden Gründen in   **10**
Betracht:
– wegen Erlöschens des Erbbaurechts durch Zeitablauf (mit Folgen gemäß §§ 27 ff ErbbauRG). Das Erbbaurecht geht hier kraft Gesetzes unter (§§ 163, 158 Abs 2 BGB), die Grundlage für die Wohnungs- bzw Teilerbbaurechte ist damit entfallen. Das aufgrund des Erbbaurechts errichtete Gebäude wird gemäß § 12 Abs 3
  ErbbauRG wesentlicher Bestandteil des Grundstücks und fällt somit in das Eigentum des Grundstückseigentümers. Die Löschung des Erbbaurechts im Grundstücksgrundbuch und die Schließung der Wohnungs- bzw
  Teilerbbaugrundbücher ist Grundbuchberichtigung.[18]
– wegen Aufhebung des Erbbaurechts. Dies ist ein gangbarer Verfügungsweg aufgrund der §§ 875, 876
  BGB, § 26 ErbbauRG, erforderlich dafür ist die Aufhebungserklärung aller Wohnungs- bzw Teilerbbauberechtigten, die Zustimmung des Eigentümers, ggf die Zustimmung dinglich Berechtigter, formellrechtlich die Bewilligungen dieser Beteiligten gemäß § 19 GBO, und Löschung des Erbbaurechts im Grundstücksgrundbuch. Die Schließung der Wohnungs- und Teilerbbaugrundbücher erfolgt entsprechend § 9
  Abs 1 Nr 1 WEG von Amts wegen, ohne dass es noch einer Aufhebung des Sondereigentums nach § 4
  Abs 1 WEG bedarf.[19]
– die Aufhebung des Erbbaurechts ist auch nötig, wenn die Wohnungs- bzw Teilerbbauberechtigten Miteigentümer des Erbbaugrundstücks geworden sind und dann ihre Berechtigung in Wohnungseigentum überführen wollen, weil Wohnungserbbaurecht und Wohnungseigentum nicht nebeneinander bestehen können.[20]
– Haben sich alle Wohnungs- bzw Teilerbbaurechte in einer Person vereinigt, so besteht für diese die
  Möglichkeit, die Schließung der Wohnungs- bzw Teilerbbaugrundbücher entsprechend § 9 Abs 1 Nr 3
  WEG zu beantragen (dazu § 3 WGV Rdn 38, 39). Es ist dann entsprechend § 9 Abs 3 WEG das Erbbaugrundbuch für das ungeteilte Erbbaurecht wieder anzulegen, falls nicht zugleich das Erbbaurecht aufge-
  hoben wird.

---

15 Dazu *Rethmeier* aaO (Fn 1) S 154 ff.
16 Dazu BayObLGZ 1989, 354 = aaO (Fn 3, 7).
17 So der hingenommene Sachverhalt in der in Fn 16 zitierten Entscheidung.
18 *Rethmeier* aaO (Fn 1) S 156.
19 RGRK-*Augustin* § 30 WEG Rn 22; *Rethmeier* aaO (Fn 1) S 157.
20 BayObLG DNotZ 1995, 61 = Rpfleger 1995, 331 (LS) offen lassend, ob vor der Erbbaurechtsaufhebung das Grund-
    stück in Wohnungseigentum aufgeteilt werden kann, um eine Mitbelastung der Wohnungseigentumseinheiten für die
    auf den Wohnungserbbaurechten lastenden Grundpfandrechte zu ermöglichen, statt eine Neubegründung der Rechte
    vornehmen zu müssen. Zu weiteren Schwierigkeiten: *Rethmeier* aaO (Fn 1) S 157, 158.

§ 9 (Muster für Wohnungsgrundbuch)

Die nähere Einrichtung der Wohnungs- und Teileigentumsgrundbücher sowie der Wohnungs- und Teilerbbaugrundbücher ergibt sich aus den als Anlagen 1 bis 3 beigefügten Mustern. Für den Inhalt eines Hypothekenbriefes bei der Aufteilung des Eigentums am belasteten Grundstück in Wohnungseigentumsrechte nach § 8 des Wohnungseigentumsgesetzes dient die Anlage 4 als Muster. Die in den Anlagen befindlichen Probeeintragungen sind als Beispiele nicht Teil dieser Verfügung.

1 Für diese Vorschrift gelten sinngemäß die Ausführungen zu § 22 GBV; darauf wird verwiesen.

§ 10 (Ergänzende Vorschriften)

(1) Die Befugnis der zuständigen Landesbehörden, zur Anpassung an landesrechtliche Besonderheiten ergänzende Vorschriften zu treffen, wird durch diese Verfügung nicht berührt.

(2) Soweit auf die Vorschriften der Grundbuchverfügung verwiesen wird und deren Bestimmungen nach den für die Überleitung der Grundbuchverfügung bestimmten Maßgaben nicht anzuwenden sind, treten an die Stelle der in Bezug genommenen Vorschriften der Grundbuchverfügung die entsprechenden anzuwendenden Regelungen über die Einrichtung und Führung der Grundbücher. Die in § 3 vorgesehenen Angaben sind in diesem Falle in die entsprechenden Spalten für den Bestand einzutragen.

(3) Ist eine Aufschrift mit Blattnummer nicht vorhanden, ist die in § 2 erwähnte Bezeichnung an vergleichbarer Stelle im Kopf der ersten Seite des Grundbuchblatts anzubringen.

I. Zu Abs 1

1 Von dem Vorbehalt in Abs 1 war insb in Baden-Württemberg Gebrauch gemacht worden. Zum dortigen Landesgrundbuchrecht wird auf die Erläuterungen zu § 1 und § 143 GBO verwiesen. Zu den Besonderheiten von Bundesländern speziell zu § 10 WGV wird auf *Weitnauer* (8. Aufl) Anh III verwiesen.

II. Zu Abs 2 und 3

2 Diese sind durch Art 3 der VO vom 30.11.1994 (BGBl I 3580) dem § 10 angefügt worden. Sie entsprechen den Maßgaben des Einigungsvertrages über die Geltung der Wohnungsgrundbuchverfügung im Beitrittsgebiet (Anl 1 Kap III Sachgeb B Abschn III Nr 5 EV) und ersetzen diese.

Zu verweisen ist darauf, dass in der Zwischenzeit die neuen Länder gemäß der ihnen eingeräumten Befugnis Neuregelungen geschaffen haben (dazu § 144 GBO Rdn 63 ff).

§ 11 (In-Kraft-Treten)

Diese Verfügung tritt am Tage nach ihrer Verkündung in Kraft.

1 Die Vorschrift ist in der Neufassung nicht mehr abgedruckt, nur noch angedeutet. Die WGV wurde am 09.08.1951 verkündet.

Anlagen 1 bis 4 zur Verordnung über die Anlegung und Führung der Wohnungs- und Teileigentumsgrundbücher (Wohnungsgrundbuchverfügung – WGV)

Hinweise:
Die Anlagen sind im Zuge der Neufassung der Wohnungsgrundbuchverfügung vom 24.01.1995 aktualisiert worden.
Nicht wiedergegeben ist die farbliche Gestaltung der in Papierform geführten Grundbücher:
– Weiß für die Aufschrift und das Bestandsverzeichnis,
– Rosa für die Abteilung I,
– Gelb für die Abteilung II,
– Grün für die Abteilung III.

Die Rotunterstreichungen sind durch schwarze Linien dargestellt.

Anlage 1 (zu § 9)

Muster
(Wohnungs- und Teileigentumsgrundbuch)

Amtsgericht

Schönberg

Grundbuch

von

Waslingen

Blatt 171

(Wohnungs- und Teileigentumsgrundbuch)

(Wohnungsgrundbuch)

Amtsgericht Schönberg				Einlegebogen
Grundbuch von Waslingen		**Blatt** 171	**Bestandsverzeichnis**	1

Lfd. Nr. der Grund- stücke	Bisherige lfd. Nr. der Grund- stücke	Bezeichnung der Grundstücke und der mit dem Eigentum verbundenen Rechte		Größe
		Gemarkung Flur Flurstück	Wirtschaftsart und Lage	m²
		a/b/c	d	
1	2	3		4
1	–	42/100 (zweiundvierzig Hundertstel) Miteigentumsanteil an dem Grundstück		
		Waslingen 3 112	Gebäude- und Freifläche, Mühlenstr.10	468
		verbunden mit dem Sondereigentum an dem Ladenlokal im Erd- geschoß und an der Wohnung im ersten Stockwerk links, im Aufteilungsplan bezeichnet mit Nr. 1.		
		Das Miteigentum ist durch die Einräumung der zu den anderen Miteigentumsanteilen gehörenden Sondereigentumsrechte (einge- tragen in den Blättern 171 bis 176, ausgenommen dieses Blatt) beschränkt.		
		Veräußerungsbeschränkung: Zustimmung durch die Mehrheit der übrigen Wohnungs- und Teil- eigentümer.		
		Im übrigen wird wegen des Gegenstands und des Inhalts des Sondereigentums auf die Bewilligung vom 6. Mai 1981 Bezug genommen.		
		Eingetragen am 15. Mai 1981.		
			Neu Meier	
2	Rest von 1	14/100 (vierzehn Hundertstel) Miteigentumsanteil an dem Grundstück		
		Waslingen 3 112	Gebäude- und Freifläche, Mühlenstr. 10	468
		verbunden mit dem Sondereigentum an der Wohnung im ersten Stockwerk links, im Aufteilungsplan bezeichnet mit Nr. 1.		
		Das Miteigentum ist durch die Einräumung der zu den anderen Miteigentumsanteilen gehörenden Sondereigentumsrechte (ein- getragen in den Blättern 171 bis 176, 227, ausgenommen dieses Blatt) beschränkt.		
3 ---- zu 2		Licht- und Fensterrecht an dem Grundstück Waslingen Flur 3 Flurstück 119, eingetragen im Grundbuch von Waslingen Blatt 21 Abt. II Nr. 2, zugunsten des jeweiligen Eigentümers des Grund- stücks Waslingen Flur 3 Flurstück 112.		

Amtsgericht Schönberg   Einlegebogen

Grundbuch von Waslingen   **Blatt** 171   **Bestandsverzeichnis** [1 R]

Bestand und Zuschreibungen		Abschreibungen	
Zur lfd. Nr. der Grundstücke		Zur lfd. Nr. der Grundstücke	
5	6	7	8
1	Der Miteigentumsanteil ist bei Anlegung dieses Blattes von Blatt 47 hierher übertragen am 15. Mai 1981. Neu Meier	1, 2	Von Nr. 1 sind 28/100 Miteigentumsanteil, verbunden mit Sondereigentum an dem Laden im Erdgeschoß, übertragen nach Blatt 227 am 18. Juli 1985. Rest: Nr. 2. Neu Meier
3 ---- zu 2	Hier sowie auf den für die übrigen Miteigentumsanteile angelegten Grundbuchblättern (Blätter 172 bis 176, Blatt 227) vermerkt am 26. April 1986. Schmidt Lehmann		
2	Der Inhalt des Sondereigentums ist dahin geändert, daß a) die Zustimmung zur Veräußerung nicht erforderlich ist im Falle der Versteigerung nach § 19 des Wohnungseigentumsgesetzes sowie bei Veräußerung im Wege der Zwangsvollstreckung oder durch den Konkursverwalter; b) über den Gebrauch des Hofraums eine Vereinbarung getroffen ist. Eingetragen unter Bezugnahme auf die Bewilligung vom 18. August 1988 am 2. September 1988. Schmidt Lehmann		
2	Der Gegenstand des Sondereigentums ist bezüglich eines Raumes geändert. Unter Bezugnahme auf die Bewilligung vom 28. Februar 1989 eingetragen am 21. März 1989. Schmidt Lehmann		

Fortsetzung auf Einlegebogen [   ]

			Einlegebogen
Amtsgericht Schönberg			
Grundbuch von Waslingen	**Blatt** 171	**Erste Abteilung**	1

Lfd. Nr. der Eintragungen	Eigentümer	Lfd. Nr. der Grundstücke im Bestandsverzeichnis	Grundlage der Eintragung
1	2	3	4
1a b	Müller, Johann, geb. am 21. Februar 1938, Waslingen Müller, Johanna, geb. Schmitz, geb. am 27. Juli 1940, Waslingen - je zu 1/2 -	1 3 ---- zu 2	Der Miteigentumsanteil ist aufgelassen am 6. Mai 1981; eingetragen am 15. Mai 1981. Neu Meier In Blatt 21 eingetragen am 26. April 1986; hier vermerkt am 26. April 1986. Schmidt Lehmann

Amtsgericht Schönberg   **Einlegebogen**

Grundbuch von Waslingen   **Blatt** 171   **Zweite Abteilung** 1

Lfd. Nr. der Ein- tragungen	Lfd. Nr. der betroffenen Grundstücke im Bestands- verzeichnis	Lasten und Beschränkungen
1	2	3
1	1	Geh- und Fahrtrecht an dem Grundstück Flur 3 Flurstück Nr. 112 für den jeweiligen Eigentümer des Grundstücks Blatt 4 Nr. 2 des Bestands- verzeichnisses (Flur 3 Flurstück 115); eingetragen in Blatt 47 am 4. April 1943 und hierher sowie auf die für die anderen Miteigentums- anteile angelegten Grundbuchblätter (Blätter 172 bis 176) übertragen am 15. Mai 1981. Neu Meier
2	2	Wohnungsrecht für Müller, Emilie, geb. Schulze, geb. am 13. März 1912, Waslingen. Eingetragen unter Bezugnahme auf die Bewilligung vom 20. September 1986 am 11. Oktober 1986. Schmidt Lehmann

			Einlegebogen
Amtsgericht Schönberg			
Grundbuch von Waslingen		**Blatt** 171	**Dritte Abteilung** ⌐ 1

Lfd. Nr. der Ein- tragungen	Lfd. Nr. der belasteten Grundstücke im Bestands- verzeichnis	Betrag	Hypotheken, Grundschulden, Rentenschulden
1	2	3	4
1	1	10 000 DM	Zehntausend Deutsche Mark Darlehen, mit sechs vom Hundert jährlich verzinslich, für die Stadtsparkasse Waslingen. Die Erteilung eines Briefes ist ausgeschlossen. Unter Bezugnahme auf die Bewilligung vom 8. Mai 1981 als Gesamtbelastung in den Blättern 171 bis 176 eingetragen am 17. Mai 1981. Neu Meier
2	2	3 000 DM	Dreitausend Deutsche Mark Grundschuld mit sechs vom Hundert jährlich verzinslich für Ernst Nuter, geb. am 23. April 1940, Neudorf. Unter Bezugnahme auf die Bewilligung vom 17. Januar 1986 eingetragen am 2. Februar 1986. Schmidt Lehmann

Amtsgericht Schönberg   Einlegebogen

Grundbuch von Waslingen   **Blatt** 171   **Dritte Abteilung**   1 **R**

Veränderungen			Löschungen		
Lfd. Nr. der Spalte 1	Betrag		Lfd. Nr. der Spalte 1	Betrag	
5	6	7	8	9	10
1	10 000 DM	Weitere Mithaft besteht in Blatt 227; eingetragen am 18. Juli 1985. Neu Meier			

Fortsetzung auf Einlegebogen

Böttcher

Anlage 2 (zu § 9)

Muster

(Erste Abteilung
eines gemeinschaftlichen Wohnungsgrundbuchs)

Amtsgericht Schönberg

Grundbuch von Waslingen   **Blatt** 159   **Erste Abteilung**   **Einlegebogen** 1

Lfd. Nr. der Eintragungen	Eigentümer	Lfd. Nr. der Grundstücke im Bestandsverzeichnis	Grundlage der Eintragung
1	2	3	4
1a b c d	Amberg, Johann, geb. am 7. Oktober 1933, Waslingen Beier, Friedrich, geb. am 23. Dezember 1931, Waslingen Christ, Karl, geb. am 10. August 1931, Waslingen Damm, Georg, geb. am 12. Dezember 1903, Waslingen - je zu 1/4 - Jeder Miteigentumsanteil ist verbunden mit Sondereigentum an einer Wohnung des Hauses. Das Miteigentum ist durch die Einräumung der Sondereigentumsrechte beschränkt.	1	Das Grundstück ist an die Miteigentümer aufgelassen am 10. Mai 1981. Wegen des Gegenstandes und des Inhalts des Sondereigentums wird auf die Bewilligung vom 10. Mai 1981 Bezug genommen. Jeder Wohnungseigentümer bedarf zur Veräußerung des Wohnungseigentums der Zustimmung der anderen Wohnungseigentümer. Eingetragen am 28. Mai 1981. Neu Meier

Anlage 3 (zu § 9)

Muster

(Aufschrift und Bestandsverzeichnis
eines Wohnungserbbaugrundbuchs)

Amtsgericht

Schönberg

Grundbuch

von

Waslingen

Blatt 148

(Wohnungserbbaugrundbuch)

<table>
<tr><td colspan="2">**Amtsgericht** Schönberg</td><td></td><td>Einlegebogen</td></tr>
<tr><td colspan="2">**Grundbuch von** Waslingen</td><td>**Blatt** 148   **Bestandsverzeichnis**</td><td>1</td></tr>
</table>

Lfd. Nr. der Grundstücke	Bisherige lfd. Nr. der Grundstücke	Bezeichnung der Grundstücke und der mit dem Eigentum verbundenen Rechte			Größe m²
		Gemarkung / Flur / Flurstück		Wirtschaftsart und Lage	
		a/b/c		d	
1	2	3			4
1	–	1/12 (ein Zwölftel) Anteil an dem Erbbaurecht, das im Grundbuch von Waslingen Blatt 23 als Belastung des im Bestandsverzeichnis unter Nr. 2 verzeichneten Grundstücks			
		Waslingen / 5 / 102 --- 66		Garten an der Wublitz	2 515

in Abteilung II Nr. 1 für die Dauer von 99 Jahren seit dem Tag der Eintragung, dem 1. Juni 1981, eingetragen ist.

Grundstückseigentümer: Walter Breithaupt, geb. am 1. März 1947, Waslingen.

Unter Bezugnahme auf die Bewilligung vom 26. April 1981 bei Anlegung dieses Wohnungserbbaugrundbuchs hier vermerkt am 1. Juni 1981.

Mit dem Anteil an dem Erbbaurecht ist das Sondereigentum an der Wohnung im ersten Stockwerk links, im Aufteilungsplan bezeichnet mit Nr. 12, des auf Grund des Erbbaurechts zu errichtenden Gebäudes verbunden. Der Anteil ist durch die Einräumung der zu den anderen Anteilen gehörenden Sondereigentumsrechte (eingetragen in den Blättern 137 bis 148, ausgenommen dieses Blatt) beschränkt.

Der Wohnungserbbauberechtigte bedarf zur Veräußerung des Wohnungserbbaurechts der Zustimmung der Mehrheit der übrigen Wohnungserbbauberechtigten.

Im übrigen wird wegen des Gegenstands und des Inhalts des Sondereigentums auf die Bewilligung vom 15. Mai 1981 Bezug genommen. Eingetragen am 1. Juni 1981.

Fuchs   Körner

Der Inhalt des Erbbaurechts ist bezüglich der Heimfallgründe geändert. Unter Bezugnahme auf die Bewilligung vom 11. September 1985 eingetragen am 3. Oktober 1985.

Fuchs   Körner

Amtsgericht Schönberg		Einlegebogen	
Grundbuch von Waslingen		**Blatt** 148	**Bestandsverzeichnis** 1 R

Bestand und Zuschreibungen		Abschreibungen	
Zur lfd. Nr. der Grund- stücke		Zur lfd. Nr. der Grund- stücke	
5	6	7	8
1	Der Inhalt des Sondereigentums ist hinsichtlich der Gebrauchsregelung geändert. Unter Bezugnahme auf die Bewilligung vom 20. Februar 1986 eingetragen am 3. März 1986. Fuchs Körner		
			Fortsetzung auf Einlegebogen

Anlage 4 (zu § 9)

Muster

(Probeeintragungen
in einen Hypothekenbrief
bei Aufteilung des Eigentums am belasteten Grundstück
in Wohnungseigentumsrechte nach § 8 des Wohnungseigentumsgesetzes)

**Deutscher
Hypothekenbrief**

über

100 000 Deutsche Mark

eingetragen im Grundbuch von

Waslingen (Amtsgericht Schönberg)

Blatt 88 Abteilung III Nr. 3 (drei)

Inhalt der Eintragung:

Nr. 3: 100 000 (einhunderttausend) Deutsche Mark Darlehen für die Darlehensbank Aktiengesellschaft in Waslingen mit sechseinhalb vom Hundert jährlichen Zinsen. Unter Bezugnahme auf die Eintragungsbewilligung vom 28. September 1979 eingetragen am 18. Oktober 1979.

Belastetes Grundstück:

Das im Bestandsverzeichnis des Grundbuchs unter Nr. 1 verzeichnete Grundstück.

Schönberg, den 18. Oktober 1979

Amtsgericht

(Siegel oder Stempel)

(Unterschriften)

Das Eigentum an dem belasteten Grundstück ist in Wohnungseigentum aufgeteilt worden. Für die einzelnen Wohnungseigentumsrechte ist am 26. September 1980 jeweils ein Wohnungsgrundbuch angelegt worden. Diese Wohnungsgrundbücher haben folgende Bezeichnungen:

Wohnungsgrundbuch von Waslingen

Blatt
97
98
99
100

In den vorgenannten Wohnungsgrundbüchern ist das Wohnungseigentum jeweils unter Nr. 1 im Bestandsverzeichnis eingetragen worden. Die Hypothek ist jeweils in die dritte Abteilung dieser Wohnungsgrundbücher unter Nr. 1 (eins) übertragen worden. Das Grundbuch von Waslingen Band 3 Blatt 88 ist geschlossen worden.*)

Schönberg, den 29. September 1980

Amtsgericht

(Siegel oder Stempel)

(Unterschriften)

---

*) Dieser Satz entfällt im Falle des § 6 Satz 2 der Wohnungsgrundbuchverfügung.

Verordnung über die Anlegung und Führung von Gebäudegrundbüchern (Gebäudegrundbuchverfügung – GGV)

vom 15.07.1994 (BGBl. I S. 1606),
zuletzt geändert durch Gesetz vom 23.11.2007 (BGBl. I S. 2614)

Vorbemerkungen

I. Die Gebäudegrundbuchverfügung (GGV) ist eine **Rechtsverordnung** wie die Grundbuchverfügung (GBV) **1**
und die diese ergänzende Wohnungsgrundbuchverfügung (WGV), die sie als vorrangiges *lex specialis* ergänzt (dazu
Rdn 3). Die GGV stützt sich im ganzen auf die in der Präambel bezeichneten gesetzlichen Ermächtigungen:
– in Art 12 Abs 1 Nr 2 des 2. VermRÄndG vom 14.07.1992 (BGBl I S 1257),
– in Art 18 Abs 1 und 4 Nrn 2 und 3 des RegVBG vom 20.12.1993 (BGBl I S 2182),
– § 1 Abs 4, § 133 Abs 8 und § 134 der GBO idF der Bekanntmachung vom 26.05.1994 (BGBl I S 1114).

Die GGV ist nach Artikel 5 dieser VO **am 01.10.1994 in Kraft gesetzt** worden.

II. Anlass für den Erlass der GGV war die Erkenntnis des Gesetzgebers, dass die ursprünglich im Einigungs- **2**
vertrag[1] getroffene Regelung – Weiteranwendung der Vorschriften des Grundbuchrechts der DDR für die
grundbuchtechnische Behandlung des Gebäudeeigentums mit Ermächtigung der Länder zum Erlass eigener
Vorschriften – durch die nachträgliche bundesgesetzliche Weiterentwicklung und Erweiterung des materiellrechtlichen Gebäudeeigentumsrechts in den Übergangsbestimmungen des EGBGB[2] unzureichend geworden
war[3] und einer Erneuerung bedurfte. Deshalb wurde das BMJ ermächtigt, durch Rechtsverordnung mit
Zustimmung des Bundesrates »*Abweichungen von den Vorschriften der Grundbuchordnung zu bestimmen, die für die
grundbuchliche Behandlung der in Art 231 § 5 und Artikel 233 des Einführungsgesetzes zum Bürgerlichen Gesetzbuche
bezeichneten Fällen erforderlich sind, insbesondere ergänzende Bestimmungen zu Anlegung und Gestaltung der Gebäudegrundbuchblätter vorzusehen*«.[4]

III. Hauptzweck der GGV ist es, den vorher unklaren Rechtszustand zu beseitigen und für alle neuen Bun- **3**
desländer einheitliche Vorschriften über die Anlegung und Führung der Gebäudegrundbuchblätter und damit
zusammenhängende Angelegenheiten zu schaffen. Dafür bestand und besteht ein dringendes Bedürfnis,
– erstens der materiellrechtlichen Verkehrsfähigkeit des Gebäudeeigentums wegen (Art 233 § 4 Abs 1, § 2b
  Abs 4, § 2c Abs 3, § 8 S 2 EGBGB[5]),
– zweitens zur Bewahrung des Gebäudeeigentums und der dinglichen Nutzungsrechte vor Untergang oder
  Beeinträchtigung durch gutgläubigen Erwerb (Art 231 § 5 Abs 3, 4 und Art 233 § 2b Abs 1, 2 EGBGB für
  Gebäudeeigentumsrechte; Art 233 § 4 Abs 2 EGBGB für Nutzungsrechte – uU Anspruch des Grundstückserwerbers auf Änderung oder Aufhebung; das darauf beruhende Gebäudeeigentum erlischt infolge der Auf-
  hebung des Nutzungsrechts nach Art 233 § 4 Abs 6 S 2 EGBGB). Die »Schonfrist« wurde mehrmals, zuletzt
  Mal verlängert bis 31.12.2000 durch das 2. EFG.[6]

IV. Die GGV **enthält** gegenständlich, räumlich und zeitlich begrenztes **Sonderrecht**. **4**
– Dessen **gegenständliche Begrenzung** ergibt sich aus dem in § 1 umschriebenen Anwendungsbereich der
  GGV, der die Grundbuchanlegung und -führung für das Gebäudeeigentum und damit im Zusammenhang
  stehende Verfahrensregelungen betrifft. Für diesen Anwendungsbereich greifen die Vorschriften der GGV
  weiter als die der GBV. Sie enthalten außer speziellen Regelungen *buchungstechnischer* Art, welche die GBV
  ergänzen (so die §§ 2, 3, 5, 6, 7, 9, 11 Abs 2, 12 Abs 1), auch spezielle Regelungen *verfahrensrechtlicher* Art,
  die anstelle von oder modifizierend zu einzelnen Bestimmungen der GBO, insb zu § 29, gelten (so die §§ 4,
  8, 10, 11 Abs 1 und 3 bis 5, 12 Abs 2 und 3, §§ 13, 14).
– Dessen **räumliche Begrenzung** hängt mit dem gegenständlichen Anwendungsbereich zusammen. Gebäudeeigentum und dementsprechender Regelungsbedarf besteht nur für das in Art 3 des Einigungsvertrages

---

1 Maßgabe d zur GBO, jetzt § 144 Abs 1 Nr 4 GBO.
2 Änderungen durch Art 8 des 2. VermRÄndG vom 14.07.1992 (BGBl I 1257), durch Art 13 des RegVBG vom
  20.12.1993 (BGBl I 2182) und Art 2 § 5 des SachenRÄndG vom 21.09.1994 (BGBl I 2457).
3 Näheres: Begr BR-Drs 629/94 S 14–17 (*Schmidt-Räntsch/Sternal/Baeyens* S 9); *Schmidt-Räntsch/Sternal* DtZ 1994, 262.
4 Wortlaut von Art 18 Abs 4 Nr 2 RegVBG.
5 BGH NJW 2003, 202 = Rpfleger 2003, 118: Für Art 233 § 2c Abs 3 genügt es, wenn die Eintragung des Gebäudeeigentums (auch) bei dem belasteten Grundstück zugleich mit der Umschreibung des Eigentums im Gebäudegrundbuch erfolgt
  ist.
6 Zweites Eigentumsfristengesetz (2. EFG) vom 20.12.1999 (BGBl I 2493).

bezeichnete Gebiet. Zu diesem sog »Beitrittsgebiet« gehören die Länder Brandenburg, Mecklenburg-Vorpommern, Sachsen, Sachsen-Anhalt, Thüringen sowie die beigetretenen Teile der Länder Berlin und Niedersachsen (aufgrund eines Staatsvertrages ist der ursprünglich zu Mecklenburg-Vorpommern gehörende Ort Neuhaus nach dem Beitritt in das Land Niedersachsen eingegliedert).

— Dessen **zeitliche Begrenzung** beruht darauf, dass die nach den Übergangsbestimmungen des Art 233 EGBGB aus dem DDR-Recht zunächst übernommenen Tatbestände der Bodennutzung und die dazu gehörige Rechtsfigur des Gebäudeeigentums über kurz oder lang nach Maßgabe des Sachenrechtsbereinigungsgesetzes und des Verkehrsflächenbereinigungsgesetzes in die Rechtsformen des BGB und des ErbbauRG überführt werden sollen.

5 V. Schrifttum zu Gebäudeeigentum, Nutzungsrechten und Gebäudegrundbuchverfügung (Auswahl):

BMJ, Empfehlungen zur Anlegung von Gebäudegrundbuchblättern für Gebäudeeigentum nach Art 233 § 2b EGBGB — Verfahren vor der Zuordnungsstelle (BAnz Nr 140a vom 31.07.1997), VIZ 1997, 630, die an die Stelle der vorläufigen Empfehlungen (BAnz Nr 150v 13.08.1993), VIZ 1993, 388 = DtZ 1993, 369, getreten sind; BMJ, Merkblatt zur Eintragung von dinglichen Nutzungsrechten, Gebäudeeigentumsrechten und Mitbenutzungsrechten im Grundbuch, DtZ 1996, 305; *Böhringer,* Anlegung eines Grundbuchs für LPG-Gebäudeeigentum, MittBayNot 1992, 112 ff; *ders,* Besonderheiten des Gebäudeeigentums nach Art 233 § 2b EGBGB, OV -Spezial 4/93 S 2; *ders,* Die Komplettierung von Grund und Boden mit dem Gebäudeeigentum, OV -Spezial 8/93; *ders,* Besonderheiten des Liegenschaftsrechts in den neuen Bundesländern, 1993, insb Abschnitt V: Nutzungsrechte und Gebäudeeigentum (im Wesentlichen gleich lautend mit Teil C Abschnitt V des Sonderbandes von *Meikel* 7. Aufl); *ders,* Zusammenführung von Gebäude- und Grundeigentum, DtZ 1994, 266; *ders,* Beseitigung dinglicher Rechtslagen bei Grundstücken in den neuen Ländern, Rpfleger 1995, 51; *ders,* Rechtsgrundlagen für Gebäudeeigentum, VIZ 1996, 131; *ders,* Die Teilung von Gebäudeeigentum, DtZ 1996, 290; *von Craushaar,* Grundstückseigentum in den neuen Bundesländern, DtZ 1991, 359; *Degenhart,* Neuordnung der Nutzungsverhältnisse an Grund und Boden, JZ 1994, 890; *Eickmann,* Grundstücksrecht in den neuen Bundesländern, insb Abschnitt C II: Die Anlegung von Gebäudegrundbüchern; *Fassbender,* Entscheidungsanmerkung (kein Erlöschen des Nutzungsrechts durch Grundstückserwerb), DNotZ 1993, 513; *Flik,* Ist das übergeleitete Gebäudeeigentum verkehrsfähig und realkreditfähig?, DtZ 1996, 162; *ders,* Überleitung des Gebäudeeigentums in Dauerwohnrecht und Dauernutzungsrecht, BWNotZ 96, 97; *Flik/Keller,* Zur Klage auf Grundbuchberichtigung für Gebäudeeigentum und Mitbenutzungsrechte sowie zu vorläufigen Sicherungsmaßnahmen, DtZ 1996, 330; *Gruber,* Gebäudeeigentum nach § 459 ZGB und die Grundbuchämter, Rpfleger 1998, 508; *Heinze,* Aufteilung von Gebäudeeigentum nach dem Wohnungseigentumsgesetz, DtZ 1995, 195; *Hügel,* Der Umgang mit Gebäudeeigentum – eine Zwischenbilanz, MittBayNot 1993, 196; *ders,* Gebäudeeigentum – Kein Ende in Sicht, DtZ 1994, 144; *Kassebohm,* Das Eigentum an Gebäuden im Gebiet der neuen Bundesländer, VIZ 1993, 425; *Keller,* Das Gebäudeeigentum und seine grundbuchmäßige Behandlung nach der Gebäudegrundbuchverfügung – GGV, MittBayNot 1994, 389; *Lehmann/Zisowski,* Verkehrsfähigkeit von Gebäudeeigentum und sonstigem Sondereigentum in den neuen Bundesländern, DtZ 1992, 375; *Moser-Merdian/Flik/Keller,* Das Grundbuchverfahren in den neuen Bundesländern, Band 1: Leitfaden zum Grundstücksrecht, insb Abschnitt XXII: Getrenntes Eigentum an Grundstück und Gebäude; *v. Oefele/Winkler,* Handbuch des Erbbaurechts, Kap 7; *Purps,* Noch einmal: (Isolierte) Nutzungsrechte in der Sachenrechtsbereinigung, DtZ 1995, 390; *ders,* § 4 Abs 4 GGV als Ausnahme vom Bewilligungsgrundsatz zu § 19 GBO?, NotBZ 2000, 88; *Schmidt-Räntsch,* Eigentumszuordnung, Rechtsträgerschaft und Nutzungsrechte an Grundstücken; *Schmidt-Räntsch/Sternal,* Zur Gebäudegrundbuchverfügung, DtZ 1994, 262:; *Schmidt-Räntsch/Sternal/Baeyens,* Die neue Grundbuchverfügung, 1995; *Schmidt,* Zusammenführung von Grundstücks- und Gebäudeeigentum, VIZ 1999, 377; *Schöner/Stöber,* Grundbuchrecht, insb Rn 699a bis 699n; *Stellwaag,* Feststellung von Gebäudeeigentum, VIZ 1996, 131; *Thöne/Knauber,* Boden- und Gebäudeeigentum in den neuen Bundesländern; *Wesel,* Nutzer, Nutzung und Nutzungsänderung nach dem Sachenrechtsbereinigungsgesetz, DtZ 1995, 70; *Wilhelms,* Nutzungsrechte in der Sachenrechtsbereinigung, DtZ 1995, 228; *ders,* Das Nutzungsrecht für Bürger der DDR, VIZ 1996, 431; *Zimmermann,* Gebäudeeigentum in der DDR vor In-Kraft-Treten des ZGB – Ein Anwendungsproblem des SachenBerG, VIZ 1995, 505. Im Übrigen wird auf die **Kommentare** zu den Überleitungsbestimmungen des EGBGB – insb zu Art 231 § 5 und zu Art 233 §§ 2a, 2 b, 2 c, 3, 4 und 8 – verwiesen.

6 Eintragungsmuster sind der GGV nicht beigegeben. Die Verfasser haben die GGV nebst amtlicher Begründung und Zusatzbemerkungen sowie unverbindlichen Mustereintragungen veröffentlicht in der Schrift: *Schmidt-Räntsch/Sternal/Baeyens,* Die neue Grundbuchverfügung (s Schrifttumsverzeichnis). Darauf wird verwiesen.

Eintragungsmuster auch bei: *Moser-Merdian/Flik/Keller,* Das Grundbuchverfahren in den neuen Bundesländern, Band 1: Leitfaden zum Grundstücksrecht (s Schrifttumsverzeichnis).

§ 1 Anwendungsbereich

Diese Verordnung regelt
1. die Anlegung und Führung von Gebäudegrundbuchblättern für Gebäudeeigentum nach Artikel 231 § 5 und Artikel 233 §§ 2b, 4 und 8 des Einführungsgesetzes zum Bürgerlichen Gesetzbuche,
2. die Eintragung
   a) eines Nutzungsrechts,
   b) eines Gebäudeeigentums ohne Nutzungsrecht und
   c) eines Vermerks zur Sicherung der Ansprüche aus der Sachenrechtsbereinigung aus dem Recht zum Besitz gemäß Artikel 233 § 2a des Einführungsgesetzes zum Bürgerlichen Gesetzbuche
   in das Grundbuchblatt des betroffenen Grundstücks.

§ 1 beschreibt den **gegenständlichen Anwendungsbereich** der GGV (vgl Vor GGV Rdn 4) und gliedert ihn in zwei Regelungsbereiche: **1**
– die Anlegung und Führung der für die Verkehrsfähigkeit des selbständigen Gebäudeeigentums nötigen Gebäudegrundbuchblätter (Nummer 1),
– die Eintragungen im Grundbuchblatt des betroffenen Grundstücks zur Kenntlichmachung des Gebäudeeigentums bzw des (weiterreichenden) Besitzrechts des Nutzers (Nummer 2).

I. Anlegung und Führung von Gebäudegrundbuchblättern (Ziffer 1)

1. Die Regelung der GGV betrifft **alle Arten von Gebäudeeigentum**[1] und tritt an die Stelle der ursprüng-   **2** lichen Regelung in § 144 Abs 1 Nr 4 S 1 und 2 GBO, wenngleich sie in § 2 darauf zurückverweist. Um den universellen Anwendungsbereich der GGV in knapper, übersichtlicher Form umfassend zu bezeichnen, wurde in Nummer 1 auf die einschlägigen Vorschriften des EGBGB Bezug genommen. In der Begründung ist dazu ua ausgeführt: *»An sich wäre es nicht notwendig, auch Artikel 231 § 5 EGBGB, der einen allgemeinen Grundsatz für das Gebäudeeigentum festlegt, zu bezeichnen. Da die Auslassung dieser Vorschrift aber zu Mißverständnissen führen könnte, wird diese, den Artikel 233 §§ 2b, 4 und 8 EGBGB ergänzende Vorschrift ebenfalls in die Beschreibung des Anwendungsbereichs aufgenommen.«*

2. Fallgruppen des Anwendungsbereichs gemäß Nummer 1:   **3**
– **Art 233 § 4 EGBGB:** Durch den Einigungsvertrag übergeleitetes Gebäudeeigentum, basierend auf § 288 Abs 4 oder § 292 Abs 3 ZGB oder anderen Rechtsvorschriften (Art 233 § 4 Abs 7), das diesen Vorschriften gemäß jeweils *mit einem dinglichen Nutzungsrecht* am bebauten Grund und Boden verbunden ist;
– **Art 233 § 2b EGBGB:** Bundesgesetzlich (durch 2. VermRÄndG) nachträglich installiertes Gebäudeeigentum *ohne dingliches Nutzungsrecht* von landwirtschaftlichen Produktionsgenossenschaften (LPGen, GPGen), Arbeiterwohnungsbaugenossenschaften und gemeinnützigen Wohnungsgenossenschaften und deren Rechtsnachfolgern;
– **Art 233 § 8 EGBGB:** Durch den Einigungsvertrag übergeleitetes Gebäudeeigentum, das aufgrund des ehemaligen § 459 ZGB und den dazu ergangenen Ausführungsvorschriften für VEB's, staatliche Organe oder Einrichtungen *ohne dingliches Nutzungsrecht* entstanden ist.

In den von Nr 2 Buchst. b) erfassten Fällen konnte und kann das Gebäudeeigentum auch noch nach dem 02.10.1990 entstehen. Anlageneigentum konnte auch nach § 15 Abs 5 MeAnlG entstehen.

3. Nicht anwendbar ist die GGV auf die in Art 231 § 5 Abs 1 EGBGB erwähnten **»Baulichkeiten«**, die zwar   **4** Gegenstand selbständigen Eigentums geblieben sind, sich aber nicht auf ein gesetzmäßig dingliches Nutzungsrecht stützen, sondern auf vertragliche Nutzungsverhältnisse schuldrechtlicher, Art 232 § 4 Abs 1 EGBGB (§§ 312 ff ZGB), nach § 296 Abs 1 ZGB als bewegliche Sachen galten und es geblieben sind.

4. Das zu buchende Gebäudeeigentum umfasst außer dem Eigentum am Gebäude (nicht Grundstücksbe-   **5** standteil gemäß Art 231 § 5 EGBGB) die ihm nach Art 231 § 5 Abs 2 EGBGB zugeordneten Bestandteile, nämlich das dingliche Nutzungsrecht am bebauten Grundstück (entfällt beim nutzungsrechtlosen Gebäudeeigentum) sowie die aufgrund des Nutzungsrechts errichteten Anlagen, Anpflanzungen oder Einrichtungen.

II. Eintragungen im Grundbuchblatt des betroffenen Grundstücks (Nummer 2)

Die GGV regelt auch die mit der Anlegung des Gebäudegrundbuchblattes verknüpfte oder auf Antrag nachzu-   **6** holende Eintragung des Nutzungsrechts bzw des nutzungsrechtlosen Gebäudeeigentums in das Grundstücksgrundbuch (Art 233 § 2b Abs 2 S 3, § 2c Abs 1 S 1 und § 4 Abs 1 S 2 EGBGB) sowie die auf Antrag vorzunehmende Eintragung des in Art 233 § 2c Abs 2 EGBGB vorgesehenen Sicherungsvermerks. Es werden demnach im Grundstücksgrundbuch eingetragen: die einem bestehenden Gebäudeeigentum zu Grunde liegenden Nutzungsrechte bzw das nutzungsrechtlose Gebäudeeigentum als solches (wie eine Quasi-Belastung).

---

1 Begr BR-Drs 629/94 S 17 (*Schmidt-Räntsch/Sternal/Baeyens* S 9).

In den grundbuchverfahrensrechtlichen Bereich der GGV fällt auch die Eintragung des Besitzrechtsvermerks nach Art 233 § 2a EGBGB, denn das Sachenrechtsbereinigungsgesetz gewährt auch demjenigen Gebäudeerrichter einen Anspruch auf Ankauf des erfassten Grundstücks bzw. auf Bestellung eines Erbbaurechts hieran. Ist ein Gebäudegrundbuchblatt angelegt worden, obwohl nur ein Besitzrechtsvermerk hätte eingetragen werden können, hat das Grundbuchamt einen gesetzlich nicht zugelassenen Grundbuch-Sachverhalt geschaffen, den es von Amts wegen löschen muss. In den Fällen der so genannten hängengebliebenen Entstehung von Gebäudeeigentum kann nämlich nur ein Besitzrechtsvermerk eingetragen werden.[2]

Die Eintragungen im Grundstücksgrundbuch und Gebäudegrundbuchblatt sind wegen der Wiederherstellung der Grundbuchpublizität zum 01.01.2000 von besonderer Bedeutung, verhindern sie doch gutgläubigen »gebäudeeigentums-, nutzungsrechts- und moratoriums- sowie sachenrechtsbereinigungsfreien« Erwerb des Grundstücks bzw. gutgläubigen Erwerb des Gebäudeeigentums.

§ 2   Grundsatz für vorhandene Grundbuchblätter

Die Führung von vorhandenen Gebäudegrundbuchblättern richtet sich nach den in § 144 Abs 1 Nr 4 Satz 1 und 2 der Grundbuchordnung bezeichneten Vorschriften. Diese Grundbuchblätter können auch gemäß § 3 fortgeführt, umgeschrieben oder neu gefaßt werden.

I. Normzweck

1   Die Vorschrift bezweckt die »fließende« Überleitung der bei In-Kraft-Treten der GGV am 01.10.1994 (vgl Vor GGV Rdn 1) **vorhandenen Gebäudegrundbuchblätter** auf das neue Recht (§ 3). Nach Satz 1 dürfen die vorhandenen Grundbuchblätter einstweilen nach Maßgabe der bisherigen Vorschriften fortgeführt werden, um den Aufwand einer generellen Umstellungsaktion zu vermeiden. Erreicht werden soll die allmähliche Umstellung der »Altbestände«; diesem Ziel dient erklärtermaßen[1] der Satz 2. Für neu anzulegende Gebäudegrundbuchblätter gelten jedoch ausschließlich die Regelungen der GGV. Die Fortführung kann auf den alten oder den neuen Vordrucken geschehen. Bei neuen Vordrucken wird die Fortführung im Wege der Umschreibung oder Neufassung durchzuführen sein.

II. Fortführung vorhandener Gebäudegrundbuchblätter

2   Bei In-Kraft-Treten der GGV »vorhandene« Gebäudegrundbuchblätter – das sind vor und nach dem Wirksamwerden des Beitritts angelegte Blätter. Wegen der dafür maßgeblichen Vorschriften siehe Rdn 3.

Entsprechend den Rechtsvorschriften der ehemaligen DDR kann im Wesentlichen von folgendem ausgegangen werden:

1. Fortgeltende Vorschriften nach Satz 1 und 2 des § 144 Abs 1 Nr 4 GBO

3   Vorgenannte Gesetzesstelle entspricht der Maßgabe des Einigungsvertrages (Anl I Kap III Sachgeb B Abschn III Nr 1 lit d), wonach die am Tag vor dem Wirksamwerden des Beitritts geltenden Vorschriften über die Anlegung und Führung der Gebäudegrundbuchblätter und über die Kenntlichmachung der Anlegung des Gebäudegrundbuchblattes im Grundbuchblatt des Grundstücks weiter anzuwenden sind. Es handelt sich um folgende Vorschriften des Grundbuchrechts der ehemaligen DDR:
   – **§ 16 der Grundstücksdokumentationsordnung (GDO)** vom 06.11.1975,[2] wonach für die aufgrund besonderer Rechtsvorschriften anzulegenden Gebäudegrundbuchblätter die Rechtsvorschriften über Grundstücke und Grundstücksrechte entsprechend gelten;

---

2 OLG Jena NJ 2003, 152.
1 BR-Drs 629/94 S 20 (*Schmidt-Räntsch/Sternal/Baeyens* S 12).
2 GBl I Nr 43 S 697.

– **§ 36 der Grundbuchverfahrensordnung (GBVerfO)** vom 30.12.1975,[3] wonach die aufgrund besonderer Rechtsvorschriften erfolgte Anlegung eines Gebäudegrundbuchblattes in dem Grundbuchblatt des Grundstücks zu vermerken ist, auf dem das Gebäude errichtet ist oder errichtet wird;

– die **besonderen Rechtsvorschriften**, in denen ehemals die *Anlegung* eines Gebäudegrundbuchblattes vorgesehen war (vgl § 144 GBO Rdn 18); ab 01.01.1971 für die Verleihung von Nutzungsrechten an volkseigenen Grundstücken vereinheitlicht durch Gesetz (NutzRG) vom 14.12.1970.[4]

– die **Colido-Grundbuchanweisung** vom 27.10.1987,[5] und zwar speziell deren grundbuchtechnische Vorschriften über die *Führung* der Gebäudegrundbuchblätter in den Nrn 35 bis 40 sowie deren besonderen Verfahrensbestimmungen in Nrn 75 ff. Dies insb sind die Vorschriften, die nach Satz 1 für die *Fortführung* der vorhandenen Grundbuchblätter maßgeblich bleiben.

Nicht mehr anwendbar sind seit dem In-Kraft-Treten der GGV die in § 15 Abs 1 aufgehobenen Vorschriften.

2. Modifizierung durch Satz 3 und 4 des § 144 Abs 1 Nr 4 GBO

Mit der Einfügung des § 144 in die GBO durch das RegVBG ist zugleich die Bestimmung des Abs 1 Nr 4 **4** erweitert worden um die Sätze 3 bis 5.

– Mit Satz 3 ist auch dem Grundstückseigentümer die Befugnis eingeräumt worden, die Anlegung des Gebäudegrundbuchblatts beantragen zu können.

– Nach Satz 4 gilt dies entsprechend für nach später erlassenen Vorschriften anzulegende Gebäudegrundbuchblätter. Diese Erweiterung betrifft insb das nutzungsrechtslose Gebäudeeigentum, für das nach Art 233 § 2b Abs 2 EGBGB (eingefügt durch das 2. VermRÄndG vom 14.07.1992), nachträglich die Möglichkeit geschaffen wurde, auf Antrag ein Gebäudegrundbuchblatt anzulegen.

III. Umschreibung und Neufassung der vorhandenen Gebäudegrundbuchblätter

Satz 2 sieht zwei Verfahrensweisen zur Überführung der vorhandenen Gebäudegrundbuchblätter vor, die in der **5** GBV für die Anlegung des maschinell geführten Grundbuchs vorgesehen sind (§ 67 GBV), zum einen die Umschreibung (§ 68 GBV), zum anderen die Neufassung (§ 69). Auf die Erläuterungen zu diesen Vorschriften wird verwiesen.[6]

§ 3 Gestaltung und Führung neu anzulegender Gebäudegrundbuchblätter

(1) Für die Gestaltung und Führung von neu anzulegenden Gebäudegrundbuchblättern gelten die Vorschriften über die Anlegung und Führung eines Erbbaugrundbuches, soweit im Folgenden nichts Abweichendes bestimmt ist.

(2) Ist ein Gebäudegrundbuchblatt neu anzulegen, so kann nach Anordnung der Landesjustizverwaltung bestimmt werden, daß es die nächste fortlaufende Nummer des bisherigen Gebäudegrundbuchs erhält.

(3) In der Aufschrift des Blattes ist anstelle der Bezeichnung »Erbbaugrundbuch« die Bezeichnung »Gebäudegrundbuch« zu verwenden.

(4) Im Bestandsverzeichnis ist bei Gebäudeeigentum auf Grund eines dinglichen Nutzungsrechts in der Spalte 1 die laufende Nummer der Eintragung, in der Spalte 2 die bisherige laufende Nummer der Eintragung anzugeben. In dem durch die Spalten 3 und 4 gebildeten Raum sind einzutragen:

1. die Bezeichnung »Gebäudeeigentum auf Grund eines dinglichen Nutzungsrechts auf« sowie die grundbuchmäßige Bezeichnung des Grundstücks, auf dem das Gebäude errichtet ist, unter Angabe der Eintragungsstelle; dabei ist der Inhalt der Spalten 3 und 4 des Bestandsverzeichnisses des belasteten oder betroffenen Grundstücks zu übernehmen;

2. der Inhalt und der räumliche Umfang des Nutzungsrechts, auf Grund dessen das Gebäude errichtet ist, soweit dies aus den der Eintragung zugrundeliegenden Unterlagen ersichtlich ist; sind auf Grund des Nutzungsrechts mehrere Gebäude errichtet, so sind diese nach Art und Anzahl zu bezeichnen;

---

3 GBl I Nr 3 (1976) S 42.
4 GBl I Nr 24 S 372.
5 Anweisung Nr 4/87 des Ministers des Innern und Chefs der Deutschen Volkspolizei vom 27.10.1987, unveröffentlicht, abgedruckt bei *Fieberg/Reichenbach* Enteignung und offene Vermögensfragen in der ehemaligen DDR, 2. Aufl, Band III Nr 4.1.4.1.
6 Muster einer Neufassung: *Schmidt-Räntsch/Sternal/Baeyens* Anlage 1 b; *Moser-Merdian/Flik/Keller* Muster Nr 1.

3. Veränderungen der unter den Nummern 1 und 2 genannten Vermerke, vorbehaltlich der Bestimmungen des Satzes 5.

Bei der Eintragung des Inhalts des Nutzungsrechts sollen dessen Grundlage und Beschränkungen angegeben werden. Bezieht sich das Nutzungsrecht auf die Gesamtfläche mehrerer Grundstücke oder Flurstücke, gilt Satz 2 Nr 1 für jedes der betroffenen Grundstücke oder Flurstücke. Die Spalte 6 ist zur Eintragung von sonstigen Veränderungen der in den Spalten 1 bis 3 eingetragenen Vermerke bestimmt. In der Spalte 8 ist die ganze oder teilweise Löschung des Gebäudeeigentums zu vermerken. Bei Eintragungen in den Spalten 6 und 8 ist in den Spalten 5 und 7 die laufende Nummer anzugeben, unter der die betroffene Eintragung in der Spalte 1 vermerkt ist.

(5) Verliert ein früherer Vermerk durch die Eintragung einer Veränderung nach ihrem aus dem Grundbuch ersichtlichen Inhalt ganz oder teilweise seine Bedeutung, so ist er insoweit rot zu unterstreichen.

(6) Bei dinglichen Nutzungsrechten zur Errichtung eines Eigenheims sowie für Freizeit- und Erholungszwecke sind mehrere Gebäude unter einer laufenden Nummer im Bestandsverzeichnis zu buchen, es sei denn, daß die Teilung des Gebäudeeigentums gleichzeitig beantragt wird. Im übrigen sind mehrere Gebäude jeweils unter einer besonderen laufenden Nummer im Bestandsverzeichnis oder in besonderen Blättern zu buchen, es sei denn, daß die Vereinigung gleichzeitig beantragt wird. Bei der Einzelbuchung mehrerer Gebäude gemäß Satz 2 können die in Absatz 4 Satz 2 bezeichneten Angaben zusammengefaßt werden, soweit die Übersichtlichkeit nicht leidet.

(7) Für die Anlegung eines Grundbuchblattes für nutzungsrechtloses Gebäudeeigentum gemäß Artikel 233 §2b und 8 des Einführungsgesetzes zum Bürgerlichen Gesetzbuche gelten die vorstehenden Absätze sinngemäß mit der Maßgabe, daß an die Stelle des Nutzungsrechts das Eigentum am Gebäude tritt. An die Stelle des Vermerks »Gebäudeeigentum auf Grund eines dinglichen Nutzungsrechts auf ...« tritt der Vermerk »Gebäudeeigentum gemäß Artikel 233 §2b EGBGB auf ...« oder »Gebäudeeigentum gemäß Artikel 233 §8 EGBGB auf ...«.

I. Vorbemerkungen

1. Anlehnung an Erbbaugrundbuch

1 §3 GGV ist eine der zentralen Regelungen der GGV und maßgeblich für die Gestaltung und Führung der Gebäudegrundbuchblätter, die nach In-Kraft-Treten der GGV angelegt worden sind oder angelegt werden. Die Anpassung der älteren Gebäudegrundbuchblätter an diese Vorschrift ist in §2 geregelt. Inhaltlich lehnt sich die in §3 enthaltene Neuregelung eng an die Bestimmungen der GBV über die Anlegung und Führung des Erbbaugrundbuchs an. Diese Anbindung ist zweckmäßig. Zutreffend ist in der Begründung[1] ausgeführt: »*Das Erb-baugrundbuch entspricht nämlich funktionell dem Gebäudegrundbuch und kommt ihm sehr nahe. Für dieses sind alle erfor-derlichen Eintragungsorte und Formulare bereits vorgesehen, so daß mit relativ geringem Aufwand eine Umstellung unter Verweisung auf diese Vorschriften erreicht werden kann. Diese Technik hat zudem den Vorteil, daß sie die Umsetzung des Sachenrechtsbereinigungsgesetzes erleichtert ...*«.

2. Funktionelle Unterschiede zwischen Erbbaugrundbuch und Gebäudegrundbuch

Das Erbbaugrundbuch eignet sich als **grundbuchtechnisches Modell** für das Gebäudegrundbuch. Aber die | 2
Formulierung in der Begründung, das Erbbaugrundbuch entspräche »funktionell« dem Gebäudegrundbuch, darf nicht missverstanden werden. Beide Rechtsinstitute haben eine Doppelnatur, sie sind einerseits grund-stücksgleiches Recht (mit eigenem Objektgrundbuch) und andererseits beschränktes dingliches Recht am Grundstück (mit Eintragung in Abt II des Grundstücksgrundbuchs). Das Bauwerkseigentum des Erbbaurechts steht dem Gebäudeeigentum nahe. Die **materiellrechtlichen Funktionen** beider Grundbuchblätter stimmen nicht überein:

a) Im **Erbbaugrundbuch** ist nicht das Eigentum am Gebäude, sondern das *Erbbaurecht* – das veräußerliche und | 3
vererbliche (Nutzungs-)Recht zum »Haben« eines Bauwerks auf fremdem Grundstück (§ 1 Abs 1 Erb-bauRG) – *zu buchen* (§ 14 Abs 1 ErbbauRG). Das in Ausübung dieses Nutzungsrechts errichtete oder gehaltene Bauwerk gilt als wesentlicher Bestandteil des Erbbaurechts (§ 12 ErbbauRG) und wird bzw ist kraft dieser Zuordnung Eigentum des Erbbauberechtigten.

Begründet wird das Erbbaurecht durch Rechtsgeschäft als *beschränktes dingliches Recht* am Grundstück (§ 873 BGB). Die dafür neben der Einigung der Beteiligten nötige *konstitutive Eintragung findet im Grundstücksgrundbuch* statt. Auf das als Grundstücksbelastung entstandene Erbbaurecht finden gemäß § 11 ErbbauRG die sich auf Grundstücke beziehenden Vorschriften mit Ausnahme der §§ 925, 927, 928 BGB Anwendung, der Erbbaube-rechtigte gewinnt also ein »grundstücksgleiches Recht«. In dem zwischen dem Grundstückseigentümer und dem Erbbauberechtigten zu schließenden »Erbbaurechtsvertrag« werden über den gesetzlichen Rechtsinhalt (§ 1 ErbbauRG) hinaus regelmäßig Vereinbarungen über *das spezielle Rechtsverhältnis der Beteiligten* getroffen, die durch die Eintragung in das Grundbuch (im Rahmen der §§ 2ff ErbbauRG) »Inhalt« des Erbbaurechts werden und alsdann für etwaige Rechtsnachfolger der Beteiligten ohne weiteres verbindlich sind.

Die *Anlegung des Erbbaugrundbuchs* ist *Annex* der konstitutiven Erbbaurechtseintragung im Grundstücksgrund-buch. Sie hat von Amts wegen unmittelbar im Anschluss an diese Eintragung zu erfolgen und bedarf keiner weiteren Nachweise (§ 14 Abs 1 ErbbauRG). Die *Funktionen des Erbbaugrundbuchs* sind in einer materiellrechtli-chen Norm (§ 14 ErbbauRG) bestimmt:
– Gemäß § 14 Abs 3 S 1 ErbbauRG ist das Erbbaugrundbuch für das Erbbaurecht das Grundbuch iS des BGB. Das bedeutet, dass Eintragungen, die zum Vollzug von Verfügungen über das Erbbaurecht als grundstücks-gleiches Recht nach den Regeln der §§ 873 ff BGB nötig sind, nur Wirksamkeit erlangen, wenn sie im Erb-baugrundbuch erfolgen.
– Gemäß § 14 Abs 2 ErbbauRG ist das Grundbuchamt verpflichtet, in der Erbbaurechtseintragung im Grund-stücksgrundbuch zur näheren Bezeichnung des Inhalts des Erbbaurechts – vereinbart im erwähnten Erbbau-rechtsvertrag – auf das Erbbaugrundbuch Bezug zu nehmen. Diese Maßnahme hat die Bedeutung einer materiellrechtlich bedeutsamen Funktionsverlagerung: Die Ur-Zuständigkeit des Grundstücksgrundbuchs für die Verlautbarung des Rechtsinhalts (vgl §§ 873, 874, 877 BGB) wird in das Erbbaugrundbuch übertra-gen (zum Zweck dieser Vorschrift: Vor § 54 GBV Rdn 15 bis 18).

Zur Abgrenzung der Kompetenzbereiche von Grundstücksgrundbuch und Erbbaugrundbuch überhaupt: Einl zu §§ 54 bis 60 GBV; § 56 GBV Rdn 16 bis 33.

b) Im **Gebäudegrundbuch** ist *nicht das Nutzungsrecht, sondern das Gebäudeeigentum* zu buchen, das nach den in | 4
§ 1 bezeichneten Überleitungsbestimmungen des EGBGB als grundstücksgleiches Recht besonderer Art auf-recht erhalten bleibt (dazu Rdn 5 bis 11). In der Hauptsache entspricht die Funktion des Gebäudegrundbuch-blattes der des Erbbaugrundbuches: Das Gebäudegrundbuch ist für das darin gebuchte Gebäudeeigentum das Grundbuch iS des BGB (dazu Rdn 13).

Aber das Verhältnis von Gebäudeeigentum und (ggf) zugrunde liegendem Nutzungsrecht ist ein anderes als das von Erbbaurecht und errichtetem Gebäude. Das Gebäudeeigentum gründet sich auf Rechtsvorschriften und Ver-waltungshandeln von Organen der ehemaligen DDR; es erwächst nicht – wie das Eigentum am Gebäude kraft des durch privaten Vertrag begründeten Erbbaurechts – aus einer bestandteilsmäßigen Zuordnung zu dem Nutzungs-recht, auf dem es (ggf) beruht. Nach dem Recht der ehemaligen DDR gab es keine rechtliche Verknüpfung zwi-

---

1 BR-Drs 629/94 S 20 (*Schmidt-Räntsch/Sternal/Baeyens* S 12).

schen dem Nutzungsrecht und dem Gebäudeeigentum, und Art 231 § 5 Abs 2 EGBGB hat eine umgekehrte Verknüpfung Gesetz werden lassen: Das Nutzungsrecht gilt als wesentlicher Bestandteil des Gebäudes.[2]

Die *Anlegung eines Gebäudegrundbuchblattes* (§ 3) stützt sich nicht wie die des Erbbaugrundbuchs auf eine rechtsbegründende Eintragung im Grundstücksgrundbuch. Sowohl das Gebäudeeigentum als auch das ihm (ggf) zugrunde liegende Nutzungsrecht sind außerhalb des Grundbuchs entstanden. Die Anlegung des Gebäudegrundbuchs sowie die Erfassung des Nutzungsrechts im Grundstücksgrundbuch haben lediglich deklaratorische Funktion. Eine der Konsequenzen der (hier nur angedeuteten[3]) Abweichungen besteht darin, dass die Anlegung des Gebäudegrundbuchs – anders als die des Erbbaugrundbuchs – von Nachweisen abhängig ist (dazu § 4).

3. Uneinheitlichkeit des Gebäudeeigentums und seiner Rechtsgrundlagen

5 Das nach Art 231 § 5 EGBGB aufrechterhaltene selbständige Gebäudeeigentum gründet sich auf eine Vielheit Rechtsvorschriften der ehemaligen DDR. Die GGV trägt der Verschiedenheit der Herkunft und Ausprägung des Gebäudeeigentums Rechnung, nicht nur der in § 4 geregelten Verschiedenheit der Nachweismöglichkeiten wegen, sondern auch zur Spezifizierung[4] bei der Eintragung in nach § 3 anzulegenden Gebäudegrundbuchblatt. Auseinander gehalten ist in § 3 das »Gebäudeeigentum aufgrund eines dinglichen Nutzungsrechts« (Abs 4 bis 6) und das »nutzungsrechtslose Gebäudeeigentum« (Abs 7).

Eine kurze **Systematisierung** der verschiedenen Entstehungsgrundlagen von selbständigem Gebäudeeigentum (Rdn 6 bis 11):

a) Gebäudeeigentum aufgrund eines dinglichen Nutzungsrechts – Bundesgesetzliche Rechtsgrund-
6 **lage: Art 223 § 4 EGBGB.** (1) Art 233 § 4 EGBGB bezieht sich *in erster Linie* (Abs 1) auf **Gebäudeeigentum von Bürgern** der ehemaligen DDR, das ihnen nach dem ZGB an einem Eigenheim oder einem anderen persönlichen Bedürfnissen dienenden Gebäude zusteht –
– entweder **aufgrund verliehener Nutzungsrechte an volkseigenen Grundstücken** (§ 288 Abs 4 ZGB).
– oder **aufgrund zugewiesener Nutzungsrechte an genossenschaftlich genutzten Bodenflächen** (§ 292 Abs 3 ZGB).

Das Nutzungsrecht als Grundlage selbständigen Gebäudeeigentums ist in das Recht der ehemaligen DDR nicht erst mit dem am 01.01.1976 in Kraft getretenen ZGB, sondern schon viel früher im Jahre 1954 eingeführt worden.[5] Die bis zum ZGB in Kraft gesetzten Rechtsvorschriften galten in einem dogmatisch nicht geklärten Nebeneinander zum BGB-Sachenrecht,[6] das ZGB hob das BGB auf und beendete den diffusen Zustand. § 295 Abs 2 ZGB stellte klar, dass auf das selbständige Eigentum an Gebäuden die Bestimmungen über Grundstücke entsprechend anzuwenden sind. Alle bestehenden Zivilrechtsverhältnisse wurden in das neue Recht übergeleitet; das Bestehen richtete sich weiter nach bisherigem Recht (§ 2 Abs 2 EGZGB). Zeitgleich mit dem Wechsel vom BGB zum ZGB wurde auch das Grundbuchrecht reformiert: Die GBO und die GBV wurden aufgehoben und die GDO sowie die GBVerfO am 01.01.1976 in Kraft gesetzt, später (in Kraft ab 01.03.1988) kam die Colido-Anweisung dazu (dazu § 144 GBO Rdn 9 ff). Nach § 16 GDO hatte die staatliche Dokumentation der Gebäude und der Rechte daran entsprechend den für die Dokumentation der Grundstücke und Grundstücksrechte geltenden Rechtsvorschriften zu erfolgen, soweit die Anlegung besonderer Grundbuchblätter (Gebäudegrundbuchblätter) in (extra) Rechtsvorschriften festgelegt war. Und § 36 der GBVerfO enthielt die generelle Anordnung, dass die Anlegung des Gebäudegrundbuchblattes in dem Grundbuchblatt des Grundstücks zu vermerken ist, auf dem das Gebäude errichtet ist oder errichtet wird.

Der *Fortbestand* des selbständigen Gebäudeeigentums richtet sich nach Art 231 § 5 Abs 1 EGBGB mit Begrenzung gemäß Abs 3. Nach Abs 1 S 2 dieser Vorschrift genügt es, dass das Nutzungsrecht vor dem 03.10.1990 wirksam geworden ist; dessen Ausübung durch Errichtung oder Fertigstellung des Gebäudes kann nach Abs 1 S 2 diesem Zeitpunkt nachfolgen.[7] Dem so übergeleiteten Gebäudeeigentum ist durch Art 233 § 4 Abs 1 S 1

---

2 Diese Sonderheit nimmt Rücksicht auf die gewohnte Rechtsauffassung (Begr: BT-Drs 11/7817 S 36, 38), ist aber rechtssystematisch verfehlt; es bedurfte einer Nachregelung, der Einfügung von Abs 3 in Art 233 § 4 EGBGB durch das 2. VermRÄndG, um auszuschließen, dass das Nutzungsrecht wegen Untergang des Gebäudes erlischt (vgl *Eickmann* Grundstücksrecht in den neuen Bundesländern, Rn 147, 148); dazu auch *Keller* MittBayNot 1994, 389, 390 mwN.

3 Weitere Gesichtspunkte: MüKo-*von Oefele* EGBGB Art 233 § 4 Rn 6ff.

4 Nötig auch wegen der Differenzierungen in der Sachenrechtsbereinigung, vgl *Wesel* DtZ 1995, 90; *Wilhelms* DtZ 1995, 228; *Purps* DtZ 1995, 390; *Flik* DtZ 1996, 162, 166.

5 Eingehend zur früheren Rechtssituation und -entwicklung: *Zimmermann* VIZ 1995, 505; Zusammenstellung der Rechtsquellen: *Böhringer* VIZ 1996, 131; *Eickmann* Grundstücksrecht in den neuen Bundesländern, Rn 140b; Kurzüberblick zur Rechtsentwicklung: *Wilhelms* VIZ 1996, 431; auch *Wesel* DtZ 1995, 90.

6 *Staudinger-Rauscher* (1996) EGBGB Art 231 § 5 Rn 19. Bis zum 01.01.1976 galt neben den temporären speziellen Rechtsvorschriften das Recht des BGB und der GBO; zur lückenfüllenden Bedeutung: *Zimmermann* VIZ 1995, 505.

7 Zu Unrecht gegen den Fortbestand des isolierten (bausubstanzlosen) Nutzungsrechts: *Wilhelms* DtZ 1995, 228; Gegenargumente: *Purps* DtZ 1995, 390; *Flik* DtZ 1996, 162. Für den Fortbestand spricht § 29 Abs 2 SachenRBerG, der dem Eigentümer eine diesbezügliche Einrede zugesteht.

EGBGB die Qualität eines *grundstücksgleichen Rechts* iS des BGB beigelegt und damit der Verfügungsweg nach den Regeln des BGB (§§ 873 ff) eröffnet worden; lediglich die Anwendung der §§ 927, 928 BGB ist ausgeschlossen. Das gilt für die verliehenen und zugewiesenen Nutzungsrechte gleichermaßen.

Verschieden war nach dem Recht der ehemaligen DDR der **Entstehungsakt für die Nutzungsrechte:** 7
– Das Nutzungsrecht **an volkseigenen Grundstücken** wurde **durch »Verleihung«** vom Staat **begründet** (§ 287 ZGB iVm NutzRG 1970); zuständig für den *Verleihungsakt* war der Rat des Kreises (§ 4 Abs 1 NutzRG). Hierüber war eine Urkunde auszustellen (§ 287 Abs 2 ZGB). Die Verleihung fand auf Antrag des Bürgers statt (§ 2 Abs 1, 2 NutzRG). *Anlässe* für die Verleihung:[8] *Errichtung* eines Eigenheims oder eines anderen, persönlichen Zwecken dienenden Gebäudes; *Kauf* eines auf volkseigenem Grundstück stehenden Eigenheimes oder Siedlungshauses; *Ersetzung* der bisherigen Rechtsgrundlage (Erbbaurecht, Erbpachtvertrag oder Pachtvertrag) für ein bereits errichtetes Eigenheim. *Konstitutiv* für den *Erwerb des Nutzungsrechts* war *allein die Ausstellung der Urkunde*. Ohne Aushändigung einer Nutzungsurkunde konnte ein Nutzungsrecht nicht entstehen; die bloße Anerkennung in der sozialen Wirklichkeit genügt nicht für das Entstehen des Sondereigentums.[9] Die Wirksamkeit trat mit dem in der Nutzungsurkunde angegebenen Zeitpunkt ein (§ 287 Abs 2 ZGB, § 4 Abs 2 NutzRG).[10] Die vorgeschriebene Eintragung der Verleihung auf dem Grundbuchblatt des volkseigenen Grundstücks (§ 4 Abs 3 NutzRG) und die Anlegung eines Gebäudegrundbuchblattes für das errichtete oder erworbene Gebäude (§ 4 Abs 4 NutzRG) hatten lediglich *deklaratorische* Bedeutung. Das *Eigentum am Gebäude* entstand *mit der Errichtung* (äußere Fertigstellung) des Gebäudes (dazu § 4 GGV Rdn 7). Beim *Kauf* eines volkseigenen Gebäudes wurde das Eigentum daran *mit der Eintragung* des Käufers im anzulegenden Gebäudegrundbuchblatt erworben (§ 1 Abs 3 des VerkaufsG 1973, § 4 Abs 1 VerkaufsG 1990, § 297 Abs 2 ZGB); die Eintragung hatte also Konstitutivwirkung für den Eigentumsübergang, aber nicht für die Entstehung des Nutzungsrechts. *Sonderfall* der Gebäudekäufe aufgrund des renovierten VerkaufsG vom 07.03.1990 (»Modrow-Gesetz«): Fraglich ist, ob dieses Gesetz das Wirksamwerden des dem Käufer antragsgemäß (nach § 4 Abs 2 NutzRG durch ordnungsmäßige Aushändigung einer Nutzungsurkunde) zu verleihenden Nutzungsrechts – wie überwiegend angenommen – an den Eigentumserwerb am Gebäude gekoppelt hat.[11] Es kam jedenfalls in vielen Fällen nicht mehr bis zum 02.10.1990 zur im Kaufvertrag beantragten Nutzungsrechtsverleihung mit der Folge, dass der Erwerb des Eigentums am gekauften Gebäude am Rechtswandel scheiterte (sog »hängende Kaufverträge«).[12]
– Das **Nutzungsrecht an genossenschaftlich genutzten Bodenflächen** konnte von den LPGen und gleichgestellten Einrichtungen per **»Zuweisung«** auf Landbürger übertragen werden (§ 291 ZGB, BereitStVO vom 09.09.1976).[13] Übertragen wurden durch die Zuweisung quasi Teilbefugnisse aus dem umfassenden gesetzlichen Bodennutzungsrecht der LPGen[14] (§ 10 LPGG 1959, § 18 LPGG 1982 – dazu Rdn 9). Zuständig für die Zuweisung waren die Vorstände der LPGen; sie hatten über diesen Akt eine Urkunde auszustellen, die der Bestätigung der örtlichen Räte bedurfte (§ 3 BereitStVO).[15] *Wirksam* wurde die Nutzungsrechtsübertragung *mit dem Datum der Urkunde*[16]. Da das DDR-Recht davon ausging, dass das Eigentum am Boden von diesem Vorgang unberührt blieb, wurde zwar die Anlegung von Gebäudegrundblättern, aber keine Eintragung im Grundstücksgrundbuch vorgeschrieben (§ 4 Abs 2 BereitStVO); dem § 36 der Grundbuchverfahrensordnung wurde durch Anbringung eines unscheinbaren Vermerks in Abteilung 0 genügt (vgl § 5 GGV Rdn 2), der aber keine Eintragung im Rechtssinn darstellt.

(2) **Art 233 § 4 Abs 7 EGBGB** enthält eine Auffangbestimmung für **Gebäudeeigentum anderer Institutio-** 8
nen, sofern es nach besonderen Rechtsvorschriften mit einem dinglichen Nutzungsrecht verbunden ist und ein Gebäudegrundbuchblatt anzulegen ist. Die Textfassung des Abs 7 ist so gewählt, um das Eigentum an »Baulichkeiten« auf der Grundlage vertraglicher Nutzungsrechte (§ 312 ZGB) auszuschließen (vgl § 1 GGV Rdn 4).

---

8 Zum Wandel der Rechtsvorschriften: *Wilhelms* VIZ 1996, 431.
9 BGHZ 121, 347, 349/350 = NJW 1993, 1706, 1707. Das soll nach OLG Jena OLG-NL 1996, 56 auch für Verleihungen und Zuweisungen gelten, die vor dem NutzRG 1970 stattfanden; dagegen *Zimmermann* VIZ 1995, 505: § 95 Abs 1 S 2 BGB hilft bei fehlerhafter Verleihung, hierfür reicht faktischer Vollzug; S 512: Formalisierung des Verleihungsakts erst im NutzRG 1970.
10 Ist in einer vor dem 03.10.1990 ausgehändigten Nutzungsurkunde der Entstehungszeitpunkt auf einen Tag nach dem 02.10.1990 festgelegt, so reicht dies nicht zur rechtzeitigen Entstehung von selbständigem Gebäudeeigentum: *Eickmann* Grundstücksrecht in den neuen Bundesländern, Rn 134.
11 *Staudinger-Rauscher* (1996) EGBGB Art 231 § 5 Rn 28 mwN.
12 In die Sachenrechtsbereinigung einbezogen (vgl § 3 Abs 3 SachenRBerG). Falls Kaufvertrag und Nutzungsurkunde in Ordnung sind, kann die Blattanlegung und Eigentumsumschreibung noch nach dem 03.10.1990 erfolgen: *Keller* MittBayNot 1994, 389, 393.
13 Zur Rechtsentwicklung und zur Regelung vor In-Kraft-Treten der BereitStVO: *Wilhelms* VIZ 1996, 431.
14 Funktionsbeschreibung: MüKo-*von Oefele* EGBGB Art 233 § 4 Rn 70.
15 Vor BereitStVO war keine Urkunde vorgeschrieben, sondern Eintragung in das Bodenbuch der LPG (vgl *Wilhelms* VIZ 1996, 431.
16 Nach hM ist ein etwa in der Urkunde angegebener abweichender Zeitpunkt unmaßgeblich.

Unter die Vorschrift fällt **insb das sich auf ein verliehenes dingliches Nutzungsrecht gründende Gebäudeeigentum** von
- **Wohnungsbaugenossenschaften**[17] und von **Arbeiterwohnungsbaugenossenschaften (AWGen)**.[18]
- **anderen Staaten**.[19]
- **Gebäudekäufern** nach dem **VerkaufsG vom 07.03.1990**, soweit die Nutzungsrechtsverleihung vor dem 03.10.1990 wirksam geworden ist (vgl Rdn 7). Maßgeblich für das Verleihungsverfahren und die anschließende Veranlassung der vorgeschriebenen[20] Eintragung im Grundstücksgrundbuch sowie der Anlegung eines Gebäudegrundbuchblattes war auch in diesen Fällen das NutzRG 1970 bzw seine Vorläufer; *konstitutiv* war *allein* die Ausstellung einer Urkunde durch das zuständige Organ, deklaratorisch die vorgeschriebenen Verlautbarungen in den Grundbüchern (wie zu Rdn 7 ausgeführt). Gerade im genossenschaftlichen Wohnungsbau ist aber die rechtlich gebotene Nutzungsrechtsverleihung häufig unterblieben. Inwieweit in diesen sog »hängenden Fällen« im Nachhinein Gebäudeeigentum ohne Nutzungsrecht begründet worden ist, richtet sich nach Art 233 § 2b EGBGB (Rdn 9).

b) Nutzungsrechtloses Gebäudeeigentum – Bundesgesetzliche Rechtsgrundlage: Art 233 § 2b und § 8 EGBGB. (1) Durch **Art 233 § 2b EGBGB**[21] wurde für einen Teil der Moratoriumsfälle des Art 233 § 2a EGBGB[22] (Fälle des § 2a Abs 1 S 1 Buchst a und b) im Nachhinein[23] selbständiges Gebäudeeigentum begründet, und zwar dann,
- wenn eine **LPG** (oder eine gleichgestellte Einrichtung, eine **Arbeiterwohnungsbaugenossenschaft (AWG)** oder eine **gemeinnützige Wohnungsgenossenschaft** oder **Rechtsnachfolger dieser Genossenschaften**[24] bis zum Ablauf des 02.10.1990 aufgrund einer bestandskräftigen Baugenehmigung, mindestens den Rechtsvorschriften entsprechend mit Billigung staatlicher oder gesellschaftlicher Organe[25] ein Grundstück entweder selbst bebaut oder zu bebauen begonnen hatte, oder
- wenn unter den gleichen Voraussetzungen anderweitig errichtete Gebäude und dazugehörige Grundstücksflächen und -teilflächen einer der vorgenannten Genossenschaften zur Nutzung sowie selbständigen Bewirtschaftung und Verwaltung übertragen worden waren und von diesen oder ihren Rechtsnachfolgern genutzt werden.[26]

Die bundesgesetzliche Nachtragsregelung hat teils klarstellende, teils rechtsschaffende Bedeutung:
- **Klarstellend** ist sie **für das nach § 27 LPGG entstandene Gebäudeeigentum.** Denn die LPGen erlangten nach § 27 LPGG 1982[27] an den Gebäuden und Anlagen, die sie auf dem von ihnen genutzten Boden errichteten,[28] selbständiges Gebäudeeigentum, unabhängig davon, ob der Boden LPG-, Volks- oder Privateigentum war. Grundlage dafür war das den LPGen kraft Gesetzes zustehende umfassende Nutzungsrecht am genossenschaftlich genutzten Boden (§ 10 LPGG 1959, abgelöst durch § 18 LPGG 1982). Vor dem Beitritt – mit Wirkung zum 01.07.1990 – wurde § 18 LPGG aufgehoben und damit das Nutzungsrecht ersatzlos, aber nicht rückwirkend, beseitigt.[29] Das *vorher entstandene* Gebäudeeigentum der LPGen, zwar nutzungsrechtlos gestellt, ist gemäß Art 231 § 5 Abs 1 EGBGB erhalten geblieben. Der Einigungsvertrag enthielt aber keine spezielle Regelung dafür, ließ somit das weitere Rechtsschicksal dieses genossenschaftlichen Gebäudeeigentums, für das nach DDR-Recht kein Gebäudegrundbuch anzulegen war, im Unklaren. Offen war, nach welchen Regeln des BGB Verfügungen über dieses Gebäudeeigentum möglich sind.[30] Die Regelungs-

---

17 Rechtsgrundlage: VO über die Umbildung gemeinnütziger und sonstiger Wohnungsbaugenossenschaften vom 14.03.1957. Dazu *Wilhelms* VIZ 1996, 431; *Wesel* DtZ 19965, 90; *Böhringer* VIZ 1996, 31.
18 Rechtsgrundlage: VO über die Arbeiterwohnungsbaugenossenschaften (AWGO) vom 21.11.1963. Dazu *Wilhelms* VIZ 1996, 431; *Wesel* DtZ 19965, 90; *Böhringer* VIZ 1996, 31.
19 Rechtsgrundlage: VO über die Verleihung von Nutzungsrechten an volkseigenen Grundstücken, den Verkauf von Gebäuden und die Übertragung von Gebäudeteil-Nutzungsrechten an andere Staaten (NutzRVO) vom 26.09.1974. Dazu *Wilhelms* VIZ 1996, 431; *Wesel* DtZ 19965, 90; *Böhringer* VIZ 1996, 31.
20 Übersicht über die Gesamtheit der Rechtsvorschriften, welche die Anlegung von Gebäudegrundbuchblättern geboten: § 144 GBO Rdn 18 mwN.
21 Eingefügt durch das 2. VermRÄndG vom 14.07.1992 (BGBl I 1257) und geändert durch das RegVB vom 20.12.1993 (BGBl I 2182), weiter geändert durch das SachenRÄndG vom 21.09.1994 (BGBl I 2490), durch GrundRÄndG v 02.11.2000 (BGBl I 1481) und durch Ges v 21.08.2002 (BGBl I 3322).
22 Ebenfalls eingefügt durch das 2. VermRÄndG.
23 Mit Wirkung ab In-Kraft-Treten des 2. VermRÄndG am 22.07.1992.
24 Nicht unter § 2b fallen Bauwerke von sonstigen Genossenschaften (zB Konsumgenossenschaften), staatlichen Stellen, volkseigenen Betrieben oder Privatpersonen (MüKo-*von Oefele* EGBGB Art 233 § 2b Rn 1–5).
25 Legaldefinition des Begriffs »Billigung staatlicher Stellen« in § 10 SachenRBerG.
26 Stichtag: 22.07.1992 (Inkrafttreten des 2. VermRÄndG).
27 Vor In-Kraft-Treten des LPGG vom 02.07.1982 galt insoweit § 13 LPGG vom 03.06.1959.
28 Auch an auf eingebrachten Grundstücken bereits bestehenden Gebäuden, dazu BGHZ 120, 357 = NJW 1993, 860 = VIZ 1993, 251; *Keller* MittBayNot 1994, 389, 390.
29 Aufhebung des § 18 LPGG durch Ges vom 28.06.1960 (GBl I Nr 38 S 483).
30 Zu den Denkmodellen: *Lehmann-Zisowski* DtZ 1992, 375, 376/377; *Böhringer* Rpfleger 1993, 51.

lücke erwies sich so als Hemmnis für die Grundbuchpraxis und den Rechtsverkehr.[31] Mit Art 233 § 2b Abs 1 EGBGB ist das nach § 27 LPGG entstandene Gebäudeeigentum außer Zweifel gestellt worden, ohne das weggefallene Nutzungsrecht wieder zu beleben (vgl § 2b Abs 1 S 2). Die Verkehrsfähigkeit des bestätigten LPG-Gebäudeeigentums besteht nicht erst seit der Einfügung des § 2b in das EGBGB, sondern bereits seit dem 03.10.1990.[32]

– **Rechtsschaffend** wirkte die Neuregelung für die Bauten der **AWGen und gemeinnützigen Wohnungsgenossenschaften bzw ihre Rechtsnachfolger**, die ohne ordnungsmäßige Begründung eines Nutzungsrechts erfolgt sind. Diese Bauten fielen mangels Verselbständigung des Eigentums zu DDR-Zeiten beim Wirksamwerden des Beitritts nicht unter den Bestandschutz des Art 231 § 5 EGBGB, sondern galten zunächst als wesentliche Bestandteile des bebauten Grundstücks (§ 94 BGB). Selbständiges Gebäudeeigentum geworden sind sie erst durch die Ergänzung des EGBGB im 2. VermRÄndG.

Wichtig ist, dass das nutzungsrechtlose Gebäudeeigentum seit dem 22. 7. 1992 als grundstücksgleiches Recht gilt (Verweis in Art 233 § 2b Abs 4 EGBGB), so dass Verfügungen darüber der Eintragung in das Grundbuch bedürfen (§§ 873 ff BGB), die nach den GBO-Regeln über das Antragsverfahren (§§ 13 ff) herbeizuführen sind. Die Anlegung des dafür nötigen Gebäudegrundbuchblattes erfolgt nicht von Amts wegen, sondern bedarf nach Abs 2 S 1 des § 2b des Art 233 EGBGB eines Antrags des Nutzers (zur Bestimmung des Begriffs »Nutzer«: § 14 Abs 1; zur Bedeutung des Antragserfordernisses: § 4 GGV Rdn 1 bis 6). Vor der beantragten Anlegung eines Gebäudegrundbuchblattes ist nach Abs 2 S 3 des § 2b des Art 233 EGBGB von Amts wegen das Gebäudeeigentum »wie eine Belastung« im Grundbuch des betroffenen Grundstücks einzutragen (geregelt in § 6). **10**

Umgekehrt kann die Eintragung des neuen Gebäudeeigentums in das Grundstücksgrundbuch nach Art 233 § 2c Abs 1 EGBGB[33] gemäß § 13 GBO – also von den unmittelbar Beteiligten – beantragt werden. In diesem Fall ist das Gebäudegrundbuchblatt als Annex von Amts wegen anzulegen, falls noch nicht vorhanden.

(2) **Art 233 § 8 EGBGB** betrifft Gebäudeeigentum, das aufgrund des vor dem Beitritt aufgehobenen **§ 459 ZGB**[34] nebst dazu ergangener Ausführungsvorschriften[35] entstanden ist, solange diese Vorschriften in Kraft waren. Nach diesen Vorschriften entstand an **Neubauten von VEB's und staatlichen Organen oder Einrichtungen** auf von ihnen *vertraglich genutzten*[36] *fremden (privateigenen)* Grundstücken kraft Gesetzes **Volkseigentum**, somit vom Boden unabhängiges Gebäudeeigentum. Erweiterungs- und Erhaltungsmaßnahmen dieser Institutionen an bestehenden privateigenen Gebäuden hatten das Entstehen eines volkseigenen Miteigentumsanteils an dem Grundstück zur Folge. Grundbucheintragungen waren vorgeschrieben,[37] für volkseigene »Gebäude« die Anlegung besonderer Grundbuchblätter, für »bauliche Anlagen« lediglich die Anbringung von Vermerken in den Grundbuchblättern der betroffenen Grundstücke, für volkseigene Miteigentumsanteile die Eintragung in den Grundbuchblättern der betroffenen Grundstücke. Die vorgeschriebenen Eintragungen sind aber in vielen Fällen unterblieben.[38] Durch das RegVBG wurde in § 8 der Verweis auf die §§ 2b und 2c des Art 233 EGBGB aufgenommen zur Klarstellung, dass **auch** das aufgrund des § 459 ZGB entstandene Gebäudeeigentum als **grundstücksgleiches Recht** iS des BGB weitergilt und grundbuchmäßig ebenso zu behandeln ist wie das sonstige nutzungsrechtlose Gebäudeeigentum. **11**

II. Die für die Anlegung und Führung des Gebäudegrundbuchs anwendbaren Vorschriften (Abs 1)

1. Anwendbarkeit der GBV

Nach der Begründung[39] ist bei der in Abs 1 getroffenen Anordnung daran gedacht, dass für die Gestaltung und Führung neu anzulegender Gebäudegrundbuchblätter die Vorschriften der Grundbuchverfügung über das Erbbaugrundbuch – das sind außer den Spezialvorschriften der §§ 54 bis 59 GBV (§ 60 ist für das Gebäudeeigentum ohne Bedeutung) auch die allgemeinen Vorschriften der GBV, auf die § 54 verweist – **12**

---

31 Grundbuchämter verweigerten die Anlegung eines Gebäudegrundbuchblatts; Instanzgerichte gelangten zu widersprüchlichen Entscheidungen, dazu *Böhringer,* Besonderheiten Rn 511, Sonderband von *Meikel,* 7. Aufl, Rn 510.
32 BGH DtZ 1995, 169, 171. Dazu die Heilungsbestimmung in Art 233 § 2b Abs 6 EGBGB.
33 Eingefügt durch das RegVB.
34 Aufgehoben im 2. ZivilRÄndG vom 22.07.1990 (GBl I Nr 45 S 781).
35 VO über die Sicherung des Volkseigentums bei Baumaßnahmen von Betrieben auf vertraglich genutzten nicht volkseigenen Grundstücken vom 07.04.1983 nebst Durchführungsbestimmungen. Dazu *Wilhelms* VIZ 1996, 431; *Wesel* DtZ 19965, 90; *Böhringer* VIZ 1996, 31.
36 Nötig war ein von dem Grundstückseigentümer (oder statt seiner von einem staatlichen Verwalter) und dem VEB abgeschlossener Nutzungsvertrag, der die Bebauung ausdrücklich gestattete (*Keller* MittBayNot 1994, 389, 390).
37 §§ 8, 10 der VO vom 07.04.1983.
38 *Keller* MittBayNot 1994, 389, 390.
39 BR-Drs 629/94 S 20 (*Schmidt-Räntsch/Sternal/Baeyens* S 12).

anwendbar sein sollen, soweit in den Abs 2 bis 7 nichts Abweichendes bestimmt ist. Soweit so gut: Die Anlegung und Führung von Gebäudegrundbuchblättern richtet sich demnach:
- in erster Linie nach den speziellen Bestimmungen in den Abs 2 bis 7 des § 3 GGV,
- in zweiter Linie nach den Bestimmungen für das Erbbaugrundbuch in den §§ 55 bis 59 GBV,
- in dritter Linie nach den allgemeinen Bestimmungen der GBV.

Vollständig und ohne Überleitungszeiträume gelten diese Bestimmungen, sobald Gebäudegrundbuchblätter auf der Basis der GGV angelegt oder nach Umstellung fortgeführt werden sollen.

2. Zur Anwendbarkeit der »Grundbuchvorschriften« der §§ 14 bis 17 ErbbauRG

13 Der Verordnungstext enthält insoweit keine Ausgrenzung, und die Begründung lässt dies offen. Von der Sache her ist zu differenzieren:
- Es kann keinem Zweifel unterliegen, dass **§ 14 Abs 3 S 1 ErbbauRG entsprechend anwendbar** ist. Denn die dem Erbbaugrundbuch dort zugewiesene Aufgabe (Funktion), für das Erbbaurecht das Grundbuch iS des BGB zu sein (Bedeutung: Rdn 3), entspricht voll und ganz der Aufgabe des Gebäudegrundbuchs, die nach den §§ 873 ff BGB zum Vollzug von Verfügungen über das Gebäudeeigentum nötigen Eintragungen aufzunehmen. Die übrigen Teile des § 14 ErbbauRG sind als durch die Bestimmungen des § 3 GGV überlagert anzusehen.
- Auch **§ 16 ErbbauRG passt** entsprechend. Dies ist in § 12 Abs 1 berücksichtigt; auf die dortigen Erläuterungen wird verwiesen.
- Die **modifizierte Anwendung des § 17 ErbbauRG** ist in § 13 geregelt; auf die dortigen Erläuterungen wird verwiesen.
- Die **übrigen** Grundbuchvorschriften des ErbbauRG **eignen sich nicht** für eine entsprechende Anwendung; sie sind auf Strukturen des Erbbaurechts zugeschnitten, die beim Gebäudeeigentum nicht vorhanden sind.

III. Zur Anlegung des Gebäudegrundbuchblattes

1. Nummerierung der Gebäudegrundbuchblätter (Abs 2)

14 Ein neu anzulegendes Erbbaugrundbuchblatt erhält nach § 55 GBV die nächste fortlaufende Nummer des Grundbuchs, in dem das belastete Grundstück verzeichnet ist; die Erbbaugrundbücher sind demgemäß in die einheitliche Nummernfolge eines Grundbuchbezirks einzureihen. Gleiches gilt ohne weiteres für die Nummerierung neu anzulegender Gebäudegrundbuchblätter. Allerdings erschien dem Verordnungsgeber die unausweichliche Handhabung dieser Regelung unpassend mit Rücksicht auf die in den neuen Bundesländern teilweise bestehende Übung, die Nummern für Grundstücksgrundbuchblätter und für Gebäudegrundbuchblätter getrennt zu vergeben. Deshalb wurde den Landesjustizverwaltungen die Möglichkeit eingeräumt, für die Gebäudegrundbuchblätter und für die Grundstücksgrundbuchblätter je eine gesonderte fortlaufende Nummernfolge anzuordnen. Dies erscheint auch schon wegen der Möglichkeiten des § 2 S 2 angebracht. Ein Übergang auf die Einreihung in eine fortlaufende Nummernfolge ist bei Neuanlegung oder Umschreibung stets möglich.

2. Aufschrift der Gebäudegrundbuchblätter (Abs 3)

15 Insoweit gilt § 55 Abs 2 GBV mit der sachgemäßen Abweichung, dass anstelle der Bezeichnung »Erbbaugrundbuch« die Bezeichnung »Gebäudegrundbuch« in die Aufschrift des Grundbuchblattes aufzunehmen ist.

3. Buchungen im Bestandsverzeichnis (Abs 4 S 1, S 2 Nr 1, 2, S 3 und 4 sowie Abs 6 und Abs 7)

16 Hier knüpft die GGV modifizierend an § 56 GBV an. Die **Buchung des Gebäudeeigentums einschl etwaiger Veränderungen** findet *ausschließlich* im Bestandsverzeichnis statt. Die Buchungen in den Abt I, II und III richten sich – wie im Erbbaugrundbuch gemäß § 57 GBV – nach den allgemeinen Vorschriften der GBV. Dies ist vor dem Hintergrund zu sehen, dass das Gebäudeeigentum als »grundstücksgleiches Recht« iS des BGB gilt (vgl Rdn 6, 10, 11), insoweit dem Erbbaurecht gleichgestellt ist, in einem Punkt sogar weitergehend: Anders als beim Erbbaurecht (§ 11 Abs 1 S 1 ErbbauRG) ist für das Gebäudeeigentum die Anwendung des § 925 BGB nicht ausgeschlossen.

17 **a) Spalte 1, 2: Nummerierung der Eintragungen.** Gemäß Abs 4 S 1 ist die **Spalte 1** – wie beim Erbbaugrundbuch – für die Nummerierung der in den Spalten 2 bis 4 erfolgenden Einträge bestimmt. Die bei der Neuanlegung des Blattes vorzunehmende Eintragung erhält die lfd Nr »1«. Abweichend von § 56 Abs 1 GBV ist die **Spalte 2** nicht einzubeziehen in den Raum für die Beschreibung des Gebäudeeigentums, sondern vorbehalten für die Aufnahme der laufenden Nummer der bisherigen Eintragung bei späteren Fortschreibungen der ursprünglichen Buchung. Bei der Neuanlegung des Blattes bleibt die Spalte 2 frei oder wird zweckmäßiger-

weise mit einem waagerechten Strich versehen (dazu § 6 GBV Rdn 11). Die in Abs 4 S 1 getroffene Bestimmung passt zu § 6 Abs 2 GBV und ist für die Lesbarkeit des Grundbuchstandes in späteren Stadien von vornherein vorteilhafter als die Regelung in § 56 GBV; die durch die dortige Lösung bedingte Umständlichkeit der Zuordnungskennzeichnung von Veränderungseinträgen (vgl § 56 GBV Rdn 11) entfällt.

b) Spalten 3 und 4: Darstellung des Gebäudeeigentums. Gemäß Abs 4 S 2 bilden die **Spalten 3 und 4** **18** **zusammen** den Raum für die textliche Darstellung des Gebäudeeigentums bei der Neuanlegung des Blattes sowie für etwaige spätere Änderungseinträge (dazu Rdn 39 bis 42). Auch die abschließende Datierung und Unterzeichnung der Eintragung (§ 44 GBO) findet an dieser Stelle statt. Dem Muster von § 56 Abs 1 und 2 GBV mit Abweichungen folgend, ist in Abs 4 S 2 die Kennzeichnung der verschiedenen Rechtsgrundlagen des Gebäudeeigentums **im Ersteintrag** vorgeschrieben:

(1) Beim nutzungsrechtgestützten Gebäudeeigentum (Abs 4 S 2 Nr 1, 2, S 3 und 4 sowie Abs 6). Vorgeschrieben ist eine Buchungsweise, deren Aufbau dem § 56 Abs 1 und 2 GBV nachgebildet ist, deren **19** Details aber davon abweichen. Der vorgeschriebene Buchungstext setzt sich zusammen aus der Bezeichnung des Gebäudeeigentums (Abs 4 S 2 Nr 1) und der Beschreibung des Nutzungsrechts (Abs 4 S 2 Nr 2, S 3).

Die **Bezeichnung des Gebäudeeigentums** (Abs 4 S 2 Nr 1) erfolgt durch die Einleitungsformel »Gebäudeei- **20** gentum auf Grund eines dinglichen Nutzungsrechts auf« mit anschließender *grundbuchmäßiger Bezeichnung des Grundstücks*, auf dem das Gebäude errichtet ist, und zwar (1) mittels Wiedergabe der in Spalte 3 und 4 des Grundstücksgrundbuchs verzeichneten Katasterdaten und (2) durch Angabe der Eintragungsstelle im Grundstücksgrundbuch (Grundbuchbezirk, Blattnummer und lfdNr, unter der das belastete bzw betroffene Grundstück im Bestandsverzeichnis gebucht ist).

Zur **Beschreibung des Nutzungsrechts** (die fundamentale *Eintragung* desselben gehört in das Grundstücks- **21** grundbuch, dazu § 5) soll, soweit aus den der Eintragung zugrunde liegenden Unterlagen ersichtlich, dessen **Inhalt und räumlicher Umfang** eingetragen werden (Abs 4 S 2 Nr 2); zudem sollen bei der Eintragung des Inhalts die **Grundlage und Beschränkungen** des Nutzungsrechts angegeben werden (Abs 4 S 3). Unter »Grundlage« ist wohl die gesetzliche Grundlage (zB § 287 ZGB) zu verstehen.

Zu entnehmen sind die verlangten Angaben den nach § 4 beizubringenden Nachweisen. Maßgeblich für den konkreten Inhalt und Umfang sowie etwaige Beschränkungen des Nutzungsrechts ist die nach § 4 Abs 1 vorzulegende »Nutzungsurkunde«, durch die es konstituiert wurde. Die grundbuchmäßige Bezeichnung des belasteten/betroffenen Grundstücks erfolgt im Wege der Übernahme der Eintragungen aus den Spalten 3 und 4 des Bestandsverzeichnisses des belasteten/betroffenen Grundstücks.

Zur **Eintragung des Inhalts des Nutzungsrechts** (zur Verlagerung dieses Eintragungselements aus dem **22** Grundstücksgrundbuch in das Gebäudegrundbuch: Rdn 40 und § 5 GGV Rdn 8):
– **Vorbemerkung:** Inhalt des Nutzungsrechts – das ist (seit der Überleitung der Rechte in das BGB-System) die Gesamtheit der Rechte und Pflichten im Verhältnis zwischen dem Rechtsinhaber und dem Grundstückseigentümer,[40] im Kern die Befugnis zur Grundstücksnutzung zur Errichtung und Nutzung des Gebäudes; das Gebäude selbst gehört nicht zum Inhalt des Nutzungsrechts, sondern ist Gegenstand selbständigen Eigentums.[41] Der Rechtsinhalt richtet sich gemäß Art 233 § 3 Abs 1 EGBGB (mit Anpassungsvorbehalt gemäß Abs 3) nach dem Recht der ehemaligen DDR[42] (§ 3 Abs 1 S 1) mit den in § 3 Abs 1 S 2, 3 und § 4 des Art 233 EGBGB bestimmten Modifikationen. Daraus folgt im Wesenskern, dass die Begrenzung der Veräußerlichkeit und Vererblichkeit (§§ 289 Abs 2 und 3, 293 Abs 1 S 2 ZGB, § 5 Abs 2 S 2 und Abs 3 NutzRG) aufgehoben und das mit dem Begriff »persönliches Eigentum« (§§ 288 Abs 4, 292 Abs 3 ZGB, § 2 Abs 1 NutzRG) verknüpfte Erfordernis der »persönlichen Nutzung« (§§ 22 bis 24 ZGB) entfallen ist, die Zweckbestimmung (Recht und Pflicht zur »bestimmungsgemäßen« Nutzung des Grundstücks gemäß §§ 288 Abs 1, 292 Abs 1 ZGB, § 3 Abs 1 NutzRG) dagegen insofern weitergilt, als sich die Verpflichtung des Berechtigten zur Gebäudeerrichtung und -verwendung auch heute noch im Wesentlichen nach den in der »Nutzungsurkunde« getroffenen Bestimmungen richtet. Die Überschreitung des baulichen Rahmens des Nutzungsrechts ist weiterhin bestimmungswidrig.[43]

---

40 *Staudinger-Rauscher* (1996) Rn 15, *MüKo-Quack* Rn 7, *Palandt/Bassenge*, 65. Aufl, Rn 3, je zu Art 233 § 3 EGBGB.
41 Vgl *Staudinger-Rauscher* (1996) EGBGB Art 233 § 3 Rn 36, 37.
42 Laut *Wilhelms* (VIZ 1996, 431, 433 ff) wurden die Nutzungsrechte regelmäßig für ein konkretes Objekt – ein vorhandenes Gebäude oder ein genehmigtes Bauvorhaben – erteilt. Die gefolgerte Akzessorietät des Nutzungsrechts derart, dass es wirkungslos wird, wenn das genehmigte Vorhaben – der nötige Kauf des Gebäudes oder das genehmigte Bauvorhaben in der gesetzten Frist – nicht realisiert wird, ist nicht zwingend. Zu den entgegenstehenden rechtlichen Gesichtspunkten: *Purps* DtZ 1995, 390.
43 *MüKo-von Oefele* EGBGB Art 233 § 4 Rn 26, 27; *Staudinger-Rauscher* (1996) EGBGB Art 233 § 3 Rn 36, 37; *Böhringer* DtZ 1996, 290.

– Inwieweit die Eintragung des Rechtsinhalts **durch Bezugnahme auf die der Eintragung zugrunde liegenden Unterlagen** (hier die »Nutzungsurkunde«) zulässig ist – etwa so, wie nach § 56 Abs 2 GBV für die Eintragung des Erbbaurechtsinhalts die Bezugnahme auf die »Eintragungsbewilligung« erlaubt (und in § 44 Abs 2 GBO geboten) ist – ist in der GGV nicht besonders geregelt. **Stellungnahme dazu:** Für die Zulässigkeit der Bezugnahme im Erbbaugrundbuch ist nicht § 56 Abs 2 GBV, sondern *materielles Recht entscheidend*, nämlich § 14 Abs 1 S 2 iVm § 14 Abs 2 ErbbauRG. Diese Bestimmung wiederum ist eine spezielle Ausformung der Grundregel des § 874 BGB, die für *konstitutive Eintragungen* iS des § 873 BGB die Bezugnahme auf die Eintragungsbewilligung allgemein vorsieht und ihr zugleich Grenzen setzt. Zugelassen ist die indirekte Eintragung mittels Bezugnahme lediglich »zur näheren Bezeichnung« des Rechtsinhalts (eingehend zur Funktion, zur Zulässigkeit und zu den Grenzen der konstitutiven Eintragung per Bezugnahme: Vor GBV Rdn 70 ff). Weil die Anlegung des Gebäudegrundbuchs wie auch die Eintragung des Nutzungsrechts in das Grundstücksgrundbuch *keine konstitutive Wirkung* hat, braucht auf die in § 874 BGB wie in § 14 ErbbauRG gezogene Zulässigkeitsgrenze keine Rücksicht genommen zu werden. Richtungweisend sein muss vielmehr allein der mit der Eintragung per Bezugnahme generell verfolgte Zweck, die Publizitätsfunktion des Grundbuchs zu fördern (dazu Vor GBV Rdn 75, 76). Dieser generellen Zielsetzung entspricht es durchaus, wenn zur Eintragung des Inhalts des Nutzungsrechts im Grundbuch auf dessen sowieso zu bezeichnende Grundlage, die »Nutzungsurkunde«, Bezug genommen wird, vorausgesetzt, dass die Einsichtnahme der auf diese Weise zum Grundbuchinhalt gemachten Unterlagen gewährleistet ist (dazu Vor GBV Rdn 98 bis 100). Da die Nutzungsrechte naturgemäß keinen individuell vereinbarten, sondern einen durch Rechtsvorschriften vorgegebenen und dementsprechend standardisierten Inhalt haben (siehe oben), dürfte im Regelfall gegen eine großzügige Handhabung der indirekten Eintragungsmethode mittels Bezugnahme auf die Eintragungsgrundlage, wie in der von den Verfassern andernorts[44] (vgl auch § 5 Abs 2) vorgeschlagenen Formulierung »*Das Nutzungsrecht wurde am ... verliehen gemäß Nutzungsurkunde des Rats der Stadt/des Kreises ... vom ...*« nichts einzuwenden sein. Möglich auch: »Gebäudeeigentum auf Grund eines dinglichen Nutzungsrechts nach § 287 ZGB zur Errichtung eines Eigenheims auf dem Grundstück Flst. 200 (Band 100 Blatt 300 BV 1), Bauplatz an der Hauptstraße zu 500 qm.« Bei den Gebäudeeigentumsformen des Art 233 §§ 2b und 8 EGBGB liegt kein dingliches, vormals öffentlich-rechtliches Nutzungsverhältnis zu Grunde, so dass die Nennung einer nutzungsrechtlichen Grundlage samt deren inhaltlichen Ausgestaltung und Beschränkung im Grundbuch nicht in Betracht kommt. Die Buchung könnte lauten: »Gebäudeeigentum gemäß Art 233 § 2b (bzw. § 8) EGBGB auf Flurstück ...«

23 **Außergewöhnliche Tatbestände im Inhalt** des Nutzungsrechts sind, wie vorgeschrieben, *ausdrücklich* im Eintragungsvermerk anzugeben:
– Etwaige **Beschränkungen** des Nutzungsrechts sind nach Abs 4 S 3 anzugeben. In Frage kommt hier wohl nur eine (nach §§ 288 Abs 2, 292 Abs 2 ZGB ausnahmsweise zulässige) *Befristung* des Nutzungsrechts. Die Zweckbestimmung im Nutzungsrecht ist Standard (siehe oben) und bedarf deshalb keiner Hervorhebung im Eintragungstext.
– Für den Fall, dass aufgrund *eines* Nutzungsrechts **mehrere Gebäude errichtet** sind, sollen diese nach *Art und Anzahl* bezeichnet werden (Abs 4 S 2 Nr 2 Halbs 2). Die Buchung auf einem Grundbuchblatt soll nach der Begründung »zur Vereinfachung« geschehen.[45] Außerdem findet sich in Abs 6 für einen solchen Fall eine zusätzliche Regelung, in der *weitere Differenzierungen vorgeschrieben* sind (Rdn 24).

24 **Zum Buchungsmodus bei Gebäudemehrheit (Abs 6):** Zur materiellrechtlichen Seite ist in der Gesetzesbegründung[46] ausgeführt, dass es möglich ist, dass *aufgrund eines Nutzungsrechts mehrere Gebäude errichtet* worden sind, und dass in einem solchen Falle – anders als beim Erbbaurecht, bei dem die Gebäudemehrheit einem einheitlichen Recht als Bestandteil zugeordnet (§ 12 Abs 1 ErbbauRG) wäre – eine der Anzahl der Gebäude entsprechende Mehrheit von selbständigen Gebäudeeigentumsrechten besteht. Dem Nutzungsrecht wird nach dieser Vorstellung eine einende Kraft abgesprochen. Jedes Gebäude bildet den Gegenstand selbständigen Gebäudeeigentums.

Möglicherweise stützt sich diese Vorstellung auf die für die BGB-Systematik fremdartige Regelung in Art 231 § 5 Abs 2/Art 233 § 4 Abs 1 S 1 EGBGB, die das Gebäudeeigentum als grundstücksgleiches Recht in den Vordergrund stellt und das Nutzungsrecht dem Gebäude als Bestandteil zuordnet (statt umgekehrt wie beim Erbbaurecht). Der Gesetzgeber hat die Systemwidrigkeit dieser Regelung aus psychologischen Gründen in Kauf genommen. Bei einer Auslegung der Vorschriften dürften wirtschaftliche Funktionszusammenhänge der Gebäude durchaus ein gewisses Licht auf die Vorstellungen beim Gründungsakt werfen; im Übrigen besteht heute bei der Auslegung keine Bindung an die methodischen Grundsätze und Beschränkungen der DDR, vielmehr ist der aktuelle methodische Stand der deutschen Rechtswissenschaft maßgebend.[47]

---

44 *Schmidt-Räntsch/Sternal/Baeyens,* Eintragungsmuster in Anlage 1 b; ebenso *Moser-Merdian/Flik/Keller,* Muster Nr 1.
45 BR-Drs 629/94 S 22 (*Schmidt-Räntsch/Sternal/Baeyens* S 13).
46 BR-Drs 629/94 S 22 (*Schmidt-Räntsch/Sternal/Baeyens* S 13).
47 MüKo-*Quack* EGBGB Art 233 § 3 Rn 7.

– Die in Abs 6 S 1 **bei dinglichen Nutzungsrechten »zur Errichtung eines Eigenheimes sowie für Freizeit- und Erholungszwecke«** vorgesehene Buchungsweise – mehrere Gebäude unter einer lfdNr,[48] wenn nicht gleichzeitig eine Teilung beantragt worden ist – ist getragen von dem Gedanken, dass in diesen Fällen die Gebäude »in der Regel eine Einheit bilden«. Hierdurch wird dem Umstand Rechnung getragen, dass Haupt- und Nebengebäude in Eigenheimfällen und bei Gebäuden zu Erholungszwecken («Datschen auf dinglicher Nutzungsrechtsgrundlage») in aller Regel ein einheitliches rechtliches und tatsächliches Schicksal aufweisen, so dass etwa die getrennte Buchung eines Garagen- und Abstellgebäudes übertriebenen Aufwand darstellen würde, sofern nicht der Gebäudeeigentümer durch Teilungserklärung zu erkennen gibt, daß beide Raumkörper unterschiedlich behandelt werden sollen. Die Einheitlichkeit beruht auf dem Bestimmungszweck des Nutzungsrechts gemäß der Nutzungsurkunde, abgerundet durch die gesetzlichen Bestimmung des Art 231 § 5 Abs 2 BGB (Anlagen, Anpflanzungen oder Einrichtungen sind Bestandteile des Gebäudes). In den Fällen des VEB-Gebäudeeigentums (Art 233 § 8 EGBGB) und wohnungsbaugenossenschaftlichen Eigentums (Art 233 § 2b EGBGB) verbleibt es allerdings beim Grundsatz der getrennten Buchung jeden Bauwerkes, sofern nicht umgekehrt der Gebäudeeigentümer die Vereinigung beantragt. Die Buchungsweise ist sachgerecht auch in Fällen, in den das Nutzungsrecht laut Nutzungsurkunde für ein bereits vorhandenes Eigenheim verliehen oder zugewiesen worden ist (vgl Rdn 7).

– Die in Abs 6 S 2 **»im übrigen«** – also für alle nicht in Abs 6 S 1 bezeichnete Fälle von Gebäudeeigentum[49] – getroffene Anordnung der Buchung jedes Gebäudes unter einer besonderen lfdNr mit Gestattung lediglich einer zusammenfassenden Beschreibung, soweit die Unübersichtlichkeit nicht leidet, dürfte der materiellen Rechtslage nicht in jedem Fall gerecht werden. Für jedes Gebäude kann ein eigenes Gebäudeeigentumsrecht gebucht werden. Das kann geschehen:
– indem für jedes Eigentum ein eigenes Blatt nach den vorstehenden Vorschriften angelegt wird;
– indem die mehreren Rechte auf einem Blatt aber jeweils unter einer eigenen Nummer gebucht werden, wobei jede Nummer den gesamten Eintragungstest im Sinne des Abs 4 für sich selbst enthält;
– indem die mehreren Rechte auf einem Blatt, jeweils unter einer eigenen Nummer gebucht werden, wobei jedoch die in Abs 4 S 2 genannten Angaben für alle Eigentumsrechte zusammengefasst sind.

Der räumliche Umfang des Nutzungsrechts soll nach Abs 4 S 2 Nr 2 angegeben werden, soweit er aus den der Eintragung zugrunde liegenden Unterlagen ersichtlich ist. **25**
– Im Idealfall, in dem das **Nutzungsrecht** laut Nutzungsurkunde **an einer vermessenen Fläche** ehemals volkseigenen Bodens verliehen worden ist, bedarf der räumliche Umfang selbstverständlich neben der Bezeichnung des betroffenen Flurstücks und Bezugnahme auf die Nutzungsurkunde keiner besonderen Erwähnung.[50]
– Es gibt aber Fälle, in denen eine Verleihung des Nutzungsrechts **ohne Vermessung** stattfand, das **Nutzungsrecht auf die Gebäudegrundfläche begrenzt** wurde und die Nutzung weiterer Bodenbereiche außerhalb des Nutzungsrechts per Vertrag geregelt wurde; in diesen Fällen ist das Nutzungsrecht **nachträglich** gemäß Art 233 § 4 Abs 3 S 3 EGBGB **um eine »Funktionsfläche« erweitert** worden. Dies sind Fälle, in denen die Besonderheit des räumlichen Umfangs des Nutzungsrechts im Grundbucheintrag zum Ausdruck zu bringen ist, in denen es zudem Bestimmtheitsdefizite gibt. Auf die Erläuterungen zu den §§ 9, 10 wird verwiesen.
– Im Übrigen ist die in Abs 4 S 2 Nr 2 getroffene Anordnung im Zusammenhang mit S 4 desselben Absatzes zu sehen. Vor allem bei LPG-genutzten Grundstücken sind die Nutzungsrechte vielfach ohne Rücksicht auf den Verlauf der vermessenen Grundstücksgrenzen entsprechend der tatsächlichen Nutzungsmöglichkeit zugewiesen worden. Sie können infolgedessen ganz oder teilweise mehrere Grundstücke bzw Flurstücke belasten. Auch dies sind Fälle, in denen der räumliche Umfang des Nutzungsrechts im Grundbucheintrag besonders zum Ausdruck gebracht werden muss, wobei auch hier Bestimmtheitsdefizite zu berücksichtigen sind. In Abs 4 S 4 ist vorgeschrieben, dass alle betroffenen Grundstücke (Flurstücke) einzeln entsprechend Abs 4 S 2 Nr 1 mit den Katasterdaten zu bezeichnen sind (dazu Rdn 24 aE). Im Übrigen wird auf die Erläuterungen zu den §§ 9, 10 verwiesen.

(2) Beim nutzungsrechtlosen Gebäudeeigentum (Abs 7). Da es kein Nutzungsrecht gibt, entfallen selbstverständlich die zu Rdn 21 bis 25 erörterten Bezeichnungsmerkmale. Aber die **Bezeichnung des Gebäudeeigentums** (Rdn 20) bedarf einer besonderen Spezifikation (dazu Rdn 5). Abs 7 schreibt insofern vor, dass das nutzungsrechtlose Gebäudeeigentum **durch Hinweis auf seine gesetzliche Grundlage** zu kennzeichnen ist, entweder als »Gebäudeeigentum gemäß Art 233 § 2b EGBGB« oder als »Gebäudeeigentum gemäß Art 233 § 8 EGBGB«. Eine weitere Differenzierung ist nicht vorgeschrieben. Gebäudeeigentum, das durch Art 233 § 2b EGBGB nicht erst geschaffen, sondern zu DDR-Zeiten (vor Aufhebung des LPG-Nutzungsrechts) nach § 27 **26**

---

48 Illustriert in *Schmidt-Räntsch/Sternal/Baeyens* Anlage 1 b; bei *Moser-Merdian/Flik/Keller* Muster Nr 1.
49 Insb Gebäudeeigentum gemäß Art 233 § 2b EGBGB, wie von den Verfassern illustriert in *Schmidt-Räntsch/Sternal/Baeyens* Anlage 2 b; bei *Moser-Merdian/Flik/Keller* Muster Nr 2.
50 *Schmidt-Räntsch/Sternal/Baeyens,* Anlage 1 b; *Moser-Merdian/Flik/Keller* Muster Nr 1.

LPGG entstanden ist (dazu Rdn 9), braucht also nicht (kann aber[51]) besonders ausgewiesen zu werden. Abs 7 nennt zwar nur das Gebäudeeigentum nach Art 233 §§ 2b und 8 EGBGB, doch findet die GGV auf alle Fälle von Gebäudeeigentum entsprechende Anwendung, demnach sind in den nicht ausdrücklich genannten Fällen von Gebäudeeigentum die Gebäudeeigentumsblätter gleichfalls in entsprechender Anwendung der Absätze 1–7 anzulegen; die spezielle Art des Gebäudeeigentums ist jeweils in der Eintragung anzugeben. Im Übrigen begnügt sich Abs 7 mit dem pauschalen Hinweis auf eine sinngemäße Anwendung der für das nutzungsrechts-bewehrte Gebäudeeigentum getroffenen Regelungen.

27 **c) Eintragungsvermerk in Spalte 5, 6.** In § 3 GGV ist – wie in § 56 GBV – nicht ausdrücklich bestimmt, was anlässlich der Anlegung des Gebäudegrundbuchblattes in den Spalten 5 und 6 des Bestandsverzeichnisses eingetragen werden soll. Folglich sind die passenden **Regeln der GBV** entsprechend anzuwenden (vgl Rdn 12). Unbedenklich ist es, in Anlehnung an die in § 5 S 2 WGV getroffene Regelung von der Eintragung eines besonderen Vermerks in den Spalten 5, 6 abzusehen und stattdessen den Eintragungsgrund in die Eintragung der Spalte 3 aufzunehmen.[52]

28 Bei einem völlig **neu angelegten Gebäudegrundbuchblatt** wird entsprechend § 6 Abs 6 und 8 GBV (Erläuterungen zu § 6 GBV Rdn 38 bis 43) – unter Angabe der lfdNr(n) in Spalte 5 – in Spalte 6 zu vermerken sein: »*Bei Anlegung des Grundbuchblattes als Bestand eingetragen am …*«.

29 Bei einem **neugefassten Gebäudegrundbuchblatt** (§ 2 sieht Umschreibung oder Neufassung vor, praktiziert wird wohl idR letzteres) ist die Eintragung in Spalte 6 entsprechend § 30 Buchst h Nr 1 bzw entsprechend § 33 Abs 2d Nr 2 GBV zu fassen, zB etwa so: »*Bei Neufassung der Abteilung 0 des am … angelegten Gebäudegrundbuchs als Bestand eingetragen am …*«.

4. Buchungen in den Abteilungen I, II, III

30 Dazu enthält § 3 GGV keine besondere Regelung, so dass nach Abs 1 der § 57 GBV entsprechend anzuwenden ist (vgl Rdn 12).

31 **a) Abteilung I.** Sie dient entsprechend § 57 Abs 1 GBV zur Eintragung des Nutzungsberechtigten. Auch hier ist zu unterscheiden zwischen der völligen Neuanlegung und der Umschreibung bzw Neufassung des Gebäudegrundbuchblattes.

32 (1) Bei der **Neuanlegung eines Gebäudegrundbuchblatts** ist unter Beachtung der Buchungsregeln der §§ 9 und 15 GBV der oder die gemäß § 4 nachgewiesene Nutzungsberechtigte der Person nach in Spalte 2 zu bezeichnen und in Spalte 4 als Grundlage der Eintragung der gehörige Nachweis einzutragen.[53] Ist eine Mehrheit von Berechtigten einzutragen, so ist nach § 9 Buchst b GBV in Spalte 2 die nach § 47 GBO gebotene Angabe der Anteilsquoten oder des Gemeinschaftsverhältnisses der Berechtigten mit einzutragen. Für die Eintragung von Ehegatten enthält § 8 eine besondere Regelung.

33 (2) bei der **Neufassung eines vorhandenen Gebäudegrundbuchblatts** (§ 2) ist die Eintragung aus dem bisherigen Gebäudegrundbuchblatt wiederzugeben und dabei an die Buchungsregeln der §§ 9, 15, 16 GBV anzupassen. Im Zuge der Neufassung bietet es sich an, bei der Eintragung von Ehegatten die nach § 47 GBO gebotene Angabe ihres Anteils- oder Gemeinschaftsverhältnisses der aktuellen Rechtslage anzupassen, falls dies nicht bereits geschehen ist.[54] Zum Nachweis: Regelung in § 8.

34 **b) Abteilung II und III.** Nach § 57 Abs 2 GBV sind diesbezüglich die für die Grundbuchblätter über Grundstücke geltenden Vorschriften in Abschnitt II und III der GBV entsprechend anwendbar.

35 (1) Bei der **Neuanlegung eines Gebäudegrundbuchblatts** kommt die Eintragung von Belastungen in Abteilung II und III wohl nicht in Betracht.

36 (2) Bei der **Neufassung eines vorhandenen Gebäudegrundbuchblatts** (§ 2) sind die Eintragungen aus dem bisherigen Gebäudegrundbuchblatt neugefasst wiederzugeben und dabei an die Buchungsregeln der §§ 10, 11, 17, 18 GBV anzupassen.[55]

---

51 *Schmidt-Räntsch/Sternal/Baeyens*, Anlage 2 b; *Moser-Merdian/Flik/Keller* Muster Nr 2.
52 So *Schmidt-Räntsch/Sternal/Baeyens*, Anlagen 1 b, 2 b; *Moser-Merdian/Flik/Keller* Muster Nr 1, 2.
53 *Schmidt-Räntsch/Sternal/Baeyens*, Anlage 2 b; *Moser-Merdian/Flik/Keller* Muster Nr 2.
54 *Schmidt-Räntsch/Sternal/Baeyens*, Anlage 1 b; *Moser-Merdian/Flik/Keller* Muster Nr 1.
55 Demonstriert in *Schmidt-Räntsch/Sternal/Baeyens*, Anlage 1 b; *Moser-Merdian/Flik/Keller* Muster Nr 1.

IV. Zur Führung des Gebäudegrundbuchblattes

1. Eintragung von Veränderungen im Bestandsverzeichnis (Abs 4 S 2 Nr 3, S 5)

Die diesbezüglich in Anlehnung an § 56 GBV getroffenen Bestimmungen geben **keine nähere Differenzie-** 37
rung.
– Nach Abs 4 S 2 Nr 3 sollen in den durch die Spalten 3 und 5 gebildeten Raum eingetragen werden: »Veränderungen der unter den Nummern 1 und 2 genannten Vermerke, vorbehaltlich der Bestimmungen des Satzes 5«.
– Nach Abs 4 S 5 ist Spalte 6 (nebst 5) für »Eintragungen von sonstigen Veränderungen der in den Spalten 1
bis 3 eingetragenen Vermerke«.

a) Die **Spalte 6** ist im Erbbaugrundbuch nach § 56 Abs 4 GBV vorgesehen allein für die Eintragung von Ände- 38
rungen der **katastertechnischen Bezeichnungsmerkmale** für das erbbaurechtsbelastete Grundstück, die
primär im Grundstücksgrundbuch einzutragen sind (§ 6 Abs 6 Buchst e GBV) und im Erbbaugrundbuch zu
vermerken sind (vgl § 56 GBV Rdn 16).

An der gleichen Stelle müssten derartige Eintragungen im Gebäudegrundbuchblatt platziert werden.

b) In den **durch die Spalten 3 und 4 gebildeten Raum** gehören im Erbbaugrundbuch alle Eintragungen 39
über Veränderungen, die das Erbbaurecht selbst betreffen. Hier insb kommt die Kompetenzaufteilung zwischen
Erbbaugrundbuch und Grundstücksgrundbuch zum Tragen (dazu Verweise auf Erläuterungen zur GBV:
Rdn 3 aE), die es im Verhältnis Gebäudegrundbuch und Grundstücksgrundbuch so nicht gibt.

(1) Bei dem **mit einem dinglichen Nutzungsrecht verbundenen Gebäudeeigentum** steht das Nutzungs- 40
recht insofern in der Nähe des Erbbaurechts, als sein Inhalt die Befugnis des Nutzungsberechtigten zur Grundstücksnutzung bestimmt (dazu Rdn 22 bis 24). Alle Änderungen, die diese Nutzungsbefugnis betreffen – die
Möglichkeit ist in Art 233 § 4 Abs 2 S 2 EGBGB angedeutet –, verändern folglich den Inhalt des Nutzungsrechts. Von besonderen regulierenden Verfahren abgesehen, müssten **Inhaltsänderungen** grundsätzlich rechtsgeschäftlich entsprechend den Regeln der §§ 877, 876 BGB stattfinden.[56]

Inhaltsänderungen, die das Erbbaurecht betreffen, sind nicht im Grundstücksgrundbuch, sondern im Erbbaugrundbuch zu buchen; dafür sorgt der Dauerverweis nach § 14 Abs 2 ErbbauRG (dazu Rdn 3). Vom funktionellen Hintergrund her ist § 14 Abs 2 ErbbauRG für die Nutzungsrechtseintragung im Grundstücksgrundbuch
nicht anwendbar und auch nicht nötig, weil die Nutzungsrechtseintragung keine konstitutive Bedeutung hat
(vgl Rdn 22). Die in den §§ 5 und 6 normierten Eintragungstexte enthalten jedenfalls eine Bezugnahme auf das
Gebäudegrundbuchblatt und schaffen im Ergebnis ebenso wie der Verweis gemäß § 14 Abs 2 ErbbauRG die
Voraussetzung dafür, dass die das Nutzungsrecht betreffenden Inhaltsänderungen mit konstitutiver Kraft **im
Gebäudegrundbuchblatt einzutragen** sind. Ob es sinnvoll ist, die im Gebäudegrundbuch vollzogenen Eintragungen sozusagen »nachrichtlich« im Grundstücksgrundbuch in Abteilung II bei dem dort gebuchten Nut-
zungsrecht zu vermerken, sei dahingestellt. Im Hinblick auf die Fassung der dortigen Eintragung erscheint dies
nicht nötig, und § 14 ErbbauRG ist nach der hier vertretenen Ansicht insoweit nicht anwendbar (dazu
Rdn 13).

(2) Das **nutzungsrechtslose Gebäudeeigentum** beruht unmittelbar auf dem Gesetz (vgl § 4 Rdn 13). Das 41
Gebäudeeigentum (nicht mehr und nicht weniger) ist zwar im Grundstücksgrundbuch »wie eine« aber nicht
»als« Belastung des Grundstücks einzutragen (Art 233 § 2b Abs 2 S 3, § 2c Abs 1 S 1 EGBGB). Diese Eintragung
ist aber Annex der Anlegung des Gebäudegrundbuchblattes, bildet in keiner Weise die Grundlage des Gebäudeeigentums. Für die (konstitutiven) Eintragungen zum Vollzug von Verfügungen, die das Gebäudeeigentum
verändern (materiellrechtlich wohl an § 877 bzw an § 890 BGB anzuknüpfen, so sie denn möglich sind), ist niemals das Grundstücksgrundbuch, sondern immer **allein das Gebäudegrundbuchblatt kompetent**. Ein Vermerk im Grundstücksgrundbuch über die im Gebäudegrundbuch vollzogenen Eintragungen erübrigt sich hier
ebenfalls.

(3) Zur **Vereinigung und Teilung des Gebäudeeigentums** findet sich in § 14 Abs 3 eine Sonderregelung 42
(dazu § 14 GGV Rdn 9 bis 11).

2. Rötungen (Abs 5)

Die Bestimmung des Abs 5 entspricht wortwörtlich der von § 56 Abs 5 GBV (dazu § 56 GBV Rdn 14). 43

---

56 Ebenso *Staudinger-Rauscher* (1996) Rn 35, MüKo-*von Oefele* Rn 53, beide zu EGBGB Art 233 § 4.

3. Löschung (Abs 4 S 6)

44 Die »Löschung« des Gebäudeeigentums kommt bei dessen Erlöschen infolge Aufhebung des Nutzungsrechts (Art 233 § 4 Abs 6, § 2b Abs 4 EGBGB) in Betracht. Für die Löschung zur Aufhebung des Nutzungsrechts, auf die § 875 BGB anwendbar ist, ist das **Grundstücksgrundbuch kompetent**. Die Löschung (Aufhebung) ist – wie beim Erbbaugrundbuch – im **Gebäudegrundbuch zu vermerken** und das Gebäudegrundbuchblatt sodann nach Maßgabe des § 36 GBV (vgl § 3 Abs 1 GGV, § 54 Abs 1 GBV) zu schließen.

Weiteres zu den Grundbucheintragungen: § 12 nebst Erläuterungen.

4. Eintragungen in Abteilung I, II, III

45 Hierzu wird auf den entsprechend anwendbaren § 57 GBV verwiesen. Es gelten die Buchungsregeln der GBV.

§ 4 Nachweis des Gebäudeeigentums oder des Rechts zum Besitz gemäß Artikel 233 § 2a EGBGB

(1) Zum Nachweis des Bestehens des Gebäudeeigentums gemäß Artikel 233 § 4 des Einführungsgesetzes zum Bürgerlichen Gesetzbuche und des Eigentums daran genügt die Nutzungsurkunde, die über das diesem Gebäudeeigentum zugrundeliegende Nutzungsrecht ausgestellt ist und die Genehmigung zur Errichtung des Gebäudes auf dem zu belastenden Grundstück oder ein Kaufvertrag über das auf dem belasteten Grundstück errichtete Gebäude. Anstelle der Genehmigung oder des Kaufvertrages kann auch eine Bescheinigung der Gemeinde vorgelegt werden, wonach das Gebäude besteht. Eine Entziehung des Gebäudeeigentums oder des Nutzungsrechts ist nur zu berücksichtigen, wenn sie offenkundig, aktenkundig oder auf andere Weise dem Grundbuchamt bekannt ist.

(2) Zum Nachweis von Gebäudeeigentum gemäß Artikel 233 § 2b des Einführungsgesetzes zum Bürgerlichen Gesetzbuche genügt der Bescheid des Präsidenten der Oberfinanzdirektion nach Absatz 3 jener Vorschrift, wenn auf dem Bescheid seine Bestandskraft bescheinigt wird.

(3) Zum Nachweis von Gebäudeeigentum gemäß Artikel 233 § 8 des Einführungsgesetzes zum Bürgerlichen Gesetzbuche genügt
1. die Vorlage des Vertrages, der die Gestattung zur Errichtung von Bauwerken enthalten muß, und
2. a) die Zustimmung nach § 5 der Verordnung über die Sicherung des Volkseigentums bei Baumaßnahmen auf Betrieben auf vertraglich genutzten nichtvolkseigenen Grundstücken vom 7. April 1983 (GBl. I Nr 12 S 129) oder
   b) ein Prüfbescheid der staatlichen Bauaufsicht nach § 7 Abs 5 und § 11 der Verordnung der Deutschen Demokratischen Republik über die staatliche Bauaufsicht vom 30. Juli 1981 (GBl. I Nr 26 S 313), der sich auf den Zustand des Gebäudes während oder nach der Bauausführung bezieht; der Nachweis der Bauausführung durch andere öffentliche Urkunden ist zulässig.

(4) Zum Nachweis der Ansprüche aus der Sachenrechtsbereinigung aus dem Recht zum Besitz gemäß Artikel 233 § 2a des Einführungsgesetzes zum Bürgerlichen Gesetzbuche genügt:
1. ein Nachweis seines Gebäudeeigentums nach Absatz 2 oder 3, oder
2. die Vorlage eines Prüfbescheids der staatlichen Bauaufsicht oder ein Abschlußprotokoll nach § 24 Abs 6 der Verordnung über die Vorbereitung und Durchführung von Investitionen vom 30. November 1988 (GBl. I Nr 26 S 287), aus dem sich ergibt, daß von einem anderen Nutzer als dem Grundstückseigentümer ein Gebäude auf dem zu belastenden Grundstück oder Flurstück errichtet worden ist, oder
3. die Vorlage eines den Nutzer zu anderen als Erholungs- und Freizeitzwecken berechtigenden Überlassungsvertrages für das Grundstück oder
4. die Vorlage eines vor dem 22. Juli 1992 geschlossenen oder beantragten formgültigen Kaufvertrages zugunsten des Nutzers über ein Gebäude auf einem ehemals volkseigenen oder LPG-genutzten Grundstück oder
5. die Vorlage einer gerichtlichen Entscheidung, durch die die Eintragung angeordnet wird, oder
6. die Vorlage der Eintragungsbewilligung (§ 19 der Grundbuchordnung) des Grundstückseigentümers.

(5) Die Nachweise nach den Absätzen 1 bis 4 sind zu den Grundakten des Gebäudegrundbuchblattes oder, wenn dieses nicht besteht, zu den Grundakten des belasteten oder betroffenen Grundstücks zu nehmen.

I. Vorbemerkungen

1. Zum Regelungsbedürfnis

Vor Erlass der GGV bereitete der Nachweis des Gebäudeeigentums zunehmend Schwierigkeiten. Insb hatte die **1** mit dem 2. VermRÄndG in Art 233 § 2b Abs 3 eingefügte Regelung (Wortlaut: *»Ist nicht festzustellen, ob Gebäudeeigentum entstanden ist oder wem es zusteht, so wird dies durch den Präsidenten der Oberfinanzdirektion, in dessen Bezirk das Gebäude liegt, festgestellt. Das Vermögenszuordnungsgesetz ist anzuwenden.«*) nicht die erhoffte Klarheit gebracht. Oberfinanzdirektionen verweigerten unter Berufung auf den Gesetzeswortlaut beantragte Feststellungen mit Verweis darauf, dass primär die GBÄmter dafür zuständig seien,[1] die GBÄmter nahmen vielfach den gegenteiligen Standpunkt ein. In Literatur und Rechtsprechung kam es zum dogmatischen Streit um die Frage, ob für die Anlegung der Gebäudegrundbuchblätter die §§ 116 bis 125 GBO[2] anzuwenden sind und somit gemäß § 118 GBO des GBA zur Amtsermittlung verpflichtet ist (ohne Bindung an § 29 GBO) oder ob infolge der Antragsabhängigkeit der Blattanlegung (Art 233 § 2b Abs 2 S 1 EGBGB) die Regeln der §§ 13 ff GBO anwendbar sind und somit denjenigen, der die Anlegung des Gebäudegrundbuchs beantragt, eine dem § 29 GBO entsprechende Beibringungslast trifft.[3] § 4 bringt nun eine spezielle einheitliche Nachweisregelung für die Grundbuchblattanlegung (§ 3) und für die Eintragungen in das Grundstücksgrundbuch nach den §§ 5, 6 und 7, die ua nach Absicht des Verordnungsgebers klarstellen soll, dass für LPG-Gebäudeeigentum ein Anlegungsverfahren nach den §§ 116 ff GBO nicht durchzuführen ist.[4]

2. Zur Bedeutung der Neuregelung

Die Norm ist neben § 3 die zweite zentrale Regelung der GGV und enthält Vorschriften darüber, wie das **2** Gebäudeeigentum dem Grundbuchamt nachgewiesen werden kann bzw. muss; daneben ist auch der Nachweis des Rechts zum Besitz (Art 233 § 2a EGBGB) geregelt. Die zum 01.01.2001 wieder hergestellte Grundbuchpublizität macht es notwendig, diese Rechtspositionen im Grundbuch sichtbar zu machen. § 4 regelt die Anforderungen an den Nachweis des »Objekts« wie auch des «Subjekts«. Zugleich mit der GGV ist eine Neufassung des Art 233 § 2b Abs 3 EGBGB durch das SachenRÄndG in Kraft gesetzt worden (Wortlaut: *»Ob Gebäudeeigentum entstanden ist und wem es zusteht, wird durch Bescheid des Präsidenten der Oberfinanzdirektion festgestellt, in dessen Bezirk das Gebäude liegt. Das Vermögenszuordnungsgesetz ist anzuwenden. Den Grundbuchämtern bleibt es unbenommen, Gebäudeeigentum und seinen Inhaber nach Maßgabe der Bestimmungen des Grundbuchrechts festzustellen; ein Antrag nach den Sätzen 1 und 2 darf nicht von der vorherigen Befassung der Grundbuchämter abhängig gemacht werden. Im Antrag an den Präsidenten der Oberfinanzdirektion oder an das Grundbuchamt hat der Antragsteller zu versichern, daß bei keiner anderen Stelle ein vergleichbarer Antrag anhängig oder ein Antrag nach Satz 1 abschlägig beschieden worden ist.«*).

Die Neufassung widerlegt die Primärzuständigkeit des GBA; die Oberfinanzdirektion darf einen Antragsteller, der eine Feststellung nach dem VZOG begehrt, nicht mehr an das GBA verweisen. Nicht so eindeutig erkennbar ist dagegen, in welche Richtung der neue Satz 3 weist. Jedenfalls gibt es hierzu wiederum unterschiedliche Deutungen.

---

1 *Hügel* MittBayNot 1993, 196, 198; *Keller* MittBayNot 1994, 389, 394.
2 Durch das RegVBG eingefügt als Ersatz der aufgehobenen §§ 7 bis 17 AVOGBO.
3 Meinungsübersicht: KG Rpfleger 1996, 151, 152 = FGPrax 96, 12.
4 *Schmidt-Räntsch* VIZ 1995, 1, 3.

3 **Die neuere Rechtsprechung**[5] sieht in § 4 GGV eine Spezialregelung, welche
- (1) die §§ 116 bis 125 GBO verdrängt, indem sie nach Wortlaut (»zum Nachweis ... genügt«) und Sinn unterstreicht, dass der Antragsteller der Blattanlegung den Nachweis zu erbringen hat, dass ihm das Gebäudeeigentum zusteht;
- (2) für diesen dem Antragsteller obliegenden Nachweis – abweichend von § 29 GBO – Erleichterungen vorsieht, die für die Blattanlegung »genügen« sollen, falls sie der Regelung des § 4 gemäß erbracht werden, und somit vom GBA als ausreichend zu akzeptieren sind;
- (3) aber nicht zur Inanspruchnahme der Nachweiserleichterungen zwingt, sondern dem GBA (übereinstimmend mit Art 233 § 2b Abs 3 S 4 ehemals 3 EGBGB) die Möglichkeit offen hält, das Gebäudeeigentum und seinen Inhaber »nach Maßgabe der Bestimmungen des Grundbuchrechts festzustellen«, mit der Konsequenz, dass die vom Antragsteller zu erbringenden Nachweise dann an § 29 GBO zu messen sind.

4 **Das Schrifttum** tendiert unterschiedlich.[6] Einen anderen systematischen Ansatz hat hierzu *Demharter* vertreten:[7] Anknüpfungspunkt seiner Argumentation ist die Eingliederung des Gebäudeeigentums in die Kategorie der grundstücksgleichen Rechte (Art 233 § 4 Abs 1, 7 sowie § 2b Abs 4 und § 8 S 2 EGBGB). Er zieht sodann eine Parallele zu jenen auf Landesrecht beruhenden grundstücksgleichen Rechten, für die nach den landesrechtlichen Vorschriften ein Grundbuchblatt nur auf Antrag anzulegen ist, die Durchführung des Anlegungsverfahrens aber den §§ 116 bis 125 GBO unterstellt ist, so dass insb die Amtsermittlungspflicht des GBA gemäß § 118 GBO zum Tragen kommt (vgl Erläuterungen zu § 116 GBO Rdn 11 und zu § 118 GBO). Aus dieser Anknüpfung zieht er die Folgerung, dass trotz der Antragsabhängigkeit der Blattanlegung für das nutzungsrechtlose Gebäudeeigentum (Art 233 § 2b EGBGB) das Verfahren sich nach den §§ 116 bis 125 GBO richten müsse, wobei zwar die in § 4 GGV vorgesehenen Nachweiserleichterungen zu beachten seien, aber dann, wenn § 4 GGV nicht greife, die Amtsermittlungspflicht des GBA nach Maßgabe des § 118 GBO zum Zuge komme. Untermauert wird diese Überlegung damit, dass die GBO-Vorschriften für das Eintragungsverfahren (§§ 13 ff) sich auf ein bestehendes Grundbuch beziehen und deshalb für das Verfahren zur Grundbuchanlegung unpassend seien. Soweit in der Begründung zur GGV auf § 29 GBO abgestellt ist, wird den Verfassern der GGV eine unzutreffende Vorstellung attestiert.

5 **Stellungnahme:** So in sich folgerichtig die von der hM abweichende Argumentation von *Demharter* auch ist – nicht ihr, sondern der inzwischen hM in der Rechtsprechung (vgl Rdn 3 und 4) ist zu folgen. Wesentliche Gründe:
- Es liegt grundsätzlich in der Kompetenz des Gesetzgebers, nicht nur systemkonformes Sonderrecht zu schaffen.
- Der Gesetzgeber hat seine Kompetenz auf das BMJ delegiert, zunächst durch die in Art 12 des 2. VermRÄndG erteilte Ermächtigung, durch Rechtsverordnung mit Zustimmung des Bundesrates Regelungen zu erlassen *»zur Beseitigung grundbuchverfahrensrechtlicher Probleme, die durch die Einführung des Sachenrechts in dem in Artikel 3 des Einigungsvertrages genannten Gebiet entstanden sind«*, des weiteren durch die Art 18 Abs 4 Nr 2 des RegVBG erteilte Ermächtigung, mittels Rechtsverordnung mit Zustimmung des Bundesrates *»Abweichungen von den Vorschriften der Grundbuchordnung zu bestimmen, die für die grundbuchliche Behandlung der in Art 231 § 5 und Art 233 des Einführungsgesetzes zum Bürgerlichen Gesetzbuche bezeichneten Fälle erforderlich sind, insbesondere ergänzende Bestimmungen zu Anlegung und Gestaltung der Grundbuchblätter vorzusehen«*.
- Im Rahmen des weitreichenden Ermächtigungsspielraums hat sich das BMJ – aus Gründen, die hier nicht im Einzelnen zu erörtern sind – mit Zustimmung des Bundesrates dazu entschieden, dass für das Verfahren zur Eintragung des Gebäudeeigentums in das dafür anzulegende Gebäudegrundbuchblatt sowie zur daran gekoppelten Eintragung desselben in das Grundstücksgrundbuch nicht die Amtsverfahrensregeln der §§ 116 bis 125 GBO, sondern die Antragsverfahrensregeln der §§ 13 ff GBO anzuwenden sind, modifiziert durch die Sonderregelungen in der GGV.[8]

6 Der so interpretierten Grundentscheidung des Verordnungsgebers gemäß dürfte im Wesentlichen von der **Anwendbarkeit folgender Verfahrensregeln** auszugehen sein: Die Anlegung eines Gebäudegrundbuchblatts ist seit In-Kraft-Treten der GGV endgültig von einem Antrag abhängig; die Antragsberechtigung richtet sich

---

5   LG Berlin Rpfleger 1995, 107 m Anm *Dieterle*; OLG Brandenburg Rpfleger 1996, 22 = FGPrax 1995, 182 m Anm *Demharter* = OLG-NL 1995, 20 = VIZ 1996, 51; KG Rpfleger 1996, 151 = FGPrax 1996, 12; OLG Jena Rpfleger 1997, 104; OLG Jena FGPrax 1999, 129.

6   Gegen die Anwendung der §§ 116 ff GBO neben § 4 GGV: *Hartung* Rpfleger 1994, 413, 414; *Keller* MittBayNot 1994, 389, 394 – in FGPrax 1997, 1, 5 keine Stellungnahme –; *Staudinger-Rauscher* (1996) EGBGB Art 233 § 2b Rn 35, 37, 53 (widersprüchlich); wohl auch *Stellwaag* VIZ 1995, 573, 574 (zu 2.2.2.). Für die Anwendung der §§ 116 ff GBO neben § 4 GGV: *Demharter* § 144 GBO Rn 19; *Böhringer* § 144 GBO Rn 108, *Eickmann* Grundstücksrecht in den neuen Bundesländern Rn 228, 232–235; *Bauer/von Oefele-Krauß* § 144 GBO Anh Rn 9.

7   Anm zu OLG Brandenburg Rpfleger 1996, 22 = FGPrax 1995, 182 m Anm *Demharter*, in *Demharter* § 144 GBO Rn 19 nicht hervorgehoben.

8   *Schmidt-Räntsch/Sternal* DtZ 1994, 262; *Schmidt-Räntsch* VIZ 1995, 1, 3.

nach **§§ 13, 14 GBO**;[9] in § 144 Abs 1 Nr 4 S 3 GBO (eingefügt durch das RegVBG) ist ohnehin bereits der unmittelbar betroffene Grundstückseigentümer für antragsberechtigt erklärt worden. Soweit eine Behörde gesetzlich zum Ersuchen ermächtigt ist, tritt dieses gemäß § 38 GBO an die Stelle eines Antrags. Die Eintragungen im Zuge der Anlegung des Grundbuchblatts sowie die daran geknüpfte Eintragung des Nutzungsrechts (Art 233 § 4 Abs 1 S 2 EGBGB) in das Grundstücksgrundbuch sind der Art nach Grundbuchberichtigungen. Demgemäß kann der Antrag entsprechend **§ 22 GBO entweder** auf einen **Unrichtigkeitsnachweis**, der gemäß § 29 GBO grundsätzlich durch öffentliche Urkunden zu erbringen ist, **oder** auf eine **Bewilligung des betroffenen Grundstückseigentümers (§ 19 GBO)** in der in § 29 GBO vorgeschriebenen Form einer öffentlich beglaubigten Urkunde gestützt werden. Eine Bewilligung des Grundstückseigentümers – auch die rechtskräftig erstrittene (§ 894 ZPO) – erübrigt nach Sinn und Zweck des § 19 GBO weitere Nachweise.[10] Ohne Bewilligung des Eigentümers wäre dem GBA grundsätzlich zweierlei nachzuweisen, (1) dass das Gebäudeeigentum überhaupt besteht, (2) wem es zur Zeit der Blattanlegung zusteht. Wegen der Schwierigkeit, einen solchen Nachweis exakt gemäß den strengen Anforderungen der §§ 22, 29 GBO zu führen, sieht das Sonderrecht des § 4 GGV zur Förderung der unter Zeitdruck stehenden (vgl Vor GGV Rdn 3) Anlegung der Gebäudegrundbuchblätter Erleichterungen vor; erbringt der Antragsteller die nach dieser Vorschrift »genügenden« Nachweise, so sind sie vom GBA als Grundlage für die Blattanlegung zu akzeptieren. Die rechtsstaatlich gebotene Gewährung rechtlichen Gehörs wird in den problematischen Fällen des § 4 Abs 2 GGV in das Verwaltungsverfahren der Oberfinanzdirektion verlagert.[11]

Mit dem *Nachweis von Rechtsnachfolgen* befasst sich § 4 überhaupt nicht. Es gelten insoweit die normalen Regeln des Grundbuchverfahrensrechts nach den §§ 22, 29 GBO (dazu § 144 GBO Rdn 128).

II. Nachweis von Gebäudeeigentum aufgrund eines dinglichen Nutzungsrechts gemäß Art 233 § 4 EGBGB (Abs 1)

1. Materiellrechtliche Voraussetzungen für das Entstehen

Gebäudeeigentum iS des Art 233 § 4 EGBGB (zu den Einzelfällen: § 3 GGV Rdn 6 bis 8) beruht auf einem **7** durch einen rechtmäßigen (Rechtsvorschriften der ehemaligen DDR entsprechenden) urkundlichen Verwaltungsakt[12] begründeten Nutzungsrecht. Es ist aber nicht allein durch die wirksame Verleihung oder Zuweisung des Nutzungsrechts als *rechtliche Basis* entstanden, sondern setzt zusätzlich das Vorhandensein eines dieser Berechtigung entsprechenden Gebäudes als *tatsächliche Basis* voraus. Ist das Nutzungsrecht nicht für ein bereits vorhandenes, sondern für ein zu errichtendes Gebäude – ein Eigenheim[13] oder anderes den persönlichen Bedürfnissen dienendes Gebäude (§ 287 Abs 1 bzw § 291 ZGB, §§ 2 Abs 1 und 3 Abs 1 NutzRG) – verliehen oder zugewiesen worden, so entstand bzw entsteht das selbständige Eigentum am *bestimmungsgemäßen* Gebäude (dazu § 3 GGV Rdn 22) erst mit dessen Errichtung, dh mit dessen Fertigstellung als Bauwerk (also ohne Innenausbau).[14] Nach Art 231 § 5 Abs 1 S 2 EGBGB kann die Gebäudeerrichtung nach dem 02.10.1990 erfolgen, wenn das Nutzungsrecht vor dem 02.10.1990 wirksam geworden ist (dazu § 3 GGV Rdn 6).

2. Formellrechtlicher Nachweis des Bestehens

Durchweg wird für das auf einem verliehenen oder zugewiesenen Nutzungsrecht beruhende Gebäudeeigentum **8** bereits zu DDR-Zeiten ein Gebäudegrundbuchblatt angelegt worden sein, dessen Weiterführung in § 2 geregelt ist. Soweit inzwischen – vor In-Kraft-Treten der GGV – Gebäudegrundbuchblätter angelegt worden sind, obwohl das Gebäude noch nicht vorhanden war, bestimmt § 15 Abs 2, dass § 4 Abs 1 keine Anwendung findet und sorgt damit dafür, dass das angelegte Blatt nicht wegen des Nachweismangels geschlossen wird (vgl § 15 GGV Rdn 4). Wo bislang die Blattanlegung für ein auf einem dinglichen Nutzungsrecht beruhendes Gebäudeeigentum unterblieben ist oder die Eintragung des Nutzungsrechts im Grundbuch des belasteten Grundstücks noch nicht erfolgt ist, ist das Fehlende auf Antrag nachzuholen (zur Antragsberechtigung Rdn 5). Abs 1 bestimmt dafür die geeigneten Nachweise.

a) zum **Nachweis des Nutzungsrechts** soll die »Nutzungsurkunde« vorgelegt werden. Sie ist das authentische **9** Beweismittel für dessen Entstehung (Rechtsvorschriften: § 3 GGV Rdn 7, 8) und für dessen Bestimmungs-

---

9 Zu daraus ableitbaren weiteren Antragsberechtigungen: *Böhringer* § 114 GBO Rn 113; ausführlich *Stellwaag*, VIZ 1995, 573.

10 Ebenso *Stellwaag* VIZ 1995, 573, 574/575.

11 Dazu *Flik* DtZ 1996, 162, 163.

12 Direkt in Gestalt der staatlichen Verleihung (vgl MüKo-*von Oefele* EGBGB Art 233 § 4 Rn 19); indirekt in Gestalt der vorgeschriebenen staatlichen Bestätigung der genossenschaftlichen Zuweisung.

13 Zur Bedeutung dieses Begriffs: MüKo-*von Oefele* EGBGB Art 233 § 4 Rn 15. Siehe auch § 5 SachenRBerG.

14 *Eickmann* Grundstücksrecht in den neuen Bundesländern, Rn 228, 232–235 Rn 156; MüKo-*von Oefele* EGBGB Art 233 § 4 Rn 23.

zweck (dazu § 3 GGV Rdn 22). Zu Verlustfällen ist nichts bestimmt.[15] Das Grundbuchamt hat die Wirksamkeitsmerkmale der vorgelegten Nutzungsurkunde wie bei anderen gemäß § 29 GBO vorgelegten Dokumenten von Amts wegen zu prüfen; § 38 GBO findet keine Anwendung. Zu prüfen sind zB das Vorliegen eines Nutzungsrechtstatbestandes und die Zuständigkeit der ausstellenden Behörde.

10 **b)** Zum **Nachweis des tatsächlich vorhandenen Gebäudes**, der im Blattanlegungsverfahren deshalb für notwendig erachtet worden ist, weil nach § 144 Abs 1 Nr 4 S 5 GBO das Vorhandensein des Gebäudes bei weiteren Eintragungen in das Gebäudegrundbuch nicht (mehr) zu prüfen ist,[16] genügen nach Abs 1:

(1) In erster Linie:
– die Baugenehmigung,[17] gedacht für den Fall, dass das Nutzungsrecht für ein zu errichtendes Gebäude verliehen oder zugewiesen worden ist. Die Baugenehmigung beweist nicht unbedingt die Bauausführung; dennoch wurde sie als ausreichender Nachweis erachtet im Hinblick darauf, dass die Nichterrichtung des Gebäudes nach Erteilung der Genehmigung kaum vorgekommen sein dürfte.[18] oder
– ein Kaufvertrag über das auf dem belasteten Grundstück errichtete Gebäude, gedacht für den Fall, dass das Nutzungsrecht im Zusammenhang mit dem Kauf eines volkseigenen Grundstücks verliehen worden ist.[19]

(2) In zweiter Linie eine Bescheinigung der Gemeinde, wonach das Gebäude besteht, gedacht für Fälle, in denen das Gebäude nicht käuflich erworben wurde und eine Baugenehmigung nicht in den Händen des Gebäudeeigentümers ist.[20]

Eine direkte Beweiserhebung des Grundbuchamts durch persönlichen Augenschein oder in sonstiger Weise hinsichtlich der Frage der Gebäudeerrichtung ist nicht erforderlich. Die Nachweisalternativen nach Abs 1 ersetzen in keinem Fall die Nutzungsrechtsurkunde.

11 **c)** Ein **Entzug des Nutzungsrechts** soll, obwohl nicht sicher vorausgesetzt werden kann, dass der dann fällige Einzug der Nutzungsurkunde auch tatsächlich stattgefunden hat, nur dann berücksichtigt werden, wenn er dem GBA bekannt ist. Diese Anordnung beruht auf der Erwägung, dass die nach den §§ 290, 294 ZGB, § 6 NutzRG bei nicht bestimmungsgemäßer Nutzung mögliche Entziehung des Nutzungsrechts ein praktisch äußerst seltener Ausnahmefall gewesen ist.[21] Die Einfügung der Worte »offenkundig, aktenkundig oder auf andere Weise« beruht auf den Empfehlungen des federführenden Rechtsausschusses des Bundesrats,[22] damit soll die Anlehnung an die §§ 22, 29 GBO klargestellt werden. Die Vorlage der Nutzungsurkunde durch den Antragsteller erbringt den – widerleglichen – Anscheinsbeweis dafür, dass eine Entziehung nicht stattfand. Jedenfalls braucht der Antragsteller das Fehlen einer solchen Entziehung nicht glaubhaft machen. Das Grundbuchamt hat eine tatsächliche Einziehung nur zu berücksichtigen, wenn sie aktenkundig wäre, was der Fall wäre, wenn sie sich aus Akten des Gerichts ergibt. Hat das Grundbuchamt durch Äußerungen Dritter konkrete Anhaltspunkte für eine Entziehung, so ist diesen durch Zwischenverfügung nachzugehen.

12 **d)** Der **Nachweis einer etwaigen Rechtsnachfolge** ist in § 4 nicht geregelt (vgl Rdn 6 aE). Es gelten die allgemeinen Vorschriften. Insofern ist zu bedenken:
– Bei Abs 2 wird die Person des Gebäudeeigentümers im Zuordnungsbescheid festgestellt.
– In den Fällen des Abs 3 kann ein ehemals volkseigener Betrieb sich ausweisen durch einen Handelsregisterauszug, vgl § 11 Abs 2 THG. Staatliche Organe könne sich durch einen Zuordnungsbescheid nach dem VZOG ausweisen, auch wenn in diesem das Gebäudeeigentum nicht bindend festgestellt, vielmehr eine sachenrechtliche Zuordnung vorgenommen wird.

– Bei der **Übertragung** des mit einem dinglichen Nutzungsrecht verbundenen (durch Errichtung des Gebäudes entstandenen) *Gebäudeeigentums* kann das Eigentum vor wie nach dem Beitritt ohne Eintragung in das Grundbuch grundsätzlich nicht auf einen Erwerber übergegangen sein (§ 26 Abs 2, § 297 Abs 2 iVm § 295 Abs 2 S 2 ZGB bzw § 4 Abs 4 NutzRG – jeweils mit Vorbehalt für anderweitige Regelung –; Art 233 § 4 Abs 1 S 1 EGBGB iVm § 873 BGB). Das *verliehene Nutzungsrecht* ging vor dem Beitritt mit der staatlichen Genehmigung des Vertrages über die Veräußerung des Grundstücks auf den Erwerber über; darüber war dem Erwerber eine (deklaratorische) Urkunde auszustellen (§ 289 Abs 2, 3 ZGB bzw § 5 Abs 1, 3 NutzRG).

---

15 Nach *Eickmann* Grundstücksrecht in den neuen Bundesländern,) Rn 230, 234, müsste eine Bescheinigung der Stadt/ Gemeinde ausreichen, könnte bei zugewiesenen Nutzungsrechten auch eine Aktenkundigkeit gemäß § 70 Abs 4 LwAnpG gegeben sein.
16 Begr BR-Drs 629/94 S 26 (*Schmidt-Räntsch/Sternal/Baeyens* S 17).
17 VO über Bevölkerungsbauwerke vom 08.11.1984 (GBl I Nr 36 S 433); dazu *Wilhelms* VIZ 1996, 431, 433.
18 Begr BR-Drs 629/94 S 26 und aaO.
19 Begr BR-Drs 629/94 S 26 und aaO.
20 Begr BR-Drs 629/94 S 26 und aaO.
21 Begr BR-Drs 629/94 S 27: »*Nutzungsrechte sind praktisch nie entzogen worden*«.
22 BR-Drs 629/1/94 S 2 (*Schmidt-Räntsch/Sternal/Baeyens* S 17).

Der Übergang des *zugewiesenen Nutzungsrechts* war an den Eigentumsübergang am Gebäude gekoppelt (§ 293 Abs 3 ZGB). Nach dem Beitritt folgen beide Arten des Nutzungsrechts dem Gebäudeeigentum (Art 231 § 5 Abs 2 EGBGB).
– Lediglich **Rechtsnachfolgen »außerhalb des Grundbuchs«** sind bei der Blattanlegung zu berücksichtigen, also insb *Vererbung* – die Beschränkung der Vererblichkeit gemäß § 289 Abs 2 S 2 ZGB iVm § 5 Abs 2 NutzRG und der Nachweis der Vererbung durch nach § 5 Abs 3 NutzRG auszustellende Urkunde ist seit 03.10.1990 weggefallen.[23] Zu *güterrechtlich* bedingten Änderungen: § 8 nebst Erläuterungen.

III. Nachweis von Gebäudeeigentum ohne Nutzungsrecht gemäß Art 233 § 2b und § 8 EGBGB (Abs 2 und 3)

1. Materiellrechtliche Voraussetzungen für das Entstehen

Nutzungsrechtloses Gebäudeeigentum ist **infolge Bebauung von fremdem Grund und Boden unmittelbar kraft Gesetzes entstanden,** wenn die gesetzlich dafür ausschlaggebenden Tatbestände im entscheidenden Zeitpunkt gegeben waren. Die Feststellung, ob dies konkret der Fall ist, ist also eine Subsumtionsaufgabe (Rechtsvorschriften: § 3 GGV Rdn 9 bis 11). — 13

2. Formellrechtlicher Nachweis des Gebäudeeigentums gemäß Art 233 § 2b EGBGB (Abs 2)

a) Erste Möglichkeit: Nach Abs 2 »genügt«, dem Normzweck entsprechend (vgl Rdn 1 bis 5), ein mit der — 14 Bescheinigung seiner Bestandskraft versehener **Feststellungsbescheid der zuständigen Oberfinanzdirektion** als Nachweis des Gebäudeeigentums für die Anlegung des Gebäudegrundbuchblattes und die daran gekoppelte Eintragung des Gebäudeeigentums in das Grundstücksgrundbuch (Art 233 § 2b Abs 2 S 3 EGBGB). Der Bescheid ist *Nachweis für das Bestehen des Gebäudeeigentums und für dessen Inhaber;*[24] er ist gemäß Art 233 § 2b Abs 3 EGBGB iVm § 3 Abs 1 VZOG für das Grundbuchamt verbindlich.

Die Verfasser der GGV gehen davon aus,[25] dass dies auch für Gebäudeeigentum, das vor dem In-Kraft-Treten des LPG-Gesetzes von 1982 auf der Grundlage der Musterstatuten für landwirtschaftliche Produktionsgenossenschaften der Typen I–III aus den Jahren 1959 bis 1962 oder des LPG-Gesetzes[26] entstanden ist, zutrifft.

b) Zweite Möglichkeit: Offen lässt Abs 2 das, was nach Art 233 § 2b Abs 3 S 3 EGBGB **den GBÄmtern — 15 unbenommen** bleibt, »Gebäudeeigentum und seinen Inhaber nach Maßgabe der Bestimmungen des Grundbuchrechts festzustellen«. Dieser Vorbehalt verweist nach der hier unterstützten Ansicht (dazu Rdn 5) nicht auf die Regeln des Amtsverfahrens der §§ 116 bis 125 GBO, sondern auf die **Regeln des Antragsverfahrens der §§ 13 ff GBO.** Vorbezeichnete Gesetzesstelle darf nicht missverstanden werden. Zur (rechtskräftigen) »Feststellung« des Gebäudeeigentums ist weder das Amts- noch das Antragsverfahren des Grundbuchverfahrensrechts geeignet; ein auf »Feststellung des Gebäudeeigentums« gerichteter Antrag an das GBA wird aber idR als Antrag auf Anlegung eines Gebäudegrundbuchblattes mit Vornahme entsprechender Eintragungen zu werten sein.[27] Zweck der Neuregelung in Art 233 § 2b Abs 3 EGBGB ist es offenbar, eine Unsicherheitsphase zu beenden, dennoch Flexibilität zu wahren. In einfacher gelagerten Fällen, in denen der Antragsteller sein Gebäudeeigentum den Maßstäben der §§ 22, 29 GBO entsprechend urkundlich hinreichend zu belegen vermag, soll er sich direkt an das GBA wenden können, in komplizierteren Fällen die Einleitung eines Feststellungsverfahrens nach dem VZOG bei der zuständigen Oberfinanzdirektion beantragen.[28]

c) Zum Verhältnis beider Möglichkeiten: Gesetzlich geregelt ist (in Art 233 § 2b Abs 3 S 4 und 5 ehemals 3 — 16 und 4 EGBGB), dass (1) die Durchführung eines beantragten Feststellungsverfahrens nicht von der vorherigen Befassung der GBÄmter abhängig gemacht werden darf und (2) der Antragsteller zu beiden Verfahren *zu versichern* hat, »dass bei keiner anderen Stelle ein vergleichbarer Antrag anhängig oder ein Antrag nach Satz 1 (auf Einleitung eines Feststellungsverfahrens bei der Oberfinanzdirektion) abschlägig beschieden ist«. Diese Regelung soll Doppelbelastungen und widersprüchliche Ergebnisse vermeiden.[29] Und sie untermauert die **Vorrangigkeit der im**

23 Später klargestellt durch die Einfügung der Sätze 2 und 3 in Art 233 § 3 Abs 1 EGBGB durch das RegVGB.
24 Vgl Empfehlungen des BMJ zur Anlegung von Gebäudegrundbuchblättern für Gebäudeeigentum nach Art 233 § 2b EGBGB – Verfahren vor der Zuordnungsstelle – (BAnz Nr 140a vom 31.07.1997) VIZ 1997, 630, die an die Stelle der Vorläufigen Empfehlungen (BAnz Nr 150v 13.08.1993) VIZ 1993, 388 = DtZ 1993, 369 getreten sind. Informative Würdigung des Inhalts der neuen Empfehlungen: *Bauer/von Oefele-Krauß*, 1. Aufl, E I Rn 223 ff.
25 Vgl *Schmidt-Räntsch/Sternal/Baeyens* S 18.
26 Vom 03.06.1959, GBl DDR I, 577.
27 So zu Recht *Stellwaag* VIZ 1995, 573 (2.2.1.1.)
28 MüKo-*von Oefele* EGBGB Art 233 § 2b Rn 10.
29 MüKo-*von Oefele* EGBGB Art 233 § 2b Rn 10. *Eickmann* Grundstücksrecht in den neuen Bundesländern, Rn 232 macht geltend, dass es nach dem Sinn der Vorschrift genügen muss, dass der OFD gegebenenfalls eine Zwischenverfügung des GBA vorgelegt wird, in der die beantragte Blattanlegung von der Beibringung eines Feststellungsbescheides abhängig gemacht wird.

Verfahren nach dem VZOG getroffenen Feststellung, ob Gebäudeeigentum besteht oder nicht.[30] Das GBA ist nicht nur an einen positiven, sondern auch an einen negativen Feststellungsbescheid der zuständigen Oberfinanzdirektion gebunden (§ 3 Abs 2 VZOG). Ein (bestandskräftiger) Positivbescheid genügt als Nachweis des Gebäudeeigentums (§ 4 Abs 2 GBV). Statt Antragstellung durch den Nutzer wird das GBA idR von der Oberfinanzdirektion um die Anlegung eines Gebäudegrundbuchblattes ersucht werden. Ein (bestandskräftiger) Negativbescheid steht der Blattanlegung nebst Eintragung in das Grundstücksgrundbuch entgegen, selbstverständlich nur eine abschlägige Sachentscheidung, nicht eine abschlägige Verfahrensentscheidung (zB Antragsablehnung wegen Unzuständigkeit der Behörde). Zum Ganzen, zu den in Betracht kommenden Nachweisen von Gebäudeeigentum wie auch zur Unzulässigkeit des Grundbuchanlegungsverfahrens im Falle einer abschlägigen Entscheidung der Zuordnungsbehörde, einer anderen Behörde oder eines Gerichts sowie bei der Anhängigkeit vergleichbarer Verfahren, ist in der 8. Aufl auf die eingehende systematisierende Darstellung zum Thema »Feststellung von Gebäudeeigentum« von *Stellwaag*[31] verwiesen worden.

3. Formellrechtlicher Nachweis des Gebäudeeigentums gemäß Art 233 § 8 EGBGB (Abs 3)

17 **a) Grundsätzliche Gleichschaltung:** Nach Art 233 § 8 S 2 EGBGB sind die §§ 2b und 2c entsprechend anzuwenden, soweit selbständiges (volkseigenes) Gebäudeeigentum auf der Grundlage des ehemaligen § 459 ZGB vor Wirksamwerden des Beitritts entstanden ist (dazu § 3 GGV Rdn 11). Allerdings ist bestritten, ob die unter Rdn 12 und 14 erläuterten Nachweismöglichkeiten auch hier in Betracht kommen, insb die **Möglichkeit eines Feststellungsverfahrens nach dem VZOG**; dies ist nach überwiegender Meinung zu verneinen.[32]

18 **b) Besonderheiten:** Auch hier liegt es im **Ermessen des GBA, ohne vorrangiges Feststellungsverfahren selbständig zu prüfen,** ob Gebäudeeigentum entstanden ist. In Abs 3 sind die dafür »genügenden« Nachweise aufgezeigt. Ausgangspunkt der Regelung ist, dass für das Entstehen von Gebäudeeigentum iS des Art 233 § 8 EGBGB ehemalige Rechtsvorschriften der DDR, nämlich § 459 ZGB nebst Ausführungsvorschriften, maßgebend waren. *Rechtliche Grundvoraussetzung ist ein Vertrag*, ohne einen solchen konnte nach § 459 Abs 1 ZGB Gebäudeeigentum nicht entstehen. Ein solcher Vertrag war nach § 4 der AusführungsVO vom[33] zur Vereinbarung der Rechte und Pflichten bei der Durchführung von Baumaßnahmen von dem »Betrieb«[34] mit dem Eigentümer des nichtvolkseigenen Grundstücks – ggf statt seiner mit dem staatlich eingesetzten Verwalter – abzuschließen. Zudem bedurften die betrieblichen Baumaßnahmen nach § 5 derselben VO der Zustimmung des Rates des Kreises, Abteilung Finanzen. Diesem materiellrechtlichen Regeltatbestand trägt die Nachweisregelung in Abs 3 Rechnung:
– Der Nachweis der Rechtsbasis ist in jedem Fall zu führen durch Vorlage des die Bauwerkserrichtung gestattenden (schriftlich abzuschließenden) Vertrages (Abs 3 Nr 1); ein in der Form des § 29 GBO errichteter Vertrag kann vom Grundbuchamt nicht verlangt werden.
– Für den Nachweis der (dementsprechenden) Bauausführung sind Alternativen vorgesehen. In erster Linie soll dies geschehen durch Vorlage der in § 5 der AusführungsVO vorgeschriebenen Zustimmung (Abs 3 Nr 2a). Ersatzweise soll ein Prüfbescheid der staatlichen Bauaufsicht nach Maßgabe der bezeichneten VO vom 30.07.1981, der sich auf den Zustand des Gebäudes während oder nach der Bauausführung bezieht, oder eine andere öffentliche Urkunde genügen (Abs 3 Nr 2b). Die Alternativregelung ist getroffen worden,[35] weil die Zustimmung des Rates des Kreises, Abteilung Finanzen, eine Ordnungsmaßnahme, keine essentielle Voraussetzung für das Entstehen des Gebäudeeigentums war und in vielen Fällen nicht eingeholt worden ist.

IV. Nachweis von Ansprüchen aus der Sachenrechtsbereinigung aufgrund des Besitzrechts gemäß Art 233 § 2a EGBGB (Abs 4)

1. Materiellrechtliche Grundlage

19 Nicht für alle Moratoriumsfälle (Art 233 § 2a EGBGB) wurde das vorläufige Besitzrecht durch Art 233 § 2b EGBGB um das Eigentum des Nutzers am Gebäude ergänzt. Soweit Gebäudeeigentum entstanden ist, erfolgt auf Antrag die Anlegung eines Gebäudegrundbuchblattes und die Eintragung des Gebäudeeigentums in das

---

30 KG, Rpfleger 1996, 151 = FGPrax 1996, 12.
31 VIZ 1995, 573 ff. Vgl. auch die Empfehlung zur Anlegung von Gebäudegrundbuchblättern für Gebäudeeigentum nach Art. 233 § 2b EGBGB des BMJ vom 31.07.1997, BAnz Nr 140a vom 31.07.1997, abgedruckt in VIZ 1997, 630.
32 Vgl. *Stellwaag* VIZ 1995, 573 (2.2.1.2.1.); *Gruber* Rpfleger 1998, 508; MüKo-*von Oefele* EGBGB Art 233 § 8 Rn 9; *Bauer/von Oefele-Krauß,* GBO, 1. Aufl, E I Rn 249.
33 Vom 07.04.1983, GBl DDR I, 129.
34 Dazu zählten nach § 1 der VO volkseigene Kombinate und Betriebe, staatliche und wirtschaftsleitende Organe sowie staatliche und volkseigene Einrichtungen, nicht Betriebe der Land- und Forstwirtschaft.
35 Begr BR-Drs 629/94 S 28 (*Schmidt-Räntsch/Sternal/Baeyens* S 18/19).

Grundstücksgrundbuch (entweder gemäß § 2b Abs 2 oder gemäß § 2c Abs 1 des Art 233 EGBGB). Des weiteren sieht Art 233 § 2c Abs 2 EGBGB vor, dass auf Antrag des Nutzers ein Vermerk zur Sicherung etwaiger Ansprüche aus dem SachenRBerG in das Grundstücksgrundbuch einzutragen ist, *wenn ein Besitzrecht nach § 2a besteht.* Die eine (Gebäudeeigentum) bzw die andere (Besitzrechtsvermerk) Eintragung muss spätestens bis 31.12.2000 erfolgt, mindestens beantragt sein, um Ansprüche des Nutzers aus der Sachenrechtsbereinigung vor der Gefahr des Untergangs durch gutgläubigen Erwerb zu bewahren (§ 111 Abs 1 Nr 1 SachenRBerG idF gemäß Art 1 Abs 2 Nr 2 des 2. EFG[36]). Zu Voraussetzungen und Wirkungen sowie zu Ort und Fassung der Eintragung des Besitzrechtsvermerks: § 7 nebst Erläuterungen.

2. Formellrechtliche Nachweise

Die in Abs 4 getroffene Nachweisregelung knüpft daran an, dass Besitzrechte aufgrund des Art 233 § 2a Abs 1 EGBGB, gleich welcher Fallkonstellation, generell darauf gestützt sind, dass ein Grundstück von einem Nicht-eigentümer bebaut worden ist.   **20**

a) Falls Gebäudeeigentum entstanden (Abs 4 Nr 1). Die in Abs 4 Nr 1 getroffene Bestimmung geht   **21** davon aus, dass die in Abs 2 oder 3 für die Eintragung des Gebäudeeigentums vorgesehenen Nachweise auch für die Eintragung des diesem Gebäudeeigentum zugrunde liegenden Rechts zum Besitz und somit zur Eintragung des Sicherungsvermerks genügen.

Dem Sicherungsvermerk nach Art 233 § 2c Abs 2 EGBGB ist nicht nur die bewahrende (vgl Rdn 19), sondern die weitergehende anspruchssichernde **Wirkung einer Vormerkung** beigelegt. Deswegen ist ggf die Eintragung des Besitzrechtsvermerks gemäß § 7 selbstverständlich neben der Eintragung des Gebäudeeigentums gemäß § 6 geboten.[37]

b) Falls kein Gebäudeeigentum entstanden (Abs 4 Nrn 2 bis 6). Bei den von Art 233 § 2b EGBGB nicht   **22** erfassten Moratoriumsfällen des Art 233 § 2a EGBGB **kann nicht an einen OFD-Bescheid oder die in Abs 3 bezeichneten Unterlagen geknüpft werden.** Stattdessen ist in Abs 4 Nrn 2 bis 6 ein Katalog anderer für die Eintragung des Sicherungsvermerks »genügender« Nachweise vorgesehen. Die Zugkraft der Regelung der GGV gegenüber Art 233 § 2c Abs 2 EGBGB, wonach § 885 BGB entsprechend anzuwenden ist, wird allerdings bestritten (vgl Erläuterungen zu § 7 GGV Rdn 4 mit Fn 5):
- **Zu Nr 2:** Hiernach genügt die **Vorlage des Prüfbescheids der staatlichen Bauaufsicht**, aus dem sich die Errichtung des Gebäudes von einem anderen Nutzer als dem Grundstückseigentümer ergibt. Zur Rechtfertigung ist in der Begründung ausgeführt, dass in vielen Fällen weder auf einen schriftlichen Vertrag oder eine behördliche Zustimmung noch auf sonstige Unterlagen über die Berechtigung zum Besitz zurückgegriffen werden könne, weil die Besitzberechtigung erst mit Erlass des Art 233 § 2a BGB entstanden ist, so dass für den Nachweis des Rechts zum Besitz nur an die Errichtung des Gebäudes als regelmäßige Tatbestandsvoraussetzung angeknüpft werden könne, und dass die baurechtlich zulässige Errichtung des Gebäudes in aller Regel durch eine Baugenehmigung oder eine vergleichbare Urkunde nachgewiesen werden könne.[38] Die amtlichen Bescheide müssen nicht den Antragsteller des Grundbuchverfahrens als Genehmigungsempfänger ausweisen; es genügt der Nachweis, dass die Errichtung des Gebäudes durch einen andern als den Grundstückseigentümer geschah.
- **Zu Nr 3:** Für **Fälle eines Überlassungsvertrages** (Legaldefinition: Art 232 § 1a EGBGB) geht die Begründung[39] davon aus, dass regelmäßig ein schriftlicher Vertrag vorliegen wird, der das Grundstück ausweist und auch Aufschluss darüber gibt, ob auf seiner Grundlage ein Gebäude errichtet werden durfte (vgl auch Art 232 § 1a EGBGB). Ein solcher Vertrag soll als Nachweis des Besitzrechts ausreichen. Ausgeschlossen sind Überlassungsverträge, die zu Erholungs- und Freizeitzwecken abgeschlossen worden sind, weil diese Rechtsverhältnisse nicht unter Art 233 § 2a EGBGB fallen (vgl Abs 1 Buchst c, Abs 7 dieser Vorschrift[40]). Nach Art 233 § 2a EGBGB gilt ein Miet- oder Pachtvertrag nicht als Überlassungsvertrag.
- **Zu Nr 4:** Diese Regelung bezieht sich auf das Besitzrecht nach Art 233 § 2a Abs 1 S 1 Buchst d EGBGB aus **sog »hängenden« Kaufverträgen** (dazu § 3 GGV Rdn 7). Zum Nachweis des Besitzrechts genügt die Vorlage eines solchen Kaufvertrages, aber nicht irgendeines Kaufvertrages. Auf Empfehlung des Rechtsausschusses des Bundesrates[41] ist klargestellt worden, dass nur ein vor dem 22.07.1992[42] geschlossener oder beantragter wirksamer Kaufvertrag zugunsten des Nutzers als Nachweis in Frage kommt. Erfasst sind Fälle,

---

36 Zweites Eigentumsfristengesetz vom 20.12.1999 (BGBl I 2493).
37 *Bauer/von Oefele-Krauß*, GBO, 1. Aufl., E I Rn 258.
38 Dazu und zu weiteren Argumenten: BR-Drs 629/94 S 29, 30; *Schmidt/Sternal/Baeyens* S 17. Zur Unzulässigkeit anderer Nachweise als dem Prüfbescheid der staatlichen Bauaufsicht OLG Jena FGPrax 1999, 129.
39 BR-Drs 629/94 S 30/31 (*Schmidt-Räntsch/Sternal/Baeyens* S 19–21).
40 Vgl OLG Brandenburg Rpfleger 2003, 240.
41 BR-Drs 629/1/94 S 2 (*Schmidt-Räntsch/Sternal/Baeyens* S 17).
42 In-Kraft-Treten des 2. VermRÄndG.

in denen der Kauf ein volkseigenes Gebäude betraf oder ein Gebäude, das auf LPG-genutztem Boden errichtet war. Gemeint sind die privatschriftlichen Verträge, die vielerorts (trotz § 311b und § 925 BGB) bis 22.07.1992 als ausreichend erachtet wurden, sowie die Übertragungsakte gemäß § 929 BGB, die materiell-rechtlich durch Art 233 § 2b Abs 6 EGBGB anerkannt werden.

- **Zu Nr 5 und 6:** Hier ist **den allgemeinen Grundsätzen des Grundbuchverfahrensrechts Rechnung getragen**. Falls eine Eintragungsbewilligung des Grundstückseigentümers (funktionell eine Berichtigungsbewilligung iS des § 22 Abs 1 GBO) mit schlüssigem Sachvortrag (Bestehen eines Rechts zum Besitz) vorgelegt oder eine diese ersetzende (rechtskräftige) gerichtliche Entscheidung vorgelegt wird, erübrigen sich weitere Nachweise.

V. Aufbewahrung der Nachweise (Abs 5)

23 Entsprechend § 24 Abs 1 GBV bestimmt Abs 5, dass die vorgelegten Nachweise in erster Linie in den Grundakten für das Gebäudegrundbuch aufzubewahren sind, da sie dort auch nach den Vorschriften für das Erbbaurecht vermutet werden. Nur wenn ein Gebäudegrundbuchblatt nicht besteht (zB in den Fällen des Abs 4) bzw nicht anzulegen ist, sollen die Unterlagen in den Grundakten für das Grundstücksgrundbuch aufbewahrt werden. Wird ein nicht im Grundstücksgrundbuch eingetragenes Gebäudeeigentum vor der Anlegung eines Gebäudegrundbuchblattes gemäß Art 233 § 4 Abs 6 S 2 EGBGB aufgegeben, so wird das Gebäude wesentlicher Bestandteil des Grundstücks und damit Eigentum des Grundstückseigentümers; ein das Gebäudeeigentum feststellender Bescheid nach dem VZOG wird dann zu den Grundakten des Grundstücks genommen.

§ 5 Eintragung des dinglichen Nutzungsrechts

(1) In den Fällen des Artikels 233 § 4 Abs 1 Satz 2 des Einführungsgesetzes zum Bürgerlichen Gesetzbuche ist das dem Gebäudeeigentum zugrundeliegende Nutzungsrecht in der zweiten Abteilung des für das belastete Grundstück bestehenden Grundbuchblattes nach Maßgabe des Absatzes 2 einzutragen. Ist ein Gebäudegrundbuchblatt bereits angelegt, so gilt Satz 1 entsprechend mit der Maßgabe, daß die Eintragung bei der nächsten anstehenden Eintragung im Gebäudegrundbuchblatt oder, soweit das Bestehen des Nutzungsrechts dem Grundbuchamt bekannt ist, im Grundbuchblatt des belasteten Grundstücks vorzunehmen ist.

(2) In Spalte 1 ist die laufende Nummer der Eintragung anzugeben. In der Spalte 2 ist die laufende Nummer anzugeben, unter der das belastete Grundstück im Bestandsverzeichnis eingetragen ist. In Spalte 3 sind einzutragen das Nutzungsrecht unter der Bezeichnung »Dingliches Nutzungsrecht für den jeweiligen Gebäudeeigentümer unter Bezugnahme auf das Gebäudegrundbuchblatt ...« unter Angabe der jeweiligen Bezeichnung des oder der Gebäudegrundbuchblätter. Die Spalte 5 ist zur Eintragung von Veränderungen der in den Spalten 1 bis 3 eingetragenen Vermerke bestimmt, und zwar einschließlich der Beschränkungen in der Person des Nutzungsberechtigten in der Verfügung über das in den Spalten 1 bis 3 eingetragene Recht, auch wenn die Beschränkung nicht erst nachträglich eintritt. In der Spalte 7 erfolgt die Löschung der in den Spalten 3 und 5 eingetragenen Vermerke. Bei Eintragungen in den Spalten 5 und 7 ist in den Spalten 4 und 6 die laufende Nummer anzugeben, unter der die betroffene Eintragung in der Spalte 1 vermerkt ist.

(3) Bezieht sich das Nutzungsrecht auf mehrere Grundstücke oder Flurstücke, ist § 48 der Grundbuchordnung anzuwenden.

I. Vorbemerkungen

1. Zur Bedeutung der Eintragung

Die Eintragung des dinglichen Nutzungsrechts in das Grundbuchblatt des belasteten Grundstücks ist **in jedem** **1**
Falle eine Grundbuchberichtigung. Ohne sie unterliegt das Nutzungsrecht und das auf ihm beruhende
Gebäudeeigentum gemäß Art 231 § 5 Abs 3, Art 233 § 4 Abs 2 EGBGB (jeweils idF des 2. EFG[1]) bei Verfügun-
gen über das belastete Grundstück nach dem 31.12.2000 der Gefahr des Untergangs durch gutgläubigen
Erwerb (dazu Vor GGV Rdn 3). § 5 erfasst alle Fälle von Gebäudeeigentum, die gesetzestechnisch durch
Bezugnahme auf Art 233 § 4 Abs 1 S 3 zusammengefasst sind.

2. Zur früheren Regelung der Eintragung der dinglichen Nutzungsrechte

– **Verliehene Nutzungsrechte** – an Bürger, Wohnungsgenossenschaften, andere Staaten (dazu § 3 GGV **2**
  Rdn 7, 8) – waren bereits nach DDR-Recht auf Ersuchen des Rates des Kreises[2] in das Grundbuchblatt des
  betroffenen Grundstücks einzutragen (§ 4 Abs 3 NutzRG), und zwar in der zweiten Abteilung (Nr 12
  Abs 2 Buchst a, Nr 75 der Colido-Grundbuchanweisung). Soweit die Eintragung erfolgt ist, ist sie eine voll
  funktionsfähige Eintragung, die das Nutzungsrecht und das Gebäudeeigentum vor dem Untergang durch
  gutgläubigen Erwerb bewahrt.
– Für **zugewiesene Nutzungsrechte** an LPG-genutzten Grundstücken – an Bürger, meistens, nicht notwendig Genossenschaftsmitglieder (dazu § 3 GGV Rdn 7) – war dagegen keine Eintragung vorgesehen, sondern
  lediglich eine kaum in Erscheinung tretende Kennzeichnung in Abteilung 0 (= Bestandsverzeichnis) gemäß
  Nr 93 iVm Anlage 12 Nr 3 Abs 2 der Colido-Grundbuchanweisung, die keine Eintragung im Rechtssinne
  darstellt und das Nutzungsrecht kaum vor dem Untergang durch gutgläubigen Erwerb nach Ablauf der
  Schutzfrist zu bewahren vermag.[3]

II. Anlass für die Eintragung (Abs 1)

1. Eintragung von Amts wegen

a) **Abs 1 S 1** bestimmt im Anschluss an Art 233 § 4 Abs 1 S 2 EGBGB, dass **zugleich mit der beantragten** **3**
Anlegung eines Gebäudegrundbuchblatts von Amts wegen das dingliche Nutzungsrecht in Abteilung II
des Grundstücksgrundbuchs einzutragen ist. Diese Anordnung betrifft alle dinglichen Nutzungsrechte, gleich
auf welcher Vorschrift des Rechts der ehemaligen DDR sie beruhen. Die Norm regelt, dass neben der Eintragung im Gebäudegrundbuchblatt eine mit dessen Bestandsverzeichnis korrespondierende Eintragung im
Grundstücksgrundbuch zu erfolgen hat. Dies ist für den gutgläubigen Erwerb in zweifacher Hinsicht von
Bedeutung: einmal für den (positiven) Schutz redlicher Erwerber des Gebäudeeigentums, weil der Redlichkeitsschutz die Eintragung auf dem Grundstücksblatt voraussetzt (Art 233 § 4 Abs 1 S 3 EGBGB); zum anderen
dient die Eintragung im Grundstücksgrundbuch (negativ) dem Ausschluss eines redlichen »Wegerwerbs« des
Nutzungsrechts und des Gebäudeeigentums bei Verfügungen über das Grundstück (Art 233 § 4 Abs 2 S 1 und
Art 231 § 5 Abs 3 EGBGB).

b) **Abs 1 S 2** zielt auf Fälle, in denen das **Gebäudegrundbuchblatt bereits angelegt** ist, eine Eintragung des **4**
Nutzungsrechts im Grundstücksgrundbuch nach den Vorschriften der ehemaligen DDR aber nicht vorgesehen
war (dazu Rdn 2) sowie auf Fälle, in denen die Eintragung vorschriftswidrig unterblieben ist. Die **unterblie-**
bene Eintragung bestehender dinglicher Nutzungsrechte im Grundbuch des belasteten Grundstücks ist
nach Satz 2 **von Amts wegen nachzuholen**. Von einer Pflichtsuche solcher Fälle stellt die Vorschrift das GBA
frei, das Grundbuchamt ist zu dahin gehenden Nachforschungen nicht genötigt, gleichwohl aber berechtigt.
Die Nachholung der Eintragung des Nutzungsrechts soll vielmehr »bei der nächsten anstehenden Eintragung«
im Gebäudegrundbuchblatt oder im Grundbuchblatt des belasteten Grundstücks – hier nur, falls die Existenz
des Nutzungsrechts dem GBA bekannt ist – erfolgen, so genannte Anlaßbezogenheit der Eintragung. Diese
Regelung entspricht dem Grundgedanken des § 39 Abs 1 GBO.

2. Eintragung auf Antrag?

Art 233 § 2c Abs 1 EGBGB gilt nur für das nutzungsrechtlose Gebäudeeigentum nach § 2b und § 8; für die **5**
Nutzungsrechtseintragung gibt es keine spezielle Vorschrift außer § 5 GGV. Fraglich ist, ob § 13 GBO neben § 5
GGV anzuwenden ist, oder ob der »Antrag« eines Beteiligten funktionell als Anregung zur Amtstätigkeit zu

1 Zweites Eigentumsfristengesetz vom 20.12.1999 (BGBl I 2493).
2 Der Bürger hatte kein Antragsrecht: *Keller* MittBayNot 1994, 389, 396.
3 Nach *Flik* DtZ 1996, 162, 165, soll subjektive Kenntnis des Erwerbers von dem Randvermerk den Gutglaubenserwerb
  ausschließen. Mag sein – aber die Beweislast für die Bösgläubigkeit hätte nach § 892 Abs 1 S 1 BGB derjenige, der die
  angebliche Kenntnis als Erwerbshindernis geltend macht.

werten ist. Die Eintragung des dinglichen Nutzungsrechts ist der Art nach eine Grundbuchberichtigung, das spricht für die Anwendbarkeit des § 13 GBO. Das Interesse des Nutzungsberechtigten an einem eigenen Antragsrecht ist evident (vgl Rdn 1).

III. Grundbuchtechnische Durchführung der Eintragung (Abs 2)

1. Der GBV entsprechend

6 Die Benutzung der **Spalten 1 bis 7** der zweiten Abteilung ist in strikter Anlehnung an § 10 GBV geregelt. Von einer Extra-Kommentierung wird abgesehen; bei etwaigen Zweifelsfragen mag auf die Erläuterungen zur GBV überhaupt und zu § 10 GBV speziell zurückgegriffen werden.

2. Besonderheit bei der Fassung des Eintragungstextes

7 Während die Fassung der Eintragung *grundsätzlich* dem Ermessen des GBA überlassen ist (vgl Vor GBV Rdn 9 bis 16), ist in der GGV mit Rücksicht auf die ungewohnten Neuheiten des Übergangsrechts vielfach der **Wortlaut der Eintragung vorgeschrieben**, so auch in **§ 5 Abs 2**, der an Art 231 § 5 Abs 2 EGBGB anknüpft. Durch den hier normierten Wortlaut »Dingliches Nutzungsrecht für den jeweiligen Gebäudeeigentümer unter Bezugnahme auf das Gebäudegrundbuchblatt ...« soll zunächst die Typenbezeichnung »dingliches Nutzungsrecht« in das Grundbuchrecht eingeführt werden. Der weitere Passus »für den jeweiligen Gebäudeeigentümer unter Bezugnahme auf das Gebäudegrundbuchblatt ...« soll nach der Begründung[4] den Umfang erforderlicher Berichtigungen gering halten. Die Bedeutung der Formulierung geht jedoch weiter; sie verleiht der in Art 231 Abs 2 S 1 EGBGB getroffenen materiellrechtlichen Bestimmung Ausdruck, dass das Nutzungsrecht als wesentlicher Bestandteil des Gebäudes gilt. Dieser eigenartigen Verknüpfung wegen wird das Nutzungsrecht durchaus als Sondertyp eines subjektiv-dinglichen Rechts angesehen werden können, so dass § 876 S 2 BGB jedenfalls entsprechend angewandt werden kann; für die Aufhebung des Nutzungsrechts ist das in Art 233 § 4 Abs 6 EGBGB ausdrücklich vorgesehen.

Das Gebäudegrundbuchblatt ist Grundbuch iS des Gesetzes. Verfügungen des Gebäudeeigentümers werden auf dem Gebäudegrundbuchblatt vollzogen. Sollen Verfügungsbeschränkungen, die sich auf den Gebäudeeigentümer beziehen (zB Eröffnung des Verfahrens der Insolvenz über das Vermögen des Gebäudeeigentümers) ihre materiellrechtlichen Wirkungen entfalten (zB § 892 Abs 1 S 2 BGB), müssen sie im Gebäudegrundbuchblatt eingetragen werden, auf einen Vermerk im Grundstücksblatt kommt es nicht an.

3. Zur Eintragung des Nutzungsrechtsinhalts

8 Das dingliche Nutzungsrecht wird **als Belastung des Grundstücks** in das Grundbuch eingetragen (vgl Art 233 § 4 Abs 1 S 2 EGBGB: »des belasteten Grundstücks«). Grundsätzlich ist nach den §§ 873, 874 BGB der Inhalt eines das Grundstück (exakter: das Grundeigentum) belastenden beschränkten dinglichen Rechts in das Grundbuch einzutragen, teils direkt im Grundbuch selbst, teils indirekt mittels Bezugnahme auf die Eintragungsbewilligung oder die sie im Einzelfall ersetzende Eintragungsgrundlage (dazu Vor GBV Rdn 70 ff). Diese Grundregeln passen aber generell nicht für das Nutzungsrecht, weil dessen Eintragung keine konstitutive Funktion hat. Die Verfasser der GGV haben die Vorschriften der GBV über das Erbbaugrundbuch zum Vorbild genommen für die Gestaltung der Eintragungen im Gebäudegrundbuchblatt und dementsprechend in § 3 Abs 4 bestimmt, dass der **Inhalt des Nutzungsrechts im Bestandsverzeichnis des Gebäudegrundbuchblattes einzutragen** ist. Nicht bewusst berücksichtigt[5] ist in diesem Zusammenhang die Zielsetzung des § 14 Abs 2 ErbbauRG, die Eintragung des Rechtsinhalts aus dem ursprünglich dafür kompetenten Grundstücksgrundbuch in das Erbbaugrundbuch zu verlagern (dazu § 3 GGV Rdn 3 mwN); immerhin ist dem Zweckgedanken dieser Vorschrift für das Verhältnis Gebäudegrundbuch/Grundstücksgrundbuch durch die Normierung des Eintragungstextes in Abs 2 S 3 im Ergebnis Rechnung getragen; denn die vorgeschriebene Eintragungsformel »... unter Bezugnahme auf das Gebäudegrundbuchblatt ...« verwirklicht die Verweisung. Die daraus zu ziehende Konsequenz ist, dass – wie für das Erbbaugrundbuch geregelt – **nachträgliche Inhaltsänderungen** nicht im Grundstücksgrundbuch, sondern **im Gebäudegrundbuch einzutragen** sind (zum Ganzen auch: § 3 GGV Rdn 22, 23 und 40). Die in § 5 Abs 2 S 3 erwähnten »Beschränkungen« nehmen Bezug auf Art 233 § 2 Abs 1 EGBGB, wonach Nutzungsrechte mit dem Inhalt und Rang bestehen bleiben, den sie am Tagesablauf des 02.10.1990 nach den damals geltenden Vorschriften und mit dem Inhalt des Verleihungs- bzw Zuweisungsaktes hatten. Die Möglichkeiten der erleichterten Aufhebung des Nutzungsrechts nach dem Recht der ehem DDR gelten gemäß Art 233 § 3 Abs 3 S 2 EGBGB nicht mehr, dementsprechende Vermerke können im Grundstücksgrundbuch nicht mehr angebracht werden.

---

4 BR-Drs 629/94 S 35 (*Schmidt-Räntsch/Sternal/Baeyens* S 23).
5 In der Begr nicht in Erwägung gezogen.

4. Zur Eintragung von Veränderungen und Löschung

Die **Sätze 5 bis 7 entsprechen genau dem § 10 Abs 5, 6 und 7 GBV**. Wegen der Grundbuchtechnik wird   **9**
auf die Erläuterungen zu dieser Vorschrift verwiesen.

IV. Gesamtnutzungsrecht (Abs 3)

1. Zur Entstehung ist in der Begründung[6] ausgeführt: »*Dingliche Nutzungsrechte lasten vor allem bei ehemals*   **10**
LPG-genutzten Grundstücken häufig nicht nur auf einem, sondern auf mehreren Grundstücken. Dies hängt damit zusam-
men, daß LPG-genutzte Grundstücke nach der natürlichen Möglichkeit ihrer Ausnutzbarkeit verwendet wurden, ohne daß
dabei auf die rechtlich weiter bestehenden, äußerlich aber nicht mehr erkennbaren Grundstücksgrenzen Rücksicht genommen
wurde. Die nicht urbaren Flächen wurden dabei für den Bau von Eigenheimen genutzt, die deshalb durchaus auch auf meh-
reren Grundstücken stehen können. Das führt rechtlich dazu, daß das dingliche Nutzungsrecht als beschränktes dingliches
Recht auf allen Grundstücken lastet, auf denen das Gebäude mit seinen Funktionsflächen steht.« Die Situation ist ähnlich wie beim Gesamterbbaurecht (dazu Vor § 54 GBV Rdn 19; § 56 GBV Rdn 34); es kann mithin von einer
einheitlichen Gesamtbelastung der Grundstücksmehrheit, also von einem materiellrechtlich qualifizierten
»Gesamtnutzungsrecht«, ausgegangen werden.

2. Zur Eintragung

a) Im Gebäudegrundbuchblatt des einheitlichen Gebäudeeigentums ist die Mehrzahl der betroffenen   **11**
Grundstücke nach der Vorschrift des § 3 Abs 4 S 4 im Bestandsverzeichnis durch die Angabe der einzelnen
belasteten Grund- bzw Flurstücke im Gebäudeeigentumsbeschrieb zu vermerken (dazu § 3 Rdn 19 ff).

b) Im Grundstücksgrundbuch kommt es für die Eintragung der Belastung mehrerer Grundstücke mit dem-   **12**
selben Nutzungsrecht darauf an, ob die betroffenen Grundstücke in einem Grundbuchblatt (Personalfolium)
oder in mehreren Grundbuchblättern (Realfolium) gebucht sind.

– Beim **Personalfolium** ist die **Mehrheit der betroffenen Grundstücke in der Spalte 2** der zweiten
  Abteilung zu bezeichnen, und zwar in der Weise, dass dort die laufenden Nummern ihrer Buchungsstellen
  im Bestandsverzeichnis aufgeführt werden (dazu § 10 GBV Rdn 8 ff).
– Beim **Realfolium** ist nach Abs 3 **gemäß § 48 GBO zu verfahren**, es ist das Nutzungsrecht auf allen
  Grundstücksblättern einzutragen und korrespondierend zu vermerken «*Das Grundstück Blatt … BV Nr … ist*
  mitbelastet«. Allgemein zur Anwendung dieser Vorschrift bei den in Abteilung II einzutragenden Rechten:
  § 10 GBV Rdn 48. Im Übrigen wird auf die Erläuterungen zu § 48 GBO verwiesen.

§ 6   Eintragung des Gebäudeeigentums gemäß Artikel 233 §§ 2b und 8 EGBGB

Vor Anlegung des Gebäudegrundbuchblattes ist das Gebäudeeigentum von Amts wegen in der
zweiten Abteilung des Grundbuchblattes für das von dem Gebäudeeigentum betroffenen Grund-
stück einzutragen. Für die Eintragung gelten die Vorschriften des § 5 Abs 2 und 3 sinngemäß mit
der Maßgabe, daß an die Stelle des Nutzungsrechts das Eigentum am Gebäude tritt. An die Stelle
des Vermerks »Dingliches Nutzungsrecht …« tritt der Vermerk »Gebäudeeigentum gemäß Artikel
233 § 2b EGBGB …« oder »Gebäudeeigentum gemäß Artikel 233 § 8 EGBGB …«. § 5 Abs 1 gilt ent-
sprechend.

Übersicht

I. Vorbemerkungen

1. Zur Bedeutung der Eintragung

Wie in § 5, so geht es auch in § 6 um eine Eintragung in das Grundstücksgrundbuch, um eine **Grundbuch-**   **1**
berichtigung besonderer Art. Das Gebäudeeigentum iS von Art 233 §§ 2b und 8 EGBGB steht nicht mit
einem das Grundstück belastenden Nutzungsrecht in Verbindung, teils bestand von jeher keines, teils ist es noch
zu DDR-Zeiten (ohne Rückwirkung) erloschen (dazu § 3 GGV Rdn 9, 11). Stattdessen ist nach Art 233 § 2b

---

6 BR-Drs 629/94 S 36 (*Schmidt-Räntsch/Sternal/Baeyens* S 24).

Abs 2 S 3, § 2c Abs 1 EGBGB die Eintragung des gegenüber dem Bodeneigentum selbständigen Gebäudeeigentums nicht als, sondern »**wie**« **eine Belastung** (Quasi-Belastung, weil das nutzungsrechtlose Gebäudeeigentum eigentlich keine Grundstücksbelastung im Sinne eines beschränkten dinglichen Rechts darstellt) in Abt. II des Grundbuchs des betroffenen Grundstücks geboten. Auch diese Eintragung ist nach Art 231 § 5 Abs 3[1] EGBGB nötig, um bei Verfügungen über das belastete Grundstück nach dem 31.12.2000 das Gebäudeeigentum vor der Gefahr des Untergangs durch gutgläubigen Erwerb zu schützen. Wegen der unmittelbaren Vergleichbarkeit zu den Fällen nutzungsrechtsgestützten Gebäudeeigentums ist es verständlich, die grundbuchtechnische Abwicklung des nutzungsrechtslosen Gebäudeeigentums in paralleler Weise zu vollziehen.

2. Untauglichkeit der bisherigen Regelungen

2 – Für das **nutzungsrechtslose Gebäudeeigentum nach Art 233 § 2b EGBGB** – auch soweit es auf § 27 LPGG beruht im Art 233 § 2b EGBGB lediglich bestätigt worden ist – (dazu § 3 GGV Rdn 9) gab es weder im DDR-Recht noch bis zum In-Kraft-Treten der durch das 2. VermRÄndG herbeigeführten Gesetzesänderungen eine Vorschrift über eine Eintragung oder auch nur einen Vermerk über das verselbständigte Gebäudeeigentum im Grundbuch des bebauten Grundstücks.
– Für **Gebäudeeigentum aufgrund des früheren § 459 ZGB** wie auch für einen nach dieser Vorschrift entstandenen volkseigenen Miteigentumsanteil sah Nr 9 Abs 3 Buchst a der Colido-Grundbuchanweisung einen Vermerk in der ersten Abteilung mit dem Wortlaut:»Es besteht Volkseigentum an baulichen Anlagen. Ers des RdK vom ...« vor. Dieser Vermerk ist als funktionsgerechte Eintragung zur Rechtswahrung nicht akzeptabel, weil die erste Abteilung des Grundbuchs nach den Regeln der GBV die Eigentumsverhältnisse, aber nicht die Belastungen eines Grundstücks auszuweisen hat.

II. Zur Regelung des § 6

3 **1. Motive des Gesetzgebers:** Der Gesetzgeber hat, worauf die Begründung[2] ua hinweist, in Art 233 § 2c Abs 1 EGBGB – in bewusster Abkehr von dem auch denkbaren Vorbild der Nr 9 Abs 3 Buchst a der Colido-Grundbuchanweisung – die Entscheidung getroffen, dass das nutzungsrechtslose Gebäudeeigentum »wie eine Belastung« in das Grundstücksgrundbuch eingetragen werden soll, weil es sich wirtschaftlich wie eine solche auswirkt.

2. Anknüpfung an § 5

4 **a) Eintragung von Amts wegen:** In Übereinstimmung mit Art 233 § 2b Abs 2 S 3 EGBGB ist in Satz 1 angeordnet, dass die Eintragung des Gebäudeeigentums im Grundstücksgrundbuch vor der – gemäß Art 233 § 2b Abs 2 S 1 EGBGB antragsbedürftigen (dazu § 3 GGV Rdn 10) – Anlegung des Gebäudegrundbuchblattes von Amts wegen zu erfolgen hat. Für den Fall, dass nach den Vorschriften der ehemaligen DDR ein Gebäudegrundbuchblatt bereits angelegt worden ist (dazu § 3 GGV Rdn 11), bringt der Verweis in Satz 4 auf § 5 Abs 1 zum Ausdruck, dass die Eintragung des Gebäudeeigentums im Grundbuchblatt des betroffenen Grundstücks bei der nächsten anstehenden Eintragung im Gebäudegrundbuch oder im Grundstücksgrundbuch (sofern dem Grundbuchamt die Existenz des hierauf befindlichen Gebäudeeigentums bekannt ist) von Amts wegen vorzunehmen ist (vgl § 5 GGV Rdn 4). Über § 3 Abs 1 gilt auch § 14 Abs 3 S 2 ErbbauRG entsprechend, dh, bei Eigentumsänderungen auf dem Gebäudegrundbuchblatt ist die Eintragung in Abt. II des Grundstücksgrundbuchs entsprechend zu berichtigen.

5 **b) Eintragungsweise:** Hierzu verweist Satz 2 auf die »sinngemäße Anwendung« der Vorschriften des § 5 Abs 2 und 3 mit der Maßgabe, dass an die Stelle des Nutzungsrechts das Eigentum am Gebäude tritt und schreibt eine demgemäß angepasste Formulierung vor. **Vorgeschriebener Eintragungstext** hier also etwa: »Gebäudeeigentum gemäß Artikel 233 § 2b EGBGB für den jeweiligen Gebäudeeigentümer unter Bezugnahme auf das Gebäudegrundbuch Blatt ... Eingetragen am ...« oder »Gebäudeeigentum gemäß Artikel 233 § 8 EGBGB für den jeweiligen Gebäudeeigentümer unter Bezugnahme auf das Gebäudegrundbuch Blatt ... Eingetragen am ...«. Für den Fall, dass das Gebäudeeigentum bereits früher nach § 27 LPGG entstanden ist, ist von den Verfassern der GGV[3] zudem folgender Text vorgeschlagen: »Gebäudeeigentum gemäß Art 233 § 2b EGBGB, § 27 LPGG für den jeweiligen Gebäudeeigentümer unter Bezugnahme auf das Gebäudegrundbuch Blatt ... Eingetragen am ...«.

6 Eventuelle **Inhaltsänderungen** sind beim nutzungsrechtslosen Gebäudeeigentum im Gebäudegrundbuchblatt zu buchen (dazu § 3 GGV Rdn 41).

---

1 Die Abs 3 bis 5 sind durch das RegVBG angefügt mit Fristverlängerung durch das Zweite Eigentumsfristengesetz (2. EFG) vom 20.12.1999 (BGBl I 2493).
2 BR-Drs 629/94 S 36/37 (*Schmidt-Räntsch/Sternal/Baeyens* S 24, 25).
3 *Schmidt-Räntsch/Sternal/Baeyens*, Anlage 2 a; so auch *Moser-Merdian/Flik/Keller* Muster Nr 2.

§ 7 Vermerk zur Sicherung der Ansprüche aus der Sachenrechtsbereinigung aus dem Recht zum Besitz gemäß Artikel 233 § 2a EGBGB

(1) Die Eintragung eines Vermerks zur Sicherung der Ansprüche aus der Sachenrechtsbereinigung aus dem Recht zum Besitz gemäß Artikel 233 § 2a des Einführungsgesetzes zum Bürgerlichen Gesetzbuche erfolgt in der zweiten Abteilung und richtet sich nach Absatz 2.

(2) In der Spalte 1 ist die laufende Nummer der Eintragung, in der Spalte 2 die laufende Nummer, unter der das betroffene Grundstück in dem Bestandsverzeichnis eingetragen ist, anzugeben. In der Spalte 3 ist einzutragen »Recht zum Besitz gemäß Artikel 233 § 2a EGBGB ...« unter Angabe des Besitzberechtigten, des Umfangs und Inhalts des Rechts, soweit dies aus der der Eintragung zugrundeliegenden Unterlagen hervorgeht, sowie der Grundlage der Eintragung (§ 4 Abs 4). § 44 Abs 2 der Grundbuchordnung gilt sinngemäß. § 9 Abs 1 und 2 gilt sinngemäß mit der Maßgabe, daß an die Stelle der grundbuchmäßigen Bezeichnung des oder der betroffenen Grundstücke die laufende Nummer tritt, unter der diese im Bestandsverzeichnis eingetragen sind. Die Spalte 5 ist zur Eintragung von Veränderungen der in den Spalten 1 bis 3 eingetragenen Vermerke bestimmt, und zwar einschließlich der Beschränkungen in der Person des Besitzberechtigten in der Verfügung über das in den Spalten 1 bis 3 eingetragene Recht, auch wenn die Beschränkung nicht erst nachträglich eintritt. In der Spalte 7 erfolgt die Löschung der in den Spalten 3 und 5 eingetragenen Vermerke. Bei Eintragungen in den Spalten 5 und 7 ist in den Spalten 4 und 6 die laufende Nummer anzugeben, unter der die betroffene Eintragung in der Spalte 1 vermerkt ist.

Übersicht

I. Vorbemerkung

Nach Art 233 § 2c Abs 2 EGBGB ist auf Antrag des Nutzers – auch des betroffenen Grundstückseigentümers gemäß § 13 Abs 2 S 2 GBO[1] – zur Sicherung etwaiger Ansprüche aus dem Sachenbereinigungsgesetz ein Vermerk in Abteilung II des Grundbuchs für das betroffene Grundstück einzutragen, wenn ihm gegenüber dem Grundstückseigentümer ein (vorläufiges) Besitzrecht gemäß § 2a des Art 233 EGBGB zusteht. Dem Vermerk ist in Art 233 § 2c Abs 2 S 3 die **Wirkung einer Vormerkung** zur Sicherung dieser Ansprüche beigelegt worden. Und nach Art 233 § 2c Abs 2 S 4 ist **§ 885 BGB entsprechend anwendbar.** Weiterer Zweck des Besitzrechtsvermerks: § 4 GGV Rdn 19. **1**

II. Eintragungsstelle (Abs 1)

Ein eigenes »Moratoriumsgrundbuch« wird nicht angelegt. Der Besitzberechtigte ergibt sich allein aus einem Vermerk in Abt II des Grundstücksgrundbuchs. Insoweit knüpft Abs 1 an Art 233 § 2c Abs 2 S 1 EGBGB an, wo bereits die zweite Abteilung als Eintragungsstelle für den Vermerk bestimmt ist. Der Vermerk ist dort an nächstoffener Rangstellung einzutragen. Die Moratoriumsposition verschafft zwar Anspruch auf dingliche Rechtsänderung (Erbbaurechtsbestellung oder Ankauf des Grundstücks nach dem SachenRBerG), ist jedoch materiellrechtlich keine »Belastung« des betroffenen Grundstücks im Sinne des BGB-Sachenrechts. Die Eintragung des Besitzrechts stellt die Beschränkung des Grundstückseigentümers dar. **2**

III. Grundbuchtechnische Durchführung der Eintragung (Abs 2)

1. Der GBV entsprechend

Die **Benutzung der Spalten 1 bis 7** der zweiten Abteilung ist wie in den §§ 5 und 6 **in strikter Anlehnung an § 10 GBV** geregelt (vgl § 5 GGV Rdn 6). **3**

Allerdings rücken wegen der materiellrechtlichen Anlehnung an die Vormerkung (vgl Rdn 1) auch die §§ 12 und 19 GBV ins Blickfeld (Frage: Ist der Vermerk in Spalte 3 der Abteilung II vollspaltig oder halbspaltig einzutragen?). Von den Verfassern ist wohl unausgesprochen an eine **vollspaltige Eintragung** in Spalte 3 gedacht; dies dürfte dem auf § 111 SachenRBerG zielenden Zweck des Vermerks entsprechen, die Ansprüche aus diesem

---

1 MüKo-*von Oefele* EGBGB Art 233 § 2c Rn 4; *Palandt/Bassenge*, 65. Aufl, Art 233 § 2c EGBGB Rn 2.

Gesetz (§ 15 SachenRBerG) vor der Gefahr des Untergangs durch gutgläubigen Erwerb zu bewahren. Ob der Vermerk (keine »echte« Vormerkung) einem etwa zu bestellenden Erbbaurecht nach § 883 Abs 3 BGB den Rang zu wahren vermag, sei dahingestellt. Hat er die rangwahrende Kraft, so lässt sich das später im Grundbuch auch auf andere Weise als durch die in § 19 GBV vorgesehene Nebeneinanderbuchung von Vormerkung und endgültiger Eintragung zur Darstellung bringen (dazu § 19 GBV Rdn 9 bis 11).

2. Zur Fassung des Eintragungstextes

4   Auch hier ist die **Fassung der Eintragung** in Spalte 3 nicht völlig dem Ermessen des GBA überlassen (dazu § 5 GGV Rdn 7), sondern **in Abs 2 S 2 zum Teil normiert**: »Recht zum Besitz gemäß Artikel 233 § 2a EGBGB ...«. Im Übrigen sollen – hier hielt man die Anlehnung an die für Eintragung beschränkter dinglicher Rechte geltenden Grundsätze für sachgerecht[2] – **der Besitzberechtigte, der Umfang und der Inhalt des Rechts**, soweit sie aus den der Eintragung zugrunde liegenden Unterlagen (§ 4 Abs 4) hervorgehen, und die **Grundlage der Eintragung** im Eintragungstext angegeben werden. Der ausdrückliche Verweis auf § 44 Abs 2 GBO besagt, dass nach Möglichkeit auf die Eintragungsunterlagen Bezug genommen werden »soll«.

Stellungnahme: Eine Anlehnung an die für die Eintragung »beschränkter dinglicher Rechte« trifft nicht ganz zu. Nach materiellem Recht (Art 233 § 2c Abs 2 EGBGB) ist für den Vermerk Vormerkungsrecht, speziell § 885 BGB, entsprechend anwendbar (vgl Rdn 1). Das bedeutet zunächst, dass die **Eintragung des Vermerks** eben nach dieser Vorschrift (nicht nach § 873 BGB) **konstitutive Wirkung** hat, das unterscheidet sie von den in den §§ 3, 5 und 6 geregelten deklaratorischen Eintragungen. Hinsichtlich der **Eintragungsvoraussetzungen** war mit der Anknüpfung an § 885 BGB *ursprünglich* die Absicht des Gesetzgebers verbunden, dass die Eintragung, wenn nicht vom Eigentümer bewilligt, eine einstweilige Verfügung voraussetzt, für deren Erlass das Besitzrecht aus Art 233 § 2a EGBGB glaubhaft gemacht werden muss.[3] Die *spätere* GGV hat jedoch die Eintragungsvoraussetzungen erleichtert und somit die Verweisung auf § 885 BGB modifiziert.[4] Nach § 4 Abs 4 kann die Eintragung des Vermerks nun nicht mehr nur auf eine einstweilige Verfügung oder eine Eintragungsbewilligung des Betroffenen (Nrn 5 und 6), sondern auch auf andere Eintragungsunterlagen (Nrn 1 bis 4) gestützt werden.[5]

Für die **Fassung des Eintragungstextes ist** die **gesetzliche Verweisung auf § 885 BGB** weiterhin **richtungweisend**. Gemäß § 885 Abs 2 BGB (lex specialis gegenüber § 874 BGB) ist die Eintragung teils mittels Bezugnahme auf die Eintragungsunterlage zulässig (allgemein zur Bedeutung dieser Eintragungsmodalität: Vor GBV Rdn 70 bis 188). Bei der Eintragung einer Vormerkung ist der Berechtigte (Vor GBV Rdn 147) und der zu sichernde Anspruch (Vor GBV Rdn 148) im Grundbucheintrag zu bezeichnen, im Übrigen genügt die Bezugnahme auf die Eintragungsbewilligung oder die einstweilige Verfügung; für die Anspruchsbezeichnung ist es gebräuchlich und ausreichend, den »Leistungsgegenstand« im Grundbucheintrag zu benennen. Gemessen an diesem Anforderungsprofil, dürfte für die Eintragung des Besitzrechtsvermerks der in Abs 2 S 2 vorgeschriebene Text in Verbindung mit der ausdrücklichen Bezugnahme auf die ihrer Art nach zu bezeichnende konkrete Eintragungsunterlage genug Kennzeichnungskraft haben, so dass es außerdem nur noch der Bezeichnung des Berechtigten (§ 15 GBV) und der Datierung des Eintrags bedarf.

Besitzberechtigte sind auch diejenigen, die mit dem aus dem Überlassungsvertrag Begünstigten einen gemeinsamen Hausstand führen (Art 233 § 2a Abs 1 S 1 Buchst c EGBGB). Für eine Grundbucheintragung dieser Personen gilt § 15 GBV und § 47 GBO; sie werden wohl eine Rechtsgemeinschaft gemäß § 432 BGB bilden, weil die Hausstandszugehörigkeit kein eigenes, sondern nur ein vom Recht des Vertragsberechtigten abgeleitetes Recht gibt, so dass ein auf eine unteilbare Leistung gerichtetes Verhältnis vorliegt. Die Hausstandsangehörigen haben den gemeinsamen Hausstand nachzuweisen, wofür eine Bescheinigung der Meldebehörde und ein plausibler Sachvortrag genügt. Zum Personenkreis sind zu zählen Ehegatte, Verwandte, Lebenspartner, nicht jedoch Mieter/Untermieter.

---

2 Begr BR-Drs 629/94 S 39 (*Schmidt-Räntsch/Sternal/Baeyens* S 26/27).
3 Vgl Begr zum RegVBG, BT-Drs 12/5553 S 132.
4 Völlig obsolet, wie *Staudinger-Rauscher* (1996) EGBGB Art 233 § 2c Rn 24 meint, ist sie nicht geworden.
5 Streitig. Wie hier: OLG Jena FGPrax 1999, 45 = Rpfleger 1999, 216; FGPrax 1999, 129, 130; OLG Brandenburg FGPrax 2002, 148 = Rpfleger 2002, 430 = VIZ 2002, 488; MüKo-*von Oefele* Art 233 § 2c Rn 4, *Staudinger-Rauscher* (1996) EGBGB Art 233 § 2c Rn 24; *Demharter* § 144 GBO Rn 23; *Bauer/von Oefele-Krauß*, GBO, 1. Aufl, E I Rn 266; **aA** (Verweisung auf § 885 BGB macht Eintragungsbewilligung oder gerichtliche Entscheidung erforderlich, die in § 4 Abs 4 GGV vorgesehenen Nachweise können diese nicht ersetzen, weil die Ermächtigungsnormen für den Erlass der GGV dies nicht decken): KG Rpfleger 1998, 239, 240: LG Schwerin NotBZ 1998, 77 = Rpfleger 1998, 283 = VIZ 1999, 425; *Palandt/Bassenge*, 65 Aufl, Art 233 § 2c EGBGB Rn 2; *Soergel/Hartmann* (12. Aufl) Art 233 § 2c EGBGB Rn 40. Entkräftet wird die Gegenmeinung überzeugend durch *von Oefele* aaO (MüKo). S zum Thema auch *Purps* NotBZ 2000, 88.

3. Zur Bezeichnung des Grundstücks

Abs 2 S 4 (sinngemäße Anwendung von § 9 Abs 1 und 2) besagt, dass die nötige Angabe sämtlicher Grundstü- **5**
cke und/oder Grundstücksteilflächen, auf die sich der Besichtrechtsvermerk bezieht, durch Verweis auf ihre
Buchungsstelle (lfdNr) im Bestandsverzeichnis zu bezeichnen sind (zum »Wie« wird auf § 10 GBV Rdn 8 bis
13 verwiesen). Die nähere Konkretisierung unvermessener Teilflächen soll dabei mit den in § 9 Abs 1 und 2
vorgesehenen Zusätzen geschehen. Erfasst das Besitzrecht nicht das ganze Grundstück, so gilt zunächst § 10.

4. Zur Eintragung von Veränderungen und Löschung

Die Sätze 5 bis 7 des Abs 2 entsprechen genau dem § 10 Abs 5, 6 und 7 GBV. Wegen der Grundbuch- **6**
technik wird auf die Erläuterungen zu dieser Vorschrift verwiesen. An Veränderungen können Inhaltsänderungen wie auch Rangänderungen vorkommen, ebenso eine nach Art 233 § 2a Abs 2 S 2 EGBGB zulässige Übertragung des Besitzrechts.

§ 8 Nutzungsrecht, Gebäudeeigentum oder Recht zum Besitz für mehrere Berechtigte

Soll ein dingliches Nutzungsrecht oder ein Gebäudeeigentum als Eigentum von Ehegatten eingetra-
gen werden (§ 47 GBO), kann der für die Eintragung in das Grundbuch erforderliche Nachweis, daß
eine Erklärung nach Artikel 234 § 4 Abs 2 und 3 des Einführungsgesetzes zum Bürgerlichen Gesetz-
buche nicht abgegeben wurde, auch durch übereinstimmende Erklärung beider Ehegatten, bei dem
Ableben eines von ihnen durch Versicherung des Überlebenden und bei dem Ableben beider durch
Versicherung der Erben erbracht werden. Die Erklärung, die Versicherung und der Antrag bedürfen
nicht der Form des § 29 der Grundbuchordnung. Für die bereits ohne Beachtung der Vorschrift des
§ 47 der Grundbuchordnung eingetragenen Rechte nach Satz 1 gilt Artikel 234 § 4a Abs 3 des Ein-
führungsgesetzes zum Bürgerlichen Gesetzbuche entsprechend mit der Maßgabe, daß die Eintra-
gung des maßgeblichen Verhältnisses nur auf Antrag eines Antragsberechtigten erfolgen soll.

I. Eintragungen für Ehegatten

1. Anknüpfung an § 47 GBO

§ 8 knüpft an § 47 GBO an, der seit dem 03.10.1990 auch in den neuen Bundesländern für die Eintra- **1**
gung gemeinschaftlicher Rechte maßgebend ist (§ 144 GBO). § 47 GBO bestimmt unmittelbar den Inhalt
der Grundbucheintragung, mittelbar auch den Inhalt der der gemäß § 29 GBO nachzuweisenden Eintragungsunterlagen; aus ihnen müssen sich die nach § 47 GBO in das Grundbuch einzutragenden Angaben
ergeben. Näheres dazu in den Erläuterungen zu § 47 GBO. § 8 gilt für das Nutzungsrecht, auf dessen
Grundlage ein Gebäudeeigentum entstanden ist, für nutzungsrechtsloses Gebäudeeigentum und die Mora-
toriumsberechtigung.

2. Berichtigungserleichterung gemäß § 14 GBBerG

Seit In-Kraft-Treten des RegVBG gibt es für die durch die Überleitung des gesetzlichen Güterstandes der **2**
DDR in den der Bundesrepublik (Art 234 § 4 EGBGB) anfallenden Grundbuchberichtigungen in § 14
GBBerG eine verfahrenserleichternde Vorschrift, die mit der gleichzeitigen Ergänzung des materiellen Rechts
(Einfügung des § 4a in den Art 234 EGBGB) in enger Verbindung steht.

Art 234 § 4a Abs 1 EGBGB hat **das anteillose Gemeinschaftseigentum** des gesetzlichen DDR-Güterstandes
kraft Gesetzes **in Bruchteilseigentum** nach dem BGB **umgewandelt**, und zwar *zu Anteilen von je 1/2*, falls
die Ehegatten nicht von der ihnen für Grundstücke und grundstücksgleiche Rechte eingeräumten Möglichkeit
Gebrauch machten, binnen 6 Monaten nach In-Kraft-Treten des RegVBG (bis 24.06.1994) die Anteilsquoten
durch übereinstimmende Erklärung gegenüber dem GBA anders zu bestimmen. Grundvoraussetzung für das

Entstehen der Bruchteilsgemeinschaft war, dass keiner der Ehegatten bis 02.10.1990 gemäß Art 234 § 4 Abs 2, 3 EGBGB durch einseitige Optionserklärung gegenüber dem Gericht die Überleitung des bisherigen Güterstandes in die Zugewinngemeinschaft verhindert hatte.

Ob die gesetzliche Umwandlung in Bruchteilseigentum zu je ½ im Einzelfall **Realität geworden** ist, ist **vom Ausbleiben von zwei befristet möglichen Optionserklärungen abhängig.** Nur die Nichtabgabe der letzteren wurde beim GBA offenkundig, das Ausbleiben der ersteren wäre an sich nachweisbedürftig gemäß §§ 22, 29 GBO, aber kaum durch öffentliche Urkunde nachweisbar, da *negativer Tatbestand.* § 14 GBBerG schuf Abhilfe. In den meisten Fällen ist die Grundbuchberichtigung seitdem ohne Vorlage von Nachweisen möglich, weil sie gemäß § 14 S 2[1] GBBerG auf die in Art 234 § 4a Abs 3 EGBGB installierte Vermutung gestützt werden kann.[2] Versagt diese Möglichkeit, so kann die Nichtabgabe der Optionserklärung nach § 14 S 2 GBBerG durch eine übereinstimmende »Erklärung« beider Ehegatten, bei dem Ableben eines von ihnen durch »Versicherung« des Überlebenden, bei dem Ableben beider durch »Versicherung« der Erben, belegt werden, jeweils freigestellt von der Form des § 29 GBO.

II. Bedeutung des § 8 GGV

3 **§ 8 benutzt die in § 14 GBBerG vorgesehenen Erleichterungen** für die in der GGV vorgesehenen Eintragungen. Wie die mustergebende Vorschrift, so erleichtert § 8 *nur* die Eintragung gemeinschaftlicher Berechtigungen von Ehegatten, die im übergeleiteten gesetzlichen Güterstand leben, bis zum 02.10.1990 in Eigentums- und Vermögensgemeinschaft nach dem FGB, danach in Zugewinngemeinschaft nach dem BGB. In anderen Fällen bleibt es bei den strengeren Nachweisregeln der §§ 47, 29 GBO.[3] Zur Sonderregelung griff man wegen der Häufigkeit der betroffenen Buchungsfälle und aus der Erfahrung, dass die Nutzungsurkunden wie auch die sonstigen in § 4 zugelassenen Eigentumsnachweise oft keinen hinreichenden Aufschluss über die Art der Gemeinschaftsverhältnisse von Ehegatten geben.[4]

Sonstige Berechtigte haben ihr Gemeinschaftsverhältnis direkt nach § 47 GBO in der Form des § 29 GBO zu beweisen. Für mehrere Erben gilt § 35 GBO; mehrere neu einzutragende Berechtigte können beantragen, als Gesellschafter bürgerlichen Rechts gebucht zu werden; die Vorlage eines Gesellschaftsvertrages ist nicht erforderlich, wenn alle Gesellschafter den Eintragungsantrag stellen. Wegen des Gemeinschaftsverhältnisses der zum Hausstand des Besitzberechtigten gehörenden Personen vgl § 7 GGV Rdn 4.

1. Für neue Eintragungen (S 1, 2)

4 Nicht aus dem Text des Satzes 1, aber aus der Überschrift ergibt sich, dass die in Satz 1, 2 getroffene Regelung **für alle nach der GGV neu einzutragenden Berechtigungen,** auch das nach § 7 einzutragende Besitzrecht, gelten soll.[5] Zum Nachweis der Negativtatsache, dass keiner der Ehegatten gemäß Art 234 § 4 Abs 2, 3 EGBGB rechtzeitig gegen die Zugewinngemeinschaft optiert hat, dienen die auch in § 14 GBBerG zugelassenen Hilfsmittel: Primär eine »Erklärung« beider Ehegatten, nach Tod eines von beiden eine »Versicherung« des Überlebenden, nach beider Tod eine »Versicherung« der Erben, jeweils freigestellt vom Formzwang des § 29 GBO. Die in § 14 GBBerG zugelassene Berufung auf die Vermutung gemäß Art 234 § 4a Abs 3 EGBGB passt nicht für Neueintragungen und ist deshalb hier nicht vorgesehen.

2. Für unvollständig erfolgte Eintragungen (S 3)

5 Im Hinblick auf die vor Einfügung des § 4a in Art 234 EGBGB unklare Rechtslage ist es **nicht ausgeschlossen, dass vor In-Kraft-Treten der GGV** Berechtigungen der in den §§ 3, 5 bis 7 bezeichneten Art als gemeinschaftliches Recht für Ehegatten eingetragen worden sind, **die in § 47 GBO vorgeschriebene Angabe** der Anteile in Bruchteilen aber **unterblieben ist.** Die Zulässigkeit der Ergänzung einer derart unvollständigen Eintragung hängt normalerweise davon ab, dass die Eintragungsunterlagen die erforderlichen Angaben enthalten und kein Grund für die Annahme einer zwischenzeitlich eingetretenen Rechtsänderung vorliegt (§ 47 GBO Rdn 278). Die Unvollständigkeit der Eintragung hindert nicht die ergänzende Geltungskraft der Vermutung gemäß Art 234 § 4a Abs 3 EGBGB, dass den Ehegatten das für sie gemeinschaftlich gebuchte Recht »als Bruchteilseigentum zu je halb Anteilen« zusteht. Darauf stützt sich die in Satz 3 getroffene Verfahrensregelung, dass die Eintragungsergänzung allein auf die gesetzlichen Vermutung zulässig ist. Die Formulierung »Eintragung des maßgeblichen Verhältnisses« darf nicht missverstanden werden; nur die von der Vermutung des Art 234 § 4a Abs 3 EGBGB gedeckte Eintragung von Bruchteilseigentum »zu je 1/2« darf ohne weitere Nach-

---

1 Nach Ergänzung durch Art 2 § 6 Nr 5 SachenRÄndG.
2 *Böhringer* Rpfleger 1994, 282, 284.
3 Begr BR-Drs 629/94 S 41 (*Schmidt-Räntsch/Sternal/Baeyens* S 28).
4 Begr BR-Drs 629/94 S 40/41 und aaO.
5 Begr BR-Drs 629/94 S 41 und aaO.

weise eingetragen werden. Weiter reicht der in § 8 ausgebrachte Dispens von § 47 GBO nicht. Angeordnet ist, daß die ergänzende Eintragung nur auf Antrag eines Antragsberechtigten (§§ 13, 14 GBO) erfolgen soll, um die GBÄmter vor dem kaum zu bewältigenden Aufwand zu bewahren, sämtliche Eintragungen herauszusuchen und zu überprüfen.[6] Das Grundbuchamt kann aber auch ohne Antrag nach § 13 GBO das Verfahren nach §§ 82 ff GBO betreiben.

Zur technischen Ausführung der Ergänzungseintragung wird bezüglich Abteilung I auf § 9 GBV Rdn 11 bis 15, bezüglich Abteilung II auf § 10 GBV Rdn 36, 37 verwiesen.

Nicht anzunehmen ist, daß die GGV Sonderrecht für die schon von § 14 GBBerG erfaßten Grundbuchberichtigungsfälle schaffen will.[7] Falls im Gebäudegrundbuch oder Grundstücksgrundbuch ein Recht für beide Ehegatten gemeinsam noch »in Vermögensgemeinschaft gemäß § 13 FGB«,[8] »zu ehelichem Vermögen« oder »in Ehegemeinschaft«[9] eingetragen ist, so greift materiellrechtlich auch die Vermutung des Art 234 § 4a Abs 3 EGBGB. Die Grundbuchberichtigung richtet sich in diesen Fällen nicht nach § 8 S 3 GGV, sondern nach § 14 GBBerG (vgl Rdn 1). **6**

§ 9 Nutzungsrecht oder Gebäudeeigentum auf bestimmten Grundstücksteilen

(1) Bezieht sich das Gebäudeeigentum nur auf eine Teilfläche des oder der belasteten oder betroffenen Grundstücke oder Flurstücke, so sind dem in § 3 Abs 4 Satz 2 Nr 1 oder § 6 Abs 1 Satz 3 vorgesehenen Vermerk die Bezeichnung »… einer Teilfläche von …«, die Größe der Teilfläche sowie die grundbuchmäßige Bezeichnung des oder der belasteten oder betroffenen Grundstücke oder Flurstücke anzufügen. Soweit vorhanden, soll die Bezeichnung der Teilfläche aus dem Bestandsblatt des Grundbuchblattes für das Grundstück übernommen werden.

(2) Soweit sich im Falle des Absatzes 1 das Gebäudeeigentum auf die Gesamtfläche eines oder mehrerer Grundstücke oder Flurstücke sowie zusätzlich auf eine oder mehrere Teilflächen weiterer Grundstücke oder Flurstücke bezieht, sind die grundbuchmäßige Bezeichnung der insgesamt belasteten oder betroffenen Grundstücke oder Flurstücke und der Vermerk »… und einer Teilfläche von …« unter Angabe der Größe der Teilfläche sowie der grundbuchmäßigen Bezeichnung der teilweise belasteten oder betroffenen Grundstücke oder Flurstücke anzugeben.

(3) Für die Eintragung des Nutzungsrechts oder des Gebäudeeigentums im Grundbuch des oder der belasteten oder betroffenen Grundstücke gelten die Absätze 1 und 2 sinngemäß mit der Maßgabe, daß statt der grundbuchmäßigen Bezeichnung des oder der Grundstücke die laufende Nummer anzugeben ist, unter der das oder die Grundstücke im Bestandsverzeichnis eingetragen sind.

§ 10 Nutzungsrecht, Gebäudeeigentum oder Recht zum Besitz auf nicht bestimmten Grundstücken oder Grundstücksteilen

(1) Besteht ein dingliches Nutzungsrecht, ein Gebäudeeigentum oder ein Recht zum Besitz an einem oder mehreren nicht grundbuchmäßig bestimmten Grundstücken oder an Teilen hiervon, so fordert das Grundbuchamt den Inhaber des Rechts auf, den räumlichen Umfang seines Rechts auf den betroffenen Grundstücken durch Vorlage eines Auszugs aus dem beschreibenden Teil des amtlichen Verzeichnisses oder einer anderen Beschreibung nachzuweisen, die nach den gesetzlichen Vorschriften das Liegenschaftskataster als amtliches Verzeichnis der Grundstücke ersetzt.

(2) Soweit die in Absatz 1 genannten Nachweise nicht vorgelegt werden können und der Berechtigte dies gegenüber dem Grundbuchamt versichert, genügen andere amtliche Unterlagen, sofern aus ihnen die grundbuchmäßige Bezeichnung der belasteten oder betroffenen Grundstücke hervorgeht oder bestimmt werden kann; diese Unterlagen und die Versicherung bedürfen nicht der in § 29 der Grundbuchordnung bestimmten Form. Ausreichend ist auch die Bestätigung der für die Führung des Liegenschaftskatasters zuständigen Stelle oder eines öffentlich bestellten Vermessungsingenieurs, aus der sich ergibt, auf welchem oder welchen Grundstücken oder Flurstücken das dingliche

---

6 Begr BR-Drs 629/94 S 42 und aaO.
7 Die Begründung schweigt dazu.
8 *Meikel-Böhringer* 7. Aufl Sonderband Rn 1228; *Böhringer* Rpfleger 1994, 282, 283.
9 Anlage 3 zur Colido-Grundbuchanweisung.

Nutzungsrecht, das Gebäudeeigentum oder das Recht zum Besitz lastet. Vervielfältigungen dieser anderen amtlichen Unterlagen sowie dieser Bestätigungen hat das Grundbuchamt der für die Führung des amtlichen Verzeichnisses zuständigen Stelle zur Verfügung zu stellen.

I. Zur Bedeutung von § 9 und § 10

1. Allgemeines

1   Eines der Hauptprobleme der Überführung der Nutzungstatbestände der DDR-Rechtswirklichkeit in den Ordnungsrahmen des BGB-Sachenrechts (Sachenrechtsbereinigung) liegt im vermessungstechnischen und liegenschaftsrechtlichen Vollzugsdefizit der DDR; typischerweise stimmen die Grenzen der Nutzungsbefugnis nicht mit der Grundstücksgrenze überein.[1] Es wird längere Zeit brauchen, bis die Rechtsverhältnisse den Bodenverhältnissen oder die Bodenverhältnisse den Rechtsverhältnissen angepasst sind.

Die **Behelfslösung** für die unter Zeitdruck stehenden Zwecke der GBV (vgl Vor GGV Rdn 3) findet sich **in den §§ 9 und 10**. Vor die Notwendigkeit einer besonderen Regelung sah sich der Verordnungsgeber gestellt,[2] weil die nach den §§ 5, 6 und 7 einzutragenden Rechte oft mehrere Grundstücke iS von BGB und GBO erfassen, die in verschiedenen Grundbuchblättern verzeichnet sind, so dass die Rechte in eben diesen Grundbüchern einzutragen sind. Zu berücksichtigen war das Sonderproblem, dass die erfassten Teilflächen oft mangels Vermessung nicht exakt abgegrenzt sind. Die Regelung ist zweistufig: **§ 9 regelt die weniger problematischen Fälle**, in denen ohne weiteres feststellbar ist, welche Grundstücke oder Grundstücksteile belastet bzw betroffen sind. **§ 10 regelt die Vorgehensweise für die problematischeren Fälle**, in denen diese Feststellung nicht ohne weiteres möglich ist.

2. Zum räumlichen Umfang dinglicher Nutzungsrechte

2   **Maßgeblich** für den räumlichen Umfang der Nutzungsrechte ist **die Nutzungsurkunde** als sie begründender urkundlicher Konstitutivakt, also die Verleihungsurkunde des Rates des Kreises bezüglich ehemals volkseigener Grundstücke, die Zuweisungs- bzw Übertragungsurkunde des LPG-Vorstandes bezüglich ehemals genossenschaftlich genutzter Bodenflächen. Im unproblematischen **Idealfall** deckt sich der Umfang der verliehenen oder zugewiesenen Nutzungsbefugnis mit den im Grundstücksgrundbuch ausgewiesenen (vermessenen) Grenzen des belasteten oder betroffenen Grundstücks. Das ist allerdings **eine eher seltene Ausnahme**. Die staatliche Nutzungsrechtsverleihung erfolgte vielfach, die genossenschaftliche Nutzungsrechtszuweisung sogar idR nicht in Bezug auf eine durch Vermessung bestimmte Grundstücksfläche.[3] Dies erklärt sich daraus, dass es sich bei den Nutzungsrechten ehemals – bis zum 03.10.1990 – um subjektiv-öffentliche Rechte gehandelt hat, die begründet werden konnten, ohne den räumlichen Umfang, in dem sich die aus ihm ergebende Befugnis ausgeübt werden kann, exakt abzugrenzen.[4] Zwar sahen Rechtsvorschriften der ehemaligen DDR durchaus anderes vor. So sollten nach § 7 der EigenheimVO[5] für den Neubau von Eigenheimen und für die Umgestaltung vorhandener Gebäude zu Eigenheimen »erschlossene und vermessene« Grundstücke bereitgestellt werden, wobei das Grundstück für ein Eigenheim nicht größer als 500 qm sein sollte. Desgleichen war in § 2 der

---

1   *Vossius* Sachenrechtsbereinigungsgesetz, Vor § 21 Rn 1.
2   Begr BR-Drs 629/94 S 42/43 (*Schmidt-Räntsch/Sternal/Baeyens* S 29: Vorbemerkung zu §§ 9 und 10).
3   Wortlaut der Zuweisungsurkunde gemäß Muster (Anlage 1 zur BereitStVO): »*Die LPG/GPG … überträgt … mit Wirkung vom … an Herrn/Frau … an dem Grundstück in …*« (zu benennen mit Ort und ortsüblicher Bezeichnung der Lage) »*in Größe von … qm ein Nutzungsrecht. Die genaue Bezeichnung der Lage des Grundstücks ergibt sich aus der Grundstücksdokumentation. Das Nutzungsrecht ist unbefristet.*.
4   Begr zu Art 14 RegVBG (BoSoG): BT-Drs 12/5553 S 136.
5   GBl DDR I, 425; vgl MüKo-*von Oefele* EGBGB Art 233 § 4 Rn 16.

BereitStVO[6] vorgesehen, dass die von den LPGen und GPGen für die Errichtung von Eigenheimen bereitzustellenden Bodenflächen nicht größer als 500 qm sein sollten. In praxi kam es jedoch häufig zu Gebäudeerrichtungen auf nicht extra vermessenen Bodenflächen. Es wurde häufig auf großen volkseigenen Grundstücken eine Vielzahl von Nutzungsrechten für verschiedene Berechtigte verliehen; noch weniger hat man in Fällen des § 27 LPGG auf Grundstücksgrenzen geachtet, sondern die Gebäude entsprechend der räumlichen Lage und Zweckmäßigkeit errichtet.[7] Dies fand Niederschlag in den grundbuchrechtlichen Vorschriften der ehemaligen DDR:

(1) Bei Gebäudeerrichtung und -nutzung **auf volkseigenen Standorten** wurde es für die Nutzungsrechtseintragung in das Grundstücksgrundbuch und die daran geknüpfte Anlegung des Gebäudegrundbuchblattes zugelassen,[8] anstelle der Vermessung und Grundstücksteilung das Nutzungsrecht nach Inhalt und Umfang auf die *Grundfläche des Gebäudes* oder *der Gebäude* zu beziehen, und zwar: **3**
– sowohl für Eigenheime von Bürgern, ggf Eigenheime nebst Garage.[9] Die Nutzungsbeziehungen hinsichtlich der Gemeinschaftsanlagen und des Gartenlandes waren in diesen Fällen durch einen zwischen dem Rechtsträger des volkseigenen Grundstücks und dem Gebäudeeigentümer extra zu schließenden »Nutzungsvertrag« zu regeln.
– als auch für Wohngebäude von Arbeitergenossenschaften oder gemeinnützigen Wohnungsgenossenschaften.[10]

(2) Bei Gebäudeerrichtung und -nutzung **auf** zugewiesenen **genossenschaftlich genutzten Bodenflächen** aufgrund eines von einer LPG übertragenen Nutzungsrechts fand überhaupt nur die Anlegung eines Gebäudegrundbuchblattes statt; eine Eintragung im Grundstücksgrundbuch war nicht vorgesehen, weil das DDR-Recht davon ausging, dass das Bodeneigentum von der Nutzungsrechtsübertragung – kontruktiv eine Abzweigung aus dem ehemaligen gesetzlichen LPG-Bodennutzungsrecht (§ 18 LPGG) – unberührt blieb (vgl § 3 GGV Rdn 7). Und verfahrensrechtlich war angeordnet,[11] dass die Grenzen und Bezeichnungen der betroffenen Flurstücke unverändert beizubehalten sind und die Bildung neuer Flurstücke unzulässig ist. **4**

3. Zum räumlichen Umfang von nutzungsrechtlosem Gebäudeeigentum

(1) Durch **Art 233 § 2b Abs 1 EGBGB** ist unter den dort bezeichneten Voraussetzungen den bezeichneten Genossenschaften selbständiges Eigentum nur **an Gebäuden und Anlagen** zuerkannt. Am Baugrund besteht lediglich das Besitzrecht gemäß Art 233 § 2a Abs 1 S 1 Buchst a oder b EGBGB; ein dingliches Nutzungsrecht besteht gemäß Art 233 § 2b Abs 1 S 2 nur, falls es früher begründet wurde (vgl § 3 GGV Rdn 8). **5**

(2) Nach **Art 233 § 8 EGBGB** ist ebenfalls nur das aufgrund des früheren § 459 ZGB entstandene selbständige Eigentum **an Gebäuden und Anlagen** volkseigener Betriebe, staatlicher Organe oder Einrichtungen aufrechterhalten geblieben. Den für das Entstehen dieser Art des Gebäudeeigentums ehemals erforderlichen vertraglichen Nutzungsverhältnissen am Baugrund ist mit der Aufhebung des § 459 ZGB die Rechtsgrundlage entzogen worden. Es besteht lediglich ein Besitzrecht unter den Voraussetzungen des Art 233 § 2a Abs 1 EGBGB.[12] **6**

4. Nachträgliche Erweiterung um »Funktionsfläche«

(1) **Bei den dinglichen Nutzungsrechten:** Durch Art 233 § 4 Abs 3 S 2, 3 EGBGB sind Nutzungsrechte, die ursprünglich mangels vorheriger Vermessung nur für die Grundfläche des oder der Gebäude verliehen worden sind (vgl Rdn 4), zum Ausgleich des Ungleichgewichts gegenüber Nutzungsrechten ohne solche Begrenzung (vgl Rdn 2) nachträglich erweitert worden um die Befugnis zur Nutzung des Grundstücks »in dem für Gebäude der errichteten Art zweckentsprechenden ortsüblichen Umfang, bei Eigenheimen nicht mehr als eine Fläche von 500 qm« (sog »Funktionsfläche«). Dadurch ist **der räumliche Umfang** der betreffenden Nutzungsrechte **mit dinglicher Wirkung ausgedehnt** worden. Das zeigt sich an der Bestimmung des Art 233 § 4 Abs 3 S 4 EGBGB, wonach auf Antrag das Grundbuch entsprechend zu berichtigen ist (falls das Nutzungsrecht im begrenzten Umfang bereits eingetragen ist). In Fällen, in denen die Nutzungsrechtseintragung nachgeholt wird (§ 4 Abs 1 S 2 des Art 233 EGBGB), ist ggf sogleich das Nutzungsrecht mit dem erweiterten Umfang im Grundstücksgrundbuch einzutragen, um eine Grundbuchunrichtigkeit zu vermeiden. **7**

---

6 Vom 09.09.1976 GBl DDR I, 426 und 500.
7 *Keller*, MittBayNot 1994, 389, 398.
8 Nr 75 der Colido-Grundbuchanweisung.
9 Text für den Eintragungsvermerk im Gebäudegrundbuch nach Colido: »*Nutzungsrecht an den Grundflächen des Eigenheimes und der Garage, Friedenstraße 1, für den jeweiligen Gebäudeeigentümer GBB 130.*.
10 Text für den Eintragungsvermerk im Gebäudegrundbuch nach Colido: »*Nutzungsrecht an den Grundflächen von acht Wohngebäuden und zwei Gemeinschaftsbauten, Friedenstraße 21–28, für den jeweiligen Gebäudeeigentümer GBB 140.*.
11 Anlage 12 zur Colido-Grundbuchanweisung.
12 MüKo-*von Oefele* EGBGB Art 233 § 8 Rn 10.

8   (2) **Bei nutzungsrechtlosem Gebäudeeigentum nach Art 233 § 2b EGBGB:** Der Verweis in Abs 4 dieser Vorschrift erstreckt sich auf die Sätze 1 bis 3, nicht auf die Sätze 4 und 5 des Art 233 § 4 Abs 3 EGBGB. Damit ist klargestellt, dass das diesem Gebäudeeigentum zugrunde liegende Besitzrecht am Grundstück (vgl Rdn 5) außer der Gebäudefläche auch die für eine zweckentsprechende Nutzung des Gebäudes erforderliche Zugangsfläche in dem ortsüblichen Umfang umfasst.[13] Dass die Ausweitung auf die »Funktionsfläche« **nicht wie beim Nutzungsrecht dingliche Wirkung** haben soll, sondern das nutzungsrechtlose Gebäudeeigentum um ein lediglich schuldrechtliches Nutzungsrecht erweitert ist, ist daraus zu schließen, dass auf die Sätze 4, 5 des § 4 Abs 3 nicht Bezug genommen ist.[14] Die schuldrechtliche Natur steht der Eintragung des Nutzungsrechts im Grundbuch entgegen.[15]

9   (3) **Bei nutzungsrechtlosem Gebäudeeigentum nach Art 233 § 8 EGBGB:** Soweit Gebäudeeigentum besteht, sollen nach dieser Vorschrift die §§ 2b und 2c entsprechend anwendbar sein. Die Ausdehnung auf die Funktionsfläche wirkt also auch hier nur schuldrechtlich.[16]

II. Zur Regelung des § 9

1. Allgemeines

10   Die Überschrift passt nicht exakt zum Regelungsgehalt; entscheidend für die Anwendung des § 9 ist die **grundbuchmäßige Bestimmtheit des Grundstücks bzw der Grundstücke**, auf das oder die sich das Gebäudeeigentum bzw das Nutzungsrecht bezieht. »Bestimmt« iS des § 9 ist nach Erläuterung der Verfasser[17] ein Grundstück oder ein Grundstücksteil dann, wenn ein Bezug zu einer Eintragungsstelle im Grundstücksgrundbuch hergestellt werden kann, dh, **wenn die grundbuchmäßige Bezeichnung des belasteten oder betroffenen Grundstücks oder Flurstücks bekannt ist**. Die Vorschrift ist demnach für Fälle gedacht, in denen anhand der Festsetzungen der Nutzungsurkunde zweifelsfrei feststellbar ist, auf welches oder welche im Grundstücksgrundbuch ausgewiesenen (also vermessenen) Grundstücke sich das Nutzungsrecht oder das Gebäudeeigentum ganz oder teilweise bezieht. Nicht vorausgesetzt ist (vgl Abs 1 S 2), dass die dem Ausübungsbereich des Nutzungsrechts unterliegende Teilfläche des Grundstücks vermessen und demgemäß im Grundstücksgrundbuch verzeichnet ist. Den grundsätzlichen Bestimmtheitserfordernissen der §§ 2, 3 und 7 GBO wird in § 9 immerhin in »abgemildertem« Maße Rechnung getragen. Die Besonderheiten betreffen sowohl das Gebäudegrundbuchblatt als auch Eintragungen in den betroffenen Grundstücksgrundbüchern.

2. Zu Abs 1, 2: Buchungsweise im Gebäudegrundbuchblatt

11   a) **Abs 1** zielt auf **Fälle, in denen das Gebäudeeigentum sich nur auf Teilflächen erstreckt**, entweder die Teilfläche eines einzigen Grundstücks oder die Teilflächen mehrerer Grundstücke, letzteres ein Fall des Grenzüberbaus. Ob die Formulierung »Teilfläche des oder der belasteten oder betroffenen Grundstücke oder der Flurstücke« in Satz 1 korrekt ist, ist zweifelhaft. Für das Erbbaurecht ist zwar anerkannt, dass auch dann das gesamte Grundstück belastet ist, wenn dessen Ausübung *vereinbarungsgemäß* auf eine reale Teilfläche beschränkt ist.[18] Dass die gemäß Art 233 § 3 Abs 1 EGBGB unter Beibehaltung des bisherigen Inhalts zu privatrechtlichen Grundstücksbelastungen gewordenen dinglichen Nutzungsrechte nun »auch zu den Rechten gehören, die grundsätzlich immer an dem ganzen belasteten Grundstück bestehen, deren Ausübung aber regelmäßig auf Teile des Grundstücks beschränkt ist oder beschränkt werden kann«,[19] ist jedoch fraglich. Denn die Nutzungsrechte sind durch Hoheitsakt, nicht wie die Erbbaurechte durch einen Vertrag mit dem Grundstückseigentümer begründet; es mangelt deshalb an einer Vereinbarung, die eine Ausweitung des Umfangs der Grundstücksbelastung über den durch die Nutzungsurkunde festgesetzten und ggf (vgl Rdn 7) erweiterten Ausübungsbereich des Nutzungsrechts hinaus rechtfertigen könnte. Dass der Ausübungsbereich in vielen Fällen mangels Vermessung im Liegenschaftskataster nicht dokumentiert ist, ist kein Grund für die Annahme einer Belastung des gesamten Grundstücks, sondern ein spezifischer Bestimmtheitsmangel, für dessen vorläufige Behebung das Bodensonderungsgesetz erlassen worden ist.[20]

Dem RegVBG wie auch der GGV geht es darum, die nach Art 233 EGBGB erforderlichen Grundbucheintragungen (vgl Rdn 1) trotz der Bestimmtheitsmängel zu ermöglichen und damit zugleich die formelle Verkehrs-

---

13 BGH DtZ 1996, 19, 20.
14 MüKo-*von Oefele* EGBGB Art 233 § 2b Rn 12.
15 AA *Staudinger-Rauscher* (1996) EGBGB Art 233 § 2b Rn 61.
16 MüKo-*von Oefele* EGBGB Art 233 § 8 Rn 11.
17 Begr BR-Drs 629/94 S 42/43 (*Schmidt/Sternal/Baeyens* S 29: Vorbemerkung zu §§ 9 und 10).
18 BayObLGZ 1957, 217 mwN = Rpfleger 1957, 383 = DNotZ 1958, 409 (zust *Weitnauer*); OLG Zweibrücken FGPrax 1996, 131 mwN; zunutze gemacht in § 39 SachenRBerG.
19 Ausgangspunkt der Begr zu Art 14 RegVBG (BoSoG): BT-Drs 12/5553 S 136, 139.
20 Begr zu Art 14 RegVBG, BT-Drs 12/5553 S 139.

fähigkeit des Gebäudeeigentums sicherzustellen.[21] Dieser Zielsetzung entspricht die in Abs 1 **vorgeschriebene Formel für die Eintragung im Bestandsverzeichnis des Gebäudegrundbuchblattes**. Sie lautet:

– gemäß S 2 iVm § 3 Abs 4 S 2 Nr 1: »Gebäudeeigentum auf Grund eines dinglichen Nutzungsrechts auf einer Teilfläche von ... m[222] des Grundstücks ...«,

– gemäß S 2 iVm § 3 Abs 7 S 2: »Gebäudeeigentum gemäß Artikel 233 § 2b EGBGB auf einer Teilfläche von ... m² des Grundstücks ...« bzw »Gebäudeeigentum gemäß Artikel 233 § 8 EGBGB auf einer Teilfläche von ... m² des Grundstücks ...«.

Es folgt die Bezeichnung des Grundstücks bzw der Grundstücke, dessen/deren Teilfläche dem Gebäudeeigentum unterliegt. Vorgeschrieben ist die Wiedergabe von (1) der *grundbuchmäßigen Bezeichnung* (Gemarkung, Flur, Flurstück, Wirtschaftsart und Lage, Flächeninhalt) und (2) der *Buchungsstelle* (lfdNr) im Bestandsverzeichnis des/ der Grundstücksgrundbuch/bücher (dazu auch § 3 GGV Rdn 19). Nur »soweit vorhanden«, dh falls der Ausübungsbereich des Nutzungsrechts im Grundstücksgrundbuch als besonderes Flurstück ausgewiesen ist, soll nach S 2 die Bezeichnung dieses Flurstücks in das Gebäudegrundbuchblatt übernommen werden.

b) Abs 2 zielt auf **Fälle, in denen das Gebäudeeigentum sich auf die Gesamtfläche** eines oder mehrerer   **12**
Grundstücke (Flurstücke) **und zusätzlich auf eine Teilfläche** eines oder mehrerer weiterer Grundstücke (Flurstücke) erstreckt. Die Regelung in Abs 2 enthält eine dementsprechende Modifizierung der in Abs 1 vorgeschriebenen Eintragungsformel. Sie lautet:

– gemäß S 1 iVm § 3 Abs 4 S 2 Nr 1: »Gebäudeeigentum auf Grund eines dinglichen Nutzungsrechts auf ... und einer Teilfläche von ... m[223] des Grundstücks ...«.

– gemäß S 1 iVm § 3 Abs 7 S 2: »Gebäudeeigentum gemäß Artikel 233 § 2b EGBGB auf ... und einer Teilfläche von ... m² des Grundstücks ...« bzw »Gebäudeeigentum gemäß Artikel 233 § 8 EGBGB auf ... und einer Teilfläche von ... m² des Grundstücks ...«.

3. Zu Abs 3: Buchungsweise im Grundstücksgrundbuch

Die Vorschrift, dass bei der in der zweiten Abteilung des Grundstücksgrundblattes vorzunehmenden Eintra-   **13**
gung des Nutzungsrechts (§ 5) oder des Gebäudeeigentums (§ 6) die Grundstücksbezeichnung mittels Angabe der Buchungsstelle (lfdNr) im Bestandsverzeichnis zu erfolgen hat, **entspricht der generellen Regelung in § 10 Abs 3 GBV**. Der vom Nutzungsrecht und/oder Gebäudeeigentum erfasste Grundstücksteil ist in den Eintragungsunterlagen so genau zu bezeichnen, dass Zweifel nicht entstehen können. Dazu dient die von der zuständigen Behörde beglaubigte Karte (§ 2 Abs 3 GBO), deren Vorlage das Grundbuchamt nach § 7 Abs 2 GBO in der Regel verlangen muss. Wegen der Besonderheiten zur Eintragungsgestaltung bei Grundstücksteilbelastungen wird auf die Erläuterungen zu § 10 GBV Rdn 12 verwiesen. Bei der Bezeichnung des Nutzungsrechts bzw. des Gebäudeeigentums in Abteilung II aller betroffener Grundstücksgrundbücher sind die weiteren betroffenen Grundstück bzw die Teilflächen hieraus zu bezeichnen, wobei die volle grundbuchmäßige Bezeichnung iSv § 28 GBO nicht erforderlich ist. Bei Vermerken zur Sicherung der Moratoriumsposition und der Ansprüche aus der Sachenrechtsbereinigung ist die Teilfläche im Vermerk in Abteilung II des Grundstücksgrundbuchs zu bezeichnen.

III. Zur Regelung des § 10

1. Allgemeines

§ 10 regelt ergänzend zu § 9 die Verfahrensweise bei gravierenderer Unbestimmtheit, nämlich für **Fälle, in**   **14**
denen die nach den §§ 5 bis 7 vorzunehmenden Eintragungen nicht auf grundbuchmäßig bestimmte
Grundstücke oder Teile davon zurückführbar sind. »Nicht bestimmt« iS des § 10 ist nach Erläuterung der Verfasser[24] ein Grundstück oder Grundstücksteil, wenn eine Beziehung zum Grundstücksgrundbuch nicht hergestellt werden kann; als Beispiel nennen sie: Nutzungsrecht an einem Teil einer riesigen, nicht vermessenen Fläche oder einer Fläche, deren Grenzen nicht feststellbar sind. Zu berücksichtigen ist nach der Begründung,[25] dass es vor allem in ländlichen Gegenden in sehr großem Umfang vorgekommen ist, dass die Grundstücke oder Grundstücksteile, auf die sich ein Nutzungsrecht, ein Gebäudeeigentum oder ein Recht zum Besitz bezieht, deshalb nicht exakt bestimmt sind, weil die im Kataster vorhandenen und rechtlich gültigen Grundstücksgrenzen äußerlich nicht erkennbar sind und daher nicht festgestellt werden können. Aber auch an großflächigen volkseigenen Grundstücken ist häufig eine Vielzahl von Nutzungsrechten für verschiedene Berechtigte verliehen worden, jeweils begrenzt auf die Gebäudefläche oder eine Größe von ca 500 qm[26] (vgl Rdn 2 ff).

---

21 Begr zu Art 14 RegVBG, BT-Drs 12/5553 S 139/140
22 Größe der Fläche des Nutzungsrechts laut Verleihungs- oder Übertragungsurkunde, ggf gemäß gesetzmäßiger Ausdehnung (vgl Rdn 7), also bei Eigenheimen idR 500 m².
23 Wie Rdn 11.
24 Begr aaO (Fn 2).
25 BR-Drs 629/94 S 44 (*Schmidt-Räntsch/Sternal/Baeyens* S 31: Vorbemerkung zu § 10).
26 *Keller* aaO (Fn 7).

2. Zu Abs 1: Primäre Verfahrensweise

15 Nach Abs 1 soll vor der Anlegung eines Gebäudegrundbuchblattes bzw vor einer Eintragung in das Grundstücksgrundbuchblatt nach den §§ 5 bis 7 der **Versuch einer nachträglichen Bestimmung** des belasteten oder betroffenen Grundstücks oder Grundstücksteils **anhand amtlicher Vermessungsunterlagen** unternommen werden. Das GBA soll deshalb (Zwischenverfügung gemäß § 18 Abs 1 GBO) regelmäßig den Inhaber des zu buchenden dinglichen Nutzungsrechts, Gebäudeeigentums oder Rechts zum Besitz an einem oder mehreren nicht grundbuchmäßig bestimmten Grundstücken oder Teilen davon auffordern, den räumlichen Umfang seines Rechts nachzuweisen, und zwar durch »Vorlage eines Auszugs aus dem beschreibenden Teil des amtlichen Verzeichnisses einer für die Übernahme in das öffentliche Kataster geeigneten sonstigen Karte oder einer Beschreibung, die nach den gesetzlichen Vorschriften das Kataster ersetzt«. Gedacht ist von den Verfassern[27] **vorrangig** an eine **zwischenzeitliche Fortschreibung des Katasters** aufgrund einer durch das Katasteramt oder einen öffentlich bestellten Vermessungsingenieur durchgeführten Vermessung, **nachrangig** an ein mit dem Ziel der Feststellung unvermessener Nutzungsrechte durchgeführtes **Bodensonderungsverfahren**.

3. Zu Abs 2: Sekundäre Verfahrensweise

16 Im Hinblick auf den Zeitdruck (vgl Rdn 1) räumt Abs 2 **erleichternde Bedingungen** für die Durchführung der nach der GGV vorzunehmenden Eintragungen ein. Ermöglicht wird die Anlegung eines Gebäudegrundbuchblattes und die Eintragung des dinglichen Nutzungsrechts, des Gebäudeeigentums oder des Besitzrechts in das Grundstücksgrundbuchblatt auch dann, wenn weder eine in das amtliche Kataster übernommene Vermessung vorliegt noch ein Bodensonderungsverfahren durchgeführt worden ist. Da vom sachenrechtlichen Bestimmtheitsgrundsatz abgewichen wird, hat der Antragsteller schlüssig darzulegen, weshalb nicht nach dem sicheren Verfahren des Abs 1 verfahren werden kann, also die Situation zu beschreiben, die es nach dem Verhältnismäßigkeitsgrundsatz unangemessen erscheinen lässt, nach Abs 1 zu verfahren; an die Versicherung des Antragstellers sind keine zu niedrigen Maßstäbe anzulegen. Nach Abs 2 S 2 genügen dann »**andere amtliche Unterlagen**«, sofern aus ihnen die grundbuchmäßige Bezeichnung der belasteten oder betroffenen Grundstücke hervorgeht oder bestimmt werden kann, auch wenn sie nicht den Formerfordernissen des § 29 GBO genügen. Die in Abs 2 S 2 als »ausreichend« angeführte Bestätigung der für die Führung des Liegenschaftskatasters zuständigen Stelle oder eines öffentlich bestellten Vermessungsingenieurs dürfte als Tatsachenbezeugung iS des § 418 ZPO anzusehen sein.[28]

§ 11 Widerspruch

(1) In den Fällen der §§ 3, 5 und 6 hat das Grundbuchamt gleichzeitig mit der jeweiligen Eintragung einen Widerspruch gegen die Richtigkeit dieser Eintragung nach Maßgabe der Absätze 2 bis 5 von Amts wegen zugunsten des Eigentümers des zu belastenden oder betroffenen Grundstücks einzutragen, sofern nicht dieser die jeweilige Eintragung bewilligt hat oder ein Vermerk über die Eröffnung eines Vermittlungsverfahrens nach dem in Artikel 233 § 3 Abs 2 des Einführungsgesetzes zum Bürgerlichen Gesetzbuche genannten Gesetz (Sachenrechtsbereinigungsgesetz) in das Grundbuch des belasteten oder betroffenen Grundstücks eingetragen ist oder gleichzeitig eingetragen wird.

(2) Die Eintragung des Widerspruchs nach Absatz 1 erfolgt
1. in den Fällen des § 3 in der Spalte 3 der zweiten Abteilung des Gebäudegrundbuchblattes; dabei ist in der Spalte 1 die laufende Nummer der Eintragung anzugeben;
2. in den Fällen der §§ 5 und 6 in der Spalte 5 der zweiten Abteilung des Grundbuchblattes für das Grundstück; dabei ist in der Spalte 4 die laufende Nummer anzugeben, unter der die betroffene Eintragung in der Spalte 1 vermerkt ist.

(3) Der Widerspruch wird nach Ablauf von vierzehn Monaten seit seiner Eintragung gegenstandslos, es sei denn, daß vorher ein notarielles Vermittlungsverfahren eingeleitet oder eine Klage auf Grund des Sachenrechtsbereinigungsgesetzes oder eine Klage auf Aufhebung des Nutzungsrechts erhoben und dies bis zu dem genannten Zeitpunkt dem Grundbuchamt in der Form des § 29 der Grundbuchordnung nachgewiesen wird.

(4) Ein nach Absatz 3 gegenstandsloser Widerspruch kann von Amts wegen gelöscht werden; er ist von Amts wegen bei der nächsten anstehenden Eintragung im Grundbuchblatt für das Grundstück oder Gebäude oder bei Eintragung des in Absatz 1 Halbsatz 2 genannten Vermerks zu löschen.

---

27 Begr BR-Drs 629/94 S 45 (*Schmidt-Räntsch/Sternal/Baeyens* S 31).
28 *Bauer/von Oefele-Krauß*, GBO, 1. Aufl, E Rn 312.

(5) Ein Widerspruch nach den vorstehenden Absätzen wird nicht eingetragen, wenn
1. **der Antrag auf Eintragung nach Absatz 1 nach dem 31. Dezember 1996 bei dem Grundbuchamt eingeht oder**
2. **der Antragsteller eine mit Siegel oder Stempel versehene und unterschriebene Nutzungsbescheinigung vorlegt oder**
3. **sich eine Nutzungsbescheinigung nach Nummer 2 bereits bei der Grundakte befindet.**

Die Nutzungsbescheinigung wird von der Gemeinde, in deren Gebiet das Grundstück belegen ist, erteilt, wenn das Gebäude vom 20. Juli 1993 bis zum 1. Oktober 1994 von dem Antragsteller selbst, seinem Rechtsvorgänger oder auf Grund eines Vertrages mit einem von beiden durch einen Mieter oder Pächter genutzt wird. In den Fällen des Satzes 1 Nr 2 und 3 wird der Widerspruch nach Absatz 1 auf Antrag des Grundstückseigentümers eingetragen, wenn dieser Antrag bis zum Ablauf des 31. Dezember 1996 bei dem Grundbuchamt eingegangen ist. Der Widerspruch wird in diesem Fall nach Ablauf von 3 Monaten gegenstandslos, es sei denn, daß vorher ein notarielles Vermittlungsverfahren eingeleitet oder eine Klage auf Grund des Sachenrechtsbereinigungsgesetzes oder eine Klage auf Aufhebung des Nutzungsrechts erhoben und dies bis zu dem genannten Zeitpunkt dem Grundbuchamt in der Form des § 29 der Grundbuchordnung nachgewiesen wird. Absatz 4 gilt entsprechend.

Übersicht

I. Schutzzweck der Vorschrift

1. Vorbemerkung

Die Vorschrift hat an Bedeutung verloren. Denn die in Abs 1 vorgeschriebene Widerspruchseintragung hat zu unterbleiben bei Anträgen, die nach dem 31.12.1996 bei dem GBA eingegangen sind (Abs 5 Nr 1). Zum Schutzzweck der Vorschrift: **1**

2. Gefahr für den Grundstückseigentümer durch Eintragung nach der GGV

Die Vorteile der Anlegung des Gebäudegrundbuchs liegen auf Seiten des Gebäudeeigentümers. Die Blattanlegung (§ 3) und die Eintragung des Nutzungsrechts (§ 5) bzw des nutzungsrechtlosen Gebäudeeigentums (§ 6) im Grundstücksgrundbuch bewahren das Gebäudeeigentum vor dem andernfalls nach dem 31.12.2000 möglichen Untergang durch gutgläubigen Eigentumserwerb am Grundstück (vgl Vor GGV Rdn 3). Des weiteren ermöglicht das Gebäudegrundbuchblatt den Vollzug von Verfügungen über das Gebäudeeigentum nach § 873 BGB. Und die Eintragung des Nutzungsrechts bzw des nutzungsrechtlosen Gebäudeeigentums in das Grundstücksgrundbuch schafft die Voraussetzung dafür, dass das Gebäudeeigentum gutgläubig erworben werden kann (Art 233 § 2c Abs 3 und § 4 Abs 1 S 3 EGBGB). **2**

Es ist **nicht ausgeschlossen, dass die Eintragungen nach der GGV** – der Art nach Grundbuchberichtigungen, die auf erleichterte Nachweise gestützt (§ 4) idR ohne Beteiligung des Grundstückseigentümers zustandegekommen (§ 4 GGV Rdn 6) – **in einzelnen Fällen zu Unrecht erfolgen** und ihrerseits eine Grundbuchunrichtigkeit herbeiführen. Ungeachtet dessen hat der Grundstückseigentümer nach dem SachenRBerG Einreden gegenüber dem Anspruch des Gebäudeeigentümers auf Grundstückserwerb oder Erbbaurechtsbestellung.[1] Vor der klagweisen Geltendmachung der Ansprüche ist in den §§ 87 ff SachenRBerG ein notarielles Vermittlungsverfahren vorgesehen, dessen Eröffnung auf Ersuchen des Notars im Grundstücksgrundbuch zu vermerken ist,[2] um die Beteiligten vor Verschlechterung ihrer Rechtsposition zu bewahren. Der Verordnungsgeber befürchtete im Hinblick auf das gleichzeitige In-Kraft-Treten des SachenRBerG und der GGV, dass es zu einem Verlust der Einreden des Eigentümers durch einen gutgläubigen Wegerwerb des gebuchten Gebäudeeigentums durch einen Dritten kommen könnte, bevor ein Verfahren nach dem Sachenrechtsbereinigungsgesetz beantragt werden kann.[3] **3**

---

1 Insb die §§ 29, 30 SachenRBerG.
2 Dazu § 92 Abs 5, 6 SachenRBerG.
3 BR-Drs 629/94 S 47 (*Schmidt-Räntsch/Sternal/Baeyens* S 34/35).

3. Spezieller Widerspruch zum Schutz des Grundstückseigentümers

4 Man hielt es deshalb im Interesse des Eigentümers für angebracht, die Phase bis zum praktischen Greifen des Sachenrechtsbereinigungsgesetzes durch eine besondere Sicherungsmaßnahme zu überbrücken.[4] Als Schutzmittel wurde das in § 892 BGB zur Verhinderung gutgläubigen Erwerbs vorgesehene Rechtsinstitut, der Widerspruch, herangezogen und dementsprechend in Abs 1 angeordnet, dass in den Fällen der §§ 3, 5 und 6 ein solcher zugleich mit der jeweiligen Eintragung von Amts wegen zugunsten des Eigentümer des zu belastenden oder betroffenen Grundstücks einzutragen ist, sofern die Eintragung nicht von ihm bewilligt ist oder ein Vermerk über die Eröffnung eines Vermittlungsverfahrens im Grundbuch bereits eingetragen ist oder gleichzeitig eingetragen wird. Die zum Schluss genannten Ausnahmen haben ihren Grund darin, dass im ersten Fall der Eigentümer nicht schutzbedürftig, im zweiten Fall ein Verfahren zum Schutz seiner Rechte bereits im Gange ist.

II. Begrenzung der Schutzmaßnahme

1. Vorübergehende Geltungsdauer des Widerspruchs

5 Als vorläufige Überbrückungsmaßnahme ist die Widerspruchseintragung nur für eine begrenzte Zeit angeordnet worden; bei Anträgen, die nach dem 31.12.1996 beim GBA eingehen, findet sie nicht mehr statt (Abs 5 S 1 Nr 1). Außerdem hat der Widerspruch selbst eine befristete Geltungsdauer; er wird gemäß Abs 3 vierzehn Monate nach seiner Eintragung wirkungslos, wenn nicht innerhalb dieses Zeitraumes ein Verfahren (Vermittlungsverfahren oder Klageerhebung) zur Sachenrechtsbereinigung in Gang gebracht ist. Die Frist von vierzehn Monaten erschien dem Verordnungsgeber sachgerecht, da vor ihrem Ablauf mit der effektiven Umsetzung der Rechte nach dem SachenRBerG zu rechnen war.[5]

2. Weitere Eingrenzung

6 Die Eintragung des Widerspruchs, wenn auch auf Zeit, ist ein Hemmnis für die Verkehrsfähigkeit des Gebäudeeigentums und stellt den Sinn der Blattanlegung ziemlich in Frage.[6] Die Bezeichnung des Schutzvermerks als »Widerspruch« ist durchaus irreführend[7] (ein »echter« Widerspruch nach § 892 BGB sichert einen akuten Grundbuchberichtigungsanspruch, der »unechte« nach der GGV ist dagegen eine generelle Vorbeugemaßnahme zur Rechtswahrung). Eine ausnahmslose Eintragung wäre unverhältnismäßig, weil ein akutes berechtigtes Schutzinteresse nur bei einem kleinen Teil des gebuchten Gebäudeeigentums zu vermuten ist. Diese Überlegungen haben im Verlauf der Beratungen des Verordnungsentwurfs[8] zur Aufnahme weiterer Ausnahmetatbestände geführt (Abs 5 S 1 Nrn 2 und 3). Sie sind inzwischen durch die Überschreitung des Zeitlimits (Abs 5 Nr 1) bedeutungslos geworden.

III. Zur Eintragung und Löschung des Widerspruchs

7 1. Die **Eintragung** eines Widerspruchs nach Maßgabe des § 11 Abs 1 und 5 findet nur noch statt, falls der Antrag für die in den §§ 3, 5 oder 6 vorgesehenen Eintragungen vor dem 31.12.1996 bei dem GBA eingegangen ist. Die Eintragungsstelle dafür ist in Abs 2 bestimmt. Nicht ausdrücklich bestimmt ist, wie der durch den Widerspruch Begünstigte im Grundbuch zu bezeichnen ist. Insofern ist inzwischen anerkannt,[9] dass es dem Sinn der Vorschrift entspricht, den Widerspruch zugunsten des »jeweiligen Eigentümers« des zu belastenden oder betroffenen Grundstücks einzutragen bzw dort, wo dies anfänglich nicht geschehen ist, im Wege der Klarstellung nachzuholen.

8 2. Die **Löschung** eines eingetragenen, aber nach Abs 3 gegenstandslos gewordenen Widerspruchs soll nach Abs 4 vom Amts wegen erfolgen, aber ohne deswegen ein besonderes Amtsverfahren einzuleiten. Zwingend soll die Löschung nur sein, wenn im Grundstücksgrundbuchblatt oder Gebäudegrundbuchblatt eine Eintragung vorgenommen wird, weil dann ein zusätzlicher Aufwand nicht entsteht. Hinnehmbar ist dies, wenn in der Eintragung die Eigenart dieses Widerspruchs kenntlich gemacht ist[10] und somit für den Leser der Zeitpunkt der Gegenstandslosigkeit errechenbar ist. Systemfremd ist, dass für den Nachweis der löschungshemmenden Tatsachen die Form des § 29 GBO eingehalten werden soll.[11]

---

4 BR-Drs 629/94 S 47 (*Schmidt-Räntsch/Sternal/Baeyens* (S 34/35).
5 BR-Drs 629/94 S 48 (*Schmidt-Räntsch/Sternal/Baeyens* S 35/36).
6 *Flik* DtZ 1996, 162, 163.
7 *Keller* MittBayNot 1994, 389, 395, vergleicht ihn mit dem Widerspruch nach § 38 Abs 1 Buchst b Nr 2 S 2 GBV.
8 BR-Drs 629/1/94 S 6; *Schmidt-Räntsch/Sternal* DtZ 1994, 262, 264.
9 *Schmidt-Räntsch/Sternal/Baeyens,* S 36/37; *Moser-Merdian/Flik/Keller* S 144.
10 Als »Widerspruch gemäß § 11 GGV«, wie im Eintragungsmuster von *Schmidt-Räntsch/Sternal/Baeyens* Anlage 2 a; ebenso *Moser-Merdian/Flik/Keller* Muster 2.
11 *Keller* MittBayNot 1994, 389, 396.

§ 12 Aufhebung des Gebäudeeigentums

(1) Die Aufhebung eines Nutzungsrechts oder Gebäudeeigentums nach Artikel 233 § 4 Abs 5 des Einführungsgesetzes zum Bürgerlichen Gesetzbuche oder nach § 16 Abs 3 des Vermögensgesetzes ist in der zweiten Abteilung des Grundbuchs des oder der belasteten oder betroffenen Grundstücke oder Flurstücke einzutragen, wenn das Recht dort eingetragen ist; ein vorhandenes Gebäudegrundbuchblatt ist zu schließen.

(2) Sofern im Falle des Absatzes 1 eine Eintragung im Grundbuch des belasteten Grundstücks oder die Schließung des Gebäudegrundbuchblattes nicht erfolgt ist, sind diese bei der nächsten in einem der Grundbuchblätter anstehenden Eintragung nachzuholen. Ist das Grundbuchblatt des belasteten Grundstücks infolge der Aufhebung des Nutzungsrechts oder Gebäudeeigentums gemäß Absatz 1 geschlossen oder das belastete oder betroffene Grundstück in das Gebäudegrundbuchblatt übertragen worden, so gilt ein als Grundstücksgrundbuchblatt fortgeführtes Gebäudegrundbuchblatt als Grundbuch im Sinne der Grundbuchordnung.

(3) Sind die für Aufhebung des Nutzungsrechts oder Gebäudeeigentums erforderlichen Eintragungen erfolgt, ohne daß eine Aufgabeerklärung nach Artikel 233 § 4 Abs 5 des Einführungsgesetzes zum Bürgerlichen Gesetzbuche dem Grundbuchamt vorgelegen hat, hat das Grundbuchamt die Erklärung von dem eingetragenen Eigentümer des Grundstücks bei der nächsten in einem der Grundbuchblätter anstehenden Eintragung nachzufordern. Ist der jetzt eingetragene Eigentümer des Grundstücks nicht mit dem zum Zeitpunkt der Schließung des Grundbuchblattes für das Grundstück oder das Gebäude eingetragenen Eigentümer des Gebäudes identisch, so hat das Grundbuchamt die in Satz 1 bezeichnete Erklärung von beiden anzufordern. Nach Eingang der Erklärungen hat das Grundbuchamt die seinerzeit ohne die notwendigen Erklärungen vorgenommenen Eintragungen zu bestätigen; Absatz 2 Satz 2 gilt entsprechend. Wird die Erklärung nicht abgegeben, werden Grundstück und Gebäude in der Regel wieder getrennt gebucht.

I. Vorbemerkung

§ 12 enthält eine **Regelung für verschiedene Tatbestände.** Abs 1 regelt zunächst die Eintragung der regulä- **1** ren Nutzungsrechts- bzw Gebäudeeigentumsaufhebung, enthält die grundbuchtechnische Regelungen zur Umsetzung der materiellen Normen über die Aufhebung von Nutzungsrecht und Gebäudeeigentum. Die Abs 2 und 3 enthalten Regelungen zur Behebung von Defiziten, die auf fehlerhaft behandelten Aufhebungsfällen der Vergangenheit beruhen.

II. Vollzug der regulären Aufhebung im Grundbuch (Abs 1)

1. Funktionelle Bedeutung der Eintragung

a) Konstitutive Eintragung. Nach Art 233 § 4 Abs 6[1] EGBGB richtet sich die **rechtsgeschäftliche Aufhe-** **2** **bung des Nutzungsrechts** nach den §§ 875, 876 BGB mit der Folge, dass mit der wirksamen Aufhebung außer dem Nutzungsrecht auch das Gebäudeeigentum erlischt und das Gebäude (idR gemäß § 94 BGB wesentlicher) Bestandteil des Grundstücks wird, so dass sich schließlich das Eigentum am Grundstück auf das Gebäude erstreckt. Aufgehoben wird das Nutzungsrecht, das Gebäudeeigentum erlischt kraft Gesetzes. Das eingetragene Nutzungsrecht erlischt durch materiellrechtlich formfreie Aufhebungserklärung mit Zustimmung etwaiger am Gebäudeeigentum eingetragener dinglich Berechtigter und Löschung des Rechts im Grundstücksgrundbuch.

---

1 Als Abs 5 eingefügt durch das 2. VermRÄndG, unverändert verschoben in Abs 6 durch das SachenRÄndG.

Grundbuchverfahrensrechtlich bedürfen die Erklärungen der Form des § 29 GBO. Für das **nutzungsrechts-lose Gebäudeeigentum** gilt nach Art 233 § 2b Abs 4 EGBGB das Gleiche, nur dass in diesem Fall das Gebäudeeigentum direkt Gegenstand der Aufhebungsverfügung ist. Abs 1 bestimmt, an welcher Stelle die nach § 875 BGB erforderliche konstitutive Eintragung (Löschung) zu buchen ist (dazu Rdn 8).[2]

3 Eine **Teilaufhebung** des Nutzungsrechts bzw des nutzungsrechtslosen Gebäudeeigentums an einem Teil der Nutzfläche ist denkbar, zB dann, wenn die betreffende Bodenfläche lastenfrei gestellt werden soll und es einer Enthaftungserklärung des Nutzungsberechtigten (Teilaufhebungserklärung gemäß § 875 BGB) – ggf der Zustimmung der Berechtigten gemäß § 876 BGB – bedarf, weil der in § 14 Abs 4 geregelte Fall nicht gegeben ist. In diesem Falle wird meistens eine eintragungslose Löschung gemäß § 46 Abs 2 GBO stattfinden können, nämlich dann, wenn die enthaftete Teilfläche abgeschrieben (auf ein anderes Grundbuchblatt übertragen) wird.

4 **b) Wirksamkeit ohne Eintragung.** Ohne Eintragung wirksam wird nach Maßgabe des Art 233 § 4 Abs 6 S 2 EGBGB die Aufhebung eines Nutzungsrechts bzw Gebäudeeigentums, das nicht im Grundbuch des belasteten bzw betroffenen Grundstücks eingetragen ist. Notwendig ist eine notariell beurkundete Erklärung (§ 128 BGB) des Gebäudeeigentümers, die beim Grundbuchamt in den Grundakten des bisher gebäudeeigentumsbelasteten Grundstücks genommen wird; eine Voreintragung des Gebäudeeigentums mit anschließender Eintragung der Aufhebung des Gebäudeeigentums erfolgt im Grundstücksgrundbuch nicht.

5 **c) Berichtigende Eintragung.** Abs 1 bezieht sich auch auf § 16 Abs 3 VermG, wonach ein *unredlich erworbenes dingliches Nutzungsrecht* (dazu § 4 Abs 2, 3 VermG) im Restitutionsfall vom Amt zur Regelung offener Vermögensfragen durch einen förmlichen Bescheid (Verwaltungsakt gemäß § 33 Abs 3 VermG) aufzuheben ist, ebenfalls mit der Folge, dass mit der Aufhebung des Nutzungsrechts auch das Gebäudeeigentum erlischt und das Gebäude Grundstücksbestandteil wird. Die Löschung des Nutzungsrechts ist in diesem Fall eine Grundbuchberichtigung; sie erfolgt nach § 38 GBO iVm § 34 VermG (nur) auf Ersuchen des Amtes zur Regelung offener Vermögensfragen.[3]

6 Einem unredlich erworbenen Nutzungsrecht gebührt generell kein Bestandsschutz. Um die Eigentümer von nicht unter das VermG fallenden Grundstücken nicht zu benachteiligen, ist mit dem SachenRÄndG in Art 233 § 4 EGBGB ein neuer Abs 5 eingefügt worden,[4] der den Eigentümern nicht restitutionsbelasteter Grundstücke für begrenzte Zeit (bis 31.12.2000) einen im Zivilrechtsweg zu verfolgenden Anspruch gegen den Nutzer auf Aufhebung eines solchen Nutzungsrechts »durch gerichtliche Entscheidung« (Gestaltungsurteil) einräumt. Die Rechtsfolgen dieser Nutzungsrechtsaufhebung (gleich denen nach § 16 Abs 3 VermG) treten in diesem Fall mit Rechtskraft des Urteils ein.[5] Die Löschung des Nutzungsrechts ist ebenfalls Grundbuchberichtigung, in diesem Falle nach den Regeln der §§ 13, 22, 29 GBO vom Eigentümer unter Vorlage des mit Rechtskraftbescheinigung versehenen Urteils zu beantragen. Im Text des Abs 1 hat die Erweiterung des Art 233 § 4 EGBGB zwar keine Berücksichtigung mehr gefunden, dennoch erstreckt sich die Regelung sinngemäß auch auf diesen Aufhebungsfall.

2. Zum Ziel der Aufhebung

7 Die Rechtsfolgen der Aufhebung des Nutzungsrechts bzw des Gebäudeeigentums sind ihr Ziel: Die BGB-fremde Dualität von Gebäudeeigentum und Grundstückseigentum wird in BGB-konformes einheitliches Immobiliareigentum überführt. Die Aufhebung ist nötig, weil durch die Vereinigung beider Rechtsinstitute in einer Hand dem liegenschaftsrechtlichen Grundsatz des § 889 BGB gemäß keine Konsolidation eintritt.[6]

Das Gesetz (§ 78 Abs 1 S 3 bis 6 SachenRBerG) verpflichtet denjenigen, in dessen Hand das Gebäudeeigentum und Grundstückseigentum zusammentreffen, dann zur Aufgabe des Gebäudeeigentums, wenn es unbelastet ist oder die Grundpfandrechte Eigentümerrechte geworden sind – Grundschuldgläubiger sind zur Rechtsaufgabe verpflichtet, wenn der Rückgewähranspruch fällig ist –; die Erfüllung dieser Pflichten kann das GBA nach Maßgabe der §§ 82 bis 84 GBO, § 33 FGG erzwingen.

Zur Aufhebung von belastetem Gebäudeeigentum bedarf der Eigentümer der Zustimmung der Inhaber der belastenden Rechte (vgl Rdn 2), zur Löschung im Grundbuch dementsprechend ihrer Bewilligung. Während dieser Phase ist es Sache des Eigentümers, die Aufhebung des Nutzungsrechts bzw des Gebäudeeigentums zu betreiben. § 78 Abs 2 SachenRBerG gibt ihm einen gesetzlichen Anspruch gegen die Berechtigten auf Erteilung der benötigten Zustimmungen Zug um Zug gegen die Eintragung inhalts- und ranggleicher Rechte am Grundstück.

---

2 Zur Aufhebung des Gebäudeeigentums und den erforderlichen Bescheinigungen hierzu, Böhringer NotBZ 1999, 68; zum Aufhebungszwang des § 78 SachenRBerG beim Gebäudeeigentum, Böhringer VIZ 2004, 345. Kurzüberblick: *Böhringer* Rpfleger 1995, 51, 52.

3 *Böhringer* Rpfleger 1995, 51 und 139.

4 Als Abs 5 eingefügt durch das 2. VermRÄndG, unverändert verschoben in Abs 6 durch das SachenRÄndG.

5 *Böhringer* Rpfleger 1995, 51, 53; *ders* Rpfleger 1995, 139, 141; außerdem *Staudinger-Rauscher* (1996) EGBGB Art 233 § 4 Rn 78.

6 Die Gegenansicht des LG Schwerin, DNotZ 1993, 512, ist zu Recht auf einhellige Ablehnung gestoßen.

3. Zur Eintragung (Löschung)

Die Eintragung der Aufhebung bzw die Löschung des Nutzungsrechts oder des Gebäudeeigentums in den vor- **8**
stehend (Rdn 2 bis 5) bezeichneten Fällen ist nach der in Abs 1 ausdrücklich getroffenen Bestimmung **im
Grundstücksgrundbuch zu buchen** (falls das Recht dort eingetragen ist oder wird); **außerdem** ist die
Schließung eines vorhandenen Gebäudegrundbuchblattes besonders vorgeschrieben. Die Regelung lässt
die Anlehnung an § 16 ErbbauRG erkennen. Für die Funktionskraft der Eintragung (das gilt für Löschung
gemäß § 875 BGB) ist es wichtig, dass sie im »richtigen« Grundbuch erfolgt (dazu § 3 GGV Rdn 3); aufgrund
der Regelung in Abs 1 gibt es keinen Zweifel darüber.

Buchungsstelle sind die Spalten 6/7 in Abteilung II des Grundstücksgrundbuchs (§ 10 Abs 6, 7 GBV); Wortlaut des Eintragungsvermerks in Spalte 7: »*Gelöscht am …*« oder auch »*Infolge Aufhebung gelöscht am …*«; die
Rötung richtet sich nach § 17 Abs 2 GBV. Die Eintragung einer Teilaufhebung (Enthaftung) ist, falls nicht
gemäß § 46 Abs 2 GBO vollziehbar (dazu Rdn 3), in den Spalten 4/5 zu buchen (dazu § 10 GBV Rdn 48),
Wortlaut des Eintragungsvermerks in Spalte 5 etwa wie in Abteilung III gebräuchlich (dazu § 11 GBV Rdn 53).

Die **Schließung des Gebäudegrundbuchs** hat keine materiellrechtliche Funktion, sondern ist eine rein
grundbuchtechnische Maßnahme gemäß § 36 GBV; Schließungsvermerk: »*Wegen Aufhebung des Nutzungsrechts
(Gebäudeeigentums) geschlossen am …*«. Vor der Schließung ist im Gebäudegrundbuchblatt nach § 3 Abs 4 S 6 die
Löschung in den Spalten 7/8 des Bestandsverzeichnisses zu vermerken; etwa: »*1 | Das Nutzungsrecht (Gebäude-
eigentum) ist gelöscht. Hier vermerkt am …*«. Die Rötung richtet sich nach § 3 Abs 5.

III. Behebung von Defiziten (Abs 2 und 3)

1. Vorbemerkung zu den ursächlichen Umständen

Nutzungsberechtigten an volkseigenen Grundstücken wurde noch vor dem Beitritt durch die Gesetze vom **9**
07.03.1990[7] und vom 22.07.1990[8] die viel gebrauchte Möglichkeit eröffnet, das Eigentum am genutzten Boden
käuflich zu erwerben. Bei der Abwicklung dieser frühen »Komplettierungsfälle«, aber auch in anderen Fällen,
ist es aufgrund anfänglicher Undeutlichkeiten in den Übergangsbestimmungen und Unsicherheiten über die
Tragweite der neuen Vorschriften des BGB und des EGBGB zu defizitären Durchführungen gekommen, sind
insb Gebäudegrundbuchblätter geschlossen oder Nutzungsrechte gelöscht worden ohne Beachtung der Grundsätze der §§ 875, 876 BGB,[9] sind der Einfachheit halber auch Grundstücksgrundbuchblätter geschlossen und die
dazugehörigen Gebäudegrundbuchblätter als Grundbuch für das Grundstück weitergeführt worden.[10]

2. Grundbuchvollzugsmängel (Abs 2)

Abs 2 betrifft Versäumnisse des Grundbuchamtes beim Vollzug der Aufgabe oder Aufhebung des Nutzungs- **10**
rechts oder des Gebäudeeigentums im Grundbuch. **Allgemein dazu:** In Text und Begründung des § 12 ist die
Möglichkeit der »Löschung durch Nichtmitübertragung« gemäß § 46 Abs 2 GBO nicht in Erwägung gezogen,
obwohl diese Variante der Löschung, die den Löschungsvermerk im Grundbuch ersetzt, vermutlich in einem
Großteil der in den Abs 2 und 3 angesprochenen Fälle Nachholmaßnahmen erübrigt. Der Anwendungsbereich
des § 46 Abs 2 GBO ist weit gefasst, er umfasst auch die Fälle der Grundbuchblattumschreibung (dazu § 46
GBO Rdn 70). Die Anwendung des § 46 Abs 2 GBO ist lediglich ausgeschlossen für die bis zum 02.10.1990
gestellten Eintragungsanträge (§ 144 Nr 6 GBO).[11]

**a) Unterbliebene Löschung im Grundstücksgrundbuch und/oder Schließung des Gebäudegrund-
buchblattes (Abs 2 S 1).** Abs 2 S 1 ist gedacht für Fälle, in denen zwar von den Beteiligten die zur Löschung **11**
des Nutzungsrechts bzw des Gebäudeeigentums nötigen Unterlagen (Aufgabeerklärung bzw Löschungsbewilli-
gung des Gebäudeeigentümers nebst Zustimmung eventueller dinglich Berechtigter am Gebäudeeigentum oder
Bescheid nach § 16 Abs 3 VermG) in der gehörigen Form beigebracht worden sind, eine ordnungsmäßige
Löschung des Nutzungsrechts im Grundbuch des betroffenen Grundstücks und/oder die Schließung des
Gebäudegrundbuchblattes aber unterblieben ist. Zur Erledigung des damaligen Löschungsantrags gehörte die
Anbringung des Löschungsvermerks im Grundstücksgrundbuch und die deklaratorische Schließung des
Gebäudegrundbuchblattes. Ohne Löschungsvermerk im Grundstücksgrundbuch ist die rechtsgeschäftliche Auf-
hebung des Nutzungsrechts/Gebäudeeigentums noch nicht vollzogen, auch wenn zB das Gebäudegrundbuch-
blatt geschlossen worden ist. Wurde zwar ein Löschungsvermerk im Grundstücksgrundbuch gebucht ohne das

---

7 Gesetz über den Verkauf volkseigener Gebäude (GBl I Nr 18 S 157).

8 Gesetz über die Übertragung des Eigentums und die Verpachtung volkseigener landwirtschaftlich genutzter Grundstücke
   an Genossenschaften, Genossenschaftsmitglieder und andere Bürger (GBl I Nr 49 S 819).

9 Der deren Anwendbarkeit klarstellende Abs 5 (jetzt 6) ist erst durch das 2. VermRÄndG eingefügt worden.

10 Begr BR-Drs 629/94 S 49 (*Schmidt-Räntsch/Sternal/Baeyens* S 40); dazu *Schmidt-Räntsch/Sternal* DtZ 1994, 262, 265;
    Keller MittBayNot 1994, 389, 399.

11 Im Grundbuchverfahrensrecht der ehemaligen DDR findet sich keine entsprechende Vorschrift.

Gebäudegrundbuchblatt zu schließen, so ist gleichwohl ein gutgläubiger Erwerb des Gebäudeeigentums nach Art 233 § 4 Abs 1 S 3 EGBGB nicht möglich.

12 Angeordnet ist die **Nachholung des Versäumten** bei der nächsten in einem der Grundbuchblätter anstehenden Eintragung. Die sukzessive Mangelbehebung ist sicherlich mit Rücksicht auf die ohnehin große Arbeitslast der GBÄmter zugelassen worden. Zu bedenken ist, dass bei versäumter Löschung im Grundstücksgrundbuch die *rechtsgeschäftliche* Aufhebung des Nutzungsrechts bzw des Gebäudeeigentums noch der Vollendung harrt, so dass die in Art 233 § 4 Abs 6 S 3 EGBGB vorgesehenen Rechtsfolgen des Erlöschens des Gebäudeeigentums und der Verknüpfung des Gebäudes mit dem Grundstück als dessen Bestandteil noch nicht eingetreten sind, sondern das vom Grundstückseigentum getrennte Gebäudeeigentum fortbesteht. Für die Anwendung des § 46 Abs 2 GBO (vgl Rdn 10) ist im Rahmen der in Satz 1 getroffenen Bestimmung kein Raum, wenn das Grundstück nicht auf ein anderes Grundbuchblatt übertragen wurde.

13 **b) »Umfunktionierung« des Gebäudegrundbuchs zum Grundstücksgrundbuch (Abs 2 S 2)**. Richtigerweise war die Löschung des Nutzungsrechts im Grundstücksgrundbuch einzutragen, das Gebäudegrundbuchblatt zu schließen und das Grundstücksgrundbuchblatt für das Grundstück weiterzuführen (wie jetzt in Abs 1 angeordnet). Die **anfängliche Praxis** der GBÄmter bestand jedoch häufig darin, das hinzuerworbene ehemals volkseigene Grundstück von dem Grundbuchblatt, auf welchem es (oft mit einer Vielzahl anderer volkseigener Grundstücke) gebucht war, auf das Gebäudegrundbuchblatt zu übertragen, dort anschließend die sich auf das Gebäude beziehenden Vermerke und Eintragungen einfach zu röten und dann das Blatt für das Grundstück weiterzuführen. Ein **definitiver Vollzug** der in den Kaufverträgen vielfach beantragten Vereinigung von Gebäude und Grundstück oder Zuschreibung des Gebäudes als Bestandteil des Grundstücks ist dabei **oft unterblieben**, auch die ordnungsmäßige Aufhebung und Löschung des Nutzungsrechts. Für die Beteiligten, Notar und GBA war damals das aus dem Grundbuch ersichtliche Ergebnis von ausschlaggebender Bedeutung: Ein Grundbuchblatt für das Grundstück mit dem vormaligen Nutzungsberechtigten als Eigentümer und den Belastungen des Gebäudes in Abteilung III.[12]

14 Der Verordnungsgeber ist davon ausgegangen,[13] dass die geschilderte Vorgehensweise in sehr vielen Fällen vorgekommen ist und dass die nachträgliche Schließung der »umfunktionierten« Gebäudegrundbuchblätter und Anlegung neuer Grundstücksgrundbuchblätter praktisch nicht vertretbar ist. In Abs 2 S 2 ist deshalb **in Anlehnung an § 144 Abs 1 S 1 Nr 3 GBO bestimmt worden, dass diese Gebäudegrundbuchblätter als Grundstücksgrundbücher gelten**. Der Verordnungsgeber sieht darin eine *Klarstellung*, dass das Grundstück in dem (ehemaligen) Gebäudegrundbuchblatt ordnungsgemäß gebucht ist. Dies ist zutreffend. Bereits mit der praktizierten »Umfunktionierung«, der Übertragung des Grundstücks auf das bis dahin für das Gebäudeeigentum geführte Grundbuchblatt, ist dieses Grundbuchblatt für das Grundstück zum Grundbuch iS des BGB geworden; denn nach § 3 Abs 1 S 2 bzw § 4 GBO ist Grundbuch iS des BGB dasjenige Grundbuchblatt, in dem das Grundstück gebucht ist, mit der Konsequenz, dass Rechtsänderungen bezüglich dieses Grundstücks der Eintragung in eben jenes Blatt bedürfen, um wirksam zu werden. Die Entscheidung zwischen Realfolium (§ 3 Abs 1 GBO) und Personalfolium (§ 4 GBO) obliegt ohnehin dem Ermessen des GBA (vgl § 4 GBO Rdn 16, 17). Verletzt haben die GBÄmter durch die »Umfunktionierung« der Gebäudegrundbuchblätter zum Grundstücksgrundbuch allenfalls (wenn überhaupt) grundbuchtechnische Vorschriften der GBV, die ihnen solche »Eigenmacht« nicht zustehen. Diese Eigenmacht ist durch die Bestimmung in Abs 2 S 2 im Nachhinein »legalisiert« worden. Die in der Vergangenheit zu Vereinfachungszwecken »umgewidmete« Gebäudegrundbuchblätter gelten künftig auch rechtlich als Grundstücksgrundbücher, wobei klarstellende Vermerke nicht erforderlich sind.

15 **Echter Heilungsbedarf** besteht, **wo die Löschung des Nutzungsrechts bzw des Gebäudeeigentums noch aussteht** (dazu Rdn 10, 11). Die Löschung ist alsbald nachzuholen, um die rechtlichen Tatbestandsvoraussetzungen für die Vereinheitlichung des Immobiliareigentums zu vervollkommnen. Zu beachten ist, dass die **Löschung in dem umfunktionierten Grundbuchblatt** vorgenommen wird; in dem vorher für das Grundstück geführten Grundbuchblatt, selbst wenn es wegen weiterer Bestände nicht geschlossen ist, wäre sie wirkungslos, weil nicht in dem nach § 3 Abs 1 S 2 bzw § 4 GBO kompetenten Grundbuch gebucht. Nicht mehr nachgeholt zu werden braucht die Löschung, wenn § 46 Abs 2 GBO greift (dazu Rdn 10), wenn zB bei der Umbuchung des Grundstücks auf das Gebäudegrundbuchblatt das im bisherigen Grundbuch das zu dessen Lasten eingetragene Nutzungsrecht nicht auf das umfunktionierte Blatt übernommen worden ist.

16 Die **Billigung des »Umfunktionierens«** ist in Abs 2 S 2 ausdrücklich **auf die bezeichneten Fälle der Vergangenheit beschränkt**, erstreckt sich nicht auf anders gelagerte Fälle, wie zB die Schließung eines Grundstücksgrundbuchblattes infolge der Übertragung seines Bestandes auf ein anderes Grundstücksgrundbuchblatt,

---

12 *Keller* MittBayNot 1994, 389, 399; ähnlich: Begr BR-Drs 629/94 S 51/52 (*Schmidt-Räntsch/Sternal/Baeyens* S 41) sowie *Schmidt-Räntsch/Sternal* DtZ 1994, 262, 265, hier auch zu den mutmaßlichen Gründen für diese Verfahrensweise.
13 Begr BR-Drs 629/94 S 52 (*Schmidt-Räntsch/Sternal/Baeyens* S 42).

auch nicht auf etwaiges Umfunktionieren nach In-Kraft-Treten der GGV. Hierfür bleibt es bei den Regeln der §§ 3 und 4 GBO und der GBV, insb in den §§ 28 bis 37.

3. Erklärungsmängel (Abs 3)

Abs 3 ist insb gedacht für Fälle,[14] in denen der in den damaligen Verträgen häufigen Antragstellung auf »Schlie- **17** ßung des Gebäudegrundbuchs« oder »Übertragung des Bestandes auf das Grundstücksgrundbuch« gefolgt wurde,[15] aber **auf eindeutige (ausdrückliche) Aufhebungserklärungen oder Löschungsbewilligungen für das Nutzungsrecht nicht geachtet** wurde, weil man damals der Meinung war, dass die schlichte Schlie- ßung des Gebäudegrundbuchblattes oder seine Umfunktionierung zum Grundstücksgrundbuchblatt ausreichen würde, um das Gebäudeeigentum zum Untergang zu bringen, ein Irrtum, der weder im Recht der ehemaligen DDR noch in den Übergangsbestimmungen des EGBGB eine Grundlage hat;[16] Nutzungsrecht und/oder Gebäudeeigentum bestehen fort.

Der Verordnungsgeber meint dazu,[17] grundbuchklare und eindeutige Rechtsverhältnisse könnten nicht anders **18** hergestellt werden als durch die Nachholung der versäumten rechtsgeschäftlichen Erklärungen, nur auf diese Weise erlösche das selbständige Gebäudeeigentum und werde das Gebäude Bestandteil des Grundstücks. Des- halb ist in Satz 1 vorgeschrieben worden, die Aufhebungserklärung in erster Linie vom Eigentümer des Grund- stücks nachzufordern, nicht als Sonderaktion, um die Betroffenen nicht zu beunruhigen und die GBÄmter nicht zusätzlich zu belasten, sondern sukzessiv im Zusammenhang mit einer ohnehin anstehenden Eintragung im Gebäudegrundbuchblatt oder im Grundstücksgrundbuchblatt. Falls in der Zwischenzeit ein Eigentümer- wechsel im Grundstücksgrundbuch eingetragen worden ist, soll nach Satz 2 die Aufhebungserklärung statt wei- terer Nachforschungen vom damals personenverschiedenen Gebäudeeigentümer oder dessen Gesamtrechts- nachfolger und vom gegenwärtig eingetragenen Eigentümer angefordert werden.

Der Verordnungsgeber hat weiter überlegt,[18] welche grundbuchtechnische Maßnahme nach Vorlegung der angeforderten Erklärung angebracht ist. Zu aufwendig und verwirrend erschien die Rückgängigmachung der Schließung des früheren Grundstücksgrundbuchs, um dort die Löschung des dinglichen Nutzungsrechts zu vollziehen und sodann das Gebäudegrundbuchblatt zu schließen. Für angemessen und nötig hielt man es, dass die seinerzeit ohne die notwendigen Erklärungen vorgenommenen Eintragungen einfach an der Stelle, an der sie erfolgt sind, nachträglich bestätigt werden. Auf dieser Abwägung beruht die Vorschrift in S 3. Der Bestäti- gungsvermerk kann lauten: »*Der am … eingetragene Löschungsvermerk gemäß § 12 bs. 3 GGV bestätigt am …*« Die Löschung ist dann erst mit dem Tage des Bestätigungsvermerkes als geschehen anzusehen. Ist nur das Gebäude- grundbuchblatt geschlossen oder umfunktioniert worden, so ist ein Schließungsvermerk zu bestätigen, insbe- sondere aber ist der Löschungsvermerk im Grundstücksgrundbuch erstmals einzutragen; dies ist zwingende Notwendigkeit für die von der GGV angestrebten Herbeiführung einer materiell wirksamen Aufhebung.

Bei Nichtvorlage der erforderten Erklärung soll nach S 4 »das Grundstück und das Gebäude idR wieder getrennt gebucht« werden. An nicht näher aufgeführte Ausnahmen ist gedacht.[19] Unterbleiben kann diese Trennung zB dann, wenn Gebäude- und Grundstückseigentum sich in einer Hand befinden und der Eigentü- mer nach § 78 bs. 1 SachenRBerG verpflichtet ist, das Gebäudeeigentum aufzuheben. Das Grundbuchamt kann nach § 82 GBO iVm § 33 FGG nämlich den Eigentümer auffordern, die erforderlichen Erklärungen nachzurei- chen. Von einer Trennung kann auch abgesehen werden, wenn der heutige Grundstückseigentümer zwar die Abgabe der Erklärung verweigert, das Grundbuchamt aber sicher weiß, wer als damaliger Gebäudeeigentümer gilt und dieser die Aufgabeerklärung abgibt, denn die Aufgabe eines Gebäudeeigentums bedarf – anders als beim Erbbaurecht – nicht der Zustimmung des Grundstückseigentümers.

Stellungnahme: Die veröffentlichten Erwägungen der Verfasser zu der in Abs 3 getroffenen Regelung sind **19** sehr von der Sorge um die Schaffung von Klarheit in grundbuchtechnischer Hinsicht getragen. Die **rechtli- chen Erwägungen greifen** dagegen **zu kurz.** So ist insb zu Recht vorgebracht worden, dass den damaligen Anträgen auf Schließung des Gebäudegrundblattes usw idR *auslegungsweise* durchaus der Wille zur Aufhebung des Nutzungsrechts zu entnehmen ist,[20] so dass es in diesen Fällen unangemessen erscheint, das GBA im Nach- hinein mit der Nachforderung einer förmlichen Aufhebungserklärung zu befassen.

---

14 Begr BR-Drs 629/94 S 53 (*Schmidt-Räntsch/Sternal/Baeyens* S 42) und *Keller* MittBayNot 1994, 389, 400.
15 Denkbar mit ordnungsmäßiger Löschung (eventuell gemäß § 46 Abs 2 GBO) oder ohne hinreichende Löschung des Nutzungsrechts im Grundstücksgrundbuch.
16 Nach *Schmidt-Räntsch/Sternal* DtZ 1994, 262 wurde der Rechtsirrtum mutmaßlich genährt durch den Umstand, dass beim Hinzukauf des Grund und Bodens nach dem Gesetz vom 07.03.1990 regelmäßig die Nutzungsurkunde zurückge- geben wurde.
17 Begr BR-Drs 629/94 S 53 sowie *Schmidt-Räntsch/Sternal* DtZ 1994, 262.
18 Begr BR-Drs 629/94 S 54 (*Schmidt-Räntsch/Sternal/Baeyens* S 42/43).
19 Begr BR-Drs 629/94 S 55 (*Schmidt-Räntsch/Sternal/Baeyens* S 43).
20 *Keller* MittBayNot 1994, 389, 400.

§ 13 Bekanntmachungen

Auf die Bekanntmachungen bei Eintragungen im Grundbuch des mit einem dinglichen Nutzungs-recht belasteten oder von einem Gebäudeeigentum betroffenen Grundstücks oder Flurstücks sowie bei Eintragungen im Gebäudegrundbuchblatt ist § 17 des Erbbaurechtsgesetzes sinngemäß anzuwen-den. Bei Eintragungen im Gebäudegrundbuchblatt sind Bekanntmachungen gegenüber dem Eigen-tümer des belasteten oder betroffenen Grundstücks jedoch nur dann vorzunehmen, wenn das Recht dort eingetragen ist oder gleichzeitig eingetragen wird und der Eigentümer bekannt ist.

1 **I. Satz 1 bestimmt** in Anlehnung an § 17 ErbbauRG **grundsätzlich**, in welchen Fällen und an wen die Bekanntmachung einer Eintragung zu erfolgen hat. Dies gilt sowohl für nach der GGV neu anzulegende Gebäudegrundbuchblätter wie für alte Grundbücher. Entgegenstehendes Landesrecht gilt insoweit nicht mehr.[1]

§ 17 ErbbauRG verweist in Abs 1 S 2 auf die §§ 44 Abs 2 und die §§ 55 bis 55b GBO. Diesem Verweis ist ledig-lich klarstellende Bedeutung beizumessen, ein von der GBO abweichendes Sonderrecht ist dadurch nicht geschaffen. Und die Vorschriften der GBO gelten – soweit Ausnahmen nicht bestimmt sind – ohnehin für die Eintragungen in das Erbbaugrundbuch wie auch für die Eintragungen in das Gebäudegrundbuch. Ausgeklam-mert ist in § 17 Abs 1 S 2 ErbbauRG der die Bekanntmachung des Verzichts auf das Eigentum regelnde Abs 4 des § 55 GBO; das hat seinen Grund darin, dass nach § 11 ErbbauRG der § 928 BGB für das Erbbaurecht nicht gilt. Das ist beim Gebäudeeigentum nicht anders (Art 233 § 4 Abs 1 EGBGB).

2 **II. Satz 2 korrigiert den Grundsatz:** Entsprechend § 17 Abs 1 ErbbauRG wären sämtliche Eintragungen in das Gebäudegrundbuchblatt dem Eigentümer des belasteten oder betroffenen Grundstücks bekannt zu machen. Die Befolgung dieser Vorschrift ist überwiegend unproblematisch, insb auch deshalb, weil bei einer Eintragung in das (dafür anzulegende oder bereits angelegte) Gebäudegrundbuchblatt regelmäßig (Art 233 § 2b Abs 2, § 2c Abs 1 EGBGB) das Gebäudeeigentum im Grundbuchblatt des belasteten oder betroffenen Grundstücks einzu-tragen oder bereits eingetragen ist. Dies gilt jedenfalls für konstitutive Eintragungen, die zum Vollzug einer Ver-fügung des Gebäudeeigentümers erforderlich sind (§§ 873 ff BGB). Nach der Begründung[2] sollen Eintragungen, denen keine rechtsgeschäftliche Verfügung zugrunde liegt, also Eintragungen berichtigender Art, wie die als Beispiele angeführten Eintragungen einer Verfügungsbeschränkung aufgrund eines Hoheitsaktes oder einer Erbfolge, nicht unbedingt die Eintragung des dinglichen Nutzungsrechts oder des Gebäudeeigentums im Grundbuchblatt des Grundstücks voraussetzen. Davon ausgehend, ist in Satz 2 die Anordnung getroffen, dass auf eine Bekanntmachung gegenüber dem Eigentümer des Grundstücks verzichtet werden kann, wenn er eben nicht bekannt ist. Damit soll in diesen Fällen eine schnelle Eintragung sichergestellt werden.

Stellungnahme dazu: Eine nähere Begründung für den vorstehenden Ausgangspunkt ist nicht gegeben. Mut-maßlich stützt sich die Ansicht auf Art 233 § 2c Abs 3 EGBGB, wonach der gutgläubige Erwerb von Rechten am Gebäude (exakt: am Gebäudeeigentum) davon abhängig ist, dass das Gebäudeeigentum auch bei dem belas-teten Grundstück eingetragen ist;[3] Gleiches gilt in Bezug auf die dinglichen Nutzungsrechte nach Art 233 § 4 Abs 1 S 3 EGBGB. Bei berichtigenden Eintragungen kommt naturgemäß ein gutgläubiger Erwerb nicht in Betracht (die §§ 892, 893 BGB gelten nur für den rechtsgeschäftlichen Erwerb).

§ 14 Begriffsbestimmungen, Teilung von Grundstück und von Gebäudeeigentum

(1) Nutzer im Sinne dieser Verordnung ist, wer ein Grundstück im Umfang der Grundfläche eines darauf stehenden Gebäudes einschließlich seiner Funktionsflächen, bei einem Nutzungsrecht ein-schließlich der von dem Nutzungsrecht erfaßten Flächen unmittelbar oder mittelbar besitzt, weil er das Eigentum an dem Gebäude erworben, das Gebäude errichtet oder gekauft hat.

(2) Bestehen an einem Grundstück mehrere Nutzungsrechte, so sind sie mit dem sich aus Artikel 233 § 9 Abs 2 des Einführungsgesetzes zum Bürgerlichen Gesetzbuche ergebenden Rang einzu-tragen.

---

1 Begr BR-Drs 629/94 S 55 (*Schmidt-Räntsch/Sternal/Baeyens* S 43).
2 Begr BR-Drs 629/94 S 55 (*Schmidt-Räntsch/Sternal/Baeyens* S 43).
3 Auf die Interpretation der Vorschrift durch BGH NJW 2003, 202 = Rpfleger 2003, 118 wird hingewiesen (vgl Vor GGV Rdn 3).

(3) Die Teilung oder Vereinigung von Gebäudeeigentum nach Artikel 233 §§ 2b oder 8 des Einführungsgesetzes zum Bürgerlichen Gesetzbuche kann im Grundbuch eingetragen werden, ohne daß die Zustimmung des Grundstückseigentümers nachgewiesen wird. Bei Gebäudeeigentum nach Artikel 233 § 4 jenes Gesetzes umfaßt die Teilung des Gebäudeeigentums auch die Teilung des dinglichen Nutzungsrechts.

(4) Soll das belastete oder betroffene Grundstück geteilt werden, so kann der abgeschriebene Teil in Ansehung des Gebäudeeigentums, des dinglichen Nutzungsrechts oder des Rechts zum Besitz gemäß Artikel 233 § 2a des Einführungsgesetzes zum Bürgerlichen Gesetzbuche lastenfrei gebucht werden, wenn nachgewiesen wird, daß auf dem abgeschriebenen Teil das Nutzungsrecht nicht lastet und sich hierauf das Gebäude, an dem selbständiges Eigentum oder ein Recht zum Besitz gemäß Artikel 233 § 2a des Einführungsgesetzes zum Bürgerlichen Gesetzbuche besteht, einschließlich seiner Funktionsfläche nicht befindet. Der Nachweis kann auch durch die Bestätigung der für die Führung des Liegenschaftskatasters zuständigen Stelle oder eines öffentlich bestellten Vermessungsingenieurs, daß die in Satz 1 genannten Voraussetzungen gegeben sind, erbracht werden.

I. Vorbemerkung

Die Vorschrift soll einige Zweifelsfragen klären. Sie ist nachträglich aufgrund von Empfehlungen des Rechtsausschusses eingefügt worden.[1] **1**

II. Definition des Begriffs »Nutzer« (Abs 1)

Abs 1 definiert den Nutzer entsprechend den BMJ-Empfehlungen zu Artikel 233 § 2b EGBGB.[2] Der Begriff **2** ist hier enger gefaßt als in § 9 SachenRBerG[3] und kennzeichnet alles aus dem Recht zum Besitz des Art 233 § 2a EGBGB Berechtigten. Eine Selbstnutzung des errichteten oder erworbenen Gebäudes ist nicht erforderlich; vielmehr ist der unmittelbare Besitzer dem lediglich mittelbaren Besitzer (Vermieter) gleichgestellt (§ 868 BGB). Nutzer kann nur sein, wer Gebäudeeigentümer ist, wer das Gebäude errichtet oder wer wenigstens einen schuldrechtlichen Kaufvertrag darüber abgeschlossen hat, auch wenn dessen Erfüllung noch aussteht.

III. Rang mehrerer Nutzungsrechte an demselben Grundstück (Abs 2)

Abs 2 regelt die nicht unwichtige Frage, mit welchem Rang mehrere Nutzungsrechte an demselben Grund- **3** stück einzutragen sind und verweist hierzu auf Art 233 § 9 Abs 2 EGBGB. Diese Überleitungsvorschrift bezieht sich auf Rechte an Grundstücken, die nicht der Eintragung in das Grundbuch bedürfen und nicht eingetragen sind. Darunter fallen insb die dinglichen Nutzungsrechte, deren Eintragung nach DDR-Recht zwar möglich und vorgeschrieben, aber in keinem Fall für deren Entstehung erforderlich war, auch nicht beim Erwerb aufgrund des VerkaufsG (dazu § 3 GGV Rdn 7, 8).

1. Zum Rang der Nutzungsrechte überhaupt

a) Zu DDR-Zeiten wurden die durch Verleihung (Verwaltungsakt) begründeten **Nutzungsrechte** durch die **4** Eintragung in das Grundbuch des davon betroffenen volkseigenen Grundstücks keine privatrechtliche Grundstücksbelastung, sondern behielten ihren **öffentlich-rechtlichen Charakter** (vgl §§ 9, 10 Rdn 2). Dementsprechend hieß es in § 4 Abs 3 NutzRG, dass die »Verleihung« des Nutzungsrechts in das Grundbuch einzutragen war. Eine rangbestimmende Rechtsvorschrift gab es nicht und war auch nicht nötig, da Volkseigentum als unbelastbar galt (§ 20 Abs 3 ZGB).

---

1 Dazu BR-Drs 629/1/94 S 8ff (*Schmidt-Räntsch/Sternal/Baeyens* S 45).
2 BAnz 1993 Nr 150. Abgedruckt in »Grundbuch-Info 2« S 25 ff (Infodienst Kommunal Nr 78/1993), in DtZ 1993, 329 ff, in VIZ 1993, 388 ff.
3 *Bauer/von Oefele-Krauß*, GBO, 1. Aufl., E I Rn 371.

5 **b) Nach Überleitung** durch den Einigungsvertrag sind die **Nutzungsrechte zu privatrechtlichen Grundstücksbelastungen geworden.** Hinsichtlich ihres Ranges begnügte man sich zunächst mit der allgemeinen Bestimmung in Art 233 §3 Abs 1 S 1 EGBGB, wonach Rechte, mit denen eine Sache oder ein Recht am Ende des 02.10.1990 belastet war, mit dem sich aus dem bisherigen Recht ergebenden Inhalt und Rang bestehen bleiben, eine die Nutzungsrechte nicht ausschließende, aber hinsichtlich ihres Ranges unklare Regelung.

Erst der durch das 2. VermRÄndG in Art 233 EGBGB eingefügte §9 brachte eine rangbestimmende Sonderregelung, die sich auf alle übergeleiteten (am 02.10.1990 bestehenden) Rechte an Grundstücken bezieht. Die Nutzungsrechte **gehören zu den nicht eintragungsbedürftigen Rechten,** auf die sich **Art 233 §9 Abs 2 EGBGB** bezieht (vgl Rn 3), wonach der Zeitpunkt der Entstehung des Rechts rangbestimmend ist. Allerdings gilt dies nach dieser Gesetzesbestimmung nur, solange die Rechte im Grundbuch nicht eingetragen sind. **Nach ihrer Eintragung** in das Grundbuch bestimmt sich der Rang nach **Art 233 §9 Abs 1 EGBGB,** dh nun kommt es – dem Prinzip des §879 Abs 1 BGB entsprechend – auf die Reihenfolge der Eintragungen an,[4] falls nicht durch Rangvermerke (§45 GBO, §18 GBV) anderes verlautbart ist.

6 **c) Für jetzt noch einzutragende Nutzungsrechte:** Für deren Rang ist nach Art 233 §9 Abs 2 EGBGB der Zeitpunkt der Entstehung des Rechts maßgebend. Entstehungszeitpunkt ist beim Nutzungsrecht des §287 ZGB der in der Urkunde genannte Zeitpunkt über den Beginn des dinglichen Nutzungsrechts, beim Nutzungsrecht nach §291 ZGB das Datum der Ausstellung der Urkunde. Die sich daraus ergebende Rangfolge ist entsprechend §45 Abs 1 GBO im Grundbuch zu verlautbaren. Im Gegensatz zum Erbbaurecht erfordert das Gebäudeeigentum keine erste Rangstelle im Grundbuch.

2. Zum Rang mehrerer Nutzungsrechte untereinander

7 Nach der hier vertretenen Ansicht (vgl §§9, 10 Rdn 11) besteht unter mehreren Nutzungsrechten, die nach den ihnen zugrundliegenden Nutzungsurkunden in Bezug auf dasselbe Grundstück (im Sinne von BGB und GBO) verliehen sind, deren Ausübungsfläche aber verschiedene Teilflächen dieses Grundstücks betreffen, kein Rangverhältnis materiellrechtlicher Qualität. Allerdings ist vorstellbar, dass es mit den in §§9 und 10 zugelassenen Hilfsmitteln zur Grundstücksbestimmung in etlichen Fällen nicht mit Sicherheit feststellbar ist, ob es »Überlappungen« der Ausübungsflächen der Nutzungsrechte gibt. Verschärft wird das Bestimmtheitsproblem bei den Nutzungsrechten, die das Gesetz im Nachhinein um eine unbestimmte Funktionsfläche in dem »für Gebäude der errichteten Art zweckentsprechenden ortsüblichen Umfang« erweitert worden sind (dazu §§9, 10 Rdn 7 bis 9). Gibt es Überlappungen, so ist ein materielles Rangverhältnis gegeben. Weil dies idR nicht mit Sicherheit ausgeschlossen werden kann, ist es ratsam, nach Abs 2 zu verfahren,[5] also die Eintragungen so vorzunehmen, dass die räumliche Reihenfolge der Entstehungszeitfolge entspricht.

3. Verhältnis zu Mitbenutzungsrechten

8 Die generelle Verweisung in Abs 2 auf Art 233 §9 Abs 2 EGBGB hat Bedeutung für den Fall, dass bei der Eintragung eines (oder mehrerer) Nutzungsrechte im Grundbuch bereits ein Mitbenutzungsrecht eingetragen ist. In diesem Fall ist für den Rang der Nutzungsrechte im Verhältnis zum eingetragenen Mitbenutzungsrecht nach Art 233 §9 Abs 2 Halbs 2 iVm Art 233 §5 Abs 3 S 2 und 3 zu berücksichtigen.

IV. Teilung und Vereinigung von Gebäudeeigentum (Abs 3)

9 Abs 3 geht von der Teilungsfähigkeit und Vereinigungsfähigkeit des Gebäudeeigentums aus und regelt die Voraussetzungen dafür. Die Regelung unterscheidet zwischen Gebäudeeigentum mit dinglichem Nutzungsrecht und solchem ohne Nutzungsrecht.

– **Vereinigung:** Es gelten die allgemeinen materiell- und formalrechtlichen Voraussetzungen des §890 Abs 1 BGB und §5 GBO. Möglich ist die Vereinigung mehrerer Gebäudeeigentumsrechte, ebenso die Vereinigung des Gebäudeeigentums mit einem anderen Grundstück als dem mit dem Gebäudeeigentum belasteten Grundstück. Nicht zulässig ist dagegen die Vereinigung des Gebäudeeigentums mit dem belasteten Grundstück, ebensowenig die Vereinigung eines Gebäudeeigentums mit einem Bergwerkseigentum oder einem Erbbaurecht. Für die Vereinigung des nutzungsrechtslosen Gebäudeeigentums ist die Zustimmung des Grundstückseigentümers nicht erforderlich; aus dem Umkehrschluss kann entnommen werden, dass die Zustimmung des Grundstückseigentümers bei der Vereinigung von nutzungsrechtsgestütztem Gebäudeeigentum nötig ist. Die Vereinigung bewirkt keine Inhaltsänderung, weil sich die Ausübung als solche nicht verändert.

---

4 Art 233 §9 Abs 1 EGBGB hat nach hM als lex specialis Vorrang gegenüber den Art 233 §3 Abs 1 S 1 EGBGB, auch für Rechte, deren Eintragung nicht erforderlich war: *Palandt/Bassenge,* 65. Aufl, Rn 2, *Staudinger-Rauscher* (1996) Rn 8, MüKo-*Eckert* Rn 2, je zu Art 233 §9 EGBGB.
5 Ähnlich: *Keller* MittBayNot 1994, 389, 397.

– **Bestandteilszuschreibung:** Möglich ist die Zuschreibung eines Gebäudeeigentums zu einem anderen oder zu einem Grundstück, das gerade nicht mit dem Nutzungsrecht belastet bzw. von dem Gebäudeeigentum betroffen ist. Zulässig ist auch die Zuschreibung des mit dem dinglichen Nutzungsrecht belasteten Grundstücks oder eines anderen Grundstücks zum Gebäudeeigentum (bedeutend wegen der Ausnutzung der Wirkung des § 1131 BGB). Unzulässig ist dagegen die Zuschreibung des Gebäudeeigentums zu dem mit dem Nutzungsrecht belasteten bzw. mit dem Gebäudeeigentum betroffenen Grundstücks (gleiche Rechtslage wie beim Erbbaurecht). Wir ein Grundstück zu einem von einem Gebäudeeigentum betroffenen Grundstück zugeschrieben, so setzt dies keine Ausdehnung des Gebäudeeigentums auf die zuzuschreibende Fläche voraus (anders beim Erbbaurecht).

Im Übrigen nachstehende Ergänzungen:

1. Teilung des Gebäudeeigentums mit Nutzungsrecht

Voraussetzung einer Teilung eines Gebäudeeigentums ist, dass nach der Teilung auf jedem Ausübungteil (Grund- **10** stücksteil) ein selbstständig nutzbares eigenes Bauwerk besteht, denn an einem bloßen Gebäudeteil kann wegen § 93 BGB kein selbstständiges Gebäudeeigentum bestehen. § 14 beantwortet nicht die Frage, ob das Gebäudeeigentum nach §§ 3 oder 8 WEG in Wohnungseigentum aufgeteilt werden kann. Die Regelung geht davon aus, dass die **Teilung des Gebäudeeigentums zwangsläufig die Teilung des dinglichen Nutzungsrechts umfasst**. Das ist zutreffend, eine Folge der Verknüpfung des Nutzungsrechts mit dem Gebäudeeigentum als dessen Bestandteil (Art 231 § 5 Abs 2 EGBGB). Die Teilung stellt sich so gesehen als *ein einziger Verfügungsvorgang* dar. In der Begründung[6] ist angedeutet, dass die **Teilung eine Inhaltsänderung des Nutzungsrechts bewirkt** und deshalb die Zustimmung des Grundstückseigentümers unverzichtbar sei. Die Rechtsteilung steht im Vordergrund (§ 877 BGB). **Konsequenz** dieser Wertung: Der Gedanke liegt nahe, die Teilung im Grundstücksgrundbuch als Veränderung des dort gebuchten Nutzungsrechts einzutragen (mit konstitutiver Wirkung), und sie außerdem im Gebäudegrundbuchblatt zu vermerken – ebenso wie nach hM die Erbbaurechtsteilung gebucht wird (vgl Vor § 54 GBV Rdn 8; § 56 GBV Rdn 26 bis 28). Aber da die Teilung eine spezifische Inhaltsänderung des Nutzungsrechts darstellt, ist sie **im Gebäudegrundbuch mit konstitutiver Wirkung einzutragen** (dazu § 3 GGV Rdn 40). Die buchungstechnische Durchführung im Gebäudegrundbuchblatt kann in (gelockerter) Anlehnung an die Buchungsweise im Erbbaugrundbuch erfolgen (dazu § 56 GBV Rdn 28).

Gläubiger am Gebäudeeigentum brauchen der Teilung nicht zuzustimmen, da deren Rechte als Gesamtrechte fortbestehen. Nicht erforderlich ist die Zustimmung der dinglich Berechtigten am belasteten/betroffenen Grundstück. Eine Teilungsgenehmigung nach den Bestimmungen des BauGB und landesrechtlicher Bauordnungen bedarf es nicht, auch nicht einer Genehmigung nach der GVO.[7]

2. Teilung des Gebäudeeigentums ohne Nutzungsrecht

Hierfür sieht die Regelung keine Besonderheiten vor, nur die Entbehrlichkeit der Zustimmung des Grund- **11** stückseigentümers ist besonders erwähnt. Dies ist richtig. Die Teilung dieses Gebäudeeigentums setzt – anders als beim Erbbaurecht (dazu Vor § 54 GBV Rdn 10) – nicht die vorherige Teilung des Grundstücks voraus. Nötig ist die **Eintragung** der Teilung **im Gebäudegrundbuch**, und zwar im Bestandsverzeichnis gemäß § 3 Abs 4 S 3 Nr 3; dieser Eintragung ist die für das Wirksamwerden der Teilung nötige konstitutive Wirkung beizumessen (entsprechend § 890 BGB). Zur Buchungstechnik: wie Rdn 10 aE.

V. Lastenfreie Abschreibung eines Teiles des belasteten bzw betroffenen Grundstücks (Abs 4)

Zu Recht geht der Verordnungsgeber davon aus, dass der Grundstückseigentümer in seiner Verfügungsmacht **12** durch das Bestehen von selbständigem Gebäudeeigentum nicht behindert ist. Abs 4 bezieht sich speziell auf die Grundstücksteilung und will ggf **dem Grundstückseigentümer den Nachweis erleichtern** (Herabsetzung der Anforderungen, für welche sonst § 1026 BGB analog gelten würde[8]), dass ein abzuschreibender Teil seines Grundstücks nicht mit einem dinglichen Nutzungsrecht belastet oder von einem Gebäudeeigentum oder einem Recht zum Besitz gemäß Art 233 § 2a EGBGB betroffen ist. Der Nachweis, dass der abzuschreibende Teil außerhalb des Ausübungsbereich des dinglichen Nutzungsrechts, Gebäudeeigentums oder des Moratoriumsbesitzrechts liegt, kann sich schon aus dem Grundbuch oder den Grundakten gemäß § 10 ergeben; dann besteht Offenkundigkeit, ansonsten kann eine Karte (Bestätigung) der Katasterbehörde oder eines Vermessungsingenieurs (vergleichbar § 10 Abs 2 S 2) vorgelegt werden. Verwiesen wird auch auf die Erläuterungen zu § 12. Dort ist die Möglichkeit der rechtsgeschäftlichen Teilaufhebung (Enthaftung) erörtert für den Fall, dass ein Nachweis iS des Abs 4 nicht gelingt (§ 12 GGV Rdn 3). Die dortigen Hinweise zum Grundbuchvollzug (§ 12 GGV Rdn 8) sind auch relevant für den Fall, dass der in Abs 4 vorgesehene Nachweis erbracht werden kann.

---

6 BR-Drs 629/1/94 S 8ff (*Schmidt-Räntsch/Sternal/Baeyens* S 45).
7 Ausführlich Böhringer DtZ 1996, 294; ders, NotBZ 1999, 68.
8 *Bauer/von Oefele-Krauß*, GBO, 1. Aufl., E I Rn 388.

§ 15 Überleitungsvorschrift

(1) Es werden aufgehoben:

1. § 4 Abs 3 des Gesetzes über die Verleihung von Nutzungsrechten an volkseigenen Grundstücken vom 4. Dezember 1970 (GBl. I Nr 24 S 372),

2. § 10 Abs 1 der Verordnung über die Sicherung des Volkseigentums bei Baumaßnahmen von Betrieben auf vertraglich genutzten nichtvolkseigenen Grundstücken vom 7. April 1983 (GBl. I Nr 12 S 129),

3. Nummer 9 Abs 3 Buchstabe a, Nummer 12 Abs 2 Buchstabe a, Nummer 18 Abs 2, Nummer 40 und Nummer 75 Abs 3 sowie Anlage 16 der Anweisung Nr 4/87 des Ministers des Innern und Chefs der Deutschen Volkspolizei über Grundbuch und Grundbuchverfahren unter Colidobedingungen – Colido-Grundbuchanweisung – vom 27. Oktober 1987.

Nach diesen Vorschriften eingetragene Vermerke über die Anlegung eines Gebäudegrundbuchblattes sind bei der nächsten anstehenden Eintragung in das Grundbuchblatt für das Grundstück oder für das Gebäudeeigentum an die Vorschriften des § 5 Abs 2 und 3, § 6, § 9 Abs 3 und § 12 anzupassen.

(2) § 4 Abs 1 gilt nicht für Gebäudegrundbuchblätter, die vor dem Inkrafttreten dieser Verordnung angelegt worden sind oder für die der Antrag auf Anlegung vor diesem Zeitpunkt bei dem Grundbuchamt eingegangen ist.

(3) § 14 Abs 2 und 3 gilt nur für Eintragungen, die nach Inkrafttreten dieser Verordnung beantragt worden sind.

I. Zu Abs 1

1. Aufhebung bisheriger Vorschriften des DDR-Rechts (S 1)

1 In § 15[1] Abs 1 sind zunächst die früheren Vorschriften über die Kenntlichmachung von Gebäudeeigentum im Grundbuchblatt für das betroffene Grundstück außer Kraft gesetzt worden, nicht rückwirkend, sondern mit Wirkung ab 01.10.1994, dem Zeitpunkt des In-Kraft-Tretens der GGV (vgl Vor GGV Rdn 1). Die aufgehobenen Vorschriften sind unter Nrn 1, 2 und 3 katalogisiert (die aufgehobene Anlage 16 der Colido-Grundbuchanweisung enthielt eine Regelung für die Benachrichtigung der Beteiligten). Bis zur Außerkraftsetzung waren sie nach den Maßgaben des Einigungsvertrages, jetzt § 144 Abs 1 Nr 4 S 2 GBO, weiter anzuwenden. **Ersetzt ist eine uneinheitliche Regelung** (nach den bisherigen Vorschriften waren die dinglichen Nutzungsrechte in Abteilung II einzutragen, jedoch nur bei volkseigenen, nicht bei LPG-genutzten Grundstücken; nach § 459 ZGB entstandenes Gebäudeeigentum war dagegen in Abteilung I einzutragen) **durch eine einheitliche Regelung** (Eintragungen in Abteilung II nach Maßgabe der §§ 5 bis 7 GGV).

2. Anpassung bisheriger Eintragungen (S 2)

2 Der Verordnungsgeber[2] hielt es für wenig sinnvoll, dort, wo **die Eintragung bzw ein Vermerk des Nutzungsrechts** aufgrund der aufgehobenen Vorschriften[3] **bereits in Abteilung II** erfolgt ist, diese völlig neu zu vollziehen. Stattdessen sollen solche Eintragungen bei der nächsten anstehenden Eintragung im Grundbuchblatt für das Grundstück oder für das Gebäudeeigentum an die diesbezüglichen Vorschriften der GGV (genannt sind: § 5 Abs 2 und 3, § 9 Abs 3 und § 12) angepaßt werden. Der Anpassungsvermerk ist in Abt. II des Grundstücksgrundbuchs zu buchen; der **klarstellende Charakter des Vermerks** ist zweckmäßigerweise zum Ausdruck zu bringen (dazu § 10 GBV Rdn 36, 37).

3 Der weitere Verweis auf § 6 soll besagen, dass der aufgrund der bisherigen Vorschriften[4] **in Abteilung I** erfolgte Vermerk: »Es besteht Volkseigentum an baulichen Anlagen«, der den Anforderungen des Art 233 § 2c Abs 1 iVm § 8 EGBGB nicht mehr genügt, bei der nächsten anstehenden Eintragung im Gebäudegrundbuchblatt oder im Grundbuchblatt des betroffenen Grundstücks nach Maßgabe des § 6 in Abteilung II einzutragen ist, dh

---

1 Begr BR-Drs 629/94 S 56 (*Schmidt-Räntsch/Sternal/Baeyens* S 46): § 14.
2 Begr BR-Drs 629/94 S 56 (*Schmidt-Räntsch/Sternal/Baeyens* S 46): § 14.
3 § 4 Abs 3 NutzRG iVm Nr 12 Abs 2 Buchst a und Nr 75 Abs 3 der Colido-Grundbuchanweisung.
4 Nr 9 Abs 3 Buchst a der Colido-Grundbuchanweisung.

als »Gebäudeeigentum gemäß Art 233 § 8 EGBGB für den jeweiligen Gebäudeeigentümer unter Bezugnahme auf das Gebäudegrundbuch Blatt ... Eingetragen am ...«. Bisherige Vermerke in der ersten Abteilung (Vermerk des Gebäudeeigentümers gemäß § 459 ZGB) sind demnach zu röten und eine völlige Neueintragung in der zweiten Abteilung vorzunehmen.

II. Zu Abs 2

Für Grundbücher, die vor dem Inkrafttreten der GVO angelegt waren oder deren Anlegung vor diesem Zeit-   **4**
punkt beantragt war, gelten die bisherigen Vorschriften. Dies hat Bedeutung für das Gebäudeeigentum, für das ein Nachweis für die tatsächliche Existenz (Errichtung) des Gebäudes nicht geführt wurde. Diese Vorschrift berücksichtigt nach der Begründung,[5] dass in der Vergangenheit **Gebäudegrundbuchblätter** auch **angelegt worden sind, wenn das Gebäude noch nicht vorhanden** war. Wo das der Fall ist, ist das Gebäudegrundbuchblatt für noch nicht entstandenes Gebäudeeigentum angelegt worden (vgl § 4 GGV Rdn 7). Für diesen Fall will die Vorschrift verhindern, dass das Blatt im Falle immer noch ausstehender Gebäudeerrichtung im Hinblick auf § 4 Abs 1 geschlossen wird. Geregelt ist dies in der Weise, dass § 4 Abs 1 generell nicht gelten soll für bereits angelegte Gebäudegrundbuchblätter sowie solche, deren Anlegung vor dem In-Kraft-Treten der GGV beantragt war. Insoweit soll es bei den früheren Vorschriften bleiben. Durch nachträgliche Errichtung des Gebäudes kann das Gebäudeeigentum auch jetzt noch entstehen.

III. Zu Abs 3

Dieser Vorschriftenteil enthält die für § 14 erforderliche **Übergangsregelung**, die sicherstellen soll, dass Eintra-   **5**
gungen iS von § 14 Abs 2 und 3, die vor dem In-Kraft-Treten der GGV beantragt worden sind, nicht deshalb zu beanstanden sind, weil eines der nunmehr in § 14 Abs 2 und 3 vorgesehenen Erfordernisse nicht erfüllt ist.

---

5 BR-Drs 629/94 S 57 (*Schmidt-Räntsch/Sternal/Baeyens* S 47).

Stichwortverzeichnis

Zahl in Fettdruck = Paragraph

Zahl in Normaldruck = Randziffer

Stichwortverzeichnis

Stichwortverzeichnis

Stichwortverzeichnis

Stichwortverzeichnis

Stichwortverzeichnis

Stichwortverzeichnis

Stichwortverzeichnis

Stichwortverzeichnis

Stichwortverzeichnis

Stichwortverzeichnis

Stichwortverzeichnis

Stichwortverzeichnis

Stichwortverzeichnis